the MIDRASH
מדרש רבה

KLEINMAN EDITION

מדרש
the MIDRASH
רבה

MIDRASH RABBAH

WASSERMAN EDITION OF BEREISHIS / GENESIS

ספר בראשית

לך לך-תולדות

LECH LECHA–TOLDOS

DEDICATED BY THE RINGEL FAMILY

ArtScroll Series®

Rabbi Nosson Scherman / Rabbi Meir Zlotowitz

General Editors

A PROJECT OF THE

Mesorah Heritage Foundation

WASSERMAN EDITION
OF BEREISHIS / GENESIS

בראשית
BEREISHIS / GENESIS

VOLUME II:

לך לך-תולדות

LECH LECHA–TOLDOS

DEDICATED BY THE RINGEL FAMILY

KLEINMAN EDITION

MIDRASH RABBAH

WITH AN ANNOTATED, INTERPRETIVE ELUCIDATION AND ADDITIONAL INSIGHTS

The Hebrew folios have been newly typeset, on a redesigned page that combines elements of the widely used Vilna and Warsaw editions

Published by
Mesorah Publications, ltd

We gratefully acknowledge the outstanding
Torah scholars who contributed to this volume:
Rabbi Chaim Malinowitz reviewed and commented on the manuscript,
with **Rabbi Eliezer Herzka, Rabbi Yosef Kamenetsky,**
Rabbi Zev Meisels, and **Rabbi Yisroel Simcha Schorr.**

Rabbis Yosef Gavriel Bechhofer, Avrohom Biderman, Yaacov Blinder, Yehudah Bulman, Yehezkel Danziger, Avrohom Yitzchok Deutsch, Yoav Elan, Zev Epstein, Ben Tzion Gliksberg, Dovid Goldman, Aron Meir Goldstein, Tzvi Hebel, Binyomin Hellman, Yaakov Hendeles, Dovid Kaiser, Nosson Kaiser, Nesanel Kasnett, Avraham Kivelevitz, Avrohom Kleinkaufman, Dovid Kleinkaufman, Gidon Lane, Henoch Moshe Levin, Ari Lobel, Yisroel Londinski, Henoch Morris, Abba Zvi Naiman, Efraim Perlowitz, Baruch Pomper, Kalman Redisch, Moshe Rosenblum, Beryl Schiff, Yisrael Schneider, Leiby Schwarz, Shaul Shatzkes, Alexander Shternbuch, Menachem Silber, Shlomo Silverman, Nahum Spirn, Yitzchok Stavsky, Michael Taubes, and **Feivel Wahl**
translated, elucidated, edited, and assisted in the production of this volume.

Rabbi Hillel Danziger and **Rabbi Yosaif Asher Weiss,**
assisted by **Rabbi Moti Sonnenschein,** Editorial Directors.

Designed by **Rabbi Sheah Brander**

We are also grateful to our proofreaders: Mrs. Mindy Stern and Mrs. Faigie Weinbaum;
our typesetters: Moishe Deutsch, Mordechai Gutman, Shloime Brander, Mrs. Chumie Lipschitz,
Mrs. Sury Englard, Mrs. Esther Feierstein, Mrs. Toby Goldzweig, Mrs. Ahuva Weiss, and Mrs. Estie Dicker

FIRST EDITION
Two Impressions . . . October 2010 — September 2012

Published and Distributed by
MESORAH PUBLICATIONS, Ltd.
4401 Second Avenue Brooklyn, New York 11232

Distributed in Europe by
LEHMANNS
Unit E, Viking Business Park
Rolling Mill Road
Jarrow, Tyne & Wear NE32 3DP
England

Distributed in Australia & New Zealand by
GOLDS WORLD OF JUDAICA
3-13 William Street
Balaclava, Melbourne 3183
Victoria Australia

Distributed in Israel by
SIFRIATI / A. GITLER — BOOKS
6 Hayarkon Street
Bnei Brak 51127

Distributed in South Africa by
KOLLEL BOOKSHOP
Northfield Centre, 17 Northfield Avenue
Glenhazel 2192, Johannesburg, South Africa

THE ARTSCROLL SERIES® / KLEINMAN EDITION MIDRASH RABBAH
SEFER BEREISHIS / GENESIS VOL. II — LECH LECHA–TOLDOS

ISBN 10: 1-4226-1056-X
ISBN 13: 978-1-4226-1056-5

Typography by CompuScribe at **ArtScroll Studios,** Ltd. / Custom bound by **Sefercraft, Inc.,** Brooklyn, N.Y.

Dedication of THIS VOLUME

This volume is dedicated
to the memory of our uncle

Jack Ringel ז״ל

יעקב זאב בן רב מרדכי ז״ל

נפ׳ י׳ כסלו תשס״ט

He exemplified courage, compassion, and generosity.

Born in Galicia, he was a devoted chassid of Bluzhev.
During the War, he was jailed for defending Jews,
and upon learning his family was being deported,
he escaped to try to help them.
His beloved wife and two children, one a newborn,
were murdered in cold blood by the Nazis.

He survived slave labor camps to build anew
while never forgetting his children.
He loved Eretz Yisrael so much that while in the
Displaced Persons camp in Italy,
he organized his fellow survivors to march and advocate
in support of the new State of Israel.

He remarried and ended up in the Lakewood area,
but his heart was always in Eretz Yisrael.

He had a difficult life, but was never bitter;
he taught us to be positive and to look for ways to help others.

He loved the Torah and the Midrash on it,
and therefore this volume is a fitting tribute to his memory.

The Ringel Family

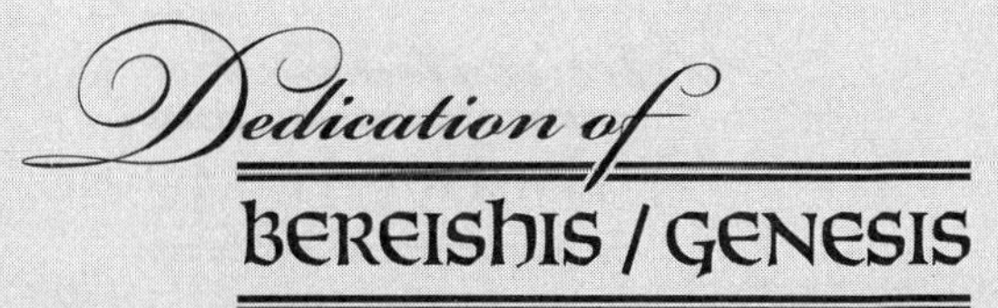

Dedication of Bereishis / Genesis

הָאָבוֹת עֲטָרָה לַבָּנִים, וְהַבָּנִים עֲטֶרֶת לָאָבוֹת

The parents are a crown for their children
and the children are a crown for their parents
(*Bereishis Rabbah* 63:2)

With gratitude to Hashem, we dedicate the
Book of Bereishis / Genesis
in this Edition of Midrash Rabbah
to our beloved children and grandchildren,

Alan and Svetlana Wasserman
Sasha, Jesse, Talya, Jacob, Bella, and Alden
Mark and Anne Wasserman
Joseph, Bailey, Erin, Rebeccah, and Jordyn
Neil and Yael Wasserman
Yeshayahu, Shiri, Yonatan, Ruth, and Aviva
Stuart and Rivka Berger
David, Gabrielle, and Jack

The inspiration behind the entire ArtScroll Series was the recognition that the Torah and the Jewish people are one, and that they are eternal. We are proud that the next two generations of our family — and with God's help all future generations — are loyal to the Torah and devoted to the nurturing of our heritage.

As the Midrash in this volume (63:2) declares, our children are indeed our crown, and we are grateful. Our prayer and blessing is that their offspring will give them as much pride and nachas as they give us.

Stanley and Ellen Wasserman

Dedication of
KLEINMAN EDITION
מדרש רבה
the MIDRASH

This Edition of Midrash Rabbah is dedicated to the sacred memory of the *Kedoshim* of our families who were killed *al Kiddush Hashem* in the Holocaust, our own forebears whom we never had the privilege to know but whose memory and example continue to guide and inspire us.

קדושי משפחת קליינמאן־וייס, הי״ד

א״ז ר׳ אלכסנדר בן צבי אריה ז״ל

אמ״ז מרת סימא לאה בת אברהם ע״ה

אחיה משה בן אברהם ז״ל, ואחותה שרה רחל בת אברהם ע״ה

אחי אבינו ז״ל מרדכי בן אלכסנדר ז״ל, שמחה חיים בן אלכסנדר ז״ל

מסרו נפשם על קדושת ה׳ כ״ח אייר תש״ד

קדושי משפחת פישמאן, הי״ד

עטרת ראשינו א״ז מוה״ר אלימלך בן ישראל ז״ל

מחבר ספר ״לחם אבירים״ על התורה ונאמן ביתו של הרה״צ אדמו״ר שעיה׳לה מקערעסטור זי״ע

אמ״ז מרת יוטא ברכה בת אברהם ע״ה

מגזע אדמו״ר מרן חיים יוסף גאטליב מסטראפקוב זי״ע

מסרו נפשם באוישוויץ על קדושת ה׳ א׳ שבועות תש״ד

יחד עם בניהם ובנותיהם כולם אנשי שם ואנשי מופת המה

הר׳ ישראל בן אלימלך ז״ל, הר׳ מרדכי בן אלימלך ז״ל, הר׳ דוד בן אלימלך ז״ל,

מרת שרה בת אלימלך רויזינצווייג ע״ה, מרת מרים גיטל בת אלימלך קליין ע״ה

וזוגותיהם ו28 מיוצאי חלציהם

קדושי משפחת אינדיג, הי״ד

א״ז מרדכי שמואל בן יעקב יוסף ז״ל

אחי אבינו ז״ל חיים מאיר בן מרדכי שמואל ז״ל, ברוך יואל בן מרדכי שמואל ז״ל

חי׳ פעסיל בת מנחם דוד ע״ה, צבי אביגדור בן מנחם דוד ז״ל

and all the Six Million

יזכרם אלקינו לטובה עם שאר צדיקי עולם וינקום לעינינו נקמת דם עבדיו השפוך

תנצב״ה

The Ramban refers to Bereishis as *Sefer HaYetzirah,* the Book of Creation, because it relates the creation of the Jewish family, and how it became a nation. Just as the *Avos* and *Imahos* were the genesis of our people, so too, the *Kedoshim* of the Holocaust were the genesis of our family and of today's thriving Torah communities all over the world.

They and their forebears kept Yiddishkeit alive through centuries of exile, persecution, and bloodshed.
Their blood and tears watered and gave new life that nurtures and strengthens Jewish communities and a strong, vibrant Jewish way of life in all corners of the globe.

We thank Hashem for enabling us to support Torah life and the institutions that are the very soul of Klal Yisrael. The Gemara teaches that Yaakov Avinu did not die because his future generations still live. Thanks to monumental projects like this Midrash Rabbah, future generations will have the spiritual nourishment to produce new life in the service of Hashem Yisbarach.

Elly and Brochie Kleinman and their children

Deenie and Yitzy Schuss   Yossie and Effie Kleinman   Aliza and Lavey Freedman and families

PATRONS OF THE CHUMASHIM AND MEGILLOS

Recognizing the need for the holy legacy of the Midrash
to be available to its heirs in their own language,
these generous and visionary patrons have each dedicated
the Chumashim and Megillos.

THE WASSERMAN EDITION OF BEREISHIS / GENESIS

is dedicated by

Stanley and Ellen Wasserman

to their beloved children and grandchildren

Alan and Svetlana Wasserman
Sasha, Jesse, Talya, Jacob, Bella, and Alden

Mark and Anne Wasserman
Joseph, Bailey, Erin, Rebeccah, and Jordyn

Neil and Yael Wasserman
Yeshayahu, Shiri, Yonatan, Ruth, and Aviva

Stuart and Rivka Berger
David, Gabrielle, and Jack

THE MILSTEIN EDITION OF BAMIDBAR / NUMBERS

is lovingly dedicated by

Elisha Shlomo Milstein

in memory of his grandparents

ז״ל Rabbi Elazar Kahanow — הגאון רבי אלעזר בן הגאון ר׳ אורי מאיר הכהן זצוק״ל
ע״ה Henrietta Milstein — מרת הינדא בת אברהם הלוי ע״ה

and his brother

ז״ל Betzalel Milstein — הילד בצלאל בנימין ז״ל ב״ר אליעזר פסח שליט״א

and in honor of his parents **Lazer and Ziporah Milstein שיחי׳**

his grandparents **Monroe and Judy Milstein שיחי׳** **Rebbetzin Rochel Kahanow שיחי׳**

and in tribute to

Rabbi Jeff Seidel

THE MILSTEIN EDITION OF THE FIVE MEGILLOS

is lovingly dedicated by

Asher David Milstein

in memory of his grandparents

ז״ל Rabbi Elazar Kahanow — הגאון רבי אלעזר בן הגאון ר׳ אורי מאיר הכהן זצוק״ל
ע״ה Henrietta Milstein — מרת הינדא בת אברהם הלוי ע״ה

and his brother

ז״ל Betzalel Milstein — הילד בצלאל בנימין ז״ל ב״ר אליעזר פסח שליט״א

and in honor of his parents **Lazer and Ziporah Milstein שיחי׳**

his grandparents **Monroe and Judy Milstein שיחי׳** **Rebbetzin Rochel Kahanow שיחי׳**

and in tribute to

Rabbi Jeff Seidel and Rabbi Yehoshua Bertram

PATRONS OF THE MIDRASH

With generosity, vision, and devotion to the perpetuation of Torah study, the following patrons have dedicated individual volumes of The Midrash

BEREISHIS

BEREISHIS-NOACH **Edward Mendel and Alissa Czuker and Family** (Los Angeles)
in memory of their beloved father
Jan Czuker ז״ל
ר׳ יוסף ב״ר מנחם מענדל ז״ל
נפ׳ פסח שני תש״ע
and יבל״ח in honor of their beloved mother
Mrs. Susanne Czuker שתחי׳

LECH LECHA-TOLDOS **The Ringel Family**
in memory of their uncle
יעקב זאב בן רב מרדכי ז״ל — Jack Ringel ז״ל
נפ׳ י׳ כסלו תשס״ט

VAYEITZEI-VAYISHLACH **Avrum and D'vorah Weinfeld** (Chicago)
Flora Efriam Mordechai Ariella Faige Ita Shoshana Hinda
in honor of
Acheinu Bnei Yisrael

VAYEISHEV-VAYECHI **Shlomo Yehuda and Tamar Rechnitz**
Yisroel Zev and Avigail Rechnitz
and families
in memory of their beloved grandparents
Morris and Regina Lapidus ז״ל
חיים משה בן ישראל זאב ז״ל
נפ׳ כ״ט אדר ב׳ תשמ״ו
רבקה בת ישראל הכהן ע״ה
נפ׳ ד׳ טבת תשכ״ז

SHEMOS

YISRO-PEKUDEI **Mendy and Ita Klein** (Cleveland)
Amir and Edna Jaffa Yoni and Shoshie Klein
Shmully and Dina Halpern Nati and Chany Klein
and Families
In memory of their parents and grandparents
ר׳ נפתלי הירצקא ב״ר מנחם משה ז״ל — Klein
רבקה בת ר׳ יונה ע״ה — Klein
ר׳ חיים ישראל ב״ר מאיר זאב ז״ל — Fried
אלטע ויטא בת ר׳ אשר זעליג ע״ה – המכונה ויקי — Fried

VAYIKRA

VAYIKRA-METZORA **Joseph and Sheila Bistritzky**
Nesanel and Yehudis Gold Aron and Sarah Bistritzky
Shlomo and Esther R. Bistritzky Motty and Chaya Bistritzky
Shlomie and Devorah Brociner
In memory of their brother and uncle
הרב לוי ז״ל ב״ר יהודה לייב עמו״ש — Rabbi Levi Bistritzky ז״ל
נפ׳ י״ט מנחם אב תשס״ב
and their father and grandfather
ר׳ אהרן ב״ר שמואל אלתר ז״ל — Aaron Bergman ז״ל
נפ׳ כ״ט ניסן תשל״א

PATRONS OF THE MIDRASH

DEVARIM **Mendel and Ariela Balk**

Bayla and Itzik Haskel — Binyamin Shlomo

Yoel Daniel Aaron Jenelle Elan Arianna Max

in memory of their beloved father and grandfather

הרב יואל דוד ב״ר ישראל מיכל ז״ל — Rabbi Joel David Balk ז״ל

נפ׳ ז׳ שבט תשמ״ה

And in honor of their beloved parents שיחי׳ לאוי״ט

Mrs. Carole Balk

Rabbi Saul and Mrs. Peggy Weiss

MEGILLOS

SHIR HASHIRIM [two volumes] **Robin and Warren Shimoff**

RUTH — ESTHER In loving memory of

Rabbi Isaac L. and Rebbetzin Ruth Swift זצ״ל

הרב יצחק יהודה בן הרב אברהם דב זצ״ל — נפ׳ י״א סיון תשנ״א
הרבנית רחל בת אברהם ע״ה — נפ׳ ב׳ אלול תשס״ה

Nathan and Pearl Sharfman ז״ל

נתן בן משה אליעזר ז״ל — נפ׳ כ״ד כסלו תשמ״ט
יוטא פערל בת יונה אליהו ע״ה — נפ׳ כ״ה תמוז תשמ״ז

Bern Sharfman ז״ל — ישראל דוב בן נתן ז״ל נפ׳ ט״ז אב תשס״ו

Sam and Martha Katz ז״ל

חיים יהושע בן נתן הכהן ז״ל — נפ׳ כ״ג שבט תשד״מ
מייטע בת יום טוב ליפא ע״ה — נפ׳ ט״ז אייר תשס״ד

Brenda Dreyer ע״ה — אסתר ברכה בת חיים יהושע הכהן ע״ה נפ׳ י׳ אלול תשס״ד

Alvin Heller ז״ל — אברהם צבי בן חיים יהודה ז״ל נפ׳ ט׳ תשרי תשס״א

and in honor of

Irma Heller שתחי׳

EICHAH **The Rosedale and Wilheim Families**

in memory of

Harry and Debby Levinson ז״ל

הרב צבי הירש בן הרב יוסף פינחס הלוי ז״ל — נפ׳ כ׳ אב תש״ע
דבורה שרה בת מאיר ע״ה — נפ׳ ט״ז אדר א׳ תשס״ח

KOHELES Reserved

Guardians of the Midrash

A society of visionary people who recognize the primacy of the Jewish people's commitment to the word of Hashem — and pursue it by presenting the inner meaning of the Torah, as expounded by the Midrash, in the language of today . . . for the generations of tomorrow.

This volume commemorates the loving memory of our father and zayde

חיים יהודה בן דוד ז״ל — Allen Gross ז״ל

נפ׳ כ״ט אלול תשס״ז

Rabbi Chanina ben Dosa used to say, "He who is pleasing to his fellow is pleasing to Hashem" (Pirkei Avos 3:13).

His kindness, love, humor and concern for others made him loved and admired by all who knew him. He selflessly dedicated his life to helping others by quietly supporting numerous individuals and Torah institutions. He devoted himself to his family, providing all of us with unconditional love and support. His greatest joy was his grandchildren, all of whom provided him with immeasurable nachas. He was a great father, zayde and role model.

We are honored to support the holy work of the Torah Scholars at ArtScroll / Mesorah. May their efforts and the Torah learned in this volume be a zechus for his neshamah. **תנצב״ה**

Ethan and Yael Gross
Shaina, Jacob and Simcha Mendel

The Written Word is Forever

Midrash Associates

A fellowship of benefactors dedicated to
the dissemination of The Midrash

Asher Milstein

Dr. David and Jane Novick

Nathan B. and Malka Silberman

In Memoriam — לזכר נשמת

Dedicated by The Midrash Associates
to those who forged eternal links

Danziger — ברכה טריינא בת אלחנן ע״ה
Kahanow — הגאון רבי אלעזר בן הגאון ר׳ אורי מאיר הכהן זצוק״ל
Klugman — הרב רפאל בן אברהם
Novick — דוב בער בן אליעזר שרגא ע״ה ורייזעל בת יצחק אייזיק ע״ה
Novick — ראובן אברהם בן דוב בער ע״ה
Henrietta Milstein — מרת הינדא בת אברהם הלוי ע״ה
Milstein — הילד בצלאל בנימין ז״ל ב״ר אליעזר פסח שליט״א
Phillips — בער לב בן יוסף ע״ה ושרה בת שמואל נחום ע״ה
Silberman — ר׳ צבי ב״ר זאב הלוי ע״ה
Silberman — דבורה אסתר בת ישראל ע״ה
הרב אהרן ב״ר מאיר יעקב זצ״ל
הרבנית פרומא בת ר׳ חיים צבי ע״ה

The Written Word is Forever

Pillars of the Midrash

We wish to acknowledge in this volume the friendship of the following:

Audrey and Sargent Aborn

Randall and Barbara Brian

Rabbi Neil Brill

Noel and Tereza Degroff

Roberto Fischmann

Joel Gedalius

Neil Genshaft

William Hess

Miriam S. Karash

Mark Levandovsky

Efrem Litwin

Dr. Mary Pernicone

Michael Reiff

Nancy & Stuart Schoenburg

Dr. & Mrs. Robert Schulman

Jacob Ween and Bonnie Kozek

Larry Winter

The Written Word is Forever

שמואל קמנצקי
Rabbi S. Kamenetsky

2018 Upland Way
Philadelphia, Pa 19131

Home: 215-473-2798
Study: 215-473-1212

בס"ד

ח' ניסן ונרננה ונשמחה לפ"ק

לרומע"כ מכירי הנכבדים והמסורים בלו"נ למען הרבצת התורה וכבוד שמים ר' מאיר יעקב זלאטאוויץ שליט"א ור' נתן שערמאן שליט"א

שמחתי באומרים לי שאתם עומדים להוציא לאור ביאור רחב על מדרש רבה. שמעתי שאם הזוהר נקרא רזין שהם סודות נכבדים אז המדרש נקרא רזין דרזין שהם סודות נסתרים.

כבר נתחזק שחזקה שאין חבר מוציא דבר שאינו מתוקן אתם כבר מוחזקים להוציא פנינים ממצולות מאוצרות נעלמים.

תצליחו ותתברכו בכל טוב ובפרט שאתם מחזיקים הרבה בני תורה ועלי' שהם מתפרנסים על ידיכם

מלונ"ח בידידות נאמנה

שמואל קמנצקי

שמואל קמנצקי

Rabbi Aaron M. Schechter **אהרן משה שכטר**

Mesivta Yeshiva Rabbi Chaim Berlin
1593 Coney Island Avenue
Brooklyn, N.Y. 11230

ב"ה

כ"ח תשרי תשע"א

כבוד הרבנים הנכבדים הרב מאיר זלאטאוויץ שליט"א והרב נתן שערמַן שליט"א, שזכו להעניק תורת חסד בדורנו, ללמד ולעשות ריבוי פנים חדשות של מבקשי דבר ה', גם באלו שמבלי פעולתם זו לא ידעו מה ואיך לבקש — נטלו חלקם בזריחת אור התורה אחר לקיחת האור מאתנו, והחושך של פזור יתירה של שארית ישראל בין הגוים, אשר ביניהם נכבש ונעלם עוד יותר הא דישראל ואורייתא חד הוא. —

והנה חוק ניתן באור דזריחתה נמשך הלאה ועולה ומאיר — ואחר ההארה הגדולה והנוראה של שימת תלמוד בבלי ותלמוד ירושלמי לפני אנשי דורנו אשר לשון הגמ' קשה בעדם — שימה יפה כפירוש רש"י (שמות כ"א א') להבינם טעמי הדבר ופירושו — פנו הרבנים הנ"ל לעשות כן במדרש רבה.

משרה גדולה נטלו על עצמם, רבת האחריות ורבת התועלת אם נזכה לכך.

בהקדמת רמח"ל למדרשי חז"ל מבואר גודל תוכן המדרש. — בפירוש הגר"א על משלי (כ"ד פסוק ל') מבואר הא דהלכה נקרא לחם ואגדה נקרא יין (גימטריא של סוד) שבה טמון הסוד. — והדברים נוראים ופושע אהיה אם לא אעתיק לשון אדוני מו"ר (אגרת נ"ד מאגרות פחד יצחק), שלשונו יועל בעדנו — וזה לשונו.

בדברים י"א פסוק כ"ב נאמר, לאהבה את השם אלקיכם ללכת בכל דרכיו ולדבקה בו. ואיתא על זה בספרי דורשי רשומות אומרים רצונך שתכיר את מי שאמר והיה העולם למוד הגדה שמתוך כך אתה מכיר את הקב"ה ומדביק בדרכיו. מדברי חז"ל הללו למדים אנו כי נתיחד מקום מסויים בתורה ללימוד דרכיו של מקום ולדבקה בו. מתוך יחיד זה נלמד כי גלוייה של תורה נתונים הם בשתי מערכות: א) גילוי ציוויו ית' וחקירת ענין זה מופיעה במערכת ההלכה ב) גילוי דרכיו והנהגותיו ית' וחקירת ענין זה מופיעה במערכת האגדה. ולא עוד אלא שחזינן כי העדיפות במערכת האגדה על גבי מערכת ההלכה היא בזה שהיא קרובה יותר אל הדביקות בו ית' — עכ"ל.

עול האחריות אשר בה נהגתם במה שהוצאתם עד עכשיו, הסייעתא דשמיא שזכיתם לה עד עכשיו לבחור בתלמידי חכמים מובהקים ששמו כל כחם ומעיינם בעבודת ה' הלזו, והעיון אחר עיון שסדרתם מתוך היראה שלא להוציא דבר שאינו מתוקן — יהא בעזרכם שתזכו כן גם בעבודה עדינה ואצולה זו של שימת המדרש רבה לפני קהל ישראל — יה"ר שתהיה מעשיכם לנחת רוח לפניו ית', והוספת תוקף הקדושה בין בניו החביבים לו.

אהרן משה שכטר

אהרן משה שכטר

דוד פיינשטיין
ר"מ תפארת ירושלים

Rabbi Dovid Feinstein
477 F.D.R. Drive
New York, N.Y. 10002

כבר איתמחי גברי בפירושם ותרגומם לאנגלית על כמה מספרי תורה שבכתב ובשל על פה ואינם צריכים עוד להסכמות על יתר מלאכתם בקודש אלא ברכה שעכשיו שארט-סקרול מסורה מגישים לתרגם ולפרש מדרש רבה יתברכו לברך על המוגמר ויתקבלו מלאכתם כמו שנתקבלו עד כה

נאום דוד פיינשטיין

נאום דוד פיינשטיין
פ׳ והיה ברכה תשע"א

יעקב פרלוב
קהל עדת יעקב נאוואמינסק
ישיבת נאוואמינסק - קול יהודא
ברוקלין, נ.י.

RABBI YAAKOV PERLOW
1569 - 47TH STREET
BROOKLYN N.Y. 11219

בס"ד
יום ב׳ כ"ו תשרי תשע"א

כבוד ידידי האהובים, קרני אורה לדור החדש, המפיצים תורת השם ויראתו לרבבות אלפי העם כש"ת הרה"ג ר׳ מאיר זלאטאוויץ שליט"א, וכש"ת הרה"ג ר׳ נתן שערמאן שליט"א, שפעת שלומים וישע רב.

בנועם קבלתי הידיעה על המפעל החדש שהנכם מתכוננים לקראתו, לתרגם ולבאר את המדרש רבה בהוצאה מחודשת, [ע"ש ידידי היקר מוה"ר אלי׳ קליינמאן שיחי׳] וגם ראיתי את הקונטרס לדוגמא על פרשת לך לך המצורף בהערות מאליפות ומאירות עינים.

כך יאה לכם יקירי, שלוחי ההשגחה בימינו, שהבאתם מקודם את הדגן של תורה לאוכלסי ישראל, בהוצאת המקרא והמשנה והגמרא של ארטסקרול, ועתה נגעתם אל התירוש להשקות את המעיינים ביין האגדה המשמחת לבו של אדם ומקרבו אל בוראו, וכדברי חכמינו ז"ל במדרש פ׳ תולדות על ברכות יצחק אל יעקב, ויתן לך האלקים מטל השמים זו מקרא ומשמני הארץ זו משנה דגן זו תלמוד, תירוש זה אגדה. אשרי חלקכם שנתרבה כבוד התורה וכבוד ישראל סבא על ידיכם, ותזכו לברך על המוגמר ולהשלים את העבודה ברוב פאר והדר שיביאו ברכה לבית ישראל, ויהי נועם ה׳ עליכם, ותתברכו ממעון הברכות בכל מעשה ידיכם לאורך ימים טובים כעתירת ידידכם עוז בלונ"ח הכותב לכבוד התורה ולומדיה

יעקב פרלוב

יעקב פרלוב

דוד קאהן
ביהמ"ד גבול יעבץ
ברוקלין, נוא יארק

בס"ד

לידידי עז הני תרי צנתרי דדהבא
רב מאיר זלוטוביץ שליט"א ורב נתן שרמן שליט"א

כשנודעתי שהנכם מתכוננים להוציא לאור מדרש רבה הרגשתי...

הנביא ישעיהו עומד וצווח "כי הנה האדון ה' צבאו־ת מסיר מירושלים ומיהודה משען ומשענה כל משען לחם וכל משען מים" (ג־א) ופירשו בחגיגה (יד, א) שמשען לחם אלו בעלי תלמוד שנאמר לכו לחמו בלחמי ושתו ביין מסכתי ומשען מים אלו בעלי אגדה שמושכין לבו של אדם כמים באגדה.

האדם צריך ללחם ולמים. אנשי חברה ארטסקרול־בעלי מסורה עוד נטויה ידיהם להחזיר העטרה של תורה ליושנה, ז"א להשימה על ראשי בני ישראל, השׂביעו וממשיכים להשׂביע לכלל ישראל במשען לחם דהיינו בתרגום וביאור של שני התלמודים — בבלי וירושלמי — ומכינים את עצמם לדלות מהבאר אשר חפרוה שׂרים שאפשר לדלות ממנה אך ורק על ידי תמיכה מנדיבי העם, להגיש משען מים — מדרשי אגדה — על ידי המחוקקים, אלו התלמידי חכמים המופלגים שאנו נהנים מעבודתם שמהפכים מדבר שממה לגן נהדר.

והנני תפילה שבכל אשר יפנו ישכילו להגדיל תורה ולהאדירה אכי"ר

החותם לכבוד מרביצי תורה

דוד קאהן

דוד קאהן
בין כסה לעשור תשע"א

הלל דייוויד
רב דקהל
ישיבה שערי תורה

RABBI HILLEL DAVID
1118 East 12 Street
Brooklyn NY 11230

כבוד ידידי היקרים
הה"ג ר' מאיר זלאטאוויץ שליט"א
והה"ג ר' נתן שערמאן שליט"א

אחדשה"ט: כאשר נתבשרתי על רעיונכם החדש אמרתי אני רחש לבכם דבר טוב, לתרגם המדרשים, מדרש רבה, לשפה המדוברת לשון אנגלית ולפתוח להמון עם הצמאים לדעת בוראם ע"י לימוד אגדה, ספר שהי' אצלם עד עתה ספר חתום. מעשיכם למלך מ"ה הקב"ה.

ועכשיו שראיתי קונטרס מודפס (פ' לך לך — חיי שרה) ונתקיימה אצלכם חזקתכם הישנה שאין חברים מוציאים מחמת ידיהם דבר שאינו מתוקן־מתוקן כהלכה, מתוקן ביופיו ומתוקן בבהירותו וכו' גמרתי, לשונכם, שדברתם מכבר, הי' עט סופר מהיר.

וכאשר הנחיצות לסדר כזה, המתורגם עפ"י חבורה של ת"ח מופלגים וגם בקיאים בל' אנגלית, מובנת, וגם לרבות החשיבות המיוחדת לספר שגם נדפס בו פירוש עץ יוסף ופי' מהרז"ו ועוד ועוד בלה"ק כמקורם, אין מן הצורך להרבות דברים בזה.

ולכן אסיים פה בברכה מעומק הלב שיתן ה' שתזכו לסיים מפעל זה ולהתחיל ולסיים מפעלים אחרים ולהמשיך בעבודתכם הק' להרביץ תורה לאלפים הצמאים לדבר ה' עוד שנים ארוכות עם בריאות הגוף ונחת.

החותם באהבה וידידיות

הלל דייוויד

הלל דייוויד

אברהם חיים לוין
RABBI AVROHOM CHAIM LEVIN
5104 N. DRAKE AVENUE • CHICAGO, IL 60625
ROSH HAYESHIVA/TELSHE-CHICAGO • ראש הישיבה\טלז-שיקגו

ב״ה

יום ב׳ לפ׳ נח תשע״א

לכבוד ידידי מזכי הרבים ומרביצי תורה לאלפים מנהלי וראשי המוסד ארטסקרול-מסורה הרב ר׳ מאיר יעקב זלאטאוויץ והרב ר׳ נתן שערמאן שליט״א.

הש״ס בבלי עם תרגום אנגלי שהוצאתם לאור עשה מהפכה ממש בלימוד התורה באמעריקא, ובשנים האחרונות הוספתם להדפיס גם ש״ס ירושלמי עם תרגום אנגלי וזה נתן להרבה לומדים היכולת לפעם הראשונה ללמוד ולהתבונן בש״ס העמוק הזה.

ועכשיו דעתכם להפדיס מדרש רבה עם תרגום אנגלי עם הערות וביאורים עמוקים ונפלאים וזה יפתח פתח לפני מאות ואלפים להבין הלשון הקשה של כמה מדרשים ולהתעמק בהביאורים העמוקים מלוקטים מגדולי הראשונים ואחרונים להבין עמקות כונת חז״ל בדבריהם הקדושים שפעמים רבות הם סתומים ופעמים רבות יש איזה מילים שאינם מובנים היטיב גם לת״ח מובהקים.

ואמינא לפעלא טבא יישר ותזכו להוציא לאור עוד הרבה ספרים חדשים לתועלת הרבים להגדיל תורה ולהאדירה.

ובזכות לימוד התורה נזכה במהרה לביאת גואל צדק וכדברי הנביא האחרון במלאכי ג׳ זכרו תורת משה עבדי אשר צויתי אותו בחרב על כל ישראל חקים ומשפטים, הנה אנכי שולח לכם את אליה׳ הנביא לפני בא יום ה׳ הגדול והנורה

ידידכם

אברהם חיים הלוי לוין

אברהם חיים הלוי לוין

ישיבה גדולה זכרון לימא ד׳לינדן
Yeshiva Gedolah Zichron Leyma of Linden

הרב אליעזר גינזבורג
הרב גרשון נוימאן
ראשי הישיבה

Harav Eliezer Ginsburg
Harav Gershon Neumann
Roshei Hayeshiva

בס״ד

לכבוד ידידים אהובים אלופים ומיודעים
הרב מאיר זלאטאוויץ שליט״א הרב נתן שערמאן שליט״א
הרב יעקב יהושע בראנדר שליט״א

מה מאד צריך לשמוח כמוצא שלל רב
בני יעקב וישראל סלה
כעת שיחידי סגולה, שעליהם שם ה׳ נקרא
ומלא אותם בחכמה ותבונה
לקבל על עצמם עבודה גדולה
להוציא לאור עולם בהסברה והבנה
לעשות חיל **במדרש רבה** שהיתה מכוסה וטמונה
הם הלכו בו כנמושות, לקוטי בתר לקוטי
ואספו מאוצרות של בעלי קבלה ובעלי מסורה,
ובירור וליבנו בשפה ברורה ונעימה בשפת המדינה
כדי שיוכל כל אחד ללקוט בשבלים ממדרשות התנאים.
ברור לנו כמאז כן עתה
שתתקיים ע״י זה ההתפשטות התורה,
וריבוי לומדיה ועוסקיה
להוריד השכינה ממעונה להיות בינינו שרויה
יהי רצון שתתקיים בנו ובהם וערבה לה׳ מנחתם ונסכם
ושיגיע העת שיאמר ליעקב ולישראל הכל פעל אל,
ובא בזכותם במהרה לציון גואל
מי יתן שיהא חלקי עמכם.

יום ב׳ פ׳ לך לך תשע״א

אליעזר גינזבורג

אליעזר גינזבורג

Publisher's Preface

We are proud to present this inaugural volume of the KLEINMAN EDITION OF MIDRASH RABBAH. This monumental project, with Hashem's help, will provide our people with an unprecedented understanding of the best-known and most widely used classic of Aggadic literature, which assembles several centuries of Tannaic and Amoraic teachings.

Midrash Rabbah is our richest lode of Aggadic comment and exposition on the Torah and the Five Megillos. The Talmud and the Midrash are both parts of the Oral Law, but their emphases are different. The primary emphasis of the Talmud is to expound upon and define the legal parameters of the Torah and the mitzvos. The Midrash delves into the spiritual essence of the revealed Torah, adds detail and information to the Torah's narrative, and provides the ethical tradition that was passed down orally from generation to generation until it was committed to writing. Midrash Rabbah is one of the primary sources of ethical discourse, Chassidic and Mussar teaching, and homiletic literature.

This 16-volume project follows the universally acclaimed approach of the Schottenstein Editions of the Talmud Bavli and Talmud Yerushalmi. It draws upon the classic commentaries to translate and elucidate the Midrash with clarity and accuracy. In addition, it presents "Insights," which elaborate on the lessons of the Midrash, as they were taught and expounded by a host of the great teachers and leaders of early and modern times.

A full Overview explaining the unique nature of the Midrash and how classic commentators understood and interpreted it will be included in the forthcoming Volume 1 of this series. Suffice it to say at this point that, in the words of the contemporary classic *Michtav MeEliyahu,* "In the study of halachah — the learning and in-depth study, the difficulties and the clarifications — all is based on the intellect. In the Aggadah, by contrast, everything depends on the level of one's heart. What is a mystery to one person will be obvious to another. What is difficult to one person will be clear to another, and even utter simplicity." Thus, the complete comprehension of the underlying messages of the Aggadah, not merely the recorded text, has rules of its own.

In this edition, the text of the Midrash and all the commentaries on the page have been newly typeset, for accuracy and ease of reading. The redesigned page combines elements of the widely used Vilna and Warsaw editions. As a special new feature, we have added Eshed HaNechalim, a classic in its time, which was published in 1843, but, unfortunately, has been virtually unavailable for many years. This is explained below in detail.

This KLEINMAN EDITION OF THE MIDRASH is dedicated by our dear friends ELLY AND BROCHIE KLEINMAN, in tribute to the memory of the *Kedoshim* of their families and the Six Million who were killed in the Holocaust. The Kleinmans are renowned throughout the Torah world for their warmth, integrity, judgment, and generosity. In America and Israel, their names are synonymous with concern for the health of Torah institutions and projects. ArtScroll/Mesorah readers are grateful to them for their dedication of important and popular projects, including individual Talmud volumes, THE KLEINMAN EDITION OF KITZUR SHULCHAN ARUCH, the INTERACTIVE MISHKAN DVD and the forthcoming beautiful, full-color book on THE MISHKAN, two series of the DAILY DOSE OF TORAH, with a third yet to come – and now, their most ambitious project of all, the KLEINMAN EDITION OF THE MIDRASH. Thanks to their generosity, a team of outstanding scholars and editors is producing a work that will stand for generations as the definitive treatment of this classic. To us, it is gratifying that these personal friends have become an integral part of our work.

We are proud that STANLEY AND ELLEN WASSERMAN are the dedicators of SEFER BEREISHIS / GENESIS in this Midrash Series, in honor of their children and grandchildren. The Wassermans are people of uncommon warmth, sensitivity, generosity, and devotion to noble causes, public and private. They have dedicated numerous volumes of the Talmud Bavli and Yerushalmi, and they recently dedicated the new WASSERMAN EDITION COMPLETE ARTSCROLL SIDDUR, which will be the standard Siddur for decades to come. Over the years we have become more and more grateful for the privilege of their friendship.

This volume has been dedicated by the RINGEL FAMILY: MRS. KLARA RINGEL and her children, BEN AND YAEL RINGEL, and CHANA RINGEL, in tribute to the memory of their brother-in-law and uncle, Jack Ringel. The Ringels are greatly admired as good-hearted, generous people, with a sense of responsibility for individuals and institutions, and with concern for the broader community, as exemplified by their recent dedication of the all-Hebrew Succos Machzor and now by this dedication of this volume of Midrash Rabbah, which will inspire and enlighten multitudes for generations to come.

ACKNOWLEDGMENTS

When the ArtScroll Series came into existence in 1976, it was quickly privileged to gain the warm approbation of the Roshei HaYeshivah and Gedolei Torah of the previous generation, such as the great GEONIM MARANAN VERABBANAN HARAV MOSHE FEINSTEIN, HARAV YAAKOV KAMENETSKY, HARAV GEDALIA SCHORR, and HARAV MORDECHAI GIFTER זצ״ל. They were unstintingly generous with their time, wisdom, and guidance from the inception of the ArtScroll Series thirty-four years ago. They recognized the need to make classic Torah literature available to today's Jews who, knowingly or subconsciously, wanted access to the eternity of Torah. Over the years, their warm expression of support was echoed by the next generation of American Torah leaders and by the eminent and revered Gedolei Torah of Eretz Yisrael, MARAN HAGAON HARAV YOSEF SHOLOM ELIASHIV זצ״ל, and יבלח״ט MARAN HAGAON HARAV AHARON LEIB SHTEINMAN, MARAN HAGAON HARAV CHAIM KANIEVSKI, MARAN HAGAON HARAV SHMUEL AUERBACH, the ADMOR OF VIZHNITZ, and THE ADMOR OF BELZ שליט״א.

A vast investment of time and resources will be required to make this new KLEINMAN EDITION OF THE MIDRASH a reality. Only through the generous support of many people will it be possible not only to undertake and sustain such a huge and ambitious undertaking, but to keep the price of the volumes within reach of the average family and student.

The Trustees and Governors of the MESORAH HERITAGE FOUNDATION saw the need to support the scholarship and production of this and other outstanding works of Torah literature. Their names are listed on an earlier page.

JAY SCHOTTENSTEIN is chairman of the Board of Governors and has enlisted many others in support of several monumental projects. In addition, he and his wife JEANIE and family have dedicated the ENGLISH and HEBREW SCHOTTENSTEIN EDITIONS OF TALMUD BAVLI and YERUSHALMI, PEREK SHIRAH, the many liturgy volumes in THE SCHOTTENSTEIN INTERLINEAR SERIES and the recently published one-volume SCHOTTENSTEIN EDITION INTERLINEAR CHUMASH. These projects illuminate basic, essential classics that are at the very foundation of Jewish life and faith. In short, the Schottensteins are fostering a renaissance of Orthodox life and a revolutionary advance in Torah study — both *Torah Shebik'sav* and *Torah Sheb'al Peh* — and prayer.

JACOB M.M. AND PNINA (RAND) GRAFF have dedicated the popular-size GRAFF-RAND EDITION OF RAMBAN, in addition to their dedications of both the Hebrew and English editions of the GRAFF-RAND EDITION OF SEDER MOED in memory of their parents, who were unselfish builders of Torah life wherever they lived. Mr. and Mrs. Graff are justly respected pillars of the Los Angeles community, where they are renowned and admired supporters of Torah causes, following in the footsteps of their parents.

HAGAON HARAV DAVID FEINSTEIN שליט״א has been a guide, mentor, and friend since the first day of the ArtScroll Series, and we are honored that he regards our work as an important contribution to *harbatzas Torah*. Although complex halachic matters come to the Rosh Yeshivah from across the world, he always makes himself available to us whenever we consult him. He is also a Founding Trustee of the Mesorah Heritage Foundation.

We are humbled and honored that this country's senior Roshei HaYeshivah have been so generous with their time and counsel. HAGAON HARAV ZELIK EPSTEIN זצ״ל was always a valued source of wisdom and counsel, as was HAGAON HARAV AVROHOM PAM זצ״ל. HAGAON HARAV SHIMON SCHWAB זצ״ל was a prime source of encouragement and guidance.

HAGAON HARAV SHMUEL KAMENETSKY שליט״א offers warm friendship and invaluable advice; HAGAON HARAV AHARON SCHECHTER שליט״א is unfailingly gracious and supportive; HAGAON HARAV AVROHOM CHAIM LEVIN שליט״א volunteers his friendship and support; the Novominsker Rebbe, HAGAON HARAV YAAKOV PERLOW שליט״א, is a wise counselor, good friend, and staunch supporter of our efforts for *harbatzas Torah.* We are grateful beyond words to them all.

HAGAON HARAV DAVID COHEN שליט״א has been a dear friend for nearly half a century; he places the treasury of his knowledge at our disposal whenever he is called upon, and has left his erudite mark on ArtScroll's projects from its inception. HAGAON HARAV HILLEL DAVID שליט״א is a valued friend, counselor, and source of comment and advice. HAGAON HARAV FEIVEL COHEN שליט״א is a dear friend who gladly interrupts his personal schedule whenever needed. HAGAON HARAV ELIEZER GINSBURG שליט״א has been a loyal friend at critical junctures.

We are deeply grateful to RABBI HESHIE BILLET, a distinguished rav; RABBI RAPHAEL B. BUTLER, the dynamic founder of the Afikim Foundation; RABBI YISRAEL H. EIDELMAN, a dedicated servant of Torah; RABBI SHLOMO GERTZULIN, an invaluable asset to our people; RABBI MOSHE M. GLUSTEIN, an accomplished *marbitz Torah* and rosh yeshivah; RABBI BURTON JAFFA, who gives hope to children and their parents; RABBI MICHOEL LEVI, an accomplished educator; RABBI PINCHOS LIPSCHUTZ, a leader in Torah journalism; RABBI SHIMSHON SHERER, who inspires his congregation; RABBI DAVID WEINBERGER, who invigorates his community, and whose works we have the honor to publish; and RABBI HOWARD ZACK, who is making an enormous impact for good in Columbus.

We are deeply grateful to JAMES S. TISCH, a Founding Trustee of the Foundation, and THOMAS J. TISCH, who are a credit to their family tradition of community service; JOEL L. FLEISHMAN, Founding Trustee of the Foundation, whose sage advice and active intervention was a turning point in our work; BENJAMIN C. FISHOFF, patron of several volumes of the Talmud, and a respected friend and mentor who has enlisted others to support our work; and RABBI ZVI RYZMAN, who epitomizes the Jewish ideal of the man of commerce who is a *talmid chacham,* noted *maggid shiur,* dynamic force for Torah life, and a loyal, devoted friend who has dedicated many volumes.

Loyal friends who have been instrumental in the success of our work and to whom we owe a debt of gratitude are, in alphabetical order:

STEVE ADELSBERG, a governor, friend and dedicator in every edition of the Talmud; SAM ASTROF, a distinguished community leader; ABRAHAM BIDERMAN, a Founding Trustee, whose achievements for Torah and community are astounding; REUVEN DESSLER, a good friend and respected leader who adds luster to a distinguished family lineage; HOWARD TZVI FRIEDMAN, a dear friend and dedicator, who places his enormous reservoir of energy and good will at Klal Yisrael's disposal; ABRAHAM FRUCHTHANDLER, who has placed support for Torah institutions on a new plateau; HASHI HERZKA, the inaugural dedicator of a volume in the ARTSCROLL EDITION OF RAMBAN, and the dedicator of a volume in Talmud Yerushalmi; MALCOLM HOENLEIN, one of Jewry's truly great lay leaders, who generously makes time to offer guidance and counsel; SHIMMIE HORN, patron of the HORN EDITION OF SEDER MOED of Talmud Bavli, a self-effacing person to whom support of Torah is a priority; MOTTY KLEIN, dedicator of several volumes and of the OHEL SARAH WOMEN'S SIDDUR, a leader in his community and a force for Torah; MOSHE MARX, a very dear friend who is a respected supporter of Torah causes; RABBI MEYER H. MAY, who has been an invaluable friend at many junctures; ANDREW NEFF, dedicator of several history and Talmud volumes and a leader in his industry, who has made Mesorah his own cause; DR. ALAN NOVETSKY, the very first dedicator of an ArtScroll volume, who has continued his support and friendship over the years; DAVID RUBIN, dedicator of the RUBIN EDITION OF THE PROPHETS, whose visionary generosity is a vital force in his community; SHLOMO SEGEV of Bank Leumi, who has been a responsible and effective friend; HESHE SEIF, a personal friend and the patron of the SEIF EDITION TRANSLITERATED PRAYER BOOKS, has added our work to his long list of important causes; JUDAH SEPTIMUS, a Founding

Trustee and *talmid chacham,* who extends himself beyond belief on behalf of our work, and whose wise intervention has been essential at critical junctures; JOSEPH SHENKER, one of New York's preeminent attorneys, a good friend and Torah scholar in his own right; ELLIOT TANNENBAUM, a warm and gracious inaugural patron of several volumes, including the very popular *"Ner Naftali"* Eretz Yisrael Siddur, whose example has motivated many others; JOSEPH WEISS, a *talmid chacham,* dedicator, and astute reader; STEVEN WEISZ, whose infectious zeal and virtual daily contact has brought many others under our banner; and HIRSCH WOLF, one of ArtScroll's earliest supporters, a fountain of encouragement and an energetic leader in many causes.

We are grateful, as well, to other friends who have come forward when their help was needed most: YERUCHAM LAX, RABBI YEHUDAH LEVI, RABBI ARTHUR SCHICK, WILLY WEISNER, and MENDY YARMISH.

Enough cannot be said about our dear friend and colleague RABBI SHEAH BRANDER, whose graphics genius sets the standard of excellence in Torah publishing. In addition, he is a *talmid chacham* of note who adds more than one dimension to the quality of every volume he touches. Reb Sheah is involved in every aspect of the project, from scholarship to production. He has earned the respect, trust, and affection of the entire staff, to the point where it is inconceivable to envision the past and future success and quality of the work without him.

We conclude with gratitude to Hashem Yisbarach for His infinite blessings and for the privilege of being the vehicle to disseminate His word. May this work continue so that all who thirst for His word may find what they seek in the refreshing words of the Torah.

Rabbi Nosson Scherman / Rabbi Meir Zlotowitz

Cheshvan, 5771
October, 2010

About This Volume

This volume was written and edited by RABBIS YAACOV BLINDER, ARON MEIR GOLDSTEIN, DOVID KAISER, NESANEL KASNETT, SHAUL SHATZKES, SHLOMO SILVERMAN, NAHUM SPIRN and YITZCHOK STAVSKY. Also contributing in this capacity were RABBIS YOSEF GAVRIEL BECHHOFER, YEHUDAH BULMAN, BEN TZION GLIKSBERG, YAAKOV HENDELES, GIDON LANE, ARI LOBEL, HENOCH MORRIS, EFRAIM PERLOWITZ, BARUCH POMPER, YISRAEL SCHNEIDER, MICHAEL TAUBES, FEIVEL WAHL, and YOSAIF ASHER WEISS.

Special Insight contributors and editors included RABBIS TZVI HEBEL, BINYOMIN HELLMAN, HENOCH MOSHE LEVIN, and LEIBY SCHWARZ. Also contributing in this capacity were Rabbis AVROHOM BIDERMAN, YOAV ELAN, ZEV EPSTEIN, DOVID GOLDMAN, NOSSON KAISER, AVRAHAM KIVELEVITZ, ABBA ZVI NAIMAN, and ALEXANDER SHTERNBUCH.

RABBIS AVROHOM KLEINKAUFMAN, BERYL SCHIFF, and KALMAN REDISCH identified the major part of the material incorporated into the Insights section of this work, providing sources with a remarkable range of breadth and content. We thank RABBI DOVID KLEINKAUFMAN for his contribution as well.

The volume was reviewed by RABBI CHAIM MALINOWITZ, who was assisted by RABBI YISROEL SIMCHA SCHORR, RABBI YOSEF KAMENETZKY, RABBI ELIEZER HERZKA, and RABBI ZEV MEISELS.

RABBI HILLEL DANZIGER and RABBI YOSAIF ASHER WEISS served with great distinction as Editorial Directors.We specially acknowledge the pivotal role also played in this capacity by RABBI MOTI SONNENSCHEIN, who coordinated many detailed and varied aspects of this volume with his hallmark intelligence, competence, and unassuming manner.

We thank RABBI YEHEZKEL DANZIGER and RABBI MENACHEM SILBER for their invaluable advice and suggestions.

MRS. AHUVA WEISS assisted skillfully in the editing.

RABBI MOISHE DEUTSCH paginated the beautiful new Hebrew Midrash;

RABBIS ELIYAHU COHEN, MENACHEM DAVIS, AVROHOM YITZCHAK DEUTSCH, YISROEL LONDINSKI, and MOSHE ROSENBLUM reviewed and corrected the Hebrew text;

MRS. ESTIE DICKER, MRS. ESTHER FEIERSTEIN, and MRS. TOBY GOLDZWEIG typed the manuscripts carefully and skillfully;

MRS. CHUMIE LIPSCHITZ, who is a key member of our staff, MRS. SURY ENGLARD, and SHLOIME BRANDER paginated and entered corrections with extraordinary skill and diligence, often at great personal inconvenience;

MRS. MINDY STERN and MRS. FAIGIE WEINBAUM proofread with great skill and judgment, making many important corrections. They all contributed immeasurably to the quality of this work.

SHMUEL BLITZ, director of our Jerusalem office, is always available, always incisive, always decisive. Distance does not impede his intimate involvement in our work.

GEDALIAH ZLOTOWITZ and his staff are responsible for the smooth, friendly, and efficient manner with which our works are made available to the public and the trade.

MRS. LEA BRAFMAN, as comptroller virtually since ArtScroll's creation, is indispensable to the efficient functioning of our work. She is ably assisted by MRS. SARALEA HOBERMAN and MRS. LEYA RABINOWITZ.

ELI KROEN designed the sculpted cover and endpapers. For many years, his innovative and prolific graphics skills have been a hallmark of ArtScroll/Mesorah volumes.

RABBI AVROHOM BIDERMAN did more than can be listed in a brief paragraph. He collected material, verified the correct versions, commented and questioned, and supervised much of the production.

MENDY HERZBERG, with his customary efficiency, shepherded the production all the way through.

TWO EDITIONS OF MIDRASH RABBAH HAVE BEEN THE MOST WIDELY USED in recent generations. One is the Warsaw edition (1867) printed with the comprehensive commentary *Ein Chanoch* (comprising *Eitz Yosef, Anaf Yosef* and *Yad Yosef*) by *R' Chanoch Zundel* of Bialystok, and the much earlier commentary of *Matnos Kehunah.* The other is the Vilna edition of 1878-1887 (עם כל המפרשים) printed with many commentaries, including one attributed to *Rashi,* the commentaries of *Matnos Kehunah, Maharzu* and an abridgement of *Yefeh To'ar.* These two editions have minor differences in the Midrash text, but differ markedly in how each *Parashah* of Midrash is subdivided into sections. The section numbering system used in the Warsaw edition is the one used by many early commentators (such as *Yefeh To'ar*). The system found in the Vilna edition is the one used in many more recent works on Midrash, and the one which we have followed, as explained below.

The Standard Midrash Texts

THE PRESENT HEBREW EDITION OF MIDRASH RABBAH has been completely reset and designed. It features the vowelized Midrash text, with *Rashi* underneath and flanked by the commentaries of *Eitz Yosef* (from the Warsaw edition) on the right, and of *Maharzu* (from the Vilna edition) on the left. Below them are the commentaries of *Matnos Kehunah, Nechmad LeMareh* (from the Vilna edition) and *Eshed HaNechalim* (the latter work has been out of print and difficult to obtain for many years). In the margins, we present *Chiddushei HaRadal* and *Chiddushei HaRashash* (from the Vilna edition) and *Anaf Yosef* (from the Warsaw edition), as well as *Mesoras HaMidrash,* which references parallels in other Talmudic and Midrashic sources. (The latter work is from the Vilna edition; as stated in the preface to that edition, it incorporates most of what is contained in *Yad Yosef.* To publish both on the page would be redundant, and we have therefore not included the *Yad Yosef.*) We have also included in the margin a new section entitled *Eim LaMikrah,* which presents vowelized, and in full, every Scriptural verse cited in part by the Midrash (other than those verses that appear in the passage actually expounded by the Midrash).

The Hebrew Page

Since our elucidation of the Midrash adopts *Eitz Yosef* as our primary commentator (see next section), our Midrash text follows the text of the Warsaw edition, which included *Eitz Yosef.* Moreover, on the whole, the Warsaw text of the Midrash seems somewhat more accurate than the Vilna text. (The *Tiferes Tzion* commentary on Midrash, published more than a century ago by *Rabbi Yitzchak Zev Yadler,* also uses a Midrash text that appears to be nearly identical to that of the Warsaw edition.)

Occasionally, our elucidation of the Midrash adopts a reading that differs from that of the Warsaw edition. In those cases, we have inserted a degree sign in the all-Hebrew text where the elucidated text diverges. The interested reader can quickly compare the two texts and see what has been changed. Such changes were based on one of the following sources: the editions of Constantinople 1512, Venice 1545 and Vilna 1878-1887; and the commentaries of *Os Emes, Matnos Kehunah, Yefeh To'ar, Radal* and *Rashash.*

We have usually identified *explicitly* the source of our adopted reading in a note to the elucidated text.

On occasion, the commentators maintain that one or more phrases of Midrash appear in the wrong place. In those cases, on the all-Hebrew page we leave the text as is, however we indicate the emendation of the commentators as follows: the text in question is enclosed by two asterisks and we place a double-asterisk at the point where the indicated text should appear.

The Midrash is separated into divisions (called *parashiyos*), which are further subdivided into sections. While the system of *parashah* divisions is essentially universal, the system of section divisions is not (as mentioned above). We have followed the Vilna convention with regard to numbering the sections both in the text and commentaries. Within the commentary of *Eitz Yosef* (which originally appeared in the Warsaw edition and according to that numbering system), we present both the Vilna numbers (in parentheses) and the Warsaw numbers (in brackets). When the notes reference such works as *Yefeh To'ar* and *Nezer HaKodesh* (which do not follow the Vilna section-numbers) we provide the *parashah* number and the heading of the paragraph in which the particular comment appears.

The recent Vagshal edition of Midrash Rabbah includes addenda to the *Eitz Yosef* commentary. On occasion, we make mention of those addenda, referencing them as "*Eitz Yosef* as found in the Vagshal edition."

The Elucidated Commentary

ONE OF THE FIRST AND MOST COMPREHENSIVE COMMENTARIES written on *Bereishis Rabbah* is *Yefeh To'ar* by *R' Shmuel Jaffe Ashkenazi.* The full version of this commentary, last printed in Fuerth, 1692 (and recently reissued in facsimile edition by Vagshal Publishing Ltd.) covers more that one thousand pages. The commentary *Yefeh To'ar* printed in the standard Vilna edition is a much condensed abstract of this work. Our references in the notes to *Yefeh To'ar* are to the original *full* version. Similarly, the major commentary *Nezer HaKodesh* by *R' Yechiel Michel ben Uzziel,* printed in Jessnitz, 1719, covered more than one thousand pages. The commentary by that name printed in the back of the standard Vilna edition is a condensation of the full work, and our references in the notes are to the *full* version.

The comprehensive and widely used *Eitz Yosef* is primarily a digest of the earlier classic commentaries. In the elucidation we use it as our primary commentary, often attributing his comments only to him, even when they are taken from earlier sources, such as *Yefeh To'ar* and *Nezer HaKodesh.*

We have tried to keep our discussion of alternative interpretations to a minimum, so as not to overly interrupt the flow of the Midrashic narrative and exposition.

Although the Midrash is actually a *commentary* on the Scriptural text, it often cites only a fragment of the verse on which it comments. This leaves the reader without access to the entire verse or the context in which it appears, unless he uses a separate Chumash. To facilitate the reader's study of Midrash we present (in the elucidated text) before each Midrashic commentary of a verse the relevant verse or verses in their entirety and with translation. These verses are indented and in non-bold type, so that the reader can easily see that it is an interpolation and not part of the actual Midrash text. The verse or verse fragment that the Midrash *does* cite is set off in "heading" style, in which the Hebrew text is bolded (as are all the actual words of the Midrash) and the English translation is bolded *and* uppercased. Where we have supplied our own heading, the Hebrew and English text is *not* bolded.

The Insights

AN EXCLUSIVE FEATURE OF OUR ELUCIDATION OF THE MIDRASH is the special Insights section, which contains additional material that supplements the commentary or brings to the fore principles and lessons embedded in the Midrash. These insights have been adapted from a wide variety of sources, ranging from the *Rishonim* to the masters of *Chassidus* and of *Mussar,* the wealth of commentaries on the Midrash and on *Chumash,* as well as contemporary *roshei yeshivah,* authors and thinkers. These sources are duly attributed, and a bibliography of the lesser-known works can be found in back of the volume.

לך לך
LECH LECHA

Chapter 39

וַיֹּאמֶר ה׳ אֶל אַבְרָם לֶךְ לְךָ מֵאַרְצְךָ וּמִמּוֹלַדְתְּךָ וּמִבֵּית אָבִיךָ אֶל הָאָרֶץ אֲשֶׁר אַרְאֶךָּ.

HASHEM said to Abram, "Go for yourself from your land, from your birthplace, and from your father's house to the land that I will show you (12:1).

§1 וַיֹּאמֶר ה׳ אֶל אַבְרָם לֶךְ לְךָ מֵאַרְצְךָ וגו׳ — ***HASHEM SAID TO ABRAM, "GO FOR YOURSELF FROM YOUR LAND, ETC."***

רַבִּי יִצְחָק פָּתַח — **R' Yitzchak opened** his discourse on our passage with a quote from *Psalms* (45:11): "שִׁמְעִי בַת וּרְאִי וְהַטִּי אָזְנֵךְ וְשִׁכְחִי עַמֵּךְ וּבֵית אָבִיךְ" — ***Hear, O daughter, and see, and incline your ear; forget your people and your father's house.***[1] אָמַר רַבִּי יִצְחָק: מָשָׁל לְאֶחָד שֶׁהָיָה עוֹבֵר מִמָּקוֹם לְמָקוֹם, וְרָאָה בִּירָה אַחַת דוֹלֶקֶת — **R' Yitzchak said:** [2] This is **analogous to someone who was passing from place to place and saw a certain palace ablaze.**[3] אָמַר: תֹּאמַר שֶׁהַבִּירָה הַזּוֹ בְּלֹא מַנְהִיג — **He said** to himself: **"Shall you say** (i.e., Can it be) **that this palace is without a supervisor?"**[4] הֵצִיץ עָלָיו בַּעַל הַבִּירָה, אָמַר לוֹ: אֲנִי הוּא בַּעַל הַבִּירָה — **The owner of the palace peered out at him** and **said to him, "I am the master of the palace!"**[5] כָּךְ לְפִי שֶׁהָיָה אָבִינוּ אַבְרָהָם אוֹמֵר: תֹּאמַר שֶׁהָעוֹלָם הַזֶּה בְּלֹא מַנְהִיג — **So too, because our forefather Abraham said** to himself, upon seeing the constant destruction that was taking place in the world, **"Shall you say** (i.e., Can it be) **that this world is without a supervisor?"**[6] הֵצִיץ עָלָיו הַקָּדוֹשׁ בָּרוּךְ הוּא וְאָמַר לוֹ: אֲנִי הוּא בַּעַל הָעוֹלָם — Therefore **the Holy One, blessed is He, peeked out**Ⓐ **at him and said to him, "I am the Master of the world!"**[7]Ⓑ "וְיִתְאָו הַמֶּלֶךְ יָפְיֵךְ כִּי הוּא אֲדֹנַיִךְ" — The next verse in *Psalms* states: ***Then the King will desire your beauty; for He is your master,*** *so bow to Him* (ibid. v. 12). "וְיִתְאָו הַמֶּלֶךְ יָפְיֵךְ", לְיַפּוֹתֵיךְ בָּעוֹלָם — ***The King will desire "your beauty"*** means that God will desire **to beautify** (i.e., glorify) **you** (Abraham) **in** the eyes of **the world,**[8] "וְהִשְׁתַּחֲוִי לוֹ" — ***so bow to Him*** and be His servant.[9] הֱוֵי "וַיֹּאמֶר ה׳ אֶל אַבְרָם וגו׳" — **This** *Psalms* passage **is** thus parallel to what is stated here, ***HASHEM said to Abram,*** *"Go for yourself, etc."*[10]

NOTES

1. This verse is seen as a reference to God's directive to Abraham in our verse to abandon his people and father's house and go to the land of Canaan. Indeed, Midrashim elsewhere (e.g., below, 59 §5) expound this entire Psalm as alluding to Abraham (*Maharzu, Eitz Yosef*).

2. R' Yitzchak is explaining the words *Hear, O daughter, and see, and incline your ear.* If the "daughter" here is Abraham (see *Yefeh To'ar* as to why Abraham is referred to as a daughter), what was he told to "hear" and "see"? (*Yefeh To'ar*).

3. I.e., it was being consumed by flames (*Maharzu, Eitz Yosef*). (See, though, Insight Ⓑ.)

4. There is no doubt that such a magnificent structure has an owner and was constructed with wisdom and skill. But it must have subsequently been abandoned and left unsupervised; otherwise, the supervisor would be attempting to extinguish the flames (*Maharzu, Eitz Yosef*).

5. I.e., the palace has not been abandoned without supervision. On the contrary, I — the owner himself — am present, and I am deliberately allowing my palace to burn (ibid.).

6. The beauty and complexity of the world is eloquent testimony that it has a Creator Who has supervised it with wisdom and kindness. But Abraham saw the world of humanity being destroyed by the wickedness of successive generations — the generations of Enosh, the Flood, and the Dispersion — and this led him to the question cited in the Midrash: Is it possible that the Creator had abandoned His world? (ibid.).

7. God revealed Himself and announced to him that He Himself, the Master of the world, was indeed present, but has willed all this destruction and retribution (ibid.). It was this revelation that the verse alludes to when it says, *Hear, O daughter, and see, and incline your ear.* And after this revelation Abraham was told, *"Forget your people and your father's house* and go to Canaan" (*Yefeh To'ar*).

8. The Midrash interprets יָפְיֵךְ as "to beautify you," rather than as "your beauty" (see *Maharzu*). This, too, alludes to the events described in our passage: After telling Abraham to go to Canaan, God told him (v. 2), *I will bless you and make your name great* (*Maharzu*).

9. And in doing so you will inspire many peoples to follow your example (ibid.).

10. That is to say, it was for the purpose of revealing His continued providential conduct of the world that God commanded Abraham to leave kith and kin and wander afar (ibid.).

God revealed Himself to Abraham after he had arrived at an awareness of God as a result of his own speculations (see below, note 18). Hence, the Midrash uses the parable of "one *who was passing from place to place* ..." in contrast to one who was externally directed to the palace (see *Yefeh To'ar*).

INSIGHTS

Ⓐ **The Creator Concealed** The expression הֵצִיץ used here by the Midrash implies "peering out while remaining hidden," as in the verse הִנֵּה זֶה עוֹמֵד אַחַר כָּתְלֵנוּ מַשְׁגִּיחַ מִן הַחַלֹּנוֹת "מֵצִיץ" מִן הַחֲרַכִּים, *He was standing behind our wall, observing through the windows, "peering" through the lattices* (*Song of Songs* 2:9). Indeed, God peered out at Abraham from within His palatial world, but He remained concealed because Abraham did not yet have the full gift of prophecy, which would be granted him only in the land conducive to it — *Eretz Yisrael*. Thus, God said to him, *Go for yourself from your land . . . to the land that I will show you* (based on *Ohr HaSeichel*). Although it is possible to deduce God's providence from the complexity of the universe, His Presence is somewhat concealed behind the wall of nature.

Ⓑ **"I am the Master of the palace."** Many commentators understand the parable of the palace ablaze as referring to Abraham's wondering not about the world's *destruction,* but rather about its very *existence.* That is, a world so filled with wisdom and complexity could not have come into existence on its own; it must have a Creator (*Eshed HaNechalim* in the name of "all the *Chumash* commentators"). Indeed, *Rashi* writes that Abraham "saw the heaven and earth, the sun by day and the moon at night, and the shining stars and said, 'Can something so wondrous be without a supervisor?' " Accordingly, the meaning of "he saw that palace *ablaze"* would be that he saw it *lit up,* meaning that it seemed illuminated and buzzing with activity (*Ohr HaSeichel*).

However, while it is undoubtedly true that the world testifies to God's handiwork, many other commentators (whom we have followed in our elucidation) maintain that our Midrash refers to Abraham's recognition that the world must have a *supervisor,* i.e., a Creator Who has not abandoned His world but continues to oversee it — unlike the view of ancient philosophers who argued that the Creator left the world under the control of the immutable laws of nature. Indeed, God said to Abraham, "I am the *Master* of the world." My laws of nature or My angels are not the ultimate masters; it is I Who maintains control. I can override nature and the angels at will. This was the message that Abraham was to spread (see *Yefeh To'ar* and *Ohr HaSeichel*). Thus, the Gemara states in *Berachos* (7b) that no one called God "Master" until Abraham, for it was he who revealed that God is not only the world's Creator, but its everpresent Master, as *Rashba* explains there (*Yefeh To'ar*).

סֵדֶר לֶךְ לְךָ

פרשה לט

א [יב, א] **"וַיֹּאמֶר ה' אֶל אַבְרָם לֶךְ לְךָ מֵאַרְצְךָ וְגוֹ'". רַבִּי יִצְחָק פָּתַח:** (תהלים מה, יא) **"שִׁמְעִי בַת וּרְאִי וְהַטִּי אָזְנֵךְ וְשִׁכְחִי עַמֵּךְ וּבֵית אָבִיךְ", אָמַר רַבִּי יִצְחָק: מָשָׁל לְאֶחָד שֶׁהָיָה עוֹבֵר מִמָּקוֹם לְמָקוֹם, וְרָאָה בִּירָה אַחַת דּוֹלֶקֶת, אָמַר: תֹּאמַר שֶׁהַבִּירָה הַזּוּ בְּלֹא מַנְהִיג, הֵצִיץ עָלָיו בַּעַל הַבִּירָה, אָמַר לוֹ: אֲנִי הוּא בַּעַל הַבִּירָה, כָּךְ לְפִי שֶׁהָיָה אָבִינוּ אַבְרָהָם אוֹמֵר: תֹּאמַר שֶׁהָעוֹלָם הַזֶּה בְּלֹא מַנְהִיג, הֵצִיץ עָלָיו הַקָּדוֹשׁ בָּרוּךְ הוּא וְאָמַר לוֹ: אֲנִי הוּא בַּעַל הָעוֹלָם.** (שם, יב) **"וְיִתְאָו הַמֶּלֶךְ יָפְיֵךְ כִּי הוּא אֲדֹנַיִךְ", "וְיִתְאָו הַמֶּלֶךְ יָפְיֵךְ", לְיַפּוֹתֵיךְ בָּעוֹלָם, "וְהִשְׁתַּחֲוִי לוֹ" הֱוֵי "וַיֹּאמֶר ה' אֶל אַבְרָם".**

רש"י

לט [א] לך לך מארצך. וגם תעבוד אותי בארץ ישראל שכל זמן שאתה בחוץ לארץ כאילו אין לך אלוה: **לך שמעי וכו' והטי אזנך.** לדברי. לך לך מארצך וממולדתך ומבית אביך מפורש בתנחומא זו עבודת כוכבים שנאמר אומרים לעץ אבי אתה. **ושכחי עמך.** כל אותן שעובדים עבודת כוכבים: **לפי שהיה אברהם אבינו אומר תאמר שהעולם בלי מנהיג.** ראה שמים וארץ שמש ביום וירח בלילה וכוכבים מאירין אמר אפשר שיהא דבר גדול כזה בלא מנהיג הציץ עליו הקב"ה ואמר אני הוא בעל העולם: **ויתאו המלך יפיך.** יתאו מלך מלכי המלכים הקדוש ברוך הוא ליפותך בעולם: לך לך מארצך וגם תעבוד אותי בארץ ישראל שכל זמן שאתה בחוץ לארץ כאלו אין לך אלוה:

עץ יוסף

לט (א) שמעי בת וראי. שהוקשה לו מ"ש לך לך מארצך וממולדתך ומבית אביך שה"ל למימר בהיפך לך לך מבית אביך וממולדתך ומארצך. ע"כ דרש שהכוונה על הליכת הנפש שתעזוב ותשכח מנהגי ארצה. ואח"כ הסדר בהיפך תחלה שוכחים מנהגי ארץ ואח"כ של המשפחה ואח"כ של בית אביו. וסדר זה מפורש בפסוק שמעי בת וגו' ושכחי עמך ובית אביך שהמזמור הזה כולו מדבר באברהם יפיפית מבני אדם דרשי' ליה בפ' כ"ט באברהם. וכן בתנחומא. ובפרקין דרשי' בי' אהבת צדק וגו' ולקמן פ' נ"ט דרשי' ביה בנות מלכים ביקרותיך כו'. להכי דריש נמי ביה קרא שמעי בת וגו': **וראה בירה.** ענין המשל מי שרואה בנין יפה ומסודר מבין ומוד' שיש אדון ובעל לבירה זו ואומן חכם בנה אותה. אך ראה שהביר' נשרפת באש. אז חשב שאדונה ובעלה עזב אותה. עד שאמר לו בעל הבירה אני הוא אדון הבירה ובעלה ובכוונה מאתי היא בוערת. כך העולם מעיד על עצמו שיש לו בורא. מנהיג בחכמה ובחסד. אך כשראה הבורא שהרשעים מפסידים העולם והאבדון והכליון בוער כאש. ומזה נתבלבלה דעת אברהם. עד שנגלה עליו הקב"ה ואמר לו אני הוא בעל העולם ואדונו. ובכוונה נעשה כל הכליון והטועה. וזהו מ"ש ויתאו המלך יפיך כי הוא אדוניך והשתחוי לו שרוצה בעבודתו: **ליפותך בעולם.** דהיינו שיתגדל שמך בעולם בפרסום השגחתי על ידך. ומזה תדע נאמנה כי הוא אדוניך המשגיח עליך. לפיכך והשתחוי לו להיות נכנע לעבודתו יתברך כעבד לאדוניו. וממנו יראו וכן יעשו עמים רבים. כענין הנפש אשר עשו בחרן אלו הגרים שגיירו. והא מסיק וקאמר הוי ויאמר ה' אל אברם לך לך. כלומר בעבור זה צוהו ה' להרחיק נדוד מארצו ומבית אביו ולטלטל עצמו כדי לפרסם השגחתו בעולם על ידו. (נזה"ק):

פירוש מהרז"ו

לט (א) שמעי בת וראי. הוקשה לו מ"ש לך לך מארצך וממולדתך ומבית אביך. שהיל"ל בהיפך לך לך מבית אביך וממולדתך ומארצך על כן דרש שהכוונה על הליכה והעתקת הנפש שתעזוב ותשכח מנהגי ארצה ואח"כ הסדר בהיפך תחלה שוכחים מנהגי ארץ ואח"כ של המשפחה ואח"כ של בית אביו. וסדר זה מפורש בפסוק שמעי בת וגו' ושכחי עמך ובית אביך שהמזמור הזה הוא משל על נפש אברהם שקורא אותה בת וע"פ מדה י"ז אנו יודעים כוונת הפסוק כאן שילך כדי שישכח ויעזוב. ובתנחומא ריש פרשה זו שמעי בת וכו' זה אברהם ושכחי עמך ובית אביך זה עבודת כוכבים כמ"ש כאן הוי האומרים לעץ אבי אתה. ויתאו המלך יפיך זה הקב"ה וכמ"ש כאן: **וראה בירה.** ענין המשל מי שרואה בנין יפה ומסודר מבין ומודה שיש אדון ובעל לבירה זו ואומן חכם בנה אותה. אך ראה שהבירה נשרפת באש אז חשב שאדונה ובעלה עזב אותה. עד שאמר לו בעל הבירה אני הוא אדון הבירה ובעלה ובכוונה מאתי היא בוערת. כך העולם מעיד על עצמו שיש לו בורא קדמון מנהיג בחכמה וחסד. אך כשראה הבורא שהרשעים מפסידים העולם והאבדון והכליון בוער כאש לאבד ולכלות בדור המבול והפלגה. ומזה נתבלבלה דעת אברהם שאדון העולם עזב אותו וחלילה אינו חפץ שיעבדוהו עד שנגלה עליו הקב"ה ואמר לו אני הוא בעל העולם ואדונו ובכוונה נעשה כל הכליון והטועה. עי' יד"מ. אך באמת חפץ שיעבדוהו. וזהו מ"ש ויתאו המלך יפיך כי הוא אדוניך והשתחוי לו שרוצה בעבודתו: **ליפותך בעולם.** שהיל"ל ויתאוך המלך וכנמשל מהו יפיך. ודורש הנמשל ליפותו ולהדרו בעולם וכמ"ש ואברכך ואגדלה שמך: **והשתחוי לו.** בארצו ומקום שכינתו וביתו וזהו לך לך מארצך כו':

חידושי הרד"ל

(א) [א] **בירה אחת דולקת.** כי הרשעים מוקדי עולם ובראות אברהם זה הרהר בלבו ח"ו לומר שמא אין מנהיג כו' ומיד נגלה וא"ל אני כו' וזהו שמעי כו' וראי כלומר ראי בעיניך שאני בעל הבירה:

(ב) **בעל העולם.** שכחי עמך ובית אביך ולך לך מארצך וגו' ויתאו המלך יפיך ליפותך בעולם (כד"א ואגדלה שמך) כי הוא אדוניך והשתחוי לו. ויאמר ה' אל אברם וכ"ה הגוסחא בילקוט וכן נכון. והיינו אני קרא דאני ה' אשר הוצאתיך מאור כשדים דמלשון אני מדרש שפיר אני בעל הבירה:

מסורת המדרש

א ילקוט כאן רמז ס"ב כה"ע. ילקוט תהלים רמז תמ"ה:

אם למקרא

שִׁמְעִי בַת וּרְאִי וְהַטִּי אָזְנֵךְ וְשִׁכְחִי עַמֵּךְ וּבֵית אָבִיךְ: וְיִתְאָו הַמֶּלֶךְ יָפְיֵךְ כִּי הוּא אֲדֹנַיִךְ וְהִשְׁתַּחֲוִי לוֹ: (תהלים מה:יא-יב)

באור מהרי"פ

א ליפותך בעולם. לך לך מארצך שייך לשכחי עמך וגו'. ואגדלה שמך שייך לויתאו המלך יפיך ליפותך:

מתנות כהונה

לט [א] ליפותך יפיך. פי' שתהא אתה יפה:

נחמד למראה

לט [א] ליפותך בעולם וכו'. נראה עם מה דאיתא דאוירא דארץ ישראל מחכים ועוד אמרו רז"ל חד מינן כי סליק להתם (פי' לארץ ישראל) הויא כתרי מינן. ועוד אמרו רז"ל כל הדר בח"ל דומה כמי שאין לו אלוה. וז"ש לך לך מארצך חוצה לארץ אל הארץ אשר אראך ארץ ישראל כדי שתתחכם יותר ותתיפה בעולם ועוד כי הוא אדוניך כענין שאמר יעקב והיה ה' לי לאלהים ודו"ק:

אשד הנחלים

לט [א] וראה בירה דולקת כו'. כבר בארו כל מפרשי התורה שהכוונה בנמשל. שהתבונן איך יתכן להיות העולם בלי מנהיג ומשגיח כי איך יתכן שיהיה השפע בעולם בלי משפיע כי העולם איננו עומד בעצמו. ואם לפי דעתם פירושו בירה נאה שהיא דולקת בתוכה אור והוא כינוי על השפע והשגחה הנראה בתוכה. אך לפי הפשט האמיתי נראה שהכוונה שראה בירה נאה והיא נדלקת. ונשרפת. ותמה איך יתכן שתהיה הבירה הזאת בלי מנהיג שלא יציל הבירה המעולה הזאת. ולפ"ז הנמשל הוא ככה. שהנה הטבע לפי הנהגתה המטיבה לרעים ומריעה לטובים הנה היא כדולקת ושורפת העולם ואנשיה. והנה אברהם אבינו בחקירתו הנאמנה החל להכיר שיש בורא עולם בתחילת הכרתו. אך דימה אולי רצון הבורא שימסר העולם השפל לדרך הטבע שיתנהגו כפי המקרה אך אח"כ התבונן על העולם השפל הזה. וראה שהיא בירה נאה וחשובה מאוד. עד שראוי להשגיח עליו כמו על עולמות העליונים. ולכן תמה ע"ז מאוד עד שהציץ עליו הבורא בהתגלות הנבואה. ואמר אני הוא בעל הבירה. שבאמת אני משגיח עליו וצדקו משפטי. אך א"א לדעת זאת בשכל אנושי זולת ע"י התגלות הנבואה שבזה יכיר את החכמה העליונה השוקלת הכל בצדק ובמשפט. וכוונת ר' יצחק בפתיחתו לפי שהוקשה לו דאיך שתק הכתוב מענין אברהם ולא סיפר מתחלה עניינו כ"א תיכף החל לספר התגלות הנבואה לאברהם. ולזה בא להתיר זה הספק לפי שבתחילה לא הי' על צד השלימות העליוני. כי סמך על חקירתו האנושיית ולכן הי' במבוכה עד שרמז לו ה' שילך מארצו ששם לא יתגלה מאומה מהחכמה האלקית כ"א אל הארץ הקדושה משכן השכינה והנבואה ושם יתגלה לו כל העניינים בנבואה וא"כ בפסוק הזה מרומז ענין אברהם ומהותו בתחילת עניינו: **ליפותיך.** בא להוציא מדעת ההגשמה שלא ידומה כי השי"ת מתפעל ח"ו. ומקבל שנוי מעבודת האדם ובאמת אם יצדק מה יפעלו לו. רק הכוונה מפני שה' חפץ בטובת העולם. ובהכרת האמונה האמיתית ע"כ הוא חפץ ליפותם בעולם כדי שימשכו לאמונתו ויכירו כבוד ה': **והשתחוי לו הוי ויאמר גו'.** לוטה בזה כוונה נפלאה. כי הנביא בעת הגיע לו מחזה האלקית אז נתבטל מאנושיתו והוא נכנע לכבודו ית' ונופל ומשתחוה רק לו ולכן אמר אחר כי יתאו המלך יפיך להראות לך מנועם זיוו אז תשתחווי לו ותכרע מפניו כי תגיע אל הדביקות האמיתי בביטול החושים:

§2 וַיֹּאמֶר ה׳ אֶל אַבְרָם – *HASHEM SAID TO ABRAM, "GO FOR YOURSELF, ETC."*

The Midrash presents another sage's discourse on our passage: רַבִּי בֶּרֶכְיָה פָּתַח – **R' Berechyah opened** his discourse on our passage with a quote from *Song of Songs* (1:3): "לְרֵיחַ שְׁמָנֶיךָ טוֹבִים שֶׁמֶן תּוּרַק שְׁמֶךָ" – ***Your oils are goodly and fragrant; your name is like oil poured forth;*** *therefore do maidens love you.*[11] אָמַר רַבִּי בֶּרֶכְיָה: לָמָה הָיָה אַבְרָהָם אָבִינוּ דוֹמֶה לִצְלוֹחִית שֶׁל – **R' Berechyah said: To what was Abraham, our father, similar?** אֲפּוֹפִּילְסִימוֹן מוּקֶפֶת צָמִיד פָּתִיל, וּמוּנַּחַת בְּזָוִית – **To a flask of balsam oil closed with a firmly fastened cover and lying in a corner,** וְלֹא הָיָה רֵיחָהּ נוֹדֵף – **so that its fragrance did not waft** throughout the house;[12] כֵּיוָן שֶׁהָיְתָה מִטַּלְטֶלֶת הָיָה רֵיחָהּ נוֹדֵף – however, **once the flask was moved around** and shaken up, **its fragrance wafted.** כָּךְ אָמַר הַקָּדוֹשׁ בָּרוּךְ הוּא לְאַבְרָהָם אָבִינוּ – **In similar fashion the Holy One, blessed is He, said to our forefather Abraham:** טַלְטֵל עַצְמְךָ מִמָּקוֹם לְמָקוֹם וְשִׁמְךָ מִתְגַּדֵּל בָּעוֹלָם – *"Go for yourself, etc.;* **move yourself around from place to place and your name will become great in the world."**[13]

§3 וַיֹּאמֶר ה׳ אֶל אַבְרָם – *HASHEM SAID TO ABRAM, ETC.*

The Midrash presents another introductory comment on our passage:

רַבִּי בֶּרֶכְיָה פָּתַח – **R' Berechyah opened** his discourse on our passage with a quote from *Song of Songs*:[14] "אָחוֹת לָנוּ קְטַנָּה וְשָׁדַיִם אֵין לָהּ וְגוֹ׳" – ***We have a little sister and she has no breasts, etc.*** (8:8). "אָחוֹת לָנוּ קְטַנָּה" זֶה אַבְרָהָם שֶׁאִיחָה אֶת כָּל בָּאֵי הָעוֹלָם – ***We have a little sister*** [אָחוֹת] – **this is** referring to **Abraham, who "joined"** [לְאַחוֹת] **all the people of the world** to the Holy One, blessed is He.[15] בַּר קַפָּרָא אָמַר: כָּזֶה שֶׁהוּא מְאַחֶה אֶת הַקֶּרַע – **Bar Kappara said: Like one who sews together a tear** in a garment.[16]

The Midrash continues to expound this passage in *Song of Songs* with reference to Abraham:

"קְטַנָּה" שֶׁעַד שֶׁהוּא קָטָן הָיָה מְסַגֵּל מִצְוֹת וּמַעֲשִׂים טוֹבִים – ***Little*** – **for while yet a child he would amass mitzvos and good deeds.**[17] "וְשָׁדַיִם אֵין לָהּ", לֹא הֱנִיקוּהוּ לֹא מִצְוֹת וְלֹא מַעֲשִׂים טוֹבִים – ***And she has no breasts*** – this means that **no one suckled her** (i.e., "our little sister," Abraham) **with** the milk of **either mitzvos or good deeds.**[18] "מַה נַּעֲשֶׂה לַאֲחוֹתֵנוּ בַּיּוֹם שֶׁיְּדֻבַּר בָּהּ" – The verse there concludes: ***What shall we do for our sister "on the day" that she will be spoken of?*** בַּיּוֹם שֶׁגָּזַר עָלָיו נִמְרוֹד לֵירֵד לְתוֹךְ כִּבְשַׁן הָאֵשׁ – God here asks: "What shall We[19] do for Abraham **on the day that Nimrod decrees against him to descend into the fiery furnace** if he continues his refusal to worship idols?"[20] "אִם חוֹמָה הִיא נִבְנֶה עָלֶיהָ" – And God answers: ***"If she be a wall, we will build upon her*** *a turret of silver* (ibid. v. 9), meaning: אִם מַעֲמִיד דְּבָרָיו כְּחוֹמָה נִבְנֶה עָלֶיהָ וְגוֹ׳ נַצִּילֶנּוּ וְנִבְנֶה אוֹתוֹ בָּעוֹלָם – **If [Abraham] stands firm like a wall**[21] **in his words,** refusing to worship idols, and is therefore cast into the fiery furnace, ***we will build upon her*** *a turret of silver,* i.e., **We will save him** from the fire **and build him up in the world."**[22] "וְאִם דֶּלֶת הִיא נָצוּר עָלֶיהָ" – The verse continues God's answer: "***And if she be a door*** [דֶּלֶת] ***we will enclose*** [נָצוּר] ***her*** *with boards of cedar,* meaning: אִם דַּל הוּא בְּמִצְוֹת וּבְמַעֲשִׂים טוֹבִים – **If,** on the other hand, **[Abraham] will be poor** [דַּל] **in mitzvos and good deeds** and yield to Nimrod's

NOTES

11. Pouring fragrant oil from one vessel to another causes the oil's fragrance to exude far and wide. Thus, your fame will spread *like oil poured forth.*

12. No one smells the fragrance because the flask is covered, and even the little scent that does escape from the covered flask is not smelled because the flask lies in a far corner of the house. Similarly, the fragrance of Abraham's knowledge of God was suppressed because he was in a far corner of the world – beyond the Euphrates – and because of the area's inhabitants, who opposed his message with all means at their disposal (*Yefeh To'ar*; see also *Tiferes Tzion*).

13. As long as you remain in your place, your fame and message will not spread. Once you move from place to place, they will spread like oil poured from one vessel to another, as it is written here in v. 2, *I will bless you and make your name great* (*Eitz Yosef*). And you will thereby attract many converts to the service of the One God, as the end of that verse states: *therefore maidens* (i.e., the nations) *love you* (ibid.).

The Midrash means to indicate that Abraham did not need to wander in order to perfect *himself.* His personal perfection had been achieved even among the idolaters and antagonists among whom he lived and who had cast him into the fiery furnace of Ur Kasdim. His wandering was needed only so that his fame would spread and attract many others to the Divine cause (*Yefeh To'ar*).

14. Although the Midrash already recorded an introduction to our passage from R' Berechyah, it now presents how he expounded our passage on a different occasion. [In another version of this Midrash (*Shir HaShirim Rabbah* on 1:2, §3), the preceding exposition is attributed to R' Yochanan rather than R' Berechyah (*Yefeh To'ar*; see also *Maharzu*).]

15. לְאַחוֹת means "to join," or more literally, "to sew together." The idea is that Abraham reunited ("sewed together," as it were) humankind with its Creator. For in his original state man was attached to God, but the sins of Adam and subsequent generations sundered that bond. It was Abraham who began the process of reattachment (*Eitz Yosef,* from *Nezer HaKodesh*). Alternatively: The idolatrous nations are factionalized and each has different strivings. The servants of Hashem, however, are unified in their service of the One God. Abraham was the one who began to unify ("sew together") mankind in this way (*Yefeh To'ar*).

16. This union that Abraham accomplished was not something new, but like one who repairs what was once whole (ibid.).

17. As we learned above (30 §8): At the age of 3 Abraham acknowledged his Creator (*Eitz Yosef*).

18. Abraham's parents and family were idolaters; he had no one to teach him about God. Rather, he discovered God and the precepts of Torah on his own (*Rashi, Eitz Yosef*). As taught in the Midrash below (98 §3), Abraham's two kidneys (i.e., his own counsel and intelligence) became like two jugs of water that gushed forth Torah (*Eitz Yosef*).

[Although according to the simple meaning of the verse, *she has no breasts* means that she is too young to have breasts *of her own,* the Midrash interprets it to mean that she had no *other* woman's breasts to suckle her (see, though, *Yefeh To'ar*).]

19. God is portrayed as discussing the matter with the angels, hence the use of the plural (as in *Let us make man,* above, 1:26) (*Ohr HaSeichel*).

20. As recounted by the Midrash above, 38 §13.

The "question" of what to do for Abraham indicates that each of the various possibilities has its merits: If he stands firm against Nimrod and is cast into the furnace, then on a strictly personal level, it would be better for Abraham to die there sanctifying God's Name, and thereby merit to bask in the Eternal Light. The reason to save him would be so that he could father a holy people – and yet that argument is somewhat mitigated by the inevitable emergence of wicked individuals within it. And if Abraham should submit to the demand to worship idols, shall God thenceforth sever His providential relationship with him? Or shall that providence continue because he will, after all, have acted only under duress [and even permissibly, according to the opinion that a Noahide is not required to forfeit his life rather than worship idols – see Insight Ⓑ on next page] (*Eitz Yosef,* from *Nezer HaKodesh*).

[Some commentators, however, maintain that there was never any doubt whether Abraham would sacrifice his life rather than worship idols. The only question was whether he would remain firm even as the flames engulfed him or whether he would then regret his devotion (see *Tiferes Tzion*).]

Surely, God, Who knows all, knew what Abraham would do. The Midrash, however, presents the narrative "in the language of man" (*Yefeh To'ar*).

21. A rampart wall, which is capable of withstanding assault without being felled (*Eitz Yosef,* from *Nezer HaKodesh*).

22. That is, I will build him into the nation of Israel, of which it is written (*Psalms* 68:14): *You will be like the wings of a dove that is coated with*

ב ״**וַיֹּאמֶר ה׳ אֶל אַבְרָם**״. **רַבִּי בֶּרֶכְיָה פָּתַח:** (שיר א, ג) ״**לְרֵיחַ שְׁמָנֶיךָ טוֹבִים שֶׁמֶן תּוּרַק שְׁמֶךָ**״, [ב]**אָמַר רַבִּי בֶּרֶכְיָה: לְמָה הָיָה אַבְרָהָם אָבִינוּ דוֹמֶה, לִצְלוֹחִית שֶׁל אֲפוֹפִילְסִימוֹן מוּקֶּפֶת צָמִיד פָּתִיל, וּמוּנַּחַת בְּזָוִית, וְלֹא הָיָה רֵיחָהּ נוֹדֵף כֵּיוָן שֶׁהָיְתָה °מְטוּלְטֶלֶת הָיָה רֵיחָהּ נוֹדֵף, כָּךְ אָמַר הַקָּדוֹשׁ בָּרוּךְ הוּא לְאַבְרָהָם אָבִינוּ: טַלְטֵל עַצְמְךָ מִמָּקוֹם לְמָקוֹם וְשִׁמְךָ מִתְגַּדֵּל בָּעוֹלָם:**

ג ״**וַיֹּאמֶר ה׳ אֶל אַבְרָם**״. **רַבִּי בֶּרֶכְיָה פָּתַח:** (שם ח, ח) ״**אָחוֹת לָנוּ קְטַנָּה וְשָׁדַיִם אֵין לָהּ וְגוֹ׳**״, [ג]״**אָחוֹת לָנוּ קְטַנָּה**״ **זֶה אַבְרָהָם שֶׁאִיחָה אֶת כָּל בָּאֵי הָעוֹלָם. בַּר קַפָּרָא אָמַר: כָּזֶה שֶׁהוּא מְאַחֶה אֶת הַקֶּרַע,** ״**קְטַנָּה**״ **שֶׁעַד שֶׁהוּא קָטָן הָיָה מְסַגֵּל מִצְוֹת וּמַעֲשִׂים טוֹבִים,** ״**וְשָׁדַיִם אֵין לָהּ**״, **לֹא הֱנִיקוּהוּ לֹא מִצְוֹת וְלֹא מַעֲשִׂים טוֹבִים,** ״**מַה נַּעֲשֶׂה לַאֲחוֹתֵנוּ בַּיּוֹם שֶׁיְּדֻבַּר בָּהּ**״, **בַּיּוֹם שֶׁגָּזַר עָלָיו נִמְרוֹד לֵירֵד לְתוֹךְ כִּבְשַׁן הָאֵשׁ,** (שם ח, ט) ״**אִם חוֹמָה הִיא נִבְנֶה עָלֶיהָ**״ **אִם מַעֲמִיד °דְּבָרִים כְּחוֹמָה נִבְנֶה עָלֶיהָ,° ״וְאִם דֶּלֶת הִיא נָצוּר עָלֶיהָ״, אִם דַּל הוּא בְּמִצְוֹת וּבְמַעֲשִׂים טוֹבִים**

רש״י

שמעי והטי אזנך. לדברי. לך לך מארלך וממולדתך ומבית אביך מפורש בתנחומא זו עבודת כוכבים שנאמר אומרים לעץ אבי אתה: **אחות לנו קטנה.** זה אברהם שאיחה להקב״ה עם כל העולם כולו כזה שהוא מאחה את הקרע: **קטנה.** שעד שהיה קטן סיגל מלות ומעשים טובים: **ושדים אין לה.** אב לא למדו רב לא היה לו מהיכן היה לומד תורה ס״א: **אם מעמיד דברים בחומה.** כנגד נמרוד כחומה שאדם הדן עם חבירו וממאן לעשות רלונו הוא נעשה כנגדו כחומה כמה דאת אמר ונתתיך לעם הזה לחומת נחשת בלורה ע״כ ומפרש בתנחומא נבנה עליה טירת כסף אם נותן נפשו על קדושת שמו נבנה עליה טירת כסף אגדל את שמו בעולם. ואם דל הוא מליתן נפשו על קדושת שמו נלור עליה לוח ארז:

מתנות כהונה

[ב] **אפופלסמון.** שמן מור: [ג] **שאיחה.** שחיברה ותפרה: ה״ג במדרש חזית כל באי עולם לפני הקב״ה [ובערוך ערך אח גרס כגירסת הספר]: ה״ג **בחומה נבנה עליה וגו׳.** נלילנו ונבנה אותו בעולם: **מעמיד דברים כו׳.** לחזק ולעמוד באמונת ה׳ יתברך:

אשד הנחלים

[ב] **לצלוחית כו׳.** אולי כיון בזה לתרץ שמדוע לא גלה ה׳ תיכף לאברהם המקום אשר בו ילך כ״א אמר אל המקום אשר אראך אח״כ. כי כיון בזה כדי שילך עתה בכל המקומות כדי שיתפרסם אמונתו בעולם כי בכל מקום שהיה הולך היה מכריז אמונת ה׳ ואחדותו ית׳ וקיבץ אנשים רבים ולמדם האמונה האמיתית והנה במקומו היו אנשים רעים שלא רצו להכיר אמונתו ית׳. וע״כ הי׳ כצלוחית המוקף צמיד פתיל באין ריחו נודף למרחוק אך אח״כ החל רוח אמונתו לנדוף וזהו לריח שמניך טובים. אך המה מכוסים לכן שמן תורק מכלי אל כלי שמך ואז יריחו ריחך: [ג] **שאיחה כו׳ שהוא מאחה את הקרע כו׳.** יש להבין מה הסביר לנו בזה. ויש להסביר הדבר בטוב טעם. וזה שבאמת ה׳ יתברך הוא משגיח בעולמו ונותן להם קיומם וחיותם ושפעו הטוב על כולם כצדיק כרשע אך כינוי הפרידה הוא. שהרשעים יפרדו ממנו ר״ל שלא יאמינו בהשגחתו [אף שבאמת הוא משגיח עליהם] וזהו כמו דבר הנקרע מהבגד ובסופו הוא מקושר רק קרוע כן הדבר הזה המה מדובקים ומקושרים עמו בהשגחה הכללית ורק המה יפרדו ממנו וע״כ יתפרדו מהשגחתו הפרטית וינהגו בהסתרות פנים. אך אברהם איחה וחיבר את כל באי עולם להאמין בה׳ וע״כ נדבק בם ההשגחה הפרטית. ובאור הכוונה שה׳ אומר לבית דינו הנה אברהם החל להתנוצץ בדרך טוב. אך הוא קטן וידעתי שסופו שיגזר עליו נמרוד שריפה מה נעשה בו: **נראה אם חומה.** ר״ל אם עומד בחוזק גדול מול נמרוד ואות הוא על גודל אמונתו אז נצילנו ונבנה אותו בעולם ר״ל שמזרעו יוסד העולם ויהיו פרי התכלית: **אם דלת הוא.** כמו הדלת המתנועע כן הוא פוסח

עץ יוסף

(ב) **רבי ברכיה פתח לריח כו׳.** כלומר שהוא כשמן הטוב שריחו מתפרסם לשבח בהיותו מורק מכלי אל כלי ומתטלטל ממקום למקום. אף כך אברהם ע״י טלטול נתגדל שמו בעולם בפרסום השגחת ה׳ עבור מעשיו הטובים. ומזה יתדבקו בו הרבה גרים. והיינו דמסיק ודריש עלה במדרש חזית סיפא דקרא על כן עלמות אהבוך אלו גרים שגיירו (נזה״ק): (ג) **רבי ברכיה פתח אחות כו׳.** יבואר ע״פ מאי דאי׳ במדרש שבחטא אדה״ר נסתלקה שכינה למעלה. וכן בחטא דור אנוש ודור המבול והפלגה נתרחק יותר אור קדושת השכינה מלמטה למעלה. ותחילת התיקון היה אברהם שעל ידו נעשה שוב חיבור וקישור בין עליונים לתחתונים. וז״ש שאיחה פי׳ שחיבר ותפר את כל באי עולם אל הקב״ה (תרגום לתפור לאחאה). ועי״ז מפרש בר קפרא כזה שהוא מאחה את הקרע. כי מתחלה היו העליונים ותחתונים לאחדים. ואח״כ בחטא אדם נעשה כקרע ביניהם. וא״א בכח לדקתו איחה את הקרע לחברם יחד (נזה״ק): **קטנה שעד כו׳.** תיבת קטנה היא ליון על תיבת קטנה שבפסוק: **שעד שהוא קטן כו׳.** וכמ״ש לעיל פ״ל בן ג׳ שנה הכיר אברהם את בוראו: **לא הניקוה לא מצות כו׳.** פי׳ שלא היה לו מי שילמדוהו להכיר להקב״ה אלא הוא מעלמו הכיר וקיים הכל מעלמו כמ״ש לקמן פי׳ נ״ה נעשו כליותיו כב׳ כדים של מים והיו נובעין חכמה כו׳: **מה נעשה לאחותינו כו׳.** ביום שגזר עליו נמרוד גזירה קשה לירד לתוך כבשן האש (כדאי׳ לעיל פ׳ ל״ח סי׳ י״ט) והוא כי אף אם ימסור נפשו יש לדדים אם להלילו אם לאו. כי מלד עלמו יותר היה טוב לו למות על קידוש השם לזכות נפשו באור הגנוז. ולא ניצל אלא כדי להקים ממנו זרע קדוש. ולפי שילאו ממנו ג״כ רשעים היו בזה מימינים ומשמאילים. וכן אם לא ימסור נפשו יש לדדים אם להרחיקו מאז מהשגחה העליונה. או אם עדיין ראוי לקרבו באשר לא עשה כן אלא מחמת אונס מיראה וכ״ש למ״ד ב״נ אינו מלווה על ק״ה: **אם חומה היא כו׳ אם מעמיד כו׳.** כדמפרש בתנחומא אם נותן נפשו כחומה זו שהיא עומדת מפני מלחמות הרבה וימסור עלמו על קידוש השם נבנה עליה טירת כסף אלו ישראל שקראם כנפי יונה נחפה בכסף. אבל אם הוא דל במלות ומע״ט לעבוד את השם בלב שלם ולפיכך לא ימסור עלמו על ק״ה. ובתנחומא הגי׳ ואם דל הוא מלמסור נפשו על ק״ה. נלור עליה לוח ארז מה הגורה הזו שבארז נוחה לטשטש ואינו מתקיים אלא לשעה. כך אין אני מתקיים עליו להשגיח בו אלא לשעה בימיו באשר עכ״פ לא עשה כן אלא מיראה. אבל מ״מ לא אתקיים עליו לדורות להקים ממנו זרע הגון המתקיים לדורות (נזה״ק): **בחומה נבנה עליה.** כצ״ל דהא נבנה עליה כתוב (יפ״ת):

פירוש מהרז״ו

(ב) **לריח שמניך טובים.** שמן תורק שמך על כן עלמות אהבוך. עי׳ שי״ר פסוק זה ושם איתא ר׳ יוחנן וכאן קילר בנמשל ועי׳ בתנחומא ביתר ביאור והגירסא שם: (ג) **אחות לנו.** הוא ד״א על מ״ש ויאמר ה׳ אל אברם והוא בשי״ר פסוק זה: **שאיחה את כל העולם.** שחיבר ותפר את כל העולם להקב״ה שמתחלה היה העולם מחובר להקב״ה כמ״ש לעיל פר׳ י״ט סימן ז׳ אלא שבחטא אדם והדורות נקרע החיבור. ואברהם איחה וחיבר וכמ״ש בפ׳ הנ״ל סימן ו׳ קלקלת עובדיך סב חוט וחייט: **קטן.** נ״ל קטנה עד שהוא קטן ותיבת קטנה היא ליון על תיבת קטנה שבפסוק. וכמ״ש לעיל פר׳ ל׳ סי׳ ח׳ בן ג׳ שנה הכיר אברהם את בוראו: **לא הניקוהו.** תיבת לא השני מיותר. ופירושו שלא היה לו מי שילמדהו להכיר להקב״ה אלא הוא מעלמו הכיר. ועי׳ לקמן פר׳ ס״ד סי׳ ד׳ ופר׳ נ״ה סימן ג׳ ובמ״ר פר׳ י״ד ריש סימן ב׳ ושם מבואר: **דברים בחומה.** שיעמוד בלב חזק בנסיון לקדש שמו יתברך נבנה עליה שיבנה ממנו העולם. טירת כסף. שיעמדו ממנו דורות של לדיקים כמ״ש חולין נ״ב שלשים כסף הובא בילקוט זכריה י״א על שלשים לדיקים וכמ״ש שי״ר שם שאני עתיד להעמיד כיתות וחבורות של לדיקים כיולא בו:

חידושי הרד״ל

(ג) [ג] **שאיחה כו׳.** שאחיר עליהם ליחד לבבם לאביהם שבשמים:

(ד) **מאחה את הקרע.** קטנה שעד שהוא כצ״ל ול׳ קטנה דקרא קדריש וכ״כ בערוך ע׳ אח ע״ש ועי׳ בתנחומא הלשון בזה:

(ה) **ביום שידובר בה. ביום שגזר כו׳.** דריש ידובר ל׳ מכת דבר והשמדה או כפשוטו ביום שנדבר עליו בב״ד שלמעלה אם להלילו אם לא והיינו ביום שנגזר והיה לריך הללה:

(ו) **אם מעמיד דבריו.** כצ״ל וכן הוא להלן מעמיד אני דברי:

(ז) **נבנה עליה ואם דלת כו׳.** כצ״ל וכ״ה במ״כ ובשה״ר. וידרש לפ״ז טירת כסף הוא פלטין כוסף תשוקתו ואהבתו של הקב״ה להשכין כבודו עליו. והשיב. אני חומה תוכל לבנות עלי ואעמוד דברי. ושדי בנים שאניק ויגדלו מזרעי יהיה ג״כ כמגדלות חזקים על החומה. והם חמ״ו שהיו כמגדלות גבוהים בכל האוכלוסין וכמ״ש עליהם בת״כ אחרי מות ועי׳ שה״ר פ״ז. ובהגהותי שם בס״ד:

חידושי הרש״ש

[ג] **כזה שהוא מאחה את הקרע קטנה כו׳.** כצ״ל ותיבת קטנה הוא ליון על קטנה שבקרא:

באור מהרי״פ

ב אפופילסימין. מבואר לעיל ר״פ כ״ז ע״ש:

ג לא הניקוהו. פירוש שלא הי״ל ממי לינק ומה שקיים מעלמו קיים וכמבואר לקמן פנ״ה נעשו כליותיו כב׳ דדין כו׳ והיו נובעות חכמה כו׳ (יפ״ת):

מסורת המדרש

ב תנחומא כאן סימן ג׳. שה״ש פ׳ א׳. ילקוט שם רמז תתקפ״א:
ג שם פרשה ח׳ פיסקא ה׳. תנחומא כאן סי׳ ב׳. ילקוט שה״ש רמז תתקל״ד:

אם למקרא

לְרֵיחַ שְׁמָנֶיךָ טוֹבִים שֶׁמֶן תּוּרַק שְׁמֶךָ עַל כֵּן עֲלָמוֹת אֲהֵבוּךָ: (שיר השירים א:ג)

אָחוֹת לָנוּ קְטַנָּה וְשָׁדַיִם אֵין לָהּ מַה נַּעֲשֶׂה לַאֲחֹתֵנוּ בַּיּוֹם שֶׁיְּדֻבַּר בָּהּ: (שיר השירים ח:ח)

demand,[23] "נָצוּר עָלֶיהָ לוּחַ אָרֶז" — ***we will draw on her*** as on ***a board of cedar***: מַה הַצּוּרָה הַזּוֹ אֵינָהּ אֶלָּא לְשָׁעָה, כָּךְ אֵין אֲנִי מִתְקַיֵּים עָלָיו אֶלָּא לְשָׁעָה — **Just as a drawing** on wood **is only temporary, so I will stand over [Abraham]** to protect him **only temporarily."**[24] אָמַר לְפָנָיו: רִבּוֹן הָעוֹלָמִים "אֲנִי חוֹמָה", מַעֲמִיד אֲנִי דְּבָרַי — **[Abraham]** thereupon **declared before [God], "Master of the Worlds, *I am a wall!*** (ibid. v. 10), meaning: **I will stand firm in my words** and sacrifice my life for Your Name! "וְשָׁדַי כַּמִּגְדָּלוֹת", זֶה חֲנַנְיָה מִישָׁאֵל וַעֲזַרְיָה — ***And my breasts are like the towers*** *thereof!*" (ibid.), **this being** an allusion to Abraham's offspring,[25] **Hananiah, Mishael, and Azariah,** who similarly allowed themselves to be thrown into a fiery furnace in sanctification of God's Name.[26]Ⓐ "אָז הָיִיתִי בְעֵינָיו כְּמוֹצְאֵת שָׁלוֹם" — Abraham concluded: ***"Then I was in His eyes like one who found*** [מוֹצֵאת] ***peace"*** (ibid.), שֶׁנִּכְנַס בְּשָׁלוֹם לַכִּבְשָׁן וְיָצָא בְּשָׁלוֹם — alluding to the fact **that [Abraham] entered the furnace in peace and exited** [מוּצֵאת] it **in peace,** i.e., unharmed.[27]Ⓑ

NOTES

"silver" (*Eitz Yosef,* from *Nezer HaKodesh*). Alternatively, the Midrash expounds כֶּסֶף as כֹּסֶף, *desire*; i.e., We will build on Abraham the "turret" of God's desire to rest His glory upon him (*Radal*).

23. The Midrash relates the word דָּלֶת here to the word דַּל, *poor.* It does not, however, mean to disregard the literal meaning "door"; i.e., if Abraham will not be like "a wall" that stands firm, but rather like "a door" that swings open when force is exerted against it (*Yefeh To'ar*).

The "poverty" in mitzvos and good deeds would be the cause for yielding to Nimrod's pressure. The ability to sacrifice one's life for sanctification of the Name derives from being strong and accomplished in one's service of God. Weakness in that service is what causes a person to quail when put to the ultimate test (see ibid.).

Our Midrash has already established that "while yet a child [Abraham] would amass mitzvos and good deeds." Yet here it expresses the possibility that he would be "poor in mitzvos and good deeds"! See *Tiferes Tzion* for a possible resolution of this difficulty.

24. A drawing made on cedar wood is easily smudged and does not endure. Similarly, if Abraham is unwilling to die to sanctify God's Name, He will protect him temporarily — i.e., for his lifetime — since, after all, his failure stems from the natural fear of death. However, God will not watch over him forever, to establish an upright and enduring lineage from him (*Eitz Yosef,* from *Nezer HaKodesh*).

25. *My breasts* are a metaphor for "my children," who nurse at their mother's breasts (*Yefeh To'ar*).

26. As recounted in *Daniel* Ch. 3. Because Abraham was prepared to sacrifice himself to sanctify God's Name, he merited to have extended from him a lineage that inherited his qualities (*Eitz Yosef,* from *Nezer HaKodesh*). They are called "towers" because of their towering stature or because of their great number (*Yefeh To'ar*). Alternatively, they too are like unmoving towers atop the wall, withstanding the assaults against them (see *Rashi*).

27. The Midrash is expounding the word מוֹצֵאת ("one who found") as if it were vowelized מוּצֵאת ("one who was brought out") (*Eitz Yosef,* from *Yefeh To'ar*).

INSIGHTS

Ⓐ **The Patriarchs: The Source of Jewish Heroism** The towering courage of Hananiah, Mishael, and Azariah — allowing themselves to be cast into Nebuchadnezzar's fiery furnace rather than bow to the idol — was built upon the mighty and eternal wall that Abraham had erected with his own trailblazing self-sacrifice. This is an expression of the fundamental principle in understanding the lives of our Patriarchs: *Everything that happened to the Patriarchs is a portent for the children* (see below, Insight on 40§ 6, "The Patriarchs: Fathers of our History").

King Solomon declares (*Proverbs* 20:7): מִתְהַלֵּךְ בְּתֻמּוֹ צַדִּיק אַשְׁרֵי בָנָיו אַחֲרָיו, *When a tzaddik proceeds in his wholesomeness, praised are his children after him.* Many are the traits that a *tzaddik* acquires only through the hard, unremitting labor of self-perfection — by conquering that most implacable of enemies: himself! But to his children after him, these traits are second nature (*Ruach Chaim* to *Avos* 5:4). They have become part of the spiritual genome of Israel. How often have we seen even ordinary Jews risk their lives and suffer all kinds of affliction to sanctify God's Name. This last century has seen Jewish suffering and heroism of both great and ordinary people to rival any throughout the ages. Where does this self-sacrifice come from? From Abraham, who entered Nimrod's furnace in Ur Kasdim rather than renounce his faith in God! That trial branded indelibly into Israel's character that loyalty to God stands above life. The towers of Hananiah, Mishael, and Azariah were natural extensions of Abraham's wall, nourished by the life-giving milk he gave to his offspring (*Yefeh To'ar* ד"ה מה נעשה).

Ⓑ **"I am a wall!" Halachic Undercurrent** The author of *Mishneh LaMelech,* in the second *Derush* of his *Parashas Derachim,* presents a different exposition of the uncertainty concerning Abraham's potential reaction to Nimrod's test and Abraham's declaration in that regard. These, he asserts, are to be understood against the background of several relevant halachic issues:

(i) Did the Patriarchs (and their offspring, before the giving of the Torah at Sinai) have the status of "Jews" or of "Noahides"? *Ramban* is of the opinion that they had the status of "Jews," whereas the Tosafists maintain that they had the status of "Noahides." [This issue is discussed at length in the first *Derush* of *Parashas Derachim.*]

(ii) A Jew is commanded to "sanctify the Name" — i.e., he is required to forfeit his life rather than commit a cardinal sin, such as idol worship. Is a Noahide similarly commanded? This is debated by the Gemara (*Sanhedrin* 74b-75a). And the Gemara (as explained by *Tosafos* ad loc., and *Rambam, Hil. Melachim* 10:2) concludes that a Noahide is *not* commanded to forfeit his life rather than worship idols.

(iii) In situations where a person is *not* required to forfeit his life rather than transgress a Torah law (e.g., one threatens to kill a Jew should he refuse to commit a non-cardinal sin in private [other than in a time of שְׁמָד, *religious persecution*] such as desecrating the Sabbath), is the Jew nonetheless *permitted* to forfeit his life and thereby sanctify the Name? *Tosafos* (*Avodah Zarah* 27b) maintain that he is permitted, whereas *Rambam* (*Hil. Yesodei HaTorah* 5:1,4) maintains that he is forbidden and that doing so is tantamount to suicide. However, if one is known as a great person, he may do so, so that the people learn to fear God (*Nimukei Yosef* on *Sanhedrin* loc. cit.). And while *Maharit* (*Tzafnas Pane'ach,* end of *Parashas Toldos*), maintains that the great person's permit of voluntary sacrifice applies only to a Jew (who is commanded to sanctify God's Name) but not to a Noahide (who is not thus commanded), *Yefeh To'ar* (cited by *Parashas Derachim*) maintains that this permit applies even to a Noahide.

(iv) God abrogates the laws of nature only for Jews, but not for non-Jews. As the Sages say, "Israel is not governed by the stars" (*Shabbos* 156a; see *Jeremiah* 10:2).

In light of all this, *Parashas Derachim* interprets our Midrash as follows: The angels (to whom v. 8:8 in *Song of Songs* is attributed, see Targum ad loc.) were of the opinion that Abraham had the status of a Noahide, because he kept the Torah on his own, without being commanded by God to do so. Thus they said, *We have a little sister,* who amassed mitzvos while still a child, but *she has no breasts* that suckled her with those mitzvos — i.e., she was not commanded by God to do so. Abraham's fulfillment of the mitzvos, then, is voluntary and he remains a Noahide. What then will be on the day that Nimrod casts him into the fiery furnace? Either way, a desecration of God's Name will ensue. For if Abraham does as a Noahide is commanded — to worship the idol rather than forfeit his life — the idolaters will prevail. And if he allows himself instead to be cast into the furnace, surely God will not save him, because he will have violated the command against committing suicide, and again the idolaters will prevail! To this, God replied, *If she be a wall, we will build upon her a turret of silver* — i.e., if he stands firm, I will save him from the furnace, because he has the status of a Jew who *is* commanded to sanctify My Name. The proof that he is a Jew is that I will abrogate nature for him to father a nation (*we will build upon her a turret of silver*) — something he is naturally incapable of (see *Ko-*

"נָצוּר עָלֶיהָ לוּחַ אָרֶז", מַה הַצּוּרָה הַזּוֹ אֵינָהּ אֶלָּא לְשָׁעָה, כָּךְ אֵין אֲנִי מִתְקַיֵּים עָלָיו אֶלָּא לְשָׁעָה. אָמַר לְפָנָיו רִבּוֹן הָעוֹלָמִים "אֲנִי חוֹמָה", מַעֲמִיד אֲנִי דְּבָרִים כְּחוֹמָה°, "וְשָׁדַי כַּמִּגְדָּלוֹת", זֶה חֲנַנְיָה מִישָׁאֵל וַעֲזַרְיָה, "אָז הָיִיתִי בְעֵינָיו כְּמוֹצְאֵת שָׁלוֹם", שֶׁנִּכְנַס בְּשָׁלוֹם° וְיָצָא בְשָׁלוֹם:

ד "וַיֹּאמֶר ה' אֶל אַבְרָם לֶךְ לְךָ". (קהלת ז, יט) "הַחָכְמָה תָּעֹז לֶחָכָם° מֵעֲשָׂרָה שַׁלִּיטִים אֲשֶׁר הָיוּ בָּעִיר", [י]מֵעֲשָׂרָה דּוֹרוֹת שֶׁמִּנֹּחַ וְעַד אַבְרָהָם שֶׁמִּכּוּלָּם לֹא דִּבַּרְתִּי עִם אֶחָד אֶלָּא עִמְּךָ, "וַיֹּאמֶר ה' אֶל אַבְרָם לֶךְ לְךָ":

ה רַבִּי עֲזַרְיָה פָּתַח: (ירמיה נא, ט) [ה]"רִפִּאנוּ אֶת בָּבֶל וְלֹא נִרְפָּתָה עִזְבוּהָ וְנֵלֵךְ אִישׁ לְאַרְצוֹ", "רִפִּאנוּ אֶת בָּבֶל", בְּדוֹר אֱנוֹשׁ, "וְלֹא נִרְפָּתָה", בְּדוֹר הַמַּבּוּל, "עִזְבוּהָ", בְּדוֹר הַפַּלָּגָה, "וְנֵלֵךְ אִישׁ לְאַרְצוֹ", "וַיֹּאמֶר ה' אֶל אַבְרָם לֶךְ לְךָ":

ו רַבִּי עֲזַרְיָה מִשּׁוּם רַבִּי אַחָא פָּתַח: (תהלים מה, ח) "אָהַבְתָּ צֶּדֶק וַתִּשְׂנָא רֶשַׁע עַל כֵּן מְשָׁחֲךָ אֱלֹהִים אֱלֹהֶיךָ שֶׁמֶן שָׂשׂוֹן מֵחֲבֵרֶיךָ", רַבִּי עֲזַרְיָה פָּתַר קְרָיָיה בְּאַבְרָהָם, [י]בְּשָׁעָה שֶׁעָמַד אַבְרָהָם אָבִינוּ לְבַקֵּשׁ רַחֲמִים עַל הַסְּדוֹמִיִּים, מַה כְּתִיב תַּמָּן (לקמן יח, כה) "חָלִלָה לְּךָ מֵעֲשׂת כַּדָּבָר הַזֶּה לְהָמִית צַדִּיק עִם רָשָׁע וְהָיָה וְגוֹ'", אָמַר רַבִּי אַחָא:

עץ יוסף

אמר לפניו כו' אני חומה. למסור נפשי על ק"ה. וכן גם שדי כמגדלות זה חמ"ו. כלו' עבור זה גם זרעו יהיו בדוגמתו כי ידמו לשורשם. והמדרש סידר כן הדברים בדרך שאלה ותשובה. ועיקר הכוונה לומר שאברהם מסר נפשו בכל לב בלבב שלם. ולכך זכה להעמיד צדיקים כמותו והוקם ממנו גוי גדול אשר לו אלהים קרובים אליו ושמו ית' נקרא עליהם כדכתיב כי חלק ה' עמו (נזה"ק): **שנכנס בשלום.** ולא הזיקוהו בידים כדרך הנדונים למיתה כי יד כל העם בו מיד (יפ"ת): **ויצא בשלום.** וכמוצאת לשון יציאה כמו היא מוצאת בשור"ק המ"ס: **(ד) החכמה תעוז לחכם זה אברהם.** כצ"ל והכי אי' בק"ר ועוז הוא ענין נבואה דאין עוז גדול מזה להיות קרוב לה' ומתייחד אליו הדיבור. מעשרה שליטים אשר היו בעיר הדורות אשר שלטו בעולם הדומה לעיר קטנה: **מעשרה דורות שמנח ועד אברהם.** עשרה דורות הם שם ארפכשד שלח עבר פלג רעו שרוג נחור תרח אברם הרי ביחד עם אברהם יש י' דורות. וחושב דרך כלל י' דורות עם אברהם: **אלא עמך.** ודריש לך לחודך דברתי ולא לעשרה דורות שקדמוך (יפ"ת). ובק"ר פ' החכמה תעוז הגי' שמנח עד אברהם לא בחר הקב"ה בכולם ולא כרת אתם ברית אלא עמו: **(ה) רפאנו את בבל כו'.** לעיל פ' ל"ח סי' ה'. ושם מבואר מ"ש ונלך איש לארצו שהפילם ה' על פני כל הארצות כל אחד לארץ המיוחד לו כפי מדרגתו. והיינו דמסיק ויאמר ה' אל אברם לך לך כלו' גם לאברהם נאמר לך לך היינו אל ארץ המיוחדת לך (נזה"ק): **(ו) פתח אהבת צדק כו'.** מייתי זה לתרולי יתורא דלך לך: **חלילה לך כו'**

פירוש מהרז"ו

אלא לשעה. עד שיעמוד צדיק אחר גדול ממנו שיבנה ממנו העולם. וכמ"ש לקמן פר' מ"ד סימן ה' ע"ש. והשיב אברהם מעמיד אני וכו' לעמוד בנסיון: **זה חנניה מישאל ועזריה.** עי' שי"ר פסוק אמרתי אעלה בתמר סנהדרין דף צ"ג: **נכנס בשלום ויצא.** נכנס לכבשן האש בהבטחה שיעמדו ממנו כל חבורות הצדיקים ואז אמר לו אח"כ לך לך מארצך: **(ד) מעשרה דורות.** עי' קהלת רבה פסוק זה: **לא דברתי עם אחד.** היו"ד דורות הם שם ארפכשד שלח עבר פלג רעו שרוג נחור תרח אברם הרי ביחד עם אברהם יש יו"ד דורות ואיך אמר מעשרה שליטים ולא יתכן לכלול גם נח שהרי עם נח דיבר כמפורש בסדר נח ומההכרח לומר שחושב דרך כלל יו"ד דורות עם אברהם וכן הפירוש במשנה עשרה דורות מאדם ועד נח עם אדם ונח ועשרה דורות מנח ועד אברהם היינו מלבד נח. ואף דאיתא בתד"א. שם היה נביא ד' מאות שנה וכמ"ש לקמן סוף פר' מ"ח ויאמר ה' לה ע"י שם בן נח. ולעיל סוף פר' ל"ז סי' ז' איתא נביא גדול היה עבר מאחר שאין נביאותם מפורשת בתורה אינם נחשבים. ובקהלת רבה פסוק החכמה תעוז שם הגירסא שמנח עד אברהם לא בחר הקב"ה בכולם ולא כרת אתם ברית אלא עמו ועיין לקמן סוף סימן ו': **(ה) רפינו את בבל.** לעיל פ' ל"ח סימן ה' ושם מבואר: **(ו) אהבת צדק.** לקמן פר' מ"ט סוף סימן ט'. ויק"ר ריש פר' י' עי' מש"ש:

חידושי הרד"ל

(ח) כמוצאת שלום. שהוציאו מאור כשדים לשלום וצ"ל דיליף ממ"ש בתמר היא מוצאת לדרוש היא מוצאת מן האור לשלום:

(ט) [ד] ומכולם לא דברתי אלא עמך. י"ל ז"ש בקהלת (אחר מקרא זה דהחכמה תעוז) כי אדם אין צדיק בארץ וגו' שאף נח איש צדיק חטא ולכן לא דבר כ"א עם אברהם אשר בחר בו:

חידושי הרש"ש

[ו] חלילה לך כו'. כשבעת כו' ומה אתה מערים על השבועה. דמלינו לשון זה בחילול שבועה לא יחל דברו:

מסורת המדרש

ד ילקוט קהלת רמז תתקע"ו: ה לעיל פ' ל"ח וש"נ: ו לקמן פ' מ"ט. ויק"ר פ' י'. פסיקתא רבתי פל"ג. ילקוט תהלים רמז תש"כ:

אם למקרא

אִם־חוֹמָה הִיא נִבְנֶה עָלֶיהָ טִירַת כָּסֶף וְאִם־דֶּלֶת הִיא נָצוּר עָלֶיהָ לוּחַ אָרֶז: (שיר השירים ח:ט)

הַחָכְמָה תָּעֹז לֶחָכָם מֵעֲשָׂרָה שַׁלִּיטִים אֲשֶׁר הָיוּ בָּעִיר: (קהלת ז:יט)

רִפִּאנוּ אֶת בָּבֶל וְלֹא נִרְפָּתָה עִזְבוּהָ וְנֵלֵךְ אִישׁ לְאַרְצוֹ כִּי נָגַע אֶל הַשָּׁמַיִם מִשְׁפָּטָהּ וְנִשָּׂא עַד שְׁחָקִים: (ירמיהו נא:ט)

אָהַבְתָּ צֶּדֶק וַתִּשְׂנָא רֶשַׁע עַל כֵּן מְשָׁחֲךָ אֱלֹהִים אֱלֹהֶיךָ שֶׁמֶן שָׂשׂוֹן מֵחֲבֵרֶיךָ: (תהלים מה:ח)

חָלִלָה לְּךָ מֵעֲשׂת כַּדָּבָר הַזֶּה לְהָמִית צַדִּיק עִם רָשָׁע וְהָיָה כַצַּדִּיק כָּרָשָׁע חָלִלָה לָּךְ הֲשֹׁפֵט כָּל הָאָרֶץ לֹא יַעֲשֶׂה מִשְׁפָּט: (בראשית יח:כה)

רש"י

ס"א. **מה הצורה הזאת אינה אלא לשעה שצרים בששר.** ע"כ: אמר אני נותן נפשי על קדושת שמך אני חומה מעמיד אני דברי כחומה ושדי כמגדלות אלו בני חנניה מישאל ועזריה שאף הן עתידין להעמיד דבריך כמגדלות שמוסרים נפשם לכבשן האש: **[ה] רפאנו את בבל בדור אנוש.** שלא שטפו מים אלא שליש של עולם בדור אנוש ונתרפאת בבל מאותו שטף ולא נתרפאת בימי המבול שכיון שלא שבה בימי המבול נשטפה: **עזבוה בדור הפלגה.** ונלך איש לארצו על כן קרא שמה בבל כי שם וגו' ונתפרשו הכל משם ואף אברהם פי' דכתיב ויאמר ה' אל אברם לך לך:

מתנות כהונה

[מה הצורה גרסינן]: **מתקיים עליו.** לעמוד ולהשגיח ולהציל מיד הקמים עליו: **זה חנניה כו'.** שהושלכו גם הם בכבשן וניצולו: **[ה] רפינו.** כן הוא הקרי וע"ל פל"ח:

נחמד למראה

ה [ה] **ר' עזריה פתח רפאנו את בבל וכו' בדור אנוש וכו'.** המאמר הזה תמצא מבואר בס' הר"ב עמודיה שבעה ובעמוד אברהם דהיינו כי לא נתקנו וצריכים היו לבא עוד למצרים כדי לסבול עול גלות ולתקן יע"ש. ונ"ל שעם זה יתבאר הכתוב בירמיה (נ"א) רפאנו את בבל ולא נרפתה עזבוה ונלך איש לארצו כי נגע אל השמים משפטה ונשא עד שחקים ע"כ. דסיפיה דקרא גלי לן דאמאי לא נענשו משפט חזק כל אחד בדורו כדי שיתוקן ונתן טעם כי זה לא היה באפשרות משום שהמשפט צריך שיהיה תקיף מאד שלא היו יכולין לסבול משום כי נגע אל השמים משפטה ונשא עד שחקים ולכן חזר והביאם פעמים אחרים לגרפס לצרוף אחר צירוף. ודו"ק:

אשד הנחלים

על שתי הסעיפים איני מעמיד עליו אלא לשעה אחת [ואף שהקב"ה יודע כל עכ"ז הוא מודיע זאת לבית דינו]. והיתה התשובה אני חזק כחומה ועומד באמונתי וגם ילדי אשר יניקו ממני ויקבלו אמונתי יחזקו מאוד כמוני וכאשר ראה את לבבי [ידבר בשם אברהם] אז הייתי בעיניו כמוצאת שלום ר"ל נחשבת בעיניו למאוד מחמת שעשיתי בשלימות לבי ולכן ניצלתי ואמר בכף הדמיון כמוצאת להיות שעי"ז עשה שלום עם ה' כביכול ואף שאין צריך להם ולשלומם. אך עכ"ז מרוב חסדו וטובו. יחפוץ להטיב לאדם וחפץ שיבטח האדם בו ומאמין באמיתתו כדי שיזכה לטוב והבן זה וכוונת הפתיחה להסמיך דברי הכתוב שאחר שניצל מאור כשדים וקידש שם שמים אז אמר לו שילך למקום המקודש ושם יזכה לכל טוב: **[ה] רפינו את בבל כו'.** פרשתי לעיל בפרשת נח. וכוונתם בכלל שהרי זה כמו שאומר ה' חפצתי לרפאותם אולי יכירו אמונתי ע"י עונשי ששלחתי עליהם אך לא הועיל להם ולכן אמר ה' לאברהם הנה לא תועיל עוד לאנשי מקומך כי המה לא ישמעו לקול תוכחתך לכן לך לך מארצך וזהו עזבוה ונלך איש לארצו כלומר למקום המיוחד כי רק שם יוכר כבוד אברהם ורק שמה יקובל אמונתו האמיתית:

§4 **וַיֹּאמֶר ה׳ אֶל אַבְרָם לֶךְ לְךָ** — *HASHEM SAID TO ABRAM, "GO FOR YOURSELF FROM YOUR LAND, ETC."*

God speaking to Abraham in this verse represents the first direct communication from God to a human being found in Scripture since God spoke to Noah at the time of the Flood. The Midrash finds an allusion to this in a verse from *Ecclesiastes*:

"הַחָכְמָה תָּעֹז לֶחָכָם", זֶה אַבְרָהָם — It is written, *Wisdom strengthens the wise man more than ten rulers who are in the town* (*Ecclesiastes* 7:19). ***Wisdom strengthens the wise man*** **is** referring to **Abraham.** **מֵעֲשָׂרָה שַׁלִּיטִים אֲשֶׁר הָיוּ בָּעִיר", מֵעֲשָׂרָה דוֹרוֹת שֶׁמִּנֹּחַ וְעַד אַבְרָהָם** — And the verse is saying that wisdom strengthened him[28] ***more than ten rulers who are in the town,*** i.e., **more than the** other members of the **ten generations from Noah until Abraham.**[29] **שֶׁמִּכּוּלָּם לֹא דִּבַּרְתִּי עִם אֶחָד אֶלָּא עִמָּךְ** — For God said to Abraham, **"And of all of [those generations] I did not speak with a single one except with you."**[30] **"וַיֹּאמֶר ה׳ אֶל אַבְרָם לֶךְ לְךָ"** — Thus it is stated here, ***HASHEM said to Abram, "Go for yourself,*** *etc."*[31]

§5 **[וַיֹּאמֶר ה׳ אֶל אַבְרָם לֶךְ לְךָ]** — *HASHEM SAID TO ABRAM, "GO FOR YOURSELF FROM YOUR LAND, ETC."*

Citing a verse in *Jeremiah,* the Midrash places Abraham's Divinely ordained migration to Canaan in the context of a broader historical pattern:

רַבִּי עֲזַרְיָה פָּתַח — **R' Azaryah opened** his discourse on this passage by quoting the following verse: **"רִפִּאנוּ אֶת בָּבֶל וְלֹא נִרְפָּתָה עִזְבוּהָ וְנֵלֵךְ אִישׁ לְאַרְצוֹ"** — ***We tried to heal Babylonia, but she was not healed; leave her, and we shall go, each man to his land*** (*Jeremiah* 51:9). **"רִפִּאנוּ אֶת בָּבֶל", בְּדוֹר אֱנוֹשׁ** — ***We tried to heal Babylonia*** refers to the preliminary flood **in the generation of Enosh.**[32] **"וְלֹא נִרְפָּתָה", בְּדוֹר הַמַּבּוּל** — ***But she was not healed*** — **in the generation of the Flood** of Noah.[33] **"עִזְבוּהָ", בְּדוֹר הַפַּלָּגָה** — *Leave her,* meaning that therefore **in the generation of the Dispersion** most of mankind would be forced out of Babylonia;[34] **"וְנֵלֵךְ אִישׁ לְאַרְצוֹ"** — ***and we shall go, each man go to his land,***[35] **"וַיֹּאמֶר ה׳ אֶל אַבְרָם לֶךְ לְךָ"** — as is written here, ***HASHEM said to Abram, "Go for yourself . . .*** *to the land that I will show you."*[36]

§6 **[וַיֹּאמֶר ה׳ אֶל אַבְרָם]** — *HASHEM SAID TO ABRAM, ETC.*

The Midrash discusses why God chose Abraham to be the first prophet since Noah:

רַבִּי עֲזַרְיָה מִשּׁוּם רַבִּי אַחָא פָּתַח — **R' Azaryah,** speaking **in the name of R' Acha, opened** his discourse on this passage by quoting the following verse: **"אָהַבְתָּ צֶּדֶק וַתִּשְׂנָא רֶשַׁע עַל כֵּן מְשָׁחֲךָ אֱלֹהִים אֱלֹהֶיךָ שֶׁמֶן שָׂשׂוֹן מֵחֲבֵרֶיךָ"** — ***You love righteousness and hate wickedness; therefore has God, your God, anointed you with oil of joy from among your peers*** (*Psalms* 45:8). **רַבִּי עֲזַרְיָה פָּתַר קְרָיֵיהּ בְּאַבְרָהָם** — **R' Azaryah interpreted the verse** as **concerning Abraham.**[37] **בְּשָׁעָה שֶׁעָמַד אַבְרָהָם אָבִינוּ לְבַקֵּשׁ רַחֲמִים עַל הַסְּדוֹמִיִּים, מַה כְּתִיב תַּמָּן** — For **when our forefather Abraham stood to pray for mercy for the Sodomites, what is written there** as his plea to God? **"חָלִלָה לְּךָ מֵעֲשֹׂת כַּדָּבָר הַזֶּה לְהָמִית צַדִּיק עִם רָשָׁע וְהָיָה וְגוֹ׳"** — ***Far be it from You to do such a thing, to bring death upon the righteous along with the wicked; so that*** *the righteous* **will be** *like the wicked* (below, 18:25). **אָמַר רַבִּי אַחָא** — **R' Acha said:**

NOTES

28. Abraham had the wisdom to reject idolatry and to worship God.

29. The ten generations listed above, 11:10-27, in the line of descent from Noah to Abraham. The ten generations are inclusive of Abraham but exclusive of Noah (*Eitz Yosef*); see *Avos* 5:2 and *Tosfos Yom Tov* ד״ה עשרה דורות מנח. The Midrash is saying that *the ten rulers who are in the town* is an allusion to those ten generations, *the town* referring to the world, which is compared in *Ecclesiastes* to a small town (*Eitz Yosef;* see *Ecclesiastes* 9:14 and above, 33 §2).

30. The "strengthening" mentioned in *Ecclesiastes* thus alludes to prophecy, since there is no greater strength than being close to God and in direct communication with Him. [According to the Midrash both Shem and Eber were in fact prophets; see above, 37 §7, and below, 48 §20. However, the Midrash here is not taking them into account since their prophecies are not mentioned explicitly in Scripture (*Maharzu*).]

31. *Eitz Yosef* (from *Yefeh To'ar*) suggests that the Midrash understands the seemingly superfluous word לְךָ (*for yourself*) as meaning that God's word is "for you alone," He has not spoken to anyone else. (However, see above, 34 §5.)

32. When mankind began the practice of idolatry, God flooded large parts of the world in response; see above, 23 §7. The verse here is saying that the punishment inflicted upon the generation of Enosh should have served as a deterrent later on in history for the people dwelling in Babylonia so that they would not similarly sin (*Matnos Kehunah* on 38 §5). See below, note 34.

33. That is, even the fact that God had already sent a flood to wipe out almost all of humanity for their sins did not in the end stop the people who had settled in Babylonia from sinning. See next note.

34. I.e., when mankind sinned by constructing the Tower of Babel (Babylonia), not heeding the lessons of the past, they were punished by being dispersed throughout the world, away from Babylonia (above, 11:1-9). [R' Azaryah had offered this exposition of the verse above, 38 §5, in reference to the Dispersion. He repeats it here for the allusion to Abraham at the end of the verse, which he will mention presently.]

35. That is, at the time of the Dispersion *each man* was sent *to his land,* i.e., the country that was appropriate for him. Thus, Abraham, who was alive at the time of the Dispersion (Abraham was born in the year 1948 after Creation, while the Dispersion occurred in the year 1996), was similarly sent to the country that was appropriate for him, which was Canaan, the Holy Land (*Eitz Yosef*). [Abraham had begun his journey to Canaan from Ur Kasdim (above, 11:31), or "Ur of the Chaldeans," which is in Babylonia.]

36. *Yefeh To'ar* suggests that here too the Midrash is basing its exposition on the seemingly extraneous word, לְךָ (*for yourself*), understanding it as meaning "the land that is (appropriate) for you."

37. As will be explained later on in this section.

INSIGHTS

heles Rabbah 5 §4); this abrogation of nature indicates that he is a *Jew.* And Abraham himself declared, *I am a wall, and my breasts are like the towers thereof* — a reference to Hananiah, Mishael, and Azariah, who were not duty-bound to be cast into Nebuchadnezzar's furnace, since the image they were refusing to bow to was not meant to be an object of worship (according to *Tosafos, Kesubos* 33b). That is, even if I am a Noahide (as the angels think), I have the right to sanctify the Name *voluntarily.* And even if the law is that voluntary sacrifice is generally tantamount to suicide, I have the great person's permit to do so in order that people will learn from me to fear God.

״נָצוּר עָלֶיהָ לוּחַ אָרֶז״, מַה הַצּוּרָה הַזּוֹ אֵינָהּ אֶלָּא לְשָׁעָה, כָּךְ אֵין אֲנִי מִתְקַיֵּים עָלָיו אֶלָּא לְשָׁעָה. אָמַר לְפָנָיו רִבּוֹן הָעוֹלָמִים ״אֲנִי חוֹמָה״, מַעֲמִיד אֲנִי דְּבָרִים כְּחוֹמָה°, ״וְשָׁדַי כַּמִּגְדָּלוֹת״, זֶה חֲנַנְיָה מִישָׁאֵל וַעֲזַרְיָה, ״אָז הָיִיתִי בְעֵינָיו כְּמוֹצְאֵת שָׁלוֹם״, שֶׁנִּכְנַס בְּשָׁלוֹם° וְיָצָא בְשָׁלוֹם:

ד ״וַיֹּאמֶר ה׳ אֶל אַבְרָם לֶךְ לְךָ״. (קהלת ז, יט) ״הַחָכְמָה תָּעֹז לֶחָכָם° מֵעֲשָׂרָה שַׁלִּיטִים אֲשֶׁר הָיוּ בָּעִיר״, ״מֵעֲשָׂרָה דּוֹרוֹת שֶׁמִּנֹּחַ וְעַד אַבְרָהָם שֶׁמִּכּוּלָּם לֹא דִּבַּרְתִּי עִם אֶחָד אֶלָּא עִמָּךְ, ״וַיֹּאמֶר ה׳ אֶל אַבְרָם לֶךְ לְךָ״:

ה רַבִּי עֲזַרְיָה פָּתַח: (ירמיה נא, ט) ה״רִפִּאנוּ אֶת בָּבֶל וְלֹא נִרְפָּתָה עִזְבוּהָ וְנֵלֵךְ אִישׁ לְאַרְצוֹ״, ״רִפִּאנוּ אֶת בָּבֶל״, בְּדוֹר אֱנוֹשׁ, ״וְלֹא נִרְפָּתָה״, בְּדוֹר הַמַּבּוּל, ״עִזְבוּהָ״, בְּדוֹר הַפַּלָּגָה, ״וְנֵלֵךְ אִישׁ לְאַרְצוֹ״, ״וַיֹּאמֶר ה׳ אֶל אַבְרָם לֶךְ לְךָ״:

ו רַבִּי עֲזַרְיָה מִשּׁוּם רַבִּי אַחָא פָּתַח: (תהלים מה, ח) ״אָהַבְתָּ צֶּדֶק וַתִּשְׂנָא רֶשַׁע עַל כֵּן מְשָׁחֲךָ אֱלֹהִים אֱלֹהֶיךָ שֶׁמֶן שָׂשׂוֹן מֵחֲבֵרֶיךָ״, רַבִּי עֲזַרְיָה פָּתַר קְרָיָיה בְּאַבְרָהָם, יבְּשָׁעָה שֶׁעָמַד אַבְרָהָם אָבִינוּ לְבַקֵּשׁ רַחֲמִים עַל הַסְּדוֹמִיִּים, מַה כְּתִיב תַּמָּן (לקמן יח, כה) ״חָלִלָה לְּךָ מֵעֲשׂת כַּדָּבָר הַזֶּה לְהָמִית צַדִּיק עִם רָשָׁע וְהָיָה וְגוֹ׳ ״, אָמַר רַבִּי אַחָא:

עץ יוסף

אמר לפניו כו׳ אני חומה. למסור נפשי על ק"ה. וכן גם שדי כמגדלות זה חמ"ו. כלו׳ עבור זה גם זרעו יהיו בדוגמתו כי ידמו לשורשם. והמדרש סידר כן הדברים בדרך שאלה ותשובה. ועיקר הכוונה לומר שאברהם מסר נפשו בכל לב בלבב שלם. ולכך זכה להעמיד צדיקים כמותו והוקם ממנו גוי גדול אשר לו אלהים קרובים אליו ושמו ית׳ נקרא עליהם כדכתיב כי חלק ה׳ עמו (נזה"ק): **שנכנס בשלום.** ולא הזיקוהו בידים כדרך הנדונים למיתה כי יד כל העם בו מיד (יפ"ת): **ויצא בשלום.** וכמוצאת לשון יציאה כמו היא מוצאת בשור"ק המ"ס: **(ד) החכמה תעוז לחכם זה אברהם.** כצ"ל והכי אי׳ בק"ר ועוז הוא ענין נבואה דאין עוז גדול מזה להיות קרוב לה׳ ומתייחד אליו הדיבור. מעשרה שליטים אשר היו בעיר הדורות אשר שלטו בעולם הדומה לעיר קטנה: **מעשרה דורות שמנח ועד אברהם.** עשרה דורות הם שם ארפכשד שלח עבר פלג רעו שרוג נחור תרח אברם הרי ביחד עם אברהם יש י׳ דורות. וחושב דרך כלל י׳ דורות עם אברהם: **אלא עמך.** ודריש לך לחודך דברתי ולא לעשרה דורות שקדמוך (יפ"ת). ובק"ר פ׳ החכמה תעוז הגי׳ שמנח עד אברהם לא בחר הקב"ה בכולם ולא כרת אתם ברית אלא עמו: **(ה) רפאנו את בבל כו׳.** לעיל פ׳ ל"ח סי׳ ה׳. ושם מבואר מ"ש ונלך איש לארצו שהפילם ה׳ על פני כל הארצות כל אחד לארץ המיוחד לו כפי מדרגתו. והיינו דמסיק ויאמר ה׳ אל אברם לך לך כלו׳ גם לאברהם נאמר לך לך היינו אל ארץ המיוחדת לך (נזה"ק): **(ו) פתח אהבת צדק כו׳.** מייתי זה לתרולי יתורא דלך לך: **חלילה לך כו׳**

פירוש מהרז"ו

אלא לשעה. עד שיעמוד צדיק אחר גדול ממנו שיבנה ממנו העולם. וכמ"ש לקמן פר׳ מ"ד סימן ה׳ ע"ש. והשיב אברהם מעמיד אני וכו׳ לעמוד בנסיון: **זה חנניה מישאל ועזריה.** עי׳ ש"ר פסוק אמרתי אעלה בתמר סנהדרין דף נ"ג: **נכנס בשלום ויצא.** נכנס לכבשן האש בהבטחה שיעמדו ממנו כל חבורות הצדיקים ואז אמר לו אח"כ לך לך מארצך: **(ד) מעשרה דורות.** עי׳ קהלת רבה פסוק זה: **לא דברתי עם אחד.** היו"ד דורות הם שם ארפכשד שלח עבר פלג רעו שרוג נחור תרח אברם הרי ביחד עם אברהם יש יו"ד דורות ואיך אמר מעשרה שליטים ולא יתכן לכלול גם נח שהרי עם נח דיבר כמפורש בסדר נח ומההכרח לומר שחושב דרך כלל יו"ד דורות עם אברהם וכן הפירוש במשנה עשרה דורות מאדם ועד נח עם אדם ונח ועשרה דורות מנח ועד אברהם היינו מלבד נח. ואף דאיתא בתד"א. שם היה נביא ד׳ מאות שנה וכמ"ש לקמן סוף פר׳ מ"ח ויאמר ה׳ לה ע"י שם בן נח. ולעיל סוף פר׳ ל"ז סי׳ ז׳ איתא נביא גדול היה עבר מאחר שאין נביאותם מפורשת בתורה אינם נחשבים. ובקהלת רבה פסוק החכמה תעוז שם הגירסא שמנח עד אברהם לא בחר הקב"ה בכולם ולא כרת אתם ברית אלא עמו ועיין לקמן סוף סימן ו׳: **(ה) רפינו את בבל.** לעיל פ׳ ל"ח סימן ה׳ ושם מבואר: **(ו) אהבת צדק.** לקמן פר׳ מ"ט סוף סימן ט׳. ויק"ר ריש פר׳ י׳ עי׳ מש"ש:

חידושי הרד"ל

(ח) במוצאת שלום. שהוציאו מאור כשדים לשלום וכ"ל דיליף ממ"ש בתמר היא מוצאת לדרוש היא מוצאת מן האור לשלום:

(ט) [ד] ומכולם לא דברתי אלא עמך. י"ל ז"ש בקהלת (אחר מקרא זה דהחכמה תעוז) כי אדם אין צדיק בארץ וגו׳ שאף נח איש צדיק חטא ולכן לא דבר כ"א עם אברהם אשר בחר בו:

חידושי הרש"ש

[ו] חלילה לך כו׳. נשבעת כו׳ ומה אתה מערים על השבועה. דמצינו לשון זה בחילול שבועה לא יחל דברו:

מסורת המדרש

ד ילקוט קהלת רמז תתקע"ו:
ה לעיל פ׳ ל"ח וש"נ:
ו לקמן פ׳ מ"ט. ויק"ר פ׳ י׳. פסיקתא רבתי פל"ג. ילקוט תהלים רמז תש"כ:

אם למקרא

אִם־חוֹמָה הִיא נִבְנֶה עָלֶיהָ טִירַת כָּסֶף וְאִם־דֶּלֶת הִיא נָצוּר עָלֶיהָ לוּחַ אָרֶז: (שיר השירים ח:ט)

הַחָכְמָה תָּעֹז לֶחָכָם מֵעֲשָׂרָה שַׁלִּיטִים אֲשֶׁר הָיוּ בָּעִיר: (קהלת ז:יט)

רִפִּאנוּ אֶת בָּבֶל וְלֹא נִרְפָּתָה עִזְבוּהָ וְנֵלֵךְ אִישׁ לְאַרְצוֹ כִּי נָגַע אֶל הַשָּׁמַיִם מִשְׁפָּטָהּ וְנִשָּׂא עַד שְׁחָקִים: (ירמיהו נא:ט)

אָהַבְתָּ צֶּדֶק וַתִּשְׂנָא רֶשַׁע עַל כֵּן מְשָׁחֲךָ אֱלֹהִים אֱלֹהֶיךָ שֶׁמֶן שָׂשׂוֹן מֵחֲבֵרֶיךָ: (תהלים מה:ח)

חָלִלָה לְּךָ מֵעֲשׂת כַּדָּבָר הַזֶּה לְהָמִית צַדִּיק עִם רָשָׁע וְהָיָה כַצַּדִּיק כָּרָשָׁע חָלִלָה לָּךְ הֲשֹׁפֵט כָּל הָאָרֶץ לֹא יַעֲשֶׂה מִשְׁפָּט: (בראשית יח:כה)

רש"י

ס"א. **מה הצורה הזאת אינה אלא לשעה שצרים בשער.** ע"כ: אמר אני נותן נפשי על קדושת שמך אני חומה מעמיד אני דברי כחומה ושדי כמגדלות אלו בני חנניה מישאל ועזריה שאף הן עתידין להעמיד דבריך כמגדלות שמוסרים נפשם לכבשן האש: **[ה] רפאנו את בבל בדור אנוש.** שלא שטפו מים אלא שליש של עולם בדור אנוש ונתרפאת בבל מאותו שטף ולא נתרפאת בימי המבול שכיון שלא שבה בימי המבול נשטפה: **עזובה בדור הפלגה.** ונלך איש לארצו על כן קרא שמה בבל כי שם וגו׳ ונתפרשו הכל משם ואף אברהם פי׳ דכתיב ויאמר ה׳ אל אברם לך לך:

מתנות כהונה

[מה הצורה גרסינן]: **מתקיים עליו.** לעמוד ולהשגיח ולהציל מיד הקמים עליו: **זה חנניה כו׳.** שהושלכו גם הם בכבשן ונצולו: **[ה] רפינו.** כן הוא הקרי וע"ל פל"ח:

נחמד למראה

ה **[ה] ר׳ עזריה פתח רפאנו את בבל וכו׳ בדור אנוש וכו׳.** המאמר הזה תמלא מבואר בס׳ הר"ב עמודיה שבעה ובעמוד אברהם דהיינו כי לא נתקנו וצריכים היו לבא עוד למצרים כדי לסבול עול גלות ולתקן יע"ש. ונ"ל שעם זה יתבאר הכתוב בירמיה (נ"א) רפאנו את בבל ולא נרפתה עזבוה ונלך איש לארצו כי נגע אל השמים משפטה ונשא עד שחקים ע"כ. דסיפיה דקרא גלי לן דאמאי לא נענשו משפט חזק כל אחד בדורו כדי שיתוקן ונתן טעם כי זה לא היה באפשרות משום שהמשפט צריך שיהיה תקיף מאד שלא היו יכולין לסבול משום כי נגע אל השמים משפטה ונשא עד שחקים ולכן חזר והביאם פעמים אחרים לצרפם צירוף אחר צירוף. ודו"ק:

אשד הנחלים

על שתי הסעיפים איני מעמיד עליו אלא לשעה אחת [ואף שהקב"ה יודע כל עכ"ז הוא מודיע זאת לבית דינו]. והיתה התשובה אני חזק כחומה ועומד באמונתי וגם ילדי אשר יניקו ממני ויקבלו אמונתי יחזקו מאוד כמוני וכאשר ראה את לבבי [ידבר בשם אברהם] אז הייתי בעיניו כמוצאת שלום ר"ל נחשבת בעיניו למאוד מחמת שעשיתי בשלימות לבי ולכן ניצלתי ואמר בכף הדמיון כמוצאת להיות שעי"ז עשה שלום עם ה׳ כביכול ואף שאין צריך להם ולשלומם. אך עכ"ז מרוב חסדו וטובו. יחפוץ להטיב לאדם וחפץ שיבטח האדם בו ומאמין באמיתתו כדי שיזכה לטוב והבן זה וכוונת הפתיחה להסמיך דברי הכתוב שאחר שניצל מאור כשדים וקידש שם שמים אז אמר לו שילך למקום המקודש ושם יזכה לכל טוב: **[ה] רפינו את בבל כו׳.** פרשתי לעיל בפרשת נח. וכוונתם בכלל שהרי זה כמו שאומר ה׳ חפצתי לרפאותם אולי יכירו אמונתי ע"י עונשי ששלחתי עליהם אך לא הועיל להם ולכן אמר ה׳ לאברהם הנה לא תועיל עוד לאנשי מקומך כי המה לא ישמעו לקול תוכחתך לכן לך לך מארצך וזהו עזבוה ונלך איש לארצו כלומר למקום המיוחד כי רק שם יוכר כבוד אברהם ורק שמה יקובל אמונתו האמיתית:

נִשְׁבַּעְתָּ וְאָמַרְתָּ שֶׁאֵין אַתָּה מֵבִיא מַבּוּל לָעוֹלָם — Abraham said to God, in effect, **"You swore** in the time of Noah **and said that You will not bring** an **inundation upon the world** ever again (above, 9:9ff; see *Isaiah* 54:9).[38] וּמָה אַתָּה מַעֲרִים עַל הַשְּׁבוּעָה, אֶתְמְהָא — **Are You** now **contriving a way around the oath? (Could this be?!)** מַבּוּל שֶׁל מַיִם אֵין אַתָּה מֵבִיא, מַבּוּל אֵשׁ אַתָּה מֵבִיא — by saying that You promised only that **You will not bring an inundation of water,** but **You will bring an inundation of fire?** אִם כֵּן לֹא יָצָאתָה יְדֵי הַשְּׁבוּעָה — **If so, You will not have fulfilled the oath!"**[39]

The Midrash presents another sage's analysis of Abraham's argument on behalf of the Sodomites:

אָמַר רַבִּי לֵוִי — **R' Levi said:** "הֲשֹׁפֵט כָּל הָאָרֶץ לֹא יַעֲשֶׂה מִשְׁפָּט" — When Abraham said to God, ***"Shall the Judge of all the earth not do justice?"*** (below, 18:25), he meant: אִם עוֹלָם אַתָּה מְבַקֵּשׁ אֵין דִּין, וְאִם דִּין אַתָּה מְבַקֵּשׁ אֵין עוֹלָם — **If You desire a world, there can be no** strict **justice, and if You desire** strict **justice, there can be no world.**[40] וּמָה אַתְּ תּוֹפֵשׂ הַחֶבֶל בִּתְרֵין רָאשִׁין — **How can You grab the rope at both ends,**[41] אַתְּ בָּעֵי עָלְמָא וּבָעֵי דִּינָא — in that **You desire the world and** You **desire** strict **justice** at the same time? סַב לָךְ חֲדָא מִנַּיְיהוּ — **Take for yourself** just **one of them!**[42] וְאִם לֵית אַתְּ מְוַותֵּיר צִיבְחַר, לֵית עָלְמָא יָכוֹל קָאֵים — **If You do not forgo** strict justice **a little, the world cannot endure!"**

In any event, we see that Abraham exerted himself in defending the Sodomites and pleading to God on their behalf. The Midrash returns to analyzing *Psalms* 45:8 and applying it to Abraham:

אָמַר לוֹ הַקָּדוֹשׁ בָּרוּךְ הוּא — **The Holy One, blessed is He,** thereupon **told him,** "אַבְרָהָם, "אָהַבְתָּ צֶּדֶק וַתִּשְׂנָא רֶשַׁע וְגוֹ׳ מֵחֲבֵרֶיךָ" — **"Abraham,** ***you love righteousness and hate wickedness.*** *You love justice* in that you love to justify all human beings, *and you hate wickedness* in that you refuse to assign any guilt to them. *And therefore God, your God, has anointed you with oil of joy*[43] ***from among your peers."*** מַהוּ "מֵחֲבֵרֶיךָ" — **What is** meant by ***from among your peers?*** מִנֹּחַ וְעַד אֶצְלְךָ י׳ דּוֹרוֹת — God was saying to him, **"From Noah down to yourself there were ten generations,** וּמִכֻּלָּם לֹא דִּבַּרְתִּי עִם אֶחָד מֵהֶם אֶלָּא עִמָּךְ — **and I never spoke with** any **one of them except for you."**[44]

§7 וַיֹּאמֶר ה׳ אֶל אַבְרָם לֶךְ לְךָ — *HASHEM SAID TO ABRAM, "GO FOR YOURSELF."*

The Midrash examines a seeming imprecision in Scripture's chronology of the events surrounding Abraham's departure for Canaan:

מַה כְּתִיב לְמַעְלָה מִן הָעִנְיָן — **What is written** just **before this matter,** in the previous verse? "וַיָּמָת תֶּרַח בְּחָרָן" — ***And Terah died in Haran*** (above, 11:32). אָמַר רַבִּי יִצְחָק — **R' Yitzchak said:** אִם לְעִנְיַן הַחֶשְׁבּוֹן וְעַד עַכְשָׁיו מִתְבַּקֵּשׁ לוֹ עוֹד שִׁשִּׁים וְחָמֵשׁ שָׁנִים — **If** one deals **with the matter of the reckoning, then as of now,** when Abraham is being told to leave Haran for Canaan, **another sixty-five years are lacking** till the time of Terah's death.[45] אֶלָּא בַּתְּחִלָּה אַתָּה דּוֹרֵשׁ — **However,** to explain this difficulty, the **first** thing **you should expound**

NOTES

38. I.e., a cataclysm in which all people perish, even those who are not deserving of death. [The Midrash clearly understands that God's oath not to bring another inundation includes not only a calamity on a global scale as had occurred with Noah, but also any supernatural calamity that would thoroughly destroy a particular region of the world, comparable to God's intended destruction of Sodom; cf. *Sotah* 11a (*Imrei Yosher*).]

39. According to *Eitz Yosef,* this argument is alluded to in the words חָלִילָה לְּךָ ("Far be it from You," or "it would be a desecration for You"), referring to God's supposed abrogation ("desecration") of His oath (see *Numbers* 30:3).

40. For man is inherently sinful and would not survive without Divine mercy (see *Ecclesiastes* 7:20). According to this interpretation, the words הֲשֹׁפֵט כָּל הָאָרֶץ לֹא יַעֲשֶׂה מִשְׁפָּט are not a question at all, but a statement: "The Judge of all the earth cannot do [only] justice." If He desires there to be life on earth, He cannot rule it purely with strict justice (*Matnos Kehunah*).

41. Like someone who is trying to pull a rope in two opposite directions simultaneously; the end result is that it cannot move at all.

42. Namely, the world, and forgo strict justice. (For without a world, strict justice is meaningless and moot.)

43. The translation here has been filled in in accordance with the parallel texts, below, 49 §9, and *Vayikra Rabbah* 10 §1.

44. *Oil of joy* thus refers to prophecy, for the greatest joy is the perception of God and being a receptacle for His spiritual bounty (*Eitz Yosef*). The verse in *Psalms* thus is saying that Abraham was granted prophecy as a result of the character traits he revealed in his pleading on behalf of the inhabitants of Sodom. Although our passage (*HASHEM said to Abram, "Go for yourself . . ."*) occurred long before Abraham's intercession for Sodom, he already possessed these qualities and they were, of course, known to God (see *Maharzu* on §7, *Anaf Yosef,* and *Imrei Yosher*).

[Here too, *Eitz Yosef* posits that the Midrash's exposition is based on the apparently extraneous word לְךָ (*for yourself*); see note 31 above.]

45. Scripture above (11:26) indicates that Terah was 70 years old when Abraham was born and that he died at age 205 (when Abraham was 135 years old). The Midrash here — which asserts that there were 65 years left till Terah's death — is working on the premise that Abraham was 70 years old when God commanded him in our verse, *Go for yourself,* etc. (see below). The Midrash's question here is: Why is God's command to Abraham to go to Canaan, which predated Terah's death by many years, recorded after it?

Ramban (to 11:32 above) writes that the Midrash's question is puzzling, for it is quite common for Scripture to recount the death of a father before it begins its discussion of the events in the life of the son, even when the father's death is in fact considerably later. (He notes that Noah did not die till well into the lifetime of Abraham, yet his death is recorded above, 9:29!) He suggests this explanation: Of all those mentioned in the list of the line of Noah's descendants, only Terah's death is stated explicitly; the Midrash, then, is asking why Scripture goes out of its way to mention his death here when in fact he did not die until later. See also *Mizrachi* and *Yefeh To'ar.*

We noted above that the Midrash is assuming that Abraham was 70 years old when he was commanded to leave Haran for Canaan. This appears to contradict v. 4, which states: *Abram was "seventy-five" years old when he left Haran.* However, the Midrash here is following the chronology found in *Seder Olam Rabbah* (Ch. 1), according to which Abraham went to Canaan from Haran twice. The first time was for the Covenant Between the Parts (described below, 15:1ff), which was when Abraham was 70; after this he returned to Haran and went back to Canaan 5 years later (and verse 4 here is speaking of the second journey). The Midrash here alludes to this position again below in §8 (*Rashi, Eitz Yosef* et al.).

ינִשְׁבַּעְתָּ וְאָמַרְתָּ שֶׁאֵין אַתָּה מֵבִיא מַבּוּל לָעוֹלָם, וּמָה אַתָּה מַעֲרִים עַל הַשְּׁבוּעָה, אֶתְמְהָא. מַבּוּל שֶׁל מַיִם אֵין אַתָּה מֵבִיא, מַבּוּל אֵשׁ אַתָּה מֵבִיא אִם כֵּן לֹא יָצָאתָה יְדֵי הַשְּׁבוּעָה. אָמַר רַבִּי לֵוִי: "הֲשֹׁפֵט כָּל הָאָרֶץ לֹא יַעֲשֶׂה מִשְׁפָּט", אִם עוֹלָם אַתָּה מְבַקֵּשׁ אֵין דִּין, וְאִם דִּין אַתָּה מְבַקֵּשׁ אֵין עוֹלָם, וּמָה אַתְּ תּוֹפֵשׂ הַחֶבֶל בִּתְרֵין רֵאשִׁין, אַתְּ בָּעֵי עָלְמָא וּבָעֵי דִינָא, סַב לָךְ חֲדָא מִנַּיְיהוּ, וְאִם לֵית אַתְּ מְוַותֵּיר צִיבְחַר, לֵית עָלְמָא יָכוּל קָאֵים. אָמַר לוֹ הַקָּדוֹשׁ בָּרוּךְ הוּא: אַבְרָהָם, "אָהַבְתָּ צֶּדֶק וַתִּשְׂנָא רֶשַׁע וְגוֹ' מֵחֲבֵרֶיךָ", מַהוּ מֵחֲבֵרֶיךָ, מִנֹּחַ וְעַד אֶצְלְךָ י' דוֹרוֹת, וּמִכֻּלָּם לֹא דִּבַּרְתִּי עִם אֶחָד מֵהֶם אֶלָּא עִמָּךְ:

ז "וַיֹּאמֶר ה' אֶל אַבְרָם לֶךְ לְךָ", מַה כְּתִיב לְמַעְלָה מִן הָעִנְיָן "וַיָּמָת תֶּרַח בְּחָרָן", אָמַר רַבִּי יִצְחָק: אִם לְעִנְיַן הַחֶשְׁבּוֹן וְעַד עַכְשָׁיו מִתְבַּקֵּשׁ לוֹ עוֹד שִׁשִּׁים וְחָמֵשׁ שָׁנִים, אֶלָּא בַּתְּחִלָּה אַתָּה דוֹרֵשׁ

רש"י

[ז] **אמר רבי יצחק.** למה סמך הכתוב מיתת תרח ליליאתו מחרן: **אם לענין חשבון.** שנים של תרח אתה מולא שהיו ר"ה שנים ואתה מולא בלאת אברם מחרן עדיין נשתיירו משנותיו של תרח ס"ה שנים תדע שכן הוא בן שבעים שנה הוליד תרח את אברם ואברם בן שבעים שנה בלאתו מחרן דמה שכתוב בן ע"ה זהו היה ביליאה שנייה אחר חזרתו מברית בין הבתרים כדאיתא בסדר עולם ומכל מקום ברלשונה היה בן שבעים. שבעים ושבעים שתי פעמים הם ק"מ נמלא שכשילא אברם מחרן עדיין היו משנותיו של תרח ס"ה שנה ואתה סומך מיתתו ליליאה. ונראה בעיני לפרש דבר זה שנית לפי שמפורש בערבובית. אם לענין החשבון לריך מתבקש לו לתרח ס"ה שנה לחיות

עץ יוסף

נשבעת כו' מערים על השבועה. דמלינו לשון זה בחילול שבועה לא יחל דברו: **נשבעת ואמרת.** כמ"ש אשר נשבעתי מעבור מי נח עוד על הארץ: **מבול של אש אתה מביא.** גם זאת חלילה לך אחר שגם זה הוא כליה מאי נ"מ בזה: **השפט כל הארץ לא יעשה משפט.** דריש דה"ק מי שהוא שופט כל ארץ כמוך ראוי שלא יעשה משפט שהוא דין גמור שאין העולם מתקיים בדין גמור. אלא לריך לשתף דין ברחמים: **אין דין.** פי' אין מקום לדין גמור בלא רחמים: **אין עולם.** א"א לעולם להתקיים: **תופש החבל בתרין ראשין.** מי שרולה לקרב אליו דבר רחוק לריך לקשור ראש האחד של החבל באותו דבר והראש השני בידו. אך אם תופס שני ראשי החבל בידו לא ישיג מבוקשתו לעולם: **את בעי עלמא כו'.** אתה רולה העולם ותרלה גם דין דקושטא בלי וויתור קלת. ועיין בויק"ר פ"י: **סב לך כו'.** קח לך אחד מהן שאם אין אתה מוותר מעט לפנים מן השורה אין העולם יכול להתקיים: **אברהם אהבת צדק כו'.** פי' אהבת ללדק את הבריות ושנאת מלחייבן. ופירושו אהבת ללדק את הבריות אם ימלא להם זכות. ושנאת מלחייבם אף אם לא ימלא להם זכות. שהרי בקשת להטות עליהם חסד וגם בקשת לזכותם מפני השבועה (יפ"ת) ומזה ראיתי טוב לבך מאד. ע"כ זכית לנבואה הנקראת שמן ששון כי אין שמחה למעלה משמחת השגה וקבלת השפע: **אלא עמך.** וזהו שאמר לך לך לומר לך לחודך היה דבור הנבואה כדלעיל סי' ד': (ז) **אם לענין החשבון ועד עכשיו מתבקש לו עוד ס"ה שנים.** כצ"ל (יפ"ת). ור"ל שהרי כשנולד אברהם היה תרח בן ע' שנה. ותניא בס"ע אברהם בן ע' שנה היה כשנדבר עמו בין הבתרים. וכן הוא בתרגום דרב יוסף (ד"ה א' ז' פסוק כ"ו). וחזר לחרן ועשה שם עוד ה' שנים נמלא כשילא מיליאה הראשונה לא היה תרח אלא בן ק"מ שנה ועדיין מתבקש לו לתרח ס"ה שנה שהרי חיה תרח ר"ה שנה. שמ"ש ואברם בן ע"ה שנה בלאתו מחרן זה היה ביליאה שניה. ואע"ג דבתר הכי כתיב המראה של בין הבתרים אין מוקדם ומאוחר בתורה. וכמ"ש תוס' פ"ק דברכות: **מתחלה אתה דורש.** כלומר מתחלה נ"ל שלפי שהיה רשע נחשב כמת בחייו. והא רמיז לה קרא הכא בתרח לפי שהיה א"א מפחד כו' (ועיין ביפ"ת ובנזה"ק): **בחייהם קרויים מתים.** וכל זמן שהיה אברהם עמו חיה בשביל אברהם:

פירוש מהרז"ו

נשבעת ואמרת. כמ"ש אשר נשבעתי מעבור מי נח עוד על הארץ וכמ"ש לעיל פרשה כ"ו סימן ו' לשגי לשגי ודייק לשון חלילה לך דמשמע שההפך ידוע והיינו שנשבע. ואין הפרש בין מים לאש שלא פירש ההיתר של אש וזהו מעשות כדבר הזה דבר שהוא דומה לעיקר השבועה: **השופט כל הארץ.** לא יעשה משפט. ויקשה הלא עושה משפט חרוץ בסדום. וגם הוא היפך כוונתו שרולה אברהם שישא לעון סדום. על כן דורש שכך פירושו מאחר שאתה שופט כל הארץ בהכרח שלא תעשה משפט גמור שאז יבטל כל הארץ מפני המשפט: **חבל בתרין ראשין.** מי שרולה להשיג דבר רחוק או עמוק לריך לקשור ראש האחד של החבל באותו דבר והראש השני בידו אך אם תופס שני ראשי החבל בידו לא ישיג מבוקשו לעולם וכן אתה לריך לעזוב ראש האחד מידך: (ז) **ויאמר ה' אל אברם.** לך לך. ול"ע שהרי קדמה פרשת לך לך לפרשת סדום לא פחות מכ"ה שנים כמ"ש ואברהם בן ע"ה שנים בלאתו מחרן. ובענין סדום היה בן ק' שנה. ויש לומר שאנו דורשים בנין אב שמאחר שספרה תורה שעשה כן בסדום מן הסתם שכן היה מדתו תמיד ללמד זכות על העולם ולהתפלל עליהם תמיד: **וימת תרח בחרן.** שמאחר שפורט כאן שנות תרח שהיו ר"ה ואחר שישב בחרן חיה עוד ס"ה שנה היה יותר נכון שיספר ענין מיתתו במקומו וזמנו אחר מיתת שרה שתי שנים גם הוקשה שאלל כל יו"ד דורות לא סיפר מיתתם רק אלל תרח על כן דרשו שכוונת התורה לדרוש סמוכין שלכך כתב וימת תרח בחרן כדי לסמוך לו לך לך לדרשה זו: **ס"ה שנים.** שהרי תרח היה בן ע' שנה כשהוליד לאברם ואברם היה בן ע"ה שנים בלאתו מחרן ואז ישב תרח בחרן א"כ היה אז תרח בן קמ"ה שנה ויחסר עוד עד תשלום חיי תרח ס' שנה שחיה ר"ה שנה ומ"ש כאן ס"ה שנה שסובר כמ"ש ר"כ בסימן הסמוך והיא דעת הס"ע בפרק א' שמ"ש לך לך מארלך היה בשנת ע' לאברם וא"כ היה אז תרח ק"מ שנה וחסר עוד ס"ה שנה. וע' לקמן פר' כ"ח סימן ה':

חידושי הרד"ל

(י) [ו] **אמר רבי לוי השופט וגו'.** י"ל שמפרש בניחותא השופט כה"א ראוי לו. שלא יעשה משפט ודין (וכגירסת ויק"ר דינא דקושטא) שא"כ לא יתקיים כל הארץ וכדמפרש. וע"ל ספי"ב ובויק"ר פ"י ופסיקתא דאנכי:

(יא) **את בעי עלמא ובעי דינא דקושטא.** כ"ה הגי' בויק"ר פ"י:

(יב) **ותשנא רשע.** אהבת ללדק את בריותי ושנאת לחייבן ע"כ משחך וגו' כ"ה בויק"ר שם ולקמן פר' מ"ט וכל"ל:

(יג) **מחביריך כו' אלא עמך.** ונקראת הנבואה בשם משיחת שמן ששון כד"א (מלכים א' י"ט) ואת אלישע וגו' תמשח לנביא. ושמן ששון הוא ע"ש שאין הנבואה שורה אלא מתוך שמחה כד"א והיה כנגן המנגן וכו':

חידושי הרש"ש

[ז] **אלא בתחלה אתה דורש כו'.** עיין לעיל פכ"ו פירושו במ"כ בשם רש"י:

מסורת המדרש

ז סוטה י"א. זבחים קט"ז:

ענף יוסף

(ו) [ו] **[אהבת צדק כו' א"ל הקב"ה אברם כו' לא דברתי עם אחד כו']** קשה הא בעת הלדקתו את סדומיים אליבא דכ"ע היה בן ק' ואיך נתקיימו דיבור לך לך אחר ק' לאברהם והכתיב בן ע"ה שנה בלאתו מחרן. וי"ל שמסתמא היה מדת טובו ללדק הבריות וללמד זכות על העולם ולהתפלל עליהם תמיד אף קודם פ' לך לך:

מתנות כהונה

[ו] **אין דין.** אין מקום לדין גמור בלא רחמים: **אין עולם.** א"א לעולם להתקיים: **אתה תופס כו'.** אתה אוחז החבל בשני ראשיו והוא דרך משל: **את בעי כו'.** אתה רולה העולם ותרלה גם הדין: **סב לך כו'.** קח לך אחת מהן שאם אין אתה מותר מעט לפנים מן השורה אין העולם יכול להתקיים: [ז] **מתבקש לו כו'.** עי' בפירש"י סוף פר' ל"ח:

אשד הנחלים

[ו] **אהבת צדק גו' ומכולם כו' לא דברתי כו'.** יש להמליץ כי הוקשה אחר שאמר שהוא אוהב צדק שהיא המעלה השלימה מדוע יזכיר עוד שהוא שונא רשע בודאי הוא כן לכן דרש ככה אהבת צדק להצדיק בני אדם שלא יענשו אף שתשנא רשע וידעת שרשעים הם עכ"ז רחמת עליה' ובקשת להצדיקם ומזה ראיתי טוב לבך מאד. ע"כ זכית לנבואה הנקראת שמן ששון כי השמן הנמשח הוא אות או על הגדולה והכבוד כמלך הנמשח או על קבלת הנבואה וקבלת הנבואה נקראת שמן ששון כי אין שמחה למעלה משמחת השגה וקבלת ההופעה ודייק שאמר מבול של אש אתה מביא מדכתיב כדבר הזה כאומר פן תאמר דבר הזה של אש אני מביא. לז"א גם זאת חלילה לך אחר שגם זה הוא כליה מאי נפק"מ בזה. ודעת ר"ל במה שאמר השופט כל הארץ וידעת כי אנשי הארץ אשר יסודם מעפר המה מעותדים לחטוא. וא"כ איך אפשר שתענישם בדין א"כ אין ארץ הלזו ואין עולם השפל ומה שאמר ואם לית את מוותיר צבחר. כוונתם. כי באמת אין הקב"ה מוותר. כמ"ש כל האומר הקב"ה וותרן יוותרו מעוהי רק הכוונה שיוותר מעט עד שלא יענשו בכליה עצומה: [ז] **מתבקש לו עוד כו'.** עיין במ"כ בשם רש"י ופירושו שתרח מת ס"ו שנה אח"כ. ואיך נסמך לו. אלא להורות שתרח אף בעת חיותו הי' נחשב כמת וא"כ כוונת הכתוב לומר שתרח לא נחשב כחי כי לא יטריח עוד נפשו וע"כ אמר לאברהם לך לך כי פטור אתה מכבוד אב:

שֶׁהָרְשָׁעִים קְרוּיִים מֵתִים בְּחַיֵּיהֶן — is the principle that **the wicked are referred to as "dead"** even **within their lifetimes.**[46]

Thus, when the verse indicates that Terah was dead at the time that Abraham departed from Haran, it is in fact a true statement. However, since in a physical sense Terah was still alive, the verse is nevertheless misleading, and should better have been omitted. The Midrash now explains why it was necessary for Scripture to refer to Terah's death particularly at this juncture:[47]

לְפִי שֶׁהָיָה אַבְרָהָם אָבִינוּ מְפַחֵד וְאוֹמֵר: אֵצֵא וְיִהְיוּ מְחַלְּלִין בִּי שֵׁם שָׁמַיִם — **Since our forefather Abraham was afraid** of leaving Terah, **saying, "I will go away** from him **and [people] will desecrate God's Name on account of me,** וְאוֹמְרִים: הִנִּיחַ אָבִיו וְהָלַךְ לוֹ לְעֵת זִקְנָתוֹ — **as they will say,** 'Because of God's command **he abandoned his father and went away in [the father's] old age,'** " אָמַר לֵיהּ הַקָּדוֹשׁ בָּרוּךְ הוּא: "לֶךְ־לְךָ" — **the Holy One, blessed is He, said to Abraham,** ***"Go for yourself,"*** אֲנִי פּוֹטֶרְךָ מִכִּיבּוּד אָב וָאֵם וְאֵין אֲנִי פּוֹטֵר לְאַחֵר מִכִּיבּוּד אָב וָאֵם — by which he meant to say, **"I am exempting *you* from** the obligation of **honoring** your **father and mother,**[48] **but I am not exempting any other** person **from** the obligation of **honoring** his **father and mother.**[49]Ⓐ וְלֹא עוֹד אֶלָּא שֶׁאֲנִי מַקְדִּים מִיתָתוֹ לִיצִיאָתְךָ — **And not only that, but** in Scripture **I am recording [Terah's] death before your departure,** בַּתְּחִלָּה "וַיָּמָת תֶּרַח בְּחָרָן" — writing **first, *and Terah died in Haran,*** וְאַחַר כָּךְ "וַיֹּאמֶר ה׳ אֶל אַבְרָם וְגוֹ׳" — **and** only **afterward, *HASHEM said to Abram, 'Go for yourself, etc.'* "**[50]

§8 [לֶךְ לְךָ — *GO FOR YOURSELF.*]

The Midrash cites a dispute between two of the sages that is based on a new interpretation of the "superfluous" word לְךָ, *for yourself:*[51]

רַבִּי יְהוּדָה וְרַבִּי נְחֶמְיָה, רַבִּי יְהוּדָה אוֹמֵר: "לֶךְ לְךָ" שְׁנֵי פְּעָמִים — **R' Yehudah said:** לך לך should be read as **"Go, go," twice,**[52] indicating a double "going" — אֶחָד מֵאֲרַם נַהֲרַיִם, וְאֶחָד מֵאֲרַם נָחוֹר — **one** "going" **from Aram Naharaim, and one** "going" **from Aram Nahor.**[53] רַבִּי נְחֶמְיָה אָמַר: "לֶךְ לְךָ" שְׁנֵי פְּעָמִים — **R' Nechemyah** likewise **said:** לך לך means **"Go, go," twice;**[54] אֶחָד מֵאֲרַם נַהֲרַיִם וּמֵאֲרַם נָחוֹר — **one** "going" was **from** both **Aram Naharaim and from Aram Nahor,**[55] וְאֶחָד שֶׁהִפְרִיחוֹ מִבֵּין הַבְּתָרִים וֶהֱבִיאוֹ לְחָרָן — **and one** "going" was a consequence of that **which [God]** had **caused him to fly from** the Covenant **Between the Parts and brought him** back **to Haran.**[56]

☐ [לֶךְ לְךָ — *GO FOR YOURSELF.*]

The Midrash expounds a verse in *Psalms* in reference to God's regard for Abraham, even prior to his departure for Canaan:

הֲדָא הוּא דִכְתִיב "עַמְּךָ נְדָבֹת בְּיוֹם חֵילֶךָ" — **Thus it is written:** ***Your people*** [עַמְּךָ] ***volunteer on the day of your troop;*** *with radiant sanctity from inception, from dawn, yours is the dew of your youth* (*Psalms* 110:3).[57] עִמְּךָ הָיִיתִי בְּעֵת שֶׁנִּדַּבְתָּ לִשְׁמִי לֵירֵד לְכִבְשַׁן הָאֵשׁ — The verse means: **I was with you** [עִמְּךָ][58] **when you volunteered** for the sake of **My Name to descend into the fiery furnace,**[59]

NOTES

46. For a life devoid of spirituality lacks any true value or meaning. Accordingly, Scripture's mention of Terah's death before Abraham's departure is not technically an untruth, for it refers to his "death" in a figurative sense.

[Although the Midrash (above, 38 §12, et al.) states that Terah ultimately merited a share in the Next World, that is only because he repented at the very end of his life. At age 140, when Abraham left him, he was still wicked and thus "dead." Alternatively, the Midrash does not mean that Terah actually repented but rather that he was granted a share in the Next World by virtue of being Abraham's father (*Ramban* on 11:32 above; see also *Yefeh To'ar*).]

47. *Yefeh To'ar,* first interpretation.

48. That is, the seemingly superfluous word, לְךָ (*for yourself*), indicates that this command, to abandon a father, was specific to Abraham (*Eitz Yosef*).

49. I.e., God was assuring Abraham that people will realize that his situation was unique and that he was acting under under a specific command from God.

50. Thus creating the impression for posterity that you did not leave Haran while your father was alive (*Ramban* on 11:32 above; *Matnos Kehunah*). As explained above, this impression is not technically false for, due to his wickedness, Terah was already considered dead; cf. *Eitz Yosef.* See also *Maharzu, Yefeh To'ar,* et al., for other understandings of the idea that God placed Terah's death before Abraham's departure.

51. In contrast to that found in the previous section; see note 44 there, as well as notes 31 and 36.

52. Reading the second word (לְךָ) as if it too were vowelized לֵךְ — thus yielding "Go, go" (*Matnos Kehunah*). *Eitz Yosef* notes that even maintaining the vowelization לְךָ, the word can still connote the imperative "Go!" (see *Numbers* 23:13).

53. The name Aram was shared by these two adjacent regions; see *Rashi* on *Chumash* below, 25:20. The double terminology, "Go, go," indicates that God was telling Abraham to depart from the vicinity of both Arams (see *Rashi*).

The place "Aram Nahor" is not mentioned anywhere in Scripture. *Yefeh To'ar* surmises that it is another name for Charan, where Nahor lived.

[From which Aram did Abraham depart? He could not have departed from the two Arams simultaneously! *Eitz Yosef* (from *Nezer HaKodesh*) suggests that Abraham had had a presence in both locations, for he maintained his actual residence in one but had his livestock and other property in the other. *Yefeh To'ar* writes that Abraham left Aram Nahor and passed through Aram Naharaim on the way to Canaan — thus leaving both places behind.]

54. That is, R' Nechemyah reads the phrase לך לך the same way as R' Yehudah does, but he disagrees regarding the connotations of the two "goings."

55. R' Nechemyah regards the two areas known as Aram as two sections of the same region, and thus Abraham's departure from both of them is subsumed under a single expression of "Go" (*Eitz Yosef*). Accordingly, the second "go" alludes to an additional, later departure.

56. That is: After God commanded Abraham, at the age of 70, to come to Canaan for the Covenant Between the Parts, He miraculously transported him back to Haran, where he remained for 5 years until God commanded him once again to leave for Canaan; see above, note 45. The second "go" alludes to that second journey to Canaan (*Eitz Yosef*).

57. We have translated the verse here according to its plain meaning. The Midrash proceeds to interpret it homiletically, applying it to Abraham. [The Sages understood this Psalm as a whole as referring to Abraham; see *Nedarim* 32b; *Sanhedrin* 108b; and *Yalkut Shimoni, Psalms* §869.]

58. The Midrash interprets the word עַמְּךָ (*your people*) as if it were vowelized עִמְּךָ (*with you*).

59. Upon facing an ultimatum from Nimrod to either worship idols or be thrown into the furnace; see above, 38 §13.

INSIGHTS

Ⓐ **Abraham — A New Entity** *Maharal* explains that only Abraham could be absolved from the commandment of honoring his parents, because he was an entirely new and unique entity. In his essence, he was no longer related to Terah because he was the beginning of a new sort of existence on earth. Before Abraham there was desolation and darkness; with him there was Torah and light. What relationship is there between light and darkness? None. When light appears, darkness flees. The prior existence of darkness does not give birth to light; it merely accentuates how different is the new from the old. Just as light causes darkness to disappear, so too, the emergence of Abraham at the age of 52 as the bearer of Torah brought about the disappearance of any meaningful relationship between him and Terah. There-

עץ יוסף

לך אני פוטרך כו׳. לך בתרא קדייק (מת"כ ונזה"ק). אמר לו הקב"ה לך לך וכו׳ ומבית אביך הרי פטרו: **שאני מקדים מיתתו.** להורות שכאילו יצאת לאחר מיתתו נחשב לפני והוא ג"כ מטעם הנ"ל לפי שהרשעים בחייהם קרוים מתים:

(ח) לך לך שתי פעמים. לך בקמ"ץ ג"כ לשון הליכה. והיינו אחד מארם נהרים ואחד מארם נחור. כי יש שני ארם כמ"ש ריש תולדות פדן ארם ופרש"י שני ארם ארם נהרים וארם צובה: ומפורש בתורה סדר חיי שרה וילך אל ארם נהרים אל עיר נחור. וכן בריש ויצא וילך חרנה והיינו פדן ארם שכתוב בסוף תולדות וילך פדנה ארם. וא"כ מ"ש מארם נהרים היינו מ"ש מארצך. ואחד מארם נחור היינו מעיר נחור. ואלו ב׳ המקומות היו סמוכים זה לזה אלא שהיה נהר מפסיק ביניהם ואברהם היה מתגורר בשניהם יחד. שבאחד היה מתגורר אלך רכושו ומקנה קניינו. ובאחד היה מתגורר בעיקר שכונת דירתו וצוה לו הקב"ה להסיע עצמו משניהם יחד (נזה"ק): **רבי נחמיה כו׳.** ס"ל שארם נהרים וארם נחור נכללו שניהם בשתם במאמר אחד. משום דתרוייהו כחדא חשיבי. אלא חד לך רמז על מה שהפריחו מבין הבתרים והביאו לחרן ושוב חזר לא"י. וכדאי׳ בסדר עולם הובא לעיל סימן ז׳: **[ט] הדא הוא דכתיב עמך נדבות כו׳.** כל המזמור הזה נדרש באברהם בחלק ובשוח"ט ק"ו ובויק"ר פ׳ כ"ה דברים רבה פ׳ ב׳. ובא לתקן בזה שיטת מ"ד בסמוך והפריחו מבין הבתרים והביאו לחרן (אולי צ"ל והבריחו מבין הכותיים והביאו לחרן ועיין רמב"ן) עמך הייתי בעת נדבות שנדבת נפשך למסור אותה לכבשן האש על קדושת שמי. כענין שנאמר אני ה׳ אשר הוצאתיך מאור כשדים. ושע"י פרסום נס זה הייתי עמך ביום חילך ביום שכנסת לי כל החיילות והאוכלסין שנתגיירו ע"י פרסום הנס של אור כשדים:

מדרש

[ח] שֶׁהָרְשָׁעִים קְרוּיִים מֵתִים בְּחַיֵּיהֶן. לְפִי שֶׁהָיָה אַבְרָהָם אָבִינוּ מְפַחֵד וְאוֹמֵר: אֵצֵא וִיהְיוּ מְחַלְּלִין בִּי שֵׁם שָׁמַיִם וְאוֹמְרִים: הִנִּיחַ אָבִיו וְהָלַךְ לוֹ לְעֵת זִקְנָתוֹ, אֲמַר לֵיהּ הַקָּדוֹשׁ בָּרוּךְ הוּא: "לְךָ" אֲנִי פּוֹטֶרְךָ מִכִּיבּוּד אָב וָאֵם וְאֵין אֲנִי פּוֹטֵר לְאַחֵר מִכִּיבּוּד אָב וָאֵם, וְלֹא עוֹד אֶלָּא שֶׁאֲנִי מַקְדִּים מִיתָתוֹ לִיצִיאָתְךָ, בַּתְּחִלָּה "וַיָּמָת תֶּרַח בְּחָרָן", וְאַחַר כָּךְ "וַיֹּאמֶר ה׳ אֶל אַבְרָם וְגוֹ׳":

ח רַבִּי יְהוּדָה וְרַבִּי נְחֶמְיָה, [ט] רַבִּי יְהוּדָה אוֹמֵר: "לֶךְ לְךָ" שְׁנֵי פְּעָמִים, אֶחָד מֵאֲרַם נַהֲרַיִם, וְאֶחָד מֵאֲרַם נָחוֹר. רַבִּי נְחֶמְיָה אָמַר: "לֶךְ לְךָ" שְׁנֵי פְּעָמִים, אֶחָד מֵאֲרַם נַהֲרַיִם וּמֵאֲרַם נָחוֹר, וְאֶחָד שֶׁהִפְרִיחוֹ מִבֵּין הַבְּתָרִים וֶהֱבִיאוֹ לְחָרָן. הָדָא הוּא דִכְתִיב (תהלים קי, ג) "עַמְּךָ נְדָבֹת בְּיוֹם חֵילֶךָ" [י] עִמְּךָ הָיִיתִי בְּעֵת שֶׁנָּדַבְתָּ לִשְׁמִי לֵירֵד לְכִבְשַׁן הָאֵשׁ,

רש"י

כשיצא אברם בראשונה מחרן שבן שבעים שנה היה תרח כשהוליד אברם. ותנינן בסדר עולם אברהם אבינו בן שבעים שנה היה כשנדבר עמו בין הבתרים וחזר לחרן ועשה שם עוד חמש שנים נמצא שכשיצא מיציאה הראשונה שלא היה תרח אלא בן ק"מ שנה ומה שנאמר ואברם בן חמש ושבעים שנה בצאתו מחרן זה היה ביציאה שנייה: [ח] **רבי יהודה ורבי נחמיה ר׳ יהודה אומר לך לך שני פעמים אחד מארם נהרים וא׳ ארם נחור עיר אחת נקראת ארם נהרים על שם שהיו שתי נהרות מקיפות אותה.** ואחרת היתה שמה ארם נחור: **ר׳ נחמיה אמר לך לך שתי פעמים אחד מארם נהרים.** ביציאה ראשונה ובא לארץ ישראל ואז נדבר עמו בברית בין הבתרים ואחד שהפרידו מבין הבתרים והביאו

פירוש מהרז"ו

בחייהם קרויים מתים. וכל זמן שהיה אברהם עמו לא כתב עליו וימת שחיה בשביל אברהם: **אני פוטרך מכיבוד.** כמ"ש לך לך וכו׳ ומבית אביך הרי פטרו: **מקדים מיתתו.** שלווהו שישכח אביו וביתו ואין החי משתכח מן הלב ע"כ כתיב עליו וימת תרח וכאלו מת ועל כן יתכן שישכחנו: **(ח) לך לך שתי פעמים.** הנה בענין זה לא כתוב אלא פעם א׳ לך לך. נראה שהכוונה האמתית על שכתוב שתי פעמים שהלך. בפסוק ד׳ וילך אברם ובפסוק ה׳ ויקח אברם וכו׳ ללכת ארצה כנען וע"פ מדה יו"ד מדבר שהוא שנוי שהלך שתי פעמים לארץ כנען וכאשר ציוהו בהליכה ראשונה לך לך כך ציוהו בהליכה שניה לך לך הרי שנאמר לו לך לך שתי פעמים. וזהו מ"ש כאשר דבר אליו ה׳ ע"פ מדה יו"ד אמירה ודיבור וילמוד סתום מן המפורש שדבר לו לך לך והלך: **אחד מארם נהרים וכו׳.** כי יש שני ארם כמ"ש ריש תולדות פדן ארם ופי׳ רש"י שני ארם ארם נהרים וארם צובה ובשמואל ב׳ יו"ד ארם בית רחוב וארם צובה. ומפורש בתורה פרשת חיי שרה וילך אל ארם נהרים אל עיר נחור. וכן בריש ויצא וילך חרנה והיינו פדן ארם שכתוב בסוף תולדות וילך פדנה ארם וא"כ מ"ש מארם נהרים היינו מ"ש מארצך ואחד מארם נחור היינו מעיר נחור כנ"ל. והיינו מ"ש מבית אביך והמדרש אמר בסדר הכתוב. בהערת הרד"ב: **שהפריחו מארם.** כמ"ש בסימן הקודם בשם סדר עולם וכאשר היה בחרן אחר ה׳ שנים ציוהו שילך עוד הפעם לארץ כנען: **עמך נדבות.** עי׳ סנהדרין ק"ח מדרש תהלים ק"י ויק"ר פרשה כ"ה בסו׳ ו׳ ד"ר פר׳ ב׳ סימן ז׳ ובכל המקומות הנ"ל מפורש שכל המזמור באברהם מדבר. וסגנון הכתוב עמך נדבות ביום חילך בהדרי קודש מרחם משחר לך טל ילדותך ויקשה איזה עם היה לו ואיזה יום חילו. על כן דרש אל תקרי עמך אלא עִמְּךָ. ולקשר תיבות הפסוק הוצרך להוסיף תיבות ע"פ מדה י"ז וע"פ מדה ט׳ עמך הייתי בעת נדבות שנדבת נפשך למסור אותה לכבשן האש על קדושת שמי. ביום חילך כשירד לכבשן האש באור כשדים נתכנסו כל בני המדינה לראות איך ישרף אברהם ונקראו חילו על שכולם נתכנסו למענו ואז הייתי עמך והצלתיך. גם יתכן שהכוונה על יום שהתנדב לרדוף המלכים שנתכנסו כולם עליו. ומ"ש חילך שנתכנסו להלחם אתו:

חידושי הרד"ל

(יד) [ז] **ולפי שהיה אברהם אבינו מפחד וכו׳.** כצ"ל והוא טעם ב׳:

חידושי הרש"ש

[ח] **לך לך שתי פעמים.** עמ"כ ולאנס פי׳ דמכתיבתו דריש. דאף בקריאתו מצינו ג"כ דמשמע בלשון הליכה. לך נא אתי (במדבר כ"ג) ובמסורה שם חשיב עוד שתים:

באור מהרי"פ

ח אחד מארם נהרים ואחד מארם נחור. נראה דארם נחור היא ארם צובה לפי שסמוכה לארם נהרים והוא מ"ש רש"י ז"ל גבי מפדן ארם ע"ש שני ארם היו ארם נהרים וארם צובה קורא אותו פדן ל׳ צמד כו׳ וכדמשמע מדכתיב בהלותו את ארם נהרים ואת ארם צובה שמשמע שהיו סמוכות. וכוונת המדרש אחד מארם נהרים וכו׳ לפי שב׳ נסיעות עשה האחד לאתו מארם נחור שהיא חרן (ולרד"ק עיר נחור היא חרן ע"ש כבש) והב׳ לאתו עוד מארם נהרים אשר בא בה בבואו מארם נחור הסמוכה לה כמ"ש באליעזר וילך לו אל ארם נהרים אל עיר נחור שפירש שבא לארם נהרים ועוד בא לעיר נחור שהיא יותר הלכן סמוכה לה. ואע"ג דהוצ"ל אחד מארם נחור ואחד מארם נהרים. כי ארם נחור שהיא חרן שבה היה אברהם היא היותר רחוקה מא"י וממנה יצא ראשונה ושוב יצא מארם נהרים. י"ל דארם נהרים גדולה מחרן ומש"ה הקדמה קרא בהלותו את ארם נהרים וגו׳ וכן במדרש יפ"ת וע"פ שהאריך:

מסורת המדרש

ח ברכות דף י"ח. תנחומא סדר יתרו סימן א׳:
ט ילקוט כאן רמז ס"ב:
י ילקוט תהלים רמז תתס"ט:

אם למקרא

עַמְּךָ נְדָבֹת בְּיוֹם חֵילֶךָ בְּהַדְרֵי קֹדֶשׁ מֵרֶחֶם מִשְׁחָר לְךָ טַל יַלְדֻתֶיךָ: (תהלים קי:ג)

מתנות כהונה

אצא. מארי ומבית אבי כדבר ה׳: **ואומרים הניח גרס.** פי׳ כן יאמרו הבריות ויש חלול שם שמים בדבר: **לעת זקנתו.** של תרח הניח אברהם: **לך אני פוטרך.** לך בתרא קדייק: **מקדים מיתתו כו׳.** בשביל דורות העתידים שלכאורה יסברו שמת קודם לאתו: **[ח] שתי פעמים.** דריש לך בתרא ככתיבתו לשון הליכה: **מארם נהרים כו׳.** פירש"י ובא לא"י ושם דבר עמו בין הבתרים ומבין הבתרים חזר לחרן ונתעכב שם חמש שנים [ועי׳ בילקוט גופא דעודלא בשם ס"ע]: **עמך הייתי.** עמך דרש עמך הטי"ן בחיר"ק: **[שנדבת לשמי** גרסינן. וכ"ה בילקוט תהלים:

אשד הנחלים

[ח] אחד מארם. עיין במ"כ ודרש כמו שהיה כתוב לך לך שני פעמים: **שהפריחו מבין הבתרים והביאו לחרן.** יש להבין מהו המליצה שהפריחו ולבי אומר לי שגם בבין הבתרים במראה הנבואה שם נתגלה לו כאלו הוא בחרן ולכן אמר והפריחו כי בהתגלות הנבואה ידמה כפורח ובא במהרה ממקום למקום: **הדא הוא דכתיב עמך.** הוא דרוש אחר בפ"ע ודרש עִמְּךָ כמו עמך הייתי בעת שהתחזקת והתנדבת בכל חילך לקדש שם שמים בכבשן האש וזהו בעת שכנסת לי כל החיילות שאז ראו בהפלא הגדול שנצלת וע"י כנסתה אותם לי שהאמינו באלהות. או כפירש המ"כ שגייר כל האנשים בעת הלוכו לא"י בכל מקום שהי׳ הולך ולכן מהדרו של עולם זהו א"י שהוא מקום המקודש שמה קדשתיך להיות זוכה לקדושה אלהית ולנבואה רמה. או הכוונה מכל אנשי העולם הקדשתי רק אותך להיות נבחר מכולם. ומתחילת הבריאה בעת שיצא העולם מן הכח לפועל שזהו המליצה מרחמו של עולם. שחרתי רק אותך כמ"ש בהבראם בזכות אברהם אל תדאג מאומה מילדותך אשר היית עודנה מבלי אמונה האמיתית כי לך נחשב כטל אשר מהר איננו כן מעשי ילדותך כי המעשי׳ הנעשים בימי הילדות אינם נחשבים למעשים ממשים. רק כטל שמהר יעוף ואיננו אך עכ"ז בהיפוך ג"כ מה הטל אף שאינו דבר ממשי וקיימי עכ"ז הוא סימן ברכה כן אתה כמו כן סימן ברכ׳ לעולם כמ"ש ונברכו בך וא"כ נכלל במלת טל שתי הכוונות יחד ולפי הדרש הזה הכוונה לך נחשב

"״בְּיוֹם חֵילֶךָ״, בְּעֵת שֶׁכָּנַסְתָּ לִי כָּל אוֹתָן הַחֲיָילוֹת וְהָאוּכְלְסִים" — ***on the day of your troop***, i.e., on the day **when you amassed all** those **troops** (i.e., groups of people) **and masses to** the worship of **Me.**[60] ״בְּהַדְרֵי קֹדֶשׁ״, מֵהֲדָרוֹ שֶׁל עוֹלָם הִקְדַּשְׁתִּיךָ — ***With radiant sanctity*** — starting **from** when you were still in **the radiance of the world**[61] **I sanctified you.**[62] ״מֵרֶחֶם מִשְׁחָר״, מֵרַחֲמוֹ שֶׁל עוֹלָם שִׁחַרְתִּיךָ לִי — ***From inception, from dawn*** [מִשְׁחָר] — **from the inception of the world I sought you out** [שִׁחַרְתִּיךָ] **for Myself.**[63] ״לְךָ טַל יַלְדֻתֶךָ״ — ***Yours is the dew of your youth*** — לְפִי שֶׁהָיָה אָבִינוּ אַבְרָהָם מִתְפַּחֵד וְאוֹמֵר — **because our forefather Abraham was fearful, saying,** תֹּאמַר שֶׁיֵּשׁ בְּיָדִי עָוֹן שֶׁהָיִיתִי עוֹבֵד עֲבוֹדָה זָרָה כָּל הַשָּׁנִים הַלָּלוּ — **"Perhaps it may be said**[64] **that I am guilty of sin, for I worshiped idols all those years,"**[65] אָמַר לוֹ הַקָּדוֹשׁ בָּרוּךְ הוּא: ״לְךָ טַל יַלְדֻתֶךָ״ — **the Holy One, blessed is He, said to him** reassuringly, ***"Yours is the dew of your youth."*** מַה טַל זֶה פּוֹרֵחַ אַף עֲוֹנוֹתֶיךָ [פּוֹרְחִים] — By this He meant: **Just as the dew flies away,**[66] **so your sins fly away.**[67] מַה הַטַּל הַזֶּה סִימַן בְּרָכָה לָעוֹלָם, אַף אַתָּה סִימַן בְּרָכָה לָעוֹלָם — Furthermore, you yourself are like the dew,[68] for **just as this dew is a sign of blessing for the world,**[69] **so you,** Abraham, **are a sign of blessing for the world.**[70]

[לֶךְ לְךָ — *GO FOR YOURSELF.*] □

The Midrash sees in another Psalm an expression of Abraham's longing for the land of Canaan:

״וָאֹמַר מִי יִתֶּן לִי אֵבֶר הָדָא הוּא דִכְתִיב — **Thus it is written:** כַּיּוֹנָה אָעוּפָה וְאֶשְׁכֹּנָה״ — ***Then I said, "O that I had a wing like the dove! I would fly on and find rest!"*** (*Psalms* 55:7). לָמָּה ״כַּיּוֹנָה״ — **Why** does Abraham[71] specify ***like the dove,*** when other birds fly higher or faster? רַבִּי עֲזַרְיָה בְּשֵׁם רַבִּי יוּדָן אָמַר — **R' Azaryah said in the name of R' Yudan:** לְפִי שֶׁכָּל הָעוֹפוֹת בְּשָׁעָה שֶׁהֵם יְגֵעִים, הֵן נָחִין עַל גַּבֵּי סֶלַע אוֹ עַל גַּבֵּי אִילָן — **Because all the other birds, when they are weary** from flying, stop and **rest on a rock or on a tree.** אֲבָל הַיּוֹנָה הַזּוֹ בְּשָׁעָה שֶׁהִיא פּוֹרַחַת וִיגֵיעָה — **But a dove, when it is flying and becomes weary,** קוֹפֶצֶת בְּאֶחָד מֵאֲגַפֶּיהָ וּפוֹרַחַת בְּאֶחָד מֵאֲגַפֶּיהָ — **closes up one of its wings** and rests it against its body, **and flies with** the other **one of its wings.**[72] ״הִנֵּה אַרְחִיק נְדֹד״ — The *Psalms* passage continues: ***Behold, I would wander afar*** (v. 8) — נִדְנוּד טִלְטוּל אַחַר טִלְטוּל — that is, **a wandering of migration after migration.**[73] ״אָלִין בַּמִּדְבָּר סֶלָה״ — ***I would dwell in the wilderness, Selah*** (ibid.) — מוּטָב לָלוּן בְּמִדְבָּרוֹת שֶׁל אֶרֶץ יִשְׂרָאֵל וְלֹא לָלוּן בְּפַלְטֵרִיּוֹת שֶׁל חוּצָה לָאָרֶץ — **it is better** for me **to dwell in the wildernesses of the Land of Israel than to dwell in** splendid **palaces outside the Land.**

NOTES

60. For many people converted to the belief in one God as a result of Abraham's miraculous survival of Nimrod's furnace (*Eitz Yosef*).

61. The "radiance of the world" refers to the east, whence the radiant sun rises (*Rashi*). The reference is to Ur Kasdim, the city of Abraham's youth, which lies to the east of the Land of Israel (see *Matnos Kehunah*).

62. For the role of bringing the world to repentance and an awareness of Me (*Yefeh To'ar*).

63. Interpreting מִשְׁחָר (translated above as *from dawn*), as if it were derived from the verb שחר, "to seek out, to select." Accordingly, the verse is saying that the selection of Abraham was foreordained from Creation. [This idea is also indicated above, 12 §9; see *Matnos Kehunah.*]

64. Lit., *You may say.*

65. That is, before recognizing that there is only one true God. The Midrash thus indicates that Abraham himself was an idol worshiper for many years; this concurs with the opinion of R' Yochanan and R' Chanina cited above, 30 §8, that Abraham did not become aware of God till he was 48 years old (*Eitz Yosef,* from *Yefeh To'ar;* however, see *Tanchuma HaYashan, Lech Lecha* §4).

66. I.e., it evaporates into the air when the sun comes out, leaving no trace behind (*Eitz Yosef*).

67. *Eitz Yosef* sees Abraham's wisdom, which led him to an awareness of his Creator, as analogous to the sun in the metaphor of the dew, its shine evaporating any trace of his sins.

68. Interpreting לְךָ טַל as *you are the dew,* that is, you yourself are [like] dew (*Maharzu*).

69. Dew is always a blessing, for unlike rain it never comes with destructive overabundance, nor does it interfere with travelers and the like (*Yefeh To'ar*).

70. As v. 2 concludes, וֶהְיֵה בְּרָכָה — *and you shall be a blessing* (*Radal,* see also *Eitz Yosef*).

[It is not entirely clear why the Midrash places the exposition of this verse (v. 2) here, in the midst of its discussion of the phrase לְךָ; see *Eitz Yosef* and *Maharzu. Yefeh To'ar* suggests that the Midrash is taking the word לְךָ in this verse as an allusion to the לְךָ in the phrase לְךָ טַל יַלְדֻתֶיךָ. See also the parallel text in *Tanchuma Yashan, Lech Lecha* §4.]

71. For the Midrash understands that the speaker in this verse is Abraham (see *Yalkut Shimoni, Psalms* §771) (*Eitz Yosef*).

72. Unlike other birds that interrupt their flight to rest, the dove manages to rest while continuing to fly, resting one wing at a time. So too, Abraham here expresses his desire to continue his journey without pause till he reaches the Holy Land (*Eitz Yosef*). [*Mishnas DeRabbi Eliezer* suggests that that is the implication of the conclusion of our verse, *I would fly on and find rest* — i.e., I will "find rest" while I simultaneously "fly on."] See Insight Ⓐ.

73. The word *wander* (נְדֹד) could have been written נוֹד, with one ד. The Midrash derives from the doubling that Abraham speaks of multiple migrations (*Eitz Yosef*) — i.e., from Ur Kasdim to Haran, and then from Haran to Canaan (see *Yefeh To'ar*).

INSIGHTS

fore, *only* Abraham was absolved from the commandment to honor his father; no one else could claim to have his filial relationship so completely severed.

Although Terah lived a full 65 years after Abraham left him (see note 45), the announcement of Terah's death was a statement of *ultimate* truth; for though he still lived and breathed, Terah was *truly* dead in all but the superficial sense, because, as mentioned by the Midrash above, רְשָׁעִים בְּחַיֵּיהֶם קְרוּיִים מֵתִים, *the wicked are referred to as "dead" even within their lifetimes.* Thus, Abraham had no relationship with Terach, for one was light and the other darkness, one was Torah and the other desolation, one was a symbol of life and the other a symbol of death (*Gevuros Hashem* §5).

Ⓐ **Flying With One Wing** *Techeiles Mordechai* sees a deeper meaning in the words of the Midrash. Our father Abraham came to recognize God by observing and contemplating the world around him. However, even those who cannot, for whatever reason, gain an awareness of God through philosophical means can still appreciate Him through perceiving His providence and salvation in times of distress — an awarenes that may be even more powerful than philosophical conclusions. The point is always to fly on whichever wing will carry one's faith, and not simply rest on a rock or tree waiting for "inspiration."

In a related vein, *Divrei Shmuel* sees the following message in our Midrash: Many birds can soar to great heights, but when tired they must rest on something or fall precipitously. The dove, however, always stays aloft despite its weariness. Israel, too, soars to great heights during times of spiritual connection, such as devoted prayer and Torah study, but even when wearied by its interaction with the mundane world it remains aloft, cleaving firmly to its service of God until such time that it will be able to resume soaring with both wings.

״בְּיוֹם חֵילֶךָ״, בְּעֵת שֶׁכָּנַסְתָּ לִי כָּל אוֹתָן הַחֲיָילוֹת וְהָאוּכְלֳסִים, ״בְּהַדְרֵי קֹדֶשׁ״, מֵהֲדָרוֹ שֶׁל עוֹלָם הִקְדַּשְׁתִּיךָ, ״מֵרֶחֶם מִשְׁחָר״, מֵרַחֲמוֹ שֶׁל עוֹלָם שִׁחַרְתִּיךָ לִי, ״לְךָ טַל יַלְדֻתֶךָ״, לְפִי שֶׁהָיָה אָבִינוּ אַבְרָהָם מִתְפַּחֵד וְאוֹמֵר: תֹּאמַר שֶׁיֵּשׁ בְּיָדִי עָוֹן שֶׁהָיִיתִי עוֹבֵד עֲבוֹדָה זָרָה כָּל הַשָּׁנִים הַלָּלוּ, אָמַר לוֹ הַקָּדוֹשׁ בָּרוּךְ הוּא: ״לְךָ טַל יַלְדֻתֶךָ״, מַה טַּל זֶה פּוֹרֵחַ אַף עֲוֹנוֹתֶיךָ [פּוֹרְחִים], מַה הַטַּל הַזֶּה סִימָן בְּרָכָה לָעוֹלָם, אַף אַתָּה סִימָן בְּרָכָה לָעוֹלָם. הָדָא הוּא דִכְתִיב (שם נה, ז) ״וָאֹמַר מִי יִתֶּן לִי אֵבֶר כַּיּוֹנָה אָעוּפָה וְאֶשְׁכֹּנָה״, [יא]לָמָּה כַּיּוֹנָה, רַבִּי עֲזַרְיָה בְּשֵׁם רַבִּי יוּדָן אָמַר: לְפִי שֶׁכָּל הָעוֹפוֹת בְּשָׁעָה שֶׁהֵם יְגֵעִים, הֵן נָחִין עַל גַּבֵּי סֶלַע אוֹ עַל גַּבֵּי אִילָן, אֲבָל הַיּוֹנָה הַזּוֹ בְּשָׁעָה שֶׁהִיא פּוֹרַחַת וִיגֵעָה קוֹפֶצֶת בְּאֶחָד מֵאֲגַפֶּיהָ וּפוֹרַחַת בְּאֶחָד מֵאֲגַפֶּיהָ. (שם, נה, ח) ״הִנֵּה אַרְחִיק נְדֹד״, נִדְנוּד טִלְטוּל אַחַר טִלְטוּל, ״אָלִין בַּמִּדְבָּר סֶלָה״, מוּטָב לָלוּן בַּמִּדְבָּרוֹת שֶׁל אֶרֶץ יִשְׂרָאֵל וְלֹא לָלוּן בְּפַלְטֵרִיּוֹת שֶׁל חוּצָה לָאָרֶץ,

עץ יוסף

שהייתי עובד עבודת כוכבים כל שנים הללו. ס״ל כמ״ד שבן מ״ח שנה הכיר את בוראו (יפ״ת): **מה טל פורח.** כי בזרוח השמש הטל הולך לו ואיננו כאילו עשה לו כנפים ויפרח לו. וזהו לשון מפריח הטל שבריש תענית וכדא׳ (הושע ו) כטל משכים הולך: **אף עונותיך פורחים.** כי כאשר זרחה שמש חכמתו של אברהם והכיר את בוראו בהכרה גמורה בעבור שנתקדש בקדושת הארץ אשר היושב בה נשוא עון. פרח ונמחק ממנו כל עון ילדותו ונעשה כבריה חדשה: **מה הטל הזה סימן ברכה לעולם. אף אתה סימן ברכה לעולם.** דהיינו להכניס בני אדם תחת כנפי השכינה לתקון העולם אשר בו תלוי עיקר ברכות העולם וכן כתיב והיה ברכה: **[י] הדא הוא דכתיב מי יתן לי כו׳.** דריש מקרא זה על אברהם כשהגיע מאור כשדים לחרן שבאותו הפרק היה מתאוה ללכת לכנען אלא שעדיין לא הורשה ע״פ הדבור והוצרך להתעכב שמה כדי לגייר גרים: **למה כיונה כו׳ קופצת באחת מאגפיה.** סותמת אחת מאגפיה שינוח אל גופה שהיונה אינה נחה מפריחתה על איזה מקום. אלא נחה באחת מאגפיה ופורחת בשניה. כך רצה אברהם לרוץ תמיד בלי מנוחה בנתיים עד בואו אל מקום הקודש: **נדוד.** דה״ל למימר נוד ודורש כפל הד׳ נדידה וטלטול הרבה. ובילקוט כאן הגירסא נדנוד אחר נדנוד וטלטול אחר טלטול: **אלין במדבר סלה.** שמוטב לו ללון במדבר של ארץ ישראל מללון בפלטריות של הרשעים של דור הפלגה:

פירוש מהרז״ו

בהדרי קודש. משמע שיום חילו היה כהדרי קודש ציון וירושלים כמ״ש השתחוו לה׳ בהדרת קודש ולא היה כל הנ״ל בציון וירושלים כלל. על כן דורש אל תקרי בהדרי אלא מהדרי וכמ״ש מרחם. שמהדרו של עולם הקדשתיך. והיא רחמה של עולם כי משם התחלת בריאות עולם משם שחרתיך שתבא לשם ולא רצה לפרש מרחם משחר שחרו לשמו מרחם אמו על דרך בטרם אצרך מרחם הקדשתיך. שהרי סובר שבילדותו היה עובד כוכבים: **מה טל פורח.** כי בזרוח השמש הטל הולך לו. כך כאשר זרחה שמש חכמתו של אברהם והכיר את בוראו פרח ונמחק ממנו כל טעות ונמחו כל עונותיו: **ומה הטל.** וזהו לך טל שאתה בעצמך דומה לטל. ושייכות הדרשה לכאן. שאמר אל הארץ אשר אראך היינו ציון וירושלים וכמ״ש בסוף הפרשה מחקה והולך כנגד בהמ״ק הדרו וכו׳ של עולם: **ואומר מי יתן לי אבר כיונה.** הביא דרשה זו לפי שאמר תחלה שהיה אברהם מתפחד והיכן מרומז הפחד הזה. על כן הביא פסוקים של מזמור נ״ה שמדבר מאברהם בעת הפלגה ושם מבואר הפחד. כמ״ש שם לבי יחיל בקרבי ואימות מות נפלו עלי וכו׳ וכן מי יתן לי אבר כיונה וכו׳ בלע ה׳ פלג לשונם וכו׳ וכמ״ש פר״א פרק כ״ד וכמו שביארתי לעיל פר׳ למ״ד סימן ח׳ שאז היה בן מ״ח שנה. ע״ש החשבון בבירור. הרי מפורש שבעת הפלגה שאז הכיר בוראו כמפורש לעיל שם. רצה לברוח מהם. והיה מתירא מן עברות של ילדותו. וזהו לבי יחיל וגו׳ כי מן האויבים לא היה מתירא שהרי היה בוטח בהקב״ה בכל לבו התבונן בזה: **קופצת באחת מאגפיה.** פי׳ סותמת אחת מאגפיה שינוח אל גופה וכמ״ש ועולתה תקפץ פיה פי׳ סותמת וכן כאן והיונה אינה נחה מפריחתה על איזה מקום אלא נחה באחת מאגפיה ופורחת בשניה כך רצה אברהם לרוץ תמיד בלי מנוחה בנתיים עד בואו אל מקום הקודש: **נדוד.** היל״ל נוד ע״כ דורש כופל הד׳ נדידה וטלטול הרבה ובילקוט כאן הגירסא נדנוד אחר נדנוד וטלטול אחר טלטול: **אלין במדבר סלה.** משמע שזהו רצונו ותכלית פריחתו שילין במדבר סלה. על כן דורש שאמר שמוטב לו ללון במדבר של ארץ ישראל מללון בפלטריות של הרשעים של דור הפלגה. ואיזה תאוה וחשק היה לו לבא לארץ כנען שגם שם היו כולם רשעים אלא שמאז נלטווה. ולא הלך עד שהיה בן ע׳ שנה שאז נתן לו רשות לילך. וזהו שאמר ואם תאמר שלא גהן וכו׳ אלא אע״פ שציוהו כשהיה בן מ״ח שנה עכ״ז לא היה רשאי לילך עד שאמר לו לך וזהו וילך אברם כאשר דבר אליו ה׳. ולעיל ריש הסימן באופן אחר וכאן דורש שבפעם א׳ אמר לו שיהיה מוכן להליכה ולא הלך עד שאמר לו עוד הפעם לך לך וזה ע״פ מדה יו״ד אמירה ודיבור. וכאן לא פירש מה דבר לו וילמוד סתום מן המפורש וילך אברם כאשר דבר אליו ה׳ לך לך:

רש״י

לחרן: **מהדרו של עולם הקדשתיך.** ממזרח שהוא מקום הדרו של עולם דכתיב קורא ממזרח עיט: **מרחם משחר מרחמו של עולם שחרתיך.** ממקום שהאורה יוצאת כעובר היוצא ממעי אמו מפורש בתנחומא עמך הייתי בשעה שזיינת חיילותיך ונתנדבת להלחם עם המלכים:

מתנות כהונה

שבנסת אתה לי גרסינן]: **החיילות כו׳.** חילך הוא לשון חיל והם אותם שגייר והכניסם תחת כנפי השכינה שנאמר ואת הנפש אשר עשו: **ה״ג** מהדרי קודש מהדרו של עולם]: **מהדרו של עולם.** פירש״י ממזרח שהוא הדרו של עולם כד״א קורא ממזרח עיט ונאמר על אברהם מי העיר ממזרח צדק וגו׳: **מרחמו של עולם.** מעת שנברא העולם דכתיב בהבראם ודרשו חז״ל באברהם כלומר בזכותו ורש״י פירש ממקום שהאורה יוצאה כתינוק היוצא מרחם אמו: ה״ג בילקוט תהלים ואשכונה מדבר באברהם: **למה כיונה: קופצת.** כלומר מנענע מעט מעט לפי שא״א לפרוח באחד אם לא שיתנענע גם האחר קצת או מלשון לא תקפוץ כלומר כובשת את האחד על הגוף למען ינוח: **ה״ג** נדנוד אחר נדנוד טלטול: **ה״ג וא״ת גהץ.** [וכ״ג הערוך] והוא לשון גיהוץ כלומר מאחר שהיה מלובן ומזורז לצאת למה נתעכב בחרן ה׳ שנים כמו שכתבתי למעלה בשם סדר עולם:

אשד הנחלים

כטל מעשי ילדותך אשר הקדשת את שמי מימי ילדותך להכיר בוראך כמ״ש בן ג׳ שנה הכיר אברהם את בוראו ואף שלא הי׳ בו עודנה על צד השלימות כי אז התחיל לחקור והי׳ עודנה במבוכה מי הוא הבורא. אך עכ״ז סוף סוף שהכרת את האמת והרי זה כטל אף שאינו דבר ממשי עכ״ז הוא סימן ברכה והבן זה: **מי יתן.** הוא דרוש בפ״ע על הליכת אברהם ממקומו: **אבל היונה הזו.** מרוב חפצה ותשוקתה לברוח איננה נוחה אף בעת שהיא עייפה. ומתאמצת בכל עוז לפרוח אף באחד מאגפיה. כן הי׳ דוד מבקש לברוח מפני אלה הרשעים. ודרש כמו כן על אברהם והנה ארחיק מהם אף שלא אשב שמה בשלוה כ״א בנדוד ממקום למקום. ואף שלינת לילה לא יהיה לי כ״א במדבר א״י אבחר בהם יותר מבמקום ישוב שלהם: **אבל משהורשה.** דייק מדכתיב כאשר דיבר אליו ה׳ שהוא מיותר א״ו בא להורות שתיכף ששמע מפי ה׳ שמצווהו ללכת משם לא״י תיכף וילך כאשר שמע דיבור מפי ה׳ כי הבין מתחילה אף טרם יתגלה אליו הנבואה שרק בא״י הוא מקום המקודש ומשכן הנבואה. רק לא רצה לצאת שלא ברשות טרם יתגלה אליו בנבואה:

חידושי הרד״ל

(טו) [ח] **לך טל ילדותך כו׳. מתפחד כו׳ עובדי עבודת כוכבים כו׳.** גם הא דרשה דלעיל שהיה מתפחד שיאמרו הניח אביו כו׳ מידריש שפיר מקרא זה דלך טל ילדותך דלך אני מפריח כטל מבית אביך זה ילדך ופוטרך מכבודו כדלעיל:

(טז) **מה טל זה פורח כו׳.** כשהשמש זורח הוא עולה ואיננו כאלו עשה לו כנפים ויפרח לו וזהו לשון מפריח הטל שבריש תענית וכדא׳ (הושע ו׳) וכטל משכים הולך:

חידושי הרש״ש

שהייתי עובד עבודת כוכבים כל השנים הללו. לכאורה אתיא כמ״ד לעיל פ״ל דבן מ״ח שנה הכיר את בוראו אמנם לפי מש״כ הג״מיי בפ״א מה׳ עבודת כוכבים נוכל ליישב אליבא דכ״ע ע״ש:

מסורת המדרש

יא ילקוט תהלים רמז תשע״א:

אם למקרא

וָאֹמַר מִי יִתֶּן לִּי אֵבֶר כַּיּוֹנָה אָעוּפָה וְאֶשְׁכֹּנָה: הִנֵּה אַרְחִיק נְדֹד אָלִין בַּמִּדְבָּר סֶלָה: (תהלים נה:ז-ח)

וְאִם תֹּאמַר גָּהֵץ אַבְרָהָם וְשָׂמַח עַל דִּיבּוּר הַמָּקוֹם — **And if you will ask:** If **Abraham was** so **glad and joyful over the word of the Omnipresent** commanding him to go to Canaan, וְלָמָּה לֹא יָצָא — **then why did he not depart** previously?[74] שֶׁעֲדַיִין לֹא הוּרְשָׁה — The answer is **that he had not yet been authorized** to do so.[75] אֲבָל מִשֶּׁהוּרְשָׁה — **However, as soon as he was authorized,** "וַיֵּלֶךְ אַבְרָם כַּאֲשֶׁר דִּבֶּר אֵלָיו ה׳ וַיֵּלֶךְ אִתּוֹ לוֹט" — ***Abram went when***[76] ***HASHEM spoke to him, and Lot went with him*** (below, v. 4).

□ [לֶךְ לְךָ — *GO FOR YOURSELF.*]

The Midrash describes another facet of Abraham's desire for the land of Canaan:

אָמַר רַבִּי לֵוִי — **R' Levi said:** בְּשָׁעָה שֶׁהָיָה אַבְרָהָם מְהַלֵּךְ בַּאֲרַם נַהֲרַיִם וּבַאֲרַם נָחוֹר — **When Abraham was traveling through Aram Naharaim and Aram Nahor,** רָאָה אוֹתָן אוֹכְלִים וְשׁוֹתִים וּפוֹחֲזִים — **he saw [the inhabitants] eating and drinking and engaged in frivolous pursuits.** אָמַר: הַלְוַאי לֹא יְהֵא לִי חֵלֶק בָּאָרֶץ הַזֹּאת — **He said, "May it be** that **I will have no portion in this land!"**[77] וְכֵיוָן שֶׁהִגִּיעַ לְסוּלָּמָהּ שֶׁל צוֹר — **But once [Abraham] arrived at the steep ascent of Tyre**[78] that formed the border of the land of Canaan, רָאָה אוֹתָן עֲסוּקִין בְּנִיכּוּשׁ בִּשְׁעַת הַנִּיכּוּשׁ, בְּעִידּוּר בִּשְׁעַת הָעִידּוּר — **he saw [the inhabitants] industriously occupied with weeding in the weeding season and with hoeing in the hoeing season** rather than being engaged in idle pursuits.[79] אָמַר: הַלְוַאי יְהֵא חֶלְקִי בָּאָרֶץ הַזֹּאת — **He said, "May it be** that **my portion will be in this land!"**[80]Ⓐ אָמַר לוֹ הַקָּדוֹשׁ בָּרוּךְ הוּא — **The Holy One, blessed is He,** thereupon **said to him,** "לְזַרְעֲךָ אֶתֵּן אֶת הָאָרֶץ הַזֹּאת" — ***"To your offspring I will give this land"*** (below, v. 7).[81]

§9 [וַיֹּאמֶר ה׳ אֶל אַבְרָם לֶךְ לְךָ — *HASHEM SAID TO ABRAM, "GO FOR YOURSELF."*]

The Midrash compares this command of לֶךְ לְךָ to another one using the same expression:

אָמַר רַבִּי לֵוִי — **R' Levi said:** שְׁנֵי פְּעָמִים כְּתִיב "לֶךְ לְךָ" — **Twice** in Scripture **it is written,** ***Go for yourself,***[82] both regarding Abraham, וְאֵין אָנוּ יוֹדְעִים אֵי זוֹ חֲבִיבָה אִם הַשְּׁנִיָּיה אִם הָרִאשׁוֹנָה — **and** at first glance **we do not know which one is more precious, whether the second** instance **or the first.**[83] מִמַּה דִּכְתִיב "אֶל אֶרֶץ הַמּוֹרִיָּה" — But **from the fact that it is written** in the latter verse, ***to the land of Moriah*** (below, 22:2), הֱוֵי הַשְּׁנִיָּיה חֲבִיבָה מִן הָרִאשׁוֹנָה — **it must be** that **the second** instance **is more beloved than the first.**[84]

NOTES

74. If, as the Midrash derives from the Psalm quoted above, Abraham had a strong desire to go to Canaan, why had he remained in Haran till now?

75. Until God commanded him to go to Canaan, he was not allowed to leave behind his old father and move to another country (see §7 above) (*Yefeh To'ar*).

76. The Midrash derives that Abram departed immediately from the phrase כַּאֲשֶׁר דִּבֶּר ה׳ (below, v. 4), which it interprets as, "*when* (not *as*) Hashem spoke," implying that Abraham went immediately upon receiving the command (*Matnos Kehunah;* see also *Ohr HaChaim* ad loc.).

[*Yefeh To'ar* writes that in this paragraph as well the point of the Midrash is to explain the significance of לְךָ, interpreting it as meaning, "Go in accordance with your desire."]

77. The inhabitants of this region lived in peace and prosperity, and were blessed with much leisure time. However, they used that time for degenerate purposes, and their conduct repelled Abraham (*Tiferes Tzion;* see also *Maharzu*). God had not divulged to Abraham where his destination would be — where he would be granted ownership of the land — so he expressed his hope that this place was not the intended location.

78. Lit., *the Ladder of Tyre,* so called because Tyre sat on a high mountain and was reached by climbing steps (*Eitz Yosef,* from *Rashi* to *Beitzah* 25b). This is the northern boundary of the Land of Israel; see *Eruvin* 22b.

79. That is, after having crossed the border, throughout his travels in the land of Canaan, he noticed the industrious temperament of the inhabitants.

80. For Abraham understood that it was the nature of the land that imbued its inhabitants with this temperament (see *Yefeh To'ar*).

81. The phrase *this land* is seen as implying, "this land that you desire" (*Eitz Yosef, Matnos Kehunah*). It was only once Abraham was well within Canaan (after *Abram passed into the land as far as the site of Shechem, until the Plain of Moreh* — v. 6) that God told him that that was the land of his destination, rather than immediately upon his entrance to the land, for He wanted Abraham to have already developed an appreciation for its positive qualities (see *Eitz Yosef*).

82. God twice tested Abraham with a command that included the phrase לֶךְ לְךָ (*go for yourself*), once here and once below, 22:2, where Abraham is commanded to take his son Isaac and *go for yourself* (לֶךְ לְךָ) *to the land of Moriah* and offer him up there as a sacrifice.

83. The expression "Go for yourself" implies that the journey commanded to Abraham was for his own benefit and was thus to be undertaken with enthusiasm. Which one of these journeys was more precious for Abraham — i.e., which one did he undertake with greater enthusiasm? (*Yefeh To'ar*).

84. Because in the second instance Abraham knew the general area of his destination ("the land of Moriah"), the journey was more precious (ibid.). Alternatively, the name "Moriah" indicates that this place had a unique level of sanctity (as the Midrash discusses below, ad loc.), and this fact caused the journey to be more beloved to Abraham (ibid.).

INSIGHTS

Ⓐ **Prosperity and the Work Ethic** Most people consider prosperity a blessing because of the benefits it proffers. Freed from the struggle for basic needs, inhabitants of a prosperous land have more time to do what they really want to do. Some choose to use their free time to devote themselves to spiritual pursuits and for them, prosperity is indeed a blessing.

Unfortunately, not everyone uses prosperity as productively. Some discard their work ethic in favor of excessive materialism, opting for lavish parties and opulent living over hard work and diligence. When that happens, morality eventually degenerates into depravity, and the blessing becomes a curse. That is what Abraham saw in Aram — a society whose bounty had deteriorated into decadence and moral decay – and he wanted no part of it.

Eretz Yisrael stood in stark contrast to Aram. *In Eretz Yisrael,* Abraham saw the inhabitants hard at work hoeing, weeding, and seeding the land. Whoever lives here, Abraham realized, will need to work hard forcing the land to yield its bounty. This made Abraham yearn for God to give him *Eretz Yisrael* as his portion. There his descendants would have little time for excessive materialism that could lead to degeneracy (*Pri Tzaddik, Noach* §2).

R' Nosson Wachtfogel (cited in *Haggadah Shel Pesach — Slutzk, Kletzk, Lakewood*) suggests that Abraham was particularly struck by the image of germinating seeds. The seeds are planted to lie dormant in the ground until they begin to disintegrate. And then, as if by a miracle, embryonic plants sprout forth, growing first into robust seedlings and then into mature plants.

Abraham realized how much germinating seeds reminded him of his own spiritual growth. Throughout his life, Abraham had spurned an overly materialistic lifestyle and even endured physical discomfort, working instead on cultivating his own spiritual essence until it reached full maturity (see *Shir HaShirim Rabbah* 1 §58). The less important his physical needs seemed, the more he grew spiritually and the closer he drew to God, just as the physical disintegration of a plant seed paves the way for the plant's robust growth.

Thus, when Abraham saw the inhabitants of *Eretz Yisrael* hard at work seeding the land, he desired the land for his descendants. For he knew that as they would exert themselves to plant the land, so would they exert themselves to grow spiritually, adopting the model of the miraculous seed as their own.

אָמַר לוֹ:יב זֶה יָחִיד לְאִמּוֹ וְזֶה יָחִיד לְאִמּוֹ. אָמַר לוֹ: "אֲשֶׁר אָהַבְתָּ", אָמַר לוֹ: וְאִית תְּחוּמִין בְּמֵעַיָּא, אָמַר לוֹ: "אֶת יִצְחָק". וְלָמָּה לֹא גִּלָּה לוֹ, כְּדֵי לְחַבְּבוֹ בְּעֵינָיו וְלִיתֵּן לוֹ שָׂכָר עַל כָּל דִּבּוּר וְדִבּוּר, דְּאָמַר רַב הוּנָא °בְּשֵׁם רַבִּי אֱלִיעֶזֶר בְּנוֹ שֶׁל רַבִּי יוֹסֵי הַגְּלִילִי: מַשְׁהֶה הַקָּדוֹשׁ בָּרוּךְ הוּא וּמַתְלֶא עֵינֵיהֶם שֶׁל צַדִּיקִים וְאַחַר כָּךְ הוּא מְגַלֶּה לָהֶם טַעְמוֹ שֶׁל דָּבָר, כָּךְ "אֶל הָאָרֶץ אֲשֶׁר אַרְאֶךָּ", "עַל אַחַד הֶהָרִים אֲשֶׁר אוֹמַר אֵלֶיךָ", (יונה ג, ב) "וּקְרָא אֵלֶיהָ אֶת הַקְּרִיאָה אֲשֶׁר אֲנִי דּוֹבֵר אֵלֶיךָ", (יחזקאל ג, כב) "קוּם צֵא אֶל הַבִּקְעָה וְשָׁם אֲדַבֵּר אוֹתָךְ":

י רַבִּי בֶּרֶכְיָה בְּשֵׁם רַבִּי [נְחֶמְיָה] אָמַר: יגלְמֶלֶךְ שֶׁהָיָה עוֹבֵר מִמָּקוֹם לְמָקוֹם וְנָפְלָה מַרְגָּלִית מֵעַל רֹאשׁוֹ, עָמַד הַמֶּלֶךְ וְהֶעֱמִיד פַּמַּלְיָא שֶׁלּוֹ שָׁם וְעָשָׂה צִבּוּרִים וְהֵבִיא מִכְבָּרוֹת וְכָבַר אֶת הָרִאשׁוֹנָה וְלֹא מְצָאָהּ, בַּשְּׁנִיָּה וְלֹא מְצָאָהּ וּבַג' מְצָאָהּ. אָמְרוּ: מָצָא הַמֶּלֶךְ מַרְגָּלִית שֶׁלּוֹ, כָּךְ אָמַר הַקָּדוֹשׁ בָּרוּךְ הוּא: מַה צּוֹרֶךְ הָיָה לִי לְיַיחֵס שֵׁם, אַרְפַּכְשַׁד, שֶׁלַח, עֵבֶר, פֶּלֶג, רְעוּ, שְׂרוּג, נָחוֹר, תֶּרַח, אֶלָּא בִּשְׁבִילְךָ, (נחמיה ט, ח) "וּמָצָאתָ אֶת לְבָבוֹ נֶאֱמָן לְפָנֶיךָ". כָּךְ אָמַר הַקָּדוֹשׁ בָּרוּךְ הוּא לְדָוִד: מַה צּוֹרֶךְ הָיָה לִי לְיַחֵס פֶּרֶץ, חֶצְרוֹן, רָם, עַמִּינָדָב, נַחְשׁוֹן, שַׂלְמוֹן, בּוֹעַז, עוֹבֵד, יִשַׁי, דָּוִד, לֹא בִּשְׁבִילְךָ (תהלים פט, כא) "מָצָאתִי דָּוִד עַבְדִּי בְּשֶׁמֶן קָדְשִׁי מְשַׁחְתִּיו":

יא [יב, ב] "וְאֶעֶשְׂךָ לְגוֹי גָּדוֹל". אָמַר לוֹ: וּמִנֹּחַ לֹא הֶעֱמַדְתָּ שִׁבְעִים אוּמוֹת,

רש"י

[י] מכברות. בלי"ש בלע"ז: [יא] ומנח לא העמדת שבעים אומות. כלומר והלא נבראו שבעים אומות ואתה אומר לי ואעשך לגוי גדול ואין עשייה אלא בריאה וכבר הם ברואים אלא ואעשך ממה שאני בורא אותך בריה חדשה ע"כ:

מתנות כהונה

ואית תחומין כו'. וכי יש תחומים במעים לידע מי הוא החביב יותר שבניהם אהובים עלי: משהה כו'. משהה וממשיך לבם ועיניהם תלויות ומלפות מתי יגלה להם ובפרשה נ"ה פירש"י מתלא לשון עייפות כד"א ותלה הארץ ולקמן בפרשה נ"ה גורס מתהא והוא לשון תוהו ובוהו: [י] רבי ברכיה כו'. חוזר למעלה שקיצר ביחוס בני נח ואח"כ ויאמר ה' אל אברם ועם אחד מהם לא נתייחד הדיבור: פמליא שלו. חיילותיו: ועשה צבורים. מאותו עפר שנפלה המרגלית שמה: את הראשונה. צבור הראשון: השני גרסינן: אמרו מצא המלך כו'. דרך שמחה ובשורה טובה: ומצאת וגו'. לשון מציאה נופל על דבר המתבקש כד"א ויבוקש הדבר וימצא: [יא] ומנח לא העמדת כו'. ושוב כל יוצאי חלציו לא יהיו אלא אומה אחת יחידה עמהם אלא שיהא יתירה על ע' אומות אומה קדושה כמו לשון הקודש שהוא יתר

אשד הנחלים

הית' בהתחזקות גדול' מאד. והבן. וכן בעקידה ביאר לו ה' הדבר בפירוש מעט מעט כדי שיתחקק ע"י הדבו' האהב' ליצחק ועכ"ז יכבוש רחמיו ועי"ז יקבל שכר רב על כל דבור ודיבור. וכן ביחזקאל בתחילה צוהו שיצא אל הבקעה אף שלא ידע עודנה מהנבואה ושם אדבר אתך ועכ"ז יצא וא"כ יש לו שכר רב לדעת רב הונא שהקב"ה מתהה ומתלא עיניהם. והוא גם כן שני הטעמים כמו שפרשתי אחת כדי לחבבה ואחת ליתן שכר על כל דבור ודבור: [י] למלך שהי' עובר כו' מרגלית. הוא דרוש אחר על המליצה ומצאת את לבבו. מהו גדר המציאה הנאמר על אברהם גם הסמיכות מהכתובים שם [בד"ה] אתה עשית את השמים וכל צבאם גו' ואתה מחיה את כולם גו' אתה גו' אשר בחרת באברם. וכוונת הכתוב להפליג מעלת אברהם שנבחר מכל ברואי מעלה ומטה. והנה הדבר הנבחר הוא מורה שבירר אותו מכל דבר זולתו כי הוא רק הנבחר בעיניו. ואחר שהזכיר תחילה כל צבא השמים יורה המליצה כאלו קרא לכל צבא השמים הם פמליא שלו שהמה ימצאו את הנבחר כאלו יאמר שגם הם הסכימו עליו שהוא רק הנבחר. ומה נפלא המליצה להורות שבעבור אחד הנבחר יבראו כמה דורות. כדי שיברא הוא על ידיהם. כמו שהמלך המאבד המרגליות מוכרח לעשות צבורים של אשפה אף שהוא דבר מאוס עכ"ז בעבור מצוא המרגליות הוא מחפש ומתעסק בתוכם ומה שאמר שאבד אף שלא היה אברהם עודנה בעולם מפני שבכח היה ונשמתו נבראת תחילה וע"י התגלגלות הדורות נמצא בפועל ודי בזה למתבונן וזהו גדר המציאה הנאמר עליהם: [יא] ומנח לא העמדת. דייק דאמר אברהם כן לפי שהבשורה להנביא הוא מעין חפץ לבו ג"כ ולכן אין הנביאים מתנבאים בסיגנון אחד ולהיות שכל מגמת אברהם להעמיד אומה בעולם שיכירו כבודו ית' ויהיו במעלה

עץ יוסף

זה יחיד לאמו כו'. הלשון קצר פה וה"ג לקמן פ' נ"ה א"ל תרין בנין אית לי א"ל את יחידך א"ל זה יחיד לאמו וזה יחיד לאמו כו'. ובאמת אברהם לא השיב דבר אלא לפי שבמאמר בנך יסופק איזה בן כו' לכך הוסיף הקב"ה ביאור בדבריו אלא שהמדרש סידר הדברים כאילו אברהם היה מתווכח עמו (יפ"ת): משהא הקב"ה כו'. כלומר משהה להם הדיבור בדבר מגוה להעמידם בתוחלת ממושכה כדי להרבות שכרם דלפום צערא אגרא. אל הארץ אשר אראך. ועל אחד ההרים אשר אומר אליך. ולא גילה לו כדי להרבות שכר על כל דבור ודבור. וכיוצא בו הרבה בתנ"ך: (י) [יג] רבי ברכיה כו'. איתורא דלך לך קאי דרמיז מנין כל הדורות הראשונים היו בעבורך. ולכך ראוי שתפרד מהם לעבודתי (יפ"ת): פמליא. חיילותיו: ועשה צבורים. מאותו עפר שנפלה המרגלית שמה: את הראשונה. צבור הראשון: ובג' מצאה. התחיל במשל בג' על ג' בני נח שמיחס אותם אחר המבול ולא מצא אלא בשלישי היינו בזרע שם. ושם מצא שחושב סוף סדר נח יחוס שם פעמיים. קודם הפלגה ואחר הפלגה. ובפעם ב' מונה עשרה דורות עד אברהם ומונה בקיצור וכשהגיע לאברהם אמר ויאמר ה' אל אברם: מצא המלך. דרך שמחה ובשורה טובה: אלא בשבילך. כדי להזכיר אברהם באריכות. ובמדרש רות בסופו הגי' אלא בשבילך אברם הוא אברהם כלומר זהו שלפיתי. ויחלתי לו בקשתיו ומלאתיו: ומצאת וגו'. לשון מציאה נופל על דבר המתבקש כד"א ויבוקש הדבר וימצא: (יא) [יד] ומנח לא העמדת כו'. ומאי רבותא והרי בריתו של נח יקר מבריתו שלי שבעים פעמים:

פירוש מהרז"ו

ומתלא עיניהם. שיהיו עיניהם תמיד נשואות אליו ליחל ולצפות: וקרא אליה את הקריאה. כששלח את יונה לנינוה בפעם הב' ויקשה למה לא הביא פסוק של נבואה א' ושם בקיצור וקרא עליה. ונראה לי דכל"ל וקרא עליה בע' היינו של נבואה א' ואח"כ גורס את הקריאה אשר אנכי דובר אליך של נבואה ב' וכוון לשתי הנבואות: (י) שהיה עובר ממקום. והנמשל כמו שכתבתי לעיל סוף פר' למ"ד במבואות האפילות ע"ש ותבין כאן. ועי' מ"ש עוד לעיל פר' כ"ט סימן ג' שאברהם אחד מג' מציאות ע"ש דברים של טעם: ונפלה מרגלית מראשו. רומז למוד של חכמי הקבלה על ניצוץ קדוש שנפל לס"א: ובג' מצאה. התחיל במשל בג' וסיים בנמשל ביו"ד שמונה יו"ד דורות אך כוונת המדרש על ג' בני נח שמיחס אותם אחר המבול ולא מצא בג' היינו בזרע שם ושם מצא והיינו כמ"ש בסוף סדר נח שחושב שם סדר יחס שם פעמיים. קודם הפלגה ואחר ההפלגה ובפעם ב' מונה יו"ד דורות עד אברהם ומונה בקיצור וכשהגיע לאברם אמר ויאמר ה' לאברם וזהו מ"ש שמצא וכו': אלא בשבילך. כדי להזכיר בסוף ענין אברהם באריכות. ובמדרש רות בסופו הגיר' אלא בשבילך אברם הוא אברהם. כוונתו למ"ש בריש דברי הימים אחר שחשב שמות היו"ד דורות אמר אברם הוא אברהם. כלומר זהו שליפיתי ויחלתי לו בקשתיו ומצאתיו: (יא) שבעים. הרי בריתו יקר מבריתו שלי שבעים פעם והשיב לו שאחד שלך יקר:

חידושי הרד"ל

(בא) [י] מרגלית שלו. כך אמר קב"ה לאברהם לך לך הייתי מצפה מה צורך היה לייחס שם ארפכשד כו' וכ"ה הגי' סוף מדרש רות רבה וכל"ל:

מסורת המדרש

יב סנהדרין דף פ"ט. לקמן פרשה נ"ה. פדר"א פרק ל"א. פסיקתא רבתי פ' מ'. מדרש תהלים מזמור כ"ט. תנחומא סדר וירא סימן כ"ב. ילקוט וירא רמז נ"ו:

יג רות רבה סוף פרשה ה'. תנחומא וישב סוף סימן א'. ילקוט כאן רמז מ"ב כה"ע. ילקוט נחמיה רמז אל"ף ע"א:

אם למקרא

קוּם לֵךְ אֶל נִינְוֵה הָעִיר הַגְּדוֹלָה וּקְרָא אֵלֶיהָ אֶת הַקְּרִיאָה אֲשֶׁר אָנֹכִי דֹּבֵר אֵלֶיךָ: (יונה ג:ב)

וַתְּהִי עָלַי שָׁם יַד ה' וַיֹּאמֶר אֵלַי קוּם צֵא אֶל הַבִּקְעָה וְשָׁם אֲדַבֵּר אוֹתָךְ: (יחזקאל ג:כב)

וּמָצָאתָ אֶת לְבָבוֹ נֶאֱמָן לְפָנֶיךָ וְכָרוֹת עִמּוֹ הַבְּרִית לָתֵת אֶת אֶרֶץ הַכְּנַעֲנִי הַחִתִּי הָאֱמֹרִי וְהַפְּרִזִּי וְהַיְבוּסִי וְהַגִּרְגָּשִׁי לָתֵת לְזַרְעוֹ וַתָּקֶם אֶת דְּבָרֶיךָ כִּי צַדִּיק אָתָּה: (נחמיה ט:ח)

מָצָאתִי דָּוִד עַבְדִּי בְּשֶׁמֶן קָדְשִׁי מְשַׁחְתִּיו: (תהלים פט:כא)

אָמַר לוֹ: אוֹתָהּ אוּמָּה שֶׁכָּתוּב בָּהּ ״כִּי מִי גּוֹי גָּדוֹל״, אֲנִי מַעֲמִיד מִמְּךָ — **[God] replied to him, "That nation of which it is written** (*Deuteronomy* 4:7), ***For which is a "great nation"*** *that has a God Who is close to it . . . whenever we call to Him,* **I am establishing from you."**[103]

❑ [וְאֶעֶשְׂךָ לְגוֹי גָּדוֹל — *AND I WILL MAKE OF YOU A GREAT NATION.*]

The Midrash comments on a peculiarity in the wording of this blessing:

אָמַר רַבִּי בֶּרֶכְיָה — **R' Berechyah said:** אֶתֶּנְךָ וַאֲשִׂימְךָ אֵין כְּתִיב כָּאן — **It is not written here "I will *set* you** as a great nation" **or "I will *establish* you** as a great nation"; אֶלָּא ״וְאֶעֶשְׂךָ״ — **rather,** it is written וְאֶעֶשְׂךָ, lit., ***I will "make you,"***[104] מִשֶּׁאֲנִי עוֹשֶׂה אוֹתְךָ בְּרִיָּה חֲדָשָׁה אַתְּ פָּרֶה וְרָבֶה — by which He meant, **"After I make of you a new being,**[105] **you will be fruitful and multiply** into a great nation."

❑ [וְאֶעֶשְׂךָ לְגוֹי גָּדוֹל וַאֲבָרֶכְךָ וַאֲגַדְּלָה שְׁמֶךָ וֶהְיֵה בְּרָכָה. וַאֲבָרְכָה מְבָרְכֶיךָ וּמְקַלֶּלְךָ אָאֹר וְנִבְרְכוּ בְךָ כֹּל מִשְׁפְּחֹת הָאֲדָמָה — *AND I WILL MAKE OF YOU A GREAT NATION; I WILL BLESS YOU, AND MAKE YOUR NAME GREAT, AND YOU SHALL BE A BLESSING. I WILL BLESS THOSE WHO BLESS YOU, AND ONE WHO CURSES YOU I WILL CURSE; AND ALL THE FAMILIES OF THE EARTH SHALL BE BLESSED THROUGH YOU.*]

The Midrash analyzes the wording of God's promise here to Abraham:

רַבִּי לֵוִי בַּר חַיְיתָא וְרַבִּי אַבָּא בְּרֵיהּ דְּרַבִּי חִיָּיא בַּר אַבָּא אָמְרוּ — **R' Levi bar Chaysa and R' Abba the son of R' Chiya bar Abba said:** שָׁלֹשׁ גְּדוּלּוֹת וְאַרְבַּע בְּרָכוֹת כְּתִיב כָּאן — **Three** words indicating **"greatnesses"**[106] **and four** indicating **"blessings" are written here** in God's promise to Abraham.[107] בִּישְּׂרוֹ שֶׁהֵן שְׁלֹשָׁה אָבוֹת וְאַרְבַּע אִמָּהוֹת — With these expressions, **He informed him that** there would be **three Patriarchs and four Matriarchs** of Israel.[108]

❑ [וְאֶעֶשְׂךָ לְגוֹי גָּדוֹל וַאֲבָרֶכְךָ וַאֲגַדְּלָה שְׁמֶךָ וֶהְיֵה בְּרָכָה — *AND I WILL MAKE OF YOU A GREAT NATION; I WILL BLESS YOU, AND MAKE YOUR NAME GREAT, AND YOU SHALL BE A BLESSING.*]

The Midrash explains the context of these particular three blessings:

אָמַר רַבִּי חִיָּיא — **R' Chiya said:** לְפִי שֶׁהַדֶּרֶךְ מְגָרֶמֶת לִשְׁלֹשָׁה דְבָרִים — **Because** traveling on **the road** normally **produces three** negative **effects** — מְמַעֶטֶת פְּרִיָּה וּרְבִיָּה — **it diminishes procreation,**[109] וּמְמַעֶטֶת אֶת הַיְצִיאָה — **and it diminishes** one's **funds,**[110] וּמְמַעֶטֶת אֶת הַשֵּׁם — **and it diminishes** one's **reputation**[111] — God gave Abraham three blessings countering those effects. מְמַעֶטֶת פְּרִיָּה וּרְבִיָּה ״וְאֶעֶשְׂךָ לְגוֹי גָּדוֹל״ — Since **[traveling] diminishes procreation,** He said, ***"I will make of you a great nation"***;[112] מְמַעֶטֶת אֶת הַיְצִיאָה, ״וַאֲבָרֶכְךָ״ — since **it diminishes funds,** He said, ***"and I will bless you"***;[113] מְמַעֶטֶת אֶת הַשֵּׁם, ״וַאֲגַדְּלָה שְׁמֶךָ״ — and since **it diminishes reputation,** He said, ***"and make your name great."*** וּלְפוּם דְּאָמְרִין אִינָשֵׁי מִבֵּית לְבֵית חָלוּק, מֵאֲתַר לַאֲתַר נֶפֶשׁ — **And due to that which people** commonly **say,** viz., **"From house to house a shirt** is lost,[114] **from town to town a soul** is lost,"[115] בְּרַם אַתְּ לֹא נֶפֶשׁ אַתְּ חָסֵר, וְלֹא מָמוֹן — God assured Abraham: **"You, however, will lose neither soul nor property."**[116]

❑ [וַאֲגַדְּלָה שְׁמֶךָ — *AND I WILL MAKE YOUR NAME GREAT.*]

The Midrash now presents a different interpretation of God's promise to Abraham to *make your name great* and offers several parallels from throughout history:

רַבִּי בֶּרֶכְיָה בְּשֵׁם רַבִּי חֶלְבּוֹ אָמַר — **R' Berechyah said in the name of R' Chelbo:** שֶׁיָּצָא מוֹנִיטוֹן שֶׁלּוֹ בָּעוֹלָם — The blessing *make your name great*[117] meant **that [Abraham's] coinage**[118] **circulated throughout the world,** thereby making him known worldwide.

NOTES

103. In response to Abraham's objection, God clarified His intention by completing the statement, וְאֶעֶשְׂךָ לְגוֹי גָּדוֹל, *I will make of you a great nation.* I.e., not merely another nation like the seventy others but a great nation, not great in numbers but great in stature, *a great nation that has a God Who is close to it,* one that will be qualitatively greater, in its holiness and closeness to Me, than Noah's seventy nations (see *Eitz Yosef,* from *Nezer HaKodesh*). Although biologically this nation would also be descended from Noah, its spiritual lineage would be from Abraham alone (see *Yefeh To'ar*).

[Here too (see above, note 88), *Eitz Yosef* says that the Midrash does not mean that this dialogue between God and Abraham actually happened; rather, it is a literary device to explain the significance of the phrase, גּוֹי גָּדוֹל, *a great nation.*]

104. Which would mean that God will make (or remake) Abraham himself, rather than merely producing a nation from his offspring.

105. Abraham's nature originally was such that he was unable to beget children; see *Shabbos* 156a-b, *Yevamos* 64a, and Midrash below, 44 §10. God is saying here that He will transform Abraham's nature, thereby allowing him to have children (*Maharzu, Eitz Yosef*). Alternatively, God was indicating to Abraham that he must first "remake" himself physically by undergoing circumcision before he will father the *great nation* (*Yefeh To'ar, Eitz Yosef*).

106. Although the word "great" is mentioned explicitly only twice (*a great nation* and *make your name great*), the word וְאֶעֶשְׂךָ (*I will make of you*) also has a connotation of greatness, as in, *[It is] HASHEM Who has made* [עָשָׂה] *Moses and Aaron* (*I Samuel* 12:6), which means "Hashem Who has made Moses and Aaron *great*"; see *Radak* ad loc. (*Bamidbar Rabbah* 11 §2, which parallels our text here).

107. The four expressions of blessing are: *I will "bless" you; you shall be a "blessing"; I will "bless";* and, *and. . . shall be "blessed" through you* (*Matnos Kehunah, Eitz Yosef;* see *Rashi* and *Imrei Yosher*).

108. For "greatness" in the sense of worldly attainments (such as power and wealth) is most commonly borne by men and thus alludes to the Patriarchs. The four mentions of "blessing" allude to the Matriarchs because women are the cause and occasion for blessing; see *Bava Metzia* 59a (*Eitz Yosef*).

109. For it is not proper conduct to engage in marital relations while on the road (*Rashi*). Furthermore, the conditions of travel can reduce one's fertility; see *Radal.*

110. Lit., *expenditure* — for the ultimate purpose of funds is for expenditure (*Matnos Kehunah, Eitz Yosef*).

111. A person has less opportunity to perform good and noteworthy deeds while on the road and so his good character is not made known (see *Rashi, Maharzu,* and *Eitz Yosef*).

[This seems to contradict the idea expressed above in §2 that Abraham's travels served to publicize him throughout the world. *Eitz Yosef* suggests that it was only once Abraham had achieved a minimal level of fame that it became more widespread due to his traveling. Accordingly, this blessing was needed for Abraham to reach that initial degree of fame. See also *Imrei Yosher.*]

112. R' Chiya takes "great" in the phrase *a great nation* as indicating a nation that is numerically large; cf. the Midrash's opening comment in this section.

113. For "blessing," when not otherwise specified, always refers to financial blessing (*Yefeh To'ar*).

114. When moving from one house to another even in the same town, one will invariably lose an article of clothing or some other such household item.

115. When one uproots oneself and travels to a distant town, the exertion of the journey will diminish his spirit, weakening him physically and impacting negatively on his appearance (*Eitz Yosef*). Alternatively, it may literally cost the life of one of the traveling party (*Rashi*).

116. That is the sense of the final promise in the verse: *and you shall be a blessing* — i.e., you shall remain blessed (*Eitz Yosef,* from *Nezer HaKodesh*).

117. *Matnos Kehunah,* from *Tosafos, Bava Kamma* 97b.

118. Coins minted with Abraham's emblem on them (see notes 121-122 below).

חידושי הרד"ל

(כב) [יא] **משאני עושה אותך בריה חדשה.** עיד"מ ובמ"ר פי"א מסיים כדא' ויעש אלהים את הרקיע:

(כג) **ממעטת פו"ר.** ע' מתנות כהונה בשם רש"י וכמ"ש בכתובות (ס"ה.) וגם משום חולשא דאורחא (וכמ"ש בגיטין ע'.) לענין בא מהדרך:

(כד) **וממעטת השם.** עמ"כ בשם רש"י. וי"ל כדאמרי' בשבת (קמ"ה:) במתא שמאי בלא מתא כו' הרי שהשם נודע בעירו יותר (ובשוח"ט מז' כ"ג חושב במקום שם מבלה הכסות וכדא' (יהושע ט') ואלה שלמותינו וגו' בלו מרוב הדרך):

(כה) **ברם את כו'.** זה דרש על והיה ברכה דרך כלל שלא תחסר מאומה:

עץ יוסף

אותה אומה כו'. שהאחד שלך יקר שאותה אומה כו' אני מעמידה ממך. שמ"ש ואעשך לגוי גדול היינו גדול במעלת החשיבות והוא גוי גדול אשר לו אלהים קרובים אליו (נזה"ק). ואפשר שבאמת לא עבר הויכוח הזה בפועל בין אברהם להקב"ה אלא שנאמר הקב"ה בדבריו ממה שהיה אברהם יכול להקשות לו (הא"ב"א). וכה"ג כתבתי לעיל סימן י"ב: **אתנך אשימך.** משמע שהוא עצמו כבר עשוי אך שיתן וישים לו דבר שלא היה לו. אך אעשך משמעותו שיעשנו בריה חדשה כד"א ויעש אלהים את הרקיע. וכן הוא במ"ר סי' י"א בהדיא. וכן הוא בתנחומא: **בריאה חדשה.** שהוציאו ממזלו הראשון גם בברית המילה נשתנה לעילוי: [טו] **שלש גדולות.** שבג' גדולות רמז לג' אבות שהגדולה נשואה. ובברכות רמז לד' אמהות שהברכה לרגל הנשים כדיליף מלאברהם הטיב בעבורה (יפ"ת). וכך צריך להיות שהן שלשה אבות וארבע אמהות. והלא גדולות אינן אלא שתים. ואעשך גדולה היא דכתיב ה' אשר עשה את משה כנ"ל (א"א). וכן הוא בבמד"ר פי"ג. ור"ל והלא גדולות אינן אלא ב' ואעשך לגוי גדול ואגדלה שמך. אבל ברכות ד' ואברכך. והיה ברכה. ואברכה. ונברכו. ומתרץ שתיבת ואעשך גם הוא לשון גדולה כדכתיב אשר עשה את משה שפירושו אשר הגדיל: **ממעטת פ"ו.** שאין דרך ארץ לשמש מטתו בדרך (רש"י): **היציאה.** הממון שעיקרו עומד להוצאה: **ממעט את השם.** כי בדרך אינו יכול לעשות מעשים טובים ואין פרסום. ומ"ש לעיל טלטל עצמך בעולם ושמך מתגדל. שהאמת שאלו בני אדם שאינם גדולים ומפורסמים שמם מתמעט בדרך אך הגדולים והמפורסמים אם נוסעים ממקום למקום אז שמם מתגדל הרבה יותר: **ולפום דאמרי אינשי כו'.** ולפי מה שאומרים הבריות משל הנוסע ועוקר דירתו אפי' רק מבית לבית אי אפשר שלא יאבד חלוק או דבר אחר: **ומאתר לאתר נפש.** פי' ממקום למקום נאבד נפש. כלו' מטורח הדרך נחלש הגוף ונאבד הדרו: **ברם את כו'.** פי' אבל באמת אתה לא יחסר לך כלום. וזהו והיה ברכה שיעמוד בברכתו (נזה"ק):

אָמַר לוֹ: אוֹתָהּ אוּמָּה שֶׁכָּתוּב בָּהּ (דברים ד, ז) "כִּי מִי גוֹי גָּדוֹל", אֲנִי מַעֲמִיד מִמְּךָ. אָמַר רַבִּי בֶּרֶכְיָה: אֶתֶּנְךָ וַאֲשִׂימְךָ אֵין כְּתִיב כָּאן אֶלָּא "וְאֶעֶשְׂךָ", מִשֶּׁאֲנִי עוֹשֶׂה אוֹתְךָ בְּרִיָּה חֲדָשָׁה אַתְּ פָּרֶה וְרָבֶה. רַבִּי לֵוִי בַּר חַיְיתָא וְרַבִּי אַבָּא בְּרֵיהּ דְּרַבִּי חִיָּיא בַּר אַבָּא אָמְרוּ: שָׁלֹשׁ גְּדוּלּוֹת וְאַרְבַּע בְּרָכוֹת כְּתִיב כָּאן, בִּישְּׂרוֹ [יד] שֶׁהֵן שְׁלֹשָׁה אָבוֹת וְאַרְבַּע אִמָּהוֹת. אָמַר רַבִּי חִיָּיא: לְפִי [טו] שֶׁהַדֶּרֶךְ מְגָרֶמֶת לִשְׁלֹשָׁה דְּבָרִים, מְמַעֶטֶת פְּרִיָּה וּרְבִיָּה, וּמְמַעֶטֶת אֶת הַיְצִיאָה וּמְמַעֶטֶת אֶת הַשֵּׁם. מְמַעֶטֶת פְּרִיָּה וּרְבִיָּה "וְאֶעֶשְׂךָ לְגוֹי גָּדוֹל", מְמַעֶטֶת אֶת הַיְצִיאָה, "וַאֲבָרֶכְךָ", מְמַעֶטֶת אֶת הַשֵּׁם, "וַאֲגַדְּלָה שְׁמֶךָ". וּלְפוּם דְּאָמְרִין אִינְשֵׁי מִבַּיִת לְבַיִת חֲלוּק, מֵאֲתַר לַאֲתַר נֶפֶשׁ, בְּרַם אַתְּ לֹא נֶפֶשׁ אַתְּ חָסֵר, וְלֹא מָמוֹן. רַבִּי בֶּרֶכְיָה בְּשֵׁם רַבִּי חֶלְבּוֹ אָמַר: שֶׁיָּצָא מוֹנִיטוֹן שֶׁלּוֹ בָּעוֹלָם.

פירוש מהרז"ו

אתנך אשימך. משמע שהוא עצמו כבר עשוי אך שיתן וישים לו דבר שלא היה לו אך אעשך משמעותו שיעשנו בריאה חדשה ע' במ"ר פר' י"א סימן כ' כל הענין שם באריכות. ושם הגיר' ואעשך כמ"ש ויעש אלהים את הרקיע. ומ"ש בריאה חדשה. פירושו שהוסיף לו כח עליון ממרומים למעלה מכיפת הרקיע בעבור תוספת הרוח נקרא בשם חדש אברהם אב המון גוים נשיא אלהים וכמ"ש יבמות פרק הבא על יבמתו שאברהם ושרה טומטומים היו והובא בילקוט ישעיה כ"א אל צור חוצבתם וע' יד"מ. ועי"כ נשתנה טבעו ומזגו להוליד בנים: **ג' גדולות.** הגדולה היותר גדולה שיתכן בעולם הזה והבא הוא מי שזוכה להיות קרוב אל הש"י לעמוד לפניו לעולם הוא ובניו והם האבות השלשה: **ממעטת פריה ורביה.** שאכסניא אסור וממעטת היציאה פי' הממון של הוצאה וממעט את השם. כי בדרך אינו יכול לעשות מעשים טובים ואין פרסום. ומ"ש לעיל סימן ב' טלטל עצמך בעולם ושמך מתגדל. שהאמת שאלו בני אדם שאינם גדולים ומפורסמים שמם מתמעט בדרך שאין מכיר אותו אך בני אדם הגדולים והמפורסמים אם נוסעים ממקום למקום אז שמם מתגדל הרבה יותר מאשר נתגדלו בביתם וכאן מדבר ממנהג העולם וסתם אנשים ושם מדבר כפי מעלת אברהם: **לא נפש את חסר.** אבל בהיפך כי ואעשך לגוי גדול. ולא ממון אבל בהיפך ואברכך וכמ"ש במ"ר פר' י"א סימן ה' יברכך בממון:

מסורת המדרש

יד ברכות ט"ז. מסכת שמחות פ' א' ס' י"ד. במד"ר פ' י"א: טו שוח"ט מזמור כ"ג:

אם למקרא

כִּי מִי גוֹי גָּדוֹל אֲשֶׁר לוֹ אֱלֹהִים קְרֹבִים אֵלָיו כַּה' אֱלֹהֵינוּ בְּכָל קָרְאֵנוּ אֵלָיו: (דברים ד:ז)

רש"י

ואשימך לגוי אין כתיב באן אלא ואעשך לגוי. ממה שאני בורא אותך בריה חדשה. שאתה נימול את פרה ורבה ותהיה לגוי גדול ואין עשייה אלא בריאה כמה דתימא ויעש אלהים את הרקיע: **ג' גדולות.** ואעשך לגוי גדול א' ואגדלה שניס ואברהם היו יהיה הרי שלשה: **ד' ברכות.** ואברכה מברכיך והיה ברכה ונברכו בך הרי ד' אמר ר' ברכיה לפיכך נתן לו ברכות הללו שהדרך גורמת לג' דברים הללו: **ממעטת פריה ורביה.** שאין דרך ארץ לשמש בדרך: **וממעטת את היציאה.** נכסיו: **וממעטת את השם.** שאין אדם יכול לעסוק במצות בדרך כאדם שיושב בשלוה בביתו: **מבית לבית חלוק.** אפילו כשאין אדם יוצא אלא מבית לבית אי אפשר שלא יאבד חלוק או דבר אחר: **מאתר לאתר נפש.** ממקום למקום פעמים שמאבד נפש אחת מנפשות ביתו מרוב הדרך ומטורח: ברם את לא ממון תחסר ולא נפש תאבד: **מוניטין.** מוניטה בלע"ז ומצודתי בשוחר טוב מפר' מוניטין דידי:

מתנות כהונה

על ע' לשונות ביחוד בקדושה פרטית: **ואעשך.** לשון בריאה כד"א ויעש ה' אלהים וכן הוא בתנחומא: **בריאה חדשה.** שהוציאו ממזלו הראשון גם בברית המילה נשתנה לעילוי: **שלש גדולות.** ואעשך לגוי גדול ואגדלה הרי שנים ואעשך גם הוא לשון גדולה כד"א אשר עשה את משה ואת אהרן פירוש אשר הגדיל את משה הכי איתא בפרשת נשא פרשה י"א וכ"מ בא"ב"א: **וארבע ברכות.** ואברכך. והיה ברכה. ואברכה. ונברכו: **ממעט פריה ורביה.** פירש"י שאין דרך ארץ לשמש מטתו בדרך: **היציאה.** הממון שעיקרו עומד להוצאה: **ממעט את השם.** פירש"י אינו יכול לקיים מצות הש"י כמו שהוא במנוחה בביתו: **ולפום דאמרי כו'.** ולפי מה שאומרים הבריות המושלים משל הנוסע ועוקר דירתו אפילו רק מבית לבית מאבד חלוק או כה"ג ממקום למקום אחר מאבד נפש אחת כלומר מטורח הדרך נחלש הגוף ונאבד הדרו: **ברם את.** אבל באמת את כו': **ר' ברכיה חוזר על ואגדלה שמך: מוניטין.** מטבע: ה"ג אברהם ואגדלה שמך יצא לו מוניטין וכ"מ בא"ב"א בשם התוספות פרק הגוזל עצים: **ואגדלה שמך.** משמע ששמו יוצא בכל העולם:

אשד הנחלים

הגדולה בעניינים אלקיים ולכן בשרו על זה שיעשה אותו לגוי גדול במעלה וא"כ מוכרח לומר שחשב אברהם אולי הכוונה גדולים בכמות ובמנין. והשיב לו בנבואה שהכוונה גדולים במעלה ודרש עוד מלשון ואעשך דמשמע ואעשה אותך כמותך לגוי גדול באיכות דא"כ הל"ל ואתנך כדלהלן: **בריה חדשה.** כי מלת עשייה הונח על התיקון הגמור והכוונה על ברית שאז נתקן על צד השלימות ואז יהי' לגוי גדול: **בשרו שהן כו'.** שהם העיקר והיסוד להשלמת האומה כי האבות הן הן המרכבה. והדבר בפרטית הוא נוגע לדרך הדרש: **לפי שהדרך כו'.** ולכן הסמיך לצוואת היציאה אלה הדברים אף שבאמת לא זכה לבנים כ"א לזמן מרובה אח"כ לפי שבישר לו שלא יפחד מהיציא' לדרך שע"פ דרך הטבע המה נזקין לאלה הג' דברי' אבל לו יועיל הדבר הזה לאלה הג': **מוניטין.** מטבע לפי שמטבע מנהג הממלכה לתיקון מטבע ע"ש המלך וצורתו להיותו הוא הגדול מכולן. וכן אברהם מרוב פרסומו בכל לאומים מרוב הניסים שנעשה לו עשו מטבע על כבודו. ועשו סימן על נס שלהם שהיו זקנים ונעשו בחורים. וכן יהושע ע"י העמדת השמש וכן דוד ציירו בה בהמטבע גדולתו ושפלותו להורות שמאחר עלות הביאו לרעות בעמו בחוזק ובנצחון גדול וכן במרדכי הדבר והפכו הישועה מהצרה הגדולה פתאום:

אַרְבָּעָה הֵם שֶׁיָּצָא לָהֶם מוֹנִיטוֹן בָּעוֹלָם — **There were four** personages **of whom coinage circulated throughout the world:**[119] אַבְרָהָם, ״וַאֲגַדְּלָה שְׁמֶךָ״, יָצָא לוֹ מוֹנִיטוֹן — The first is **Abraham,** as it is written, ***and I will make your name great.***[120] וּמַהוּ מוֹנִיטוֹן שֶׁלּוֹ — **And what was** the image on **his coinage?** זָקֵן וּזְקֵנָה מִיכָּן בָּחוּר וּבְתוּלָה מִיכָּן — **An elderly man and an elderly woman**[121] **on one side,** and **a young man and a maiden**[122] **on the other.** יְהוֹשֻׁעַ, ״וַיְהִי ה׳ אֶת יְהוֹשֻׁעַ וַיְהִי שָׁמְעוֹ בְּכָל הָאָרֶץ״ — The second personage is **Joshua,** as it is written, ***HASHEM was with Joshua, and his renown was spread throughout the land*** (*Joshua* 6:27), יָצָא לוֹ מוֹנִיטִין בָּעוֹלָם — indicating that **coinage of his circulated throughout the world.** מַהוּ — **What was** the image on his coins? שׁוֹר מִיכָּן וּרְאֵם מִיכָּן — **An ox on one side and a *re'eim* on the other,** עַל שֵׁם ״בְּכוֹר שׁוֹרוֹ הָדָר לוֹ וְקַרְנֵי רְאֵם קַרְנָיו״ — **following** the verse, ***The firstborn of the ox, glory unto him, and the horns of a re'eim are his horns*** (*Deuteronomy* 33:17).[123] דָּוִד, ״וַיֵּצֵא שֵׁם דָּוִיד בְּכָל הָאֲרָצוֹת״ — The third personage is King **David,** as it is written, ***David's fame spread throughout all the lands*** (*I Chronicles* 14:17), יָצָא לוֹ מוֹנִיטוֹן בָּעוֹלָם — indicating that **coinage of his circulated throughout the world.** וּמֶה הָיָה מוֹנִיטוֹן שֶׁלּוֹ — **And what was** the image on **his coinage?** מַקֵּל וְתַרְמִיל מִיכָּן וּמִגְדָּל מִיכָּן — A shepherd's **staff and pack**[124] **on one side and a tower on the other,** עַל שֵׁם ״כְּמִגְדַּל דָּוִיד צַוָּארֵךְ״ — **following** the verse, ***Your neck is like the Tower of David,*** *built as an ornament* (*Song of Songs* 4:4).[125] מָרְדְּכַי, ״כִּי גָדוֹל מָרְדְּכַי בְּבֵית הַמֶּלֶךְ וְשָׁמְעוֹ הוֹלֵךְ בְּכָל הַמְּדִינוֹת״ — And the fourth personage is **Mordechai,** as it is written, ***For Mordechai was now preeminent in the royal palace and his fame was spreading throughout all the provinces*** (*Esther* 9:4), יָצָא לוֹ מוֹנִיטוֹן — indicating that **coinage of his circulated** throughout the world. וּמַה מוֹנִיטוֹן שֶׁלּוֹ — **And what was** the image on **his coinage?** שַׂק וָאֵפֶר מִיכָּן וַעֲטֶרֶת זָהָב מִיכָּן — **Sackcloth and ashes**[126] **on one side and a gold crown**[127] **on the other.**Ⓐ

□ [וֶהְיֵה בְּרָכָה — *AND YOU SHALL BE A BLESSING.*]

The Midrash discusses the connotation of this phrase:

אָמַר רַבִּי יוּדָן — **R' Yudan said:** קוֹבֵעַ אֲנִי לְךָ בְּרָכָה בִּשְׁמוֹנֶה עֶשְׂרֵה — God said to Abraham, **"I am establishing for you a blessing in the** prayer of the **'Eighteen** Blessings' (the *Shemoneh Esrei*).[128] אֲבָל אֵין אַתְּ יוֹדֵעַ אִם שֶׁלִּי קוֹדֶמֶת אִם שֶׁלְּךָ קוֹדֶמֶת — **But you do not know if My** blessing[129] **comes first** or **if your** blessing **comes first."**[130]

NOTES

119. I.e., there were four for whom Scripture alludes that coins struck in their honor circulated throughout the world, as the Midrash will proceed to explain.

120. It is the reference to Abraham's "name" that alludes to the coinage; see the expositions below concerning the other three personages (*Eitz Yosef, Maharzu,* et al.; cf. *Tiferes Tzion*).

121. Representing Abraham and Sarah (*Rashi* to *Bava Kamma* 97b, cited by *Eitz Yosef*).

122. Representing Isaac and Rebecca (ibid.; see *Matnos Kehunah*). Alternatively, both sides represented Abraham and Sarah; the images of the young man and maiden symbolized the fact that their youth was miraculously restored to them (to facilitate the birth of Isaac); see below, 18:12 and 48 §16 (*Eitz Yosef*).

[According to *Tosafos* (*Bava Kamma* ibid. ד״ה מטבע), the Midrash means that the words זָקֵן וּזְקֵנָה and בָּחוּר וּבְתוּלָה appeared on the coins and not an actual image, due to the prohibition against making an image of a human being (see *Yoreh Deah* 141:4; see also ibid. §7 and commentaries there).]

123. This verse appears in Moses' blessing of Joseph. *Rashi* ad loc. interprets it in reference to Joshua, who was a descendant of Joseph (*Eitz Yosef*).

124. Where the shepherd would store his food. The staff and pack thus symbolized David's origins as a shepherd boy (*Matnos Kehunah*).

125. The "Tower of David" is thus a symbol of David's monarchy (see *Matnos Kehunah* and *Eitz Yosef*).

126. Representing the sackcloth and ashes worn by Mordechai at the time that Haman issued his decree against the Jews (*Esther* 4:1).

127. Representing the gold crown worn by Mordechai when he became viceroy to King Ahasuerus and when the king issued the counter-decree allowing the Jews to take vengeance against their enemies (ibid. 8:15).

128. The Midrash here interprets *and you shall be a blessing* as meaning that there will be a formal benediction known as "the blessing of Abraham" — rather than interpreting it that God is promising to bless Abraham — because the verse does not say, וֶהְיֵה מְבֹרָךְ, "and you shall be blessed" (*Yefeh To'ar, Maharzu*). The reference is to the first blessing that concludes, "Blessed are You, HASHEM, Shield of Abraham," which praises God as the God of Abraham (*Yefeh To'ar*). See below.

129. That is, the second blessing of the *Shemoneh Esrei,* the blessing known as גְּבוּרוֹת, praising God's might, and which concludes, "Blessed are You, HASHEM, Who resuscitates the dead." The Midrash calls this "God's blessing" since it is dedicated to God and His might alone and makes no mention of any human individual (see *Maharzu*). See below.

130. That is, although God revealed to Abraham that there would be a benediction in the *Shemoneh Esrei* dedicated to him, God did not reveal that in fact it was to be the first benediction, located before the one dedicated to God's might. That may have been due to the concept mentioned above, 32 §3, that one should say only part of a person's praise in his presence (*Yefeh To'ar*).

INSIGHTS

Ⓐ **Two Sides of the Coin** *Yefeh To'ar* suggests that the minting and circulation of coins here can be interpreted as referring to the popularization of a belief system. Abraham and Sarah minted the coin of monotheism in a pagan world. The masses who recognized their coin and traded on it were the masses of converts drawn to adopt their righteous ways. Joshua, David, and Mordechai, each attracted large numbers of converts in their respective generations as well.

As noted, some explain that the old and young couples on the two sides of the coin were both Abraham and Sarah (*Yefeh To'ar, Eitz Yosef*). Abraham and Sarah served God with the special characteristics of both age and youth. Typically, an elderly person acts with caution and deliberation in all his affairs. He does not rush headlong into uncharted territories, nor does he have an impetuous heart to lead his intellect astray. His wise and developed intellect will overrule his emotions. That same nature, however, can delay a person from engaging fully in mitzvos. Because of the natural lethargy that age tends to bring, mitzvos are performed later rather than sooner, and weakly rather than with vigor. He will not have the zeal and the passion the mitzvah deserves. The nature of youth, however, is to seize opportunities with enthusiasm. The youth, perhaps impetuously, hurtles forward, moved by a burning desire within, no matter the impediments. But by the same token, the youth is more disposed to sin. His heart rules his mind and he has already begun to act on his desires before he even considers the consequences.

Abraham and Sarah combined within themselves the best of both natures. Even when they were young, they considered carefully every course of action, and they let their minds and moral compass direct their general affairs. And even when they were old, they performed mitzvos with alacrity; Abraham, at the age of 99 and just after circumcision, ran to invite his guests, and ran again to arrange their meal; Sarah rushed to prepare it. They both approached every mitzvah with vigor and fervor (*Be'er Rechovos* to *Bava Kamma* 97b, cited in *Chidushei Geonim* on *Ein Yaakov* there).

The other coins mentioned by the Midrash also represented pairs of contrasting characteristics that were both facets of the respective personage. David's beginnings were as a lowly shepherd but he ultimately became a great king, who never lost sight of his humble beginnings. Similarly, Mordechai personified the Purim-story transformation from

אַרְבָּעָה הֵם שֶׁיָּצָא לָהֶם מוֹנִיטוֹן בָּעוֹלָם, אַבְרָהָם, "וְאֶעֶשְׂךָ לְגוֹי גָּדוֹל"°, יָצָא לוֹ מוֹנִיטוֹן. וּמַהוּ מוֹנִיטוֹן שֶׁלּוֹ [טז]זָקֵן וּזְקֵנָה מִיכָּן בָּחוּר וּבְתוּלָה מִיכָּן. [יז]יְהוֹשֻׁעַ (יהושע ו, כז) "וַיְהִי ה' אֶת יְהוֹשֻׁעַ וַיְהִי שָׁמְעוֹ בְּכָל הָאָרֶץ", יָצָא לוֹ מוֹנִיטוֹן בָּעוֹלָם, מַהוּ שׁוֹר מִיכָּן וּרְאֵם מִיכָּן עַל שֵׁם (דברים לג, יז) "בְּכוֹר שׁוֹרוֹ הָדָר לוֹ וְקַרְנֵי רְאֵם קַרְנָיו". דָּוִד (ד"ה א יד, יז) "וַיֵּצֵא שֵׁם דָּוִיד בְּכָל הָאֲרָצוֹת", יָצָא לוֹ מוֹנִיטוֹן בָּעוֹלָם, וּמֶה הָיָה מוֹנִיטוֹן שֶׁלּוֹ, מַקֵּל וְתַרְמִיל מִיכָּן וּמִגְדָּל מִיכָּן עַל שֵׁם (שיר ד, ד) "כְּמִגְדַּל דָּוִיד צַוָּארֵךְ". [יח]מָרְדְּכַי (אסתר ט, ד) "כִּי גָדוֹל מָרְדֳּכַי בְּבֵית הַמֶּלֶךְ וְשָׁמְעוֹ הוֹלֵךְ בְּכָל הַמְּדִינוֹת", יָצָא לוֹ מוֹנִיטוֹן, וּמַה מוֹנִיטוֹן שֶׁלּוֹ, שַׂק וָאֵפֶר מִיכָּן וַעֲטֶרֶת זָהָב מִיכָּן. אָמַר רַבִּי יוּדָן: [יט]קוֹבֵעַ אֲנִי לְךָ בְּרָכָה בִּשְׁמוֹנֶה עֶשְׂרֵה אֲבָל אֵין אַתְּ יוֹדֵעַ אִם שֶׁלִּי קוֹדֶמֶת אִם שֶׁלְּךָ קוֹדֶמֶת. אָמַר רַבִּי אֲחוּיָה בְּשֵׁם רַבִּי זְעֵירָא: שֶׁלְּךָ קוֹדֶמֶת לְשֶׁלִּי. בְּשָׁעָה שֶׁהוּא אוֹמֵר מָגֵן אַבְרָהָם אַחַר כָּךְ מְחַיֵּה הַמֵּתִים. רַבִּי אַבָּהוּ אָמַר: הַבֶּט נָא שָׁמַיִם° אֵין כְּתִיב כָּאן אֶלָּא ["הַשָּׁמַיְמָה"], אָמַר [כ]הַקָּדוֹשׁ בָּרוּךְ הוּא: בְּהֵ"א בָּרָאתִי אֶת הָעוֹלָם הֲרֵינִי מוֹסִיף הֵ"א עַל שִׁמְךָ וְאַתְּ פָּרֶה וְרָבֶה.

רש"י

הבט נא השמים אין כתיב כאן אלא השמימה. בה"א זה בראתי את עולמי הריני מוסיפו על שמך וקוראך אברהם ואת פרה ורבה:

עץ יוסף

[טז] **ארבעה הם.** פי' שאלו ד' רמז תורה שילא להם מוניטון והתקינו להם מטבע יולא בעולם: **מוניטון.** פי' מטבע: **אברהם ואעשך לגוי גדול.** ואגדלה שמך. וכמ"ש אלל יהושע ודוד ומרדכי. ועיין ב"ק דף ל"ז מטבע של ירושלים ומטבע של אברהם אבינו: **זקן וזקנה.** היינו אברהם ושרה. בחור ובתולה ילחק ורבקה (רש"י פ' הגוזל). גם י"ל דהכל קאי על אברהם ושרה דבשרה כתיב אחרי בלותי היתה לי עדנה ואברהם נמי חזר לימי נערותו כדאי' מ"ר לקמן פרשה מ"ח. לכן היה מטבע שלו מלד אחד זקן וזקנה ומלד אחד בחור ובתולה לרמוז שנהפכו מזקנים לבחורים וכענין דוד דמקל מכאן ומגדול מכאן. וכן מרדכי. לרמוז שתי מלביהם הנהפכים בחסדי ה'. וכן הוא בענין המוניטין של יהושע שור מכאן וראם מכאן. והיינו כמ"ש בספרי שור כחו קשה אבל אין קרניו נאות ראם קרניו נאות אבל אין כחו קשה וניתן לו ליהושע כחו של שור וקרנים של ראם (יפ"ת ונזה"ק): **זקן וזקנה כו'.** מלד אחד היה כתוב זקן וזקנה וכו' דאילו הלורות הא אסור לעשות לורות אדם: **בבור שורו.** ויהושע בא מאפרים: **מקל ותרמיל.** רמז שהיה בראשונה רועה לאן והיה לו מקל ותרמיל: **שק ואפר מבאן.** ובסוף אס"ר הגירסא מרדכי מכאן ואסתר מכאן: [יז] **קובע אני לך ברכה כו'.** דרש והיה ברכה והיה בברכת י"ח. ומסיק ואמר אבל אין אתה יודע אם שלי קודמת אם שלך קודמת א"ר אחויה שלך קודמת וכו'. ובתנחומא מהו והיה ברכה שברכתך קודמת לברכתי בתחלה אומר מגן אברהם ואח"כ מחיה המתים. ועיין במ"ר פ' י"א הגירסא הובא ברש"י בחומש כאן: **אלא השמים.** נ"ל אלא השמימה ויש כאן שני ההי"ן מיותרים האחד לרמוז על שבה"א ברא שמים כמ"ש לעיל פ' י"ב. והה' הב' לרמוז שעל ידי שיוסיף לו ה' על שמו יהיה פרה ורבה. ומייתי הא הכא לפרושי הא דכתיב הכא ואגדלה שמך והיה ברכה כלומר אגדל ה' בשמך והוא אות ה' של שם המיוחד שבו נברא העולם. והעיקר בזה כגירסת הילקוט שגרים הכי הבט השמים אכ"כ אלא השמימה כו' (נזה"ק): **מוסיף ה' על שמך ואת פרה ורבה.** ואע"פ שכבר הוליד גם מקודם את ישמעאל. מ"מ לא היה זרע המיוחס אחריו:

פירוש מהרז"ו

ארבעה הם. פי' שאלו ד' רמזה תורה שילא להם מוניטין והתקינו להם מטבע יולא בעולם מגודל חשיבותם ויקרותם: **ואעשך לגוי גדול.** כוונתו למ"ש בסיפא דקרא ואגדלה שמך וכמ"ש אלל יהושע ודוד ומרדכי וע' ב"ק דף ל"ז מטבע של ירושלים ומטבע של אברהם אבינו: **בבור שורו.** פסוק בברכת משה ליוסף ויהושע בא מאפרים: **שק ואפר מבאן.** ובסוף מדרש אסתר הגירסא מרדכי מכאן ואסתר מכאן: **קובע אני לך ברבה.** וזהו והיה ברכה שהיה לו לומר והיה מבורך או מברך אך ברכה הוא השם לדיבור של ברכה ואיך יהיה אברהם דיבור של ברכה. על כן דורש על נוסח ברכה בלשון משנה שלמדו מכאן חז"ל לקבוע להש"י ברכה על שם אברהם מגן אברהם. וע' תנחומא כאן וברכת תחית המתים נקראת ברכה של הקב"ה כי מפתח של גשמים ושל תחיה בידו של הקב"ה ונתקנה הברכה לשמו ולכבודו לבדו וברכת מגן אברהם ג"כ להקב"ה אך לשמו ולכבודו של אברהם ובזכותו. ול"ע על הספק הזה אם שלו קודמת אם של הקב"ה קודמת ואיך יליף ששלו קודמת שלא הביא על זה שום פסוק. וגם על מתקני התפלה יקשה למה לא תקנו שלו תחלה ומאין למדו כן. אך כאן חסר וה"ג במ"ר פרשה י"א סימן ב' הובא ברש"י בחומש כאן ואעשך לגוי גדול זה שאומרים אלהי אברהם ואברכך זה שאומרים אלהי ילחק ואגדלה שמך זה שאומרים אלהי יעקב יכול יהא חותמים בכולם ת"ל והיה ברכה בך חותמין ואין חותמים בכולם א"ר חייא בר זעירא והיה ברכה ברכתך קודמת לברכתי משהם אומרים מגן אברהם אומרים מחיה המתים. ומ"ש והיה ברכה ברכת מגן אברהם היא ברכה שלימה בפתיחה וחתימה אך שאר ברכות י"ח אין בהם פתיחה. ומה שמקדים ברכת הש"י על ידי האבות ואברהם לברכת הקב"ה בעלמו הענין בזה כי הטובה שעושה הקב"ה ע"י תפלת הלדיקים הם מתגברים על מדה"ד ונעשה טובה בריבוי שפע וש"ש מתקדש בעולם. וע"כ ברכת האבות גדולה יותר מברכת מחיה מתים וקודמת לה והבן זה: **אלא השמים.** נ"ל אלא השמימה וכן הוא בדפוס אחר ויש כאן שני ההי"ן מיותרים. האחד לרמוז על

חידושי הרד"ל

(כו) **שלך קודמת לשלי.** אפשר זה נדרש מן ואגדלה שמך והיה ברכה שבענין הברכה (דדרש ר"י קובעני לך ברכה) אגדלה שמך שלך קודם:

(כז) **ר' אבהו אמר הבט כו'.** נראה שחסר כאן תחלת דרשא דאגדלה שמך כשיתוסף ה' על שמך והיה שמך אברהם אז ואברכך שתהא פרה ורבה וע"ז אמר ר' אבהו כאן הבט כו':

מסורת המדרש

טז ב"ק ל"ז:

יז ילקוט יהושע רמז י"ז:

יח אסתר רבה פ' י'. ילקוט אסתר רמז אל"ף כ"ט:

יט פסחים קט"ז. במד"ר פ' י"א. תנחומא כאן סי' ד'. ילקוט כאן רמז ס"ד:

כ לעיל פרשה י"ב וש"נ:

אם למקרא

וַיְהִי ה' אֶת יְהוֹשֻׁעַ וַיְהִי שָׁמְעוֹ בְּכָל הָאָרֶץ: (יהושע ו:כז)

בְּכוֹר שׁוֹרוֹ הָדָר לוֹ וְקַרְנֵי רְאֵם קַרְנָיו בָּהֶם עַמִּים יְנַגַּח יַחְדָּו אַפְסֵי אָרֶץ וְהֵם רִבְבוֹת אֶפְרַיִם וְהֵם אַלְפֵי מְנַשֶּׁה: (דברים לג:יז)

וַיֵּצֵא שֵׁם דָּוִיד בְּכָל הָאֲרָצוֹת וַה' נָתַן אֶת פַּחְדּוֹ עַל כָּל הַגּוֹיִם: (דברי הימים א יד:יז)

כְּמִגְדַּל דָּוִיד צַוָּארֵךְ בָּנוּי לְתַלְפִּיּוֹת אֶלֶף הַמָּגֵן תָּלוּי עָלָיו כֹּל שִׁלְטֵי הַגִּבּוֹרִים: (שיר השירים ד:ד)

כִּי גָדוֹל מָרְדֳּכַי בְּבֵית הַמֶּלֶךְ וְשָׁמְעוֹ הוֹלֵךְ בְּכָל הַמְּדִינוֹת כִּי הָאִישׁ מָרְדֳּכַי הוֹלֵךְ וְגָדוֹל: (אסתר ט:ד)

מתנות כהונה

בחור ובתולה. פירש"י בפרק הגוזל רמז ליצחק ולרבקה ואולי אחר שנולדו יצא המטבע או קודם והיה דרך נבואה ועי"ל שרמז על שהיו שניהם זקנים ועשו פרי כמו בחור ובתולה ובתוספות פרק הגוזל קמא איתא שמצד אחד היה כתוב זקן וזקנה וכו' דאילו הצורות הא אסור לעשות צורת אדם: **מקל ותרמיל.** רמז שהיה בראשונה רועה צאן: **ותרמיל.** שק קטן שבו מצניעין הרועים מאכלם כד"א בכלי הרועים ובילקוט: **קובע אני לך ברכה כו'.** והיה ברכה דייק כפירש"י בחומש ועיין בפרשה נשא פ' י"א: **ה"ג שלך קודמת לשלי משהן אומרים כו'** ועיין כל זה בפר' נשא פרשה י"א: **ה"ג שמים אין כתיב כאן אלא השמימה אמר הקב"ה בה"א בראתי כו'.** וכן היא גירסת הילקוט ורש"י:

נחמד למראה

[יא] **רבי אבהו אמר הבט נא השמים אין כתיב כאן אלא השמימה אמר הקב"ה בה"א בראתי את העולם הריני מוסיף ה"א על שמך ואתה פרה ורבה.** כתב הרב יפ"ת ותימא דה"א שבסוף התיבה לא תשמש אלא במקום למ"ד

אשד הנחלים

קובע כו' שלך קודמת. יש להבין מהו ענין הקדימה בזה. והיתכן ח"ו שמעלת אברהם יגדל כ"כ עד שיזכרו אותו טרם שיזכור ניסי ה' והנראה מפני שתחית המתים הוא התכלית האחרון הנועם לאומה שאז ישתלמו בתכלית שלימות והנה עד עת קץ שאז זמן הגליות והיסורים

אָמַר רַבִּי אֲחוּיָה בְּשֵׁם רַבִּי זְעֵירָא – **R' Achuyah said in the name of R' Z'eira:** שֶׁלְּךָ קוֹדֶמֶת לְשֶׁלִּי – God did tell Abraham, **"Your** blessing **precedes Mine";**[131] בְּשָׁעָה שֶׁהוּא אוֹמֵר מָגֵן אַבְרָהָם אַחַר כָּךְ מְחַיֵּה הַמֵּתִים – i.e., **when [one]** praying **has recited** the conclusion of the first blessing, "Blessed are You, Hashem, **Shield of Abraham"** (Abraham's blessing), only **afterward** does he commence the blessing that concludes "Blessed are You, Hashem, **Who revivifies the dead"** (God's blessing)."[132]

☐ [וְאֶעֶשְׂךָ לְגוֹי גָּדוֹל וַאֲבָרֶכְךָ וַאֲגַדְּלָה שְׁמֶךָ וֶהְיֵה בְּרָכָה] – *AND I WILL MAKE OF YOU A GREAT NATION; I WILL BLESS YOU, AND MAKE YOUR NAME GREAT, AND YOU SHALL BE A BLESSING.*]

The Midrash presents a homiletical interpretation of this phrase:

רַבִּי אַבָּהוּ אָמַר – **R' Abahu said:** הַבֶּט נָא הַשָּׁמַיִם אֵין כְּתִיב כָּאן – **It is not written here** (below, 15:5),[133] **"Gaze, now, [toward] the heavens,"**[134] אֶלָּא [״הַשָּׁמַיְמָה״] – **rather,** it is written, *Gaze, now,* ***toward the heavens.***[135] אָמַר הַקָּדוֹשׁ בָּרוּךְ הוּא – **The Holy One, blessed is He, was** thus **saying** to Abraham: בְּהֵ״א בָּרָאתִי אֶת הָעוֹלָם – **"I created the world with** the letter ***hei.***[136] הֲרֵינִי מוֹסִיף הֵ״א עַל שִׁמְךָ וְאַתְּ פָּרֶה וְרָבֶה – **I shall add a *hei* onto your name,** changing it from אַבְרָם (Abram) to אַבְרָהָם (Abraham),[137] **and** then **you will** be able to **procreate."**[138]

NOTES

131. R' Z'eira disagrees with R' Yudan and maintains that not only did God tell Abraham that he was to have a blessing in the *Shemoneh Esrei,* but He also informed him that it was "his" blessing that was to be first. That too would be implicit in the phrase וֶהְיֵה בְּרָכָה, for וֶהְיֵה (*shall be*) can be construed as meaning it shall be in its proper order; see *Megillah* 9a, et al., indicating that God revealed to Abraham the proper order of the blessings (*Yefeh To'ar,* second explanation; see also *Bamidbar Rabbah* 11:2; cf. *Maharzu* and *Radal*).

132. For a discussion of the rationale of why "Abraham's blessing" in fact precedes "God's blessing," see *Maharzu.*

[The first blessing is called "Abraham's blessing" although the other Patriarchs are also mentioned there, since the closing of the blessing refers only to Abraham; see *Pesachim* 117b.]

133. The verse in full reads, *And He said, "Gaze, now, toward the heavens, and count the stars if you are able to count them!" And He said to him, "So shall your offspring be!"*

134. With the preposition "toward" omitted, as is often done in Hebrew (see *Psalms* 107:26, *Job* 35:5, *Proverbs* 30:4).

135. With a suffixed ה, indicating "toward."

136. See above, 12 §10. The extra ה alludes to the ה with which God created the world.

137. See below, 17:5. God is telling Abraham that the ה to be added to his name is likewise a "creative" ה, through which he will beget the promised offspring (*Eitz Yosef*).

138. *Eitz Yosef* (from *Nezer HaKodesh*) writes that R' Abahu is interpreting the conclusion of our verse accordingly: *and I will make your name large* – by the addition of the letter ה – *and* then *there will be a blessing,* i.e., the blessing of children for you. However, see *Maharzu.*

Although Abraham was to father Ishmael through Hagar before his name would be changed (see below, 16:15), the Midrash here speaks of those who were to bear Abraham's pedigree, i.e., Isaac and his descendants; see below, 21:12 (*Eitz Yosef*).

INSIGHTS

suffering and mourning to triumph and celebration. Joshua's coin likewise symbolized two contrasting aspects of his personality, for the ox is powerful but its horns lack beauty and grace, while the *re'eim* has graceful horns but lacks strength (*Rashi* on *Deuteronomy* 33:17, from *Sifrei*). The verse thus indicates that Joshua was blessed, in his role as a leader, with two attributes that are not often found together – power and grace (see *Eitz Yosef* from *Yefeh To'ar* and *Nezer HaKodesh*). To these leaders of our people, age and youth, power and grace, humility and majesty, and suffering and triumph were different sides of the same coin.

אַרְבָּעָה הֵם שֶׁיָּצָא לָהֶם מוֹנִיטוֹן בָּעוֹלָם, אַבְרָהָם, "וְאֶעֶשְׂךָ לְגוֹי גָּדוֹל"°, יָצָא לוֹ מוֹנִיטוֹן. וּמַהוּ מוֹנִיטוֹן שֶׁלּוֹ [טז]זָקֵן וּזְקֵנָה מִיכָּן בָּחוּר וּבְתוּלָה מִיכָּן. [יז]יְהוֹשֻׁעַ (יהושע ו, כז) "וַיְהִי ה' אֶת יְהוֹשֻׁעַ וַיְהִי שָׁמְעוֹ בְּכָל הָאָרֶץ", יָצָא לוֹ מוֹנִיטוֹן בָּעוֹלָם, מַהוּ שׁוֹר מִיכָּן וּרְאֵם מִיכָּן עַל שֵׁם (דברים לג, יז) "בְּכוֹר שׁוֹרוֹ הָדָר לוֹ וְקַרְנֵי רְאֵם קַרְנָיו". דָּוִד (ד"ה א יד, יז) "וַיֵּצֵא שֵׁם דָּוִיד בְּכָל הָאֲרָצוֹת", יָצָא לוֹ מוֹנִיטוֹן בָּעוֹלָם, וּמֶה הָיָה מוֹנִיטוֹן שֶׁלּוֹ, מַקֵּל וְתַרְמִיל מִיכָּן וּמִגְדָּל מִיכָּן עַל שֵׁם (שיר ד, ד) "כְּמִגְדַּל דָּוִיד צַוָּארֵךְ". [יח]מָרְדְּכַי (אסתר ט, ד) "כִּי גָדוֹל מָרְדְּכַי בְּבֵית הַמֶּלֶךְ וְשָׁמְעוֹ הוֹלֵךְ בְּכָל הַמְּדִינוֹת", יָצָא לוֹ מוֹנִיטוֹן, וּמַה מוֹנִיטוֹן שֶׁלּוֹ, שַׂק וָאֵפֶר מִיכָּן וַעֲטֶרֶת זָהָב מִיכָּן. אָמַר רַבִּי יוּדָן: [יט]קוֹבֵעַ אֲנִי לְךָ בְּרָכָה בִּשְׁמוֹנֶה עֶשְׂרֵה אֲבָל אֵין אַתְּ יוֹדֵעַ אִם שֶׁלִּי קוֹדֶמֶת אִם שֶׁלְּךָ קוֹדֶמֶת. אָמַר רַבִּי אֲחוּיָה בְּשֵׁם רַבִּי זְעֵירָא: שֶׁלְּךָ קוֹדֶמֶת לְשֶׁלִּי. בְּשָׁעָה שֶׁהוּא אוֹמֵר מָגֵן אַבְרָהָם אַחַר כָּךְ מְחַיֵּה הַמֵּתִים. רַבִּי אַבָּהוּ אָמַר: הַבֶּט נָא שָׁמַיִם° אֵין כְּתִיב כָּאן אֶלָּא ["הַשָּׁמַיְמָה"], אָמַר [כ]הַקָּדוֹשׁ בָּרוּךְ הוּא: בְּהֵ"א בָּרָאתִי אֶת הָעוֹלָם הֲרֵינִי מוֹסִיף הֵ"א עַל שִׁמְךָ וְאַתְּ פָּרֶה וְרָבֶה.

רש"י

הבט נא השמים אין כתיב כאן אלא השמימה. בה"א זה בראתי את עולמי הריני מוסיפו על שמך וקוראך אברהם ואת פרה ורבה:

עץ יוסף

[טז] ארבעה הם. פי' שאלו ד' רמז תורה שילא להם מוניטון והתקינו להם מטבע יוצא בעולם: **מוניטון.** פי' מטבע: **אברהם ואעשך לגוי גדול.** ואגדלה שמך. וכמ"ש אלא יהושע ודוד ומרדכי. ועיין ב"ק דף צ"ז מטבע של ירושלים ומטבע של אברהם אבינו: **זקן וזקנה.** היינו אברהם ושרה. בחור ובתולה יצחק ורבקה (רש"י פ' הגוזל). גם י"ל דהכל קאי על אברהם ושרה דבשרה כתיב אחרי בלותי היתה לי עדנה ואברהם נמי חזר לימי נערותו כדאי' מ"ר לקמן פרשה מ"ח. לכן היה מטבע שלו מצד אחד זקן וזקנה ומצד אחד בחור ובתולה לרמוז שנהפכו מזקנים לבחורים וכענין דוד דמקל מכאן ומגדול מכאן. וכן מרדכי. לרמוז שתי מצביהם הנהפכים בחסדי ה'. וכן הוא בענין המוניטין של יהושע שור מכאן וראם מכאן. והיינו כמ"ש בספרי שור כחו קשה אבל אין קרניו נאות ראם קרניו נאות אבל אין כחו קשה וניתן לו ליהושע כחו של שור וקרניים של ראם (יפ"ת ונזה"ק): **זקן וזקנה כו'.** מצד אחד היה כתוב זקן וזקנה וכו' דאילו הצורות הא אסור לעשות צורות אדם: **בבור שורו.** ויהושע בא מאפרים: **מקל ותרמיל.** רמז שהיה בראשונה רועה צאן והיה לו מקל ותרמיל: **שק ואפר מבאן.** ובסוף אס"ר הגירסא מרדכי מכאן ואסתר מכאן: **[יז] קובע אני לך ברכה כו'.** דרש והיה ברכה והיה בברכת י"ח. ומסיק ואמר אבל אין אתה יודע אם שלי קודמת אם שלך קודמת א"ר אחויה שלך קודמת וכו'. ובתנחומא מהו והיה ברכה שברכתך קודמת לברכתי בתחלה אומר מגן אברהם ואח"כ מחיה המתים. ועיין במ"ר פ' י"א הגירסא הובא ברש"י בחומש כאן: **אלא השמים.** נ"ל אלא השמימה ויש כאן שני ההי"ן מיותרים האחד לרמוז על שבה"א ברא שמים כמ"ש לעיל פ' י"ב. והה' הב' לרמוז שעל ידי שיוסיף לו ה' על שמו יהיה פרה ורבה. ומייתי הא הכא לפרושי הא דכתיב הכא ואגדלה שמך והיה ברכה כלומר אגדל ה' בשמך והוא אות ה' של שם המיוחד שבו נברא העולם. והעיקר בזה כגירסת הילקוט שגרים הכי הבט השמים אכ"כ אלא השמימה כו' (נזה"ק): **מוסיף ה' על שמך ואת פרה ורבה.** ואע"פ שכבר הוליד גם מקודם את ישמעאל. מ"מ לא היה זרע המיוחס אחריו:

חידושי הרד"ל

(כו) **שלך קודמת לשלי.** אפשר זה נדרש מן ואגדלה שמך והיה ברכה שבענין הברכה (דדרש ר"י קובעני לך ברכה) אגדלה שמך שלך קודם:

(כז) **ר' אבהו אמר הבט כו'.** נראה שחסר כאן תחלת דרשא דאגדלה שמך כשיתוסף ה' על שמך והיה שמך אברהם אז ואברכך שתהא פרה ורבה וע"ז אמר ר' אבהו כאן הבט כו':

פירוש מהרז"ו

ארבעה הם. פי' שאלו ד' רמזה תורה שילא להם מוניטין והתקינו להם מטבע יוצא בעולם מגודל חשיבותם ויקרותם: **ואעשך לגוי גדול.** כוונתו למ"ש בסיפא דקרא ואגדלה שמך וכמ"ש אלא יהושע ודוד ומרדכי וע' ב"ק דף צ"ז מטבע של ירושלים ומטבע של אברהם אבינו: **בכור שורו.** פסוק בברכת משה ליוסף ויהושע בא מאפרים: **שק ואפר מבאן.** ובסוף מדרש אסתר הגירסא מרדכי מכאן ואסתר מכאן: **קובע אני לך ברכה.** וזהו והיה ברכה שהיה לו לומר והיה מבורך או מברך אך ברכה הוא השם לדיבור של ברכה ואיך יהיה אברהם דיבור של ברכה. על כן דורש על נוסח ברכה בלשון משנה שלמדו מכאן חז"ל לקבוע להש"י ברכה על שם אברהם מגן אברהם. וע' תנחומא כאן וברכת תחית המתים נקראת ברכה של הקב"ה כי מפתח של גשמים ושל תחיה בידו של הקב"ה ונתקנה הברכה לשמו ולכבודו לבדו וברכת מגן אברהם ג"כ להקב"ה אך לשמו ולכבודו של אברהם ובזכותו. ול"ע על הספק הזה אם שלו קודמת אם של הקב"ה קודמת ואיך יליף ששלו קודמת שלא הביא על זה שום פסוק. וגם על מתקני התפלה יקשה למה לא תקנו שלו תחלה ומאין למדו כן. אך כאן חסר וה"ג במ"ר פרשה י"א סימן ב' הובא ברש"י בחומש כאן ואעשך לגוי גדול זה שאומרים אלהי אברהם ואברכך זה שאומרים אלהי יצחק ואגדלה שמך זה שאומרים אלהי יעקב יכול יהא חותמים בכולם ת"ל והיה ברכה בך חותמין ואין חותמים בכולם א"ר חייא בר זעירא והיה ברכה ברכתך קודמת לברכתי משהם אומרים מגן אברהם אומרים מחיה המתים. ומ"ש והיה ברכה ברכת מגן אברהם היא ברכה שלימה בפתיחה וחתימה אך שאר ברכות י"ח אין בהם פתיחה. ומה שמקדים ברכת הש"י על ידי האבות ואברהם לברכת הקב"ה בעצמו הענין בזה כי הטובה שעושה הקב"ה ע"י תפלת הצדיקים הם מתגברים על מדה"ד ונעשה טובה בריבוי שפע וש"ש מתקדש בעולם. וע"כ ברכת האבות גדולה יותר מברכת מחיה מתים וקודמת לה והבן זה: **אלא השמים.** נ"ל אלא השמימה וכן הוא בדפוס אחר ויש כאן שני ההי"ן מיותרים. האחד לרמוז על

מסורת המדרש

טז ב"ק צ"ז:
יז ילקוט יהושע רמז י"ז:
יח אסתר רבה פ' י'. ילקוט אסתר רמז אל"ף נ"ט:
יט פסחים קי"ז. במד"ר פ' י"א. תנחומא כאן סי' ד'. ילקוט כאן רמז ס"ד:
כ לעיל פרשה י"ב וש"נ:

אם למקרא

וַיְהִי ה' אֶת יְהוֹשֻׁעַ וַיְהִי שָׁמְעוֹ בְּכָל הָאָרֶץ: (יהושע ו:כז)

בְּכוֹר שׁוֹרוֹ הָדָר לוֹ וְקַרְנֵי רְאֵם קַרְנָיו בָּהֶם עַמִּים יְנַגַּח יַחְדָּו אַפְסֵי אָרֶץ וְהֵם רִבְבוֹת אֶפְרַיִם וְהֵם אַלְפֵי מְנַשֶּׁה: (דברים לג:יז)

וַיֵּצֵא שֵׁם דָּוִיד בְּכָל הָאֲרָצוֹת וַה' נָתַן אֶת פַּחְדּוֹ עַל כָּל הַגּוֹיִם: (דברי הימים א יד:יז)

כְּמִגְדַּל דָּוִיד צַוָּארֵךְ בָּנוּי לְתַלְפִּיּוֹת אֶלֶף הַמָּגֵן תָּלוּי עָלָיו כֹּל שִׁלְטֵי הַגִּבּוֹרִים: (שיר השירים ד:ד)

כִּי גָדוֹל מָרְדֳּכַי בְּבֵית הַמֶּלֶךְ וְשָׁמְעוֹ הוֹלֵךְ בְּכָל הַמְּדִינוֹת כִּי הָאִישׁ מָרְדֳּכַי הוֹלֵךְ וְגָדוֹל: (אסתר ט:ד)

מתנות כהונה

בחור ובתולה. פירש"י בפרק הגוזל רמז ליצחק ולרבקה ואולי אחר שנולדו יצא המטבע או קודם והיה דרך נבואה ועי"ל שרמז על שהיו שניהם זקנים ועשו פרי כמו בחור ובתולה ובתוספות פרק הגוזל קמא איתא שמצד אחד היה כתוב זקן וזקנה וכו' דאילו הצורות הא אסור לעשות צורת אדם: **מקל ותרמיל.** רמז שהיה בראשונה רועה צאן: **ותרמיל.** שק קטן שבו מצניעין הרועים מאכלם כד"א בכלי הרועים ובילקוט: **קובע אני לך ברכה כו'.** והיה ברכה דייק כפירש"י בחומש ועיין בפרשה נשא פ' י"א: ה"ג שלך קודמת לשלי משהן אומרים כו' ועיין כל זה בפר' נשא פרשה י"א: **ה"ג שמים אין כתיב כאן אלא השמימה אמר הקב"ה בה"א בראתי כו'.** וכן היא גירסת הילקוט ורש"י:

נחמד למראה

[יא] רבי אבהו אמר הבט נא השמים אין כתיב כאן אלא השמימה אמר הקב"ה בה"א בראתי את העולם הריני מוסיף ה"א על שמך ואתה פרה ורבה. כתב הרב יפ"ת ותימא דה"א שבסוף התיבה לא תשמש אלא במקום למ"ד

אשד הנחלים

קובע כו' שלך קודמת. יש להבין מהו ענין הקדימה בזה. והיתכן ח"ו שמעלת אברהם יגדל כ"כ עד שיזכרו אותו טרם שיזכור ניסי ה' והנראה מפני שתחית המתים הוא התכלית האחרון הנועם לאומה שאז ישתלמו בתכלית שלימות והנה עד עת קץ שאז זמן הגליות והיסורים

וְאָמַר רַבִּי יוּדָן – **And R' Yudan said** that when God promised Abraham וַאֲבָרֶכְךָ (*and I will bless you*), וְהָיוּ אוֹתִיּוֹתֶיךָ מִנְיַן "אֲבָרֶכְכָה", מָאתַיִם וְאַרְבָּעִים וּשְׁמוֹנָה – He was saying to Abraham, **"And your** name's **letters will have the** same **numerical value** as אֲבָרֶכְכָה (lit., *I will bless you*), which is **two hundred and forty-eight."**[139]

❒ [וֶהְיֵה בְּרָכָה – *AND YOU SHALL BE A BLESSING.*]

The Midrash explains what is meant by "being a blessing":[140]

אָמַר רַבִּי לֵוִי – **R' Levi said:** לֹא שָׁם אָדָם פָּרָה מֵאַבְרָהָם עַד שֶׁנִּתְבָּרֵךְ – **A person did not** finish **assessing** the value of **a cow** that he wished to purchase **from Abraham before [the person] would be blessed,** וְלֹא שָׁמָה לוֹ עַד שֶׁנִּתְבָּרֵךְ מֵאַבְרָהָם – **and [Abraham] did not** finish **assessing** the value of **[a cow] for one** who wished to sell him the cow **before [the seller] would be blessed from** his association with **Abraham.**[141] כֵּיצַד – **How** great was the power of his blessing?[142] אַבְרָהָם הָיָה מִתְפַּלֵּל עַל עֲקָרוֹת וְהֵם נִפְקָדוֹת – **Abraham would pray for barren women and they were granted** the **conception** of a child,[143] וְעַל הַחוֹלִים וְהֵם מַרְוִיחִים – **and** he would pray **for the sick and they were relieved.** רַב הוּנָא אָמַר – **R' Huna said:** לֹא סוֹף דָּבָר אַבְרָהָם הוֹלֵךְ אֵצֶל הַחוֹלֶה – **It is not the end of the matter** (i.e., it was not only) that when **Abraham would go to the sick person**[144] he would be cured; אֶלָּא הַחוֹלֶה רוֹאֶה אוֹתוֹ וּמַרְוִיחַ – **rather, the sick person would** simply **see [Abraham] and improve.**[145]

NOTES

139. Abraham's new name אַבְרָהָם has the numerical value 248, as does the word אֲבָרֶכְכָה. Thus, God here was indicating to Abram that *I will make of you a great nation* only after *I will make your name great* by adding a ה to it (*Radal*), so that it will equal אֲבָרֶכְכָה; see *Maharzu.*

The word אֲבָרֶכְךָ is actually spelled here without the ה, so that its numerical value is only 243. However, the "full" spelling of the word (thus clearly indicating that it is to be vowelized with a *kamatz*) would be with the ה, as it is spelled elsewhere (below, 27:7); see *Yefeh To'ar.* [The prefix ו of וַאֲבָרֶכְךָ, since it is merely an appended conjunction (*and*), is not included in calculating the numerical value (*Rashi, Matnos Kehunah*).]

140. The Midrash here interprets the phrase וֶהְיֵה בְּרָכָה (*and you shall be a blessing*) as "and you shall be a sign or a source of blessing" (*Yefeh To'ar;* however, see *Maharzu*).

141. Abraham was a source of blessing for all those who interacted with him commercially to the extent that even once the preliminary step of the appraisal of the goods for sale or purchase had taken place, the partner to the potential transaction would be blessed. See *Rashi.*

142. *Matnos Kehunah.*

[*Eitz Yosef* (from *Yefeh To'ar*) suggests emending the text here to read: "וֶהְיֵה בְּרָכָה" כֵּיצַד – *And you shall be a blessing:* How was this actualized?]

143. Lit., *they were remembered.* This term for conception is derived from below, 21:1, *HASHEM had remembered Sarah,* regarding Sarah's conceiving Isaac. See also above, 34 §10 and below, 51 §11.

[*Yefeh To'ar* discusses why Abraham's prayers for his own barren wife, Sarah, went unanswered for so many years.]

144. So as to earnestly beseech God for mercy on the patient's behalf (*Yefeh To'ar*).

145. Even without any intent on Abraham's part to effect a cure (*Eitz Yosef;* see also *Bava Basra* 16b: "A precious stone hung from the neck of Abraham our forefather, and any sick person who looked at it was instantly cured").

וְאָמַר רַבִּי יוּדָן: וְהָיוּ אוֹתִיּוֹתֶיךָ מִנְיַן "אַבְרְכְכָה", מָאתַיִם וְאַרְבָּעִים וּשְׁמוֹנֶה. אָמַר רַבִּי לֵוִי: לֹא שָׁם אָדָם פָּרָה מֵאַבְרָהָם עַד שֶׁנִּתְבָּרֵךְ, וְלֹא שָׁמָּה לוֹ עַד שֶׁנִּתְבָּרֵךְ מֵאַבְרָהָם. כֵּיצַד, אַבְרָהָם הָיָה מִתְפַּלֵּל עַל עֲקָרוֹת וְהֵם נִפְקָדוֹת, וְעַל הַחוֹלִים וְהֵם מַרְוִיחִים. רַב הוּנָא אָמַר: לֹא סוֹף דָּבָר אַבְרָהָם הוֹלֵךְ אֵצֶל הַחוֹלֶה [כא] **אֶלָּא הַחוֹלֶה רוֹאֶה אוֹתוֹ וּמַרְוִיחַ.**

עץ יוסף

והיו אותיותיך כו'. דהיינו ואברכך. וה"ג והיו אותותיך כמנין ואברככה דהיינו רמ"ח שכן עולה אברהם ואע"ג דלא כתיב אלא ואברכך ה"ל כאילו כתיב ואברככה שהה' בכא אע"פ שחסרה מהמבטא (יפ"ת): **לא שם.** לשון שומת ב"ד שיהיה סימן ברכה לנושא ונותן עמו. שהבא לקנות ממנו פרה לא הספיק להצריכה עד שנתברך. וכן הבא למכור לו פרה לא הספיק להצריכה לו עד שנתברך מזכות אברהם. והכי גמירי להו (יפ"ת): **ד"א והיה ברכה ביצד אברהם.** כצ"ל (יפ"ת). וגם זה פירוש לוהיה ברכה דר"ל שיהיה סימן ברכה לעולם שמתפלתו ומראהו יתברכו: **והן נפקדות.** ומה שלא נפקדה שרה בתפלתו יש לומר דמאבימלך ואילך הוא שהתחיל להתפלל על החולים והעקרות כמ"ש בפרשה נ"ב סי' ד' (יפ"ת): **לא סוף דבר כו'.** כלו' אין צ"ל כשאברהם הלך אצל החולה אלא אף כשיראהו החולה בלי כוונת אברהם היה מתרפא בראיית אבן טובה שעליו כדלעיל:

פירוש מהרז"ו

שבה"א ברא שמים כמ"ש לעיל פר' י"ב סימן ב' והה' הב' לרמוז שעל ידי שיוסף לו ה' על שמו יהיה פרה ורבה וזהו מ"ש בסיפא דקרא כה יהיה זרעך כמו השמים והובא מאמר זה אגב מאמר ר' יודן שדורש ואעשך לגוי גדול ואברכך על מנין אותיות אברהם וזה נ"ע שהרי כתוב ואברכך בלא ה' והוי"ו לא חשיב ואינם אלא רמ"ג ואפשר שהכוונה על מ"ש ואברכך ואגדלה שמך פי' כשאגדל שמך על מספר אברכך ויהיה שמך מספר אברככה בה"א אז תהיה לגוי גדול וע' רש"י בחומש בשם ס"א: **לא שם אדם פרה.** מיד כשנתרצו על סכום המקח ופיסוק דמים נתברך וכמ"ש בסמוך אצל איוב. וכן אצל אברהם שכתוב אצלו ריבוי ברכות: **ביצד.** בא לפרש מ"ש ונברכו בך כל משפחות האדמה:

חידושי הרד"ל

(כח) **אברכבה.** רמ"ח והיה ברכה קרי ביה בריכה כו' למברכא ברך כיצד אברהם היה מתפלל כו' ר' הונא אמר כו' ראה אותו ומרווית. א"ר לוי לא שם אדם כו' שנתברך כאברהם כו' א"ר יצחק א"ל לאיוב כו' פעם שניה א"ר חנינא אפילו ספינות כו' נמכר בזול. ואברכה מברכך א"ר ירמיה כו' כצ"ל מסודר המאמרים על אופניהם לענ"ד:

מסורת המדרש

כא ע' ב"ב ט"ז:

רש"י

ואמר ר' יודן והיו אותיותיך מנין אברכבה. מה אברככה מנין רמ"ח אף אותיותיך אותיות שבשמך רמ"ח וא"ו שבו אברככה אינה מן המנין שאינה באה אלא לשמש בתיבה: שבתחלה המליכו הקב"ה על רמ"ג אברים שבו כמנין אברם הוסיף בו ה"א המליכו על רמ"ח אברים שבאדם שתי עיניו שתי אזניו וראש הגויה שאברהם כמנין רמ"ח אברים ואברככה כמו כן מנין רמ"ח אברים. ס"א. שראה זרעו. ושמע באזניו שילאו ממנו עשים רבוא ומעכשיו הוא מוליד ולא היה עליו שום אבר לבטלה ע"כ: **לא שם אדם פרה מאברהם עד שנתברך.** לא קנה אדם אפילו פרה מאברהם עד שנתברך שדרכו של קונה בשעה שהוא קונה שהוא שם את הדבר כמה הוא שוה: **ולא שם לו.** שלא מכר לו עד שנתברך שכל מי שעושה עמו סחורה מתברך ממנו בין ליקח ממנו בין למכור לו:

מתנות כהונה

ה"ג בילקוט ורש"י מנין ואברכבה מה אברכבה רמ"ח אף אותיותיך רמ"ח. ולא קחשיב וי"ו השימוש וכן פירש"י: **שם.** לשון שומת ב"ד ור"ל קנה בשומא ושוייה: **ביצד.** כלומר כילד היה כחו גדול:

נחמד למראה

שבראשה עכ"ל. ולדעתי נכון הוא שה"א שבסוף התיבה מאותיות האמנתי"ו הנוספת היא ואינה משמשת במקום למ"ד שבראשה. כי כבר התבאר שיש הבדל בין הוראת מלת אל ובין הוראת למ"ד המשמשת כי למ"ד המשמשת מורה על הקירוב מה שאינו נוגע בגוף אחר ובעבור זה מורה לפעמים על ענין עצמו כמו וילך לו אל ארצו (שמות י"ח) טוב נקלה ועבד לו (משלי י"ב) ואולם מלת אל מורה על הנגיעה והדיבוק בגוף אחר או שיורה להפלגת ענין. וכ"כ רש"י ז"ל בסוטה (דף ל"ב ע"ב) דאמרינן התם אלו נאמרין בכל לשון. פרשת סוטה מנלן דכתיב ואמר הכהן לאשה בכל לשון שהוא אומר ופירש"י וז"ל ה"ג ואמר אל האשה בכל לשון שהיא שומעת ומהאי קרא יליף לה בספרי. ול"ג ואמר הכהן לאשה. אל האשה משמע דברים הנכנסים בלבה שתהא מכרת בלשון עכ"ל. וכל זה לפי שמלת אל מורה על הנגיעה ולמ"ד המשמשת מורה על הקירוב. וראוי שתדע שלפעמים תחסר מלת אל כאשר הענין מובן בכח המאמר. ואולם לא יתכן חסרון למ"ד המשמשת אבל תמיד נשאר שם רושם. והוא שאז תהיה ה"א בסוף התיבה משלמת חסרונה. וזהו ענין אמרם ז"ל כל תיבה הצריכה למ"ד בתחלתה הטיל לה הכתוב ה"א בסופה. פי' שה"א בסופה היא משלמת חסרון הלמ"ד שבתחלה באופן שתהיה בה הוראת הקירוב. אבל אינה משלמת חסרון מלת אל להורות על הנגיעה והדיבוק. והעד על זה מהא דאיתא במסורת על פסוק והמדנים מכרו אותו אל מצרים. ז' סבירין מצרימה והבן זה. ואשר ראוי עוד שתדעהו הוא שיש הבדל בין לשון ראיה ובין לשון הבטה. כי ענין ראיה הוא להורות שלא נעלם ממנו הדבר אשר נראה לעיניו אבל יודע תמונתו בראייה בעלמא כמו ביום השלישי וישא עיניו וירא (בראשית כ"ב) ויגל ה' את עיני בלעם וירא (במדבר כ"ב). ואולם ענין הבטה הפלגת הראיה הוא להכיר הדבר במהותו בהשגחה גמורה. לכן תמצא תמיד שלשון ראיה נקשר עם למ"ד המשמשת כמו האדם יראה לעינים וה' יראה ללבב (ש"א ט"ז) לפי שלמ"ד המשמשת מורה על הקירוב דומיא דלשון ראייה שאינה מורה על הפלגת העיון. ולשון הבטה נקשר תמיד עם מלת אל המורה על ההפלגה במה שנוגע בגוף אחר דומיא דלשון הבטה המורה על הפלגת העיון כמו והביט אל נחש הנחושת וחי (במדבר כ"א) שהוא ענין השגה מושכלת . וזהו מה שאמרו במס' ר"ה וכי נחש ממית או מחיה אלא בזמן שישראל מסתכלין כלפי מעלה ומשעבדין את לבם לאביהם שבשמים מתרפאין ואם לאו היו ניזוקין ע"כ. ולפי מה שהתבאר נכון הוא מה שאמר רבי אבהו הבט נא השמים אין כתיב כאן וכו'. ור"ל אם היה כתוב הבט נא השמים היה נכון כפי משפט הלשון להיות המכוון בו כאילו כתוב הבט נא אל השמים. כי כבר יתכן שתחסר מלת אל. השתא דכתיב הבט נא השמימה לא יתכן לומר כי הה"א שבסוף התיבה תשמש במקום למ"ד בתחלתה שהרי כבר התבאר שלשון הבטה אינו קשור עם למ"ד המשמשת רק עם מלת אל. וא"כ מוכרחין אנו לומר שתחסר מלת אל כאשר יתכן חסרונה וא"כ הה"א שבסוף התיבה היא מאותיות האמנתי"ו הנוספות וז"ש בה"א בראתי את העולם הריני מוסיף וכו' והבן זה: **אמר רבי לוי לא שם אדם פרה מאברהם עד שנתברך.** ולא שמה לו עד שנתברך ר' הונא אמר לא סוף דבר אברהם הולך אצל החולה אלא החולה רואה אותו ומרוית. א"ר חנינא אפי' ספינות שהיו מפרשות בים הגדול היו ניצולין בזכותו של אברהם. מה שאחשוב אני בזה הוא כי כבר התבאר לעיל (פ' ל"ו) שיש

אשד הנחלים

עומדים זכות אבות להגן עליהם להחיותם ולהצילם וזהו שהוא מגן אברהם שהוא מגן בעד בניו בשביל אברהם. והנה אף שבאמת התכלית האחרון הוא היות' טוב והיות' עליון עכ"ז אחר שהוא אמצעי להיות למגן עליהם עד עת קץ. א"כ מעלתו גדול' עד מאד כי הוא עוזר להתקנת השלימות האחרון כי הוא היסוד שעליו הבנין כולו: **בה' בראתי.** וכבר בארתי בסדר בראשי' שהאותיו' המה מרמזים לענינים גבוהים והה' מוצאו דק מאד וא"כ נגלה בו יותר אלקית וע"כ מעלתו גדול. ולכן בהוספת ה' בשמו זכה לבנים כי הוא סימן לשידוד הטבע אחר שבו נברא העולם שהוא מעל הטבע ומאין ליש: **לא שם אדם כו'.** מן והיי' ברכה דייק. שהוא יהי' ברכה בקרב הארץ כאלו הוא מקור כל הברכות והישועות בקרב הארץ בכל הענינים הן בברכת הבנים והן בבריאות והן במזונות. שהם בני חיי ומזוני אשר על הרוב לא בזכותא תלייא מילתא אלא במזלא. וע"י אברה' נתהפך הכל לטובה ומפרש אפי' הדברים שהן בעצמן אסורין כגון יין עובדי כוכבים וכדומה עכ"ז כדי שיהי' יין כשר בזול וכוונתם אף שהיה הדור רשעים שעבדו עבודת כוכבים עכ"ז יתברכו בשבילו כדי שיהי' מצויה לו וק"ל:

אָמַר רַבִּי חֲנִינָא – **R' Chanina said:** אֲפִילוּ סְפִינוֹת שֶׁהָיוּ מְפָרְשׁוֹת בַּיָּם הַגָּדוֹל הָיוּ נִיצּוֹלוֹת בִּזְכוּתוֹ שֶׁל אַבְרָהָם – **Even ships that were crossing the great ocean** in stormy weather **were saved in Abraham's merit.**[146]

The Midrash deals with a possible objection to this last statement:

וְלֹא שֶׁל יֵין נֶסֶךְ הָיוּ – **But weren't [the endangered ships]** at times carrying cargoes **of** forbidden **"libation wine"?**[147] אֶתְמְהָא – **Can it be** that Abraham's merit would be used for the sake of such goods? אֶלָּא חָלָא מְזִיל חַמְרָא – **However,** the explanation for this is as the saying goes: **"Vinegar brings down the price of wine,"** בְּכָל מָקוֹם שֶׁיֵּין עוֹבְדֵי כוֹכָבִים מָצוּי יֵין שֶׁל יִשְׂרָאֵל נִמְכָּר בְּזוֹל – i.e., **wherever** forbidden **idolaters' wine is abundant,** kosher **Jewish wine is sold cheaply.**[148]

The Midrash offers another example from Scripture of one who served as a source of blessing for those who interacted with him:

אָמַר רַבִּי יִצְחָק – **R' Yitzchak said:** אַף לְאִיּוֹב עָשָׂה כֵן – **[God] did thus for Job as well,** שֶׁנֶּאֱמַר ״מַעֲשֵׂה יָדָיו בֵּרַכְתָּ״ – **as it is stated** in Scripture, ***You have blessed the acts of his hands*** (*Job* 1:10). לֹא נָטַל אָדָם פְּרוּטָה מֵאִיּוֹב וְנִצְטָרֵךְ לִיטּוֹל מִמֶּנּוּ פַּעַם שְׁנִיָּיה – That is to say, **a person never took** so much as **a *perutah*** (a small coin) **from Job**[149] **and had to take** one **from him a second time.**[150]

□ וֶהְיֵה בְּרָכָה – *AND YOU SHALL BE A BLESSING.*

The Midrash offers a new understanding of the word בְּרָכָה:

קְרֵי בֵּיהּ בְּרֵיכָה – **Read [the word]** בְּרָכָה (*blessing*), **as** if it were vowelized בְּרֵיכָה, meaning a pool.[151] מָה בְּרֵיכָה זוֹ מְטַהֶרֶת אֶת הַטְּמֵאִים – Thus, God was telling Abraham here, **"Just as a pool purifies the** ritually **contaminated,** אַף אַתְּ מְקָרֵב רְחוֹקִים וּמְטַהֲרָם לַאֲבִיהֶם שֶׁבַּשָּׁמַיִם – **so you will bring close those far removed** from the way of God **and purify them for their Father in Heaven."**[152]Ⓐ

□ [וֶהְיֵה בְּרָכָה] – *AND YOU SHALL BE A BLESSING.*]

Returning to the more conventional understanding of בְּרָכָה as *blessing,* the Midrash focuses on another difficulty in the verse:

אָמַר רַבִּי בֶּרֶכְיָה – **R' Berechyah said:** כְּבָר כָּתוּב ״וַאֲבָרֶכְךָ״ – **It is already written** earlier in the verse, ***and I will bless you;*** מַה תַּלְמוּד לוֹמַר ״וֶהְיֵה בְּרָכָה״ – why, then, **does the Torah state** again, ***you shall be a blessing?***[153] אֶלָּא אָמַר לוֹ: – **Rather, [God] was saying to [Abraham]:** עַד כָּאן הָיִיתִי זָקוּק לְבָרֵךְ אֶת עוֹלָמִי – **"Until now I needed to bless** those in **My world** who deserved blessing Myself.[154] מִיכָּן וְאֵילָךְ הֲרֵי הַבְּרָכוֹת מְסוּרוֹת לָךְ – **Henceforth, the blessings are entrusted to you.**[155] לְמַאן דַּחֲזֵי לָךְ לְמִבְרְכָא בָּרֵיךְ – **Whoever appears** deserving **to you to be blessed, bless!"**[156]

§12 וַאֲבָרְכָה מְבָרְכֶיךָ – *I WILL BLESS THOSE WHO BLESS YOU, AND ONE WHO CURSES YOU I WILL CURSE.*

The Midrash derives from this verse a principle concerning God's treatment of the righteous:

אָמַר רַבִּי יִרְמְיָה – **R' Yirmiyah said:** הֶחְמִיר הַקָּדוֹשׁ בָּרוּךְ הוּא בִּכְבוֹדוֹ שֶׁל צַדִּיק יוֹתֵר מִכְּבוֹדוֹ – We find that **the Holy One, blessed is He, was stricter about the honor of a righteous person than** about **His own honor;** בִּכְבוֹדוֹ כְּתִיב ״כִּי מְכַבְּדַי אֲכַבֵּד וּבֹזַי יֵקָלּוּ״ – for **regarding His honor it is written** (*I Samuel* 2:30): ***for I will honor those who honor Me, and those who scorn Me will be cursed*** – עַל יְדֵי אֲחֵרִים – which is to say, **cursed by others,**[157] וּבִכְבוֹדוֹ שֶׁל צַדִּיק כְּתִיב ״וַאֲבָרְכָה מְבָרְכֶיךָ וּמְקַלֶּלְךָ אָאֹר״ – **but regarding a righteous person's honor it is written** (here): ***I will bless those who bless you, and one who curses you I will curse*** – אֲנָא – that is, **I Myself** will curse him![158]

NOTES

146. I.e., even though Abraham was unaware of their predicament and hence would not have prayed on their behalf, and even though the ships' crews were not in a position to look at Abraham, the ships were nonetheless saved by Abraham's merit (*Yefeh To'ar,* cited by *Eitz Yosef;* see also *Yevamos* 63a).

[*Yefeh To'ar* writes that the Midrash means they were saved if they invoked Abraham's name in prayer. See there also for a discussion of the Scriptural source for this understanding.]

147. Wine that has been poured or stirred or in some sense used as an offering to pagan deities and thereby has become defiled and prohibited for use.

148. The meaning of the adage is that even the availability of good vinegar will depress the price of wine, for it can substitute for wine in some uses. Similarly, an abundance of forbidden wine, which will satisfy the general market, will have the effect of lowering the price of kosher wine, and Abraham's merit in such instances was being used for that desirable purpose (see *Eitz Yosef*).

149. Either as charity or in a business transaction as payment for goods or services.

150. For that *perutah* became the source of his enrichment, freeing him from the need for any further like transactions; see *Pesachim* 12a, *Bava Basra* 15b. The Midrash is interpreting *the acts of his hands* as the *perutah* that Job would give with his hands to someone else.

151. As with R' Yudan's exposition above that וֶהְיֵה בְּרָכָה means that you (Abraham) will be one of the blessings of the *Shemoneh Esrei,* this exposition too is derived from the fact that the verse does not say וֶהְיֵה בָּרוּךְ or וֶהְיֵה מְבוֹרָךְ, *and you shall be blessed,* but rather *you shall be a* בְּרָכָה; see above, note 128. Since a person cannot in any sense be himself a בְּרָכָה, a blessing, the Midrash interprets it as meaning a בְּרֵיכָה, a *pool,* as will presently be explained (*Eitz Yosef,* from *Yefeh To'ar*).

152. A reference to the many whom Abraham converted to belief in the one true God; see below, §14 (*Eitz Yosef*).

153. In contrast to R' Yudan and the author of the previous exposition above, R' Berechyah would in theory have been willing to interpret וֶהְיֵה בְּרָכָה as "you shall be blessed." His objection is that, if so, it would be identical to the aforementioned וַאֲבָרֶכְךָ – *and I will bless you* (see *Mizrachi* on this verse).

154. That is, God had to bestow blessing upon the righteous Himself (*Yefeh To'ar*).

155. I.e., you and your righteous descendants after you (*Eitz Yosef*).

156. Thus וֶהְיֵה בְּרָכָה would mean, "and you shall be the source of blessing," or "and you shall be the master of blessing."

157. The word יֵקָלּוּ is a passive verb, *will be cursed* (in contrast to the active אֲכַבֵּד, *I will honor,* for those who honor God). Thus, God is not saying that He will curse those who scorn Him, merely that they will be cursed, implying that it will be others who will be doing the cursing (*Matnos Kehunah, Eitz Yosef*).

158. For אָאֹר is an active verb, *I will curse,* with *I,* God, as the subject.

[See *Maharzu* and *Eitz Yosef* for other illustrations of this concept,

INSIGHTS

Ⓐ **The Blessed Pool** The Midrash's likening of Abraham to a "purifying pool" is not merely a poetic way of saying that he was the instrument through which many became purified. Rather, Abraham himself had to have the characteristics of such a pool in order to bring the distant near. For a purifying *mikveh* purifies the defiled while it itself cannot become defiled. *Psalms* 89:1 refers to Abraham as אֵיתָן (*Bava Basra* 15a), which means literally "strong." Abraham's faith and righteousness were strong and unyielding. He was therefore able to influence the estranged and draw them close to God, since he himself could not be impressed or changed by them. He purified the defiled but could not himself become defiled (*Chochmah VaDaas,* citing *Avnei Nezer).*

Abraham thus sets the standard for those who wish to engage in drawing the spiritually estranged near. Although this is a great mitzvah, and one who saves a single Jewish soul is regarded as having established an entire world, a great danger attends those who mix with people who have been corrupted by morals and cultures that

אָמַר רַבִּי חֲנִינָא: אֲפִילּוּ סְפִינוֹת שֶׁהָיוּ מְפָרְשׁוֹת בַּיָּם הַגָּדוֹל הָיוּ נִיצּוֹלוֹת בִּזְכוּתוֹ שֶׁל אַבְרָהָם. וְלֹא שֶׁל יַיִן נֶסֶךְ הָיוּ, אֶתְמְהָא, אֶלָּא חָלָא מֵזִיל חַמְרָא, בְּכָל מָקוֹם שֶׁיַּיִן עוֹבְדֵי כוֹכָבִים מָצוּי יַיִן שֶׁל יִשְׂרָאֵל נִמְכָּר בְּזוֹל. אָמַר רַבִּי יִצְחָק: אַף לְאִיּוֹב עָשָׂה כֵן שֶׁנֶּאֱמַר (איוב א, י) "מַעֲשֵׂה יָדָיו בֵּרַכְתָּ". [כב]לֹא נָטַל אָדָם פְּרוּטָה מֵאִיּוֹב וְנִצְטָרֵךְ לִיטּוֹל מִמֶּנּוּ פַּעַם שְׁנִיָּה. "וֶהְיֵה בְּרָכָה", קְרֵי בֵּיהּ בְּרֵיכָה, מַה בְּרֵיכָה זוֹ מְטַהֶרֶת אֶת הַטְּמֵאִים אַף אַתְּ מְקָרֵב רְחוֹקִים וּמְטַהֲרָם לַאֲבִיהֶם שֶׁבַּשָּׁמַיִם. אָמַר רַבִּי בֶּרֶכְיָה: כְּבָר כָּתוּב "וַאֲבָרֶכְךָ", מַה תַּלְמוּד לוֹמַר "וֶהְיֵה בְּרָכָה", אֶלָּא אָמַר לוֹ: [כג]עַד כָּאן הָיִיתִי זָקוּק לְבָרֵךְ אֶת עוֹלָמִי, מִיכָּן וָאֵילָךְ הֲרֵי הַבְּרָכוֹת מְסוּרוֹת לָךְ, לְמַאן דַּחֲזִי לָךְ לְמִבְרְכָא בָּרֵיךְ:

יב [יב, ג] "וַאֲבָרְכָה מְבָרְכֶיךָ". אָמַר רַבִּי יִרְמְיָה: [כד]הֶחְמִיר הַקָּדוֹשׁ בָּרוּךְ הוּא בִּכְבוֹדוֹ שֶׁל צַדִּיק יוֹתֵר מִכְּבוֹדוֹ. בִּכְבוֹדוֹ כְּתִיב (שמואל א ב, ל) "כִּי מְכַבְּדַי אֲכַבֵּד וּבֹזַי יֵקָלּוּ", עַל יְדֵי אֲחֵרִים, וּבִכְבוֹדוֹ שֶׁל צַדִּיק כְּתִיב "וַאֲבָרְכָה מְבָרְכֶיךָ וּמְקַלֶּלְךָ אָאֹר", אֲנָא.

חידושי הרד"ל

(כט) **למאן דחזי לך למברכא.** בבמ"ר הגי' למאן דהני לך:

עץ יוסף

אפילו ספינות כו'. דלא מיבעי חולים שאברהם מתפלל עליהם או החולים שרואין פניו אלא אפילו ספינות שבים הגדול בסערה ואינם רואים פני אברהם ולא אברהם מתפלל עליהם היו ניצולים בזכות אברהם ע"ד אלהא דמאיר ענני כדאי' בפ"ק דע"א (יפ"ת): **אפילו ספינות כו'.** כמ"ש ביבמות דף ס"ג ואמר ר"א מאי דכתיב ונברכו בך כל גויי הארץ אפילו ספינות הבאות בים אינן מתברכות אלא בשביל הצדיקים ע"כ: **ולא של י"נ היו.** ר"ל וכי לא היו בספינות כמי י"נ ואין ראוי שיועיל זכותו לדבר של קלקול. ומשני אלא חלא מוזיל חמרא כלומר שאפילו החומץ הטוב גורם זול ליין. וכן הכא בי"נ יש בו תועלת שיהיה הכשר נמכר בזול לאברהם ולהנפש אשר עשו בחרן: **אף לאיוב עשה כן.** ארישא קאי שנתברך כל הנושא ונותן עם איוב (יפ"ת): **לא נטל אדם פרוטה.** ב"ב דף ט"ו: **ונצטרך ליטול.** מפני שהיה מתברך באותו פרוטה: [יח] **קרי ביה בריכה.** מדלא קאמר ברוך או מבורך רמיז בריכה (יפ"ת): **מקרב רחוקים.** והיינו הנפש אשר עשו בחרן: **לברך את עולמי.** כלו' הצדיקים כמו שבירך לאדם ולנח ולאברהם (יפ"ת): **מסורות לך.** ולאו דוקא אברהם לבד אלא הוא וזרעו הצדיקים קאמר. ומה שלא בירך אברהם ליצחק מפורש בפרשה ס"א (יפ"ת): **ולמאן דחזי כו'.** ולמי שראוי והגון בעיניך להתברך ברכהו: (יב) **בכבוד של צדיק.** וכמו שהיה הענין אצל ירבעם עם הנביא שיבשה ידו כששלחה על הנביא ולא יבשה כשהקריב על המזבח: **ובוזי יקלו על ידי אחרים.** הכא משמע דזו קולא היא ובבמדבר רבה פ"ח ובחלק משמע איפכא. ועיין נזה"ק מה שמתרץ:

פירוש מהרז"ו

אפילו ספינות. כמ"ש ביבמות דף ס"ג ואמר ר"א מאי דכתיב ונברכו בך כל משפחות האדמה אפילו משפחות הבאות באדמה אינן מתברכות אלא וכו' כל גויי הארץ אפי' ספינות הבאות בים אינן מתברכות אלא בשביל הצדיקים עכ"ל ופי' שכאן כתוב ונברכו בך כל משפחות האדמה ואין הים בכלל אדמה ובקאפיטיל י"ח פסוק י"ח כתוב ונברכו בו כל גויי הארץ והים בכלל הארץ כי ארץ פי' העולם בכללו: **לא נטל אדם פרוטה.** ב"ב דף ט"ו ב': **קרי ביה בריכה.** שהיל"ל והיה מבורך או מברך על כן דורש אל תקרי ברכה אלא בריכה: **דחזי לך למברכא.** שאם היה כתוב והיה מברך היה משמע שהוא מצווה על זה לברך את הכל על כן אמר לו והיה ברכה שהוא רשות למי שירצה ויהיה ראוי לה ולא את הכל: (יב) **בכבוד של צדיק.** וכמו שהיה הענין אצל ירבעם עם הנביא שיבשה ידו כששלחה על הנביא ולא יבשה כשהקריב על המזבח:

מסורת המדרש

כב פסחים קי"ב וש"כ. ילקוט איוב רמז תתל"ב: כג במד"ר פ' י"א. שוח"ט מזמור א'. תנחומא כאן סי' ד'. וסדר ויחי סימן ז'. וסדר נשא סימן ט"ו. וסדר ברכה סימן א'. ילקוט כאן רמז ס"ד: כד אגדת שמואל פרשה א':

אם למקרא

הֲלֹא את אַתָּה שַׂכְתָּ בַעֲדוֹ וּבְעַד בֵּיתוֹ וּבְעַד כָּל אֲשֶׁר לוֹ מִסָּבִיב מַעֲשֵׂה יָדָיו בֵּרַכְתָּ וּמִקְנֵהוּ פָּרַץ בָּאָרֶץ: (איוב א:י)

לָכֵן נְאֻם ה' אֱלֹהֵי יִשְׂרָאֵל אָמוֹר אָמַרְתִּי בֵּיתְךָ וּבֵית אָבִיךָ יִתְהַלְּכוּ לְפָנַי עַד עוֹלָם וְעַתָּה נְאֻם ה' חָלִילָה לִּי כִּי מְכַבְּדַי אֲכַבֵּד וּבֹזַי יֵקָלּוּ: (שמואל א ב:ל)

מתנות כהונה

חלא מזיל חמרא גרסינן פירוש כל מקום שיש חומץ הרבה היין הוא בזול כן היה ניצול יין נסך כדי שיהיה יין כשר בזול ומלאתי דגרסינן חלא ומזיל כו' ופי' החומץ היה ניצול כדי שהיין יהיה בזול והרואה יראה כי אינגו נכון: **ונצטרך ליטול.** מפני שהיה מתברך באותה פרוטה: [**כבר כתיב ואברכבה** גרסינן]: **ולמאן דחזי כו'.** ולמי שראוי והגון בעיניך להתברך ברכהו: [יב] **יקלו.** הקו"ף פתוחה פי' יהיו נקלים ע"י אחרים ולא כתיב אקלים: **אנא.** אני בעצמי:

נחמד למראה

פעלים שאינם עומדים ולא יוצאים אבל מקבלים הפעולה בדרך מקרה או בדרך הטבע וכיוצא בהם באופן שאין הבחירה ביד האדם לעשות הפעולה או למונעה. והנה כאשר נמצאו פעלים כאלה בבנין נפעל לא יתחייב מציאות בנין הקל כיון שלא נמשך בנין נפעל ההוא מפעולת פועל המכוין לעשות הפעולה ההיא. ואפי' כאשר יהיה בנין הקל במציאות תהיה הוראות בנין הקל ובנין נפעל שוה כמו וַיִּלְאוּ למצא הפתח (בראשית י"ט) וְנִלְאוּ מצרים (שמות ז') עוד שָׁאַר הקטן (ש"א י"ז) לא נִשְׁאַר בהם עד אחד (שמות י"ד) ודומיהם רבים. והנה כאן נאמר וְנִבְרְכוּ בך כל משפחות האדמה מבנין נפעל ולא נמצא ענין זה בבנין הקל בכל המקרא כי מה שנמצא משורש זה בבנין הקל מענין אחר הוא כמו וַיִּבְרַךְ על ברכיו (ד"ה ב' ז') וא"כ יתכן לפרשו בבחינת הפעלים שאינם עומדים ולא יוצאים אבל מקבלים הפעולה בדרך מקרה כיון שלא נמצא בנין הקל ממנו. לכן דרשו מה שדרשו מר כדאית ליה ומר כדאית ליה. ובזה מתורץ ג"כ מה שפירש"י בחומש על ונברכו בך. וז"ל יש אגדות רבות. כי לכאורה יש להקשות מה הורה לנו הרב בזה. אלא שנתכוין לכדאמרן ודו"ק: **והיה ברכה קרי ביה בריכה.** להיות כי מלת והיה לא מתוקם שפיר על מלת ברכה עד שהמפרשים פירשוהו בחסרון מלת איש כדלקמן. לכן היה דעת המדרש לפרשהו מענין בריכה ומלשון תנה לי ברכה כי ארץ הנגב נתתני (יהושע ט"ו) שעניגו בריכה ויגיד עליו ריעו ויתן לה את גולת עלית ואת גולת תחתית וז"ש קרי ביה בריכה כלומר תפרשהו ענין בריכה כלומר אתה תשפיע על אנשים זולתך כמו הבריכה המשפעת מימיה אל השדות וזהו מה שסמוך אחריו ונברכו בך כל משפחות האדמה: **והיה ברכה עד כאן הייתי זקוק לברך את עולמי מכאן ואילך הרי הברכות מסורות לך למאן דחזי לך למברכא ברוך.** כבר אמרו המפרשים כי והיה ברכה פירושו והיה איש ברכה כמו ואני תפלה (תהלים ק"ט) פי' איש תפלה. ורש"י פי' בפ' נח וז"ל איש האדמה אדוני האדמה כמו איש נעמי (רות א') עכ"ל. וכפי זה יהיה גם כאן המכוון במאמר איש ברכה אדוני הברכה. ולז"א הברכות מסורות לך כלומר שאתה אדון עליהם:

אשד הנחלים

[יב] **ברכה בריכה.** וכבר פרשוהו ג"כ חכמי אמת שטעם ברכה הוא מלשון בריכה. כי הברכה הוא קבלת ההשפעה הטובה מלמעלה וכמו בריכת של מים שמשביע להאדמה ומרוה. וא"כ הכוונה כאן אתה הי' ברכה. שאתה תהיה מקור השפע לכל טוב שממך יצמח הטהרה באמונה האמיתית לכל העולם: **ע"כ הייתי זקוק כו'.** כלומר עד כאן שלא הי' העולם ראוי לברכה הוזקקתי להתנהג עמם במדת החסד לפעמים ולהחיותם אף שאינם כדאים. אך עתה הי' אתה ברכה למי שתרצה. כי על ידך ראוי העולם לקבל הברכה מצד הדין ג"כ. ויש להמליץ עוד שעיקר הכוונה ע"כ הייתי זקוק. כלומר על צד ההכרח מפני קיום העולם אבל עתה למאן דחזי הריני רוצה לברך וק"ל: **החמיר הקב"ה כו'.** כלומר ממילא שנשאר בלא השגחה ובהסתר פנים הוא נענש ממילא ע"י הטבע אבל אם מיקל בכבודו של צדיק אז יקולל מיד ה' בהשגחה והשגחה העליונה אם היא פקודה לרעה אז היא רעה רבה למאד יוצא מגבול הטבע והבן:

[וְנִבְרְכוּ בְךָ — THEY SHALL BE BLESSED THROUGH YOU.] □

The Midrash interjects at this point a Baraisa discussing the laws of bowing during the *Shemoneh Esrei* prayer:[159]

תַּנְיָא — **It was taught in a Baraisa:** אֵלּוּ בְּרָכוֹת שֶׁאָדָם שׁוֹחֶה בָּהֶם — **These are the blessings of** *Shemoneh Esrei* **during which a person bows:** בְּאָבוֹת תְּחִלָּה וָסוֹף — **During** the blessing of **"The Patriarchs"**[160] one bows at both **the beginning** of the blessing **and at the end,**[161] מוֹדִים תְּחִלָּה וָסוֹף — and during the blessing of **giving thanks**[162] one likewise bows at both **the beginning and the end.**[163] וְהַשּׁוֹחֶה עַל כָּל בְּרָכָה וּבְרָכָה מְלַמְּדִין אוֹתוֹ שֶׁלֹּא לָשׁוּחַ — **And if one bows at each and every blessing** of *Shemoneh Esrei,* rather than just for those two, **he should be taught not to bow** (*Tosefta, Berachos* 1:11).[164]

The Midrash now cites a discussion of the Amoraim concerning several exceptions to the above rulings:[165]

רַבִּי יִצְחָק בַּר נַחְמָן בְּשֵׁם רַבִּי יְהוֹשֻׁעַ בֶּן לֵוִי אָמַר — **R' Yitzchak bar Nachman said in the name of R' Yehoshua ben Levi:** כֹּהֵן גָּדוֹל תְּחִלַּת כָּל בְּרָכָה שׁוֹחֶה — **A Kohen Gadol bows at the beginning**[166] **of every blessing** in *Shemoneh Esrei,*[167] וְהַמֶּלֶךְ בִּתְחִלַּת כָּל בְּרָכָה וְסוֹף כָּל בְּרָכָה שׁוֹחֶה — **and a king bows at the beginning of every blessing and the end of every blessing.**[168] רַבִּי סִימוֹן בְּשֵׁם רַבִּי יְהוֹשֻׁעַ בֶּן לֵוִי אָמַר — **R' Simon said in the name of R' Yehoshua ben Levi:** הַמֶּלֶךְ מִשֶּׁהָיָה כּוֹרֵעַ לֹא הָיָה נִזְקָף עַד שֶׁהָיָה גּוֹמֵר כָּל תְּפִלָּתוֹ — **A king, once he bowed** in the beginning of the *Shemoneh Esrei,* **would not straighten up until he concluded his entire prayer.** הֲדָא הוּא דִכְתִיב — **This is** the implication of **what is written,** "וַיְהִי כְּכַלּוֹת שְׁלֹמֹה לְהִתְפַּלֵּל אֶל ה׳ אֵת כָּל הַתְּפִלָּה וְהַתְּחִנָּה הַזֹּאת קָם מִלִּפְנֵי מִזְבַּח ה׳ מִכְּרֹעַ עַל בִּרְכָּיו וְכַפָּיו פְּרֻשׂוֹת הַשָּׁמָיִם" — ***And it was when Solomon had finished praying to HASHEM this entire prayer and supplication, he stood up from having genuflected on his knees before the Altar of HASHEM with his hands spread out heavenward*** (*I Kings* 8:54).[169]Ⓐ

NOTES

that God is more concerned with the honor of the righteous than with His own honor.]

159. The Midrash does not explicitly say why the upcoming Baraisa is pertinent here. *Maharzu* and *Tiferes Tzion* argue that the Midrash is homiletically interpreting the phrase וְנִבְרְכוּ בְךָ (lit., *they shall be blessed through you*) as "they shall bend the knee at you," for the root ברך can mean "knee," and in the verb form, "to bend the knee"; see below, 24:11. Accordingly, וְנִבְרְכוּ בְךָ would mean that they shall bend the knee, i.e., bow, during the *Shemoneh Esrei* prayer at the point where you, Abraham, are mentioned, as is in fact stated in the Baraisa; see below. *Yefeh To'ar, Eitz Yosef,* et al., explain the Midrash in a similar vein.

The Baraisa is also found (with slight variations) in *Berachos* 34a and *Yerushalmi Berachos* 1:5.

160. The first blessing of the *Shemoneh Esrei,* which concludes, "Blessed are You, HASHEM, Shield of Abraham," and which was discussed in the previous section. The Baraisa here refers to it as the "blessing of the Patriarchs" since all three of the Patriarchs are mentioned in the body of the benediction; see note 132 above.

161. *Rashi* here and the commentators to *Berachos* 34a explain this in accordance with the rules of etiquette, that one bows as one commences speaking with the King. *Eitz Yosef* from *Yefeh To'ar* suggests that in the context of the Midrash, the required obeisance was instituted at this point out of respect for Abraham.

162. The penultimate blessing of the *Shemoneh Esrei,* which begins with the words מוֹדִים אֲנַחְנוּ לָךְ, *We gratefully thank You.*

163. *Maharal* (*Nesivos Olam, Nesiv HaAvodah* 10) explains that since the theme of this blessing is human indebtedness to God, it is appropriate for one to bow to Him there; see also *Tiferes Tzion.* See *Rashi* here for a different explanation.

164. Beyond what is required. Excessive bowing is not permitted either because it wrongfully creates the impression that bowing to God during the *Shemoneh Esrei* prayer is a matter of personal whim, purely voluntary, or because, paradoxically, it is seen as arrogant, a boastful claim to extreme piety (*Tosafos* loc. cit.).

165. Versions of this discussion are also found in *Berachos* 34a-b and *Yerushalmi Berachos* 1:5. [The version found here closely resembles the version found in *Yerushalmi.*]

166. *Rashi* here and *Yerushalmi* loc. cit. have סוֹף כָּל בְּרָכָה, *at the end of every blessing;* cf. *Berachos* 34b and note 3 in the Schottenstein edition there.

167. The more exalted one's status, the more he must humble himself before God (*Rashi* to *Berachos* loc. cit.; see, however, Insight Ⓐ).

168. A king's status is even more exalted than that of a Kohen Gadol (see *Horayos* 13a).

169. That is, only when King Solomon finished praying did he rise from the position of genuflecting (*Rashi* to *Berachos* loc. cit.).

INSIGHTS

are alien to Torah. One must be an *Eisan* like Abraham to plunge into that corrosive maelstrom to rescue the drowning souls while keeping his own purity intact (*Chochmah VaDaas*). [See also *Shelah, Shaar HaOsiyos* אות צ׳ – צניעות.]

Ⓐ **The Essence of Bowing** Throughout the ages, there has been a uniform practice to bow upon entering and leaving the presence of a king, as an indication of subservience to his rule. For this reason, in our daily appearances before the King of kings in the *Shemoneh Esrei* Prayer, our Sages demanded no less and required us to bow before Him at the beginning and end of this prayer. For the latter bowing, they chose the penultimate blessing, since the last one already represents our greeting of departure. This is how *Rashi* and most of the early commentators explain the bowing requirement at these particular locations.

Maharal in *Nesivos Olam* (*Nesiv HaAvodah,* Ch. 10) offers another perspective on the purpose of our bowing and its linkage to these particular blessings. The King of kings is, of course, far more than merely the most powerful ruler of the world. The very essence of our faith is that He is both the Creator Who brought us into this world, and our Omnipotent Master, Who enables every action and breath that we take, and Who is the cause of everything that occurs to us at every moment of our lives. The acknowledgment of these Truths is the theme of these two blessings and underlies the purpose of our bowing. We begin our entreaty before God by noting that He is "the God of Abraham, Isaac, and Jacob," thus acknowledging Him as the Creator and Founder of the world — whose essential history and true purpose began only with Abraham's recognition of God as its Master — and as our own Creator, as the descendants of these Patriarchs. Later, in the Blessing of Thanksgiving we thank God "for our lives that are committed to Your hands and for our souls that are entrusted to You ...," thus recognizing Him as our Master Whose dominion over us is absolute. By bowing for these blessings, we underscore our acknowledgment of these truths, as we humbly indicate the utter insignificance of our own existence, abilities, and accomplishments in light of them.

The preceding applies to ordinary people, but a Kohen Gadol and a king have unique bowing requirements. It is appropriate to bow to a mortal king only when one is in his presence, but not when one is elsewhere. Although we are actually in God's presence at all times, we are entitled to outwardly act in the manner of one who is in His presence only when we sense our closeness to Him. For ordinary people, this occurs at the two points in the *Shemoneh Esrei* prayer where we focus on how God is directly linked to us, as our Founder and Creator, and as the Master of our lives. At these times, we are considered sufficiently close to God to openly demonstrate that we are in His presence. The Kohen Gadol, however, whose separation from contamination and worldliness brings him closer to God than all others, and who stands at the forefront of the Jewish people in addressing God on all matters of holiness, is deemed sufficiently in God's presence to justify bowing before Him at the "forefront" of each of the blessings. Finally, the king, as the leader of the nation whose prayers represent the requests and needs of all the people regarding all matters, is deemed to "appear" before God at all times. Therefore, in order to indicate that

כה תַּנְיָא: אֵלּוּ בְּרָכוֹת שֶׁאָדָם שׁוֹחֶה בָּהֶם בְּאָבוֹת תְּחִלָּה וָסוֹף, מוֹדִים תְּחִלָּה וָסוֹף, וְהַשּׁוֹחֶה עַל כָּל בְּרָכָה וּבְרָכָה מְלַמְּדִין אוֹתוֹ שֶׁלֹּא לָשׁוּחַ. רַבִּי יִצְחָק בַּר נַחְמָן בְּשֵׁם רַבִּי יְהוֹשֻׁעַ בֶּן לֵוִי אָמַר: כֹּהֵן גָּדוֹל תְּחִלַּת כָּל בְּרָכָה שׁוֹחֶה, וְהַמֶּלֶךְ בִּתְחִלַּת כָּל בְּרָכָה וְסוֹף כָּל בְּרָכָה שׁוֹחֶה. רַבִּי סִימוֹן בְּשֵׁם רַבִּי יְהוֹשֻׁעַ בֶּן לֵוִי אָמַר: הַמֶּלֶךְ מִשֶּׁהָיָה כּוֹרֵעַ לֹא הָיָה נִזְקָף עַד שֶׁהָיָה גּוֹמֵר כָּל תְּפִלָּתוֹ, הֲדָא הוּא דִכְתִיב (מלכים א ח, נד) "וַיְהִי כְּכַלּוֹת שְׁלֹמֹה לְהִתְפַּלֵּל אֶל ה' אֵת כָּל הַתְּפִלָּה וְהַתְּחִנָּה הַזֹּאת קָם מִלִּפְנֵי מִזְבַּח ה' מִכְּרֹעַ עַל בִּרְכָּיו וְכַפָּיו פְּרֻשׂוֹת הַשָּׁמָיִם". וְאֵיזוֹ כְּרִיעָה וְאֵיזוֹ בְּרִיכָה, כו רַבִּי חִיָּיא רַבָּה הֶרְאָה כְּרִיעָה לִפְנֵי רַבִּי וְנִפְסַח וְנִתְרַפֵּא, וּבַר סִיסִי הֶרְאָה בְּרִיכָה לִפְנֵי רַבִּי וְנִפְסַח וְלֹא נִתְרַפֵּא. "וְנִבְרְכוּ בְךָ", הַגְּשָׁמִים בִּזְכוּתְךָ, הַטְּלָלִים בִּזְכוּתְךָ. כז הָדָא הוּא דִכְתִיב (אסתר ב, כב) "וַיִּוָּדַע הַדָּבָר לְמָרְדֳּכַי וַיַּגֵּד לְאֶסְתֵּר הַמַּלְכָּה וְגוֹ'", זֶה מָהוּל וְזֶה עָרֵל וְחָס עָלָיו אֶתְמְהָא, רַבִּי יְהוּדָה, וְרַבִּי נְחֶמְיָה, רַבִּי יְהוּדָה אוֹמֵר: (תהלים קיט, ק) "מִזְּקֵנִים אֶתְבּוֹנָן כִּי פִקּוּדֶיךָ נָצָרְתִּי", אָמַר: יַעֲקֹב בֵּירַךְ אֶת פַּרְעֹה שֶׁנֶּאֱמַר (לקמן מז, ז) "וַיְבָרֶךְ יַעֲקֹב אֶת פַּרְעֹה", יוֹסֵף גִּילָּה לוֹ, דָּנִיֵּאל גִּילָּה לִנְבוּכַדְנֶצַּר אַף אֲנִי כֵּן (אסתר ב, כב) "וַיַּגֵּד לְאֶסְתֵּר הַמַּלְכָּה". וְרַבִּי נְחֶמְיָה אָמַר: אָמַר הַקָּדוֹשׁ בָּרוּךְ הוּא לְאַבְרָהָם אָבִינוּ: "וְנִבְרְכוּ בְךָ כֹּל מִשְׁפְּחֹת הָאֲדָמָה" וּבְזַרְעֶךָ, אִין תֵּימַר, דִּלֶהֱוֵי עֲתִירִין הֲרֵי עֲתִירִין אִנּוּן מִינָּן אֶלָּא לִשְׁאֵלָה, כְּשֶׁהֵן נִכְנָסִין לְצָרָה הֵם נִשְׁאָלִים לָנוּ וְאָנוּ מְגַלִּים לָהֶם:

עץ יוסף

יקלו על ידי אחרים. הקו"ף פתוחה פי' יהיו נקלים ע"י אחרים ולא כתיב אקלל: **תניא אלו ברכות כו'.** וברכה מל' ויברך על ברכיו לומר שישחו בברכה שהוא נזכר בתחלה ובסוף. ואע"ג שהשחייה מתקנת חכמים. יש לומר דברה"ק התקינו (יפ"ת): **באבות תחלה וסוף.** מהכא משמע משום כבוד אברהם שמשתחוים לה' שבחר בו. ובמודים מפני שדרך הודאה בהשתחויה. ובשים שלום כורע ופוסע לאחוריו. ועיין ברש"י עוד טעמים: **שלא ישחה.** דחיישינן ליוהרא (יפ"ת): **כהן גדול תחלת כו'.** פרש"י כל מה שהוא גדול ביותר צריך להכניע עצמו יותר: **ונפסח.** נעשה צולע שהוא דבר קשה למי שאינו רגיל בה. ומ"מ נתרפא דלא קשה כולי האי. אבל לוי בר סיסא שהראה בריכה דקשה טפי לא נתרפא. ונראה דהיינו קידה כדאמר בפרק החליל (יפ"ת): **ולא נתרפא.** על שהטיח דברים כלפי מעלה כמ"ש בגמ': **[יט] הגשמים בזכותך.** שפי' בא בזכותך. שיהיה הברכה בכל העולם בזכותך. ומשום דטל ומטר אבי כל הצלחות העולם כדלעיל פרשה ל"ג נקטינהו הכא (יפ"ת): **הדא הוא דכתיב ויודע הדבר.** מילתא באנפי נפשה היא וכעי למדרש ונברכו בך כדבסמוך (יפ"ת): **מזקנים אתבונן כו'.** פי' מזקנים אתבונן לשמירת המצות שהם יורו דרכם. וכן למד מרדכי מהראשונים מיעקב ויוסף ודניאל שגמלו חסד למלכים: **יוסף גילה לו חלומו. דניאל גילה לנ"נ את חלומו.** כצ"ל (א"א): **אמר הקב"ה.** כן אמר מרדכי: **ונברכו בך כל משפחות האדמה ובזרעך.** צ"ל והתברכו בזרעך כל גויי הארץ. והוא בפרשת עקידה (נזה"ק): **אין תימר כו'.** אם תאמר שנתברכו שיהיו עשירים הרי כבר הם עשירים יותר ממנו ולא מסתבר שיעשירו בזכותנו והם יותר עשירים ממנו: **והן נשאלין.** בזמן הנביאים הם שואלים לנביאים כמו נבוכדנצר ובלשצר לדניאל.

חידושי הרד"ל

(ל) **[יב] ובר סיסי הראה בריכה.** בר סיסי הוא לוי וכדאי' בסוכה בבלי וירושלמי ושם אית' קידה. ולפ"ז משמע דבריכה וקידה אחת היא אבל בירושלמי ספ"ק דברכות הגי' איפכא בדר"ח בריכה ובלוי כריעה:

פירוש מהרז"ו

תניא אלו ברכות. ברכות דף ל"ה וכל הענין ירושלמי ברכות קרוב לסופו ע"ש השינויים: **איזה כריעה ואיזה בריכה.** ע' שבועות דף ט"ז ב' וש"נ וקידה היינו בריכה וכאן דורש ונברכו בך שכולם יהיו כורעים וכורכים לך ע"פ מדת ממעל ואגב זה הביא כל המאמר מהירושלמי: **בר סיסי.** היינו ר' לוי בר סיסי שם ולא נתרפא על שהטיח דברים כלפי מעלה כמ"ש בגמרא דף ל"ו: **הגשמים בזכותך.** שהיה הברכה בכל העולם בזכותך: **הה"ד ויודע.** הוא ד"א על פסוק ונברכו בך ודורש ע"פ דברי ר"נ: **ונברכו וכו' ובזרעך.** תיבת ובזרעך אינו כתוב כאן וכוונת המדרש על פסוק שבסוף עקידה והתברכו בזרעך כל גויי הארץ על שהיו משיבים ומגלים להם שאלות אלהיות בנבואה ורוה"ק:

מסורת המדרש

כה ברכות ל"ד. ירושלמי ברכות פרק א'. תוספתא שם פ' א'. ילקוט מלכים א' רמז קצ"ב:
כו סוכה נ"ג. מגילה כ"ב. תענית כ"ה. שבועות ט"ז:
כז ילקוט אסתר רמז אל"ף נ"ג:

אם למקרא

וַיְהִי כְּכַלּוֹת שְׁלֹמֹה לְהִתְפַּלֵּל אֶל ה' אֵת כָּל הַתְּפִלָּה וְהַתְּחִנָּה הַזֹּאת קָם מִלִּפְנֵי מִזְבַּח ה' מִכְּרֹעַ עַל בִּרְכָּיו וְכַפָּיו פְּרֻשׂוֹת הַשָּׁמָיִם: (מלכים א ח:נד)

וַיִּוָּדַע הַדָּבָר לְמָרְדֳּכַי וַיַּגֵּד לְאֶסְתֵּר הַמַּלְכָּה וַתֹּאמֶר אֶסְתֵּר לַמֶּלֶךְ בְּשֵׁם מָרְדֳּכָי: (אסתר ב:כב)

מִזְּקֵנִים אֶתְבּוֹנָן כִּי פִקּוּדֶיךָ נָצָרְתִּי: (תהלים קיט:ק)

וַיָּבֵא יוֹסֵף אֶת־יַעֲקֹב אָבִיו וַיַּעֲמִדֵהוּ לִפְנֵי פַרְעֹה וַיְבָרֶךְ יַעֲקֹב אֶת־פַּרְעֹה: (בראשית מז:ז)

רש"י

[יב] תני אלו ברכות ששוחה בהן ראשונה תחלה וסוף ובמודים תחלה וסוף. לפי שכן דרך בני אדם בנוהג שבעולם אדם בא לפני מלך בשר ודם מיד הוא כורע ומשתחוה בא לפרוש הימנו משתחוה והולך לו אבל כל זמן שמדבר עמו אין משתחוה לו על כל דבור ודבור שנראה כיוהרא וכ"ש לפני הקב"ה לפיכך בברכה ראשונה שוחה תחלה וסוף ובמודים שהיא אחרונה שוחה תחלה וסוף ולא אחרונה לכולן שעדיין יש שים שלום שבה הוא פורש ופוסע לאחוריו כבשר ודם שפורש מן המלך אבל אחרונה היא לשאר וכל זמן שמתפלל אין כבוד להשתחוות בכל פעם ופעם בכל ברכה וברכה הוא שאמרו כאן ומי שהוא שוחה על כל ברכה וברכה מלמדין אותו שלא ישחה: **כהן גדול.** סוף כל ברכה שוחה והמלך תחלת כל ברכה וסוף כל ברכה: **כל משפחות האדמה.** הדא הוא דכתיב ויודע הדבר למרדכי ויגד וגו' מרדכי מהול אחשורוש ערל וכי מה איכפת ליה אם מבקשים לשלוח בו יד ולמה חס עליו אלא אמר כלום יעקב לא ברך את פרעה כלום יוסף לא גילה את חלומו כלום דניאל לא גילה לנבוכדנצר את חלומו אף אני אעשה כן: **הם נשאלין לנו ואנו מגלין להן.** ויגד לאסתר המלכה: **רבי נחמיה אומר.** לכך הגיד שאמר מרדכי בעצמו אמר הקדוש ברוך הוא לאברהם אבינו ונברכו בך כל משפחות האדמה ובאיזה דבר הן צריכים לנו אם לעשר הן צריכים לנו איגון עתירים מינן. אם תאמר בעושר והלא הן עתירים ממנו אלא לשאלה כשהן נכנסין לצרה הן שואלין מכאן שמצוה לגלות מיד ויגד:

מתנות כהונה

תניא כו'. על והיה ברכה קאי: **בר סיסי.** הוא לוי בר סיסי: **ונפסח.** לשון פסח וצולע ועיין סוף מסכת סוכה: **וחס עליו.** מרדכי היה חס על אחשורוש הרי נתקיים ונברכו בך כל משפחות האדמה. וכדמפרש ואזיל אמר מרדכי יעקב בירך כו': **גלה לו.** פתרון חלומות אמר [הקב"ה]. כן אמר מרדכי: **אין תימר כו'.** א"ת שיתברכו שיהיו עשירים הרי כבר הם עשירים בלא ברכותינו יותר ממנו:

אשד הנחלים

והשוחה כו' מלמדין אותו כו' כ"ג כו' והמלך כו'. יש להבין הלא השחייה הוא הכנעת הלב מפניו ית' עד שיכרע וישתחוה לו מרוב ההכנעה והכרת הטובה והחסד. ולמה ימנע ממנו. והנראה שההתפעלות הרבה איננו מסורה לכל אדם כ"א לאדם המכיר כבודו ית' והוא נכנע בכל לב ונפש. אבל ע"צ הלמוד והצווי הוא מגונה כי באמת אין לב האדם מתפעל כ"כ תמיד בזכרו את טובו יתברך. ולכן יבואנו בסוף או לידי שקר וצביעות או לידי הרגל גדול עד שישקע ממנו דרך המעשה כי הלב המתפעל תמיד היא אחוזה רק בדרך הזה ואיננה עוסקת במעשים ולכן מלמדים אותו ומרגילים אותו שלא יגביר התפעלות הלב בלבו כ"כ. אבל הכה"ג שהוא היודע האמיתי. ויודע אחדותו. וכן המלך. להם הותרה כי הכרתם ע"ד האמת. והבן. ולא ידעתי מה שייך זה לפה. ואולי להורות כמה גדול ברכת האבות עד ששם מחויב לכרוע ולהכיר טובו ית'. ולהיות שאמרו ואברכה זהו שאומרים אלהי אברהם וחותמין במגן אברהם. ע"כ הביא זאת לפה: **הגשמים בזכותך.** וזהו שיתברכו משפחות האדמה עצמה כלומר הזרעים שהם צאצאי הארץ ותולדותי': **אלא לשאלה.** שבענינים אלקים ודברי עתידות היו שואלים בא"י כי רק שם הי' נמצא הסגולה האלקית מידיעת העתידות והם יתברכו בנו על הידיעה הזאת:

The Midrash now examines different kinds of bowing in prayer: וְאֵיזוֹ כְּרִיעָה וְאֵיזוֹ בְּרִיכָה – **What is "*genuflecting*" and what is "*kneeling*"?**[170] רַבִּי חִיָּא רַבָּה הֶרְאָה כְּרִיעָה לִפְנֵי רַבִּי וְנִפְסַח וְנִתְרַפֵּא – **R' Chiya the Great**[171] **demonstrated "genuflecting" before Rebbi and became lame** from this act,[172] **but was** eventually **healed.** וּבַר סִיסִי הֶרְאָה בְּרִיכָה לִפְנֵי רַבִּי וְנִפְסַח וְלֹא נִתְרַפֵּא – **And Bar Sisi**[173] **demonstrated "kneeling" before Rabbi** Yehudah HaNasi **and** similarly **became lame, and** he **was not healed.**[174]

❐ וְנִבְרְכוּ בְךָ – *AND ALL THE FAMILIES OF THE EARTH* ***SHALL BE BLESSED THROUGH YOU.***

Returning to the more literal sense of וְנִבְרְכוּ as "bless," the Midrash explains the connotation of this phrase: הַגְּשָׁמִים בִּזְכוּתְךָ – This indicates that **the rains** will fall **in your merit** הַטְּלָלִים בִּזְכוּתְךָ – and **the dew** will come **in your merit.**[175]

❐ [וְנִבְרְכוּ בְךָ כֹּל מִשְׁפְּחֹת הָאֲדָמָה] – *AND ALL THE FAMILIES OF THE EARTH SHALL BE BLESSED THROUGH YOU.*]

The Midrash derives a lesson from this verse:

הֲדָא הוּא דִכְתִיב – **This is** indicated by **what is written** in Scripture: "וַיִּוָּדַע הַדָּבָר לְמָרְדֳּכַי וַיַּגֵּד לְאֶסְתֵּר הַמַּלְכָּה וגו׳ " – ***The matter***[176] ***became known to Mordechai, who told it to Queen Esther*** *and Esther informed the king* etc. (*Esther* 2:22).[177] זֶה מָהוּל וְזֶה עָרֵל וְחָס עָלָיו אֶתְמְהָא – **This one** (Mordechai) **is circumcised and that one** (Ahasuerus) **is uncircumcised – and** yet **[the former] took pity on [the latter]? (Can it be?!)**[178] רַבִּי יְהוּדָה וְרַבִּי נְחֶמְיָה – **R' Yehudah and R' Nechemyah** discussed Mordechai's motivation: רַבִּי יְהוּדָה אוֹמֵר – **R' Yehudah said:** "מִזְּקֵנִים אֶתְבּוֹנָן כִּי פִקּוּדֶיךָ נָצָרְתִּי" – Mordechai heeded the verse that states: ***From wise elders I gain understanding, so as to guard Your precepts***[179] (*Psalms* 119:100). אָמַר – **[Mordechai]** therefore **said** to himself: יַעֲקֹב בֵּירַךְ אֶת פַּרְעֹה שֶׁנֶּאֱמַר "וַיְבָרֶךְ יַעֲקֹב אֶת פַּרְעֹה" – **"Jacob blessed Pharaoh, as it is stated,** ***and Jacob blessed Pharaoh*** (*Genesis* 47:10);[180] יוֹסֵף גִּילָּה לוֹ – **Joseph revealed to [Pharaoh]** the meaning of his dreams;[181] דָּנִיֵּאל גִּילָּה לִנְבוּכַדְנֶצַּר – likewise, **Daniel revealed to Nebuchadnezzar** the interpretation of his dreams.[182] אַף אֲנִי כֵן – **I, too,** will act **in this manner**[183] and benevolently warn Ahasuerus of the danger facing him." "וַיַּגֵּד לְאֶסְתֵּר הַמַּלְכָּה" – He therefore went ***and he told it to Queen Esther.***

וְרַבִּי נְחֶמְיָה אָמַר – **R' Nechemyah said:** אָמַר הַקָּדוֹשׁ בָּרוּךְ הוּא לְאַבְרָהָם אָבִינוּ: "וְנִבְרְכוּ בְךָ כֹּל מִשְׁפְּחֹת הָאֲדָמָה" וּבְזַרְעֲךָ – Mordechai reasoned as follows: **"The Holy One, blessed is He, said to Abraham our forefather,** ***And all the families of the earth shall be blessed through you*** **and your offspring.**[184] אִין תֵּימַר, דִּלְהֱוֵי עַתִּירִין – Now, **if you say that** the verse means **[the nations] will become wealthy** because of us – this cannot be, הֲרֵי עַתִּירִין אִנּוּן מִינָּן – for **you see that they are wealthier than we are!**[185] אֶלָּא לִשְׁאֵלָה – **Rather,** the sense of the verse is that we Jews are to be a source **of counsel** for them. כְּשֶׁהֵן נִכְנָסִין לְצָרָה הֵם נִשְׁאָלִים לָנוּ – That is, throughout history **when they encounter trouble they ask us** for Divine guidance, וְאָנוּ מְגַלִּים לָהֶם – **and we reveal to them** what they should do."[186]Ⓐ

NOTES

170. The verse cited above refers to Solomon having *genuflected* (מִכְּרֹעַ) in prayer at the tine of the dedication of the Temple. Another verse mentions that he *knelt* (וַיִּבְרַךְ) at the dedication: וַיִּבְרַךְ עַל בִּרְכָּיו נֶגֶד כָּל קְהַל יִשְׂרָאֵל – *Then he knelt on his knees in front of the entire congregation of Israel* (*II Chronicles* 6:13). The Midrash understands that these two terms refer to two distinct forms of bowing (*Yefeh To'ar*). The Midrash does not explain the difference between them (see note 174); it only relates anecdotes regarding the demonstration of the two processes.

171. The Tanna R' Chiya, student of Rebbi.

172. Proper "genuflecting" is very difficult and places tremendous strain on the body, so much so that R' Chiya became temporarily lame.

173. That is, Rabbi Levi bar Sisi (*Matnos Kehunah; see Yerushalmi Berachos* 1:5 and below, 80 §10). In the Gemara (Talmud Bavli) he is referred to as Levi or R' Levi; see following note.

174. The Gemara (*Succah* 53a et al.) tells a similar story regarding Levi (bar Sisi) demonstrating a form of bowing known as קִידָּה (*kidah,* see description there). *Yefeh To'ar* therefore suggests that this בְּרִיכָה (*kneeling*) is equivalent to קִידָּה; however, see *Radal.*

Unlike R' Chiya, R' Levi bar Sisi was not healed, because proper "kneeling" is even more strenuous than "genuflecting" (*Yefeh To'ar*). Alternatively: R' Levi bar Sisi did not merit being healed for the reason explained in the Gemara in *Succah,* loc. cit. (*Eitz Yosef*).

175. That is to say, God's blessings, represented by the rain and the dew, will be bestowed on the entire world (*all the families of the world*) in Abraham's merit. The Midrash singles out rain and dew because they provide the basis for all worldly good (*Eitz Yosef,* from *Yefeh To'ar*).

176. A plot by Bigthan and Teresh, two of the royal chamberlains, to kill King Ahasuerus.

177. As Mordechai had intended. Thus, Mordechai deliberately saved the king's life (for no ulterior reason, see *Yefeh To'ar*).

178. Why should a Jew (a "circumcised person") take sides and become involved in a dispute between heathens ("uncircumcised people")? See *Rashi* and *Yefeh To'ar.*

179. I.e., from contemplating the behavior of the elders, the righteous of previous generations, one learns the proper path in life, in accordance with God's commandments (*Eitz Yosef*).

180. Jacob blessed Pharaoh that the Nile should rise to greet him (*Rashi* ad loc., *Bamidbar Rabbah* 12 §2), thus prematurely ending the famine in Egypt that had been destined to last for another five years (see also *Sifrei, Deuteronomy* §38).

181. Below, 41:25ff, thereby warning Pharaoh of the impending famine and advising him how to spare his kingdom.

182. See *Daniel,* Chs. 2 and 4.

183. Rendering assistance to the ruling monarch.

184. Although the verse here does not explicitly mention "offspring," the Midrash includes offspring based on the comparable verse below, 22:18: וְהִתְבָּרְכוּ בְזַרְעֲךָ כֹּל גּוֹיֵי הָאָרֶץ, *And all the nations of the earth shall be blessed through your offspring* (*Maharzu;* see also *Eitz Yosef*).

185. And it is not logical that they should become wealthier than we are through our merit (*Eitz Yosef; see Matnos Kehunah*).

186. That is, they shall ask the Jewish prophets or, after the era of prophecy, the righteous who have Divine inspiration, and they shall reveal to them God's hidden plan (*Eitz Yosef*). And this was Mordechai's inspiration to inform Ahasuerus of the plot against him. [Mordechai volunteered the information even without being asked, for Ahasuerus was ignorant of the danger facing him and could not have asked about it (*Yefeh To'ar*).]

According to R' Nechemyah, then, וְנִבְרְכוּ בְךָ כֹּל מִשְׁפְּחֹת הָאֲדָמָה is to be

INSIGHTS

he is constantly present before God, and that even his most esteemed position on earth is utterly insignificant in the presence of the King of the Universe, he must bow before Him from the commencement of his prayers until their completion.

Ⓐ **The Irreplaceable Jew** God told Abraham that he would be a source of blessing to all. The Midrash comments that the nations may well be wealthier than us, but in their time of need they will be forced to consult us. History shows that even in lands where anti-Semitism was most intense, there were almost always Jews who were key ministers, advisors, or financiers upon whom their host countries depended. Even Spain at the height of the Inquisition offered sanctuary to the Abarbanel, its finance minister. When he refused the king's "hospitality" and joined his brethren in leaving the land, Spain's fortunes began to decline and it became a second-rate power. Countries sought the counsel

[כה]תַּנְיָא: אֵלּוּ בְּרָכוֹת שֶׁאָדָם שׁוֹחֶה בָּהֶם בְּאָבוֹת תְּחִלָּה וָסוֹף, מוֹדִים תְּחִלָּה וָסוֹף, וְהַשּׁוֹחֶה עַל כָּל בְּרָכָה וּבְרָכָה מְלַמְּדִין אוֹתוֹ שֶׁלֹּא לָשׁוּחַ. רַבִּי יִצְחָק בַּר נַחְמָן בְּשֵׁם רַבִּי יְהוֹשֻׁעַ בֶּן לֵוִי אָמַר: כֹּהֵן גָּדוֹל תְּחִלַּת כָּל בְּרָכָה שׁוֹחֶה, וְהַמֶּלֶךְ בִּתְחִלַּת כָּל בְּרָכָה וְסוֹף כָּל בְּרָכָה שׁוֹחֶה. רַבִּי סִימוֹן בְּשֵׁם רַבִּי יְהוֹשֻׁעַ בֶּן לֵוִי אָמַר: הַמֶּלֶךְ מִשֶּׁהָיָה כּוֹרֵעַ לֹא הָיָה נִזְקָף עַד שֶׁהָיָה גּוֹמֵר כָּל תְּפִלָּתוֹ, הָדָא הוּא דִכְתִיב (מלכים א ח, נד) "וַיְהִי כְּכַלּוֹת שְׁלֹמֹה לְהִתְפַּלֵּל אֶל ה' אֵת כָּל הַתְּפִלָּה וְהַתְּחִנָּה הַזֹּאת קָם מִלִּפְנֵי מִזְבַּח ה' מִכְּרֹעַ עַל בִּרְכָּיו וְכַפָּיו פְּרֻשׂוֹת הַשָּׁמָיִם". וְאֵיזוֹ כְּרִיעָה וְאֵיזוֹ בְּרִיכָה, [כו]רַבִּי חִיָּיא רַבָּה הֶרְאָה כְּרִיעָה לִפְנֵי רַבִּי וְנִפְסַח וְנִתְרַפֵּא, וּבַר סִיסִי הֶרְאָה בְּרִיכָה לִפְנֵי רַבִּי וְנִפְסַח וְלֹא נִתְרַפֵּא. "וְנִבְרְכוּ בְךָ", הַגְּשָׁמִים בִּזְכוּתְךָ, הַטְּלָלִים בִּזְכוּתְךָ. [כז]הָדָא הוּא דִכְתִיב (אסתר ב, כב) "וַיִּוָּדַע הַדָּבָר לְמָרְדֳּכַי וַיַּגֵּד לְאֶסְתֵּר הַמַּלְכָּה וְגוֹ'", זֶה מָהוּל וְזֶה עָרֵל וְחָס עָלָיו אֶתְמְהָא, רַבִּי יְהוּדָה, וְרַבִּי נְחֶמְיָה, רַבִּי יְהוּדָה אוֹמֵר: (תהלים קיט, ק) "מִזְּקֵנִים אֶתְבּוֹנָן כִּי פִקּוּדֶיךָ נָצָרְתִּי", אָמַר: יַעֲקֹב בֵּירַךְ אֶת פַּרְעֹה שֶׁנֶּאֱמַר (לקמן מז, ז) "וַיְבָרֶךְ יַעֲקֹב אֶת פַּרְעֹה", יוֹסֵף גִּילָּה לוֹ, דָּנִיֵּאל גִּילָּה לִנְבוּכַדְנֶצַּר אַף אֲנִי כֵן (אסתר ב, כב) "וַיַּגֵּד לְאֶסְתֵּר הַמַּלְכָּה". וְרַבִּי נְחֶמְיָה אָמַר: אָמַר הַקָּדוֹשׁ בָּרוּךְ הוּא לְאַבְרָהָם אָבִינוּ: "וְנִבְרְכוּ בְךָ כֹּל מִשְׁפְּחֹת הָאֲדָמָה" וּבְזַרְעֶךָ, אִין תֵּימַר, דְּלֶהֱוֵי עַתִּירִין הֲרֵי עַתִּירִין אִנּוּן מִינָּן אֶלָּא לִשְׁאֵלָה, כְּשֶׁהֵן נִכְנָסִין לְצָרָה הֵם נִשְׁאָלִים לָנוּ וְאָנוּ מְגַלִּים לָהֶם:

עץ יוסף

יקלו על ידי אחרים. הקו"ף פתוחה פי' יהיו נקלים ע"י אחרים ולא כתיב אקללם: **תניא אלו ברכות כו'.** וברכה מל' ויברך על ברכיו לומר שישחו בברכה שהוא נזכר בתחלה ובסוף. ואע"ג שהשחייה מתקנת חכמים. יש לומר דברה"ק התקינו (יפ"ת): **באבות תחלה וסוף.** מהכא משמע משום כבוד אברהם שמשתחוים לה' שבחר בו. ובמודים מפני שדרך הודאה בהשתחוויה. ובשים שלום כורע ופוסע לאחוריו. ועיין ברש"י עוד טעמים: **שלא ישחה.** דחיישינן ליוהרא (יפ"ת): **כהן גדול תחלת כו'.** פרש"י כל מה שהוא גדול ביותר צריך להכניע עצמו יותר: **ונפסח.** נעשה צולע שהוא דבר קשה למי שאינו רגיל בה. ומ"מ נתרפא דלא קשה כולי האי. אבל לוי בר סיסא שהראה בריכה דקשה טפי לא נתרפא. ונראה דהיינו קידה כדאמר בפרק החליל (יפ"ת): **ולא נתרפא.** על שהטיח דברים כלפי מעלה כמ"ש בגמ': **[יט] הגשמים בזכותך.** שפי' בא בזכותך. שיהיה הברכה בכל העולם בזכותך. ומשום דטל ומטר אבי כל הצלחות העולם כדלעיל פרשה ל"ג נקטינהו הכא (יפ"ת): **הדא הוא דכתיב ויודע הדבר.** מילתא באנפי נפשה היא ובעי למדרש ונברכו בך כדבסמוך (יפ"ת): **מזקנים אתבונן כו'.** פי' מזקנים אתבונן לשמירת המצות שהם יורו דרכם. וכן למד מרדכי מהראשונים מיעקב ויוסף ודניאל שגמלו חסד למלכים: **יוסף גילה לו חלומו דניאל גילה לנ"נ את חלומו.** כצ"ל (א"א): **אמר הקב"ה.** כן אמר מרדכי: **ונברכו בך כל משפחות האדמה ובזרעך.** צ"ל והתברכו בזרעך כל גויי הארץ. והוא בפרשת עקידה (נזה"ק): **אין תימר כו'.** אם תאמר שנתברכו שיהיו עשירים הרי כבר הם עשירים יותר ממנו ולא מסתבר שיעשירו בזכותנו והם יותר עשירים ממנו: **והן נשאלין.** בזמן הנביאים הם שואלים לנביאים כמו נבוכדנצר ובלשצר לדניאל.

פירוש מהרז"ו

תניא אלו ברכות. ברכות דף ל"ה וכל הענין ירושלמי ברכות קרוב לסופו ע"ש השינויים: **איזה כריעה ואיזה בריכה.** ע' שבועות דף ט"ו ב' וש"נ וקידה היינו בריכה וכאן דורש ונברכו בך שכולם יהיו כורעים ובורכים לך ע"פ מדת ממעל ואגב זה הביא כל המאמר מהירושלמי: **בר סיסי.** היינו ר' לוי בר סיסי שם ולא נתרפא על שהטיח דברים כלפי מעלה כמ"ש בגמרא דף ל"ו: **הגשמים בזכותך.** שהיה הברכה בכל העולם בזכותך: **הה"ד ויודע.** הוא ד"א על פסוק ונברכו בך ודורש ע"פ דברי ר"נ: **ונברכו וכו' ובזרעך.** תיבת ובזרעך אינו כתוב כאן וכוונת המדרש על פסוק שבסוף עקידה והתברכו בזרעך כל גויי הארץ על שהיו משיבים ומגלים להם שאלות אלהיות בנבואה ורוה"ק:

חידושי הרד"ל

(ל) **[יב] ובר סיסי הראה בריכה.** בר סיסי הוא לוי וכדאי' בסוכה בבלי וירושלמי ושם אית' קידה. ולפ"ז משמע דבריכה וקידה אחת היא אבל בירושלמי ספ"ק דברכות הגי' איפכא בדר"ח בריכה ובלוי כריעה:

מסורת המדרש

כה ברכות ל"ד. ירושלמי ברכות פרק א'. תוספתא שם פ' א'. ילקוט מלכים א' רמז קצ"ב:

כו סוכה נ"ג. מגילה כ"ב. תענית כ"ה. שבועות ט"ו:

כז ילקוט אסתר רמז א'ן כ"ג:

אם למקרא

וַיְהִי כְּכַלּוֹת שְׁלֹמֹה לְהִתְפַּלֵּל אֶל ה' אֵת כָּל הַתְּפִלָּה וְהַתְּחִנָּה הַזֹּאת קָם מִלִּפְנֵי מִזְבַּח ה' מִכְּרֹעַ עַל בִּרְכָּיו וְכַפָּיו פְּרֻשׂוֹת הַשָּׁמָיִם: (מלכים א ח:נד)

וַיִּוָּדַע הַדָּבָר לְמָרְדֳּכַי וַיַּגֵּד לְאֶסְתֵּר הַמַּלְכָּה וַתֹּאמֶר אֶסְתֵּר לַמֶּלֶךְ בְּשֵׁם מָרְדֳּכָי: (אסתר ב:כב)

מִזְּקֵנִים אֶתְבּוֹנָן כִּי פִקּוּדֶיךָ נָצָרְתִּי: (תהלים קיט:ק)

וַיָּבֵא יוֹסֵף אֶת־יַעֲקֹב אָבִיו וַיַּעֲמִדֵהוּ לִפְנֵי פַרְעֹה וַיְבָרֶךְ יַעֲקֹב אֶת־פַּרְעֹה: (בראשית מז:ז)

רש"י

[יב] תני אלו ברכות ששוחה בהן ראשונה תחלה וסוף ובמודים תחלה וסוף. לפי שכן דרך בני אדם בנוהג שבעולם אדם בא לפני מלך בשר ודם מיד הוא כורע ומשתחוה בא לפרוש הימנו משתחוה והולך לו אבל כל זמן שמדבר עמו אין משתחוה לו על כל דבור ודבור שנראה כיוהרא וכ"ש לפני הקב"ה לפיכך בברכה ראשונה שוחה תחלה וסוף ובמודים שהיא אחרונה שוחה תחלה וסוף ולא אחרונה לכולן שעדיין יש שים שלום שבה הוא פורש ופוסע לאחוריו כבשר ודם שפורש מן המלך אבל אחרונה היא לשאר וכל זמן שמתפלל אין כבוד להשתחוות בכל פעם ופעם בכל ברכה וברכה הוא שאמרו כאן ומי שהוא שוחה על כל ברכה וברכה מלמדין אותו שלא ישחה: **כהן גדול.** סוף כל ברכה שוחה והמלך תחלת כל ברכה וסוף כל ברכה: **כל משפחות האדמה.** הדא הוא דכתיב ויודע הדבר למרדכי ויגד וגו' מרדכי מהול אחשורוש ערל וכי מה איכפת ליה אם מבקשים לשלוח בו יד ולמה חס עליו אלא אמר כלום יעקב לא ברך את פרעה כלום יוסף לא גילה את חלומו כלום דניאל לא גילה לנבוכדנצר את חלומו אף אני אעשה כן: **הם נשאלין לנו ואנו מגלין להן.** ויגד לאסתר המלכה: **רבי נחמיה אומר.** לכך הגיד שאמר מרדכי בעצמו אמר הקדוש ברוך הוא לאברהם אבינו ונברכו בך כל משפחות האדמה ובאיזה דבר הן צריכים לנו אם לעשר הן צריכים לנו אינון עתירים מינן. אם תאמר בעושר והלא הן עתירים ממנו אלא לשאלה כשהן נכנסין לצרה הן שואלין מכאן שמצוה לגלות מיד ויגד:

מתנות כהונה

תניא כו'. על והיה ברכה קאי: **בר סיסי.** הוא לוי בר סיסי: **ונפסח.** לשון פסח וצולע ועיין סוף מסכת סוכה: **וחס עליו.** מרדכי היה חס על אחשורוש הרי נתקיים ונברכו בך כל משפחות האדמה. וכדמפרש ואזיל אמר מרדכי יעקב בירך כו': **גלה לו.** פתרון חלומות אמר [הקב"ה]. כן אמר מרדכי: **אין תימר כו'.** א"ת שיתברכו שיהיו עשירים הרי כבר הם עשירים בלא ברכותינו יותר ממנו:

אשד הנחלים

והשוחה כו' מלמדין אותו כו' כ"ג כו' והמלך כו'. יש להבין הלא השחייה הוא הכנעת הלב מפניו ית' עד שיכרע וישתחוה לו מרוב ההכנעה והכרת הטובה והחסד. ולמה ימנע ממנו. והנראה שההתפעלות הרבה איננו מסורה לכל אדם כ"א לאדם המכיר כבודו ית' והוא נכנע בכל לב ונפש. אבל ע"צ הלמוד והצווי הוא מגונה כי באמת אין לב האדם מתפעל כ"כ תמיד בזכרו את טובו יתברך. ולכן יבואנו בסוף או לידי שקר וצביעות או לידי הרגל גדול עד שישקע ממנו דרך המעשה כי הלב המתפעל תמיד היא אחוזה רק בדרך הזה ואיננה עוסקת במעשים ולכן מלמדים אותו ומרגילים אותו שלא יגביר התפעלות הלב בלבו כ"כ. אבל הכה"ג שהוא היודע האמיתי. ויודע אחדותו. וכן המלך. להם הותרה כי הכרתם ע"ד האמת. והבן. ולא ידעתי מה שייך זה לפה. ואולי להורות כמה גדול ברכת האבות עד ששם מחויב לכרוע ולהכיר טובו ית'. ולהיות שאמרו ואברכה זהו שאומרים אלהי אברהם וחותמין במגן אברהם. ע"כ הביא זאת לפה: **הגשמים בזכותך.** וזהו שיתברכו משפחות האדמה עצמה כלומר הזרעים שהם צאצאי הארץ ותולדותי': **אלא לשאלה.** שבעניינם אלקים ודברי עתידות היו שואלים בא"י כי רק שם הי' נמצא הסגולה האלקית מידיעת העתידות והם יתברכו בנו על הידיעה הזאת:

וַיֵּלֶךְ אַבְרָם כַּאֲשֶׁר דִּבֶּר אֵלָיו ה׳ וַיֵּלֶךְ אִתּוֹ לוֹט וְאַבְרָם בֶּן חָמֵשׁ שָׁנִים וְשִׁבְעִים שָׁנָה בְּצֵאתוֹ מֵחָרָן. וַיִּקַּח אַבְרָם אֶת שָׂרַי אִשְׁתּוֹ וְאֶת לוֹט בֶּן אָחִיו וְאֶת כָּל רְכוּשָׁם אֲשֶׁר רָכָשׁוּ וְאֶת הַנֶּפֶשׁ אֲשֶׁר עָשׂוּ בְחָרָן וַיֵּצְאוּ לָלֶכֶת אַרְצָה כְּנַעַן וַיָּבֹאוּ אַרְצָה כְּנָעַן.

So Abram went as HASHEM had spoken to him, and Lot went with him; Abram was seventy-five years old when he left Haran. Abram took his wife Sarai and Lot, his brother's son, and all their wealth that they had amassed, and the souls they made in Haran; and they left to go to the land of Canaan, and they came to the land of Canaan (12:4-5).

§13 וַיֵּלֶךְ אַבְרָם כַּאֲשֶׁר דִּבֶּר אֵלָיו ה׳ וְגוֹ׳ — *SO ABRAM WENT AS HASHEM HAD SPOKEN TO HIM,* AND LOT WENT WITH HIM.

God's command had been to Abraham, not to Lot. Why then did Lot join him on his journey? The Midrash finds the answer in the wording used by the verse:

וְלוֹט טָפֵל לוֹ — That is to say: **and Lot was subsidiary to [Abraham].**[187]

□ וְאַבְרָם בֶּן חָמֵשׁ שָׁנִים וְשִׁבְעִים שָׁנָה[188] — *ABRAM WAS SEVENTY-FIVE YEARS OLD* WHEN HE LEFT HARAN.

Why is Abraham's age at this point significant? The Midrash sees a connection to an event many generations later:

הָדָא הוּא דִכְתִיב "וַיְהִי אֹמֵן אֶת הֲדַסָּה הִיא אֶסְתֵּר" — **Thus it is written,** — ***And he was rearing Hadassah, who is Esther*** (*Esther* 2:7). רַב אָמַר: בַּת אַרְבָּעִים הָיְתָה — **Rav said: [Esther] was forty years old** at the time.[189] וּשְׁמוּאֵל אָמַר: בַּת שְׁמוֹנִים שָׁנָה — **And Shmuel said:** She was **eighty years old.** רַבָּנָן אָמְרֵי: בַּת שִׁבְעִים וְחָמֵשׁ — And **the other Sages say:** She was **seventy-five years old.**[190] רַבִּי בֶּרֶכְיָה בְּשֵׁם רַבָּנָן דְּתַמָּן אָמַר — **R' Berechyah said in the name of the Sages of "over there":**[191] אָמַר הַקָּדוֹשׁ בָּרוּךְ הוּא לְאַבְרָהָם — **The Holy One, blessed is He, said to Abraham:** אַתָּה יָצָאתָ מִבֵּית אָבִיךָ בֶּן שִׁבְעִים וְחָמֵשׁ שָׁנִים — **"You left your father's house at seventy-five years of age.**[192] חַיֶּיךָ אַף גּוֹאֵל שֶׁאֲנִי מַעֲמִיד מִמְּךָ יִהְיֶה בֶּן שִׁבְעִים וְחָמֵשׁ שָׁנִים — **By your life! The savior that I will establish** from those descended **from you,** i.e., Esther, **will also be seventy-five years of age,** כְּמִנְיַן הֲדַסָּה — **like the numerical value of** the name **'Hadassah.'** "[193]Ⓐ

§14 וְאֶת הַנֶּפֶשׁ אֲשֶׁר עָשׂוּ בְחָרָן — *AND THE SOULS THEY MADE IN HARAN.*

The Midrash focuses on an enigmatic phrase in the verse:

אָמַר רַבִּי אֶלְעָזָר בֶּן זִימְרָא — **R' Elazar ben Zimra said:** אִם מִתְכַּנְּסִין כָּל בָּאֵי הָעוֹלָם לִבְרוֹא אֲפִילוּ יַתּוּשׁ אֶחָד — **If all the inhabitants of the world were to gather together** so as **to create even one gnat,** אֵינָן יְכוֹלִין לִזְרוֹק בּוֹ נְשָׁמָה — **they could not inject the breath of life into it,**[194] וְאַתְּ אָמַר "וְאֶת הַנֶּפֶשׁ אֲשֶׁר עָשׂוּ" — **and** yet **you say:** ***the souls that they made?!***[195]

NOTES

understood as an imperative to Abraham — and his descendants — that they are to bring benefit to all the nations through their sage advice and through warning them of impending danger (see *Maharzu*).

187. This is the connotation of אִתּוֹ, *with him.* The verse is saying that Lot voluntarily made himself subsidiary to Abraham (accepting Abraham's authority and his guidance regarding the worship of God) and therefore Abraham allowed Lot to accompany him. Accordingly, the verse here (and the Midrash as well) is commending Lot for his decision (*Eitz Yosef,* from *Nezer HaKodesh;* see *Yefeh To'ar* for alternative explanations).

188. [In the printed Midrash editions this verse is not cited precisely.]

189. At the beginning of the Book of *Esther*, when she was first taken to be Ahasuerus' queen. The verse there concludes: לְקָחָהּ מָרְדֳּכַי לוֹ לְבַת, *Mordechai adopted her* (Esther) *as a daughter,* and according to *Rus Rabbah* (4 §4) a woman is referred to as "a daughter" only until age 40 (*Maharzu*). Rav therefore rejects the other opinions cited presently, which give her age as significantly higher.

190. The Midrash below derives this figure from the numerical value of the name Hadasssah (הֲדַסָּה); see note 193 below. (See also the chronological calculation in *Maharzu.*) See Insight Ⓐ. *Eitz Yosef* maintains that there is in fact no disagreement between Shmuel and the other Sages. The other Sages are giving Esther's age at the time that she became queen, in the seventh year of Ahasuerus' reign (see *Esther* 2:16), while Shmuel is speaking of her age at the time she saved the Jews by foiling Haman's plot, which occurred five years later, in King Ahasuerus' twelfth year (see ibid. 3:7).

191. Since *Bereishis Rabbah* is the Aggadah of the Land of Israel (*Rashi* on *Chumash* below, 47:2), the reference of "over there" is presumably to the Sages of Babylonia; see *Rashash* on above, 13:15. However, see *Matnos Kehunah* here.

192. Undertaking a difficult journey at such an advanced age in fulfillment of My command (*Yefeh To'ar*).

193. That is, by virtue of this act you will merit having your descendants saved by Esther who, at age 75, will be miraculously restored to her youth so as to find favor in the eyes of Ahasuerus and be chosen as queen (ibid.; see *Maharzu* for a different approach). The mention of Abraham's age at the time of his departure from Haran alludes to this dynamic.

The combined numerical value of the letters that form the word הֲדַסָּה (Hadassah) is actually only 74 [ה=5, ד=4, ס=60, ה=5]. However, as is common with calculations of the numerical value of words (*gematria*), the word as a unit is assigned the value of 1, bringing the total value to 75 (*Eitz Yosef;* see *Maharzu* for an alternative calculation).

194. I.e., even the efforts of all of mankind combined would not be able to create the soul of a gnat, which, as explained in *Gittin* 56b, is the simplest of creatures (*Tiferes Tzion*).

195. Clearly Abraham, Sarah, and Lot had not made — that is, created — any souls!

INSIGHTS

of wise Jews and often relied on their business acumen. Jews may suffer from the ravages of hatred and exile, but even their oppressors must rely on God's blessing to Abraham (*Raayonos VeChomer LeDerush*).

Ⓐ **Hadassah Was Seventy-five** While the *gematria* of the name הֲדַסָּה alludes that she was 75 years old, this can be proven logically as well. The Gemara (*Megillah* 14a-b) tells us that Esther was a prophetess, for Scripture (*Esther* 5:1) indicates that before beseeching Ahasuerus on behalf of her brethren she received a prophetic vision. Now, there is a principle (see *Moed Katan* 25a with *Rashi*) that one does not experience prophecy while outside of the Land of Israel unless one already experienced it inside the Land. Since the story of Esther took place in Persia, Esther must have had a prophetic experience earlier, while living in the Land of Israel.

The only time Esther could have been in the Land of Israel was before the exile of Jeconiah. Esther was reared by Mordechai (*Esther* 2:7), and Mordechai had been among those exiled together with Jeconiah (ibid. v. 8). Let us see how much time elapsed between Jeconiah's exile and the story of Purim.

Ahasuerus commenced his 180-day banquet upon the completion of 70 years from when Jeconiah was exiled (*Megillah* 11b). This took place at the beginning of the third year of his reign (*Esther* 1:3). Esther was taken to Ahasuerus more than four years later, during the seventh year of his reign (ibid. 2:16). Thus, Esther was taken to Ahasuerus in the 75th year following Jeconiah's exile. Since she had experienced prophecy in the Land of Israel before that exile, she must have been at least 75 years old when she was taken to Ahasuerus (*R' Shaul of Amsterdam,* cited in *Talelei Oros*).

יג [יב, ד] "וַיֵּלֶךְ אַבְרָם כַּאֲשֶׁר דִּבֶּר אֵלָיו ה' וְגוֹ' ". וְלוֹט טָפֵל לוֹ. "וְאַבְרָם בֶּן שִׁבְעִים וְחָמֵשׁ °שָׁנִים", הָדָא הוּא דִכְתִיב (אסתר ב, ז) "וַיְהִי אֹמֵן אֶת הֲדַסָּה הִיא אֶסְתֵּר", [כח] רַב אָמַר: בַּת אַרְבָּעִים הָיְתָה, וּשְׁמוּאֵל אָמַר: בַּת שְׁמוֹנִים שָׁנָה, רַבָּנָן אָמְרֵי: בַּת שִׁבְעִים וַחֲמִשָּׁה. רַבִּי בֶּרֶכְיָה בְּשֵׁם רַבָּנָן דְּתַמָּן °אָמְרֵי: אָמַר הַקָּדוֹשׁ בָּרוּךְ הוּא לְאַבְרָהָם: אַתָּה יָצָאתָ מִבֵּית אָבִיךָ בֶּן שִׁבְעִים וְחָמֵשׁ שָׁנִים, חַיֶּיךָ אַף גּוֹאֵל שֶׁאֲנִי מַעֲמִיד מִמְּךָ יִהְיֶה בֶּן שִׁבְעִים וְחָמֵשׁ שָׁנִים כְּמִנְיַן הֲדַסָּה:

יד [יב, ה] "וְאֶת הַנֶּפֶשׁ אֲשֶׁר עָשׂוּ בְחָרָן". אָמַר רַבִּי אֶלְעָזָר בֶּן זִימְרָא: [כט] אִם מִתְכַּנְּסִין כָּל בָּאֵי הָעוֹלָם לִבְרוֹא אֲפִילוּ יַתּוּשׁ אֶחָד אֵינָן יְכוֹלִין לִזְרוֹק בּוֹ נְשָׁמָה, וְאַתְּ אָמַר "וְאֶת הַנֶּפֶשׁ אֲשֶׁר עָשׂוּ", אֶלָּא אֵלּוּ הַגֵּרִים שֶׁגִּיְּירוּ, אִם כֵּן שֶׁגִּיְּירוּ לָמָּה "°אֲשֶׁר עָשׂוּ", אֶלָּא לְלַמֶּדְךָ שֶׁכָּל מִי שֶׁהוּא מְקָרֵב אֶת הָעוֹבֵד כּוֹכָבִים וּמְגַיְּירוֹ כְּאִלּוּ בְּרָאוֹ. וְיֹאמַר אֲשֶׁר עָשָׂה, לָמָּה נֶאֱמַר "אֲשֶׁר עָשׂוּ", אָמַר רַב הוּנָא: אַבְרָהָם הָיָה מְגַיֵּיר אֶת הָאֲנָשִׁים וְשָׂרָה מְגַיֶּירֶת אֶת הַנָּשִׁים:

טו [יב, ו] "וַיַּעֲבֹר אַבְרָם בָּאָרֶץ וְגוֹ'°". עַד עַכְשָׁיו נִתְבַּקֵּשׁ לָהֶם זְכוּת בָּאָרֶץ. [יב, ז] "וַיֵּרָא ה' אֶל אַבְרָם וַיֹּאמֶר לְזַרְעֲךָ וְגוֹ' ", לֹא בָנָה מִזְבֵּחַ אֶלָּא עַל בְּשׂוֹרַת אֶרֶץ יִשְׂרָאֵל.

רש"י

[יג] **גואל שאני מעמיד ממך.** יהיה מתבקש לדבר בת שבעים וחמש כמנין הדס"ה זו אסתר שנשאת למלך בת חמשה ושבעים שנה כמנין הדס"ה: [טו] **ויעבור אברם בארץ וגו'.** והכנעני והפרזי אז יושב בארץ עד עכשיו מתבקש להם זכות בארץ כי לא שלם בארץ עונם עד עכשיו להתגרש משם: **לזרעך.** אתן את הארץ הזאת ויבן שם מזבח זה שיכון לבשורת הארץ מזבח זה שבנה לא בנה כי אם לבשורת הארץ שכן מפורש לפנינו ג' מזבחות בנה וכו':

עץ יוסף

ואף לדורות נמלא לפעמים לדיק יחיד בדורו שרה"ק שורה עליו לגלות דבר נעלם ונסתר למלכים (יפ"ת): (יג) [כ] **וילך אברהם.** וס"ד וילך אתו לוט. שהוא נטפל אליו מעלמו ולכך לא רלה להרחיקו ולקחו ג"כ בחבורתו. וזהו שבחו של לוט מבחירתו הטובה (נזה"ק): **בת מ' היתה.** במד"ר ותאמר רות המואביה אין קורין בת אלא לבת מ' שנה ע"ש. ובאסתר כתיב לקחה מרדכי לו לבת: **בת פ' שנה.** סובר כרבנן שבשעה שנשאה אחשורוש היתה בת ע"ה אלא שלא נקראת גואל רק בעת שנהרג המן ובטלה הגזירה וזה היה אחר חמש שנים. שנשאת לו בשנה השביעית והמן נהרג בשנת י"ב: **בת ע"ה.** אפשר שלמדו ממנין הדסה שהדסה בגימטריא ע"ד. ועם התיבה הוא ע"ה. ועיין בילקוט אסתר כל המאמר: **אתה יצאת.** שזה נחשב לזכות שעם היותו זקן מ"מ נסע במלות ה' (יפ"ת): (יד) [כא] **אלו הגרים כו'.** מלשון נפש דריש ענין הגרים שהם קונין נפש חדשה: **כאילו בראו.** שהביאו לחיי הטוה"ב כי לכך נראה כי על שלימות הנפש שייך עשייה ממש כאילו הם בריות חדשות: **כאילו בראו.** כד"א ויעש אלהים את הרקיע: **ויאמר אשר עשה.** כלו' אברהם. למה כתיב עשו: (טו) [כב] **עד עכשיו נתבקש כו'.** מסיפא דקרא דרש והכנעני אז בארץ שהיה להם עדיין זכות בארץ עד שיתמלא סאתם: **שלא בנה מזבח כו'.** ולכן אמר לה' הנראה אליו כי מזה ניכר לו מעלת ארץ ישראל. באשר בח"ל לא זכה למראה נבואה כראוי ואין זה אלא מפני מעלת הארץ:

פירוש מהרז"ו

(יג) **וילך אברם.** וס"ד וילך אתו לוט משמע שהוא טפל לו שגם הוא רלה להתקרב אל ה' ולקיים דיבורו לאברהם וזהו שבחו מבחירתו הטובה שהרי בפסוק הסמוך ויקח אברם את שרי אשתו ואת לוט בן אחיו ואת כל רכושם כי היה הכל ביד אברהם: **בת ארבעים.** במדרש רות פסוק ותאמר רות המואביה ואין קורין בת אלא לבת ארבעים שנה ע"ש ובאסתר כתוב לקחה מרדכי לו לבת. ושמואל דסובר בת פ' שנה סובר כרבנן שבשעה שנשאה אחשורוש היתה בת ע"ה אלא שלא נקראת גואל רק בעת שנהרג המן ובטלה הגזירה וזה היה אחר חמשה שנים שנשאת לו בשנה השביעית והמן נהרג בשנת י"ב ורבנן דסברי בת ע"ה החשבון מכוונים שהרי מרדכי גלה עם יכניה והיה שם ל"ז שנה עד תחלת מלכות אויל מרודך כמ"ש בסוף ירמיה אויל מרודך מלך כ"ג שנה כמ"ש במסכת מגילה. בלשלר ג' שנה כמ"ש דניאל ריש ה'. ה' של כורש ז' של אחשורוש עד שנשאה וסוברים שגם אסתר גלתה עם מרדכי שמ"ש ויהי אומן ולא פירש באיזה זמן ילמוד סתום מן המפורש בפסוק הקודם שהיה בעת אשר הגלה. ואז מתו אביה ואמה ואז לקחה לבת הרי שהיתה ע"ה שנה ועי' לקמן פ' פ"ה סימן י' מש"ש על זה שהוא שייך כאן. ומרומז במ"ש אשר הגלה עם הגולה אשר הגלתה על אסתר ע"פ מדה ל"א שמקומו בפסוק ויהי אומן את הדסה היא אסתר בת דודו אשר הגלתה: **אתה יצאת.** שזהו התחלת למיתת מלכות שמים בעולם אשר זהו הישועה האמיתית וגאולת אברהם. ומעשה אבות סימן לבנים הגאולת ישראל בימי המן. וכמו שעזב אברם אביו ואמו לפנות לעבודת ה' כן אסתר תהיה בלא אב ואם וכמ"ש כי אבי ואמי עזבוני וה' יאספני ותהיה בת ע"ה שנה ותבא הישועה על ידה בזכותך: **מנין הדסה.** הדסה בגימטריא ע"ד שאז נלקחה מבית מרדכי אל בית הגי שומר הנשים. וי"ב חודש היתה בתמרוקיה הרי ע"ה ועי' בילקוט אסתר כל המאמר: (יד) **אם מתכנסין.** לקמן פר' פ"ד סימן ד' ודורש ג"כ כפי מה שכתוב עשו כאילו עשו וברא. וע' במ"ר פר' י"ד סימן א': (טו) **עד עכשיו נתבקש.** מסיפא דקרא והכנעני אז בארץ שהיה להם עדיין זכות בארץ עד שתתמלא סאתם כשילאו ישראל ממלרים לקמן פ' מ"א סימן ה': **ויאמר לזרעך.** אתן את הארץ הזאת ויבן שם מזבח לה'. ועל זה אמר לא בנה מזבח אלא על בשורת הארץ ויתבאר בריש סימן הסמוך עי' במ"ר פר' יו"ד בסי' ח' ושם נסמן לכאן:

חידושי הרד"ל

(לא) [יג] **וילך וגו' ולוט נטפל לו..** כלומר בדבר ה' (וע"ל פמ"א שכעס המקום על הליכת לוט עמו). רק מעלמו נטפל לאברהם. (ומזה זכה שנטפלה רות לנעמי מעלמה):

(לב) [יד] **אמר רבי אלעזר בשם רבי יוסי בן זמרא** כל"ל וכ"ה לקמן ר"פ פ"ד. ועיין המאמר בספרי ואתחנן פיסקא ל"ב ואדר"ן פי"ב ובמ"ר פי"ד ופסיקתא דחנה:

(לג) **אברם בארץ וגו'.** והכנעני אז בארץ עד עכשיו נתבקש כל"ל וכמ"ש כי לא שלם עון האמרי וגו':

חידושי הרש"ש

[יג] **רבנן דתמן.** עמ"כ שפי' דא"י. ועמ"ש עליו לעיל פי"ג:

ע"ה שנה כמנין הדסה. פי' עם התיבה עלמה:

באור מהרי"פ

טו עד עכשיו. והכנעני אז בארץ קאי:

מסורת המדרש

כח ילקוט אסתר רמז אל"ף כ"ג:

כט ירושלמי סנהדרין פרק ז'. שה"ש רבה פרשה א'. תנחומא כאן סימן י"ב. ילקוט כאן רמז ס"ו כה"ע. וילקוט וישב רמז ק"מ:

אם למקרא

וַיְהִי אֹמֵן אֶת־הֲדַסָּה הִיא אֶסְתֵּר בַּת־דֹּדוֹ כִּי אֵין לָהּ אָב וָאֵם וְהַנַּעֲרָה יְפַת־תֹּאַר וְטוֹבַת מַרְאֶה וּבְמוֹת אָבִיהָ וְאִמָּהּ לְקָחָהּ מָרְדֳּכַי לוֹ לְבַת:

(אסתר ב:ז)

מתנות כהונה

[יג] **בשם רבנן דתמן אמר גרסינן.** פירוש רבי ברכיה אמר כן בשם רבנן של א"י: **בן שבעים וחמשה כו'.** בברית בין הבתרים היה בן שבעים כדאיתא בסדר עולם ובפרשת נח והלך אל חרן ונתעכב שם ה' שנים ואח"כ הלך לארץ כנען כדאיתא בסדר עולם וכמו שכתבתי למעלה בשם רש"י: [יד] **באלו בראו.** כד"א ויעש אלהים: **ויאמר אשר כו'.** הכתוב יאמר אשר עשה כלומר אברהם למה כתב עשו: [טו] **נתבקש להם.** לאומות היושבים בה שלא נתמלא סאתם עדיין: ה"ג **לא בנה כו'** וכדלקמן ג' מזבחות בנה הראשון על בשורת הארץ וכו' ובילקוט ורש"י גרס זה שיכון לבשורת הארץ ועיין פירושו לעיל בפרשת נח סוף פרשה ל"ח:

אשד הנחלים

[יג] **ולוט תפל לו.** כלומר שהיה הדיבור בהליכה רק לאברהם ורק לוט הי' טפל ונטפל עמו בהליכה אבל לא ע"י צווי ולכן כתיב רק על הליכת אברהם כאשר דיבר אליו ית': **אף גואל כו'.** שזהו יהי' ענין נסיי מאוד שתהיה קרוב לזקנה מאוד ועכ"ז תמצא חן בעיני המלך. ועל ידה יעשה תשועה גדולה בישראל: [יד] **אלו הגרים.** כי על שלימות הנפש שייך עשייה ממש כאלו הם בריות חדשות כי מבלעדי זאת הנפש איננה. וע"י המעשים טובים נעשה הנפש ממש וזהו כאלו בראו כי היא כמעט בריאה מאין ליש: [טו] **נתבקש להם.** שלא נתמלא סאתם ולכן עבר רק בדרך העברה לא בקביעות: **לא בנה כו' ארץ ישראל.** כי ענין המזבח הוא לקבל שפע אלקית נבואית. וכל זה רק מפני בשורת א"י שהיא מקום הנבואה והמזבח עוזר לזה:

אֶלָּא אֵלּוּ הַגֵּרִים שֶׁגִּיְּירוּ – **Rather, these** "souls" **are the proselytes that they had converted** to faith in God.[196] אִם כֵּן שֶׁגִּיְּירוּ לָמָּה אָמַר "עָשׂוּ" – **But if** it is **so that** the verse speaks of idolaters whom **they converted, why does it say** that **they** ***made*** the souls? אֶלָּא לְלַמֶּדְךָ שֶׁכָּל מִי שֶׁהוּא מְקָרֵב אֶת הָעוֹבֵד כּוֹכָבִים וּמְגַיְּירוֹ – **However,** the explanation is that this is **to teach you that anyone who brings an idolater close** to God **and converts him,** כְּאִלּוּ בְּרָאוֹ – **it is as if he had created [that person].**[197]Ⓐ

The verse then presumably is referring to proselytes whom Abraham had converted. The Midrash addresses a difficulty posed by this understanding:

וְיֹאמַר אֲשֶׁר עָשָׂה – **But if so let it state,** "the souls **that** ***he*** **made,"** in the singular.[198] לָמָּה נֶאֱמַר "אֲשֶׁר עָשׂוּ" – **Why is it stated** in the plural, ***that "they" made?*** אָמַר רַב הוּנָא – **R' Huna said** in explanation: אַבְרָהָם הָיָה מְגַיֵּיר אֶת הָאֲנָשִׁים וְשָׂרָה מְגַיֶּירֶת אֶת הַנָּשִׁים – **Abraham would convert the men and Sarah would convert the women.**[199]

וַיַּעֲבֹר אַבְרָם בָּאָרֶץ עַד מְקוֹם שְׁכֶם עַד אֵלוֹן מוֹרֶה וְהַכְּנַעֲנִי אָז בָּאָרֶץ. וַיֵּרָא ה׳ אֶל אַבְרָם וַיֹּאמֶר לְזַרְעֲךָ אֶתֵּן אֶת הָאָרֶץ הַזֹּאת וַיִּבֶן שָׁם מִזְבֵּחַ לַה׳ הַנִּרְאֶה אֵלָיו.

Abram passed into the land as far as the site of Shechem, until the plain of Moreh. The Canaanite was then in the land. HASHEM appeared to Abram and said, "To your offspring I will give this land." And he built an altar there to HASHEM Who appeared to him (12:6-7).

§15 וַיַּעֲבֹר אַבְרָם בָּאָרֶץ וְגוֹ׳ וְהַכְּנַעֲנִי אָז בָּאָרֶץ – ***ABRAM PASSED INTO THE LAND . . . THE CANAANITE WAS THEN IN THE LAND.***

The mention of the Canaanite presence in the land seems unnecessary, for Scripture had already stated that the land was under Canaanite dominion (above, 10:19) and it is well known that the Canaanites remained there until the Israelites conquered the land in the time of Joshua.[200] The Midrash explains the connotation of the verse:

עַד עַכְשָׁיו נִתְבַּקֵּשׁ לָהֶם זְכוּת בָּאָרֶץ – This means that **as of the present** moment,[201] **merit** to remain **in the land could be sought for [the Canaanites].**[202]

☐ וַיֵּרָא ה׳ אֶל אַבְרָם וַיֹּאמֶר לְזַרְעֲךָ וְגוֹ׳ – ***HASHEM APPEARED TO ABRAHAM AND SAID, "TO YOUR OFFSPRING I WILL GIVE THIS LAND." AND HE BUILT AN ALTAR THERE TO HASHEM.***

The Midrash explains Abraham's motivation for building an altar:

לֹא בָּנָה מִזְבֵּחַ אֶלָּא עַל בְּשׂוֹרַת אֶרֶץ יִשְׂרָאֵל – **Abraham built an altar** there **specifically on account of the announcement of** the future gift of **the Land of Israel** to his descendants.[203]

NOTES

196. The word נֶפֶשׁ (*souls*) indicates religious converts, for converts thereby acquire a new soul (*Eitz Yosef*).

197. For by converting the heathen, he allows him to fulfill the principal purpose of his creation, which is life in the Next World (ibid.).

198. "He," meaning Abraham.

199. For it would not have been proper for Abraham as a man to be proselytizing the women. Thus, *"they"* refers to Abraham together with Sarah.

200. Which would not occur until after Moses had already written this verse in the Torah! For a somewhat different understanding of the focus of the Midrash, see note 202 below.

201. The time of Abraham's entry into the Land.

202. I.e., at that point in time the Canaanites still had sufficient merit to retain possession of the land, for although sinful, their sins were not yet sufficiently numerous to mandate their being expelled; see *Sotah* 9a. Accordingly, the point of Scripture here is that although Abraham was told by God to enter the land of Canaan now, and in the next verse God was to promise the land to his descendants, that was still off in the future, for in the meantime the Canaanites were entitled to remain there (see also Midrash below, 41 §5). This concept is stated explicitly below (15:16) at the Covenant Between the Parts: *And the fourth generation shall return here, for the iniquity of the Amorite shall not yet be full until then;* see *Rashi* there (*Rashi, Matnos Kehunah, Eitz Yosef;* see *Tiferes Tzion* for a different interpretation).

[*Yefeh To'ar* writes that the Midrash is addressing the incongruity of Moses writing וְהַכְּנַעֲנִי אָז בָּאָרֶץ – *the Canaanite was "then" in the land,* while in fact the Canaanites were still in the land in Moses' day. Accordingly, the Midrash is answering that the verse is not referring to their physical presence in the land but rather to their having a legitimate right to be in the land, a right that they had merited in the time of Abraham but had lost by the time of Moses.]

203. That is, although the verse does not say so explicitly, Abraham built the altar there in appreciation of God's promising the Land to his descendants; see the following section.

The verse concludes, *And he built an altar there to HASHEM Who appeared to him,* which seems to indicate that the altar was in appreciation of the vision of God that Abraham had received there; see *Ramban* on the verse. However, according to the Midrash, the implication is that it was due to this vision, which is something he had not been granted in Haran (see ibid.), that Abraham understood the exalted status of the Land and therefore he appreciated that it was to be given to his descendants (*Eitz Yosef;* see *Yefeh To'ar* and *Tiferes Tzion* for alternative explanations).

INSIGHTS

Ⓐ **The Making of a Soul** There are three partners in the creation of a person — the Holy One, blessed is He; the father; and the mother. The father and mother supply the physical components, whereas God supplies the spiritual components, including the breath of life and the soul (*Niddah* 31a). Since humans are incapable of injecting the breath of life into a creature, the expression "the *souls* that they made" seems inappropriate in connection with Abram and Sarah.

The Midrash therefore explains that the "souls" that Abram and Sarah "made" are the proselytes that they converted to faith in God. The essence of a human being is not his physical mass, but his intellectual spirit. While the body is "made" at birth and from that point forward merely grows within its corporeal limitations, the intellect is unfettered by physical dimensions and can develop almost limitlessly. When one introduces a person to moral concepts of which he was previously ignorant, adding a new dimension to his soul, one actually remakes the soul, thus "making" the essence of the person. The converts who acquired the true belief from Abram and Sarah are thus, quite literally, *the souls that they made in Haran.*

In the same vein, the Gemara (*Sanhedrin* 19b) declares that one who teaches a person Torah is considered as if he had borne that person. By instilling in him ideals that were previously unknown to him, one "makes" that person's soul, in essence, giving birth to a new person (*Yefeh To'ar*). Thus, the Torah refers to a Torah teacher as one's "father" and to students as one's "sons" (see *Rashi* to *Deuteronomy* 6:7).

On the other hand, our Sages counsel (*Moed Katan* 17a) that only if a teacher is like an angel of God should one seek to aquire Torah knowledge from him. Since the lessons that one imbibes become part of one's essence, and "make" him, one must be extremely vigilant in choosing the sources of those lessons (*Binah LeIttim, Toras Avigdor*).

יג [יב, ד] "וַיֵּלֶךְ אַבְרָם כַּאֲשֶׁר דִּבֶּר אֵלָיו ה' וְגוֹ' ". וְלוֹט טָפֵל לוֹ. "וְאַבְרָם בֶּן שִׁבְעִים וְחָמֵשׁ °שָׁנִים", הָדָא הוּא דִכְתִיב (אסתר ב, ז) "וַיְהִי אֹמֵן אֶת הֲדַסָּה הִיא אֶסְתֵּר", [כח] רַב אָמַר: בַּת אַרְבָּעִים הָיְתָה, וּשְׁמוּאֵל אָמַר: בַּת שְׁמוֹנִים שָׁנָה, רַבָּנָן אָמְרִי: בַּת שִׁבְעִים וַחֲמִשָּׁה. רַבִּי בֶּרֶכְיָה בְּשֵׁם רַבָּנָן דְּתַמָּן °אָמְרִי: אָמַר הַקָּדוֹשׁ בָּרוּךְ הוּא לְאַבְרָהָם: אַתָּה יָצָאתָ מִבֵּית אָבִיךָ בֶּן שִׁבְעִים וְחָמֵשׁ שָׁנִים, חַיֶּיךָ אַף גּוֹאֵל שֶׁאֲנִי מַעֲמִיד מִמְּךָ יִהְיֶה בֶּן שִׁבְעִים וְחָמֵשׁ שָׁנִים כְּמִנְיַן הֲדַסָּה:

יד [יב, ה] "וְאֶת הַנֶּפֶשׁ אֲשֶׁר עָשׂוּ בְחָרָן". אָמַר רַבִּי אֶלְעָזָר בֶּן זִימְרָא: [כט] אִם מִתְכַּנְסִין כָּל בָּאֵי הָעוֹלָם לִבְרוֹא אֲפִילוּ יַתּוּשׁ אֶחָד אֵינָן יְכוֹלִין לִזְרוֹק בּוֹ נְשָׁמָה, וְאַתְּ אָמַר "וְאֶת הַנֶּפֶשׁ אֲשֶׁר עָשׂוּ", אֶלָּא אֵלּוּ הַגֵּרִים שֶׁגִּיְּירוּ, אִם כֵּן שֶׁגִּיְּירוּ לָמָּה "°אֲשֶׁר עָשׂוּ", אֶלָּא לְלַמֶּדְךָ שֶׁכָּל מִי שֶׁהוּא מְקָרֵב אֶת הָעוֹבֵד כּוֹכָבִים וּמְגַיְּירוֹ כְּאִלּוּ בְּרָאוֹ. וְיֹאמַר אֲשֶׁר עָשָׂה, לָמָּה נֶאֱמַר "אֲשֶׁר עָשׂוּ", אָמַר רַב הוּנָא: אַבְרָהָם הָיָה מְגַיֵּיר אֶת הָאֲנָשִׁים וְשָׂרָה מְגַיֶּירֶת אֶת הַנָּשִׁים:

טו [יב, ו] "וַיַּעֲבֹר אַבְרָם בָּאָרֶץ וְגוֹ'°". עַד עַכְשָׁיו נִתְבַּקֵּשׁ לָהֶם זְכוּת בָּאָרֶץ. [יב, ז] "וַיֵּרָא ה' אֶל אַבְרָם וַיֹּאמֶר לְזַרְעֲךָ וְגוֹ' ", לֹא בָּנָה מִזְבֵּחַ אֶלָּא עַל בְּשׂוֹרַת אֶרֶץ יִשְׂרָאֵל.

עץ יוסף

ואף לדורות נמלא לפעמים לדיק יחיד בדורו שרה"ק שורה עליו לגלות דבר נעלם ונסתר למלכים (יפ"ת): (יג) [כ] וילך אברהם. וס"ד וילך אתו לוט. שהוא נטפל אליו מעלמו ולכך לא רלה להרחיקו ולקחו ג"כ בחבורתו. וזהו שבחו של לוט מבחירתו הטובה (נזה"ק): **בת מ' היתה.** במד"ר ותאמר רות המואביה אין קורין בת אלא לבת מ' שנה ע"ש. ובאסתר כתיב לקחה מרדכי לו לבת: **בת פ' שנה.** סובר כרבנן שבשעה שנשאה אחשורוש היתה בת ע"ה אלא שלא נקראת גואל רק בעת שנהרג המן ובטלה הגזירה וזה היה אחר חמש שנים. שנשאת לו בשנה השביעית והמן נהרג בשנת י"ב: **בת ע"ה.** אפשר שלמדו ממנין הדסה שהדסה בגימטריא ע"ד. ועם התיבה הוא ע"ה. ועיין בילקוט אסתר כל המאמר: **אתה יצאת.** שזה נחשב לזכות שעם היותו זקן מ"מ נסע במלות ה' (יפ"ת): (יד) [כא] **אלו הגרים כו'.** מלשון נפש דריש ענין הגרים שהם קונין נפש חדשה: **כאילו בראו.** שהביאו לחיי העוה"ב כי לכך נברא כי על שלימות הנפש שייך עשייה ממש כאילו הם בריות חדשות: **כאילו בראו.** כד"א ויעש אלהים את הרקיע: **ויאמר אשר עשה.** כלו' אברהם. למה כתיב עשו: (טו) [כב] **עד עכשיו נתבקש כו'.** מסיפא דקרא דרש והכנעני אז בארץ שהיה להם עדיין זכות בארץ עד שיתמלא סאתם: **שלא בנה מזבח כו'.** ולכן אמר לה' הנראה אליו כי מזה ניכר לו מעלת ארץ ישראל. באשר בח"ל לא זכה למראה נבואה כראוי ואין זה אלא מפני מעלת הארץ:

פירוש מהרז"ו

(יג) **וילך אברם.** וס"ד וילך אתו לוט משמע שהוא טפל לו שגם הוא רלה להתקרב אל ה' ולקיים דיבורו לאברהם וזהו שבחו מבחירתו הטובה שהרי בפסוק הסמוך ויקח אברם את שרי אשתו ואת לוט בן אחיו ואת כל רכושם כי היה הכל ביד אברהם: **בת ארבעים.** במדרש רות פסוק ותאמר רות המואביה ואין קורין בת אלא לבת ארבעים שנה ע"ש ובאסתר כתוב לקחה מרדכי לו לבת. ושמואל דסובר בת פ' שנה סובר כרבנן שבשעה שנשאה אחשורוש היתה בת ע"ה אלא שלא נקראת גואל רק בעת שנהרג המן ובטלה הגזירה וזה היה אחר חמשה שנים שנשאת לו בשנה השביעית והמן נהרג בשנת י"ב ורבנן דסברי בת ע"ה החשבון מלומלם שהרי מרדכי גלה עם יכניה והיה שם ל"ז שנה עד תחלת מלכות אויל מרודך כמ"ש בסוף ירמיה אויל מרודך מלך כ"ג שנה כמ"ש במסכת מגילה. בלשלר ג' שנה כמ"ש דניאל ריש ה'. ה' של כורש ז' של אחשורוש עד שנשאה וסוברים שגם אסתר גלתה עם מרדכי שמ"ש ויהי אומן ולא פירש באיזה זמן ילמוד סתום מן המפורש בפסוק הקודם שהיה בעת אשר הגלה. ואז מתו אביה ואמה ואז לקחה לבת הרי שהיתה ע"ה שנה ועי' לקמן פ' פ"ה סימן י' מש"ש על זה שהוא שייך כאן. ומרומז במ"ש אשר הגלה עם הגולה אשר הגלתה על אסתר ע"פ מדה ל"א שמקומו בפסוק ויהי אומן את הדסה היא אסתר בת דודו אשר הגלתה: **אתה יצאת.** שזהו התחלת למיחת מלכות שמים בעולם אשר זהו הישועה האמיתית וגאולת אברהם. ומעשה אבות סימן לבנים הגאולת ישראל בימי המן. וכמו שעזב אברם אביו ואמו לפנות לעבודת ה' כן אסתר תהיה בלא אב ואם וכמ"ש כי אבי ואמי עזבוני וה' יאספני ותהיה בת ע"ה שנה ותבא הישועה על ידה בזכותך: **מנין הדסה.** הדסה בגימטריא ע"ד שאז נלקחה מבית מרדכי אל בית הגי שומר הנשים. וי"ב חודש היתה בתמרוקיה הרי ע"ה ועי' בילקוט אסתר כל המאמר: (יד) **אם מתכנסין.** לקמן פר' פ"ד סימן ד' ודורש ג"כ כפי מה שכתוב עשו כאילו עשו ובראו. ועי' במ"ר פר' י"ד סימן א': (טו) **עד עכשיו נתבקש.** מסיפא דקרא והכנעני אז בארץ שהיה להם עדיין זכות בארץ עד שתתמלא סאתם כשילאו ישראל ממצרים לקמן פ' מ"א סימן ה': **ויאמר לזרעך.** אתן את הארץ הזאת ויבן שם מזבח לה'. ועל זה אמר לא בנה מזבח אלא על בשורת הארץ ויתבאר בריש סימן הסמוך עי' במ"ר פר' יו"ד בסי' ח' ושם נסמן לכאן:

רש"י

[יג] **גואל שאני מעמיד ממך.** יהיה מתבקש לדבר בת שבעים וחמש כמנין הדס"ה זו אסתר שנשאת למלך בת חמשה ושבעים שנה כמנין הדס"ה: [טו] **ויעבור אברם בארץ וגו'.** והכנעני והפרזי אז יושב בארץ עד עכשיו מתבקש להם זכות בארץ כי לא שלם בארץ עונם עד עכשיו להתגרש משם: **לזרעך.** אתן את הארץ הזאת ויבן שם מזבח זה שיכון לבשורת הארץ מזבח זה שבנה לא בנה כי אם לבשורת הארץ שכן מפורש לפנינו ג' מזבחות בנה וכו':

מתנות כהונה

[יג] **בשם רבנן דתמן אמר גרסינן.** פירוש רבי ברכיה אמר כן בשם רבנן של א"י: **בן שבעים וחמשה כו'.** בברית בין הבתרים היה בן שבעים כדאיתא בסדר עולם ובפרשת נח והלך אל חרן ונתעכב שם ה' שנים ואח"כ הלך לארץ כנען כדאיתא בסדר עולם וכמו שכתבתי למעלה בשם רש"י: [יד] **כאלו בראו.** כד"א ויעש אלהים: **ויאמר אשר כו'.** הכתוב יאמר אשר עשה כלומר אברהם למה כתב עשו: [טו] **נתבקש להם.** לאומות היושבים בה שלא נתמלא סאתם עדיין: ה"ג **לא בנה כו'** וכדלקמן ג' מזבחות בנה הראשון על בשורת הארץ וכו' ובילקוט ורש"י גרס זה שיכון לבשורת הארץ ועיין פירושו לעיל בפרשת נח סוף פרשה ל"ח:

אשד הנחלים

[יג] **ולוט תפל לו.** כלומר שהיה הדיבור בהליכה רק לאברהם ורק לוט הי' טפל ונטפל עמו בהליכה אבל לא ע"י צווי ולכן כתיב רק על הליכת אברהם כאשר דיבר אליו ית': **אף גואל כו'.** שזהו יהי' ענין נסיי מאוד שתהיה קרוב לזקנה מאוד ועכ"ז תמצא חן בעיני המלך. ועל ידה יעשה תשועה גדולה בישראל: [יד] **אלו הגרים.** כי על שלימות הנפש שייך עשייה ממש כאלו הם בריות חדשות כי מבלעדי זאת הנפש איננה. וע"י המעשים טובים נעשה הנפש ממש וזהו כאלו בראו כי היא כמעט בריאה מאין ליש: [טו] **נתבקש להם.** שלא נתמלא סאתם ולכן עבר רק בדרך העברה לא בקביעות: **לא בנה כו' ארץ ישראל.** כי ענין המזבח הוא לקבל שפע אלקית נבואית. וכל זה רק מפני בשורת א"י שהיא מקום הנבואה והמזבח עוזר לזה:

חידושי הרד"ל

(לא) [יג] **וילך וגו' ולוט נטפל לו..** כלומר בדבר ה' (וע"ל פמ"א שכעס המקום על הליכת לוט עמו). רק מעלמו נטפל לאברהם. (ומזה זכה שנטפלה רות לנעמי מעלמה):
(לב) [יד] **אמר רבי אלעזר בשם רבי יוסי בן זמרא** כל"ל וכ"ה לקמן ר"פ פ"ד. ועיין המאמר בספרי ואתחנן פיסקא ל"ב ואדר"ן פי"ב ובמ"ר פי"ד ופסיקתא דחנה:
(לג) **אברם בארץ וגו'.** והכנעני אז בארץ עד עכשיו נתבקש כל"ל וכמ"ש כי לא שלם עון האמרי וגו':

חידושי הרש"ש

[יג] **רבנן דתמן.** עמ"כ שפי' דא"י. ועמ"ש עליו לעיל פי"ג:
ע"ה שנה כמנין הדסה. פי' עם התיבה עלמה:

באור מהרי"פ

טו עד עכשיו. והכנעני אז בארץ קאי:

מסורת המדרש

כח ילקוט אסתר רמז אל"ף נ"ג:
כט ירושלמי סנהדרין פרק ז'. שה"ש רבה פרשה א'. תנחומא כאן סימן י"ב. ילקוט כאן רמז ס"ו כה"ע. וילקוט וישב רמז ק"מ:

אם למקרא

וַיְהִי אֹמֵן אֶת־הֲדַסָּה הִיא אֶסְתֵּר בַּת־דֹּדוֹ כִּי אֵין לָהּ אָב וָאֵם וְהַנַּעֲרָה יְפַת־תֹּאַר וְטוֹבַת מַרְאֶה וּבְמוֹת אָבִיהָ וְאִמָּהּ לְקָחָהּ מָרְדֳּכַי לוֹ לְבַת: (אסתר ב:ז)

וַיַּעְתֵּק מִשָּׁם הָהָרָה מִקֶּדֶם לְבֵית אֵל וַיֵּט אָהֳלֹה בֵּית אֵל מִיָּם וְהָעַי מִקֶּדֶם וַיִּבֶן שָׁם מִזְבֵּחַ לַה׳ וַיִּקְרָא בְּשֵׁם ה׳.
From there he relocated to the mountain east of Beth-el and pitched his tent, with Beth-el on the west and Ai on the east; and he built there an altar to HASHEM *and he called in the Name of* HASHEM (12:8).

□ וַיַּעְתֵּק מִשָּׁם הָהָרָה מִקֶּדֶם לְבֵית אֵל — ***FROM THERE HE RELOCATED TO THE MOUNTAIN EAST OF*** [מִקֶּדֶם] ***BETH-EL.***

This verse describes Abraham's position as "with Beth-el on the west," clearly indicating that Abraham was east of Beth-el. Thus, the phrase מִקֶּדֶם לְבֵית אֵל, if meant as a location, *east of Beth-el* (as it is translated above in the text of the verse), would be superfluous. The Midrash provides an alternative interpretation:[204]

לְשֶׁעָבַר הָיְתָה נִקְרֵאת בֵּית אֵל — This means to say that **in the past**[205] **[the town] was called Beth-el,** lit., *House of God,*[206] **וְעַכְשָׁיו הִיא נִקְרֵאת בֵּית אָוֶן** — **but now it is called** by a different name, viz., **Beth-aven,** lit., *House of Iniquity.*[207]

The Midrash emphasizes the contrast between these two names:

אָמַר רַבִּי אֶלְעָזָר — **R' Elazar said:** **לֹא זָכְתָה לְהִקָּרְאוֹת בֵּית הֶעָמֵד** — **It did not merit being called the House of Strength** [עָמָד, *Amad*],[208] **הֲרֵי הִיא נִקְרֵאת בֵּית הֶעָמָל** — **so it is called** instead **the House of Noxiousness** [עָמָל, *Amal*].[209] **תַּמָּן קָרְיין לְפוֹעֲלָא טָבָא עֲמִידָא** — The Midrash explains the meaning of these obscure terms: **"Over there"**[210] **they call a good worker *"amida"*** (strong), **וּלְהַרְדְהוֹן שֶׁל מֵימֵי רַגְלַיִם [עֲמִילָה]** — **and a urinal** they call ***"amila"*** (noxious).[211]

□ וַיֵּט אָהֳלֹה — ***AND HE PITCHED HIS TENT.***

The Midrash notes an unusual spelling found in this phrase: **"אָהֳלֹה" כְּתִיב** — **[The word]** for "his tent" **is written** אהלה, with ה rather than the usual ו as the final letter, a spelling that would ordinarily mean ***"her" tent.*** **מְלַמֵּד שֶׁנָּטַע אֹהֶל שָׂרָה תְּחִלָּה וְאַחַר כָּךְ נָטַע אָהֳלוֹ** — **[This] teaches that [Abraham] pitched Sarah's tent first and** only **afterward pitched his** own **tent.**[212]

§16 וַיִּבֶן שָׁם מִזְבֵּחַ לַה׳ — ***AND HE BUILT THERE AN ALTAR TO HASHEM.***

The Midrash explains the significance of the altar that Abraham built at this site, between Beth-el and Ai, as well as the significance of other altars built by him:

אָמַר רַבִּי אֶלְעָזָר: שְׁלֹשָׁה מִזְבְּחוֹת בָּנָה — **R' Elazar said: [Abraham] built** a total of **three altars:**[213] **אֶחָד לִבְשׂוֹרַת אֶרֶץ יִשְׂרָאֵל** — **one** in appreciation **for the announcement of** the future gift of **the Land of Israel;**[214] **וְאֶחָד לְקִנְיָנָה** — **and one for** the sake of **the**

NOTES

204. *Maharzu, Tiferes Tzion.*

205. The Midrash is interpreting מִקֶּדֶם (translated here as *east of*) as "formerly" (*Rashi, Matnos Kehunah, Eitz Yosef*).

206. That is, before the wicked King Jeroboam erected the idol of the Golden Calf there; see *I Kings* 12:28ff (*Rashi, Matnos Kehunah, Eitz Yosef*).

207. After it had become a center of idolatrous worship Scripture refers to the town as Beth-aven, as in the verse, *and do not ascend to Beth-aven* (*Hosea* 4:15), which according to the *Targum* and the commentators there refers to the city of Beth-el. See also *Amos* 5:5: *and Beth-el will become an iniquity* (*Eitz Yosef,* from *Yefeh To'ar*).

208. R' Elazar understands אֵל in בֵּית אֵל in the sense of "a mighty one"; see *Rashi* to *Exodus* 15:11. Thus, Beth-el would be translated "House of Strength."

209. Scripture often couples אָוֶן together with עָמָל; see e.g., *Numbers* 23:21, *Isaiah* 59:4, and *Psalms* 90:1. Thus, Beth-aven would be translated as "House of Noxiousness."

210. See note 191 above.

211. The word עָמָל literally means "toil." Its use here in the sense of noxious is derived via the term, עֲמִילָן שֶׁל טַבָּחִים, which refers to a form of bread that was used to absorb foul odors from cooking pots (*Eitz Yosef*).

[We have translated the text as it is found in our editions of the Midrash. *Aruch* (ע׳ עמד) quotes a variant version of the text; see also *Yerushalmi Shabbos* 9:1 and *Matnos Kehunah* here.]

212. That is, Sarah had her own tent and the feminine-style spelling אהלה alludes to his having pitched her tent first (see *Maharzu*). This would have been in accordance with the teaching of the Talmud that a man is obligated to honor his wife more than himself (*Yevamos* 62b). Further, the verse says, *all honor of the king's daughter is within* (*Psalms* 45:14) — i.e., within her own home — making it imperative that Sarah be provided with her privacy as quickly as possible (*Eitz Yosef*).

213. Aside from the altar he was to build for the sacrificing of his son Isaac at God's command, below, 22:9.

214. That is, the altar that Abraham had built at Shechem (above, v. 7), as explained in the previous section. See note 203 above.

״וַיַּעְתֵּק מִשָּׁם הָהָרָה מִקֶּדֶם לְבֵית אֵל״, [ל]לְשֶׁעָבַר הָיְתָה נִקְרֵאת בֵּית אֵל וְעַכְשָׁיו הִיא נִקְרֵאת בֵּית אָוֶן. אָמַר רַבִּי אֶלְעָזָר: לֹא זָכְתָה לְהִקָּרְאוֹת בֵּית הָעֶמֶד הֲרֵי הִיא נִקְרֵאת בֵּית הֶעָמָל. תַּמָּן קָרְיִין לְפוֹעֲלָא טָבָא עֲמִידָא וּלְהַרְהוֹן שֶׁל מֵימֵי רַגְלַיִם [עֲמִילָה]. [יב, ח] ״וַיֵּט אָהֳלֹה״, ״אָהֳלָה״ כְּתִיב, מְלַמֵּד שֶׁנָּטַע אֹהֶל שָׂרָה תְּחִלָּה וְאַחַר כָּךְ נָטַע אָהֳלוֹ:

טז ״וַיִּבֶן שָׁם מִזְבֵּחַ לַה׳״. אָמַר רַבִּי אֶלְעָזָר: שְׁלֹשָׁה מִזְבְּחוֹת בָּנָה, אֶחָד לִבְשׂוֹרַת אֶרֶץ יִשְׂרָאֵל, וְאֶחָד לִקְנִיָּנָהּ,

עץ יוסף

[כג] **לשעבר היתה נקראת כו'.** מפרש מקדם לבית אל לשון קדימה ר"ל מקודם היתה נקראת בית אל. אבל אחר זה כשהעמיד ירבעם העגלים של זהב נקראת בית און כדכתיב (בהושע ד'). ואל תעלו בית און והיא בית אל כתרגומו. וכתיב (עמוס ה') ובית אל יהיה לאון (יפ"ת): **תמן קריין כו'.** שם קורין לפועל טוב עמידה לשון חוזק וקיום כד"א יקח מכם עמדתו (מיכה א'): **ולהרהון.** פי' לטעיט של מי רגלים קורין עמילה לשון זוהמא כמו עמילן של טבחים: **אהלה כתיב.** ודורש המדרש בתחלה כפי הכתיב אהלה ואח"כ אהלו כפי הקרי: **שנטע אהל שרה תחילה כו'.** כדקי"ל שצריך אדם לכבד את אשתו יותר מגופו. וכל כבודה בת מלך פנימה. ומלת נטע מל' ויטע אהלי אפדנו. ואפשר של"ל נטה בה"א: (טז) [כד] **אחד לבשורת הארץ.** והוא אותו שבנה בעברו עד מקום שכם כדלעיל (יפ"ת): **ואחד לקניינה.** פי' לזכות שיהיה לו קנין בארץ. והוא אותו שבנה

פירוש מהרז"ו

לשעבר היתה נקראת בית אל ועכשיו נקראת בית און. פי' שכתוב ויעתק משם ההרה מקדם לבית אל ויט אהלו בית אל מים והעי מקדם וא"כ מ"ש תחלה מקדם לבית אל מיותר. והיינו יודעים שההר מקדם לבית אל שהרי בית אל מים להר. על כן דורש שמ"ש מקדם על קדמת הזמן. וזהו שאמר שלשעבר היתה נקראת בית אל ולא עתה שעתה נקראת בית און. וכוונתו בזה להוכיח על מ"ש בסימן הסמוך שכאן מרמז על צרת העי. שהנה ביהושע ז' פסוק ב' וישלח יהושע אנשים מיריחו העי אשר עם בית און מקדם לבית אל. הרי שבית און הוא מקדם לבית אל וכאן שכתוב מקדם לבית אל כאלו מפורש בית און מקדם לבית אל. ע"פ מדה י"ז. הרי משמע מכאן ומיהושע שם שבית און ובית אל הם שני מקומות. ובמלכים א' י"ב כתוב אצל עגלים של ירבעם וישם את האחד בבית אל. ועל זה כתוב בהושע יו"ד לעגלות בית און הרי שקורא לבית אל בית און שהם עיר אחת. והם שני כתובים מכחישים. על כן דורש ומכריע כנ"ל שמ"ש ביהושע מקדם לבית אל שלשעבר היתה נקראת בית אל ועכשיו נקראת בית און על שם העון והאון שנעשה בה בחרם עכן. ועל שם העונש שפקד עליהם בעי. וכן בימי מלכי ישראל שתחלה היתה נקראת בית אל עד שלא פקד עליהם עון העגל. אך בעת שפקד עליהם עון ועונש העגל נקראת בית און. (וכמ"ש בעמוס ה' פסוק ה' ואל תדרשו בית אל וכו' עד ובית אל יהיה לאון שמעתי). וכאן שכתוב מקדם לבית אל שפירושו כמ"ש ביהושע בית און מקדם לבית אל שפי' ג"כ שלשעבר היתה נקראת בית אל ועכשיו נקראת בית און שגם אברהם ראה כאן צרת ישראל בעי ובית אל וכמ"ש בריש סימן הסמוך שבנה מזבח שלא יפלו בניו בעי ובכל הענין ביהושע מזכיר בית אל אצל עי שם ח' פסוק י"ב וי"ז ועי' יהושע י"ח בגבול בנימין והדרשה ע"פ המדות תדרוש. כי זהו באמת כוונת המדרש: **ויט אהלו.** הקרי אהלו בחול"ם כאלו כתוב בוי"ו והכתיב אהלה בה"א ותחלה דורש המדרש כפי המסורת והכתיב אהלה וכמ"ש מנשים באוהל תבורך ואח"כ אהלו כפי הקרי: (טז) **ג' מזבחות.** הראשון כמ"ש בסימן הקודם. והב' הוא מ"ש כאן בפסוק ח' בית אל מים והעי מקדם ויבן שם מזבח לה' וזה היה שלא יפלו בניו בעי שעל כן כתוב אצל מזבח זה ויקרא בשם ה'. והג' הוא לקניינה של הארץ. היינו מ"ש להלן אחר שנתפרד לוט מעמו קום התהלך בארץ לארכה ולרחבה כמ"ש לקמן סוף פרשה מ"א. והמדרש חושב כסדר שהיו המעשים א' בשורת הארץ ואח"כ קנין הארץ ע"י אברהם ואח"כ שלא יפלו בניו בעי:

רש"י

מקדם לבית אל. מהו מקדם לבית אל לשעבר מקדם היתה נקראת בית אל ועכשיו בימי ירבעם היא נקראת בית און אמר רבי אלעזר לא זכתה שתהא נקראת בית העומד הרי היא נקראת בית עמל תמן קריין לפעלא טבא עמידא ולהרהון של מי רגלים עמילא בית העומד בית החומה כמו יקח מכם עמדתו: **ויט אהלה.** א"ר חנינא אהלה כתיב נטה אהלה של שרה ואח"כ אהלו: [טז] **אחד לבשורת הארץ זה הראשון.** ואחד. שלא יפלו בניו בעי זה שני: **ואחד לקנינה.** זה שלישי. ראשון וירא ה' אל אברם ויאמר לזרעך אתן את הארץ הזאת ויבן שם מזבח לבשורתה. שני ויעתק משם ההרה מקדם לבית אל ויט אהלה בית אל מים והעי מקדם ויבן שם מזבח התחיל מתפלל שלא יפלו בניו בעי: **לקנינה.** דכתיב קום התהלך בארץ לארכה ולרחבה כי לך אתננה וסמוך ליה ויאהל אברם וישב באלוני ממרא אשר בחברון ויבן שם מזבח לה':

חידושי הרד"ל

(לד) **לשעבר היתה נקראת בית אל ועכשיו כו'.** נראה שזה נאמר על מקרא (יהושע ז') אשר עם בית און מקדם לבית אל. וכ"ה בירושלמי שבת שהביא המ"כ. גם בילקוט יהושע הובא על מקרא זה:

(לה) **שנטע אהל שרה תחלה.** ששכינה היתה שרויה עמה כמש"ל פ"ס שהיה ענן (סימן השראת שכינה). קשור עליה ועיין זוהר כאן:

חידושי הרש"ש

[טו] **לשעבר כו' ועכשיו כו' בית און.** כמו דכתיב ואל תעלו בית און (הושע ד') וע"ש ברש"י ורד"ק וכתיב ובית אל יהיה לאון (עמוס ה'):

מסורת המדרש

ל ירושלמי שבת פרק ט'. וירושלמי עבודת כוכבים פ' ג':

מתנות כהונה

לשעבר כו'. מקדם דייק מקודם היתה נקראת כן ולא אח"כ: **ועכשיו.** פירש"י מימות ירבעם ואילך: **תמן קריין כו'.** שם קורין לפועל טוב עמידה: **להרהון.** עביט של מי רגלים עמילה והערוך מהפך עמידה לעמילה ועמילה לעמידה ורש"י פי' עמידה לשון חוזק וקיום כד"א יקח מכם עמדתו (מיכה א') ובירושלמי פרק רבי עקיבא גרס תמן צווחין לפעלא טבא עמדה וצווחין להרהון של מי רגלים עמידה ובסמוך גרסינן ג"כ לא רצה להקרות עמדה קורין אותו עמידה והרמב"ן בפרשת כי תצא בפסוק לא תתעמר בה הביא גירסת הירושלמי לפעלא טבא עמידה: **אהל שרה תחלה.** משום כבודה בת מלך פנימה: [טז] **ואחד לקניינה.** שזכה בה שנאמר קום התהלך וגו' וכמו שאמרו חז"ל מכי דייש אמגרא קנה ועיין עוד לקמן סוף פ"מ תנייתא:

נחמד למראה

[טו] **ויט אהלו אהלה כתיב מלמד שנטע אהל שרה תחלה ואח"כ נטע אהלו.** עיין מ"ש היפ"ת וז"ל כ' הרא"ם ז"ל ואע"ג דלא אשכחן בשום דוכתא למדרש קדימה ואיחור בין המקרא והמסורת שאני הכא דאמרו צריך לכבד אשתו יותר מגופו ואסמכתא בעלמא היא. ותמהני דעכ"ל דקמ"ל שהקדימה דאל"כ מאי קמ"ל וכי הוה סלקא אדעתין שלא ישתדל על אשתו. וא"כ אין זו אסמכתא ואם על הדרש עצמו דדריש מסורת קאמר ליתא דהא לכ"ע דרשינן מקרא ומסורת כדכתבו התוס' בפ"ק דסוכה עכ"ל. ולכאורה אין זהו השגה על הרא"ם ז"ל דאיהו קאמר דבשום דוכתא לא אשכחן דדרשינן קדימה ואיחור דוקא מן המקרא והמסורת ולא נעלם ממנו דלכ"ע דרשינן מקרא ומסורת. ומה שהקשה עוד דעכ"ל דקמ"ל דאל"כ מאי קמ"ל אין זו קושיא די"ל

אשד הנחלים

ועכשיו כו' בית און. פירש רש"י מימות ירבעם ואילך ויש להבין מה בעו בזה. והנראה שבאו להורות שלא ידומה אחר שבהמ"ק חרב אז המקום במדריגה כמו שהית' קודם שנבנה שהית' ג"כ חרב וא"כ לא הי' המקום מקודש בעצם רק בעת שהיה נבנה. לז"א שלא כן דהרי ראינו דאף לשעבר קודם שנברא המקום היתה נקראת בית אל וא"כ שמה באמת משכן השכינה אף בלא בנין המקדש רק אנחנו בחטאינו הסבנו שתתרחק השכינה ממקומה העצמי ודי בזה לשבר לבנו ע"ז מה שגרמנו בעווניננו: **לא זכה כו'.** עיין במ"כ פירושו: וכוונתם ג"כ כמו שפרשתי שלא די שלא זכה להקרא בשם טוב וא"כ זהו העדר הטוב כ"א בשם מגונה שזהו שם רע. וכן המקדש לא די שאין הבית המקדש שמה אלא אף גם נפל ממדרגתו ממה שהיה קודם הבנין: **אהל שרה תחילה.** מפני כי כל כבודה בת מלך פנימה כפירש המ"כ. ואולי היא לכוונה פנימית. וזהו כמו שאמרו שאברהם הי' טפל לשרה בנבואה. וא"כ היא הית' צריכה לאוהל תחילה לפי ששם הית' ההתבודדת לנבואה והבן: [טז] **לבשורת א"י לקניינה.** הקנין הוא הדבר התמידי שתהי' א"י מיוחדת רק לישראל. והבשורה הית' רק שיהי' לו חלק בארץ. ורק מפני שראה שבאמצעיתו יהיו ישראל בגלות וכן יתר הצרות בעת הכיבוש ג"כ בנה מזבח להועיל להם שלא ישתקעו ח"ו בגליות

acquisition of [the Land];[215] וְאֶחָד שֶׁלֹּא יִפְּלוּ בָנָיו בָּעַי – **and** the **one** mentioned in this verse, so **that his children should not fall** in battle at Ai.[216] הֲדָא הוּא דִכְתִיב – **Thus it is written:** "וַיִּקְרַע יְהוֹשֻׁעַ שִׂמְלֹתָיו וַיִּפֹּל עַל פָּנָיו אַרְצָה לִפְנֵי אֲרוֹן ה׳ עַד הָעֶרֶב הוּא וְזִקְנֵי יִשְׂרָאֵל וַיַּעֲלוּ עָפָר עַל רֹאשָׁם" – ***Joshua tore his garments and fell on his face to the ground before the Ark of HASHEM until evening, he and the elders of Israel; and they raised up dust on their heads*** (*Joshua* 7:6). אָמַר רַבִּי אֶלְעָזָר בֶּן שַׁמּוּעַ – **R' Elazar ben Shamua said:** הִתְחִילוּ מַזְכִּירִים זְכוּתוֹ שֶׁל אַבְרָהָם אָבִינוּ – By placing dust on their heads **they** thus **began evoking the merit of Abraham, our forefather,** שֶׁנֶּאֱמַר "וְאָנֹכִי עָפָר וָאֵפֶר" – **for it is stated** in Scripture that he said, ***"I am but 'dust' and ashes"*** (below, 18:27),[217] כְּלוּם בָּנָה אַבְרָהָם מִזְבֵּחַ בָּעַי אֶלָּא שֶׁלֹּא יִפְּלוּ בָנָיו בָּעַי – pleading before God: **"Did Abraham build an altar at Ai** for any reason **other than that his children should not fall** in battle **at Ai?!"**

☐ וַיִּקְרָא בְּשֵׁם ה׳ – ***AND HE CALLED IN THE NAME OF HASHEM.***

What is meant by "calling in the Name of Hashem"? The Midrash gives two explanations:

מְלַמֵּד שֶׁהִקְרִיא שְׁמוֹ שֶׁל הַקָּדוֹשׁ בָּרוּךְ הוּא בְּפִי כָל בְּרִיָּה – **[This] teaches that [Abraham] caused the Name of the Holy One, blessed is He, to be proclaimed in the mouth of every human being.**[218]Ⓐ דָּבָר אַחֵר – **Another interpretation:** "וַיִּקְרָא", הִתְחִיל מְגַיֵּיר גֵּרִים וּלְהַכְנִיסָם תַּחַת כַּנְפֵי הַשְּׁכִינָה – ***And he called*** *in the Name of Hashem* means that [**Abraham**] **began proselytizing converts and bringing them "under the wings of the Divine Presence."**[219]

וַיִּסַּע אַבְרָם הָלוֹךְ וְנָסוֹעַ הַנֶּגְבָּה.

Then Abram journeyed on, journeying steadily toward the south (12:9).

☐ וַיִּסַּע אַבְרָם הָלוֹךְ וְנָסוֹעַ הַנֶּגְבָּה – ***THEN ABRAM JOURNEYED ON, JOURNEYING STEADILY TOWARD THE SOUTH.***

The Midrash explains the connotation of Abraham journeying to the south:[220]

מְחַקֶּה וְהוֹלֵךְ וּמְכַוֵּין כְּנֶגֶד בֵּית הַמִּקְדָּשׁ – This means that Abraham was **constantly imaging** mentally, **and directing himself toward, the** site of the future **Holy Temple.**[221]

NOTES

215. The altar mentioned below, 13:18, after God had told Abraham, *Arise, walk about the Land through its length and breadth, for to you I will give it* (ibid., v. 17). According to the opinion of Rabbi Eliezer cited below, 41 §10, such walking constitutes a legal acquisition of title to the Land; see also *Bava Basra* 100a (*Yefeh To'ar*). Abraham's intent was for the merit of that altar to aid him in effecting that acquisition (*Eitz Yosef* from ibid.).

216. The first Israelite attack on the Canaanite city of Ai met with defeat, with the Israelite forces suffering significant casualties; see *Joshua* 7:4-5. As Scripture proceeds to explain there, this defeat was a result of the sin of Achan. Abraham foresaw that sin and sought to deflect or alleviate the consequent danger (*Eitz Yosef,* from *Nezer HaKodesh*).

The Midrash lists these altars out of chronological order because it proceeds to elaborate on the subject of this last-mentioned altar (ibid.).

217. The Midrash is interpreting the verse's expression *they raised up dust* as implying that they sought to "raise" the memory, before God, of the one who had said, "I am but dust" — viz., Abraham (*Eitz Yosef*).

218. Accordingly, וַיִּקְרָא בְּשֵׁם ה׳ means that Abraham publicized the Name of Hashem to others, making them aware of His existence and of His control of the world, so that they too spoke of Him (*Eitz Yosef,* from *Nezer HaKodesh;* however, see *Matnos Kehunah* and *Yefeh To'ar*). See also *Sotah* 10a-b.

The Midrash does not understand the phrase to mean that Abraham prayed to Hashem (as Onkelos interprets it), for if so the verse would have stated וַיִּקְרָא שֵׁם ה׳, *and he invoked the Name of Hashem* (*Yefeh To'ar;* see also *Tiferes Tzion*).

219. I.e., to bring them to belief in God (expression taken from *Ruth* 2:12). Here the Midrash understands *called* in the sense of "summoned," i.e., Abraham *summoned* the people *in the Name of Hashem,* calling upon them to join His followers (*Matnos Kehunah*).

Proselytizing is more intense than just publicizing God's existence, as per the first interpretation, for it means that Abraham influenced the converts to actually observe God's commandments and to emulate His ways (*Eitz Yosef*).

220. The phrase הָלוֹךְ וְנָסוֹעַ (*journeying steadily*) implies constant and protracted travel, whereas the journey to the southern section of the land could have been accomplished in just two or three days. Hence, this journeying must be understood metaphorically, as the Midrash presently explains (*Maharzu;* however, see *Tiferes Tzion*).

221. Which is in the southern section of *Eretz Yisrael* (*Rashi* on *Chumash*). See also *Ezekiel* 21:2, where Jerusalem and the Temple are referred to as "the south" (*Eitz Yosef*).

The idea of this phrase is that Abraham was constantly contemplating the Holy Temple and his role, described above 19 §7, in returning the *Shechinah* — the Divine Presence — to this earth, which would ultimately be climaxed with the construction of the Temple to house the *Shechinah* (*Maharzu, Eitz Yosef*).

INSIGHTS

Ⓐ **The Patriarchs: Declarers of God's Name** Even in Ur Kasdim Abraham had attempted to teach the masses "God's Name," i.e., the reality of His existence, but there the people were not interested in his teachings. Now, however, he had reached the land of Canaan, and God had promised him, *"I will bless those who bless you,"* intimating to Abraham that the Canaanites would be receptive to his message. Abraham therefore proclaimed the Name of Hashem aloud before the altar that he built, informing the people of God's existence and His absolute Divinity, until they, too, believed and called out in His Name.

Isaac later took up Abraham's mission. When, in the course of his own travels, he arrived in a place where people were ignorant of God's existence, and was promised by God, *"Do not fear, for I am with you . . .,"* he built an altar and *proclaimed the Name of Hashem* (below, 26:25). In regard to the patriarch Jacob, however, there is no mention of his "proclaiming God's Name." Jacob did not need to undertake this particular aspect of his forebears' holy work, for he bore many God-fearing sons, and their assembly constituted a "congregation of Israel," whose very existence publicizes the pure faith. Moreover, due to the earlier efforts of Abraham and Isaac, the reality of a Supreme Being was already known throughout the land (*Ramban* to *Genesis* 12:8).

פרשה מ

א [יב, י] "וַיְהִי רָעָב בָּאָרֶץ וַיֵּרֶד אַבְרָם מִצְרַיְמָה לָגוּר שָׁם". **כְּתִיב** (תהלים לג, יח) "הִנֵּה עֵין ה' אֶל יְרֵאָיו לַמְיַחֲלִים לְחַסְדּוֹ", [א]"הִנֵּה עֵין ה' אֶל יְרֵאָיו", **זֶה אַבְרָהָם שֶׁנֶּאֱמַר** (לקמן כב, יב) "כִּי עַתָּה יָדַעְתִּי כִּי יְרֵא אֱלֹהִים אַתָּה", "לַמְיַחֲלִים לְחַסְדּוֹ", **שֶׁנֶּאֱמַר** (מיכה ז, כ) "תִּתֵּן אֱמֶת לְיַעֲקֹב חֶסֶד לְאַבְרָהָם וְגוֹ'", (תהלים לג, יט) "לְהַצִּיל מִמָּוֶת נַפְשָׁם", מִמִּיתָתוֹ שֶׁל נִמְרוֹד, "וּלְחַיּוֹתָם בָּרָעָב", "וַיְהִי רָעָב בָּאָרֶץ":

ב "וַיְהִי רָעָב בָּאָרֶץ", רַבִּי פִּנְחָס בְּשֵׁם רַבִּי חָנִין דְּצִיפּוֹרִין [ב]פָּתַח: (תהלים צד, יב) "אַשְׁרֵי הַגֶּבֶר אֲשֶׁר תְּיַסְּרֶנּוּ יָּהּ", וְאִם בָּא לְהַקְפִּיד, "וּמִתּוֹרָתְךָ תְלַמְּדֶנּוּ". מַה כְּתִיב בְּאַבְרָהָם "וַאֲבָרֶכְךָ וַאֲגַדְּלָה שְׁמֶךָ", כֵּיוָן שֶׁיָּצָא קָפַץ עָלָיו רְעָבוֹן וְלֹא קָרָא תִּגָּר וְלֹא הִקְפִּיד אֶלָּא "וַיֵּרֶד אַבְרָם מִצְרַיְמָה לָגוּר שָׁם". "וַיְהִי רָעָב בָּאָרֶץ", רַבִּי יְהוֹשֻׁעַ בֶּן לֵוִי פָּתַח: (שם קיא, ה) "טֶרֶף נָתַן לִירֵאָיו", טֵירוּף נָתַן לִירֵאָיו בָּעוֹלָם הַזֶּה, אֲבָל לֶעָתִיד לָבֹא "יִזְכֹּר לְעוֹלָם". מַה כְּתִיב בְּאַבְרָהָם "וַאֲבָרֶכְךָ וַאֲגַדְּלָה שְׁמֶךָ", כֵּיוָן שֶׁיָּצָא קָפַץ עָלָיו רְעָבוֹן וְלֹא הִקְפִּיד וְלֹא קָרָא תִּגָּר אֶלָּא "וַיְהִי רָעָב בָּאָרֶץ":

רש"י

מ (ב) ס"א טרף. כמו נטרפים ע"כ:

עץ יוסף

מ (א) **הנה עין ה' אל יראיו כו'.** זה אברהם שכמו שהיתה עין השגחתו עליו בדבור אתו ית' להצילו ממות מיד נמרוד וכמ"ש אני ה' אשר הוצאתיך מאור כשדים. ואח"כ אמר לו לך לך מארצך וגו'. כן בשעת הרעב אמר לו גם כן שילך למצרים להנצל מהרעב. על כן פרט להציל ממות נפשם ולחיותם ברעב. וגם בכוונה להביאו לנסיון עם שרה. ומ"ש יראיו לשון רבים שכולל גם שרה עמו: **חסד לאברהם.** שפירושו החסד שנשבע לו ה' לעשות לזרעו וזהו למיחלים שיחל לחסד ה' שנשבע לו (יפ"ת): **ממיתתו של נמרוד.** שהשליכו לכבשן כדלעיל פ' ל"ח: **לחיותם ברעב.** שהצילו ה' בהיותו בארץ ישראל ונתן בלבו לרדת מצרימה ונתנו לחן ולחסד במקום לכתו (יפ"ת): (ב) **פתח אשרי הגבר כו'.** כלו' שמאברהם נלמוד שלא להרהר כנגד ה' ביסורי הצדיקים. והכוונה לתת טעם למה שהביא הש"ת הרעב הזה ואמר שזה לנסיון לאברהם אם יקרא תגר נגד ה' שהביאו לארץ רעבה שצריך ללכת משם: **ואם להקפיד כו'.** דורש שהפסוק מדבר ביסורים שהגבר אשר הש"ת מיסרו אשרי לו ואם בא להקפיד ולהרהר אחריך מתורתך תלמדנו (קרי ביה תלמדנו באיר"ק הת"ו) ויבין באברהם שנתיסר ביסורין ולא הרהר וידע כי כך המדה להיות הצדיקים מעונים בעוה"ז: **טרף נתן ליראיו.** דורש טרף טירוף שפירושו נדנוד ומחסור ורעב שיהיו תמיד ביסורין בעוה"ז ולא ישבו בשלוה כדלקמן פרש' פ"ד. וזה כדי שיפרעו איזה חטא קל שביניהם וישכנו לבטח בעולם הבא. וז"ש אבל לעתיד יזכור לעולם בריתו. כלו' ברית החסד אשר כרת עם הצדיק יזכרנו לעולם העתיד הוא העולם הבא עולם שכולו ארוך. והרש"ש גורס בעוה"ז. יזכור לעולם לע"ל:

פירוש מהרז"ו

מ (א) **כתיב הנה עין ה'.** הוקשה לו מ"ש ויהי רעב בארץ וירד אברם מצרימה וכו' מאחר שצוהו הש"י תחלה שילך לארץ כנען איך היה רשאי לצאת ממנה ברעב. גם בפסוק זה הנה עין ה' אל יראיו הוקשה לו למה פרט דווקא שני דברים אלו להצילם ממות ולהחיותם ברעב. על כן דורש שפסוק זה הנה עין ה' ע"פ גז"ש מדבר באברהם שכמו שהיתה עין השגחתו עליו בדיבור אתו יתברך להצילו ממות מיד נמרוד וכמ"ש אני ה' אשר הוצאתיך מאור כשדים ואח"כ אמר לו לך לך מארצך וכו' כן בשעת הרעב אמר לו ג"כ שילך למצרים להנצל מהרעב ע"כ פרט להציל ממות נפשם ולחיותם ברעב וגם בכוונה להביאו לנסיון עם שרה. ומ"ש יראיו לשון רבים שכולל גם שרה עמו: **למיחלים לחסדו.** תיקון הלשון למיחלים לחסדו זה אברהם שנאמר חסד לאברהם: (ב) **אשרי הגבר אשר תיסרנו.** עי' לקמן ריש פ' נ"ב בביאור: **אם בא להקפיד.** הוקשה לו שהיל"ל ותורתך תלמדנו. והי' לו להקדים התורה להיסורים. על כן דורש שכל הפסוק אינו מדבר אלא ביסורים לבד שהגבר אשר הש"י מיסרו אשרי לו. ובאיזה אופן הוא באשרי כשמתגבר כנגד יצרו ולומד מן התורה איך לקבל יסורים באהבה והיינו כאברהם שקבל נסיונותיו ויסוריו באהבה ולא הקפיד כנגד הש"י בגזירתו ולא הרהר אחר מדותיו ועי' בריש ברכות באופן אחר: **טרף נתן ליראיו.** לפי הפשט שהיל"ל מזון או לחם ולמה אמר בלשון עבר נתן והיל"ל נותן וכמ"ש נותן לחם לכל בשר שתמיד הוא נותן ע"כ דורש ע"פ מדה כ' ומדת ממעל א"ת טרף אלא טירוף שפירושו נדנוד ומחסור ורעב על שיזכור לעולם בריתו לעולם הבא כי אין הבטחה לצדיק בעולם הזה כמ"ש לקמן פר' ע"ו סימן ג' על כן לא הקפיד ולא קרא תגר. ועי' ילקוט תהלים קי"א וילקוט כאן:

חידושי הרד"ל

(א) [ב] **ואם בא להקפיד ומתורתך תלמדנו** קרי ביה תלמדנו באיר"ק הת"ו וכדדרשינן ליה נמי בברכות (ה'.):

(ב) **לעתיד לבא יזכור לעולם בריתו.** וכדכתיב בתריה לתת להם נחלת גוים וגו' נאמנים כל פקודיו. שאז יאמנו דבריו והבטחותיו:

חידושי הרש"ש

[ב] **לעתיד לבא יזכור לעולם.** נראה דנסתרסו התיבות וכצ"ל יזכור לעולם לע"ל:

מסורת המדרש

א ילקוט כאן רמז ס"ז. וילקוט תהלים רמז תש"כ:

ב לקמן פרק נ"ב. ילקוט כאן רמז ס"ז. וילקוט תהלים רמז תת"כ:

אם למקרא

הִנֵּה עֵין ה' אֶל־יְרֵאָיו לַמְיַחֲלִים לְחַסְדּוֹ: (תהלים לג:יח)

וַיֹּאמֶר אַל־תִּשְׁלַח יָדְךָ אֶל־הַנַּעַר וְאַל־תַּעַשׂ לוֹ מְאוּמָה כִּי עַתָּה יָדַעְתִּי כִּי־יְרֵא אֱלֹהִים אַתָּה וְלֹא חָשַׂכְתָּ אֶת־בִּנְךָ אֶת־יְחִידְךָ מִמֶּנִּי: (בראשית כב:יב)

תִּתֵּן אֱמֶת לְיַעֲקֹב חֶסֶד לְאַבְרָהָם אֲשֶׁר־נִשְׁבַּעְתָּ לַאֲבֹתֵינוּ מִימֵי קֶדֶם: (מיכה ז:כ)

לְהַצִּיל מִמָּוֶת נַפְשָׁם וּלְחַיּוֹתָם בָּרָעָב: (תהלים לג:יט)

אַשְׁרֵי הַגֶּבֶר אֲשֶׁר־תְּיַסְּרֶנּוּ יָּהּ וּמִתּוֹרָתְךָ תְלַמְּדֶנּוּ: (תהלים צד:יב)

טֶרֶף נָתַן לִירֵאָיו יִזְכֹּר לְעוֹלָם בְּרִיתוֹ: (תהלים קיא:ה)

מתנות כהונה

מ [ב] **להקפיד.** להרהר אחר מדותיו יתברך: **ומתורתך תלמדנו.** למדנו מתורתך שאין להרהר אחריו: **טירוף.** טלטול ונדנוד בלי שלוה כדלעיל פרשה כ"ה:

אשד הנחלים

מ [א] **הנה עין גו' זה אברהם.** כי מלת הנה הוא כמו מאמר הידוע וכלומר כבר ראיתי כי עין ה' אל יריאיו ולכן מפרש שכבר ראו באברהם כי זה הפסוק כולל כולו ממעשי אברהם. אך הוקשה דהלא אברהם נקרא אוהבי כמ"ש זרע אברהם אוהבי ולכן מפרש שנקרא ג"כ ירא כמ"ש עתה ידעתי כי ירא אלהים אתה ומפרש מעט ע"ד דרש בקצרה כדי שיובן המאמר על בוריו. והנה יש יראה סתמית שירא מפני עונש וקיווי השכר והיא נופלת במדריגה ממעלת האהב' שהיא מפני כבוד ה' והיראה הזאת איננה נקראת יראת אלהים. ויש יראה מפני כבוד ה' והכרתו. והמעלה הזאת היא מצורפת למעלת האהבה ועוזרת אליו להיות כי האהבה נובע מההכר' וההכרה אם תהי' בדבר אשר הוא נגד השכל [אשר ממנו ימשך ההכרה] אז תשקע האהב'. אך אם היראה מצורפת אליו אז עושה אף בדבר שהוא נגד השכל ולכן בעקידה שעשה דבר נגד השכל כי איך יבחר ה' לזבוח אדם עכ"ז ע"י יראתו הטהורה עשה זאת. וזהו עתה ידעתי כי גם ירא אלהים אתה ולכן לא חשכת את בנך ממני. והנה כאן כתיב אל יראיו בכינוי לא כתיב אל היראים סתם מפני שעל יראה האמיתית ידבר שהם יראים רק מפניו ית' ומכבודו ולכן אמר זה אברהם. ומה שאמר הנה עין בלשון יחיד לפי שהעינים הושאלו על השגחה ויש שם השגחה נסיית וטבעית וכל אחד הושאל בעין אחת אשר לכן אמרו בחזית דומה דודי לצבי מה צבי כשהוא ישן עינו אחת פתוחה. והכוונה בנמשל אף שהוא הסתרת פנים שזהו המכונה בשינה עכ"ז עינו אחת פתוחה כי גם בהשגחת הטבע עינו וחסדו פתוחה עלינו והנה ההשגחה המופיעה על הטובים בעת הרעה אף שכל העולם כולו בהסתר פנים הוא דבר גדול מאוד יותר מההשגחה הנסיית השולט בעולם כולו. וע"ז כיוון הנה עין ה' הטובה אל יראיו אף בעת צרה ורעבון וכל זה לא יהי' רק להיריאים האמיתיים המייחלים רק לחסדו כי עליהם ההשגחה תמיד שולט אף בעת הזעם והבן זה. כי קצרתי: [ב] **ואם בא להקפיד.** כאלו צייר הכתוב. והנה ממעשי אבותיו ניכר כי בוודאי אושר גדול לאדם אם יווסר ביסורי האהבה וזהו ומתורתך נראה זאת בחוש כי כן עשית עם אוהבך תמיד: **טירוף נתן.** הדבר הזה ביארתי בטוב טעם בספרי מאורי אש על התנדב"א איך הוציא ממשמעותו שהרי באמת כתיב טרף. וכתבתי שם שמלת טרף הונח על המזונות הנתונה בקצב גדול רק כדי ההכרחי וביגיעה גדולה והנה א"כ מכוונים הדברים שבאמת ה' נותן טרפו ליריאיו אך בטירוף וביגיעה וכל זה כדי להצריף לבם ביסורי אהבה כדי שיזדככו יותר. ואז יזכור לעולם זהו עול' הנצחי לע"ל בעוה"ב בריתו והתקשרותו עמו כי שם ינוח ויתענג בתענוג תמידי כי בעוה"ז נצרף לגמרי ע"י שקיבל יסורי האהבה באהבה. וזהו שאמר כיון שיצא כו' ולא הקפיד שעי"ז נצרף לבו שלא יקפיד מאומה על מידותיו ית':

מַה כְּתִיב בְּאַבְרָהָם "וַאֲבָרֶכְךָ וַאֲגַדְּלָה שְׁמֶךָ" – **What is written concerning Abraham?** God had promised him, ***I will bless you and make your name great*** (above, v. 2). כֵּיוָן שֶׁיָּצָא קָפַץ עָלָיו רְעָבוֹן – But **as soon as he left** Haran and went to the land of Canaan in accordance with God's command, **a famine sprang upon him.** וְלֹא הִקְפִּיד וְלֹא קָרָא תִּגָּר – **And** yet **he did not become upset** at God **nor did he complain;**[11] אֶלָּא "וַיְהִי רָעָב בָּאָרֶץ" – **rather,** Scripture states, ***There was a famine in the land,*** *and Abram descended to Egypt to sojourn there.*

NOTES

11. For he understood that this is God's way, to allot the righteous hardships in This World.

[This is the same message that R' Chanin was teaching above, that one should never doubt God because of hardships with which he is afflicted, for God's reward is ultimately in the Next World (*Yefeh To'ar*).]

INSIGHTS

verse states: *I have been a youth and also aged; but I have not seen a righteous man forsaken, his children begging for bread* (*Psalms* 37:25). *R' Samson Raphael Hirsch* (ad loc.) observes that it does not say *I have not seen a righteous man "begging for bread"* — only that he is not *forsaken*. For indeed, there are times when a righteous man will have to beg for bread, and in this there is no shame. But even at such times, he is not *forsaken*. Even at such times, God sends him help either directly or indirectly, rewarding his trust amid the turmoil.

פרשה מ

א [יב, י] "**וַיְהִי רָעָב בָּאָרֶץ וַיֵּרֶד אַבְרָם מִצְרַיְמָה לָגוּר שָׁם". כְּתִיב** (תהלים לג, יח) "**הִנֵּה עֵין ה' אֶל יְרֵאָיו לַמְיַחֲלִים לְחַסְדּוֹ**", [א]"**הִנֵּה עֵין ה' אֶל יְרֵאָיו**", **זֶה אַבְרָהָם שֶׁנֶּאֱמַר** (לקמן כב, יב) "**כִּי עַתָּה יָדַעְתִּי כִּי יְרֵא אֱלֹהִים אַתָּה**", "**לַמְיַחֲלִים לְחַסְדּוֹ**", **שֶׁנֶּאֱמַר** (מיכה ז, כ) "**תִּתֵּן אֱמֶת לְיַעֲקֹב חֶסֶד לְאַבְרָהָם וְגוֹ'**", (תהלים לג, יט) "**לְהַצִּיל מִמָּוֶת נַפְשָׁם**", **מִמִּיתָתוֹ שֶׁל נִמְרוֹד**, "**וּלְחַיּוֹתָם בָּרָעָב**", "**וַיְהִי רָעָב בָּאָרֶץ**":

ב "**וַיְהִי רָעָב בָּאָרֶץ", רַבִּי פִּנְחָס בְּשֵׁם רַבִּי חָנִין דְּצִיפּוֹרִין** [ב]**פָּתַח:** (תהלים צד, יב) "**אַשְׁרֵי הַגֶּבֶר אֲשֶׁר תְּיַסְּרֶנּוּ יָּהּ", וְאִם בָּא לְהַקְפִּיד, "וּמִתּוֹרָתְךָ תְלַמְּדֶנּוּ". מַה כְּתִיב בְּאַבְרָהָם "וַאֲבָרֶכְךָ וַאֲגַדְּלָה שְׁמֶךָ", כֵּיוָן שֶׁיָּצָא קָפַץ עָלָיו רְעָבוֹן וְלֹא קָרָא תִּגָּר וְלֹא הִקְפִּיד אֶלָּא "וַיֵּרֶד אַבְרָם מִצְרַיְמָה לָגוּר שָׁם". "וַיְהִי רָעָב בָּאָרֶץ", רַבִּי יְהוֹשֻׁעַ בֶּן לֵוִי פָּתַח:** (שם קיא, ה) "**טֶרֶף נָתַן לִירֵאָיו", טֵירוּף נָתַן לִירֵאָיו בָּעוֹלָם הַזֶּה, אֲבָל לֶעָתִיד לָבֹא "יִזְכֹּר לְעוֹלָם". מַה כְּתִיב בְּאַבְרָהָם "וַאֲבָרֶכְךָ וַאֲגַדְּלָה שְׁמֶךָ", כֵּיוָן שֶׁיָּצָא קָפַץ עָלָיו רְעָבוֹן וְלֹא הִקְפִּיד וְלֹא קָרָא תִּגָּר אֶלָּא "וַיְהִי רָעָב בָּאָרֶץ"**:

רש"י

מ (ב) ס"א טרף. כמו נטרפים ע"כ:

עץ יוסף

מ (א) **הנה עין ה' אל יראיו כו'.** זה אברהם שכמו שהיתה עין השגחתו עליו בדבור אמתו ית' להצילו ממות מיד נמרוד וכמ"ש אני ה' אשר הוצאתיך מאור כשדים. ואח"כ אמר לו לך לך מארצך וגו'. כן בשעת הרעב אמר לו גם כן שילך למצרים להנצל מהרעב. על כן פרט להציל ממות נפשם ולחיותם ברעב. וגם בכוונה להביאו לנסיון עם שרה. ומ"ש יראיו לשון רבים שכולל גם שרה עמו: **חסד לאברהם.** שפירושו החסד שנשבע לו ה' לעשות לזרעו וזהו למיחלים שיחל לחסד ה' שנשבע לו (יפ"ת): **ממיתתו של נמרוד.** שהשליכו לכבשן כדלעיל פ' ל"ח: **לחיותם ברעב.** שהצילו ה' בהיותו בארץ ישראל ונתן בלבו לרדת מצרימה ונתנו לחן ולחסד במקום לכתו (יפ"ת): (ב) **פתח אשרי הגבר כו'.** כלו' שמאברהם נלמוד שלא להרהר כנגד ה' ביסורי הצדיקים. והכוונה לתת טעם למה שהביא השי"ת הרעב הזה ואמר שזה לנסיון לאברהם אם יקרא תגר נגד ה' שהביאו לארץ רעבה שצריך ללכת משם: **ואם להקפיד בו'.** דורש שהפסוק מדבר ביסורים שהגבר אשר השי"ת מיסרו אשרי לו ואם בא להקפיד ולהרהר אחריך מתורתך תלמדנו (קרי ביה תלמדנו בחירק התי"ו) ויבין באברהם שנתיסר ביסורין ולא הרהר וידע כי כך המדה להיות הצדיקים מעונים בעוה"ז: **טרף נתן ליראיו.** דורש טרף טירוף שפירושו נדנוד ומחסור ורע שיהיו תמיד ביסורין בעוה"ז ולא ישבו בשלוה כדלקמן פרש' פ"ד. וזה כדי שיפרעו איזה חטא קל שביניהם וישכנו לבטח בעולם הבא. וז"ש אבל לעתיד יזכור לעולם בריתו. כלו' ברית החסד אשר כרת עם הצדיק יזכרנו לעולם העתיד הוא העולם הבא עולם שכולו ארוך. והרש"ש גורס בעוה"ז. יזכור לעולם לע"ל:

פירוש מהרז"ו

מ (א) **כתיב הנה עין ה'.** הוקשה לו מ"ש ויהי רעב בארץ וירד אברם מצרימה וכו' מאחר שצווהו הש"י תחלה שילך לארץ כנען איך היה רשאי לצאת ממנה ברעב. גם בפסוק זה הנה עין ה' אל יראיו הוקשה לו למה פרט דווקא שני דברים אלו להצילם ממות ולהחיותם ברעב. על כן דורש שפסוק זה הנה עין ה' ע"פ גז"ש מדבר באברהם שכמו שהיתה עין השגחתו עליו בדיבור אמתו יתברך להצילו ממות מיד נמרוד וכמ"ש אני ה' אשר הוצאתיך מאור כשדים ואח"כ אמר לו לך לך מארצך וכו' כן בשעת הרעב אמר לו ג"כ שילך למצרים להנצל מהרעב ע"כ פרט להציל ממות נפשם ולחיותם ברעב וגם בכוונה להביאו לנסיון עם שרה. ומ"ש יראיו לשון רבים שכולל גם שרה עמו: **למיחלים לחסדו.** תיקון הלשון למיחלים לחסדו זה אברהם שנאמר חסד לאברהם: (ב) **אשרי הגבר אשר תיסרנו.** עי' לקמן ריש פ' נ"ב בביאור: **אם בא להקפיד.** הוקשה לו שהיל"ל ותורתך תלמדנו. והי' לו להקדים התורה להיסורים. על כן דורש שכל הפסוק אינו מדבר אלא ביסורים לבד שהגבר אשר הש"י מיסרו אשרי לו. ובאיזה אופן הוא באשרי כשמתגבר כנגד יצרו ולומד מן התורה איך לקבל יסורים באהבה והיינו כאברהם שקבל נסיונותיו ויסוריו באהבה ולא הקפיד כנגד הש"י בגזירתו ולא הרהר אחר מדותיו ועי' בריש ברכות באופן אחר: **טרף נתן ליראיו.** לפי הפשט שהיל"ל מזון או לחם ולמה אמר בלשון עבר נתן והיל"ל נותן וכמ"ש נותן לחם לכל בשר שתמיד הוא נותן ע"כ דורש ע"פ מדה כ' ומדת ממעל א"ת טרף אלא טירוף שפירושו נדנוד ומחסור ורעב על שיזכור לעולם בריתו לעולם הבא כי אין הבטחה לצדיק בעולם הזה כמ"ש לקמן פר' ע"ו סימן ב' על כן לא הקפיד ולא קרא תגר. ועי' ילקוט תהלים קי"א וילקוט כאן:

חידושי הרד"ל

(א) [ב] **ואם בא להקפיד ומתורתך תלמדנו** קרי ביה תלמדנו בחירק התי"ו וכדדרשינן ליה נמי בברכות (ה'.):

(ב) **לעתיד לבא יזכור לעולם בריתו.** וכדכתיב בתריה לתת להם נחלת גוים וגו' נאמנים כל פקודיו. שאז יאמנו דבריו והבטחותיו:

חידושי הרש"ש

[ב] **לעתיד לבא יזכור לעולם.** נראה דנסתרסו התיבות וכצ"ל יזכור לעולם לע"ל:

מסורת המדרש

א ילקוט כאן רמז ס"ז. וילקוט תהלים רמז תש"כ:

ב לקמן פרק נ"ב. ילקוט כאן רמז ס"ז. וילקוט תהלים רמז תת"כ:

אם למקרא

הִנֵּה עֵין ה' אֶל־יְרֵאָיו לַמְיַחֲלִים לְחַסְדּוֹ: (תהלים לג:יח)

וַיֹּאמֶר אַל־תִּשְׁלַח יָדְךָ אֶל־הַנַּעַר וְאַל־תַּעַשׂ לוֹ מְאוּמָה כִּי עַתָּה יָדַעְתִּי כִּי־יְרֵא אֱלֹהִים אַתָּה וְלֹא חָשַׂכְתָּ אֶת־בִּנְךָ אֶת־יְחִידְךָ מִמֶּנִּי: (בראשית כב:יב)

תִּתֵּן אֱמֶת לְיַעֲקֹב חֶסֶד לְאַבְרָהָם אֲשֶׁר־נִשְׁבַּעְתָּ לַאֲבֹתֵינוּ מִימֵי קֶדֶם: (מיכה ז:כ)

לְהַצִּיל מִמָּוֶת נַפְשָׁם וּלְחַיּוֹתָם בָּרָעָב: (תהלים לג:יט)

אַשְׁרֵי הַגֶּבֶר אֲשֶׁר־תְּיַסְּרֶנּוּ יָּהּ וּמִתּוֹרָתְךָ תְלַמְּדֶנּוּ: (תהלים צד:יב)

טֶרֶף נָתַן לִירֵאָיו יִזְכֹּר לְעוֹלָם בְּרִיתוֹ: (תהלים קיא:ה)

מתנות כהונה

מ [ב] **להקפיד.** להרהר אחר מדותיו יתברך: **ומתורתך תלמדנו.** למדנו מתורתך שאין להרהר אחריו: **טירוף.** טלטול ונדנוד בלי שלוה כדלעיל פרשה כ"ה:

אשד הנחלים

מ [א] **הנה עין גו' זה אברהם.** כי מלת הנה הוא כמו מאמר הידוע וכלומר כבר ראיתי כי עין ה' אל יריאיו ולכן מפרש שכבר ראו באברהם כי זה הפסוק כולל כולו ממעשי אברהם. אך הוקשה דהלא אברהם נקרא אוהבי כמ"ש זרע אברהם אוהבי ולכן מפרש שנקרא ג"כ ירא כמ"ש עתה ידעתי כי ירא אלהים אתה ומפרש מעט ע"ד דרש בקצרה כדי שיובן המאמר על בוריו. והנה יש יראה סתמית שירא מפני עונש וקיווי השכר והיא נופלת במדריגה ממעלת האהב' שהיא מפני כבוד ה' והיראה הזאת איננה נקראת יראת אלהים. ויש יראה מפני כבוד ה' והכרתו. והמעלה הזאת היא מצורפת למעלת האהבה ועוזרת אליו להיות כי האהבה נובע מההכר' וההכרה אם תהי' בדבר אשר הוא נגד השכל [אשר ממנו ימשך ההכרה] אז תשקע האהב'. אך אם היראה מצורפת אליו אז עושה אף בדבר שהוא נגד השכל ולכן בעקידה שעשה דבר נגד השכל כי איך יבחר ה' לזבוח אדם עכ"ז ע"י יראתו הטהורה עשה זאת. וזהו עתה ידעתי כי גם ירא אלהים אתה ולכן לא חשכת את בנך ממני. והנה כאן כתיב אל יראיו בכינוי לא כתיב אל היראים סתם מפני שעל יראה האמיתית ידבר שהם יראים רק מפניו ית' ומכבודו ולכן אמר זה אברהם. ומה שאמר הנה עין בלשון יחיד לפי שהעינים הושאלו על השגחה ויש שם השגחה נסיית וטבעית וכל אחד הושאל בעין אחת אשר לכן אמרו בחזית דומה דודי לצבי מה צבי כשהוא ישן עינו אחת פתוחה. והכוונה בנמשל אף שהוא הסתרת פנים שזהו המכונה בשינה עכ"ז עינו אחת פתוחה כי גם בהשגחת הטבע עינו וחסדו פתוחה עלינו והנה ההשגחה המופיעה על הטובים בעת הרעה אף שכל העולם כולו בהסתר פנים הוא דבר גדול מאוד יותר מההשגחה הנסיית השולט בעולם כולו. וע"ז כיוון הנה עין ה' הטובה אל יראיו אף בעת צרה ורעבון וכל זה לא יהי' רק להיריאים האמיתיים המייחלים רק לחסדו כי עליהם ההשגחה תמיד שולט אף בעת הזעם והבן זה. כי קצרתי: [ב] **ואם בא להקפיד.** כאלו צייר הכתוב. והנה ממעשי אבותיו ניכר כי בוודאי אושר גדול לאדם אם יוסר ביסורי האהבה וזהו ומתורתך נראה זאת בחוש כי כן עשית עם אוהבך תמיד: **טירוף נתן.** הדבר הזה ביארתי בטוב טעם בספרי מאורי אש על התנדב"א איך הוציא ממשמעותו שהרי באמת כתיב טרף. וכתבתי שם שמלת טרף הונח על המזונות הנתונה בקצב גדול רק כדי ההכרחי וביגיעה גדולה והנה א"כ מכוונים הדברים שבאמת ה' נותן טרפו ליריאיו אך בטירוף וביגיעה וכל זה כדי להצריף לבם ביסורי אהבה כדי שיזדככו יותר. ואז יזכור לעולם זהו עול' הנצחי לע"ל בעוה"ב בריתו והתקשרותו עמו כי שם ינוח ויתענג בתענוג תמידי כי בעוה"ז נצרף לגמרי ע"י שקיבל יסורי האהבה באהבה. וזהו שאמר כיון שיצא כו' ולא הקפיד שעי"ז נצרף לבו שלא יקפיד מאומה על מידותיו ית':

§3 וַיְּרֶד אַבְרָם מִצְרַיְמָה לָגוּר שָׁם — *THERE WAS A FAMINE IN THE LAND,* ***AND ABRAM DESCENDED TO EGYPT TO SOJOURN THERE.***

The Midrash puts this famine into a historical perspective:[12]

עֲשָׂרָה רְעָבוֹן בָּאוּ לָעוֹלָם — **There were ten famines that occurred in the world,** which are related by Scripture: אֶחָד בִּימֵי אָדָם הָרִאשׁוֹן (וְכוּלֵיהּ עִנְיָינָא — **One in the days of Adam, the first** man . . . **and the rest of the discussion,** עַד וְאֶחָד לֶעָתִיד לָבֹא לֹא רָעָב לַלֶּחֶם וְלֹא צָמָא לַמַּיִם כִּי אִם לִשְׁמֹעַ אֵת דִּבְרֵי ה׳ " בְּדִלְעֵיל — **down to: and one in the future era**, i.e., in Messianic times, as it is written, *Behold, days are coming . . . when I will send a hunger into the land;* ***not a hunger for bread nor a thirst for water, but to hear the words of*** *HASHEM* (*Amos* 8:11), **as recorded** in its entirety **above,**[13] (מִן הָאֲדָמָה אֲשֶׁר אֵרְרָהּ כו׳) — on the verse, ***from the ground which*** *HASHEM* ***had cursed, etc.*** (above, 5:29).[14]

The Midrash makes an observation concerning the famine that took place in the era of King David and extrapolates from that famine to all the famines:

רַבִּי הוּנָא וְרַבִּי יִרְמְיָה בְּשֵׁם רַבִּי שְׁמוּאֵל בַּר יִצְחָק — **R' Huna and R' Yirmiyah** said **in the name of R' Shmuel bar Yitzchak:** עִיקַּר אַווּתֶנְטְיָאָה שֶׁלּוֹ לֹא הָיְתָה אֶלָּא בִּימֵי דָוִד — **The actuality of [the famine] occurred only in the days of David,** וְלֹא הָיָה רָאוּי לָבֹא אֶלָּא בִּימֵי שָׁאוּל — **but the** truly **appropriate** time for it **to have occurred was in the days of Saul.**[15] אֶלָּא עַל יְדֵי שֶׁהָיָה שָׁאוּל גְּרוֹפִית שֶׁל שִׁקְמָה — **However, because Saul was** like **a sycamore sapling,**[16] גִּלְגְּלוֹ הַקָּדוֹשׁ בָּרוּךְ הוּא וֶהֱבִיאוֹ בִּימֵי דָוִד — **thus, the Holy One, blessed is He, brought it about** instead **in the days of David.**[17] שִׁילוֹ חָטְיָיה, וְיוֹחָנָה מִשְׁתַּלְמָא — As the saying goes: **"Shilo sins and Yochanah gets punished?!"**[18] לְפִיכָךְ כֻּלָּם לֹא בָּאוּ אֶלָּא בִּימֵי בְּנֵי אָדָם גִּבּוֹרִים שֶׁהֵם יְכוֹלִים לַעֲמוֹד בָּהֶן — **Therefore,** i.e., for the same reason, **all of [these famines] did not occur except in the days of strong people who were able to endure them,** וְלֹא בִּימֵי בְּנֵי אָדָם שְׁפוּפִים, שֶׁאֵינָן יְכוֹלִים לַעֲמוֹד בָּהֶן — **and not in the days of meek people who would not be able to endure them.**[19]Ⓐ

NOTES

12. The entire forthcoming section, with some minor variations, is found in the Midrash above, 25 §3. For the most part the commentators discuss this passage there, referencing here what they had written above. Unless stated otherwise, all references to the commentaries in the notes here refer to their remarks above.

13. Loc. cit. In some Midrash manuscripts the entire discussion is reproduced here; our version cites it in an abbreviated form, referencing its earlier location.

14. The Midrash there lists the ten famines mentioned or alluded to in Scripture, according to the periods in which they occurred (or will occur), as follows: (i) the time of Adam, (ii) the time of Lemech, the father of Noah, (iii) the time of Abraham [i.e., the one discussed here], (iv) the time of Isaac, (v) the time of Jacob, (vi) the era of the Judges, (vii) the time of King David, (viii) the time of Elijah, (ix) the time of Elisha, (x) the pre-Messianic era.

15. The famine that occurred during the reign of David, which is described in *II Samuel* Ch. 21, was a punishment for Saul's harming the Gibeonites, as is related there (v. 1). It would thus have been more appropriate for the famine to have struck during the reign of Saul. Cf. *Yevamos* 78b.

16. The sycamore is a barren, fruitless tree; hence "a sapling of a sycamore" is a metaphor for someone of lesser merit. The Midrash is saying that the merit of Saul would not have been sufficient for him to have withstood the famine; see *Yerushalmi, Avodah Zarah* 2:1 (*Eitz Yosef*). [*Yefeh To'ar* interprets this entire Midrash to be dealing with physical, not spiritual, stamina.]

17. Who was of greater merit and thus better able to deal with the famine. Indeed, while Saul is compared to a sycamore sapling, David is compared to a strong cedar; see *Yalkut Shimoni, Tehillim* §845 (*Rashi* to 64 §2 below).

18. A common proverb to describe one person suffering the consequences of another's sins. *Matnos Kehunah* suggests it was derived from a well-known episode at the time involving two individuals with these names; cf. *Makkos* 11a, "Toviah sinned and Zigud gets the lashes?!"

19. This entire sentence is repeated several lines below; *Rashash* (here) argues that its presence here is in error, noting that it is not found in the parallel text of the Midrash above, 25 §3. (See, however, *Ruth Rabbah* 1 §4.)

INSIGHTS

Ⓐ **Punishment Shifted Elsewhere** The teaching seems odd and the Midrash itself is quite aware of this: *Shilo sins and Yochanah gets punished?!* In our context, the generation of Saul sinned, by harming the Gibeonites, and the generation of David is punished, by suffering a famine?! The Midrash proceeds to explain that David's generation was sturdier and thus more capable of withstanding the famine than Saul's generation, but it does not explain how there is any justice in shifting a punishment from the guilty to the innocent (see *Yefeh To'ar* to 25 §3 above).

Me'il Tzedakah (§558) raises the question and explains simply that here we are speaking of the misbehavior and the collective punishment of the nation as a whole. The Jewish people, in all its generations, are one entity. The Midrash in *Vayikra Rabbah* (4 §6) teaches that if one Jew is attacked all Jews feel it and if one Jew sins, all Jews feel that as well. The Midrash there compares this to two people sitting in a boat, one of whom begins to drill under his seat. The water pouring in under his seat will sink the entire boat. Accordingly, *Me'il Tzedakah* writes, the Midrash here means the Jewish people of that era are analogous to a criminal sentenced to be stricken upon his eye: It would be very reasonable of him to request that he be stricken on his leg instead, because that part of his body is more capable of withstanding the assault. Similarly, the Jewish people collectively gained when the famine came in the heartier generation of David rather than the weaker generation of Saul.

However, *Ramchal* discusses our Midrash within the larger mystery of what our Sages refer to as צַדִּיק וְרַע לוֹ רָשָׁע וְטוֹב לוֹ. I.e., why do bad things happen to good people and vice versa? In an esoteric section of *Daas Tevunos* (Ch. 7 in the *Ohr HaSeichel* ed., pp. 167-179 in *Yalkut Yedios HaEmes*), *Ramchal* explains that although we do not and cannot have a complete picture of how God governs the world, we are aware of some patterns. Essentially, God deals with the good and the bad persons of this world using two systems simultaneously, one layered over the other: (a) reward and punishment; (b) eradication of all evil by the end of the world.

The system of reward and punishment is straightforward, and even built into nature: If a person is virtuous, his blessings increase, and if he is evil, his afflictions increase. Indeed, it is too straightforward, since if this occurred consistently, no one would ever be tempted to sin and free will would disappear. This would not lead to the desired eradication of evil, which will be achieved through recognition of its worthlessness, and depends on free will. Therefore, there must also be a system of ultimate redemption, of eradication of evil, which sometimes overrides the system of reward and punishment. This second system will result in some wicked men living lives of luxury and some righteous men living lives of suffering, but the righteous will be given their rewards in the World to Come. Indeed, their rewards will be much greater because of their suffering and because of the role they played in the redemption.

God, in His infinite wisdom, chooses when to employ one system and when the other, each with its particular rules and consequences. Saul's generation deserved to be afflicted with famine, not David's — according to the system of reward and punishment. However, according to the system of ultimate redemption, it was David's generation that had to be punished, because they were stronger and could absorb the blow more easily. So it was then and so it is in all generations, as the world moves inexorably closer to the day on which His governance throughout history will become clear to and acclaimed by all.

חידושי הרש״ש

[ג] **לפיכך כו׳ עד לעמוד בהן.** כ״ז מיותר וכן לעיל פכ״ה ליתא:

(ג) עשרה רעבון כו׳. לעיל בפרשה כ״ה ושם פירשתיה. וטעם זכירתה פה כטעם הנ״ל שהרעב הזה לנסיון לאברהם. וז״ש כאן וכולן לא באו בימי אנשים שפופין כו׳ (יפ״ת): **אוותנטיאה.** פי׳ ממשלה וחוזק: **לא היתה ראויה בימי דוד.** כצ״ל ועיין פירושו בפרשה כ״ה: **גרופית של שקמה.** פי׳ אילן סרק. והוא דרך משל: **ודייטרוטין.** פי׳ כלים נאים: **בצורת.** גשמים מועטים: **של מהומה.** פרש״י נפלה המיתה בבהמות ונתיקר הבשר עד שהיו מוכרחים ליתן בעד ראש חמור שמונים כסף: **בשם רבי דוסא משני סאין היו ונעשה מאחת.** כצ״ל ועיין פירושו בפרשה כ״ה: **(ד) הנה נא ידעתי כו׳.** ר״ל דלא הו״ל למימר אלא הנה אשת יפת מראה את. וידעתי למה לי. אעכצ״ל שבאלו כעת חידוש ידיעה (נזה״ק): **עכשיו שאנו נכנסים למקום כעורים ושחורים עאב״ו.** כצ״ל (יפ״ת). ולפ״ז מלת הנה נא כפשוטו שעד עכשיו סבר שימצא כמותה במקום אחר:

(ג) יו״ד רעבון. לעיל פר׳ כ״ה סימן ג׳ וש״נ ומבואר כל הסימן: **(ד) כל השנים הללו.** ע׳ מ״ש לעיל פר׳ ל״ח סי׳ ו׳ אברהם פרדה עקרה. שעל דרך הסברא נשא אברהם אשה בילדותו כמו הרן אחיו וכמ״ש לעיל בסוף פר׳ ל״ח: **וזו עמדה.** שאם היו כפי הטבע היה משתנה מפני הדרך ולא היה חושש שיחמדו אותה המצריים. אך מאחר שלא נשתנה על כן יש לחשוש: **הלכנו בארם.** שעד עתה היה יכול לחשוב שיש הרבה כמותה עד שהלך בארם ונודע לו שאין כמותה. ודורש ע״פ מדה ל״א כאלו כתוב הנה ידעתי פי׳ מכבר שאשה יפת מראה את. והיה נא כי יראו אותך המצריים שהם שחורים ושם ניכר יותר היופי. וזהו מ״ש עכשיו שאנו נכנסים למקום שחורים. שתיבת נא שייך כאן:

מסורת המדרש

ג לעיל פרשה כ״ה. רות רבה פ׳ א׳. אגדת שמואל פרשה כ״א. ילקוט סדר בראשית רמז מ״ג:
ד פ׳ כ״ה:
ה בבא בתרא דף צ״א:
ו ילקוט כאן רמז ס״ז:

אם למקרא

הִנֵּה יָמִים בָּאִים נְאֻם אֲדֹנָי ה׳ וְהִשְׁלַחְתִּי רָעָב בָּאָרֶץ לֹא־רָעָב לַלֶּחֶם וְלֹא־צָמָא לַמַּיִם כִּי אִם־לִשְׁמֹעַ אֵת דִּבְרֵי ה׳:
(עמוס ח:יא)

נֹתֵן לַיָּעֵף כֹּחַ וּלְאֵין אוֹנִים עָצְמָה יַרְבֶּה:
(ישעיה מ:כט)

ג "וַיֵּרֶד אַבְרָם מִצְרַיְמָה לָגוּר שָׁם", [ג]עֲשָׂרָה רְעָבוֹן בָּאוּ לָעוֹלָם, אֶחָד בִּימֵי אָדָם הָרִאשׁוֹן (וְכוּלֵּיהּ עִנְיָינָא עַד וְאֶחָד לֶעָתִיד לָבֹא (עמוס ח, יא) "לֹא רָעָב לַלֶּחֶם וְלֹא צָמָא לַמַּיִם כִּי אִם לִשְׁמֹעַ אֵת דִּבְרֵי ה׳ ", כִּדְלְעֵיל [ד]"מִן הָאֲדָמָה אֲשֶׁר אֵרְרָהּ כו׳ "). רַבִּי הוּנָא וְרַבִּי יִרְמְיָה בְּשֵׁם רַבִּי שְׁמוּאֵל בַּר יִצְחָק: עִיקַּר אַוְותֶנְטְיָאָה שֶׁלּוֹ לֹא הָיְתָה אֶלָּא בִּימֵי דָוִד וְלֹא הָיָה רָאוּי לָבֹא אֶלָּא בִּימֵי שָׁאוּל, אֶלָּא עַל יְדֵי שֶׁהָיָה שָׁאוּל גְּרוֹפִית שֶׁל שִׁקְמָה גִּלְגְּלוֹ הַקָּדוֹשׁ בָּרוּךְ הוּא וֶהֱבִיאוֹ בִּימֵי דָּוִד. שִׁילוֹ חַטְיָיה, וְיוֹחָנָה מִשְׁתַּלְמָא, לְפִיכָךְ כֻּלָּם לֹא בָּאוּ אֶלָּא בִּימֵי בְּנֵי אָדָם גִּבּוֹרִים שֶׁהֵם יְכוֹלִים לַעֲמוֹד בָּהֶן, וְלֹא בִּימֵי בְּנֵי אָדָם שְׁפוּפִים, שֶׁאֵינָן יְכוֹלִים לַעֲמוֹד בָּהֶן. אָמַר רַבִּי חִיָּיא רַבָּה: מָשָׁל לְזַגָּג שֶׁהָיָה בְּיָדוֹ קוּפָּה מְלֵאָה כּוֹסוֹת וּדְיַיטְרוּטִין וּבְשָׁעָה שֶׁהָיָה מְבַקֵּשׁ לִתְלוֹת אֶת קוּפָּתוֹ הָיָה מֵבִיא יָתֵד וְתוֹקְעָהּ וְנִתְלָה בָּהּ וְאַחַר כָּךְ הָיָה תּוֹלֶה אֶת קוּפָּתוֹ, לְפִיכָךְ לֹא בָּאוּ בִּימֵי בְּנֵי אָדָם שְׁפוּפִים אֶלָּא בִּימֵי בְּנֵי אָדָם גִּבּוֹרִים שֶׁהֵן יְכוֹלִים לַעֲמוֹד בָּהֶם. רַבִּי בֶּרֶכְיָה הֲוָה קָרֵי עֲלֵיהוֹן (ישעיה מ, כט) "נוֹתֵן לַיָּעֵף כֹּחַ". רַבִּי בֶּרֶכְיָה בְּשֵׁם רַבִּי חֶלְבּוֹ אָמַר: [ה]שְׁנַיִם בָּאוּ בִּימֵי אַבְרָהָם. רַבִּי הוּנָא בְּשֵׁם רַבִּי אַחָא: אֶחָד בִּימֵי לֶמֶךְ וְאֶחָד בִּימֵי אַבְרָהָם. רָעָב שֶׁבָּא בִּימֵי אֵלִיָּהוּ רָעָב שֶׁל בַּצּוֹרֶת הָיָה, רָעָב שֶׁבָּא בִּימֵי אֱלִישָׁע רָעָב שֶׁל מְהוּמָה הָיָה, רָעָב שֶׁבָּא בִּימֵי שְׁפוֹט הַשּׁוֹפְטִים, רַבִּי הוּנָא בְּשֵׁם רַבִּי דוֹסָא: מ״ב סְאִין הָיוּ וְנַעֲשׂוּ מ״א. וְהָא תָּנֵי: [ו]לֹא יֵצֵא אָדָם לְחוּץ לָאָרֶץ אֶלָּא אִם כֵּן סָאתַיִם שֶׁל חִטִּים הוֹלְכוֹת בְּסֶלַע, אָמַר רַבִּי שִׁמְעוֹן בֶּן יוֹחָאי: אֵימָתַי בִּזְמַן שֶׁאֵינוֹ מוֹצֵא לִיקַּח, אֲבָל אִם הָיָה מוֹצֵא לִיקַּח אֲפִילּוּ סְאָה בְּסֶלַע לֹא יֵצֵא לְחוּץ לָאָרֶץ:

ד [יב, יא] "וַיְהִי כַּאֲשֶׁר הִקְרִיב לָבוֹא מִצְרָיְמָה". [ז]כָּל הַשָּׁנִים הַלָּלוּ הוּא עִמָּהּ וְעַכְשָׁיו הוּא אוֹמֵר לָהּ "הִנֵּה נָא יָדַעְתִּי כִּי אִשָּׁה יְפַת מַרְאֶה אָתְּ", אֶלָּא שֶׁעַל יְדֵי הַדֶּרֶךְ אָדָם מִתְבַּזֶּה וְזוֹ עָמְדָה בְּיָפְיָהּ. רַבִּי זְעִירָא בְּשֵׁם רַבִּי סִימוֹן אָמַר: הָלַכְנוּ בַּאֲרַם נַהֲרַיִם וּבַאֲרַם נָחוֹר, וְלֹא מָצָאנוּ אִשָּׁה נָאָה כְּמוֹתֵךְ, עַכְשָׁיו שֶׁאָנוּ נִכְנָסִים לִמְקוֹם כְּעוּרִים וּשְׁחוֹרִים "אִמְרִי נָא אֲחוֹתִי אָתְּ וְגוֹ׳ ".

רש״י

(ג) שנים וארבעים מדות ונעשו אחד וארבעים. שנים וארבעים מדות היו נותנים בדינר זהב עד שלא בא רעב ומשבא רעב לא חסר אלא אחת משנים וארבעים מדות בדינר אחד ולכך יצא אלימלך משם ולכך נענש: **(ד) שעל ידי הדרך.** אדם מתבזה מפני טרחות הדרך ונמצא כעור. לשון אחר שאינו מלובש בבגדים הנאים הוא מתבזה כך שרה על ידי הדרך היתה מתבזת ואפי׳ כן לא נמצא אשה יפה כמותה: **עכשיו שאנו נכנסין למקום בעורין.** במצרים לפי שהם סמוכים למזרח כולן מפוחמים ס״א ל׳ אחר מפני שמצרים יצאו מחם שהיה אביהם כדכתיב ובני חם כוש ומצרים וגו׳ ע״כ:

מתנות כהונה

[ג] **אוותנטיאה כו׳.** חוזק וממשלה של אותו רעב שהיה בימי דוד לא היה ראוי לבא אלא בימי שאול וע״ל פרשה כ״ה הטעם ושם נתבאר כל מאמר זה: [**כולם לא באו** גרסינן]: **בימי למך.** האי דכתיב הראשון היה בימי למך: **של בצורת.** פירש׳ לעיל פרשה כ״ה שנה עבדה שנה לא עבדה: **של מהומה.** ראש חמור (בחמשים) שקל [נ״ל בפ׳]: **מ״ב סאין היו.** בסלע או בשקל. והא תני בניחותא: **הולכת בסלע.** בתחלת מגילת רות גרס בשקל: ה״ג לא יצא לח״ל ואלימלך יצא ולפיכך נענש ויהי כו׳ ועיין ריש רות [ולעיל פכ״ה ולקמן בפרשת תולדות ובס״פ המוכר את הספינה והכי מסיים ג״כ רש״י ז״ל ובילקוט]: [ד] **ה״ג הנה נא ידעתי. ביפיה.** ולכן החליט לאמת וליב שיפיה יופי אמתי ומצריים גם המה יתמהו על זה: **הלכנו.** כך אמר אברהם: **בארם נהרים כו׳.** ושם אינם שחורים כל כך ואפ״ה אין נאה כמותך ואף כי אם נבא למקום כעורים כו׳:

אשד הנחלים

[ג] **עשר רעבון כו׳ ואחד לע״ל כו׳.** ענינו בארתי במקום אחר שבא להורות שכמו שנתייסד תשוקה בגוף להתענג מדבר מאכל ולהצטער בהפקד ממנו אכלו לקיומו כן נתייסד בטבע הנפש תענוג עצמי מעבודת ה׳ והכרתו יתב׳ רק בעוה״ז בעודנו בחומר הגוף אז אין אנחנו מרגישים מאומה מתענוגי הנפש וצערה בהפקד ממנה תענוגה ורק בתענוגי הגוף אנו מרגישים צער גדול בעת הרעבון. אך לע״ל ימצא רעבון גדול בעולם רק לשמוע דבר ה׳ ויהי׳ דוגמת זה הרעב כמו שהיו באלה הדורות רעבון גדול לגוף והית׳ התשוקה רבה מאוד כי נחסר ההכרחי וכן יהי׳ לע״ל בתענוגי הנפש כי יהא רעבון גדול לזה. כי אז יוסר היצה״ר מן העולם ואז יכספו רק לכבוד ה׳ והשגתו ועיין בהקדמתו לספרי מאורי אש ותבין הענין על בוריו: **עיקר איוותנטיא.** הדבר הזה כולי׳ ביארתי בפרשיות הקודמת וע״ל פרשה כ״ה: **והא תני.** עיין במ״כ. וע׳ במדרש רות: **כל השנים כו׳ ועכשיו כו׳.** כי הנה ענין הידיעה נופל על דבר הבלתי גלוי כ״כ רק שנודע ע״פ ידיעה. כי לא יתכן לומר על דבר בחוש תמיד לשון ידיעה כמו שלא יצדק לומר ידעתי כי שלשה יותר משנים שהוא דבר הידוע לכל וכן דבר התלוי תמיד בחוש מה שייך ידיעה בה. ולכן דרשו על דבר החדש. עתה ידעתי כי יפת מראה את מאוד עד שהדרך לא חלל הודך ותפארתך ודעת חז״ל

אָמַר רַבִּי חִיָּיא רַבָּה: מָשָׁל לְזַגָּג שֶׁהָיָה בְּיָדוֹ קוּפָּה מְלֵאָה כּוֹסוֹת וּדְיַיטְרוּטִין — **R' Chiya the Great said:** This can be illustrated by **a parable;** it may be compared **to a glazier who had in his hand a box full of cups and fine glassware,** **וּבְשָׁעָה שֶׁהָיָה מְבַקֵּשׁ לִתְלוֹת אֶת קוּפָּתוֹ הָיָה מֵבִיא יָתֵד וְתוֹקְעָהּ** — **and at the time when he wished to hang up his box**[20] **he brought a peg and drove it** into the wall, **וְנִתְלָה בָּהּ וְאַחַר כָּךְ הָיָה תּוֹלֶה אֶת קוּפָּתוֹ** — **and he** first tested the firmness of the peg and **suspended himself from it and** only **after that he hung up his box** on it.[21] **לְפִיכָךְ לֹא בָּאוּ בִּימֵי בְּנֵי אָדָם שְׁפוּפִים** — **Therefore, [these famines] did not occur in the days of meek people,** **אֶלָּא בִּימֵי בְּנֵי אָדָם גִּבּוֹרִים שֶׁהֵן יְכוֹלִים לַעֲמוֹד בָּהֶם** — **but** only **in the days of strong people who were able to endure them.** **רַבִּי בֶּרֶכְיָה הֲוָה קָרֵי עֲלֵיהוֹן ״נוֹתֵן לַיָּעֵף כֹּחַ״** — **R' Berechyah applied** this verse **concerning them:** ***He gives strength to the weary*** (*Isaiah* 40:29).[22]

The Midrash records a dispute concerning the reckoning of the ten famines:[23]

רַבִּי בֶּרֶכְיָה בְּשֵׁם רַבִּי חֶלְבּוֹ אָמַר: שְׁנַיִם בָּאוּ בִּימֵי אַבְרָהָם — **R' Berechyah said in the name of R' Chelbo: Two** famines **occurred in the days of Abraham,** rather than only one as listed above.[24] **רַבִּי הוּנָא בְּשֵׁם רַבִּי אַחָא: אֶחָד בִּימֵי לֶמֶךְ וְאֶחָד בִּימֵי אַבְרָהָם** — **R' Huna** said **in the name of R' Acha:** There was **one in the days of Lemech and** only **one in the days of Abraham.**[25]

The Midrash compares and contrasts the nature and severity of several of the famines:

רָעָב שֶׁבָּא בִּימֵי אֵלִיָּהוּ רָעָב שֶׁל בַּצּוֹרֶת הָיָה — **The famine that occurred in the days of Elijah was a famine of drought.**[26] **רָעָב שֶׁבָּא בִּימֵי אֱלִישָׁע רָעָב שֶׁל מְהוּמָה הָיָה** — **The famine that occurred in the days of Elisha was a famine of** violent **cataclysm.**[27] **רָעָב שֶׁבָּא בִּימֵי שְׁפוֹט הַשּׁוֹפְטִים** — Concerning **the famine that occurred** in Ruth's time, ***in the days when the judges judged*** (*Ruth* 1:1), **רַבִּי הוּנָא בְּשֵׁם רַבִּי דוֹסָא: מ״ב סְאִין הָיוּ וְנַעֲשׂוּ מ״א** — **R' Huna** said **in the name of R' Dosa:** A certain number of **[coins] had been** the price of **forty-two *se'ah*** of wheat **and** as a result of the famine **[those coins] became** the price of **forty-one.**[28] **וְהָא תָּנֵי** — **And** so **it is taught** in a Baraisa: **לֹא יֵצֵא אָדָם לְחוּץ לָאָרֶץ אֶלָּא אִם כֵּן סָאתַיִם שֶׁל חִטִּים הוֹלְכוֹת בְּסֶלַע** — **A person may not leave** the Land of Israel **for** a destination **outside the Land unless two *se'ah* of wheat go for a *sela*.**[29] **אָמַר רַבִּי שִׁמְעוֹן בֶּן יוֹחָאי: אֵימָתַי בִּזְמַן שֶׁאֵינוֹ מוֹצֵא לִיקַּח** — **R' Shimon ben Yochai said: When** is this so? Only **in a time when he cannot find** wheat **to purchase** at all;[30] **אֲבָל אִם הָיָה מוֹצֵא לִיקַּח אֲפִילּוּ סְאָה בְּסֶלַע לֹא יֵצֵא לְחוּץ לָאָרֶץ** — **but if he is able to find** wheat **to purchase, even** if the price rose to **one *se'ah* for a *sela*,**[31] **he may not go out of the Land** of Israel (*Tosefta, Avodah Zarah* 5:2).[32]

וַיְהִי כַּאֲשֶׁר הִקְרִיב לָבוֹא מִצְרָיְמָה וַיֹּאמֶר אֶל שָׂרַי אִשְׁתּוֹ הִנֵּה נָא יָדַעְתִּי כִּי אִשָּׁה יְפַת מַרְאֶה אָתְּ. וְהָיָה כִּי יִרְאוּ אֹתָךְ הַמִּצְרִים וְאָמְרוּ אִשְׁתּוֹ זֹאת וְהָרְגוּ אֹתִי וְאֹתָךְ יְחַיּוּ. אִמְרִי נָא אֲחֹתִי אָתְּ לְמַעַן יִיטַב לִי בַעֲבוּרֵךְ וְחָיְתָה נַפְשִׁי בִּגְלָלֵךְ.

And it occurred, as he approached Egypt, he said to his wife Sarai, "See now, I know that you are a woman of beautiful appearance. And it shall occur, when the Egyptians will see you, they will say, 'This is his wife!'; then they will kill me, but you they will let live. Please say that you are my sister, that it may go well with me for your sake, and that I may live on account of you" (12:11-13).

§4 **וַיְהִי כַּאֲשֶׁר הִקְרִיב לָבֹא מִצְרָיְמָה** — ***AND IT OCCURRED, AS HE APPROACHED EGYPT,*** *HE SAID TO HIS WIFE SARAI, "SEE NOW, I KNOW THAT YOU ARE A WOMAN OF BEAUTIFUL APPEARANCE."*

NOTES

20. For storage or display.

21. In the event that the peg would not be strong enough he would rather risk his own fall, since he knows he is hardy enough to easily survive the fall, than risk the fall of his box with its delicate glass, which would surely break. Similarly, God brings famine to the world when the people have the merits to survive it, rather than during an era of "weak" individuals who could not endure it. Cf. *Yefeh To'ar.*

22. I.e., just as God gives strength to the weary so that they will not be overcome by their weariness, for God does not desire the destruction of His creations, so too God brings famines specifically in times of people who would not be overcome by the famine (*Yefeh To'ar;* cf. *Maharzu*).

23. The Sages had a tradition that Scripture refers to a total of ten famines throughout history (*Yefeh To'ar*), but there was no uniform tradition as to how those ten famines were calculated. Rather, the individual Sages derived their own calculations from Scripture, as will be illustrated below.

24. Although our verse is the only explicit mention of famine in regard to Abraham, Scripture describes the famine in the time of Isaac as *aside from the "first" famine that was in the days of Abraham* (below, 26:1), which according to R' Berechyah indicates that there was another, second famine in the days of Abraham (*Yefeh To'ar*). However, since R' Chelbo counts two famines in the lifetime of Abraham, he must not count one of the others listed above. Although he does not say so explicitly, the implication (based on R' Huna's statement below) is that he disagrees in regard to the famine in the time of Lemech (*Yefeh To'ar*).

25. R' Acha rejects R' Berechyah's understanding of *the first famine that was in the days of Abraham* (see previous note) (*Yefeh To'ar*). Accordingly, R' Acha follows the original reckoning of the ten famines, counting just one in the lifetime of Abraham and in addition one in the days of Lemech. See *Yefeh To'ar* for a discussion as to whether R' Acha's position is in fact identical to that mentioned originally in the Midrash.

26. That is, it was a famine brought about by lack of rain; see *I Kings* Chs. 17-18. [The parallel texts of the Midrash add here שָׁנָה עָבְדָה שָׁנָה לֹא עָבְדָה, i.e., it was an intermittent famine — one year crops were produced, one year not. *Yefeh To'ar* discusses how that can be reconciled with the description in Scripture there of three years without any rain.]

27. It was a famine brought on (or accentuated) by warfare and conditions of siege; see *II Kings* 6:24ff (*Yefeh To'ar;* see also *Bartenura* to *Avos* 5:8). [It appears from *Avos* that such a famine is more severe than one resulting from insufficient rain. See also Midrash above, 25 §3 et al.]

28. The famine was thus fairly mild and produced only a moderate increase in the price of food. (See below, note 32, for another version of this line.) Nevertheless, Elimelech left *Eretz Yisrael* for Moab, where food was cheaper (*Ruth* 1:1).

29. The standard price of wheat was *four se'ah* for a *sela* (see *Eruvin* 82b). Thus, the Baraisa teaches that it is forbidden to abandon *Eretz Yisrael* because of famine unless it is so fierce that the price of wheat doubles. The untimely death of Elimelech and his sons (see *Ruth* 1:3,5) is seen by the Sages as a punishment for their leaving *Eretz Yisrael* when it was not warranted (see *Bava Basra* 91a). This Baraisa thus corroborates R' Huna's assertion that the famine in the time of Ruth and Elimelech was not a severe one.

30. I.e., when even at that expensive price the wheat is not readily available (*Yefeh To'ar*).

31. Four times the regular price (see note 29).

32. According to R' Shimon ben Yochai there would be no evidence from the death of Elimelech that the price rise brought about by the famine was moderate, for it is possible that the price rise was very steep, but Elimelech was still punished because food was still available for purchase. Cf. *Yefeh To'ar.*

[We have explained the proof that the Midrash brings from the Baraisa according to the text of the Midrash as we have it. However, *Zera Avraham* on *Rus Rabbah* records a suggested emendation of מב׳ and מא׳ instead of מ״ב and מ״א, respectively, so that the line reads: **רַבִּי הוּנָא בְּשֵׁם רַבִּי דוֹסָא: מִבּ׳ סְאִין הָיוּ וְנַעֲשׂוּ מֵא׳** — **R' Huna** said **in the name of R' Dosa: [Wheat] had** previously **been** priced **at two *se'ah*** per shekel (i.e., the regular price, for a shekel is half a *sela*), and due to the famine **it became** priced **at one *se'ah*** per shekel — i.e., the price doubled.

According to this version, the Midrash brings support from the words

ג ״וַיֵּרֶד אַבְרָם מִצְרַיְמָה לָגוּר שָׁם״, געֲשָׂרָה רְעָבוֹן בָּאוּ לָעוֹלָם, אֶחָד בִּימֵי אָדָם הָרִאשׁוֹן (וְכוּלֵיהּ עִנְיָנָא עַד וְאֶחָד לֶעָתִיד לָבֹא (עמוס ח, יא) ״לֹא רָעָב לַלֶּחֶם וְלֹא צָמָא לַמַּיִם כִּי אִם לִשְׁמֹעַ אֵת דִּבְרֵי ה׳ ״, כִּדְלְעֵיל ד״מִן הָאֲדָמָה אֲשֶׁר אֵרֲרָהּ כו׳ ״). רַבִּי הוּנָא וְרַבִּי יִרְמְיָה בְּשֵׁם רַבִּי שְׁמוּאֵל בַּר יִצְחָק: עִיקַּר אַוְותֶנְטְיָאָה שֶׁלּוֹ לֹא הָיְתָה אֶלָּא בִּימֵי דָוִד וְלֹא הָיָה רָאוּי לָבֹא אֶלָּא בִּימֵי שָׁאוּל, אֶלָּא עַל יְדֵי שֶׁהָיָה שָׁאוּל גְּרוֹפִית שֶׁל שִׁקְמָה גִּלְגְּלוֹ הַקָּדוֹשׁ בָּרוּךְ הוּא וֶהֱבִיאוֹ בִּימֵי דָּוִד. שִׁילוֹ חָטְיָיה, וְיוֹחָנָה מִשְׁתַּלְּמָא, לְפִיכָךְ כֻּלָּם לֹא בָּאוּ אֶלָּא בִּימֵי בְּנֵי אָדָם גִּבּוֹרִים שֶׁהֵם יְכוֹלִים לַעֲמוֹד בָּהֶן, וְלֹא בִּימֵי בְּנֵי אָדָם שְׁפוּפִים, שֶׁאֵינָן יְכוֹלִים לַעֲמוֹד בָּהֶן. אָמַר רַבִּי חִיָּיא רַבָּה: מָשָׁל לְזַגָּג שֶׁהָיָה בְּיָדוֹ קוּפָּה מְלֵאָה כּוֹסוֹת וּדְיַיטְרוֹטִין וּבְשָׁעָה שֶׁהָיָה מְבַקֵּשׁ לִתְלוֹת אֶת קוּפָּתוֹ הָיָה מֵבִיא יָתֵד וְתוֹקְעָהּ וְנִתְלָה בָּהּ וְאַחַר כָּךְ הָיָה תּוֹלֶה אֶת קוּפָּתוֹ, לְפִיכָךְ לֹא בָּאוּ בִּימֵי בְּנֵי אָדָם שְׁפוּפִים אֶלָּא בִּימֵי בְּנֵי אָדָם גִּבּוֹרִים שֶׁהֵן יְכוֹלִים לַעֲמוֹד בָּהֶם. רַבִּי בֶּרֶכְיָה הֲוָה קָרֵי עֲלֵיהוֹן (ישעיה מ, כט) ״נוֹתֵן לַיָּעֵף כֹּחַ״. רַבִּי בֶּרֶכְיָה בְּשֵׁם רַבִּי חֶלְבּוֹ אָמַר: שְׁנַיִם בָּאוּ בִּימֵי אַבְרָהָם. רַבִּי הוּנָא בְּשֵׁם רַבִּי אַחָא: אֶחָד בִּימֵי לֶמֶךְ וְאֶחָד בִּימֵי אַבְרָהָם. רָעָב שֶׁבָּא בִּימֵי אֵלִיָּהוּ רָעָב שֶׁל בַּצּוֹרֶת הָיָה, רָעָב שֶׁבָּא בִּימֵי אֱלִישָׁע רָעָב שֶׁל מְהוּמָה הָיָה, רָעָב שֶׁבָּא בִּימֵי שְׁפוֹט הַשּׁוֹפְטִים, רַבִּי הוּנָא בְּשֵׁם רַבִּי דוֹסָא: מ״ב סְאִין הָיוּ וְנַעֲשׂוּ מ״א. וְהָא תָּנֵי: הלֹא יֵצֵא אָדָם לְחוּץ לָאָרֶץ אֶלָּא אִם כֵּן סָאתַיִם שֶׁל חִטִּים הוֹלְכוֹת בְּסֶלַע, אָמַר רַבִּי שִׁמְעוֹן בֶּן יוֹחָאי: אֵימָתַי בִּזְמַן שֶׁאֵינוֹ מוֹצֵא לִיקַּח, אֲבָל אִם הָיָה מוֹצֵא לִיקַּח אֲפִילוּ סְאָה בְּסֶלַע לֹא יֵצֵא לְחוּץ לָאָרֶץ:

ד [יב, יא] ״וַיְהִי כַּאֲשֶׁר הִקְרִיב לָבֹא מִצְרָיְמָה״. וכָּל הַשָּׁנִים הַלָּלוּ הוּא עִמָּהּ וְעַכְשָׁיו הוּא אוֹמֵר לָהּ ״הִנֵּה נָא יָדַעְתִּי כִּי אִשָּׁה יְפַת מַרְאֶה אָתְּ״, אֶלָּא שֶׁעַל יְדֵי הַדֶּרֶךְ אָדָם מִתְבַּזֶּה וְזוֹ עָמְדָה בְּיָפְיָהּ. רַבִּי זְעֵירָא בְּשֵׁם רַבִּי סִימוֹן אָמַר: הָלַכְנוּ בַּאֲרַם נַהֲרַיִם וּבַאֲרַם נָחוֹר, וְלֹא מָצָאנוּ אִשָּׁה נָאָה כְּמוֹתֵךְ, עַכְשָׁיו שֶׁאָנוּ נִכְנָסִים לִמְקוֹם כְּעוּרִים וּשְׁחוֹרִים ״אִמְרִי נָא אֲחוֹתִי אָתְּ וְגוֹ׳ ״.

עץ יוסף

(ג) **עשרה רעבון כו׳.** לעיל בפרשה כ״ה ושם פירשתיה. וטעם זכירתה פה כטעם הנ״ל שהרעב הזה לנסיון לאברהם. וז״ש כאן וכולן לא באו בימי אנשים שפופין כו׳ (יפ״ת): **אוותנטיאה.** פי׳ ממשלה וחוזק: **לא היתה ראויה בימי דוד.** כצ״ל ועיין פירושו בפרשה כ״ה: **גרופית של שקמה.** פי׳ אילן סרק. והוא דרך משל: **ודייטרוטין.** פי׳ כליס נאים: **בצורת.** גשמים מועטים: **של מהומה.** פרש״י נפלה המיתה בבהמות ונתיקר הבשר עד שהיו מוכרחים ליתן בעד ראש חמור שמונים כסף: **בשם רבי דוסא משני סאין היו ונעשה מאחת.** כצ״ל ועיין פירושו בפרשה כ״ה: (ד) **הנה נא ידעתי כו׳.** ר״ל דלא הו״ל למימר אלא הנה אשת יפת מראה את. וידעתי למה לי. אעכצ״ל שבאלו כעת חידוש ידיעה (נזה״ק): **עכשיו שאנו נכנסים למקום בעורים ושחורים עאב״ו.** כצ״ל (יפ״ת). ולפ״ז מלת הנה נא כפשוטו שעד עכשיו סבר שימצא כמותה במקום אחר:

פירוש מהרז״ו

(ג) **יו״ד רעבון.** לעיל פר׳ כ״ה סימן ג׳ וש״נ ומבואר כל הסימן: (ד) **כל השנים הללו.** ע׳ מ״ש לעיל פר׳ ל״ח סי׳ ו׳ אברהם פרדה עקרה. שעל דרך הסברא נשא אברהם אשה בילדותו כמו הרן אחיו וכמ״ש לעיל בסוף פר׳ ל״ח: **וזו עמדה.** שאם היו כפי הטבע היה משתנה מפני הדרך ולא היה חושש שיחמדו אותה המצריים. אך מאחר שלא נשתנה על כן יש לחשוש: **הלכנו בארם.** שעד עתה היה יכול לחשוב שיש הרבה כמותה עד שהלך בארם ונודע לו שאין כמותה. ודורש ע״פ מדה ל״א כאלו כתוב הנה ידעתי פי׳ מכבר שאשה יפת מראה את. והיה כא כי יראו אותך המצריים שהם שחורים ושם ניכר יותר היופי. וזהו מ״ש עכשיו שאנו נכנסים למקום שחורים. שתיבת נא שייך כאן:

חידושי הרש״ש

[ג] **לפיכך כו׳ עד לעמוד בהן.** כ״ז מיותר וכן לעיל פכ״ה ליתא:

מסורת המדרש

ג לעיל פרשה כ״ה. רות רבה פ׳ א׳. אגדת שמואל פרשה כ״ח. ילקוט סדר בראשית רמז מ״ג:
ד פ׳ כ״ה:
ה בבא בתרא דף צ״א:
ו ילקוט כאן רמז ס״ז:

אם למקרא

הִנֵּה יָמִים בָּאִים נְאֻם אֲדֹנָי ה׳ וְהִשְׁלַחְתִּי רָעָב בָּאָרֶץ לֹא־רָעָב לַלֶּחֶם וְלֹא־צָמָא לַמַּיִם כִּי אִם־לִשְׁמֹעַ אֵת דִּבְרֵי ה׳:
(עמוס ח:יא)

נֹתֵן לַיָּעֵף כֹּחַ וּלְאֵין אוֹנִים עָצְמָה יַרְבֶּה:
(ישעיה מ:כט)

רש״י

(ג) **שנים וארבעים מדות ונעשו אחד וארבעים.** שנים וארבעים מדות היו נותנים בדינר זהב עד שלא בא רעב ומשבא רעב לא חסר אלא אחת משנים וארבעים מדות בדינר אחד ולכך יצא אלימלך משם ולכך נענש: (ד) **שעל ידי הדרך.** אדם מתבזה מפני טרחות הדרך ונמצא כעור. לשון אחר שאינו מלובש בבגדים הנאים הוא מתבזה כך שרה על ידי הדרך היתה מתבזת ואפי׳ כן לא נמצא אשה יפה כמותה: **עכשיו שאנו נכנסין למקום בעורין.** במצרים לפי שהם סמוכים למזרח כולן מפוחמים ס״א ל׳ אחר מפני שמצרים יצאו מחם שהיה אביהם כדכתיב ובני חם כוש ומצרים וגו׳ ע״כ:

מתנות כהונה

[ג] **אוותנטיאה כו׳.** חוזק וממשלה של אותו רעב שהיה בימי דוד לא היה ראוי לבא אלא בימי שאול וע״ל פרשה כ״ה הטעם ושם נתבאר כל מאמר זה: [**כולם לא באו** גרסינן]: **בימי למך.** האי דכתיב הראשון היה בימי למך: **של בצורת.** פירש׳ לעיל פרשה כ״ה שנה עבדה שנה לא עבדה: **של מהומה.** ראש חמור (בחמשים) שקל [נ״ל בפ׳]: **מ״ב סאין היו.** בסלע או בשקל. והא תני בניחותא: **הולכת בסלע.** בתחלת מגילת רות גרס בשקל: ה״ג לא יצא לח״ל ואלימלך יצא ולפיכך נענש ויהי כו׳ ועיין ריש רות [ולעיל פכ״ה ולקמן בפרשת תולדות ובס״פ המוכר את הספינה והכי מסיים ג״כ רש״י ז״ל ובילקוט]: [ד] **ה״ג הנה נא ידעתי.** ביפיה. ולכן החליט לאמת ויליב שיפיה יופי אמתי ומצריים גם המה יתמהו על זה: **הלכנו.** כך אמר אברהם: **בארם נהרים כו׳.** ושם אינם שחורים כל כך ואפ״ה אין נאה כמותך ואף כי אם נבא למקום כעורים כו׳:

אשד הנחלים

[ג] **עשר רעבון כו׳ ואחד לע״ל כו׳.** ענינו בארתי במקום אחר שבא להורות שכמו שנתייסד תשוקה בגוף להתענג מדבר מאכל ולהצטער בהפקד ממנו אכלו לקיומו כן נתייסד בטבע הנפש תענוג עצמי מעבודת ה׳ והכרתו יתב׳ רק בעוה״ז בעודנו בחומר הגוף אז אין אנחנו מרגישים מאומה מתענוגי הנפש וצערה בהפקד ממנה תענוגה ורק בתענוגי הגוף אנו מרגישים צער גדול בעת הרעבון. אך לע״ל ימצא רעבון גדול בעולם רק לשמוע דבר ה׳ ויהי׳ דוגמת זה הרעב כמו שהיו באלה הדורות רעבון גדול לגוף והית׳ התשוקה רבה מאוד כי נחסר ההכרחי וכן יהי׳ לע״ל בתענוגי הנפש כי יהא רעבון גדול לזה. כי אז יוסר היצה״ר מן העולם ואז יכספו רק לכבוד ה׳ והשגתו ועיין בהקדמתו לספרי מאורי אש ותבין הענין על בוריו: **עיקר איוותנטיא.** הדבר הזה כולי׳ ביארתי בפרשיות הקודמת וע״ל פרשה כ״ה: **והא תני.** עיין במ״כ. וע׳ במדרש רות: **כל השנים כו׳ ועכשיו כו׳.** כי הנה ענין הידיעה נופל על דבר הבלתי גלוי כ״כ רק שנודע ע״פ ידיעה. כי לא יתכן לומר על דבר בחוש תמיד לשון ידיעה כמו שלא יצדק לומר ידעתי כי שלשה יותר משנים שהוא דבר הידוע לכל וכן דבר התלוי תמיד בחוש מה שייך ידיעה בה. ולכן דרשו על דבר החדש. עתה ידעתי כי יפת מראה את מאוד עד שהדרך לא חלל הודך ותפארתך ודעת חז״ל

The Midrash discusses Abraham's commenting on Sarah's beauty at this juncture:

כָּל הַשָּׁנִים הַלָּלוּ הוּא עִמָּהּ וְעַכְשָׁיו הוּא אוֹמֵר לָהּ "הִנֵּה נָא יָדַעְתִּי כִּי אִשָּׁה יְפַת מַרְאֶה אָתְּ" — **All these years [Abraham] had been with her and now he says to her, *"See, now I know that you are a woman of beautiful appearance"?!***[33] אֶלָּא שֶׁעַל יְדֵי הַדֶּרֶךְ אָדָם מִתְבַּזֶּה וְזוֹ עָמְדָה בְּיָפְיָהּ — **However,** the explanation for this is **that due to** traveling on **the road a person** generally **becomes debased** in appearance, **whereas this woman remained in her** full **beauty.**[34]

רַבִּי זְעִירָא בְּשֵׁם רַבִּי סִימוֹן אָמַר — **R' Z'eira said in the name of R' Simon:** הָלַכְנוּ בַּאֲרַם נַהֲרַיִם וּבַאֲרַם נָחוֹר, וְלֹא מָצָאנוּ אִשָּׁה נָאָה כְּמוֹתֵךְ — Abraham said to her: "**We have traveled through Aram Naharaim and through Aram of Nahor**[35] **and** even there **we have never encountered a woman as pleasing as you.** עַכְשָׁיו שֶׁאָנוּ נִכְנָסִים לִמְקוֹם כְּעוּרִים וּשְׁחוֹרִים "אִמְרִי נָא אֲחוֹתִי אָתְּ וְגוֹ' " — **Now that we are entering a place of ugly, swarthy people,** where beautiful women are a rarity, ***Please say that you are my sister, etc.***"[36]

NOTES

of R' Shimon ben Yochai, that even when the price of wheat is double the ordinary one, one should not leave the Land of Israel as long as it is readily available at that price. In fact, in *Tosefta* R' Shimon ben Yochai goes on to say that Elimelech and his sons were punished for breaking this rule, indicating that R' Shimon holds — exactly like R' Huna — that in Elimelech's time the price of wheat had gone from two *se'ah* per shekel (= four *se'ah* per *sela*) to one *se'ah* per shekel (two *se'ah* per *sela*). This textual emendation has been accepted by many later commentators.]

33. Abraham had ample opportunity to observe his wife's beauty (cf. *Bava Basra* 16a), yet the word נָא (translated here as "now") appears to indicate that it was only at this time that Abraham became aware of this beauty. [Alternatively, the word יָדַעְתִּי (translated here as "I know") connotes that something has just become known to the speaker (*Yefeh To'ar*).]

34. Accordingly, Abraham was saying that it was only now that he knew that her beauty was truly exceptional. [Although they had already undergone the travels from Haran to Canaan, it was the trip to Egypt, undertaken in conditions of famine and in great urgency, that provided proof of the quality of Sarah's beauty (*Yefeh To'ar*).]

35. See Midrash above, 39 §8, note 53.

36. That is, Abraham was saying that since even in Aram Sarah had been considered a woman of unparalleled beauty, definitely in Egypt, which they were now about to enter, her beauty would surpass that of any other woman (*Matnos Kehunah*). It would therefore be necessary at this time to take precautions. [According to this interpretation, the word נָא ("now") is not to be associated with the immediately following phrase, "I know that you are a beautiful woman," but to the phrase after that, "Please say that you are my sister" (although the word נָא appears once again in that phrase itself). It is only "now" (upon entering Egypt) that this precaution became necessary, due to the dearth of beautiful women in Egypt (*Yefeh To'ar*).]

חידושי הרש"ש

[ג] **לפיכך כו' עד לעמוד בהן.** כ"ז מיותר וכן לעיל פכ"ה ליתא:

עץ יוסף

(ג) **עשרה רעבון כו'.** לעיל בפרשה כ"ה ושם פירשתיה. וטעם זכירתה פה כטעם הנ"ל שהרעב הזה לנסיון לאברהם. וז"ש כאן וכולן לא באו בימי אנשים שפופין כו' (יפ"ת): **אוותנטיאה.** פי' ממשלה וחוזק: **לא היתה ראויה בימי דוד.** כצ"ל ועיין פירושו בפרשה כ"ה: **גרופית של שקמה.** פי' אילן סרק. והוא דרך משל: **ודייטרוטין.** פי' כלים נאים: **בצורת.** גשמים מועטים: **של מהומה.** פרש"י נפלה המיתה בבהמות ונתיקר הבשר עד שהיו מוכרחים ליתן בעד ראש חמור שמונים כסף: **בשם רבי דוסא משני סאין היו ונעשה מאחת.** כצ"ל ועיין פירושו בפרשה כ"ה: (ד) **הנה נא ידעתי כו'.** ר"ל דלא הו"ל למימר אלא הנה אשת יפת מראה את. וידעתי למה לי. אעכצ"ל שבאו כעת חידוש ידיעה (נזה"ק): **עכשיו שאנו נכנסים למקום כעורים ושחורים עאב"ו.** כצ"ל (יפ"ת). ולפ"ז מלת הנה נא כפשוטו שעד עכשיו סבר שימצא כמותה במקום אחר:

פירוש מהרז"ו

(ג) **יו"ד רעבון.** לעיל פר' כ"ה סימן ג' וש"נ ומבואר כל הסימן: (ד) **כל השנים הללו.** ע' מ"ש לעיל פר' ל"ח סי' ו' אברהם פרדה עקרה. שעל דרך הסברא נשא אברהם אשה בילדותו כמו הרן אחיו וכמ"ש לעיל בסוף פר' ל"ח: **וזו עמדה.** שאם היו כפי הטבע היה משתנה מפני הדרך ולא היה חושש שיחמדו אותה המצריים. אך מאחר שלא נשתנה על כן יש לחשוש: **הלכנו בארם.** שעד עתה היה יכול לחשוב שיש הרבה כמותה עד שהלך בארם ונודע לו שאין כמותה. ודורש ע"פ מדה ל"א כאלו כתוב הנה ידעתי פי' מכבר שאשה יפת מראה את. והיה נא כי יראו אותך המצרים שהם שחורים ושם ניכר יותר היופי. וזהו מ"ש עכשיו שאנו נכנסים למקום שחורים. שתיבת נא שייך כאן:

מסורת המדרש

ג לעיל פרשה כ"ה. רות רבה פ' א'. אגדת שמואל פרשה כ"א. ילקוט סדר בראשית רמז מ"ג:
ד פ' כ"ה:
ה בבא בתרא דף צ"א:
ו ילקוט כאן רמז ס"ז:

אם למקרא

הִנֵּה יָמִים בָּאִים נְאֻם אֲדֹנָי ה' וְהִשְׁלַחְתִּי רָעָב בָּאָרֶץ לֹא־רָעָב לַלֶּחֶם וְלֹא־צָמָא לַמַּיִם כִּי אִם־לִשְׁמֹעַ אֵת דִּבְרֵי ה': (עמוס ח:יא)

נֹתֵן לַיָּעֵף כֹּחַ וּלְאֵין אוֹנִים עָצְמָה יַרְבֶּה: (ישעיה מ:כט)

ג "וַיֵּרֶד אַבְרָם מִצְרַיְמָה לָגוּר שָׁם", ג עֲשָׂרָה רְעָבוֹן בָּאוּ לָעוֹלָם, אֶחָד בִּימֵי אָדָם הָרִאשׁוֹן (וְכוּלֵיהּ עִנְיָינָא עַד וְאֶחָד לֶעָתִיד לָבֹא (עמוס ח, יא) "לֹא רָעָב לַלֶּחֶם וְלֹא צָמָא לַמַּיִם כִּי אִם לִשְׁמֹעַ אֵת דִּבְרֵי ה'", כִּדְלְעֵיל ד "מִן הָאֲדָמָה אֲשֶׁר אֵרְרָהּ כו'"). רַבִּי הוּנָא וְרַבִּי יִרְמְיָה בְּשֵׁם רַבִּי שְׁמוּאֵל בַּר יִצְחָק: עִיקַּר אַוּוֹתֶנְטְיָאָה שֶׁלּוֹ לֹא הָיְתָה אֶלָּא בִּימֵי דָוִד וְלֹא הָיָה רָאוּי לָבֹא אֶלָּא בִּימֵי שָׁאוּל, אֶלָּא עַל יְדֵי שֶׁהָיָה שָׁאוּל גְּרוֹפִית שֶׁל שִׁקְמָה גִּלְגְּלוֹ הַקָּדוֹשׁ בָּרוּךְ הוּא וֶהֱבִיאוֹ בִּימֵי דָוִד. שִׁילוֹ חָטְיָיה, וְיוֹחָנָה מְשַׁתַּלְמָא, לְפִיכָךְ כֻּלָּם לֹא בָּאוּ אֶלָּא בִּימֵי בְּנֵי אָדָם גִּבּוֹרִים שֶׁהֵם יְכוֹלִים לַעֲמוֹד בָּהֶן, וְלֹא בִּימֵי בְּנֵי אָדָם שְׁפוּפִים, שֶׁאֵינָן יְכוֹלִים לַעֲמוֹד בָּהֶן. אָמַר רַבִּי חִיָּיא רַבָּה: מָשָׁל לְזַגָּג שֶׁהָיָה בְּיָדוֹ קוּפָּה מְלֵאָה כּוֹסוֹת וּדְיַיטְרוּטִין וּבְשָׁעָה שֶׁהָיָה מְבַקֵּשׁ לִתְלוֹת אֶת קוּפָּתוֹ הָיָה מֵבִיא יָתֵד וְתוֹקְעָהּ וְנִתְלָה בָּהּ וְאַחַר כָּךְ הָיָה תּוֹלֶה אֶת קוּפָּתוֹ, לְפִיכָךְ לֹא בָּאוּ בִּימֵי בְּנֵי אָדָם שְׁפוּפִים אֶלָּא בִּימֵי בְּנֵי אָדָם גִּבּוֹרִים שֶׁהֵן יְכוֹלִים לַעֲמוֹד בָּהֶם. רַבִּי בֶּרֶכְיָה הֲוָה קָרֵי עֲלֵיהוֹן (ישעיה מ, כט) "נוֹתֵן לַיָּעֵף כֹּחַ". רַבִּי בֶּרֶכְיָה בְּשֵׁם רַבִּי חֶלְבּוֹ אָמַר: שְׁנַיִם בָּאוּ בִּימֵי אַבְרָהָם. רַבִּי הוּנָא בְּשֵׁם רַבִּי אַחָא: אֶחָד בִּימֵי לֶמֶךְ וְאֶחָד בִּימֵי אַבְרָהָם. רָעָב שֶׁבָּא בִּימֵי אֵלִיָּהוּ רָעָב שֶׁל בַּצּוֹרֶת הָיָה, רָעָב שֶׁבָּא בִּימֵי אֱלִישָׁע רָעָב שֶׁל מְהוּמָה הָיָה, רָעָב שֶׁבָּא בִּימֵי שְׁפוֹט הַשּׁוֹפְטִים, רַבִּי הוּנָא בְּשֵׁם רַבִּי דוֹסָא: מ"ב סְאִין הָיוּ וְנַעֲשׂוּ מ"א. וְהָא תָּנֵי: ה לֹא יֵצֵא אָדָם לְחוּץ לָאָרֶץ אֶלָּא אִם כֵּן סָאתַיִם שֶׁל חִטִּים הוֹלְכוֹת בְּסֶלַע, אָמַר רַבִּי שִׁמְעוֹן בֶּן יוֹחָאי: אֵימָתַי בִּזְמַן שֶׁאֵינוֹ מוֹצֵא לִיקַּח, אֲבָל אִם הָיָה מוֹצֵא לִיקַּח אֲפִילוּ סְאָה בְּסֶלַע לֹא יֵצֵא לְחוּץ לָאָרֶץ:

ד [יב, יא] "וַיְהִי כַּאֲשֶׁר הִקְרִיב לָבוֹא מִצְרָיְמָה". ו כָּל הַשָּׁנִים הַלָּלוּ הוּא עִמָּהּ וְעַכְשָׁיו הוּא אוֹמֵר לָהּ "הִנֵּה נָא יָדַעְתִּי כִּי אִשָּׁה יְפַת מַרְאֶה אָתְּ", אֶלָּא שֶׁעַל יְדֵי הַדֶּרֶךְ אָדָם מִתְבַּזֶּה וְזוֹ עָמְדָה בְּיָפְיָהּ. רַבִּי זְעִירָא בְּשֵׁם רַבִּי סִימוֹן אָמַר: הָלַכְנוּ בַּאֲרַם נַהֲרַיִם וּבַאֲרַם נָחוֹר, וְלֹא מָצָאנוּ אִשָּׁה נָאָה כְּמוֹתֵךְ, עַכְשָׁיו שֶׁאָנוּ נִכְנָסִים לִמְקוֹם כְּעוּרִים וּשְׁחוֹרִים "אִמְרִי נָא אֲחוֹתִי אָתְּ וְגוֹ'".

רש"י

(ג) **שנים וארבעים מדות ונעשו אחד וארבעים.** שנים וארבעים מדות היו נותנים בדינר זהב עד שלא בא רעב ומשבא רעב לא חסר אלא אחת משנים וארבעים מדות בדינר אחד ולכך יצא אלימלך משם ולכך נענש: (ד) **שעל ידי הדרך.** אדם מתבזה מפני טרחות הדרך ונמצא כעור. לשון אחר שאינו מלובש בבגדים הנאים הוא מתבזה כך שרה על ידי הדרך היתה מתבזת ואפי' כן לא נמצא אשה יפה כמותה: **עכשיו שאנו נכנסין למקום בעורין.** במצרים לפי שהם סמוכים למזרח כולן מפוחמים ס"א ל' אחר מפני שמצרים יצאו מחם שהיה אביהם כדכתיב ובני חם כוש ומצרים וגו' ע"כ:

מתנות כהונה

[ג] **אוותנטיאה כו'.** חוזק וממשלה של אותו רעב שהיה בימי דוד לא היה ראוי לבא אלא בימי שאול וע"ל פרשה כ"ה הטעם ושם נתבאר כל מאמר זה: [**כולם לא באו** גרסינן]: **בימי למך.** הוא דכתיב הראשון היה בימי למך: **של בצורת.** פירש' לעיל פרשה כ"ה שנה עבדה שנה לא עבדה: **של מהומה.** ראש חמור (בחמשים) שקל [נ"ל בפ']: **מ"ב סאין היו.** בסלע או בשקל. והא תני בניחותא: **הולכת בסלע.** בתחלת מגילת רות גרס בשקל: ה"ג לא יצא לח"ל ואלימלך יצא ולפיכך נענש ויהי כו' ועיין ריש רות [ולעיל פכ"ה ולקמן בפרשת תולדות ובס"פ המוכר את הספינה והכי מסיים ג"כ רש"י ז"ל ובילקוט]: [ד] **ה"ג הנה נא ידעתי. ביפיה.** ולכן החליט לאמת ויליב שיפיה יופי אמתי ומצריים גם המה יתמהו על זה: **הלכנו.** כך אמר אברהם: **בארם נהרים כו'.** ושם אינם שחורים כל כך ואפ"ה אין נאה כמותך ואף כי אם נבא למקום כעורים כו':

אשד הנחלים

[ג] **עשר רעבון כו' ואחד לע"ל כו'.** ענינו בארתי במקום אחר שבא להורות שכמו שנתייסד תשוקה בגוף להתענג מדבר מאכל ולהצטער בהפקד ממנו אכלו לקיומו כן נתייסד בטבע הנפש תענוג עצמי מעבודת ה' והכרתו יתב' רק בעוה"ז בעודנו בחומר הגוף אז אין אנחנו מרגישים מאומה מתענוגי הנפש וצערה בהפקד ממנה תענוגה ורק בתענוגי הגוף אנו מרגישים צער גדול בעת הרעבון. אך לע"ל ימצא רעבון גדול בעולם רק לשמוע דבר ה' ויהי' דוגמת זה הרעב כמו שהיו באלה הדורות רעבון גדול לגוף והית' התשוקה רבה מאוד כי נחסר ההכרחי וכן יהי' לע"ל בתענוגי הנפש כי יהא רעבון גדול לזה. כי אז יוסר היצה"ר מן העולם ואז יכספו רק לכבוד ה' והשגתו ועיין בהקדמתו לספרי מאורי אש ותבין הענין על בוריו: **עיקר איוותנטיא.** הדבר הזה כולי' ביארתי בפרשיות הקודמת וע"ל פרשה כ"ה: **והא תני.** עיין במ"כ. וע' במדרש רות: **כל השנים כו' ועכשיו כו'.** כי הנה ענין הידיעה נופל על דבר הבלתי גלוי כ"כ רק שנודע ע"פ ידיעה. כי לא יתכן לומר על דבר בחוש תמיד לשון ידיעה כמו שלא יצדק לומר ידעתי כי שלשה יותר משנים שהוא דבר הידוע לכל וכן דבר התלוי תמיד בחוש מה שייך ידיעה בה. ולכן דרשו על דבר החדש. עתה ידעתי כי יפת מראה את מאוד עד שהדרך לא חלל הודך ותפארתך ודעת חז"ל

□ [לְמַעַן יִיטַב לִי בַעֲבוּרֵךְ וְחָיְתָה נַפְשִׁי בִּגְלָלֵךְ — *THAT IT MAY GO WELL WITH ME FOR YOUR SAKE, AND THAT I MAY LIVE ON ACCOUNT OF YOU.*]

The Midrash notes a parallel between Abraham's conversation with Sarah as recounted here and that involving two figures discussed in the Book of *Judges:*

רַבִּי פִּנְחָס בְּשֵׁם רַבִּי אָבוּן אָמַר — R' Pinchas said in the name of R' Avun: ב׳ בְּנֵי אָדָם הָיוּ עִיקָּר וְעָשׂוּ עַצְמָן טְפֵילָה וְנַעֲשׂוּ טְפֵילָה — **There were two people who were** inherently **primary but made themselves auxiliary, and** as a result **they** indeed **became auxiliary:** אַבְרָהָם וּבָרָק — **Abraham and Barak.** בָּרָק "וַתִּשְׁלַח וַתִּקְרָא לְבָרָק בֶּן אֲבִינֹעַם מִקֶּדֶשׁ נַפְתָּלִי וַתֹּאמֶר אֵלָיו הֲלֹא צִוָּה ה׳ אֱלֹהֵי יִשְׂרָאֵל לֵךְ וּמָשַׁכְתָּ בְּהַר תָּבוֹר וְלָקַחְתָּ עִמְּךָ עֲשֶׂרֶת אֲלָפִים וְגוֹ׳ " — **Barak** was inherently primary,[37] as it is written, ***[Deborah] sent and summoned Barak son of Abinoam of Kedesh-naphtali, and she said to him, "Behold, HASHEM, the God of Israel, has commanded,***[38] ***'Go and lead** the people **toward Mount Tabor, and take with you ten thousand men.** . . . and I will draw toward you . . . Sisera, the general of Jabin's army,*[39] *. . . and I will deliver him into your hand.' "*[40] "וַיֹּאמֶר אֵלֶיהָ בָּרָק אִם תֵּלְכִי עִמִּי וְהָלָכְתִּי וְאִם לֹא תֵלְכִי עִמִּי לֹא אֵלֵךְ" — ***And Barak said to her, "If you go with me I will go; but if you do not go with me I will not go"***[41] (*Judges* 4:6-8).

The Midrash interrupts itself to discuss Barak's response to Deborah:

רַבִּי יְהוּדָה וְרַבִּי נְחֶמְיָה — **R' Yehudah and R' Nechemyah** disagreed as to the connotation of Barak's reply.[42] רַבִּי יְהוּדָה אוֹמֵר — **R' Yehudah said:** אִם תֵּלְכִי עִמִּי לְקֶדֶשׁ אֵלֵךְ עִמָּךְ לְחָצוֹר וְאִם לֹא תֵלְכִי עִמִּי לְקֶדֶשׁ לֹא אֵלֵךְ עִמָּךְ לְחָצוֹר — Barak meant, **"If you go with me to Kedesh** to muster the people **I will go with you to Hazor,**[43] **but if you do not go with me to Kedesh I will not go with you to Hazor."** רַבִּי נְחֶמְיָה אָמַר — **R' Nechemyah said:** אִם תֵּלְכִי עִמִּי לְשִׁירָה אֵלֵךְ עִמָּךְ לְמִלְחָמָה וְאִם לֹא תֵלְכִי עִמִּי לְשִׁירָה לֹא אֵלֵךְ עִמָּךְ לְמִלְחָמָה — Barak meant, **"If you go with me for** the purpose of reciting **the song** of victory **I will go with you to war,**[44] **but if you do not go** along **with me for song I will not go with you to war."**

R' Nechemyah now interprets Deborah's rejoinder in accordance with this latter understanding:

"וַתֹּאמֶר הָלֹךְ אֵלֵךְ עִמָּךְ אֶפֶס כִּי לֹא תִהְיֶה תִּפְאַרְתְּךָ" — ***And she said, "Indeed I will go with you; however*** [אֶפֶס], ***you will have no glory** on the path on which you go, for HASHEM will deliver*

NOTES

37. Barak was to have the preeminent role in everything concerning the war against Sisera, while Deborah was to have a supportive role.

38. I.e., God has addressed the following command to you, Barak (through the medium of the prophetess Deborah).

39. Jabin was the Canaanite king who was oppressing the Israelites (*Judges* 4:2).

40. Thus, Barak was to be the primary figure in the victory over Sisera. [The Midrash indicates below that Deborah had in any event intended to be present at the site of the battle (see note 43 below), but her role was to be secondary to that of Barak, who would be the one to achieve the victory (*Yefeh To'ar*).]

41. Barak thus positioned himself as subsidiary to Deborah.

42. Specifically: Why did Barak repeat the word "go" more than necessary? *If you go with me I will go* indicates that he was referring to two distinct "goings" (*Yefeh To'ar*).

43. That is, if you accompany me when I go to muster the army in Kedesh, so that the people would believe that it is a Divine command, I will go with you to Mount Tabor to battle there the Canaanites from Hazor. See *Yefeh To'ar,* who suggests emending the text from חָצוֹר to תָּבוֹר. He adds that we find that Deborah accompanied Barak to both Kedesh and Mount Tabor; see *Judges* 4:9-10. [Accordingly, it was understood from the start that Deborah would accompany Barak to the battle; see note 40 above.] Alternatively, Barak meant that if you accompany me to Kedesh and from there to Mount Tabor to attack Sisera's army, then I will be assured of total victory and I will continue with you to attack the city of Hazor itself (*Eitz Yosef*).

44. I.e., if you will assist me after the battle in composing the song celebrating the victory. Barak desired Deborah's assistance since he wanted the song to be composed with Divine inspiration, for which he needed someone with the spirit of prophecy such as Deborah (*Eitz Yosef*).

ה רַבִּי פִּנְחָס בְּשֵׁם רַבִּי אָבוּן אָמַר: ב' בְּנֵי אָדָם הָיוּ עִיקָּר וְעָשׂוּ עַצְמָן טְפֵילָה וְנַעֲשׂוּ טְפֵילָה, אַבְרָהָם וּבָרָק. בָּרָק (שופטים ד, ו) "וַתִּשְׁלַח וַתִּקְרָא לְבָרָק בֶּן אֲבִינֹעַם מִקֶּדֶשׁ נַפְתָּלִי וַתֹּאמֶר אֵלָיו הֲלֹא צִוָּה ה' אֱלֹהֵי יִשְׂרָאֵל לֵךְ וּמָשַׁכְתָּ בְּהַר תָּבוֹר וְלָקַחְתָּ עִמְּךָ עֲשֶׂרֶת אֲלָפִים וְגוֹ'", "וַיֹּאמֶר אֵלֶיהָ בָּרָק אִם תֵּלְכִי עִמִּי וְהָלָכְתִּי וְאִם לֹא תֵלְכִי עִמִּי לֹא אֵלֵךְ". רַבִּי יְהוּדָה וְרַבִּי נְחֶמְיָה, רַבִּי יְהוּדָה אוֹמֵר: אִם תֵּלְכִי עִמִּי לְקֶדֶשׁ אֵלֵךְ עִמָּךְ לְחָצוֹר וְאִם לֹא תֵלְכִי עִמִּי לְקֶדֶשׁ לֹא אֵלֵךְ עִמָּךְ לְחָצוֹר. רַבִּי נְחֶמְיָה אָמַר: אִם תֵּלְכִי עִמִּי לְשִׁירָה אֵלֵךְ עִמָּךְ לְמִלְחָמָה וְאִם לֹא תֵלְכִי עִמִּי לְשִׁירָה לֹא אֵלֵךְ עִמָּךְ לְמִלְחָמָה. (שם, ט) "וַתֹּאמֶר הָלֹךְ אֵלֵךְ עִמָּךְ אֶפֶס כִּי לֹא תִהְיֶה תִּפְאַרְתְּךָ",

חידושי הרד"ל

(ג) [ד] **אם תלכי עמי לקדש אלך עמך לחצור.** ס"ל שאחר שנלחמו עם סיסרא (שהיה יושב בחרושת הגוים ורדפו מחנהו עד שם) נלחמו בחצור. והיינו עם יבין מלך כנען. וז"ש עד אשר הכריתו את יבין מלך כנען ובע"כ היינו שהכריתוהו ממקום מלכותו בחצור. (שגם היא מערי א"י וכמ"ש ביהושע י"א). וסבר ר"י שברק היה צריך להליכתה של דבורה עמו בקדש שהיתה המלחמה הראשונה. ולא היה עדיין לב העם כ"כ אמיץ למלחמה עליו. וע"י היות דבורה הנביאה שם נתחזקו. אבל במלחמת חצור שכבר נפל סיסרא והמונו בידם. לא היה צריך לה עוד ברק. לכן א"ל אם תלכי עמי לקדש. אז אחלוק לך כבוד ואלך עמך לחצור. פי' אקרא לך שתלך עמי גם לחצור (אבל לפרש כפשטי' שלחצור היתה מיועדת דבורה לבדה בלא ברק. הוא דבר קשה. שאף שהיא היתה שופטה את ישראל ונביאה. בכל זה לענין מלחמה אשה לא בת מלחמה היא כמ"ש ביבמות ובעבודת כוכבים ועוד בדב"ר נחמיה א"א לפרש כן לומר והלכתי עמך למלחמה שהיתה מיועדת דבורה לבדה לילך והיינו לקדש. דהא בפי' נצטווה ברק על המלחמה. ובע"כ צ"ל כמ"ש שלשון אלך עמך לחצור (וכן אלך עמך למלחמה לרבי נחמיה פירושו שאקרא לך שתלך עמי) ור"נ מפרש אם תלכי עמי לשירה. שהיה פשוט בעיני ברק שהשירה מיוחדת לו ולא לאשה שקול שיר באשה ערוה (ועמ"ש בפי' לפר"א פמ"ב בס"ד שלכן נאמר במרים ותצאנה כל הנשים אחריה שיצאו חוץ למחנה לומר שירה שלא ישמע קולם מן האנשים). ולכן א"ל מה אתה סבור שתפארתה של שירה נמסרה לך לבדך כו'. ותרווייהו ר"י ור"נ לא ניחא להו לפרש כפשטא אם תלכי עמי והלכתי ואם לא תלכי עמי לא אלך על המלחמה שבקדש. שהיאך ס"ד שיאמר ברק שלא ילך אחרי שנצטווה ע"פ ה' ע"י נבואה:

(ד) **אמר רבי ראובן לשון כו'.** פי' במ"ע עזוב בלשון גריק"ש כלומר כלך מדבריך ועיין שמ"ר פמ"ה ואיכה רבה פ"א אות ב':

עץ יוסף

[ה] **רבי פנחס בשם ר"א.** בא לדרוש ס"ד מ"ש למען ייטב לי בעבורך וכו' וע"ז אמר שעשה עצמו טפילה שעיקר הטובה שייך לה. ולו בעבורה ובגללה: **אברהם וברק.** תחילה חושב כסדר. אך כשבא לדרוש בהם דורש תחילה מברק ואח"כ מאברהם כדרך המדרשים שהדבר שהוא עקרי בדרוש חושב בסוף: **ברק ותשלח ותקרא.** הרי שהוא עיקר במעשה כי אליו צוה ה'. והוא עשה עצמו טפילה במה שלא רצה ללכת מבלעדי דבורה. והיתה ברית כרותה לשפתים כי כן באמת נעשה לה טפל להיות עיקר התשועה בזכותה: **רבי יהודה ורבי נחמיה.** הוקשה להם מ"ש ואם לא תלכי עמי לא אלך. הלא היא אמרה לו בנבואה בציוו מהשי"ת: **אם תלכו עמי כו' ואם לא תלכי כו'.** ס"ל שבאמת היה כאן שתי הליכות אחת שצותה אותו לקדש וע"ז בקש שתלך עמו. והשני הוא לחצור. והוא עמה. וז"ש ברק לדבורה אם תלכי עמי לקדש ובודאי טובים השנים מן האחד מאילו אהיה אני לבדי. ואז אוכל להכרית את סיסרא ועמו כליון גמור וממילא יפול מורא ופחד גם על הנשארים בחצור לכן והלכתי עמך אח"כ לחצור להכרית הנשארים שם. אבל אם לא תלכי עמי לקדש ובודאי בזכות עצמי לא אוכל לעשות כליון גמור וחרוץ בסיסרא ובעמו. אז ממילא לא אוכל לילך אח"כ לחצור למקום יבין מלכם. והלכו שניהם לתבור ואח"כ לחצור עד אשר הכריתו את יבין מלך כנען. ואז אמרה שירה (כלי יקר): **אם תלכי עמי לשירה כו'.** שברק סבר שעיקר השירה יהיה נאמרת ע"י זכר ולא ע"י אשה כי קול באשה ערוה. ובאשר הוא כשר צבא ועיקר התשועה יהיה על ידו. ודאי לו נאה לומר השירה אך באשר אין שירה נאמרת אלא ברוה"ק וברק לא היה רוה"ק שורה עליו לפיכך רצה להתחבר בעת אמירת השירה אל דבורה ששרה עליה רוה"ק להיות שפע רה"ק נאצל מעליה עליו כדי לאמר השירה ברה"ק: **כי לא תהיה תפארתך כו'.** מלשון פאר ושירה כמ"ש ימלא פי תהלתך כל היום תפארתך. וכלשון מתקני הברכות יפארוך סלה. תפארת וגדולה. והשיבה לו שעל ידי שלא הלך בתמימות במצות הש"ת הפסיד שלימות השירה והניחה

פירוש מהרז"ו

ר' פנחס בשם ר"א. בא לדרוש ס"ד מ"ש למען ייטב לי בעבורך וגו' ועל זה אמר שעשה עצמו טפילה שעיקר הטובה שייך לה. ולו בעבורה ובגללה: **אברהם וברק.** תחלה חושב כסדר. אך כשבא לדרוש בהם דורש תחלה מברק ואח"כ מאברהם כדרך המדרשים שהדבר שהוא עקרי בדרוש חושב בסוף: **אם תלכי עמי לקדש.** הוקשה לו מ"ש ואם לא תלכי עמי לא אלך. הלא היא אמרה לו בנבואה בציווי מהש"י ועוד שהיה די שיאמר אם תלכי עמי ותיבת והלכתי מיותר ע"כ דורש מ"ש והלכתי פי' והלכתי עמך וכמ"ש ברישא דקרא אם תלכי עמי א"כ מ"ש והלכתי פי' והלכתי עמך ע"פ מדה ט' הרי יש כאן שתי הליכות אחת הליכה שצותה אותו לקדש ועל זה ביקש שתלך עמו והב' הוא לחצור והוא עמה ונ"ע שלא כתוב כלל שהלכה לחצור. אך הענין בזה שאחר מפלת סיסרא כתיב ויכנע אלהים ביום ההוא את יבין מלך כנען וגו' עד אשר הכריתו את יבין מלך כנען והנה להכניע מלך גדול כזה לא יתכן בלא מלחמה ובפסוק הנ"ל וכפי המבואר שתיבת והלכתי שפירושו והלכתי עמך היינו הליכה למלחמה אחרת היינו מלחמת יבין מלך כנען אשר מלך בחצור כמ"ש בריש הענין. ובמלחמת חצור היתה דבורה העיקר והוא עמה: **אם תלכי עמי לשירה.** דעת ר' נחמיה שמאחר שאמרה בנבואה לא יתכן שיסרב בזה ולצרף את דבורה עמו גם יקשה מ"ש דבורה כי לא תהיה תפארתך משמע שכל הענין שיתפאר שהוא הכניע לסיסרא ולתפארתו וכשתלך עמו הנביאה בעצמה לא יהיה לתפארתו חלילה לומר כן. ע"כ דורש שמ"ש תפארתך פירושו מלשון פאר ושירה כמ"ש ימלא פי תהלתך כל היום תפארתך וכלשון מתקני הברכות יפארוך סלה. תפארת וגדולה יתנו. והשיבה לו שעל ידי שלא התהלך בתמימות במצות הש"י הפסיד שלימות השירה והניחה מידו וכאן חסר וצ"ל כמ"ש שמ"ר פר' מ"ה בסימן ב' לשון יוני הוא אפס הנית. ובמוסף ערוך כתב בלשון יוני אפס עזוב והענין אחד שהניח ועזב מה שבידו ועתה תהיה דבורה העיקר והוא הטפל. ומתשובתה אנו יודעים שברק ביקש שתלך עמו לשירה ע"פ מדה ט'

רש"י

ויאמר אליה ברק אם תלכי עמי והלכתי. עשה עצמו טפלה. ברק היה עיקר דכתיב ותשלח ותקרא לברק בן אבינועם אם תלכי עמי לקדש ותהיה ידך עמי להזעיק לי בני נפתלי ובני זבולון אלך עמך לחצור: **למלחמה.** לפי שהיו משועבדים לחצור. דכתיב. וימכור אותם ביד סיסרא שר צבא חצור ואם לא תלכי עמי לא אלך שלא יאמינו לי אבל לפי שאת נביאה בך יאמינו: **ס"א ונעשה טפלה.** מכל וכל אפילו על השירה דכתיב ותשר דבורה וברק מלמד שדבורה עיקר לשירה וברק טפל לה והוא שדבורה

מתנות כהונה

ה"ג טפילה ונעשו טפילה אברהם וברק: ומשכת וגו'. הרי שהוא היה העיקר ויאמר אליה וגו' עשה עצמו טפל לה וכדמפרש ואזיל: **ה"ג אם תלכי עמי לקדש.** לקדש שם היה דר ברק: **אלך עמך לחצור.** מקום האויב יבין מלך חצור וכתיב סיסרא שר צבא מלך חצור. הרי שאמר אלך עמך לחצור היא עיקר והוא טפל לה וכן למ"ד אלך עמך למלחמה: **אפס וגו'.** סיפיה דקרא כי ביד אשה ימכור ה' את סיסרא הרי שהיא נשארה עיקר אלא המלחמה וגם לענין השירה שעשה עצמו בה עיקר נעשה טפל לה וכדמפרש ואזיל:

אשד הנחלים

לפי שהיפוי הוא ממאמר המצטרף כי יש נאה ויש מי שהוא נאה ממנו ולכן אמר עתה ידעתי וזה נתוודע לי עתה כי היו במקומות שונים ולא ראה נאה כמותה: [ד] **היו עיקר כו' נעשה טפילה.** ענין הדבר כי הנביא והאיש אלקי כמוהם היה מן הראוי שיהא חזקת בטחונם חזק כ"כ עד שלא יראו ויפחד מפני כל כי ה' אלהיו משגבו ומגן בעדו. ולכן אברהם אחר שעשה בהשתדלות אנושי ברפיון הבטחון לכן נעשה טפל כי הטיב לו בעבורה ולולי היה בחזקת בטחונו אז הי' הטוב לה בעבורו כי היו יראים מפניו יותר משרה. וכן בברק ע"י שלא התחזק בקרבו כח הבטחון החזק כ"א ע"י דבורה ע"כ נעשה טפל לה: **לקדש אלך עמך לחצור כו' עמי לשירה כו'.** ודייק כי לא יתכן שמיאן בהליכה לגמרי אם לא תלך עמו אחר שהי' ציווי מיד ה' בנבואה לדבורה שילך. איך ימרה פי ה' אלא ודאי כיון בזה אמת שאלך לקדש אבל אם לא תלכי עמי לשם לא אעזור לך בחצור. ודעת ר' נחמיה שהי' בקשת ברק שהיא תעזור לו בשירתה וזהו אם תלכי עמי בעזר ע"י השירה ואני אלך למלחמה כפי אשר צווית מיד ה' כי באמת לא מצאנו שהלכה דבורה למלחמה כ"א הית' בקדש לבד בעת שאסף אנשי הצבא. ודעת הראשון שדבורה הלכה אח"כ בחצור להכניע את יבין ועיין בפסוקים שם ותבין: **לשון יוני.** בילקוט לא גרם לה:

חידושי הרש"ש

[ד] **ועשו עצמן טפל כו' אם תלכי עמי כו'.** נ"ל דמתפרש עפ"י מש"כ הר"ש בפ"ג דטהרות מ"ד בסופה דמצינו עם שהוא טפל כמו יפה תורה עם ד"א וידוע שהתורה עקר ע"כ. ועוד מצינו כה"ג בקדושין (כ' א') כי טוב לו עמך במאכל כו' וכ' התוס' שם בשם הירושלמי דאם אין לו אלא כר אחת כו' צריך למסור לעבדו והיינו אדון לעצמו. אמת דק"ל ע"פ מהא דב"מ (ס"ב א') וחי אחיך עמך חייך קודמין לחיי חבירך. ובזה יובן פירש"י במגילה (י"ג א') ד"ה שגלה מעצמו. ועיין תוס' יומא (פ"ה ב') ד"ה תשובה (ופי' המ"ל בכאן אינו מחוור) ולפ"ז יובן מה שפירש"י בסוף סדר נח בפסוק ויצאו אתם מאור כשדים עם לוט ושרי. קשה כי בכל מקום מלת את מורה טפילת הראשון אל השני כמו ויפה ... אתו לוט (והמ"ש) ואת כל הבהמה אשר אתו בתיבה ולקמן גבי כדרלעומר והמלכים אשר אתו ופירש"י לפי שהיה בעל המעשה נכנס בטובי הקורה ועוד רבות כמוהם:

מסורת המדרש

ז ילקוט שופטים רמז מ"ג:

אם למקרא

וַתִּשְׁלַח וַתִּקְרָא לְבָרָק בֶּן־אֲבִינֹעַם מִקֶּדֶשׁ נַפְתָּלִי וַתֹּאמֶר אֵלָיו הֲלֹא־צִוָּה ה' אֱלֹהֵי־יִשְׂרָאֵל לֵךְ וּמָשַׁכְתָּ בְּהַר תָּבוֹר וְלָקַחְתָּ עִמְּךָ עֲשֶׂרֶת אֲלָפִים אִישׁ מִבְּנֵי נַפְתָּלִי וּמִבְּנֵי זְבֻלוּן: (שופטים ד:ו)

וַתֹּאמֶר הָלֹךְ אֵלֵךְ עִמָּךְ אֶפֶס כִּי לֹא תִהְיֶה תִּפְאַרְתְּךָ עַל־הַדֶּרֶךְ אֲשֶׁר־אַתָּה הוֹלֵךְ כִּי בְיַד־אִשָּׁה יִמְכֹּר ה' אֶת־סִיסְרָא וַתָּקָם דְּבוֹרָה וַתֵּלֶךְ עִם־בָּרָק קֶדְשָׁה: (שופטים ד:ט)

ענף יוסף

(ה) [ד] **רבי יהודה ורבי נחמיה רבי יהודה אומר אם תלכי לקדש אלך עמך לחצור כו'.** היפ"ת והנזה"ק כתבו שנ"ל אלך עמך לתבור ואם לא תלכי עמי לקדש לא אלך עמך לתבור. ופירשו כי ברק כבר היה מתגורר בקדש כמפורש שם. ובאשר שם נאספו אליו כל העם למלחמה ביקש מדבורה להיותה נמשכת אחריו לילך עמו אל מקומו הקבוע לו הוא קדש למען יאמינו לו העם ע"פ דבריה דברי רוה"ק ויתקבצו לעלות למלחמה אל הר תבור עם ברק אשר שם היה הולך לפניהם. אלא שלא רצה ללכת מבלי דבורה כדי להגין זכותה עליו ועל עמו וז"ש אם תלכי עמי למקומי לקדש בהתאסף ראשי עם יחד אז והלכתי גם אני אחריך לתבור למלחמה. אבל אם לא תלכי עמי לקדש לא יאמינו לי העם להתקבץ למלחמה ואז ממילא שוב לא אוכל ללכת עמך במלחמה לתבור שיטת רבי יהודה:

באור מהרי"פ

ד **אלך עמך לחצור.** נ"ל לתבור כדכתיב ומשכת בהר תבור כי המלחמה היתה בנחל קישון לא בחצור. (יפ"ת וזה"ק):

Sisera into the hand of a woman" (ibid. v. 9). אָמַר רַבִּי רְאוּבֵן – **R' Reuven said:** [אַפֵּס] – לָשׁוֹן יְוָנִי הִיא "אַפֵּס" **is a Greek word:** ***afes*** (*aphes*).[45] אָמְרָה לוֹ מָה אַתְּ סָבוּר שֶׁתִּפְאַרְתָּהּ שֶׁל שִׁירָה נִמְסְרָה לְךָ לְבַדְּךָ, אֶתְמְהָא – **She said to him, "What do you think, that the glory of song was given over to you alone? (Could this be?!)"**[46]

The Midrash concludes its treatment of Barak:

וְנַעֲשָׂה טְפֵילָה, "וַתָּשַׁר דְּבוֹרָה וּבָרָק בֶּן אֲבִינֹעַם" – **And** in the end **[Barak]** indeed **became auxiliary to [Deborah],** as it is written, ***Deborah sang, along with Barak son of Abinoam,*** *on that day, saying . . .* (ibid. 5:1).[47]Ⓐ

The Midrash now goes on to draw a comparison between the situation of Abraham and that of Barak:

אַבְרָהָם הָיָה עִיקָר "וַיִּקַּח אַבְרָהָם אֶת שָׂרַי אִשְׁתּוֹ" – **Abraham was primary** vis-a-vis Sarah, as the verse states, ***And Abram took his wife Sarai*** (above, v. 5).[48] עָשָׂה עַצְמוֹ טְפֵילָה, "אִמְרִי נָא אֲחוֹתִי אָתְּ" – **He made himself auxiliary** to her, as it is written, ***Please say that you are my sister*** *that it may go well with me for your sake* (v. 13).[49] וְנַעֲשָׂה טְפֵילָה לָהּ "וּלְאַבְרָם הֵיטִיב בַּעֲבוּרָהּ" – **And** in the end **he** indeed **became auxiliary to her,** as it is written, ***And he treated Abram well for her sake*** (below, v. 16).[50]

וַיְהִי כְּבוֹא אַבְרָם מִצְרָיְמָה וַיִּרְאוּ הַמִּצְרִים אֶת הָאִשָּׁה כִּי יָפָה הִוא מְאֹד. וַיִּרְאוּ אֹתָהּ שָׂרֵי פַרְעֹה וַיְהַלְלוּ אֹתָהּ אֶל פַּרְעֹה וַתֻּקַּח הָאִשָּׁה בֵּית פַּרְעֹה.

And it occurred, with Abram's coming to Egypt, the Egyptians saw that the woman was very beautiful. When the officials of Pharaoh saw her, they lauded her for Pharaoh, and the woman was taken to Pharaoh's house (12:14-15).

§5 וַיְהִי כְּבוֹא אַבְרָם מִצְרַיְמָה וַיִּרְאוּ הַמִּצְרִים – ***AND IT OCCURRED, WITH ABRAM'S COMING TO EGYPT, THE EGYPTIANS SAW . . .***

וְשָׂרָה הֵיכָן הָיְתָה – **And where was Sarah?**[51] נְתָנָהּ בְּתֵיבָה וְנָעַל בְּפָנֶיהָ – **He had put her in a crate**[52] **and locked** it **before her.**[53] כֵּיוָן דְּמָטָא לְמִכְסָא אָמְרִין לֵיהּ: הַב מִכְסָא – **When he arrived at the customs** station **they said to him, "Pay the customs** cost."[54] אֲמַר: אֲנָא יָהֵיב מִכְסָא – **"I will pay the customs,"**[55] **he said.** אָמְרִין לֵיהּ: מָאנִין אַתְּ טָעֵין "Perhaps **you are transporting articles," they said to him.** אֲמַר: אֲנָא יָהֵיב דְּמָאנִין – "Then **I will pay** the customs **for articles," he said.** אָמְרִין לֵיהּ: דְּהַב אַתְּ טָעֵין – "But perhaps **you are transporting gold," they said to him.**

NOTES

45. Meaning "to let go, to abandon" (*Shemos Rabbah* 45 §2; *Yalkut Shimoni, Psalms* §816). She meant, "Abandon your preoccupation with the victory song" (see next note).

46. Deborah understood that Barak's insistence on her taking part in the composition of the victory song was because Barak thought the song would be celebrating his exploits. She informed him that the glory that would be found in the song would in fact be primarily the glory of women – Deborah and Jael (*Yefeh To'ar*).

47. For Scripture attributes the song itself primarily to Deborah, mentioning Barak only second (ibid.).

48. Thus Sarah came along to Canaan as adjunct to Abraham.

49. Making his well-being dependent on her (*Yefeh To'ar*).

50. Thus fulfilling Abraham's own words.

[*Yefeh To'ar* posits that the lesson the Midrash wishes to draw from Abraham and Barak is that excessive humility is at times inappropriate, particularly for people in positions of leadership.]

51. Why does the verse refer to their arrival as "*Abram's* coming to Egypt" as opposed to "*their* coming to Egypt"? (*Rashi* on *Chumash*).

52. Hoping to prevent the Egyptians from casting their eyes upon her beauty.

53. So as far as the Egyptians were concerned, Abram came to Egypt alone.

54. They wanted to inspect his "goods" to know what to charge him.

55. I will pay whatever you want, but I will not open the crate.

INSIGHTS

Ⓐ **To Step Forward** Clarity of thought and vision is an essential component of our *avodas Hashem*. According to *R' Yechezkel Levenstein*, the ability to recognize true value, and to successfully accomplish the delicate task of self-appraisal, can make the difference between spiritual growth and decline.

In general, perception often leads to a desired result. The more value one attaches to a particular entity, the greater part it will play in his life. Consider an individual torn between a craving for certain foods and the warnings of his physician to refrain from precisely those dishes. Which of his instincts will triumph? It depends on the amount of respect and trust he accords his physician. Only if the person perceives him as knowledgeable and competent will he be willing to follow instructions and forgo his favorite foods.

In the blessing that we recite daily before Torah study, we enlist Divine assistance in this essential. A great emphasis is placed on the "taste" of Torah: "Please sweeten the Torah's words in our mouths . . ." *R' Yechezkel* explains that only one who experiences the Torah's true pleasantness and recognizes its real value can remain steadfast in his fealty to Torah. A person, by nature, is constantly at odds with his inclinations and the pull of the outside world. If he does not properly appreciate the Torah's worth, and perceives the world as more rewarding, how will he be able to withstand its lure?

As it is with Torah, so it is with a person's own self-worth. It is imperative that a true servant of Hashem recognize his own inestimable value. Indeed, this notion is underscored by the Midrash. As previously stated, life choices are based on perception, and self-perception will often be a self-fulfilling prophecy. The noble characters mentioned in the Midrash here erred, to some extent, in that they minimized their own significance. They serve as an illustration that one who perceives his role as being minor will end up playing only a minor role (see *Yefeh To'ar*). It is similarly imperative for the aspiring Torah scholar to recognize the awesomeness of his responsibility and the prestige he bears as a result. Only with such an awareness will he be able to continue to swim against the tide of a materialistic and cynical world.

Properly identifying and appreciating true inner value is a formidable task. There appear to be almost conflicting ethical imperatives at work. On the one hand, as we have noted, a feeling and awareness of self-importance is a prerequisite to remaining a loyal servant of Hashem. However, one must take care to retain proper perspective. Unwarranted *gaavah* (arrogance) is shunned by the Torah; the works of *Chazal* are replete with dire warnings condemning this trait. Instead, we are consistently encouraged to adopt an attitude of *anavah* (humility).

How is one to reconcile this apparent dichotomy? It seems to be manifest in the very narrative of Deborah and Barak, as interpreted by the Midrash. *Chazal* here are critical of Barak for downplaying his role; but Deborah herself is later faulted for taking too much credit by stating in her hymn (*Shoftim 5:7*) that Israel's situation did not improve, *"Until I, Deborah, arose ..."*

While this may be a delicate balancing act, *R' Yechezkel* assures us that the golden mean is attainable. The key is clear vision. *Gaavah* stems from an overblown sense of self and false pride, which is certainly to be avoided. Recognition of one's *genuine* value is not arrogance, however; it is merely an acknowledgment of the truth. That acknowledgment, however, must carry with it an awareness of the responsibility, and a determination to maximize one's God-given potential in His service. Moreover, one must always realize that no matter what he attempts, Hashem alone determines success or failure; thus, unswerving *bitachon*, trust in Hashem, is critical. A true Torah scholar – *ben Torah* – must always be aware of the essential nature of his life mission, and, armed with this knowledge, he can rejoice in his good fortune in being counted among Hashem's most beloved servants (from a discourse printed in *Beis Hillel*, Vol. 23, pp. 12-15).

חידושי הרד"ל

(ה) [ה] **מאד מאיקונין של חוה.** אפשר כמש"ל ספ"ט מאד הוא אדם. ורומז על חוה שלוקחה מאדם (ונקרא שמו אדם כמ"ש ויקרא את שמם אדם):

(ו) **מאיקונין של חוה.** עיין ב"ב (נח.) שרה בפני חוה כו':

עץ יוסף

בידה. וז"ש ר"ר ל"י הוא אפס הניח. ועתה תהיה דבורה העיקר והוא הטפל: **למען ייטב לי בעבורך.** שאלה טובתו בה. וכן היה לו שנאמר ולאברם הטיב בעבורה (יפ"ת): (ה) [ו] **ויהי כבוא אברם.** דהו"ל למימר ויהי כבואם מצרימה לכלול גם האשה: **נתנה בתיבה.** שהטמינה בתיבה ובא אברהם לבדו. ומרומז גם בפסוק והיה כי יראו אותך המצרים משמע שיתכן שלא יראו אותך כי אטמינך: **כיון דמטא.** כיון שהגיע לתת המכס אמרו לו תן מכס: **אנא יהיב.** אני נותן מכס מה שתתבעו: **א"ל מאנין כו'.** כלים אתה נושא בתיבה. אמר אני אתן מכס הבא מן הכלים: **דהב כו'.** זהב אתה נושא: **מטבסין.** משי מובחר: **מרגלין.** מרגלי': **לא אפשר כו'.** אי אפשר שתפטר אלא תפתח התיבה ותראה לנו מה שבתוכה: **הבהיקה כל ארץ מצרים מזיוה.** ואפשר שהכוונה שמגודל הפלגת היופי נשמע הקול בכל ארץ מצרים איש מפי איש עד כי כמעט כולם כאחד באו לראותה. וע"ד זה הבהיקה כל מצרים מזיוה (נזה"ק): **איקונין.** תוארה: **נמסרו לראשי הדורות.** כלו' דמות צורתה נמסרה לראשי דורות כי אחד בדור תמצא לפעמים יפה כדמות צורתה. והיינו שיש קצת דמיון ליופיה עם של חוה: [ז] **ויראו אותה שרי פרעה.** וס"ד ותקח וגו' ועל זה אמר מתעלה והולכת ותקח דרש שהוא לשון עילוי שלהכניסה לבית פרעה היו מעלין אותה בדמים זה אומר אני אתן כו' וזה אומר כו' לרוב מעלתה שהיו מתכבדין בדבר (יפ"ת):

מדרש

אָמַר רַבִּי רְאוּבֵן: לָשׁוֹן יְוָנִי הִיא "אָפֵס", אָמְרָה לוֹ מָה אַתְּ סָבוּר שֶׁתִּפְאַרְתָּהּ שֶׁל שִׁירָה נִמְסְרָה לְךָ לְבַדְּךָ, אֶתְמְהָא, וְנַעֲשָׂה טְפֵילָה, (שם ה, א) "וַתָּשַׁר דְּבוֹרָה וּבָרָק בֶּן אֲבִינֹעַם". אַבְרָהָם הָיָה עִיקָּר [יב, ה] "וַיִּקַּח אַבְרָהָם אֶת שָׂרַי אִשְׁתּוֹ", עָשָׂה עַצְמוֹ טְפֵילָה, "אִמְרִי נָא אֲחוֹתִי אָתְּ", [ח]וְנַעֲשָׂה טְפֵילָה לָהּ [יב, טז] "וּלְאַבְרָם הֵיטִיב בַּעֲבוּרָהּ":

ה [יב, יד] "וַיְהִי כְּבוֹא אַבְרָם מִצְרָיְמָה וַיִּרְאוּ הַמִּצְרִים". [ט]וְשָׂרָה הֵיכָן הָיְתָה, נְתָנָהּ בְּתֵיבָה וְנָעַל בְּפָנֶיהָ, כֵּיוָן דִּמְטָא לְמִכְסָא אָמְרִין לֵיהּ: הַב מִכְסָא, אֲמַר: אֲנָא יָהֵיב מִכְסָא, אָמְרִין לֵיהּ: מָאנִין אַתְּ טָעֵין, אֲמַר: אֲנָא יָהֵיב דְּמָאנִין, אָמְרִין לֵיהּ: דְּהַב אַתְּ טָעֵין, אֲמַר: אֲנָא יָהֵיב מִן דִּדְהַב, אָמְרוּ לֵיהּ: מֶטַכְסִין אַתְּ טָעֵין, אֲמַר: דִּמְטַכְסֵי אֲנָא יָהֵיב, מַרְגָּלְיָן אַתְּ טָעֵין, אֲמַר: אֲנָא יָהֵיב דְּמַרְגָּלְיָן. אָמְרִין לֵיהּ: לָא אֶפְשָׁר אֶלָּא דִּפְתַחְתְּ וְחַמֵּית לָן מַה בְּגַוָּהּ, כֵּיוָן שֶׁפְּתָחָהּ הִבְהִיקָה כָּל אֶרֶץ מִצְרַיִם מִזִּיוָהּ. רַבִּי עֲזַרְיָה וְרַבִּי יוֹנָתָן בֶּן חַגַּי מִשּׁוּם רַבִּי יִצְחָק אָמְרֵי: [י]אִיקוֹנִין שֶׁל חַוָּה נִמְסְרוּ לְרָאשֵׁי הַדּוֹרוֹת. לְהַלָּן כְּתִיב (מלכים א א, ד) "וְהַנַּעֲרָה יָפָה עַד מְאֹד", מַגַּעַת עַד אִיקוֹנִין שֶׁל חַוָּה, בְּרַם הָכָא "כִּי יָפָה הִיא מְאֹד", מְאֹד מֵאִיקוֹנִין שֶׁל חַוָּה. "וַיִּרְאוּ אוֹתָהּ שָׂרֵי פַרְעֹה",

פירוש מהרז"ו

וע"פ מדת מנגד ומ"ש אלך עמך למלחמה. היינו מלחמת חצור שמרבה מיתור תיבת והלכתי כמו לר' יהודה. ולדעת ר"נ היה עיקר בשירה ונעשה טפילה. ולדעת ר' יהודה שהיה עיקר במלחמת קדש ונעשה טפילה כי ביד אשה ימכור ה' את סיסרא היינו על ידי יעל. ואם לא היה מבקש שתלך עמו דבורה היה סיסרא נופל בידו: (ה) **ויהי כבוא אברם.** הוקשה לו שתיבת אברם מיותר שהרי בפסוק י"א ויהי כאשר הקריב לבא מצרימה לא כתב אברם שסמך על מ"ש בתחלת הענין וכן כאן היה די שיאמר כבואו או כבואם. ובהכרח שבא לדייק שאברהם בא ולא שרה והיכן היתה שלא באה והרי מפורש ויראו המצרים את האשה. על כן דורש שתחלה הטמינה ובא אברם לבדו ומרומז גם בפסוק והיה כי יראו אותך המצרים משמע שיתכן שלא יראו אותך כי אטמינך: **הבהיקה כל ארץ מצרים.** היינו שאותם שראו אותה התפלאו מאד ופרסמו עד שנתפרסמה בכל ארץ מצרים: **לראשי הדורות.** כמו יוכבד ומרים וצפורה ובת שבע ושאר נשי דוד והשונמית שמפורש בדברי חז"ל מן הפסוק: **עד מאד.** עד גבול של חוה ולא מאד בכלל. אך בשרה לא כתיב עד. ומ"ש במדרש מאד מאקונין של חוה פירושו בהכרח שהיה בה מעין איקונין של חוה. ורמז על חוה כאן בתיבת מאד כי תיבת מאד הוא אדם כמ"ש לעיל פר' ח' סימן ה' וחוה נקראת אדם כמ"ש לעיל פר' כ"א סימן ב': **ויראו אותה.** וס"ד ותקח וגו' ועל זה דורש מתעלה והולכת וכמ"ש לעיל פר' ט"ז סימן ה' ושם נסמן ומבואר. ועי' במ"ר ריש פר' י"ח. וכן במדרש אסתר פסוק ותלקח. ומ"ש ואטילל פי' ואכנס עמה לפרעה:

מסורת המדרש

ח תנחומא סדר ויחי סימן ו':

ט תנחומא כאן סימן ה'. ילקוט כאן רמז ס"ח כל הענין:

י סנהדרין דף ל"ט. ילקוט מלכים א' רמז קס"ו:

אם למקרא

וַתָּשַׁר דְּבוֹרָה וּבָרָק בֶּן אֲבִינֹעַם בַּיּוֹם הַהוּא לֵאמֹר: (שופטים ה:א)

וְהַנַּעֲרָה יָפָה עַד־מְאֹד וַתְּהִי לַמֶּלֶךְ סֹכֶנֶת וַתְּשָׁרְתֵהוּ וְהַמֶּלֶךְ לֹא יְדָעָהּ: (מלכים-א א:ד)

ענף יוסף

עשה עצמו טפילה לה אמרי נא אחותי את וגו' למען ייטב לי בעבורך. ר"ל שאברהם ירא פן לא ישאלו המצרים כלום את שרה מה היא לאברהם. אך למראה עיניהם ישפטו שהיא אשתו ויהרגו אותו. על כן נתחכם אברהם ויען את שרה שתמשיך בדבריה האחוה ממה שתבקש מן המצרים ההטבה לאברהם בשביל שהוא אחיה. כלומר שתאמר תנו שכר ויין לפלוני כי אחי הוא וא"כ מתוך הדברים יבואר כי אחותו היא. וזהו שאמר ר"פ שאברהם עשה עצמו טפילה. והוא מה שצוה על שרה שתמשיך בדבריה האחוה. במה שתבקש ההטבה מן המצרים לאברהם בשביל שהוא אחיה. ויראה מזאת התחבולה קצת מיעוט בטחון בו יתברך. על כן נענש ונעשה טפילה שנאמר ולאברם הטיב בעבורה כמ"ש רש"י הטיב לאברהם לא בזכות עצמו רק בזכות שרה (אפיקי יהודא):

רש"י

אומרת לו מה את סבור כו' ע"כ: **מה את סבור שתפארתה של שירה נמסרת לך לבדך.** שאתה אומר עמי שאת עיקר חייך אינו כן אלא כי ביד אשה ימכור ה' את סיסרא ומפורש בתני דבי אליהו וכי מה טיבה של דבורה אצל ברק והלא דבורה במקומה וברק במקומו אלא אמרה לא כך כתוב בתורה ודרשו השופטים היטב וסמוך ליה כי תצא למלחמה מה ענין זה לזה אלא רמז לשופטים שמנהיגים בישראל שיצאו עמהם למלחמה ועוד לפי שברק שמש את הזקנים בחייו של יהושע ושמש לאחר מיתתו לפיכך הביאוהו ונתנוהו אצל דבורה באותה שעה הראוהו לדבורה במה שהקב"ה מושיע את ישראל מבין האומות בבני אדם שמשכימין ומעריבין לבית המדרש ולבית הכנסת ועוסקים בכל יום בדברי תורה תמיד הן ומשמשיהן ומה נשתנה זבולון ונפתלי מכל השבטים ליעשות תשועה גדולה זאת על ידן אמרה נפתלי שמש את יעקב אביו ומלא ממנו קורת רוח זבולון שמש יששכר ועשה לו אכסניא ס"א: (ה) **מאנין.** בגדים: **מטבסין.** מעילין: **מתעלה והולכת.** דכתיב ותקח האשה וגו' כמה דאת אמר ויקח את האדם אמרינן עילה אותו ע"כ:

מתנות כהונה

לשון יווני הוא אפס. בילקוט לא גרס ליה ונראה שהוא לשון מיעוט כמו כי אפס כסף וממעט את ברק מן השירה וכן הוא באיכה רבה בפסוק בכה תבכה וע"ש: [**לך לבדך** גרסינן]: **שרה היכן בו'.** שאמר כבוא אברם והל"ל כבואם שיפול אחריו שוב ויראו אותה וגו' ועוד שכבר עשה אותה עיקר: **נתנה.** אברהם נתנה בתיבה: **ביון דמטא בו'.** כיון שהגיע לתת המכס אמרו לו תן מכס: **אנא יהיב בו'.** אני נותן מכס מה שתתבעו: **אמרין ליה מאנין בו'.** כלים אתה נושא בתיבה אמר אתן מכס הבא מן הכלים: **דהב בו'.** זהב אתה נושא כו': **מטבסין.** משי מובחר: **מרגלין.** מרגליות:

אשד הנחלים

מה את סבור שתפארתה כו'. לכאורה יקשה הלא לדעת ר' נחמיה אמר הוא בעצמו שהוא טפל לה לשירה אחר שביקש שתלך עמו לשירה. והנראה דהוקשה להם מה זאת אשר בשרה לו עתה כי לא תהי' תפארתו. ומה חטא כי הוכרחה להקל בכבודו ולכן דרשו שהית' זאת לתוכחה על שנעשה טפל לשירה שהוא קבלת רוה"ק כי איך לא ימצא התחזקות בנפשו לקבל רוח אלקי לשיר ולרנן לפניו ית' ולכן אמרה לו אפס זאת הוא דבר האפס והאין אשר לא תהי' תפארתך על הדרך אשר אתה הולך. רק ביד האשה וכדאי בזה בזיון שהאיש לא ימצא לו התחזקות ובאשה ימצא. ולכן הוסיף מלת אתמהה. כאלו הוא דבר פלא שבאשה ימצא רוה"ק יותר מבאיש ודרשו שבזתהו על מה שביקש שתהי' לו לעזר בשירה דמשמע שהוא העיקר רק שהיא תעזור לו. והיא אמרה בהיפך שהוא הטפל בשירה לה כי היא העיקר והוא הטפל. מפני שעשה עצמו טפל. והבן זה למאוד ולכן כתיב ותשר דבורה ואח"כ ברק: [ה] **מגעת עד כו'.** כי מלת מאוד יורה על הפלגה הגדולה שאין כמוה וכל אשר נתאר אותה יש לו עוד תואר יפה ממנו. ועד מאוד על ההפלגה מוגבלת קרוב להפלגה מאודית ולהיות כי חוה הראשונה היא היתה היפה שבכל הנשים שבעולם כמ"ש תפוח עקיבו של אדה"ר הי' מכהה גלגל חמה וא"כ הי' תפארתם חוץ לגדר

אֲמַר: אֲנָא יָהֵיב מִן דִּדְהַב — "Then **I will pay** the customs **for gold," he said. אָמְרוּ לֵיהּ: מְטַבְּסִין אַתְּ טָעֵין** — "But perhaps **you are transporting silk," they said to him. אֲמַר: דִּמְטַבְּסֵי אֲנָא יָהֵיב** — "Then **I will pay** the customs **for silk," he said. מַרְגָּלְיָן אַתְּ טָעֵין** — "But perhaps **you are transporting pearls," they said to him. אֲמַר: אֲנָא יָהֵיב דְּמַרְגָּלְיָן** — "Then **I will pay** the customs **for pearls," he said. אָמְרִין לֵיהּ: לָא אֶפְשַׁר אֶלָּא דִּפְתַחְתְּ וְחַמֵית לָן מַה בְּגַוָּהּ** — "Nevertheless," **they said, "it is impossible** to let you pass **unless you open** the crate **and we see what is in it." כֵּיוָן שֶׁפְּתָחָהּ הִבְהִיקָה כָּל אֶרֶץ מִצְרַיִם מִזִּיוָהּ — When he opened it, the whole land of Egypt shone from [Sarah's] beauty.**[56]

❑ [וַיִּרְאוּ הַמִּצְרִים אֶת הָאִשָּׁה כִּי יָפָה הִיא מְאֹד — *THE EGYPTIANS SAW THAT THE WOMAN WAS VERY BEAUTIFUL.*]

The Midrash elaborates on the extent of Sarah's beauty:

רַבִּי עֲזַרְיָה וְרַבִּי יוֹנָתָן בַּר חַגַּי מִשּׁוּם רַבִּי יִצְחָק אָמְרִי — R' Azaryah and R' Yonasan bar Chaggai said in the name of R' Yitzchak: אִיקוֹנִין שֶׁל חַוָּה נִמְסְרוּ לְרָאשֵׁי הַדּוֹרוֹת — The consummately beautiful **image of Eve was given over to the chiefs of all the generations.**[57] **לְהַלָּן כְּתִיב "וְהַנַּעֲרָה יָפָה עַד מְאֹד", מַגַּעַת עַד אִיקוֹנִין שֶׁל חַוָּה — Elsewhere** (*I Kings* 1:4), regarding Abishag, **it is written,** ***And the girl was very beautiful*** (lit., *beautiful, until very*), meaning that **she approached the** beautiful **image of Eve.**[58] **בְּרַם הָכָא "כִּי יָפָה הִיא מְאֹד", מְאֹד מֵאִיקוֹנִין שֶׁל חַוָּה — However, here** it is written, *The Egyptians saw* ***that the woman was very beautiful*** — **"very"** indicating that her beauty was **comparable to** the beautiful **image of Eve.**[59]

❑ **וַיִּרְאוּ אוֹתָהּ שָׂרֵי פַרְעֹה** — ***WHEN THE OFFICIALS OF PHARAOH SAW HER,*** *THEY LAUDED HER FOR PHARAOH, AND THE WOMAN WAS TAKEN TO PHARAOH'S HOUSE . . .*

The Midrash expounds the word "taken":

NOTES

56. For the verse says that *the Egyptians* — all of them — *saw that the woman was very beautiful,* indicating that all the people in the country became aware of Sarah's beauty (*Yefeh To'ar*).

57. A lifelike image of Eve was made in her lifetime, and in each generation they used it as a standard by which to judge the beauty of other women. (Eve was exceedingly beautiful; see *Bava Basra* 58a.) Alternatively: The beauty of Eve was granted to one person — the chief beauty — in each generation (*Yefeh To'ar*).

58. The word מְאֹד ("very") is taken by the Midrash to allude to Eve's "image" discussed above. [*Radal* suggests that this is because of the verse, *God saw all that He had made, and behold, it was very* (מְאֹד) *good* (above, 1:31), which the Midrash (above, 9 §12) says is an allusion to Adam (and Eve).] At any rate עַד מְאֹד ("until מְאֹד") indicates that Abishag's beauty was close to, but still inferior to, Eve's image (see *Maharzu*).

59. Regarding Sarah, Scripture does not say that her beauty was "until מְאֹד," but was actually מְאֹד. [Nevertheless, Sarah's beauty was still not truly equivalent to that of Eve (see *Maharzu* and *Yefeh To'ar*).] See Insight Ⓐ.

INSIGHTS

Ⓐ **Sarah's Beauty** According to *Maharzu,* Sarah's beauty was comparable to that of Eve, but not truly its equal. *Nezer HaKodesh* maintains that Sarah's beauty exceeded that of Eve. Both interpretations, however, are seemingly contradicted by the Gemara in *Bava Basra* (58a), which states that the beauty of Sarah in comparison to Eve is like that of a monkey in comparison to a human being. That is to say, it was not even comparable! *Nezer HaKodesh* resolves the difficulty by explaining that Eve's original beauty, a reflection of the purity of the Divine image in which she had been created, was indeed unparalleled by that of any other woman in history. It is to that beauty that the Gemara in *Bava Basra* refers. That transcendent beauty, however, became marred as a result of her sin, which tarnished her Divine image. The image of Eve preserved for all time was that of her beauty *after* her sin, and that was indeed exceeded [or at least matched] by the beauty of Sarah, whose righteous ways corrected to some extent the sin of her original progenitor and the tarnish it had brought upon the world.

אָמַר רַבִּי רְאוּבֵן: לָשׁוֹן יְוָנִי הִיא "אֶפֶס", אָמְרָה לוֹ מָה אַתְּ סָבוּר שֶׁתִּפְאַרְתָּהּ שֶׁל שִׁירָה נִמְסְרָה לְךָ לְבַדֶּךָ, אֶתְמְהָא, וְנַעֲשָׂה טְפֵילָה, (שם ה, א) "וַתָּשַׁר דְּבוֹרָה וּבָרָק בֶּן אֲבִינֹעַם". אַבְרָהָם הָיָה עִיקָּר [יב, ה] "וַיִּקַּח אַבְרָהָם אֶת שָׂרַי אִשְׁתּוֹ", עָשָׂה עַצְמוֹ טְפֵילָה, "אִמְרִי נָא אֲחוֹתִי אָתְּ", [ח] וְנַעֲשָׂה טְפֵילָה לָהּ [יב, טז] "וּלְאַבְרָם הֵיטִיב בַּעֲבוּרָהּ":

ה [יב, יד] "וַיְהִי כְּבוֹא אַבְרָם מִצְרָיְמָה וַיִּרְאוּ הַמִּצְרִים". [ט] וְשָׂרָה הֵיכָן הָיְתָה, נְתָנָהּ בְּתֵיבָה וְנָעַל בְּפָנֶיהָ, כֵּיוָן דְּמָטָא לְמִכְסָא אָמְרִין לֵיהּ: הַב מִכְסָא, אֲמַר: אֲנָא יָהֵיב מִכְסָא, אָמְרִין לֵיהּ: מָאנִין אַתְּ טָעֵין, אֲמַר: אֲנָא יָהֵיב דְּמָאנִין, אָמְרִין לֵיהּ: דְּהַב אַתְּ טָעֵין, אֲמַר: אֲנָא יָהֵיב מִן דְּדְהַב, אָמְרוּ לֵיהּ: מֶטַכְסִין אַתְּ טָעֵין, אֲמַר: דְּמִטַכְסֵי אֲנָא יָהֵיב, מַרְגָּלִין אַתְּ טָעֵין, אֲמַר: אֲנָא יָהֵיב דְּמַרְגָּלִין. אָמְרִין לֵיהּ: לָא אֶפְשָׁר אֶלָּא דְּפָתַחַתְּ וְחָמֵית לָן מַה בְּגַוָּהּ, כֵּיוָן שֶׁפְּתָחָהּ הִבְהִיקָה כָּל אֶרֶץ מִצְרַיִם מִזִּיוָהּ. רַבִּי עֲזַרְיָה וְרַבִּי יוֹנָתָן בֶּן חַגַּי מִשּׁוּם רַבִּי יִצְחָק אָמְרֵי: [י] אִיקוֹנִין שֶׁל חַוָּה נִמְסְרוּ לְרָאשֵׁי הַדּוֹרוֹת. לְהַלָּן כְּתִיב (מלכים א א, ד) "וְהַנַּעֲרָה יָפָה עַד מְאֹד", מַגַּעַת עַד אִיקוֹנִין שֶׁל חַוָּה, בְּרַם הָכָא "כִּי יָפָה הִיא מְאֹד", מְאֹד מֵאִיקוֹנִין שֶׁל חַוָּה. "וַיִּרְאוּ אוֹתָהּ שָׂרֵי פַרְעֹה",

עץ יוסף

בידה. וז"ש ר"ר ל"י הוא אפס הניא. ועתה תהיה דבורה העיקר והוא הטפל: **למען ייטב לי בעבורך**. שתלה טובתו בה. וכן היה לו שנאמר ולאברם הטיב בעבורה (יפ"ת): **(ה) [ו] ויהי כבוא אברם**. דהו"ל למימר ויהי כבואם מצרימה לכלול גם האשה: **נתנה בתיבה**. שהטמינה בתיבה ובא אברהם לבדו. ומרומז גם בפסוק והיה כי יראו אותך המצרים משמע שיתכן שלא יראו אותך כי אטמינך: **כיון דמטא**. כיון שהגיע לתת המכס אמרו לו תן מכס: **אנא יהיב**. אני נותן מכס מה שתתבעו: **א"ל מאנין כו'**. כלים אתה נושא בתיבה. אמר אני אתן מכס הבא מן הכלים: **דהב כו'**. זהב אתה נושא: **מטכסין**. משי מובחר: **מרגלין**. מרגלי': **לא אפשר כו'**. אי אפשר שתפטר אלא תפתח התיבה ותראה לנו מה שבתוכה: **הבהיקה כל ארץ מצרים מזיוה**. ואפשר שהכוונה שמגודל הפלגת היופי נשמע הקול בכל ארץ מצרים איש מפי איש עד כי כמעט כולם כאחד באו לראותה. וע"ד זה הבהיקה כל מצרים מזיוה (נזה"ק): **איקונין**. תוארה: **נמסרו לראשי הדורות**. כלו' דמות צורתה נמסרה לראשי דורות כי אחד בדור תמצא לפעמים יפה כדמות צורתה. והיינו שיש קצת דמיון ליופיה עם של חוה: **[ז] ויראו אותה שרי פרעה**. וס"ד ותקח וגו' ועל זה אמר מתעלה והולכת ותקח דרש שהוא לשון עילוי שלהכניסה לבית פרעה היו מעלין אותה בדמים זה אומר אני אתן כו' וזה אומר כו' לרוב מעלתה שהיו מתכבדין בדבר (יפ"ת):

פירוש מהרז"ו

וע"פ מדת מנגד ומ"ש אלך עמך למלחמה. היינו מלחמת אצור שמרבה מיתור תיבת והלכתי כמו לר' יהודה. ולדעת ר"נ היה עיקר בשירה ונעשה טפילה. ולדעת ר' יהודה שהיה עיקר במלחמת קדש ונעשה טפילה כי ביד אשה ימכור ה' את סיסרא היינו על ידי יעל. ואם לא היה מבקש שתלך עמו דבורה היה סיסרא נופל בידו: **(ה) ויהי כבוא אברם**. הוקשה לו שתיבת אברם מיותר שהרי בפסוק י"א ויהי כאשר הקריב לבא מצרימה לא כתב אברם שסמך על מ"ש בתחלת הענין וכן כאן היה די שיאמר כבואו או כבואם. ובהכרח שבא לדייק שאברהם בא ולא שרה והיכן היתה שלא באה והרי מפורש ויראו המצרים את האשה. על כן דורש שתחלה הטמינה ובא אברם לבדו ומרומז גם בפסוק והיה כי יראו אותך המצרים משמע שיתכן שלא יראו אותך כי אטמינך: **הבהיקה כל ארץ מצרים**. היינו שאותם שראו אותה התפלאו מאד ופרסמו עד שנתפרסמה בכל ארץ מצרים: **לראשי הדורות**. כמו יוכבד ומרים וצפורה ובת שבע ושאר נשי דוד והשונמית שמפורש בדברי חז"ל מן הפסוק: **עד מאד**. עד גבול של חוה ולא מאד בכלל. אך בשרה לא כתיב עד. ומ"ש במדרש מאד מאקונין של חוה פירושו בהכרח שהיה בה מעין איקונין של חוה. ורמז על חוה כאן בתיבת מאד כי תיבת מאד הוא אדם כמ"ש לעיל פר' ח' סימן ה' וחוה נקראת אדם כמ"ש לעיל פר' כ"א סימן ב': **ויראו אותה**. וס"ד ותקח וגו' ועל זה דורש מתעלה והולכת וכמ"ש לעיל פר' ט"ז סימן ה' ושם נסמן ומבואר. ועי' במ"ר ריש פר' י"ח. וכן במדרש אסתר פסוק ותלקח. ומ"ש ואטילל פי' ואכנס עמה לפרעה:

חידושי הרד"ל

(ה) [ה] **מאד מאיקונין של חוה**. אפשר כמש"ל ספ"ט מאד הוא אדם. ורומז על חוה שלוקחה מאדם (ונקרא עמו אדם כמ"ש ויקרא את שמם אדם):

(ו) **מאיקונין של חוה**. עיין ב"ב (נח.) שרה בפני חוה כו':

מסורת המדרש

ח תנחומא סדר ויחי סימן ו':

ט תנחומא כאן סימן ה'. ילקוט כאן רמז ס"ח כל הענין:

י סנהדרין דף ל"ט. ילקוט מלכים א' רמז קס"ו:

אם למקרא

וַתָּשַׁר דְּבוֹרָה וּבָרָק בֶּן אֲבִינֹעַם בַּיּוֹם הַהוּא לֵאמֹר: (שופטים ה:א)

וְהַנַּעֲרָה יָפָה עַד־מְאֹד וַתְּהִי לַמֶּלֶךְ סֹכֶנֶת וַתְּשָׁרְתֵהוּ וְהַמֶּלֶךְ לֹא יְדָעָהּ: (מלכים-א א:ד)

ענף יוסף

עשה עצמו טפילה לה אמרי נא אחותי את וגו' למען ייטב לי בעבורך. ר"ל שאברהם ירא פן לא ישאלו המצרים כלום את שרה מה היא לאברהם. אך למראה עיניהם ישפטו שהיא אשתו ויהרגו אותו. על כן נתחכם אברהם ויעץ את שרה שתמשיך בדבריה האחוה ממה שתבקש מן המצרים ההטבה לאברהם בשביל שהוא אחיה. כלומר שתאמר תנו שכר ויין לפלוני כי אחי הוא וא"כ מתוך הדברים יבואר כי אחותו היא. וזהו שאמר ר"פ שאברהם עשה עצמו טפילה. והוא מה שצוה על שרה שתמשיך בדבריה האחוה. במה שתבקש ההטבה מן המצרים לאברהם בשביל שהוא אחיה. ויראה מזאת התחבולה קצת מיעוט בטחון בו יתברך. על כן נענש ונעשה טפילה שנאמר ולאברם הטיב בעבורה כמ"ש רש"י הטיב לאברהם לא בזכות עצמו רק בזכות שרה (אפיקי יהודה):

רש"י

אומרת לו מה את סבור כו' ע"כ: **מה את סבור שתפארתה של שירה נמסרת לך לבדך**. שאתה אומר עמי שאת עיקר חייך אינו כן אלא כי ביד אשה ימכור ה' את סיסרא ומפורש בתני דבי אליהו וכי מה טיבה של דבורה אצל ברק והלא דבורה במקומה וברק במקומו אלא אמרה לא כך כתוב בתורה ודרשו השופטים היטב וסמוך ליה כי תלא למלחמה מה ענין זה לזה אלא רמז לשופטים שמנהיגים בישראל שילאו עמהם למלחמה ועוד לפי שברק שמש את הזקנים בחייו של יהושע ושמשן לאחר מיתתו לפיכך הביאוהו ונתנוהו אצל דבורה באותה שעה הראוהו לדבורה במה שהקב"ה מושיע את ישראל מבין האומות בבני אדם שמשכימין ומעריבין לבית המדרש ולבית הכנסת ועוסקים בכל יום בדברי תורה תמיד הן ומשמשיהן ומה נשתנה זבולון ונפתלי מכל השבטים ליעשות תשועה גדולה זאת על ידן אמרה נפתלי שמש את יעקב אביו ומצא ממנו קורת רוח זבולון שמש יששכר ועשה לו אכסניא ס"א: **(ה) מאנין**. בגדים: **מטכסין**. מעילין: **מתעלה והולכת**. דכתיב ותקח האשה וגו' כמה דאת אמר ויקח את האדם אמרינן עילה אותו ע"כ:

מתנות כהונה

לשון יווני הוא אפס. בילקוט לא גרס ליה ונראה שהוא לשון מיעוט כמו כי אפס כסף וממעט את ברק מן השירה וכן הוא באיכה רבה בפסוק בכה תבכה וע"ש: [**לך לבדך** גרסינן]: **שרה היכן כו'**. שאמר כבוא אברם והל"ל כבואם שיפול אחריו שוב ויראו אותה וגו' ועוד שכבר עשה אותה עיקר: **נתנה**. אברהם נתנה בתיבה: **כיון דמטא כו'**. כיון שהגיע לתת המכס אמרו לו תן מכס: **אנא יהיב כו'**. אני נותן מכס מה שתתבעו: **אמרין ליה מאנין כו'**. כלים אתה נושא בתיבה אמר אתן מכס הבא מן הכלים: **דהב כו'**. זהב אתה נושא כו': **מטכסין**. משי מובחר: **מרגלין**. מרגליות:

אשד הנחלים

מה את סבור שתפארתה כו'. לכאורה יקשה הלא לדעת ר' נחמיה אמר הוא בעצמו שהוא טפל לה לשירה אחר שביקש שתלך עמו לשירה. והנראה דהוקשה להם מה זאת אשר בשרה לו עתה כי לא תהי' תפארתו. ומה חטא כי הוכרחה להקל בכבודו ולכן דרשו שהית' זאת לתוכחה על שנעשה טפל לשירה שהוא קבלת רוה"ק כי איך לא ימצא התחזקות בנפשו לקבל רוח אלקי לשיר ולרנן לפניו ית' ולכן אמרה לו אפס זאת הוא דבר האפס והאין אשר לא תהי' תפארתך על הדרך אשר אתה הולך. רק ביד האשה וכדאי בזה בזיון שהאיש לא ימצא לו התחזקות ובאשה ימצא. ולכן הוסיף מלת אתמהה. כאלו הוא דבר פלא שבאשה ימצא רוה"ק יותר מבאיש ודרשו שבזתהו על מה שביקש שתהי' לו לעזר בשירה דמשמע שהוא העיקר רק שהיא תעזור לו. והיא אמרה בהיפך שהוא הטפל בשירה לה כי היא העיקר והוא הטפל. מפני שעשה עצמו טפל. והבן זה למאוד ולכן כתיב ותשר דבורה ואח"כ ברק: **[ה] מגעת עד כו'**. כי מלת מאוד יורה על הפלגה הגדולה שאין כמוה וכל אשר נתאר אותה יש לו עוד תואר יפה ממנו. ועד מאוד על ההפלגה מוגבלת קרוב להפלגה מאודית ולהיות כי חוה הראשונה היא היתה היפה שבכל הנשים שבעולם כמ"ש תפוח עקיבו של אדה"ר הי' מכהה גלגל חמה וא"כ הי' תפארתם חוץ לגדר

רַבִּי יוֹחָנָן אָמַר — **R' Yochanan said:** מִתְעַלָּה וְהוֹלֶכֶת — **She increased in stature more and more.**[60] חַד אָמַר: אֲנָא יָהֵיב מְאָה דִינָרִין וְאֵיעֲלֵל עִמָּהּ — **One official said, "I would give a hundred dinars to bring her in** to Pharaoh." וְחַד אָמַר: אֲנָא יָהֵיב מָאתַן וְאֵיעֲלֵל עִמָּהּ — **And another one said, "I would give two hundred dinars to bring her in."**[61]

The Midrash broadens the significance of this incident with Sarah:

אֵין לִי אֶלָּא בַּעֲלִיָּתָן בִּירִידָתָן מִנַּיִין — **I have** a proof from here **only concerning their ascent;**[62] **from where** is it known that it is true also **concerning their descent?**[63] תַּלְמוּד לוֹמַר ״וַיִּמְשְׁכוּ אֶת יִרְמְיָהוּ בַּחֲבָלִים וַיַּעֲלוּ אֹתוֹ מִן הַבּוֹר״ — To teach us this, **Scripture states,** ***And they pulled out Jeremiah with the ropes and raised him*** [וַיַּעֲלוּ] ***out of the pit*** (*Jeremiah* 38:13). מַעֲלִין אוֹתוֹ — This means that **they evaluated** [מַעֲלִין] **him.**[64] אֵין לִי אֶלָּא בָּעוֹלָם הַזֶּה, בָּעוֹלָם הַבָּא מִנַּיִין — **I have** a proof from here only **concerning This World; from where** is it known that it will also be true **concerning the Next World?**[65] תַּלְמוּד לוֹמַר ״וּלְקָחוּם עַמִּים וֶהֱבִיאוּם אֶל מְקוֹמָם״ — To teach us this, **Scripture states,** ***And the nations will lift them and bring them to their place*** (*Isaiah* 14:2).[66]

וּלְאַבְרָם הֵיטִיב בַּעֲבוּרָהּ וַיְהִי לוֹ צֹאן וּבָקָר וַחֲמֹרִים וַעֲבָדִים וּשְׁפָחֹת וַאֲתֹנֹת וּגְמַלִּים. וַיְנַגַּע ה׳ אֶת פַּרְעֹה נְגָעִים גְּדֹלִים וְאֶת בֵּיתוֹ עַל דְּבַר שָׂרַי אֵשֶׁת אַבְרָם. וַיִּקְרָא פַרְעֹה לְאַבְרָם וַיֹּאמֶר מַה זֹּאת עָשִׂיתָ לִּי לָמָּה לֹא הִגַּדְתָּ לִּי כִּי אִשְׁתְּךָ הִוא. לָמָה אָמַרְתָּ אֲחֹתִי הִוא וָאֶקַּח אֹתָהּ לִי לְאִשָּׁה וְעַתָּה הִנֵּה אִשְׁתְּךָ קַח וָלֵךְ. וַיְצַו עָלָיו פַּרְעֹה אֲנָשִׁים וַיְשַׁלְּחוּ אֹתוֹ וְאֶת אִשְׁתּוֹ וְאֶת כָּל אֲשֶׁר לוֹ.

And he treated Abram well for her sake, and he acquired sheep, cattle, donkeys, slaves and maidservants, female donkeys, and camels. But HASHEM afflicted Pharaoh along with his household with severe plagues because of the matter of Sarai, the wife of Abram. Pharaoh summoned Abram and said, "What is this you have done to me? Why did you not tell me that she is your wife? Why did you say, 'She is my sister,' so that I would take her as my wife? Now, here is your wife; take her and go!" So Pharaoh gave men orders concerning him, and they sent away him and his wife and all that was his (12:16-20).

§6 **וּלְאַבְרָם הֵיטִיב בַּעֲבוּרָהּ וַיְהִי לוֹ צֹאן וּבָקָר וְגוֹ׳ וַיְצַו עָלָיו פַּרְעֹה אֲנָשִׁים וַיְשַׁלְּחוּ אוֹתוֹ** — ***AND HE TREATED ABRAM WELL FOR HER SAKE, AND HE ACQUIRED SHEEP, CATTLE, ETC ... AND THEY SENT AWAY HIM AND HIS WIFE AND ALL THAT WAS HIS.***

The Midrash asserts that this incident — among others — was an omen that foreshadowed future events:

רַבִּי פִּנְחָס בְּשֵׁם רַבִּי הוֹשַׁעְיָה רַבָּה אָמַר — **R' Pinchas said in the name of R' Hoshayah the Great:** אָמַר הַקָּדוֹשׁ בָּרוּךְ הוּא לְאַבְרָהָם אָבִינוּ: צֵא וּכְבוֹשׁ אֶת הַדֶּרֶךְ לִפְנֵי בָנֶיךָ — **The Holy One, blessed is He, said to our forefather Abraham, "Go and beat a path before your children."**[67] אַתְּ מוֹצֵא כָּל מַה שֶּׁכָּתוּב בְּאַבְרָהָם, כָּתוּב בְּבָנָיו — For **you will find that everything that is written concerning Abraham is written concerning his children** as well. בְּאַבְרָהָם כְּתִיב, ״וַיְהִי רָעָב בָּאָרֶץ״ — **Concerning Abraham it is written,** ***There was a famine in the land*** (above, v. 10); בְּיִשְׂרָאֵל כְּתִיב ״כִּי זֶה שְׁנָתַיִם הָרָעָב בְּקֶרֶב הָאָרֶץ״ — **concerning Israel it is written,** ***For this has been two of the hunger years*** (below, 45:6).[68] בְּאַבְרָהָם כְּתִיב ״וַיֵּרֶד אַבְרָם מִצְרַיְמָה לָגוּר שָׁם״ — **Concerning Abraham it is written,** ***and Abram descended to Egypt*** (v. 10); וּבְיִשְׂרָאֵל כְּתִיב ״וַיֵּרְדוּ אֲבֹתֵינוּ מִצְרַיְמָה״ — **concerning Israel it is written,** ***Our forefathers descended to Egypt*** (*Numbers* 20:15).[69]

NOTES

60. *Rashi* explains that the Midrash here interprets the verb לקח, "to take" (in וַתֻּקַּח, *she was taken*), to mean "to elevate" — as it interprets this verb above (16 §5), based on a verse in *Isaiah* (14:2, cited below).

61. And in this manner they "lauded her for Pharaoh."

62. The case of Sarah and Pharaoh here is taken as symbolically foreshadowing the history of the Jewish nation as a whole (see next section) in their relationship with the non-Jews; they grow continuously more and more esteemed.

63. I.e., even when the Jews are downtrodden their reputation gradually becomes better and better.

64. Each person wanted to pay more than the other for the privilege of pulling Jeremiah out of the pit, where he had been imprisoned (*Eitz Yosef*). The verb used for "to pull up" and "to evaluate" is the same in Hebrew.

65. I.e., in the days of the Messiah (*Matnos Kehunah, Yefeh To'ar*).

66. Once again (see above, note 60), the Midrash interprets לקח as "to elevate."

67. Just as when one beats a path it makes it easier for the next person to walk that route, so too many events that occurred with Abraham were intended to somehow "pave the way" for his descendants to undergo similar experiences (*Yefeh To'ar*). See Insight Ⓐ.

68. In both cases, a famine led to leaving *Eretz Yisrael*.

69. In both cases the destination chosen to flee the famine was Egypt.

INSIGHTS

Ⓐ The Patriarchs: Fathers of Our History This teaching of R' Pinchas in the name of R' Hoshayah the Great embodies the principle that *Ramban* (in his commentary to 12:6 above) quotes from our Sages: כָּל מַה שֶּׁאֵירַע לָאָבוֹת סִימָן לַבָּנִים, *Everything that happened to the Patriarchs is a portent for the children.* As *Ramban* writes on our verse and Midrash: "Abraham descended to Egypt because of famine, to sojourn there and keep himself alive during the days of the drought. The Egyptians maltreated him without cause by taking his wife. And the Holy One, blessed is He, exacted vengeance for him with great plagues, and took him out of Egypt with livestock, silver, and gold. Moreover, Pharaoh assigned men to him to send them away. It was [thus] alluded to him that his offspring would descend to Egypt on account of a famine to sojourn there, and that the Egyptians would mistreat them and take the women from them — as it says (*Exodus* 1:22): *and every daughter shall you keep alive;* and the Holy One, blessed is He, would exact vengeance for them with great plagues, until He would bring them out with silver and gold (ibid. 12:35) and *flock and cattle, very much livestock* (ibid. v. 38). And [the Egyptians] imposed themselves strongly upon them *to send them out of the land* (see ibid. v. 33) — there was nothing of all the events of the father that did not occur with the descendants."

This principle, *Ramban* asserts, is pivotal in understanding the Torah's narrative of the Patriarchs. As *Ramban* writes further in his Introduction to *Exodus*: "Scripture has completed the book of 'Creation' (*Genesis*), which concerns the creation of the world and the formation of all its creatures, as well as all the events of the Patriarchs, which are also a sort of 'formation' with regard to their offspring, because all the events in the lives of [the Patriarchs] are illustrations to allude to and to foretell all that would occur to [their offspring] in the future." Since those events establish the patterns for the future, they are, in a sense, acts of creation. The entire book of *Genesis,* then, follows one theme, namely, the fundamental formations and patterns — of the world and of the Jewish people — that would play out in the future. The Patriarchs embodied in their words and deeds the entire, still unfolding course of Jewish history. They established the moral principles and character traits by which Jews would live and be distinguished, and the events of their lives foreshadowed future history.

Indeed, this explains *why* Abraham had to descend to Egypt, *why* Sarah had to be taken captive there and all that ensued as a result. Their experiences there were needed to forge the patterns that would allow their offspring — the Children of Israel — to endure and survive the Egyptian exile that was destined for them some 400 years in the future (*Yefeh To'ar*).

רַבִּי יוֹחָנָן אָמַר: יא מִתְעַלָּה וְהוֹלֶכֶת. חַד אֲמַר: אֲנָא יָהֵיב מְאָה דִינָרִין וְאֵיעָלֵל עִמָּהּ, וְחַד אֲמַר: אֲנָא יָהֵיב מָאתָן וְאֵיעָלֵל עִמָּהּ. אֵין לִי אֶלָּא בַּעֲלִיָּתָן בִּירִידָתָן מִנַּיִין, תַּלְמוּד לוֹמַר (ירמיה לח, יג) "וַיִּמְשְׁכוּ אֶת יִרְמְיָהוּ בַּחֲבָלִים וַיַּעֲלוּ אֹתוֹ מִן הַבּוֹר", מַעֲלִין אוֹתוֹ. אֵין לִי אֶלָּא בָּעוֹלָם הַזֶּה, בָּעוֹלָם הַבָּא מִנַּיִן, תַּלְמוּד לוֹמַר (ישעיה יד, ב) "וּלְקָחוּם עַמִּים וֶהֱבִיאוּם אֶל מְקוֹמָם":

ו [יב, טו] "וּלְאַבְרָם הֵיטִיב בַּעֲבוּרָהּ וַיְהִי לוֹ צֹאן וּבָקָר וְגוֹ'". [יב, כ] "וַיְצַו עָלָיו פַּרְעֹה אֲנָשִׁים וַיְשַׁלְּחוּ אוֹתוֹ", רַבִּי פִּנְחָס בְּשֵׁם רַבִּי הוֹשַׁעְיָה רַבָּה אָמַר: אָמַר הַקָּדוֹשׁ בָּרוּךְ הוּא לְאַבְרָהָם אָבִינוּ: יב צֵא וּכְבוֹשׁ אֶת הַדֶּרֶךְ לִפְנֵי בָנֶיךָ, אַתְּ מוֹצֵא כָּל מַה שֶּׁכָּתוּב בְּאַבְרָהָם, כָּתוּב בְּבָנָיו, בְּאַבְרָהָם כְּתִיב, (לעיל יב, י) "וַיְהִי רָעָב בָּאָרֶץ", בְּיִשְׂרָאֵל כְּתִיב (לקמן מה, ו) "כִּי זֶה שְׁנָתַיִם הָרָעָב בְּקֶרֶב הָאָרֶץ". בְּאַבְרָהָם כְּתִיב (שם יב, י) "וַיֵּרֶד אַבְרָם מִצְרַיְמָה לָגוּר שָׁם", וּבְיִשְׂרָאֵל כְּתִיב (במדבר כ, טו) "וַיֵּרְדוּ אֲבוֹתֵינוּ מִצְרַיְמָה", בְּאַבְרָהָם כְּתִיב (לעיל יב, י) "לָגוּר שָׁם", וּבְיִשְׂרָאֵל כְּתִיב (לקמן מז, ד) "לָגוּר בָּאָרֶץ בָּאנוּ". בְּאַבְרָהָם כְּתִיב "כִּי כָבֵד הָרָעָב בְּאֶרֶץ כְּנַעַן", בְּיִשְׂרָאֵל כְּתִיב "וְהָרָעָב כָּבֵד בָּאָרֶץ". בְּאַבְרָהָם כְּתִיב [לעיל פסוק יא] "וַיְהִי כַּאֲשֶׁר הִקְרִיב", בְּיִשְׂרָאֵל כְּתִיב (שמות יד, י) "וּפַרְעֹה הִקְרִיב". בְּאַבְרָהָם כְּתִיב [לעיל פסוק יד] "וְהָרְגוּ אֹתִי וְאֹתָךְ יְחַיּוּ" וּבְיִשְׂרָאֵל כְּתִיב (שמות א, כב) "כָּל הַבֵּן הַיִּלּוֹד הַיְאֹרָה תַּשְׁלִיכֻהוּ". בְּאַבְרָהָם כְּתִיב [יב, יג] "אִמְרִי נָא אֲחוֹתִי אָתְּ לְמַעַן יִיטַב לִי בַעֲבוּרֵךְ וְגוֹ'",

עץ יוסף

ואיעלל עמה. פי' ואכנוס עמה לבית המלך: אין לי אלא בעלייתן. פי' אין לי שהלדיקים מתעלין והולכין אלא בעלייתן. אבל בשעת ירידתן מנלן שמ"מ הם מתעלים והולכין: ת"ל וימשכו ויעלו אותו. דהו"ל למימר ויעלוהו אלא ללמדך שהיו מעלין אותו בדמים לזכות בעלייתו שלאחר ששלח המלך השלשים אנשים להעלותו מן הבור באו עוד שם אחרי' לזכות במצוה זו מפני עילוי הדמים לצדקה (נזה"ק): ולקחום עמים בו'. דמאחר דכבר אומר והביאום אל מקומם מה ת"ל ולקחום עמים אלא ללמדך שיקחו אותן בעילוי דמים מי יזכה להביאם: (ו) [ח] וכבוש הדרך לפני בניך. שמעשה אבות סימן לבנים: כי זה שנתים הרעב. כלומר שע"י הרעב נזקק לרדת למצרים כי בטענה זו קראו יוסף (יפ"ת): כתיב לגור שם. רמז למ"ש המגיד מלמד שלא ירד להשתקע אלא לגור שם: באברהם כתיב כי כבד הרעב. שאם לא מפני כובד הרעב לא היה יוצא מא"י אלא היה סובל. כן ישראל שאלולי כובד הרעב שלא היו יכולין לסבול לא שלח יעקב את בנימן כדכתיב והרעב כבד בארץ ויהי כאשר כלו לאכול את השבר (יפ"ת): ויהי באשר הקריב. ר"ל כמו שאברהם כאשר הקריב לבא מצרימה נתירא מהם כן ישראל כאשר קרבו זה אל זה היינו המצריים לישראל וישראל למצריים יראו ישראל: והרגו אותי ואותך יחיו. שיהרגו הזכר ויחיו הנקבה. וכן במצרים אם בן הוא והמיתן אותו. וכל כל הבן הילוד היאורה תשליכוהו וכל הבת תחיון:

פירוש מהרז"ו

אלא בעליתן. בעת שהיו במעלה והצלחה אשר מזה יש סימן להצלחת לדיקים שיתעלו כמ"ש בסי' הסמוך: ויעלו אותו מן הבור. וזה היה בעת ירידתו ושפלותו וכתוב שם בפסוק הסמוך וישלח המלך לדקיה ויקח את ירמיה כי כל הדרשה מתיבות ויקח ותקח ותלקח ולקחום וכדומה. ופסוק זה הוא בירמיה ל"ח: (ו) ויהי באשר הקריב. פסוק זה מדבר בפרעה וזה ל"ע. שהרי עיקר הכוונה לדמות מעשה ישראל למעשה אברהם אך לא למעשה פרעה. אך לשון חכמים מרפא ומלמדנו דעת עומק הענינים. שהוקשה לחז"ל שהיל"ל כאשר קרב. על כן דורש אא"ע על קרבת המקום ת"ע על קרבת הלב שהרי לקיחת שרה לפרעה הוא אחד מיו"ד נסיונות. שאברם הבין וידע שתלקח שרה והקריב לבו ולבה להש"י על ידי פרעה ומצרים לבטוח בה' לעמוד בנסיון וזה סימן לישראל שנתקרבו ג"כ אל הש"י ע"י פרעה ומצרים אצל הים כמ"ש ופרעה הקריב ודרשו בשמ"ר פר' כ"א סימן ד' שהקריב לבן של ישראל לתשובה וזהו באמת הדמיון שאצל ישראל כתוב ופרעה הקריב ואצל אברהם כתוב כאשר הקריב. אחר זמן רב מצאתי כל זה מפורש בזוהר על פסוק זה כאשר הקריב ושמחתי כי כוונתי בדעת המדרש לאמתה של תורה. וז"ל הזוהר אר"א כאשר הקריב כאשר קרב מבעי ליה מאי כאשר הקריב אלא כדכתיב ופרעה הקריב דאיהו אקריב להו לישראל לתיובתא אוף הכי דאקריב גרמיה להקב"ה וכו': ובישראל כתוב כל הבן. וס"ד וכל הבת תחיון:

חידושי הרד"ל

(ז) מתעלה והולכת. עמ"כ ופי' השני בשם רש"י עיקר שכ"מ באסתר רבה פ"ו על ותלקח אסתר ושם א"א לפרש בפי' א' של המ"כ:

חידושי הרש"ש

[ו] באברהם כתיב כי כבד הרעב בארץ ישראל כו'. כצ"ל ותיבת כנען למחקה:

תשליכוהו וגו'. כצ"ל:

במקנה וגו'. כצ"ל:

מסורת המדרש

יא אסתר רבה פרשה ו'. ילקוט כאן רמז ס"ז:

יב עיין בבא בתרא דף ק':

אם למקרא

וַיִּמְשְׁכוּ אֶת־יִרְמְיָהוּ בַּחֲבָלִים וַיַּעֲלוּ אֹתוֹ מִן־הַבּוֹר וַיֵּשֶׁב יִרְמְיָהוּ בַּחֲצַר הַמַּטָּרָה: (ירמיה לח:יג)

וּלְקָחוּם עַמִּים וֶהֱבִיאוּם אֶל־מְקוֹמָם וְהִתְנַחֲלוּם בֵּית־יִשְׂרָאֵל עַל אַדְמַת ה' לַעֲבָדִים וְלִשְׁפָחוֹת וְהָיוּ שֹׁבִים לְשֹׁבֵיהֶם וְרָדוּ בְּנֹגְשֵׂיהֶם: (ישעיה יד:ב)

וַיְהִי רָעָב בָּאָרֶץ וַיֵּרֶד אַבְרָם מִצְרַיְמָה לָגוּר שָׁם כִּי־כָבֵד הָרָעָב בָּאָרֶץ: (בראשית יב:י)

כִּי־זֶה שְׁנָתַיִם הָרָעָב בְּקֶרֶב הָאָרֶץ וְעוֹד חָמֵשׁ שָׁנִים אֲשֶׁר אֵין־חָרִישׁ וְקָצִיר: (בראשית מה:ו)

וַיֵּרְדוּ אֲבֹתֵינוּ מִצְרַיְמָה וַנֵּשֶׁב בְּמִצְרַיִם יָמִים רַבִּים וַיָּרֵעוּ לָנוּ מִצְרַיִם וְלַאֲבֹתֵינוּ: (במדבר כ:טו)

וַיֹּאמְרוּ אֶל פַּרְעֹה לָגוּר בָּאָרֶץ בָּאנוּ כִּי אֵין מִרְעֶה לַצֹּאן אֲשֶׁר לַעֲבָדֶיךָ כִּי כָבֵד הָרָעָב בְּאֶרֶץ כְּנָעַן וְעַתָּה יֵשְׁבוּ נָא עֲבָדֶיךָ בְּאֶרֶץ גֹּשֶׁן: (בראשית מז:ד)

וּפַרְעֹה הִקְרִיב וַיִּשְׂאוּ בְנֵי־יִשְׂרָאֵל אֶת־עֵינֵיהֶם וְהִנֵּה מִצְרַיִם נֹסֵעַ אַחֲרֵיהֶם וַיִּירְאוּ מְאֹד וַיִּצְעֲקוּ בְנֵי־יִשְׂרָאֵל אֶל־ה': (שמות יד:י)

וְהָיָה כִּי־יִרְאוּ אֹתָךְ הַמִּצְרִים וְאָמְרוּ אִשְׁתּוֹ זֹאת וְהָרְגוּ אֹתִי וְאֹתָךְ יְחַיּוּ: (בראשית יב:יב)

וַיְצַו פַּרְעֹה לְכָל־עַמּוֹ לֵאמֹר כָּל־הַבֵּן הַיִּלּוֹד הַיְאֹרָה תַּשְׁלִיכֻהוּ וְכָל־הַבַּת תְּחַיּוּן: (שמות א:כב)

מתנות כהונה

אנא יהיב בו'. הכל כדי שלא יפתחו התיבה ויראוה בתוכה: לא אפשר בו'. אי אפשר שתפטר אלא תפתח התיבה ותראה לנו מה שבתוכה: איקונין. תואר: נמסרו בו'. בה היו משערין היופי: מתעלה בו'. דריש ויהללו כמו ויעללו בחילוף אותיות אהח"ע ורש"י פירש דייק ותוקח כד"א ולקחום עמים רבים כדלקמן וכן דרשו לעיל פרשה י"ו ויקח את האדם העלה אותו כד"א ולקחום עמים: אנא יהיב בו'. אני אתן מאה דינרין: ואיעלל בו'. ואכנס או י"ל אתעולל בה: בעלייתן בו'. בעלייתן של הצדיקים הם מתעלין והולכין כשהם בירידה ובשפלות מניין שהם מתעלין והולכין: מעלין בו'. ויעלו דרש לשון עלייה: בעולם הבא. לימות המשיח וכן תמצא בהדיא סוף מסכת כתובות ועיין לקמן פרשה מ"ג: ולקחום בו'. פסוק הוא בישעיה סימן י"ד ומדבר בעלייתן של ישראל: [ו] [וירד אברם מצרימה ובישראל וגו'. ה"ג לגור בארץ באנו באברהם כתיב כי כבד]: [תשליכוהו וגו' גרסינן]:

אשד הנחלים

האנושי. ועד מאד הוא כמעט קרוב לזה ומאוד הוא דוגמת זה ממש: מתעלה והולכת. דייק דבתחילה כתיב ויראו המצרים שהם המון העם ואיך הגיע הדבר שיראו אותה שרי פרעה לזה אמר מפני שהי' רעש בין המון העם שהתחילו להעלות אותה בדמים בשביל לקחת אותה עד שהגיע לאזני השרי' מרוב רעש העם ולכן ראו אותה וע' במ"כ בשם רש"י: בירידתן כו' וימשכו כו'. דייק דהל"ל וימשכו את ירמי' מן הבור מהו וימשכו בחבלי' ויעלו ולכן דרשו שהוא מלשון עלית מעלה שהכל רצו בכדי להעלותו מן הבור כי הי' חביב בעיניה' למאוד זהו אף בירידתן זהו בעת הגולה והמלחמ' בעת שהצירו הכשדי' לישראל מאד עכ"ז האנשים הקדושים היו חביבים בעיניהם: אין לי אלא בעוה"ז כו'. לכאורה יקשה הלא כש"כ הוא והנראה דהוא דרך מליצה להורות שבאחרית הזמן יזכו לזה המעלה: [ו] צא וכבוש. דהלשון וילך למסעיו דמשמע למסעיו הידועים ולכן פירש למסעיו אשר החריט ברוחו ולבו לכבוש הדרך לפני בניו בכוונתו הטובה: כתוב בבניו. חשב גם יעקב מצורף לבני ישראל לפי שהגלות החל גם ביעקב ובניו. כי הד' מאות שנה החל תחילה. ולכן חשב גם מקרי יעקב בזה. ויש לבקש בזה דרך דרש הגון בענין פרטי הדברים אך הוא דבר ארוך מאוד יכלול בו כמה עניינים כוללים ולכן ארשום פה רק בקצרה. אברהם נוסה ברעב לחזק כח הבטחון אצלו. וכן ביעקב. אברהם הוכרח לרדת מצרים היפך מקום המקודש בכדי להצריפו יותר וכן ביעקב: אברהם נחשב רק כגר בעיניו במקום הזה כי אין זה מקומו. כן יעקב ובניו. אברהם נוסה ברעב כבד מאוד וכן הם. באברהם כתיב כי תיכף כי הקריב לבוא מצרים ירא מהם כי ידע רוע לבם. וכן בישראל תיכף כי הקריב פרעה צעקו ופחדו ממנו. אברהם הי' ירא מהם על פעולת הריגה ממש כי ידע טבעם הרע וכן הי' באמת אח"כ כי הרגו את בנ"י וטבעו אותם ביאור. ואברהם בהתחכמותו

בְּאַבְרָהָם כְּתִיב ״לָגוּר שָׁם״ – **Concerning Abraham it is written,** ***to sojourn there*** (v. 10); וּבְיִשְׂרָאֵל כְּתִיב ״לָגוּר בָּאָרֶץ בָּאנוּ״ – **and concerning Israel it is written,** ***We have come to sojourn in the land*** (below, 47:4).[70] בְּאַבְרָהָם כְּתִיב ״כִּי כָבֵד הָרָעָב בְּאֶרֶץ כְּנַעַן״ – **Concerning Abraham it is written,** ***for the famine was severe in the land*** (v. 10); בְּיִשְׂרָאֵל כְּתִיב ״וְהָרָעָב כָּבֵד בָּאָרֶץ״ – **concerning Israel it is written,** ***The famine was severe in the land*** (below, 43:1).[71] בְּאַבְרָהָם כְּתִיב ״וַיְהִי כַּאֲשֶׁר הִקְרִיב״ – **Concerning Abraham it is written,** ***And it occurred, as he approached*** *Egypt* (v. 11); בְּיִשְׂרָאֵל כְּתִיב ״וּפַרְעֹה הִקְרִיב״ – **concerning Israel it is written,** ***Pharaoh approached*** *. . . and they were very frightened* (*Exodus* 14:10).[72] בְּאַבְרָהָם כְּתִיב ״וְהָרְגוּ אֹתִי וְאֹתָךְ יְחַיּוּ״ – **Concerning Abraham it is written,** ***then they will kill me but you they will let live*** (v. 12); וּבְיִשְׂרָאֵל כְּתִיב ״כָּל הַבֵּן הַיִּלּוֹד הַיְאוֹרָה תַּשְׁלִיכוּהוּ״ – **and concerning Israel it is written,** *Pharaoh commanded . . . saying,* ***"Every son that will be born, into the River shall you throw him;*** *and every daughter shall you keep alive"* (*Exodus* 1:22).[73] בְּאַבְרָהָם כְּתִיב ״אִמְרִי נָא אֲחוֹתִי אַתְּ לְמַעַן יִיטַב לִי בַעֲבוּרֵךְ וגו׳ ״ – **Concerning Abraham it is written,** ***Please say that you are my sister*** *that it may go well with me* (v. 13);

NOTES

70. In both cases the flight from *Eretz Yisrael* was intended from the outset to be temporary.

71. In both cases it was only because the famine was unbearable that they left *Eretz Yisrael*; otherwise they would have remained there despite the hardship (*Yefeh To'ar*).

72. In both cases as Egyptians and Israelites came into proximity with each other, the latter became frightened that the former would harm them (ibid.).

73. In both cases it was supposed (or it actually happened) that the Egyptians would kill the male and spare the female.

רַבִּי יוֹחָנָן אָמַר: יאמִתְעַלָּה וְהוֹלֶכֶת. חַד אָמַר: אֲנָא יָהֵיב מְאָה דִינָרִין וְאֵיעֲלֵל עִמָּהּ, וְחַד אָמַר: אֲנָא יָהֵיב מָאתָן וְאֵיעֲלֵל עִמָּהּ. אֵין לִי אֶלָּא בַּעֲלִיָּתָן בִּירִידָתָן מִנַּיִין, תַּלְמוּד לוֹמַר (ירמיה לח, יג) "וַיִּמְשְׁכוּ אֶת יִרְמְיָהוּ בַּחֲבָלִים וַיַּעֲלוּ אֹתוֹ מִן הַבּוֹר", מַעֲלִין אוֹתוֹ. אֵין לִי אֶלָּא בָּעוֹלָם הַזֶּה, בָּעוֹלָם הַבָּא מִנַּיִן, תַּלְמוּד לוֹמַר (ישעיה יד, ב) "וּלְקָחוּם עַמִּים וֶהֱבִיאוּם אֶל מְקוֹמָם":

ו [יב, טו] "וּלְאַבְרָם הֵיטִיב בַּעֲבוּרָהּ וַיְהִי לוֹ צֹאן וּבָקָר וְגוֹ'". [יב, כ] "וַיְצַו עָלָיו פַּרְעֹה אֲנָשִׁים וַיְשַׁלְּחוּ אוֹתוֹ", רַבִּי פִּנְחָס בְּשֵׁם רַבִּי הוֹשַׁעְיָה רַבָּה אָמַר: אָמַר הַקָּדוֹשׁ בָּרוּךְ הוּא לְאַבְרָהָם אָבִינוּ: יבצֵא וּכְבוֹשׁ אֶת הַדֶּרֶךְ לִפְנֵי בָנֶיךָ, אַתְּ מוֹצֵא כָּל מַה שֶּׁכָּתוּב בְּאַבְרָהָם, כָּתוּב בְּבָנָיו, בְּאַבְרָהָם כְּתִיב, (לעיל יב, י) "וַיְהִי רָעָב בָּאָרֶץ", בְּיִשְׂרָאֵל כְּתִיב (לקמן מה, ו) "כִּי זֶה שְׁנָתַיִם הָרָעָב בְּקֶרֶב הָאָרֶץ". בְּאַבְרָהָם כְּתִיב (שם יב, י) "וַיֵּרֶד אַבְרָם מִצְרַיְמָה לָגוּר שָׁם", וּבְיִשְׂרָאֵל כְּתִיב (במדבר כ, טו) "וַיֵּרְדוּ אֲבֹתֵינוּ מִצְרַיְמָה", בְּאַבְרָהָם כְּתִיב (לעיל יב, י) "לָגוּר שָׁם", וּבְיִשְׂרָאֵל כְּתִיב (לקמן מז, ד) "לָגוּר בָּאָרֶץ בָּאנוּ". בְּאַבְרָהָם כְּתִיב "כִּי כָבֵד הָרָעָב בְּאֶרֶץ כְּנַעַן", בְּיִשְׂרָאֵל כְּתִיב "וְהָרָעָב כָּבֵד בָּאָרֶץ". בְּאַבְרָהָם כְּתִיב [לעיל פסוק יא] "וַיְהִי כַּאֲשֶׁר הִקְרִיב", בְּיִשְׂרָאֵל כְּתִיב (שמות יד, י) "וּפַרְעֹה הִקְרִיב". בְּאַבְרָהָם כְּתִיב [לעיל פסוק יד] "וְהָרְגוּ אֹתִי וְאֹתָךְ יְחַיּוּ" וּבְיִשְׂרָאֵל כְּתִיב (שמות א, כב) "כָּל הַבֵּן הַיִּלּוֹד הַיְאֹרָה תַּשְׁלִיכֻהוּ". בְּאַבְרָהָם כְּתִיב [יב, יג] "אִמְרִי נָא אֲחוֹתִי אַתְּ לְמַעַן יִיטַב לִי בַעֲבוּרֵךְ וְגוֹ'",

עץ יוסף

ואיעלל עמה. פי' ואכנוס עמה לבית המלך: **אין לי אלא בעלייתן.** פי' אין לי שהצדיקים מתעלין והולכין אלא בעלייתן. אבל בשעת ירידתן מנלן שמ"מ הם מתעלים והולכין: **ת"ל וימשכו ויעלו אותו.** דהו"ל למימר ויעלוהו אלא ללמדך שהיו מעלין אותו בדמים לזכות בעלייתו שלאחר ששלח המלך השלשים אנשים להעלותו מן הבור באו עוד שם אחרי' לזכות במצוה זו מפני עילוי הדמים לצדקה (נזה"ק): **ולקחום עמים כו'.** דמאחר דכבר אומר והביאום אל מקומם מה ת"ל ולקחום עמים אלא ללמדך שיקחו אותן בעילוי דמים מי יזכה להביאם: (ו) [ח] **וכבוש הדרך לפני בניך.** שמעשה אבות סימן לבנים: **כי זה שנתים הרעב.** כלומר שע"י הרעב נזקק לרדת למצרים כי בטענה זו קראו יוסף (יפ"ת): **כתיב לגור שם.** רמז למ"ש המגיד מלמד שלא ירד להשתקע אלא לגור שם: **באברהם כתיב כי כבד הרעב.** שאם לא מפני כובד הרעב לא היה יוצא מא"י אלא היה סובל. כן ישראל שאלולי כובד הרעב שלא היו יכולין לסבול לא שלח יעקב את בנימן כדכתיב והרעב כבד בארץ ויהי כאשר כלו לאכול את השבר (יפ"ת): **ויהי כאשר הקריב.** ר"ל כמו שאברהם כאשר הקריב לבא מצרימה נצירה מהם כן ישראל כאשר קרבו זה אל זה היינו המצריים לישראל וישראל למצריים יראו ישראל: **והרגו אותי ואותך יחיו.** שיהרגו הזכר ויחיו הנקבה. וכן במצרים אם בן הוא והמיתן אותו. וכל כל הבן הילוד היאורה תשליכוהו וכל הבת תחיון:

פירוש מהרז"ו

אלא בעלייתן. בעת שהיו במעלה והצלחה אשר מזה יש סימן להצלחת צדיקים שיתעלו כמ"ש בסי' הסמוך: **ויעלו אותו מן הבור.** וזה היה בעת ירידתו ושפלותו וכתוב שם בפסוק הסמוך וישלח המלך צדקיה ויקח את ירמיה כי כל הדרשה מתיבות ויקח ותקח ותלקח ולקחום וכדומה. ופסוק זה הוא בירמיה ל"ח: (ו) **ויהי כאשר הקריב.** פסוק זה מדבר בפרעה וזה צ"ע. שהרי עיקר הכוונה לדמות מעשה ישראל למעשה אברהם אך לא למעשה פרעה. אך לשון חכמים מרפא ומלמדו דעת עומק הענינים. שהוקשה לחז"ל שהיל"ל כאשר קרב. על כן דורש אא"ע על קרבת המקום ת"ע על קרבת הלב שהרי לקיחת שרה לפרעה הוא אחד מיו"ד נסיונות. שאברם הבין וידע שתלקח שרה והקריב לבו ולבה להש"י על ידי פרעה ומצרים לבטוח בה' לעמוד בנסיון וזה סימן לישראל שנתקרבו ג"כ אל הש"י ע"י פרעה ומצרים אצל הים כמ"ש ופרעה הקריב ודרשו בשמ"ר פר' כ"א סימן ד' שהקריב לבן של ישראל לתשובה וזהו באמת הדמיון שאצל ישראל כתוב ופרעה הקריב ואצל אברהם כתוב כאשר הקריב. אחר זמן רב מצאתי כל זה מפורש בזוהר על פסוק זה כאשר הקריב ושמחתי כי כוונתי בדעת המדרש לאמתה של תורה. וז"ל הזוהר אר"א כאשר הקריב כאשר קרב מבעי ליה מאי כאשר הקריב אלא כדכתיב ופרעה הקריב דאיהו אקריב להו לישראל לתיובתא אוף הכי דאקריב גרמיה להקב"ה וכו': **ובישראל כתוב כל הבן.** וס"ד וכל הבת תחיון:

חידושי הרד"ל

(ז) **מתעלה והולכת.** עמ"כ ופי' השני בשם רש"י עיקר שכ"מ באסתר רבה פ"ו על ותלקח אסתר ושם א"א לפרש בפי' א' של המ"כ:

חידושי הרש"ש

[ו] **באברהם כתיב כי כבד הרעב בארץ ישראל כו'.** כצ"ל ותיבת כנען למחקה: **תשליכוהו וגו'.** כצ"ל: **במקנה וגו'.** כצ"ל:

מסורת המדרש

יא אסתר רבה פרשה ו'. ילקוט כאן רמז ס"ז: **יב** עיין בבא בתרא דף ק':

אם למקרא

וַיִּמְשְׁכוּ אֶת־יִרְמְיָהוּ בַּחֲבָלִים וַיַּעֲלוּ אֹתוֹ מִן־הַבּוֹר וַיֵּשֶׁב יִרְמְיָהוּ בַּחֲצַר הַמַּטָּרָה: (ירמיה לח:יג)

וּלְקָחוּם עַמִּים וֶהֱבִיאוּם אֶל־מְקוֹמָם וְהִתְנַחֲלוּם בֵּית־יִשְׂרָאֵל עַל אַדְמַת ה' לַעֲבָדִים וְלִשְׁפָחוֹת וְהָיוּ שֹׁבִים לְשֹׁבֵיהֶם וְרָדוּ בְּנֹגְשֵׂיהֶם: (ישעיה יד:ב)

וַיְהִי רָעָב בָּאָרֶץ וַיֵּרֶד אַבְרָם מִצְרַיְמָה לָגוּר שָׁם כִּי־כָבֵד הָרָעָב בָּאָרֶץ: (בראשית יב:י)

כִּי־זֶה שְׁנָתַיִם הָרָעָב בְּקֶרֶב הָאָרֶץ וְעוֹד חָמֵשׁ שָׁנִים אֲשֶׁר אֵין־חָרִישׁ וְקָצִיר: (בראשית מה:ו)

וַיֵּרְדוּ אֲבֹתֵינוּ מִצְרַיְמָה וַנֵּשֶׁב בְּמִצְרַיִם יָמִים רַבִּים וַיָּרֵעוּ לָנוּ מִצְרַיִם וְלַאֲבֹתֵינוּ: (במדבר כ:טו)

וַיֹּאמְרוּ אֶל פַּרְעֹה לָגוּר בָּאָרֶץ בָּאנוּ כִּי אֵין מִרְעֶה לַצֹּאן אֲשֶׁר לַעֲבָדֶיךָ כִּי כָבֵד הָרָעָב בְּאֶרֶץ כְּנָעַן וְעַתָּה יֵשְׁבוּ נָא עֲבָדֶיךָ בְּאֶרֶץ גֹּשֶׁן: (בראשית מז:ד)

וּפַרְעֹה הִקְרִיב וַיִּשְׂאוּ בְנֵי־יִשְׂרָאֵל אֶת־עֵינֵיהֶם וְהִנֵּה מִצְרַיִם נֹסֵעַ אַחֲרֵיהֶם וַיִּירְאוּ מְאֹד וַיִּצְעֲקוּ בְנֵי־יִשְׂרָאֵל אֶל־ה': (שמות יד:י)

וְהָיָה כִּי־יִרְאוּ אֹתָךְ הַמִּצְרִים וְאָמְרוּ אִשְׁתּוֹ זֹאת וְהָרְגוּ אֹתִי וְאֹתָךְ יְחַיּוּ: (בראשית יב:יב)

וַיְצַו פַּרְעֹה לְכָל־עַמּוֹ לֵאמֹר כָּל־הַבֵּן הַיִּלּוֹד הַיְאֹרָה תַּשְׁלִיכֻהוּ וְכָל־הַבַּת תְּחַיּוּן: (שמות א:כב)

מתנות כהונה

אנא יהיב כו'. הכל כדי שלא יפתחו התיבה ויראוה בתוכה: **לא אפשר כו'.** אי אפשר שתפטר אלא תפתח התיבה ותראה לנו מה שבתוכה: **איקונין.** תואר: **נמסרו כו'.** בה היו משערין היופי: **מתעלה כו'.** דריש ויהללו כמו ויעללו בחילוף אותיות אחה"ע ורש"י פירש דייק ותוקח כד"א ולקחום עמים רבים כדלקמן וכן דרשו לעיל פרשה י"ו ויקח את האדם העלה אותו כד"א ולקחום עמים: **אנא יהיב כו'.** אני אתן מאה דינרין: **ואיעלל כו'.** ואכנס או י"ל אתעולל בה: **בעלייתן כו'.** בעלייתן של הצדיקים הם מתעלין והולכין כשהם בירידה ובשפלות מניין שהם מתעלין והולכין: **מעלין כו'.** ויעלו דרש לשון עלייה: **בעולם הבא.** לימות המשיח וכן תמצא בהדיא סוף מסכת כתובות ועיין לקמן פרשה מ"ג: **ולקחום כו'.** פסוק הוא בישעיה סימן י"ד ומדבר בעלייתן של ישראל: [ו] [**וירד אברם מצרימה ובישראל וגו'.** ה"ג לגור בארץ באנו באברהם כתיב כי כבד]: [**תשליכוהו וגו'** גרסינן]:

אשד הנחלים

האנושי. ועד מאד הוא כמעט קרוב לזה ומאוד הוא דוגמת זה ממש: **מתעלה והולכת.** דייק דבתחילה כתיב ויראו המצרים שהם המון העם ואיך הגיע הדבר שיראו אותה שרי פרעה לזה אמר מפני שהי' רעש בין המון העם שהתחילו להעלות אותה בדמים בשביל לקחת אותה עד שהגיע לאזני השרי' מרוב רעש העם ולכן ראו אותה וע' במ"כ בשם רש"י: **בירידתן כו' וימשכו כו'.** דייק דהל"ל וימשכו את ירמי' מן הבור מהו וימשכו בחבלי' ויעלו ולכן דרשו שהוא מלשון עלית מעלה שהכל רצו בכדי להעלותו מן הבור כי הי' חביב בעיניה' למאוד זהו אף בירידתן זהו בעת הגולה והמלחמ' בעת שהצירו הכשדי' לישראל מאד עכ"ז האנשים הקדושים היו חביבים בעיניהם: **אין לי אלא בעוה"ז כו'.** לכאורה יקשה הלא כש"כ הוא והנראה דהוא דרך מליצה להורות שבאחרית הזמן יזכו לזה המעלה: [ו] **צא וכבוש.** דהלשון וילך למסעיו דמשמע למסעיו הידועים ולכן פירש למסעיו אשר החריט ברוחו ולבו לכבוש הדרך לפני בניו בכוונתו הטובה: **כתוב בבניו.** חשב גם יעקב מצורף לבני ישראל לפי שהגלות החל גם ביעקב ובניו. כי הד' מאות שנה החל תחילה. ולכן חשב גם מקרי יעקב בזה. ויש לבקש בזה דרך דרש הגון בענין פרטי הדברים אך הוא דבר ארוך מאוד יכלול בו כמה עניינים כוללים ולכן ארשום פה רק בקצרה. אברהם נוסה ברעב לחזק כח הבטחון אצלו. וכן ביעקב. אברהם הוכרח לרדת מצרים היפך מקום המקודש בכדי להצריפו יותר וכן ביעקב: אברהם נחשב רק כגר בעיניו במקום הזה כי אין זה מקומו. כן יעקב ובניו. אברהם נוסה ברעב כבד מאוד וכן הם. באברהם כתיב כי תיכף כי הקריב לבוא מצרים ירא מהם כי ידע רוע לבם. וכן בישראל תיכף כי הקריב פרעה צעקו ופחדו ממנו. אברהם הי' ירא מהם על פעולת הריגה ממש כי ידע טבעם הרע וכן הי' באמת אח"כ כי הרגו את בנ"י וטבעו אותם ביאור. ואברהם בהתחכמותו

וּבְיִשְׂרָאֵל כְּתִיב ״וַיֵּיטֶב אֱלֹהִים לַמְיַלְּדוֹת״ – **and concerning Israel it is written,** ***God benefited the midwives*** (*Exodus* 1:20).[74] בְּאַבְרָהָם כְּתִיב ״וַיְהִי כְּבוֹא אַבְרָם מִצְרָיְמָה״ – **Concerning Abraham it is written,** ***And it occurred, with Abram's coming to Egypt*** (v. 14); וּבְיִשְׂרָאֵל כְּתִיב ״וְאֵלֶּה שְׁמוֹת בְּנֵי יִשְׂרָאֵל הַבָּאִים מִצְרָיְמָה״ – **and concerning Israel it is written,** ***And these are the names of the Children of Israel who were coming to Egypt*** (*Exodus* 1:1).[75] בְּאַבְרָהָם כְּתִיב ״וְאַבְרָם כָּבֵד מְאֹד בַּמִּקְנֶה״ – **Concerning Abraham it is written,** ***Now, Abram was very laden with livestock,*** *silver, and gold* (below, 13:2); וּבְיִשְׂרָאֵל כְּתִיב ״וַיּוֹצִיאֵם בְּכֶסֶף וְזָהָב״ – **and concerning Israel it is written,** ***And he took them out*** of Egypt ***with silver and gold*** (*Psalms* 105:37).[76] בְּאַבְרָהָם כְּתִיב ״וַיְצַו עָלָיו פַּרְעֹה וגו׳״ – **Concerning Abraham it is written,** ***So Pharaoh gave*** *men* ***orders concerning him*** *and they sent away him and his wife* (v. 20); וּבְיִשְׂרָאֵל כְּתִיב ״וַתֶּחֱזַק מִצְרַיִם עַל הָעָם״ – **and concerning Israel it is written,** ***Egypt imposed itself strongly upon the people*** *to hasten to send them out of the land* (*Exodus* 12:33).[77] בְּאַבְרָהָם כְּתִיב ״וַיֵּלֶךְ לְמַסָּעָיו״ – **Concerning Abraham it is written,** ***He proceeded on his journeys*** (13:3); וּבְיִשְׂרָאֵל כְּתִיב ״אֵלֶּה מַסְעֵי בְנֵי יִשְׂרָאֵל״ – **and concerning Israel it is written,** ***These were the journeys of the Children of Israel*** (*Numbers* 33:1).[78]

NOTES

74. In both cases Israelite lives were saved by the wise and virtuous conduct of women.

75. In both cases the Israelites were treated well when they first came to Egypt (*Yefeh To'ar*).

76. In both cases, the departure from Egypt was with great riches.

77. In both cases the Israelites were expelled from Egypt with great urgency.

78. In both cases the journey from Egypt to *Eretz Yisrael* was not accomplished in a single trip, but with several encampments along the way.

חידושי הרד"ל

(ח) [ו] **וכתיב וייטב אלהים למילדות ויעש להם בתים.** וכמ"ש שם שהיו יוכבד ומרים עשה להם בתים שילא מהם משה שגאל ישראל וזהו כמו וייטב לי בעבורך וחיתה נפשי בגללך (וכן אמרו בזכות נשים לדקניות שבאותו דור נגאלו):

חידושי הרש"ש

ויצו עליו פרעה וגו'. כצ"ל: **על העם וגו'.** כצ"ל:

עץ יוסף

וייטב אלהים למילדות. פי' שויטב אלהים למילדות דבק לוי רב העם. ולמ"ד למילדות בעבור ופי' שבזכות המילדות הטיב הש"ת לישראל וירב העם (יפ"ת): **באברהם כתיב ויהי כבוא אברם בו'.** רמז שכמו שאברהם בבואו נתכבד ביניהם והטיבו לו בחשבם כי שרה אחותו כן ישראל בבואם למצרים היו מכובדים עד מות השבטים (יפ"ת): **וילך למסעיו.** רמז ג"כ שישראל יעשו מסעות הרבה עד בואם לא"י ולא ילכו בבת אחת. והיינו אלה מסעי ב"י:

פירוש מהרז"ו

וייטב אלהים למילדות. והטובה היא מ"ש בסיפא וירב העם ויעצמו מאד הרי שהטובה לישראל: **ואברם כבד מאד במקנה.** בכסף ובזהב לקמן פר' מ"א סוף סימן ב': **ויצו עליו פרעה.** אנשים וישלחו אותו ובישראל כתיב ותחזק מצרים על העם למהר לשלחם מן הארץ ואין שילוח אלא לשון לויה כמ"ש במכילתא ריש בשלח ובשמ"ר פרשה כ':

וּבְיִשְׂרָאֵל כְּתִיב (שמות א, ב) **"וַיֵּיטֶב אֱלֹהִים לַמְיַלְּדוֹת". בְּאַבְרָהָם כְּתִיב** (לעיל פסוק יד) **"וַיְהִי כְּבוֹא אַבְרָם מִצְרַיְמָה", וּבְיִשְׂרָאֵל כְּתִיב** (שמות א, א) **"וְאֵלֶּה שְׁמוֹת בְּנֵי יִשְׂרָאֵל הַבָּאִים מִצְרָיְמָה". בְּאַבְרָהָם כְּתִיב** (לקמן יג, ב) **"וְאַבְרָם כָּבֵד מְאֹד בַּמִּקְנֶה", וּבְיִשְׂרָאֵל כְּתִיב** (תהלים קה, לז) **"וַיּוֹצִיאֵם בְּכֶסֶף וְזָהָב". בְּאַבְרָהָם כְּתִיב "וַיְצַו עָלָיו פַּרְעֹה וְגוֹ'", וּבְיִשְׂרָאֵל כְּתִיב** (שמות יב, לג) **"וַתֶּחֱזַק מִצְרַיִם עַל הָעָם". בְּאַבְרָהָם כְּתִיב** (לקמן יג, ג) **"וַיֵּלֶךְ לְמַסָּעָיו", וּבְיִשְׂרָאֵל כְּתִיב** (במדבר לג, א) **"אֵלֶּה מַסְעֵי בְנֵי יִשְׂרָאֵל":**

מתנות כהונה

על העם וגו' גרסינן:

אשד הנחלים

הבין שיוטב לו שמה באחרית ע"י הנגעים הגדולים שנמשך עליהם בעבורם. וכן הי' באחרית לבני ישראל. באברהם כתיב מצרימה להורות על הפלגת המקו' ברשע שמכנה לפעמים המקו' בהברת המלה מן מצרים מצרימה כי הה' הוא ה' הידיע' כלומר הידועה והמפורסמת ברע וכן בישראל כתיב אלה שמות בני ישראל הבאים מצרימה שהוא מקום הרעה למאוד לפי שאז החל העינוי לבנ"י. באברהם באחריתו טרם נשלח משם הוטב לו במקנה רבה וצוו עליו לשלחו מהר וכן בישראל כמוהם. באברהם כתיב וילך למסעיו שהיו מסעיו בכוונות ידועות מרמז לכוונות שונות ידועות וכן בישראל כי הי' מסעיהם ע"פ ה' בכוונות מיוחדות. ועניינים רמוזים. ודי בזה למתבונן ולכן כתיב אלה מסעי בני ישראל ואח"כ על פי ה' כלומר שהי' כל זה בכוונה אלקית:

אם למקרא

וַיֵּיטֶב אֱלֹהִים לַמְיַלְּדֹת וַיִּרֶב הָעָם וַיַּעַצְמוּ מְאֹד: (שמות א:כ)

וְאֵלֶּה שְׁמוֹת בְּנֵי יִשְׂרָאֵל הַבָּאִים מִצְרָיְמָה אֵת יַעֲקֹב אִישׁ וּבֵיתוֹ בָּאוּ: (שמות א:א)

וְאַבְרָם כָּבֵד מְאֹד בַּמִּקְנֶה בַּכֶּסֶף וּבַזָּהָב: (בראשית יג:ב)

וַיּוֹצִיאֵם בְּכֶסֶף וְזָהָב וְאֵין בִּשְׁבָטָיו כּוֹשֵׁל: (תהלים קה:לז)

וַתֶּחֱזַק מִצְרַיִם עַל הָעָם לְמַהֵר לְשַׁלְּחָם מִן הָאָרֶץ כִּי אָמְרוּ כֻּלָּנוּ מֵתִים: (שמות יב:לג)

וַיֵּלֶךְ לְמַסָּעָיו מִנֶּגֶב וְעַד־בֵּית־אֵל עַד־הַמָּקוֹם אֲשֶׁר־הָיָה שָׁם אָהֳלֹה בַּתְּחִלָּה בֵּין בֵּית־אֵל וּבֵין הָעָי: (בראשית יג:ג)

אֵלֶּה מַסְעֵי בְנֵי־יִשְׂרָאֵל אֲשֶׁר יָצְאוּ מֵאֶרֶץ מִצְרַיִם לְצִבְאֹתָם בְּיַד־מֹשֶׁה וְאַהֲרֹן: (במדבר לג:א)

Chapter 41

וַיְנַגַּע ה׳ אֶת פַּרְעֹה נְגָעִים גְּדֹלִים וְאֶת בֵּיתוֹ עַל דְּבַר שָׂרַי אֵשֶׁת אַבְרָם.

And HASHEM afflicted Pharaoh along with his household with severe plagues because of the matter of Sarai, the wife of Abram (12:17).

§1 ״וַיְנַגַּע ה׳ אֶת פַּרְעֹה נְגָעִים גְּדֹלִים וגו׳״ — *AND HASHEM AFFLICTED PHARAOH . . . WITH SEVERE PLAGUES, ETC.*

The Midrash expounds a verse in *Psalms*; the end of this exposition will relate to our verse:

כְּתִיב ״צַדִּיק כַּתָּמָר יִפְרָח וגו׳״ — It is written, ***A righteous man will flourish like a date palm,*** *like a cedar in the Lebanon he will grow tall* (*Psalms* 92:13).[1] **מָה הַתְּמָרָה הַזּוֹ וָאֶרֶז, אֵין בָּהֶן לֹא עִקּוּמִים וְלֹא סִיקוּסִים — Just as this date palm tree and** the **cedar tree do not have curves or gnarls** in their trunks, **כָּךְ הַצַּדִּיקִים אֵין בָּהֶם לֹא עִקּוּמִים וְלֹא סִיקוּסִים — so do the righteous not have any** **"curves" or "gnarls."**[2] **מָה הַתְּמָרָה וָאֶרֶז צִילָּן רָחוֹק כָּךְ מַתַּן שְׂכָרָן שֶׁל צַדִּיקִים רָחוֹק — Just as the shadow of the date palm tree and the cedar tree is cast to a distance,**[3] **so is the reward of the righteous** cast **to a distance.**[4] **מָה הַתְּמָרָה וָאֶרֶז לִבָּן מְכֻוָּון לְמַעְלָן כָּךְ הַצַּדִּיקִים לִבָּן מְכֻוָּון לְהַקָּדוֹשׁ בָּרוּךְ הוּא — Just as the date palm tree and the cedar tree have their "hearts" aiming directly above,**[5] **so do the righteous have their hearts directed toward the Holy One, blessed is He,**[6] **הָדָא הוּא דִכְתִיב ״עֵינַי תָּמִיד אֶל ה׳ כִּי הוּא יוֹצִיא מֵרֶשֶׁת רַגְלָי״ — and so it is written,** ***My eyes are constantly toward HASHEM, for He removes my feet from the snare*** (*Psalms* 25:15). **מָה תְּמָרָה וָאֶרֶז יֵשׁ לָהֶן תַּאֲוָה אַף צַדִּיקִים יֵשׁ לָהֶן תַּאֲוָה — Just as the date palm tree and the cedar tree**[7] **have "craving,"**[8] **so do the righteous have craving; וּמַה הִיא תַּאֲוָתָן, הַקָּדוֹשׁ בָּרוּךְ הוּא שֶׁנֶּאֱמַר ״קַוֹּה קִוִּיתִי ה׳״ — and what is the craving of [the righteous]?** It is for **the Holy One, blessed is He, as it is stated,** ***I have hoped longingly for HASHEM*** (ibid. 40:2).Ⓐ

The Midrash digresses to illustrate the "craving" of the date palm tree:

אָמַר רַבִּי תַּנְחוּמָא — R' Tanchuma said: מַעֲשֶׂה בִּתְמָרָה אַחַת שֶׁהָיְתָה עוֹמֶדֶת בְּחַמְתָן וְלֹא הָיְתָה עוֹשָׂה פֵּירוֹת — There was an incident with a certain date palm tree in Hamthan, which would not grow fruit.[9] **עָבַר דִּקְלַי אֶחָד וְרָאָה אוֹתָהּ — A certain palm-grower passed by and saw it, אָמַר: תְּמָרָה זוֹ צוֹפָה מִירִיחוֹ — and he said, "This date palm tree has a yearning** for pollen **from Jericho."**[10]

NOTES

1. The Midrash will address at length the question: Why does the psalmist compare the righteous man specifically to these two trees? (*Eitz Yosef*).

2. They are completely upright and guileless (*Yefeh To'ar*).

3. They are tall and their branches branch out only from the top. Hence, their shade is cast only at a distance from the trunk (*Eitz Yosef*).

4. Their true reward is given to them only in the Next World (*Matnos Kehunah*). [Alternatively, the reward for their righteous deeds endures to a thousand generations, as stated in *Deuteronomy* 7:9 (see *Rashash*).]

5. For, as mentioned by the Midrash above, the trunk rises straight up (*Matnos Kehunah*).

6. That is, their reliance is solely on God (*Eitz Yosef*).

7. In other versions of this Midrash (*Bamidbar Rabbah* 3:1; *Shocher Tov* §92), the word וָאֶרֶז ("and the cedar tree") is omitted. See below, note 9.

8. I.e., the female palm tree "craves" the pollen of the male palm tree, as the Midrash will soon elaborate; see next note.

9. Palm trees are dioecious — i.e., they are either exclusively male or exclusively female. Only the female tree produces fruit, but its flowers must first be pollinated with pollen from male trees. The owner of this tree was not successful in pollinating it to produce fruit. [Cedars, however, are not dioecious, which supports those versions that omit the word וָאֶרֶז — see above, note 7 (see *Rashash* and *Maharzu*).]

10. It "craves" pollen from a male tree in Jericho (a city known for its palm trees; see *Deuteronomy* 34:3).

INSIGHTS

Ⓐ **The Yearning of the Spirit** The Midrashic comparison of a *tzaddik's* desire to that of a palm tree is explained by *Meshech Chochmah* in his commentary on the verse (*Leviticus* 19:18), *you shall love your fellow as yourself — I am HASHEM.* A human being's worldly and base desires are driven by his visual sighting of the object of desire. Only after he has set eyes on it and ignited the fire of passion in his heart can his evil inclination begin its work of stoking that fire and egging him on until he succumbs to it (see *Sotah* 8a). This is not the case, however, with one's spiritual desires. The soul, by its very nature, is drawn to the heavenly source from whence it originates and seeks to be closer to God. However, when a Jew becomes sullied by sin and allows the materialistic needs and desires of his earthly body to dominate the inherent spirituality of his soul, its ability to perceive the omnipresence of God and the glow of spirituality that permeates the world is greatly weakened. When he rejects the materialistic desires of his body, and through the study of Torah and the fulfillment of its commandments nourishes his soul and allows the radiant rays of spirituality to once again shine down on it, he re-ignites its inherent desire to come closer to God.

Thus, says the Midrash, just as the palm tree (in the following incident) naturally perceived its need to be grafted to its counterpart at the other end of the country, without ever seeing or knowing it, so does the *tzaddik,* unprompted by anything that he has seen, have a natural desire to come nearer to God and gain wisdom and holiness from the ultimate source of wisdom and perfection. And it is this natural connection to God and desire to be close to Him — even though he cannot see Him — that makes a Jew love and seek to help his fellow Jew, even if he lives on the opposite side of the globe and has never seen or heard of him. This is the intent of the verse in *Leviticus*: Just as I am Hashem, and you have an inherent love for Me, so should you love your fellow Jew, who is also from My nation and has the same inherent closeness to Me.

פרשה מא

א [יב, יז] **"וַיְנַגַּע ה' אֶת פַּרְעֹה נְגָעִים גְּדֹלִים וְגוֹ'". אכְּתִיב** (תהלים צב, יג) **"צַדִּיק כַּתָּמָר יִפְרָח וְגוֹ'", מָה הַתְּמָרָה הַזּוֹ וְאֶרֶז, אֵין בָּהֶם לֹא עִקּוּמִים וְלֹא סִיקוּסִים כָּךְ הַצַּדִּיקִים אֵין בָּהֶם לֹא עִקּוּמִים וְלֹא סִיקוּסִים. מָה הַתְּמָרָה וְאֶרֶז צִילָּן רָחוֹק כָּךְ מַתַּן שְׂכָרָן שֶׁל צַדִּיקִים רָחוֹק. מָה הַתְּמָרָה וְאֶרֶז לִבָּן מְכֻוָּן לְמַעְלָן כָּךְ הַצַּדִּיקִים לִבָּן מְכֻוָּן לְהַקָּדוֹשׁ בָּרוּךְ הוּא, הָדָא הוּא דִכְתִיב** (שם כה, טו) **"עֵינַי תָּמִיד אֶל ה' כִּי הוּא יוֹצִיא מֵרֶשֶׁת רַגְלָי". מַה תְּמָרָה וְאֶרֶז יֵשׁ לָהֶן תַּאֲוָה אַף צַדִּיקִים יֵשׁ לָהֶן תַּאֲוָה. וּמַה הִיא תַּאֲוָתָן, הַקָּדוֹשׁ בָּרוּךְ הוּא שֶׁנֶּאֱמַר** (שם מ, ב) **"קַוֹּה קִוִּיתִי ה'". אָמַר רַבִּי תַּנְחוּמָא: מַעֲשֶׂה בִּתְמָרָה אַחַת שֶׁהָיְתָה עוֹמֶדֶת בְּחַמְתָּן וְלֹא הָיְתָה עוֹשָׂה פֵּירוֹת. עָבַר דִּקְלַי אֶחָד וְרָאָה אוֹתָהּ, אָמַר: תְּמָרָה זוֹ צוֹפָה מִירִיחוֹ,**

רש"י

מא (א) **לא עקומים ולא פקוסים.** ס"א סיקוסים. לא עיקוס ולא קשר: **מעשה בתמרה אחת בחמתן.** שם מקום: **ולא היתה עושה פירות עבר אדם אחד וראה אותה ואמר תמרה זו צופה מיריחו.** תמר צופה מיריחו והיא מתאוה להרכיב אותה ממנו. ובשוחר טוב מפורש מעשה בתמרה אחת שהיתה עומדת בחמתן והיו מרכיבין אותה ולא היתה עושה פירות אמר להן דקלי אחד תמר היא רואה מיריחו ומתאוה לו והביאו לה ומיד עשתה פירות כך כל תאותן של ישראל וסיכוין להקדוש ברוך הוא:

עץ יוסף

מא (א) **מה התמרה כו'.** לפי שדוד אחז דמיון מתמר וארז אשר אין מעלתן דומים זה לזה כדמפרש לכן אומר הדמיון בשניהם להורות על מעלת כל אחד לא על חסרונם. שדבר שהוקש לשתי מדות אתה נותן לו כח היפה שבשתיהם: **לא עקומים.** בערוך גרס עומקים: **סיקוסים.** פי' סוף וקן. ויש עלים קשורים הנקראים בלע"ז שלנו סטנקעם. שהעלים החלקים הולכים גידי העץ מהשורש עד ראש העץ. כך הצדיקים כל מעשיהם לשם השי"ת והם ישרים. והרשעים דומים לקשורי העץ שהם עקומים ועקשים: **צילן רחוק.** שהם גבוהים והענפים מתחילין לגדל בגובה האילן. ולמטה הם בלי ענפים. כן בצדיקים עיקר תכליתם נצמח רק לבסוף בעוה"ב כי מפני שהם גבוהים וגדולים במעלת נפשותם מוכרחים לצרוף גדול מאד בעוה"ז עד שלבסוף יושלם נפשותם בתכלית הזכות והטוהר: **לבן מכוון למעלן.** כי במין הצומח הלב הוא הדבר הפנימי. ואם הוא חזק אז הוא מכוון למעלה בלי עקמימות. וכן בצדיקים לבם וחוזקם הוא רק למעלה לה' וע"י יתחזק לבם תמיד בבטחון חזק: **התמרה וארז יש להם תאוה.** להתדבק למיניהם כעובדא דבסמוך. וכך הוא המדה בכל הצומח. אף הצדיקים שהם חלק אלוה ממעל מצד מקור נפשותם יש להם ג"כ תאוה לה' להתדבק בו ובדרכיו. ועל זה אמר שנאמר קוה קויתי ה' כלו' כל תוחלתי ותאותי הוא ה' להתדבק בו (נזה"ק): **בהמתן.** שם מקום: **ולא היתה עושה פירות.** בבמ"ר פ"ג ובשוח"ט מסיים והרכיבו אותה ולא עשתה פירות עבר דיקלי כו': **תמרה היא צופה מיריחו.** ויריחו נקראת עיר התמרים ובשוח"ט הגירסא תמרה היא צופה ומריחה ופירושו שהיא רואה וצופה תמרה פלונית ומריחה

פירוש מהרז"ו

מא (א) **צדיק כתמר יפרח.** במ"ר ריש פרשה ג' באריכות ושם מפורש ומבואר ועי' תענית דף כ"ה ב"ב דף פ' מדרש תהלים נ"א ברייתא דל"ב מדות מדה כ"א שדרשה זו על פי מדה זו מדבר שהוקש לשתי מדות אתה נותן לו כח היפה שבשתיהם. וכאן הוקש לשתי מדות לתמר ולארז וחושב מעלות של שניהם: **סיקוסים.** פירושו סוף וקן ויש עלים קשורים הנקראים גם בלעז שלנו סוקעם שהעלים החלקים הולכים גידי העץ מהשורש עד ראש העץ. אך העלים הקשורים הגידים כלים ונפסקים אצל הקשרים ושם נסבכים והולכים בסיבובים ועקומים כך הצדיקים כל מעשיהם לשם הש"י ואין מחזיקים לעצמם והם ישרים וכמ"ש והאלהים עשה את האדם ישר (שאון). [שאין] לו אלא תכלית אחד לעשות רצון אביו שבשמים והרשעים דומים לקישורי העץ שלהם תכליתים רבים כמספר תאוותיהם ורעותיהם. ואצל כל רצון משולח שם סוף תכליתו: **צילן רחוק.** פירושו שהוא ארוך ורחוק משרשו לפי נטות השמש ועי' בספרי מדרש תנאים מענין זה ההפרש בין תמרה וארז לענין הנ"ל וכאן חושב תחלה מעלות שוה בשניהם ואח"כ חושב מעלות שיש בזה ואין בזה: **תמרה היא צופה מיריחו.** ויריחו נקראת עיר התמרים עי' זוהר על פסוק וילו עליו פרעה אנשים ובמדרש תהלים שם הגי' תמרה היא צופה ומריחה. ופירושו שהיא רואה וצופה תמרה פלונית ומריחה ריחה ולא תגדל פירות עד שירכיבו אותה ממנה. וכן הארז יש בו תאוה שהרי נמצא בו זכר ונקבה וכמ"ש ויקח תרזה ואלון תרזה ארז נקבה ואלון מלשון איל זכר דכר כמו איילונית וכמ"ש כאלה וכאלון אלה נקבה כמ"ש תחת האלה הגדולה ואלון זכר כנ"ל וכן כי ארזה ערה בלא מפיק ג"כ ארז נקבה:

חידושי הרד"ל

(א) **לא עקומים.** ג' הערוך עומקים:
(ב) **ולא היתה עושה פירות.** בבמ"ר פ"ג ובשוח"ט שם מסיים והרכיבו אותה ולא עשתה פירות עבר דקלי כו':

חידושי הרש"ש

[א] **מתן שכרן של צדיקים רחוק.** עמ"כ וכ"ה בבמ"ר רפ"ג. אבל בשוח"ט מביא ג"כ קרא ולשומרי מצותיו לאלף דור:
מה תמרה וארז יש להן תאוה. בבמ"ר שם ובשוח"ט ליתא וארז וכן המעשה שהביא בכאן לראיה אינה אלא בתמרה:
ומה היא תאותן הקב"ה שנאמר קוה כו'. בבמ"ר שם מביא קרא דנפשי אויתיך בלילה והוא יותר נאות:

באור מהרי"פ

ב **סיקוסים.** עיין רפ"י:

מסורת המדרש

א במדבר רבה פרשה ג'. מדרש תהלים מזמור נ"ב. ילקוט תהלים רמז תתמ"ה. ועיין פדר"א פרק י"ט:

אם למקרא

צַדִּיק כַּתָּמָר יִפְרָח כְּאֶרֶז בַּלְּבָנוֹן יִשְׂגֶּה:
(תהלים צב:יג)
עֵינַי תָּמִיד אֶל־ה' כִּי הוּא־יוֹצִיא מֵרֶשֶׁת רַגְלָי:
(תהלים כה:טו)
קַוֹּה קִוִּיתִי ה' וַיֵּט אֵלַי וַיִּשְׁמַע שַׁוְעָתִי:
(תהלים מ:ב)

מתנות כהונה

מא [א] **סיקוסים.** קשרים [ועי' בערוך]: **מתן שכרן כו'.** דשכר מצוה בהאי עלמא ליכא אלא לעולם הבא [וכ"ה בהדיא בשו"ט ובמד"ר פ"ג ושם כל המאמר הזה והותר]: **מכוון למעלה.** מפני שאין בו עקמומית כדלעיל: **יש להן תאוה.** כדלקמן: **בחמתן.** שם מקום: **דקלי.** אומן בקי בנטיעות דקלים כדאמרינן חמר גמל גנן: **צופה מריחו.** זכר אחד עומד ביריחו והיא מתאוה לקבל הרכבה ממנו:

אשד הנחלים

מא [א] **צדיק גו' מה התמרה כו'.** הדבר הזה בכלל בארתי בהקדמה שענין הדימוי הנופל בהמשורר האלקי לדמות האנשים השלמים לדבר. איננו דמוי פרטי כ"א כל המעלות אשר יקבצו בתוך הדמיון יוכלל בו כי בעלי רוה"ק במלות מועטים יכללו בתוכן הרבה פרטים אשר יוכל להמצא בתוכן כל מה שהפה יכול לדבר. ולכן החכמי' חוקרים בזה למצוא ענייני הדמיונים הנכללים בזה ולפי שדוד אחז דמיון מתמר וארז אשר אין מעלתן דומים זה לזה התמר עושה פירות והארז אינו עושה פירו' להיפך התמר אינו עושה ממנו כלים והארז עושי' ממנו כלי' לכן אחז בשניה' להורו' על מעלת כל אחד לא על חסרונ' ואצייר הדבר בקצר' בתמר וארז אין בהם קשרים וזה אות שאין כח הגידול נפסק בהם לעולם כי הקשר מורה על עמידת הגדול בעת מן העתים ע"כ יעשה קשר כאלו הוא סוף הגדול. ואח"כ מתחיל הוא עוד לגדל וא"כ מזה נרא' נפש הצמיח' כמה גדול הוא בהם כן למשל האיש אשר נפשו המשכלת [שהוא דוגמת הנפש הצומח בצמחים] פועל פעולתה תמיד בלי שבית' נקרא כן וכן הם ישרים בלי עקום כי הכח הגידל גדול בהם עד שאין רוח מזיזם לסבב להם הגידול בעקום כן נפשות הצדיקים הם ישרים עד שאין כח ביצר הלב שהוא הרוח לעקם דרכם: **התמרה והארז צלן רחוק.** פירש אחי היקר המופלג ר' ליפמן מפני שהם גבוהים ע"כ הענפים מתחילים לגדל בגובה האילן ולמטה הם בלי ענפים ע"כ אין הצל אלא במקום רחוק ולא במקום קרוב. וא"כ מעלתם מפני שהם גבוהים מאוד ימצא בהם חסרון שאין הצל בקרוב להם. והסיב' לזה כי עיקר הגידול והכח בטבע יוצא לבסוף כמו שהפרי שהוא העיקר ויצא לבסוף כן הענפים בערך עיקר האילן המה ג"כ במעלה ולכן יוצאים לבסוף במקום הגבוה. כי למטה כח היסוד העפר פועל בהם ואח"כ פועל בהם למעל' יסוד המים והאויר שממנו נמשך העלים והענפים. כי כן הוסד בטבע כל הנמצאים. שיהי' הדבר העיקר לבסוף כן בצדיקים עיקר תכליתם נצמח רק לבסוף בעוה"ב כי מפני שהם גדולים במעלות נפשותם מוכרחים לצרוף גדול מאוד בעוה"ז עד שלבסוף יושלם נפשותם בתכלית הזכות והטוהר ומה התמר' לבן מכוון למעלה כי במין הצומח הלב הוא הדבר הפנימי ואם הוא חזק אז הוא מכוון למעלה בלי עקמימות כדלעיל וכן בצדיקים לבם וחוזקם הוא רק למעלה לה'. ועי"ז יתחזק לבם תמיד בבטחון חזק. מה תמרה וארז יש להם תאוה ותאות הצמחים הם בטבע בלתי מרגישים בתענוגם רק פועל בם התשוקה הטבעית. והנה כל התשוקות העולמים באדם המה או תשוקות הערב או המועיל. וא"כ הם פועלים לא בטבע לבד כ"א ע"י הרגשת הדבר האהוב. לא כן התשוקה הנפשית לדבק בה' היא נקראת תשוקה בטבע כי אינו מכוון בזה להנאת עצמו כ"א לעשו' רצון הקב"ה כמו שהוטבע בטבע הבלתי מרגישים שתשוקתם פועל בהם להשלים רצון ה' בבריא' והבן זה. אך התמר' הזה מפני שהיא עושה פירות ע"כ היא רכה למאד כי הרכבתה ברבוי המים והאויר

כֵּיוָן שֶׁהִרְכִּיבוּ אוֹתָהּ מִמֶּנּוּ עָשְׂתָה פֵּירוֹת – **Once they pollinated it** with a male flower **from [a Jericho palm],**[11] **it produced fruits.**

The Midrash shows why both comparisons — that of the date palm tree and the cedar tree — are necessary:

אִי מָה הַתְּמָרָה הַזּוֹ אֵין עוֹשִׂין מִמֶּנָּה כֵּלִים – **Perhaps** you will say that **just as one cannot make utensils out of** the wood of **this date palm tree,** יָכוֹל אַף הַצַּדִּיקִים כֵּן, אִתְמְהָא – **perhaps the righteous, too, are** of no use to others. **(Can it be?!)** תַּלְמוּד לוֹמַר "כְּאֶרֶז" – To teach us otherwise, **Scripture states** in addition, ***like a cedar,*** whose wood is ideal for utensils.[12] אָמַר רַבִּי הוּנָא – But **R' Huna said:** תַּמָּן עָבְדִין מִינֵּיהּ מָאנִין – **Over there** (in Babylonia) **they** indeed **make utensils from [palm wood]** as well.[13]

אִי מָה הָאֶרֶז אֵינוֹ עוֹשֶׂה פֵּירוֹת, כָּךְ הֵן צַדִּיקִים אִתְמְהָא – **Perhaps** you will say that **just as the cedar tree does not produce fruit, so too the righteous** bear no fruit. **(Can it be?!)** תַּלְמוּד לוֹמַר "כַּתָּמָר יִפְרָח" – To teach us otherwise, **Scripture states** in addition, *A righteous man* ***will flourish like a date palm,*** which indeed produces fruit.[14]

The Midrash now extends the comparison to these trees a step further, to apply not only to the righteous but to all of Israel:[15]

מַה תְּמָרָה זוֹ אֵין בָּהּ פְּסוֹלֶת – **Just as this date palm tree has no** part that goes to **waste** — אֶלָּא תְּמָרִים לַאֲכִילָה – **rather,** its **dates are** used **for eating,** וְלוּלָבִים לְהַלֵּל – its *lulavim* **for** waving while **reciting Hallel** on Succos, חֲרָיוֹת לְסִכּוּךְ – its **branches for roofing thatch,** סִיבִים לַחֲבָלִים – the **fibers** at its base **for ropes,** סַנְסַנִּים לִכְבָרָה – the **date stems for** making a **sieve,** שְׁפִעַת קוֹרוֹת לְהַקְרוֹת בָּהֶם אֶת הַבַּיִת – and **the great beams** made from its trunk **for roofing the house** — כָּךְ הֵם יִשְׂרָאֵל אֵין בָּהֶם פְּסוֹלֶת – **so too are** the people of **Israel: there is no waste among them.** אֶלָּא מֵהֶם בַּעֲלֵי מִקְרָא – **Rather, some of them are masters of Scripture,** מֵהֶם בַּעֲלֵי מִשְׁנָה – **some of them are masters of Mishnah,** מֵהֶם בַּעֲלֵי תַּלְמוּד – **some of them are masters of Talmud,** מֵהֶם בַּעֲלֵי הַגָּדָה – **and some of them are masters of Aggadah.**

מה תְּמָרָה זוֹ וְאֶרֶז כָּל מִי שֶׁהוּא עוֹלֶה לְרֹאשָׁן וְאֵינוֹ מְשַׁמֵּר אֶת עַצְמוֹ הוּא נוֹפֵל וָמֵת – And finally, **just as** with **this date palm tree and** the **cedar tree, anyone who climbs up to their tops and does not exercise caution for himself will fall down and die,** כָּךְ כָּל מִי שֶׁהוּא בָּא לְהִזְדַּוֵּוג לְיִשְׂרָאֵל סוֹף שֶׁהוּא נוֹטֵל אֶת שֶׁלּוֹ מִתַּחַת יְדֵיהֶם – **so too, anyone who comes to initiate a confrontation with** the people of **Israel will ultimately receive his due from them.** תֵּדַע לְךָ שֶׁכֵּן – **You may know that this is so,** שֶׁהֲרֵי שָׂרָה עַל יְדֵי שֶׁמְּשָׁכָהּ פַּרְעֹה לַיְלָה אַחַת, לָקָה הוּא וּבֵיתוֹ בִּנְגָעִים – **for you see** that in the case of **Sarah, because Pharaoh took her away** for just **one night, he and his household were afflicted with plagues.** הֲדָא הוּא דִכְתִיב "וַיְנַגַּע ה' אֶת פַּרְעֹה נְגָעִים גְּדֹלִים וגו'" – **Thus it is written:** ***And HASHEM afflicted Pharaoh along with his household with severe plagues*** *because of the matter of Sarai, etc.* (A)

§2 The Midrash discusses the nature of this plague:

רֵישׁ לָקִישׁ בְּשֵׁם בַּר קַפָּרָא אָמַר – **Reish Lakish said in the name of Bar Kappara:** פַּרְעֹה בְּרַאתָן לָקָה – **Pharaoh was stricken with** ***raathan.***[16] אָמַר רַבִּי שִׁמְעוֹן בֶּן גַּמְלִיאֵל – For **Rabban Shimon ben Gamliel said:** מְצָאַנִי זָקֵן אֶחָד מוּכֵּה שְׁחִין בְּצִיפּוֹרִין, וְאָמַר לִי – **A certain old man in Sepphoris, who was afflicted with** ***shechin,***[17] once **met me and told me,** כ"ד מִינֵי שְׁחִין הֵם – **"There are twenty-four varieties of** ***shechin,*** וְאֵין לָךְ קָשֶׁה מִכּוּלָּם שֶׁהָאִשָּׁה רָעָה לוֹ אֶלָּא רַאתָן בִּלְבַד – **and the only thing that is more severe than all of them with respect to** relations with **a woman being harmful for it is** ***raathan.***" וּבוֹ לָקָה פַּרְעֹה – **And** so, **it was with this** disease **that Pharaoh was stricken.**[18]

The Midrash continues to discuss the nature of the plague, as well as the meaning of the phrase *because of the matter of Sarai . . .*

אָמַר רַבִּי אַחָא – **R' Acha said:** אֲפִילוּ קוֹרוֹת בֵּיתוֹ לָקוּ – **Even the** very **beams of his house were stricken** with disease.[19] וְהַכֹּל הָיוּ אוֹמְרִין: "עַל דְּבַר שָׂרַי אֵשֶׁת אַבְרָם" – **And everyone was saying,** "It is **because of the matter of Sarai, the wife of Abram.**"[20]

Another sage interprets בֵּיתוֹ in its plain sense: the members of Pharaoh's household. But why should they be stricken for Pharaoh's actions? The Midrash notes that the plague upon Pharaoh's household was indeed well deserved:

NOTES

11. Manual pollination by bringing the male flower into contact with the female date tree is called הַרְכָּבָה (literally, *grafting*) — see *Tos. Yom Tov* to *Pesachim* 4:8, citing *Aruch* ע' נסן.

12. And the righteous, too, are like utensils — conduits for the great benefits that God showers upon the world (see *Eitz Yosef*).

13. [See *Eitz Yosef.*] Thus, even the comparison to the palm tree does not have any connotation of uselessness.

14. So too the righteous produce "fruit," i.e., reward for their good deeds (*Eitz Yosef,* from *Bamidbar Rabbah* 3:1).

15. Although the verse speaks specifically of the righteous, it is written (*Isaiah* 60:21), *Your* (Israel's) *people are all righteous* (*Eitz Yosef*).

16. The identity of this disease is not known. Its symptoms and cure are described in *Kesubos* 77b.

17. *Shechin* is generally translated as "boils." However, it would appear that boils comprise but one of the diseases in the *shechin* family; see further.

18. To prevent him from having intimate relations with Sarah.

19. Taking בֵּיתוֹ literally as: his "house" (*Matnos Kehunah*).

20. If this phrase (*because of Sarai . . .*) were just the Torah's words, informing us why Pharaoh and his house were stricken, it would not have said "Sarai, *the wife of Abram,*" for we, the readers of the Torah, are well aware that Sarai was married to Abram. Rather, the Midrash teaches, these words were spoken by those who witnessed the sudden, extraordinary plague: "This must be because of Sarai, who — unbeknownst to us until now — must be Abram's wife!" (*Yefeh To'ar*).

INSIGHTS

(A) **The Tree of Israel** The analogy comparing the Jewish people to a date tree, whose every part is of value, is echoed elsewhere in the writings of our Sages in regard to another fruit tree. Reish Lakish teaches in *Chullin* 92a that "This nation is comparable to a grapevine": Its branches are the wealthy householders who support their brethren through their acts of benevolence; its clusters of grapes are the Torah scholars, the pride and purpose of the nation; its leaves are the unlearned masses — just as the leaves protect the grapes from the heat of the sun and the winds, so too the unlearned plow, sow, and harvest their fields, making food available to the Torah scholars; its tendrils are the empty, sinful persons among the Jewish people [who have yet to develop their potential]. With this image in mind, the Gemara continues, the Sages of *Eretz Yisrael* sent the following message to Babylonia: "Let the clusters pray for the leaves, for if not for the leaves, the clusters could not survive" (see *Rashi* there).

The Jewish people is like a metropolis that contains everything within it (*Sifri* §309). It is an integrated whole, its every part necessary and sufficient for all the others, like the letters of a *Sefer Torah* (see *Megaleh Amukos* §186, citing *Zohar Chadash*). The leaves protect the clusters and the clusters pray for the leaves, and the two of them are supported by the branches, and all together they produce the fine wine of Torah, mitzvos, and nobility that God desired when He planted His vineyard (see *Isaiah* 5:1-4 and *Succah* 49a).

כֵּיוָן שֶׁהִרְכִּיבוּ אוֹתָהּ° עָשְׂתָה פֵּירוֹת. אִי מָה הַתְּמָרָה הַזּוֹ אֵין עוֹשִׂין מִמֶּנָּה כֵּלִים, יָכוֹל אַף הַצַּדִּיקִים כֵּן, אֶתְמְהָא, תַּלְמוּד לוֹמַר (תהלים צב, יג) "כְּאֶרֶז". אָמַר רַבִּי הוּנָא: תַּמָּן עָבְדִין מִינֵּיהּ מָאנִין. בּאִי מָה הָאֶרֶז אֵינוֹ עוֹשֶׂה פֵּירוֹת, כָּךְ הֵן צַדִּיקִים אֶתְמְהָא, תַּלְמוּד לוֹמַר (שם) °"יִפְרָח", מַה תְּמָרָה זוֹ אֵין בָּהּ פְּסוֹלֶת, אֶלָּא תְּמָרִים לַאֲכִילָה, וְלוּלָבִים לְהַלֵּל, חֲרָיוֹת לִסְכּוּךְ, סִיבִים לַחֲבָלִים, סַנְסַנִּים לִכְבָרָה, שִׁפְעַת קוֹרוֹת לְהַקְרוֹת בָּהֶם אֶת הַבַּיִת, כָּךְ הֵם יִשְׂרָאֵל אֵין בָּהֶם פְּסוֹלֶת, אֶלָּא מֵהֶם בַּעֲלֵי מִקְרָא, מֵהֶם בַּעֲלֵי מִשְׁנָה, מֵהֶם בַּעֲלֵי תַּלְמוּד, מֵהֶם בַּעֲלֵי הַגָּדָה. גמַה תְּמָרָה זוֹ וְאֶרֶז כָּל מִי שֶׁהוּא עוֹלֶה לְרֹאשָׁן וְאֵינוֹ מְשַׁמֵּר אֶת עַצְמוֹ הוּא נוֹפֵל וָמֵת, כָּךְ כָּל מִי שֶׁהוּא בָּא לְהִזְדַּוֵּוג לְיִשְׂרָאֵל סוֹף שֶׁהוּא נוֹטֵל אֶת שֶׁלּוֹ מִתַּחַת יְדֵיהֶם, תֵּדַע לְךָ שֶׁכֵּן שֶׁהֲרֵי שָׂרָה עַל יְדֵי שֶׁמִּשְׁכָּבָהּ פַּרְעֹה לַיְלָה אַחַת, לָקָה הוּא וּבֵיתוֹ בִּנְגָעִים, הָדָא הוּא דִכְתִיב ([יב, יז] "וַיְנַגַּע ה' אֶת פַּרְעֹה נְגָעִים גְּדֹלִים וְגוֹ'":

ב רֵישׁ לָקִישׁ בְּשֵׁם בַּר קַפָּרָא אָמַר: פַּרְעֹה בְּרָאתָן לָקָה. אָמַר רַבִּי שִׁמְעוֹן בֶּן גַּמְלִיאֵל: דמְצָאַנִי זָקֵן אֶחָד מוּכֶּה שְׁחִין בְּצִיפּוֹרִין, וְאָמַר לִי: כ"ד מִינֵי שְׁחִין הֵם, וְאֵין לְךָ קָשֶׁה מִכּוּלָּם שֶׁהָאִשָּׁה רָעָה לוֹ אֶלָּא רָאתָן בִּלְבָד, וּבוֹ לָקָה פַּרְעֹה. אָמַר רַבִּי אַחָא אֲפִילוּ קוֹרוֹת בֵּיתוֹ לָקוּ, וְהַכֹּל הָיוּ אוֹמְרִין "עַל דְּבַר שָׂרַי אֵשֶׁת אַבְרָם".

עץ יוסף

ריחה ולא תגדל פירות עד שירכיבו אותה ממנה וכן הארז יש בו תאוה ונמלא בו זכר ונקבה: **אין עושין ממנה כו' תלמוד לומר ארז כו'.** והנמשל בצדיקים שהם מביאים ההשפעה לעולם והעולם מתהנים בהם כמו מן הכלים (יפ"ת): **תמן כו'.** פי' בבבל עושים כלים מהארז. והמת"כ פי' תמן בבבל עושין כלים אף מן התמרה וכן הוא בהדיא בשוח"ט ובמד"ר. ובבבל היו מצויין דקלים הרבה כדאי' בפסחים ריש דף ס"ח: **תלמוד לומר כתמר יפרח.** כצ"ל דהיינו שכר פירותיהם הנאכלין בעוה"ז כדאיתא להדיא בבמדב"ר פ"ג: **אין בה פסולת כו'.** מילתא אחריתא היא דדריש תו קרא בכלל ישראל דנקראו צדיקים כדכתיב ועמך כולם צדיקים (יפ"ת): **להלל.** לשבח להקב"ה בחג הסוכות: **חריות.** הענפים של דקל קורין חריות: **סיבים.** סיב הגדל סביבו עושין ממנו חבלים: **סנסנים.** כמין חוטין תולין ממנו כמו בגפן: **שפעת קורות.** קורות גדולות: **להקרות.** לעשות ממנה תקרה על הבית: **מהם בעלי אגדה.** מהם בעלי מצות מהם בעלי צדקות. כן הוא במד"ר שם וע"ש: **נופל ומת.** מפני שכל הענפים הם למעלה בראשו: **להזדווג.** להרע להם. ואינו משמר עצמו שלא יוסיף על רצון הש"י וכמ"ש אשר אני קצפתי מעט והמה עזרו לרעה. ולומד מפרעה שהיה לו רשות ליקח מס מאברהם אך לא למשול באשתו. ועל כן נענש פרעה. ואגב דרשא זו הובא כל מאמר זה לכאן: **(ב) בראתן.** מכת ראתן: **שהאשה רעה לו.** תשמיש אשה. פרש"י הטעם משום שהחולי הזה מחליש האדם מאד עד שכמעט נופל ותשמיש מחליש ג"כ לפיכך חולי זה קשה לו מאד: **ובו לקה פרעה.** על שרצה לבא אצלה לקה באופן שלא יוכל. ועיין תנחומא כאן: **אפילו קורות ביתו.** דריש ביתו כמשמעו שגם ביתו לקה וכמפורש בתורה שהבית לקה בנגעים. וכמו להגיה כאן קירות ביתו. וכמ"ש ברש"י בחומש כותלי ולא קורות: **והכל אומרים על דבר.** דורש על דבר כמשמעותו מלשון דבור ואמירה שבאשר ראו מכה כזה שהוא חוץ ממנהג הטבע היו אומרים שזה בודאי על דבר שרה היא אשת אברם ולא אחותו שאברהם לא אמר אחותו אלא מפני היראה:

פירוש מהרז"ו

מהם בעלי אגדה. מהם בעלי מצות מהם בעלי צדקות כן הוא במ"ר שם ע' עוד שם: **להזדווג.** פי' ואינו משמר עצמו שלא יוסיף על רצון הש"י וכמ"ש אשר אני קצפתי מעט והמה עזרו לרעה ולומד מפרעה שהיה לו רשות ליקח מס מאברהם אך לא למשול באשתו ועל כן נענש פרעה. ואגב דרשה זו הובא כל מאמר זה לכאן: **(ב) ארבי שמעון בן גמליאל.** ויק"ר פר' ט"ז סוף סימן א' וש"נ: **ובו לקה פרעה.** על פי מדת מנגד על שרצה לבא אצלה לקה באופן שלא יוכל ע' תנחומא כאן: **אפילו קורות ביתו.** כמ"ש ואת ביתו ודורש כמשמעות התיבה בית ממש וכמפורש בתורה שהבית לוקה בנגעים ולשון רש"י בחומש ואת ביתו כתרגומו וית אנש ביתיה ומדרשו להכות כותליו ועמודיו וכליו ברש"י ישן וכנון להגיה במדרש קירות ביתו וכמ"ש ברש"י כותלי ולא קורות: **והכל אומרים על דבר.** שאם כפשוטו שלקה על אודות שרה היה די שיאמר וינגע וכו' בעבורה וכמ"ש לאברהם היטיב בעבורה. ע"כ דורש על דבר כמשמעותו מלשון דיבור ואמירה וכמ"ש וזה דבר השמיטה דרשו שיאמר משמט אני וכן וזה דבר הרוצח צריך שיאמר רוצח אני. ומאחר שלא פירש מה היה הדיבור הרי הוא מפורש כאן. על דבר שרי אשת אברם שאינו יוצא מפשוטו וכמ"ש בתרגום על עסק שרי:

חידושי הרד"ל

(ג) כל מי שהוא עולה לראשן ואינו משמר כו'. מפני שהן גבוהים מאד כדתנן ברפ"ב דפאה בדלית ובדקל כו'. וארזים כתוב במקרא כ"פ שהן גבוהים. כך כל מי שהוא בא להזדווג כו' נוטל את שלו כו'. י"ל דדרש ליה מקרא דלדיק כתמר כו' דקאי אדלקמיה בקמים עלי מרעים תשמענה אזני. דסופו לדיק כתמר יפרח. והקמים עליו יפלו אחור וינזקו בקימתם ועלייתם עליו (ורישי' ותבט עיני בשורי. יש לדרשו על פרעה ומצרים שבראותם יפיה קמו עליו ללקחה ואח"כ ראו עיניו בנקמה ממנו כדמפו' להלן):

(ד) והכל היו אומרים ע"ד שרי כו'. אפשר על קורות ביתו דסמוך ליה קאי עיקרי'. מפני שנגעי בתים אין מצויין (וכמ"ש בסנהדרין (ע"א.) בית המנוגע לא היה ולא עתיד כו') ואמרו כלם שדבר זה וודאי על דבר שרי:

חידושי הרש"ש

תמן כו'. עמ"כ. וכ"ה להדיא בבמ"ר ובשוח"ט בבבל. וזה ראיה למש"כ לעיל פי"ג ובבבל היו מצויין דקלים הרבה כדאיתא בפסחים ריש דף פ"ח:

באור מהרי"פ

תמן. פירש המ"כ בבבל. והנה תיבת תמן רגיל על ארץ ישראל והמדרש שהוא אגדת א"י קורא לבבל תמן:

מסורת המדרש

ב עיין תענית דף כ"ה. ב"ב דף פ': ג עיין תנחומא כאן סי' ה'. וסדר במדבר סימן ט"ו. ילקוט במדבר רמז תר"ל. וילקוט תהלים רמז תתמ"ה: ד כתובות ע"ז. ירושלמי כתובות פרק ז'. תוספתא כתובות פרק ו'. ויק"ר פ' ט"ז. ילקוט כאן רמז ס"ט:

אם למקרא

צַדִּיק כַּתָּמָר יִפְרָח כְּאֶרֶז בַּלְּבָנוֹן יִשְׂגֶּה: (תהלים צב:יג)

וַיְנַגַּע ה' אֶת־פַּרְעֹה נְגָעִים גְּדֹלִים וְאֶת־בֵּיתוֹ עַל־דְּבַר שָׂרַי אֵשֶׁת אַבְרָם: (בראשית יב:יז)

ענף יוסף

(א) [א] [וינגע ה' את פרעה נגעים גדולים וגו'] תיבת וגו' מורה על סוף הפסוק על דבר שרי אשת אברהם הם אותיות תמרי. ולכן נענש כאדם שעולה על ראש תמרי (סש"ש):

רש"י

(ב) בראתן לקה. ואדם חלש ממנו מאד עד שכמעט נופל בכל מקום שהולך ואין לך מכולן שהאשה רעה לו אלא ראתן בלבד שקשה לתשמיש המטה מפני שמחולי זה אדם חלש ותשמיש המטה מחליש:

מתנות כהונה

ה"ג **ביון שהרכיבוה אותה ממנו** [ועי' במד"ר פ"ג ובס' בחיי פ' תזריע]: **תמן כו'.** בבבל עושין כלים אף מן התמרה [וכ"ה בהדיא בשו"ט ובמד"ר]: **להלל.** לשבח להקב"ה בחג הסוכות: **חריות.** הענפים של דקל קורין חריות: **סיבים.** סיב הגדל סביבו עושין ממנו חבלים ובשוחר טוב גרס בהדיא הסיב שלה: **סנסנים.** כמין חוטין תולין ממנו כמו בגפן: **שפעת קורות.** פירש הערוך קורות גדולות: **להקרות.** לעשות ממנה תקרה על הבית ובשוחר טוב גרס וקירות לסוכה: **נופל בו'.** מפני שכל הענפים הם למעלה בראשו: **להזדווג בו'.** להרע להם: [ב] **בראתן.** מכת ראתן: **שהאשה רעה לו.** תשמיש אשה ובפירוש רש"י מצא הטעם שהחולי ההוא מחליש האדם מאד עד שכמעט נופל ותשמיש מחליש ג"כ לפיכך חולי זה קשה לו מאד: **קורות ביתו.** דייק מדכתיב ואת ביתו ביתו ממש:

אשד הנחלים

ע"כ לא יתכן לעשות ממנה כלי כי גופה אינו חזק מפני נפש הצומח שבה רב. ובנמשל הצדיקים מפני שעיקרם הוא הנפש אולי ע"כ אינם חזקים בעיסקי עוה"ז ובהתחכמותם ת"ל ארז שכחו רב גם בעיקר הגוף וכמ"ש במדרש נתן להם כחן של נטיעות וזיוון של ירקות ודבר גדול הוא בענייני השלמה בעסקי העוה"ז ככח החיילות להתגבר בחכמת המלחמה ובענינים מדיניים ג"כ אף שהם טרודים תמיד בהשלמת נפשם. אך להיפך שלא תדמה אם הם עוסקים בענייני עוה"ז אז אינם עושים פירות שזהו עיקר השלמת הנפש לכן דימה אותם לארז ומה תמרה כל מיניה הם לתועלת בין העיקרים שהמה התכליתיים בין הענפים שהם השומרים כן כלל האומה וכל מיניה הם לתועלת. ומה התמרה וארז כל מי שעולה לראשן בלי שמירה הוא נופל מרוב גובהן מאד כן הם שע"י שהם במעלה הגבוה ע"כ מי שחפץ להריע להם סוף שיפול מעצתו: **הדא הוא דכתיב וינגע ה'.** להורות שלא היו נגעים טבעיים כ"א מאת ה' מכוון למען מעשיו הרעים: **[ב] קורות.** ולכן לא כתיב ואת אנשי ביתו כ"א את ביתו לבד. ואולי מפני שהוא מחלה דובקית והי' המחלה הזאת חזקה ודובקית מאוד עד שמי שנגע בקירות

עַל דְּטוּלְמוּסִין לְמִקְרַב — אָמַר רַבִּי בֶּרֶכְיָה — R' Berechyah said: לְמִסְאָנָא דְמַטְרוֹנָא — It was **because they instigated** Pharaoh **to "touch the shoe" of the noblewoman.**[21]

The Midrash presents other approaches to interpreting the words עַל דְּבַר שָׂרַי:

וְכָל אוֹתוֹ הַלַּיְלָה הָיְתָה שָׂרָה שְׁטוּחָה עַל פָּנֶיהָ — **And** throughout **that entire night Sarah was prostrate on her face** in prayer, וְאוֹמֶרֶת — **saying,** רִבּוֹן הָעוֹלָמִים אַבְרָהָם יָצָא בְּהַבְטָחָה, וַאֲנִי יָצָאתִי בֶּאֱמוּנָה — **"Master of the Universe! Abraham left** Haran to journey to the Land of Canaan **because of a promise** he received from You;[22] **I, however, left on faith.** אַבְרָהָם יָצָא חוּץ לַסִּירָה, וַאֲנִי בְּתוֹךְ הַסִּירָה — And now **Abraham is situated outside the prison, while I am** here **in the prison!"**[23] אָמַר לָהּ הַקָּדוֹשׁ בָּרוּךְ הוּא: כָּל מַה שֶּׁאֲנִי עוֹשֶׂה בִּשְׁבִילֵךְ אֲנִי עוֹשֶׂה — **The Holy One, blessed is He, responded to her, "All that I am doing** now **I am doing for your sake!** וְהַכֹּל אוֹמְרִים: "עַל דְּבַר שָׂרַי אֵשֶׁת אַבְרָם" — **And everyone will say,** ***'It is because of the word of Sarai, the wife of Abram!'***"[24]

Another interpretation:

כָּל אוֹתוֹ הַלַּיְלָה הָיָה מַלְאָךְ עוֹמֵד וּמַגְלֵב בְּיָדוֹ — אָמַר רַבִּי לֵוִי — **R' Levi said:** — **That whole night an angel was standing** there **with a whip in his hand,** הֲוָה אָמַר לָהּ: אִין אָמְרַתְּ מְחֵי מָחֵינָא, אִין אָמְרַתְּ נִישְׁבַּק שָׁבֵיקְנָא — and **he was saying to [Sarah]: "If you say 'Strike,' I will strike** him; **if you say 'Leave** him be,' **I will leave** him be."[25] וְכָל כָּךְ לָמָּה שֶׁהָיְתָה אוֹמֶרֶת לוֹ: אֵשֶׁת אִישׁ אֲנִי וְלֹא הָיָה פּוֹרֵשׁ — **And why** was **so much** punishment called for?[26] **Because [Sarai] was** constantly **saying to [Pharaoh], "I am a married woman!"**[27] **but he did not desist** from making advances toward her.[28]

The Midrash returns to describing the plague visited upon Pharaoh:

רַבִּי אֶלְעָזָר תָּנֵי לָהּ בְּשֵׁם רַבִּי אֱלִיעֶזֶר בֶּן יַעֲקֹב — **R' Elazar taught this in the name of R' Eliezer ben Yaakov:** שָׁמַעְנוּ בְּפַרְעֹה שֶׁלָּקָה בְּצָרַעַת, וַאֲבִימֶלֶךְ בְּעִיצּוּר — **We know**[29] regarding **Pharaoh that he was stricken with *tzaraas***[30] for taking Sarah, **and** regarding the Philistine king **Abimelech** that he was stricken **with "restraining** of orifices" (below, 20:18) for taking Sarah in a similar incident later. מִנַּיִן לִיתֵּן אֶת הָאָמוּר שֶׁל זֶה בָּזֶה וְשֶׁל זֶה בָּזֶה — **From** where can it be learned **to apply what is stated about this** case **to that** case **and** what is stated **about that** case **to this** case?[31] תַּלְמוּד לוֹמַר "עַל דְּבַר שָׂרָה" — To teach us this **Scripture states,** ***because of the matter of Sarah,*** *the wife of Abraham* (ibid.). "עַל דְּבַר", "עַל דְּבַר" לִגְזֵירָה שָׁוָה — The use of the expression ***because of the matter of*** here and the identical expression ***because of the matter of*** there **is for** indicating **a *gezeirah shavah.***[32]

וַיַּעַל אַבְרָם מִמִּצְרַיִם הוּא וְאִשְׁתּוֹ וְכָל אֲשֶׁר לוֹ וְלוֹט עִמּוֹ הַנֶּגְבָּה. וְאַבְרָם כָּבֵד מְאֹד בַּמִּקְנֶה בַּכֶּסֶף וּבַזָּהָב.

So Abram went up from Egypt, he with his wife and all that was his and Lot with him to the south. Now Abram was very laden with livestock, silver, and gold (13:1-2).

§3 וְאַבְרָם כָּבֵד מְאֹד בַּמִּקְנֶה בַּכֶּסֶף וּבַזָּהָב — *SO ABRAM WENT UP FROM EGYPT . . .* ***NOW, ABRAM WAS VERY LADEN WITH LIVESTOCK, SILVER, AND GOLD.***

הָדָא הוּא דִכְתִיב "וַיּוֹצִיאֵם בְּכֶסֶף וְזָהָב וְגוֹ'" — **Thus, it is written** concerning the Israelites' exodus from Egypt, ***And he took them out with silver and gold*** (*Psalms* 105:37).[33]

וַיֵּלֶךְ לְמַסָּעָיו מִנֶּגֶב וְעַד בֵּית אֵל עַד הַמָּקוֹם אֲשֶׁר הָיָה שָׁם אָהֳלֹה בַּתְּחִלָּה בֵּין בֵּית אֵל וּבֵין הָעָי. אֶל מְקוֹם הַמִּזְבֵּחַ אֲשֶׁר עָשָׂה שָׁם בָּרִאשֹׁנָה וַיִּקְרָא שָׁם אַבְרָם בְּשֵׁם ה'.

He proceeded on his journeys from the south to Beth-el to the place where his tent had been at first, between Beth-el and Ai, to the site of the altar which he had erected there at first; and there Abram invoked HASHEM by Name (13:3-4).

□ "וַיֵּלֶךְ לְמַסָּעָיו" — ***HE PROCEEDED ON HIS JOURNEYS.***

בְּמַסָּעוֹת שֶׁהָלַךְ בָּהֶן חָזַר — This means **that** when **[Abraham]** left Egypt he **returned following the** same **journeys.**[34] אָמַר רַבִּי אֶלְעָזָר בְּרַבִּי מְנַחֵם — **R' Elazar son of R' Menachem said:** הָלַךְ לִפְרוֹעַ הַקָּפוֹתָיו — **He went** to these specific places so that he would be able **to pay for what he had taken on credit** in the inns where he stayed on his way to Egypt.[35]Ⓐ

NOTES

21. The members of Pharaoh's household dared him to touch the shoe of Sarah. This is why they too were punished.

This is how this line is interpreted by *Rashi* below, on Midrash 52 §13. See also *Aruch* ע' דטולמוס. According to this interpretation עַל means "because" and דטולמוס is a verb (from Greek), meaning "to dare."

Another version reads: עָלוּ טוּלְמוּסִין לְמִקְרַב לְמִסְאָנָא דְמַטְרוֹנָא, which *Rashi* here (see also *Kesubos* 17a, *Rashi* ד"ה טורמיסין) explains: "The base people (Pharaoh's servants) entered to touch the noblewoman's shoe" — i.e., they assisted in Pharaoh's advances to Sarah. Accordingly, עָלוּ is a verb ("to enter") and טוּלְמוּסִין is a noun ("base people"). [Several Midrash texts and commentators present amalgams of these two versions.]

22. See above, vv. 1-3.

23. I had faith that I would be protected by virtue of the promise You made to Abraham and now I have ended up in captivity while he is free!

[Our translation of סִירָה as "prison" follows *Matnos Kehunah*; see also *Eitz Yosef*; but see *Rashi*, who renders סִירָה as "thorn" (i.e., misfortune).]

24. Everyone will be made aware that Pharaoh did not violate you, but on the contrary was stricken because of *your* prayers (*Yefeh To'ar*). [According to this interpretation, the words עַל דְּבַר שָׂרַי do not mean *"because of the matter" of Sarai*, but *"by the word* (i.e., prayer) *of Sarai"* (ibid.).] All the miracles I am performing on your behalf are for *your* sake — i.e., on account of *your* merit — and all will recognize this (see *Ohr HaSeichel*).

25. According to this interpretation the words the words עַל דְּבַר שָׂרַי mean *"by the word* (i.e., command) *of Sarai."*

26. After all, Pharaoh was relying on Abraham's and Sarah's claim that she was not married to him; why, then, did he deserve such punishment? (*Rashi, Matnos Kehunah*).

27. This is derived from the apparently superfluous words *the word of Sarai, "the wife of Abram."* (Cf. above, at note 20.)

28. According to this interpretation the words עַל דְּבַר שָׂרַי mean *"because of the word* (i.e., the protestations) *of Sarai"* (*Yefeh To'ar*).

29. Lit., *we have heard.*

30. Generally translated as "leprosy." [This interpretation disagrees with the one above that Pharaoh was stricken with *raathan*, and maintains that it was *tzaraas* (for the root נגע found here is commonly used to refer to *tzaraas* throughout *Leviticus* Chs. 13 and 14).]

31. I.e., how can it be shown that both Pharaoh and Abimelech were afflicted by both *tzaraas* and "restraining"?

32. A hermeneutic principle that an identical (or similar) word or phrase in two passages indicates a comparison between the two contexts — in this case between the Pharaoh incident and the Abimelech incident.

33. As noted above (40 §6), all the events that occurred to Abraham here foreshadowed the Israelites' experiences in Egypt centuries later.

34. I.e., following the same route and making the same stops.

35. He went to these places personally rather than sending payment through an emissary in order to be completely certain that the payment reached its intended recipients (*Yefeh To'ar*). [For another reason that Abraham revisited the inns he had frequented on the way to Egypt, see *Rashi's Chumash* commentary on this verse.]

INSIGHTS

Ⓐ **Settling His Debts** *Maayanah Shel Torah* cites the Rebbe of Kozmir, who finds it difficult to comprehend that Abraham set out on a journey with no money or provisions, forcing him to borrow. Borrowing is not the way of the righteous. Furthermore, why would anybody

חידושי הרד"ל

(ה) וכל כך למה. היתה אומרת שרה למלאך מתי מפני שא"ל א"א כו'. (ובזוהר תזריע (נ"ב.) אמרו שעשר פעמים הכהו המלאך ע"פ דבר נגד עשר מכות. ורמז לדבר. שרי אשת אברם עשרה אותיות):

חידושי הרש"ש

[ב] שהיתה אומרת לו אשת איש כו'. זה יליף ממה דכתיב ע"ד שרי אשת אברם דאטו לא הוה ידעינן לה בשמה לבד:

עץ יוסף

עלו דטולמוסין כו'. פי' עבדי פרעה החלופים והרקים נכנסו בשליחות לחלון מנעלה ולהשכיבה במטה בעל כרחה (רש"י והערוך). דר"ב מפרש את ביתו אנשי ביתו. לזה אמרו שבאו עבדיו כו' לכן נלקו עבדיו בנגעים לבל יוכלו להתקרב אללה מכאב הנגעים (נזה"ק): **וכל אותו הלילה כו'.** שבאה בטענה ואמרה אברהם יצא מארצו בהבטחה. שהשי"ת הבטיחו ואברככה ואגדלה שמך. ולשרה לא הבטיח אלא האמינה ובטחה בנבואתו. ואם היה אברהם ג"כ בתוך הצרה היתה שרה בוטחת ומאמינה על הבטחת השי"ת לאברהם. והיתה גם היא נצלת על ידי הבטחתו. ולא כן עתה שאברהם חוץ לצרה. והשיב לה הקב"ה לא בעבור הבטחה אני עושה. אלא תפלה אני שומע. וגדול שכר המאמין משכר המובטח ויתקדש שם שמים על ידך: **סירה.** בית הסוהר שנלקחה בעל כרחה: **ומגלב בידו.** שוט לסוס ומתג לחמור תרגומו שוטא לסוסיא ומגלבא לחמרא (מוסף הערוך): **אין אמרת מחי כו'.** וזהו על דבר שרי שאמרה ודיבר שיכה והכה. וגם דורש על דבר שרי אשת אברם שדיברה ואמרה אשת אברהם אני: **וכל כך למה.** פי' הרי היה סבור פרעה שבהיתר לקחה. אלא שהיתה אומרת אשת איש אני שכאשר ראתה שלא הועילה במ"ש אחי הוא גלתה הסוד שהיא אשתו: **אין אמרת מחי כו'.** וענין השאלה הוא שאם ח"ו היתה שרה מתרצת אליו לא היה המלאך עושה לו מאומה: **בעיצור.** עצירת נקבים וכמו שפרש"י שם: **על דבר לגז"ש.** שאחרי שהעונש הוא מדה במדה נגד החטא. ואחר שחטאם אחד א"כ עונשם אחד ג"כ: (ג) **הדא הוא דכתיב ויוציאם כו'.** משום שכל ענייני אברהם סימן לבניו. לכן אמר הכ' ואברם כבד לרמוז שגם כן בניו יצאו ברכוש גדול ממצרים (יפ"ת): **במסעיו שהלך.** כלו' בחניותיו. וקרא חניותיו בשם מסעיו שמקום חנייתו אף הוא קרוי מסע לפי שממקום החנייה נוסע פעם אחרת (הרא"מ): **לפרוע הקפותיו.** יתכן שבעת הרעב פיזר כל אוצרותיו לצדקה על כן הוכרח בלכתו למצרים ליקח בהקפה על בטחון השי"ת. ובחזירתו ממצרים פרע הקפותיו (נזה"ק):

מדרש

אָמַר רַבִּי בֶּרֶכְיָה: עָלוּ° דְּטוּלְמוּסִין לְמִקְרַב לְמְסָאנָא דְּמַטְרוֹנָא, ה וְכָל אוֹתוֹ הַלַּיְלָה הָיְתָה שָׂרָה שְׁטוּחָה עַל פָּנֶיהָ וְאוֹמֶרֶת: רִבּוֹן הָעוֹלָמִים אַבְרָהָם יָצָא בְּהַבְטָחָה, וַאֲנִי יָצָאתִי בֶּאֱמוּנָה, אַבְרָהָם יָצָא חוּץ לַסִּירָה, וַאֲנִי בְּתוֹךְ הַסִּירָה. אָמַר לָהּ הַקָּדוֹשׁ בָּרוּךְ הוּא: כָּל מַה שֶּׁאֲנִי עוֹשֶׂה בִּשְׁבִילֵךְ אֲנִי עוֹשֶׂה וְהַכֹּל אוֹמְרִים "עַל דְּבַר שָׂרַי אֵשֶׁת אַבְרָם". אָמַר רַבִּי לֵוִי: כָּל אוֹתוֹ הַלַּיְלָה הָיָה מַלְאָךְ עוֹמֵד וּמַגְלֵב בְּיָדוֹ, הֲוָה אָמַר לָהּ: אִין אֲמַרְתְּ מְחֵי מָחֵינָא, אִין אֲמַרְתְּ לִישְׁבּוֹק° שָׁבֵיקְנָא, וְכָל כָּךְ לָמָּה שֶׁהָיְתָה אוֹמֶרֶת לוֹ: אֵשֶׁת אִישׁ אֲנִי וְלֹא הָיָה פּוֹרֵשׁ. רַבִּי אֶלְעָזָר תָּנֵי לָהּ בְּשֵׁם רַבִּי אֱלִיעֶזֶר בֶּן יַעֲקֹב שָׁמַעְנוּ בְּפַרְעֹה שֶׁלָּקָה בְּצָרַעַת, וַאֲבִימֶלֶךְ בְּעִיצּוּר. מִנַּיִן לִיתֵּן אֶת הָאָמוּר שֶׁל זֶה בָּזֶה וְשֶׁל זֶה בָּזֶה תַּלְמוּד לוֹמַר "עַל דְּבַר שָׂרָה", "עַל דְּבַר" "עַל דְּבַר" לִגְזֵירָה שָׁוָה:

ג [יג, ב] "וְאַבְרָם כָּבֵד מְאֹד בַּמִּקְנֶה בַּכֶּסֶף וּבַזָּהָב". יהָדָא הוּא דִכְתִיב (תהלים קה, לז) "וַיּוֹצִיאֵם בְּכֶסֶף וְזָהָב וְגוֹ'". [יג, ג] "וַיֵּלֶךְ לְמַסָּעָיו", בַּמַּסָּעוֹת שֶׁהָלַךְ בָּהֶן חָזַר. אָמַר רַבִּי אֶלְעָזָר בְּרַבִּי מְנַחֵם: הָלַךְ לִפְרוֹעַ הַקָּפוֹתָיו.

פירוש מהרז"ו

עלו דטולמוסין. לקמן פר' נ"ב סימן י"ג ע"ש בשם הירושלמי. ופי' רש"י במדרש דטולמסין בלשון יוני דוחקין שאנשי ביתו דחקו בו שיקרב אליה ויגע בה ובכל אשר לה לכן לקו אנשי ביתו וכתרגומו ואת ביתו וית אינש ביתיה: **היתה שרה שטוחה.** דורש ג"כ מ"ש על דבר שרה על דיבורה של שרה ותפלתה: **יצא בהבטחה.** שהש"י מבטיחו ואברככה ואגדלה שמך. ולשרה לא הבטיח אלא האמינה ובטחה בנבואתו. ואם היה אברהם ג"כ בתוך הצרה היתה שרה בוטחת ומאמינה על הבטחת הש"י לאברהם. והיתה גם היא נצלת על ידי הבטחתו. ולא כן עתה שאברהם חוץ לצרה והשיב לה הקב"ה לא בעבור הבטחה אני עושה אלא תפלה אני שומע וגדול שכר המאמין משכר המובטח ויתקדש שם שמים על ידך: **אמר רבי לוי.** ע' תנחומא כאן ובשמ"ר פר' כ' סימן א': (ג) **ואברם כבד מאוד.** עי' לעיל סוף פ' מ' שאברהם בכל ענייניו סי' לבניו: **וילך למסעיו.** איך הם שלו ודרש על שכבר הלך בהם בנסעו למצרים: **שפרע הקפותיו.** הוקשה לחז"ל שכאשר יצא מחרן כתוב ויקח אברם וכו' ואת כל רכושם אשר רכשו וכשהלך למצרים ברעב לא נזכר רכוש ויתכן שבעת הרעב פיזר כל

מסורת המדרש

ה לקמן פרשה נ"ב. תנחומא כאן סי' ה'. ילקוט כאן רמז ס"ט: ו לעיל סוף פרשה מ': ז עיין איכה רבתי פ'

אם למקרא

וַיּוֹצִיאֵם בְּכֶסֶף וְזָהָב וְאֵין בִּשְׁבָטָיו כּוֹשֵׁל: (תהלים קה:לז)

רש"י

טולמוסין. אנשי חמס דולמי בלע"ז תרגום אדם בליעל גברא טלומא: ס"א נכנסו הגבלים. למנעלה של שרה: **טולמוסין.** גלוטום בלע"ז: לשון אחר נכנסו הגבלים להתגרות ולזרז את פרעה ואומרים לו למה לא תקרב למסאנה לתשמיש: **חוץ לסירה.** חוץ מן הצרה סירה כמו קוץ ודרדר: **ומגלב בידו.** רצועה בידו ולועזין קודייר: **וכל כך למה.** רוצעו המקום והלא בהיתר גמור לקחה דכתיב הנה הוא אמר לי אחותי היא וגם היא אמרה לי אחי הוא אלא שהיתה אומרת לו וכו' ע"כ: (ג) **למסעותיו.** שהלך בהם חזר להתפלל שם: **הקפותיו.** מה שנטל באמנה:

מתנות כהונה

עלו דטולמוסן כו'. הערוך פירש טולמוס איש בליעל ורשע ולפי זה יכול להיות שפירושו ההדיוטים בקשו לנעול מנעל של המטרונא שודאי אינו יוצא נקי וכן כאן ע"ד כלי שנשתמש בו קדש כו' וכה"ג אמרינן מסאנא דרב מכרעי לא בעינא וכל זה בפכ"ב ועיין שם פירושו בשם רש"י ולפי פירוש דהתם לא גרס ליה כאן ובירושלמי סוף פרק המדיר גרס עד דטולמסון דנגע בפונסא דמטרונא: **אברהם יצא בהבטחה.** שאתה הבטחתו שלא יוזק שנאמר ואברכה וגו': **ואני יצאתי.** ע"פ דברו שהאמנתי ושמתי בטחוני בך אע"ג שלא הבטחתני: **סירה.** בית הסוהר שנלקחה בע"כ: **ואני בתוך הסירה.** בתמיה וכי תלא זאת מלפניו: **מגלב.** רצועה ומקל: **אין אמרת בו'.** אם תאמר שאלקה פרעה ובני ביתו אלקה אותם ואם תאמר שאניחם אניחם: **וכל כך למה.** הרי היה סבור פרעה שבהיתר לקחה: **בעיצור.** עצירת נקבים שנאמר כי עצור עצר ה' בעד כל רחם וכמו שפירש"י שם: [ג] **הדא הוא דכתיב ויוציאם.** כדלעיל שאברהם היה סימן לבניו: **הקפותיו.** מה שנטל באמנה:

אשד הנחלים

ביתו השיג המחלה ההיא ולכן נקראת בכינוי שגם ביתו נגע מזה וכל זה בשביל שהיו הכל מבינים שאין זה טבעית רק על דבר שרה או שאל"כ לא היו יודעים כל העם שלקה פרעה בזה. אבל עתה כמה בני אדם נגעו מקורות ביתו וע"כ נתפרסם הדבר: **למסאנא דמטרוניתא.** וזהו על דבר שרי שהוא אשת אברהם שהוא הגדול במעלה. ואיככה יגעו בה בני בליעל. דאל"כ מי לא ידע שהיא אשת אברהם אם לא להורות על זה: **ואני בתוך הסירה.** כלומר בתמיה היתכן שבשביל אמונתי יקרה לי כל זה שאהי' אסור בתוך בית האסורים לבלי הנצל מהם ואברהם שהי' רק בטחונו ע"י ההבטחה הוא יהי' ניצל: **בשבילך כו'.** כלומר לא כמו שתדמה. כ"א אדרבא להיפך שמתוך זה תתגדל יותר ע"י הצלתי אותך וא"כ מעלתך יהי' גדול מאברהם מה שיראו אח"כ וזהו ע"ד שרי: **אין אמרת מחי.** וזהו על דבר שרי שהיא היתה מדברת למלאך שיכה אותו וענין השאלה במלאך אצלה הוא ענין דק לפי שהזדקקות המלאך הוא לפי מעלת האדם וכחו. והנה ח"ו אם היתה שרה מתרצת אליו אח"כ לא הי' המלאך עושה לו מאומה. ולכן שאלה אם לא תרצי אז אצילך שלא כדרך הטבע ואנגע אותו: **על דבר לגזירה שוה.** הג"ש הזאת הוא בקבלה שמרמז לענין הזה. ויתכן עוד אחרי שהעונש הוא מדה במדה נגד החטא ואחר שחטאם אחד א"כ עונשם אחד ג"כ ואחר שכתוב על דבר שמורה שזהו הסבה הגורמת א"כ גם שמה היה כן: [ג] **הדא הוא דכתיב ויוציאם.** וזהו כמו שאמר אתה סימן לבניך: **הלך לפרוע.** אולי סמיכת הכתוב קדריש ואברהם כבד במקנה ובכסף וע"כ וילך למסעיו לפרוע הקפותיו כי נתעשר עתה למאד. ואף שהי' לו

וְגַם לְלוֹט הַהֹלֵךְ אֶת אַבְרָם הָיָה צֹאן וּבָקָר וְאֹהָלִים.
Also Lot who went with Abram had flocks, cattle, and tents (13:5).

□ וְגַם לְלוֹט הַהוֹלֵךְ אֶת אַבְרָם וגו׳ — *ALSO LOT WHO WENT WITH **ABRAM** HAD FLOCKS, CATTLE, AND TENTS.*

The Midrash elaborates on Abram's relationship with Lot:

אַרְבָּעָה דְּבָרִים טוֹבִים הָיוּ לְלוֹט בַּעֲבוּר אַבְרָם — **Lot had four good things because of Abram:** ״וַיֵּלֶךְ אַבְרָם וגו׳ וַיֵּלֶךְ אִתּוֹ לוֹט״ — (i) ***So Abram went*** (to Canaan) . . . ***and Lot went with him*** (above, 12:4);[36] ״וְגַם לְלוֹט הַהוֹלֵךְ אֶת אַבְרָם״ — (ii) ***Also Lot who went with Abram had*** *flocks, cattle, and tents* (our verse);[37] ״וַיָּשֶׁב אֶת כָּל הָרְכוּשׁ וְגַם אֶת לוֹט״ — (iii) ***[Abram] brought back all the possessions; he also brought back his kinsman, Lot,***[38] *with his possessions* (below, 14:16); ״וַיְהִי בְּשַׁחֵת אֱלֹהִים אֶת עָרֵי הַכִּכָּר וגו׳ וַיִּזְכֹּר אֱלֹהִים אֶת אַבְרָהָם וַיְשַׁלַּח אֶת לוֹט מִתּוֹךְ הַהֲפֵכָה וגו׳״ — (iv) ***And so it was when God destroyed*** *the cities of the plain* ***that God remembered Abraham, and He sent Lot from amid*** *the upheaval when He overturned the cities in which Lot had lived* (below, 19:29).[39] וּכְנֶגְדָּן הָיוּ בָנָיו צְרִיכִים לִפְרוֹעַ לָנוּ טוֹבוֹת — **And corresponding to them, [Lot's] descendants** (Ammon and Moab) **should have repaid us** (Abraham's descendants) **with four acts of kindness.** לֹא דַיָּין שֶׁלֹּא פָּרְעוּ לָנוּ טוֹבוֹת אֶלָּא רָעוֹת — However, **not only did they not repay us with acts of kindness, but** they repaid us with four **acts of malevolence.** הֲדָא הוּא דִכְתִיב ״וַיִּשְׁלַח מַלְאָכִים אֶל בִּלְעָם בֶּן בְּעוֹר וגו׳ וְעַתָּה לְכָה נָא אָרָה לִּי אֶת הָעָם״ — **Thus it is written:** (i) ***And [Moab] sent messengers to Balaam son of Beor, etc.,*** *saying, "Behold, a people has come out of Egypt . . .* ***So now, please come and curse this people"*** (*Numbers* 22:5-6); ״וַיֶּאֱסֹף אֵלָיו אֶת בְּנֵי עַמּוֹן וַעֲמָלֵק וַיֵּלֶךְ וַיַּךְ אֶת יִשְׂרָאֵל וַיִּירְשׁוּ אֶת עִיר הַתְּמָרִים״ — (ii) ***[Eglon, king of Moab] gathered to himself the Children of Ammon and Amalek, and he went and struck Israel and took possession of the City of Date Palms*** (*Judges* 3:13); ״וַיְהִי אַחֲרֵי כֵן בָּאוּ בְנֵי מוֹאָב וּבְנֵי עַמּוֹן וְעִמָּהֶם מִן הָעַמּוֹנִים עַל יְהוֹשָׁפָט״ — (iii) ***And it happened after this that the Children of Moab and the Children of Ammon, along with some Ammonites, went out*** *to war* ***against Jehoshaphat*** (*II Chronicles* 20:1); וְעוֹד כְּתִיב ״יָדוֹ פָּרַשׂ צָר עַל כָּל מַחֲמַדֶּיהָ״ — (iv) **and it is written further, *The enemy spread out his hand on all her treasures;*** *indeed she saw nations invade her Sanctuary, those about whom You had commanded that they should not enter Your congregation* (*Lamentations* 1:10).[40] וְנִכְתַּב חֵטְא שֶׁלָּהֶם בְּאַרְבָּעָה מְקוֹמוֹת — **And** correspondingly **their sinfulness is recorded** in Scripture **four times,** namely: ״לֹא יָבוֹא עַמּוֹנִי וּמוֹאָבִי וגו׳ עַל דְּבַר אֲשֶׁר לֹא קִדְּמוּ אֶתְכֶם בַּלֶּחֶם וּבַמַּיִם״ — (i) ***An Ammonite or Moabite shall not enter the congregation of HASHEM . . . because of the fact that they did not greet you with bread and water*** *on the road when you were leaving Egypt, and because he hired against you Balaam son of Beor . . . to curse you* (*Deuteronomy* 23:4-5). וּכְתִיב ״עַמִּי זְכָר נָא מַה יָּעַץ בָּלָק מֶלֶךְ מוֹאָב וּמֶה עָנָה וגו׳״ — (ii) ***My people, hear now what Balak, king of Moab, schemed and what Balaam son of Beor answered him*** (*Micah* 6:5).[41] עָמְדוּ ד׳ נְבִיאִים וְחָתְמוּ גְּזַר דִּינָם — And correspondingly **four prophets arose and sealed the decree against them** — אֵלּוּ הֵם, יְשַׁעְיָה וְיִרְמְיָה צְפַנְיָה וִיחֶזְקֵאל — **namely, Isaiah, Jeremiah, Zephaniah, and Ezekiel.**

(i) יְשַׁעְיָה אָמַר ״מַשָּׂא מוֹאָב כִּי בְּלֵיל שֻׁדַּד עָר מוֹאָב נִדְמָה כִּי בְּלֵיל שֻׁדַּד קִיר מוֹאָב נִדְמָה״ — **Isaiah said, *A prophecy concerning Moab: On the night Ar of Moab was pillaged it was silenced; on the night that Kir of Moab was pillaged it was silenced*** (*Isaiah* 15:1).

(ii) יִרְמְיָה אָמַר ״לָכֵן הִנֵּה יָמִים בָּאִים נְאֻם ה׳ וְהִשְׁמַעְתִּי אֶל רַבַּת בְּנֵי עַמּוֹן תְּרוּעַת מִלְחָמָה וְהָיְתָה לְתֵל שְׁמָמָה וּבְנוֹתֶיהָ בָּאֵשׁ תִּצַּתְנָה וְיָרַשׁ יִשְׂרָאֵל אֶת יֹרְשָׁיו אָמַר ה׳״ — **Jeremiah said, *Therefore, behold, days are coming — the word of HASHEM — when I will make the alarm of war heard in Rabbah of the Children of Ammon; it will become a heap of ruins and its surrounding towns will be burned down in fire; then Israel will inherit its inheritors, said HASHEM*** (*Jeremiah* 49:2).

NOTES

36. He benefited from the promises of blessing that God had made to Abraham when he embarked on the journey to Canaan; see above, 12:2-3 (*Matnos Kehunah*). Alternatively: By accompanying Abraham on his journey Lot benefited in that he avoided assimilating into the idolatrous culture of Haran and he learned about the true faith (*Eitz Yosef*).

37. It was due to his association with Abraham that Lot became wealthy (ibid.).

38. Lot had been captured in war and was rescued by Abraham (ibid.).

39. Lot was saved from the destruction of Sodom and certain death because of Abraham (ibid.).

40. A reference to the Ammonites and Moabites; see *Deuteronomy* 23:4, cited next in the Midrash here (see *Eichah Rabbah* ad loc.).

41. There are only two verses cited here, though the Midrash has said that there are four verses. The commentators (*Os Emes, Matnos Kehunah, Yefeh To'ar*) fill in the missing two verses from a parallel Midrash found in *Eichah Rabbah* (1 §38): כִּי לֹא קִדְּמוּ אֶת בְּנֵי יִשְׂרָאֵל בַּלֶּחֶם וּבַמַּיִם וַיִּשְׂכֹּר עָלָיו אֶת בִּלְעָם לְקַלְלוֹ — *An Ammonite or Moabite shall not ever enter into the congregation of God, to eternity,* ***because they did not greet the Children of Israel with bread and with water, and he hired Balaam against [Israel] to curse them*** (*Nehemiah* 13:1-2). And וַיִּשְׁלַח וַיִּקְרָא לְבִלְעָם בֶּן בְּעוֹר לְקַלֵּל אֶתְכֶם — *Then Balak son of Zippor, king of Moab, arose and battled against Israel,* ***and he sent and summoned Balaam son of Beor to curse you*** (*Joshua* 24:9).

INSIGHTS

be willing to lend or give credit to a foreigner wandering about? He therefore suggests that the Midrash alludes to a different settling of "debts." When Abraham went from place to place proclaiming the existence of a single Supreme Creator, he was very successful in bringing many people to this belief. Nevertheless, many rejected his claim, arguing that if it were true, why would God allow His faithful servant to wander, and not reward him with peace and tranquility? Understandably, Abraham was obligated to provide an answer to this argument. The obligations to his questioners were his הַקָּפוֹת, *debts.* It was only when he returned from Egypt that the refutation became apparent. Once it was known widely that God had miraculously *afflicted Pharaoh along with his household with severe plagues,* who then sent Abraham and Sarah *away very laden with livestock, silver, and gold,* everyone realized that God, indeed, intervenes on behalf of His faithful servants. All of Abraham's "debts" were thus paid off.

On a more simple level, *Maharzu* suggests the following, literal, explanation: Although Scripture relates that Abraham had come to Canaan as a wealthy man, as it is written, *Abram took his wife . . . and all their wealth that they had amassed . . . and they left to go to the land of Canaan* (12:5), when, as a result of the famine, he descended to Egypt, the Torah does not mention that he took his wealth with him (see v. 10). Abraham, that paragon of kindness, had dispensed everything he owned to feed the starving populace. When his money eventually ran out and he was forced to descend to Egypt penniless, he had no choice but to take his lodging and food on credit (something he would normally not have done), trusting that God would ultimately provide him with the means to repay. Within a short time this indeed occurred. As he returned to Canaan heavy with wealth, he stopped at his former lodgings and repaid his debts.

[יג, ה] "וְגַם לְלוֹט הַהֹלֵךְ אֶת אַבְרָם וְגוֹ' ". ׳אַרְבָּעָה דְּבָרִים טוֹבִים הָיוּ לְלוֹט בַּעֲבוּר אַבְרָם, (לעיל יב, ד) "וַיֵּלֶךְ אַבְרָם וְגוֹ', וַיֵּלֶךְ אִתּוֹ לוֹט", "וְגַם לְלוֹט הַהֹלֵךְ אֶת אַבְרָם", (לקמן יד, טז) "וַיָּשֶׁב אֶת כָּל הָרְכוּשׁ וְגַם אֶת לוֹט". (לקמן יט, כט) "וַיְהִי בְּשַׁחֵת אֱלֹהִים וְגוֹ', וַיִּזְכֹּר אֱלֹהִים אֶת אַבְרָהָם וַיְשַׁלַּח אֶת לוֹט מִתּוֹךְ וְגוֹ' ", וּכְנֶגְדָּן הָיוּ בָּנָיו צְרִיכִים לִפְרוֹעַ לָנוּ טוֹבוֹת, לֹא דַיָּין שֶׁלֹּא פָּרְעוּ לָנוּ טוֹבוֹת אֶלָּא רָעוֹת, הָדָא הוּא דִכְתִיב (במדבר כב, ה-ו) "וַיִּשְׁלַח מַלְאָכִים אֶל בִּלְעָם בֶּן בְּעוֹר וְגוֹ' ". "וְעַתָּה לְכָה נָּא אָרָה לִּי אֶת הָעָם". (שופטים ג, יג) "וַיֶּאֱסֹף אֵלָיו אֶת בְּנֵי עַמּוֹן וַעֲמָלֵק וַיֵּלֶךְ וַיַּךְ אֶת יִשְׂרָאֵל וַיִּירְשׁוּ אֶת עִיר הַתְּמָרִים". (ד"ה ב כ, א) "וַיְהִי אַחֲרֵי כֵן בָּאוּ בְנֵי מוֹאָב וּבְנֵי עַמּוֹן וְעִמָּהֶם מִן הָעַמּוֹנִים עַל יְהוֹשָׁפָט". וְעוֹד כְּתִיב (איכה א, י) "יָדוֹ פָּרַשׂ צָר עַל כָּל מַחֲמַדֶּיהָ". וְנִכְתַּב חֵטְא שֶׁלָּהֶם בְּאַרְבָּעָה מְקוֹמוֹת (דברים כג, ד-ה) "לֹא יָבֹא עַמּוֹנִי וּמוֹאָבִי וְגוֹ' ", "עַל דְּבַר אֲשֶׁר לֹא קִדְּמוּ אֶתְכֶם בַּלֶּחֶם וּבַמַּיִם". וּכְתִיב (מיכה ו, ה) "עַמִּי זְכָר נָא מַה יָּעַץ בָּלָק מֶלֶךְ מוֹאָב וּמֶה עָנָה וְגוֹ' ". עָמְדוּ ד' נְבִיאִים וְחָתְמוּ גְּזַר דִּינָם. אֵלּוּ הֵם, יְשַׁעְיָה וְיִרְמְיָה צְפַנְיָה וִיחֶזְקֵאל. יְשַׁעְיָה אָמַר (ישעיה טו, א) "מַשָּׂא מוֹאָב כִּי בְּלֵיל שֻׁדַּד עָר מוֹאָב נִדְמָה כִּי בְּלֵיל שֻׁדַּד קִיר מוֹאָב נִדְמָה". יִרְמְיָה אָמַר (ירמיה מט, ב) "לָכֵן הִנֵּה יָמִים בָּאִים נְאֻם ה' וְהִשְׁמַעְתִּי אֶל רַבַּת בְּנֵי עַמּוֹן תְּרוּעַת מִלְחָמָה וְהָיְתָה לְתֵל שְׁמָמָה וּבְנֹתֶיהָ בָּאֵשׁ תִּצַּתְנָה וְיָרַשׁ יִשְׂרָאֵל אֶת יֹרְשָׁיו אָמַר ה' ".

עץ יוסף

[ד] **דברים טובים כו'.** דאשמועינן שע"י הלוכו את אברהם עשה את כל הרכוש ואת כל הכבוד הזה (יפ"ת): **וילך אברם וגו'.** וילך אתו לוט בריש לך לך. (בראשית י"ב ד') וגם ללוט ההולך את אברם היה צאן ובקר ואוהלים. (שם י"ג ה') וישב את כל הרכוש וגם את לוט ורכושו השיב. (שם י"ד ט"ז) ויהי בשחת אלהים הרי כתוב ד' פעמים שהיו לו טובות ע"י אברהם וחשב ד' ענינים שונים. אחד שלא התערב עם העכו"ם כי אברהם הצילו מהם ועי"ז לימד עכ"פ האמונה האמתית. והשנית בקניני הזמן כי היה לו מקנה רב בזכות אברהם. השלישי' הצלה מהמלחמה. הרביעית הצלה ממות ומעונש סדום שזה מן המיתה ממש: **לא דיין.** כלומר ראה נא רעת לבם כי שכחו טובות אבותינו עליהם. והם גמלו עלינו רעה יותר מכל העמים. ולכן נכתב חטא שלהם בד' מקומות להורות על רעת לבם משכיחת הטובות הד'. ולכן עמדו ד' נביאים וחתמו גזר דינם מה שיהיה באחריתם באין השבה מאומה לטובה עוד: **מלאכים אל בלעם.** וכמ"ש שבלק היה מלך מואב. וכן בסוף בלק ויחל העם לזנות אל בנות מואב. והשכירות לקלל את ישראל ומה שהחטיאו אותם בזנות כאחד חשיב שעל שראה כי לא נעשתה עצתו הראשונה בקללה כרצונו חזר לעשות זנות: **ויאסוף אליו את בני עמון.** ר"ל שעגלון מלך מואב אסף את בני עמון ועמלק ויך את ישראל: **על כל מחמדיה.** וס"ד אשר צוית לא יבואו בקהל לך. והיינו בני מואב ובני עמון. שרצו עמון ומואב לבוז את התורה כדי לעקור לא יבא עמוני ומואבי בקהל ה': **ונכתב חטא שלהם.** פי' חטא האחד היינו מה ששכר את בלעם נכתב בד' מקומות וכאן חסר וכך צ"ל ונכתב חטא שלהם בארבע מקומות (דברים כ"ג) לא יבא עמוני ומואבי בקהל ה' וגו' על דבר אשר לא קדמו אתכם בלחם ובמים ואשר שכר עליך את בלעם בן בעור וגו'. (מיכה ו') עמי זכר נא מה יעץ בלק מלך מואב ומה ענה אותו בלעם בן בעור. (נחמיה י"ג) כי לא קדמו את בני ישראל בלחם ובמים וישכור עליו את בלעם לקללו. (יהושע כ"ד) וישלח ויקרא לבלעם בן בעור לקלל אתכם: **ירמיה אמר לכן הנה כו'.** כתיב שם הילילי חשבון וחשבון ממואב הוא (יפ"ת):

פירוש מהרז"ו

אוצרותיו לצדקה ועשה חסד עם כל באי עולם על כן הוכרח בלכתו למצרים ליקח בהקפה על בטחון הש"י. ובחזירתו ממצרים כתיב ואברם כבד מאוד במקנה בכסף ובזהב ועל כן פרע הקפותיו. מה עמקו דברי חז"ל: **ד' דברים טובים.** איכה רבתי פסוק ידו פרש צר כל הענין: **וילך אברם וילך אתו לוט.** בריש לך לך בראשית י"ב ד' ועי' מ"כ. וגם ללוט וס"ד ההולך את אברם היה צאן ובקר ואהלים. שם י"ג ה' וישב את כל הרכוש וגם את לוט ורכושו השיב. שם י"ד ט"ז ויהי בשחת אלהים שם י"ט כ"ט. הרי כתוב ד' פעמים טובות שהיו לו ע"י אברהם: **וישלח מלאכים.** וכמ"ש שבלק היה מלך מואב וכן בסוף בלק ויחל העם אל בנות מואב וגם אל בנות עמון. כמ"ש ספרי סוף בלק עי' במ"ר פר' כ' סימן כ"ג מש"ש בביאור: **ויאסוף אליו.** היינו עגלון מלך מואב כמפורש שם הרי מואב ועמון: **ויהי אחרי כן ויבואו בני מואב ובני עמון.** ד"ה ב' כ': **ידו פרש צר.** וס"ד אשר צויתה לא יבואו בקהל לך היינו בני מואב ובני עמון כמפורש בתורה סדר תצא: **ונכתב חטא שלהם בד' מקומות.** כאן לא הובא אלא שתים וחסר עוד שתים הובא באיכה רבתי שם פסוק ידו פרש צר הנ"ל ביהושע כ"ד ויקם בלק בן צפור מלך מואב ויקרא לבלעם וגו' והב' בנחמיה י"ג וישכור את בלעם לקלל. כן הוא בהדיא שם וכצ"ל בספרי שגם עמון היה עמהם וכל דרשה זו ע"פ מדה י"ז ומדת מנגד: **משא מואב.** ועמון בכלל ואע"פ שאינו מפורש כאן מפורש הוא ביחזקאל ובצפניה ומאחר שכולם נתנבאו על לעתיד הרי כולם נבאו על זמן אחד:

מסורת המדרש

א'. ילקוט כאן רמז ע' כה"ע:

חידושי הרש"ש

[ג] **בני מואב ובני עמון ועמהם כו'.** כצ"ל:

ונכתב חטא שלהם בארבעה מקומות לא יבא כו' וכתיב עמי כו'. כאן חסר עוד שתי מקראות. וכמו שהגיה המ"כ כ"ה להדיא במדרש איכה בפסוק ידו פרש צר:

ועמדו ד' נביאים וחתמו גזר דין כו'. ק"ל מדוע לא חשיב לעמוס אשר ניבא על שניהם בקאפי' א' וב':

ענף יוסף

(ד) [ג] **עמדו ד' נביאים וחתמו גזר דינם.** קשה מדוע לא חשיב לעמוס אשר ניבא על שניהם בסימן א' וב' (סש"ש): (**ישעיה אמר משא מואב כו'**) ואע"ג דבזה ליכא אלא גזירות מואב. לא קשה דבמואב הוא דבעינן ד' גזירות כנגד ד"פ שפרעו לישראל. אבל העמונים לא הרעו אלא בשלשתן ולכך ליתנהו אלא בג' גזירות (יפ"ת):

מתנות כהונה

[**ארבעה דברים כו'.** ג"ז באיכה רבתי פ' ידו פרש צר אפס קצהו: **וילך אתו לוט.** סיפיה דקרא ואת כל רכושם משמע שגם רכושו היה לו בעבור אברהם או י"ל מה שהלך עמו בטוח בדבר ה' ונחשב לו לדבר טוב: **ועתה לכה נא וכו'.** כל אלו מקראות מדברים בעמון ומואב ובני לוט: **ויהי אחרי כן.** פסוק הוא בד"ה ב' סימן כ': **ידו פרש צר.** מדבר בעמון ומואב [וע"ש במדרש איכה ובפירש"י]: **חטא שלהם.** ששכרו את בלעם לקלל ישראל: **ובמים וגו' גרסינן.** וסיפיה דקרא ואשר שכר עליך את בלעם נראה דה"ג ומה ענה וגו'. כי לא קדמו ישראל בלחם וישכור עליו את בלעם לקלל (נחמיה י' ג') וישלח ויקרא לבלעם בן בעור לקלל אתכם (יהושע כ"ד) והמדקדק ימצא כי נכון הוא [ואח"כ לתקופת השנה מצאתי בספר א"א שכתב כן בשם נ"א באיכה רבה פר' הנ"ל וברוך האל שכוונתי דעת הגדולים]: **עמדו כו'.** והרי הם ד' לא יבא עמוני כו' עד אשר לא קדמו כו' הרי אחד. זכור נא מה יעץ וגו' הרי שנים. כי לא קדמו ישראל בלחם הרי שלש. וישכור עליו את בלעם לקלל הרי ד':

אשד הנחלים

תחילה ג"כ הון רב אולי מפני הכנסת אורחים שלו שהי' רב למאד לא נשאר לו אז ופרע עתה: **ד' דברים טובים.** חשב ד' עניינים שונים אחד שלא התערב עם העובדי כוכבי' כי אברהם הצילו מהם ועי"ז לימד עכ"פ האמונה האמיתית. והב' בקניני הזמן כי הי' לו מקנה רב בזכות אברהם. הג' הצלה מהמלחמה. הד' הצלה ממות ומעונש סדום שזה מן המיתה ממש: **לא דיין.** כלומר ראה נא רעת לבם כי שכחו טובת אבותינו עליה' והם גמלו עלינו רעה יות' מכל העובדי כוכבי'. ולכן נכתב חטא שלהם בד' מקומות להורות על רעת לבם משכיחת הטובות הד' ולכן עמדו ד' נביאים וחתמו גמר דין מה שיהי' באחריתם באין השבה מאומה לטובה עוד ויש לבקש בדרך הדרש לכוון אלה הד' אלה מול אלה בעניינים מכוונים. אך זאת יש לכוון שלכן אמר מואב כסדום תהי' ועמון כעמורה לרמז על שבאמת לוט [שממנו בא עמון ומואב] הי' ראוי שלא יהי' ניצול ממהפכת סדום רק בזכות אברהם נמלט אך עתה עת שהרעו מעשיהם א"כ מהראוי שיהי' כסדום ועמורה:

אם למקרא

וַיֵּלֶךְ אַבְרָם כַּאֲשֶׁר דִּבֶּר אֵלָיו ה' וַיֵּלֶךְ אִתּוֹ לוֹט וְאַבְרָם בֶּן־חָמֵשׁ שָׁנִים וְשִׁבְעִים שָׁנָה בְּצֵאתוֹ מֵחָרָן: (בראשית יב:ד)

וַיָּשֶׁב אֵת כָּל־הָרְכֻשׁ וְגַם אֶת־לוֹט אָחִיו וּרְכֻשׁוֹ הֵשִׁיב וְגַם אֶת־הַנָּשִׁים וְאֶת־הָעָם: (בראשית יד:טז)

וַיִּשְׁלַח מַלְאָכִים אֶל־בִּלְעָם בֶּן־בְּעוֹר פְּתוֹרָה אֲשֶׁר עַל־הַנָּהָר אֶרֶץ בְּנֵי־עַמּוֹ לִקְרֹא־לוֹ לֵאמֹר הִנֵּה עַם יָצָא מִמִּצְרַיִם הִנֵּה כִסָּה אֶת־עֵין הָאָרֶץ וְהוּא יֹשֵׁב מִמֻּלִי: וְעַתָּה לְכָה־נָּא אָרָה־לִּי אֶת־הָעָם הַזֶּה כִּי־עָצוּם הוּא מִמֶּנִּי אוּלַי אוּכַל נַכֶּה־בּוֹ וַאֲגָרְשֶׁנּוּ מִן־הָאָרֶץ כִּי יָדַעְתִּי אֵת אֲשֶׁר־תְּבָרֵךְ מְבֹרָךְ וַאֲשֶׁר תָּאֹר יוּאָר: (במדבר כב:ה-ו)

וַיֶּאֱסֹף אֵלָיו אֶת־בְּנֵי־עַמּוֹן וַעֲמָלֵק וַיֵּלֶךְ וַיַּךְ אֶת־יִשְׂרָאֵל וַיִּירְשׁוּ אֶת־עִיר הַתְּמָרִים: (שופטים ג:יג)

וַיְהִי אַחֲרֵי כֵן בָּאוּ בְנֵי־מוֹאָב וּבְנֵי עַמּוֹן וְעִמָּהֶם מֵהָעַמּוֹנִים עַל־יְהוֹשָׁפָט לַמִּלְחָמָה: (דברי הימים ב כ:א)

יָדוֹ פָּרַשׂ צָר עַל כָּל־מַחֲמַדֶּיהָ כִּי־רָאֲתָה גוֹיִם בָּאוּ מִקְדָּשָׁהּ אֲשֶׁר צִוִּיתָה לֹא־יָבֹאוּ בַקָּהָל לָךְ: (איכה א:י)

לֹא־יָבֹא עַמּוֹנִי וּמוֹאָבִי בִּקְהַל יְהוָה גַּם דּוֹר עֲשִׂירִי לֹא־יָבֹא לָהֶם בִּקְהַל ה' עַד־עוֹלָם: עַל־דְּבַר אֲשֶׁר לֹא־קִדְּמוּ אֶתְכֶם בַּלֶּחֶם וּבַמַּיִם בַּדֶּרֶךְ בְּצֵאתְכֶם מִמִּצְרָיִם וַאֲשֶׁר שָׂכַר עָלֶיךָ אֶת־בִּלְעָם בֶּן־בְּעוֹר מִפְּתוֹר אֲרַם נַהֲרַיִם לְקַלְלֶךָּ: (דברים כג:ד-ה)

עַמִּי זְכָר־נָא מַה־יָּעַץ בָּלָק מֶלֶךְ מוֹאָב וּמֶה־עָנָה אֹתוֹ בִּלְעָם בֶּן־בְּעוֹר מִן־הַשִּׁטִּים עַד־הַגִּלְגָּל לְמַעַן דַּעַת צִדְקוֹת ה': (מיכה ו:ה)

מַשָּׂא מוֹאָב כִּי בְּלֵיל שֻׁדַּד עָר מוֹאָב נִדְמָה כִּי בְּלֵיל שֻׁדַּד קִיר־מוֹאָב נִדְמָה: (ישעיה טו:א)

לָכֵן הִנֵּה יָמִים בָּאִים נְאֻם ה' וְהִשְׁמַעְתִּי אֶל־רַבַּת בְּנֵי־עַמּוֹן תְּרוּעַת מִלְחָמָה וְהָיְתָה לְתֵל שְׁמָמָה וּבְנֹתֶיהָ בָּאֵשׁ תִּצַּתְנָה וְיָרַשׁ יִשְׂרָאֵל אֶת־יֹרְשָׁיו אָמַר ה': (ירמיה מט:ב)

(iii) יְחֶזְקֵאל אָמַר ״לִבְנֵי קֶדֶם עַל בְּנֵי עַמּוֹן וּנְתַתִּיהָ לְמוֹרָשָׁה לְמַעַן לֹא תִזָּכֵר בְּנֵי עַמּוֹן בַּגּוֹיִם וּבְמוֹאָב אֶעֱשֶׂה שְׁפָטִים וְיָדְעוּ כִּי אֲנִי ה׳״ — **Ezekiel said,** *I will expose the flank of Moab . . .* ***to the children of the East [marching] against the Children of Ammon, I will present it*** to them ***as a heritage, so that the Children of Ammon will not be remembered among the nations. Then I will execute punishment against Moab, and they will know that I am HASHEM*** (*Ezekiel* 25:9-11). (iv) צְפַנְיָה אָמַר ״לָכֵן חַי אָנִי נְאֻם ה׳ צְבָאוֹת אֱלֹהֵי יִשְׂרָאֵל כִּי מוֹאָב כִּסְדֹם תִּהְיֶה וּבְנֵי עַמּוֹן כַּעֲמֹרָה וְגוֹ׳״ — **And Zephaniah said,** ***Therefore, as I live — the word of HASHEM, Master of Legions, God of Israel — Moab shall be like Sodom and the Children of Ammon like Gomorrah, etc.*** (*Zephaniah* 2:9).Ⓐ

§4 הָיָה צֹאן וּבָקָר וְאֹהָלִים — *ALSO LOT WHO WENT WITH ABRAM* ***HAD FLOCKS, CATTLE, AND TENTS.***

Owning tents does not appear to be a sign of wealth. The Midrash therefore gives a homiletical explanation:

רַבִּי טוֹבִיָּה בַּר רַבִּי יִצְחָק אָמַר — **R' Toviyah son of R' Yitzchak said:** שְׁנֵי אֹהָלִים רוּת הַמּוֹאֲבִיָּה וְנַעֲמָה הָעַמּוֹנִית — *Tents,* in the plural, refers to **two "tents":**[42] **Ruth the Moabitess**[43] **and Naamah the Ammonitess.**[44]

דִּכְוָותָהּ ״קוּם קַח אֶת אִשְׁתְּךָ וְאֶת שְׁתֵּי בְנוֹתֶיךָ וְגוֹ׳״ — **Similar to this,** it is written, *The angels urged Lot on saying,* ***"Get up, take your wife and your two daughters who are present*** (lit., *found*), ***etc."*** (below, 19:15). רַבִּי טוֹבִיָּה בַּר רַבִּי יִצְחָק אָמַר שְׁנֵי אוֹהָלִים — And here, too, **R' Toviyah son of R' Yitzchak said** that the reference is to **two tents** — i.e., these illustrious descendants of Lot: רַבִּי יוֹסֵי בְּרַבִּי יִצְחָק אָמַר — **R' Yose son of R' Yitzchak said:** שְׁתֵּי מְצִיאוֹת רוּת הַמּוֹאֲבִיָּה וְנַעֲמָה הָעַמּוֹנִית — The phrase *your two daughters who are "found"* refers to the **two "finds"**[45] **— Ruth the Moabitess and Naamah the Ammonitess.**[46]

אָמַר רַבִּי יִצְחָק — **R' Yitzchak said:** ״מָצָאתִי דָּוִד עַבְדִּי״ — It is written, ***I have found David, My servant*** (*Psalms* 89:21). הֵיכָן מְצָאתִיו בִּסְדוֹם — **And where did I** (God) **"find" him?**[47] **In Sodom.**Ⓑ

NOTES

42. A wife is sometimes referred to as a "tent" (see *Deuteronomy* 5:26, *Job* 5:24, et al.).

43. Boaz's wife and the ancestress of David.

44. Naamah the Ammonitess was Solomon's main wife — the mother of his successor, King Rehoboam, and hence ancestress of all future kings of Judah, including the Messiah. When the verse speaks of Lot having "tents," then, it is not describing his material wealth. Rather, it is alluding to the two women ("wives") who descended from him who would be the mothers of the Davidic dynasty.

45. A מְצִיאָה (lit., *find*) is something valuable that one discovers unexpectedly.

46. According to its Midrashic meaning, the phrase *who are present* (*found*) does not refer to Lot's daughters; rather it alludes to the two great women who would descend from them — two precious treasures that were "found" among the spiritual ruins of Sodom. The point made in our verse, then, is that as a result of accompanying Abraham, Lot merited not only to have great wealth (*flock and cattle*), but also to be the ancestor of two spiritual greats.

47. The expression "finding" implies discovering something that is unique compared to its surroundings. God's "finding" of David, then, cannot refer to David's selection as king in the days of Samuel, for there were many righteous, capable people in Israel. It must refer, then, to God's "finding" him (through his ancestress, Lot's daughter) among the wicked inhabitants of Sodom (*Yefeh To'ar*).

INSIGHTS

Ⓐ **Four Sins; Four Decrees** Each of the four prophets passed sentence against Ammon and Moab for one of the four sins the Midrash enumerated earlier. (i) Isaiah's statement corresponds to the first sin, that of Moab hiring Balaam to curse Israel. Balaam told Balak's messengers when they came to summon him: לִינוּ פֹה הַלַּיְלָה, *Spend the night here* (*Numbers* 22:8). Therefore, Moab was pillaged at *night* (כִּי בְּלֵיל שֻׁדַּד עָר מוֹאָב... כִּי בְּלֵיל שֻׁדַּד קִיר מוֹאָב). (ii) Jeremiah's prophecy corresponds to the second sin. Moab and Ammon illegally *took possession* (וַיִּירְשׁוּ) *of the City of Date Palms.* Measure for measure, Jeremiah said, *Israel will, in the future to come, dispossess its dispossessors* (וְיָרַשׁ יִשְׂרָאֵל אֶת יֹרְשָׁיו). (iii) Ezekiel's prophecy corresponds to the third sin. Ammon and Moab waged war against Jehoshaphat with the goal of driving Israel from their land. This is evident from the verses in *II Chronicles* that record Jehoshaphat's prayer to God for salvation from his attackers, wherein he cries out to God that they had come לְגָרְשֵׁנוּ מִיְּרֻשָּׁתְךָ אֲשֶׁר הוֹרַשְׁתָּנוּ, *to expel us from Your heritage that You have bequeathed to us* (*II Chronicles* 20:11). Correspondingly, Ezekiel quotes God as declaring that He will present Ammon's land to their enemies *as a heritage* (וּנְתַתִּיהָ לְמוֹרָשָׁה). (iv) Zephaniah's prophecy corresponds to the fourth sin, of Ammon and Moab invading the Sanctuary. For the passage in *Zephaniah* states: *I have heard the taunt of Moab and the jeers of the Children of Ammon who taunted My people. . . Therefore as I live — the word of HASHEM, Master of Legions, God of Israel — Moab shall be like Sodom and the Children of Ammon like Gomorrah.* For taunting and jeering Israel, the prophet says, Moab and Ammon will be made desolate. When did Moab and Ammon taunt Israel? It occurred when these nations entered the Sanctuary. The Midrash (*Eichah Rabbah, Pesichta* 9) relates that at that time, the invading soldiers removed the Cherubim from the Holy of Holies and placed them in a cage. Parading their find through the streets of Jerusalem, they called out derisively, "Did you not say that this nation does not worship idols? Look what we found! Look what they worship! Israel is the same as all the rest!" (*Yefeh To'ar*).

[The above explanation resolves a difficulty raised by some commentators. We find other places, besides the ones enumerated by our Midrash, in which the prophets foretell punishment for Ammon and Moab (see, for example, *Amos* 1:13-15 and 2:1-3). Why does the Midrash omit these? (*Rashash*). The answer is that the Midrash is listing only the punishments meted out for the four sins enumerated previously (see *Yefeh To'ar*).]

Ⓑ **The Gold Amid the Dross** Rabbinic literature stresses the importance of associating with wise and righteous people, and avoiding those who are evil, corrupt, and immoral. It is human nature that decent and God-fearing people can be corrupted by the tempting influence of even a single malevolent friend or neighbor. How much more so if one is surrounded by an entire society of depraved moral character. Unfortunately, however, the realities of life often leave one with no choice but to live in such challenging surroundings and to deal with undesirable neighbors. Under such circumstances, he must remain strong in his beliefs and faithful to his principles, even in the face of scorn and ridicule. It is precisely through such challenges that God tests whether one's righteousness is deeply embedded in his heart and mind and is based on belief in God, or whether his faith is superficial and can survive only when it is convenient and uncontested. It is to this concept that the Midrash is alluding here. The life of King David was replete with trial after trial of temptation and suffering. Only after David passed these tests time and time again did God declare, *I have found My servant David — in Sodom,* i.e., "I have discovered that David would be My faithful servant even if he lived in Sodom!" Even the most depraved society on earth could not have swayed David's faith and righteousness (*HaDerash VeHalyun*).

Whereas the above interpretation highlights the ability of purity and righteousness to survive immoral and corrupt influences, the literal meaning of the Midrash is that David — through his ancestress, Lot's daughter — had origins in Sodom, *Michtav MeEliyahu* explains why God willed that a pure and holy person like David should originate from a detestable and immoral city. It is truly remarkable that Ruth, a Moabite woman who descended from Lot, would become the ancestress of David and Messiah. But why, indeed, did King David's roots have to come from the lowly depths of Sodom? Because a great leader cannot transform the world unless he has demonstrated the ability to transform himself. It is not sufficient for this power to exist in potential; it must be brought to fruition. Thus, one mission of the ultimate descendant of King David, the Messiah, will be to extract all the pure souls that are submerged among the nations of the world

יְחֶזְקֵאל אָמַר (יחזקאל כה, י-יא) "לִבְנֵי קֶדֶם עַל בְּנֵי עַמּוֹן וּנְתַתִּיהָ לְמוֹרָשָׁה לְמַעַן לֹא תִזָּכֵר בְּנֵי עַמּוֹן בַּגּוֹיִם וּבְמוֹאָב אֶעֱשֶׂה שְׁפָטִים וְיָדְעוּ כִּי אֲנִי ה'". צְפַנְיָה אָמַר (צפניה ב, ט) "לָכֵן חַי אָנִי נְאֻם ה' צְבָאוֹת אֱלֹהֵי יִשְׂרָאֵל כִּי מוֹאָב כִּסְדֹם תִּהְיֶה וּבְנֵי עַמּוֹן כַּעֲמוֹרָה וְגוֹ'":

ד [יג, ה] "הָיָה צֹאן וּבָקָר וְאֹהָלִים". [ח]רַבִּי טוֹבִיָּה בַּר יִצְחָק אָמַר: שְׁנֵי אֹהָלִים, רוּת הַמּוֹאֲבִיָּה וְנַעֲמָה הָעַמּוֹנִית. דִּכְוָותָהּ (בראשית יט, טו) "קוּם קַח אֶת אִשְׁתְּךָ וְאֶת שְׁתֵּי בְנֹתֶיךָ וְגוֹ'", רַבִּי טוֹבִיָּה בַּר רַבִּי יִצְחָק אָמַר: שְׁנֵי אוֹהָלִים. רַבִּי יוֹסֵי בְּרַבִּי יִצְחָק אָמַר: שְׁתֵּי מְצִיאוֹת רוּת הַמּוֹאֲבִיָּה וְנַעֲמָה הָעַמּוֹנִית. אָמַר רַבִּי יִצְחָק: (תהלים פט, כא) "מָצָאתִי דָּוִד עַבְדִּי", הֵיכָן מְצָאתִיו בִּסְדוֹם:

ה [יג, ה] "וַיְהִי רִיב בֵּין רֹעֵי מִקְנֵה אַבְרָם וּבֵין רֹעֵי מִקְנֵה לוֹט". רַבִּי בֶּרֶכְיָה בְּשֵׁם רַבִּי יְהוּדָה בַּר רַבִּי סִימוֹן אָמַר: [ט]בְּהֶמְתּוֹ שֶׁל אַבְרָהָם אָבִינוּ הָיְתָה יוֹצְאָה זְמוּמָה וּבְהֶמְתּוֹ שֶׁל לוֹט לֹא הָיְתָה יוֹצְאָה זְמוּמָה. הָיוּ אוֹמְרִים לָהֶם רוֹעֵי אַבְרָהָם: הוּתַּר הַגָּזֵל. הָיוּ אוֹמְרִים לָהֶם רוֹעֵי לוֹט: כָּךְ אָמַר הַקָּדוֹשׁ בָּרוּךְ הוּא לְאַבְרָהָם (בראשית יב, ז) "לְזַרְעֲךָ אֶתֵּן אֶת הָאָרֶץ הַזֹּאת", וְאַבְרָהָם פִּרְדָּה עֲקָרָה וְאֵינוֹ מוֹלִיד, לְמָחָר הוּא מֵת וְלוֹט בֶּן אָחִיו יוֹרְשׁוֹ וְאִין אָכְלִין מִדִּידְהוֹן אִינּוּן אָכְלִין, אָמַר לָהֶם הַקָּדוֹשׁ בָּרוּךְ הוּא: כָּךְ אָמַרְתִּי לוֹ לְזַרְעֲךָ נָתַתִּי, אֵימָתַי לִכְשֶׁיֵּעָקְרוּ שִׁבְעָה עֲמָמִים מִתּוֹכָהּ, [יג, ז] "וְהַכְּנַעֲנִי וְהַפְּרִזִּי אָז יוֹשֵׁב בָּאָרֶץ", עַד עַכְשָׁיו מִתְבַּקֵּשׁ לָהֶם זְכוּת בָּאָרֶץ:

ו [יג, ח] "וַיֹּאמֶר אַבְרָם אֶל לוֹט אַל נָא תְהִי מְרִיבָה בֵּינִי וּבֵינֶךָ וְגוֹ'". [י]רַבִּי עֲזַרְיָה בְּשֵׁם רַבִּי יְהוּדָה בַּר רַבִּי סִימוֹן אָמַר" כְּשֵׁם שֶׁהָיָה רִיב בֵּין רוֹעֵי אַבְרָם וּבֵין רוֹעֵי לוֹט כָּךְ הָיָה רִיב בֵּין אַבְרָם לְלוֹט,

עץ יוסף

(ד) [ה] **שני אהלים**. שמיעט אוהלים שניס רמז לרות המואביה ונעמה העמונית (אמו של רחבעם) שהנשים נקראות אהל כמו כי שלום אהלך. שובו לכם לאהליכם וזולתם. והטעם כי בזכות אברהם היה ללוט ההולך ברגליו זכות שיצאו ב' פרידות טובות ממנו להדבק בזרעו (יפ"ת): **דכוותה קום קח את אשתך ואת שתי בנותיך הנמצאות ר' טוביה בר רב יצחק אמר ב' מציאות**. כצ"ל. והכי פירושו דכי היכי דהכא פי' רבי טוביה אהלים על רות ונעמה הכי נמי פי' הנמצאות על רות ונעמה וכדלקמן פרשה נ' (יפ"ת): **ב' מציאות טובות**. הנמצאות רמז לב' מציאות טובות הנמצאות בהן: **מצאתיו בסדום**. שמאז שם ה' עינו עליו שנתן פליטה בעבורו לבת לוט כדדרשינן בהנמצאות: **מצאתיו בסדום**. שלא נמצא בכולם זרע לדק רק דוד שעתיד לצאת מלוט (יפ"ת): (ה) [ו] **בהמתו של אברהם אבינו כו'**. שמריבתם היתה על מה שלא יחושו לגזל לרעות בשדות של אחרים. והכנעני והפריזי אז בארץ הוא תשובה על דברי הרועים כדמסיק ואזיל (יפ"ת): **זמומה**. זמם היה נותן בפיהם כדי שלא ירעו בשדות אחרים בדרך הלוכם: **פרידה**. אינו מוליד לכן קורין לכל עקר פרידה. ואברהם טומטום היה: **ואינו מוליד**. וע"כ הזרע הנזכר היינו מה שאמר לו הקב"ה לזרעך אתן הארץ הזאת ע"כ הוא לוט שהוא מאחר בשרו. וגם גדל על ברכיו כבן (יפ"ת): **ואין אבלין כו'**. כלומר לכן אף אם אוכלים בשדות אחרים משלהן הם אוכלין ואין זו גזל: **אמרתי לו לזרעך נתתי**. במראה בין הבתרים. ומדכתיב התם ואת החתי ואת הפריזי וגו' משמע דוקא לכשיעקרו עכ"פ רוב האומות הנזכר שם והיינו שבעה עממין. ועדיין והכנעני והפריזי יושב בארץ. ומה שאמר בעל המאמר א"ל הקב"ה כך אמרתי כו' שהכתוב מקטרג שאין הדין עמם מאחר שעדיין להכנעני זכות בארץ (יפ"ת): **עד עכשיו כו'**. עדיין יש להם זכות בארץ שלא נתמלא סאתם עדיין: (ו) [ז] **כשם שהיה ריב כו'**. שגם לוט לא היה מקפיד על הגזל. ומתגאה בירושת אברהם וע"ז היה קטטה בינו ובין אברהם:

פירוש מהרז"ו

(ד) **צאן ובקר ואהלים**. וגם ללוט ההולך את אברם היה לאן ובקר ואוהלים ואצל אברם לא כתב אהלים. ודורש גז"ש מנשים באהל תבורך וכתיב וישב חוץ לאהלו שבעת ימים ודרשו אהלו זו אשתו. על שהם נמצאו תמיד באהליהן וכמ"ש כל כבודה בת מלך פנימה וכן כאן הכוונה על נשים לנועות העתידות לצאת מלוט. ומיעוט אהלים שנים. ובזה יתישב שייכות פסוק וגם ללוט היה לפסוק ויקרא שם אברם בשם ה'. שגם לוט אף שהוא עצמו לא קרא בשם ה' ונפרד מאברהם לסדום הרי עתידין לצאת ממנו שתי בנות שתקראנה בשם ה': **ואת שתי בנותיך הנמצאות**. תיבת הנמצאות מיותרת ודורש שהן נמצאות ורמוזות בתורה כבר בתיבת ואהלים ב' אהלים אך לקמן פר' נ' סוף סימן יו"ד ליתא למאמר זה של ר' טוביה ב"ר יצחק פעם ב' וכן בילקוט כאן ליתא ועם כל זה אין למחקו שיש לישבו כנ"ל: **שתי מציאות**. דורש הנמצאות כי בדבר שבא בהיסח הדעת ושלא במקומו ובמקום שאינו נשמר נקרא מציאה וכן כאן על שעתידים לצאת מבנות לוט כל זרע מלכות בית דוד ומשיח לדקנו. ועל כן כתב בהם לשון מציאה. וכן מצאתי דוד עבדי בסדום הנמצאות כנ"ל ע"פ מדת גז"ש: (ה) **בהמתו של א"א**. כל הענין בפסיקתא רבתי פר' ג' סימן ג' ביתר ביאור וכל דרשה זו הוכיחו ממ"ש כאן וכו' והכנעני והפרזי אז יושב בארץ שהוא מיותר וכפול בריש הפרשה ויושב משמע שיש להם ישיבה ואחוזה בארץ ודורש ע"פ מדה ט"ז ומדה ט' שזהו סבת המריבה וכמ"ש בסוף הסי'. ומ"ש זמומה כמ"ש לקמן פר' כ"ט סימן י"א ע"ש ובפרשה ס' סימן ח' ויפתח הגמלים ע"ש: **עד עכשיו מתבקש**. עי' לעיל פר' ל"ט סימן ט"ו:

חידושי הרד"ל

(ו) **מצאתיו בסדום**. עי' יבמות (ע"ט):

(ז) **א"ל לזרעך נתתי**. פירוש בתמיה. לא אמרתי לו נתתי לשון עבר. אלא אתן כשיעקרו כנענים כו'. אבל לזרעך נאמר נתתי וכדלקמן פמ"ד:

באור מהרי"פ

ד **ב' אוהלים**. הנשים נקראות אהל כמו כי שלום אהלך. שובו לכם לאהליכם וזולתם: **ונעמה העמונית**. היתה אמו של רחבעם בן שלמה (יפ"ת):

מסורת המדרש

ח ילקוט כאן רמז ע'. וילקוט ויקרא רמז פ"ד. לקמן פרשה נ'. יבמות ע"ז:

ט לקמן פרשה ס'. פסיקתא רבתי פ' ג'. ילקוט כאן רמז ע':

י פסיקתא רבתי פ' ג'. ילקוט כאן רמז ע':

אם למקרא

לִבְנֵי־קֶדֶם עַל־בְּנֵי עַמּוֹן וּנְתַתִּיהָ לְמוֹרָשָׁה לְמַעַן לֹא־תִזָּכֵר בְּנֵי־עַמּוֹן בַּגּוֹיִם: וּבְמוֹאָב אֶעֱשֶׂה שְׁפָטִים וְיָדְעוּ כִּי־אֲנִי ה' (יחזקאל כה:י-יא)

לָכֵן חַי־אָנִי נְאֻם ה' צְבָאוֹת אֱלֹהֵי יִשְׂרָאֵל כִּי מוֹאָב כִּסְדֹם תִּהְיֶה וּבְנֵי עַמּוֹן כַּעֲמֹרָה מִמְשַׁק חָרוּל וּמִכְרֵה־מֶלַח וּשְׁמָמָה עַד־עוֹלָם שְׁאֵרִית עַמִּי יְבָזּוּם וְיֶתֶר גּוֹי יִנְחָלוּם: (צפניה ב:ט)

וּכְמוֹ הַשַּׁחַר עָלָה וַיָּאִיצוּ הַמַּלְאָכִים בְּלוֹט לֵאמֹר קוּם קַח אֶת־אִשְׁתְּךָ וְאֶת־שְׁתֵּי בְנֹתֶיךָ הַנִּמְצָאֹת פֶּן־תִּסָּפֶה בַּעֲוֹן הָעִיר: (בראשית יט:טו)

מָצָאתִי דָּוִד עַבְדִּי בְּשֶׁמֶן קָדְשִׁי מְשַׁחְתִּיו: (תהלים פט:כא)

וַיֵּרָא ה' אֶל־אַבְרָם וַיֹּאמֶר לְזַרְעֲךָ אֶתֵּן אֶת־הָאָרֶץ הַזֹּאת וַיִּבֶן שָׁם מִזְבֵּחַ לַה' הַנִּרְאֶה אֵלָיו: (בראשית יב:ז)

מתנות כהונה

[ד] **ה"ג בנותיך וגו' ר' טוביה בר יצחק אמר ב' מציאות** והכי מוכח בילקוט ולקמן פר' וארא: [ה] **זמומה**. זמם היה נותן בפיהם כדי שלא ירעו בשדות אחרים: **הותר הגזל**. בתמיה: **פרדה כו'**. פרד אינו מוליד לכן קורין לכל עקר פרד: **ואין אוכלין כו'**. לכן אף אם אוכלין בשדות אחרים משלהן הם אוכלין ואין בו גזל: **עד עכשיו כו'**. כלומר עדיין יש להם זכות בארץ שלא נתמלא סאתם עדיין:

אשד הנחלים

[ד] **שני אוהלים**. דייק מדכתיב אצלו גם ואוהלים. ובאמת האהלים שהם מקום הרפתים אינו נחשב בכלל העושר ולכן דרשו שהכוונה ע"ד הרמז על רות ונעמה וזהו כדמות האהל של אדם ע"ד הכתוב שובו לכם לאהליכם. שהכוונה לנשותיכם כמאמרם ז"ל. והכוונה מלבד שהיה לו צאן ובקר וקנייני הזמן עוד הי' לו אוהלים טובים מה שיולדו ממנו באחרית. או הכוונה צאן ובקר הם כלל האומה שלו. אך שני אוהלים רות ונעמה טובים וחשובים מאוד: **רבי טוביה ב' אוהלים**. לא גרסינן כ"א ב' מציאות כדלהלן ודייק מדכתיב הנמצאות עמך. וגדר המציאה הוא דבר טוב הנמצא מה שלא חשב אדם שימצא כך. כן היה בשתי בנותיו כי מי יאמין שימצא בהם תכונה עד שיוולד באחרית ב' מציאות כמוהם וזהו היכן מצאתיו בסדום כלומר והוא דבר פלא מאנשי סדום שהיו רעים וחטאים רק שניצולו בזכות אברהם ימצא ויוולד מהם איש כמוהו: [ה] **ויהי ריב כו' הותר הגזל**. דרש הסמיכות במה שנאמר אח"כ בתוך הפסוק. והכנעני והפריזי אז יושב בארץ מהו שייכות לזה ומפרש מפני שהי' עיקר הריב במה שרועי לוט רועים בשדות אחרות. וטענתם אחר שניתן הכל לאברהם ולוט הוא יורשו וא"כ הכל של לוט. אך הכתוב אומר שבאמת אז הכנעני והפריזי יושב בארץ כי עתה זכות' מתבקש וא"כ גם לפי דמיונם גזל הוא בידים וזהו שמסיים עד עכשיו מתבקש להם זכות בארץ: [ו] **כך הי' ריב**. כלומר שהי' הריב ג"כ ע"ד הגזל שלא הי' יכול אברהם לראות

וְלֹא נָשָׂא אֹתָם הָאָרֶץ לָשֶׁבֶת יַחְדָּו כִּי הָיָה רְכוּשָׁם רָב וְלֹא יָכְלוּ לָשֶׁבֶת יַחְדָּו. וַיְהִי רִיב בֵּין רֹעֵי מִקְנֵה אַבְרָם וּבֵין רֹעֵי מִקְנֵה לוֹט וְהַכְּנַעֲנִי וְהַפְּרִזִּי אָז יֹשֵׁב בָּאָרֶץ.

And the land could not support them dwelling together, for their possessions were abundant and they were unable to dwell together. And there was quarreling between the herdsmen of Abram's livestock and the herdsmen of Lot's livestock and the Canaanite and the Perizzite were then dwelling in the land (13:6-7).

§5 וַיְהִי רִיב בֵּין רֹעֵי מִקְנֵה אַבְרָם וּבֵין רֹעֵי מִקְנֵה לוֹט — ***AND THERE WAS QUARRELING BETWEEN THE HERDSMEN OF ABRAM'S LIVESTOCK AND THE HERDSMEN OF LOT'S LIVESTOCK;*** *AND THE CANAANITE AND THE PERIZZITE WERE THEN DWELLING IN THE LAND.*

The Midrash explains what the quarrel was about:[48]

רַבִּי בֶּרֶכְיָה בְּשֵׁם רַבִּי יְהוּדָה בַּר רַבִּי סִימוֹן אָמַר — **R' Berechyah said in the name of R' Yehudah bar R' Simon:** בְּהֶמְתּוֹ שֶׁל אַבְרָהָם אָבִינוּ הָיְתָה יוֹצְאָה זְמוּמָה וּבְהֶמְתּוֹ שֶׁל לוֹט לֹא הָיְתָה יוֹצְאָה זְמוּמָה — **Abraham's animals would go out muzzled** so they should not graze on other people's farmland, **while Lot's animals did not go out muzzled.** הָיוּ אוֹמְרִים לָהֶם רוֹעֵי אַבְרָהָם: הוּתַּר הַגָּזֵל — **Abraham's herdsmen would say to [Lot's herdsmen]** when they saw this, **"Has theft** now **become permitted?!"** הָיוּ אוֹמְרִים לָהֶם רוֹעֵי לוֹט: כָּךְ אָמַר הַקָּדוֹשׁ בָּרוּךְ הוּא לְאַבְרָהָם "לְזַרְעֲךָ אֶתֵּן אֶת הָאָרֶץ הַזֹּאת" — **And Lot's herdsmen would reply to them, "This is what the Holy One, blessed is He, said to Abraham:** ***To your offspring I will give this land*** (above, 12:7). וְאַבְרָהָם פִּרְדָּה עֲקָרָה וְאֵינוֹ מוֹלִיד — **Now, Abraham is** like **a sterile mule and does not produce offspring.** לְמָחָר הוּא מֵת וְלוֹט בֶּן אָחִיו יוֹרְשׁוֹ וְאִין אָכְלִין מִדִּידְהוֹן אִינוּן אָכְלִין — **One day**[49] **he will die and Lot, his brother's son, will inherit him;**[50] so if [the animals] **eat** from any farmland in the Land of Israel, **they are eating of their own!"** אָמַר לָהֶם הַקָּדוֹשׁ בָּרוּךְ הוּא: כָּךְ אָמַרְתִּי לוֹ "לְזַרְעֲךָ נָתַתִּי" — **But the Holy One, blessed is He, told them,**[51] **"This is what I said to [Abraham]** on a different occasion: ***To your offspring have I given*** *this land . . . : the Kenite, the Kenizzite and the Kadmonite; the Hittite, the Perizzite . . . the Canaanite, the Girgashite and the Jebusite* (below, 15:18-21). אֵימָתַי לִכְשֶׁיֵּעָקְרוּ שִׁבְעָה עֲמָמִים מִתּוֹכָהּ — **When** does the gift of that land take effect? **When the seven** Canaanite **nations become uprooted from it.**[52] וְהַכְּנַעֲנִי וְהַפְּרִזִּי אָז יוֹשֵׁב בָּאָרֶץ — For now, however, ***the Canaanite and the Perizzite were then dwelling in the land;*** עַד עַכְשָׁיו מִתְבַּקֵּשׁ לָהֶם זְכוּת בָּאָרֶץ — **as of now they** still **have rights in the land."**

וַיֹּאמֶר אַבְרָם אֶל לוֹט אַל נָא תְהִי מְרִיבָה בֵּינִי וּבֵינֶךָ וּבֵין רֹעַי וּבֵין רֹעֶיךָ כִּי אֲנָשִׁים אַחִים אֲנָחְנוּ. הֲלֹא כָל הָאָרֶץ לְפָנֶיךָ הִפָּרֶד נָא מֵעָלָי אִם הַשְּׂמֹאל וְאֵימִנָה וְאִם הַיָּמִין וְאַשְׂמְאִילָה.

So Abram said to Lot, "Let there be no strife between me and you, and between my herdsmen and your herdsmen, for we are kinsmen. Is not all the land before you? Please separate from me: If to the north then I will do south, and if to the south then I will do north" 13:8-9).

§6 וַיֹּאמֶר אַבְרָם אֶל לוֹט אַל נָא תְהִי מְרִיבָה בֵּינִי וּבֵינֶךָ וגו׳ — ***SO ABRAM SAID TO LOT, "LET THERE BE NO STRIFE BETWEEN ME AND YOU,*** *AND BETWEEN MY HERDSMEN AND YOUR HERDSMEN."*

We were told above (v. 7) that the two men's herdsmen quarreled, but not that Abraham and Lot quarreled personally. The Midrash explains:

רַבִּי עֲזַרְיָה בְּשֵׁם רַבִּי יְהוּדָה בַּר רַבִּי סִימוֹן אָמַר: — **R' Azaryah said in the name of R' Yehudah bar R' Simon:** כְּשֵׁם שֶׁהָיָה רִיב בֵּין רוֹעֵי אַבְרָם וּבֵין רוֹעֵי לוֹט כָּךְ הָיָה רִיב בֵּין אַבְרָם לְלוֹט — **Just as there was quarreling between Abram's herdsmen and Lot's herdsmen, so was there quarreling between Abram and Lot** themselves.[53]

NOTES

48. The Midrash's insight into the quarrel is based on the juxtaposed phrase, *and the Canaanite and the Perizzite were then dwelling in the land,* as the Midrash will conclude.

49. Lit., *tomorrow*.

50. He will be in place of the "offspring" in God's promise.

51. God didn't actually say this to them (through a prophet, for example); rather, the Midrash means to say that by concluding the verse with the words, *the Canaanite and the Perizzite were then dwelling in the land,* God informs us, the readers of the Torah, of the fault with their argument (*Eitz Yosef,* from *Yefeh To'ar*).

52. For that is the implication of the cited verse — that the land would belong to Abraham's offspring only after the seven nations mentioned in that passage would be dispossessed of it. Meanwhile, however, they still had a right to be there, for (as stated below, 15:16) they had not yet sinned sufficiently to lose that right (*Eitz Yosef,* citing *Yefeh To'ar*). [The seven Canaanite nations are enumerated in *Deuteronomy* 7:1. Regarding the ten nations mentioned in the passage cited by the Midrash here, see *Rashi* and other commentators ad loc.]

Alternatively: God was referring to the same promise quoted by Lot's herdsmen: *To your offspring I will give this land.* God said: "Did I say 'I gave' (past tense)? No, I said, 'I *will* give' — in the future" (*Radal*).

53. One might have thought that the quarreling was only between their herdsmen, and that when Abraham said, *"Let there be no strife between me and you,"* he meant, "The fight between our herdsmen will ultimately lead us ourselves to argue with each other; let us avoid that situation." R' Azaryah therefore informs us that in fact the same quarrel that took place between the herdsmen (i.e., regarding the propriety of grazing animals in other people's fields) took place between Abraham and Lot themselves (*Yefeh To'ar*).

INSIGHTS

and return them to their holy roots, and this ability had to be demonstrated by the ancestor of his dynasty. By showing the strength of character to extricate herself from her Moabite family and nation, and attaching herself to Israel, Ruth instilled this ability into her descendants, the Davidic dynasty, and for this reason she merited to be the mother of royalty.

חידושי הרד"ל

(ו) **מצאתיו בסדום.** עי' יבמות (ע"ט): (ז) **א"ל לזרעך נתתי.** פירוש בתמיה. לא אמרתי לו נתתי לשון עבר. אלא אתן כשיעקרו כנענים כו'. אבל לזרעך נאמר נתתי וכדלקמן פמ"ד:

באור מהרי"פ

ד **ב' אוהלים.** הנשים נקראות אהל כמו כי שלום אהלך. שובו לכם לאהליכם וזולתם: **ונעמה העמונית.** היתה אמו של רחבעם בן שלמה (יפ"ת):

עץ יוסף

(ד) [ה] **שני אהלים.** שמיעט אוהלים שנים רמז לרות המואביה ונעמה העמונית (אמו של רחבעם) שהנשים נקראות אהל כמו כי שלום אהלך. שובו לכם לאהליכם וזולתם. והטעם כי בזכות אברהם היה ללוט ההולך ברגליו זכות שיצאו ב' פרידות טובות ממנו להדבק בזרעו (יפ"ת): **דכוותה קום קח את אשתך ואת שתי בנותיך הנמצאות ר' טוביה בר רב יצחק אמר ב' מציאות.** כצ"ל. והכי פירושו דכי היכי דהכא פי' רבי טוביה אהלים על רות ונעמה הכי נמי פי' הנמצאות על רות ונעמה וכדלקמן פרשה נ' (יפ"ת): **ב' מציאות טובות.** הנמצאות רמז לב' מציאות טובות הנמצאות בהן: **מצאתיו בסדום.** שמאז שם ה' עינו עליו שנתן פליטה בעבורו לבת לוט כדדרשינן בהנמצאות: **מצאתיו בסדום.** שלא נמצא בכולם זרע צדק רק דוד שעתיד לצאת מלוט (יפ"ת): (ה) [ו] **בהמתו של אברהם אבינו כו'.** שמריבתם היתה על מה שלא יחושו לגזל לרעות בשדות של אחרים. והכנעני והפריזי אז בארץ הוא תשובה על דברי הרועים כדמסיק ואזיל (יפ"ת): **זמומה.** זמם היה נותן בפיהם כדי שלא ירעו בשדות אחרים בדרך הלוכם: **פרידה.** אינו מוליד לכן קורין לכל עקר פרידה. ואברהם טומטום היה: **ואינו מוליד.** וע"כ הזרע הנזכר היינו מה שאמר לו הקב"ה לזרעך אתן הארץ הזאת ע"כ הוא לוט שהוא משאר בשרו. וגם גדל על ברכיו כבן (יפ"ת): **ואין אכלין בו'.** כלומר לכן אף אם אוכלים בשדות אחרים משלהן הם אוכלין ואין זו גזל: **אמרתי לו לזרעך נתתי.** במראה בין הבתרים. ומדכתיב התם ואת החתי ואת הפריזי וגו' משמע דוקא לכשיעקרו עכ"פ רוב האומות הנזכר שם והיינו שבעה עממין. ועדיין והכנעני והפריזי יושב בארץ. ומה שאמר בעל המאמר א"ל הקב"ה כך אמרתי כו' שהכתוב מקטרן שאין הדין עמם מאחר שעדיין להכנעני זכות בארץ (יפ"ת): **עד עכשיו כו'.** עדיין יש להם זכות בארץ שלא נתמלא סאתם עדיין: (ו) [ז] **בשם שהיה ריב כו'.** שגם לוט לא היה מקפיד על הגזל. ומתנשא בירושת אברהם וע"ז היה קטטה בינו ובין אברהם:

מדרש רבה

יְחֶזְקֵאל אָמַר (יחזקאל כה, י-יא) "לִבְנֵי קֶדֶם עַל בְּנֵי עַמּוֹן וּנְתַתִּיהָ לְמוֹרָשָׁה לְמַעַן לֹא תִזָּכֵר בְּנֵי עַמּוֹן בַּגּוֹיִם וּבְמוֹאָב אֶעֱשֶׂה שְׁפָטִים וְיָדְעוּ כִּי אֲנִי ה'". צְפַנְיָה אָמַר (צפניה ב, ט) "לָכֵן חַי אָנִי נְאֻם ה' צְבָאוֹת אֱלֹהֵי יִשְׂרָאֵל כִּי מוֹאָב כִּסְדֹם תִּהְיֶה וּבְנֵי עַמּוֹן כַּעֲמוֹרָה וְגוֹ'":

ד [יג, ה] "הָיָה צֹאן וּבָקָר וְאֹהָלִים". [ח]רַבִּי טוֹבִיָּה בַּר יִצְחָק אָמַר: שְׁנֵי אֹהָלִים, רוּת הַמּוֹאֲבִיָּה וְנַעֲמָה הָעַמּוֹנִית. דִּכְוָותָהּ (בראשית יט, טו) "קוּם קַח אֶת אִשְׁתְּךָ וְאֶת שְׁתֵּי בְנוֹתֶיךָ וְגוֹ'", רַבִּי טוֹבִיָּה בַּר רַבִּי יִצְחָק אָמַר: שְׁנֵי אוֹהָלִים. רַבִּי יוֹסֵי בְּרַבִּי יִצְחָק אָמַר: שְׁתֵּי מְצִיאוֹת רוּת הַמּוֹאֲבִיָּה וְנַעֲמָה הָעַמּוֹנִית. אָמַר רַבִּי יִצְחָק: (תהלים פט, כא) "מָצָאתִי דָּוִד עַבְדִּי", הֵיכָן מְצָאתִיו בִּסְדוֹם:

ה [יג, ה] "וַיְהִי רִיב בֵּין רֹעֵי מִקְנֵה אַבְרָם וּבֵין רֹעֵי מִקְנֵה לוֹט". רַבִּי בֶּרֶכְיָה בְּשֵׁם רַבִּי יְהוּדָה בַּר רַבִּי סִימוֹן אָמַר: [ט]בְּהֶמְתּוֹ שֶׁל אַבְרָהָם אָבִינוּ הָיְתָה יוֹצְאָה זְמוּמָה וּבְהֶמְתּוֹ שֶׁל לוֹט לֹא הָיְתָה יוֹצְאָה זְמוּמָה. הָיוּ אוֹמְרִים לָהֶם רוֹעֵי אַבְרָהָם: הוּתַּר הַגָּזֵל. הָיוּ אוֹמְרִים לָהֶם רוֹעֵי לוֹט: כָּךְ אָמַר הַקָּדוֹשׁ בָּרוּךְ הוּא לְאַבְרָהָם (בראשית יב, ז) "לְזַרְעֲךָ אֶתֵּן אֶת הָאָרֶץ הַזֹּאת", וְאַבְרָהָם פִּרְדָּה עֲקָרָה וְאֵינוֹ מוֹלִיד, לְמָחָר הוּא מֵת וְלוֹט בֶּן אָחִיו יוֹרְשׁוֹ וְאִין אָכְלִין מִדִּידְהוֹן אִינּוּן אָכְלִין, אָמַר לָהֶם הַקָּדוֹשׁ בָּרוּךְ הוּא: כָּךְ אָמַרְתִּי לוֹ לְזַרְעֲךָ נָתַתִּי, אֵימָתַי לִכְשֶׁיֵּעָקְרוּ שִׁבְעָה עֲמָמִים מִתּוֹכָהּ, [יג, ז] "וְהַכְּנַעֲנִי וְהַפְּרִזִּי אָז יוֹשֵׁב בָּאָרֶץ", עַד עַכְשָׁיו מִתְבַּקֵּשׁ לָהֶם זְכוּת בָּאָרֶץ:

ו [יג, ח] "וַיֹּאמֶר אַבְרָם אֶל לוֹט אַל נָא תְהִי מְרִיבָה בֵּינִי וּבֵינֶךָ וְגוֹ'". [י]רַבִּי עֲזַרְיָה בְּשֵׁם רַבִּי יְהוּדָה בַּר רַבִּי סִימוֹן אָמַר" כְּשֵׁם שֶׁהָיָה רִיב בֵּין רוֹעֵי אַבְרָם וּבֵין רוֹעֵי לוֹט כָּךְ הָיָה רִיב בֵּין אַבְרָם לְלוֹט,

פירוש מהרז"ו

(ד) **צאן ובקר ואהלים.** וגם ללוט ההולך את אברם היה צאן ובקר ואוהלים ואצל אברם לא כתב אהלים. ודורש גז"ש מנשים באהל תבורך וכתיב וישב חוץ לאהלו שבעת ימים ודרשו אהלו זו אשתו. על שהם נמצאו תמיד באהליהן וכמ"ש כל כבודה בת מלך פנימה וכן כאן הכוונה על נשים צנועות העתידות לצאת מלוט. ומיעוט אהלים שנים. ובזה יתישב שייכות פסוק וגם ללוט היה לפסוק ויקרא שם אברם בשם ה'. שגם לוט אף שהוא עצמו לא קרא בשם ה' ונפרד מאברהם לסדום הרי עתידין לצאת ממנו שתי בנות שתקראנה בשם ה': **ואת שתי בנותיך הנמצאות.** תיבת הנמצאות מיותרת ודורש שהן נמצאות ורמוזות בתורה כבר בתיבת ואהלים ב' אהלים אך לקמן פר' נ' סוף סימן יו"ד ליתא למאמר זה של ר' טוביה ב"ר יצחק פעם ב' וכן בילקוט כאן ליתא ועם כל זה אין למחקו שיש לישבו כנ"ל: **שתי מציאות.** דורש הנמצאות כי בדבר שבא בהיסח הדעת ושלא במקומו ובמקום שאינו נשמר נקרא מציאה וכן כאן על שעתידים לצאת מבנות לוט כל זרע מלכות בית דוד ומשיח צדקנו. ועל כן כתב בהם לשון מציאה. וכן מצאתי דוד עבדי בסדום הנמצאות כנ"ל ע"פ מדת גז"ש: (ה) **בהמתו של א"א.** כל הענין בפסיקתא רבתי פר' ג' סימן ג' ביתר ביאור וכל דרשה זו הוכיחו ממ"ש כאן וכו' והכנעני והפרזי אז יושב בארץ שהוא מיותר וכפול בריש הפרשה ויושב משמע שיש להם ישיבה ואחוזה בארץ ודורש ע"פ מדה ט"ז ומדה ט' שזהו סבת המריבה וכמ"ש בסוף הסי'. ומ"ש זמומה כמ"ש לקמן פר' כ"ט סימן י"א ע"ש ובפרשה ס' סימן ח' ויפתח הגמלים ע"ש: **עד עכשיו מתבקש.** עי' לעיל פר' ל"ט סימן ט"ו:

מסורת המדרש

ח ילקוט כאן רמז ע'. וילקוט וירא רמז פ"ד. לקמן פרשה נ'. יבמות ע"ז:
ט לקמן פרשה ס'. פסיקתא רבתי פ' ג'. ילקוט כאן רמז ע':
י פסיקתא רבתי פ' ג'. ילקוט כאן רמז ע':

אם למקרא

לִבְנֵי־קֶדֶם עַל־בְּנֵי עַמּוֹן וּנְתַתִּיהָ לְמוֹרָשָׁה לְמַעַן לֹא־תִזָּכֵר בְּנֵי־עַמּוֹן בַּגּוֹיִם: וּבְמוֹאָב אֶעֱשֶׂה שְׁפָטִים וְיָדְעוּ כִּי־אֲנִי ה'
(יחזקאל כה:י-יא)

לָכֵן חַי־אָנִי נְאֻם ה' צְבָאוֹת אֱלֹהֵי יִשְׂרָאֵל כִּי מוֹאָב כִּסְדֹם תִּהְיֶה וּבְנֵי עַמּוֹן כַּעֲמֹרָה מִמְשַׁק חָרוּל וּמִכְרֵה־מֶלַח וּשְׁמָמָה עַד־עוֹלָם שְׁאֵרִית עַמִּי יְבָזּוּם וְיֶתֶר גּוֹי יִנְחָלוּם:
(צפניה ב:ט)

וּכְמוֹ הַשַּׁחַר עָלָה וַיָּאִיצוּ הַמַּלְאָכִים בְּלוֹט לֵאמֹר קוּם קַח אֶת־אִשְׁתְּךָ וְאֶת־שְׁתֵּי בְנֹתֶיךָ הַנִּמְצָאֹת פֶּן־תִּסָּפֶה בַּעֲוֹן הָעִיר:
(בראשית יט:טו)

מָצָאתִי דָּוִד עַבְדִּי בְּשֶׁמֶן קָדְשִׁי מְשַׁחְתִּיו:
(תהלים פט:כא)

וַיֵּרָא ה' אֶל־אַבְרָם וַיֹּאמֶר לְזַרְעֲךָ אֶתֵּן אֶת־הָאָרֶץ הַזֹּאת וַיִּבֶן שָׁם מִזְבֵּחַ לַה' הַנִּרְאֶה אֵלָיו:
(בראשית יב:ז)

מתנות כהונה

[ד] **ה"ג בנותיך וגו' ר' טוביה בר יצחק אמר ב' מציאות** והכי מוכח בילקוט ולקמן פר' וארא: [ה] **זמומה.** זמם היה נותן בפיהם כדי שלא ירעו בשדות אחרים: **הותר הגזל.** בתמיה: **פרדה כו'.** פרד אינו מוליד לכן קורין לכל עקר פרד: **ואין אוכלין כו'.** לכן אף אם אוכלין בשדות אחרים משלהן הם אוכלין ואין בו גזל: **עד עכשיו כו'.** כלומר עדיין יש להם זכות בארץ שלא נתמלא סאתם עדיין:

אשד הנחלים

[ד] **שני אוהלים.** דייק מדכתיב אצלו גם ואוהלים. ובאמת האהלים שהם מקום הרפתים אינו נחשב בכלל העושר ולכן דרשו שהכוונה ע"ד הרמז על רות ונעמה וזהו כדמות האהל של אדם ע"ד הכתוב שובו לכם לאהליכם. שהכוונה לנשותיכם כמאמרם ז"ל. והכוונה מלבד שהיה לו צאן ובקר וקנייני הזמן עוד הי' לו אוהלים טובים מה שיולדו ממנו באחרית. או הכוונה צאן ובקר הם כלל האומה שלו. אך שני אוהלים רות ונעמה טובים וחשובים מאוד: **רבי טוביה ב' אוהלים.** לא גרסינן כ"א ב' מציאות כדלהלן ודייק מדכתיב הנמצאות עמך. וגדר המציאה הוא דבר טוב הנמצא מה שלא חשב אדם שימצא כך. כן היה בשתי בנותיו כי מי יאמין שימצא בהם תכונה עד שיוולד באחרית ב' מציאות כמוהם וזהו היכן מצאתיו בסדום כלומר והוא דבר פלא מאנשי סדום שהיו רעים וחטאים רק שניצולו בזכות אברהם ימצא ויוולד מהם איש כמוהו: [ה] **ויהי ריב כו' הותר הגזל.** דרש הסמיכות במה שנאמר אח"כ בתוך הפסוק. והכנעני והפריזי אז יושב בארץ מהו שייכות לזה ומפרש מפני שהי' עיקר הריב במה שרועי לוט רועים בשדות אחרות. וטענתם אחר שניתן הכל לאברהם ולוט הוא יורשו וא"כ הכל של לוט. אך הכתוב אומר שבאמת אז הכנעני והפריזי יושב בארץ כי עתה זכות' מתבקש וא"כ גם לפי דמיונם גזל הוא בידים וזהו שמסיים עד עכשיו מתבקש להם זכות בארץ: [ו] **כך הי' ריב.** כלומר שהי' הריב ג"כ ע"ד הגזל שלא הי' יכול אברהם לראות

הָדָא הוּא דִכְתִיב "וַיֹּאמֶר אַבְרָם אֶל לוֹט אַל נָא תְהִי מְרִיבָה בֵּינִי וּבֵינֶךָ וְגוֹ׳" — **Thus it is written,** ***so Abram said to Lot, "Let there be no strife between me and you, etc."***

☐ [כִּי אֲנָשִׁים אַחִים אֲנָחְנוּ — *FOR WE ARE KINSMEN* (LIT., *BROTHERS*).]

The Midrash elaborates on the word אַחִים:

וְכִי אַחִים הָיוּ — Now, were they really **brothers?** Abraham was Lot's uncle![54] **אֶלָּא שֶׁהָיָה קְלַסְתֵּר פָּנָיו דוֹמֶה לוֹ — Rather,** he called him "brother" **because [Lot's] facial features were similar to his.**Ⓐ

☐ **הֲלֹא כָל הָאָרֶץ לְפָנֶיךָ הִפָּרֶד נָא מֵעָלָי** — ***IS NOT ALL THE LAND BEFORE YOU? PLEASE SEPARATE FROM ME.***

The Midrash gives a homiletical interpretation of the Hebrew word used here for "separate":

אָמַר רַבִּי חֶלְבּוֹ — R' Chelbo said: הִבָּדֵל נָא אֵין כְּתִיב כָּאן אֶלָּא "הִפָּרֶד" — **It is not written here "Please** הִבָּדֵל **from me" but** "Please הִפָּרֶד from me."[55] **מָה הַפִּרְדָּה הַזּוֹ אֵינָהּ קוֹלֶטֶת זֶרַע כָּךְ אִי אֶפְשָׁר לְאוֹתוֹ הָאִישׁ לְהִתְעָרֵב בְּזַרְעוֹ שֶׁל אַבְרָהָם** — By using this word Abraham intimated to Lot, **"Just as this female mule** [פִּרְדָּה] **does not process seed** from a male mule to form an offspring (i.e., it is sterile), **so it is impossible for 'that man'** (i.e., you) **to intermingle with the seed of Abraham."**[56]Ⓑ

☐ **אִם הַשְּׂמֹאל וְאֵימִנָה וְאִם הַיָּמִין וְאַשְׂמְאִילָה** — ***IF TO THE NORTH THEN I WILL DO SOUTH, AND IF TO THE SOUTH THEN I WILL DO NORTH.***

The Midrash explains what Abraham meant by this suggestion:

אָמַר לֵיהּ: אִם אַתְּ לִשְׂמָאלָה אֲנָא לְדָרוֹמָה וְאִם אֲנָא לְדָרוֹמָה אַתְּ לִשְׂמָאלָה — [Abraham] was saying to [Lot], "If you go **to the north I will go to the south**[57] **and if I go to the south you go to the north."**[58]

NOTES

54. Even though the word אַחִים may be used to refer to kinsmen who are not actually brothers, this is only appropriate when the kinsmen act with brotherly love toward each other. Here, where Abraham and Lot were *arguing* with each other, the term would appear to be inapt (*Eitz Yosef*, citing *Nezer HaKodesh*).

55. The two words are synonyms, meaning "to be separated." The Midrash explains why specifically one word was used here rather than the other.

56. Abraham thus foreshadowed the Torah's prohibition (*Deuteronomy* 23:4) against Jews marrying Moabites or Ammonites. Furthermore, Abraham informed Lot that he would most decidedly *not* be considered Abraham's "offspring" (see above, note 50); his descendants would not even be permitted to marry Abraham's! (*Yefeh To'ar*). See Insight Ⓒ.

57. The Midrash interprets שְׂמֹאל (usually meaning "left") and יָמִין (usually meaning "right") to refer respectively to north and south. This is consistent with a number of Scriptural verses (*Isaiah* 54:3 et al.). [See also *Targum Onkelos* on our verse.]

58. I.e., *I will "do" north* means, "I will *make you* go to the north." The Midrash's reason for adopting this interpretation is given below.

INSIGHTS

Ⓐ **Similar Features** Why should similarity of appearance play a role in the need to defuse a dispute? *Yefeh To'ar* explains that since Abraham and Lot looked alike, it was possible that Lot could be mistaken for Abraham. Should this happen when Lot was with his flocks in a field that was not his, people might suspect Abraham of grazing in fields that did not belong to him. It was therefore necessary to completely separate.

Pardes Yosef makes the observation that when there is a dispute between a *tzaddik* and a *rasha*, the dispute itself does not cause *chillul Hashem*, for the observers will assume that the *tzaddik* is in the right. But if the dispute involves two *tzaddikim*, there will certainly be *chillul Hashem* , since necessarily one of them (at least) is acting unlawfully or inappropriately. In this vein, Abraham told Lot: Because of our similarity in appearance, people assume that we are brothers in behavior, and think of us both as *tzadikkim*. It is inevitable, then, that they will assess that one of us is acting wrongly, causing a *chillul Hashem*. [One might add that the very fact that two *tzaddikim* have a dispute causes a *chillul Hashem*.] To avert this, it was advisable that they go their separate ways.

Ⓑ **Beware the Allure of Theft** Abraham's unequivocal insistence that he could no longer live with Lot seems strangely uncharacteristic. Lot was the orphaned child of Abraham's brother Haran. Abraham and Sarah took him in, raised him, and made him wealthy. When Sarah was abducted by Pharaoh in Egypt, Lot proved his loyalty by not revealing that Abraham and Sarah were man and wife. So much had Lot absorbed the kindness and generosity of his foster parents that when the angels came to him in Sodom, he risked his life to show them heroic hospitality (see below, 19:3, and the Midrash 50 §4). There is more. When Lot was taken captive in the war of the kings, Abraham mobilized his household and went to war to rescue Lot. Clearly, their relationship had not been severed.

Given the above, how can we understand Abraham's ultimatum to Lot that they must separate from each other? Could not the Patriarch who embodied the trait of kindness toward all explain to Lot the error of his position and find a way for them to continue dwelling together? Is it not strange that the man whose home was open to strangers no longer had room for his nephew?

The Alter (Elder) of Slabodka, Rabbi Nosson Tzvi Finkel (*Ohr HaTzafun*), explains that Abraham had heard the exchange between his shepherds and Lot's, when Lot's men let their herds graze on the land of private owners. Abraham's men protested, "Has theft become permitted?" Lot's shepherds retorted, "God promised the land to Abraham and his offspring. Abraham has no children, so Lot is his heir. The land is ours!" In other words, through a sanctimonious reading of God's promise, they argued that they were permitted to steal. Abraham understood that this rationalization to permit dishonesty surely stemmed from Lot (and, as the Midrash states, the quarrel was indeed between Abraham and Lot themselves — see note 53).

Sadly, Abraham recognized in his nephew the inclination to appropriate another's property, an instinct whose seeds are found in all men and can easily become a luxuriant growth of corrupt conduct. This is intensely dangerous, even more than idolatry. Ideology can be disproved by rational argument. Murderous rage can be neutralized and channeled by kindness and gentility. Greed and avarice, however, are different. Due to their deep roots in the human psyche, people concoct glittering rationalizations that justify one's rights to misappropriate wealth. Everyday experience shows this time and again. The mere articulation of such spurious ideas can easily infect others. Abraham feared that even he — not to mention his household and employees — could become desensitized to taking another's property. His uncharacteristically harsh words and directives to Lot were a result of an iron resolve to purge himself of this temptation.

Ⓒ **Separate From Me** *Oznayim LaTorah* expands on Abram's choice of words here [הִפָּרֶד, *separate*]. The previous Midrash related that Lot's shepherds had dismissed Abram's shepherds' criticism of their thieving with the argument that the aged, childless Abram was a sterile mule [פִּרְדָּה] (*"like a sterile mule that does not produce offspring"*). To this Abram now responded to Lot: I have full faith in God's promise that I will eventually beget children. So I am not a sterile mule. *You*, on the other hand, shall be like a sterile mule, because your progeny will be barred from marrying and fathering offspring from mine (*An Ammonite or Moabite shall not enter the congregation of* HASHEM *... to eternity! [Deuteronomy* 23:4]).

With this Midrash, *Oznayim LaTorah* explains an interesting phraseology in a Gemara in *Bava Kamma* 38b. The Gemara there quotes God as telling Moses that the reason He forbade the Israelites to wage war against Moab and Ammon (see *Deuteronomy* 2:9,19) was that שְׁתֵּי פְּרֵדוֹת טוֹבוֹת יֵשׁ לִי לְהוֹצִיא מֵהֶן רוּת הַמּוֹאֲבִיָּה וְנַעֲמָה הָעַמּוֹנִית, *I have two good* פְּרֵדוֹת *that I plan to bring forth from them, Ruth the Moabitess and Naamah the Ammonitess. Rashi* there explains that the word פְּרֵדוֹת

הָדָא הוּא דִכְתִיב "וַיֹּאמֶר אַבְרָם אֶל לוֹט אַל נָא תְהִי מְרִיבָה בֵּינִי וּבֵינֶךָ וְגוֹ'". וְכִי אַחִים הָיוּ, אֶלָּא שֶׁהָיָה קְלַסְתֵּר פָּנָיו דּוֹמֶה לוֹ. [יג, ט] "הֲלֹא כָל הָאָרֶץ לְפָנֶיךָ הִפָּרֶד נָא מֵעָלָי", אָמַר רַבִּי חֶלְבּוֹ: הִבָּדֵל נָא אֵין כְּתִיב כָּאן אֶלָּא "הִפָּרֶד", מָה הַפִּרְדָּה הַזּוֹ אֵינָהּ קוֹלֶטֶת זֶרַע כָּךְ אִי אֶפְשָׁר לְאוֹתוֹ הָאִישׁ לְהִתְעָרֵב בְּזַרְעוֹ שֶׁל אַבְרָהָם. "אִם הַשְּׂמֹאל וְאֵימִנָה וְאִם הַיָּמִין וְאַשְׂמְאִילָה", אֲמַר לֵיהּ: אִם אַתְּ לִשְׂמָאלָה אֲנָא לְדָרוֹמָה וְאִם אֲנָא לְדָרוֹמָה אַתְּ לִשְׂמָאלָה. אָמַר רַבִּי יוֹחָנָן: לִשְׁנֵי בְּנֵי אָדָם שֶׁהָיוּ לָהֶם ב' כּוֹרִים אֶחָד שֶׁל חִטִּים וְאֶחָד שֶׁל שְׂעוֹרִים, אֲמַר לֵיהּ: אִם חִטַּיָּא דִידִי שְׂעָרֵי דִידָךְ, וְאִם שְׂעָרֵי דִידָךְ חִטַּיָּא דִידִי, מִן כָּל אֲתַר חִטַּיָּא דִידִי. כָּךְ אִם "הַשְּׂמֹאל וְאֵימִנָה וְאִם הַיָּמִין וְאַשְׂמְאִילָה". [יא] אָמַר רַבִּי חֲנִינָא בַּר יִצְחָק: וְאֶשְׂמְאֹלָה אֵין כְּתִיב כָּאן אֶלָּא "וְאַשְׂמְאִילָה", מִן כָּל אֲתַר אֲנָא מַשְׂמְאִיל לְהַהוּא גַּבְרָא:

ז [יג, י] "וַיִּשָּׂא לוֹט אֶת עֵינָיו וַיַּרְא אֶת כָּל כִּכַּר הַיַּרְדֵּן". [יב] אָמַר רַבִּי נַחְמָן בַּר חָנִין: כָּל מִי שֶׁהוּא לָהוּט אַחַר בּוּלְמוּס שֶׁל עֲרָיוֹת סוֹף שֶׁמַּאֲכִילִים אוֹתוֹ מִבְּשָׂרוֹ. אָמַר רַבִּי יוֹסֵי בַּר חֲנִינָא: [יג] כָּל הַפָּסוּק הַזֶּה לְשׁוֹן עֶרְוָה הוּא, הֵיךְ מָה דְאַתְּ אָמַר

עץ יוסף

ויאמר אברם כו'. וקמ"ל ריב"ס דלא תימא דמדלא קאמר ברישא אלא ויהי ריב בין רועי כו' לא היה ריב בין אברם ולוט. אלא ריב ממש היה ביניהם כשם שהיה בין הרועים: **וכי אחים היו.** דמה שהקרובים והחברים נקראו אחים היינו לפי שמן הסתם יש אהבה ואחוה ביניהם כאילו הם אחים אבל הכא שהיה מריבה בין אברהם ולוט ודאי הותר קשר האהבה שביניהם וא"כ מדוע אמר כי אנשים אחים אנחנו: (נזה"ק): **קלסתר פניו דומה לו.** לזה א"ל כי אנשים אחים אנחנו: [ח] **כך אי אפשר לאותו האיש כו'.** ואף ע"פ שהנקבות מותרים לבא בקהל. מ"מ הכל הולך אחר משפחת האב (יפ"ת). וכן הרמז בלשון פרד אינו אלא על פרד זכר שהוא עקר ואינו עושה פירות ולא על פרידה נקיבה (נזה"ק): **ואם אנא לדרומה את לשמאלה.** משום שלא יתכן שיתן אברהם את הברירה ללוט לבחור לו צד הימין. כי הימין לעולם לאברהם כמ"ש הלוך ונסוע הנגבה וכמ"ש נאום ה' לאדוני שב לימיני ונדרש על אברהם. וימין הוא חסד לאברהם. ועיין ביפ"ת: **מן כל אתר.** מ"מ יהיה החטים שלי: **אנא משמאיל כו'.** פי' מ"מ תרצה או לא תרצה אשמאיל אני אותך: (ז) [ט] **בולמוס.** פי' בערוך מלשון מי שאחזו בולמוס. פי' בלשון יון גרונו של שור. כלומר שאוכל הרבה כלחוך השור. וי"א לשון לעז הוא שקורין בולימו למי שאוכל הרבה. ור"ל שאחזו תאוה בלא גבול הן לאכילה והן לעריות. אך בתו ואחותו אין דרך אדם להתאוות להם אלא מי שהוא משולא בתאותו סוף שמאכילין אותו מבשרו כלומר שנכשל בקרובותיו אשר הם אך עצמו ובשרו. וכמו שאירע ללוט שנכשל בבנותיו בעבור היותו להוט בעריות וכדמסיק (נזה"ק): **הפסוק הזה לשון ערוה.** דהא היה בארץ כנען במקום רחוק מסדום. ובהכרח שהלך ברגליו וראה ובחר וכמ"ש בסוף

פירוש מהרז"ו

אברהם פרדה עקרה. עיין לעיל פר' ל"ח סימן ו' מש"ש: (ו) **אלא הפרד.** מדה ע"ז ומדת ממעל: **ואשמאלה אין כתיב כאן.** ועי' לקמן פר' נ"ט סימן ב' בשמאלה עושר וכבוד דורש ג"כ אע"פ שהוא בא להשמאל לאדם וכו'. כי שם דברי משל וכאן כפשוטו ודוק. וכתב כן שלא יתכן שיתן אברהם את הברירה ללוט לבחור לו צד הימין כי הימין לעולם לאברהם כמ"ש הלוך ונסוע הנגבה וכמ"ש נאם ה' לאדוני שב לימיני. ונדרש על אברהם וימין הוא חסד לאברהם. ואם פי' שהברירה ללוט היה די במ"ש סתם הפרד נא מעלי אלא בהכרח שאמר לו שאני לעולם לימין ואתה לשמאל: **ושמאלה אין כתיב באן.** נ"ל ואשמאולה איכ"כ. וכ"ה בילקוט וכן הוא במדרשים אחרים: **מן כל אתר.** כמו מכל מקום בלשון חז"ל שפירושו באיזה אופן שיהיה: (ז) **אמר רב נחמן.** לקמן פר' נ"א סימן ט'. פסיקתא פר' ג' סימן ג' ומ"ש בולמוס וכו' פירושו תאוה בלא גבול כמו בולמוס של רעבון הגוף. ועריות שהן אשת איש וכלתו ואשת אחיו וכדומה. אך בתו ואחותו אין דרך אדם להתאוות להם אלא מי שהוא משולא בתאותו. ועל דרך הטובה שעבירה גוררת עבירה מזמינים לו לאדם: **כל הפסוק הזה.** עי' נזיר דף כ"ג א' ותשא אשת אדוניו את עיניה אל יוסף וכאן וישא לוט את עיניו. כי הוקשה לחז"ל שלא יתכן שיהיה כפשוטו שנשא את עיניו וראה את כל מדינת סדום. והיה בארץ כנען במקום רחוק מסדום

חידושי הרד"ל

(ח) **ביני ובינך כי אנשים אחים אנחנו** וכי אחים כו' כצ"ל:

(ט) **לשון ערוה.** עיין נזיר (כ"ג):

מסורת המדרש

יא קה"ר פ' י':

יב פסיקתא רבתי פ' ג'. תנחומא סדר וירא סימן י"ב:

יג נזיר דף כ"ג:

רש"י

(ו) **אם השמאל ואימינה.** א"ל אם את לשמאל הוא לצפון ואנא לדרום ואם הימין אם אנא לדרומא ואת לשמאלא מן כל אתר מכל מקום אנא לדרומא כלומר אי אפשר שלא אלך לדרום לפיכך תדע אם אתה תלך לצפון מוטב ואם אין אתה הולך לצפון בעל כרחך אני אלך לדרום: ואשמאיל אותך. דמשמע אני הולך ימין אמר רבי יוחנן לשני בני אדם שהיה להם ב' כורים אחד של חטים ואחד של שעורים אמר אם חטיא דידי שעריא דידך ואם שעריא דידך חטייא דידי מכל מקום חטייא דידי: **אין כתיב באן אלא ואשמאילה אותך.** מכל מקום אנא משמאיל לההוא גברא: **כל מי שלהוט אחר בולמוס של עריות.** רעב כאדם שאוכל ואינו שבע בלשון יון קורין לאדם שיש לו אותו חולי בולמס"א: **סוף שמאבילין אותו מבשרו.** סוף שנכשל בקרובתו שאסרה לו תורה:

מתנות כהונה

[ו] **קלסתר.** תואר ומראה פניס: **הפרד.** לשון כסוס כפרד: **ואם אנא לדרומא כו'.** בין כך ובין כך אנכי לדרום ואתה לצפון וכדמפרש לקמן ועיין זה במדרש בפסוק לב חכם לימינו: **מן כל אתר.** מכל מקום יהיו החטין שלי: **ואשמאלה.** בסגו"ל תחת אל"ף ראשונה פירושו ואני אלך אל השמאל: **ואשמאילה.** לשון מפעיל לאחרים: **מן כל אתר כו'.** מ"מ תרצה או לא תרצה אשמאיל אני אותך וכן הוא במדרש קהלת בפסוק לב חכם לימינו: [ז] **בולמוס.** רעב ותאוה של עריות ועיין בערוך ערך בולמוס: **שמאבילין כו'.** פירש רש"י סוף שנכשל בקרוביו: **ה"ג בילקוט לשון ערוה הוא וישא היאך מה דאת אמר ותשא אשת אדוניו וגו'**

אשד הנחלים

שמניח לוט לגזול שדות אחרות והכתוב שהי' אומר שהי' ריב בין הרועים להפליג בזה מעלת אברהם עד שאפילו הרועים שלו לא יכלו לראות את העול מן רועי לוט: **קלסתר פניו.** וכאומר מדוע לא תנהג כמוני בדרך הישר כי אנחנו כאנשים אחים וראוי לך לדמות במעשי: **הבדל נא.** אף שאין הבדל בין לשון הבדל ללשון פרידה רק שאחז בלשון זה להורות על שהוא כפרדה שאין בכחה להוליד ולהתחבר לאחר וכמו כן א"א לך להתחבר עמי באמת אחר שככה תתנהג ולא תקפיד בגזל. ויתכן שכיוונו בזה להיות ששמע אברהם מדברי הרועים שלעגו עליו וקראוהו פרידה עקרה לכן רמז לו שהוא כפרד שא"א להוולד ממנו זרע טוב: **אם אנא לדרומא כו'.** פירש המ"כ לשון מפעיל לאחרים שישמאיל ללוט כי לא יתכן שנתן ללוט דרך הבחירה בכל מקום שירצה שבאמת הי' אברהם מכוון רק הנגבה כמ"ש בכתוב הלוך ונסוע הנגבה. ולכן אמרו שאמרו בדרך לשון הנסתר שכוונתו רק להשמאיל את לוט ועל צד הכוונה השניה להיות הדרום הוא מכוון אל החכמה כמ"ש הרוצה להחכים ידרים והשמאל כנגדו. ואין להאריך ברמזיהם כי המבינים בעם יבינו מעצמם לשום תוך לדברים כאלה: [ז] **שמאבילין אותו מבשרו.** פירש רש"י שסוף שנכשל בקרוביו והענין אף שמדרך הטבע אין התאוה מתגברת בקרוביו כמו לבת או לאחות אך מרוב ההרגל אם ירגיל עצמו בעריות אז טבעו נהפך לבולמס רעה עד שיתאוה גם לקרוביו כמו שקרה ללוט: **לשון ערוה כו'**

וַיִּשָּׂא לוֹט אֶת עֵינָיו וַיַּרְא אֶת כָּל כִּכַּר הַיַּרְדֵּן כִּי כֻלָּהּ מַשְׁקֶה לִפְנֵי | שַׁחֵת ה׳ אֶת סְדֹם וְאֶת עֲמֹרָה כְּגַן ה׳ כְּאֶרֶץ מִצְרַיִם בֹּאֲכָה צֹעַר.

So Lot raised his eyes and saw the entire plain of the Jordan that it was well-watered everywhere before HASHEM destroyed Sodom and Gomorrah like the garden of HASHEM, like the land of Egypt, going toward Zoar (13:10).

§7 **וַיִּשָּׂא לוֹט אֶת עֵינָיו וַיַּרְא אֶת כָּל כִּכַּר הַיַּרְדֵּן** — ***SO LOT RAISED HIS EYES AND SAW THE ENTIRE PLAIN OF THE JORDAN.***

The Midrash explains what it was that Lot "saw" in this area:

אָמַר רַבִּי נַחְמָן בַּר חָנִין — **R' Nachman bar Chanin said:** **כָּל מִי שֶׁהוּא לָהוּט אַחַר בּוּלְמוּס שֶׁל עֲרָיוֹת סוֹף שֶׁמַּאֲכִילִים אוֹתוֹ מִבְּשָׂרוֹ** — **Whoever is passionately drawn to a craving for sexual immorality, in the end he is given to "eat" from his own flesh.**[66] **אָמַר רַבִּי יוֹסֵי בַּר חֲנִינָא** — **R' Yose bar Chanina said:** **כָּל הַפָּסוּק הַזֶּה לְשׁוֹן עֶרְוָה הוּא** — **This entire verse is** composed of **expressions of** allusions to **sexual immorality.**[67] **הֵיךְ מָה דְאַתְּ אָמַר** — (i) The expression *Lot "raised his eyes"* is such an allusion, **as it is stated**

אָמַר רַבִּי יוֹחָנָן — **R' Yochanan said:** **לִשְׁנֵי בְּנֵי אָדָם שֶׁהָיוּ לָהֶם שְׁתֵּי כּוֹרִים אֶחָד שֶׁל חִטִּים וְאֶחָד שֶׁל שְׂעוֹרִים** — This may be understood through a parable. It may be compared **to two people who had two *kors*** of grain between them — **one *kor* of wheat**[59] **and one of barley.**[60] **אֲמַר לֵיהּ: אִם חִטַּיָּא דִידִי שַׂעֲרֵי דִידָךְ, וְאִם שַׂעֲרֵי דִידָךְ חִטַּיָּא דִידִי** — **[One] said to [the other], "If the wheat is mine the barley is yours, and if the barley is yours the wheat is mine."** **מִן כָּל אֲתַר חִטַּיָּא דִידִי** — By saying this he was in effect saying, **"In any event the wheat is mine!"**[61] **כָּךְ אִם "הַשְּׂמֹאל וְאֵימְנָה וְאִם הַיָּמִין וְאַשְׂמְאִילָה"** — **So too was** Abraham's statement, ***If to the north then I will go south, and if*** [I go] ***to the south then I will*** [cause you to] ***go north.***[62]

The Midrash explains the basis for its uneven interpretation of Abraham's statement:

אָמַר רַבִּי חֲנִינָא בַּר יִצְחָק: וְאַשְׂמְאלָה אֵין כְּתִיב כָּאן אֶלָּא "וְאַשְׂמְאִילָה" — **R' Chanina bar Yitzchak said: It is not written here וְאַשְׂמְאלָה,** which would clearly mean, "then I will go north," **but וְאַשְׂמְאִילָה,**[63] which means, "then I will cause going north."[64] **מִן כָּל אֲתַר אֲנָא מַשְׂמְאִיל לְהַהוּא גַּבְרָא** — Abraham was thinking, **"In any event, I will cause that man** (Lot) **to go north."**[65]

NOTES

59. Wheat is more valuable than oats.

60. And they were arguing over which pile should go to whom.

61. Although he made two statements, they were in essence the same.

62. [See Midrash below and note 64.] This is unlike the plain interpretation of the verse, according to which Abraham meant that whichever direction you choose, I will choose the opposite one (see *Targum Onkelos* and *Rashi*).

63. In the causative *hifil* conjugation form.

64. I.e., I will cause *you* to go north.

65. Kabbalistically, north (the left side; see note 57) represents impurity, evil, darkness, etc., while south (the right side; see ibid.) represents righteousness, purity, etc. This is why Abraham wanted the south side for himself (*Yefeh To'ar*).

66. As the Midrash goes on to show from our verse, Lot had a craving for sexual immorality (indeed, one of the reasons Lot chose Sodom as his place of residence was precisely because of the perversions that were accepted there). This led ultimately to his consorting with "his own flesh," i.e., his own daughters (below, 19:30ff) — an act for which there is normally no craving — for as the Sages teach (*Avos* 4:2): "one sin leads to another" (*Yefeh To'ar*).

67. The Midrash now cites four such allusions from our verse.

INSIGHTS

means pigeons. Many have wondered, though, why God would refer to Ruth and Naamah by this term. *Oznayim LaTorah* suggests, however, that the word פְּרֵדוֹת in that Gemara in fact means *mules.* As we learned in our Midrash, Abram had told Lot that his descendants would have the status of mules vis-a-vis the Jewish people. But, God said, there would be two *good* mules (i.e., fertile ones) among Lot's descendants, who would in fact become the progenitors of illustrious Jewish lineages.

הָדָא הוּא דִכְתִיב "וַיֹּאמֶר אַבְרָם אֶל לוֹט אַל נָא תְהִי מְרִיבָה בֵּינִי וּבֵינֶךָ וְגוֹ'". וְכִי אַחִים הָיוּ, אֶלָּא שֶׁהָיָה קְלַסְתֵּר פָּנָיו דּוֹמֶה לוֹ. [יג, ט] "הֲלֹא כָל הָאָרֶץ לְפָנֶיךָ הִפָּרֶד נָא מֵעָלָי", אָמַר רַבִּי חֶלְבּוֹ: הִבָּדֵל נָא אֵין כְּתִיב כָּאן אֶלָּא "הִפָּרֶד", מָה הַפִּרְדָּה הַזּוֹ אֵינָהּ קוֹלֶטֶת זֶרַע כָּךְ אִי אֶפְשָׁר לְאוֹתוֹ הָאִישׁ לְהִתְעָרֵב בְּזַרְעוֹ שֶׁל אַבְרָהָם. "אִם הַשְּׂמֹאל וְאֵימְנָה וְאִם הַיָּמִין וְאַשְׂמְאִילָה", אֲמַר לֵיהּ: אִם אַתְּ לִשְׂמָאלָה אֲנָא לְדָרוֹמָה וְאִם אֲנָא לְדָרוֹמָה אַתְּ לִשְׂמָאלָה. אָמַר רַבִּי יוֹחָנָן: לִשְׁנֵי בְּנֵי אָדָם שֶׁהָיוּ לָהֶם ב' כּוֹרִים אֶחָד שֶׁל חִטִּים וְאֶחָד שֶׁל שְׂעוֹרִים, אֲמַר לֵיהּ: אִם חִטַּיָּא דִידִי שְׂעָרֵי דִידָךְ, וְאִם שְׂעָרֵי דִידָךְ חִטַּיָּא דִידִי, מִן כָּל אֲתַר חִטַּיָּא דִידִי. כָּךְ אִם "הַשְּׂמֹאל וְאֵימְנָה וְאִם הַיָּמִין וְאַשְׂמְאִילָה". [יא] אָמַר רַבִּי חֲנִינָא בַּר יִצְחָק: וְאֶשְׂמְאֹלָה אֵין כְּתִיב כָּאן אֶלָּא "וְאַשְׂמְאִילָה", מִן כָּל אֲתַר אֲנָא מַשְׂמְאִיל לְהַהוּא גַבְרָא:

ז [יג, י] "וַיִּשָּׂא לוֹט אֶת עֵינָיו וַיַּרְא אֶת כָּל כִּכַּר הַיַּרְדֵּן". [יב] אָמַר רַבִּי נַחְמָן בַּר חָנִין: כָּל מִי שֶׁהוּא לָהוּט אַחַר בּוּלְמוּס שֶׁל עֲרָיוֹת סוֹף שֶׁמַּאֲכִילִים אוֹתוֹ מִבְּשָׂרוֹ. אָמַר רַבִּי יוֹסֵי בַּר חֲנִינָא: [יג] כָּל הַפָּסוּק הַזֶּה לְשׁוֹן עֶרְוָה הוּא, הֵיךְ מָה דְאַתְּ אָמַר

עץ יוסף

ויאמר אברם כו'. וקמ"ל ריב"ש דלא תימא דמדלא קאמר ברישא אלא ויהי ריב בין רועי כו' לא היה ריב בין אברם ולוט. אלא ריב ממש היה ביניהם כשם שהיה בין הרועים: **וכי אחים היו.** דמה שהקרובים והחברים נקראו אחים היינו לפי שמן הסתם יש אהבה ואחוה ביניהם כאילו הם אחים אבל הכא שהיה מריבה בין אברהם ולוט ודאי הותר קשר האהבה שביניהם וא"כ מדוע אמר כי אנשים אחים אנחנו: (נזה"ק): **קלסתר פניו דומה לו.** לזה א"ל כי אנשים אחים אנחנו: [ח] **כך אי אפשר לאותו האיש כו'.** ואף ע"פ שהנקבות מותרים לבא בקהל. מ"מ הכל הולך אחר משפחת האב (יפ"ת). וכן הרמז בלשון פרד אינו אלא על פרד זכר שהוא עקר ואינו עושה פירות ולא על פרידה נקיבה (נזה"ק): **ואם אנא לדרומה את לשמאלה.** משום שלא יתכן שיתן אברהם את הברירה ללוט לבחור לו לד הימין. כי הימין לעולם לאברהם כמ"ש הלוך ונסוע הנגבה וכמ"ש נאום ה' לאדוני שב לימיני ונדרש על אברהם. וימין הוא חסד לאברהם. ועיין ביפ"ת: **מן כל אתר.** מ"מ יהיה החטים שלי: **אנא משמאיל כו'.** פי' מ"מ תרלה או לא תרלה אשמאיל אני אותך: (ז) [ט] **בולמוס.** פי' בערוך מלשון מי שאחזו בולמוס. פי' בלשון יון גרונו של שור. כלומר שאוכל הרבה כלחוך השור. וי"א לשון לעז הוא שקורין בולימו למי שאוכל הרבה. ור"ל שאחזו תאוה בלא גבול הן לאכילה והן לעריות. אך בתו ואחותו אין דרך אדם להתאוות להם אלא מי שהוא מסולא בתאוותו סוף שמאכילין אותו מבשרו כלומר שנכשל בקרובותיו אשר הם אך עצמו ובשרו. וכמו שאירע ללוט שנכשל בבנותיו בעבור היותו להוט בעריות וכדמסיק (נזה"ק): **הפסוק הזה לשון ערוה.** דהא היה בארץ כנען במקום רחוק מסדום. ובהכרח שהלך ברגליו וראה ובחר וכמ"ש בסוף

פירוש מהרז"ו

אברהם פרדה עקרה. עיין לעיל פר' ל"ח סימן ו' מש"ש: (ו) **אלא הפרד.** מדה ט"ז ומדת ממטל: **ואשמאלה אין כתיב כאן.** ועי' לקמן פר' כ"ט סימן ב' בשמאלה עושר וכבוד דורש ג"כ אע"פ שהוא בא להשמאל לאדם וכו'. כי שם דברי משל וכאן כפשוטו ודוק. וכתב כן שלא יתכן שיתן אברהם את הברירה ללוט לבחור לו לד הימין כי הימין לעולם לאברהם כמ"ש הלוך ונסוע הנגבה וכמ"ש נאם ה' לאדוני שב לימיני. ונדרש על אברהם וימין הוא חסד לאברהם. ואם פי' שהברירה ללוט היה די במ"ש סתם הפרד נא מעלי אלא בהכרח שאמר לו שאני לעולם לימין ואתה לשמאל: **ושמאלה אין כתיב כאן.** נ"ל ואשמאולה אי"כ. וכ"ה בילקוט וכן הוא במדרשים אחרים: **מן כל אתר.** כמו מכל מקום בלשון חז"ל שפירושו באיזה אופן שיהיה: (ז) **אמר רב נחמן.** לקמן פר' נ"א סימן ט'. פסיקתא פר' ג' סימן ג' ומ"ש בולמוס וכו' פירושו תאוה בלא גבול כמו בולמוס של רעבון הגוף. ועריות שהן אשת איש וכלתו ואשת אחיו וכדומה. אך בתו ואחותו אין דרך אדם להתאוות להם אלא מי שהוא מסולא בתאוותו. ועל דרך הטובע שעבירה גוררת עבירה מזמינים לו לאדם: **כל הפסוק הזה.** עי' נזיר דף כ"ג א' ותשא אשת אדוניו את עיניה אל יוסף וכאן וישא לוט את עיניו. כי הוקשה לחז"ל שלא יתכן שיהיה כפשוטו שנשא את עיניו וראה את כל מדינת סדום. והיה בארץ כנען במקום רחוק מסדום

חידושי הרד"ל

(ח) **ביני ובינך כי אנשים אחים אנחנו** וכי אחים כו' כצ"ל:

(ט) **לשון ערוה.** עיין נזיר (כ"ג):

מסורת המדרש

יא קה"ר פ' י':

יב פסיקתא רבתי פ' ג'. תנחומא סדר וירא סימן י"ב:

יג נזיר דף כ"ג:

רש"י

(ו) **אם השמאל ואימינה.** א"ל אם את לשמאל הוא לפון ואנא לדרום ואם הימין אם אנא לדרומא ואת לשמאלא מן כל אתר מכל מקום אנא לדרומא כלומר אי אפשר שלא אלך לדרום לפיכך תדע אם אתה תלך ללפון מוטב ואם אין אתה הולך ללפון בעל כרחך אני אלך לדרום: ואשמאיל אותך. דמשמע אני הולך ימין אמר רבי יונתן לשני בני אדם שהיה להם ב' כורים אחד של חטים ואחד של שעורים אמר אם חטיא דידי שעריא דידך ואם שעריא דידך חטייא דידי מכל מקום חטייא דידי: **אין כתיב כאן אלא ואשמאילה אותך.** מכל מקום אנא משמאיל להאוא גברא: **כל מי שלהוט אחר בולמוס של עריות.** רעב כאדם שאוכל ואינו שבע בלשון יון קורין לאדם שיש לו אותו חולי בולמס"א: **סוף שמאבילין אותו מבשרו.** סוף שנכשל בקרובתו שאסרה לו תורה:

מתנות כהונה

[ו] **קלסתר.** תואר ומראה פנים: **הפרד.** לשון כסוס כפרד: **ואם אנא לדרומא כו'.** בין כך ובין כך אנכי לדרום ואתה ללפון וכדמפרש לקמן ועיין זה במדרש בפסוק לב חכם לימינו: **מן כל אתר.** מכל מקום יהיו החטין שלי: **ואשמאלה.** בסגו"ל תחת אל"ף ראשונה פירושו ואני אלך אל השמאל: **ואשמאילה.** לשון מפעיל לאחרים: **מן כל אתר כו'.** מ"מ תרלה או לא תרלה אשמאיל אני אותך וכן הוא במדרש קהלת בפסוק לב חכם לימינו: [ז] **בולמוס.** רעב ותאוה של עריות ועיין בערוך ערך בולמוס: **שמאבילין כו'.** פירש רש"י סוף שנכשל בקרוביו: ה"ג **בילקוט לשון ערוה הוא וישא היאך מה דאת אמר ותשא אשת אדוניו וגו'**

אשד הנחלים

שמניח לוט לגזול שדות אחרות והכתוב שהי' אומר שהי' ריב בין הרועים להפליג בזה מעלת אברהם עד שאפילו הרועים שלו לא יכלו לראות את העול מן רועי לוט: **קלסתר פניו.** וכאומר מדוע לא תנהג כמוני בדרך הישר כי אנחנו כאנשים אחים וראוי לך לדמות במעשי: **הבדל נא.** אף שאין הבדל בין לשון הבדל ללשון פרידה רק שאחז בלשון זה להורות על שהוא כפרדה שאין בכחה להוליד ולהתחבר לאחר וכמו כן א"א לך להתחבר עמי באמת אחר שככה תתנהג ולא תקפיד בגזל. ויתכן שכיוונו בזה להיות ששמע אברהם מדברי הרועים שלעגו עליו וקראוהו פרידה עקרה לכן רמז לו שהוא כפרד שא"א להוולד ממנו זרע טוב: **אם אנא לדרומא כו'.** פירש המ"כ לשון מפעיל לאחרים שישמאיל ללוט כי לא יתכן שנתן ללוט דרך הבחירה בכל מקום שירצה שבאמת הי' אברהם מכוון רק הנגבה כמ"ש בכתוב הלוך ונסוע הנגבה. ולכן אמרו שאמרו בדרך לשון הנסתר שכוונתו רק להשמאיל את לוט ועל צד הכוונה השניה להיות הדרום הוא מכוון אל החכמה כמ"ש הרוצה להחכים ידרים והשמאל כנגדו. ואין להאריך ברמזיהם כי המבינים בעם יבינו מעצמם לשום תוך לדברים כאלה: [ז] **שמאבילין אותו מבשרו.** פירש רש"י שסוף שנכשל בקרוביו והענין אף שמדרך הטבע אין התאוה מתגברת בקרוביו כמו לבת או לאחות אך מרוב ההרגל אם יرגיל עצמו בעריות אז טבעו נהפך לבולמס רעה עד שיתאוה גם לקרוביו כמו שקרה ללוט: **לשון ערוה כו'**

in Scripture: "וַתִּשָּׂא אֵשֶׁת אֲדוֹנָיו אֶת עֵינֶיהָ וגו'" – ***And [Joseph's] master's wife "raised her eyes" upon Joseph*** (below, 39:7). "וַיַּרְא אֶת כָּל כִּכַּר הַיַּרְדֵּן כִּי כֻלָּהּ מַשְׁקֶה" – (ii) ***And he saw the entire "plain*** [כִּכַּר]" ***of the Jordan, that it was well-watered everywhere*** (our verse) is such an allusion, הֵיךְ מָה דְאַתְּ אָמַר "כִּי בְעַד אִשָּׁה זוֹנָה עַד כִּכַּר לָחֶם" – **as it is stated** in Scripture: ***Because for the sake of a harlot one may be reduced to a "loaf*** [כִּכַּר]" ***of bread*** (*Proverbs* 6:26).[68] "כִּי כוּלָּהּ מַשְׁקֶה", הֵיךְ מָה דְאַתְּ אָמַר "וְהִשְׁקָה אֶת הָאִשָּׁה אֶת מֵי הַמָּרִים" – (iii) ***That it was "well-watered*** [מַשְׁקֶה]"[69] ***everywhere*** is such an allusion, **as it is stated** in Scripture: ***And he shall cause the*** unchaste ***woman "to drink*** [וְהִשְׁקָה]"[70] ***the bitter waters*** (*Numbers* 5:24). "לִפְנֵי שַׁחֵת ה'", הֵיךְ מָה דְאַתְּ אָמַר "וְהָיָה אִם בָּא אֶל אֵשֶׁת אָחִיו וְשִׁחֵת אַרְצָה" – (iv) ***Before*** HASHEM ***"destroyed*** [שַׁחֵת]" *Sodom and Gomorrah* is such an allusion, **as it is stated** in Scripture: ***so it was that whenever he would consort with his brother's wife "he would let it go to waste*** [וְשִׁחֵת]" ***on the ground*** (below, 38:9).[71]

☐ [כְּגַן ה' כְּאֶרֶץ מִצְרַיִם] – *LIKE THE GARDEN OF HASHEM, LIKE THE LAND OF EGYPT.*]

The Midrash explains what is meant by these two similes:

"כְּגַן ה'", לְאִילָנוֹת – ***Like the garden of*** HASHEM – **regarding trees.** "כְּאֶרֶץ מִצְרַיִם", לִזְרָעִים – ***Like the land of Egypt*** – **regarding seed-producing crops.**

וַיִּבְחַר לוֹ לוֹט אֵת כָּל כִּכַּר הַיַּרְדֵּן וַיִּסַּע לוֹט מִקֶּדֶם וַיִּפָּרְדוּ אִישׁ מֵעַל אָחִיו.

So Lot chose for himself the whole plain of the Jordan, and Lot journeyed from the east; thus, they parted one from his brother (13:11).

☐ וַיִּבְחַר לוֹ לוֹט – *SO LOT CHOSE FOR HIMSELF THE WHOLE PLAIN OF THE JORDAN.*

אָמַר רַבִּי יוֹסֵי בַּר זִימְרָא – **R' Yose bar Zimra said:** כְּאֱנָשׁ דְּבָחַר פּוּרְנָא דְאִימֵּיהּ – **Like a man choosing the** ***kesubah*** **payment of his mother.**[72]

☐ וַיִּסַּע לוֹט מִקֶּדֶם – *AND LOT JOURNEYED FROM THE EAST* [קֶדֶם].

The Midrash explains the background of Lot's "journey":

הִסִּיעַ עַצְמוֹ מִקַּדְמוֹנוֹ שֶׁל עוֹלָם – **He removed himself from the Eternally First Being** [קַדְמוֹן] **of the world,**[73] אָמַר: אִי אֶפְשִׁי לֹא בְּאַבְרָם וְלֹא בֶּאֱלוֹהוֹ – **saying, "I want nothing to do with Abram or his God."** "וַיִּפָּרְדוּ אִישׁ מֵעַל אָחִיו" – Thus, it is written, ***Thus, they parted one from his brother.***[74]

אַבְרָם יָשַׁב בְּאֶרֶץ כְּנָעַן וְלוֹט יָשַׁב בְּעָרֵי הַכִּכָּר וַיֶּאֱהַל עַד סְדֹם. וְאַנְשֵׁי סְדֹם רָעִים וְחַטָּאִים לַה' מְאֹד.

Abram dwelled in the land of Canaan while Lot dwelled in the cities of the plain and pitched tents as far as Sodom. Now the people of Sodom were wicked and sinful toward HASHEM, exceedingly (13:12-13).

☐ אַבְרָם יָשַׁב וגו' – ***ABRAM DWELLED*** *IN THE LAND OF CANAAN, WHILE LOT DWELLED IN THE CITIES OF THE PLAIN AND PITCHED TENTS AS FAR AS SODOM.*

The Midrash again discusses Lot's decision to move to Sodom:

NOTES

68. The Hebrew words for "plain" and "loaf" are the same (כִּכָּר).

69. Lit., *it supplies drink.*

70. Lit., *he shall supply drink.*

71. The first three allusions mentioned above tell us that Lot was drawn to sexual immorality. This fourth allusion tells us that Sodom was a place of sexual immorality (see note 66).

72. Which he has inherited after her death. Lot was as eager to engage in sexual immorality [which was prevalent in Sodom; see preceding note] as a son is eager to claim his maternal inheritance (*Rashi*). Alternatively: Just as an inheritance comes naturally, so did the choice of Sodom come naturally to Lot, because of his inclination to immorality (*Eitz Yosef*, citing *Yefeh To'ar*). Alternatively: Just as a *kesubah* is collected from the poorest-quality land in the estate of the deceased (*Gittin* 48b), so did Lot choose the worst possible area to settle in, namely Sodom (*Mishnas DeRabbi Eliezer*).

73. I.e., from God.

"Journeying from the east" implies that the person journeyed to the west. But Sodom (Lot's destination) is in fact further east than Beth-el (Lot's present location). Therefore, the Midrash prefers to interpret מִקֶּדֶם in a manner other than "from the east" (*Yefeh To'ar*).

74. Lot parted ways both with God (מִקֶּדֶם) and with Abraham (מֵעַל אָחִיו).

(בראשית לט, ז) "**וַתִּשָּׂא אֵשֶׁת אֲדוֹנָיו אֶת עֵינֶיהָ וְגוֹ'**". "**וַיַּרְא אֶת כָּל כִּכַּר הַיַּרְדֵּן כִּי כֻלָּהּ מַשְׁקֶה**", **הֵיךְ מָה דְאַתְּ אָמַר** (משלי ו, כו) "**כִּי בְעַד אִשָּׁה זוֹנָה עַד כִּכַּר לָחֶם**". "**כִּי כוּלָּהּ מַשְׁקֶה**", **הֵיךְ מָה דְאַתְּ אָמַר** (במדבר ה, כד) "**וְהִשְׁקָה אֶת הָאִשָּׁה אֶת מֵי הַמָּרִים**". "**לִפְנֵי שַׁחֵת ה'** ", **הֵיךְ מָה דְאַתְּ אָמַר** (בראשית לח, ט) "**וְהָיָה אִם בָּא אֶל אֵשֶׁת אָחִיו וְשִׁחֵת אַרְצָה**". "**כְּגַן ה'** ", **לְאִילָנוֹת**, "**כְּאֶרֶץ מִצְרַיִם**", **לִזְרָעִים.** [יג, יא] "**וַיִּבְחַר לוֹ לוֹט**", **אָמַר רַבִּי יוֹסֵי בַּר זִימְרָא: כְּאֵינָשׁ דְּבָחַר פּוּרְנָא דְאִימֵּיהּ.** "**וַיִּסַּע לוֹט מִקֶּדֶם**", **הִסִּיעַ עַצְמוֹ מִקַּדְמוֹנוֹ שֶׁל עוֹלָם. אָמַר: אִי אֶפְשִׁי לֹא בְּאַבְרָם וְלֹא בֵּאלוֹהוֹ.** "**וַיִּפָּרְדוּ אִישׁ מֵעַל אָחִיו**". [יג, יב] "**אַבְרָם יָשַׁב**"°,

רש"י

בגן ה' לאילנות. שהיתה נטועה מכל אילנות מובחרין כאותן שבגן עדן. ע"כ: **ויבחר לו לוט את כל ככר הירדן.** כאיניש דבחר פורנא דאימיה. כאדם שבוחר כתובת אמו: ס"א שבוחר כתובת אמו כלומר לוט היה להוט אחר הזנות כמו שבאה לו בירושה כזה שהוא רודף אחר ירושתו מכתובת אמו. ע"כ: פרן זה מוהר כאילו היה בא לו בירושה:

עץ יוסף

הסימן כאן שחזר על כל ערי הככר וכו': **ותשא אשת אדוניו.** הרי כאן נשיאות עינים על ענין ערוה כדאמרינן לבא ועינא תרין סירסורי דחטאה העין רואה והלב חומד: **והשקה את האשה.** דאע"ג דאין השקאה זו לעבירה. מ"מ כיון דבסוטה מיירי רמז דהשקאה דהכא לשון עבירה (יפ"ת): **בגן ה' לאילנות כו'.** שדבר שהוקש לשתי מדות אתה נותן לכל אחד כח (היה) [היפה] שבשניהם. וכאן הוקש לשני דברים שאמר כגן ה' כארץ מצרים. ואצל הגן כתוב ויצמח וגו' כל עץ נחמד. ובמצרים כתיב (דברים י"א). כארץ מצרים וגו' כגן הירק. הרי שארץ מצרים מיוחד לזרעים. ובסדום היו שתי מעלות אלו: [ז] **לאיניש דבחר פורנא דאימיה.** הערוך ערך פרן ו' פי' ענין זנות. ובערך פלאה כתב לבלה גיאופים תרגמה עקילס פליאה פורני פי' בל"י לבלה קורין פליאה ולזונה פורני עכ"ל. ונראה דתיבת לו דרשי הכא כלו' שבירר הראוי לו כמו שבוחר זנות אמו שנמשך לטבעו. וכן לוט ע"י שהיה להוט בערוה בחר במושב הנואפים. ויש שפירשו פורנא כתובה. ור"ל שבחר בסדום כבוחר כתובת אמו כאילו היא ירושתו שטבעו נוטה אחריה (יפ"ת): **מקדמונו של עולם.** דלא הו"ל למימר אלא ויסע לוט משם והא דכתיב מקדם בא לרמז שהסיע עצמו מקדמונו של עולם היינו הקב"ה (מזרחי): **לא באברם ולא באלוהו.** ומה שנתן אברהם נפשו עליו כשנשבה. היינו עבור השני פרידות טובות שיצאו ממנו אשר מהם נבנה מלכות בית דוד ומשיח צדקנו (נזה"ק):

פירוש מהרז"ו

ובהכרח שהלך ברגליו וראה ובחר וכמ"ש בסוף הסימן כאן שחזר על כל ערי הככר וכו'. ועי' עוד ויק"ר פר' ה' בסימן א' כתיב לא ידעו עיט שלא יתכן לראות בסדום מרחוק ואיך כתב כאן וירא. וזה ע"פ מדה ט"ו שכאן כתוב וירא את כל ככר והכריע שמ"ש וישא וכו' וירא וכו' הוא הכל על ראית הלב לתור אחר הזנות כנ"ל. כמ"ש ולא תתורו אחרי לבבכם ואחרי עיניכם וסופו מוכיח המעשה של בנותיו שידעו בנותיו שלא יקפיד ומה שהוצרך לדרוש כל הפסוק על שכולל הרבה מיני עברות של ג"ע. בולמוס וכו' ובערוך הובא מאמר זה וכתב בלשון יוני גרונו של שור זה החולי אוכל הרבה כלחוך השור וי"א לשון לעז שאוכל הרבה קורין לו בולימו. והמ"ע כתב בלשון יוני ורומי פוגת נפש מפני רעב עד שידיו ורגליו קרים ופניו ירוקים וחושיו נחלשים עד שכמעט לא נותרה בו נשמה ונעתק המלה זו לחשק חזק של דברים אחרים. ולוט נתפתה בכולם כשנפרד מעל אברהם. וכענין ערפה בהפרדה מנעמי לכוונה זאת. וכמ"ש בסמוך שהסיע עצמו מקדמונו של עולם. ועי' עוד במ"כ בשם ילקוט והוא בהוריות דף י'. אך מה שדורש פסוק לפני שחת ה' זה צ"ע איך דורש תיבות שכתובים אצל הש"י על לוט. אך האמת יורה דרכו שדורש מדת מנגד. למה שחת אותם וזרעם על שהשחיתו את דרכם והיינו מ"ש ושחת ארצה. וכמ"ש אצל דור המבול כי השחית כל בשר את דרכו וכן בסדום. ועי' נדרים דף ל"ב כי לא נחש ע"ש ותבין כאן: **בגן ה' לאילנות וכו'.** דורש מדה כ"א מדבר שהוקש לשתי מדות אתה נותן לכל אחד כח היפה שבשניהם. וכאן הוקש לשני דברים שאמר כגן ה' כארץ מצרים. ואצל הגן כתוב ויצמח ה' אלהים מן האדמה כל עץ נחמד ובארץ מצרים כתיב דברים י"א כארץ מצרים אשר תזרע וגו' כגן הירק הרי שארץ מצרים מיוחד לזרעים ובסדום היו שתי מעלות אלו וכמ"ש איוב כ"ח ארץ ממנה יצא לחם וגו' נתיב לא ידעו עיט מחמת אילנות כמ"ש ויק"ר פרשה ה' בסימן א' שם: **באינש דבחר פורנא.** פורנא עי' ערוך ערך פרן שהוא מלשון כתובה ונדוניא. כי הארץ היא אם כל חי ונתקללה כמ"ש ארורה האדמה בעבורך. ולוט בארמית הוא קללה כמ"ש לעיל פר' ל"ז סימן ד' לוט ללווט וכן לקמן פר' מ"ד סימן י"א לוט ליטא וכו' וסדום חטאה יותר מכולם ואחר כך נתקללה יותר מכולם. והפסוק מתמיה על לוט איך בחר לוט בסדום ולא ירא מהקללה שכבר הובטחה עלי' כאשה שיש לה כתובה ובנה יורש כתובת אמו: **ויסע לוט מקדם.** משמע שנסע משם לצד מערב. והרי אברם היה הלוך ונסוע הנגבה. וסדום הוא בדרום ארץ ישראל כמ"ש יחזקאל סימן ט"ז פסוק מ"ו. ואחותיך וגו' על ימינך סדום ובנותיה. והיה משוך לצד מזרח כמ"ש במסעי והיה לכם גבול נגבה מקצה ים המלח קדמה. וים המלח הוא מקום סדום כמ"ש אל עמק השדים הוא ים המלח ומקום אברם ולוט בין בית אל ובין העי עיירות של בנימין אצל יהודה בדרום ארץ ישראל וא"כ נסע לוט לצד קדם

מתנות כהונה

את עיניה. כי היא ישרה בעיני: **וירא.** ויראו אותה שכם: **את כל ככר הירדן.** היאך מה דאת אמר כי בעד כו': **והשקה את האשה.** בילקוט גרס עוד ד"א אלכה אחרי מאהבי נותני לחמי ומימי שמני ושיקויי: **באינש דבחר פורנא כו'.** כזה שבוחר בחבה לירש כתובת אמו בשמחה כן היה בוחר בערים הללו לאהבת הזנות וכן מצאתי שוב בפירוש רש"י: **אברם ישב וגו'.** גרסינן:

אשד הנחלים

עד ככר כו'. הדבר הזה לפי הפשט הוא מוזר כי באמת מדבר כי הככר הזה טוב לרעות צאנו ולהקים אהלו ואיך יאמר שמרמז לענין זה. והנראה לפי שבאמת היו אנשי סדום שקועים בעריות מאד. והדבר הזה הי' מפורסם לכולם ואחר שבחר במקום הזה אות הוא שבחר בתועבות כאלה. ומה שאמר שבחר מצד שהוא טוב לרעות צאנו הוא רק לאמתלא ואגב דרש ברמז המלות האלה שמצאנו ג"כ ע"ש עריות ולכן אמר לפני שחת ומצינו שם זה על עריות. ואחר שהעונש הי' בהשחתה א"כ ממילא הי' עוונם מזה המין ויש לכוון ע"פ הפרשנים האחרונים שפרשו כי בעד אשה זונה עד ככר לחם כמו שהככר לחם אין תענוגו כ"א בעת אכלו כן הדבר הזה במעט התענוג יחליף העולם האמיתי. וא"כ מלת ככר מורה על תענוג מועט אשר בעבורו יתמכר לרע וכן פה רמז הכתוב בעבור ככר הירדן ומעט התענוג בחר בזה וא"כ הי' מטבעו רק לאהוב התענוגים המתעים ודרש ג"כ ע"ד הרמז כי כולה ראוי להשקות מים המאררים כי כולם מנאפים: **כגן ה' לאילנות.** כי בג"ע המה מקום אילנות ומצרים הוא מקום טוב לזרעים ודייק דאחר דהכתוב מכנה תחילה כגן ה' שהוא מקום הנבחר אשר אין כמוהו מה לו ולדמות לארץ מצרים א"ו לזרעים שאין בגן ה': **פורנא דאמי'.** כי שם הבחירה לפי הנחת הלשון מורה על בחירה טובה מבין הרע כמ"ש ובחרת בחיים. וא"כ איך יאמר על דבר הרע שבחר בו. רק לפעמים מורה על המפליג ברע מאוד עד שהוא בוחר ברע יותר מבטוב אז נקרא בוחר. וזהו המשל כמו שאנו אומרים שאיש מפני שבחר כתובת אמו ע"כ הוא מרוצה ח"ו שתמות אמו בכדי שירשנה. ובכדי שתדע הדברים אצייר לפניך מעט דעת. דע שאין אחד שיבורר ברע באמת כי הכל רוצים בטוב רק התאוה מסיתם לעשות הרע אף שיודע באמת כי הוא עושה רעה ולכן אמרו כל הרשעים מלאים חרטה וא"כ לא נקרא בוחר ברע רק מוכרח מכח תאוותו ואלו לא נתגבר בו התאוה לא הי' עושה רעה. אכן מי שהתגבר ברע מרוב ההרגל הוא בוחר עוד ברע עד שהרע נחשב בעיניו כטוב ושמח בעשותו הרע כמ"ש בגדרם השמחים לעשות רע. כי מפני תאותו אשר יתענג ממנו ישכח צער נפשו המנהמת בלבו על עשותו המזימתה. וזהו כדמות ששוכח צער אמו בעבור אהבת ירושתו והבן זה מאוד: **מקדם.** כי השי"ת נקרא אלקי קדם כי הוא קדמון ונצחי אשר זה הי' מלמד אברהם עד הנה ללוט ועתה כאשר נתפרד ממנו הסיע עצמו מדעת זאת:

חידושי הרד"ל

(י) כי כלה משקה. שהיו כולן זונות וראוין להבדק כסוטה הד"א והשקה כו'. כ"ה הגי' בפסיק' דחנוכה ס"ד וכנ"ל:

(יא) לאילנות. ברייתא בספרי פ' עקב פסקא ל"ח:

באור מהרי"פ

ז **פורנא.** הערוך ערך פרן ו' פירש ענין זנות (ע"ש רב"מ) ובערך פלאה כתב לבלה גיאופים תרגמה עקילס פליאה פורני פירוש בל"י לבלה קורין פליאה ולזונה פורני עכ"ל:

אם למקרא

וַיְהִי אַחַר הַדְּבָרִים הָאֵלֶּה וַתִּשָּׂא אֵשֶׁת־אֲדֹנָיו אֶת־עֵינֶיהָ אֶל־יוֹסֵף וַתֹּאמֶר שִׁכְבָה עִמִּי: (בראשית לט:ז)

כִּי בְעַד־אִשָּׁה זוֹנָה עַד־כִּכַּר לָחֶם וְאֵשֶׁת אִישׁ נֶפֶשׁ יְקָרָה תָצוּד: (משלי ו:כו)

וְהִשְׁקָה אֶת־הָאִשָּׁה אֶת־מֵי הַמָּרִים הַמְאָרְרִים וּבָאוּ בָהּ הַמַּיִם הַמְאָרְרִים לְמָרִים: (במדבר ה:כד)

וַיֵּדַע אוֹנָן כִּי לֹּא לוֹ יִהְיֶה הַזָּרַע וְהָיָה אִם־בָּא אֶל־אֵשֶׁת אָחִיו וְשִׁחֵת אַרְצָה לְבִלְתִּי נְתָן־זֶרַע לְאָחִיו: (בראשית לח:ט)

רַבִּי אוֹמֵר — **Rebbi said:** אֵין לְךָ בַּכְּרַכִּים רַע כִּסְדוֹם — **You have no worse** city **among the cities** of the world **than Sodom;** כְּשֶׁאָדָם רַע קוֹרִין אוֹתוֹ סְדוֹמִי — thus, **when a person is** very **bad, [people] call him "a Sodomite."** וְאֵין לְךָ בָּעֲמָמִים קָשֶׁה מֵאֱמוֹרִי — **And you have no tougher** nation **among the nations** of the world **than the Amorites;**[75] כְּשֶׁאָדָם קָשֶׁה הֵן קוֹרְאִין אוֹתוֹ אֱמוֹרִי — thus, **when a person is tough, [people] call him "an Amorite."**[76] אָמַר רַבִּי יוֹסֵי — **R' Yose said:** אֵין לְךָ בַּכְּרַכִּים יָפֶה מִסְּדוֹם — On the contrary, **you have no better among the cities** in that locale **than Sodom.** שֶׁחָזַר לוֹט עַל כָּל עָרֵי הַכִּכָּר וְלֹא מָצָא מָקוֹם יָפֶה כִּסְדוֹם — **For Lot went around to all the cities of the Plain and did not find a place as good as Sodom.**[77] וְאֵלּוּ הָיוּ הַחֲשׁוּבִין שֶׁבָּהֶן — **And these were the most important** people **among them:** "וְאַנְשֵׁי סְדוֹם רָעִים וְחַטָּאִים לַה׳ מְאֹד" — ***Now the men*** [אַנְשֵׁי][78] ***of Sodom were wicked and sinful toward HASHEM, exceedingly*** (v. 13).[79]

□ [וְאַנְשֵׁי סְדֹם רָעִים וְחַטָּאִים לַה׳ מְאֹד — *NOW, THE MEN OF SODOM WERE WICKED AND SINFUL TOWARD HASHEM, EXCEEDINGLY.*]

This description of the evilness of the Sodomites is somewhat wordy; the Midrash explains what each term alludes to:

"רָעִים", אֵלּוּ לָאֵלּוּ — ***Wicked* — one to another.** "חַטָּאִים", בְּגִלּוּי עֲרָיוֹת — ***Sinful* — through sexual immorality.**[80] "לַה׳", בַּעֲבוֹדַת כּוֹכָבִים — ***Toward HASHEM* — through idolatry.** "מְאֹד", בִּשְׁפִיכוּת דָּמִים — ***Exceedingly* — through bloodshed.**[81]

וַה׳ אָמַר אֶל אַבְרָם אַחֲרֵי הִפָּרֶד לוֹט מֵעִמּוֹ שָׂא נָא עֵינֶיךָ וּרְאֵה מִן הַמָּקוֹם אֲשֶׁר אַתָּה שָׁם צָפֹנָה וָנֶגְבָּה וָקֵדְמָה וָיָמָּה. כִּי אֶת כָּל הָאָרֶץ אֲשֶׁר אַתָּה רֹאֶה לְךָ אֶתְּנֶנָּה וּלְזַרְעֲךָ עַד עוֹלָם. וְשַׂמְתִּי אֶת זַרְעֲךָ כַּעֲפַר הָאָרֶץ אֲשֶׁר אִם יוּכַל אִישׁ לִמְנוֹת אֶת עֲפַר הָאָרֶץ גַּם זַרְעֲךָ יִמָּנֶה. קוּם הִתְהַלֵּךְ בָּאָרֶץ לְאָרְכָּהּ וּלְרָחְבָּהּ כִּי לְךָ אֶתְּנֶנָּה.

HASHEM said to Abram after Lot had parted from him, "Raise now your eyes and look out from where you are: northward, southward, eastward, and westward. For all the land that you see, to you will I give it, and to your descendants forever. I will make your offspring as the dust of the earth so that if one can count the dust of the earth, then your offspring, too, can be counted. Arise, walk about the land through its length and breadth! For to you will I give it" (13:14-17).

§8 וַה׳ אָמַר אֶל אַבְרָם וגו׳ — *HASHEM SAID TO ABRAM AFTER LOT HAD PARTED FROM HIM,* ***ETC.***

We already know that Lot had departed from Abraham; why is this fact repeated here in association with God's statement to Abraham?

רַבִּי יְהוּדָה אוֹמֵר — **R' Yudah said:** כַּעַס הָיָה לְאָבִינוּ אַבְרָהָם בְּשָׁעָה שֶׁפֵּירַשׁ לוֹט בֶּן אָחִיו מֵעִמּוֹ — **There was** Divine **anger against our forefather Abraham**[82] **when his nephew Lot departed from him.**[83] אָמַר הַקָּדוֹשׁ בָּרוּךְ הוּא: לַכֹּל הוּא מְדַבֵּק, וּלְלוֹט אָחִיו אֵינוֹ "מְדַבֵּק" — **For the Holy One, blessed is He, said, "[Abraham] clings to everyone** else,[84] **but to his** own **kinsman Lot He does not cling,** but sends him away!"[85]

רַבִּי נְחֶמְיָה אָמַר — **R' Nechemyah said:** כַּעַס הָיָה לוֹ לְהַקָּדוֹשׁ בָּרוּךְ הוּא בְּשָׁעָה שֶׁהָיָה מְהַלֵּךְ לוֹט עִם אַבְרָהָם אָבִינוּ — **The Holy One, blessed is He, was angry** at Abraham **when Lot was traveling along with our forefather Abraham.**[86] אָמַר הַקָּדוֹשׁ בָּרוּךְ הוּא: אֲנִי אָמַרְתִּי לוֹ "לְזַרְעֲךָ נָתַתִּי אֶת הָאָרֶץ הַזֹּאת" — For **the Holy One, blessed is He, said** to Himself, **"I told him, *To your offspring have I given this land,*** וְהוּא מְדַבִּיק אֶת לוֹט בֶּן אָחִיו כְּדֵי לְיָרְשׁוֹ — **and** yet **he cleaves to his nephew Lot so that he may inherit him!**[87] אִם כֵּן יֵלֵךְ וְיָבִיא לוֹ שְׁנֵי פַּרְסְתְּקִין מִן הַשּׁוּק, וְיוֹרִישֵׁם אֶת שֶׁלוֹ — **If so, let him** just **go and bring two foundlings from the marketplace and bequeath his** possessions **to them,** כְּמוֹ שֶׁהוּא רוֹצֶה — **just as he wishes**

NOTES

75. As it is written (*Amos* 2:9): *And I destroyed from before them the Amorites . . . who were mighty as oaks* (*Radal*).

76. The toughness of the Amorites is mentioned by Rebbi only because of its similarity to Sodom in that people with a certain trait are "named" after them (*Yefeh To'ar,* first interpretation).

According to this interpretation, the verse is coming to criticize Lot for his choice of location: the very worst city imaginable. When the verse states that "Lot ... pitched tents as far as Sodom, and the people of Sodom were wicked," it intimates that Lot chose that place *because* the people were wicked.

77. There were five major cities in the area (see *Rashi* to 18:17, 24ff), and among these cities Sodom was spiritually the best (i.e., the "least bad"). This is why Lot chose to live there (*Rashi; Matnos Kehunah; Eitz Yosef,* citing *Yefeh To'ar*). Cf. *Maharzu*.

R' Yose disagrees with Rebbi and holds that Scripture is speaking here in *praise* of Lot (*Rashi, Matnos Kehunah*). Alternatively: R' Yose, too, holds that Scripture is castigating Lot, for Sodom was still a terrible place spiritually, and Lot should not have gone there (*Eitz Yosef,* citing *Yefeh To'ar*).

78. The word אִישׁ (or its plural, אֲנָשִׁים) sometimes indicates an important, influential person (see *Midrash Tanchuma, Shemini* §9; *Tosfos Yom Tov* on *Avos* 1:3; *Radak* in *Sefer HaShorashim,* s.v. איש).

79. That is, even the most distinguished people living in Sodom were wicked and sinful; it goes without saying that the common folk were even worse (*Eitz Yosef,* citing *Yefeh To'ar*).

80. As it is written (below, 39:9), *How then can I perpetrate this great evil* (i.e., to lie with Potiphar's wife) *and sin* [וְחָטָאתִי] *against God!* (commentators, based on *Sanhedrin* 109a).

81. As it is written (*II Kings* 21:16), *Manasseh also shed innocent blood very exceedingly* [מְאֹד] (ibid.).

82. The word וַה׳ intimates "God together with His court," and indicates that God is exercising His Attribute of Strict Justice. See Midrash below, 51 §2, et al. (*Maharzu*).

83. According to R' Yudah, the phrase *after Lot had parted from him* serves as the *cause* of God's anger at Abraham (*Yefeh To'ar*).

84. Bringing them close to Hashem (*Rashi*).

85. To Sodom, where he will decline spiritually (*Eitz Yosef*). God therefore reprimanded Abraham, "Look around you and see, I have given you such an expansive land (see the continuation of our verse and verse 15); surely you could have managed to come to an amicable arrangement with Lot!"

86. R' Nechemyah agrees that our verse intimates that God was angry with Abraham; however, he maintains that this anger was not after Lot's departure, but *before* it, while Abraham was still in the company of Lot. (The Midrash will momentarily tell us the reason for God's anger.) And it was only after Lot's departure that God's anger dissipated and He delivered the message of our passage to Abraham.

87. I.e., he does not believe he will ever have children, so he has chosen Lot to be his heir.

רַבִּי אוֹמֵר: אֵין לְךָ בַּכְּרָכִים רַע כִּסְדוֹם, כְּשֶׁאָדָם רַע קוֹרִין אוֹתוֹ סְדוֹמִי, וְאֵין לְךָ בָּעֲמָמִים קָשֶׁה מֵאֱמוֹרִי, כְּשֶׁאָדָם קָשֶׁה הֵן קוֹרְאִין אוֹתוֹ אֱמוֹרִי. אָמַר רַבִּי יוֹסֵי: אֵין לְךָ בַּכְּרָכִים יָפֶה מִסְּדוֹם, שֶׁחִזֵּר לוֹט עַל כָּל עָרֵי הַכִּכָּר וְלֹא מָצָא מָקוֹם יָפֶה כִּסְדוֹם, וְאֵלּוּ הָיוּ הַחֲשׁוּבִין שֶׁבָּהֶן. [יג, יג] "וְאַנְשֵׁי סְדוֹם רָעִים וְחַטָּאִים לַה' מְאֹד", [יד]"רָעִים", אֵלּוּ לָאֵלּוּ, "חַטָּאִים", בְּגִילּוּי עֲרָיוֹת, "לַה'", בַּעֲבוֹדַת כּוֹכָבִים, "מְאֹד", בִּשְׁפִיכוּת דָּמִים:

ח [יג, יד] "וַה' אָמַר אֶל אַבְרָם וְגוֹ'".
[טו]רַבִּי יְהוּדָה אוֹמֵר: כַּעַס הָיָה לְאָבִינוּ אַבְרָהָם בְּשָׁעָה שֶׁפֵּירַשׁ לוֹט בֶּן אָחִיו מֵעִמּוֹ. אָמַר הַקָּדוֹשׁ בָּרוּךְ הוּא: לַכֹּל הוּא מְדַבֵּק, וּלְלוֹט אָחִיו אֵינוֹ מְדַבֵּק. רַבִּי נְחֶמְיָה אָמַר: [טז]כַּעַס הָיָה לוֹ לְהַקָּדוֹשׁ בָּרוּךְ הוּא בְּשָׁעָה שֶׁהָיָה מְהַלֵּךְ לוֹט עִם אַבְרָהָם אָבִינוּ, אָמַר הַקָּדוֹשׁ בָּרוּךְ הוּא: אֲנִי אָמַרְתִּי לוֹ (בראשית טו, ח) "לְזַרְעֲךָ נָתַתִּי אֶת הָאָרֶץ הַזֹּאת", וְהוּא מַדְבִּיק אֶת לוֹט בֶּן אָחִיו כְּדֵי לְיָרְשׁוֹ, אִם כֵּן יֵלֵךְ וְיָבִיא לוֹ שְׁנֵי פַּרְסַתְקִין מִן הַשּׁוּק, וְיוֹרִישֵׁם אֶת שֶׁלּוֹ, כְּמוֹ שֶׁהוּא רוֹצֶה

עץ יוסף

אין לך בברכים כו'. פי' אין כרך שיושביה רעים מסדום. ואין בעממים קשי עורף מעם האמוראי. ועם היות סדום כרך יותר רע. בחר לו לוט מכל ככר הירדן מפני שהם מינו כדלעיל (יפ"ת): **אין לך בברכים יפה מסדום.** ס"ל מכרכי ערי הככר. ופליג אדרבי דקאמר אין בכרכים רע כסדום. ובהא פליגי דלרבי בחר ביותר רע. ולר"י בחר מן הרע מיעוטו. ומ"מ סיפר הכתוב מגנותו שהיה לו להתרחק מכולם. וז"ש ואלו היו החשובים שבהם כלו' עם היותם החשובים שבהם נמצא בהם הרעות דקאמר קרא ומה יעשה באחרים (יפ"ת): **רעים אלו לאלו.** כמו במניעת חסד וצדקה ועון הגזל וכיוצא בו: **חטאים בג"ע.** כדאשכחן בג"ע וחטאתי לאלהים: **לה' בע"ז.** דאע"ג דכל העבירות נמי לה' חוטאים. מ"מ עיקר החטא בה' הוא בע"ז שכופר בה': **מאד בש"ד.** כדכתיב וגם דם נקי שפך מנשה הרבה מאד: (ח) [יא] **בעס היה לאברהם.** שהקב"ה כעס עליו שאמר לכל הוא מדבק כו': **וללוט אחיו אינו מדבק.** דמ"מ לא היה ראוי לדחותו בשתי ידים אלא שמאל דוחה וימין מקרבת כדי שיחזור בו. דאם היה עם אברהם היה מתבייש מאברהם ולא הוה פקר נפשיה כל כך (יפ"ת): **לזרעך נתתי.** דהיינו זרע ממש והוא מדביק את לוט בן אחיו שחושב שמאחר שאין לו זרע זה שהוא מאחר בשרו מיקרי זרעו א"כ ילך ויביא ב' אורחים מן השוק שמאחר שאינו זרעו ממש אין הפרש בין זה לזה (יפ"ת): **לזרעך נתתי.** בין הבתרים נאמר לו כן. וזה היה תחלה לדעת ס"ע כמ"ש פל"ט סימן י': **פרסתקין.** אסופות (רש"י):

פירוש מהרז"ו

היינו מזרחית דרומית. ע"כ בהכרח לדרוש ע"פ מדה כ'. אא"ע של תיבת קדם על צד מקום מזרח ת"ע על קדמונו של עולם כמו כל אנשי סדום שלא היו מודים בקדמונו של עולם וכמ"ש וחטאים לה' מאד. וכמ"ש לעיל פר' ל"ח סימן ז' ויהי בנסעם מקדם: **רבי אומר.** כמ"ש בריש הסי' שעל שידע שאנשי סדום רעים מכולם בחר לדור שם לעשות כמנהגם. ודעת ר' יוסי כפשוטו ע"פ מדה ט' שמ"ש ויבחר שבקש מקום יפה שיהיה מצוי שם מטוב הארץ שסדום מובחר מכל המקומות. על כן דרו שם חשובי המדינה וכמ"ש שמעו דבר ה' קציני סדום: **רעים אלו לאלו.** בעניני ממון בגזל וחמס וכיוצא בזה וחטאים בג"ע כמ"ש יוסף ואיך אעשה הרעה הגדולה הזאת וחטאתי לאלהים הרעה כנגד אדוניו כנ"ל. וחטאתי לה' בג"ע ועי' סנהדרין דף ק"ח ולקמן פר' פ"ח סימן ב': **לה' בעבודת כוכבים.** שהיה החטא בענינים המיוחדים לה': **מאד זה שפיכת דמים.** עי' מ"כ גם יתכן כי מאד הוא אדם כמ"ש לעיל פר' ט' סי' י"ב ובתרגום ירושלמי דם הוא אדם ובלשון אונקלוס דמא וזהו מאד אותיות דמא ואדם: (ח) **ר' יודה.** הוא ר' יהודא ועל שהמדרש הוא אגדות ירושלמי גם מעתיק לפעמים מאמריו מהירושלמי עצמו על כן מדבר בלשנא קלילא ומבליע אות. ודעת ר"י ממ"ש וה' הוא ובית דינו כמ"ש ויק"ר פר' כ"ד סוף סימן ב' הרי שישב עליו בדין על שהפריד את לוט ממנו. ודעת ר"נ שאחר שהפריד את לוט דיבר וברך אותו ולא כן בעת שהלך עמו כי דעת אברהם היה בטעות שלוט יהיה יורש אותו על שהוא בן אחיו ואחר שהפרידו ממנו על רשעתו נתרצה לו הש"י ואמר לו שאין לוט יורשו: **אם בן ילך ויביא לו.** מאחר שאתה סבור לעשות כן מדעתך בלא דעת הש"י כביכול א"כ יתכן שיעשה גם בשאר אופנים שאפשר:

חידושי הרד"ל

(יב) **רמ"א אין לך כו'.** תוספתא ספ"ח דשבת:
(יג) **כשאדם רע כו' סדומי.** כמש"ל פמ"ג רעי גוים אלו אנשי סדום:
(יד) **קשה מאמורי.** כמ"ש את האמורי וגו' וחסון הוא כאלונים (עמוס ב'):
(טו) **ואלו היו החשובין שבהם** כצ"ל. בכ"ף. והן הרשעים הגדולים (שהן חושך):

באור מהרי"פ

ח בעס היה לא"א כו'. ע"ד אסמכתא דרש ר"י וה' אמר לשון כעס לשון מאן אמירייך דאימרית (ב"מ ד' ס"ט) שפי' הערוך מי הכעיסך:

מסורת המדרש

יד סנהדרין דף ק"ז וק"ט. ירושלמי סנהדרין פרק י"א. תוספתא שם. אדר"נ פרק ל"ו. תנחומא סדר וירא סימן ז'. אגדת בראשית פרק כ"ט:
טו ילקוט כאן רמז ע':
טז תנחומא סדר וילא סימן י':

אם למקרא

בַּיּוֹם הַהוּא כָּרַת ה' אֶת־אַבְרָם בְּרִית לֵאמֹר לְזַרְעֲךָ נָתַתִּי אֶת־הָאָרֶץ הַזֹּאת מִנְּהַר מִצְרַיִם עַד־הַנָּהָר הַגָּדֹל נְהַר־פְּרָת: (בראשית טו:יח)

רש"י

אין לך בברכים הללו רע באנשי סדום. תדע שכשאדם רע קורין אותו סדומי ואין לך קשה כאמורי תדע שכשאדם קשה קורין אותו אמורי: ס"א. וזה גנותו של לוט שלא נתישב אלא אצל הרשעים שבכולן ור' יוסי חולק ואמר דלא בא הכתוב אלא לספר בשבחו של לוט וללמדך גנותן של חמשה כרכים הללו דאין לך בכרכים הללו יפה מסדום שחזר לוט על כל ערי הככר ולא מצא מקום נאה כסדום אנשים טובים במדתם ואלו הן החשובין שבהם החשובים והטובים שבהם ובא וראה מה נאמר בהם ואנשי סדום רעים וחטאים ומפרש והולך רעים אלו לאלו. ע"כ. ואלו היו החשובים שבהם הגרועים שבהם עאכ"ו דכתיב ואנשי סדום רעים וחטאים לה': (ח) **בעס היה לאברהם אבינו.** בשעה שפירש לוט מעמו מן השמים היו כועסין עליו אמר הקב"ה לכל הוא מדבק ומקרב אותן תחת כנפי השכינה ולוט בן אחיו אינו מדבק: **ר' נחמיה אמר.** כעס היה לאברהם אבינו בשעה שהיה לוט בן אחיו מהלך עמו אמר הקב"ה כך אמרתי לו לזרעך נתתי את הארץ הזאת והוא מדבק ללוט בן אחיו אם כן פריסטקין הוא עושה ילך כמו כן ויביא לו שני פריסטקין מן השוק שני אסופים ויוריסם את שלו כמו שהוא רוצה להוריש את בן אחיו ועובר על דברי:

מתנות כהונה

אין לך בברכים רע בסדום. ובא הכתוב ומספר בגנותו שבחר בהיותר רעים שבכולם ורבי יוסי סבר שבשבחו ספר הכתוב שלא מצא בכולם מקום יפה באנשים כשרים והגונים ומעתה בא וראה אלו שהיו החשובים והמובחרים שבכלם שעליהם נאמר ואנשי סדום כו': **חטאים בגילוי עריות.** כד"א וחטאתי לאלהים: **לה' בעבודת כוכבים.** כד"א בלתי לה' לבדו: **בשפיכות דמים.** מנאתי שנאמר וגם דם נקי שפך הרבה מאד: [ח] **בעס היה כו'.** הקב"ה היה כועס עליו: [**וללוט בן אחיו** גרסינן]: **כדי לירשו.** להוריש את אשר לו כאילו ח"ו אינו מאמין בהבטחתו ית': **פרסתקין.** פירש רש"י אסופי מן השוק:

אשד הנחלים

רע. הוא בתאוות וקשה הוא בעניינים אנושיים עזים ואכזריים איש על רעהו: **ולא מצא מקום יפה.** שהיא המובחרת שבכל הערים החמשה ולכן בחר בה. וא"כ הבחירה הוא לטובה שעכ"פ הוא יותר טובה מעיירות אחרות: **רעים אלו לאלו.** שזהו גדר הרע שהוא רע בין אדם לחבירו מקנא ואכזרי וחטא הוא חטא הנפש בתאוותם הבהמיית וחטאם גרם עד שחטאו גם נגד ה' שלא האמינו בו כ"א בעבודת כוכבי': [ח] **בעס הי'.** שלא ידומ' אחר שאברה' אמר לו הפרד נא מעלי נהנה מזה במה שפי' ממנו לא כן כ"א כעס הי' לו על זה שפי' ומה שאמר לו שיפרוש ממנו מפני שרא' מעשיו שלא ישרו בעיניו ע"כ בחר שיפרו' אך הי' זאת בכעס כי ראה שאינו מקבל ממנו דרך הטוב. וגלה לו הקב"ה שבאמת כחו רע עד שבעתיד יהי' צווי על בנ"י שלא יודבקו בהם ולכן לא יפלא ע"ז. וזהו הרמז וה' אמר גו' אחרי הפרד. מפני שהי' אברהם בצער מפרידתו. וניחם אותו כי לוט אינו ורק לזרעך גו' והמ"כ פיר' להיפך ולכל הוא מדבק הוא בל' בתמי'. ודעת ר' נחמי'

בֶּן אָחִיו — **his nephew** to inherit him!"[88] הָדָא הוּא דִכְתִיב "גָּרֵשׁ לֵץ וְיֵצֵא מָדוֹן" — **Thus it is written,** ***Drive away the scoffer and strife will depart*** (*Proverbs* 22:10). "גָּרֵשׁ לֵץ", זֶה לוֹט — ***Drive away the scoffer*** **refers to Lot;**[89] "וְיֵצֵא מָדוֹן" — ***and strife will depart*** — "וַיְהִי רִיב בֵּין רֹעֵי אַבְרָם וגו׳ " — as it is written, ***And there was quarreling between the herdsmen of Abram's livestock and the herdsmen of Lot's livestock, etc.***[90] "וְיִשְׁבּוֹת דִּין וְקָלוֹן", "וַיֹּאמֶר אַבְרָם אֶל לוֹט אַל נָא תְהִי מְרִיבָה וגו׳ " — The *Proverbs* verse continues: ***and judgment and shame will cease*** — as it is written, ***Please let there be no strife*** *between me and you, etc., for we are kinsmen* (above, v. 8).[91]Ⓐ

Having applied *Proverbs* 22:10 to Abraham, the Midrash goes on to apply the continuation of that passage to Abraham as well: "אֹהֵב טְהָר לֵב וְחֵן שְׂפָתָיו רֵעֵהוּ מֶלֶךְ" — The passage in *Proverbs* continues: ***He loves purity of heart; the graciousness of his lips, the King is his friend*** (ibid., v. 11). הַקָּדוֹשׁ בָּרוּךְ הוּא אוֹהֵב כָּל מִי שֶׁהוּא טְהָר לֵב — This means: **The Holy One, blessed is He, loves anyone who is pure of heart;** וּמִי שֶׁיֵּשׁ לוֹ חֵן בִּשְׂפָתָיו מֶלֶךְ הוּא רֵעֵהוּ — **and whoever has graciousness on his lips — the King** (i.e., God) **is his friend.** זֶה אַבְרָהָם שֶׁהָיָה תָּמִים וּטְהָר לֵבָב וְנַעֲשָׂה אוֹהֲבוֹ שֶׁל מָקוֹם — **This** verse **is referring to Abraham, who was wholehearted and pure of heart, and** as a result **became someone who loved the Omnipresent,** שֶׁנֶּאֱמַר "זֶרַע אַבְרָהָם אֹהֲבִי" — as it is written, *the offspring of Abraham, who loved Me* (*Isaiah* 41:8).[92] וּלְפִי שֶׁהָיָה לוֹ חֵן בִּשְׂפָתָיו שֶׁנֶּאֱמַר "וּדְבַר גְּבוּרוֹת וְחִין עֶרְכּוֹ" — **And because he had graciousness on his lips — as it is stated,** ***and bold words and his graciously stated prayer***[93] (*Job* 41:4) — נַעֲשָׂה לוֹ הַקָּדוֹשׁ בָּרוּךְ הוּא כְּרֵיעַ — **the Holy One, blessed is He, became like a friend for him.** שֶׁמִּתּוֹךְ אַהֲבָה שֶׁאֲהֵבוֹ, אָמַר לוֹ "לְזַרְעֲךָ נָתַתִּי אֶת הָאָרֶץ הַזֹּאת" — **For due to the love with which he loved Him, He said to him** now, *To your offspring have I given this land.*[94]

§9 וַה׳ אָמַר אֶל אַבְרָם אַחֲרֵי הִפָּרֶד לוֹט ... כִּי אֶת כָּל הָאָרֶץ אֲשֶׁר אַתָּה רֹאֶה לְךָ אֶתְּנֶנָּה וגו׳ וְשַׂמְתִּי אֶת זַרְעֲךָ כַּעֲפַר הָאָרֶץ — ***HASHEM SAID TO ABRAM AFTER LOT HAD PARTED*** *FROM HIM, "RAISE NOW YOUR EYES AND LOOK OUT FROM WHERE YOU ARE: NORTHWARD, SOUTHWARD, EASTWARD, AND WESTWARD.* ***FOR ALL THE LAND THAT YOU SEE, TO YOU WILL I GIVE IT, ETC. I WILL MAKE YOUR OFFSPRING AS THE DUST OF THE EARTH."***

The Midrash analyzes the comparison of Abraham's descendants to *the dust of the earth* (i.e., soil):[95]

מָה עֲפַר הָאָרֶץ מִסּוֹף הָעוֹלָם וְעַד סוֹפוֹ — By using this metaphor God intimated to him: **Just as the dust of the earth is** found everywhere, **from one end of the world to the other end,** כָּךְ בָּנֶיךָ יִהְיוּ מְפוּזָּרִים מִסּוֹף הָעוֹלָם וְעַד סוֹפוֹ — **so too will your children be scattered** everywhere, **from one end of the world to the other end.** וּמָה עֲפַר הָאָרֶץ אֵינוֹ מִתְבָּרֵךְ אֶלָּא בַּמַּיִם — **And just as the dust of the earth is blessed** (i.e., it is productive) **only through** being mixed with **water,** אַף יִשְׂרָאֵל אֵינָן מִתְבָּרְכִין אֶלָּא בִּזְכוּת הַתּוֹרָה שֶׁנִּמְשְׁלָה לְמַיִם — **so too** the people of **Israel are blessed only through the merit of** studying and observing **the Torah, which is compared to water.**[96] וּמָה עָפָר מְבַלֶּה אֶת כְּלֵי מַתָּכוֹת וְהוּא קַיָּים לְעוֹלָם — **And just as soil outlasts** even **metal vessels and lasts forever,** כָּךְ יִשְׂרָאֵל כָּל עוֹבְדֵי כוֹכָבִים בְּטֵלִים וְהֵם קַיָּימִים — **so too** the people of **Israel: all the idolaters** ultimately **cease to exist but they** (Israel) **last**

NOTES

88. Abraham chose Lot because he thought that a nephew is at least a blood relative. But, a nephew is not *offspring*, and Abraham could just as well have chosen a couple of foundlings from the marketplace (*Eitz Yosef*, citing *Yefeh To'ar*).

89. Lot is called a "scoffer" because he did not believe that Abraham would have children as God had promised (see above, section §5) (ibid.).

90. And this strife departed when Lot left Abraham.

91. That is, the *shame* of kinsmen fighting *will cease* when we go our separate ways (*Eitz Yosef*, citing *Yefeh To'ar*).

92. Since Abraham so loved God, God surely loved him in return, as the Sages say: *Whoever brings himself near is brought near by Heaven* [*Yalkut Shimoni, Shemos* §164] (see *Yefeh To'ar*).

93. *Bereishis Rabbah* 49 §10 applies this verse to Abraham and states that it refers to his bold plea on behalf of the Sodomites (below, 18:23ff).

94. The purpose of the preceding exposition of *Proverbs* 22:10-11 is to support R' Nechemyah's position that it was good and proper that Abraham sent Lot away, and that God's communication and promise to him in our passage were a consequence of this correct course of action.

95. For we find that other things are used in Scripture as metaphors for Israel's numerousness, such the stars (below, 22:17, 26:4, *Exodus* 32:13, et al.) and sand (32:13 below, *Hosea* 2:1, et al.) (*Yefeh To'ar*).

96. As it is written (*Isaiah* 55:1), *Ho, everyone who is thirsty, go to the water* (see *Succah* 52b, *Taanis* 7a, et al.).

INSIGHTS

Ⓐ **To Send Away: A Fateful Decision** *Meshech Chochmah* suggests that the disagreement between R' Yehudah and R' Nechemyah is rooted in a linguistic dispute, recorded in a later Midrash (44 §5), as to whether the term אַחֲרֵי implies that the subject of the verse occurred immediately after the episode being referred to (אַחֲרֵי סָמוּךְ) or whether it denotes that the second event took place a long time after the first (אַחֲרֵי מוּפְלָג). According to the latter opinion, to which R' Yehudah subscribes, our verse, וַה׳ אָמַר אֶל אַבְרָם אַחֲרֵי הִפָּרֶד לוֹט מֵעִמּוֹ, indicates that God spoke to Abraham only a long time after he sent his nephew away. R' Yehudah attributes this silence to God's lingering anger over Abraham's uncompassionate deed. Only after a substantial period of time had elapsed, did He resume speaking to Abraham. R' Nechemyah, on the other hand, maintains that the word אַחֲרֵי implies that the two episodes followed in close succession. Our verse thus stresses that God spoke to Abraham immediately after Lot's departure, which in turn implies that He did not speak to him beforehand. The reason for this sudden change, R' Nechemyah explains, is that as long as Abraham had allowed the unworthy Lot to accompany him, God had been angry, and would not speak to Abraham. As soon as Abraham corrected this mistake and sent Lot away, God resumed speaking with him.

In any case, we apparently have here, in the dispute between R' Yehudah and R' Nechemyah, two *diametrically opposite* opinions as to the propriety of Abraham's sending Lot away.

Additionally, we find conflicting statements among the Sages as to Lot's own worthiness. One Midrash (*Osiyos DeRabbi Akiva,* cited by *Torah Sheleimah, Lech Lecha* 13 §34) cites God as telling Jacob: "Now if Lot, *who was a complete tzaddik* (צַדִּיק גָּמוּר) *and studied Torah,* was sent away by Abraham. . . surely you should separate from your brother Esau, who is a complete *rasha.*" On the other hand, *Rashi* to our verse (from *Midrash Tanchuma*) states, "As long as the *rasha* [i.e., Lot] was with him, the speech [of God] would separate from [Abraham]." Moreover, when he left Abraham, our Midrash quotes Lot as saying, "I want no part in Abraham or his God!"

In truth, however, both of these views reflect different facets of Lot's personality. On the one hand, Lot was a true disciple of Abraham. We see later in his behavior with the angels (whom he believed to be ordinary people) the extraordinary lengths to which he went in urging them to lodge with him, ultimately welcoming them in and providing for their needs, all at great peril to his own safety and that of his family. Such extreme devotion to the practice of kindness could have been learned only from his uncle, whose ways he evidently admired and strove to emulate. So Lot was a teachable student.

Yet the Torah states explicitly why Lot went to Sodom: *Lot raised his eyes and saw the entire plain of the Jordan that it was well-watered everywhere.* In other words, he chose Sodom because of a desire for money. (The Midrash adds that lust for immorality also played a role.) That he did not realize the depths of his error in choosing Sodom was because his desire for money (and immorality) blinded even such a great

בֶּן אָחִיו. הָדָא הוּא דִכְתִיב (משלי כב, י) ״גָּרֵשׁ לֵץ וְיֵצֵא מָדוֹן״. [יז]״גָּרֵשׁ לֵץ״, זֶה לוֹט, ״וְיֵצֵא מָדוֹן״, ״וַיְהִי רִיב בֵּין רוֹעֵי אַבְרָם וְגוֹ׳ ״. ״וְיִשְׁבֹּת דִּין וְקָלוֹן״, ״וַיֹּאמֶר אַבְרָם אֶל לוֹט אַל נָא תְהִי מְרִיבָה וְגוֹ׳ ״. (שם, יא) ״אֹהֵב טְהָר לֵב וְחֵן שְׂפָתָיו רֵעֵהוּ מֶלֶךְ״, הַקָּדוֹשׁ בָּרוּךְ הוּא אוֹהֵב כָּל מִי שֶׁהוּא טְהָר לֵב, וּמִי שֶׁיֵּשׁ לוֹ חֵן בִּשְׂפָתָיו מֶלֶךְ הוּא רֵעֵהוּ, זֶה אַבְרָהָם שֶׁהָיָה תָּמִים וּטְהָר לֵבָב וְנַעֲשָׂה אוֹהֲבוֹ שֶׁל מָקוֹם, שֶׁנֶּאֱמַר (ישעיה מא, ח) ״זֶרַע אַבְרָהָם אֹהֲבִי״. וּלְפִי שֶׁהָיָה לוֹ חֵן בִּשְׂפָתָיו שֶׁנֶּאֱמַר (איוב מא, ד) ״וּדְבַר גְּבוּרוֹת וְחִין עֶרְכּוֹ״, נַעֲשָׂה לוֹ הַקָּדוֹשׁ בָּרוּךְ הוּא כְּרֵיעַ, שֶׁמִּתּוֹךְ אַהֲבָה שֶׁאֲהֵבוֹ, אָמַר לוֹ ״לְזַרְעֲךָ נָתַתִּי אֶת הָאָרֶץ הַזֹּאת״:

ט [יג, יד-טז] ״וַה׳ אָמַר אֶל אַבְרָם אַחֲרֵי הִפָּרֶד לוֹט... כִּי אֶת כָּל הָאָרֶץ אֲשֶׁר אַתָּה רוֹאֶה לְךָ אֶתְּנֶנָּה וְגוֹ׳ וְשַׂמְתִּי אֶת זַרְעֲךָ כַּעֲפַר הָאָרֶץ״. [יח]מָה עֲפַר הָאָרֶץ מִסּוֹף הָעוֹלָם וְעַד סוֹפוֹ, כָּךְ בָּנֶיךָ יִהְיוּ מְפוּזָּרִים מִסּוֹף הָעוֹלָם וְעַד סוֹפוֹ, וּמָה עֲפַר הָאָרֶץ אֵינוֹ מִתְבָּרֵךְ אֶלָּא בַּמַּיִם אַף יִשְׂרָאֵל [יט]אֵינָן מִתְבָּרְכִין אֶלָּא בִּזְכוּת הַתּוֹרָה שֶׁנִּמְשְׁלָה לַמַּיִם, וּמָה עָפָר מְבַלֶּה אֶת כְּלֵי מַתָּכוֹת וְהוּא קַיָּים לְעוֹלָם כָּךְ יִשְׂרָאֵל כָּל עוֹבְדֵי כוֹכָבִים בְּטֵלִים וְהֵם קַיָּימִים,

עץ יוסף

גרש לץ כו׳. שהיה מתלונן על אברהם שהיה מובטח להוליד לעת זקנתו. ויצא מדון המריבה שהיתה ביניהם. וישבות דין וקלון היא המריבה והקלון שימשך ממנה בהיותם קרובים ומתקוטטים (יפ״ת): **הקב״ה אוהב כו׳.** ופירושו האוהב לטהר לב וגם ריע לבעל החן הוא המלך: **ומי שיש לו חן כו׳.** וכאילו כתיב איש חן שפתיו (יפ״ת): **זה אברהם.** טהר הלב ואיש החן הנזכר הוא אברהם: **אברהם אוהבו.** אברהם אהב אותי. וממילא שמעינן שהקב״ה ג״כ אוהב לאברהם. שכל המקרב עצמו יקרבוהו יותר מלמעלה. וזהו שהוכיח שנעשה אברהם אוהבו של הקב״ה (יפ״ת): **גבורות וחין ערכו.** מייתי סייעתא שהאיש החן הוא אברהם דכתיב ביה וחין ערכו וכמו שדרש לה בתנחומא סדר זה בענין המילה על אברהם (יפ״ת): **נעשה לו הקב״ה כריע.** סיומא דלעיל דקמפרש רעהו מלך על אברהם שעל היותו בעל חן נעשה לו הקב״ה ריע: **ומתוך אהבתו.** חוזר לתחילת הדרשא השייך כאן אוהב טהר לב (יפ״ת): (ט) [יב] **מה עפר הארץ כו׳.** דאם לענין הריבוי לבד הל״ל והרביתי את זרעך כחול הים (יפ״ת): **יהיו מפוזרים.** רמז שזרעו יהיה מלא הגוים: **שנמשלה למים.** דכתיב הוי כל צמא לכו למים: **מבלים כל כלי מתכות.** שהמתכות שניתן בעפר מעלה חלודה והוא מתעכל ומתקלקל:

פירוש מהרז״ו

גרש לץ. דעת חז״ל ע״פ מדה י״ז שכל פסוקים סתומים של נביאים וכתובים באו לפרש סתרי התורה. ודרש ר״כ שפסוק גרש לץ בא לגלות לנו שיפה עשה אברהם שהפריד את לוט ממנו וזהו שסמך פסוק אוהב טהר לב לפסוק גרש לץ. שהרי אברהם קבל שכר על שהתפלל על סדום ולמד עליהם זכות כמ״ש לעיל פרשה ל״ט סימן ו׳. ולמה כאן קיבל שכר על הרחקת לוט. לזה דרש אוהב טהר לב וגו׳. שע״פ מדה י״ז בא ג״כ לפרש על אברם ולוט שהקב״ה אוהב למי שהוא טהר לב שעושה מעשיו בתמימות ובטוהר לב שאברם אע״פ שחבב את לוט בן אחיו. אך כשבא לוט לכלל גזל. ע״פ טענתו שהוא יורש את אברם ולא היה ראוי וגם ידע שהש״י אמר לאברם לזרעך נתתי את הארץ הזאת הרי שלא האמין לוט בנבואה של אברם ולכך קרא אותו לץ ועליו אמר גרש לץ ולא פנה אברם לאהבתו ורחקו וגרשו מחברתו וזה נכלל בכלל מ״ש טהר לב ומ״ש חן שפתיו רעהו מלך שעל ידי חן של שפתיו שהתפלל על סדום נעשה המלך הקב״ה רעהו וכן אברהם להקב״ה. ומ״ש לפי שהיה לו חן בשפתיו היינו על תפלותיו עבור סדום. כמ״ש לקמן פר׳ מ״ט סוף סימן י׳ על פסוק ודבר גבורות וחין ערכו. ולקמן פר׳ נ״ט סימן ד׳ הוצק חן בשפתותיך עי׳ מש״ש. וכן הוא בתנחומא סדר זה בענין המילה: **ומתוך אהבתו שאהבו.** חוזר לתחלת הדרשה השייך כאן אוהב טהר לב: (ט) **מה עפר הארץ.** לקמן פר׳ ס״ט סימן ה׳ ועי׳ ילקוט שם ובמ״ר פר׳ ב׳ סימן י״ב. שאם כפשוטו לענין הריבוי לבד הי״ל והרביתי את זרעך ע״כ דורש על שישים אותם כעפר כמשמעותו: **מבלים כל כלי מתכות.** שהמתכות שניתן בעפר מעלה חלודה והוא מתעכל ומתקלקל:

חידושי הרד״ל

(טז) **הקב״ה כריע.** ולא היה צריך לאחוה ורעות של לוט שמיד שנפרד לוט ממנו נגלה עליו הקב״ה:

חידושי הרש״ש

[ח] **ויצא מדון ויהי ריב כו׳.** נ״ל דפי׳ דוילא מדון הוא ג״כ מנושא המשפט. ויל״פ כמי מדון כמו איש מדון: **וישבות דין וקלון ויאמר אברם כו׳.** וסופיה כי אנשים אחים אנחנו ור״ל ודי בזיון וקלון אשר בין אחים תפול מריבה ומלה:

מסורת המדרש

יז ילקוט משלי רמז תתק״ס:
יח ילקוט כאן רמז ע״א:
יט תענית דף ז׳. לקמן פרשה ס״ט:

אם למקרא

גָּרֵשׁ לֵץ וְיֵצֵא מָדוֹן וְיִשְׁבֹּת דִּין וְקָלוֹן: אֹהֵב טְהָור לֵב חֵן שְׂפָתָיו רֵעֵהוּ מֶלֶךְ: (משלי כב:י-יא)

וְאַתָּה יִשְׂרָאֵל עַבְדִּי יַעֲקֹב אֲשֶׁר בְּחַרְתִּיךָ זֶרַע אַבְרָהָם אֹהֲבִי: (ישעיה מא:ח)

לֹא אַחֲרִישׁ בַּדָּיו וּדְבַר־גְּבוּרוֹת וְחִין עֶרְכּוֹ: (איוב מא:ד)

רש״י

הדא הוא דכתיב. גרש לץ ויצא מדון וישבות דין וקלון מיד ויאמר אברם אל לוט אל נא תהי מריבה: **אוהב טהר לב חן שפתיו רעהו מלך.** הקב״ה אוהב כל מי שהוא טהר לב. ומי שיש לו חן בשפתיו. מלך הוא רעהו. כמו אברהם שהיה תמים וטהר לב ומצאת את לבבו נאמן לפניך ונעשה אוהבו של מקום שנאמר זרע אברהם אוהבי ולפי שהיה לו חן בשפתותיו שנאמר ודבר גבורות וחין ערכו נעשה לו הקב״ה כריע שמתוך אהבה שהיה אוהבו אמר לו לזרעך אתן את הארץ הזאת: (ט) **ושמתיה ביד מוגיך.** דמגיין מכתיך: ס״א. ומלחלחין מכתיך. ע״כ:

מתנות כהונה

ויהי ריב. אותו מדון הלך לו: **מלך.** הקב״ה נעשה לו חבר:

אשד הנחלים

שבתחילה הי׳ כעס לפני הקב״ה במה שלקח לוט עמו כי הי׳ יודע שאין טוב יוצא ממנו ולא יועיל לו הלימוד אשר לכן ירמוז לו ה׳ לזרעך דוקא נתתי כי לא יבחר לוט בהנה: **גרש לץ.** כי גדר הלץ שאינו מקבל דברי תוכחה לעולם. ולכן המצוה עליו לגרשו. היפך שאר האנשים אפילו הרשעים שמצוה להוכיחם ולקרבם אולי ישובו מדרכם הרעה אבל ללץ לא יועיל כי אדרבא הם יזיקו לאחרים ולכן בחר אברהם להפריד אותו מעמו: **הקב״ה אוהב כו׳ כריע.** כי האוהב יתכן עכ״ז שיהי׳ גדול המעלה מאוד עד שלא יתרועע עם אוהבו כ״כ להיות לו כריע כחבר לו רק אוהבו בלב אבל הריע הוא המחובר בו בהתרועעת עד שלא יתגדל לפניו אף כי הוא גדול מאוד. והנה בבחינת האדם לבין המקום הוא ככה אם הוא איש טהור לב ותמים במעשיו שזהו גדר הטוב בין אדם למקום אז הקב״ה נקרא אוהבו לבד אך אם הוא איש טוב בין אדם לחבירו ג״כ כי זהו נקרא שיש לו חן בשפתיו שכל דבריו רכים וטובים מאוד ומתוך שהוא טוב בין אדם לחבירו ואינו מתגדל מאומה נגד רעהו על כן זוכה שגם הקב״ה נעשה לו כרע עד שבשביל אהבתו הבטיחו לו בכל טוב בכדי לשמחו כי השם יתברך נוהג עם האדם כמידתו וכל המרחם ירוחם וסמך על זה שראינו אצל אברהם אף בשעת כעסו על לוט עכ״ז דיבר עמו בענוות חן לומר אל נא תהי מריבה בינינו כי אנשים אחים אנחנו כי מרוב הריעות שבלבו הי׳ לו כאח כריע ולכן נעשה ריע של הקב״ה. וע״ד הציור הוא ג״כ ככה. אוהבו של ה׳ שכרו שנעשה אוהבו של מקום שזהו שכר הנפש ששכר מצוה מצוה והריע זוכה גם לטוב עוה״ז אחר שמטיב כדוגמתו ולכן זכה לבשורת הבנים והבן: ומה שהביא הכתוב ודבר גבורות לפי שיש אדם שהוא חלוש הדעת מאוד ואינו מבין מאומה ע״כ יתרועע עם כל וזהו נקרא חולשת הנפש. אבל הפלא באיש שהוא גבור וחזק במדותיו. ועכ״ז הוא חין ערכו. אז נקרא ריע אמת. וזהו הכינוי כביכול על השי״ת שהוא דבר גבורות ועכ״ז הוא חין ערכו. וכן הי׳ באברהם. ולכן זכה לכל טוב בעבור המדה הזאת: **[ט] מפוזרים.** כלומר שנכלל בהמשל הזה הטובות והרעות שיהיו לבניו אך תכלית הרעות הוא למען שיוטב להם באחרית. כי הפזור לבניו למען הצירוף ומה העפר לבדו הוא

forever. וּמָה עָפָר עֲשׂוּיָה דַּיִּישׁ – **And just as soil is constantly trampled,** אַף בָּנֶיךָ עֲשׂוּיִין דַּיִּישׁ לַמַּלְכֻיּוֹת – **so too are your children constantly trampled by the nations.** הֲדָא הוּא דִכְתִיב "וְשַׂמְתִּיהָ בְּיַד מוֹגַיִךְ וְגוֹ'" – **Thus it is written** (*Isaiah* 51:23): ***And I will put it***[97] ***into the hand of your tormentors,*** *those who have said to your soul, "Prostrate yourself so that we may pass over you."* מָה הוּא מוֹגַיִךְ, אִלֵּין דִּמְמִיגִין מַכָּתֵיךְ דִּמְלַחְלְחִין מַחְתֵּיךְ – **What is meant by** מוֹגַיִךְ?[98] **Those who chafe your wounds,**[99] **who cause your wounds to fester.** אֲפִילוּ כֵן לְטוֹבָתֵיךְ מְשַׁקְשְׁקִין לִיךְ מִן חוֹבִיךְ – **But nevertheless,** all this is **for your** own **good, for they detract**[100] **from your sins,** הֵיךְ מָה דְאַתְּ אָמַר "בִּרְבִיבִים תְּמוֹגְגֶנָּה" – **as it is stated** in Scripture: ***with showers you soften [the earth]*** [תְּמֹגְגֶנָּה] (*Psalms* 65:11). אֲשֶׁר אָמְרוּ לְנַפְשֵׁךְ שְׁחִי וְנַעֲבֹרָה – The *Isaiah* verse (51:23) continues: ***those who have said to your soul, "Prostrate yourself so that we may pass over you."*** מָה הָיוּ עוֹשִׂים לָהֶם – **What** exactly is it that **they would do to them?** מַרְבִּיצִים אוֹתָן בְּפַלְטֵרִיּוֹת וּמַעֲבִירִין רְדִיִּם עֲלֵיהֶם – **They would lay them down in the public squares and pass their plows**[101] **over them.** רַבִּי עֲזַרְיָה בְּשֵׁם רַבִּי אַחָא – **R' Azariah** said **in the name of R' Acha:** הָא סִימָן טָב – Nevertheless, **this is** actually **a good sign:** מַה פַּלַטְיָא זוֹ מְבַלָּה אֶת הָעוֹבְרִים וְאֶת הַשָּׁבִים וְהִיא קַיֶּימֶת לְעוֹלָם – **Just as this public square outlasts** all **those who pass back and forth** on it, **and lasts forever,** כָּךְ בָּנֶיךָ מְבַלִּים אֶת כָּל הָעוֹבְדֵי כּוֹכָבִים וְהֵן קַיָּימִים לְעוֹלָם – **so will your** (Abraham's) **children outlast all the idolaters, and they will last forever.**Ⓐ

§10 קוּם הִתְהַלֵּךְ בָּאָרֶץ – *ARISE, WALK ABOUT THE LAND.*

The Midrash discusses the halachic implications of this verse:

תְּנֵי – **It was taught** in a Baraisa:[102] הַלֵּךְ בַּשָּׂדֶה בֵּין לְאָרְכָּהּ בֵּין לְרָחְבָּהּ קָנָה עַד מָקוֹם שֶׁהִלֵּךְ – **If one walked in a field,**[103] **whether along its length or along its width, he has acquired** the land,[104] **up to the point he has walked.** כְּדִבְרֵי רַבִּי אֱלִיעֶזֶר – This is **in accordance with the words of R' Eliezer,** שֶׁהָיָה רַבִּי אֱלִיעֶזֶר אוֹמֵר: הִילּוּךְ קָנָה – **for R' Eliezer used to say: Walking** on land **is a** form of **acquisition.** וַחֲכָמִים אוֹמְרִים – **But the** other **Sages say:** לֹא קָנָה עַד שֶׁיְּהַלֵּךְ לְאָרְכָּהּ וּלְרָחְבָּהּ – **He has not acquired** the land **until he walks it lengthwise** *and* **widthwise.**[105] אָמַר רַבִּי יַעֲקֹב בֶּן זַבְדִּי – **R' Yaakov ben Zavdi said:** טַעֲמֵיהּ דְּרַבִּי אֱלִיעֶזֶר "קוּם הִתְהַלֵּךְ בָּאָרֶץ" – **R' Eliezer's reason is** based on our verse: ***Arise, walk about the land . . .*** *for to you I will give it.*[106]

NOTES

97. *"The cup of My fury"* (mentioned in the preceding verse, *Isaiah* 51:22).

98. An unusual word, translated here as "your tormentors."

99. From the root מוג, "to [cause to] break up."

100. This meaning ("to detract, weaken") is also intimated by this root מוג, as the Midrash goes on to show.

101. Or "chariots" (*Yefeh To'ar*).

102. Cited in *Bava Basra* 100a; see *Tosefta* ibid. 2:5.

103. If the land is ownerless or if its owner has agreed to sell or give it to him.

104. And the acquisition, sale, or gift is considered finalized.

105. The commentators agree that this line is a scribal error, and should read: וַחֲכָמִים אוֹמְרִים – **But the** other **Sages say:** לֹא קָנָה עַד שֶׁיַּחֲזִיק – **He has not acquired** the land **until he has done an act demonstrating possession** (i.e., making an improvement on the land). I.e., according to the other Sages, walking on land is not a method of acquisition at all.

106. According to R' Eliezer, God was instructing Abraham here to take legal possession of the Land by walking through it. But according to the other Sages, God was instructing him only to make a symbolic show of ownership, to make it easier for his descendants to take possession of it later (*Bava Basra* ibid.).

INSIGHTS

practitioner of kindness as himself. Moreover, he repeated his error, as he returned to Sodom after being rescued by Abraham from Chedorlaomer and his allies.

The desire for money (and immorality) thus caused Lot to make the fatal mistake of forsaking his uncle and teacher, the source of all his spiritual achievements, in order to settle among depraved evildoers. All of Lot's extraordinary acts of kindness did not reflect his true inner self. For this reason, Abraham was condemned by God for his association with Lot. As matters stood, Abraham could not succeed at influencing Lot without himself being affected negatively.

Nevertheless, this is not the end of the matter. True, at his present level Abraham would have been harmed spiritually by associating with Lot, and therefore he had to send him away. But this did not totally exonerate Abraham, because there are always higher levels that one can reach. Had Abraham perfected himself even more, he could have reached a level at which he would have been unaffected by associating with Lot. At that point his associating with Lot would not have been considered a sin at all; to the contrary, it would have been the greatest mitzvah, for he would have saved his nephew. Because he did not exert himself more, *Abraham was blamed* for the loss of Lot, his children, and all the good generations Lot could have produced had he not left Abraham.

How weighty, then, is the decision whether or not to expel a student, even one who says, as Lot did, "I want no part in Abraham and his God!" How great is the obligation to attempt to develop ever fresh approaches to influence him for the good before taking the fateful step! (*Michtav MeEliyahu*, Vol. II, pp. 166-169; see also *Sichos Mussar* of *R' Chaim Shmulevitz* §85).

Ⓐ **And They Will Last Forever** The legendary Ponovezher Rav traveled the world to support his world-famous yeshivah and many other Jewish causes. Arriving in Rome one night, he deposited his luggage in the hotel and called Dr. Moshe Rothschild, who was in Rome at the time, and asked him to summon a cab and meet him at the hotel. Dr. Rothschild could not fathom what could be so pressing so late at night, but did as he was asked. He and the Rav entered the cab and the Rav instructed the driver to take them to the Arch of Titus, the Roman monument celebrating the victory of the Roman legions over the Jews and Jerusalem at the time of the Second Temple's destruction nearly 2,000 years ago. The Rav got out of the cab and walked toward the ancient arch, carved with the images of the Temple's Menorah and treasured sons and daughters being carried off into captivity. The Rav stopped and exclaimed in Yiddish to the towering stones, "Titus! Titus! *We* are still here! Where are *you*?!" Having done and said all that he wanted to do at the arch, the Rav returned to his lodgings. But his message will continue to reverberate through history — as it has since the time of Abraham — until the metal weapons of war that have been lifted against us will decay, and the Holy Temple untouched by metal will stand rebuilt forever upon the site laid waste by empires long since faded away.

וּמָה עָפָר עֲשׂוּיָה דַּיִישׁ, אַף בָּנֶיךָ עֲשׂוּיִין דַּיִישׁ לַמַּלְכֻיּוֹת, הָדָא הוּא דִכְתִיב (ישעיה נא, כג) "וְשַׂמְתִּיהָ בְּיַד מוֹגַיִךְ וְגוֹ'" כ"מָה הוּא מוֹגַיִךְ, אִלֵּין דִּמְמִיגִין מַכָּתֵיךְ דִּמְלַחְלְחִין מַחָתֵיךְ. אֲפִילוּ כֵּן לְטוֹבָתֵיךְ מְשַׁקְשְׁקִין לִיךְ מִן חוֹבִיךְ, הֵיךְ מָה דְּאַתְּ אָמַר (תהלים סה, יא) "בִּרְבִיבִים תְּמוֹגְגֶנָּה". (ישעיה נא, כג) "אֲשֶׁר אָמְרוּ לְנַפְשֵׁךְ שְׁחִי וְנַעֲבֹרָה", מָה הָיוּ עוֹשִׂים לָהֶם מַרְבִּיצִים אוֹתָן בִּפְלָטֵרִיּוֹת וּמַעֲבִירִין °רְדְיָא עֲלֵיהֶם. רַבִּי עֲזַרְיָה בְּשֵׁם רַבִּי אַחָא °בַּר סִימוֹן: הָא סִימָן טָב מַה פְּלַטְיָא זוֹ מְבַלָּה אֶת הָעוֹבְרִים וְאֶת הַשָּׁבִים וְהִיא קַיֶּימֶת לְעוֹלָם כָּךְ בָּנֶיךָ מְבַלִּים אֶת כָּל הָעוֹבְדֵי כּוֹכָבִים וְהֵן קַיָּימִים לְעוֹלָם:

י [יג, יז] "קוּם הִתְהַלֵּךְ בָּאָרֶץ", כאתְּנֵי הִלֵּךְ בַּשָּׂדֶה בֵּין לְאָרְכָּהּ בֵּין לְרָחְבָּהּ קָנָה עַד מָקוֹם שֶׁהִלֵּךְ כְּדִבְרֵי רַבִּי אֱלִיעֶזֶר, שֶׁהָיָה רַבִּי אֱלִיעֶזֶר אוֹמֵר: הִילּוּךְ קָנָה. וַחֲכָמִים אוֹמְרִים: לֹא קָנָה עַד שֶׁיְּהַלֵּךְ לְאָרְכָּהּ וּלְרָחְבָּהּ. אָמַר רַבִּי יַעֲקֹב בֶּן זַבְדִּי: טַעֲמֵיהּ דְּרַבִּי אֱלִיעֶזֶר "קוּם הִתְהַלֵּךְ בָּאָרֶץ":

חידושי הרד"ל

(יז) ומעבירין רדיה. לקמן פס"ט הגי' מעבירים כרים: **(יח) הלך בשדה.** ע' ב"ב (ק"י):

באור מהרי"פ

ט **דמלחלחין כו'.** ע' מ"כ. וגם בערוך ערך מג ל"ג ליה. וע"ש ערך שק ג': **בפלטריות.** ברחובות (יפ"ת). ורב"מ בערך פוליטיר מביא ירושלמי דשבועות ובלבד שלא יעשו פוליטיר פירוש בל"י מקום מוכן למכור דבר מה. עכ"ל רב"מ:

עץ יוסף

דייש. הכל דשין עליה: **דממיגי מכתך.** פי' דמלחלחין מכתך. וענינו דרך משל שמלטרין אותם תמיד כמי שמתעסק במכת אדם ומלחלחה שמלטרו: **משקשקין.** מענין המסה ומירוק שיהיו עונותיהם נמסים והולכים להם ע"י היסורים: **ברביבים תמוגגנה.** הוא סימן ברכה כרביבים: **בפלטריות.** ברחובות: **ומעבירים רדיא.** כלי מחרישה. לא תחרוש תרגום אונקלוס לא תרדי ולקמן פ' ס"ט הגי' מעבירים כרים. והוא ע"ד על גבי חרשו חורשים: **(י) [יג] תנא הילוך בשדה כו'.** הגירסא דהכא משבשתא ובפ' המוכר פירות תניא הלך בה לאורכה ולרחבה קנה מקום הילוכו דברי ר"א וחכ"א אין הלוך מועיל כלום עד שיחזיק. מ"ט דר"א דכתיב קום התהלך בארץ לארכה ולרחבה כי לך אתננה. ורבנן התם משום חביבותא דאברהם הוא דקאמר ליה הכי כדי שיהיה נח לכבוש לפני בניו (יפ"ת):

פירוש מהרז"ו

דמלחלחין. והמ"כ כתב ס"א מחלחלים והעניים קרובים כי כשהמטר יורד על התלמים מלחלחו ומתמוגג ממקומו ומ"ש משקשקין מענין כיבוס ומירוק: **ומעבירים דדיה.** הם כלי מחרישה וזהו פירוש של כעפר הארץ שעשוי דייש: **(י) תני הלך בשדה.** ב"ב דף ק' ירושלמי קדושין פרק א' הלכה ה'. ועי' מ"כ:

מסורת המדרש

כ ילקוט ישעיה רמז של"ז:

כא רות רבה פרשה ז':

אם למקרא

וְשַׂמְתִּיהָ בְּיַד־מוֹגַיִךְ אֲשֶׁר־אָמְרוּ לְנַפְשֵׁךְ שְׁחִי וְנַעֲבֹרָה וַתָּשִׂימִי כָאָרֶץ גֵּוֵךְ וְכַחוּץ לַעֹבְרִים: (ישעיה נא:כג)

תְּלָמֶיהָ רַוֵּה נַחֵת גְּדוּדֶהָ בִּרְבִיבִים תְּמֹגְגֶנָּה צִמְחָהּ תְּבָרֵךְ: (תהלים סה:יא)

רש"י

אפילו הן לטובתיך משקשקין ליך מן חוביך. כמה דתימא כמשק גבים שוקק בו כלומר מדיחין אותך מעונותיך: ס"א. רדיה מחרישה. ע"כ: **(י) קום התהלך בארץ לארכה ולרחבה.** תני בברייתא הקונה שדה והולך בה הלך בשדה בין לארכה בין לרחבה קנה עד מקום שהלך כדברי רבי אליעזר שהיה ר"א אומר הלוך בשדה קנה מקום הלוכו וחכמים אומרים עד שיחזיק אמר רבי יעקב בר זבדי טעמא דרבי אליעזר מהכא קום התהלך בארץ לארכה ולרחבה הלך בה וקנאה בהלוך אלמא קנה עד מקום שהלך ובבבא בתרא מפרש ולרבנן התם משום חביבותא דאברהם אבינו כדי שתהא נוחה לפני יהושע:

מתנות כהונה

[ט] דייש. הכל דשין עליה: **דממיגין.** [הערוך לא פירשו וענינו לשון מיסמוס ומירוק כד"א נמוגו כל יושבי כנען: **דמלחלחין כו'.** [לקמן פס"ט ל"ג ליה ובפירש"י כתוב] ס"א דמלחלחין מכתיך: **משקשקין.** ממרחין וממרקין וע"ל פרשה ד': **מן חובתיך.** מעונותיך: **רדיה.** כלי מחרישה לא תחרוש תרגום אונקלוס לא תרדי: **ה"ג ר' אחא הא סימן טוב.** בירושלמי דקדושין ובתוספתא פרק שני דב"ב וחכמים אומרים לא קנה עד שיחזיק א"ר יעקב וה"ג בילקוט ועי' במדרש רות בפסוק וזאת לפנים [התהלך בארץ וגו' גרסינן]:

אשד הנחלים

יסוד פשוט ואין בו תועלת רק בצירוף המים כן המה זולת התור' המה כאחד בני אדם רק עם התורה המה מוכנים לשלימות העליונה ומה עפר אף שמיני מתכת המה יפים מעפר עכ"ז העפר מבלה המתכת וא"כ בבחינת הקיום העפר יותר במעלה. כן המה אף שהם שפלים. עכ"ז הם קיימים לעולם באחרית יגבהו ומה עפר כל טובתם אינם אלא ע"י דישה ברגל כי ע"י יתחזקו יחד ולא יתפרדו כן תועלת היסורים מאוד כי זהו עיקר הצירוף להם: **אילן דממיגין דמלחלחין מכתך כו'.** כלומ' לא לרעתך שהם ממיגין אותך רק כמו מי שממיס וממרק המכה אף שיש לו כאב גדול בשעת מעשה עכ"ז טובה ורפואה היא כמו כן מכונה צרתם שעי"ז ירפאו כי נרצה עוונם עי"ז כמו הצמח שכל טובתו הוא ע"י התמוגגת שבתחילה הוא יתמוגג בתוך העפר ואח"כ יצמח וכן ע"י יסורים יצרפו ויזדככו: **מה פלטיא כו'.** היא כמו שבארנו שאמת שהכל דשין על העפר ועושין עמה מה שירצו אבל עכ"ז בבחינת הקיום באחרית היא קיימת כן זרע ישרים באחרית הזמן יתקיימו: **הלך כו'.** מביא הדין היוצא מהפסוק הזה כי התגלות הנבואה הוא כפי הדין המרומז בה:

Chapter 42

וַיְהִי בִּימֵי אַמְרָפֶל מֶלֶךְ שִׁנְעָר אַרְיוֹךְ מֶלֶךְ אֶלָּסָר כְּדָרְלָעֹמֶר מֶלֶךְ עֵילָם וְתִדְעָל מֶלֶךְ גּוֹיִם.

And it happened in the days of Amraphel, king of Shinar; Arioch, king of Ellasar; Chedorlaomer, king of Elam, and Tidal, king of Goiim (14:1).

§1 וַיְהִי בִּימֵי אַמְרָפֶל מֶלֶךְ שִׁנְעָר — ***AND IT HAPPENED IN THE DAYS OF AMRAPHEL, KING OF SHINAR.***

רַבִּי יְהוֹשֻׁעַ דְּסִכְנִין בְּשֵׁם רַבִּי לֵוִי פָּתַח — **R' Yehoshua of Sichnin, in the name of R' Levi, opened** his discourse on our passage with a quote from *Psalms*: "חֶרֶב פָּתְחוּ רְשָׁעִים וְגוֹ׳ חַרְבָּם תָּבוֹא בְלִבָּם וְגוֹ׳" — ***The wicked drew a sword*** *and bent their bows, to bring down the poor and the destitute, to slaughter those of upright ways.* ***Their sword will pierce their own heart*** *and their bows will be broken* (*Psalms* 37:14-15).

R' Yehoshua relates an incident involving a sage who expounded this verse with reference to our passage:

מַעֲשֶׂה בְּרַבִּי אֱלִיעֶזֶר בֶּן הוֹרְקְנוֹס — **It** once **occurred with R' Eliezer ben Hurkanos**[1] שֶׁהָיוּ אֶחָיו חוֹרְשִׁים בַּמִּישׁוֹר וְהוּא חוֹרֵשׁ בָּהָר — **that his brothers were plowing in the plain and he was plowing on a mountain,**[2] וְנָפְלָה פָּרָתוֹ וְנִשְׁבְּרָה — **and his cow** with which he was plowing **fell and** its leg **broke.** אָמַר לְטוֹבָתִי נִשְׁבְּרָה פָּרָתִי — **He said** to himself, "Surely **it is for my** own **good that** the leg of **my cow broke** and I have been forced to stop plowing."[3] בָּרַח וְהָלַךְ לוֹ אֵצֶל רַבָּן יוֹחָנָן בֶּן זַכַּאי — **He fled**[4] **and went to** learn Torah **at** the yeshivah of **Rabban Yochanan ben Zakkai;** וְהָיָה אוֹכֵל קוֹזוֹת אֲדָמָה — **and** because he could not afford to buy food, **he would eat clumps of earth,** עַד שֶׁעָשָׂה פִּיו רֵיחַ רַע — and he did so **until his breath developed a bad odor.** הָלְכוּ וְאָמְרוּ לְרַבִּי יוֹחָנָן בֶּן זַכַּאי — **They went and told R' Yochanan ben Zakkai,** רֵיחַ פִּיו שֶׁל רַבִּי אֱלִיעֶזֶר קָשֶׁה לוֹ — **"The odor of R' Eliezer's breath is difficult** (i.e., unpleasant) **for him."**[5] אָמַר לוֹ — Upon hearing this, **[Rabban Yochanan] said to [R' Eliezer],** כְּשֵׁם שֶׁהִבְאִישׁ רֵיחַ פִּיךָ עַל הַתּוֹרָה — **"Just as the odor of your breath has become foul over** your dedication to **the Torah,** כָּךְ יִהְיֶה רֵיחַ תַּלְמוּדְךָ הוֹלֵךְ מִסּוֹף הָעוֹלָם וְעַד סוֹפוֹ — **so may the** pleasant **'odor' of your Torah learning spread from** one **end of the world to the** other **end!"** לְאַחַר יָמִים עָלָה אָבִיו לְנַדּוֹתוֹ מִנְּכָסָיו — **After** many **days, [R' Eliezer's] father** Hurkanos **came up** to Rabban Yochanan's yeshivah in Jerusalem[6] **for** the purpose of **cutting [R' Eliezer] off from his possessions,**[7] וּמְצָאוֹ יוֹשֵׁב וְדוֹרֵשׁ — **and** when he arrived **he found [R' Eliezer] sitting and expounding** the Torah,[8] וּגְדוֹלֵי מְדִינָה יוֹשְׁבִים לְפָנָיו — **with the** most **prominent men of his country sitting before him** listening to his words — בֶּן צִיצִית הַכֶּסֶת וְנַקְדִּימוֹן בֶּן גּוּרְיוֹן וּבֶן כַּלְבָּא שָׂבוּעַ — namely, **ben Tzitzis HaKeses, Nakdimon ben Gurion, and ben Kalba Savua.**[9] וּמְצָאוֹ יוֹשֵׁב וְדוֹרֵשׁ הַפָּסוּק הַזֶּה — **And he found him sitting and expounding this** particular **verse** from *Psalms*: "חֶרֶב פָּתְחוּ רְשָׁעִים וְגוֹ׳", זֶה אַמְרָפֶל וַחֲבֵירָיו — ***The wicked drew a sword, etc.*** — **this is** an allusion to **Amraphel and his colleagues;**[10] "לְהַפִּיל עָנִי וְאֶבְיוֹן", זֶה לוֹט — ***to bring down the poor and the destitute*** — **this is** an allusion to **Lot;** "לִטְבוֹחַ יִשְׁרֵי דָרֶךְ", זֶה אַבְרָהָם — ***to slaughter those of upright ways*** — **this is** an allusion to **Abraham;**[11]

NOTES

1. According to *Avos DeRabbi Nassan* (6:3), at the time of this incident, R' Eliezer was 22 years old. According to *Pirkei DeRabbi Eliezer* (Ch. 1), he was 28 years old. In any event, until this point he had not studied Torah.

2. R' Eliezer and his brothers were plowing the land of their father Hurkanos, and because he was the strongest of them, R' Eliezer was assigned the most difficult terrain (*Maharzu*, based on *Pirkei DeRabbi Eliezer* ibid.).

3. R' Eliezer had wanted to leave home and go to learn Torah. He took the cow's incapacitation as a sign from Heaven that he should indeed abandon working in the field and pursue his goal of Torah study (*Eitz Yosef* and *Maharzu*, based on *Pirkei DeRabbi Eliezer* ibid., which has a somewhat different version of this incident).

4. From his father, who did not want him to study (see *Pirkei DeRabbi Eliezer* and *Avos DeRabbi Nassan* loc. cit.).

5. [This was a euphemistic way of saying that his breath was unpleasant for *them.*]

6. *Pirkei DeRabbi Eliezer*, Ch. 2.

7. Hurkanos' sons had protested to him, "Our brother Eliezer abandoned you in your old age, yet when the time comes to inherit you he will receive an equal share with us!" (*Rashi*; see also *Pirkei DeRabbi Eliezer*, Ch. 2). Hurkanos therefore sought to disinherit his son, but he wanted Rabban Yochanan's approval (*Eitz Yosef*).

8. *Pirkei DeRabbi Eliezer* and *Avos DeRabbi Nassan* state that initially Rabban Yochanan was expounding, but when he heard that Hurkanos had come, he honored R' Eliezer with the opportunity to expound before the assemblage.

9. These were the three wealthiest men of Jerusalem (*Gittin* 56a; see there for an explanation of how each of these names alluded to the person's wealth and generosity).

10. The term פָּתְחוּ, *drew*, literally means *began.* The verse thus alludes to Amraphel and his colleagues, who were the first to ever wage war (*Rashi* and *Eitz Yosef*, from *Tanchuma, Lech Lecha* §7; see also *Maharzu*).

11. Although it does not seem from the narrative in the Torah that Amraphel's war was directed against Lot and Abraham, the Midrash teaches that this was indeed his purpose. He attacked Sodom in order to endanger Lot and induce Abraham to come to his nephew's rescue, so that he could then defeat Abraham (*Eitz Yosef*; see R' Acha's statement below in section 3). Furthermore: The Midrash below (section 4) identifies Amraphel as Nimrod. Having failed to kill Abraham when he cast him into the fiery furnace (see 38 §13 above; see also section 3 below), Nimrod/Amraphel wanted to try again. See Insight Ⓐ.

INSIGHTS

Ⓐ To Fight Abraham According to a casual reading of Scripture, when Sodom, Gomorrah, and three other nations sought to free themselves from a dozen years of subservience to Chedorlaomer, king of Elam, the latter, joined by three allied kingdoms, set out to crush their rebellion, and quickly overran Sodom and Gomorrah. However, when Abraham learned that his nephew Lot had been taken captive in Sodom, he joined the battle, defeated Chedorlaomer and his allies, and freed Lot. Thus, the motive of this war and the reason for Abraham's involvement therein seem rather clear and straightforward. However, this Midrash seems to offer a very different account, in which Amraphel, king of Shinar, and *his* allies originate the war, in a direct attempt to defeat Lot and his righteous uncle Abraham. Moreover, in several later segments in this chapter the Midrash also seems to indicate that Abraham and his renowned religious views played a central role in both the war and its aftermath.

Seeking to reconcile these contrasting descriptions, the author of *Nachalas Ze'ev* proposes that there was a dual purpose to the war begun by the quartet of kings. On the one hand was indeed the attempt by Chedorlaomer to reassert his political control over the rebellious nations. Thus, as the leader of this aspect of the war, he is listed first among the kings in verses 5, 9, and 17. At the same time, however, Amraphel, king of Shinar, who was none other than Nimrod (as *Rashi* notes in verse 1), had been leading a successful worldwide campaign to uproot the people's belief in God, as indicated by the Sages

פרשה מב

א [יד, א] "**וַיְהִי בִּימֵי אַמְרָפֶל מֶלֶךְ שִׁנְעָר**". **רַבִּי יְהוֹשֻׁעַ דְּסִכְנִין בְּשֵׁם רַבִּי לֵוִי פָּתַח:** (תהלים לז, יד) "**חֶרֶב פָּתְחוּ רְשָׁעִים וְגוֹ'** ", (שם, טו) "**חַרְבָּם תָּבֹא בְלִבָּם וְגוֹ'** ", [א]**מַעֲשֶׂה בְּרַבִּי אֱלִיעֶזֶר בֶּן הוּרְקְנוֹס שֶׁהָיוּ אֶחָיו חוֹרְשִׁים בַּמִּישׁוֹר וְהוּא חוֹרֵשׁ בָּהָר וְנָפְלָה פָּרָתוֹ וְנִשְׁבְּרָה. אָמַר לְטוֹבָתִי נִשְׁבְּרָה °רֶגֶל פָּרָתִי, בָּרַח וְהָלַךְ לוֹ אֵצֶל רַבָּן יוֹחָנָן בֶּן זַכַּאי וְהָיָה אוֹכֵל קוֹזָזוֹת אֲדָמָה עַד שֶׁעָשָׂה פִּיו רֵיחַ רַע. הָלְכוּ וְאָמְרוּ לְרַבִּי יוֹחָנָן בֶּן זַכַּאי רֵיחַ פִּיו שֶׁל רַבִּי אֱלִיעֶזֶר קָשֶׁה לוֹ. אָמַר לוֹ: כְּשֵׁם °שֶׁהִבְאַשְׁתָּ רֵיחַ פִּיךָ עַל הַתּוֹרָה כָּךְ יִהְיֶה רֵיחַ תַּלְמוּדְךָ הוֹלֵךְ מִסּוֹף הָעוֹלָם וְעַד סוֹפוֹ. לְאַחַר יָמִים עָלָה אָבִיו לְנַדּוֹתוֹ מִנְּכָסָיו וּמְצָאוֹ יוֹשֵׁב וְדוֹרֵשׁ וּגְדוֹלֵי °מְדִינָתוֹ יוֹשְׁבִים לְפָנָיו, בֶּן צִיצִית הַכֶּסֶת וְנַקְדִּימוֹן בֶּן גּוּרְיוֹן, וּבֶן כַּלְבָּא שָׂבוּעַ, וּמְצָאוֹ יוֹשֵׁב וְדוֹרֵשׁ הַפָּסוּק הַזֶּה "חֶרֶב פָּתְחוּ רְשָׁעִים וְגוֹ' ", [ב]זֶה אַמְרָפֶל וַחֲבֵירָיו, "לְהַפִּיל עָנִי וְאֶבְיוֹן", זֶה לוֹט, "לִטְבוֹחַ יִשְׁרֵי דָרֶךְ", זֶה אַבְרָהָם, "חַרְבָּם תָּבֹא בְלִבָּם", "וַיֵּחָלֵק עֲלֵיהֶם לַיְלָה הוּא וַעֲבָדָיו וַיַּכֵּם". אָמַר לוֹ אָבִיו: בְּנִי, לֹא עָלִיתִי לְכָאן אֶלָּא לְנַדּוֹתְךָ מִנְּכָסַי, עַכְשָׁיו הֲרֵי כָּל נְכָסַי נְתוּנִים לְךָ מַתָּנָה. אָמַר: הֲרֵי הֵם עָלַי חֵרֶם וְאֵינִי אֶלָּא שָׁוֶה בָּם כְּאֶחָי. דָּבָר אַחֵר, "חֶרֶב פָּתְחוּ רְשָׁעִים וְדָרְכוּ", זֶה אַמְרָפֶל וַחֲבֵירָיו:**

ב וַיְהִי בִּימֵי אַמְרָפֶל, רַבִּי שְׁמוּאֵל בַּר שִׁילַת פָּתַח: (קהלת ה, טו) "**וְגַם זֹה רָעָה חוֹלָה כָּל עֻמַּת שֶׁבָּא כֵּן יֵלֵךְ", [ג]אָמַר רַבִּי שְׁמוּאֵל בַּר שִׁילַת: כְּמָה דַאֲתָא בַּחֲלִיטִין כֵּן הוּא אָזֵיל בַּחֲלִיטִין.**

עץ יוסף

מב (א) **והוא חורש בהר.** שבהר קשה יותר לחרוש: **לטובתי נשברה רגל פרתי.** וכן הלשון בויק"ר פ"ה אלא אבא יודן. ושם הכוונה על שמלא אוצר רב ע"י נפילת הפרה. וכאן הכוונה על שהיה בדעתו לעזוב מלאכתו ובית אביו לילך ללמוד תורה וכשנשברה רגל פרתו ולא היה לו במה לחרוש עוד. אמר הרי הגיע העת לילך. וזהו טובתי. ורגיל בדברי חז"ל למשל על רעה שהוא לטובה (יפ"ת): **אצל ר' יוחנן בן זכאי.** ללמוד תורה. ומפני עניותו שלא היה לו מה שיאכל היה אוכל קוזזות אדמה. ופרש"י קוזזות פי' קלילות חתיכות: **לנדותו מנכסיו.** שלא יירש עם אחיו. שחשב שהליכתו ממלאכתו להיות מיושבי קרנות ועלה לפני ריב"ז לנדותו בהסכמתו: **בן ציצית הכסת כו'.** כולם שמות גדולי ירושלים: **זה אמרפל וחביריו.** שעדיין לא היה מלחמה בעולם באו אלו ופתחו בחרב ועשו מלחמה (תנחומא). וזהו לשון פתחו: **זה לוט כו' זה אברהם.** שעיקר כוונתם בשביל לוט כדי שיבא אברהם דודו לגאלו ויפול בידם וכדאמר ר' אחא בסמוך סי' ד': **חרבם תבא בלבם.** כלומר מה שחשבו לעשות לאברהם נהפך עליהם: **נתונים לך במתנה.** משום דהיה ת"ח. אי נמי על שאחיו יעצו את אביו לנדותו מנכסיו כדאיתא בפדר"א לכן רצה אביהם לעשות להם כאשר זממו: **הם עלי חרם.** כדי שלא יהנה מד"ת ולא רצה ליטול אלא שוה כאחיו: [ב] **דבר אחר חרב פתחו רשעים ודרכו זה אמרפל וחביריו.** כל זה מיותר ולא גרסינן ליה: (ב) **כמה דאתי בחליטין.** המת"כ בק"ר פי' מלשון רקיקין דקין כמ"ש בברכות חלוט שחלטו ברותחין. והכוונה על הילד אחר שנה שמאכילין אותו מאכלים דקים. וכן הזקנים. והיפ"ת ונזה"ק

פירוש מהרז"ו

מב (א) **מעשה בר' אליעזר.** פרקי ר"א פרק א' אבות דר"נ פרק ו' בא"ח ובילקוט כאן כמו במדרש כאן: **והוא חורש בהר.** שבהר יקשה יותר לחרוש ור"א לחוזק כחו חרש בהר ועי' בריש פר"א שם: **לטובתי נשברה רגל פרתי.** וכן הלשון בויק"ר פר' ה' ריש סימן ב' אלא אבא יודן ושם הכוונה על שמלא אוצר רב ע"י נפילת הפרה. וכאן הכוונה על שהיה בדעתו לעזוב מלאכתו ובית אביו לילך ללמוד תורה וכשנשברה רגל פרתו ולא היה לו במה לחרוש עוד אמר הרי הגיע העת לילך וזהו טובתו שזהו רצונו. ורגיל בדברי חז"ל למשל על רעה שהיא לטובה: **קוזזות אדמה.** עי' ערוך ערך קזז והוא עפר אדום. ועי' שבת דף קי"ג שאסור לאכול אדמה מפני שהוא מלקה: **כשם שהבאיש.** ע"פ מדת מנגד. והוקשה לו לשון פתחו. ודורש ע"פ מדה י"ז על מלחמת אמרפל הראשונה שנזכרה בתורה שהיתה בעולם וזהו לשון פתחו וכן מצאתי בילקוט תהלים ל"ז וז"ל עד עכשיו לא היה מלחמה בעולם ועמדו ופתחו שנאמר עשו מלחמה פי' שהם עשו ותקנו ענין המלחמה: **זה אברהם.** כדלקמן סימן ג' שעיקר כוונתו היה על אברהם: (ב) **גם זו רעה חולה.** קהלת רבה: **כמה דאתא בחליטין.** חפשתי ולא מצאתי פירושו ועי' מ"כ בקה"ר שם שפירושו מלשון רקיקין דקין כמ"ש ברכות חלוט שחלטו ברותחין ואולי הכוונה על הילד אחר שנה שמאכילין אותו מאכלים דקים וכן הזקנים:

חידושי הרד"ל

(א) [א] **ומצאו יושב ודורש הפסוק הזה.** אפשר הקרה ה' לפניו דרשת הפסוק הזה. שישמע אביו שהוא רומז על ענין אחיו של ר"א שרצו להפיל עני ואביון זה ר"א שינדהו אביו מנכסיו. והפך ה' לבבו שחרבם תבא בלבם שאדרבה אמר אביו כל נכסי נתונים לך במתנה:

(ב) **להפיל עני ואביון זה לוט.** שלא רצו להרגו רק לקחוהו בשבי ולקחו רכושו והשאירוהו עני ואביון. ולאברהם ישרי דרך חשבו לטבחו ולהרגו:

באור מהרי"פ

א דבר אחר חרב פתחו כו'. ל"ג לי' אלא ה"ה ויהי בימי אמרפל רשב"ש פתח כו' (יפ"ת):

מסורת המדרש

א פדר"א פרק א'. אדר"נ פרק ו'. ילקוט כאן רמז ע"ב:

ב תנחומא כאן סימן ז'. ילקוט תהלים רמז תר"ל:

ג קה"ר פרשה ה'. ילקוט כאן רמז ע"ב:

אם למקרא

חֶרֶב פָּתְחוּ רְשָׁעִים וְדָרְכוּ קַשְׁתָּם לְהַפִּיל עָנִי וְאֶבְיוֹן לִטְבוֹחַ יִשְׁרֵי־דָרֶךְ: (תהלים לז:יד)

חֶרֶב פָּתְחוּ רְשָׁעִים וְדָרְכוּ קַשְׁתָּם לְהַפִּיל עָנִי וְאֶבְיוֹן לִטְבוֹחַ יִשְׁרֵי־דָרֶךְ: חַרְבָּם תָּבוֹא בְלִבָּם וְקַשְּׁתוֹתָם תִּשָּׁבַרְנָה: (תהלים לז:יד-טו)

וְגַם־זֹה רָעָה חוֹלָה כָּל־עֻמַּת שֶׁבָּא כֵּן יֵלֵךְ וּמַה־יִּתְרוֹן לוֹ שֶׁיַּעֲמֹל לָרוּחַ: (קהלת ה:טו)

רש"י

מב [א] **קוזזות אדמה.** חתיכות כמו קלילות: **עלה אביו לנדותו.** שאחיו קטרגו עליו ואמרו לו ראית אלעזר בנך שהניחך לעת זקנותך שאינו משמשך היום ולמחר לאחר פטירתך יחלוק עמנו בנכסיך: באבות דר' נתן מפרש ציצית הכסף וכן כתוב שם ציצת הכסף ומפרש לפי שהיה מסב על מטות של זהב וכסף נקרא ציצת הכסף ומפרש בגיטין: **נקדימון.** שנקדה לו חמה בעבורו: **בן כלבא שבוע.** שכל הנכנס לביתו רעב ככלב יוצא שבע: **מפרש בתנחומא חרבם תבא בלבם.** אלו ארבעה מלכים שעד עכשיו לא היה חרב בעולם ובאו הם ופתחו בחרב כדכתיב חרב פתחו רשעים לפיכך חרבם תבא בלבם. [ג] ס"א. **כמה שהוא אתי בחליטין.** בחטיפה. כמו שחטפו הדבר במהרה כמו וימהרו ויחלטו הממנו. ס"א. ושבו אל שדה העמלקי. וגם את שדי האמורי

מתנות כהונה

מב [א] **ה"ג אמר לטובתו ולעצמו אמר בלבו כן: קוזזות.** פירש רש"י כמו קלילות חתיכות ובערוך פי' מין אדמה אדומה ומפני שלא היה לו מה לאכול וע' כל המעשה משלם באבות דר' נתן פ"ו: **לנדותו.** פירש רש"י אחיו קטרגו עליו ואמרו לאביו הרי הניחך לעת זקנתך ולאחר מותך יטול בנכסך עמנו שוה בשוה ועלה לפני ר' יוחנן בן זכאי לנדותו בהסכמתו: **בן ציצית הכסת כו'.** כולם שמות גדולי ירושלים כדאמרינן בפרק הניזקין: **הרי הם עלי חרם.** כדי שלא יהנה מד"ת ואיני רוצה ליטול אלא שוה כו'. ובילקוט גרס הרי הם עלי חרם אלא שוה כו': **זה אמרפל וחבריו כו' גרסינן.** ועיין בתנחומא פרשה זו מסיים עד שלא בא אמרפל וחביריו לא היה חרב בעולם באו ופתחו בחרב אמר הקב"ה אתם פותחים בחרב להפיל כו' חרבם תבא בלבם ויחלק עליהם לילה וגו': [ב] **בחליטין.** הערוך הביאו ערך חלט ומשמע פירושו כשם שהאדם בא לעולם רך וחלש וצריך למאכלות דקים כן לעת זקנתו נעשה רך וחלש וצריך

אשד הנחלים

מב [א] **חרב פתחו כו' עני ואביון כו' זה אברהם כו'.** יש להבין ומדוע אחזו דווקא בזו המלחמה באמרפל ולוט. ויתכן דדייקו מלת הפתיחה הנאמר פה. ולכן מפרש על אמרפל שהוא היה ראשית הלוחם בעולם. והוא הי' הפותח החרב להרוג איש את רעהו. והנה בערכם הי' לוט איש טוב עניו ונכנע וכל כוונתו הי' ג"כ להרוג אברהם לכן חרבם תבוא בלבם כי הכם אברהם ועיין במ"כ בשם תנחומא. מפורש שעד שלא בא אמרפל לא הי' חרב בעולם: **ד"א זה אמרפל וחביריו.** היא היא רק שניתוסף לשון חביריו כלומ' חביריו כדוגמתו שהיו פותחין בחרב חינם: **[ב] בחליטין.** עיין במ"כ בשם הערוך. ופירושו לפי דרכו אם נאמר שתכלית חיי האדם הוא חיי עוה"ז א"כ איננו מאושר

"חַרְבָּם תָּבֹא בְלִבָּם", "וַיֵּחָלֵק עֲלֵיהֶם לַיְלָה הוּא וַעֲבָדָיו וַיַּכֵּם" – *their sword will pierce their own heart* – this alludes to what is stated below regarding Abraham's battle against Amraphel's army (v. 15), *And he (Abraham) with his servants deployed against them at night and struck them.*[12] אָמַר לוֹ אָבִיו – **[R' Eliezer's] father said to him,** בְּנִי, לֹא עָלִיתִי לְכָאן אֶלָּא לְנַדּוֹתְךָ מִנְּכָסַי – **"My son, I** originally **came here specifically to cut you off from my possessions;** עַכְשָׁיו הֲרֵי כָּל נְכָסַי נְתוּנִים לְךָ מַתָּנָה – but **now,** I say, **All my possessions are hereby given to you as a gift!"**[13] אָמַר: הֲרֵי הֵם עָלַי חֵרֶם וְאֵינִי אֶלָּא שָׁוֶה בָּם כְּאֶחָי – **He replied, "They are hereby** like a ***cherem***[14] **to me, and I shall be no more than equal with my brothers in** sharing **them."**

דָּבָר אַחֵר, "חֶרֶב פָּתְחוּ רְשָׁעִים וְדָרְכוּ" – **Another interpretation:** ***The wicked drew a sword and bent*** *their* ***bows*** – זֶה אַמְרָפֶל וַחֲבֵירָיו – **this is** an allusion to **Amraphel and his colleagues.**[15]

§2 וַיְהִי בִּימֵי אַמְרָפֶל – *AND IT HAPPENED IN THE DAYS OF AMRAPHEL.*

The Midrash cites two expositions of a verse in *Ecclesiastes.* The second relates the verse to our passage:

רַבִּי שְׁמוּאֵל בַּר שִׁילַת פָּתַח – **R' Shmuel bar Shilath opened** his discourse on our passage with an analysis of the following verse: "וְגַם זֹה רָעָה חוֹלָה כָּל עֻמַּת שֶׁבָּא כֵּן יֵלֵךְ" – ***This, too, is a sickening evil: Exactly as [man] came he departs,*** *and what did he gain by toiling for the wind* (*Ecclesiastes* 5:15). אָמַר רַבִּי שְׁמוּאֵל בַּר שִׁילַת – **R' Shmuel bar Shilath said:** כְּמָה דַּאֲתָא בַּחֲלִיטִין כֵּן הוּא אָזִיל בַּחֲלִיטִין – **Just as it comes quickly, so does it go quickly.**[16]

NOTES

12. Amraphel's plot ultimately led to his own downfall, so figuratively speaking his own sword pierced his heart. [This concludes R' Eliezer's exposition of the verse in *Psalms.*]

Radal suggests that R' Eliezer's explanation of the verse in *Psalms* bore relevance to the incident at hand (i.e., the incident being related by R' Yehoshua concerning R' Eliezer): R' Eliezer's brothers plotted to have him disinherited, but their scheme would end up hurting only them, as the Midrash proceeds to recount.

13. And your brothers shall receive nothing at all. Hurkanos did this in recognition of R' Eliezer's stature as a Torah scholar. Alternatively, he did it to punish his other sons for their scheme (*Eitz Yosef*).

14. Something dedicated to God, forbidden for any personal use. This expression is used to create a *neder* (vow) prohibiting something upon oneself for benefit (see *Nedarim* 18b). R' Eliezer refused his father's gift because he did not want to receive any material benefit for his Torah study (*Eitz Yosef*). He therefore declared anything *more* than his rightful share prohibited upon himself (*Matnos Kehunah*).

15. This sentence appears to be superfluous. Indeed, *Os Emes* and *Yefeh To'ar* delete it.

16. The Midrash is referring to the four kings' conquests (described in verses 1-12). They came easily and quickly to them, but Abraham defeated them (verses 14-16) and restored the original status quo just as quickly (*Rashi*).

Alternatively, this enigmatic line may be interpreted: **"Just as [man] comes** into this world (as a baby) **requiring soft, liquidy food, so does he go out** of the world (as an old man) **requiring soft, liquidy food"** (*Matnos Kehunah*). Or it may be interpreted: **"Whatever comes** into a man's possession **forcibly** (i.e., unjustly, through theft) **will** ultimately **leave** his possession **forcibly"** (*Yefeh To'ar*, first interpretation).

[According to the last two interpretations, R' Shmuel bar Shilath's exposition of the *Ecclesiastes* verse is *not* related to our passage. Yet the Midrash said that R' Shmuel bar Shilath "opened his discourse on our passage" with this exposition. It would seem, then, that R' Avin's exposition of the *Ecclesiastes* verse (which follows) – which *does* relate the verse to our passage – was *also* cited by R' Shmuel bar Shilath when he "opened his discourse." Alternatively, we may explain that R' Shmuel bar Shilath "opened his discourse" on a *different* topic with this exposition; our Midrash quotes him because it wishes to cite R' Avun's *response* to him. (See also *Yefeh To'ar*.)]

INSIGHTS

in numerous locations. But as Abraham began to teach the nations about the existence of a single, omnipresent and omnipotent God, and as word spread that his followers often garnered Divine protection and miraculous success, Nimrod's antireligious crusade and his dominance over the minds of the nations began to falter, and even those who continued to worship idols began to believe that there was a uniform God who rules over all.

When even the evil Sodom and Gomorrah began to reject Nimrod's heretical views, he assumed that this was caused by Abraham's nephew and pupil Lot, and therefore set out to destroy him and his uncle. Thus, his main goal in joining the alliance with Chedorlaomer was not to restore the latter's political dominance over the five nations, but rather to reestablish his own dominance over the religious views of these people. This explains why Nimrod is referred to here as Amraphel — which alludes to his having thrown Abraham into the burning furnace because of his belief in God (see *Rashi*) — and why he is listed first among the five kings in verse 1. For he was at the forefront in waging the religious component of the war, seeking to destroy Abraham and his beliefs once and for all, after having failed to do so earlier.

[Indeed, according to *Pirkei DeRabbi Eliezer* (Ch. 27), the true reason for seizing the entire wealth of Sodom was merely to insure that Lot and his wealth were captured, thus forcing Abraham to enter the battlefield, where he could be captured and defeated. This also explains why all the idolaters turned to Abraham at war's end and asked him to be their king, their leader, and their god, as the Midrash states below (43 §7). For his stunning and miraculous victory against those who sought specifically to destroy him and his beliefs led the nations to recognize that his was indeed the true God.]

Nachalas Ze'ev further bolsters his view by pointing to *Ramban's* statement that Scripture relates the story of Abraham and the war of the four kingdoms in order to presage what his descendants would experience vis-à-vis these very nations in later generations, when the future empires of Babylonia, Persia, Greece, and Rome would each rule over the Jews for a period of time, but would ultimately be defeated by them. Since Abraham's defeat of these kingdoms was a victory for the monotheistic belief in God over the atheistic views of Nimrod and his followers, it follows that it would serve as an indicator of future subservience to, and ultimate defeat of, these empires by Israel.

פרשה מב

א [יד, א] "וַיְהִי בִּימֵי אַמְרָפֶל מֶלֶךְ שִׁנְעָר". רַבִּי יְהוֹשֻׁעַ דְּסִכְנִין בְּשֵׁם רַבִּי לֵוִי פָּתַח: (תהלים לז, יד) "חֶרֶב פָּתְחוּ רְשָׁעִים וְגוֹ'", (שם, טו) "חַרְבָּם תָּבֹא בְלִבָּם וְגוֹ'", [א]מַעֲשֶׂה בְּרַבִּי אֱלִיעֶזֶר בֶּן הוֹרְקְנוֹס שֶׁהָיוּ אֶחָיו חוֹרְשִׁים בַּמִּישׁוֹר וְהוּא חוֹרֵשׁ בָּהָר וְנָפְלָה פָּרָתוֹ וְנִשְׁבְּרָה. אָמַר לְטוֹבָתִי נִשְׁבְּרָה °רֶגֶל פָּרָתִי, בָּרַח וְהָלַךְ לוֹ אֵצֶל רַבָּן יוֹחָנָן בֶּן זַכַּאי וְהָיָה אוֹכֵל קוֹזְזוֹת אֲדָמָה עַד שֶׁעָשָׂה פִּיו רֵיחַ רַע. הָלְכוּ וְאָמְרוּ לְרַבִּי יוֹחָנָן בֶּן זַכַּאי רֵיחַ פִּיו שֶׁל רַבִּי אֱלִיעֶזֶר קָשֶׁה לוֹ. אָמַר לוֹ: כְּשֵׁם °שֶׁהִבְאַשְׁתָּ רֵיחַ פִּיךָ עַל הַתּוֹרָה כָּךְ יְהְיֶה רֵיחַ תַּלְמוּדְךָ הוֹלֵךְ מִסּוֹף הָעוֹלָם וְעַד סוֹפוֹ. לְאַחַר יָמִים עָלָה אָבִיו לְנַדּוֹתוֹ מִנְּכָסָיו וּמְצָאוֹ יוֹשֵׁב וְדוֹרֵשׁ וּגְדוֹלֵי °מְדִינָתוֹ יוֹשְׁבִים לְפָנָיו, בֶּן צִיצִית הַכֶּסֶת וְנַקְדִּימוֹן בֶּן גּוּרְיוֹן, וּבֶן כַּלְבָּא שָׂבוּעַ, וּמְצָאוֹ יוֹשֵׁב וְדוֹרֵשׁ הַפָּסוּק הַזֶּה "חֶרֶב פָּתְחוּ רְשָׁעִים וְגוֹ'", [ב]זֶה אַמְרָפֶל וַחֲבֵירָיו, "לְהַפִּיל עָנִי וְאֶבְיוֹן", זֶה לוֹט, "לִטְבוֹחַ יִשְׁרֵי דָרֶךְ", זֶה אַבְרָהָם, "חַרְבָּם תָּבֹא בְלִבָּם", "וַיֵּחָלֵק עֲלֵיהֶם לַיְלָה הוּא וַעֲבָדָיו וַיַּכֵּם". אָמַר לוֹ אָבִיו: בְּנִי, לֹא עָלִיתִי לְכָאן אֶלָּא לְנַדּוֹתְךָ מִנְּכָסַי, עַכְשָׁיו הֲרֵי כָּל נְכָסַי נְתוּנִים לְךָ מַתָּנָה. אָמַר: הֲרֵי הֵם עָלַי חֵרֶם וְאֵינִי אֶלָּא שָׁוֶה בָּם כְּאֶחָי. דָּבָר אַחֵר, "חֶרֶב פָּתְחוּ רְשָׁעִים וְדָרְכוּ", זֶה אַמְרָפֶל וַחֲבֵירָיו:

ב וַיְהִי בִּימֵי אַמְרָפֶל, רַבִּי שְׁמוּאֵל בַּר שִׁילַת פָּתַח: (קהלת ה, טו) "וְגַם זֹה רָעָה חוֹלָה כָּל עֻמַּת שֶׁבָּא כֵּן יֵלֵךְ", [ג]אָמַר רַבִּי שְׁמוּאֵל בַּר שִׁילַת: כְּמָה דְאַתְּ אָתָא בַּחֲלִיטִין כֵּן הוּא אָזֵיל בַּחֲלִיטִין.

עץ יוסף

מב (א) והוא חורש בהר. שבהר קשה יותר לחרוש: **לטובתי נשברה רגל פרתי.** וכן הלשון בויק"ר פ"ה אלא אבא יודן. ושם הכוונה על שמלא אוצר רב ע"י נפילת הפרה. וכאן הכוונה על שהיה בדעתו לעזוב מלאכתו ובית אביו לילך ללמוד תורה וכשנשברה רגל פרתו ולא היה לו במה לחרוש עוד. אמר הרי הגיע העת לילך. וזהו טובתי. ורגיל בדברי חז"ל למשל על רעה שהוא לטובה (יפ"ת): **אצל ר' יוחנן בן זכאי.** ללמוד תורה. ומפני עניותו שלא היה לו מה שיאכל היה אוכל קוזזות אדמה. ופרש"י קוזזות פי' קילות חתיכות: **לנדותו מנכסיו.** שלא יירש עם אחיו. שחשב שהליכתו ממלאכתו להיות מיושבי קרנות ועלה לפני ריב"ז לנדותו בהסכמתו: **בן ציצית הכסת כו'.** כולם שמות גדולי ירושלים: **זה אמרפל וחביריו.** שעדיין לא היה מלחמה בעולם באו אלו ופתחו בחרב ועשו מלחמה (תנחומא). וזהו לשון פתחו: **זה לוט כו' זה אברהם.** שעיקר כוונתם בשביל לוט כדי שיבא אברהם דודו לגאלו ויפול בידם וכדאמר ר' אחא בסמוך סי' ד': **חרבם תבא בלבם.** כלומר מה שחשבו לעשות לאברהם נהפך עליהם: **נתונים לך במתנה.** משום דהיה ת"ח. אי נמי על שאחיו יעצו את אביו לנדותו מנכסיו כדאיתא בפדר"א לכן רצה אביהם לעשות להם כאשר זממו: **הם עלי חרם.** כדי שלא יהנה מד"ת ולא רצה ליטול אלא שוה כאחיו: **[ב] דבר אחר חרב פתחו רשעים ודרכו זה אמרפל וחביריו.** כל זה מיותר ולא גרסינן ליה: **(ב) כמה דאתי בחליטין.** המת"כ בק"ר פי' מלשון רקיקין דקין כמ"ש בברכות חלוט שחלטו ברותחין. והכוונה על הילד אחר שנה שמאכילין אותו מאכלים דקים. וכן הזקנים. והיפ"ת ונזה"ק

פירוש מהרז"ו

מב (א) מעשה בר' אליעזר. פרקי ר"א פרק א' אבות דר"נ פרק ו' בא"א ובילקוט כאן כמו במדרש כאן: **והוא חורש בהר.** שבהר יקשה יותר לחרוש ור"א לחוזק כחו חרש בהר ועי' בריש פר"א שם: **לטובתי נשברה רגל פרתי.** וכן הלשון בויק"ר פר' ה' ריש סימן ב' אלא אבא יודן ושם הכוונה על שמלא אוצר רב ע"י נפילת הפרה. וכאן הכוונה על שהיה בדעתו לעזוב מלאכתו ובית אביו לילך ללמוד תורה וכשנשברה רגל פרתו ולא היה לו במה לחרוש עוד אמר הרי הגיע העת לילך וזהו טובתו שזהו רצונו. ורגיל בדברי חז"ל למשל על רעה שהיא לטובה: **קוזזות אדמה.** עי' ערוך ערך קזז והוא עפר אדום. ועי' שבת דף קי"ג שאסור לאכול אדמה מפני שהוא מלקה: **כשם שהבאיש.** ע"פ מדת מנגד. והוקשה לו לשון פתחו. ודורש ע"פ מדה י"ז על מלחמת אמרפל הראשונה שנזכרה בתורה שהיתה בעולם וזהו לשון פתחו וכן מצאתי בילקוט תהלים ל"ז וז"ל עד עכשיו לא היה מלחמה בעולם ועמדו ופתחו שנאמר עשו מלחמה פי' שהם עשו ותקנו ענין המלחמה: **זה אברהם.** כדלקמן סימן ג' שעיקר כוונתו היה על אברהם: **(ב) גם זו רעה חולה.** קהלת רבה: **כמה דאתא בחליטין.** חפשתי ולא מצאתי פירושו ועי' מ"כ בקה"ר שם שפירושו מלשון רקיקין דקין כמ"ש ברכות חלוט שחלטו ברותחין ואולי הכוונה על הילד אחר שנה שמאכילין אותו מאכלים דקים וכן הזקנים:

חידושי הרד"ל

(א) [א] **ומצאו יושב ודורש הפסוק הזה.** אפשר הקרה ה' לפניו דרשת הפסוק הזה. שישמע אביו שהוא רומז על ענין אחיו של ר"א שרצו להפיל עני ואביון זה ר"א שינדהו אביו מנכסיו. והפך ה' לבבו שחרבם תבא בלבם שאדרבה אמר אביו כל נכסי נתונים לך במתנה:

(ב) **להפיל עני ואביון זה לוט.** שלא רצו להרגו רק לקחוהו בשבי ולקחו רכושו והשאירוהו עני ואביון. ולאברהם ישרי דרך חשבו לטבחו ולהרגו:

באור מהרי"פ

א דבר אחר חרב פתחו כו'. ל"ג לי' אלא ה"ה ויהי בימי אמרפל רשב"ש פתח כו' (יפ"ת):

מסורת המדרש

א פדר"א פרק א'. אדר"נ פרק ו'. ילקוט כאן רמז ע"ב:
ב תנחומא כאן סימן ז'. ילקוט תהלים רמז תר"ל:
ג קה"ר פרשה ה'. ילקוט כאן רמז ע"ב:

אם למקרא

חֶרֶב פָּתְחוּ רְשָׁעִים וְדָרְכוּ קַשְׁתָּם לְהַפִּיל עָנִי וְאֶבְיוֹן לִטְבוֹחַ יִשְׁרֵי־דָרֶךְ: (תהלים לז:יד)

חֶרֶב פָּתְחוּ רְשָׁעִים וְדָרְכוּ קַשְׁתָּם לְהַפִּיל עָנִי וְאֶבְיוֹן לִטְבוֹחַ יִשְׁרֵי־דָרֶךְ: חַרְבָּם תָּבוֹא בְלִבָּם וְקַשְּׁתוֹתָם תִּשָּׁבַרְנָה: (תהלים לז:יד-טו)

וְגַם־זֹה רָעָה חוֹלָה כָּל־עֻמַּת שֶׁבָּא כֵּן יֵלֵךְ וּמַה־יִּתְרוֹן לוֹ שֶׁיַּעֲמֹל לָרוּחַ: (קהלת ה:טו)

רש"י

מב [א] קוזזות אדמה. חתיכות כמו קילות: **עלה אביו לנדותו.** שאחיו קטרגו עליו ואמרו לו ראית אלעזר בנך שהניחך לעת זקנותך שאינו משמשך היום ולמחר לאחר פטירתך יחלוק עמנו בנכסיך: באבות דר' נתן מפרש ציצית הכסף וכן כתוב שם ציצת הכסף ומפרש לפי שהיה מסב על מטות של זהב וכסף נקרא ציצת הכסף ומפרש בגיטין: **נקדימון.** שנקדה לו חמה בעבורו: **בן כלבא שבוע.** שכל הנכנס לביתו רעב ככלב יוצא שבע: **מפרש בתנחומא חרבם תבא בלבם.** אלו ארבעה מלכים שעד עכשיו לא היה חרב בעולם ובאו הם ופתחו בחרב כדכתיב חרב פתחו רשעים לפיכך חרבם תבא בלבם. [ב] ס"א. **כמה שהוא אתי בחליטין.** בחטיפה. כמו שחטפו הדבר במהרה כמו וימהרו ויחלטו הממנו. ס"א. ושבו אל שדה העמלקי. וגם את שדי האמורי

מתנות כהונה

מב [א] ה"ג אמר לטובתו ולעצמו אמר בלבו כן: קוזזות. פירש רש"י כמו קילות חתיכות ובערוך פי' מין אדמה אדומה ומפני שלא היה לו מה לאכול ועי' כל המעשה מפלש באבות דר' נתן פ"ו: **לנדותו.** פירש רש"י אחיו קטרגו עליו ואמרו לאביו הרי הניחך לעת זקנתך ולאחר מותך יטול בנכסך עמנו שוה בשוה ועלה לפני ר' יוחנן בן זכאי לנדותו בהסכמתו: **בן ציצית הכסת כו'.** כולם שמות גדולי ירושלים כדאמרינן בפרק הניזקין: **הרי הם עלי חרם.** כדי שלא יהנה מד"ת ואיני רוצה ליטול אלא שוה כו'. ובילקוט גרס הרי הם עלי חרם אלא שוה כו': **זה אמרפל וחבריו כו' גרסינן.** ועיין בתנחומא פרשה זו מסיים עד שלא בא אמרפל וחביריו לא היה חרב בעולם באו ופתחו בחרב אמר הקב"ה אתם פותחים בחרב להפיל כו' חרבם תבא בלבם ויחלק עליהם לילה וגו': **[ב] בחליטין.** הערוך הביאו ערך חלט ומשמע פירושו כשם שהאדם בא לעולם רך וחלש וצריך למאכלות דקים כן לעת זקנתו נעשה רך וחלש וצריך

אשד הנחלים

מב [א] חרב פתחו כו' עני ואביון כו' זה אברהם כו'. יש להבין ומדוע אחזו דווקא בזו המלחמה באמרפל ולוט. ויתכן דדייקו מלת הפתיחה הנאמר פה. ולכן מפרש על אמרפל שהוא היה ראשית הלוחם בעולם. והוא הי' הפותח החרב להרוג איש את רעהו. והנה בערכם הי' לוט איש טוב עניו ונכנע וכל כוונתו הי' ג"כ להרוג אברהם לכן חרבם תבוא בלבם כי הכם אברהם ועיין במ"כ בשם תנחומא. מפורש שעד שלא בא אמרפל לא הי' חרב בעולם: **ד"א זה אמרפל וחביריו.** היא היא רק שניתוסף לשון חביריו כלומ' חביריו כדוגמתו שהיו פותחין בחרב חינם: **[ב] בחליטין.** עיין במ"כ בשם הערוך. ופירושו לפי דרכו אם נאמר שתכלית חיי האדם הוא חיי עוה"ז א"כ איננו מאושר

אָמַר רַבִּי אָבוּן — **R' Avun said:** כְּשֵׁם שֶׁפָּתַח בְּד׳ מַלְכֻיּוֹת כָּךְ אֵינוֹ חוֹתֵם אֶלָּא בְּד׳ מַלְכֻיּוֹת — **Just as it**[17] **began with** the defeat of **four kingdoms, so it ends with** the defeat of **four kingdoms.**[18] "אֶת כְּדָרְלָעֹמֶר מֶלֶךְ עֵילָם וְתִדְעָל מֶלֶךְ גּוֹיִם וְאַמְרָפֶל מֶלֶךְ שִׁנְעָר וְאַרְיוֹךְ מֶלֶךְ אֶלָּסָר" — It began with the defeat of four kingdoms, as it is written, ***Chedorlaomer, king of Elam; Tidal, king of Goiim; Amraphel, king of Shinar; and Arioch, king of Ellasar*** (below, v. 9). כָּךְ אֵינוֹ חוֹתֵם אֶלָּא בְּד׳ מַלְכֻיּוֹת — And **so it ends with** the defeat of **four kingdoms** — מַלְכוּת בָּבֶל וּמַלְכוּת מָדַי וּמַלְכוּת יָוָן וּמַלְכוּת אֱדוֹם — **the kingdom of Babylonia, the kingdom of** Persia/**Media, the kingdom of Greece, and the kingdom of Edom.**[19]

The Midrash now cites an exposition that relates a verse in *Micah* to our passage:

רַבִּי פִּנְחָס בְּשֵׁם רַבִּי אֵיבוּ פָּתַח — **R' Pinchas, in the name of R' Eivu, opened** his discourse on our passage with an exposition of the following verse: "וְהֵמָּה לֹא יָדְעוּ מַחְשְׁבוֹת ה׳ וְלֹא הֵבִינוּ עֲצָתוֹ כִּי קִבְּצָם כֶּעָמִיר גֹּרְנָה" — ***But they do not know the thoughts of HASHEM and do not understand His plan — for He has gathered them like sheaves to the threshing floor*** (*Micah* 4:12). לָמָּה כָּל אֵלֶּה חָבְרוּ אֶל עֵמֶק הַשִּׂדִּים — **Why did all these** kings **join together at the Valley of Siddim** (see v. 3)? כְּדֵי שֶׁיָּבוֹאוּ וְיִפְּלוּ בְּיַד אַבְרָהָם — **So that they should** all **come and fall by the hand of Abraham.**[20] הֲדָא הוּא דִכְתִיב "וַיְהִי בִּימֵי אַמְרָפֶל וגו׳" — **Thus it is written, *And it happened in the days of Amraphel, etc.***

§3 דָּבָר אַחֵר "וַיְהִי בִּימֵי אַמְרָפֶל" — **Another interpretation: *And it happened in the days of Amraphel.*** רַבִּי תַּנְחוּמָא בְּשֵׁם רַבִּי חִיָּיא רַבָּה וְרַבִּי בֶּרֶכְיָה בְּשֵׁם רַבִּי אֶלְעָזָר — **R' Tanchuma** said **in the name of R' Chiya the Great, and R' Berechyah** said it **in the name of R' Elazar:** זֶה הַמִּדְרָשׁ עָלָה בְּיָדֵינוּ מֵהַגּוֹלָה — **This** principle of **exegesis was brought up with us** to *Eretz Yisrael* **from the exile** in Babylonia.[21] בְּכָל מָקוֹם שֶׁנֶּאֱמַר "וַיְהִי בִּימֵי" צָרָה — **Anywhere it is stated** in Scripture, ***And it happened in the days of...***, **it is** indicative that some **misfortune** is about to be related.[22]Ⓐ אָמַר רַבִּי שְׁמוּאֵל בַּר נַחְמָן: וַחֲמִשָּׁה הֵן[23] — **R' Shmuel bar Nachman said: There are five** instances in Scripture where this phrase is found.

The Midrash enumerates and discusses the five instances: The first instance:

"וַיְהִי בִּימֵי אַמְרָפֶל" — It is stated, ***And it happened in the days of Amraphel.*** וּמָה צָרָה הָיְתָה שָׁם? "עָשׂוּ מִלְחָמָה" — **And what misfortune occurred there? *That these made war*...** (v. 2).[24] מָשָׁל לְאוֹהֲבוֹ שֶׁל מֶלֶךְ שֶׁהָיָה שָׁרוּי בִּמְדִינָה וּבִשְׁבִילוֹ נִזְקַק הַמֶּלֶךְ לַמְּדִינָה — This incident may be illustrated through **a parable.** It may be compared **to a friend of the king who lived in a** certain **province, and on his account the king would** occasionally **have** favorable **dealings with the province.** וְכֵיוָן שֶׁבָּאוּ בַּרְבָּרִים לִיזָּקֵק לוֹ — **Once some barbarians came to "deal with" him,**[25]

NOTES

17. The history of Abraham and his descendants.

18. These four kingdoms waged war against Abraham (see above) but were ultimately defeated. So too, in Jewish history there were to be four kingdoms who would subjugate Israel but would ultimately be defeated. This is what the verse alludes to when it says, *Exactly as [history] came it departs.*

19. This is a recurrent theme in the Book of *Daniel*: there will be four successive kingdoms that would overpower and subjugate Israel, but in the End of Days the Messiah would come and defeat them all and restore sovereignty to Israel. The first three of these Four Kingdoms are identified (see *Daniel* 2:38-40 and 8:20-21) as Babylonia, Persia/Media, and Greece; the fourth is left unspecified but is identified by the Sages as Edom (which they in turn identify with Rome).

[See below, section 4, where the Midrash expounds the names of the four kings mentioned in the verse just cited (as well as in verse 1) to be allusions to the Four Kingdoms.]

20. Although the kings' plan in this war was to kill Abraham (see note 11), they did *not know the thoughts of HASHEM* or *understand His plan*, which was to bring them together in one place in order for *them* to be defeated by *him*.

21. Both R' Chiya and R' Elazar emigrated to *Eretz Yisrael* from Babylonia after they were accomplished scholars.

22. The word וַיְהִי is homiletically treated as an amalgam of וַי and הִי, both of which are expressions of woe and anguish (see *Ezekiel* 2:10). See also Insight Ⓑ.

23. In most editions of the Midrash, this line does not appear here but below, just before מָשָׁל לְאוֹהֲבוֹ. We have followed the reading found in the earliest editions; *Rashash* emends our text likewise.

24. The great misfortune involved in this war will be explained shortly.

25. I.e., to kill him.

INSIGHTS

Ⓐ **The Implied Misfortune** At first glance, this exegetical principle does not seem to add any insight beyond our original understanding of each of the Scriptural examples given by the Midrash. In each instance, Scripture itself clearly writes of some misfortune. What is the Midrash adding? Because of this difficulty, an early commentator of the Midrash, *R' Elisha Galiko* (d. Safed c. 1576), writes that this is the point of the Midrash: Wherever Scripture begins an account of misfortune with the phrase, "And it happened in the days of . . . ," it is telling us that *beyond the explicit misfortune* described in the text, there was another — non-explicit — and more fundamental misfortune at that time. The exegetical principle is telling us to look further for another, unstated misfortune. In each case the Midrash then goes on to provide a parable that brings out that other, non-explicit misfortune. Based on this approach, *R' Galiko,* renders the Midrash below thusly: "It is stated, *And it happened in the days of Amraphel.* And what misfortune occurred there? Are we to say that it was simply *That these made war*... (v. 2)?!" There must have been another misfortune at the time, for Scripture begins the episode with the key phrase, "And it happened in the days of . . . ." In this case, the non-explicit misfortune was that — aside from the war itself — people were distraught at the thought that Abraham would perish during the war, for without him the King of the world would diminish His dealings with everyone in the world (see Midrash below, end of §3), which would lead to even more misfortune. (Based on the commentary of R' Elisha Galiko to *Esther* 1:1.)

Ⓑ **Wherever It Says וַיְהִי, It Is a Time of Trouble** Our Midrash teaches that whenever the Torah introduces an account with the word וַיְהִי, this indicates that the incident took place during times of trouble. The Midrash below (end of §3) cites R' Shmuel bar Nachman, who states that the Torah also has an introductory word for incidents that took place in happy times; that word is וְהָיָה. Neither the Midrash nor the Talmud explains why these words connote trouble and happiness, respectively.

The Dubno Maggid advances a homiletical explanation. The words וַיְהִי and וְהָיָה are each comprised of a core word and a *vav* prefix. In each case, the core word conveys a state of "being" in one tense, and the *vav* prefix converts the word to the opposite tense. The core of וַיְהִי is יְהִי, *it will be,* and the *vav* prefix changes the meaning to *and it was.* The core of וְהָיָה is הָיָה, *it was,* and the *vav* prefix changes the meaning to *and it will be.* [Under the grammatical rules of Biblical Hebrew, if a *vav* prefix (known as a וי״ו הַהִיפּוּךְ) is added to a verb of a certain tense, the resulting word conveys the opposite tense.] Thus, in the case of וַיְהִי, the prefix changes the word from the future tense to the past tense, and in the case of וְהָיָה, the prefix changes the word from the past tense to the future tense.

These "double tense" words are used to describe the emotional backdrop of Biblical incidents, because they reflect people's inner feelings towards the situations they face. When one senses difficult times approaching, he wishes that those times had already passed. The Torah therefore introduces such times with וַיְהִי, conveying that people were apprehensive of troubles that were unfolding (יְהִי, *it will be*) and wished that

אָמַר רַבִּי אָבוּן: כְּשֵׁם שֶׁפָּתַח בְּד' מַלְכֻיּוֹת כָּךְ אֵינוֹ חוֹתֵם אֶלָּא בְּד' מַלְכֻיּוֹת, "אֵת כְּדָרְלָעוֹמֶר מֶלֶךְ עֵילָם, וְתִדְעָל מֶלֶךְ גּוֹיִם, וְאַמְרָפֶל מֶלֶךְ שִׁנְעָר, וְאַרְיוֹךְ מֶלֶךְ אֶלָּסָר", כָּךְ אֵינוֹ חוֹתֵם אֶלָּא בְּד' מַלְכֻיּוֹת, מַלְכוּת בָּבֶל וּמַלְכוּת מָדַי וּמַלְכוּת יָוָן וּמַלְכוּת אֱדוֹם. רַבִּי פִּנְחָס בְּשֵׁם רַבִּי אֵיְיבוּ פָּתַח: (מיכה ד, יב) ד"וְהֵמָּה לֹא יָדְעוּ מַחְשְׁבוֹת ה' וְלֹא הֵבִינוּ עֲצָתוֹ כִּי קִבְּצָם כֶּעָמִיר גֹּרְנָה", לָמָּה כָּל אֵלֶּה חָבְרוּ אֶל עֵמֶק הַשִּׂדִּים, כְּדֵי שֶׁיָּבוֹאוּ וְיִפְּלוּ בְּיַד אַבְרָהָם, הָדָא הוּא דִכְתִיב "וַיְהִי בִּימֵי אַמְרָפֶל וְגוֹ'":

ג דָּבָר אַחֵר "וַיְהִי בִּימֵי אַמְרָפֶל", רַבִּי תַּנְחוּמָא בְּשֵׁם רַבִּי חִיָּיא רַבָּה וְרַבִּי בֶּרֶכְיָה בְּשֵׁם רַבִּי אֶלְעָזָר: הזֶה הַמִּדְרָשׁ עָלָה בְּיָדֵינוּ מֵהַגּוֹלָה, בְּכָל מָקוֹם שֶׁנֶּאֱמַר "וַיְהִי בִּימֵי", צָרָה. °"וַיְהִי בִּימֵי אַמְרָפֶל", וּמַה צָּרָה הָיְתָה שָׁם, "עָשׂוּ מִלְחָמָה". אָמַר רַבִּי שְׁמוּאֵל בַּר נַחְמָן: וַחֲמִשָּׁה הֵן. מָשָׁל לְאוֹהֲבוֹ שֶׁל מֶלֶךְ שֶׁהָיָה שָׁרוּי בַּמְּדִינָה וּבִשְׁבִילוֹ נִזְקַק הַמֶּלֶךְ לַמְּדִינָה, וְכֵיוָן שֶׁבָּאוּ בַּרְבָּרִים לִיזָּקֵק לוֹ אָמְרוּ: אוֹי לָנוּ שֶׁאֵין הַמֶּלֶךְ נִזְקָק לַמְּדִינָה כְּמוֹ שֶׁהוּא לָמוּד אִם °נַהֲרוֹג אֶת אוֹהֲבוֹ. הָדָא הוּא דִכְתִיב [יד, ז] "וַיָּשֻׁבוּ וַיָּבֹאוּ אֶל עֵין מִשְׁפָּט הִיא קָדֵשׁ". אָמַר רַבִּי אַחָא לֹא בָּאוּ לְהִזְדַּוֵּוג אֶלָּא לְתוֹךְ גַּלְגַּל עֵינוֹ שֶׁל עוֹלָם. עַיִן שֶׁעָשְׂתָה מִדַּת הַדִּין בָּעוֹלָם הֵם מְבַקְשִׁים לְסַמּוֹתָהּ.

עץ יוסף

פירשו בחליטין פי' בחטיפה וגזל (כמו מ"א כ' ויחלטו ותרגום יונתן וחטפוהא) ור"ל שהממון כמו שבא לאדם בחטיפה וגזלה כן ילך מידו בחטיפה במהרה גם בעודו בחיים חיותו עכ"ל. ועיין מ"ש בק"ר פ"ה סי' כ"ב: **בשם שפתח.** היינו מאברהם שהיה תחילת בנין עולמו של הקב"ה בעולם כמ"ש שמ"ר פ' ט"ו: [ג] **והמה לא ידעו כו'.** רמז על אסיפת אמרפל וחביריו בימי אברהם כי מאת ה' נתקבצו כדי להפילם ביד אברהם. ומעשה אבות סימן לבנים. ועל זה אמר והמה לא ידעו מחשבות ה' בזמן העבר בימי אברהם. וכן לא הבינו עצתו גם לעתיד (נזה"ק): **למה כל אלה חברו.** ר"ל למה כתיב בלשון זה כל אלה חברו אלא למימר שהכוונה האלהית היתה בזה שיהיה להם חבורה וקבלם כעמיר גורנה (יפ"ת): (ג) [ד] **עלה בידינו מן הגולה.** קבלנו מחכמי גלות בבל: **וחמשה הן.** שאינם אלא ה' דלא חשבינן אלא ויהי בימי שאינן אלא ה' אבל ויהי סתם לפעמים משמש גם שמחה כרבי יוחנן דלקמן. ובא לפרש מה צרה כוללת היה כאן לכל העולם. לזה אמר משל לאוהבו של מלך כו' (נזה"ק): **ברברים.** תורגמה תרגום ירושלמי ברבריא. ומעם לועז ת"י ועם ברבראי: **ליזקק לו.** להרגו: **שאין המלך נזקק כו'.** וכן הקב"ה אינו משגיח להטיב לעולם אלא מפני אברהם אוהבו. ואילו יהרג יסלק השגחתו לפיכך היה זה צרה כוללת לכל העולם: **וישובו ויבואו אל עין משפט היא קדש.** לרמז שלא באו להזדווג אלא לתוך גלגל עינו של עולם הוא אברהם אשר בעבורו השגיח ה' על עולמו. והיינו שמתחלה באו על אברהם לשרפו באש באור כשדים היינו נמרוד שהוא אמרפל וחביריו כדלקמן. ואח"כ וישובו ויבואו וגו'

פירוש מהרז"ו

בשם שפתח. היינו מאברהם שהיה תחלת בנין עולמו של הקב"ה בעולם כמ"ש שמ"ר פר' ט"ו סימן ז' בהדיא: **את כדרלעומר.** הביא פסוק ט' שמונה שמות הד' מלכים פעם שני. ודורש מדה יו"ד מדבר שהוא שנוי שני מיני מלכים ועילם היינו מדי כמ"ש שמ"ר פרשה ט"ו סימן ט"ז בהדיא. מלך גוים זו אדום. מלך שנער הוא בבל. ואריוך מלך אלסר זה יון. כמ"ש ובני יון אלישה הוא אלסר וכמ"ש לקמן פר' זו סימן ד' ועי' לעיל ריש פר' ל"ז אלישה אליסטורוס ומש"ש: **והמה לא ידעו.** ובפסוק הקודם ועתה נאספו אליך וכו' והמה לא ידעו וכו' קומו ודושי וכו' ומעשה אבות סימן לבנים. שכך יהיה בסוף אגל ציון: (ג) **זה מדרש עלה בידינו.** ויק"ר פר' י"א סימן ג' וש"נ ומבואר ומוגה היטב: **אמר רבי אחא.** לקמן פר' זו ריש סימן ז': **וישובו ויבואו אל עין משפט.** כפי הפשט משמע שמתחלה היו שם והלכו ושבו אח"כ לשם. וזה אינו נזכר גם לא מצינו שנקרא קדש עין משפט. על כן בהכרח לדרוש ע"פ מדה כ' על אברהם. שעליו היה עיקר הכוונה כמ"ש לעיל בסימן א'. והיינו שמתחלה באו על אברהם לשרפו באש באור כשדים היינו נמרוד שהוא אמרפל וחביריו כדלקמן סימן ד' והצילו הש"י להרגו בחרב: **שעשתה מדת הדין.** בענין סדום שהפך בזכותם. וכן דרכו תמיד כדכתיב כי ידעתיו וגו'. ועיין ספרי סדר האזינו פיסקא שי"ח:

חידושי הרד"ל

(ג) [ג] **שעשתה מדת הדין.** עמ"כ ויד"מ. ובספרי האזינו פסקא שי"א עד שלא בא אברהם היה המקום דן העולם כאכזר משבא אברהם זכה לקבל יסורים. ועיין תדא"ז פכ"ה. וזהו עין משפט שהוא פתח עין המשפט לעולם להראות כי משפטי ה' צדקו יחדו:

חידושי הרש"ש

[ג] **ויהי בימי צרה אמר רבי שמואל בר נחמן וחמשה הן ויהי בימי אמרפל כו' מלחמה משל לאוהבו של כו'.** כצ"ל וכ"ה בפרשה שמיני ופה נסתרסו התיבות:

מסורת המדרש

ד ילקוט מיכה רמז תקנ"ב:
ה מגילה י'. ויק"ר פ' י"א. רות רבה פרשה א'. פתיחתא דאסתר רבה פ' י"א. פסיקתא רבתי פ' ה'. תנחומא סדר שמיני סי' ט'. ילקוט אסתר רמז אל"ף מ"ד. וילקוט רות רמז אל"ף תקנ"ו:
ו מדרש תהלים מזמור ב' ומזמור כ':

אם למקרא

וְהֵמָּה לֹא יָדְעוּ מַחְשְׁבוֹת ה' וְלֹא הֵבִינוּ עֲצָתוֹ כִּי קִבְּצָם כֶּעָמִיר גֹּרְנָה: (מיכה ד:יב)

רש"י

ואף כל רכוש סדום ועמורה ואת לוט ואת רכושו לקחו והלכו להם כך הלך בחטיפה שבא אברהם והציל את כל השביה וחטפה מידם: **אמר רבי אבין.** פליג על ר' שמואל בר שילת ע"כ. והוא כמו דבר אחר מהו כל עומת שבא כן ילך רמז רמז כשם שבאו ארבע מלכיות להזדווג ולהשתעבד בהם והנה אימה חשכה גדולה אלו ארבעה מלכיות כמו שמפרש לפנינו: [ג] **ויהי בימי אמרפל.** מה צרה היתה שם עשו מלחמה: **לאוהבו של מלך.** שהיה שרוי במדינה ובשבילו היה המלך נזקק למדינה עושה להם טובה ונושא להם פנים בשבילו וכיון שבאו ברברים ונזדווגו לו לאוהב להלחם בו אמרו אוי לנו שאין המלך נזקק למדינה מעכשיו כמו שהוא למוד עד עכשיו שאם נהרוג את אוהבו של מלך מה טיבו אצלנו. כך אברהם היה אוהבו של הקב"ה. שנאמר זרע אברהם אוהבי ובשבילו היה הקב"ה נזקק לעולמו להיטיב להם שאפילו ספינות שהיו מפרישות בים הגדול ניצולות בזכותו של אברהם אבינו וכיון שבאו ברברים

מתנות כהונה

למיני חלוטין ומאכלים דקים: **בשם שפתח כו'.** כשם שפתח לצערו של אברהם אבינו בד' מלכים שבאו עליו להרגו כדלעיל לטבוח ישרי דרך וכדמפרש שוב לקמן ואח"כ ניצול מהם והיתה לו לפליטה גדולה כך אינו חותם לעתיד אלא בד' מלכים שכל מה שאירע לאברהם הוא סימן לבניו כדלעיל פ"מ [ועי' בהרמב"ן פ' זו]: **למה כל אלה כו'.** למה נתן ה' בלבם ככה כדי כו': [ג] **הברברים גרסינן** פי' אומה בזויה מלומדת מלחמה: (ובלשון יוני הוא שם תואר לאנשים אכזרים ובעלי מדות רעות): **ליזקק לו.** להרגו: **גלגל עיניו כו'.** עיין לקמן פ' זו: **אמרו.** כל יושבי הארץ [ועי' מאמר זה ריש פ' שמיני ור"פ רות ור"פ אסתר ובמד"ר פי"ג]: **אם נהרוג את אוהבו גרסינן.** שפוב לא יהיה לו שייכות וקירוב דעת לארץ הזאת: **עין שעשתה.** שכבתה כד"א גט מעושה גדול שכר

אשד הנחלים

לעולם אחרי שגם באחרית ימי חייו הוא נעשה חלש כראשיתו ואיה השלמתו. והנמשל על כלל העולם והשלמת ישרים וצירופם שזהו ימי חולשתם שבתחילת ימי העול' רמז בזה מה שיהי' באחרית מהם. וא"כ מהו התכלית העולם בכללו ותכלית ישרים אם לא יהיה באחרית סוף וקץ להשלמתם. ומסתמא ישתלמו באחרית בכל טוב כי כל זה רק בחינת הצירוף להם: **והמה גו' כדי שיבואו.** הוא רעיון בכתוב כל אלה חוברו ודימו שע"י התחברותם ינצחו את כל אך לא הבינו חפץ ה' שסופם שעי"ז יפלו כולם וזהו דוגמת הכתוב כי קבצם כעמיר גורנה כתבואה הנקבצת כדי שידושו את כולם יחד: [ג] **ויהי בימי צרה.** כי מורה שהי' הדבר תלוי בימים והוא דרך טבע הנהוגה וע"כ מרמז על הצרה שהוא הסתרת פנים מההשגחה העליונה וזהו שהביא המשל אוי לנו שאין המלך נזקק למדינה אם נהרוג אוהבו של מלך כי אברהם הי' הראש והראשון שעל ידו החל ההשגחה העליונה בעולם ואם ח"ו יהרג אז נשאר על טבעו ויבטל העולם. וזה הי' דברת הטובים שבהם שחקרו על זה אך כוונת אמרפל וחבריו הי' דווקא על זה כמו שאמר בריש הפרשה: **לתוך גלגל עינו ש"ע.** כמו הגלגל העין שהוא עיקר הראות שבעין כן אברהם עיקר האור הגדול שע"י האירה השגח' בעולם. וזהו עין שעשתה וכבש' מדה"ד. כי ההשגח' העליונ' נעלה מדרך הטבע הנהוגה והוא ע"י

אָמְרוּ אוֹי לָנוּ שֶׁאֵין הַמֶּלֶךְ נִזְקָק לַמְּדִינָה כְּמוֹ שֶׁהוּא לָמוּד אִם יַהַרְגוּ[26] אֶת אוֹהֲבוֹ – and [the people] in the town said, **"Woe to us, for the king will no longer have dealings with the city, as he was accustomed to, if they kill his friend!"** הֲדָא הוּא דִכְתִיב ״וַיָּשֻׁבוּ וַיָּבֹאוּ אֶל עֵין מִשְׁפָּט הִוא קָדֵשׁ״ – **Thus it is written,** ***Then they*** (Chedorlaomer and his allies) ***turned back and came to En-mishpat, which is Kadesh*** (v. 7), אָמַר רַבִּי אַחָא – concerning which **R' Acha said:** לֹא בָאוּ לְהִזְדַּוֵּוג אֶלָּא לְתוֹךְ גַּלְגַּל עֵינוֹ שֶׁל עוֹלָם – **[These kings] came specifically to start a confrontation,** i.e., to wage war, **with "the eyeball of the world";**[27] עַיִן שֶׁעָשְׂתָה מִדַּת הַדִּין בָּעוֹלָם הֵם מְבַקְּשִׁים לְסַמּוֹתָהּ – **they sought to "blind" the "eye" that overpowered the Attribute of Strict Justice**[28] **in the world.**[29]

NOTES

26. In all Midrash editions the word here is נהרוג; the elucidation follows *Matnos Kehunah* (ed. Krakow 1609), who emends the text to יַהַרְגוּ. (*Matnos Kehunah's* comment became corrupted in subsequent editions.)

27. I.e., with Abraham, who enlightened humanity on the subject of belief in God, teaching them to "see" that there is only one God (*Matnos Kehunah* to section 7 below). [In the phrase עֵין מִשְׁפָּט (translated here as a place name, *En-mishpat*), the first word is taken by the Midrash to mean "eye."]

Our verse's plain meaning is that the battlefield about to be discussed had two names, En-Mishpat and Kadesh. Two anomalies, however, indicate that the verse has a deeper meaning as well. First, the verse states that the kings *turned back* to the site, implying that they had been at this place earlier, but neither En-Mishpat nor Kadesh is included in the list of past battlefields. Second, Kadesh is not identified as En-Mishpat anywhere else in Scripture.

Because of these anomalies, the Midrash teaches that En-Mishpat is not merely an alternative name for the place called Kadesh but is also an allusion to a person: Abraham. Accordingly, our verse is not describing only *where* they were headed to battle, but *against whom*; and it is telling us that they *turned [their attention] back* to Abraham [in an attempt to realize their old goal of killing him; see above, note 11]. Since they knew him to be in Kadesh they headed there to attack him (*Maharzu*).

[The Midrash is not suggesting that the kings' *only* reason for going to war was to attack Abraham, when the verse itself gives a different cause for the hostilities: the four kings wanted to put down a rebellion by their five vassal kings. Rather, the verse means that when war broke out, the general combat zone included a place called Kadesh. When the four kings realized that Abraham was there, they headed there to attack him (*Yefeh To'ar*).]

28. [The second word in the phrase עֵין מִשְׁפָּט means "justice."]

29. The Midrash's phrase שֶׁעָשְׂתָה מִדַּת הַדִּין is to be rendered: "that overpowered the Attribute of Justice," for it was in the merit of Abraham that all blessing came to the world, as it says (above, 12:3): *and all the families of the earth shall be blessed through you* (*Matnos Kehunah* here and to section 7 below; *Eitz Yosef* to section 7). Abraham's death would therefore be a great misfortune for the entire world. See Insight Ⓐ.

INSIGHTS

they had already passed (וַיְהִי, *and it was*). The people's longing to "convert" the future to the past is reflected in the construction of the word.

On the other hand, if someone has enjoyed a happy occasion that is now over, he feels the opposite emotion: he wishes that the event was still to come. Hence, the Torah introduces happy times with וְהָיָה, for people living during those happy times wished that past events (הָיָה, *it was*) were still ahead of them, yet to be enjoyed (וְהָיָה, *and it will be*). In this case, the construction of the word reflects the dream of "converting" the past to the future (*Ohel Yaakov, Parashas Shemini,* s.v. שם בסמוך); see also *Yefeh To'ar*).

The *Gra* also understands that the conversion from future to past in וַיְהִי is what connotes troubled times and the conversion from past to future in וְהָיָה is what connotes happy times, but he provides a rational explanation. "Trouble" is defined not as the *absence* of blessing, but rather, as the *loss* of — or danger of losing — something with which one was blessed. A commoner who is not anointed to kingship is not troubled, but a king who is (or might be) deposed surely is troubled. Now, the future represents potential, promise, and hope, whereas the past often represents opportunity not fully realized. A word that "converts" the future to the past connotes trouble, because it conveys that hope was converted to despair, and a blessing that had existed — or had been expected — was taken away. Conversely, a word that "converts" the past to the future connotes happiness, because it conveys that despondency was converted to confidence when an unexpected blessing suddenly materialized (*Aderes Eliyahu, Bereishis* 1:3).

Ⓐ **Abraham, the Eye of Justice** Our translation and notes reflect the view of *Eitz Yosef* and *Matnos Kehunah*, who understand the Midrash to be teaching that Abraham "overpowered" the trait of strict justice. In other words, Abraham caused God to change His relationship with the world from one of reward and punishment (justice) to one where God bestows blessing in Abraham's merit even if mankind as a whole does not deserve it.

Others understand the Midrash to be describing Abraham in the opposite vein: not as the one who *overpowered* the trait of justice, but rather, as the one who *introduced* it to the world. According to this approach, God originally maintained the laws of nature without regard to man's actions, allowing both the righteous and the wicked to benefit from nature's bounty. But once Abraham recognized his Creator and accepted the yoke of His Kingship, God began relating to the world with Divine Providence, rewarding righteousness and punishing evil. Since the four kings preferred the pre-Abrahamic days, when they were blessed by nature's bounty in spite of their evil deeds, they went to war against Abraham. [According to this view, the Midrash uses עָשְׂתָה to mean *made* (as it usually does), so that עַיִן שֶׁעָשְׂתָה מִדַּת הַדִּין בָּעוֹלָם means "the eye that *made* a trait of strict justice [take hold] in the world"] (*Netziv* in *Haamek Davar* 14:7; *Asifas Zekeinim* to *Berachos* 7b, in the name of the Dubno Maggid).

Netziv uses a parable about a father-child relationship to explain why God altered His relationship with the world on account of Abraham's piety. Suppose a young child eats poorly, wears disheveled clothing, and generally wastes his time. As long as the child is very immature, his father may just ignore the juvenile behavior. But as soon as the child is mature enough to know better, his father will immediately begin disciplining him, making sure that he eats properly, dresses neatly, and spends his time productively.

This illustrates why Abraham's piety caused God to alter His relationship with mankind. Before Abraham, people who engaged in idle pursuits were unaware of the Torah's teachings; like the child in the parable, they acted foolishly because they could not know any better. And like the father in the parable, God overlooked their folly and maintained the world out of sheer kindness, biding His time until mankind would develop an appreciation of righteousness. But once Abraham began serving God and influencing others to do the same, this gave everyone the opportunity to learn the importance of acting righteously. At that point, God began rewarding righteousness and punishing evil in the hope of nudging mankind toward propriety (*Harchev Davar* to 11:5).

R' Isser Zalman Meltzer suggests a third approach: מִדַּת הַדִּין refers not to God's trait of justice, but rather, to man's sense of justice. In his view, when the Midrash states that Abraham made the trait of justice [take hold] in the world, it means that Abraham presented the world with a far more expanded standard of justice than it had ever known. Before Abraham, justice was defined as respect for private property: you may not take what belongs to others, and you need not give away anything of your own either. This, essentially, was the ideal of the Sodomites: "What is mine is mine and what is yours is yours" (*Avos* 5:10) — meaning that I need never share my blessings as long as I never infringe upon yours. By that standard, someone who stands by while a fellow starves to death, though obviously not charitable, is still considered a just person. Abraham taught otherwise. According to his teachings, giving of oneself is not merely a commendable act of volunteerism; it is often demanded under the definition of justice, and a person who is unwilling to help someone desperately in need cannot be considered just. The four kings sought confrontation with the bearer of this elevated standard of justice, our forefather Abraham (from a letter reproduced in the memorial book *Eidus LeYisrael [Rosenberg]* pp. 17-18).

אָמַר רַבִּי אָבוּן: כְּשֵׁם שֶׁפָּתַח בְּד׳ מַלְכֻיּוֹת כָּךְ אֵינוֹ חוֹתֵם אֶלָּא בְּד׳ מַלְכֻיּוֹת, "אֵת כְּדָרְלָעֹמֶר מֶלֶךְ עֵילָם, וְתִדְעָל מֶלֶךְ גּוֹיִם, וְאַמְרָפֶל מֶלֶךְ שִׁנְעָר, וְאַרְיוֹךְ מֶלֶךְ אֶלָּסָר", כָּךְ אֵינוֹ חוֹתֵם אֶלָּא בְּד׳ מַלְכֻיּוֹת, מַלְכוּת בָּבֶל וּמַלְכוּת מָדַי וּמַלְכוּת יָוָן וּמַלְכוּת אֱדוֹם. רַבִּי פִּנְחָס בְּשֵׁם רַבִּי אַיְיבוּ פָּתַח: (מיכה ד, יב) ד"וְהֵמָּה לֹא יָדְעוּ מַחְשְׁבוֹת ה׳ וְלֹא הֵבִינוּ עֲצָתוֹ כִּי קִבְּצָם כֶּעָמִיר גֹּרְנָה", לָמָּה כָּל אֵלֶּה חָבְרוּ אֶל עֵמֶק הַשִּׂדִּים, כְּדֵי שֶׁיָּבוֹאוּ וְיִפְּלוּ בְּיַד אַבְרָהָם, הָדָא הוּא דִכְתִיב "וַיְהִי בִּימֵי אַמְרָפֶל וְגוֹ׳":

ג דָּבָר אַחֵר "וַיְהִי בִּימֵי אַמְרָפֶל", רַבִּי תַּנְחוּמָא בְּשֵׁם רַבִּי חִיָּיא רַבָּה וְרַבִּי בֶּרֶכְיָה בְּשֵׁם רַבִּי אֶלְעָזָר: הזֶה הַמִּדְרָשׁ עָלָה בְּיָדֵינוּ מֵהַגּוֹלָה, בְּכָל מָקוֹם שֶׁנֶּאֱמַר "וַיְהִי בִּימֵי", צָרָה. °"וַיְהִי בִּימֵי אַמְרָפֶל", וּמַה צָּרָה הָיְתָה שָׁם, "עָשׂוּ מִלְחָמָה". אָמַר רַבִּי שְׁמוּאֵל בַּר נַחְמָן: וַחֲמִשָּׁה הֵן. מָשָׁל לְאוֹהֲבוֹ שֶׁל מֶלֶךְ שֶׁהָיָה שָׁרוּי בַּמְּדִינָה וּבִשְׁבִילוֹ נִזְקַק הַמֶּלֶךְ לַמְּדִינָה, וְכֵיוָן שֶׁבָּאוּ בַּרְבָּרִים לִיזָּקֵק לוֹ אָמְרוּ: אוֹי לָנוּ שֶׁאֵין הַמֶּלֶךְ נִזְקָק לַמְּדִינָה כְּמוֹ שֶׁהוּא לָמוּד אִם °נַהֲרוֹג אֶת אוֹהֲבוֹ. הָדָא הוּא דִכְתִיב [יד, ז] "וַיָּשֻׁבוּ וַיָּבֹאוּ אֶל עֵין מִשְׁפָּט הִיא קָדֵשׁ". אָמַר רַבִּי אַחָא לֹא בָּאוּ לְהִזְדַּוֵּוג אֶלָּא לְתוֹךְ גַּלְגַּל עֵינוֹ שֶׁל עוֹלָם. עַיִן שֶׁעָשְׂתָה מִדַּת הַדִּין בָּעוֹלָם הֵם מְבַקְשִׁים לְסַמּוֹתָהּ.

עץ יוסף

פירשו בחליטין פי' בחטיפה וגזל (כמו מ"א כ' ויחלטו ותרגום יונתן וחטפוהא) ור"ל שהממון כמו שבא לאדם בחטיפה וגזלה כן ילך מידו בחטיפה במהרה גם בעודו בחיים חיותו עכ"ל. ועיין מ"ש בק"ר פ"ה סי' כ"ב: **בשם שפתח.** היינו מאברהם שהיה תחילת בנין עולמו של הקב"ה בעולם כמ"ש שמ"ר פ' ט"ו: [ג] **והמה לא ידעו כו'.** רמז על אסיפת אמרפל וחביריו בימי אברהם כי מאת ה' נתקבצו כדי להפילם ביד אברהם. ומעשה אבות סימן לבנים. ועל זה אמר והמה לא ידעו מחשבות ה' בזמן העבר בימי אברהם. וכן לא הבינו עצתו גם לעתיד (נזה"ק): **למה כל אלה חברו.** ר"ל למה כתיב בלשון זה כל אלה חברו אלא למימר שהכוונה האלהית היתה בזה שיהיה להם חבורה וקבצם כעמיר גורנה (יפ"ת): (ג) [ד] **עלה בידינו מן הגולה.** קבלנו מחכמי גלות בבל: **וחמשה הן.** שאינם אלא ה' דלא חשבינן אלא ויהי בימי שאינן אלא ה' אבל ויהי סתם לפעמים משמש גם שמחה כרבי יוחנן דלקמן. ובא לפרש מה צרה כוללת היה כאן לכל העולם. לזה אמר משל לאוהבו של מלך כו' (נזה"ק): **ברברים.** תורגמה תרגום ירושלמי ברבריא. ומעם לועז ת"י ועם ברבראי: **ליזקק לו.** להרגו: **שאין המלך נזקק כו'.** וכן הקב"ה אינו משגיח להטיב לעולם אלא מפני אברהם אוהבו. ואילו יהרג יסלק השגחתו לפיכך היה זה צרה כוללת לכל העולם: **וישובו ויבואו אל עין משפט היא קדש.** לרמז שלא באו להזדווג אלא לתוך גלגל עינו של עולם הוא אברהם אשר בעבורו השגיח ה' על עולמו. והיינו שמתחלה באו על אברהם לשרפו באש באור כשדים היינו נמרוד שהוא אמרפל וחביריו כדלקמן. ואח"כ וישובו ויבואו וגו' להרגו בחרב: **שעשתה מדת הדין.** בענין סדום שהפך בזכותם. וכן דרכו תמיד כדכתיב כי ידעתיו וגו'. ועיין ספרי סדר האזינו פיסקא שי"א:

פירוש מהרז"ו

בשם שפתח. היינו מאברהם שהיה תחלת בנין עולמו של הקב"ה בעולם כמ"ש שמ"ר פר' ט"ו סימן ז' בהדיא: **את כדרלעומר.** הביא פסוק ט' שמונה שמות הד' מלכים פעם שני. ודורש מדה יו"ד מדבר שהוא שנוי שני מיני מלכים ועילם היינו מדי כמ"ש שמ"ר פרשה ט"ו סימן ט"ז בהדיא. מלך גוים זו אדום. מלך שנער הוא בבל. ואריוך מלך אלסר זה יון. כמ"ש ובני יון אלישה הוא אלסר וכמ"ש לקמן פר' זו סימן ד' ועי' לעיל ריש פר' ל"ז אלישה אליסטורוס ומש"ש: **והמה לא ידעו.** ובפסוק הקודם ועתה נאספו אליך וכו' והמה לא ידעו וכו' קומו ודושי וכו' ומעשה אבות סימן לבנים. שכך יהיה בסוף אצל ציון: (ג) **זה מדרש עלה בידינו.** ויק"ר פר' י"א סימן ג' וש"כ ומבואר ומוגה היטב: **אמר רבי אחא.** לקמן פר' זו ריש סימן ז': **וישובו ויבואו אל עין משפט.** כפי הפשט משמע שמתחלה היו שם והלכו ושבו אח"כ לשם. וזה אינו נזכר גם לא מצינו שנקרא קדש עין משפט. על כן בהכרח לדרוש ע"פ מדה כ' על אברהם. שעליו היה עיקר הכוונה כמ"ש לעיל בסימן א'. והיינו שמתחלה באו על אברהם לשרפו באש באור כשדים היינו נמרוד שהוא אמרפל וחביריו כדלקמן סימן ד' והצילו הש"י

חידושי הרד"ל

(ג) [ג] **שעשתה מדת הדין.** עמ"כ ויד"מ. ובספרי האזינו פסקא שי"א עד שלא בא אברהם היה המקום דן העולם כאכזר משבא אברהם זכה לקבל יסורים. ועיין תדא"ז פכ"ה. וזהו עין משפט שהוא פתח עין המשפט לעולם להראות כי משפטי ה' צדקו יחדו:

חידושי הרש"ש

[ג] **ויהי בימי צרה אמר רבי שמואל בר נחמן וחמשה הן ויהי בימי אמרפל כו' מלחמה משל לאוהבו של כו'.** כצ"ל וכ"ה בפרשה שמיני ופה נסתרסו התיבות:

מסורת המדרש

ד ילקוט מיכה רמז תקנ"ב:
ה מגילה י'. ויק"ר פ' י"א. רות רבה פרשה א'. פתיחתא דאסתר רבה פ' י"א. פסיקתא רבתי פ' ה'. תנחומא סדר שמיני סי' ט'. ילקוט אסתר רמז אלף מ"ד. וילקוט רות רמז אלף תקנ"ו:
ו מדרש תהלים מזמור ב' ומזמור כ':

אם למקרא

וְהֵמָּה לֹא יָדְעוּ מַחְשְׁבוֹת ה׳ וְלֹא הֵבִינוּ עֲצָתוֹ כִּי קִבְּצָם כֶּעָמִיר גֹּרְנָה: (מיכה ד:יב)

רש"י

ואף כל רכוש סדום ועמורה ואת לוט ואת רכושו לקחו והלכו להם כך הלך בחטיפה שבא אברהם והציל את כל השביה וחטפה מידם: **אמר רבי אבין.** פליג על ר' שמואל בר אילת ע"כ. והוא כמו דבר אחר מהו כל טומת שבא כן ילך רמז רמז כשם שבאו ארבע מלכיות להזדווג ולהשתעבד בהם והנה אימה חשכה גדולה אלו ארבעה מלכיות כמו שמפרש לפנינו: [ג] **ויהי בימי אמרפל.** מה צרה היתה שם עשו מלחמה: **לאוהבו של מלך.** שהיה שרוי במדינה ובשבילו היה המלך נזקק למדינה עושה להם טובה ונושא להם פנים בשבילו וכיון שבאו ברברים ונזדווגו לו לאוהב להלחם בו אמרו אוי לנו שאין המלך נזקק למדינה מעכשיו כמו שהוא למוד עד עכשיו שאם נהרוג את אוהבו של מלך מה טיבו אצלנו. כך אברהם היה אוהבו של הקב"ה. שנאמר זרע אברהם אוהבי ובשבילו היה הקב"ה נזקק לעולמו להיטיב להם שאפילו ספינות שהיו מפרישות בים הגדול ניצולות בזכותו של אברהם אבינו וכיון שבאו ברבריים

מתנות כהונה

למיני חלוטין ומאכלים דקים: **בשם שפתח כו'.** כשם שפתח לצרו של אברהם אבינו בד' מלכים שבאו עליו להרגו כדלעיל לטבות ישרי דרך וכדמפרש שוב לקמן ואח"כ ניצול מהם והיתה לו לפליטה גדולה כך אינו חותם לעתיד אלא בד' מלכים שכל מה שאירע לאברהם הוא סימן לבניו כדלעיל פ"מ [ועי' בהרמב"ן פ' זו]: **למה כל אלה כו'.** למה נתן ה' בלבם ככה כדי כו': [ג] **הברברים** גרסינן פי' אומה בזויה מלומדת מלחמה: (ובלשון יוני הוא שם תואר לאנשים אכזרים ובעלי מדות רעות): **ליזקק לו.** להרגו: **גלגל עיניו כו'.** עיין לקמן פ' זו: **אמרו.** כל יושבי הארץ [ועי' מאמר זה ריש פ' שמיני ור"פ רות ור"פ אסתר ובמד"ר פי"ג]: **אם נהרוג את אוהבו גרסינן.** שבזה לא יהיה לו שייכות וקירוב דעת לארץ הזאת: **עין שעשתה.** שבכתה כד"א גט מעושה גדול שכר

אשד הנחלים

לעולם אחרי שגם באחרית ימי חייו הוא נעשה חלש כראשיתו ואיה השלמתו. והנמשל על כלל העולם והשלמת ישרים וצירופם שזהו ימי חולשתם שבתחילת ימי העול' רמז בזה מה שיהי' באחרית מהם. וא"כ מהו התכלית העולם בכללו ותכלית ישרים אם לא יהיה באחרית סוף וקץ להשלמתם. ומסתמא ישתלמו באחרית בכל טוב כי כל זה רק בחינת הצירוף להם: **והמה גו' כדי שיבואו.** הוא רעיון בכתוב כל אלה חוברו ודימו שע"י התחברותם ינצחו את כל אך לא הבינו חפץ ה' שסופם שעי"ז יפלו כולם וזהו דוגמת הכתוב כי קבצם כעמיר גורנה כתבואה הנקבצת כדי שידושו את כולם יחד: [ג] **ויהי בימי צרה.** כי מורה שהי' הדבר תלוי בימים והוא דרך טבע הנהוגה וע"כ מרמז על הצרה שהוא הסתרת פנים מההשגחה העליונה וזהו שהביא המשל אוי לנו שאין המלך נזקק למדינה אם נהרוג אוהבו של מלך כי אברהם הי' הראש והראשון שעל ידו החל ההשגחה העליונה בעולם ואם ח"ו יהרג אז נשאר על טבעו ויבטל העולם. וזה הי' דברת הטובים שבהם שחקרו על זה אך כוונת אמרפל וחבריו הי' דווקא על זה כמו שאמר בריש הפרשה: **לתוך גלגל עינו ש"ע.** כמו הגלגל העין שהוא עיקר הראות שבעין כן אברהם עיקר האור הגדול שע"י האירה השגח' בעולם. וזהו עין שעשתה וכבש' מדה"ד. כי ההשגח' העליונ' נעלה מדרך הטבע הנהוגה והוא ע"י

Having expounded En-Mishpat as a reference to Abraham, the Midrash proceeds to interpret the next words of the verse as an allusion to him as well:

"הוּא קָדֵשׁ" — ***Which is Kadesh.*** אָמַר רַבִּי אַחָא: "הוּא" כְּתִיב — **R' Acha said: [The word] is written** הוא (meaning *he*), even though it is pronounced היא (meaning *she*), so that it may be interpreted as an allusion to Abraham:[30] הוּא שֶׁקִּדֵּשׁ שְׁמוֹ שֶׁל הַקָּדוֹשׁ בָּרוּךְ הוּא בְּכִבְשַׁן הָאֵשׁ — **he who sanctified** (קִדֵּשׁ) **the Name of the Holy One, blessed is He,**[31] when he refused to renounce his belief even when thrown **in the fiery furnace.**[32] וְכֵיוָן שֶׁבָּאוּ בַּרְבָּרִים לְהִזְדַּוֵּוג לוֹ — **And once the barbarians**[33] **came to start a confrontation with him,** הִתְחִילוּ הַכֹּל צוֹוְחִים וַוי — **everyone began crying out, "Woe** to us!"[34] הֲדָא הוּא דִכְתִיב "וַיְהִי בִּימֵי אַמְרָפֶל" — **Thus it is written, *And it happened in the days of*[35] *Amraphel.***

The second incident of *And it happened in the days of . . .* :

"וַיְהִי בִּימֵי אָחָז" — ***And it happened in the days of Ahaz***[36] *. . . that Rezin, king of Aram, and Pekah son of Remaliah, king of Israel, went up to wage war against Jerusalem* (Isaiah 7:1). מַה צָּרָה הָיְתָה שָׁם — **What misfortune happened there?** "אֲרָם מִקֶּדֶם וּפְלִשְׁתִּים מֵאָחוֹר" — ***Aram from the east and the Philistines from the west,*** *they have consumed Israel*[37] *with every mouth* (ibid. 9:11).[38]

The Midrash explains that there was an additional misfortune, as well, alluded to in the words, *It happened in the days of Ahaz:*[39] מָשָׁל לְבֶן מְלָכִים שֶׁנִּזְדַּוֵּוג לוֹ פַּדְגּוֹגוֹ לַהֲמִיתוֹ — This may be illustrated through **a parable.** It may be compared **to a son of kings whose caretaker**[40] **has determined to kill him.** אָמַר: אִם אֲנִי הוֹרְגוֹ עַכְשָׁיו אֶתְחַיֵּיב מִיתָה לַמֶּלֶךְ — **He said** to himself, **"If I kill him now, my life will be forfeit to** his father, **the king.** אֶלָּא הֲרֵינִי מוֹשֵׁךְ מֵנִיקְתּוֹ מִמֶּנּוּ וּמֵעַצְמוֹ הוּא מֵת — **Rather, I will** simply **take away his wet-nurse from him, and he will die by himself."** כָּךְ אָמַר אָחָז: אִם אֵין גְּדָיִים אֵין תְּיָשִׁים, אִם אֵין תְּיָשִׁים אֵין צֹאן — **So too Ahaz said** to himself, **"If there are no kids there will be no goats, and if there are no goats there will be no flocks;** אִם אֵין צֹאן אֵין רוֹעֶה, אִם אֵין רוֹעֶה אֵין עוֹלָם — **if there are no flocks there will be no shepherd, and if there is no shepherd there will be no world."**[41] כָּךְ הָיָה סָבוּר בְּדַעְתּוֹ לוֹמַר: אִם אֵין קְטַנִּים אֵין תַּלְמִידִים, אִם אֵין תַּלְמִידִים אֵין חֲכָמִים — **Similarly Ahaz had in mind to say, "If there are no small children there will be no students; if there are no students there will be no scholars;** אִם אֵין חֲכָמִים אֵין זְקֵנִים, אִם אֵין זְקֵנִים אֵין נְבִיאִים — **if there are no scholars there will be no elders; if there are no elders there will be no prophets;** אִם אֵין נְבִיאִים אֵין הַקָּדוֹשׁ בָּרוּךְ הוּא מַשְׁרֶה שְׁכִינָתוֹ עֲלֵיהֶם — **if there are no prophets, the Holy One, blessed is He, will not cause His Divine Presence to dwell among [the people]."**[42] הֲדָא הוּא דִכְתִיב "צוֹר תְּעוּדָה חֲתוֹם תּוֹרָה בְּלִמֻּדָי" — **Thus it is written, *Bind up the Testimony and seal the Torah from among My students*** (Isaiah 8:16).[43] רַבִּי חוּנְיָא בַּר אֶלְעָזָר אָמַר — **And R' Chonya bar Elazar said:** לָמָּה נִקְרָא שְׁמוֹ אָחָז שֶׁאָחַז בָּתֵּי כְנֵסִיּוֹת וּבָתֵּי מִדְרָשׁוֹת — **Why was he called Ahaz? Because he held tight** (אָחַז)[44] the **synagogues and study halls.**Ⓐ

The Midrash discusses the continuation of the passage in *Isaiah* and Ahaz's ultimate failure:

רַבִּי יַעֲקֹב בַּר אַבָּא בְּשֵׁם רַבִּי אַחָא — **R' Yaakov bar Abba said in the name of R' Acha:** אָמַר יְשַׁעְיָה "וְחִכִּיתִי לַה' הַמַּסְתִּיר פָּנָיו מִבֵּית יַעֲקֹב" — The passage in *Isaiah* continues: ***I shall await HASHEM, Who has concealed His face from the House of Jacob*** (ibid. 8:17). אֵין לְךָ שָׁעָה קָשָׁה כְּאוֹתָהּ שָׁעָה שֶׁכָּתוּב בָּהּ "וְאָנֹכִי הַסְתֵּר אַסְתִּיר פָּנַי בַּיּוֹם הַהוּא" — **You can have no** possible **worse time than that time of which it is written, *But I will surely have concealed My face on that day*** *because of all the evil that [Israel] did* (Deuteronomy 31:18).[45]

NOTES

30. The Torah refers to Kadesh (the name of a city) with the feminine pronoun היא. By tradition, however, the pronoun is written in the Torah with a *vav* (הוא) instead of a *yud* (היא); it can thus be read הוא, which is the masculine pronoun *he*. The Midrash therefore takes it, in addition to its plain meaning, as alluding to a man, namely Abraham. See further.

31. The Hebrew word קדש can refer to a place named Kadesh (when vowelized קָדֵשׁ), and it can also mean *he sanctified* (when vowelized קִדֵּשׁ). Our Midrash understands the word as a double entendre: the kings came to a place named Kadesh to battle a man who had sanctified God's Name, i.e., Abraham.

32. See above, 38 §13.

33. Amraphel and his colleagues.

34. As in the parable above, the people of the world realized that it was only in the merit of great saints such as Abraham that God directs His favorable attention to the affairs of the world.

35. These words (*And it happened in the days of*) being an allusion to misfortune and calamity, as explained above.

36. Ahaz was a king of Judah, of whom Scripture states: *He did not do what is proper in the eyes of HASHEM, his God, as David his forefather [had done] . . . ; he even passed his son through the fire . . . He [also] sacrificed and burned incense at the high places and upon the hilltops* (*II Kings* 16:2-4; see also *II Chronicles* 28:1-4).

37. I.e., Judah (*Rashi* ad loc., second interpretation; see *Yefeh To'ar*). [Although this verse appears in a passage (beginning in v. 7 there) that prophesies the fall of Pekah son of Remaliah (king of Israel, and Judah's enemy), *this* verse is referring to destruction that came upon *Judah*.]

38. I.e., the people of Judah were under attack not only from Aram (as mentioned in *Isaiah* 7:1, just cited; see also *II Chronicles* 28:5), but also from the Philistines (see *II Chronicles* ibid., v. 19).

It is difficult to understand why the Midrash cites *Isaiah* 9:11, when *Isaiah* 7:1 already states explicitly what misfortune happened in the time of Ahaz. *Yefeh To'ar* suggests: According to the Midrash, the words *it happened in the days of* are an allusion specifically to a misfortune that is *not* stated explicitly in Scripture — else Scripture should use this phrase for each and every misfortune that it recounts! [Indeed, it is not "stated explicitly" in *Isaiah* 9:11 that it is referring to a misfortune that befell Judah; see preceding note.]

39. The Midrash will now recount a misfortune that is not explicit in Scripture at all (see preceding note).

40. *Matnos Kehunah*.

41. I.e., the world will not function normally, for there will be no sheep for wool, meat, milk, etc. Ahaz's statement here is a metaphor, which the Midrash now goes on to explain.

42. Ahaz did not want God to exercise His providence over the world; and he wanted there to be no more prophets. Since he feared to attack the prophets directly, he came up with a way to do it indirectly: he would prevent the children of today from becoming the prophets of tomorrow (*Eitz Yosef*, from *Yefeh To'ar*).

43. In this verse Isaiah tells us that there was an attempt (surely by Ahaz, the king at that time) to prevent the learning of Torah. Ahaz thus cut off the children from their source of spiritual nourishment, represented by the wet-nurse in the parable. [This is the Midrash's understanding of this verse. It should be noted that the Biblical commentators give a completely different explanation both for the verse and for the passage as a whole.]

44. I.e., he shut them down.

45. There is no situation worse than God "concealing His face" from us, as described in this verse from *Deuteronomy*. And, Isaiah informs us, this was such a time.

INSIGHTS

Ⓐ **Without Torah, There Will Be No Synagogues or Study Halls . . .** The ultimate goal of King Ahaz was to rob the Jewish people of the Divine Presence, which manifested itself in prophecy. Reluctant to take on the prophets directly, he simply closed the synagogues and study halls in which children were taught Torah, reasoning that if children could not develop into scholars, this would eventually lead to a dearth of

"הוּא קָדֵשׁ", אָמַר רַבִּי אַחָא: "הוּא" כְּתִיב, הוּא שֶׁקִּדֵּשׁ שְׁמוֹ שֶׁל הַקָּדוֹשׁ בָּרוּךְ הוּא בְּכִבְשַׁן הָאֵשׁ וְכֵיוָן שֶׁבָּאוּ בַּרְבָּרִים לְהִזְדַּוֵּג לוֹ הִתְחִילוּ הַכֹּל צוֹוְחִים וַוי, הָדָא הוּא דִכְתִיב "וַיְהִי בִּימֵי אַמְרָפֶל". "וַיְהִי בִּימֵי אָחָז", (ישעיה ז, א) מַה צָּרָה הָיְתָה שָׁם, (שם ט, יא) "אֲרָם מִקֶּדֶם וּפְלִשְׁתִּים מֵאָחוֹר". מָשָׁל לְבֶן מְלָכִים שֶׁנִּזְדַּוֵּג לוֹ פַּדְגּוֹגוֹ לַהֲמִיתוֹ. אָמַר: אִם אֲנִי הוֹרְגוֹ עַכְשָׁיו אֶתְחַיֵּיב מִיתָה לַמֶּלֶךְ, אֶלָּא הֲרֵינִי מוֹשֵׁךְ מֵנִיקְתוֹ מִמֶּנּוּ וּמֵעַצְמוֹ הוּא מֵת. כָּךְ אָמַר אָחָז: אִם אֵין גְּדָיִים אֵין תְּיָשִׁים, אִם אֵין תְּיָשִׁים אֵין צֹאן, אִם אֵין צֹאן אֵין רוֹעֶה, אִם אֵין רוֹעֶה אֵין עוֹלָם. כָּךְ הָיָה סָבוּר בְּדַעְתּוֹ לוֹמַר: אִם אֵין קְטַנִּים אֵין תַּלְמִידִים, אִם אֵין תַּלְמִידִים אֵין חֲכָמִים, אִם אֵין חֲכָמִים אֵין זְקֵנִים, אִם אֵין זְקֵנִים אֵין נְבִיאִים, אִם אֵין נְבִיאִים אֵין הַקָּדוֹשׁ בָּרוּךְ הוּא מַשְׁרֶה שְׁכִינָתוֹ עֲלֵיהֶם. הָדָא הוּא דִכְתִיב (שם ח, טז) "צוֹר תְּעוּדָה חֲתוֹם תּוֹרָה בְּלִמֻּדָי". רַבִּי חוּנְיָא בַּר אֶלְעָזָר אָמַר: לָמָּה נִקְרָא שְׁמוֹ אָחָז שֶׁאָחַז בָּתֵּי כְנֵסִיּוֹת וּבָתֵּי מִדְרָשׁוֹת. רַבִּי יַעֲקֹב בַּר אַבָּא בְּשֵׁם רַבִּי אַחָא: אָמַר יְשַׁעְיָה (שם, יז) "וְחִכֵּיתִי לַה' הַמַּסְתִּיר פָּנָיו מִבֵּית יַעֲקֹב", אֵין לְךָ שָׁעָה קָשָׁה כְּאוֹתָהּ שָׁעָה שֶׁכָּתוּב בָּהּ (דברים לא, יח) "וְאָנֹכִי הַסְתֵּר אַסְתִּיר פָּנַי בַּיּוֹם הַהוּא",

עץ יוסף

מה צרה היתה שם. למה נאמר דוקא במלחמה זו ויהי בימי יותר מבשאר מלחמות ומשני שבאמת היתה שם צרה מופלגת יותר מבשאר מלחמות. שנתחברו עליו יחד מלך ישראל ומלך ארם היה ג"כ כזה שהיה זה מפנים וזה מאחור. ולפיכך וינע לבבו וגו' (נזה"ק): **לבן מלכים.** שעיקר הצרה היתה שאחז בתי כנסיות ובתי מדרשות. ובזה סילק השכינה והשפע מן העולם: **פדגוג.** אומן המגדל את בני המלך: **כך אמר אחז.** תורף הענין שאחז רצה לסלק השגחת ה' מעולם השפל כי מאס במלכות שמים ורצה לסלק הנבואה מהעולם. ולפי שהיה ירא לשלוח ידו בנביאים עצמם הביא משל מהפדגוג שבקש תחבולות בביטול הקטנים מהלימוד (יפ"ת): **אם אין תישים אין צאן.** כי אין מי שיפרה וירבה הצאן. והצאן הנמצאות יכלו מעט מעט: **אם אין רועה.** את הצאן: **אין עולם.** כלומר שלא יתנהג העולם כראוי וכן בנמשל אם אין חכמים כו' אין רועה בעולם. ואז אין עולם נוהג כמנהגו הראוי והו"ל כאילו חרב כי אין ה' חפץ בו. ע"ד ב' אלפים תהו (יפ"ת): **אם אין קטנים.** הוא ע"ד שנינו בן חמש שנים למקרא בן עשר שנים למשנה בן ט"ו לגמרא. וזהו שאמר אם אין קטנים שלומדים מקרא. אין גדולים שילמדו משנה. ואם אין גדולים שילמדו משנה אין תלמידים שלומדים גמרא. ואם אין תלמידים אין חכמים הם היודעים את התורה: **אין זקנים.** הם הסמוכים להורות ולדון (יפ"ת): **אם אין זקנים אין נביאים.** אנשים שיכינו עצמם לנבואה: **ואם אין נביאים.** אנשים מוכנים הנקראים נביאים אין הקב"ה משרה שכינתו עליהם (יפ"ת): **צור תעודה.** שאחז צרר וקשר והסגיר התעודה מבתי מדרשות שהם מקום בית ועד לתורה כדי להיות חתום תורה בלמודו להשכיח התורה מישראל ולסלק השכינה מישראל (נזה"ק): **שאחז בתי כנסיות.** שלא ימצא מקום מוכן שתחול השכינה על איזה איש. וכדי לבטל למוד התורה שלא ימצא בית הועד להם מעכשיו: **והכיתי לה' המסתיר כו'.** ישעיה הנביא בא שוב לנחם את בנ"י שלא תתקיים מחשבת רשע זה להשכיח את התורה מישראל. ועז"א והכיתי לה' המסתיר פניו כו' שאין לך שעה לישראל שהקב"ה עמס בכעס וזעם כאותה שעה שכתוב בה ואנכי הסתר אסתיר פני מהם ואעפ"כ נאמר שם בכתוב כי לא תשכח התורה מפי זרעו. ומזה ראיה ברורה שלעולם אין התורה משתכחת מישראל אפי' בשעת הזעם וע"ז אמר ומאותה שעה קויתי לו שהרי אם בשעה היותר קשה הבטיח ה' כי לא תשכח מפי זרעו. כ"ש בשאר זמנים (יפ"ת ונזה"ק):

פירוש מהרז"ו

מידם כמ"ש אני ה' אשר הוצאתיך מאור כשדים ואח"כ וישובו ויבואו וגו' להרגו וזה ע"פ מדה ט'. וכמ"ש כי ידעתיו וגו' לעשות צדקה ומשפט ומאחר שאמר אל עין הרי בהכרח פירושו שרצו לעשות רעה לעין ולסמותה. ע"פ מדה ט' שעד עתה היו סומים וטועים ואברהם האיר עיניהם להכיר את הקב"ה ויהיה העולם בלא עין: **היא קדש אמר רבי אחא הוא שקדש.** וכמ"ש לקמן ריש סימן ז' הוא כתיב וזהו שאמר הוא שקדש הקב"ה והצילו כבר ממות מיד נמרוד שהשליכו וכן עתה יצילנו ג"כ מאמרפל שהוא נמרוד ועל רצון הרשעים להרגו היו צווחים כל החכמים שידעו ענין אברהם ווי וזהו ויהי בימי אמרפל:

רש"י

להזדווג לו התחילו הכל צווחין ווי ומניין שלא באו להזדווג אלא על אברהם שנאמר וישובו ויבואו אל עין משפט היא קדש ואמר רבי אחא לא באו להזדווג אלא לתוך גלגל עינו של עולם והן מבקשין לסמותה: **אם אין זקנים אין נביאים.** ואם אין נביאים אין הקב"ה משרה שכינתו בישראל מה עשה נטל בתי כנסיות ובתי מדרשות הה"ד צור תעודה חתום תורה ובויקרא רבה אם אין חכם אין תורה אם אין תורה אין בתי כנסיות ובתי מדרשות אם אין בתי כנסיות ובתי מדרשות אין שכינה שורה בישראל מה עשה נטל בתי כנסיות ובתי מדרשות:

מתנות כהונה

המעשה מן העושה ואברהם כבש מהם מדת דין שכל טובה וברכה באת בשבילו שנאמר ונברכו בך וגו' וכדלעיל שאפילו ספינות שבים נתברכו בשבילו: **פדגוג.** אומן המגדלו: **אין זקנים.** [עי' ריש שמיני הגירסא נשתנה קצת וכן ריש מגילת רות ואסתר]. ובירושלמי דפ' חלק גרס אם אין קטנים אין גדולים ואם אין גדולים אין תלמידים כו'. וכן הוא במגילת רות:

אשד הנחלים

רחמים (והטבע דין). וזהו עין משפט. העין של מדה"ד אך הי' קדש שקידש ש"ש הוא היפך הדין ע"י קדושתו והם דימו להפילו ולהעבירו מן העולם וכן בימי אחז. וזאת הית' כוונתו להשבית הנבואה מישראל לפי שע"י הנבוא' השגח' האלקית שורה בישראל. או היא פוקדת לפעמים בעונש על עוברי על מצוות ה'. והם דמו לעשות ככל המון עובדי כוכבים בית ישראל הנתונים תחת מערכת הטבע וכל פעולתם הי' רק ע"י הקסם זהו ארם מקדם ופלשתים מאחור וזהו כדמות הכתוב בישעיה כי מלאו מקדם ועוננים כפלשתים. כי ארם שהם מבני קדם והפלשתים הם היו העקריים ממלאכת הקסם והעוננים שהם משביתים את ההשגח' העליונ'. ומה שהביא המשל מבן מלכים והוא לפי שהאדם ימצא לעצמו היתר אם אינו עושה בפועל הרע רק מסבב בכוונתו הרעה. וכן דימה אחז שיסבב הדבר עת אחר עת עד שישבות הנבואה מישראל והחל בקטנים מבלי ללמדם זאת ואז אין התלמידים הלומדים חכמה מפי רבם ואם אין תלמידים אז לא יהיו באחריתם חכמים מעצמם אחר שלא למדו החכמ' כי החכמ' צריכה שתהי' מקובלת מפי רבם בקבלה. ואחר שלא ימצאו חכמים בעולם אז אין זקנים במעלה. כי אך בצירוף החכמה. הזקנה טובה מאוד כי אז התאוות הרעות נשבתות מן הלב ואז יחל היראה ומדות הטובות והטהרה והקדושה לצמוח בלב ואז באחרית יזכה לנבואה שהיא רוח אלקית ממרום השופע על נפש החכמה והטהורה. אך אם אין כל אלה אז נשבת הנבואה מישראל כי אין הקב"ה משרה שכינתו על הרקים מחכמ' ומיראה וזאת הית' כוונת אחאב: **אמר ישעי' וחכיתי לה'.** כלומר אף שאחז הוא המסבב שיהי' ח"ו הסתרת פנים עכ"ז חכיתי לו וביאר המדרש בזה ענין נפלא במה שהכפיל ישעי' דבריו תחיל' לשון חכוי ולבסוף לשון קיווי כי גדר הקיווי בשיש לו סבה אשר מזה יצמח הקווי והוא נגזר מלשון קו וחוט שעי"ז ימשך אליו אך החכוי הוא התוחלת לבד בלי סבה מאומה. והנה ישעי' ראה שכעת הסתרת פנים שולט בעולם ועכ"ז חיכה לו ונתן סבה לזה יען ראה מתחילה אף בעת שהבטיח ה' בעונש הסתרה לישראל שאמר ואנכי הסתר אסתיר פני ביום ההוא. ועכ"ז כתיב באחרית שישובו אל ה' וה' ימצא להם וא"כ נראה בחוש כי ה' לא יעזבם אל הטבע והסתרה

חידושי הרש"ש

אסתיר פני ביום ההוא ומאותה שעה כו'. כצ"ל: [עמ"כ ולא ראיתי מי שביאר טעם פלוגתתם בזה. וי"ל דר"ב מפרש החרש והמסגר כפי' ת"י אמניא ותרעיא ולפ"ז הוקשה לו מדוע זיווג הכתוב שניהם יחד ולא פרש כמה היה מספר האומנים וכמה היו מספר השוערים וגם אם אנשים שונים הם אכתי לא ידעינן כמה היו מהחרש וכמה מהמסגר ואם בא להגיב רק סך הכולל למה לא אמר ואת כל אנשי החיל והחרש והמסגר שמונת אלפים. ויכללם עם אנשי החיל. לכן יפרש ר"ב כי לא זיווגם במספרם אלא שתיבת אלף עומדת במקום שתים ושיעורו והחרש אלף והמסגר אלף. אבל רבנן יפרשו כפי' הספרי האזינו פי' שכ"א וס"ע כי החרש והמסגר הם דבר אחד והם שני תוארים על חכמי התורה אשר היו אלף. ומצאתי און לי בבבלי גיטין פ"ח א' וסנהדרין ל"ח א' החרש והמסגר אלף חרש כיון שפותחין הכל נעשין כחרשין מסגר כיון שסוגרים בהלכה שוב אין פותחין וכמה היו אלף ע"כ לשון הגמ'. ולכאורה הסיום וכמה היו אלף הוא מיותר כי הוא מפורש בקרא. והמהרש"א בח"א סנהדרין דחק א"ע בזה אבל לפי מ"ש הוא מובן היטב. בשם בנו הרב הגאון מוהרמ"ש נ"י]:

מסורת המדרש

ז עיין מועד קטן דף כ"ו:

אם למקרא

וַיְהִי בִּימֵי אָחָז בֶּן־יוֹתָם בֶּן־עֻזִּיָּהוּ מֶלֶךְ יְהוּדָה עָלָה רְצִין מֶלֶךְ־אֲרָם וּפֶקַח בֶּן־רְמַלְיָהוּ מֶלֶךְ־יִשְׂרָאֵל יְרוּשָׁלַםִ לַמִּלְחָמָה עָלֶיהָ וְלֹא יָכֹל לְהִלָּחֵם עָלֶיהָ: (ישעיה ז:א)

אֲרָם מִקֶּדֶם וּפְלִשְׁתִּים מֵאָחוֹר וַיֹּאכְלוּ אֶת־יִשְׂרָאֵל בְּכָל־פֶּה בְּכָל־זֹאת לֹא־שָׁב אַפּוֹ וְעוֹד יָדוֹ נְטוּיָה: (ישעיה ט:יא)

צוֹר תְּעוּדָה חֲתוֹם תּוֹרָה בְּלִמֻּדָי: וְחִכִּיתִי לַה' הַמַּסְתִּיר פָּנָיו מִבֵּית יַעֲקֹב וְקִוֵּיתִי־לוֹ: (ישעיה ח:טז-יז)

וְאָנֹכִי הַסְתֵּר אַסְתִּיר פָּנַי בַּיּוֹם הַהוּא עַל כָּל־הָרָעָה אֲשֶׁר עָשָׂה כִּי פָנָה אֶל־אֱלֹהִים אֲחֵרִים: (דברים לא:יח)

וּמֵאוֹתָהּ שָׁעָה קִוִּיתִי לוֹ — **And it is in such a time,** Isaiah declared, **that I hope for Him,** שֶׁאָמַר "כִּי לֹא תִשָּׁכַח מִפִּי זַרְעוֹ" — **for He has stated,** ***for it shall not be forgotten from the mouth of its offspring*** (ibid. v. 21).[46] וּמָה הוֹעִיל לוֹ? "הִנֵּה אָנֹכִי וְהַיְלָדִים אֲשֶׁר נָתַן לִי ה' לְאֹתוֹת וּלְמוֹפְתִים" — **And what did it avail him?**[47] ***Behold, I and the children whom HASHEM has given me are signs and symbols for Israel*** (*Isaiah* 8:18).[48] וְכִי יְלָדָיו הָיוּ? וַהֲלֹא תַּלְמִידָיו הָיוּ — **Now, were they** [Isaiah's] **children? Were they not** really **his disciples?** אֶלָּא מְלַמֵּד שֶׁהָיוּ חֲבִיבִים עָלָיו כְּבָנָיו — **However,** by his referring to them as his children **it teaches** you **that they were beloved to him as** his own **children.**[49]

וְכֵיוָן שֶׁאָחַז בָּתֵּי כְנֵסִיּוֹת וּבָתֵּי מִדְרָשׁוֹת הִתְחִילוּ הַכֹּל צוֹוְחִים וַוי — **And once** [Ahaz] **held tight the synagogues and the study houses, everyone began crying out, "Woe** to us!" "וַיְהִי בִּימֵי אָחָז" — And therefore it is written, ***And it happened in the days of Ahaz.***

The third incident of *And it happened in the days of . . .*:

"וַיְהִי בִּימֵי יְהוֹיָקִים" — ***And it happened in the days of Jehoiakim*** (*Jeremiah* 1:3). וּמָה צָרָה הָיְתָה שָׁם — **And what misfortune occurred there?** "רָאִיתִי אֶת הָאָרֶץ וְהִנֵּה תֹהוּ וָבֹהוּ" — As it is stated further in *Jeremiah*: ***I saw the land, and behold, it was void and empty*** (ibid. 4:23). מָשָׁל לְמֶלֶךְ שֶׁשָּׁלַח פְּרַסְטַגְמָא שֶׁלּוֹ בִּמְדִינָה — This may be illustrated through **a parable.** It may be compared **to a king who sent his written decree to a city.** מֶה עָשׂוּ לָהּ בְּנֵי הַמְּדִינָה? נָטְלוּ אוֹתָהּ וְקָרְעוּ אוֹתָהּ וְשָׂרְפוּ אוֹתָהּ בָּאֵשׁ — **What did the people of that city do? They took it and ripped it up and burned it in fire.** שֶׁנֶּאֱמַר "וַיְהִי כִּקְרוֹא יְהוּדִי שָׁלֹשׁ דְּלָתוֹת וְאַרְבָּעָה" תְּלָת אַרְבַּע פְּסוּקֵי — **Thus it is stated,** ***It happened that when Jehudi would read three or four parts*** (ibid. 36:23) — referring to **three or four verses** of the first chapter of *Lamentations*[50] — Jehoiakim remained calm; כֵּיוָן שֶׁהִגִּיעַ לַפָּסוּק "הָיוּ צָרֶיהָ לְרֹאשׁ" — but **once he reached the** fifth **verse,** ***Her adversaries have become master over her*** (*Lamentations* 1:5),[51] קְרָעָהּ "בְּתַעַר הַסֹּפֵר וְהַשְׁלֵךְ אֶל הָאֵשׁ עַד תֹּם כָּל הַמְּגִלָּה עַל הָאֵשׁ אֲשֶׁר עַל הָאָח" — [Jehoiakim] **cut it out** ***with a scribe's razor and threw it into the fire that was in the fireplace, until the entire scroll was burnt up by the fire that was in the fireplace*** (*Jeremiah* ibid.). כֵּיוָן שֶׁרָאוּ הַכֹּל כֵּן הִתְחִילוּ הַכֹּל צוֹוְחִים וַוי — **Once everyone saw this, they began crying out, "Woe to us!"**[52] "וַיְהִי בִּימֵי יְהוֹיָקִים" — And thus it is stated, ***And it happened in the days of Jehoiakim.***

The fourth incident:

"וַיְהִי בִּימֵי שְׁפֹט הַשֹּׁפְטִים" — ***And it happened in the days when the judges judged*** (*Ruth* 1:1). וּמָה צָרָה הָיְתָה שָׁם? "וַיְהִי רָעָב בָּאָרֶץ" — **And what misfortune happened there?** ***There was a famine in the land*** (ibid.).[53] לִמְדִינָה שֶׁהָיְתָה חַיֶּיבֶת לִיפַּס לַמֶּלֶךְ — This can be illustrated by means of a parable. It may be compared **to a city that owed tax money to the king.** שָׁלַח הַמֶּלֶךְ גַּבַּאי טִימְיוֹן לִגְבוֹתָהּ — **The king sent a tax collector to collect** [the debt]. מֶה עָשׂוּ לוֹ בְּנֵי הַמְּדִינָה? נָטְלוּ אוֹתוֹ וְהִכּוּ אוֹתוֹ — **What did the people of that city do? They took him and beat him.** וְאַחַר כָּךְ אָמְרוּ: אוֹי לָנוּ כְּשֶׁיַּרְגִּישׁ הַמֶּלֶךְ בִּדְבָרִים הַלָּלוּ — **But afterward they said, "Woe to us when the king realizes** that we have done **these things!** מַה שֶּׁבִּקֵּשׁ לַעֲשׂוֹת לָנוּ עָשִׂינוּ לוֹ — **What he intended to do to us we have done to him!"** כָּךְ "בִּימֵי שְׁפוֹט הַשּׁוֹפְטִים" — **So too,** ***in the days when the judges judged*** (lit., *in the days of the judging of the judges*). הָיָה אָדָם מִיִּשְׂרָאֵל עוֹבֵד עֲבוֹדָה זָרָה וְהָיָה הַדַּיָּין מְבַקֵּשׁ לְהַעֲבִיר עָלָיו מִדַּת הַדִּין — What does this mean? **An Israelite individual would,** for example, **worship idols, and the judge would seek to impose the attribute of justice against him.** וְהָיָה הוּא בָּא וּמַלְקֶה אֶת הַדַּיָּין — **And** [the perpetrator] **would come and strike the judge,** אָמַר: מַה שֶּׁבִּקֵּשׁ לַעֲשׂוֹת לִי עָשִׂיתִי לוֹ — **saying, "What he intended to do to me, I have done to him!"** אָמְרוּ: אוֹי לוֹ לַדּוֹר שֶׁשָּׁפְטוּ אֶת שׁוֹפְטֵיהֶם — Then **they said, "Woe to the generation that inflicts judgments**

NOTES

46. Although God has "concealed His face," He has nevertheless promised that no matter how bad the situation in Israel is the Torah will never be forgotten from among them. Thus, Isaiah awaited God's salvation to thwart Ahaz's plan.

47. What good was Ahaz's plan against Torah study? It did not work!

48. I still teach Torah to my *children* (i.e., students), and this is a sign that the decree will be ineffective for others in Israel as well.

49. This verse thus indicates that Isaiah *had* students, i.e., that Ahaz's plan failed.

50. Written prophetically by Jeremiah in advance of the Destruction. Such a document, describing the Destruction and exile in past tense, would hopefully jar Israel into repenting their wickedness. See ibid. v. 3.

51. Indicating that Jehoiakim would not remain king over the people. (Even though the first four verses of *Lamentations* speak already of exile and destruction, Jehoiakim did not take them personally, for he told himself that they did not apply to the king. See *Moed Katan* 26a; see also *Eitz Yosef,* from *Yefeh To'ar.*)

52. For the punishment foretold in the verse cited above, *I saw the land, and behold, it was void and empty*, would surely be fulfilled as punishment for Jehoiakim's actions, which took away Israel's opportunity to hear the scroll's message and repent. See *Eitz Yosef,* from *Yefeh To'ar*.

53. The Midrash's question seems somewhat puzzling, for the misfortune is explicitly stated in the very verse cited here. *Eitz Yosef* interprets the Midrash to be asking: For what sin were the Israelites punished with famine?

INSIGHTS

prophets, which in turn would drive the Divine Presence away from the Jewish people (see *Eitz Yosef*).

A parallel Midrash (*Vayikra Rabbah* 11 §7) describes Ahaz's approach a bit differently: If children do not develop into scholars, there will be no Torah study; without Torah study, there will be no synagogues or study halls; and in the absence of synagogues and study halls, God will not rest His Divine Presence in this world.

The latter version begs the question: What is the point of focusing on the presence — or absence — of synagogues and study halls? Why, seemingly, these places serve merely as centers of worship and Torah study. Once the lack of education brings about the cessation of Torah scholarship, of what concern is it whether the study halls are open or closed? Is it necessary for them to actually close in order for the Divine Presence to abandon the Jewish people? (see *Yefeh To'ar*).

The inescapable conclusion, notes *R' Shlomo Wolbe,* is that, beyond the actual Torah study that takes place in them, synagogues and study halls are *themselves* repositories of the Divine Presence. In the study hall — better known as the "yeshivah" — the Divine Presence is palpable. It resides within the heart of each member, and within the collective heart of the yeshivah's students, through an inner awareness of their purpose in life; and it is apparent even to visitors, in the aspiration for spiritual growth and vibrant devotion to matters of sanctity that pulsate within its walls. Ahaz understood that in order to banish the Divine Presence from among the Jewish people, it would not suffice to merely interrupt Torah study; he could achieve his goal only by actually causing the yeshivos to close.

The Sages relate that from the earliest times, our forefathers were scrupulous in establishing yeshivos. Abraham, Isaac, and Jacob each had a yeshivah in which he studied; their offspring established a yeshivah in Egypt; their descendants maintained a yeshivah in the Wilderness, and so forth throughout the generations (*Yoma* 28b). The purpose of these yeshivos was not merely to serve as educational centers, but to provide an atmosphere permeated with sanctity and free of corrosive influences, in which the Divine Presence could reside (see *Rabbeinu Chananel* ad loc. and *Daas Chochmah U'Mussar* Vol. II §74). This has been the function of our study halls in all times, and that is why Ahaz knew that as long as the synagogues and study halls remained open, the Divine Presence would reside there despite all his efforts (*R' Shlomo Wolbe* in *Moriah* §II).

ומאותה שעה קויתי לו שאמר, (דברים לא, כא) "כי לא תשכח מפי זרעו". ומה הועיל לו, (ישעיה ח, יח) "הנה אנכי והילדים אשר נתן לי ה' לאותות ולמופתים", וכי ילדיו היו והלא תלמידיו היו, אלא מלמד שהיו חביבים עליו כבניו. וכיון שאחז בתי כנסיות ובתי מדרשות התחילו הכל צווחים ווי, "ויהי בימי אחז". (ירמיה א, ג) "ויהי בימי יהויקים", ומה צרה היתה שם (שם ד, כג) "ראיתי את הארץ והנה תהו ובהו", משל למלך ששלח פרסטגמא שלו במדינה, מה עשו לה בני המדינה נטלו אותה וקרעו אותה ושרפו אותה באש שנאמר (שם לו, כג) "ויהי כקרוא יהודי שלש דלתות וארבעה" יתלת ארבע פסוקי, כיון שהגיע לפסוק (איכה א, ה) "היו צריה לראש", (ירמיה, שם) "קרעה בתער הסופר והשלך אל האש עד תם כל המגלה על האש אשר על האח". כיון שראו הכל כן התחילו הכל צווחים ווי, "ויהי בימי יהויקים". (רות א, א) "ויהי בימי שפט השפטים", ומה צרה היתה שם, "ויהי רעב בארץ". למדינה שהיתה חייבת ליפס למלך. שלח המלך גבאי טימיון לגבותה. מה עשו לו בני המדינה, נטלו אותו והכו אותו, ואחר כך אמרו אוי לנו כשירגיש המלך בדברים הללו, מה שבקש לעשות לנו עשינו לו. כך בימי שפוט השופטים היה אדם מישראל עובד עבודה זרה והיה הדיין מבקש להעביר עליו מדת הדין והיה הוא בא ומלקה את הדיין, אמר: מה שבקש לעשות לי עשיתי לו. אמרו: [ח]אוי לו לדור ששפטו את שופטיהם, הדא הוא דכתיב "ויהי בימי שפט השפטים", "ויהי רעב בארץ". (אסתר א, א) "ויהי בימי אחשורוש", ומה צרה היתה שם, (שם ג, יג) "להשמיד להרג ולאבד". משל למלך שהיה לו כרם אחד ונזדווגו לו ג' שונאים, הראשון מתחיל מקטף בעוללות, והשני מזנב באשכולות, והשלישי מעקר בגפנים, כך פרעה (שמות א, כב) "כל הבן הילוד היארה תשליכהו", נבוכדנצר (מלכים ב כד, טז) "החרש והמסגר אלף", [ט]רבי ברכיה אמר: החרש אלף והמסגר אלף, רבנן אמרין: כלם אלף. המן ביקש לעקור הגפן כלה שנאמר (אסתר ג, יג) "להשמיד להרג ולאבד את כל היהודים וגו'", וכיון שראו הכל כן התחילו צווחים ווי, הדא הוא דכתיב "ויהי בימי אחשורוש".

עץ יוסף

ומה הועיל לו. שהרי לא עלה בידו לבטל הלימוד ולהשכיח התורה. כי אנכי והילדים הם התלמידים אשר מחזיקים בעמוד התורה מהם תתפשט הוראה בישראל להחזיר עטרה ליושנה. וז"ש כי יהיו לאותות ולמופתים גם לדורות שלא תשתכח התורה מישראל (נזה"ק): **וכי ילדיו היו.** ר"ל שכיון שלא היו לו אלא ב' בנים ליקח אות מהם על ביטול מחשבת אחז ע"כ תלמידיו היו (יפ"ת). ועיין מ"ש בר"ר: **שאחז ב"ב כו' הכל צווחין ווי.** כי קיום כל העולם אינו אלא על ידי התורה כדכתיב אם לא בריתי וגו' (נזה"ק): **ראיתי את הארץ כו'.** שנתקיימה נבואה זו בעון יהויקים ששרף את המגילה שנכתב עליו גזירת הגלות ולולא ששרפה אולי היו שבים ומתבטל הגזירה (יפ"ת): **פרסטגמא.** פי' הערוך בל"י דת וגזרה: **כיון שהגיע לפסוק היו צריה כו'.** אז כעס שתסור המלכות ממנו. אבל בפסוקים הראשונים לא חשש דקאמר בהו ואנא מלכא כלומר אע"פ שכתב גלתה יהודה דרך גוזמא קאמר קרא והוא עדיין ימלוך (יפ"ת): **התחילו הכל צווחין ווי.** כי על ידי מעשה יהויקים נחתם הגז"ד בחורבן ביהמ"ק אשר היא צרה כוללת כנ"ל: **ומה צרה היתה שם ויהי רעב כו'.** פי' מאיזה חטא בא הרעב וקאמר שהיה בעון ששפטו את שופטיהם: **ליפס.** מס: **גבאי טמיון.** פי' גובה מס לאוצר המלך: **שהיה לו כרם כו'.** לכן לא נכתב ויהי בימי גם גבי פרעה ונבוכדנצר שהצירו את ישראל. שאינו דומה לצרה זו שהיא צרה כוללת שבאו לעקור בגפנים. שבקש המן לעקור הגפן כולה ואחשורוש הסכים על ידו (נזה"ק): **החרש והמסגר אלף.** שהגלה נבוכדנצר אותם. והם החכמים או היועצים. והיינו אשכולות שהם עיקר הכרם. וחשב נ"כ שימותו כולם בטלטולם ושתשכח תורתם (יפ"ת): **כולן אלף.** החרש והמסגר: **משמש צרה ושמחה.** זימנין צרה וזימנין שמחה דאשכחן ויהי טובא גבי

באור מהרי"פ

ג **פרסטגמא.** רב"מ פי' בל"י דת וגזרה:

אם למקרא

וְהָיָה כִּי־תִמְצֶאןָ אֹתוֹ רָעוֹת רַבּוֹת וְצָרוֹת וְעָנְתָה הַשִּׁירָה הַזֹּאת לְפָנָיו לְעֵד כִּי לֹא תִשָּׁכַח מִפִּי זַרְעוֹ כִּי יָדַעְתִּי אֶת־יִצְרוֹ אֲשֶׁר הוּא עֹשֶׂה הַיּוֹם בְּטֶרֶם אֲבִיאֶנּוּ אֶל־הָאָרֶץ אֲשֶׁר נִשְׁבָּעְתִּי: (דברים לא:כא)

וַיְהִי בִּימֵי יְהוֹיָקִים בֶּן־יֹאשִׁיָּהוּ מֶלֶךְ יְהוּדָה עַד־תֹּם עַשְׁתֵּי־עֶשְׂרֵה שָׁנָה לְצִדְקִיָּהוּ בֶן־יֹאשִׁיָּהוּ מֶלֶךְ יְהוּדָה עַד־גְּלוֹת יְרוּשָׁלַם בַּחֹדֶשׁ הַחֲמִישִׁי: (ירמיה א:ג)

הִנֵּה אָנֹכִי וְהַיְלָדִים אֲשֶׁר נָתַן־לִי ה' לְאֹתוֹת וּלְמוֹפְתִים בְּיִשְׂרָאֵל מֵעִם ה' צְבָאוֹת הַשֹּׁכֵן בְּהַר צִיּוֹן: (ישעיה ח:יח)

רָאִיתִי אֶת־הָאָרֶץ וְהִנֵּה־תֹהוּ וָבֹהוּ וְאֶל־הַשָּׁמַיִם וְאֵין אוֹרָם: (ירמיה ד:כג)

וַיְהִי כִּקְרוֹא יְהוּדִי שָׁלֹשׁ דְּלָתוֹת וְאַרְבָּעָה יִקְרָעֶהָ בְּתַעַר הַסֹּפֵר וְהַשְׁלֵךְ אֶל־הָאֵשׁ אֲשֶׁר אֶל־הָאָח עַד־תֹּם כָּל־הַמְּגִלָּה עַל־הָאֵשׁ אֲשֶׁר עַל־הָאָח: (ירמיה לו:כג)

הָיוּ צָרֶיהָ לְרֹאשׁ אֹיְבֶיהָ שָׁלוּ כִּי ה' הוֹגָהּ עַל רֹב־פְּשָׁעֶיהָ עוֹלָלֶיהָ הָלְכוּ שְׁבִי לִפְנֵי־צָר: (איכה א:ה)

וַיְהִי בִּימֵי שְׁפֹט הַשֹּׁפְטִים וַיְהִי רָעָב בָּאָרֶץ וַיֵּלֶךְ אִישׁ מִבֵּית לֶחֶם יְהוּדָה לָגוּר בִּשְׂדֵי מוֹאָב הוּא וְאִשְׁתּוֹ וּשְׁנֵי בָנָיו: (רות א:א)

וַיְהִי בִּימֵי אֲחַשְׁוֵרוֹשׁ הוּא אֲחַשְׁוֵרוֹשׁ הַמֹּלֵךְ מֵהֹדּוּ וְעַד־כּוּשׁ שֶׁבַע וְעֶשְׂרִים וּמֵאָה מְדִינָה: (אסתר א:א)

מסורת המדרש

ח עיין ב"ב דף ט"ו ובתוספת שם:

ט גיטין דף פ"ח. סנהדרין דף ל"ח. סדר עולם רבה פ' כ"ה. ספרי האזינו פיסקא שכ"א. ילקוט מלכים ב' רמז רמ"ט:

אם למקרא

וַיְצַו פַּרְעֹה לְכָל־עַמּוֹ לֵאמֹר כָּל־הַבֵּן הַיִּלּוֹד הַיְאֹרָה תַּשְׁלִיכֻהוּ וְכָל־הַבַּת תְּחַיּוּן: (שמות א:כב)

וְאֵת כָּל אַנְשֵׁי הַחַיִל שִׁבְעַת אֲלָפִים וְהֶחָרָשׁ וְהַמַּסְגֵּר אֶלֶף הַכֹּל גִּבּוֹרִים עֹשֵׂי מִלְחָמָה וַיְבִיאֵם מֶלֶךְ בָּבֶל גּוֹלָה בָּבֶלָה: (מלכים ב כד:טז)

וְנִשְׁלוֹחַ סְפָרִים בְּיַד הָרָצִים אֶל־כָּל־מְדִינוֹת הַמֶּלֶךְ לְהַשְׁמִיד לַהֲרֹג וּלְאַבֵּד אֶת־כָּל־הַיְּהוּדִים מִנַּעַר וְעַד־זָקֵן טַף וְנָשִׁים בְּיוֹם אֶחָד בִּשְׁלוֹשָׁה עָשָׂר לְחֹדֶשׁ שְׁנֵים־עָשָׂר הוּא־חֹדֶשׁ אֲדָר וּשְׁלָלָם לָבוֹז: (אסתר ג:יג)

רש"י

פרוסטוגמא. פירוש האגרת פתשגן כתב הדת מתרגמינן פי כתיבא ודיוטגמא: **ויהי בקרא יהודי שלש דלתות וארבעה.** מפורש במקרא כיון שהגיע לפסוק החמישי היו צריה לראש מיד יקרעה בתער הסופר והשלך אל האש אשר על האח: **נטלו אותו והכו אותו והגבו אותו.** פירש הטעינשוהו קנס תרגום וענשו אותו ויגבון מיניה: **ליפס.** מס המלך: **אוי לדור** ששפטו את שופטיהן: **ויהי בימי שפוט השופטים.** מה היו עושין כשהיה אחד מהם עושה דבר שלא כהוגן היו מוליכין אותו אצל הדיין מה שהדיין צריך לעשות לנשפט הנשפט עושה לדיין. אמר להם הקדוש ברוך הוא. אתם מאבדים את שופטיכם חייכם שאני מעמיד עליכם שופט שאין אתם יכולים לעמוד בו ואי זה זה מכת רעב שנקרא שופט שנאמר אף כי ארבעת שפטי וגו': **הא כתיב ויהי ביום השמיני** ושמחה היתה שם שהוקם המשכן ושניתנה כהונה. והא כתיב ויהי כי ישב המלך בביתו וה' הניח לו:

מתנות כהונה

פרסטגמא. פי' הערוך אגרת: **לפסוק היו צריה.** שהוא פסוק החמישי: **ליפס.** פירש הערוך מס: **גבאי טמיון גרסי'.** פי' גובה מס לאוצר המלך: **החרש והמסגר.** ואמרו חז"ל אלו סנהדרין: ה"ג **והמסגר** אלף ר' ברכיה אמר החרש אלף והמסגר אלף ורבנן אמרו ועיין במקומות הנ"ל: ה"ג **וכיון שראו** כן התחילו הכל צווחין כו':

אשד הנחלים

ויסבב להם דבר שע"י יהיו בהשגחה בעולם וזהו וקויתי לו מאותו שעה שאמר. ואנכי אסתיר פני. שנראה מזה שיעד ה' אותם בבשורה הרעה הזאת ח"ו אך עכ"ז מצא תרופה להם כי הבטיחם שלא תשכח מפי זרעם והוא כמאמרם ז"ל כל מי שהוא ת"ח ובנו ובן בנו אינו פוסק לעולם כי הנטיה הטוב' נשאר בו לעולם וא"כ ישארו חכמי' בישראל ואז יחל הנבוא' וע"י הנבוא' ישרה ההשגח' ולא יהיו כמו שחשב אח"ז בדעתו. כי גם ע"י נביא אחד יופיע ההשגח' בעולם. ולכן סיים הנה אנכי והילדים אשר נתן לי ה' ללמדם דעת וחכמ' ותבונה לאות ולמופת בישראל כי ה' חפץ בהם שיושגחו בהשגחה פרטית. וכן ביהויקים שביזה התור' והוא כדמות השורף אגרת המלך. שאז בודאי הקב"ה לא יזדקק להם אחרי שמבזים התורה שהיא שלימותם ואז אין השגחה בעולם ולכן הי' עת צרה למאוד וכן בימי השופטים שאז היתה' להיפך השופטים היו טובים אך המון העם היו רעים למאוד. והם השביתו להשופטים לשפוט עליהם ולהורותם הדרך הישר' והרי זה כדמות מי שיכה שופטי המלך ואז הי' עת צרה למאוד אחר שאין שופטים בישראל ואז כל איש הישר בעיניו יעשה וכן בפרעה ונ"נ והמן שהמה בקשו לאבד ישראל. פרעה בוש לעשות בגלוי ודימה לסבב ע"י הילדים הקטנים. נ"נ חשב להשמיד החכמים ואז ממילא יהיו ככל עובדי כוכבים בית ישראל באחרית כי אין מורה להם. אך המן התחכם לעשות כליה לכולם ואין רעה כמותה כי ח"ו אם אין ישראל אז אין תקוה לעולם עוד:

on its own **judges!"** הָדָא הוּא דִכְתִיב "וַיְהִי בִּימֵי שְׁפֹט הַשֹּׁפְטִים וַיְהִי רָעָב בָּאָרֶץ" — **Thus, it is written,** ***And it happened in the days when the judges judged, there was a famine in the land.***[54]

The fifth and final incident:

"וַיְהִי בִּימֵי אֲחַשְׁוֵרוֹשׁ" — ***And it happened in the days of Ahasuerus*** (*Esther* 1:1): וּמַה צָּרָה הָיְתָה שָׁם? "לְהַשְׁמִיד לַהֲרֹג וּלְאַבֵּד" — **And what misfortune happened there?** *Letters were sent by courier to all the provinces of the king,* ***to destroy, to slay, and to exterminate all the Jews*** (ibid. 3:13).[55] מָשָׁל לְמֶלֶךְ שֶׁהָיָה לוֹ כֶּרֶם אֶחָד וְנִזְדַּוְּוגוּ לוֹ ג׳ שׂוֹנְאִים — This many be illustrated by means of **a parable.** It may be compared **to a king who had a vineyard, and three adversaries started a confrontation with him** over it.[56] הָרִאשׁוֹן מַתְחִיל מְקַטֵּף בְּעוֹלֵלוֹת, וְהַשֵּׁנִי מְזַנֵּב בְּאֶשְׁכּוֹלוֹת, וְהַשְּׁלִישִׁי מְעַקֵּר בַּגְּפָנִים — **The first** adversary **began picking the scant clusters, the second followed by picking the full clusters, and the third** went ahead **and uprooted the vines** themselves. כָּךְ פַּרְעֹה — **So it was** with Israel: **Pharaoh** started a confrontation with them, "כָּל הַבֵּן הַיִּלּוֹד הַיְאֹרָה תַּשְׁלִיכֻהוּ" — as it is written, *Pharaoh commanded his entire people, saying,* ***"Every son that will be born, into the River shall you throw him!"*** (*Exodus* 1:22).[57] נְבוּכַדְנֶצַּר "הֶחָרָשׁ וְהַמַּסְגֵּר אָלֶף" — Then came **Nebuchadnezzar,** concerning whom it is written, ***and the charash and the masger,***[58] ***one thousand,*** *all of them mighty men, warriors — the king of Babylonia brought them to exile, to Babylonia* (*II Kings* 24:16). רַבִּי בֶּרֶכְיָה אָמַר: הֶחָרָשׁ אֶלֶף וְהַמַּסְגֵּר אֶלֶף — The Midrash cites a debate regarding the verse just quoted: **R' Berechyah said:** This means that he exiled **a thousand of the** ***charash*** **and** also **a thousand of the** ***masger;*** רַבָּנָן אָמְרִין: כֻּלָּם אֶלֶף — but **the Sages said: All of them** together **were one thousand.**[59] הָמָן בִּיקֵּשׁ לַעֲקוֹר הַגֶּפֶן כֻּלָּהּ — And then came **Haman,** who **wanted to uproot the entire "grapevine,"**[60] שֶׁנֶּאֱמַר "לְהַשְׁמִיד לַהֲרֹג וּלְאַבֵּד אֶת כָּל הַיְּהוּדִים וְגוֹ׳ " — **as it is stated,** *Letters were sent by courier to all the provinces of the king,* ***to destroy, to slay, and to exterminate all the Jews, etc.*** (*Esther* 3:13).[61] וְכֵיוָן שֶׁרָאוּ הַכֹּל כֵּן הִתְחִילוּ צוֹוְחִים וַוי — **And when everyone saw this, they began crying out, "Woe** to us!" הָדָא הוּא דִכְתִיב "וַיְהִי בִּימֵי אֲחַשְׁוֵרוֹשׁ" — **Thus it is written,** ***And it happened in the days of Ahasuerus.***

NOTES

54. As punishment for *judging [their] judges,* i.e., inflicting upon their judges whatever punishment the latter wished to impose upon them, a "judge" was appointed against whom the people would be powerless — namely, *famine* (Famine is listed in *Ezekiel* 14:21 as one of God's instruments of judgment.) (*Rashi*).

[According to *Bava Basra* 15b, however, the people *judging [their] judges* means that the judges were wicked and deserving of being judged themselves. See *Yefeh To'ar.*]

55. [In light of the fact that this misfortune is explicitly stated in Scripture, this segment of the Midrash contradicts *Yefeh To'ar's* suggested thesis quoted above (in note 38). *Yefeh To'ar* here poses this question himself and attempts to resolve it.]

56. They wanted to destroy it.

57. Although this was of course a terrible decree, it was not one that would necessarily bring about the end of Israel as a people (see *Rashi* to *Exodus* 2:1). The Midrash therefore compares it to destruction of "scant clusters." See further.

58. The identity of these groups is the subject of discussion among the commentators. The Sages identify them as the great rabbis and scholars of Israel. Without these men to guide Israel according to the Torah, Israel would lose its distinct character and become as one of the nations (*Eshed HaNechalim*). [The scholars of Israel are similarly compared to "full clusters" in *Chullin* 92a, where the Gemara compares different segments of the Jewish people as different parts of a vineyard. See note 60.]

59. See *Rashash* for discussion of the basis of this debate.

60. Israel is referred to as a "grapevine" in *Psalms* 80:9.

61. The physical extermination of the entire Jewish people would of course end all hope for any future (*Eshed HaNechalim*), for the "vines" themselves would have been uprooted.

ומאותה שעה קויתי לו שאמר, (דברים לא, כא) "כי לא תשכח מפי זרעו". ומה הועיל לו, (ישעיה ח, יח) "הנה אנכי והילדים אשר נתן לי ה' לאותות ולמופתים", וכי ילדיו היו והלא תלמידיו היו, אלא מלמד שהיו חביבים עליו כבניו. וכיון שאחז בתי כנסיות ובתי מדרשות התחילו הכל צווחים ווי, "ויהי בימי אחז". (ירמיה א, ג) "ויהי בימי יהויקים", ומה צרה היתה שם (שם ד, כג) "ראיתי את הארץ והנה תהו ובהו", משל למלך ששלח פרסטגמא שלו במדינה, מה עשו לה בני המדינה נטלו אותה וקרעו אותה ושרפו אותה באש שנאמר (שם לו, כג) "ויהי כקרוא יהודי שלש דלתות וארבעה" יתלת ארבע פסוקי, כיון שהגיע לפסוק (איכה א, ה) "היו צריה לראש", (ירמיה, שם) "קרעה בתער הסופר והשלך אל האש עד תם כל המגלה על האש אשר על האח". כיון שראו הכל כן התחילו הכל צווחים ווי, "ויהי בימי יהויקים". (רות א, א) "ויהי בימי שפט השפטים", ומה צרה היתה שם, "ויהי רעב בארץ". למדינה שהיתה חייבת ליפס למלך. שלח המלך גבאי טימיון לגבותה. מה עשו לו בני המדינה, נטלו אותו והכו אותו, ואחר כך אמרו אוי לנו כשירגיש המלך בדברים הללו, מה שבקש לעשות לנו עשינו לו. כך בימי שפוט השופטים היה אדם מישראל עובד עבודה זרה והיה הדיין מבקש להעביר עליו מדת הדין והיה הוא בא ומלקה את הדיין, אמר: מה שבקש לעשות לי עשיתי לו. אמרו: [ח]אוי לו לדור ששפטו את שופטיהם, הדא הוא דכתיב "ויהי בימי שפט השפטים", "ויהי רעב בארץ". (אסתר א, א) "ויהי בימי אחשורוש", ומה צרה היתה שם, (שם ג, יג) "להשמיד להרג ולאבד". משל למלך שהיה לו כרם אחד ונזדווגו לו ג' שונאים, הראשון מתחיל מקטף בעוללות, והשני מזנב באשכולות, והשלישי מעקר בגפנים, כך פרעה (שמות א, כב) "כל הבן הילוד היארה תשליכהו", נבוכדנצר (מלכים ב כד, טז) "החרש והמסגר אלף", [ט]רבי ברכיה אמר: החרש אלף והמסגר אלף, רבנן אמרין: כלם אלף. המן ביקש לעקור הגפן כלה שנאמר (אסתר ג, יג) "להשמיד להרג ולאבד את כל היהודים וגו'", וכיון שראו הכל כן התחילו צווחים ווי, הדא הוא דכתיב "ויהי בימי אחשורוש".

עץ יוסף

ומה הועיל לו. שהרי לא עלה בידו לבטל הלימוד ולהשכיח התורה. כי אנכי והילדים הם התלמידים אשר מחזיקים בעמוד התורה מהם תתפשט הוראה בישראל להחזיר עטרה ליושנה. וז"ש כי יהיו לאותות ולמופתים גם לדורות שלא תשתכח התורה מישראל (נזה"ק): **וכי ילדיו היו.** ר"ל שכיון שלא היו לו אלא ב' בנים ליכא אות מהם על ביטול מחשבת אחז ע"כ תלמידיו היו (יפ"ת). ועיין מ"ש בר"ר: **שאחז ב"כ כו' הכל צווחין ווי.** כי קיום כל העולם אינו אלא על ידי התורה כדכתיב אם לא בריתי וגו' (נזה"ק): **ראיתי את הארץ כו'.** שנתקיימה נבואה זו בעון יהויקים ששרף את המגילה שנכתב עליו גזירת הגלות ולולא ששרפה אולי היו שבים ומתבטל הגזירה (יפ"ת): **פרסטגמא.** פי' הערוך בל"י דת וגזרה: **כיון שהגיע לפסוק היו צריה כו'.** אז כעס שתסור המלכות ממנו. אבל בפסוקים הראשונים לא חשש דקאמר בהו והכא מלכה כלומר אע"פ שכתב גלתה יהודה דרך גוזמא קאמר קרא והוא עדיין ימלוך (יפ"ת): **התחילו הכל צווחין ווי.** כי על ידי מעשה יהויקים נחתם הגז"ד בחורבן ביהמ"ק אשר היא צרה כוללת כנ"ל: **ומה צרה היתה שם ויהי רעב כו'.** פי' מאיזה חטא בא הרעב וקאמר שהיה בעון ששפטו את שופטיהם: **ליפס.** מס: **גבאי טמיון.** פי' גובה מס לאוצר המלך: **שהיה לו כרם כו'.** לכן לא נכתב ויהי בימי גם גבי פרעה ונבוכדנצר שהצירו את ישראל. שאינו דומה לצרה זו שהיא צרה כוללת שבאו לעקור בגפנים. שבקש המן לעקור הגפן כולה ואחשורוש הסכים על ידו (נזה"ק): **החרש והמסגר אלף.** שהגלה נבוכדנצר אותם. והם החכמים או היועצים. והיינו אשכולות שהם עיקר הכרם. וחשב נ"כ שימותו כולם בטלטולם ושתשתכח תורתם (יפ"ת): **כולן אלף.** החרש והמסגר: **משמש צרה ושמחה.** זימנין צרה וזימנין שמחה דאשכחן ויהי טובא גבי

באור מהרז"ו

ג פרסטגמא. רב"מ פי' בל"י דת וגזרה:

מסורת המדרש

ח עיין ב"ב דף ט"ו ובתוספתא שם:
ט גיטין דף פ"ח. סנהדרין דף ל"ח. סדר עולם רבה פ' כ"ה. ספרי האזינו פיסקא שכ"א. ילקוט מלכים ב' רמז רמ"ט:

אם למקרא

וְהָיָה כִּי־תִמְצֶאןָ אֹתוֹ רָעוֹת רַבּוֹת וְצָרוֹת וְעָנְתָה הַשִּׁירָה הַזֹּאת לְפָנָיו לְעֵד כִּי לֹא תִשָּׁכַח מִפִּי זַרְעוֹ כִּי יָדַעְתִּי אֶת־יִצְרוֹ אֲשֶׁר הוּא עֹשֶׂה הַיּוֹם בְּטֶרֶם אֲבִיאֶנּוּ אֶל־הָאָרֶץ אֲשֶׁר נִשְׁבָּעְתִּי: (דברים לא:כא)

וַיְהִי בִּימֵי יְהוֹיָקִים בֶּן־יֹאשִׁיָּהוּ מֶלֶךְ יְהוּדָה עַד־תֹּם עַשְׁתֵּי־עֶשְׂרֵה שָׁנָה לְצִדְקִיָּהוּ בֶן־יֹאשִׁיָּהוּ מֶלֶךְ יְהוּדָה עַד־גְּלוֹת יְרוּשָׁלִַם בַּחֹדֶשׁ הַחֲמִישִׁי: (ירמיה א:ג)

הִנֵּה אָנֹכִי וְהַיְלָדִים אֲשֶׁר נָתַן־לִי ה' לְאֹתוֹת וּלְמוֹפְתִים בְּיִשְׂרָאֵל מֵעִם ה' צְבָאוֹת הַשֹּׁכֵן בְּהַר צִיּוֹן: (ישעיה ח:יח)

רָאִיתִי אֶת־הָאָרֶץ וְהִנֵּה־תֹהוּ וָבֹהוּ וְאֶל־הַשָּׁמַיִם וְאֵין אוֹרָם: (ירמיה ד:כג)

וַיְהִי כִּקְרוֹא יְהוּדִי שָׁלֹשׁ דְּלָתוֹת וְאַרְבָּעָה יִקְרָעֶהָ בְּתַעַר הַסֹּפֵר וְהַשְׁלֵךְ אֶל־הָאֵשׁ אֲשֶׁר אֶל־הָאָח עַד־תֹּם כָּל־הַמְּגִלָּה עַל־הָאֵשׁ אֲשֶׁר עַל־הָאָח: (ירמיה לו:כג)

הָיוּ צָרֶיהָ לְרֹאשׁ אֹיְבֶיהָ שָׁלוּ כִּי ה' הוֹגָהּ עַל רֹב־פְּשָׁעֶיהָ עוֹלָלֶיהָ הָלְכוּ שְׁבִי לִפְנֵי־צָר: (איכה א:ה)

וַיְהִי בִּימֵי שְׁפֹט הַשֹּׁפְטִים וַיְהִי רָעָב בָּאָרֶץ וַיֵּלֶךְ אִישׁ מִבֵּית לֶחֶם יְהוּדָה לָגוּר בִּשְׂדֵי מוֹאָב הוּא וְאִשְׁתּוֹ וּשְׁנֵי בָנָיו: (רות א:א)

וַיְהִי בִּימֵי אֲחַשְׁוֵרוֹשׁ הוּא אֲחַשְׁוֵרוֹשׁ הַמֹּלֵךְ מֵהֹדּוּ וְעַד־כּוּשׁ שֶׁבַע וְעֶשְׂרִים וּמֵאָה מְדִינָה: (אסתר א:א)

אם למקרא

וַיְצַו פַּרְעֹה לְכָל־עַמּוֹ לֵאמֹר כָּל־הַבֵּן הַיִּלּוֹד הַיְאֹרָה תַּשְׁלִיכֻהוּ וְכָל־הַבַּת תְּחַיּוּן: (שמות א:כב)

וְאֵת כָּל אַנְשֵׁי הַחַיִל שִׁבְעַת אֲלָפִים וְהֶחָרָשׁ וְהַמַּסְגֵּר אֶלֶף הַכֹּל גִּבּוֹרִים עֹשֵׂי מִלְחָמָה וַיְבִיאֵם מֶלֶךְ בָּבֶל גּוֹלָה בָּבֶלָה: (מלכים ב כד:טז)

וְנִשְׁלוֹחַ סְפָרִים בְּיַד הָרָצִים אֶל־כָּל־מְדִינוֹת הַמֶּלֶךְ לְהַשְׁמִיד לַהֲרֹג וּלְאַבֵּד אֶת־כָּל־הַיְּהוּדִים מִנַּעַר וְעַד־זָקֵן טַף וְנָשִׁים בְּיוֹם אֶחָד בִּשְׁלוֹשָׁה עָשָׂר לְחֹדֶשׁ שְׁנֵים־עָשָׂר הוּא־חֹדֶשׁ אֲדָר וּשְׁלָלָם לָבוֹז: (אסתר ג:יג)

רש"י

פרוסטוגמא. פירוש האגרת פתשגן כתב הדת מתרגמינן פי כתיבא ודיוטגמא: **ויהי בקרא יהודי שלש דלתות וארבעה.** מפורש במקרא כיון שהגיע לפסוק החמישי היו צריה לראש מיד יקרעה בתער הסופר והשלך אל האש אשר על האח: **נטלו אותו והכו אותו והגבו אותו.** פירש הטעניסוהו קנס תרגום וענשו אותו ויגבון מיניה: **ליפס.** מס המלך: **אוי לדור** ששפטו את שופטיהן: **ויהי בימי שפוט השופטים.** מה היו עושין כשהיה אחד מהם עושה דבר שלא כהוגן היו מוליכין אותו אצל הדיין מה שהדיין צריך לעשות לנשפט הנשפט עושה לדיין. אמר להם הקדוש ברוך הוא. אתם מאבדים את שופטיכם חייכם שאני מעמיד עליכם שופט שאין אתם יכולים לעמוד בו ואי זה זה מכת רעב שנקרא שופט שנאמר אף כי ארבעת שפטי וגו': **הא כתיב ויהי ביום השמיני** ושמחה היתה שם שהוקם המשכן ושניתנה כהונה. והא כתיב ויהי כי ישב המלך בביתו וה' הניח לו:

מתנות כהונה

פרסטגמא. פי' הערוך אגרת: **לפסוק היו צריה.** שהוא פסוק החמישי: **ליפס.** פירש הערוך מס: **גבאי טמיון גרסי'.** פי' גובה מס לאוצר המלך: **החרש והמסגר.** ואמרו חז"ל אלו סנהדרין: ה"ג **והמסגר** אלף ר' ברכיה אמר החרש אלף והמסגר אלף ורבנן אמרו ועיין במקומות הנ"ל: ה"ג **וכיון שראו** כן התחילו הכל צווחין כו':

אשד הנחלים

ויסבב להם דבר שע"י יהיו בהשגחה בעולם וזהו וקויתי לו מאותו שעה שאמר. ואנכי אסתיר פני. שנראה מזה שיעד ה' אותם בבשורה הרעה הזאת ח"ו אך עכ"ז מצא תרופה להם כי הבטיחם שלא תשכח מפי זרעם והוא כמאמרם ז"ל כל מי שהוא ת"ח ובנו ובן בנו אינו פוסק לעולם כי הנטיה הטוב' נשאר בו לעולם וא"כ ישארו חכמי' בישראל ואז יחל הנבוא' וע"י הנבוא' ישרה ההשגח' ולא יהיו כמו שחשב אח"ז בדעתו. כי גם ע"י נביא אחד יופיע ההשגח' בעולם. ולכן סיים הנה אנכי והילדים אשר נתן לי ה' ללמדם דעת וחכמ' ותבונה לאות ולמופת בישראל כי ה' חפץ בהם שיושגחו בהשגחה פרטית. וכן ביהויקים שביזה התור' והוא כדמות השורף אגרת המלך. שאז בודאי הקב"ה לא יזדקק להם אחרי שמבזים התורה שהיא שלימותם ואז אין השגחה בעולם ולכן הי' עת צרה למאוד וכן בימי השופטים שאז היתה' להיפך השופטים היו טובים אך המון העם היו רעים למאוד. והם השביתו להשופטים לשפוט עליהם ולהורותם הדרך הישר' והרי זה כדמות מי שיכה שופטי המלך ואז הי' עת צרה למאוד אחר שאין שופטים בישראל ואז כל איש הישר בעיניו יעשה וכן בפרעה ונ"נ והמן שהמה בקשו לאבד ישראל. פרעה בוש לעשות בגלוי ודימה לסבב ע"י הילדים הקטנים. נ"נ חשב להשמיד החכמים ואז ממילא יהיו ככל עובדי כוכבים בית ישראל באחרית כי אין מורה להם. אך המן התחכם לעשות כליה לכולם ואין רעה כמותה כי ח"ו אם אין ישראל אז אין תקוה לעולם עוד:

Until now the Midrash has been discussing the sense of the expression וַיְהִי בִּימֵי. It now discusses the sense of the word וַיְהִי by itself:

רַבִּי שִׁמְעוֹן בַּר אַבָּא בְּשֵׁם רַבִּי יוֹחָנָן – R' Shimon bar Abba said in the name of R' Yochanan: בְּכָל מָקוֹם שֶׁנֶּאֱמַר ״וַיְהִי״ מְשַׁמֵּשׁ צָרָה וְשִׂמְחָה – **Anywhere** in Scripture **that it is stated, *And it happened*** (וַיְהִי), **it functions as** either an expression of **misfortune or** of **joy.**[62] אִם צָרָה אֵין צָרָה כַּיּוֹצֵא בָהּ, וְאִם שִׂמְחָה אֵין שִׂמְחָה כַּיּוֹצֵא בָהּ – **If it is misfortune,** it indicates that **there is no misfortune like it;**[63] **if it is joy,** it indicates that **there is no joy like it.**[64]

אָתָא רַבִּי שְׁמוּאֵל בַּר נַחְמָן וַעֲבַד פַּלְגָא – **R' Shmuel bar Nachman came and made a distinction** as follows: בְּכָל מָקוֹם שֶׁנֶּאֱמַר ״וַיְהִי״ מְשַׁמֵּשׁ צָרָה – **Wherever it is stated** in Scripture, ***And it happened*** (וַיְהִי), **it functions as** an expression of **misfortune.**[65] ״וְהָיָה״ שִׂמְחָה – And when it is stated, ***And it shall be*** (וְהָיָה), it functions as an expression of **joy.**

The Midrash presents a series of challenges to R' Shmuel bar Nachman's opinion, and his responses:

מְתִיבִין לֵיהּ: וְהָכְתִיב ״וַיְהִי אוֹר״ – **[The Sages] raised a question to [R' Shmuel ben Nachman]: But is it not written,** *God said, "Let there be light,"* ***and there was*** **[וַיְהִי]** ***light*** (above, 1:3)? Why was the creation of light a misfortune? אָמַר לְהֶן: עוֹד הִיא אֵינָהּ שִׂמְחָה שְׁלֵימָה שֶׁלֹּא זָכָה הָעוֹלָם לְהִשְׁתַּמֵּשׁ בְּאוֹתָהּ הָאוֹרָה – **He said to them:** There, too, **it was not a complete joy, for the world did not merit to make use of that light.**[66] אָמַר רַבִּי יְהוּדָה בַּר סִימוֹן – For **R' Yehudah bar Simone said:** אוֹתָהּ הָאוֹרָה שֶׁנִּבְרֵאת בַּיּוֹם הָרִאשׁוֹן הָיָה אָדָם מַבִּיט בָּהּ מִסּוֹף הָעוֹלָם וְעַד סוֹפוֹ – **With that light that was created on the first day, Adam was able to see from one end of the world to the other,** כֵּיוָן שֶׁצָּפָה הַקָּדוֹשׁ בָּרוּךְ הוּא בְּדוֹר הַמַּבּוּל וּבְדוֹר הַפַּלָּגָה גְּנָזָהּ לַצַּדִּיקִים לֶעָתִיד לָבֹא – but **when the Holy One, blessed is He, foresaw** the sins that man would do in **the generation of the Flood and in the generation of the Dispersion, he set aside [that light] for the** use of the **righteous in the future time to come,** i.e., the Next World. הָדָא הוּא דִכְתִיב ״וְאֹרַח צַדִּיקִים כְּאוֹר נֹגַהּ הוֹלֵךְ וָאוֹר עַד נְכוֹן הַיּוֹם״ – And **thus it is written, *The path of the righteous is like the glow of sunlight, growing brighter until high noon*** (*Proverbs* 4:18).

מְתִיבִין לֵיהּ וְהָכְתִיב ״וַיְהִי עֶרֶב וַיְהִי בֹקֶר״ – **They raised a question to him: But is it not written** at the end of the account of the first day of Creation, ***And there was*** **[וַיְהִי]** ***evening and there was*** **[וַיְהִי]** ***morning,*** *one day* (above, 1:5)? What element of misfortune accompanied the first day of Creation? אָמַר לְהֶם: עוֹד אֵינָהּ שִׂמְחָה שְׁלֵימָה שֶׁכָּל מַה שֶּׁנִּבְרָא בְּיוֹם רִאשׁוֹן עֲתִידִין לִבְלוֹת – **He replied to them: It is nevertheless not a complete joy, for all that was created on the first day** – namely, heaven and earth – **is destined to wear out,** שֶׁנֶּאֱמַר ״כִּי שָׁמַיִם כֶּעָשָׁן נִמְלָחוּ וְהָאָרֶץ כַּבֶּגֶד תִּבְלֶה״ – **as it is stated, *for the heavens will dissipate like smoke, and the earth will wear out like a garment*** (*Isaiah* 51:6).

אֲתִיבוּן לֵיהּ: וְהָכְתִיב ״וַיְהִי עֶרֶב וַיְהִי בֹקֶר יוֹם שֵׁנִי״ ״יוֹם שְׁלִישִׁי״ ״יוֹם רְבִיעִי״ ״יוֹם חֲמִישִׁי״ ״יוֹם הַשִּׁשִּׁי״ – **The question was asked to him: But is it not written, *And there was*** **[וַיְהִי]** ***evening and there was*** **[וַיְהִי]** ***morning, a second day*** (above, 1:8), and similarly for ***a third day*** (ibid. v. 13), ***a fourth day*** (v. 19), ***a fifth day*** (v. 23), and ***the sixth day*** (v. 31)? What element of misfortune accompanied these days of Creation? אָמַר לָהֶם: עוֹד אֵינָהּ שִׂמְחָה שְׁלֵימָה שֶׁכָּל מַה שֶּׁנִּבְרָא בְּשֵׁשֶׁת יְמֵי בְרֵאשִׁית צְרִיכִים עֲשִׂיָּיה – **He replied to them: It is nevertheless not a complete joy, for whatever was created in the six days of Creation requires** further **preparation** to make it usable – כְּגוֹן הַחַרְדָּל צָרִיךְ לִימָּתֵק, הַחִטִּים צְרִיכִים לְהִטָּחֵן, הַתּוּרְמוּסִין צְרִיכִין לִימָּתֵק – **for instance, mustard requires sweetening,**[67] **wheat needs to be ground, and lupines need to be sweetened.**[68]

מְתִיבִין לֵיהּ: וְהָכְתִיב ״וַיְהִי ה׳ אֶת יוֹסֵף״ – **They raised the question to him: But is it not written, *HASHEM was*** **[וַיְהִי]** ***with Joseph*** (below, 39:2)? What misfortune is that?? אָמַר לָהֶם: עוֹד אֵינָהּ שִׂמְחָה שְׁלֵימָה שֶׁנִּזְדַּוְּוגָה לוֹ אוֹתָהּ הַדּוֹב – **He replied to them: It was nevertheless not complete joy, for** shortly thereafter **that "bear"**[69] **started a confrontation with him.**

מְתִיבִין לֵיהּ: וְהָכְתִיב ״וַיְהִי בַּיּוֹם הַשְּׁמִינִי קָרָא מֹשֶׁה וגו׳״ – **They asked the question to him: But is it not written, *And it was*** **[וַיְהִי]** ***on the eighth day Moses summoned,*** etc. (*Leviticus* 9:1)?[70] אָמַר לָהֶם: עוֹד אֵינָהּ שִׂמְחָה שְׁלֵימָה שֶׁמֵּתוּ נָדָב וַאֲבִיהוּא – **He replied to them: It was nevertheless not a complete joy, for** on that day **Nadab and Abihu died.**

מְתִיבִין לֵיהּ: וְהָא כְתִיב ״וַיְהִי בְּיוֹם כַּלּוֹת מֹשֶׁה וגו׳״ – **They raised a question to him: But is it not written, *It was*** **[וַיְהִי]** ***on the day that Moses finished erecting etc.*** *the Tabernacle* (*Numbers* 7:1)?[71] אָמַר לָהֶם: עוֹד אֵינָהּ שִׂמְחָה שֶׁנִּגְנְזָה בְּבִנְיַן הַבַּיִת – **He replied to them: It was nevertheless not a** complete **joy, for [the Tabernacle] was** ultimately **hidden away, when the Temple was built.**

מְתִיבִין לֵיהּ: וְהָכְתִיב ״וַיְהִי ה׳ אֶת יְהוֹשֻׁעַ״ – **They raised a question to him: But is it not written, *HASHEM was*** **[וַיְהִי]** ***with Joshua*** (*Joshua* 6:27)? What misfortune is that? אָמַר לָהֶם עוֹד אֵינָהּ שִׂמְחָה שֶׁצָּרִיךְ לִקְרוֹעַ בְּגָדָיו – **He replied to them: It was nevertheless not a** complete **joy, for he would** soon **have to tear his clothing** in grief.[72]

מְתִיבִין לֵיהּ: וְהָכְתִיב ״וַיְהִי כִּי יָשַׁב הַמֶּלֶךְ בְּבֵיתוֹ וַה׳ הֵנִיחַ לוֹ וגו׳״ – **They raised a question to him: But is it not written, *It happened*** **[וַיְהִי]** ***after the king was settled into his home and HASHEM had given him respite*** *from his enemies all around* (*II Samuel* 7:1)?[73] What misfortune is there here? אָמַר לָהֶם: עוֹד אֵינָהּ שִׂמְחָה שְׁלֵימָה שֶׁבָּא נָתָן וְאָמַר לוֹ: ״רַק אַתָּה לֹא תִבְנֶה הַבַּיִת לִשְׁמִי״ – **He replied to them: It was nevertheless not a** complete **joy, for** the prophet **Nathan came to him** shortly thereafter **and told him, "You shall not build a Temple for My Name."**[74]

The Midrash now presents R' Shmuel ben Nachmani's proofs to his position:

NOTES

62. It expresses one emotion or the other, but it always has some emotional overtone.

63. I.e., it is a sign of very great misfortune.

64. I.e., it is a sign of very great joy.

65. Though not necessarily great misfortune; even a small amount of misfortune would suffice to state וַיְהִי (as will soon become apparent). And moreover, it is never an expression of joy. In both of these details he differs with R' Shimon bar Abba (*Yefeh To'ar*).

66. As the Midrash will momentarily explain. And since there was an element that mitigated the joyousness of this event, the word וַיְהִי is appropriate.

67. Untreated mustard seeds lack flavor.

68. In its raw state it is inedible to humans (see *Shabbos* 127b). The Gemara ibid. 74a-b states that lupines were boiled seven times in order to sweeten them.

69. Potiphar's wife (see below, 39:7ff).

70. And that eighth day – the final day of the inauguration of the Tabernacle – was a day of great joy (see *Leviticus* 9:23-24; see *Rashi* on ibid., v. 1; *Megillah* 10b), not of misfortune!

71. This verse, too, refers to the eighth day of the inauguration of the Tabernacle. See preceding note.

72. This occurred when the Israelites were smitten by the inhabitants of Ai (see *Joshua* 7:5-6).

73. It was then that David expressed his desire to build a Temple for God (see *II Samuel* 7:2).

74. This is not an actual quote of any verse, but is an amalgam of *I Kings* 8:18-19. Nathan's remark to David is mentioned first (in different words) in *II Samuel* 7:5ff.

יַרַבִּי שִׁמְעוֹן בַּר אַבָּא בְּשֵׁם רַבִּי יוֹחָנָן: בְּכָל מָקוֹם שֶׁנֶּאֱמַר "וַיְהִי", מְשַׁמֵּשׁ צָרָה וְשִׂמְחָה, אִם צָרָה אֵין צָרָה כַּיּוֹצֵא בָהּ, וְאִם שִׂמְחָה אֵין שִׂמְחָה כַּיּוֹצֵא בָהּ. אֲתָא רַבִּי שְׁמוּאֵל בַּר נַחְמָן וַעֲבַד פַּלְגָא, בְּכָל מָקוֹם שֶׁנֶּאֱמַר "וַיְהִי" מְשַׁמֵּשׁ צָרָה, "וְהָיָה" שִׂמְחָה. מְתִיבִין לֵיהּ: וְהָכְתִיב (בראשית א, ג) "וַיְהִי אוֹר", אָמַר לָהֶן: עוֹד הִיא אֵינָהּ שִׂמְחָה שְׁלֵימָה שֶׁלֹּא זָכָה הָעוֹלָם לְהִשְׁתַּמֵּשׁ בְּאוֹתָהּ הָאוֹרָה. אָמַר רַבִּי יְהוּדָה בַּר סִימוֹן: יאאוֹתָהּ הָאוֹרָה שֶׁנִּבְרֵאת בַּיּוֹם הָרִאשׁוֹן הָיָה אָדָם מַבִּיט בָּהּ מִסּוֹף הָעוֹלָם וְעַד סוֹפוֹ, כֵּיוָן שֶׁצָּפָה הַקָּדוֹשׁ בָּרוּךְ הוּא בְּדוֹר הַמַּבּוּל וּבְדוֹר הַפַּלָּגָה גְּנָזָהּ לַצַּדִּיקִים לֶעָתִיד לָבֹא, הָדָא הוּא דִכְתִיב (משלי ד, יח) "וְאֹרַח צַדִּיקִים כְּאוֹר נֹגַהּ הוֹלֵךְ וָאוֹר עַד נְכוֹן הַיּוֹם". מְתִיבִין לֵיהּ וְהָכְתִיב (בראשית א, ה) "וַיְהִי עֶרֶב וַיְהִי בֹקֶר", אָמַר לָהֶם: עוֹד אֵינָהּ שִׂמְחָה שְׁלֵימָה שֶׁכָּל מַה שֶּׁנִּבְרָא בְּיוֹם רִאשׁוֹן עֲתִידִין לִבְלוֹת שֶׁנֶּאֱמַר (ישעיה נא, ו) "כִּי שָׁמַיִם כֶּעָשָׁן נִמְלָחוּ וְהָאָרֶץ כַּבֶּגֶד תִּבְלֶה". יבאֲתִיבוּן לֵיהּ: וְהָכְתִיב "וַיְהִי עֶרֶב וַיְהִי בֹקֶר", "יוֹם שֵׁנִי", "יוֹם שְׁלִישִׁי", "יוֹם רְבִיעִי", "יוֹם חֲמִישִׁי", "יוֹם הַשִּׁשִּׁי", אָמַר לָהֶם: עוֹד אֵינָהּ שִׂמְחָה שְׁלֵימָה שֶׁכָּל מַה שֶּׁנִּבְרָא בְּשֵׁשֶׁת יְמֵי בְרֵאשִׁית צְרִיכִים עֲשִׂיָּה כְּגוֹן הַחַרְדָּל צָרִיךְ לִימָּתֵק, הַחִטִּים צְרִיכִים לְהִטָּחֵן, הַתּוּרְמוּסִין צְרִיכִין לִימָּתֵק. מְתִיבִין לֵיהּ וְהָכְתִיב (בראשית לט, ב) "וַיְהִי ה' אֶת יוֹסֵף", אָמַר לָהֶם: עוֹד אֵינָהּ שִׂמְחָה שְׁלֵימָה שֶׁנִּזְדַּוְּוגָה לוֹ אוֹתָהּ הַדּוֹב. מְתִיבִין לֵיהּ וְהָכְתִיב (ויקרא ט, א) "וַיְהִי בַּיּוֹם הַשְּׁמִינִי קָרָא מֹשֶׁה וְגוֹ'", אָמַר לָהֶם: עוֹד אֵינָהּ שִׂמְחָה שְׁלֵימָה שֶׁמֵּתוּ נָדָב וַאֲבִיהוּא. מְתִיבִין לֵיהּ וְהָא כְתִיב (במדבר ז, א) "וַיְהִי בְּיוֹם כַּלּוֹת מֹשֶׁה וְגוֹ'", אָמַר לָהֶם: עוֹד אֵינָהּ שִׂמְחָה יגשֶׁנִּגְנְזָה בְּבִנְיַן הַבַּיִת. מְתִיבִין לֵיהּ: וְהָכְתִיב (יהושע ו, כז) "וַיְהִי ה' אֶת יְהוֹשֻׁעַ", אָמַר לָהֶם: עוֹד אֵינָהּ שִׂמְחָה °שֶׁהִצְרִיךְ לִקְרוֹעַ בְּגָדָיו. מְתִיבִין לֵיהּ וְהָכְתִיב (שמואל ב ז, א) "וַיְהִי כִּי יָשַׁב הַמֶּלֶךְ בְּבֵיתוֹ וַה' הֵנִיחַ לוֹ וְגוֹ'", אָמַר לָהֶם: עוֹד אֵינָהּ שִׂמְחָה שְׁלֵמָה שֶׁבָּא נָתָן וְאָמַר לוֹ: (מלכים א ח, יט) "רַק אַתָּה לֹא תִבְנֶה הַבַּיִת לִשְׁמִי". אָמְרוּ לֵיהּ: אֲמָרַן דִּידַן, אֱמוֹר דִּידָךְ, אָמַר לָהֶם: וְהָכְתִיב (זכריה יד, ח) "וְהָיָה בַּיּוֹם הַהוּא יֵצְאוּ מַיִם חַיִּים וְגוֹ'" (ישעיה ז, כא) "וְהָיָה בַּיּוֹם הַהוּא יְחַיֶּה אִישׁ עֶגְלַת בָּקָר וְגוֹ'", (שם יא, יא) "וְהָיָה בַּיּוֹם הַהוּא יוֹסִיף ה' וְגוֹ'", (יואל ד, יח) "וְהָיָה בַּיּוֹם הַהוּא יִטְּפוּ הֶהָרִים עָסִיס", (ישעיה כז, יג) "וְהָיָה בַּיּוֹם הַהוּא יִתָּקַע בְּשׁוֹפָר גָּדוֹל וְגוֹ'". מְתִיבִין לֵיהּ: וְהָכְתִיב (ירמיה לח, כח) "וְהָיָה כַּאֲשֶׁר נִלְכְּדָה יְרוּשָׁלָיִם", אָמַר לָהֶם: עוֹד הִיא שִׂמְחָה שֶׁבּוֹ בַּיּוֹם נָטְלוּ יִשְׂרָאֵל אוֹפָּכִי עַל עֲוֹנוֹתֵיהֶם, דְּאָמַר רַבִּי שְׁמוּאֵל בַּר נַחְמָן אוֹפָּכִי גְּדוֹלָה נָטְלוּ יִשְׂרָאֵל עַל עֲוֹנוֹתֵיהֶם בַּיּוֹם שֶׁחָרַב בֵּית הַמִּקְדָּשׁ שֶׁנֶּאֱמַר (איכה ד, כב) "תַּם עֲוֹנֵךְ בַּת צִיּוֹן וְגוֹ'":

עץ יוסף

לרה וטובא גבי שמחה: **ועבד פלגא.** פי' ועשה פשרה וחלוקה דמודה דויהי משמש לרה. ופליג אמי שאמר דמשמש שמחה. וחידש דוהיה שמחה: **עוד היא.** עדיין אינה שמחה שלימה דא"ר יודא כו': **היה אדם הראשון מביט.** כל"ל. (א"א) שאור הראשון הוא אור השכל שאדם מסתכל בו ומשיג בו את כל העולם. והוא אור הגנוז לעתיד לבא שאז ימלא הארץ דעה את ה' להאיר על הארץ (הגר"א): **יום ב' יום ג' כו'.** וקשה כיון שתירץ על יום א' שעתידין לבלות א"כ משאר ימים נמי לא קשה מידי דבההיא קרא גופיה כתיב ויושביה כמו כן ימותו. אלא דניחא ליה למצוא בהם טעם אחר (רד"ל): **החרדל.** שאינו נאכל מצד חריפותו צריך להמתיקו: **התורמסין.** הוא מין קטניות שאינו נאכל מפני מרירותו צריכין להמתיקו. שנתבשלת ז' פעמים ואח"כ היא מתוקה ע"י תיקון כדאיתא במסכת בילה: **ויהי ה' את יוסף.** פירוש בבית פוטיפר: **שנזדווגה לו כו'.** בשאר מקומות שיש מאמר זה הלשון שמתוך כך נזדווגה לו שעל ידי כן שהיה ה' עמו והיה שמח נתהווה יפה תואר ויפה מראה. ולכן ע"י יפיו נתגרה בו אותה הדוב פי' אשת פוטיפר: **שנגנזה בבנין הבית.** פי' כשנבנה הבית נגנז המשכן כדאי' במכילתא פ' יתרו ביום שנבנה זה נגנז זה: **לקרוע בגדיו.** שע"י שהיה ה' עם יהושע והסכים עמו על חרם יריחו שגזר לכן בא הדבר שנענשו עליו ישראל על מעל עכן בחרם. והוצרך יהושע לקרוע בגדיו: **אמרן דידן.** כבר אמרנו את שלנו מה שיש להשיב על דבריך. מעתה אמור אתה מה שיש בידך לומר: **אופבי.** פי' הנחה וקורת רוח והמוסף הערוך פי' בל"י ורומי שטר פרעון כמו שובר: **אופבי גדולה.** פי' קורת רוח וכפרה גדולה על עונותיהם נטלו ביום

רש"י

אף היא אינה שמחה. שבו ביום בא נתן הנביא וא"ל רק אתה לא תבנה הבית: **איפופסין.** פירעון בלשון יוני:

מתנות כהונה

אם צרה. אם מדבר בצרה: **ועבד פלגא.** ועשה מחלוקת ופלוגתא וחלק עליו: **עוד הוא.** עדיין אינה שמחה שלימה. **דאמר ר' יהודה** גרסינן: **תורמסין.** מין קטנית מרה ונתבשלת ז' פעמים ואח"כ היא מתוקה ע"י תיקון כדאיתא במסכת בילה פר' אין לדין: **הדוב.** אשת פוטיפר: **שנגנזה בבנין הבית גרסינן.** ופי' המשכן שנאמר ולא יכול משה לבא אל אהל מועד וגו' ועיין פרשת שמיני וריש רות דאיתא הכי בהדיא: **אמרן דידן.** כבר אמרנו את שלנו מה שיש להשיב על דבריך מעתה אמור אתה מה שיש בידך לומר: **אופבי כו'.** פירש

אשד הנחלים

שנאמר ויהי צרה ושמחה כו'. כי מלת ויהי מורה על ענין חדש או על עת צרה שלא הי' ככה מלפנים או על עת שמחה שאין כמוהו מלפנים. ודעת ר' שמואל שמלת ויהי משמש על הצרה והי' על השמחה כי מלת והי' משמש על דבר העתיד וההוה יחד כאלו הוא דבר התמידי. והדבר התמידי הוא טוב או כפשוטו שויהי הוא בפתח כמו ויהי: **עוד אינה שמחה שלימה.** אפרש בקצרה המאמרים בכדי שיבואר למבין. האור שזהו משל על השג' הגדול' והאור המוחשי טובה ושמחה אבל עודנה אינה על צד התכלית העליון כי נגנז האור הראשון והוא מעותד רק לימות התחי' ב"ב וא"כ היא עת צרה. כי העוה"ז איננה בשלימות כי הטבע שולט בה הערב והבוקר שהם סדר זמני העולם והשמים והארץ נוהגים ע"פ הזמן ואינה שמחה שלימה כי הדבר התלוי בזמן הוא ע"פ הטבע ועתידה בעתיד להתבטל זה הסדר כי הוא טבעי ואינה טובה. וע"ד הציור היום והלילה משל ודמיון היום לרחמים והליל' לדין וא"כ אינו עת טובה רק בעתיד שאז יתבטל הרע והדין מהעולם. כל הדברים שנבראו בו' ימי הבריא' אינם טובים בתכלית כי נתקלקלו בסבת חטא אדה"ר ולכן צריכין תיקון כי הם עם הפסולת. רק לע"ל אז הארץ תוציא

חידושי הרד"ל

(ד) יום ב' יום ג' כו'. וקשה כיון שתי' על יום א' שעתידין לבלות. א"כ משאר ימים נמי לק"מ דבההוא קרא גופיה כתיב ויושביה כמו כן ימותו. אלא י"ל דניחא ליה למצוא בהם טעם אחר:

(ה) שנזדווגה לו אותה הדוב. בשאר מקומות שיש מאמר זה (ויק"ר פ"א רות רבה פ"א אסתר רבה פ"א פסיקתא דכלות משה) הלשון שמתוך כך נזדווגה לו. והיינו שע"י כן שהיה ה' עמו והיה שמח נתהווה יפה תואר ויפה מראה ששכח אבל אביו כמש"ל פר' פ"א שלכן נתגרה בו הדוב עכ"ל:

(ו) שהצריך לקרוע בגדיו. שע"י שהיה ה' עם יהושע. והסכים עמו על חרם יריחו שגזר. לכן בא הדבר שנענשו עליו ישראל על מעל עכן בחרם והוצרך יהושע לקרוע בגדיו:

באור מהרי"פ

בדור המבול ובדור הפלגה. נ"ע למה מדלג דור אנוש: **אופבי.** רמב"ם פי' בל"י ורומי שטר פרעון כמו שובר:

ענף יוסף

(ד) [ג] אתא רשב"נ ועבד פלגא כו'. שמלת יהי מורה על העתיד. ואות וי"ו מהפכו לעבר ומלת היה מורה על העבר. ואות וי"ו מהפכו אל העתיד. והנה יחייב השכל שלא ידאג האדם ויעצב על דברים הקניים כמו העושר אם לא נקנה לו מימיו. אפס ידאג לבבו בהעדר קנינו. לכן כל מקום שנאמר ויהי הוא המורה שנתהפך עליו עולמו דברים הראוים לו להיות שנעדרו ממנו והם בגדר שעברו הוא לשון צער. אבל והיה מורה על הקניים שראוים להיות בגדר העבר ונעדרים ממנו. אפס יהיו להפך ונעשה לו קנינו בגדר ההוה ועתיד להיות לו. הוא לשון שמחה כי היא השמחה ההחלטי כמ"ש חז"ל אלו שנותיו של אדם שמתהפכין מרעה לטובה (הגר"א):

מסורת המדרש

י ויק"ר פ' י"א רות רבה פרשה א'. פתיחתא דאסתר רבה פ' י"א. פסיקתא רבתי פ' ה' ופ' ז'. תנחומא שמיני סימן ט': **יא** חגיגה י"ב. לעיל פר' י"א. ופ' י"ב וס"ג. ילקוט איוב רמז תתקכ"ד: **יב** עיין מגילה דף ט': **יג** מכילתא יתרו. אדר"נ פ' ט':

אם למקרא

וַיֹּאמֶר אֱלֹהִים יְהִי־אוֹר וַיְהִי־אוֹר: (בראשית א:ג)

וְאֹרַח צַדִּיקִים כְּאוֹר נֹגַהּ הוֹלֵךְ וָאוֹר עַד־נְכוֹן הַיּוֹם: (משלי ד:יח)

וַיִּקְרָא אֱלֹהִים לָאוֹר יוֹם וְלַחֹשֶׁךְ קָרָא לָיְלָה וַיְהִי־עֶרֶב וַיְהִי־בֹקֶר יוֹם אֶחָד: (בראשית א:ה)

שְׂאוּ לַשָּׁמַיִם עֵינֵיכֶם וְהַבִּיטוּ אֶל־הָאָרֶץ מִתַּחַת כִּי־שָׁמַיִם כֶּעָשָׁן נִמְלָחוּ וְהָאָרֶץ כַּבֶּגֶד תִּבְלֶה וְיֹשְׁבֶיהָ כְּמוֹ־כֵן יְמוּתוּן וִישׁוּעָתִי לְעוֹלָם תִּהְיֶה וְצִדְקָתִי לֹא תֵחָת: (ישעיה נא:ו)

וַיְהִי ה' אֶת־יוֹסֵף וַיְהִי אִישׁ מַצְלִיחַ וַיְהִי בְּבֵית אֲדֹנָיו הַמִּצְרִי: (בראשית לט:ב)

וַיְהִי בַּיּוֹם הַשְּׁמִינִי קָרָא מֹשֶׁה לְאַהֲרֹן וּלְבָנָיו וּלְזִקְנֵי יִשְׂרָאֵל: (ויקרא ט:א)

וַיְהִי בְּיוֹם כַּלּוֹת מֹשֶׁה לְהָקִים אֶת־הַמִּשְׁכָּן וַיִּמְשַׁח אֹתוֹ וַיְקַדֵּשׁ אֹתוֹ וְאֶת־כָּל־כֵּלָיו וְאֶת־הַמִּזְבֵּחַ וְאֶת־כָּל־כֵּלָיו וַיִּמְשָׁחֵם וַיְקַדֵּשׁ אֹתָם: (במדבר ז:א)

וַיְהִי ה' אֶת יְהוֹשֻׁעַ וַיְהִי שָׁמְעוֹ בְּכָל־הָאָרֶץ: (יהושע ו:כז)

וַיְהִי כִּי־יָשַׁב הַמֶּלֶךְ בְּבֵיתוֹ וַה' הֵנִיחַ־לוֹ מִסָּבִיב מִכָּל־אֹיְבָיו: (שמואל ב ז:א)

רַק אַתָּה לֹא תִבְנֶה הַבָּיִת כִּי אִם־בִּנְךָ הַיֹּצֵא מֵחֲלָצֶיךָ הוּא־יִבְנֶה הַבַּיִת לִשְׁמִי: (מלכים א ח:יט)

וְהָיָה בַּיּוֹם הַהוּא יֵצְאוּ מַיִם־חַיִּים מִירוּשָׁלִַם חֶצְיָם אֶל־הַיָּם הַקַּדְמוֹנִי וְחֶצְיָם אֶל־הַיָּם הָאַחֲרוֹן בַּקַּיִץ וּבַחֹרֶף יִהְיֶה: (זכריה יד:ח) וְהָיָה בַּיּוֹם הַהוּא יְחַיֶּה־אִישׁ עֶגְלַת בָּקָר וּשְׁתֵּי־צֹאן: (ישעיה ז:כא) וְהָיָה בַּיּוֹם הַהוּא יוֹסִיף אֲדֹנָי שֵׁנִית יָדוֹ לִקְנוֹת אֶת־שְׁאָר עַמּוֹ אֲשֶׁר יִשָּׁאֵר מֵאַשּׁוּר וּמִמִּצְרַיִם וּמִפַּתְרוֹס וּמִכּוּשׁ וּמֵעֵילָם וּמִשִּׁנְעָר וּמֵחֲמָת וּמֵאִיֵּי הַיָּם: (ישעיה יא:יא) וְהָיָה בַיּוֹם הַהוּא יִטְּפוּ הֶהָרִים עָסִיס וְהַגְּבָעוֹת תֵּלַכְנָה חָלָב וְכָל־אֲפִיקֵי יְהוּדָה יֵלְכוּ מָיִם וּמַעְיָן מִבֵּית ה' יֵצֵא וְהִשְׁקָה אֶת־נַחַל הַשִּׁטִּים: (יואל ד:יח) וְהָיָה בַּיּוֹם הַהוּא יִתָּקַע בְּשׁוֹפָר גָּדוֹל וּבָאוּ הָאֹבְדִים בְּאֶרֶץ אַשּׁוּר וְהַנִּדָּחִים בְּאֶרֶץ מִצְרָיִם וְהִשְׁתַּחֲווּ לַה' בְּהַר הַקֹּדֶשׁ בִּירוּשָׁלִָם: (ישעיה כז:יג) וַיֵּשֶׁב יִרְמְיָהוּ בַּחֲצַר הַמַּטָּרָה עַד־יוֹם אֲשֶׁר־נִלְכְּדָה יְרוּשָׁלִָם וְהָיָה כַּאֲשֶׁר נִלְכְּדָה יְרוּשָׁלִָם: (ירמיה לח:כח) תַּם־עֲוֹנֵךְ בַּת־צִיּוֹן לֹא יוֹסִיף לְהַגְלוֹתֵךְ פָּקַד עֲוֹנֵךְ בַּת־אֱדוֹם גִּלָּה עַל־חַטֹּאתָיִךְ: (איכה ד:כב)

אָמְרוּ לֵיהּ: אֲמָרָן דִּידָן, אֱמוֹר דִּידָךְ – **[The Sages]** then **said to him: We have said our** arguments against your position; now you **say yours,** in favor of your position. אָמַר לָהֶם: וְהָכְתִיב "וְהָיָה בַּיּוֹם הַהוּא יֵצְאוּ מַיִם חַיִּים מִירוּשָׁלַיִם" – **He said to them: Is it not written,** ***It shall be*** [וְהָיָה] ***on that day, spring water will flow out of Jerusalem*** (*Zechariah* 14:8),[75] "וְהָיָה בַּיּוֹם הַהוּא יְחַיֶּה אִישׁ עֶגְלַת בָּקָר וְגו'" – and ***It shall be*** [וְהָיָה] ***on that day that each man will raise a heifer and two sheep*** (*Isaiah* 7:21), "וְהָיָה בַּיּוֹם הַהוּא יוֹסִיף ה' וְגו'" – and ***It shall be*** [וְהָיָה] ***on that day that the Lord will once again*** *show His hand, to acquire the remnant of His people* (ibid. 11:11), "וְהָיָה בַּיּוֹם הַהוּא יִטְּפוּ הֶהָרִים עָסִיס" – and ***It shall be*** [וְהָיָה] ***on that day that the mountains will drip with wine*** (*Joel* 4:18), "וְהָיָה בַּיּוֹם הַהוּא יִתָּקַע בְּשׁוֹפָר גָּדוֹל וְגו'" – and ***It shall be*** [וְהָיָה] ***on that day that a great shofar will be blown,*** *and those who are lost in the land of Assyria and those cast away in the land of Egypt will return* (*Isaiah* 27:13)?

The Midrash cites a challenge to R' Shmuel ben Nachmani's statement that וְהָיָה indicates a joyous event, and his response: מְתִיבִין לֵיהּ: וְהָכְתִיב "וְהָיָה כַּאֲשֶׁר נִלְכְּדָה יְרוּשָׁלָיִם" – **They** again **raised a question to him: But is it not written,** ***It happened*** [וְהָיָה][76] ***when Jerusalem was captured*** (*Jeremiah* 38:28)? What was joyous about that event? אָמַר לָהֶם: עוֹד הִיא שִׂמְחָה שֶׁבּוֹ בַּיּוֹם נָטְלוּ יִשְׂרָאֵל אוֹפְכִי עַל עֲוֹנוֹתֵיהֶם – **He replied to them: It is nevertheless** an occasion of **joy, for on that day Israel received reprieve for their sins.** דְּאָמַר רַבִּי שְׁמוּאֵל בַּר נַחְמָן – **For R' Shmuel bar Nachman said:** אוֹפְכִי גְּדוֹלָה נָטְלוּ יִשְׂרָאֵל עַל עֲוֹנוֹתֵיהֶם – **Israel received a great reprieve for their sins** בַּיּוֹם שֶׁחָרַב בֵּית הַמִּקְדָּשׁ – **on the day the Holy Temple was destroyed,** שֶׁנֶּאֱמַר "תַּם עֲוֹנֵךְ בַּת צִיּוֹן וְגו'" – **as it is written,** ***Your iniquity is expiated, O daughter of Zion*** (*Lamentations* 4:22).[77]Ⓐ

NOTES

75. This verse, as well as the ones that follow, prove the second half of R' Shmuel ben Nachmani's statement, that וְהָיָה indicates a joyous event.

76. The word וְהָיָה, *and it shall be* – which according to R' Shmuel ben Nachmani is supposed to indicate joy – can also mean *And it happened.*

77. The destruction of the Temple served as atonement for Israel's sins. Indeed, the Midrash elsewhere (*Eichah Rabbah* 4 §14, cited in *Rashi* to *Kiddushin* 31b) comments that this was cause for joy, for God poured forth His wrath on the "sticks and stones" of the Temple instead of on the people of Israel.

INSIGHTS

Ⓐ **Joy Amid Destruction** The Midrash challenges R' Shmuel bar Nachman's thesis with a seemingly unstoppable refutation: How can you suggest that וְהָיָה indicates joy? The most tragic events of Jewish history – the capture of Jerusalem and the destruction of the Holy Temple on Tishah B'Av, the bitterest day of the Jewish calendar – are introduced by this very word! What joy could there possibly be in any of that?!

R' Shmuel bar Nachman answers that his challengers have missed the real import of the Destruction. Certainly, this day manifests unspeakable tragedy; but it is also the day upon which the Messiah was born (*Yerushalmi Berachos* 2:4). Redemption arises phoenix-like from the ashes of the Temple's destruction. Before the Temple was razed, there was a certain complacence among the Jewish people; they thought that Jerusalem could never, actually, be captured (see *Lamentations* 4:12), that the Temple could never, actually, be destroyed. But then it was, before their eyes, and they felt the deepest sense of repentance. That repentance brought about the birth of the Messiah immediately (*Pri Tzaddik, Devarim, LeChamishah Asar B'Av*; see also *Maharal, Netzach Yisrael* Ch. 26, *Yefeh To'ar,* and *R' Yechezkel of Kozmir, Nechmad MiZahav, Likkutim* p. 81).

The *Bavli* teaches that when the Jewish people perform God's will, then the *Cherubim* atop the Holy Ark in the Holy of Holies face each other, and when the Jewish people do not perform God's will, then the *Cherubim* face away from each other (*Bava Basra* 99a). Yet, the *Bavli* also teaches that when the marauding conquerors entered the Sanctuary, they saw the *Cherubim* facing each other and embracing each other (*Yoma* 54b). How can this be so, the *Rishonim* ask: If the Temple was destroyed because of the sins of the Jewish people, one would not have expected to find the *Cherubim* in embrace then. Although several solutions have been suggested (see *Shitah Mekubetzes* to *Bava Basra* 99a; *Chida, Maris HaAyin* to *Yoma* 54b; *Bnei Yisas'char, Tammuz-Av* 3:1; *R' Chaim Shmulevitz, Sichos Mussar,* 5733 §1), if we apply R' Tzadok's teaching, the explanation is clear: The capture of Jerusalem had its effect. The Jews repented their sinful ways. The intimate relationship between them and their God was re-established.

This is the joy amid destruction. Whenever the Jewish people deserve a punishment, Heaven forbid, God must conceal His countenance and remove His protection from them and He must weaken the connection between Him and them. But all of that is only as long as the punishment has not been meted out. Once they are suffering, then *In all their troubles, He is troubled* (*Isaiah* 63:9) and *I [HASHEM] am with him [Israel] in trouble* (*Psalms* 91:15). The moment the punishment is executed, exceeding compassion is awakened Above, God reveals His countenance, restores His protection, and strengthens His connection to His beloved people (*Tiferes Shlomo, Re'eh VeRosh Chodesh Elul,* 5677).

[י]רַבִּי שִׁמְעוֹן בַּר אַבָּא בְּשֵׁם רַבִּי יוֹחָנָן: בְּכָל מָקוֹם שֶׁנֶּאֱמַר "וַיְהִי", מְשַׁמֵּשׁ צָרָה וְשִׂמְחָה, אִם צָרָה אֵין צָרָה כַּיּוֹצֵא בָהּ, וְאִם שִׂמְחָה אֵין שִׂמְחָה כַּיּוֹצֵא בָהּ. אֲתָא רַבִּי שְׁמוּאֵל בַּר נַחְמָן וַעֲבַד פַּלְגָא, בְּכָל מָקוֹם שֶׁנֶּאֱמַר "וַיְהִי" מְשַׁמֵּשׁ צָרָה, "וְהָיָה" שִׂמְחָה. מְתִיבִין לֵיהּ: וְהָכְתִיב (בראשית א, ג) "וַיְהִי אוֹר", אֲמַר לְהֶן: עוֹד הִיא אֵינָהּ שִׂמְחָה שְׁלֵימָה שֶׁלֹּא זָכָה הָעוֹלָם לְהִשְׁתַּמֵּשׁ בְּאוֹתָהּ הָאוֹרָה. אָמַר רַבִּי יְהוּדָה בַּר סִימוֹן: [יא]אוֹתָהּ הָאוֹרָה שֶׁנִּבְרֵאת בַּיּוֹם הָרִאשׁוֹן הָיָה אָדָם מַבִּיט בָּהּ מִסּוֹף הָעוֹלָם וְעַד סוֹפוֹ, כֵּיוָן שֶׁצָּפָה הַקָּדוֹשׁ בָּרוּךְ הוּא בְּדוֹר הַמַּבּוּל וּבְדוֹר הַפַּלָּגָה גְּנָזָהּ לַצַּדִּיקִים לֶעָתִיד לָבֹא, הָדָא הוּא דִכְתִיב (משלי ד, יח) "וְאֹרַח צַדִּיקִים כְּאוֹר נֹגַהּ הוֹלֵךְ וָאוֹר עַד נְכוֹן הַיּוֹם". מְתִיבִין לֵיהּ וְהָכְתִיב (בראשית א, ה) "וַיְהִי עֶרֶב וַיְהִי בֹקֶר", אֲמַר לָהֶם: עוֹד אֵינָהּ שִׂמְחָה שְׁלֵימָה שֶׁכָּל מַה שֶּׁנִּבְרָא בְּיוֹם רִאשׁוֹן עֲתִידִין לִבְלוֹת שֶׁנֶּאֱמַר (ישעיה נא, ו) "כִּי שָׁמַיִם כֶּעָשָׁן נִמְלָחוּ וְהָאָרֶץ כַּבֶּגֶד תִּבְלֶה". [יב]אֲתִיבוּן לֵיהּ: וְהָכְתִיב "וַיְהִי עֶרֶב וַיְהִי בֹקֶר", "יוֹם שֵׁנִי", "יוֹם שְׁלִישִׁי", "יוֹם רְבִיעִי", "יוֹם חֲמִישִׁי", "יוֹם הַשִּׁשִּׁי", אֲמַר לָהֶם: עוֹד אֵינָהּ שִׂמְחָה שְׁלֵימָה שֶׁכָּל מַה שֶּׁנִּבְרָא בְּשֵׁשֶׁת יְמֵי בְרֵאשִׁית צְרִיכִים עֲשִׂיָּה כְּגוֹן הַחַרְדָּל צָרִיךְ לִימָּתֵק, הַחִטִּים צְרִיכִים לְהִטָּחֵן, הַתּוּרְמוּסִין צְרִיכִין לִימָּתֵק. מְתִיבִין לֵיהּ וְהָכְתִיב (בראשית לט, ב) "וַיְהִי ה' אֶת יוֹסֵף", אֲמַר לָהֶם: עוֹד אֵינָהּ שִׂמְחָה שְׁלֵימָה שֶׁנִּזְדַּוְּגָה לוֹ אוֹתָהּ הַדּוֹב. מְתִיבִין לֵיהּ וְהָכְתִיב (ויקרא ט, א) "וַיְהִי בַּיּוֹם הַשְּׁמִינִי קָרָא מֹשֶׁה וְגוֹ'", אֲמַר לָהֶם: עוֹד אֵינָהּ שִׂמְחָה שְׁלֵימָה שֶׁמֵּתוּ נָדָב וַאֲבִיהוּא. מְתִיבִין לֵיהּ וְהָא כְתִיב (במדבר ז, א) "וַיְהִי בְּיוֹם כַּלּוֹת מֹשֶׁה וְגוֹ'", אֲמַר לָהֶם: עוֹד אֵינָהּ שִׂמְחָה [יג]שֶׁנִּגְנְזָה בְּבִנְיַן הַבַּיִת. מְתִיבִין לֵיהּ: וְהָכְתִיב (יהושע ו, כז) "וַיְהִי ה' אֶת יְהוֹשֻׁעַ", אֲמַר לָהֶם: עוֹד אֵינָהּ שִׂמְחָה °שֶׁהִצְרִיךְ לִקְרוֹעַ בְּגָדָיו. מְתִיבִין לֵיהּ וְהָכְתִיב (שמואל ב ז, א) "וַיְהִי כִּי יָשַׁב הַמֶּלֶךְ בְּבֵיתוֹ וַה' הֵנִיחַ לוֹ וְגוֹ'", אֲמַר לָהֶם: עוֹד אֵינָהּ שִׂמְחָה שְׁלֵמָה שֶׁבָּא נָתָן וְאָמַר לוֹ: (מלכים א ח, יט) "רַק אַתָּה לֹא תִבְנֶה הַבַּיִת לִשְׁמִי". אָמְרוּ לֵיהּ: אֲמָרָן דִּידָן, אֱמוֹר דִּידָךְ, אֲמַר לָהֶם: וְהָכְתִיב (זכריה יד, ח) "וְהָיָה בַּיּוֹם הַהוּא יֵצְאוּ מַיִם חַיִּים וְגוֹ'" (ישעיה ז, כא) "וְהָיָה בַּיּוֹם הַהוּא יְחַיֶּה אִישׁ עֶגְלַת בָּקָר וְגוֹ'", (שם יא, יא) "וְהָיָה בַּיּוֹם הַהוּא יוֹסִיף ה' וְגוֹ'", (יואל ד, יח) "וְהָיָה בַּיּוֹם הַהוּא יִטְּפוּ הֶהָרִים עָסִיס", (ישעיה כז, יג) "וְהָיָה בַּיּוֹם הַהוּא יִתָּקַע בְּשׁוֹפָר גָּדוֹל וְגוֹ'". מְתִיבִין לֵיהּ: וְהָכְתִיב (ירמיה לח, כח) "וְהָיָה כַּאֲשֶׁר נִלְכְּדָה יְרוּשָׁלָיִם", אֲמַר לָהֶם: עוֹד הִיא שִׂמְחָה שֶׁבּוֹ בַּיּוֹם נָטְלוּ יִשְׂרָאֵל אוֹפָכִי עַל עֲוֹנוֹתֵיהֶם, דְּאָמַר רַבִּי שְׁמוּאֵל בַּר נַחְמָן אוֹפָכִי גְּדוֹלָה נָטְלוּ יִשְׂרָאֵל עַל עֲוֹנוֹתֵיהֶם בַּיּוֹם שֶׁחָרַב בֵּית הַמִּקְדָּשׁ שֶׁנֶּאֱמַר (איכה ד, כב) "תַּם עֲוֹנֵךְ בַּת צִיּוֹן וְגוֹ'":

עץ יוסף

לרה וטובא גבי שמחה: **ועבד פלגא.** פי' ועשה פשרה וחלוקה דמודה דויהי משמש לרה. ופליג אמי שאמר דמשמש שמחה. ואידך דוהיה שמחה: **עוד היא.** עדיין אינה שמחה שלימה דא"ר יודא כו': **היה אדם הראשון מביט.** כצ"ל. (א"א) שאור הראשון הוא אור השכל שאדם מסתכל בו ומשיג בו את כל העולם. והוא אור הגנוז לעתיד לבא שאז ימלא הארץ דעה את ה' להאיר על הארץ (הגר"א): **יום ב' יום ג' כו'.** וקשה כיון שתירץ על יום א' שעתידין לבלות א"כ משאר ימים נמי לא קשה מידי דההיא קרא גופיה כתיב ויושביה כמו כן ימותו. אלא דניחא ליה למנות בהם טעם אחר (רד"ל): **החרדל.** שאינו נאכל מגד חריפותו צריך להמתיקו: **התורמסין.** הוא מין קטניות שאינו נאכל מפני מרירותו צריכין להמתיקו. שנתבשלת ז' פעמים ואח"כ היא מתוקה ע"י תיקון כדאיתא במסכת ביצה: **ויהי ה' את יוסף.** פירוש בבית פוטיפר: **שנזדווגה לו כו'.** בשאר מקומות שיש מאמר זה הלשון שמתוך כך נזדווגה לו שעל ידי כן שהיה ה' עמו והיה שמח נתהווה יפה תואר ויפה מראה. ולכן ע"י יפיו נתגרה בו אותה הדוב פי' אשת פוטיפר: **שנגנזה בבנין הבית.** פי' כשנבנה הבית נגנז המשכן כדאי' במכילתא פ' יתרו ביום שנבנה זה נגנז זה: **לקרוע בגדיו.** שע"י שהיה ה' עם יהושע והסכים עמו על חרם יריחו שגזר לכן בא הדבר שנענשו עליו ישראל על מעל עכן בחרם. והוצרך יהושע לקרוע בגדיו: **אמרן דידן.** כבר אמרנו את שלנו מה שיש להשיב על דבריך. מעתה אמור אתה מה שיש בידך לומר: **אופכי.** פי' הנחה וקורת רוח והמוסף הערוך פי' בל"י ורומי שטר פרעון כמו שובר: **אופכי גדולה.** פי' קורת רוח וכפרה גדולה על עונותיהם נטלו ביום

חידושי הרד"ל

(ד) **יום ב' יום ג' כו'.** וקשה כיון שתי' על יום א' שעתידין לבלות. א"כ משאר ימים נמי לק"מ דבההוא קרא גופיה כתיב ויושביה כמו כן ימותו. אלא י"ל דניחא ליה למנות בהם טעם אחר:

(ה) **שנזדווגה לו אותה הדוב.** בשאר מקומות שיש מאמר זה (ויק"ר פ"א רות רבה פ"א אסתר רבה פ"א פסיקתא דכלות משה) הלשון שמתוך כך נזדווגה לו. והיינו שע"י כן שהיה ה' עמו והיה שמח נתהווה יפה תואר ויפה מראה שבכח אבל אביו כמש"ל פר' פ"א שלכן נתגרה בו הדוב עכ"ל:

(ו) **שהצריך לקרוע בגדיו.** שע"י שהיה ה' עם יהושע. והסכים עמו על חרם יריחו שגזר. לכן בא הדבר שנענשו עליו ישראל על מעל עכן בחרם והוצרך יהושע לקרוע בגדיו:

באור מהרי"פ

בדור המבול ובדור הפלגה. נ"ע למה מדלג דור אנוש: **אופכי.** רב"מ פי' בל"י ורומי שטר פרעון כמו שובר:

ענף יוסף

(ד) [ג] **אתא רשב"נ ועבד פלגא כו'.** שמלת יהי מורה על העתיד. ואות וי"ו מהפכו לעבר ומלת היה מורה על העבר. ואות וי"ו מהפכו אל העתיד. והנה יחייב השכל שלא ידאג האדם ויעצב על דברים הקניים כמו העושר אם לא נקנה לו מימיו. אפס ידאג לבבו בהעדר קנינו. לכן כל מקום שנאמר ויהי הוא המורה שנתהפך עליו עולמו דברים הראוים לו להיות שנעדרו ממנו והם בגדר שעברו הוא לשון לער. אבל והיה מורה על הקניים שראוים להיות בגדר העבר ונעדרים ממנו. אפס יהיו להפך ונעשה לו קנינו בגדר ההוה ועתיד להיות לו. הוא לשון שמחה כי היא השמחה ההחלטי כמ"ש חז"ל אלו שנותיו של אדם שמתהפכין מרעה לטובה (הגר"א):

מסורת המדרש

י ויק"ר פ' י"א רות רבה פרשה א'. פתיחתא דאסתר רבה פ' י"א. פסיקתא רבתי פ' ה' ופ' ז'. תנחומא שמיני סימן ט':
יא חגיגה י"ב. לעיל פר' י"א. ופ' י"ב וש"נ. ילקוט איוב רמז תתקכ"ד:
יב עיין מגילה דף ט':
יג מכילתא יתרו. אדר"נ פ' ט':

אם למקרא

וַיֹּאמֶר אֱלֹהִים יְהִי־אוֹר וַיְהִי־אוֹר: (בראשית א:ג)

וְאֹרַח צַדִּיקִים כְּאוֹר נֹגַהּ הוֹלֵךְ וָאוֹר עַד־נְכוֹן הַיּוֹם: (משלי ד:יח)

וַיִּקְרָא אֱלֹהִים לָאוֹר יוֹם וְלַחֹשֶׁךְ קָרָא לָיְלָה וַיְהִי־עֶרֶב וַיְהִי־בֹקֶר יוֹם אֶחָד: (בראשית א:ה)

שְׂאוּ לַשָּׁמַיִם עֵינֵיכֶם וְהַבִּיטוּ אֶל־הָאָרֶץ מִתַּחַת כִּי־שָׁמַיִם כֶּעָשָׁן נִמְלָחוּ וְהָאָרֶץ כַּבֶּגֶד תִּבְלֶה וְיֹשְׁבֶיהָ כְּמוֹ־כֵן יְמוּתוּן וִישׁוּעָתִי לְעוֹלָם תִּהְיֶה וְצִדְקָתִי לֹא תֵחָת: (ישעיה נא:ו)

וַיְהִי ה' אֶת־יוֹסֵף וַיְהִי אִישׁ מַצְלִיחַ וַיְהִי בְּבֵית אֲדֹנָיו הַמִּצְרִי: (בראשית לט:ב)

וַיְהִי בַּיּוֹם הַשְּׁמִינִי קָרָא מֹשֶׁה לְאַהֲרֹן וּלְבָנָיו וּלְזִקְנֵי יִשְׂרָאֵל: (ויקרא ט:א)

וַיְהִי בְּיוֹם כַּלּוֹת מֹשֶׁה לְהָקִים אֶת־הַמִּשְׁכָּן וַיִּמְשַׁח אֹתוֹ וַיְקַדֵּשׁ אֹתוֹ וְאֶת־כָּל־כֵּלָיו וְאֶת־הַמִּזְבֵּחַ וְאֶת־כָּל־כֵּלָיו וַיִּמְשָׁחֵם וַיְקַדֵּשׁ אֹתָם: (במדבר ז:א)

וַיְהִי ה' אֶת יְהוֹשֻׁעַ וַיְהִי שָׁמְעוֹ בְּכָל־הָאָרֶץ: (יהושע ו:כז)

וַיְהִי כִּי־יָשַׁב הַמֶּלֶךְ בְּבֵיתוֹ וַה' הֵנִיחַ־לוֹ מִסָּבִיב מִכָּל־אֹיְבָיו: (שמואל ב ז:א)

רַק אַתָּה לֹא תִבְנֶה הַבָּיִת כִּי אִם־בִּנְךָ הַיֹּצֵא מֵחֲלָצֶיךָ הוּא־יִבְנֶה הַבַּיִת לִשְׁמִי: (מלכים א ח:יט)

וְהָיָה בַּיּוֹם הַהוּא יֵצְאוּ מַיִם־חַיִּים מִירוּשָׁלַםִ חֶצְיָם אֶל־הַיָּם הַקַּדְמוֹנִי וְחֶצְיָם אֶל־הַיָּם הָאַחֲרוֹן בַּקַּיִץ וּבָחֹרֶף יִהְיֶה: (זכריה יד:ח) וְהָיָה בַּיּוֹם הַהוּא יְחַיֶּה־אִישׁ עֶגְלַת בָּקָר וּשְׁתֵּי־צֹאן: (ישעיה ז:כא) וְהָיָה בַּיּוֹם הַהוּא יוֹסִיף אֲדֹנָי שֵׁנִית יָדוֹ לִקְנוֹת אֶת־שְׁאָר עַמּוֹ אֲשֶׁר יִשָּׁאֵר מֵאַשּׁוּר וּמִמִּצְרַיִם וּמִפַּתְרוֹס וּמִכּוּשׁ וּמֵעֵילָם וּמִשִּׁנְעָר וּמֵחֲמָת וּמֵאִיֵּי הַיָּם: (ישעיה יא:יא) וְהָיָה בַיּוֹם הַהוּא יִטְּפוּ הֶהָרִים עָסִיס וְהַגְּבָעוֹת תֵּלַכְנָה חָלָב וְכָל־אֲפִיקֵי יְהוּדָה יֵלְכוּ מָיִם וּמַעְיָן מִבֵּית ה' יֵצֵא וְהִשְׁקָה אֶת־נַחַל הַשִּׁטִּים: (יואל ד:יח) וְהָיָה בַּיּוֹם הַהוּא יִתָּקַע בְּשׁוֹפָר גָּדוֹל וּבָאוּ הָאֹבְדִים בְּאֶרֶץ אַשּׁוּר וְהַנִּדָּחִים בְּאֶרֶץ מִצְרָיִם וְהִשְׁתַּחֲווּ לַה' בְּהַר הַקֹּדֶשׁ בִּירוּשָׁלִָם: (ישעיה כז:יג) וַיֵּשֶׁב יִרְמְיָהוּ בַּחֲצַר הַמַּטָּרָה עַד־יוֹם אֲשֶׁר־נִלְכְּדָה יְרוּשָׁלִָם וְהָיָה כַּאֲשֶׁר נִלְכְּדָה יְרוּשָׁלִָם: (ירמיה לח:כח) תַּם־עֲוֹנֵךְ בַּת־צִיּוֹן לֹא יוֹסִיף לְהַגְלוֹתֵךְ פָּקַד עֲוֹנֵךְ בַּת־אֱדוֹם גִּלָּה עַל־חַטֹּאתָיִךְ: (איכה ד:כב)

רש"י

אף היא אינה שמחה. שבו ביום בא נתן הנביא וא"ל רק אתה לא תבנה הבית: **איפופסין.** פירעון בלשון יוני:

מתנות כהונה

אם צרה. אם מדבר בלרה: **ועבד פלגא.** ועשה מחלוקת ופלוגתא וחלק עליו: **עוד הוא.** עדיין אינה שמחה שלימה. **דאמר ר' יהודה** גרסינן: **תורמסין.** מין קטנית מרה ונתבשלת ז' פעמים ואח"כ היא מתוקה ע"י תיקון כדאיתא במסכת ביצה פר' אין לדין: **הדוב.** אשת פוטיפר: **שנגנזה בבנין הבית גרסינן.** ופי' המשכן שנאמר ולא יכול משה לבא אל אהל מועד וגו' ועיין פרשת שמיני וריש רות דאיתא הכי בהדיא: **אמרן דידן.** כבר אמרנו את שלנו מה שיש להשיב על דבריך מעתה אמור אתה מה שיש בידך לומר: **אופכי כו'.** פירש

אשד הנחלים

שנאמר ויהי צרה ושמחה כו'. כי מלת ויהי מורה על ענין חדש או על עת צרה שלא הי' ככה מלפנים או על עת שמחה שאין כמוהו מלפנים. ודעת ר' שמואל שמלת ויהי משמש על הצרה והי' על השמחה כי מלת והי' משמש על דבר העתיד וההוה יחד כאלו הוא דבר התמידי. והדבר התמידי הוא טוב או כפשוטו שויהי הוא בפתח כמו ויהי: **עוד אינה שמחה שלימה.** אפרש בקצרה המאמרים בכדי שיבואר למבין. האור שזהו משל על השג' הגדול' והאור המוחשי טובה ושמחה אבל עודנה אינה על צד התכלית העליון כי נגנז האור הראשון והוא מעותד רק לימות התחי' ב"ב וא"כ היא עת צרה. כי העוה"ז איננה בשלימות כי הטבע שולט בה הערב והבוקר שהם סדר זמני העולם והשמים והארץ נוהגים ע"פ הזמן ואינה שמחה שלימה כי הדבר התלוי בזמן הוא ע"פ הטבע ועתידה בעתיד להתבטל זה הסדר כי הוא טבעי ואינה טובה. וע"ד הציור היום והלילה משל ודמיון היום לרחמים והליל' לדין וא"כ אינו עת טובה רק בעתיד שאז יתבטל הרע והדין מהעולם. כל הדברים שנבראו בו' ימי הבריא' אינם טובים בתכלית כי נתקלקלו בסבת חטא אדה"ר ולכן צריכין תיקון כי הם עם הפסולת. רק לע"ל אז הארץ תוציא

§4 וַיְהִי בִּימֵי אַמְרָפֶל — *AND IT HAPPENED IN THE DAYS OF AMRAPHEL, KING OF SHINAR; ARIOCH, KING OF ELLASAR; CHEDORLAOMER, KING OF ELAM, AND TIDAL, KING OF GOIIM.*

The Midrash identifies Amraphel with other known personalities in Scripture:

שְׁלֹשָׁה שֵׁמוֹת נִקְרְאוּ לוֹ — **[This man] was called by three names:** כּוּשׁ וְנִמְרוֹד וְאַמְרָפֶל — **Cush, Nimrod, and Amraphel.** כּוּשׁ שֶׁהָיָה כּוּשִׁי וַדַּאי — He was called **Cush because he was definitely a Cushite;**[78] נִמְרוֹד שֶׁהֶעֱמִיד מֶרֶד בָּעוֹלָם — **Nimrod because he initiated** the concept of **rebellion** (מרד) **in the world;**[79] אַמְרָפֶל שֶׁהָיְתָה אֲמִירָתוֹ אֲפֵילָה — and **Amraphel because his sayings** (אמירה) **were dark** (אפל), דְּאַמְרֵי וְאַפְלֵי בְּעָלְמָא — **because he stated** decrees **and** thereby **darkened the world.**[80] דְּאַמְרֵי וְאַפְלֵי בְּאַבְרָהָם שֶׁאָמַר שֶׁיֵּרֵד לְכִבְשַׁן הָאֵשׁ — Alternatively, he was called Amraphel **because he stated** a decree **and** thereby attempted to **cast Abraham down, when he told** Abraham **that he must descend into the fiery furnace.**[81]

The Midrash proceeds to comment on the names of some of the places where the kings ruled:

"וְאַרְיוֹךְ מֶלֶךְ אֶלָּסָר" — *Arioch, king of Ellasar.* אָמַר רַבִּי יוֹסֵי מִמַּלְחַיָּיא — **R' Yose of Malchaya said:** תַּמָּן תְּנִינַן: אִיסָּרִין לְשֵׁם אֶלָּסָר — **We learned there:** The coins called *issars* **are named for Ellasar,** where they were first minted.[82]

"כְּדָרְלָעֹמֶר מֶלֶךְ עֵילָם וְתִדְעָל מֶלֶךְ גּוֹיִם" — *Chedorlaomer, king of Elam, and Tidal, king of Goiim.*

אָמַר רַבִּי לֵוִי — **R' Levi said:** אֲתַר הוּא תַּמָּן מִצְטַוֵּוח גּוֹיִם[83] בְּרוֹמִי וְנָטְלוּ אָדָם אֶחָד וְהִמְלִיכוּ אוֹתוֹ עֲלֵיהֶם — **There is a place** over **there in Rome called Goiim** ("Nations"), where **they took one man and made him king over themselves.**[84] אָמַר רַבִּי יוֹחָנָן — **R' Yochanan said:** "וְתִדְעָל" הָיָה שְׁמוֹ — **And his name was Vesidal.**[85]

The Midrash presents another interpretation of the names of the places where the four kings rules:[86]

דָּבָר אַחֵר — **Another interpretation:** "וַיְהִי בִּימֵי אַמְרָפֶל מֶלֶךְ שִׁנְעָר", זוֹ בָּבֶל — *And it happened in the days of Amraphel, king of Shinar* — **this** (Shinar) **is** an allusion to **Babylonia.**[87] "וְאַרְיוֹךְ מֶלֶךְ אֶלָּסָר", זֶה יָוָן — *Arioch, king of Ellasar* — **this** (Ellasar) **is** an allusion to **Greece.**[88] "כְּדָרְלָעוֹמֶר מֶלֶךְ עֵילָם", זֶה מָדַי — *Chedorlaomer, king of Elam* — **this** (Elam) **is** an allusion to Persia-**Media.**[89] "וְתִדְעָל מֶלֶךְ גּוֹיִם", זוֹ מַלְכוּת

NOTES

78. A number of commentators note that the teaching of our Midrash (i.e., that Cush and Nimrod were two names of the same man) seems to contradict an earlier verse, which identifies Cush as the *father* of Nimrod (see above, 10:8). Apparently, our Midrash means that Nimrod, the son of the original Cush, was also known by his father's name, Cush (*Yefeh To'ar*, cited by *Eitz Yosef*).

Others maintain that our Midrash is to be understood literally: Cush and Nimrod were indeed two names for the same person. For when 10:8 above states that *Cush begot Nimrod*, it does not mean that Cush physically fathered a son named Nimrod. Rather, it means that he fathered (i.e., introduced) the concept of rebellion into the world and was therefore called Nimrod [which means, "Let us rebel"]. According to this interpretation, Cush and Nimrod were really the same person (*Maharzu*).

79. That is, the idea of rebelling against God. See above 23 §7, 26 §4.

80. The Midrash understands אַמְרָפֶל to be an acronym for אָמַר אפל, which means that he stated and he [thereby created] darkness. That is, Nimrod talked to people and convinced them to rebel against God, and also enacted decrees to accomplish the same. This brought great darkness to the world (*Eitz Yosef*).

Others interpret the acronym differently, translating אמרי to mean *angered* and אפלי to mean *scoffed*. According to them, the name Amraphel characterizes what this king did to those around him: For one, he *angered* God and the righteous people of the generation. In addition, he *scoffed* not only at Abraham but also at his own followers who believed his cynical arguments in favor of idolatry, for he knew that the arguments were nonsense, contrived to foment rebellion against God so that he, Nimrod, could take control of civilization (see *Matnos Kehunah* and *Maharzu*).

81. This Midrashic opinion understands אַמְרָפֶל to be a different acronym: not אָמַר אפל (see preceding note) but אָמַר פול, which means: He (Amraphel) said, "Fall [into the fiery furnace]!" (*Maharzu*; *Rashi* to our verse; see also *Eruvin* 53a and *Radal* here; however, see *Eitz Yosef* for alternative interpretations of the acronym).

82. The *issar* was a Middle Eastern coin in use during the Talmudic period (see *Kiddushin* 2a, et al.). Our Midrash states that it was thus called because it was first minted in Ellasar (see *Rashi*, *Eitz Yosef* from *Nezer HaKodesh*; the latter writes that the Midrash is saying that our verse sheds light on the identity of "Ellasar" mentioned in the teaching cited by R' Yose).

83. Emendation (the addition of the word גוים) follows *Matnos Kehunah*, *Os Emes*, and *Eitz Yosef* (Vagshal edition). See also *Rashi* to our verse.

84. The Midrash is noting that in this verse, the word *Goiim* (lit., *nations*) does not refer to a conglomeration of nations — for if so, why does Scripture not name them? — but rather to a place with that actual name. (The phrase *king of Goiim* is thus consistent with the phrases *king of Shinar*, *king of Ellasar*, and *king of Elam*.) The place was called "Nations" because it was settled by people of different nationalities, who appointed a king and launched a new monarchy (*Yefeh To'ar*; see also *Rashi* to our verse).

The Midrash's mention of Rome is somewhat difficult to understand. The kings mentioned here in Scripture lived centuries before Rome was founded (see *Shabbos* 56b), and the Midrash cannot mean that the Goiim mentioned here was in Rome. *Rashi* to our verse does not mention Rome at all, and *Os Emes* deletes it from our Midrash.

However, it is possible that the Midrash means to say that it is not so strange to say that the Goiim mentioned here is the name of a place, for such exists in Rome as well (see *Yefeh To'ar*; for an alternative interpretation see *Eitz Yosef* [Vagshal edition]).

85. I.e. the *vav* in וְתִדְעָל was part of his name. Vesidal is the only one of the four kings whose name is written with a *vav* both in our verse and in verse 9 below; this indicates that the *vav* is part of his name (*Maharzu*; see also *Yedei Moshe*). *Ohr HaSeichel* writes that the Midrash's point is that Vesidal was this king's actual name (just like Goiim was the actual name of his kingdom, as the Midrash just said) — unlike Amraphel (see above), Bela, Birsha, Shinab, and Shemeber (see next section), all of which the Midrash says are *not* actual names but are rather words used by the Torah as descriptive appellations.

86. The Midrash above (section 2) stated that the four kings mentioned in verse 9 [and in our verse] who battled Abraham at the dawn of Jewish history correspond to the four kingdoms that would later subjugate Israel: Babylonia, Persia-Media, Greece, and Rome. The Midrash will now add that it is not only the number four that corresponds, but there is an actual correspondence between the identity of each of the four kings and one of the four kingdoms (*Eitz Yosef*). This is an example of the principle (above, 40 §6): מַעֲשֵׂה אָבוֹת סִימָן לְבָנִים, that which happens to the Patriarchs is a harbinger of what will happen to their descendants (*Yefeh To'ar*).

87. See above, 10:10, which states that Babylonia was located in the land of Shinar.

88. This Midrashic exposition understands *Ellasar* to be comprised of the two words אֵל אָסַר, "he forbade [serving] God." Accordingly, the phrase מֶלֶךְ אֶלָּסָר means *the king who forbade worship of God* — an allusion to the Grecian kings of the Chanukah era, who ordered Jews to write upon the horn of an ox that they have no portion in the God of Israel (*Matnos Kehunah* and *Eitz Yosef*, based on 2 §4 above). [In the popular Vilna edition (1887), the word יָוָן was changed to אַנְטִיוֹכוּס, apparently as a result of government censorship.]

89. Elam is located in Media and therefore alludes to the Persian-Median Empire (*Eitz Yosef*, from *Matnos Kehunah*, citing *Daniel* 8:2 and *Kiddushin* 49b). [*Ramban* cites an alternative version of the Midrash in which it is Ellasar that represents Media and Elam that represents Greece. *Yefeh To'ar* asserts that *Ramban's* version is more accurate since Media always precedes Greece wherever our Sages list the Four Kingdoms.]

ד "וַיְהִי בִּימֵי אַמְרָפֶל", [יד] שְׁלֹשָׁה שֵׁמוֹת נִקְרְאוּ לוֹ, כּוּשׁ וְנִמְרוֹד וְאַמְרָפֶל. כּוּשׁ שֶׁהָיָה כּוּשִׁי וַדַּאי, [טו] נִמְרוֹד שֶׁהֶעֱמִיד מֶרֶד בָּעוֹלָם, אַמְרָפֶל שֶׁהָיְתָה אֲמִירָתוֹ אֲפֵילָה דְּאַמְרֵי וְאַפְלֵי בְּעָלְמָא דְּאַמְרֵי וְאַפְלֵי בְּאַבְרָהָם שֶׁאָמַר שֶׁיֵּרֵד לְכִבְשַׁן הָאֵשׁ. "וְאַרְיוֹךְ מֶלֶךְ אֶלָּסָר", אָמַר רַבִּי יוֹסֵי מִמַּלְחַיָּא: תַּמָּן תְּנִינַן אִיסָרִין לְשֵׁם אֶלָּסָר. "כְּדָרְלָעוֹמֶר מֶלֶךְ עֵילָם" וְתִדְעָל מֶלֶךְ גּוֹיִם, אָמַר רַבִּי לֵוִי: אֲתַר הוּא תַּמָּן מִצְטַוֵּוח° בְּרוֹמִי וְנָטְלוּ אָדָם אֶחָד וְהִמְלִיכוּ אוֹתוֹ עֲלֵיהֶם. אָמַר רַבִּי יוֹחָנָן: וְתִדְעָל הָיָה שְׁמוֹ. דָּבָר אַחֵר "וַיְהִי בִּימֵי אַמְרָפֶל מֶלֶךְ שִׁנְעָר", זוֹ בָּבֶל, "וְאַרְיוֹךְ מֶלֶךְ אֶלָּסָר", זֶה יָוָן, "כְּדָרְלָעוֹמֶר מֶלֶךְ עֵילָם", זֶה מָדַי, "וְתִדְעָל מֶלֶךְ גּוֹיִם", זוֹ מַלְכוּת °אֱדוֹם, שֶׁהִיא מַכְתֶּבֶת טִירוֹנְיָא מִכָּל אוּמּוֹת הָעוֹלָם.

רש"י

[ד] **כוש.** שהיה כושי ודאי: ס"א. שילא מנמרוד שנאמר וכוש ילד את נמרוד. ע"כ: **נמרוד.** שהעמיד מרד בעולם: **אמרפל שהיתה אמירתו אפלה.** שהיה גוזר גזרות רעות. אמרפל דאמר ואפלי בעלמא כל העולם משתחוים לו: ס"א. ששחק בבריות. כדאמרינן לך את הבריות בפיהם. ע"כ: **דאפלי באברהם.** שחק בו שהשליכו לכבשן האש שאין אפלי אלא שחוק כדאמרינן חד היה מפלי בבני ירושלים: **אמר רבי יוסי ממלחייא.** שם מקום: **תמן תנינן איסרין לשם אלסר.** מטבע שאנו קורין איסרין לשון אלסר אנו קורין אותן איסרים לפי שהוא שתיקן מטבע זו: **אמר רבי לוי אתר הוא תמן ברומי מצטווח גוים.** מקום הוא ונקרא כן:

עץ יוסף

שחרב בית המקדש כמו שנאמר תם עונך וגו' שאילולא חורבן הבית לא היה נשאר ח"ו מישראל שריד ופליט אלא ששפך חמתו על העצים ועל האבנים וכר"ר גרס אופכי שלימה נטלו ישראל: (ד) [ה] **כושי ודאי.** כלו' בן כוש כדכתיב (בראשית י') וכוש ילד את נמרוד ונקרא נמרוד גופיה כוש ע"ש אביו (יפ"ת) ועיין מ"ש בפרשה ל"ז סימן ג': **שהיתה אמירתו אפילה.** ר"ל נמרוד נקרא אמרפל שהיתה אמירתו אפילה. ודרש אמרפל נוטריקון ופירושו גזירתו או פתויו כי ליד בפיו להמריד כל העולם על הקב"ה. ובערוך ערך אספרון מפ' אמירה בל"י חשך. והיינו מה שסיים המד' דאמרי ואפלי בעלמא פי' שהחשיך כל העולם במרד: **דאמרי.** והפלו באברהם מפ' אמר לשון ממשלה מגזירת במרום תמריא שע"י שמלך גזר על אברהם להפילו לכבשן האש. או מפרש אמר לשון כעס כמו אמריית דאמריית. ועניינו שע"י כעסו גזר על אברהם שירד לכבשן האש: [ו] **איסרין לשם אלסר.** שהוא תיקן אותה המטבע שקורין אותה איסרין (כזה"ק): **אתר הוא תמן כו'.** שיש מקום שקורין אותו גוים. וטעם קריאתו כן לפי שנתקבצו שם מכמה גוים ונטלו אדם אחד והמליכוהו עליהם מלכות חדשה (יפ"ת): **אתר.** ר"ל אתר הוא תמן ברומי מצטווח גוים: [ז] **זו בבל.** דרמיז מלכיות על דרך שאמרו לעיל כשם שפתח בד"מ כן חתם בד"מ לרמוז כי כמו שאירע לאבות יקרה לנו: **זו בבל.** פי' גלות בבל: **אלסר זה יון.** מלך אלסר נוטריקון מלך אל אסר שאסר אל עליון על ישראל שכל אחד מישראל יכתוב על קרן שורו שאין לו חלק באלהי ישראל (מת"כ). והרמב"ן גרס אלסר זו מלכות מדי. עילם זו מקדוניא. ופי' רבינו בחיי אלסר הוא עיר בארץ מדי או בפרס. עילם זה יון המקדוני כמו שדרשו חז"ל שש שנים מלך יון המקדוני בעולם ע"כ: **זה מדי.** עילם הוא במדי שנאמר ואני הייתי בשושן הבירה אשר בעילם המדינה כדאי' בפרק האיש מקדש (מת"כ): **טירוניא.** פי' הערוך מס. או הוא לשון שררה. סרני פלשתים מתרגם טורני פלשתאי. והיינו שע"י שמולכת בכיפה היא כותבת שררה מכל העולם

פירוש מהרז"ו

(ד) **שלש שמות.** וכן הוא לעיל פר' ל"ז בסימן ב' שנמרוד הוא כוש שאמר שם וכי כושי היה כו' אלא שעשה כמעשה נמרוד וזה ל"ע שהרי כתוב בבראשית יו"ד וכוש ילד את נמרוד והאמת יורה דרכו כי שם כתוב ובני כוש סבא וחוילה וסבתא ורעמה וסבתכה ובני רעמה שבא ודדן הרי שחשב כל בני כוש ובני בניו משמע שלא היה לו בן אחר ואח"כ אמר וכוש ילד את נמרוד הוא החל הרי שהיה לו עוד בן אחר והם ב' כתובים מכחישים מדה ט"ו. על כן בהכרח שנמרוד לא היה בנו של כוש ודורש והכריע שמ"ש ילד פי' העמיד והמליא. ונמרוד מלשון מרד שהעמיד והוליד מרד בעולם. וכמ"ש לעיל פר' כ"ו סימן ד' וש"נ ומבואר. ומ"ש שנקרא אמרפל שהרי כתוב על נמרוד ותהי ראשית ממלכתו בבל וכו' בארץ שנער וכאן אמר אמרפל מלך שנער הרי שנקרא כוש ונמרוד ואמרפל: **שהיה כושי וודאי.** פי' כפשוטו שהיה שמו כוש וכמו היום שקורין לשחור כושי כך היה כוש בעצמו שחור ומפוחם: **אמירתו אפילה.** עי' בערוך ערך אספרון וז"ל וכן בבראשית רבה אמרפל לשון חושך. אמרה אפילה כמו חושך ואופל עכ"ל ויתכן שהוא מלשון אמירה ופירושו שהיתה אמירתו חושך דבר רע ע"פ מדת ממעל ונוטריקון: **דאמרי ואפלי בעלמא.** עי' מ"כ שהכעים להקב"ה ולצדיקים והתלוצץ בב"א שהטעה אותם אחר עבודת כוכבים שהוא בעצמו היה יודע שאין בדברים ממש אלא על שרצה להתחזק ממלכתו במרד שמרד בהקב"ה וכן התלוצץ באברהם: **שאמר שירד.** זהו דרשה אחרת על אמרפל שאמר פול: **ותדעל מלך גוים.** ולא פי' איזה גוים. על כן דרש שיש מקום שקורין אותו גוים והיה מלך עליהם וכמ"ש בדרשה הסמוכה וכן לעיל בסימן ב' כנגד כו' ומ"ש ונטלו אדם אחד והמליכו עליהם עיין לקמן ריש פרשה נ"ג ותבין כאן: **ותדעל היה שמו.** שהרי נזכר בפסוק רביעי וקראו ותדעל וכן בפסוק ט' בשניה קראו ג"כ ותדעל הרי שהיה שמו ותדעל: **שנער זו בבל.** וכמ"ש ותהי ראשית ממלכתו בבל בארץ שנער וכדומה הרבה: **ואריוך מלך אלסר.** עי' מ"ש על זה לעיל בסימן ב': **מכתבת טרוניא.** עי' לעיל פר' ט"ז בסימן ד'

חידושי הרד"ל

(ז) [ד] **אמירתו אפילה.** בערוך ערך אספרון מפרש אמירה בל"י חשך:

(ח) **שאמר שירד לכבשן האש.** אפשר הוא דרשא אחרת על אמרפל שאמר כדדרש בש"ס (בעירובין נ"ג):

(ט) **ותדעל מלך גוים.** אמר ר' יוחנן נתקבצו ונטלו אדם והמליכו אותו עליהם ותדעל הוי שמי' ד"א ויהי בימי כו' וכל עובדי כוכבים א"ר לוי אתר הוא תמן מצטווח ברומי א"ר אלעזר בר אבינא כצ"ל. ולגי' הספר י"ל שנתכוונו למ"ש לקמן פפ"ג אלופים מבשן כו' שהיו מעמידין מושלים ממקומות אחרים (והוא בזיון להם שאין מעמידין מלך בן מלך כמ"ש בויק"ר (י"ז) שדבר נאה והגון שתהיה המלכות בירושה שעל ידי כן שלום במדינה ואין מחלוקת על העמדת מלך חדש. גם ע"י כן המלך גדל והולך מנעוריו בטכסיסי מלכות וילך למלוכה:

באור מהרי"פ

ד **טירונייא.** עמ"כ וכ"פ הערוך בערך טרן א' שאין הקב"ה בא בטרוניא כו' פי' בכח ובעלילה. וכתב רב"מ טירנין בל"י ורומי שרים ומושלים פי' טירניא ממשלה כו' וע"ש ערך טרן ב':

מסורת המדרש

יד ילקוט כאן רמז ע"ב:

טו עירובין דף נ"ג:

מתנות כהונה

הערוך הגיה וקורא רוח: [ד] **אמירתו אפלה.** אמרפל נוטריקון אמירה אפל: **הבעיס.** והיה מתעולל ושחק בכל העולם: **דאמרי.** הכעיס כדאמרינן פרק קמא דסוטה מאן אמרייך דאמרת פירוש מי הכריקך: **ואפלי.** לשון שחוק ולחוק כדאמרינן דהוה מפלי בבני ירושלים והוא ידוע ובערוך ערך אספרין גרס אמר אפלה ופי' כמו חושך ואופל אמרה לשון חושך וכולן לשון נוטריקון של אמרפל: **מלחייא.** שם מקום: **איסרון.** מטבע שקורין אותה איסרן על שם אלסר שהוא תיקן אותו מטבע: ה"ג **מצטווח גוים: אתר הוא כו'.** מקום יש ברומי שקורין אותו גוים: **זה אנטיוכס.** מלך אלסר נוטריקון מלך אל אסר שאסר אל עליון על ישראל שכל אחד מישראל יכתוב על קרן שורו שאין לו חלק באלהי ישראל: מצאתי ברמב"ן ז"ל דגרס אלסר זו מלכות מדי עילם זו אנטיוכס ופי' רבינו בחיי אלסר הוא עיר בארץ מדי או בפרס עילם זו אנטיוכס כמו שדרשו חז"ל שש שנים מלך אנטיוכס בעילם עכ"ל: **עילם** היא במדי. שנאמר ואני הייתי בשושן הבירה אשר בעילם המדינה וכדאיתא בפרק האיש מקדש: **טירוניא.** הערוך פי' ענין מס ולי נראה לשון שררה ואדנות בכח ובעלילה ועיין ערך טרן הראשון ושלישי: **מכל עובדי כוכבים.** ולפיכך נקראת גוים:

אשד הנחלים

גלוסקאות בלי פסולת מאומה. כי ע"י התחדשות העולם יתוקן גם צאצאיה. ור"ש הביא כל הכתובים שנאמר בהם והי' שכולם שהביא לא הי' בהם השמחה שלימה כי אף שהזדקקה אליהם ההשגח' הנסיית שזהו עיקר השמח' עכ"ז היו באמצעות פקודת הדין המתוחה עליהם אך בעתיד יתבטל הדין מכל וכל. שכולם מתנבאים על ימות המשיח שאז יהי' השמח'. ואף שמדבר על לעתיד וא"כ א"א לכתוב ויהי רק שהי' לו לכתוב ויהי' שהוא נגזר מן ויהי: [ד] **כושי וודאי.** או ממדינת כושי או ע"ש השחרות ככושי השחור: [ה] **שהעמיד מרד.** שהוא הי' בעצת דור הפלגה ואמירתו אפיל' ודבריו חשוכים שאינם מתקבלים לשום בן אדם כי מי יאמין לדברי פתיות כאלה שדימה לעשות מלחמ' בשמים כמו שהי' דעת דור הפלגה וכן דרש ששחק באברהם שירד לכבשן האש. ואיך ישחק לאיש כמוהו שראו בו עניינים נסיים כהמה: **אתר הוא תמן כו' ונטלו אדם כו'.** עיין גרסת המ"כ וכוונתם לפי פירושו לפי שתמיד הוא שם הכלל לכל האומות. אבל פה הוא שם האומה שנקראת כך:

הָרְשָׁעָה – *And Tidal, king of Goiim* – **this is** an allusion to **the Evil Kingdom,**[90] שֶׁהִיא מַכְתֶּבֶת טִירוֹנְיָא מִכָּל אוּמּוֹת הָעוֹלָם – **which dictates** its **tyranny**[91] **from all the nations of the world.**[92]

NOTES

90. This is the original text [found in manuscripts and in the first printed edition (Constantinople, 1512)]. All subsequent editions have the censored text, which substitutes *the kingdom of Edom* for *the Evil Kingdom*. Both expressions refer to Rome.

91. Translation follows *Matnos Kehunah*. However, see *Aruch* (cited there).

92. The Roman Empire ruled over the entire world; its officials thus issued tyrannical decrees from wherever nations lived, i.e., from all corners of the world (*Yefeh To'ar*, cited in *Eitz Yosef*; for an alternative understanding see Rav Yitzchak Hutner, *Pachad Yitzchak*, Purim §2 and Chanukah §15). It is for this reason that the Torah refers to this empire as Goiim, which literally means *nations* (*Matnos Kehunah*).

ד "וַיְהִי בִּימֵי אַמְרָפֶל", ידשְׁלֹשָׁה שֵׁמוֹת נִקְרְאוּ לוֹ, כּוּשׁ וְנִמְרוֹד וְאַמְרָפֶל. כּוּשׁ שֶׁהָיָה כּוּשִׁי וַדַּאי, טונִמְרוֹד שֶׁהֶעֱמִיד מֶרֶד בָּעוֹלָם, אַמְרָפֶל שֶׁהָיְתָה אֲמִירָתוֹ אֲפֵילָה דְּאַמְרֵי וְאַפְלֵי בְּעָלְמָא דְּאַמְרֵי וְאַפְלֵי בְּאַבְרָהָם שֶׁאָמַר שֶׁיֵּרֵד לְכִבְשַׁן הָאֵשׁ. "וְאַרְיוֹךְ מֶלֶךְ אֶלָּסָר", אָמַר רַבִּי יוֹסֵי מִמַּלְחַיָּיא: תַּמָּן תְּנִינַן אִיסָרִין לְשֵׁם אֶלָּסָר. "כְּדָרְלָעוֹמֶר מֶלֶךְ עֵילָם" וְתִדְעָל מֶלֶךְ גּוֹיִם, אָמַר רַבִּי לֵוִי: אֲתַר הוּא תַּמָּן מִצְטַוֵּוח° בְּרוֹמִי וְנָטְלוּ אָדָם אֶחָד וְהִמְלִיכוּ אוֹתוֹ עֲלֵיהֶם. אָמַר רַבִּי יוֹחָנָן: וְתִדְעָל הָיָה שְׁמוֹ. דָּבָר אַחֵר "וַיְהִי בִּימֵי אַמְרָפֶל מֶלֶךְ שִׁנְעָר", זוֹ בָּבֶל, "וְאַרְיוֹךְ מֶלֶךְ אֶלָּסָר", זֶה יָוָן, "כְּדָרְלָעוֹמֶר מֶלֶךְ עֵילָם", זֶה מָדַי, "וְתִדְעָל מֶלֶךְ גּוֹיִם", זוֹ מַלְכוּת °אֱדוֹם, שֶׁהִיא מַכְתֶּבֶת טִירוֹנְיָא מִכָּל אוּמּוֹת הָעוֹלָם.

רש"י

[ד] **כוש.** שהיה כושי ודאי: ס"א. שילא מנמרוד שנאמר וכוש ילד את נמרוד. ע"כ: **נמרוד.** שהעמיד מרד בעולם: **אמרפל שהיתה אמירתו אפלה.** שהיה גוזר גזרות רעות. אמרפל דאמר ואפלי בעלמא כל העולם משתחוים לו: ס"א. שמחק בבריות. כדאמרינן לד את הבריות בפיהם. ע"כ: **דאפלי באברהם.** שחק בו שהשליכו לכבשן האש שאין אפלי אלא שחוק כדאמרינן חד היה מפלי בבני ירושלים: **אמר רבי יוסי ממלחייא.** שם מקום: **תמן תנינן איסרין לשם אלסר.** מטבע שאנו קורין איסרין לשון אלסר אנו קורין אותן איסרים לפי שהוא שתיקן מטבע זו: **אמר רבי לוי אתר הוא תמן ברומי מצטווח גוים.** מקום הוא ונקרא כן:

עץ יוסף

שחרב בית המקדש כמו שנאמר תם עונך וגו' שאילולא חורבן הבית לא היה נשאר א"ו מישראל שריד ופליט אלא שספך חמתו על העצים ועל האבנים ובר"ר גרס אופכי שלימה נטלו ישראל: (ד) [ה] **כושי ודאי.** כלו' בן כוש כדכתיב (בראשית י') וכוש ילד את נמרוד ונקרא נמרוד גופיה כוש ע"ש אביו (יפ"ת) ועיין מ"ש בפרשה ל"ז סימן ג': **שהיתה אמירתו אפילה.** ר"ל נמרוד נקרא אמרפל שהיתה אמירתו אפילה. ודרש אמרפל נוטריקון ופירושו גזירתו או פתויו כי ליד בפיו להמריד כל העולם על הקב"ה. ובערוך ערך אספרון מפ' אמירה בל"י חשך. והיינו מה שסיים המד' דאמרי ואפלי בעלמא פי' שהחשיך כל העולם במרד: **דאמרי.** והפלו באברהם מפ' אמר לשון ממשלה מגזירת במרום תמריא שע"י שמלך גזר על אברהם להפילו לכבשן האש. או מפרש אמר לשון כעס כמו אמריית דאמריית. ועניינו שע"י כעסו גזר על אברהם שירד לכבשן האש: [ו] **איסרין לשם אלסר.** שהוא תיקן אותה המטבע שקורין אותה איסרין (כזה"ק): **אתר הוא תמן כו'.** שיש מקום שקורין אותו גוים. וטעם קריאתו כן לפי שנתקבצו שם מכמה גוים ונטלו אדם אחד והמליכוהו עליהם מלכות חדשה (יפ"ת): **אתר.** ר"ל אתר הוא תמן ברומי מצטווח גוים: [ז] **זו בבל.** דרמיז מלכיות על דרך שאמרו לעיל כשם שפתח בד"מ כן חתם בד"מ לרמוז כי כמו שאירע לאבות יקרה לנו: **זו בבל.** פי' גלות בבל: **אלסר זה יון.** מלך אלסר נוטריקון מלך אל אסר שאסר אל עליון על ישראל שכל אחד מישראל יכתוב על קרן שורו שאין לו חלק באלהי ישראל (מת"כ). והרמב"ן גרס אלסר זו מלכות מדי. עילם זו מקדוניא. ופי' רבינו בחיי אלסר הוא עיר בארץ מדי או בפרס. עילם זה יון המקדוני כמו שדרשו חז"ל שש שנים מלך יון המקדוני בעולם ע"כ: **זה מדי.** עילם הוא במדי שנאמר ואני הייתי בשושן הבירה אשר בעילם המדינה כדאי' בפרק אלו מקדש (מת"כ): **טירוניא.** פי' הערוך מס. או הוא לשון שררה. סרני פלשתים מתרגם טורני פלשתאי. והיינו שע"י שמולכת בכיפה היא כותבת שררה מכל העולם

פירוש מהרז"ו

(ד) **שלש שמות.** וכן הוא לעיל פר' ל"ז בסימן ג' שנמרוד הוא כוש שאמר שם וכי כושי היה כו' אלא שעשה כמעשה נמרוד וזה צ"ע שהרי כתוב בבראשית יו"ד וכוש ילד את נמרוד והאמת יורה דרכו כי שם כתוב ובני כוש סבא וחוילה וסבתא ורעמה וסבתכה ובני רעמה שבא ודדן הרי שחשב כל בני כוש ובני בניו משמע שלא היה לו בן אחר ואח"כ אמר וכוש ילד את נמרוד הוא החל הרי שהיה לו עוד בן אחר והם ב' כתובים מכחישים מדה ט"ו. על כן בהכרח שנמרוד לא היה בנו של כוש ודורש והכריע שמ"ש ילד פי' העמיד והמליא. ונמרוד מלשון מרד שהעמיד והוליד מרד בעולם. וכמ"ש לעיל פר' כ"ו סימן ד' וש"נ ומבואר. ומ"ש שנקרא אמרפל שהרי כתוב על נמרוד ותהי ראשית ממלכתו בבל וכו' בארץ שנער וכאן אמר אמרפל מלך שנער הרי שנקרא כוש ונמרוד ואמרפל: **שהיה כושי וודאי.** פי' כפשוטו שהיה שמו כוש וכמו היום שקורין לשחור כושי כך היה כוש בעצמו שחור ומפוחם: **אמירתו אפילה.** עי' בערוך ערך אספרון וז"ל וכן בבראשית רבה אמרפל לשון חושך. אמרה אפילה כמו חושך ואופל עכ"ל ויתכן שהוא מלשון אמירה ופירושו שהיתה אמירתו חושך דבר רע ע"פ מדת ממטל ונוטריקון: **דאמרי ואפלי בעלמא.** עי' מ"כ שהכעיס להקב"ה ולצדיקים והתלוצץ בצ"א שהטעה אותם אחר עבודת כוכבים שהוא בעצמו היה יודע שאין בדברים ממש אלא על שרצה להתחזק ממלכתו במרד שמרד בהקב"ה וכן התלוצץ באברהם: **שאמר שירד.** זהו דרשה אחרת על אמרפל שאמר פול: **ותדעל מלך גוים.** ולא פי' איזה גוים. על כן דרש שיש מקום שקורין אותו גוים והיה מלך עליהם וכמ"ש בדרשה הסמוכה וכן לעיל בסימן ב' כנגד כו' ומ"ש ונטלו אדם אחד והמליכו עליהם עיין לקמן ריש פרשה נ"ג ותבין כאן: **ותדעל היה שמו.** שהרי נזכר בפסוק רביעי וקראו ותדעל וכן בפסוק ט' בשניה קראו ג"כ ותדעל הרי שהיה שמו ותדעל: **שנער זו בבל.** וכמ"ש ותהי ראשית ממלכתו בבל בארץ שנער וכדומה הרבה: **ואריוך מלך אלסר.** עי' מ"ש על זה לעיל בסימן ב': **מכתבת טרוניא.** עי' לעיל פר' ט"ז בסימן ד'

מתנות כהונה

הערוך הנחה וקורת רוח: [ד] **אמירתו אפלה.** אמרפל נוטריקון אמירה אפל: **הבעיס.** והיה מתעולל ושחק בכל העולם: **דאמרי.** הכעים כדאמרינן פרק קמא דסוטה מאן אמרייך דאמרת פירוש מי הכריחך: **ואפלי.** לשון שחוק ולחוק כדאמרינן דהוה מפלי בבני ירושלים והוא ידוע ובערוך ערך אספרין גרס אמר אפלה ופי' כמו חושך ואופל אמרה לשון חושך וכולן לשון נוטריקון של אמרפל: **מלחייא.** שם מקום: **איסרון.** מטבע שקורין אותה איסרן על שם אלסר שהוא תיקן אותו מטבע: **ה"ג מצטווח גוים: אתר הוא כו'.** מקום יש ברומי שקורין אותו גוים: **זה אנטיוכס.** מלך אלסר נוטריקון מלך אל אסר שאסר אל עליון על ישראל שכל אחד מישראל יכתוב על קרן שורו שאין לו חלק באלהי ישראל: מצאתי ברמב"ן ז"ל דגרס אלסר זו מלכות מדי עילם זו אנטיוכס ופי' רבינו בחיי אלסר הוא עיר בארץ מדי או בפרס עילם זו אנטיוכס כמו שדרשו חז"ל שש שנים מלך אנטיוכס בעילם עכ"ל: **עילם** היא במדי. שנאמר ואני הייתי בשושן הבירה אשר בעילם המדינה וכדאיתא בפרק אלו מקדש: **טירוניא.** הערוך פי' ענין מס ולי נראה לשון שררה ואדנות בכח ובעלילה ועיין ערך טרן הראשון ושלישי: **מכל עובדי כוכבים.** ולפיכך נקראת גוים:

אשד הנחלים

גלוסקאות בלי פסולת מאומה. כי ע"י התחדשות העולם יתוקן גם צאצאיה. ור"ש הביא כל הכתובים שנאמר בהם והי' שכולם שהביא לא הי' בהם השמחה שלימה כי אף שהזדקקה אליהם ההשגח' הנסיית שזהו עיקר השמח' עכ"ז היו באמצעות פקודת הדין המתוחה עליהם אך בעתיד יתבטל הדין מכל וכל. שכולם מתנבאים על ימות המשיח שאז יהי' השמח'. ואף שמדבר על לעתיד וא"כ א"א לכתוב ויהי רק שהי' לו לכתוב ויהי' שהוא נגזר מן ויהי: [ד] **כושי וודאי.** או ממדינת כושי או ע"ש השחרות ככושי השחור: [ה] **שהעמיד מרד.** שהוא הי' בעצת דור הפלגה ואמירתו אפיל' ודבריו חשוכים שאינם מתקבלים לשום בן אדם כי מי יאמין לדברי פתיות כאלה שדימה לעשות מלחמ' בשמים כמו שהי' דעת דור הפלגה וכן דרש ששחק באברהם שירד לכבשן האש. ואיך ישחק לאיש כמוהו שראו בו עניינים נסיים כהמה: **אתר הוא תמן כו' ונטלו אדם כו'.** עיין גרסת המ"כ וכוונתם לפי פירושו לפי שתמיד הוא שם הכלל לכל האומות. אבל פה הוא שם האומה שנקראת כך:

חידושי הרד"ל

(ז) [ד] **אמירתו אפילה.** בערוך ערך אספרון מפרש אמירה בל"י חשך:

(ח) **שאמר שירד לכבשן האש.** אפשר הוא דרשא אחרת על אמרפל שאמר כדדרש בש"ס (בעירובין נ"ג):

(ט) **ותדעל מלך גוים.** אמר ר' יוחנן נתקבצו ונטלו אדם והמליכו אותו עליהם ותדעל הוי שמי' ד"א ויהי בימי כו' וכל עובדי כוכבים א"ר לוי אתר הוא תמן מלטוות ברומי א"ר אלעזר בר אבינא כצ"ל. ולגי' הספר י"ל שנתכוונו למ"ש לקמן פפ"ג אלופים מבזן כו' שהיו מעמידין מושלים ממקומות אחרים (והוא בזיון להם שאין מעמידין מלך בן מלך כמ"ש בויק"ר (י"ז) שדבר נאה והגון שתהיה המלכות בירושה שעל ידי כן שלום במדינה ואין מחלוקת על העמדת מלך חדש. גם ע"י כן המלך גדל והולך מנעוריו בטכסיסי מלכות וילאה למלוכה:

באור מהרי"פ

ד טירונייא. עמ"כ וכ"פ הערוך בערך טרן א' שאין הקב"ה בא בטרוניא כו' פי' בכח ובעלילה. וכתב רב"מ טירנין בל"י ורומי שרים ומושלים פי' טירניא ממשלה כו' וע"ש ערך טרן ב':

מסורת המדרש

יד ילקוט כאן רמז ע"ב.

טו עירובין דף נ"ג:

The Midrash concludes:

אָמַר רַבִּי אֶלְעָזָר בַּר אֲבִינָא – R' Elazar bar Avina said: אִם רָאִיתָ מַלְכֻיּוֹת מִתְגָּרוֹת אֵלּוּ בְּאֵלּוּ צַפֵּה לְרַגְלוֹ שֶׁל מָשִׁיחַ – If you ever **see kingdoms engaging in conflict with one another, expect the footsteps of the Messiah** to come in its wake. **תֵּדַע שֶׁכֵּן שֶׁהֲרֵי בִּימֵי אַבְרָהָם, עַל יְדֵי שֶׁנִּתְגָּרוּ הַמַּלְכֻיּוֹת אֵלּוּ בְּאֵלּוּ בָּאָה הַגְּאוּלָּה לְאַבְרָהָם – Know that this is so, for in the days of Abraham,** it was **through these kingdoms engaging in conflict with one another that the redemption came to Abraham.**[93] (A)

עָשׂוּ מִלְחָמָה אֶת בֶּרַע מֶלֶךְ סְדֹם וְאֶת בִּרְשַׁע מֶלֶךְ עֲמֹרָה שִׁנְאָב מֶלֶךְ אַדְמָה וְשֶׁמְאֵבֶר מֶלֶךְ צְבֹיִים [צְבוֹיִים] וּמֶלֶךְ בֶּלַע הִיא צֹעַר.

That these made war on Bera, king of Sodom; Birsha, king of Gomorrah; Shinab, king of Admah; Shemeber, king of Zeboiim; and the king of Bela, which is Zoar (14:2).

§5 **עָשׂוּ מִלְחָמָה אֶת בֶּרַע וְגוֹ'** – *THAT THESE MADE WAR ON BERA, KING OF SODOM, ETC.*

רַבִּי מֵאִיר הָיָה דוֹרֵשׁ שֵׁמוֹת – R' Meir would expound the meaning of people's **names, רַבִּי יְהוֹשֻׁעַ בֶּן קָרְחָה הָיָה דוֹרֵשׁ שֵׁמוֹת –** and **R' Yehoshua ben Korchah would** also **expound** the meaning of people's **names.**

The Midrash relates how these two sages expounded the names of the kings in our verse:[94]

"בֶּרַע", שֶׁהָיָה בֶּן רַע – Bera was so called **because he was a bad son** (בֶּן רַע).[95] **"בִּרְשַׁע", שֶׁהָיָה בֶּן רָשָׁע – Birsha** was so called **because he was a wicked son** (בֶּן רָשָׁע).[96] **"שִׁנְאָב", שֶׁהָיָה שׁוֹאֵב מָמוֹן – Shinab** was so called **because he drew money** from people like water.[97] **"וְשֶׁמְאֵבֶר", שֶׁהָיָה פּוֹרֵחַ וּמֵבִיא מָמוֹן – Shemeber** was so called **because he would** spread his "wing" (שָׂם אֵבֶר) to **fly** everywhere **and bring money** for himself.[98] **"וּמֶלֶךְ בֶּלַע הִיא צוֹעַר", שֶׁנִּתְבַּלְּעוּ דִּיּוּרֶיהָ – *And the king of Bela, which is Zoar* –** Zoar's king was called Bela **because its residents were swallowed up** (נִתְבַּלְּעוּ) when Sodom and Gomorrah were overturned.[99]

כָּל אֵלֶּה חָבְרוּ אֶל עֵמֶק הַשִּׂדִּים הוּא יָם הַמֶּלַח.

All these had joined at the Valley of Siddim, which is the Salt Sea (*Genesis* 14:3).

□ **כָּל אֵלֶּה חָבְרוּ אֶל עֵמֶק הַשִּׂדִּים** – *ALL THESE HAD JOINED AT THE VALLEY OF SIDDIM.*

Having expounded the names of the kings, the Midrash now comments on the name of the geographic location mentioned in the next verse:

שָׁלֹשׁ שֵׁמוֹת נִקְרְאוּ לוֹ – [This Valley of Siddim] was called by three names: עֵמֶק הַשִּׂדִּים, עֵמֶק שָׁוֵה, עֵמֶק סוּכּוֹת – the Valley of Siddim, the Valley of Shaveh,[100] and **the Valley of Succoth.**[101] **עֵמֶק הַשִּׂדִּים, שֶׁהוּא מְגַדֵּל סְדָנִים –** It was called **the Valley of Siddim because it produced** trees used to manufacture **chopping boards** (סְדָנִים).[102] **דָּבָר אַחֵר שֶׁהוּא עָשׂוּי שִׂדִּים שִׂדִּים תְּלָמִים – Another interpretation:** The Valley of Siddim was so called **because it was made** up **of many hoeings** (שִׂדִּים), that is to say, **furrows.**[103]

NOTES

93. As a result of the battle between the four kings and the five, Abraham came to fight against the four kings. Now Abraham had been on guard against Nimrod (identified with Amraphel in the beginning of this section) for many years, as the latter was continuously plotting to kill him (see above, note 11). Abraham thus achieved "redemption," i.e., final reprieve or victory, when he killed Nimrod and his three allies in this battle (*Maharzu*). Likewise, when the nations of the world battle against each other in the future, [it will be a sign that] the final redemption of Abraham's descendants, the Jewish people, is sure to follow (*Eitz Yosef*).

94. R' Meir and R' Yehoshua ben Korchah note that the Torah has no obvious reason for stating the names of the various kings; it could have easily referred to each one as "the king of such and such a nation." But the Torah *did* go out of its way to mention the name of each king. Apparently, then, it mentions their names to reveal something about their natures (*Maharzu, Eitz Yosef*).

95. I.e., he was bad to his Father in Heaven (*Eitz Yosef*).

96. I.e., he was wicked to his Father in Heaven (ibid.).

97. In other words, he lusted after other people's money, and resorted to theft and robbery to get it for himself (*Eitz Yosef*). The root of Shinab, שאב, is phonetically related to שאף, which means *to desire greatly* (*Maharzu*).

98. The name שֶׁמְאֵבֶר may be vowelized differently, spelling the words שָׂם אֵבֶר, which mean *spread* (lit., *placed*) *his wing*. It conveys the idea that he would fly as swiftly as an eagle to procure whatever money he could (*Eitz Yosef*).

99. The Midrash expounds the name בֶּלַע, which means *swallowed up*, as alluding to the residents of Zoar who were "swallowed up" (i.e., destroyed) during the destruction of Sodom and Gomorrah, or shortly thereafter. For although the actual city of Zoar was saved in response to Lot's prayer (see below, 19:21-22), its inhabitants perished (*Yefeh To'ar, Eitz Yosef*).

100. Verse 10 below states that the king of Sodom fell into a well in the Valley of Siddim and got trapped there. But verse 17 states that he went out to greet Abraham after the war in the Valley of Shaveh, indicating that he had escaped. The Midrash below (14 §7, according to R' Nechemyah) interprets this to mean that God miraculously rescued him from the well. Since the verses state that he was trapped in the Valley of Siddim and rescued from the Valley of Shaveh — even though he was rescued from the very place where he got trapped — it must be that the Valley of Siddim and the Valley of Shaveh are two names for the same place (*Yefeh Toar, Maharzu*).

101. The Valley of Succoth is mentioned in *Psalms* 60:8, where Scripture quotes an unidentified person as saying that he will measure out the spoils of the Valley of Succoth. Since the Midrash elsewhere (*Shemos Rabbah* 15 §8) attributes the words of that chapter of *Psalms* to Abraham — and since the only Scriptural mention of Abraham taking spoils is in the Valley of Shaveh — it must be that the Valley of Succoth is but another name of the Valley of Shaveh (see *Yefeh To'ar* and *Maharzu*).

102. The Valley of Siddim produced large trees, which were used to make chopping boards for butchers (*Rashi*, *Matnos Kehunah*; alternatively, see *Eitz Yosef*, from *Yefeh To'ar*).

103. See *Job* 39:10, et al., where the root שדד has this meaning.

Alternatively: The valley was consistently plowed, and this created

INSIGHTS

(A) **The Footsteps of Mashiach** Rabbi Avraham Yitzchak Bloch, prewar rav and rosh yeshivah of Telshe, provided an insight on Jewish history, based on this Midrash. A Jew must never fall into the dangerous trap of assuming that important events are nothing more than coincidence, or that they are caused purely by political, economic, or a variety of other phenomena. God's purpose in history is based on the Jewish people's allegiance to His Torah, and He controls events to suit His purpose.

There have been many times in history when the Jewish people were on top of the agenda of our enemies. And then a crisis arose that forced them to turn their attention elsewhere, with the result that Jews have been spared from their ire and persecution. "Intelligent analysis" always explained why the crises occurred. Any suggestion that God had caused the crises in order to spare His people would have been greeted with derision. But the truth is that it was precisely God's intervention that caused strife among the nations, so that Israel would be granted a respite from the machinations of our enemies.

This is the message of our Midrash. When we see that countries are involved with diplomatic or military aggression against one another, we should understand that God has orchestrated it for the benefit of His people. And when He intervenes in history, we must see it as a harbinger that He is prepared to bring the ultimate redemption and we should respond by intensifying our service of God.

אָמַר רַבִּי אֶלְעָזָר בַּר אֲבִינָא: אִם רָאִיתָ מַלְכֻיּוֹת מִתְגָּרוֹת אֵלּוּ בְּאֵלּוּ צַפֵּה לְרַגְלוֹ שֶׁל מָשִׁיחַ. תֵּדַע שֶׁכֵּן שֶׁהֲרֵי בִּימֵי אַבְרָהָם, עַל יְדֵי שֶׁנִּתְגָּרוּ הַמַּלְכֻיּוֹת אֵלּוּ בְּאֵלּוּ בָּאָה הַגְּאוּלָּה לְאַבְרָהָם:

ה [יד, ב] "עָשׂוּ מִלְחָמָה אֶת בֶּרַע וְגוֹ'".

[טו]רַבִּי מֵאִיר הָיָה דּוֹרֵשׁ שֵׁמוֹת, רַבִּי יְהוֹשֻׁעַ בֶּן קָרְחָה הָיָה דּוֹרֵשׁ שֵׁמוֹת, [יז]"בֶּרַע", שֶׁהָיָה בֶּן רַע, "בִּרְשַׁע", שֶׁהָיָה בֶּן רָשָׁע, "שִׁנְאָב", שֶׁהָיָה שׁוֹאֵב מָמוֹן, "וְשֶׁמְאֵבֶר", שֶׁהָיָה פּוֹרֵחַ וּמֵבִיא מָמוֹן, "וּמֶלֶךְ בֶּלַע הִיא צוֹעַר", שֶׁנִּתְבַּלְּעוּ דָּיוֹרֶיהָ. [יד, ג] "כָּל אֵלֶּה חָבְרוּ אֶל עֵמֶק הַשִּׂדִּים", שָׁלֹשׁ שֵׁמוֹת נִקְרְאוּ לוֹ, עֵמֶק הַשִּׂדִּים, עֵמֶק שָׁוֵה, עֵמֶק סוּכּוֹת. עֵמֶק הַשִּׂדִּים, שֶׁהוּא מְגַדֵּל סְדָנִים, דָּבָר אַחֵר שֶׁהוּא עָשׂוּי שְׂדִים שְׂדִים תְּלָמִים. דָּבָר אַחֵר שֶׁהוּא מֵנִיק אֶת °בְּנוֹ כַּשָּׁדַיִם. "עֵמֶק שָׁוֵה", רַבִּי בֶּרֶכְיָה וְרַבִּי חֶלְבּוֹ בְּשֵׁם רַבִּי שְׁמוּאֵל בַּר נַחְמָן: [יח]שֶׁשָּׁם הֻשְׁווּ כָּל אוּמּוֹת הָעוֹלָם וְקִיצְצוּ אֲרָזִים

עץ יוסף

שהיא משימה שרים ונציבים בכל האומות (יפ"ת): **לרגלו של משיח.** שע"י התגרות המלכיות באה הגאולה לאברהם וכן בהתגרות האחרונים תבא הגאולה בשלימות לזרעו של אברהם. ודקדק לומר רגלי משיח. בסוד ועמדו רגליו ביום ההוא על הר הזיתים (נזה"ק): (ה) [ח] **דורש שמות.** דאל"כ למה נכתבו שמותם בתורה וכו' אלא לדרוש: **דורש שמות.** אע"פ שהם הסכמיים יש לדרוש כפי ענינם. ועו"ז רמז לנו בתורה בזה שהזכיר שמותם: **בן רע.** כלומר בן שהוא רע לשמים: **בן רשע.** בן שהוא רשע לשמים: **שואב ממון.** והנו"ן נוספת (יפ"ת). ופירושו שהיה רע לבריות בחימוס ממון וגזל. וכן היה שמאבר (נזה"ק): **שהיה פורח כו'.** דרש שמאבר שם אבר כנשרים לפרוח ולהביא ממון. והשי"ן מתחלף בסי"ן (יפ"ת): **שנתבלו דיוריה.** שמ"ש לבלתי הפכי את העיר דרש שלא נהפכה עם סדום אבל אח"כ נתבלעו דיוריה. ולא העיר עצמה כמ"ש לבלתי הפכי את העיר: [ט] **מגדל סדנים.** הוא מלשון סדן של שקמה. כלומר שמגדל אילנות גדולות שעושים סדנים לנפחים (יפ"ת): **שדים שדים תלמים.** ארץ עבודה וחרושה תמיד ועשויה תלמים תלמים (בולטים) [בולטים] כמו שדים: **שהוא מניק את בנו.** לשון תנחומא שהיתה מניקה אותם כשם שהשדים מניקים את התינוק. שהיא ארץ שמינה: **ששם הושוו כו'.** שעד עתה חלקו על אברהם כל הממלכות ורצו להרגו. ואחר שראו כאן שה' עמו ועזרו לנצח כל המלכים הגדולים הנ"ל הסכימו כל הנשארים להשלים אתו ולהסכים לדעתו: **וקצצו ארזים.** דרכם היה לעשות כן כשממליכים מלך

פירוש מהרז"ו

ולקמן פר' ע' בסימן ח' כל העדרים. עי' מש"ש על תיבת טירוניא בשם מ"ע ועי' לקמן סוף פר' ס"ח: **הגאולה לאברהם.** שהרי נמרוד היה מעולם מבקש נפשו וכאן הביא עליו כל מלכים אלו כדלעיל בסימן א' וריש סימן ג' וכשהרגם זהו הגאולה שלו לעולם: (ה) **דורש שמות.** דאל"כ למה נכתבו שמותיהם בתורה שהיה די בזכירה שהיה מלך סדום ומלך עמורה וכו' אלא לדרוש מהות האדם. שנאב אותיות שאב והנו"ן נוטריקון של ממון. ופי' שואב כמו שואף מתאוה בהון. וכמ"ש באות נפשה שאפה רוח וכן שמאבר נוטריקון שם מ' אבר שם אבר וכנפים לעוף ולהביא ממון בדרכי הכישוף שהיה נוהג בדורות ראשונים כידוע מענין בלעם ומלכי מדין כמ"ש במ"ר פר' כ"ב סימן ה' גם יתכן שפירושו שהיה פורח ונוסע מרחוק ובספינות כדי להרבות ממון: **שנתבלעו דיורין.** כמ"ש אלא צוער לבלתי הפכי את העיר הרי שהיתה ראויה להיות נהפך ולא יתכן לומר שניצלה לגמרי שהרי כתוב כי ירא לשבת בצוער הרי שהיה העונש מעותד לבא עליה על כן דרש שלא נהפכה עם סדום אבל אח"כ נתבלעו דיורי' ולא העיר עצמה כמ"ש לבלתי הפכי את העיר: **ג' שמות.** שמ"ש ויצא מלך סדום לקראתו אל עמק שוה הוא עמק המלך פי' שיצא מלך סדום מבארות החמר. שבעמק השידים שנפל שם כמפורש הרי שיצא אל עמק השידים. וכאן כתוב ויצא מלך סדום לקראתו אל עמק שוה. וכמו שכתוב לקמן פר' זו סימן ז' כדעת רבי נחמיה וכן הוא לקמן פר' מ"ג סימן ה'. הרי שעמק שוה הוא עמק השידים. (ונקרא גם כן עמק המלך כמו שכתוב הוא עמק המלך על שעם המליכו את אברהם. תנחומא סדר זה ועי' במ"ר פר' ט' בסימן כ"ד קרוב לסופו עצה עמוקה של מלכו של עולם). ומ"ש עמק סוכות כוונתו למ"ש תהלים ס' אלהים דבר בקדשו אעלוזה אחלקה שכם ועמק סוכות אמדד. וכמ"ש בהדיא שמ"ר פר' ט"ו סוף סימן א' שפסוק זה אברהם אמרו. ומ"ש אחלקה שכם נדרש שם. וכאן דרשו מ"ש ועמק סוכות אמדד. והיינו כשנלא המלחמה ושבה ובזז כל הביזה. וחלק ומדד הביזה בעמק סוכות ועמק השידים ששם היה מקום המלחמה: **שדים תלמים.** ארץ עבודה וחרושה תמיד ועשויה תלמים בולטים כמו שדים: **שהוא מניק את בנו.** לשון התנחומא שהיתה מניקה אותם כשם שהשדים מניקה את התינוק: **ששם הושוו.** שעד עתה חלקו על אברהם כל המלכות ורצו להרגו וכנ"ל בסימן א' ובריש סימן ג' ואחר שראו כאן שה' עמו

רש"י

[ה] **שנתבלעו דיוריה.** בהפיכת סדום: **עמק השדים.** שהיה מגדל סדנין עצים גדולין שהיו ראוין לעשות סדין מהם שהיו גדלין בו אילנות שהיו עושין מהן סדנים לטבחים ס"א של פחס ע"כ: **ד"א שהיה עשוי שדים שדים תלמים.** כמה דתימא תלמי שדי וכתיב יפתח וישדד אדמתו אף הוא לשון תלם שכשאדם חורש עושה תלמים בשוה: **דבר אחר שדים.** שהוא מניק את בניו כשדים הללו שמשמנין את התינוק כך היא מוליאה פירות שהיו כחלב ודבש והיו משתמנין בהם: **ששם הושוו כל אומות העולם ועשו לו בימה גדולה.** לאברהם כשחזר מן המלחמה והושיבוהו למעלה:

חידושי הרש"ש

[ה] **עמק סוכות כו' אר"ת גפן כו'.** חשיב כאן ז' מיני אילנות. אולי יליף סוכות מן כי בסוכות הושבתי את בנ"י שהם ענני כבוד לדעת ר"א בסוכה (י"א ב') והיו ז' כדאיתא בתנחומא פ' בשלח:

מסורת המדרש

טז עיין יומא דף פ"ג: יז תנחומא כאן סי' ח'. ילקוט כאן רמז ע"ב: יח לקמן פ' מ"ג ופ' כ"ה. במד"ר פ' ט"ו. קה"ר פרשה ד' פסוק י"ג. תנחומא סדר בהעלותך סימן ט'. ילקוט כאן רמז ע"ב:

מתנות כהונה

ה"ג בילקוט בלה גדולה לאברהם וכדלקמן: [ה] **דורש שמות.** לשון נוטריקון: **ברע.** בן רע: **ברשע.** בן רשע: **שנאב.** שואב ממון: **שמאבר.** שם אבר לפרוח לקבץ הון רב: **אבר.** כנפים כד"א מי יתן לי אבר כיונה וגו': **שנתבלעו כו'.** נטבעו ונבלעו בהפכת סדום ועמורה ובלע דרש לשון בלוע (ומביא ממון בגזל ועולה) וכן משמע בפירש"י בחומש. שנאב שונא אביו שבשמים שמאבר שם אבר לעוף ולמרוד בהקב"ה: ה"ג בילקוט ובפירוש רש"י מגדל סדינים פי' שהיו מגדלים אילנות גדולות שעושין מהן סדן לקצב עליו בשר ודרש השדים לשון סדנים: **שהוא עשוי שרים שדות גרסינן.** ואולי תפס לשון המקרא ויאכל תנובות שדי כמו שדה: **בשדים.** דרש

נחמד למראה

[ה] **רבי מאיר היה דורש שמות.** ריב"ק היה דורש שמות וכו'. הנה מה שדרשו הני תנאי השמות האלו בדרך הרכבה משני שרשים היינו לפי שרובם הן שמות מרובעים או מחומשים. ומבואר שאין שרש בלשון הקודש יותר משלש אותיות לכך אמרו שהם מורכבים משני שרשים. וכפירש"י בפ' כי תצא וז"ל שעטנז לשון ערוב ורבותינו פירשו שוע טווי ונוז עכ"ל. וכן נהגו רז"ל לפרש כל השמות המרובעים והמחומשים בדרך הרכבה כדאי' בשבת (דף ס"ב ע"ב) פתיגיל פתחים המביאים לידי גילה. ובר"ה (דף כ"ו ע"א) מאי גלמודה גמולה דא מבעלה. וביומא (דף כ"ח ע"ב) דמשק אליעזר שדולה ומשקה מתורתו של רבו לאחרים. ובחגיגה (דף י"ג סוף ע"א) מאי חשמל חיות אש ממללות. ובמתניתא תנא עתים חשות ועתים ממללות. ובחולין (דף מ"ג ע"א) דוכיפת שהודו כפות וכן כולם:

אשד הנחלים

בן רע. לבריות ובן רשע למקום ואוהב ממון מאוד עד שהיו פורח לקבץ ממון: **שנתבלעו.** ע"ש העתיד נקרא כן מהפיכת סדום: **ששם השוו.** כלומר שכולם הודו על מעלתו. איך שהוא נשיא אלקים נעלה מכל דרכי אנושית וטבעית:

דָּבָר אַחֵר שֶׁהוּא מֵנִיק אֶת בָּנָיו כַּשָּׁדַיִם – **Another interpretation:** It was so called **because it nurtured its "children"** (i.e., the crops growing in it) **like** a mother's **breasts** (שָׁדַיִם) nurture her baby.[104]

"עֵמֶק שָׁוֵה" – And why was it called **the Valley of Shaveh?** רַבִּי בֶּרֶכְיָה וְרַבִּי חֶלְבּוֹ בְּשֵׁם רַבִּי שְׁמוּאֵל בַּר נַחְמָן – **R' Berechyah and R' Chelbo** said **in the name of R' Shmuel bar Nachmani:** שֶׁשָּׁם הֻשְׁווּ כָּל אוּמּוֹת הָעוֹלָם – **Because** it was **there** that **all the nations of the world agreed** to coronate Abraham as their king.[105] וְקִיצְצוּ אֲרָזִים – **And** therefore **they cut down** some **cedar trees**

NOTES

many furrows lined with the mounds of dirt that the plough had turned over. Since the mounds protruded as do a woman's breasts, the valley became known as Siddim (שִׂדִּים) — a word which, when vowelized differently, means breasts (שָׁדַיִם) (*Yefeh To'ar, Maharzu, Eitz Yosef*).

104. In other words, it was a very fertile valley (*Matnos Kehunah, Eitz Yosef*).

105. The Midrash is teaching that the valley came to be known as *shaveh* [which means *equal* or *as one*] because everyone joined together as one to coronate Abraham there. Until that time, all the kingdoms had been antagonistic to Abraham and wanted to see him killed (see above, note 11). But once God gave him a miraculous victory over the four mighty kings, the survivors of the war gathered in the valley to make peace and to coronate him (*Eitz Yosef*).

Though the Midrash expounds *shaveh* to mean that everyone joined together in agreement, it gives no source for its assertion that the agreement was to coronate Abraham. Some explain that the source is verse 17: *the Valley of Shaveh, which is the king's valley*. The Valley of Shaveh (Agreement) was presumably called the "king's valley" because the agreement reached there was to coronate Abraham as king (*Yefeh To'ar*).

אָמַר רַבִּי אֶלְעָזָר בַּר אֲבִינָא: אִם רָאִיתָ מַלְכֻיּוֹת מִתְגָּרוֹת אֵלּוּ בְּאֵלּוּ צַפֵּה לְרַגְלוֹ שֶׁל מָשִׁיחַ. תֵּדַע שֶׁכֵּן שֶׁהֲרֵי בִּימֵי אַבְרָהָם, עַל יְדֵי שֶׁנִּתְגָּרוּ הַמַּלְכֻיּוֹת אֵלּוּ בְּאֵלּוּ בָּאָה הַגְּאוּלָּה לְאַבְרָהָם:

ה [יד, ב] "עָשׂוּ מִלְחָמָה אֶת בֶּרַע וְגוֹ'". [טז]רַבִּי מֵאִיר הָיָה דוֹרֵשׁ שֵׁמוֹת, רַבִּי יְהוֹשֻׁעַ בֶּן קָרְחָה הָיָה דוֹרֵשׁ שֵׁמוֹת, [יז]"בֶּרַע", שֶׁהָיָה בֵּן רַע, "בִּרְשַׁע", שֶׁהָיָה בֵּן רָשָׁע, "שִׁנְאָב", שֶׁהָיָה שׁוֹאֵב מָמוֹן, "וְשֶׁמְאֵבֶר", שֶׁהָיָה פּוֹרֵחַ וּמֵבִיא מָמוֹן, "וּמֶלֶךְ בֶּלַע הִיא צוֹעַר", שֶׁנִּתְבַּלְּעוּ דָּיוֹרֶיהָ. [יד, ג] "כָּל אֵלֶּה חָבְרוּ אֶל עֵמֶק הַשִּׂדִּים", שָׁלֹשׁ שֵׁמוֹת נִקְרְאוּ לוֹ, עֵמֶק הַשִּׂדִּים, עֵמֶק שָׁוֵה, עֵמֶק סוּכּוֹת. עֵמֶק הַשִּׂדִּים, שֶׁהוּא מְגַדֵּל סְדָנִים, דָּבָר אַחֵר שֶׁהוּא עָשׂוּי שְׂדִים שְׂדִים תְּלָמִים. דָּבָר אַחֵר שֶׁהוּא מֵנִיק אֶת °בְּנוֹ כַּשָּׁדַיִם. "עֵמֶק שָׁוֵה", רַבִּי בֶּרֶכְיָה וְרַבִּי חֶלְבּוֹ בְּשֵׁם רַבִּי שְׁמוּאֵל בַּר נַחְמָן: [יח]שֶׁשָּׁם הֻשְׁווּ כָּל אוּמּוֹת הָעוֹלָם וְקִיצְּצוּ אֲרָזִים

עץ יוסף

שהיא משימה שרים ונגידים בכל האומות (יפ"ת): **לרגלו של משיח.** שע"י התגרות המלכיות בא הגאולה לאברהם וכן בהתגרות האחרונים תבא הגאולה בשלימות לזרעו של אברהם. ודקדק לומר רגלי משיח. בסוד ועמדו רגליו ביום ההוא על הר הזיתים (נזה"ק): (ה) [ח] **דורש שמות.** דאל"כ למה נכתבו שמותם בתורה וכו' אלא לדרוש: **דורש שמות.** אע"פ שהם הסכמיים יש לדרוש כפי ענינם. וע"ז רמז לנו בתורה בזה שהזכיר שמותם: **בן רע.** כלומר בן שהוא רע לשמים: **בן רשע.** בן שהוא רשע לשמים: **שואב ממון.** והנו"ן נוספת (יפ"ת). ופירושו שהיה רע לבריות בחימוס ממון וגזל. וכן היה שמאבר (נזה"ק): **שהיה פורח כו'.** דרש שמאבר שם אבר כנשרים לפרוח ולהביא ממון. והשי"ן מתחלף בסי"ן (יפ"ת): **שנתבלו דיוריה.** שמ"ש לבלתי הפכי את העיר דרש שלא נהפכה עם סדום אבל אח"כ נתבלעו דיוריה. ולא העיר עצמה כמ"ש לבלתי הפכי את העיר: [ט] **מגדל סדנים.** הוא מלשון סדן של שקמה. כלומר שמגדל אילנות גדולות שעושים סדנים לנפחים (יפ"ת): **שדים שדים תלמים.** ארץ עבודה וחרושה תמיד ועשויה תלמים תלמים (בולעים) [בולטים] כמו שדים: **שהוא מניק את בנו.** לשון תנחומא שהיתה מניקה אותם כשם שהשדים מניקים את התינוק. שהיא ארץ שמינה: **ששם הושוו כו'.** שעד עתה חלקו על אברהם כל הממלכות ורצו להרגו. ואחר שראו כאן שה' עמו ועזרו לנצח כל המלכים הגדולים הנ"ל הסכימו כל הנשארים להשלים אתו ולהסכים לדעתו: **וקצצו ארזים.** דרכם היה לעשות כן כשממליכים מלך

פירוש מהרז"ו

ולקמן פר' ע' בסימן ח' כל העדרים. עי' מש"ש על תיבת טירוניא בשם מ"ע ועי' לקמן סוף פר' ס"ח: **הגאולה לאברהם.** שהרי נמרוד היה מטולס מבקש נפשו וכאן הביא עליו כל מלכים אלו כדלעיל בסימן א' וריש סימן ג' וכשהרגם זהו הגאולה שלו לעולם: **(ה) דורש שמות.** דאל"כ למה נכתבו שמותיהם בתורה שהיה די בזכירה שהיה מלך סדום ומלך עמורה וכו' אלא לדרוש מהות האדם. שנאב אותיות שאב והנו"ן נוטריקון של ממון. ופי' שואב כמו שואף מתאוה בהון. וכמ"ש באות נפשה שאפה רוח וכן שמאבר נוטריקון שם מ' אבר שם אבר וכנפים לעוף ולהביא ממון בדרכי הכישוף שהיה נוהג בדורות ראשונים כידוע מענין בלעם ומלכי מדין כמ"ש במ"ר פר' כ"ב סימן ה' גם יתכן שפירושו שהיה פורח ונוסע מרחוק ובספינות כדי להרבות ממון: **שנתבלעו דיורין.** כמ"ש אגל צוער לבלתי הפכי את העיר הרי שהיתה ראויה להיות נהפך ולא יתכן לומר שניצלה לגמרי שהרי כתוב כי ירא לשבת בצוער הרי שהיה העונש מעותד לבא עליה על כן דרש שלא נהפכה עם סדום אבל אח"כ נתבלעו דיורי' ולא העיר עצמה כמ"ש לבלתי הפכי את העיר: **ג' שמות.** שמ"ש ויצא מלך סדום לקראתו אל עמק שוה הוא עמק המלך פי' שיצא מלך סדום מבארות החמר. שבעמק השידים שנפל שם כמפורש הרי שיצא אל עמק השידים. וכאן כתוב ויצא מלך סדום לקראתו אל עמק שוה. וכמו שכתוב לקמן פר' זו סימן ז' כדעת רבי נחמיה וכן הוא לקמן פר' מ"ג סימן ה'. הרי שעמק שוה הוא עמק השידים. (ונקרא גם כן עמק המלך כמו שכתוב הוא עמק המלך על שם שהמליכו את אברהם. תנחומא סדר זה ועי' במ"ר פר' ט' בסימן כ"ד קרוב לסופו עצה עמוקה של מלכו של עולם). ומ"ש עמק סוכות כוונתו למ"ש תהלים ס' אלהים דבר בקדשו אעלוזה אחלקה שכם ועמק סוכות אמדד. וכמ"ש בהדיא שמ"ר פר' ט"ו סוף סימן ח' שפסוק זה אברהם אמרו. ומ"ש אחלקה שכם נדרש שם. וכאן דרשו מ"ש ועמק סוכות אמדד. והיינו כשנצח המלחמה ושבה ובזז כל הביזה. וחלק ומדד הביזה בעמק סוכות ועמק השידים ששם היה מקום המלחמה: **שדים תלמים.** ארץ עבודה וחרושה תמיד ועשויה תלמים בולטים כמו שדים: **שהוא מניק את בנו.** לשון התנחומא שהיתה מניקה אותם כשם שהשדים מניקה את התינוק: **ששם הושוו.** שעד עתה חלקו על אברהם כל המלכות ורצו להרגו וכנ"ל בסימן א' ובריש סימן ג' ואחר שראו כאן שה' עמו

חידושי הרש"ש

[ה] עמק סוכות כו' אר"ת גפן כו'. חשיב כאן ז' מיני אילנות. אולי יליף סוכות מן כי בסוכות הושבתי את בנ"י שהם ענני כבוד לדעת ר"א בסוכה (י"א ב') והיו ז' כדאיתא בתנחומא פ' בשלח:

מסורת המדרש

טז עיין יומא דף פ"ג:
יז תנחומא כאן סי' ח'. ילקוט כאן רמז ע"ב:
יח לקמן פ' מ"ג ופ' כ"ה. במד"ר פ' ט"ו. קה"ר פרשה ד' פסוק י"ג. תנחומא סדר בהעלותך סימן ט'. ילקוט כאן רמז ע"ב:

רש"י

[ה] **שנתבלעו דיוריה.** בהפיכת סדום: **עמק השדים.** שהיה מגדל סדנין עלים גדולין שהיו ראוין לעשות סדין מהם שהיו גדלין בו אילנות שהיו עושין מהן סדנים לטבחים ס"א של פחם ע"כ: **ד"א שהיה עשוי שדים שדים תלמים.** כמה דתימא תלמי שדי וכתיב יפתח וישדד אדמתו אף הוא לשון תלם שכשאדם חורש עושה תלמים בשוה: **דבר אחר שדים.** שהוא מניק את בניו כשדים הללו שמשמנין את התינוק כך היא מוליאה פירות שהיו כחלב ודבש והיו משתמנין בהם: **ששם הושוו כל אומות העולם ועשו לו בימה גדולה.** לאברהם כשחזר מן המלחמה והושיבוהו למעלה:

מתנות כהונה

ה"ג בילקוט באה גדולה לאברהם וכדלקמן: [ה] **דורש שמות.** לשון נוטריקון: **ברע.** בן רע: **ברשע.** בן רשע: **שנאב.** שואב ממון: **שמאבר.** שם אבר לפרוח לקבץ הון רב: **אבר.** כנפים כד"א מי יתן לי אבר כיונה וגו': **שנתבלעו כו'.** נטבעו ונבלעו בהפכת סדום ועמורה ובלע דרש לשון בלוע (ומביא ממון בגזל ועולה) וכן משמע בפירש"י בחומש. שנאב שונא אביו שבשמים שמאבר שם אבר לעוף ולמרוד בהקב"ה: ה"ג בילקוט ובפירוש רש"י מגדל סדינים פי' שהיו מגדלים אילנות גדולות שעושין מהן סדן לקצב עליו בשר ודרש השדים לשון סדנים: **שהוא עשוי שרים שדות גרסינן.** ואולי תפס לשון המקרא ויאכל תנובות שדי כמו שדה: **בשדים.** דרש

נחמד למראה

[ה] **רבי מאיר היה דורש שמות.** ריב"ק היה דורש שמות וכו'. הנה מה שדרשו הני תנאי השמות האלו בדרך הרכבה משני שרשים היינו לפי שרובם הן שמות מרובעים או מחומשים. ומבואר שאין שרש בלשון הקודש יותר משלש אותיות לכך אמרו שהם מורכבים משני שרשים. וכפירש"י בפ' כי תצא וז"ל שעטנז לשון ערוב ורבותינו פירשו שוע טווי ונוז עכ"ל. וכן נהגו רז"ל לפרש כל השמות המרובעים והמחומשים בדרך הרכבה כדאי' בשבת (דף ס"ב ע"ב) פתיגיל פתחים המביאים לידי גילה. ובר"ה (דף כ"ו ע"א) מאי גלמודה גמולה דא מבעלה. וביומא (דף כ"ח ע"ב) דמשק אליעזר שדולה ומשקה מתורתו של רבו לאחרים. ובחגיגה (דף י"ג סוף ע"א) מאי חשמל חיות אש ממללות. ובמתניתא תנא עתים חשות ועתים ממללות. ובחולין (דף מ"ג ע"א) דוכיפת שהודו כפות וכן כולם:

אשד הנחלים

בן רע. לבריות ובן רשע למקום ואוהב ממון מאוד עד שהיו פורח לקבץ ממון: **שנתבלעו.** ע"ש העתיד נקרא כן מהפיכת סדום: **ששם השוו.** כלומר שכולם הודו על מעלתו. איך שהוא נשיא אלקים נעלה מכל דרכי אנושית וטבעית:

וְעָשׂוּ לוֹ בִּימָה גְדוֹלָה וְהוֹשִׁיבוּ אוֹתוֹ לְמַעְלָה מִמֶּנָּה – and made a large platform out of them for [Abraham] and placed him on top of it,[106] וְהָיוּ מְקַלְּסִין לְפָנָיו וְאוֹמְרִים: שְׁמָעֵנוּ אֲדוֹנִי נְשִׂיא אֱלֹהִים אַתָּה בְּתוֹכֵנוּ – and they began declaring praises before him, saying, "Hear us, my lord: You are a prince of God in our midst!"[107] אָמְרוּ לוֹ: מֶלֶךְ אַתְּ עָלֵינוּ, נָשִׂיא אַתְּ עָלֵינוּ, אֱלוֹהַּ אַתְּ עָלֵינוּ – They said to him, "You are a king over us, you are a prince over us, you are a god over us!"[108] אָמַר לָהֶם: אַל יֶחְסַר הָעוֹלָם מַלְכּוֹ, וְאַל יֶחְסַר הָעוֹלָם אֱלוֹהוֹ – But he said to them, "Let the world not lack its true King! And let the world not lack its true God!"[109]Ⓐ

"עֵמֶק סוּכּוֹת", שֶׁהוּא מְסוּכָּךְ בְּאִילָנוֹת – And it was called Valley of Succoth because it was covered over (מְסוּכָּךְ) by trees. אָמַר רַבִּי תַּנְחוּמָא – R' Tanchuma said: גֶּפֶן וּתְאֵנָה וְרִמּוֹן אֱגוֹז וְשָׁקֵד תַּפּוּחַ וּפַרְסֵק – Specifically, it was covered with grapevines, fig trees, pomegranate trees, walnut trees, almond trees, apple trees, and peach trees.[110]

☐ הוּא יָם הַמֶּלַח – *THE VALLEY OF SIDDIM,* ***WHICH IS THE SALT SEA.***

The verse identifies the Valley of Siddim as the Salt Sea even though the former was the site of a battlefield.[111] The Midrash explains:

אָמַר רַבִּי אֵייבוּ – R' Eivu said: לֹא הָיָה שָׁם אֶלָּא צִנּוֹרֶת – Originally, at the time of the battles, there was nothing there in the Valley of Siddim but a small channel of salt water, וְהַיְאוֹרִים[112] נִתְבַּקְעוּ – but subsequently the nearby streams overflowed their banks,[113] flooding the valley, וְנַעֲשׂוּ יָם – and became a sea.[114] הָדָא הוּא דִכְתִיב "בַּצּוּרוֹת יְאֹרִים בִּקֵּעַ" – Thus, it is written, ***He broke open streams in the rocks.***[115]

> שְׁתֵּים עֶשְׂרֵה שָׁנָה עָבְדוּ אֶת כְּדָרְלָעֹמֶר וּשְׁלֹשׁ עֶשְׂרֵה שָׁנָה מָרָדוּ.
>
> *Twelve years they served Chedorlaomer, and they rebelled thirteen years* (14:4).

§6 שְׁתֵּים עֶשְׂרֵה שָׁנָה עָבְדוּ וגו׳ – *TWELVE YEARS THEY SERVED, ETC.*

The Midrash elucidates an ambiguity in the verse:

רַבִּי יוֹסֵי וְרַבִּי שִׁמְעוֹן בֶּן גַּמְלִיאֵל – R' Yose and Rabban Shimon ben Gamliel discussed the meaning of this passage. רַבִּי יוֹסֵי אוֹמֵר – R' Yose said: שְׁתֵּים עֶשְׂרֵה וּשְׁלֹשׁ עֶשְׂרֵה הֲרֵי עֶשְׂרִים וְחָמֵשׁ – Add twelve years of servitude and thirteen years of rebellion, and you have twenty-five years from when they started serving Chedorlaomer until the time of his attack. אָמַר רַבָּן שִׁמְעוֹן בֶּן גַּמְלִיאֵל – But Rabban Shimon ben Gamliel said: כּוּלְּהוֹן שְׁלֹשׁ עֶשְׂרֵה שָׁנָה הָיוּ – All of [the years] of servitude and rebellion together were a total of only thirteen years.[116] מָה מְקַיֵּים רַבָּן שִׁמְעוֹן בֶּן גַּמְלִיאֵל "וּבְאַרְבַּע עֶשְׂרֵה שָׁנָה" – How would Rabban Shimon ben Gamliel uphold (i.e., explain) the verse ***And in the fourteenth year,*** *Chedorlaomer and the kings who were with him came, etc.* (v. 5)?[117] אֶלָּא בְּאַרְבַּע עֶשְׂרֵה לְמִרְדָּן – Rather, the verse actually means that he attacked in the fourteenth year counting from [the five kings'] initial subjugation to Chedorlaomer.[118]

NOTES

106. It was customary to symbolically raise a new king above the people at the time of his coronation (*Eitz Yosef*, citing *II Kings* 9:13 as an example of this custom).

107. Our verse makes no mention of Abraham being praised this way, though the Hittites did use these exact words years later when they spoke to Abraham (see below, 23:6). Since the Hittites referred to him this way, the Midrash assumes that Abraham had been known that way for some time, presumably since his coronation (*Yefeh To'ar*).

108. Abraham was praised as filling the roles of both a king and a prince. A king has absolute authority over, and responsibility for, his subjects, but he generally delegates the tasks of caring for his subjects to a prince who is beneath him. Thus, when Abraham is praised as a king and prince, this means that although he had the authority of a king, he still personally responded to the needs of his subjects. They then praised him as a god as well, meaning either that he had the Divine inspiration of prophecy or that God made him His agent to lead the world (ibid.).

109. That is: Do not call me a god when God is the absolute Ruler Who controls the world. And do not think I am a king to whom God has delegated control of the world. Refer to me simply as a prince, who carries out God's commands when told to do so (ibid.).

110. These trees have a lot of foliage and thus cover the valley with shade (ibid.). [The word סוּכָּה, and the related word סְכָךְ, connote shade; see *Succah* 2a. The valley was appropriately called "the Valley of Succoth (shade)" because it was covered with shade.]

111. In other words, it is difficult to imagine how armies could have waged war in the Valley of Siddim if it was submerged under a sea, as this verse indicates (*Yefeh To'ar*).

112. Many texts have הַיְאוֹרִים. We have followed *Matnos Kehunah's* emendation.

113. Lit., *burst out* [over its banks].

114. That is: There had always been a small waterway connecting the Valley of Siddim to the sea, which channeled some salty sea water into the valley, but there had never been enough water to interfere with combat. At some point after the war, however, the channel was joined by surrounding streams and this transformed the channel from a small waterway of sea water to the Salt Sea mentioned in our verse (*Yefeh To'ar, Eitz Yosef*).

Another version of our text reads: לֹא הָיָה שָׁם אֶלָּא צוּרוֹת – Originally there was nothing in the area but *rocks* [filled with water]. Later, the rocks burst, sending gushing rivers of water into the valley and creating a small sea (*Maharzu*, citing *Yalkut Shimoni;* and *Eitz Yosef*, citing *Rashi* to 14:3; according to the former, the fires that destroyed Sodom are what caused the rocks to burst). See, however, *Yefeh To'ar*, who raises some questions about the plausibility of this version of the text.

115. *Job* 28:10.

116. The dispute between R' Yose and Rabban Shimon ben Gamliel centers on the meaning of the phrase וּשְׁלֹשׁ עֶשְׂרֵה שָׁנָה מָרָדוּ, which literally means *and they rebelled thirteen years*. R' Yose understands the phrase literally; namely, that they rebelled against Chedorlaomer for 13 years [after having served him for 12 years].

Rabban Shimon ben Gamliel disagrees, interpreting the verse to mean *not* that they rebelled for 13 years but rather that they rebelled *in* the 13th year (*Eitz Yosef*).

117. According to R' Yose, *And in the fourteenth year, etc.,* means that Chedorlaomer attacked in the 14th year of the rebellion. But according to Rabban Shimon ben Gamliel, it was *the fourteenth year* of what?

118. According to Rabban Shimon ben Gamliel, it was *the fourteenth year* of the five kings' connection with Chedorlaomer, following 12 years of servitude and one year of rebellion. (The rebellion was sustained for only one year before Chedorlaomer attacked.) [The Midrash's term לְמִרְדָּן is derived from the root רדה, which means *to impose with brute force* (*Matnos Kehunah*).]

[*Yefeh To'ar* advances a different interpretation based on the following emendation of the text: מָה מְקַיֵּם רשב״ג "וּשְׁלֹשׁ עֶשְׂרֵה" – How would Rabban Shimon ben Gamliel uphold the verse ***and thirteen years*** *they rebelled*? וּבִשְׁלֹשׁ עֶשְׂרֵה – He would explain that it means **"*in the year* thirteen** they rebelled." מָה מְקַיֵּם ר״י "וּבְאַרְבַּע עֶשְׂרֵה" – And **how would R' Yose uphold** the verse placing the attack of Chedorlaomer ***in the fourteenth year,*** when according to him it took place in the twenty-fifth year after the subjugation began? אֶלָּא בְּאַרְבַּע עֶשְׂרֵה לְמִרְדָּן – **However,** the explanation is that it means **"in the fourteenth year of their rebellion."** (In this version, the Midrash's term לְמִרְדָּן is derived from the word מרד, which means *to rebel.*) *Eitz Yosef* maintains that this is the correct text of the Midrash.]

INSIGHTS

Ⓐ **Abraham's Humility** Even when God bestowed upon Abraham greatness and prominence in the eyes of men, Abraham regarded it as nothing, but attributed all greatness and authority to God. Indeed, the only greatness he desired was to be held in esteem by God, and even

וְעָשׂוּ לוֹ בִּימָה גְדוֹלָה וְהוֹשִׁיבוּ אוֹתוֹ לְמַעְלָה מִמֶּנָּה וְהָיוּ מְקַלְּסִין לְפָנָיו וְאוֹמְרִים: שְׁמָעֵנוּ אֲדוֹנִי נְשִׂיא אֱלֹהִים אַתָּה בְּתוֹכֵנוּ אָמְרוּ לוֹ: מֶלֶךְ אַתְּ עָלֵינוּ, נָשִׂיא אַתְּ עָלֵינוּ, אֱלוֹהַּ אַתְּ עָלֵינוּ. אָמַר לָהֶם: אַל יֶחְסַר הָעוֹלָם מַלְכּוֹ, וְאַל יֶחְסַר הָעוֹלָם אֱלוֹהוֹ. "עֵמֶק סוּכּוֹת", שֶׁהוּא מְסוּכָּךְ בָּאִילָנוֹת. אָמַר רַבִּי תַּנְחוּמָא: גֶּפֶן וּתְאֵנָה וְרִמּוֹן אֱגוֹז וְשָׁקֵד תַּפּוּחַ וּפַרְסֵק. "הוּא יָם הַמֶּלַח", אָמַר רַבִּי אַיְיבוּ: לֹא הָיָה שָׁם אֶלָּא °צִנּוֹרוֹת °הַיְאוֹרִים נִתְבַּקְּעוּ וְנַעֲשׂוּ יָם, הָדָא הוּא דִכְתִיב (איוב כח, י) "בַּצּוּרוֹת יְאֹרִים בִּקֵּעַ":

ו [יד, ג] "שְׁתֵּים עֶשְׂרֵה שָׁנָה עָבְדוּ וְגוֹ'". רַבִּי יוֹסֵי וְרַבִּי שִׁמְעוֹן בֶּן גַּמְלִיאֵל, [יא]רַבִּי יוֹסֵי אוֹמֵר: י"ב וי"ג הֲרֵי עֶשְׂרִים וַחֲמִשָּׁה. אָמַר רַבָּן שִׁמְעוֹן בֶּן גַּמְלִיאֵל: כּוּלְּהוֹן שְׁלֹשׁ עֶשְׂרֵה שָׁנָה הָיוּ. מַה מְקַיֵּים רַבָּן שִׁמְעוֹן בֶּן גַּמְלִיאֵל "וּבְאַרְבַּע עֶשְׂרֵה שָׁנָה", אֶלָּא בְּאַרְבַּע עֶשְׂרֵה לְמִרְדָּן.

עץ יוסף

חדש כדכתב בו הוא ויקחו איש בגדו וישימו תחתיו אל גרס המעלות (מ"ב ט'): **ועשו לו בימה.** לאברהם כשחזר מן המלחמה ונלח אותם: **אל יחסר העולם כו'.** שלא רלה לקבל עליו שם מלוכה ומכ"ש שם האלהות שכשם שנפרעין מן העובדים כך נפרעין מן הנעבדין אבל שם נשיא משמע שקבל עליו: **מסוכך באילנות.** ומפרש במדרש הרנינו שאין לך שביל ושביל בסדום שלא היה בו שבעה מיני אילנות זה למעלה מזה שהיה כל השביל מסוכך בו לקיים מ"ש נתיב לא ידעו עיט ע"כ. וחשב גפן ותאנה כו' שאלו נלתן מרובה ועושין סיכוך (יפ"ת): **צנורות היאורים.** פי' בתחלה לא היה אלא נחל קטן כמו מרזב והיאורים הקרובים שם נתבקעו ונשפכו שם אח"כ ונעשה ים המלח ומדברי רש"י בחומש משמע דגרים הגורים נתבקעו: (ו) [י] **רבי יוסי ורבי שמעון בן גמליאל.** דעת ר' יוסי שי"ג שנה החזיקו במרד אחר שעבדו י"ב שנה ומ"ש ובארבע עשרה שנה היינו י"ד למרדן. בשנת כ"ו לתחילת עבודתן. ודעת רשב"ג י"ב עבדו ובשנת י"ג מרדו ובשנת י"ד לשעבודם בא כדרלעומר: **מה מקיים רשב"ג ושלש עשרה. ובשלש עשרה. מה מקיים ר' יוסי ובי"ד אלא בי"ד למרדן.** כנ"ל (יפ"ת):

פירוש מהרז"ו

ועזרו לנלח כל המלכים הגדולים הנ"ל הסכימו כל הנשארים להשלים עמו ולהסכים לדעתו עי' לקמן פר' מ"ג סימן ה' ולקמן פר' כ"ה בסימן ו' במ"ר פר' ט"ו סוף סימן י"ד ורמוז בד"ר בפרשה ב' בסימן ז' וסימן ל"ג: **ועשו לו בימה גדולה.** וכמ"ש לקמן פר' פ"א סימן ב' וש"נ אלל ר' לוי בר סיסי כלשון שכתוב כאן. ומאחר שדרשו שהסכימו לגדלו כדלקמן אמר שעשו לו בימה: **ואמרו שמענו אדוני נשיא וכו'.** כשאמר אברהם תנו לי אחוזת קבר עמכם השיבו לו שמענו אדוני וכו'. משמע שהם מבקשים ממנו דבר שישמע להם הלא הוא היה מבקש מהם והיה להם להשיב במבחר קברינו קבור. על כן דרשו שהבקשה היתה שיקבל עליו שיהיה עליהם לנשיא ולמלך ולאלוה. ועיקר הדבר היה בעמק שוה שהשוו כל האומות דעותיהם לדבר הזה שהמליכוהו אלא שהוא לא קבל עליו על כן בכל פעם שנלטרך הוא להם לאיזה דבר חזרו ובקשו ממנו שמענו אדוני וכו' ומ"ש שאמרו לו ג' דברים מלך ונשיא ואלהים. היינו ממ"ש שמענו אדוני שיהיה להם אדון ומלך. ונשיא אלהים והיל"ל נשיא מאלהים. ע"כ דרשו שאינו סמוך אלא הם שני ענינים נשיא ואלהים. ובסוף תד"א יליף שמ"ש נשיא הוא מלך וכמ"ש אשר נשיא יחטא. ומ"ש שמענו פירושו קבל ממנו כתרגומו. אך אברהם לא שמע להם לכלום: **שהיה מסוכך באילנות.** וכמ"ש ויק"ר פר' ה' סימן א' מפסוק נתיב לא ידעו עיט מחמת רוב האילנות וגובהם ע"ש ועי' בתנחומא ולשון רש"י ומפרש במדרש הרנינו שאין לך שביל ושביל בסדום שלא היה בו שבעה מיני אילנות זה למעלה מזה שהיה כל השביל מסוכך בו לקיים מ"ש נתיב לא ידעו עיט עכ"ל ובידי"מ הביא בשם מדרש האזינו שפסוק הרנינו הוא בסדר האזינו: **לא היה שם אלא צינורות.** ובילקוט הגי' לא היה שם אלא גורות ופירושו גורים ואבנים כלשון הפסוק שמביא בלורות יאורים בקע ובפסוק הקודם בחלמיש שלח ידו הפך משורש הרים. וכמ"ש לקמן פר' כ"א סימן ד' שהפסוקים מדברים בסדום ע"פ מדה י"ז שבתורה מפורש בהפוך את הערים. וכשנהפכה סדום נתבקעו היאורים זה לזה ונעשה ים המלח. וכמ"ש בתנחומא כאן הוא ים המלח שבעונם נעשה אותו מקום למים מלוחים. וכן הוא אומר ארץ פרי למליחה מרעת יושבי בה. וא"כ יש לסדום עוד ה' שמות. עמק השדים. ים המלח. עמק שוה. עמק המלך. עמק סוכות. אלא שהם כלולים בג' מקומות שאלל עמק השדים כתוב ים המלח ואלל עמק שוה כתוב עמק המלך: (ו) **ר' יוסי ורשב"ג.** דעת ר' יוסי שי"ג שנה החזיקו במרדן אחר שעבדו י"ב שנה. ומ"ש ובארבע עשרה שנה היינו י"ד למרדן בשנת כ"ו לתחלת עבודתם ועי' ריש ס"ע וכן הוא ברש"י בחומש. ודעת רשב"ג י"ב עבדו ובשנת י"ג מרדו ובשנת י"ד לעבדם בא כדרלעומר והכל ביחד י"ד שנה. כנ"ל במדרש מה מקיים רשב"ג ובארבע עשרה שנה לעבדם ומה מקיים ר' יוסי ובארבע עשרה שנה למרדן וכמ"ש בס"ע וברש"י לדעת ר' יוסי. וטעם פלוגתתם דר' יוסי סובר דמ"ש ושלש עשרה שנה מרדו דומה לרישא דקרא שתים עשרה שנה עבדו היינו שנה אחר שנה. וכן מ"ש מרדו ג"כ שנה אחר שנה. ומ"ש ובארבע עשרה שנה סובר ר"י שאם היה כתוב וארבע עשרה שנה היינו מפרשים ג"כ שנה אחר שנה ומאחר שכתוב ובארבע על כרחך פירושו בשנת הי"ד מוסיף על ענין הי"ג של מרידה הי"ד למרדן. ורשב"ג סובר שא"כ היל"ל ובשנת הארבע עשרה ומאחר שכתוב ובארבע עשרה שנה ואנו מפרשים על כרחנו שנת הי"ד א"כ גם מ"ש שלש עשרה ג"כ פירושו שנת הי"ג:

רש"י

שהוא מסוכך באילנות. ואלו הן שבעה מיני אילנות שהיו שם זה למעלה מזה: **א"ר תנחומא גפן תאנה ורמון וגו'.** ומפרש במדרש הרנינו שאין לך כל שביל ושביל בסדום שלא היו בו שבעה מיני אילנות זה למעלה מזה שהיה כל השביל מסוכך לקיים מה שנאמר נתיב לא ידעו עיט: **ס"א. צורות היאורים.** סלעים ע"כ: [ו] **רבי יוסי אומר.** שתים עשרה שנה עבדו ושלש עשרה שנה מרדו: **רשב"ג אומר כולהון שלש עשרה שנה הוו.** דבין עבודה ובין מרד לא היו כי אם שלש עשרה וה"ק שתים עשרה עבדו ובשלש עשרה מרדו מה מקיים רשב"ג ובארבע עשרה שנה בא וגו' אלא בארבע עשרה למרדן כלומר חשוב שנת מרד שלהן עם עבודתן ועם שנה זו הרי ארבע עשרה:

חידושי הרד"ל

(י) [ה] **גפן ותאנה וכו'.** עיין בילקוט אמור רמז תרכ"ג בשם פסיקתא שהן ג' מיני סוכות שיעשה הקב"ה לצדיקים לע"ל: (יא) **לא היו שם אלא צנורות היאורים.** אפשר צ"ל צורות היאורים וכדכתיב האי קרא בצורות יאורים בקע ור"ל אבנים של קרקע היאורים וכענין נהרא מכיפי' מיברך פי' מסלעו נתבקע ונעשה הים והאי קרא נדרש בסדום לקמן פנ"א רישא דבחלמיש שלח ידו הפך כו' ואפשר צ"ל צורות היעלים וכלשון המקרא (ש"א כד) ע"פ צורי היעלים והיה זה במדבר עין גדי וכן כאן שמשמע שבהיות המלכים בחצצון תמר שהיא עין גדי שמה נלחמו ד' המלכים עמהם (שסדום ועמורה היו סמוכים לשם). שכן אמרו שהיו שם סלעים וצורי היעלים ונתבקעו ונעשו ים: (יב) [ו] **מה מקיים ר' יוסי ובארבעה עשר בו'.** כן נראה הגי' הנכונה יותר דלרשב"ג אתיא כפשטיה שהיא שנת י"ד לכל החשבון רק לר' יוסי שהוא כ"ה לכל החשבון. צריך לפרש למרדן ועי' ס"ע רבא פ"א:

באור מהרי"פ

ו מה מקיים רשב"ג בו'. ה"ג היפ"ת מה מקיים רשב"ג ושלש עשרה ובשלש עשרה. מה מקיים ר"י ובי"ד אלא בי"ד למרדן וע"ש ובנזה"ק:

מסורת המדרש

יט סדר עולם רבה פרק א'. שבת י"א. ילקוט כאן רמז ע"ב כה"ע:

אם למקרא

בַּצּוּרוֹת יְאֹרִים בִּקֵּעַ וְכָל־יְקָר רָאֲתָה עֵינוֹ: (איוב כח:י)

מתנות כהונה

השדים לשון שדים כד"א יונק שדי אמו וי"ל שהיה ארץ טובה ושמנה: **ועשו לו בימה.** לאברהם כשחזר מן המלחמה ונלח אותם [וע"ל פמ"ג]: **אל יחסר בו'.** שלא רלה לקבל עליו אפילו שם המלוכה ואף כי שם האלהות שכשם שנפרעין מן העובדין כך נפרעין מן הנעבדין: [**והיאורים נתבקעו** גרסינן]: [ו] **ה"ג מה מקיים רשב"ג ובארבע עשרה בו'.** וה"ג רש"י וילקוט פי' כיון שבין הכל היו י"ג שנים שנות העבודה ושנות המרד מה אני מקיים ובארבע עשרה כו'. דמשמע שבשנת י"ד למרדן בא כדרלעומר ומשני י"ד למרדן: **ה"ג למרדן.** והוא לשון רדוי ומלכות כד"א והוא היה רודה שכדרלעומר היה כובש אותם בחזקה עד שעבדו אותו בעל כרחם וכן משמע לשון הכתוב י"ב שנה עבדו משמע שלא בטובתם ומלאתי בפירש"י חשיב שנות המרד עם שנות העבודה ועם שנה שבא כדרלעומר ויהיו י"ד: **בא כדרלעומר וגו'.** גרסינן וסיפיה דקרא קדייק והמלכים אשר אתו הרי שהיה הוא עיקר והם טפלים לו:

אשד הנחלים

מלך. במדינות וכמלך העוצר בעמו בחזקה. ונשיא מצד החכמ' ומושל מצד חכמתו הגדול' שראוי להכניע לו ברצון ואלוה נעלה מענין אנושיית: **אלא צינורות.** שלכן כתיב הוא ים המלח כאומר שעתה הוא ים המלח ובתחילה לא הוה כ"א צינור קטן: **הרי כ"ה.** עיין כולו במ"כ:

וּבְאַרְבַּע עֶשְׂרֵה שָׁנָה בָּא כְדָרְלָעֹמֶר וְהַמְּלָכִים אֲשֶׁר אִתּוֹ וַיַּכּוּ אֶת רְפָאִים בְּעַשְׁתְּרֹת קַרְנַיִם וְאֶת הַזּוּזִים בְּהָם וְאֵת הָאֵימִים בְּשָׁוֵה קִרְיָתָיִם.

In the fourteenth year, Chedorlaomer and the kings who were with him came and struck the Rephaim at Ashteroth-karnaim, the Zuzim in Ham, the Emim at Shaveh-kiriathaim (14:5).

☐ וּבְאַרְבַּע עֶשְׂרֵה שָׁנָה בָּא כְדָרְלָעֹמֶר — *IN THE FOURTEENTH* ***YEAR, CHEDORLAOMER*** *AND THE KINGS WHO WERE WITH HIM* ***CAME.***

The Midrash explains why Chedorlaomer is the only one of the four attacking kings mentioned by name:

בַּעַל קוֹרָה טָעִין בְּעוּבְיָהּ — It is as the saying goes: **"The owner of the beam carries its thickest part."**[119]

☐ וְהַמְּלָכִים אֲשֶׁר אִתּוֹ וַיַּכּוּ אֶת רְפָאִים בְּעַשְׁתְּרֹת קַרְנַיִם — *CHEDORLAOMER* ***AND THE KINGS WHO WERE WITH HIM*** *CAME* ***AND STRUCK THE REPHAIM AT ASHTEROTH-KARNAIM.***

The Midrash explains the words *at Ashteroth-karnaim*:

בְּעַשְׁתְּרָתָא דְקַרְנָא — This means **"in the Ashteroth of Karna."**[120]

☐ וְאֶת הַזּוּזִים בְּהָם — *AND THE ZUZIM IN HAM.*

The Midrash explains these words:

יָת זִיוְתָנָה דִּבְהוֹן — This means that the kings struck **the illustrious ones among them,** i.e., the most distinguished of the Rephaim.[121]

☐ וְאֵת הָאֵימִים בְּשָׁוֵה קִרְיָתָיִם — *AND THE EMIM AT SHAVEH-KIRIATHAIM.*

The Midrash explains the meaning of the phrase *Shaveh-kiriathaim:*

תַּרְתֵּין קִרְיָין אִינּוּן — **They were two cities.**[122]

וְאֶת הַחֹרִי בְּהַרְרָם שֵׂעִיר עַד אֵיל פָּארָן אֲשֶׁר עַל הַמִּדְבָּר.

And the Hori, in their mountains of Seir, as far as the Eil of Paran, which is by the desert (Genesis 14:6).

☐ וְאֶת הַחֹרִי — *AND THE HORI, IN THEIR MOUNTAINS OF SEIR.*

זוֹ מֶטְרוֹפּוֹלִין — **This** word *Hori* describes the city named **Metropolin.**[123] וְלָמָּה הוּא קוֹרֵא אוֹתוֹ חוֹרִי — **And why does [Scripture] call it Hori?** שֶׁבָּרְרוּ אוֹתָהּ וְיָצְאת לָהֶם לַחֵירוּת בְּדוֹר הַפַּלָּגָה — It is **because [people] chose it, and freedom** (*heirus*) **emerged for them in the generation of the Dispersion.**[124]

☐ עַד אֵיל פָּארָן אֲשֶׁר עַל הַמִּדְבָּר — *AS FAR AS THE EIL OF PARAN, WHICH IS BY THE DESERT.*

The Midrash explains the phrase *as far as the "Eil" of Paran:*

עַד מֵישְׁרַיָּא דְפָארָן — This means: **As far as the plains of Paran.**[125]

NOTES

119. When someone who owns a beam asks others to help him carry it, the owner is obviously expected to carry the heaviest part. Here, too, Chedorlaomer was the main one subjugating the five kings (see verse 4). It thus fell to him to lead the attack when they rebelled (*Matnos Kehunah*).

120. The Midrash appears to simply render the Hebrew name *Ashteroth-karnaim* into the Aramaic *Ashteroth of Karna*. This is indeed the understanding of *Yefeh To'ar* and *Eitz Yosef.*

Yefeh To'ar explains why the Midrash does so: One might have thought that קַרְנַיִם (lit., *horns*) is not part of the place-name but a description of how the Rephaim were struck; namely, in the horns. ["Horns" in Hebrew can refer to one's strength or glory; see *Psalms* 75:11, et al.] Therefore, the Midrash informs us (by translating the phrase into Aramaic and adding the prefix ד, "of") that both words in the phrase עַשְׁתְּרוֹת קַרְנַיִם are part of the place-name. [The meaning of that name appears to be: the Ashteroth ("cliffs" or "rocky place") of Karnaim.]

Another view interprets קַרְנַיִם as mountain peaks (since mountains rise like horns). The Midrash is saying that since there may have been a number of places named Ashteroth, our verse identifies the place of the Rephaim's defeat as the Ashteroth of the hornlike mountains, i.e., the one located in an area flanked by mountains (*Maharzu*).

A third approach emends our text to read: גיבריא דבעשתרות — **the mighty warriors of Ashtaros**. This version takes the word קַרְנַיִם as a metaphor for mighty warriors and understands the phrase *Ashteroth-karnaim* [lit., *Ashtaroth of the mighty warriors*] as identifying the beaten Rephaim as the mighty warriors of a place named Ashteroth (*Matnos Kehunah*).

121. This interpretation departs from the simple meaning of the verse, according to which זוּזִים בְּהָם means that a people named Zuzim was struck in a place named Ham. The Midrash considers that interpretation problematic, however, because Scripture makes no mention anywhere else of a people or place with those names. Therefore, the Midrash exegetically reads the phrase הַזּוּזִים בְּהָם as if it were written and vowelized הַזִּיוִים בָּהֶם (which means *the illustrious* [lit., *splendorous ones*] *among them*). Accordingly, the phrase is not naming the place where the Rephaim were defeated but rather describing the caliber of the Rephaim who were vanquished. Taken together with the preceding phrase, the verse is stating that Chedorlaomer and his allies struck the most illustrious Rephaim in Ashteroth-karnaim (*Yefeh To'ar* and *Maharzu*, who cite *Isaiah* 66:11 as evidence that זיז and זיו are interchangeable; see, however, *Rashi* to our verse, who understands זוּזִים to be another name for the nation known in *Deuteronomy* as זַמְזֻמִּים).

122. The word שָׁוֵה means *equal* or *the same*; and קִרְיָתָיִם means *the two cities* or *the double city* (as it is simply the word קִרְיָה, which means *city*, with the dual-form plural ending). שָׁוֵה קִרְיָתָיִם thus means *the twin cities* [but the *names* of these cities are not recorded] (*Eitz Yosef,* from *Nezer HaKodesh*).

Alternatively: The name of the area where the Emim were struck was Shaveh. *Shaveh-kiriathaim* means *Shaveh, [an outlying area] of the double city* (*Yefeh Toar*).

123. Metropolin [derived from *matre* (meaning mother) and *polin* (meaning cities)] is Greek for "The Mother of [all] Cities" (*Matnos Kehunah*). It was a large and influential city in the time of the Midrash, and is identical with the Biblical city Hori, which means *free* (the city was so called on account of its freedom-loving inhabitants; see next note). The expression *the Hori* refers to the people who lived there (that is, they are called by the name of their city, not by the name of their progenitor). That the verse continues by saying that they lived *in their mountains of Seir* does not contradict this interpretation, for Seir was the name of a *region* that included the city of Hori (*Yefeh To'ar*).

Another text of our Midrash omits Metropolin and substitutes Eleutheropolis, which is Greek for City of Freedom (*Matnos Kehunah*). [Eleutheropolis was the Greek name for the formerly major city of Beit Guvrin in Palestine.]

The Midrash goes on explain why the city was called Hori.

124. A few decades before this war, mankind had come together to build the Tower of Babel. In response, God dispersed all of humanity throughout the world (above, 11:8). At that time, a number of people chose to settle in Hori, and God allowed them to remain there together rather than dispersing them further (*Rashi, Matnos Kehunah*). Others add that the city became known as Hori because it was able to maintain its independence from despots such as Nimrod and Chedorlaomer (*Maharzu*).

125. The Midrash is teaching that Eil means plains. *Onkelos* [and *Rashi*] adopt this interpretation as well (*Maharzu, Eitz Yosef*). See, however, *Ramban* to the verse.

INSIGHTS

then he recognized that all he had attained spiritually derived from Him. God endowed Abraham with the power of prayer and blessing; yet even when he exercised that power, as when he prayed for the people of Sodom, he acknowledged: *"Behold, now, I desired to speak to my Lord, though I am but dust and ashes"* (below, 18:27). Such was Abraham's lofty level of humility (*Pri Tzaddik, Vayikra* §1).

[יד, ה] "וּבְאַרְבַּע עֶשְׂרֵה שָׁנָה בָּא כְדָרְלָעֹמֶר" כבַּעַל קוֹרָה טָעִין בְּעוֹבְיָהּ. "וְהַמְּלָכִים אֲשֶׁר אִתּוֹ וַיַּכּוּ אֶת רְפָאִים בְּעַשְׁתְּרֹת קַרְנַיִם", בְּעַשְׁתְּרָא° דְקַרְנָא, "וְאֶת הַזּוּזִים בְּהָם", יָת זִיוְתָנָה דִבְהוֹן, "וְאֵת הָאֵימִים בְּשָׁוֵה קִרְיָתָיִם", תַּרְתֵּין קִרְיָין אִינּוּן. [יד, ו] "וְאֶת הַחֹרִי", זוֹ מֶטְרְפּוֹלִין, וְלָמָּה הוּא קוֹרֵא אוֹתוֹ חוֹרִי שֶׁבֵּרְרוּ אוֹתָהּ וְיָצָאת לָהֶם לַחֵירוּת בְּדוֹר הַפַּלָּגָה. "עַד אֵיל פָּארָן אֲשֶׁר עַל הַמִּדְבָּר", עַד מֵשְׁרַיָּא דְפָארָן:

ז [יד, ז] "וַיָּשֻׁבוּ וַיָּבֹאוּ אֶל עֵין וְגוֹ' ". אָמַר רַבִּי אַחָא: כאלֹא בָאוּ לִיזְדַּוֵּג אֶלָּא בְתוֹךְ גַּלְגַּל עֵינוֹ שֶׁל עוֹלָם, עַיִן שֶׁעָשְׂתָה מִדַּת הַדִּין בָּעוֹלָם הֵן מְבַקְשִׁים לְסַמּוֹתָהּ, אֶתְמְהָא. "הִיא קָדֵשׁ", אָמַר רַבִּי אַחָא: "הוּא" כְּתִיב, הוּא שֶׁקִּדֵּשׁ שְׁמוֹ שֶׁל הַקָּדוֹשׁ בָּרוּךְ הוּא בְּכִבְשַׁן הָאֵשׁ. "וַיַּכּוּ אֶת כָּל שְׂדֵה הָעֲמָלֵקִי", עֲדַיִין לֹא נוֹלַד עֲמָלֵק וְאַתְּ אֲמַרְתְּ "וַיַּכּוּ אֶת כָּל שְׂדֵה הָעֲמָלֵקִי", אֶלָּא (ישעיה מו, י) "מַגִּיד מֵרֵאשִׁית אַחֲרִית". "וְגַם אֶת הָאֱמֹרִי הַיֹּשֵׁב בְּחַצְצֹן תָּמָר", בְּעֵין גֶּדִי דִּתְמַרַיָּיה. [יד, ח-ט] "וַיֵּצֵא מֶלֶךְ סְדוֹם וּמֶלֶךְ עֲמוֹרָה וְגוֹ' ", "אֵת כְּדָרְלָעוֹמֶר מֶלֶךְ עֵילָם וְגוֹ' " ד' מְלָכִים עָשׂוּ מִלְחָמָה כְּנֶגֶד חֲמִשָּׁה וְיָכְלוּ לָהֶם. [יד, י] "וְעֵמֶק הַשִּׂדִּים בֶּאֱרֹת בֶּאֱרֹת חֵמָר",

עץ יוסף

בעל הקורה טעין בעוביה. שבפסוק א' אמרפל תחילה ובפסוק ט' כדרלעומר תחלה. שהוא היה העיקר וכמ"ש עבדו את כדרלעומר ע"כ חשבו ראשון: **בעשתרא דקרנא.** כלו' שהוא שם מקום נקרא כן (יפ"ת): **ית זיותנא דבהון.** היפים שבהם. דקמפרש הזוזים מלשון זיו ובהם כמו בהם בסגו"ל: **תרתין קריין אינון.** כלו' שהיו ב' עיירות שוות סמוכות יחד זה כנגד זה ובהם שכנו האימים (נזה"ק): **זו מטרפולין אם המדינות.** ונקראת חורי שבררו אותה והוצאת להם לחירות בדור הפלגה כאשר נפוצו העמים איש לארצו הם באו אל אותו המקום שהוא מטרפולין. ומתוך כך נעשו בני חורין ושם האומה שעיר כמ"ש בסדר וישלח (נזה"ק): **משריא דפארן.** וכן תרגם אונקלוס. היא ארץ מישור לפני המדינה: (ז) [יא] **גלגל עינו של עולם.** השחור שבעין שהוא מקור הראייה שאין אדם רואה אלא מתוך השחור שבעין: **שעשתה מדת הדין בעולם.** פי' שכבשה כד"א גט מעושה. שאברהם כבש מהעולם מדה"ד שכל טובה וברכה באת בשבילו שנא' ונברכו בך וגו' (מת"כ). וע' מ"ש לעיל סי' ב'. וברות רבה פ"א: **עדיין לא נולד עמלק.** שהרי בן בנו של עשו היה: **מגיד מראשית כו'.** הכתוב קראו ע"ש סופו: **בעין גדי.** ותמרייא כמ"ש (בד"ה ב"כ) חצצון תמר הוא עין גדי. ולפי שיש עין גדי אחרת של ענבים כדכתב בכרמי עין גדי. פירש דזו של תמרים: **ויכלו להם.** ר"ל לכן חזר ואמר שארבעה עשו מלחמה עם החמשה. ומ"מ יכלו להם ואין זה מדרך טבע:

פירוש מהרז"ו

בעל הקורה טעין בעובי'. שבפסוק א' אמרפל תחלה וכדרלעומר שלישי ובפסוק ט' כדרלעומר ראשון. ותירץ שבמלחמת המלכים עם סדום ועמורה וכו' היה כדרלעומר העיקר וכמ"ש עבדו את כדרלעומר ע"כ חושבו ראשון. אך בפ' א' שהקיבוץ היה בעבור אברהם והיה אמרפל העיקר וכמ"ש סימן א' ובר"ס ג' וד' ע"כ חושבו ראשון: **בעשתרות דקרניא.** כי בכל מקום נקראת רק עשתרות לבד לז"א בעשתרות דקרניא פי' שהיא בין שני הרים (עי' ריש סוכה) כעין קרנים. ועי' השמונאים א' ה' וב' י"ב משמע שקרנים שמה ועשתרות הוא על שם בית האליל שבה וי"ל גם דעת המדרש כן. וכן בשוה קריתים בכ"מ שמה קריתים לבד. לז"א ב' עירות הן ושוה הוא המישור שביניהם ע' יפ"ת ורב"ח ודו"ק. מהרי"ב: **זיותני דבהון.** כי לא מצינו אומה זוזים ולא מקום ששמו הם על כן דורש א"ת הזוזים בהם אלא זיותני שבהם והיינו האנשים הגדולים המאירים שלהם בעשתרות קרנים הנ"ל ויש להביא ראיה שזיז מלשון זיו כמ"ש ישעיה ס"ו למען תמוצו והתענגתם מזיז כבודה שפירושו מזיו: **זו מטרפולין.** עיין מ"כ והוא בערוך ערך מטרפלין אך בערך אליותרו פולים הביא מאמר זה וז"ל ואת החורי אליותרו פולים ולמה קורא אותה אליותרו פאלים שבררו אותה ויצאו להם לחירות בדור הפלגה. פי' בלשון יון אליותרו חירות פולים עיר. ודורש חורי מלשון חירות ומ"ש בהררם שעיל"ל בהר שעיר על כן דורש בהררם בבררם שבררו אותה והיינו שנמרוד מלך שנער היה תחלה מושל בכל העולם קודם ההפלגה אך אחר ההפלגה יצאו האומות מתחת ידו ונעשה כדרלעומר מלך על הרבה אומות. והחורי יצא לחירות לגמרי ושם האומה שעיר כמ"ש בסדר וישלח תחלה וסוף והארץ ארץ שעיר והר שעיר: **משריא פארן.** וכן תרגם אונקלוס: (ז) **אמר רבי אחא.** לעיל ריש סי' ג' וש"נ ומבואר: **ובעין גדי לתמריא.** כן תרגם אונקלוס על בחצצון תמר עין גדי והוא פסוק מפורש בד"ה ב' כ' פסוק ב' והכנס בחצצון תמר היא עין גדי ומ"ש דתמריא שגם גדלים התמרים:

חידושי הרד"ל

(יג) **בעל קורה טעין כו'.** מפני שלעיל הקדים אמרפל לכולם. וכאן כתיב בא כדרלעומר והמלכים אשר אתו דמשמע שכולן טפלים לו ואף אמרפל בכללן. לזה אמר שבענין מלחמה זו הוא היה עיקר בעל הקורה שבו הוא שמרדו מלעבדו:

(יד) **תרתין קריין אינון.** העיר שוה היתה מחוברת משתי עירות כאחת לכן נקראת שוה קריתים:

(טו) **ואת החורי בהררם שעיר זו מטרפילון בצ"ל.** ודרש חורי לשון חורין ומלכות גם לשון הררם דרש שזו היתה הר ומטרפולין של כלם:

(טז) [ז] **ובעין גדי דתמרייא.** כמ"ש (בד"ה ב' כ') בחצצון תמר הוא עין גדי. ומלת בתמרייא אולי בא לפרש חצצון תמר. שהיו מחצצין ומחתכין שם התמרים שהיו גדלים שם הרבה וכמו יריחו ולוער עיר התמרים שסמוכים שם:

חידושי הרש"ש

[ז] **בחצצון תמר בעין גדי כו'.** כצ"ל בלא וי"ו:

מסורת המדרש

כ ברכות ס"ד:

כא ויק"ר פ' י"א. רות רבה פרשה א'. אסתר רבה פסיקתא י"א. תנחומא שמיני סי' ט'. פסיקתא רבתי פ' ה'. ילקוט רות רמז תקצ"ו. ילקוט אסתר רמז אל"ף מ"ד:

אם למקרא

מַגִּיד מֵרֵאשִׁית אַחֲרִית וּמִקֶּדֶם אֲשֶׁר לֹא־נַעֲשׂוּ אֹמֵר עֲצָתִי תָקוּם וְכָל־חֶפְצִי אֶעֱשֶׂה: (ישעיה מו:י)

רש"י

והמלכים אשר אתו. בעל הקורה טוען בעביה. שבו תלה הכתוב המרדות והעבדות דכתיב שתים עשרה שנה עבדו את כדרלעומר וגו' לפיכך התחיל הוא במלחמה תחלה ונכנס הוא בעובי הקורה ושאר המלכים נעשו טפלין לו דכתיב את כדרלעומר תחילה ואחר כך המלכים אשר אתו: ס"א. **ואת הזוזים.** בעלי כחות היו ע"כ: **בשוה קריתים.** שתי עיירות היו ששמן שוה היינו דכתיב קריתים שתי קריות היו: **ואת החורי זה טרופולים.** מטרופולים מסכיר די"ל פורט". פולו הוא שער ס"א מטרופולי שומר השער ולשון יוני הוא ובלע"ז וכו'. ע"כ: **ולמה קורא אותה חורי.** שבררו אותה ויצאת להם לחרות בדור הפלגה כלומר שנתקיימה בידם לפי שמצינו כתוב וימלאו בקעה בארץ שנער וכתיב ויפץ אותם משם אבל אלו בררו להם את החורי ונתקיימה בידם לעולם: [ז] **בחצצון תמר בעין גדי דתמריא.** מקום תמרים היה מקום שמסובך בתמרים:

מתנות כהונה

בעל הקורה כו'. מי שהקורה שלו אף על פי שאחרים טוענים עמו הוא נכנס בעוביה וסובל עיקר משאו כן היה הוא העיקר שכבשם ראשונה ובו היה עיקר המרד: **נראה דה"ג בעשתרות קרנים גיבריא דבעשתרות כו'.** כי כן תרגומו בתרגום ירושלמי וכן ת"י זיותנא דבהון. ודרש זוזים לשון זיו. בהם בקמ"ץ כמו בסגו"ל: **תרתין קריין כו'.** ב' מקומות היו שבהם יושבים האימים ודרש קריתים לשון קריה: **מטרפולין.** פירש הערוך העיר והאם בלשון יון מטרא אם פולין עיירות כלומר האם ועיקר של העיירות וכאן גרס אליותרו פולים ופירש אליותרו חירות פולים עיר בלשון יון: **לחירות בו'.** פירש"י לפי שכתוב ויפץ ה' אותם משם אבל אלו בירו להם העיר הזאת ונתקיימה בידם ולא נפוצו משם: **משריא דפארן.** איל פירושו מישור ועי' בפירוש רש"י ורמב"ן: [ז] **גלגל עין כו'.** זה אברהם שהאיר עיני כל העולם בענין האמונה ועין משפט קדריש עין שכבשה המשפט והדין ועיין לעיל בראש הפרשה: **שעשתה.** שכבשה כד"א גט מעושה: **מגיד מראשית כו'.** הכתוב קראו ע"ש סופו ועי' ברמב"ן: **בעין גדי בחצצון תמר.** תרגום אונקלוס בעין גדי ופירש"י מקרא מלא הוא בדברי הימים ביהושפט: **דתמרייא.** ששם גדלים תמרים הרבה כמה שנאמר בכרמי עין גדי: **ויכלו להם.** לכן חזר ואמר שארבעה עשו מלחמה עם החמשה לומר שיכלו המועטים למרובים דאם לא כן כבר ידענו שהם ד' וה':

אשד הנחלים

[ז] **מגיד מראשית.** אף שהיו זאת בימי משה שהוא כותב התורה כבר חקרו בתוספת במסכת כתובות עיי"ש:

וַיָּשֻׁבוּ וַיָּבֹאוּ אֶל עֵין מִשְׁפָּט הִוא קָדֵשׁ וַיַּכּוּ אֶת כָּל שְׂדֵה הָעֲמָלֵקִי וְגַם אֶת הָאֱמֹרִי הַיֹּשֵׁב בְּחַצְצֹן תָּמָר.
Then they turned back and came to En-mishpat, which is Kadesh; they struck all the territory of the Amalekites; and also the Amorites who dwell in Hazazon-tamar (14:7).

§7 וַיָּשֻׁבוּ וַיָּבֹאוּ אֶל עֵין וגו׳ — ***THEN THEY TURNED BACK AND CAME TO EN-MISHPAT, WHICH IS KADESH.***

Our verse states that the kings came to a place called En-Mishpat in addition to its better-known name, Kadesh. The Midrash explains why the verse conveyed this information.[126]

אָמַר רַבִּי אַחָא — **R' Acha said:** לֹא בָאוּ לִיזְדַּוּוּג אֶלָּא בְּתוֹךְ גַּלְגַּל עֵינוֹ שֶׁל עוֹלָם — **[These kings] came specifically to start a confrontation,** i.e., to wage war, **with "the eyeball of the world";** עַיִן שֶׁעָשְׂתָה מִדַּת הַדִּין בָּעוֹלָם הֵן מְבַקְּשִׁים לְסַמּוֹתָהּ, אֶתְמְהָא — **they sought to "blind" the "eye" that conquered the Attribute of Strict Justice in the world.** How **can it be** that they were so foolish?!

Having expounded En-Mishpat as a reference to Abraham, the Midrash proceeds to interpret the next words of the verse as an allusion to him as well:

הִיא קָדֵשׁ — ***Which is Kadesh.*** אָמַר רַבִּי אַחָא — **R' Acha said:** "הוּא" כְּתִיב — **[The word] is written** הוא (meaning *he*), even though it is pronounced הִיא (meaning *she*), so that it may be interpreted as an allusion to Abraham: הוּא שֶׁקִּדֵּשׁ שְׁמוֹ שֶׁל הַקָּדוֹשׁ בָּרוּךְ הוּא בְּכִבְשַׁן הָאֵשׁ — **he who sanctified** (קִדֵּשׁ) **the Name of the Holy One, blessed is He,** when he refused to renounce his belief even when thrown **in the fiery furnace.**

☐ וַיַּכּוּ אֶת כָּל שְׂדֵה הָעֲמָלֵקִי — ***THEY STRUCK ALL THE TERRITORY OF THE AMALEKITES.***

The Midrash discusses the mention of *Amalekites* here:

עֲדַיִין לֹא נוֹלַד עֲמָלֵק וְאַתְּ אֲמַרְתְּ "וַיַּכּוּ אֶת כָּל שְׂדֵה הָעֲמָלֵקִי" — **Amalek was not** even **born yet, and you say** here, ***they struck all the territory of the Amalekites!*** How could the Amalekites have held any territory before the first Amalekite was even born?[127] אֶלָּא "מַגִּיד מֵרֵאשִׁית אַחֲרִית" — **However,** the explanation for this is contained in the following verse: ***From the beginning I*** (God) ***foretell the outcome,*** *and from earlier times, what has not yet been.*[128]

☐ וְגַם אֶת הָאֱמֹרִי הַיֹּשֵׁב בְּחַצְצֹן תָּמָר — ***AND ALSO THE AMORITES WHO DWELL IN HAZAZON-TAMAR.***

בְּעֵין גֶּדִי דְּתַמְרַיָּיה — This means that they dwelled **in the Ein-gedi of date palms.**[129]

וַיֵּצֵא מֶלֶךְ סְדֹם וּמֶלֶךְ עֲמֹרָה וּמֶלֶךְ אַדְמָה וּמֶלֶךְ צְבֹיִים [צְבוֹיִם] וּמֶלֶךְ בֶּלַע הִוא צֹעַר וַיַּעַרְכוּ אִתָּם מִלְחָמָה בְּעֵמֶק הַשִּׂדִּים. אֵת כְּדָרְלָעֹמֶר מֶלֶךְ עֵילָם וְתִדְעָל מֶלֶךְ גּוֹיִם וְאַמְרָפֶל מֶלֶךְ שִׁנְעָר וְאַרְיוֹךְ מֶלֶךְ אֶלָּסָר אַרְבָּעָה מְלָכִים אֶת הַחֲמִשָּׁה.
And the king of Sodom went forth with the king of Gomorrah, the king of Admah, the king of Zeboiim and the king of Bela, which is Zoar, and engaged them in battle in the Valley of Siddim: With Chedorlaomer, king of Elam; Tidal, king of Goiim; Amraphel, king of Shinar; and Arioch, king of Ellasar — four kings against five (14:8-9).

☐ וַיֵּצֵא מֶלֶךְ סְדֹם וּמֶלֶךְ עֲמֹרָה וגו׳ אֶת כְּדָרְלָעוֹמֶר מֶלֶךְ עֵילָם וגו׳ — ***AND THE KING OF SODOM WENT FORTH WITH THE KING OF GOMORRAH ... WITH CHEDORLAOMER, KING OF ELAM, ETC., FOUR KINGS AGAINST FIVE.***

The Midrash explains why the verse states the number of kings involved in the conflict, when it already listed them all by name:

ד׳ מְלָכִים עָשׂוּ מִלְחָמָה כְּנֶגֶד חֲמִשָּׁה וְיָכְלוּ לָהֶם — Scripture's point is: **Four kings waged war against five, and** yet **they overpowered them!**[130]

וְעֵמֶק הַשִּׂדִּים בֶּאֱרֹת בֶּאֱרֹת חֵמָר וַיָּנֻסוּ מֶלֶךְ סְדֹם וַעֲמֹרָה וַיִּפְּלוּ שָׁמָּה וְהַנִּשְׁאָרִים הֶרָה נָּסוּ.
The Valley of Siddim was full of bitumen wells. The kings of Sodom and Gomorrah fled and they fell into them while the rest fled to a mountain (14:10).

☐ וְעֵמֶק הַשִּׂדִּים בֶּאֱרֹת בֶּאֱרֹת חֵמָר — ***THE VALLEY OF SIDDIM WAS FULL OF BITUMEN WELLS.***

NOTES

126. This segment has been elucidated at length in section 3 above. See notes 27-32.

127. Amalek, the progenitor of the Amalekites, was the great-great-grandson of Abraham [and Abraham was still childless at the time of this battle] (*Eitz Yosef*).

128. *Isaiah* 46:10. This verse proclaims that God (being all-knowing) can foretell future events before they happen. As such, although the battle under discussion took place before Amalek's birth, God identifies the battlefield in His Torah as Amalekite territory, based on His foreknowledge that the Amalekites were destined to settle there many years later (see *Ramban*, who also cites alternatives to this Midrashic interpretation of the verse).

129. Scripture (*II Chronicles* 20:2) states explicitly that Hazazon-tamar was another name for Ein-gedi. However, since there is also *another* place named Ein-gedi, known for its vineyards (see *Song of Songs* 1:14), the Midrash clarifies that Hazazon-tamar is identified with the Ein-gedi that is known for its date palms (*Eitz Yosef*).

Alternatively: It is possible that the Midrash mentions dates here in order to explain why Ein-gedi was called Hazazon-tamar (as in *II Chronicles* loc. cit.): The proliferation of date palms in the area made it a natural home for the date-processing industry. The area thus came to be known as Hazazon-tamar, a place where dates (תָּמָר) are sliced and cut (חַצְצוֹן) (*Radal*).

130. That is: Scripture wishes to emphasize that the four kings were mighty enough to win the war even thought they were outnumbered by their adversaries (*Matnos Kehunah*). The significance of this emerges in the next part of the story, when Abraham pursues the four kings and rescues his nephew Lot: Scripture is telling us that despite their great might Abraham was not afraid to pursue them, because of his great trust in God (*Rashi* to our verse; *Yefeh To'ar*, first interpretation).

Alternatively, the verse is showing how God orchestrated events to increase the esteem in which people would hold Abraham. First, He caused the four kings to beat their adversaries, despite the poor odds, and to capture Lot in the process so that Abraham would pursue them. Then He caused Abraham to miraculously beat the four kings in battle, which made him famous and respected throughout the world (*Yefeh To'ar*, second interpretation).

[יד, ה] "וּבְאַרְבַּע עֶשְׂרֵה שָׁנָה בָּא כְדָרְלָעֹמֶר" [כ]בַּעַל קוֹרָה טָעִין בְּעוֹבְיָהּ. "וְהַמְּלָכִים אֲשֶׁר אִתּוֹ וַיַּכּוּ אֶת רְפָאִים בְּעַשְׁתְּרֹת קַרְנַיִם", בְּעַשְׁתְּרָא° דְקַרְנָא, "וְאֶת הַזּוּזִים בְּהָם", יָת זִיוָתָנָה דִבְהוֹן, "וְאֵת הָאֵמִים בְּשָׁוֵה קִרְיָתָיִם", תַּרְתֵּין קִרְיָין אִינּוּן. [יד, ו] "וְאֶת הַחֹרִי", זוֹ מַטְרְפּוֹלִין, וְלָמָּה הוּא קוֹרֵא אוֹתוֹ חוֹרִי שֶׁבָּרְרוּ אוֹתָהּ וְיָצָאת לָהֶם לַחֵירוּת בְּדוֹר הַפַּלָּגָה. "עַד אֵיל פָּארָן אֲשֶׁר עַל הַמִּדְבָּר", עַד מֵשְׁרַיָּא דְפָארָן:

ז [יד, ז] "וַיָּשֻׁבוּ וַיָּבֹאוּ אֶל עֵין וְגוֹ' ".

אָמַר רַבִּי אֲחָא: [כא]לֹא בָּאוּ לִיזְדַּוֵּוג אֶלָּא בְתוֹךְ גַּלְגַּל עֵינוֹ שֶׁל עוֹלָם, עַיִן שֶׁעָשְׂתָה מִדַּת הַדִּין בָּעוֹלָם הֵן מְבַקְשִׁים לְסַמּוֹתָהּ, אִתְמְהָא. "הִיא קָדֵשׁ", אָמַר רַבִּי אֲחָא: "הוּא" כְּתִיב, הוּא שֶׁקִּדֵּשׁ שְׁמוֹ שֶׁל הַקָּדוֹשׁ בָּרוּךְ הוּא בְּכִבְשַׁן הָאֵשׁ. "וַיַּכּוּ אֶת כָּל שְׂדֵה הָעֲמָלֵקִי", עֲדַיִין לֹא נוֹלַד עֲמָלֵק וְאַתְּ אֲמַרְתְּ "וַיַּכּוּ אֶת כָּל שְׂדֵה הָעֲמָלֵקִי", אֶלָּא (ישעיה מו, י) "מַגִּיד מֵרֵאשִׁית אַחֲרִית". "וְגַם אֶת הָאֱמֹרִי הַיֹּשֵׁב בְּחַצְצֹן תָּמָר", בְּעֵין גְּדִי דְתַמְרַיָּיה. [יד, ח-ט] "וַיֵּצֵא מֶלֶךְ סְדֹם וּמֶלֶךְ עֲמוֹרָה וְגוֹ' ", "אֵת כְּדָרְלָעוֹמֶר מֶלֶךְ עֵילָם וְגוֹ' " ד' מְלָכִים עָשׂוּ מִלְחָמָה כְּנֶגֶד חֲמִשָּׁה וְיָכְלוּ לָהֶם. [יד, י] "וְעֵמֶק הַשִּׂדִּים בֶּאֱרֹת בֶּאֱרֹת חֵמָר",

עץ יוסף

בעל הקורה טעין בעוביה. שבפסוק א' אמרפל תחילה ובפסוק ט' כדרלעומר תחלה. שהוא היה העיקר וכמ"ש עבדו את כדרלעומר ע"כ חשבו ראשון: **בעשתרא דקרנא.** כלו' שהוא שם מקום נקרא כן (יפ"ת): **ית זיותנא דבהון.** היפים שבהם. דקמפרש הזוזים מלשון זיו ובהם כמו בהם בסגו"ל: **תרתין קריין אינון.** כלו' שהיו ב' עיירות שוות סמוכות יחד זה כנגד זה ובהם שכנו האימים (נזה"ק): **זו מטרפולין אם המדינות.** ונקראת חורי שבררו אותה והוצאת להם לחירות בדור הפלגה כאשר נפוצו העמים איש לארצו הם באו אל אותו המקום שהוא מטרפולין. ומתוך כך נעשו בני חורין וגם האומה שעיר כמ"ש בסדר וישלח (נזה"ק): **משריא דפארן.** וכן תרגם אונקלוס. היא ארץ מישור לפני המדינה: (ז) [יא] **גלגל עינו של עולם.** השחור שבעין שהוא מקור הראייה שאין אדם רואה אלא מתוך השחור שבעין: **שעשתה מדת הדין בעולם.** פי' שכבשה כד"א גט מעושה. שאברהם כבש מהעולם מדה"ד שכל טובה וברכה באת בשבילו שנא' ונברכו בך וגו' (מת"כ). וע' מ"ש לעיל סי' ב'. וברות רבה פ"א: **עדיין לא נולד עמלק.** שהרי בן בנו של עשו היה: **מגיד מראשית בו'.** הכתוב קראו ע"ש סופו: **בעין גדי.** ותמרייא כמ"ש (בד"ה ב"כ) חצצון תמר הוא עין גדי. ולפי שיש עין גדי אחרת של ענבים כדכתב בכרמי עין גדי. פירש דזו של תמרים: **ויכלו להם.** ר"ל לכן חזר ואמר שארבעה עשו מלחמה עם החמשה. ומ"מ יכלו להם ואין זה מדרך טבע:

פירוש מהרז"ו

בעל הקורה טעין בעובי'. שבפסוק א' אמרפל תחלה וכדרלעומר שלישי ובפסוק ט' כדרלעומר ראשון. ותירץ שבמלחמת המלכים עם סדום ועמורה וכו' היה כדרלעומר העיקר וכמ"ש עבדו את כדרלעומר ע"כ חושבו ראשון. אך בפ' א' שהקיבוץ היה בעבור אברהם והיה אמרפל העיקר וכמ"ש סימן א' ובר"ס ג' וד' ע"כ חושבו ראשון: **בעשתרות דקרניא.** כי בכל מקום נקראת רק עשתרות לבד לז"א בעשתרות דקרניא פי' שהיא בין שני הרים (עי' ריש סוכה) כעין קרנים. ועי' חשמונאים א' ה' וב' י"ב משמע שקרנים שמה ועשתרות הוא על שם בית האליל שבה וי"ל גם דעת המדרש כן. וכן בשוה קריתים בכ"מ שמה קריתים לבד. לז"א ב' עירות הן ושוה הוא המישור שביניהם ע' יפ"ת ורב"ח ודו"ק. מהרי"ב: **זיותני דבהון.** כי לא מצינו אומה זוזים ולא מקום ששמו הָם על כן דורש א"ת הזוזים בהָם אלא זיותני שבהם והיינו האנשים הגדולים המאירים שלהם בעשתרות קרנים הנ"ל ויש להביא ראיה שזיז מלשון זיו כמ"ש ישעיה ס"ו למען תמוצו והתענגתם מזיז כבודה שפירושו מזיו: **זו מטרפולין.** עיין מ"כ והוא בערוך ערך מטרפלין אך בערך אליותרו פולים הביא מאמר זה וז"ל ואת החורי אליותרו פולים ולמה קורא אותה אליותרו פאלים שבררו אותה ויצאו להם לחירות בדור הפלגה. פי' בלשון יון אליותרו חירות פולים עיר. ודורש חורי מלשון חירות ומ"ש בהררם שהיל"ל בהר שעיר על כן דורש בהררם בבררם שבררו אותה והיינו שנמרוד מלך שנער היה תחלה מושל בכל העולם קודם ההפלגה אך אחר ההפלגה יצאו האומות מתחת ידו ונעשה כדרלעומר מלך על הרבה אומות. והחורי יצא לחירות לגמרי וגם האומה שעיר כמ"ש בסדר וישלח תחלה וסוף והארץ ארץ שעיר והר שעיר: **משריא פארן.** וכן תרגם אונקלוס: (ז) **אמר רבי אחא.** לעיל ריש סי' ג' וש"נ ומבואר: **ובעין גדי לתמריא.** כן תרגם אונקלוס על בחצון תמר עין גדי והוא פסוק מפורש בד"ה ב' כ' פסוק ב' והנכם בחצצון תמר היא עין גדי ומ"ש דתמריא ששם גדלים התמרים:

חידושי הרד"ל

(יג) **בעל קורה טעין בו'.** מפני שלעיל הקדים אמרפל לכולם. וכאן כתיב באו כדרלעומר והמלכים אשר אתו דמשמע שכולן טפלים לו ואף אמרפל בכללן. לזה אמר שבענין מלחמה זו הוא היה עיקר בעל הקורה שבו הוא שמרדו מלעבדו:

(יד) **תרתין קריין אינון.** העיר שוה היתה מחוברת משתי עירות כאחת לכן נקראת שוה קריתים:

(טו) **ואת החורי בהררם שעיר זו מטרפילון בצ"ל.** ודרש חורי לשון חורין ומלכות גם לשון הררם דרש שזו היתה הר ומטרפולין של כלם:

(טז) [ז] **ובעין גדי דתמרייא.** כמ"ש (בד"ה ב' כ') בחצון תמר הוא עין גדי. ומלת בתמרייא אולי בא לפרש חצון תמר. שהיו מחצין ומחתכין שם התמרים שהיו גדלים שם הרבה וכמו יריחו ונוער עיר התמרים שסמוכים שם:

חידושי הרש"ש

[ז] **בחצצון תמר בעין גדי בו'.** כצ"ל בלא וי"ו:

מסורת המדרש

כ ברכות ס"ד:

כא ויק"ר פ' י"א. רות רבה פרשה א'. אסתר רבה פסיקתא י"א. תנחומא שמיני סי' ט'. פסיקתא רבתי פ' ה'. ילקוט רות רמז תקנ"ו. ילקוט אסתר רמז אל"ף מ"ד:

אם למקרא

מַגִּיד מֵרֵאשִׁית אַחֲרִית וּמִקֶּדֶם אֲשֶׁר לֹא־נַעֲשׂוּ אֹמֵר עֲצָתִי תָקוּם וְכָל־חֶפְצִי אֶעֱשֶׂה:
(ישעיה מו:י)

רש"י

והמלכים אשר אתו. בעל הקורה טוען בעביה. שבו תלה הכתוב המרדות והעבדות דכתיב שתים עשרה שנה עבדו את כדרלעומר וגו' לפיכך התחיל הוא במלחמה תחלה ונכנס הוא בעובי הקורה ושאר המלכים נעשו טפלין לו דכתיב את כדרלעומר תחילה ואחר כך המלכים אשר אתו: ס"א. **ואת הזוזים.** בעלי כחות היו ע"כ: **בשוה קריתים.** שתי עיירות היו ששמן שוה היינו דכתיב קריתים שתי קריות היו: **ואת החורי זה טרופולים.** מטרופולים משכיר די"ל פורט"י. פולו הוא שער ס"א מטרופולי שומר השער ולשון יוני הוא ובלע"ז וכו'. ע"כ: **ולמה קורא אותה חורי.** שבררו אותה ויצאת להם לחרות בדור הפלגה כלומר שנתקיימה בידם לפי שמצינו כתוב וימצאו בקעה בארץ שנער וכתיב ויפץ אותם משם אבל אלו בררו להם את החורי ונתקיימה בידם לעולם: [ז] **בחצצון תמר בעין גדי דתמריא.** מקום תמרים היה מקום שמסובך בתמרים:

מתנות כהונה

בעל הקורה בו'. מי שהקורה שלו אף על פי שאחרים טוענים עמו הוא נכנס בעוביה וסובל עיקר משאו כן היה הוא העיקר שכבשם ראשונה ובו היה עיקר המרד: **נראה דה"ג בעשתרות קרנים גיבריא דבעשתרות בו'.** כי כן תרגומו בתרגום ירושלמי וכן ת"י זיותנא דבהון. ודרש זוזים לשון זיו. בהם בקמ"ץ כמו בסגו"ל: **תרתין קריין בו'.** ב' מקומות היו שבהם יושבים האימים ודרש קריתים לשון קריה: **מטרפולין.** פירש הערוך העיר והאם בלשון יון מטרא אם פולין עיירות כלומר האם ועיקר של העיירות וכאן גרס אליותרו פולים ופירש אליותרו חירות פולים עיר בלשון יון: **לחירות בו'.** פירש"י לפי שכתוב ויפץ ה' אותם משם אבל אלו בררו להם העיר הזאת ונתקיימה בידם ולא נפוצו משם: **משריא דפארן.** אל פירושו מישור ועי' בפירוש רש"י ורמב"ן: [ז] **גלגל עין בו'.** זה אברהם שהאיר עיני כל העולם בענין האמונה ועין משפט קדריש עין שכבשה המשפט והדין ועיין לעיל בראש הפרשה: **שעשתה.** שכבשה כד"א גט מעושה: **מגיד מראשית בו'.** הכתוב קראו ע"ש סופו ועי' ברמב"ן: **בעין גדי בחצצון תמר.** תרגום אונקלוס בעין גדי ופירש"י מקרא מלא הוא בדברי הימים ביהושפט: **דתמרייא.** ששם גדלים תמרים הרבה כמה שנאמר בכרמי עין גדי: **ויכלו להם.** לכן חזר ואמר שארבעה עשו מלחמה עם החמשה לומר שיכלו המועטים למרובים דאם לא כן כבר ידענו שהם ד' וה':

אשד הנחלים

[ז] **מגיד מראשית.** אף שהיו זאת בימי משה שהוא כותב התורה כבר חקרו בתוספת במסכת כתובות עיי"ש:

בֵּירִין בֵּירִין מַסְקָן חֵמָר — This means that **there were pits** upon **pits** that were **bringing up bitumen.**[131]

□ וַיָּנֻסוּ מֶלֶךְ סְדֹם וַעֲמֹרָה וַיִּפְּלוּ שָׁמָּה — ***THE KINGS OF SODOM AND GOMORRAH FLED AND THEY FELL INTO THEM*** *WHILE THE REST FLED TO A MOUNTAIN.*

The Midrash cites different opinions as to who fell into the wells and who escaped:

רַבִּי יְהוּדָה וְרַבִּי נְחֶמְיָה — **R' Yehudah and R' Nechemyah** present opposing views. רַבִּי יְהוּדָה אוֹמֵר: "וַיִּפְּלוּ שָׁמָּה", אֵלּוּ הָאוּכְלוּסִין — **R' Yehudah said:** When the verse states, ***They fell into them,*** the pronoun **[*they*] refers to the troops**[132] who accompanied the kings of Sodom and Gomorrah; "וְהַנִּשְׁאָרִים הֶרָה נָּסוּ", אֵלּוּ הַמְּלָכִים — and when the verse continues, ***while the rest fled to a mountain,*** **this refers to the kings** themselves, who escaped to the mountains.[133] וְרַבִּי נְחֶמְיָה אָמַר — **But R' Nechemyah said:** "וַיִּפְּלוּ שָׁמָּה", אֵלּוּ הַמְּלָכִים — The pronoun *they* in the phrase ***They fell into them*** **refers to the kings** of Sodom and Gomorrah themselves, "וְהַנִּשְׁאָרִים הֶרָה נָּסוּ" אֵלּוּ הָאוּכְלוּסִין — and when the verse continues ***while the rest fled to a mountain,*** **this refers to the** accompanying **troops,** who escaped to the mountains.

The Midrash analyzes the two opinions:

עַל דַּעְתֵּיהּ דְּרַבִּי יְהוּדָה נִיחָא — **According to the opinion of R' Yehudah,** who maintains that the king of Sodom escaped to a mountain, **it is understandable** how he was able to greet Abraham after the war (see v. 17), וְעַל דַּעְתֵּיהּ דְּרַבִּי נְחֶמְיָה קַשְׁיָא — **but according to the opinion of R' Nechemyah,** who maintains that the king of Sodom got trapped in a well, **it is difficult** to understand how he was able to greet Abraham after the war.[134]

The Midrash resolves the difficulty:

רַבִּי עֲזַרְיָה וְרַבִּי יוֹנָתָן בֶּן חַגַּי בְּשֵׁם רַבִּי יִצְחָק אָמְרוּ — **R' Azaryah and R' Yonasan ben Chaggai said in the name of R' Yitzchak** that according to R' Nechemyah, the king of Sodom was miraculously rescued from the well for the following reason. בְּשָׁעָה שֶׁיָּרַד אַבְרָהָם אָבִינוּ לְכִבְשַׁן הָאֵשׁ וְנִיצּוֹל — **When our forefather Abraham descended into the fiery furnace** at Nimrod's command **and was** miraculously **rescued,** יֵשׁ מֵאוּמּוֹת הָעוֹלָם שֶׁהָיוּ מַאֲמִינִים וְיֵשׁ שֶׁלֹּא הָיוּ מַאֲמִינִים — **there were some among the nations of the world who believed** that a miracle occurred, **and there were** others **who did not believe** it.[135] וְכֵיוָן שֶׁיָּרַד מֶלֶךְ סְדוֹם לַחֵמָר וְנִיצּוֹל הִתְחִילוּ מַאֲמִינִים בְּאַבְרָהָם לְמַפְרֵעַ — **But once the king of Sodom descended into the bitumen and was** miraculously **rescued, they** all **retroactively began believing in** the miraculous rescue of **Abraham.**[136]

וַיִּקְחוּ אֶת כָּל רְכֻשׁ סְדֹם וַעֲמֹרָה וְאֶת כָּל אָכְלָם וַיֵּלֵכוּ.
They captured all the wealth of Sodom and Gomorrah and all their food and they departed (14:11).

□ וַיִּקְחוּ אֶת כָּל רְכֻשׁ סְדֹם וַעֲמֹרָה וְאֶת כָּל אָכְלָם — ***THEY CAPTURED ALL THE WEALTH OF SODOM AND GOMORRAH AND ALL THEIR FOOD.***

Our verse mentions *all their food* as something distinct from *all the wealth.* The Midrash cites two views as to what this *food* was:

רַבִּי יְהוּדָה אוֹמֵר: זוֹ עִיבּוּרָהּ — **R' Yehudah said: This is** referring to **their grain.**[137] וְרַבִּי נְחֶמְיָה אָמַר: אֵלּוּ הַכּוֹתָבוֹת — **But R' Nechemyah said: This is** referring to **the large dates.**[138]

NOTES

131. The word בֶּאֱרֹת means *wells* and seems an inapt term to use in connection with bitumen. The Midrash resolves this difficulty by explaining that our verse is referring to pits from which bitumen was extracted (not to pits in which bitumen was stored); the word בֶּאֱרֹת, *wells,* is used to describe these pits because the bitumen oozed forth from them, similar to the way water flows forth from a well (*Maharzu*; see similarly *Onkelos* on our verse).

132. Lit., *crowds.*

133. Our Midrash assumes that whoever fell into the bitumen pits got trapped there, making escape impossible. Accordingly, when Scripture states that the king of Sodom came to greet Abraham after the war (v. 17 below), the implication is that he had not fallen into a well. On the other hand, our verse states: *The kings of Sodom and Gomorrah fled and "they" fell into [the wells]* . . . , which sounds like the king of Sodom did fall into a well! Because of this difficulty, R' Yehudah interprets our verse to mean that the kings fled *with their troops*; most of those who fled indeed fell into the wells and were trapped, but some of them — most notably the kings themselves — escaped to a mountain (*Yefeh To'ar, Eitz Yosef*).

134. See preceding note.

135. See above, 38 §13, which records the incident in detail. Our Midrash is noting that only those who actually observed Abraham's rescue believed that the miracle occurred, but no one else believed reports of the incident (*Eitz Yosef*). It might also be that even some eyewitnesses to the event denied its miraculous nature, attributing Abraham's survival instead to black magic or sleight of hand (*Yefeh To'ar*).

136. This explains how, in R' Nechemyah's view, it was possible for the king of Sodom to have greeted Abraham after the war even if he had earlier gotten trapped in a well: God miraculously rescued him from the well (even though he was a wicked man who did not deserve it) in order to convince skeptics that Abraham had been similarly rescued by God from the fiery furnace (*Matnos Kehunah*). See Insight Ⓐ.

137. The translation of עִיבּוּרָהּ as *grain* is based on *Joshua* 5:11 (*Eitz Yosef*). Since grain was the main food staple, the verse mentions it separately from the rest of their *wealth.*

This version of our Midrash is the one adopted by *Eitz Yosef* and most commentators. It appears also in the first printed edition (Constantinople, 1512; see *Os Emes*).

Subsequent editions of Midrash have עֲבוֹדָהּ, which means *enterprises* (see below, 26:14). *Yefeh To'ar* accepts this version, and explains: Grain or any other foodstuffs are included in the earlier reference to *wealth.* As such, *all their food* must refer to their *means* of food production, i.e., their enterprises. For an alternative explanation of this version, see *Radal.*

138. R' Nechemyah understands *food* as referring to dates, which are very filling (*Maharzu*; see *Berachos* 12a). *Radal* adds: The Midrash stated above [in its discussion of Hazazon-tamar] that the area was known for its abundance of dates. It is therefore logical to assume that since dates were both plentiful and very filling, people in that area used

INSIGHTS

Ⓐ **The Miracle of the Pit** *Ramban* is puzzled by the notion that the king of Sodom's escaping from the slimy pit would motivate nonbelievers to believe that God had performed a miracle for Abraham. To the contrary, being idolaters, a miraculous event occurring to the king of Sodom, who was also an idolater, would either strengthen their belief in idolatry, or else cause them to believe that all miracles resulted from sorcery or were merely random happenings. If anything, the miracle for the king would cast doubt even in the minds of those who believed in the miracle performed for Abraham!

Ramban therefore suggests that the Sages understood the verse, *The king of Sodom "went out" to greet him after his return from defeating Chedorlaomer* to mean that he *went out* from the pit — i.e., found himself able to extricate himself from the mud — just when Abraham passed by, indicating that it was in Abraham's honor that he escaped, in order to greet and bless him. It is also possible that when Abraham returned from the war, he peered into the pit where the king had fallen, seeking to save the defeated kings and return their plundered possessions to them. In that case, the king of Sodom's miraculous exit from the pit would be directly attributable to Abraham. The people thus reasoned: "If a miracle occurred to the king of Sodom simply to honor Abraham, surely it is logical to believe that a miracle should be performed for Abraham himself, to save him from death" (see further, *Yefeh To'ar*).

בֵּירִין בֵּירִין מַסְקָן חֵמָר. "וַיָּנֻסוּ מֶלֶךְ סְדֹם וַעֲמֹרָה וַיִּפְּלוּ שָׁמָּה", רַבִּי יְהוּדָה וְרַבִּי נְחֶמְיָה, רַבִּי יְהוּדָה אוֹמֵר: "וַיִּפְּלוּ שָׁמָּה", אֵלּוּ הָאוּכְלוּסִין, "וְהַנִּשְׁאָרִים הֶרָה נָּסוּ", אֵלּוּ הַמְּלָכִים. וְרַבִּי נְחֶמְיָה אָמַר: "וַיִּפְּלוּ שָׁמָּה", אֵלּוּ הַמְּלָכִים, "וְהַנִּשְׁאָרִים הֶרָה נָסוּ" אֵלּוּ הָאוּכְלוּסִין. עַל דַּעְתֵּיהּ דְּרַבִּי יְהוּדָה נִיחָא, וְעַל דַּעְתֵּיהּ דְּרַבִּי נְחֶמְיָה קַשְׁיָא. רַבִּי עֲזַרְיָה וְרַבִּי יוֹנָתָן בֶּן חַגַּי בְּשֵׁם רַבִּי יִצְחָק אָמְרוּ: בְּשָׁעָה שֶׁיָּרַד אַבְרָהָם אָבִינוּ לְכִבְשַׁן הָאֵשׁ וְנִיצּוֹל יֵשׁ מֵאוּמּוֹת הָעוֹלָם שֶׁהָיוּ מַאֲמִינִים וְיֵשׁ שֶׁלֹּא הָיוּ מַאֲמִינִים, וְכֵיוָן שֶׁיָּרַד מֶלֶךְ סְדוֹם לַחֵמָר וְנִיצּוֹל הִתְחִילוּ מַאֲמִינִים בְּאַבְרָהָם לְמַפְרֵעַ. [יד, יא] "וַיִּקְחוּ אֶת כָּל רְכֻשׁ סְדֹם וַעֲמֹרָה וְאֶת כָּל אָכְלָם", רַבִּי יְהוּדָה אוֹמֵר: זוֹ °עֲבוֹדָה, וְרַבִּי נְחֶמְיָה אָמַר: אֵלּוּ הַכּוֹתָבוֹת. [יד, יב] [כב] "וַיִּקְחוּ אֶת לוֹט וְגוֹ'", כָּךְ עָשׂוּ לְלוֹט, נָתְנוּ אוֹתוֹ בְּסִירָא וְנָטְלוּ אוֹתוֹ עִמָּהֶם. כָּל כָּךְ לָמָּה "וְהוּא יֹשֵׁב בִּסְדֹם", לְקַיֵּם מַה שֶּׁנֶּאֱמַר (משלי יג, כ) "הוֹלֵךְ אֶת חֲכָמִים יֶחְכָּם וְרֹעֶה כְסִילִים יֵרוֹעַ":

ח [יד, יג] "וַיָּבֹא הַפָּלִיט", רֵישׁ לָקִישׁ בְּשֵׁם בַּר קַפָּרָא: [כג] הוּא עוֹג הוּא פָּלִיט. וְלָמָּה נִקְרָא שְׁמוֹ עוֹג שֶׁבָּא וּמָצָא אֶת °אַבְרָם יוֹשֵׁב וְעוֹסֵק בְּמִצְוַת עוּגוֹת. הוּא לֹא נִתְכַּוֵּן לְשֵׁם שָׁמַיִם אֶלָּא אָמַר:

עץ יוסף

בירין בירין מסקן חמר. כן ת"א שהיו בורות שמהם מעלים חמר לחומר ונטבעו בטיט. ולכן אמר בסמוך שיצא מלך סדום דרך נס: **אלו האוכלסין.** דאי מלכים גופייהו איך יצא מלך סדום ואע"ג דוינוסו מלך סדום ועמורה ויפלו כתיב. ה"פ שנסו עם אוכלוסיהם ונפלו רובם: **על דעתיה דרבי נחמיה קשיא.** איך יצא מלך סדום. ומשני דדרך נס יצא כדמסיק ואזיל: **בשעה שירד בו'.** כלומר שנעשה נס למלך סדום כדי שיאמינו באברהם: **ויש שלא היו מאמינים.** מאשר לא ראו הדבר בעיניהם אבל כשראו הנס של מלך סדום התחילו מאמינים באברהם למפרע: [יב] **זו עבודה.** נ"ל עבורה כמו ויאכלו מעבור הארץ. ופירושו דגנה ולחמה (אב"א): **אלו הכותבת.** הם התמרי': **כך עשו ללוט בו'.** דאיכפל למכתב ויקחו שני. לאשמועינן שהיתה לו קיחה מיוחדת כי נתנוהו בסוגר שלא יברח. או לצערו טפי מפני איבת אברהם (יפ"ת): **כל כך למה אירע לו כך.** והוא יושב בסדום שישב עם רשעים: (ח) **הוא פליט.** שנקרא פליט על שפלט מהמלחמה. ונקרא עוג ע"ש עוגות מצות וכדלקמן פ' מ"ג שזה היה בליל פסח. ועוג הוא הפליט דכתיב כי רק עוג מלך הבשן נשאר מיתר הרפאים. שהכו ד' המלכים את כל הרפאים שבעשתרות ונשאר עוג והוא הפליט ומלך בעשתרות. וכן הוא בתנחומא חקת ובמ"ר פ' י"ט ג"כ: **במצות עוגות.** הפסח. דאברהם קיים כל התורה כדלקמן פ' ס"ד:

פירוש מהרז"ו

בירין בירין מסקן חמר. כן תרגם אונקלוס. כי סתם באר שכתוב בתורה פירושו באר נובע מים חיים וכאן היל"ל בורות בורות חמר על כן תרגם מסקן חמר שבענין זה היו דומים לבאר שכך היה טבעם לנבוע חמר: **ויפלו שמה אלו האוכלסין.** דורשים מדה ט"ו כאן אמר ויפלו שמה. שמשמע שהמלכים נפלו שמה וטבעו שם. והרי כתוב אח"כ ויצא מלך סדום ויאמר מלך סדום ע"כ דורש ר"י ומכריע ע"פ מדה ל"א וממעל וינוסו מלך סדום ועמורה הרה נסו שאותם שכתוב בהם וינוסו כתוב בהם הרה נסו. והנשארים ויפלו שמה הם האוכלסים הנשארים. ומ"ש ויצא מלך סדום והוא כפשוטו שיצא מביתו השדה לקראת אברהם. ור' נחמיה סובר שהפסוק וינוסו מלך סדום כפשוטו וסדרו שמלך סדום ועמורה נפלו בבארות החמר והנשארים האוכלסים הרה נסו אלא שמ"ש ויצא מלך סדום אינו כפשוטו. שפירושו שיצא מבארות החמר לקראת אברהם ע"פ נס בזכות אברהם כמו שהציל כל נפש ורכוש סדום וכמ"ש לעיל סימן ה' ולקמן פר' מ"ג סימן ה': **עבודה.** נ"ל עבורה כמ"ש מ"כ בשם אב"א ופי' דגנה ולחמה וכמ"ש איוב ארץ ממנה יצא לחם: **אלו הכותבות.** הם התמרים. לעיל פרשה ל"א ריש סימן י"ד על פסוק מכל מאכל אשר יאכל דורש ר"כ על הדבלה. (ובברכות פ' כיצד מברכין איתא שהתמרים משביעים והתאנים אינם משביעים. וא"כ יתכן שבתיבות כל אכלם מרמז על התמרים על שמשביעים באכילה אחת ובתיבות מכל מאכל אשר יאכל משמע שאוכלים ואוכלים עוד הפעם שאינם משביעים היינו דבילה של תאנים): **ויקחו את לוט וכו' כך עשו וכו'.** פי' כמו שכתוב אצל סדום ויקחו את כל רכוש סדום וכו' וילכו כך כתוב אצל לוט בפסוק הסמוך ויקחו את לוט וכו' וילכו והוא יושב בסדום וע"פ מדה ט' שבא לפרש איך נדמה לסדום והשיב והוא יושב בסדום על כן נדמה להם: **הולך את חכמים.** פי' כשהלך את אברהם ולמד מדרכיו התחכם ממנו והצליח כמ"ש לעיל פר' מ"א ריש סימן ג' וכאן על שישב בסדום ולמד מדרכיהם נשבר. ופירוש הפסוק על פי מדה ט' וע"פ מדת ממעל הולך את חכמים יחכם וִיבָנֶה ורועה כסילים יסכל וירועע: (ח) **הוא עוג.** נדה דף ס"א א' שהפליט הוא עוג על שפלט מדור המבול הובא ילקוט כאן. ד"ר פר' א' סימן כ"ה וכאן מפורש כפשוטו שנקרא פליט על שפלט מהמלחמה. ונקרא עוג

רש"י

ס"א. **מסקן חמר.** בורות מלאים חומר כדי שיפלו בהם שונאיהם העולים כנגדם. ע"כ: **ר' יהודה ורבי נחמיה.** רבי יהודה אמר ויפלו שמה אלו האוכלוסין והנשארים הרה נסו אלו המלכים ר' נחמיה אמר ויפלו שמה אלו המלכים והנשארים הרה נסו אלו האוכלוסים: **על דעתיה דרבי יהודה.** דאמר הנשארים אלו המלכים ניחא לפי שמצינו לאחר מכאן שכתב ויצא מלך סדום לקראתו ואלמלא שניצול היאך היה יוצא לר' נחמיה דאמר ויפלו שמה אלו המלכים קשיא ומשני ודאי נפלו אלא ניצולו כי הא דרבי יונתן דאמר שהוצל מן החומר שנפל: **ואת כל אכלם.** רבי יהודה אמר זה עבודה ר' נחמיה אמר אלו הכותבות: **ויקחו את לוט ואת רכושו.** מה עשו ללוט נתנו אותו בסוהר: [ח] **ויבא הפליט.** שנפלט מאותם שכתוב בהן ויכו את רפאים בעשתרות קרנים

מתנות כהונה

בירין בירין בו'. כן תרגום אונקלוס ופירש בורות שממנו היו מעלים חמר לחומר: **ניחא.** שהרי מצינו אח"כ שמלך סדום יצא לקראתו: **בשעה שירד בו'.** ולעולם המלכים נפלו שמה ומלך סדום ניצל דרך נס למען יאמינו נסו של אברהם: **עבודה.** בקשתי ולא מצאתי פירושו ואולי הוא מין פרי שהיה עיקר מאכלם והאב"א כתב דנ"ל לגרוס עבורה פירוש את כל דגנם: **הכותבות.** תמרים: **בסירא.** בבית הסוהר: **וכל כך למה.** למה אנה הקב"ה לידו כך ומשני והוא יושב בסדום לפי שנתיישב במקום רשעים דאם לא כן והוא יושב בסדום למה לי. וכבר ידענו אותו: [ח] **הוא לא נתכוון בו'.** עוג לא נתכוון לשם שמים במה שבשר לאברהם שנשבה לוט:

אשד הנחלים

וכיון שירד מ"ס וניצל. וא"כ לא קשיא כי באמת נפל לשם אך אח"כ ניצל [מ"כ]: **זו עבורה.** כן גרסת המ"כ בשם האב"א ולכן נקרא אכלם ביחוד כי רק על לחם הדגן יחיה האדם כי לחם לבב אנוש יסעד: **ויקחו את לוט בו' בסירה.** ולכן כתיב ויקחו את לוט ולא כתיב וישבו כי אחר שנשבה לא הלך בין השבויי' כ"א נתנוהו בבית האסורי' ונטלוהו עמהם. כי ידעו כי הוא מעדת אברהם ומבעלי אמונתו ע"כ שנאו אותו: **כל כך.** כלומר מה גרם לו זה שנפרד מאברהם והתחבר לאנשי סדום ולכן נשבה עמהם כי רועה כסילים ירוע. ואף שהוא למולם חכם: [ח] **במצות עוגות** ולכן נקרא ע"ש זה כדי לזכור המעשה שהי' באותו העת שבישר לו מזה:

חידושי הרד"ל

(יז) **זו עבודה.** עמ"כ ואפשר פירושו כלי עבודת האדמה. דכלים שעושין אוכל נפש קרויין בלשון כל אכלם:

(יח) **אילו הכותבות.** שהיו שם הרבה כמש"ל. והיה זה עיקר מאכלם דתמרי זיינו ומשבען:

מסורת המדרש

כב ילקוט משלי רמז תתק"כ:

כג נדה דף ס"א. במ"ר פ' י"ט. ד"ר פרשה א'. תנחומא סוף סדר חוקת סימן כ"ה. ילקוט כאן רמז ע"ב כה"ט. ילקוט סוף סדר חוקת רמז תשס"ה:

אם למקרא

הוֹלֵךְ אֶת־חֲכָמִים יֶחְכָּם וְרֹעֶה כְסִילִים יֵרוֹעַ: (משלי יג:כ)

ענף יוסף

(יא) [ז] **[וכיון שירד מלך סדום בו']** בהרמב"ן כתיב ויש לתמוה דהא אדרבה מחמת נס מלך סדום יהיו מחזיקים ידי עכו"ם. כי מלך סדום עכו"ם היה. אבל ביאור הענין שהוא מפרש ויצא מלך סדום לקראתו שיצא מן הבור כשעבר אברהם עליו. כי נעשה לו נס לכבוד אברהם שיצא לקראתו לברכו ולכבדו. ואפשר כי אברהם בשובו הביט בבור ההיא. כי חפץ להציל המלכים ולהשיב להם רכושם. ונעשה נס ע"י. ואם נעשה נס לכבוד אברהם כ"ש שיש להאמין שנעשה נס לאברהם עצמו. עכ"ל:

וַיִּקְחוּ אֶת לוֹט וְאֶת רְכֻשׁוֹ בֶּן אֲחִי אַבְרָם וַיֵּלֵכוּ וְהוּא יֹשֵׁב בִּסְדֹם.
And they captured Lot and his possessions — Abram's nephew — and they left; for he was residing in Sodom (14:12).

וַיִּקְחוּ אֶת לוֹט וְגוֹ׳ ☐ — *AND THEY CAPTURED LOT, ETC.*

The Midrash expounds the verse to be describing Lot's treatment:[139]

כָּךְ עָשׂוּ לְלוֹט — **This** is what **they did to Lot:** **נָתְנוּ אוֹתוֹ בְּסִירָא וְנָטְלוּ אוֹתוֹ עִמָּהֶם** — **They put him in confinement and took him along with them.** **כָּל כָּךְ לָמָּה** — And **why** was Lot made to suffer **so much?**[140] **״וְהוּא יֹשֵׁב בִּסְדֹם״** — The end of this verse reveals the answer: ***For he was residing in Sodom*** among the wicked.[141] **לְקַיֵּים מַה שֶּׁנֶּאֱמַר ״הוֹלֵךְ אֶת חֲכָמִים יֶחְכָּם וְרוֹעֶה כְסִילִים יֵרוֹעַ״** — This is **in fulfillment of what is stated, *One who walks with the wise will grow wise, but one who befriends fools will be broken*** (*Proverbs* 13:20).

וַיָּבֹא הַפָּלִיט וַיַּגֵּד לְאַבְרָם הָעִבְרִי וְהוּא שֹׁכֵן בְּאֵלֹנֵי מַמְרֵא הָאֱמֹרִי אֲחִי אֶשְׁכֹּל וַאֲחִי עָנֵר וְהֵם בַּעֲלֵי בְרִית־אַבְרָם.
Then there came the fugitive and told Abram, the Hebrew, who dwelt in Elonei Mamre, the Amorite, the brother of Eshcol and the brother of Aner, these being Abram's allies (14:13).

§8 וַיָּבֹא הַפָּלִיט — ***THEN THERE CAME THE FUGITIVE*** *AND TOLD ABRAM . . .*

The Midrash identifies the *fugitive*:

רֵישׁ לָקִישׁ בְּשֵׁם בַּר קַפָּרָא — **Reish Lakish** said **in the name of Bar Kappara:** **הוּא עוֹג הוּא פָּלִיט** — **Og,** king of Bashan,[142] **was the "fugitive"** mentioned here.[143] **וְלָמָּה נִקְרָא שְׁמוֹ עוֹג** — **And why was he called Og?** **שֶׁבָּא וּמָצָא אֶת אַבְרָהָם יוֹשֵׁב וְעוֹסֵק בְּמִצְוַת עוּגוֹת** — **Because he came and found Abraham sitting and involving** himself **with the mitzvah of "cakes"** (עוגות), i.e., matzah.[144]

The Midrash explains Og's motives in informing Abraham of Lot's capture:

הוּא לֹא נִתְכַּוֵּון לְשֵׁם שָׁמַיִם — **[Og] did not intend** to inform Abraham of Lot's capture **for the sake of Heaven.** **אֶלָּא אָמַר** — **Rather, he said** to himself,

NOTES

dates as their basic food staple, and this is why the verse refers to them alone as *food.*

Alternatively: Since dates were generally kept at home to feed the family, they were thought of as *food* rather than as a portion of someone's *wealth* (*Yefeh To'ar*).

139. The Midrash is expounding the verse's redundant use of the word וַיִּקְחוּ, *they captured*: Why state that they *captured* the wealth and food, and then repeat that they *captured* Lot? Apparently Lot's capture included unique treatment, unlike that accorded the wealth and the food (*Yefeh To'ar*, *Eitz Yosef*).

140. The kings surely had their own reasons for confining Lot; presumably, they wanted to prevent him from escaping, or perhaps they wanted to torment him since he was the nephew of their hated enemy, Abraham (*Eitz Yosef*, quoting *Yefeh To'ar*). But why, asks the Midrash, did God allow Lot to suffer at the hand of the wicked kings (*Matnos Kehunah*)? The Midrash proceeds to explain.

141. That is: Lot's subjection to torture came about as a result of his having settled among the wicked people of Sodom (*Eitz Yosef*), for he assimilated their evil ways and thus deserved to be punished (*Maharzu*).

The Midrash bases its exposition on the repeated reference to Lot's place of residence. The Torah has already told us that Lot settled in Sodom (see above, 13:12), yet our verse repeats that fact right after it mentions his capture. Apparently our verse wishes to emphasize that Lot's poor treatment in captivity was a result of his having settled in Sodom (*Matnos Kehunah*).

142. Who is mentioned for the first time in Scripture in *Numbers* 21:33.

143. He was a *fugitive* (or *survivor*) of the killing of the Rephaim by Chedorlaomer and his allies (mentioned in v. 5). [The verse does not disclose his identity, though his description as *the* fugitive indicates that he was the only one of the Rephaim to survive the battle.] Our Midrash's identification of him as Og is based on the verse (*Deuteronomy* 3:11): *For only Og king of the Bashan was left of the remaining Rephaim* (*Eitz Yosef*).

144. The *fugitive* set out to inform Abraham of Lot's capture, and arrived at his home on the eve of Passover. When he entered the home, he saw Abraham, who kept all of God's commandments even before they were given (see 64 §4 below, *Kiddushin* 82a, et al.), hard at work baking matzos for the evening. Since matzos are also know as עוגות (see *Exodus* 12:39), people started calling him עוֹג (Og) for short.

בֵּירִין בֵּירִין מַסְקָן חֵמָר. "וַיָּנֻסוּ מֶלֶךְ סְדֹם וַעֲמֹרָה וַיִּפְּלוּ שָׁמָּה", רַבִּי יְהוּדָה וְרַבִּי נְחֶמְיָה, רַבִּי יְהוּדָה אוֹמֵר: "וַיִּפְּלוּ שָׁמָּה", אֵלּוּ הָאוּכְלוּסִין, "וְהַנִּשְׁאָרִים הֶרָה נָסוּ", אֵלּוּ הַמְּלָכִים. וְרַבִּי נְחֶמְיָה אָמַר: "וַיִּפְּלוּ שָׁמָּה", אֵלּוּ הַמְּלָכִים, "וְהַנִּשְׁאָרִים הֶרָה נָסוּ" אֵלּוּ הָאוּכְלוּסִין. עַל דַּעְתֵּיהּ דְּרַבִּי יְהוּדָה נִיחָא, וְעַל דַּעְתֵּיהּ דְּרַבִּי נְחֶמְיָה קַשְׁיָא. רַבִּי עֲזַרְיָה וְרַבִּי יוֹנָתָן בֶּן חַגַּי בְּשֵׁם רַבִּי יִצְחָק אָמְרוּ: בְּשָׁעָה שֶׁיָּרַד אַבְרָהָם אָבִינוּ לְכִבְשַׁן הָאֵשׁ וְנִיצוֹל יֵשׁ מֵאוּמּוֹת הָעוֹלָם שֶׁהָיוּ מַאֲמִינִים וְיֵשׁ שֶׁלֹּא הָיוּ מַאֲמִינִים, וְכֵיוָן שֶׁיָּרַד מֶלֶךְ סְדוֹם לַחֵמָר וְנִיצוֹל הִתְחִילוּ מַאֲמִינִים בְּאַבְרָהָם לְמַפְרֵעַ. [יד, יא] "וַיִּקְחוּ אֶת כָּל רְכֻשׁ סְדֹם וַעֲמֹרָה וְאֶת כָּל אָכְלָם", רַבִּי יְהוּדָה אוֹמֵר: זוֹ °עֲבוֹדָה, וְרַבִּי נְחֶמְיָה אָמַר: אֵלּוּ הַכּוֹתָבוֹת. [יד, יב] [כב] "וַיִּקְחוּ אֶת לוֹט וְגוֹ'", כָּךְ עָשׂוּ לְלוֹט, נָתְנוּ אוֹתוֹ בְּסִירָא וְנָטְלוּ אוֹתוֹ עִמָּהֶם. כָּל כָּךְ לָמָּה "וְהוּא יֹשֵׁב בִּסְדֹם", לְקַיֵּים מַה שֶּׁנֶּאֱמַר (משלי יג, כ) "הוֹלֵךְ אֶת חֲכָמִים יֶחְכָּם וְרוֹעֶה כְסִילִים יֵרוֹעַ":

ח [יד, יג] "וַיָּבֹא הַפָּלִיט", רֵישׁ לָקִישׁ בְּשֵׁם בַּר קַפָּרָא: [כג] הוּא עוֹג הוּא פָּלִיט. וְלָמָּה נִקְרָא שְׁמוֹ עוֹג שֶׁבָּא וּמָצָא אֶת °אַבְרָם יוֹשֵׁב וְעוֹסֵק בְּמִצְוַת עוּגוֹת. הוּא לֹא נִתְכַּוֵּן לְשֵׁם שָׁמַיִם אֶלָּא אָמַר:

עץ יוסף

בירין בירין מסקן חמר. כן ת"א שהיו בורות שמהם מעלים חמר לחומר ונטבעו בטיט. ולכן אמר בסמוך שילא מלך סדום דרך נס: **אלו האוכלסין.** דאי מלכים גופייהו איך יצא מלך סדום ואע"ג דוינוסו מלך סדום ועמורה ויפלו כתיב. ה"פ שנסו עם אוכלוסיהם ונפלו רובם: **על דעתיה דרבי נחמיה קשיא.** איך יצא מלך סדום. ומשני דדרך נס יצא כדמסיק ואזיל: **בשעה שירד כו'.** כלומר שנעשה נס למלך סדום כדי שיאמינו באברהם: **ויש שלא היו מאמינים.** מאשר לא ראו הדבר בעיניהם אבל כשראו הנס של מלך סדום התחילו מאמינים באברהם למפרע: [יב] **זו עבודה.** נ"ל עבורה כמו ויאכלו מעבור הארץ. ופירושו דגנה ולחמה (אב"א): **אלו הכותבת.** הם התמרי': **כך עשו ללוט כו'.** דאיכפל למכתב ויקחו שני. לאשמועינן שהיתה לו קיחה מיוחדת כי נתנוהו בסוגר שלא יברח. או לצערו טפי מפני איבת אברהם (יפ"ת): **כל כך למה אירע לו כך.** והוא יושב בסדום שישב עם רשעים: (ח) **הוא פליט.** שנקרא פליט על שפלט מהמלחמה. ונקרא עוג ע"ש עוגות מצות וכדלקמן פ' מ"ג שזה היה בליל פסח. ועוג הוא הפליט דכתיב כי רק עוג מלך הבשן נשאר מיתר הרפאים. שהכו ד' המלכים את כל הרפאים שבעשתרות ונשאר עוג והוא הפליט ומלך בעשתרות. וכן הוא בתנחומא חקת ובמ"ר פ' י"ט ג"כ: **במצות עוגות.** הפסח. דאברהם קיים כל התורה כדלקמן פ' ס"ד:

פירוש מהרז"ו

בירין בירין מסקן חמר. כן תרגם אונקלוס. כי סתם באר שכתוב בתורה פירושו באר נובע מים חיים וכאן היל"ל בורות בורות חמר על כן תרגם מסקן חמר שבענין זה היו דומים לבאר שכך היה טבעם לנבוע חמר: **ויפלו שמה אלו האוכלסין.** דורשים מדה ט"ו כאן אמר ויפלו שמה. שמשמע שהמלכים נפלו שמה וטבעו שם. והרי כתוב אח"כ ויצא מלך סדום ויאמר מלך סדום ע"כ דורש ר"י ומכריע ע"פ מדה ל"א וממעל וינוסו מלך סדום ועמורה הרה נסו שאותם שכתוב בהם וינוסו כתוב בהם הרה נסו. והנשארים ויפלו שמה הם האוכלסים הנשארים. ומ"ש ויצא מלך סדום והוא כפשוטו שיצא מביתו השדה לקראת אברהם. ור' נחמיה סובר שהפסוק וינוסו מלך סדום כפשוטו וסדרו שמלך סדום ועמורה נפלו בבארות החמר והנשארים האוכלסים הרה נסו אלא שמ"ש ויצא מלך סדום אינו כפשוטו. שפירושו שיצא מבארות החמר לקראת אברהם ע"פ נס בזכות אברהם כמו שהציל כל נפש ורכוש סדום וכמ"ש לעיל סימן ה' ולקמן פר' מ"ג סימן ה': **עבודה.** נ"ל עבורה כמ"ש מ"כ בשם אב"א ופי' דגנה ולחמה וכמ"ש איוב ארץ ממנה יצא לחם: **אלו הכותבות.** הם התמרים. לעיל פרשה ל"א ריש סימן י"ד על פסוק מכל מאכל אשר יאכל דורש ר"נ על הדבלה. (ובברכות פ' כיצד מברכין איתא שהתמרים משביעים והתאנים אינם משביעים. וא"כ יתכן שבתיבות כל אכלם מרמז על התמרים על שמשביעים באכילה אחת ובתיבות מכל מאכל אשר יאכל משמע שאוכלים ואוכלים עוד הפעם שאינם משביעים היינו דבילה של תאנים): **ויקחו את לוט וכו' כך עשו וכו'.** פי' כמו שכתוב אצל סדום ויקחו את כל רכוש סדום וכו' וילכו כך כתוב אצל לוט בפסוק הסמוך ויקחו את לוט וכו' וילכו והוא יושב בסדום וע"פ מדה ט' שבא לפרש איך נדמה לסדום והשיב והוא יושב בסדום על כן נדמה להם: **הולך את חכמים.** פי' כשהלך את אברהם ולמד מדרכיו התחכם ממנו והצליח כמ"ש לעיל פר' מ"א ריש סימן ג' וכאן על שישב בסדום ולמד מדרכיהם נשבר. ופירוש הפסוק על פי מדה ט' וע"פ מדת ממעל הולך את חכמים יחכם וִיבָנֶה ורועה כסילים יסכל וירועע: (ח) **הוא עוג.** נדה דף ס"א א' שהפליט הוא עוג על שפלט מדור המבול הובא ילקוט כאן. ד"ר פר' א' סימן כ"ה וכאן מפורש כפשוטו שנקרא פליט על שפלט מהמלחמה. ונקרא עוג

רש"י

ס"א. **מסקן חמר.** בורות מלאים חומר כדי שיפלו בהם שונאיהם העולים כנגדם. ע"כ: **ר' יהודה ורבי נחמיה.** רבי יהודה אמר ויפלו שמה אלו האוכלוסין והנשארים הרה נסו אלו המלכים ר' נחמיה אמר ויפלו שמה אלו המלכים והנשארים הרה נסו אלו האוכלוסים: **על דעתיה דרבי יהודה.** דאמר הנשארים אלו המלכים ניחא לפי שמצינו לאחר מכאן שכתב ויצא מלך סדום לקראתו ואלמלא שניצול היאך היה יוצא לר' נחמיה דאמר ויפלו שמה אלו המלכים קשיא ומשני ודאי נפלו אלא ניצולו כי הא דרבי יונתן דאמר שהוצא מן החומר שנפל: **ואת כל אכלם.** רבי יהודה אמר זה עבודה ר' נחמיה אמר אלו הכותבות: **ויקחו את לוט ואת רכושו.** מה עשו ללוט נתנו אותו בסוהר: [ח] **ויבא הפליט.** שנפלט מאותם שכתוב בהן ויכו את רפאים בעשתרות קרנים

מתנות כהונה

בירין בירין כו'. כן תרגום אונקלוס ופירש בורות שממנו היו מעלים חמר לחומר: **ניחא.** שהרי מצינו אח"כ שמלך סדום יצא לקראתו: **בשעה שירד כו'.** ולעולם המלכים נפלו שמה ומלך סדום ניצל דרך נס למען יאמינו נסו של אברהם: **עבודה.** בקשתי ולא מצאתי פירושו ואולי הוא מין פרי שהיה עיקר מאכלם והאב"א כתב דנ"ל לגרוס עבורה פירוש את כל דגנם: **הכותבות.** תמרים: **בסירא.** בבית הסוהר: **וכל כך למה.** למה אנה הקב"ה לידו כך ומשני והוא יושב בסדום לפי שנתיישב במקום רשעים דאם לא כן והוא יושב בסדום למה לי. וכבר ידענו אותו: [ח] **הוא לא נתכוון כו'.** עוג לא נתכוון לשם שמים במה שבשר לאברהם שנשבה לוט:

אשד הנחלים

וכיון שירד מ"ס וניצל. וא"כ לא קשיא כי באמת נפל לשם אך אח"כ ניצל [מ"כ]: **זו עבורה.** כן גרסת המ"כ בשם האב"א ולכן נקרא אכלם ביחוד כי רק על לחם הדגן יחיה האדם כי לחם לבב אנוש יסעד: **ויקחו את לוט כו' בסירה.** ולכן כתיב ויקחו את לוט ולא כתיב וישבו כי אחר שנשבה לא הלך בין השבויי' כ"א נתנוהו בבית האסורי' ונטלוהו עמהם. כי ידעו כי הוא מעדת אברהם ומבעלי אמונתו ע"כ שנאו אותו: **כל כך.** כלומר מה גרם לו זה שנפרד מאברהם והתחבר לאנשי סדום ולכן נשבה עמהם כי רועה כסילים ירוע. ואף שהוא למולם חכם: [ח] **במצות עוגות** ולכן נקרא ע"ש זה כדי לזכור המעשה שהי' באותו העת שבישר לו מזה:

חידושי הרד"ל

(יז) **זו עבודה.** עמ"כ ואפשר פירושו כלי עבודת האדמה. דכלים שעושין אוכל נפש קרויין בלשון כל אכלם:

(יח) **אילו הכותבות.** שהיו שם הרבה כמש"ל. והיה זה עיקר מאכלם דתמרי זיינו ומשבען:

מסורת המדרש

כב ילקוט משלי רמז תתק"כ:

כג נדה דף ס"א. במ"ר פ' י"ט. ד"ר פרשה א'. תנחומא סוף סדר חוקת סימן כ"ה. ילקוט כאן רמז ע"ב כה"ע. ילקוט סוף סדר חוקת רמז תשס"ה:

אם למקרא

הוֹלֵךְ אֶת־חֲכָמִים יֶחְכָּם וְרֹעֶה כְסִילִים יֵרוֹעַ: (משלי יג:כ)

ענף יוסף

(יא) [ז] **[וכיון שירד מלך סדום בו']** בהרמב"ן כתיב ויש לתמוה דהא אדרבה מחמת נס מלך סדום יהיו מחזיקים ידי עכו"ם. כי מלך סדום עכו"ם היה. אבל ביאור הענין שהוא מפרש ויצא מלך סדום לקראתו שיצא מן הבור כשעבר אברהם עליו. כי נעשה לו נס לכבוד אברהם שיצא לקראתו לברכו ולכבדו. ואפשר כי אברהם בשובו הביט בבור ההיא. כי חפץ להציל המלכים ולהשיב להם רכושם. ונעשה נס ע"י. ואם נעשה נס לכבוד אברהם כ"ש שיש להאמין שנעשה נס לאברהם עצמו. עכ"ל:

אַבְרָהָם זֶה — "This Abraham קוּנְיוֹן הוּא **— is a zealous man.** וְעַכְשָׁיו אֲנִי אוֹמֵר לוֹ נִשְׁבָּה בֶּן אָחִיךָ **— I will tell him now, 'Your nephew has been taken captive,'** וְהוּא יוֹצֵא לַמִּלְחָמָה וְנֶהֱרָג **— and he will go out to war** to rescue his nephew **and get killed** in battle; וַאֲנִי נוֹטֵל אֶת שָׂרַי אִשְׁתּוֹ **— then I will take Sarai, his wife,** for myself!"Ⓐ

The Midrash teaches the consequences both of Og's good deed and of his evil intention:

אָמַר לוֹ הַקָּדוֹשׁ בָּרוּךְ הוּא **— The Holy One, blessed is He,** thereupon **said to him,** חַיֶּיךָ שְׂכַר פְּסִיעוֹתֶיךָ אַתָּה נוֹטֵל **— "By your life! You will receive reward for your footsteps,** i.e., for going out of your way to inform Abraham of Lot's capture, שֶׁאַתְּ מַאֲרִיךְ יָמִים בָּעוֹלָם **— in that you will live** many **long days in** this **world.**[145]Ⓑ וְעַל שֶׁחָשַׁבְתָּ לַהֲרוֹג אֶת הַצַּדִּיק **— But because you thought to kill the righteous man** Abraham:[146] חַיֶּיךָ שֶׁאַתָּה רוֹאֶה אֶלֶף אֲלָפִים וְרִבֵּי רְבָבוֹת מִבְּנֵי בָנָיו **— By your life! You will** one day **face thousands upon thousands and myriads upon myriads of his descendants,** וְאֵין סוֹפוֹ שֶׁל אוֹתוֹ הָאִישׁ לִיפּוֹל אֶלָּא בְּיָדָן **— and the end of 'that man'** (i.e., you) **will be none other than to fall by their hand."** שֶׁנֶּאֱמַר "וַיֹּאמֶר ה' אֵלַי אַל תִּירָא אוֹתוֹ כִּי בְיָדְךָ וְגוֹ'" **— For** so **it is written, *HASHEM said to me*** (Moses): ***Do not fear him*** (Og), ***for in your hand** have I given him and his entire people and his land* (*Deuteronomy* 3:2).[147]

□ וַיַּגֵּד לְאַבְרָם הָעִבְרִי **— *AND HE TOLD ABRAM, THE HEBREW*** [הָעִבְרִי].

רַבִּי יְהוּדָה וְרַבִּי נְחֶמְיָה וְרַבָּנָן **— R' Yehudah, R' Nechemyah, and the Sages** discussed the appellation הָעִבְרִי (*the Hebrew*). רַבִּי יְהוּדָה

NOTES

But why would people call him Og just because Abraham happened to be baking matzos when he arrived? Perhaps it was because he devoured many of the matzos [that Abraham offered him], or because he mocked Abraham for baking them (*Yefeh To'ar*). Alternatively, perhaps Og boasted that he had traveled to Abraham's home in order to learn the laws of matzah and other commandments. The Midrash proceeds to teach, however, what his true motives were (*Maharzu*).

145. Og in fact lived a very long life, for he was still alive in the times of Moses more than 400 years after this incident (see *Deuteronomy* 3:11).

Despite Og's evil intentions, he was rewarded for trekking to inform Abraham about Lot's capture because his action had a positive result: It drew Abraham into a battle in which he roundly defeated the four mighty kings, which made him even more respected than he had been before (*Maharzu*, *Eitz Yosef*).

146. I.e., to bring about his death in battle.

147. Some 400 years after Og's meeting with Abraham, God ordered Moses into battle against Og, and offered him the assurance that he had nothing to fear, *for in your hand have I given him.* But why does God discuss a victory over Og in the past tense (*have I given*) before the battle had even begun? The reason, explains the Midrash, is that God was referring to the oath He had sworn centuries earlier that Og would fall by the hand of Abraham's descendants (*Eitz Yosef*).

INSIGHTS

Ⓐ **The Power of a Good Deed** When Moses was about to go to war against Og, God told Moses, *Do not fear him* (*Numbers* 21:34). *Rashi* explains that Moses needed reassurance that the merit Og had gained from serving Abraham — when he reported Lot's capture by the four kings — would not protect him in battle against Israel. That this "good" deed of Og would concern Moses is astonishing. As our Midrash teaches, Og's intentions in this matter were selfish and sinister; he was trying to cause Abraham's death in order to marry Sarah. Can a selfish and devious act possibly protect its doer's descendants from harm centuries later, merely because it benefited a righteous person?

R' Yosef Zundel of Salant (cited in *Iturei Torah*) derives a valuable *mussar* lesson from this: Every good deed, no matter how small or how impure, generates incredibly powerful merit — so much so that Moses actually had good cause for concern that Og's selfish deed would protect him against Israel. Imagine then, what merits are earned by doing a good deed with noble intentions and for the direct benefit of a righteous person! (see also *Yefeh To'ar*).

R' Yerucham Levovits of Mir explains the matter with an observation about nature, which he applies to the spiritual realm. In the physical world, a tiny seed planted in soil can wondrously produce vegetation many times its volume. A tree that grows tall and strong, and produces an annual bounty of fruit for hundreds of years, is all the product of a single seed. This is because God has created a natural order in which whatever is planted grows — and grows, and grows. If this order exists in the physical realm, where every item has corporeal limitations that restrict the extent of its growth, how much more so does it exist in the spiritual realm, where there are no such limitations. Every good deed is a spiritual seed planted in the "soil" of eternity, and as such, it grows without constraint and produces unfathomable merit. Og's good deed, though certainly inferior, had been allowed to "grow" for centuries, leading Moses to the justifiable concern that it had brought forth enormous merit that would suffice to protect him from defeat, even in the face of Israel's merit standing against him.

Such is the power of a good deed (*Daas Chochmah U'Mussar* Vol. II, pp. 145-146).

Ⓑ **A Rasha's Reward for Good Deeds** While focusing on Og's deeds and designs, this Midrash is far reaching in its scope. It touches on some fundamental issues in the area of *schar v'onesh* (Divine reward and punishment).

The notion that God repays our deeds is a cornerstone of Jewish faith (and counted among the *Rambam's* thirteen principles). The ultimate arena for attaining recompense is not in this world, but in the World to Come (see, e.g., *Mesillas Yesharim,* Ch. 1). It is for good reason that reward is not doled out in earthly form. Highlighting the intensity of the Heavenly experience, the Mishnah states (*Avos* 4:17), "One moment of enjoyment in the World to Come outweighs an entire lifetime of pleasures in this world." Reward of a physical nature would fall far short of a mitzvah's true value.

There is an exception to this general rule in regard to remuneration for the *rasha* (wicked person). Even a thoroughly evil individual is wont to perform a few good deeds in the course of a lifetime, and for these he deserves compensation. The *rasha,* however, does receive his payment in this world. As the Torah states (*Deuteronomy* 7:10),*He will not delay (payment) to His enemy.* In this manner, the *rasha* forfeits his share in the World to Come, having depleted his merits through earthly reward.

At first glance, this arrangement may appear troubling. We know, of course, that God is the ultimate fair and true Judge: *All of His ways are just . . . without inequity* (ibid. 32:4). Why, then, are the wicked treated differently? True, they have perpetrated great evil, and for that they will experience God's wrath. However, God "does not withhold the reward due any person" (*Bava Kamma* 38b). No single mitzvah goes unnoticed or uncompensated. Even a thoroughly wicked individual will be repaid — in fair measure — for whatever mitzvos he may have performed. How, then, can earthly reward suffice for the *rasha*? His deeds, however minuscule, are worth substantially more than anything he can receive in this world. Can he be shortchanged?

The *Birkas Yaakov* (*Lech Lecha, Derush* 31) clarifies that the system is indeed harmonious with God's perfect fairness. The *rasha* reaps exactly what he has sown.

In general, there are two primary ways in which a person can serve God: with the body or with the soul. The classification of a deed is determined primarily by the doer's *intention.* Og serves as a perfect illustration. His involvement in his good deed was entirely physical in nature. His aim in helping Avraham was not to fulfill God's will by aiding the righteous; instead, he hoped to claim the patriarch's wife as his prize. Having performed a mitzvah in a bodily sense only — in deed and motivation — he was appropriately compensated in material form. Hence, he merited long life in this world: a repayment of an earthly fashion.

The righteous, on the other hand, serve God with their *nefesh* (soul). They seek not material gain for themselves, but to please their Creator. Their motives are pristine, of a spiritual vein. And so, they are accorded a most fitting reward: to bask in the pure glow of the Divine Presence in the World of Souls (see *Yefeh To'ar* at length).

אַבְרָהָם זֶה קוּנְיוֹן הוּא וְעַכְשָׁיו אֲנִי אוֹמֵר לוֹ נִשְׁבָּה בֶּן אָחִיךָ וְהוּא יוֹצֵא לַמִּלְחָמָה וְנֶהֱרָג וַאֲנִי נוֹטֵל אֶת שָׂרַי אִשְׁתּוֹ. אָמַר לוֹ הַקָּדוֹשׁ בָּרוּךְ הוּא: חַיֶּיךָ שְׂכַר פְּסִיעוֹתֶיךָ אַתָּה נוֹטֵל שֶׁאַתְּ מַאֲרִיךְ יָמִים בָּעוֹלָם, וְעַל שֶׁחָשַׁבְתָּ לַהֲרוֹג אֶת הַצַּדִּיק, חַיֶּיךָ שֶׁאַתָּה רוֹאֶה אֶלֶף אֲלָפִים וְרִבֵּי רְבָבוֹת מִבְּנֵי בָנָיו, וְאֵין סוֹפוֹ שֶׁל אוֹתוֹ הָאִישׁ לִיפּוֹל אֶלָּא בְּיָדָן שֶׁנֶּאֱמַר (דברים ג, ב) "וַיֹּאמֶר ה' אֵלַי אַל תִּירָא אוֹתוֹ כִּי בְיָדְךָ וְגוֹ'". "וַיַּגֵּד לְאַבְרָם הָעִבְרִי", רַבִּי יְהוּדָה וְרַבִּי נְחֶמְיָה וְרַבָּנָן, [כד] רַבִּי יְהוּדָה אוֹמֵר: כָּל הָעוֹלָם כּוּלּוֹ מֵעֵבֶר אֶחָד וְהוּא מֵעֵבֶר אֶחָד, רַבִּי נְחֶמְיָה אָמַר: שֶׁהוּא מִבְּנֵי בָנָיו שֶׁל עֵבֶר, וְרַבָּנָן אָמְרֵי: שֶׁהוּא מֵעֵבֶר הַנָּהָר וְהוּא מֵשִׂיחַ בִּלְשׁוֹן עִבְרִי. "וְהוּא שׁוֹכֵן בְּאֵלוֹנֵי מַמְרֵא", רַבִּי יְהוּדָה וְרַבִּי נְחֶמְיָה, רַבִּי יְהוּדָה אָמַר: בְּמֵשְׁרַיָּא דְמַמְרֵא, וְרַבִּי נְחֶמְיָה אָמַר: בְּפַלָטִין דְּמַמְרֵא. עַל דַּעְתֵּיהּ דְּרַבִּי יְהוּדָה אַתְרָא הוּא דִּשְׁמֵיהּ מַמְרֵא, עַל דַּעְתֵּיהּ דְּרַבִּי נְחֶמְיָה גַּבְרָא הוּא דִּשְׁמֵיהּ מַמְרֵא. וְלָמָּה נִקְרָא שְׁמוֹ מַמְרֵא, רַבִּי עֲזַרְיָה בְּשֵׁם רַבִּי יְהוּדָה בְּשֵׁם רַבִּי סִימוֹן: שֶׁהִמְרָה פָּנִים בְּאַבְרָהָם. [כה] בְּשָׁעָה שֶׁאָמַר הַקָּדוֹשׁ בָּרוּךְ הוּא לְאַבְרָהָם לָמוּל, הָלַךְ וְנִמְלַךְ בְּג' אוֹהֲבָיו, אָמַר לוֹ עָנֵר: כְּבָר בֶּן ק' שָׁנָה אַתָּה וְאַתָּה הוֹלֵךְ וּמְצַעֵר אֶת עַצְמְךָ. אָמַר לוֹ אֶשְׁכּוֹל: מָה אַתְּ הוֹלֵךְ וּמְסַיֵּים אֶת עַצְמְךָ בֵּין שׂוֹנְאֶיךָ.

עץ יוסף

הוא לא נתכוון כו'. עוג לא נתכוין לש"ש במה שבשר לאברהם שנשבה לוט. אלא אמר אברהם זה קוניון הוא כלו' נוקם: **שכר פסיעותך כו'.** לפי שעי"ז נתגדל אברהם. ואע"פ שהוא לרעה נתכוין: **להרוג את הצדיק.** אברהם: **אלף אלפים ורבי רבבות כו'.** ובריש פ' דברים א' שאתה רואה אלפים ורבבות כו' והוא יותר נכון כי לא היו כ"כ אז כמו שחשב כאן וכה"ג הגיהו התוס' בב"ק (פ"ז ד"ה שני. רש"ש): **בידך נתתי אותו.** נתתי כבר והיינו מימות אברהם. ופסוק זה כתיב אצל עוג מלך הבשן: [יג] **כל העולם מעבר אחד.** כי כל בני תבל לא ידעו אז את ה' כי עבדו אלילים רק אברהם הכיר את בוראו והוא לבדו היה לעבר אחד בעולם לעבוד את ה'. וכל בני תבל לצד חוץ: **מבני בניו של עבר.** שהיה צדיק ונביא גדול כמ"ש בריש סע"ר. ועל שאברהם הלך בדרכיו אף שהיה אחר ז' דורות נקרא על שמו. ועבר חי עד שנת ע"ז ליעקב. ואברהם ויצחק ויעקב היו בית דינו של עבר: **מעבר הנהר.** כמ"ש בסוף יהושע בעבר הנהר ישבו אבותיכם וכו' ואקח את אביכם את אברהם מעבר הנהר: **משיח בלשון עברי.** לשון של בני עבר הנהר (יפ"ת): **משיח.** מדבר: [יד] **אתר הוא דשמיה ממרא.** מקום ששמו ממרא. ולכן אמר אילוני ממרא מישור של ממרא כמו איל פארן שכל המישור נקרא על שם העיר שהמגרש סמוך לעיר (מת"כ): **גברא הוא כו'.** ופי' אילוני ממרא היכל ופלטין של ממרא: **ולמה נקרא שמו ממרא.** כי ממרא מלשון מרי כמ"ש ממרים הייתם. והרי היה תלמידו של אברהם. על כן דרש לטובה שהמרה פנים באברהם שהעיז פניו נגדו ואמר לו שימול: **הלך ונמלך כו'.** עיין מ"ש בביאורי על התנחומא: **ומצער עצמך.** אפשר שצ"ל ומנער עצמך כענין נוער ותשנוק. ושם ענר דרש. וגירסתינו ואתה מצער עצמך פי' שתכנס בסכנת מות: **ומסיים את עצמך.** ובילקוט גרס ומסרס ור"ל שלשון אשכול

פירוש מהרז"ו

על שם עוגות מצות וכדלקמן פר' מ"ג ריש סימן ג' שזה היה בליל פסח ועוג הוא הפליט. כמ"ש כאן ויכו את רפאים בעשתרות קרנים ובריש דברים כתוב ואת עוג מלך הבשן אשר יושב בעשתרות. ובדברים ג' י"א כתוב כי רק עוג מלך הבשן נשאר מיתר הרפאים. שהכו ד' המלכים את כל הרפאים שבעשתרות ונשאר עוג והוא הפליט ומלך בעשתרות. וכן הוא בהדיא בתנחומא בסוף פרשת חוקת ובמ"ר פר' י"ט סימן ל"ב ג"כ בהדיא. ול"ע איך נקרא שמו עוג על שמצא את אברהם יושב ועוסק במצות עוגות. ויתכן שהראה לבריות שבא ללמוד המצוה ולקבלה עליו. אך המדרש אומר שהאמת שעשה זאת כדי שיהרג אברהם ויקח את שרה. **כי בידך וגו'.** נתתי אותו נתתי כבר והיינו מימות אברהם ופסוק זה כתוב אצל עוג מלך הבשן וכנ"ל: **מעבר אחד וכו'.** כי כל בני תבל לא ידעו אז את ה' כי עבדו כולם לכוכבים ומזלות רק אברהם הכיר בורא עולם והוא לבדו היה לעבר אחד בעולם לעבוד אלהי אמת וכל בני תבל לצד אחר לצד חוץ: **מבני בניו של עבר.** שהיה צדיק ונביא גדול כמ"ש בריש ס"ד. ועל שאברהם הלך בדרכיו. אף שהיה אחר ז' דורות עבר פלג רעו שרוג נחור תרח אברם נקרא על שמו ועבר חי עד שנת ע"ז ליעקב ואברהם יצחק ויעקב היו בית דינו של עבר: **מעבר הנהר.** כמ"ש בסוף יהושע בעבר הנהר ישבו אבותיכם וכו' ואקח את אביכם את אברהם מעבר הנהר: **ולמה נקרא שמו ממרא.** כי ממרא מלשון מרי כמ"ש ממרים הייתם והרי היה תלמידו של אברהם על כן דרש לטובה שהמרה פנים באברם: **ואתה מצער עצמך.** פי' שתכניס בסכנת מות ותהיה שופך דמים שהרגת עצמך: **ומסייף עצמך.** עי' מ"כ ובאגדת בראשית הגי' מסורס הוא רוצה לעשותך. ואברהם ששאל אותם. יתכן שהיתה כוונתו לנסותם מה דעתם ומה יאמרו וכדרך שמנסים התלמידים. והדרשה בדברי ר"נ בפלטין דממרא ע"פ מדת סמוכים ומדת מנגד שסמוך מיד אחר המילה כתוב וירא אליו ה' באלוני

חידושי הרד"ל

(יט) [ח] **ואתה הולך ומצער עצמך.** כמדומה שצ"ל ומנער עצמך כענין נוער ותשנוק. אשכול שכול מבנים [ושמם ענר ואשכול קא דריש]:

(כ) **הולך ומסרס.** כ"ה עיקר הגי' כמ"ש המ"כ בשם ילקוט וכ"ה באג"ב ס"פ י"ט ולשון אשכול דרש שכול מבנים ועי' אג"ב שם:

חידושי הרש"ש

[ח] **שאתה רואה אלפים ורבבות כו'.** כ"ה בסוף פ' דברים והוא יותר נכון כי לא היה כ"כ אז כמו דחשיב כאן וכה"ג הגיהו התוס' בב"ק (פ"ג א') ד"ה שני: **מה אתה הולך ומסיים א"ע.** עמ"כ. ול"נ שהוא לשון סימן כמו לקמן פמ"ד מה איים הללו מסוימין כו' כך היו אברהם ושם מסוימים כו'. וכן בב"ב (ס"ב א') סיים לו את הקרנות ופירש רשב"ם לשון סימן:

מסורת המדרש

כד פסיקתא רבתי פ' ל"ג. ילקוט כאן רמז ע"ג כה"ע:

כה תנחומא סדר וירא סימן ג'. אגדת בראשית פרק י"ט:

אם למקרא

וַיֹּאמֶר ה' אֵלַי אַל־תִּירָא אֹתוֹ כִּי בְיָדְךָ נָתַתִּי אֹתוֹ וְאֶת־כָּל־עַמּוֹ וְאֶת־אַרְצוֹ וְעָשִׂיתָ לּוֹ כַּאֲשֶׁר עָשִׂיתָ לְסִיחֹן מֶלֶךְ הָאֱמֹרִי אֲשֶׁר יוֹשֵׁב בְּחֶשְׁבּוֹן:
(דברים ג:ב)

רש"י

הדא הוא דכתיב כי רק עוג מלך הבשן נשאר מיתר הרפאים: **המרה פנים לאברהם.** העיז פנים לנגדו והחזיקו למול: ס"א החליפו לענין טוב שלא אמר לאברהם מה שאמרו לו חביריו אלא אמר לו לימול. ע"כ:

מתנות כהונה

אמר עוג בלבו אברהם קוניון קנאי כלומר נוקם כמה דאת אמר בקנאו את קנאתי: [**להרוג את הצדיק** גרסינן]: **והוא מעבר אחד לצד אחד.** כלומר שקול כנגד כולם: **משיח.** מדבר: [**במשריא דמימרא.** עי' בפירש"י וברמב"ן בפ' זו]: **באיל פארן אתרא כו'.** מקום יש ששמו ממרא ולכן אמר אילוני ממרא כלומר מישור של ממרא כמו איל פארן ודומיהם שכל המישור נקרא על שם העיר שהמגרש לורך העיר: **גברא הוא.** ולכן אמר אילוני ממרא היכל ופלטין של מלך: **שהמרה.** לשון מרי ורוגז שהעיז פניו נגדו ואמר לו שימול כדמפרש ואזיל כן מצאתי בפירש"י: **ומסיים וכו'.** לשון סוף וקץ כלומר שתשאר ביד אויביך שישמעו

אשד הנחלים

כל העולם מעבר אחד. וכלומר כולם פונים רק לאלילים ולא לאלהי אמת והוא פונה א"ע רק לאמונה האמיתית. וזהו פלא שאיש אחד יבדל מכל העולם באמונתו ולא יפחד מהם מאומה. ולכן נקרא ע"ש זה להורות על הפלגתו: **הלך ונמלך.** יש לחקור איך יתכן שהדבר שהגיע אליו בנבואה האלקית ימלך באנשים חכמים אם יעשה זאת. ועוד הרי העקידה שהי' ענין מפליא יותר מזה ועכ"ז לא נמלך בשום אדם. כ"א מיהר לעשות רצון ה' ב"ה באהבה. ואולי מפני שטרם שמל עצמו לא היתה נבואתו עודנה במדריגה שיכול לסמוך עליה בבירור כמאמרם להלן שרק אח"כ זכה לנבואה הגדולה. ע"כ הלך ליטול עצה מן החכמים אם הוא ענין אפשרי אם

אוֹמֵר: כָּל הָעוֹלָם כּוּלּוֹ מֵעֵבֶר אֶחָד וְהוּא מֵעֵבֶר אֶחָד — **R' Yehudah said:** The Torah refers to Abraham as *the Hebrew* (הָעִבְרִי), because **the entire world was on one side** of the debate about idolatry, **and he was on the other side** (עֵבֶר) of the issue.[148]

רַבִּי נְחֶמְיָה אָמַר: שֶׁהוּא מִבְּנֵי בָנָיו שֶׁל עֵבֶר — **R' Nechemyah said:** The Torah refers to him as *the Hebrew* (הָעִבְרִי), **because he was** one **of the descendants of Eber** (עֵבֶר).[149] וְרַבָּנָן אָמְרֵי: שֶׁהוּא מֵעֵבֶר הַנָּהָר וְהוּא מֵשִׂיחַ בִּלְשׁוֹן עִבְרִי — **And the Sages say:** The Torah refers to him as *the Hebrew* (הָעִבְרִי), **because he was from the** other **side** (עֵבֶר) **of the** Euphrates **River and because he conversed in the Hebrew** (עִבְרִי) **language.**

□ וְהוּא שׁוֹכֵן בְּאֵלוֹנֵי מַמְרֵא — *WHO DWELT IN ELONEI MAMRE.*

רַבִּי יְהוּדָה וְרַבִּי נְחֶמְיָה — **R' Yehudah and R' Nechemyah** discussed what it means that Abraham *dwelt in "Elonei Mamre."* רַבִּי יְהוּדָה אָמַר: בְּמֵישְׁרַיָּא דְמַמְרֵא — **R' Yehudah said:** It means that he lived **in the Plains of Mamre.** וְרַבִּי נְחֶמְיָה אָמַר: בְּפַלְטִין דְּמַמְרֵא — **And R' Nechemyah said:** It means that he lived **in the palace**[150] **of Mamre.**

עַל דַּעְתֵּיהּ דְּרַבִּי יְהוּדָה אַתְרָא הוּא דִּשְׁמֵיהּ מַמְרֵא — **According to the opinion of R' Yehudah it was a place whose name was Mamre,**[151] עַל דַּעְתֵּיהּ דְּרַבִּי נְחֶמְיָה גַּבְרָא הוּא דִּשְׁמֵיהּ מַמְרֵא — whereas **according to the opinion of R' Nechemyah it was a man whose name was Mamre,**[152] and Abraham lived in his palace.

The Midrash elucidates the opinion that Mamre was the name of a person:[153]

וְלָמָּה נִקְרָא שְׁמוֹ מַמְרֵא — **And why was he named Mamre?** רַבִּי עֲזַרְיָה בְּשֵׁם רַבִּי יְהוּדָה בְּשֵׁם רַבִּי סִימוֹן — **R' Azariah** said **in the name of R' Yehudah,** who said **in the name of R' Simon:** שֶׁהִמְרָה פָּנִים בְּאַבְרָהָם — He was called Mamre **because he made his face defiant** (ממרה) **toward Abraham.** בְּשָׁעָה שֶׁאָמַר הַקָּדוֹשׁ בָּרוּךְ הוּא לְאַבְרָהָם לָמוּל, הָלַךְ וְנִמְלַךְ בְּג׳ אוֹהֲבָיו — For **when the Holy One, blessed is He, told Abraham to circumcise** himself, **he went and conferred with his three friends** who are mentioned in our verse: Aner, Eshcol, and Mamre. Each gave a different piece of advice.[154] אָמַר לוֹ עָנֵר — **Aner said to him,** כְּבָר בֶּן ק׳ שָׁנָה אַתָּה וְאַתָּה הוֹלֵךְ וּמְצַעֵר אֶת עַצְמְךָ — **"You are already** nearly **one hundred years old, and you are going to bring** such **pain upon yourself?!"** Do not circumcise yourself at all![155] אָמַר לוֹ אֶשְׁכּוֹל — **Eshcol said to him,** מָה אַתְּ הוֹלֵךְ וּמְסַיֵּים אֶת עַצְמְךָ בֵּין שׂוֹנְאֶיךָ — **"Why are you going and subjecting yourself to the sword among your enemies?"**[156]

NOTES

148. R' Yehudah holds that the word עִבְרִי (commonly translated as *Hebrew*) is derived from the word עֵבֶר, which means *side*. In his view, Abraham is called הָעִבְרִי (lit., *the person of one side*) because in the debate about idolatry, he was the only one to take the side that idolatry is fallacious because there is only One God (*Maharzu, Eitz Yosef*). See Insight Ⓐ.

Alternatively: The two "sides" refer to two sides of a scale. The Midrash is saying that if Abraham's merits were placed on one side of a scale and the merits of the rest of humanity on the other, Abraham's merits would outweigh them all. According to this view, R' Yehudah is using the metaphor of a scale to convey how much more righteous Abraham was than the rest of the world (*Yefeh Toar, Matnos Kehunah*).

149. See above, 11:16ff. R' Nechemyah is translating the word הָעִבְרִי (*the Hebrew*) as *the one from Eber*, or *the Eberite*.

Eber, who preceded Abraham by seven generations, was a great prophet and a very righteous man. In giving Abraham's pedigree, the Torah specifically mentions Eber (and not any other ancestor) because Abraham emulated the righteousness of Eber (*Maharzu, Eitz Yosef*).

150. The term "palace" may be meant here in the sense of "estate."

151. I.e., there was a city named Mamre, and the plains surrounding it were known as the Plains of Mamre (*Matnos Kehunah*). [According to this view, the fact that Abraham had a disciple named Mamre (see below, v. 24) is purely coincidental; or perhaps that individual was named after the place called Mamre (see *Yefeh To'ar*).]

[There is some discussion as to the source for translating אֵלוֹנֵי as *plains*. It is possible that the translation is simply based on tradition (see *R' Eliyahu Mizrachi* to *Rashi* 14:6). Alternatively, אֵלוֹנֵי is derived from the word אִילָן, which means tree. And since people would often plant tree-filled parks in the plains that surrounded cities, the plains themselves came to be known as אֵלוֹנֵי (*Ramban* ibid.).]

152. This was the friend and disciple of Abraham mentioned in verse 24 (see further, and see *Maharzu* and *Eitz Yosef*).

153. The Midrash considers it odd that a disciple of Abraham would have the name Mamre (מַמְרֵא) — a derivative of the word מְרִי, which means *rebellion*. It therefore understands Mamre to have exhibited defiance in a constructive way, as it proceeds to explain (*Rashi, Matnos Kehunah, Eitz Yosef*).

154. Abraham obviously had no doubts about fulfilling God's command. He was apprehensive, however, that his enemies might take advantage of his weakness if they knew that he had undergone circumcision. He therefore took counsel with his friends as to a strategy for minimizing that risk: should he perform the circumcision in secret, postpone the circumcision until his enemies seemed less threatening, or perform the circumcision immediately and publicly in spite of his fears? (*Yefeh To'ar*).

155. Aner tried to talk Abraham out of obeying God's command altogether. Alternatively: He argued to Abraham that surely God did not intend for him to circumcise himself; only the younger members of his household and his future children were to be circumcised (*Yefeh To'ar*).

156. That is: When your enemies hear about your circumcision, they will surely take advantage of your weakness and kill you (see *Matnos Kehunah* and *Yefeh To'ar*). [Eshcol definitely tried to dissuade Abraham from *publicizing* the circumcision, but it is possible that he supported his performing the circumcision in secret (*Yefeh To'ar*).]

Our text, which reads: מְסַיֵּף אֶת עַצְמְךָ, reflects that of earlier editions of Midrash prior to the Amsterdam edition of 1725; it is also the text found in *Yefeh To'ar* and *Maharzu*. However, in the Amsterdam edition, and in all subsequent ones, the text reads מְסַיֵּים אֶת עַצְמְךָ, which means either to *bring about your end* [at the hands of your enemies] or *mark yourself* [making it impossible to hide from your enemies] (see *Matnos Kehunah* and *Rashash*). There are yet other readings, as well, including מְסָרֵס אֶת עַצְמְךָ, *sterilize yourself*, and מְמָאִיס אֶת עַצְמְךָ, *make yourself despicable* in the eyes of your enemies (see *Matnos Kehunah* and *Eitz Yosef*).

According to all versions, Eshcol's point is basically the same: When your enemies find out that you have undergone circumcision, they will see you as vulnerable for any one of a number of reasons, and thus renew their efforts to kill you (*Yefeh To'ar*).

INSIGHTS

Ⓐ **Every Jew an Ivri** Abraham is given the title *"Ivri,"* from the word *eiver* [עֵבֶר], meaning *the other side*. Literally, this means that he came to Canaan from the other side of the Euphrates, but the Sages understand this term as an explanation of Abraham's essence and greatness; he was ready to stand apart from the rest of the world, as the only one who refused to join its descent to idolatry. Although he and Sarah cultivated many disciples, they were essentially alone; they would never blend into — or compromise with — the surrounding culture. Abraham was on one side of a moral and spiritual divide, and the rest of the world was on the other.

Righteous people must be ready to endure isolation, if necessary. Popularity is pleasant, but it can also be a trap; the natural human desire for acceptance and popularity can lead people to compromise their principles. Because Abraham was strong enough to resist this impulse, he became the father of the nation that would remain loyal to God. This strength became part of Abraham's legacy to his posterity.

Rabbi S. R. Hirsch (to *Exodus* 3:18) notes that when Moses first approached Pharaoh with the request that Israel be permitted to leave Egypt to worship Hashem, Moses spoke of Him as the "God of the *Ivri'im*." Every Jew has – *must* have – within himself the capacity to be an *Ivri*, to stand alone. God does not need multitudes; He needs those who are ready to remain loyal to His principles and precepts. Even if there is only one couple ready to do so, as in the time of Abraham, that is enough.

אַבְרָהָם זֶה קוּנְיוֹן הוּא וְעַכְשָׁיו אֲנִי אוֹמֵר לוֹ נִשְׁבָּה בֶּן אָחִיךָ וְהוּא יוֹצֵא לַמִּלְחָמָה וְנֶהֱרָג וַאֲנִי נוֹטֵל אֶת שָׂרַי אִשְׁתּוֹ. אָמַר לוֹ הַקָּדוֹשׁ בָּרוּךְ הוּא: חַיֶּיךָ שְׂכַר פְּסִיעוֹתֶיךָ אַתָּה נוֹטֵל שֶׁאַתְּ מַאֲרִיךְ יָמִים בָּעוֹלָם, וְעַל שֶׁחָשַׁבְתָּ לַהֲרוֹג אֶת הַצַּדִּיק, חַיֶּיךָ שֶׁאַתָּה רוֹאֶה אֶלֶף אֲלָפִים וְרִבֵּי רְבָבוֹת מִבְּנֵי בָנָיו, וְאֵין סוֹפוֹ שֶׁל אוֹתוֹ הָאִישׁ לִיפּוֹל אֶלָּא בְּיָדָן שֶׁנֶּאֱמַר (דברים ג, ב) "וַיֹּאמֶר ה' אֵלַי אַל תִּירָא אוֹתוֹ כִּי בְיָדְךָ וְגוֹ' ". "וַיַּגֵּד לְאַבְרָם הָעִבְרִי", רַבִּי יְהוּדָה וְרַבִּי נְחֶמְיָה וְרַבָּנָן, כדרַבִּי יְהוּדָה אוֹמֵר: כָּל הָעוֹלָם כּוּלּוֹ מֵעֵבֶר אֶחָד וְהוּא מֵעֵבֶר אֶחָד, רַבִּי נְחֶמְיָה אָמַר: שֶׁהוּא מִבְּנֵי בָנָיו שֶׁל עֵבֶר, וְרַבָּנָן אָמְרֵי: שֶׁהוּא מֵעֵבֶר הַנָּהָר וְהוּא מֵשִׂיחַ בִּלְשׁוֹן עִבְרִי. "וְהוּא שׁוֹכֵן בְּאֵלוֹנֵי מַמְרֵא", רַבִּי יְהוּדָה וְרַבִּי נְחֶמְיָה, רַבִּי יְהוּדָה אָמַר: בְּמֵשְׁרַיָּא דְמַמְרֵא, וְרַבִּי נְחֶמְיָה אָמַר: בְּפָלָטִין דְּמַמְרֵא. עַל דַּעְתֵּיהּ דְּרַבִּי יְהוּדָה אַתְרָא הוּא דִּשְׁמֵיהּ מַמְרֵא, עַל דַּעְתֵּיהּ דְּרַבִּי נְחֶמְיָה גַּבְרָא הוּא דִּשְׁמֵיהּ מַמְרֵא. וְלָמָּה נִקְרָא שְׁמוֹ מַמְרֵא, רַבִּי עֲזַרְיָה בְּשֵׁם רַבִּי יְהוּדָה בְּשֵׁם רַבִּי סִימוֹן: שֶׁהִמְרָה פָּנִים בְּאַבְרָהָם. כהבְּשָׁעָה שֶׁאָמַר הַקָּדוֹשׁ בָּרוּךְ הוּא לְאַבְרָהָם לָמוּל, הָלַךְ וְנִמְלַךְ בְּג' אוֹהֲבָיו, אָמַר לוֹ עָנֵר: כְּבָר בֶּן ק' שָׁנָה אַתָּה וְאַתָּה הוֹלֵךְ וּמְצַעֵר אֶת עַצְמְךָ. אָמַר לוֹ אֶשְׁכּוֹל: מַה אַתְּ הוֹלֵךְ וּמְסַיֵּים אֶת עַצְמְךָ בֵּין שׂוֹנְאֶיךָ.

חידושי הרד"ל

(יט) [ח] **ואתה הולך ומצער עצמך.** כמדומה שצ"ל ומנער עצמך כענין נוער ותשנוק. אשכול שכול מבנים [ושמם ענר ואשכול קא דריש]: (כ) **הולך ומסרס.** כ"ה עיקר הגי' כמ"ש המ"כ בשם ילקוט וכ"ה באג"ב ס"פ י"ט ולשון אשכול דרש שכול מבנים ועי' אג"ב שם:

חידושי הרש"ש

[ח] **שאתה רואה אלפים ורבבות בו'.** כ"ה בסוף פ' דברים והוא יותר נכון כי לא היה כ"כ אז כמו דחשיב כאן וכה"ג הגיהו התוס' בב"ק (פ"ג א') ד"ה שני: **מה אתה הולך ומסיים א"ע.** עמ"כ. ול"נ שהוא לשון סימן כמו לקמן פמ"ד מה חיים הללו מסוימין כו' כך היו אברהם ושם מסוימים כו'. וכן בב"ב (ס"ב א') סיים לו את הקרנות ופירש רשב"ם לשון סימן:

עץ יוסף

הוא לא נתכוון בו'. עוג לא נתכוין לש"ש במה שבשר לאברהם שנשבה לוט. אלא אמר אברהם זה קוניון הוא כלו' נוקס: **שכר פסיעותך בו'.** לפי שעי"ז נתגדל אברהם. ואע"פ שהוא לרעה נתכוין: **להרוג את הצדיק.** אברהם: **אלף אלפים ורבי רבבות בו'.** ובריש פ' דברים אי' שאתה רואה אלפים ורבבות כו' והוא יותר נכון כי לא היו כ"כ אז כמו שחשב כאן וכה"ג הגיהו התוס' בב"ק (פ"ז ד"ה שני. רש"ש): **בידך נתתי אותו.** נתתי כבר והיינו מימות אברהם. ופסוק זה כתיב אצל עוג מלך הבשן: [יג] **כל העולם מעבר אחד.** כי כל בני תבל לא ידעו אז את ה' כי עבדו אלילים רק אברהם הכיר את בוראו והוא לבדו היה לעבר אחד בעולם לעבוד את ה'. וכל בני תבל לצד חוץ: **מבני בניו של עבר.** שהיה צדיק ונביא גדול כמ"ש בריש סע"ר. ועל שאברהם הלך בדרכיו אף שהיה אחר ז' דורות נקרא על שמו. ועבר חי עד שנת ע"ז ליעקב. ואברהם ויצחק ויעקב היו בית דינו של עבר: **מעבר הנהר.** כמ"ש בסוף יהושע בעבר הנהר ישבו אבותיכם וכו' ואקח את אביכם את אברהם מעבר הנהר: **משיח בלשון עברי.** לשון של בני עבר הנהר (יפ"ת): **משיח.** מדבר: [יד] **אתר הוא דשמיה ממרא.** מקום ששמו ממרא. ולכן אמר אילוני ממרא מישור של ממרא כמו איל פארן שכל המישור נקרא על שם העיר שהמגרש סמוך לעיר (מת"כ): **גברא הוא בו'.** ופי' אילוני ממרא היכל ופלטין של ממרא: **ולמה נקרא שמו ממרא.** כי ממרא מלשון מרי כמ"ש ממרים הייתם. והרי היה תלמידו של אברהם. על כן דרש לטובה שהמרה פנים באברהם שהעיז פניו נגדו ואמר לו שימול: **הלך ונמלך בו'.** עיין מ"ש בביאורי על התנחומא: **ומצער עצמך.** אפשר שצ"ל ומנער עצמך כענין נוער ותשנוק. ושם ענר דרש. וגירסתינו ואתה מצער עצמך פי' שתכנס בסכנת מות: **ומסיים את עצמך.** ובילקוט גרס ומסרס ור"ל שלשון אשכול

פירוש מהרז"ו

על שם עוגות מצות וכדלקמן פר' מ"ג ריש סימן ג' שזה היה בליל פסח ועוג הוא הפליט. כמ"ש כאן ויכו את רפאים בעשתרות קרנים ובריש דברים כתוב ואת עוג מלך הבשן אשר יושב בעשתרות. ובדברים ג' י"א כתוב כי רק עוג מלך הבשן נשאר מיתר הרפאים. שהכו ד' המלכים את כל הרפאים שבעשתרות ונשאר עוג והוא הפליט ומלך בעשתרות. וכן הוא בהדיא בתנחומא בסוף פרשת חוקת ובמ"ר פר' י"ט סימן ל"ב ג"כ בהדיא. וצ"ע איך נקרא שמו עוג על שמצא את אברהם יושב ועוסק במצות עוגות. ויתכן שהראה לבריות שבא ללמוד המצוה ולקבלה עליו. אך המדרש אומר שהאמת שעשה זאת כדי שיהרג אברהם ויקח את שרה. **כי בידך וגו'.** נתתי אותו נתתי כבר והיינו מימות אברהם ופסוק זה כתוב אצל עוג מלך הבשן וכנ"ל: **מעבר אחד וכו'.** כי כל בני תבל לא ידעו אז את ה' כי עבדו כולם לכוכבים ומזלות רק אברהם הכיר בורא עולם והוא לבדו היה לעבר אחד בעולם לעבוד אלהי אמת וכל בני תבל לצד אחר לצד חוץ: **מבני בניו של עבר.** שהיה צדיק ונביא גדול כמ"ש בריש ס"ד. ועל שאברהם הלך בדרכיו. אף שהיה אחר ז' דורות עבר פלג רעו שרוג נחור תרח אברם נקרא על שמו ועבר חי עד שנת ע"ז ליעקב ואברהם יצחק ויעקב היו בית דינו של עבר: **מעבר הנהר.** כמ"ש בסוף יהושע בעבר הנהר ישבו אבותיכם וכו' ואקח את אביכם את אברהם מעבר הנהר: **ולמה נקרא שמו ממרא.** כי ממרא מלשון מרי כמ"ש ממרים הייתם והרי היה תלמידו של אברהם על כן דרש לטובה שהמרה פנים באברם: **ואתה מצער עצמך.** פי' שתכנים בסכנת מות ותהיה שופך דמים שהרגת עצמך: **ומסייף עצמך.** עי' מ"כ ובאגדת בראשית הגי' מסורס הוא רוצה לעשותך. ואברהם ששאל אותם. יתכן שהיתה כוונתו לנסותם מה דעתם ומה יאמרו וכדרך שמנסים התלמידים. והדרשה בדברי ר"נ בפלטין דממרא ע"פ מדת סמוכים ומדת מנגד שסמוך מיד אחר המילה כתוב וירא אליו ה' באלוני

מסורת המדרש

כד פסיקתא רבתי פ' ל"ג. ילקוט כאן רמז ע"ג כה"ט: כה תנחומא סדר וירא סימן ג'. אגדת בראשית פרק י"ט:

אם למקרא

וַיֹּאמֶר ה' אֵלַי אַל־תִּירָא אֹתוֹ כִּי בְיָדְךָ נָתַתִּי אֹתוֹ וְאֶת־כָּל־עַמּוֹ וְאֶת־אַרְצוֹ וְעָשִׂיתָ לּוֹ כַּאֲשֶׁר עָשִׂיתָ לְסִיחֹן מֶלֶךְ הָאֱמֹרִי אֲשֶׁר יוֹשֵׁב בְּחֶשְׁבּוֹן:
(דברים ג:ב)

רש"י

הדא הוא דכתיב כי רק עוג מלך הבשן נשאר מיתר הרפאים: **המרה פנים לאברהם.** העיז פנים לנגדו והחזיקו למול: ס"א החליפו לענין טוב שלא אמר לאברהם מה שאמרו לו חביריו אלא אמר לו לימול. ע"כ:

מתנות כהונה

אמר עוג בלבו אברהם קוניון קנאי כלומר נוקס כמה דאת אמר בקנאו את קנאתי: [**להרוג את הצדיק** גרסינן]: **והוא מעבר אחד לצד אחד.** כלומר שקול כנגד כולם: **משיח.** מדבר: [**במשריא דמימרא.** עי' בפירש"י וברמב"ן בפ' זו]: **באיל פארן אתרא בו'.** מקום יש ששמו ממרא ולכן אמר אילוני ממרא כלומר מישור של ממרא כמו איל פארן ודומיהם שכל המישור נקרא על שם העיר שהמגרש סמוך העיר: **גברא הוא.** ולכן אמר אילוני ממרא היכל ופלטין של מלך: **שהמרה.** לשון מרי ורוגז שהעיז פניו נגדו ואמר לו שימול כדמפרש ואזיל כן מצאתי בפירש"י: **ומסיים וכו'.** לשון סוף וקץ כלומר שתשאר ביד אויביך שישמטו

אשד הנחלים

כל העולם מעבר אחד. וכלומר כולם פונים רק לאלילים ולא לאלהי אמת והוא פונה א"ע רק לאמונה האמיתית. וזהו פלא שאיש אחד יבדל מכל העולם באמונתו ולא יפחד מהם מאומה. ולכן נקרא ע"ש זה להורות על הפלגתו: **הלך ונמלך.** יש לחקור איך יתכן שהדבר שהגיע אליו בנבואה האלקית ימלך באנשים חכמים אם יעשה זאת. ועוד הרי העקידה שהי' ענין מפליא יותר מזה ועכ"ז לא נמלך בשום אדם. כ"א מיהר לעשות רצון ה' ב"ה באהבה. ואולי מפני שטרם שמל עצמו לא היתה נבואתו עודנה במדריגה שיכול לסמוך עליה בבירור כמאמרם להלן שרק אח"כ זכה לנבואה הגדולה. ע"כ הלך ליטול עצה מן החכמים אם הוא ענין אפשרי אם

אָמַר לוֹ מַמְרֵא — But **Mamre said to him,** אֱלֹהֶיךָ שֶׁעָמַד לְךָ בְּכִבְשַׁן הָאֵשׁ וּבַמְּלָכִים וּבָרְעָבוֹן — "This is **your God, Who stood by you in the fiery furnace and in** the battle against **the** four **kings and in** times of **famine,** when you found food in Egypt, and God protected you there;[157] וְהַדָּבָר הַזֶּה שֶׁאָמַר לְךָ לָמוּל אֵין אַתָּה שׁוֹמֵעַ לוֹ — **and** when it comes to **this matter,** i.e., **that He told you to circumcise** yourself, **you are not going to listen to him?!"**[158] How preposterous! אָמַר לוֹ הַקָּדוֹשׁ בָּרוּךְ הוּא — **The Holy One, blessed is He,** thereupon **said to [Mamre],** אַתָּה נָתַתָּ לוֹ עֵצָה לָמוּל — **"You gave [Abraham] counsel to undergo circumcision.** חַיֶּיךָ שֶׁאֵינִי נִגְלֶה עָלָיו לֹא בַּפָּלָטִין שֶׁל עָנֵר, וְלֹא בַּפָּלָטִין שֶׁל אֶשְׁכּוֹל — **By your life! I will reveal Myself to him** (Abraham) **neither in the palace of Aner nor in the palace of Eshcol,** אֶלָּא בַּפָּלָטִין שֶׁלְּךָ — **but only in your palace!"**[159] הָדָא הוּא דִכְתִיב "וַיֵּרָא אֵלָיו ה' בְּאֵלֹנֵי מַמְרֵא — **Thus it is written,** ***HASHEM appeared to him*** *[Abraham]* ***in Elonei Mamre*** (below, 18:1).

NOTES

157. See above, 12:10ff.

158. Mamre meant to say, "Surely your God, Who has saved you so many times before, can save you now as well! You need not be concerned about your enemies exploiting your circumcision" (*Yefeh To'ar*).

159. See note 150.

עץ יוסף

דרש שכול מבנים. וכן הוא באגדת בראשית. והרא"ש גרס ממאים ור"ל שיבזוהו בהמולו: **אין אתה שומע לו.** בתמיה: **וירא אליו ה' באלוני ממרא.** דגילוי השכינה דהשתא באלוני ממרא לא במקרה הוי רק משום דנתן לו עצה על המילה:

אָמַר לוֹ מַמְרֵא: אֱלֹהֶיךָ שֶׁעָמַד לְךָ בְּכִבְשַׁן הָאֵשׁ וּבַמְּלָכִים וּבָרְעָבוֹן וְהַדָּבָר הַזֶּה שֶׁאָמַר לְךָ לָמוּל אֵין אַתָּה שׁוֹמֵעַ לוֹ, אָמַר לוֹ הַקָּדוֹשׁ בָּרוּךְ הוּא: אַתָּה נָתַתָּ לוֹ עֵצָה לָמוּל, חַיֶּיךָ שֶׁאֵינִי נִגְלֶה עָלָיו לֹא בַּפָּלָטִין שֶׁל עָנֵר, וְלֹא בַּפָּלָטִין שֶׁל אֶשְׁכּוֹל, אֶלָּא בַּפָּלָטִין שֶׁלְּךָ הֲדָא הוּא דִכְתִיב (בראשית יח, א) **"וַיֵּרָא אֵלָיו ה' בְּאֵלֹנֵי מַמְרֵא":**

פירוש מהרז"ו

ממרא. אנו לומדים שממרא היה לו חלק טוב זאת של אברם. וכל זה רמוז במ"ש כאן והם בעלי ברית אברם. והיל"ל כרותי ברית אברם. ועוד שתיבת והם מיותר על כן דורש בעלי ברית מסלקי וכובשי ברית אברם כמ"ש נוקם ה' ובעל חמה ודרשו חז"ל ב"ו חמה כובשתו אבל הקב"ה כובש את החמה וכן בעל קנאה כובש ומסלק הקנאה וכן כאן בעלי ברית מסלקי וכובשי ברית אברם ותיבת והם חוזר על מ"ש אחי ענר ואחי אשכול. ויתכן שהכוונה והם בעלי ברית אברם שהיו לו בעלי עצה בענין זה ומאחר שאנו רואים ששכן באילוני ממרא ושם נראה לו השכינה הרי אנו לומדים שהוא יעצו לטובה והם לרעה. ואחרי כתבי זאת מצאתי כן בהדיא באגדת בראשית סוף פר' י"ט וז"ל וכיון שאמר לו הקב"ה מול עצמך נטל מהם עצה אמר ענר כו' א"ל ממרא כו' ומנין שנטל מהם עצה לימול שנאמר והם בעלי ברית אברם עכ"ל ע"ש (ועי' רש"י ול"ע):

אם למקרא

וַיֵּרָא אֵלָיו ה' בְּאֵלֹנֵי מַמְרֵא וְהוּא יֹשֵׁב פֶּתַח־הָאֹהֶל כְּחֹם הַיּוֹם: (בראשית יח:א)

מתנות כהונה

כי חולה אתה ויבאו עליך ויהרגוך ובילקוט גרס וסרס עצמך. והיה סבור שיסתרס מזה ויהיה לו לקלון בין אויביו והרב ר' אליה מזרחי גרס הולך וממאיס עצמך בין שונאים: **אין אתה שומע כו'.** בתמיה:

אשד הנחלים

אין סכנה בדבר כי דימה אולי הוא כענין הריגה ממש ח"ו. והשיב לו ענר אף אם ככה יתכן שתחי' שלא מן הטבע. וא"כ עשה כאשר צוות. (והרי"מ פירש שלא ידע באיזה אבר כי זה נלמד רק מרמז ג"ש ולכן שאל אם יסמוך ע"ז לסכן עצמו) ולכן זכה במקום הזה לנבוא' הגדולה כי אות הוא שהמקום קדושה יש בו אחר שדר בה איש צדיק וחכם:

Chapter 43

וַיִּשְׁמַע אַבְרָם כִּי נִשְׁבָּה אָחִיו וַיָּרֶק אֶת חֲנִיכָיו יְלִידֵי בֵיתוֹ שְׁמֹנָה עָשָׂר וּשְׁלֹשׁ מֵאוֹת וַיִּרְדֹּף עַד דָּן. וַיֵּחָלֵק עֲלֵיהֶם לַיְלָה הוּא וַעֲבָדָיו וַיַּכֵּם וַיִּרְדְּפֵם עַד חוֹבָה אֲשֶׁר מִשְּׂמֹאל לְדַמָּשֶׂק.

And when Abram heard that his kinsman was taken captive, he armed his disciples who had been born in his house – three hundred and eighteen – and he pursued them as far as Dan. And he with his servants deployed against them at night and struck them; he pursued them as far as Hobah, which is to the north of Damascus (14:14-15).

§1 וַיִּשְׁמַע אַבְרָם כִּי נִשְׁבָּה אָחִיו — ***AND WHEN ABRAM HEARD THAT HIS KINSMAN WAS TAKEN CAPTIVE,*** *HE ARMED HIS DISCIPLES WHO HAD BEEN BORN IN HIS HOUSE... AND HE PURSUED THEM AS FAR AS DAN.*

[The report of the victory of the four kings and their capture of his nephew Lot should have provoked fear in Abraham. The Midrash finds the key to Abraham's fearlessness, in a passage in *Psalms:*]

"מִשְּׁמוּעָה רָעָה לֹא יִירָא נָכוֹן לִבּוֹ בָּטֻחַ בַּה׳ סָמוּךְ לִבּוֹ לֹא יִירָא עַד אֲשֶׁר יִרְאֶה בְצָרָיו" — It is written, ***Of a bad report he will have no fear; his heart is firm, confident in HASHEM. His heart is steadfast, he shall not fear, until he can look triumphantly upon his tormentors*** (*Psalms* 112:7-8). "מִשְּׁמוּעָה רָעָה לֹא יִירָא" — ***Of a bad report he will have no fear*** — זֶה אַבְרָהָם "כִּי עַתָּה יָדַעְתִּי כִּי יְרֵא אֱלֹהִים אַתָּה" — **this applies to Abraham,**[1] concerning whom Scripture says, ***for now I know that you are a God-fearing man*** (below, 22:12).[2] "נָכוֹן לִבּוֹ בָּטוּחַ בַּה׳", "וּמָצָאתָ אֶת לְבָבוֹ נֶאֱמָן לְפָנֶיךָ" — ***His heart is firm, confident in HASHEM*** — this refers to Abraham as well, as indicated by the verse concerning him, ***You found his heart faithful before You*** (*Nehemiah* 9:8). "סָמוּךְ לִבּוֹ לֹא יִירָא" שֶׁנֶּאֱמַר "אַל תִּירָא אַבְרָם" — ***His heart is steadfast, he shall not fear***[3] — this too refers to Abraham, **as [Scripture] says, *Fear not, Abram*** (below, 15:1).[4] "עַד אֲשֶׁר יִרְאֶה בְצָרָיו", "וַיֵּחָלֵק עֲלֵיהֶם לַיְלָה" — ***Until he can look triumphantly upon his tormentors*** — this phrase also refers to Abraham, regarding whom Scripture says, ***and he with his servants deployed against them at night*** (v. 15).[5]

§2 וַיִּשְׁמַע אַבְרָם כִּי נִשְׁבָּה אָחִיו — ***AND WHEN ABRAM HEARD THAT HIS KINSMAN WAS TAKEN CAPTIVE,*** *HE ARMED HIS DISCIPLES WHO HAD BEEN BORN IN HIS HOUSE, ETC.*

הֲדָא הוּא דִכְתִיב "אֹטֵם אָזְנוֹ מִשְּׁמֹעַ דָּמִים וְגוֹ׳" — **This is** an application **of what is written, *he seals his ears from hearing of bloodshed etc.*** (*Isaiah* 33:15).[6]

□ וַיָּרֶק אֶת חֲנִיכָיו — ***HE ARMED*** [וַיָּרֶק] ***HIS DISCIPLES.***

[The meaning of the word וַיָּרֶק (translated here as "he armed") is obscure. At first the Midrash associates it with the root ירק, "to be (or *to make*) green":]

רַבִּי יְהוּדָה וְרַבִּי נְחֶמְיָה — The meaning of this phrase is a subject of dispute between **R' Yehudah and R' Nechemyah.** רַבִּי יְהוּדָה אוֹמֵר: הֵן הוֹרִיקוּ פָּנִים כְּנֶגֶד אַבְרָהָם — **R' Yehudah said: [The disciples] became "green-faced"**[7] **before Abraham** when he proposed attacking the four kings, אָמְרוּ: "חֲמִשָּׁה מְלָכִים לֹא יָכְלוּ לַעֲמוֹד בָּהֶם וְאָנוּ יְכוֹלִים לַעֲמוֹד בָּהֶם?" — for **they said, "The five kings were unable to withstand them, yet** you think that **we** few individuals **will be able to withstand them?!"**[8] רַבִּי נְחֶמְיָה אָמַר: אַבְרָהָם הוֹרִיק פָּנִים כְּנֶגְדָן — **R' Nechemyah said: Abraham became "green-faced" before [his disciples];**

NOTES

1. According to *Midrash Tehillim,* Psalm 112 as a whole refers to Abraham (*Yefeh To'ar*).

2. And since Psalm 112 opens with *Praiseworthy is the man who fears HASHEM,* we are justified in applying this Psalm as a whole to Abraham (*Yefeh To'ar*). Alternatively: One who truly fears God and is cognizant of the fact that everything in the world is under His exclusive control does not fear anything other than God (ibid.; see also *Nefesh HaChaim Shaar* 3, Ch. 12). In any event, Abraham, who was *a God-fearing man,* expressed no fear upon hearing the "bad report" that his nephew was captured, and pursued the four kings despite their great might and their military success against the five kings.

3. That is, as a reward for his faith in God, God will ensure that he will have nothing to fear (*Yefeh To'ar*).

4. In this verse, too, God reassures Abraham that he has nothing to fear in the wake of the war against the four kings. See Insight Ⓐ.

5. Abraham's lack of fear was to such an extent that he gave chase after the four kings all the way to Damascus.

6. He does not allow himself to hear of the shedding of innocent blood; rather he takes action to prevent it (*Rashi*). The passage there continues, *He shall dwell in heights; in rocky fortresses is his stronghold; his bread will be granted, his water assured* (verse 16). The Midrash expounds this entire passage in terms of Abraham; see Midrash below, 48 §6; see also *Makkos* 24a. Alternatively: Despite the unsavory aspects of Lot's behavior and his choice of domicile among the wicked Sodomites, Abraham "sealed his ears" against arriving at a negative conclusion about him and immediately rushed to his aid (*Yefeh To'ar*).

7. Becoming "green-faced" (or "pallid-faced") is to show intense discomfort (see *Jeremiah* 30:6).

8. According to this interpretation, then, וַיָּרֶק אֶת חֲנִיכָיו means "and he made his disciples green-faced."

INSIGHTS

Ⓐ **The Tzaddik's Fear** It is puzzling that the Midrash invokes the verse (15:1) *Fear not Abram* as proof that the passage in Psalms, *His heart is steadfast, he shall not fear,* applies to Abraham. If anything, the verse demonstrates that Abraham *was* afraid, since it was necessary for God to reassure him, *"Fear not"*! Moreover, God delivered the reassurance *"Fear not Abram"* only *after* Abraham defeated the four kings. What is its connection to this passage, which discusses Abraham's bravery in confronting the four kings? (*Yefeh To'ar, Ksav Sofer*).

Yefeh To'ar therefore explains the Midrash to mean that as a reward for Abraham's faith in God when confronting the four kings, God later assured him that he would not have to fear his enemies in *future* battles. Thus, when the passage in *Psalms* states (in the first verse cited), *His heart is firm, confident in HASHEM,* it refers to Abraham's faith in God when confronting the four kings; and when it continues, *His heart is steadfast, he shall not fear ...,* it refers to God's assurance that in all future wars Abraham would have nothing to fear.

Ksav Sofer presents a different understanding of this Midrash. He notes that a righteous person is fearless when confronting his enemies, for he is confident that God will protect him. *After* defeating his enemies, however, he *is* apprehensive, for he is concerned that the favor God showed by allowing him to defeat his adversaries was a reward for his righteousness and depleted his reward in the World to Come. This is the intention of the verse in *Psalms,* which reads: *His heart is steadfast, he shall not fear, until he can look triumphantly upon his tormentors.* The righteous person is free of apprehension *until* he has vanquished his enemies, but at that point he does become apprehensive. The Midrash utilizes this verse to explain why God appeared to Abraham, to reassure him, only after he emerged victorious. Abraham engaged the four kings in battle with complete faith in God, and *did not need* reassurance from Him beforehand. Only after he had defeated the four kings did God need to tell him: *Fear not, Abram . . . your reward* [in the World to Come] *is very great.* This is because at that point, Abraham *was* fearful that in defeating them he had consumed the reward awaiting him in the World to Come (see below, 44 §4).

פרשה מג

א [יד, יד] "וַיִּשְׁמַע אַבְרָם כִּי נִשְׁבָּה אָחִיו". (תהלים קיב, ז-ח) "מִשְּׁמוּעָה רָעָה לֹא יִירָא נָכוֹן לִבּוֹ בָּטֻחַ בַּה' סָמוּךְ לִבּוֹ לֹא יִירָא עַד אֲשֶׁר יִרְאֶה בְצָרָיו", [א]"מִשְּׁמוּעָה רָעָה לֹא יִירָא", זֶה אַבְרָהָם, (בראשית כב, יב) "כִּי עַתָּה יָדַעְתִּי כִּי יְרֵא אֱלֹהִים אַתָּה", "נָכוֹן לִבּוֹ בָּטוּחַ בַּה'", (נחמיה ט, ח) "וּמָצָאתָ אֶת לְבָבוֹ נֶאֱמָן לְפָנֶיךָ", "סָמוּךְ לִבּוֹ לֹא יִירָא" שֶׁנֶּאֱמַר (בראשית טו, א) "אַל תִּירָא אַבְרָם", "עַד אֲשֶׁר יִרְאֶה בְצָרָיו", [יד, טו] "וַיֵּחָלֵק עֲלֵיהֶם לַיְלָה":

ב "וַיִּשְׁמַע אַבְרָם כִּי נִשְׁבָּה אָחִיו". הָדָא הוּא דִכְתִיב (ישעיה לג, טו) "אֹטֵם אָזְנוֹ מִשְּׁמֹעַ דָּמִים וְגוֹ'". "וַיָּרֶק אֶת חֲנִיכָיו", רַבִּי יְהוּדָה וְרַבִּי נְחֶמְיָה, רַבִּי יְהוּדָה אוֹמֵר: הֵן הוֹרִיקוּ פָּנִים כְּנֶגֶד אַבְרָהָם, אָמְרוּ: ה' מְלָכִים לֹא יָכְלוּ לַעֲמוֹד בָּהֶם וְאָנוּ יְכוֹלִים לַעֲמוֹד בָּהֶם. רַבִּי נְחֶמְיָה אָמַר: אַבְרָהָם הוֹרִיק פָּנִים כְּנֶגְדָּן,

רש"י

מג [א] **משמועה רעה לא יירא זה אברהם.** וישמע אברם כי נשבה אחיו: [ב] **אוטם אזנו משמוע דמים.** לא רצה לשמוע על דם ריעו אלא הלך ועזר אותו: **רבי יהודה אומר.** ילידי ביתו הוריקו כנגד אברהם אמרו חמשה מלכים לא יכלו לעמוד כנגד אלו ד' מלכים ואיך נעמוד אנחנו:

עץ יוסף

מג (א) **משמועה רעה כו'.** כי להיותו בטוח בה' לא נתירא כלל: **זה אברהם.** דכתיב ביה וישמע אברם כי נשבה אחיו. וכל כוונתם היה על אברהם כדאי' לעיל פ' מ"ב וא"כ היה לו לירא ולא נתירא מפני יראת ה'. ומביא ראיה שמיירי באברהם מדכתיב בריש המזמור אשרי איש ירא את ה' ובאברהם כתיב עתה ידעתי כי ירא אלהים אתה וכדאי' בשוח"ט בהדיא שכיון שהיה ירא ה' מאד ע"כ לא היה ירא משום דבר: (ב) **אוטם אזנו כו'.** באברהם מיירי כדלקמן בפרשה מ"ח כי לקחתו בדמעות הפסוקים כבראה מה שנעשה ללוט שלא כדין שם נפשו בכפו כדרך השלמים לסכן עצמם אולי יוכלו להושיע הפסוק כענין משה עם המלרי (יפ"ת): [ב] **הן הוריקו פנים.** פי' שכעסו כנגדו. ודרך הכועס פניו מוריקות או מתאדמות. והא דכתיב וירק את חניכיו היינו שהוא היה סיבה לדבר במה שאמר להם שילכו עמו (נזה"ק): **אברהם הוריק פנים.** שנעשו פניהם מוריקות. שהם חסו על נפשם ולא רצו בכך:

פירוש מהרז"ו

פרשה מג (א) **משמועה רעה לא יירא.** המזמור מדבר באברהם כמ"ש במדרש תהלים ריש מזמור זה שבאברהם כתוב כי עתה ידעתי כי ירא אלהים אתה ופירושו שעל שכתוב בו כי ירא וכו' מדה כנגד מדה לא יצטרך לירא משמועה רעה. גם יתכן שפירושו על שהיה ירא את אלהים באמת לא היה באפשרי לו לירא מפני שום דבר וכמ"ש אלא ר' חנינא שלא היה ירא מפני כישוף אין עוד מלבדו כתיב. וכן רחב"ד שלא ירא מן הנחש. וכמעשה שהובא בחובת הלבבות בחסיד א' שהיה לן ביער במקום חיות רעות. ושאלו אותו איך אין אתה מתירא והשיב אני מתירא לירא מפני אחר מפני יראת אלהים. והענין בזה כמ"ש לעיל פ' מ"ב סימן א' וריש סימן ג' וע"ל שעיקר כוונת המלכים היתה להרוג את אברהם על כן באו תחלה על לוט וכששבו את לוט נתנו דעתם לבוא על אברהם. זהו משמועה רעה שהיה לו לירא ולא נתירא מפני יראת ה' משמועה רעה לא יירא זה אברהם: **סמוך לבו לא יירא.** שסמך עצמו על מאמר הש"י שאמר לו אל תירא אברם. עד אשר יראה בצריו והיינו על לעתיד במצרים ולגאולה אחרונה ב"ב וזהו ויחלק עליהם לילה שנחלק על שתי ישועות החלי הא' על ישועת עצמו מהשמועה כנ"ל. ועל הישועה העתידה בחלי הב' כמ"ש לקמן סימן ג': (ב) **הדא הוא דכתיב אוטם אזנו.** עי' לקמן פר' מ"ח סימן ו' שפסוקים אלו מדברים באברהם וכאן קיצר וסמך על דרשה דשם. ושם חסר דרשה זאת וסמך על מ"ש כאן. וכוונת הדרשה שהיה אוטם אזנו מלשמוע שפיכת דם נקי אלא נזדרז לרדוף ולהציל. ועל כן הוא מרומים ישכון. וע' לקמן פ' נ"ג סי' י"ב על הפסוק הסמוך שם בישעיה ל"ג עולם עיניו מראות ברע. ועל פי ג' מקומות אלו תהיה הדרשה בשלימות וכל אחד צריך לחבירו: **הוריקו פנים.** לכל פירושים אלו פי' וירק מלשון זיון וחימוש וזירוז. ודעת ר' יהודה שאברהם גרם שאנשיו הוריקו וזיינו פניהם נגד רצונו וכמ"ש ריש לקיש סוף סי' זה שאליעזר לבדו הלך והם לא רצו לילך. ור"נ סובר שאברהם זיין וחימש פניו ואמץ רוחו כנגד רצונם שגלה להם דעתו שהרי בא"ס עליו וכמו שכתוב לעיל שעל שהוא עובד השם יתברך רוצים להרגו על כן מחויב למסור נפשו על קדושת שמו. ולמדם אברהם שגם הם חייבים לעשות כן. ודעת ר"י ור"נ שלא הוריקן בכלי זיין. וכדלקמן שאברהם נלחם עמהם בקש ועפר. ודעת ר' אבא ב"ב אף על פי כן היו עושים בכלי זיין בדרך הטבע וזהו פשוטו של מקרא:

חידושי הרש"ש

[א] **זה אברהם כו' כי ירא אלהים אתה.** עיד"מ. ול"נ דמפרש דאינו רק ירא אלהים ולא מד"א: [ב] **הדא הוא דכתיב אוטם אזנו וגו' מזעקת דל וגו' (משלי כ"א. כן** ה"נ לכאורה להגיה וכן לעיל בר"פ מ"ב קרא המדרש ללוט עני ואביון. ור"ל לכן אברהם לא אטם אזנו מזעקתו. אמנם לקמן פמ"ח דריש כולי ענינא דהאי קרא שלפניו באברהם ע"ש. וכן סופיה דהאי קרא לקמן פנ"ג ועיד"מ:

ענף יוסף

(א) **שנאמר אל תירא אברם כו'** תימה דהא אל תירא אברם בתר מלחמת המלכים נאמר לו שעליה היה ירא והבטיחו ה' כדלקמן בפ' מ"ד. ויש לומר דהכי פירושו. סמוך לבו לא יירא זה אברהם כי אחר שהיה בטוח בעצמו מתחלה שלא יירא כדלעיל. נוסף לו סמיכות לב אח"כ לבל יירא. וזה היה כשנאמר לו אל תירא אברם. ועוד נסמך לבו שגם יראה הוא בצריו לעולם וזה ממה שראה בצריו עכשיו סימן לו כי כן יהיה תמיד (יפ"ת):

מסורת המדרש

א ילקוט תהלים רמז תתע"ה:
ב ילקוט כאן רמז ע"ג כה"ע:

אם למקרא

מִשְּׁמוּעָה רָעָה לֹא יִירָא נָכוֹן לִבּוֹ בָּטֻחַ בַּה': סָמוּךְ לִבּוֹ לֹא יִירָא עַד אֲשֶׁר־יִרְאֶה בְצָרָיו: (תהלים קיב:ז-ח)

וַיֹּאמֶר אַל־תִּשְׁלַח יָדְךָ אֶל־הַנַּעַר וְאַל־תַּעַשׂ לוֹ מְאוּמָּה כִּי עַתָּה יָדַעְתִּי כִּי יְרֵא אֱלֹהִים אַתָּה וְלֹא חָשַׂכְתָּ אֶת־בִּנְךָ אֶת־יְחִידְךָ מִמֶּנִּי: (בראשית כב:יב)

וּמָצָאתָ אֶת־לְבָבוֹ נֶאֱמָן לְפָנֶיךָ וְכָרוֹת עִמּוֹ הַבְּרִית לָתֵת אֶת־אֶרֶץ הַכְּנַעֲנִי הַחִתִּי הָאֱמֹרִי וְהַפְּרִזִּי וְהַיְבוּסִי וְהַגִּרְגָּשִׁי לָתֵת לְזַרְעוֹ וַתָּקֶם אֶת־דְּבָרֶיךָ כִּי צַדִּיק אָתָּה: (נחמיה ט:ח)

אַחַר הַדְּבָרִים הָאֵלֶּה הָיָה דְבַר־ה' אֶל־אַבְרָם בַּמַּחֲזֶה לֵאמֹר אַל־תִּירָא אַבְרָם אָנֹכִי מָגֵן לָךְ שְׂכָרְךָ הַרְבֵּה מְאֹד: (בראשית טו:א)

הֹלֵךְ צְדָקוֹת וְדֹבֵר מֵישָׁרִים מֹאֵס בְּבֶצַע מַעֲשַׁקּוֹת נֹעֵר כַּפָּיו מִתְּמֹךְ בַּשֹּׁחַד אֹטֵם אָזְנוֹ מִשְּׁמֹעַ דָּמִים וְעֹצֵם עֵינָיו מֵרְאוֹת בְּרָע: (ישעיה לג:טו)

מתנות כהונה

מג [ב] **הוריקו פניהם.** היו משנים פניהם מלילך עמו ולשון וירק קדריש:

נחמד למראה

מג [ב] **וירק את חניכיו ר' יהודה אומר הם הוריקו פנים וכו' ר' נחמיה אומר אברהם הוריק פנים וכו'.** קשה איך ילידי ביתו של אברהם העיזו פנים כנגדו ולא רצו ללכת בטענה זו שחמשה מלכים לא יכלו לעמוד כנגדן. ולמה לא בטחו בזכותו של אברהם ושהשם יתברך יגן בעדו כי אין מעצור לה' מהושיע בין רב למעט. ועוד קשה לדברי ר' נחמיה שאמר אברהם הוריק פנים כנגדם אמר אלא ואפול על קדוש השם מה קידוש השם היה שם להכנס בסכנה עצומה כזאת. ונראה ליישב ע"פ מאי דאיתא בפ' דלעיל ויבא הפליט זה עוג שמצאו לאברהם שהיה עסוק בעוגות של חג המצות וכשילא אברהם להלחם היה בליל פסח כדלקמן על פסוק ויחלק עליהם לילה. ואף דקי"ל דעובדי כוכבים שצרו על ישראל מחללין עליהם את השבת כדי להצילם ואפי' ביחיד הנרדף דינא הכי כדאיתא בש"ע או"ח סי' שכ"ח מ"מ הני מילי היכא שהם יכולים להציל אבל אם אין כח בידם להציל אז אינן רשאין להכניס עצמן בסכנה. וממילא אסורים לחלל שבת ויו"ט זהו טענת ילידי ביתו של אברהם שהוריקו פנים כנגדו ואמרו שאינן רשאין לחלל יו"ט מפני שאין בהם כח להציל ואפי' בחול אסורים להסתכן בעצמם. וזהו שטענו נגד אברהם חמשה מלכים לא יכלו לעמוד בפניהם ואיך אנחנו מתי מספר נוכל להושיע. אבל אברהם מפני שנכון לבו בטוח בה' שיהיה לו עזר משדי ויכול יוכל להם לא

אשד הנחלים

מג [א] **משמועה רעה גו' זה אברהם כו'.** הדבר הזה ביארתי בטוב טעם ריש פרש' מ' על הפסוק הנה עין ה' אל יראיו. ומפרושי שם תלמוד ג"כ באור על הדברים האלו בטוב טעם והפירוש כיון שהי' ירא"ה מאוד ע"כ לא הי' ירא משום דבר כי הירא מפניו ית' ומהדר כבודו לא יפחד משום דבר. כי יודע כי רק מה' לבדו צריך לירא כי היראה הגדולה הוא בעקב הבטחון האמיתי ונכון לבו הוא כדמות הפסוק ומצאת את לבבו נאמן לפניך שלכן לבו נכון מפני שבטוח בה' ולפי שהוקשה לו שבתחילה אמר סתם שלבו נכון ובטוח בה' ואח"כ סמוך לבו דמשמע ע"י סמיכה והבטחה לבד. ולכן מפרש שזה בעניינים שונים. על עצמו הי' בטוח תמיד בה' כי ידע כי לא יאונה לו כל רע. אבל על בניו כי ראה בנבואתו שיהיו בגולה ולא יהיו בשלימות העליונה כמו שהי' צריך ע"כ הי' ירא מהם רק שה' סמך לבו בנבואה ואמר לו אל תירא: [ב] **אוטם אזנו.** כי מי שהוא אכזרי בלבו ואינו חומל בשעה ששומע משפט"ד להמציא הצלה אז גם הוא יקרא ולא יענה. אך אברהם תיכף כששמע חרה לו וירק את חניכיו להצילו: **הוריקו פנים.** ובאחרית הורק אותן כי הוכרחו לילך בבושת פנים ודעת ר"נ שמלת הורקה שנופל על שנוי פנים דאזל סומקא. מוסב על אברהם. כי נתרצה בלבו אף למות על קידוש השם ולא חמל על דמיו:

אָמַר: אֵצֵא וְאֶפּוֹל עַל קִדּוּשׁ שְׁמוֹ שֶׁל מָקוֹם — **he said,** "If you do not accompany me, **I will go** myself **and fall** in battle **to sanctify the Name of the Omnipresent."**[9]

[The Midrash now proposes other meanings for וַיָּרֶק:]

רַבִּי אַבָּא בַּר זַבְדָּא אָמַר: בִּכְלֵי זַיִין הוֹרִיקָן — **R' Abba bar Zavda said: [Abraham] armed [his disciples] with weaponry,** הֵיךְ מָה דְאַתְּ אָמַר "וְהָרֵק חֲנִית וּסְגֹר לִקְרַאת רוֹדְפָי" — **as it is stated,** ***And draw*** [וְהָרֵק] ***the spear, and bar the way before my pursuers*** (*Psalms* 35:3).[10]

אָמַר רַבִּי שִׁמְעוֹן בֶּן לָקִישׁ: בַּאֲבָנִים טוֹבוֹת וּמַרְגָּלִיּוֹת הוֹרִיקָן — **R' Shimon ben Lakish said: He decorated them** [הוֹרִיקָן] **with precious stones and pearls,**[11] הֵיךְ מָה דְאַתְּ אָמַר "וְאֶבְרוֹתֶיהָ בִּירַקְרַק חָרוּץ" — **as it is said,** ***and her pinions with precious stones*** [ירקרק] ***and gold*** (ibid. 68:14).[12]

רַבִּי לֵוִי אָמַר: בְּפָרָשַׁת שׁוֹטְרִים הוֹרִיקָן — **R' Levi said: He made them turn pale** (הוֹרִיקָן) (i.e., he embarrassed them)[13] **with the** Torah **passage of the war officers,**[14] הֵיךְ מָה דְאַתְּ אָמַר "מִי הָאִישׁ הַיָּרֵא וְרַךְ הַלֵּבָב יֵלֵךְ וְיָשֹׁב לְבֵיתוֹ" — **as it is said,** *The officers shall . . . say,* ***"Who is the man who is fearful and fainthearted? Let him go and return to his house,*** *and let him not melt the heart of his fellows, like his heart"* (*Deuteronomy* 20:8).[15]

□ חֲנִיכָיו — *HE ARMED* ***HIS DISCIPLES*** *WHO HAD BEEN BORN IN HIS HOUSE.*

[The meaning of the word חֲנִיכָיו (translated here as "his disciples") is obscure. The Midrash expounds on it:]

בַּעֲלֵי חֲנִיכָתוֹ — This word means, **"those who bore his appellation** (חֲנִיכָה)," שְׁמָם אַבְרָם כִּשְׁמוֹ — for all those born in his house, **their name was "Abram," like his** own **name.**[16]

□ שְׁמֹנָה עָשָׂר וּשְׁלֹשׁ מֵאוֹת — ***THREE HUNDRED AND EIGHTEEN.***

רֵישׁ לָקִישׁ בְּשֵׁם בַּר קַפָּרָא: אֱלִיעֶזֶר לְבַדּוֹ הָיָה — **Reish Lakish said in the name of Bar Kappara: It was** actually **Eliezer alone** who went with Abraham to fight the four kings;[17] מִנְיַן אֱלִיעֶזֶר שְׁמֹנָה עָשָׂר וּשְׁלֹשׁ מֵאוֹת — **the numerical value of** the name **"Eliezer" is three hundred and eighteen.**[18]Ⓐ

□ וַיִּרְדֹּף עַד דָּן — *AND HE PURSUED THEM AS FAR AS DAN.*

שֵׁם עֲבוֹדָה זָרָה הִיא — **["Dan"] is a name associated with idolatry,**[19] וּמַכָּה מִלְּפָנֶיהָ וּמֵאַחֲרֶיהָ — **and it caused a blow** to be suffered there even **before it** existed **and after it** existed.[20] מַכָּה מִלְּפָנֶיהָ "וַיִּרְדֹּף עַד דָּן" — **The blow** suffered **before it:** ***And he pursued them as far as Dan;***[21] וּמַכָּה מֵאַחֲרֶיהָ "מִדָּן נִשְׁמַע נַחְרַת סוּסָיו" — **and the blow after it:** ***From Dan is heard the snorting of his steeds*** (*Jeremiah* 8:16).[22]

NOTES

9. According to this interpretation, then, וַיָּרֶק אֶת חֲנִיכָיו means "and he became green-faced (i.e., angry) [while] with his disciples." Abraham's death in battle would constitute a "sanctification of God's Name" because (i) the main purpose of the four kings' attack was to put an end to Abraham and his religious views (see Midrash above, 42 §3) or (ii) because Lot had been captured unjustly and had to be rescued (*Yefeh To'ar*).

10. This verse shows that ירק is a term connoting weaponry. However, this verb usually denotes "to *draw* a weapon," whereas in our verse it would have to be modified to mean "to *supply* with weapons" (*Yefeh To'ar*).

11. I.e., Abraham motivated them to concentrate on saving Lot and the other captives by gifts of precious jewels, freeing them of the temptation to go after spoils (*Tosafos, Succah* 31b ד"ה ירוק; see also *Midrash Tanchuma, Lech Lecha* §13). Alternatively, Abraham motivated his disciples to overcome their reluctance to battle the four kings (mentioned above by R' Yehudah) through generous compensation of precious stones; see *Ran* and *Rosh* to *Nedarim* 32a.

12. The Midrash apparently interprets יְרַקְרַק in this verse as denoting precious stones (as is the interpretation of Menachem ibn Saruk in his *Machberes*); based on this, the Midrash interprets the verb וַיָּרֶק to mean "to deck with jewels." [Our translation of חָרוּץ as "gold" follows Menachem as well.]

13. Alternatively: He caused them to be emptied [רֵיקָן] of their sins through the shame they experienced (*Matnos Kehunah*).

14. The passage with which certain officers address the troops before they go out to battle.

15. Following the position of R' Yose HaGelili, that the verse refers to one who is "afraid" of Divine punishment due to the sins he has committed (*Sotah* 44a). Abraham addressed his disciples similarly, urging those guilty of transgressions to turn back and not go to the battle, embarrassing them in the process (*Tosafos, Succah* loc. cit.).

16. I.e., they had all taken on "Abram" as their name; see *Gittin* 88a (see *Matnos Kehunah*).

17. After Abraham addressed his disciples with the "Passage of the officers," they all turned back, with the exception of Eliezer (*Midrash Tanchuma* ibid., cited by *Maharzu*). Alternatively, according to Bar Kappara there were never 318 disciples; it had been only Eliezer who had set out with Abraham (see *Imrei Yosher;* see also Insight Ⓐ). *Yefeh To'ar* suggests (based on *Tanchuma* loc. cit.) that the reason the Midrash interprets the incident in this manner is because of the singular verb that follows immediately: וַיִּרְדֹּף, *and "he" pursued them.*

18. In the system of *gematria* each letter is assigned a numerical value. א = 1, ל = 30, י = 10, ע = 70, ז = 7 and ר = 200, so that the combined value of אֱלִיעֶזֶר is equal to 318.

19. That is, the mention of Dan here is a reference to the idol that King Jeroboam was to erect in the city of Dan centuries later; see *I Kings* 12:28-29. (See also *Judges* Ch. 18.)

20. I.e., even before the idol was placed in Dan blows and misfortune were associated with the place, and similarly even after the idol was no longer there — so great is the evil associated with idolatry.

21. Where he finally defeated and struck them with a mighty blow (*Yefeh To'ar*). Alternatively: As *Rashi* (on *Chumash*) cites from *Sanhedrin* 96a, Abraham's strength suddenly waned when he reached this site because of the negative power of the idolatry that would take place there in the future; the Midrash refers to this waning of strength as "a blow" (*Ohr HaSeichel;* wrongly attributed by some to *Yefeh To'ar*).

22. The verse is describing the advance of Nebuchadnezzar against Jerusalem and indicates that his military force was based in Dan. However, Nebuchadnezzar's attack on and conquest of Jerusalem occurred more than a hundred years after the Assyrians destroyed the Kingdom of Israel along with their idolatrous temples. Thus, the negative repercussions of idolatry remain after the idol itself is removed.

INSIGHTS

Ⓐ **Down to Eliezer Alone** As mentioned in note 17, *Maharzu* explains that Bar Kappara does not dispute the earlier opinions, which indicate that Abraham actually prepared many disciples for battle. Rather, intially there were 318 disciples ready to go to war, but after Abraham read them the Passage of the Officers, they all turned back, with the exception of Eliezer, who remained with his master. *Chasam Sofer* takes this approach a step further, noting that it must have been so, for the verse states below (14:24) that although Abraham refused the spoils of war, he did accept portions for *the young men ... who accompanied me.* If only Eliezer accompanied Abraham into battle, who were these "young men"? Perforce, Bar Kappara agrees that many disciples who originally intended to accompany Abraham turned back when they were read the Passage of the Officers. The Mishnah teaches (*Sotah* 43a) that those who return from the war front on account of the Passage of the Officers do not go home, but rather, perform rear-echelon duties in support of the war effort. And indeed, the Midrash below (43 §9) alludes that *the young men ... who accompanied me* actually were those who performed such duties. Thus, the various opinions mentioned by the Midrash are compatible. Of the original 318 soldiers, all except Eliezer turned back upon hearing the Passage of the Officers, and they proceeded to support Abraham by protecting his supplies, ultimately receiving a portion of the spoils for their efforts (*Toras Moshe HaShaleim* to 14:14).

אָמַר: אֵצֵא וְאֶפּוֹל עַל קִדּוּשׁ שְׁמוֹ שֶׁל מָקוֹם. °אַבָּא בַּר זַבְדָּא אָמַר: גבִּכְלֵי זַיִין הוֹרִיקָן. הֵיךְ מָה דְאַתְּ אָמַר (תהלים לה, ג) "וְהָרֵק חֲנִית וּסְגֹר לִקְרַאת רוֹדְפָי". אָמַר רַבִּי שִׁמְעוֹן בֶּן לָקִישׁ: בַּאֲבָנִים טוֹבוֹת וּמַרְגָּלִיּוֹת הוֹרִיקָן, הֵיךְ מָה דְאַתְּ אָמַר (תהלים סח, יד) "וְאֶבְרוֹתֶיהָ בִּירַקְרַק חָרוּץ". רַבִּי לֵוִי אָמַר: בְּפָרָשַׁת שׁוֹטְרִים הוֹרִיקָן, הֵיךְ מָה דְאַתְּ אָמַר (דברים כ, ח) "מִי הָאִישׁ הַיָּרֵא וְרַךְ הַלֵּבָב יֵלֵךְ וְיָשֹׁב לְבֵיתוֹ". "חֲנִיכָיו", בַּעֲלֵי חֲנִיכָתוֹ, שְׁמָם אַבְרָם כִּשְׁמוֹ. "שְׁמֹנָה עָשָׂר וּשְׁלֹשׁ מֵאוֹת", רֵישׁ לָקִישׁ בְּשֵׁם [בַּר] קַפָּרָא: דאֱלִיעֶזֶר לְבַדּוֹ הָיָה, המִנְיַן אֱלִיעֶזֶר שְׁמֹנָה עָשָׂר וּשְׁלֹשׁ מֵאוֹת. "וַיִּרְדּוֹף עַד דָּן", ושֵׁם עֲבוֹדָה זָרָה הִיא וּמַכָּה מִלְּפָנֶיהָ וּמֵאַחֲרֶיהָ, מַכָּה מִלְּפָנֶיהָ "וַיִּרְדֹּף עַד דָּן", וּמַכָּה מֵאַחֲרֶיהָ (ירמיה ח, טז) "מִדָּן נִשְׁמַע נַחְרַת סוּסָיו":

עץ יוסף

על קידוש שמו. להציל עשוק מיד עושקיו שאין קידוש השם גדול מזה (יפ"ת): **בכלי זיין הוריקן.** ופי' זיינן בכלי זיין היך מד"א והרק חנית שהוא לשון זיון: **באבנים טובות כו'.** כלומר שנתן להם כל טוב כאבני ירקרק עד שנתרצו לבא עמו. ובתנחומא קאמר שהוריקן בזהב כדי שלא יתנו עיניהם בממון. פי' שלא יבוזו איש לו שדעתו להשיב כל הרכוש להמלכים כמו שעשה: **בפרשת שוטרים הוריקן.** זירזן שכל הירא ישוב לביתו. וכן אי' בתנחומא דבר אחר וירק שהוריקן בדברים שכתוב בתורה מי האיש הירא כו' כיון ששמעו כך כו' וחזרו להם כולם ולא נשתייר עם אברהם אלא אליעזר בלבד שהיה כשר. א"ל הקב"ה לאברהם הוא ילך עמך שאני נותן לו כח של שי"ח וכאילו אף הם יוצאים עמך. וכן את מוצא שאליעזר בגימטריא שי"ח: **בעלי חניכתו.** כינוי. פי' שנקרו בשמו שהגרים נקראים בשמו כי הוא תחלה לגרים. גם יתכן שהכוונה לדיקים כמותו: **אליעזר לבדו היה.** בתנחומא דייק לה מוירדוף ולא קאמר וירדפו. וכן הוא (יפ"ת): **שם עבודת כוכבים הוא.** כדכתיב ואת האחד נתן בדן: **ומכה מלפניה כו'.** היינו מ"ש בפרק חלק כיון שבא אותו לדיק עד דן תשש כחו. ראה בני בניו שעתידין לעבוד עגל בדן. ואף אותו רשע לא נתגבר עד שהגיע לדן שנאמר מדן נשמע נחרת סוסיו. ופי' מלפניה עד שלא היה העגל ההוא בעולם דהיינו בימי אברהם. מלאחריה אחר שנתבטלה דהיינו בימי נבוכדנצר שכבר גלו עשרת השבטים ועמהם גלה העגל מדן. מ"מ גרם שמשם נשמע פחד נחרת סוסיו (יפ"ת):

פירוש מהרז"ו

באבנים טובות ומרגליות. משמע שמ"ש בירקרק חרוץ פירושו אבנים טובות ומרגליות ולא משמע כן במדרשים ובפשוטי הכתובים. שחרוץ משמע שהוא זהב בהרבה מקומות וכמ"ש טוב פריי מחרוץ ומפז ותבואתי מכסף נבחר (ואלל כסף שייך זהב) אך בנדרים ל"ב איתא רב אמר בתורה הוריקן היינו בפרשת שוטרים ושמואל אמר בזהב הוריקן. ובאגדת בראשית פרק י"ג ובתנחומא כאן וירק את חניכיו. מכאן אתה למד שנטל אברהם כסף וזהב וחיפה אותן ואמר להם וכו' שנאמר וירק את חניכיו ואין וירק אלא שחיפה אותן בכסף וזהב שנאמר כנפי יונה נחפה בכסף ואברותיה בירקרק חרוץ וקיצור לשון הוא וכאלו אמר שחיפן בכסף והוריקן בזהב וכלשון הגמרא שם. ומ"ש בירקרק חרוץ פירושו בהורקת זהב. ומה שם כסף עם הזהב אף כאן כסף עם ההורקה גז"ש ויתכן שהגמרא סובר שמ"ש וירק פירושו לשון זירוז וכמ"ש בפרשת שוטרים הוריקן וכן פי' בזהב הוריקן. אך המדרשים הנ"ל שאמרו שחיפה אותן בכסף וזהב וכמ"ש נחפה בכסף וא"כ מ"ש בירקרק חרוץ פירושו שחיפן בירקרק חרוץ שתיבת נחפה נמשך ג"כ למ"ש בירקרק חרוץ שהוי"ו של ואברותיה מושך תיבת נחפה והכוונה על שהזהב ירוק מראה (געל): **בפרשת שוטרים הוריקם.** כמ"ש שם באגדת בראשית פרק י"ג הנ"ל. ד"א וירק שהוריקן בדברים שכתוב בתורה מי האיש הירא ורך הלבב וגו' א"ל למלחמה אתם יוצאים מי שיש בידו עבירות ומתירא מן מעשיו לא יצא עמנו. כיון ששמעו כך וכו' וחזרו להם כולם ולא נשתייר עם אברהם אלא אליעזר בלבד שהיה כשר אמר לו הקב"ה לאברהם הוא ילך עמך שאני נותן בו כח של שי"ח וכאלו אף הם יוצאים עמך וכן את מוצא שאליעזר בגימטריא שי"ח. וזהו מ"ש כאן ר"ל בשם ב"ק וכו' וכן הוא בתנחומא כאן ועי' פר"א פרק כ"ז ברייתא דל"ב מדות מדה כ"ט לקמן פר' מ"ד סי' ט' במ"ר פר' י"ח סימן כ"א כלשון הנ"ל: **שם עבודת כוכבים.** סנהדרין ל"ו ביתר ביאור וכמ"ש הנשבעים באשמת שומרון ואמרו חי אלהיך דן וכמ"ש וישם את האחד בדן. וכמ"ש באגדת בראשית פרק י"ג הנ"ל וז"ל ומכה מלפניה וכו' ואיך לפני' עד עכשיו שעתיד ירבעם ב"נ שמעמיד עגל בדן שנאמר וישם את האחד בדן וכבר הגיע אברהם עד אותו מקום ולא רדף עוד שנאמר וירדוף עד דן ע"פ מדה י"ז: **מדן נשמע נחרת.** והיינו בימי ירמיה והכוונה שכבר גלו עשרת השבטים שעבדו העגלים והעגל עמהם. ואיך ניבא ירמיה על יהודה מדן נשמע נחרת סוסיו. אלא שהמקום של חטא העגל גורם גם אחר קבלת העונש ללקות אחריו אף למי שלא חטא בהם:

חידושי הרד"ל

(א) [ב] **באבנים טובות.** (ע' נדרים ל"ב):

(ב) **עד דן שם עבודת כוכבים.** כמ"ש חי אלהיך דן:

(ג) **ומכה מלאחריה מדן נשמע כו'.** כשבא סנחריב על חזקיה. אע"פ שכבר גלו עשרת השבטים ועמהם גלה העגל מדן. מ"מ אף לאחר זמן היה מכה וגרם שמשם נשמע פחד נחרת סוסי סנחריב. וכן לפניו בימי אברהם פירושו בזמן קודם היותו הרגיש בו אברהם:

באור מהרי"פ

ב **ומכה מלפניה ומלאחריה.** פי' מכה קודם המעשה דהיינו בימי אברהם שתשש כחו בחטא עבודת כוכבים העתידה ומכה מלאחריה אחר שנתבטלה היינו בימי נבוכדנצר וכמ"ש בפ' חלק וירדוף עד דן כיון שבא אותו לדיק עד דן תשש כחו כו'. ואף כו' לא נתגבר עד שהגיע לדן שנאמר מדן נשמע וגו' (יפ"ת):

מסורת המדרש

ג עיין נדרים דף ל"ב. תנחומא כאן סימן י"ג. אגדת בראשית פרק י"ג:

ד לקמן פרשה מ"ד. פדר"א פ' כ"ז. במד"ר פ' י"ח. תנחומא כאן סימן י"ג. שוח"ט מזמור ק"י:

ה נדרים דף ל"ב:

ו ע' שבת דף ס"ז. תוספתא שם פרק ח':

אם למקרא

וְהָרֵק חֲנִית וּסְגֹר לִקְרַאת רֹדְפָי אֱמֹר לְנַפְשִׁי יְשֻׁעָתֵךְ אָנִי: (תהלים לה:ג)

אִם־תִּשְׁכְּבוּן בֵּין שְׁפַתָּיִם כַּנְפֵי יוֹנָה נֶחְפָּה בַכֶּסֶף וְאֶבְרוֹתֶיהָ בִּירַקְרַק חָרוּץ: (תהלים סח:יד)

וְיָסְפוּ הַשֹּׁטְרִים לְדַבֵּר אֶל־הָעָם וְאָמְרוּ מִי־הָאִישׁ הַיָּרֵא וְרַךְ הַלֵּבָב יֵלֵךְ וְיָשֹׁב לְבֵיתוֹ וְלֹא יִמַּס אֶת־לְבַב אֶחָיו כִּלְבָבוֹ: (דברים כ:ח)

מִדָּן נִשְׁמַע נַחְרַת סוּסָיו מִקּוֹל מִצְהֲלוֹת אַבִּירָיו רָעֲשָׁה כָּל־הָאָרֶץ וַיָּבוֹאוּ וַיֹּאכְלוּ אֶרֶץ וּמְלוֹאָהּ עִיר וְיֹשְׁבֵי בָהּ: (ירמיה ח:טז)

מתנות כהונה

הוריקן. זיין כדמפרש ואזיל: **אבנים טובות.** כדי שלא יפנו אל השלל כי אם אל הצלת נפשות כ"כ התוספות פרק לולב הגזול ובפרק אלו טריפות ודריש וירק לשון ירקרק חרוץ: **בפרשת שופטים.** בדין פרשת שופטים עשה אותם ריק. כלומר שהיה ממעט אותם ותוספות פרק לולב הגזול פירשו שעשה אותם ריקן מעבירות שבידן במה שנתביישו שהוזקקו לחזור מחמת עבירות שבידם: **חניכתו.** כינויו כד"א וכל שום וחניכא דאית ליה וכולם היו גרים ונקראו אברם על שמו:

נחמד למראה

השגיח בטענתם. ורבי נחמיה אתא לאשמעינן שאברהם הוריק פנים כנגדם מפני שסובר כדדרשינן בפרשה הקודמת שכל עצמם של מלכים האלו לא באו אלא כדי שיפול לוט בידם מפני שהיה דיוקנו של אברהם ויהיה בדבר חילול השם שיאמרו העולם ששבו את אברהם בעצמו. אי נמי כדאיתא בפרקי דרבי אליעזר שהמה באו תחלה על לוט ואח"כ מגמת פניהם היתה להלחם עם אברהם וביתו. ועל כן הוא מוכרח להקדימם על דרך קדמיה לרשיעא עד לא יקדמינך ומצוה וחובה על אברהם למסור נפשו ולא ליפול בידיהם בשביה כדי שלא יהא חילול השם בדבר אם יהיה שבוי בידם ונמצא שהותר לו לחלל יום טוב ולמסור עצמו למיתה ועל כן אמר ר' נחמיה שאברהם הוריק פנים כנגדם לומר אלא ואפול על קדוש השם. ומאן דאמר הוריקן בכלי זיין אתא לאשמעינן שלא די שהלך חוץ לתחום ביום טוב אלא גם זיינן בכלי זיין כמו שהוא הדין שיוצאין אף בכלי זיין. ודו"ק:

אשד הנחלים

בכלי זיין הוריקן. דרש כפשוטו על כ"ז כמ"ש על חנית. והרק חנית: **בא"ט ומרגליות.** שהבטיחן בכל טוב באבני ירקרק בכדי שילהטו במלחמה מאוד. ועיין במ"כ בשם תוספת פירש אחר: **בפרשת שופטים.** כי מלת הרקה היא הוצאת הכח לפועל והונח ג"כ על מי שמחזק לב הזולת וזה הי' ע"י פרשה שופטים שהכריז מי האיש הירא וגו'. ועי"ז נתחזקו לבם או להיפך ג"כ שהרקה הוא כמו הסרה. שהסיר המתפחדים מהמלחמה:

§3 וַיֵּחָלֵק עֲלֵיהֶם לַיְלָה — *AND HE WITH HIS SERVANTS DEPLOYED AGAINST THEM AT NIGHT* (lit., *AND HE* [or IT] *SPLIT ON THEM, NIGHT*).

[This phrase lends itself to several different interpretations. The plain interpretation (as explained by the *Chumash* commentators) is that Abraham and his associates split up during the night to pursue the enemy in several different directions. The Midrash presents other interpretations:[23]]

רַבִּי בִּנְיָמִין בַּר יֶפֶת מִשֵּׁם רַבִּי יוֹנָתָן — **R' Binyamin bar Yefes said in the name of R' Yonasan:** הַלַּיְלָה נֶחְלַק מֵאֵילָיו — **The night became split by itself.**[24] וְרַבָּנָן אָמְרֵי: יוֹצְרוֹ חִלְּקוֹ — **And the Sages say: The One Who created [the night] divided it.**[25] אָמַר הַקָּדוֹשׁ בָּרוּךְ הוּא: אֲבִיהֶם פָּעַל עִמִּי בַּחֲצִי הַלַּיְלָה אַף אֲנִי פוֹעֵל עִם בָּנָיו בַּחֲצִי הַלַּיְלָה — In any event, **the Holy One, blessed is He, said** to Himself, concerning Israel, **"Their forefather** Abraham **acted with Me,** i.e., on My behalf,[26] **at midnight, so I will act with his descendants,** i.e., on their behalf, **at midnight."** וְאֵימָתַי בְּמִצְרַיִם שֶׁנֶּאֱמַר "וַיְהִי בַּחֲצִי הַלַּיְלָה וַה' הִכָּה כָל בְּכוֹר וְגוֹ'" — **And when** did God do so? **In Egypt, as [Scripture] says,** ***It was at midnight that HASHEM smote every firstborn*** *in the land of Egypt* (*Exodus* 12:29). אָמַר רַבִּי תַּנְחוּמָא: אִית דְּמַפְּקִין לִישָּׁנָא אַחֲרִינָא — **R' Tanchuma said: There are those who have expressed a different version** of this interpretation: אָמַר הַקָּדוֹשׁ בָּרוּךְ הוּא: אֲבִיהֶם יָצָא בַּחֲצִי הַלַּיְלָה אַף אֲנִי אֵצֵא עִם בָּנָיו בַּחֲצִי הַלַּיְלָה — **The Holy One, blessed is He, said** to Himself, **"Their forefather** Abraham **went out** to fight **at midnight, so I will 'go out' for his children,** i.e., on their behalf, **at midnight,"** שֶׁנֶּאֱמַר "כֹּה אָמַר ה' כַּחֲצֹת הַלַּיְלָה אֲנִי יוֹצֵא" — **as [Scripture] says,** ***So said HASHEM, "At about midnight I shall go out*** *in the midst of Egypt"* (ibid. 11:4).[27]

❑ וַיַּכֵּם וַיִּרְדְּפֵם — *AND HE STRUCK THEM AND HE PURSUED THEM.*

[The Midrash comments on an apparent anomaly in the verse:] וְכִי יֵשׁ אָדָם רוֹדֵף הֲרוּגִים — **Now, is there** such a thing as **a person who pursues those who are already killed?**[28] אָמַר רַבִּי פִּנְחָס: רוֹדְפָיו[29] שֶׁל אָבִינוּ אַבְרָהָם הֲרוּגִים הָיוּ — **R' Pinchas said: Those pursued by our forefather Abraham**[30] **were as if already killed,** שֶׁנֶּאֱמַר "כִּי אַתָּה אֲשֶׁר הִכִּיתָ רָדָפוּ" — **and so it is stated,** ***For the one whom You smote they pursued*** (*Psalms* 69:27).[31] הָדָא הוּא דִכְתִיב "מִי הֵעִיר מִמִּזְרָח צֶדֶק יִקְרָאֵהוּ לְרַגְלוֹ" — And **this is** the meaning of **what is written** in Scripture, ***Who stirred up from the east, Zedek proclaiming him at his footsteps?*** (*Isaiah* 41:2): מִי הוּא זֶה שֶׁהֵעִיר לִבָּם שֶׁל מִזְרָחִיִּים שֶׁיָּבוֹאוּ וְיִפְּלוּ בְּיַד אַבְרָהָם — **Who is the one who stirred up the hearts of the easterners**[32] **to come and fall by the hand of Abraham?**[33]

[The Midrash gives several interpretations for the continuation of the *Isaiah* verse, especially the word *Zedek*:]

"צֶדֶק יִקְרָאֵהוּ לְרַגְלוֹ", חַי הָעוֹלָמִים שֶׁהָיָה מֵאִיר לוֹ בְּכָל מָקוֹם שֶׁהָיָה הוֹלֵךְ — ***Zedek proclaiming him at his footsteps*** — this means: **The Source of Life for the world** (God),[34] **Who would shine forth**[35] **for [Abraham] at every place that he would go.**[36] אָמַר רַבִּי בֶּרֶכְיָה: מַזָּל צֶדֶק הָיָה מֵאִיר לוֹ — **R' Berechyah said: The planet Jupiter**[37] **shone forth for him.**[38]

NOTES

23. The Midrash veers from the "plain interpretation" because according to that explanation the word order should more properly have been, וַיֵּחָלֵק עֲלֵיהֶם הוּא וַעֲבָדָיו לַיְלָה, as *Rashi* here (on *Chumash*) implies. Alternatively: Since the subject of the verb is "he with his servants," the verb should have been in the plural (וַיֵּחָלְקוּ), when it is in fact in the singular (*Yefeh To'ar*).

24. According to this interpretation, the subject of וַיֵּחָלֵק ("it split") is "night," and the phrase means: "The night became split for them — [namely] he and his servants." I.e., their chase after the enemies happened to end in the middle of the night, so that the night automatically became split into two halves: the first half (active, involving victorious pursuit) and the second half (inactive, post-victory). The second, inactive half of the night was to be made active and victorious centuries later, on the night of the Exodus (*Yefeh To'ar*). For the war of the four kings took place on the first night of Passover (the same date as the Exodus), as the Midrash taught above, 32 §8.

25. This interpretation agrees that וַיֵּחָלֵק . . . לַיְלָה means "the night was split," but maintains that God intentionally split the night into two parts. I.e., Abraham had intended to continue pursuit, but God — wishing to "reserve" the second half of the night for another salvation in the future — caused him to stop, thus effectively splitting the night into two (see *Shemos Rabbah* 18 §1). Alternatively, this opinion interprets וַיֵּחָלֵק as if it were vowelized וַיְחַלֵּק (or וַיַּחֲלֵק or וַיַּחֲלֹק), meaning "He split (transitive verb)," interpreting the phrase as "He (God) split the night for them" (*Matnos Kehunah, Yefeh To'ar*).

26. For as explained above in section 2, Abraham went to battle against the four kings and was willing to die for the sanctification of God's Name; see above, note 9.

27. The difference between the two versions is this (following *Yedei Moshe*): According to the first version ("Abraham *acted with* Me at midnight") the attack culminated and finished at midnight (as explained in note 25). But according to R' Tanchuma's version ("Abraham *went out* at midnight"), the attack began only at midnight and continued through the rest of the night — an exact parallel to the night of the Exodus (see *Midrash Tanchuma, Lech Lecha* §9).

28. For the verse first says *and he struck them,* i.e., he killed them, and then it says *and he pursued them.*

29. *Yefeh To'ar* appears to have emended the word רוֹדְפָיו to רְדוּפָיו (which is also the reading found in the Theodor-Albeck edition), and we have translated accordingly.

30. I.e., the four kings whom Abraham was pursuing.

31. The verse means that the enemy was able to harm Israel only after Israel had been smitten by God — that is, after God had decreed that they should be killed (see Radak ad loc.). Similarly here, Abraham was able to pursue the four kings because God had decreed that they were to die. Accordingly, the subject of וַיַּכֵּם (*and He struck them*) would be God and not Abraham (*Matnos Kehunah*).

32. The four kings, whose lands lay to the east. [Shinar is Babylon (see *Genesis* 11:2-9) and Elam is in Persia (see *Daniel* 8:2).]

33. This verse shows that it was God's decree that these men should be killed by Abraham, as above.

34. According to this interpretation, *Tzedek* (which usually means "righteousness") refers to God, Who is often called צַדִּיקוֹ שֶׁל עוֹלָם, "the Righteous One of the universe" (see *Midrash Tehillim* 110 §2, where this term is used in the context of our *Isaiah* verse).

35. The Sages often mention "shining" in connection with this *Isaiah* verse; see *Shemos Rabbah* 15 §26; *Tanchuma Yashan, Noach* §1, etc. *Ohr HaSeichel* suggests that this meaning is derived from the word יִקְרָאֵהוּ, which the Midrash interprets as being from the root יקר (*to shine* — see *Rashi* on *Zechariah* 14:6, *Psalms* 37:20, *Job* 31:26). (This suggestion is raised by *Rashash* independently as well.) *Maharzu,* however, notes that above (2 §3) the Midrash itself said that it derives the idea of "shining" here from the word הֵעִיר (*stirred up*), which it homiletically reads as הֵאִיר (*shone forth*).

36. That is, He protected him and granted him success and blessing wherever he went.

37. Known as *Tzedek* in Hebrew.

38. Jupiter was the astrological sign of Abraham (see *Shabbos* 156a-b and *Rashi* ad loc.). [At a later point (see below, 15:5 with *Rashi*; Midrash below, 44 §12 with note 106; and *Shabbos* ibid.), God informed Abraham that he would be removed from the influence of astrological signs. Indeed, the Gemara (ibid.) interprets this very verse as alluding to that promise.]

ג [יד, טו] "וַיֵּחָלֵק עֲלֵיהֶם לַיְלָה". רַבִּי בִּנְיָמִין בַּר יֶפֶת מִשֵּׁם רַבִּי יוֹנָתָן: הַלַּיְלָה נֶחְלַק מֵאֵילָיו, וְרַבָּנָן אָמְרִי: יוֹצְרוֹ חִלְּקוֹ. אָמַר הַקָּדוֹשׁ בָּרוּךְ הוּא: אֲבִיהֶם פָּעַל עִמִּי בַּחֲצִי הַלַּיְלָה אַף אֲנִי פּוֹעֵל עִם בָּנָיו בַּחֲצִי הַלַּיְלָה, וְאֵימָתַי, בְּמִצְרַיִם שֶׁנֶּאֱמַר (שמות יב, כט) "וַיְהִי בַּחֲצִי הַלַּיְלָה וַה' הִכָּה כָל בְּכוֹר וְגוֹ'". אָמַר רַבִּי תַּנְחוּמָא: אִית דְּמַפְּקִין לִישָּׁנָא אַחֲרִינָא, אָמַר הַקָּדוֹשׁ בָּרוּךְ הוּא: אֲבִיהֶם יָצָא בַּחֲצִי הַלַּיְלָה אַף אֲנִי אֵצֵא עִם בָּנָיו בַּחֲצִי הַלַּיְלָה שֶׁנֶּאֱמַר (שם, יא, ד) "כֹּה אָמַר ה' כַּחֲצֹת הַלַּיְלָה אֲנִי יוֹצֵא". "וַיַּכֵּם וַיִּרְדְּפֵם", וְכִי יֵשׁ אָדָם רוֹדֵף הֲרוּגִים, אָמַר רַבִּי פִּנְחָס: רוֹדְפָיו שֶׁל אָבִינוּ אַבְרָהָם הֲרוּגִים הָיוּ שֶׁנֶּאֱמַר (תהלים סט, כז) "כִּי אַתָּה אֲשֶׁר הִכִּיתָ רָדָפוּ", הָדָא הוּא דִכְתִיב (ישעיה מא, ב) "מִי הֵעִיר מִמִּזְרָח צֶדֶק יִקְרָאֵהוּ לְרַגְלוֹ", [ח]מִי הוּא זֶה שֶׁהֵעִיר לִבָּם שֶׁל מִזְרָחִיִּים שֶׁיָּבוֹאוּ וְיִפְּלוּ בְּיַד אַבְרָהָם, "צֶדֶק יִקְרָאֵהוּ לְרַגְלוֹ", חַי הָעוֹלָמִים שֶׁהָיָה מֵאִיר לוֹ בְּכָל מָקוֹם שֶׁהָיָה הוֹלֵךְ. אָמַר רַבִּי בֶּרֶכְיָה: מַזַּל צֶדֶק הָיָה מֵאִיר לוֹ.

רש"י

[ג] ס"א. **הלילה נחלק מאליו.** כך אירע המעשה מעלמו שכשהגיע חלות כבר גמר מהכותם וכשהגיע חלות כבר הוכו כולם: **יוצרו חלקו.** שנתכוון להכותם בחלות לילה: **אמר הקדוש ברוך הוא אברהם יצא.** לישנא דקרא נקט דכתיב אני יולא בתוך מלרים: **ויכם וירדפם.** היה לו לומר וירדפם ויכם. ע"כ:

עץ יוסף

(ג) **הלילה נחלק מאליו.** דה"ל למימר ויחלק עליהם בלילה. אלא ללמדך שגם הלילה נחלק: **נחלק מאליו.** המעשה כן היה שעד חלי הלילה הספיק בידו לרדוף אויביו. ונשאר החלי הב' שלא רדף. וזה סימן לבניו שכמו שהוא נלח בחליה. כן יהיו בניו נולחים במלרים בחליה השני: **יוצרו חלקו.** שהקב"ה בכוונה חלקו שהוא היה רולה לרדוף כל הלילה והקב"ה חלקו כדי שישאר חליו לבניו וכדאמר בשמות רבה פ' י"ז א"ל הקב"ה דייך עד חלי הלילה בא ונחלוק הלילה אני ואתה: **עד חצי הלילה.** שילא ליפול על קדושת שמו כדלעיל סי' ב'. ולכן יהיה חלי הלילה שמור לבניו מדה כנגד מדה: **אביהם יצא בו'.** כי כל מה שאירע לאבות סימן לבנים. ולישנא זה ס"ל דאברהם לא ילא לרדוף הרשעים כי אם בחלי הלילה שאז מתחיל הארת הקדושה כמבואר בזוהר (ועי' יפ"ת ונזה"ק): [ד] **וכי יש אדם בו'.** דאקדים הכאה לרדיפה: **הרוגים היו.** שתחלה סר ללם וכאילו מתים. ואברהם גמר הריגתם. ומייתי לדוגמא מאתה אשר הכית רדפו שנאמר על ישראל שהם נרדפים אחרי היותם מוכים מה' אשר נתנם ביד אויביהם שנחשבו ישראל מוכים בשעת הרדיפה: **הדא הוא דכתיב מי העיר.** ראיה לדבר כי כבר מסרם ה' בידו. כי הוא העירם לבא ליפול בידו: **של מזרחיים.** אמרפל מלך בבל וחביריו שבבל מזרחית לא"י: **ויפלו ביד אברהם.** והטעם כדלעיל בפרשה מ"ב סי' ג': **חי העולמים שהיה מאיר לו.** זה דרש אחר א"ת העיר אלא האיר. והשב לדק (שהוא לדיקו של עולם) יקראהו דרש יקראהו מלשון יקר שהוא נופל על האור כמו אור יקרות (זכריה יד) ור"ל הקב"ה לדיקו של עולם האיר לרגלו פי' בכל מקום שהיה הולך. כדי לפרסם אמונת אלהותו בעולם על ידו בראותם כי שם ה' נקרא עליו: **מזל צדק.** כמ"ש (שבת קנ"ו) שלדק הוא מזלו של אברהם:

פירוש מהרז"ו

(ג) **הלילה נחלק.** עיין שמ"ר פר' י"ח בסוף סימן א'. ועי' לעיל פר' מ"ב ריש סימן ח'. פסיקתא רבתי פר' י"ז סי' ג'. מכילתא בא פסוק ויהי בחלי הלילה פר"א פרק כ"ז שמואל הקטן. ועי' בדומה לזה בויק"ר פרשה ו' סי' ו' שכן הוטבע מששת ימי בראשית שיהיה חלוק בעת פלוני וכשהגיע העת עשתה הלילה פקודתה שמבראשית ונחלקה. וזהו וַיֵּחָלֵק משמע מעלמו: **יוצרו חלקו.** קרי ביה וַיְחַלֵּק שאין הנס בהלילה אלא בהקב"ה שחלקו עתה לשני חלאים ממש מה שאי אפשר לב"ו לעשות כן: **אביהם פעל עמי.** פי' שמסר נפשו על קדושת שמי בחלי הלילה וממ"ש ויחלק ע"פ מדת מנגד דורש שאמר הקב"ה: **אית דמפקין.** כי לפי לשון ראשון יקשה מ"ש אביהם פעל עמי בחלי הלילה שבאמת אברהם לא עשה כלום ומרומז בתיבת כחלות כמו כהחלות שמפסוק ויחלק שכתוב כאן. על כן אמרו בלשון אחר שאברהם ילא ברגע חלי הלילה וכן שילם לו הקב"ה. והיליאה היה עיקר הנסיון. ובשמ"ר פר' י"ח הג"ל גי' אחרת: **הרוגים.** שתחלה סר ללם וכאלו מתו ואברהם גמר הריגתם. ועל דרך שכתוב על ישראל כי אתה אשר הכית רדפו. ועי' ויק"ר פר' ב' סימן ד' בביאור: **מי העיר ממזרח.** עי' לעיל פר' ב' סימן ג' שמ"ר פר' ט"ו סימן כ"ו ומדרש תהלים מזמור ק"י באריכות: **מזרחיים.** שנער ועילם במזרח העולם וכמ"ש לעיל פר' ל"ח ריש סימן ז' למיזל למדינחא והיינו שנער כי שאל מי העיר ממזרח ולא פי' למי העיר והיל"ל מי קרא ודורש ע"פ מדה ט' מי העיר לבם של מזרחיים ודורש עוד א"ת העיר אלא האיר והשיב לדק קרא והאיר לרגלו בכל מקום שהיה הולך וכמ"ש לעיל פר' ל"ב סימן ג' והיינו לדקתו של חי עולמים עשתה כן. וכמ"ש מ"כ בשם ילקוט ישעיה מ"א: **מזל צדק.** וכמ"ש שבת קנ"ו שלדק הוא מזלו של אברהם. ומ"ש יקראהו דורש שהלדקה קראה עליו זכות שראוי להנלל מאויביו. ומאחר שאמר שהלדקה קראה ולא פירש מה קראה הרי פירש ע"פ מדת ממעל ודרך קלרה לדק יקראהו לדק. שהלדק למדה עליו זכות הלדקה שעשה:

חידושי הרד"ל

(ד) [ג] **הלילה נחלק מאליו.** מדלא כתיב ויחלק עליהם בלילה. ומפני שא"א לכוון חלות הלילה כדאיתא פ"ק דברכות. אמר שהלילה נחלק וכן מוכח בפסיקתא דויהי בחלי הלילה ובשמ"ר פי"ח:

חידושי הרש"ש

[ג] **צדק יקראהו לרגלו בו'. שהיה מאיר לו בו' אר"ב מזל צדק היה מאיר לו.** יתכן דדריש יקראהו מלשון יקר שהוא נופל על האור כמו אור יקרות (זכריה י"ד) וירח יקר הולך (איוב ל"א) וכן לעיל פי"ח דריש ואדם ביקר בל ילין על האור ואולי מזה נקראו אבנים טובות המאירות יקרות בקרא בכ"מ:

באור מהרי"פ

ג שהיה מאיר לו בו'. אולי הוא דורש מלת העיר כמו האיר:

מסורת המדרש

ז תנחומא סדר בא סימן ז': מכילתא פ' בא. ילקוט שם רמז ר"ח:
ח ילקוט ישעיה רמז ש"א:

אם למקרא

וַיְהִי בַּחֲצִי הַלַּיְלָה וַה' הִכָּה כָל־בְּכוֹר בְּאֶרֶץ מִצְרַיִם מִבְּכֹר פַּרְעֹה הַיֹּשֵׁב עַל־כִּסְאוֹ עַד בְּכוֹר הַשְּׁבִי אֲשֶׁר בְּבֵית הַבּוֹר וְכֹל בְּכוֹר בְּהֵמָה:
(שמות יב:כט)

וַיֹּאמֶר מֹשֶׁה כֹּה אָמַר ה' כַּחֲצֹת הַלַּיְלָה אֲנִי יוֹצֵא בְּתוֹךְ מִצְרָיִם:
(שמות יא:ד)

כִּי־אַתָּה אֲשֶׁר־הִכִּיתָ רָדָפוּ וְאֶל־מַכְאוֹב חֲלָלֶיךָ יְסַפֵּרוּ:
(תהלים סט:כז)

מִי הֵעִיר מִמִּזְרָח צֶדֶק יִקְרָאֵהוּ לְרַגְלוֹ יִתֵּן לְפָנָיו גּוֹיִם וּמְלָכִים יַרְדְּ יִתֵּן כֶּעָפָר חַרְבּוֹ כְּקַשׁ נִדָּף קַשְׁתּוֹ:
(ישעיה מא:ב)

יִרְדְּפֵם יַעֲבוֹר

מתנות כהונה

[ג] **יוצרו חלקו.** ופירושו ויחלק על פי בוראו או קרי ביה ויחלק היו"ד בסגו"ל: **אית דמפקין בו'.** יש שמוליאין אותו בלשון אחר: **ה"ג הרוגים היו שנאמר בו'** ופי' הרוגים היו על ידי הקב"ה על דרך שאמר הכתוב סר ללם מעליהם וזהו ויכם וירדפם שקודם הרדיפה היו מוכים על ידי הקב"ה [ועי' בויק"ר פ"א]: **ה"ג בילקוט ישעיה** לדיק חי העולמים כו' לדקה היתה לווחת וזהו לדק יקראהו.

אשד הנחלים

[ג] **הלילה נחלק מאיליו כו' יוצרו חלקו.** יש להבין סבת מחלוקותם. ומאי נפק"מ אם נחלק מאליו ומאי שייך חלוקה בזה. והנראה לפי שידוע כפי בעלי חכמי אמת שעד חצות הלילה הוא עת שליטת הדינין ואחר החצות אז הרחמים מתגבר ולכן גבר אברהם בעת ההיא וזהו דעת הראשון שנחלק מאליו שאחר שהוסר הדין אז ממילא גבר באויב. ודעת השני שיוצרו חלקו כי אף אחר חצות לא הי' בכחו להתגבר מולם כי הי' דבר נפלא מאוד. רק ה' בחסדו גבר הרחמים עליו יותר מדאי. ומה שהוסיפו בדבריהם אברהם פעל כו' אף אני. הוא מאמר אחר לרמוז שפעולת אברהם הי' מועיל לבניו אחריו. כמ"ש לעיל את סימן לבניך כו'. או שדעת רבנן בפירוש הכתוב וברמיזתו שחלק על בניו אחריו הליל' הזה שזכות אברהם עמד לבניו אחריו והוא יותר נכון כפשוטו: **אית דמפקין ל"א.** לפי הראות אין הבדל כ"א בלשון בין פעל ליצא ואולי אין נפק"מ רק בלשון רק שאמרו בלשון זה להסביר הכתוב כחצות הליל' אני יוצא שלכן נאמר כחצות בכף הדמיון כלומר כאותו החצות שיצא אברהם כן אני עושה עם בניו ולפי שבכתוב כתיב יציאה אמרו בלשון זה לרמז על זה: **הרוגים היו.** כלומר נגזר עליהם הריגה ממרום. ומלת ויכם מוסב על ה' שה' הכם ע"כ וירדפם: **חי העולמים.** זהו מדת הצדק העליונה שע"י מחי' העולמים הי' מאיר לו להצילו מכל צרה וצוקה. ודעת ר"ב שמזל צדק הי' מאיר לו. אף שאין מזל לישראל וכש"כ לאברהם ובפרט לפי מאמר' ז"ל שאמר ה' לאברהם צא מאצטגנינות שלך עכ"ז בעת שה' משדד הטבע הוא הופך ג"כ מזלו ומשליט עליו מזלו הטוב. וזהו שאמרו שם מה דעתך דקאי צדק במערב מהדרניא לך למזרח כי מזל צדק מכוין למדת הצדק אשר למעלה ואם מופיע עליו מלמעלה מדת הצדק העליונה לעומתו הוא לכנס במזל צדק למטה והבן. ודרש רמז הכתוב צדק יקראהו לרגלו כי מזל צדק הוא למטה כדמות הרגל שהוא בעקב כאלו הצדק העליונה קורא למזל צדק שיעמוד לו. ודעת ר' ראובן שמוסב רק על מדת הצדק מלמעלה אף שלא הי' במזל צדק והיא קראהו וצווחה שינצל אברהם

אָמַר רַבִּי רְאוּבֵן: צְדָקָה הָיְתָה צוֹוַחַת וְאוֹמֶרֶת: אִם אֵין אַבְרָהָם אֵין מִי שֶׁיַּעֲשֶׂה אוֹתִי – **R' Reuven said: Righteousness** itself,[39] as it were, **cried out and said, "If not** for **Abraham, no one would perform me!"**[40] Ⓐ

[The Midrash continues its discussion of this passage from *Isaiah* 41:2 and its application to Abraham's miraculous victory over the four kings:[41]]

הֲדָא הוּא דִכְתִיב "יִתֵּן לְפָנָיו גּוֹיִם וּמְלָכִים יַרְדְּ" – And **thus it is written,** ***[Who] delivered nations to him, and subdued kings [before him],*** *made his sword like dust, his bow like straw blown about?*[42] (ibid.). רַבִּי יְהוּדָה וְרַבִּי נְחֶמְיָה – **R' Yehudah and R' Nechemyah** gave explanations for this verse, relating it to Abraham's war against the four kings. רַבִּי יְהוּדָה אוֹמֵר: אַבְרָהָם הָיָה מַשְׁלִיךְ עֲלֵיהֶם עָפָר וְהוּא נַעֲשָׂה חֲרָבוֹת, קַשׁ וְנַעֲשָׂה חִצִּים – **R' Yehudah said: Abraham would throw dust** (dirt) **at [the kings] and it would** miraculously **turn into swords;** he would throw **straw and it would turn into arrows.**[43] וְרַבִּי נְחֶמְיָה אָמַר: יִתֵּן עָפָר לֹא נֶאֱמַר אֶלָּא "כֶּעָפָר" – **But R' Nechemyah said: It is not stated, "He made** his sword **dust,"** but *He made his sword **"like" dust.***[44] הֵן הָיוּ מַשְׁלִיכִים חֲרָבוֹת עַל אַבְרָהָם וְנַעֲשִׂין עָפָר, חִצִּים וְהֵן נַעֲשׂוֹת קַשׁ – It means that **[the kings] would thrust swords at Abraham, and [the swords] would become** harmless **dust;** and they would shoot **arrows and they would become straw.**[45]

[The Midrash expounds the subsequent verse in *Isaiah:*]

הֲדָא הוּא דִכְתִיב "יִרְדְּפֵם יַעֲבוֹר שָׁלוֹם וְגוֹ'" – And **thus it is written,** ***He pursued them and emerged unhurt,*** *on a path where his feet did not go* (ibid. v. 3).[46]

NOTES

39. R' Reuven understands *Tzedek* literally, as the quality of righteousness, personified.

40. Thus, righteousness proclaimed Abraham's dedication to this trait wherever he went.

41. For, as the Midrash said above, the kings were Divinely foreordained to fall by Abraham's hand. The Midrash now shows how God Himself intervened to guarantee Abraham's victory (*Yefeh To'ar*).

42. The answer to all these questions is given in verse 4 there: *I, HASHEM*.

43. The pronoun "his" in *his sword* and *his bow* refers to Abraham. The verse then is saying that dust served as Abraham's sword and straw as Abraham's arrow in his miraculous war against the kings.

44. The words יִתֵּן עָפָר חַרְבּוֹ could have been interpreted to mean either "He made dust become his sword" (which is R' Yehudah's interpretation) or "He made his sword become dust." But the use of the words "like dust" (as opposed to just "dust") precludes the former possibility.

45. And the pronoun "his" in *his sword* and *his bow*, though it is singular, refers collectively to the four kings (*Yefeh To'ar*). *Maharzu* quotes *Midrash Tehillim* (Ch. 110) as stating that *his* refers specifically to Amraphel, who was the leader of the war against Abraham.

46. The underlying problem with this verse is: How is it possible to say that he (Abraham) "pursued them" on a path and yet state further that *his feet did not go there*? The Midrash therefore explains that Abraham's feet did not take ordinary steps, but miraculous ones. It

INSIGHTS

Ⓐ **The Demands of Right** An interesting interpretation of the expositions of R' Berechyah (מַזָּל צֶדֶק הָיָה מֵאִיר לוֹ) and R' Reuven (צְדָקָה הָיְתָה צוֹוַחַת וְאוֹמֶרֶת אִם אֵין אַבְרָהָם אֵין מִי יַעֲשֶׂה אוֹתִי) is suggested by *HaDerash VeHalyun* (the *Reischer Rav*). When we consider Abraham's actions, how together with just a small group of men he undertook to wage war against kings more numerous and mighty than he, we might suggest that Abraham's motivation was love of kin. Hearing of the terrible injustice perpetrated against his nephew, he simply could not contain himself, and he rushed into battle to avenge the crime committed against Lot and to rescue him from his captors.

But the truth is that Abraham's motive was much more noble than that. Not out of love of kin did Abraham do what he did, but rather out of a sense of fairness and justice. Hearing how evil men had taken captive people who had done them no wrong, a fire of righteous indignation blazed within him. Disregarding the great danger to his own person, he put his life on the line to rescue the victims from their oppressors and to give the wicked their just deserts. Had the same injustice been perpetrated against total strangers, Abraham's reaction would have been no different. Even then he would have exhibited the same bravery, to champion the cause of justice, just as he did now when the victims were his own flesh and blood. Because to a person whose credo is justice, no distinction exists between kin and stranger. Where the tears of the oppressed are found, there he is, to rescue and offer succor, even if the job is difficult, and even where it means putting his own life at risk.

The Sages of the Midrash interpreted the verse מִי הֵעִיר מִמִּזְרָח צֶדֶק יִקְרָאֵהוּ לְרַגְלוֹ to be teaching this very point. What, the verse asks, stirred up Abraham, who was from the east, to go out to battle against overwhelming odds? Not kindred love, as it might seem, but rather צֶדֶק, *justice*. Throughout this episode Abraham had no motivation but justice. Thus, מַזָּל צֶדֶק הָיָה מֵאִיר לוֹ, the principle of justice was the lamp that illuminated his way.

R' Reuven interprets the words צֶדֶק יִקְרָאֵהוּ לְרַגְלוֹ differently, but as imparting the same message. The attribute of justice itself, so to speak, proclaimed in the streets, "If not for Abraham, no one would perform me!" I.e., if Abraham will not stand up for me, no one will fight my battles. For justice was the sole driving force in what Abraham did.

What was our Sages' source for saying that it was Abraham's love of justice (and not love of kin) that drove him to engage the four potentates in battle? The *Reischer Rav* suggests that it is the syntax of verse 14: וַיִּשְׁמַע אַבְרָם כִּי נִשְׁבָּה אָחִיו. When a subject and predicate are mentioned together in Scripture, sometimes the subject precedes the predicate and other times the predicate precedes the subject. The commentators (*Malbim* in *Ayeles HaShachar* §22, et al.) explain that the order is not random (as, indeed, nothing in Scripture is). What is the main intent of the verse is put first, and what is the secondary intent, second. Hence, if Abraham's main intent in going to war was to rescue his relative, the verse should have preceded the word אָחִיו to the word נִשְׁבָּה, and said וַיִּשְׁמַע אַבְרָם כִּי אָחִיו נִשְׁבָּה. Since the Torah did not say this, but instead placed the predicate before the verb, saying וַיִּשְׁמַע אַבְרָם כִּי נִשְׁבָּה אָחִיו, the Sages inferred that what roused Abraham to action was the fact that *someone*, who was *coincidentally* Abraham's kinsman, had been unjustly captured.

[This idea might perhaps shed light on an otherwise puzzling incident recounted in the Talmud (*Succah* 31a). The Gemara relates that an elderly woman once came before Rav Nachman crying that the Reish Galusa and all the Sages were living in a *succah* whose boards had been stolen from her. When Rav Nachman ignored her protests (the Gemara there explains why in fact he did this), she said to him, "A woman whose forebear had 318 servants cries out before you, and you ignore her!" She referred, *Rashi* explains, to Abraham, who armed his 318 disciples to fight against the four kings. The woman's reference begs for an explanation.

In light of what has been stated above, the *Reischer Rav* makes the following suggestion. The woman had come to complain of the injustice done to her in that the servants of the Reish Galusa had stolen wood from her in order to construct his *succah*. Seeing that Rav Nachamn paid her no heed, she wished to prick him with a barb, to demonstrate that it was wrong of him to ignore the cry of a victim of injustice. So she reminded him of Abraham's battle with the four mighty kings, which he, together with his 318 followers, waged in order to rescue innocent victims from their victimizers and to champion the cause of justice. "Yet you," intimated the woman, "hear someone complaining that she is being taken advantage of by those in power, and you remain silent!"]

Championing the cause of the victimized regardless of familial affiliation is the hallmark of great men. When Moses intervened to stop the beating of a fellow Jew by an Egyptian (*Exodus* 2:11-12), he was acting to save a brother. But what impelled him to step forward and rescue seven strange girls who were being bullied by some shepherds seeking to rob them of the water they had drawn and which was thus rightfully theirs? (ibid. vv. 16-17). It was Moses' unwillingness to stand by idly while justice was being trampled, regardless of whom the victim was (*Ramban* ibid.; see *R' S. R. Hirsch* there for a different interpretation of Moses' motive, but one which bears out the same thought).

אָמַר רַבִּי רְאוּבֵן: צְדָקָה הָיְתָה צוֹוַחַת וְאוֹמֶרֶת: אִם אֵין אַבְרָהָם אֵין מִי שֶׁיַּעֲשֶׂה אוֹתִי, הָדָא הוּא דִכְתִיב (שם) "יִתֵּן לְפָנָיו גּוֹיִם וּמְלָכִים יַרְדְּ". רַבִּי יְהוּדָה וְרַבִּי נְחֶמְיָה, רַבִּי יְהוּדָה אוֹמֵר: [ט]אַבְרָהָם הָיָה מַשְׁלִיךְ עֲלֵיהֶם עָפָר וְהוּא נַעֲשָׂה חֲרָבוֹת, קַשׁ וְנַעֲשָׂה חִצִּים. וְרַבִּי נְחֶמְיָה אָמַר: "יִתֵּן עָפָר" לֹא נֶאֱמַר אֶלָּא (שם) "כֶּעָפָר", הֵן הָיוּ מַשְׁלִיכִים חֲרָבוֹת עַל אַבְרָהָם וְנַעֲשִׂין עָפָר, חִצִּים וְהֵן נַעֲשׂוֹת קַשׁ, הָדָא הוּא דִכְתִיב (שם מא, ג) "יִרְדְּפֵם יַעֲבוֹר שָׁלוֹם וְגוֹ'". רַבִּי לֵוִי בְּשֵׁם רַבִּי יוֹסֵי בַּר זִמְרָא: פְּסִיעוֹתָיו שֶׁל אָבִינוּ אַבְרָהָם הָיוּ ג' מִילִין. רַבִּי יוּדָן בַּר רַבִּי סִימוֹן אָמַר: מִיל, שֶׁנֶּאֱמַר (שם) "אֹרַח בְּרַגְלָיו לֹא יָבוֹא". רַבִּי נְחֶמְיָה אָמַר בְּשֵׁם רַבִּי אַבָּהוּ: לֹא נִתְאַבְּקוּ רַגְלֵיהֶן אֶלָּא כָּזֶה שֶׁהוּא הוֹלֵךְ מִבֵּיתוֹ לְבֵית הַכְּנֶסֶת:

עץ יוסף

צדקה היתה צווחת כו'. מפרש לדק היינו הלדקה קראה עליו זכות בכל מקום שהיה הולך שראוי להגלל מאויביו: **יתן לפניו גוים כו'.** הוא מייתי עוד ראיה למ"ש שהשי"ת הכניעם והרוגים היו לפני אברהם בלא טורח (יפ"ת): **יתן לפניו גוים ומלכים ירד.** וס"ד יתן כעפר חרבו כקש נדף קשתו. ופיר' חרבו של אברהם. שאברהם היה משליך עליהם עפר ונעשו חרבות. קש ונעשה חלים: **יתן עפר לא נאמר.** ר"ל שלפי דברי ר"י יותר היה ראוי שיאמר הכתוב יתן עפר. אע"כ שפירש הכתוב הן היו משליכים חרבות על אברהם ונעשה עפר כו' ולפ"ז מ"ש יתן כעפר חרבו הוא מוסב על חרב המלכים. וה"ק יתן כעפר חרבו הנטויה עליו על אברהם. וכן קש נדף קשתו הנטויה עליו על אברהם מן המלכים (כזה"ק). ובשוח"ט מבואר שלרבי נחמיה מ"ש חרבו קשתו שהכוונה על אמרפל שהוא העיקר במלחמה זו כמ"ש לעיל פרשה מ"ב: **יעבור שלום אורח ברגליו לא יבא.** שלא הלך בטבע ההליכה ברגליו. אלא דרך נס. וכדאי' בשוח"ט ק"י כשבא לרדוף אחריהם נקפלה הארץ לפניו ג' מילין: **מיל שנאמר אורח כו'.** דייק לשון אורח שהוא שם למהלך: **ולא נתאבקו רגליהם.** אלא כהולך דרך קרובה מביתו לבית הכנסת:

פירוש מהרז"ו

יתן לפניו וגו'. סמוך לפסוק הנ"ל צדק יקראהו וס"ד יתן כעפר חרבו כקש נדף קשתו. ודעת ר' יהודה שתחלה אמר יתן לפניו גוים היינו שהקב"ה נתן לפני אברהם גוים המפורשים ואחר כך אמר יתן כעפר חרבו לשון יחיד וע"כ פירושו של אברהם שאם על הגוים הנ"ל היל"ל חרבם קשתם. וא"כ יקשה איך אמר שנתן חרבו כעפר שהוא דבר בטל בלא כח וכן כקש נדף קשתו. וסותר למ"ש תחילה יתן לפניו גוים על כן דורש ומכריע ע"פ מדה י"ב מדבר שבא ללמד ונמצא למד שהקש והעפר באו ללמד על החרב והקשת ונמצאו למדים מהם שהעפר היה חרב והקש היה קשת שבזה נלחם אברהם להגוים. ועי' סנהדרין ק"ח ילקוט ישעיה מ"א. ודעת ר"נ כמ"ש במדרש תהלים ק"י אמר לו ר"נ א"כ עקרת את המקרא. פי' אימתי אנו יכולים לדרוש מדה זו כשאין הדרש עוקר את הפשט. אבל כאן הדרש עוקר את הפשט שפשט התיבות שהחרב נעשה בטל כעפר ואתה דורש מזה ההיפך ממש שהעפר נעשה כחרב ועל כרחנו כאן אי אפשר לדרוש כן. ומ"ש כאן במדרש עפר לא נאמר וכו'. פי' שאם היה כתוב יתן עפר חרבו היינו יכולים לפרש כר' יהודה שנתן עפר כחרב אך מאחר שכתוב כעפר ע"כ פירושו שהחרב בטל כעפר ע"כ דורש ר"נ שחרב השונאים של אברהם נעשו כעפר וכן קשתם כקש. ומ"ש בלשון יחיד חרבו קשתו. מבואר במדרש תהלים שם שהכוונה על אמרפל שחרבו נעשה כעפר וקשתו כקש נדף שאמרפל הוא העיקר במלחמה זו כמ"ש לעיל פר' מ"ב סי' ו'. ועם כל זה גם ר"נ אינו חולק על המדה על פי מדה כ' שאם אינו ענין למדה זו על אמרפל תנהו ענין על אברהם. ועל כן בסנהדרין שם גם ר"נ מודה ודו"ק: **ירדפם יעבור שלום.** פסוק זה סמוך לפסוק יתן לפניו גוים וס"ד ירדפם יעבור שלום אורח ברגליו לא יבוא. ואם כפשוטו שאורח אשר לא בא בו מטולם אעפי"כ נלח בהם המלכים היל"ל לא בא. ע"כ דרש לא יבא שאסור לבא. היינו שביו"ט אסור לרכוב אלא הלך ברגליו בליל יו"ט של פסח ככ"ל אורח שאסור לבא ביו"ט שב' מילין אפשר לבא בעירוב וג' מילין אפילו ע"י עירוב אסור לבא בו. וא"כ יקשה שהרי הלך מחברון עד דמשק מהלך י"ב מיל ע"כ דרש שהכוונה שכל הליכתו היה של ג' מילין היינו כל פסיעה וכמ"ש במדרש תהלים ק"י כשבא לרדוף אחריהם נקפלה הארץ לפניו ג' מילין. ועי' לקמן פר' כ"ט סימן י"א הרעשת ארץ בימי אברהם ול"ל שכל פסיעה היתה של ג' מילין שלא יתכן לומר שלא הלך אלא פסיעה אחת: **רבי יודן בר רב סימון אמר מיל.** שמאחר שאין כאן רמז על עירוב אין כאן ללמוד אלא על אורח של מיל ופי' שביו"ט אסור לילך חוץ לתחום אפילו פסיעה אחת. ובמדרש תהלים שם הגירסא בדברי ר"י בר"ס שני מילין פי' ג"כ שע"פ ערוב אסור יותר מב' מילין: **לא נתאבקו רגליהם.** כוונתו כמ"ש בפר"א פרק כ"ז. הלל הזקן אומר וכו' והיה אברהם מתפחד ואומר אפשר שהרגתי כל האוכלסין האלו ולא נמצא בהם לדיק א"ל הקב"ה אל תירא אברם ועל זה אמר אורח ברגליו לא יבא לא בא ברגליך לכלוך בדבר זה עכ"ל פי' לא נכשלת בעבירה וזהו שאמר כאן לא נתאבקו רגליהם. ועי' בפירושי שם. ומבואר עוד שם בחלק המדות בסוף מדה י"ז. ומ"ש כהולך מביתו לביהכ"נ. והנמשל פי' שלא נכשל בעבירה אלא שהלך בזה כהולך מביתו לביהכ"נ ולפי פשוטו שלא נתאבקו רגליו אלא כהולך דרך קרובה. וא"כ היה יכול לומר מביתו לבית חבירו על כן רמזתי במדרש כוונה שניה:

רש"י

אמר רבי ראובן. מהו לדק יקראהו לרגלו לדקה היתה הולכת ולווחת ואומרת אם אין אברהם עושה אותי מי יעשה אותי: **פסיעותיו של אברהם אבינו.** שלשה מילין שנאמר ארח ברגליו ארח שלשה אותיות: **רבי יהודה בר סימון אמר מיל שנאמר ארח ברגליו לא יבא.** לומר שאין אורח פחות ממיל:

מתנות כהונה

ומלכים ירד וגו' גרסינן וסיפיה דקרא יתן כעפר חרבו כקש נדף קשתו. אלא כקש כעפר גרסינן וכן הוא בשוחר טוב משמע החרבות ממש היה נותנם הקב"ה כמו עפר וכן החלים: **יעבור שלום וגו'** גרסינן וסיפיה דקרא **אורח ברגליו לא יבא: שלשה מילין.** פירש אב"א שלום נוטריקון שלש מיל: **מיל.** שאין אורח פחות ממיל ועוד כתב האב"א "לא "יבא "מי ר"ת למפרע מיל והביא ראיה מן הילקוט אבל בשוחר טוב גרס שנים: **לבית הכנסת.** שנאמר שמור רגליך כאשר תלך אל בית האלהים שלא יהיו מטונפות בעפר ואבק:

אשד הנחלים

כי אם אין הוא אין עולם והבן זה מאוד: **עפר והוא נעשה חרבות כו'.** דעתם שהי' הנס בשנוי הטבע בהמציאות כי נשתנה טבע המציאות בעבורו אשר זהו הנס היותר גדול בעולם כי נס ההצלה לבד יתכן שיהי' נכלל מעט בטבע אבל בו הי' הצל' בנס ובהשתנות ממש: **פסיעותיו כו' ג' מילין.** זהו הי' ע"י קפיצת הדרך וזהו אורח ברגליו לא יבוא כי לא הי' צריך לעבור ברגליו ממש כ"א מקפץ ועולה. ודעת ר"י רק מיל. ועיין במ"כ וע"ד האמת כבר ביאר הר"י ז"ל בזה כוונה נסתרת ע"פ קבלתו והסביר שמה סבת מחלוקתם ג"כ: **מביתו לבית הכנסת.** כלומר אחר שהי' ע"ד הקפיצה לא בהליכה ממש ולכן לא הי' אבק ברגלם ואחז הבהכ"נ לפי שאסור לילך שם באבק שברגליו מ"כ. ויתכן עוד לפי שמצוה לרוץ לבהכ"נ מרוב שמחה להודות לה'. והנה השמחה והחשק מביא המרוצה וההליכה במהירות וכן כאן הי' ענין הליכת המוריה בשמח' גדולה עד שלא הרגישו ההליכה בזה כי היו מלחמת מצוה וקידוש השם מאוד לא אהבת הניצוח במלחמה לבד.

חידושי הרד"ל

(ה) **מיל שנאמר אורח ברגליו לא יבא** היינו מיל תחום איסור הליכה בשבת: (ו) **לא נתאבקו כו'. לבהכנ"ס.** עמ"כ ומ"ש שלא היו מטונפות באבק. ליתא שאין זה אסור כ"א להר הבית ולא בהכנ"ס. אלא פירושו כפשוטו שאינה כ"א דרך מועטת (ועיין בס"ם חסד לאברהם דרוש הרא"ו ע"ז ותראה נפלאות):

חידושי הרש"ש

מיל שנאמר אורח ברגליו לא יבא. עמ"כ. ופי' אורח שהוא דרך מיל ברגליו לא יבוא שהיה פוסעו בפסיעה אחת ולא נגעו רגליו בארץ:

מסורת המדרש

ט תענית דף כ"א. סנהדרין דף ק"ח. מדרש תהלים מזמור ק"י. תנחומא כאן סי' ט"ו. ילקוט כאן רמז ע"ג. וילקוט ישעיה רמז ש"ח:

אם למקרא

שָׁלוֹם אֹרַח בְּרַגְלָיו לֹא יָבוֹא: (ישעיה מא:ג)

וְהֵבֵאתִי רָעֵי גוֹיִם

רַבִּי לֵוִי בְּשֵׁם רַבִּי יוֹסֵי בַּר זִמְרָא: פְּסִיעוֹתָיו שֶׁל אָבִינוּ אַבְרָהָם הָיוּ ג׳ מִילִין – **R' Levi** said **in the name of R' Yose bar Zimra: The footsteps of our forefather Abraham were three *mils* each.**[47] רַבִּי יוּדָן בַּר רַבִּי סִימוֹן אָמַר: מִיל, שֶׁנֶּאֱמַר ״אֹרַח בְּרַגְלָיו לֹא יָבוֹא״ – **R' Yudan bar R' Simon said:** They were **one *mil*** each, **as [Scripture] says,** ***On a path where his feet had never gone*** (ibid.).[48] רַבִּי נְחֶמְיָה אָמַר בְּשֵׁם רַבִּי אַבָּהוּ: לֹא נִתְאַבְּקוּ רַגְלֵיהֶן אֶלָּא כְּזֶה שֶׁהוּא הוֹלֵךְ מִבֵּיתוֹ לְבֵית הַכְּנֶסֶת – **R' Nechemyah said in the name of R' Abahu: Their feet**[49] **did not become dusty, only as a [person] who goes from his house to the synagogue.**[50]

NOTES

should be borne in mind that the distance from Hebron to Damascus is considerable (about 200 miles), yet Abraham seems to have traveled it in less than one day (*Yefeh To'ar*).

47. That is, when he went in pursuit of the four kings he was miraculously able to travel a distance of three *mils* (a *mil* being 2,000 cubits, about a kilometer) in one footstep, so that his feet did not actually go on the path. The distance of three *mils* is alluded to in the word שָׁלוֹם (*unhurt*), which is seen as a contraction of שְׁלוֹשָׁה מִיל, *three mils* (*Ohr HaSeichel*). Alternatively, it is alluded to by the fact that אֹרַח (*a path*) is a three-letter word, so that אֹרַח בְּרַגְלָיו is taken to mean "his feet traversed three [*mils*]" (*Rashi*).

48. For the term אֹרַח (*path, road*) is used only for a road that is at least a *mil* long (*Rashi, Ohr HaSeichel*). Alternatively: the initial letters of [ארח ברגליו] לֹא יָבוֹא מִי [פעל ...] spell מִיל backward (*Ohr HaSeichel* and *Yefeh To'ar*, citing from *Yalkut Shimoni, Joshua* §23). Alternatively: One *mil* is the distance beyond which one's "feet may not go" on the Sabbath (*Radal*).

49. I.e., the feet of Abraham and those who accompanied him.

50. Who is careful to keep his feet clean, out of respect for the synagogue (*Matnos Kehunah*). Alternatively: People generally make their residence close to a synagogue, so it is a short distance to walk there (*Radal*). According to R' Nechemyah, the verse does not mean that Abraham was miraculously transported without actually walking the distances involved, but rather that he was unsoiled by the journey as if he had not walked on the path.

[*Yefeh To'ar* proposes several approaches according to which the various opinions cited by the Midrash here are to be understood allegorically rather than literally.]

אָמַר רַבִּי רְאוּבֵן: צְדָקָה הָיְתָה צוֹוַחַת וְאוֹמֶרֶת: אִם אֵין אַבְרָהָם אֵין מִי שֶׁיַּעֲשֶׂה אוֹתִי, הֲדָא הוּא דִכְתִיב (שם) "יִתֵּן לְפָנָיו גּוֹיִם וּמְלָכִים יַרְדְּ". רַבִּי יְהוּדָה וְרַבִּי נְחֶמְיָה, רַבִּי יְהוּדָה אוֹמֵר: [ט]אַבְרָהָם הָיָה מַשְׁלִיךְ עֲלֵיהֶם עָפָר וְהוּא נַעֲשָׂה חֲרָבוֹת, קַשׁ וְנַעֲשָׂה חִצִּים. וְרַבִּי נְחֶמְיָה אָמַר: "יִתֵּן עָפָר" לֹא נֶאֱמַר אֶלָּא "כֶּעָפָר" (שם), הֵן הָיוּ מַשְׁלִיכִים חֲרָבוֹת עַל אַבְרָהָם וְנַעֲשִׂין עָפָר, חִצִּים וְהֵן נַעֲשׂוֹת קַשׁ, הֲדָא הוּא דִכְתִיב (שם מא, ג) "יִרְדְּפֵם יַעֲבוֹר שָׁלוֹם וְגוֹ'". רַבִּי לֵוִי בְּשֵׁם רַבִּי יוֹסֵי בַּר זִמְרָא: פְּסִיעוֹתָיו שֶׁל אָבִינוּ אַבְרָהָם הָיוּ ג' מִילִין. רַבִּי יוּדָן בַּר רַבִּי סִימוֹן אָמַר: מִיל, שֶׁנֶּאֱמַר (שם) "אֹרַח בְּרַגְלָיו לֹא יָבוֹא". רַבִּי נְחֶמְיָה אָמַר בְּשֵׁם רַבִּי אַבָּהוּ: לֹא נִתְאַבְּקוּ רַגְלֵיהֶן אֶלָּא כָּזֶה שֶׁהוּא הוֹלֵךְ מִבֵּיתוֹ לְבֵית הַכְּנֶסֶת:

עץ יוסף

צדקה היתה צווחת כו'. מפרש לדק היינו הלדקה קרחה עליו זכות בכל מקום שהיה הולך שרחוי להנלל מחויביו: **יתן לפניו גוים כו'.** הוח מייתי עוד רחיה למ"ש שהשי"ת הכניעם והרוגים היו לפני חברהם בלח טורח (יפ"ת): **יתן לפניו גוים ומלכים ירד.** וס"ד יתן כעפר חרבו כקש נדף קשתו. ופיר' חרבו של חברהם. שחברהם היה משליך עליהם עפר ונעשו חרבות. קש ונעשה חלים: **יתן עפר לא נאמר.** ר"ל שלפי דברי ר"י יותר היה רחוי שיחמר הכתוב יתן עפר. חע"כ שפירש הכתוב הן היו משליכים חרבות על חברהם ונעשה עפר כו' ולפ"ז מ"ש יתן כעפר חרבו הוח מוסב על חרב המלכים. וה"ק יתן כעפר חרבו הנטויה עליו על חברהם. וכן קש נדף קשתו הנטויה עליו על חברהם מן המלכים (כזה"ק). ובשוח"ט מבוחר שלרבי נחמיה מ"ש חרבו קשתו שהכוונה על חמרפל שהוח העיקר במלחמה זו כמ"ש לעיל פרשה מ"ב: **יעבור שלום אורח ברגליו לא יבא.** שלח הלך בטבע ההליכה ברגליו. חלח דרך נס. וכדחי' בשוח"ט ק"י כשבח לרדוף חחריהם נקפלה החרץ לפניו ג' מילין: **מיל שנאמר אורח כו'.** דייק לשון חורח שהוח שם למהלך: **ולא נתאבקו רגליהם.** חלח כהולך דרך קרובה מביתו לבית הכנסת:

פירוש מהרז"ו

יתן לפניו וגו'. סמוך לפסוק הנ"ל לדק יקרחהו וס"ד יתן כעפר חרבו כקש נדף קשתו. ודעת ר' יהודה שתחלה חמר יתן לפניו גוים היינו שהקב"ה נתן לפני חברהם גוים המפורשים וחחר כך חמר יתן כעפר חרבו לשון יחיד וע"כ פירושו של חברהם שחם על הגוים הנ"ל היל"ל חרבם קשתם. וח"כ יקשה חיך חמר שנתן חרבו כעפר שהוח דבר בטל בלח כח וכן כקש נדף קשתו. וסותר למ"ש תחילה יתן לפניו גוים על כן דורש ומכריע ע"פ מדה י"ב מדבר שבח ללמד ונמלח למד שהקש והעפר בחו ללמד על החרב והקשת ונמלחו למדים מהם שהעפר היה חרב והקש היה קשת שבזה נלחם חברהם להגוים. ועי' סנהדרין ק"ח ילקוט ישעיה מ"ח. ודעת ר"נ כמ"ש במדרש תהלים ק"י חמר לו ר"נ ח"כ עקרת חת המקרח. פי' חימתי חנו יכולים לדרוש מדה זו כשחין הדרש עוקר חת הפשט. חבל כחן הדרש עוקר חת הפשט שפשט התיבות שהחרב נעשה בטל כעפר וחתה דורש מזה ההיפך ממש שהעפר נעשה כחרב ועל כרחנו כחן חי חפשר לדרוש כן. ומ"ש כחן במדרש עפר לח נחמר וכו'. פי' שחם היה כתוב יתן עפר חרבו היינו יכולים לפרש כר' יהודה שנתן עפר כחרב חך מחחר שכתוב כעפר ע"כ פירושו שהחרב בטל כעפר ע"כ דורש ר"נ שחרב השונחים של חברהם נעשו כעפר וכן קשתם כקש. ומ"ש בלשון יחיד חרבו קשתו. מבוחר במדרש תהלים שם שהכוונה על חמרפל שחרבו נעשה כעפר וקשתו כקש נדף שחמרפל הוח העיקר במלחמה זו כמ"ש לעיל פר' מ"ב סי' ו'. ועם כל זה גם ר"נ חינו חולק על המדה על פי מדה כ' שחם חינו ענין למדה זו על חמרפל תנהו ענין על חברהם. ועל כן בסנהדרין שם גם ר"נ מודה ודו"ק: **ירדפם יעבור שלום.** פסוק זה סמוך לפסוק יתן לפניו גוים וס"ד ירדפם יעבור שלום חורח ברגליו לח יבוח. וחם כפשוטו שחורח חשר לח בח בו מעולם חטפי"כ נלח בהם המלכים היל"ל לח בח. ע"כ דרש לח יבח שחסור לבח. היינו שביו"ט חסור לרכוב חלח הלך ברגליו בליל יו"ט של פסח כנ"ל חורח שחסור לבח ביו"ט שב' מילין חפשר לבח בעירוב וג' מילין חפילו ע"י עירוב חסור לבח בו. וח"כ יקשה שהרי הלך מחברון עד דמשק מהלך י"ב מיל ע"כ דרש שהכוונה שכל הליכתו היה של ג' מילין היינו כל פסיעה וכמ"ש במדרש תהלים ק"י כשבח לרדוף חחריהם נקפלה החרץ לפניו ג' מילין. ועי' לקמן פר' נ"ט סימן י"ח הרעשת חרץ בימי חברהם ונ"ל שכל פסיעה היתה של ג' מילין שלח יתכן לומר שלח הלך חלח פסיעה חחת: **רבי יודן בר רב סימון אמר מיל.** שמחחר שחין כחן רמז על עירוב חין כחן ללמוד חלח על חורח של מיל ופי' שביו"ט חסור לילך חוץ לתחום חפילו פסיעה חחת. ובמדרש תהלים שם הגירסח בדברי ר"י בר"ס שני מילין פי' ג"כ שע"פ ערוב חסור יותר מב' מילין: **לא נתאבקו רגליהם.** כוונתו כמ"ש בפר"ח פרק כ"ז. הלל הזקן חומר וכו' והיה חברהם מתפחד וחומר חפשר שהרגתי כל החוכלסין החלו ולח נמלח בהם לדיק ח"ל הקב"ה חל תירח חברס ועל זה חמר חורח ברגליו לח יבח לח בח ברגליך לכלוך בדבר זה עכ"ל פי' לח נכשלת בעבירה וזהו שחמר כחן לח נתחבקו רגליהם. ועי' בפירושי שם. ומבוחר עוד שם בחלק המדות בסוף מדה י"ז. ומ"ש כהולך מביתו לביהכ"נ. והנמשל פי' שלח נכשל בעבירה חלח שהלך בזה כהולך מביתו לביהכ"נ ולפי פשוטו שלח נתחבקו רגליו חלח כהולך דרך קרובה. וח"כ היה יכול לומר מביתו לבית חבירו על כן רמזתי במדרש כוונה שניה:

רש"י

אמר רבי ראובן. מהו לדק יקרחהו לרגלו לדקה היתה הולכת ולווחת וחומרת חם חין חברהם עושה חותי מי יעשה חותי: **פסיעותיו של אברהם אבינו.** שלשה מילין שנחמר חרח ברגליו חרח שלשה חותיות: **רבי יהודה בר סימון אמר מיל שנאמר ארח ברגליו לא יבא.** לומר שחין חורח פחות ממיל:

מתנות כהונה

ומלכים ירד וגו' גרסינן וסיפיה דקרח יתן כעפר חרבו כקש נדף קשתו. חלח כקש כעפר גרסינן וכן הוח בשוחר טוב משמע החרבות ממש היה נותנם הקב"ה כמו עפר וכן החלים: **יעבור שלום וגו'** גרסינן **וסיפיה דקרא אורח ברגליו לא יבא: שלשה מילין.** פירש חב"ח שלום נוטריקון שלש מיל: **מיל.** שחין חורח פחות ממיל ועוד כתב החב"ח "לח "יבח "מי ר"ת למפרע מיל והביח רחיה מן הילקוט חבל בשוחר טוב גרס שנים: **לבית הכנסת.** שנחמר שמור רגליך כחשר תלך חל בית החלהים שלח יהיו מטונפות בעפר וחבק:

אשד הנחלים

כי אם אין הוא אין עולם והבן זה מאוד: **עפר והוא נעשה חרבות כו'.** דעתם שהי' הנס בשנוי הטבע בהמציאות כי נשתנה טבע המציאות בעבורו אשר זהו הנס היותר גדול בעולם כי נס ההצלה לבד יתכן שיהי' נכלל מעט בטבע אבל בו הי' הצל' בנס ובהשתנות ממש: **פסיעותיו כו' ג' מילין.** זהו הי' ע"י קפיצת הדרך וזהו אורח ברגליו לא יבוא כי לא הי' צריך לעבור ברגליו ממש כ"א מקפץ ועולה. ודעת ר"י רק מיל. ועיין במ"כ וע"ד האמת כבר ביאר הר"י ז"ל בזה כוונה נסתרת ע"פ קבלתו והסביר שמה סבת מחלוקתם ג"כ: **מביתו לבית הכנסת.** כלומר אחר שהי' ע"ד הקפיצה לא בהליכה ממש ולכן לא הי' אבק ברגלם ואחז הבהכ"נ לפי שאסור לילך שם באבק שברגליו מ"כ. ויתכן עוד לפי שמצוה לרוץ לבהכ"נ מרוב שמחה להודות לה'. והנה השמחה והחשק מביא המרוצה וההליכה במהירות וכן כאן הי' ענין הליכת המוריה בשמח' גדולה עד שלא הרגישו ההליכה בזה כי היו מלחמת מצוה וקידוש השם מאוד לא אהבת הניצוח במלחמה לבד.

חידושי הרד"ל

(ה) **מיל שנאמר אורח ברגליו לא יבא** היינו מיל תחום חיסור הליכה בשבת: (ו) **לא נתאבקו כו'. לבהכנ"ס.** עמ"כ ומ"ש שלח היו מטונפות בחבק. ליתח שחין זה חסור כ"ח להר הבית ולח בהכנ"ס. חלח פירושו כפשוטו שחינה כ"ח דרך מועטת (ועיין בס"ם חסד לחברהם דרוש הרח"ו ע"ז ותרחה נפלחות):

חידושי הרש"ש

מיל שנאמר אורח ברגליו לא יבא. עמ"כ. ופי' חורח שהוח דרך מיל ברגליו לח יבוח שהיה פוסעו בפסיעה חחת ולח נגעו רגליו בחרץ:

מסורת המדרש

ט תענית דף כ"ח. סנהדרין דף ק"ח. מדרש תהלים מזמור ק"י. תנחומח כחן סי' ט"ו. ילקוט כחן רמז ע"ג. וילקוט ישעיה רמז ש"ח:

אם למקרא

שָׁלוֹם אֹרַח בְּרַגְלָיו לֹא יָבוֹא: (ישעיה מא:ג) וְהֵבֵאתִי רָעֵי גוֹיִם

וַיָּשֶׁב אֵת כָּל הָרְכֻשׁ וְגַם אֶת לוֹט אָחִיו וּרְכֻשׁוֹ הֵשִׁיב וְגַם אֶת הַנָּשִׁים וְאֶת הָעָם.

He brought back all the possessions; he also brought back his kinsman, Lot, with his possessions, as well as the women and the people (14:16).

§4 וַיָּשֶׁב אֵת כָּל הָרְכוּשׁ וְגַם אֶת לוֹט וגו׳ — ***HE BROUGHT BACK ALL THE POSSESSIONS; HE ALSO** BROUGHT BACK HIS KINSMAN, **LOT**, WITH HIS POSSESSIONS, AS WELL AS THE WOMEN AND THE PEOPLE.*

[The Midrash comments on a seeming omission here:]

רַבִּי יוּדָן אָמַר: אֲנָשִׁים וְנָשִׁים הֵשִׁיב, וְטַף לֹא הֶחֱזִיר — R' Yudan said: [Abraham] brought back the men[51] **and the women** to Sodom, **but the young children he did not return.**[52] **עָמְדוּ וְנִתְגַּיְּירוּ וְגָדְרוּ עֶרְוַת אֲבוֹתֵיהֶם — [The children]** then **arose,** i.e., they took the initiative, **and converted**[53] **and** they thus **mended the "nakedness"** (i.e., shame) **of their fathers.**[54] **הָדָא הוּא דִכְתִיב "וְהֵבֵאתִי רָעֵי גוֹיִם", מִי הֵם "רָעֵי גוֹיִם" — Thus it is written,** ***So I will bring the wickedest nations*** (*Ezekiel* 7:24).[55] **Who are** meant by ***the wickedest nations?*** **רַבִּי יְהוּדָה בַּר רַבִּי סִימוֹן: אֵלוּ אַנְשֵׁי סְדוֹם, שֶׁנֶּאֱמַר "וְאַנְשֵׁי סְדֹם וגו׳" — R' Yehudah bar R' Simon** said: **These are the people of Sodom, as [Scripture] says,** ***Now the people of Sodom*** *were wicked and sinful toward HASHEM, exceedingly* (above, 13:13).

וַיֵּצֵא מֶלֶךְ סְדֹם לִקְרָאתוֹ אַחֲרֵי שׁוּבוֹ מֵהַכּוֹת אֶת כְּדָרְלָעֹמֶר וְאֶת הַמְּלָכִים אֲשֶׁר אִתּוֹ אֶל עֵמֶק שָׁוֵה הוּא עֵמֶק הַמֶּלֶךְ.

The king of Sodom went out toward him after his return from defeating Chedorlaomer and the kings that were with him, to the Valley of Shaveh, which is the king's valley (14:17).

§5 וַיֵּצֵא מֶלֶךְ סְדֹם לִקְרָאתוֹ וגו׳ — ***THE KING OF SODOM WENT OUT TOWARD HIM** AFTER HIS RETURN FROM DEFEATING CHEDORLAOMER AND THE KINGS, **ETC.***

[The Midrash explains the connotation of the king of Sodom's "going out" toward Abraham:]

רַבִּי אַבָּא בַּר כָּהֲנָא אָמַר: הִתְחִיל לְקַשְׁקֵשׁ לוֹ בִּזְנָבוֹ — R' Abba bar Kahana said: [The king] of Sodom **began to "wag his tail" at [Abraham]**, i.e., he began to speak with conceit.[56] **אָמַר לוֹ: מָה אַתָּה יָרַדְתָּ לְכִבְשַׁן הָאֵשׁ וְנִיצַּלְתָּ, אַף אֲנִי יָרַדְתִּי לַחֵמָר וְנִיצַּלְתִּי — He said to [Abraham], "Just as you went down into the fiery furnace and you were saved,**[57] **so did I go down into the bitumen** pits **and I was saved."**[58] Ⓐ

NOTES

51. *The people* contrasts with *the women,* and clearly means "the men."

52. For the verse makes no mention of Abraham bringing back the captured children. The implication thus is that after killing the four kings and their armies, Abraham left the children in the vicinity of the battle (and left guardians to care for them and raise them — *Yefeh To'ar*) and did not bring them back with him to Sodom. (Alternatively, Abraham took them home to raise them himself in the proper path — *Yefeh To'ar.*) *Rashi* and *Matnos Kehunah* explain that Abraham feared that if he brought the children back with him he would have been forced to return them to the custody of their evil parents. If left on their own, Abraham thought that the children would not follow their parents' ways. [Abraham had no qualms about returning the adults to Sodom, for he felt they were too set in their ways to change and adopt his path of righteousness. However, according to R' Yochanan, quoted in *Nedarim* 32a, Abraham erred in this regard and in fact he should never have agreed to return any of the people to Sodom (*Maharzu*).]

53. They accepted the beliefs and practices of Abraham (see above, 39 §14), as in fact Abraham had predicted.

54. I.e., the weakness and the shame of their fathers, that their fathers were wicked and sinful. They repaired that weakness in the sense that they refrained from such behavior (*Matnos Kehunah*). [The original reading was וְגָזְרוּ עֶרְוַת אֲבוֹתֵיהֶם, but later editions changed וְגָזְרוּ to וְגָדְרוּ, based on *Matnos Kehunah, Yefeh To'ar,* and others.]

55. According to the Midrash, God is saying in this verse that He will bring even the most evil nations close to Him.

56. I.e., like a dog, who runs up to his master wagging its tail, without fear or submission (*Maharzu*).

57. Abraham had been thrown into the fiery furnace by the decree of Nimrod and was miraculously rescued by God; see Midrash above, 38 §13 et al.

58. See above, v. 10. One does not ordinarily survive a fall into a bitumen pit. The word לִקְרָאתוֹ translated above as *toward him,* can also mean "corresponding to him," "parallel to him." Accordingly the Midrash is reading the verse as: "The king of Sodom went out, [considering himself to be] parallel to him" (*Matnos Kehunah*). *Maharzu* adds that according to the Midrash, וַיֵּצֵא מֶלֶךְ סְדֹם means "the king of Sodom emerged" from the bitumen pit at this point. In support, *Ramban* (above, 14:10) suggests that וַיֵּצֵא מֶלֶךְ סְדֹם לִקְרָאתוֹ means, "The king of Sodom went out of the pit *upon Abraham's approach.*" [According to *Ramban* this demonstrates that his rescue was through the merit of Abraham, thus belying the king's claim to be on par with Abraham. See above, Insight Ⓐ to 42 §7, note 136.]

INSIGHTS

Ⓐ **Give or Take** The conceited attitude of the king of Sodom may hold the key to an apparent inconsistency in Abraham's practice regarding gifts. Abraham was quite adamant in refusing the king of Sodom and would not accept even the most minimal offering. Indeed, this stance was admirable, as it reflected Abraham's selfless nature. He constantly strove to be a *giver,* always looking to provide benefit to others. The prospect of *taking* was anathema to him, as he expressed to the Sodomite monarch in no uncertain terms. Yet, we find that Abraham accepted gifts from two other rulers — Pharaoh and Abimelech — when he visited their respective dominions (*Bereishis* 12:16, 20:14). Why did Abraham change his approach when it came to these kings?

R' Avigdor Nebenzahl clarifies that Abraham never violated his unselfish standard, as it is possible at times to *accept* a gift out of a sense of altruism. Normally, we view the recipient of a gift as the prime beneficiary. When the gift-receiver is an eminent personage, however, the opposite can be true. The giver, ecstatic that his offering was accepted by such an important individual, derives the greatest enjoyment. The honored person on the receiving end has himself delivered a gift of sorts.

This idea is reflected in the laws of *kiddushin* (betrothal). To effect *kiddushin,* the man must present his intended with an object of value, thereby "acquiring" her as his wife. But there is one scenario where the roles can be reversed. The Gemara teaches (*Kiddushin* 7a) that the woman may supply the man with a gift if he possesses exceptional prestige. She derives great pleasure from the honor he accords her by accepting her present, and this translates into his having given her actual benefit, enough to successfully effectuate *kiddushin.* The receiver has become the giver.

As the quintessential giver, Abraham's prime objective was to bring joy to others. He was aware that Pharaoh and Abimelech held him in high regard, and their satisfaction would be boundless if he accepted their gifts. In reality, by acquiescing to these monarchs, he was giving them much more than he was receiving. The misguided king of Sodom was another matter. By equating himself with Abraham, he revealed that his esteem for the patriarch did not match that of his imperial colleagues. Acceding to his gift-giving gesture would not stir this conceited king. Abraham knew, then, that receiving the offering in this instance would be deemed an act of taking, as only he stood to benefit. Thus, his only course of action was to refuse the gift (*Sichos LeSefer Bereishis*).

ד [יד, טז] "וַיָּשֶׁב אֵת כָּל הָרְכוּשׁ וְגַם אֶת לוֹט וְגוֹ'". יַרַבִּי יוּדָן אָמַר: אֲנָשִׁים וְנָשִׁים הֵשִׁיב, וְטַף לֹא הֶחֱזִיר, עָמְדוּ וְנִתְגַּיְּירוּ וְגָדְרוּ עֶרְוַת אֲבוֹתֵיהֶם, הָדָא הוּא דִכְתִיב (יחזקאל ז, כב) "וְהֵבֵאתִי רָעֵי גוֹיִם", מִי הֵם רָעֵי גוֹיִם, רַבִּי יְהוּדָה בַּר רַבִּי סִימוֹן: אֵלּוּ אַנְשֵׁי סְדוֹם, שֶׁנֶּאֱמַר (בראשית יג, יג) "וְאַנְשֵׁי סְדוֹם וְגוֹ'":

ה [יד, יז] "וַיֵּצֵא מֶלֶךְ סְדֹם לִקְרָאתוֹ וְגוֹ'". רַבִּי אַבָּא בַּר כַּהֲנָא אָמַר: הִתְחִיל לְקַשְׁקֵשׁ לוֹ בִּזְנָבוֹ, אָמַר לוֹ: מָה אַתָּה יָרַדְתָּ לְכִבְשַׁן הָאֵשׁ וְנִיצַּלְתָּ, אַף אֲנִי יָרַדְתִּי לַחֵמָר וְנִיצַּלְתִּי. "אֶל עֵמֶק שָׁוֵה", רַבִּי בֶּרֶכְיָה וְרַבִּי חֲנִינָא בְּשֵׁם רַבִּי שְׁמוּאֵל בַּר נַחְמָן: יאשֶׁשָּׁם הוּשְׁווּ כָּל אוּמּוֹת הָעוֹלָם וְקָצְצוּ אֲרָזִים וְעָשׂוּ בִּימָה גְדוֹלָה וְהוֹשִׁיבוּ אוֹתוֹ בְּתוֹכָהּ לְמַעְלָה וְהָיוּ מְקַלְּסִין לְפָנָיו וְאוֹמְרִים לוֹ (לקמן כג, ו) "שְׁמָעֵנוּ אֲדֹנִי וְגוֹ'", אָמְרוּ לוֹ: מֶלֶךְ אַתְּ עָלֵינוּ, נָשִׂיא אַתְּ עָלֵינוּ, אֱלוֹהַּ אַתְּ עָלֵינוּ. אָמַר לָהֶם: אַל יֶחְסַר הָעוֹלָם מַלְכּוֹ וְאַל יֶחְסַר אֱלוֹהוֹ:

ו [יד, יח] "וּמַלְכִּי צֶדֶק מֶלֶךְ שָׁלֵם וְגוֹ'". יבהָדָא הוּא דִכְתִיב (תהלים מה, יג) "וּבַת צֹר בְּמִנְחָה פָּנַיִךְ יְחַלּוּ עֲשִׁירֵי עָם". "וּמַלְכִּי צֶדֶק מֶלֶךְ שָׁלֵם", הַמָּקוֹם הַזֶּה מַצְדִּיק אֶת יוֹשְׁבָיו, מַלְכִּי צֶדֶק, אֲדוֹנִי צֶדֶק,

עץ יוסף

(ד) [ה] וטף לא החזיר. וכוונתו היה להדריכ' שילכו בדרכיו ולהפרידם מאבותם אנשי סדום אשר היו אנשים רעים וחטאים לה' מאד לבל ילמדו מעשיהם. כי לקטנים מועיל הלימוד לא לגדולים שכבר נשחתו ואע"ג דפשטיה דקרא בהשבתם מיד השבאים איירי. יש לומר דה"ק אנשים ונשים השיב ממקום השביה והביאם אל ארצם. אבל הטף לא החזיר אלא שהניחם אחר שהרג כל האוכלוסים. ונתגדלו שלא במקום אבותם לבל ילמדו ממעשה אבותם (נזה"ק): וגדרו ערות אבותיהם. וכן גרם המת"כ ופי' חרפת אבותיהם ופרצותם שהיו רעים וחטאים גדרו המה ונתגיירו: והבאתי רעי גוים. הבאת תחת כנפי השכינה (מת"כ): (ה) [ו] התחיל לקשקש כו'. דריש ויצא שיצא לקראתו בעזות לאמור שגם הוא כמוהו והיה מתחטא לפניו ומקשקש ומתפאר החניף והחליק לו דברים ככלב המתחטא לפני אדונו ומקשקש בזנבו (מת"כ): הושוו כל האומות. פיר' לעיל פ' מ"ב סימן ט': (ו) [ז] הדא הוא דכתיב ובת צור כו'. שיחלו פניו במנחה. כי קידם פניו עם המנחה עד שלא יבא בגבולו ולא המתין שאברהם יבקש ממנו לחם לנערים (יפ"ת): מצדיק את יושביו. דנקרא מלכי צדק לפי שהיה מלך העיר המצדקת יושביה. כי ירושלים עצמה נקראת צדק (יפ"ת):

חידושי הרד"ל

(ז) [ו] הדא הוא דתימא ובת צור במנחה. דמלכי צדק מלך שלם מכנה בת צור כי צור המעטירה היתה מושלת במדינות ההמה וכולן נקראים בנותיה:

חידושי הרש"ש

[ה] {במ"כ ד"ה לקשקש לו וכו' כלומר החניף והחליף. נ"ל והחליק:}

פירוש מהרז"ו

(ד) וגם את לוט וגו'. ורכושו השיב וגם את הנשים ואת העם וזהו שדרש אנשים ונשים השיב וטף לא השיב וכוונתו היתה להדריכם שילכו בדרכיו כי לקטנים יועיל הלימוד אך לא לגדולים שכבר נשחתו ובנדרים דף ל"ב א' איתא שנענש על שהשיב את הנפש שהיה לו להחזירם למוטב: והבאתי רעי גוים. וס"ד וירשו את בתיהם והשבתי גאון עזים. פי' שהוכיח את ישראל שהם בני אבות צדיקים ולא הלכו בדרכיהם שיביא עליהם בני סדום שהם הלכו בדרכי אברהם וקבלו ממנו שיבואו וירשו את בתי ישראל: (ה) התחיל לקשקש לו. הוקשה להמדרש שלא פירש מה עשה מלך סדום ביציאתו לקראתו ע' יד"מ. על כן דרש שמ"ש ויצא מלך סדום היינו שיצא מבארות החומר ובשם הרמב"ן שמ"ש לקראתו פירוש שכשקרב אברהם אל בארות החמר יצא בזכותו. ועיין לעיל פר' מ"ב סימן ה' וש"נ ומבואר ומלך סדום לא הבין שזה היה בזכות אברהם וע"כ יצא לקראתו בעזות לאמר שגם הוא כמוהו. ועל כן אמר המדרש דרך גנאי ככלב היוצא לקראת אדוניו ומקשקש לו ומתקרב אליו. בלא יראה והכנעה: (ו) ומלכי צדק. עי' לקמן פר' נ"ו סי' יו"ד: אדוני צדק. יהושע יו"ד ויהי כשמוע אדוני צדק מלך ירושלים: ובת צור. כל המזמור נדרש על אברהם כמ"ש לעיל ריש פר' ל"ט שמעי בת וגו' ותזכה שמדינות יקדימו פניך במנחה. ומ"ש בת צור לאו דווקא

מסורת המדרש

י ילקוט כאן רמז ע"ג: יא לעיל פרשה מ' וש"נ: יב עיין ילקוט תהלים רמז תש"כ:

אם למקרא

וְיָרְשׁוּ אֶת־בָּתֵּיהֶם וְהִשְׁבַּתִּי גְּאוֹן עַזִּים וְנִחֲלוּ מְקַדְשֵׁיהֶם: (יחזקאל ז:כד)

וּבַת־צֹר בְּמִנְחָה פָּנַיִךְ יְחַלּוּ עֲשִׁירֵי עָם: (תהלים מה:יג)

אֵיכָה הָיְתָה לְזוֹנָה

רש"י

[ד] אנשים ונשים החזיר וטף לא החזיר. דכתיב וגם את הנשים ואת העם וטף לא נאמר: ס"א. וע"כ לא החזירם כדי שלא ישאלם מלך סדום ממנו. והניחן במקומם אחר שהרג האוכלוסים ע"כ: עמדו. הטף במקומם ונתגיירו וגדרו ערות אביהם הה"ד והבאתי רעי וגו': ס"א והבאתי. להתגייר: [ה] התחיל לקשקש בזנבו. התחיל להתגיים כנגדו יען שנצל מן המלחמה ע"כ: [ו] ומלכי צדק. זו ירושלים שנקראת עיר הצדק שנאמר צדק ילין בה המקום הזה מצדיק את יושביו שנקראת על שמו:

מתנות כהונה

[ד] לא החזיר. אלא הניחם שם כיון שהרג כל האוכלוסין והטעם כדי שלא יצטרך להחזירם אל אבותם ויחזרו לסורם ודייק מדכתיב הנשים ואת העם ואילו הטף לא קאמר: וגדרו ערות אבותיהם גרסינן ופי' חרפת אבותיהם ופרצותם שהיו רעים וחטאים [מאד] גדרו המה ונתגיירו: [רועי גוים מי הם] רעי גוים גרסינן והבאתי רעי גוים. הבאתי תחת כנפי השכינה: ה"ג ואנשי סדום וגו' וסיפיה דקרא רעים וחטאים: [ה] לקשקש לו כו'. כלומר החניף והחליף לו דברים ככלב הזה שמחניף ומתחטא עצמו להתרצות אל אדונו: ונצלתי גרסינן: ונצלת גרסינן והראה פנים שראוי לו שישא את פניו שכחו יפה ככחו ודייק מדכתיב לקראתו ולא כתיב אליו משמעותיה שהלך לנגדו להיות שוה לו [וק"ל וכן מצאתי בא"ב"א: אל יחסר בו'. ע"ל פמ"א]: [ו] ה"ג בילקוט בפרשה זו ובספר תהלים עשירי עם בת צר זה אברהם בן שהציר למלכים והצירו לו מלכים במנחה כו' ומלכי צדק גו' המקום כו'. ודרש צר חסר וי"ו לשון צרה. המקום הזה שנקראת צדק על שם שמצדיק את יושביו וצדק זה היא ירושלים דכתיב צדק ילין בה ודרשו חז"ל מעולם לא לן אדם בירושלים ובידו עון כיצד תמיד של שחר היה מכפר על עבירות שבלילה ושבין הערביים על עבירות שביום ולכן מפרש ואזיל מלכי צדק פירוש אדני צדק האדון של מקום צדק ולא ששמו היה צדק דא"כ הל"ל וצדק מלך שלם:

נחמד למראה

ד וישב את כל הרכוש. ר' יודן אמר אנשים ונשים השיב וכו'. אע"ג דהך קרא כתיב קודם יציאת לוט לקראתו ושאלתו ששאל ממנו תן לי הנפש וגו'. ומ"מ הוכרח ר' יודן לדורשו דקאי לבתר שאלת לוט תן לי הנפש על פי ההכרחיות שכתב הרב יפ"ת ע"ש. ול"נ להוסיף עוד הכרח אחר כי הוא זה דאם כוונת הכתוב הוא לומר שהציל מיד המלכים הללו כל הנזכר ולקחם מהם הול"ל ויקח מהם את כל הרכוש וגם את לוט ורכושו לקח וגו' לא שיאמר וישב אלא ודאי דקאי הדין קרא על לבתר תן לי הנפש כדכתיבנא. ודו"ק:

אשד הנחלים

[ד] אנשים ונשים השיב. לפי שידע אברהם שלא יתכן להפוך לבם לטוב כי נשתרשו באמונתם הפתיה רק הטף לבד שלא ידעו מאומה אותם למד האמונה האמיתית. וזהו רעי גוים כלומר שהיו מוכנים להיות רעי גוים הבאתי תחת כנפי השכינה: [ה] מלך בו'. פירשתי לעיל בפרשה הקודמת והענין בכללו לפי שעובדי כוכבים הקדמונים בראותם איש גדול המעלה מאוד היו מייחסים אותו לאלהות ולא היו מבינים הסבה הראשונה שממנו הכל ורק לו ראוי לכבד ולעבוד כי הוא מלכו של עולם. ולכן הוכיחם שידעו שיש מלך בעולם והוא אלוה בעל הכחות כולם: [ו] המקום הזה. זהו ירושלים שהמקום בעצמו מקודש ומקדש יושביה כי אוירא דא"י מחכים ומטהר הלב למי שהכין עצמו לטהרה ולכן נקראו המלכים כולם בשם מלכי צדק כי שם העצם של ירושלים צדק שמה. והענין כי עליו שולטת מדת הצדק מלמעלה

❐ אֶל עֵמֶק שָׁוֵה – *TO THE VALLEY OF SHAVEH.*

[The Midrash discusses the significance of the name *Valley of Shaveh:*][59]

רַבִּי בֶּרֶכְיָה וְרַבִּי חֲנִינָא בְּשֵׁם רַבִּי שְׁמוּאֵל בַּר נַחְמָן – **R' Berechyah and R' Chanina** said **in the name of R' Shmuel bar Nachman:** שֶׁשָּׁם הוּשְׁווּ כָּל אוּמּוֹת הָעוֹלָם – The valley was called "Shaveh" (meaning *equal*) **because there,** following Abraham's victory, **all the nations of the world concurred** as one: וְקָצְצוּ אֲרָזִים וְעָשׂוּ בִּימָה גְדוֹלָה וְהוֹשִׁיבוּ אוֹתוֹ בְּתוֹכָהּ לְמַעְלָה – **They cut down** some **cedar trees and made a large platform** out of them **and placed [Abraham] in [the platform], on top of** it, וְהָיוּ מְקַלְּסִין לְפָנָיו וְאוֹמְרִים לוֹ "שְׁמָעֵנוּ אֲדֹנִי וְגוֹ'" – **and they began declaring praises before him, saying to him,** ***"Hear us, my lord,*** *you are a prince of God in our midst"* (below, 23:6). אָמְרוּ לוֹ: מֶלֶךְ אַתְּ עָלֵינוּ, נָשִׂיא אַתְּ עָלֵינוּ, אֱלוֹהַּ אַתְּ עָלֵינוּ – And **they said to him** further, **"You are a king over us, you are a prince over us, you are a god over us."** אָמַר לָהֶם: אַל יֶחְסַר הָעוֹלָם מַלְכּוֹ וְאַל יֶחְסַר אֱלוֹהוֹ – But **he said to them, "Let the world not lack its** true **King! And let the world not lack its** true **God!"**

וּמַלְכִּי צֶדֶק מֶלֶךְ שָׁלֵם הוֹצִיא לֶחֶם וָיָיִן וְהוּא כֹהֵן לְאֵל עֶלְיוֹן. וַיְבָרְכֵהוּ וַיֹּאמַר בָּרוּךְ אַבְרָם לְאֵל עֶלְיוֹן קֹנֵה שָׁמַיִם וָאָרֶץ. וּבָרוּךְ אֵל עֶלְיוֹן אֲשֶׁר מִגֵּן צָרֶיךָ בְּיָדֶךָ וַיִּתֶּן לוֹ מַעֲשֵׂר מִכֹּל.

But Malchizedek, king of Salem, brought out bread and wine; he was a priest of God, the Most High. He blessed him saying: "Blessed is Abram of God, the Most High, Acquirer of heaven and earth; and blessed be God, the Most High, Who has delivered your foes into your hand"; and he gave him a tenth of everything (14:18-20).

§6 וּמַלְכִּי צֶדֶק מֶלֶךְ שָׁלֵם וְגוֹ' – *BUT MALCHIZEDEK, KING OF SALEM, BROUGHT OUT BREAD AND WINE.*

הָדָא הוּא דִכְתִיב "וּבַת צֹר בְּמִנְחָה פָּנַיִךְ יְחַלּוּ עֲשִׁירֵי עָם" – **This** incident **is** the reference of **what is written:** ***Daughter of Tyre – the richest of the people will entreat your favor with a gift***[60] (*Psalms* 45:13).

❐ וּמַלְכִּי צֶדֶק מֶלֶךְ שָׁלֵם – *BUT MALCHIZEDEK, KING OF SALEM.*

[The Midrash comments on the significance of the name "Malchizedek" (lit., *King of Righteousness*):]

הַמָּקוֹם הַזֶּה מַצְדִּיק אֶת יוֹשְׁבָיו – **This place** (Salem – i.e., Jerusalem) **bestows** the title of **righteousness** (*Zedek*) **upon its inhabitants.** מַלְכִּי צֶדֶק, אֲדוֹנִי צֶדֶק – Therefore its kings had names like ***Malchizedek*** ("King of *Zedek*") and **Adoni-zedek**[61] ("Master of *Zedek*").

NOTES

59. This piece appears above, 42 §5, as well. See there for notes.

60. As *Matnos Kehunah* points out, the following addition, found in *Yalkut Shimoni* here (§74), sheds light on this comment: "בַּת צֹר" זֶה אַבְרָהָם: בֵּן שֶׁהֵצַר לַמְּלָכִים, בֵּן שֶׁהֵצֵרוּ מְלָכִים לוֹ – ***The daughter of Tyre*** [צֹר] **refers to Abraham, for he was a "son" who caused "trouble"** [צָרָה] **for the four kings, and a "son" to whom the four kings caused "trouble"** [צָרָה].

This addition is found in some versions of *Bereishis Rabbah* as well (see Theodor-Albeck edition). At any rate, the Midrash elsewhere (above, 39 §1; below, 45 §1, 49 §9, 59 §5, etc.) teaches that this Psalm is addressed to Abraham.

The expression פָּנַיִךְ יְחַלּוּ (*will entreat your favor*) has the connotation of taking the initiative in seeking someone out. Here, too, Malchizedek "brought out" (as opposed to "gave" or "provided") bread and wine to Abraham and his warriors, without waiting to be asked to do so (*Yefeh To'ar, Eitz Yosef*).

61. See *Joshua* 10:1.

ד [יד, טז] "**וַיָּשֶׁב אֵת כָּל הָרְכוּשׁ וְגַם אֶת לוֹט וְגוֹ'** ". רַבִּי יוּדָן אָמַר: **אֲנָשִׁים וְנָשִׁים הֵשִׁיב, וְטַף לֹא הֶחֱזִיר, עָמְדוּ וְנִתְגַּיְּירוּ וְגָדְרוּ עֶרְוַת אֲבוֹתֵיהֶם, הָדָא הוּא דִכְתִיב** (יחזקאל ז, כב) "**וְהֵבֵאתִי רָעֵי גוֹיִם**", **מִי הֵם רָעֵי גוֹיִם, רַבִּי יְהוּדָה בַּר רַבִּי סִימוֹן: אֵלּוּ אַנְשֵׁי סְדוֹם, שֶׁנֶּאֱמַר** (בראשית יג, יג) "**וְאַנְשֵׁי סְדוֹם וְגוֹ'** ":

ה [יד, יז] "**וַיֵּצֵא מֶלֶךְ סְדֹם לִקְרָאתוֹ וְגוֹ'** ". **רַבִּי אַבָּא בַּר כַּהֲנָא אָמַר: הִתְחִיל לְקַשְׁקֵשׁ לוֹ בִּזְנָבוֹ, אָמַר לוֹ: מָה אַתָּה יָרַדְתָּ לְכִבְשַׁן הָאֵשׁ וְנִיצַּלְתָּ, אַף אֲנִי יָרַדְתִּי לַחֵמָר וְנִיצַּלְתִּי. "אֶל עֵמֶק שָׁוֵה", רַבִּי בֶּרֶכְיָה וְרַבִּי חֲנִינָא בְּשֵׁם רַבִּי שְׁמוּאֵל בַּר נַחְמָן:** [יא] **שֶׁשָּׁם הוּשְׁווּ כָּל אוּמּוֹת הָעוֹלָם וְקָצְצוּ אֲרָזִים וְעָשׂוּ בִּימָה גְדוֹלָה וְהוֹשִׁיבוּ אוֹתוֹ בְּתוֹכָהּ לְמַעְלָה וְהָיוּ מְקַלְּסִין לְפָנָיו וְאוֹמְרִים לוֹ** (לקמן כג, ו) "**שְׁמָעֵנוּ אֲדֹנִי וְגוֹ'** ", **אָמְרוּ לוֹ: מֶלֶךְ אַתְּ עָלֵינוּ, נָשִׂיא אַתְּ עָלֵינוּ, אֱלוֹהַּ אַתְּ עָלֵינוּ. אָמַר לָהֶם: אַל יֶחְסַר הָעוֹלָם מַלְכּוֹ וְאַל יֶחְסַר אֱלוֹהוֹ:**

ו [יד, יח] "**וּמַלְכִּי צֶדֶק מֶלֶךְ שָׁלֵם וְגוֹ'** ". [יב] **הָדָא הוּא דִכְתִיב** (תהלים מה, יג) "**וּבַת צֹר בְּמִנְחָה פָּנַיִךְ יְחַלּוּ עֲשִׁירֵי עָם**". "**וּמַלְכִּי צֶדֶק מֶלֶךְ שָׁלֵם**", **הַמָּקוֹם הַזֶּה מַצְדִּיק אֶת יוֹשְׁבָיו, מַלְכִּי צֶדֶק, אֲדוֹנִי צֶדֶק,**

עץ יוסף

(ד) [ה] **וטף לא החזיר.** וכוונתו היה להדריכ' שילכו בדרכיו ולהפרידם מאבותם אנשי סדום אשר היו אנשים רעים וחטאים לה' מאד לבל ילמדו מעשיהם. כי לקטנים מועיל הלימוד לא לגדולים שכבר נשחתו ואע"ג דפשטיה דקרא בהשבתם מיד השבאים מיירי. יש לומר דה"ק אנשים ונשים השיב ממקום השביה והביאם אל ארצם. אבל הטף לא החזיר אלא שהניחם אחר שהרג כל האוכלוסים. ונתגדלו שלא במקום אבותם לבל ילמדו ממעשה אבותם (כזה"ק): **וגדרו ערות אבותיהם.** וכן גרס המת"כ ופי' חרפת אבותיהם ופרצותם שהיו רעים וחטאים גדרו המה ונתגיירו: **והבאתי רעי גוים.** הבאת תחת כנפי השכינה (מת"כ): (ה) [ו] **התחיל לקשקש כו'.** דריש ויצא שיצא לקראתו בעזות לאמור שגם הוא כמוהו והיה מתחטא לפניו ומקשקש ומתפאר החניף והחליק לו דברים ככלב המתחטא לפני אדונו ומקשקש בזנבו (מת"כ): **הושוו כל האומות.** פיר' לעיל פ' מ"ב סימן ט': (ו) [ז] **הדא הוא דכתיב ובת צור כו'.** שיחלו פניו במנחה. כי קידם פניו עם המנחה עד שלא יבא בגבולו ולא המתין שאברהם יבקש ממנו לחם לנערים (יפ"ת): **מצדיק את יושביו.** דנקרא מלכי צדק לפי שהיה מלך העיר המצדקת יושביה. כי ירושלים עצמה נקראת צדק (יפ"ת):

פירוש מהרז"ו

(ד) **וגם את לוט וגו'.** ורכושו השיב וגם את הנשים ואת העם וזהו שדרש אנשים ונשים השיב וטף לא השיב וכוונתו היתה להדריכם שילכו בדרכיו כי לקטנים יועיל הלימוד אך לא לגדולים שכבר נשחתו ובנדרים דף ל"ב א' איתא שנענש על שהשיב את הנפש שהיה לו להחזירם למוטב: **והבאתי רעי גוים.** וס"ד וירשו את בתיהם והשבתי גאון עזים. פי' שהוכיח את ישראל שהם בני אבות צדיקים ולא הלכו בדרכיהם שיביא עליהם בני סדום שהם הלכו בדרכי אברהם וקבלו ממנו שיבואו וירשו את בתי ישראל: (ה) **התחיל לקשקש לו.** הוקשה להמדרש שלא פירש מה עשה מלך סדום ביציאתו לקראתו ע' יד"מ. על כן דרש שמ"ש ויצא מלך סדום היינו שיצא מבארות החומר ובשם הרמב"ן שמ"ש לקראתו פירוש שכשקרב אברהם אל בארות החמר יצא בזכותו. ועיין לעיל פר' מ"ב סימן ה' וש"נ ומבואר ומלך סדום לא הבין שזה היה בזכות אברהם וע"כ יצא לקראתו בעזות לאמר שגם הוא כמוהו. ועל כן אמר המדרש דרך גנאי ככלב היוצא לקראת אדוניו ומקשקש לו ומתקרב אליו. בלא יראה והכנעה: (ו) **ומלכי צדק.** עי' לקמן פר' כ"ו סי' יו"ד: **אדוני צדק.** יהושע יו"ד ויהי כשמוע אדוני צדק מלך ירושלים: **ובת צור.** כל המזמור נדרש על אברהם כמ"ש לעיל ריש פר' ל"ט שמעי בת וגו' ותזכה שמדינות יקדימו פניך במנחה. ומ"ש בת צור צור לאו דווקא

חידושי הרד"ל

(ז) [ו] **הדא הוא דתימא ובת צור במנחה.** דמלכי צדק מלך שלם מכנה בת צור כי צור המעטירה היתה מושלת במדינות ההמה וכולן נקראים בנותיה:

חידושי הרש"ש

[ה] {במ"ב ד"ה **לקשקש לו וכו' כלומר החניף והחליף.** נ"ל והחליק:}

מסורת המדרש

י ילקוט כאן רמז ע"ג: יא לעיל פרשה מ' וש"נ: יב עיין ילקוט תהלים רמז תש"כ:

אם למקרא

וְיָרְשׁוּ אֶת־בָּתֵּיהֶם וְהִשְׁבַּתִּי גְּאוֹן עַזִּים וְנִחֲלוּ מְקַדְשֵׁיהֶם: (יחזקאל ז:כד)

וּבַת־צֹר בְּמִנְחָה פָּנַיִךְ יְחַלּוּ עֲשִׁירֵי עָם: (תהלים מה:יג)

אֵיכָה הָיְתָה לְזוֹנָה

רש"י

[ד] **אנשים ונשים החזיר וטף לא החזיר.** דכתיב וגם את הנשים ואת העם וטף לא נאמר: ס"א. וע"כ לא החזירם כדי שלא ישאלם מלך סדום ממנו. והניחן במקומם אחר שהרג האוכלוסים ע"כ: **עמדו.** הטף במקומם ונתגיירו וגדרו ערות אביהם הה"ד והבאתי רעי וגו': ס"א והבאתי. להתגייר: [ה] **התחיל לקשקש בזנבו.** התחיל להתגיים כנגדו יען שנצל מן המלחמה ע"כ: [ו] **ומלכי צדק.** זו ירושלים שנקראת עיר הצדק שנאמר צדק ילין בה המקום הזה מצדיק את יושביו שנקראת על שמו:

מתנות כהונה

[ד] **לא החזיר.** אלא הניחם שם כיון שהרג כל האוכלוסין והטעם כדי שלא יצטרך להחזירם אל אבותם ויחזרו לסורם ודייק מדכתיב הנשים ואת העם ואילו הטף לא קאמר: **וגדרו ערות אבותיהם גרסינן** ופי' חרפת אבותיהם ופרצותם שהיו רעים וחטאים [מאד] גדרו המה ונתגיירו: [**רועי גוים מי הם**] **רעי גוים גרסינן והבאתי רעי גוים.** הבאתי תחת כנפי השכינה: **ה"ג ואנשי סדום וגו'** וסיפיה דקרא רעים וחטאים: [ה] **לקשקש לו כו'.** כלומר החניף והחליף לו דברים ככלב הזה שמחניף ומתחטא עצמו להתרצות אל אדונו: **ונצלת** גרסינן: **ונצלתי** גרסינן והראה פנים שראוי לו שישא את פניו שכחו יפה ככחו ודייק מדכתיב לקראתו ולא כתיב אליו משמעותיה שהלך לנגדו להיות שוה לו [וק"ל וכן מצאתי בא"ב]: **אל יחסר בו'.** ע"ל פמ"א]: [ו] ה"ג בילקוט בפרשה זו ובספר תהלים עשירי עם בת צר זה אברהם בן שהציר למלכים והצירו לו מלכים במנחה כו' ומלכי צדק גו' המקום כו'. ודרש צר חסר וי"ו לשון צרה. המקום הזה שנקראת צדק על שם שמצדיק את יושביו וצדק זה היא ירושלים דכתיב צדק ילין בה ודרשו חז"ל מעולם לא לן אדם בירושלים ובידו עון כיצד תמיד של שחר היה מכפר על עבירות שבלילה ושבין הערביים על עבירות שביום ולכן מפרש ואזיל מלכי צדק פירוש אדני צדק האדון של מקום צדק ולא ששמו היה צדק דא"כ הל"ל וצדק מלך שלם:

נחמד למראה

ד **וישב את כל הרכוש.** ר' יודן אמר אנשים ונשים השיב וכו'. אע"ג דהך קרא כתיב קודם יציאת לוט לקראתו ושאלתו ששאל ממנו תן לי הנפש וגו'. ומ"מ הוכרח ר' יודן לדורשו דקאי לבתר שאלת לוט תן לי הנפש על פי ההכרחיות שכתב הרב יפ"ת ע"ש. ול"נ להוסיף עוד הכרח אחר כי הוא זה דאם כוונת הכתוב הוא לומר שהציל מיד המלכים הללו כל הנזכר ולקחם מהם הול"ל ויקח מהם את כל הרכוש וגם את לוט ורכושו לקח וגו' לא שיאמר וישב אלא ודאי דקאי הדין קרא על לבתר תן לי הנפש כדכתיבנא. ודו"ק:

אשד הנחלים

[ד] **אנשים ונשים השיב.** לפי שידע אברהם שלא יתכן להפוך לבם לטוב כי נשתרשו באמונתם הפתיה רק הטף לבד שלא ידעו מאומה אותם למד האמונה האמיתית. וזהו רעי גוים כלומר שהיו מוכנים להיות רעי גוים הבאתי תחת כנפי השכינה: [ה] **מלך כו'.** פירשתי לעיל בפרשה הקודמת והענין בכללו לפי שעובדי כוכבים הקדמונים בראותם איש גדול המעלה מאוד היו מייחסים אותו לאלהות ולא היו מבינים הסבה הראשונה שממנו הכל ורק לו ראוי לכבד ולעבוד כי הוא מלכו של עולם. ולכן הוכיחם שידעו שיש מלך בעולם והוא אלוה בעל הכחות כולם: [ו] **המקום הזה.** זהו ירושלים שהמקום בעצמו מקודש ומקדש יושביה כי אוירא דא"י מחכים ומטהר הלב למי שהכין עצמו לטהרה ולכן נקראו המלכים כולם בשם מלכי צדק כי שם העצם של ירושלים צדק שמה. והענין כי עליו שולטת מדת הצדק מלמעלה

צֶדֶק נִקְרֵאת יְרוּשָׁלַיִם שֶׁנֶּאֱמַר "צֶדֶק יָלִין בָּהּ" – This is because **Jerusalem** itself **is called *Zedek,* as it is stated** regarding Jerusalem, ***righteousness*** [צֶדֶק] ***lodges in her*** (*Isaiah* 1:21).[62]

❒ מֶלֶךְ שָׁלֵם – *MALCHIZEDEK,* ***KING OF SALEM*** (lit., *KING, SHALEM*).

[The Midrash offers another interpretation of this phase:]

רַבִּי יִצְחָק הַבַּבְלִי אוֹמֵר: שֶׁנּוֹלַד מָהוּל – **R' Yitzchak said:** This means that Malchizedek was a complete (*shalem*) person, and this is **because he was born circumcised.**[63]

❒ הוֹצִיא לֶחֶם וָיָיִן וְהוּא כֹהֵן לְאֵל עֶלְיוֹן – ***BROUGHT OUT BREAD AND WINE; HE WAS A PRIEST OF GOD, THE MOST HIGH.***

[The Midrash interprets this "bread and wine" as being laden with symbolic significance:[64]]

רַבִּי שְׁמוּאֵל בַּר נַחְמָן וְרַבָּנָן – **R' Shmuel bar Nachman and the Sages** offered different interpretations of this phrase: רַבִּי שְׁמוּאֵל אָמַר: הִלְכוֹת כְּהוּנָּה גְדוֹלָה גִּילָּה לוֹ – **R' Shmuel** bar Nachman **said: [Malchizedek] revealed to [Abraham] the laws of the High Priesthood:**[65] "לֶחֶם", זֶה לֶחֶם הַפָּנִים, "וָיָיִן", אֵלּוּ הַנְּסָכִים – ***Bread* – this was** an allusion to the laws of **the Showbread; *and wine* – this was** an allusion to the laws of **the** wine **libations** that accompanied the various sacrifices.[66] וְרַבָּנָן אָמְרֵי: תּוֹרָה גִּילָּה לוֹ – **And the Sages said:** As a priest and hence a teacher of Torah, **[Malchizedek] revealed** certain aspects of the **Torah to [Abraham],** שֶׁנֶּאֱמַר "לְכוּ לַחֲמוּ בְלַחֲמִי וּשְׁתוּ בְּיַיִן מָסָכְתִּי" – **as it is stated, *Come and partake of my bread and drink of the wine*** *that I have mixed* (*Proverbs* 9:5).[67]

❒ וְהוּא כֹהֵן לְאֵל עֶלְיוֹן – *MALCHIZEDEK . . . BROUGHT OUT BREAD AND WINE;* ***HE WAS A PRIEST OF GOD, THE MOST HIGH.***

[Nothing further is mentioned about the wine after it was served. The Midrash comments about this:]

רַבִּי אַבָּא בַּר כָּהֲנָא אָמַר: כָּל יַיִן שֶׁכָּתוּב בַּתּוֹרָה עוֹשֶׂה רוֹשֶׁם חוּץ מִזֶּה – **R' Abba bar Kahana said: Every** mention of **wine written in the Torah has a** harmful **impact,**[68] **except for this one.**[69] אָמַר רַבִּי לֵוִי: אַף זֶה לֹא יָצָאנוּ מִידוֹ – **R' Levi said: In this** incident **as well we have not escaped** from wine's harmful impact, שֶׁמִּשָּׁם קָרָא עָלָיו "וַעֲבָדוּם וְעִנּוּ אֹתָם אַרְבַּע מֵאוֹת שָׁנָה" – **for as a result of** what happened **there** with Malchizedek, **[God] decreed upon [Abraham],** *your offspring shall be aliens in a land not their own* – ***and they will serve them and they will oppress them – four hundred years*** (below, 15:13).[70]

§7 וַיְבָרְכֵהוּ וַיֹּאמַר בָּרוּךְ אַבְרָם לְאֵל עֶלְיוֹן קֹנֵה שָׁמַיִם וָאָרֶץ – ***HE BLESSED HIM SAYING, "BLESSED IS ABRAM OF GOD, THE MOST HIGH, ACQUIRER OF HEAVEN AND EARTH."***

[The Midrash discusses the meaning of קֹנֵה (*Acquirer*) here:]

מִמִּי קְנָאָן – **From whom did [God] "acquire" [heaven and earth]!?**[71] רַבִּי אַבָּא בְּשֵׁם רַב כָּהֲנָא וְרַבִּי יִצְחָק – **R' Abba in the name of R' Kahana, and R' Yitzchak,** explain this verse: רַבִּי אַבָּא אָמַר: כְּאֵינָשׁ דְּאָמַר – **R' Abba said:** This is **comparable to a person who says,**

NOTES

62. This concept (that Jerusalem is a city of righteousness and imbues its inhabitants with an aura of righteousness) is explained in a Midrash elsewhere (*Shir HaShirim Rabbah* on 1:9 §6), which states that the twice-daily sacrifices offered in the Temple provide constant atonement for any sins committed by anyone found in the city (*Yedei Moshe*).

According to this interpretation, the verse tells us that this man was the king of a place (i.e., Jerusalem) that had the name Zedek (*Malchizedek* = King of Zedek) as well the name Salem. The king's actual name is not given. (Elsewhere [*Nedarim* 32b; *Midrash Tehillim* 76 §3, et al.] he is identified with Noah's son Shem.)

63. A foreskin is considered an imperfection; only when it is removed through circumcision is one considered physically "perfected" (see below, 17:1, and *Rashi* ad loc., based on Midrash below, 46 §1). Malchizedek is called here "the complete one," and the Midrash explains that this is because he was born "perfected," i.e., without a foreskin, as if already circumcised.

According to this interpretation, the verse tells us that this man was the king of Zedek, and then goes on to describe him as a "complete man," referring to his physical perfection at birth. Once again, his actual name is not given here at all.

64. The juxtaposition of "He was a priest of God the Most High" to "he brought out bread and wine" indicates that the bread and wine had something to do with Malchizedek's position as priest and were not intended as mere refreshments for Abraham (*Yefeh To'ar*). Furthermore, the verse does not say that Malchizedek "served" bread and wine to Abraham, or that he "gave" it to him, but that he "brought it out," as if taking it out of hiding (*Midrash Mevoar*).

65. By doing so, he intimated to Abraham that one day his descendants would bring offerings to God at this place (Jerusalem), as *Rashi* writes in his *Chumash* commentary. Alternatively: Malchizedek at this time passed the reigns of being "priest of God the Most High" to Abraham, as related in *Nedarim* 32b (*Yefeh To'ar*).

66. Although there are certainly many other laws that the High Priest has to know, Scripture mentions one food item (*bread*) and one beverage item (*wine*), and these serve as examples of all the other laws that Abraham was taught (ibid.).

67. The bread and wine in that verse are metaphors for the delight of Torah knowledge, as is clear from context. Here too, Malchizedek's bread and wine represented Torah knowledge.

68. That is, every incident involving wine had negative consequences. *Yefeh To'ar* gives the following examples: Noah (above, 9:20ff); Lot (above, 19:30ff); Nabal (*I Samuel* 25:36-38); Amnon (*II Samuel* 13:28-29); and Ahasuerus (*Esther* 1:10). *Rashi* adds the sons of Aaron (*Leviticus* 10:9; see *Rashi* on ibid. 10:2.).

69. *Yefeh To'ar* notes that in *Midrash Tanchuma* (*Toldos* §16) another exception is mentioned – Isaac (below, 27:25). (See *Yefeh To'ar* and *Eitz Yosef.*)

70. The connection between Abraham's drinking Malchizedek's wine and the decree of servitude and oppression is not clear. According to *Rashi* it seems that although wine did not *cause* that decree, it nevertheless served as an immediate precursor to it. Alternatively: It is possible that the wine may indeed have actually indirectly caused the decree, as follows: According to R' Yochanan (*Nedarim* 32a), the cause of the decree was Abraham's returning the adult captives to the wicked kings of Sodom and Gomorrah. *Yefeh To'ar* suggests that perhaps it was the joy and good spirits induced by drinking wine that led Abraham to that well-meaning but misguided decision. Alternatively: Abraham was punished for "celebrating" after having killed so many people – although they were killed out of necessity – in the course of battle (*Ohr HaSeichel*).

71. See *Rashi* and *Ramban* to this verse.

צֶדֶק נִקְרֵאת יְרוּשָׁלַיִם שֶׁנֶּאֱמַר (ישעיה א, כא) "צֶדֶק יָלִין בָּהּ". "מֶלֶךְ שָׁלֵם", רַבִּי יִצְחָק הַבַּבְלִי אוֹמֵר: [יג]שֶׁנּוֹלַד מָהוּל. "הוֹצִיא לֶחֶם וָיָיִן וְהוּא כֹהֵן לְאֵל עֶלְיוֹן", רַבִּי שְׁמוּאֵל בַּר נַחְמָן וְרַבָּנָן, רַבִּי שְׁמוּאֵל אָמַר: [יד]הִלְכוֹת כְּהוּנָּה גְדוֹלָה גִּילָּה לוֹ. "לֶחֶם", זֶה לֶחֶם הַפָּנִים, "וָיָיִן", אֵלּוּ הַנְּסָכִים, וְרַבָּנָן אָמְרֵי: תּוֹרָה גִּילָּה לוֹ שֶׁנֶּאֱמַר (משלי ט, ה) "לְכוּ לַחֲמוּ בְלַחְמִי וּשְׁתוּ בְּיַיִן מָסָכְתִּי". "וְהוּא כֹהֵן לְאֵל עֶלְיוֹן", רַבִּי אַבָּא בַּר כַּהֲנָא אָמַר: כָּל יַיִן שֶׁכָּתוּב בַּתּוֹרָה עוֹשֶׂה רוֹשֶׁם חוּץ מִזֶּה, אָמַר רַבִּי לֵוִי: אַף זֶה לֹא יָצָאנוּ מִיָּדוֹ, שֶׁמִּשָּׁם קָרָא עָלָיו (בראשית טו, יג) "וַעֲבָדוּם וְעִנּוּ אֹתָם אַרְבַּע מֵאוֹת שָׁנָה":

ז [יד, יט] "וַיְבָרְכֵהוּ וַיֹּאמַר בָּרוּךְ אַבְרָם לְאֵל עֶלְיוֹן קֹנֵה שָׁמַיִם וָאָרֶץ". [טו]מִמִּי קְנָאָן, רַבִּי אַבָּא בְּשֵׁם רַב כָּהֲנָא וְרַבִּי יִצְחָק, רַבִּי אַבָּא אָמַר: כְּאֵינָשׁ דְּאָמַר

רש"י

כל יין שבתורה עושה רושם. בנח. בבנות לוט. בבני אהרן. כולן אירע להן דבר תקלה חוץ מזה שנתן מלכי צדק לאברהם: ס"א המקום הזה מצדיק את יושביו. כלומר כל אדם העומד בירושלים המקום עושה אותו צדיק ומגופיה דקרא נפקא: **אף מזה לא יצאנו.** לא ידענו שמשם קרא לו ועבדום וענו אותם ארבע מאות שנה דכתיב בסמוך אחר הדברים האלה נגזר הדבר הזה: **[ז] קונה שמים וארץ.** עושה שמים כדמתרגמינן עשה לי את החיל הזה קנה לי. ורבי יצחק פליג על ר' אבא בר כהנא דאמר ר' יצחק קנאם ממש ע"כ: **ממי קנאם.** בתמיה לאו

עץ יוסף

שנולד מהול. והיינו מלך שלם שנולד מהול ונקרא תמים: **הלכות כהונה גדולה גילה לו.** שלחם הוא לחם הפנים כו'. וה"ה כל דיני כהונה. אלא דנקט לחם ויין שהוא מין מאכל ומשתה ובנין אב לשארא. משום שאברהם כהן גדול היה כדאי' לקמן פרשה מ"ו. לכך גילה לו ומסר לו הכהונה (יפ"ת): **תורה גילה לו.** שהיה לו לרמוז על קרבנות וקטורת שהם עקרי הכהונה. ולמה דוקא לחם ויין ע"כ דורש על התורה שנקראת לחם ויין: **לכו לחמו בלחמי.** והם דברי התורה לאנשים: **כל יין שכתוב בתורה.** כל עובדא דשתיית יין שכתוב בתורה בנח ולוט נבל ואמנון ואחשורוש שבכולם באה קלקלה על ידי היין: **עושה רושם.** כדאי' לקמן בפ' יין ושכר אל תשת: **לא יצאנו מידו.** שאע"פ שלא באה תקלה ממש על ידו. מ"מ היה סימן רע. כי סמוך לשתיה זו היתה גזירת הגרות. כי לאחר המעשה הזה מיד היה דבר ה' במחזה וכוליה ענינא (יפ"ת). וגם גבי יצחק י"ל כן שלבסוף אמר והי' כאשר תריד וגו': **(ז) [ח] ממי קנאן.** דכתיב קונה שמים וארץ. ממי קנאן. יבואר ע"פ מה שפירש רש"י בחומש קונה שמים וארץ ע"י עשייתו קנאן להיות שלו. ופי' הרמב"ן ז"ל כי כל אשר לאדם יקרא קנין כמו שנקרא הצאן מקנה להיותו רכוש האדם. וכדברי חכמים תמיד קנין במקום זכיה כלומר שהוא שלו. ואמנם לכאורה לא יתכן לומר באדם לשון קנין על דבר שהוא שלו אלא בדבר הנפרד ממנו שהוא זכה בהם וקנאם אליו להיות שלו בפעולתו או כיוצא בו. אבל בדבר שהוא בגופו ודבק אליו לא יתכן לומר שהוא שלו כי הרי זה הוא חלק מעצמותו. וכבר ביארו חכמי האמת שכל העולם נאצל מעצמותו יתברך וכל העולם דבק בו יתברך תמיד ואורו מחיה את כולם. וא"כ לא יתכן לומר בו לשון קנין על העולם לומר שהוא שלו כיון שאין העולם נפרד ממנו וזה ששאל ממי קנאן שהרי אין דבר נפרד ממנו. ועל זה השיב שלשון זה דומה לאינש דאמר פלן משבח החלק האבר היפה שלו וכ"ש וקל וחומר שהיל"ל תחלה שבח האל שהוא הכל ואח"כ שבח אברם שהוא החלק. כי אברהם נקרא

חידושי הרש"ש

[ו] מלך שלם רבי יצחק הבבלי אומר שנולד מהול. כמו שאמר הקב"ה לאברהם קודם מילתו והיה תמים. ופי' כשתמול: **אמר רבי לוי אף זה לא יצאנו מידו שמשם קרא ועבדום וענו כו'.** עיין תוס' ברכות (ז' ב') דהוכיחו דמלחמת המלכים היה אחר ברית בה"ב לכה"פ ג' שנים ולפ"ז לכאורה דברי ר"ל בכאן תמוהים. וכ"ל ליישב דר"ל אזיל בשיטת רשב"ג לעיל פמ"ב דכולהון י"ג שנה היה ואזלא לה הוכחת התוס' דשם ואיכא למימר דהיתה בשלוה ט' שנים קודם ויהיה החשבון מכוון. (ועיין שבת (יו"ד ב') ד"ה ושל סדום) ודו"ק. ודע שדבריהם שמה בברכות. אשר פרשת אחר הדברים כו' עד סיומה היינו עד ויחשבה לו לצדקה היתה מאוחרת לפ' בה"ב הכתובה אחריה. נשמטו מהגאון מוהר"י עמדין בביאורו לס"ע פ"א אות ג' שהניח שם דברי רש"י בפי' התורה בצ"ע שדבריו סותרין זה את זה מפרשת לך לפרשת בא ע"ש:

פירוש מהרז"ו

אלא פירושו כל המדינות וכמ"ש ומלכי צדק וגו' ועי' מ"כ ויד"מ: **שנולד מהול.** עי' ילקוט בראשית ע"ז בשם אבות דר"נ והוא בפ' ב' שם. וכן במדרש תהלים מזמור ט' חושב י"ג שנולדו מהולים. שכל שנכפל שמו נולד מהול ושם נכפל שמו. ובתנחומא סדר נח סימן ה' חושב ז' שנולדו ולא חשיב מלכי צדק ומדרשים חלוקים הם. וכאן דורש מ"ש מלך שלם ולא אמר ירושלים לדרוש שהוא בעצמו היה שלם בגופו מתולדתו ועי' מה שכתבתי שמ"ר פר' א' סימן כ' אצל משה וכן כאן: **והוא כהן.** למה הודיע שהוא כהן אלא בשביל מ"ש ויתן לו מעשר מכל א"כ היה לו לכתוב אצל ויתן לו מעשר למה כתבו אצל הוציא לחם ויין על כן דורש ע"פ מדה ט"ז שמ"ש והוא כהן שייך למ"ש הוציא לחם ויין שגלה לו הלכות כה"ג וכו' ועי' לקמן פר' מ"ו סי' ה' אברהם כה"ג ולכך גלה לו ומסר לו הכהונה: **תורה גלה לו.** שאם כדעת ר"ש שרמז לו על כהונה היה לו לרמוז על קרבנות וקטורת שהם עקרי הכהונה ולמה דווקא לחם ויין על כן דורש על התורה שנקראת לחם ויין. ועיין לקמן ריש פר' ס"א רב לא למדו. עי' מש"ש: **עושה רושם.** עי' ויק"ר ריש פר' י"ב סוף סימן א' וכלפטוני יפריש וכדמיון שהיה אצל נח שעל ידי יין נתקלל חם ובניו וכדמיון לוט ובנותיו: **לא יצאנו מידו.** עי' מ"כ דורש סמוכים: **(ז) ממי קנאן.** כי קונה שמים וארץ משמע כאדם שקונה חפץ מחבירו ועל זה שואל ממי קנאן מי הוא המוכר ועוד יקשה שהקדים ברכת אברם לברכת הש"י אל עליון. ומלכי צדק חטא בזה כמ"ש מדרש תהלים ק"י ורמוז לקמן פר' מ"ו סי' כ' על פסוק נשבע ה' וגו' על דברתי מלכי צדק על דיבורו של מלכי צדק. ועל זה בא רא"כ במשל כאינש דאמר פלן עינוהי יאי וכו'. פי' כשבא אדם לשבח לאדם כמוהו דרכו להזכיר את האדם תחלה שהוא הכל ואח"כ הוא

מסורת המדרש

יג אדר"נ פרק ב'. עיין מדרש תהלים מזמור ט'. ותנחומא סדר נח סימן ה'. ילקוט בראשית רמז מ"ג. וילקוט דברי הימים רמז תת"ף ע"ג: **יד** עיין נדרים דף ל"ב: **טו** ילקוט כאן רמז ע"ד:

אם למקרא

קִרְיָה נֶאֱמָנָה מְלֵאֲתִי מִשְׁפָּט צֶדֶק יָלִין בָּהּ וְעַתָּה מְרַצְּחִים: (ישעיה א:כא)

לְכוּ לַחֲמוּ בְלַחְמִי וּשְׁתוּ בְּיַיִן מָסָכְתִּי: (משלי ט:ה)

מתנות כהונה

שנולד מהול. ושלם פי' לשון שלימות. כי הערלה מום באדם ובהסרתו נשאר האדם שלם: **רושם.** שיצא ממנו דבר תקלה נח ובני אהרן וכן כלם: **לא יצאנו ריק מתחת ידו.** שמשם כלומר מיד אחר זה נאמר לו ועבדום וענו אותם: **[ז]** ה"ג רבינו בחיי כאינש דאמר פלן עינוהי יאי שעריה לא יאי אתמהא וע"ש פירושו ולפי גירסת הספר יש לפרש כזה שאומר פלוני עיניו יפים

אשד הנחלים

כידוע וכן מזל צדק מהגלגלים וזהו צדק ילין בה: **כהונה גדולה.** אין זה מן הפלא כי הוא הי' שם בן עבר ובודאי כל כוונתו הי' דוגמת הקרבנות וכמאמרם כל המארח ת"ח בביתו כאלו מקריב בכורים. והנה באלה הפעולות גלה לנו סוד הקרבנות וסדרם כי הוא הי' כהן אז והי' יודע בסודות המכוונים לזה ולכן כתיב אח"כ והוא כהן כאומר שלכן הוציא לחם ויין מפני שהוא כהן. והי' מכוין דוגמת כוונת הקרבנות. והענין בכללו כי הקרבנו' תועלתם להוריד ההשפעה העליונה בעולם והשראת השכינה למטה וכדוגמת זה היה באברהם אבינו שע"י שרתה שכינ' וההשגח' העליונה בעולם. ולכן הקריב לו לחם ויין ואמר ברוך אברם לאל עליון כי הוא הקונה שמים וארץ וכאומר שע"י זכותם קנה ה' שמים וארץ ומשגיח עליהם לקיימם ולהחיותם והבן: **תורה גלה לו.** הוא סוד תור' עליונ' המכונ' ג"כ בשם לחם ויין וכבר בארתי במקום אחר מהו כינוי הלחם ויין בתורה: **רושם חוץ מזה.** והביא זאת על הפסוק והוא כהן להורות שלכן נסמך הכתוב זה אצל זה כאומר שלא תדמה שהוציא לחם ויין להשתכר לאכול ולשבעה כ"א הוא הי' כהן לאל עליון וכל כוונתו הי' לענינים נעלמים כי הוא הי' איש אלקי ולאנשים כמוהם אין היין מזיקם. ודעת ר"ל שאף זה עשה רושם שמשם נגזר על בני אברהם הגלות. שלכן נתבשר לו אח"כ הנבואה הזאת. ויש להבין מה דעת ר"ל היתכן שחטא אברהם במה שלקח ממנו לחם ויין. ועוד שיהי' זה סבה חזקה לגלות בניו היתכן זה ואשר נראה לי בזה כי הוא מכוון למאמרם שנענש במה שאמר במה אדע כי אירשנה. ועיקר הדבר כי הנביא טרם התבודדתו וטרם חול עליו הנבואה צריך שיהי' לבו ושכלו זך מאוד מכל רעיון מדומה. ומאוד צריך שמירה רבה בזו. והנה אברהם אבינו לא הי' נשמר בזו כי לקח היין מידו. ואח"כ באתהו המחזה כמ"ש אחר הדברים האלה הי' דבר ה' אליו כאלו הקפיד הכתוב שאח"ז נגלה אליו הנבואה. ולכן קרהו בשעת מעשה שחסר מעט מאמונת לבו הטהור' והוציא מלבו קצת ספק ולכן עי"ז נגזר הגלות לבניו והכוונה אלו הי' אברהם נשתלם בתכלית השלימות העליון ואז היו בניו וצאצאיו משתלמין בשלימותן האמיתי כי הבנים המה נטעי אבותם. ואחר שהי' אברהם עודנו חסר משלימות העליון מעט ואז הי' נחסר בבניו חסרון גדול ולכן נגרם הגלות בעבור זה והבן זה: **[ז] ממי קנאם רבי אבא בשם רבי כהנא ורבי יצחק כו'**

פְּלָן עֵינוֹהִי יָאֵי, שַׂעֲרֵיהּ יָאֵי – "The eyes of So-and-so are pleasing; his hair is pleasing."[72]

אָמַר רַבִּי יִצְחָק – R' Yitzchak said:[73] **הָיָה מְקַבֵּל אֶת הָעוֹבְרִים וְאֶת הַשָּׁבִים וּמִשֶּׁהָיוּ אוֹכְלִים וְשׁוֹתִין הָיָה אוֹמֵר לָהֶן: בָּרְכוּ – [Abraham] used to take in passersby** and feed them, **and after they began eating and drinking he would say to them, "**Now say **a blessing." וְהֵן אוֹמְרִים לוֹ: מַה נֹּאמַר – "What should we say?" they would ask him. וְהוּא אוֹמֵר לָהֶם: אִמְרוּ בָּרוּךְ אֵל עוֹלָם שֶׁאָכַלְנוּ מִשֶּׁלּוֹ"** – And **he would tell them, "Say: Blessed be the Supreme God, from Whose** food **we have eaten."**[74] **אָמַר לוֹ הַקָּדוֹשׁ בָּרוּךְ הוּא: אֲנִי לֹא הָיָה שְׁמִי נִיכָּר לִבְרִיּוֹתַי וְהִכַּרְתָּ אוֹתִי בִּבְרִיּוֹתַי** – Because of these efforts, **the Holy One, blessed is He, said to him, "My Name was not** previously **known to My creations** (i.e., to mankind), **but you have caused Me to be known among My creations! מַעֲלֶה אֲנִי עָלֶיךָ כְּאִילּוּ אַתָּה שׁוּתָף עִמִּי בִּבְרִיָּיתוֹ שֶׁל עוֹלָם** – I therefore **consider you as if you were My partner in creating the world."**[75] **הֲדָא הוּא דִכְתִיב "קֹנֵה שָׁמַיִם וָאָרֶץ"** – And **that is** the meaning of **what is written, *Acquirer of heaven and earth.***[76]

§8 **וּבָרוּךְ אֵל עֶלְיוֹן אֲשֶׁר מִגֵּן צָרֶיךָ בְּיָדֶךָ** – *AND BLESSED BE GOD, THE MOST HIGH, WHO HAS DELIVERED* [מִגֵּן] *YOUR FOES INTO YOUR HAND.*

[The meaning of the word מִגֵּן (translated here as *delivered*) is obscure. The Midrash elaborates on what exactly God did to Abraham's foes:]

רַבִּי הוּנָא אָמַר: שֶׁהֵיפֵךְ מַגְנוֹן שֶׁלְּךָ עַל צָרֶיךָ – R' Huna said: This means **that He turned the lethal weapon** [מַגְנוֹן[77]] that had been intended **for you against your foes. רַבִּי יוּדָן אָמַר: כַּמָּה מַנְגְּנָאוֹת עָשִׂיתִי לַהֲבִיאָן תַּחַת יָדֶיךָ – R' Yudan said:** It is as if God said to Abraham: **"How many contrivances** [מַנְגְּנָאוֹת] **did I** (God) **arrange** in order **to bring [the four kings] under your hand!**[78] **אוֹהֲבִים הָיוּ זֶה לָזֶה, זֶה מְשַׁלֵּחַ לָזֶה כְּתָבִים וְזֶה מְשַׁלֵּחַ לָזֶה דוֹרוֹנוֹת – [The two sets of kings] had** previously[79] **been close friends: They would send correspondences**[80] **to each other and they would send gifts to each other. וְהִמְרַדְתִּי אוֹתָם אֵלּוּ עַל אֵלּוּ כְּדֵי שֶׁיָּבוֹאוּ וְיִפְּלוּ תַּחַת יָדֶיךָ – But I stirred up rebellion in them, one** side **against the other,** just **in order that they should come and fall under your hands."**[81]

□ **וַיִּתֶּן לוֹ מַעֲשֵׂר מִכֹּל** – *AND HE GAVE HIM A TENTH OF EVERYTHING.*

[The Midrash tells of the great significance of Abraham's tribute to Malchizedek:]

רַבִּי יְהוּדָה בַּר סִימוֹן אָמַר: מִכֹּחַ אוֹתָהּ בְּרָכָה – R' Yehudah bar Simon said: By virtue of that blessing,[82]

NOTES

72. This line is very difficult, and many explanations — some of them quite esoteric — have been given for it. *Rashi* and *Matnos Kehunah* explain R' Abba's intention to be that the word קֹנֵה here does not mean "acquirer" at all, but is related to the root תקן, meaning "to adorn, to perfect." [*Matnos Kehunah* goes on to explain that the "pleasing hair and eyes" in the parable are meant to illustrate the idea of something that is beautiful and perfected.] Accordingly, Malchizedek's blessing meant that God is the *Perfecter* (not Acquirer) of heaven and earth.

73. R' Yitzchak disagrees with R' Abba's interpretation of קֹנֵה (see preceding note), and interprets it in its usual sense of "to acquire." He must therefore address the Midrash's opening question: From whom did God acquire the world?

74. See Midrash below, 49 §4, for a more elaborate version of this story.

75. The purpose of Creation is fulfilled when God's creations recognize Him. Since Abraham brought people to recognize God, he is described as being God's partner in Creation (*Eitz Yosef*).

76. That is, "acquirer" refers to Abraham, not God (*Matnos Kehunah;* see also *Yefeh To'ar*).

77. [This (מַגְנוֹן, a word that is similar to our verse's מִגֵּן) is how the word appears in early editions; it was later changed to מגנין; see *Os Emes*.] Although מַגְנוֹן is cited by *Aruch,* he does not explain its meaning. *Matnos Kehunah* surmises that it is some means of striking or killing someone, and *Rashi* (second interpretation) suggests that it is the mangonel, a kind of siege weapon. The Midrash's point is that מִגֵּן means "to deflect something dangerous and divert it to the opposite direction."

78. According to this interpretation מִגֵּן is seen as related to מַנְגְּנָאוֹת ("contrivances") — rather than to מַגְנוֹן ("lethal weapon") — and means "to contrive."

79. During the 12 years in which Sodom et al. were subservient to Chedorlaomer et al. they had an amicable relationship.

80. *Os Emes* emends the text to כּוֹתָבוֹת, "dates" (for the Sodom area was known for its palm trees; see Midrash above, 42 §7). *Radal* makes the same suggestion independently.

81. God's purpose was for the four kings — primarily their leader, Amraphel, whom the Midrash (above, 42 §4) identifies with Nimrod, who had thrown Abraham into a fire for the "crime" of believing in God — to be defeated and thus make His Providence known to the world (*Eitz Yosef*).

82. Abraham's tithe to Malchizedek is called a "blessing," as a tribute is sometimes termed "blessing"; see below, 33 §11. And as a result of this pious act Abraham and the other Patriarchs were blessed (*Maharzu*). Alternatively: The Midrash is interpreting that it was Malchizedek who gave the tenth to Abraham, and it was this gift from "the priest of God the Most High" that became the source of prosperity for the three Patriarchs (*Yefeh To'ar*).

פְּלַן עֵינוֹהִי יָאֵי, שַׂעֲרֵיהּ יָאֵי. אָמַר רַבִּי יִצְחָק: [טז]הָיָה מְקַבֵּל אֶת הָעוֹבְרִים וְאֶת הַשָּׁבִים וּמִשֶּׁהָיוּ אוֹכְלִים וְשׁוֹתִין הָיָה אוֹמֵר לָהֶן: בָּרְכוּ, וְהֵן אוֹמְרִים לוֹ: מַה נֹּאמַר, וְהוּא אוֹמֵר לָהֶם: אִמְרוּ בָּרוּךְ אֵל עוֹלָם שֶׁאָכַלְנוּ מִשֶּׁלּוֹ. אָמַר לוֹ הַקָּדוֹשׁ בָּרוּךְ הוּא: אֲנִי לֹא הָיָה שְׁמִי נִיכָּר לִבְרִיּוֹתַי וְהִכַּרְתָּ אוֹתִי בִּבְרִיּוֹתַי, מַעֲלֶה אֲנִי עָלֶיךָ כְּאִילּוּ אַתָּה שׁוּתָּף עִמִּי בִּבְרִיָּיתוֹ שֶׁל עוֹלָם, הֲדָא הוּא דִכְתִיב "קֹנֵה שָׁמַיִם וָאָרֶץ":

ח [יד, יט] "וּבָרוּךְ אֵל עֶלְיוֹן אֲשֶׁר מִגֵּן צָרֶיךָ בְּיָדֶךָ". [יז]רַבִּי הוּנָא אָמַר: שֶׁהִפֵּךְ מַנְגְּנִין °שֶׁלְּךָ עַל צָרֶיךָ, רַבִּי יוּדָן אָמַר: כַּמָּה מַנְגְּנָאוֹת עָשִׂיתִי לַהֲבִיאָן תַּחַת יָדֶיךָ, אוֹהֲבִים הָיוּ זֶה לָזֶה, זֶה מְשַׁלֵּחַ לָזֶה כְּתָבִים וְזֶה מְשַׁלֵּחַ לָזֶה דּוֹרוֹנוֹת, וְהִמְרַדְתִּי אוֹתָם אֵלּוּ עַל אֵלּוּ כְּדֵי שֶׁיָּבוֹאוּ וְיִפְּלוּ תַּחַת יָדֶיךָ. "וַיִּתֶּן לוֹ מַעֲשֵׂר מִכֹּל", רַבִּי יְהוּדָה בַּר סִימוֹן אָמַר: מִכֹּחַ אוֹתָהּ בְּרָכָה

רש"י

לשון קניה הוא אלא לשון תיקון: [ח] מנגנון שלך. לשון ערמות ובלע"ז איגניניות כלומר מחשבתם שחשבו עליך נהפך עליהם לשון אחר לשון גלגל קורין בלע"ז מאנגאגילו הגלגל שהיה מורה דם עליך נהפך ששפכת דמס:

עץ יוסף

עיונוהי יא שערוהי יאי (פירוש כזה שאומר פלוני עיניו יפים ושערו יפים. כלומר מתוקנים) דלשון זה אינו מדוקדק שהרי העין והשער הוא חלק מעצמות האדם ולא יתכן לומר עליו עין שלו או שער שלו. שהרי הוא בכלל עצמותו. ולא הוה ליה למימר אלא שהוא יפה עינים ויפה שער. אלא ודאי גם על דבר הדבק בעצמות האדם יתכן לומר שהוא שלו באשר שאינו אלא חלק אחד מעצמותו ולא יפול לשון עצמות אלא על הכלל כולו. אבל לא על החלק מן הכלל. אלא נחשב כאילו הוא קנין דבק אליו מבחוץ ומתחבר אליו. אף כן יתכן לומר לגבי הקב"ה על העולם לשון קנין לומר שהוא שלו אע"פ שהוא נאצל מעצמותו והוא דבק בו תמיד. באשר שאינו אלא חלק מן הכלל כולו (נזה"ק וקרוב לזה ביפ"ת) וברבינו בחיי גרס כאינש דאמר פלן עינוהי יאי שעריה לא יאי ועיין שם ביאורו: **אמרו ברוך אל עולם**. ועל ידי זה היו מכירין אותו ית'. לכן אמר מעלה אני עליך כאילו אתה שותף בברייתו של עולם כי כל מה שברא הקב"ה בעולמו לא ברא אלא לכבודו: **קונה שמים וארץ**. הזכיר את השם בתואר קונה שמים וארץ שעל ידו נתחדשה הכרתו ית' בעולם אשר הוא תכלית הבריאה והוה כאילו עתה נתחדש לו להקב"ה קנין בעולם (נזה"ק): (ח) [ט] **שהיפך מנגנין כו'**. פי' תחבולות וערמות (מעריך ומוסף הערוך). ודרש מגן לשון ערמות. וכמפורש לעיל בפרשה מ"ב שחשבו ערמה להתחיל בלוט ומחשבתם על אברהם שיבא להציל את לוט ויהרגו אותו ונהפך כוס התרעלה עליהם ועיין בש"ר פי"ח: **במה מנגנאות**. תחבולות וערמות עשיתי להביאן תחת ידך. שהרי מקודם אוהבים היו זה לזה ומשלחים כתבי שלום וברית והכנעים היו משלחים דורונות: **כדי שיבואו ויפלו**. כי ראש המלכים האלה היה אמרפל הוא נמרוד אשר הפיל לאברהם לתוך כבשן האש וכדלעיל פ' מ"א. וכן הנלוים אליו היו בדוגמתו. לכן סיבב ה' מפלתם ביד אברהם כדי לגדל שמו בעולם ולפרסם כבוד השגחתו בארץ: [י] **מכח אותה הברכה**. המעשר והמנחה שנתן אברהם למלכי צדק קורא אותה ברכה כמ"ש קח נא את ברכתי אשר הובאת לך וכמ"ש ויקח בידו מנחה לעשו אחיו וכמ"ד בפדר"א פרק ל"ז שמנחה היתה מעשר קנינו וקראה ברכה וכן כאן קרא המעשר ברכה:

פירוש מהרז"ו

עין כמ"ש לעיל פר' מ"ב סימן ז' אל עין משפט עמש"ש. ור' יצחק בא לתרץ קושיא הא' ממי קנאן כנ"ל ובמה קנאן והענין בזה שהקונה דבר מוציאו מרשות האחר לרשותו. ומתחלה היה שם האחר נקרא עליו ועתה שמו נקרא עליו וכן ענין אברהם עם העולם שמתחלה היו כל בני תבל סבורים שהעולם הוא של כוכבים ומזלות ובא אברהם והודיע לבאי עולם שהעולם הוא של בורא יחיד וכל הבריאה שלו הרי קנה אברהם שמים וארץ מידי אחרים והקנה אותם להקב"ה: **שותף עמי**. שמ"ש קונה שמים וארץ פירושו על אל עליון הנ"ל ועל אברהם הנ"ל שאברהם יש לו שותפות בקנית שמים וארץ: (ח) **מגנון וכו' מנגנאות**. בערוך ובמוסף ערוך פירושו מלשון עצה ותחבולה ומלאכת ערמה ולפי זה יהיה פירוש הפסוק והמדרש שהעצה והתחבולה אשר חשבו לצוד ולתפוס בו את אברהם נהפך על שונאיו לצודם ולתופסם בו. אך בשמות רבה פרשה י"ח סימן ה' ובאיכה רבתי פסוק בכה תבכה וז"ל שם ואין נגינתי אלא מל' שבר שנאמר אני מנגינתם. אשר מגן צריך בידך עכ"ל ועי' מ"כ ורש"י. ועוד ברש"י ל' אחר: **זה משלח לזה כתבים**. כדרלעומר והמלכים אשר אתו היו משלחים למלכי סדום כתבי שלום וברית שיעבדום באמת ומלכי סדום שעבדו לכדרלעומר היו משלחים להם דורונות ומתנות: **מכח אותה ברכה**. המעשר והמנחה שנתן אברם למלכי צדק קורא אותה ברכה כמ"ש יעקב לעשו קח נא את ברכתי אשר הובאת לך וכמ"ש ויקח בידו מנחה לעשו אחיו. וכמ"ש פר"א פרק ל"ז שהמנחה היתה מעשר קנינו וקראה ברכה וכן כאן קרא המעשר ברכה והדרשה ע"פ מדת ממעל

חידושי הרד"ל

(ח) [ז] **עינוהי יאי. שעריה יאי**. עמ"כ ג' רבי' בחיי ופירושו. וכ"ה בתשובת הרשב"א חלק חמישי סי' קט"ו ע"ש:

(ט) [ח] **שהופך מנגנין שלך**. נראה דצ"ל שלו ועל הקב"ה קאי ופי' מנגנין הוא כלי תחבולה עמוקה והוא לשון היפוך ע"ד לישנא דקרא והוא מסבות מתהפך בתחבולותיו (איוב ל"ז) עיין ערוך ערך מנגנין ותוס' (עבודת כוכבים דף ד') ד"ה בניגני כו': (י) **זה משלח לזה כתבים אפשר הוא כותבת**. פי' תמרים שהיו רבים שם בסדום כדלעיל פמ"ב:

באור מהרי"פ

ח מגנון. ז"ל רב"מ פי' בל"י תחבולה ומלאכת ערמנות ומגנון מלה אחת היא כמו שיודעים הבקיאים בל"י עכ"ל:

מסורת המדרש

טז סוטה דף י' ע"ב. לקמן פרשה מ"ט. תנחומא כאן סימן י"ב. ילקוט כאן רמז ע"ד:

יז תנחומא כאן סי' י"ג. אגדת בראשית פ' י"ג. ילקוט כאן רמז ע"ה:

מתנות כהונה

ושערו יפה כלומר מתוקנים היטב על מלאותם כן פי' קונה כמו תקן ועשה כמו שפירש"י ורמב"ן ז"ל בסדר זה: **מעלה אני עליך כו'**. ומלת קונה חוזר על אברהם אבינו: **מנגנין**. בערוך משמע ענין מכה ומיתה: [ח] **שהופך כו'**. שהרי לא באו המלכים אלא להרוג לאברהם כדלעיל פרשה מ"א ונהפך עליהם שהוא הרג אותם: **מנגנאות**. [הערוך פירשו לשון] תחבולות וערמות: **יתידות**. האבות קרא כן כיתד הזה התקוע במקום נאמן:

אשד הנחלים

פלן עינוהי יאי כו' ר"י והכרת אותי כו'. לפי הראות מלשון המדרש משמע שנחלקו ראב"כ ור"י בפירושו דקרא. ולפירש המ"כ לא נחלקו במאומה. גם לפירושו לא ידענו מה הסביר לנו בזה כאינש דאמר. ובספרי הדרשות [דרוש עין אברהם] בארתי על דרך הדרוש שהכונ' בזה להבדיל בין השגח' הנסיית שהיא כולה טוב וחסד באין רע למאומ' כי כל פרט ממנה מכוון לטוב. לא כן השגחה כללית וטבעי' שאין טוב בפרטיותה רק בכללה וכמו שהאריך הרמב"ם ז"ל שבטבע המציאות העדר תמיד כרוך בהויה וכל העדר הוא רע רק שהוא נכלל בטוב והכל למען הטוב והנה ע"י אברהם אבינו והכרתו אמיתת האחדות והדבקו בו ית' הוריד ההשגחה הנסיית בעולם וזהו הכינוי האמיתי שאברהם הקנה לה' שמים וארץ. כלומר שע"י לקח ה' השמים והארץ לקנין לו להשגיח בהם בפרטות. והנה במשל הזה הסביר לנו זאת לבאר לנו הבדל ההשגחות ההם והוא כמו ההבדל בשנתאר את תואר האדם שהוא יפה בכלל אשר יתכן שכל אבר פרטי איננו מהודר רק בשנעריך כלל הצורה בקשור האברים כולם המה נאים אבל כשנתאר את דמותו איך שכל אבר פרטי שבו הוא יפה ומהודר מאוד אות הוא כי כל פרטיו המה טובים. וזהו ההבדל שבין השגחה הפרטית להשגחה כללית כמו שבארתי אבל דעת ר"י שהכונ' שבאמת שגם בתחילה היו לה' השמים והארץ אבל אנשי העולם לא הבינו ולא ידעו זאת רק אברהם הקנה אליהם הידיעה הזאת כאלו עתה נתוודע להם שה' הוא קונה שמים וארץ אליו ולא עזבם לטבע והבן: **שותף עמי**. כי האמונ' האמיתית הוא קיום העולם כי כן גזרה חכמתו ית' שתהי' העמדת העולם ע"י עבודת האדם ואמונתו בו ית': [ח] **מגנין שלך**. המ"כ פירש לשון מכה ומיתה. והוכרחו לזה דלשון מגן הונח על דבר הסובב לאדם ומגין עליו לבלי ינזק כמו אנכי מגן לך או עכ"פ פירושו מלשון סובב וא"כ המליצה אינו נוחה כי אין סבוב בידים. ולכן מפרש כת"י דעבד סנאך כתריסא דמקבל מחתא כי על המגינים ישולח חיצים רבים אולי ינזק האדם ואולי ישולח בו יד ולכן הוא מקום ההכאה ודרש אשר מגן צריך עתה בידיך כלומר הכאתם שהי' בכחם להכותך נהפך כי הכית אתה אותם. ולדעת ר"י פירשו אשר הערים ככה לסבב שיהי' צריך בידיך כי עורר מלחמה בינותם למען תתרומם על ידם בהצלחתך:

אָכְלוּ ג׳ יְתֵידוֹת גְּדוֹלוֹת בָּעוֹלָם, אַבְרָהָם יִצְחָק וְיַעֲקֹב – the three great "pegs of the world"[83] – Abraham, Isaac, and Jacob – enjoyed prosperity. בְּאַבְרָהָם כְּתִיב "וַה׳ בֵּרַךְ אֶת אַבְרָהָם בַּכֹּל", בִּזְכוּת "וַיִּתֶּן לוֹ מַעֲשֵׂר מִכֹּל" – For **regarding Abraham it is written, *and HASHEM had blessed Abraham with "everything"*** (below, 24:1), and this was **in the merit of *he gave him a tenth of "everything"*;** בְּיִצְחָק כְּתִיב "וָאֹכַל מִכֹּל", בִּזְכוּת "וַיִּתֶּן לוֹ מַעֲשֵׂר מִכֹּל" – **regarding Isaac it is written, *and I partook of "everything"*** (below, 27:33), and this too was **in the merit of *he gave him a tenth of "everything"*;** בְּיַעֲקֹב כְּתִיב "כִּי חַנַּנִי אֱלֹהִים וְכִי יֶשׁ לִי כֹל", בִּזְכוּת "וַיִּתֶּן לוֹ מַעֲשֵׂר מִכֹּל" – **regarding Jacob it is written, *inasmuch as God has been gracious to me and inasmuch as I have "everything"*** (below, 33:11), and this too was **in the merit of *he gave him a tenth of "everything."***

[The Midrash now discusses a different topic:][84]

מֵהֵיכָן זָכוּ יִשְׂרָאֵל לְבִרְכַּת כֹּהֲנִים – From what source did Israel merit to be blessed with **the Priestly Blessing?**[85] רַבִּי יְהוּדָה וְרַבִּי נְחֶמְיָה וְרַבָּנָן – This was discussed by **R' Yehudah, R' Nechemyah, and the Sages.** רַבִּי יְהוּדָה אָמַר: מֵאַבְרָהָם, "כֹּה יִהְיֶה זַרְעֶךָ", "כֹּה תְבָרְכוּ אֶת בְּנֵי יִשְׂרָאֵל" – **R' Yehudah said: From Abraham,**[86] regarding whom it is written: ***"So* [כֹּה] *shall your offspring be!"*** (below, 15:5), for it is similarly written in the context of the Priestly Blessing: ***So* [כֹּה] *shall you bless the Children of Israel*** (*Numbers* 6:23). רַבִּי נְחֶמְיָה אָמַר: מִיִּצְחָק שֶׁנֶּאֱמַר "וַאֲנִי וְהַנַּעַר נֵלְכָה עַד כֹּה", לְפִיכָךְ אָמַר הַמָּקוֹם "כֹּה תְבָרְכוּ אֶת בְּנֵי יִשְׂרָאֵל" – **R' Nechemyah said: From Isaac, for it is stated** in the passage of the *Akeidah*, ***I and the lad*** (i.e., Isaac) ***will go yonder*** [כֹּה] (below, 22:5); **therefore**[87] **the Omnipresent said, "*So* [כֹּה] *shall you bless the Children of Israel.*"** וְרַבָּנָן אָמְרֵי: מִיַּעֲקֹב שֶׁנֶּאֱמַר "כֹּה תֹאמַר לְבֵית יַעֲקֹב", וּכְנֶגְדּוֹ "כֹּה תְבָרְכוּ אֶת בְּנֵי יִשְׂרָאֵל" – **And the** other **Sages said: From Jacob, for it is stated, *So* [כֹּה] *shall you say to the House of Jacob*** (*Exodus* 19:3),[88] **and corresponding to [that verse]** it is written, ***So* [כֹּה] *shall you bless the Children of Israel.*** Ⓐ

[The Midrash expounds further on 15:5 (*And [HASHEM]... said, "Gaze, now, toward the Heavens, and count the stars if you are able to count them!" And He said to him, "So shall your offspring be!"*), cited just above, and the word כֹּה:]

אֵימָתַי אֲנִי מְגַדֵּל אֶת בָּנֶיךָ כַּכּוֹכָבִים – "When will I make your descendants great in number like the stars? רַבִּי אֶלְעָזָר וְרַבִּי יוֹסֵי בַּר רַבִּי חֲנִינָא – **R' Elazar and R' Yose bar R' Chanina** discussed this: רַבִּי אֶלְעָזָר אָמַר: כְּשֶׁאֶגָּלֶה עֲלֵיהֶם בְּכֹה, "כֹּה תֹאמַר לְבֵית יַעֲקֹב" – **R' Elazar said:** God alluded here to Abraham: **When I will reveal Myself to them with** the word כֹּה, i.e., upon the giving of the Torah at Mount Sinai, where it is stated, ***So* [כֹּה] *shall you say to the House of Jacob*"** (*Exodus* 19:3). וְרַבִּי יוֹסֵי בַּר רַבִּי חֲנִינָא אָמַר: כְּשֶׁאֶגָּלֶה עַל מַנְהִיגָם בְּכֹה, שֶׁנֶּאֱמַר "כֹּה אָמַר ה׳ בְּנִי בְכֹרִי יִשְׂרָאֵל" – **R' Yose bar R' Chanina said:** This is what God alluded to Abraham: "When will I make your descendants great in number like the stars? **When I will reveal Myself to their leader** (Moses) **with** the word כֹּה, when sending him to redeem them from bondage in Egypt, when it is stated, *You shall say to Pharaoh,* **'*So*** [כֹּה] ***said HASHEM, My firstborn son is Israel*' "**[89] (ibid. 4:22).

וַיֹּאמֶר מֶלֶךְ סְדֹם אֶל אַבְרָם תֶּן לִי הַנֶּפֶשׁ וְהָרְכֻשׁ קַח לָךְ. וַיֹּאמֶר אַבְרָם אֶל מֶלֶךְ סְדֹם הֲרִמֹתִי יָדִי אֶל ה׳ אֵל עֶלְיוֹן קֹנֵה שָׁמַיִם וָאָרֶץ. אִם מִחוּט וְעַד שְׂרוֹךְ נַעַל וְאִם אֶקַּח מִכָּל אֲשֶׁר לָךְ וְלֹא תֹאמַר אֲנִי הֶעֱשַׁרְתִּי אֶת אַבְרָם. בִּלְעָדַי רַק אֲשֶׁר אָכְלוּ הַנְּעָרִים וְחֵלֶק הָאֲנָשִׁים אֲשֶׁר הָלְכוּ אִתִּי עָנֵר אֶשְׁכֹּל וּמַמְרֵא הֵם יִקְחוּ חֶלְקָם.

The king of Sodom said to Abram, "Give me the people and take the possessions for yourself." Abram said to the king of Sodom, "I lift up my hand to HASHEM, God, the Most High, Maker of heaven and earth, if so much as a thread to a shoestrap; or if I shall take from anything that is yours! So you shall not say, 'It is I who made Abram rich.' Far from me! Only what the young men

NOTES

83. I.e., the three "pillars" that support the world by their righteousness (*Yefeh To'ar*).

84. This discussion does not appear to have any relevance to either the Scriptural or Midrashic context in which it appears. *Yefeh To'ar* suggests that its relevance to our verse is that Malchizedek, as a Kohen, presumably included the standard Priestly Blessing in his words of blessing to Abraham. Others suggest that it was recorded here solely because of its similarity in form to the Midrash's previous discussion (*Maharzu; see Radal*).

85. Found in *Numbers* 6:24-26, and introduced with the words: *HASHEM spoke to Moses, saying, "Speak to Aaron and his sons, saying: So shall you bless the Children of Israel, saying to them . . ."*

86. I.e., it is because of the merit of their righteous forefather Abraham.

87. In the merit of Isaac's role in the *Akeidah*.

88. The commentators find it somewhat difficult to understand how *the House of Jacob* is taken to refer to Jacob himself, as the phrase (which was stated at the giving of the Torah) actually refers to Jacob's *descendants*, the Jewish people. *Maharzu* suggests emending the text of the Midrash, replacing *Exodus* 19:3 with below, 32:5 (*so* [כֹּה] *said your servant Jacob*). *Eitz Yosef*, however, explains that *the House of Jacob* can indeed refer to Jacob himself because *Mechilta* (*Yisro, Bachodesh, Parashah* 2) teaches that the phrase actually means "in the merit of Jacob."

89. God's declaration that He considers the people of Israel to be like His "firstborn child" represented a moment of unique greatness for Abraham's descendants (*Yefeh To'ar*), at the beginning of the events that led to the Exodus.

INSIGHTS

Ⓐ **In the Merit of the Patriarchs** Based on the idea espoused here by the Midrash that the Priestly Blessing exists in the merit of the three Patriarchs, *R' Yehudah bar Yakar* (a teacher of *Ramban*), in his *Peirush HaTefillos VeHaBerachos* on *Shemoneh Esrei* (p. 66) writes that it is proper for the congregation to mention the Patriarchs by name in conjunction with the recitation of the Priestly Blessings by the *chazzan*, during his repetition of the *Shemoneh Esrei*. *Abudraham* (*Seder Shacharis Shel Chol*, p. 115) says similarly that one should mention the merit of the three Patriarchs at that point, because the three blessings take effect because of that very merit.

The *Baal HaTurim* (to *Numbers* 6:24-26) takes this connection between the Priestly Blessing and Abraham, Isaac, and Jacob a step further, stating more specifically that the first of the three blessings conveyed by the Priests is in the merit of Abraham, the second corresponds to Isaac and the third to Jacob. He supports this contention by citing verses relating to each of the Patriarchs that in some way reflect the same theme as the blessing associated with that patriarch. The same idea is expressed briefly by *Radvaz* (*Metzudas Dovid, Mitzvah* §78; see also *Yefeh To'ar* here who advances a number of homiletic interpretations of our Midrash).

R' Moshe Chagiz (*Eileh HaMitzvos* §78) writes that there is a practice observed by some to answer "כֵּן יְהִי רָצוֹן בִּזְכוּת אַבְרָהָם, *So may it be in the merit of Abraham,*" upon hearing the first verse of the Priestly Blessing; "כֵּן יְהִי רָצוֹן בִּזְכוּת יִצְחָק, *So may it be in the merit of Isaac,*" upon hearing the second verse; and "כֵּן יְהִי רָצוֹן בִּזְכוּת יַעֲקֹב, *So may it be in the merit of Jacob,*" upon hearing the third verse. He too explains how each phrase corresponds to one of the Patriarchs. *Ben Ish Chai* (I: *Parashas Tetzaveh* §2) describes this as a long-standing custom, though he also presents a variation thereof, adding the names of Moses, Aaron, Joseph, and David to the declaration following the third sentence; *Kaf HaChaim* (*Orach Chaim* 127:20) cites that version in the name of others as well. The practice to mention the merit of Abraham, Isaac, and Jacob specifically is also recorded by *Aruch HaShulchan* (*Orach Chaim* ibid. §4).

אָכְלוּ ג׳ יְתֵידוֹת גְּדוֹלוֹת בָּעוֹלָם, אַבְרָהָם יִצְחָק וְיַעֲקֹב. בְּאַבְרָהָם כְּתִיב (בראשית כד, א) "וַה׳ בֵּרַךְ אֶת אַבְרָהָם בַּכֹּל", בִּזְכוּת "וַיִּתֶּן לוֹ מַעֲשֵׂר מִכֹּל". בְּיִצְחָק כְּתִיב (שם כז, לג) "וָאֹכַל מִכֹּל", בִּזְכוּת "וַיִּתֶּן לוֹ מַעֲשֵׂר מִכֹּל". בְּיַעֲקֹב כְּתִיב (שם לג) "כִּי חַנַּנִי אֱלֹהִים וְכִי יֶשׁ לִי כֹל", בִּזְכוּת "וַיִּתֶּן לוֹ מַעֲשֵׂר מִכֹּל". מֵהֵיכָן זָכוּ יִשְׂרָאֵל לְבִרְכַּת כֹּהֲנִים, רַבִּי יְהוּדָה וְרַבִּי נְחֶמְיָה וְרַבָּנָן, רַבִּי יְהוּדָה אָמַר: מֵאַבְרָהָם, (בראשית טו, ה) "כֹּה יִהְיֶה זַרְעֶךָ", (במדבר ו, כג) "כֹּה תְבָרְכוּ אֶת בְּנֵי יִשְׂרָאֵל". רַבִּי נְחֶמְיָה אָמַר: מִיִּצְחָק שֶׁנֶּאֱמַר (בראשית כב, ה) "וַאֲנִי וְהַנַּעַר נֵלְכָה עַד כֹּה", לְפִיכָךְ אָמַר הַמָּקוֹם "כֹּה תְבָרְכוּ אֶת בְּנֵי יִשְׂרָאֵל". וְרַבָּנָן אָמְרֵי: מִיַּעֲקֹב שֶׁנֶּאֱמַר (שמות יט, ג) "כֹּה תֹאמַר לְבֵית יַעֲקֹב", וּכְנֶגְדּוֹ "כֹּה תְבָרְכוּ אֶת בְּנֵי יִשְׂרָאֵל". אֵימָתַי אֲנִי מְגַדֵּל אֶת בָּנַיִךְ כַּכּוֹכָבִים, רַבִּי °אֱלִיעֶזֶר וְרַבִּי יוֹסֵי בַּר רַבִּי חֲנִינָא רַבִּי °אֱלִיעֶזֶר אָמַר: כְּשֶׁאֶגָּלֶה עֲלֵיהֶם בְּכֹה, "כֹּה תֹאמַר לְבֵית יַעֲקֹב". וְרַבִּי יוֹסֵי בַּר רַבִּי חֲנִינָא אָמַר: כְּשֶׁאֶגָּלֶה עַל מַנְהִיגָם בְּכֹה, שֶׁנֶּאֱמַר (שם ד, כב) "כֹּה אָמַר ה׳ בְּנִי בְכֹרִי יִשְׂרָאֵל":

ט [יד, כא-כב] "וַיֹּאמֶר מֶלֶךְ סְדֹם אֶל אַבְרָם תֶּן לִי הַנֶּפֶשׁ וְגוֹ׳, וַיֹּאמֶר אַבְרָם אֶל מֶלֶךְ סְדוֹם הֲרִימֹתִי יָדִי וְגוֹ׳". רַבִּי יְהוּדָה וְרַבִּי נְחֶמְיָה וְרַבָּנָן, רַבִּי יְהוּדָה אָמַר: [יח]עֲשָׂאָן תְּרוּמָה הֵיךְ מָה דְאַתְּ אָמַר (במדבר יח, כו) "וַהֲרֵמֹתֶם מִמֶּנּוּ תְּרוּמַת ה׳". וְרַבִּי נְחֶמְיָה אָמַר: עֲשָׂאָן שְׁבוּעָה, הֵיךְ מָה דְאַתְּ אָמַר (דניאל יב, ז) "וַיָּרֶם יְמִינוֹ וּשְׂמֹאלוֹ אֶל הַשָּׁמַיִם וַיִּשָּׁבַע בְּחֵי הָעוֹלָם". וְרַבָּנָן אָמְרֵי: עֲשָׂאָן שִׁירָה, הֵיךְ מָה דְאַתְּ אָמַר (שמות טו, ב) "זֶה אֵלִי וְאַנְוֵהוּ אֱלֹהֵי אָבִי וַאֲרֹמְמֶנְהוּ". רַבִּי בֶּרֶכְיָה וְרַבִּי חֶלְבּוֹ וְרַבִּי אַמִּי בְּשֵׁם רַבִּי אֶלְעָזָר אָמְרוּ: אָמַר מֹשֶׁה: בְּלָשׁוֹן שֶׁאָמַר אַבָּא שִׁירָה, "הֲרִימֹתִי יָדִי אֶל ה׳", בּוֹ בַּלָּשׁוֹן אֲנִי אוֹמֵר שִׁירָה, שֶׁנֶּאֱמַר (שם) "אֱלֹהֵי אָבִי וַאֲרֹמְמֶנְהוּ".

עץ יוסף

יתידות. האבות קרא כן ע"ש שהם כיתד הזה התקוע במקום נאמן: **[יא] מהיכן זכו ישראל כו׳.** עד סוף הסימן נראה שמקומו הראוי הוא לקמן פ׳ מ"ד גבי הכתוב כה יהיה זרעך: **נלכה עד כה.** הרי שגם יצחק כתוב בו כה שתיבת כה קאי על שניהם: **כה תאמר לבית יעקב.** כדתנן במכילתא לבית יעקב בזכות יעקב. לבית ישראל בזכות ישראל: **כשאגלה עליהם בכה כו׳.** וזה הי׳ במ"ת שעלו למעלה עליונה (מת"כ). : (ט) **[יב] הרימותי ידי.** דה"ל למימר הגבהתי ידי: **עשאן תרומה.** שהפריש מהן תרומה והיינו קודם הפרשת המעשר כנ"ל: **עשאן שבועה.** שאסרם על עצמו באיסור שבועה. לזרז על יצרו כענין דוד ובועז: **עשאן שירה.** פי׳ עשה בהן שירה שבח להקב"ה תחילה שזיכם לו. שמן הדין שלו הם. ומ"מ חזר ונתנן למלך סדום כדי שלא יאמר שהוא העשירו: **אמר משה.** הא סיוע לרבנן דהרימותי ענין שירה:

פירוש מהרז"ו

ומנגד: **מהיכן זכו ישראל.** הובא מאמר זה אגב מאמר הראשון שדומה לו ודורש גז"ש עי׳ במ"ר פר׳ י"א סי׳ ב׳ וש"כ ושם לא נזכר אלא מאברהם: **נלכה עד כה.** הרי שגם יצחק כתוב בו כה שתיבת כה קאי על שניהם: **כה תאמר לבית יעקב.** עם ומשפחה הבאים מיעקב וזה דוחק ויותר נראה שנ"ל פסוק שקודם לו בריש וישלח כה אמר עבדך יעקב ונמשך פסוק כה תאמר לבית יעקב מדברי ר"א בסמוך כן נ"ל ותוכן מאמר זה ששאל מהיכן זכו ישראל לברכת כהנים כי בברכת כהנים מבואר שנהיה רק מבורכים מאת הש"י בעצמו בלא אמצעי כמו צבא השמים כי כמו שנקרא הש"י ה׳ צבאות כך נקרא אלהי ישראל. וזהו יברכך ה׳ יאר ה׳ ישא ה׳ וזכו לזה על ידי האבות. לאברהם אמר כה יהיה זרעך כמו הכוכבים וצבא השמים וכמ"ש לקמן סי׳ זה אימתי אני מגדל את בניך. וכן ממ"ש ואני והנער נלכה עד כה היינו בהר המוריה הר ה׳. ששם השכינה נגלית ושם מקור הברכה כמ"ש יברכך ה׳ מציון וכמ"ש כי שם צוה ה׳ את הברכה וכן מיעקב שנתברך ג"כ מציון בחלום הסולם שכתוב אצלו כה כנ"ל: **אימתי אני מגדל.** וכמ"ש במ"ר פר׳ כ׳ בסי׳ י"ב שהכוכבים יש להם ב׳ סגולות. הא׳ בריבויים והב׳ בגדלם. שהם קרובים אל אור כבודו ית"ש יותר מהתחתונים. ובמ"ש כה יהיה זרעך כוון לשתי הכוונות יחד. ור"א וריב"ח באו לפרש הדימוי של גדלם וכבודם כמו הכוכבים וזהו שאמר אימתי אני מגדל וכו׳ וע׳ מ"כ: **על מנהיגם בכה.** אצל מכת בכורות כתוב כמש"ש הנה אנכי הורג את בנך בכורך שזהו עיקר גדולתם של יציאת מצרים. וקראם בני בכורי. ומאמר זה הובא דרך אגב. שהזכיר במאמר הקודם כה יהיה זרעך: (ט) **הרימותי ידי.** היל"ל הגבהתי ידי. ומה הכוונה בהגבהה זו. ע"כ דרש ר"י שע"פ מדת ממעל נכלל בתיבה זו ענין התרומה. כמ"ש והרמותם וכו׳ והתרומה אסור לזרים ואסר אברהם שלא יהנה מכלל סדום כמו מתרומה. ודעת ר"נ שאם הוא מלשון תרומה א"כ היה אסור גם לאחרים. ומאחר שחלקם לאחרים לסדום ולאנשים שהלכו אתו אין כאן ענין תרומה. ע"כ דורש שאסרם על עצמו באיסור שבועה. ולאחרים מותר ודעת רבנן שאין בענין ההרמה עצמו שבועה אלא שעם השבועה עצמה לפעמים מרימים הידים. וא"כ היל"ל העיקר שנשבע לה׳ שלא יקח. על כן דרשו שעשאן שירה. פי׳ שאברהם התבונן בגודל הנס שעשה לו הקב"ה ית"ש למעלה מן הטבע. והוא לא עשה כלום ואין לו חלק בכל השלל רק לשורר ולזמר לה׳ ולקדש שמו יתברך וכל דרשות אלו ע"פ מדת ממעל וגז"ש:

מסורת המדרש

יח סוטה דף י"ז. חולין דף פ"ט. שמ"ר פ׳ מ"א. תנחומא כאן סימן י"ג. אגדת בראשית פרק י"ג. ילקוט כאן רמז ע"ו כה"ע:

חידושי הרד"ל

(יא) **מהיכן זכו ישראל לב"כ.** אין שייכות מאמר זה לכאן (אם לא שנאמר דמשום שדומה קצת לענין ג׳ יתדות שאמר בסמוך ודחוק) לכן כמדומני שצ"ל מכאן זכו ישראל לב"כ וע"ל פ"ס ורבנן אמרי מהיכן יצא כו׳. שפירושו מכאן יצא. ור"ל מברכת שם שהיה כהן לאברהם וקבלו אברהם באהבה ונתן לו מעשר מכל זכה לבניו אחריו להתברך בב"כ ודר"י ור"נ ורבנן פליגי על סתמא דהכא:

חידושי הרש"ש

[ט] עשאן תרומה. עמ"כ שכתב שאסורה בהנאה לזרים. הן בפסחים (כ"ג א׳) מבואר דמותרת בהנאה לזרים. ועיין ע"א (ס"ו ב׳) ברש"י ותוס׳ זולת בהנאה של כלוי אסורה עיין יבמות (ס"ו ב׳) תד"ה לא. ובר מן דין קשה הלא אברהם היה כהן כדלקמן פמ"ו. וזה יש לייש דאולי עדיין לא נתנה לו הכהונה כי עתה הוא שזכה בה על דברת מלכי צדק ולא מצינו שנתייחד לו הדבור בינתיים. אבל קשה עוד דהמתפיס בתרומת אהרן אינו כלום כדאיתא ברפ"ב דנדרים. ויתכן לומר שע"ם במדרש הקרא שלפנינו אלא דיליף מתרומת שקלים או מתרומת הדשן וכדומה שהמה קודש ואסורים בהנאה לכל:

באור מהרי"פ

י **[ט] עשאן שירה.** פי׳ שעי"ז נתקדש ש"ש והרכוש עצמו נהיה לשבח והודאה לה׳ במה שהחזירו (יפ"ת):

אם למקרא

וְאַבְרָהָם זָקֵן בָּא בַּיָּמִים וַה׳ בֵּרַךְ אֶת־אַבְרָהָם בַּכֹּל: (בראשית כד:א)

וַיֶּחֱרַד יִצְחָק חֲרָדָה גְּדֹלָה עַד־מְאֹד וַיֹּאמֶר מִי־אֵפוֹא הוּא הַצָּד־צַיִד וַיָּבֵא לִי וָאֹכַל מִכֹּל בְּטֶרֶם תָּבוֹא וָאֲבָרְכֵהוּ גַּם־בָּרוּךְ יִהְיֶה: (בראשית כז:לג)

קַח־נָא אֶת־בִּרְכָתִי אֲשֶׁר הֻבָאת לָךְ כִּי־חַנַּנִי אֱלֹהִים וְכִי יֶשׁ־לִי־כֹל וַיִּפְצַר־בּוֹ וַיִּקָּח: (בראשית לג:יא)

וַיּוֹצֵא אֹתוֹ הַחוּצָה וַיֹּאמֶר הַבֶּט־נָא הַשָּׁמַיְמָה וּסְפֹר הַכּוֹכָבִים אִם־תּוּכַל לִסְפֹּר אֹתָם וַיֹּאמֶר לוֹ כֹּה יִהְיֶה זַרְעֶךָ: (בראשית טו:ה)

דַּבֵּר אֶל־אַהֲרֹן וְאֶל־בָּנָיו לֵאמֹר כֹּה תְבָרְכוּ אֶת־בְּנֵי יִשְׂרָאֵל אָמוֹר לָהֶם: (במדבר ו:כג)

וַיֹּאמֶר אַבְרָהָם אֶל־נְעָרָיו שְׁבוּ־לָכֶם פֹּה עִם־הַחֲמוֹר וַאֲנִי וְהַנַּעַר נֵלְכָה עַד־כֹּה וְנִשְׁתַּחֲוֶה וְנָשׁוּבָה אֲלֵיכֶם: (בראשית כב:ה)

וּמֹשֶׁה עָלָה אֶל־הָאֱלֹהִים וַיִּקְרָא אֵלָיו ה׳ מִן־הָהָר לֵאמֹר כֹּה תֹאמַר לְבֵית יַעֲקֹב וְתַגֵּיד לִבְנֵי יִשְׂרָאֵל: (שמות יט:ג)

וְאָמַרְתָּ אֶל־פַּרְעֹה כֹּה אָמַר ה׳ בְּנִי בְכֹרִי יִשְׂרָאֵל: (שמות ד:כב)

וְאֶל־הַלְוִיִּם תְּדַבֵּר וְאָמַרְתָּ אֲלֵהֶם כִּי־תִקְחוּ מֵאֵת בְּנֵי־יִשְׂרָאֵל אֶת־הַמַּעֲשֵׂר אֲשֶׁר נָתַתִּי לָכֶם מֵאִתָּם בְּנַחֲלַתְכֶם וַהֲרֵמֹתֶם מִמֶּנּוּ תְּרוּמַת ה׳ מַעֲשֵׂר מִן־הַמַּעֲשֵׂר: (במדבר יח:כו)

וָאֶשְׁמַע אֶת־הָאִישׁ לְבוּשׁ הַבַּדִּים אֲשֶׁר מִמַּעַל לְמֵימֵי הַיְאֹר וַיָּרֶם יְמִינוֹ וּשְׂמֹאלוֹ אֶל־הַשָּׁמַיִם וַיִּשָּׁבַע בְּחֵי הָעוֹלָם כִּי לְמוֹעֵד מוֹעֲדִים וָחֵצִי וּכְכַלּוֹת נַפֵּץ יַד־עַם־קֹדֶשׁ תִּכְלֶינָה כָל־אֵלֶּה: (דניאל יב:ז)

עָזִּי וְזִמְרָת יָהּ וַיְהִי־לִי לִישׁוּעָה זֶה אֵלִי וְאַנְוֵהוּ אֱלֹהֵי אָבִי וַאֲרֹמְמֶנְהוּ: (שמות טו:ב)

מתנות כהונה

[**כה תברכו.** כלומר לפיכך כתיב כה תברכו וכדלקמן]: ה"ג **ר׳ אליעזר ורבי יוסי ב"ר חנינא ר׳ אליעזר אמר אימתי אני מגדל את בניך ככוכבים כשאגלה עליהם בכה כו׳.** וזה היה במ"ת שעלו למעלה עליונה: [ט] **עשאן כו׳.** אברהם עשה רכוש מלך סדום עליו כתרומה שאסורה בהנאה לזרים: **שבועה.** אסרן עליו באיסור שבועה: **עשאן שירה.** כלומר קודש קדשים: [**בשם ר"א אמרו** גרסינן]: **אבא.** אבי כלומר אברהם אב לכוּלנו:

אשד הנחלים

בכל בזכות ויתן כו׳. לוטה בם רמז נפלא במלת כל הכתוב באבות אשר אל זה הסוד כוונו חז"ל לומר בת הי׳ לאברהם ובכל שמה כי מלת בכל הונח על דבר המקבץ כל הפרטים יחדיו עם התאחד לדבר אחד כללי היוצא מבינותם וכבר ידוע כי יש מדה עליונ׳ הנקראת ככה אשר היא מכילה בקרבה זאת. וממנה יוצא כל טוב וזהו כוונתם במה שאמרו שיש להם כל והיא כמו בת המקבלת מהמשפיע וכל זה בזכות האמנ׳ האמיתת בסבה הראשונה ית׳ שהוא כל כי הוא ית׳ כל יכול והכל כלול בו. והמעשר מורה על האמונה הזאת. כי ממנו הכל והבן: **מהיכן זכו כו׳ כה יהי׳ כו׳ כה תברכו כו׳.** על דרך הפשט הוא קשה המובן מאי נפק"מ במלת כה המור׳ על הוראות בסימן השווי או סימן החיבור וכפי דבריהם להלן שאמרו כשאגלה להם בכה מורה שהוא מדה עליונה הנקראת ככה שמשם יוצא שפע ברכה בעולם ואין להאריך בזה כי זה מתעלומות החכמ׳ הידוע רק לחכמי אמת: [ט] **עשאן תרומה כו׳ שבועה כו׳ שירה כו׳ בלשון שאמר אבא כו׳ וארוממנהו.** יש להסביר בזה ע"ד ציור הפשט. שבאו להסביר מלת הרמה בידים שמצאנו בכתוב שהנחתו על מי שמתפעל מרוב הכרתו על כבוד ה׳ ומבין שהכל מידיו ית׳ ולכן מרים ידיו למעלה להורות שהטובה רק ממנו ית׳. וממנו הוא כוונת התרומ׳ לה׳ שיזכור כי ממנו

have eaten, and the share of the men who accompanied me: Aner, Eshcol, and Mamre — they will take their portion" (*Genesis* 14:21-24).

§9 וַיֹּאמֶר מֶלֶךְ סְדֹם אֶל אַבְרָם תֶּן לִי הַנֶּפֶשׁ וְגוֹ׳ וַיֹּאמֶר אַבְרָם אֶל מֶלֶךְ סְדֹם הֲרִימֹתִי יָדִי וְגוֹ׳ — ***THE KING OF SODOM SAID TO ABRAM, "GIVE ME THE PEOPLE** AND TAKE THE POSSESSIONS FOR YOURSELF." **ABRAM SAID TO THE KING OF SODOM, "I LIFT UP** [הֲרִמֹתִי] **MY HAND** TO HASHEM . . . IF SO MUCH AS A THREAD TO A SHOESTRAP; OR IF I SHALL TAKE FROM ANYTHING THAT IS YOURS! SO YOU SHALL NOT SAY, 'IT IS I WHO MADE ABRAM RICH.'"*

[Abram's raising of his hand was obviously a symbolic gesture of some sort. What was it meant to convey? The Midrash cites several views:]

רַבִּי יְהוּדָה וְרַבִּי נְחֶמְיָה וְרַבָּנָן — **R' Yehudah and R' Nechemyah and the** other **Sages** discussed this: רַבִּי יְהוּדָה אָמַר: עֲשָׂאָן תְּרוּמָה הֵיךְ מָה דְאַתְּ אָמַר "וַהֲרֵמֹתֶם מִמֶּנּוּ תְּרוּמַת ה׳" — **R' Yehudah said: [Abraham] made [Sodom's possessions] into a *terumah*-offering,**[90] **similar to that which you say** in Scripture: ***you shall raise up*** [וַהֲרֵמֹתֶם] ***from it a gift to HASHEM*** (*Numbers* 18:26).[91] וְרַבִּי נְחֶמְיָה אָמַר: עֲשָׂאָן שְׁבוּעָה, הֵיךְ מָה דְאַתְּ אָמַר "וַיָּרֶם יְמִינוֹ וּשְׂמֹאלוֹ אֶל הַשָּׁמַיִם וַיִּשָּׁבַע בְּחֵי הָעוֹלָם" — **R' Nechemyah said: [Abraham] made [Sodom's possessions]** forbidden to himself by force of **an oath,**[92] **similar to that which is stated,** ***as he lifted*** [וַיָּרֶם] ***his right hand and his left hand to the heavens and swore by the Life Source of the World*** (*Daniel* 12:7). וְרַבָּנָן אָמְרִי: עֲשָׂאָן שִׁירָה, הֵיךְ מָה דְאַתְּ אָמַר "זֶה אֵלִי וְאַנְוֵהוּ אֱלֹהֵי אָבִי וַאֲרֹמְמֶנְהוּ" — And **the** other **Sages said: [Abraham] made [Sodom's possessions]** the subject of **a song** of praise to God,[93] **similar to that which is stated** in the song of the Splitting of the Sea, *this is . . .* ***the God of my father and I will exalt Him*** [וַאֲרֹמְמֶנְהוּ] (*Exodus* 15:2).[94]Ⓐ

[The Midrash cites other Sages who agree with the last view quoted:]

רַבִּי בֶּרֶכְיָה וְרַבִּי חֶלְבּוֹ וְרַבִּי אַמִּי בְּשֵׁם רַבִּי אֶלְעָזָר אָמְרוּ — **R' Berechyah and R' Chelbo and R' Ami said in the name of R' Elazar:** אָמַר מֹשֶׁה: בְּלָשׁוֹן שֶׁאָמַר אַבָּא שִׁירָה, "הֲרִימֹתִי יָדִי אֶל ה׳", בּוֹ בַּלָּשׁוֹן אֲנִי אוֹמֵר שִׁירָה — At the Splitting of the Sea **Moses said, "I will use the same expression** to sing God's praises **as the expression my forefather** Abraham used when he **sang out** to Him: ***I lift up*** [הֲרִמֹתִי] ***my hand*** *to HASHEM,"* שֶׁנֶּאֱמַר "אֱלֹהֵי אָבִי וַאֲרֹמְמֶנְהוּ" **— and so it is stated,** *this is . . .* ***the God of my father and I will exalt Him*** [וַאֲרֹמְמֶנְהוּ].

NOTES

90. The term *terumah* refers to offerings set aside for the service of God in general (and sometimes to the portion of produce given to the Kohen specifically). Abraham declared that the spoils of war would be forbidden to him to benefit from just as one may not take personal benefit from a *terumah*-offering (*Matnos Kehunah*). Abraham's raising (הֲרָמָה) of the hand represented that he was declaring it as if it were *terumah.* Alternatively, it represented that his hands were hereby removed from usage of the property (*Yefeh To'ar*).

91. In this verse the Levites are commanded to give the Kohanim a tenth of the tithe that they themselves receive from the Israelites. This Kohen's portion is called a *terumah* (a "raised-up" offering).

92. That is, when Abram told the king of Sodom that he would not take his possessions (*if so much as a thread to a shoestrap, etc.*), he strengthened his own resolve to uphold his word by swearing an oath to that effect, and raising the hand is a gesture made when one takes an oath (*Yefeh To'ar,* based on *Sifrei, Devarim* §33).

93. He praised God for giving him all those possessions (although he chose not to benefit from them). Alternatively: In returning Sodom's possessions Abraham showed that he trusted in God to provide for him (see *Rashi* to verse 23); by doing this Abraham made those possessions themselves into a "song," as it were — a sanctification of God's Name (*Yefeh To'ar*).

94. According to this interpretation the words הֲרִמֹתִי יָדִי mean "I exalt [God] with all my might" (*Yefeh To'ar*).

INSIGHTS

Ⓐ **He Made Them a Song** Abraham's unequivocal refusal to take anything from the spoils of war is a point of interest. His attitude can be understood as stemming from a heightened degree of selflessness, as explained earlier (Insight to 43 §5). Another approach emerges from this Midrash and its characterization of Abraham's hand-raising as a mode of song.

To elucidate how Abraham's gesture conveyed a song of praise, *Meshech Chochmah* turns to another example of hand-raising, where the intent is the opposite. In describing the contemptible attitude of the wicked when God grants them military victory, the Torah states (*Devarim* 32:27), *Lest they say, "Our hand was raised, and it was not HASHEM Who accomplished all this."* The reference to a raised hand connotes might and ability. Upon emerging victorious, the haughty attribute the success to their own prowess, and declare, "It is through our raised hands — i.e., our superior strength and strategies — that our opponents were defeated." This is the attitude of כֹּחִי וְעֹצֶם יָדִי, *My strength and the might of my hand [did this]* (*Devarim* 8:17).

In stark rejection of this foolish and insidious mind-set, Abraham was acutely aware of the true source of his remarkable triumph. He knew that Hashem alone is responsible for victory, so he viewed his own input as meaningless. And he deemed it important to publicly attribute his success to its rightful Source. By declaring that he "raised his 'hand' to Hashem," Abraham asserted that his own power played no part in victory; any strength exhibited in the campaign should be ascribed to Hashem alone.

In this light, the Midrash's association of Abraham's declaration to the Song of the Sea is particularly apt. To those who witnessed the great wonder of the sea splitting, there was no possibility of doubt as to its origin. It was patently obvious that the miraculous salvation of the Jewish people was not due to any effort of their own, but was wholly an act of God. Abraham saw God's involvement in his situation as clearly as his descendants did in their situation at the Reed Sea. And just as they expressed their recognition of God's salvation in song, Abraham expressed it by "raising his hand" to Hashem. In effect, then, by raising his hand, Abraham "sang a song" of praise to Hashem.

It is for this reason that Abraham wanted no part in the offerings of the king of Sodom. "To the victor go the spoils," and Abraham felt that he was no victor. As far as he was concerned, he had nothing to do with the outcome of the battle. If the spoils belong to anyone, it is Hashem, Who single-handedly wrought the entire victory. For all intents and purposes, then, the booty was Divine property. In Abraham's eyes, taking from the spoils for his personal benefit would be a severe transgression, tantamount to *me'ilah* — mundane use of consecrated objects (*Meshech Chochmah* to 14:22).

אָכְלוּ ג׳ יְתֵידוֹת גְּדוֹלוֹת בָּעוֹלָם, אַבְרָהָם יִצְחָק וְיַעֲקֹב. בְּאַבְרָהָם כְּתִיב (בראשית כד, א) "וַה׳ בֵּרַךְ אֶת אַבְרָהָם בַּכֹּל", בִּזְכוּת "וַיִּתֶּן לוֹ מַעֲשֵׂר מִכֹּל". בְּיִצְחָק כְּתִיב (שם כז, לג) "וָאֹכַל מִכֹּל", בִּזְכוּת "וַיִּתֶּן לוֹ מַעֲשֵׂר מִכֹּל". בְּיַעֲקֹב כְּתִיב (שם לג) "כִּי חַנַּנִי אֱלֹהִים וְכִי יֶשׁ לִי כֹל", בִּזְכוּת "וַיִּתֶּן לוֹ מַעֲשֵׂר מִכֹּל". מֵהֵיכָן זָכוּ יִשְׂרָאֵל לְבִרְכַּת כֹּהֲנִים, רַבִּי יְהוּדָה וְרַבִּי נְחֶמְיָה וְרַבָּנָן, רַבִּי יְהוּדָה אָמַר: מֵאַבְרָהָם, (בראשית טו, ה) "כֹּה יִהְיֶה זַרְעֶךָ", (במדבר ו, כג) "כֹּה תְבָרְכוּ אֶת בְּנֵי יִשְׂרָאֵל". רַבִּי נְחֶמְיָה אָמַר: מִיִּצְחָק שֶׁנֶּאֱמַר (בראשית כב, ה) "וַאֲנִי וְהַנַּעַר נֵלְכָה עַד כֹּה", לְפִיכָךְ אָמַר הַמָּקוֹם "כֹּה תְבָרְכוּ אֶת בְּנֵי יִשְׂרָאֵל". וְרַבָּנָן אָמְרֵי: מִיַּעֲקֹב שֶׁנֶּאֱמַר (שמות יט, ג) "כֹּה תֹאמַר לְבֵית יַעֲקֹב", וּכְנֶגְדוֹ "כֹּה תְבָרְכוּ אֶת בְּנֵי יִשְׂרָאֵל". אֵימָתַי אֲנִי מְגַדֵּל אֶת בָּנֶיךָ כַּכּוֹכָבִים, רַבִּי °אֱלִיעֶזֶר וְרַבִּי יוֹסֵי בַּר רַבִּי חֲנִינָא רַבִּי °אֱלִיעֶזֶר אָמַר: כְּשֶׁאֶגָּלֶה עֲלֵיהֶם בְּכֹה, "כֹּה תֹאמַר לְבֵית יַעֲקֹב". וְרַבִּי יוֹסֵי בַּר רַבִּי חֲנִינָא אָמַר: כְּשֶׁאֶגָּלֶה עַל מַנְהִיגָם בְּכֹה, שֶׁנֶּאֱמַר (שם ד, כב) "כֹּה אָמַר ה׳ בְּנִי בְכֹרִי יִשְׂרָאֵל":

ט [יד, כא-כב] "וַיֹּאמֶר מֶלֶךְ סְדֹם אֶל אַבְרָם תֶּן לִי הַנֶּפֶשׁ וְגוֹ׳, וַיֹּאמֶר אַבְרָם אֶל מֶלֶךְ סְדוֹם הֲרִימֹתִי יָדִי וְגוֹ׳ ". רַבִּי יְהוּדָה וְרַבִּי נְחֶמְיָה וְרַבָּנָן, רַבִּי יְהוּדָה אָמַר: יחעֲשָׂאָן תְּרוּמָה הֵיךְ מָה דְאַתְּ אָמַר (במדבר יח, כו) "וַהֲרֵמֹתֶם מִמֶּנּוּ תְּרוּמַת ה׳ ". וְרַבִּי נְחֶמְיָה אָמַר: עֲשָׂאָן שְׁבוּעָה, הֵיךְ מָה דְאַתְּ אָמַר (דניאל יב, ז) "וַיָּרֶם יְמִינוֹ וּשְׂמֹאלוֹ אֶל הַשָּׁמַיִם וַיִּשָּׁבַע בְּחֵי הָעוֹלָם". וְרַבָּנָן אָמְרֵי: עֲשָׂאָן שִׁירָה, הֵיךְ מָה דְאַתְּ אָמַר (שמות טו, ב) "זֶה אֵלִי וְאַנְוֵהוּ אֱלֹהֵי אָבִי וַאֲרֹמְמֶנְהוּ". רַבִּי בֶּרֶכְיָה וְרַבִּי חֶלְבּוֹ וְרַבִּי אַמִּי בְּשֵׁם רַבִּי אֶלְעָזָר אָמְרוּ: אָמַר מֹשֶׁה: בְּלָשׁוֹן שֶׁאָמַר אַבָּא שִׁירָה, "הֲרִימֹתִי יָדִי אֶל ה׳ ", בּוֹ בַּלָּשׁוֹן אֲנִי אוֹמֵר שִׁירָה, שֶׁנֶּאֱמַר (שם) "אֱלֹהֵי אָבִי וַאֲרֹמְמֶנְהוּ".

עץ יוסף

יתידות. האבות קרא כן ע"ש שהם כיתד הזה התקוע במקום נאמן: [יא] מהיכן זכו ישראל כו׳. עד סוף הסימן נראה שמקומו הראוי הוא לקמן פ׳ מ"ד גבי הכתוב כה יהיה זרעך: נלכה עד כה. הרי שגם יצחק כתוב בו כה שתיבת כה קאי על שניהם: כה תאמר לבית יעקב. כדתנן במכילתא לבית יעקב בזכות יעקב. לבית ישראל בזכות ישראל: כשאגלה עליהם בכה כו׳. וזה הי׳ במ"ת שעלו למעלה עליונה (מת"כ). : (ט) [יב] הרימותי ידי. דה"ל למימר הגבהתי ידי: עשאן תרומה. שהפריש מהן תרומה והיינו קודם הפרשת המעשר כנ"ל: עשאן שבועה. שאסרם על עצמו באיסור שבועה. לזרז על יצרו כענין דוד ובועז: עשאן שירה. פי׳ עשה בהן שירה ששבח להקב"ה תחילה שזיכם לו. שמן הדין שלו הם. ומ"מ חזר ונתנן למלך סדום כדי שלא יאמר שהוא העשירו: אמר משה. הא סיוע לרבנן דהרימותי ענין שירה:

פירוש מהרז"ו

ומנגד: מהיכן זכו ישראל. הובא מאמר זה אגב מאמר הראשון שדומה לו ודורש גז"ש עי׳ במ"ר פר׳ י"א סי׳ ב׳ וש"נ ושם לא נזכר אלא מאברהם: נלכה עד כה. הרי שגם יצחק כתוב בו כה שתיבת כה קאי על שניהם: כה תאמר לבית יעקב. עם ומשפחה הבאים מיעקב וזה דוחק ויותר נראה שצ"ל פסוק שקודם לו בריש וישלח כה אמר עבדך יעקב ונמשך פסוק כה תאמר לבית יעקב מדברי ר"א בסמוך כן כ"ל ותוכן מאמר זה ששאל מהיכן זכו ישראל לברכת כהנים כי בברכת כהנים מבואר שנהיה רק מבורכים מאת הש"י בעצמו בלא אמצעי כמו צבא השמים כי כמו שנקרא הש"י ה׳ צבאות כך נקרא אלהי ישראל. וזהו יברכך ה׳ יאר ה׳ ישא ה׳ וזכו לזה על ידי האבות. לאברהם אמר כה יהיה זרעך כמו הכוכבים וצבא השמים וכמ"ש לקמן סי׳ זה אימתי אני מגדל את בניך. וכן ממ"ש ואני והנער נלכה עד כה היינו בהר המוריה הר ה׳. ששם השכינה נגלית ושם מקור הברכה כמ"ש יברכך ה׳ מציון וכמ"ש כי שם צוה ה׳ את הברכה וכן מיעקב שנתברך ג"כ מציון בחלום הסולם שכתוב אצלו כה כנ"ל: אימתי אני מגדל. וכמ"ש במ"ר פר׳ כ׳ בסי׳ י"ב שהכוכבים יש להם ב׳ סגולות. הא׳ בריבויים והב׳ בגדלם. שהם קרובים אל אור כבודו ית"ש יותר מהתחתונים. ובמ"ש כה יהיה זרעך כוון לשתי הכוונות יחד. ור"א וריב"ח באו לפרש הדימוי של גדלם וכבודם כמו הכוכבים וזהו שאמר אימתי אני מגדל וכו׳ וע׳ מ"כ: על מנהיגם בכה. אצל מכת בכורות כתוב כמש"ש הנה אנכי הורג את בנך בכורך שזהו עיקר גדולתם של יציאת מצרים. וקראם בני בכורי. ומאמר זה הובא דרך אגב. שהזכיר במאמר הקודם כה יהיה זרעך: (ט) הרימותי ידי. הי"ל הגבהתי ידי. ומה הכוונה בהגבהה זו. ע"כ דרש ר"י שע"פ מדת ממעל נכלל בתיבה זו ענין התרומה. כמ"ש והרמותם וכו׳ והתרומה אסור לזרים ואסר אברהם שלא יהנה משלל סדום כמו מתרומה. ודעת ר"נ שאם הוא מלשון תרומה א"כ היה אסור גם לאחרים. ומאחר שחלקם לאחרים לסדום ולאנשים שהלכו אתו אין כאן ענין תרומה. ע"כ דורש שאסרם על עצמו באיסור שבועה. ולאחרים מותר ודעת רבנן שאין בענין ההרמה עצמו שבועה אלא שעם השבועה עצמה לפעמים מרימים הידים. וא"כ הי"ל העיקר שנשבע לה׳ שלא יקח. על כן דרשו שעשאן שירה. פי׳ שאברהם התבונן בגודל הנס שעשה לו הקב"ה ית"ש למעלה מן הטבע. והוא לא עשה כלום ואין לו חלק בכל השלל רק לשורר ולזמר לה׳ ולקדש שמו יתברך וכל דרשות אלו ע"פ מדת ממעל וגז"ש:

מתנות כהונה

[כה תברכו. כלומר לפיכך כתיב כה תברכו וכדלקמן]: ה"ג ר׳ אליעזר ורבי יוסי ב"ר חנינא ר׳ אליעזר אמר אימתי אני מגדל את בניך בכוכבים כשאגלה עליהם בכה כו׳. וזה היה במ"ת שעלו למעלה עליונה: [ט] עשאן כו׳. אברהם עשה רכוש מלך סדום עליו כתרומה שאסורה בהנאה לזרים: שבועה. אסרן עליו באיסור שבועה: עשאן שירה. כלומר קודש קדשים: [בשם ר"א אמרו גרסינן]: אבא. אבי כלומר אברהם אב לכולנו:

אשד הנחלים

בכל בזכות ויתן כו׳. לוטה בם רמז נפלא במלת כל הכתוב באבות אשר אל זה הסוד כוונו חז"ל לומר בת הי׳ לאברהם ובכל שמה כי מלת בכל הונח על דבר המקבץ כל הפרטים יחדיו עם התאחד לדבר אחד כללי היוצא מבינותם וכבר ידוע כי יש מדה עליונ׳ הנקראת ככה אשר היא מכילה בקרבה זאת. וממנה יוצא כל טוב וזהו כוונתם במה שאמרו שיש להם כל והיא כמו בת המקבלת מהמשפיע וכל זה בזכות האמנ׳ האמיתת בסבה הראשונה ית׳ שהוא כל כי הוא ית׳ כל יכול והכל כלול בו. והמעשר מורה על האמונה הזאת. כי ממנו הכל והבן: מהיכן זכו כו׳ כה יהי׳ כו׳ כה תברכו כו׳. על דרך הפשט הוא קשה המובן מאי נפק"מ במלת כה המור׳ על הוראות בסימן השווי או סימן החיבור וכפי דבריהם להלן שאמרו כשאגלה להם בכה מורה שהוא מדה עליונה הנקראת ככה שמשם יוצא שפע ברכה בעולם ואין להאריך בזה כי זה מתעלומות החכמ׳ הידוע רק לחכמי אמת: [ט] עשאן תרומה כו׳ שבועה כו׳ שירה כו׳ בלשון שאמר אבא כו׳ וארוממנהו. יש להסביר בזה ע"ד ציור הפשט. שבאו להסביר מלת הרמה בידים שמצאנו בכתוב שהנחתו על מי שמתפעל מרוב הכרתו על כבוד ה׳ ומבין שהכל מידיו ית׳ ולכן מרים ידיו למעלה להורות שהטובה רק ממנו ית׳. וממנו הוא כוונת התרומ׳ לה׳ שיזכור כי ממנו

מסורת המדרש

יח סוטה דף י"ז. חולין דף פ"ט. שמ"ר פ׳ מ"א. תנחומא כאן סימן י"ג. אגדת בראשית פרק י"ג. ילקוט כאן רמז ע"ו כה"ע:

חידושי הרד"ל

(יא) מהיכן זכו ישראל לב"כ. אין שייכות מאמר זה לכאן (אם לא שנאמר דמשום שדומה קצת לענין ג׳ יתדות שאמר בסמוך ודחוק) לכן כמדומני שצ"ל מכאן זכו ישראל לב"כ וע"ל פ"ס ורבנן אמרי מהיכן יצא כו׳. שפירושו מכאן יצא. ור"ל מברכת שם שהיה כהן לאברהם וקבלו אברהם בהנאה ונתן לו מעשר מכל זכה לבניו אחריו להתברך בב"כ ודר"י ור"נ ורבנן פליגי על סתמא דהכא:

חידושי הרש"ש

[ט] עשאן תרומה. עמ"כ שכתב שאסורה בהנאה לזרים. הן בפסחים (כ"ג א׳) מבואר דמותרת בהנאה לזרים. ועיין ע"א (ס"ו ב׳) ברש"י ותוס׳ זולת בהנאה של כלוי אסורה עיין יבמות (ס"ו ב׳) תד"ה לא. ובר מן דין קשה הלא אברהם היה כהן כדלקמן פמ"ו. וזה יש ליישב דאולי עדיין לא נתנה לו הכהונה כי עתה הוא שזכה בה על דברת מלכי צדק ולא מצינו שנתייחד לו הדבור בינתיים. אבל קשה עוד דהמתפים בתרומת אהרן אינו כלום כדאיתא ברפ"ב דנדרים. ויתכן לומר שט"ס במדרש הקרא שלפנינו אלא דיליף מתרומת שקלים או מתרומת הדשן וכדומה שהמה קודש ואסורים בהנאה לכל:

באור מהרי"פ

י [ט] עשאן שירה. פי׳ שעי"ז נתקדש ש"ש והרכוש עצמו נהיה לשבח והודאה לה׳ במה שהחזירו (יפ"ת):

אם למקרא

וְאַבְרָהָם זָקֵן בָּא בַּיָּמִים וַה׳ בֵּרַךְ אֶת־אַבְרָהָם בַּכֹּל: (בראשית כד:א)

וַיֶּחֱרַד יִצְחָק חֲרָדָה גְּדֹלָה עַד־מְאֹד וַיֹּאמֶר מִי־אֵפוֹא הוּא הַצָּד־צַיִד וַיָּבֵא לִי וָאֹכַל מִכֹּל בְּטֶרֶם תָּבוֹא וָאֲבָרְכֵהוּ גַּם־בָּרוּךְ יִהְיֶה: (בראשית כז:לג)

קַח־נָא אֶת־בִּרְכָתִי אֲשֶׁר הֻבָאת לָךְ כִּי־חַנַּנִי אֱלֹהִים וְכִי יֶשׁ־לִי־כֹל וַיִּפְצַר־בּוֹ וַיִּקָּח: (בראשית לג:יא)

וַיּוֹצֵא אֹתוֹ הַחוּצָה וַיֹּאמֶר הַבֶּט־נָא הַשָּׁמַיְמָה וּסְפֹר הַכּוֹכָבִים אִם־תּוּכַל לִסְפֹּר אֹתָם וַיֹּאמֶר לוֹ כֹּה יִהְיֶה זַרְעֶךָ: (בראשית טו:ה)

דַּבֵּר אֶל־אַהֲרֹן וְאֶל־בָּנָיו לֵאמֹר כֹּה תְבָרְכוּ אֶת־בְּנֵי יִשְׂרָאֵל אָמוֹר לָהֶם: (במדבר ו:כג)

וַיֹּאמֶר אַבְרָהָם אֶל־נְעָרָיו שְׁבוּ־לָכֶם פֹּה עִם־הַחֲמוֹר וַאֲנִי וְהַנַּעַר נֵלְכָה עַד־כֹּה וְנִשְׁתַּחֲוֶה וְנָשׁוּבָה אֲלֵיכֶם: (בראשית כב:ה)

וּמֹשֶׁה עָלָה אֶל־הָאֱלֹהִים וַיִּקְרָא אֵלָיו ה׳ מִן־הָהָר לֵאמֹר כֹּה תֹאמַר לְבֵית יַעֲקֹב וְתַגֵּיד לִבְנֵי יִשְׂרָאֵל: (שמות יט:ג)

וְאָמַרְתָּ אֶל־פַּרְעֹה כֹּה אָמַר ה׳ בְּנִי בְכֹרִי יִשְׂרָאֵל: (שמות ד:כב)

וְאֶל־הַלְוִיִּם תְּדַבֵּר וְאָמַרְתָּ אֲלֵהֶם כִּי־תִקְחוּ מֵאֵת בְּנֵי־יִשְׂרָאֵל אֶת־הַמַּעֲשֵׂר אֲשֶׁר נָתַתִּי לָכֶם מֵאִתָּם בְּנַחֲלַתְכֶם וַהֲרֵמֹתֶם מִמֶּנּוּ תְּרוּמַת ה׳ מַעֲשֵׂר מִן־הַמַּעֲשֵׂר: (במדבר יח:כו)

וָאֶשְׁמַע אֶת־הָאִישׁ לְבוּשׁ הַבַּדִּים אֲשֶׁר מִמַּעַל לְמֵימֵי הַיְאֹר וַיָּרֶם יְמִינוֹ וּשְׂמֹאלוֹ אֶל־הַשָּׁמַיִם וַיִּשָּׁבַע בְּחֵי הָעוֹלָם כִּי לְמוֹעֵד מוֹעֲדִים וָחֵצִי וּכְכַלּוֹת נַפֵּץ יַד־עַם־קֹדֶשׁ תִּכְלֶינָה כָל־אֵלֶּה: (דניאל יב:ז)

עָזִּי וְזִמְרָת יָהּ וַיְהִי־לִי לִישׁוּעָה זֶה אֵלִי וְאַנְוֵהוּ אֱלֹהֵי אָבִי וַאֲרֹמְמֶנְהוּ: (שמות טו:ב)

□ אִם מִחוּט — *IF SO MUCH AS A THREAD TO A SHOESTRAP.*

[The Midrash discusses the consequences of Abraham's choice of these items:]

אָמַר רַבִּי אַבָּא בַּר מָמָל: — **R' Abba bar Mamal said:** אָמַר לוֹ הַקָּדוֹשׁ בָּרוּךְ הוּא: אַתְּ אָמַרְתָּ ״אִם מִחוּט״ — **The Holy One, blessed is He, said to [Abraham],** "Since **you said, '*if so much as a thread,*'** חַיֶּיךָ שֶׁאֲנִי נוֹתֵן לְבָנֶיךָ מִצְוַת צִיצִת — I swear **by your life that I shall give your descendants the precept of *tzitzis,*"** הֵיךְ מָה דְאַתְּ אָמַר ״עַל צִיצִת הַכָּנָף פְּתִיל תְּכֵלֶת״, וּמְתַרְגְּמִינַן חוּטָא דִתְכַלְתָּא — **as it is stated, *And they shall place upon the tzitzis of each corner a turquoise* פְּתִיל** (*Numbers* 15:38), **and we translate** this last phrase into Aramaic as **"a turquoise *thread.*"**[95] ״וְעַד שְׂרוֹךְ נַעַל״, חַיֶּיךָ שֶׁאֲנִי נוֹתֵן לְבָנֶיךָ מִצְוַת יְבָמָה — God continued, "And since you said, ***'to a shoestrap,'*** I swear **by your life that I shall give your descendants the precept of *yevamah,*"**[96] הֵיךְ מָה דְאַתְּ אָמַר ״וְחָלְצָה נַעֲלוֹ מֵעַל רַגְלוֹ״ — **as it is stated, *she shall remove his shoe from on his foot*** (*Deuteronomy* 25:9).[97]

[The Midrash presents other views as to what Israel received as reward for Abraham's saying, *If so much as a thread to a shoestrap*:]

דָּבָר אַחֵר, ״אִם מִחוּט״, זֶה הַמִּשְׁכָּן שֶׁהוּא מְצוּיָּיר בִּתְכֵלֶת וְאַרְגָּמָן — **Another interpretation: *If so much as a thread* — this** alludes to **the Tabernacle,**[98] **which was adorned with** threads of **turquoise and purple wool.**[99] ״וְעַד שְׂרוֹךְ נַעַל״, אֵלּוּ עוֹרוֹת הַתְּחָשִׁים — ***To a shoestrap* — this** alludes to **the *tachash* hides**[100] that covered over the Tabernacle.[101]

דָּבָר אַחֵר, ״אִם מִחוּט״ אֵלּוּ הַקָּרְבָּנוֹת — **Another interpretation: *If so much as a thread* — this** alludes to **the sacrifices** in the Temple, כְּהַהִיא דִתְנַן: וְחוּט שֶׁל סִקְרָא חוֹגְרוֹ בָּאֶמְצַע לְהַבְדִּיל בֵּין דָּמִים הָעֶלְיוֹנִים לְדָמִים הַתַּחְתּוֹנִים — **like that which we learn in a Mishnah: And a line** (חוט, lit., *thread*) **of red coloring circled [the Altar] at its halfway point** of its height, **to separate between the upper bloods and the lower bloods**[102] (*Middos* 3:1). ״וְעַד שְׂרוֹךְ נַעַל״, אֵלּוּ פַּעֲמֵי רְגָלִים — ***To a shoestrap* — this** alludes to **the footsteps of** the pilgrims going up to Jerusalem during the three **festivals,** הֵיךְ מָה דְאַתְּ אָמַר ״מַה יָּפוּ פְעָמַיִךְ בַּנְּעָלִים״ — **similar to that which you say** in Scripture: ***your footsteps were so lovely when shod in pilgrims' shoes*** (*Song of Songs* 7:2).[103]

NOTES

95. Thus, Abram's use of a thread in sanctifying God's Name was rewarded measure for measure by giving Israel a commandment utilizing a thread.

96. If a man's married brother dies without children, the Torah commands him to marry the deceased's widow or, as a secondary alternative, to perform the ceremony of "removing the shoe" (*chalitzah*); see *Deuteronomy* 25:5-10.

97. Here, too, Abram's use of part of a shoe in sanctifying God's Name was rewarded measure for measure by giving Israel a commandment utilizing a shoe. See Insight Ⓐ.

98. Alternatively: It alludes to the lowest of the three coverings on the top of the Tabernacle, which is itself sometimes referred to as מִשְׁכָּן; see *Numbers* 3:25 and *Rashi* ad loc. (*Midrash Mevoar*).

99. See *Exodus* 26:1,31,36; 27:16.

100. Because shoestraps are made from leather.

101. See *Exodus* 26:14 and 36:19. Thus, Abraham's descendants were granted the privilege of building the Tabernacle as a consequence of Abraham's righteous act depicted here.

102. The blood of some sacrifices was applied to the upper part of the Altar, and that of other sacrifices was applied to the lower part. The red line serves to demarcate the boundary between the two. Since this line is called a חוט, it is seen as paralleling Abraham's refusal to accept as much as a thread (חוט).

103. The privilege of making the pilgrimage (*shod in pilgrims' shoes*) to the Temple during the festivals to bring offerings and come close to God (*Eitz Yosef*) was in the merit of Abraham's mention of *shoestraps*.

INSIGHTS

Ⓐ **The Mitzvah of Chalitzah** At first glance, the correlation between a shoestrap and the precept of *chalitzah* seems somewhat strange, as the ceremony of *chalitzah* is performed specifically when the brother of a man who died childless does not wish to fulfill his obligation to perform the mitzvah of *yibum,* which requires him to marry his brother's widow (see *Deuteronomy* 25:4-10). According to the Torah, *chalitzah* is thus a "secondary" plan, put into operation only when the brother of the deceased does not do his primary duty (see *Bechoros* 13a and *Yevamos* 21a). [Indeed, *Behag* and others (cited in *Beis Shmuel* to *Even HaEzer* §169, *Seder Chalitzah* §82) demonstrate how the different steps of the *chalitzah* process are designed as responses to the inappropriate behavior of the deceased's brother, as a means of degrading and shaming him for his failure to properly continue his brother's line by marrying his widow.] Yet, our Midrash implies that the mitzvah of *chalitzah* was presented to Abraham's descendants as a kind of reward for his conduct regarding the property of Sodom (see *Sotah* 17a for other mitzvos that resulted from Abraham's conduct here; those are specifically identified as rewards).

It is true that according to one opinion in the *Yerushalmi* (*Yevamos* 12:6, 69b in Vilna edition), there is indeed a praiseworthy element to the mitzvah of *chalitzah.* One view suggests that this applies only once the original practice was changed and *chalitzah* actually came to be recommended over *yibum,* because people performed *yibum* with an improper attitude, thereby making it an undesirable option (see *Bechoros* ibid. and *Yevamos* 39b). Another asserts that *chalitzah* is always praiseworthy, because in the final analysis, one who performs *chalitzah* has in fact fulfilled a mitzvah of the Torah. But none of this changes the fact that the person who performs *chalitzah* does so because for one reason or another, he does not observe the mitzvah of *yibum,* which clearly is the Torah's preference. How, then, can we understand the implication of our Midrash that the precept of *chalitzah* represents a positive consequence of Abraham's behavior?

The *Haflaah* (*Panim Yafos* to *Parashas Lech Lecha, Genesis* 14:23) suggests, based on a Kabbalistic concept, that the shoe used for the mitzvah of *chalitzah* has a certain sanctity to it. The Midrash therefore teaches that because Abraham refused to take even a shoestrap from Sodom, contaminated as it was with the impurities of the people from that wicked city, his descendants were rewarded with a precept involving a shoe possessing sanctity, i.e., the *chalitzah* shoe. *Avnei Neizer* (*Ne'os HaDeshe* to *Parashas Lech Lecha* ibid.) suggests that just as Abraham did not want to be bound in any way to the people of Sodom, the process of *chalitzah* severs the bond that the widow had with her husband, in that his brother will not be continuing his familial relationship with her.

R' Ben Tzion Meir Chai Uziel (*Teshuvos Mishpetei Uziel* 88:3) explains that in terms of the person performing the mitzvah of *chalitzah,* the ceremony is certainly a form of punishment, designed to embarrass him for not fulfilling his primary responsibility to do *yibum.* But the mitzvah itself is a positive one nonetheless, because it shines a most favorable light upon the traditions of the Jewish people, Abraham's descendants. The fact that there is a requirement to marry the widow of one's childless brother, to sustain that brother's name, reflects a commitment to kindness and concern for others similar to that for which Abraham himself was known. And the fact that one who does not fulfill this precept must instead undergo a ceremony in which he is the object of scorn and derision further attests to the premium placed on displaying kindness toward others. By refusing to take anything belonging to Sodom, Abraham demonstrated that everything he did in waging the war against the kings was done out of concern for the welfare of others, and not for any personal gain; his reward was that his descendants would be given a precept that serves to underscore the importance of showing kindness to others, and the consequence of not doing so.

"אם מחוט", אמר רבי אבא בר ממל: אמר לו הקדוש ברוך הוא: [יח]"את אמרת "אם מחוט", חייך שאני נותן לבניך מצות ציצית, היך מה דאת אמר (במדבר טו, לח) "ונתנו על ציצת הכנף פתיל תכלת", ומתרגמינן חוטא דתכלתא. "ועד שרוך נעל", חייך שאני נותן לבניך מצות יבמה היך מה דאת אמר (דברים כה, ט) "וחלצה נעלו מעל רגלו". דבר אחר, "אם מחוט", זה המשכן שהוא מצוייר בתכלת וארגמן. "ועד שרוך נעל", אלו עורות התחשים, דבר אחר, "אם מחוט", אלו הקרבנות כההיא דתנן [יט]"וחוט של סקרא חוגרו באמצע להבדיל בין דמים העליונים לדמים התחתונים. "ועד שרוך נעל", אלו פעמי רגלים, היך מה דאת אמר (שיר ז, ב) "מה יפו פעמיך בנעלים".

[יד, כד] "בלעדי רק אשר אכלו הנערים", הדא הוא דכתיב (שמואל א ל, כב-כה) "ויען כל איש רע ובליעל מהאנשים אשר הלכו עם דוד ויאמרו יען אשר לא הלכו עמי לא נתן להם מהשלל אשר הצלנו כי אם איש את אשתו ואת בניו וינהגו וילכו, ויאמר דוד לא תעשו כן אחי את אשר נתן ה' לנו וישמר אתנו ויתן את הגדוד הבא עלינו בידנו ומי ישמע לכם לדבר הזה כי כחלק הירד במלחמה וכחלק הישב על הכלים יחדו יחלקו". "ויהי מהיום ההוא ומעלה וישמה דוד לחק ולמשפט לישראל עד היום הזה". [כ]אמר רבי יודן: והלאה אין כתיב כאן אלא "ומעלה", וממי למד, מאברהם זקינו שאמר "בלעדי רק אשר אכלו הנערים וחלק האנשים וגו'":

עץ יוסף

[יג] **אתה אמרת כו'.** כלו' דבזכותו זכו בניו וה"ל כאילו אמר לו ה' כן: **מצות ציצית.** תכלת של ציצית כדאי' במס' סוטה. וזה כנגד מאמר אם מחוט ממש. אבל מצות ציצית גופיה זכו בה בזכות שם שכסה ערות אביו כדלעיל פ' ל"ו (יפ"ת): **אם מחוט זה המשכן.** שהוא מצוייר בחוטי תכלת: **אלו עורות התחשים.** דהוה בו נס שלא נמצאת חיה זו אלא לשעה כמ"ש חז"ל ולא זכו בו אילולא זכות אברהם (יפ"ת): **כההיא דתנן.** במסכת מדות פ"ג: **פעמי רגלים.** עליות רגלים להקריב קרבנות ולראות פני ה': [יד] **ויען כל איש כו'.** נסמך על מ"ש בפדר"א פ' כ"ז לקח אברהם את ג' תלמידיו (ענר אשכול וממרא) ואת אליעזר עבדו עמו ורדף אחריהם עד דן כו' ושם הניח תלמידיו כו' ולקח אליעזר עבדו עמו כו' ורדף אחריהם עד משמאל לדמשק ע"כ. הרי שענר אשכול וממרא נשארו בדן וישבו שם על הכלים והמתינו עד שחזר אברהם. ואברהם עם אליעזר רדפו אחריהם והצילו הרכוש וע"ז מפורש בתורה שנתן להם חלקם. ומזה למד דוד ג"כ: **והלאה אב"ב אלא ומעלה.** דמשמע גם לשעבר ועיקר ילפותא מיתורא דקרא שכבר נאמ' וישימה דוד לחוק ולמשפט בישראל עד היום הזה. ומה ת"ל ויהי מהיום ההוא ומעלה. אלא ללמדך שכבר היה כן מימי קדם מימות אברהם. ואי הוי כתיב והלאה לא הוי מצינן למידרש הכי (נזה"ק): **ממי למד מאברהם.** אלא שנשכח וחזר דוד ויסדה (יפ"ת): **בלעדי רק וגו'.** אשר הלכו אתי ענר אשכול וגו'. הרי דענר אשכול וממרא אע"פ שלא נכנסו למלחמה אלא שמרו את הכלים נטלו חלק:

פירוש מהרז"ו

אתה אמרת אם מחוט. סוטה י"ז ושם נסמן שמ"ר פרשה מ"א סימן ב' אגדת בראשית סוף פרק י"ג על פי מדת ממטל ומנגד: **זה המשכן.** שנארגו היריעות מחוטי שש וארגמן ותולעת שני: **עורות תחשים.** שנקרא בלשון נעל כמ"ש ביחזקאל ט"ז י"ב ואנעלך תחש וכן מצאתי בהדיא בפסיקתא רבתי פר' ל"ג סי' ט' ובילקוט יחזקאל ט"ז והוא מפסיקתא ולא מאיכה ועיין עוד בשם תנחומא שם. וזה על פי גז"ש: **הדא הוא דכתיב ויען כל איש רע.** ל"ע איך למד דוד מאברהם שיהיו שוים וכו'. אך המאמר הזה נסמך על מ"ש בפר"א פרק כ"ז וז"ל שם לקח אברהם את ג' תלמידיו ואת אליעזר עבדו עמו ורדף אחריהם עד דן וכו' ושם הניח תלמידיו ונשיהם עמם. (כמ"ש פסוק י"ד ילידי ביתו י"ח וג' אחות וירדוף עד דן ויחלק עליהם וגו' הוא ועבדיו. ואח"כ וירדפם עד חובה לבדו עם אליעזר ודו"ק) ולקח אליעזר עבדו עמו וכו' ורדף אחריהם עד משמאל לדמשק עכ"ל. הרי שתלמידיו ענר אשכל וממרא נשארו בדן וישבו שם על הכלים והמתינו עד שחזר אברהם. ואברהם עם אליעזר רדפו אחריהם והצילו הרכוש ועכ"ז מפורש בתורה שנתן להם חלקם. ומזה למד דוד ג"כ וכו' שכאן משמע שגם אליעזר לקח חלקו והוא בכלל מ"ש וחלק האנשים אשר הלכו אתי: **ויהי מהיום ההוא ומעלה.** ומעלה משמע בדורות שקודם לו. על כן בהכרח לדרוש על פי מדה ט' כאלו כתוב ויהי מהיום ההוא והלאה. ומעלה. ובכא הכתוב ויהי מהיום ההוא משמע שמדבר לעתיד ובהכרח שכונתו על תיבת והלאה שמשמעו לעתיד וכמ"ש במדבר ט"ו כ"ג מן היום אשר צוה ה' והלאה לדורותיכם. בישעיה י"ח מן היום והלאה. ותיבת ומעלה בא ללמדנו שלא תיקן דוד החוק הזה מדעתו ולבו אלא שכן היה החוק מטולס והיינו על על פי מדה י"ז שכן היה באברהם:

חידושי הרד"ל

(יב) [ט] **אלו עורות התחשים.** כד"א (יחזקאל ט"ז) ואנעלך תחש ולשון נעל דרשוהו (ביבמות ק"ב):

חידושי הרש"ש

{ויאמר דוד לא תעשו כן כצ"ל:}

מסורת המדרש

יט מדות פרק ג' משנה א':
כ ילקוט שמואל א' סוף רמז קמ"א:

אם למקרא

דַּבֵּר אֶל־בְּנֵי יִשְׂרָאֵל וְאָמַרְתָּ אֲלֵהֶם וְעָשׂוּ לָהֶם צִיצִת עַל־כַּנְפֵי בִגְדֵיהֶם לְדֹרֹתָם וְנָתְנוּ עַל־צִיצִת הַכָּנָף פְּתִיל תְּכֵלֶת:
(במדבר טו:לח)

וְנִגְּשָׁה יְבִמְתּוֹ אֵלָיו לְעֵינֵי הַזְּקֵנִים וְחָלְצָה נַעֲלוֹ מֵעַל רַגְלוֹ וְיָרְקָה בְּפָנָיו וְעָנְתָה וְאָמְרָה כָּכָה יֵעָשֶׂה לָאִישׁ אֲשֶׁר לֹא־יִבְנֶה אֶת־בֵּית אָחִיו:
(דברים כה:ט)

מַה־יָּפוּ פְעָמַיִךְ בַּנְּעָלִים בַּת־נָדִיב חַמּוּקֵי יְרֵכַיִךְ כְּמוֹ חֲלָאִים מַעֲשֵׂה יְדֵי אָמָּן:
(שיר השירים ז:ב)

וַיַּעַן כָּל־אִישׁ| רָע וּבְלִיַּעַל מֵהָאֲנָשִׁים אֲשֶׁר הָלְכוּ עִם־דָּוִד וַיֹּאמְרוּ יַעַן אֲשֶׁר לֹא־הָלְכוּ עִמִּי לֹא־נִתֵּן לָהֶם מֵהַשָּׁלָל אֲשֶׁר הִצַּלְנוּ כִּי אִם־אִישׁ אֶת־אִשְׁתּוֹ וְאֶת־בָּנָיו וְיִנְהֲגוּ וְיֵלֵכוּ: וַיֹּאמֶר דָּוִד לֹא־תַעֲשׂוּ כֵן אֶחָי אֵת אֲשֶׁר־נָתַן ה' לָנוּ וַיִּשְׁמֹר אֹתָנוּ וַיִּתֵּן אֶת־הַגְּדוּד הַבָּא עָלֵינוּ בְּיָדֵנוּ: וּמִי יִשְׁמַע לָכֶם לַדָּבָר הַזֶּה כִּי כְּחֵלֶק הַיֹּרֵד בַּמִּלְחָמָה וּכְחֵלֶק הַיֹּשֵׁב עַל־הַכֵּלִים יַחְדָּו יַחֲלֹקוּ: וַיְהִי מֵהַיּוֹם הַהוּא וָמָעְלָה וַיְשִׂמֶהָ לְחֹק וּלְמִשְׁפָּט לְיִשְׂרָאֵל עַד הַיּוֹם הַזֶּה:
(שמואל א ל:כב-כה)

מתנות כהונה

זה המשכן. מכאן זכו לעשיית המשכן: **בההוא דתנן.** במסכת מדות פ"ג: **פעמי רגלים.** זכות הולכי לרגל וליסנא דקרא נקיט כדמפרש ואזיל: **ומעלה.** משמע משנים קדמוניות וכן פירש רש"י בסדר זה:

אשד הנחלים

הכל וכן השבועה כאלו נשבע בחיי העולם שאין להנות ממנו אחר שאין לו בו זכות כי הכל מיד ה' וכן ממנו נמשך השירה מהתפעלות הלב הזוכר זאת איך שהכל רק ממנו ית' ולא אנחנו פועלים זאת אשר ע"כ ישיר לה' וירומם אותו ע"ז וזהו שדרשו כאן על כל הלשונות הללו כי מרומז בו הכל במה שפירש כפיו למעלה. כי הוא ע"ד התפעלות השיר וכן הי' שבועה נמשך ממנו שלא יקח מאומה וכן הי' תרומה כי לא אבה להנות מזה כי הכל מיד ה' ולא יאמר שהוא העשיר לאברם. ולכן משה רבינו ע"ה אמר ג"כ בתחלת השירה כמליצת אברהם להורות שהישועה רק ממנו ית' הוא לא פעל מאומה בזה אף שזכותו גרם בזה ולכן הזכיר אלהי אבי [זה אברה'] וארוממנהו. כי ארומ' אותו כדוגמת אבי שיחס הכל רק אליו והבן פשט הדברים: **אם מחוט כו' מצות ציצית יבמה כו'.** ע"ד הפשט נוכל לומר לפי שמצות ציצית הוא למען הזכירה כי הכל מידו ית' ולו אנחנו דבוקים כמ"ש למען תזכרו ועשיתם את כל מצותי והייתם קדושים ולכן אמרו הים דומה לתכלת כו' לכה"כ. כי עיקר הזכירה בזה שיזכור כי הכל קשורה בהשתלשלות מסוף עד ראש וממנו הכל וזה הזכות באתנו מאברהם אבינו ע"י אמונת לבו בה' ככה ע"כ נתן לנו המצוה הזאת שעל ידה נבוא לזכירת הידיעה ההיא וכן היבמה כפי המסופר בד"ה שהיו במצרים נימוס שבמות הבעל בלא בנים שנשארת האם בלי משען ומשענה [כי לא הי' חסד ורחמים שם לרחם על הזולת] ע"כ עשו עמה טובה לקוברה בחייה עם בעלה שלא תצטער ברעב וחוסר כל וכל זה הי' מהעדר האמונ' בה' כי הכל ממנו ית' וראוי לרחם על בריותיו ולהעניקו מטובו וה' ברוב רחמיו נתן לנו המצו' הזאת בכדי לטעת בלבנו שנדע שהכל ממנו ית' ולכן בא בזכות אברהם שהאמין ככה בה' וכל זה נוכל לומר רק ע"ד הצחות אבל ע"ד האמת מרומז בה עניינים נפלאים כי אברהם אבינו כיוון בדברים ענינים גדולים המכוון מול המצות ההם. וכן דמות המשכן והקרבות ופעמי רגלים שדרשו להלן. וכוונתו הי' בכללו לאמר מה תדמה בנפשיך כי אקח מכל אשר לך כי אתאווה במאוויים בכמו אלה העניינים המדומים הנחשבים בעיני כאין. רק באמת הרימותי ידי רק לה' כי זאת היא תשוקתי רק לדבק בה' ולהתקרב לעבודתו ולא אקח ממך מאומה מחוט ועד שרוך נעל כי יש לי עניינים אחרים אשר רק בהם אתאווה החוט של ציצית ומשכן והנעל של פעמי רגלים זאת אתאווה. לא חפצים שלך שהמה בעיני כאין והבן זה ודרש מהכתוב מה יפו פעמיך בנעלים בת נדיב כמו שדרשו בתו של אברהם שנקרא נדיב שהתנדב רק לה' ולא אבה להנות משום דבר: **אלא ומעלה.** כי מלת והלאה מורה רק על זמן המאוחר אבל ומעלה מורה רק על זמן רחוק או מדורות הראשונים הקדמונים או בדורות האחרונים כי כן נוהג אברהם עם הנערים הקטנים שלא היו במלחמה רק שמרו הכלים:

□ בִּלְעָדַי רַק אֲשֶׁר אָכְלוּ הַנְּעָרִים — ***FAR FROM ME! ONLY WHAT THE YOUNG MEN HAVE EATEN,*** *AND THE SHARE OF THE MEN WHO ACCOMPANIED ME: ANER ESHCOL, AND MAMRE — THEY WILL TAKE THEIR PORTION.*[104]

[The Midrash tells us of a law that is based on this verse:]

הָדָא הוּא דִכְתִיב ״וַיַּעַן כָּל אִישׁ רָע וּבְלִיַּעַל מֵהָאֲנָשִׁים אֲשֶׁר הָלְכוּ עִם דָּוִד וַיֹּאמְרוּ — **This** verse **is** the basis for **what is stated** elsewhere in Scripture: ***Every mean-spirited and base person of the men who had gone with David spoke up and said,*** יַעַן אֲשֶׁר לֹא הָלְכוּ עִמִּי לֹא נִתֵּן לָהֶם מֵהַשָּׁלָל אֲשֶׁר הִצַּלְנוּ כִּי אִם אִישׁ אֶת אִשְׁתּוֹ וְאֶת בָּנָיו וְיִנְהֲגוּ וְיֵלֵכוּ — ***"Since they did not go with me, we will not give them of the spoils that we rescued, only let each man take his wife and his children and go."*** וַיֹּאמֶר דָּוִד לֹא תַעֲשׂוּ כֵן אֶחָי אֵת אֲשֶׁר נָתַן ה׳ לָנוּ וַיִּשְׁמֹר אֹתָנוּ וַיִּתֵּן אֶת הַגְּדוּד הַבָּא עָלֵינוּ בְּיָדֵנוּ וּמִי יִשְׁמַע לָכֶם לַדָּבָר הַזֶּה — ***But David said, "Do not act so, my brothers, with that which HASHEM has given us, for He has watched over us and delivered into our hands the band that had come upon us. Who could hearken to you to such a thing!*** כִּי כְּחֵלֶק הַיֹּרֵד בַּמִּלְחָמָה וּכְחֵלֶק הַיֹּשֵׁב עַל הַכֵּלִים יַחְדָּו יַחֲלֹקוּ — ***Rather, like the portion of the one who went into battle, so is the portion of the one who remained with the baggage; they shall divide it equally."*** וַיְהִי מֵהַיּוֹם הַהוּא וָמָעְלָה וַיְשִׂמֶהָ דָוִד לְחֹק וּלְמִשְׁפָּט לְיִשְׂרָאֵל עַד הַיּוֹם הַזֶּה״ — ***And it was from that day and onward*** (lit., *and upward*), ***that [David] made this a decree and a law in Israel, until this day*** (*I Samuel* 30:22-25). אָמַר רַבִּי יוּדָן: וָהָלְאָה אֵין כְּתִיב כָּאן אֶלָּא ״וָמָעְלָה״ — **R' Yudan said: It is not written here** in the *Samuel* passage, "it was from that day **and onward," but** rather, *it was from that day* ***and upward.***[105] וּמִמִּי לָמַד, מֵאַבְרָהָם זְקֵנוֹ שֶׁאָמַר ״בִּלְעָדַי רַק אֲשֶׁר אָכְלוּ הַנְּעָרִים וְחֵלֶק הָאֲנָשִׁים וְגוֹ׳ ״ — **And from whom did [David] learn** to divide the spoils this way? **From his ancestor Abraham, who said, *"Far from me! Only what the young men have eaten, and the share of the men*** *who accompanied me: Aner, Eshcol, and Mamre — they will take their portion,* ***etc."***

NOTES

104. Only Abram and his servants engaged in battle; Aner, Eshcol, and Mamre served only as guards for their companions' gear (*Rashi* on *Chumash*).

105. The usual word for "onward" is הָלְאָה; Scripture here, however uses וָמָעְלָה, intimating that the rule was in existence even "upward" in time, i.e., before David's time.

"אִם מִחוּט", אָמַר רַבִּי אַבָּא בַּר מַמָּל: אָמַר לוֹ הַקָּדוֹשׁ בָּרוּךְ הוּא: יחאַתְּ אֲמַרְתְּ "אִם מִחוּט", חַיֶּיךָ שֶׁאֲנִי נוֹתֵן לְבָנֶיךָ מִצְוַת צִיצִית, הֵיךְ מָה דְאַתְּ אָמַר (במדבר טו, לח) "וְנָתְנוּ עַל צִיצִת הַכָּנָף פְּתִיל תְּכֵלֶת", וּמְתַרְגְּמִינַן חוּטָא דִתְכֶלְתָּא. "וְעַד שְׂרוֹךְ נַעַל", חַיֶּיךָ שֶׁאֲנִי נוֹתֵן לְבָנֶיךָ מִצְוַת יְבָמָה הֵיךְ מָה דְאַתְּ אָמַר (דברים כה, ט) "וְחָלְצָה נַעֲלוֹ מֵעַל רַגְלוֹ". דָּבָר אַחֵר, "אִם מִחוּט", זֶה הַמִּשְׁכָּן שֶׁהוּא מְצוּיָּר בִּתְכֵלֶת וְאַרְגָּמָן. "וְעַד שְׂרוֹךְ נַעַל", אֵלּוּ עוֹרוֹת הַתְּחָשִׁים, דָּבָר אַחֵר, "אִם מִחוּט", אֵלּוּ הַקָּרְבָּנוֹת כְּהַהִיא דִתְנַן יטוְחוּט שֶׁל סִקְרָא חוֹגְרוֹ בָּאֶמְצַע לְהַבְדִּיל בֵּין דָּמִים הָעֶלְיוֹנִים לְדָמִים הַתַּחְתּוֹנִים. "וְעַד שְׂרוֹךְ נַעַל", אֵלּוּ פַּעֲמֵי רְגָלִים, הֵיךְ מָה דְאַתְּ אָמַר (שיר ז, ב) "מַה יָּפוּ פְעָמַיִךְ בַּנְּעָלִים".

[יד, כד] "בִּלְעָדַי רַק אֲשֶׁר אָכְלוּ הַנְּעָרִים", הָדָא הוּא דִכְתִיב (שמואל א ל, כב-כה) "וַיַּעַן כָּל אִישׁ רָע וּבְלִיַּעַל מֵהָאֲנָשִׁים אֲשֶׁר הָלְכוּ עִם דָּוִד וַיֹּאמְרוּ יַעַן אֲשֶׁר לֹא הָלְכוּ עִמִּי לֹא נִתֵּן לָהֶם מֵהַשָּׁלָל אֲשֶׁר הִצַּלְנוּ כִּי אִם אִישׁ אֶת אִשְׁתּוֹ וְאֶת בָּנָיו וְיִנְהֲגוּ וְיֵלֵכוּ, וַיֹּאמֶר דָּוִד לֹא תַעֲשׂוּ כֵן אֶחָי אֵת אֲשֶׁר נָתַן ה' לָנוּ וַיִּשְׁמֹר אֹתָנוּ וַיִּתֵּן אֶת הַגְּדוּד הַבָּא עָלֵינוּ בְּיָדֵנוּ וּמִי יִשְׁמַע לָכֶם לַדָּבָר הַזֶּה כִּי כְּחֵלֶק הַיֹּרֵד בַּמִּלְחָמָה וּכְחֵלֶק הַיֹּשֵׁב עַל הַכֵּלִים יַחְדָּו יַחֲלֹקוּ". "וַיְהִי מֵהַיּוֹם הַהוּא וָמָעְלָה וַיְשִׂמֶהָ דָּוִד לְחֹק וּלְמִשְׁפָּט לְיִשְׂרָאֵל עַד הַיּוֹם הַזֶּה". כאָמַר רַבִּי יוּדָן: וְהָלְאָה אֵין כְּתִיב כָּאן אֶלָּא "וָמָעְלָה", וּמִמִּי לָמַד, מֵאַבְרָהָם זְקֵינוּ שֶׁאָמַר "בִּלְעָדַי רַק אֲשֶׁר אָכְלוּ הַנְּעָרִים וְחֵלֶק הָאֲנָשִׁים וְגוֹ'":

עץ יוסף

[יג] **אתה אמרת כו'.** כלו' דבזכותו זכו בניו וה"ל כאילו אמר לו ה' כן: **מצות ציצית.** תכלת של ציצית כדאי' במס' סוטה. וזה כנגד מאמר אם מחוט ממש. אבל מצות ציצית גופיה זכו בה בזכות שם שכסה ערות אביו כדלעיל פ' ל"ו (יפ"ת): **אם מחוט זה המשכן.** שהוא מצוייר בחוטי תכלת: **אלו עורות התחשים.** דהוה בו נס שלא נמצאת חיה זו אלא לשעה כמ"ש חז"ל ולא זכו בו אילולא זכות אברהם (יפ"ת): **כההיא דתנן.** במסכת מדות פ"ג: **פעמי רגלים.** עליות רגלים להקריב קרבנות ולראות פני ה': [יד] **ויען כל איש כו'.** נסמך על מ"ש בפדר"א פ' כ"ז לקח אברהם את ג' תלמידיו (ענר אשכול וממרא) ואת אליעזר עבדו עמו ורדף אחריהם עד דן כו' ושם הניח תלמידיו כו' ולקח אליעזר עבדו עמו כו' ורדף אחריהם עד משמאל לדמשק ע"כ. הרי שענר אשכול וממרא נשארו בדן וישבו שם על הכלים והמתינו עד שחזר אברהם. ואברהם עם אליעזר רדפו אחריהם והצילו הרכוש ועכ"ז מפורש בתורה שנתן להם חלקם. ומזה למד דוד ג"כ: **והלאה אב"ב אלא ומעלה.** דמשמע גם לשעבר ועיקר ילפותא מיתורא דקרא שכבר נאמ' וישימה דוד לחוק ולמשפט בישראל עד היום הזה. ומה ת"ל ויהי מהיום ההוא ומעלה. אלא ללמדך שכבר היה כן מימי קדם מימות אברהם. ואי הוי כתיב והלאה לא הוי מצינן למדרש הכי (נזה"ק): **ממי למד מאברהם.** אלא שנשכח וחזר דוד ויסדה (יפ"ת): **בלעדי רק וגו'.** אשר הלכו אתי ענר אשכול וגו'. הרי דענר אשכול וממרא אע"פ שלא נכנסו למלחמה אלא שמרו את הכלים נטלו חלק:

פירוש מהרז"ו

אתה אמרת אם מחוט. סוטה י"ז ושם נסמן שמ"ר פרשה מ"א סימן ב' אגדת בראשית סוף פרק י"ג על פי מדת ממטל ומנגד: **זה המשכן.** שנארגו היריעות מחוטי שש וארגמן ותולעת שני: **עורות תחשים.** שנקרא בלשון נעל כמ"ש ביחזקאל ט"ז י"ב ואנעלך תחש וכן מצאתי בהדיא בפסיקתא רבתי פר' ל"ג סי' ט' ובילקוט יחזקאל ט"ז והוא מפסיקתא ולא מאיכה ועיין עוד בשם תנחומא שם. וזה על פי גז"ש: **הדא הוא דכתיב ויען כל איש רע.** נ"ע איך למד דוד מאברהם שיהיו שוים וכו'. אך המאמר הזה נסמך על מ"ש בפר"א פרק כ"ז וז"ל שם לקח אברהם את ג' תלמידיו ואת אליעזר עבדו עמו ורדף אחריהם עד דן וכו' ושם הניח תלמידיו ונשיהם עמם. (כמ"ש פסוק י"ד ילידי ביתו י"ח וג' מאות וירדוף עד דן ויחלק עליהם וגו' הוא ועבדיו. ואח"כ וירדפם עד חובה לבדו עם אליעזר ודו"ק) ולקח אליעזר עבדו עמו וכו' ורדף אחריהם עד משמאל לדמשק עכ"ל. הרי שתלמידיו ענר אשכל וממרא נשארו בדן וישבו שם על הכלים והמתינו עד שחזר אברהם. ואברהם עם אליעזר רדפו אחריהם והצילו הרכוש ועכ"ז מפורש בתורה שנתן להם חלקם. ומזה למד דוד ג"כ וכו' שכאן משמע שגם אליעזר לקח חלקו והוא בכלל מ"ש וחלק האנשים אשר הלכו אתי: **ויהי מהיום ההוא ומעלה.** ומעלה משמע בדורות שקודם לו. על כן בהכרח לדרוש על פי מדה ט' כאלו כתוב ויהי מהיום ההוא והלאה. ומעלה. ובכח הכתוב ויהי מהיום ההוא משמע שמדבר לעתיד ובהכרח שכונתו על תיבת והלאה שמשמעו לעתיד וכמ"ש במדבר ט"ו כ"ג מן היום אשר צוה ה' והלאה לדורותיכם. בישעיה י"ח מן היום והלאה. ותיבת ומעלה בא ללמדנו שלא תיקן דוד החוק הזה מדעתו ולבו אלא שכן היה החוק מעולם והיינו על על פי מדה י"ז שכן היה באברהם:

חידושי הרד"ל

(יב) [ט] **אלו עורות התחשים.** כד"א (יחזקאל ט"ז) ואנעלך תחש ולשון נעל דרשוהו (ביבמות ק"ב):

חידושי הרש"ש

{ויאמר דוד לא תעשו כן כצ"ל:}

מסורת המדרש

יט מדות פרק ג' משנה א':
כ ילקוט שמואל א' סוף רמז קמ"א:

אם למקרא

דַּבֵּר אֶל־בְּנֵי יִשְׂרָאֵל וְאָמַרְתָּ אֲלֵהֶם וְעָשׂוּ לָהֶם צִיצִת עַל־כַּנְפֵי בִגְדֵיהֶם לְדֹרֹתָם וְנָתְנוּ עַל־צִיצִת הַכָּנָף פְּתִיל תְּכֵלֶת:
(במדבר טו:לח)

וְנִגְּשָׁה יְבִמְתּוֹ אֵלָיו לְעֵינֵי הַזְּקֵנִים וְחָלְצָה נַעֲלוֹ מֵעַל רַגְלוֹ וְיָרְקָה בְּפָנָיו וְעָנְתָה וְאָמְרָה כָּכָה יֵעָשֶׂה לָאִישׁ אֲשֶׁר לֹא־יִבְנֶה אֶת־בֵּית אָחִיו:
(דברים כה:ט)

מַה־יָּפוּ פְעָמַיִךְ בַּנְּעָלִים בַּת־נָדִיב חַמּוּקֵי יְרֵכַיִךְ כְּמוֹ חֲלָאִים מַעֲשֵׂה יְדֵי אָמָּן:
(שיר השירים ז:ב)

וַיַּעַן כָּל־אִישׁ| רָע וּבְלִיַּעַל מֵהָאֲנָשִׁים אֲשֶׁר הָלְכוּ עִם־דָּוִד וַיֹּאמְרוּ יַעַן אֲשֶׁר לֹא־הָלְכוּ עִמִּי לֹא־נִתֵּן לָהֶם מֵהַשָּׁלָל אֲשֶׁר הִצַּלְנוּ כִּי אִם־אִישׁ אֶת־אִשְׁתּוֹ וְאֶת־בָּנָיו וְיִנְהֲגוּ וְיֵלֵכוּ: וַיֹּאמֶר דָּוִד לֹא־תַעֲשׂוּ כֵן אֶחָי אֵת אֲשֶׁר־נָתַן ה' לָנוּ וַיִּשְׁמֹר אֹתָנוּ וַיִּתֵּן אֶת־הַגְּדוּד הַבָּא עָלֵינוּ בְּיָדֵנוּ: וּמִי יִשְׁמַע לָכֶם לַדָּבָר הַזֶּה כִּי כְּחֵלֶק הַיֹּרֵד בַּמִּלְחָמָה וּכְחֵלֶק הַיֹּשֵׁב עַל־הַכֵּלִים יַחְדָּו יַחֲלֹקוּ: וַיְהִי מֵהַיּוֹם הַהוּא וָמָעְלָה וַיְשִׂמֶהָ לְחֹק וּלְמִשְׁפָּט לְיִשְׂרָאֵל עַד הַיּוֹם הַזֶּה:
(שמואל א ל:כב-כה)

מתנות כהונה

זה המשכן. מכאן זכו לעשיית המשכן: **כההוא דתנן.** במסכת מדות פ"ג: **פעמי רגלים.** זכות הולכי לרגל ולישנא דקרא נקיט כדמפרש ואזיל: **ומעלה.** משמע משנים קדמוניות וכן פירש רש"י בסדר זה:

אשד הנחלים

הכל וכן השבועה כאלו נשבע בחיי העולם שאין להנות ממנו אחר שאין לו בו זכות כי הכל מיד ה' וכן ממנו נמשך השירה מהתפעלות הלב הזוכר זאת איך שהכל רק ממנו ית' ולא אנחנו פועלים זאת אשר ע"כ ישיר לה' וירומם אותו ע"ז וזהו שדרשו כאן על כל הלשונות הללו כי מרומז בו הכל במה שפירש כפיו למעלה. כי הוא ע"ד התפעלות השיר וכן הי' שבועה נמשך ממנו שלא יקח מאומה וכן הי' תרומה כי לא אבה להנות מזה כי הכל מיד ה' ולא יאמר שהוא העשיר לאברם. ולכן משה רבינו ע"ה אמר ג"כ בתחלת השירה כמליצת אברהם להורות שהישועה רק ממנו ית' הוא לא פעל מאומה בזה אף שזכותו גרם בזה ולכן הזכיר אלהי אבי [זה אברה'] וארוממנהו. כי ארומ' אותו כדוגמת אבי שיחס הכל רק אליו והבן פשט הדברים: **אם מחוט כו' מצות ציצית יבמה כו'.** ע"ד הפשט נוכל לומר לפי שמצות ציצית הוא למען הזכירה כי הכל מידו ית' ולו אנחנו דבוקים כמ"ש למען תזכרו ועשיתם את כל מצותי והייתם קדושים ולכן אמרו הים דומה לתכלת כו' לכה"כ. כי עיקר הזכירה בזה שיזכור כי הכל קשורה בהשתלשלות מסוף עד ראש וממנו הכל וזה הזכות באתנו מאברהם אבינו ע"י אמונת לבו בה' ככה ע"כ נתן לנו המצוה הזאת שעל ידה נבוא לזכירת הידיעה ההיא וכן היבמה כפי המסופר בד"ה שהיו במצרים נימוס שבמות הבעל בלא בנים שנשארת האם בלי משען ומשענה [כי לא הי' חסד ורחמים שם לרחם על הזולת] ע"כ עשו עמה טובה לקוברה בחייה עם בעלה שלא תצטער ברעב וחוסר כל וכל זה הי' מהעדר האמונ' בה' כי הכל ממנו ית' וראוי לרחם על בריותיו ולהעניקו מטובו וה' ברוב רחמיו נתן לנו המצו' הזאת בכדי לטעת בלבנו שנדע שהכל ממנו ית' ולכן בא בזכות אברהם שהאמין ככה בה' וכל זה נוכל לומר רק ע"ד הצחות אבל ע"ד האמת מרומז בה עניינים נפלאים כי אברהם אבינו כיוון בדברים ענינים גדולים המכוון מול המצות ההם. וכן דמות המשכן והקרבות ופעמי רגלים שדרשו להלן. וכוונתו הי' בכללו לאמר מה תדמה בנפשיך כי אקח מכל אשר לך כי אתאווה במאוויים בכמו אלה העניינים המדומים הנחשבים בעיני כאין. רק באמת הרימותי ידי רק לה' כי זאת היא תשוקתי רק לדבק בה' ולהתקרב לעבודתו ולא אקח ממך מאומה מחוט ועד שרוך נעל כי יש לי עניינים אחרים אשר רק בהם אתאווה החוט של ציצית ומשכן והנעל של פעמי רגלים זאת אתאווה. לא חפצים שלך שהמה בעיני כאין והבן זה ודרש מהכתוב מה יפו פעמיך בנעלים בת נדיב כמו שדרשו בתו של אברהם שנקרא נדיב שהתנדב רק לה' ולא אבה להנות משום דבר: **אלא ומעלה.** כי מלת והלאה מורה רק על זמן המאוחר אבל ומעלה מורה רק על זמן רחוק או מדורות הראשונים הקדמונים או בדורות האחרונים כי כן נוהג אברהם עם הנערים הקטנים שלא היו במלחמה רק שמרו הכלים:

Chapter 44

אַחַר הַדְּבָרִים הָאֵלֶּה הָיָה דְבַר ה׳ אֶל אַבְרָם בַּמַּחֲזֶה לֵאמֹר אַל תִּירָא אַבְרָם אָנֹכִי מָגֵן לָךְ שְׂכָרְךָ הַרְבֵּה מְאֹד.

After these events, the word of HASHEM came to Abram in a vision, saying, "Fear not, Abram, I am a shield for you; your reward is very great" (15:1).

§1 **אַחַר הַדְּבָרִים הָאֵלֶּה הָיָה דְבַר ה׳ אֶל אַבְרָם בַּמַּחֲזֶה לֵאמֹר וגו׳** — ***AFTER THESE EVENTS, THE WORD OF HASHEM CAME TO ABRAM IN A VISION, SAYING, "FEAR NOT, ABRAM, I AM A SHIELD FOR YOU; YOUR REWARD IS VERY GREAT."***

The Midrash will quote a verse from *Psalms* and explain it homiletically as alluding to Abraham, using it to explain our verse. However, the Midrash first makes two comments concerning the verse in *Psalms* that follow the simple meaning of the verse.[1] The verse states,

"הָאֵל תָּמִים דַּרְכּוֹ אִמְרַת ה׳ צְרוּפָה מָגֵן הוּא לְכֹל הַחוֹסִים בּוֹ" — ***God! His path is perfect; the word of HASHEM is purified, He is a shield for all who take refuge in Him*** (*Psalms* 18:31).[2] With respect to the opening clause of the verse, the Midrash comments: **אִם דְּרָכָיו תְּמִימִים הוּא עַל אַחַת כַּמָּה וְכַמָּה** — **If His paths are perfect, how much more so is He** perfect![3]

The Midrash now comments upon the second part of the verse, *the word of Hashem is purified:*[4]

רַב אָמַר — **Rav said: לֹא נִתְּנוּ הַמִּצְוֹת אֶלָּא לְצָרֵף בָּהֶן אֶת הַבְּרִיּוֹת** — **The commandments were given only in order to purify mankind through them.**[5]

Rav explains why this must be so:

וְכִי מָה אִיכְפַּת לֵיהּ לְהַקָּדוֹשׁ בָּרוּךְ הוּא לְמִי שֶׁשּׁוֹחֵט מִן הַצַּוָּאר, אוֹ מִי שֶׁשּׁוֹחֵט מִן הָעוֹרֶף — **For of what concern is it to the Holy One, blessed is He, whether one slaughters** an animal **from** the front of **the neck** as required by the Torah,[6] **or whether one slaughters from the back of the neck?** Surely none at all![7] **הֱוֵי לֹא נִתְּנוּ הַמִּצְוֹת אֶלָּא לְצָרֵף בָּהֶם אֶת הַבְּרִיּוֹת** — **Hence,** it must be concluded that **the commandments were given only in order to purify mankind through them.**[8]

NOTES

1. It is often the style of Midrashim, when quoting a verse, to explain its plain meaning as well as its Midrashic one, even if the explanation is not germane to the main discussion (*Yefeh To'ar*; see also *Maharzu*).

2. [This verse also appears in *II Samuel* (22:3).]

3. The verse speaks of the perfection of God's *path*, rather than His intrinsic perfection, because we have no way of perceiving God's essence. Thus, all we can do is extrapolate from the perfection of His ways that He is certainly perfect (*Maharzu*). The term *His paths* refers to the words of the Torah, which was given to us so that our characters can be perfected through its study [see Midrash below] (*Eitz Yosef*).

4. See *Yalkut Shimoni* to *II Shmuel* ad loc. (§161), where Rav's comment is explicitly connected to this part of the verse; see also *Ramban* to *Deuteronomy* 22:6, who cites a version of our Midrash that makes this comment regarding the [similar] verse in *Proverbs* (30:5): כָּל אִמְרַת אֱלוֹהַּ צְרוּפָה, *every word of God is purified* (a similar comment to that verse can also be found in *Vayikra Rabbah* 13 §3).

5. Thus, the verse means: The *purpose* of the words of Hashem is so that those who follow them will be purified (*Maharzu*).

Eitz Yosef connects the two comments of the Midrash, explaining that since God's paths (i.e., the words of the Torah) are perfect, and He is thus certainly perfect, the purpose of fulfilling the words of God can only be to purify the character of those who study and fulfill them (rather than providing anything that Hashem needs). In his view, this is how the verse is to be understood: Hashem's *path* (and certainly He Himself) *is perfect*, and *His word* is thus intended *to purify* the Jewish nation. [Cf. *Yefeh To'ar* and *Yedei Moshe,* who both understand the first comment of the Midrash (If His paths . . .) and Rav's comment to be offering two *different* interpretations of the verse (in their view, these interpretations are addressing linguistic difficulties with the verse that the Midrash does not explicitly mention).]

6. See *Chullin* 27a, where the Scriptural source for this requirement is discussed.

7. See *Midrash Tanchuma, Shemini* §8, which adds: "Of what concern is it to the Holy One, blessed is He, whether one eats kosher or nonkosher animals?" The point of the Midrash thus clearly applies to *all* mitzvos, not just ritual slaughter; what diffference does it make to Hashem if we fulfill the mitzvos or not? (*Maharzu*).

8. That is, while He has no need for the mitzvos for Himself (see *Job* 35:6), God gave us the mitzvos for the sake of improving man, to guide him in the ways of uprightness and truth (*Eitz Yosef*, citing *Nezer HaKodesh*; see similarly in *Radal*). See further, Insight Ⓐ.

INSIGHTS

Ⓐ **To Purify Us** The Midrash indicates that it is of no concern to God whether or not one slaughters an animal in the specific manner prescribed by the Torah; He gains or loses nothing either way. Such is the case, says the Midrash, regarding one's observance of any and all of the commandments in the Torah.

It is possible to understand this comment as teaching that there is in fact no rational reason at all for any of the commandments of the Torah; they all represent only the unknowable Will of God, and serve only to provide man with instructions to follow faithfully. According to *Rambam* in his *Moreh Nevuchim* (III:26,48), this is indeed the position of some authorities, and is reflected by one opinion in the Gemara (*Berachos* 33b, *Megillah* 25a; see *Rashi* ad loc.). *Rambam* himself (ibid.), however, expressly rejects this position and is actually quite critical of it (*Moreh Nevuchim* III:31). He asserts further (III:26) that according to the majority of the Sages, there certainly are reasons for all of the commandments, but that we do not always comprehend them, because of our weak intellects or deficient knowledge. Regardless of our ability to understand them, however, the commandments must be fulfilled because this was so decreed by God (see also *Rambam's* remarks in *Hilchos Me'ilah* 8:8, and see *Yefeh To'ar*).

As for the statement in our Midrash, *Rambam* explains in *Moreh Nevuchim* (ibid.) that it refers only to the details and specifics that are part of the observance of the individual commandments. The Midrash means that every commandment has its own particulars, which may in fact have no inherent reasons, and are indeed designed merely so that man will learn to obey God's directives. Even according to our Midrash, though, each commandment in terms of its *general* character certainly has a rationale and a useful goal, whether or not we can easily identify it. Thus, while the commandment to slaughter an animal certainly serves an important purpose, the Midrash is stating that the detail as to exactly where to cut the animal's neck, whether in the front or the back, does not. Nonetheless, these details too must be observed, because they are part of God's command.

Ramban, in his commentary to the Torah (*Deuteronomy* 22:6), agrees that all of the commandments have intrinsic reasons and usefulness for man, and that there is a particular logic and benefit for mankind in each and every one of them. He goes further, though, in asserting that in fact *none* of the Sages disagrees with this; in his opinion, there are not, as *Rambam* posited, different views among the Sages concerning the matter. According to *Ramban*, there is also a logical reason for every detail of each commandment. The commandment concerning the proper method of slaughtering is designed to purify the character of the individual doing the act of slaughtering; in a similar vein, all of the commandments, along with all of their details, were given as a means of refining mankind.

The message of our Midrash, according to *Ramban*, is to teach that it

פרשה מד

א [טו, א] "אַחַר הַדְּבָרִים הָאֵלֶּה הָיָה דְבַר ה' אֶל אַבְרָם בַּמַּחֲזֶה לֵאמֹר וְגוֹ' ". (תהלים יח, לא) "הָאֵל תָּמִים דַּרְכּוֹ אִמְרַת ה' צְרוּפָה מָגֵן הוּא לְכֹל הַחוֹסִים בּוֹ", אִם דְּרָכָיו תְּמִימִים הוּא עַל אַחַת כַּמָּה וְכַמָּה. [א]רַב אָמַר: לֹא נִתְּנוּ הַמִּצְוֹת אֶלָּא לְצָרֵף בָּהֶן אֶת הַבְּרִיּוֹת, וְכִי מָה אִיכְפַּת לֵיהּ לְהַקָּדוֹשׁ בָּרוּךְ הוּא לְמִי שֶׁשּׁוֹחֵט מִן הַצַּוָּאר, אוֹ מִי שֶׁשּׁוֹחֵט מִן הָעוֹרֶף, הֱוֵי לֹא נִתְּנוּ הַמִּצְוֹת אֶלָּא לְצָרֵף בָּהֶם אֶת הַבְּרִיּוֹת. דָּבָר אַחֵר [ב]"הָאֵל תָּמִים דַּרְכּוֹ", זֶה אַבְרָהָם שֶׁנֶּאֱמַר (נחמיה ט, ח) "וּמָצָאתָ אֶת לְבָבוֹ נֶאֱמָן לְפָנֶיךָ", "אִמְרַת ה' צְרוּפָה", שֶׁצְּרָפוֹ הַקָּדוֹשׁ בָּרוּךְ הוּא בְּכִבְשַׁן הָאֵשׁ, "מָגֵן הוּא לְכֹל הַחוֹסִים בּוֹ", "אַל תִּירָא אַבְרָם אָנֹכִי מָגֵן לָךְ":

ב דָּבָר אַחֵר "אַחַר הַדְּבָרִים וְגוֹ' ". כְּתִיב (משלי יד, טז) "חָכָם יָרֵא וְסָר מֵרָע וּכְסִיל מִתְעַבֵּר וּבוֹטֵחַ", "חָכָם יָרֵא", "אַל תִּירָא אַבְרָם". (משלי ג, ז) [ג]"אַל תְּהִי חָכָם בְּעֵינֶיךָ יְרָא אֶת ה' וְסוּר מֵרָע",

עץ יוסף

מד (א) דרכיו תמימים בו'. שמאחר שדרכיו היינו דברי התורה כולם תמימים שנתן לנו כדי שיתישרו מדותינו. מכ"ש שהוא עצמו תמים. כי מה איכפת לו להקב"ה אם שוחט מן הצואר או ישחוט מן הטורף אע"כ צ"ל שלונו על מעשה הטוב כדי לייסר ולצרף אותנו מכ"ש שהוא עצמו תמים: **לצרף בהם בו'.** להדריך בריותיו בנתיבות היושר והאמת. וכל זה הוא ממדת חסדו וטובו. כי כן הוא מטבע הטוב להטיב (נזה"ק): **אלא לצרף בו'.** ולפי שהמצוה מתאחדת עם המקיימה אתרה כתואר המקיימה (יפ"ת): **האל תמים דרכו בו'.** כלו' האל דרכו והלוכו עם התמים. כאברהם שהיה תמים שנא' ומצאת את לבבו נאמן לפניך. שנאמנות לב הוא התמימות: **מגן הוא לבל בו'.** זה אברהם כי כן מצינו לשון מגן באברהם שנא' אל תירא אברם אנכי מגן לך: **(ב) חכם ירא זה אברהם.** אף בהיותו צדיק גמור לא נתיאש מפורעניות ונתירא שמא עדיין לא יצא ידי חובתו כראוי ויגרום החטא או שמא נתמעטו זכיותי וכדלקמן בפרקין עד שהבטיחו ה' ואמר לו אל תירא אברם אנכי מגן לך שכרך הרבה מאד. אף כיוצא בו כל חכם לב הוא ירא תמיד ואינו מתיאש מן הפורעניות. ודריש נמי אידך קרא אל תהי חכם בעיניך ירא את ה' וסור מרע באברהם שנסתפק ואמר תאמר שאני מוליד תאמר שאיני מוליד כאשר ראה ע"פ האצטגנינות. והקב"ה א"ל אל תהי חכם בעיניך בדבר זה ולא מאצטגניות שלך באשר אתה ירא את ה' וסור מרע כי ישתנה מנהג הטבע בזוכתך

פירוש מהרז"ו

מד (א) האל תמים דרכו. מאחר שכתוב האל תחלה הרי שמדבר מהאל עצמו. אלא שאין אנו מכירים את האל רק מצד דרכיו וכל שלימות ומעלה שאנו רואים מדרכיו אנו לומדים קל וחומר שהשלמות והמעלה נמצא בעלם וראשונה בהאל עצמו כ"י. והוא ק"ו סתום. שאנו רואים ב"א יודעים עתידות עושי פלאות מחיה מתים אף כי יוצר בראשית. כזה וכיוצא בזה לאין שיעור עלינו ללמוד מדרכיו ק"ו על תמימות מעשה האל. ועיקר הדרשה השייך כאן הוא הדרשה השניה שדורש על אברהם והדרשה ראשונה דרך אגב: **אלא לצרף בהם.** עי' דרשה זו ויק"ר פרשה י"ג סימן ג' על פסוק בדומה לזה כל אמרת אלוה צרופה מגן הוא לכל החוסים בו משלי ל' ולפי פשוטו שאמרת ה' בעצמה צרופה. איך הוא שייך למ"ש מגן הוא לכל החוסים בו. אלא הכוונה שהיא מצרפת למי שומע האמירה ועושה אותה. וכשעומד בנסיונות נעשה לו הקב"ה מגן שאם לא נצרף לא היה נעשה לו מגן. ועיקר הכוונה בזה שאין הקב"ה כ"י צריך בענין מעשה כל המצות לצורך שלימות עצמו אלא לזכות אותנו לצרפנו ולעשות מגן לנו וכמ"ש ר"ח בן עקשיא רצה הקב"ה לזכות וכו'. ובתנחומא סוף שמיני הגי' וכי מה איכפת להקב"ה בין שוחט או וכו' מה איכפת לי' בין אוכל טהרות לאוכל נבילות ע"ש וכאן קיצר וא"כ ה"ה לכל שאר המצות כמ"ש איוב ל"ה אם חטאת מה תפעל לו וגו' אם צדקת וגו': **את לבבו נאמן לפניך.** וזהו התמימות האמתי. אך במדרש תהלים י"ח שם הגי' שנאמר התהלך לפני והיה תמים. ופי' הפסוק ע"פ גז"ש ומדה ט' האל רואה ואוהב למי שתמים דרכו. וכן הוא שם ט"ו על פסוק. הולך תמים זה אברהם שנאמר התהלך לפני והיה תמים: **בכבשן האש.** ושם במדרש תהלים הגי' שנצרפו ביו"ד נסיונות. ועל שהוא תמים ונצרף. זכה שנעשה לו מגן וזהו מגן הוא לכל וגו'. וקיים כן לאברהם וזרעו כמ"ש אנכי מגן לך: **(ב) כתיב חכם ירא.** כבר הודעתי נאמנה בהקדמה הב' שדעת חז"ל שפסוקי נביאים וכתובים שכתובים סתם. הכוונה על ענינים מפורשים בתורה. וכן פסוק חכם ירא שפירושו לפי פשוטו על סתם חכם וחז"ל דורשים ע"פ מדה ז' וי"ז על אברהם שהוא היה ירא כמ"ש אל תירא אברם הרי שהיה מתירא. על פי מדה ט' וכמ"ש לקמן ריש פ' ע"ו אינו אומר אל תירא אלא שהיה מתירא. וענין יראתו היתה על פי חכמתו וכמ"ש לקמן סימן ד' ענין הפחד שלו עד שאמר לו אל תירא אנכי מגן לך שלא תלכד בדבר עבירה וכמ"ש לעיל פ' א' סימן י"ד. שלא יתכן לפרש שהיה מתירא משונאים ומיסורים שהרי מפורש שרדף המלכים והרגם ומסר עצמו ליסורי מות על יחוד שמו. ובתנחומא כאן הגי' אל תהי קורא אלא חכם וסר מרע ירא כמ"ש בסימן ז' פ"א ע"ש ובתנחומא דורש על פי מדה ל"א: **אל תהי חכם בעיניך.** היה לו לומר בדעתך או בלבך ומה ענין עינים אל החכמה. על כן דורש בעיניך במה שאתה רואה

חידושי הרד"ל

(א) [א] **לצרף** כלומר לא לתועלת עצמו כ"א לטוב לנו לזכך הנפש וכך כתב בעבודת הקודש (בהשגתו על המורה) חלק העבודה פרק ג': (ב) **הוי בו'.** הבריות מסיים בתנחומא שמיני ומה שהוא מגן עליך שנאמר מגן הוא לכל החוסים בו ועיין בויק"ר פי"ג המאמר בקצרה: (ג) **תמים דרכו זה אברהם שנאמר התהלך בו'.** כגי' המ"כ. ומפרש דרכו של הקב"ה שצוה לאוהביו להלך בה היא תמימה. וגם י"ל דרכו שמהלך בה קרא להתמים להלך לפניו בה וכמש"ל ספ"ל ע"ש: (ד) **שצרפו הקדוש ברוך הוא בבבשן.** בשו"ט הלשון שנצרפו בעשרה נסיונות. וכאן ניחא ליה למינקט בכבשן דשייך בה לשון צריפה כל' הש"ס בכ"מ משנצרפנו בכבשן: (ה) [ב] **אל תהי חכם בעיניך ירא את ה' וסר מרע.** הוא מקרא אחר (משלי ג') ובילקוט שם הלשון אמר הקב"ה לאברהם אל תהי חכם בעיניך במה שאתה כו' וכנ"ל:

מסורת המדרש

א ויק"ר פרשה י"ג. מדרש תהלים מזמור י"ח. תנחומא סדר שמיני סימן ז' וסימן ח'. אגדת שמואל פרשה ד'. ילקוט סדר שמיני רמז תקל"ה. וילקוט שמואל ב' רמז קס"א. ועי' תנחומא סדר תזריע סימן ה': ב ילקוט כאן רמז ע"ו: ג ילקוט משלי ריש סימן ג' ברמז תתקל"ב:

אם למקרא

הָאֵל תָּמִים דַּרְכּוֹ אִמְרַת ה' צְרוּפָה מָגֵן הוּא לְכֹל הַחוֹסִים בּוֹ: (תהלים יח:לא)

וּמָצָאתָ אֶת־לְבָבוֹ נֶאֱמָן לְפָנֶיךָ וְכָרוֹת עִמּוֹ הַבְּרִית לָתֵת אֶת־אֶרֶץ הַכְּנַעֲנִי הַחִתִּי הָאֱמֹרִי וְהַפְּרִזִּי וְהַיְבוּסִי וְהַגִּרְגָּשִׁי לָתֵת לְזַרְעוֹ וַתָּקֶם אֶת־דְּבָרֶיךָ כִּי צַדִּיק אָתָּה: (נחמיה ט:ח)

חָכָם יָרֵא וְסָר מֵרָע וּכְסִיל מִתְעַבֵּר וּבוֹטֵחַ: (משלי יד:טז)

אַל־תְּהִי חָכָם בְּעֵינֶיךָ יְרָא אֶת־ה' וְסוּר מֵרָע: (משלי ג:ז)

באור מהרי"פ

ב חכם ירא. שמא יגרום החטא ויבא עליו צרה ח"ו:

מתנות כהונה

מד [א] **לצרף בו'.** לזקקם ולזכותם שהש"י אמר ונעשה רצונו [ועיין בעקדה פרשת מילה ובמו"נ ח"ג פכ"ו ובספר עבודת הקודש ח"ב פ"ג]: הכי גרסינן זה אברהם שנאמר התהלך לפני והיה תמים וכן הוא בילקוט סדר זה ובילקוט תהלים: [ב] **אל**

אשד הנחלים

מד [א] אם דרכיו תמימים הוא על אחת כמה וכמה. באורו כי מדרכי פעולותיו י"ת נחזה על כבוד אמיתתו י"ת איך שהוא אחד יחיד ומיוחד כי מדרכי פעולותיו הסובבים על מתכונת הסדר שיצא ממנו התכלית האחדי נבין על אמיתתו וכמו שביאר לנו הרב הנכבד בספרו שמפעולות סדר המציאות בכללו נוכל להכיר זאת. וזהו ענין התמימות שהוא תמים בלי חסרון מאומה רק הכל לתכלית אחד ישובו. וזהו אחר שהאל שהוא בעל הכחות כולם המנהיג בזה עולמו הוא תמים כלומר מדותיו שבם מנהיגם. אף אמרת ה' שהוא ההויה האמיתית בודאי צרופה וזקוקה ולכן מגן הוא. והבן. וע"ד הפשט אחרי שאנו רואים הנהגותיו המכוונות אף בשם דין שזה שם אל. עמנו בתמימות בלי שום חסרון. ממנו נשפוט איך הוא אם מתנהג עמנו ברחמים עאכו"כ שהם תמימים בלי שום חסרון מאומה רק הכל לטובה באין רע למאומה: **וכי מה איכפת.** אין הכונה ח"ו שאין טעם למצות ההם רק ע"ד חק ח"ו מהאי דעתא. רק ע"ד אם תצדק מה תפעל לו כי אצלו ית' אינו נוגע למאומה רק למען השלמתנו לצרפנו ולזקקנו ע"י מצוותיו וזהו אמרת ה' היא צרופה ומזוקקה והוא מגן לכל החוסים בו לא לטובת ה' ח"ו רק לטובת החוסים בו: **דבר אחר כו' זה אברהם.** אין הכוונה שמלת האל מוסב על אברהם רק פירושו האל מתנהג עם מי שהוא תמים דרכו כאברהם שהי' לבו תמים מאוד ע"כ אמרת ה' וציוויו היה לצרפו ולזככו עוד יותר ויותר עד שיזכה שיהי' ה' למגן בעדו תמיד וע"ד הדרש להיות שהתמימו' לבד מעמיד את האדם ע"ד אחד לבלי ילך הלאה בדרכו כי כן טבע התמימות להתנהג תמיד במדה אחת ולכן מוכרח לצירוף וזיקוק שיזדקקו מדותיו תמיד ויתעלו מעלה מעלה שלא יעמוד במדריגה אחת ולכן אמר הכתוב התהלך לפני והי' תמים שזהו שני המעלות יחד ההליכ' ממדריגה למדריגה ועכ"ז יהיו התמימות בו. וכמ"ש הכתוב מתהלך בתומו צדיק ודרשו על אברהם שהי' הולך מעלה מעלה ועכ"ז הי' בתמימות. ולכן אשרי בניו אחריו כי לשארו התכונות הטובות בטבע בניהם אחריו ולהיות כי ההולך ממדריגה למדריגה צריך שמירה רבה שלא יפול מזה כמו שהי' ירא אברהם: לכן בשרו ה' אל תירא אברם אנכי מגן לך ואשמרך מזאת. ורק הצירוף והיסורים למען אכפול שכרך. וזהו שכרך הרבה מאוד והבן זה: **[ב] חכם ירא אל תירא כו'.** כיון שנתבשר לו בנבואה שלא ירא מכלל שירא בלבו כי

The Midrash now expounds the verse from *Psalms*, segment by segment, as referring to Abraham:

דָּבָר אַחֵר "הָאֵל תָּמִים דַּרְכּוֹ", זֶה אַבְרָהָם שֶׁנֶּאֱמַר "וּמָצָאתָ אֶת לְבָבוֹ נֶאֱמָן לְפָנֶיךָ" – **Another interpretation: *God! His path is [with the] perfect* – this** alludes to **Abraham, for it is stated, *You found his*** (Abraham's) ***heart faithful before You*** (*Nehemiah* 9:8).[9]

"אִמְרַת ה' צְרוּפָה", שֶׁצְּרָפוֹ הַקָּדוֹשׁ בָּרוּךְ הוּא בְּכִבְשַׁן הָאֵשׁ – The next segment of the verse, ***the word of HASHEM is purified,***[10] alludes to the fact **that the Holy One, blessed is He, "purified" [Abram]** by having him thrown **into the fiery furnace.**[11]

The Midrash now expounds the final part of the verse:

"מָגֵן הוּא לְכֹל הַחוֹסִים בּוֹ", "אַל תִּירָא אַבְרָם אָנֹכִי מָגֵן לָךְ" – ***He is a shield*** [מָגֵן] ***for all who take refuge in Him*** – this too refers to Abraham, concerning whom it is stated in our verse, אַל תִּירָא אַבְרָם אָנֹכִי מָגֵן לָךְ – ***Fear not, Abram, I am a shield*** [מָגֵן] ***for you; your reward is very great.***[12]

§2 The Midrash cites various verses in *Proverbs*, and uses our verse to prove that each one refers to Abraham:

דָּבָר אַחֵר "אַחַר הַדְּבָרִים וגו' " – **Another interpretation: *After these events, etc. Fear not, Abram . . .***

כְּתִיב "חָכָם יָרֵא וְסָר מֵרָע וּכְסִיל מִתְעַבֵּר וּבוֹטֵחַ" – **It is written** (*Proverbs* 14:16): ***A wise man fears and turns away from evil, but a fool becomes enraged and is confident.*** "חָכָם יָרֵא", "אַל תִּירָא אַבְרָם" – The phrase ***A wise man fears*** alludes to Abram, for it is in connection with Abram that our verse uses the same root word, stating, ***Fear not, Abram.***[13]

The Midrash cites a second verse from *Proverbs*, and relates it to Abram as well:

"אַל תְּהִי חָכָם בְּעֵינֶיךָ יְרָא אֶת ה' וְסוּר מֵרָע" – ***Do not be wise in your own eyes; fear HASHEM and turn away from evil*** (ibid. 3:7).

NOTES

9. And "faithfulness of heart" is true perfection (*Maharzu, Eitz Yosef*; see also *Yefeh To'ar*). [*Maharzu* notes that the Midrash to *Psalms* 18:31 (*Midrash Tehillim* 18 §25), which parallels our own, cites a different verse, one that refers to Abraham specifically as תָּמִים, *perfect:* הִתְהַלֵּךְ לְפָנַי וֶהְיֵה תָמִים, *walk before Me and be perfect* (below, 17:1), rather than *Nehemiah* 9:8. See also *Midrash Tehillim* 15 §6. *Matnos Kehunah* emends the text accordingly in our Midrash as well.

10. According to this exposition, the word צְרוּפָה is understood to refer to the removal of [spiritual] impurities, as in the process of refining.

11. By Nimrod, as the Midrash records above, 38 §13. This test of Abraham's devotion to God served to purify him and refine him spiritually.

In fact, the Mishnah in *Avos* (5:4) teaches us that God tested Abraham ten times; the Midrash mentions specifically the test of the fiery furnace because it was the first of the ten tests, and because Abraham would have died there if not for a miracle (see *Yefeh To'ar*). *Radal* explains that since our verse speaks of צָרוּף, a verb which is also used to describe purification in a furnace (i.e., smelting), the Midrash is specifying the test that involved a furnace.

12. See *Eitz Yosef.*

Yefeh To'ar explains that Abram was afraid that since God had protected him in his war against the four kings (alluded to by our verse's opening clause, *After these events*, referring to the events of the preceding chapter), he had "used up" the reward he had earned for his good deeds (see below, §4). According to the Midrash, God is telling Abram in our verse not to fear, for he would have God's ongoing protection – because of all the tests he had passed in the past, and also because God knew that he would soon pass another test, viz., that of *Akeidas Yitzchak*, the Binding of Isaac.

13. The *wise man fears* that he may not have fulfilled all his obligations toward Heaven, and that his past righteousness cannot guarantee that he will not sin in the future. He is concerned, as well, that the merits he has accumulated may have been used up via the acts of kindness that God performed for him. The Midrash is saying that Abraham was [the model of] the *wise man* of whom the verse in *Proverbs* speaks (*Eitz Yosef*, citing *Nezer HaKodesh*).

INSIGHTS

is of no *benefit to God* whether any individual fulfills a particular commandment (see *Sefer HaChinuch, Mitzvah* §95 and §545). The benefit is rather *to man* himself, either to prevent harm from befalling him, to implant within him good character traits, to negate wrong beliefs or contemptible character traits, or to enable him to remember the miracles and wonders of God and to know Him thereby. Observing the commandments thus benefits the person, teaching him to mold his character and shape himself into a true servant of God (see also *Ramban's* commentary to *Leviticus* 18:6 and 19:19, and to the Mishnah, *Makkos* 23b). [*Rambam*, too, actually writes similarly in one location (*Hilchos Temurah* 4:13), that the commandments enable a person to control his evil inclination and perfect his deeds.]

R' Eliezer of Metz in the Introduction to his *Sefer Yere'im* and *R' Yosef Albo* in the Introduction to his *Sefer HaIkkarim*, assert that the goal of the commandments is to generate love and fear of God, and to thereby bind the individual to Him. Others who present the view that the purpose of fulfilling the commandments is to come closer to God, an opportunity that God grants man out of His kindness, include *R' Chasdai Crescas* throughout his *Ohr Hashem*, the *Baal HaTanya* (*Likkutei Amarim, Sefer Shel Beinonim* Ch. 4), *R' Chaim of Volozhin* (*Nefesh HaChaim* I:6) and *R' Moshe Chaim Luzzatto* in his *Derech Hashem* (I:2:4) and in his *Mesillas Yesharim* (Chapter 1).

Finally, it should be noted that there is some question as to whether or not it is proper for one to delve into the reasons behind each of the commandments. To an extent, this discussion relates to a dispute in the Gemara (*Bava Metzia* 115a) between R' Yehudah and R' Shimon about whether we have the right to expound the reason for any commandment and thereby define its parameters. Another passage (*Sanhedrin* 21b) teaches that God Himself hid the reasons for most of the commandments, in order that people would not misapply those reasons and reject or ignore the commandments. Nonetheless, *Rambam*, while acknowledging this concern in *Moreh Nevuchim* III:26, proceeds in the subsequent chapters to search for and present rationales for the many commandments, and indeed strongly encourages this practice (*Hilchos Me'ilah* 8:8, *Hilchos Temurah* 4:13). On the other hand, *Tur* (*Yoreh Deah* §181) appears to disagree with this concept (see *Beis Yosef* and *Perishah* there). *Sefer HaChinuch* is a work that is devoted in large measure to explaining the purpose of the commandments, but even that author admits that he cannot really say with certainty what the true reason is for any commandment (see the end of his Introduction, and *Mitzvah* §397 and §598).

In the final analysis, as articulated by more contemporary authorities such as *Beis HaLevi* (*Parashas Bo, Exodus* 13:8) and *Ksav Sofer* (*Parashas Eikev, Deuteronomy* 7:12), it is clear that we must observe all the commandments, with their particulars, even without understanding them or their rationales; but once we have committed to obey the commandments, it is permissible to try and fathom the reasons behind them.

פרשה מד

א [טו, א] **"אַחַר הַדְּבָרִים הָאֵלֶּה הָיָה דְבַר ה' אֶל אַבְרָם בַּמַּחֲזֶה לֵאמֹר וְגוֹ'". (תהלים יח, לא) "הָאֵל תָּמִים דַּרְכּוֹ אִמְרַת ה' צְרוּפָה מָגֵן הוּא לְכֹל הַחוֹסִים בּוֹ", אִם דְּרָכָיו תְּמִימִים הוּא עַל אַחַת כַּמָּה וְכַמָּה. ארַב אָמַר: לֹא נִתְּנוּ הַמִּצְוֹת אֶלָּא לְצָרֵף בָּהֶן אֶת הַבְּרִיּוֹת, וְכִי מָה אִיכְפַּת לֵיהּ לְהַקָּדוֹשׁ בָּרוּךְ הוּא לְמִי שֶׁשּׁוֹחֵט מִן הַצַּוָּאר, אוֹ מִי שֶׁשּׁוֹחֵט מִן הָעוֹרֶף, הֱוֵי לֹא נִתְּנוּ הַמִּצְוֹת אֶלָּא לְצָרֵף בָּהֶם אֶת הַבְּרִיּוֹת. דָּבָר אַחֵר ב"הָאֵל תָּמִים דַּרְכּוֹ", זֶה אַבְרָהָם שֶׁנֶּאֱמַר (נחמיה ט, ח) "וּמָצָאתָ אֶת לְבָבוֹ נֶאֱמָן לְפָנֶיךָ", "אִמְרַת ה' צְרוּפָה", שֶׁצֵּרְפוֹ הַקָּדוֹשׁ בָּרוּךְ הוּא בְּכִבְשַׁן הָאֵשׁ, "מָגֵן הוּא לְכֹל הַחוֹסִים בּוֹ", "אַל תִּירָא אַבְרָם אָנֹכִי מָגֵן לָךְ":**

ב דָּבָר אַחֵר "אַחַר הַדְּבָרִים וְגוֹ'". כְּתִיב (משלי יד, טז) "חָכָם יָרֵא וְסָר מֵרָע וּכְסִיל מִתְעַבֵּר וּבוֹטֵחַ", "חָכָם יָרֵא", "אַל תִּירָא אַבְרָם". (משלי ג, ז) ג"אַל תְּהִי חָכָם בְּעֵינֶיךָ יְרָא אֶת ה' וְסֻר מֵרָע",

עץ יוסף

מד (א) דרכיו תמימים כו'. שמאחר שדרכיו היינו דברי התורה כולם תמימים שנתן לנו כדי שיתישרו מדותינו. מכ"ש שהוא עצמו תמים. כי מה איכפת לו להקב"ה אם שוחט מן הצואר או ישחוט מן העורף אע"כ צ"ל שצונו על מעשה הטוב כדי לייסר ולצרף אותנו מכ"ש שהוא עצמו תמים: **לצרף בהם כו'.** להדריך בריותיו בנתיבות היושר והאמת. וכל זה הוא ממדת חסדו וטובו. כי כן הוא מטבע הטוב להטיב (נזה"ק): **אלא לצרף כו'.** ולפי שהמצוה מתאחדת עם המקיימה אמרה כתואר המקיימה (יפ"ת): **האל תמים דרכו כו'.** כלו' האל דרכו והלוכו עם התמים. כאברהם שהיה תמים שנא' ומצאת את לבבו נאמן לפניך. שנאמנות לב הוא התמימות: **מגן הוא לכל כו'.** זה אברהם כי כן מצינו לשון מגן באברהם שנא' אל תירא אברם אנכי מגן לך: **(ב) חכם ירא זה אברהם.** אף בהיותו צדיק גמור לא נתיאש מפורעניות ונתירא שמא עדיין לא יצא ידי חובתו כראוי ויגרום החטא או שמא נתמעטו זכיותי וכדלקמן בפרקין עד שהבטיחו ה' ואמר לו אל תירא אברם אנכי מגן לך שכרך הרבה מאד. אף כיוצא בו כל חכם לב הוא ירא תמיד ואינו מתיאש מן הפורעניות. ודריש נמי אידך קרא אל תהי חכם בעיניך ירא את ה' וסור מרע באברהם שנסתפק ואמר תאמר שאני מוליד תאמר שאיני מוליד כאשר ראה ע"פ האצטגנינות. והקב"ה א"ל אל תהי חכם בעיניך בדבר זה ולא מאצטגנינות שלך באשר אתה ירא את ה' וסור מרע כי ישתנה מנהג הטבע בזכותך

פירוש מהרז"ו

מד (א) האל תמים דרכו. מאחר שכתוב האל תחלה הרי שמדבר מהאל עצמו. אלא שאין אנו מכירים את האל רק מצד דרכיו וכל שלימות ומעלה שאנו רואים מדרכיו אנו לומדים קל וחומר שהשלמות והמעלה נמצא בעצם וראשונה בהאל עצמו כ"י. והוא ק"ו סתום. שאנו רואים ב"א יודעים עתידות עושי פלאות מחיה מתים אף כי יוצר בראשית. כזה וכיוצא בזה לאין שיעור עלינו ללמוד מדרכיו ק"ו על תמימות מעשה האל. ועיקר הדרשה השייך כאן הוא הדרשה השניה שדורש על אברהם והדרשה ראשונה דרך אגב: **אלא לצרף בהם.** עי' דרשה זו ויק"ר פרשה י"ג סימן ג' על פסוק בדומה לזה כל אמרת אלוה צרופה מגן הוא לכל החוסים בו משלי ל' ולפי פשוטו שאמרת ה' בעצמה צרופה. איך הוא שייך למ"ש מגן הוא לכל החוסים בו. אלא הכוונה שהיא מצרפת למי ששומע האמירה ועושה אותה. וכשעומד בנסיונות נעשה לו הקב"ה מגן שאם לא נצרף לא היה נעשה לו מגן. ועיקר הכוונה בזה שאין הקב"ה כ"י צריך בענין מעשה כל המצות לצורך שלימות עצמו אלא לזכות אותנו לצרפנו ולעשות מגן לנו וכמ"ש ר"ח בן עקשיא רצה הקב"ה לזכות וכו'. ובתנחומא סוף שמיני הגי' וכי מה איכפת להקב"ה בין שוחט או וכו' מה איכפת לי' בין אוכל טהרות לאוכל נבילות ע"ש וכאן קיצר וא"כ ה"ה לכל שאר המצות כמ"ש איוב ל"ה אם חטאת מה תפעל לו וגו' אם צדקת וגו': **את לבבו נאמן לפניך.** וזהו התמימות האמתי. אך במדרש תהלים י"ח שם הגי' שנאמר התהלך לפני והיה תמים. ופי' הפסוק ע"פ גז"ש ומדה ט' האל רוצה ואוהב למי שתמים דרכו. וכן הוא שם ט"ו על פסוק. הולך תמים זה אברהם שנאמר התהלך לפני והיה תמים: **בכבשן האש.** ושם במדרש תהלים הגי' שנצרפו ביו"ד נסיונות. ועל שהוא תמים ונצרף. זכה שנעשה לו מגן וזהו מגן הוא לכל וגו'. וקיים כן לאברהם וזרעו כמ"ש אנכי מגן לך: **(ב) כתיב חכם ירא.** כבר הודעתי באמנה בהקדמה הב' שדעת חז"ל שפסוקי נביאים וכתובים שכתובים סתם. הכוונה על ענינים מפורשים בתורה. וכן פסוק חכם ירא שפירושו לפי פשוטו על סתם חכם וחז"ל דורשים ע"פ מדה ז' וי"ז על אברהם שהוא היה ירא כמ"ש אל תירא אברם הרי שהיה מתיירא. על פי מדה ט' וכמ"ש לקמן ריש פ' ע"ו אינו אומר אל תירא אלא שהיה מתירא. וענין יראתו היתה על פי חכמתו וכמ"ש לקמן סימן ד' ענין הפחד שלו עד שאמר לו אל תירא אנכי מגן לך שלא תלכד בדבר עבירה וכמ"ש לעיל פ' מ' סימן י"ד. שלא יתכן לפרש שהיה מתירא משונאים ומיסורים שהרי מפורש שרדף המלכים והרגם ומסר עצמו ליסורי מות על יחוד שמו. ובתנחומא כאן הגי' אל תהי קורא אלא חכם וסר מרע ירא כמ"ש בסימן ז' פ"א ע"ש ובתנחומא דורש על פי מדה ל"א: **אל תהי חכם בעיניך.** היה לו לומר בדעתך או בלבך ומה ענין עיניים אל החכמה. על כן דורש בעיניך במה שאתה רואה

חידושי הרד"ל

(א) [א] לצרף כלומר לא לתועלת עצמו כ"א לטוב לנו לזכך הנפש וכך כתב בעבודת הקודש (בהשגתו על המורה) חלק העבודה פרק ג': **(ב) הוי כו'.** הבריות מסיים בתנחומא שמיני ומה שהוא מגן עליך שנאמר מגן הוא לכל החוסים בו ועיין בויק"ר פי"ג המאמר בקצרה: **(ג) תמים דרכו זה אברהם שנאמר התהלך כו'.** כגי' המ"כ. ומפרש דרכו של הקב"ה שצוה לאוהביו להלך בה היא תמימה. וגם י"ל דרכו שמהלך בה קרא להתמים להלך לפניו בה וכמש"ל ספ"ל ע"ש: **(ד) שצרפו הקדוש ברוך הוא בכבשן.** בשוח"ט הלשון שנצרפו בעשרה נסיונות. וכאן ניחא ליה למינקט בכבשן דשייך בה לשון צריפה כל' הש"ס בכ"מ מצילרפנו בכבשן: **(ה) [ב] אל תהי חכם בעיניך ירא את ה' וסר מרע.** הוא מקרא אחר (משלי ג') ובילקוט שם הלשון אמר הקב"ה לאברהם אל תהי חכם בעיניך במה שאתה כו' וכצ"ל:

באור מהרי"פ

ב חכם ירא. שמא יגרום החטא ויבא עליו צרה ח"ו:

מסורת המדרש

א ויק"ר פרשה י"ג. מדרש תהלים מזמור י"ח. תנחומא סדר שמיני סימן ז' וסימן ח'. אגדת שמואל פרשה ד'. ילקוט סדר שמיני רמז תקל"ה. וילקוט שמואל ב' רמז קס"א. ועי' תנחומא סדר תזריע סימן ה': ב ילקוט כאן רמז ע"ו: ג ילקוט משלי ריש סימן ג' ברמז תתקל"ב:

אם למקרא

הָאֵל תָּמִים דַּרְכּוֹ אִמְרַת ה' צְרוּפָה מָגֵן הוּא לְכֹל הַחוֹסִים בּוֹ: (תהלים יח:לא)

וּמָצָאתָ אֶת־לְבָבוֹ נֶאֱמָן לְפָנֶיךָ וְכָרוֹת עִמּוֹ הַבְּרִית לָתֵת אֶת־אֶרֶץ הַכְּנַעֲנִי הַחִתִּי הָאֱמֹרִי וְהַפְּרִזִּי וְהַיְבוּסִי וְהַגִּרְגָּשִׁי לָתֵת לְזַרְעוֹ וַתָּקֶם אֶת־דְּבָרֶיךָ כִּי צַדִּיק אָתָּה: (נחמיה ט:ח)

חָכָם יָרֵא וְסָר מֵרָע וּכְסִיל מִתְעַבֵּר וּבוֹטֵחַ: (משלי יד:טז)

אַל־תְּהִי חָכָם בְּעֵינֶיךָ יְרָא אֶת־ה' וְסוּר מֵרָע: (משלי ג:ז)

מתנות כהונה

מד [א] **לצרף כו'.** לזקקם ולזכותם שהש"י אמר ונעשה רצונו [ועיין בעקדה פרשת מילה ובמו"כ ח"ג פכ"ו ובספר עבודת הקודש ח"ב פ"ג]: הכי גרסינן זה אברהם שנאמר התהלך לפני והיה תמים וכן הוא בילקוט סדר זה ובילקוט תהלים: **[ב] אל**

אשד הנחלים

מד [א] אם דרכיו תמימים הוא על אחת כמה וכמה. באורו כי מדרכי פעולותיו י"ת נחזה על כבוד אמיתתו י"ת איך שהוא אחד יחיד ומיוחד כי מדרכי פעולותיו הסובבים על מתכונת הסדר שיצא ממנו התכלית האחדי נבין על אמיתתו וכמו שביאר לנו הרב הנכבד בספרו שמפעולות סדר המציאות בכללו נוכל להכיר זאת. וזהו ענין התמימות שהוא תמים בלי חסרון מאומה רק הכל לתכלית אחד ישובו. וזהו אחר שהאל שהוא בעל הכחות כולם המנהיג בזה עולמו הוא תמים כלומר מדותיו שבם מנהיגם. אף אמרת ה' שהוא ההויה האמיתית בודאי צרופה וזקוקה ולכן מגן הוא. והבן. וע"ד הפשט אחרי שאנו רואים הנהגותיו המכונות אף בשם דין שזה שם אל. עמנו בתמימות בלי שום חסרון. ממנו נשפוט איך הוא אם מתנהג עמנו ברחמים עאכו"כ שהם תמימים בלי שום חסרון מאומה רק הכל לטובה באין רע למאומה: **וכי מה איכפת.** אין הכונה ח"ו שאין טעם למצות ההם רק ע"ד חק ח"ו מהאי דעתא. רק ע"ד אם תצדק מה תפעל לו כי אצלו ית' אינו נוגע למאומה רק למען השלמתנו לצרפנו ולזקקנו ע"י מצוותיו וזהו אמרת ה' היא צרופה ומזוקקה והוא מגן לכל החוסים בו לא לטובת ה' ח"ו רק לטובת החוסים בו: **דבר אחר כו' זה אברהם.** אין הכוונה שמלת האל מוסב על אברהם רק פירושו האל מתנהג עם מי שהוא תמים דרכו כאברהם שהי' לבו תמים מאוד ע"כ אמרת ה' וציוויו היה לצרפו ולזככו עוד יותר ויותר עד שיזכה שיהי' ה' למגן בעדו תמיד וע"ד הדרש להיות שהתמימו' לבד מעמיד את האדם ע"ד אחד לבלי ילך הלאה בדרכו כי כן טבע התמימות להתנהג תמיד במדה אחת ולכן מוכרח לצירוף וזיקוק שיזדקקו מדותיו תמיד ויתעלו מעלה מעלה שלא יעמוד במדריגה אחת ולכן אמר הכתוב התהלך לפני והי' תמים שזהו שני המעלות יחד ההליכ' ממדריגה למדריגה ועכ"ז יהיו התמימות בו. וכמ"ש הכתוב מתהלך בתומו צדיק ודרשו על אברהם שהי' הולך מעלה מעלה ועכ"ז הי' בתמימות. ולכן אשרי בניו אחריו כי לשארו התכונות הטובות בטבע בניהם אחריו ולהיות כי ההולך ממדריגה למדריגה צריך שמירה רבה שלא יפול מזה כמו שהי' ירא אברהם: לכן בשרו ה' אל תירא אברם אנכי מגן לך ואשמרך מזאת. ורק הצירוף והיסורים למען אכפול שכרך. וזהו שכרך הרבה מאוד והבן זה: **[ב] חכם ירא אל תירא כו'.** כיון שנתבשר לו בנבואה שלא ירא מכלל שירא בלבו כי

"אַל תְּהִי חָכָם בְּעֵינֶיךָ", בַּמֶּה שֶׁאַתְּ רוֹאֶה בְּעֵינֶיךָ — ***Do not be wise in your own eyes*** — Hashem told Abram, "Do not assume that you are correct **regarding what you see with your eyes.**[14] תֹּאמַר שֶׁאֲנִי מוֹלִיד תֹּאמַר שֶׁאֵין אֲנִי מוֹלִיד — **Should you say,** based on what you think you see in the stars, **that 'I will beget children,'** or **'that I will not beget children'?**[15] No!" "יְרָא אֶת ה'", "אַל תִּירָא אַבְרָם" — Rather, continues the verse in *Proverbs*: ***fear HASHEM,*** *and turn away from evil*. Hashem told Abram, "Since you are God-fearing, the evil portent of the stars will be 'turned away' (i.e., altered) in your favor."[16] It is to this that our verse refers when it says, ***Fear not, Abram***.

A third verse from *Proverbs*:

רַבִּי אָבוּן בְּשֵׁם רַבִּי חֲנִינָא פָּתַח "רָשָׁע עֹשֶׂה פְעֻלַּת שָׁקֶר וְגוֹ'" — **R' Avun began** his discourse about our verse by saying in the **name of R' Chanina: *The wicked one does false deeds***, *but one who sows righteousness has a true reward* (ibid. 11:18). "רָשָׁע עֹשֶׂה פְּעוּלַּת שָׁקֶר", זֶה נִמְרוֹד שֶׁהָיוּ פְּעוּלוֹתָיו עַל שֶׁקֶר — ***The wicked one does false deeds*** — **this** alludes to **Nimrod, whose deeds were of falsehood.**[17] "וְזוֹרֵעַ צְדָקָה", זֶה אַבְרָהָם — ***But one who sows righteousness*** [צדקה] — **this alludes to Abraham,** שֶׁנֶּאֱמַר "וְשָׁמְרוּ דֶּרֶךְ ה' לַעֲשׂוֹת צְדָקָה וּמִשְׁפָּט" — **for it is stated** regarding Abraham, *because he commands his children and his household after him* ***that they keep the way of HASHEM, doing charity and justice*** (*Genesis* 18:19) — "שֶׂכֶר אֱמֶת", "אַל תִּירָא אַבְרָם וְגוֹ'" — he has ***a true reward***. Thus, it is written concerning Abraham in our verse ***Fear not, Abram,* etc.**... *your reward is very great*.

§3 The Midrash cites and expounds a passage in *Isaiah* (41:8-13) and ultimately relates it to our verse:[18]

דָּבָר אַחֵר "אַל תִּירָא אַבְרָם" — **Another interpretation: *Fear not, Abram . . .***

הָדָא הוּא דִכְתִיב "וְאַתָּה יִשְׂרָאֵל עַבְדִּי יַעֲקֹב אֲשֶׁר בְּחַרְתִּיךָ זֶרַע אַבְרָהָם אֹהֲבִי" — **This is** referred to by **that which is written** (*Isaiah* 41:8), ***But you, O Israel, My servant, Jacob, you whom I have chosen, offspring of Abraham who loved Me,***[19] "אֲשֶׁר הֶחֱזַקְתִּיךָ מִקְצוֹת הָאָרֶץ", מִמֶּסְפּוֹטַמְיָא וּמֵחַבְרוֹתֶיהָ — ***. . . you whom I shall grasp from the ends of the earth*** (ibid., v. 9), i.e., **from Mesopotamia**[20] **and its neighboring towns.** The verse continues, "וּמֵאֲצִילֶיהָ קְרָאתִיךָ", מִמְּפוּלָּשִׁין שֶׁבָּהּ — ***and from among its noblemen you shall be summoned.*** The word מאציליה means *from its distinguished men,*[21] "קְרָאתִיךָ", זִמַּנְתִּיךָ — and the word קְרָאתִיךָ means ***I have invited you.***[22] "בְּחַרְתִּיךָ וְלֹא מְאַסְתִּיךָ" — The verse continues, *And to whom I shall say, "You are My servant"* — ***I have chosen you and not rejected you.*** "בְּחַרְתִּיךָ", בְּאַבְרָם, "וְלֹא מְאַסְתִּיךָ", בְּאַבְרָהָם — ***I chose you*** **when** you were still called **Abram,**[23] ***and have not rejected you*** **when** you were called **Abraham.**[24] The passage continues: "אַל תִּירָא כִּי עִמְּךָ אָנִי אַל תִּשְׁתָּע כִּי אֲנִי אֱלֹהֶיךָ" — ***Fear not, for I am with you; be not dismayed, for I am your God*** (ibid., v. 10). אָמַר רַבִּי הוֹשַׁעְיָא: בְּשָׁעָה שֶׁאָמַר יִצְחָק לְיַעֲקֹב, "גֶּשָׁה נָּא וַאֲמֻשְׁךָ בְּנִי" — **R' Hoshaya said: When Isaac said to Jacob, *"Come close, if you please, so I can feel you, my son"*** (below, 27:21), נִשְׁפְּכוּ מַיִם עַל שׁוֹקָיו וְהָיָה לִבּוֹ רָפֶה כְּשַׁעֲוָה — **water poured onto [Jacob's] legs**[25] **and his heart melted**[26] **like wax.** וְזִימֵּן לוֹ הַקָּדוֹשׁ בָּרוּךְ הוּא — **And the Holy One, blessed is He, provided him**

NOTES

14. The reference is to the fact that Abraham saw in the stars (מזל), that he would not have any children (ibid.); see *Shabbos* 156a and *Nedarim* 32a. [*Maharzu* explains that this interpretation is alluded to by the verse's usage of the term *in your own eyes*, instead of the seemingly more fitting *in your own heart* or *in your own mind*.]

15. That is, should you express uncertainty about your having a child in the future, based on your astrological calculations? (see *Matnos Kehunah*).

16. *Eitz Yosef*, citing *Nezer HaKodesh*. Alternatively, the verse means: *Fear Hashem* alone, and *turn away from* your fear of *the evil* tidings of the stars.

17. *Maharzu* explains that this is a reference to Nimrod's making of idols with the intent of misleading people [from the true service of God], as stated explicitly in *Midrash Tanchuma* here (§12) and *Aggadas Bereishis* (§13).

According to *Nezer HaKodesh* (cited here by *Eitz Yosef*), the Midrash here interprets *false* in the sense of *impermanent*, and *true* as meaning *lasting*. Thus, the verse contrasts Nimrod, whose military successes against the five kings ultimately came to naught (as Abram defeated him and took all of his wealth), and Abraham, who merited passing on his heritage to his children. Furthermore, he enjoyed his portion in the World to Come in full, without having any of his merits deducted from his account, in spite of his successes in this world.

18. The Midrash will apply parts of this passage to Abram and parts of it to Jacob. In resolution of this perplexing phenomenon, *Maharzu* below (s.v. אל תירא) suggests that the two are in a sense one and the same, for everything God did for Abram was for the sake of Jacob and his descendants.

19. [Although this verse begins with mention of Israel/Jacob, the Midrash understands the continuation of the passage as speaking mainly of Abraham. See *Maharzu*.]

20. Abram came from Aram Naharaim (see below, 24:9), which is in Mesopotamia. [This cannot be referring to Jacob, who was born in Eretz Yisrael.] See also *Berachos* 13a.

21. *Eitz Yosef*. Abram hailed from a distinguished family: According to *Sefer HaYashar*, Terah, Abram's father, was an important personage, serving as an officer in Nimrod's army; and according to 24:10 below, Nahor was the overseer of a city (see *Maharzu*).

22. The word קְרָאתִיךָ is not translated here in its usual sense of *I have called you*, because the preceding phrase stated, *you whom I shall grasp*. One does not *call* something (or someone) that one has already grasped; one can, however, *invite* someone after grasping hold of him; see *II Kings* 4:8 (*Eitz Yosef; Maharzu*).

23. *Matnos Kehunah*. *Nehemiah* 9:7 states: אַתָּה הוּא ה' הָאֱלֹהִים אֲשֶׁר בָּחַרְתָּ בְּאַבְרָם, You are Hashem, the God, Who chose "Abram." See also *Berachos* loc. cit. (ibid.).

24. I.e., even in your old age you have flourished, for I have not rejected you (*Eitz Yosef, Maharzu*). See, however, Insight Ⓐ.

25. I.e., from the sweat of the fear that his disguise would be penetrated (see *Rashash* to Midrash 65 §19, and *Rashi* to *Ezekiel* 67 §17). Alternatively, he lost control of his bladder due to the intense fear (see *Eitz Yosef* and *Rashi* to *Sotah* 44b).

26. Literally, *became soft* (or *weak*).

INSIGHTS

Ⓐ **God's Unequivocal Love for "Abram"** *Rashi* (*Genesis* 17:1), citing Talmud (*Nedarim* 32b) tells us that Abram's name was changed to Abraham when he was commanded to perform *milah* because the name Abraham has the *gematria* (numerical value) of 248, symbolizing that upon entering the covenant of *milah* Abraham would gain complete mastery over *all* 248 limbs and organs of his body, including those that are ordinarily beyond human control. Thus, whereas previously Abraham had trained himself not to *do* even the slightest undesirable act, from that point on he gained the ability to not even *see* or *hear* anything undesirable (see *Ran* to *Nedarim* loc. cit.). On this basis, *Tiferes Tzion* explains that when the Midrash states that God "chose" Abram while he still had that name, it means that He chose him even before he reached the pinnacle of spiritual perfection that he would attain through entering the covenant of *milah* and meriting the related change of name to Abraham.

Maharal (*Netzach Yisrael* ch. 11) explains that God's love for Israel is similarly not dependent upon their spiritual perfection, but remains constant in all situations. Whereas His love for an individual is determined by the behavior of that individual, and can be reduced or rescinded if the person's conduct changes for the worse, His love for the Jewish people as a whole remains constant despite negative behavior on the part of its individual members. This was the source of God's unequivocal love for the still-emerging "Abram." God recognized Abram not as an individual serving Him, but as the seed of the great nation that would descend from him, to whom he would transmit the ideals for

"אַל תְּהִי חָכָם בְּעֵינֶיךָ", בַּמֶּה שֶׁאַתְּ רוֹאֶה בְּעֵינֶיךָ. תֹּאמַר שֶׁאֲנִי מוֹלִיד תֹּאמַר שֶׁאֵין אֲנִי מוֹלִיד, "יְרָא אֶת ה' ", "אַל תִּירָא אַבְרָם". רַבִּי אָבוּן בְּשֵׁם רַבִּי חֲנִינָא פָּתַח: (משלי יא, יח) "רָשָׁע עֹשֶׂה פְּעֻלַּת שָׁקֶר וְגוֹ' ", [ד]"רָשָׁע עוֹשֶׂה פְּעֻלַּת שָׁקֶר", זֶה נִמְרוֹד שֶׁהָיוּ פְּעוּלוֹתָיו עַל שָׁקֶר. "וְזֹרֵעַ צְדָקָה", זֶה אַבְרָהָם שֶׁנֶּאֱמַר (בראשית יח, יט) "וְשָׁמְרוּ דֶּרֶךְ ה' לַעֲשׂוֹת צְדָקָה וּמִשְׁפָּט", (משלי, שם) "שֶׂכֶר אֱמֶת", "אַל תִּירָא אַבְרָם וְגוֹ' ":

ג דָּבָר אַחֵר "אַל תִּירָא אַבְרָם", הָדָא הוּא דִכְתִיב (ישעיה מא, ח-ט) "וְאַתָּה יִשְׂרָאֵל עַבְדִּי יַעֲקֹב אֲשֶׁר בְּחַרְתִּיךָ זֶרַע אַבְרָהָם אֹהֲבִי, אֲשֶׁר הֶחֱזַקְתִּיךָ מִקְצוֹת הָאָרֶץ", מִמֶּסֶפּוֹטַמְיָא וּמֵחַבְרוֹתֶיהָ. "וּמֵאֲצִילֶיהָ קְרָאתִיךָ", מִמְּפוּלָשִׁין שֶׁבָּהּ. "קְרָאתִיךָ", זִמַּנְתִּיךָ, "בְּחַרְתִּיךָ וְלֹא מְאַסְתִּיךָ", "בְּחַרְתִּיךָ", בְּאַבְרָם, "וְלֹא מְאַסְתִּיךָ", בְּאַבְרָהָם. (שם) "אַל תִּירָא כִּי עִמְּךָ אָנִי אַל תִּשְׁתָּע כִּי אֲנִי אֱלֹהֶיךָ", אָמַר רַבִּי הוֹשַׁעְיָה: בְּשָׁעָה שֶׁאָמַר יִצְחָק לְיַעֲקֹב, (בראשית כז, כא) "גְּשָׁה נָּא וַאֲמֻשְׁךָ בְּנִי", [ה]נִשְׁפְּכוּ מַיִם עַל שׁוֹקָיו וְהָיָה לִבּוֹ רָפֶה כְּשַׁעֲוָה, וְזִימֵּן לוֹ הַקָּדוֹשׁ בָּרוּךְ הוּא

עץ יוסף

(כזה"ק): [ג] זה נמרוד. כי אע"פ שהצליח מאד במלחמת ה' מלכים שנפלו לפניו ולקח את כל רכושם מ"מ לסוף היו כל פעולותיו פעולת שקר. כי לא נתקיים בידו שעמד עליו אברהם והשמידו ולקח הכל מתחת ידו: זה אברהם. שהיה זורע צדקה שצוה ג"כ זרעו אחריו כדכ' כי ידעתיו למען אשר יצוה וגו'. היה לו שכר אמת שהוא קיים ונצחי תמיד כמ"ש אל תירא אברם וגו' שכרך הרבה מאד שלא יכנו לך כלום מזכיותיך בעוה"ז (כזה"ק): (ג) [ד] ממספוטמיא. ארם נהרים וע' לעיל פ' ל' ודורש על אברהם שהחזיק בו מקצות הארץ מבבל שהיא רחוקה. וזה שאמר מאציליה קראתיך פי' מגדולי הארץ כמ"ש ואל אצילי בני ישראל: קראתיך זמנתיך. שאמר תחילה החזקתיך ואח"כ קראתיך דקשה ע"כ דרש זמנתיך. שאחר שמחזיקים באדם מזמינים אותו לסעודה כמ"ש ותחזק בו לאכול לחם: בחרתיך באברם. כמ"ש אשר בחרת באברם. וכמ"ש בברכות פ"א שבחר בו בעת שהיה שמו אברם: ולא מאסתיך באברהם. שאע"פ שאז היה כבר זקן. אבל עוד יכונן בשיבה: אל תירא כו' אל תשתע. בשעוה. כצ"ל וחוזר לדרוש על יעקב שכל הפסוק מדבר ביעקב שכל כוונת הש"ת באברהם הוא על יעקב: נשפכו מים על שוקיו. כדרך המתפחדים שמעיהם מתרפים: והיה לבו רפה. פן יכיר בו ויקללנו. ומה שנתקררה דעתו תחילה בלבישת העורות היינו משום דלא ס"ד שיכוין יצחק להבחין בדבר כדפירש הרמב"ן ז"ל: בשעוה. דריש תשתע לשון שעוה:

פירוש מהרז"ו

בעיניך. וכמ"ש בפסוקים הקודמים (במשלי ג') בטח אל ה' בכל לבך ואל בינתך אל תשען וגו'. ופסוקים אלו מתקיימים באברהם וכמ"ש ומלאת את לבבו נאמן לפניך וזהו בכל לבך וכמ"ש שבת דף קנ"ו מה דעתך דקאי צדק במערב. מהדרנא ליה. ועי' לקמן פר' ז' סימן י"ב ועל זה אמר ירא את ה' לבדו ולא תירא מן המזל כלל. ועי' ילקוט משלי ג': רשע עושה פעולת שקר. עי' אגדת בראשית פרק י"ג ובתנחומא כאן שמ"ש שהיו פעולותיו של שקר על עבודת כוכבים שהיה עושה להטעות הבריות וכמ"ש כי שקר נסכם: שכר אמת וכו'. עד שכרך וגו' ולא פירש כאן למה ובפסוק זה מבואר שהשכר הוא על הצדקה שזרע ועשה ע"פ מדה י"ז: (ג) ממספוטמיא. פירשתי לעיל סוף פר' ל'. ודעת המדרש שפירוש הפסוק על אברהם אע"פ שהתחיל ואתה ישראל עבדי אך מאחר שאמר בס"ד זרע אברהם אוהבי דורש מ"ש אשר החזקתיך מקצות הארץ שלא יתפרש ביעקב שהרי תחלתו היתה בארץ ישראל ודיבר עמו והחזיקו במקום הקודש. אך אברהם החזיק בו מקצות הארץ מבבל שהיא רחוקה. ומ"ש מאציליה קראתיך פירש מגדולי הארץ כמ"ש ואל אצילי בני ישראל. כמ"ש פר"א פרק ט"ז רבקה בת מלכים. וכמו שכתב בספר הישר שתרח היה שר צבאו של נמרוד וכמ"ש אל עיר נחור: קראתיך זמנתיך. שאמר תחלה החזקתיך. ואחר כך קראתיך מתחלה קוראים ואח"כ מחזיקים. על כן דרש זמנתיך. שאחר שמחזיקים באדם מזמינים אותו לסעודה כמ"ש ותחזק בו לאכל לחם: בחרתיך באברם. כמ"ש אשר בחרת באברם וכמ"ש ברכות סוף פרק א' שבחר בו בעת שהיה שמו אברם. ולא מאסתיך באברהם. שאז כבר היה זקן ועכ"ז לא מאס בו אבל עוד יכונן בשיבה וכמ"ש אל תבוז כי זקנה וגו': אל תירא וכו' אל תשתע. חוזר לדרוש על יעקב מכופל לשון. אל תירא וכו' האומר לך אל תירא ופסוק אל תירא על יעקב. ופסוק האומר לך על תירא על אברהם שמפורש בו שא"ל הש"י אל תירא אברם ולא אצל יעקב. וא"כ נאמרה נבואה זו בימי אברהם ובימי יעקב. ויותר נראה שכל הפסוק מדבר ביעקב כי מאחר שכל כוונת הש"י באברהם הוא על יעקב וזרעו אמר אשר החזקתיך מקצות הארץ פירוש שכל מה שהחזקתי באברהם הוא למענך. וכן פסוק האומר לך אל תירא כאלו אמר ליעקב כי למענו ועליו אמר לאברהם. וכל הענין בילקוט ישעיה מ"א בגירסא מתוקנת וכאן חסר כמ"ש במ"כ: נשפכו מים על שוקיו. מאמר זה לקמן פר' ס"ה סימן י"ט ושם פירשתי:

חידושי הרד"ל

(ו) [ג] בחרתיך באברהם. ולא מאסתיך באברם כצ"ל:

(ז) נשפכו מים על שוקיו. מן הפחד וכדא' (יחזקאל ז') כל ברכים תלכנה מים. ועי' סוטה (מ"ד.) שמע קול כו' ומים שותתין על ברכיו:

חידושי הרש"ש

[ג] בחרתיך באברם. הוא עפ"י הכתוב (נחמיה ט') אשר בחרת באברם וכמו דאמרינן בספ"ק דברכות ולקמן פמ"ו:

[ד] ולא מאסתיך באברהם. זה עולה יפה לגי' הרא"ש שהביא המ"כ לעיל ספמ"ב מה אתה הולך וממאים עצמך כו' לכן אמר ולא מאסתיך באברהם שנקרא כן אז בעת הצטוותו על המילה:

באור מהרי"פ

ג ממספוטמיא. ע' מ"כ וז"ל רב"מ פי' בל"י ורומי ארם נהרים שהיא יושבת תוך שני נהרים מסו פי' תוך פוטמו נהר בל"י עכ"ל:

מסורת המדרש

ד תנחומא כאן סי' י"ב. אגדת בראשית פרק י"ג. ילקוט כאן רמז ע"ו. וילקוט משלי רמז תתקמ"ז:

ה לקמן פ' ס"ה. ילקוט סדר תולדות רמז קט"ו. וילקוט ישעיה רמז שי"ג:

אם למקרא

רָשָׁע עֹשֶׂה פְּעֻלַּת־שָׁקֶר וְזֹרֵעַ צְדָקָה שֶׂכֶר אֱמֶת: (משלי יא:יח)

כִּי יְדַעְתִּיו לְמַעַן אֲשֶׁר יְצַוֶּה אֶת־בָּנָיו וְאֶת־בֵּיתוֹ אַחֲרָיו וְשָׁמְרוּ דֶּרֶךְ ה' לַעֲשׂוֹת צְדָקָה וּמִשְׁפָּט לְמַעַן הָבִיא ה' עַל־אַבְרָהָם אֵת אֲשֶׁר־דִּבֶּר עָלָיו: (בראשית יח:יט)

וְאַתָּה יִשְׂרָאֵל עַבְדִּי יַעֲקֹב אֲשֶׁר בְּחַרְתִּיךָ זֶרַע אַבְרָהָם אֹהֲבִי: אֲשֶׁר הֶחֱזַקְתִּיךָ מִקְצוֹת הָאָרֶץ וּמֵאֲצִילֶיהָ קְרָאתִיךָ וָאֹמַר לְךָ עַבְדִּי־אַתָּה בְּחַרְתִּיךָ וְלֹא מְאַסְתִּיךָ: אַל־תִּירָא כִּי עִמְּךָ־אָנִי אַל־תִּשְׁתָּע כִּי־אֲנִי אֱלֹהֶיךָ אִמַּצְתִּיךָ אַף־עֲזַרְתִּיךָ אַף־תְּמַכְתִּיךָ בִּימִין צִדְקִי: (ישעיה מא:ח-י)

מתנות כהונה

תירא. מכלל שהיה מתיירא: תאמר שאני בו'. שדעתך תלויה ומסופקת: [ג] ממספוטמיא. ארץ מארצות הרחוקים מן האיים ובערוך הביאו ולא פירשו: ממפולשין. מהמפורסמים הארצות הידועים בשם ותהלה מהם קראתיך לי לשמי: זמנתיך. קראתיך פירושו זמנתיך ובלשון חז"ל המזומנים לסעודה נקראים קרואים: בחרתיך באברם גרסינן. פי' בעוד שהיה שמך אברם כמו שנאמר אשר בחרת באברם: ה"ג אל תירא כי עמך אני: אל תשתע בשעוה. דרש תשתע לשון שעוה וכן פירשו שם רש"י ז"ל:

אשד הנחלים

כן מדרך החכמים האמיתים שיראים תמיד אולי מעשיהם עודנו לא זכו בעיני ה' ועי"ז הוא סר מרע תמיד יותר ויותר כי יזדכך תמיד מעלה מעלה: בעיניך כו' ירא כו' אל תירא כו'. כלומר אל תירא ממראה עיניך ומדמיוני חושך הטבעים כי יראה לך שאינך מוליד בטבע. לא תירא ממחזות שוא כמוהם כ"א ירא ה' והוא יהפך מזלך. וזהו אל תירא כלומר אל תירא מדמיוני הבל רק ממני ית'. ואנכי אהי' למגן לך להצילך מדרך הטבע המיוסד: זה נמרוד כו'. אחז בנמרוד לפי שהוא הי' מכוין לאבד לאברהם. ואז ח"ו אבדה אמונה מבנים כי הוא הי' הראשון החל לזרוע האמונ' והצדקה בקרב הארץ. אך כל פעולותיו של נמרוד הי' על שקר ועל חינם כי לא הצליח מאומה בפעולותיו. ונהפוך כי אברהם שזרע הצדקה בעולם כי עשה צדקה עם המלכים האלה להצילם מאמרפל שהוא נמרוד זכה לשכר הרבה בזה כמ"ש שכרך הרבה מאוד והשכר הוא שכר אמת לא שכר ההבדל מדרכי הצלחת ה' כ"א שכר אמיתי מהצלחה הנפשית האמיתית: [ג] בחרתיך באברם ולא מאסתיך באברהם. לכאורה הדבר להיפך. כי בעת שהי' נקרא אברהם הי' נבחר יותר מתחילה שנקרא אברם גם הכתוב אומר אשר בחרתיך על יעקב ואיך יאמר שמורה על אברהם. והנראה לפי שמלת בחירה הונח על הדבר הנבחר משני דברים המונחים וכמ"ש ראה נתתי לפניך דרך החיים ודרך המות ובחרת בחיים. והנה הדבר הטוב בעצם לא שייך בו בחירה זולת על הדבר הטוב בהצטרפות שנבחר הדבר עכ"פ יותר מהשני ולכן אמר ראה והתבונן שיש דרך החיים והשני הוא דרך המות ולכן ברח לך מהצד השני שהוא רעה למאוד לדרך החיים וכלומר אף אם לא תדע את דרך הטוב כי הוא טוב בעצם עכ"פ שים לנגד עיניך הטוב מבין שני דרכים ואז תבחר בדרך החיים והנה אברהם בעוד שנקרא אברם לא הי' עודנה בשלימות העליוני כמו שהי' אח"כ רק שנבחר בערך אחרים שלא היו טובים מאומה וא"כ היתה בחירתו לא בעצם רק בהצטרפות ואחר שנקרא אברהם שאז נשתלם בשלימות אז לא מאסו בעצמו כי אז הי' נבחר מצד עצמו לבד לא בערך אחרים והנה גם יעקב אשר נתכנה אח"כ ישראל ג"כ הי' ככה. וזה שאמר הכתוב לישראל המכונים בשם אביהם. ואתה ישראל עבדי [שזהו שם העיקרי

שְׁנֵי מַלְאָכִים אֶחָד מִימִינוֹ וְאֶחָד מִשְּׂמֹאלוֹ — **with two angels,**[27] **one at his right and one at his left,** וְהָיוּ אוֹחֲזִין אוֹתוֹ בְּמַרְפְּקוֹ כְּדֵי שֶׁלֹּא יִפּוֹל — **and they held onto him by his elbows, in order that he** should **not fall.** הֲדָא הוּא דִכְתִיב ״אַל תִּשְׁתָּע כִּי אֲנִי אֱלֹהֶיךָ״ לֹא תִשְׁעָוּ — **This is what is written** (*Isaiah* 41:10), ***be not dismayed*** [תִּשְׁתָּע], ***for I am your God;*** i.e., **do not become like wax** [שַׁעֲוָה].[28]Ⓐ

The verse continues:

״אִמַּצְתִּיךָ אַף עֲזַרְתִּיךָ וְגוֹ׳״ — ***I have strengthened you, even helped you, etc.***[29] ״הֵן יֵבֹשׁוּ וְיִכָּלְמוּ וְגוֹ׳״, אֵלּוּ שֶׁהֵם שׂוֹטְנִים בָּךְ — ***Behold,*** *all who become angry with you* ***will be shamed and humiliated, etc.*** (ibid. v. 11) — this alludes to **those who hate you;** ״יִהְיוּ כְאַיִן וְיֹאבְדוּ אַנְשֵׁי רִיבֶךָ״, אֵלּוּ שֶׁהֵן עוֹשִׂין עִמְּךָ מְרִיבָה — ***those who contend with you shall be like nothingness, and shall perish*** (ibid.) — this alludes to **those who engage in strife with you.** ״תְּבַקְשֵׁם וְלֹא תִמְצָאֵם״, אֵלּוּ שֶׁהֵן עוֹשִׂין עִמְּךָ מַצּוּת — *The men who struggle with you,* ***you shall seek them but not find them*** (ibid., v. 12) — this alludes to **those who fight with you.**[30] ״כִּי אֲנִי ה׳ אֱלֹהֶיךָ ... הָאוֹמֵר לְךָ אַל תִּירָא״ — ***For I am HASHEM, your God,*** *Who grasps your right hand,* ***Who says to you, "Fear*** [תירא] ***not,*** *[for] I will help you!"* (ibid. v. 13) — שֶׁנֶּאֱמַר ״אַל תִּירָא אַבְרָם״ — this alludes to Abraham, who was told by Hashem not to be afraid, **as it is stated** in our verse: ***Fear not, Abram.***[31]

§4 אָנֹכִי מָגֵן לָךְ — ***FEAR NOT, ABRAM, I AM A SHIELD FOR YOU; YOUR REWARD IS VERY GREAT.***

The Midrash offers other explanations of Abraham's fear:

רַבִּי לֵוִי אָמַר תַּרְתֵּין, וְרַבָּנָן אָמְרֵי חֲדָא — **R' Levi said two** things about this passage **and the Sages said one.**[32]

R' Levi's first interpretation of *Fear not, Abram*:

רַבִּי לֵוִי אָמַר: לְפִי שֶׁהָיָה אָבִינוּ אַבְרָהָם מִתְפַּחֵד וְאוֹמֵר — **R' Levi said:** God told Abram, *Fear not,* **because our father Abraham was fearful and said** to himself, תֹּאמַר אוֹתָן אוּכְלֹסִין שֶׁהָרַגְתִּי שֶׁהָיָה בָּהֶם צַדִּיק אֶחָד וִירֵא שָׁמַיִם אֶחָד — "Perhaps **you might say** that among **those troops whom I killed** in my war against the four kings, **there was one righteous** person, **or one God-fearing** person, and I thus am deserving of punishment for having killed him."[33] מָשָׁל לְאֶחָד שֶׁהָיָה עוֹבֵר לִפְנֵי פַּרְדֵּסוֹ שֶׁל מֶלֶךְ — But in fact Abram had nothing to fear, for **this is comparable to a person who was passing in front of a king's orchard.** רָאָה חֲבִילָה שֶׁל קוֹצִים וְיָרַד וּנְטָלָהּ — **He saw a bundle of thorns, went down** to the orchard, **and took it.** וְהֵצִיץ הַמֶּלֶךְ וְרָאָה אוֹתוֹ, הִתְחִיל מִטַּמֵּן מִפָּנָיו — **The king looked out** his window, which was overlooking the orchard, **and saw him,** upon which **he proceeded to hide** himself **from before [the king].**[34] אָמַר לוֹ: מִפְּנֵי מָה אַתָּה מִטַּמֵּן מִפָּנַי — **The king said to him, "Why are you hiding** yourself **from me?** כַּמָּה פּוֹעֲלִים הָיִיתִי צָרִיךְ שֶׁיְּקַשְּׁשׁוּ אוֹתָהּ — **How many workers would I have needed** in order **to collect [the thorns]** and dispose of them? עַכְשָׁיו שֶׁקִּשַּׁשְׁתָּ אוֹתָהּ בֹּא וְטוֹל שְׂכָרָךְ — **Now that you collected it** for me, **come and take your reward!"** כָּךְ אָמַר הַקָּדוֹשׁ בָּרוּךְ הוּא לְאַבְרָהָם: אוֹתָן אוּכְלֹסִין שֶׁהָרַגְתָּ קוֹצִים כְּסוּחִים הָיוּ — **Similarly, the Holy One, blessed is He, said to Abraham, "Those troops whom you killed were thorns already cut down."**[35] הֲדָא הוּא דִכְתִיב ״וְהָיוּ עַמִּים מִשְׂרְפוֹת שִׂיד קוֹצִים כְּסוּחִים״ — **This is what is written: *Nations will be like burnings for lime; like cut*** [כסוחים] ***thorns set aflame*** (*Isaiah* 33:12).

R' Levi's second interpretation:

רַבִּי לֵוִי אָמַר: אוֹחֲרִי — **R' Levi said another** explanation: לְפִי שֶׁהָיָה אָבִינוּ אַבְרָהָם מִתְפַּחֵד וְאוֹמֵר — God told Abraham not to fear for the following reason: **Since our father Abraham was fearful and said** to himself: תֹּאמַר אוֹתָן הַמְּלָכִים שֶׁהָרַגְתִּי שֶׁבְּנֵיהֶם מְכַנְּסִין אוּכְלֹסִין וּבָאִים וְעוֹשִׂים עִמִּי מִלְחָמָה — "Perhaps **you might say** that **the sons of those kings whom I killed will gather troops, and come and wage war against me."** אָמַר לוֹ הַקָּדוֹשׁ בָּרוּךְ הוּא: ״אַל תִּירָא אָנֹכִי מָגֵן לָךְ״ — **The Holy One, blessed is He,** therefore **said to him, *"Fear not, Abram, I am a shield for you*:** מָה הַמָּגֵן הַזֶּה אֲפִילוּ כָּל הַחֲרָבוֹת בָּאוֹת עָלֶיהָ הִיא עוֹמֶדֶת כְּנֶגְדָּן — **Just as** it is the case with **a shield** that **even if all the spears** in the world would be **thrown against it, it would withstand them,** כָּךְ אַתְּ, אֲפִילוּ כָּל אוּמּוֹת הָעוֹלָם מִתְכַּנְּסִין עָלֶיךָ נִלְחָם אֲנִי כְּנֶגְדָּן — **so** it is the case with **you; even if all the idolaters** in the world **would gather together against you, I will wage war against them** and protect you."[36]

NOTES

27. The Midrash expounds the two words אמצתיך and עזרתיך as an allusion to two angels. *Yalkut Shimoni* (*Isaiah* §449) identifies the angels as Michael and Gabriel, who generally serve as God's messengers to rescue the righteous (*Eitz Yosef,* citing *Yefeh To'ar*).

28. The Hebrew word for wax is שַׁעֲוָה. The Midrash expounds the word תִּשְׁתָּע here as related to שַׁעֲוָה, which means wax.

29. God helped Jacob by ensuring that he would not be cursed by Isaac after Isaac realized that Jacob had taken Esau's place; see below, 67 §1 (*Eitz Yosef,* citing *Nezer HaKodesh*).

30. These three phrases (*hate, engage in strife,* and *fight*) represent different levels of enmity, in ascending order. *Hate* does not involve any overt expression, while *strife* refers to verbally expressed contention, and *fighting* refers to physical attacks, with murderous intent (see *Eitz Yosef* and *Maharzu*).

31. According to this Midrash, it was for his descendants that Abram feared (that they not fall into the hands of those who would hate them), and it was this fear that God came to assuage (*Eitz Yosef,* from *Nezer HaKodesh*; cf. *Matnos Kehunah*).

32. R' Levi will offer two interpretations concerning what it was that Abraham feared, while the Sages will offer a third (*Eitz Yosef;* cf. *Imrei Yosher* and *Radal*).

33. *Yefeh To'ar* points out that the two categories of people mentioned here by the Midrash are not synonymous: *righteous* refers to a person who observes both positive and negative commandments, while *God-fearing* refers specifically to a person who does not violate negative commandments. As regarding the question: "Why would a righteous person have participated in a war against Abram?," he answers that it is possible that such a person was recruited against his will.

34. He was afraid that the king would think that he had stolen fruit, and punish him for this theft.

35. I.e., death had already been decreed upon them. [This idea is elaborated above, 43 §3.]

According to this interpretation, the verse is to be understood thusly: God said to Abraham, *do not fear* punishment for having killed a righteous or God-fearing man; *I am a shield for you,* for I did not allow you to kill any but those who deserved death. Moreover, *your reward will be very great,* as you will receive reward for having killed those who deserved death (*Eitz Yosef*).

36. [This interpretation of the verse does not address the meaning of the end of the verse, *your reward will be very great.*]

INSIGHTS

which he lived. In extending His love to Abram, he extended it to the nascent *people* that Abram personified. And God's love of the people of Israel as a whole supersedes any individual level of spirituality.

Ⓐ **Jacob's Fear** Our Midrash portrays a very fearful Jacob. Similarly, the Midrash below (65 §15), records that when Jacob went to bring the goats to Rebecca, he went "under duress, bent over and crying." Why was he so afraid? The commentators explain that it was because he was risking his entire spiritual life, as follows:

Every positive *middah*-attribute is tested and perfected through its opposite attribute. For instance, holiness, though generally associated with abstention, is perfected specifically through *eating* for the sake of Heaven. Similarly, complete trust in God (*bitachon*) is brought out in a person when he engages in earning a livelihood — while remembering that in reality all his success comes from Heaven (see *Michtav*

שְׁנֵי מַלְאָכִים אֶחָד מִימִינוֹ וְאֶחָד מִשְּׂמֹאלוֹ וְהָיוּ אוֹחֲזִין אוֹתוֹ בְּמַרְפֵּקוֹ כְּדֵי שֶׁלֹּא יִפּוֹל, הָדָא הוּא דִכְתִיב "אַל תִּשְׁתָּע כִּי אֲנִי אֱלֹהֶיךָ" לֹא תִשְׁוָע, "אִמַּצְתִּיךָ אַף עֲזַרְתִּיךָ וְגוֹ' ", (ישעיה מא, יא) "הֵן יֵבֹשׁוּ וְיִכָּלְמוּ וְגוֹ' ", אֵלּוּ שֶׁהֵם שׁוֹטְנִים בָּךְ, "יִהְיוּ כְאַיִן וְיֹאבְדוּ אַנְשֵׁי רִיבֶךָ", אֵלּוּ שֶׁהֵן עוֹשִׂין עִמְּךָ מְרִיבָה, (שם פסוק יב) "תְּבַקְשֵׁם וְלֹא תִמְצָאֵם", אֵלּוּ שֶׁהֵן עוֹשִׂין עִמְּךָ מַצּוּת, "כִּי אֲנִי ה' אֱלֹהֶיךָ... הָאוֹמֵר לְךָ אַל תִּירָא וְגוֹ' " שֶׁנֶּאֱמַר "אַל תִּירָא אַבְרָם":

ד "אָנֹכִי מָגֵן לָךְ", רַבִּי לֵוִי אָמַר תַּרְתֵּין, וְרַבָּנָן אָמְרֵי חֲדָא, רַבִּי לֵוִי אָמַר: יְלְפִי שֶׁהָיָה אָבִינוּ אַבְרָהָם מִתְפַּחֵד וְאוֹמֵר: תֹּאמַר אוֹתָן אוּכְלֻסִין שֶׁהָרַגְתִּי שֶׁהָיָה בָּהֶם צַדִּיק אֶחָד וִירֵא שָׁמַיִם אֶחָד. מָשָׁל לְאֶחָד שֶׁהָיָה עוֹבֵר לִפְנֵי פַּרְדֵּסוֹ שֶׁל מֶלֶךְ, רָאָה חֲבִילָה שֶׁל קוֹצִים וְיָרַד וּנְטָלָהּ וְהֵצִיץ הַמֶּלֶךְ וְרָאָה אוֹתוֹ, הִתְחִיל מִטַּמֵּן מִפָּנָיו. אָמַר לוֹ: מִפְּנֵי מָה אַתָּה מִטַּמֵּן מִפָּנַי, °פּוֹעֲלִים הָיִיתִי צָרִיךְ שֶׁיְּקוֹשְׁשׁוּ אוֹתָהּ, עַכְשָׁיו שֶׁקִּשַּׁשְׁתָּ אוֹתָהּ בֹּא וְטוֹל שְׂכָרְךָ. כָּךְ אָמַר הַקָּדוֹשׁ בָּרוּךְ הוּא לְאַבְרָהָם: אוֹתָן אוּכְלֻסִין שֶׁהָרַגְתָּ קוֹצִים כְּסוּחִים הָיוּ, הָדָא הוּא דִכְתִיב (ישעיה לג, יב) "וְהָיוּ עַמִּים מִשְׂרְפוֹת סִיד קוֹצִים כְּסוּחִים". רַבִּי לֵוִי אָמַר: אוֹחֲרִי, לְפִי שֶׁהָיָה אָבִינוּ אַבְרָהָם מִתְפַּחֵד וְאוֹמֵר: תֹּאמַר אוֹתָן הַמְּלָכִים שֶׁהָרַגְתִּי שֶׁבְּנֵיהֶם מְכַנְּסִין אוּכְלֻסִין וּבָאִים וְעוֹשִׂים עִמִּי מִלְחָמָה, אָמַר לוֹ הַקָּדוֹשׁ בָּרוּךְ הוּא: "אַל תִּירָא אָנֹכִי מָגֵן לָךְ", מָה הַמָּגֵן הַזֶּה אֲפִילוּ כָּל הַחֲרָבוֹת בָּאוֹת עָלֶיהָ הִיא עוֹמֶדֶת כְּנֶגְדָּן, כָּךְ אַתְּ, אֲפִילוּ כָּל אוּמוֹת הָעוֹלָם מִתְכַּנְּסִין עָלֶיךָ נִלְחָם אֲנִי כְּנֶגְדָּן.

עץ יוסף

ב' מלאכים. מדכפל אמלתיך אף עזרתיך. ובילקוט הגיא אמלתיך במיכאל. אף עזרתיך בגבריאל. ונקט ב' אלה. שדרכם להיות שלוחי ה' לשמירת הצדיקים (יפ"ת): **במרפקו.** אצילי ידיו: **לא תשוע.** לשון שעוה. וכתב תשתע שכל תיבה שתחלת יסודה שי"ן כשבא לדבר בלשון מתפעל התי"ו נכנסת בין ב' אותיות שרשי התיבה כמ"ש רש"י ז"ל: **אף תמכתיך בימין צדקי.** שכאשר נודע אח"כ הדבר ליצחק בא לקללו. וה' השיבו אחור והפך הקללה לברכה שאמר גם ברוך יהיה כדאי' לקמן פ' ס"ז. ודבר זה נעשה ע"י הקב"ה בעצמו. ועל זה אמר אף תמכתיך בימין צדקי (נזה"ק): **הן יבושו ויכלמו.** כל הנחרים בך: **שהם שוטנים בך.** שאינם מריבים עמך ממש אבל חורקים שן עליך: **עושים עמך מריבה.** פי' מריבה ממש בדברים וכיוצא בו בעניני רשע: **עושין מצות עמך.** דהיינו ששולחים בך יד ממש כמכת חרב וכיוצא בו (נזה"ק): **אל תירא שנא' אל תירא אברם.** כלו' מ"ש לאברהם אל תירא לא נאמר אלא כלפי זרעו לבל יירא שיפלו זרעו ביד שונאיהם (נזה"ק): (ד) [ה] **רבי לוי אמר תרתין.** ב' שיטות בירא זו דקאמר אל תירא: **שהיה בהם צדיק אחד.** אולי היה ביניהם צדיק אחד שהביאוהו עמהם באונס. וצדיק הוא בין בעשה ובין בלא תעשה. וירא שמים הוא בל"ת לבד (יפ"ת): **שיקושו.** ענין איפוש ולקיטה כמו (שמות ב') לקושש קש לתבן. מקושש עצים: **אמר הקב"ה לאברהם.** ושכר תטול על הריגתם. וז"ש שכרך הרבה מאוד. ומ"ש אנכי מגן לך נמי יש לפרש אנכי מגן לך מן העונש שלא תענש. דאדרבה תקבל שכר: **ר"ל אמר אוחרי.** שהפחד היה מכינוס האוכלסין ולכן א"ל הקב"ה אנכי מגן לך להיות לך כמגן העומד בפני חרבות:

חידושי הרד"ל

(ח) **ולא תמצאם.** אנשי מצותך אלו שהן כו' מצות יהיו כאין גו' מלחמתך אלו המלכים שעשו עמך מלחמה כצ"ל:

(ט) [ד] **רבי לוי אמר תרתין ורבנן כו'.** ר' לוי בראשונה דרש אל תירא אנכי מגן לך כאחת. ורבנן דרשי אל תירא אנכי מגן לך שכרך הרבה כאחת:

חידושי הרש"ש

[ד] **שיקושו כו' שקששת כו'.** עמ"כ ויותר נראה לפרש מלשון לקושש קש (שמות ה') וכפי' רש"י שם:

פירוש מהרז"ו

הן יבושו ויכלמו. וס"ד כל הנחרים בך. ועל זה פירש אלו שהם סוטנים בך וזה במעשה. אנשי ריבך. בדברי ריבות: **ולא תמצאם.** וס"ד אנשי מצותך. וזה שאמר אלו שהם עושים עמך מצות. היינו ריב דברים עם מעשה מות כמ"ש שמ"ר פר' א' סוף סימן כ"ט בהדיא וכמ"ש בפסוק אנשי מלחמתך: **אף עזרתיך.** גירסת הילקוט אמלתיך במיכאל אף עזרתיך בגבריאל. והוא בעצמו אומר לך אל תירא עכ"ל. כמ"ש כאן אל תירא אברם: (ד) **מתפחד.** לא די שאין לו לירא אבל עוד יקבל על זה שכר טוב וכדברי המשל ודורש סמוכים לפי הסדר שכתוב בלא סירוס הפרשיות. ועיין לקמן סימן ה' לפי הסירוס: **שיקושו אותו וכו' שקששת.** מלשון לקיטה כמ"ש לקושש קש מקושש עצים וכדומה: (וקשקוש הוא לשון עידור כמ"ש בערוך אך כאן קישוש הוא לקיטה): **משרפות סיד.** מדבר באברהם לפניו כתיב הן אראלם כמ"ש לקמן פרשה נ"ו סי' ה' ולאחריו כתיב פחדו בציון וגו' הולך צדקות וכמ"ש לקמן פר' מ"ח סימן ו'. וכתיב אחריו שמעו רחוקים אשר עשיתי ודעו קרובים גבורתי. פירוש כשתתבוננו את אשר עשיתי כבר בימי אברהם תדעו מה שאעשה להבא כמ"ש לעיל פר' מ"ב סי' ב' בהדיא שכל ענין הד' מלכים שבאו על אברהם סימן הוא שכן יהיה לעתיד בגוג וכאן שכתוב משרפות סיד הרי שכן היה בימי אברהם. ולפי זה פירוש הפסוק אל תירא וגו' שכרך וגו' אנכי מגן לך ע"פ מדה ל"א פירוש לא די שלא תירא אלא תקבל שכר. ולפי פירוש הב' הפסוק כסדר ואינו שייך למ"ש שכרך וגו' ולרבנן יפורש כל הפסוק אלא שמ"ש מגן ולא אמר צנה וסוחרה וכדומה. דורשים מלשון אנס בארמית ע"פ מדת ממטל:

מסורת המדרש

ו פדר"א פ' כ"ז. תנחומא כאן סימן ט"ו. ילקוט כאן רמז ע"ו. וילקוט ישעיה רמז שי"ג:

אם למקרא

הֵן יֵבֹשׁוּ וְיִכָּלְמוּ כֹּל הַנֶּחֱרִים בָּךְ יִהְיוּ כְאַיִן וְיֹאבְדוּ אַנְשֵׁי רִיבֶךָ: (ישעיה מא:יא)

וְהָיוּ עַמִּים מִשְׂרְפוֹת שִׂיד קוֹצִים כְּסוּחִים בָּאֵשׁ יִצַּתּוּ: (ישעיה לג:יב)

מתנות כהונה

מרפקו. אצילי ידיו [בערוך]: **לא תשוע.** לא תהיה כשעוה [כ"פ בערוך]: **ה"ג בילקוט ישעיה** אמלתיך במיכאל עזרתיך בגבריאל הן יבושו כו': **מצות.** לשון מלה ומריבה: **ולא תמצאם וגו'.** גרסינן: **ה"ג האומר לך אל תירא.** וכן לאברהם שנאמר אל תירא וגו': [ד] **וירא שמים אחד.** ויהיה נענש עליו: **שיקושו.** פירש הערוך לעדרו קישקוש זהו עידור אלא שעידור בגפנים וקישקוש בזיתים: **שהרגתי.** ברשעתם: **כך אמר הקדוש ברוך הוא כו'.** וזהו שנאמר אל תירא וגו':

אשד הנחלים

והתכלית] יעקב אשר בחרתיך [ואף בהיותך יעקב אשר בחרתיך] וכל זה בחרתיך מצד היותך זרע אברהם אוהבי כי גם עמו התנהגתי ככה בתחילה בחרתי ואח"כ לא מאסתיו מצד עצמו וראה נא אשר עשיתי עמו כי מאציליה ממקומות הרחוקים ממקום המקודש קראתיו וזמנתיו לזכות באחרית לארץ הזאת והחזקתי את לבו למען לא ירא מזאת כי בוודאי יקויים הבטחתי ותקים זרע ותכוון התכלית האמיתי וכל זה מוסר הנביא לישראל לעוררם איך שהם בתכלית העליון ומראשית חשב עליהם ואיך ישובו אחור מאלהיהם והבן זאת. כי אינו רחוק מפשוטו: **שני מלאכים כו'.** כבר ידוע מאמר הכתוב וכל צבא השמים עומדים עליו מימינו ומשמאלו וכל זה רמז לרחמים המכונה בשם ימין ושמאל על הדין וה' עזרו בשניהם מימינו ומשמאלו כי הצדיקים מהפכין הדין לרחמים וזהו אל תשתע מלשון שעוה שלא ימס לבך ע"ז כי בודאי אביך יברכך ולא ינכרך וכאומר הנביא ראה נא סבובי אשר סבבתי מתחילה למען תבורכו מפי אביכם: **שוטנים כו' מריבים כו'.** כי בתחילה כתב וישטום עשו שזה הי' שנאה בלב ואח"כ דימה לריב עמו בפועל. ומצות היא גדולה מהמריב' כי מריב' הוא רק בפה והמצות הם במלחמה וביד חזקה וכאומר הכתוב למה תיראו הלא ראית בתחילה איך נהגתי עם אביך [אשר כל זה סימן לבניו כי מעשי אבות סימן לבנים כנודע]. וכל זה רמזתי בתחילה לאביהם בכלל שאמרתי לו אל תירא וא"כ לא תיראו בית ישראל ולמה תפחדו: **[ד] צדיק אחד כו' משל כו' והציץ המלך.** תיקן במשל הזה להורות שמתי נתירא אברהם בעת שהציץ המלך עליו וכלומר בעת שהשיג המחזה כי אז הנפש מלאה מיראת שדי מאוד רוממה וע"כ נפל עליה פחד פן לא עשתה כראוי. כטבע העושה טוב בעבור כבוד אם יתראה אליו המלך פתאום יאחזמו רעד פן לא עשה כראוי. כן זה. ולדעת ר"ל עוד שהיה ירא מתחילה אולי ירדפו אותו המלכים עד שבאתהו בנבואה כי יהי' מגן בעדו ולא ירא מאומה ודעת רבנן עוד שהי' ירא פן ינוכה שכרו ונתבשר לו ששכרו הרבה מאוד בעוה"ב. ומרומז דעת כולם בפסוק אל תירא [פן לא עשית כראוי]

The Midrash now cites the Sages' interpretation of the verse: וְרַבָּנָן אָמְרֵי חֲדָא – **And the Sages said one** thing about this passage: לְפִי שֶׁהָיָה אָבִינוּ אַבְרָהָם מִתְפַּחֵד וְאוֹמֵר – God told Abraham not to fear, **because our father Abraham was fearful and said** to himself, יָרַדְתִּי לְכִבְשַׁן הָאֵשׁ וְנִצַּלְתִּי, יָרַדְתִּי לְמִלְחֶמֶת הַמְּלָכִים וְנִצַּלְתִּי – **"I went down into the fiery furnace and was saved,**[37] and **I went down to the war** against the four **kings and I was saved.** תֹּאמַר שֶׁנִּתְקַבַּלְתִּי שְׂכָרִי בָּעוֹלָם הַזֶּה וְאֵין לִי כְּלוּם לֶעָתִיד לָבֹא – Perhaps **you might say** that **I have received** all **my reward in this world,**[38] **and I have nothing** left **for the Next World."** אָמַר הַקָּדוֹשׁ בָּרוּךְ הוּא: "אַל תִּירָא אָנֹכִי מָגֵן לָךְ" – **The Holy One, blessed is He, said to him, *"Fear not, Abram, I am a shield for you,*** וְכָל מַה שֶּׁעָשִׂיתִי עִמְּךָ בָּעוֹלָם הַזֶּה חִנָּם עָשִׂיתִי עִמָּךְ – **and all that I did for you in this world, I did for you for free.**[39] אֲבָל שְׂכָרְךָ מְתוּקָּן לֶעָתִיד לָבֹא, "שְׂכָרְךָ הַרְבֵּה מְאֹד" – **But your reward is** still **prepared** for you **for the Next World,** and *your reward is very great."* הֵיךְ מָה דְאַתְּ אָמַר "מָה רַב טוּבְךָ אֲשֶׁר צָפַנְתָּ לִּירֵאֶיךָ" – This is **similar to that which you say** in Scripture, ***How abundant is Your goodness that You have stored away for those who fear You!*** (*Psalms* 31:20).Ⓐ

§5 The Midrash cites a dispute that it will relate to our verse: רַבִּי יוּדָן וְרַבִּי הוּנָא תַּרְוַיְהוֹן בְּשֵׁם רַבִּי יוֹסֵי בֶּן זִימְרָא – **R' Yudan and R' Huna both** made a statement **in the name of R' Yose ben Zimra:** רַבִּי יוּדָן אָמַר: בְּכָל מָקוֹם שֶׁנֶּאֱמַר "אַחֲרֵי", סָמוּךְ "אַחַר", מוּפְלָג – **R' Yudan said: Wherever it says** the word אַחֲרֵי, meaning "*after*," in Scripture, **it means soon after** the events mentioned previously (i.e., before that word),[40] while wherever Scripture uses the word אַחַר for "after," **it is long after** the events mentioned previously. וְרַבִּי הוּנָא אָמַר: בְּכָל מָקוֹם שֶׁנֶּאֱמַר "אַחַר", סָמוּךְ "אַחֲרֵי", מוּפְלָג – **But R' Huna** disputed this version of R' Yose's words, and **said: Wherever it says** אַחַר for "after" in Scripture, **it is soon after** the events mentioned previously, and wherever Scripture uses אַחֲרֵי for "after," **it is long after** the events mentioned previously.[41] According to R' Huna, then, our verse, which

NOTES

37. See above, note 11.

38. That is, I have used up all the reward I had earned, having "spent" it in "payment" for the miracles that God did on my behalf (*Eitz Yosef,* from *Shabbos* 32a).

39. The Midrash here is expounding the word מָגֵן, *shield*, which may also be read מַגָּן, the Aramaic word for "free," at no cost (*Matnos Kehunah; Eitz Yosef*).

40. That is, it happened soon thereafter.

Be'er Yitzchak (a commentary on *Rashi*, who brings our Midrash in his comment to our verse) writes that by saying "it occurs soon after," the Midrash means that the later event is to be understood as a *continuation* of the earlier one.

41. R' Yudan and R' Huna thus argue if (according to R' Yose ben Zimra) the events of Ch. 15 happened soon after those of Ch. 14, or long afterward (*Eitz Yosef*, citing *Nezer HaKodesh*).

This dispute is relevant to many passages throughout Scripture. Though not all the Midrashim that were written on all of Scripture are extant, it can be assumed that each of these two Sages interpreted every one of those passages in accord with the rule that he states here (*Maharzu*). See Insight Ⓑ.

INSIGHTS

MeEliyahu III, p. 155). This principle explains why Jacob seems to be repeatedly tested by being compelled to engage in behavior that seems devious, such as misleading his father into thinking that he was Esau. Since Jacob's principal attribute was Truth, as the verse states (*Micah* 7:20), *Grant truth to Jacob*, he needed to purposely engage in acts that could have been construed as less than truthful, yet perform them with the purist of motives; that is, for the sake of truth. Only in this manner could he truly attain perfection in the attribute of Truth (*Michtav MeEliyahu* ibid.). [See also below, Insight to 48 §18.]

Some explain a bit differently. The Gemara (*Nazir* 23b) teaches that, under certain circumstances, a transgression committed for the sake of Heaven is equivalent to a mitzvah. However, *R' Yisrael Salanter* (cited in *Michtav MeEliyahu* III, p. 150) demonstrates from that very same passage of the Talmud that if the "righteous transgression" brought any enjoyment to the person, it no longer qualifies as a mitzvah, and in fact is reckoned as a pure transgression!

Jacob's misleading behavior, used for gaining the blessings from Isaac, was one such "righteous transgression." If he were to have felt even the slightest personal satisfaction from his charade, not only would this particular action be counted as an outright sin, instead of a mitzvah, but he would also thereby forfeit his life's work of perfecting the attribute of truth. It is no wonder, then, that he was so taken by fear as he approached his father; for what he was about to do would either lead him to the highest levels of Truth or to the darkest depths of Falsehood (based on *Harchev Davar, Bereishis* 27:9; *Shem MiShmuel, Toldos* 5678, s.v. והנה יעקב).

Ⓐ **The Reward Is Undiminished** "Nothing in this world is free." This oft-repeated phrase reflects a universal maxim, the truth of which is repeatedly borne out by experience. Almost any type of benefit or worthwhile endeavor entails an investment or payment of some sort.

This reality is far reaching, with ramifications extending even to the spiritual realm. Performance of a mitzvah contributes to a vast store of reward that awaits the doer in the World to Come. Achieving benefit in *this* world, while enjoyable, comes with a price; one's "account" of spiritual reward may be "debited" as a result.

It is for this reason that *ba'alei madreigah* (individuals of lofty spiritual standing) may react with some consternation when attaining a measure of material success. Such was the reaction of Abraham Avinu in the aftermath of his battle with the kings, as related by the Midrash. He feared that he had exchanged his store of merits for military victory. And so Hashem assured Abraham that there are exceptions. There actually exists a class of people who may receive the benefits of this world *without* affecting their Heavenly account. Abraham fell into this category.

This Midrash gives rise to a host of questions. What was Abraham's "secret of success"? Is it really possible that spiritual reward is subject to the notion of "special deals"? Who belongs to this fortunate group of people, and is it possible to join their ranks?

R' Yisrael Salanter illuminates the issue with a poignant analogy. Hotel food, while often delectable, can be quite expensive. By and large, the price will increase with the opulence of the surroundings — even if the fare itself is of equal quality. For a glass of juice of the same brand, an upscale hotel will charge a lot more than a humble inn. The customers pay for the mere privilege of dining in a premier establishment.

But in every hotel – no matter how exclusive – there are certain people who do get a "free lunch." While guests must pay for their meals, a different policy exists for the hotel employees. Their service to the establishment entitles them to partake of its offerings. During their lunch break, the kitchen staff can eat to their hearts' content, and nothing is deducted from their paychecks.

What is the world, says R' Yisrael, if not the grandest and most expansive hotel? It is owned and managed by the Master of All, Who provides the earth's population — the "guests" that are checked in to these universal lodgings — with all manner of essentials and amenities. However, all of this plenty comes at a price, which is commensurate with the supreme quality of the accommodations.

This portrayal forms the basis of Abraham's trepidation. As a guest of Hashem's hotel, he would be "charged" for benefiting from the fruits of this world. The price could be steep indeed, and spiritual reward, which was too precious to spend, was the going currency. To alleviate his concerns, Hashem informed Abraham that he was no mere guest; rather, he had progressed to the level of "employee." As a member of the "hotel's" inner circle of faithful workers, Abraham was entitled to free benefits. He could enjoy the world's bounty, without fear of depleting his ultimate reward. In the same vein, anyone who dedicates himself to the service of God and His Torah is considered His "employee" who has earned free benefits (*Bahd Kodesh*).

Ⓑ ***Achar* vs. *Acharei*** *Maharal* in *Gur Aryeh* (*Genesis* 22:20; *Deuteronomy* 11:30) explains that R' Huna and R' Yudan do not disagree

וְרַבָּנָן אָמְרִין חֲדָא: לְפִי שֶׁהָיָה אָבִינוּ אַבְרָהָם מִתְפַּחֵד וְאוֹמֵר: יָרַדְתִּי לְכִבְשַׁן הָאֵשׁ וְנִצַּלְתִּי, יָרַדְתִּי לְמִלְחֶמֶת הַמְּלָכִים וְנִצַּלְתִּי, תֹּאמַר שֶׁנִּתְקַבַּלְתִּי שְׂכָרִי בָּעוֹלָם הַזֶּה וְאֵין לִי כְּלוּם לֶעָתִיד לָבֹא, אָמַר הַקָּדוֹשׁ בָּרוּךְ הוּא: "אַל תִּירָא אָנֹכִי מָגֵן לָךְ", וְכָל מַה שֶּׁעָשִׂיתִי עִמְּךָ בָּעוֹלָם הַזֶּה חִנָּם עָשִׂיתִי עִמָּךְ, אֲבָל שְׂכָרְךָ מְתוּקָּן לֶעָתִיד לָבֹא, "שְׂכָרְךָ הַרְבֵּה מְאֹד", הֵיךְ מָה דְאַתְּ אָמַר (תהלים לא, כ) **"מָה רַב טוּבְךָ אֲשֶׁר צָפַנְתָּ לִּירֵאֶיךָ":**

ה רַבִּי יוּדָן וְרַבִּי הוּנָא תַּרְוֵיהוֹן בְּשֵׁם רַבִּי יוֹסֵי בֶּן זִימְרָא, רַבִּי יוּדָן אָמַר: זבְּכָל מָקוֹם שֶׁנֶּאֱמַר "אַחֲרֵי", סָמוּךְ "אַחַר", מוּפְלָג. וְרַבִּי הוּנָא אָמַר: בְּכָל מָקוֹם שֶׁנֶּאֱמַר "אַחַר", סָמוּךְ "אַחֲרֵי", מוּפְלָג. [טו, א] **"אַחַר הַדְּבָרִים הָאֵלֶּה", אַחַר הִירְהוּרֵי דְבָרִים שֶׁהָיוּ שָׁם. מִי הִרְהֵר, אַבְרָהָם הִרְהֵר. אָמַר לִפְנֵי הַקָּדוֹשׁ בָּרוּךְ הוּא: רִבּוֹן הָעוֹלָמִים כָּרַתָּ בְּרִית עִם נֹחַ שֶׁאֵינְךָ מְכַלֶּה אֶת בָּנָיו, עָמַדְתִּי וְסִיגַּלְתִּי מִצְוֹת וּמַעֲשִׂים טוֹבִים יוֹתֵר מִמֶּנּוּ וְדָחֲתָה בְּרִיתִי לִבְרִיתוֹ תֹּאמַר שֶׁאַחֵר עוֹמֵד וּמְסַגֵּל מִצְוֹת וּמַעֲשִׂים טוֹבִים יוֹתֵר [מִמֶּנִּי] וְתִדְחֶה בְּרִיתוֹ לִבְרִיתִי. אָמַר לוֹ הַקָּדוֹשׁ בָּרוּךְ הוּא: מִנֹּחַ לֹא הֶעֱמַדְתִּי מָגִינִּים שֶׁל צַדִּיקִים**

עץ יוסף

שברי בעולם הזה. שכל הטובים לו נס מנכין לו מזכיותיו כדאי' בפ"ב דשבת: **חנם עשיתי עמך.** דייק זה מדאמר לו אנכי מגן לך שכל מה שעשה עמו בחנם עשה עמו. ולא בשכר מצותיו. דמגן חנם הוא בל' חז"ל (מת"כ): **מתוקן לעתיד.** מאחר שאמר בלשון שכר ושכר מצוה בהאי עלמא ליכא וה"נ כתיב הרבה מאד: **מה רב טובך.** דהיינו עוה"ב הצפון (יפ"ת): **(ה) [ו] אחרי סמוך.** לענין של מעלה. ואחר מופלג מענין של מעלה: **אחר מופלג.** כלו' מה שהבטיחו ה' על זה אל תירא זה לא היה אלא לאחר זמן כי לא נתייחד עמו הדיבור אלא לאחר זמן מופלג (כזה"ק): **בכך מקום שנאמר אחר סמוך.** וס"ל דהכא נתייחד עמו הדיבור מיד בסמוך: **אחר הרהורי דברים.** מאומרו הדברים בה"א דרשו הרהורי דברים דרך נוטריקון אחר שגלה המלכים היו אותן הרהורי דברים (האב"א): **ודחתה בריתי לבריתו.** שהרי הרגתי הרבה אוכלסין מבניו: **תאמר שאחר עומד כו'.** ר"ל דנתירא פן גם בבניו יעשה כן שיבחר היותר הגון שבהם לקיים בו הברית. והאחרים יאבדו (אב"א): **מנח לא העמדתי מגינים.** כלומר הצדיקים שבזרעו לא יבחרו הגדולה לעצמם אלא יבקשו רחמים גם על כל הדור להגין עליהם בזכותם. אבל נח לא זכה להעמיד מגינים של צדיקים להגין על זרעו. ובזה נענש נח מדה כנגד מדה מה שלא ביקש רחמים על דורו להגין עליהם. ולפיכך גם ממנו לא עמדו

פירוש מהרז"ו

מתוקן לעתיד. מאחר שאמר בלשון שכר ושכר מצוה בהאי עלמא ליכא ע"כ שפירושו על לעתיד לבא. וכמ"ש עין לא ראתה וגו': **(ה) בבכל מקום שנאמר אחרי.** הדבר נראה לעין שכל אחד מן הדעות ידע כל המקומות שכתוב בהם אחר ואחרי ופירש כל אחד לפי שיטתו כל המקומות הנ"ל ומאחר שאין לנו המדרשים של כל התנ"ך על כן נעלם ממנו ידיעת מאמר זה וה' יראנו נפלאות מתורתו: **אחר הרהורי דברים.** עיין לקמן פ' נ"ה סימן ד' ופרשה נ"ז סימן ג' ופר' פ"ז ריש סי' ד'. ומדרש אסתר פסוק אחר הדברים כשוך. שהוקשה לחז"ל מ"ש אחר הדברים שפי' שדברי פר' המאוחרת מסובב ממ"ש בפרשה הקודמת ושייכת לה ובאמת אינו כן על כן דרשו תיבת הדברים שאות ה' מיותר לדרוש נוטריקון הרהורי דברים ועל פי מדה ל"ב ומדת סמוכים אנו יודעים מה שהרהר אברהם. וכמ"ש בריש סדר עולם ובברייתא דל"ב מדות ברכות דף ז' שבת דף י"א ברש"י ותוספות שם שפרשת בין הבתרים לא נאמרה על הסדר ע"פ מדה ל"ב שמתחלת אחר הדברים עד ויחשבה לו לצדקה נאמר בשנת ע"ג לאברם או בשנת ע"ה למר כדאית ליה ולמר כדאית ליה ומפסוק זה עד סוף הפרשה נאמרה בשנת ע' לאברם הרי שפרשת בין הבתרים שמסיימת בפסוק ביום ההוא כרת ה' את אברם ברית נאמרה קודם פסוק אחר הדברים האלה ועל זה אמר אחר הרהורי דברים שהיו שם על כריתת ברית של אברם שהיה קודם לכן שעל זה אמר אל תירא אברם שהיה מתירא מכריתת בריתו שלא יודחה ועי' לעיל פר' ל"ד סימן י"א ותבין ענין הדחיה והקודם היה על דברים גשמים ואראים אך ברית אברם על ארץ הקדושה ועל בית המקדש השראת השכינה ומ"ת והגאולה ותה"מ. והוקשה לחז"ל שעל יראתו שיעמוד צדיק אחר מה השיבו אנכי מגן ע"כ דורש שמ"ש מגן פירושו מגין ופי' שאני נותן לך מתנת המגינות שלא היה עד עתה שממך יעמדו צדיקים מגינים על דורם ועל דורות הבאים שלא יודחה הברית. וכמ"ש לקמן פר' מ"ט סימן ג' שיעמוד ממנו בכל דור צדיק ע"ש ומה נפלאו הדברים לפי מ"ש שי"ר סוף פסוק כמגדל דויד ר"ב בשם ר"י אמר אברהם לי נעשית מגן ולבני אי אתה נעשה מגן אמר ליה הקב"ה לך נעשיתי מגן אחד שנאמר אנכי מגן לך אבל לבניך אני נעשה מגינים הרבה:

מתנות כהונה

חנם עשיתי כו'. מגן בלשון ארמי חנם והוא ידוע בלשון חז"ל: **[ה] ודחתה בריתי כו'.** שהרי הרגתי הרבה אוכלסין מבניו: ה"ג

נחמד למראה

מד [ד] ורבנן אמרי חדא וכו' ירדתי לכבשן האש ונצלתי וכו'. וקשה דאדרבה היה לו לבטוח שיקבל שכר על שקידש שמו ברבים אם בכבשן האש ואם בצאתו להלחם באלו המלכים שיצא כדי שלא יתחלל שם שמים כדכתיבנא לעיל. ונראה דהא דאמרי' בסנהדרין בג"ע וש"ד ועבודת כוכבים יהרג ואל יעבור הוא היינו דוקא בדאיכא עשרה מישראל אבל בדליכא עשרה מישראל יעבור ואל יהרג. וכתב הרמב"ם בהלכות יסודי התורה פ"ה הלכה ד' כל מי שנאמר בו יעבור ואל יהרג ונהרג הרי זה מתחייב בנפשו. ונמצא שלא היה ראוי אברהם אבינו להנצל לא מכבשן האש ולא במלחמת המלכים. וזהו שהיה מתפחד שלא די לו שלא יקבל שכר אלא אדרבה ינכו לו בנס זה כל זכויותיו אשר עשה ואמר לו הקב"ה אל תירא אברם וגו' כל זה שעשיתי עמך בחנם. ר"ל דשאני אברהם שהיה אדם גדול וחסיד ירא שמים. ואף הרמב"ם ז"ל יודה בזה שהרשות בידו למסור עצמו למיתה ושכר הרבה יטול כיון שכל זה לא עשה אלא כדי שלא יתחלל שם שמים ולפרסם אלהותו ית' בעולם. ודו"ק:

ח אמר רבי יונתן ג' הן שנאמר בהם שאל וכו'. הרב נזר

אשד הנחלים

אנכי מגן ולא תירא מהמלכים סביבך ושכרך הרבה מאוד ולא ינוכה לך מאומה: **מה רב גו'.** דרש מה רב טובך אשר צפנת בעוה"ב מלבד אשר פעלת לחוסים בך נגד בני אדם זהו בעוה"ז או פירושו לחוסים בך. ואינם יריאים משום בני אדם מרוב בטחונם בך: **[ה] אחרי סמוך כו' ור"ה כו'.** יש להבין סבת מחלוקותם בלשון. כי היוד הנוסף או שהוא לפעמים להוראה מדבר בעדו כמו מלת אנכי או להוראת הפסק המאמר. ואם נאמר שהוא להוראת סימן מ"ב הנה הוא סמוך כאומר אחרי שקרני הדבר הקודם נקרה גם זאת. ואם נאמר שהוא להורות ההפסק אז הוא מופלג וזאת סבת מחלוקותם: **כרת ברית לנח. לא העמדתי מגינים.** דעתו לבאר פירוש אחר הדברים שפרושו אחר הרהורי דברים שהי' בלבו. והענין כי אברהם חשב פן אינו נחשב בעיניו ית' מצד עצמו רק מצד שהוא יותר טוב מאחרים אבל אם יהי' אחר טוב ממנו אז הוא נדחה מפניו ית' וכל זה דימה מצד ראותו שעדיין אין לו בנים אף שכבר הבטיח לו ה' מכבר והראיה מנח שג"כ נדחה מפני אברהם אף שנכרת עמו ברית והשיב לו ה' בנבואה סבת זה. כי לא יעזבנו לעולם ואף שימצאו בבניו ג"כ חוטאים ופושעים עכ"ז ימצא לו מבניו מגינים העומדים בפני הפורעניות כי יקבלו אותן כמגן המקבל החיצים והאדם נמלט על ידו וכן ימצאו צדיקים רבים בתוכנו שבסילוקן יתכפר עלינו:

חידושי הרד"ל

(י) [ה] **מגינים של צדיקים.** שיהיו יכולים להגן על הרעה כדא' וגנותי על העיר הזאת וגו' למען דוד עבדי:

חידושי הרש"ש

כל מה שעשיתי כו'. כצ"ל בלא ו':

מסורת המדרש

ז עיין סוטה ל"ג וברש"י ד"ה אחרי. ובגיטין דף ס' תוס' ד"ה ופרשת. אסתר רבה פרשה ה'. ילקוט כאן רמז ע"ו:

אם למקרא

מָה רַב טוּבְךָ אֲשֶׁר־צָפַנְתָּ לִּירֵאֶיךָ פָּעַלְתָּ לַחוֹסִים בָּךְ נֶגֶד בְּנֵי אָדָם: (תהלים לא:כ)

uses the word אַחַר, happened soon after the events described in the preceding chapter. The Midrash explains the connection: "אַחַר הַדְּבָרִים הָאֵלֶּה", אַחַר הִירְהוּרֵי דְבָרִים שֶׁהָיוּ שָׁם — *After these events* — this means **"after the thoughts"**[42] **that occurred there.** מִי הִרְהֵר, אַבְרָהָם הִרְהֵר — **Who thought? Abraham thought** as follows: אָמַר לִפְנֵי הַקָּדוֹשׁ בָּרוּךְ הוּא — **He said before the Holy One, blessed is He, "Master of the universe!** רִבּוֹן הָעוֹלָמִים כָּרַתָּ בְּרִית עִם נֹחַ שֶׁאֵינְךָ מְכַלֶּה אֶת בָּנָיו — You sealed a covenant with Noah to the effect **that You would not annihilate his children.** עָמַדְתִּי וְסִיגַּלְתִּי מִצְוֹת וּמַעֲשִׂים טוֹבִים יוֹתֵר מִמֶּנּוּ וְדָחֲתָה בְּרִיתִי לִבְרִיתוֹ — **I arose and accumulated more mitzvos and good deeds than he** did, **and my covenant** consequently **superseded his covenant.**[43] תֹּאמַר שֶׁאַחֵר עוֹמֵד וּמְסַגֵּל מִצְוֹת וּמַעֲשִׂים טוֹבִים יוֹתֵר [מִמֶּנִּי] וְתִדְחֶה בְּרִיתוֹ לִבְרִיתִי — Perhaps **you might say** that **another** person **will arise and accumulate more mitzvos and good deeds than I** have, **and** consequently **his covenant will** similarly **supersede mine!"**[44] אָמַר לוֹ הַקָּדוֹשׁ בָּרוּךְ הוּא — **The Holy One, blessed is He, said to him,** מִנֹּחַ לֹא הֶעֱמַדְתִּי מָגִינִּים שֶׁל צַדִּיקִים — **"From Noah,** i.e., from Noah's descendants, **I did not cause** there **to come forth righteous** men **who would serve as shields**[45] to protect others,[46]

NOTES

42. The first ה in the word הַדְּבָרִים is somewhat superfluous. The Midrash accordingly expounds it as an acronym for the word הִרְהוּרֵי, *thoughts* (*Maharzu; Eitz Yosef*). Furthermore, the Midrash, as is its wont, expounds the word דְּבָרִים (translated in our verse as *events*) as indicating that certain *words* (דִּיבּוּרִים) were spoken.

43. As evidenced by the fact that in the war that just concluded, I killed many of Noah's descendants (*Matnos Kehunah; Eitz Yosef*).

44. That is: Abraham was one of Noah's many descendants. Yet, Abraham's good deeds caused Noah's covenant — which encompassed *all* his descendants — to be fulfilled henceforth through Abraham alone. Abraham feared that similarly, one of his descendants would arise whose actions would be so much more righteous than those of his contemporaries, that Abraham's covenant would be fulfilled only through that one descendant, while the rest would perish.

How does our Midrash know that Abraham's thoughts concerned his covenant with God? *Maharzu* explains that this is deduced from the fact that the continuation of our chapter discusses that covenant, the Covenant Between the Pieces. Indeed, he notes that according to the Sages (*Seder Olam* Ch. 1; *Baraisa of the Thirty-two Middos* §32), the beginning of our chapter (with its reference to Abraham's thoughts) occurred 5 years *after* the making of that covenant.

45. Thus, the verse states: *Do not fear, Abram, for I will be* (i.e., provide) *a shield for* your descendants.

46. I.e., that others should be forgiven for their sake and spared punishment. [*Radal* cites, as an example of this, *II Kings* 20:6 (see also ibid. 19:34), which states: *I will protect this city (Jerusalem) for My sake and for the sake of My servant David. Eitz Yosef*, in his comment to *Shir HaShirim Rabbah* 1 §61, cites *Exodus* 32:32, where Moses defends Israel after the sin of the Golden Calf.]

INSIGHTS

concerning the *definition* of the words *achar* and *acharei* but rather concerning their *connotation*. According to *Gur Aryeh* the rationale of their dispute is as follows:

Definition of the word *achar*: *Achar* means "after." Its antonym is *kodem*, ("before"). These terms are used when ordering two subjects or events; for example, event A was after event B.

Definition of the word *acharei*: *Acharei* means "in back of." Its antonym is *lifnei* (which is derived from the root *pnei*, front). These words thus refer to spatial relationships, i.e., when the Torah says that item A was in back of item B it means that it was appended to the end of the other item. For example, when the verse (*Exodus* 26:12) notes that the curtains that covered the Tabernacle hung עַל אֲחֹרֵי הַמִּשְׁכָּן, it means that they hung over the back of the Tabernacle. These words can also denote a chronological sequence of events, i.e., event A was in "front" or in "back" of event B.

The view of R' Huna: When the Torah says that event B was *achar* (after) event A it must *immediately* follow it. Otherwise, it was not *after* that event. For example, when we say that Shimon was *after* Reuven, he was directly following him.

In contrast, when it says event B was *acharei* (in back of) event A it does not denote that it was directly in back of it. For example, were someone to say that Reuven was in front or in back of Shimon, this does not denote that he was right in front or in back of him. The reason for this connotation is that [concerning spatial relationships] when a second item is attached to the back of a central item, it is merely an *appendage* to a second item but it is not *a part of* the item itself, so too [concerning chronological relationships] the second act that is "in back of" the first is related to the first one but remains distinct from it.

Maharal adds that the since R' Huna's rationale is that *acharei* denotes that the second event is *distinctive* from the first one it stands to reason that the two events are *separate*, and unrelated, but not specifically they they there was a significant lapse of time between the two events (see *Gur Aryeh* in *Devarim* loc. cit. for further discussion about this point). This is in contrast to *achar,* which denotes that the two events are related. Thus, here Scripture uses the word *achar* to point out that it was Abraham's miraculous victory over the four kingdoms that caused him to fear that he had recieved the reward for his good deeds in this world, and God therefore appeared to him to allay those fears.

The view of R' Yudan: [Concerning spatial relationships] The back piece of an item is always *directly attached* to its front. Although it is not a part of the item itself, but is merely an appendage to a central body, it is always directly attached to it. Hence, when the Torah says [concerning chronological relationships] that event B was *acharei* [in back of] of event A, the two events must be *"attached"* i.e., related and occurring in close order. However, when the Torah says that event B was *achar* (after) event A, there is no connotation that the two events are *directly linked* together, and therefore this term can be used to indicate that the second event chronologically follows the first but with a significant lapse of time between them.

See Insight to 41 §8 for an application of the dispute as to the connotation of *acharei*.

חידושי הרד"ל

(י) [ה] **מגינים של צדיקים.** שיהיו יכולים להגן על הרעה כדא' וגנותי על העיר הזאת וגו' למען דוד עבדי:

חידושי הרש"ש

כל מה שעשיתי בו'. כצ"ל בלא ו':

עץ יוסף

שכרי בעולם הזה. שכל הטובים לו כם מנכין לו מזכיותיו כדאי' בפ"ב דשבת: **חנם עשיתי עמך.** דייק זה מדאמר לו אנכי מגן לך שכל מה שעשה עמו בחנם עשה עמו. ולא בשכר מצותיו. דמגן חנם הוא בל' חז"ל (מת"כ): **מתוקן לעתיד.** מאחר שאמר בלשון שכר ושכר מצוה בהאי עלמא ליכא וה"נ כתיב הרבה מאד: **מה רב טובך.** דהיינו עוה"ב הצפון (יפ"ת): (ה) [ו] **אחרי סמוך.** לענין של מעלה. ואחר מופלג מענין של מעלה: **אחר מופלג.** כלו' מה שהבטיחו ה' על זה אל תירא זה לא היה אלא לאחר זמן כי לא נתייחד עמו הדיבור אלא לאחר זמן מופלג (נזה"ק): **בכך מקום שנאמר אחר סמוך.** וס"ל דהכא נתייחד עמו הדיבור מיד בסמוך: **אחר הרהורי דברים.** מאומרו הדברים בה"א דרשו הרהורי דברים דרך נוטריקון אחר שנלא המלכים היו אותן הרהורי דברים (הא"ב"א): **ודחתה בריתי לבריתו.** שהרי הרגתי הרבה אוכלסין מבניו: **תאמר שאחר עומד בו'.** ר"ל דנתירא פן גם בבניו יעשה כן שיבחר היותר הגון שבהם לקיים בו הברית. והאחרים יאבדו (א"ב"א): **מנח לא העמדתי מגינים.** כלומר הצדיקים שבזרעו לא יבחרו הגדולה לעצמם אלא יבקשו רחמים גם על כל הדור להגין עליהם בזכותם. אבל נח לא זכה להעמיד מגינים של צדיקים להגין על זרעו. ובזה נענש נח מדה כנגד מדה מה שלא ביקש רחמים על דורו להגין עליהם. ולפיכך גם ממנו לא עמדו

וְרַבָּנָן אָמְרִין חֲדָא: לְפִי שֶׁהָיָה אָבִינוּ אַבְרָהָם מִתְפַּחֵד וְאוֹמֵר: יָרַדְתִּי לְכִבְשַׁן הָאֵשׁ וְנִצַּלְתִּי, יָרַדְתִּי לְמִלְחֶמֶת הַמְּלָכִים וְנִצַּלְתִּי, תֹּאמַר שֶׁנִּתְקַבַּלְתִּי שְׂכָרִי בָּעוֹלָם הַזֶּה וְאֵין לִי כְּלוּם לֶעָתִיד לָבֹא, אָמַר הַקָּדוֹשׁ בָּרוּךְ הוּא: "אַל תִּירָא אָנֹכִי מָגֵן לָךְ", וְכָל מַה שֶּׁעָשִׂיתִי עִמְּךָ בָּעוֹלָם הַזֶּה חִנָּם עָשִׂיתִי עִמָּךְ, אֲבָל שְׂכָרְךָ מְתוּקָּן לֶעָתִיד לָבֹא, "שְׂכָרְךָ הַרְבֵּה מְאֹד", הֵיךְ מָה דְאַתְּ אָמַר (תהלים לא, כ) "מָה רַב טוּבְךָ אֲשֶׁר צָפַנְתָּ לִּירֵאֶיךָ":

ה רַבִּי יוּדָן וְרַבִּי הוּנָא תַּרְוֵיהוֹן בְּשֵׁם רַבִּי יוֹסֵי בֶּן זִימְרָא, רַבִּי יוּדָן אָמַר: ז בְּכָל מָקוֹם שֶׁנֶּאֱמַר "אַחֲרֵי", סָמוּךְ "אַחַר", מוּפְלָג. וְרַבִּי הוּנָא אָמַר: בְּכָל מָקוֹם שֶׁנֶּאֱמַר "אַחַר", סָמוּךְ "אַחֲרֵי", מוּפְלָג. [טו, א] "אַחַר הַדְּבָרִים הָאֵלֶּה", אַחַר הִרְהוּרֵי דְבָרִים שֶׁהָיוּ שָׁם. מִי הִרְהֵר, אַבְרָהָם הִרְהֵר. אָמַר לִפְנֵי הַקָּדוֹשׁ בָּרוּךְ הוּא: רִבּוֹן הָעוֹלָמִים כָּרַתָּ בְּרִית עִם נֹחַ שֶׁאֵינְךָ מְכַלֶּה אֶת בָּנָיו, עָמַדְתִּי וְסִיגַּלְתִּי מִצְוֹת וּמַעֲשִׂים טוֹבִים יוֹתֵר מִמֶּנּוּ וְדָחֲתָה בְּרִיתִי לִבְרִיתוֹ תֹּאמַר שֶׁאַחֵר עוֹמֵד וּמְסַגֵּל מִצְוֹת וּמַעֲשִׂים טוֹבִים יוֹתֵר [מִמֶּנִּי] וְתִדְחֶה בְּרִיתוֹ לִבְרִיתִי. אָמַר לוֹ הַקָּדוֹשׁ בָּרוּךְ הוּא: מִנֹּחַ לֹא הֶעֱמַדְתִּי מָגִינִּים שֶׁל צַדִּיקִים

פירוש מהרז"ו

מתוקן לעתיד. מאחר שאמר בלשון שכר ושכר מצוה בהאי עלמא ליכא ע"כ שפירושו על לעתיד לבא. וכמ"ש עין לא ראתה וגו': (ה) **בכל מקום שנאמר אחרי.** הדבר נראה לעין שכל אחד מן הדעות ידע כל המקומות שכתוב בהם אחר ואחרי ופירש כל אחד לפי שיטתו כל המקומות הנ"ל ומאחר שאין לנו המדרשים של כל התנ"ך על כן נעלם ממנו ידיעת מאמר זה וה' יראנו נפלאות מתורתו: **אחר הרהורי דברים.** עיין לקמן פ' נ"ה סימן ד' ופרשה נ"ז סימן ג' ופר' פ"ז ריש סי' ד'. ומדרש אסתר פסוק אחר הדברים כשוק. שהוקשה לחז"ל מ"ש אחר הדברים שפי' שדברי פר' המאוחרת מסובב ממ"ש בפרשה הקודמת ושייכת לה ובאמת אינו כן על כן דרשו תיבת הדברים שאות ה' מיותר לדרוש נוטריקון הרהורי דברים ועל פי מדה ל"ב ומדת סמוכים אנו יודעים מה שהרהר אברהם. וכמ"ש בריש סדר עולם ובברייתא דל"ב מדות ברכות דף ז' שבת דף י"א ברש"י ותוספות שם שפרשת בין הבתרים לא נאמרה על הסדר ע"פ מדה ל"ב שמתחלת אחר הדברים עד ויחשבה לו צדקה נאמר בשנת ע"ג לאברם או בשנת ע"ה למר כדאית ליה ולמר כדאית ליה ומפסוק זה עד סוף הפרשה נאמרה בשנת ע' לאברם הרי שפרשת בין הבתרים שמסיימת בפסוק ביום ההוא כרת ה' את אברם ברית נאמרה קודם פסוק אחר הדברים האלה ועל זה אמר אחר הרהורי דברים שהיו שם על כריתת ברית של אברם שהיה קודם לכן שעל זה אמר אל תירא אברם שהיה מתירא מכריתת בריתו שלא יודחה ועי' לעיל פר' ל"ד סימן י"א ותבין ענין הדחיה והקודם היה על דברים גשמיים ואראים אך ברית אברם על ארץ הקדושה ועל בית המקדש השראת השכינה ומ"ת והגאולה ותה"מ. והוקשה לחז"ל שעל יראתו שיעמוד צדיק אחר מה השיבו אנכי מגן ע"כ דורש שמ"ש מגן פירושו מגין ופי' שאני נותן לך מתנת המגינות שלא היה עד עתה שממך יעמדו צדיקים מגינים על דורם ועל דורות הבאים שלא יודחה הברית. וכמ"ש לקמן פר' מ"ט סימן ג' שיעמוד ממנו בכל דור צדיק ע"ש ומה נפלאו הדברים לפי מ"ש שי"ר סוף פסוק כמגדל דויד ר"ב בשם ר"י אמר אברהם לי נעשית מגן ולבני אי אתה נעשה מגן אמר ליה הקב"ה לך נעשיתי מגן אחד שנאמר אנכי מגן לך אבל לבניך אני נעשה מגינים הרבה:

מסורת המדרש

ז עיין סוטה ל"ג וברש"י ד"ה אחרי. ובגיטין דף ס' תוס' ד"ה ופרשת. אסתר רבה פרשה ה'. ילקוט כאן רמז ע"ו:

אם למקרא

מָה רַב טוּבְךָ אֲשֶׁר־צָפַנְתָּ לִּירֵאֶיךָ פָּעַלְתָּ לַחוֹסִים בָּךְ נֶגֶד בְּנֵי אָדָם: (תהלים לא:ב)

מתנות כהונה

חנם עשיתי בו'. מגן בלשון ארמי חנם והוא ידוע בלשון חז"ל: [ה] **ודחתה בריתי בו'.** שהרי הרגתי הרבה אוכלסין מבניו: ה"ג

נחמד למראה

מד [ד] **ורבנן אמרי חדא וכו' ירדתי לכבשן האש ונצלתי וכו'.** וקשה דאדרבה היה לו לבטוח שיקבל שכר על שקידש שמו ברבים אם בכבשן האש ואם בבאתו להלחם באלו המלכים שילא כדי שלא יתחלל שם שמים כדכתיבנא לעיל. ונראה דהא דאמרי' בסנהדרין בג"ע וש"ד ועבודת כוכבים יהרג ואל יעבור הוא היינו דוקא בדאיכא עשרה מישראל אבל בדליכא עשרה מישראל יעבור ואל יהרג. וכתב הרמב"ם בהלכות יסודי התורה פ"ה הלכה ד' כל מי שנאמר בו יעבור ואל יהרג ונהרג הרי זה מתחייב בנפשו. ונמצא שלא היה ראוי אברהם אבינו להנצל לא מכבשן האש ולא במלחמת המלכים. וזהו שהיה מתפחד שלא די לו שלא יקבל שכר אלא אדרבה ניכו לו בנס זה כל זכיותיו אשר עשה ואמר לו הקב"ה אל תירא אברם וגו' כל זה שעשיתי עמך בחנם. ר"ל דשאני אברהם שהיה אדם גדול וחסיד ירא שמים. ואף הרמב"ם ז"ל יודה בזה שהרשות בידו למסור עצמו למיתה ושכר הרבה יטול כיון שכל זה לא עשה אלא כדי שלא יתחלל שם שמים ולפרסם אלהותו יתב' בעולם. ודו"ק:

ח **אמר רבי יונתן ג' הן שנאמר בהם שאל וכו'.** הרב נזר

אשד הנחלים

אנכי מגן ולא תירא מהמלכים סביבך ושכרך הרבה מאוד ולא ינוכה לך מאומה: **מה רב גו'.** דרש מה רב טובך אשר צפנת בעוה"ב מלבד אשר פעלת לחוסים בך נגד בני אדם זהו בעוה"ז או פירושו לחוסים בך. ואינם יריאים משום בני אדם מרוב בטחונם בך: [ה] **אחרי סמוך כו' ור"ה כו'.** יש להבין סבת מחלוקותם בלשון. כי היוד הנוסף או שהוא לפעמים להוראה מדבר בעדו כמו מלת אנכי או להוראת הפסק המאמר. ואם נאמר שהוא להוראת סימן מ"ב הנה הוא סמוך כאומר אחרי שקרני הדבר הקודם נקרה גם זאת. ואם נאמר שהוא להורות ההפסק אז הוא מופלג וזאת סבת מחלוקותם: **כרת ברית לנח. לא העמדתי מגינים.** דעתו לבאר פירוש אחר הדברים שפרושו אחר הרהורי דברים שהי' בלבו. והענין כי אברהם חשב פן אינו נחשב בעיניו ית' מצד עצמו רק מצד שהוא יותר טוב מאחרים אבל אם יהי' אחר טוב ממנו אז הוא נדחה מפניו ית' וכל זה דימה מצד ראותו שעדיין אין לו בנים אף שכבר הבטיח לו ה' מכבר והראיה מנח שג"כ נדחה מפני אברהם אף שנכרת עמו ברית והשיב לו ה' בנבואה סבת זה. כי לא יעזבנו לעולם ואף שימצאו בבניו ג"כ חוטאים ופושעים עכ"ז ימצא לו מבניו מגינים העומדים בפני הפורעניות כי יקבלו אותן כמגן המקבל החיצים והאדם נמלט על ידו וכן ימצאו צדיקים רבים בתוכנו שבסילוקן יתכפר עלינו:

אֲבָל מִמְּךָ אֲנִי מַעֲמִיד מָגִינִּים שֶׁל צַדִּיקִים — **but from you I caused to come forth righteous** men **who serve as shields** to protect others.[47] וְלֹא עוֹד אֶלָּא בְּשָׁעָה שֶׁיִּהְיוּ בָנֶיךָ בָּאִים לִידֵי עֲבֵירוֹת וּמַעֲשִׂים רָעִים — **Not only** that, **but at any time that your children will come to perform sins and evil deeds** for which they would deserve to be killed, אֲנִי רוֹאֶה צַדִּיק אֶחָד שֶׁבָּהֶם וּמַכְרִיעוֹ עֲלֵיהֶם — **I will see one righteous man among them and I will regard him as equal to** all the rest of **them,**[48] שֶׁהוּא יָכוֹל לוֹמַר לְמִדַּת הַדִּין דַּי — such **that he will be able to say to the Attribute of** Strict **Justice, 'Enough!'** אֲנִי נוֹטְלוֹ וּמְכַפֵּר עֲלֵיהֶם — **I will take him,** i.e., I will take his life, **and atone for them** thereby."[49]

§6 הָיָה דְבַר ה׳ אֶל אַבְרָם בַּמַּחֲזֶה לֵאמֹר — *THE WORD OF HASHEM CAME TO ABRAM IN A VISION, SAYING . . .*

עֲשָׂרָה לְשׁוֹנוֹת נִקְרֵאת: נְבוּאָה, חָזוֹן, הַטָּפָה, דִּבּוּר, אֲמִירָה, צִוּוּי, מַשָּׂא, מָשָׁל, מְלִיצָה, חִידָה — **[Prophecy] is called** (i.e., described) **by ten** different **words** in Scripture: **Prophecy,**[50] **vision,**[51] **preaching,**[52] **speech,**[53] **saying,**[54] **command,**[55] **burden,**[56] **parable, metaphor,** and **riddle.**[57] וְאֵיזוֹ הִיא קָשָׁה שֶׁבְּכוּלָּן — **And which is most difficult?**[58] רַבִּי אֱלִיעֶזֶר אָמַר: חָזוֹן שֶׁנֶּאֱמַר "חָזוּת קָשָׁה הֻגַּד לִי" — **R' Eliezer said: "Vision"** is the most difficult, **for it is stated,** ***A harsh vision was told to me*** (*Isaiah* 21:2). רַבִּי יוֹחָנָן אָמַר: דִּבּוּר — **R' Yochanan said: "Speech"** is the most difficult, שֶׁנֶּאֱמַר "דִּבֶּר הָאִישׁ אֲדֹנֵי הָאָרֶץ אִתָּנוּ קָשׁוֹת" — **for it is stated,** ***The man, the lord of the land, spoke harshly to us*** (below, 42:30). רַבָּנָן אָמְרֵי: מַשָּׂא כְּמַשְׁמָעוֹ — **The Sages said: "Burden"** — **as it implies** — is the most difficult, שֶׁנֶּאֱמַר "כְּמַשָּׂא כָבֵד יִכְבְּדוּ מִמֶּנִּי" — **for it is stated,** ***like a heavy load, they are burdensome beyond me*** (*Psalms* 38:5).

Based upon the preceding discussion, the Midrash makes an observation concerning our verse: גָּדוֹל כֹּחוֹ שֶׁל אַבְרָם שֶׁנִּדְבַּר עִמּוֹ בְּדִיבּוּר וּבְחָזוֹן — **Great is Abram's strength, for [God] spoke to him with** both the terms **"speech"** *and* **"vision,"** שֶׁנֶּאֱמַר "הָיָה דְבַר ה׳ אֶל אַבְרָם בַּמַּחֲזֶה" — **for it is stated** in our verse, ***the speech of HASHEM came to Abram in a vision.***[59]

§7 אַל תִּירָא אַבְרָם — *FEAR NOT, ABRAM.*

The Midrash cites a passage from the Book of *Isaiah* that sheds light on our verse:

מִמִּי נִתְיָרֵא — **Whom did he fear?** רַבִּי בֶּרֶכְיָה אָמַר: מִשֵּׁם נִתְיָרֵא — **R' Berechyah said: He feared Shem.**[60] הָדָא הוּא דִכְתִיב "רָאוּ אִיִּים וְיִירָאוּ קְצוֹת הָאָרֶץ יֶחֱרָדוּ וגו׳" — **And this is** alluded to by **what is written** (*Isaiah* 41:5), ***The islands saw and feared, the ends of the earth shuddered,*** *they approached and came;*[61] מָה אִיִּים הַלָּלוּ מְסוּיָּימִים בַּיָּם — **just as these islands stand out in the sea,** כָּךְ הָיוּ אַבְרָהָם וְשֵׁם מְסוּיָּימִים בָּעוֹלָם — **so were Abraham and Shem outstanding personages in the world.** "וְיִירָאוּ", זֶה נִתְיָירֵא מִזֶּה וְזֶה נִתְיָירֵא מִזֶּה — The verse continues: ***and feared*** — **this one** (Abraham) **was afraid of that one** (Shem), **and that one was afraid of this one:** זֶה נִתְיָירֵא מִזֶּה לוֹמַר — **This one feared that one, saying,** שֶׁמָּא תֹאמַר שֶׁיֵּשׁ בְּלִבּוֹ עָלַי שֶׁהָרַגְתִּי אֶת בָּנָיו — **"Perhaps [Shem] harbors resentment against me for killing his children";**[62] וְזֶה נִתְיָירֵא מִזֶּה לוֹמַר — **and that one feared from this one, saying,** שֶׁמָּא תֹאמַר שֶׁיֵּשׁ בְּלִבּוֹ עָלַי שֶׁהֶעֱמַדְתִּי רְשָׁעִים — **"Perhaps [Abraham] harbors resentment against me for begetting evil [children]."**[63]

The Midrash continues to expound the verse:

"קְצוֹת הָאָרֶץ" — ***The ends of the earth:***

NOTES

47. The difference between Noah and Abram in this follows the principle of מִדָּה כְּנֶגֶד מִדָּה, *measure for measure*. Noah did not intercede with God on behalf of the generation of the Flood; his descendants therefore would not have the power to save others via their personal merits. By contrast, Abram interceded with God on behalf of Sodom (see below, 18:23ff). *His* descendants therefore *would* have the power to save others via their personal merits (*Eitz Yosef*).

48. *Eitz Yosef*. Alternatively, וּמַכְרִיעוֹ עֲלֵיהֶם may be rendered: "counterbalances them on the scale of justice," to tilt it toward the side of merit (see *Maharzu*).

49. In *Shir HaShirim Rabbah* loc. cit. (see note 46), the text states: אֲנִי נוֹטְלוֹ וּמְמַשְׁכְּנוֹ בַּעֲדָם, "I will take him as a security for them." The point is that the death of the righteous man atones for the sins of the community, for his death is considered equivalent to the death of all (see *Eitz Yosef*; see also *Shabbos* 33b and *Moed Katan* 28a).

Radal suggests that this last point is expounded from the final clause of the verse, *your reward is very great;* that is, not only will your descendants be shields for you, but there will be those among them whose merits are very great, and even one of them will be able to atone for the many.

50. E.g., *Genesis* 20:7, and many other places.

51. As in our verse, and also in *Isaiah* 1:1, *Obadiah* 1:1.

52. *Micah* 2:6,11.

53. As in all the places where Scripture states: וַיְדַבֵּר ה׳, *and Hashem spoke.*

54. As in all the places where Scripture states: וַיֹּאמֶר ה׳, *and Hashem said.*

55. As in all the places where Scripture states: כַּאֲשֶׁר צִוָּה ה׳, *as Hashem commanded.*

56. *Nahum* 1:1, *Malachi* 1:1.

57. The last three terms appear in *Habakkuk* 2:5 and *Proverbs* 1:6; the first and third of the three appear in *Ezekiel* 17:2 as well.

58. Some prophecies bring a sense of joy to the prophet, while others convey a sense of fear and dread. The latter is what our Midrash refers to as "difficult" (*Eshed HaNechalim*). Alternatively, the Midrash may mean to ask: Which of these ten presages the strongest action that will be taken by God, and is thus most frightening to the prophet? (see *Aggadas Bereishis* Ch. 14).

59. Each of the ten expressions connotes a different prophetic perception on the part of the prophet, and, as the Midrash noted, both *vision* and *speech* refer to difficult prophecies. In our verse, both of these terms are used, which indicates that the prophecy must have been especially difficult. The Midrash is saying that Abram must have been very great to have attained *two* such perceptions at the same time (*Eshed HaNechalim*). [*Maharzu* adds that it was for this reason, according to this Midrash, that God began by telling Abraham not to fear.] See Insight (A).

60. According to *Midrash Tanchuma* (*Lech Lecha* §15), Abraham was afraid that Shem would curse him for killing his grandchildren, the sons of Elam (10:22 above states that Elam was Shem's son, and 14:1 above states that one of the four kings whom Abram defeated was Chedorlaomer, king of Elam). God responded, *Fear not, Abram*: not only will Shem not be angry, he will give you gifts and bless you (see above, 14:18-19; Midrashic literature identifies Malchizedek as Shem).

Eitz Yosef explains the continuation of God's response according to this interpretation: *I am a shield for you* means "I will inform Shem through the prophetic spirit that it was My plan for his grandchildren to die, because they were wicked; and *your reward is very great* for destroying the "thorns" from the "vineyard"; see 44 §4 above, citing R' Levi.

61. The Midrash understands this verse to be alluding to Abraham. Indeed, the Midrash earlier (43 §3; see also 2 §3) has explained the preceding verse in *Isaiah* to be alluding to him; and the Midrash above (44 §3) has stated likewise regarding the *succeeding* verses (*Isaiah* 41:8-13).

62. As explained above in note 60.

63. [I.e., Chedarlaomer and his fellow kings, who arose to anger God and [attempted] to kill Abraham [see above, 42 §1,3] (*Maharzu; Eitz Yosef*).

INSIGHTS

(A) **Do Not Fear the Vision** Sometimes a person goes through a potentially dangerous situation without realizing that he is in peril until after it is over. In retrospect he realizes that God was protecting him, but he never felt fear because he was unaware that he was in danger. Abraham's faith in God was so great, so complete, that he never felt fear even when he went to war against four powerful armies, an adventure that would have terrorized any lesser person. As King David said, "Though I walk in the valley overshadowed by death, I will fear no evil for You are with me" (*Psalms* 23:4). David was not ignorant of the danger — he was in the valley of death — but why should he fear if

אֲבָל מִמְּךָ אֲנִי מַעֲמִיד מָגִינִּים שֶׁל צַדִּיקִים, וְלֹא עוֹד אֶלָּא בְּשָׁעָה שֶׁיִּהְיוּ בָנֶיךָ בָּאִים לִידֵי עֲבֵירוֹת וּמַעֲשִׂים רָעִים אֲנִי רוֹאֶה צַדִּיק אֶחָד שֶׁבָּהֶם וּמַכְרִיעוֹ עֲלֵיהֶם שֶׁהוּא יָכוֹל לוֹמַר לְמִדַּת הַדִּין דַּי אֲנִי נוֹטְלוֹ וּמְכַפֵּר עֲלֵיהֶם:

ו "הָיָה דְּבַר ה' אֶל אַבְרָם בַּמַּחֲזֶה לֵאמֹר". [ח]עֲשָׂרָה לְשׁוֹנוֹת נִקְרֵאת: נְבוּאָה, חָזוֹן, הַטָּפָה, דִּבּוּר, אֲמִירָה, צִוּוּי, מַשָּׂא, מָשָׁל, מְלִיצָה, חִידָה. וְאֵיזוֹ הִיא קָשָׁה שֶׁבְּכוּלָּן, רַבִּי אֶלְעָזָר אָמַר: חָזוֹן שֶׁנֶּאֱמַר (ישעיה כא, ב) "חָזוּת קָשָׁה הֻגַּד לִי". רַבִּי יוֹחָנָן אָמַר" [ט]דִּבּוּר שֶׁנֶּאֱמַר (בראשית מב, ל) "דִּבֶּר הָאִישׁ אֲדֹנֵי הָאָרֶץ אִתָּנוּ קָשׁוֹת". רַבָּנָן אָמְרִי: מַשָּׂא כְּמַשְׁמָעוֹ, שֶׁנֶּאֱמַר (תהלים לח, ה) "כְּמַשָּׂא כָבֵד יִכְבְּדוּ מִמֶּנִּי", גָּדוֹל כֹּחוֹ שֶׁל אַבְרָם שֶׁנִּדְבַּר עִמּוֹ בְּדִיבּוּר וּבְחָזוֹן, שֶׁנֶּאֱמַר (בראשית טו, א) "הָיָה דְבַר ה' אֶל אַבְרָם בַּמַּחֲזֶה":

ז "אַל תִּירָא אַבְרָם", מִמִּי נִתְיָרֵא. [י]רַבִּי בֶּרֶכְיָה אָמַר: מִשֵּׁם נִתְיָרֵא, הָדָא הוּא דִכְתִיב (ישעיה מא, ה) "רָאוּ אִיִּים וְיִירָאוּ קְצוֹת הָאָרֶץ וְיֶחֱרְדוּ וְגוֹ'". מָה אִיִּים הַלָּלוּ מְסוּיָּמִים בַּיָּם, כָּךְ הָיוּ אַבְרָהָם וְשֵׁם מְסוּיָּמִים בָּעוֹלָם. "וְיִירָאוּ", זֶה נִתְיָרֵא מִזֶּה וְזֶה נִתְיָרֵא מִזֶּה. זֶה נִתְיָרֵא מִזֶּה לוֹמַר: שֶׁמָּא תֹאמַר °שֵׁם שֶׁיֵּשׁ בְּלִבּוֹ עָלַי שֶׁהָרַגְתִּי אֶת בָּנָיו, וְזֶה נִתְיָרֵא מִזֶּה לוֹמַר: שֶׁמָּא תֹאמַר °אַבְרָהָם שֶׁיֵּשׁ בְּלִבּוֹ עָלַי שֶׁהֶעֱמַדְתִּי רְשָׁעִים. "קְצוֹת הָאָרֶץ",

עץ יוסף

מגינים של צדיקים. אבל אברהם שנתאמץ מאד לבקש רחמים על דורו במעשה סדום לפיכך אף הוא זכה להעמיד מגינים של צדיקים המגינים על בניו: **ומכריעו עליהם**. פי' שזה שקול כנגד כולם ויכול לומר למדת הדין די. בשהש"ר א' אשכול הכופר איש שהכל בו יכפר על ישראל כולו דה"ל כאילו לקו כולם. כי כל ישראל כגוף אחד. ובלקות קצתם מרגישים כולם: (ו) [ז] **עשרה לשונות נקראת**. נבואה נקראת בעשרה לשונות: **נבואה**. כמ"ש כי נביא הוא. וכמוהו רבים: **חזון**. כמ"ש חזון ישעיהו חזון עובדיה. וכמ"ש כאן במחזה: **הטפה**. כמ"ש (מיכה ב') אטיף לך ליין ולשכר והיה מטיף העם הזה: **דבור**. כמ"ש וידבר ה': **אמירה**. ויאמר ה': **צווי**. כאשר צוה ה': **משא**. משא דבר ה' ביד מלאכי: **משל מליצה חידה**. כמ"ש בריש משלי להבין משל ומליצה וגו' וחידותם שהכל ברה"ק. וביחזקאל י"ז חוד חידה ומשל משל: (ז) [ח] **משם נתירא**. על שהרג את בניו. ונתירא שמא יקללנו וכדאי' בתנחומא וה"פ אל תירא משם כי אנכי מגן לך לגלות אזנו ברה"ק כי יצא הדבר מאתי בהיותם רשעים ושכרך הרבה מאד במה שביערת קוצים מן הכרם (נזה"ק): **הדא הוא דתימא ראו איים כו'**. דלעיל מיניה כתיב מי העיר ממזרח צדק וגו' דמיירי באברהם ומפרש ראו איים שהיו אברהם ושם מסויימין בעולם ומפורסמים כאיים בים. לפיכך ויראו שנתייראו זה מזה כדמסיק: **שהרגתי את בניו**. כמ"ש כדרלעומר מלך עילם. וכתיב בני שם עילם: **שהעמדתי רשעים**. שעמדו להכעיס להקב"ה ולהרוג את אברהם:

פירוש מהרז"ו

ולא עוד אלא בשעה. נ"ע מנין לו. אך כאן חסר עיקר הענין וכוונתו על מ"ש בשי"ר פסוק צרור המור דודי לי וגו' צרור המור זה אברהם וכו' ע"ש בין שדי ילין שיכול לומר למדת הדין די אשכול הכופר איש שהכל בו יכפר על ישראל וכו' ע"ש ומכריע עליהם עכ"ל. פי' שכשיבואו לידי עבירות ויכריע המאזנים לצד הדין ולקיחת הצדיק יכריע המאזנים לצד החסד: (ו) **עשרה לשונות**. כאן יתפרש בדוחק שתיבת נבואה עצמה ג"כ מהעשרה לשונות וחושב עוד ט' ובאגדת בראשית פרק י"ד חושב נבואה בתוך היו"ד לשונות כמו שהוא בילקוט כאן ב' פעמים תיבת נבואה: **נבואה**. כמ"ש בתורה כי נביא הוא וכמוהו הרבה. חזון כמ"ש חזון ישעיהו וכדומה וכמ"ש כאן במחזה. הטפה כמ"ש מיכה ב' אטיף לך ליין ולשכר והיה מטיף העם הזה. דיבור כמ"ש וידבר ה'. אמירה ויאמר ה'. צווי כאשר צוה ה' והיה להם דבר ה' צו לצו. משא. משא בבל משא צור משא דבר ה' ביד מלאכי. משל מליצה חידה כמ"ש בריש משלי להבין משל ומליצה וגו' וחידותם שהכל ברוה"ק. וביחזקאל י"ז חוד חידה ומשל משל. ובאגדת בראשית אינו חושב צווי וחושב אגדה. וכמ"ש חזות קשה הוגד לי. ולפי מ"ש כאן חושב יו"ד לשונות אלו כדי לסיים גדול כחו של אברהם וכו'. וכמ"ש ויק"ר פרשה א' ריש סימן ד' מדבר באברהם שנדבר עמו בדיבור ובחזון. אך באגדת בראשית הנ"ל מסיים וכשנגלה הקב"ה אל אברהם בחזיון וכו' אל תירא שנגליתי לך בחזיון אל תירא אברם: (ז) **ממי נתירא**. עיין לעיל ריש סי' ב': **ראו איים וייראו**. ילקוט כאן וישעיה מ"א וברש"י שם בישעיה מ"א בפסוקים שם לפניו ולאחריו מדברים באברהם וכמ"ש לעיל פרשה מ"ג סי' ג' ובפרשה זו לעיל סי' ג' ואמר שם מי פעל ועשה קורא הדורות מראש וגו' ראו. איים וייראו וגו' ויחזק חרש את וגו' ויחזקהו במסמרים לא ימוט. שאינו מבואר מה ענין להאיים כאן שמדבר באברהם. ועוד שמ"ש ויחזק חרש את צורף וגו' ויחזקהו במסמרים לא ימוט זה נוטה לצד עבודת כוכבים וכמ"ש ירמיה יו"ד פסוק ג' ד' ה' בהדיא. וא"כ הם שני כתובים מכחישים. שמ"ש ראו איים וייראו היינו שראו גודל הנס וגבורת ה' וייראו מה' והיה ראוי שישליכו עבודת כוכבים שלהם וכמ"ש בריש ישעיה ביום ההוא ישליך האדם את אלילי כספו ואת אלילי זהבו וגו' מפני פחד ה' על כן דרש והכריע על פי מדת ממשל ועל פי מדה י"ז שהפסוקים האמצעיים גם כן מדברים באברהם והדבר למוד מענינו: **מסויימים בים**. שעוברי ימים מצפים ומקוים להגיע להם מהים. והוא משל שהעולם עם הרשעים נמשלו ליס זועף וכמ"ש והרשעים כים נגרש. וכתיב כהמות ימים יהמיון. והצדיקים נדמים ביניהם כאיים בים. אשר אצליהם ינוחו יגיעי כח מיד הרשעים. ואז לא היו בעולם כי אם שני צדיקים אלו שם ואברהם. כי שם היה אז בן תנ"ד שנה לערך ואברהם בן ע"ג: **שהרגתי את בניו**. כמ"ש כדרלעומר מלך עילם. וכתיב בני שם עילם. ועילם הוא מדי. כמ"ש לעיל פר' מ"ב סימן ד': **שהעמדתי רשעים**. שעמדו להכעיס להקב"ה ולהרוג אברהם:

חידושי הרד"ל

(יא) **יכול לומר למדה"ד דיי כו'**. ומכפר עליהם לשון הזה יצא ממ"ש בשה"ר פ"א פ"ך מאמר זה על אשכל הכופר ע"ש (ולשון יכול לומר די הוא על מ"ש שם צרור המור דודי לי בין שדי כו' שדרשו בשטה שמימר ומיצר בין שדי כיון שיכול לומר די ע"י אשכל הכופר כו'). ואולי אפשר גם כאן רוצה לדרוש זה על שכרך הרבה מאד. שיצאו ממך צדיקים שיהיה שכרם הרבה. עד שיהיה יכול לומר למדה"ד רב לך כמ"ש באותה שעה מת אבישי בן צרויה ואמרו למלאך המשחית רב לך רב משכונא גבך: (יב) [ו] **צווי משא משל כו'**. חידה נבואה ואיזו כו' וכ"ה בשה"ר פ"ג פ"ד וכצ"ל. ובאדר"נ מפיק הטפה ומעייל קריאה ע"ש:

באור מהרי"פ

ה **ולא עוד לא מבעיא מגינים הרבה** אלא אפי' מגן א' יגונן על הדור ויכפר (יפ"ת):

מסורת המדרש

ח אדר"נ פרק ל"ד. אגדת בראשית פרק י"ד. שה"ש פרשה ג' פיסקא ד':
ט מכות דף י"א. פדר"א פ' כ"ז. ויק"ר פ' א'. ספרי סדר בהעלותך פיסקא נ"ט:
י ילקוט כאן רמז ע"ו. וילקוט ישעיה רמז ס"ג:

אם למקרא

חָזוּת קָשָׁה הֻגַּד־לִי הַבּוֹגֵד בּוֹגֵד וְהַשּׁוֹדֵד שׁוֹדֵד עֲלִי עֵילָם צוּרִי מָדַי כָּל־אַנְחָתָה הִשְׁבַּתִּי: (ישעיה כא:ב)

דִּבֶּר הָאִישׁ אֲדֹנֵי הָאָרֶץ אִתָּנוּ קָשׁוֹת וַיִּתֵּן אֹתָנוּ כִּמְרַגְּלִים אֶת־הָאָרֶץ: (בראשית מב:ל)

כִּי־עֲוֺנֹתַי עָבְרוּ רֹאשִׁי כְּמַשָּׂא כָבֵד יִכְבְּדוּ מִמֶּנִּי: (תהלים לח:ה)

אַחַר הַדְּבָרִים הָאֵלֶּה הָיָה דְבַר ה' אֶל־אַבְרָם בַּמַּחֲזֶה לֵאמֹר אַל־תִּירָא אַבְרָם אָנֹכִי מָגֵן לָךְ שְׂכָרְךָ הַרְבֵּה מְאֹד: (בראשית טו:א)

רָאוּ אִיִּים וְיִירָאוּ קְצוֹת הָאָרֶץ יֶחֱרָדוּ קָרְבוּ וַיֶּאֱתָיוּן: (ישעיה מא:ה)

מתנות כהונה

בילקוט **צדיק אחד שבהם שהוא יכול כו'**. אני נוטלו מן העולם ומיתתו מכפרת עליהם [ועי' במדרש חזית בפסוק דודי ירד לגנו]: **[ז]** [ה"ג וזה נתיירא מזה וזה נתיירא מזה]:

אשד הנחלים

[ו] **עשרה לשונות כו'**. הבדלי הלשונות הוא כפי הבדלי השגות הרבות כי אין שני נביאים מתנבאים בסיגנון אחד. ועיין בדברי הרב בספרו הנכבד בפרקי הנבואה ועיין בעקרים ועיין בבית אלהים למהר"י סרו"ג: **קשה שבכולן**. כי יש נבואה משמחת הלב ויש מחרדת ומאיימת וזו היא הקשה: **גדול כחו כו' בדבור ובחזון**. אחר שכל לשון של נבואה מורה על השגה מיוחדת וכח אברהם הי' מקיף שני כחות של נבואה א"כ זה מורה שכחו גדול מאוד: [ז] **משם נתירא כו'. מה איים כו'**. כוונתם לבאר מלת אחרי הדברים דמשמע שהוא סבה למה שהוכרח להתבשר שלא ירא ולכן מפרש שעיקר פחדתו משם ומפרש ע"ד הצחות והרעיון כל המקרא ייראו איים. עליהם. וביאר הענין בדרך כלל לבאר משלימות כל אחד ופעולתו כי היו אז רק שני שלמים בעולם ורחוקים זה מזה מקצה הארץ עד קצהו. והנה בתחילה פחדו זה מזה מסבת המלחמה ומסבת אנשים חטאים שיצאו משם ואח"כ קרבו ויאתיון יחד. והכירו זל"ז שזה כחו גדול בברכות כי הי' כהן לאל עליון שהוא אמצעי שע"י יריק שפע ברכה לעולם. וזה כחו גדול במתנות כהונה ושניהם עוזרים להופעת ההשגחה כמו הכהנים והעם יחד. והנה בבואם יחד שני השלמים האלה במעלה אז חזקו יחד זה את זה והנה דמה את שניהם לבעלי מלאכה הפועלים הכלי בשלימות אך זה עושה החומר שהוא

זֶה שָׁרוּי בְּקִיצוֹ שֶׁל עוֹלָם, וְזֶה שָׁרוּי בְּקִיצוֹ שֶׁל עוֹלָם – This too refers to Abraham and Shem, for **this one lives at one end of the world, and that one lives at the other end of the world.**[64] "קָרְבוּ וַיֶּאֱתָיוּן", זֶה קָרַב אֵצֶל זֶה, וְזֶה קָרַב אֵצֶל זֶה – ***They approached and came*** – **this one approached that one, and that one approached this one.**[65]

The Midrash proceeds to analyze the next verse in *Isaiah* (41:6): "אִישׁ אֶת רֵעֵהוּ יַעֲזוֹרוּ" – ***Each man would help his fellow:*** זֶה עוֹזֵר לָזֶה בִּבְרָכוֹת, וְזֶה עוֹזֵר לָזֶה בְּמַתָּנוֹת – **this one** (Abraham) **helped that one** (Shem) **with blessings, and that one helped this one with gifts,** as Scripture describes: זֶה עוֹזֵר לָזֶה בִּבְרָכוֹת, "וַיְבָרְכֵהוּ וַיֹּאמַר בָּרוּךְ אַבְרָם לְאֵל עֶלְיוֹן וגו'" – **this one helped that one with blessings,** as it is stated (above, 14:19), ***He***[66] ***blessed him saying, "Blessed is Abram of God, the Most High, etc."***; וְזֶה עוֹזֵר לָזֶה בְּמַתָּנוֹת, "וַיִּתֶּן לוֹ מַעֲשֵׂר מִכֹּל" – **and that one helped this one with gifts,** as the very next verse states: ***and he*** (Abraham) ***gave him*** (Malchitzedek/Shem) ***a tenth of everything.***

The next verse in *Isaiah* (41:7) states: וַיְחַזֵּק חָרָשׁ אֶת צֹרֵף מַחֲלִיק פַּטִּישׁ אֶת הוֹלֶם פָּעַם אֹמֵר לַדֶּבֶק טוֹב הוּא וַיְחַזְּקֵהוּ בְמַסְמְרִים לֹא יִמּוֹט, *The woodworker would encourage the goldsmith; the finishing* (lit., *smoothing) hammerer [would encourage] the one who pounds from the start; he would say of the glue, "This is good," and he would strengthen it with nails so that it should not loosen.* The Midrash interprets the verse, phrase by phrase, as referring to Abraham and Shem:

"וַיְחַזֵּק חָרָשׁ" זֶה שֵׁם שֶׁעָשָׂה אֶת הַתֵּיבָה – ***The woodworker would encourage*** – **this** alludes to **Shem, who made the ark;**[67] "אֶת צֹרֵף", זֶה אַבְרָהָם שֶׁצְּרָפוֹ הַקָּדוֹשׁ בָּרוּךְ הוּא בְּכִבְשַׁן הָאֵשׁ – and ***the goldsmith*** (צֹרֵף) – **this** alludes to **Abraham, whom the Holy One, blessed is He, refined** (צְרָפוֹ), i.e., purified, **in the fiery furnace.**[68] "מַחֲלִיק פַּטִּישׁ אֶת הוֹלֶם פָּעַם" – ***The finishing hammerer*** [would encourage] ***the one who pounds from the start*** – שֶׁהֶחֱלִיק פַּטִּישׁוֹ וְהָלַם אֶת כָּל בָּאֵי עוֹלָם בְּדֶרֶךְ אַחַת לַמָּקוֹם – this is a further allusion to Abraham, **for he "smoothed his hammer" and "pounded" all the world's inhabitants onto one path**[69] **toward the Omnipresent.**[70] "אֹמֵר לַדֶּבֶק טוֹב הוּא", אֵלּוּ אוּמּוֹת הָעוֹלָם שֶׁהֵן אוֹמְרִין – ***He would say of the glue, "This is good"*** – **these are the nations of the world,** who would say: מוּטָב לְהִדָּבֵק בֵּאלוֹהוֹ שֶׁל אַבְרָהָם וְלֹא נִדְבַּק בַּעֲבוֹדָה זָרָה שֶׁל נִמְרוֹד – **"It is better that we should cleave to the God of Abraham, and we should not cleave to the idolatry of Nimrod."**[71] The verse concludes: "וַיְחַזְּקֵהוּ בְמַסְמְרִים", הֶחֱזִיק אַבְרָהָם אֶת שֵׁם בְּמִצְוֹת וּמַעֲשִׂים טוֹבִים – ***And he would strengthen it with nails*** – this means that **Abraham strengthened Shem regarding mitzvos and good deeds;**[72] "לֹא יִמּוֹט", אַבְרָהָם – ***so that it should not loosen*** – this alludes to **Abraham,** who was assured by God that he would never falter.[73]

וַיֹּאמֶר אַבְרָם ה׳ אֱלֹהִים מַה תִּתֶּן לִי וְאָנֹכִי הוֹלֵךְ עֲרִירִי וּבֶן מֶשֶׁק בֵּיתִי הוּא דַּמֶּשֶׂק אֱלִיעֶזֶר.

And Abram said, "My Lord, HASHEM/ELOHIM: What will You give me, seeing that I go childless, and the steward of my house is the Eliezer of Damascus?" (15:2).

§8 וַיֹּאמֶר אַבְרָם ה׳ אֱלֹהִים מַה תִּתֶּן לִי – ***AND ABRAM SAID, "MY LORD, HASHEM/ELOHIM: WHAT WILL YOU GIVE ME . . . "***

The Midrash quotes several sages who infer that there was somewhat more to the dialogue between Abram and God than mentioned in the verse here. But first, the Midrash points to a discussion that establishes that such a dialogue indeed took place: אָמַר רַבִּי יוֹנָתָן – **R' Yonasan said:** שְׁלֹשָׁה הֵן שֶׁנֶּאֱמַר בָּהֶם שְׁאַל – **There are three** people **in** regard to **whom it is stated, "Request."**[74] וְאֵלּוּ הֵן: שְׁלֹמֹה, וְאָחָז, וּמֶלֶךְ הַמָּשִׁיחַ – **And these are they: Solomon, Ahaz, and the king Messiah.**

NOTES

64. Abraham was from Mesopotamia; Malchizedek (i.e., Shem; see note 60) was from Jerusalem (see above, 43 §6). As such, they did not know of each other's righteousness, and this is why they feared each other, as explained above (*Eitz Yosef*, citing *Nezer HaKodesh*).

65. They came together, and came to know each other. This led to the mutual regard and assistance described in the following segment (ibid.).

66. This verse is speaking about Malchizedek (i.e., Shem).

67. Which was made of wood (above, 6:14). [Although it was Noah who built the ark, it can be assumed that his oldest son Shem was his primary helper (*Yefeh To'ar*).]

68. See above, 44 §1. [Based on this exposition, it would seem that Abraham would more precisely be referred to as צָרוּף, "the refined one." Nevertheless, he is referred to as צֹרֵף (which means "one who refines") because he "refined" others, bringing them close to God (*Yefeh To'ar*).

The Midrash is saying that Shem strengthened Abraham in his endeavors, praising him and honoring him for his deeds, telling him to be strong and brave; in short, he strengthened his hand in guiding the world to the good (ibid.).

69. Many commentators emend the text here (based on *Yalkut Shimoni* to *Genesis* [§76] and to *Isaiah* [§449]) to read: וְהָלַם אֶת כָּל בָּאֵי עוֹלָם "בְּפַעַם אַחַת", *and "pounded" all the world's inhabitants "at one time" [to recognize God].* This text fits the verse in *Isaiah* better, for it too uses the word פעם (*Matnos Kehunah, Maharzu, Yedei Moshe, Eitz Yosef*).

Others prefer the text as written above, and explain that the Midrash is taking the word פעם to mean not "time" but "steps" (as in *Shir HaShirim* 7:2), the word thus being expounded here as connoting a *path* toward God (*Rashash;* see also *Radal*).

70. That is, he convinced the people of the world to believe in God. The "smoothing of his hammer" mentioned here is a metaphor for the honing of his intellect. Intellect was the tool Abraham would use (just as the hammer is the smith's tool) in order to reprove ("pound") those with whom he spoke, proving their idolatrous beliefs incorrect through intellectual debate (*Maharzu*; see also *Matnos Kehunah* and *Eitz Yosef*).

71. This reaction of the nations was the result of Abraham's efforts that the Midrash just described (*Yefeh To'ar*).

72. For there is no doubt that Abraham was the more knowledgeable of the two with respect to Divine service (*Eitz Yosef*). Alternatively: The Midrash means that when Shem saw how Abraham defeated the former's wicked offspring, he resolved to increase his own observance and service of God (*Rashash*).

73. The Midrash is interpreting the phrase לא ימוט in the sense that it is used in *Psalms* 15:5, to mean that it *shall not falter*. As stated in *Midrash Shochar Tov* 15 §5, that Psalm alludes to [a number of people including] Abraham. Abraham's reward for bringing people closer to God was to be that he would not falter (*Maharzu, Eitz Yosef*; cf. *Yedei Moshe*).

74. That is, there are three places where Scripture explicitly states that God told someone to make a request.

INSIGHTS

the life-giving Presence of God was accompanying him? Abraham, too, was the very epitome of faith, so there was nothing to fear.

Now, however, God appeared to him in an unfamiliar way. Abraham had experienced prophecies before, but never had they been introduced with two terms — *dibbur* and *chazon* — that exemplified dread. The very nature of the revelation, even before a word was spoken, would induce fear because it indicated that God was about to tell him about a fearful future, one that would bring suffering to his posterity. Kings could not frighten Abraham. Armies could not faze him. But the foreboding of this new vision introduced him to a new emotion: fear. Therefore God reassured him from the outset. "Fear not , Abram, I am a shield for you; your reward is very great." Danger there would be, but God's protection would not leave him. His offspring would experience exile and privation, but God was revealing it to Abraham using His Four-letter Name Hashem, the Name signifying Divine mercy, because even Israel's exiles would eventually be understood as expressions of Divine goodness. Thus, the prophecy was introduced in two seemingly contradictory, but actually complementary, ways. The manner of the

זֶה שָׁרוּי בְּקִיצוֹ שֶׁל עוֹלָם, וְזֶה שָׁרוּי בְּקִיצוֹ שֶׁל עוֹלָם. (שם) "קָרְבוּ וַיֶּאֱתָיוּן", זֶה קָרַב אֵצֶל זֶה, וְזֶה קָרַב אֵצֶל זֶה. (שם, ו) "אִישׁ אֶת רֵעֵהוּ יַעֲזֹרוּ", זֶה עוֹזֵר לָזֶה בִּבְרָכוֹת, וְזֶה עוֹזֵר לָזֶה בְּמַתָּנוֹת. זֶה עוֹזֵר לָזֶה בִּבְרָכוֹת, (בראשית יד, יט) "וַיְבָרְכֵהוּ וַיֹּאמַר בָּרוּךְ אַבְרָם לְאֵל עֶלְיוֹן וְגוֹ'" "וְזֶה עוֹזֵר לָזֶה בְּמַתָּנוֹת, (שם כ) "וַיִּתֶּן לוֹ מַעֲשֵׂר מִכֹּל". (שם) (ישעיה מא, ז) "וַיְחַזֵּק חָרָשׁ" זֶה שֵׁם שֶׁעָשָׂה אֶת הַתֵּיבָה, "אֶת צֹרֵף", זֶה אַבְרָהָם שֶׁצְּרָפוֹ הַקָּדוֹשׁ בָּרוּךְ הוּא בְּכִבְשַׁן הָאֵשׁ, "מַחֲלִיק פַּטִּישׁ אֶת הוֹלֶם פָּעַם", שֶׁהֶחֱלִיק פַּטִּישׁוֹ וְהָלַם אֶת כָּל בָּאֵי עוֹלָם בְּדֶרֶךְ אַחַת לַמָּקוֹם, "אֹמֵר לַדֶּבֶק טוֹב הוּא", אֵלּוּ °עוֹבְדֵי כוֹכָבִים שֶׁהֵן אוֹמְרִין: מוּטָב לְהִדָּבֵק בֵּאלוֹהוֹ שֶׁל אַבְרָהָם וְלֹא נִדָּבֵק בַּעֲבוֹדָה זָרָה שֶׁל נִמְרוֹד. "וַיְחַזְּקֵהוּ בְמַסְמְרִים", הֶחֱזִיק אַבְרָהָם אֶת שֵׁם בְּמִצְוֹת וּמַעֲשִׂים טוֹבִים, "לֹא יִמּוֹט", אַבְרָהָם:

ח [טו, ב] "וַיֹּאמֶר אַבְרָם ה' אֱלֹהִים מַה תִּתֶּן לִי", [יא]אָמַר רַבִּי יוֹנָתָן: שְׁלֹשָׁה הֵן שֶׁנֶּאֱמַר בָּהֶם שְׁאַל וְאֵלּוּ הֵן, שְׁלֹמֹה, וְאָחָז, וּמֶלֶךְ הַמָּשִׁיחַ,

עץ יוסף

זה שרוי בקיצו של עולם. שארץ מולדתו של אברהם היה בעבר הנהר וזה היה שרוי בקיצו של עולם בירושלים כדכתיב ומלכי צדק מלך שלם. ועל שמתחלה היו דרים רחוקים זה מזה לא היו מכירין זה את זה בצדקתם. ולפיכך נתייראו שמא ישטוס אחד את חברו. אבל לבסוף קרבו ויאתיו כלו' שסיבב ה' הדבר לקרבם יחד בקריבות הלב שנעשו אוהבים ורעים עד כי איש את אחיו יעזורו. זה עוזר לזה בברכות וזה עוזר לזה במתנות כו' (נזה"ק): **חרש זה שם בן נח.** כצ"ל. וכן הוא בילקוט. שאע"פ שנח עשה את התיבה מ"מ שם בנו היה מתחזק עמו במלאכתו (יפ"ת): **את צורף זה אברהם.** שהיה צורף את הבריות לקרבן אל השכינה מחיבת פרסום הנס (נזה"ק): **את הולם פעם.** הולם בפעם אחת מלשון והלמה סיסרא: **שהחליק פטישו.** רמז לתוכחות והוכחות שהיה לו עם בני דורו (מת"כ). כלו' שכנס מתניו לקרוא בשם ה' עד שהביא כל העולם שכם אחד להכיר את ה' בפעם אחת (שכן צ"ל בפעם אחת מת"כ כדאי' בילקוט). ואמר והלם כל באי עולם כו' הוא משל על שכלו הטוב שבו הוכיח כל באי עולם: **את שם במצות.** כי אין ספק שאברהם היה יותר מלומד במצות משם: **לא ימוט אברהם.** שבזכות זה לא ימוט לעולם. כמ"ש תהלים ט"ו עושה אלה לא ימוט לעולם ודרשו בשוח"ט על אברהם:

פירוש מהרז"ו

בקיצו של עולם. אצל אברהם כתיב אשר החזקתיך מקצות הארץ עי' לעיל סי' ג' ועי' יד"מ. קיצו של עולם ועל שמתחלה היו דרים רחוקים זה מזה זה בבבל וזה בירושלים נקראים קצות הארץ ואח"כ קרבו ויאתיון שרצו להתקרב באהבה: **ויחזק חרש זה שם.** רש"י בישעיה הביא מדרש זה בלשון אחר ע"ש. ובילקוט כאן ובילקוט ישעיה מ"א הגי' שהחליק פטישו והלם כל באי עולם פעם אחת והוא משל על שכלו הטוב שבו הוכיח כל באי עולם ובדרך שהתחיל פעם הא' לא שינה ותיבת אחת ע"פ מדה ט' וזה מ"ש כאן בדרך אחת והחלקת פטיש נצרך להיטיב המלאכה והוא משל על חידוד שכלו וגי' הילקוט נכונה מאד: **את צורף.** כמ"ש לעיל פר' ז' סוף סימן א': **ולא ימוט זה אברהם.** כמ"ש תהלים ט"ו עושה אלה לא ימוט לעולם ודרשו במדרש תהלים כל המזמור על אברהם:

מתנות כהונה

ה"ג ויחזק חרש זה שם שעשה את התיבה וכן הוא בילקוט פרשה זו ובילקוט ישעיה: **פטישו.** רמז לתוכחות והוכחות שהיה לו עם בני דורו: ה"ג כל באי עולם פעם אחת: [ט] **ולא להדבק בעבודת כוכבים גרסינן.**

נחמד למראה

הקדש כתב וז"ל כלומר שנתרצה לתת להם משאלות לבבם ועל זה אמר לו שאל מה שנתרצה ול"ע כאשר כבר נתרצה להם ליתן משאלות לבבם למה אמר להם שאל הלא ה' הוא בוחן כליות ולב ויתן להם משאלות לבבם מעצמו בלא שאלה. ומיהו גבי שלמה יש ליישב קצת שאמר לו שאל כדי לפרסם שבחו במה ששאל החכמה ולא העושר וכבוד כמפורש שם בכתוב אבל במלך המשיח שלא אמר לו סתם שאל אלא פרט דבר שאלתו מפורש באומר שאל ממני ואתנה גוים נחלתך ודאי יפלא אם רצונו יתב' יתן גוים נחלתו בלא שאלתו. ויותר תמוה ענין אחז. והוא כי מפורש שם הדבר שאחז היה לו מלחמה עם רצין מלך ארם ופקח בן רמליהו ובישר לו הנביא בשם ה' שהוא ינצח במלחמה והוא לא רצה להאמין אלא שלח למלך אשור לבקש ממנו תשועה כמפורש בס' מלכים וכו' והאריך הרבה ליישב אלו הקושיות. גם הרב יפ"ת דקדק עוד מניינא למה לי למה נקט ג' והאריך הרחיב בביאור המדרש הזה וגם על דרך דרש יעוין שם. ול"נ דאף שלכל העולם כשרצונו יתב' לתת לאחד מברואיו איזה מתנה טובה עושר וכבוד וכדומה אינו אומר לו שישאל כי הוא יודע תעלומות לבו ומה שהוא חפץ אלא בהני תלתא דוקא היה צריך שהם בעצמם ישאלו ממנו. והענין הוא עמ"ש במדרש שיר השירים פ' א' וברים מדרש קהלת וז"ל ר' שמעון בשם ר"ש בן חלפתא משל לבלווטוס שהיה גדל בביתו של מלך אמר לו המלך שאל מה אתן לך אמר הבלווטוס אם שואל אני כסף וזהב הוא נותן לי ואם אבנים טובות ומרגליות הוא נותן לי אמר הריני שואל בתו של מלך והכל בכלל. כך בגבעון נראה ה' אל שלמה בחלום ויאמר אליו האלהים שאל מה אתן לך אמר שלמה אם אשאל ממנו כסף וזהב ואבנים טובות ומרגליות הוא נותן לי אלא הריני שואל את החכמה והכל בכלל. שנאמר ונתת לעבדך לב שומע להבין אמר לו הקב"ה חכמה שאלת לך ולא שאלת עושר וכבוד חייך החכמה והמדע נתון לך בעושר ונכסים וכו' עכ"ל. יש לדקדק בזה המדרש חדא מה צורך להביא משל דבלווטוס עם המלך בלא זה היה יכול לדרוש על שלמה שחשב אם אשאל כסף וזהב וכו'. ותו איכא למידק מה הלשון אומרת הוא נותן לי הוה ליה למימר אם אשאל ממנו כסף וזהב וכו' יתן לי. ושמעתי פירושו שכל הדברים שרוצה המלך לתת במתנה לאחד כסף וזהב וכיוצא יותר מתכבד המלך אם יתנם מעצמו בלי שאלה מאותו אדם אבל אם רוצה להשיא את בתו לאיש אחד אין זה כבוד למלך שיתננה לו מעצמו בלתי שיקדים אותו האיש לבקש ממנו שיתננה לו וזהו דבר נהוג במלכים אף בזמן הזה שפחיתות הוא למלך לתת את בתו למלך אחר או לבן מלך מעצמו כי אם ע"י שאלה שישאלוה ממנו. ולזה הביא המשל שהמלך היה רצונו לתת לו בתו ואין זה כבודו לתתה לו מבלי שישאלנה. ועל כן אמר לו שאל. ואותו בלווטוס היה חכם וחשב בלבו למה שואל ממני המלך שאשאל לו והרי בעצמו הוא היה יכול ליתן כסף וזהב כו' הוא נותן לי כלומר מעצמו אלא ודאי שרוצה המלך שאשאל ממנו בתו שפחיתות הוא לו לתתה לי בלי שאלה וממילא אם אקח בתו יהיה הכל בכלל והתורה שהיא החכמה הוא כמו בתו של

אשד הנחלים

החרש וזהו המשלים שהוא הצורף כן שם הי' המתחיל והעוזר לקיום העולם בבנותו התיבה שע"י ינצל העולם ואברהם הגומר והמייפה העולם וכל זה מצד שנצרף הרבה בנסיונות גדולות ע"כ נחשב לצירוף גם כן בענין פעולת המעשה והנה כמו הפטיש המחליק הדבר עדי גמרו כן הוא החליק האמונה האמיתית בעולם עד שדבקו בה' גם הבלתי מכירים עד הנה ועזבו העבודת כוכבים. והנה אברהם החזיק ידי שם במצות ומ"ט כמו שבארנו שקיים מצוות מתנות שהם סוד מתנות כהונ' וקרבנות כמו שמבואר לעיל בפרשה הקודמת. ועי"ז עזר להוריק ברכה לעולם ודי בזה להבין פשט המליצה הזאת ורעיון שני העטוף בה: [ח] **שנאמר שאל כו'.** יש להבין מה נפק"מ בזה ומה מעלה בזאת. והנראה שבא להורות בזה מחסדי ה' וטובותיו על האדם שמעורר אותו לדעת שלימותו וטובו למען יבקש עדיו. והראות המופתים בעולם אף למי שאינו ראוי למען יכיר כבודו ית' כמו שהי' באחז וכן במלך המשיח ישאל את כל מאויי נפשו כמ"ש שאל ממני גו'. ודעת ר"ב שגם באברהם ויצחק עוררם ה' שישאלו טובתם מה' למען יותן להם מאויים. אברהם בברכת הבנים ויעקב בברכת העושר והטרף:

חידושי הרד"ל

(יג) [ז] **הולם פעם כו'.** כל באי עולם בדרך א'. דרש פעם לשון פעמי רגל וכתיב לפעם כלומר פסיעה ודרך אחד. ומ"כ הגיה ע"פ הילקוט פעם אחת אך אין לסמוך על הילקוט. כי אולי שינה מדעתו במקום שהיה קשה לו לשון המדרש:

(יד) **החזיק אברהם את שם.** וז"ש לעיל מיניה ולאחיו יאמר חזק ולא כתיב ואיש לאחיו יאמר. משום דעל אברהם ושם לחודיה קאי:

(טו) **לא ימוט אברהם.** עי' יד"מ דדריש וי"ו דכתב אאופתא. דבמקרא לא כתיב בלא וי"ו. ובטעות נדפס בב"ר ולא בוי"ו. ונראה משום שבאותו יום נטלה כהונה משם ונתנה לאברהם. לכן דרש לא ימוט אברהם:

חידושי הרש"ש

[ז] **את הולם פעם כו' והלם בדרך אחת.** עיד"מ. וצ"ל דדריש פעם מלשון מה יפו פעמיך בנעלים: **החזיק אברהם את שם במצות ומע"ט.** אולי יכוין שמפני שראה שם אשר בניו שהיו רשעים נפלו בידי אברהם הצדיק לכן הוסיף מאז במצות ומע"ט בשופט:

באור מהרי"פ

ז **זה שרוי בקצו של עולם.** אע"פ שעכשיו הם קרובים אברהם באלוני ממרא ושם בירושלים אבל מתחלת הלידה נולד אברהם בעבר הנהר באור כשדים. ושם היה שרוי בירושלים (יפ"ת):

מסורת המדרש

יא מדרש תהילים מזמור ב' ומזמור כ"א. ילקוט כאן רמז ע"ו. ילקוט מלכים א' רמז קע"ג. ילקוט תהלים רמז תרכ"א ורמז תרפ"ג:

אם למקרא

וַיְבָרְכֵהוּ וַיֹּאמַר בָּרוּךְ אַבְרָם לְאֵל עֶלְיוֹן קֹנֵה שָׁמַיִם וָאָרֶץ: וּבָרוּךְ אֵל עֶלְיוֹן אֲשֶׁר־מִגֵּן צָרֶיךָ בְּיָדֶךָ וַיִּתֶּן־לוֹ מַעֲשֵׂר מִכֹּל:
(בראשית יד:יט-כ)

אִישׁ אֶת־רֵעֵהוּ יַעְזֹרוּ וּלְאָחִיו יֹאמַר חֲזָק: וַיְחַזֵּק חָרָשׁ אֶת־צֹרֵף מַחֲלִיק פַּטִּישׁ אֶת־הוֹלֶם פָּעַם אֹמֵר לַדֶּבֶק טוֹב הוּא וַיְחַזְּקֵהוּ בְמַסְמְרִים לֹא יִמּוֹט:
(ישעיה מא:ו-ז)

ענף יוסף

(ט) [ח] **ג' הן שנאמר בהם שאל.** הנראה שבא להורות בזה חסדי ה' על האדם שמעורר אותו לדעת שלימותו וטובו. למען יכיר כבודו ית'. כמו שהיה באחז. וכן במלך המשיח. ושאל את כל מאויי נפשו כמ"ש שאל ממני וגו'. ודעת רבי ברכיה שגם באברהם ויצחק עוררם ה' שישאלו טובתם ממנו למען יותן להם מאויים. אברהם בברכת הבנים ויעקב בברכת העושר והטרף:

שְׁלֹמֹה דִּכְתִיב "בְּגִבְעוֹן נִרְאָה ה' אֶל שְׁלֹמֹה בַּחֲלוֹם הַלָּיְלָה וַיֹּאמֶר אֱלֹהִים שְׁאַל מָה אֶתֶּן לָךְ" — **Solomon, for it is written, *In Gibeon,* H*ASHEM* *appeared to Solomon in a dream of the night. God said to him, "Request what I should give to you"*** (*I Kings* 3:5); אָחָז דִּכְתִיב "שְׁאַל לְךָ אוֹת מֵעִם ה' " — **Ahaz, for it is written, *Request a sign for yourself from* H*ASHEM*** (*Isaiah* 7:11);[75] מֶלֶךְ הַמָּשִׁיחַ, דִּכְתִיב בֵּיהּ "שְׁאַל מִמֶּנִּי וְאֶתְּנָה גוֹיִם נַחֲלָתֶךָ" — and **the king Messiah, for it is written in** regard to **him, *Ask of Me and I shall make nations your inheritance*** (*Psalms* 2:8).

רַבִּי בֶּרֶכְיָה וְרַבִּי אַחָא בְּשֵׁם רַבִּי שְׁמוּאֵל אוֹמֵר — **R' Berechyah and R' Acha said in the name of R' Shmuel:** אָנוּ מְבִיאִים עוֹד שְׁנַיִם מִן הַהַגָּדָה — **We can include two more** people[76] **through Aggadic exposition** of the verse: אַבְרָהָם, וְיַעֲקֹב — namely **Abraham and Jacob.** אַבְרָהָם דִּכְתִיב בֵּיהּ "ה' אֱלֹהִים מַה תִּתֶּן לִי" — **Abraham, for it is written in** regard to **him, *HASHEM/ELOHIM: What will You give me?*** אֵינוֹ אוֹמֵר "מַה תִּתֶּן לִי" אֶלָּא שֶׁאָמַר לוֹ שְׁאַל — Perforce, Hashem had told Abraham to request something, for **no one says, *What will You give me*? unless someone has** first **said to him, "Request."**[77] יַעֲקֹב דִּכְתִיב "וְכֹל אֲשֶׁר תִּתֶּן לִי עַשֵּׂר אֲעַשְּׂרֶנּוּ לָךְ" — **Jacob,** too, **for it is written** that Jacob declared: ***and whatever You will give to me, I shall repeatedly tithe to You*** (below, 28:22), אֵינוֹ אוֹמֵר כֵּן אֶלָּא שֶׁאָמַר לוֹ שְׁאַל — and, as above, **no one says this**[78] **unless someone has** first **said to him, "Request."**

§9 The verse states that Abram asked: *What will You give me, seeing that I go childless?* This is difficult, for God had already promised Abram[79] that he would have children; why, then, is Abram saying to God that he fears going childless?[80] The Midrash therefore offers a novel interpretation of Abram's statement: רַבִּי יוּדָן וְרַבִּי אַיְבוּ בְּשֵׁם רַבִּי יוֹחָנָן — **R' Yudan and R' Ayvu** said **in the name of R' Yochanan:** ב' בְּנֵי אָדָם אָמְרוּ דָּבָר אֶחָד, אַבְרָהָם וְדָוִד — **Two people said the same thing: Abraham and David.** אַבְרָהָם כְּתִיב בֵּיהּ "ה' אֱלֹהִים מַה תִּתֶּן לִי" — **In regard to Abraham, it is written, *What will You give me?*** אָמַר לְפָנָיו: רִבּוֹנוֹ שֶׁל עוֹלָם, אִם עָתִיד אֲנִי לְהַעֲמִיד בָּנִים וּלְהַכְעִיסְךָ — **[Abram] said before [God], "Master of the universe, if I am destined to beget children who will anger You,** מוּטָב לִי וְאָנֹכִי הוֹלֵךְ עֲרִירִי — **I prefer to *go childless.*"**[81] דָּוִד אָמַר "חָקְרֵנִי אֵל וְדַע לְבָבִי", דַּע הַפּוֹרְשִׁים מִמֶּנִּי — Similarly, **David said** (*Psalms* 139:23), ***Examine me, O God, and "know my heart."*** This means: **"Know those who will come out from me."**[82] "וּרְאֵה אִם דֶּרֶךְ עֹצֶב בִּי וּנְחֵנִי בְּדֶרֶךְ עוֹלָם" — The next verse states, ***And see if I have a vexing way; and lead me in the way of eternity*** (ibid., v. 24). אָמַר לְפָנָיו: רִבּוֹנוֹ שֶׁל עוֹלָם אִם עָתִיד אֲנִי לְהַעֲמִיד בָּנִים לְהַעֲצִיבְךָ — **[David] said before [God], "Master of the universe, if I am destined to beget children who will vex You,** מוּטָב לִי "וּנְחֵנִי בְּדֶרֶךְ עוֹלָם" — **I prefer** that you ***lead me in the way of eternity.*"**[83]Ⓐ

NOTES

75. In this verse, God tells Ahaz king of Judah (through the prophet Isaiah) to request a sign from Heaven that he would not be defeated by the kings of Israel and Aram who threatened him.

76. That is, we can infer that there were two more people whom God also told to make a request.

77. Our passage does not mention that God told Abram to make a request. However, the Sages mentioned here infer that He must have said this, or else Abram would not have had the temerity to speak as he did. [Although our verse is preceded by God's statement, *your reward is very great* — which can seemingly serve as an invitation for Abram to ask, *What will you give me?* — the Midrash above (44 §4) explained that verse as referring to reward in the World to Come, not this one (*Maharzu*).]

Although, as the Midrash states, Abraham was invited by Hashem to request what he desired, he did not ask for anything, either because the righteous do not seek reward in this world, preferring that their reward be given them in the World to Come, or because they wish the merit of their good works to be saved for their descendants (*Eitz Yosef*).

78. The phrase *whatever You will give to me* implies that Jacob, too, was told to make a request of Hashem.

79. See above, 12:2 and 13:15-16. See also the continuation of the Midrash here.

80. *Eitz Yosef.* [See two additional answers to this question in *Ramban* to our verse (s.v. ויאמר אברם).]

81. Abram knew that he would have a child, since God had already promised him offspring. However, in this verse he is saying to God that he would prefer to forgo that privilege (and release God from His "obligation," as it were) if his offspring were destined not to be righteous. For Abram's whole purpose in having children was to raise them to serve God; if this were not to be the case, he did not wish to have descendants (see *Eitz Yosef*).

82. I.e., my future children (*Matnos Kehunah, Eitz Yosef,* cf. *Maharzu*).

83. I.e., that You take my life before this happens (*Maharzu*). [According to the plain meaning of the verse, David is talking about his *own* sins, not those of his yet-unborn children. The Midrash, however, interprets the verse as referring to his future children, because seemingly David would know if he himself had *a vexing way* or not (ibid.).]

INSIGHTS

revelation was one of foreboding, but it was accompanied by an assurance that he should not fear, for God would always remain with him and his offspring (based on *Rav S.R. Hirsch,* 15:1).

Ⓐ **Avoiding Wicked Offspring** Novel ramifications regarding the mitzvah of *p'ru u'rvu* (procreation) emerge from the sentiments expressed in this Midrash. The proclamations of Abraham and David seem to indicate that a foreknowledge of unworthy descendants would release an individual from the obligation to beget children, a notion ostensibly accepted by the Midrash itself.

However, the idea that childlessness is preferable to parenting sinful progeny does not seem to be shared by the Gemara in *Berachos* (10a), which relates the conversation between King Hezekiah and the prophet Isaiah on this matter. Hezekiah had desisted from participation in this mitzvah, as he had been apprised through a manifestation of Divine Inspiration that his children were destined for wickedness. Isaiah vehemently disagreed with the king's decision, biding him to reconsider with a poignant rebuke: "Why do you involve yourself with these hidden matters of the Merciful One?" Apparently, the Gemara feels that the precept of procreation must be observed, regardless of the projected state of righteousness of the children (see *Yefeh To'ar*). [Ultimately, Hezekiah married and had a son, Menashe, who emerged as one of the most depraved and idolatrous of the Jewish kings.]

The Ponovezher Rav suggests that these two teachings of *Chazal* can be reconciled. As the Midrash indicates, foreknowledge of wicked offspring indeed factors in as a legitimate consideration when seeking to have children [see also *Rabbeinu Bachya* to *Genesis* 1:28]. The objections raised by Isaiah, and quoted in the Gemara in *Berachos,* were not to the *substance* of the Midrash's assertion; Isaiah would agree that it is better to remain childless than to bear wicked offspring. It was only the *quality* of Hezekiah's precognition that Isaiah questioned. Could he really be so sure that his progeny was bound for a life of evil? [It appears that Isaiah's reservations were well-grounded, for — as pointed out by the Chofetz Chaim — Menashe eventually did repent for his misdeeds.] Accordingly, in the absence of ironclad, prophetic certainty of future events, the singular determinant must be the fulfillment of God's Will. Hence, the prophet instructed Hezekiah to simply adhere to Hashem's commandment, and leave the future up to Him.

Alternatively, the two statements may merely be referring to different stages in the observance of this precept. According to this approach, the prospect or foreknowledge of wicked offspring should *not* serve as a deterrent for *p'ru u'rvu* (in keeping with the elementary understanding of Isaiah's statement). The seemingly conflicting insinuation of the Midrash — that the virtue of the children may be employed as a determining factor — applies only to one who is currently a parent, having *already fulfilled* his basic obligation of procreation. When contemplating the expansion of his family above and beyond the mitzvah's minimum parameters, the potential for unworthy progeny may, in fact, come into play (*Divrei HaRav,* Vol. 2 pp. 115-116).

שְׁלֹמֹה דִּכְתִיב (מלכים א ג, ה) "בְּגִבְעוֹן נִרְאָה ה' אֶל שְׁלֹמֹה בַּחֲלוֹם הַלָּיְלָה וַיֹּאמֶר אֱלֹהִים שְׁאַל מָה אֶתֶּן לָךְ". אָחָז דִּכְתִיב (ישעיה ז, יא) "שְׁאַל לְךָ אוֹת מֵעִם ה'". מֶלֶךְ הַמָּשִׁיחַ, דִּכְתִיב בֵּיהּ (תהלים ב, ח) "שְׁאַל מִמֶּנִּי וְאֶתְּנָה גוֹיִם נַחֲלָתֶךָ". רַבִּי בֶּרֶכְיָה וְרַבִּי אַחָא בְּשֵׁם רַבִּי שְׁמוּאֵל אוֹמֵר: אָנוּ מְבִיאִים עוֹד שְׁנַיִם מִן הַהַגָּדָה, אַבְרָהָם, וְיַעֲקֹב. אַבְרָהָם דִּכְתִיב בֵּיהּ "ה' אֱלֹהִים מַה תִּתֶּן לִי". אֵינוֹ אוֹמֵר "מַה תִּתֶּן לִי" אֶלָּא שֶׁאָמַר לוֹ שְׁאַל. יַעֲקֹב דִּכְתִיב (בראשית כח, כב) "וְכֹל אֲשֶׁר תִּתֶּן לִי עַשֵּׂר אֲעַשְּׂרֶנּוּ לָךְ", אֵינוֹ אוֹמֵר כֵּן אֶלָּא שֶׁאָמַר לוֹ שְׁאַל:

ט רַבִּי יוּדָן וְרַבִּי אֵיְיבוּ בְּשֵׁם רַבִּי יוֹחָנָן: [יב] ב' בְּנֵי אָדָם אָמְרוּ דָּבָר אֶחָד, אַבְרָהָם וְדָוִד. אַבְרָהָם כְּתִיב בֵּיהּ "ה' אֱלֹהִים מַה תִּתֶּן לִי", אָמַר לְפָנָיו: רִבּוֹנוֹ שֶׁל עוֹלָם, אִם עָתִיד אֲנִי לְהַעֲמִיד בָּנִים וּלְהַכְעִיסְךָ מוּטָב לִי וַאֲנִי הוֹלֵךְ עֲרִירִי. דָּוִד אָמַר (תהלים קלט, כג) "חָקְרֵנִי אֵל וְדַע לְבָבִי", דַּע הַפּוֹרְשִׁים מִמֶּנִּי. (שם פסוק כד) "וּרְאֵה אִם דֶּרֶךְ עֹצֶב בִּי וּנְחֵנִי בְּדֶרֶךְ עוֹלָם", אָמַר לְפָנָיו: רִבּוֹנוֹ שֶׁל עוֹלָם אִם עָתִיד אֲנִי לְהַעֲמִיד בָּנִים לְהַעֲצִיבְךָ מוּטָב לִי "וּנְחֵנִי בְּדֶרֶךְ עוֹלָם".

עץ יוסף

(ח) [ט] **מן האגדה**. מכח הדרשה הנדרשת במקרא: **שאמר לו שאל**. והוא לא שאל דבר שאין נוח לצדיקים ליהנות מן העוה"ז כל מה שאפשר כדי שלא ימעט שכרם. ועוד כדי שיניחו יתר זכותם לעולליהם כדאי' בש"ר פ' מ"ד שאילו נטלו האבות זכותם בחייהם כו' (יפ"ת). ובשוח"ט גרס ואף יעקב דכתיב אם יהיה אלהים עמדי ושמרני אינו אומר כן אלא שאמר לו שאל: (ט) [י] **אם עתיד אני כו'**. שכל חשק וחפץ אברהם ותפלתו להעמיד מזרעו עם ומשפחה בעולם שיעבדו הש"ת. אך אם יהיו זרעו רעים וחטאים מוטב שלא יעמיד בנים: **הפורשים ממני**. כלו' בני שילאו ממני כו'. ואמר זה כלפי מה שהאריך שם בגנות הרשעים אם תקטול אלוה רשע וגו'. אמר שאם כמקרה הזה יקרא בזרעו נוח לו שלא יבואו לעולם (יפ"ת): **ולהעציבך**. אם יתכן שילא ממני עלב להקב"ה כביכול כמ"ש ויתעלב אל לבו. והיינו ע"י רשעים מתעלב כו' מוטב שינחני בדרך עולם:

פירוש מהרז"ו

(ח) **עוד שנים מן ההגדה**. ע"פ מדרש המדות. שהוקשה לו מ"ש ה' אלהים מה תתן לי איך ידע שיתן לו דבר בעוה"ז שהרי מ"ש שכרך הרבה מאד דרשו לעיל פר' זו סי' ד' לעוה"ב ע"כ דורש ע"פ מדה ט' ומדת ממעל שהקב"ה אמר לו שאל מה אתן לך והשיב לו תן לי כך וכך והשיב אתן והשיב מה תתן לי וכן אלל יעקב שאמר וכל אשר תתן לי וגו'. איך ידע בוודאי שיתן לו אלא שאמר לו שאל מה אתן לך והשיב לו תן לי כך וכך ואמר לו אתן לך ועל זה אמר וכל אשר תתן לי וכמ"ש אלל שלמה שהש"י אמר לו שאל מה אתן לך והשיב לו ונתת לעבדך לב וכו' והשיב לו הנה נתתי לך וכו': (ט) **אם עתיד אני להעמיד בנים**. הוקשה לו מ"ש ואנכי הולך ערירי דרך וודאי הרי עדיין יש תקוה. על כן דורש שיש אופן שיבקש אברהם לילך ערירי שימות בלא בנים שהרי כל חשק וחפץ אברהם ותפלתו להעמיד מזרעו עם ומשפחה בעולם שיעבדו הש"י שילמדם וידריכם מקטנותם. אך אם יהיו זרעו רעים וחטאים מוטב שלא יעמיד בנים: **אם דרך עצב**. ודאגה בי. ונחני בדרך עולם חסר ביאור ועוד איך אמר אם דרך עולב בי בספק הלא דוד עלמו ידע את לבבו אם הוא בעלב אם לא אלא פירושו אם יתכן שילא ממנו עלב להקב"ה כ"י וכמ"ש ויתעלב אל לבו והיינו על ידי רשעים מתעלב כו' ועל כן טוב שינחני בדרך עולם וכמ"ש דוד לשלמה אנכי הולך בדרך כל הארץ. ומ"ש דע הפורשים ממני. שתיבת סרעפי ותי' סעיפי פירוש שניהם על המחשבות והוא שם משאל מסעיפי וענפי אילנות שפורשים לכמה לדדים כן מחשבות אדם פונים לכל לד. וכמו שדורש לקמן פר' כ"ב סימן ד' על פסוק בשעיפים מחזיונות לילה בשעה שדרך בני אדם לפרוש זה מזה. וכן כאן סרעפי מלשון פרישה. והכוונה על הבנים שהם ענפי האדם:

חידושי הרד"ל

(טז) [ח] **יעקב דכתיב וכל אשר תתן לי כו'** (בשו"ט מ"ז) הגיר' ביעקב דכתיב אם יהיה אלהים עמדי ושמרני: (יז) [ט] **ר' יודן ור' אלעזר ר' הונא ור' אלעזר כו'**. כל"ל דר"י ור"ה פליגי משמיה דר"א: (יח) **בנים ולהבעיסך מוטב לי ואני הולך ערירי**. אפשר לפה ברוה"ק על ישמעאל שיולא לתרבות רעה: (יט) **דע הפורשים ממני**. אפשר דרש סיפיה ודע שרעפי שהוא לשון סעיפי אילן והמשילו על בנים הפורשים ולומחים ממנו:

באור מהרי"פ

ט **דע הפורשים ממני**. אולי נרמז בס"ד בחנני ודע שרעפי והוא כמו סרעפותיו בסמ"ך ופי' סעיפיו והם הבנים כמו פארותיו ותחלה מיירי ברשעים אם תקטל אלוה רשע וגו':

מסורת המדרש

יב ילקוט כאן רמז ע"ו. וילקוט תהלים רמז תתפ"ח:

אם למקרא

בְּגִבְעוֹן נִרְאָה ה' אֶל־שְׁלֹמֹה בַּחֲלוֹם הַלָּיְלָה וַיֹּאמֶר אֱלֹהִים שְׁאַל מָה אֶתֶּן־לָךְ: (מלכים א ג:ה)

שְׁאַל־לְךָ אוֹת מֵעִם ה' אֱלֹהֶיךָ הַעְמֵק שְׁאָלָה אוֹ הַגְבֵּהַּ לְמָעְלָה: (ישעיה ז:יא)

שְׁאַל מִמֶּנִּי וְאֶתְּנָה גוֹיִם נַחֲלָתֶךָ וַאֲחֻזָּתְךָ אַפְסֵי־אָרֶץ: (תהלים ב:ח)

וְהָאֶבֶן הַזֹּאת אֲשֶׁר־שַׂמְתִּי מַצֵּבָה יִהְיֶה בֵּית אֱלֹהִים וְכֹל אֲשֶׁר תִּתֶּן־לִי עַשֵּׂר אֲעַשְּׂרֶנּוּ לָךְ: (בראשית כח:כב)

חָקְרֵנִי אֵל וְדַע לְבָבִי בְּחָנֵנִי וְדַע שַׂרְעַפָּי: (תהלים קלט:כג)

מתנות כהונה

מוטב לי ואני כו'. כלומר מוטב לי לישאר כמו עכשיו ובוחר אני להיות הולך ערירי: **הפורשים ממני**. כלומר בנים שילאו ממני:

נחמד למראה

הקב"ה כדלקמן גבי קרא ויקחו לי תרומה דרשו משל למלך שהיתה לו בת יחידה בא אחד מן המלכים ונטלה וכו' ע"ש. וכיון שהיא בתו של מלך מלכי המלכים הקב"ה כבודו הוא ליתנה למי ששואל אותה ממנו. ועל כן אמר לשלמה שאל מה אתן לך. ושלמה שהיה חכם מכל האדם אמר אם אשאל ר"ל אם כוונתו ית' שאשאל ממנו שיתן לי כסף וזהב וכו' לא היה לו לורך שאשאלה אני בעלמי אלא הוא היה נותן לי מבלי שאשאלם אלא ודאי שכוונתו הוא על חכמת התורה שהוא דבר שלריך שאלה כדאמרן והרי הכל בכלל כדכתיב אורך ימים בימינה בשמאלה עושר וכבוד. ע"כ שמעתי: **ועל פי זה יתבאר המדרש הלזה אמר ר' יונתן ג' הם שנאמר בהם שאל**. ג' דווקא שלא היה רולה ה' ליתן כי אם דוקא ע"י שאלתם. שלמה על חכמת התורה שהיה לריך שהוא ישאל ממנו ית' כדאמרן. וכן מלך המשיח שלפניו יכרעו ליים ואויביו עפר ילחכו ומלכים ירד וכו'. וזה יהיה לא בחיל ולא בכח כי אם בחכמתו הנפלאה שיתן לו ה' כענין והריחו ביראת ה' וכתיב ונחה עליו רוח ה' רוח חכמה ובינה וגו' וע"י זה ושפט בלדק דלים והוכיח במישור לענוי ארץ וברוח שפתיו ימית רשע. וזהו שאמר לו שאל ממני ר"ל שישאל ממנו החכמה שאין כבודו לתתה לו בעלמו מבלי שאלה ע"י זה אתנה גוים נחלתך ואחוזתך אפסי ארץ ודו"ק. ובאחז אם היה מושיע לו לעשות לו אות או מופת מבלי שישאל הוא ויפרוע הנס לא היה מאמין בו כלל. ולפיכך הולרך לומר לו הקב"ה שהוא ישאל שאל לך אות וגו' העמק שאלה או הגבה למעלה ואם היה עושה כן בודאי שהיה מאמין בבורא עולם אלא שלא רלה כענין שאמר הכתוב לא אשאל ולא אנסה את ה' ודו"ק: **ר' ברביה ור' אחא וכו' עוד שנים מן ההגדה וכו'**. נראה לפרש על דרך שפירשנו לעיל הטעם שלג' מהם אמר להם שאל. ה"נ אברהם ויעקב אע"פ שה' היה יודע תאות לבם אמר להם שישאלו תחלה לפי שאברהם היה חפץ שיהיה לו בנים ויעקב שיתן לו מזונות וידוע מה שאמרו במו"ק אמר רבא חיי בני ומזוני לא בזכותא תליא מלתא אלא במזלא תליא מלתא ועל זה כתבו בתוס' ד"ה אלא במזלא והקשו בתוס' הא דאמרן בסוף שבת אין מזל לישראל ויש לומר דלפעמים משתנה ע"י מזל כי הנהו דהתם ופעמים שאין משתנה כדאמרי' בתענית גבי ר"א בן פדת דאמר ליה ניחא לך דאחריב עלמא דאולי אברי בעידנא דמזוני עכ"ל. א"כ אף שהיכולת בידו ית' לשנות את המזל אינו רולה לשנותו אלא ע"י שהלדיק ישאל ממנו שאז יקיים דברו וישנה המזל כענין ותגזר אומר ויקם לך ולפיכך אמר לאברהם ויעקב שישאלו ממנו ית' לסדר מערכת השמים כדי לתת להם בני ומזוני ודו"ק:

אשד הנחלים

[ט] **ב' בני אדם כו' מוטב לו כו'**. שלא יתכן שלא האמין ח"ו בהבטחת ה' שהבטיחו בלידת הבנים. ואיך אמר ואנכי הולך ערירי ולכן מפרשים שכוונת אברהם הי' שפחד אולי יזכה בבנים בלתי כשרים אשר העדרם טוב ממציאותם ולכן אמר ה' אלהים אם ח"ו המה יהי' בלתי ראוים. מה תתן לי כלומר מה בשורה היא זו טוב לי כי אלך ערירי בלא בנים יותר משיהי' לי בנים בלתי טובים כי לא נחשב בעיניו הצלחת העוה"ז והתענוג מבנים אם לא יהיו טובים ובני מאמינים וכן דוד ככה. ואחז בסרעפי לפי שאם הרעיונות רעים אז הבנים רעים בטבע: **שנפשו שוקקה**. וכאומר לפי זה אם לא יהיו בני טובים מאי נפק"מ אשר בן משק ביתי השואף עלי לירשני ירשני כי אין לי בזה חפץ ורצון שיהיו תכלית הבנים למען ירשני. וירשני מי שירצה וישתוקק בי ובפרט שמן הראוי הוא לזה שראיתי שעזרני ה' למענו. או ביאורו אף שחרפתי נפשי לעזרו בעזר ה' עכ"ז שואף עלי לירשני וא"כ מהו הצלחה בבנים אחרי אם לא יהיו טובים אם יהיו כמו לוט השוקק רק למיתתי והוא ירשני. וזה יותר נכון:

□ וּבֶן מֶשֶׁק בֵּיתִי — ***AND THE STEWARD OF MY HOUSE** IS **ELIEZER OF DAMASCUS?"***

The Midrash offers two interpretations of this clause:[84]

רַבִּי אֶלְעָזָר אוֹמֵר: "בֶּן מֶשֶׁק בֵּיתִי" זֶה לוֹט — **R' Elazar says:** The phrase ***the "ben meshek" of my house* refers to Lot,** שֶׁנַּפְשׁוֹ שׁוֹקֶקֶת עָלָיו לְיוֹרְשֵׁנִי — **whose soul longs** *(shokekes)*[85] **to inherit me;** "הוּא דַּמֶּשֶׂק אֱלִיעֶזֶר", שֶׁבִּשְׁבִילוֹ רָדַפְתִּי מְלָכִים עַד דַּמֶּשֶׂק וַעֲזָרַנִי הָאֵל — and the phrase ***"is Eliezer of Damascus"*** is not referring to Eliezer at all, but rather means that the reason Lot was hoping for this was **that it was on his behalf that I chased** the four **kings until Damascus,**[86] **and God helped me** *(azreini El)*.[87]

The second interpretation:

רֵישׁ לָקִישׁ בְּשֵׁם בַּר קַפָּרָא אָמַר — **Reish Lakish in the name of Bar Kappara said:** The entire phrase refers to Eliezer, and is to be translated as follows: "בֶּן מֶשֶׁק בֵּיתִי", בַּר בֵּיתִי הוּא אֱלִיעֶזֶר — ***The "ben meshek" of my house*** means: **the steward of my household is Eliezer,**[88] שֶׁעַל יָדוֹ רָדַפְתִּי מְלָכִים עַד דַּמֶּשֶׂק — **with whose help**[89] **I chased** the four **kings until Damascus.**[90] וֶאֱלִיעֶזֶר הָיָה שְׁמוֹ — And the end of the verse, *is Eliezer of Damascus,* is to be understood literally, for **Eliezer was his** actual **name,**[91] שֶׁנֶּאֱמַר "וַיָּרֶק אֶת חֲנִיכָיו יְלִידֵי בֵיתוֹ שְׁמֹנָה עָשָׂר וּשְׁלֹשׁ מֵאוֹת" — **as it is stated,** *And when Abram heard that his kinsman was taken captive,* ***he armed his disciples who had been born in his house, three hundred and eighteen*** (above, 14:14), מִנְיַן אֱלִיעֶזֶר הֱוֵי שְׁמֹנָה עָשָׂר וּשְׁלֹשׁ מֵאוֹת — and **the numerical value** *(gematria)* **of Eliezer (אֱלִיעֶזֶר) is 318.**[92]

> וַיֹּאמֶר אַבְרָם הֵן לִי לֹא נָתַתָּה זָרַע וְהִנֵּה בֶן בֵּיתִי יוֹרֵשׁ אֹתִי.
> *Then Abram said, "See, to me You have given no offspring; and behold, my steward inherits me . . . "* (15:3).

§10 וַיֹּאמֶר אַבְרָם הֵן לִי לֹא נָתַתָּ זָרַע — ***Then Abram said, "See, to me You have given no offspring."***

The Midrash explains what Abram is adding here to his previous statement that he is childless:[93]

אָמַר רַב שְׁמוּאֵל בַּר רַב יִצְחָק — **Rav Shmuel bar Rav Yitzchak said:** הַמַּזָּל דּוֹחְקֵנִי וְאוֹמֵר לִי: אַבְרָם אֵין אַתְּ מוֹלִיד — Abram said to God, **"[My] constellation**[94] **causes me distress, and says to me, 'Abram, you shall not beget children!' "**[95] אָמַר לוֹ הַקָּדוֹשׁ בָּרוּךְ הוּא — **The Holy One, blessed is He, said to him** in response: הֵן כִּדְבָרֶיךָ, אַבְרָם לֹא מוֹלִיד, אַבְרָהָם מוֹלִיד — **"Indeed, it is as you say. Abram shall not beget children,** but **Abraham shall beget children!"**[96] "שָׂרַי אִשְׁתְּךָ לֹא תִקְרָא שְׁמָהּ שָׂרָי", שָׂרַי לֹא תֵלֵד, שָׂרָה תֵּלֵד — Similarly, Scripture states: ***As for Sarai, your wife, do not call her name Sarai — for Sarah is her name*** (below, 17:15). With this name change, too, God was saying: **Sarai will not give birth,** but **Sarah will give birth.** Ⓐ

> וְהִנֵּה דְבַר ה' אֵלָיו לֵאמֹר לֹא יִירָשְׁךָ זֶה כִּי אִם אֲשֶׁר יֵצֵא מִמֵּעֶיךָ הוּא יִירָשֶׁךָ.
> *Suddenly, the word of HASHEM came to him, saying, "That one will not inherit you. Only he who shall come forth from within you shall inherit you"* (15:4).

§11 וְהִנֵּה דְבַר ה' אֵלָיו לֵאמֹר לֹא יִירָשְׁךָ — ***SUDDENLY, THE WORD OF HASHEM CAME TO HIM, SAYING: "THAT ONE**[97] **WILL NOT INHERIT YOU."***

רַבִּי יוּדָן וְרַבִּי אֶלְעָזָר בְּשֵׁם רַבִּי יוֹסֵי בַּר זִמְרָא — **R' Yudan and R' Elazar in the name of R' Yose bar Zimra** said: "ה' אֵלָיו", "דְּבַר ה' אֵלָיו", "וְהִנֵּה דְבַר ה' אֵלָיו" — The verse states not only ה' אֵלָיו,[98] but adds one word, saying "דְּבַר" ה' אֵלָיו, and then adds another word, saying "וְהִנֵּה" דְבַר ה' אֵלָיו. This indicates that the word of God came to Abram through three separate angels, מַלְאָךְ אַחַר מַלְאָךְ, דִּבּוּר אַחַר דִּבּוּר — **angel after angel,** and **speech after speech.** God said to Abram: אֲנִי וּשְׁלֹשָׁה מַלְאָכִים נִגְלִים עָלֶיךָ וְאוֹמְרִים לְךָ — **"I and three angels are appearing to you and saying to you,** לוֹט לִיטָא לָא יָרִית לְאַבְרָהָם — **'Lot the accursed** one **shall not inherit Abraham.' "**[99]

NOTES

84. The simple meaning of the phrase is, *and the steward of my house is Eliezer of Damascus* (see *Rashi* and *Targum Onkelos* to the verse).

85. The Midrash is expounding the word מֶשֶׁק as based on the word תְּשׁוּקָה, *longing.* The expression בֶּן מֶשֶׁק בֵּיתִי is thus to be rendered: *The son who longs [to inherit] my house* (*Eitz Yosef*).

86. See above, 14:15.

87. The phrase הוּא דַּמֶּשֶׂק אֱלִיעֶזֶר thus serves as the *explanation* for בֶּן מֶשֶׁק בֵּיתִי: The reason Lot allowed himself to entertain the hope that he would inherit Abram was that he saw that Abram [cared about him so much that he] had gone to war on his behalf (*Maharzu; Eitz Yosef*). The phrase הוּא דַּמֶּשֶׂק אֱלִיעֶזֶר is accordingly to be rendered: *[the reason] is [what happened in] Damascus, [where] my God helped [me]* [rendering the word אֱלִיעֶזֶר not as a name, but rather as the two words אֵלִי עֵזֶר, *my God helped me*] (see *Matnos Kehunah* s.v. ואליעזר).

88. Reish Lakish interprets the phrase בֶּן מֶשֶׁק בֵּיתִי according to its plain meaning (*Eitz Yosef*; see note 85).

89. That is, through his help *alone,* for according to the Midrash (below; see also 43 §3 above and *Tanchuma* §16), the "318" mentioned above in 14:14 refers to Eliezer, not to a group of 318 men.

90. The phrase הוּא דַּמֶּשֶׂק אֱלִיעֶזֶר is thus to be rendered: *he is [the same] Eliezer [who pursued the four kings until] Damascus* (as mentioned above, 14:14-15) [and the verse is not stating that Eliezer *came* from Damascus].

91. This is in contrast to the previous interpretation, according to which the word אֱלִיעֶזֶר does not refer to a name at all [see note 87] (*Matnos Kehunah*).

92. As the Midrash discussed above, 43 §2.

93. See *Yefeh To'ar*; see also *Matnos Kehunah* and *Maharzu*.

94. I.e., the angelic forces that oversee the constellations to whose influences I am subject; see above, 43 §3.

95. *Eitz Yosef* writes that our verse is thus to be understood as saying: *See, You did not give me, when I was first created, [a mazal that is conducive to having] offspring.*

96. God told Abram that once his name would be changed to Abraham, he would not be subject to the same celestial influences as before.

Eitz Yosef writes that although Abram in fact begat Ishmael *before* his name was changed to Abraham (see below, Ch. 16), this was of no consequence, for it was his offspring *with Sarah* (see further) that would inherit and carry on Abram's spiritual tradition.

97. These words refer to the subject of בֶּן מֶשֶׁק בֵּיתִי in the preceding verse (either Lot or Eliezer — see Midrash above, §9, and see note 99 below).

98. These words alone would have sufficed to make the verse's meaning understandable.

99. This Midrash is following the view of R' Eliezer in 44 §9 above, who said that בֶּן מֶשֶׁק בֵּיתִי (verse 2) refers to Lot [and consequently, that it was Lot whom Abram feared would inherit him (verse 3)].

[According to Bar Kappara's view there (citing Reish Lakish) that verse 2 refers to Eliezer, it can be presumed that a similar dialogue occurred, with God telling Abram that Eliezer was cursed (as he came from the accursed Canaanites; see above, 9:25) and would not inherit him. See below, 59 §9 (*Matnos Kehunah, Eitz Yosef*).]

INSIGHTS

Ⓐ **A Change of Name** Every generation has a part to play in furthering God's plan for the world. Every person within the generation has a part, and the part is played in every hour and every moment of that person's life. However, a person always has a choice, whether to play his part and make the world more Godly, or to neglect his part and make the world a darker place. There is a very specific framework within which each player acts, and he is allotted certain tools and assets to accomplish what he must.

But sometimes an out-of-the-ordinary shift takes place. Sometimes, a will from on High overrules the natural order of things and nature changes. "Abram" had a role to play and the ten generations that preceded him had roles to play. Abram's role was to be Av Aram, the spiritual leader of Aram. In this role, children would be a hindrance, and for this reason, "Abram cannot beget children." Whatever role

"וּבֶן מֶשֶׁק בֵּיתִי", רַבִּי אֶלְעָזָר אוֹמֵר: "בֶּן מֶשֶׁק בֵּיתִי" זֶה לוֹט שֶׁנַּפְשׁוֹ שׁוֹקֶקֶת עָלָיו לְיוֹרְשֵׁנִי, "הוּא דַּמֶּשֶׂק אֱלִיעֶזֶר", שֶׁבִּשְׁבִילוֹ רָדַפְתִּי מְלָכִים עַד דַּמֶּשֶׂק וַעֲזָרַנִי הָאֵל. רֵישׁ לָקִישׁ בְּשֵׁם בַּר קַפָּרָא אָמַר: "בֶּן מֶשֶׁק בֵּיתִי", בַּר בֵּיתִי הוּא אֱלִיעֶזֶר, שֶׁעַל יָדוֹ רָדַפְתִּי מְלָכִים עַד דַּמֶּשֶׂק, וֶאֱלִיעֶזֶר הָיָה שְׁמוֹ שֶׁנֶּאֱמַר "וַיָּרֶק אֶת חֲנִיכָיו יְלִידֵי בֵיתוֹ שְׁמֹנָה עָשָׂר וּשְׁלֹשׁ מֵאוֹת", [יג]מִנְיַן אֱלִיעֶזֶר הָוֵי שְׁמוֹנָה עָשָׂר וּשְׁלֹשׁ מֵאוֹת:

י [טו, ג] "וַיֹּאמֶר אַבְרָם הֵן לִי לֹא נָתַתָּה זָרַע". אָמַר רַב שְׁמוּאֵל בַּר רַב יִצְחָק: [יד]הַמַּזָּל דּוֹחֲקֵנִי וְאוֹמֵר לִי: אַבְרָם אֵין אַתְּ מוֹלִיד. אָמַר לוֹ הַקָּדוֹשׁ בָּרוּךְ הוּא: הֵן כִּדְבָרֶיךָ, אַבְרָם לֹא מוֹלִיד, [טו]אַבְרָהָם מוֹלִיד, "שָׂרַי אִשְׁתְּךָ לֹא תִקְרָא שְׁמָהּ שָׂרָי", שָׂרַי לֹא תֵלֵד, שָׂרָה תֵּלֵד:

יא [טו, ד] "וְהִנֵּה דְבַר ה' אֵלָיו לֵאמֹר לֹא יִירָשְׁךָ". רַבִּי יוּדָן וְרַבִּי אֶלְעָזָר בְּשֵׁם רַבִּי יוֹסֵי בַּר זִימְרָא: "ה' אֵלָיו", [טז]"דְּבַר ה' אֵלָיו", "וְהִנֵּה דְּבַר ה' אֵלָיו", מַלְאָךְ אַחַר מַלְאָךְ, דִּבּוּר אַחַר דִּבּוּר, אֲנִי וּשְׁלֹשָׁה מַלְאָכִים נִגְלִים עָלֶיךָ וְאוֹמְרִים לְךָ לוֹט °לוּטָא לָא יָרֵית לְאַבְרָהָם.

עץ יוסף

[יא] **בן משק ביתי זה לוט.** דריש משק לשון תשוקה שנפשו משתוקק לירשני כדאי' בפ' מ"א. וה"ק ובן המשתוקק לירש ביתי. ומ"ש דמשק אליעזר ראיה לדבר. שעל כן רוצה לירשני שהרי ראה שבשבילו רדפתי האומות עד דמשק: **ריש לקיש כו'.** דעתו שאליעזר הוא בן ביתו של אברהם כפשוטו. ומ"ש הוא דמשק אליעזר שמשמעו שכבר הוא ידוע. הכוונה על מ"ש לעיל וירק את חניכיו שי"ח שע"פ הגמטריא הכוונה על אליעזר כמ"ש לעיל פ' מ"ג. ומ"ש דמשק שרדף עמו המלכים עד דמשק: (יב) **המזל דוחקני.** והיינו הן לי לא נתת זרע בהתחלת ברייתי שלא בראתני במזל טוב מוליד: **אברם אינו מוליד כו'.** כלו' אינו מוליד משרה כדמסיק ומ"ש הן לי לא נתת זרע היינו זרע המתייחס אחריו ויורשו. וכן מ"ש ואנכי הולך ערירי כי ישמעאל כלא נחשב מאחר שאינו יורשו ומתייחס לו. אי נמי ואנכי הולך ערירי פירושו כדלעיל סי' י' (רמב"ן ויפ"ת): (יא) [יג] **ה' אליו.** לחוד היה סגי ומ"ש דבר תוספת הוא. ומ"ש ג"כ והנה תוספת שני. ולכן נדרשו אלו ג' פעמים לרמוז על העתיד שיתגלה אליו כבוד ה' עם ג' מלאכים בבשורת בנו הנולד לו (נזה"ק): **לוט לוטא.** מלת, זה קדרש המורה על הנוכח. לוט לוטא אליבא דר"א קאי דדריש לעיל סי' י"א בן משק ביתי וגו' מדבר בלוט.

חידושי הרד"ל

(ב) [יא] **אני וג' מלאבים.** אולי הרמז על המלאך הג' במלת אני כמ"ש בשמ"ר פ"ב שכל מקום שהוא נראה שכינה עמו וכמ"ש הרשב"ס בפ' וירא:

באור מהרי"פ

יא והנה ה' בא. שהשכינה נגלה אליו כדלעיל:

פירוש מהרז"ו

רבי אליעזר. בילקוט כאן הגי' ר"א בשם ר' יוסי בן זמרא שמ"ש ובן משק ביתי הוא דמשק אליעזר אשר לפי הפשט שדמשק אליעזר הוא שם אדם שהיה בן ביתו. וא"כ יקשה מ"ש הוא דמשק אליעזר משמע הוא הידוע. ועדיין לא נזכר שמו בתורה. ואינו ידוע לנו כלל לא כאן ולא במקום אחר. ע"כ דורשו על לוט וכמ"ש לעיל פר' מ"א סימן ח' ודעת ר"א כדעת ר"י שם שהכעס היה על אברהם בעת שהפרידו ממנו. ולוט היה רוצה ליורשו כמ"ש שם סי' ה' וסי' ו'. ומשק פירושו מלשון תשוקה ע"פ מדת ממעל וזה עפ"י מדה י"ז שמפורש בתורה במקום אחר. ומ"ש דמשק אליעזר רא' לדבר שעל כן רוצה לירשיני שהרי ראה שבשבילו רדפתי האומות עד דמשק כמפורש בפסוק וירדפם עד חובה אשר משמאל לדמשק וכמו שם דמשק שם עיר כך כאן דמשק שם עיר. ע"פ מדת ממעל ועל כן אמר הוא דמשק שכבר הוא ידוע שנזכר לעיל וא"כ מ"ש אליעזר אינו שם אדם אלא נוטריקון עזר אל. ודעת ריש לקיש שאליעזר הוא שם בן ביתו של אברהם כפשוטו כמו שם משה וכדומה הרבה בתנ"ך. ומ"ש בן משק ביתי פי' כתרגומו ובר פרנסא הדין דבביתי. ומ"ש הוא דמשק אליעזר שמשמעו שכבר הוא ידוע בתורה דורש ע"פ מדה י"ז שהכוונה על מ"ש לעיל וירק את חניכיו ילידי ביתו שלש מאות ושמונה עשר שעפ"י מדת גימטריא הכוונה על אליעזר כמ"ש לעיל פר' מ"ג סוף סימן ב' וש"נ להרבה מקומות הרי כבר נזכר שמו בתורה. ועפ"י מדה ל"א כאלו כתוב הוא אליעזר ומ"ש דמשק פירושו ג"כ ככ"ל שרדף עמו מלכים עד דמשק. ע"פ מדה הנ"ל הרי ראיה שרצונו של הקב"ה על אליעזר שהוא יהיה היורש שהרי עשה נסים לאברהם עמו. והנה דעת ר"א הוא דעת יחיד אך דעת ריש לקיש הוא כל המקומות שלייכתי ועוד בהרבה מקומות. ומכמה שנים הוקשה לי בברייתא דל"ב מדות מדה כ"ט גימטריא שאומר שם מנין משמע שמפורש בתורה כמו מדת ממעל ומנגד ונוטריקון שמפורשים בתורה ע"ש ולא מצאתי מפורש. וכאן נודע לי שדורש מדה ט"ו דשם כתוב ג' מאות וי"ח שרדפו עד דמשק וכאן כתיב הוא דמשק אליעזר הוא הידוע שרדף עד דמשק ולא אחר ואם פי' שרדף עם אחרים תיבת הוא מיותר והם ב' כ"מ ככ"ל. והכריע ע"פ מדת גימטריא שהכל אחד. והבן זה כי הוא פלאי לאמתה של תורה: (י) **המזל דוחקני.** שתיבת הן מיותר ודורש גז"ש הן לה' אלהיך השמים ושמי השמים פירושו מהן אני יודע שלא נתת לי זרע היינו מהמזל שבשמים. וכמ"ש שבת קנ"ו מאי דעתך דקאי לדק וכו'. וכמ"ש בפסוק הסמוך ויוצא אותו החוצה. דרשו על זה בסמוך בריש סי' י"ב. שהוציא אותו למעלה מן המזל: **הן כדבריך אברם לא וכו'.** דורש גז"ש מ"ש והנה דבר ה' אליו. ממ"ש בסדר זה הנה בריתי אתך והיית לאב המון גוים. ולא יקרא שמך אברם והיה שמך אברהם וכאלו כתוב כאן שנוי שמו ושנוי שם אשתו: (יא) **ה' אליו.** עי' מ"כ ודבר ה' פירושו על ידי מלאך. שאינו דומה למ"ש ויאמר ה' וידבר ה' לרבות ד' דיבורים. א' ה' אליו לאמר ב' דבר ג' הנה ד' והנה הרי דבור אחר דיבור ומלאך אחר מלאך להודיע שהיה הדבר בהסכם כל ב"ד של מעלה וכמ"ש בהדיא ד"ר פר' ב' סימן ז' עמש"ש ותבין כאן. ומ"ש ה' אליו לאמר. משמע שהש"י בעצמו דיבר וזהו אני וג' מלאכים:

מסורת המדרש

יג נדרים דף ל"ב. לעיל פרשה מ"ג. מדרש תהלים מזמור ק"י. פרקי דרבי אליעזר פרק כ"ז:
יד שבת דף קנ"ו נדרים דף ל"ב. פדר"א פרק כ"ז. פסיקתא רבתי פ' מ"ג. ילקוט כאן רמז ע"ו:
טו תנחומא סדר שופטים סימן י"א:
טז ילקוט כאן רמז ע"ו כה"ע:

מתנות כהונה

שוקקת. חפץ ומשתוקק ומשק דרש לשון תשוקה: **עזרני אל.** אליעזר קדריש: **בר ביתי.** כן תרגומו בתרגום ירושלמי כלומר בן הממונה על ביתי מצפה לירש אותי: **על ידו.** שהוא הלך עמו למלחמה לבדו כדמפרש לעיל פרשה מ"ב: **ואליעזר היה שמו.** ולא כדדרש אליעזר בלשון נוטריקון: [י] **המזל דוחקני כו'.** מדחזר ואמר ויאמר אברם ומניה קסליק והוה ליה לכוללו במאמר אחד דייק יתורא דקרא הכי ויאמר לו עוד מלד ששמי אברם הן לי לא נתת זרע כי כן אני רואה באצטגניות שלי: **ה"ג אמר לו** הקב"ה יהי כדבריך: [יא] **ה' אליו.** שהל"ל ה' אליו לאמר שהיה משמע אמירת ה' היתה אליו וכתב והנה הנה והנה דבר הרי ג' ואח"כ ה' בעצמו ובכבודו: **לוט לוטא.** מלת זה קדרש המורה על הנוכח כמו שדרשו לעיל פרשה ל"ח וזה החילם קיפח על ראשו של נמרוד כו': **לוט לוטא.** אליבא דר"א קאי דדריש לעיל בסמוך בן משק ביתי וגו' מדבר בלוט וגם בר קפרא דאמר שמדבר באליעזר גם הוא היה לוטא כמו שדרשו בפ' חיי שרה אולי אלי כתיב אמר אברהם אני ברוך ואתה ארור שהיה מזרע כנען המקולל:

אשד הנחלים

הוא אליעזר שעל ידו רדפתי כו' . וכאומר אם בני לא יהיו טובים מה תתן לי אותם הלא יותר טוב שבן ביתי יורש אותי כי הוא טוב והראיה שעל ידו רדפתי מלכים וא"כ הוא איש גדול המעלה שעל ידו נעשו ניסים לי עד שנחשב לי כערך י"ח וג' מאות: [י] **המזל דוחקני.** כלומר לא נתת לי בטבע שזהו המזל. והשיב לו שכשיהיה שמו אברהם אז לא יהיה ממשלת המזל עליו והכוונה שאקרא שמך להורות ע"ז ודייק מדכתיב בלשון עבר לא נתת. כאלו ראה מכבר היותו בלתי מוכן להוליד: [יא] **מלאך אחר כו' דא"ד אני ושלש כו'.** עיין במ"כ והנראה עוד לפי שהדיבור מכונה במדריגת פא"פ כמ"ש בחזית בבחינת מדרגת ישראל שלא הי' מדרגתן פה אל פה כי אם מהדיבור להמלאך ומהלאך לישראל כי פא"פ לא זכה שום אדם כ"א אבי הנביאים ולכן דרשו מלאך אחר מלאך כאלו בארו דבר ה' שיצא מפי מלאך וא"כ הי' דיבור בחינה שנית ממלאך ואברהם קיבל מהדיבור שיצא מפי המלאך. ודעת רב הונא לא כן כ"א הנה

The Midrash cites a dissenting view:

רַבִּי הוּנָא וְרַבִּי אֱלִעֶזֶר בְּשֵׁם רַבִּי יוֹסֵי בַּר זִימְרָא כְּתִיב "וְהִנֵּה דְבַר ה' אֵלָיו" — **Rav Huna and R' Eliezer** said **in the name of R' Yose bar Zimra: It is written,** ***Suddenly, the word of HASHEM came to him;*** וְהִנֵּה ה' בָּא וְדִבּוּר עִמּוֹ — this means that **God came suddenly** to Abram, **and the speech came with Him.**[100]

וַיּוֹצֵא אֹתוֹ הַחוּצָה וַיֹּאמֶר הַבֶּט נָא הַשָּׁמַיְמָה וּסְפֹר הַכּוֹכָבִים אִם תּוּכַל לִסְפֹּר אֹתָם וַיֹּאמֶר לוֹ כֹּה יִהְיֶה זַרְעֶךָ.

And He took him outside, and said, "Gaze, now, toward the Heavens, and count the stars if you are able to count them!" And He said to him, "So shall your offspring be!" (15:5).

§12 וַיּוֹצֵא אֹתוֹ הַחוּצָה — *AND HE TOOK HIM OUTSIDE.*

There is no indication in Scripture that Abram was *inside*. Why, then, does the verse state that God took him *outside?*[101] The Midrash cites three interpretations. The first:[102]

רַבִּי יְהוֹשֻׁעַ דְּסִכְנִין בְּשֵׁם רַבִּי לֵוִי — **R' Yehoshua of Sichnin said in the name of R' Levi:** וְכִי מִחוּץ לָעוֹלָם הוֹצִיאוֹ שֶׁאָמַר הַכָּתוּב "וַיּוֹצֵא אוֹתוֹ הַחוּצָה" — **Did [God] then** literally **take [Abram] out of the world, that Scripture should state,** ***and He took him outside*** [הַחוּצָה]?[103] אֶלָּא אַחְוֵי לֵיהּ שְׁבִילֵי שְׁמַיָּא — **Rather,** it means that **He showed him the pathways of the heavens,**[104] הֵיךְ מָה דְאַתְּ אָמַר "עַד לֹא עָשָׂה אֶרֶץ וְחוּצוֹת" — **similar to that which you say** in Scripture, ***when He had not yet made the earth or its environs*** [אֶרֶץ וְחוּצוֹת] (*Proverbs* 8:26).[105]

The second interpretation:

אָמַר רַבִּי יְהוּדָה בְּשֵׁם רַבִּי יוֹחָנָן — **R' Yehudah said in the name of R' Yochanan:** הֶעֱלָה אוֹתוֹ לְמַעְלָה מִכִּיפַּת הָרָקִיעַ — **[God] raised [Abram] above the dome of the sky;** הוּא דְּאָמַר לֵיהּ "הַבֶּט נָא הַשָּׁמַיְמָה" — **this is** the sense of **that** which **He said to him, "Gaze** [הַבֶּט], ***now, toward the Heavens,"*** אֵין הַבָּטָה אֶלָּא מִלְמַעְלָה לְמַטָּה — for the term הבטה **applies only to** gazing **down from above.**[106]

NOTES

100. Rav Huna and R' Eliezer disagree with the previously cited view that our verse alludes to the angels speaking, and not God. They maintain that it would be disrespectful toward God to characterize the speech of the angels as God's speech (*Eitz Yosef*, citing *Nezer HaKodesh*; see there for a Kabbalistic explanation of this line of Midrash that is beyond the scope of this elucidation). For an alternate understanding, see *Yedei Moshe*.

101. *Maharzu*.

102. While these interpretations explain our verse in different ways, the point of all three is fundamentally the same: Abram was shown that he would no longer be under the "control" of the constellations.

103. R' Levi believes this possibility to be untenable. Cf., however, the statement of R' Yehudah below.

104. That is, while standing on the ground, Abram was shown the pathways of the heavens (*Eitz Yosef* [below, s.v. עד דסנדלא ברגליך]).

105. According to this interpretation, the Midrash expounds a *gezeirah shavah* between the word הַחוּצָה in our verse and the word חוצות in the verse in *Proverbs* (*Maharzu*). Just as the word in the *Proverbs* verse refers to the heavens (for in the expression אֶרֶץ וְחוּצוֹת, the word אֶרֶץ already includes everything on earth — *Radal*) — so too, the word in our verse refers to the heavens.

106. Unlike R' Levi, R' Yehudah holds that it is indeed a tenable interpretation of our verse to say that God literally took Abram "out of the world," by taking him above the firmament to gaze down at the stars. This was to show Abram that he need not fear the influence of the stars (*Eitz Yosef*).

Cf. *Maharzu*, who says that R' Yehudah is not speaking literally but figuratively. God raised Abram's spiritual level and the mode of how his affairs were guided from above: Abram would henceforth be under the direction of God Himself (see also *Ramban* to *Levitcus* 18:25). See also Insight Ⓐ.

INSIGHTS

the ten generations had, they failed in it conspicuously: without exception, those ten generations were filled with wicked people who sneered at God and everything Godly, and they brought much darkness into the world.

Abram, on the other hand, exceeded his role. He stood alone against the world and all the evil they had created and taught the masses about the one and only God, about living a life of meaning and virtue. In so doing, he "received the reward of all of them," i.e., of all the ten generations (*Pirkei Avos* 5:2). Abram accomplished everything that those ten generations could have and should have accomplished. All the various spiritual qualities that they might have introduced to the world were in fact introduced by one man. That man could no longer be called merely Abram, as this name did not accurately reflect who he had become and the enlarged role he played in the destiny of the world. His name would henceforth be Abraham, signifying a spiritual leadership of all peoples. In this role, children were a necessity: The Jewish people would emerge from him, and then the Messiah, and then the ultimate redemption. Abram could not have children, but Abraham could (*Michtav MeEliyahu* Vol. IV, pp.102-103).

The same is true of the change from Sarai to Sarah. Sarai, meaning *my queen*, reflects a focus on close surroundings. When Abram's role was expanded from Aram to the entire world, Sarai's role was expanded from being one locale's queen to being a queen for all. Sarai could not give birth, but Sarah must (*Livyas Chein*, p.22).

Ⓐ **The View From Outside** According to the Midrash, in the event described in *Genesis* 15:5, God lifts Abraham above the heavens, has him look down on the stars from above, and states to him, *Gaze, now, toward the Heavens, and count the stars if you are able to count them!* God concludes: *So shall your offspring be!*

The subsequent verse relates that Abraham believed God's promise, and that God, in turn, *reckoned it to him [i.e., Abraham] as righteousness.*

From the juxtaposition of these verses it seems that for Abraham to perfect his trust in God, he needed to go through this experience of being raised above the heavens, and nevertheless, this trust that Abraham attained was reckoned for him as an act of righteousness.

This gives rise to several difficulties: Could it be that Abraham did not trust in God beforehand? How did lifting Abraham above the Heavens bring to him to trust in God? What was so impressive about this trust, that God *reckoned it to him as righteousness?*

As long as a person lives and thinks within the confines of "nature," he may find it hard to have complete trust in God's absolute mastery of the universe. One may sincerely and actually believe in God's existence and power — yet at the same time possess a conviction that it remains imperative to always reckon with the "real world." The more definite that conviction, the greater the possibility that his trust in God will be deficient.

Thus, there are many levels of trust in God, spanning from a basic realization — viz., that there is One Who controls the world – to the ultimate recognition that there exists nothing of substance that is anything other than a manifestation of God's glory. This is the angelic level we proclaim in *Kedushah*: *Holy, holy holy is God, Master of Legions, the whole world is filled with His glory* (*Isaiah* 6:3). To achieve this level of trust in God is to direct all one's thoughts and actions to God and His service, as Scripture states (*Psalms* 16:8), *I have set God before me always.* At this level, one values only that which can further the service and sanctification of God. To be at this level is to be in a state of *deveikus*, total attachment to God.

For a human to attain such a level of trust in God is extremely rare. Even Abraham, when asked to trust God's promise of progeny with Sarah, voiced wonder that he and Sarah would have children together.

God responded by lifting him above the Heavens (symbolizing his imminent attainment of the angelic level of trust) and telling him to gaze down from above at the earth below. God figuratively raised Abraham above the heavens – i.e., he allowed him to see the source and root of all that goes on in the world. Abraham was freed from the constraints of "normal" cause and effect and the "law" of nature, and enabled to

רַבִּי הוּנָא וְרַבִּי אֶלְעָזָר בְּשֵׁם רַבִּי יוֹסֵי בַּר זִימְרָא: כְּתִיב "וְהִנֵּה דְבַר ה' אֵלָיו", וְהִנֵּה ה' בָּא וְדִבּוּר עִמּוֹ:

יב [טו, ה] "וַיּוֹצֵא אוֹתוֹ הַחוּצָה". רַבִּי יְהוֹשֻׁעַ דְּסִכְנִין בְּשֵׁם רַבִּי לֵוִי: וְכִי מִחוּץ לָעוֹלָם הוֹצִיאוֹ שֶׁאָמַר הַכָּתוּב "וַיּוֹצֵא אוֹתוֹ הַחוּצָה", אֶלָּא אַחְוֵי לֵיהּ שִׁיקְקֵי שְׁמַיָּא הֵיךְ מָה דְאַתְּ אָמַר (משלי ח, כו) "עַד לֹא עָשָׂה אֶרֶץ וְחוּצוֹת". אָמַר רַבִּי יְהוּדָה בְּשֵׁם רַבִּי יוֹחָנָן: [יז]הֶעֱלָה אוֹתוֹ לְמַעְלָה מִכִּיפַּת הָרָקִיעַ, הוּא דְּאָמַר לֵיהּ "הַבֶּט נָא הַשָּׁמַיְמָה", אֵין הַבָּטָה אֶלָּא מִלְמַעְלָה לְמַטָּה. רַבָּנָן אָמְרֵי: נָבִיא אַתְּ וְאֵין אַתְּ אַסְטְרוֹלוֹגוֹס, שֶׁנֶּאֱמַר (בראשית כ, ז) "וְעַתָּה הָשֵׁב אֵשֶׁת הָאִישׁ כִּי נָבִיא הוּא". [יח]בִּימֵי יִרְמְיָה בִּקְּשׁוּ יִשְׂרָאֵל לָבֹא לִידֵי מִדָּה זוֹ וְלֹא הִנִּיחַ לָהֶם הַקָּדוֹשׁ בָּרוּךְ הוּא, הָדָא הוּא דִכְתִיב (ירמיה י, ב) "כֹּה אָמַר ה' אֶל דֶּרֶךְ הַגּוֹיִם אַל תִּלְמָדוּ וּמֵאוֹתוֹת הַשָּׁמַיִם אַל תֵּחָתּוּ וְגוֹ'", כְּבָר אַבְרָהָם אֲבִיכֶם בִּקֵּשׁ לָבֹא לִידֵי מִדָּה זוֹ וְלֹא הִנַּחְתִּי אוֹתוֹ.

עץ יוסף

וגם בר קפרא שאמר שמדבר באליעזר גם הוא הוה לוטא כמו שדרשו בסדר חיי שרה אולי אלי כתיב אמר אברהם אני ברוך ואתה ארור שהיה מזרע כנען המקולל (מת"כ): **והנה ה' בא ודבר עמו**. דורש שאין לרבות דבר מלאכים במקום דבור ה'. וקאמר שזה רומז למדה האחרונה המכונה בשם דבר כנודע ליודעי חן בהיות מדה זו מקור נשמת בני ישראל. לפיכך נתגלה אורה פה בשעת בשורת זרע כנסת ישראל (נזה"ק): **(יב) [יד] וכי חוץ לעולם**. דורש החוצה על חוצות השמים. המד"א עד לא עשה ארץ וחוצות שאם בהכרח שחוצות היינו שמים שנבראו בסדרים סדרים של כוכבים ומזלות כמו חוצות דהוציאו מביתו והראה לו שקקי שמים: **למעלה מכיפת הרקיע**. ס"ל דהחוצה כמשמעו שהוא ממש חוץ לעולם. והיינו למעלה מכיפת הרקיע. וזה להורות לו שלא ימס לבבו ממה שהמזל דוחקו: **אין הבטה**. האמור כאן (מזרחי): **נביא את כו'**. דאין הוצאה זו כמשמעו. אלא הוצאת הדעת שהוציא דעתו ולבו אל החוץ מן חכמת האצטגניגות לבל יסתכל עוד בחכמה זו. אלא ידבק דעתו למעלה בעולם העליון ועז"א נביא את ואין את אסטרולוגוס וכו' (נזה"ק): **כי נביא הוא**. וס"ד ויתפלל בעדך וחי' פי' האסטרולוגוס משיג במזלות שאין ביכלתו לשנות דבר. אבל הנביא היה קרוב אל השי"ת ועל ידי תפלה היה יכול לבטל המזל: **בימי ירמיהו שניבא**. על גלות ישראל סברו שיחזרו להיות תחת המזל ולהביט באותות השמים ולירא מהם. עד שאמר להם ומאותות השמים אל תחתו וכדאמר המה יחתו ולא אתם שאין מזל לישראל:

פירוש מהרז"ו

ר"ה ור"א בשם ריב"ז. אולי הכוונה שיש שונים שר"י ור"א אמרו כך בשם ריב"ז ויש שונים שר"ה ור"א אמרו כך בשם ריב"ז: **והנה ה' בא ודיבר עמו**. דורש שאין לרבות דיבור מלאכים במקום דיבור ה' כדרך שאמרו את ה' אלהיך תירא מה את מרבה ובהכרח שהש"י בעצמו דיבר עמו ולמוד מעניינו כמ"ש אני ה' אשר הוצאתיך מאור וגו'. ובהכרח שמ"ש והנה דבר ה' ג"כ הש"י וכאלו כתוב והנה דיבר ה' אליו. ומ"ש בא. כי תחלה כתיב. היה דבר ה' אל אברהם במחזה ואחר כך אומר שהש"י דיבר עמו הוסיף תיבת בא ע"פ מדה ט': **(יב) וכי חוץ לעולם**. עדיין לא זכר שהיה בבית. והי' די שיאמר הבט נא השמימה ע"כ דורש החוצה על חוצות השמים עפ"י גז"ש שכתיב ארץ וחוצות הרי מדבר בענין הבריאה ואיך הזכיר חוצות שנעשו ע"י בני אדם אחר שבנו ערים ע"כ בהכרח שחוצות היינו שמים שנבראו בסדרים סדרים של כוכבים ומזלות כמו חוצות. וכמ"ש לקמן פר' נ"ו סי' ה' על פסוק הן אראלם צעקו חוצה. ועיין שמ"ר פ' ל"ח סימן ו'. ובמ"ר פ' ב' סימן י"ב ע"ש דבר חדש ונראה דשם המאמר בשלימות בגי' מתוקנת ודו"ק ובא להוסיף על דברי ר"י דסכנין בסיפא דקרא. ועי' לקמן פ' מ"ח סימן ו': **למעלה מכיפת הרקיע**. אין פירושו שהעלה את אברהם בגופו למעלה מן השמים. שהרי אמרו ריש סוכה מעולם לא עלו משה ואליהו למרום אלא פירושו שהעלה הנהגתו ומדרגתו. שלא יהיה תחת ממשלתם אלא תחת השגחת הש"י: **אלא מלמעלה למטה**. כמ"ש הבט משמים וראה. במ"ר שם: **נביא את**. פי' שהנביא השגתו במראה הנבואה מראות אלהים: **כי נביא הוא**. וס"ד ויתפלל בעדך וחי'. פי' האסטרולוגים משיג במזלות שאין ביכלתו לשנות דבר. אבל הנביא היה קרוב אל הש"י. וע"י תפלה היה יכול לבטל המזל: **בימי ירמיהו**. שניבא על גלות ישראל. סברו שיחזרו להיות תחת המזל ולהביט באותות השמים ולירא מהם עד שאמר להם ומאותות השמים אל תחתו וכמ"ש לקמן פר' נ"ו סי' ה' כיון שהפליגו ישראל עצמן בימי ירמי' וע' כל זה ילקוט ירמיה י': **שהוא נתון למטה מהם**. מי שעובד למזלות צריך לירא מהם. ולא בעבור ידיעתם בעובדי' חלילה. אלא שלא ישנה הש"י המזל בשבילו אבל אתה בהכרח שתעבוד לעולם ליוצר הכל ית"ש. אני מבטיחך שאין אתה צריך לירא מהם שמעלתך גדולה ממעלתם:

חידושי הרד"ל

(כא) [יב] שוקקי שמיא בו'. ארץ וחוצות דרש חוצות על שמים. דכיון דכתיב ארץ הכולל כל העולם לא שייך לכתוב אח"כ חוצות ממש. ובתנחומא שם מביא מקרא שאראלים צעקו חוצה:

(כב) העלהו למעלה מכפת הרקיע. פירש בספר אמונת חכמים שגם הוא שראה שאין מספר לכוכבים שבכתיב החלביי משא"כ כאן בארץ כוכבים הנראים לעין יש להם מספר כמ"ש הראב"ע:

מסורת המדרש

יז לקמן פרשה מ"ח. שמ"ר פ' מ"ח. במד"ר פרשה ב'. תנחומא סדר חיי שרה סימן ו'. ותנחומא סדר שופטים סי' י"א:
יח ילקוט ירמיה רמז רפה:

אם למקרא

עַד־לֹא עָשָׂה אֶרֶץ וְחוּצוֹת וְרֹאשׁ עַפְרוֹת תֵּבֵל: (משלי ח:כו)

וְעַתָּה הָשֵׁב אֵשֶׁת־הָאִישׁ כִּי־נָבִיא הוּא וְיִתְפַּלֵּל בַּעַדְךָ וֶחְיֵה וְאִם־אֵינְךָ מֵשִׁיב דַּע כִּי־מוֹת תָּמוּת אַתָּה וְכָל־אֲשֶׁר־לָךְ: (בראשית כ:ז)

כֹּה אָמַר ה' אֶל־דֶּרֶךְ הַגּוֹיִם אַל־תִּלְמָדוּ וּמֵאֹתוֹת הַשָּׁמַיִם אַל־תֵּחָתּוּ כִּי־יֵחַתּוּ הַגּוֹיִם מֵהֵמָּה: (ירמיה י:ב)

מתנות כהונה

[יב] **אחוי ליה כו'**. הראה לו שוקים ורחובות השמים: **אסטרולוגוס**. חוזה בכוכבים כלומר כחך למעלה מהאסטרולוגין ואין אתה תולה בכוכבים ומזלות: **לידי מדה זו**. שסמכו ותלו עצמם בהוראות המזלות:

אשד הנחלים

ה' בא ודיבר עמו. ואם תרצה להבין היטב זה ע"ד הציור תבין זה היטב כי הדיבור הוא דבר היוצא מפי עצמו וזה לא הי' כ"א מדריגת משה כמ"ש שכינה מדברת מתוך גרונו של משה. אבל המלאך הוא השליח לא עצמות השכינה. והדבר הזה הוא מתעלומות החכמ' ליודעים ומה שאמרו אני ושל"ש הוא לפי שמצינו שלאברהם נגלה שלש מלאכים כמ"ש והנה שלשה אנשים נצבים. ומסתמא היו פה ג"כ מאלו השלש. ויתכן שאחד רפא לאברהם ואחד לשרה כי כל מלאך מיוחד לאיש מיוחד כפי זכותו ומדריגתו ואחד שמאתו נשלח המלאך כמ"ש מלאך אחר מלאך. ויתכן עוד מפני שיש ג' כיתות של מלאכים כמ"ש אחד אומר קדוש ואחד אומר קדוש קדוש ואחד אומר ק' ק' ק' ה' צבאות. והן המה הג' מדריגות שהם מקבלים זה מזה כתרגומו וזה נמשך לדעת המ"כ ג"כ והבן זה: **[יב] וכי מחוץ כו'**. דל"ל מתוך הבית לחוץ לראות הכוכבים לפי שבאמת מפעולות הנבואה שבעת שרואה הדבר ההוא הוא מבין על ידו שהדבר כן הוא. וא"כ אחר שבאמת מפעולות הכוכבים ראה אברהם שמדרך הטבע והמזל אינו מוליד ואיך אמר שמזה יראה שכה יהי' זרעו. ולכן דרש שהראה לו שקקי דשמי' כלומר סידור העולם העליון הנעלה מעולם הגלגלים והעולם השפל ומזה ראה שיוליד. אף שמטבע הכוכבים שאינו מוליד והבן זה מאוד. וא"כ הכוונה במלת חוצה חוץ לעולם הטבע. והכוונה במלת כוכבים המה המנהיגים העליונים שהמה משפיעים על הכוכבים ודייק מהכתוב עד לא עשה ארץ וחוצות ששמה א"א לפרש על חוצה ממש שאינו דבר ממשי. כ"א בערך הבתים נקרא חוץ. א"ו שכוונה חוץ לעולם והארץ היא העולם ודעת ר"י הוא להיפך שבעת ראותו המחזה הי' למעלה מכיפת הרקיע כי כן מטבע הנביא שנפשו רואה מראות העליונות למעלה מעולם הטבע המוחשי ואמר לו ה' הבט נא למטה בכוכבים וראה כי כה יהי' זרעך. וא"כ החוצה באורו על העולם כאלו הוא חוץ לעולם העליון כי כן נקרא העולם הזה בערך העולם העליון כחוץ בערך הפנים כי המה פנימיים הרואים כבודו ית' יותר והבן זה: **ואין את איסטרוגלא**. כאלו באורו ויוצא אותו החוצה שלא יסתכל עוד בדברים חיצונים טבעיים שהמה חכמת איסטרוגלא כי אין זה ממדריגתו: **לידי מדה זו**. שיונהגו ע"ד הטבע מפעולות הכוכבים. וכוונתם הי' בכדי שלא ימשול עליהם ההשגחה האלקית המענשת ומצרפת על המעשים הרעים ולכן הוכיחם ה' והזהירם שלא יראו מפעולות הכוכבים מאומה כי הם מושגחים בהשגחה האלהית נעלה מהשגחת הטבע הכללית:

The third interpretation:
רַבָּנָן אָמְרֵי: נָבִיא אַתְּ וְאֵין אַתְּ אַסְטְרוֹלוֹגוֹס, שֶׁנֶּאֱמַר ״וְעַתָּה הָשֵׁב אֵשֶׁת הָאִישׁ כִּי נָבִיא הוּא״ – **The Sages said:** God was saying to Abram, **"You are a prophet, you are not an astrologer,"**[107] **as it is stated:** ***But now, return the man's wife for he is a prophet*** (below, 20:7).[108] בִּימֵי יִרְמְיָה בִּקְשׁוּ יִשְׂרָאֵל לָבֹא לִידֵי מִדָּה זוֹ וְלֹא הִנִּיחַ לָהֶם הַקָּדוֹשׁ בָּרוּךְ הוּא – **In the days of Jeremiah,**[109] **Israel thought to return to this path,**[110] **but the Holy One, blessed is He, did not let them;** i.e., He told them that this would not occur. הָדָא הוּא דִכְתִיב ״כֹּה אָמַר ה׳ אֶל דֶּרֶךְ הַגּוֹיִם אַל תִּלְמָדוּ וּמֵאוֹתוֹת הַשָּׁמַיִם אַל תֵּחָתּוּ וְגוֹ׳ ״ – **This is the meaning of what is written:** ***Thus said HASHEM: Do not learn from the way of the nations; do not be frightened by the signs of the heavens, etc.*** (*Jeremiah* 10:2). כְּבָר אַבְרָהָם אֲבִיכֶם בִּקֵּשׁ לָבֹא לִידֵי מִדָּה זוֹ וְלֹא הִנַּחְתִּי אוֹתוֹ – God said, **Your father Abraham already thought to adopt this path,** thinking that his life would be influenced by the constellations, **but I did not let him.**

NOTES

107. According to the Sages, the phrase וַיּוֹצֵא אֹתוֹ הַחוּצָה means that God took Abram away from his former opinions regarding the role of astrology, and taught him to think only of God as the Source of earthly influence (*Eitz Yosef*, citing *Nezer HaKodesh*).

108. The verse elsewhere identifies Abram as a prophet, as the Sages said. In addition, the verse there continues, *and he will pray for you, and you will live*. It is the prophet who understands that prayer to God can change the course of events; the astrologer believes man's fate, as determined by the stars, to be fixed (*Maharzu, Eitz Yosef*).

109. Who prophesied the destruction of the First Temple (*Maharzu, Eitz Yosef*; see next note).

110. Literally, *to come to this trait.* That is, when Jeremiah prophesied that the Jews would be exiled, they thought that they would once again be subject to the influence of the stars, but God told them otherwise (*Eitz Yosef*).

INSIGHTS

perceive with utmost clarity that nothing determines reality other than the will of God. Abraham thus attained the pinnacle of trust in God. It was only then that the Torah could say *and he trusted in God.* This was such an impressive accomplishment that God praised Abraham for attaining it, and *reckoned it to him as righteousness* (*Michtav MeEliyahu*, vol. III pp. 163-170)

רַבִּי הוּנָא וְרַבִּי אֶלְעָזָר בְּשֵׁם רַבִּי יוֹסֵי בַּר זִימְרָא: כְּתִיב "וְהִנֵּה דְבַר ה' אֵלָיו", וְהִנֵּה ה' בָּא וְדִבּוּר עִמּוֹ:

יב [טו, ה] "וַיּוֹצֵא אוֹתוֹ הַחוּצָה". רַבִּי יְהוֹשֻׁעַ דְּסִכְנִין בְּשֵׁם רַבִּי לֵוִי: וְכִי מִחוּץ לָעוֹלָם הוֹצִיאוֹ שֶׁאָמַר הַכָּתוּב "וַיּוֹצֵא אוֹתוֹ הַחוּצָה", אֶלָּא אַחְוֵי לֵיהּ שִׁיקְקֵי שְׁמַיָּא הֵיךְ מָה דְּאַתְּ אָמַר (משלי ח, כו) "עַד לֹא עָשָׂה אֶרֶץ וְחוּצוֹת". אָמַר רַבִּי יְהוּדָה בְּשֵׁם רַבִּי יוֹחָנָן: [יז]הֶעֱלָה אוֹתוֹ לְמַעְלָה מִכִּיפַּת הָרָקִיעַ, הוּא דְּאָמַר לֵיהּ "הַבֶּט נָא הַשָּׁמַיְמָה", אֵין הַבָּטָה אֶלָּא מִלְּמַעְלָה לְמַטָּה. רַבָּנָן אָמְרֵי: נָבִיא אַתְּ וְאֵין אַתְּ אַסְטְרוֹלוֹגוֹס, שֶׁנֶּאֱמַר (בראשית כ, ז) "וְעַתָּה הָשֵׁב אֵשֶׁת הָאִישׁ כִּי נָבִיא הוּא". [יח]בִּימֵי יִרְמְיָה בִּקְּשׁוּ יִשְׂרָאֵל לָבֹא לִידֵי מִדָּה זוֹ וְלֹא הִנִּיחַ לָהֶם הַקָּדוֹשׁ בָּרוּךְ הוּא, הָדָא הוּא דִכְתִיב (ירמיה י, ב) "כֹּה אָמַר ה' אֶל דֶּרֶךְ הַגּוֹיִם אַל תִּלְמָדוּ וּמֵאוֹתוֹת הַשָּׁמַיִם אַל תֵּחָתּוּ וְגוֹ'", כְּבָר אַבְרָהָם אֲבִיכֶם בִּקֵּשׁ לָבֹא לִידֵי מִדָּה זוֹ וְלֹא הִנַּחְתִּי אוֹתוֹ.

עץ יוסף

וגם בר קפרא שאמר שמדבר באליעזר גם הוא הוה לוטא כמו שדרשו בסדר חיי שרה אולי אלי כתיב אמר אברהם אני ברוך ואתה ארור שהיה מזרע כנען המקולל (מת"כ): **והנה ה' בא ודבר עמו.** דורש שאין לרבות דבר מלאכים במקום דבור ה'. וקאמר שזה רומז למדה האחרונה המכונה בשם דבר כנודע ליודעי חן בהיות מדה זו מקור נשמת בני ישראל. לפיכך נתגלה אורה פה בשעת בשורת זרע כנסת ישראל (נזה"ק): **(יב) [יד] וכי חוץ לעולם.** דורש החוצה על חוצות השמים. המד"א עד לא עשה ארץ וחוצות שגם בהכרח שחוצות היינו שמים שנבראו בסדרים סדרים של כוכבים ומזלות כמו חוצות דהוציאו מביתו והראה לו שקקי שמים: **למעלה מכיפת הרקיע.** ס"ל דהחוצה כמשמעו שהוא ממש חוץ לעולם. והיינו למעלה מכיפת הרקיע. וזה להורות לו שלא ימס לבבו ממה שהמזל דוחקו: **אין הבטה.** האמור כאן (מזרחי): **נביא את כו'.** דאין הוצאה זו כמשמעו. אלא הוצאת הדעת שהוציא דעתו ולבו אל החוץ מן חכמת האצטגנינות לבל יסתכל עוד בחכמה זו. אלא ידבק דעתו למעלה בעולם העליון ועז"א נביא את ואין את אסטרולוגוס וכו' (נזה"ק): **כי נביא הוא.** וס"ד ויתפלל בעדך וחי' פי' האסטרולוגוס משיג במזלות שאין ביכלתו לשנות דבר. אבל הנביא היה קרוב אל השי"ת ועל ידי תפלה היה יכול לבטל המזל: **בימי ירמיהו שניבא.** על גלות ישראל סברו שיחזרו להיות תחת המזל ולהביט באותות השמים ולירא מהם. עד שאמר להם ומאותות השמים אל תחתו וכדאמר המה יחתו ולא אתם שאין מזל לישראל:

פירוש מהרז"ו

ר"ה ור"א בשם ריב"ז. אולי הכוונה שיש שונים שר"י ור"א אמרו כך בשם ריב"ז ויש שונים שר"ה ור"א אמרו כך בשם ריב"ז: **והנה ה' בא ודיבר עמו.** דורש שאין לרבות דיבור מלאכים במקום דיבור ה' כדרך שאמרו את ה' אלהיך תירא מה את מרבה ובהכרח שהש"י בעצמו דיבר עמו ולמוד מענינו כמ"ש אני ה' אשר הוצאתיך מאור וגו'. ובהכרח שמ"ש והנה דבר ה' ג"כ הש"י וכאלו כתוב והנה דיבר ה' אליו. ומ"ש בא. כי תחלה כתיב. היה דבר ה' אל אברהם במחזה ואחר כך אומר שהש"י דיבר עמו הוסיף תיבת בא ע"פ מדה ט': **(יב) וכי חוץ לעולם.** עדיין לא זכר שהיה בבית. והי' די שיאמר הבט נא השמימה ע"כ דורש החוצה על חוצות השמים עפ"י גז"ש שכתיב ארץ וחוצות הרי מדבר בענין הבריאה ואיך הזכיר חוצות שנעשו ע"י בני אדם אחר שבנו ערים ע"כ בהכרח שחוצות היינו שמים שנבראו בסדרים סדרים של כוכבים ומזלות כמו חוצות. וכמ"ש לקמן פר' נ"ו סי' ה' על פסוק הן אראלם צעקו חוצה. ועיין שמ"ר פ' ל"ח סימן ו'. ובמ"ר פ' ב' סימן י"ב ע"ש דבר חדש ונראה דשם המאמר בשלימות בגי' מתוקנת ודו"ק ובא להוסיף על דברי ר"י דסכנין בסיפא דקרא. ועי' לקמן פ' מ"ח סימן ו': **למעלה מכיפת הרקיע.** אין פירושו שהעלה את אברהם בגופו למעלה מן השמים. שהרי אמרו ריש סוכה מעולם לא עלו משה ואליהו למרום אלא פירושו שהעלה הנהגתו ומדרגתו. שלא יהיה תחת ממשלתם אלא תחת השגחת הש"י: **אלא מלמעלה למטה.** כמ"ש הבט משמים וראה. במ"ר שם: **נביא את.** פי' שהנביא השגתו במראה הנבואה מראות אלהים: **כי נביא הוא.** וס"ד ויתפלל בעדך וחי'. פי' האסטרולוגים משיג במזלות שאין ביכלתו לשנות דבר. אבל הנביא היה קרוב אל הש"י. וע"י תפלה היה יכול לבטל המזל: **בימי ירמיהו.** שניבא על גלות ישראל. סברו שיחזרו להיות תחת המזל ולהביט באותות השמים ולירא מהם עד שאמר להם ומאותות השמים אל תחתו וכמ"ש לקמן פר' נ"ו סי' ה' כיון שהפליגו ישראל עצמן בימי ירמי' וע' כל זה ילקוט ירמיה י': **שהוא נתון למטה מהם.** מי שעובד למזלות צריך לירא מהם. ולא בעבור ידיעתם בעובדי' חלילה. אלא שלא ישנה הש"י המזל בשבילו אבל אתה בהכרח שתעבוד לעולם ליוצר הכל ית"ש. אני מבטיחך שאין אתה צריך לירא מהם שמעלתך גדולה ממעלתם:

חידושי הרד"ל

(כא) [יב] שוקקי שמיא כו'. ארץ וחוצות דרש חוצות על שמים. דכיון דכתיב ארץ הכולל כל העולם לא שייך לכתוב אח"כ חוצות ממש. ובתנחומא שם מביא מקרא שאראלים צעקו חוצה: **(כב) העלהו למעלה מכפת הרקיע.** פירש בספר אמונת חכמים שעם הוא שראה שאין מספר לכוכבים שבנתיב החלב"י משא"כ כאן בארץ כוכבים הנראים לעין יש להם מספר כמ"ש הראב"ע:

מסורת המדרש

יז לקמן פרשה מ"ח. שמ"ר פ' מ"ח. במד"ר פרשה ב'. תנחומא סדר חיי שרה סימן ו'. ותנחומא סדר שופטים סי' י"א: **יח** ילקוט ירמיה רמז רפה:

אם למקרא

עַד־לֹא עָשָׂה אֶרֶץ וְחוּצוֹת וְרֹאשׁ עַפְרוֹת תֵּבֵל: (משלי ח:כו)

וְעַתָּה הָשֵׁב אֵשֶׁת־הָאִישׁ כִּי־נָבִיא הוּא וְיִתְפַּלֵּל בַּעַדְךָ וֶחְיֵה וְאִם־אֵינְךָ מֵשִׁיב דַּע כִּי־מוֹת תָּמוּת אַתָּה וְכָל־אֲשֶׁר־לָךְ: (בראשית כ:ז)

כֹּה אָמַר ה' אֶל־דֶּרֶךְ הַגּוֹיִם אַל־תִּלְמָדוּ וּמֵאֹתוֹת הַשָּׁמַיִם אַל־תֵּחָתּוּ כִּי־יֵחַתּוּ הַגּוֹיִם מֵהֵמָּה: (ירמיה י:ב)

מתנות כהונה

[יב] **אחוי ליה כו'.** הראה לו שוקים ורחובות השמים: **אסטרולוגוס.** חוזה בכוכבים כלומר כחך למעלה מהאסטרולוגין ואין אתה תולה בכוכבים ומזלות: **לידי מדה זו.** שסמכו ותלו עצמם בהוראות המזלות:

אשד הנחלים

ה' בא ודיבר עמו. ואם תרצה להבין היטב זה ע"ד הציור תבין זה היטב כי הדיבור הוא דבר היוצא מפי עצמו וזה לא הי' כ"א מדריגת משה כמ"ש שכינה מדברת מתוך גרונו של משה. אבל המלאך הוא השליח לא עצמות השכינה. והדבר הזה הוא מתעלומות החכמ' ליודעים ומה שאמרו אני ושל"ש הוא לפי שמצינו שלאברהם נגלה שלש מלאכים כמ"ש והנה שלשה אנשים נצבים. ומסתמא היו פה ג"כ מאלו השלש. ויתכן שאחד רפא לאברהם ואחד לשרה כי כל מלאך מיוחד לאיש מיוחד כפי זכותו ומדריגתו ואחד שמאתו נשלח המלאך כמ"ש מלאך אחר מלאך. ויתכן עוד מפני שיש ג' כיתות של מלאכים כמ"ש אחד אומר קדוש ואחד אומר קדוש קדוש ואחד אומר ק' ק' ק' ה' צבאות. והן המה הג' מדריגות שהם מקבלים זה מזה כתרגומו וזה נמשך לדעת המ"כ ג"כ והבן זה: **[יב] וכי מחוץ כו'.** דל"ל מתוך הבית לחוץ לראות הכוכבים לפי שבאמת מפעולות הנבואה שבעת שרואה הדבר ההוא הוא מבין על ידו שהדבר כן הוא. וא"כ אחר שבאמת מפעולות הכוכבים ראה אברהם שמדרך הטבע והמזל אינו מוליד ואיך אמר שמזה יראה שכה יהי' זרעו. ולכן דרש שהראה לו שקקי דשמי' כלומר סידור העולם העליון הנעלה מעולם הגלגלים והעולם השפל ומזה ראה שיוליד. אף שמטבע הכוכבים שאינו מוליד והבן זה מאוד. וא"כ הכוונה במלת חוצה חוץ לעולם הטבע. והכוונה במלת כוכבים המה המנהיגים העליונים שהמה משפיעים על הכוכבים ודייק מהכתוב עד לא עשה ארץ וחוצות ששמה א"א לפרש על חוצה ממש שאינו דבר ממשי. כ"א בערך הבתים נקרא חוץ. א"ו שכוונה חוץ לעולם והארץ היא העולם ודעת ר"י הוא להיפך שבעת ראותו המחזה הי' למעלה מכיפת הרקיע כי כן מטבע הנביא שנפשו רואה מראות העליונות למעלה מעולם הטבע המוחשי ואמר לו ה' הבט נא למטה בכוכבים וראה כי כה יהי' זרעך. וא"כ החוצה באורו על העולם כאלו הוא חוץ לעולם העליון כי כן נקרא העולם הזה בערך העולם העליון כחוץ בערך הפנים כי המה פנימיים הרואים כבודו ית' יותר והבן זה: **ואין את איסטרוגלא.** כאלו באורו ויוצא אותו החוצה שלא יסתכל עוד בדברים חיצונים טבעיים שהמה חכמת איסטרוגלא כי אין זה ממדריגתו: **לידי מדה זו.** שיונהגו ע"ד הטבע מפעולות הכוכבים. וכוונתם הי' בכדי שלא ימשול עליהם ההשגחה האלקית המענשת ומצרפת על המעשים הרעים ולכן הוכיחם ה' והזהירם שלא יראו מפעולות הכוכבים מאומה כי הם מושגחים בהשגחה האלהית נעלה מהשגחת הטבע הכללית:

The Midrash concludes this segment with a word of advice: וְאָמַר רַבִּי לֵוִי: עַד דְּסַנְדְּלָא בְּרַגְלָךְ דְּרוֹס כּוּבָא — **R' Levi said: While the sandal is on your foot, walk on the thorn.**[111] וְכָל מִי שֶׁהוּא נָתוּן לְמַטָּה מֵהֶם הוּא מִתְיָרֵא מֵהֶם — **For all who are placed under them** (the stars) should **fear them,** אֲבָל אַתְּ שֶׁאַתְּ נָתוּן לְמַעְלָה מֵהֶם דָּיְישֵׁם — **but you, who are placed above them, step on them.**

The Midrash speaks of the various ways to annul an evil decree: רַבִּי יוּדָן בְּשֵׁם רַבִּי אֶלְעָזָר אָמַר — **R' Yudan said in the name of R' Elazar:** שְׁלֹשָׁה דְבָרִים מְבַטְּלִים גְּזֵירוֹת רָעוֹת וְאֵלּוּ הֵם — **Three things nullify evil decrees, and these are they:** תְּפִלָּה וּצְדָקָה וּתְשׁוּבָה — **prayer, charity, and repentance.** וּשְׁלָשְׁתָּן נֶאֶמְרוּ בְּפָסוּק אֶחָד — **And all three are stated in one verse** (*II Chronicles* 7:14); הָדָא הוּא דִכְתִיב — **this is what is written:** "וְיִכָּנְעוּ עַמִּי אֲשֶׁר נִקְרָא שְׁמִי עֲלֵיהֶם וְיִתְפַּלְלוּ", זוֹ תְּפִלָּה — ***And My people, upon whom My Name is proclaimed, humble themselves and pray*** — **this** part of the verse **is** a reference to **prayer;** "וִיבַקְשׁוּ פָנַי", הֲרֵי צְדָקָה — ***and seek My presence*** — **behold, charity** is mentioned here,[112] כְּמָה דְאַתְּ אָמַר "אֲנִי בְּצֶדֶק אֶחֱזֶה פָנֶיךָ" — **similar to that which you say** elsewhere in Scripture, ***And I, through charity I shall behold Your face*** (*Psalms* 17:15);[113] "וְיָשֻׁבוּ מִדַּרְכֵיהֶם הָרָעָה" זוֹ תְּשׁוּבָה — ***and repent of their evil ways*** — **this** part of the verse **is** a reference to **repentance;** וְאַחַר כָּךְ "וְאֶסְלַח לְחַטָּאתָם וְאֶרְפָּא אֶת אַרְצָם" — **and afterward** the verse concludes: ***I will forgive their sin and heal their land.***[114]

The Midrash cites other acts that can help annul evil decrees: רַבִּי הוּנָא בַּר רַב יוֹסֵף אָמַר — **Rav Huna bar Rav Yosef said:** אַף שִׁנּוּי שֵׁם וּמַעֲשֶׂה טוֹב — **Even change of** one's **name**[115] **and good deeds** nullify evil decrees. שִׁנּוּי הַשֵּׁם, מֵאַבְרָהָם — That **changing of** one's **name** is effective in this regard, we learn **from Abraham,** as the verse states, "וְלֹא יִקָּרֵא עוֹד שִׁמְךָ אַבְרָם" — ***Your name shall no longer be called Abram,*** *but your name shall be Abraham* (below, 17:5);[116] מַעֲשֶׂה טוֹב, מֵאַנְשֵׁי נִינְוֵה שֶׁנֶּאֱמַר — the power of **good deeds** to cancel evil decrees is seen **from the people of Nineveh, as it is stated,** "וַיַּרְא הָאֱלֹהִים אֶת מַעֲשֵׂיהֶם כִּי שָׁבוּ וגו׳" — ***And God saw their deeds, that they repented*** *from their evil way; and God relented concerning the evil that He had said He would bring upon them, and did not do it* (*Jonah* 3:10).

וְיֵשׁ אוֹמְרִים אַף שִׁנּוּי מָקוֹם, שֶׁנֶּאֱמַר "וַיֹּאמֶר ה׳ אֶל אַבְרָם לֶךְ לְךָ" — **And some say** that **even** a **change of location** nullifies evil decrees, **for it is stated, *HASHEM said to Abram, "Go for yourself*** *from your land . . . to the land that I will show you"* (above, 12:1).[117] רַבִּי מוּנָא אָמַר — **Rav Muna said:** אַף הַתַּעֲנִית, שֶׁנֶּאֱמַר "יַעַנְךָ ה׳ בְּיוֹם צָרָה וגו׳" — **Even fasting** nullifies evil decrees, **for it is stated: *May HASHEM answer you on the day of distress, etc.***[118] (*Psalms* 20:2).

The Midrash quotes a teaching about the effectiveness of fasting in nullifying evil decrees: רָבָא בַּר מַחְסֵיָא וְרַבִּי חָמָא בֶּן גּוּרְיוֹן בְּשֵׁם רַב אָמַר — **Rava bar Mechasya and R' Chama ben Gurion said in the name of Rav:** יָפָה תַּעֲנִית לַחֲלוֹם כָּאֵשׁ בִּנְעוֹרֶת — **Fasting is effective in** nullifying the portents of a bad **dream as a fire** is effective **in** consuming the **tow** of flax.[119] אָמַר רַבִּי יוֹסֵף: וּבוֹ בַיּוֹם — **R' Yose said: And** the fast is most effective **on that very day,** i.e., on the day following his dream; וַאֲפִילוּ בְּשַׁבָּת — **and** such a fast may be observed **even on the Sabbath.**[120]

וַיֹּאמֶר אֵלָיו אֲנִי ה׳ אֲשֶׁר הוֹצֵאתִיךָ מֵאוּר כַּשְׂדִּים לָתֶת לְךָ אֶת הָאָרֶץ הַזֹּאת לְרִשְׁתָּהּ.
He said to him, "I am HASHEM Who brought you out of Ur Kasdim, to give you this land to inherit it" (15:7).

§13 וַיֹּאמֶר אֵלָיו אֲנִי ה׳ אֲשֶׁר הוֹצֵאתִיךָ מֵאוּר כַּשְׂדִּים וגו׳ — ***HE SAID TO HIM, "I AM HASHEM WHO BROUGHT YOU OUT OF UR-KASDIM,*** *TO GIVE YOU THIS LAND TO INHERIT IT."*

רַבִּי אֱלִיעֶזֶר בֶּן יַעֲקֹב וְרַבָּנָן — Ur Kasdim was so named because of the incident that occurred there, when Nimrod threw Abram into the furnace.[121] **R' Elazar ben Yaakov and the Sages** disagreed about exactly who saved Abram: רַבִּי אֱלִיעֶזֶר בֶּן יַעֲקֹב אָמַר: מִיכָאֵל יָרַד וְהִצִּילוֹ מִכִּבְשַׁן הָאֵשׁ — **R' Elazar ben Yaakov said:** The angel **Michael went down and saved [Abram] from the fiery furnace.** וְרַבָּנָן אָמְרֵי: הַקָּדוֹשׁ בָּרוּךְ הוּא הִצִּילוֹ — **But the Sages said: The Holy One, blessed is He, saved him** Himself;[122]

NOTES

111. A person who is barefoot cannot walk on thorns without risking injury, but if he is wearing sandals he can do so with impunity. The advice offered by R' Levi is a metaphor: The thorns represent astrology, which may often predict bad things for a person. The sandal, however, represents good deeds. One who is protected by his good deeds need not fear the predictions of astrology (*Eitz Yosef*).

Alternatively: God had placed Abram above the dome of the sky, giving him (temporary) mastery over the celestial forces. The advice in the metaphor was for Abram to take advantage of the opportunity ("while the sandal is on his foot") to understand and "overcome" those forces, recognizing for all time that they exert no power over him, so that neither he nor his descendants would make the mistake of ascribing power to them (*Radal*). [Indeed, some texts of the Midrash have the reading כּוֹכְבָא, *stars*, in place of כּוּבָא, *thorns*.]

[It should be noted that R' Levi stated above in the first interpretation that Abram was *not* placed above the dome of the sky; according to the second explanation of the metaphor here, R' Levi is offering it not in accord with his own interpretation, but with that of R' Yehudah (see *Eitz Yosef*).]

112. Even though it would seem that this phrase also refers to prayer, the verse has already mentioned prayer; hence this phrase is taken by the Midrash to refer to charity (*Maharzu*). Alternatively, the word פָּנִים, *face*, refers to God's Attribute of Mercy (as in the verse of the Priestly Blessing [*Numbers* 6:25], יָאֵר ה׳ פָּנָיו אֵלֶיךָ וִיחֻנֶּךָּ, *May God illuminate His countenance for you and be gracious to you*). As such, this phrase refers to charity, which is an expression of mercy to one's fellow man (*Eitz Yosef*).

113. See *Bava Basra* 10a, where R' Elazar finds an allusion in this verse to the custom of giving charity before praying.

114. The verse thus teaches us that the prayer, charity, and repentance referred to in the earlier parts of the verse bring forgiveness. [*Yedei Moshe*, citing *Yefeh Mareh* to *Yerushalmi Taanis* 2:1, writes that the indication is that *all three* are needed (see also next note). *Radal*, however, notes that the Gemara in *Rosh Hashanah* (16b) mentions four things that serve to "rip up" an evil decree (charity; crying out in prayer; changing one's name; and changing one's deeds), and cites different verses for each of the four. The implication of the Gemara there is that each of the four suffices on its own.]

115. If the sinner changes his name, he is in a sense no longer the same person he was before; the Divine decree was ordained against a different person (*Eitz Yosef*). [This, of course, will be effective only if the person repents — for it is in truth the repentance that makes him a new person, which makes him deserving of the new name (see *Maharzu*).] See also *Rambam, Hil. Teshuvah* 2:4.

116. This change of name enabled Abraham to "nullify the decree" that he would not beget children with Sarah (see Midrash above, §10).

117. By moving to a new country, Abram would be able to nullify the decree against his having children. [Indeed, verse 2 there states: *And I will make of you a great nation* (*Eitz Yosef*).]

118. It is not clear where the Midrash sees that this verse refers to fasting. Perhaps it is because we are enjoined to fast on a *day of distress* (see *Rambam, Hil. Taaniyos* 1:4). Alternatively, the *distress* referrred to in the verse refers to the distress caused to the body by fasting (see *Eitz Yosef*).

119. I.e., the short broken fibers that come off the flax during the process of combing, which burn very easily.

If one has a frightening dream, it is recommended that he fast, lest the dream portend an unfavorable Divine decree. The merit of the fast (provided that it is accompanied by repentance; *Mishnah Berurah* 20:6) is highly effective in nullifying the decree.

120. [Normally, one may not fast on the Sabbath; here, however, this is permitted,] so his anxiety will be assuaged (*Rashi* to *Taanis* 12b s.v. ואפילו).

121. See above, 38 §13. [The word אור means "fire" in Aramaic; אוּר כַּשְׂדִּים was so named because of this incident; see *Rashi* to *Genesis* 11:28.]

122. The Sages' view is recorded in the Gemara in *Pesachim* (118b): God said, "Abram is unique in the world, and I am unique in the world; it is fitting that the unique should save the unique." [According to the Gemara, God said this to the angel Gabriel, who wished to be the one to save Abram.]

חידושי הרד"ל

(כג) **עד דסנדלא ברגליך דרוס כובא** כשהסנדל ברגליך דרוס הקוצים בכדי שאף אח"כ אם תלך יחף לא יזיקוך. והוא משל על אברהם. עתה

חידושי הרש"ש

[יב] **וישובו מדרכיהם הרעים כו' ואסלח לחטאתם כו'.** כצ"ל:

עץ יוסף

עד דסנדלא ברגליך. ר' לוי אמר לעיל דאחוי ליה שקקי שמיא ואברהם היה עומד על הארץ וכאן אמר שהיה אברהם למעלה מכיפת הרקיע ועי"כ שכאן או למעלה צ"ל שם אמורא אחר: **דרוס כובא.** האלשיך גריס דרוס כוכביא. ופי' שא"ל הקב"ה שהוא שודד המזל המחייב שלא יוליד וא"ל כה יהיה זרעך מושלים על הכוכבים ודרוס לשון דריסה. וגירסתנו דרוס כובא הוא ע"ד מליצה כמו שהרגל ירא מהקוצים והברקנים. אם סנדלו עליו אז אינו ירא מהם. כן מערכת הכוכבים העוקצים לאדם בטבעו. אם יש לו מנעלים טובים והמה המע"ט אז אינם שולטים עליהם מאומה: [טו] **ג' דברים כו'.** מייתי סייעתא דבשלשה דברים מתבטלים גזרות רעות. ולכן אברהם והחסידים דכלהו איתנהו בהו לא ירא. והשלשה דברים אלו המה עניינים סגולים לקרב הנפש לה' ואז היא יוצאה מגדר ההשגחה הכללית להשגחה הפרטית: **ויבקשו פני זו צדקה.** דורש ויבקשו להשיג פני ע"י הצדקה. כי מלת פנים הוא שם הרחמים כמ"ש ישא ה' פניו אליך. והכלל שכל המרחם על הבריות ירוחם. א"כ הבקשת פנים הוא הצדקה שהוא הרחמים: **אני בצדק.** ע"י פרוטה שנותן לעני זוכה ומקבל פני שכינה כדאי' בויק"ר: **אף שינוי השם.** שעל ידי שינוי השם אינו אותו האיש שהיה והגזרה הרעה לא עליו נגזרה: **ולא יקרא עוד כו'.** דמדנקרא כן בפרשת מילה שבשרו על הולדת יצחק משמע שע"י שינוי השם נתן לו כח ההולדה עם שרה: **ויאמר ה' אל אברם לך.** וגו' והדר ואעשך לגוי גדול: **ביום צרה.** הוא יום התענית שהגוף מיצר: **לחלום.** לבטלו כאש השורף לנעורת ור"ל כמו שהאש אוחז מהר בנעורת שהוא דבר קל ומכלהו לגמרי. כן התענית מועיל מיד ומכלה הגז"ד לגמרי עד שנמחה מהיות עוד: **ובו ביום.** אם מתענים בו ביום שחלם לו ואפילו בשבת ועיין בא"ח: (יג) [טז] **מיכאל ירד כו'.** דס"ל דמיכאל שר של שלג הוא כדלקמן בבמד"ר פ' י"ב והשלג והמים מכבים האש. ובפסחים דף קי"ח אמרינן שגבריאל בקש להצילו ובש"ר פי"ח אי' שמניהם ירדו ובקשו להצילו ע"ש: **הקדוש ברוך הוא הצילו.** מפרש טעמא בפרק ע"פ שאמר הקב"ה אני יחיד והוא יחיד נאה ליחיד להציל את היחיד וזה לא שייך בחמ"ו שלא

וְאָמַר רַבִּי לֵוִי: עַד דְּסַנְדְּלָא בְּרַגְלָךְ דְּרוֹס כּוּבָא, וְכָל מִי שֶׁהוּא נָתוּן לְמַטָּה מֵהֶם הוּא מִתְיָרֵא מֵהֶם אֲבָל אַתְּ שֶׁאַתְּ נָתוּן לְמַעְלָה מֵהֶם דָּיְישֵׁם. רַבִּי יוּדָן בְּשֵׁם רַבִּי אֶלְעָזָר אָמַר: [יט] שְׁלֹשָׁה דְבָרִים מְבַטְּלִים גְּזֵירוֹת רָעוֹת וְאֵלּוּ הֵם תְּפִלָּה וּצְדָקָה וּתְשׁוּבָה וּשְׁלָשְׁתָּן נֶאֶמְרוּ בְּפָסוּק אֶחָד, הָדָא הוּא דִכְתִיב (ד"ה ב ז, יד) "וְיִכָּנְעוּ עַמִּי אֲשֶׁר נִקְרָא שְׁמִי עֲלֵיהֶם וְיִתְפַּלְלוּ", זוֹ תְּפִלָּה, "וִיבַקְשׁוּ פָנַי", הֲרֵי צְדָקָה, כְּמָה דְאַתְּ אָמַר (תהלים יז, טו) "אֲנִי בְּצֶדֶק אֶחֱזֶה פָנֶיךָ". "וְיָשֻׁבוּ מִדַּרְכָּם הָרָעָה", זוֹ תְּשׁוּבָה, וְאַחַר כָּךְ (ד"ה שם) "וְאֶסְלַח לְחַטָּאתָם וְאֶרְפָּא אֶת אַרְצָם". רַבִּי הוּנָא בַּר רַב יוֹסֵף אָמַר: אַף שִׁנּוּי שֵׁם וּמַעֲשֶׂה טוֹב. שִׁנּוּי הַשֵּׁם, מֵאַבְרָהָם (בראשית יז, ה) "וְלֹא יִקָּרֵא עוֹד שִׁמְךָ אַבְרָם". מַעֲשֶׂה טוֹב, מֵאַנְשֵׁי נִינְוֵה שֶׁנֶּאֱמַר (יונה ג, י) "וַיַּרְא אֱלֹהִים אֶת מַעֲשֵׂיהֶם כִּי שָׁבוּ וְגוֹ'", וְיֵשׁ אוֹמְרִים אַף שִׁנּוּי מָקוֹם שֶׁנֶּאֱמַר (בראשית יב, א) "וַיֹּאמֶר ה' אֶל אַבְרָם לֶךְ לְךָ". רַבִּי מוּנָא אָמַר: אַף הַתַּעֲנִית, שֶׁנֶּאֱמַר (תהלים כ, ב) "יַעַנְךָ ה' בְּיוֹם צָרָה וְגוֹ'". [כ] רָבָא בַּר מַחְסֵיָא וְרַבִּי חָמָא בֶּן גּוּרְיוֹן בְּשֵׁם רַב אָמַר: יָפָה תַּעֲנִית לַחֲלוֹם כָּאֵשׁ° לִנְעוֹרֶת, אָמַר רַבִּי יוֹסֵף: וּבוֹ בַּיּוֹם וַאֲפִילוּ בְּשַׁבָּת:

יג [טו, ז] "וַיֹּאמֶר אֵלָיו אֲנִי ה' אֲשֶׁר הוֹצֵאתִיךָ מֵאוּר כַּשְׂדִּים וְגוֹ'". רַבִּי אֱלִיעֶזֶר בֶּן יַעֲקֹב וְרַבָּנָן, רַבִּי אֱלִיעֶזֶר בֶּן יַעֲקֹב אָמַר: [כא] מִיכָאֵל יָרַד וְהִצִּילוֹ מִכִּבְשַׁן הָאֵשׁ, וְרַבָּנָן אָמְרֵי: הַקָּדוֹשׁ בָּרוּךְ הוּא הִצִּילוֹ,

פירוש מהרז"ו

עד דסנדלא ברגליך דרוך כובא. עי' מ"כ ופי' שמי שאין רגלו יחף אלא לבוש סנדלים יכול לדרוס על הקוצים והוא משל והנמשל שהוראת מערכת השמים הם מתנגדים להוראת השפעה שעל פי התורה ומע"ט והוראת המערכת כקוצים ואברם בזכותו יכול לדייסם וכו' ודו"ק: **שלשה דברים מבטלים.** עי' ירושלמי ריש פרק ב' דתענית קהלת רבה פסוק כי ברוב חלומות ובפסוק ברבות הטובה: **ויבקשו פני זו צדקה.** שאם פירושו על התפלה הרי כבר כתיב ויתפללו על כן דורש ויבקשו להשיג פני על ידי הצדקה: **אף שינוי השם.** על ידי התשובה אינו אותו איש שהיה וצריך שם חדש. והגזירה הרעה לא עליו נגזרה מדברי הרמב"ם: **לך לך מארצך.** שצוה לו שישנה מקום ארצו. וישונה גזירתו: **אף התענית שנאמר יענך.** צ"ע איך מרומז כאן תענית אך בקהלת רבה פסוק ביום טובה מסיים יענך ה' ביום צרה למה כי גם את זה לעומת זה עשה האלהים. ופי' אם תתענה ותקרא יענך כי אין עניה בלא קריאה: **יפה תענית.** שבת דף י"א א'. וה"ג שם א"ר חסדא ובו ביום א"ר יוסף אפילו בשבת: (יג) **מיכאל ירד והצילו.** שאברהם נקרא אחד היה אברהם ומיכאל אחד השרים הראשונים עי' כל זה שמ"ר פר' י"ח סי' ה'. פסחים קי"ח. ועי' ד"ר פר' ב' סימן כ"ט. שהש"ר פסוק עד שהמלך ושם פסוק אם חומה היא:

מסורת המדרש

יט ראש השנה דף ט"ז. ירושלמי פרק חלק. תנחומא סדר נח סימן ח'. קה"ר פרשה ז' פסוק י"ד. ילקוט

אם למקרא

וְיִכָּנְעוּ עַמִּי אֲשֶׁר נִקְרָא שְׁמִי עֲלֵיהֶם וְיִתְפַּלְלוּ וִיבַקְשׁוּ פָנַי וְיָשֻׁבוּ מִדַּרְכֵיהֶם הָרָעִים וַאֲנִי אֶשְׁמַע מִן הַשָּׁמַיִם וְאֶסְלַח לְחַטָּאתָם וְאֶרְפָּא אֶת אַרְצָם:
(דברי הימים ב ז:יד)

אֲנִי בְּצֶדֶק אֶחֱזֶה פָנֶיךָ אֶשְׂבְּעָה בְהָקִיץ תְּמוּנָתֶךָ:
(תהלים יז:טו)

וְלֹא־יִקָּרֵא עוֹד אֶת־שִׁמְךָ אַבְרָם וְהָיָה שִׁמְךָ אַבְרָהָם כִּי אַב־הֲמוֹן גּוֹיִם נְתַתִּיךָ:
(בראשית יז:ה)

וַיַּרְא הָאֱלֹהִים אֶת מַעֲשֵׂיהֶם כִּי שָׁבוּ מִדַּרְכָּם הָרָעָה וַיִּנָּחֶם הָאֱלֹהִים עַל הָרָעָה אֲשֶׁר דִּבֶּר לַעֲשׂוֹת לָהֶם וְלֹא עָשָׂה:
(יונה ג:י)

וַיֹּאמֶר ה' אֶל־אַבְרָם לֶךְ־לְךָ מֵאַרְצְךָ וּמִמּוֹלַדְתְּךָ וּמִבֵּית אָבִיךָ אֶל־הָאָרֶץ אֲשֶׁר אַרְאֶךָּ:
(בראשית יב:א)

יַעַנְךָ ה' בְּיוֹם צָרָה יְשַׂגֶּבְךָ שֵׁם אֱלֹהֵי יַעֲקֹב:
(תהלים כ:ב)

וַיֹּאמֶר אֵלָיו אֲנִי ה' אֲשֶׁר הוֹצֵאתִיךָ מֵאוּר כַּשְׂדִּים לָתֶת לְךָ אֶת־הָאָרֶץ הַזֹּאת לְרִשְׁתָּהּ:
(בראשית טו:ז)

מתנות כהונה

כובא. קוצים וה"ג בילקוט וספר אות אמת ודרש הכוכבים לשון כובא כלומר דרוך על במתי הוראות הכוכבים שאין הוראתן וממשלתן רק על העובדי כוכבים הנמשלים כקוצים כדלעיל ודרש הבט כמו הבט לשון הבטה ודריסה. ובאב"א משמע דגרס דרוס בככביא כלומר הכוכבים: **דיישם.** לשון דישה כלומר דרוס עליהם: [**תשובה תפלה כו'.** בירושלמי דפ' תעניות אלו ובמדרש קהלת בפסוק ביום

אשד הנחלים

עד דסנדלא ברגלך. הוא מליצה נפלאה כמו שהרגל הירא מהקוצים והברקנים אם סנדליו עליו אז אינו ירא מהם כן מערכת הכוכבים העוקצים לאדם בטבעו אם יש לו מנעלים טובים והמה המע"ט אז אינם שולטים עליהם מאומה כי אינם שולטים רק למי שהוא נתון למטה. זהו מי שמתנהג רק בדרכי הגוף שהוא למטה במערכת הטבע לא שמגביה נפשו למעלה שהוא מן העליונים ואין המזל שולט עליו: **שלשה דברים מבטלים כו'.** הן המה עניינים סגולים לנפש להנצל מדרך הטבע. והסבה להיותם מקרבים הנפש לה' ואז היא יוצאה מגדר ההשגח' הכללית להשגח' הפרטית: **ויבקשו פני הרי צדקה.** כי מלת פנים הוא שם הרחמים כמ"ש ישא ה' פניו אליך ונאמר אל תסתר פניך ממני והכלל שכל המרחם על הבריות ירוחם א"כ הבקשת פנים הוא הצדקה שהוא הרחמים: **שינוי שם.** עיין ברמב"ם הלכות תשובה מה שביאר בזה. והאמת כי לדעת חז"ל השם הוא מבוא גדול והורא' גמורה על איכות האיש כמאמרם שמא גרים ובהשתנות השם ישתנה האיש במעשהו והיא כמו סגולה שאיננה נודע סבתה כמו יתר הסגולות: **ומעשה טוב.** אין זה נכלל בתשובה שהתשובה הוא רק סור מרע וזה בבחינת ועשה טוב ואף שזה מדרך כש"כ ומהו אף יתכן שעשיית הטוב הוא עם הלב טוב בהרגשת האמת. אבל מעשה טוב הוא רק העושה על צד ההרגל אף שאין לבו עודנה עמו במעשהו והבן. ולכן דייק הכתוב בנינוה שראה את מעשיהם. ושינוי מקום הוא הגורם להכנעה וגם הוא מענין הסגולה ג"כ כי המזל משתנה לפי המקום כמאמרם ז"ל מאן דביש ליה בהאי מתא ליזיל במתא אחריתא והתענית שהוא הכנעת הלב ומזה יבוא לידי התרוממת הנפש ואז תצא ממאסר דרכי הטבע ותהי למעלה מן המזל. ויתכן עוד לפי שמלמעלה מרחמין עליו אם הוא מסגף נפשו מאוד: **כאש בנעורת.** כמו שהאש אוחז מהר בנעורת שהוא דבר קל ומכלהו לגמרי עד שלא נשאר מזה מאומה כן התענית מועיל מיד ומכלה הגז"ד לגמרי עד שנמחה מהיות עוד: [**יג] מיכאל ירד כו' הקדוש ברוך הוא הצילו.** וההבדל בין הניסים הנעשים ע"י מלאך לניסים היוצאים מאת ה' לבדו הוא מתעלומות הידיעה אך אין ספק כי הניסים מיד ה' הוא במעלה יותר גדולה מפורסמת כי יש ניסים נגללים מעט בטבע המציאות ויש ניסים מפורסמים מאד עד שאין הטבע פועל בו מאומה:

הָדָא הוּא דִכְתִיב — and **this is what is written** in our verse: "אֲנִי ה׳ אֲשֶׁר הוֹצֵאתִיךָ מֵאוּר כַּשְׂדִּים" — ***"I am HASHEM Who brought you out of Ur Kasdim,*** *to give you this land to inherit it."* וְאֵימָתַי יָרַד מִיכָאֵל, בַּחֲנַנְיָה מִישָׁאֵל וַעֲזַרְיָה — **Rather, when did Michael go down** to save people from a fiery furnace? **During** the incident involving **Chananiah, Mishael, and Azariah.**[123]

וַיֹּאמַר ה׳ אֱלֹהִים בַּמָּה אֵדַע כִּי אִירָשֶׁנָּה. וַיֹּאמֶר אֵלָיו קְחָה לִי עֶגְלָה מְשֻׁלֶּשֶׁת וְעֵז מְשֻׁלֶּשֶׁת וְאַיִל מְשֻׁלָּשׁ וְתֹר וְגוֹזָל. וַיִּקַּח לוֹ אֶת כָּל אֵלֶּה וַיְבַתֵּר אֹתָם בַּתָּוֶךְ וַיִּתֵּן אִישׁ בִּתְרוֹ לִקְרַאת רֵעֵהוּ וְאֶת הַצִּפֹּר לֹא בָתָר.

He said, "My Lord, HASHEM/ELOHIM: Whereby shall I know that I am to inherit it?" And He said to him, "Take to Me three heifers, three goats, three rams, a turtledove, and a young dove." He took all these to Him: he cut them in the center, and placed each piece opposite its counterpart. The birds, however, he did not cut up (15:8-10).

§14 וַיֹּאמַר ה׳ אֱלֹהִים בַּמָּה אֵדַע — ***HE SAID, "MY LORD, HASHEM/ELOHIM: WHEREBY SHALL I KNOW THAT I AM TO INHERIT IT?"***

The Midrash explains the meaning of Abram's question, *Whereby shall I know, etc.*:

רַבִּי חִיָּיא בְּרַבִּי חֲנִינָא אָמַר — **R' Chiya the son of R' Chanina said:** לֹא כְקוֹרֵא תִּגָּר — Abram did **not** say this **like one who was complaining;**[124] אֶלָּא אָמַר לוֹ בְּאֵיזוֹ זְכוּת — **rather, he said to [God], "In what merit** will my descendants inherit the land?"[125] אָמַר לוֹ: בַּכַּפָּרוֹת שֶׁאֲנִי נוֹתֵן לְפָנֶיךָ — And **[God] said to him** in reply, **"In** the merit of **the atonements,** i.e., the sacrifices, **that I shall place before you."**[126]

The Midrash proceeds to show that many types of sacrifices[127] are alluded to in verse 9:

"וַיֹּאמֶר אֵלָיו קְחָה לִי עֶגְלָה מְשֻׁלֶּשֶׁת", הֶרְאָה לוֹ ג׳ מִינֵי פָּרִים וְג׳ מִינֵי שְׂעִירִים וְג׳ מִינֵי אֵילִים — *And He said to him,* ***"Take to Me three heifers,*** *three goats, three rams"* — **[God] showed [Abram] three types of bull**-offerings, **three types of goat**-offerings, **and three types of ram**-offerings. ג׳ מִינֵי פָּרִים: פַּר יוֹם הַכִּפּוּרִים, וּפַר הַבָּא עַל כָּל הַמִּצְוֹת, וְעֶגְלָה עֲרוּפָה — The **three types of bulls** were **the bull of Yom Kippur,**[128] **the bull that comes for** violation of **any of the commandments,**[129] **and the** ***eglah arufah.***[130] וְג׳ מִינֵי שְׂעִירִים: שְׂעִירֵי רְגָלִים, שְׂעִירֵי רָאשֵׁי חֳדָשִׁים, וּשְׂעִירָה שֶׁל יָחִיד — **And the three types of goats** were **the festival goats,**[131] **the** *chatas* **goats** brought **on Rosh Chodesh,**[132] **and the she-goat of the individual.**[133]

NOTES

123. See *Daniel* 3:20ff. Nebuchadnezzar, king of Babylon, had Chananiah, Mishael, and Azariah thrown into a furnace, and Scripture indicates that it was an angel who saved them (see ibid. verse 25). The Sages here identify that angel as Michael.

Eitz Yosef writes that our Midrash is following the view (*Bamidbar Rabbah* 12 §8, *Devarim Rabbah* 5 §12, *Shir HaShirim Rabbah* 3 §1) that Michael was the celestial angel in charge of snow. As we know, snow and water will extinguish fire. Cf. *Pesachim* 118a; *Shemos Rabbah* 18 §5.

124. I.e., it is inconceivable that Abram was disbelieving of God's promise, asking God for proof in order to relieve his uncertainty (*Maharzu, Eitz Yosef*). [See, however, *Nedarim* 32a, where Abram is nevertheless faulted for having asked this question.]

125. Abram was concerned that he lacked the merit for this great gift, and that even if *he* had sufficient merit, perhaps his descendants would not be righteous enough, or would sin and lose the right to remain in the Land (*Eitz Yosef*).

126. God assured Abram that in the merit of the sacrifices that Israel would offer, they would have the requisite merit (ibid.). See also Insight Ⓐ.

[We use the term "sacrifices" here loosely, as one of the atonements mentioned below — the *eglah arufah* — is not technically a sacrifice at all.]

127. The verse alludes to sacrifices of the individual and of the community of Israel as a whole, and it also alludes both to sacrifices brought for inadvertent transgressions as well as for intentional ones (see Midrash further). Thus, Israel would have the means for atonement for all their various sins, and this would enable them to stay in the Land (*Eitz Yosef*).

[This does not mean that it was *guaranteed* that the nation would stay in the Land forever. Indeed, when their iniquity reached a certain level, they were exiled from the Land, sacrifices notwithstanding. As the prophet Samuel explained to Saul (see *I Kings* 15:22), God wants us to obey Him, not simply to bring sacrifices for their own sake (*Eitz Yosef*, citing *Yefeh To'ar*). See similarly *Isaiah* 1:12-13.]

128. This refers to the bull offered by the Kohen Gadol as part of the Yom Kippur service; see *Leviticus* 16:3, 6.

129. This refers to the bull that must be brought when the community (as a whole) sins [as a result of an erroneous ruling made by the Sanhedrin]. See *Leviticus* 4:13ff; see also *Numbers* 15:22 (*Yefeh To'ar, Matnos Kehunah, Eitz Yosef*).

130. This refers to the *eglah arufah*, decapitated calf, which is brought when someone has been killed and the identity of his murderer is not known; see *Deuteronomy* 21:1-9.

131. The goats were part of the festival *mussaf*-offerings; see *Numbers* 28:22,30 and 29:16.

132. See ibid. 28:15.

133. This refers to a standard *chatas* (sin-offering); see *Leviticus* 4:27-31. It is brought upon the inadvertent violation of a commandment whose intentional violation would make one liable to *kares*. Cf. *Eitz Yosef*.

INSIGHTS

Ⓐ **The Merits of Abraham's Descendants** *Maharal* (*Gevuros Hashem* §8) offers a deeper appreciation of this entire Midrash that highlights the unique stature of the Jewish people, and not simply the sacrifices, as the source of their merit. When God answered Abraham that his descendants would inherit the land "in the merit of the atonements (i.e., the sacrifices)," He was saying in effect that only Abraham's descendants would have the innate holiness to *be able to* achieve atonement through sacrifices. Why? Because when a Jewish person sins his actions are not a true expression of his nature, but rather an aberrant behavior that does not really become a part of him. Other peoples, who lack this essential holiness as a national quality, are naturally inclined to sin because of who they are, and their wrongdoings become entrenched in them. For such a person, sacrifices would not bring atonement. God was teaching Abraham that his descendants would be different. Any sins they would commit would be uncharacteristic of them and, in their essence, they would always remain pure. That distinctive holiness and essential goodness makes it possible for sacrifices to bring them atonement, cleansing them of the effects of their sins. That is why they alone would merit the eternal inheritance of the Holy Land.

In a lengthy discussion in *Darash Moshe* (*Derush* §11) about why there was a need for the Egyptian exile, *R' Moshe Feinstein* builds on this principle of *Maharal*. He begins with several questions on the text, among them: Why does the Midrash choose to identify these ten specific animal sacrifices as being represented by the animals mentioned in the verse? And why did God not show Abraham the *minchah*-offering, at least not openly (see Midrash further)?

R' Moshe explains that through these specific animals, God was hinting to Abraham about the great qualities the Jewish people would have that would earn them the Land of Israel, and by leaving out the flour of the *minchah*-offering, He was hinting at their core weakness that would necessitate the Egyptian exile. That core weakness, which is at the root of the three types of bad character – following desire, being jealous, and demanding respect – is the failure to recognize that everything we have, including all our abilities, belongs to God. This is represented by the *minchah*-offering.

Bringing a sacrifice is primarily about acknowledging that the

הָדָא הוּא דִכְתִיב "אֲנִי ה' אֲשֶׁר הוֹצֵאתִיךָ מֵאוּר כַּשְׂדִּים". וְאֵימָתַי יָרַד מִיכָאֵל, בַּחֲנַנְיָה מִישָׁאֵל וַעֲזַרְיָה:

יד [טו, ח] "וַיֹּאמַר ה' אֱלֹהִים בַּמָּה אֵדַע". רַבִּי חִיָּיא בְּרַבִּי חֲנִינָא אָמַר: [כב]לֹא כְּקוֹרֵא תִגָּר אֶלָּא אָמַר לוֹ בְּאֵיזוֹ זְכוּת, אָמַר לוֹ: בַּכַּפָּרוֹת שֶׁאֲנִי נוֹתֵן לְפָנֶיךָ. [טו, ט] "וַיֹּאמֶר אֵלָיו קְחָה לִי עֶגְלָה מְשֻׁלֶּשֶׁת", הֶרְאָה לוֹ ג' מִינֵי פָרִים וג' מִינֵי שְׂעִירִים וְג' מִינֵי אֵילִים. ג' מִינֵי פָרִים, פַּר יוֹם הַכִּפּוּרִים, וּפַר הַבָּא עַל כָּל הַמִּצְוֹת, וְעֶגְלָה עֲרוּפָה. וְג' מִינֵי שְׂעִירִים, שְׂעִירֵי רְגָלִים, שְׂעִירֵי רָאשֵׁי חֳדָשִׁים, וּשְׂעִירָה שֶׁל יָחִיד. וְג' מִינֵי אֵילִים, אָשָׁם וַדַּאי, וְאָשָׁם תָּלוּי, וְכִבְשָׂה שֶׁל יָחִיד. "וְתֹר וְגוֹזָל", תּוֹר וּבַר יוֹנָה. [טו, י] "וַיִּקַּח לוֹ אֶת כָּל אֵלֶּה", רַבִּי שִׁמְעוֹן בֶּן יוֹחַאי וְרַבָּנָן, רַבִּי שִׁמְעוֹן בֶּן יוֹחַאי אוֹמֵר: [כג]כָּל הַכַּפָּרוֹת הֶרְאָה לוֹ וַעֲשִׂירִית הָאֵיפָה לֹא הֶרְאָה לוֹ, וְרַבָּנָן אָמְרֵי: אַף עֲשִׂירִית הָאֵיפָה הֶרְאָה לוֹ, נֶאֱמַר כָּאן "וַיִּקַּח לוֹ אֶת כָּל אֵלֶּה", וְנֶאֱמַר לְהַלָּן (ויקרא ב, ח) "וְהֵבֵאתָ אֶת הַמִּנְחָה אֲשֶׁר יֵעָשֶׂה מֵאֵלֶּה לַה'". "וְאֶת הַצִּפֹּר לֹא בָתָר", הֶרְאָה לוֹ הַקָּדוֹשׁ בָּרוּךְ הוּא [כד]שֶׁמַּבְדִּילִים בְּעוֹלַת הָעוֹף וְאֵין מַבְדִּילִים בְּחַטַּאת הָעוֹף:

טו דָּבָר אַחֵר, "קְחָה לִי עֶגְלָה מְשֻׁלֶּשֶׁת", [כה]זוֹ בָּבֶל שֶׁהֶעֱמִידָה ג' מְלָכִים, נְבוּכַדְנֶצַּר וֶאֱוִיל מְרוֹדַךְ וּבֵלְשַׁאצַּר. "וְעֵז מְשֻׁלֶּשֶׁת", זוֹ מָדַי שֶׁהָיְתָה מַעֲמִידָה ג' מְלָכִים, כּוֹרֶשׁ וְדָרְיָוֶשׁ וַאֲחַשְׁוֵרוֹשׁ. "וְאַיִל מְשֻׁלָּשׁ", זוֹ יָוָן. רַבִּי אֶלְעָזָר וְרַבִּי יוֹחָנָן, רַבִּי אֶלְעָזָר אָמַר: כָּל הָרוּחוֹת כָּבְשׁוּ בְּנֵי יָוָן וְרוּחַ מִזְרָחִית לֹא כָבְשׁוּ. אָמַר לוֹ רַבִּי יוֹחָנָן:

חידושי הרד"ל

שהגבהתיך למעלה מכיפת הרקיע. הבט וספור הכוכבים. חשוב ועמוד על כל כחותיהם. ותראה שאתה למעלה מהם. ואין בהם ממש. בכדי שאח"כ כשיהיו בניך למטה מהם. לא יזוקו מהם לטעות אחריהם:

(כד) אבל את כו' דויישם. ואפשר גרסינן כאן גייזם. ודרש וספור לשון גזיזה וגילוח דמתרגמינן גייז:

(כה) ג' דברים מבטלים גזרות כו'. קה"ר פ"ה ירושלמי פ"ב דתענית ה"א ועיין רע"מ ס"פ בהר (קי"א:) (וע"ש דמשמע שם דכלהו דווקא כהדדי בעינן ועיין יד"מ. אבל מקראי דמייתיה בש"ס בר"ה משמע טפי דלאו בהדדי קאמר):

(כו) [יג] רבי אליעזר בן יעקב אמר. מיכאל ירד והצילו. כ"ה בשי"ר פ"א פ"כ אבל בפסחים (קיח) אמרינן שגבריאל בקש להצילו ובשמ"ר פר' י"ח איתא ששניהם ירדו ובקשו להצילו ע"ש:

(כז) [יד]ושעירה של יחיד. חטאת יחיד בעבודת כוכבים. ובתוספתא שם תני שעיר נשיא (בעבודת כוכבים) ועדיף טפי שכולן זכרים (ולהכן בכבשה של יחיד דנקט באילים. משום דשארי אילי אשם כולל בלשון אשם וודאי באחד. שאם באין לחשוב כל איל אשם לעצמו. א"כ יהיו יותר משלשה):

(כח) ועשירית האיפה לא הראה לו. ולא כרת עליו בריתו על כפרתה. וז"ש בויקרא פ"ג שהיא וויתור מהקב"ה סליחה אחת משלו:

(כט) [טו] ועז משולשת זה מדי כו' זה אנטיוכוס המוקדני כו'. והכתיב ראיתי את האיל. מקרא זה במדי נאמר שהוא האיל. והצפיר הוא מוקדון. ובפר"א פכ"ח דרש עז משולשת מוקדון ואיל פרס ומדי. וכאן נשתבשו לכתוב כסדר זמן מלכותם מדי ואח"כ מוקדון. ועיקר הגירסא נראה ל"ל כאן גם כן ועז משולשת זו מוקדון ר"א ור"י כו' לא כבשו א"ל ר"י והכתיב ראיתי כו' כרצונו והגדיל וכתיב וצפיר העזים הגדיל עד מאד. (כלומר הרי הצפיר הגדיל מן האיל. והאיל משל בכל העולם שהרי

עץ יוסף

היו יחידים ולפיכך לא ניצולו אלא ע"י שליח. ובודאי הבדל רב בין הניסים הנעשים ע"י מלאך לניסים היוצאים מאת ה' לבדו. והוא מתעלומות הידיעה: **אני ה' אשר הוצאתיך.** ואי הוה ע"י שליח מאי קמ"ל פשיטא שמה' היתה הצלתו ולא ע"י סיבה טבעית: **ואימתי ירד מיכאל כו'.** דהתם ע"כ לומר ע"י מלאך דכ' ורויה די רביעא דמי לבר אלהין: (יד) [יז] **לא בקורא תגר.** כלו' שלא היה מחוסר אמנה כמסתפק ואינו מאמין ח"ו בהבטחת הש"י. אלא א"ל באיזה זכות כלו' שנתיירא שמא יגרום החטא לבטל ההבטחה ולגרשם מן הארץ. וע"ז השיב לו הקב"ה בכפרות שאני נותן לבניך כלו' בזכות הקרבנות המכפרים עונות. וע"ז אמר קחה לי עגלה משולשת ועז משולשת וגו' לרמוז לכל מיני כפרות המכוונים ומכפרים לכל חטא ואשם הן בשוגג והן במזיד הן יחיד והן רבים: **בכפרות שאני נותן לבניך.** ועיין בפרק בני העיר. ולא אמר אלא להאריך קלא. אבל בבואם בחטא בשיעור מופלג כמו שבאו בזמן הבית לא יועילום. כי החפץ לי' בעולות וזבחים (יפ"ת): **שלשה מיני פרים כו'.** ופי' עגלה משולשת ג' עגלים. ועז משולשת ג' שעירים. וכן איל משולש (עיין מזרחי): **על כל המצות.** אשר לא תעשינה והוא פר העלם דבר (מת"כ): **שעירי רגלים שעירי ר"ח.** וברש"י כתב שעיר הנעשה בפנים ושעירי מוספין של מועד כו': **ושעירה של יחיד.** חטאת יחיד בעכו"ם. ועיין בתוספתא שם: **וכבשה של יחיד.** אע"פ שאינו איל. הוא ממין אחד: **ועשירית האיפה לא הראה לו.** אפשר לומר הטעם לפי שעשירית האיפה בא בדלי דלות שהוא פורענות קשה לפיכך לא רצה לצערו. ולרבנן נמי מהאי טעמא לא נאמרה בהדיא אלא ברמז (יפ"ת): **ואין מבדילין בחטאת העוף.** והיינו ואת הצפור לא בתר דחטאת העוף הוא שהראה לו. ופי' לא בתר שלא הבדיל בסימנין אלא שחט אחד או רובו לבד כדין חטאת העוף: (טו) [יח] **זו בבל.** וגלות מצרים לא רמז בזה דההוא בהדיא אמר לו כי גר יהיה זרעך וגו'. וההוא לא הוה לפשע ישראל כאלו: **זו בבל.** דכתיב בה תפושי כעגלה דשה: **ועז משולשת זו יון.** שהעמידה שלשה מלאכים. ואיל משולש זו מדי דא"ר אלעזר כל הרוחות כבשו בני מדי ורוח מזרחית לא כבשו. א"ר יוחנן מן מה דכתיב ראיתי את האיל מנגח ימה ולפונה ונגבה וגו' הוא דעתיה דר"א דאמר רוח מזרחית לא כבשו. וכן הוא נוסחת ספרים ישנים

פירוש מהרז"ו

(יד) **בקורא תגר.** כמסתפק ומבקש אות שיעמיד דבריו. אלא הספק היה על עצמו איך יזכה לזה ואיך יזכו בניו לדורות אולי יחטאו ויאבדו הכל. והשיב לו שיתן לבניו מצות הקרבנות ובזכות זה ישארו בירושתם: **עגלה משולשת.** פי' ג' מינים עגלים. והם פרים בני בקר. ועגל הוא בן שנה ופר הוא בן ג' שנה רומז לפר משולש בשנים ומשולש בעגלים לרומז על פר יוה"כ ופר בא על המצות ועגלה ערופה. וגם זה מרומז בעגלה משולשת שהשלישית היא עגלה. ושנים פרים ועז ואיל הוא כפשוטו שיש ג' מיני עזים וכמ"ש שעיר עזים וגם איל כפשוטו: **וכבשה של יחיד.** אעפ"י שאינו איל הוא ממין אחד. וצ"ע למה לא חשיב פר ואיל עצרת. ואולי הוא בכלל מ"ש ויקח לו את כל אלה כמ"ש אלה תעשו לה' במועדיכם ובילקוט כאן גורס עוד ותור וגוזל אלו תורים ובני יונה: **רבי שמעון בר יוחאי ורבנן.** עי' ויק"ר פרשה ג' סימן ג' בהיפך: **ועשירית האיפה.** של מנחת עני וכל המנחות אין כאן רמז. ורבנן דורשים גז"ש גם על כל המנחות: **שמבדילים ואין מבדילים.** פי' שכתב שצווהו ליקח שנים תור וגוזל וכתיב ואת הצפור לא בתר שאחד בתר ואחד לא בתר רמז בזה על שני מיני קרבנות עוף שאחד מבדילין ראשו ממנו ואחד אין מבדילין: (טו) **עז משולשת זו מדי ואיל משולש זו יון.** לע"ג שסותר הפסוקים המפורשים בדניאל ח' פסוק כ' וכ"א. האיל אשר ראית וגו' מלכי מדי וגו'. והצפיר והשעיר מלך יון וגו'. והיל"ל כאן בהיפך עז על מוקדון ואיל על מדי ואם על שמדי היה קודם מוקדון. אין הטעם של הסידור כדאי להפוך הכתובים המפורשים כל אחד בשמו ובהכרח שמ"ש בדניאל כנ"ל היינו שבעת גדולת מדי היה מוקדון קטן עדיין ואח"כ נתגדל השעיר כמפורש שם וצפיר העזים הגדיל עד מאד יותר מהאיל על כן כאן שמדבר ממלכות מוקדן בגדולתו מדמה מלכות מדי לעז ומלכות מוקדון לאיל: **כל הרוחות כבשו.** פי' שעל מדי הטעם שנקרא משולשת על ג' מלכים. אך מוקדון שלא העמידה אלא מלך אחד הוא אלכסנדר שמלך על כל העולם ולמה אמר משולש. ע"כ דרש על אשר כבש שלשה רוחות העולם:

מסורת המדרש

קהלת רמז תתקע"א:
כ שבת דף י"א:
כא פסחים קי"ח. שמ"ר פ' י"ח. ל"ח פ' ב'. שה"ש פ' א' וש"נ:
כב מגילה דף ל"א:
כג ויק"ר פרשה ג' ע"ש:
כד זבחים דף ס"ד ע"ב:
כה ילקוט כאן רמז ע"ז:

אם למקרא

וְהֵבֵאתָ אֶת־הַמִּנְחָה אֲשֶׁר יֵעָשֶׂה מֵאֵלֶּה לַה' וְהִקְרִיבָהּ אֶל־הַכֹּהֵן וְהִגִּישָׁהּ אֶל־הַמִּזְבֵּחַ:
(ויקרא ב:ח)

חידושי הרש"ש

[יד] שעירי רגלים שעירי ר"ח. וברש"י בפי' התורה כתוב שעיר הנעשה בפנים ושעירי מוספין של מועד כו' והיא ג' נכונה מאד:

מתנות כהונה

טובה וגו']: **[יד] לא בקורא תגר.** ואינו מאמין ח"ו בהבטחת הש"י: **בכפרות.** הקרבנות שמכפרים עונותיהם [ועי' בבאורי הרא"מ בס' זה]: **על כל המצות.** אשר לא תעשינה והוא פר העלם דבר: **ואין מבדילין כו'.** ולא יבדיל בפרשת ויקרא סימן ה':

אשד הנחלים

[יד] באיזה זכות. כאומר במה אדע וארגיש בלבי שיש בי כח להכיל הברכות ההם כי ידע שעתידים בניו לחטוא וחפץ לדעת באיזה זכות יתקיימו וגלה לו סוד הקרבנות המכוונים ומכפרים לכל חטא ואשם הן בשוגג והן במזיד הן יחיד הן רבים הן בחטא עבודת כוכבים או בשאר חטאות: **ועשירית האיפה לא הראה לו.** לא ידענו הסבה מדוע נגרע זה מיתר הקרבנות ובודאי הוא מתעלומות חכמה כי כל קרבן מיוחד לדבר הנעלה והנשגב ואין אתנו יודע עד מה כיוונו בזה: **[טו] זו בבל.** כי הודיע לו הגליות שיהיו לבניו מאשר סביבותיהם ומה שיקרם באחרית והצלחה שיהי' להם באחרית הימים וביאר הכתוב במה אדע כי אירשנה באחרית והשיב לו שיהיו כמה גליות והמה יכפרו על עוונם עד שינקו מעון באחרית עי"ז או הכוונה כי זה סימן לבניו אם יקויימו הגליות אז ידעו כי יקויימו גם הנחמות בתוכם והראשון

וְג׳ מִינֵי אֵילִים: אָשָׁם וַדַּאי, וְאָשָׁם תָּלוּי, וְכִבְשָׂה שֶׁל יָחִיד – And the three types of rams were **the definite** ***asham,***[134] **the** ***asham talui,***[135] **and the ewe**[136] **of the individual.**[137] "וְתֹר וְגוֹזָל", תּוֹר וּבַר יוֹנָה – ***And a turtledove, and a young dove*** – these allude to offerings brought from **turtledoves and young pigeons.**[138]

The Midrash interprets verse 10:

"וַיִּקַּח לוֹ אֶת כָּל אֵלֶּה" – ***He took all these to Him:*** *he cut them in the center, etc.* רַבִּי שִׁמְעוֹן בֶּן יוֹחָאי וְרַבָּנָן – **R' Shimon bar Yochai and the Sages** debated as to what this phrase alludes: רַבִּי שִׁמְעוֹן בֶּן יוֹחָאי אוֹמֵר: כָּל הַכַּפָּרוֹת הֶרְאָה לוֹ – **R' Shimon bar Yochai said: [God] showed [Abram] all the atonement-offerings,** וַעֲשִׂירִית הָאֵיפָה לֹא הֶרְאָה לוֹ – **but He did not show him the tenth of an** ***ephah;***[139] וְרַבָּנָן אָמְרֵי: אַף עֲשִׂירִית הָאֵיפָה הֶרְאָה לוֹ – **but the Sages said: He showed him also the tenth of an** ***ephah,*** as can be derived from the following *gezeirah shavah:* נֶאֱמַר כָּאן "וַיִּקַּח לוֹ אֶת כָּל אֵלֶּה" – **It is stated here,** ***He took all these*** [אלה] ***to Him,*** וְנֶאֱמַר לְהַלָּן "וְהֵבֵאתָ אֶת הַמִּנְחָה אֲשֶׁר יֵעָשֶׂה מֵאֵלֶּה לַה׳" – **and it is** similarly **stated further on** concerning the tenth of an *ephah,* ***You shall present to HASHEM the meal-offering that will be prepared from these*** [מאלה] (*Leviticus* 2:8).[140] And the verse concludes, "וְאֶת הַצִּפֹּר לֹא בָתָר" – ***The birds, however, he did not cut up;*** הֶרְאָה לוֹ הַקָּדוֹשׁ בָּרוּךְ הוּא שֶׁמַּבְדִּילִים בְּעוֹלַת הָעוֹף וְאֵין מַבְדִּילִים בְּחַטַּאת הָעוֹף – this means that **the Holy One, blessed is He, showed [Abram] that a bird** ***olah*****-offering is** completely **separated, but a bird** ***chatas*****-offering is not.**[141]

NOTES

134. A definite *asham* (as opposed to an *asham talui* – see next note) is brought as atonement for certain specific transgressions, even when they are violated intentionally (see note 127); see *Leviticus* 5:25.

135. An *asham talui* (lit., *conditional asham*) is brought when one is uncertain if he has committed a certain sin, and the nature of the sin is such that, had it *definitely* been violated, it would have subjected the transgressor to liability to offer a *chatas* (see note 133).

136. Though a ewe is not the same as a ram, it is included among the "three types of rams" because it is the same species [as both are types of sheep, the ewe being the female and the ram being the male; see *Rashi* to *Numbers* 15:11] (*Maharzu, Eitz Yosef*).

137. A ewe is brought as atonement for the various sins enumerated in *Leviticus* 5:1-4; see also verse 6 there. A ewe is also brought as part of the purification process of the *metzora* (see ibid. 14:10) and upon the conclusion of a *nazir's* term of *nezirus* (*Numbers* 6:14).

138. Turtledoves and young pigeons are the only birds from which sacrifices may be brought. They are brought as *chatas*-offerings or *olah*-offerings, on various occasions (see *Leviticus* 5:7, 12:6, 14:22, 15:14,29, and *Numbers* 6:10).

139. I.e., the meal-offerings, which are composed of one-tenth of an *ephah* of fine flour (in most cases, wheat flour).

Why, of all the offerings, would God not show Abraham this one? *Yefeh To'ar* (in one explanation) answers: There are circumstances when people who have sinned bring offerings that accord with their means (this is the קָרְבָּן עוֹלֶה וְיוֹרֵד, *variable offering*). Three levels of offerings are listed in the Torah for these circumstances, with a tenth of an *ephah* of fine flour being the option for the poorest sinners (see *Leviticus* 5:11, 12:8, and 14:22). Although standard *minchah*-offerings may be brought by anyone, God did not show Abram the tenth of an *ephah*, because it is sometimes brought by the very poor, and God did not wish to cause Abram anguish by indicating to him that he would have descendants who would be so poor.

140. Even according to the Sages, the tenth of an *ephah* meal-offering was indicated to Abram only in the most indirect manner, because of the concern mentioned in the previous note (*Yefeh To'ar*).

141. That is: When the Kohen performs *melikah* (breaking the neck) on a bird *olah*-offering, he must sever both the esophagus and the trachea, thus "separating" the head from the body; on a bird sin-offering, he may sever only one of them. See *Chullin* 21a. See Insight Ⓐ.

INSIGHTS

offering we relinquish to God reflects that *everything* is His. However, there is a significant difference between offering an animal and offering flour. Animals are found in nature without the handiwork of man. It is easier to accept that we cannot take credit for the existence of our animals, and we can readily stand before God and say, "This animal is really yours." Flour, on the other hand, represents the sweat of man's brow – the hard-earned product of months of labor, from producing tools to plowing, harvesting, threshing, etc. It is all too easy to imagine that our bread belongs to us as the work of our own hands. God did not show Abraham the *minchah*-offering in order to hint that his descendants would be deficient in this quality.

The *minchah* flour-offering is meant to declare that even our own efforts are granted us by God and that *nothing* on this earth really belongs to us. This is also why the flour-offering alone is called *"minchah"* — a term that simply means "gift" and could just as easily have applied to animal offerings. It is especially in offering flour that we give a true gift, since it is so easy for us to feel like it belongs to us.

The Jewish people were expected to be extraordinarily holy. Each of the ten animal offerings that God showed to Abraham corresponds to another one of the exceptional qualities for which the Jewish people would merit the Land of Israel – qualities that are unique to them among all the nations. Only they would have an offering like the Yom Kippur bull brought by the High Priest, even if he did not sin, just in case he could have been a better influence on his people. Only they would have an offering for their High Court to take public responsibility for an error in judgment. Only they would have a ceremony like the *eglah arufah,* in which the entire surrounding area where a murder takes place joins with the High Court in mourning the loss ... and so on with the remaining sacrifices alluded to in the verse.

But the one quality in which they were deficient was represented by the *minchah*-offering that was left out – they would be subject to the error of assuming that כֹּחִי וְעֹצֶם יָדִי עָשָׂה לִי אֶת הַחַיִל הַזֶּה, *my power and the strength of my hand achieved this wealth* (*Deuteronomy* 8:17). For that, they would have to experience the powerlessness of Egyptian slavery, when their handiwork would not be theirs at all. They needed to know from the beginning of their history that their very freedom is a gift from God. This would be their challenge throughout the ages.

Ⓐ **A Bird *Olah* Is Separated** The difference between a bird *olah*-offering and a bird *chatas*-offering that is described here — namely, that the head of the *olah*-offering is completely separated from the body of the bird while the head of the *chatas*-offering is left partially attached — is in fact the accepted halachah (see *Rambam, Maaseh HaKorbanos* 6:20 and 7:6). However, the question remains — why was it necessary to show Abraham this law?

In his commentary to *Leviticus* 1:17, *R' Samson Raphael Hirsch* posits that throughout Scripture birds are used as a metaphor for suffering people, and that consequently, bird-offerings are brought by people "for whom God has ordained a fate of suffering."

R' Shimon Schwab suggests that this insight is the key to understanding our Midrash. There are several types of suffering described by our Sages. Of them, we may call one type "ordinary" afflictions, which are visited upon a person to cause him to repent from his sins, and a second type, "cleansing afflictions," which are not designed to prod the sufferer to repentance, but to propel him to greater heights and earn him greater Heavenly reward (see *Berachos* 5a). The first type obviously has its effect only if the sufferer has his head "attached" to himself — that is, if he stops to think about why he is suffering. The second type, however, requires no special awareness for it to have its effect (see *Avos* 3:16). The first type is represented by the bird *chatas*-sin-offering, which is brought for atonement. Hence the head must remain partially attached, to symbolize that the sufferer must have *his* head attached to himself so that he thinks about his suffering and repents properly. But the second type is represented by the *olah*-elevation-offering, as it will *elevate* the sufferer to greater heights. His head does not need to be "attached" for the suffering to have its effect — i.e., he does not need to be aware of the specific causes for his suffering.

Abraham was being shown a vision that foretold the history of the Jewish people. At the end of time, the Jews will be pushed to

הָדָא הוּא דִכְתִיב "אֲנִי ה' אֲשֶׁר הוֹצֵאתִיךָ מֵאוּר כַּשְׂדִּים". וְאֵימָתַי יָרַד מִיכָאֵל, בַּחֲנַנְיָה מִישָׁאֵל וַעֲזַרְיָה:

יד [טו, ח] "וַיֹּאמַר ה' אֱלֹהִים בַּמָּה אֵדַע". רַבִּי חִיָּיא בְּרַבִּי חֲנִינָא אָמַר: [כב]לֹא כְּקוֹרֵא תִּגָּר אֶלָּא אָמַר לוֹ בְּאֵיזוֹ זְכוּת, אָמַר לוֹ: בְּכַפָּרוֹת שֶׁאֲנִי נוֹתֵן לְפָנֶיךָ. [טו, ט] "וַיֹּאמֶר אֵלָיו קְחָה לִי עֶגְלָה מְשֻׁלֶּשֶׁת", הֶרְאָה לוֹ ג' מִינֵי פָּרִים וְג' מִינֵי שְׂעִירִים וְג' מִינֵי אֵילִים. ג' מִינֵי פָּרִים, פַּר יוֹם הַכִּפּוּרִים, וּפַר הַבָּא עַל כָּל הַמִּצְוֹת, וְעֶגְלָה עֲרוּפָה. וְג' מִינֵי שְׂעִירִים, שְׂעִירֵי רְגָלִים, שְׂעִירֵי רָאשֵׁי חֳדָשִׁים, וּשְׂעִירָה שֶׁל יָחִיד. וְג' מִינֵי אֵילִים, אָשָׁם וַדַּאי, וְאָשָׁם תָּלוּי, וְכִבְשָׂה שֶׁל יָחִיד. "וְתֹר וְגוֹזָל", תּוֹר וּבַר יוֹנָה. [טו, י] "וַיִּקַּח לוֹ אֶת כָּל אֵלֶּה", רַבִּי שִׁמְעוֹן בֶּן יוֹחָאי וְרַבָּנָן, רַבִּי שִׁמְעוֹן בֶּן יוֹחָאי אוֹמֵר: [כג]כָּל הַכַּפָּרוֹת הֶרְאָה לוֹ וַעֲשִׂירִית הָאֵיפָה לֹא הֶרְאָה לוֹ, וְרַבָּנָן אָמְרֵי: אַף עֲשִׂירִית הָאֵיפָה הֶרְאָה לוֹ, נֶאֱמַר כָּאן "וַיִּקַּח לוֹ אֶת כָּל אֵלֶּה", וְנֶאֱמַר לְהַלָּן (ויקרא ב, ח) "וְהֵבֵאתָ אֶת הַמִּנְחָה אֲשֶׁר יֵעָשֶׂה מֵאֵלֶּה לַה'". "וְאֶת הַצִּפֹּר לֹא בָתָר", הֶרְאָה לוֹ הַקָּדוֹשׁ בָּרוּךְ הוּא [כד]שֶׁמַּבְדִּילִים בְּעוֹלַת הָעוֹף וְאֵין מַבְדִּילִים בְּחַטַּאת הָעוֹף:

טו דָּבָר אַחֵר, "קְחָה לִי עֶגְלָה מְשֻׁלֶּשֶׁת", [כה]זוֹ בָּבֶל שֶׁהֶעֱמִידָה ג' מְלָכִים, נְבוּכַדְנֶצַּר וֶאֱוִיל מְרוֹדַךְ וּבֵלְשַׁצַּר. "וְעֵז מְשֻׁלֶּשֶׁת", זוֹ מָדַי שֶׁהָיְתָה מַעֲמִידָה ג' מְלָכִים, כּוֹרֶשׁ וְדָרְיָוֶשׁ וַאֲחַשְׁוֵרוֹשׁ. "וְאַיִל מְשֻׁלָּשׁ", זוֹ יָוָן. רַבִּי אֶלְעָזָר וְרַבִּי יוֹחָנָן, רַבִּי אֶלְעָזָר אָמַר: כָּל הָרוּחוֹת כָּבְשׁוּ בְּנֵי יָוָן וְרוּחַ מִזְרָחִית לֹא כָבְשׁוּ. אָמַר לוֹ רַבִּי יוֹחָנָן:

עץ יוסף

היו יחידים ולפיכך לא ניצולו אלא ע"י שליח. ובודאי הבדל רב בין הניסים הנעשים ע"י מלאך לניסים היוצאים מאת ה' לבדו. והוא מתעלומות הידיעה: **אני ה' אשר הוצאתיך.** ואי הוה ע"י שליח מאי קמ"ל פשיטא שמה' היתה הצלתו ולא ע"י סיבה טבעית: **ואימתי ירד מיכאל כו'.** דהשתא ע"כ לומר ע"י מלאך דכ' וריויה די רביעא דמי לבר אלהין: (יד) [יז] **לא בקורא תגר.** כלו' שלא היה מחוסר אמנה כמסתפק ואינו מאמין ח"ו בהבטחת הסי"ת. אלא א"ל באיזה זכות כלו' שנתיירא שמא יגרום החטא לבטל ההבטחה ולגרשם מן הארץ. ועי"ז השיב לו הקב"ה בכפרות שאני נותן לבניך כלו' בזכות הקרבנות המכפרים עונות. ועי"ז אמר קחה לי עגלה משולשת ועז משולשת וגו' לרמוז לכל מיני כפרות המכוונים ומכפרים לכל חטא ואשם הן בשוגג והן במזיד הן יחיד והן רבים: **בכפרות שאני נותן לבניך.** ועיין בפרק בני העיר. ולא אמר אלא להאריך קצת. אבל בבואם בחטא בשיעור מופלג כמו שבאו בזמן הבית לא יועילום. כי החפץ לי' בעולות וזבחים (יפ"ת): **שלשה מיני פרים כו'.** ופי' עגלה משולשת ג' עגלים. ועז משולשת ג' שעירים. וכן איל משולש (עיין מזרחי): **על כל המצות.** אשר לא תעשינה והוא פר העלם דבר (מת"כ): **שעירי רגלים שעירי ר"ח.** וברש"י כתב שעיר הנעשה בפנים ושעירי מוספין של מועד כו': **ושעירה של יחיד.** חטאת יחיד בעכו"ם. ועיין בתוספתא שם: **וכבשה של יחיד.** אע"פ שאינו איל. הוא ממין אחד: **ועשירית האיפה לא הראה לו.** אפשר לומר הטעם לפי שעשירית האיפה בא בדלי דלות שהוא פורענות קשה לפיכך לא רצה לצערו. ולרבנן נמי מהאי טעמא לא נאמרה בהדיא אלא ברמז (יפ"ת): **ואין מבדילין בחטאת העוף.** והיינו ואת הצפור לא בתר דחטאת העוף הוא שהראה לו. ופי' לא בתר שלא הבדיל בסימנין אלא שחט אחד או רובו לבד כדין חטאת העוף: (טו) [יח] **זו בבל.** וגלות מצרים לא רמז בזה דההוא בהדיה אמר לו כי גר יהיה זרעך וגו'. וההוא לא הוה לפשע ישראל כאלו: **זו בבל.** דכתיב בה תפושי כעגלה דשה: **ועז משולשת זו יון.** שהעמידה שלשה מלאכים. ואיל משולש זו מדי דא"ר אלעזר כל הרוחות כבשו בני מדי ורוח מזרחית לא כבשו. א"ר יוחנן מן מה דכתיב ראיתי את האיל מנגח ימה ולפונה ונגבה וגו' הוא דעתיה דר"א דאמר רוח מזרחית לא כבשו. וכן הוא נוסחת ספרים ישנים

פירוש מהרז"ו

(יד) **בקורא תגר.** כמסתפק ומבקש אות שיעמיד דבריו. אלא הספק היה על עצמו איך יזכה לזה ואיך יזכו בניו לדורות אולי יחטאו ויאבדו הכל. והשיב לו שיתן לבניו מצות הקרבנות ובזכות זה ישארו בירושתם: **עגלה משולשת.** פי' ג' מינים עגלים. והם פרים בני בקר. ועגל הוא בן שנה ופר הוא בן ג' שנה רומז לפר משולש בשנים ומשולש בעגלים לרומז על פר יוה"כ ופר בא על המצות ועגלה ערופה. וגם זה מרומז בעגלה משולשת שהשלישית היא עגלה. ושנים פרים ועז ואיל הוא כפשוטו שיש ג' מיני עזים וכמ"ש שעיר עזים וגם איל כפשוטו: **וכבשה של יחיד.** אעפ"י שאינו איל הוא ממין אחד. וצ"ע למה לא חשיב פר ואיל עצרת. ואולי הוא בכלל מ"ש ויקח לו את כל אלה כמ"ש אלה תעשו לה' במועדיכם ובילקוט כאן גורס עוד ותור וגוזל אלו תורים ובני יונה: **רבי שמעון בר יוחאי ורבנן.** עי' ויק"ר פרשה ג' סימן ג' בהיפך: **ועשירית האיפה.** של מנחת עני וכל המנחות אין כאן רמז. ורבנן דורשים גז"ש גם על כל המנחות: **שמבדילים ואין מבדילים.** פי' שכתב שצוהו ליקח שנים תור וגוזל וכתיב ואת הצפור לא בתר שאחד בתר ואחד לא בתר רמז בזה על שני מיני קרבנות עוף שאחד מבדילין ראשו ממנו ואחד אין מבדילין: (טו) **עז משולשת זו מדי ואיל משולש זו יון.** לע"ג שסותר הפסוקים המפורשים בדניאל ח' פסוק כ' וכ"א. האיל אשר ראית וגו' מלכי מדי וגו'. והצפיר והשעיר מלך יון וגו'. והיל"ל כאן בהיפך עז על מוקדון ואיל על מדי ואם על שמדי היה קודם מוקדון. אין הטעם של הסידור כדאי להפוך הכתובים המפורשים כל אחד בשמו ובהכרח שמ"ש בדניאל ככ"ל היינו שבעת גדולת מדי היה מוקדון קטן עדיין ואח"כ נתגדל השעיר כמפורש שם וצפיר העזים הגדיל עד מאד יותר מהאיל על כן כאן שמדבר ממלכות מוקדן בגדולתו מדמה מלכות מדי לעז ומלכות מוקדון לאיל: **כל הרוחות כבשו.** פי' שעל מדי הטעם שנקראו משולשת על ג' מלכים. אך מוקדון שלא העמידה אלא מלך אחד הוא אלכסנדר שמלך על כל העולם ולמה אמר משולש. ע"כ דרש על אשר כבש שלשה רוחות העולם:

מתנות כהונה

טובה וגו']: [יד] **לא בקורא תגר.** ואינו מאמין ח"ו בהבטחת הש"י: **בכפרות.** הקרבנות שמכפרים עונותיהם [ועי' בבאורי הרא"מ בס' זה]: **על כל המצות.** אשר לא תעשינה והוא פר העלם דבר: **ואין מבדילין כו'.** ולא יבדיל בפרשת ויקרא סימן ה':

אשד הנחלים

[יד] **באיזה זכות.** כאומר במה אדע וארגיש בלבי שיש בי כח להכיל הברכות ההם כי ידע שעתידים בניו לחטוא וחפץ לדעת באיזה זכות יתקיימו וגלה לו סוד הקרבנות המכוונים ומכפרים לכל חטא ואשם הן בשוגג והן במזיד הן יחיד הן רבים הן בחטא עבודת כוכבים או בשאר חטאות: **ועשירית האיפה לא הראה לו.** לא ידענו הסבה מדוע נגרע זה מיתר הקרבנות ובודאי הוא מתעלומות חכמה כי כל קרבן מיוחד לדבר הנעלה והנשגב ואין אתנו יודע עד מה כיוונו בזה: [טו] **זו בבל.** כי הודיע לו הגליות שיהיו לבניו מאשר סביבותיהם ומה שיקרם באחרית והצלחה שיהי' להם באחרית הימים וביאר הכתוב במה אדע כי אירשנה באחרית והשיב לו שיהיו כמה גליות והמה יכפרו על עוונם עד שינקו מעון באחרית עי"ז או הכוונה כי זה סימן לבניו אם יקויימו הגליות אז ידעו כי יקויימו גם הנחמות בתוכם והראשון

חידושי הרד"ל

שהגבהתיך למעלה מכיפת הרקיע. הבט וספור הכוכבים. חשוב ועמוד על כל כחותיהם. ותראה שאתה למעלה מהם. ואין בהם ממש. בכדי שאח"כ כשיהיו בניך למטה מהם. לא יוזקו מהם לטעות אחריהם:

(כד) **אבל את כו' דויישם.** ואפשר גרסינן כאן גייזם. ודרש וספור לשון גזיזה וגילוח דמתרגמינן גייז:

(כה) **ג' דברים מבטלים גזרות כו'.** קה"ר פ"ה ירושלמי פ"ב דתענית ה"א ועיין רע"מ ס"פ בהר (קי"א:) (וע"ש דמשמע שם דכלהו דווקא כהדדי בעינן ועיין יד"מ. אבל מקראי דמייתיה בש"ס בר"ה משמע טפי דלאו בהדדי קאמר):

(כו) [יג] **רבי אליעזר בן יעקב אמר.** מיכאל ירד והצילו. כ"ה בשי"ר פ"א פ"כ אבל בפסחים (קיח) אמרינן שגבריאל בקש להצילו ובשמ"ר פר' י"ח איתא ששניהם ירדו ובקשו להצילו ע"ש:

(כז) [יד]**ושעירה של יחיד.** חטאת יחיד בעבודת כוכבים. ובתוספתא שם תני שעיר נשיא (בעבודת כוכבים) ועדיף טפי שכולן זכרים (ולהלן בכבשה של יחיד דנקט באילים. משום דשארי אילי אשם כולל בלשון אשם ודאי באחד. שאם באין לחשוב כל איל אשם לעצמו. א"כ יהיו יותר משלשה):

(כח) **ועשירית האיפה לא הראה לו.** ולא כרת עליו בריתו על כפרתה. וז"ש בויקרא פ"ג שהיא וויתור מהקב"ה סליחה אחת משלו:

(כט) [טו] **ועז משולשת זה מדי כו' זה אנטיוכוס המוקדני כו'.** והכתיב ראיתי את האיל. מקרא זה במדי נאמר שהוא האיל. והצפיר הוא מוקדון. ובפר"א פכ"ח דרש עז משולשת מוקדון ואיל פרס ומדי. וכאן נשתבשו לכתוב כסדר זמן מלכותם מדי ואח"כ מוקדון. ועיקר הגירסא נראה נ"ל כאן גם כן ועז משולשת זו מוקדון ר"א ור"י כו' לא כבשו א"ל ר"י והכתיב ראיתי כו' כרצונו והגדיל וכתיב וצפיר העזים הגדיל עד מאד. (כלומר הרי הצפיר הגדיל מן האיל. והאיל משל בכל העולם שהרי

מסורת המדרש

קהלת רמז תתקע"א:
ב שבת דף י"א:
בא פסחים קי"א. שמ"ר פ' י"ח. ל"א פ' ב'. שה"ש פ' א' וש"נ:
בב מגילה דף ל"א:
בג ויק"ר פרשה ג' ע"ש:
בד זבחים דף ס"ד ע"ב:
בה ילקוט כאן רמז ע"ז:

אם למקרא

וְהֵבֵאתָ אֶת־הַמִּנְחָה אֲשֶׁר יֵעָשֶׂה מֵאֵלֶּה לַה' וְהִקְרִיבָהּ אֶל־הַכֹּהֵן וְהִגִּישָׁהּ אֶל־הַמִּזְבֵּחַ:
(ויקרא ב:ח)

חידושי הרש"ש

[יד] **שעירי רגלים שעירי ר"ח.** וברש"י בפי' התורה כתוב שעיר הנעשה בפנים ושעירי מוספין של מועד כו' והיא גי' נכונה מאד:

§15 The Midrash offers another interpretation of verse 9, according to which the verse alludes not to sacrifices, but to the various kingdoms that would conquer Israel in the future:[142] דָּבָר אַחֵר — **Another interpretation:** "קְחָה לִי עֶגְלָה מְשֻׁלֶּשֶׁת", זוֹ בָּבֶל שֶׁהֶעֱמִידָה ג׳ מְלָכִים — ***Take to Me three heifers*** — **this** alludes to **Babylonia, which established three kings:** נְבוּכַדְנֶצַּר וֶאֱוִיל מְרוֹדַךְ וּבֵלְשַׁצַּר — **Nebuchadnezzar, Evil-merodach, and Belshazzar;** "וְעֵז מְשֻׁלֶּשֶׁת", זוֹ מָדַי שֶׁהָיְתָה מַעֲמִידָה ג׳ מְלָכִים — ***and three goats*** — **this** alludes to **Media, which** also **established three kings:** כּוֹרֶשׁ וְדָרְיָוֶשׁ וַאֲחַשְׁוֵרוֹשׁ — **Cyrus, Darius, and Ahasuerus;** "וְאַיִל מְשֻׁלָּשׁ", זוֹ יָוָן — ***and three rams*** — **this** alludes to **Greece.**[143] רַבִּי אֶלְעָזָר וְרַבִּי יוֹחָנָן — **R' Elazar and R' Yochanan** debated the extent of Greece's conquest:[144] רַבִּי אֶלְעָזָר אָמַר — **R' Elazar said:** כָּל הָרוּחוֹת כָּבְשׁוּ בְּנֵי יָוָן וְרוּחַ מִזְרָחִית לֹא כָבְשׁוּ — **They** (the people of Greece) **conquered all** four **directions, but the east direction they did not conquer.**[145] אָמַר לוֹ רַבִּי יוֹחָנָן — **R' Yochanan said to him:**

NOTES

142. And this is the answer to Abraham's question, "In what merit will my descendants *retain* the Land?" (see above, note 125): In the merit of the conquests and exiles that they will endure, which will atone for them and cleanse them of their sins (*Yefeh To'ar; see Dvar Avraham, Chelek HaDerush* §6 at length).

Egypt is not mentioned here because the Egyptian exile was mentioned explicitly to Abram (below, 15:13), and also because, unlike the other exiles mentioned here, it was not a result of Israel's sins (*Eitz Yosef*).

143. The number *three* mentioned in connection with the rams (Greece) does *not* refer to three kings, like the three bulls and goats that allude to Babylonia and Media, for only one Greek ruler, Alexander of Macedonia, ruled over the entire world [after he died, the empire was divided among his successors]. The import of the number *three* mentioned in connection with Greece will be explained by R' Elazar shortly (*Maharzu*; cf. *Eitz Yosef*).

144. *Maharzu*; cf. *Eitz Yosef*.

There is a major difficulty with our Midrash: The Book of *Daniel* recounts Daniel's vision of the four kingdoms that would conquer Israel. In that vision (see ibid. 8:20-21), a goat represents Greece (not Media), while a ram represents Media/Persia (not Greece)! Some commentators here change our text accordingly (see *Pirkei DeRabbi Eliezer* Ch. 27, which indeed says that עֵז מְשֻׁלֶּשֶׁת alludes to Greece and אַיִל מְשֻׁלָּשׁ to Media/Persia; see *Eitz Yosef, Rashash* and *Radal*). [These commentators acknowledge that historically, Greece came to power *after* Media/Persia (which would seem to support our text of the Midrash, which states that our verse alludes to Greece only *after* it alludes to Media/Persia). But as *Maharzu* writes, chronological order is not as compelling as the usage found in *Daniel*.]

Maharzu, however, keeps our text as is. He suggests that the *Daniel* verse refers to Greece as a goat (in *Daniel* 8:5), which is smaller than a ram (which represents Media), because he is referring to Alexander of Macedonia at a time when he was very young. *Daniel* 8:8 then states that *the he-goat* (Alexander/Greece) *grew exceedingly*, which can be understood to be saying that it grew to be larger (greater) than the ram (representing Media/Persia). Our Midrash, which is referring to Alexander at his peak, refers to him as the larger animal (the ram).

145. Thus, the number *three* used in the verse with reference to Greece refers to three *directions* (not kings).

INSIGHTS

repentance by their suffering in exile, as Scripture states (*Deuteronomy* 30:1-2), *It will be that when all these things come upon you — the blessing and the curse that I have presented before you — then you will take it to your heart among all the nations where HASHEM, your God, has dispersed you; and you will return unto HASHEM, your God, and listen to His voice . . .* In Abraham's vision, this was represented by the birds that he did *not* cut up: The Jewish people will repent, but only because their minds will remain "attached," and they will be able to contemplate why they had suffered and what is expected of them (based on *Maayan Beis HaSho'eivah, Genesis* 15:10).

הָדָא הוּא דִכְתִיב "אֲנִי ה' אֲשֶׁר הוֹצֵאתִיךָ מֵאוּר כַּשְׂדִּים". וְאֵימָתַי יָרַד מִיכָאֵל, בַּחֲנַנְיָה מִישָׁאֵל וַעֲזַרְיָה:

יד [טו, ח] "וַיֹּאמַר ה' אֱלֹהִים בַּמָּה אֵדַע". רַבִּי חִיָּיא בְּרַבִּי חֲנִינָא אָמַר: [כב]לֹא כְקוֹרֵא תִגָּר אֶלָּא אָמַר לוֹ בְּאֵיזוֹ זְכוּת, אָמַר לוֹ: בַּכַּפָּרוֹת שֶׁאֲנִי נוֹתֵן לְפָנֶיךָ. [טו, ט] "וַיֹּאמֶר אֵלָיו קְחָה לִי עֶגְלָה מְשֻׁלֶּשֶׁת", הֶרְאָה לוֹ ג' מִינֵי פָּרִים וְג' מִינֵי שְׂעִירִים וְג' מִינֵי אֵילִים. ג' מִינֵי פָּרִים, פַּר יוֹם הַכִּפּוּרִים, וּפַר הַבָּא עַל כָּל הַמִּצְוֹת, וְעֶגְלָה עֲרוּפָה. וְג' מִינֵי שְׂעִירִים, שְׂעִירֵי רְגָלִים, שְׂעִירֵי רָאשֵׁי חֳדָשִׁים, וּשְׂעִירָה שֶׁל יָחִיד. וְג' מִינֵי אֵילִים, אָשָׁם וַדַּאי, וְאָשָׁם תָּלוּי, וְכִבְשָׂה שֶׁל יָחִיד. "וְתֹר וְגוֹזָל", תּוֹר וּבַר יוֹנָה. [טו, י] "וַיִּקַּח לוֹ אֶת כָּל אֵלֶּה", רַבִּי שִׁמְעוֹן בֶּן יוֹחָאי וְרַבָּנָן, רַבִּי שִׁמְעוֹן בֶּן יוֹחָאי אוֹמֵר: [כג]כָּל הַכַּפָּרוֹת הֶרְאָה לוֹ וַעֲשִׂירִית הָאֵיפָה לֹא הֶרְאָה לוֹ, וְרַבָּנָן אָמְרִי: אַף עֲשִׂירִית הָאֵיפָה הֶרְאָה לוֹ, נֶאֱמַר כָּאן "וַיִּקַּח לוֹ אֶת כָּל אֵלֶּה", וְנֶאֱמַר לְהַלָּן (ויקרא ב, ח) "וְהֵבֵאתָ אֶת הַמִּנְחָה אֲשֶׁר יֵעָשֶׂה מֵאֵלֶּה לַה'". "וְאֶת הַצִּפֹּר לֹא בָתָר", הֶרְאָה לוֹ הַקָּדוֹשׁ בָּרוּךְ הוּא [כד]שֶׁמַּבְדִּילִים בְּעוֹלַת הָעוֹף וְאֵין מַבְדִּילִים בְּחַטַּאת הָעוֹף:

טו דָּבָר אַחֵר, "קְחָה לִי עֶגְלָה מְשֻׁלֶּשֶׁת", [כה]זוֹ בָּבֶל שֶׁהֶעֱמִידָה ג' מְלָכִים, נְבוּכַדְנֶצַּר וֶאֱוִיל מְרוֹדַךְ וּבֵלְשַׁצַּר. "וְעֵז מְשֻׁלֶּשֶׁת", זוֹ מָדַי שֶׁהָיְתָה מַעֲמִידָה ג' מְלָכִים, כּוֹרֶשׁ וְדָרְיָוֶשׁ וַאֲחַשְׁוֵרוֹשׁ. "וְאַיִל מְשֻׁלָּשׁ", זוֹ יָוָן. רַבִּי אֶלְעָזָר וְרַבִּי יוֹחָנָן, רַבִּי אֶלְעָזָר אָמַר: כָּל הָרוּחוֹת כָּבְשׁוּ בְּנֵי יָוָן וְרוּחַ מִזְרָחִית לֹא כָבְשׁוּ. אָמַר לוֹ רַבִּי יוֹחָנָן:

עץ יוסף

היו יחידים ולפיכך לא ניצולו אלא ע"י שליח. ובודאי הבדל רב בין הניסים הנעשים ע"י מלאך לניסים היוצאים מאת ה' לבדו. והוא מתעלומות הידיעה: **אני ה' אשר הוצאתיך.** ואי הוה ע"י שליח מאי קמ"ל פשיטא שמה' היתה הצלתו ולא ע"י סיבה טבעית: **ואימתי ירד מיכאל בו'.** דהתם ע"כ לומר ע"י מלאך דכ' וריויה די רביעא דמי לבר אלהין: (יד) [יז] **לא בקורא תגר.** כלו' שלא היה מחוסר אמנה כמסתפק ואינו מאמין ח"ו בהבטחת השי"ת. אלא א"ל באיזה זכות כלו' שנתיירא שמא יגרום החטא לבטל ההבטחה ולגרשם מן הארץ. וע"ז השיב לו הקב"ה בכפרות שאני נותן לבניך כלו' בזכות הקרבנות המכפרים עונות. וע"ז אמר קחה לי עגלה משולשת ועז משולשת וגו' לרמוז לכל מיני כפרות המכוונים ומכפרים לכל חטא ואשם הן בשוגג והן במזיד הן יחיד והן רבים: **בכפרות שאני נותן לבניך.** ועיין בפרק בני העיר. ולא אמר אלא להאריך קצת. אבל בבואם בחטא בשיעור מופלג כמו שבאו בזמן הבית לא יועילום. כי החפץ ליי' בעולות וזבחים (יפ"ת): **שלשה מיני פרים בו'.** ופי' עגלה משולשת ג' עגלים. ועז משולשת ג' שעירים. וכן איל משולש (עיין מזרחי): **על כל המצות.** אשר לא תעשינה והוא פר העלם דבר (מת"כ): **שעירי רגלים שעירי ר"ח.** וברש"י כתב שעיר הנעשה בפנים ושעירי מוספין של מועד כו': **ושעירה של יחיד.** חטאת יחיד בעכו"ם. ועיין בתוספתא שם: **וכבשה של יחיד.** אע"פ שאינו איל. הוא ממין אחד: **ועשירית האיפה לא הראה לו.** אפשר לומר הטעם לפי שעשירית האיפה בא בדלי דלות שהוא פורענות קשה לפיכך לא רצה לצערו. ולרבנן נמי מהאי טעמא לא נאמרה בהדיא אלא ברמז (יפ"ת): **ואין מבדילין בחטאת העוף.** והיינו ואת הצפור לא בתר דחטאת העוף הוא שהראה לו. ופי' לא בתר שלא הבדיל בסימנין אלא שחט אחד או רובו לבד כדין חטאת העוף: (טו) [יח] **זו בבל.** וגלות מצרים לא רמז בזה דההוא בהדיה אמר לו כי גר יהיה זרעך וגו'. וההוא לא הוה לפשע ישראל כאלו: **זו בבל.** דכתיב בה תפושי כעגלה דשה: **ועז משולשת זו יון.** שהעמידה שלשה מלאכים. ואיל משולש זו מדי דא"ר אלעזר כל הרוחות כבשו בני מדי ורוח מזרחית לא כבשו. א"ר יוחנן מן מה דכתיב ראיתי את האיל מנגח ימה ולפונה ונגבה וגו' הוא דעתיה דר"א דאמר רוח מזרחית לא כבשו. וכן הוא נוסחת ספרים ישנים

פירוש מהרז"ו

(יד) **בקורא תגר.** כמסתפק ומבקש אות שיעמיד דבריו. אלא הספק היה על עצמו איך יזכה לזה ואיך יזכו בניו לדורות אולי יחטאו ויאבדו הכל. והשיב לו שיתן לבניו מצות הקרבנות ובזכות זה ישארו בירושתם: **עגלה משולשת.** פי' ג' מינים עגלים. והם פרים בני בקר. ועגל הוא בן שנה ופר הוא בן ג' שנה רומז לפר משולש בשנים ומשולש בעגלים לרמוז על פר יוה"כ ופר בא על המצות ועגלה ערופה. וגם זה מרומז בעגלה משולשת שהשלישית היא עגלה. ושנים פרים ועז ואיל הוא כפשוטו שיש ג' מיני עזים וכמ"ש שעיר עזים וגם איל כפשוטו: **וכבשה של יחיד.** אעפ"י שאינו איל הוא ממין אחד. וצ"ע למה לא חשיב פר ואיל עצרת. ואולי הוא בכלל מ"ש ויקח לו את כל אלה כמ"ש אלה תעשו לה' במועדיכם ובילקוט כאן גורס עוד ותור וגוזל אלו תורים ובני יונה: **רבי שמעון בר יוחאי ורבנן.** עי' ויק"ר פרשה ג' סימן ג' בהיפך: **ועשירית האיפה.** של מנחת עני וכל המנחות אין כאן רמז. ורבנן דורשים גז"ש גם על כל המנחות: **שמבדילים ואין מבדילים.** פי' שכתב שצוהו ליקח שניס תור וגוזל וכתיב ואת הצפור לא בתר שאחד בתר ואחד לא בתר רמז בזה על שני מיני קרבנות עוף שאחד מבדילין ראשו ממנו ואחד אין מבדילין: (טו) **עז משולשת זו מדי ואיל משולש זו יון.** לע"ג שסותר הפסוקים המפורשים בדניאל ח' פסוק כ' וכ"א. האיל אשר ראית וגו' מלכי מדי וגו'. והצפיר והשעיר מלך יון וגו'. והיל"ל כאן בהיפך עז על מוקדון ואיל על מדי ואם על שמדי היה קודם מוקדון. אין הטעם של הסידור כדאי להפוך הכתובים המפורשים כל אחד בשמו ובהכרח שמ"ש בדניאל כנ"ל היינו שבעת גדולת מדי היה מוקדון קטן עדיין ואח"כ נתגדל השעיר כמפורש שם וצפיר העזים הגדיל עד מאד יותר מהאיל על כן כאן שמדבר ממלכות מוקדן בגדולתו מדמה מלכות מדי לעז ומלכות מוקדון לאיל: **כל הרוחות כבשו.** פי' שעל מדי הטעם שנקראו משולשת על ג' מלכים. אך מוקדון שלא העמידה אלא מלך אחד הוא אלכסנדר שמלך על כל העולם ולמה אמר משולש. ע"כ דרש על אשר כבש שלשה רוחות העולם:

חידושי הרד"ל

שהגבהתיך למעלה מכיפת הרקיע. הבט וספור הכוכבים. חשוב ועמוד על כל כחותיהם. ותראה שאתה למעלה מהם. ואין בהם ממש. בכדי שאח"כ כשיהיו בניך למטה מהם. לא ינזקו מהם לטעות אחריהם:

(כד) **אבל את כו' דיישם.** ואפשר גרסינן כאן גייזם. ודרש וספור לשון גזיזה וגילוח דמתרגמינן גייז:

(כה) **ג' דברים מבטלים גזרות בו'.** קה"ר פ"ה ירושלמי פ"ב דתענית ה"א ועיין רע"מ ס"פ בהר (קי"א:) וע"ש דמשמע שם דכלהו דווקא כהדדי בעינן ועיין יד"מ. אבל מקראי דמייתיה בש"ס בר"ה משמע טפי דלאו בהדדי קאמר:

(כו) [יג] **רבי אליעזר בן יעקב אמר.** מיכאל ירד והצילו. כ"ה בשי"ר פ"א פ"כ אבל בפסחים (קיח) אמרינן שגבריאל בקש להצילו ובשמ"ר פר' י"ח איתא ששניהם ירדו ובקשו להצילו ע"ש:

(כז) [יד]**ושעירה של יחיד.** חטאת יחיד בעבודת כוכבים. ובתוספתא שם תני שעיר נשיא (בעבודת כוכבים) ועדיף טפי שכולן זכרים (ולהלן בכבשה של יחיד דנקט באילים. משום דשארי אילי אשם כולל בלשון אשם וודאי באחד. שאם באין לחשוב כל איל אשם לעצמו. א"כ יהיו יותר משלשה):

(כח) **ועשירית האיפה לא הראה לו.** ולא כרת עליו בריתו על כפרתה. וז"ש בויקרא פ"ג שהיא וויתור מהקב"ה סליחה אחת משלו:

(כט) [טו] **ועז משולשת זה מדי כו' זה אנטיוכוס המוקדני כו'.** והכתיב ראיתי את האיל. מקרא זה במדי נאמר שהוא האיל. והצפיר הוא מוקדון. ובפר"א פכ"א דרש עז משולשת מוקדון ואיל פרס ומדי. וכאן נשתבשו לכתוב כסדר זמן מלכותם מדי ואח"כ מוקדון. ועיקר הגירסא נראה נ"ל כאן גם כן ועז משולשת זו מוקדון ר"א ור"י כו' לא כבשו א"ל ר"י והכתיב ראיתי כו' כרצונו והגדיל וכתיב וצפיר העזים הגדיל עד מאד. (כלומר הרי הצפיר הגדיל מן האיל. והאיל משל בכל העולם שהרי

מסורת המדרש

קהלת רמז תתקע"א:

כ שבת דף י"א:

כא פסחים קי"ח. שמ"ר פ' י"ח. ל"א פ' ב'. שה"ש פ' א' וש"נ:

כב מגילה דף ל"א:

כג ויק"ר פרשה ג' ע"ש:

כד זבחים דף ס"ד ע"ב:

כה ילקוט כאן רמז ע"ז:

אם למקרא

וְהֵבֵאתָ אֶת־הַמִּנְחָה אֲשֶׁר יֵעָשֶׂה מֵאֵלֶּה לַה' וְהִקְרִיבָהּ אֶל־הַכֹּהֵן וְהִגִּישָׁהּ אֶל־הַמִּזְבֵּחַ: (ויקרא ב:ח)

חידושי הרש"ש

[יד] **שעירי רגלים שעירי ר"ח.** וברש"י בפי' התורה כתוב שעיר הנעשה בפנים ושעירי מוספין של מועד כו' והיא ג"י נכונה מאד:

מתנות כהונה

טובה וגו': [יד] **לא בקורא תגר.** ואינו מאמין ח"ו בהבטחת הש"י: **בכפרות.** הקרבנות שמכפרים עונותיהם [ועי' בבאורי הרא"מ בס' זה]: **על כל המצות.** אשר לא תעשינה והוא פר העלם דבר: **ואין מבדילין בו'.** ולא יבדיל בפרשת ויקרא סימן ה':

אשד הנחלים

[יד] **באיזה זכות.** כאומר במה אדע וארגיש בלבי שיש בי כח להכיל הברכות ההם כי ידע שעתידים בניו לחטוא וחפץ לדעת באיזה זכות יתקיימו וגלה לו סוד הקרבנות המכוונים ומכפרים לכל חטא ואשם הן בשוגג והן במזיד הן יחיד הן רבים הן בחטא עבודת כוכבים או בשאר חטאות: **ועשירית האיפה לא הראה לו.** לא ידענו הסבה מדוע נגרע זה מיתר הקרבנות ובודאי הוא מתעלומות חכמה כי כל קרבן מיוחד לדבר הנעלה והנשגב ואין אתנו יודע עד מה כיוונו בזה: [טו] **זו בבל.** כי הודיע לו הגליות שיהיו לבניו מאשר סביבותיהם ומה שיקרם באחרית והצלחה שיהי' להם באחרית הימים וביאר הכתוב במה אדע כי אירשנה באחרית והשיב לו שיהיו כמה גליות והמה יכפרו על עונם עד שינקו מעון באחרית עי"ז או הכוונה כי זה סימן לבניו אם יקויימו הגליות אז ידעו כי יקויימו גם הנחמות בתוכם והראשון

וְהָכְתִיב — But is it not written (*Daniel* 8:4), "רָאִיתִי אֶת הָאַיִל מְנַגֵּחַ יָמָּה וְצָפוֹנָה וָנֶגְבָּה וְכָל חַיּוֹת לֹא יַעַמְדוּ לְפָנָיו וְאֵין מַצִּיל מִיָּדוֹ וְעָשָׂה כִרְצֹנוֹ וְהִגְדִּיל" — ***I saw the ram goring westward, northward, and southward; and no beasts could stand before it, nor could anyone rescue from its hand. It did as it pleased, and it grew?***[146] הוּא דַעְתֵּיהּ דְּרַבִּי אֶלְעָזָר דְּלָא אָמַר מִזְרָחִית — The Midrash answers: **This** verse in fact supports **the opinion of R' Elazar, for it does not mention "east."**[147]

The Midrash now explains the concluding phrase of verse 9 according to this interpretation:

"וְתֹר וְגוֹזָל", זוֹ אֱדוֹם. תּוֹר הוּא אֶלָּא שֶׁגַּזְלָן הוּא — ***A turtledove, and a young dove*** — **this** alludes to **Edom** (Esau, i.e., Rome); **he** appears to be kosher like **a turtledove, but** in fact **he is a robber** [גזלן].[148]

The Midrash offers another interpretation of verse 10:

דָּבָר אַחֵר, "וַיִּקַּח לוֹ אֶת כָּל אֵלֶּה" רַבִּי יְהוּדָה וְרַבִּי נְחֶמְיָה — **Another interpretation:**[149] ***He took all these*** (אלה) ***to Him:*** *He cut them in the center, and placed each piece opposite its counterpart* — the allusion of this verse was debated by **R' Yehudah and R' Nechemyah:** רַבִּי יְהוּדָה אָמַר: שָׂרֵי אוּמּוֹת הָעוֹלָם הֶרְאָה לוֹ — **R' Yehudah said: [God] showed [Abram] the** celestial **officers of the nations of the world.**[150] רַבִּי נְחֶמְיָה אָמַר: שָׂרֵי יִשְׂרָאֵל הֶרְאָה לוֹ — **R' Nechemyah said: [God] showed [Abram] the officers**[151] **of Israel.** עַל דַּעְתֵּיהּ דְּרַבִּי יְהוּדָה קָתֶדְרִין דְּדִין לָקֳבֵל קָתֶדְרִין דְּדִין — **According to the opinion of R' Yehudah,** the verse alludes to **the throne of this** officer **opposing the throne of that** officer,[152] עַל דַּעְתֵּיהּ דְּרַבִּי נְחֶמְיָה שֶׁשָּׁם הָיוּ סַנְהֶדְרֵי גְדוֹלָה שֶׁל יִשְׂרָאֵל יוֹשֶׁבֶת וְחוֹתֶמֶת דִּינֵיהֶם שֶׁל יִשְׂרָאֵל — while **according to the opinion of R' Nechemyah,** the verse alludes to the place **where the Great Sanhedrin of Israel sat** in judgment **and sealed the judgments of Israel.**[153]

The Midrash continues its interpretation of verse 10:

"וְאֶת הַצִּפֹּר לֹא בָתָר", רַבִּי אַבָּא בַּר כָּהֲנָא בְּשֵׁם רַבִּי לֵוִי אָמַר — ***The birds, however, he did not cut up*** — **R' Abba bar Kahana in the name of R' Levi said:** הֶרְאָה לוֹ הַקָּדוֹשׁ בָּרוּךְ הוּא כָּל מִי שֶׁהוּא מַעֲמִיד פָּנִים בַּגַּל הַגַּל שׁוֹטְפוֹ — **The Holy One, blessed is He, showed [Abram]** in this verse **that whoever stands up to a wave is swept away by it,** וְכָל מִי שֶׁאֵינוֹ מַעֲמִיד פָּנִים בַּגַּל אֵין הַגַּל שׁוֹטְפוֹ — **while whoever does not stand up to a wave is not swept away by it.**[154]

וַיֵּרֶד הָעַיִט עַל הַפְּגָרִים וַיַּשֵּׁב אֹתָם אַבְרָם.

Birds of prey descended upon the carcasses, and Abram drove them away (15:11).

§16 וַיֵּרֶד הָעַיִט עַל הַפְּגָרִים — ***BIRDS OF PREY DESCENDED UPON THE CARCASSES.***

אָמַר רַבִּי אַסִּי — **R' Assi said:** נָסַב אַבְרָהָם מַכִּישָׁה — **Abraham took a staff**

NOTES

146. The phrase *It did as it pleased* implies that it grew in *all* directions, i.e., wherever it [Greece] wanted (*Maharzu*; cf. *Eitz Yosef* cited in next note). [See also *Tosafos* to *Megillah* 11a (s.v. שלשה מלכו), who write that Alexander conquered the entire world.]

A question must be addressed: R' Yochanan here seems clearly to take the *ram* in the *Daniel* verse (8:4) to refer to Greece. But, as noted above, *Daniel* 8:20-21 states explicitly that the *ram* in Daniel's vision represents Media, not Greece! *Maharzu* suggests that R' Elazar in fact holds that it was not just Greece who conquered only three directions, but Media too (and the number *three* written in connection with Media refers both to the three directions *and* to the three kings mentioned above). And R' Yochanan acknowledges that the *ram* in *Daniel* refers to Media; thus, he is challenging R' Elazar's opinion regarding Media, not regarding Greece.

147. The verse mentions only west, north, and south. This supports rather than refutes R' Elazar's opinion that Greece and Media conquered only three directions (ibid.). [Alternatively, R' Yochanan did not mean to *question* R' Elazar's statement from the verse, but to *support* it; according to this understanding, the word וְהָכְתִיב should be translated, *and so it is written* . . .]

See *Eitz Yosef* for a different text of this passage, which reverses the nations of Media and Greece (thus resolving the problems from the *Daniel* verses that were raised in the previous notes); see also *Rashash* and *Radal*.

148. *Dvar Avraham* (loc. cit.) advances a homiletic understanding of R' Elazar's statement that Greece conquered all the רוחות except for that of the East. רוחות refers to the "spirits" of the world and its cultures. Greece conquered all except for the spirit of the East — the spirit and outlook of the Jewish nation, which survived and prevailed over that of Greece.

Esau, as well as his descendants, the Romans, pretended to be pious, but were in fact evil (*Matnos Kehunah*, second interpretation; *Yefeh To'ar*, second interpretation). See below, 65 §1, and *Vayikra Rabbah* 13 §5.

[The Midrash expounds וְגוֹזָל, *and a young dove,* as if it were written: וְגוֹזֵל, *and it robs*. *Maharzu* suggests that what led the Midrash to its non-literal exposition is the Midrash's use of the word גוזל instead of the more common term בֶּן יוֹנָה that is used in conjunction with תּוֹר throughout Scripture; see also *Eitz Yosef*.]

149. In a parallel Midrash (*Yalkut Shimoni, Lech Lecha* §77), the words דָּבָר אַחֵר do not appear. Accordingly, it seems that the Midrash is expounding *He took all these* as an allusion to Esau/Rome's acts of robbery that are alluded to in the Midrash's preceding comment (and the words ר' יְהוּדָה וְר' נְחֶמְיָה begin a new thought).

150. That is, of the various nations that would conquer Israel; see above, where the Midrash linked the various animals mentioned in verse 9 to those nations (*Matnos Kehunah*). Alternatively, it is possible that the Midrash here is referring to *all* the non-Jewish nations of the world (see *Eitz Yosef*).

151. I.e., judges (see further).

152. The four nations who conquered Israel first fought one another, each one vying for supremacy. And if nations are fighting on earth, it is because their celestial officers (who oversee them) are fighting in Heaven.

The verse intimates that while each of these nations would be *cut in two* (representing their ultimate destruction), Israel would remain forever (represented by the birds, which were not cut). See *Rashi* to *Genesis* 15:10.

153. According to this understanding, the words *He took all "these" to Him* refer to the judges of Israel. The word וַיְבַתֵּר, *and he cut*, alludes to חִתּוּךְ הַדִּין, *the deciding* (lit., *cutting*) *of judgment*. The word בַּתָּוֶךְ, *in the center*, alludes to the לִשְׁכַּת הַגָּזִית (the Chamber of Hewn Stone) where the Sanhedrin sat in judgment (that chamber is also called שַׁעַר הַתּוֹךְ, *the center gate*; see *Vayikra Rabbah* 4 §1). The phrase *each piece opposite its counterpart* is also apropos of the Great Sanhedrin, because they sat in crescent-shaped rows (see Mishnah *Sanhedrin* 4:3), such that the ends were facing one another (*Eitz Yosef*).

154. The larger, stronger animals (heifers, goats, and rams), representing the other nations (see note 150), were all cut up, while the smaller, weaker birds, representing Israel, were not. [Birds in general are fearful creatures, and fly away at the first sight of danger; see *Hosea* 11:11 and *Matnos Kehunah*.] The verse is hinting to a survival tactic: If there are powerful forces around you, be they human or natural, bend before them, and do not try to oppose them. See also *Yevamos* 121a (*Matnos Kehunah, Maharzu, Eitz Yosef*).

וְהָכְתִיב (דניאל ח, ד) "רָאִיתִי אֶת הָאַיִל מְנַגֵּחַ יָמָּה וְצָפוֹנָה וָנֶגְבָּה וְכָל חַיּוֹת לֹא יַעַמְדוּ לְפָנָיו וְאֵין מַצִּיל מִיָּדוֹ וְעָשָׂה כִרְצֹנוֹ וְהִגְדִּיל", הוּא דַעְתֵּיהּ דְּרַבִּי אֶלְעָזָר דְּלָא אֲמַר מִזְרָחִית. "וְתֹר וְגוֹזָל", זוֹ אֱדוֹם. תּוֹר הוּא אֶלָּא שֶׁגַּזְלָן הוּא. דָּבָר אַחֵר, [טו, י] "וַיִּקַּח לוֹ אֶת כָּל אֵלֶּה" רַבִּי יְהוּדָה וְרַבִּי נְחֶמְיָה, רַבִּי יְהוּדָה אָמַר: שָׂרֵי° עוֹבְדֵי כּוֹכָבִים הֶרְאָה לוֹ, רַבִּי נְחֶמְיָה אָמַר: שָׂרֵי יִשְׂרָאֵל הֶרְאָה לוֹ. עַל דַּעְתֵּיהּ דְּרַבִּי יְהוּדָה קָתֶדְרִין דְּדִין לָקֳבֵל קָתֶדְרִין דְּדִין, עַל דַּעְתֵּיהּ דְּרַבִּי נְחֶמְיָה שֶׁשָּׁם הָיוּ סַנְהֶדְרֵי גְדוֹלָה שֶׁל יִשְׂרָאֵל יוֹשֶׁבֶת וְחוֹתֶמֶת דִּינֵיהֶם שֶׁל יִשְׂרָאֵל. "וְאֶת הַצִּפֹּר לֹא בָתָר", רַבִּי אַבָּא בַּר כָּהֲנָא בְּשֵׁם רַבִּי לֵוִי אָמַר: הֶרְאָה לוֹ הַקָּדוֹשׁ בָּרוּךְ הוּא כוכָּל מִי שֶׁהוּא מַעֲמִיד פָּנִים בַּגַּל, הַגַּל שׁוֹטְפוֹ וְכָל מִי שֶׁאֵינוֹ מַעֲמִיד פָּנִים בַּגַּל, אֵין הַגַּל שׁוֹטְפוֹ:

טז [טו, יא] "וַיֵּרֶד הָעַיִט עַל הַפְּגָרִים". אָמַר רַבִּי אַסִי: נְסַב אַבְרָהָם מַכִּישָׁה

עץ יוסף

(כזה"ק). והכי פירושו ועז משולשת זו מלכות מקדוני שהעמידה ג' מלכים מפורסמים במעלה ובשלטנות הוא אלכסנדר מוקדן. ואחריו הד' שרים המפורסמים במעלה ושולטנות שנחלק להם אחר מותו ממשלת מלכותו וכולם היו מבני יון ונחשבו לממלכה אחת. אחריהם עמד אנטיוכס מלך יון אשר מלך על ארץ הצבי ונתפשט ממשלתו בעולם. הרי ג'. ואחריו נשפל מלכותם כי נפלו ביד החשמונאים. ומאז שוב צמח קרן מלכות ד'. ואיל משולש זו מדי ומספר זה לא נאמר על מנין המלכים כי הם העמידו יותר כמבואר להדיא בספר דניאל. אלא היינו לפי שכבשו רק ג' רוחות ולא רוח מזרחית. ומפרש ר"י דר"א יליף מהא דכתיב ראיתי את האיל מנגח ימה ולפונה ונגבה ואילו קדמה לא קאמר מכלל שלא כבשו רוח מזרחית. ואיל זה הוא מדי וכדכתיב האם האיל אשר ראית בעל הקרנים מלכי מדי ופרס. והצפיר השעיר מלך יון ולכך מפרש נמי הכא עז משולשת מלך המקדונית. ואיל משולש זה מדי (כזה"ק): **זו מלכות אדום כו'**. מדלא קרי ליה צפור דריש דרמיז ביה נמי למידרש וגוזל אתור דלעיל מיניה כאילו נאמר תור גוזל לרמוז על אדום שקולה כקול התור כלומר שמראה עצמה ישרה בדבריה והיא גוזלת וכמ"ש לקמן בויק"ר פ' י"ג מה תור מראה כו' (יפ"ת): **דבר אחר ויקח לו**. הני תיבות ד"א מיותר. והכי אי' בילקוט (יפ"ת ומת"כ): **קתדרון כו'**. כסאות דזה נקראת כסאות דדין ויתן איש בתרו לקראת רעהו לרמוז שנחלק ממשלת כסא מלכותם שלא יהיו באחדות הלב אלא יהיו תמיד מערכה מול מערכה. והצפור ירמוז לישראל שלא יאבדו או כמו שפירש"י בסדר זה ע"ש: **ששם היו סנהדרי גדולה כו'**. שהם יושבים זה כנגד זה ולכן דקדק לומר ויבתר אותם בתוך כי לשכת הגזית נקרא שער התוך כדאי' בויק"ר פ"ד כי שם חותכים דיניהם של ישראל. ודרש ויבתר לשון חתיכות דין: **ואת הצפור לא בתר כו' הראה לו כו'**. ר"ל ואת הצפור מרמז על ישראל שכל מי שיהיה כצפור החלש שבורח ונמלט כשמרגיש דחייה מועטת יהיה לו קיום בגלות ולא יבא לכלל ביעור והיינו דקאמר כל מי שהוא מעמיד פנים בגל הגל שוטפו. כלומר כל מי שאינו נדחה מפני השעה השעה דוחקתו. וכל הנדחה מפני השעה השעה נדחית מפניו וכההוא עובדא דר"ע סוף יבמות דאמר כל גל וגל שבא עלי נענעתי לו ראשי: **(טז) נסב אברהם כו'**. ר"ל וירד העיט על הפגרים מרמז על נבוכדנצר וחבריו שיתקבצו על פגרי ישראל בגלות לבלעם. וכלפי זה אמר וישב אותם אברם שהבריחם והגין על בניו. והא דלא אמר בפירוש לשון גירושין בא לרמוז דהוה נסיב אברהם מכושה פי' הערוך מקל והוה מכיש להון ולא היו מכתשין שלא היה לאל ידו לגרשם בחזקה בכח ידו דהיינו בזכותו לבד כי אם וישב אותם אברם במקלת ברוח פיו בצירוף זכות אבות שניהם כאחד טובים (כזה"ק):

פירוש מהרז"ו

והכתיב ראיתי את האיל. נ"ע שהרי מפורש בדניאל שם שהאיל הוא מדי ואיך מקשה על מוקדון. ויתכן שדעת ר' אליעזר שגם מלכי מדי לא כבשו אלא ג' רוחות וכן מוקדון. ואגל מדי יש שני טעמים שנקראו משולשת ואגל מוקדן טעם אחד. ועל זה מקשה לו ר' יוחנן. ממשמעות לשון הפסוק ראיתי את האיל וכו' וכל חיות לא יעמדו לפניו ועשה כרצונו והגדיל משמע בכל רוחות העולם כרצונו. ודעת ר"א מאחר שכתוב ימה ולפונה ונגבה וכו' ולא פרט מזרח מכאן הוכיח שלא כבשו שניהם רוח מזרח ובילקוט שלא גרס מוקדון אלא כבשו סתם א"כ יתפרש על מדי ועל מוקדון: **אלא שגזלן הוא**. שהיל"ל בן יונה כמ"ש כ"פ בספר ויקרא תור עם בן יונה ודורש ע"פ מדת ממעל שכתב וגוזל על שדרך העוף לאכול מן הגזילות שעל כן נווה שלא להקריבם וכן בנמשל: **שרי כו' הראה**. כמ"ש שהעז והאיל והעגלה רומזים על המלכיות הקדומות שמשלו על ישראל ועל זה אמר ויקח לו את כל אלה. כמ"ש זכריה ב' אלה הקרנות וכו' ועל זה אמר ויתן איש בתרו לקראת רעהו איך קורא לחלאי הבהמות והעוף איש ולמה אמר בתרו שהיל"ל חליו. על כן דורש בתרו על פי גמטריא של חלופי אותיות תי"ו רפה בשי"ן שמאלית ודומים במבטא ואיש פירושו על האומה כמו איש ישראל וכאלו כתוב ויתן אומה בְּשָׂרָהּ לקראת רעהו. ופליגי ר"י ור"נ דר"י סובר על שרי אומות וכמ"ש בסוף דניאל שר פרס שר יון מיכאל שרכם. ומ"ש לקראת רעהו שרמז בזה איך שם נלחמים זה כנגד זה וכמ"ש דניאל סוף י' להלחם עם שר פרס: **קתדרין כו'**. כסאו של זה שכל אחד מבקש להגדיל כסאו. ור"נ סובר שמרמז על שרי ישראל הם הסנהדרין וכמ"ש במ"כ. ומ"ש את כל אלה כמ"ש אלה שמות בני ישראל: **מעמיד פנים בגל**. שהעגלה והעז והאיל על שהם קשים הולרך לבתר אותם ואת הצפור לא בתר שאינו עומד בעזות כי הצפור חרד מאשר בעל החיים כמ"ש יחרדו כצפור ועי' רות רבה ריש פר' ה' חצות לילה חרדת אדם ומש"ש ועי' מ"כ כאן: **(טז) נסב אברהם מכישא**. בערוך ערך מכוש לא פירש מהו מכושא רק הביא המקומות שנזכר תיבה זו אך במוסף ערוך פי' פטיש או מגרופי ובערוך כש פירוש

מתנות כהונה

[טו] היא דעתיה דרבי אליעזר. עיקר ראייתו מזה הכתוב דכתיב ימה לפונה ונגבה ואלו מזרח לא אמר: **תור הוא**. כלומר סימן כשרות יש לו שהוא בנו של יצחק אבינו או י"ל שמראה עצמו עניו וכשר כיונה ולכן המשילהו ג"כ לחזיר הפושט טלפיו להראות כשרותו ובקרבו ישים ארבו כמו שדרשו על ויהי עשו בן ארבעים שנה וגו': ה"ג **שגזלן הוא** ויקח כו'. וכן הוא בילקוט: **קתדרון כו'**. כסאות ששם ישבו כסאות למשפט זה לקראת זה כך פירש הערוך וזהו איש בתרו לקראת רעהו והצפור ירמוז לישראל שלא יאבדו בדיניהם או כמו שפירש"י בסדר זה [וע"ש]: **ששם היו סנהדרי כו'**. בתוך דרש על לשכת הגזית שנקראת כך כדכתיב (בירמיהו ל"ט) וישבו בשער התוך דדרשוהו חז"ל על לשכת הגזית בקה"ר וביק"ר פ"ד: **מחתכת דיניהם גרסינן**. ודרש ויבתר לשון חתיכת דין: **ואת הצפור כו'**. ע"ד דר"נ לריך לפרש מאי היא הרי הכל איירי בישראל ומפרש רבי אבא וכו': **כל שהוא מעמיד כו'**. כלומר שאינו נדחה מפני השעה השעה דוחקתו וכל הנדחה מפני השעה השעה נדחקת מפניו וכההוא עובדא דר"ע סוף מס' יבמות דאמר כל גל וגל שבא עלי נענעתי לו ראשי מכאן אמרו חז"ל אם יבואו רשעים על אדם ינענע להם ראשו וכדמפרש רש"י שם ולכן אמר מי שנדחה מפני השעה כצפור זה שפורח ונמלט כשמרגיש דחייה מועטת לא בא לכלל חילוק וביתור וכריתה: **[טז] מכישה**. פירש הערוך מקל והעיט רמז אל הצרות והגליות כד"א העיט צבוע היתה לי נחלתי (ירמיה י"ב) והפגרים רמז לישראל שהן ביניהן כפגרים מתים ואעפ"כ וישב

אשד הנחלים

יותר נכון ופרטי הדברים המה עניינים נעלמים: **שרי עובדי כוכבים הראה לו**. כי מלת כל יורה על ענין הכללי המשגיח על הפרטים הרבים אשר תחתיו וזהו ויקח את כל אלה מידו כי השליטו על שריהם ואז ממילא יפלו אשר תחתיהם: **שרי ישראל**. שהמה מושלי ישראל יושבי כסאות למשפט. וזהו איש בתרו לקראת רעיהו. והכוונ' כאלו שקל אלה מול אלה וראה זכות ישראל שוקל עליהם להיות מעל להם:

חידושי הרד"ל

ר"א לא אמר כן על מדי. ואם כן כ"ש שהצפיר שהגדיל משל בכל מה שמשל מדי) הא דעתיה דר"א דלא אמר מזרחית. פי' במדי. שלא נאמר מזרחית אצל האיל בפירוש (ועיין מ"ש שם המפרשים ע"ז.) לכן י"ל דהגדיל עד מאד שנאמר אצל הצפיר. לא קאי רק על מ"ש בפי' אצל האיל. אך כ"ז דחוק. וכמדומני שראיתי נוסחא אחריתא לשון הב"ר בזה. דגרס כאן הראיה דמייתי ר"י במקרא דבא מן המערב על פני כל הארץ. ומשני היא דעתיה דר"א דכתיב ואין נוגע בארץ. שמפני שלא השלים מחשבתו שחשב לבא על פני כל הארץ. שמת קודם כיבושו רוח מזרחית כהודו וסביבותיה ככתוב ביוסיפון (ולפ"ד הב"ר י"ל קושיא תוספות במגלה (י"א.) מ"ט לא חשב אלכסנדר מוקדון שמלך בכיפה. שהרי מזרחית לא כבש) ודברי ר"י כפי' משולש במוקדון חסרים בב"ר לפנינו. ואפשר הוו גרס כדלקמן פנ"ט שאותיותיו משולשות: (ל) **קתדרין דדין לקבל קתדרין דדין** אפשר ירמוז למ"ש במגלה (ו:) כל יומא נפקו הני לגבי הני כו' ומטרדי כו' וזהו איש בתרו לקראת רעהו:

חידושי הרש"ש

[טו] אמר לו רבי יוחנן והכתיב ראיתי את האיל מנגח כו'. תמוה דשם בדניאל ח' מפורש (בפסוק כ') פתרונו על מדי ופרס. ולפיר העזים הוא יון (בפסוק כ"א) אשר ע"כ נראה להגיה ולהפוך הגי' פה:

באור מהרי"פ

טו ואין מציל מידו. מזה משמע שכל הרוחות כבש:

מסורת המדרש

כו עיין יבמות דף קכ"א:

אם למקרא

רָאִיתִי אֶת־הָאַיִל מְנַגֵּחַ יָמָּה וְצָפוֹנָה וָנֶגְבָּה וְכָל־חַיּוֹת לֹא־יַעַמְדוּ לְפָנָיו וְאֵין מַצִּיל מִיָּדוֹ וְעָשָׂה כִרְצֹנוֹ וְהִגְדִּיל:
(דניאל ח:ד)

וַהֲוָה מָבֵיש לְהוֹן — and struck them, וְלֹא הָיוּ מִכַּתְּשִׁין — but they were not beaten. אַף עַל פִּי כֵן, ״וַיַּשֵּׁב אַבְרָם״ בִּתְשׁוּבָה — **Nevertheless,** the verse continues, ***and Abram drove them away*** **through repentance.**[155] אָמַר רַבִּי עֲזַרְיָה — **R' Azaryah said:** לִכְשֶׁיֵּעָשׂוּ בָנֶיךָ פְּגָרִים בְּלֹא גִידִים וַעֲצָמוֹת — God wished to show Abraham: **When your people become** like the meat of **carcasses, without sinews and bones,**[156] זְכוּתְךָ עוֹמֶדֶת לָהֶן — **your merit will stand for them.**

וַיְהִי הַשֶּׁמֶשׁ לָבוֹא וְתַרְדֵּמָה נָפְלָה עַל אַבְרָם וְהִנֵּה אֵימָה חֲשֵׁכָה גְדֹלָה נֹפֶלֶת עָלָיו.

And it happened, as the sun was about to set, a deep sleep fell upon Abram; and behold, a dread! great darkness fell upon him (15:12).

§17 **וַיְהִי הַשֶּׁמֶשׁ לָבֹא** — ***AND IT HAPPENED, AS THE SUN WAS ABOUT TO SET,*** *A DEEP SLEEP FELL UPON ABRAM.*

What was the significance of the *deep sleep* that *fell upon Abram* at this time? The Midrash explains:

רַבִּי יְהוֹשֻׁעַ דְּסִכְנִין בְּשֵׁם רַבִּי לֵוִי אָמַר — **R' Yehoshua of Sichnin said in the name of R' Levi:** תְּחִלַּת מַפָּלָה שֵׁינָה — **The beginning of downfall is sleep,** דָּמִיךְ לֵיהּ וְלָא לָעֵי בְּאוֹרַיְיתָא — for **when one is sleeping, he does not study Torah,** דָּמִיךְ לֵיהּ וְלָא עָבֵיד עֲבוֹדָה — and **when one is sleeping, one does not do work.**[157]

The Midrash discusses different types of sleeplike states:

רַב אָמַר: ג׳ תַּרְדֵּמוֹת הֵן — **Rav said: There are three types of torpor** found in Scripture: תַּרְדֵּמַת שֵׁינָה, וְתַרְדֵּמַת נְבוּאָה, וְתַרְדֵּמַת מַרְמִיטָה — **the torpor of** regular **sleep, the torpor of prophecy, and the torpor of *marmita*.**[158] תַּרְדֵּמַת שֵׁינָה ״וַיַּפֵּל ה׳ אֱלֹהִים תַּרְדֵּמָה עַל הָאָדָם וַיִּישָׁן״ — **The torpor of** regular **sleep,** as it is written (above, 2:21), ***So HASHEM/God cast a deep sleep*** [תרדמה] ***upon the man, and he slept***; תַּרְדֵּמַת נְבוּאָה ״וַיְהִי הַשֶּׁמֶשׁ לָבֹא וְתַרְדֵּמָה נָפְלָה עַל אַבְרָם״ — **the torpor of prophecy,** as it is written in our verse, ***And it happened, as the sun was about to set, a deep sleep*** [וְתַרְדֵּמָה] ***fell upon Abram; and behold a dread! great darkness fell upon him***; וְתַרְדֵּמַת מַרְמִיטָה שֶׁנֶּאֱמַר ״וְאֵין רוֹאֶה וְאֵין יוֹדֵעַ וְאֵין מֵקִיץ כִּי כֻלָּם יְשֵׁנִים כִּי תַּרְדֵּמַת ה׳ נָפְלָה עֲלֵיהֶם״ — **and the torpor of *marmita*, as it is written,** *So David took the spear and the flask of water from near Saul's head and they left.* ***No one saw, no one knew, and no one awoke, for they were all asleep, for a deep sleep*** [תַּרְדֵּמַת] ***from HASHEM had fallen upon them*** (*I Samuel* 26:12).[159]

וְרַבָּנָן אָמְרִי — **The Sages said:** אַף תַּרְדֵּמָה שֶׁל שְׁטוּת — There is a fourth type of torpor, namely, the **torpor of foolishness,** דִּכְתִיב ״כִּי נָסַךְ ה׳ עֲלֵיכֶם רוּחַ תַּרְדֵּמָה וְגוֹ׳ ״ — **as it is written** (*Isaiah* 29:10), ***For HASHEM has poured upon you a spirit of deep sleep*** [תַּרְדֵּמָה], ***etc.***[160](B)

NOTES

155. In this exposition, the *birds of prey* represent the enemies of Israel throughout history, and *the carcasses* represent Israel (*Maharzu*; cf. *Ohr HaSeichel*; *Eitz Yosef* understands that the verse refers to Nebuchadnezzar, king of Babylonia). The Midrash is saying that although Abram *struck* the nations, he could not defeat them totally on his own merit; only his merit combined with the repentance of Israel would accomplish this (*Eitz Yosef*, citing *Nezer HaKodesh*). Alternatively, it is *only* Israel's repentance that will save her (*Matnos Kehunah*, *Imrei Yosher*). See *Tiferes Tzion*.

[The Midrash is expounding the word וַיַּשֵּׁב, *and [Abram] drove them away*, to be related to the word תְּשׁוּבָה, *repentance* (*Matnos Kehunah*).]

156. According to R' Azaryah, Abraham's merits alone would indeed be sufficient to protect Israel, even when they will be as carcasses, with no merits of their own (see *Eitz Yosef*).

157. Learning Torah and engaging in work are appropriate and proper uses of a person's time (see *Avos* 2:2; see also *Rambam*, *Commentary* to *Sanhedrin* 3:3), but a person who is sleeping is engaged in neither. See also Mishnah *Sanhedrin* 8:5. [The Midrash is not saying that all sleep is bad; indeed, the Midrash (9 §6) states that the statement in verse 1:31 above, *and behold it was very good*, refers to sleep, for it gives a person the energy to rise in the morning and toil in the study of Torah. Rather, the Midrash is speaking about *excessive* sleep (*Yefeh To'ar* and *Eitz Yosef* to 17 §5 above). See also *Avos* 6:6, where limiting one's sleep is counted among the forty-eight qualities through which one acquires Torah. See further Insight (A).] Moreover, *falling* is an appropriate verb to use in connection with sleep, as one who is asleep cannot use his intellect, and there is no greater *falling* than this (*Eshed HaNechalim*).

Abram is about to be told by God that his descendants would be enslaved in Egypt (see verse 13). The significance of God's bringing a deep sleep upon Abram at this time is that since sleep is a sign of downfall, it served as a fitting portent of the slavery that was to come (*Yefeh To'ar*, cited by *Eitz Yosef*).

158. The word *marmita* is alternatively translated as *death* (*Maharzu* to 17 §5), rocklike stillness (*Matnos Kehunah* ibid.), or a type of beast that sleeps 22-23 hours a day (*Rashash* ibid.).

159. [Depending upon the interpretations cited in the previous note, this means either that Saul's guards were killed, or that Hashem caused a torpor similar to that of the *marmita* to fall upon them.]

160. Isaiah here refers to Israel's torpor and obtuseness in the face of his warnings of the exile and destruction that would ensue if they would not repent.

INSIGHTS

(A) To Sleep and To Learn It is noteworthy that *Rambam* (*Hilchos Dei'os* 4:1) indicates that in order to optimize one's health so that he can have the strength to properly worship God, sleeping eight hours a night is sufficient. However, while this may be a good rule of thumb, no two people have identical constitutions or natures. How can each individual determine the precise amount of sleep that is most appropriate for him?

Citing *Rambam's* view that a person who eats and drinks well in order to be healthy and strong enough to worship God properly is rewarded just as much as one who fasts in the worship of God, *Taz* states in his commentary on *Shulchan Aruch* (*Even HaEzer* 25:1) that the same concept applies to sleep. Whereas some Talmudic scholars spend many hours of the night awake, seeking to maximize their hours of Torah study, others make sure to get a good night's sleep, so that they can be alert and refreshed in the morning, and they can indeed accomplish as much in one hour of Torah study as the others can in two. As long as one's intent in doing so is for the sake of God, the latter type is no less rewarded than the former, even though he is seemingly living an easier life. This is the meaning of the verse (*Psalms* 127:2), *It is vain for you who rise early, who sit up late . . . for indeed, He gives His beloved ones restful sleep*. That is, those who excessively cut down on their sleep in order to have study time, do so in vain, for God *gives His beloved ones*, who wish to be more alert when studying *restful sleep* without reducing their reward. Only those who are lazy and sleep excessively, or those who waste their time in the day after a good night's sleep, will be held accountable for their actions.

(B) The Torpor of Foolishness Whereas Rav cites the three levels of *literal* torpor that are mentioned in Scripture, the Sages add that one can essentially be in a state of torpor even while he is physically wide awake. As the prophet Isaiah cried out to the sinners of his era, only one who is truly in a state of torpor can remain oblivious to the warnings of a true prophet, and unshaken by his dire warnings. *Rav Eliyahu Dessler zt"l*, writing in *Michtav MeEliyahu* (Vol. 5, p. 152), takes this one step further: one can be in the "torpor of foolishness" even *while performing a mitzvah*. A fool can spend a lifetime studying Torah, yet squander one of its most precious benefits. He does so by failing to grasp that true Torah study requires a "wakeful" state, wherein one does not listlessly sleepwalk through its magnificent volumes without any true desire or aspiration. Falling into this torpor deprives the student of the Torah's powers of protection.

Thus, he explains, it should not be a surprise that some people who study Torah can succumb to their baser impulses, have a corrupted character, and fall into the snares set for them by their Evil Inclination, even though our Sages assure us (*Kiddushin* 30b) that the Torah is its antidote, and if we merely involve ourselves in Torah study we will not be delivered

וַהֲוָה מָבֵיש לְהוֹן וְלֹא הָיוּ מִכַּתְּשִׁין, אַף עַל פִּי כֵן, "וַיֵּשֶׁב אַבְרָם" בִּתְשׁוּבָה, אָמַר רַבִּי עֲזַרְיָה: לִכְשֶׁיֵּעָשׂוּ בָנֶיךָ פְּגָרִים בְּלֹא גִּידִים וַעֲצָמוֹת זְכוּתְךָ עוֹמֶדֶת לָהֶן:

יז [טו, יב] "וַיְהִי הַשֶּׁמֶשׁ לָבֹא". רַבִּי יְהוֹשֻׁעַ דְּסִכְנִין בְּשֵׁם רַבִּי לֵוִי אָמַר: תְּחִלַּת מַפָּלָה שֵׁינָה, דָּמִיךְ לֵיהּ וְלָא לָעֵי בְּאוֹרָיְיתָא, דָּמִיךְ לֵיהּ וְלָא עָבֵיד עֲבוֹדָה. רַב אָמַר: ג' [כז]תַּרְדֵּמוֹת הֵן, תַּרְדֵּמַת שֵׁינָה, וְתַרְדֵּמַת נְבוּאָה, וְתַרְדֵּמַת מַרְמִיטָה. תַּרְדֵּמַת שֵׁינָה (בראשית ב, כא) "וַיַּפֵּל ה' אֱלֹהִים תַּרְדֵּמָה עַל הָאָדָם וַיִּישָׁן". תַּרְדֵּמַת נְבוּאָה (בראשית טו, יב) "וַיְהִי הַשֶּׁמֶשׁ לָבֹא וְתַרְדֵּמָה נָפְלָה עַל אַבְרָם". וְתַרְדֵּמַת מַרְמִיטָה שֶׁנֶּאֱמַר (שמואל א כו, יב) "וְאֵין רוֹאֶה וְאֵין יוֹדֵעַ וְאֵין מֵקִיץ כִּי כֻלָּם יְשֵׁנִים כִּי תַּרְדֵּמַת ה' נָפְלָה עֲלֵיהֶם". וְרַבָּנָן אָמְרֵי: אַף תַּרְדֵּמָה שֶׁל שְׁטוּת דִּכְתִיב (ישעיה כט, י) "כִּי נָסַךְ עֲלֵיכֶם ה' רוּחַ תַּרְדֵּמָה וְגוֹ'". רַבִּי חֲנִינָא בַּר יִצְחָק אָמַר: [כח]שָׁלֹשׁ נוֹבְלוֹת הֵן, נוֹבֶלֶת מִיתָה שֵׁינָה, נוֹבֶלֶת נְבוּאָה, חֲלוֹם, נוֹבֶלֶת הָעוֹלָם הַבָּא, שַׁבָּת. רַבִּי אָבִין מוֹסִיף תַּרְתֵּין: נוֹבֶלֶת אוֹרָה שֶׁל מַעְלָה גַּלְגַּל חַמָּה, נוֹבֶלֶת חָכְמָה שֶׁל מַעְלָה, תּוֹרָה. "וְהִנֵּה אֵימָה חֲשֵׁכָה גְדֹלָה נֹפֶלֶת עָלָיו", "אֵימָה", [כט]זוֹ בָּבֶל דִּכְתִיב (דניאל ג, יט) "בֵּאדַיִן נְבוּכַדְנֶצַּר הִתְמְלִי חֱמָא". "חֲשֵׁכָה", זוֹ מָדַי, שֶׁהֶחְשִׁיכָה עֵינֵיהֶם שֶׁל יִשְׂרָאֵל בְּצוֹם וּבְתַעֲנִית. "גְּדֹלָה", זוֹ יָוָן, רַבִּי סִימוֹן וְרַבָּנָן, רַבִּי סִימוֹן אָמַר: מֵאָה וְעֶשְׂרִים דּוּכָּסִים, מֵאָה וְעֶשְׂרִים אִפַּרְכוֹן מֵאָה וְעֶשְׂרִים אִסְטְרַטְלִיטִין. וְרַבָּנָן אָמְרִין מִשִּׁשִּׁים שִׁשִּׁים, דִּכְתִיב (דברים ח, טו) "נָחָשׁ שָׂרָף וְעַקְרָב", "נָחָשׁ", זוֹ בָּבֶל, "שָׂרָף", זוֹ מָדַי, "עַקְרָב", זֶה יָוָן, מָה עַקְרָב זוֹ יוֹלֶדֶת לְשִׁשִּׁים שִׁשִּׁים, כָּךְ הֶעֱמִידָה מַלְכוּת יָוָן מִשִּׁשִּׁים שִׁשִּׁים. "נֹפֶלֶת עָלָיו", זוֹ אֱדוֹם, שֶׁנֶּאֱמַר (ירמיה מט, כא) "מִקּוֹל נִפְלָם רָעֲשָׁה הָאָרֶץ. וְיֵשׁ שֶׁמַּחְלִפִין, "נֹפֶלֶת עָלָיו", זוֹ בָּבֶל, דִּכְתִיב בָּהּ (ישעיה כא, ט) "נָפְלָה נָפְלָה בָּבֶל", "גְּדֹלָה", זוֹ מָדַי, דִּכְתִיב (אסתר ג, א) "אַחַר הַדְּבָרִים הָאֵלֶּה גִּדַּל הַמֶּלֶךְ אֲחַשְׁוֵרוֹשׁ", "חֲשֵׁכָה", זוֹ יָוָן, [ל]שֶׁהֶחְשִׁיכָה עֵינֵיהֶם שֶׁל יִשְׂרָאֵל בִּגְזֵרוֹתֶיהָ, שֶׁהָיְתָה אוֹמֶרֶת לְיִשְׂרָאֵל כִּתְבוּ עַל קֶרֶן הַשּׁוֹר שֶׁאֵין לָכֶם חֵלֶק בֵּאלֹהֵי יִשְׂרָאֵל. "אֵימָה", זוֹ אֱדוֹם דִּכְתִיב (דניאל ז, ז) "וַאֲרוּ חֵיוָא רְבִיעָאָה דְּחִילָה וְאֵמְתָנִי וְתַקִּיפָא יַתִּירָה":

עץ יוסף

אמר רבי עזריה כו'. דריש שבא לרמוז שאמר לו הקב"ה אז לכשיעשו בניך פגרים בלא גידים ועצמות כלו' כאשר יהיו באחרית הימים בתכלית השפלות כפגרים מתים מבלי עזור ועזוב אז זכותך עומדת להם להושיעם מצרתם לגאלם: (יז) [יט] **תחלת מפלה שינה.** הכוונה דבא לאשמועינן דלא לחנם נפלה תרדמה. זו על אברהם סמוך למראה זו. אלא לפי שבא להודיעו לצער בניו במצרים התחיל בתרדמה שהוא סימן מפולת (יפ"ת): **דמיך כו'.** שכשישן אינו עוסק בתורה ואינו עושה מלאכתו ועיין לעיל פ' י"ז סימן ז': **ותרדמת מרמיטה.** נתב' לעיל שם: [כ] **אימה זו בבל דכתיב באדין נבוכדנצר היתמלי חמא.** שהאלף וחי"ת מתחלפים. ולקמן בש"ר פ' כ"א גרס שנא' איום ונורא הוא: **בצום ובתענית.** בימי המן. וכן בתחלת מלכות אחשורוש שביטל בנין הבית: **זו יון.** ששריה ונשיאיה רבים ק"ך: **דוכסין ואפרכון ואסטרטליטין.** מיני שררות זו למעלה מזו: **משישים ששים.** ס' דוכסין ס' אפרכין ס' אסטרטליטין: **יולדת לששים.** נראה שצ"ל יולדת מששים: **כתבו על קרן השור.** בפרהסיא לעין כל. ושלא יוכלו לומר שכחנו גזירת המלך ועיין לעיל פ"ב סי' ה':

פירוש מהרז"ו

לשון חפירה או הכאה והכוונה בדבר שחופרין ומכין ודייק שהיל"ל ויפריחם או ויגרשם והיה משמע שהרים עליהם במקל ופרחו וכמ"ש בתרגום ואפרח יתהון אברם וזהו נכלל בלשון וישב על פי מדת ממעל וישב בתשובה. ומ"ש וירד העיט משל על השונאים כמ"ש ירמיה י"ב פסוק ט' העיט סביב עליה ובתשובה הפריחם: **כשיעשו בניך פגרים.** הגופות המתים נקראים פגרים והעופות יורדים על הגופות לאכול הבשר והגידים. ולגרור העצמות ונעשו הפגרים עפר אז יחיו וישובו לקדמותם בזכות אברהם: (יז) **ויהי השמש לבא.** וס"ד ותרדמה נפלה על אברם. והיל"ל וירדם אברם ודורש שהכוונה שהנפילה באדם ע"י השינה. והאמת שעיקר מאמר זה הוא לעיל פר' י"ז סי' ה' על פ' ויפל ה' אלהים תרדמה על האדם ויישן שמדבר בסתם אדם וסתם שינה אך כאן בתרדמת נבואה מדבר: **שלש נובלות.** גם מאמר זה לעיל שם: **אימה זו בבל.** ספרי סדר האזינו. שמות רבה פר' כ"א סימן ז'. מדכתיב איום ונורא הוא ע"ש. וכאן דורש אימה לשון חימה על פי מדת ממעל. והחמה נותן אימה גם אל"ף וחי"ת מתחלפין באחה"ע וע' לעיל פר' ב' סימן ד'. ויק"ר פר' י"ג סימן ה' וע"ש השנויים: **נחש זו בבל.** עי' מ"ש בויק"ר שם: **ויש שמחלפין.** פר"א בסוף פרק כ"ח ע"ש:

מסורת המדרש

כז לעיל פרשה י"ז. ילקוט סדר בראשית רמז כ"ג. ילקוט כאן רמז ע"ז. ילקוט שמואל א' רמז קל"ט: **כח** ברכות דף נ"ז. לעיל פרשה י"ז. ילקוט בראשית רמז כ"ג. ילקוט כאן רמז ע"ז. ילקוט שמואל א' רמז קל"ט: **כט** שמות רבה פרשה כ"א. ויקרא רבה פרשה י"ג. מדרש תהלים מזמור כ"ב. מכילתא יתרו מסכתא דבחדש פרשה ט'. פרקי דרבי אליעזר פרק כ"ח: **ל** לעיל פ' ב' וש"נ:

חידושי הרד"ל

(לא) [יז] **שהחשיכה עיניהם כו' בצום** שמחמת הצום מאור עיניהם כהה כמ"ש בירושלמי פ"ד דתענית. ובשמ"ר פנ"א ויק"ר פי"ג הלשון החשיכה עיניהם בגזרותיהם. שמרוב הצרות עולם חשך בעדם: **(לב) כתבו על קרן השור.** עמש"ל פט"ו בהגהותיי בס"ד:

מתנות כהונה

לשון תשובה שבזכות התשובה נגאלו כמו שנאמר בשובה ונחת תושעון ודייק מדנקט ההפרחה וההכאה בלשון וישב: ור' עזריה סבר שהקב"ה רמז לו אע"פ שהיו ערומים בלא מצות וזכיות זכות אברהם ישב ויפריח אותם מבניו ככתוב בפרשת בחוקותי וזכרתי את בריתי וגו': [יז] **תחלת מפלה.** היא השינה: **דמיך כו'.** שכשישן אינו עוסק בתורה ואינו עושה מלאכתו ועיין כל זה לעיל פרשה י"ז ושם נתבאר: **והנה אימה כו'.** דרש אימה כמו חימה בחילוף אותיות אחה"ע ועיין בשמות רבה פר' כ"ח גירסא אחרת: **גדולה זו יון.** כדמפרש ואזיל גדולתו מאי היא: **דוכסין וכו'.** מיני ממשלות הם כ"פ הערוך: **משישים ששים.** כל אחד מאלו ממשלות היו ששים:

אשד הנחלים

[טז] **והיה מכיש כו' בתשובה.** כי מלת נשיבה הונח על הפחת הרוח בקל וזהו לא בגבורה ומלחמה כ"א בתשובה שהוא לא ברעש כ"א ברוח הלב טהור לבד ויתכן שמלת וישב הוא מלשון תשובה ג"כ לפי דרשותם. והכוונה כי הפגרים המה בניו מרוב הצרות ויסורים. והעיט רומז לסנחריב החפץ לבלעם מיד: **בלא גידים.** כלומר שכמעט אין רוח החיוני בעצמותיהם מרוב הצרות אז זכותך עומד לגאלם: [יז] **תחילת מפלה שינה.** ולכן כתיב מלת נפילה על השינה לפי שהשינה הוא ביטול השכל בעת ההיא ואין נפילה יותר מזה: **ג' תרדימות.** כל הענין עד נובלות העוה"ב שבת בארתי בפרשת בראשית פ' י"ז עיין שם: **גלגל חמה.** עיין בראשית בפסוק יהי אור בהערה ושם בפרש' י"ז פרשתי: **אימה זו בבל כו'.** אחר שראה בנבואה הגליות שיעמדו על בניו נפלה עליו אימ' כי ע"י נבוכדנצר איש חמות מאד נתמלא כל הלב אימה ופחד מאיש מאוים מאד וחשיכה מחושך בניו כי חשך משחור תארם. וגדולה עוד יותר צרת ימי אנטיוכס: **דכתיב נחש.** כלומר עוד ראיה על אלו הג' גליות שרף זו מדי שהוא רע יותר בערך הנחש ועקרב על מנין הרבוי בכמות. ודרש גדולה שהיא גדולה באוכלוסיה: **מקול נפלם.** ומביא ראי' שלכן ירעשו הארץ ויתמהו כי המה היו תמיד נופלים על ישראל ועתה להיפך וכן מביא מהפסוק נפלה נפלה בבל ג"כ ע"ד זה: **על קרן השור.** רמז להם כמו שעבדו מכבר העגל ואמרו אלה אלהיך:

אם למקרא

וַיַּפֵּל ה' אֱלֹהִים תַּרְדֵּמָה עַל־הָאָדָם וַיִּישָׁן וַיִּקַּח אַחַת מִצַּלְעֹתָיו וַיִּסְגֹּר בָּשָׂר תַּחְתֶּנָּה: (בראשית ב:כא)

וַיְהִי הַשֶּׁמֶשׁ לָבוֹא וְתַרְדֵּמָה נָפְלָה עַל־אַבְרָם וְהִנֵּה אֵימָה חֲשֵׁכָה גְדֹלָה נֹפֶלֶת עָלָיו: (בראשית טו:יב)

וַיִּקַּח דָּוִד אֶת־הַחֲנִית וְאֶת־צַפַּחַת הַמַּיִם מֵרַאֲשֹׁתֵי שָׁאוּל וַיֵּלְכוּ לָהֶם וְאֵין רֹאֶה וְאֵין יוֹדֵעַ וְאֵין מֵקִיץ כִּי כֻלָּם יְשֵׁנִים כִּי תַּרְדֵּמַת ה' נָפְלָה עֲלֵיהֶם: (שמואל א כו:יב)

כִּי־נָסַךְ עֲלֵיכֶם ה' רוּחַ תַּרְדֵּמָה וַיְעַצֵּם אֶת־עֵינֵיכֶם אֶת־הַנְּבִיאִים וְאֶת־רָאשֵׁיכֶם הַחֹזִים כִּסָּה: (ישעיה כט:י)

בֵּאדַיִן נְבוּכַדְנֶצַּר הִתְמְלִי חֱמָא וּצְלֵם אַנְפּוֹהִי אֶשְׁתַּנִּי עַל־שַׁדְרַךְ מֵישַׁךְ וַעֲבֵד נְגוֹ עָנֵה וְאָמַר לְמֵזֵא לְאַתּוּנָא חַד־שִׁבְעָה עַל דִּי חֲזֵה לְמֵזְיֵהּ: (דניאל ג:יט)

הַמּוֹלִיכְךָ בַּמִּדְבָּר הַגָּדֹל וְהַנּוֹרָא נָחָשׁ שָׂרָף וְעַקְרָב וְצִמָּאוֹן אֲשֶׁר אֵין־מָיִם הַמּוֹצִיא לְךָ מַיִם מִצּוּר הַחַלָּמִישׁ: (דברים ח:טו)

מִקּוֹל נִפְלָם רָעֲשָׁה הָאָרֶץ צְעָקָה בְּיַם־סוּף נִשְׁמַע קוֹלָהּ: (ירמיה מט:כא)

וְהִנֵּה־זֶה בָא רֶכֶב אִישׁ צֶמֶד פָּרָשִׁים וַיַּעַן וַיֹּאמֶר נָפְלָה נָפְלָה בָּבֶל וְכָל־פְּסִילֵי אֱלֹהֶיהָ שִׁבַּר לָאָרֶץ: (ישעיה כא:ט)

אַחַר הַדְּבָרִים הָאֵלֶּה גִּדַּל הַמֶּלֶךְ אֲחַשְׁוֵרוֹשׁ אֶת הָמָן בֶּן הַמְּדָתָא הָאֲגָגִי וַיְנַשְּׂאֵהוּ וַיָּשֶׂם אֶת כִּסְאוֹ מֵעַל כָּל הַשָּׂרִים אֲשֶׁר אִתּוֹ: (אסתר ג:א)

בָּאתַר דְּנָה חָזֵה הֲוֵית בְּחֶזְוֵי לֵילְיָא וַאֲרוּ חֵיוָה רְבִיעָיָא דְּחִילָה וְאֵימְתָנִי וְתַקִּיפָא יַתִּירָה וְשִׁנַּיִן דִּי־פַרְזֶל לַהּ רַבְרְבָן אָכְלָה וּמַדֱּקָה וּשְׁאָרָא בְּרַגְלַיהּ רָפְסָה וְהִיא מְשַׁנְּיָה מִן־כָּל־חֵיוָתָא דִּי קָדָמַיהּ וְקַרְנַיִן עֲשַׂר לַהּ: (דניאל ז:ז)

The Midrash now describes various phenomena — beginning with sleep — as attenuated forms of other phenomena:

רַבִּי חֲנִינָא בַּר יִצְחָק אָמַר: שָׁלֹשׁ נוֹבְלוֹת הֵן — **R' Chanina bar Yitzchak said: There are three attenuated forms:**[161] נוֹבֶלֶת מִיתָה, שֵׁינָה — **Sleep is an attenuated form of death;** נוֹבֶלֶת נְבוּאָה, חֲלוֹם — **a dream is an attenuated form of prophecy;** נוֹבֶלֶת הָעוֹלָם הַבָּא, שַׁבָּת — and **the Sabbath is an attenuated form of the Next World.**[162] רַבִּי אָבִין מוֹסִיף תַּרְתֵּין — **R' Avin adds two** more: נוֹבֶלֶת אוֹרָה שֶׁל מַעְלָה גַּלְגַּל חַמָּה — **The sphere of the sun is an attenuated form of the light of** the heavens **above,**[163] נוֹבֶלֶת חָכְמָה שֶׁל מַעְלָה, תּוֹרָה — and **the Torah is an attenuated form of the wisdom of Above.**

□ וְהִנֵּה אֵימָה חֲשֵׁכָה גְדֹלָה נֹפֶלֶת עָלָיו — ***AND BEHOLD, A DREAD! GREAT DARKNESS FELL UPON HIM.***

The Midrash expounds upon allusions contained in the continuation of our verse:

"אֵימָה", זוֹ בָּבֶל — ***A dread*** [אימה] — **this alludes to Babylonia,** דִּכְתִיב "בֵּאדַיִן נְבוּכַדְנֶצַּר הִתְמְלִי חֱמָא" — **for it is written, *Then Nebuchadnezzar was filled with fury*** [חֱמָא] (*Daniel* 3:19);[164] "חֲשֵׁכָה", זוֹ מָדַי — ***darkness*** — **this** alludes **to Media,** שֶׁהֶחֱשִׁיכָה עֵינֵיהֶם שֶׁל יִשְׂרָאֵל בְּצוֹם וּבְתַעֲנִית — **who caused Israel's eyes to be darkened with fasting;**[165] "גְּדוֹלָה", זוֹ יָוָן — ***great*** — **this** alludes **to Greece.** Ⓐ

The Midrash interjects a debate regarding the greatness of Greece:

רַבִּי סִימוֹן וְרַבָּנָן — **R' Simon and the Sages** debated the size of Greece: רַבִּי סִימוֹן אָמַר — **R' Simon said:** מֵאָה וְעֶשְׂרִים דּוּכְסִים, מֵאָה וְעֶשְׂרִים אִפַּרְכוֹן, מֵאָה וְעֶשְׂרִים אִסְטְרַטְלִיטִין — Greece had **one hundred and twenty commanders, one hundred and twenty governors,** and **one hundred and twenty generals.** וְרַבָּנָן אָמְרִי — **But the Sages said:** מִשִּׁשִּׁים שִׁשִּׁים, דִּכְתִיב — There were **sixty of each, for it is written** (*Deuteronomy* 8:15), "נָחָשׁ שָׂרָף וְעַקְרָב", "נָחָשׁ", זוֹ בָּבֶל, "שָׂרָף", זוֹ מָדַי, "עַקְרָב", זֶה יָוָן — ***snake, fiery serpent, and scorpion;***[166] ***snake*** alludes to **Babylonia;** ***fiery serpent*** alludes to **Media;** and ***scorpion*** alludes to **Greece;** מָה עַקְרָב זוֹ יוֹלֶדֶת לְשִׁשִּׁים שִׁשִּׁים, כָּךְ הֶעֱמִידָה מַלְכוּת יָוָן מִשִּׁשִּׁים שִׁשִּׁים — and **just as a scorpion gives birth to sixty at a time, so did the Greek kingdom set up sixty of each.**

The Midrash resumes its exposition of our verse:

"נוֹפֶלֶת עָלָיו", זוֹ אֱדוֹם, שֶׁנֶּאֱמַר — ***Fell*** [נפלת] ***upon him*** — **this** alludes to the exile of **Edom** (Rome), **for it is stated** (*Jeremiah* 49:21): "מִקּוֹל נִפְלָם רָעֲשָׁה הָאָרֶץ" — ***From the sound of their fall*** [נפלם] ***the earth quakes;*** *a cry, at the Sea of Reeds their voice is heard.*[167]

The Midrash records a view that reverses the order of allusions in our verse:[168]

וְיֵשׁ שֶׁמַּחְלִפִין — **And some reverse it:** "נוֹפֶלֶת עָלָיו", זוֹ בָּבֶל — ***fell*** [נפלת] ***upon him*** — **this** alludes **to Babylonia,** דִּכְתִיב בָּהּ "נָפְלָה נָפְלָה בָּבֶל" — **for it is written concerning it** (*Isaiah* 21:9), ***It has fallen! Babylonia has fallen!;*** "גְּדוֹלָה", זוֹ מָדַי — ***great*** [גדלה] — **this** alludes **to Media,** דִּכְתִיב "אַחַר הַדְּבָרִים הָאֵלֶּה גִּדַּל הַמֶּלֶךְ אֲחַשְׁוֵרוֹשׁ" — **for it is written** (*Esther* 3:1), ***After these things King Ahasuerus promoted*** [גדל]; "חֲשֵׁכָה", זוֹ יָוָן — ***darkness*** — **this** alludes **to Greece,** שֶׁהֶחֱשִׁיכָה עֵינֵיהֶם שֶׁל יִשְׂרָאֵל בִּגְזֵרוֹתֶיהָ — **which darkened the eyes of Israel with her decrees,** שֶׁהָיְתָה אוֹמֶרֶת לְיִשְׂרָאֵל — **for [the Greeks] said to Israel,** כִּתְבוּ עַל קֶרֶן הַשּׁוֹר שֶׁאֵין לָכֶם חֵלֶק בֵּאלֹהֵי יִשְׂרָאֵל — **"Write on the horns of the oxen**[169] **that you have no portion in the God of Israel!"** "אֵימָה", זוֹ אֱדוֹם דִּכְתִיב "וַאֲרוּ חֵיוָא רְבִיעָאָה דְּחִילָה וְאֵמְתָנִי וְתַקִּיפָא יַתִּירָה" — ***A dread*** [אימה] — **this** alludes **to Edom** (Rome), **for it is written** (*Daniel* 7:7), *After this I was watching in night visions,* ***and behold! a fourth beast, exceedingly terrifying, dreadful and strong*** (*Daniel* 7:7).

NOTES

161. Lit., *withered things* (see *Isaiah* 34:4), or things that fall (see *Maharzu* to 17:5). That is: A withered plant is an attenuated or weaker form of a healthy plant. In like fashion, the things mentioned here are weaker manifestations of other, more powerful things or states.

162. See *Berachos* 57b, which states that each of these three "attenuated forms" is one-sixtieth of the parallel "stronger form." See there as well for other examples of this ratio.

163. This refers to the heavenly light that surrounds the Heavenly Throne; see *Daniel* 2:22 (*Yefeh To'ar* and *Eitz Yosef* to 17 §5 above).

164. The letters א, ח, ה, ע are interchangeable for purposes of exposition (see *Eruvin* 53b). The word חֱמָא in *Daniel* is accordingly similar to the word אֵימָה, allowing the *gezeirah shavah* suggested here to be expounded.

165. This is a reference to the fasts mentioned in *Megillas Esther* 4:3, when Israel fasted in repentance to avert Haman's decree (see *Eitz Yosef*). *Radal,* citing *Yerushalmi Taanis* Ch. 4, notes that fasting causes the brightness of the eyes to dim. [Cf. below, as well as *Bereishis Rabbah* 2 §4 and *Shemos Rabbah* 51 §7, where the text reads: החשיכה עיניהם בגזרותיהם, *they darkened [the Jews'] eyes with their decrees;* see similarly, *Vayikra Rabbah* 13 §5.]

166. This verse, which according to the simple meaning is discussing the hazards from which the Jews were protected by God in the Wilderness, is expounded here as referring to His protection during future exiles.

167. This verse appears in a passage discussing Edom (see ibid., verse 17ff).

168. According to the view presented now, the four words אֵימָה, חֲשֵׁכָה, גְּדֹלָה, נֹפֶלֶת refer to the same four kingdoms, but in reverse order of their appearance in our verse.

169. So it would be publicized for all to see (*Eitz Yosef*).

INSIGHTS

into its hands. It is certainly true that one can repair his soul's defects and become a better person even through studying areas of the Torah unrelated to ethics and morality. But this can occur only if he puts his heart and soul into Torah study, struggling to probe the depths of its wisdom and grasp the true way of life that it provides, until he literally lives and breathes Torah and is sated by the spiritual delight it provides. Against such Torah study, the Evil Inclination truly has no chance of success.

Ⓐ **The Great Darkness of Greece** The Midrash implies that the Greek exile was in a sense more profound and darker than those that preceded it. In what sense was it so profound?

Pachad Yitzchak (Chanukah §15), expounding *Maharal,* says that the nations reckoned here in our Midrash are specifically those whose relationship with Israel is one of inverse proportion: when one falls from superiority, the other attains it. This relationship was foreseen in the prophecy Rebecca received about the unborn Jacob and Esau: *and might shall pass from one regime to the other* (below, 25:23). As the Sages pithily put it: If someone tells you that both Jerusalem and Caesarea are in ruins or that both are settled, do not believe it. If he tells you that one is settled and the other is in ruins, believe it (*Megillah* 6a).

Each of the nations in this Midrash either: (a) gained its ascendancy from the decline of Israel, and its exile of Israel concluded when its own collapse fueled Israel's renewal; or (b) conquered a nation that had gained its ascendancy from Israel's decline. Thus the exile among Ishmael, which does not have this seesaw relationship with Israel and can be ascendant concurrently with Israel, is not mentioned in this Midrash.

The Greek exile referenced in this passage, says *Pachad Yitzchak,* was primarily an exile not of the Jewish people, but of Torah wisdom.

Greece, the birthplace of Western civilization, assigned great value to the attainments of the human intellect and made enormous strides in the natural sciences. Now, our Sages had high regard for such secular knowledge, even ordaining that a blessing be recited upon seeing a master of secular wisdom (*Berachos* 58a). We look to proven scientific fact to shed light on Torah (*Rambam Hil. Kiddush HaChodesh* 17:24). But the position the Torah assigns to science is quite different from its station in Greek culture: its role is as handmaiden of the Torah, which always reigns supreme. This is evident in the Mishnah in *Pirkei Avos* (3:23), which calls astronomy and mathematics "seasonings" for wisdom, in that

וַהֲוָה מָכֵישׁ לְהוֹן וְלֹא הָיוּ מִכַּתְּשִׁין, אַף עַל פִּי כֵן, "וַיַּשֵּׁב אַבְרָם" בִּתְשׁוּבָה, אָמַר רַבִּי עֲזַרְיָה: לִכְשֶׁיֵּעָשׂוּ בָנֶיךָ פְּגָרִים בְּלֹא גִידִים וַעֲצָמוֹת זְכוּתְךָ עוֹמֶדֶת לָהֶן:

יז [טו, יב] "וַיְהִי הַשֶּׁמֶשׁ לָבֹא". רַבִּי יְהוֹשֻׁעַ דְּסִכְנִין בְּשֵׁם רַבִּי לֵוִי אָמַר: תְּחִלַּת מַפָּלָה שֵׁינָה, דָּמִיךְ לֵיהּ וְלָא לָעֵי בְּאוֹרָיְיתָא, דָּמִיךְ לֵיהּ וְלָא עָבֵיד עֲבוֹדָה. רַב אָמַר: ג' [כז]תַּרְדֵּמוֹת הֵן, תַּרְדֵּמַת שֵׁינָה, וְתַרְדֵּמַת נְבוּאָה, וְתַרְדֵּמַת מַרְמִיטָה. תַּרְדֵּמַת שֵׁינָה (בראשית ב, כא) "וַיַּפֵּל ה' אֱלֹהִים תַּרְדֵּמָה עַל הָאָדָם וַיִּישָׁן". תַּרְדֵּמַת נְבוּאָה (בראשית טו, יב) "וַיְהִי הַשֶּׁמֶשׁ לָבֹא וְתַרְדֵּמָה נָפְלָה עַל אַבְרָם". וְתַרְדֵּמַת מַרְמִיטָה שֶׁנֶּאֱמַר (שמואל א כו, יב) "וְאֵין רוֹאֶה וְאֵין יוֹדֵעַ וְאֵין מֵקִיץ כִּי כֻלָּם יְשֵׁנִים כִּי תַּרְדֵּמַת ה' נָפְלָה עֲלֵיהֶם". וְרַבָּנָן אָמְרֵי: אַף תַּרְדֵּמָה שֶׁל שְׁטוּת דִּכְתִיב (ישעיה כט, י) "כִּי נָסַךְ עֲלֵיכֶם ה' רוּחַ תַּרְדֵּמָה וְגוֹ'". רַבִּי חֲנִינָא בַּר יִצְחָק אָמַר: [כח]שָׁלֹשׁ נוֹבְלוֹת הֵן, נוֹבֶלֶת מִיתָה שֵׁינָה, נוֹבֶלֶת נְבוּאָה, חֲלוֹם, נוֹבֶלֶת הָעוֹלָם הַבָּא, שַׁבָּת. רַבִּי אָבִין מוֹסִיף תַּרְתֵּין: נוֹבֶלֶת אוֹרָה שֶׁל מַעְלָה גַּלְגַּל חַמָּה, נוֹבֶלֶת חָכְמָה שֶׁל מַעְלָה, תּוֹרָה. "וְהִנֵּה אֵימָה חֲשֵׁכָה גְדֹלָה נֹפֶלֶת עָלָיו", "אֵימָה", [כט]זוֹ בָּבֶל דִּכְתִיב (דניאל ג, יט) "בֵּאדַיִן נְבוּכַדְנֶצַּר הִתְמְלִי חֱמָא". "חֲשֵׁכָה", זוֹ מָדַי, שֶׁהֶחֱשִׁיכָה עֵינֵיהֶם שֶׁל יִשְׂרָאֵל בְּצוֹם וּבְתַעֲנִית. "גְּדֹלָה", זוֹ יָוָן, רַבִּי סִימוֹן וְרַבָּנָן, רַבִּי סִימוֹן אָמַר: מֵאָה וְעֶשְׂרִים דּוּכָסִים, מֵאָה וְעֶשְׂרִים אִפַּרְכוֹן מֵאָה וְעֶשְׂרִים אִסְטְרַטְלִיטִין. וְרַבָּנָן אָמְרִין מִשִּׁשִּׁים שִׁשִּׁים, דִּכְתִיב (דברים ח, טו) "נָחָשׁ שָׂרָף וְעַקְרָב", "נָחָשׁ", זוֹ בָּבֶל, "שָׂרָף", זוֹ מָדַי, "עַקְרָב", זֶה יָוָן, מָה עַקְרָב זוֹ יוֹלֶדֶת לְשִׁשִּׁים שִׁשִּׁים, כָּךְ הֶעֱמִידָה מַלְכוּת יָוָן מִשִּׁשִּׁים שִׁשִּׁים. "נֹפֶלֶת עָלָיו", זוֹ אֱדוֹם, שֶׁנֶּאֱמַר (ירמיה מט, כא) "מִקּוֹל נִפְלָם רָעֲשָׁה הָאָרֶץ. וְיֵשׁ שֶׁמַּחְלִפִין, "נֹפֶלֶת עָלָיו", זוֹ בָּבֶל, דִּכְתִיב בָּהּ (ישעיה כא, ט) "נָפְלָה נָפְלָה בָּבֶל", "גְּדֹלָה", זוֹ מָדַי, דִּכְתִיב (אסתר ג, א) "אַחַר הַדְּבָרִים הָאֵלֶּה גִּדַּל הַמֶּלֶךְ אֲחַשְׁוֵרוֹשׁ", "חֲשֵׁכָה", זוֹ יָוָן, שֶׁהֶחֱשִׁיכָה עֵינֵיהֶם שֶׁל יִשְׂרָאֵל בִּגְזֵרוֹתֶיהָ, שֶׁהָיְתָה אוֹמֶרֶת לְיִשְׂרָאֵל כִּתְבוּ עַל קֶרֶן הַשּׁוֹר שֶׁאֵין לָכֶם חֵלֶק בֵּאלֹהֵי יִשְׂרָאֵל. "אֵימָה", זוֹ אֱדוֹם דִּכְתִיב (דניאל ז, ז) "וַאֲרוּ חֵיוָא רְבִיעָאָה דְּחִילָה וְאֵמְתָנִי וְתַקִּיפָא יַתִּירָה":

עץ יוסף

אמר רבי עזריה כו'. דריש שבא לרמוז שאמר לו הקב"ה אז לכשיעשו בניך פגרים בלא גידים ועצמות כלו' כאשר יהיו באחרית הימים בתכלית השפלות כפגרים מתים מבלי עצור ועזוב אז זכותך עומדת להם להושיעם מצרתם לגאלם: (יז) [יט] **תחלת מפלה שינה.** הכוונה דבא לאשמועינן דלא לחנם נפלה תרדמה. זו על אברהם סמוך למראה זו. אלא לפי שבא להודיעו לצער בניו במצרים התחיל בתרדמה שהוא סימן מפולת (יפ"ת): **דמיך כו'.** שכשישן אינו עוסק בתורה ואינו עושה מלאכתו ועיין לעיל פ' י"ז סימן ז': **ותרדמת מרמיטה.** כתב' לעיל שם: [כ] **אימה זו בבל דכתיב באדין נבוכדנצר היתמלי חמא.** שהאלף וחי"ת מתחלפים. ולקמן בש"ר פ' כ"א גרס שנא' איום ונורא הוא: **בצום ובתענית.** בימי המן. וכן בתחלת מלכות אחשורוש שביטל בנין הבית: **זו יון.** שׂריה ונשיאיה רבים ק"ך: **דוכסין ואפרכון ואסטרטליטין.** מיני שררות זו למעלה מזו: **משששים ששים.** ס' דוכסין ס' אפרכין ס' אסטרטליטין: **יולדת לששים.** נראה שצ"ל יולדת מששים: **כתבו על קרן השור.** בפרהסיא לעין כל. ושלא יוכלו לומר שכחנו גזירת המלך ועיין לעיל פ"ב סי' ה':

פירוש מהרז"ו

לשון חפירה או הכאה והכוונה בדבר שחופרין ומכין ודייק שהיל"ל ויפריקם או ויגרשם והיה משמע שהרים עליהם במקל ופרחו וכמ"ש בתרגום ואפרח יתהון אברם וזהו נכלל בלשון וישב על פי מדת ממעל וישב בתשובה. ומ"ש וירד העיט משל על השונאים כמ"ש ירמיה י"ב פסוק ט' העיט סביב עליה ובתשובה הפריחם: **כשיעשו בניך פגרים.** הגופות המתים נקראים פגרים והעופות יורדים על הגופות לאכול הבשר והגידים. ולגרור העצמות ונעשו הפגרים עפר אז יחיו וישובו לקדמותם בזכות אברהם: (יז) **ויהי השמש לבא.** וס"ד ותרדמה נפלה על אברם. והיל"ל וירדם אברם ודורש שהכוונה שהנפילה באדם ע"י השינה. והאמת שעיקר מאמר זה הוא לעיל פר' י"ז סי' ה' על פ' ויפל ה' אלהים תרדמה על האדם ויישן שמדבר בסתם אדם וסתם שינה אך כאן בתרדמת נבואה מדבר: **שלש נובלות.** גם מאמר זה לעיל שם: **אימה זו בבל.** ספרי סדר האזינו. שמות רבה פר' כ"א סימן ז'. מדכתיב איום ונורא הוא ע"ש. וכאן דורש אימה לשון חימה על פי מדת ממעל. והחמה נותן אימה גם אל"ף וחי"ת מתחלפין באחה"ע וע' לעיל פר' ב' סימן ד'. ויק"ר פר' י"ג סימן ה' וע"ש השנויים: **נחש זו בבל.** עי' מ"ש בויק"ר שם: **ויש שמחלפין.** פר"א בסוף פרק כ"ח ע"ש:

מסורת המדרש

כז לעיל פרשה י"ז. ילקוט סדר בראשית רמז כ"ג. ילקוט כאן רמז ע"ז. ילקוט שמואל א' רמז קל"ט: **כח** ברכות דף נ"ז. לעיל פרשה י"ז. ילקוט בראשית רמז כ"ג. ילקוט כאן רמז ע"ז. ילקוט שמואל א' רמז קל"ט: **כט** שמות רבה פרשה נ"א. ויקרא רבה פרשה י"ג. מדרש תהלים מזמור נ"ב. מכילתא יתרו מסכתא דבחדש פרשה ט'. פרקי דרבי אליעזר פרק כ"ח: **ל** לעיל פ' ב' וש"נ:

חידושי הרד"ל

(לא) [יז] **שהחשיכה עיניהם כו' בצום** שמחמת הצום מאור עיניהם כהה כמ"ש בירושלמי פ"ד דתענית. ובשמ"ר פנ"א ויק"ר פי"ג הלשון החשיכה עיניהם בגזרותיהם. שמרוב הצרות עולם חשך בעדם:

(לב) **כתבו על קרן השור.** עמש"ל פט"ו בהגהותיי בס"ד:

אם למקרא

וַיַּפֵּל ה' אֱלֹהִים תַּרְדֵּמָה עַל־הָאָדָם וַיִּישָׁן וַיִּקַּח אַחַת מִצַּלְעֹתָיו וַיִּסְגֹּר בָּשָׂר תַּחְתֶּנָּה: (בראשית ב:כא)

וַיְהִי הַשֶּׁמֶשׁ לָבוֹא וְתַרְדֵּמָה נָפְלָה עַל־אַבְרָם וְהִנֵּה אֵימָה חֲשֵׁכָה גְדֹלָה נֹפֶלֶת עָלָיו: (בראשית טו:יב)

וַיִּקַּח דָּוִד אֶת־הַחֲנִית וְאֶת־צַפַּחַת הַמַּיִם מֵרַאֲשֹׁתֵי שָׁאוּל וַיֵּלְכוּ לָהֶם וְאֵין רֹאֶה וְאֵין יוֹדֵעַ וְאֵין מֵקִיץ כִּי כֻלָּם יְשֵׁנִים כִּי תַּרְדֵּמַת ה' נָפְלָה עֲלֵיהֶם: (שמואל א כו:יב)

כִּי־נָסַךְ עֲלֵיכֶם ה' רוּחַ תַּרְדֵּמָה וַיְעַצֵּם אֶת־עֵינֵיכֶם אֶת־הַנְּבִיאִים וְאֶת־רָאשֵׁיכֶם הַחֹזִים כִּסָּה: (ישעיה כט:י)

בֵּאדַיִן נְבוּכַדְנֶצַּר הִתְמְלִי חֱמָא וּצְלֵם אַנְפּוֹהִי אֶשְׁתַּנִּי עַל־שַׁדְרַךְ מֵישַׁךְ וַעֲבֵד נְגוֹ עָנֵה וְאָמַר לְמֵזֵא לְאַתּוּנָא חַד־שִׁבְעָה עַל דִּי חֲזֵה לְמֵזְיֵהּ: (דניאל ג:יט)

הַמּוֹלִיכֲךָ בַּמִּדְבָּר הַגָּדֹל וְהַנּוֹרָא נָחָשׁ שָׂרָף וְעַקְרָב וְצִמָּאוֹן אֲשֶׁר אֵין־מָיִם הַמּוֹצִיא לְךָ מַיִם מִצּוּר הַחַלָּמִישׁ: (דברים ח:טו)

מִקּוֹל נִפְלָם רָעֲשָׁה הָאָרֶץ צְעָקָה בְּיַם־סוּף נִשְׁמַע קוֹלָהּ: (ירמיה מט:כא)

וְהִנֵּה־זֶה בָא רֶכֶב אִישׁ צֶמֶד פָּרָשִׁים וַיַּעַן וַיֹּאמֶר נָפְלָה נָפְלָה בָּבֶל וְכָל־פְּסִילֵי אֱלֹהֶיהָ שִׁבַּר לָאָרֶץ: (ישעיה כא:ט)

אַחַר הַדְּבָרִים הָאֵלֶּה גִּדַּל הַמֶּלֶךְ אֲחַשְׁוֵרוֹשׁ אֶת הָמָן בֶּן הַמְּדָתָא הָאֲגָגִי וַיְנַשְּׂאֵהוּ וַיָּשֶׂם אֶת כִּסְאוֹ מֵעַל כָּל הַשָּׂרִים אֲשֶׁר אִתּוֹ: (אסתר ג:א)

בָּאתַר דְּנָה חָזֵה הֲוֵית בְּחֶזְוֵי לֵילְיָא וַאֲרוּ חֵיוָה רְבִיעָיָא דְּחִילָה וְאֵימְתָנִי וְתַקִּיפָא יַתִּירָא וְשִׁנַּיִן דִּי־פַרְזֶל לַהּ רַבְרְבָן אָכְלָה וּמַדֱּקָה וּשְׁאָרָא בְּרַגְלַיהּ רָפְסָה וְהִיא מְשַׁנְּיָה מִן־כָּל־חֵיוָתָא דִּי קָדָמַיהּ וְקַרְנַיִן עֲשַׂר לַהּ: (דניאל ז:ז)

מתנות כהונה

לשון תשובה שבזכות התשובה נגאלו כמו שנאמר בשובה ונחת תושעון ודייק מדנקט ההפרחה וההכאה בלשון וישב: ור' עזריה סבר שהקב"ה רמז לו אע"פ שהיו ערומים בלא מצות וזכיות זכות אברהם ישב ויפריח אותם מבניו ככתוב בפרשת בחוקותי וזכרתי את בריתי וגו': [יז] **תחלת מפלה.** היא השינה: **דמיך כו'.** שכשישן אינו עוסק בתורה ואינו עושה מלאכתו ועיין כל זה לעיל פרשה י"ז ושם נתבאר: **והנה אימה כו'.** דרש אימה כמו חימה בחילוף אותיות אחה"ע ועיין בשמות רבה פר' כ"א גירסא אחרת: **גדולה זו יון.** כדמפרש ואזיל גדולתו מאי היא: **דוכסין וכו'.** מיני ממשלות הם כ"פ הערוך: **משששים ששים.** כל אחד מאלו ממשלות היו ששים:

אשד הנחלים

[טז] **והיה מכיש כו' בתשובה.** כי מלת נשיבה הונח על הפחת הרוח בקל וזהו לא בגבורה ומלחמה כ"א בתשובה שהוא לא ברעש כ"א ברוח הלב טהור לבד ויתכן שמלת וישב הוא מלשון תשובה ג"כ לפי דרשותם. והכוונה כי הפגרים המה בניו מרוב הצרות ויסורים. והעיט רומז לסנחריב החפץ לבלעם מיד: **בלא גידים.** כלומר שכמעט אין רוח החיוני בעצמותיהם מרוב הצרות אז זכותך עומד לגאלם: [יז] **תחילת מפלה שינה.** ולכן כתיב מלת נפילה על השינה לפי שהשינה הוא ביטול השכל בעת ההיא ואין נפילה יותר מזה: **ג' תרדימות.** כל הענין עד נובלות העוה"ב שבת בארתי בפרשת בראשית פ' י"ז עיין שם: **גלגל חמה.** עיין בראשית בפסוק יהי אור בהערה ושם בפרש' י"ז פרשתי: **אימה זו בבל כו'.** אחר שראה בנבואה הגליות שיעמדו על בניו נפלה עליו אימ' כי ע"י נבוכדנצר איש חמות מאד נתמלא כל הלב אימה ופחד מאיש מאוים מאד וחשיכה מחושך בניו כי חשך משחור תארם. וגדולה עוד יותר צרת ימי אנטיוכס: **דכתיב נחש.** כלומר עוד ראיה על אלו הג' גליות שרף זו מדי שהוא רע יותר בערך הנחש ועקרב על מנין הרבוי בכמות. ודרש גדולה שהיא גדולה באוכלוסיה: **מקול נפלם.** ומביא ראי' שלכן ירעשו הארץ ויתמהו כי המה היו תמיד נופלים על ישראל ועתה להיפך וכן מביא מהפסוק נפלה נפלה בבל ג"כ ע"ד זה: **על קרן השור.** רמז להם כמו שעבדו מכבר העגל ואמרו אלה אלהיך:

וַיֹּאמֶר לְאַבְרָם יָדֹעַ תֵּדַע כִּי גֵר יִהְיֶה זַרְעֲךָ בְּאֶרֶץ לֹא לָהֶם וַעֲבָדוּם וְעִנּוּ אֹתָם אַרְבַּע מֵאוֹת שָׁנָה.

And He said to Abram, "Know with certainty that your offspring shall be aliens in a land not their own, and they will serve them, and they will oppress them four hundred years" (15:13).

§18 וַיֹּאמֶר לְאַבְרָם יָדֹעַ תֵּדַע כִּי גֵר יִהְיֶה זַרְעֲךָ — ***AND HE SAID TO ABRAM, "KNOW WITH CERTAINTY THAT YOUR OFFSPRING SHALL BE ALIENS*** *IN A LAND NOT THEIR OWN."*

The Midrash explains the double expression יָדֹעַ תֵּדַע:

"יָדֹעַ", שֶׁאֲנִי מְפַזְּרָן, "תֵּדַע", שֶׁאֲנִי מְכַנְּסָן — **Know that I will scatter them,** but **know** too **that I will gather them;** "יָדֹעַ", שֶׁאֲנִי מְמַשְׁכְּנָן, "תֵּדַע", שֶׁאֲנִי פּוֹרְקָן — **know that I will give them in pledge,** but **know** too **that I will free them;** "יָדֹעַ", שֶׁאֲנִי מְשַׁעְבְּדָן "תֵּדַע", שֶׁאֲנִי גוֹאֲלָן — **know that I will enslave them,** but **know** too **that I will redeem them.**[170]

□ כִּי גֵר יִהְיֶה זַרְעֲךָ בְּאֶרֶץ לֹא לָהֶם — *KNOW WITH CERTAINTY* ***THAT YOUR OFFSPRING SHALL BE ALIENS IN A LAND NOT THEIR OWN,*** *AND THEY WILL SERVE THEM, AND THEY WILL OPPRESS THEM FOUR HUNDRED YEARS.*

God tells Abram in this verse that his children would be *in a land not their own* for 400 years. But in point of fact, the Israelites were in Egypt for only 210 years. The Midrash addresses this discrepancy:

מִשֶּׁיֵּרָאֶה לְךָ זֶרַע — The verse intimates that the 400 years will be counted **from when you will have offspring,** i.e., beginning from Isaac's birth.[171] אָמַר רַבִּי יוּדָן — **Rabbi Yudan said:** גֵּירוּת בְּאֶרֶץ לֹא לָהֶם — The **"being aliens"** portion of the 400 years would be fulfilled **in a land not their own** (but not Egypt), עַבְדוּת עִינּוּי לְאַסְפַּטְיָא שֶׁלָּהֶם — and the **servitude** and **affliction** in Egypt would combine with that time to comprise **the total** 400-year **period for them.**[172]

וְגַם אֶת הַגּוֹי אֲשֶׁר יַעֲבֹדוּ דָּן אָנֹכִי וְאַחֲרֵי כֵן יֵצְאוּ בִּרְכֻשׁ גָּדוֹל.

"But also the nation that they will serve, I shall judge, and afterward they will leave with great wealth" (15:14).

§19 וְגַם אֶת הַגּוֹי אֲשֶׁר יַעֲבֹדוּ דָּן אָנֹכִי — ***BUT ALSO THE NATION THAT THEY WILL SERVE, I SHALL JUDGE.***

The Midrash expounds a seemingly superfluous letter in the verse:

הָיָה לוֹמַר "גַּם" — Seemingly, **[the verse] should have stated just** ***also*** [גם]; מַאי "וְגַם" — for **what** reason did it state ***"and" also*** [וגם], with an extra *vav*? אֶלָּא, "גַּם" הוּא מִצְרַיִם, "וְגַם", לְרַבּוֹת אַרְבָּעָה מַלְכֻיּוֹת — **Rather,** it comes to teach the following: ***"Also"*** **refers to Egypt,** while ***"and" also*** **comes to include the four kingdoms.**[173]

NOTES

170. The double expression is used to indicate that God wanted Abram to "know" not only about the suffering that his descendants would endure in Egypt, but also about their subsequent salvation there from.

Three expressions are used here by the Midrash: *scatter, give them in pledge,* and *enslave.* The first indicates that they will be in a land not their own; the second indicates that they will be in the "possession" of others, in servitude to them and lacking the freedom to leave (just as a pledge remains in the possession of the creditor); the third alludes to the harsh treatment endured by a slave (*Yefeh To'ar, Eitz Yosef*). See further Insight Ⓐ.

171. I.e., the 400 years are to be counted from the birth of Isaac (30 years after the Covenant Between the Pieces of our passage; see *Seder Olam Rabbah* Ch. 1), not from when Jacob and his sons go down to live in Egypt. That this was indeed God's intent can be sons seen from the fact that the verse begins in the singular: כִּי גֵר יִהְיֶה זַרְעֲךָ, *that your offspring shall be aliens* (the verb *shall be* in the Hebrew, יִהְיֶה, is singular) — referring exclusively to Isaac. [The Land of Israel did not as yet belong to Abram, for the indigenous nations did not yet deserve to lose it (see below, 15:16 with *Rashi*). It can thus indeed be said that Isaac lived in "a land not his own."] God then continues in the plural: בְּאֶרֶץ לֹא לָהֶם וַעֲבָדוּם וְעִנּוּ אֹתָם, *in a land not "their" own — and "they" will serve them, and they will oppress "them"* — referring to *all* the Israelites (*Eitz Yosef*).

172. According to R' Yudan, the hint in the verse that the Jews would not be in Egypt for the entire 400 years comes from the fact that the modifying clause *in a land not their own* appears in the middle of the verse, not after the mention of servitude and opppression. This suggests that the two portions of the period would be divided, one involving being in a strange land *without* servitude or oppression (this commenced upon Isaac's birth, see previous note) and the second (which took place in Egypt) involving enslavement. The two periods *together* would total 400 years (see *Eitz Yosef*).

[The word אַסְפַּטְיָא appears to be derived from the Latin word *spatium,* which literally means *space* but includes as well the meaning of a *period of time*. Alternatively, it means *a set place;* the sense of the Midrash then is that the Israelites would be aliens in a land not their own, and then enslaved in a set place (Egypt) for the rest of the 400 years (see *Eitz Yosef* and *Matnos Kehunah*).

173. That is, that the four kingdoms who would also conquer Israel (see above, sec. 15) would also ultimately be judged and punished by God. [Cf. *Shir HaShirim Rabbah,* end of *Parashah* 2, according to which the entire word וגם is apparently considered superfluous and available for this exposition, not just the *vav.*]

INSIGHTS

understanding them helps one to fully apprehend and appreciate the ultimate wisdom, that of Torah. *R' Samson Raphael Hirsch* cites scientific concepts throughout his works to elucidate Torah concepts, yet he instructs parents to teach their children to "discern the true value of secular wisdom and scholarship by measuring it against the standard of the Divinely given truths of Judaism" (Collected Writings, Vol. VII p. 416). The sole arbiter of truth is the Torah; to be valid, other ideas must pass successfully through its filter.

Because Torah demands supremacy over science and both cannot be simultaneously preeminent, the relationship between the two is one of inverse proportion, like that of Israel and Rome.

The Hellenes well understood the incompatibility of Judaism with their outlook. They rightly perceived Judaism, which says that God and His Torah stand above all else and we are His servants, as diametrically opposed to their culture. That is why the Greeks resorted to draconian measures to suppress true Judaism. Their successful campaign of Hellenization led some Jews to deny the Torah's primacy over secular knowledge, plunging those Jews into a deep exile of the mind with a darkness that had known no parallel.

The Maccabean revolt, led by the Kohanim of unsullied purity, restored the Torah to its rightful preeminence. The Torah's Heavenly glow once again subordinated the human intellect, and dispelled the great darkness of Greece.

Ⓐ **Know That I Will Scatter Them** If, as rendered above, the double verb יָדֹעַ תֵּדַע (literally, "Know, you shall know") is merely meant to allude that God will not only enslave Abraham's descendants, but redeem them as well, the question remains: Does the verse not state explicitly, *and afterward they will leave with great wealth*? Moreover, why must this fact be stated separately in terms of all three aspects of slavery, rather than simply stating, "Know that I will exile them, but know too that I will redeem them"?

Maharal's interpretation of this Midrash in *Netzach Yisrael* (Ch. 1) answers both of these questions. The double verb, he explains, is meant as a cause and effect: By knowing the unnaturalness of their servitude, you will realize that their redemption is inevitable. For whenever the natural state of an object or a situation is inverted, it can remain that way only temporarily; ultimately, it must return to its natural state, for no aspect of nature can permanently change its nature. Now, the system of nation-states that exists on earth was designed by God as the natural state of events, so that each nationality has its own land in which it lives as a sovereign people. For the Jewish people, that land is the Land of Israel. Hence, when they are in exile, three aspects of nature are in an

יח [טו, יג] "וַיֹּאמֶר לְאַבְרָם יָדֹעַ תֵּדַע כִּי גֵר יִהְיֶה זַרְעֲךָ". "יָדוֹעַ", שֶׁאֲנִי מְפַזְּרָן, "תֵּדַע", שֶׁאֲנִי מְכַנְּסָן, "יָדוֹעַ", שֶׁאֲנִי מְמַשְׁכְּנָן, "תֵּדַע", שֶׁאֲנִי פּוֹרְקָן, "יָדוֹעַ", שֶׁאֲנִי מְשַׁעְבְּדָן "תֵּדַע", שֶׁאֲנִי גוֹאֲלָן. "כִּי גֵר יִהְיֶה זַרְעֲךָ בְּאֶרֶץ לֹא לָהֶם", מִשֶּׁיֵּרָאֶה לְךָ זָרַע. אָמַר רַבִּי יוּדָן: גֵּירוּת בְּאֶרֶץ לֹא לָהֶם, עַבְדוּת עִינּוּי לְאַסְפַּטְיָא שֶׁלָּהֶם:

יט [טו, יד] "וְגַם אֶת הַגּוֹי אֲשֶׁר יַעֲבֹדוּ דָּן אָנֹכִי". הָיָה לוֹמַר גַּם, מַאי "וְגַם", אֶלָּא, גַּם הוּא מִצְרַיִם, "וְגַם", לְרַבּוֹת אַרְבָּעָה מַלְכֻיּוֹת. "אֲשֶׁר יַעֲבוֹדוּ דָּן אָנֹכִי", רַבִּי אֶלְעָזָר בְּשֵׁם רַבִּי יוֹסֵי בַּר זִמְרָא אָמַר: [לא]בִּשְׁתֵּי אוֹתִיּוֹת הַלָּלוּ הִבְטִיחַ הַקָּדוֹשׁ בָּרוּךְ הוּא לְאַבְרָהָם אָבִינוּ שֶׁהוּא גוֹאֵל אֶת בָּנָיו, וְשֶׁאִם יַעֲשׂוּ תְּשׁוּבָה גּוֹאֲלָן בְּשִׁבְעִים וּשְׁתַּיִם אוֹתִיּוֹת, דְּאָמַר רַבִּי יוּדָן: (דברים ד, לד) מִ"לָּבֹא לָקַחַת לוֹ גוֹי מִקֶּרֶב גּוֹי" עַד "מוֹרָאִים גְּדֹלִים" אַתָּה מוֹצֵא שִׁבְעִים וּשְׁתַּיִם אוֹתִיּוֹת שֶׁל הַקָּדוֹשׁ בָּרוּךְ הוּא, וְאִם יֹאמַר לְךָ אָדָם: שִׁבְעִים וַחֲמִשָּׁה הֵם, אֱמוֹר לוֹ: צֵא מֵהֶם גּוֹי שֵׁנִי שֶׁאֵינוֹ מִן הַמִּנְיָן. רַבִּי אָבִין אָמַר: בִּשְׁמוֹ גְּאָלָן, שֶׁשְּׁמוֹ שֶׁל הַקָּדוֹשׁ בָּרוּךְ הוּא שִׁבְעִים וּשְׁתַּיִם אוֹתִיּוֹת:

כ [טו, יד] "וְאַחֲרֵי כֵן יֵצְאוּ בִּרְכֻשׁ גָּדוֹל". אָמַר רַבִּי אַחָא: אַחַר כֵּן אֵין כְּתִיב כָּאן אֶלָּא "אַחֲרֵי", מִשֶּׁאָבִיא עֲלֵיהֶם עֶשֶׂר מַכּוֹת וּלְאַחַר כָּךְ "יֵצְאוּ בִּרְכֻשׁ גָּדוֹל". אָמַר לוֹ: אַף אֲנִי בְּשִׁיעְבּוּד,

עץ יוסף

(יח) [כא] **תדע שאני מפזרן.** ממה שתדע שאני מפזרן תדע ג"כ שאכנסם. וזה ע"ד מ"ש במכות פ"ג ואעידה לי עדים נאמנים את אוריה הכהן וגו' אם תראה שנתקיימה נבואה זו תתקיים גם זו: **שאני מפזרן כו'.** ג' לשונות הללו פזור ומשכון ושעבוד. משום שמתחלה לא היו אלא בגירות בארץ לא להם והיינו פזור. ואח"כ נתנו בעול העבדות למצרים והיינו משכון להיותם ממושכנים תחת ידם שלא יוכלו לצאת מרשותם ולהיות להם למס עובד. ואח"כ עינוי היינו קושי השעבוד מעת שנולדה מרים. ומאמר ידוע תדע קאי אכולהו (יפ"ת): **משיראה לך זרע.** משנולד יצחק שבו קרא לו זרע נמנה מנין הארבע מאות שנה. דאל"כ לא משכחת אלא ר"י שנה והרמז באומר זרעך ולא אמר בניך: **גירות בארץ לא להם.** כלומר הגירות לא נאמר דוקא על מצרים. אלא חשבינן גם מה שהיו גרים בשאר ארצות. אבל עבדות ועינוי לאספטיא שלהם והיינו כדפי' הערוך בעיר המוכן להם הוא מצרים. ובין הכל יהיה ד' מאות שנה. אמנם גי' הילקוט א"ר יודן גירות ועבדות ועינוי בארץ לא להם ד' מאות שנה לאספטיא שלהם. ופירושו להשלמת חשבונם מעת שנדבר עמו בין הבתרים (מת"כ): (יט) [כב] **וגם את הגוי כו'.** העיקר הוא כנוסחת מד' חזית וגם את הגוי לרבות ד' מלכיות. כלו' דלא ה"ל למימר אלא ואת הגוי וגו' מאי וגם את הגוי אלא וגם לרבות ד' מלכיות שנרמזו כבר בעגלה משולשת ובאימה חשיכה כדלעיל (נזה"ק): **בבי' אותיות הללו כו'.** דרש שרמז לו לומר שיגאלם בב' אותיות דן. ולפי שמצינו שיגאלם בע"ב אותיות. לכן אמר שלא אמר זה בהחלט אלא א"כ לא יעשו תשובה. אבל אם יעשו תשובה הוא גואלן בע"ב אותיות. ושני אותיות דן היינו שם בן כ"ד. ושבעים ושתים אותיות הוא שם בן ע"ב. וצריך לומר שיש יתרון מעלה לגאולתינו בהיותה בשם זה טפי מהיותם בזה (יפ"ת). ועיין בנזה"ק: **מלבא לקחת לו גוי.** מתחילת תיבת לבא עד סוף תיבת גדולים. וג' תיבות או הנסה אלהים אינם בחשבון. כי ג' תיבות אלו הוא שאלה הנסה לעשות מעשה זו לבא לקחת לו גוי: **גוי שני.** שכתוב גוי מקרב גוי. ופירושו ישראל ממצרים ואין תיבת מצרים עולה בשמו של הקב"ה. ומאמרים אלו עומדים ברומו של עולם בסוד שם של ע"ב. ואני בער ולא אדע: **ששמו של הקב"ה ע"ב אותיות.** ובחזית גר' ששמו של הקב"ה ע"ב שמות הן: (כ) **משאביא עליהם י' מכות.** והיינו תוספת היו"ד: **אף אני בשעבוד.** מפני דאמר כי גר יהיה זרעך היינו משיראה לך זרע כדלעיל לזה נסתפק אם הוא ג"כ בכלל השעבוד. והשיבו שאינו. לפי שהשעבוד לא בא עד באו בני יעקב במצרים וגזרת ועבדום וענו אותם אינה דבקה לארבע מאות שנה כדי שתמנה מלידת יצחק וכדלעיל (יפ"ת):

פירוש מהרז"ו

(יח) **ידוע תדע.** על פי מדה י' על שני ידיעות ידוע בהוה מיד ביצחק ועל הגלות היינו מ"ש כי גר וכו' ועל הגאולה תדע בעתיד במ"ש וגם את הגוי וכו' ומ"ש מפזרן מכנסן ממשכנן מפרקן צ"ע מה דורש וכו': **אמר רבי יודן.** עי' מ"כ פסיקתא רבתי פר' ט"ו סי' ז' שי"ר פסוק עד שיפוח היום ובמוסף ערוך פי' אספטיה ענין גירות בלשון רומי. ואין בירור לדברים: (יט) **היל"ל גם.** ויהיה פירושו כשם שדנתי את זרעך כך אני דן את הגוי והוי"ו מיותר. וצ"ע שהרי גם הוא לרבות ואיך אומר היל"ל גם מה היה מרבה. ונראה שבאמת יש כאן ריבוים הרבה שהיה די שיאמר גוי אשר יעבודו על מצרים וכתב הגוי הרי ריבוי א' את ריבוי ב' גם הרי ג' וגם הרי ד' ריבוים. הרי מצרים וד' מלכיות הקדומות. ועי' בל"ב מדות מדה ג' ריבוי אחר ריבוי ומש"ש בהכרח שחסר במדרש וצ"ל גוי הגוי את גם וגם. גוי זה מצרים וגם את הגוי לרבות ד' מלכיות הקדומות: **רבי אלעזר בשם רבי יוסי בן זמרא.** עי' ד"ר פר' א' סי' י"ז גירסא אחרת: **דאמר רבי יודן.** ויק"ר פר' כ"ג סימן א' שי"ר פסוק כשושנה: **מלבוא לקחת לו גוי.** מתחלת תיבת לבא עד סוף תיבת גדולים. וג' תיבות או הנסה אלהים אינם בחשבון כי ג' תיבות אלו הוא שאלה הנסה לעשות מעשה זו לבוא לקחת לו גוי. ומ"ש שאם יעשו תשובה. ליתא שם: **גוי שני.** שכתוב גוי מקרב גוי ופירושו ישראל ממצרים ואין תיבת מצרים עולה בשמו של הקב"ה. ומאמרים אלו עומדים ברומו של עולם בסוד שם של ע"ב ואני בער ולא אדע: (כ) **אף אני בשיעבוד.** הוכיח כן שהיה לו

חידושי הרד"ל

(לג) [יח] **מפזרן כו' ממשכנן כו' משעבדן כו'** אפשר דרש כי גר יהיה זרעך דגר יחידי בארץ לא להם זהו מפזרן ועבדום זה ממשכנן כעבד שאינו יוצא בלא פדיון. ועינו זהו משעבדם. ועל כלם קאי ידע תדע:

(לד) **גירות כו'.** גי' המ"כ בשם הילקוט וערוך גרות ועבדות ועינוי בארץ לא להם ל"ו שנה לאיספטיא שלהם. כ"ה בשה"ר רפ"ב ובפסיקתא דפ' החדש (ובשה"ר יש חסרון בלשון ע"ש) ופי' במוסף ערוך שהוא מלון גר ואושפיזא בלשון לטי"ן. ובערך פלטייא ב' הביא הערוך גי' הפסיקתא לפלטייא שלהם ופי' במוסף עבודה ושירות בעלמא שאינה דרך עבדות. והיה לפ"ז פי' כי העבדות והעינוי הוא דווקא בארץ לא להם דהיינו במצרים. אבל לחשבון ת' שנה נחשב להם אף מה שהיה כגר מתלונן בארץ. והיינו מלידת יצחק:

(לה) [יט] **בשתי אותיות כו' בע"ב כו'.** עמ"כ ובחנם נדחק. כי בשם ע"ב עצמו בשם החמשים מהשמות יש אותיות ד"ן (והוא בגי' מטה. שבו נעשו המכות וקריעת י"ס. ואח"כ גאלם בכל הע"ב אותיות. ובכל המקומות שיש מאמר זה בויק"ר פכ"ג ודב"ר פ"א ושה"ר פ"ב פ"ב ותנחומא וירא ואדר"ן פי"ג משמעותו כמ"ש בס"ד שאותיות ד"ן הן משם ע"ב עצמו:

חידושי הרש"ש

[יט] **דאמר רבי יודן מלבא כו'.** ע"ב אותיות כו' לא מהם גוי כו'. עיין יד"מ שמביא ראיה בדרך רחוקה על המצרים שהיו גאים ויש קרא מפורש דנקראו רהב (ישעיה למ"ד) בפירש"י. ועוד שם כ"א. ומש"כ עוד דהג' מן גוי הראשון ג"כ אינו מן המנין כו'. הן לספרים שלפנינו מכוון ע"ב אותיות אם תחסיר גוי השני לבד. וכ"מ מלשון המדרש גופיה:

[כ] **אף אני בשעבוד.** מפני דפי' כי גר יהיה זרעך היינו משיראה לך זרע כדלעיל:

מסורת המדרש

לא שיר השירים רבה פרשה ב' וש"נ:

אם למקרא

אוֹ הֲנִסָּה אֱלֹהִים לָבוֹא לָקַחַת לוֹ גוֹי מִקֶּרֶב גּוֹי בְּמַסֹּת בְּאֹתֹת וּבְמוֹפְתִים וּבְמִלְחָמָה וּבְיָד חֲזָקָה וּבִזְרוֹעַ נְטוּיָה וּבְמוֹרָאִים גְּדֹלִים כְּכֹל אֲשֶׁר־עָשָׂה לָכֶם ה' אֱלֹהֵיכֶם בְּמִצְרַיִם לְעֵינֶיךָ:
(דברים ד:לד)

באור מהרי"פ

יח לאספטיא. ע' מ"כ וז"ל הערוך פי' אספטיה שם עיר ע"כ וז"ל היפ"ת ולפ"ז לא נתן קצבה לזמן העינוי והעבדות כי לא אמר אלא מסוף ת' שנה משיהיה לך זרע ישובו לארצם ולעירם עכ"ד ולא כמו שפי' מ"כ בעיר המוכן להם וזהו במצרים. ואולי כוונתו לפרש לפי הגי' שבמדרש גרות בארץ לא להם ועבדום ועינוי לאספטיא שלהם. פי' הגירות לא נאמר דוקא על מצרים אלא חשבון גם מה שהיו גרים בשאר ארצות אבל עבדות ועינוי לאספטיא שלהם פי' בעיר המוכן להם וזה הוא במצרים וכ"ד נזה"ק וז"ל רמ"מ פי' בל"ר גירות והמלה היא כמו אושפיזו שענינה מלון גר ובמדרש שה"ש פ' עד שיפוח היום גרס לאושפטוליה והענין אחד עכ"ל: **יט בשתי אותיות.** פי' לא פחות מב' אותיות ואם יזכו יוסיף עד ע"ב אותיות מלבוא וגו' עד מוראים גדולים כו'. פי' תיבת לבוא ותיבת גדולים בכלל הם ותיבת גוי שני אינו מן המנין פי' היפ"ת מפני שהוא גוי נאמר על מצרים אינו נמנה בכלל קדושת השם.

מתנות כהונה

[יח] **משיראה לך זרע.** וזהו משנולד יצחק כמו שנאמר כי ביצחק יקרא לך זרע ואז התחילו ד' מאות שנה של השיעבוד ועיין בביאורי מהר"ר אליהו מזרחי בסדר זה: ה"ג **בערוך ובילקוט אמר רבי יודן גירות עבדות.** עינוי בארץ לא להם ארבע מאות שנה לאספטיא שלהם: **לאספטיא שלהם.** פי' הערוך בעיר המוכן להם וזהו במצרים והכל יחד יהיו ארבע מאות שנה. ויותר נראה פירוש המבאר בגליון הילקוט שפירש לאספטיא להשלמת חשבונם מעת שנדבר עמו בין הבתרים ויהיה אספטיא כמו אפטיא דריש פר' במדבר רבה שפירש בו הערוך מעת שמתחילין חשבון לדבר המאורע כגון מיציאת מצרים או ממלכות המלך יקרא אפטיא:

[יט] **וגם לרבות כו'.** הרמוזים באימה חשכה גדולה כדלעיל וכולהו אתרבאי שידין אותם הקב"ה כך פירש מהר"ר אליהו מזרחי ז"ל: **בשתי אותיות כו'.** דן רמז לדן שמות מרובעים היוצאים מחילוף צירוף שם של ארבע: **בשבעים ושתים אותיות.** ע"ב שמות היוצאים מויסע ויבא ויט וגם שם של ד' מתגלגל בצירופו שבעים ושתים ועיין באורח חיים בהלכות ראש השנה: הכי גרס **אתה מוצא שבעים ושתים אותיות ואם יאמר כו'.** וכן הוא גירסת הילקוט וכן הביאו בתניא בהלכות פסח: [כ] **אחרי.** היו"ד רמז לעשר מכות: **אף אני בשיעבוד.** לשון שאלה ואמר לו הקב"ה לא אלא ואתה תבא כו':

אשד הנחלים

[יח] **שאני מפזרן כו'.** ולכן נכתב ידוע תדע כפול להורות שמבשורת הגלות שיתקיים תדע שגם הגאולה קיימת. וחשב ג' דברים הפזור בכל העולם. וממשכנן. שזהו גדר העבדות. והשעבוד. שזהו גדר הענוי ונכללו כולם בפסוק גר יהיה זרעך בארץ לא להם זהו הפיזור ועבדום זהו שיהיו ממושכנים וענו אותם זהו השעבוד: **משיראה לך זרע.** כי התחלת השיעבוד נחשב משנולד יצחק כי הבנים אחרונים לא יקראו זרע כ"א בנים לבד: **אף אני בשעבוד.** דייק מדבישר לו שאתה תבוא אל אבותיך בשלום. מכלל שהיה ירא שמא גם הוא ישתעבד:

□ אֲשֶׁר יַעֲבֹדוּ דָּן אָנֹכִי — *BUT ALSO THE NATION* ***THAT THEY WILL SERVE, I SHALL JUDGE.***

The Midrash offers another exposition of this verse:

רַבִּי אֶלְעָזָר בְּשֵׁם רַבִּי יוֹסֵי בַּר זִמְרָא אָמַר: — **R' Elazar said in the name of R' Yose bar Zimra:** בִּשְׁתֵּי אוֹתִיּוֹת הַלָּלוּ הִבְטִיחַ הַקָּדוֹשׁ בָּרוּךְ הוּא לְאַבְרָהָם אָבִינוּ שֶׁהוּא גּוֹאֵל אֶת בָּנָיו — **With these two letters** (דָּן) **the Holy One, blessed is He, promised our father Abraham that He would redeem his children;**[174] וְשֶׁאִם יַעֲשׂוּ תְּשׁוּבָה גּוֹאֲלָן בְּשִׁבְעִים וּשְׁתַּיִם אוֹתִיּוֹת — **and** He promised further **that if they repent, He will redeem them with the Name of Seventy-two Letters.**[175]

The Midrash finds an allusion to this method of redemption in a verse in *Deuteronomy*:[176]

דְּאָמַר רַבִּי יוּדָן: מִ״לָּבֹא לָקַחַת לוֹ גּוֹי מִקֶּרֶב גּוֹי״ עַד ״מוֹרָאִים גְּדֹלִים״ אַתָּה מוֹצֵא שִׁבְעִים וּשְׁתַּיִם אוֹתִיּוֹת שֶׁל הַקָּדוֹשׁ בָּרוּךְ הוּא — **For R' Yudan said:** In *Deuteronomy* 4:34, **from** the words לָבֹא לָקַחַת לוֹ גּוֹי מִקֶּרֶב גּוֹי **until** the words מוֹרָאִים גְּדֹלִים, **you find seventy-two letters.**[177] וְאִם יֹאמַר לְךָ אָדָם שִׁבְעִים וַחֲמִשָּׁה הֵם — **And if someone will tell you,** — that **[the letters] are seventy-five** in number, not seventy-two, אֱמוֹר לוֹ: צֵא מֵהֶם גּוֹי שֵׁנִי שֶׁאֵינוֹ מִן הַמִּנְיָן — **tell him, "Take out the second** appearance of the word גוי in the above verse, **for it is not part of the count."**[178] רַבִּי אָבִין אָמַר: בִּשְׁמוֹ גְּאָלָן, שֶׁשְּׁמוֹ שֶׁל הַקָּדוֹשׁ בָּרוּךְ הוּא שִׁבְעִים וּשְׁתַּיִם אוֹתִיּוֹת — **R' Avin said: [God] redeemed them through His Name, for the Name of the Holy One, blessed is He,** contains **seventy-two letters.**[179]

NOTES

174. There are a number of interpretations of what this somewhat cryptic Midrash means:

(i) God will redeem Israel using a Name of His that has 54 letters [equivalent to the numeric value of the word דָּן] (*Yefeh To'ar*).

(ii) There is a Name of Hashem called the Seventy-two-Letter Name of God, whose letters appear in the three verses of *Exodus* 14:19-21 (each of which has 72 letters). As understood by many, this means as follows: If one writes all the letters of the first verse in a line, then writes all the letters of the second verse in *reverse* order in a second line underneath the first, and lastly, writes all the letters of the third verse in a third line underneath the second, 72 columns of 3 letters will be formed, each of which is itself a miniature Name of Hashem (see *Rashi* to *Succah* 45a ד״ה אני והו. [See chart in ArtScroll *Ramban*, Introduction to *Genesis*, pp. 10-11; the meaning and purpose of these Names and combinations involve matters that are beyond the scope of this work.] The 72 miniature Names together form the Seventy-two "Letter" Name of God. Now, the 50th of these 72 Three-Letter Names is ד־נ־י. R' Elazar is stating (in the first part of his statement) that Hashem would redeem Abraham's children using the ד and נ found in that Name. Those letters are linked to the Exodus because the *gematria* of ד and נ is 54 — the same as that of the word מַטֶּה, referring to the *staff* used by Moses to initiate many of the Ten Plagues (see *Radal*; see also *Eitz Yosef*).

Yedei Moshe suggests that the letters ד and נ refer to the first and last of the Ten Plagues that God brought upon Egypt in order to redeem Israel. [ד stands for דָּם, *blood*. נ stands for נֶגַע, *plague*, which is the word that God used when He first mentioned the tenth plague, the smiting of the firstborn, to Moses; see *Exodus* 11:1.] See Insight Ⓐ.

175. I.e., using all 72 parts of His Seventy-two-Letter Name. [The Midrash presumes that this method of redemption is superior to the redemption of "54" discussed in the previous note, but does not explain why this is so (*Yefeh To'ar*).].

176. In *Deuteronomy* 4:34 it states in reference to the Exodus: אוֹ הֲנִסָּה אֱלֹהִים לָבוֹא לָקַחַת לוֹ גוֹי מִקֶּרֶב גּוֹי בְּמַסֹּת בְּאֹתֹת וּבְמוֹפְתִים וּבְמִלְחָמָה וּבְיָד חֲזָקָה וּבִזְרוֹעַ נְטוּיָה וּבְמוֹרָאִים גְּדֹלִים, *Or has any god ever miraculously come to take for himself a nation from amid a nation, with challenges, with signs, and with wonders, and with war, and with a strong hand, and with an outstretched arm, and with greatly awesome deeds, such as everything that* HASHEM*, your God, did for you in Egypt before your eyes?*

177. Actually, there are more than 72 letters in these words; see Midrash further, and next note.

178. The phrase גּוֹי מִקֶּרֶב גּוֹי in the above verse means *a nation from amid a nation*, the first *nation* being Israel and the latter being Egypt. The three letters of the second word — גּוֹי — are not included in this calculation, as it is not fitting that a reference to Egypt should form part of an allusion to Hashem's Name (*Maharzu*, *Eitz Yosef*). They add that the reason [as the Midrash indicates] the first three words of the verse, אוֹ הֲנִסָּה אֱלֹהִים, *Or has any god ever miraculously . . .*, also are not counted in the calculation is because they form a question, and are not part of the description of what God did.

R' Yudan notes that this verse uses 72 letters to describe God's redeeming Israel from Egypt, and thus alludes to the idea stated in our Midrash that He had promised to redeem Israel from Egypt by use of His Seventy-two Letter Name.

179. [In the parallel Midrash, (*Shir HaShirim Rabbah* 2 §2), R' Avin states: שֶׁשְּׁמוֹ שֶׁל הַקָּדוֹשׁ בָּרוּךְ הוּא שִׁבְעִים וּשְׁנַיִם ״שֵׁמוֹת״ הֵן, "For the Name of the Holy One, blessed is He, is comprised of 72 Names." See note 174.] R' Avin appears to be stating that God in fact did redeem the Jews using

INSIGHTS

inverse state: (1) A single, unified people is divided and dispersed all around the world; (2) they are located in other countries, rather than their own; and (3) they are under the rule of other people, rather than in control of their own sovereignty. Since each of these conditions is unnatural, it is inevitable that they will revert to their natural state. This is the meaning of God's statement to Abraham: By knowing that I am scattering your descendants, who are by nature one people; and giving them in pledge to another people, when they should be in their own land; and enslaving them, when they naturally should be free and sovereign, you shall know that this exile will inevitably come to an end, and all these temporary conditions will return to their natural state.

Rav Aharon Levin zt"l (*HaDerash VeHaIyun*: *Devarim* §192) offers a different perspective on this Midrash. Rather than merely offering assurances to Abraham that the exile of his descendants will ultimately come to an end, God was actually offering guidance as to how his descendants could help bring their exile to an end. The key to their freedom, says God, is to clearly recognize what caused them to be exiled from their land and continue to be subjugated by the nations of the world. Rather than attributing their plight to mere confluences of political and historical circumstances, they should "know that *I* have scattered them" as punishment for their sins, and that "*I* am enslaving them" presently, for their failure to rectify their errant ways. If they will merely recognize these facts, then they can "know that I will gather them and redeem them." By recognizing that their own sins of the past and the present are the primary cause of all their suffering, they will be inspired to repent, and will begin to follow a just and righteous path. This will surely cause God to have mercy upon them, and redeem them from their exile.

Similarly, the expression used by the Midrash, "Know that it is I Who has given them in pledge," is an additional attempt to demonstrate that the freedom of the Jews rests in their own hands. God has not permanently gifted them away to another country; rather, He has merely given them in temporary *pledge* for their excessive debts. Thus, as soon as they repent and wipe away their debts, God will immediately redeem His pledge and set them free.

Ⓐ **The Name of Redemption** *Nezer HaKodesh* (see also *Tiferes Tzion*), however, explains as follows: The two letters דן are the core letters of the Name אֲדֹנָי. According to Kabbalistic teaching, the letters דן in that Name represent strict דִּין (justice), while the א and י appended to that Name suggest an element of mercy. Thus, God was telling Abraham that because of His promise to him, his descendants would necessarily be redeemed from their Egyptian bondage — even if they would not repent and there would be a place for "Justice" to argue that the Israelites were no more worthy of redemption than the Egyptians! Nevertheless, God's promise to Abraham in and of itself would assure their redemption. In the words of R' Elazar in the Midrash: "With these two letters (דן) the Holy One, blessed is He, "promised" [i.e., assured, under all circumstances] our father Abraham that He would redeem his children." But if they *would* repent, then they would be redeemed with God's full Seventy-two-Letter Name, which represents His mercy (see *Yefeh To'ar*).

There would be a difference, however, between whether they would be redeemed in the former manner or the latter. Redemption solely because of God's promise to Abraham would not be effected through

יח [טו, יג] "וַיֹּאמֶר לְאַבְרָם יָדֹעַ תֵּדַע כִּי גֵר יִהְיֶה זַרְעֲךָ". "יָדוֹעַ", שֶׁאֲנִי מְפַזְּרָן, "תֵּדַע", שֶׁאֲנִי מְכַנְּסָן, "יָדוֹעַ", שֶׁאֲנִי מְמַשְׁכְּנָן, "תֵּדַע", שֶׁאֲנִי פּוֹרְקָן, "יָדוֹעַ", שֶׁאֲנִי מְשַׁעְבְּדָן "תֵּדַע", שֶׁאֲנִי גּוֹאֲלָן. "כִּי גֵר יִהְיֶה זַרְעֲךָ בְּאֶרֶץ לֹא לָהֶם", מִשֶּׁיֵּרָאֶה לְךָ זָרַע. אָמַר רַבִּי יוּדָן: גֵּירוּת בְּאֶרֶץ לֹא לָהֶם, עַבְדוּת עִינּוּי לְאַסְפַּטְיָא שֶׁלָּהֶם:

יט [טו, יד] "וְגַם אֶת הַגּוֹי אֲשֶׁר יַעֲבֹדוּ דָּן אָנֹכִי". הָיָה לוֹמַר גַּם, מַאי "וְגַם", אֶלָּא, גַּם הוּא מִצְרַיִם, "וְגַם", לְרַבּוֹת אַרְבָּעָה מַלְכֻיּוֹת. "אֲשֶׁר יַעֲבוֹדוּ דָּן אָנֹכִי", רַבִּי אֶלְעָזָר בְּשֵׁם רַבִּי יוֹסֵי בַּר זִמְרָא אָמַר: [לא]בִּשְׁתֵּי אוֹתִיּוֹת הַלָּלוּ הִבְטִיחַ הַקָּדוֹשׁ בָּרוּךְ הוּא לְאַבְרָהָם אָבִינוּ שֶׁהוּא גּוֹאֵל אֶת בָּנָיו, וְשֶׁאִם יַעֲשׂוּ תְּשׁוּבָה גּוֹאֲלָן בְּשִׁבְעִים וּשְׁתַּיִם אוֹתִיּוֹת, דְּאָמַר רַבִּי יוּדָן: (דברים ד, לד) מִ"לָּבֹא לָקַחַת לוֹ גוֹי מִקֶּרֶב גּוֹי" עַד "מוֹרָאִים גְּדֹלִים" אַתָּה מוֹצֵא שִׁבְעִים וּשְׁתַּיִם אוֹתִיּוֹת שֶׁל הַקָּדוֹשׁ בָּרוּךְ הוּא, וְאִם יֹאמַר לְךָ אָדָם: שִׁבְעִים וַחֲמִשָּׁה הֵם, אֱמוֹר לוֹ: צֵא מֵהֶם גּוֹי שֵׁנִי שֶׁאֵינוֹ מִן הַמִּנְיָן. רַבִּי אָבִין אָמַר: בִּשְׁמוֹ גְּאָלָן, שֶׁשְּׁמוֹ שֶׁל הַקָּדוֹשׁ בָּרוּךְ הוּא שִׁבְעִים וּשְׁתַּיִם אוֹתִיּוֹת:

כ [טו, יד] "וְאַחֲרֵי כֵן יֵצְאוּ בִּרְכֻשׁ גָּדוֹל". אָמַר רַבִּי אַחָא: אַחַר כֵּן אֵין כְּתִיב כָּאן אֶלָּא "אַחֲרֵי", מִשֶּׁאָבִיא עֲלֵיהֶם עֶשֶׂר מַכּוֹת וּלְאַחַר כָּךְ "יֵצְאוּ בִּרְכֻשׁ גָּדוֹל". אָמַר לוֹ: אַף אֲנִי בְּשִׁיעְבּוּד,

עץ יוסף

(יח) [כא] **תדע שאני מפזרן.** ממה שתדע שאני מפזרן תדע ג"כ שאכנסם. וזה ע"ד מ"ש במכות פ"ג ואעידה לי עדים נאמנים את אוריה הכהן וגו' אם תראה שנתקיימה נבואה זו תתקיים גם זו: **שאני מפזרן כו'.** ג' לשונות הללו פזור ומשכון ושעבוד. משום שמתחלה לא היו אלא בגירות בארץ לא להם והיינו פזור. ואח"כ נתנו בעול העבדות למצרים והיינו משכון להיותם ממושכנים תחת ידם שלא יוכלו לצאת מרשותם ולהיות להם למס עובד. ואח"כ עינוי היינו קושי השעבוד מעת שנולדה מרים. ומאמר ידוע תדע קאי אכולהו (יפ"ת): **משיראה לך זרע.** משנולד יצחק שבו קרא לו זרע נמנה מנין הארבע מאות שנה. דאל"כ לא משכחת אלא ר"י שנה והרמז באומר זרעך ולא אמר בניך: **גירות בארץ לא להם.** כלומר הגירות לא נאמר דוקא על מצרים. אלא חשבינן גם מה שהיו גרים בשאר ארצות. אבל עבדות ועינוי לאספטיא שלהם והיינו כדפי' הערוך בעיר המוכן להם הוא מצרים. ובין הכל יהיה ד' מאות שנה. אמנם גי' הילקוט א"ר יודן גירות ועבדות ועינוי בארץ לא להם ד' מאות שנה לאספטיא שלהם. ופירושו להשלמת חשבונם מעת שנדבר עמו בין הבתרים (מת"כ): (יט) [כב] **וגם את הגוי כו'.** העיקר הוא כנוסחת מד' חזית וגם את הגוי לרבות ד' מלכיות. כלו' דלא ה"ל למימר אלא ואת הגוי וגו' מאי וגם את הגוי אלא וגם לרבות ד' מלכיות שנרמזו כבר בעגלה משולשת ובאימה חשיכה כדלעיל (נזה"ק): **בב' אותיות הללו כו'.** דרש שרמז לו לומר שיגאלם בב' אותיות דן. ולפי שמצינו שיגאלם בע"ב אותיות. לכן אמר שלא אמר זה בהחלט אלא א"כ לא יעשו תשובה. אבל אם יעשו תשובה הוא גואלן בע"ב אותיות. ושני אותיות דן היינו שם בן כ"ד. ושבעים ושתים אותיות הוא שם בן ע"ב. וצריך לומר שיש יתרון מעלה לגאולתינו בהיותה בשם זה טפי מהיותם בזה (יפ"ת). ועיין בנזה"ק: **מלבא לקחת לו גוי.** מתחילת תיבת לבא עד סוף תיבת גדולים. וג' תיבות או הנסה אלהים אינם בחשבון. כי ג' תיבות אלו הוא שאלה הנסה לעשות מעשה זו לבא לקחת לו גוי: **גוי שני.** שכתוב גוי מקרב גוי. ופירושו ישראל ממצרים ואין תיבת מצרים עולה בשמו של הקב"ה. ומאמרים אלו עומדים ברומו של עולם בסוד שם של ע"ב. ואני בער ולא אדע: **ששמו של הקב"ה ע"ב אותיות.** ובחזית גר' ששמו של הקב"ה ע"ב שמות הן: (כ) **משאביא עליהם י' מכות.** והיינו תוספת היו"ד: **אף אני בשעבוד.** מפני דאמר כי גר יהיה זרעך היינו משיראה לך זרע כדלעיל לזה נסתפק אם הוא ג"כ בכלל השעבוד. והשיבו שאינו. לפי שהשעבוד לא בא עד באו בני יעקב במצרים וגזרת ועבדום וענו אותם אינה דבקה לארבע מאות שנה כדי שתמנה מלידת יצחק וכדלעיל (יפ"ת):

פירוש מהרז"ו

(יח) **ידוע תדע.** על פי מדה י' על שני ידיעות ידוע בהוה מיד ביצחק ועל הגלות היינו מ"ש כי גר וכו' ועל הגאולה תדע בעתיד במ"ש וגם את הגוי וכו' ומ"ש מפזרן מכנסן ממשכנן מפרקן צ"ע מה דורש וכו': **אמר רבי יודן.** עי' מ"כ פסיקתא רבתי פר' ט"ו סי' ז' שי"ר פסוק עד שיפוח היום ובמוסף ערוך פי' אספטיה ענין גירות בלשון רומי. ואין בירור לדברים: (יט) **היל"ל גם.** ויהיה פירושו כשם שדנתי את זרעך כך אני דן את הגוי והוי"ו מיותר. וצ"ע שהרי גם הוא לרבות ואיך אומר היל"ל גם מה היה מרבה. ונראה שבאמת יש כאן ריבוים הרבה שהיה די שיאמר גוי אשר יעבודו על מצרים וכתב הגוי הרי ריבוי א' את ריבוי ב' גם הרי ג' וגם הרי ד' ריבוים. הרי מצרים וד' מלכיות הקדומות. ועי' בל"ב מדות מדה ג' ריבוי אחר ריבוי ומש"ש בהכרח שחסר במדרש וצ"ל גוי הגוי את גם וגם. גוי זה מצרים וגם את הגוי לרבות ד' מלכיות הקדומות: **רבי אלעזר בשם רבי יוסי בן זמרא.** עי' ד"ר פר' א' סי' י"ז גירסא אחרת: **דאמר רבי יודן.** ויק"ר פר' כ"ג סימן א' שי"ר פסוק כשושנה: **מלבוא לקחת לו גוי.** מתחלת תיבת לבא עד סוף תיבת גדולים. וג' תיבות או הנסה אלהים אינם בחשבון כי ג' תיבות אלו הוא שאלה הנסה לעשות מעשה זו לבוא לקחת לו גוי. ומ"ש שאם יעשו תשובה. ליתא שם: **גוי שני.** שכתוב גוי מקרב גוי ופירושו ישראל ממצרים ואין תיבת מצרים עולה בשמו של הקב"ה. ומאמרים אלו עומדים ברומו של עולם בסוד שם של ע"ב ואני בער ולא אדע: (כ) **אף אני בשיעבוד.** הוכיח כן שהיה לו

מתנות כהונה

[יח] **משיראה לך זרע.** וזהו משנולד יצחק כמו שנאמר כי ביצחק יקרא לך זרע ואז התחילו ד' מאות שנה של השיעבוד ועיין בביאורי מהר"ר אליהו מזרחי בסדר זה: **ה"ג בערוך ובילקוט אמר רבי יודן גירות עבדות.** עינוי בארץ לא להם ארבע מאות שנה לאספטיא שלהם: **לאספטיא שלהם.** פי' הערוך בעיר המוכן להם וזהו במצרים והכל יחד יהיו ארבע מאות שנה. ויותר נראה פירוש המבאר בגליון הילקוט שפירש לאספטיא להשלמת חשבונם מעת שנדבר עמו בין הבתרים ויהיה אספטיא כמו אפטיא דריש פר' במדבר רבה שפירש בו הערוך מעת שמתחילין חשבון לדבר המאורע כגון מיציאת מצרים או ממלכות המלך יקרא אפטיא: [יט] **וגם לרבות כו'.** הרמוזים באימה חשכה גדולה כדלעיל וכולהו אתרבאי שידין אותם הקב"ה כך פירש מהר"ר אליהו מזרחי ז"ל: **בשתי אותיות כו'.** דן רמז לדן שמות מרובעים היוצאים מחילוף צירוף שם של ארבע: **בשבעים ושתים אותיות.** ע"ב שמות היוצאים מויסע ויבא ויט וגם שם של ד' מתגלגל בצירופו שבעים ושתים ועיין בטורח חיים בהלכות ראש השנה: הכי גרס **אתה מוצא שבעים ושתים אותיות ואם יאמר כו'.** וכן הוא גירסת הילקוט וכן הביאו בתניא בהלכות פסח: [כ] **אחרי.** היו"ד רמז לעשר מכות: **אף אני בשיעבוד.** לשון שאלה ואמר לו הקב"ה לא אלא ואתה תבא כו':

אשד הנחלים

[יח] **שאני מפזרן כו'.** ולכן נכתב ידוע תדע כפול להורות שמבשורת הגלות שיתקיים תדע שגם הגאולה קיימת. וחשב ג' דברים הפזור בכל העולם. וממשכנן. שזהו גדר העבדות. והשעבוד. שזהו גדר הענוי ונכללו כולם בפסוק גר יהיה זרעך בארץ לא להם זהו הפיזור ועבדום זהו שיהיו ממושכנים ועינו אותם זהו השעבוד: **משיראה לך זרע.** כי התחלת השיעבוד נחשב משנולד יצחק כי הבנים אחרונים לא יקראו זרע כ"א בנים לבד: **אף אני בשעבוד.** דייק מדבישר לו שאתה תבוא אל אבותיך בשלום. מכלל שהיה ירא שמא גם הוא ישתעבד:

חידושי הרד"ל

(לג) [יח] **מפזרן כו' ממשכנן כו' משעבדן כו'** אפשר דרש כי גר יהיה זרעך דגר יחידי בארץ לא להם זהו מפזרן ועבדום זה ממשכנן כעבד שאינו יוצא בלא פדיון. וענו זהו משעבדם. ועל כלם קאי ידע תדע:

(לד) **גירות כו'.** גי' המ"כ בשם הילקוט וערוך גרות ועבדות ועינוי בארץ לא להם ל"ו שנה לאיספטיא שלהם. כ"ה בשה"ר רפ"ב ובפסיקתא דפ' החדש (ובשה"ר יש חסרון בלשון ע"ש) ופי' במוסף ערוך שהוא מלון גר ואושפיזא בלשון לטי"ן. ובערך פלטייא ב' הביא הערוך גי' הפסיקתא לפלטייא שלהם ופי' במוסף עבודה ושירות בעלמא שאינה דרך עבדות. והיה לפ"ז פי' כי העבדות והעינוי הוא דווקא בארץ לא להם דהיינו במצרים. אבל לחשבון ת' שנה נחשב להם אף מה שהיה כגר מתלונן בארץ. והיינו מלידת יצחק:

(לה) [יט] **בשתי אותיות כו' בע"ב כו'.** עמ"כ ובתנס נדחק. כי בשם ע"ב עצמו בשם החמשים מהשמות יש אותיות ד"ן (והוא בגי' מטה. שבו נעשו המכות וקריעת י"ס. ואח"כ גאלם בכל הע"ב אותיות. ובכל המקומות שיש מאמר זה בויק"ר פכ"ג ודב"ר פ"א ושה"ר פ"ב פ"ב ותנחומא וירא ואדר"ן פי"ג משמעותו כמ"ש בס"ד שאותיות ד"ן הן מהשם ע"ב עצמו:

חידושי הרש"ש

[יט] **דאמר רבי יודן מלבא כו'.** ע"ב אותיות כו' לא מהם גוי כו'. עיין יד"מ שמביא ראיה בדרך רחוקה על המצרים שהיו גאים ויש קרא מפורש דנקראו רהב (ישעיה למ"ד) בפירש"י. ועוד שם כ"א. ומש"כ עוד דהג' מן גוי הראשון ג"כ אינו מן המנין כו'. הן לספרים שלפנינו מכוון ע"ב אותיות אם תחסיר גוי השני לבד. וכ"מ מלשון המדרש גופיה:

[כ] **אף אני בשעבוד.** מפני דפי' כי גר יהיה זרעך היינו משיראה לך זרע כדלעיל:

מסורת המדרש

לא שיר השירים רבה פרשה ב' וש"נ:

אם למקרא

אוֹ הֲנִסָּה אֱלֹהִים לָבוֹא לָקַחַת לוֹ גוֹי מִקֶּרֶב גּוֹי בְּמַסֹּת בְּאֹתֹת וּבְמוֹפְתִים וּבְמִלְחָמָה וּבְיָד חֲזָקָה וּבִזְרוֹעַ נְטוּיָה וּבְמוֹרָאִים גְּדֹלִים כְּכֹל אֲשֶׁר־עָשָׂה לָכֶם ה' אֱלֹהֵיכֶם בְּמִצְרַיִם לְעֵינֶיךָ:
(דברים ד:לד)

באור מהרי"פ

יח לאספטיא. ע' מ"כ וז"ל הערוך פי' אספטיה שם עיר ע"כ וז"ל היפ"ת ולפ"ז לא נתן קצבה לזמן הענוי והעבדות כי לא אמר אלא מסוף ת' שנה משיהיה לך זרע ישובו לארצם ולעירם עכ"ד ולא כמו שפי' מ"כ בעיר המוכן להם וזהו במצרים. ואולי כוונתו לפרש לפי הגי' שבמדרש גרות בארץ לא להם ועבדום וענוי לאספטיא שלהם. פי' הגירות לא נאמר דוקא על מצרים אלא חשבון גם מה שהיו גרים בשאר ארצות אבל עבדות ועינוי לאספטיא שלהם פי' בעיר המוכן להם וזה הוא במצרים וכ"ד נזה"ק וז"ל רב"מ פי' בל"ר גירות והמלה היא כמו אושפיזו שענינה מלון גר ובמדרש שה"ש פ' עד שיפוח היום גרס לאושפטוליה והענין אחד עכ"ל:

יט בשתי אותיות. פי' לא פחות מב' אותיות ואם יזכו יוסיף עד ע"ב אותיות מלבוא וגו' עד מוראים גדולים כו'. פי' תיבת לבוא ותיבת גדולים בכלל הם ותיבת גוי שני אינו מן המנין פי' היפ"ת מפני שהוא נאמר על מצרים אינו נמנה בכלל קדושת השם:

וְגַם אֶת הַגּוֹי אֲשֶׁר יַעֲבֹדוּ דָּן אָנֹכִי וְאַחֲרֵי כֵן יֵצְאוּ בִּרְכֻשׁ גָּדוֹל. וְאַתָּה תָּבוֹא אֶל אֲבֹתֶיךָ בְּשָׁלוֹם תִּקָּבֵר בְּשֵׂיבָה טוֹבָה.
But also the nation that they will serve, I shall judge, and afterward they will leave with great wealth. As for you: you shall come to your ancestors in peace; you shall be buried in a good old age (15:14,15).

§20 **וְאַחֲרֵי כֵן יֵצְאוּ בִּרְכֻשׁ גָּדוֹל** — ***AND AFTERWARD THEY WILL LEAVE WITH GREAT WEALTH.***

The Midrash continues to expound verse 14:

אָמַר רַבִּי אַחָא: "אַחַר כֵּן" אֵין כְּתִיב כָּאן אֶלָּא "אַחֲרֵי" — **R' Acha said: It is not written here "*achar kein*"** [אַחַר כֵּן], **but rather "*acharei*"** [אַחֲרֵי], with an additional *yud*, the numerical value of which is 10. **מִשֶּׁאָבִיא עֲלֵיהֶם עֶשֶׂר מַכּוֹת וּלְאַחַר כָּךְ "יֵצְאוּ בִּרְכֻשׁ גָּדוֹל"** — With this, God wished to inform Abram: **When I shall bring upon [the Egyptians] ten plagues, then afterward *they will leave*** Egypt ***with great wealth.***Ⓐ

Verse 15 appears to interrupt the narrative of our passage.[180] The Midrash explains:

אָמַר לוֹ — Upon hearing God's word regarding the slavery in Egypt, **[Abram] said to God, אַף אֲנִי בְּשִׁיעְבּוּד** — **"Will I too be included in** the decree of **enslavement?"**

NOTES

the Seventy-two-Letter Name (and thus, is of the opinion that the Jews in Egypt did repent; see *Yefeh To'ar*). See *Yedei Moshe* for another interpretation of R' Avin's point.

180. Verses 14 and 16 speak of Abraham's descendants, while v. 15 speaks of Abraham himself; the order of the verses thus needs explanation (see *Maharzu*).

INSIGHTS

open miracles, but only through the guiding hand of God masquerading behind nature. Redemption because of the Israelites repentance, when they would be worthy of God's outpouring of mercy, however, would be effected through overt miracles, overriding the settled laws of nature.

In the end, the Israelites did repent, and thus merited the miraculous redemption of the Name of Seventy-two alluded to in the verse of *Deuteronomy* 4:34 (see note 176), which speaks clearly of the miraculous redemption from Egypt "before your eyes" — i.e., in a way that left no doubt that it was God Who was intervening in the natural order of the world to save them. (*Nezer HaKodesh* points out, however, that our Midrash here differs with the opinion of the Midrash below, 63 §2.)

Ⓐ **They Will Leave With Great Wealth** Two distinct promises are listed in the verse (*Genesis* 15:14) that is the subject of our Midrash: *But also the nation that they serve, I shall judge* refers to the eventual retribution which will be visited upon the persecutors, while *and afterward they will leave with great wealth* reflects the guarantee that Abraham's offspring would emerge from their ordeal laden with riches.

In the course of interpreting these statements, however, it appears that our Sages supply contradictory information. To which event does the verse refer when it mentions *judgment*? Our Midrash contends that the Torah alludes here to the Ten Plagues with which the Egyptians were smitten in their native land. *Targum Yonasan* to this verse, however, asserts that the promised retribution was fulfilled at the Sea of Reeds, through the 250 plagues mentioned in the *Haggadah*. The collection of riches is likewise a subject of apparently conflicting detail. *Rashi* to our verse ties this prediction to the appropriation of valuables undertaken by the Jewish people as they left Egypt proper (*Exodus* 12:36). *Yalkut Shimoni* (§230), however, points to the retrieval of Egyptian spoils at the Sea of Reeds as the fulfillment of *they will leave with great wealth*.

In truth, these two issues (the comeuppance of the Egyptians, and the nature and timing of the collection of riches) are apparently interdependent. The verse establishes a specific chronology for these two events: *I shall judge* the Egyptians, *and afterward* the Jews *will leave with great wealth*. Only after the Egyptians received their retribution could the Jews collect their reward. Assuming — as our Midrash does — that the "judgment" of the verse refers to the Ten Plagues that took place in Egypt, the fulfillment of the next part of the promise (*they will leave with great wealth*) would take place immediately afterward — i.e., through the removal of Egypt's possessions upon the Jews' exit (in accordance with the view of *Rashi*). However, *Targum Yonasan*, who places the retribution at the Sea of Reeds, cannot share *Rashi's* interpretation (that the acquisition of riches took place already in the land of Egypt), as such a collection would have *preceded* the judgment. Presumably, then, *Targum Yonasan* would have to follow the approach of the *Yalkut Shimoni*, wherein the designated riches were acquired at the Sea of Reeds — on the heels of the drowning of the Egyptians.

This distinction can shed much light on another statement of the Sages. When the Redemption from Egypt was imminent, Hashem instructed Moses to initiate the process of collecting the Egyptians' property (*Exodus* 11:2). *Rashi* (ibid.) quotes the Gemara in *Berachos* (9a), which records Hashem's plea to Moses in this regard: "... So that the righteous one (Abraham) should not be able to claim: 'He (Hashem) fulfilled only that part of the pact wherein He stated, *And they shall enslave them and oppress them*; but the other promise — *And afterward they will leave with great wealth* — He neglected to fulfill.'" The implication of this statement seems astounding. Was it only out of a "fear" (so to speak) of a complaint of unreliability issuing forth from Abraham that Hashem sought to fulfill a promise He made? Surely The Holy One, Blessed Is He, would fulfill His Word due to His inherent integrity!

This issue may be resolved, however, in light of our Midrash. As stated, there were two distinct "collection periods," depending on the particular model of retribution. With the judgment of the Egyptians being fulfilled through the Ten Plagues in Egypt, the amassing of wealth could be fulfilled through the removal of the Egyptians' possessions at the time of the initial Exodus. Were that judgment to be manifest in the plagues at the Sea of Reeds, the "great wealth" would be garnered at that time as well.

Factually speaking, both retributions occurred, and both collections took place. The verse's phrase, *But also the nation that they serve, I shall judge*, includes — by default — the entire scope of the retributions that were eventually meted out to the Egyptians (including the 250 plagues at the Sea of Reeds). Yet, as delineated in our Midrash, in His covenant with Abraham Hashem singled out the Ten Plagues through the device of a specific allusion (the addition of an extraneous letter *yud*).

It was for this reason that Hashem was primarily "concerned" about Abraham when He addressed Moses on the eve of the Exodus. The full scope of Hashem's statement had not yet come to fruition; this necessitated the visitation of all of the plagues at the Sea of Reeds, an event that would still be a few days in coming. As such, there was no need, as of yet, for a collection of the seaside spoils. What had transpired already, however, was the experience of the Ten Plagues. This was the event alluded to in the Covenant, and so — by dint of the Covenant with Abraham — there was a need for an immediate acquisition of wealth. And so, it was by force of the Covenant forged with Abraham that Hashem had to provide the Jewish people with "great wealth" at this juncture (based on *Ohel Yehoshua*, pp. 11-12)

יח [טו, יג] "**וַיֹּאמֶר לְאַבְרָם יָדֹעַ תֵּדַע כִּי גֵר יִהְיֶה זַרְעֲךָ**". "יָדוֹעַ", שֶׁאֲנִי מְפַזְּרָן, "תֵּדַע", שֶׁאֲנִי מְכַנְּסָן, "יָדוֹעַ", שֶׁאֲנִי מְמַשְׁכְּנָן, "תֵּדַע", שֶׁאֲנִי פּוֹרְקָן, "יָדוֹעַ", שֶׁאֲנִי מְשַׁעְבְּדָן "תֵּדַע", שֶׁאֲנִי גּוֹאֲלָן. "כִּי גֵר יִהְיֶה זַרְעֲךָ בְּאֶרֶץ לֹא לָהֶם", מִשֶּׁיֵּרָאֶה לְךָ זֶרַע. **אָמַר רַבִּי יוּדָן: גֵּירוּת בְּאֶרֶץ לֹא לָהֶם, עַבְדוּת עִינּוּי לְאַסְפַּטְיָא שֶׁלָּהֶם:**

יט [טו, יד] "**וְגַם אֶת הַגּוֹי אֲשֶׁר יַעֲבֹדוּ דָּן אָנֹכִי**". הָיָה לוֹמַר גַּם, מַאי "וְגַם", אֶלָּא, גַּם הוּא מִצְרַיִם, "וְגַם", לְרַבּוֹת אַרְבַּעָה מַלְכֻיּוֹת. "אֲשֶׁר יַעֲבוֹדוּ דָּן אָנֹכִי", רַבִּי אֶלְעָזָר בְּשֵׁם רַבִּי יוֹסֵי בַּר זִמְרָא אָמַר: [לא]בִּשְׁתֵּי אוֹתִיּוֹת הַלָּלוּ הִבְטִיחַ הַקָּדוֹשׁ בָּרוּךְ הוּא לְאַבְרָהָם אָבִינוּ שֶׁהוּא גּוֹאֵל אֶת בָּנָיו, וְשֶׁאִם יַעֲשׂוּ תְּשׁוּבָה גּוֹאֲלָן בְּשִׁבְעִים וּשְׁתַּיִם אוֹתִיּוֹת, דְּאָמַר רַבִּי יוּדָן: (דברים ד, לד) מִ"לָּבֹא לָקַחַת לוֹ גוֹי מִקֶּרֶב גּוֹי" עַד "מוֹרָאִים גְּדֹלִים" אַתָּה מוֹצֵא שִׁבְעִים וּשְׁתַּיִם אוֹתִיּוֹת שֶׁל הַקָּדוֹשׁ בָּרוּךְ הוּא, וְאִם יֹאמַר לְךָ אָדָם: שִׁבְעִים וַחֲמִשָּׁה הֵם, אֱמוֹר לוֹ: צֵא מֵהֶם גּוֹי שֵׁנִי שֶׁאֵינוֹ מִן הַמִּנְיָן. **רַבִּי אָבִין אָמַר: בִּשְׁמוֹ גְּאָלָן, שֶׁשְּׁמוֹ שֶׁל הַקָּדוֹשׁ בָּרוּךְ הוּא שִׁבְעִים וּשְׁתַּיִם אוֹתִיּוֹת:**

כ [טו, יד] "**וְאַחֲרֵי כֵן יֵצְאוּ בִּרְכֻשׁ גָּדוֹל**". **אָמַר רַבִּי אַחָא: אַחַר כֵּן אֵין כְּתִיב כָּאן אֶלָּא "אַחֲרֵי", מִשֶּׁאָבִיא עֲלֵיהֶם עֶשֶׂר מַכּוֹת וּלְאַחַר כָּךְ "יֵצְאוּ בִּרְכֻשׁ גָּדוֹל". אָמַר לוֹ: אַף אֲנִי בְּשִׁיעְבּוּד,**

עץ יוסף

(יח) [כא] תדע שאני מפזרן. ממה שתדע שאני מפזרן תדע ג"כ שאכנסם. וזה ע"ד מ"ש במכות פ"ג ואעידה לי עדים נאמנים את אוריה הכהן וגו' אם תראה שנתקיימה נבואה זו תתקיים גם זו: **שאני מפזרן כו'.** ג' לשונות הללו פזור ומשכון ושעבוד. משום שמתחלה לא היו אלא בגירות בארץ לא להם והיינו פזור. ואח"כ נתנו בעול העבדות למצרים והיינו משכון להיותם ממושכנים תחת ידם לבל יוכלו לצאת מרשותם ולהיות להם למס עובד. ואח"כ עינוי היינו קושי השעבוד מעת שנולדה מרים. ומאמר ידוע תדע קאי אכולהו (יפ"ת): **משיראה לך זרע.** משנולד יצחק שבו קרא לו זרע נמנה מנין הארבע מאות שנה. דאל"כ לא משכחת אלא ר"י שנה והרמז בלאומר זרעך ולא אמר בניך: **גירות בארץ לא להם.** כלומר הגירות לא נאמר דוקא על מצרים. אלא חשבינן גם מה שהיו גרים בשאר ארצות. אבל עבדות ועינוי לאספטיא שלהם והיינו כדפי' הערוך בעיר המוכן להם הוא מצרים. ובין הכל יהיה ד' מאות שנה. אמנם ג' הילקוט א"ר יודן גירות ועבדות ועינוי בארץ לא להם ד' מאות שנה לאספטיא שלהם. ופירושו להשלמת חשבונם מעת שנדבר עמו בין הבתרים (מת"כ): **(יט) [כב] וגם את הגוי כו'.** העיקר הוא כנוסחת מד' חזית וגם את הגוי לרבות ד' מלכיות. כלו' דלא ה"ל למימר אלא ואת הגוי וגו' מאי וגם את הגוי אלא וגם לרבות ד' מלכיות שנרמזו כבר בעגלה משולשת ובאימה חשיכה כדלעיל (נזה"ק): **בב' אותיות הללו כו'.** דרש שרמז לו לומר שיגאלם בב' אותיות דן. ולפי שמלינו שיגאלם בע"ב אותיות. לכן אמר שלא אמר זה בהחלט אלא א"כ לא יעשו תשובה. אבל אם יעשו תשובה הוא גואלן בע"ב אותיות. ושני אותיות דן היינו שם בן נ"ד. ושבעים ושתים אותיות הוא שם בן ע"ב. וצריך לומר שיש יתרון מעלה לגאולתינו בהיותה בשם זה טפי מהיותם בזה (יפ"ת). ועיין בנזה"ק: **מלבא לקחת לו גוי.** מתחילת תיבת לבא עד סוף תיבת גדולים. וג' תיבות או הנסה אלהים אינם בחשבון. כי ג' תיבות אלו הוא שאלה הנסה לעשות מעשה זו לבא לקחת לו גוי. **גוי שני.** שכתוב גוי מקרב גוי. ופירושו ישראל ממצרים ואין תיבת מצרים עולה בשמו של הקב"ה. ומאמרים אלו עומדים ברומו של עולם בסוד שם של ע"ב. ואני בער ולא אדע: **ששמו של הקב"ה ע"ב אותיות.** ובחזית גר' בשמו של הקב"ה ע"ב שמות הן: **(כ) משאביא עליהם י' מכות.** והיינו תוספת היו"ד: **אף אני בשעבוד.** מפני דאמר כי גר יהיה זרעך היינו משיראה לך זרע כדלעיל לזה נסתפק אם הוא ג"כ בכלל השעבוד. והשיבו שאינו. לפי שהשעבוד לא בא עד באו בני יעקב במצרים וגזרת ועבדום וענו אותם אינה דבקה לארבע מאות שנה כדי שתמנה מלידת יצחק וכדלעיל (יפ"ת):

פירוש מהרז"ו

(יח) ידוע תדע. על פי מדה י' על שני ידיעות ידוע בהוה מיד בילחק ועל הגלות היינו מ"ש כי גר וכו' ועל הגאולה תדע בעתיד במ"ש וגם את הגוי וכו' ומ"ש מפזרן מכנסן ממשכנן מפרקן נ"ע מה דורש וכו': **אמר רבי יודן.** עי' מ"כ פסיקתא רבתי פר' ט"ו סי' ז' שי"ר פסוק עד שיפוח היום ובמוסף ערוך פי' אספטיה ענין גירות בלשון רומי. ואין בירור לדברים: **(יט) היל"ל גם.** ויהיה פירושו כשם שדנתי את זרעך כך אני דן את הגוי והוי"ו מיותר. ונ"ע שהרי גם הוא לרבות ואיך אומר היל"ל גם מה היה מרבה. ונראה שבאמת יש כאן ריבוים הרבה שהיה די שיאמר גוי אשר יעבדו על מצרים וכתב הגוי הרי ריבוי א' את ריבוי ב' גם הרי ג' וגם הרי ד' ריבוים. הרי מצרים וד' מלכיות הקדומות. ועי' בל"ב מדות מדה ג' ריבוי אחר ריבוי ומש"ש בהכרח שחסר במדרש וצ"ל גוי הגוי את גם וגם. גוי זה מצרים וגם את הגוי לרבות ד' מלכיות הקדומות: **רבי אלעזר בשם רבי יוסי בן זמרא.** עי' ד"ר פר' ד' סי' י"ז גירסא אחרת: **דאמר רבי יודן.** ויק"ר פר' כ"ג סימן ב' שי"ר פסוק כשושנה: **מלבוא לקחת לו גוי.** מתחלת תיבת לבא עד סוף תיבת גדולים. וג' תיבות או הנסה אלהים אינם בחשבון כי ג' תיבות אלו הוא שאלה הנסה לעשות מעשה זו לבוא לקחת לו גוי. ומ"ש שאם יעשו תשובה. ליתא שם: **גוי שני.** שכתוב גוי מקרב גוי ופירושו ישראל ממצרים ואין תיבת מצרים עולה בשמו של הקב"ה. ומאמרים אלו עומדים ברומו של עולם בסוד שם של ע"ב ואני בער ולא אדע: **(כ) אף אני בשיעבוד.** הוכיח כן שהיה לו

חידושי הרד"ל

(לג) **[יח] מפזרן כו' ממשכנן כו' משעבדן כו'** אפשר דרש כי גר יהיה זרעך דבר יחידי בארץ לא להם וזהו מפזרן ועבדום זה ממשכנן כעבד שאינו יולא בלא פדיון. וענוס זהו משעבדם. ועל כלם קאי ידע תדע: (לד) **גירות כו'.** ג' המ"כ בשם הילקוט וערוך גרות ועבדות ועינוי בארץ לא להם ל"ו שנה לאספטיא שלהם. כ"ה בשה"ר רפ"ב ובפסיקתא דפ' החדש (ובשה"ר יש חסרון בלשון ע"ש) ופי' במוסף ערוך שהוא מלון גר ואושפיזא בלשון לטי"ן. ובערך פלטייא ב' הביא הערוך גי' הפסיקתא לפלטייא שלהם ופי' במוסף עבודה ושירות בעלמא שאינה דרך עבדות. והיה לפ"ז פי' כי העבדות והעינוי הוא דווקא בארץ לא להם דהיינו במצרים. אבל לחשבון ת' שנה נחשב להם אף מה שהיה כבר מתלונן בארץ. והיינו מלידת יצחק: (לה) **[יט] בשתי אותיות כו' בע"ב כו'.** עמ"כ ובנזה"ק. כי בשם עלמו של החמשים מהשמות יש ב' אותיות ד"ן (והוא בגי' מטה. שבו נעשו המכות וקריעת י"ס. ואח"כ גאלם בכל הע"ב אותיות. ובכל המקומות שיש מאמר זה בויק"ר פכ"ג ודב"ר פ"א ושה"ר פ"ב פ"ב ובתנחומא וירא ובדר"ן פי"ג משמעותו כמ"ש בס"ד שאותיות ד"ן הן משם ע"ב עלמו:

חידושי הרש"ש

[יט] **דאמר רבי יודן מלבא כו'.** ע"ב אותיות כו' לא מהם גוי כו'. עיין יד"מ שמביא ראיה בדרך רחוקה על המצרים שהיו גוים ויש קרא מפורש דנקראו רהב (ישעיה ל"ט) בפירש". ועוד שם נ"א. ומ"כ עוד דהג' מן גוי הראשון ג"כ אינו מן המנין כו'. הן לספרים שלפנינו מכוון ע"ב אותיות אם תחסיר גוי השני לבד. וכ"ה מלבשון המדרש גופיה: [כ] **אף אני בשעבוד.** מפני דפי' כי גר יהיה זרעך היינו משיראה לך זרע כדלעיל:

מסורת המדרש

לא שיר השירים רבה פרשה ב' וש"נ:

אם למקרא

אוֹ הֲנִסָּה אֱלֹהִים לָבוֹא לָקַחַת לוֹ גוֹי מִקֶּרֶב גּוֹי בְּמַסֹּת בְּאֹתֹת וּבְמוֹפְתִים וּבְמִלְחָמָה וּבְיָד חֲזָקָה וּבִזְרוֹעַ נְטוּיָה וּבְמוֹרָאִים גְּדֹלִים כְּכֹל אֲשֶׁר עָשָׂה לָכֶם ה' אֱלֹהֵיכֶם בְּמִצְרַיִם לְעֵינֶיךָ: (דברים ד:לד)

באור מהרי"פ

יח לאספטיא. ע' מ"כ וז"ל הערוך פי' אספטיה שם עיר ע"כ וז"ל היפ"ת ולפ"ז לא נתן קלבה לזמן הענוי והעבדות כי לא אמר אלא מסוף ת' שנה משיהיה לך זרע ישובו לארלם ולעירם עכ"ל ולא כמו שפי' מ"כ בעיר המוכן להם וזהו במלרים. ואולי כוונתו לפרש לפי הגי' שבמדרש גרות בארץ לא להם ועבדום וענוי לאספטיא שלהם. פי' הגירות לא נאמר דוקא על מלרים אלא חשבון גם מה שהיו גרים בשאר ארלות אבל עבדות ועינוי לאספטיא שלהם פי' בעיר המוכן להם וזה הוא במלרים וכו"ד נזה"ק וז"ל רב"מ פי' בל"ב גירות והמלה היא כמו אושפיזו שענינה מלון גר ובמדרש שה"ש פ' עד שיפוח היום גרס לאוספטוליה והענין אחד עכ"ל: **יט בשתי אותיות.** פי' לא פחות מב' אותיות ואם יזכו יוסיף עד ע"ב אותיות מלבוא וגו' עד מוראים גדולים כו'. פי' תיבת לבוא ותיבת גדולים בכלל הם ותיבת גוי שני אינו מן המנין פי' היפ"ת מפני שהוא נאמר על מלרים אינו נמנה בכלל קדושת השם:

מתנות כהונה

[יח] משיראה לך זרע. וזהו משנולד יצחק כמו שנאמר כי ביצחק יקרא לך זרע ואז התחילו ד' מאות שנה של השיעבוד ועיין בביאורי מהר"ר אליהו מזרחי בסדר זה: **ה"ג בערוך ובילקוט אמר רבי יודן גירות עבדות.** עינוי בארץ לא להם ארבע מאות שנה לאספטיא שלהם: **לאספטיא שלהם.** פי' הערוך בעיר המוכן להם וזהו במצרים והכל יחד יהיו ארבע מאות שנה. ויותר נראה פירוש המבאר בגליון הילקוט שפירש לאספטיא להשלמת חשבונם מעת שנדבר עמו בין הבתרים ויהיה אספטיא כמו אפטיא דריש פר' במדבר רבה שפירש בו הערוך מעת שמתחילין חשבון לדבר המתאורע כגון מיציאת מצרים או ממלכות המלך יקרא אפטיא: **[יט] וגם לרבות כו'.** הרמוזים באימה חשכה גדולה כדלעיל וכולהו אתרבאי שידון אותם הקב"ה כך פירש מהר"ר אליהו מזרחי ז"ל: **בשתי אותיות כו'.** דן רמז לדן שמות מרובעים היוצאים מחילוף צירוף שם של ארבע. **בשבעים ושתים אותיות.** ע"ב שמות היוצאים מויסע ויבא ויט וגם שם של ד' מתגלגל בצירופו בעים ושתים ועיין בזוהר חיים בהלכות ראש השנה: הכי גרס **אתה מוצא שבעים ושתים אותיות ואם יאמר כו'.** וכן הוא גירסת הילקוט וכן הביאה בתניא בהלכות פסח: **[כ] אחרי.** היו"ד רמז לעשר מכות: **אף אני בשיעבוד.** לשון שאלה ואמר לו הקב"ה לא אלא ואתה תבא כו':

אשד הנחלים

[יח] שאני מפזרן כו'. ולכן נכתב ידוע תדע כפול להורות שמבשורת הגלות שיתקיים תדע שגם הגאולה קיימת. וחשב ג' דברים הפזור בכל העולם. וממשכנן. שזהו גדר העבדות. והשעבוד. שזהו גדר הענוי ונכללו כולם בפסוק גר יהיה זרעך בארץ לא להם זהו הפיזור ועבדום זהו שיהיו ממושכנים וענו אותם זהו השעבוד: **משיראה לך זרע.** כי התחלת השיעבוד נחשב משנולד יצחק כי הבנים אחרונים לא יקראו זרע כ"א בנים לבד: **אף אני בשעבוד.** דייק מדבישר לו שאתה תבוא אל אבותיך בשלום. מכלל שהיה ירא שמא גם הוא ישתעבד:

אָמַר לוֹ: "וְאַתָּה תָּבוֹא אֶל אֲבֹתֶיךָ בְּשָׁלוֹם וגו׳" — [God] said to him in reply, *As for you: you shall come to your ancestors in peace; you shall be buried in a good old age.*[181]

The Midrash discusses others who died *in a good old age*, and comments upon the worthiness of each:

אָמַר רֵישׁ לָקִישׁ — Resh Lakish said: ג׳ הֵם שֶׁנֶּאֱמַר בָּהֶם "בְּשֵׂיבָה טוֹבָה" — There are three about whom it is stated in Scripture that they died ***in a good old age***: Abraham, David,[182] and Gideon.[183] **אַבְרָהָם הָיָה שָׁוֶה לוֹ, דָּוִד שָׁוֶה לוֹ, גִּדְעוֹן לֹא שָׁוֶה לוֹ — Abraham was worthy of it; David was worthy of it;** but **Gideon was not worthy of it. לָמָּה — Why** was Gideon unworthy of it? "וַיַּעַשׂ אוֹתוֹ גִּדְעוֹן לְאֵפוֹד", לַעֲבוֹדָה זָרָה — Because, as Scripture states (*Judges* 8:27), ***Gideon made it*** (the golden rings donated by Israel) ***into an ephod***, *and hung it in his city in Ophrah. [Eventually] all Israel strayed after it there, and it became a snare for Gideon and his household* (*Judges* 8:27).[184] I.e., it was made **for idol worship.**

וַיְהִי הַשֶּׁמֶשׁ בָּאָה וַעֲלָטָה הָיָה וְהִנֵּה תַנּוּר עָשָׁן וְלַפִּיד אֵשׁ אֲשֶׁר עָבַר בֵּין הַגְּזָרִים הָאֵלֶּה. בַּיּוֹם הַהוּא כָּרַת ה׳ אֶת אַבְרָם בְּרִית לֵאמֹר לְזַרְעֲךָ נָתַתִּי אֶת הָאָרֶץ הַזֹּאת מִנְּהַר מִצְרַיִם עַד הַנָּהָר הַגָּדֹל נְהַר פְּרָת.

So it happened: The sun set, and it was very dark. Behold, there was a smoky furnace and a torch of fire which passed between these pieces. On that day HASHEM made a covenant with Abram, saying, "To your descendants have I given this land, from the river of Egypt to the great river, the Euphrates River" (15:17-18).

§21 וַיְהִי הַשֶּׁמֶשׁ בָּאָה וַעֲלָטָה הָיָה — *SO IT HAPPENED: THE SUN SET, AND IT WAS VERY DARK.*

The Midrash expounds the verse:

אֲמִיטְתָא הֲוַת — The phrase וַעֲלָטָה הָיָה means that **there was intense darkness.** "וְהִנֵּה תַנּוּר עָשָׁן וְלַפִּיד" — *And behold, there was a smoky furnace and a torch of fire which passed between these pieces.* **שִׁמְעוֹן בַּר אַבָּא בְּשֵׁם רַבִּי יוֹחָנָן אָמַר — Shimon bar Abba said in the name of R' Yochanan:** אַרְבָּעָה דְּבָרִים הֶרְאָה לוֹ — **[God] showed [Abraham] four things:** גֵּיהִנֹּם, וּמַלְכֻיּוֹת, וּמַתַּן תּוֹרָה, וּבֵית הַמִּקְדָּשׁ — ***Gehinnom***,[185] foreign **kingdoms,**[186] **the Giving of the Torah,**[187] **and the Temple.**[188] אָמַר לוֹ: כָּל זְמַן שֶׁבָּנֶיךָ עֲסוּקִים בִּשְׁתַּיִם, הֵם נִיצוֹלִים מִשְּׁתַּיִם — **He said to him, "As long as your children involve themselves with** the latter **two,**[189] **they will be saved from** the former **two;**[190] פֵּירְשׁוּ מִשְּׁתַּיִם הֵם נִידוֹנִין בִּשְׁתַּיִם — **if they separate from** (i.e., neglect) the latter **two, they will be judged with** the former **two."** אָמַר לוֹ — **[God] said to him** further, בַּמֶּה אַתָּה רוֹצֶה שֶׁיֵּרְדוּ בָנֶיךָ, בַּגֵּיהִנֹּם, אוֹ בַּמַּלְכֻיּוֹת — **"Into which do you prefer that your children descend, into *Gehinnom* or into** subjugation by foreign **kingdoms?"**[191]

The Midrash quotes Amoraim who debated Abraham's answer to this question:

רַבִּי חֲנִינָא בַּר פַּפָּא אָמַר — R' Chanina bar Pappa said: אַבְרָהָם בֵּרַר לוֹ אֶת הַמַּלְכֻיּוֹת — **Abraham chose** subjugation by **the** foreign **kingdoms** as the punishment his sons would face. רַבִּי יוּדָן וְרַבִּי אִידִי וְרַבִּי חָמָא בַּר חֲנִינָא אָמְרוּ — But **R' Yudan and R' Idi and R' Chama bar Chanina said:** אַבְרָהָם בֵּרַר גֵּיהִנֹּם — **Abraham chose *Gehinnom*,**[192] וְהַקָּדוֹשׁ בָּרוּךְ הוּא בֵּרַר לוֹ אֶת הַמַּלְכֻיּוֹת — **but the Holy One, blessed is He, chose for him the** foreign **kingdoms.**[193]

NOTES

181. That is, Abram himself would not be enslaved or afflicted; the count of 400 years would begin with the birth of Isaac (see previous section), while the actual slavery would begin only after the Israelites went down to Egypt. [Indeed, *Shemos Rabbah* 1 §8 tells us that not only was Abram never enslaved, but that even Jacob and his twelve sons were not enslaved, as the slavery in Egypt did not begin until after they died. It is possible that this is alluded to in the extra *vav* of the word וְאַתָּה, lit., *"and" you* (*Maharzu, Eitz Yosef*). See also *Seder Olam Rabbah* Ch. 3.]

182. As is recorded in *I Chronicles* 29:28.

183. *Judges* 8:32.

184. That is, unlike Abraham and David who were fully righteous, Gideon was righteous only in his youth; in his old age he degenerated, making a breastplate that became an object of idolatrous worship (*Eitz Yosef*). [See below, 62 §2, with notes 33-34 there, for a description of this episode.]

A question may be asked: If God judged Gideon worthy of dying *in a good old age*, how does the Midrash question God's judgment? *Maharzu* writes that the Midrash means to say that it would have been *better for Gideon* not to have died *in a good old age*. By this *Maharzu* apparently means that since Gideon was deserving of punishment for his actions, it would have been better for him to suffer somewhat in This World, so that he would not have to be punished in the Next World. [Accordingly, the Midrash's words שָׁוֶה לוֹ and לֹא שָׁוֶה לוֹ may be rendered, respectively: *it was worthwhile for him* and *not worthwhile for him*. See similarly below, 62 §2.]

185. *Gehinnom* is alluded to by the words תַנּוּר עָשָׁן, *a smoky furnace*. See *Isaiah* 31:9 and *Malachi* 3:19, where the word תַּנּוּר appears in the context of *Gehinnom* (*Matnos Kehunah, Eitz Yosef;* see also *Midrash Tehillim* 52 §8).

186. I.e., exiles. See above, section 15, which states that the *great dread* mentioned in verse 12 alludes to the four kingdoms that conquered Israel (*Eitz Yosef*; see *Shemos Rabbah* 51 §7).

187. This is alluded to in the words וְלַפִּיד אֵשׁ, *and a torch of fire*. See *Exodus* 20:15, where the word לַפִּידֹת is used in the context of the Giving of the Torah (ibid.).

188. The reference is to the sacrifices offered in the Temple, alluded to via mention of the various animals in verse 9; see above, section 14.

189. I.e., the study and fulfillment of the Torah, and the offering of the sacrifices in the Temple.

190. *Gehinnom* and exile. [*Eitz Yosef* notes that *Shemos Rabbah* loc. cit. [through its different order for the four things mentioned here; namely, הַתּוֹרָה וְהַגֵּיהִנֹּם וְהַקָּרְבָּנוֹת וְגָלֻיּוֹת, *Torah, Gehinnom, sacrifices, and exiles*] implies that Torah protects from *Gehinnom* (which, being a punishment of the afterlife, is more severe), while the sacrifices protect from exile (which, being a punishment in this world, is less severe). See, however, next note.]

191. In parallel versions of this Midrash (*Pesikta Rabbasi, Parashah* 15 and *Yalkut Shimoni, Lech Lecha* §77), God's question is preceded by the statement: וְעָתִיד בֵּית הַמִּקְדָּשׁ לֵיחָרֵב וְקָרְבָּנוֹת לִיבָּטֵל, *the Temple is destined to be destroyed and the sacrifices to become null*. Thus, in such times, Israel will lack the protection of the merit of the sacrifices and, lacking one of their two protective merits, will have to suffer one of the two punishments, *Gehinnom* or exile (*Radal*). God therefore asks Abram to choose which of the two he prefers.

192. On the surface, this choice seems hard to understand. Surely *Gehinnom* is a more severe punishment than exile! (see note 190). *Eitz Yosef* suggests that Abraham feared that if Israel would go into exile, the trials and tribulations might cause the Jews to practice idolatry like the nations among which they would be living [and ultimately, would suffer both exile *and Gehinnom*]. Alternatively, *Imrei Yosher* suggests that exile is in fact worse, for this would be a desecration of God's Name [as God would appear powerless to help His people].

193. For God knew that Israel would not rebel against Him by practicing idolatry (*Eitz Yosef*). See *Imrei Yosher*, and see Insight Ⓐ.

INSIGHTS

Ⓐ **God's Choice and Abraham's Choice** *Imrei Binah* (*Derashos*, pp. 198-200) offers a novel interpretation for why Abraham chose *Gehinnom* over exile for his children. Furthermore, he explains why God would not honor the choice Abraham had made among the options that God Himself had placed before him.

He begins by considering why God would have presented this choice

אָמַר לוֹ: [טו, טו] "וְאַתָּה תָּבוֹא אֶל אֲבֹתֶיךָ בְּשָׁלוֹם וְגוֹ'". אָמַר רֵישׁ לָקִישׁ: [לב]ג' הֵם שֶׁנֶּאֱמַר בָּהֶם בְּשֵׂיבָה טוֹבָה, אַבְרָהָם הָיָה שָׁוֶה לוֹ, דָּוִד שָׁוֶה לוֹ, גִּדְעוֹן לֹא שָׁוֶה לוֹ, לָמָּה (שופטים ח, כז) "וַיַּעַשׂ אוֹתוֹ גִּדְעוֹן לְאֵפוֹד", לַעֲבוֹדָה זָרָה:

כא [טו, יז] "וַיְהִי הַשֶּׁמֶשׁ בָּאָה וַעֲלָטָה הָיָה". אֲמִיטְתָא הֲוָת. "וְהִנֵּה תַנּוּר עָשָׁן וְלַפִּיד", שִׁמְעוֹן בַּר אַבָּא בְּשֵׁם רַבִּי יוֹחָנָן אָמַר: אַרְבָּעָה דְּבָרִים הֶרְאָה לוֹ, [לג]גֵּיהִנֹּם, וּמַלְכֻיּוֹת, וּמַתַּן תּוֹרָה, וּבֵית הַמִּקְדָּשׁ. אָמַר לוֹ: כָּל זְמַן שֶׁבָּנֶיךָ עֲסוּקִים בִּשְׁתַּיִם, הֵם נִיצּוֹלִים מִשְּׁתַּיִם, פֵּירְשׁוּ מִשְּׁתַּיִם הֵם נִידּוֹנִין בִּשְׁתַּיִם. אָמַר לוֹ: בַּמֶּה אַתָּה רוֹצֶה שֶׁיֵּרְדוּ בָנֶיךָ, בַּגֵּיהִנֹּם, אוֹ בַּמַּלְכֻיּוֹת, רַבִּי חֲנִינָא בַּר פָּפָּא אָמַר: [לד]אַבְרָהָם בֵּרַר לוֹ אֶת הַמַּלְכֻיּוֹת, רַבִּי יוּדָן וְרַבִּי אִידֵי וְרַבִּי חָמָא בַּר חֲנִינָא אָמְרוּ: אַבְרָהָם בֵּרַר גֵּיהִנֹּם, וְהַקָּדוֹשׁ בָּרוּךְ הוּא בֵּרַר לוֹ אֶת הַמַּלְכֻיּוֹת, הָדָא הוּא דִכְתִיב (דברים לב, ל) "אִם לֹא כִּי צוּרָם מְכָרָם", זֶה אַבְרָהָם. (שם) "וַה' הִסְגִּירָם", מְלַמֵּד שֶׁהִסְכִּים הַקָּדוֹשׁ בָּרוּךְ הוּא לִדְבָרָיו. רַבִּי הוּנָא בְּשֵׁם רַבִּי אַחָא אָמַר: כָּךְ הָיָה אָבִינוּ אַבְרָהָם יוֹשֵׁב וְתָמֵהַּ כָּל אוֹתוֹ הַיּוֹם, אָמַר: בַּמָּה אֶבְרוֹר, בְּגֵיהִנֹּם אוֹ בְמַלְכֻיּוֹת, אָמַר לוֹ הַקָּדוֹשׁ בָּרוּךְ הוּא: אַבְרָהָם קְטַע הָדֵין מוֹנִיטָא מִן כַּדּוּ.

עץ יוסף

א"ל ואתה תבא כו'. הוא תשובה על דברי אברהם שלא יהיה בכלל העינוי. וכל האבות והשבטים לא היו בכלל העינוי כמפורש בש"ר פ"א ויתכן שהם רמוזים במ"ש ואתה בוי"ו: **[כג] ג' הם שנאמר בהם בשיבה טובה.** אברהם כאן ולקמן סוף סדר חיי שרה. דוד בסוף דה"י א'. גדעון בשופטים ח': **אברהם היה שוה לו.** ראוי והגון לו כי קנה שלימות הרבה בזקנותו וכדדר' לקמן גבי אברהם זקן בא בימים שבזקנותו בא בפילין מפולש לחיי העולם הבא שנאחז בימים העליונים: **דוד שוה לו.** ראוי והגון לו דכתיב ביה נמי זקן בא בימים ודרשינן נמי שגם הוא בזקנותו קנה שלימות וזכה לימים העליונים: **גדעון לא שוה לו.** פי' לא היה ראוי והגון כי בילדותו הלך בדרכי ה'. ובזקנותו קלקל בעשיית האפוד שהיה לאליל: (כא) **[כד] אמיטתא הות.** ובתרגום כאן מתורגם וקיבלא הות. ובדברים ה' י"ט הענן והערפל מתרגמינן עננא ואמיטתא: **ד' דברים הראה לו.** כלו' במה שהורהו זה כיון לארבעה דברים. דאל"כ מה ענין לזה: **גיהנם.** רמיז בתנור עשן כמ"ש ותנור לו בירושלים. וכמ"ש הנה היום בא בוער כתנור: **גליות.** והנה אימה חשיכה כמ"ש לעיל: **ומתן תורה.** לפיד אש זו תורה כדכתיב ואת הלפידים: **ובהמ"ק.** נרמז במ"ש לו קחה לי עגלה משולשת וגו' דהיינו קרבנות הנקרבים בבהמ"ק כדלעיל וכן הוא לקמן שמ"ר פ' כ"א: **עסוקים בשתים.** בתורה וקרבנות וכשפרשו מתורה וקרבנות נידונים בגיהנם וגלות ובשמ"ר פ' הנ"ל משמע דתורה מגין על עונש הגיהנם שהוא חמור בהיותו עונש עוה"ב. והקרבנות מגינים על עונש הגלות שהוא קל בהיותו עונש עוה"ז: **אמר לו במה אתה רוצה כו'.** הא"א כ' דה"ג א"ל עתידין קרבנות ליבטל שביהמ"ק עתיד ליחרב במה אתה רוצה כו' וכן הוא בשוח"ט: **אברהם בירר לו את המלכיות הדא הוא דתימא אם לא כי צורם מכרם וה' הסגירם.** כצ"ל וצורם הוא אברהם שנקרא צור כמ"ש הביטו אל צור חוצבתם וגו' אל אברהם אביכם. וכן הוא בשוח"ט: **אמרו אברהם בירר גיהנם והקב"ה ברר לו את המלכיות הה"ד באנו באש ובמים הוא הגיהנם ותוציאנו לרויה.** (ע"י גליות) כצ"ל: **כל אותו היום.** שביום ההוא כרת ה' מבוכה זו ותפך אחד משני חלקי הסותר ומדקאמר ביום ההוא משמע דיום אחד מיהת קדמה המבוכה לאברהם (יפ"ת): **אמר במה אברור.** שאברהם היה נבוך אולי מרוב קושי השיעבוד ישתקעו ח"ו ביניהם ללכת אחרי אלהים אחרים והקב"ה גלוי וידוע לפניו שישראל ודאי לא יבגדו בו: **קטע הדין מוניטא מן כדו.** מוניטא מטבע בלשון רומי כלו' קטע ופסל המטבע של גיהנם ולא תחפוץ בו:

פירוש מהרז"ו

לסמוך פסוק ודור רביעי לפסוק וגם את הגוי וכו' ואחרי כן יצאו ברכוש גדול שאחר הגלות יגאלנו ואחר הגאולה ישובו הנה ולמה הפסיק במ"ש ואתה תבא וגו'. אלא שאחר שבישר לו הגלות והגאולה ושיותחל הגלות מיד כשיהיה לו זרע שאל אם גם הוא בכלל ועבדום וגו' כמו שהוא בכלל כי גר וגו'. והשיב לו ואתה תבא אל אבותיך בשלום שלא תהיה בכלל העינוי וכל האבות והשבטים לא היו בכלל העינוי כמפורש שמ"ר פר' א' סימן א' ויתכן שהם רמוזים במ"ש ואתה בוי"ו: **ג' שנאמר בהן בשיבה טובה.** לקמן פר' ס"ב סוף סי' ב'. אברהם כאן ולקמן סוף סדר חיי שרה. דוד בסוף דה"י א'. גדעון בשופטים ח' ל"ב. ומוטב שלא היה לו שיבה טובה על מ"ש ויעש אותו גדעון לאפוד ויזנו וגו' וזהו שאמרו ולא שוה לו שלא היה ראוי לו: **(כא) אמיטתא הות.** ובתרגום כאן מתורגם וקיבלא הות. ובדברים ה' י"ט הענן והערפל מתורגם שם עננא ואמיטתא: **ארבעה דברים.** מכילתא יתרו פסוק וכל העם רואים. מדרש תהלים מזמור מ' ומזמור כ"ב עיין לעיל סוף פר' כ"א חרב תורה וכו'. שמ"ר פר' כ"א סימן ז' פסיקתא פר' ט"ו סימן ב'. תורה לפיד אש (וכמ"ש ואת הלפידים) קרבנות קחה לי עגלה (כמ"ש לעיל סימן י"ד). גיהנם תנור עשן (כמ"ש הנה היום בא בוער כתנור. גליות והנה אימה חשיכה. (כמ"ש לעיל סימן ט"ו): **עסוקים בשתים.** בתורה וקרבנות. וכשפירשו מתורה וקרבנות נידונים בגיהנם וגלות: **רוצה שירדו בניך.** לפי מ"ש כאן קאי על מ"ש פירשו משתים. ועל זה שאלו במה אתה רוצה שירדו בניך. ופי' מלשון ירידה גם יתכן מלשון הרודה את בנו. ובמדרש תהלים מ' ובילקוט שם הגי' ועתידה תורה לבטל ועתיד ביהמ"ק ליחרב במה אתה רוצה וכו': **אברהם בירר לו גיהנם וכו'.** לפי גירסא זו לא יתכן ליישב הפסוק שהביא אם לא כי צורם וגו'. אלא כאן נ"ל פסוק הרכבת אנוש לראשנו באנו באש ובמים הוא הגיהנם. וכמ"ש בהדיא שמ"ר פר' כ"א סי' ז' ובפסיקתא פר' ט"ו סימן ב' שם. ותוציאנו לרויה על ידי גליות ע"פ מדה י"ז. ופסוק אם לא כי צורם מכרם. מקומו על דברי רבי חנינא בר פפא שלפני זה. שסובר שאברהם בירר גליות ור"ד איכה ירדוף אחד אלף היינו גליות. וצורם הוא אברהם שנקרא צור כמ"ש הביטו אל צור הביטו אל אברהם אביכם הוא במדרש תהלים כ"ב: **כל אותו היום.** כמ"ש ביום ההוא כרת ה' את אברם ברית כדלקמן בסמוך: **פסוק הדין מוניטא מן כדו.** פי' אתוך לך מטבע זו של גליות מכאן שם ושם גי' אחרת:

מסורת המדרש

לב לקמן פרשה ס"ב. ילקוט שופטים רמז ס"ד:

לג מכילתא יתרו פ' ט'. מדרש תהלים מזמור כ"ב. שמות רבה פרשה כ"א. פסיקתא רבתי פ' ט"ו. ילקוט תהלים רמז תשל"ז:

לד שוח"ט מזמור מ' וכ"ב. תנחומא סדר פקודי סימן ח'. ילקוט תהלים רמז תשל"ז. פסיקתא רבתי פ' ט"ו:

אם למקרא

וְאַתָּה תָּבוֹא אֶל־אֲבֹתֶיךָ בְּשָׁלוֹם תִּקָּבֵר בְּשֵׂיבָה טוֹבָה: (בראשית טו:טו)

וַיַּעַשׂ אוֹתוֹ גִדְעוֹן לְאֵפוֹד וַיַּצֵּג אוֹתוֹ בְעִירוֹ בְּעָפְרָה וַיִּזְנוּ כָל יִשְׂרָאֵל אַחֲרָיו שָׁם וַיְהִי לְגִדְעוֹן וּלְבֵיתוֹ לְמוֹקֵשׁ: (שופטים ח:כז)

אֵיכָה יִרְדֹּף אֶחָד אֶלֶף וּשְׁנַיִם יָנִיסוּ רְבָבָה אִם־לֹא כִּי־צוּרָם מְכָרָם וַה' הִסְגִּירָם: (דברים לב:ל)

חידושי הרד"ל

(לו) [כא] ד' דברים הראה לו כו'. קרבנות וגליות מצרים ובבל נתבאר לעיל. ועל גיהנם ובהמ"ק עיין במכילתא יתרו שם ושמ"ר פכ"א ופסיקתא שם ושו"ט סוף מז' כ"ב דדרש להא לפיד אש זו תורה כדאמר ואת הלפידים ותנור עשן זו גיהנם כדא' יום בא בוער כתנור:

(לז) הן נדונין בשתים. שם מסיים ועתיד בהמ"ק ליחרב והקרבנות לבטל. ואף שהתורה לא תבטל ח"ו. מכל מקום נגד הקרבנות שבטלו. ע"כ ישתעבדו בא' מהן ואמר לו לבחור איזו מהן. ובזוהר יתרו (פ"ג:) הלשון בזה אם לא יתעסקון באורייתא ע"ש:

(לח) רבי חנינא בר פפא אמר אברהם ברר לו כו' אם לא כי צורם כו'. שהסכים הקדוש ברוך הוא לדבריו ר' יודן ור' אידי כו' והקב"ה בירר לו את הגליות הה"ד הרכבת אנוש לראשנו. כצ"ל. ולקמן גרסינן מהו לאמר באנו למחלוקת ר"ח בר פפא ור"ח ור"ח ב"ח ריב"ל אמר אף קריעת י"ס כו' כצ"ל ע"פ השמ"ר ופסיקתא. ועיין בזוהר יתרו שם. ועמ"כ וי"מ:

(לט) קטע הדין מוניטא. בפסיקתא הדין מולכו פי' עלה וכן פי' גי' הילקוט שהביא המ"כ (ולא כפי' הגליון שהביא לשון לעז). ואם הדברים כהווייתן לאמר בלשון ארמי לאברהם. י"ל שרמז לו ה' בלשון מולכו שיברור לו הגליות וכמו שדרשו כעין זה כדברי גד החוזה שאמר לדוד מה אשיב שולחי דבר שרמז לו שיברור לו דבר:

מתנות כהונה

שווה לו. ראוי והגון: **[כא] אמיטתא.** תרגום של ועלטה: **בית המקדש.** כלומר זכות הקרבנות וכן בשמות רבה פרשה כ"א: **מוניטא.** נער וחרדה ואין מחריד תרגום ולית דמניט ועי' ערך מניט ובשוחר טוב גרס קטע הדא מיליא וכדומה לו גורס בילקוט דגרס מלכיא ופי' המבאר בגליון בלשון לועז הוא נער [וכן בילקוט תהלים מ' רמז תשל"ז]: **הכי גרסינן אברהם בירר.** את המלכיות הדא הוא דכתיב אם לא וגו': **זה אברהם כדאמרינן הביטו אל צור חוצבתם** [וכ"ה בהדיא בשמ"ר פכ"א]: **[בשם ר' אחא אמר כך היה גרסינן]: מן כדו.** פירוש מכאן ובילקוט גרס מלכך ור"ל שיברור לו המלכיות [וכ"ה בהדיא בשמ"ר ובילקוט]:

אשד הנחלים

[כ] גדעון לא שוה לו. ולכן הבטיח לאברה' בשיבה טוב' כי יש שיבה שאינו טוב' אם ח"ו יקרנו רע' מדורו מסבתו: **[כא] צורם מכרם.** זה אברהם שנקרא צור שנאמר הביטו אל צור חוצבתם גו' אל אברהם אביכם (ישעיה נ"א): **במה אברר.** מהו יותר טוב להשלמתם כי יש פנים לכאן ולכאן כי אולי מרוב צרות בעוה"ז ישובו. או ח"ו להיפך כי זה יטרידם מעשות כל: **קטע בו'.** ע' במ"כ גירסות שונות ויתכן שמהכתוב כרת ה' את אברהם ברית קדייק וכלומר אחר שאברהם היה נבוך בדעתו מה יברר אז ביום ההוא כרת עמו ברית. כלומר

הָדָא הוּא דִכְתִיב "אִם לֹא כִּי צוּרָם מְכָרָם", זֶה אַבְרָהָם – **This**[194] **is** the meaning of **what is written** (*Deuteronomy* 32:30), *For how could one pursue a thousand . . .* ***if not that their Rock*** [צוּרָם] ***had sold them out*** – **this** alludes **to Abraham;**[195] "וַה' הִסְגִּירָם", מְלַמֵּד שֶׁהִסְכִּים הַקָּדוֹשׁ בָּרוּךְ הוּא לִדְבָרָיו – ***and HASHEM had delivered them?*** (ibid.) – **this teaches that the Holy One, blessed is He, agreed to [Abraham's] words** (that exile was the better option).[196]

רַבִּי הוּנָא בְּשֵׁם רַבִּי אַחָא אָמַר – **R' Huna in the name of R' Acha said:** כָּךְ הָיָה אָבִינוּ אַבְרָהָם יוֹשֵׁב וְתָמֵהַּ כָּל אוֹתוֹ הַיּוֹם – **Thus was our father Abraham sitting and wondering all that day,**[197] אָמַר: בַּמָּה אֶבְרֹר, בְּגֵיהִנֹּם אוֹ בְמַלְכֻיּוֹת – **saying** to himself, **"Which should I choose,** ***Gehinnom*** **or** foreign **kingdoms?"** אָמַר לוֹ הַקָּדוֹשׁ בָּרוּךְ הוּא – **The Holy One, blessed is He, said to him,** אַבְרָהָם קְטַע הָדֵין מוֹנִיטָא מִן כַּדּוּ – **"Abraham! Cast away this option**[198] of *Gehinnom* **from here."**[199]

NOTES

194. The Midrash here is referring to the *first* opinion (that of R' Chanina bar Pappa, that Abram chose exile); see *Shemos Rabbah* 51 §7 (*Maharzu, Eitz Yosef, Yedei Moshe*).

195. Although according to the plain meaning of the verse, צוּרָם refers to God (*their Rock*), the Midrash interprets it here as referring to Abraham, as in *Isaiah* 51:1-2, which states: הַבִּיטוּ אֶל צוּר חֻצַּבְתֶּם . . . הַבִּיטוּ אֶל אַבְרָהָם אֲבִיכֶם, *Look to the rock* [צוּר] *from which you were hewn . . . look to Abraham your forefather* (*Midrash Tehillim* 52 §8; *Shemos Rabbah* loc. cit.).

196. This accords with the opinion of R' Chanina bar Pappa, who holds that God did *not* choose differently than Abraham did.

197. This is derived from verse 18, which states: בַּיּוֹם הַהוּא כָּרַת ה' אֶת אַבְרָם בְּרִית, *On that day HASHEM made a covenant with Abram*. The Midrash takes the word כָּרַת (lit., *cut*) to mean that God "cut off" one of Abram's two options (see next note), and thus enabled him to decide. The phrase *that day*, however, indicates that for one complete day Abram sat in indecision (*Yefeh To'ar, Eitz Yosef*).

198. See *Eitz Yosef*. The words קְטַע הָדֵין mean literally *cut this*, which means "decide this." The exact meaning of the word מוניטא is unclear: Its literal meaning is *coin* (or *mint*), leading *Eitz Yosef* to render the phrase as meaning: *cut* (i.e., disqualify) *this coin [of Gehinnom]* (i.e., do not choose that option). Cf. *Matnos Kehunah*.

199. The parallel passage in *Midrash Tehillim* 40 §4 reads simply: קְטַע הָדָא מִילְּתָא, *cut* (i.e., *decide*) *this matter*.

INSIGHTS

to Abraham in the first place. Shouldn't God simply punish them as appropriate according to His infinite wisdom? He explains that Abraham's love of God was being tested and that his response would naturally determine how God would punish his children throughout history.

God always punishes *middah keneged middah* – measure for measure. Nevertheless, God's love and compassion for His people are always present. But there are two ways in which God can express His love: He can do so openly and fully, or He can do it in a hidden way, such that only those closest to Him perceive it. Without Abraham's choice, God's love for His people would follow – measure for measure – the love they would demonstrate for Him. By straying from the path, they would not be demonstrating love for God, and He in turn would have to keep His own love hidden.

In presenting this choice to Abraham, God was giving him the opportunity to evoke God's open love for his people – measure for measure – with his *own* love of God. What kind of punishment should Abraham choose? If he chose exile instead of *Gehinnom*, his descendants would suffer less, but God's Name would be desecrated, for the nations of the world would conclude that He was apparently unable to protect His people. On the other hand, if he chose the more severe punishment of *Gehinnom* instead of exile, at least God's people would thrive in their own land and the honor of His Name would be preserved.

In choosing to place God's honor above the fate of his children, Abraham was expressing his abundant love for Him. This is what God wanted, since Abraham's love – measure for measure – would evoke His own love in an open and obvious way, leading Him to forgo His own honor in the interests of His people. He would punish them with exile instead of *Gehinnom*, world opinion notwithstanding. Thus, it was specifically Abraham's *choice* of *Gehinnom* that caused God to choose exile instead.

This is in fact alluded to in the verse itself. The verse describes how a תַנּוּר עָשָׁן וְלַפִּיד אֵשׁ (*a smoky furnace and a torch of fire*) passed between the animal parts. These hinted to Abraham about the two ways God might express His love for His people. When a flame is present in a home, it can be observed in one of two ways. If the windows are open, it can be seen plain as day. If they are closed and the flame is hidden, one has to determine whether there is smoke rising somewhere – a sure sign that a flame is burning within. God was hinting that His love might be obvious, like a flame burning behind an open window, or that it might be hidden, observable only to those close to Him who could spot the telltale smoke.

Abraham was being called upon to approach God with open love and to show concern for His honor above all so that God could "keep the windows open," revealing His love to all. As the verse (often applied in the Midrash to Abraham) teaches: עוֹלָם חֶסֶד יִבָּנֶה, *the world is built with loving-kindness* (*Psalms* 89:3). This means that when each one gives rather than takes, both receive and can build together. Here too, Abraham's love and willingness to sacrifice for God led to God's open love for His people and His willingness to, as it were, "sacrifice" for them, resulting in an everlasting relationship of love that would carry us throughout history and into eternity (see also *Yefeh To'ar*).

אָמַר לוֹ: [טו, טו] "וְאַתָּה תָּבוֹא אֶל אֲבֹתֶיךָ בְּשָׁלוֹם וְגוֹ'". אָמַר רֵישׁ לָקִישׁ: [לב]ג' הֵם שֶׁנֶּאֱמַר בָּהֶם בְּשֵׂיבָה טוֹבָה, אַבְרָהָם הָיָה שָׁוֶה לוֹ, דָּוִד שָׁוֶה לוֹ, גִּדְעוֹן לֹא שָׁוֶה לוֹ, לָמָּה (שופטים ח, כז) "וַיַּעַשׂ אוֹתוֹ גִּדְעוֹן לְאֵפוֹד", לַעֲבוֹדָה זָרָה:

כא [טו, יז] "וַיְהִי הַשֶּׁמֶשׁ בָּאָה וַעֲלָטָה הָיָה". אֲמִיטְתָא הֲוָת. "וְהִנֵּה תַנּוּר עָשָׁן וְלַפִּיד", שִׁמְעוֹן בַּר אַבָּא בְּשֵׁם רַבִּי יוֹחָנָן אָמַר: אַרְבָּעָה דְּבָרִים הֶרְאָה לוֹ, [לג]גֵּיהִנֹּם, וּמַלְכֻיּוֹת, וּמַתַּן תּוֹרָה, וּבֵית הַמִּקְדָּשׁ. אָמַר לוֹ: כָּל זְמַן שֶׁבָּנֶיךָ עֲסוּקִים בִּשְׁתַּיִם, הֵם נִיצּוֹלִים מִשְּׁתַּיִם, פֵּירְשׁוּ מִשְּׁתַּיִם הֵם נִידּוֹנִין בִּשְׁתַּיִם. אָמַר לוֹ: בַּמֶּה אַתָּה רוֹצֶה שֶׁיֵּרְדוּ בָנֶיךָ, בַּגֵּיהִנֹּם, אוֹ בַּמַּלְכֻיּוֹת, רַבִּי חֲנִינָא בַּר פַּפָּא אָמַר: [לד]אַבְרָהָם בֵּרַר לוֹ אֶת הַמַּלְכֻיּוֹת, רַבִּי יוּדָן וְרַבִּי אִידִי וְרַבִּי חָמָא בַּר חֲנִינָא אָמְרוּ: אַבְרָהָם בֵּרַר גֵּיהִנֹּם, וְהַקָּדוֹשׁ בָּרוּךְ הוּא בֵּרַר לוֹ אֶת הַמַּלְכֻיּוֹת, הָדָא הוּא דִכְתִיב (דברים לב, ל) "אִם לֹא כִּי צוּרָם מְכָרָם", זֶה אַבְרָהָם. (שם) "וַה' הִסְגִּירָם", מְלַמֵּד שֶׁהִסְכִּים הַקָּדוֹשׁ בָּרוּךְ הוּא לִדְבָרָיו. רַבִּי הוּנָא בְּשֵׁם רַבִּי אַחָא אָמַר: כָּךְ הָיָה אָבִינוּ אַבְרָהָם יוֹשֵׁב וְתָמֵהַּ כָּל אוֹתוֹ הַיּוֹם, אָמַר: בַּמָּה אֶבְרֹר, בְּגֵיהִנֹּם אוֹ בְמַלְכֻיּוֹת, אָמַר לוֹ הַקָּדוֹשׁ בָּרוּךְ הוּא: אַבְרָהָם קְטַע הָדֵין מוֹנִיטָא מִן כַּדּוּ.

עץ יוסף

א"ל ואתה תבא כו'. הוא תשובה על דברי אברהם שלא יהיה בכלל הענוי. וכל האבות והשבטים לא היו בכלל הענוי כמפורש בש"ר פ"א ויתכן שהם רמוזים במ"ש ואתה בוי"ו: [כג] **ג' הם שנאמר בהם בשיבה טובה**. אברהם כאן ולקמן סוף סדר חיי שרה. דוד בסוף דה"י א'. גדעון בשופטים ח': **אברהם היה שוה לו**. ראוי והגון לו כי קנה שלימות הרבה בזקנותו וכדדר' לקמן גבי אברהם זקן בא בימים שבזקנותו בא בפילין מפולש לחיי העולם הבא שנאחז בימים העליונים: **דוד שוה לו**. ראוי והגון לו דכתיב ביה נמי זקן בא בימים ודרשינן נמי שגם הוא בזקנותו קנה שלימות וזכה לימים העליונים: **גדעון לא שוה לו**. פי' לא היה ראוי והגון כי בילדותו הלך בדרכי ה'. ובזקנותו קלקל בעשיית האפוד שהיה לאליל: (כא) [כד] **אמיטתא הות**. ובתרגום כאן מתורגם וקיבלא הות. ובדברים ה' י"ט הענן והערפל מתרגמינן עננא ואמיטתא: **ד' דברים הראה לו**. כלו' במה שהורהו זה כיון לארבעה דברים. דאל"כ מה ענין לזה: **גיהנם**. רמיז בתנור עשן כמ"ש ותנור לו בירושלים. וכמ"ש הנה היום בא בוער כתנור: **גליות**. והנה אימה חשיכה כמ"ש לעיל: **ומתן תורה**. לפיד אש זו תורה כדכתיב ואת הלפידים: **ובהמ"ק**. נרמז במ"ש לו קחה לי עגלה משולשת וגו' דהיינו קרבנות הנקרבים בבהמ"ק כדלעיל וכן הוא לקמן שמ"ר פ' כ"א: **עסוקים בשתים**. בתורה וקרבנות וכשפרשו מתורה וקרבנות נידונים בגיהנם וגלות ובשמ"ר פ' הנ"ל משמע דתורה מגין על עונש הגיהנם שהוא חמור בהיותו עונש עוה"ב. והקרבנות מגינים על עונש הגלות שהוא קל בהיותו עונש עוה"ז: **אמר לו במה אתה רוצה כו'**. הא"א כ' דה"ג א"ל עתידין קרבנות ליבטל שביהמ"ק עתיד ליחרב במה אתה רוצה כו' וכן הוא בשוח"ט: **אברהם בירר לו את המלכיות הדא הוא דתימא אם לא כי צורם מכרם וה' הסגירם**. כצ"ל וצורם הוא אברהם שנקרא צור כמ"ש הביטו אל צור חוצבתם וגו' אל אברהם אביכם. וכן הוא בשוח"ט: **אמרו אברהם בירר גיהנם והקב"ה ברר לו את המלכיות הה"ד באנו באש ובמים הוא הגיהנם ותוציאנו לרויה**. (ע"י גליות) כצ"ל: **כל אותו היום**. שביום ההוא כרת ה' מבוכה זו ותפך אחד משני חלקי הסותר ומדקאמר ביום ההוא משמע דיום אחד מיהת קדמה המבוכה לאברהם (יפ"ת): **אמר במה אברור**. שאברהם היה נבוך אולי מרוב קושי השיעבוד ישתקעו ח"ו ביניהם ללכת אחרי אלהים אחרים והקב"ה גלוי וידוע לפניו שישראל ודאי לא יבגדו בו: **קטע הדין מוניטא מן כדו**. מוניטא מטבע בלשון רומי כלו' קטע ופסל המטבע של גיהנם ולא תחפוץ בו:

פירוש מהרז"ו

לסמוך פסוק ודור רביעי לפסוק וגם את הגוי וכו' ואחרי כן יצאו ברכוש גדול שאחר הגלות יגאלנו ואחר הגאולה ישובו הנה ולמה הפסיק במ"ש ואתה תבא וגו'. אלא שאחר שבישר לו הגלות והגאולה ושיותחל הגלות מיד כשיהיה לו זרע שאל אם גם הוא בכלל ועבדום וגו' כמו שהוא בכלל כי גר וגו'. והשיב לו ואתה תבא אל אבותיך בשלום שלא תהיה בכלל העינוי וכל האבות והשבטים לא היו בכלל העינוי כמפורש שמ"ר פר' א' סימן א' ויתכן שהם רמוזים במ"ש ואתה בוי"ו: **ג' שנאמר בהן בשיבה טובה**. לקמן פר' ס"ב סוף סי' ב'. אברהם כאן ולקמן סוף סדר חיי שרה. דוד בסוף דה"י א'. גדעון בשופטים ח' ל"ב. ומוטב שלא היה לו שיבה טובה על מ"ש ויעש אותו גדעון לאפוד ויזנו וגו' וזהו שאמרו ולא שוה לו שלא היה ראוי לו: (כא) **אמיטתא הות**. ובתרגום כאן מתורגם וקיבלא הות. ובדברים ה' י"ט הענן והערפל מתורגם שם עננא ואמיטתא: **ארבעה דברים**. מכילתא יתרו פסוק וכל העם רואים. מדרש תהלים מזמור מ' ומזמור כ"ב עיין לעיל סוף פר' כ"א חרב תורה וכו'. שמ"ר פר' כ"א סימן ז' פסיקתא פר' ט"ו סימן ב'. תורה לפיד אש (וכמ"ש ואת הלפידים) קרבנות קחה לי עגלה (כמ"ש לעיל סימן י"ד). גיהנם תנור עשן (כמ"ש הנה היום בא בוער כתנור. גליות והנה אימה חשיכה. (כמ"ש לעיל סימן ט"ו): **עסוקים בשתים**. בתורה וקרבנות. וכשפירשו מתורה וקרבנות נידונים בגיהנם וגלות: **רוצה שירדו בניך**. לפי מ"ש כאן קאי על מ"ש פירשו משתים. ועל זה שאלו במה אתה רוצה שירדו בניך. ופי' מלשון ירידה גם יתכן מלשון הרודה את בנו. ובמדרש תהלים מ' ובילקוט שם הגי' ועתידה תורה לבטל ועתיד ביהמ"ק ליחרב במה אתה רוצה וכו': **אברהם בירר לו גיהנם וכו'**. לפי גירסא זו לא יתכן ליישב הפסוק שהביא אם לא כי צורם וגו'. אלא כאן צ"ל פסוק הרכבת אנוש לראשנו באנו באש ובמים הוא הגיהנם. וכמ"ש בהדיא שמ"ר פר' כ"א סי' ז' ובפסיקתא פר' ט"ו סימן ב' שם. ותוציאנו לרויה על ידי גליות ע"פ מדה י"ג. ופסוק אם לא כי צורם מכרם. מקומו על דברי רבי חנינא בר פפא שלפני זה. שסובר שאברהם בירר גליות ור"ד איכה ירדוף אחד אלף היינו גליות. וצורם הוא אברהם שנקרא צור כמ"ש הביטו אל צור הביטו אל אברהם אביכם הוא במדרש תהלים כ"ב: **כל אותו היום**. כמ"ש ביום ההוא כרת ה' את אברם ברית כדלקמן בסמוך: **פסוק הדין מוניטא מן בדו**. פי' אתוך לך מטבע זו של גליות מכאן שם ושם גי' אחרת:

חידושי הרד"ל

(לו) [כא] **ד' דברים הראה לו כו'**. קרבנות וגליות מצרים ובבל נתבאר לעיל. ועל גיהנם ובהמ"ק עיין במכילתא יתרו שם ושמ"ר פכ"א ופסיקתא שם ושו"ט סוף מז' כ"ב דדרש להא לפיד אש זו תורה כדאמר ואת הלפידים ותנור עשן זו גיהנם כדא' יום בא בוער כתנור:

(לז) **הן נדונין בשתים**. שם מסיים ועתיד בהמ"ק ליחרב והקרבנות לבטל. ואף שהתורה לא תבטל ח"ו. מכל מקום נגד הקרבנות שבטלו. ע"כ ישתעבדו בא' מהן ואמר לו לבחור איזו מהן. ובזוהר יתרו (פ"ג:) הלשון בזה אם לא יתעסקון באורייתא ע"ש:

(לח) **רבי חנינא בר פפא אמר אברהם ברר לו כו' אם לא כי צורם כו'**. שהסכים הקדוש ברוך הוא לדבריו ר' יודן ור' אידי כו' והקב"ה בירר לו את הגליות הה"ד הרכבת אנוש לראשנו. כצ"ל. ולקמן גרסינן מהו לאמר באנו למחלוקת ר"ח בר פפא ור"א ור"ח ב"ח ריב"ל אמר אף קריעת י"ס כו' כצ"ל ע"פ השמ"ר ופסיקתא. ועיין בזוהר יתרו שם. ועמ"כ ויד"מ:

(לט) **קטע הדין מוניטא**. בפסיקתא הדין מולכו פי' עלה וכן פי' גי' הילקוט שהביא המ"כ (ולא כפי' הגליון שהביא לשון נער). ואם הדברים כהווייתן נאמר בלשון ארמי לאברהם. י"ל שרמז לו ה' בלשון מולכו שיברור לו הגליות (וכמו שדרשו כעין זה כדברי גד החוזה שאמר לדוד מה אשיב שולחי דבר שרמז לו שיברור לו דבר):

מסורת המדרש

לב לקמן פרשה ס"ב. ילקוט שופטים רמז ס"ד:

לג מכילתא יתרו פ' ט'. מדרש תהלים מזמור כ"ב. שמות רבה פרשה כ"א. פסיקתא רבתי פ' ט"ו. ילקוט תהלים רמז תשל"ז:

לד שוח"ט מזמור מ' וכ"ב. תנחומא סדר פקודי סימן ח'. ילקוט תהלים רמז תשל"ז. פסיקתא רבתי פ' ט"ו:

אם למקרא

וְאַתָּה תָּבוֹא אֶל־אֲבֹתֶיךָ בְּשָׁלוֹם תִּקָּבֵר בְּשֵׂיבָה טוֹבָה: (בראשית טו:טו)

וַיַּעַשׂ אוֹתוֹ גִדְעוֹן לְאֵפוֹד וַיַּצֵּג אוֹתוֹ בְעִירוֹ בְּעָפְרָה וַיִּזְנוּ כָל יִשְׂרָאֵל אַחֲרָיו שָׁם וַיְהִי לְגִדְעוֹן וּלְבֵיתוֹ לְמוֹקֵשׁ: (שופטים ח:כז)

אֵיכָה יִרְדֹּף אֶחָד אֶלֶף וּשְׁנַיִם יָנִיסוּ רְבָבָה אִם־לֹא כִּי־צוּרָם מְכָרָם וַה' הִסְגִּירָם: (דברים לב:ל)

מתנות כהונה

שווה לו. ראוי והגון: [כא] **אמיטתא**. תרגום של ועלטה: **בית המקדש**. כלומר זכות הקרבנות וכן בשמות רבה פרשה כ"א: **מוניטא**. נער וחרדה ואין מחריך תרגום וליח דמניט ועי' ערך מניט ובשוחר טוב גרס קטע הדא מיליא וכדומה לו גורס בילקוט דגרס מלכיא ופי' המגאר בגליון בלשון לועז הוא נער [וכן בילקוט תהלים מ' רמז תשל"ז]: **הכי גרסינן אברהם בירר**. את המלכיות הדא הוא דכתיב אם לא וגו': **זה אברהם כדאמרינן הביטו אל צור חוצבתם** [וכ"ה בהדיא בשמ"ר פכ"א]: [**בשם ר' אחא אמר כך היה גרסינן**]: **מן כדו**. פירוש מכאן ובילקוט גרס מלכך ור"ל שיברור לו המלכיות [וכ"ה בהדיא בשמ"ר ובילקוט]:

אשד הנחלים

[כ] **גדעון לא שוה לו**. ולכן הבטיח לאברה' בשיבה טוב' כי יש שיבה שאינו טוב' אם ח"ו יקרנו רע' מדורו מסבתו: [כא] **צורם מכרם**. זה אברהם שנקרא צור שנאמר הביטו אל צור חוצבתם גו' אל אברהם אביכם (ישעיה נ"א): **במה אברר**. מהו יותר טוב להשלמתם כי יש פנים לכאן ולכאן כי אולי מרוב צרות בעוה"ז ישובו. או ח"ו להיפך כי זה יטרידם מעשות כל: **קטע כו'**. ע' במ"כ גירסות שונות ויתכן שמהכתוב כרת ה' את אברהם ברית קדייק וכלומר אחר שאברהם היה נבוך בדעתו מה יברר אז ביום ההוא כרת עמו ברית. כלומר שכרת

The Midrash notes that the dispute regarding Abram's choice impacts upon the proper understanding of verse 18 as well:

"בַּיּוֹם הַהוּא כָּרַת ה׳ אֶת אַבְרָם בְּרִית לֵאמֹר" — Verse 18 states: ***On that day HASHEM made a covenant with Abram, saying,*** *To your descendants have I given this land.* מַהוּ "לֵאמֹר" — If we ask: **What is** the import of the word לאמר, ***saying?***,[200] בָּאנוּ לְמַחֲלוֹקֶת רַבִּי חֲנִינָא בַּר פַּפָּא וְרַבִּי יוּדָן וְרַבִּי אִידִי וְרַבִּי חָמָא בַּר חֲנִינָא — we will **have arrived at the argument between R' Chanina bar Pappa** on the one side[201] **and R' Yudan and R' Idi and R' Chama bar Chanina** on the other.[202]

The Midrash reiterates the two positions, and cites Scriptural support for the second:[203]

רַבִּי חֲנִינָא בַּר פַּפָּא אָמַר — **R' Chanina bar Pappa said:** אַבְרָהָם בֵּרֵר לוֹ אֶת הַמַּלְכֻיּוֹת — **Abraham chose** subjugation by **the** foreign **kingdoms.** רַבִּי יוּדָן וְרַבִּי אִידִי וְרַבִּי חָמָא בַּר חֲנִינָא אָמְרוּ — **R' Yudan and R' Idi and R' Chama bar Chanina said:** אַבְרָהָם בֵּרֵר גֵּיהִנֹּם וְהַקָּדוֹשׁ בָּרוּךְ הוּא בֵּרֵר לוֹ אֶת הַמַּלְכֻיּוֹת — **Abraham chose** ***Gehinnom,*** **but the Holy One, blessed is He, chose for him the** foreign **kingdoms.**[204] הָדָא הוּא דִכְתִיב "הִרְכַּבְתָּ אֱנוֹשׁ לְרֹאשֵׁנוּ בָּאנוּ בָאֵשׁ וּבַמַּיִם" — **This is what is written:** ***You mounted a mortal over our head; we entered fire and water, and You brought us out into abundance*** (*Psalms* 66:12).[205]

The Midrash adds one more thing to the previously cited list of four things that God showed Abraham:

רַבִּי יְהוֹשֻׁעַ בֶּן לֵוִי אָמַר — **R' Yehoshua ben Levi said:** אַף קְרִיעַת יַם סוּף הֶרְאָה לוֹ — **[God] also showed [Abram] the Splitting of the Sea of Reeds,**[206] דִּכְתִיב "אֲשֶׁר עָבַר בֵּין הַגְּזָרִים הָאֵלֶּה" — **for it is written** here, *and a torch of fire* ***which passed between these pieces,*** הֵיךְ מָה דְאַתְּ אָמַר — **similar to that which you say** in Scripture, "לְגֹזֵר יַם סוּף לִגְזָרִים" — ***To Him Who divided the Sea of Reeds into parts*** (*Psalms* 136:13).[207]

§22 בַּיּוֹם הַהוּא כָּרַת ה׳ אֶת אַבְרָם בְּרִית לֵאמֹר — ***ON THAT DAY HASHEM MADE A COVENANT WITH ABRAM, SAYING: "TO*** *YOUR DESCENDANTS HAVE I GIVEN THIS LAND."*

רַבִּי יוּדָן וְרַבִּי יוֹחָנָן בֶּן זַכַּאי וְרַבִּי עֲקִיבָא — **R' Yudan** said: **R' Yochanan ben Zakkai and R' Akiva** disagreed:[208] חַד אָמַר הָעוֹלָם הַזֶּה גִּלָּה לוֹ אֲבָל הָעוֹלָם הַבָּא לֹא גִּלָּה לוֹ — **One said: [God] revealed** the future occurrences of **this world to [Abram],**[209] **but He did not** reveal the occurrences of the **Next World**[210] **to him;** וְאוֹחֲרָנָא אָמַר אֶחָד הָעוֹלָם הַזֶּה וְאֶחָד הָעוֹלָם הַבָּא גִּלָּה לוֹ — **and the other said: [God] revealed to [Abram] both** the future occurrences of **this world and the** occurrences of the **Next World.**[211] רַבִּי בֶּרֶכְיָה אָמַר רַבִּי אֶלְעָזָר וְרַבִּי יוֹסֵי בַּר חֲנִינָא — **R' Berechyah said:** It was **R' Elazar and R' Yose bar Chanina** who disagreed over what was revealed to Abraham,[212] and their disagreement was as follows: חַד אָמַר: עַד הַיּוֹם הַזֶּה גִּלָּה לוֹ — **One said: [God] revealed** the history of the world **until this day**[213] **to [Abram];** וְאוֹחֲרָנָא אָמַר: עַד הַיּוֹם הַהוּא גִּלָּה לוֹ — **and the other said: He revealed to him** the history of the world **until** ***that*** **day.**[214]

□ לְזַרְעֲךָ נָתַתִּי וְגוֹ׳ — ***TO YOUR DESCENDANTS HAVE I GIVEN THIS LAND, ETC.***

The Midrash teaches us how to view a promise from God, and cites proof to its statement from our verse:

רַבִּי הוּנָא וְרַבִּי דּוֹסְתָּאי בְּשֵׁם רַבִּי שְׁמוּאֵל בַּר נַחְמָן — **R' Huna and R' Dostai** said **in the name of R' Shmuel bar Nachman:**

NOTES

200. The word לֵאמֹר, *saying*, usually implies "to say to others." To what others does it refer here? (see *Yefeh To'ar, Eitz Yosef*).

201. According to R' Chanina bar Pappa, who holds that Abraham chose the foreign kingdoms, the word *saying* alludes to God's agreement with him on this point (*Matnos Kehunah*).

202. According to these Sages, who hold that Abraham chose *Gehinnom* but God told him to choose foreign kingdoms, the word *saying* refers to God's advice to Abraham (ibid.).

203. Scriptural support for the first opinion was already adduced above; see note 194.

204. [The text here (which cites *both* opinions, in contrast with other versions, that cite only the first) follows the emendation of *Maharzu* and *Eitz Yosef*, who write (as does *Yefeh To'ar*) that the verse cited shortly supports the *second* view, and not the first.]

205. *You mounted a mortal over our head* alludes to foreign kingdoms; *we entered fire and water* represents *Gehinnom*. The point is: We will be forgiven by being subjugated by foreign kingdoms (*a mortal over our heads*) just as if we had entered *Gehinnom* [which would have been a more severe punishment; see note 190] (*Yefeh To'ar, Eitz Yosef*). [As described in *Midrash Tehillim* 40 §4, the wicked are punished with fire, snow, and hail. *Shemos Rabbah* loc. cit. similarly describes *Gehinnom* as being comprised of "half fire and half hail" (see *Maharzu*).]

206. Just as He showed Abram the exiles and *Gehinnom*, it was appropriate that He show him also how He would judge the Egyptians (as stated in verse 14) to complete the redemption of Israel (see *Eitz Yosef*).

207. The phrase in our passage, אֲשֶׁר עָבַר בֵּין הַגְּזָרִים הָאֵלֶּה, *which passed between these pieces* [הַגְּזָרִים], alludes to the Splitting of the Sea, which is referred to with the words לְגֹזֵר יַם סוּף לִגְזָרִים (*Eitz Yosef*; see also *Maharzu*).

208. R' Yudan was an Amora, and is recounting the debate between the Tannaim R' Yochanan ben Zakkai and R' Akiva (*Eitz Yosef*). [The *vav* preceding R' Yochanan ben Zakkai's name is difficult to explain, and indeed does not appear in all editions of the Midrash.]

209. According to this view, the phrase *that day* in our verse (which obviously was a day in *this* world [*Eitz Yosef*]) alludes to the future of this world — as we have seen, for example, that God showed Abram the four kingdoms that would conquer Israel; see above, secs. 15 and 17 (*Maharzu*).

210. In this context, the Next World refers to the Messianic era (*Maharzu; Eitz Yosef*). [It cannot refer to the World of Souls, because what occurs there is beyond the ken of human beings; see *Isaiah* 64:3 and *Berachos* 34b (*Matnos Kehunah*).]

211. This view expounds a *gezeirah shavah* between the phrase בַּיּוֹם הַהוּא, *on that day*, in our verse, and the same phrase in the verse, בַּיּוֹם הַהוּא יִהְיֶה ה׳ אֶחָד וּשְׁמוֹ אֶחָד, *on that day, HASHEM will be One and His Name will be One* (*Zechariah* 14:9), which refers to the Messianic era (ibid.; see *Eitz Yosef*).

212. *Maharzu*.

213. That is, until the day when Israel would be redeemed from Egypt, which is referred to in *Exodus* 12:41 as *that day* [הַיּוֹם הַזֶּה] (see *Eitz Yosef*).

214. That is, until the day the Messiah arrives (based on the *gezeirah shavah* mentioned in note 211). Both R' Elazar and R' Yose bar Chanina subscribe to the view that God did not show Abram the Messianic era itself (ibid.; cf. *Maharzu*).

[טו, יח] "בַּיּוֹם הַהוּא כָּרַת ה' אֶת אַבְרָם בְּרִית לֵאמֹר", מַהוּ "לֵאמֹר", בָּאנוּ לְמַחֲלוֹקֶת רַבִּי חֲנִינָא בַּר פָּפָּא וְרַבִּי יוּדָן וְרַבִּי אִידִי וְרַבִּי חָמָא בַּר חֲנִינָא. רַבִּי חֲנִינָא בַּר פָּפָּא אָמַר: אַבְרָהָם בֵּרַר לוֹ אֶת הַמַּלְכֻיּוֹת, הָדָא הוּא דִכְתִיב (תהלים סו, יב) "הִרְכַּבְתָּ אֱנוֹשׁ לְרֹאשֵׁנוּ בָּאנוּ בָאֵשׁ וּבַמַּיִם", רַבִּי יְהוֹשֻׁעַ בֶּן לֵוִי אָמַר: אַף קְרִיעַת יַם סוּף הֶרְאָה לוֹ, דִּכְתִיב [טו, יז] "אֲשֶׁר עָבַר בֵּין הַגְּזָרִים הָאֵלֶּה", הֵיךְ מָה דְאַתְּ אָמַר (שם קלו) "לְגֹזֵר יַם סוּף לִגְזָרִים":

כב [טו, יח] "בַּיּוֹם הַהוּא כָּרַת ה' אֶת אַבְרָם בְּרִית לֵאמֹר". רַבִּי יוּדָן וְרַבִּי יוֹחָנָן בֶּן זַכַּאי וְרַבִּי עֲקִיבָא, חַד אָמַר: הָעוֹלָם הַזֶּה גִּלָּה לוֹ אֲבָל הָעוֹלָם הַבָּא לֹא גִּלָּה לוֹ, וְאוֹחֳרָנָא אָמַר אֶחָד הָעוֹלָם הַזֶּה וְאֶחָד הָעוֹלָם הַבָּא גִּלָּה לוֹ. רַבִּי בֶּרֶכְיָה אָמַר רַבִּי אֶלְעָזָר וְרַבִּי יוֹסֵי בַּר חֲנִינָא, חַד אָמַר: עַד הַיּוֹם הַזֶּה גִּלָּה לוֹ, וְאוֹחֳרָנָא אָמַר: עַד הַיּוֹם הַהוּא גִּלָּה לוֹ. "לְזַרְעֲךָ נָתַתִּי וְגוֹ'", רַבִּי הוּנָא וְרַבִּי דוֹסְתָּאִי בְּשֵׁם רַבִּי שְׁמוּאֵל בַּר נַחְמָן:

חידושי הרד"ל

(מ) [כב] רבי יודן א' ריב"ז ור"ע. כצ"ל:

עץ יוסף

מה לאמור. שבכל מקום הוא לאמור לאחרים: **באנו למחלוקת.** דלר' חנינא יהיה פירוש שהסכים ה' לדברי אברהם וכרת לו ברית לשיאמר תמיד כן א"ל הקב"ה כדבריו. ולר"י וסייעתו פי' שכרת לו ברית והודיעו לומר מלכיות הפך דבריו (יפ"ת): **ר"ח בר פפא אמר אברהם ברר לו את המלכיות.** ר' יודן ור' אידי ור"ח בר חנינא אמרו אברהם בירר גיהנם והקב"ה ברר לו את המלכיות הה"ד באנו כו'. כצ"ל ופסוק זה ראיה למ"ד שהקב"ה בירר לו המלכיות כדאי' בשוח"ט מזמור מ'. ופי' באנו באש ובמים שע"י שהרכבת אנוש לראשנו מחול לנו כאילו הכנסנו לגיהנם שהוא אש ומים: **אף קריעת ים סוף.** תנור עשן ולפיד אש רומז על בררם במצרים. גילה לו קריעת ים סוף לפי שהודיעו וגם את הגוי אשר יעבדו וגו' הראהו קריעת ים סוף שהוא עיקר הגאולה ודין המצרים. וגם מרומז בזה לעתיד כדכתיב כימי צאתך מארץ מצרים אראנו נפלאות (יפ"ת): **לגוזר ים סוף לגזרים.** אשר עבר בין הגזרים רמז על קריעת ים סוף שנא' בו לגוזר ים סוף לגזרים: (כב) [כה] **ר' יודן וריב"ז ור"ע.** ר"י שהוא אמורא שונה שריב"ז ור"ע פליגי בזה: **חד אמר עולם הזה גילה לו כו'.** דדריש ביום ההוא כרת וגו' ביום ההוא שנעשה המאורע. וזהו עוה"ז. ואידך דריש מדלא כתיב ביום הזה אלא ביום ההוא רמז לימות המשיח כמד"א ביום ההוא יהיה ה' אחד. ועה"ב פירושו ימות המשיח. כדאי' בהדיא סוף כתובות (מת"כ): **עד היום הזה גילה לו.** עד היום הנזכר בפסוק ואח"כ יצאו ברכוש גדול ע"כ גילה לו השיעבוד על בניו ותו לא. ואידך סבר מדכתיב ביום ההוא דרמז לביום ההוא יהיה וגו' שהכל גילה לו עד ימות המשיח ותרווייהו פליגי אליבא דמ"ד לעיל עוה"ב לא גילה לו:

פירוש מהרז"ו

הדא הוא דתימא הרכבת. כאן חסר וכצ"ל ר"י ור"א ור"ח אמרי אברהם בירר לו גיהנם והקב"ה בירר לו גלות ככ"ל. ומ"ש באנו למחלוקת באו לפרש תיבת לאמר דלר"ח ב"פ תיבת לאמר שהברית היה כמו שאמר אברהם. ולר"י ור"א ור"ח שאברהם בירר לו גיהנם וכו' קאי תיבת לאמר על הקב"ה שהוא אמר על הגליות וכרת ברית. ולפי זה סוברים שפסוק ביום ההוא וגו' שייך על הפסוק הקודם והנה תנור עשן ולפיד אש וכמבואר לעיל בפרשה פירושם. ובמדרש תהלים סוף מזמור מ' איתא אמר ר' ברכיה היה אברהם אותו היום יושב ודומם וכו' התחיל הקב"ה חותך את הדבר שנאמר ביום ההוא כרת ה' את אברם ברית עכ"ל הרי מפורש שדורש מ"ש כרת ברית על חיתוך הפסק ומ"ש ביום ההוא משמע שכל היום היה כן ועל פי מדה ל"א כאלו כתוב ביום ההוא אברם וע"פ מדה ט' שישב כל היום דומם וחושב כרת הש"י הברית וחתך הפסק ברגע א' ועל שתיבת לאמר כאן אינו אחר אמירה ודיבור בהכרח לפרשו על הענין של מעלה ואח"ע של הפסק בענין של מטה לזרעך נתתי את הארץ שכבר מבואר הוא בכמה מקומות ת"ע בענין של מעלה מה שיברור לו שהיה בספק ודרשה זו על פי מדה כ' ומדה ט' ומדה י"א. שמ"ש לזרעך וכו' ענין אחר הוא. והנה בתהלים ק"ה י"ח ובד"ה א' ט"ז י"א מפורש שתיבת לאמר שייך למ"ש לזרעך וכו' כמ"ש שם לאמר לך אתן את ארץ כנען ובפסוק כתוב ברית עולם. ואחר כך מתחיל לאמר לך אתן וכאן האתנח אחר תיבת לאמר. כאן לפי הדרש. וגם לפי הפשט. ועי' עוד כל זה תנחומא פקודי סימן ח': **באנו באש ובמים.** הוא הגיהנם שאליו אש ואליו מים (היינו שלג) כן הוא בשמ"ר פר' כ"א סימן ז' ובמדרש תהלים סוף מזמור מ'. וע"י אברם שבחר בגיהנם באנו שם. ותוציאנו לרויה. פי' שע"י גליות יצאנו לרויה מן הגיהנם: **בין הגזרים.** הי"ל בין הבתרים האלה כמ"ש ויבתר אותו וכמ"ש ואת הצפור לא בתר ואמר גזרים לדרוש גז"ש על גזרים של ים סוף: (כב) **ר' יודן ורבי יוחנן בן זכאי ורבי עקיבא.** נ"ע דהתחיל בתלת וסיים בתרתי שלא הביא אלא ב' דעות. ועוד שמקדים ר' יודן שהוא אמורא לריב"ז ור"ע שהיו תנאי קדמאי על כן בהכרח לומר שהכוונה שר' יודן היה שונה שריב"ז ור"ע פליגי בזה וצ"ל ר' יודן אמר. ריב"ז ור"ע. (וכמ"ש לקמן ר"ב אמר ר"א וריב"ח) וכאן פליגי במ"ש ביום ההוא כרת ה' את וכו' היינו ככל המבואר בסימן הקודם על הד' גליות וזהו בעוה"ז עד ימות המשיח ומר סבר דמ"ש ביום ההוא ע"פ גז"ש כמ"ש ביום ההוא יהיה ה' אחד ושמו אחד היינו לעוה"ב. והפלוגתא שהביא ר' יודן בשם תנאי הביא ר' ברכיה בשם אמוראי:

אם למקרא

הִרְכַּבְתָּ אֱנוֹשׁ לְרֹאשֵׁנוּ בָּאנוּ־בָאֵשׁ וּבַמַּיִם וַתּוֹצִיאֵנוּ לָרְוָיָה: (תהלים סו:יב)

לְגֹזֵר יַם־סוּף לִגְזָרִים כִּי לְעוֹלָם חַסְדּוֹ: (תהלים קלו:יג)

מתנות כהונה

מהו לאמר. באו למחלוקת דלמאן דאמר אברהם בירר לו המלכיות והקב"ה הסכים על ידו אמר לאמר על ההסכמה על ידו ולמאן דאמר הקב"ה בירר המלכיות אמר לאמר על העצה: **ה"ג** והקב"ה בירר לו את המלכיות הה"ד הרכבת אנוש וגו' [ועיין בשמ"ר ובילקוט תהלים]: **באנו באש ובמים.** עי' בשמ"ר: **[כב]** העולם הזה גלה לו דרש ביום ההוא כרת וגו' ביום ההוא שנעשה המאורע וזהו עולם הזה וכתוב אמר ביום ההוא שנעשה לו כל אלה כרת ה' עמו וגו'. ואידך דרש מדלא קאמר ביום הזה אלא ביום ההוא רמז לימות המשיח כד"א ועלו מושיעים וגו' ביום ההוא יהיה ה' אחד: **העולם הבא וכו'.** פירש ימות המשיח דאי שכר עולם הנשמות הא אמרו חז"ל כל הנביאים לא נתנבאו אלא לימות המשיח אבל עוה"ב עין לא ראתה אלהים זולתך וימות המשיח נקראו עולם הבא כדאיתא בהדיא סוף פרק בתרא דכתובות וכן כתבו בתוספות ועי' במדבר רבה דף קל"ה סוף ע"ג ובמדרש קהלת בפסוק אמרתי אני בלבי (ב' א'): **עד היום הזה גלה לו.** עד היום הנזכר בפסוק ואחר כך יצאו ברכוש גדול עד כאן גילה לו מה שיעבור על בניו ותו לא ואידך סבר מדכתיב ביום ההוא שרמז לביום ההוא וגו' שהכל גלה לו עד ימות המשיח ותרווייהו אמוראי פליגא אליבא דמאן דאמר לעיל עולם הבא לא גלה לו:

אשד הנחלים

ופסק הדבר אך יהיה כמו הדבר הנכרת ונפסק איך יהיה כדי שבאחרית יזכו לכל טוב וזהו ביאר מלת קטע שהוא מלשון כריתה והפסקה ולכן מפרש כל אחד דעתו מה כרת. כן נראה לי: **קריעת ים סוף.** אף שתנור עשן ולפיד אש הושאל על הצרה. זה רומז על צרת המצריים וביאור הכתוב ועלטה שנחשך עיני ישראל בראותם מצרים רודפים אחריהם אך והנה לפיד אש רומז לעמוד האש המאיר להם ועשן למצרים זה העמוד הענן שהחשיך להם עד אשר עברו בין הגזרים האלה ואז ביום ההוא כרת ה' עמו ברית שיתן לזרעו כי אז החלו להלוך בא"י למקומם וזהו דרש נפלא בפשט הכתוב ע"ד פשוטו ממש: **[כב] העוה"ב לא גלה לו.** דייק מביום ההוא שזהו ימי העוה"ז אבל שכר עוה"ב וימות המשיח שזהו עין לא ראתה כי א"א לשום נביא להשיג בעודו בחומרו איכות עוה"ב ותענוגיו ודעת אחרינא שגם עוה"ב גילה לו כי הוא הי' משלשה שטעמו מנועם העוה"ב אחר שהוא נפרד מהאנושיות והוא מחקר דק מאוד בחכמת הנפש ואין להאריך יותר:

אַף מַאֲמָרוֹ שֶׁל הַקָּדוֹשׁ בָּרוּךְ הוּא מַעֲשֶׂה — **Even** a mere ***statement* of the Holy One, blessed is He, is** regarded as **an** accomplished **deed,**[215] "שֶׁנֶּאֱמַר "לְזַרְעֲךָ נָתַתִּי — **for it is stated** in our verse, ***"To your descendants have I given*** *this land."* אֶתֵּן אֶת הָאָרֶץ הַזֹּאת אֵין כְּתִיב כָּאן אֶלָּא "נָתַתִּי אֶת הָאָרֶץ הַזֹּאת" — **It is not written here, "I *will give* this land";**[216] **rather, *I "have given" this land*** is written.[217]

The Midrash cites other places in Scripture where we find this idea:

רַבִּי יוּדָן בְּשֵׁם רַבִּי אַבָּא בַּר כָּהֲנָא אָמַר — **R' Yudan said in the name of R' Abba bar Kahana:** "יֹאמְרוּ גְּאוּלֵי ה׳" — Scripture states, ***Those redeemed by HASHEM will say [it]****; those whom He redeemed* [אֲשֶׁר גְּאָלָם] *from the hand of distress, and whom He gathered from the lands* (*Psalms* 107:2). אֲשֶׁר הוּא גוֹאֲלָם לֹא נֶאֱמַר אֶלָּא "אֲשֶׁר גְּאָלָם" — **It is not written** here, **"Those whom He *is*** (or: ***will be***) ***redeeming*** [אֲשֶׁר הוּא גוֹאֲלָם]"; **rather, *those whom "He redeemed"*** is written.[218]

Another example:

אָמַר רַבִּי אָבוּן — **R' Avin said:** כִּי פוֹדֶה ה׳ אֶת יַעֲקֹב אֵין כְּתִיב כָּאן — **It is not written here** (*Jeremiah* 31:10), ***"For HASHEM is*** (or: ***will be***) ***redeeming* Jacob";** "אֶלָּא "כִּי פָדָה ה׳ אֶת יַעֲקֹב — **rather, *For HASHEM has redeemed Jacob.***[219]

Yet another example:

רַבָּנָן אָמְרֵי "אֶשְׁרְקָה לָהֶם וַאֲקַבְּצֵם" — **The Sages said:** The verse (*Zechariah* 10:8) begins, ***I will whistle to them and gather them.*** "כִּי אֶפְדֵּם אֵין כְּתִיב כָּאן אֶלָּא "כִּי פְדִיתִים — But **it is not written here** in the continuation of the verse, **"for I *will redeem* them"; rather, *for I "have redeemed" them*** is written.

A final example:

אָמַר רַבִּי יְהוֹשֻׁעַ — **R' Yehoshua said:** וְיִבְרָא "ה׳ עַל כָּל מְכוֹן הַר צִיּוֹן" אֵין כְּתִיב כָּאן — **It is not written here** (*Isaiah* 4:5),[220] ***And HASHEM "will create" over every structure of Mount Zion*** . . . *a cloud by day, etc.*; "אֶלָּא "וּבָרָא — **rather,** *HASHEM* ***"created*** . . . " is written. כְּבָר הִיא בְּרוּאָה וּמְתוּקֶּנֶת — This is because it is regarded as if **it** (the protective cloud by day, etc.) **was already created and prepared.**[221]

> אֶת הַקֵּינִי וְאֶת הַקְּנִזִּי וְאֵת הַקַּדְמֹנִי. וְאֶת הַחִתִּי וְאֶת הַפְּרִזִּי וְאֶת הָרְפָאִים. וְאֶת הָאֱמֹרִי וְאֶת הַכְּנַעֲנִי וְאֶת הַגִּרְגָּשִׁי וְאֶת הַיְבוּסִי.
>
> *The Kennite, the Kenizzite, and the Kadmonite; the Hittite, the Perizzite, and the Rephaim; the Amorite, the Canaanite, the Girgashite, and the Jebusite* (15:19-21).

§23 In this passage, God promises Abram that the land of the ten nations listed here shall be given to him. The latter seven are identified as the Seven Nations mentioned elsewhere in Scripture,[222] with one exception. The Midrash will address that exception. It will then discuss the first three of the group:

רַבִּי דוֹסְתָּאִי בְּשֵׁם רַבִּי שְׁמוּאֵל בַּר נַחְמָן אָמַר — **R' Dostai said in the name of R' Shmuel bar Nachman:** לְפִי שֶׁאֵינוֹ מַזְכִּיר כָּאן הַחִוִּי — **Since [Scripture] does not mention the Hivvite** nation here,[223] לְפִיכָךְ הוּא מֵבִיא רְפָאִים תַּחְתֵּיהֶם — **therefore it mentions *the Rephaim* in their place.**[224]

רַבִּי חֶלְבּוֹ בְּשֵׁם רַבִּי אַבָּא בְּשֵׁם רַבִּי יוֹחָנָן — **R' Chelbo said in the name of R' Abba, who said in the name of R' Yochanan:** כָּךְ עָלָה בְּדַעְתּוֹ שֶׁל מָקוֹם לְהַנְחִיל לָהֶם לְיִשְׂרָאֵל אֶרֶץ עֲשָׂרָה עֲמָמִים — **The Omnipresent did indeed contemplate giving Israel as an inheritance the land of ten nations,** אֶת הַקֵּינִי וְאֶת הַקְּנִזִּי, וְאֶת הַקַּדְמוֹנִי — i.e., the Seven Nations plus ***the Kennite, the Kenizzite, and the Kadmonite***; וְלֹא נָתַן לָהֶם אֶלָּא שִׁבְעָה — **but He gave them only seven,** אֶת הַחִתִּי, וְאֶת הַפְּרִזִּי, וְאֶת הָרְפָאִים, וְאֶת הָאֱמוֹרִי, וְאֶת הַכְּנַעֲנִי, וְאֶת הַגִּרְגָּשִׁי, וְאֶת הַיְבוּסִי, הֲרֵי שִׁבְעָה — as it states here, ***the Hittite, the Perizzite, and the Rephaim; the Amorite, the Canaanite, the Girgashite, and the Jebusite* — which is a total of seven.** וְלָמָּה נָתַן לָהֶם שִׁבְעָה (פֵּירְשָׁן לע״ל)[225] — **And why did He give them only seven** of the ten?[226] **He separated [the other three] for the future.**[227]

The Midrash cites four opinions regarding the identity of *the Kennite, the Kenizzite, and the Kadmonite*:

וְאֵיזֶה הֵם הַג׳ שֶׁלֹּא נִיתַּן לָהֶם — **Which are the three** lands **that were given to them?** רַבִּי אוֹמֵר: עֲרַבְיָה שַׁלְמָיָיה, נְטָיָיה — **Rebbi says: Arabia, the Shalamite, and the Nabatean.**[228]

רַבִּי שִׁמְעוֹן בֶּן יוֹחָאי אוֹמֵר: דַּרְמוּסְקוֹס, וְאַסְיָיא, וְאַסְפַּמְיָיא[229] — **R' Shimon bar Yochai says: The Damascus region,**[230] **Asia** Minor,[231] **and Aspamea.**[232]

רַבִּי אֱלִיעֶזֶר בֶּן יַעֲקֹב אָמַר: אַסְיָא וּתְרַקִי וְקַרְטָגִינָה — **R' Elazar ben Yaakov said: Asia** Minor, **Turkey, and Carthage.**[233]

רַבָּנָן אָמְרֵי אֱדוֹם וּמוֹאָב, וְרֵאשִׁית בְּנֵי עַמּוֹן — **The Sages stated: Edom and Moab and the main part of the Children of Ammon;**[234]

NOTES

215. Whatever God says that He will do is actually "as good as done" — literally — for, of course, no one can stop God from doing whatever He intends to do (*Eitz Yosef*).

216. The future tense is what we would have expected the verse to employ, in light of the fact that God was making a promise here for the *future*.

217. God's promise to give *Eretz Yisrael* to Abram's descendants is expressed by the Torah in the past tense, to order to connote that the promise was certain to be fulfilled, and it is therefore regarded as if He had already given the Land to them.

218. Here too, the past tense is used to refer to God's redeeming Israel from the lands to which they were exiled — an event that had not yet happened at the time this Psalm was written. The explanation is that God's promise to redeem Israel is regarded as if it had already been fulfilled.

219. Again, the past tense is used when the present (or future) would seem more apropos.

220. This verse (along with the following one) describes the protection God will afford the righteous in the Messianic era.

221. That is, it has already been prepared Above, in potential, through God's Word. Now it needs only to become *actualized* in this world at the appropriate time (*Eitz Yosef*, citing *Nezer HaKodesh*).

222. These nations are mentioned often in Scripture, though all seven together are mentioned only in *Deuteronomy* 7:1, *Joshua* 3:10 and 24:11.

223. The Hivvite is one of the Seven Nations, but is not mentioned here.

224. There are different views as to the identity of the Rephaim. *Eitz Yosef* writes that they are the nation known as the Hivvites, while *Rashi* to *Deuteronomy* ad loc. identifies the land of the Rephaim as the land of Og (see *Deuteronomy* 3:13). See also *Ramban* to *Deuteronomy* 2:10 at length. For why the Rephaim were so called, see above, 26 §7.

225. We have followed the emendation suggested by *Eitz Yosef* [Vagshal ed.] for this difficult phrase. (The acronym לע״ל stands for לֶעָתִיד לָבֹא.)

226. *Matnos Kehunah, Eitz Yosef.*

227. I.e., in the Messianic era He will give Israel the other three as well.

228. These three lands lie east of Israel, and extend to the Euphrates River. Although they were part of Solomon's kingdom, this was only for a short time. They will revert to Israel's control in the Messianic era (*Eitz Yosef*).

229. Emendation follows *Radal*, who notes that אַסְפַּמְיָא is Spain, which is very far from Israel and is unlikely to be one of the lands belonging to Israel in the Messianic era.

230. *Radal.*

231. Ibid.

232. *Radal* emends this to אַפַּמְיָא, *Apamea*, a part of Syria; see Mishnah *Challah* 4:11.

233. *Maharzu* writes that the basis for the identifications of the aforementioned three Sages eludes him, as they bring no proofs from Scripture. *Yefeh To'ar*, cited by *Eitz Yosef*, writes that we must presume that the Sages stated their views based on oral traditions.

234. See *Daniel* 11:41.

[לה]אַף מַאֲמָרוֹ שֶׁל הַקָּדוֹשׁ בָּרוּךְ הוּא מַעֲשֶׂה שֶׁנֶּאֱמַר "לְזַרְעֲךָ נָתַתִּי", אֶתֵּן אֶת הָאָרֶץ הַזֹּאת אֵין כְּתִיב כָּאן אֶלָּא "נָתַתִּי אֶת הָאָרֶץ הַזֹּאת". רַבִּי יוּדָן בְּשֵׁם רַבִּי אַבָּא בַּר כָּהֲנָא אָמַר: (שם קז, ב) "יֹאמְרוּ גְּאוּלֵי ה'", אֲשֶׁר הוּא גוֹאֲלָם לֹא נֶאֱמַר אֶלָּא "אֲשֶׁר גְּאָלָם", אָמַר רַבִּי אָבוּן כִּי פּוֹדֶה ה' אֶת יַעֲקֹב אֵין כְּתִיב כָּאן אֶלָּא (ירמיה לא, י) "כִּי פָדָה ה' אֶת יַעֲקֹב", רַבָּנָן אָמְרִי (זכריה י, ח) "אֶשְׁרְקָה לָהֶם וַאֲקַבְּצֵם", כִּי אֶפְדֵּם אֵין כְּתִיב כָּאן אֶלָּא "כִּי פְדִיתִים". אָמַר רַבִּי יְהוֹשֻׁעַ (ישעיה ד, ה) וַיִּבְרָא "ה' עַל כָּל מְכוֹן הַר צִיּוֹן" אֵין כְּתִיב כָּאן אֶלָּא "וּבָרָא", כְּבָר הִיא בְּרוּאָה וּמְתוּקֶּנֶת:

כג רַבִּי דוֹסְתָּאי בְּשֵׁם רַבִּי שְׁמוּאֵל בַּר נַחְמָן אָמַר: לְפִי שֶׁאֵינוֹ מַזְכִּיר כָּאן הַחִוִּי לְפִיכָךְ הוּא מֵבִיא רְפָאִים תַּחְתֵּיהֶם. רַבִּי חֶלְבּוֹ בְּשֵׁם רַבִּי אַבָּא בְּשֵׁם רַבִּי יוֹחָנָן: [לו]כָּךְ עָלָה בְּדַעְתּוֹ שֶׁל מָקוֹם לְהַנְחִיל לָהֶם לְיִשְׂרָאֵל אֶרֶץ עֲשָׂרָה עֲמָמִים, אֶת הַקֵּינִי וְאֶת הַקְּנִזִּי, וְאֵת הַקַּדְמֹנִי, וְלֹא נָתַן לָהֶם אֶלָּא שִׁבְעָה, אֶת הַחִתִּי, וְאֶת הַפְּרִזִּי, וְאֶת הָרְפָאִים, וְאֶת הָאֱמֹרִי, וְאֶת הַכְּנַעֲנִי, וְאֶת הַגִּרְגָּשִׁי, וְאֶת הַיְבוּסִי, הֲרֵי שִׁבְעָה. וְלָמָּה נָתַן לָהֶם שִׁבְעָה (פֵּירוּשָׁן לְעֵיל), וְאֵיזֶה הֵם הַג' שֶׁלֹּא נִיתַּן לָהֶם, רַבִּי אוֹמֵר: [לז]עֲרַבְיָה שַׁלְמָיָה, נְוָטְיָיה. רַבִּי שִׁמְעוֹן בֶּן יוֹחָאי אוֹמֵר: דַּרְמוּסְקוֹס, וְאַסְיָיא, וְאַסְפַּמְיָיא. רַבִּי אֶלְעָזָר בֶּן יַעֲקֹב אָמַר: אַסְיָא וּתְרַקֵי וְקַרְטָגִינָה. רַבָּנָן אָמְרֵי אֱדוֹם וּמוֹאָב, וְרֵאשִׁית בְּנֵי עַמּוֹן, הֵם הַג' שֶׁלֹּא נִתַּן לָהֶם בָּעוֹלָם הַזֶּה. אֱדוֹם שֶׁנֶּאֱמַר (דברים ב, ה) "כִּי לֹא אֶתֵּן לָךְ מֵאַרְצוֹ וְגוֹ' כִּי יְרֻשָּׁה לְעֵשָׂו נָתַתִּי אֶת הַר שֵׂעִיר", וּבְמוֹאָב כְּתִיב (שם, ט) "אַל תָּצַר אֶת מוֹאָב וְאַל תִּתְגָּר בָּם מִלְחָמָה", °קְנִזִּי הוּא מֵעֵשָׂו, קֵינִי וְקַדְמֹנִי הוּא מֵעַמּוֹן וּמוֹאָב. אֲבָל לִימוֹת הַמָּשִׁיחַ יַחְזְרוּ וְיִהְיוּ לְיִשְׂרָאֵל

עץ יוסף

[כו] **מאמרו של הקדוש ברוך הוא מעשה.** שכל דבור שילא מפי הקב"ה כאילו כבר נעשה כי אין מי שיעכב על ידו חלילה והרי הוא כאילו כבר נעשה: **אלא אשר גאלם.** שהבטחת ה' בגאולה חשיב מעשה: **כבר ברואה ומתוקנת.** כי על ידי שבדבורו של ה' נאלל שפע טוב בכח לכן היא כבר ברואה ומתוקנת למעלה בכח אלא שיולא אח"כ אל הפועל למטה (כזה"ק): (כג) [כז] **שאינו מזכיר כאן החוי כו'.** שכאן לא נזכר החוי ושם לא נזכר הרפאים. ולכן אמר שהחוי הם הרפאים הנזכרים פה. ולעיל פ' כ"ו אי' שנקראו רפאים שכל מי שרואה אותן היה לבו רפה כשעוה ע"ש: **ולמה נתן להם שבעה.** כלומר למה לא נתן להם רק אלו שבעה ושלשה הנשארים לא נתן להם (מת"כ): **פירושן לעיל.** הני תיבות מיותר (מת"כ). וממקום אחר מפורש שבעוה"ז ירשו כבת שנוטלת עישור נכסים. ועישור של שבעים הוא שבעה אך לעתיד יירשו כבן: **ערביא שלמייא נוטייה.** הכי גמירי ליה דאלו הן וכן נ"ל בכל הני מ"ד דלקמן (יפ"ת) ושלמייא הוא שלמאה שתרגום אם יהיה לבער קין שלמאה. וכן כאן את הקיני הוא שלמאה. וערבייא ונוטייה הובא ג"כ לקמן פרשה מ"ח א' בדמות נוטי וא' בדמות ערבי וכו' ע"ש: **כי ירושה לעשו כו'.** מדהולרך לומר טעם למה אינו נותן להם את ארץ שעיר וארץ מואב וארץ בני עמון ש"מ שהם ג' אומות קיני וקניזי וקדמוני שהבטיח להם: **ואל תתגר בם מלחמה.** וכן בעמון כתיב כן קניזי הוא. כנ"ל (א"א ומת"כ): **קניזי הוא משעיר.** כמ"ש בסוף סדר וישלח אלוף קנז: **הוא ממואב ומעמון.** בילקוט גרס הוא מעמון ומואב (א"א): **אבל לימות המשיח כו'.** כמ"ש (ישעיה י"א). ומואב משלוח ידם ובני עמון משמעתם. בענין יוסיף ה' שנית ידו לקנות שאר עמו וכו' כן הוא בילקוט. ומ"ש יחזרו ויהיו לישראל כי עתה גם הם גלו ואינם במקומם. אלא לימות המשיח

פירוש מהרז״ו

(כג) **החוי לפיכך מביא רפאים.** עי' לעיל פרשה כ"ו סי' ז' שעוים ורפאים שם אחד ושם מפור' שעל כן נקראו עוים על שמריקים את הארץ כחוויא וזהו החוי. ועי' ברמב"ן דברים ב' באריכות: **ולמה ניתן להם שבעה פירושן לעיל.** מאמר זה ל"ע ולא מלאתיו ובמקום אחר מפורש שבעולם הזה ירשו כבת שנוטלת עישור נכסים ועישור של שבעים הוא שבעה אך לעתיד ירשו כבן ומ"ש פירושו לעיל. ולעיל לא נזכר טעם על זה בהכרח שהוא העתקה ממקום אחר ושם אינו חסר: **ערביה שלמיי' נוטייה.** ירושלמי שביעית פרק ו' הלכה א'. ירושלמי קדושין פרק א' הלכה ח' בחילוף שמות תנאים. וטעם דעות אלו נעלם ממני לבד דעת רבנן שיש להם ראיה ברורה מן הפסוקים. ועיין לקמן פר' ס"ד סימן ג' בסוף. ושלמיי' הוא שלמאה שתרגום אם יהיה לבער קין שלמאה וכן כאן את הקיני הוא שלמאה. וערביי ונוטיי הובא ג"כ לקמן פ' מ"ח סימן ט'. א' בדמות נוטי ואחד בדמות ערבי וכו' ע"ש: **כי ירושה.** מדהולרך לומר טעם למה אינו נותן להם את ארץ שעיר וכן אמר טעם למה אינו נותן להם ארץ מואב וארץ בני עמון אלא שהם ג' אומות קיני וקנזי והקדמוני שהבטיח להם: **ומואב וראשית בני עמון.** פסוק הוא בדניאל י"א מ"א ואלה ימלטו מידו ומואב וראשית בני עמון וכטעם המפורש בתורה אלל ג' אלו כי ירושה וכו' מטעם זה עלמו ימלטו גם אז. ור"ד ובא בארץ הלבי הרי שגם ג' אלו הם בארץ הלבי היינו ארץ ישראל: **קנזי הוא משעיר.** כמ"ש בסוף סדר וישלח אלוף קנז: **אבל לימות המשיח.** כמ"ש ישעיה י"א י"ד ומואב משלוח ידם ובני עמון משמעתם. בענין יוסף ה' שנית ידו לקנות שאר עמו וגו'.

מתנות כהונה

מעשה. כלומר כאלו כבר עשוי וכדמפרש רש"י בסדר זה: **גואלם.** משמע להבא. גאלם משמע כבר: כבר היא ברואה גרסינן: [כג] **רפאים תחתיהם.** פירש"י בסדר זה והוא ארץ עוג שנאמר ההוא יקרא ארץ רפאים והחוי הוא בכלל הכנעני כי בן כנען היה וזה מבואר בפירוש אבן עזרא בפרשה זו ופירש מהר"ר אליהו מזרחי שרפאים האמור כאן הוא החוי ומיושב ג"כ פירש"י שפירש שהוא ארץ עוג ועיין שם: **ולמה נתן להם שבעה.** כלומר למה לא נתן רק אלו שבעה ושלשה הנשארים לא נתן והכי מוכח גירסת הילקוט וטרס הוא כלה לדבר הביא מחלוקת בשמות ואחר כך מפיק הטעם שאלו ג' נשארו לימות המשיח: **הכי גרסינן ולמה נתן להם שבעה ואיזה הם כו'** אכן מהר"ר אליהו מזרחי גורס הרי שבעה ואיזה הם השלשה שלא נתן להם: ערביה שלמייה כו'. כולם שמות ארלות הם וקלתם פירשם הערוך ע"ש: **ה"ג ואל תתגר בם מלחמה** וכן בעמון קנזי הוא משעיר קיני וקדמוני הוא מעמון ומואב אבל לימות כו': **מאמרו של הקב"ה.** שהבטיחו (במעשה [בעשרה] עממין:

אשד הנחלים

אף מאמרו כו' מעשה. כי אצלו ית' העבר והעתיד הכל שוה אצלו כי אין זמן לפניו ית' ולכן כתיב נתתי בעבר. או לפי שהבטחתו לטובה אינו חוזר לעולם. ולכן נכתב בלשון עבר כאלו כבר נעשה וא"א להשיב. וכן כולם: **ברואה ומתוקנת.** כלומר שלא ידומה כי הדבר תלוי בתנאי דווקא אם יטיבו. רק מוכרחת להיות כן ולכן אמרו אין משיח בן דוד בא אלא בדור שכולו זכאי או כולו חייב כי הוא דבר המוכרח כי זהו התיקון האחרון והתכלית העליון שבעבור זה כונן העולם: **פירושן לעיל** הוא העתקה מאיזה גליון ויש למחוק בפנים:

חידושי הרד״ל

(מא) [כג] **הרי ז'.** ואיזהו הן ז' שנתן להם פירושן לעיל כנ"ל ור"ל בסדר נח ס"פ ל"ז נתפרשו איזהו מהן בשמותם ע"ש:

(מב) **ואספמיא.** קרוב בעיני דגרסינן לאפמיא שהיא מסוריא כדתנן שלהי חלה וע"ש בפי' הרא"ש אבל אספמיא היא שאנו קורין ספרד היא רחוקה מאד מא"י והזכירוה חכמים למקום רחוק (ובפ"ג דב"ב ל"ח) משמע שהוא רחוק שנה מא"י ולא מסתבר שיהו בכלל ג' אומות שמסתמא הם קרובים לארץ ישראל וכמו אידך דרמסקוס שהוא דמשק וכן אסיא היא אסיא הקטנה שהן סמוכים לא"י:

חידושי הרש״ש

[כב] **אשר הוא גואלם לא נאמר.** בשו"ט הגי' יגאלם ע"ש:

[כג] **אדום ומואב וראשית בני עמון.** הוא לישנא דקרא בדניאל (י"א פמ"א):

אבל לימהמ"ש יחזרו ויהיו לישראל. רש"י בפיה"ת הביא ע"ז קרא מואב משלוח ידם ובני עמון משמעתם:

מסורת המדרש

לה ילקוט כאן רמז ע"ח:

לו ירושלמי שביעית פרק ו'. ילקוט כאן רמז ע"ח:

לז ב"ב נ"ו ע"ש:

אם למקרא

יֹאמְרוּ גְּאוּלֵי ה' אֲשֶׁר גְּאָלָם מִיַּד־צָר: (תהלים קז:ב)

כִּי־פָדָה ה' אֶת־יַעֲקֹב וּגְאָלוֹ מִיַּד חָזָק מִמֶּנּוּ: (ירמיה לא:י)

אֶשְׁרְקָה לָהֶם וַאֲקַבְּצֵם כִּי פְדִיתִים וְרָבוּ כְּמוֹ רָבוּ: (זכריה י:ח)

וּבָרָא ה' עַל כָּל־מְכוֹן הַר־צִיּוֹן וְעַל־מִקְרָאֶהָ עָנָן יוֹמָם וְעָשָׁן וְנֹגַהּ אֵשׁ לֶהָבָה לָיְלָה כִּי עַל־כָּל־כָּבוֹד חֻפָּה: (ישעיה ד:ה)

אַל־תִּתְגָּרוּ בָם כִּי לֹא־אֶתֵּן לָכֶם מֵאַרְצָם עַד מִדְרַךְ כַּף־רָגֶל כִּי־יְרֻשָּׁה לְעֵשָׂו נָתַתִּי אֶת־הַר שֵׂעִיר: (דברים ב:ה)

וַיֹּאמֶר ה' אֵלַי אַל־תָּצַר אֶת־מוֹאָב וְאַל־תִּתְגָּר בָּם מִלְחָמָה כִּי לֹא־אֶתֵּן לְךָ מֵאַרְצוֹ יְרֻשָּׁה כִּי לִבְנֵי־לוֹט נָתַתִּי אֶת־עָר יְרֻשָּׁה: (דברים ב:ט)

הֵם הַג׳ שֶׁלֹּא נָתַן לָהֶם בָּעוֹלָם הַזֶּה — these are the three nations[235] whose lands **[God] did not give [the Israelites] in this world.**[236] אֱדוֹם שֶׁנֶּאֱמַר ״כִּי לֹא אֶתֵּן לָךְ מֵאַרְצוֹ וְגוֹ׳ יְרֻשָּׁה כִּי יְרֻשָּׁה לְעֵשָׂו נָתַתִּי אֶת הַר שֵׂעִיר״ — **Edom, for it is stated,** ***You shall not provoke them, for I shall not give you of their land . . . for as an inheritance to the children of Esau have I given Mount Seir***[237] (*Deuteronomy* 2:5); וּבְמוֹאָב כְּתִיב ״אַל תָּצַר אֶת מוֹאָב וְאַל תִּתְגָּר בָּם מִלְחָמָה״ — **and regarding Moab it is written,** ***You shall not distress Moab and you shall not provoke war with them,*** *for I shall not give you an inheritance from their land, for to the children of Lot have I given Ar as an inheritance* (ibid. v. 9). וְכֵן בְּעַמּוֹן כְּתִיב כֵּן — **And the same is written regarding Ammon.**[238]

The Sages have identified *the Kennite, the Kenizzite, and the Kadmonite* as Edom, Moab, and Ammon. Now, the Midrash identifies each specifically:

קְנִזִּי הוּא מֵעֵשָׂו, קֵינִי וְקַדְמוֹנִי הוּא מֵעַמּוֹן וּמוֹאָב — **The** ***Kenizzite*** **comes from Esau** (Edom),[239] while the ***Kennite and the Kadmonite*** **are from Ammon and Moab,** respectively.

The Sages stated that these lands would not be given to Israel in "this world." They continue:

אֲבָל לִימוֹת הַמָּשִׁיחַ יַחְזְרוּ — **But in the days of the Messiah, [these nations] will return to their lands**[240] וְיִהְיוּ לְיִשְׂרָאֵל — **and [their lands] will belong** (i.e., be given as an inheritance) **to Israel,**

NOTES

235. I.e., Edom, Moab, and the main part of Ammon are the same as *the Kennite, the Kenizzite, and the Kadmonite.*

236. I.e., before the Messianic era (see further). [Indeed, *Daniel* 11:41 states that even in the beginning of the wars that mark the Messianic Age, the same king who will conquer other lands will be unable to conquer Edom, Moab, and Ammon. And that same verse calls these three lands part of אֶרֶץ הַצְּבִי, lit., *the coveted land* (i.e., *Eretz Yisrael*), indicating that they will ultimately be considered part of the Land of Israel (*Maharzu*).]

[Scripture refers to these three nations as *the Kennite, the Kenizzite, and the Kadmonite* because Edom, Moab, and Ammon did not yet exist in the time of Abram: Edom is Esau, who was the grandson of Abram. Moab and Ammon were Lot's children (their mothers were Lot's two daughters); see *Genesis* 19:30ff.]

237. The fact that God needs to justify to Israel why He is not allowing them now to take the land of Edom (and of Moab and Ammon; see further) is proof that He had promised these lands to Israel — which in turn proves that these lands are identical to those of the Kennite, the Kenizzite, and the Kadmonite (which are the only lands besides the Seven that were ever promised to Israel) (*Maharzu, Eitz Yosef*).

238. See *Deuteronomy* 2:19. [Emendation follows *Matnos Kehunah* and *Eitz Yosef*.]

239. See *Genesis* 36:15, where *Kenaz* is mentioned among the chiefs of the descendants of Esau (*Maharzu; Eitz Yosef*).

240. From lands to which they will have been exiled (*Maharzu, Eitz Yosef*).

[לה]אַף מַאֲמָרוֹ שֶׁל הַקָּדוֹשׁ בָּרוּךְ הוּא מַעֲשֶׂה שֶׁנֶּאֱמַר "לְזַרְעֲךָ נָתַתִּי", אֶתֵּן אֶת הָאָרֶץ הַזֹּאת אֵין כְּתִיב כָּאן אֶלָּא "נָתַתִּי אֶת הָאָרֶץ הַזֹּאת". רַבִּי יוּדָן בְּשֵׁם רַבִּי אַבָּא בַּר כָּהֲנָא אָמַר: (שם קז, ב) "יֹאמְרוּ גְּאוּלֵי ה'", אֲשֶׁר הוּא גוֹאֲלָם לֹא נֶאֱמַר אֶלָּא "אֲשֶׁר גְּאָלָם", אָמַר רַבִּי אָבוּן כִּי פּוֹדֶה ה' אֶת יַעֲקֹב אֵין כְּתִיב כָּאן אֶלָּא (ירמיה לא, י) "כִּי פָדָה ה' אֶת יַעֲקֹב", רַבָּנָן אָמְרִי (זכריה י, ח) "אֶשְׁרְקָה לָהֶם וַאֲקַבְּצֵם", כִּי אֶפְדֵּם אֵין כְּתִיב כָּאן אֶלָּא "כִּי פְדִיתִים". אָמַר רַבִּי יְהוֹשֻׁעַ (ישעיה ד, ה) וַיִּבְרָא "ה' עַל כָּל מְכוֹן הַר צִיּוֹן" אֵין כְּתִיב כָּאן אֶלָּא "וּבָרָא", כְּבָר הִיא בְּרוּאָה וּמְתוּקֶּנֶת:

כג רַבִּי דּוֹסְתָּאי בְּשֵׁם רַבִּי שְׁמוּאֵל בַּר נַחְמָן אָמַר: לְפִי שֶׁאֵינוֹ מַזְכִּיר כָּאן הַחִוִּי לְפִיכָךְ הוּא מֵבִיא רְפָאִים תַּחְתֵּיהֶם. רַבִּי חֶלְבּוֹ בְּשֵׁם רַבִּי אַבָּא בְּשֵׁם רַבִּי יוֹחָנָן: [לו]כָּךְ עָלָה בְּדַעְתּוֹ שֶׁל מָקוֹם לְהַנְחִיל לָהֶם לְיִשְׂרָאֵל אֶרֶץ עֲשָׂרָה עֲמָמִים, אֶת הַקֵּינִי וְאֶת הַקְּנִזִּי, וְאֶת הַקַּדְמוֹנִי, וְלֹא נָתַן לָהֶם אֶלָּא שִׁבְעָה, אֶת הַחִתִּי, וְאֶת הַפְּרִזִּי, וְאֶת הָרְפָאִים, וְאֶת הָאֱמֹרִי, וְאֶת הַכְּנַעֲנִי, וְאֶת הַגִּרְגָּשִׁי, וְאֶת הַיְבוּסִי, הֲרֵי שִׁבְעָה. וְלָמָּה נָתַן לָהֶם שִׁבְעָה (פֵּירוּשָׁן לְעֵיל), וְאֵיזֶה הֵם הַג' שֶׁלֹּא נִיתַּן לָהֶם, רַבִּי אוֹמֵר: [לז]עֲרַבְיָה שַׁלְמָיָה, נְטָיָיה. רַבִּי שִׁמְעוֹן בֶּן יוֹחָאי אוֹמֵר: דַּרְמוּסְקוֹס, וְאַסְיָיא, וְאַסְפַּמְיָיא. רַבִּי אֶלְעָזָר בֶּן יַעֲקֹב אָמַר: אַסְיָא וּתְרַקֵי וְקַרְטָגִינָה. רַבָּנָן אַמְרֵי אֱדוֹם וּמוֹאָב, וְרֵאשִׁית בְּנֵי עַמּוֹן, הֵם הַג' שֶׁלֹּא נִתַּן לָהֶם בָּעוֹלָם הַזֶּה. אֱדוֹם שֶׁנֶּאֱמַר (דברים ב, ה) "כִּי לֹא אֶתֵּן לָךְ מֵאַרְצוֹ וְגוֹ' כִּי יְרֻשָּׁה לְעֵשָׂו נָתַתִּי אֶת הַר שֵׂעִיר", וּבְמוֹאָב כְּתִיב (שם, ט) "אַל תָּצַר אֶת מוֹאָב וְאַל תִּתְגָּר בָּם מִלְחָמָה", °קְנִזִּי הוּא מֵעֵשָׂו, קֵינִי וְקַדְמוֹנִי הוּא מֵעַמּוֹן וּמוֹאָב. אֲבָל לִימוֹת הַמָּשִׁיחַ יַחְזְרוּ וְיִהְיוּ לְיִשְׂרָאֵל

עץ יוסף

[כו] **מאמרו של הקדוש ברוך הוא מעשה.** שכל דבור ודבור שיצא מפי הקב"ה כאילו כבר נעשה כי אין מי שיעכב על ידו חלילה והרי הוא כאילו כבר נעשה: **אלא אשר גאלם.** שהבטחת ה' בגאולה חשיב מעשה: **כבר ברואה ומתוקנת.** כי על ידי שבדבורו של ה' נאצל שפע טוב בכח לכן היא כבר ברואה ומתוקנת למעלה בכח אלא שיוצא אח"כ אל הפועל למטה (נזה"ק): (כג) [כז] **שאינו מזכיר כאן החוי כו'.** שכאן לא נזכר החוי וגם לא נזכר הרפאים. ולכן אמר שהחוי הם הרפאים הנזכרים פה. ולעיל פ' כ"ו אי' שנקראו רפאים שכל מי שרואה אותן היה לבו רפה כשעוה ע"ש: **ולמה נתן להם שבעה.** כלומר למה לא נתן להם רק אלו שבעה ושלשה הנשארים לא נתן להם (מת"כ): **פירושן לעיל.** הני תיבות מיותר (מת"כ). וממקום אחר מפורש שבעוה"ז ירשו כבת שנוטלת עישור נכסים. ועישור של שבעים הוא שבעה אך לעתיד יירשו כבן: **ערביא שלמייא נוטייה.** הכי גמירי ליה דאלו הן וכן נ"ל בכל הני מ"ד דלקמן (יפ"ת) ושלמייא הוא שלמאה שתרגום אם יהיה לבער קין שלמאה. וכן כאן את הקיני הוא שלמאה. וערבייא ונוטייה הובא ג"כ לקמן פרשה מ"ח א' בדמות נוטי וא' בדמות ערבי וכו' ע"ש: **כי ירושה לעשו כו'.** מדהוצרך לומר טעם למה אינו נותן להם את ארץ שעיר וארץ מואב וארץ בני עמון ש"מ שהם ג' אומות קיני וקניזי וקדמוני שהבטיח להם: **ואל תתגר בם מלחמה.** וכן בעמון כתיב כן קניזי הוא. כנ"ל (א"א ומת"כ): **קניזי הוא משעיר.** כמ"ש בסוף סדר וישלח אלוף קנז: **הוא ממואב ומעמון.** בילקוט גרס הוא מעמון ומואב (א"א): **אבל לימות המשיח כו'.** כמ"ש (ישעיה י"א). ומואב משלוח ידם ובני עמון משמעתם. בענין יוסיף ה' שנית ידו לקנות שאר עמו וכו' כן הוא בילקוט. ומ"ש יחזרו ויהיו לישראל כי עתה גם הם גלו ואינם במקומם. אלא לימות המשיח

פירוש מהרז"ו

(כג) **החוי לפיכך מביא רפאים.** עי' לעיל פרשה כ"ו סי' ז' שעוים ורפאים שם אחד ושם מפור' שעל כן נקראו עוים על שמריקים את הארץ כחוויא וזהו החוי. ועי' ברמב"ן דברים ב' באריכות: **ולמה ניתן להם שבעה פירושן לעיל.** מאמר זה ל"ע ולא מצאתיו ובמקום אחר מפורש שבעולם הזה ירשו כבת שנוטלת עישור נכסים ועישור של שבעים הוא שבעה אך לעתיד ירשו כבן ומ"ש פירושו לעיל. ולעיל לא נזכר טעם על זה בהכרח שהוא העתקה ממקום אחר ושם אינו חסר: **ערביה שלמיי' נוטייה.** ירושלמי שביעית פרק ו' הלכה א'. ירושלמי קדושין פרק א' הלכה ח' בחילוף שמות תנאים. וטעם דעות אלו נעלם ממני לבד דעת רבנן שיש להם ראיה ברורה מן הפסוקים. ועיין לקמן פר' ס"ד סימן ג' בסוף. ושלמיי' הוא שלמאה שתרגום אם יהיה לבער קין שלמאה וכן כאן את הקיני הוא שלמאה. וערביי ונוטיי הובא ג"כ לקמן פ' מ"ח סימן ט'. א' בדמות נוטי ואחד בדמות ערבי וכו' ע"ש: **כי ירושה.** מדהוצרך לומר טעם למה אינו נותן להם את ארץ שעיר וכן אמר טעם למה אינו נותן להם ארץ מואב וארץ בני עמון אלא שהם ג' אומות קיני וקנזי והקדמוני שהבטיח להם: **ומואב וראשית בני עמון.** פסוק הוא בדניאל י"א מ"א ואלה ימלטו מידו ומואב וראשית בני עמון וכטעם המפורש בתורה אלל ג' אלו כי ירושה וכו' מטעם זה עצמו ימלטו גם אז. ור"ד ובא בארץ הצבי הרי שגם ג' אלו הם בארץ הצבי היינו ארץ ישראל: **קנזי הוא משעיר.** כמ"ש בסוף סדר וישלח אלוף קנז: **אבל לימות המשיח.** כמ"ש ישעיה י"א י"ד ומואב משלוח ידם ובני עמון משמעתם. בענין יוסף ה' שנית ידו לקנות שאר עמו וגו'.

חידושי הרד"ל

(מא) **[כג] הרי ז'.** ואיזהו הן ז' שנתן להם פירושן לעיל כנ"ל ור"ל בסדר נח ס"פ ל"ז נתפרשו איזהו מהן בשמותם ע"ש:

(מב) **ואספמיא.** קרוב בעיני דגרסינן לאפמיא שהיא מסוריא כדתנן שלהי חלה וע"ש בפי' הר"ש אבל אספמיא היא שאנו קורין ספרד היא רחוקה מאד מא"י והזכירוה חכמים למקום רחוק (ובפ"ג דב"ב ל"ח) משמע שהוא רחוק שנה מא"י ולא מסתבר שיהו בכלל ג' אומות שמסתמא הם קרובים לארץ ישראל וכמו אידך דרמסקוס שהוא דמשק וכן אסיא היא אסיא הקטנה שהן סמוכים לא"י:

חידושי הרש"ש

[כב] אשר הוא גואלם לא נאמר. בשוח"ט הגי' יגאלם ע"ש:

[כג] אדום ומואב וראשית בני עמון. הוא לישנא דקרא בדניאל (י"א פמ"א): **אבל לימהמ"ש יחזרו ויהיו לישראל.** רש"י בפיה"ת הביא ע"ז קרא מואב משלוח ידם ובני עמון משמעתם:

מסורת המדרש

לה ילקוט כאן רמז ע"ח:

לו ירושלמי שביעית פרק ו'. ילקוט כאן רמז ע"ח:

לז ב"ב נ"ו ע"ש:

אם למקרא

יֹאמְרוּ גְּאוּלֵי ה' אֲשֶׁר גְּאָלָם מִיַּד־צָר: (תהלים קז:ב)

כִּי־פָדָה ה' אֶת־יַעֲקֹב וּגְאָלוֹ מִיַּד חָזָק מִמֶּנּוּ: (ירמיה לא:י)

אֶשְׁרְקָה לָהֶם וַאֲקַבְּצֵם כִּי פְדִיתִים וְרָבוּ כְּמוֹ רָבוּ: (זכריה י:ח)

וּבָרָא ה' עַל כָּל־מְכוֹן הַר־צִיּוֹן וְעַל־מִקְרָאֶהָ עָנָן יוֹמָם וְעָשָׁן וְנֹגַהּ אֵשׁ לֶהָבָה לָיְלָה כִּי עַל־כָּל־כָּבוֹד חֻפָּה: (ישעיה ד:ה)

אַל־תִּתְגָּרוּ בָם כִּי לֹא־אֶתֵּן לָכֶם מֵאַרְצָם עַד מִדְרַךְ כַּף־רָגֶל כִּי־יְרֻשָּׁה לְעֵשָׂו נָתַתִּי אֶת־הַר שֵׂעִיר: (דברים ב:ה)

וַיֹּאמֶר ה' אֵלַי אַל־תָּצַר אֶת־מוֹאָב וְאַל־תִּתְגָּר בָּם מִלְחָמָה כִּי לֹא־אֶתֵּן לְךָ מֵאַרְצוֹ יְרֻשָּׁה כִּי לִבְנֵי־לוֹט נָתַתִּי אֶת־עָר יְרֻשָּׁה: (דברים ב:ט)

מתנות כהונה

מעשה. כלומר כאלו כבר עשוי וכדמפרש רש"י בסדר זה: **גואלם.** משמע להבא. גאלם משמע כבר: כבר היא ברואה גרסינן: **[כג] רפאים תחתיהם.** פירש"י בסדר זה והוא ארץ עוג שנאמר ההוא יקרא ארץ רפאים והחוי הוא בכלל הכנעני כי בן כנען היה וזה מבואר בפירוש אבן עזרא בפרשה זו ופירש מהר"ר אליהו מזרחי שרפאים האמור כאן הוא החוי ומיושב ג"כ פירש"י שפירש שהוא ארץ עוג ועיין שם: **ולמה נתן להם שבעה.** כלומר למה לא נתן רק אלו שבעה ושלשה הנשארים לא נתן והכי מוכח גירסת הילקוט וטרס הוא כלה לדבר הביא מחלוקת בשמות ואחר כך מפיק הטעם שאלו ג' נשארו לימות המשיח: **הכי גרסינן ולמה נתן להם שבעה ואיזה הם כו'** אכן מהר"ר אליהו מזרחי גורס הרי שבעה ואיזה הם השלשה שלא נתן להם: ערביה שלמייה כו'. כולם שמות ארצות הם וקצתם פירשם הערוך ע"ש: **ה"ג ואל תתגר בם מלחמה** וכן בעמון קנזי הוא משעיר קיני וקדמוני הוא מעמון ומואב אבל לימות כו': **מאמרו של הקב"ה.** שהבטיחו (במעשה) [בעשרה] עממין:

אשד הנחלים

אף מאמרו כו' מעשה. כי אצלו ית' העבר והעתיד הכל שוה אצלו כי אין זמן לפניו ית' ולכן כתיב נתתי בעבר. או לפי שהבטחתו לטובה אינו חוזר לעולם. ולכן נכתב בלשון עבר כאלו כבר נעשה וא"א להשיב. וכן כולם: **ברואה ומתוקנת.** כלומר שלא ידומה כי הדבר תלוי בתנאי דווקא אם יטיבו. רק מוכרחת להיות כן ולכן אמרו אין משיח בן דוד בא אלא בדור שכולו זכאי או כולו חייב כי הוא דבר המוכרח כי זהו התיקון האחרון והתכלית העליון שבעבור זה כונן העולם: **פירושן לעיל** הוא העתקה מאיזה גליון ויש למחוק בפנים:

כְּדֵי לְקַיֵּים מַאֲמָרוֹ שֶׁל הַקָּדוֹשׁ בָּרוּךְ הוּא – **in order to fulfill the word of the Holy One, blessed is He.**[241] אֲבָל עַכְשָׁיו שִׁבְעָה נָתַן לָהֶם – **But** for **now, He gave them** only **seven,** שֶׁנֶּאֱמַר "שִׁבְעָה גוֹיִם רַבִּים וַעֲצוּמִים מִמֶּךָ" – **as it is stated,** ***the Hittite, the Girgashite, the Amorite, the Canaanite, the Perizzite, the Hivvite, and the Jebusite – seven nations greater and mightier than you*** (*Deuteronomy* 7:1).

The Midrash concludes with a parable concerning the relative number of Israelites compared to the number of non-Jews:

אָמַר רַבִּי יִצְחָק – **R' Yitzchak said:** חֲזִירְתָּא רָעְיָא בַּעֲשָׂרָה – **The swine grazes with ten** of its young,[242] וְאִימַּרְתָּא וְלָא בְחַד – **whereas the sheep does not graze even with one.**[243] כָּל אִילֵין אָמַר הַקָּדוֹשׁ בָּרוּךְ הוּא לְאַבְרָהָם דְּיָהֵב לֵיהּ "אֶת הַקֵּינִי וְאֶת הַקְּנִזִּי וְגוֹ'" – **The Holy One, blessed is He, told Abraham he would be given all these** three nations, viz., ***the Kennite, the Kenizzite, etc.,***[244] וַעֲדַיִין וְשָׂרַי אֵשֶׁת אַבְרָם לֹא יָלְדָה לוֹ – **but still,** at this point in time: ***Now Sarai, Abram's wife, had borne him no children*** (below, 16:1).[245]

NOTES

241. See *Isaiah* 11:14, cited explicitly in *Yalkut Shimoni, Lech Lecha* §78, which parallels our discussion here (*Maharzu*).

242. For the nonkosher swine, representing here the evil nations of the world, gives birth to ten at a time (*Eitz Yosef*). [It seems evident that the Midrash uses the number ten in the metaphor as a reference to the ten nations mentioned here.]

243. The Israelite nation is compared to a pure sheep and, at this point in the life of Abram and Sarah, there are no children at all; see further (*Matnos Kehunah*). The point of the Midrash is that worthless things are plentiful, while valuable things are rare (*Eitz Yosef*).

244. That is, these nations were already in existence and were quite numerous (*Eitz Yosef,* citing *Matnos Kehunah*).

245. The Midrash is thus expounding the connection between the end of Ch. 15, which mentions the ten [numerous] nations, and the beginning of Ch. 16 [which mentions that the Israelite nation still had no members other than Abram and Sarai] (*Maharzu*).

עץ יוסף

יחזרו למקומם וירשו אותם ישראל: **[כח] חזירתא.** פי' שהחזירה יש לה עשרה ילדים. והכבשה הטהורה אין לה אפי' אחד. והוא משל שהדברים הפחותים נמצאים הרבה בעולם והטובים קשי המציאה. והיינו דכתיב ושרי אשת אברם לא ילדה וכל אלו האומות כבר היו בעולם (מת"כ):

פירוש מהרז"ו

ומצאתי כן בהדיא בילקוט כאן. ומ"ש יחזרו כי עתה גם הם גלו ואינם במקומם אלא לימות המשיח יחזרו למקומם וירשו אותם ישראל: **ועדיין ושרה וכו'.** דורש סמוכים. שאחר שכתב העשרה האומות כתיב ושרה אשת אברם וכו' משל החזירה ואמרה שכן דרך ומנהג שיהיו ב' מינים אלו רועים יחד:

כְּדֵי לְקַיֵּם מַאֲמָרוֹ שֶׁל הַקָּדוֹשׁ בָּרוּךְ הוּא, אֲבָל עַכְשָׁיו שִׁבְעָה נָתַן לָהֶם שֶׁנֶּאֱמַר (שם ז, א) **"שִׁבְעָה גּוֹיִם רַבִּים וַעֲצוּמִים מִמֶּךָּ". אָמַר רַבִּי יִצְחָק: חֲזִירְתָּא רָעֲיָא בַּעֲשָׂרָה וְאִימַרְתָּא וְלָא בְחַד, כָּל אִילֵין אָמַר הַקָּדוֹשׁ בָּרוּךְ הוּא לְאַבְרָהָם דְּיָהֵב לֵיהּ "אֶת הַקֵּינִי וְאֶת הַקְּנִזִּי וְגוֹ' ", וַעֲדַיִין "וְשָׂרַי אֵשֶׁת אַבְרָהָם לֹא יָלְדָה לוֹ":**

חידושי הרש"ש

רעיא בעשרה. כצ"ל וכ"ה בד"י:

אם למקרא

כִּי יְבִיאֲךָ ה' אֱלֹהֶיךָ אֶל־הָאָרֶץ אֲשֶׁר־אַתָּה בָא־שָׁמָּה לְרִשְׁתָּהּ וְנָשַׁל גּוֹיִם־רַבִּים מִפָּנֶיךָ הַחִתִּי וְהַגִּרְגָּשִׁי וְהָאֱמֹרִי וְהַכְּנַעֲנִי וְהַפְּרִזִּי וְהַחִוִּי וְהַיְבוּסִי שִׁבְעָה גוֹיִם רַבִּים וַעֲצוּמִים מִמֶּךָּ:
(דברים ז:א)

מתנות כהונה

חזירתא כו'. משל הוא בפי הבריות החזירה הטמאה היא רועה על פני השדה בי' חזירים בניה והכבשה רועה יחידה ואפי' בן א' אין עמה וכן כל האומות האלה אמר הקב"ה לאברהם שיתנם לו וכבר היו בעולם ואברהם הטהור והקדוש כתיב ביה ושרי אשת וגו':

אשד הנחלים

[כג] **ואימרתא ולא בחד.** בא בזה להסמיך הפרש' ושרי אשת אברהם לא ילדה לו כאלו רמיזת הכתוב ראה נא מפליאות ה' הן המה לרוב על פני האדמ'. אך היקר' והחשוב' בעולם עודנה לא ילדה מאומה:

Chapter 45

וְשָׂרַי אֵשֶׁת אַבְרָם לֹא יָלְדָה לוֹ וְלָהּ שִׁפְחָה מִצְרִית וּשְׁמָהּ הָגָר. וַתֹּאמֶר שָׂרַי אֶל אַבְרָם הִנֵּה נָא עֲצָרַנִי ה׳ מִלֶּדֶת בֹּא נָא אֶל שִׁפְחָתִי אוּלַי אִבָּנֶה מִמֶּנָּה וַיִּשְׁמַע אַבְרָם לְקוֹל שָׂרָי. וַתִּקַּח שָׂרַי אֵשֶׁת אַבְרָם אֶת הָגָר הַמִּצְרִית שִׁפְחָתָהּ מִקֵּץ עֶשֶׂר שָׁנִים לְשֶׁבֶת אַבְרָם בְּאֶרֶץ כְּנָעַן וַתִּתֵּן אֹתָהּ לְאַבְרָם אִישָׁהּ לוֹ לְאִשָּׁה.

Now Sarai, Abram's wife, had borne no children to him, and she had an Egyptian maidservant whose name was Hagar. And Sarai said to Abram, "See, now, HASHEM has restrained me from bearing; consort, now, with my maidservant; perhaps I will be built up through her." And Abram heeded the voice of Sarai. So Sarai, Abram's wife, took Hagar the Egyptian, her maidservant — after ten years of Abram's dwelling in the land of Canaan — and gave her to Abram her husband, to him as a wife (16:1-3).

§1 וְשָׂרַי אֵשֶׁת אַבְרָם לֹא יָלְדָה לוֹ — ***NOW, SARAI, ABRAM'S WIFE, HAD BORNE NO CHILDREN TO HIM.***

The Midrash presents a novel interpretation of a verse in *Proverbs* Ch. 31, connecting it to Sarah's barrenness:[1]

"אֵשֶׁת חַיִל מִי יִמְצָא וְגוֹ׳ וְרָחֹק מִפְּנִינִים מִכְרָהּ" — It is written, ***An accomplished woman who can find? Far beyond pearls is her*** מֶכֶר (ibid. v. 10). מַהוּ "מִכְרָהּ" — **What is** the meaning of the words, ***her*** מֶכֶר?[2] רַבִּי אַבָּא בַּר כָּהֲנָא אָמַר: עִיבּוּרָהּ — **R' Abba bar Kahana says:** It means **"her pregnancy."**[3] הָדָא הוּא דִכְתִיב "מְכֹרֹתַיִךְ וּמֹלְדֹתַיִךְ" [מְכֹרֹתַיִךְ] — And **thus it is written, *your origins*** ***and your birthings*** *are of the land of Canaan* (*Ezekiel* 16:3).[4]

The Midrash presents a calculation pertaining to Abraham's childlessness:

אַבְרָם הָיָה גָּדוֹל מִנָּחוֹר שָׁנָה — **Abram was** at least **one year older than** his brother **Nahor,** וְנָחוֹר הָיָה גָּדוֹל מֵהָרָן שָׁנָה — **and Nahor was** at least **one year older than** his brother **Haran;**[5] נִמְצָא אַבְרָם גָּדוֹל מֵהָרָן ב׳ שָׁנִים — **it emerges that Abraham was** at least **two years older than Haran.** שָׁנָה לְעִיבּוּרָהּ שֶׁל מִלְכָּה וְשָׁנָה לְעִיבּוּרָהּ שֶׁל יִסְכָּה — Allow **one year for the pregnancy of Milcah and another year for the pregnancy of Iscah,**[6] Haran's two daughters (see above, 11:29), וְהָרָן מוֹלִיד לְשֵׁשׁ שָׁנִים וְאַבְרָם אֵינוֹ מוֹלִיד — **and** it follows that **Haran fathered** his first child **when he was six,**[7] **yet Abram did not father any children!**[8]

□ וְשָׂרַי אֵשֶׁת אַבְרָם לֹא יָלְדָה לוֹ — ***NOW, SARAI, ABRAM'S WIFE, HAD BORNE NO CHILDREN TO HIM,*** *AND SHE HAD* (lit., *AND TO HER THERE WAS*) *AN EGYPTIAN MAIDSERVANT . . .*

The Midrash discusses the cause of Sarah's childlessness:

רַבִּי יְהוּדָה וְרַבִּי נְחֶמְיָה — **R' Yehudah and R' Nechemyah** discussed this verse: רַבִּי יְהוּדָה אָמַר — **R' Yehudah said:** "לוֹ", לְאַבְרָם, לֹא יָלְדָה — *Sarai . . . **had borne no children "to him"*** — **to Abram;** אֲבָל אִילוּ נִשֵּׂאת לְאַחֵר יָלְדָה — **but** — the implication is — **had she been married to someone else she would have borne children.**[9] וְרַבִּי נְחֶמְיָה אָמַר: לֹא לוֹ וְלֹא לְאַחֵר — **And R' Nechemyah said:** *Sarai . . . had borne* **no children to him nor** would she have **to anyone else.**[10] וּמַה דִכְתִיב "לֹא יָלְדָה לוֹ" — **And** if you should ask: **What,** then, **is** the meaning of **that which is written,** *Sarah . . . **had borne no children "to him,"*** which does seem to imply, as R' Yehudah says, that she could have borne children to someone else? "לוֹ וְלָהּ" — Read the words ***to him and to her*** together.[11]

NOTES

1. The Midrash in many places expounds the אֵשֶׁת חַיִל section of *Proverbs* Ch. 31 as referring to Sarah. See *Midrash Tanchuma, Chayei Sarah* §4; *Midrash Tehillim* 112 §1; *Yalkut Shimoni, Proverbs* §964; et al. See *Eitz Yosef.*

2. It is usually translated as "her value" or "worth" (see *Numbers* 20:19). The Midrash, however, interprets the word homiletically.

3. That is, the righteous woman's pregnancy is often more "precious" (i.e., difficult to attain) than pearls (*Eitz Yosef*). As to the reason for this phenomenon, see Midrash below, §4 (*Yefeh To'ar*).

4. Ezekiel here castigates the sinners of Jerusalem, and tells them that by their actions they appear to be conceived and born of Canaanite pedigree. The word מֶכֶר is interpreted as being related to the word מְכֹרֹת in this verse, so that it means "conception."

5. The Torah (above, 11:27) chronicles Terah's sons as *Abram, Nahor, and Haran,* presumably in order of their birth. Thus, Abram was at least a year (an approximation of the period of pregnancy and conceiving again) older than Nahor, and Nahor, likewise, a year older than Haran.

6. Iscah is identified with Sarah (*Megillah* 14a, *Sanhedrin* 69b; *Seder Olam Rabbah* Ch. 2, et al.).

7. Abraham was 10 years old when Sarah was born (see above, 17 §17), and he was (at least) 2 years old when her father Haran was born. Sarah was thus born to Haran when Haran was no more than 8 years old, and her older sister Milcah was born to him when he was no more than 7 years old, meaning that Haran's wife conceived from him when he was 6 years old (*Rashi* above, 38 §14).

8. The Midrash adduces the example of Haran to show that in Abraham's day the age of maturation was quite young, making it all the more remarkable that Abraham was still childless at age 86 (*Yefeh To'ar*). This proves what the Midrash has just asserted, that great righteous people (such as Abraham and Sarah) have difficulty bearing children (*Nezer HaKodesh*).

9. I.e., Sarah was not infertile (*Eitz Yosef;* cf. *Radal.*). Although Abraham was certainly not infertile either (for he fathered a child from Hagar shortly after this), the two were not able to have children together (*Yefeh To'ar*).

10. I.e., Sarah was infertile.

11. The verse reads: *Now Sarai . . . had borne no children to him, and to her there was an Egyptian maidservant, etc.* R' Nechemyah homiletically ignores the comma (i.e., the cantillation marks that indicate a pause between "to him" and "and to her"), reading the verse as *Now Sarai . . . had borne no children to him and to her* — i.e., she could not bear children to Abram and she could not bear children at all. See Insight Ⓐ.

INSIGHTS

Ⓐ **To Him and to Her** In the text and notes above, we followed the standard commentators' interpretation of R' Nechemyah's teaching, which interprets the verse homiletically as *Sarai . . . had borne no children to him and to her,* i.e., she could neither bear children *to him* specifically, nor could she bear children *to her* (i.e., on her part), since she was infertile. However, *Rav Baruch Epstein,* writing in *Tosefes Berachah* (p. 129), as well as in *Mekor Baruch* (Vol. 3, p. 692), explains differently. Among other questions, he wonders why the Midrash follows this statement with the assertion that Harag was a *melog* maidservant (i.e., she was owned by Sarah but Abraham was entitled to her use — see note 12). This seemingly has no connection to the preceding discussion!

R' Epstein suggests that rather than removing the *and to her* from the ensuing clause and linking it to ours, R' Nechemyah means to remove the *to him* from this clause and link it to the ensuing one. Thus, our clause simply states that Sarai *had borne no children* (without mentioning *to him,* since this was not the fault of Abram, as Sarai was infertile). However, by rearranging the verse and linking *to him* with the ensuing clause instead, the Midrash is left to explain the meaning of *to him and to her there was an Egyptian maidservant.* This begs the question: How is it possible for a maidservant to be owned jointly by the husband and wife, as this reading of the verse now clearly implies, when the Gemara teaches (*Avodah Zarah* 77b) that whatever a wife purchases after her

פרשה מה

א [טז, א] **"וְשָׂרַי אֵשֶׁת אַבְרָם לֹא יָלְדָה לוֹ וְגוֹ'". (משלי לא, י) א"אֵשֶׁת חַיִל מִי יִמְצָא וְרָחֹק מִפְּנִינִים מִכְרָהּ", מַהוּ מִכְרָהּ, רַבִּי אַבָּא בַּר כָּהֲנָא אָמַר: עִיבּוּרָהּ, הָדָא הוּא דִכְתִיב (יחזקאל טז, ג) "מְכֹרֹתַיִךְ וּמֹלְדֹתַיִךְ". באַבְרָם הָיָה גָּדוֹל מִנָּחוֹר שָׁנָה וְנָחוֹר הָיָה גָּדוֹל מֵהָרָן שָׁנָה, נִמְצָא אַבְרָם גָּדוֹל מֵהָרָן ב' שָׁנִים שָׁנָה לְעִיבּוּרָהּ שֶׁל מִלְכָּה וְשָׁנָה לְעִיבּוּרָהּ שֶׁל יִסְכָּה, גוְהָרָן מוֹלִיד לְשֵׁשׁ שָׁנִים וְאַבְרָם אֵינוֹ מוֹלִיד. "וְשָׂרַי אֵשֶׁת אַבְרָם לֹא יָלְדָה לוֹ", רַבִּי יְהוּדָה וְרַבִּי נְחֶמְיָה, רַבִּי יְהוּדָה אָמַר: "לוֹ" לְאַבְרָם לֹא יָלְדָה אֲבָל אִילּוּ נִשַּׂאת לְאַחֵר יָלְדָה, וְרַבִּי נְחֶמְיָה אָמַר: לֹא לוֹ וְלֹא לְאַחֵר, וּמַה דִּכְתִיב "לֹא יָלְדָה לוֹ", לוֹ וְלָהּ. "וְלָהּ שִׁפְחָה מִצְרִית וּשְׁמָהּ הָגָר", שִׁפְחַת מְלוֹג הָיְתָה וְהָיָה חַיָּיב בִּמְזוֹנוֹתֶיהָ וְלֹא הָיָה רַשַּׁאי לְמָכְרָהּ. דבְּעוֹן קוֹמֵי רֵישׁ לָקִישׁ: מַהוּ דְּתָנָא עַבְדֵי מְלוֹג, אֲמַר לְהוֹן: כְּמָה °דְתֵימָא מְלוֹג מְלוֹג. אָמַר רַבִּי שִׁמְעוֹן בֶּן יוֹחָאי: הָגָר בִּתּוֹ שֶׁל פַּרְעֹה הָיְתָה וְכֵיוָן שֶׁרָאָה פַּרְעֹה מַעֲשִׂים שֶׁנַּעֲשׂוּ לְשָׂרָה בְּבֵיתוֹ נָטַל בִּתּוֹ וּנְתָנָהּ לוֹ, אָמַר: מוּטָב שֶׁתְּהֵא בִתִּי שִׁפְחָה בְּבַיִת זֶה, וְלֹא גְבִירָה בְּבַיִת אַחֵר, הָדָא הוּא דִכְתִיב (בראשית טז, א) "וְלָהּ שִׁפְחָה מִצְרִית וּשְׁמָהּ הָגָר", הָא אַגְרִיךְ. אַף אֲבִימֶלֶךְ כֵּיוָן שֶׁרָאָה נִסִּים שֶׁנַּעֲשׂוּ לְשָׂרָה בְּבֵיתוֹ נָטַל בִּתּוֹ וּנְתָנָהּ לוֹ אָמַר: מוּטָב שֶׁתְּהֵא בִתִּי שִׁפְחָה בְּבַיִת הַזֶּה וְלֹא גְבִירָה בְּבַיִת אַחֵר, הָדָא הוּא דִכְתִיב (תהלים מה, ה) "בְּנוֹת מְלָכִים בְּיִקְּרוֹתֶיךָ נִצְּבָה שֵׁגַל לִימִינְךָ בְּכֶתֶם אוֹפִיר"**:

עץ יוסף

מה (א) **אשת חיל**. לקמן פ' מ"ז דורש אשת חיל זו שרה. וכן במדרש משלי סי' למ"ד. וכן דרש כל הא"ב בתנחומא על שרה. וקצר כאן וסמך עצמו על מקומות הנ"ל: **מהו מכרה כו'**. עבורה כמד"א מכורותיך ומולדותיך שפתרונו עבורך ומולדתך והכוונה שהאשה הצדקת קשה לה עבורה יותר מהשגת הפנינים כמו שמצינו בשרה: **היה גדול מנחור כו'**. נתבאר לעיל פ' ל"ט: [ב] **לו לאברם לא ילדה**. שאברהם היה במזל שלא יוליד כדלעיל פרשה מ"ג. אבל שרה אילו נשאת לאחר היתה יולדת. שהמניעה היתה מאברהם (נזה"ק): **לא לו ולא לאחר**. ס"ל שהיתה עקרה ממש בטבעה ולכן אמר לא לו ולא לה שתיבת לו מחובר עם תיבת ולה שאחריה. דהמקרא נדרש לפניו ולאחריו: **שפחת מלוג**. כל נכסי האשה שלא קבלן הבעל באחריותו אלא אחריותן עליה אם פחתו ואם הותירו מיקרו נכסי מלוג בין שהכניסה לו בעת חופתה בין שנפלו לה בירושה אח"כ או נתנו לה במתנה סתם. אבל הנכסים שקיבל באחריות נקראות נכסי צאן ברזל דאם פחתו פחתו לו ואם הותירו הותירו לו: **והיה חייב במזונותיה**. כדין עבדי מלוג שמזונותם על הבעל: **מהו דתנן עבדי מלוג**. כלו' למה נקרא כן. ומשני שהוא מלשון מליגת הראש שהבעל מולג ולוקח שבהם. כעין מליגת הראש שתולשין השער ומניחין הראש. כך הבעל אוכל הפירות ומניח הקרן: **ולה שפחה מצרית כו'**. שהיתה בת פרעה שא"ל הא אגריך על צעריך לפיכך שפחת מלוג שלשרה ניתנה (יפ"ת): **אף אבימלך**. וכמ"ש בפדר"א פ' כ"ו כל מה שנתן פרעה לאברהם נתן אבימלך לאברהם כמ"ש ויקח אבימלך וגו' ושפחות ויתן לאברהם: **בנות מלכים ביקרותיך**. משתעי באברהם וכדלעיל פ' ל"ח. ובנות מלכים תרתי משמע פרעה ואבימלך שראו את כבודו ומסרו לו בנותיהם:

פירוש מהרז"ו

מה (א) **אשת חיל**. לקמן ריש פר' מ"ז דורש אשת חיל זו שרה. וכן במדרש משלי למ"ד. וכן קיצר וסומך עצמו על מקומות הנ"ל. ורא"ב"כ דורש סיפא דקרא ורחוק מפניניס מכרה. ועיין לקמן פר' מ"ז סי' ב'. ופר' נ"ג סי' ה' ג"כ רא"ב"כ שלא היה לה עיקר מטרין וכו'. וזהו עיבורה עיקר מקום עיבור שלה. ועי' יבמות דף ס"ד וסובר כר' נחמיה בסמוך. ומ"ש מפנינים פירושו מלשון פנים ולפנים ומקודם. וכמ"ש בהדיא במ"ר פר' ו' סוף סימן א'. ופירושו שמכרה ועיבורה רחוק מאבותיה שהיו לפניה. ועיין לעיל סוף פר' ל"ח והביאור שם: **לאברם לא ילדה**. שאברהם שהיה במזל שלא יוליד כדלעיל פר' מ"ג סימן י' ולא שרה שאם היתה עם אחר היתה יולדת דלא כר' אב"כ אך ר"נ סובר כר' אב"כ: **בעון קומי ריש לקיש**. ירושלמי יבמות פרק ז' סוף הלכה א' ושם הגי' קומי ר' מנא: **בתה של פרעה**. כמ"ש ולאברם הטיב וגו'. ועבדים ושפחות א"כ מ"ש ולה שפחה מצרית היה ג"כ מפרעה וממ"ש ולה שפחה משמע ולא לאחרים שפחה כי לאחרים היתה גבירה כנ"ל. ולמה יתן פרעה בתו לאברם לשפחה אלא שאמר לה בתי מוטב וכו' ועל כן נקראת הגר נוטריקון הא אגריך בשעה שנתן לה פרעה בתו אמר לה לשרה הא אגריך על שלקחתי אותך לביתי ולא לאברהם: ועיקר ההוכחה שהיתה בת פרעה ממ"ש בנות מלכים ביקרותיך כדלקמן בסמוך על פי מדה י"ז ובתורה מרומז כנ"ל: **אף אבימלך**. וכמ"ש פר"א פרק כ"ו כל מה שנתן פרעה לאברהם נתן אבימלך לאברהם כמ"ש ויקח אבימלך וגו' ושפחות ויתן לאברהם: **בנות מלכים ביקרותיך**. כמ"ש לעיל פר' ל"ט סימן א' וסימן ו' שכל המזמור מדבר באברהם ולשון ביקרותיך שייך על השפחות כמ"ש בסדר קדושים והיא שפחה וכו' בקורת תהיה ולשון הילקוט כאן בנות מלכים בנותיהם של מלכים. נצבה שגל לימינך זו שרה:

חידושי הרד"ל

(א) [א] **לאחר ילדה**. ואפילו למ"ד לקמן פרשה מ"ז עיקר מטרין לא היה לה י"ל ג"כ דזה שהיתה עתידה להנשא לאברהם. הוא שהיה סבה שנולדה כך עקרה בלא עיקר מטרון. הא אלו היתה עתידה להנשא לאחר היתה נולדת ראויה להוליד:

(ב) **הא אגריך**. וכמו שנתן אבימלך לשרה אלף כסף וא"ל הנה נתתי לאחיך גו' כסות עינים וכתרגומו שם:

(ג) **הה"ד בנות מלכים**. תרתי משמע בת פרעה ואבימלך:

חידושי הרש"ש

[א] **רבי יהודה אמר לו לאברהם לא ילדה כו'**. נראה דהיינו משום דלא זכה להבנות ממנה דהא חזינן דהגר ילדה לו. ולפ"ז הא דקאמר לעיל ואברהם אינו מוליד ושרה כו' אתיא אפילו לר"י ודלא כמ"כ וכ"כ הטבעיים דיתכן שאיש ואשה לא יולידו יחד והוא מאחרת והיא מאחר מולידים [והיפ"ת הוסיף ע"ז מן ן' סיני בח"ג אופן כ"א מ"א פ"ה בסבות העקרות]:

באור מהרי"פ

א **הא אגרך**. על צערך ולפיכך היתה שפחת מלוג שלשרה נתנה. יפ"ת: **הה"ד בנות מלכים**. וכל המזמור באברהם משתעי כדכתיב בר"פ ל"ט (יפ"ת):

מסורת המדרש

א ילקוט כאן רמז ע"ח. ילקוט משלי רמז תתקס"ד:
ב סנהדרין ס"ט. לעיל פרשה ל"ט. סדר עולם רבה פ' ב':
ג ירושלמי יבמות פרק י':
ד יבמות ס"ו:

אם למקרא

אֵשֶׁת חַיִל מִי יִמְצָא וְרָחֹק מִפְּנִינִים מִכְרָהּ: (משלי לא:י)

וְאָמַרְתָּ כֹּה־אָמַר אֲדֹנָי ה' לִירוּשָׁלַ͏ִם מְכֹרֹתַיִךְ וּמֹלְדֹתַיִךְ מֵאֶרֶץ הַכְּנַעֲנִי אָבִיךְ הָאֱמֹרִי וְאִמֵּךְ חִתִּית: (יחזקאל טז:ג)

וְשָׂרַי אֵשֶׁת אַבְרָם לֹא יָלְדָה לוֹ וְלָהּ שִׁפְחָה מִצְרִית וּשְׁמָהּ הָגָר: (בראשית טז:א)

בְּנוֹת מְלָכִים בְּיִקְּרוֹתֶיךָ נִצְּבָה שֵׁגַל לִימִינְךָ בְּכֶתֶם אוֹפִיר: (תהלים מה:י)

מתנות כהונה

מה [א] **ומכורותיך**. מדכתיב קודם מולדותיך פירושו לשון הריון או י"ל מכורותיך כמו מגוריך וכ"פ רש"י ורד"ק ור"ל ממקום שהיה גר בו קודם הלידה: **אברם גדול מנחור וכו'**. נתבאר לעיל סוף פרשה ל"ט: #**ואברם אינו מוליד** בתמיה אלא ושרי כו' מלדה ולא מלדו כדמפרש ואזיל אליבא דרבי נחמיה: **לו ולה**. סמיכות קדריש דסמיך ליה ולה שפחה כלומר לא לו היתה מולדת ולה כלומר מלדה (ג"כ) אינה מולדת אפילו מאיש אחר: **שפחת מלוג**. ודייק מדכתיב ולה דמשמע ולא לו [וכ"פ רבינו בחיי] ולכן אמר ולא היה רשאי למוכרה דאל"כ היה גם לו חלק בה: **מלוג מלוג**. פירש הערוך כעין מליגת הראש שתולשין השער ומניחין הראש כך הבעל אוכל פירות ומניחין הקרן ואין לו רשות בהם: **בתו של פרעה כו'**. דייק מדכתיב שפחה מצרית שלא בא הכתוב לסתום אלא לפרש וגם שם הגר נוטריקון הא אגריך מורה שבת פרעה היתה ועיין בביאורים מהר"ר אליהו מזרחי: **מעשים**. מעשה נסים: **הא אגרך**. הרי שכרך ודרש הגר בלשון נוטריקון הא אגריך: **אף אבימלך כו'**. דייק מדכתיב בנות מלכים לשון רבים כדלקמן:

אשד הנחלים

מה [א] **עיבורה** זהו כדברינו לעיל אשת חיל מי ימצא כמוה יקרה ונכבדה ועכ"ז יקר' וכבד' יותר ממציאות הפנינים מכרה ומולדתה ודרש מלת מכר' על ההריון אולי הוא מלשון הכרה שהריון תחילת ההכר' על הליד' ולכן כתיב מכורותיך ומולדותיך כלומר הכרתך ע"י הריון ואח"כ הליד': **הי' גדול כו'**. וזהו הדיוק לא ילד' לו אף שהוא הי' גדול מהם בשנים: **לאחר ילד'**. כי המניעה הי' רק מצדו כי הי' עקר בטבעו ודעת ר"נ שהמניעה הית' מצד' ג"כ וזהו לא ילדה מצדה ולא מצדו: **שפחת מלוג**. מדכתיב ולה דמשמע השייך רק לה ולא לו. **הגר הא אגריך**. אל יהיה רחוק בעיניך זה הדרש כי ידוע מכמה לשונות שמעורב בהם כמה לשונות של עברי או ארמי אך בשיבוש כי אינם יודעים אותה על בוריה והכלל הזה יהי' בעיניך ויותר לך כמה עניינים הרחוקים:

❒ וְלָהּ שִׁפְחָה מִצְרִית וּשְׁמָהּ הָגָר — *AND SHE HAD AN EGYPTIAN MAIDSERVANT WHOSE NAME WAS HAGAR.*

The Midrash elaborates on the words "she had":

שִׁפְחַת מְלוֹג הָיְתָה — **[Hagar] was a** ***melog*** **maidservant;**[12] וְהָיָה חַיָּיב בִּמְזוֹנוֹתֶיהָ — **and [Abram] was** legally **responsible for** supplying **her food,**[13] וְלֹא הָיָה רַשַּׁאי לְמָכְרָהּ — **but was not entitled to sell her.**[14]

The Midrash digresses to explain the etymology of the word *melog*:

בְּעוֹן קוֹמֵי רֵישׁ לָקִישׁ — **[The students] inquired before Reish Lakish:** מַהוּ דִּתְנָא "עַבְדֵי מְלוֹג" — **What is** the meaning of the term **that was taught in the Mishnah** (*Yevamos* 7:1,2), ***"melog*** **slaves"?** אֲמַר לְהוֹן: כְּמָה דְתֵימַר "מְלוֹג מְלוֹג" — **He replied to them: As you would say** to someone, **"Pluck, pluck!"**[15]Ⓐ

❒ [וּשְׁמָהּ הָגָר — *WHOSE NAME WAS HAGAR.*]

The Midrash elaborates on the identity of Hagar the Egyptian, and how she came to be a maidservant in Abram's household:

אָמַר רַבִּי שִׁמְעוֹן בֶּן יוֹחָאי — **R' Shimon ben Yochai said:** הָגָר בִּתּוֹ שֶׁל פַּרְעֹה הָיְתָה — **Hagar was Pharaoh's daughter.** וְכֵיוָן שֶׁרָאָה פַּרְעֹה מַעֲשִׂים שֶׁנַּעֲשׂוּ לְשָׂרָה בְּבֵיתוֹ — **And after Pharaoh saw the** miraculous **deeds that were wrought in his house on behalf of Sarah** during her stay there,[16] נָטַל בִּתּוֹ וּנְתָנָהּ לוֹ — **he took his daughter and gave her to [Abraham],**[17] אָמַר "מוּטָב שֶׁתְּהֵא בִּתִּי שִׁפְחָה בְּבַיִת זֶה, וְלֹא גְבִירָה בְּבַיִת אַחֵר — **saying, "Better that my daughter be a servant in this household, and not** the **mistress in another household!"** הָדָא הוּא דִכְתִיב "וְלָהּ שִׁפְחָה מִצְרִית וּשְׁמָהּ הָגָר" — **Thus it is written,** ***she had an Egyptian maidservant whose name was "Hagar,"*** "הָא אַגְרִיךְ" — which name means, **"Here is your** (Sarah's) **payment."**[18]

The Midrash cites a related incident:

אַף אֲבִימֶלֶךְ כֵּיוָן שֶׁרָאָה נִסִּים שֶׁנַּעֲשׂוּ לְשָׂרָה בְּבֵיתוֹ — **Abimelech, too, when he saw the miracles that were wrought in** ***his*** **house on behalf of Sarah,**[19] נָטַל בִּתּוֹ וּנְתָנָהּ לוֹ — **he took his daughter and gave her to [Abraham],** אָמַר מוּטָב שֶׁתְּהֵא בִּתִּי שִׁפְחָה בְּבַיִת זֶה וְלֹא גְבִירָה בְּבַיִת אַחֵר — **saying, "Better that my daughter be a servant in this household, and not** the **mistress in another household."** הָדָא הוּא דִכְתִיב "בְּנוֹת מְלָכִים בִּיקְּרוֹתֶיךָ נִצְּבָה שֵׁגַל לִימִינְךָ בְּכֶתֶם אוֹפִיר" — **Thus it is written** (*Psalms* 45:10),[20] ***Daughters of kings***[21] ***attend you, the queen stands erect at your right in the golden jewelry of Ophir.***

NOTES

12. *Melog* property is in the possession of the wife, but the husband is entitled to all usage and usufruct that can be attained from it. (It is in distinction to *tzon barzel* property, which a bride brings into the marriage as a dowry; such property is considered the husband's, but its value must be refunded to her in the event of divorce or his demise.)

13. For such is the law concerning *melog* property (see Mishnah, *Yevamos* 7:1).

14. The husband may not sell *melog* property, for it is not his to sell. Since the verse states of Sarah "she had" a maidservant, it is implied that Hagar was a *melog* maidservant (and not *tzon barzel*), and thus considered to be Sarah's personal property, which Abraham could not sell. See *Eitz Yosef.*

15. I.e., the word *melog* means "plucking," similar to one who plucks the feathers of a bird without taking the bird itself. In like manner, the husband consumes that which this property produces, but not the property itself.

16. As described above, 12:17; see also Midrash ad loc.

17. I.e., to his wife, Sarah. See *Yefeh To'ar.*

18. I.e., your compensation for my having taken you in an improper manner [see below, 20:16] (*Yefeh To'ar*). The name הָגָר (*Hagar*) is interpreted as an acronym for הָא אַגְרִיךְ (*ha agrich*), *here is your payment* (or *ha agar, here is payment*). Since we know that Hagar was Egyptian (and presumably acquired during Abraham's and Sarah's stay there) and that she was given as a payment, R' Shimon ben Yochai derives from these facts that Hagar was Pharaoh's daughter (*Yefeh To'ar*).

19. See below, 20:4, and Midrash below, 52 §13.

20. *Psalm* 45 is interpreted by the Midrash (below, 59 §5, and above, 39 §1) as referring to Abraham.

21. The plural indicates that there were two daughters of kings who served Abraham — those of Pharaoh and Abimelech (*Eitz Yosef*).

INSIGHTS

marriage is legally acquired by her husband? The Midrash therefore explains that Hagar was a *melog* maidservant who was given to Sarah by her father before her marriage, so that she belonged to Sarah, but was also "owned" by Abraham, in that he was entitled to all usage and usufruct that could be attained from her.

Ⓐ **Melog Slaves** The Klausenberger Rebbe (*Teshuvos Divrei Yatziv, Yoreh Deah* §164) asks: What is the intent of the Midrash in asking specifically about the meaning of "*melog* slaves"? Since the answer merely seems to explain the meaning of the word "*melog*" itself, that should have been the question as well! He therefore explains that rather than seeking the meaning of "*melog*," the Midrash (and the *Yerushalmi* in *Yevamos* (7:1) from where this question is taken) actually seeks to determine the reason for the seemingly counterituitive law that applies to a *melog* servant — namely, that the husband is both legally responsible for her sustenance and unable to sell her. Since the former law is already stated in the Mishnah (and *Yerushalmi*), the Midrash notes that Reish Lakish was asked there, "What is the meaning of what was taught in the Mishnah regarding '*melog* servants' — i.e., that the husband is obligated in their sustenance?" To this, he replied that the very definition of the word *melog* explains its law. A *melog* slave is so called because the husband may only "pluck his feathers," that is, he must make sure that the principal (i.e., the servant himself) is preserved for the wife. Therefore, he cannot say, "Serve me, and then go out to look for food elsewhere," because if required to look for food and charity, the servant may either run away, or die from lack of nourishment, and the husband will thus have cost his wife the servant that she owns. For the same reason, the Midrash adds that he cannot be sold, since the body of the servant must be maintained in the wife's possession.

חידושי הרד"ל

(א) [א] **לאחר ילדה.** ואפילו למ"ד לקמן פרשה מ"ז עיקר מטרין לא היה לה י"ל ג"כ דזה שהיתה עתידה להנשא לאברהם. הוא שהיה סבה שנולדה כך עקרה בלא עיקר מטרין. הא אלו היתה עתידה להנשא לאחר היתה נולדת ראויה להוליד:

(ב) **הא אגריך.** וכמו שנתן אבימלך לשרה אלף כסף וא"ל הנה הוא לך כסות עינים ותרגומו שם:

(ג) **הה"ד בנות מלכים.** תרתי משמע בת פרעה ואבימלך:

חידושי הרש"ש

[א] **רבי יהודה אמר לו לאברהם לא ילדה כו'.** נראה דהיינו משום דלא זכה להבנות ממנה דהא חזינן דהגר ילדה לו. ולפ"ז הא דקאמר לעיל ואברהם אינו מוליד ושרי כו' אתיא אפילו לר"י ודלא כמ"כ וכ"כ הטבעיים דיתכן שאיש ואשה לא יולידו יחד והוא מאחרת והיא מאחר מולידים [ויפ"ת הוסיף ע"ז מן ן' סיני בח"ג אופן כ"א מ"א פ"ה בסבות העקרות]:

באור מהרי"פ

א **הא אגרך.** על לערך ולפיכך היתה שפחת מלוג שלשרה נתנה. יפ"ת: **הה"ד בנות מלכים.** וכל המזמור משתעי באברהם כדכתיב בר"פ ל"ט ויפ"ת:

עץ יוסף

מה (א) **אשת חיל.** לקמן פ' מ"ז דורש אשת חיל זו שרה. וכן במדרש משלי סי' למ"ד. וכן דרש כל הא"ב בתנחומא על שרה. וקלר כאן וסמך עלמו על מקומות הנ"ל: **מהו מכרה כו'.** עבורה כמד"א מכורותיך ומולדותיך שפתרונו עבורך ומולדתך והכוונה שהאשה הלדקת קשה לה עבורה יותר מהשגת הפנינים כמו שמלינו בשרה: **היה גדול מנחור כו'.** נתבאר לעיל פ' ל"ט: [ב] **לו לאברם לא ילדה.** שאברהם היה במזל שלא יוליד כדלעיל פרשה מ"ג. אבל שרה אילו נשאת לאחר היתה יולדת. שהמניעה היתה מאברהם (נזה"ק): **לא לו ולא לאחר.** ס"ל שהיתה עקרה ממש בטבעה ולכן אמר לא לו ולא לה שתיבת לו מחובר עם תיבת ולה שאחריה. דהמקרא נדרש לפניו ולאחריו: **שפחת מלוג.** כל נכסי האשה שלא קבלן הבעל באחריותו אלא אחריותן עליה אם פחתו ואם הותירו מיקרו נכסי מלוג בין שהכניסה לו בעת חופתה בין שנפלו לה בירושה אח"כ או נתנו לה במתנה סתם. אבל הנכסים שקיבל באחריות נקראות נכסי לאן ברזל דאם פחתו פחתו לו ואם הותירו הותירו לו: **והיה חייב במזונותיה.** כדין עבדי מלוג שמזונותם על הבעל: **מהו דתנן עבדי מלוג.** כלו' למה נקרא כן. ומשני שהוא מלשון מליגת הראש שהבעל מולג ולוקח שבחם. כעין מליגת הראש שתולשין השער ומניחין הראש. כך הבעל אוכל הפירות ומניח הקרן: **ולה שפחה מצרית כו'.** שהיתה בת פרעה שא"ל הא אגריך על לערך לפיכך שפחת מלוג שלשרה ניתנה (יפ"ת): **אף אבימלך.** וכמ"ש בפדר"א פ' כ"ו כל מה שנתן פרעה לאברהם נתן אבימלך לאברהם כמ"ש ויקח אבימלך וגו' ושפחות ויתן לאברהם: **בנות מלכים ביקרותיך.** משתעי באברהם וכדלעיל פ' ל"ח. ובנות מלכים תרתי משמע פרעה ואבימלך שראו את כבודו ומסרו לו בנותיהם:

פרשה מה

א [טז, א] **"ושרי אשת אברם לא ילדה לו וגו'".** (משלי לא, י) א**"אשת חיל מי ימצא ורחק מפנינים מכרה", מהו מכרה, רבי אבא בר כהנא אמר: עיבורה, הדא הוא דכתיב** (יחזקאל טז, ג) **"מכרתיך ומלדתיך". באברם היה גדול מנחור שנה ונחור היה גדול מהרן שנה, נמצא אברם גדול מהרן ב' שנים שנה לעיבורה של מלכה ושנה לעיבורה של יסכה, גוהרן מוליד לשש שנים ואברם אינו מוליד. "ושרי אשת אברם לא ילדה לו", רבי יהודה ורבי נחמיה, רבי יהודה אמר: "לו" לאברם לא ילדה אבל אילו נשאת לאחר ילדה, ורבי נחמיה אמר: לא לו ולא לאחר, ומה דכתיב "לא ילדה לו", לו ולה. "ולה שפחה מצרית ושמה הגר", שפחת מלוג היתה והיה חייב במזונותיה ולא היה רשאי למכרה. דבעון קומי ריש לקיש: מהו דתנא עבדי מלוג, אמר להון: כמה °דתימא מלוג מלוג. אמר רבי שמעון בן יוחאי: הגר בתו של פרעה היתה וכיון שראה פרעה מעשים שנעשו לשרה בביתו נטל בתו ונתנה לו, אמר: מוטב שתהא בתי שפחה בבית זה, ולא גבירה בבית אחר, הדא הוא דכתיב** (בראשית טז, א) **"ולה שפחה מצרית ושמה הגר", הא אגריך. אף אבימלך כיון שראה נסים שנעשו לשרה בביתו נטל בתו ונתנה לו אמר: מוטב שתהא בתי שפחה בבית הזה ולא גבירה בבית אחר, הדא הוא דכתיב** (תהלים מה, י) **"בנות מלכים ביקרותיך נצבה שגל לימינך בכתם אופיר":**

פירוש מהרז"ו

מה (א) **אשת חיל.** לקמן ריש פר' מ"ז דורש אשת חיל זו שרה. וכן במדרש משלי סי' למ"ד. וכן קילר וסומך עלמו על מקומות הנ"ל. ורא"ל דורש סיפא דקרא ורחוק מפנינים מכרה. ועיין לקמן פר' מ"ז סי' ב'. ופר' נ"ג סי' ה' ג"כ ראב"ל שלא היה לה עיקר מטרין וכו'. זוהי עיבורה עיקר מקום עיבור שלה. ועי' יבמות דף ס"ד וסובר כר' נחמיה בסמוך. ומ"ש מפנינים פירושו מלשון פנים ולפנים ומקודש. וכמ"ש בהדיא במ"ר פר' ו' סוף סימן א'. ופירושו שמכרה ועיבורה רחוק מאשתיה שהיו לפניה. ועיין לעיל סוף פר' ל"ח והביאור שם: **לאברם לא ילדה.** שאברהם שהיה במזל שלא יוליד כדלעיל פר' מ"ג סימן י' ולא שרה שאם היתה עם אחר היתה יולדת דלא כר' אב"כ אך ר"נ סובר כר' אב"כ: **בעון קומי ריש לקיש.** ירושלמי יבמות פרק ז' סוף הלכה א' ושם הגי' קומי ר' מנא: **בתה של פרעה.** כמ"ש ולאברם הטיב וגו' ועבדים ושפחות א"כ מ"ש ולה שפחה מלרית היא ג"כ מפרעה וממ"ש ולה שפחה משמע ולא לאחרים שפחה כי לאחרים היתה גבירה כנ"ל. ולמה יתן פרעה בתו לאברם לשפחה אלא שאמר לה בתי מוטב וכו' ועל כן נקראת הגר נוטריקון הא אגריך בשעה שנתן לה פרעה בתו אמר לה לשרה הא אגריך על שלקחתי אותך לביתי ולא לאברהם: ועיקר ההוכחה שהיתה בת פרעה ממ"ש בנות מלכים ביקרותיך כדלקמן בסמוך על פי מדה י"ז ובתורה מרומז כנ"ל: **אף אבימלך.** וכמ"ש פר"א פרק כ"ו כל מה שנתן פרעה לאברהם נתן אבימלך לאברהם כמ"ש ויקח אבימלך וגו' ושפחות ויתן לאברהם: **בנות מלכים ביקרותיך.** כמ"ש לעיל פר' ל"ט סימן א' וסימן ו' שכל המזמור מדבר באברהם ולשון ביקרותיך שייך על השפחות כמ"ש בסדר קדושים והיא שפחה וכו' בקורת תהיה ולשון הילקוט כאן בנות מלכים בנותיהם של מלכים. נלבה שגל לימינך זו שרה.

מסורת המדרש

א ילקוט כאן רמז ע"ח. ילקוט משלי רמז תתקמ"ד:
ב סנהדרין ס"ט. לעיל פרשה ל"ט. סדר עולם רבה פ' ב':
ג ירושלמי יבמות פרק י':
ד יבמות ס"ו:

אם למקרא

אשת חיל מי ימצא ורחק מפנינים מכרה: (משלי לא:י)

ואמרת כה-אמר אדני ה' לירושלם מכרתיך ומלדתיך מארץ הכנעני אביך האמרי ואמך חתית: (יחזקאל טז:ג)

ושרי אשת אברם לא ילדה לו ולה שפחה מצרית ושמה הגר: (בראשית טז:א)

בנות מלכים ביקרותיך נצבה שגל לימינך בכתם אופיר: (תהלים מה:י)

מתנות כהונה

מה [א] **ומכורותיך.** מדכתיב קודם מולדותיך פירושו לשון הריון או י"ל מכורותיך כמו מגוריך וכ"פ רש"י ורד"ק ור"ל ממקום שהיה גר בו קודם הלידה: **אברם גדול מנחור וכו'.** נתבאר לעיל סוף פרשה ל"ט: #**ואברם אינו מוליד** בתמיה אלא ושרי כו' מלדה ולא מלדו כדמפרש ואזיל אליבא דרבי נחמיה: **לו ולה.** סמיכות קדריש דסמיך ליה ולה שפחה כלומר לא לו היתה מולדת ולה כלומר מלדה (ג"כ) אינה מולדת אפילו מאיש אחר: **שפחת מלוג.** ודייק מדכתיב ולה דמשמע ולא לו (וכ"פ רבינו בחיי) ולכן אמר ולא היה רשאי למוכרה דאל"כ היה גם לו חלק בה: **מלוג מלוג.** פירש הערוך כעין מליגת הראש שתולשין השער ומניחין הראש כך הבעל אוכל פירות ומניחין הקרן ואין לו רשות בהם: **בתו של פרעה כו'.** דייק מדכתיב שפחה מלרית שלא בא הכתוב לסתום אלא לפרש וגם שם הגר נוטריקון הא אגריך מורה שבת פרעה היתה ועיין בביאורים מהר"ר אליהו מזרחי: **מעשים.** מעשה נסים: **הא אגרך.** הרי שכרך ודרש הגר בלשון נוטריקון הא אגריך: **אף אבימלך כו'.** דייק מדכתיב בנות מלכים לשון רבים כדלקמן:

אשד הנחלים

מה [א] **עיבורה** זהו כדברינו לעיל אשת חיל מי ימצא כמוה יקרה ונכבדה ועכ"ז יקר' וכבד' יותר ממציאות הפנינים מכרה ומולדתה ודרש מלת מכר' על ההריון אולי הוא מלשון הכרה שהריון תחילת ההכר' על הליד' ולכן כתיב מכורותיך ומולדותיך כלומר הכרתך ע"י הריון ואח"כ הליד': **הי' גדול כו'.** וזהו הדיוק לא ילד' לו אף שהוא הי' גדול מהם בשנים: **לאחר ילד'.** כי המניעה הי' רק מצדו כי הי' עקר בטבעו ודעת ר"נ שהמניעה הית' מצד' ג"כ וזהו לא ילדה מצדה ולא מצדו: **שפחת מלוג.** מדכתיב ולה דמשמע השייך רק לה ולא לו. **הגר הא אגריך.** אל יהיה רחוק בעיניך זה הדרש כי ידוע מכמה לשונות שמעורב בהם כמה לשונות של עברי או ארמי אך בשיבוש כי אינם יודעים אותה על בוריה והכלל הזה יהי' בעיניך ויותר לך כמה עניינים הרחוקים:

§2 וַתֹּאמֶר שָׂרַי אֶל אַבְרָם הִנֵּה נָא עֲצָרַנִי ה׳ מִלֶּדֶת — *AND SARAI SAID TO ABRAM, "SEE, NOW, HASHEM HAS RESTRAINED ME FROM BEARING."*

The Midrash analyzes Sarai's words to discover her perspective on her childlessness:

אָמְרָה: יוֹדַעַת אֲנָא מֵהֵיכָן הִיא סִבָּתִי — **She said, "I recognize where my cause** for barrenness **originates.** לֹא כְּשֵׁם שֶׁהָיוּ אוֹמְרִים לִי קָמֵיעַ הִיא צְרִיכָה, חִימּוּם הִיא צְרִיכָה — **It is not as [people] would say regarding me, "She needs an amulet; she needs warming."**[22] אֶלָּא "הִנֵּה נָא עֲצָרַנִי ה׳ מִלֶּדֶת" — **Rather:** ***See, now, HASHEM has restrained me from bearing."***[23]

☐ [בֹּא נָא אֶל שִׁפְחָתִי אוּלַי אִבָּנֶה מִמֶּנָּה — *CONSORT, NOW, WITH MY MAIDSERVANT, PERHAPS I WILL BE BUILT UP THROUGH HER.*]

The Midrash discusses the personal devastation involved in childlessness:

תְּנִי — **It was taught in a Baraisa:** כָּל מִי שֶׁאֵין לוֹ בֵּן, כְּאִילוּ הוּא מֵת, כְּאִלּוּ הוּא הָרוּס — **Any person who has no child — it is** considered, in a sense, **as if he is dead** and **as if he is demolished.**[24] כְּאִלּוּ מֵת, "וַתֹּאמֶר רָחֵל אֶל יַעֲקֹב הָבָה לִי בָנִים וְגוֹ׳ " — It is considered **as if he is dead** — as it is stated, ***And Rachel said to Jacob, "Give me children*** *and if not I am dead"* (below, 30:1). כְּאִלּוּ הָרוּס, שֶׁנֶּאֱמַר "אוּלַי אִבָּנֶה מִמֶּנָּה" — And **as if he is demolished — as it is stated** here, ***perhaps I will be built up through her,*** אֵין בּוֹנִין אֶלָּא אֶת הֶהָרוּס — for **one "builds up" only that which is demolished.**Ⓐ

☐ וַיִּשְׁמַע אַבְרָם לְקוֹל שָׂרָי — ***AND ABRAM HEEDED THE VOICE OF SARAI.***

The Midrash explains:[25]

רַבִּי יוֹסֵי אָמַר: רוּחַ הַקֹּדֶשׁ — **R' Yose said:** He heeded the voice of **the holy** prophetic **spirit** that Sarah possessed. הֵיךְ מַה דְּאַתְּ אָמַר — This verse's usage of the word קוֹל, then, **is similar to what is written** elsewhere, "וְאַתָּה תִשְׁמַע לְקוֹל דִּבְרֵי ה׳ " — ***So now hear the voice*** [קוֹל] ***of HASHEM's words*** (*I Samuel* 15:1).[26]

§3 וַתִּקַּח שָׂרַי אֵשֶׁת אַבְרָם אֶת הָגָר הַמִּצְרִית שִׁפְחָתָהּ" — ***SO SARAI, ABRAM'S WIFE, TOOK HAGAR THE EGYPTIAN, HER MAIDSERVANT.***

The Midrash explains what is meant by "took" here:[27]

לְקָחַתָּהּ בִּדְבָרִים — **She "took" [Hagar] with words,** i.e., she persuaded her,[28] אָמְרָה לָהּ: אַשְׁרַיִךְ שֶׁאַתְּ מִתְדַּבֶּקֶת לַגּוּף הַקָּדוֹשׁ הַזֶּה — **saying to her, "How fortunate you are in that you cleave to this holy body!"**[29]

☐ מִקֵּץ עֶשֶׂר שָׁנִים לְשֶׁבֶת אַבְרָם בְּאֶרֶץ כְּנָעַן — ***AFTER TEN YEARS OF ABRAM'S DWELLING IN THE LAND OF CANAAN.***

This verse is shown to be the basis of Talmudic law:

רַבִּי אַמִּי בְּשֵׁם רֵישׁ לָקִישׁ: מִנַּיִן תְּנִינַן — **R' Ami** said **in the name of Reish Lakish: From where** is it derived **what we have learned in a Mishnah:** נָשָׂא אִשָּׁה וְשָׁהָה עִמָּהּ י׳ שָׁנִים וְלֹא יָלְדָה — **"If one married a woman and remained with her** for **ten years, but she did not bear children,**[30] אֵינוֹ רַשַּׁאי לִיבָּטֵל מִפְּרִיָּה וּרְבִיָּה — **he is not permitted to abstain from procreation,** אֶלָּא יוֹצִיא וְיִשָּׂא אִשָּׁה אַחֶרֶת — **but must divorce** her **and marry another woman"** (*Yevamos* 6:6)?[31] מֵהָכָא: "מִקֵּץ עֶשֶׂר שָׁנִים לְשֶׁבֶת אַבְרָם בְּאֶרֶץ כְּנָעַן" — It is derived **from** our verse **here:** ***After ten years of Abram's dwelling in the land of Canaan.***[32]

NOTES

22. The first several editions of the Midrash all have this reading (חִימּוּם), but in subsequent editions it was corrupted to הימום or חימוס and eventually to הימוס, which is the reading in most contemporary editions. (See *Radal.*) *Aruch* has another reading altogether: ע׳ מיימים. In any event it is referring to some kind of medical treatment to improve fertility.

23. I.e., my sterility is not the result of a physiological condition; rather, God in His wisdom has decided that I should not be blessed with a child. She knew this through her prophetic spirit (*Yefeh To'ar*).

24. "As if he is dead" and "as if he is demolished" are two ways of saying the same thing. Alternatively: "As if dead" refers to a physical deficiency, whereas "as if demolished" refers to a spiritual deficiency, for a child can bring spiritual benefit to a parent after the latter's demise (*Yefeh To'ar*). See further Insight Ⓐ.

25. The words *the voice* are seemingly superfluous; Scripture could have simply stated, "And Abram heeded Sarai" (*Mizrachi, Matnos Kehunah; cf. Yefeh To'ar*). Alternatively, this entire phrase is superfluous, for since Scripture states in the next verse, *and she gave her to Abram her husband*, we know that Abram accepted Sarai's suggestion (*Nezer HaKodesh*). Therefore, the Midrash explains that Scripture here is referring to something other than Abram simply heeding Sarai's proposal.

26. In this verse, too, the "voice of Hashem's words" was actually Samuel expressing God's message through his prophetic spirit. [The verse is cited inaccurately in the printed editions.]

27. The Hebrew verb לקח usually indicates "to pick something up and transport it" (*Sifra, Tzav, Miluim, Parashah* 1:2; *Matnos Kehunah*) or "to take possession of something" (*Mizrachi*) — neither of which meaning is appropriate here.

28. The word "took," when used in regard to a human being, generally does not refer to a physical taking of the body, but rather to "taking" one by persuasion (as the root לקח is used in *Jeremiah* 23:31 and *Proverbs* 7:21 — *Eitz Yosef*). See too *Leviticus* 8:2 and *Numbers* 16:1 (see *Rashi* on both verses), as understood by *Midrash Tanchuma, Korach* §1. See also Midrash above, 16 §5, *Mechilta* (and *Rashi*) on *Exodus* 14:6, *Sifrei* (and *Rashi*) on *Numbers* 11:16, etc.

29. Hagar was reluctant to marry Abraham on account of his advanced age, or because he already had another wife (*Yefeh To'ar*).

30. And he has no children from another union either.

31. The closing phrase ("but must divorce her . . . ") does not appear in the Mishnah, and is missing in many Midrash manuscripts as well. The presumption is that, after 10 years of failure to produce offspring together, this couple will not be able to do so in the future; the man (who has a Torah obligation to procreate — *Yevamos* ibid.) must therefore marry someone else at that point.

32. The fact that Scripture specifies that Abram took a second wife with whom to have children *"after ten years" etc.* indicates that upon reaching 10 years of childlessness, a man is obligated to marry another woman.

INSIGHTS

Ⓐ **Building Through Children** When a building is demolished the property is still there, and so is the potential of restoring what was lost, or even building a better, more imposing structure. This is the concept the Midrash focuses on when it describes the childless Sarah as being "demolished." Within her despair at not having had a child, she felt there is hope that she still has a role to play in the millennia-long structure of the future Jewish people. *Rabbi S. R. Hirsch* notes that in asking Abraham to marry Hagar, Sarah expressed her request in personal terms: *I will be built up*, or, as *R' Hirsch* renders, it, *I will be built-on.* Thus Sarah likened herself to the building blocks of construction. It is not only that one brick sits upon another one; each brick also supports all the bricks that will be laid upon it and above it, so that the 20th story rests on the foundation no less than the first story. The household of Abraham and Sarah would comprise all the qualities and teachings of its founding couple, and although Sarah could not give physical birth to a child, she would lay the human bricks of the Jewish structure by nurturing the biological offspring of her maidservant.

Following upon this exposition, *R' Hirsch* explains the third of the blessings under the *chupah*, *"In His own image God created man and from him has prepared for Himself a building reaching into eternity"* as follows: The Master builder created man to complete the Divine human structure, layer upon layer, until the end of time. Everyone can have a share in building that structure: some through their own children and others through what they instill into other people's children.

ב [טז, ב] "וַתֹּאמֶר שָׂרַי אֶל אַבְרָם הִנֵּה נָא עֲצָרַנִי ה' מִלֶּדֶת". ה'אָמְרָה: יוֹדַעַת אֲנָא מֵהֵיכָן הִיא סִבָּתִי, לֹא כְּשֵׁם שֶׁהָיוּ אוֹמְרִים לִי קָמֵיעַ הִיא צְרִיכָה °הִימוּס הִיא צְרִיכָה אֶלָּא "הִנֵּה נָא עֲצָרַנִי ה' מִלֶּדֶת". ותְּנִי: כָּל מִי שֶׁאֵין לוֹ בֵּן, כְּאִילּוּ הוּא מֵת, כְּאִילּוּ הוּא הָרוּס, כְּאִילּוּ מֵת, (בראשית ל, א) "וַתֹּאמֶר רָחֵל אֶל יַעֲקֹב הָבָה לִי בָנִים וְגוֹ'". כְּאִילּוּ הָרוּס שֶׁנֶּאֱמַר "אוּלַי אִבָּנֶה מִמֶּנָּה", אֵין בּוֹנִין אֶלָּא אֶת הֶהָרוּס. "וַיִּשְׁמַע אַבְרָם לְקוֹל שָׂרָי", רַבִּי יוֹסֵי אָמַר: רוּחַ הַקֹּדֶשׁ הֵיךְ מַה דְּאַתְּ אָמַר (שמואל א טו, א) "וְאַתָּה תִשְׁמַע לְקוֹל דִּבְרֵי ה'":

ג [טז, ג] "וַתִּקַּח שָׂרַי אֵשֶׁת אַבְרָם אֶת הָגָר הַמִּצְרִית שִׁפְחָתָהּ". לְקָחַתָּהּ בִּדְבָרִים, אָמְרָה לָהּ: אַשְׁרַיִךְ שֶׁאַתְּ מִתְדַּבֶּקֶת לַגּוּף הַקָּדוֹשׁ הַזֶּה. "מִקֵּץ עֶשֶׂר שָׁנִים לְשֶׁבֶת אַבְרָם בְּאֶרֶץ כְּנָעַן", רַבִּי אַמִּי בְּשֵׁם רֵישׁ לָקִישׁ: מִנַּיִן ותְּנִינַן נָשָׂא אִשָּׁה וְשָׁהָה עִמָּהּ י' שָׁנִים וְלֹא יָלְדָה אֵינוֹ רַשַּׁאי לִיבָּטֵל מִפְּרִיָּה וּרְבִיָּה אֶלָּא יוֹצִיא וְיִשָּׂא אִשָּׁה אַחֶרֶת, מֵהָכָא, "מִקֵּץ עֶשֶׂר שָׁנִים לְשֶׁבֶת אַבְרָם בְּאֶרֶץ כְּנָעַן", הָדָא °אָמְרַת אֵין יְשִׁיבַת חוּצָה לָאָרֶץ עוֹלָה מִן הַמִּנְיָן. "וַתִּתֵּן אֹתָהּ לְאַבְרָם אִישָׁהּ", וְלֹא לְאַחֵר. "לְאִשָּׁה" וְלֹא לְפִילֶגֶשׁ:

ד [טז, ד] "וַיָּבֹא אֶל הָגָר וַתַּהַר", רַבִּי לֵוִי בַּר חַיָּיתָא אָמַר: מִבִּיאָה רִאשׁוֹנָה נִתְעַבְּרָה. אָמַר רַבִּי אֶלְעָזָר: חלְעוֹלָם אֵין הָאִשָּׁה מִתְעַבֶּרֶת מִבִּיאָה רִאשׁוֹנָה. וְהָכְתִיב (בראשית יט, לו) "וַתַּהֲרֶיןָ שְׁתֵּי בְנוֹת לוֹט מֵאֲבִיהֶן", אָמַר רַבִּי תַּנְחוּמָא: שָׁלְטוּ בְעַצְמָן

עץ יוסף

(ב) [ג] **יודעת אני מהיכן הוא סבתי כו'.** (מלשון סיבה) יודע אני הסיבה שלי וגירסת הילקוט מכתי לא כשם שהיו אומרים לי קמיע היא צריכה. הימוס היא צריכה (והערוך גרס מימים. פירוש רפואה מלשון מחי ומסי. והמוסף הערוך כתב שבל"י מיימים אומנת המילדת) באומרם שאני עקרה בטבע מחמת חולי. אבל באמת לא כן הדבר אלא הנה נא עצרני ה' מלדת בהשגחה פרטיית לכן צריך אני לחזור אחר רפואת הנפש בכח איזה זכות להתרצות פני עליון: **שאין לו בן כאילו כו'.** כדאמרי' ג' חשובים כמתים וחד מינייהו מי שאין לו בנים. כי אין לו שלווה חשוב כמת. ואמר עוד שהוא כאילו הרוס כלו' שבנינו הרוס לעוה"ב כי לא תשוב נפשו למקור חוצבו כי אם בהשאיר אחריו שארית זרע (נזה"ק): **הבה לי בנים.** וגו' ואם אין מתה אנכי: **אלא ההרוס.** כמ"ש אני ה' בניתי הנהרסות (יחזקאל ל"ו): **היך מה דאת אמר.** (שמואל א' ט"ו): **ועתה שמע לקול דברי ה'.** כצ"ל: (ג) [ד] **לקחתה בדברים.** דרשוהו מל' הלוקחים לשונם (ירמיה כ"ג) הטתו ברוב לקחה (משלי ז') שהוא על דברי פיום במתק אמרים ועיין בענף: **מנין תנינן.** היכא רמיז: **מקץ עשר שנים.** מיתורא דקרא קא יליף דלמאי אשמועינן קרא י' שנים: **אין ישיבת חוצה לארץ עולה מן המנין.** דהאי קרא נקט ליה בארץ כנען ש"מ התם דוקא אבל ישיבת ח"ל אין עולה דדילמא משום עון ח"ל אינו מוליד: **ולא לאחר.** הראה הכתוב חסידותה שנתנה לאברם אישה להיות לה לצרה גמורה. ולא לאחר ששמו אברם (מת"כ וידי משה): **ולא לפילגש.** שכוונת שרה היתה כדי שילא זרע הנולד מאישות גמור. גם שתהא גבירה כמותה ותהיה לה שרה באמת. וזכותה יעמוד לה (מת"כ): **ולא לפילגש.** בפירוש פילגש נחלקו גדולי עולם דרש"י כתב נשים בכתובה ופלגשים בלא כתובה. והרמב"ן סובר דפלגשי' אפילו קידושין לית בהו. ועיין מ"ש לקמן פ' כ"ג סי' י"ז: (ד) [ה] **מביאה ראשונה כו'.** ותרא כי הרתה כלומר ראתה דבר חידוש שהרתה מביאה ראשונה ולפיכך ותקל גבירתה בעיניה. והיינו כדמפרש בסמוך שאמרה שרי גבירתי אין סתרה כגלויה וכו' ואני בלילה אחת נתעברתי כלומר מביאה ראשונה (נזה"ק): **אין האשה מתעברת מביאה ראשונה.** כלו' דהיינו רבותא דהגר שנתעברה מביאה ראשונה דרך נס חוץ לטבע הנהוג. והיינו לכבוד אברהם. ולפיכך ותקל גבירתה בעיניה: **והא.** כתיב ותהרין כו' ובודאי לא עשה הקב"ה נס לדבר עבירה:

פירוש מהרז"ו

(ב) **מהיכן היא סבתי.** זקנתי. שזקנתי בלא לידה. ויותר נראה שהוא מלשון סיבה יודע אני הסיבה שלי וגירסת הילקוט כאן מהיכן הוא מכתי וכו': **וכל מי שאין לו בן.** לקמן פר' ע"א סימן ו' וש"נ: **הבה לי בנים.** וס"ד ואם אין מתה אנכי: **אלא ההרוס.** כמ"ש אני ה' בניתי הנהרסות. יחזקאל ל"ו. וכמ"ש ריש מלאכי. המה יבנו ואני אהרוס: **ואתה תשמע לקול דברי ה'.** לא נמצא פסוק בלשון זה. ויתכן הכוונה על פסוק בסוף נצבים ואתה תשוב ושמעת בקול ה'. וכמוהו הרבה: (ג) **ולקחתה בדברים.** עיין לעיל פ' ט"ז סי' ה' פיתה אותו וש"נ ומבואר: **מנין תנינן.** יבמות ס"ד. ירושלמי יבמות פרק ו' הלכה ו': **ולא לאחר ולא לפילגש.** מדכתיב לאברהם אישה לו לאשה. ותיבת אישה שעד עתה היה אישה לבד ועתה נעשה איש לאשה אחרת ברצונה הטוב. אך תיבת לו וודאי מיותר ודייק לו ולא לאחר אפילו לאשה כי הגר היתה בת מלך כמ"ש לעיל סימן א' והיתה נזקקית: (ד) **מביאה ראשונה.** שמ"ש ויבא אל הגר מיותר על כן דורש דאשמעינן שמיד שבא אליה הרתה. ועוד דייק מ"ש ותרא כי הרתה שכבר כתב ותהר ומה ראתה. אלא פירושו שראתה והתבוננה דבר חדש בהריונה: **והכתיב ותהרין.** כל אחת בלילה אחד ומשכיבה אחת כמפורש בתורה ובתולות היו כמ"ש לוט שתי בנות אשר לא ידעו איש. והן עשו מעשה רשע ולא היו ראויות לכם:

חידושי הרד"ל

(ד) [ב] **הימוס.** היא צריכה אפשר צ"ל חמום. שהיא מצוננת בטבעה וצריכה לסממנים המחממים ולגי' חימום הוא אפשר מין בושם חימום הנזכר בעוקצין: (ה) [ג] **לאברם אישה ולא לאחר.** מפני שהיתה בת מלכים לא היתה רוצה להנשא לאחר. (גם י"ל שהכתוב מעיד עליה. שלא היתה לאחר לא לאשה ולא לזנות. ואע"פ שסתם שפחות חשודות בזנות. זו כשרה היתה. וע"ל פס"א בקטורה): (ו) [ד] **שלטו.** ע' ערוך ערך עד ג' בסופו. וכן בההיא דלקמן פס"א ע"ש ובתוס' על התורה ס' וירא הביאו דוגמא לזה:

חידושי הרש"ש

ועתה שמע לקול בו'. כצ"ל והוא בשמואל א' (ט"ו) וכ"ה בד"י:

באור מהרי"פ

ב חימוס. ע' מ"כ. וז"ל הערוך ערך מיימים. מיימים היא צריכה פי' קמיע כלומר רפואה מלשון מחי ומסי ורב"מ פי' בל"י אומנת המילדת: **היך מה דאת אמר ואתה תשמע.** נ"ל ועתה שמע וגו' (שמואל א' טו, א'):

מסורת המדרש

ה ילקוט כאן רמז ע"ט:
ו נדרים דף ס"ד. עבודת כוכבים דף ה'. לקמן פ' ע"א וש"נ. ילקוט סדר ויצא רמז קכ"ז וסדר בהעלותך רמז תשמ"ב. איכ"ר פ' ג':
ז ש"רבה פ' א' וש"נ:
ח יבמות דף ל"ד. לקמן פ' נ"א. ילקוט כאן רמז ע"ט:

אם למקרא

וַתֵּרֶא רָחֵל כִּי לֹא יָלְדָה לְיַעֲקֹב וַתְּקַנֵּא רָחֵל בַּאֲחֹתָהּ וַתֹּאמֶר אֶל־יַעֲקֹב הָבָה־לִּי בָנִים וְאִם־אַיִן מֵתָה אָנֹכִי:
(בראשית ל:א)

וַיֹּאמֶר שְׁמוּאֵל אֶל־שָׁאוּל אֹתִי שָׁלַח ה' לִמְשָׁחֳךָ לְמֶלֶךְ עַל־עַמּוֹ עַל־יִשְׂרָאֵל וְעַתָּה שְׁמַע לְקוֹל דִּבְרֵי ה':
(שמואל א טו:א)

ענף יוסף

(ג) [ד] **לקחתה בדברים.** קשה מה צורך לשרה לפיים את שפחתה כי למה תמאן בדבריה ויש לומר כי לפי שהיה אברהם בחזקת וספק עקר שמא לא תחפוץ להנשא לו אלא תרצה להזדווג למי שהוא בחזקת איש המוליד להקים זרע בעולם. ועל זה באתה לפיים אותה בדברים ולומר כי אף אם לו יהיה כדבריך שלא תקים זרע ממנו. מ"מ די לך בזה כי אשריך שאת מתדבקת לגוף קדוש כזה. וזה טוב לך מעשרה בנים כי בעבורו תזכה לחיי עוה"ב. ועוד שהרי אין זה אלא ספק ואפשר שתלד ממנו (נזה"ק):

מתנות כהונה

[ב] **הימום.** ענין רפואה ובעקידה משמע פירושו לחש ואולי הוא לשון מומו כלומר השבעה ולחש ובערוך גרס הימום לשון מסו ורפואה: **רוח הקודש** דאל"כ לקול למה לי: [ג]**לקחתה בדברים.** פירש המזרחי שאין לשון לקיחה נופל כי אם על קנין והיא היתה קנויה כבר ועי"ל שאין לשון לקיחה נופל על בן אדם לפי שאין לוקחין אותו בידים ולכן בכל מקום פירש"י ז"ל לקיחה והמשכה ע"י דבור: **ה"ג** מנין הא דתנינן והוא משנה בפרק הבא על יבמתו: **אין ישיבת חוץ לארץ כו'.** שעון גורם ואולי אינה עקרה ודייק מדכתיב לשבת אברם וגו' וכפי' מזרחי ועיין שם: **ולא לאחר.** אע"פ שתועלת הבנין שאמרה אולי אבנה היה נשלם מאחר ג"כ לא היתה נותנת לו: **ולא לפילגש.** כדי שיצא הזרע הנולד מאישות גמור גם כדי שתהא גבירה כמוה ותהיה לצרה באמת וזכותה יעמוד לה: [ד] **מביאה ראשונה.** פירש המזרחי דאל"כ ויבא אל הגר למה לי הל"ל ותתן אותה לאברם אישה לאשה ותהר

אשד הנחלים

[ב] **קמיע כו'.** שדימו בחכמת הכוכבים ובסגולותיהם תושע כי היא עקרה ע"פ מערכת הכוכבים לא כן כ"א הסב' מאת ה' בהשגח' העליונ' הפרטית וע"כ מאתו לא יבצר כל ואולי אבנה ממנה: **כאלו הוא מת כו'.** הדבר הזה בארתי לעיל בפרשיות הקודמות בבראשית ע"פ ציור קצת: **לקול רוח הקודש.** דא"כ הל"ל לדברי שרי אלא ודאי לקול הפנימי אשר דובר בה והוא רוה"ק כי ידע שבוודאי כן יקום שתבנה מזה: [ג] **לקחתה בדברים.** כי מלת לקיחה ע"ד לשון השטחי הונח על לקיחה ממש ואיך שייך בגוף ההולך מעצמו ענין לקיחה ולכן דרשו שלקחה את לבה להטותה לזה ואולי לא רצתה בו כי חששה פן לא תבנה ממנו והיא חזקתה בדברים שעכ"פ אשרי לה שתהי' נדבקת בגוף קדוש כזה. אשר גם זה מעלה גדולה אף בלי הולדה למכוונים לשם שמים: **ולא לאחר.** שתהי' כמו אשה ממש נשואה רק לו ולא פלגשה המיוחדת רק לזמן רק על נשואין ממש: [ד] **הקוצים הללו.** הוא סבה למה שהאנשים הפחותים יולידו מהר וגדולי המעלה כמה יתייגעו עד

הָדָא אָמְרָה אֵין יְשִׁיבַת חוּצָה לָאָרֶץ עוֹלָה מִן הַמִּנְיָן — The derivation of **this** rule from this verse **implies** that **the** time of **dwelling outside the Land** of Israel **does not enter into the count** of the ten years.[33]

❒ וַתִּתֵּן אֹתָהּ לְאַבְרָם אִישָׁהּ — *AND SHE GAVE HER TO ABRAM HER HUSBAND, TO HIM AS A WIFE.*

The words "her husband," "to him," and "as a wife," all appear to be superfluous. The Midrash sheds light on this problem: וְלֹא לְאַחֵר — This is written to emphasize that Sarai gave Hagar specifically to Abram **and not to someone else.**[34]

❒ לְאִשָּׁה — *AS A WIFE.*

וְלֹא לְפִילֶגֶשׁ — This teaches that Sarai gave her over as a bona fide wife, **and not as a concubine.**[35]

וַיָּבֹא אֶל הָגָר וַתַּהַר וַתֵּרֶא כִּי הָרָתָה וַתֵּקַל גְּבִרְתָּהּ בְּעֵינֶיהָ. וַתֹּאמֶר שָׂרַי אֶל אַבְרָם חֲמָסִי עָלֶיךָ אָנֹכִי נָתַתִּי שִׁפְחָתִי בְּחֵיקֶךָ וַתֵּרֶא כִּי הָרָתָה וָאֵקַל בְּעֵינֶיהָ יִשְׁפֹּט ה׳ בֵּינִי וּבֵינֶיךָ.

He came to Hagar and she conceived; and when she saw that she had conceived, her mistress was lowered in her esteem. So Sarai said to Abram, "My injustice is upon you! It was I who gave my maidservant into your bosom, and when she saw that she had conceived, I became lowered in her esteem. Let HASHEM judge between me and you!" (16:4-5).

§4 וַיָּבֹא אֶל הָגָר וַתַּהַר — *HE CAME TO HAGAR AND SHE CONCEIVED.*

The Midrash draws an inference from the wording here:[36] רַבִּי לֵוִי בַּר חַיְיתָא אָמַר — **R' Levi bar Chaysa said:** מִבִּיאָה רִאשׁוֹנָה נִתְעַבְּרָה — **She became pregnant from the first** act of **cohabitation.**

The Midrash notes that R' Levi's assertion stands in contradiction to a rule: אָמַר רַבִּי אֶלְעָזָר: לְעוֹלָם אֵין הָאִשָּׁה מִתְעַבֶּרֶת מִבִּיאָה רִאשׁוֹנָה — **R' Elazar** said: **A woman can never conceive from** her **first** act of **cohabitation.**[37]

Having mentioned R' Elazar's rule, the Midrash raises a question concerning it:

וְהָכְתִיב ״וַתַּהֲרֶיןָ שְׁתֵּי בְנוֹת לוֹט מֵאֲבִיהֶן״ — **But see, it is written** concerning the daughters of Lot,[38] ***Thus Lot's two daughters conceived from their father*** (below, 19:36)![39] אָמַר רַבִּי תַּנְחוּמָא — **R' Tanchuma said:** שָׁלְטוּ בְּעַצְמָן — **They took control of themselves**

NOTES

33. For Abram had married Sarai many years before coming to live in *Eretz Yisrael,* while still in Ur Kasdim (see above, 11:31). The fact that these years are not counted (as it is written, *after ten years "of Abram's dwelling in the land of Canaan"*) indicates that their previous years of childlessness outside of the Land are not included in the 10-year limit. See *Ramban* on v. 3 for various interpretations of this dictum, and *Even HaEzer* 154:10 and commentators for the application of this rule.

34. Sarai could have fulfilled her desire to become a "surrogate mother" by giving her servant to any other man to impregnate her. However, she chose to have Abram — her own husband — marry Hagar and father the desired child, despite the personal difficulty this situation would bring her (*Ohr HaSeichel, Matnos Kehunah*). The Midrash derives this lesson either from the word אִישָׁהּ (*her husband*) or the word לוֹ (*to him*) (*Yefeh To'ar*). [Others interpret the Midrash's comment "and not to someone else" to mean that upon marrying Abram, Hagar would henceforth never be permitted to choose to marry anyone else, even if she would be widowed or divorced from Abram. See *Meshech Chochmah, Divrei Moshe, Ohr HaChaim* on v. 5; *Nezer HaKodesh*.]

35. Sarai gave Hagar to Abram as a full-fledged wife, and not merely as a concubine, because it would be more honorable for Abram to marry a second wife than a concubine (*Ramban*), and so that the offspring should be from a full-marriage relationship (*Matnos Kehunah*). [See *Rashi* and *Ramban* to below, 25:6, who disagree as to the legal distinction between a concubine and a wife.]

36. This is derived from the seemingly superfluous words *he came to Hagar,* for it could have skipped these words and written, *and gave her to Abram her husband, to him as a wife, and she conceived* (*Mizrachi, Eitz Yosef;* cf. *Eitz Yosef*, Vagshal edition, from Rabbi Wolf Heidenheim).

37. When her virginity is lost. Thus, Hagar's conception was supernatural, a miracle wrought by God for the benefit of Abraham and Sarah (*Nezer HaKodesh, Eitz Yosef*). Alternatively: R' Elazar disagrees with R' Levi's assertion that Hagar conceived upon her first cohabitation with Abraham, on the grounds that such a conception could not have been possible (*Riva* on the Torah, *Yedei Moshe;* see *Mattas-yah*). Yet another approach is that Hagar's case constituted an exception to the rule for the same reason as the case of Lot's daughters, which the Midrash now goes on to discuss (*Mizrachi, Yefeh To'ar*).

38. Who were virgins (see below, 19:8).

39. And as the passage there indicates, they became pregnant from their first intimacy.

ב [טז, ב] "וַתֹּאמֶר שָׂרַי אֶל אַבְרָם הִנֵּה נָא עֲצָרַנִי ה' מִלֶּדֶת". [ה]אָמְרָה: יוֹדַעַת אֲנָא מֵהֵיכָן הִיא סִבָּתִי, לֹא כְּשֵׁם שֶׁהָיוּ אוֹמְרִים לִי קָמֵיעַ הִיא צְרִיכָה °הִימוּס הִיא צְרִיכָה אֶלָּא "הִנֵּה נָא עֲצָרַנִי ה' מִלֶּדֶת". [ו]תְּנִי: כָּל מִי שֶׁאֵין לוֹ בֵּן, כְּאִילוּ הוּא מֵת, כְּאִילוּ הוּא הָרוּס, כְּאִילוּ מֵת, (בראשית ל, א) "וַתֹּאמֶר רָחֵל אֶל יַעֲקֹב הָבָה לִי בָנִים וְגוֹ' ". כְּאִילוּ הָרוּס שֶׁנֶּאֱמַר "אוּלַי אִבָּנֶה מִמֶּנָּה", אֵין בּוֹנִין אֶלָּא אֶת הֶהָרוּס. "וַיִּשְׁמַע אַבְרָם לְקוֹל שָׂרָי", רַבִּי יוֹסֵי אָמַר: רוּחַ הַקֹּדֶשׁ הֵיךְ מַה דְּאַתְּ אָמַר (שמואל א טו, א) "וְאַתָּה תִשְׁמַע לְקוֹל דִּבְרֵי ה' ":

ג [טז, ג] "וַתִּקַּח שָׂרַי אֵשֶׁת אַבְרָם אֶת הָגָר הַמִּצְרִית שִׁפְחָתָהּ". לְקָחַתָּהּ בִּדְבָרִים, אָמְרָה לָהּ: אַשְׁרַיִךְ שֶׁאַתְּ מִתְדַּבֶּקֶת לַגּוּף הַקָּדוֹשׁ הַזֶּה. "מִקֵּץ עֶשֶׂר שָׁנִים לְשֶׁבֶת אַבְרָם בְּאֶרֶץ כְּנָעַן", רַבִּי אַמִּי בְּשֵׁם רֵישׁ לָקִישׁ: מִנַּיִן [ז]תְּנִינַן נָשָׂא אִשָּׁה וְשָׁהָה עִמָּהּ י' שָׁנִים וְלֹא יָלְדָה אֵינוֹ רַשַּׁאי לִיבָּטֵל מִפְּרִיָּה וּרְבִיָּה אֶלָּא יוֹצִיא וְיִשָּׂא אִשָּׁה אַחֶרֶת, מֵהָכָא, "מִקֵּץ עֶשֶׂר שָׁנִים לְשֶׁבֶת אַבְרָם בְּאֶרֶץ כְּנָעַן", הָדָא °אָמְרַת אֵין יְשִׁיבַת חוּצָה לָאָרֶץ עוֹלָה מִן הַמִּנְיָן. "וַתִּתֵּן אֹתָהּ לְאַבְרָם אִישָׁהּ", וְלֹא לְאַחֵר. "לְאִשָּׁה" וְלֹא לְפִילֶגֶשׁ:

ד [טז, ד] "וַיָּבֹא אֶל הָגָר וַתַּהַר", רַבִּי לֵוִי בַּר חַיָּיתָא אָמַר: מִבִּיאָה רִאשׁוֹנָה נִתְעַבְּרָה. אָמַר רַבִּי אֶלְעָזָר: [ח]לְעוֹלָם אֵין הָאִשָּׁה מִתְעַבֶּרֶת מִבִּיאָה רִאשׁוֹנָה. וְהָכְתִיב (בראשית יט, לו) "וַתַּהֲרֶיןָ שְׁתֵּי בְנוֹת לוֹט מֵאֲבִיהֶן", אָמַר רַבִּי תַּנְחוּמָא: שָׁלְטוּ בְּעַצְמָן

עץ יוסף

(ב) [ג] **יודעת אני מהיכן הוא סבתי כו'.** (מלשון סיבה) יודע אני הסיבה שלי וגירסת הילקוט מכתי לא כשם שהיו אומרים לי קמיע היא צריכה. הימוס היא צריכה (והערוך גרס מימים. פירוש רפואה מלשון מחי ומסי. והמוסף הערוך כתב שבל"י מיימים אומנת המילדת) באומרם שאני עקרה בטבע מחמת חולי. אבל באמת לא כן הדבר אלא הנה נא עצרני ה' מלדת בהשגחה פרטיית לכן צריך אני לחזור אחר רפואת הנפש בכח איזה זכות להתרצות פני עליון: **שאין לו בן באילו בו'.** כדאמרי' ג' חשובים כמתים וחד מינייהו מי שאין לו בנים. כי אין לו שלווה חשוב כמת. ואמר עוד שהוא כאילו הרוס כלו' שבנינו הרוס לעוה"ב כי לא תשוב נפשו למקור מולדו כי אם בהשאיר אחריו שארית זרע (נזה"ק): **הבה לי בנים.** וגו' ואם אין מתה אנכי: **אלא ההרוס.** כמ"ש אני ה' בניתי הנהרסות (יחזקאל ל"ו): **היך מה דאת אמר.** (שמואל א' ט"ו): **ועתה שמע לקול דברי ה'.** כצ"ל: (ג) [ד] **לקחתה בדברים.** דרשוהו מל' הלוקחים לשונם (ירמיה כ"ג) הטתו ברוב לקחה (משלי ז') שהוא על דברי פיוס במתק אמרים ועיין בענף: **מנין תנינן.** היכא רמיז: **מקץ עשר שנים.** מיתורא דקרא קא יליף דלמאי אשמועינן קרא י' שנים: **אין ישיבת חוצה לארץ עולה מן המנין.** דהאי קרא נקט ליה בארץ כנען ש"מ התם דוקא אבל ישיבת ח"ל אין עולה דדילמא משום עון ח"ל אינו מוליד: **ולא לאחר.** הראה הכתוב חסידותה שנתנה לאברם אישה להיות לה לצרה גמורה. ולא לאחר שמו אברם (מת"כ וידי משה): **ולא לפילגש.** שכוונת שרה היתה כדי שילא זרע הנולד מאישות גמור. גם שתהא גבירה כמותה ותהיה לה שרה באמת. וזכותה יעמוד לה (מת"כ): **ולא לפילגש.** בפירוש פילגש נחלקו גדולי עולם דרש"י כתב נשים בכתובה ופלגשים בלא כתובה. והרמב"ן סובר דפלגשי' אפילו קידושין לית בהו. ועיין מ"ש לקמן פ' כ"ג סי' י"ז: (ד) [ה] **מביאה ראשונה כו'.** ותרא כי הרתה כלומר ראתה דבר חידוש שהרתה מביאה ראשונה ולפיכך ותקל גבירתה בעיניה. והיינו כדמפרש בסמוך שאמרה שרי גבירתי אין סתרה כגלויה וכו' ואני בלילה אחת נתעברתי כלומר מביאה ראשונה (נזה"ק): **אין האשה מתעברת מביאה ראשונה.** כלו' דהיינו רבותא דהגר שנתעברה מביאה ראשונה דרך נס חוץ לטבע הנהוג. והיינו לכבוד אברהם. ולפיכך ותקל גבירתה בעיניה: **והא.** כתיב ותהרין כו' ובודאי לא עשה הקב"ה נס לדבר עבירה:

חידושי הרד"ל

(ד) [ב] **הימוס.** היא צריכה אפשר צ"ל חמוס. שהיא מלוננת בטבעה וצריכה לסממנים המחממים ולגי' חימוס הוא אפשר מין בושם חימוס הנזכר בעוקצין:

(ה) [ג] **לאברם אישה ולא לאחר.** מפני שהיתה בת מלכים לא היתה רוצה להנשא לאחר. (גם י"ל שהכתוב מעיד עליה. שלא היתה לאחר לא לאשה ולא לזנות. ואע"פ שסתם שפחות חשודות בזנות. זו כשרה היתה. וע"ל פס"א בקטורה):

(ו) [ד] **שלטו.** ע' ערוך ערך עד ג' בסופו. וכן בההיא דלקמן פס"א ע"ש ובתוס' על התורה ס' וירא הביאו דוגמא לזה:

+═══+

חידושי הרש"ש

ועתה שמע לקול בו'. כצ"ל והוא בשמואל א' (ט"ו) וכ"ה בד"י:

באור מהרי"פ

ב חימוס. ע' מ"כ. וז"ל הערוך ערך מיימים. מיימים היא צריכה פי' קמיע כלומר רפואה מלשון מחי ומסי ורב"מ פי' בל"י אומנת המילדת: היך מה דאת אמר ואתה תשמע. צ"ל ועתה שמע וגו' (שמואל א' טו, א'):

פירוש מהרז"ו

(ב) **מהיכן היא סבתי.** זקנתי. שזקנתי בלא לידה. ויותר נראה שהוא מלשון סיבה יודע אני הסיבה שלי וגירסת הילקוט כאן מהיכן הוא מכתי וכו': **וכל מי שאין לו בן.** לקמן פר' ע"א סימן ו' וש"נ: **הבה לי בנים.** וס"ד ואם אין מתה אנכי: **אלא ההרוס.** כמ"ש אני ה' בניתי הנהרסות. יחזקאל ל"ו. וכמ"ש ריש מלאכי. המה יבנו ואני אהרוס: **ואתה תשמע לקול דברי ה'.** לא נמצא פסוק בלשון זה. ויתכן הכוונה על פסוק בסוף נצבים ואתה תשוב ושמעת בקול ה'. וכמוהו הרבה: (ג) **ולקחתה בדברים.** עיין לעיל פ' ט"ז סי' ה' פיתה אותו וש"נ ומבואר: **מנין תנינן.** יבמות ס"ד. ירושלמי יבמות פרק ו' הלכה ו': **ולא לאחר ולא לפילגש.** מדכתיב לאברהם אישה לו לאשה. ותיבת אישה שעד עתה היה אישה לבד ועתה נעשה איש לאשה אחרת ברצונה הטוב. אך תיבת לו וודאי מיותר ודייק לו ולא לאחר אפילו לאשה כי הגר היתה בת מלך כמ"ש לעיל סימן א' והיתה נדקית: (ד) **מביאה ראשונה.** שמ"ש ויבא אל הגר מיותר על כן דורש דאשמעינן שמיד שבא אליה הרתה. ועוד דייק מ"ש ותרא כי הרתה שכבר כתב ותהר ומה ראתה. אלא פירושו שראתה והתבוננה דבר חדש בהריונה: **והכתיב ותהרין.** כל אחת בלילה אחד ומשכיבה אחת כמפורש בתורה ובתולות היו כמ"ש לוט שתי בנות אשר לא ידעו איש. והן עשו מעשה רשע ולא היו ראויות לנס:

מסורת המדרש

ה ילקוט כאן רמז ע"ט:

ו נדרים דף ס"ד. עבודת כוכבים דף ה'. לקמן פ' ע"א וש"נ. ילקוט סדר ויצא רמז קכ"ז וסדר בהעלותך רמז תשמ"ב. איכ"ר פ' ג':

ז ש"רבה פ' א' וש"נ:

ח יבמות דף ל"ד. לקמן פ' נ"א. ילקוט כאן רמז ע"ט:

אם למקרא

וַתֵּרֶא רָחֵל כִּי לֹא יָלְדָה לְיַעֲקֹב וַתְּקַנֵּא רָחֵל בַּאֲחֹתָהּ וַתֹּאמֶר אֶל־יַעֲקֹב הָבָה־לִּי בָנִים וְאִם־אַיִן מֵתָה אָנֹכִי: (בראשית ל:א)

וַיֹּאמֶר שְׁמוּאֵל אֶל־שָׁאוּל אֹתִי שָׁלַח ה' לִמְשָׁחֲךָ לְמֶלֶךְ עַל־עַמּוֹ עַל־יִשְׂרָאֵל וְעַתָּה שְׁמַע לְקוֹל דִּבְרֵי ה': (שמואל א טו:א)

ענף יוסף

(ג) [ד] **לקחתה בדברים.** קשה מה צורך לשרה לפיים את שפחתה כי למה תמאן בדבריה ויש לומר כי לפי שהיה אברהם בחזקת וספק עקר שמא לא תחפוץ להנשא לו אלא תרצה להזדווג למי שהוא בחזקת איש המוליד להקים זרע בעולם. ועל זה באתה לפיים אותה בדברים ולומר כי אף אם לו יהיה כדבריך שלא תקים זרע ממנו. מ"מ די לך בזה כי אשריך שאת מתדבקת לגוף קדוש כזה. וזה טוב לך מעשרה בנים כי בעבורו תזכה לחיי עוה"ב. ועוד שהרי אין זה אלא ספק ואפשר שתלד ממנו (נזה"ק):

מתנות כהונה

[ב] **הימום.** ענין רפואה ובעקידה משמע פירושו לחש ואולי הוא לשון מומו כלומר השבעה ולחש ובערוך גרס הימוס לשון מסו ורפואה: **רוח הקודש** דאל"כ לקול למה לי: [ג]**לקחתה בדברים.** פירש המזרחי שאין לשון לקיחה נופל כי אם על קנין והיא היתה קנויה כבר ועי"ל שאין לשון לקיחה נופל על בן אדם לפי שאין לוקחין אותו בידים ולכן בכל מקום פירש"י ז"ל לקיחה והמשכה ע"י דבור: **ה"ג מנין הא דתנינן והוא משנה בפרק הבא על יבמתו:** **אין ישיבת חוץ לארץ כו'.** שעון חוצה לארץ גורם ואולי איננה עקרה ודייק מדכתיב לשבת אברם וגו' וכפי' מזרחי ועיין שם: **ולא לאחר.** אע"פ שתועלת הבנין שאמרה אולי אבנה היה נשלם מאחר ג"כ לא היתה נותנת לו: **ולא לפילגש.** כדי שיצא הזרע הנולד מאישות גמור גם כדי שתהא גבירה כמוה ותהיה לצרה באמת וזכותה יעמוד לה: [ד] **מביאה ראשונה.** פירש המזרחי דאל"כ ויבא אל הגר למה לי הל"ל ותתן אותה לאברם אישה לאשה ותהר

אשד הנחלים

[ב] **קמיע בו'.** שדימו בחכמת הכוכבים ובסגולותיהם תושע כי היא עקרה ע"פ מערכת הכוכבים לא כן כ"א הסב' מאת ה' בהשגח' העליונ' הפרטית וע"כ מאתו לא יבצר כל ואולי אבנה ממנה: **כאלו הוא מת כו'.** הדבר הזה בארתי לעיל בפרשיות הקודמות בבראשית ע"פ ציור קצת: **לקול רוח הקודש.** דא"כ הל"ל לדברי שרי אלא ודאי לקול הפנימי אשר דובר בה והוא רוה"ק כי ידע שבוודאי כן יקום שתבנה מזה: [ג] **לקחתה בדברים.** כי מלת לקיחה ע"ד לשון השטחי הונח על לקיחה ממש ואיך שייך בגוף ההולך מעצמו ענין לקיחה ולכן דרשו שלקחה את לבה להטותה לזה ואולי לא רצתה בו כי חששה פן לא תבנה ממנו והיא חזקתה בדברים שעכ"פ אשרי לה שתהי' נדבקת בגוף קדוש כזה. אשר גם זה מעלה גדולה אף בלי הולדה למכוונים לשם שמים: **ולא לאחר.** שתהי' כמו אשה ממש נשואה רק לו ולא פלגשה המיוחדת רק לזמן רק על נשואין ממש: [ד] **הקוצים הללו.** הוא סבה למה שהאנשים הפחותים יולידו מהר וגדולי המעלה כמה יתייגעו עד

וְהוֹצִיאוּ עֶרְוָתָן וְנִתְעַבְּרוּ – and took out their nakedness,[40] כִּמְבִיאָה שְׁנִיָּה – and thus they conceived as if from a second act of cohabitation.[41]

The Midrash contrasts Hagar's fertility to that of Sarah, by means of a parable:

אָמַר רַבִּי חֲנִינָא בֶּן פָּזִי – R' Chanina ben Pazi said: הַקּוֹצִין הַלָּלוּ אֵינָם לֹא מִתְנַכְּשִׁין וְלֹא נִזְרָעִים – Thornbushes are not tended to by having the nearby ground weeded, nor are they sown, וּמֵאֵילֵיהֶן הֵן יוֹצְאִים וּמִתַּמְּרִים וְעוֹלִים – yet they come up on their own and grow higher and higher; הַחִטִּים הַלָּלוּ כַּמָּה צַעַר וְכַמָּה יְגִיעַ עַד שֶׁלֹּא יַעֲלוּ – but how much pain and toil is necessary before wheat will grow![42]

The Midrash presents other explanations for the infertility of Sarah (and the other Matriarchs):

וְלָמָּה נִתְעַקְּרוּ הָאִמָּהוֹת – And why were the Matriarchs made barren?[43] רַבִּי לֵוִי בְּשֵׁם רַבִּי שִׁילָא דִּכְפַר תַּמַרְתָּא וְרַבִּי חֶלְבּוֹ בְּשֵׁם רַבִּי יוֹחָנָן – R' Levi said in the name of R' Shila of Kfar Timrasa, and R' Chelbo said in the name of R' Yochanan: שֶׁהַקָּדוֹשׁ בָּרוּךְ הוּא מִתְאַוֶּה לִתְפִלָּתָן וּמִתְאַוֶּה לְשִׂיחָתָן – It is because the Holy One, blessed is He, yearned for their prayer and their supplication.[44] שֶׁנֶּאֱמַר "יוֹנָתִי בְּחַגְוֵי הַסֶּלַע" – For it is stated, *O My dove, in the crannies of the rock . . . show Me your countenance, let Me hear your voice* (Song of Songs 2:14). "יוֹנָתִי" לָמָּה עִקַּרְתִּי אֶתְכֶם – God here is saying to the Matriarchs: ***"O My dove,* why have I made you barren** as a rock?[45] בִּשְׁבִיל "הַרְאִינִי אֶת מַרְאַיִךְ הַשְׁמִיעִינִי אֶת קוֹלֵךְ" – **In order** that you should ***show Me your countenance, let Me hear your voice,*** in supplication."

רַבִּי עֲזַרְיָה מִשּׁוּם רַבִּי יוֹחָנָן בַּר פַּפָּא – **R' Azariah** said **in the name of R' Yochanan ben Pappa:** כְּדֵי שֶׁיְּהוּ מִתְרַפְּקוֹת עַל בַּעֲלֵיהֶן בְּנוֹיָין – The reason for the Matriarchs' barrenness is **so that they should endear themselves** to **their husbands by means of their beauty.**[46]

רַבִּי הוּנָא בְּשֵׁם רַבִּי חִיָּיא בַּר אַבָּא: כְּדֵי שֶׁיֵּצְאוּ רוֹב הַשָּׁנִים בְּלֹא שִׁיעְבּוּד – **R' Huna** said **in the name of R' Chiya bar Abba:** It was **so that many of the** four hundred **years** decreed for the subjugation of Abraham's descendants (above, 15:13) **should pass without subjugation.**[47]

רַבִּי הוּנָא וְרַבִּי אָבִין בְּשֵׁם רַבִּי מֵאִיר אָמַר – **R' Huna and R' Avin in the name of R' Meir said:** כְּדֵי שֶׁיֵּהָנוּ בַּעֲלֵיהֶן מֵהֶן – It was **so that their husbands should enjoy** the beauty in **them,** שֶׁכָּל זְמַן שֶׁהָאִשָּׁה מְקַבֶּלֶת עוּבָּרִין הִיא מִתְכַּעֶרֶת וּמִתְעַזֶּבֶת – **for when a woman is carrying a fetus she becomes unattractive** to her husband **and is neglected** by him somewhat.[48] שֶׁכָּל תִּשְׁעִים שָׁנָה שֶׁלֹּא יָלְדָה שָׂרָה הָיְתָה כְּכַלָּה בְּתוֹךְ חוּפָּתָהּ – **For** during **the entire ninety years in which Sarah bore no children she was like a bride in her canopy.**[49]

NOTES

40. Another version of the Midrash (see *Aruch,* third ער 'ע; *Daas Zekeinim* on 19:36) has: וְהוֹצִיאוּ עֵדוּתָן – ***and they** manually **removed their signs** of virginity.* I.e., they no longer had their virginity intact when they consorted with Lot. This is how our version of the text (עֶרְוָתָן) should be understood as well (*Rashi* below, on 51 §9).

41. They did this in their desperation to become pregnant immediately, because they thought this was their sole opportunity to have children and repopulate the world (see below, 19:31, and Midrash and *Rashi* ad loc.) (*Eitz Yosef*).

42. It is the nature of the world that the more value a thing has, the greater the effort that is required to produce it (*Yefeh To'ar; Eitz Yosef*). Thus, Hagar conceived Ishmael (= "thorns") immediately, while Sarah (and the other Matriarchs) had to endure much pain and anguish before they conceived (ibid.). (Cf. *Matnos Kehunah.*)

43. Three of the four Matriarchs are explicitly described by Scripture as being barren: Sarah's barrenness is mentioned in this passage, Rebecca's below, 25:21, and Rachel's below, 30:1. According to *Yefeh To'ar,* based on his understanding of the Midrash below 71 §1 (cf. *Nezer HaKodesh*), Leah was barren as well.

44. I.e., He desired them to turn their hearts to Him and to realize that their fates are dependent upon His Providence (*Yefeh To'ar*). See, however, Insight Ⓐ.

45. *Yefeh To'ar, Eitz Yosef.* In general, the dove is symbolic of the Jewish nation (*Berachos* 53b, *Shabbos* 4a, etc.). The Midrash here understands the "dove" in this verse as referring specifically to the Matriarchs.

46. See below, note 48.

47. In the Covenant between the Parts, God told Abraham, *"Your offspring shall be aliens in a land not their own, they will serve them, and they will oppress them four hundred years"* (above, 15:13). From the Midrash above, 44 §18, it emerges that the 400-year period of alien status commenced with the birth of Isaac. *Yefeh To'ar* explains that the period of alien status, oppression, etc., was meant to end on a particular date (the year 2448), which happened to be 400 years after Isaac's birth (in 2048); if Isaac had been born any earlier (say, in 2028), the decree of alien status would have extended more than 400 years, until 2448. Furthermore, the Midrash (below, 98 §1) states that the decree of foreign oppression began to be realized upon the death of Jacob. If Rebecca had borne Jacob earlier, he would have died earlier, and the oppression would have begun earlier. And lastly, according to *Seder Olam* (cited in *Rashi* to *Exodus* 6:16) the actual enslavement began after the last of Jacob's sons died. If Rachel and Leah had borne these children earlier, they would have died earlier, causing the period of enslavement to last longer (*Yefeh To'ar*).

48. This is, in essence, the same reason cited above by R' Azariah. The only difference is that R' Azariah's reason focuses on the wife's aspect, while R' Meir's reason highlights the husband's (*Yefeh To'ar*). Alternatively, R' Azariah's statement above should read, as does a parallel passage in *Midrash Shir HaShirim* (on 2:32): כְּדֵי שֶׁלֹּא יִהְיוּ מִתְרַפְּקוֹת עַל בַּעֲלֵיהֶן בְּנוֹיָין – **In order that they should not endear themselves to their husbands by means of their beauty.** (See also *Eitz Yosef* to *Midrash Shir HaShirim* ibid.)

49. This Midrash is cited elsewhere (*Shir HaShirim Rabbah* on 2:14, §8), where it concludes as follows: "But once she became pregnant her beauty diminished, in accordance with what is written (above, 3:16), *in pain shall you bear children*" (*Maharzu*).

INSIGHTS

Ⓐ God Yearns for the Prayers of the Righteous God "yearns" for these prayers for the benefit of the righteous themselves. God is the infinite Bestower of kindness. The greatest good He can give a person is to provide him the tools and wherewithal to cleave to Him more and more. It is unquestionably true that Abraham, Sarah, Isaac, and Rebecca, would have been close to God even if they had all been fertile from the beginning. Since, though, they were stricken with the misfortune of barrenness, they had to reach more deeply into the depths of their souls to cry out to God to give them children. This brought them all closer to God and attained for themselves more of the good He wished to bestow upon them (*Michtav MeEliyahu* IV p. 63; see *Sichos Mussar* of *R' Chaim Shmulevitz,* 5733 §28). It is the [innermost striving of] a person's heart that God desires (*Sanhedrin* 106b).

In light of this dictum of our Midrash (and of the Gemara in *Yevamos* 64a), *R' Meir of Vilna* explains the Baraisa in *Sotah* (13b), which states that when God told Moses to ascend to Mount Nebo to die, he leaped up the twelve steps to the mountain with extraordinary vigor and alacrity. How is this to be reconciled with the numerous prayers that Moses poured out before God that he not die, but be allowed to enter the Land of Israel? The answer is that Moses knew that God desired his prayers. And so he prayed mightily — perhaps the decree against him would indeed be rescinded; but even if not, the will of God that he prays would be fulfilled. But now that God had told him that the time to die had arrived, it was evident to him that God's will was not that he pray but that he die. And so he leaped to fulfill God's will in this matter with the same intensity that he had hitherto fulfilled the will of God through prayer (*Asher Yetzaveh,* Vol. 1, p. 180).

וְהוֹצִיאוּ עֶרְוָתָן וְנִתְעַבְּרוּ כְּמְבִיאָה שְׁנִיָּה. אָמַר רַבִּי חֲנִינָא בֶּן פָּזִי: הַקּוֹצִין הַלָּלוּ אֵינָם לֹא מִתְנַכְּשִׁין וְלֹא נִזְרָעִים, °מֵאֵילֵיהֶן הֵן יוֹצְאִים וּמִתַּמְּרִים וְעוֹלִים, הַחִטִּים הַלָּלוּ כַּמָּה צַעַר וְכַמָּה יְגִיעַ עַד שֶׁלֹּא יַעֲלוּ. [ט]וְלָמָּה נִתְעַקְּרוּ הָאִמָּהוֹת, רַבִּי לֵוִי בְּשֵׁם רַבִּי שִׁילָא דִּכְפַר תְּמַרְתָּא וְרַבִּי חֶלְבּוֹ בְּשֵׁם רַבִּי יוֹחָנָן: שֶׁהַקָּדוֹשׁ בָּרוּךְ הוּא מִתְאַוֶּה לִתְפִלָּתָן וּמִתְאַוֶּה לְשִׂיחָתָן שֶׁנֶּאֱמַר (שיר ב, יד) "יוֹנָתִי בְּחַגְוֵי הַסֶּלַע". "יוֹנָתִי °בְּחַגְוֵי", לָמָּה עִקַּרְתִּי אֶתְכֶם בִּשְׁבִיל "הַרְאִינִי אֶת מַרְאַיִךְ הַשְׁמִיעִינִי אֶת קוֹלֵךְ". רַבִּי עֲזַרְיָה מִשּׁוּם רַבִּי יוֹחָנָן בַּר פַּפָּא: כְּדֵי שֶׁיִּהְיוּ מִתְרַפְּקוֹת עַל בַּעֲלֵיהֶן בְּנוֹיָין. רַבִּי הוּנָא בְּשֵׁם רַבִּי חִיָּיא בַּר אַבָּא: [י]כְּדֵי שֶׁיֵּצְאוּ רוֹב הַשָּׁנִים בְּלֹא שִׁיעְבּוּד. רַבִּי הוּנָא וְרַבִּי אָבִין בְּשֵׁם רַבִּי מֵאִיר אָמַר: כְּדֵי שֶׁיֵּהָנוּ בַּעֲלֵיהֶן מֵהֶן, שֶׁכָּל זְמַן שֶׁהָאִשָּׁה מְקַבֶּלֶת עוּבָּרִין הִיא מִתְכַּעֶרֶת וּמִתְעַזֶּבֶת שֶׁכָּל תִּשְׁעִים שָׁנָה שֶׁלֹּא יָלְדָה שָׂרָה הָיְתָה כְּכַלָּה בְּתוֹךְ חוּפָּתָהּ.

עץ יוסף

והוציאו ערותן. ובערוך גרס עדותן ופי' בתולים ור"ל דהם מיעכו באצבע מקודם כדי להסיר הבתולים ונתעברו מיד בביאה ראשונה. באשר לפי דעתם לא נשאר עוד איש בארץ והיתה השעה צריכה לכך לפי מחשבתן: **לא מתנכשין.** לשון ניכוש ועידור. וכלומר לעולם דברים הפחותים נמצאים בלא טורח. אבל דבר טוב. אינו מצוי אלא מעט ובטורח גדול וכמ"ש לעיל ס"פ מ"ד אזירתא רעיא כו'. וכן בנות לוט והגר שהם כקוצים נגד שרה רבקה רחל שהם בדמיון החטים. שבנות לוט והגר נתעברו מיד. ושרה לא נתעברה אלא עד אחר כמה שנים: **ולמה נתעקרו האמהות.** שכל הארבעה האמהות היו עקרות כדאי' בא"ב בהדיא. אבל בילקוט ראובני סדר ויחי אי' בשם ספר הפלאה שלאה לא היתה עקרה: **מתאוה לתפלתן.** ולפי שהתפלה אפשר במחשבה לבד וכמ"ש איזו היא עבודה שבלב זו תפלה. לכן אמר עוד ומתאוה לשיחתן (יפ"ת): **למה עקרתי אתכם.** ורמז העקרות בחגוי סלע שהן כסלע שאינו עושה פירות: **בשביל הראיני את מראיך.** זהו כנגד התפלה שהוא הראותו את פני ה' כלו' שיכוין לבו אליו. ולא יחשוד שמקרה קרה לו או כחו ועוצם ידו. וכנגד שיחתן אמר השמיעיני את קולך (יפ"ת): **כדי שיהיו מתרפקות.** מל' מתרפקת על דודה: **על בעליהן בנויין.** שעל ידי העיבור יתכערו. ולכן נעקרו שישארו בנויין ויהיה להן געגועין על בעליהן. וזהו ומראך נאוה. ויותר נראה גירסת מדרש שיה"ש שלא יהיו מתרפקות על בעליהן בנוייהן. פי' שלא יתפארו ויתגעגעו על בעליהן. לכך נתעקרו שיהיו נכאות רוח ולא יתגדלו על בעליהן: **רוב שנים בלא שעבוד.** פי' רוב השנים שנגזר גירות על זרע אברהם יצאו בלא שעבוד. דגירות נתקיים משעה שנולד יצחק כדלעיל פרק מ"ד. ועינוי ושעבוד היינו במצרים לבד. וד' מאות שנה דקרא לא קאי אלא אגירות כדלעיל. לפי שהשעבוד לא התחיל עד מות יוסף וכל אחיו נמצא שרוב השנים היו בלא שעבוד. שמשנולד יצחק עד בואם למצרים היו ק"ל שנים וי"ז שחי יעקב במצרים הרי ר"ז בלא שעבוד. ואילו לא נתעקרו האמהות היו השבטים שעל ידם נתגלגלה ביאתם למצרים קודמים בעולם והיו יורדים למצרים מקמי הכי. ויעקב והשבטים היו מתים מקמי הכי והיה השעבוד קודם (ועיין יפ"ת): **שכל צ' שנה כו'.** כאן חסר אך גירסת שהש"ר פסוק יונתי הנ"ל שכל השנים כו' שעברה נשתנה זיוה כד"א בעלב תלדי בנים עכ"ל:

פירוש מהרז"ו

הקוצים הללו. בנות לוט. והגר. שהן כקוצים נגד שרה רבקה רחל שהן בדמיון החטים: **מתאוה לתפלתן.** עי' מ"ש לקמן ריש פרשה ע"א. וביבמות דף ס"ד: **יונתי בחגוי הסלע.** שי"ר פסוק זה בסופו. כל הענין. וכמ"ש יבמות שם שאברהם ושרה טומטמים היו. שנאמר הביטו אל צור חצבתם ואל מקבת בור נוקרתם אל אברהם אביכם ואל שרה תחוללכם. ואיתא שם שגם שאר האבות נתעקרו וזהו יונתי בחגוי הסלע דומים לסלע וצור וסיפא דקרא השמיעני את קולך כי קולך ערב זו התפלה על כן העקרתי אתכם והייתם כסלע וצור: **בשם ר' יוחנן בר פפא.** נ"ל ר' חנינא בר פפא כ"ה בשי"ר שם ובערוך: **מתדפקות.** ובערוך ערך פרקד הגירסא כדי שתהיינה מתפרקדות וכו' וכתב המוסף ערוך בנוסחאות כתיב מתדפקות וכו'. ולא פירשו. אך למוד מעניינו שהוא מלשון געגועים מאהבה וכמ"ש מתרפקת על דודה. וגירסא זו אינה מחוורת שהרי כתיב באברהם הנה נא ידעתי וגו' ודרשו חז"ל שלא ידע בה עד עתה שהיא יפ"ת. שהאבות היו אנשים אלקיים ולא הרגישו במראה עינים ואיך יתרפקו עליהם ואיך עשה להם העיקר טפל והטפל עיקר. ויותר נכונה גירסת מדרש שיר רבה שלא יהיו מתרפקות על בעליהן בנויהן. שלא יתפארו ויתגעגעו על בעליהן לכך נתעקרו שיהיו נכאות רוח ולא יתגדלו על האבות: **רוב שנים בלא שעבוד.** פי' שהתחלת הגלות משיהיה לו זרע כמ"ש לעיל פרשה מ"ד סוף סימן י"ח ומיד שנולדו יהיה בכלל השעבוד והגזירה. ומ"ש רוב שנים פירושו הרבה שנים. שאם היה יצחק נולד עשרים שנה מקודם היה מתחיל אז השעבוד. ול"ע מאי נפקא מינה מאחר שימי הגלות קצובים ת' שנה ומלידת יצחק. הרי בשנה שהיה יצחק נולד היה מתחיל הת' שנה. והשיב לי בני המופלא מו"ה אברהם ישראל שי' שהכוונה על האבות והאמהות שהם היו מקדימים לראות בניהם בגלות ושעבוד. אברהם ושרה היו רואים את יצחק בגלות הרבה שנים וכן יצחק ורבקה ביעקב ושבטים. ויעקב ורחל בבני רחל ושבטים: **שכל תשעים שנה.** כאן חסר. אך גירסת מדרש שי"ר פסוק יונתי הנ"ל. שכל השנים וכו' כיון שעברה נשתנה זיוה כד"א בעלב תלדי בנים עכ"ל ועי' מ"ש על פסוק זה לעיל פר' כ' סוף סי' ו':

חידושי הרד"ל

(ז) יונתי גו'. למה עקרתי כו' ודרש לשון בחגוי הסלע שהם קשין כסלע מלקבל עיבורן:

(ח) מתרפקות על בעליהן. מלשון מתרפקת על דודה. ובאגס דחק המ"כ וע' תנחומא ויצא ס"ד:

(ט) בלא שעבוד. עמ"כ בשה"ר פ"ב פי"ב. ופי' היפ"ת כאן שהשעבוד התחיל אחר מיתת כל השבטים. וכשנתאחרה לידתן ממילא מיתתן והשעבוד נתאחר. והוא הנכון:

(י) היא מתכערת ומתעבת. כ"ה בש"ר שם וכנ"ל וע' אדר"ן פ"א:

באור מהרי"פ

ד למה עקרתי. רמז המקרות בחגוי הסלע שהן כסלע שאינן עושין פירות (יפ"ת): ה שלשים ושמנה שנה. נ"ל ארבעים ושמנה שנה. נזה"ק ועיין יפ"ת:

מסורת המדרש

ט יבמות דף ס"ד. שה"ש רבה פ' ב' פסוק י"ד. תנחומא סדר תולדות סימן ט'. ילקוט שה"ש רמז תתקפ"ז כל הענין: י תנחומא סדר ויצא סימן ג':

אם למקרא

עָנָה דוֹדִי וְאָמַר לִי קוּמִי לָךְ רַעְיָתִי יָפָתִי וּלְכִי־לָךְ: (שיר השירים ב:י)

ענף יוסף

(ד) [ה] **[שהקב"ה מתאוה לתפלתן]** הורו לנו חז"ל דעתם. שכאשר תראה אדם שע"י תפילתו הגיע אל טוב מה שלא הגיע אליו טרם התפלל עליו. אל תאמר שמתחלה לא היה רצון ה' לתת הטוב ההוא לאיש ההוא אלא שאחר התפלה נשתנה רצונו. חלילה לך לחשוב כן כי לא אדם הוא להנחם. אבל תאמר שהאמת. גם קודם התפלה היה טוב בעיני ה' לברך את האיש ההוא אולם בכוונה רצויה מנע ועיכב הוא ית' הטוב מן האדם כדי שיתפלל אליו וישיגהו ע"י תפלתו (עשרה למאה): **(מפני שהקב"ה מתאוה לתפלתן)** מוכח זה מדכתיב ויעתר יצחק לה' וגו' כי עקרה היא. דמהראוי היה להקדים הסיבה היינו העקרות שבשבילה באה התפלה. ע"כ זה מורה כי אין העקרות עיקר הסיבה אלא התפילה. ולא באה העקרות אלא בשביל שתבא התפלה. ולכך הקדים העיקר והתחיל בתפלה (כד הקמח):

מתנות כהונה

כדכתיב בזלפה ותתן אותה ליעקב לאשה ותהר וגו': **מתנבשין.** גרסינן לשון ניכוש ועידור [ומאיליהן] גרסינן: **החטים כו'.** בנות לוט שעשו מעשה קוץ ומעשים רעים עלתה בידם והגר הכשרה ודומיה הוצרכו לטרוח ולמשול בעצמם ולהוציא ערותן החוצה: #[**צער וכמה יגיע** גרסינן]: **ה"ג יונתי למה כו'.** ופי' אמר להם הקב"ה אני אומר לכם למה העקרתי כו'. וכן הוא בהדיא במדרש חזית ובערוך: **מתדפקות.** כלומר נוייהון חביב ודופק על לב בעליהן ובמדרש חזית גורס שלא יהא מתרפקות ובערוך ערך פרקד גרס מתפרקדות ולא פירשו: **ומתעזבת.** כלומר הבעל מרחיקה ממנו כד"א לא יאמר לך עוד עזובה פירושו מרוחקת ושוממה: **ככלה בתוך חופתה.** כלומר יושבת בביתה מקושטת ככלה והכי איתא במדרש חזית:

אשד הנחלים

שיולידו כי מצינו זה ג"כ בטבע הנמצאים מצמחים וכדומה שהדבר הפחות יצמח בלי עמל ובלי זריעה כי הדבר הנבחר צריך יגיעה רבה עד שיזוקק ויצורף ואז יהי' ראוי כפי טבעו המיוחד וכמו כן בנפשיות היקרות למען יעמידו זרע טוב צריכים שיצרפו תחילה ע"י בקשה ותפילה ואז יולידו בנים ראוים וטובים מאוד: **מתאוה לתפלתן.** בכדי שעי"ז יצרפו לבם מאוד וזהו מחפץ ה' שיצדיקו לבם מאוד עוד יותר: **יונתי בחגוי הסלע כו'.** כמו היונה שהיא עודנה קטנה ובלתי יכולה לפרוח והיא מתחבאת בסתר מדריגות המגדל. כן הנפש הכלואה בחומר בתחלתה היא מסתתרת בטבעה כי החומר הוא מחיצה גדול' וכאלו ה' מבקשה הראיני את מראיך להוציאי כחותיך הטובים לפועל כי ראוי ומוכן את וכל זה סיבב ה' בשעצר אות' מלהוליד. שעי"ז יצרפו לבם עוד יותר בבקשת הרחמים: **מתרפקות כו' בנויין.** אין ספק כי האנשים הקדושים כמוהם. נוי האשה ויפי' אין חשובים בעיניהם לטובה רק הכוונה כי ע"י אהבת האיש לאשה בעת ההיא גורם לבניו שיהיו חזקים וזריזים ולהיות שהקדושים כמוהם על הרוב הדבר לחרפה להם ויתעצלו בזה. וזה היזק רב לבנים הנולדים ולכן סיבב ה' ככה. וזהו שאמר שהית' ככלה בתוך חופתה בכדי לסבב לו מעט חשק לזה:

☐ [וַתֵּרֶא כִּי הָרָתָה וַתֵּקַל גְּבִרְתָּהּ בְּעֵינֶיהָ — *AND WHEN SHE SAW THAT SHE HAD CONCEIVED, HER MISTRESS WAS LOWERED IN HER ESTEEM.*]

The Midrash describes how Sarah's esteem was diminished in Hagar's eyes:

וְהָיוּ מַטְרוֹנִיּוֹת בָּאוֹת לִשְׁאוֹל בִּשְׁלוֹמָהּ שֶׁל שָׂרָה — **Noblewomen would come and visit with**[50] **Sarah,** וְהָיְתָה שָׂרָה אוֹמֶרֶת לָהֶם: צְאוּ וְשַׁאֲלוּ בִּשְׁלוֹמָהּ שֶׁל עֲלוּבָה זוֹ — **and Sarah would tell them,** "Never mind me! **Go out and visit with that** poor, **hapless girl,** Hagar."[51] וְהָיְתָה הָגָר אוֹמֶרֶת לָהֶם: שָׂרַי גְּבִירְתִּי אֵין סִתְרָהּ כְּגִלּוּיָהּ — When the women went to visit her in accordance with Sarah's suggestion, **Hagar would say to them, "My mistress Sarai — her private conduct is** obviously **not like her** virtuous **public appearance.** נִרְאֵת צַדֶּקֶת וְאֵינָהּ צַדֶּקֶת — **She has the appearance of** being **a righteous woman, but she is not** really **a righteous woman.** אִילּוּ הָיְתָה צַדֶּקֶת רְאוּ כַּמָּה שָׁנִים שֶׁלֹּא נִתְעַבְּרָה וַאֲנִי בְּלַיְלָה אַחַת נִתְעַבַּרְתִּי — For **if she were** truly **righteous,** consider this: **See how many years** of marriage **she has not conceived, whereas I have conceived in a single night!"**[52] וְהָיְתָה אוֹמֶרֶת: עִם דָּא אֲנָא מִשְׁגְּחָא מֵיסַּב וּמֵיתַּן — Whereupon **[Sarai] would say, "Shall I** even **bother to have dealings with this** person? הֲלָוַאי מֵיסַּב וּמֵיתַּן עִם מָרָהּ — **At best I will have dealings with her master!"**[53]

§5 וַתֹּאמֶר שָׂרַי אֶל אַבְרָם חֲמָסִי עָלֶיךָ — *SO SARAI SAID TO ABRAM, "MY INJUSTICE IS UPON YOU."*

What injustice was Sarah accusing Abraham of? After all, he did nothing more than accede to Sarah's own wishes that he marry Hagar! The Midrash presents two interpretations of Sarah's words:

רַבִּי יוּדָן בְּשֵׁם רַבִּי יְהוּדָה בַּר סִימוֹן — **R' Yudan in the name of R' Yehudah bar Simon** said: חוֹמְסָנִי אַתָּה בִּדְבָרִים — Sarah meant: **"You are stealing from me, through the words** you have failed to say on my behalf, לָמָּה שֶׁאַתָּה שׁוֹמֵעַ בְּקָלוֹנִי וְשׁוֹתֵק — **in that you hear my degradation and remain silent!"**[54]

רַבִּי בֶּרֶכְיָה בְּשֵׁם רַבִּי אַבָּא בַּר כַּהֲנָא אָמַר — **R' Berechyah, in the name of R' Abba bar Kahana, said:** יְבָעֵי דִּינִי גַּבָּךְ — Sarah meant: **"I have a grievance against you** that **must be redressed!"**[55]

R' Berechyah presents two parables to illustrate his interpretation:

מָשָׁל לִשְׁנֵי בְּנֵי אָדָם חֲבוּשִׁים בְּבֵית הָאֲסוּרִים — This can be illustrated by **a parable.** It may be compared **to two people who were incarcerated in prison.** נִמְצָא הַמֶּלֶךְ עוֹבֵר — **It happened that the king passed by.** אָמַר לֵיהּ חַד: תְּבַע דִּקְיוֹן דִּידִי — **One** of the prisoners **said to him,** "O king, **take up the cause of my injustice!"**[56] אֲמַר: אַפְּקוּהוּ — **[The king] said, "Release him** from prison!" אֲמַר לֵיהּ חַבְרֵיהּ: יְבָעֵי דִּינִי גַּבָּךְ — Afterward **his fellow** prisoner **told him, "I have a grievance against you** that **must be redressed!** אִילּוּ אֲמַרְתְּ תְּבַע דִּקְיוֹן דִּידָן — For **had you said,** '**Take up** the cause of ***our*** **injustice,**' כְּמָה דְאַפְּקָךְ כֵּן אַפְּקָנִי — **[the king] would have released me just as he released you.** וּכְדוּ דַּאֲמַרְתְּ תְּבַע דִּקְיוֹן דִּידִי — **But now that you said, 'Take up** the cause of ***my*** **injustice,'** לָךְ אַפֵּיק לִי לָא אַפֵּיק — **he released you** and **he did not release me!"** כָּךְ: אִילּוּ אָמַרְתְּ וַאֲנוּ הוֹלְכִים עֲרִירִים — **So too,** Sarah said, **"Had you said** to God, **'*We* go childless,'** כְּמָה דִּיהַב לָךְ כֵּן יָהַב לִי — **He would have granted me** a child, **just as He granted you.**[57] וּכְדוּ דַּאֲמַרְתְּ: "אָנֹכִי הוֹלֵךְ עֲרִירִי" — But **now that you said, '*I* go childless'** (above, 15:2), לָךְ יָהֵיב וְלִי לָא יָהֵיב — **[God] is granting you** a child, **but He is not granting** one to **me!"**

מָשָׁל לִשְׁנֵי בְּנֵי אָדָם שֶׁהָלְכוּ לִלְווֹת זֶרַע מִן הַמֶּלֶךְ — A further **parable** to explain Sarah's words: It may be compared **to two people who went to borrow seed from the king.** אֲמַר לוֹ: תַּשְׁאִיל לִי זֶרַע — **[One] said to [the king], "Lend me seed."** אֲמַר, וִיהָבוּן לֵיהּ — **[The king] issued an order** to his servants, **and they gave him** seed.

NOTES

50. Lit., *inquire after the welfare of* . . .

51. For she was a king's daughter (see above, §1), and now a lowly servant in Abraham's house (*Eitz Yosef*).

52. Had she in fact been a righteous woman, surely God would not have permitted this to occur!

53. That is: "It is certainly beneath my dignity to discuss Hagar's odious behavior with her, but it is even distasteful to me to bring it up with Abraham — though I must." And this she proceeded to do, as it is written, *so Sarai said to Abram, "My injustice is upon you."*

54. According to this interpretation, the word חָמָס in this verse — which can mean any injustice — refers specifically to theft. (See also above, 6:11,13, and Midrash above, 31 §5.) Sarah was accusing Abraham of depriving her of those words ("stealing" them from her, as it were), that he ought to have said to Hagar when she acted with contempt toward Sarah (*Eitz Yosef*).

55. According to this interpretation, the injustice that Sarah accused Abraham of is that he did not pray for her to have children, as the Midrash will proceed to explain. Although the context indicates that it was Hagar's misconduct that triggered Sarai's complaint, the Midrash understands that Hagar's contempt precipitated this grievance of Sarai against Abram for her childlessness, because had she had children she would never have given Hagar to Abram as a wife (*Yefeh To'ar*).

56. I.e., he believed that he had been imprisoned wrongly, and asked the king to correct the miscarriage of justice.

57. I.e., our union would have been blessed with the birth of a son.

חידושי הרד"ל

(יא) [ה] **אלו אמרת ואנחנו הולכים ערירים כו'.** אלו אמרת הן לנו לא נתת זרע כו'. לשון ראשון לרבנן דאין אשה מצווה על פריה ורביה. לכן נקט רק ערירים (והוא כענין חוטרא לידה ומרא לקבורה שאף לרבנן מלי טענה כדאיתא ביבמות (ס) ולשון שני לריב"ב דמצווה על פריה ורביה לכן נקט שאמרה לא נתת לנו זרע:

עץ יוסף

באות לשאול. כדי לראות בהוד יפיה שהיתה ככלה: **של עלובה.** שהרה היתה גבירה ונוהגת כדרך הגבירות שהמטרונית הן נשים של שרים גדולים באות אליה לבקרה. ועל שהיתה הגר בת מלך פרעה והיתה לדקנית ועלובה וגרה בבית אברהם. בקשה שרה פני המטרונות שישאלו גם שלום הגר. וספרה להן הגר מחשבת לבה: **והיתה הגר אומרת כו'.** הכי גמירי לה (יפ"ת) ועיין בנזה"ק: **והיתה אומרת עם דא כו'.** פי' והיתה שרה אומרת שהיא לא תשוה להגר לטעותה כאולתה. שאין כבוד הגבירה לשאול לשפחתה למה את מקלת בכבודי. ואמרה וכי עם זאת השפלה אני נושא ונותן להתקוטט עמה בתמיה. ולפי שגם לריב עם בעלה (שחשדה לאברהם שהראה לה חיבה יתירה ועל כן מקלת בכבודה) קשה בעיניה שתחשוב דברי הגר לכלום. לכן אמרה הלואי אחשיב דברים לישא וליתן בהם עם אברהם (יפ"ת): (ה) [ו] **חומסני אתה בדברים כו'.** דחמסו הוא בזה ששמע דברי הגר ושתק כי חשבה שרה שמסתמא הגיעו הדברי' גם לאזניה ע"י המטרונות הללו. ועל זה אמרה אתה מונע וגוזל ממני הדיבור הראוי לך לדבר בעדי: **בעי דיני גבך.** כלו' תרעומות דיני הוא עליך: **תבע דקיון דידי.** הוה אתה תובע עלבוני וחרפתי להוציאני מכאן: **אמר אפקוהו.** פי' אמר המלך אפקוהו והוציאוהו לזה מבית האסורין: **אמר ליה חבריה.** חבר של זה היושב בבית האסורים: **בעי דיני כו'.** תרעומת דיני ועלבוני עליך הוא אילו אמרת למלך הוה תובע עלבון שניגו כשם שהוציאך כך הוציאני ועתה שאמרת תבע עלבוני הוציאך לבד ולא הוציאני: **כמה דיהב לך כו'.** כשם שנתן לך זרע כך היה נותן לי ולא הייתי צריך למסור לך שפחתי: **חד תשאיל לי זרע.** פי' אחד מאלו השנים אמר למלך השאילני זרע. אמר המלך למשרתיו תנו לו:

וְהָיוּ מַטְרוֹנִיּוֹת בָּאוֹת לִשְׁאוֹל בִּשְׁלוֹמָהּ שֶׁל שָׂרָה וְהָיְתָה שָׂרָה אוֹמֶרֶת לָהֶם: צְאוּ וְשַׁאֲלוּ בִּשְׁלוֹמָהּ שֶׁל עֲלוּבָה °, וְהָיְתָה הָגָר אוֹמֶרֶת לָהֶם: שָׂרַי גְּבִירְתִּי אֵין סִתְרָהּ כְּגָלוּיָהּ נִרְאֵת צַדֶּקֶת וְאֵינָהּ צַדֶּקֶת, אִילּוּ הָיְתָה צַדֶּקֶת רְאוּ כַּמָּה שָׁנִים שֶׁלֹּא נִתְעַבְּרָה וַאֲנִי בְּלַיְלָה אַחַת נִתְעַבַּרְתִּי, וְהָיְתָה אוֹמֶרֶת: עִם דָּא אֲנָא ° מִיסַּב וּמִיתַּן הַלְוַאי מִיסַּב וּמִיתַּן עִם מָרָהּ:

ה [טז, ה] "וַתֹּאמֶר שָׂרַי אֶל אַבְרָם חֲמָסִי עָלֶיךָ". [יא]רַבִּי יוּדָן בְּשֵׁם רַבִּי יְהוּדָה בַּר סִימוֹן: חוֹמְסֵנִי אַתָּה בִּדְבָרִים לָמָּה שֶׁאַתָּה שׁוֹמֵעַ בְּקָלוֹנִי וְשׁוֹתֵק. רַבִּי בֶּרֶכְיָה בְּשֵׁם רַבִּי אַבָּא בַּר כָּהֲנָא אָמַר: °בָּעֵי דִינִי גַּבָּךְ. מָשָׁל לִשְׁנֵי בְנֵי אָדָם חֲבוּשִׁים בְּבֵית הָאֲסוּרִים, נִמְצָא הַמֶּלֶךְ עוֹבֵר, אָמַר לֵיהּ חַד: תְּבַע דִּקְיוֹן דִּידִי, אֲמַר: אַפְּקוּהוּ, אֲמַר לֵיהּ חַבְרֵיהּ: °בָּעֵי דִינִי גַּבָּךְ, אִילּוּ אֲמַרְתְּ °תָּבוֹעַ דִּקְיוֹן דִּידָן, כְּמָה דְּאַפְּקָךְ כֵּן אַפְּקַנִי, וּכְדוּ דַּאֲמַרְתְּ תְּבַע דִּקְיוֹן דִּידִי, לָךְ אַפֵּיק לִי לָא אַפֵּיק. כָּךְ אִילּוּ אֲמַרְתְּ וְאָנוּ הוֹלְכִים עֲרִירִים כְּמָה דִּיהַב לָךְ כֵּן יְהַב לִי, וּכְדוּ דַּאֲמַרְתְּ "אָנֹכִי הוֹלֵךְ עֲרִירִי" לָךְ יָהֵיב וְלִי לָא יָהֵיב. מָשָׁל לִשְׁנֵי בְנֵי אָדָם שֶׁהָלְכוּ לִלְווֹת זֶרַע מִן הַמֶּלֶךְ, אָמַר לוֹ: תַּשְׁאִיל לִי זֶרַע, אֲמַר וְיַהֲבוּן לֵיהּ,

פירוש מהרז"ו

והיו מטרוניות. חוזר למ"ש ותקל גברתה בעיניה ולא אמר ותקל שרי וכמ"ש בפסוק שלפנינו ותקח שרי ובפסוק שלאחריו ותאמר שרי על כן דרש על פי מדה ט"ז מיוחד במקומו ועפ"י מדה ט' טעם הדברים. ששרי היתה גבירה ונוהגת כדרך הגבירות שהמטרונות הן נשים של שרים גדולים באות אליה לבקרה. ועל שהיתה הגר בת מלך פרעה כדלעיל סי' א'. והיתה לדקנית ועלובה וגרה בבית אברהם. בקשה שרי פני המטרונות. שישאלו גם שלום הגר. וסיפרה להן הגר מחשבות לבה ומהן נודע לשרה. וכל זה רק במחשבה. וזהו בעיניה שאם היה במעשה שלא היתה שומעת לקול שרי ואינה מכבדת אותה כמו מקודם א"כ היל"ל ותקל את גבירתה: **עם דא אנא מיסב.** שאין כבוד הגבירה לשאול לשפחתה למה את מקלת בכבודי אלא אומרת לאדונה שהוא יתקן זה אם ירצה וחשדה לאברס שהראה לה חיבה יתירה וע"כ מקלת ולא יועיל מה שתאמר לה: (ה) **חומסני אתה בדברים.** דורש חמסי עלך על חמס דברים שהדברים שהיה ראוי שידבר אברהם עבור שרה להגר שתכבדנה חמס וגזל ממנה שלא דיבר עבורה. וזה ע"פ מדה ט'. ואברס עשה כן לכבודה של שרה שלא היתה שפחתו אלא שפחתה. ואולי אם יגער בה ירע בעיניה של שרי וע"כ שתק וכמ"ש הנה שפחתך בידך ובך הדבר תלוי: **בעי דיני גבך.** דורש שהחמס הוא שגזל ממנה תפלתו. והדין שנעשה לי שלא ילדתי אני תובע ממך. וא"כ התרעמה עליו בשני דברים. א' שלא התפלל בעדה כנ"ל והב' על הקלת הגר: **חבושים בבית האסורים.** והנמשל כמ"ש לקמן ריש פרשה ע"א ואת אסיריו לא בזה אלו העקרות שהן אסורות. גם יתכן על שסבר אברהם שהמזל גורם שלא ילדו וזהו הבית האסורים כמ"ש לעיל פר' מ"ד סימן יו"ד והקב"ה הוציאו מהמזל וכמ"ש ויוצא אותו החוצה כמ"ש שם סימן י"ב ואם היה אומר בלשון רבים היה מוציא אותה ג"כ מבית האסורים. ומשל זה בהסרת הגזירה הרעה. אך אינו די בזה. שצריך עוד פקידה על גזירה טובה ועל זה אמר המשל השני של נתינת הזרע: **ואנכי הולך ערירי.** ועפ"י מדה ט' הכוונה הושיעני שלא אלך ערירי ותן לי בנים. וכן בפסוק הן לי לא נתת זרע פי' על פי מדה ט' תן לי זרע והשיב לו כה יהיה זרעך. ואם היה אומר הן לנו לא נתת זרע תן לנו זרע היה משיב לו כה יהיה זרעכם:

מסורת המדרש

יא ילקוט כאן רמז ע"ט:

אם למקרא

יוֹנָתִי בְּחַגְוֵי הַסֶּלַע בְּסֵתֶר הַמַּדְרֵגָה הַרְאִינִי אֶת־מַרְאַיִךְ הַשְׁמִיעִינִי אֶת־קוֹלֵךְ כִּי־קוֹלֵךְ עָרֵב וּמַרְאֵיךְ נָאוֶה:
(שיר השירים ב:יד)

מתנות כהונה

עלובה. על הגר אומרת כן והוא לשון כבוד העלובה והענוה בדעתה עם עני ודל תרגום עם ענותן ומקבל עולבן ובאת להודיע שהיא גבירה כמותה וטובה הימנה: **אין סתרה כו'.** דייק מותקל גברתה שהיתה קלה וחשודה בעיניה שהיפוך כבד הוא קל: **והיתה אומרת שרה.** וה"ג בילקוט בהדיא: **עם דא כו'.** וכי עם זאת השפלה אני נושא ונותן להתקוטט עמה בתמיה והכי מוכח גירסת הילקוט טוב לי לישא וליתן להתקוטט עם אדוניה אברהם מיד ותאמר אל אברס כו': [ה] **חמסני אתה בדברים.** כלומר מונע וגוזל ממני הדבור הראוי לך לדבר בעדי: **יבעי דיני גבך** גרסינן וה"ג בילקוט ובערוך ופי' דיני וחמס הנעשה לי הוא נתבע אללך ועליך: **תבע דקיון כו'.** היה אתה תובע עלבוני להוציאני מכאן: **דקיון.** פי' הערוך עלבון: **אמר.** המלך: **אפקוהו.** הוציאוהו לזה מבית האסורין: **א"ל חבריה.** חבר של זה היושב בבית האסורין: **בעי דיני כו'.** דיני ועלבוני עליך הוא אילו אמרת אל המלך היה תובע עלבון שנינו כשם שהוליאוך כך הוליאוני ועתה שאמרת תבעו עלבוני הוליאוך לבד ולא הוליאוני: **תבע.** גרסינן: **כמה דיהב לך כו'.** כשם שנתן לך זרע כך היה נותן לי ולא הייתי צריך למסור לך שפחתי: **ה"ג א"ל חד תשאיל לי זרע אמר יהבון ליה** פי' אחד מאלו שניס אמר למלך השאילני זרע אמר המלך למשרתיו תנו לו:

אשד הנחלים

עם דא אנא מיסב. מן חמסי קדייק דמשמע החמס שעושה הגר עמי הוא עליך ודעת ר' יודן שמלת חמס מוסב על אברהם שגוזל מהגר הדברי' שראוי לגעור בה: [ה] **בעי דיני גבך משל כו' נמצא המלך עובר.** הכוונה במשל להיות שדרך הטבע הוא כמו המאסר לאדם. ולהיות שמדרך הטבע לא הי' מוליד רק מצד שזכה לנבוא' וראה פני המלך ה' צבאות. וע"כ יצא ממאסר הטבע אך שביקש רק למענו וע"כ נפקד ולא ביקש עלי' וע"כ היקלתי בעיני הגר. כי ראתה קלוני. וזהו חמסי עליך שאתה היית יכול לעוזרני ולא עזרתני והמשל השני הוא על בקשתו השניה הן לי לא נתת זרע וקרא זאת הלוואה כי מי שמבקש בני' לא למענו כ"א למען יעבדו את ה' הנכבד והנורא הוא כמו הלואה שמחזיר אותו לה' ע"ד דברת חנה והשאלתיהו לה' כל הימים וזהו הי' בקשת אברהם ומאוויו בהולדת זרע וזה אמרו הן לי לא נתת זרע

אֲמַר לֵיהּ חַבְרֵיהּ: יִבְעֵי דִּינִי גַּבָּךְ — Afterward, **his fellow said to him, "I have a grievance against you** that **must be redressed!** אִילּוּ אֲמַרְתְּ תַּשְׁאִיל לָנוּ זֶרַע — For **had you said** to the king, **'Lend** *us* **seed,'** כְּמָה דִּיְהֵיב לָךְ כֵּן הֲוָה יָהֵיב לִי — **then just as he gave** seed **to you he would have given** seed **to me!"**[58] הָכָא נַמִּי: אִילּוּ אֲמַרְתְּ הֵן לָנוּ לֹא נָתַתָּ זֶרַע — **Here too,** Sarah said, **"Had you** prayed for a child and **said, 'To** *us* **you have given no offspring,'** כְּמָה דִּיְהֵיב לָךְ הֲוָה יָהֵיב לִי — then **just as [God] would have granted** offspring **to you He would have granted** offspring **to me.** וּכְדוּ דַּאֲמַרְתְּ: ״הֵן לִי לֹא נָתַתָּה זָרַע״, לָךְ יָהֵיב לִי לָא יָהֵיב — **But now that you** prayed and **said,** *To 'me' you have given no offspring* (above, 15:13), **[God] is granting** offspring **to you and He is not granting** any **to me!"**

The Midrash presents a different explanation of Sarah's statement:

רַבִּי נְחֶמְיָה בְּשֵׁם רַבִּי אָבוּן אָמַר — **R' Nechemyah in the name of R' Avun said:** חִימְסָהּ בְּפָנָיו — **[Hagar] acted improperly toward [Sarah] in [Abraham's] presence.**[59]

Apropos to Sarah's attack against Abraham, the Midrash discusses the frailties of the female character:[60]

וְרַבָּנָן אָמְרֵי: ד׳ מִדּוֹת נֶאֶמְרוּ בְּנָשִׁים — **And the Rabbis say: There are four character types that are mentioned** in Scripture **regarding women.** גַּרְגְּרָנִיּוֹת צַיְיתָנִיּוֹת עַצְלָנִיּוֹת קַנְאָנִיּוֹת — The four types are: **intemperate eaters, eavesdroppers, indolent people, and jealous people.** גַּרְגְּרָנִיּוֹת מֵחַוָּה, ״וַתִּקַּח מִפִּרְיוֹ וַתֹּאכַל״ — **"Intemperate eaters"** — we learn this **from Eve,** of whom it is stated, *And the woman perceived that the tree was good for eating and that it was a delight to the eyes, and that the tree was desirable as a means to wisdom,* ***and she took of its fruit and ate*** (above, 3:6). צַיְיתָנִיּוֹת, ״וְשָׂרָה שׁוֹמַעַת״ — **"Eavesdroppers"** — we learn this from Sarah, of whom it is written, ***Now Sarah was listening*** (below, 18:10) to what the angels were saying to Abraham. עַצְלָנִיּוֹת, ״מַהֲרִי שְׁלֹשׁ סְאִים קֶמַח סֹלֶת״ — **"Indolent people"** — we learn this from what Abraham said to Sarah, ***Hurry! Three se'ahs of meal, fine flour*** (ibid. v. 6).[61] קַנְאָנִיּוֹת, דִּכְתִיב ״וַתְּקַנֵּא רָחֵל בַּאֲחוֹתָהּ״ — **"Jealous people"** — we learn this from what is written, ***So Rachel became envious of her sister*** (below, 30:1).[62] רַבִּי יְהוּדָה בַּר נְחֶמְיָה אָמַר — **R' Yehudah bar Nechemyah said:** אַף אִיסְטְטָנִיּוֹת וְדַבְּרָנִיּוֹת — **We find two further character types** regarding women — **contentious people and talkative people.** אִיסְטְטָנִיּוֹת, ״וַתֹּאמֶר שָׂרַי אֶל אַבְרָם חֲמָסִי עָלֶיךָ״ — **"Contentious people"** — as it is stated, ***Sarai said to Abram, "My injustice is upon you."*** וְדַבְּרָנִיּוֹת, ״וַתְּדַבֵּר מִרְיָם וְאַהֲרֹן בְּמֹשֶׁה״ — **And "talkative people"** — as it is stated, ***Miriam and Aaron spoke against Moses*** (*Numbers* 12:1).[63] רַבִּי לֵוִי אָמַר — **R' Levi said:** אַף גַּנְבִיּוֹת וְיוֹצְאָנִיּוֹת, גַּנְבִיּוֹת שֶׁנֶּאֱמַר ״וַתִּגְנֹב רָחֵל אֶת הַתְּרָפִים״ — **We find two further** character types regarding women: **Thieves and outgoing people. "Thieves" — as it is stated, *and Rachel stole the teraphim*** *that belonged to her father* (below, 31:19), יוֹצְאָנִיּוֹת, ״וַתֵּצֵא דִינָה״ — and **"outgoing people,"** as it is stated, ***Now Dinah went out*** *to look over the daughters of the land* (below, 34:1).

☐ [יִשְׁפֹּט ה׳ בֵּינִי וּבֵינֶיךָ — *LET HASHEM JUDGE BETWEEN ME AND YOU!*]

The Midrash points out the consequence of Sarah's appeal to God's judgment:

רַבִּי תַּנְחוּמָא אָמַר בְּשֵׁם רַבִּי חִיָּיא רַבָּה — **R' Tanchuma said in the name of R' Chiya the Great,** וְרַבִּי בֶּרֶכְיָה אָמַר בְּשֵׁם רַבִּי חִיָּיא — **and R' Berechyah said in the name of R' Chiya:**[64] כָּל מִי שֶׁהַרְתִּיק אַחַר מִדַּת הַדִּין — **Anyone who invites**[65] **the** Divine **Attribute of** Strict **Justice** to punish someone לֹא יָצָא שָׁפוּי מִתַּחַת יָדֶיהָ — **does not come out** himself **unscathed from its clutches.**[66] רְאוּיָה הָיְתָה שָׂרָה לְהַגִּיעַ לְשָׁנָיו שֶׁל אַבְרָהָם — We can learn this from Sarah, for **Sarah was worthy of reaching the years of Abraham,**[67] וְעַל יְדֵי שֶׁאָמְרָה ״יִשְׁפֹּט ה׳ בֵּינִי וּבֵינֶיךָ״ — **but because she said, *"Let HASHEM judge between me and you,"*** נִמְנְעוּ מֵחַיֶּיהָ שְׁלֹשִׁים וּשְׁמֹנֶה שָׁנָה — **thirty-eight years were withheld from her life.**[68]

NOTES

58. But now that you asked only for yourself, it was only you, and not me, who benefited from the king's beneficence.

59. According to this interpretation, חֲמָסִי refers to an injustice committed *by Hagar* to Sarah, and עָלֶיךָ means "in your proximity," rather than "it is your fault." Sarah was complaining to Abraham that Hagar's contempt for her was carried out in Abraham's presence, and he should have reprimanded her (*Yefeh To'ar, Eitz Yosef*).

60. The implication is: It is not necessary to discern a motive for Sarah's accusations (as some Sages did previously in the Midrash); such behavior is a natural character trait in women (*Yefeh To'ar*).

61. The fact that Abraham had to exhort Sarah to hurry and provide food for the guests indicates that on her own she would have approached the task sluggishly.

62. In a parallel passage in *Avos DeRabbi Nassan* (Version 2, Ch. 45), R' Yose responds to this indictment of the female character by saying that men, as well, share these selfsame characteristics, and cites prooftexts to bolster this assertion. According to R' Yose, then, these frailties are part and parcel of the human condition, and are not gender-specific.

63. Although Aaron also spoke against Moses, the fact that Miriam is mentioned first and the verb (וַתְּדַבֵּר) is in the feminine form indicate that it was she who initiated the slandering of Moses (*Sifrei, Bamidbar* §41).

64. [Many manuscripts read here "R' Elazar" instead of R' Chiya. (R' Chiya is the same person as R' Chiya the Great.)]

65. Lit., *knocks [on the door] of.*

66. If someone seeks redress for a perceived wrong by turning to God to punish the guilty party rather than turning to an earthly court, he will end up suffering Divine justice himself (see also *Bava Kamma* 93a).

67. I.e., she was not supposed to have died before Abraham did (*Yefeh To'ar, Rashash*).

68. Sarah was 10 years younger than Abraham (below, 17:17), and had she died at the same time as Abraham, she would have lived 165 years (for Abraham died at 175 years [below, 25:7]). Since she actually died at the age of 127, there were 38 years subtracted. [Another version of the Midrash states that Sarah lost 48 years from her allotted life span. This version understands that Sarah was supposed to live the same number of years as Abraham — 175. The fact that she died at age 127 meant that she lost 48 years from her life.] See Insight Ⓐ.

INSIGHTS

Ⓐ **Inviting the Attribute of Justice** *Toras Chaim* (R' Chaim David HaLevy) once received the following inquiry: An individual had been persecuted and aggravated by a certain person over the course of a very long time. One day, in his state of distress, the persecuted individual cried out, "May God judge between me and that person!" Friends of the persecuted individual admonished him that it was forbidden to make such statements, but did not provide him with any explanation as to why this should be so. He therefore turned to *Toras Chaim* for a ruling as to whether such supplications are indeed forbidden; and, if so, why – for, if God is the Judge of all mankind, why should one not ask Him to adjudicate such matters?

Toras Chaim begins his response by citing the Gemara (*Rosh Hashanah* 16b) in which R' Yitzchak teaches that three things cause the Heavenly Court to recall a person's sins. One of those things is the submission of one's case against another person to Divine judgment. *Rashi* (ad loc.) cites the verse upon which our Midrash is based – viz., *Let God judge between me and you* – as the source of R' Yitzchak's teaching. *Rashi* goes on to explain that whenever a person submits his case to Divine judgment, the Heavenly Court examines the supplicant's own record to determine whether he is sufficiently

אָמַר לוֹ חַבְרֵיהּ: °בָּעֵי דִינִי גַּבָּךְ, אִילּוּ אֲמַרְתְּ תַּשְׁאִיל לָנוּ זֶרַע, כַּמָּה דְּיָהֵיב לָךְ כֵּן הֲוָה יָהֵיב לִי, הָכָא נַמִּי אִילּוּ אֲמַרְתְּ הֵן לָנוּ לֹא נָתַתָּ זֶרַע כַּמָּה דְּיָהֵיב לָךְ הֲוָה יָהֵיב לִי וּכְדוּ דַּאֲמַרְתְּ "הֵן לִי לֹא נָתַתָּ זָרַע", לָךְ יָהֵיב לִי לָא יָהֵיב. רַבִּי נְחֶמְיָה בְּשֵׁם רַבִּי אָבוּן אָמַר: חִימְּסָהּ בְּפָנָיו. וְרַבָּנָן אָמְרֵי: יד ד' מִדּוֹת נֶאֶמְרוּ בְּנָשִׁים, גַּרְגְּרָנִיּוֹת צַיְּיתָנִיּוֹת עַצְלָנִיּוֹת קַנְאָנִיּוֹת. גַּרְגְּרָנִיּוֹת מֵחַוָּה (בראשית ג, ו) "וַתִּקַּח מִפִּרְיוֹ וַתֹּאכַל". צַיְּיתָנִיּוֹת (שם יח, י) "וְשָׂרָה שׁוֹמַעַת". עַצְלָנִיּוֹת (שם, יח, ו) "מַהֲרִי שְׁלֹשׁ סְאִים קֶמַח סֹלֶת". קַנְאָנִיּוֹת דִּכְתִיב (שם, ל, א) "וַתְּקַנֵּא רָחֵל בַּאֲחוֹתָהּ". רַבִּי יְהוּדָה בַּר נְחֶמְיָה אָמַר: אַף אִיסְטְטָנִיּוֹת, וְדַבְּרָנִיּוֹת. אִיסְטְטָנִיּוֹת (שם, טז, ה) "וַתֹּאמֶר שָׂרַי אֶל אַבְרָם חֲמָסִי עָלֶיךָ". וְדַבְּרָנִיּוֹת (במדבר יב, א) "וַתְּדַבֵּר מִרְיָם וְאַהֲרֹן בְּמֹשֶׁה". רַבִּי לֵוִי אָמַר: אַף גַּנְּבִיּוֹת וְיוֹצְאָנִיּוֹת, גַּנָּבִיּוֹת שֶׁנֶּאֱמַר (בראשית לא, יט) "וַתִּגְנוֹב רָחֵל אֶת הַתְּרָפִים". יוֹצְאָנִיּוֹת (שם לד, א) "וַתֵּצֵא דִינָה". רַבִּי תַּנְחוּמָא אָמַר בְּשֵׁם רַבִּי חִיָּיא רַבָּה וְרַבִּי בֶּרֶכְיָה אָמַר בְּשֵׁם רַבִּי חִיָּיא: יג כָּל מִי שֶׁהִרְתִּיק אַחַר מִדַּת הַדִּין לֹא יָצָא שָׁפוּי מִתַּחַת יָדֶיהָ, רְאוּיָה הָיְתָה שָׂרָה לְהַגִּיעַ לְשָׁנָיו שֶׁל אַבְרָהָם, וְעַל יְדֵי שֶׁאָמְרָה (שם טז, ה) "יִשְׁפֹּט ה' בֵּינִי וּבֵינֶיךָ", נִמְנְעוּ מֵחַיֶּיהָ °מ"ח שָׁנָה. כְּתִיב "וַיָּבֹא אֶל הָגָר וַתַּהַר", וּמַה תַּלְמוּד לוֹמַר "הִנָּךְ הָרָה וְיֹלַדְתְּ בֵּן", אֶלָּא מְלַמֵּד שֶׁהִכְנִיסָה בָּהּ שָׂרָה עַיִן רָעָה וְהִפִּילָה עוּבָרָהּ. °אָמַר רַבִּי יוֹחָנָן: "בֵּינִי וּבֵינֶיךָ", °וּ"בְנְךָ" כְּתִיב,

עץ יוסף

חימסה בפניו. פי' הגר חומסה בדברים את שרה בפני אברהם והיינו חמסי עליך כלו' אצלך (יפ"ת) ור"ל דיברה בחלקלקות לשונה כמתלהלה יורה זיקים בלישנא דמשתמע לתרי אפי ואברהם לא הרגיש בדבר כי לא ידע האיבה שביניהם. ושרה ידעה והרגישה בדבר וחשבה שרה שגם אברהם הרגיש והבין הדבר כמותה ושתק. ולכך התרעמה עליו (נזה"ק): **ד' מדות נאמרו בנשים.** כלו' אף בנשים לדקניות כאמהות הקדושות שגם הם לא יצאו נקי לגמרי מגנות מדות הללו: **גרגרניות.** זוללות: **צייתניות.** בסדר כי תצא הגירסא צוותנית ר"ל שמבקשים לידע כל דבר סתר: **ושרה שומעת.** ואין אדם צריך לשמוע אלא דבר שנא' לו ולא מה שנא' לאחר. אולי דבר סוד וסתר הוא. ומזה הגיע לה שצחקה: **מהרי שלש סאים.** מדכתיב מהרי מכלל שהיתה מתעצלת: **איסטטניות.** הוא מלשון אסטנית. ועיין בסדר כי תצא הגירסא. ופי' שם המת"כ דחדא היא. ר"ל שדעתה קצרה ואינה יכולה לסבול שום דבר נגד רצונה מיד. וכן אמרה מיד חמסי עליך. ובעל מ"ע פירש איסטנית בלשון יון מחלוקת ערעור וקטטה: **[ז] כל מי שהרתיק בו'.** פי' כל מי שדופק על מדת הדין ורודף אחריו לעורר אותו והיינו מוסר דין על חברו: **לא יצא שפוי.** (לשון שופי) ושקט מתחת ידו וכדאמרינן בפ' החובל כל המוסר דין על חבירו נענש תחלה: **ראויה היתה שרה בו'.** לפי ששניהם ממקור אחד חוצבו (נזה"ק): **נמנע מחייה.** מ"ח שנה כי שני חיי שרה קכ"ז שנה והיתה ראויה לחיות עוד מ"ח שנה לתשלום קע"ה כמנין חיי אברהם (נזה"ק). אבל בכל המדרשים הנוסחא שלשים ושמונה שנה ואפשר שהכוונה שראויה היתה לחיות עד שמת אברהם כדי שלא יצטער אותו לדיק במיתתה: **[ח] כתיב ויבא אל הגר.** ולמה כתב עוד הנך הרה. שמה בישרה המלאך הנך הרה הרי זה ידוע לה. אלא מלמד כו' ולזה בישרה שעוד תתעבר. ועיין בבמדבר רבה פ"י ול"ע: **אמר רבי יוחנן.** ס"ל שקללה בפירוש כדמסיק: **ביני ובינך בינך כתיב.** כל"ל ופירושו שנשתנה כאן שיש יו"ד ג"כ בין הכ"ף והנו"ן לרמוז שנקרא בניך. והכוונה שקיללה בבני אברהם מהגר (יפ"ת ונזה"ק):

פירוש מהרז"ו

חימסה בפניו. דורש התיבות כמשמעותם חמסי עליך חמסי על גופך ופניך. וגירסת הערוך ר' מנחמא אמר בשם רבי אבין חימסה פניו. ובילמדנו ותדבר מרים ואהרן אסטטניות שנאמר חמסי עליך מהו חמסי שחיטטה אותו וחימסה פניו כנמיה: **אסטטניות.** בערוך הביאו ולא פירש ואולי הוא מלשון אסתנים ע"ש בערוך: **ד' מדות.** לעיל פר' י"ח סימן ב' וש"נ: **ושרה שומעת.** ואין אדם צריך לשמוע אלא דבר שנאמר לו ולא מה שנאמר לאחר. אולי דבר סוד וסתר הוא ומזה הגיע לה שצחקה: **ותצא דינה.** בד"ר פר' ו' סי' י"א איתא ותלא לאה עי' לקמן ריש פר' פ': **שהרתיק.** מלשון רתוקות זהב מלכים א' ו' כ"א וכן ביחזקאל עשה הרתוק. שהתחבר והתקשר עי' מוסף ערוך ערך רתק ב' ועי' ב"ק דף נ"ג א' ופי' מי שמבקש מדת הדין על אחרים: **שפוי.** בנחת ושתיקה: **שלשים ושמונה שנה.** צ"ע שהרי אברהם חיה קע"ה שנה ושרה קכ"ז הרי מ"ח שנה. וכ"ל שהכוונה שהיה ראוי לשרה שתגיע לשנות אברהם ולמות עמו יחד. שנמנעו משנותיו ה' שנים שלא לראות את עשו שילא לתרבות רעה כמ"ש לקמן פר' ס"ג סי' י"א וגם שרה היתה ראויה לחיות עד שיחיה אברהם ולא יותר מטעם זה עצמו. ואברהם חיה קע"ה והיה גדול משרה יו"ד שנים. וכמ"ש הלבן מאה שנה יולד ושרה הבת תשעים שנה הרי כשהיה אברהם בן קע"ה שנה היתה שרה ראויה להיות קס"ה ומתה בת קכ"ז הרי ל"ח בצמצום וכ"כ היפ"ת: **כתיב ויבא אל הגר.** וגירסת הילקוט כבר כתיב ויבא אל הגר ותהר. והיינו פסוק ד' ולמה כתב עוד בפסוק י"א הנך הרה: **עין רעה.** אע"פ שלא קללה בפירוש. ור"י דורש שקללה בפירוש באומרה ובינך כאלו כתוב ובנך. וצ"ע שבספרים שלנו כתיב וביניך בשני יודי"ן אך במ"ר פר' ג' סימן י"ג וש"נ ושם איתא שתיבת וביניך נקוד והיינו על יו"ד השני. ואף שלא נזכר שם שנקוד. על שמביא שם כל הענין הרבה דברים של ניקוד ואמר שם ודכוותי' הרי שדומה לכל השאר וכמ"ש מפורש במקומות שציינתי שם שהוא נקוד:

חידושי הרד"ל

(יב) חמסה בפניו. קשה בעיני לומר על שרה שחמסה בפניו של אברהם ואולי גרסינן חמסה בפני' והיה בפני שרה עצמה וי"ל הענין כמש"ל פי"א וכסה חמס על לבושו אחר שגזלת וחמסת יפיה כו' כן אמרה שרה שחמסה בפניה:

(יג) איסטטניות. פי' כההיא דספ"ק דמכות ועי' יד"מ בשם מוסף ערוך:

(יד) שהרתיק. פירוש כמכה ודופק על דלת חבירו. כן הקורא למה"ד לעוררה על חבירו והיינו מוסר דין על חבירו:

חידושי הרש"ש

[ה] ראויה היתה שרה להגיע לשניו של אברהם בו'. ר"ל שימותו שניהם ביום אחד. ובבחיי הגי' נמנעו כו' מ"ח שנה:

ענף יוסף

(ה) [ז] [כל מי שהרתיק בו'] הטעם פירשו חכמי האמת כי בהיותו מוסר דינו לשמים על חבירו הוא מעורר למעלה מדת הדין אשר היה שקט מקודם. ובהתעוררת הדין בא כעס ופורענות בעולם. ולפיכך הוא פוגע בו תחלה לפי שגרם הדבר. ע"ד שאמר הכתוב חופר גומץ בו יפול:

מסורת המדרש

יב לעיל פרשה י"ח. דברים רבה פרשה ו'. תנחומא סדר ויצא סימן ו'. ילקוט סדר בראשית רמז כ"ד. ילקוט ישעיה רמז רס"ה:

יג ראש השנה דף ט"ז: בבא קמא דף צג. ילקוט כאן רמז ע"ט:

אם למקרא

וַתֵּרֶא הָאִשָּׁה כִּי טוֹב הָעֵץ לְמַאֲכָל וְכִי תַאֲוָה־הוּא לָעֵינַיִם וְנֶחְמָד הָעֵץ לְהַשְׂכִּיל וַתִּקַּח מִפִּרְיוֹ וַתֹּאכַל וַתִּתֵּן גַּם־לְאִישָׁהּ עִמָּהּ וַיֹּאכַל: (בראשית ג:ו)

וַיֹּאמֶר שׁוֹב אָשׁוּב אֵלֶיךָ כָּעֵת חַיָּה וְהִנֵּה־בֵן לְשָׂרָה אִשְׁתֶּךָ וְשָׂרָה שֹׁמַעַת פֶּתַח הָאֹהֶל וְהוּא אַחֲרָיו: (בראשית יח:י)

וַיְמַהֵר אַבְרָהָם הָאֹהֱלָה אֶל־שָׂרָה וַיֹּאמֶר מַהֲרִי שְׁלֹשׁ סְאִים קֶמַח סֹלֶת לוּשִׁי וַעֲשִׂי עֻגוֹת: (בראשית יח:ו)

וַתֵּרֶא רָחֵל כִּי לֹא יָלְדָה לְיַעֲקֹב וַתְּקַנֵּא רָחֵל בַּאֲחֹתָהּ וַתֹּאמֶר אֶל־יַעֲקֹב הָבָה־לִּי בָנִים וְאִם־אַיִן מֵתָה אָנֹכִי: (בראשית ל:א)

ותאמר שרי אל־אברם חמסי עליך אנכי נתתי שפחתי בחיקך ותרא כי הרתה ואקל בעיניה ישפט ה' ביני וביניך: (בראשית טז:ה)

ותדבר מרים ואהרן במשה על־אדות האשה הכשית אשר לקח כי־אשה כשית לקח: (במדבר יב:א)

ולבן הלך לגזז את־צאנו ותגנב רחל את־התרפים אשר לאביה: (בראשית לא:יט)

ותצא דינה בת־לאה אשר ילדה ליעקב לראות בבנות הארץ: (בראשית לד:א)

מתנות כהונה

חימסה בפניו. בערוך פי' משרטת וחוטטת פניו והביא גירסת הילמדנו מהו חמסי שחטטה אותו וחימסה פניו כנמייה והוא מלשון דאמרינן בפרק האשה שנתארמלה לא תסמכו לנא לא מן סרמוסין ולא מן סרמוטין ואמרי לה לא מן חמוסין ולא מן מטרמוסין שפירושו מאלה שתלמודם קרוע ובלוע ואינו מיושב ומיושר כהלכתו: **[ד' מדות וכו'.** נתבאר לעיל פי"ח ובפ' כי תצא]: **שהרתיק.** לשון הכאה כלומר שממריס אחר מדת הדין או באגרוף תרגום ירושלמי במרתיקא ורבינו בחיי גרס שמרתיע לשון נענוע וחזרה ותשב אחור תרגום נרתעת לאחורא ובעירובין בפרק הדר רב ששת נרתע מפלפולא דרב חסדא: **ועל שאמרה ישפוט בו'.** שמסרה דינה לשמים וכדאמרינן בפרק החובל: **ובנך כתיב.** חסר היודי"ן קרי ביה בנך פי' בן שלך שהיא הרה ממך ולפי פירש"י בסדר זה ובביאור

אשד הנחלים

שאוכל ללמדם דעת רק בן משק ביתי יורש אותי ואת ידיעותי ומה יהי' ממני: **חימסא.** עמ"כ וביאורו שלכן חמסי עליך כי אנכי נתתי שפחתי גו': **ד' מידות כו'.** הסבה בזה אחד. מפני שהם מהירות ההתפעלות כי דעתן קלות ונוחות וע"כ יקנאו מהר בטובת הזולת וע"כ המה גרגרניות כי אוהבות הדבר המוטעם כפי החוש. ועצלניות כי אין שכלם חזק לעוררם בזריזות לדבר הראוי. אך על כן צריך הי' אברהם לזרזה מהרי: **אסטטניות.** גם זה מסב' זו כי אנינות הדעת מקלי ההפעלות ורכות הטבע. ודברניות ג"כ מטעם זה כי מי שטבעו חזק דבורו כבד. ודייק על איסטטניות שלא יכלה לראות בקלונה שזה באה מרכות הלב: **גנביות.** גם זה מסבת זה מפני המהירות כי תיכף כשרואים הדבר שלא ישרו בעיניהם מהר יקחו אותו. וכן היציאה מבית לחוץ מפני המהירות והפחזות: **שהרתיק.** שהוציא מנרתק המדה"ד אחר שרצתה בעצמה שישפוט המדה"ד בינם: **והפילה.** עוברה שנתעברה כבר ועתה נתעברה מחדש וזהו הנך הרה עוד הפעם: **ובנך כתיב כו'**

☐ [בֵּינִי וּבֵינֶיךָ — *BETWEEN ME AND YOU* (*lit.*, *BETWEEN ME AND BETWEEN YOU*).[69]]

אָמַר רַבִּי יוֹחָנָן ״בֵּינִי וּבֵינֶיךָ״, ״וּבֵינֵךְ״ כְּתִיב — **R' Yochanan said:** In the phrase *Let HASHEM judge* **between me and between you,** the word for *between you* **is written** in a way that it appears that it should be read **בֵּינֵךְ,** the feminine form of "between you,"[70] implying that Sarah was invoking the judgment of God not only against Abraham but against Hagar.[71]

כְּתִיב ״וַיָּבֹא אֶל הָגָר וַתַּהַר״ — And this call for Divine judgment achieved results,[72] for **it is written,** ***He came to Hagar and she conceived*** (above, v. 4). וּמַה תַּלְמוּד לוֹמַר ״הִנָּךְ הָרָה וְיֹלַדְתְּ בֵּן״ — **Why,** then, **does Scripture state,** ***Behold, you will conceive and give birth to a son*** (below, 16:11), since she was already pregnant?! אֶלָּא מְלַמֵּד שֶׁהִכְנִיסָה בָּהּ שָׂרָה עַיִן רָעָה וְהִפִּילָה עוּבָּרָהּ — **However,** the explanation is that **this teaches that Sarah cast an evil eye upon [Hagar], and** as a result **[Hagar] miscarried her fetus;** the angel now informed her that she would become pregnant *again,* and this time she would give birth.

NOTES

69. [Our sequence of the words in the Midrash here follows the emendation of *Os Emes* and is also how the Midrash appears in *Yalkut Shimoni* §79.]

In Hebrew idiom the word "between" is always stated twice, in regard to each of the parties involved; the second "between" is omitted in English translations, because it does not conform with English grammar.

70. The word for "between you" in the masculine form is usually spelled בֵּינְךָ (which would be vowellized בֵּינֶךָ when at the end of a verse, as here). Here it is spelled בֵּינֶיךָ, with an extraneous י after the נ. R' Yochanan explains that this extra י is to allude to the word בֵּינֵךְ (which might also be written בֵּינֵיךְ) — the feminine form of "between you."

71. This is the version of the Midrash text as emended by *Mizrachi, Yefeh To'ar, Os Emes,* and *Eitz Yosef*, and as *Rashi* (on *Chumash*) explains our Midrash. The printed editions have: **בְּנֵךְ כְּתִיב** — the word for *between you* **is written** in a way that it appears that it should be read **בְּנֵךְ,** meaning "your son," implying that Sarah was invoking the judgment of God not only against Abraham but against his unborn son.

See *Matnos Kehunah* for a possible explanation of this version.

72. I.e., Sarah's malediction against Hagar (or her fetus) brought about the miscarriage of the fetus.

INSIGHTS

worthy for Heaven to intervene and punish his adversaries.

Thus, it is clearly forbidden to submit one's case to Divine judgment even where one is certain that he is in the right — and all the more so when one is in doubt as to whether justice is on his side! Moreover, the Gemara goes on to cite the statement of R' Avun, that a person who submits his case to Divine judgment is actually punished for his own sins before his adversary is punished., just as Sarah, who submitted her dispute with Abraham to Divine judgment, was punished by predeceasing him.

Now, although the Biblical commentaries do not specify whether Abraham was actually aware of Hagar's misdeeds, the vehemence of Sarah's complaint would seem to indicate that Abraham was aware of the situation. Moreover, R' Yudan (above) describes Sarah as having said to Abraham, "... You hear my degradation and remain silent!" This exposition also indicates that Abraham was aware of the situation. If so, Sarah surely had grounds to protest Abraham's silence in the face of her embarrassment. Since she was still punished for submitting the judgment to Heaven, we see that this is prohibited even when the complaint is just.

There is, however, a caveat to this prohibition. The Gemara (*Bava Kamma* 93a) states that it is forbidden to submit one's case to Divine judgment only if there is a venue on earth in which it can be adjudicated. *Tosafos* (ad loc., s.v. דאיכא) explains that Sarah also had a venue in which she could have pursued justice on Earth – viz., the court of Shem. *Ran* (*Rosh Hashanah* loc. cit.) expands on this point and considers that the court of Shem may not have been in Sarah's locale. He therefore posits that even if there is no local venue suitable for adjudication, one still may not submit a case to Divine judgment if he has not first attempted to settle the matter with his adversary directly. Accordingly, *Ran* suggests that Sarah was punished for not speaking to Abraham before submitting her case to Divine judgment. *Toras Chaim* notes that the verses indicate that Abraham readily acquiesced to Sarah — thus indicating that it would indeed have been proper for her to approach him directly before submitting her case to Divine judgment.

However, these clarifications of the prohibition do not answer the questioner's latter inquiry: Surely God is the best judge of all! Why should one not place one's case before Him?

Toras Chaim finds an answer to this question in the words of *Meiri* (*Bava Kamma* ad loc.), who writes as follows: Anyone who submits a judgment concerning his fellow to Heaven — i.e., an individual who cries out to God that He should take revenge on his fellow who robbed him, despite there being a judge in the city, who, were he informed of the matter, would adjudicate it properly — intends his fellow to be *more* severely punished by God. It is therefore appropriate that the supplicant be punished for his own sins first. And it is concerning these cirumstances that the Rabbis said: "Greater woe is to the person who cries out than to the person concerning whom he cries out ..."

Toras Chaim then cites *Rama*'s ruling (*Choshen Mishpat* 422:1), which incorporates the rulings of the Gemara in *Rosh Hashanah* and *Bava Kamma,* and *Ran*'s qualifications. He concludes by advising the questioner that, if it is at all possible, he is obligated to first attempt to redress the wrongs that are being committed against him by either bringing his case to court or by confronting his adversary directly. If such recourse proves impossible, then the strict letter of the law would allow the questioner to submit his case to Divine judgment. Nevertheless, the persecuted individual should not intend for his adversary to be punished, but for the Heavenly Court to cause him to desist from persecuting him. Furthermore, the supplicant should rather engage in expanded prayer and increased Torah study, as these are means that are effective in protecting people from their adversaries' depredations (from *Gittin* 7a, according to *Tosafos* and *Meiri* ad loc.; see also *Avodah Zarah* 19a; see *Toras Chaim, Bereishis,* pp. 40-45).

אָמַר לוֹ חַבְרֵיהּ: °בָּעֵי דִינִי גַּבָּךְ, אִילּוּ אֲמַרְתְּ תַּשְׁאִיל לָנוּ זֶרַע, כְּמָה דְיָהֵיב לָךְ כֵּן הֲוָה יָהֵיב לִי, הָכָא נַמִּי אִילּוּ אֲמַרְתְּ הֵן לָנוּ לֹא נָתַתָּ זֶרַע כְּמָה דְיָהֵיב לָךְ הֲוָה יָהֵיב לִי וּכְדוּ דַּאֲמַרְתְּ "הֵן לִי לֹא נָתַתָּ זֶרַע", לָךְ יָהֵיב לִי לָא יָהֵיב. רַבִּי נְחֶמְיָה בְּשֵׁם רַבִּי אָבוּן אָמַר: חִימְּסָהּ בְּפָנָיו. וְרַבָּנָן אָמְרֵי: [יב] ד' מִדּוֹת נֶאֶמְרוּ בְּנָשִׁים, גַּרְגְּרָנִיּוֹת צַיְּיתָנִיּוֹת עַצְלָנִיּוֹת קַנְאָנִיּוֹת. גַּרְגְּרָנִיּוֹת מֵחַוָּה (בראשית ג, ו) "וַתִּקַּח מִפִּרְיוֹ וַתֹּאכַל". צַיְּיתָנִיּוֹת (שם יח, י) "וְשָׂרָה שׁוֹמַעַת". עַצְלָנִיּוֹת (שם, יח, ו) "מַהֲרִי שְׁלֹשׁ סְאִים קֶמַח סֹלֶת". קַנְאָנִיּוֹת דִּכְתִיב (שם, ל, א) "וַתְּקַנֵּא רָחֵל בַּאֲחוֹתָהּ". רַבִּי יְהוּדָה בַּר נְחֶמְיָה אָמַר: אַף אִיסְטְטָנִיּוֹת, וְדַבְּרָנִיּוֹת. אִיסְטְטָנִיּוֹת (שם, טז, ה) "וַתֹּאמֶר שָׂרַי אֶל אַבְרָם חֲמָסִי עָלֶיךָ". וְדַבְּרָנִיּוֹת (במדבר יב, א) "וַתְּדַבֵּר מִרְיָם וְאַהֲרֹן בְּמֹשֶׁה". רַבִּי לֵוִי אָמַר: אַף גַּנָּבִיּוֹת וְיוֹצְאָנִיּוֹת, גַּנָּבִיּוֹת שֶׁנֶּאֱמַר (בראשית לא, יט) "וַתִּגְנֹב רָחֵל אֶת הַתְּרָפִים". יוֹצְאָנִיּוֹת (שם לד, א) "וַתֵּצֵא דִינָה". רַבִּי תַּנְחוּמָא אָמַר בְּשֵׁם רַבִּי חִיָּיא רַבָּה וְרַבִּי בֶּרֶכְיָה אָמַר בְּשֵׁם רַבִּי חִיָּיא: [יג] כָּל מִי שֶׁהִרְתִּיק אַחַר מִדַּת הַדִּין לֹא יָצָא שָׁפוּי מִתַּחַת יָדֶיהָ, רְאוּיָה הָיְתָה שָׂרָה לְהַגִּיעַ לִשְׁנָיו שֶׁל אַבְרָהָם, וְעַל יְדֵי שֶׁאָמְרָה (שם טז, ה) "יִשְׁפֹּט ה' בֵּינִי וּבֵינֶיךָ", נִמְנְעוּ מֵחַיֶּיהָ °מ"ח שָׁנָה. כְּתִיב "וַיָּבֹא אֶל הָגָר וַתַּהַר", וּמַה תַּלְמוּד לוֹמַר "הִנָּךְ הָרָה וְיֹלַדְתְּ בֵּן", אֶלָּא מְלַמֵּד שֶׁהִכְנִיסָה בָהּ שָׂרָה עַיִן רָעָה וְהִפִּילָה עוּבָּרָהּ. °אָמַר רַבִּי יוֹחָנָן: "בֵּינִי וּבֵינֶךָ", °ו"בִנְךָ" כְּתִיב,

עץ יוסף

חימסה בפניו. פי' הגר חומסה בדברים את שרה בפני אברהם והיינו חמסי עליך כלו' אצלך (יפ"ת) ור"ל דיברה בחלקלקות לשונה כמתהלה יורה זיקים בלישנא דמשתמע לתרי אפי ואברהם לא הרגיש בדבר כי לא ידע האיבה שביניהם. ושרה ידעה והרגישה בדבר וחשבה שרה שגם אברהם הרגיש והבין הדבר כמותה ושתק. ולכך התרעמה עליו (נזה"ק): **ד' מדות נאמרו בנשים.** כלו' אף בנשים לדקניות כאמהות הקדושות שגם הם לא יצאו נקי לגמרי מגנות מדות הללו: **גרגרניות.** זוללות: **צייתניות.** בסדר כי תלא הגירסא צוותנית ר"ל שמבקשים לידע כל דבר סתר: **ושרה שומעת.** ואין אדם צריך לשמוע אלא דבר שנא' לו ולא מה שנא' לאחר. אולי דבר סוד וסתר הוא. ומזה הגיע לה שלחקה: **מהרי שלש סאים.** מדכתיב מהרי מכלל שהיתה מתעצלת: **איסטטניות.** הוא מלשון אסטנית. ועיין בסדר כי תלא הגירסא. ופי' שם המת"כ דחדא היא. ר"ל שדעתה קצרה ואינה יכולה לסבול שום דבר נגד רצונה מיד. וכן אמרה מיד חמסי עליך. ובעל מ"ע פירש איסטנית בלשון יון מחלוקת ערעור וקטטה: **[ז] כל מי שהרתיק כו'.** פי' כל מי שדופק על מדת הדין ורודף אחריו לעורר אותו והיינו מוסר דין על חברו: **לא יצא שפוי.** (לשון שופי) ושקט מתחת ידו וכדאמרינן בפ' החובל כל המוסר דין על חבירו נענש תחלה: **ראויה היתה שרה כו'.** לפי ששניהם ממקור אחד חוצבו (נזה"ק): **נמנע מחייה.** מ"ח שנה כי שני חיי שרה קכ"ז שנה והיתה ראויה לחיות עוד מ"ח שנה לתשלום קע"ה כמנין חיי אברהם (נזה"ק). אבל בכל המדרשים הנוסחא שלשים ושמונה שנה ואפשר שהכוונה שראויה היתה לחיות עד שמת אברהם כדי שלא יצטער אותו לדיק במיתתה: **[ח] כתיב ויבא אל הגר.** ולמה כתב עוד הנך הרה. שמה בישרה המלאך הנך הרה הרי זה ידוע לה. אלא מלמד כו' ולזה בישרה שעוד תתעבר. ועיין בבמדבר רבה פ"י ול"ע: **אמר רבי יוחנן.** ס"ל שקללה בפירוש כדמסיק: **ביני ובינך בינך כתיב.** כצ"ל ופירושו שנשתנה כאן שיש יו"ד ג"כ בין הכ"ף והנו"ן לרמוז שנקרא בניך. והכוונה שקיללה בבני אברהם מהגר (יפ"ת ונזה"ק):

פירוש מהרז"ו

חימסה בפניו. דורש התיבות כמשמעותם חמסי עליך חמסי על גופך ופניך. וגירסת הערוך ר' מנחמא אמר בשם רבי אבין חימסה פניו. ובילמדנו ותדבר מרים ואהרן אסטטניות שנאמר חמסי עליך מהו חמסי שחיטטה אותו וחימסה פניו כנמיה: **אסטטניות.** בערוך הביאו ולא פירש ואולי הוא מלשון אסתנים ע"ש בערוך: **ד' מדות.** לעיל פר' י"ח סימן ב' וש"נ: **ושרה שומעת.** ואין אדם צריך לשמוע אלא דבר שנאמר לו ולא מה שנאמר לאחר. אולי דבר סוד וסתר הוא ומזה הגיע לה שלחקה: **ותצא דינה.** בד"ר פר' ו' סי' י"א איתא ותלא לאה עי' לקמן ריש פר' פ': **שהרתיק.** מלשון רתוקות זהב מלכים א' ו' כ"א וכן ביחזקאל עשה הרתוק. שהתחבר והתקשר עי' מוסף ערוך ערך רתק ב' ועי' ב"ק דף נ"ג א' ופי' מי שמבקש מדת הדין על אחרים: **שפוי.** בנחת ושתיקה: **שלשים ושמונה שנה.** נ"ע שהרי אברהם חיה קע"ה שנה ושרה קכ"ז הרי מ"ח שנה. ונ"ל שהכוונה שהיה ראוי לשרה שתגיע לשנות אברהם ולמות עמו יחד. שנמנעו משנותיו ה' שנים שלא לראות את עשו שיצא לתרבות רעה כמ"ש לקמן פר' ס"ג סי' י"א וגם שרה היתה ראויה לחיות עד שיחיה אברהם ולא יותר מטעם זה עצמו. ואברהם חיה קע"ה והיה גדול משרה יו"ד שנים. וכמ"ש הלבן מאה שנה יולד ושרה הבת תשעים שנה הרי כשהיה אברהם בן קע"ה שנה היתה שרה ראויה להיות קס"ה ומתה בת קכ"ז הרי ל"ח בשלמות וכ"כ היפ"ת: **כתיב ויבא אל הגר.** וגירסת הילקוט כבר כתיב ויבא אל הגר ותהר. והיינו פסוק ד' ולמה כתב עוד בפסוק י"א הנך הרה: **עין רעה.** אע"פ שלא קללה בפירוש. ור"י דורש שקללה בפירוש באומרה ובינך כאלו כתוב ובנך. ונ"ע שבספרים שלנו כתיב ובינך בשני יודי"ן אך במ"ר פר' ג' סימן י"ג וש"נ ושם איתא שתיבת ובינך נקוד והיינו על יו"ד השני. ואף שלא נזכר שם שנקוד. על שמביא שם כל הענין הרבה דברים של ניקוד ואמר שם ודכוותי' הרי שדומה לכל השאר וכמ"ש מפורש במקומות שלייגתי שם שהוא נקוד:

חידושי הרד"ל

(יב) חמסה בפניו. קשה בעיני לומר על שרה שחמסה בפניו של אברהם ואולי גרסינן חמסה בפני' והיה בפני שרה עלמה וי"ל הענין כמש"ל פי"א וכסה חמס על לבושו אחר שגזלת וחמסת יפיה כו' כן אמרה שרה שחמסה בפניה:

(יג) איסטטניות. פי' כההיא דספ"ק דמכות וע' יד"מ בשם מוסף ערוך:

(יד) שהרתיק. פירוש כמכה ודופק על דלת חבירו. כן הקורא למה"ד לעוררה על חבירו והיינו מוסר דין על חבירו:

חידושי הרש"ש

[ה] ראויה היתה שרה להגיע לשניו של אברהם כו'. ר"ל שימותו שניהם ביום אחד. ובבחי' הגי' נמנעו כו' מ"ח שנה:

ענף יוסף

(ה) [ז] **[כל מי שהרתיק כו']** הטעם פירשו חכמי האמת כי בהיותו מוסר דינו לשמים על חבירו הוא מעורר למעלה מדת הדין אשר היה שקט מקודם. ובהתעוררת הדין בא כעס ופורענות בעולם. ולפיכך הוא פוגע בו תחלה לפי שגרם הדבר. ע"ד שאמר הכתוב חופר גומץ בו יפול:

מסורת המדרש

יב לעיל פרשה י"ח. דברים רבה פרשה ו'. תנחומא סדר וישב סימן ו'. ילקוט סדר בראשית רמז כ"ד. ילקוט ישעיה רמז רס"ה:

יג ראש השנה דף ט"ז: בבא קמא דף נג. ילקוט כאן רמז ע"ט:

אם למקרא

וַתֵּרֶא הָאִשָּׁה כִּי טוֹב הָעֵץ לְמַאֲכָל וְכִי תַאֲוָה־הוּא לָעֵינַיִם וְנֶחְמָד הָעֵץ לְהַשְׂכִּיל וַתִּקַּח מִפִּרְיוֹ וַתֹּאכַל וַתִּתֵּן גַּם־לְאִישָׁהּ עִמָּהּ וַיֹּאכַל:
(בראשית ג:ו)

וַיֹּאמֶר שׁוֹב אָשׁוּב אֵלֶיךָ כָּעֵת חַיָּה וְהִנֵּה־בֵן לְשָׂרָה אִשְׁתֶּךָ וְשָׂרָה שֹׁמַעַת פֶּתַח הָאֹהֶל וְהוּא אַחֲרָיו:
(בראשית יח:י)

וַיְמַהֵר אַבְרָהָם הָאֹהֱלָה אֶל־שָׂרָה וַיֹּאמֶר מַהֲרִי שְׁלֹשׁ סְאִים קֶמַח סֹלֶת לוּשִׁי וַעֲשִׂי עֻגוֹת:
(בראשית יח:ו)

וַתֵּרֶא רָחֵל כִּי לֹא יָלְדָה לְיַעֲקֹב וַתְּקַנֵּא רָחֵל בַּאֲחֹתָהּ וַתֹּאמֶר אֶל־יַעֲקֹב הָבָה־לִּי בָנִים וְאִם־אַיִן מֵתָה אָנֹכִי:
(בראשית ל:א)

וַתֹּאמֶר שָׂרַי אֶל־אַבְרָם חֲמָסִי עָלֶיךָ אָנֹכִי נָתַתִּי שִׁפְחָתִי בְּחֵיקֶךָ וַתֵּרֶא כִּי הָרָתָה וָאֵקַל בְּעֵינֶיהָ יִשְׁפֹּט ה' בֵּינִי וּבֵינֶיךָ:
(בראשית טז:ה)

וַתְּדַבֵּר מִרְיָם וְאַהֲרֹן בְּמֹשֶׁה עַל־אֹדוֹת הָאִשָּׁה הַכֻּשִׁית אֲשֶׁר לָקָח כִּי־אִשָּׁה כֻשִׁית לָקָח:
(במדבר יב:א)

וְלָבָן הָלַךְ לִגְזֹז אֶת־צֹאנוֹ וַתִּגְנֹב רָחֵל אֶת־הַתְּרָפִים אֲשֶׁר לְאָבִיהָ:
(בראשית לא:יט)

וַתֵּצֵא דִינָה בַּת־לֵאָה אֲשֶׁר יָלְדָה לְיַעֲקֹב לִרְאוֹת בִּבְנוֹת הָאָרֶץ:
(בראשית לד:א)

מתנות כהונה

חימסה בפניו. בערוך פי' משרטת וחוטטת פניו והביא גירסת הילמדנו מהו חמסי שחטטה אותו וחימסה פניו כנמייה והוא מלשון דאמרינן בפרק האשה שנתארמלה לא תסמכו לנא לא מן סרמוסין ולא מן סרמוטין ואמרי לה לא מן חמוסין ולא מן מטרמוסין שפירושו מאלה שתלמודם קרוע ובלוע ואינו מיושב ומיושר כהלכתו: **[ד' מדות וכו'.** נתבאר לעיל פי"ח ובפ' כי תלא]: **שהרתיק.** לשון הכאה כלומר שממריס אחר מדת הדין או באגרוף תרגום ירושלמי במרתיקא ורבינו בחיי גרס שמרתיע לשון נענוע וחזרה ותשב אחור תרגום נרתעת לאחורא ובעירובין בפרק הדר רב ששת נרתע מפלפולא דרב חסדא: **ועל שאמרה ישפוט בו'.** שמסרה דינה לשמים וכדאמרינן בפרק החובל: **ובנך כתיב.** חסר היודי"ן קרי ביה בנך פי' בן שלך שהיא הרה ממך ולפי פירש"י בסדר זה ובביאור

אשד הנחלים

שאוכל ללמדם דעת רק בן משק ביתי יורש אותי ואת ידיעותי ומה יהי' ממני: **חימסא.** עמ"כ וביאורו שלכן חמסי עליך כי אנכי נתתי שפחתי גו': **ד' מידות כו'.** הסבה בזה אחד. מפני שהם מהירות ההתפעלות כי דעתן קלות ונוחות וע"כ יקנאו מהר בטובת הזולת וע"כ המה גרגרניות כי אוהבות הדבר המוטעם כפי החוש. ועצלניות כי אין שכלם חזק לעוררם בזריזות לדבר הראוי. אך על כן צריך הי' אברהם לזרזה מהרי: **אסטטניות.** גם זה מסב' זו כי אנינות הדעת מקלי ההפעלות ורכות הטבע. ודברניות ג"כ מטעם זה כי מי שטבעו חזק דבורו כבד. ודייק על איסטטניות שלא יכלה לראות בקלונה שזה באה מרכות הלב: **גנביות.** גם זה מסבת זה מפני המהירות כי תיכף כשרואים הדבר שלא ישרו בעיניהם מהר יקחו אותו. וכן היציאה מבית לחוץ מפני המהירות והפחזות: **שהרתיק.** שהוציא מנרתק המדה"ד אחר שרצתה בעצמה שישפוט המדה"ד בינם: **והפילה.** עוברה שנתעברה כבר ועתה נתעברה מחדש וזהו הנך הרה עוד הפעם: **ובנך כתיב כו'**

Having mentioned the message that the angel conveyed to Hagar, the Midrash comments on the nature of this Divine pronouncement:

אָמַר רַבִּי חֲנִינָא: אִילּוּ אֱלִישָׁע הַנָּבִיא אָמַר כֵּן בְּרוּחַ הַקֹּדֶשׁ דַּי — **R' Chanina said: Had the prophet Elisha said so with** the prophetic voice of **the Divine Spirit,** that would have been **sufficient.**[73] אֶלָּא שֶׁזָּכְתָה לְדַבֵּר עִמָּהּ הַמַּלְאָךְ — **However, [Hagar] merited to have an angel speak to her.**[74]

וַיֹּאמֶר אַבְרָם אֶל שָׂרַי הִנֵּה שִׁפְחָתֵךְ בְּיָדֵךְ עֲשִׂי לָהּ הַטּוֹב בְּעֵינָיִךְ וַתְּעַנֶּהָ שָׂרַי וַתִּבְרַח מִפָּנֶיהָ.

Abram said to Sarai, "Behold, your maidservant is in your hand; do to her as you see fit." And Sarai dealt harshly with her, so she fled from her (16:6).

§6 וַיֹּאמֶר אַבְרָם אֶל שָׂרַי ... עֲשִׂי לָהּ הַטּוֹב בְּעֵינָיִךְ — ***AND ABRAM SAID TO SARAI, ". . . DO TO HER AS YOU SEE FIT."***

Sarah was angry that Abraham did not discipline Hagar for her insolence (see above, §5). The Midrash explains Abraham's response to Sarah:

אָמַר לָהּ: לֹא אִיכְפַּת לִי לֹא בְטוֹבָתָהּ וְלֹא בְרָעָתָהּ — **[Abram] said to [Sarai],**[75] **"I am not interested either in benefiting her or in harming her;**[76] כְּתִיב "לֹא תִתְעַמֵּר בָּהּ תַּחַת אֲשֶׁר עִנִּיתָהּ" — **for it is written** concerning a woman captured in war, ***You shall not enslave her, because you have afflicted her*** (*Deuteronomy* 21:14), וְזוֹ מֵאַחַר שֶׁצִּיעַרְנוּ אוֹתָהּ אָנוּ מִשְׁתַּעְבְּדִין בָּהּ — **and this woman** Hagar, **since we have inflicted suffering upon her,**[77] **can we** now **treat her as a slave?!** לֹא אִיכְפַּת לִי לֹא בְטוֹבָתָהּ וְלֹא בְרָעָתָהּ — Again, **I am not interested either in benefiting her or in harming her;** כְּתִיב "לְעַם נָכְרִי לֹא יִמְשֹׁל לְמָכְרָהּ בְּבִגְדוֹ בָהּ" — for **it is written** in regard to a father who sold his daughter into servitude, ***He shall not have the power to sell her to a strange man, for he had betrayed her*** (*Exodus* 21:8),[78] וְזוֹ מֵאַחַר שֶׁעֲשִׂינוּ אוֹתָהּ גְּבִירָה אָנוּ עוֹשִׂין אוֹתָהּ שִׁפְחָה — **and this woman** Hagar, **once we have made her a mistress, can we reduce her to** being **a maidservant?!** לֹא אִיכְפַּת לִי לֹא בְטוֹבָתָהּ וְלֹא בְרָעָתָהּ — Therefore I say: **I am not interested either in benefiting her or in harming her."**[79]

□ וַתְּעַנֶּהָ שָׂרַי וַתִּבְרַח מִפָּנֶיהָ — ***AND SARAI DEALT HARSHLY WITH HER, SO SHE FLED FROM HER.***

The Midrash spells out Sarai's harsh treatment of Hagar:

רַבִּי אַבָּא בַּר כָּהֲנָא אָמַר — **R' Abba bar Kahana said:** מְנָעַתָּה מִתַּשְׁמִישׁ הַמִּטָּה — **She denied her conjugal relations.**[80] רַבִּי בֶּרֶכְיָה אָמַר — **R' Berechyah said:** טְפָחַתָּה בְּקוּרְדְקַיְיסוֹן עַל פָּנֶיהָ — **She slapped her in the face with a slipper.**[81] רַבִּי בֶּרֶכְיָה בְּשֵׁם רַבִּי אַבָּא בַּר כָּהֲנָא — **R' Berechyah** said **in the name of R' Abba bar Kahana:** דְּלָיִים וּבַנְּרִיוֹת הוֹלִיכָה לָהּ לַמֶּרְחָץ — By Sarah's insistence, **[Hagar] carried buckets and bath-clothing to the bathhouse for her.**[82]

NOTES

73. I.e., just as the prophet Elisha announced to the Shunamite woman, who had been childless, that she would soon be blessed with a child (*II Kings* 4:17), God could have communicated the message to Hagar (that she would bear a child) through a prophet rather than sending an angel to her.

74. It is not clear why this comment is placed here, and not below, on the passage in which the angel's announcement to Hagar is discussed. Several commentators (*Radal, Maharzu, Eitz Yosef*) suggest that indeed this paragraph is misplaced here, and properly belongs below, in §7. *Matnos Kehunah* explains that the point of R' Chanina's statement is that despite Sarah's devastating "evil eye," there was a "silver lining" in this incident — that Hagar had the privilege of speaking with an angel.

There is another explanation of this paragraph, following a completely different approach, found in several commentators — that R' Chanina was commenting on R' Yochanan's exposition in the previous paragraph. He was exclaiming that such an interpretation would perhaps be accepted if Elisha the prophet would say it, but it is unacceptable for us (the Sages) to speculate and assert such a thing (*Ohr HaSeichel*). Alternatively: He was exclaiming that R' Yochanan's exposition was so impressive that it is worthy of having been expounded by the prophet Elisha himself (*Yefeh To'ar*); see ibid. for how the conclusion of the paragraph ["However, Hagar merited to have an angel speak to her"] is to be interpreted according to this approach).

75. The manuscripts and printed editions of the Midrash (as well as the commentators) are divided as to whether the Midrash says "He said to her" (Abraham to Sarah) or "She said to him" (Sarah to Abraham). We have presented the Midrash according to the former version.

76. This Midrash describes the quandary in which Abraham found himself upon hearing Sarai's complaint about Hagar. On the one hand, he had no interest in benefiting Hagar, because he did not want to reward her insolent behavior toward Sarah. On the other hand, he did not wish to do her ill, as the Midrash will explain.

77. Abraham used the plural pronoun, "we," in deference to Sarai. In reality, it was only she who dealt harshly with Hagar (*Radal*).

78. The Gemara (*Kiddushin* 18b) explains this verse to mean that once a maidservant's master has married her, her father (even if she is still a minor) no longer has the right to sell her into servitude, even if she is divorced or widowed from her former master. By the same token, Abram reasoned that it would be improper to demote Hagar to being a maidservant after she had already attained the status of a married woman.

79. The Midrash then, understands Abram's response, *"Do to her as you see fit,"* not as a tacit endorsement of any maltreatment that Sarai might deem necessary to employ against Hagar, as the verse might be read simply, but rather as a subtle way of conveying to her his displeasure with the mistreatment of Hagar, *As "you" see fit,* then, implies: "What you see fit to be done to her is not what I see; we do not agree on this matter" (*Eitz Yosef,* from *Nezer HaKodesh*).

80. The word וַתְּעַנֶּהָ, *and she dealt harshly with her,* is derived from the root ענה, *to afflict*, which is sometimes used by Scripture to refer specifically to the affliction of the withholding of marital relations; see below, 31:50, as understood by *Yoma* 77b (*Matnos Kehunah*). Sarai saw to it that Hagar would be denied intimate companionship with Abraham, to underscore that it was she, and not Hagar, who was the true wife of Abraham (*Yedei Moshe*).

81. The Scriptural evidence for this assertion might be the following verse in which Hagar says, מִפְּנֵי שָׂרַי גְּבִרְתִּי אָנֹכִי בֹּרַחַת, which translates literally: *from the face of Sarai my mistress I am fleeing*, and may be understood homiletically: from that which Sarai my mistress has done to my face, I am fleeing (*Imrei Yosher, Maharzu*).

82. The carrying of someone else's personal effects to the bathhouse is considered a lowly and menial form of labor, and it reflects the absolute servility of the one doing this action toward the one for whom the action was performed (see *Kiddushin* 22b; *Sifra, Behar, Perek* 7 §2). By forcing Hagar to engage in this personal act of servitude, Sarah tried to show that she and Hagar were once again in a relationship of mistress and servant, thereby disgracing her. See further, Insight Ⓐ.

INSIGHTS

Ⓐ **Sarai Dealt Harshly With Her** It seems very much out of character for such a righteous woman as Sarah to behave in this manner toward her maidservant Hagar. How are we to understand our matriarch Sarah's conduct in this episode?

R' Yitzchak Hutner (*Pachad Yitzchak, Shavuos* 45:2) cites an approach based on the Gemara (*Berachos* 8b) in which R' Chiya bar Ami says in the name of Ulla that a person should always live in the place of his teacher, for as long as Shimi ben Geira was alive, King Solomon, his

אָמַר רַבִּי חֲנִינָא: אִילּוּ אֱלִישָׁע הַנָּבִיא אָמַר כֵּן בְּרוּחַ הַקּוֹדֶשׁ דַּי אֶלָּא שֶׁזָּכְתָה לְדַבֵּר עִמָּהּ הַמַּלְאָךְ:

ו [טז, ו] **"וַיֹּאמֶר אַבְרָם אֶל שָׂרַי עֲשִׂי לָהּ הַטּוֹב בְּעֵינָיִךְ". אָמַר לָהּ: לֹא אִיכְפַּת לִי לֹא בְטוֹבָתָהּ וְלֹא בְרָעָתָהּ. כְּתִיב** (דברים כא, יד) **"לֹא תִתְעַמֵּר בָּהּ תַּחַת אֲשֶׁר עִנִּיתָהּ", וְזוֹ מֵאַחַר שֶׁצִּיעַרְנוּ אוֹתָהּ אָנוּ מִשְׁתַּעְבְּדִין בָּהּ, לֹא אִיכְפַּת לִי לֹא בְטוֹבָתָהּ וְלֹא בְרָעָתָהּ. כְּתִיב** (שמות כא) **"לְעַם נָכְרִי לֹא יִמְשׁוֹל לְמָכְרָהּ בְּבִגְדוֹ בָהּ", וְזוֹ מֵאַחַר שֶׁעֲשִׂינוּ אוֹתָהּ גְּבִירָה אָנוּ עוֹשִׂין אוֹתָהּ שִׁפְחָה, לֹא אִיכְפַּת לִי לֹא בְטוֹבָתָהּ וְלֹא בְרָעָתָהּ. "וַתְּעַנֶּהָ שָׂרַי וַתִּבְרַח מִפָּנֶיהָ", רַבִּי אַבָּא בַּר כַּהֲנָא אָמַר: מְנָעָתָהּ מִתַּשְׁמִישׁ הַמִּטָּה. רַבִּי בֶּרֶכְיָה אָמַר: טְפָחַתָּהּ בְּקוֹרְדַּקַיָּיסוֹן עַל פָּנֶיהָ. רַבִּי בֶּרֶכְיָה בְּשֵׁם רַבִּי אַבָּא בַּר כַּהֲנָא: דְּלָיִים °וּפַנְדִּיּוֹת הוֹלִיכָה לָהּ לַמֶּרְחָץ:**

ז [טז, ז] **"וַיִּמְצָאָהּ מַלְאַךְ ה' עַל עֵין הַמַּיִם וְגוֹ'". בְּאוֹרְחָא דַּחֲלוּצָה. "וַיֹּאמַר הָגָר שִׁפְחַת שָׂרַי", מַתְלָא אָמַר:**

עץ יוסף

אלישע הנביא כו' אלא שזכתה לדבר עמה המלאך. מיותר כאן ושייך לקמן ריש סי' י"א ויאמר לה מלאך ה' הנך הרה וגו' א"ר חנינא אילו אלישע הנביא אמר כך ברה"ק די אלא שזכתה לדבר עמה המלאך. א"ר יצחק שלשה הן שנקראו כצ"ל שם. ופירושו שאלישע אמר לשונמית כעת חיה את חובקת בן. והשונמית האמינה ושמחה. אף כי הגר שזכתה לשמועה זו מפי מלאך ה': (ו) [ט] **אמר לה לא איכפת לי כו'.** מפרש דה"ק עשי לה הטוב בעיניך אע"פ שאינו הגון וטוב בעיני. ולא איכפת לי לא בטובתה ולא ברעתה שאיני מקרבה ואיני מרחקה באשר באמת אינו טוב והגון בעיני לעשות לה עינוי ועבדות אחר שכבר לקחתיה אצלי לאשה וגזה בא לעורר לב שרה באשר טוב וישר בעיניו (נזה"ק): **כתיב לא תתעמר כו'.** בעל המאמר הביא ראיה מענין שנא' ביפת תואר לא תתעמר בה תחת אשר עניתה וכן ממה שנא' באמה העבריה לא ימשול למכרה בבגדו בה ומפרש שפירש טליתו עליה כו' וכן זאת אחר שכבר לקחתיה לאשה אין ראוי לעשות לה עוד עינוי ועבדות: **מנעתה מתשמיש.** ס"ל דבאמת דבריו של אברהם עשו רושם בלבה של שרה ולא עינתה אותה בעבדות ממש. אלא שמנעתה מתשמיש המטה: **ר"ב אמר טפחתה כו'.** עינוי ממש של הכאה שטפחתה בקורדקייסין פי' במנעל על פניה ולא השגיחה שרה כלל בדברי אברהם ועשתה הטוב בעיניה וכמו שכתב הרמב"ן ז"ל (נזה"ק): **רבי אבא בר כהנא דליים כו'.** ס"ל דלא היה עינוי של הכאה אלא עינוי של עבדות בדרך בזיון בפרהסיא לעין כל. דליים ופנדיות הוא מין בגד אבל עיקר הגירסא בלנריות. והן מטפחות של נשים לבית המרחץ הכריחה להוליך אחריה לבית המרחץ כמנהג השפחות: (ז) [י] **באורחא דחלוצה.** וכן הוא בתרגום ירושלמי כאן והוא שם מקום בא"י: **מתלא אמר כו'.** המשל אומר אם אמר לך אדם אחד אזנך של חמור הם אל תחוש לדבריו. אבל אם

פירוש מהרז"ו

אלו אלישע אמר. פי' שאלישע אמר להשונמית ברוח הקודש למועד הזה כעת חיה את חובקת בן והשונמית שמעה מהנביא והיה אצלה זכיה גדולה ששמעה בשורה טובה מפי נביא אמת. אף כי הגר שזכתה בעצמה לשמוע בשורה טובה זו מפי מלאך ה' ולראות המלאך ודיברה היא לו והוא השיבה וזה מדרגה גדולה מאד בנבואה. והמדרש הזכיר אלישע על כי אצלו מצינו שבישר להשונמית כנ"ל וכאן הכוונה על הנביא שהיה בימי הגר היינו שם בן נח וכמ"ש לקמן סוף פרשה זו. וצ"ל שבא לדרוש פסוק וימצאה מלאך ה' שנחשב לה למציאה שהיה די אלו שמעה בשורה טובה זו מפי נביא כנ"ל. ואח"כ דרשה זו אין כאן מקומה אלא בריש סי' ז' וימצאה מלאך ה' כנ"ל ברור: (ו) **מה איכפת לי וכו'.** פי' איני חושש לטובתה על שהיא אשתי ולא ברעתה על שהקלה בכבודך אך אני אומר שאני איני יכול להרע לה שאף שהדין עמך מאחר שציערנו אותה פי' שעניתי אותה שבאתי אליה אבל את עשי לה כטוב בעיניך כי היא שפחתך וברשותך היא. ודורש שלמד כן מדין התורה שכתיב אצל יפ"ת שלא תמצא חן בעיניו אחר שבא אליה וזה על פי מדה י"ז. ודורש עוד ע"פ מדה הנ"ל שיש בו עוד ק"ו שכתוב באמה עבריה שהיה ראוי שייעד אותה ואם לא יחפוץ ליעדה אמרה תורה לעם נכרי לא ימשול למכרה וק"ו כאן שכבר היתה אשתו גבירה כמ"ש לעיל סוף סימן ג': **מנעתה וכו'.** כמ"ש לבן אם תענה את בנותי ופי' רש"י מעונה וכן כאן ותענה ועי' מ"כ ועל פי מדת ממעל ותעניה בענוי בדבר שנקרא ענוי והבינה שאינה עוד אשתו של אברהם ולא יתקרב אליה. ודרש מדלא כתיב ותיסרה שרי: **טפחה בקורדקייסין.** דייק מ"ש ותענה שרי ותברח מפניה שתיבת מפניה מיותר שהרי אצל משה כתוב וינס משה מפניו ודרשו שמ"ר פר' ג' סימן י"ב שהיא בריחה מועטת רק מאת פניו לבד וכאן ברחה מרחוק למדבר. על כן דרש ע"פ מדה ל"א וכאלו כתוב ותענה שרי מפניה ותברח ועשתה דרך בזיון שהכתה במנעלה שתבין שהיא מחזקת אותה לשפחה גמורה. ודרשו ע"פ מדת ממעל ותעניה מפניה היינו בחלילת הסנדל שנקרא עינוי כמפורש ביומא ריש פרק יוה"כ: **הוליכה לה למרחץ.** שהיא מלאכת עבד ושפחה כנענית שאסור לעשות כן בעבד עברי: (ז) **באורחא דחלוצה.** זהו פי' על מ"ש בדרך שור וכן הוא בתרגום אונקלוס כאן אך בסדר בשלח ויצאו אל מדבר שור למדברא דחגרא רק בתרגום ירושלמי כאן וביונתן שם דחלוצה והוא שם מקום בא"י:

חידושי הרד"ל

(טו) **אלו אלישע כו'.** נראה מאמר זה צ"ל להלן אקרא דויאמר לה מלאך ה' הנך הרה קודם א"ר יצחק ג' הן כו' דלהלן. ופירושו כעין מ"ש היפ"ת שהיה די לה להגר שיודיענה נביא (ונקט אלישע שמצינו שבישר לשונמית) או אפשר ט"ס הוא וצ"ל אלו אותה שעה נביא אמרה כו' והאותיות קרובות לטעות המעתיק ולכתוב במקומו אלישע:

(טז) [ו] **לא איכפת לי לא בטובתה כו'.** כלומר מצדי אינני חושש לה כלום. רק אתה הוא שהסבות תחלה טובתה ועתה אתה רוצה ברעתה. והסביר לה שאין זה טוב וישר. וז"ש כטוב בעיניך כלומר הסתכל בחכמתך הטוב הוא לעשות כן (ומ"ש לשון רבים שצערנו כו' שעשינו כו' והוא דרך כבוד לשרה):

(יז) **ופנדיות.** עיקר הגי' בלנריות והן מטפחות של נשים לבית המרחץ עי' מוסף הערוך ע' בלנרי וע' בנריות:

חידושי הרש"ש

[ו] **ופנדיות הוליכה לה למרחץ.** נראה דהוא מין בגד מלשון ואפונדתו דפ' הרואה. ועיין ערוך ערך פנדא:

באור מהרי"פ

ו ובנריות. ע' מ"כ בשם הערוך כנריות וז"ל רב"מ בנוסחאות שלנו כתב בלריות ובלרי ובלנרי הכל אחד אשר עניינם מטפחות מיוחדות בבית המרחץ לנשים עכ"ל:

מסורת המדרש

יד ילקוט כאן רמז ע"ט כה"ע:

טו בבא קמא דף ל"ב ע"ב:

אם למקרא

וְהָיָה אִם־לֹא חָפַצְתָּ בָּהּ וְשִׁלַּחְתָּהּ לְנַפְשָׁהּ וּמָכֹר לֹא־תִמְכְּרֶנָּה בַּכָּסֶף לֹא־תִתְעַמֵּר בָּהּ תַּחַת אֲשֶׁר עִנִּיתָהּ: (דברים כא:יד)

אִם־רָעָה בְּעֵינֵי אֲדֹנֶיהָ אֲשֶׁר־לוֹ יְעָדָהּ וְהֶפְדָּהּ לְעַם נָכְרִי לֹא־יִמְשֹׁל לְמָכְרָהּ בְּבִגְדוֹ־בָהּ: (שמות כא:ח)

מתנות כהונה

מהר"א מזרחי ז"ל גרס ובניך כתיב כלומר קרי ביה ובניך הנו"ן נקודה בציר"י והכ"ף בשו"א כמשפט הנוכח לנקבה והפכה פניה כלפי הגר ואמרה ובניך ובבמדבר רבה פרשה ג' איתא הכי בהדיא וכן באבות דר' נתן פרשה ל"ג וז"ל על יו"ד שביניך נקוד מלמד שלא אמרה לו [אלא להגר ועי' בבאורי מהר"ר אליהו מזרחי ורבינו בחיי כתב שתי הדעות וע"ש]: **אלא שזכתה לדבר עמה המלאך.** בילקוט ובספר רבינו בחיי לא גרס ליה וי"ל שאעפ"כ מתוך הרעה הזאת יצאה לה טובה שזכתה לדבר המלאך עמה ולבשרה שתהר עוד: [ו] **אמר לה לא איכפת** גרסי': **לא איכפת כו'.** כלומר אין בידך להרע לה וכדמפרש ואזיל: **מנעתה מתשמיש.** מניעות תשמיש נקרא עינוי כמו שנאמר אם תענה את בנותי וכדאיתא במסכת יומא לענין ענוי יוה"כ: **בקורדקייסון.** פי' מנעל וכן הוא במדרש אסתר בפסוק ויאמר ממוכן. והערוך גורס בקורדקיא ולא פירשו: **דליים.** לשון דלי ששואבים בו מים בבית המרחץ ופנדיות גם הוא מין כלי שמשתמשין בו בבית המרחץ ובערוך גרס כנריות ולא פירשו ור' ברכיה לא סבירא ליה ההוא דאמר לעיל שאמרה שרה מה איכפת ליה כו': [ז] **ה"ג באורחא דחלוצה** כן תרגום ירושלמי [על בדרך שור]:

אשד הנחלים

אלא שזכתה. ולפירו' הראשון של מ"כ ובנך על הבן שישפוט את הבן וזהו שהכניס' בו ע"ה לדעתי כפשוטו ואמר ר"ח אילו כו' על שמסר' דינה עליו לשמים ע"כ זכתה לדיבור המלאך שדיו הגדולה הי' להגר אם היתה שומע ע"י איש בעל רוה"ק ולא לשמוע מפי מלאך עצמו אלא מסירת שרה דינה לשמים עשתה זה. וכן לפירש השני שבנך מוסב על הגר הוא וודאי ככה אבל היותר הי' נראה אם דברי ר"ח מוסב על הפסוק וימצאה מלאך וכוונתו לדרוש על מלת וימצאה כאלו מקרה הוא לה כדמות מציאה כי די הי' לה לשמוע מפי אחרים ולא שתראה בעצמה ואין צורך לדוחק המ"כ: [ו] **לא איכפת כו'.** דרש עשי לה הטוב בעיניך. כלומר ראה בעיניך איך שתעש' לה טובה או רעה כי אני אין בידי לעשות לה טוב' או רעה דהא כתיב לא תתעמר ואם נתחכם בה שנמכור אותה ותהי' כנכרית הא כתי' לעם נכרי גו' וא"כ לא איכפת לי ברעתה וסוף המאמר לא איכפת הוא לשון מיותר רק הוא מאמר כפול: **טפחתה כו' למרחץ** כל אחד אחז מין העינוי הנהוג לשפחה במקומו:

וַיִּמְצָאָהּ מַלְאַךְ ה׳ עַל עֵין הַמַּיִם בַּמִּדְבָּר עַל הָעַיִן בְּדֶרֶךְ שׁוּר. וַיֹּאמַר הָגָר שִׁפְחַת שָׂרַי אֵי מִזֶּה בָאת וְאָנָה תֵלֵכִי וַתֹּאמֶר מִפְּנֵי שָׂרַי גְּבִרְתִּי אָנֹכִי בֹּרַחַת.

An angel of HASHEM found her by the spring of water, in the desert, at the spring on the road to Shur. And he said, "Hagar, maidservant of Sarai, where have you come from and where are you going?" And she said, "I am running away from Sarai my mistress" (16:7-8).

§7 **וַיִּמְצָאָהּ מַלְאַךְ ה׳ עַל עֵין הַמַּיִם וְגוֹ׳** — ***AN ANGEL OF HASHEM FOUND HER BY THE SPRING OF WATER,*** *IN THE DESERT, AT THE SPRING ON THE ROAD TO SHUR.*

The Midrash provides a contemporary landmark:

בְּאוֹרְחָא דַחֲלוּצָה — *On the road to Shur* means **"on the road to Haluzah."**[83]

☐ **וַיֹּאמַר הָגָר שִׁפְחַת שָׂרַי** — ***AND HE SAID, "HAGAR, MAIDSERVANT OF SARAI . . ."***

Why did the angel have to identify Hagar (as "maidservant of Sarai") to herself? The Midrash derives a lesson from this, and presents it in the form of a proverb:

מַתְלָא אָמַר — An **aphorism states:**

NOTES

83. This is the translation for the place "Shur" given by *Targum Yerushalmi* to this verse, and by both *Targum Yerushalmi* and *Targum Yonasan* to *Exodus* 15:22. Haluzah, also known as al-Khalasa (Arabic) and Elusa (Greek, Latin), was once a major town near Beersheba.

INSIGHTS

student, did not marry the daughter of Pharaoh. [Immediately after recording the death of Shimi (see *I Kings* 2:46), the verse states (ibid. 3:1) that Solomon married the daughter of Pharaoh (*Rashi* ad loc.).]

The Gemara (ibid.) goes on to challenge this statement of Ulla from a Baraisa that advises a student *not* to live in the place of his teacher. The Gemara resolves the contradiction with the following distinction: The statement of Ulla, that one should live near his teacher, refers to a student who is subordinate to his teacher and willing to accept his teacher's admonitions, whereas the Baraisa that states that a student should not live in the same place as his teacher refers to a student who is not subordinate to his teacher, and is not willing to accept his teacher's admonitions. [In the Baraisa's circumstances, it is better that the student distance himself from his teacher, so that if and when he transgresses his teacher's precepts, he shall do so inadvertently and not willfully (*Rashi;* see *Shabbos* 55a and 148b, *Beitzah* 30a, *Bava Basra* 60b; see further *Shulchan Aruch, Orach Chaim* 608:2).]

Now, in the case that is being considered by the Midrash, Sarah – the mistress – was the teacher, whereas Hagar – the maidservant – was the student. Accordingly, as long as Hagar respected Sarah and was subordinate to her, Hagar would accept Sarah's admonitions, and it was beneficial and appropriate for Hagar to live in proximity to Sarah, in accordance with Ulla's teaching. However, when *her mistress [Sarah] was lowered in her [Hagar's] esteem* (above, 16:4), Hagar no longer respected Sarah, and was no longer subordinate to her. At that point it became harmful and inappropriate for Hagar to live in proximity to Sarah, in accordance with the teaching of the Baraisa.

Thus, Sarah had no choice but to banish Hagar from her proximity, *for Hagar's own benefit.* Accordingly, when the verse reports that *Sarai dealt harshly with her, so she fled from her* (ibid. v. 6), Scripture is telling us that Sarah fulfilled the precept of אַפְרוּשֵׁי מֵאִיסּוּרָא, *distancing [a person] from a prohibition* (viz., the prohibition for an insubordinate student to live in proximity to his or her teacher). [Halachah allows for harsh measures, when necessary, for the purpose of distancing a person from a prohibition (see *Shulchan Aruch* and *Rama, Choshen Mishpat* 421:13). Evidently, the circumstances in this case were such that Sarah was left with no choice but to treat her maidservant harshly, so as to compel Hagar to leave the household.]

[An intriguing alternative translation of the verse is suggested by *R' Samson Raphael Hirsch* (*Commentary* to v. 6). He suggests that the root of the word וַתְּעַנֶּהָ is ענה, *answer.* Thus, וַתְּעַנֶּהָ שָׂרַי should be translated *and Sarai made her [Hagar] answer to her.* To be answerable to a person is to be subordinate to that person – a state that many people find to be harsh and insufferable. Hagar was unwilling to be answerable to Sarah, and therefore fled from her proximity.]

אָמַר רַבִּי חֲנִינָא: אִילּוּ אֱלִישָׁע הַנָּבִיא אָמַר כֵּן בְּרוּחַ הַקּוֹדֶשׁ דַּי אֶלָּא שֶׁזָּכְתָה לְדַבֵּר עִמָּהּ הַמַּלְאָךְ:

ו [טז, ו] "וַיֹּאמֶר אַבְרָם אֶל שָׂרַי עֲשִׂי לָהּ הַטּוֹב בְּעֵינָיִךְ". [יד]אָמַר לָהּ: לֹא אִיכְפַּת לִי לֹא בְּטוֹבָתָהּ וְלֹא בְּרָעָתָהּ. כְּתִיב (דברים כא, יד) "לֹא תִתְעַמֵּר בָּהּ תַּחַת אֲשֶׁר עִנִּיתָהּ", וְזוֹ מֵאַחַר שֶׁצִּיעַרְנוּ אוֹתָהּ אָנוּ מִשְׁתַּעְבְּדִין בָּהּ, לֹא אִיכְפַּת לִי לֹא בְּטוֹבָתָהּ וְלֹא בְּרָעָתָהּ. כְּתִיב (שמות כא) "לְעַם נָכְרִי לֹא יִמְשׁוֹל לְמָכְרָהּ בְּבִגְדוֹ בָהּ", וְזוֹ מֵאַחַר שֶׁעֲשִׂינוּ אוֹתָהּ גְּבִירָה אָנוּ עוֹשִׂין אוֹתָהּ שִׁפְחָה, לֹא אִיכְפַּת לִי לֹא בְּטוֹבָתָהּ וְלֹא בְּרָעָתָהּ. "וַתְּעַנֶּהָ שָׂרַי וַתִּבְרַח מִפָּנֶיהָ", רַבִּי אַבָּא בַּר כַּהֲנָא אָמַר: מְנָעַתָּהּ מִתַּשְׁמִישׁ הַמִּטָּה. רַבִּי בֶּרֶכְיָה אָמַר: טְפָחַתָּהּ בְּקוּרְדְּקַיָּיסוֹן עַל פָּנֶיהָ. רַבִּי בֶּרֶכְיָה בְּשֵׁם רַבִּי אַבָּא בַּר כַּהֲנָא: דְּלָיִים °וּפַנְדְּיוֹת הוֹלִיכָה לָהּ לַמֶּרְחָץ:

ז [טז, ז] "וַיִּמְצָאָהּ מַלְאַךְ ה' עַל עֵין הַמַּיִם וְגוֹ'". בְּאוֹרְחָא דַּחֲלוּצָה. "וַיֹּאמַר הָגָר שִׁפְחַת שָׂרַי", [טו]מַתְלָא אָמַר:

עץ יוסף

אלישע הנביא כו' אלא שזכתה לדבר עמה המלאך. מיותר כאן ושייך לקמן ריש סי' י"א ויאמר לה מלאך ה' הנך הרה וגו' א"ר חנינא אילו אלישע הנביא אמר כך ברה"ק די אלא שזכתה לדבר עמה המלאך. א"ר יצחק שלשה הן שנקראו כצ"ל שם. ופירושו שאלישע אמר לשונמית כעת חיה את חובקת בן. והשונמית האמינה ושמחה. אף כי הגר שזכתה לשמועה זו מפי מלאך ה': (ו) [ט] **אמר לה לא איכפת לי כו'.** מפרש דה"ק עשי לה הטוב בעיניך אע"פ שאינו הגון וטוב בעיני. ולא איכפת לי לא בטובתה ולא ברעתה שאיני מקרבה ואיני מרחקה באשר באמת אינו טוב והגון בעיני לעשות לה עינוי ועבדות אחר שכבר לקחתיה אצלי לאשה ובזה בא לעורר לב שרה באשר טוב וישר בעיניו (נזה"ק): **כתיב לא תתעמר כו'.** בעל המאמר הביא ראיה מענין שנא' ביפת תואר לא תתעמר בה תחת אשר עניתה וכן ממה שנא' באמה העבריה לא ימשול למכרה בבגדו בה ומפרש שפירש טליתו עליה כו' וכן זאת אחר שכבר לקחתיה לאשה אין ראוי לעשות לה עוד עינוי ועבדות: **מנעתה מתשמיש.** ס"ל דבאמת דבריו של אברהם עשו רושם בלבה של שרה ולא עינתה אותה בעבדות ממש. אלא שמנעתה מתשמיש המטה: **ר"ב אמר טפחתה כו'.** עינוי ממש של הכאה שטפחתה בקורדקייסין פי' במנעל על פניה ולא השגיחה שרה כלל בדברי אברהם ועשתה הטוב בעיניה וכמו שכתב הרמב"ן ז"ל (נזה"ק): **רבי אבא בר כהנא דליים כו'.** ס"ל דלא היה עינוי של הכאה אלא עינוי של עבדות בדרך בזיון בפרהסיא לעין כל. דליים ופנדיות הוא מין בגד אבל עיקר הגירסא בלנריות. והן מטפחות של נשים לבית המרחץ הכריחה להוליך אחריה לבית המרחץ כמנהג השפחות: (ז) [י] **באורחא דחלוצה.** וכן הוא בתרגום ירושלמי כאן והוא שם מקום בא"י: **מתלא אמר כו'.** המשל אומר אם אמר לך אדם אחד אזנך של חמור הם אל תחוש לדבריו. אבל אם

פירוש מהרז"ו

אלו אלישע אמר. פי' שאלישע אמר להשונמית ברוח הקודש למועד הזה כעת חיה את חובקת בן והשונמית שמעה מהנביא והיה אצלה זכיה גדולה ששמעה בשורה טובה מפי נביא אמת. אף כי הגר שזכתה בעצמה לשמוע בשורה טובה זו מפי מלאך ה' ולראות המלאך ודיברה היא לו והוא השיבה וזה מדרגה גדולה מאד בנבואה. והמדרש הזכיר אלישע על כי אצלו מצינו שבישר להשונמית כנ"ל וכאן הכוונה על הנביא שהיה בימי הגר היינו שם בן נח וכמ"ש לקמן סוף פרשה זו. וצ"ל שבא לדרוש פסוק וימצאה מלאך ה' שנחשב לה למציאה שהיה די אלו שמעה בשורה טובה זו מפי נביא כנ"ל. וא"כ דרשה זו אין כאן מקומה אלא בריש סי' ז' וימצאה מלאך ה' כנ"ל ברור: (ו) **מה איכפת לי וכו'.** פי' איני חושש לטובתה על שהיא אשתי ולא ברעתה על שהקלה בכבודך אך אני אומר שאני איני יכול להרע לה שאף שהדין עמך מאחר שציערנו אותה פי' שעניתי אותה שבאתי אליה אבל את עשי לה כטוב בעיניך כי היא שפחתך וברשותך היא. ודורש שלמד כן מדין התורה שכתיב אצל יפ"ת שלא תמצא חן בעיניו אחר שבא אליה וזה על פי מדה י"ז. ודורש עוד ע"פ מדה הנ"ל שיש בו עוד ק"ו שכתוב באמה עבריה שהיה ראוי שייעד אותה ואם לא יחפוץ ליעדה אמרה תורה לעם נכרי לא ימשול למכרה וק"ו כאן שכבר היתה אשתו גבירה כמ"ש לעיל סוף סימן ג': **מנעתה וכו'.** כמ"ש לבן אם תענה את בנותי ופי' רש"י מעונה וכן כאן ותענה ועי' מ"כ ועל פי מדת ממעל ותעניה בענוי בדבר שנקרא ענוי והבינה שאינה עוד אשתו של אברהם ולא יתקרב אליה. ודרש מדלא כתיב ותיסרה שרי: **טפחה בקורדקייסין.** דייק מ"ש ותענה שרי ותברח מפניה שתיבת מפניה מיותר שהרי אצל משה כתוב וינס משה מפניו ודרשו שמ"ר פר' ג' סימן י"ב שהיא בריחה מועטת רק מאת פניו לבד וכאן ברחה מרחוק למדבר. על כן דרש ע"פ מדה ל"א וכאלו כתוב ותענה שרי מפניה ותברח ועשתה דרך בזיון שהכתה במנעלה שתבין שהיא מחזקת אותה לשפחה גמורה. ודרשו ע"פ מדת ממעל ותעניה מפניה היינו בחליצת הסנדל שנקרא עינוי כמפורש ביומא ריש פרק יוה"כ: **הוליכה לה למרחץ.** שהיא מלאכת עבד ושפחה כנענית שאסור לעשות כן בעבד עברי: (ז) **באורחא דחלוצה.** זהו פי' על מ"ש בדרך שור וכן הוא בתרגום אונקלוס כאן אך בסדר בשלח ויבאו אל מדבר שור למדברא דחגרא וכן ת"א דחגרא רק בתרגום ירושלמי כאן וביונתן שם דחלוצה והוא שם מקום בא"י:

מתנות כהונה

מהר"א מזרחי ז"ל גרס ובניך כתיב כלומר קרי ביה ובניך הנו"ן נקודה בציר"י והכ"ף בשו"א כמשפט הנוכח לנקבה והפכה פניה כלפי הגר ואמרה ובניך ובבמדבר רבה פרשה ג' איתא הכי בהדיא וכן באבות דר' נתן פרשה ל"ג וז"ל על יו"ד שביניך נקוד מלמד שלא אמרה לו [אלא להגר ועי' בבאורי מהר"ר אליהו מזרחי ורבינו בחיי כתב שתי הדעות וע"ש]: **אלא שזכתה לדבר עמה המלאך.** בילקוט ובספר רבינו בחיי לא גרס ליה וי"ל שאעפ"כ מתוך הרעה הזאת יצאה לה טובה שזכתה לדבר המלאך עמה ולבשרה שתהר עוד: [ו] **אמר לה לא איכפת** גרסי': **לא איכפת כו'.** כלומר אין בידך להרע לה וכדמפרש ואזיל: **מנעתה מתשמיש.** מניעות תשמיש נקרא עינוי כמו שנאמר אם תענה את בנותי וכדאיתא במסכת יומא לענין ענוי יוה"כ: **בקורדקייסון.** פי' מנעל וכן הוא במדרש אסתר בפסוק ויאמר ממוכן. והערוך גורס בקורדקיא ולא פירשו: **דליים.** לשון דלי ששואבים בו מים בבית המרחץ ופנדיות גם הוא מין כלי שמשתמשין בו בבית המרחץ ובערוך גרס כנריות ולא פירשו ור' ברכיה לא סבירא ליה ההוא דאמר לעיל שאמרה שרה מה איכפת ליה כו': [ז] ה"ג **באורחא דחלוצה** כן תרגום ירושלמי [על בדרך שור]:

אשד הנחלים

אלא שזכתה. ולפירו' הראשון של מ"כ ובנך על הבן שישפוט את הבן וזהו שהכניס' בו ע"ה לדעתי כפשוטו ואמר ר"ח אילו כו' על שמסר' דינה עליו לשמים ע"כ זכתה לדיבור המלאך שדיו הגדולה הי' להגר אם היתה' שומע ע"י איש בעל רוה"ק ולא לשמוע מפי מלאך עצמו אלא מסירת שרה דינה לשמים עשתה זה. וכן לפירש השני שבנך מוסב על הגר הוא וודאי ככה אבל היותר הי' נראה אם דברי ר"ח מוסב על הפסוק וימצאה מלאך וכוונתו לדרוש על מלת וימצאה כאלו מקרה הוא לה כדמות מציאה כי די הי' לה לשמוע מפי אחרים ולא שתראה בעצמה ואין צורך לדוחק המ"כ: [ו] **לא איכפת כו'.** דרש עשי לה הטוב בעיניך. כלומר ראה בעיניך איך שתעש' לה טובה או רעה כי אני אין בידי לעשות לה טוב' או רעה דהא כתיב לא תתעמר ואם נתחכם בה שנמכור אותה ותהי' כנכרית הא כתי' לעם נכרי גו' וא"כ לא איכפת לי ברעתה וסוף המאמר לא איכפת הוא לשון מיותר רק הוא מאמר כפול: **טפחתה כו' למרחץ** כל אחד אחז מין העינוי הנהוג לשפחה במקומו:

חידושי הרד"ל

(טו) **אלו אלישע כו'.** נראה מאמר זה צ"ל להלן אקרא דויאמר לה מלאך ה' הנך הרה קודם א"ר יצחק ג' הן כו' דלהלן. ופירושו כעין מ"ש היפ"ת שהיה די לה להגר שיודיענה נביא (ונקט אלישע שמצינו שבישר לשונמית) או אפשר ט"ס הוא וצ"ל אלו אותה שעה נביא אמרה כו' והאותיות קרובות לטעות המעתיק ולכתוב במקומו אלישע:

(טז) [ו] **לא איכפת לי לא בטובתה כו'.** כלומר מצדי אינני חושש לה כלום. רק אתה הוא שהסבות תחלה טובתה ועתה אתה רוצה ברעתה. והסביר לה שאין זה טוב וישר. וז"ש כטוב בעיניך כלומר הסתכל בחכמתך הטוב הוא לעשות כן (ומ"ש לשון רבים שצערנו כו' שעשינו כו' והוא דרך כבוד לשרה):

(יז) **ופנדיות.** עיקר הגי' בלנריות והן מטפחות של נשים לבית המרחץ עי' מוסף הערוך ע' בלנרי וע' בנריות:

חידושי הרש"ש

[ו] **ופנדיות הוליכה לה למרחץ.** נראה דהוא מין בגד מלשון ואפונדתו דפ' הרואה. ועיין ערוך ערך פנדא:

באור מהרי"פ

ו ובנריות. ע' מ"כ בשם הערוך כנריות וז"ל רב"מ בנוסחאות שלנו כתב בלריות ובלרי ובלנרי הכל אחד אשר ענינם מטפחות מיוחדות בבית המרחץ לנשים עכ"ל:

מסורת המדרש

יד ילקוט כאן רמז ע"ט כה"ע:

טו בבא קמא דף נ"ב ע"ב:

אם למקרא

וְהָיָה אִם־לֹא חָפַצְתָּ בָּהּ וְשִׁלַּחְתָּהּ לְנַפְשָׁהּ וּמָכֹר לֹא־תִמְכְּרֶנָּה בַּכָּסֶף לֹא־תִתְעַמֵּר בָּהּ תַּחַת אֲשֶׁר עִנִּיתָהּ: (דברים כא:יד)

אִם־רָעָה בְּעֵינֵי אֲדֹנֶיהָ אֲשֶׁר־לוֹ יְעָדָהּ וְהֶפְדָּהּ לְעַם נָכְרִי לֹא־יִמְשֹׁל לְמָכְרָהּ בְּבִגְדוֹ־בָהּ: (שמות כא:ח)

אִם אֲמַר לָךְ חַד ״אוּנָיךְ דַּחֲמָר״ לָא תֵיחוּשׁ; תְּרֵין, עֲבֵיד[84] לָךְ פָּרוֹכֵי – **"If one** person **tells you, 'You have a donkey's ears,' pay no attention;** but if **two** people tell it to you, **prepare for yourself a halter."**[85] כָּךְ אַבְרָהָם אָמַר ״הִנֵּה שִׁפְחָתֵךְ בְּיָדֵךְ״ – **So** too, **Abraham said, *"Behold, your 'maidservant' is in your hand"*** (v. 6), הַמַּלְאָךְ אָמַר ״הָגָר שִׁפְחַת שָׂרַי״ – and **the angel** likewise **said, *"Hagar, the 'maidservant' of Sarai"*** (v. 8), ״וַתֹּאמֶר מִפְּנֵי שָׂרַי גְּבִרְתִּי אָנֹכִי בּוֹרַחַת״ – ***and*** therefore ***she said***, in acknowledgment of her subservient status, ***"I am running away from Sarai my mistress"*** (ibid.).[86]

וַיֹּאמֶר לָהּ מַלְאַךְ ה׳ שׁוּבִי אֶל גְּבִרְתֵּךְ וְהִתְעַנִּי תַּחַת יָדֶיהָ. וַיֹּאמֶר לָהּ מַלְאַךְ ה׳ הַרְבָּה אַרְבֶּה אֶת זַרְעֵךְ וְלֹא יִסָּפֵר מֵרֹב. וַיֹּאמֶר לָהּ מַלְאַךְ ה׳ הִנָּךְ הָרָה וְיֹלַדְתְּ בֵּן וְקָרָאת שְׁמוֹ יִשְׁמָעֵאל כִּי שָׁמַע ה׳ אֶל עָנְיֵךְ. וְהוּא יִהְיֶה פֶּרֶא אָדָם יָדוֹ בַכֹּל וְיַד כֹּל בּוֹ וְעַל פְּנֵי כָל אֶחָיו יִשְׁכֹּן.

And an angel of HASHEM said to her, "Return to your mistress and let yourself be oppressed." And an angel of HASHEM said to her, "I will greatly increase your offspring, and they will not be counted for abundance." And an angel of HASHEM said to her, "Behold, you will conceive, and give birth to a son; you shall name him Ishmael, for HASHEM has heard your prayer. And he shall be a wild man: his hand against everyone, and everyone's hand against him; and over all his brothers he will dwell" (16:9-12).

□ **וַיֹּאמֶר לָהּ מַלְאַךְ ה׳ שׁוּבִי אֶל גְּבִרְתֵּךְ וְהִתְעַנִּי וְגוֹ׳ וַיֹּאמֶר לָהּ מַלְאַךְ ה׳ הַרְבָּה וְגוֹ׳** ״ – ***AND AN ANGEL OF HASHEM SAID TO HER, "RETURN TO YOUR MISTRESS AND LET YOURSELF BE OPPRESSED, ETC." AND AN ANGEL OF HASHEM SAID TO HER, "I WILL GREATLY INCREASE, ETC."*** *AND AN ANGEL OF HASHEM SAID TO HER, "BEHOLD, ETC."*

The repeated mention of the words *an angel of HASHEM said to her* implies that more than one angel spoke to Hagar:

כַּמָּה מַלְאָכִים נִזְדַּוְּוגוּ לָהּ – **How many angels did [Hagar] encounter** here? רַבִּי יוֹסֵי בַּר חֲנִינָא אָמַר: חֲמִשָּׁה – **R' Yose bar Chanina said: Five,** בְּכָל מָקוֹם שֶׁנֶּאֱמַר ״אֲמִירָה״ מַלְאָךְ – for **wherever an expression of "saying" is mentioned** in this passage Scripture is referring to an additional **angel.**[87] רַבָּנָן אָמְרֵי: ד׳, בְּכָל מָקוֹם שֶׁנֶּאֱמַר ״מַלְאָךְ״ – **The** other **Sages say: Four,** for **wherever** in this passage the word **"angel** of Hashem" **is mentioned,** another angel came and spoke to her.[88]

The Midrash comments on Hagar's reaction to her encounter with all these angels:

אָמַר רַבִּי חִיָּיא: בֹּא וּרְאֵה כַּמָּה בֵּין רִאשׁוֹנִים לְאַחֲרוֹנִים – **R' Chiya said: Come and observe how much** of a difference **there is between** the **early** generations **and** the **later** generations: מָנוֹחַ אָמַר לְאִשְׁתּוֹ ״מוֹת נָמוּת כִּי אֱלֹהִים רָאִינוּ״ – **Manoah said to his wife** after they saw an angel,[89] ***"We will surely die, for we have seen a Godly being"*** (*Judges* 13:22), וְהָגָר שִׁפְחַת שָׂרָה רוֹאָה ה׳ מַלְאָכִים בָּזֶה אַחַר זֶה – **yet Hagar, the** lowly **maidservant of Sarah, sees five angels**[90] **one after the other,** וְלֹא נִתְיָירְאָה מֵהֶם – **and she was not frightened by them!** אָמַר רַבִּי חִיָּיא – **R' Chiya** therefore **said:** צִיפָּרְנָן שֶׁל אָבוֹת וְלֹא כְּרֵיסָן שֶׁל בָּנִים – Better **the fingernail** of our **Patriarchs than the** entire **abdomen of** their **sons!**[91]Ⓐ

The Midrash presents a homiletical exposition of a verse in *Proverbs* 31, relating to this matter:

אָמַר רַבִּי יִצְחָק – **R' Yitzchak said:** ״צוֹפִיָּה הֲלִיכוֹת בֵּיתָהּ״ – It is written, ***She oversees*** [צוֹפִיָּה] ***the ways*** [הֲלִיכוֹת] ***of her household*** (ibid. v. 27). בְּנֵי בֵיתוֹ שֶׁל אָבִינוּ אַבְרָהָם צוֹפִים הָיוּ – This verse may be interpreted homiletically as follows: **The members of our forefather Abraham's household were "seers,"** וְהָיְתָה רְגִילָה לִרְאוֹת בָּהֶם – **and** thus **[Hagar] was accustomed to seeing [angels].**[92]

§8 **וַיֹּאמֶר לָהּ מַלְאַךְ ה׳ הִנָּךְ הָרָה וְגוֹ׳** – ***AND AN ANGEL OF HASHEM SAID TO HER, BEHOLD, YOU WILL CONCEIVE*** *AND GIVE BIRTH TO A SON; YOU SHALL NAME HIM ISHMAEL.*

The Midrash discusses Divinely assigned, prenatal names:

אָמַר רַבִּי יִצְחָק – **R' Yitzchak said:** ג׳ הֵן שֶׁנִּקְרְאוּ בִּשְׁמָם לִפְנֵי הַקָּדוֹשׁ בָּרוּךְ הוּא עַד שֶׁלֹּא נוֹצְרוּ – **There were three** people **who were designated by their names by the Holy One, blessed is He, before they came into being,** וְאֵלּוּ הֵן: יִצְחָק וּשְׁלֹמֹה וְיֹאשִׁיָּהוּ – **and they are the following: Isaac, Solomon, and Josiah.**

NOTES

84. [An older version of the Midrash (in most manuscripts and early editions) reads עתר; this is the version cited by *Aruch* as well, though he does not explain the meaning of the word. Another version (see *Matnos Kehunah, Mussaf HeAruch,* and *Radal*) is עֲתֵד, "prepare."]

85. I.e., if a complaint is leveled against you by someone and you consider it to be absurd, you may disregard it. If, however, you hear that same sentiment echoed by another person, then you must take it seriously.

86. Hagar, after conceiving, looked down on Sarai (v. 4), yet here she refers to Sarai as "her mistress"! The Midrash explains that after both Abram and the angel referred to her as "the maidservant" of Sarai, she acknowledged this diminished status as a reality, and responded to the angel that she was *running away from Sarai "my mistress"* (*Yefeh To'ar*). She did not do so, however, after hearing herself referred to as "maidservant" only from Abraham; her change in attitude occurred only after she heard this from a second party as well (*Matnos Kehunah, Eitz Yosef*).

87. After the first angel found her (v. 7), the word וַיֹּאמֶר, *and he said*, is repeated four times – in vv. 8,9,10, and 11 – thus indicating that four additional angels spoke to her, for a total of five (*Eitz Yosef*).

88. I.e., the angel who spoke to Hagar in v. 8 is the same angel who "found" her in v. 7. Thereafter, each of the three mentions of the words *an angel of HASHEM* – in vv. 9,10, and 11 – indicates that an additional angel came and spoke to her, for a total of four (*Eitz Yosef*).

89. Who informed them about the son (Samson) who would soon be born to them.

90. In accordance with the opinion of R' Yose bar Chanina above.

91. A fingernail is a small and inconsequential appendage to the body, whereas the abdomen is a major part and lifeline of the body. Thus, R' Chiya is saying that the most minor member of the Patriarchs' household, Hagar, was spiritually superior to a distinguished member of their descendants (*Matnos Kehunah, Eitz Yosef*).

92. The Midrash homiletically interprets צוֹפִיָּה to mean "seers" (prophets – *Matnos Kehunah*), and הֲלִיכוֹת to mean "those who walk about." And the "house" in the verse refers – like the rest of this passage in *Proverbs* (see above, note 1) – to that of Abraham and Sarah. Thus, the Midrash's interpretation of this phrase is "those who walked about in the house of Abraham and Sarah (including lowly servants) were seers," for angelic revelations were not out of the ordinary in Abraham's household (*Maharzu, Eitz Yosef, Radal*). This explains Hagar's nonchalant attitude upon seeing the angels in our passage.

INSIGHTS

Ⓐ **The Fingernail of the Patriarchs** The Midrash contrasts Hagar's calm response to her numerous angelic interactions with the frantic response of Manoah, the father of Samson, to a single angelic interaction. What is perhaps the most astonishing point in this contrast is that Manoah is described as ignorant (*Eruvin* 18a), and Hagar is not known as a scholar either. Now, we are accustomed to differentiate between individuals on the basis of their respective scholarly attainments. But in this case neither party was learned. And yet there was a vast gap between them. Why was this so?

The *Mashgiach, R' Yechezkel Levenstein,* notes that we are all very much aware of the depths of profundity that can be accomplished via intensive, analytic, and scholarly study of Torah law. Yet, few of us

אם אָמַר לָךְ חַד אוּנָיךְ דַּחֲמָר לָא תֵיחוּשׁ, תְּרֵין עֲבֵיד לָךְ פָּרוּכֵי. כָּךְ אַבְרָהָם אָמַר: ״הִנֵּה שִׁפְחָתֵךְ בְּיָדֵךְ״, הַמַּלְאָךְ אָמַר ״הָגָר שִׁפְחַת שָׂרַי״. ״וַתֹּאמֶר מִפְּנֵי שָׂרַי גְּבִרְתִּי אָנֹכִי בּוֹרַחַת״. [טז, ט-יא] ״וַיֹּאמֶר לָהּ מַלְאַךְ ה׳ שׁוּבִי אֶל גְּבִרְתֵּךְ וְהִתְעַנִּי וְגוֹ׳ וַיֹּאמֶר לָהּ מַלְאַךְ ה׳ הַרְבָּה וְגוֹ׳״. [טז]כַּמָּה מַלְאָכִים נִזְדַּוְּגוּ לָהּ, רַבִּי יוֹסֵי בַּר חֲנִינָא אָמַר: חֲמִשָּׁה, בְּכָל מָקוֹם שֶׁנֶּאֱמַר אֲמִירָה מַלְאָךְ. [יז]רַבָּנָן אָמְרֵי: אַרְבָּעָה, בְּכָל מָקוֹם שֶׁנֶּאֱמַר מַלְאָךְ. אָמַר רַבִּי חִיָּיא: בֹּא וּרְאֵה כַּמָּה בֵּין רִאשׁוֹנִים לָאַחֲרוֹנִים, מָנוֹחַ אָמַר לְאִשְׁתּוֹ: (שופטים יג, כב) ״מוֹת נָמוּת כִּי אֱלֹהִים רָאִינוּ״, וְהָגָר שִׁפְחַת שָׂרָה רוֹאָה ה׳ מַלְאָכִים בָּזֶה אַחַר זֶה וְלֹא נִתְיָירְאָה מֵהֶם. [יח]אָמַר רַבִּי חִיָּיא: צִיפָּרְנָן שֶׁל אָבוֹת וְלֹא כְּרֵיסָן שֶׁל בָּנִים. אָמַר רַבִּי יִצְחָק: (משלי לא, כז) ״צוֹפִיָּה הֲלִיכוֹת בֵּיתָהּ״, בְּנֵי בֵיתוֹ שֶׁל אָבִינוּ אַבְרָהָם צוֹפִים הָיוּ וְהָיְתָה רְגִילָה לִרְאוֹת בָּהֶם:

ח [טז, יא] ״וַיֹּאמֶר לָהּ מַלְאַךְ ה׳ הִנָּךְ הָרָה וְגוֹ׳״, אָמַר רַבִּי יִצְחָק: [יט]שְׁלֹשָׁה הֵן שֶׁנִּקְרְאוּ בִשְׁמָם לִפְנֵי הַקָּדוֹשׁ בָּרוּךְ הוּא עַד שֶׁלֹּא נוֹצְרוּ וְאֵלּוּ הֵן: יִצְחָק וּשְׁלֹמֹה וְיֹאשִׁיָּהוּ,

עץ יוסף

שנים אומרים לך כן תכין לך פרוכי והמעריך גרס פרומביא. אף כך מתחלה כאשר אמר אברהם הנה שפחתך בידך לא השגיחה באומרה שכבר היא נעשית גבירה אמנם אחר שגם המלאך אמר לה כזה הגר שפחת שרי. מאז גם היא נתנה תודה שהיא גבירתה. והאריך הכתוב להורות מוסר זה שיבטל אדם דעתו מפני דעת שנים: **כמה מלכים נזדווגו לה.** דמדנאמר בכל מאמר מלאך ה׳ ודאי כל מאמר היה על ידי מלאך אחר. ולכך בא לבאר כמה מלאכים נזדווגו לה: **חמשה.** שבכל אמירה היה מלאך אחד. ויש פה ד׳ אמרות ומקודם נאמר וימצאה מלאך ה׳ הרי ה׳: **רבנן אמרין ד׳.** דהיינו בכ״מ שנא׳ מלאך. ובאמירה קמייתא דלא כתיב מלאך קאי אוימצאה מלאך ה׳ דכתיב לעיל מיניה: **ציפורנן של אבות.** הציפורן הוא דבר יתר באדם וחוץ לגופו והבטן הוא עיקר האדם. והגר שהיתה כיתר בבית אברהם זכתה מה שלא זכו הבנים והרי שמעלת הראשונים יותר טוב ממעלת החשוב שבאחרונים: **צופיה הליכות ביתה.** דורש באברהם ושרה במדרש משלי: **צופים היו.** פי׳ נביאים היו כד״א צופה נתתיך: (ח) [יא] **הנך הרה.** וס״ד וקראת שמו ישמעאל. ואגב זה הובא כל המאמר ישמעאל בחומות: **עד שלא נוצרו.** פי׳ טרם שנולדו בבטן. ולהכי לא חשיב את ישמעאל שכבר היתה הרה ממנו. והי״א סברי שהפילה עוברה (הרש״ש): **עד שלא נוצרו.** לגודל חשיבותם כמ״ש בטרם אצרך בבטן ידעתיך:

פירוש מהרז״ו

חד אוניך. אם יאמר לך אדם אחד שאזנך של חמור אל תחוש לדברי יחיד אך אם יאמרו לך שנים שאזניך של חמור צריך אתה לחוש. וכוונת המשל שמאחר שהבריות מחזיקים מעשיך למעשה חמור צריך אתה להודות להם ולתקן מעשיך שיהיו שוים למעשה בני אדם ישרים והנמשל על שאמר אברם וכן המלאך שהיא שפחה הודה הגר לדבריהם. ומ״ש עתיר לך וכן גורס בערוך עתר. ואולי הוא מלשון עתר המהפך תבואה בגורן וכאן פי׳ הפך לו פרומבי׳. ובמוסף ערוך כתב וז״ל ובנוסחאות כתיב עביד לך (והוא בילקוט) ואולי יש לגרוס עתד ולשון מקרא הוא ועתדה בשדה לך עכ״ל: **רבי יוסי בר חנינא אמר חמשה.** לקמן פר׳ ע״ה סימן ד׳ שמ״ר פר׳ ג׳ סי׳ ט״ז: **בכל מקום שנאמר אמירה מלאך.** שתחלה אמר וימצאה מלאך ה׳ ויאמר הגר שפחת. ואח״כ כתיב עוד ג׳ פעמים ויאמר מלאך ה׳ והם מיותרים שהרי כבר אמר ויאמר ולא אמר מלאך ה׳ כי הוא סמוך על מ״ש בפעם הא׳. על כן דורש על פי מדה יו״ד מדבר שהוא שנוי. וכאן יש ד׳ פעמים ויאמר מלאך ה׳. ועל זה אין חולקים שהם ד׳ מלאכים ועל שאגל ויאמר הב׳ לא נזכר בו מלאך. ריב״ח סובר שמאחר שעפ״י מדה ט׳ פירושו ויאמר מלאך ה׳ כאלו מפורש בפסוק ונתן ג״כ לדרוש ע״פ מדה יו״ד. ודעת רבנן שהוא נמשך לויאמר הא׳ ומלאך אחד אמרם ואין כאן אלא ד׳ מלאכים: **כי אלהים ראינו.** היינו המלאך שנראה להם. ול״ע שאגל מנוח ואשתו כתיב יו״ד פעמים מלאך ה׳ ולא דרשו על יו״ד מלאכים ע״פ מדה יו״ד וכאן דרשו אך האמת כן שהרי מפורש היטב שלא היה אלא מלאך אחד כמ״ש האשה האיש אשר אמרת וכתיב עוד מכל אשר אמרתי אל האשה הרי שהכל אחד ובסוף כתיב אז ידע מנוח כי מלאך ה׳ הוא היינו הראשון. ועל שהפסיק בין המאמרים של המלאך הוצרך לומר אחר כל הפסק מלאך ה׳ וכאן לא הפסיק. ואף שבפעם הראשון הפסיק במ״ש ותאמר מפני שרי וגו׳ מאחר שהוא לשון נקבה אינו הפסק: **ציפורנן של אבות.** פי׳ שהציפורן הוא דבר יתר באדם וחוץ לגופו שהרי נחתך ונשלך. והבטן הוא עיקר האדם. והגר שהיתה היתר בבית אברהם שהרי נגרשה והושלכה מביתו כמו הציפורן וזכתה מה שלא זכו הבנים. ומ״ש מכריסן של בנים ולא אמר מראשם ולבם. כי אלו שהם בגדר לב וראש כמו משה ואהרן והנביאים ראו יותר מהגר אך אלו שאינם אלא בגדר אברים האמצעים של האדם הם הכרס והמעיים עליהם אמר שציפרנם טוב מהם: **צופיה הליכות ביתה.** כתיב בפרשת אשת חיל שנדרש על שרה לעיל ריש פר׳ זו ועל זה אמר צופיה הליכות ביתה אותם שהיו מהלכים בביתה כמו הגר: (ח) **הנך הרה.** וס״ד וקראת שמו ישמעאל. ואגב זה הובא כל המאמר ישמעאל בחומות: **עד שלא נוצרו.** ומורה על גודל חשיבותן כמ״ש בטרם אצרך בבטן ידעתיך וכאן מונה ג׳ וכן הוא במכילתא פרשת בא. ובירושלמי פרק א׳ דברכות חושב ד׳ וחושב ישמעאל ג״כ כמ״ש יש אומרים כאן. ובפדר״א פרק ל״ב חושב ששה שחושב גם למשה ולמשיח. ע״ש בפירושי על זה. ומפורש בירושלמי שעל כן אגל אברהם ויעקב נשתנה שמם הקודש ולא בילחק וכן כולהו:

מסורת המדרש

טז ילקוט כאן רמז ע״ט. וילקוט משלי רמז תתקס״ד: **יז** מעילה דף י״ז: **יח** יומא דף ט׳: **יט** ירושלמי ברכות סוף פרק א׳. מכילתא בא פרשה ט״ז. פדר״א פרק ל״ב. אגדת בראשית פרשה ס״ה. ילקוט סדר בראשית רמז מ״ה. ילקוט מלכים א׳ רמז ר׳:

אם למקרא

וַיֹּאמֶר מָנוֹחַ אֶל אִשְׁתּוֹ מוֹת נָמוּת כִּי אֱלֹהִים רָאִינוּ: (שופטים יג:כב)

צוֹפִיָּה הֲלִיכוֹת בֵּיתָהּ וְלֶחֶם עַצְלוּת לֹא תֹאכֵל: (משלי לא:כז)

ענף יוסף

(ז) [י] **[כמה מלאכים נזדווגו לה ר״י כו׳ אמר חמשה כו׳ ורבנן אמרי ד׳ כו׳]** וא״ת מאי אמירה של שליחות היה בזה האמירה שאמר לה המלאך הגר שפחת שרי אי מזה באת ואנה תלכי. מאי פועל יוצא היה מזה. וי״ל שהשליחות היה מה שקראה שפחת שרי. ומפני זה נכנעה הגר והשיבה מפני שרי גבירתי. כדמסיק המדרש במשל:

חידושי הרד״ל

(יח) [ז] **תרין עתד לך.** (פי׳ הכן לך) פרומביא כ״ה גי׳ הילקוט שהביא המ״כ וכנ״ל:

(יט) **צופיה הליכות ביתה כו׳.** אותן שהיו מהלכין בביתה ומשמשין לה גם הם זכו להיות צופים על ידה:

חידושי הרש״ש

[ח] **שלשה הן שנקראו בשמם כו׳ עד שלא נוצרו כו׳.** פי׳ טרם שנולדו בבטן. ולהכי לא חשיב את ישמעאל שכבר היתה הרה ממנו. והי״א סברי כדלעיל שהכניסה בה שרה ע״ר והפילה עוברה ובזה סרה תמיהת מדר״א (שמעתי וכ״כ ביפ״ת):

מתנות כהונה

חד אוניך וכו׳. אם יאמר לך אדם אזנך האחד הוא של חמור לא תשגיח ואם יאמרו לך כן שני בני אדם שים רסן בפיך כחמור ובספר תולדות יצחק לא גרס אודניך אלא חמור והוא ממש כמו שאחז״ל חברך קרייך חמור אוכף לגבך מוש בפרק החובל: ה״ג הילקוט תרין עבד לך פרומו פי׳ עשי לך רסן כדאמרינן בפרק במה בהמה חמור שעסקיו רעים מהו שילא בפרומביא אכן בערוך ערך עתר גרס ככתוב כאן הנה שפחתך וגו׳. והגר שמעה ולא השגיחה ולא דברה מאומה אע״פ שהיתה גבירה ואחר שהמלאך אמר גם הוא הגר שפחת שרי ענתה ואמרה מפני שרי גברתי וגו׳: **ציפורנן כו׳.** טוב היה הציפורן של אבות שהוא הטפל והמותר שבהם מכרס של בנים אע״פ שהוא העיקר ורוב שבו: **צופים נביאים.** כד״א צופה נתתיך וכמו אנכי הרואה:

אשד הנחלים

[ז] **תרין כו׳.** ופירש ואז הוד׳ הגר כי שרה היא הגברת עליה לא כמו מלפנים שהוקלה בעיניו. עיין מ״כ: **חמשה.** כי לדעתו מלת ויאמר הגר גו׳ הוא מאמר למלאך אחר. ולדעת רבנן הוא המלאך שמצאה. וסבת המלאכים הרבה מפני שאין מלאך אחד עושה שתי שליחות. ודעתם שהראשון מצאה במדבר. והוא השגיח עליה שם שלא תתע שמה. והשני שאלה. והשלישי השיבה. והרביעי הבטיח לה בריבוי בנים. והחמישי בשר לה שעתה היא הרה. **ציפרנן כו׳.** הצפורן בערך כל האברים המה כדבר מותרי שאינם מדובקים בעצם החיות והוא משל על דבר שאינו הכרחי כ״כ כלומר הם ראו מלאכים אף בדברים שאין הצורך כ״כ כי בכל דבר קטן שהצריכו. מהר התראו להם אבל האחרונים אף בדבר ההכרחי מאוד עכ״ז כמה יגעו עד שראו והבן: **והית׳ רגילה.** וע״כ לא פחדה מהם ולא כן במנוח שלא ראה מעולם ודרש אשת חיל על שרה. והליכות ביתה הן העבדים והשפחות היו ג״כ בבחינות צופים תמיד. כי ראו מלאכים בתמידות: [ח] **עד שלא נוצרו.** קודם שהכיר איש אותם וזהו קודם שנולדו והכוונה שהודיעו ה׳ מה יהי׳ ממנו באחרית שיהיה איש טוב וצדיק אף שהבחיר׳ ביד האדם. וזהו כדמות פלא גדול שיודיע זאת בתחילה בדבר שביד האדם:

בְּיִצְחָק כְּתִיב "אֲבָל שָׂרָה אִשְׁתְּךָ יֹלֶדֶת לְךָ בֵּן וְגוֹ'" — **Regarding Isaac it is written, *Nonetheless your wife Sarah will bear you a son,*** *and you shall call his name Isaac* (below, 17:19). בִּשְׁלֹמֹה מַה הוּא אוֹמֵר — **Regarding Solomon, what does it say?** "הִנֵּה בֵן נוֹלָד לָךְ הוּא יִהְיֶה אִישׁ מְנוּחָה וַהֲנִיחוֹתִי לוֹ מִכָּל אוֹיְבָיו מִסָּבִיב כִּי שְׁלֹמֹה יִהְיֶה שְׁמוֹ" — ***Behold, a son will be born to you; he will be a man of rest, and I shall grant him rest from all his enemies all around. Solomon will be his name*** (*I Chronicles* 22:9). בְּיֹאשִׁיָּהוּ כְּתִיב "וַיִּקְרָא עַל הַמִּזְבֵּחַ בִּדְבַר ה' וַיֹּאמֶר מִזְבֵּחַ מִזְבֵּחַ כֹּה אָמַר ה' הִנֵּה בֵן נוֹלָד לְבֵית דָּוִד יֹאשִׁיָּהוּ שְׁמוֹ" — **In regard to Josiah it is written, *He called out to the altar, by the word of HASHEM, and said, "Altar, Altar! Thus said HASHEM: Behold a son will be born to the house of David, Josiah will be his name"*** (*I Kings* 13:2). וְיֵשׁ אוֹמְרִים אַף יִשְׁמָעֵאל בָּאוּמּוֹת, "הִנָּךְ הָרָה וְיֹלַדְתְּ בֵּן וְקָרָאת שְׁמוֹ יִשְׁמָעֵאל" — **And some say: Ishmael too,** was named before having been conceived,[93] if we include people **among the non-Jewish nations,** for it is written here, ***Behold, You will conceive and give birth to a son; you shall name him Ishmael.***

§9 וְהוּא יִהְיֶה פֶּרֶא אָדָם — *AND HE SHALL BE A WILD MAN.*

The Midrash examines the meaning of this description:

רַבִּי יוֹחָנָן וְרַבִּי שִׁמְעוֹן בֶּן לָקִישׁ — **R' Yochanan and R' Shimon ben Lakish** discussed the meaning of this expression. רַבִּי יוֹחָנָן אָמַר — **R' Yochanan said:** שֶׁהַכֹּל יִהְיוּ גְדֵלִים בַּיִּישׁוּב וְהוּא יִהְיֶה גָּדֵל בַּמִּדְבָּר — It means **that** whereas **all** other people[94] **grow up in settled areas, he will grow up in the wilderness.**[95] רַבִּי שִׁמְעוֹן בֶּן לָקִישׁ אָמַר — **R' Shimon ben Lakish said:** "פֶּרֶא אָדָם" וַדַּאי — The word *man* in the phrase **wild** [פֶּרֶא] **man** should be understood **literally,** so that the phrase means, "one who chases after people,"[96] שֶׁהַכֹּל בּוֹזְזִים מָמוֹן וְהוּא בּוֹזֵז נְפָשׁוֹת — meaning **that** whereas **all** other people[97] **plunder** for **money, he plunders** for **lives.**[98]

☐ יָדוֹ בַכֹּל וְיַד כֹּל בּוֹ — *HIS HAND AGAINST EVERYONE, AND EVERYONE'S HAND AGAINST HIM.*

The Midrash offers two interpretations of the phrase *everyone's hand against him.*[99]

קְרֵי בֵיהּ "כַּלְבּוֹ" — **Read** these two words כֹּל בּוֹ (*everyone against him*) homiletically as if they were one word, **כַּלְבּוֹ, *his dog,***[100]

NOTES

93. In a parallel passage, *Talmud Yerushalmi, Berachos* 1:6, qualifies that it is only the righteous who receive their names from God prior to their birth, but not those who are wicked. The fact that Ishmael is enumerated indicates that although he sinned (see Midrash below, 53 §11), he ultimately repented. (See *Bava Basra* 16b; *Pnei Moshe* to *Yerushalmi* ibid.; *Ohr HaSeichel.*) The first opinion cited in the Baraisa did not count Ishmael because that opinion was counting only Jews or their ancestors, whereas Ishmael was a member of the non-Jewish nations. Alternatively: The first opinion held that Hagar at this point was already pregnant with Ishmael (unlike above, §5), so that he does not belong on the list of those who were named before they were *conceived* (*Yefeh To'ar*). Alternatively: The instruction to Hagar that her son should be named Ishmael was relayed by an angel, and not by God directly (*Batei Kehunah*).

94. The Midrash contrasts Ishmael to "all other people" because of the words of the verse הוּא יִהְיֶה, *"he" will be,* implying that he will be unique (in being a "wild man") compared to all others (*Yefeh To'ar*).

95. The word פֶּרֶא (translated here as "wild") is often used to describe desert wildlife (see *Jeremiah* 2:24, *Hosea* 13:15, *Job* 24:5). Thus, פֶּרֶא אָדָם is understood as "desert man" (*Matnos Kehunah, Yefeh To'ar, Maharzu*). Indeed it is recorded below, 21:20-21, that Ishmael dwelt in the desert (*Yefeh To'ar*; *Eitz Yosef*).

96. R' Shimon ben Lakish understands פֶּרֶא (translated here as "wild") as being related to the *Eretz-Yisrael* Aramaic verb פרי (see, e.g., *Yerushalmi Shabbos* 6:9), meaning "to chase after." Thus, פֶּרֶא אָדָם is understood as "one who chases after people" (*Matnos Kehunah*). Alternatively: He, too, interprets פֶּרֶא as a desert animal, but focuses on the aspect of such animals to kill their prey; in this case, the prey being אָדָם, *people* (*Yefeh To'ar*). According to R' Shimon, then, the word אָדָם (*man*) does not refer to Ishmael himself (as R' Yochanan explained), but to the object of Ishmael's activity.

97. See note 94.

98. Unlike others, who fight wars for monetary gain in plundering the enemy, he will be more interested in fighting for the sake of killing his enemies than for monetary gain.

99. According to its simple meaning, the phrase *and everyone's hand against him* seems to be saying that in the end Ishmael will be subjugated by all nations, simultaneously; but this is impossible, for a conqueror would not permit another, weaker party to join it in its subjugation of a conquered nation. The Midrash therefore offers two homiletical interpretations (*Maharzu*; cf. *Yefeh To'ar, Nezer HaKodesh*).

100. So that the phrase יָדוֹ בַכֹּל וְיַד כַּלְבּוֹ would mean, "His hand against everyone, as well as the hand of his dog." This suggests a comparison of sorts between Ishmael and his dog — a comparison that the Midrash goes on to explain (*Yefeh To'ar, Eitz Yosef*). See Insight Ⓐ.

INSIGHTS

extrapolate from that awareness that the same nature must underlie the area of Torah devoted to the attainment of *yiras Shamayim* and the refining of character traits.

R' Yechezkel remarks that this point is underscored by *Ibn Ezra* (*Exodus* 31:18), in his deriding certain people who are "bereft of brains," who have difficulty understanding what Moses did for all those forty days and forty nights he spent atop Mount Sinai. *Ibn Ezra* complains that these people do not realize that even were Moses to have remained there twice that number of *years* (80 years) and even doubled that again (160 years), he could not have mastered even a one-thousandth part of an understanding of God's actions and pathways, or of the secrets of His commandments. Why do people lack a proper understanding of the vastness of Torah? Because they think that the deeds that the Torah demands are the Torah's primary concern. To be sure, there is a finite number of mandated deeds. In fact, however, it is the heart that is the primary concern, and the deeds are ancillary to the heart. There are infinite nuances and permutations of the matters that comprise and concern the heart.

Hagar may not have acquired sagacity and knowledge during the time she spent in Abraham and Sarah's household. But the extraordinary hearts of the Patriarchs and the Matriarchs – suffused, as they were, with a holiness that permeated the most minute nuances and permutations of their hearts – uplifted even the heart of a maidservant, Hagar, to a level exceeding that of Manoah. Neither of them was blessed with wisdom. But in the infinite realm of the heart real differences can and do manifest. The Midrash represents Hagar as a fingernail, whereas it represents Manoah as the abdomen. But the influence of the great hearts of Abraham and Sarah was such that Hagar was nevertheless spiritually superior to Manoah (*Moriah* 5:7-8 [55-56]; Adar-Nissan 5734).

Ⓐ **Ishmael's Potential** *R' Yosef Tzvi Salant* focuses on the Midrash's comparison of Ishmael to a dog, and wonders why the Midrash deems it necessary to expound the verse in this unlikely manner.

R' Salant sheds light on the matter by noting an inconsistency in the angel's message to Hagar: On the one hand, it is a message of consolation and encouragement – viz., *I will greatly increase your offspring, and they will not be counted for abundance . . . Behold you will conceive and give birth to a son,* etc. On the other hand, it is a message of negative portent and doom – viz., *And he shall be a wild man: his hand against everyone, and everyone's hand against him,* etc. How are we to understand the contradictory character of the angel's statements to Hagar?

R' Salant explains: The angel's purpose was to show Hagar that she was wrong to denigrate Sarah, and that she must to return and subordinate herself to Sarah. The angel therefore explained to Hagar: True, you will give birth. However, this alone is not proof that you are meritorious, for the child may grow to be of evil character, a wild man, who

בְּיִצְחָק כְּתִיב (בראשית יז, יט) "אֲבָל שָׂרָה אִשְׁתְּךָ יוֹלֶדֶת לְךָ בֵּן וְגוֹ'". בִּשְׁלֹמֹה מַה הוּא אוֹמֵר (דברי הימים-א כב, ט) "הִנֵּה בֵן נוֹלָד לָךְ הוּא יִהְיֶה אִישׁ מְנוּחָה וַהֲנִיחוֹתִי לוֹ מִכָּל אוֹיְבָיו מִסָּבִיב כִּי שְׁלֹמֹה יִהְיֶה שְׁמוֹ". בְּיֹאשִׁיָּהוּ כְּתִיב (מלכים-א יג, ב) "וַיִּקְרָא עַל הַמִּזְבֵּחַ בִּדְבַר ה' וַיֹּאמֶר מִזְבֵּחַ מִזְבֵּחַ כֹּה אָמַר ה' הִנֵּה בֵן נוֹלָד לְבֵית דָּוִד יֹאשִׁיָּהוּ שְׁמוֹ". וְיֵשׁ אוֹמְרִים אַף יִשְׁמָעֵאל בָּאוּמוֹת, "הִנָּךְ הָרָה וְיֹלַדְתְּ בֵּן וְקָרָאת שְׁמוֹ יִשְׁמָעֵאל":

ט [טז, יב] "וְהוּא יִהְיֶה פֶּרֶא אָדָם", [כ]רַבִּי יוֹחָנָן וְרַבִּי שִׁמְעוֹן בֶּן לָקִישׁ, רַבִּי יוֹחָנָן אָמַר: שֶׁהַכֹּל יִהְיוּ גְדֵלִים בַּיִּשּׁוּב וְהוּא יִהְיֶה גָּדֵל בַּמִּדְבָּר. רַבִּי שִׁמְעוֹן בֶּן לָקִישׁ אָמַר: פֶּרֶא אָדָם וַדַּאי שֶׁהַכֹּל בּוֹזְזִים מָמוֹן וְהוּא בּוֹזֵז נְפָשׁוֹת. יָדוֹ בַּכֹּל וְיַד כֹּל בּוֹ, קְרֵי בֵּיהּ "כַּלְבּוֹ", הוּא וְהַכֶּלֶב שָׁוִים. מַה הַכֶּלֶב אוֹכֵל נְבֵלוֹת אַף הוּא אוֹכֵל נְבֵלוֹת. אָמַר רַבִּי אֶלְעָזָר: מָתַי "°יָדוֹ °בַכֹּל וְיַד כֹּל בּוֹ", לִכְשֶׁיָּבֹא אוֹתוֹ שֶׁכָּתוּב בּוֹ (דניאל ב, לח) "וּבְכָל דִּי דָיְרִין בְּנֵי אֲנָשָׁא חֵיוַת בָּרָא וְעוֹף שְׁמַיָּא יְהַב בִּידָךְ וְהַשְׁלְטָךְ בְּכָלְּהוֹן", הָדָא הוּא דִכְתִיב (ירמיה מט, כח) "לְקֵדָר וּלְמַמְלְכוֹת חָצוֹר אֲשֶׁר הִכָּה נְבוּכַדְנֶצַּר מֶלֶךְ בָּבֶל". °"נְבוּכַדְרֶאצַּר" כְּתִיב, שֶׁאֲצָרָן בַּמִּדְבָּר וַהֲרָגָן. "°עַל פְּנֵי כָל אֶחָיו יִשְׁכֹּן", [כא]הָכָא אַתְּ אָמַר "יִשְׁכֹּן" וְהָתָם כְּתִיב "נָפָל", אֶלָּא כָּל זְמַן שֶׁהָיָה אַבְרָהָם אָבִינוּ קַיָּם "יִשְׁכֹּן", וּכְשֶׁמֵּת אַבְרָהָם "נָפָל". עַד שֶׁלֹּא פָּשַׁט יָדוֹ בְּבֵית הַמִּקְדָּשׁ "יִשְׁכֹּן", כֵּיוָן שֶׁפָּשַׁט יָדוֹ בְּבֵית הַמִּקְדָּשׁ "נָפָל". בָּעוֹלָם הַזֶּה "יִשְׁכֹּן", אֲבָל לֶעָתִיד לָבֹא "נָפָל":

י [טז, יג] "וַתִּקְרָא שֵׁם ה' הַדֹּבֵר אֵלֶיהָ אַתָּה אֵל רֳאִי". רַבִּי יְהוּדָה בַּר סִימוֹן וְרַבִּי יוֹחָנָן בְּשֵׁם רַבִּי אֶלְעָזָר בַּר שִׁמְעוֹן: [כב]מֵעוֹלָם לֹא נִזְקַק הַקָּדוֹשׁ בָּרוּךְ הוּא לְהָשִׂיחַ עִם אִשָּׁה אֶלָּא עִם אוֹתָהּ הַצַּדֶּקֶת וְאַף הִיא עַל יְדֵי עִילָּה. רַבִּי אַבָּא בְּשֵׁם רַבִּי בִּירַי: כַּמָּה כִּרְכּוּרִים כִּרְכֵּר בִּשְׁבִיל לְהָשִׂיחַ עִמָּהּ, (בראשית יח, טו) "וַיֹּאמֶר לֹא כִּי צָחָקְתְּ". וְהָכְתִיב "וַתִּקְרָא שֵׁם ה' הַדֹּבֵר אֵלֶיהָ",

עץ יוסף

יולדות לך בן. וס"ד וקראת שמו יצחק: **הנה בן נולד כו' שלמה יהיה שמו.** (ד"ה כ"ב) מביא מקרא דד"ה שעד שלא נולד לו קראו ה' בשם שלמה. ומ"ש בשמואל וישלח ביד נתן וגו' יש לומר שאחר לידתו קרא לו ה' בשם שני דידיה להודיע לרבים שנמחל לו העון וה' אהבו: **ויקרא על המזבח כו'.** ונאמר בשם ר' נתנאל שזו הנבואה קדמה ללידת יאשיהו ש' שנה והיה בן ח' שנה כשעשה כל אותן המשפטים (כלי יקר): **אף ישמעאל.** סברי שישמעאל עשה תשובה דאל"כ לא היה קוראו בשמו קודם יצירתו כמו הצדיקים (הא"ב): (ט) [יב] **יהיו גדלים בישוב כו'.** פי' פרא אדם שהוא אדם הדומה לפרא שגדל במדברות. פרא לימוד מדבר. וכן כתיב בו וישב במדבר: **פרא אדם ודאי כו'.** כתרגומו מרוד באנשא. כלו' בוזז אדם ממש. ומיעוטא דהוא היינו שהכל בוזזין ממון וזה כוונתו לבוז נפשות: **קרי ביה כו'.** והקיש לומר שידו ויד כלבו שוין: **מתי ידו בכל.** נ"ל מתי יד כל בו לכשיבא כו' (א"א) ור"ל כשיבא אותו שידו בכל היינו נבוכדנאצר דכתיב ביה וכל די דארין וגו' אז יד כל בו שאז היה ישמעאל למרמס והלכך נבוכדנצר כתיב התם: **שאצרן במדבר.** כמו עצרן. לשון בי מעצרתא כלו' דרכן כמו בגת (מת"כ): [יג] **הבא את אמר ישבון.** משמע ישכון לבטח בגדולה. ובסוף פ' ח"ש כתיב נפל רמז למפלתו. ודורש תחילה ע"ע ואח"כ על בניו להורות שעליהם עיקר הנבואה: **ובשמת אברהם נפל.** פי' נפל ממעלתו לפי שפסק ממנו זכות האב: **ביון שפשט ידו בבית המקדש.** כמ"ש (תהלים פ"ג) אהלי אדום וישמעאלים וגו' נרשה לנו את נאות אלהים אז נפל טפי בטובו (יפ"ת): **לע"ל נפל.** לגמרי (יפ"ת):

פירוש מהרז"ו

יולדת לך בן. וס"ד וקראת שמו יצחק: (ט) **יהיה גדל במדבר.** כמ"ש ירמיה ב' פרא למוד מדבר ופי' שיהיה אדם פרא. אדם של מדבר. ור"ש לקיש סובר שתיבת פרא פירושו פחות ופוחת וכמ"ש לעיל סוף פר' כ' ופרא ממה דאית לביש ע"ש וכן ברות רבה פסוק וירדת הגורן פרי מאה פחות ממאה וכן כאן פרא אדם פוחת אדם וממעטו וע' מש"ש לעיל פר' מ"א סוף סימן ז': **ויד כל בו.** איך יתכן שיהיה יד כל בו שאם זה ימשול בו לא יניח לאחר למשול בו על כן דרש כלבו. ור"א בא לתרץ הקושיא הנ"ל שמ"ש ויד כל בו הכוונה על נבוכדנצר שכתוב בו ובכל די דארין בני אנשא וגו' והשלטך בכלהון הוא ימשול עליו: **לקדר ולממלכות חצור.** עד ושדדו את בני קדם. וקדר וקדמה הם מבני ישמעאל וע' מ"ש בזה בפר"א פרק ל' באריכות: **שאצרן במדבר והרגן.** הנה בירמיה כתיב כמה פעמים נבוכד ראצר אך כאן כתיב ראצור בוי"ו ודורש ע"פ מדת נוטריקון שאצרן והוי"ו מורה והרגן ומ"ש במדבר כדעת ר' יוחנן שהיו שוכנים במדבר. ומ"ש שאצרן פירושו שסבבם וכבשם והרגם: **הבא את אמר ישכון.** לקמן סוף פר' ס"ב ודורש מדה ט"ו ב' כ"מ שכאן כתוב ישכון משמע לבטח בגדולה ובסוף פרשה חיי שרה כתיב נפל שמשמעו נפל לארץ בשפלות ודורש תחלה על עצמו ואח"כ על בניו לדורות שעליהם עיקר הנבואה. ומ"ש כיון שפשט ידו כמ"ש תהלים פ"ג אהלי אדום וישמעאלים וגו' אשר אמרו נירשה לנו את נאות אלהים וכמ"ש באיכה רבתי פסוק שמעו: (י) **מעולם לא נזקק.** לקמן סוף פר' מ"ח וש"נ כי שם מקומו ופירשתי לעיל פר' כ' סימן ו' כי שם נכתב ראשונה: **כמה ברכורים.** גירסת הילקוט כמה דברים וכמה כרכורים:

חידושי הרד"ל

(כ) [ט] **והוא יהיה גדל במדבר.** כד"א (ירמיה ב') פרא למוד מדבר:

(כא) **שאצרן במדבר.** אספן למקום אחד כבאוצר ושם הרגן. ומפני שהן שכונים באהלים מפוזרים במדבר קשה לכובשן. לכן אמר שאצרן יחד והרגן:

באור מהרי"פ

ט גדל במדבר. כדכתיב בו וישב במדבר ואמר שיהיו הכל גדלין בישוב דמדכתיב והוא משמע הוא לחודי' ולרשב"ל מיעוטא דהוא שהכל בוזזים ממון והוא כוונתו לבוז נפשות (יפ"ת): **בוזז נפשות.** עיין מ"כ וז"ל הערוך ערך פר ד' ירושלמי בסוף במה אשה חיזי פרי בתרך פי' פרא רץ ע"ש:

מסורת המדרש

כ ילקוט כאן רמז ע"ט:

כא לקמן סוף פרשה ס"ב:

כב ירושלמי סוטה ריש פ' ז'. לעיל פרשה כ'. לקמן פרשה מ"ח ופרשה ס"ג. מדרש תהלים מזמור ט'. ילקוט כאן רמז פ' כה"ע. ובסדר וירא רמז פ"ב:

אם למקרא

וַיֹּאמֶר אֱלֹהִים אֲבָל שָׂרָה אִשְׁתְּךָ יֹלֶדֶת לְךָ בֵּן וְקָרָאתָ אֶת־שְׁמוֹ יִצְחָק וַהֲקִמֹתִי אֶת־בְּרִיתִי אִתּוֹ לִבְרִית עוֹלָם לְזַרְעוֹ אַחֲרָיו: (בראשית יז:יט)

הִנֵּה בֵן נוֹלָד לָךְ הוּא יִהְיֶה אִישׁ מְנוּחָה וַהֲנִחוֹתִי לוֹ מִכָּל אוֹיְבָיו מִסָּבִיב כִּי שְׁלֹמֹה יִהְיֶה שְׁמוֹ וְשָׁלוֹם וָשֶׁקֶט אֶתֵּן עַל יִשְׂרָאֵל בְּיָמָיו: (דברי הימים א כב:ט)

וַיִּקְרָא עַל־הַמִּזְבֵּחַ בִּדְבַר ה' וַיֹּאמֶר מִזְבֵּחַ מִזְבֵּחַ כֹּה אָמַר ה' הִנֵּה־בֵן נוֹלָד לְבֵית־דָּוִד יֹאשִׁיָּהוּ שְׁמוֹ וְזָבַח עָלֶיךָ אֶת־כֹּהֲנֵי הַבָּמוֹת הַמַּקְטִרִים עָלֶיךָ וְעַצְמוֹת אָדָם יִשְׂרְפוּ עָלֶיךָ: (מלכים א יג:ב)

וּבְכָל־דִּי דָיְרִין בְּנֵי־אֲנָשָׁא חֵיוַת בָּרָא וְעוֹף־שְׁמַיָּא יְהַב בִּידָךְ וְהַשְׁלְטָךְ בְּכָלְּהוֹן אַנְתְּ הוּא רֵאשָׁה דִּי דַהֲבָא: (דניאל ב:לח)

לְקֵדָר וּלְמַמְלְכוֹת חָצוֹר אֲשֶׁר הִכָּה נבוכדראצר מֶלֶךְ־בָּבֶל כֹּה אָמַר ה' קוּמוּ עֲלוּ אֶל־קֵדָר וְשָׁדְדוּ אֶת־בְּנֵי־קֶדֶם: (ירמיה מט:כח)

מתנות כהונה

[ט] **פרא.** הוא מדבר כד"א והוא בין אחים יפריא [ועי' בספר השרשים להרד"ק ז"ל]: **בוזז נפשות.** פרא אדם פירושו ירדוף בני אדם פרא בלשון ירושלמי לשון רדיפה וריצה: **אצרן.** כמו ועצרן וכו'. גירסת הילקוט עכב אותם או הוא כמו עצרן לשון בי מעצרתא כלומר דרכן כמו בגת: **והתם כתיב נפל** סוף פרשת חיי שרה: [י] [**לא נזקק הקב"ה כו'** נתבאר לעיל פ' ך':

אשד הנחלים

וי"א אף ישמעאל בעובדי כוכבים. הראשונים לא חשבו אותו יען לא נתבשר פה על טובו וצדקתו רק על כחו וטבעו שבטבעו יהי' איש בלתי מנוחה כי אם אוהב מלחמה ואין זה חידוש והי"א סבירא ליה שזה נוגע ג"כ לענין הבחירה ע"כ חשבו לחידוש וזהו כדעת ר"ל שיהא בוזז נפשות וא"כ היא תכונה רעה למאוד: [ט] **כלבו.** וביאורו יד כלבו אפילו בהמיית היתה עמו בחוברת יחד מתאחדי' בתכונתם: **לכשיבוא כו'.** כי נ"צ הרגו לקדם שזהו ישמעאל וזהו שהשליטו על בני אינשא וחיות ברא. כי המה נדמו בתכונתם לכל חיתו יער כי הוא פרא אדם: **אברהם אבהנו קיים ישכון כו' עד שלא פשט.** אף שאחרי מיתת אברהם תיכף כתיב עליו נפילה אין הנפילות דומות כי בערך המנוחות שהיו לו בחיי אברהם היתה נפילה לו אחרי מיתתו ואחרי שפשטה ידו בבהמ"ק נפל לגמרי ממשלתו. ולע"ל יפול מכל וכל: [י] **עם אותה הצדקת.** זה מוסב על שרה כמו שמפרש ר"ב שרק בשביל להוכיחה. ועכ"ז דיבר עם אברהם. רק בעת שהכחישה אז הוכרח להודיע שצחקה באמת ורק

הוּא וְהַכֶּלֶב שָׁוִים — indicating that **[Ishmael] and a dog are equal,** מַה הַכֶּלֶב אוֹכֵל נְבֵלוֹת אַף הוּא אוֹכֵל נְבֵלוֹת — for **just as a dog eats carrion, so does he.**[101]

אָמַר רַבִּי אֶלְעָזָר — **R' Elazar said:** מָתַי "וְיַד כֹּל בּוֹ" — **When** will the fulfillment of the verse ***everyone's hand against him*** come about? לִכְשֶׁיָּבֹא אוֹתוֹ שֶׁכָּתוּב בּוֹ "וּבְכָל דִּי דָיְרִין בְּנֵי אֲנָשָׁא חֵיוַת בָּרָא וְעוֹף שְׁמַיָּא יְהַב בִּידָךְ וְהַשְׁלְטָךְ בְּכָלְּהוֹן" — **When [Nebuchadnezzar] — of whom it is written, *And wherever people, beasts of the field, and birds of the sky dwell, He has given them into your hand, and made you ruler over them all*** (*Daniel* 2:38) — **will come** and conquer the Ishmaelites.[102] הָדָא הוּא דִכְתִיב "לְקֵדָר וּלְמַמְלְכוֹת חָצוֹר אֲשֶׁר הִכָּה נְבוּכַדְנֶצַּר מֶלֶךְ בָּבֶל" — And we know that Nebuchadnezzar conquered Ishmael, for **thus it is written, *Concerning Kedar*[103] *and the kingdoms of Hazor, whom Nebuchadnezzar*[104] *king of Babylonia struck down*** (*Jeremiah* 49:28). "נְבוּכַדְרֶאצַּר" כְּתִיב — His name here **is written "Nebuchadrezzar,"**[105] שֶׁאֲצָרָן בַּמִּדְבָּר וַהֲרָגָן — alluding to the fact **that [Nebuchadnezzar] gathered together** [אָצַר] **[the Ishmaelites]**[106] **in the wilderness and killed them.**

□ **וְעַל פְּנֵי כָל אֶחָיו יִשְׁכֹּן — *OVER ALL HIS BROTHERS HE WILL DWELL.***

The Midrash contrasts the phrasing of this verse with that of a parallel verse:

הָכָא אַתְּ אָמַר "יִשְׁכֹּן" — **Here it is stated** that Ishmael ***will dwell*** *over all his brothers;* וְהָתָם כְּתִיב "נָפָל" — **whereas elsewhere** (below, 25:18) **it is written** that Ishmael *dwelt* — lit., ***fell*** — *over all his brothers.*[107]

The Midrash presents three answers to this question:

אֶלָּא כָּל זְמַן שֶׁהָיָה אַבְרָהָם אָבִינוּ קַיָּים "יִשְׁכֹּן" — **However,** the explanation for this is that **as long as our forefather Abraham** was alive, ***[Ishmael] will dwell,*** וּכְשֶׁמֵּת אַבְרָהָם "נָפָל" — **but when Abraham died, *he fell.***[108] עַד שֶׁלֹּא פָּשַׁט יָדוֹ בְּבֵית הַמִּקְדָּשׁ "יִשְׁכֹּן" — **Before he stretched forth his hand against the Holy Temple, *he will dwell,*** כֵּיוָן שֶׁפָּשַׁט יָדוֹ בְּבֵית הַמִּקְדָּשׁ "נָפָל" — but **once he stretched forth his hand against the Holy Temple,**[109] ***he fell.*** בָּעוֹלָם הַזֶּה "יִשְׁכֹּן" — **In this world *he will dwell,*** אֲבָל לֶעָתִיד לָבֹא "נָפָל" — **but regarding the future** days, i.e., his portion in the Next World, ***he fell.***[110]

וַתִּקְרָא שֵׁם ה׳ הַדֹּבֵר אֵלֶיהָ אַתָּה אֵל רֳאִי כִּי אָמְרָה הֲגַם הֲלֹם רָאִיתִי אַחֲרֵי רֹאִי.

And she called the Name of HASHEM Who spoke to her, "You are the God of Vision," for she said, "Could I have seen even here after my having seen?" (16:13).

§10 וַתִּקְרָא שֵׁם ה׳ הַדֹּבֵר אֵלֶיהָ אַתָּה אֵל רֳאִי — *AND SHE CALLED THE NAME OF HASHEM WHO SPOKE TO HER, "YOU ARE THE GOD OF VISION."*

The Midrash cites a discussion (from 48 §20, regarding Sarah) about God conversing with women, because of its relevance to our verse:

רַבִּי יְהוּדָה בַּר סִימוֹן וְרַבִּי יוֹחָנָן בְּשֵׁם רַבִּי אֶלְעָזָר בַּר שִׁמְעוֹן — **R' Yehudah bar Simon and R' Yochanan** said **in the name of R' Elazar bar Shimon:** מֵעוֹלָם לֹא נִזְקַק הַקָּדוֹשׁ בָּרוּךְ הוּא לְהָשִׂיחַ עִם אִשָּׁה — **The Holy One, blessed is He, never engaged in communication**

NOTES

101. Apparently the Ishmaelites were once known for eating meat from dead, unslaughtered animals.

102. The words "everyone's hand" (lit., *the hand of all*) in the phrase *everyone's hand against him* is not referring to all the nations of the world, but specifically to King Nebuchadnezzar, who is called "the hand of all" because of the verse cited here, which describes him as having *all* the beings of the world — man and beast — given over *in his hand.*

103. Kedar was a son of Ishmael (below, 25:13), so the nation of Kedar are Ishmaelites.

104. In the verse the alternative version of his name, נְבוּכַדְרֶאצַּר, is used, but all the various Midrash versions have נְבוּכַדְנֶאצַּר here; see next note.

105. The Midrash appears to be calling attention to an unusual spelling of Nebuchadnezzar's name here, but its intention is unclear. According to some Midrash versions it is the fact that the name is spelled with a ר instead of a נ; this is difficult, however, because the Midrash's homiletical interpretation here works equally well with ר and נ, and furthermore the spelling of his name with a ר is not at all unusual in *Tanach,* particularly in *Jeremiah.* According to other Midrash versions, the irregularity is the fact that it is spelled with an א before the final צר, spelling out אצר, as the Midrash goes on to elaborate; but this, too, is difficult because the name is spelled with an א many (indeed most) times in *Tanach.* According to yet another version, the irregularity is that the name is spelled (כְּתִיב) with an extra ו here — נבוכראצור. This is indeed an anomaly, but it is completely irrelevant to the Midrash's homiletical interpretation. [In some Midrash manuscripts the supposed irregularity of the spelling of Nebuchadnezzar's name here is not mentioned at all.]

106. Because they were nomads, scattered throughout the wilderness (*Radal*). See too *Marharzu.* Alternatively: Nebuchadnezzar "tread upon" (עָצַר) them (*Matnos Kehunah, Eitz Yosef*).

107. The question, then, is: Why are these two verses worded differently? Or more specifically: Why does Scripture in the later verse (which describes Ishmael at the time of his death) use the verb נפל — which nearly always means "to fall" — in the sense of "to dwell," whereas in our verse it uses the ordinary verb (שכן) for "to dwell"?

108. I.e., while Abraham was living, Ishmael was afforded Divine protection in the merit of his father; once Abraham died, Ishmael "fell" from that secure position (*Yefeh To'ar, Nezer HaKodesh, Eitz Yosef*).

109. The commentators address the question: Where do we ever find that Ishmael destroyed or attacked the Temple? *Yefeh To'ar* writes that the Ishmaelites joined the Roman general Titus when he destroyed the Second Temple. (See *Eichah Rabbah* 1:31, where one of the generals in charge of tearing down the walls of the Temple was an Arab.) *Maharzu* points to *Psalms* 83, in which many nations — including Ishmael (v. 7) — ally to "conquer for themselves the pleasant habitations of God" (v. 13), referring to the Temple (see *Rashi* ad loc. and *Midrash Tehillim* on v. 3). Although the Ishmaelites (and the others) were unsuccessful in their bid, the mere attempt constitutes "stretching out their hand against the Holy Temple."

110. I.e., Ishmael (and his descendants) are destined for the ultimate downfall during the World to Come.

INSIGHTS

preys on others.

This explains the first part of the angel's message, in which he described Ishmael's potential for evil. The Midrash is troubled, however, by the second part of the message, which speaks of the *victimizing* of Ishmael (וְיַד כֹּל בּוֹ, *and everyone's hand is against him*). This does not address Ishmael's potential for evil. To resolve this difficulty, the Midrash expounds the words כֹּל בּוֹ to read כַּלְבּוֹ, *his dog.* This section of the verse too, then, addresses the possibility that Ishmael will turn toward evil. Thus, the angel's entire message is cohesive — it warns of the child's possible shortcomings to encourage Hagar's return. [As it turned out, Ishmael developed into a *tzaddik,* a righteous person (see below, 53 §14). The Gemara (*Bava Basra* 16b) adds that Ishmael repented the sins he committed while Abraham was yet alive] (*Be'er Yosef* 16:12)

בְּיִצְחָק כְּתִיב (בראשית יז, יט) "אֲבָל שָׂרָה אִשְׁתְּךָ יוֹלֶדֶת לְךָ בֵּן וְגוֹ׳". בִּשְׁלֹמֹה מַה הוּא אוֹמֵר (דברי הימים־א כב, ט) "הִנֵּה בֵן נוֹלָד לָךְ הוּא יִהְיֶה אִישׁ מְנוּחָה וַהֲנִיחוֹתִי לוֹ מִכָּל אוֹיְבָיו מִסָּבִיב כִּי שְׁלֹמֹה יִהְיֶה שְׁמוֹ". בְּיֹאשִׁיָּהוּ כְּתִיב (מלכים־א יג, ב) "וַיִּקְרָא עַל הַמִּזְבֵּחַ בִּדְבַר ה׳ וַיֹּאמֶר מִזְבֵּחַ מִזְבֵּחַ כֹּה אָמַר ה׳ הִנֵּה בֵן נוֹלָד לְבֵית דָּוִד יֹאשִׁיָּהוּ שְׁמוֹ". וְיֵשׁ אוֹמְרִים אַף יִשְׁמָעֵאל בָּאוּמוֹת, "הִנָּךְ הָרָה וְיֹלַדְתְּ בֵּן וְקָרָאת שְׁמוֹ יִשְׁמָעֵאל":

ט [טז, יב] "וְהוּא יִהְיֶה פֶּרֶא אָדָם", [כ]רַבִּי יוֹחָנָן וְרַבִּי שִׁמְעוֹן בֶּן לָקִישׁ, רַבִּי יוֹחָנָן אָמַר: שֶׁהַכֹּל יִהְיוּ גְדֵלִים בַּיִּשּׁוּב וְהוּא יִהְיֶה גָּדֵל בַּמִּדְבָּר. רַבִּי שִׁמְעוֹן בֶּן לָקִישׁ אָמַר: פֶּרֶא אָדָם וַדַּאי שֶׁהַכֹּל בּוֹזְזִים מָמוֹן וְהוּא בּוֹזֵז נְפָשׁוֹת. יָדוֹ בַּכֹּל וְיַד כֹּל בּוֹ, קְרֵי בֵיהּ "כַּלְבּוֹ", הוּא וְהַכֶּלֶב שָׁוִים. מַה הַכֶּלֶב אוֹכֵל נְבֵלוֹת אַף הוּא אוֹכֵל נְבֵלוֹת. אָמַר רַבִּי אֶלְעָזָר: מָתַי "°יָדוֹ °בַכֹּל וְיַד כֹּל בּוֹ", לִכְשֶׁיָּבֹא אוֹתוֹ שֶׁכָּתוּב בּוֹ (דניאל ב, לח) "וּבְכָל דִּי דָיְרִין בְּנֵי אֲנָשָׁא חֵיוַת בָּרָא וְעוֹף שְׁמַיָּא יְהַב בִּידָךְ וְהַשְׁלְטָךְ בְּכָלְּהוֹן", הָדָא הוּא דִכְתִיב (ירמיה מט, כח) "לְקֵדָר וּלְמַמְלְכוֹת חָצוֹר אֲשֶׁר הִכָּה נְבוּכַדְנֶאצַּר מֶלֶךְ בָּבֶל". °"נְבוּכַדְרֶאצַּר" כְּתִיב, שֶׁאֲצָרָן בַּמִּדְבָּר וַהֲרָגָן. "°עַל פְּנֵי כָל אֶחָיו יִשְׁכֹּן", [כא]הָכָא אַתְּ אָמַר "יִשְׁכֹּן" וְהָתָם כְּתִיב "נָפָל", אֶלָּא כָּל זְמַן שֶׁהָיָה אַבְרָהָם אָבִינוּ קַיָּים "יִשְׁכֹּן", וּכְשֶׁמֵּת אַבְרָהָם "נָפָל". עַד שֶׁלֹּא פָּשַׁט יָדוֹ בְּבֵית הַמִּקְדָּשׁ "יִשְׁכֹּן", כֵּיוָן שֶׁפָּשַׁט יָדוֹ בְּבֵית הַמִּקְדָּשׁ "נָפָל". בָּעוֹלָם הַזֶּה "יִשְׁכֹּן", אֲבָל לֶעָתִיד לָבֹא "נָפָל":

י [טז, יג] "וַתִּקְרָא שֵׁם ה׳ הַדֹּבֵר אֵלֶיהָ אַתָּה אֵל רֳאִי". רַבִּי יְהוּדָה בַּר סִימוֹן וְרַבִּי יוֹחָנָן בְּשֵׁם רַבִּי אֶלְעָזָר בַּר שִׁמְעוֹן: [כב]מֵעוֹלָם לֹא נִזְקַק הַקָּדוֹשׁ בָּרוּךְ הוּא לְהָשִׂיחַ עִם אִשָּׁה אֶלָּא עִם אוֹתָהּ הַצַּדֶּקֶת וְאַף הִיא עַל יְדֵי עִילָּה. רַבִּי אַבָּא בְּשֵׁם רַבִּי בִּירַי: כַּמָּה כִּרְכּוּרִים כִּרְכֵּר בִּשְׁבִיל לְהָשִׂיחַ עִמָּהּ, (בראשית יח, טו) "וַיֹּאמֶר לֹא כִּי צָחָקְתְּ". וְהָכְתִיב "וַתִּקְרָא שֵׁם ה׳ הַדֹּבֵר אֵלֶיהָ",

עץ יוסף

יולדות לך בן. וס"ד וקראת שמו יצחק: **הנה בן נולד כו' שלמה יהיה שמו.** (ד"ה כ"ב) מביא מקרא דד"ה שעד שלא נולד לו קראו ה' בשם שלמה. ומ"ש בשמואל וישלח ביד נתן וגו' יש לומר שאחר לידתו קרא לו ה' בשם שני ידידיה להודיע לרבים שנמחל לו העון וה' אהבו: **ויקרא על המזבח כו'.** ונאמר בשם ר' נתנאל שזו הנבואה קדמה ללידת יאשיהו ש' שנה והיה בן ח' שנה כשעשה כל אותן המשפטים (כלי יקר): **אף ישמעאל.** סברי שישמעאל עשה תשובה דאל"כ לא היה קוראו בשמו קודם יצירתו כמו הצדיקים (הא"ב"א): (ט) [יב] **יהיו גדלים בישוב כו'.** פי' פרא אדם שהוא אדם הדומה לפרא שגדל במדברות. פרא לימוד מדבר. וכן כתיב בו וישב במדבר: **פרא אדם ודאי כו'.** כתרגומו מרוד באנשא. כלו' בוזז אדם ממש. ומיעוטא דהוא היינו שהכל בוזזין ממון וזה כוונתו לבוז נפשות: **קרי ביה כו'.** והקיש לומר שידו ויד כלבו שוין: **מתי ידו בכל.** נ"ל מתי יד כל בו לכשיבא כו' (א"א) ור"ל כשיבא אותו שידו בכל היינו נבוכדנצר דכתיב ביה וכל די דארין וגו' אז יד כל בו שאז היה ישמעאל למרמס והלכך נבוכדנצר כתיב התם: **שאצרן במדבר.** כמו עצרן. לשון בי מעצרתא כלו' דרכן כמו בגת (מת"כ): [יג] **הבא את אמר ישכון.** משמע ישכון לבטח בגדולה. ובסוף פ' ח"ש כתיב נפל רמז למפלתו. ודורש תחילה ע"ע ואח"כ על בניו להורות שעליהם עיקר הנבואה: **וכשמת אברהם נפל.** פי' נפל ממעלתו לפי שפסק ממנו זכות האב: **כיון שפשט ידו בבית המקדש.** כמ"ש (תהלים פ"ג) אהלי אדום וישמעאלים וגו' נרשה לנו את נאות אלהים אז נפל טפי בעונו (יפ"ת): **לע"ל נפל.** לגמרי (יפ"ת):

פירוש מהרז"ו

יולדת לך בן. וס"ד וקראת שמו יצחק: (ט) **יהיה גדל במדבר.** כמ"ש ירמיה ב' פרא למוד מדבר ופי' שיהיה אדם פרא. אדם של מדבר. ור"ש לקיש סובר שתיבת פרא פירושו פחות ופוחת וכמ"ש לעיל סוף פר' כ' ופרא ממה דאית לביש ע"ש וכן ברות רבה פסוק וירדת הגורן פרי מאה פחות ממאה וכן כאן פרא אדם פוחת אדם וממעטו וע' מש"ש לעיל פר' מ"א סוף סימן ז': **ויד כל בו.** איך יתכן שיהיה יד כל בו שאם זה ימשול בו לא יניח לאחר למשול בו על כן דרש כלבו. ור"א בא לתרץ הקושיא הנ"ל שמ"ש ויד כל בו הכוונה על נבוכדנצר שכתוב בו ובכל די דארין בני אנשא וגו' והשלטך בכלהון הוא ימשול עליו: **לקדר ולממלכות חצור.** עד ושדדו את בני קדם. וקדר וקדמה הם מבני ישמעאל וע' מ"ש בזה בפר"א פרק ל' באריכות: **שאצרן במדבר והרגן.** הנה בירמיה כתיב כמה פעמים נבוכדראצר אך כאן כתיב ראצור בוי"ו ודורש ע"פ מדת נוטריקון שאצרן והוי"ו מורה והרגן ומ"ש במדבר כדעת ר' יוחנן שהיו שוכנים במדבר. ומ"ש שאצרן פירושו שסבבם וכבשם והרגם: **הבא את אמר ישכון.** לקמן סוף פר' ס"ב ודורש מדה ט"ו ב' כ"מ שכאן כתוב ישכון משמע לבטח בגדולה ובסוף פרשה חיי שרה כתיב נפל שמשמעו נפל לארץ בשפלות ודורש תחלה על עצמו ואח"כ על בניו לדורות שעליהם עיקר הנבואה. ומ"ש כיון שפשט ידו כמ"ש תהלים פ"ג אהלי אדום וישמעאלים וגו' אשר אמרו נירשה לנו את נאות אלהים וכמ"ש באיכה רבתי פסוק שמעו: (י) **מעולם לא נזקק.** לקמן סוף פר' מ"ח וש"נ כי שם מקומו ופירשתי לעיל פר' כ' סימן ו' כי שם נכתב ראשונה: **כמה ברכורים.** גירסת הילקוט כמה דברים וכמה כרכורים:

חידושי הרד"ל

(כ) [ט] **והוא יהיה גדל במדבר.** כד"א (ירמיה ב') פרא למוד מדבר:

(כא) **שאצרן במדבר.** אספן למקום אחד כבאוצר ושם הרגן. ומפני שהן שכונים באהלים מפוזרים במדבר קשה לכובשן. לכן אמר שאצרן יחד והרגן:

באור מהרי"פ

ט גדל במדבר. כדכתיב בו וישב במדבר ואמר שיהיו הכל גדלין בישוב דמדכתיב והוא משמע הוא לחודי' ולרשב"ל מיעוטא דהוא שהכל בוזזים ממון והוא כוונתו לבוז נפשות (יפ"ת): בוזז נפשות. עיין מ"כ וז"ל הערוך ערך פר ד' ירושלמי בסוף במה אשה חיזי פרי בתרך פי' פרא רץ ע"ע:

מסורת המדרש

כ ילקוט כאן רמז ע"ט:

כא לקמן סוף פרשה ס"ב:

כב ירושלמי סוטה ריש פ' ז'. לעיל פרשה כ'. לקמן פרשה מ"ח ופרשה ס"ג. מדרש תהלים מזמור ט'. ילקוט כאן רמז פ' כה"ע. ובסדר וירא רמז פ"ב:

אם למקרא

וַיֹּאמֶר אֱלֹהִים אֲבָל שָׂרָה אִשְׁתְּךָ יֹלֶדֶת לְךָ בֵּן וְקָרָאתָ אֶת־שְׁמוֹ יִצְחָק וַהֲקִמֹתִי אֶת־בְּרִיתִי אִתּוֹ לִבְרִית עוֹלָם לְזַרְעוֹ אַחֲרָיו: (בראשית יז:יט)

הִנֵּה בֵן נוֹלָד לָךְ הוּא יִהְיֶה אִישׁ מְנוּחָה וַהֲנִחוֹתִי לוֹ מִכָּל אוֹיְבָיו מִסָּבִיב כִּי שְׁלֹמֹה יִהְיֶה שְׁמוֹ וְשָׁלוֹם וָשֶׁקֶט אֶתֵּן עַל יִשְׂרָאֵל בְּיָמָיו: (דברי הימים א כב:ט)

וַיִּקְרָא עַל־הַמִּזְבֵּחַ בִּדְבַר ה׳ וַיֹּאמֶר מִזְבֵּחַ מִזְבֵּחַ כֹּה אָמַר ה׳ הִנֵּה־בֵן נוֹלָד לְבֵית־דָּוִד יֹאשִׁיָּהוּ שְׁמוֹ וְזָבַח עָלֶיךָ אֶת־כֹּהֲנֵי הַבָּמוֹת הַמַּקְטִרִים עָלֶיךָ וְעַצְמוֹת אָדָם יִשְׂרְפוּ עָלֶיךָ: (מלכים א יג:ב)

וּבְכָל־דִּי דָיְרִין בְּנֵי־אֲנָשָׁא חֵיוַת בָּרָא וְעוֹף־שְׁמַיָּא יְהַב בִּידָךְ וְהַשְׁלְטָךְ בְּכָלְּהוֹן אַנְתְּ הוּא רֵאשָׁה דִּי דַהֲבָא: (דניאל ב:לח)

לְקֵדָר וּלְמַמְלְכוֹת חָצוֹר אֲשֶׁר הִכָּה נְבוּכַדְרֶאצַּר מֶלֶךְ־בָּבֶל כֹּה אָמַר ה׳ קוּמוּ עֲלוּ אֶל־קֵדָר וְשָׁדְדוּ אֶת־בְּנֵי־קֶדֶם: (ירמיה מט:כח)

מתנות כהונה

[ט] **פרא.** הוא מדבר כד"א והוא בין אחים יפריא [ועי' בספר השרשים להרד"ק ז"ל]: **בוזז נפשות.** פרא אדם פירושו ירדוף בני אדם פרא בלשון ירושלמי לשון רדיפה וריצה: **אצרן.** כמו ועצרן וכו'. גירסת הילקוט עכב אותם או הוא כמו עצרן לשון בי מעצרתא כלומר דרכן כמו בגת: **והתם כתיב נפל** סוף פרשת חיי שרה: [י] **לא נזקק הקב"ה כו'** נתבאר לעיל פ' ך':

אשד הנחלים

וי"א אף ישמעאל בעובדי כוכבים. הראשונים לא חשבו אותו יען לא נתבשר פה על טובו וצדקתו רק על כחו וטבעו שבטבעו יהי' איש בלתי מנוחה כי אם אוהב מלחמה ואין זה חידוש והי"א סבירא ליה שזה נוגע ג"כ לענין הבחירה ע"כ חשבו לחידוש וזהו כדעת ר"ל שיהא בוזז נפשות וא"כ היא תכונה רעה למאוד: [ט] **כלבו.** וביאורו יד כלבו אפילו בהמיית הית' עמו בחוברת יחד מתאחדי' בתכונתם: **לכשיבוא כו'.** כי נ"צ הרגו לקדם שזהו ישמעאל וזהו שהשליטו על בני אינשא וחיות ברא. כי המה נדמו בתכונתם לכל חיתו יער כי הוא פרא אדם: **אברהם אבהנו קיים ישכון כו' עד שלא פשט.** אף שאחרי מיתת אברהם תיכף כתיב עליו נפילה אין הנפילות דומות כי בערך המנוחות שהיו לו בחיי אברהם הית' נפילה לו אחרי מיתתו ואחרי שפשטה ידו בבהמ"ק נפל לגמרי ממשלתו. ולע"ל יפול מכל וכל: [י] **עם אותה הצדקת.** זה מוסב על שרה כמו שמפרש ר"ב שרק בשביל להוכיחה. ועכ"ז דיבר עם אברהם. רק בעת שהכחישה אז הוכרח להודיע שצחקה באמת ורק

with any woman[111] אֶלָּא עִם אוֹתָהּ הַצַּדֶּקֶת – **except with that righteous woman,** Sarah (below, 18:15). וְאַף הִיא עַל יְדֵי עִילָּה – **And even she** received her communication from God only **due to a cause,** i.e., due to a specific turn of events.[112] רַבִּי אַבָּא בְּשֵׁם רַבִּי בִּירִי – **R' Abba** said **in the name of R' Biri:** כַּמָּה כִּרְכּוּרִים כִּרְכֵּר בִּשְׁבִיל לְהָשִׂיחַ עִמָּהּ, "וַיֹּאמֶר לֹא כִּי צָחָקְתְּ" – **How many circuitous turns did [God] make in order to converse with her**[113] what is written, ***But He***[114] ***said, "No, you laughed indeed"*** (below, 18:15)!

The Midrash presents some apparent contradictions to this rule, and resolves them:

וְהָכְתִיב "וַתִּקְרָא שֵׁם ה' הַדֹּבֵר אֵלֶיהָ" – **But see, it is written** here regarding Hagar, ***And she called the Name of "HASHEM Who spoke to her . . . "!***[115]

NOTES

111. I.e., regarding a personal matter. There are many instances, however, in which God related prophecies to the prophetesses (see *Megillah* 14a) on matters pertaining to Israel as a whole (*Yefeh To'ar, Eitz Yosef* above, 20 §6). See also below, 48 §20.

112. When it was revealed to Abraham and Sarah that they would have a son, Sarah laughed in disbelief. When God told Abraham that He faulted Sarah for laughing, Sarah denied that she had laughed. To counter her denial, God told her directly that indeed she had laughed. God had not "planned" to speak to her, but was forced to do so only as a result of the specific circumstances of that incident (*Rashi* on 63 §7).

113. I.e., God did not wish to speak to Sarah directly; the conversation occurred only in a roundabout way, as a result of the circumstances that preceded it, as explained in the previous note (*Yefeh To'ar*). Accordingly, R' Abba is merely reformulating that which was said before, not contributing anything new to this discussion. Alternatively, R' Abba is saying that God *desired* to speak to Sarah, and orchestrated events to bring this about (*Eitz Yosef, Imrei Yosher, Beur Maharif* to 20 §6 above, based on *Yerushalmi Sotah* 7:1).

114. It is the opinion of the Midrash that the antecedent of this pronoun is "HASHEM," mentioned above in v. 13 there (and it was He Who spoke to her just as He had spoken to Abraham). [Many commentators, however, understand that the subject of this verse is Abraham, not God, and it is he who chided his wife regarding her laughter. See *Ramban* and *Sforno* ad loc. See *Yefeh To'ar* and *Nezer HaKodesh* to 20 §6 above, who explain why the Midrash assumes that it was God, and not Abraham, Who spoke to Sarah.]

115. These words indicate that God spoke to her directly, besides speaking to her through an angel (as described in vv. 7-12) (*Yefeh To'ar* above ibid.; see, however, *Eitz Yosef* there).

בְּיִצְחָק כְּתִיב (בראשית יז, יט) **"אֲבָל שָׂרָה אִשְׁתְּךָ יוֹלֶדֶת לְךָ בֵּן וְגוֹ'". בִּשְׁלֹמֹה מַה הוּא אוֹמֵר** (דברי הימים-א כב, ט) **"הִנֵּה בֵן נוֹלָד לָךְ הוּא יִהְיֶה אִישׁ מְנוּחָה וַהֲנִיחוֹתִי לוֹ מִכָּל אוֹיְבָיו מִסָּבִיב כִּי שְׁלֹמֹה יִהְיֶה שְׁמוֹ". בְּיֹאשִׁיָּהוּ כְּתִיב** (מלכים-א יג, ב) **"וַיִּקְרָא עַל הַמִּזְבֵּחַ בִּדְבַר ה' וַיֹּאמֶר מִזְבֵּחַ מִזְבֵּחַ כֹּה אָמַר ה' הִנֵּה בֵן נוֹלָד לְבֵית דָּוִד יֹאשִׁיָּהוּ שְׁמוֹ". וְיֵשׁ אוֹמְרִים אַף יִשְׁמָעֵאל בָּאוּמּוֹת, "הִנָּךְ הָרָה וְיֹלַדְתְּ בֵּן וְקָרָאת שְׁמוֹ יִשְׁמָעֵאל":**

ט [טז, יב] **"וְהוּא יִהְיֶה פֶּרֶא אָדָם", [כ]רַבִּי יוֹחָנָן וְרַבִּי שִׁמְעוֹן בֶּן לָקִישׁ, רַבִּי יוֹחָנָן אָמַר: שֶׁהַכֹּל יִהְיוּ גְדֵלִים בַּיִּשּׁוּב וְהוּא יִהְיֶה גָּדֵל בַּמִּדְבָּר. רַבִּי שִׁמְעוֹן בֶּן לָקִישׁ אָמַר: פֶּרֶא אָדָם וַדַּאי שֶׁהַכֹּל בּוֹזְזִים מָמוֹן וְהוּא בּוֹזֵז נְפָשׁוֹת. יָדוֹ בַכֹּל וְיַד כֹּל בּוֹ, קְרֵי בֵיהּ "כַּלְבּוֹ", הוּא וְהַכֶּלֶב שָׁוִים. מַה הַכֶּלֶב אוֹכֵל נְבֵלוֹת אַף הוּא אוֹכֵל נְבֵלוֹת. אָמַר רַבִּי אֶלְעָזָר: מָתַי "°יָדוֹ °בַכֹּל וְיַד כֹּל בּוֹ", לִכְשֶׁיָּבֹא אוֹתוֹ שֶׁכָּתוּב בּוֹ** (דניאל ב, לח) **"וּבְכָל דִּי דָיְרִין בְּנֵי אֲנָשָׁא חֵיוַת בָּרָא וְעוֹף שְׁמַיָּא יְהַב בִּידָךְ וְהַשְׁלְטָךְ בְּכָלְּהוֹן", הָדָא הוּא דִכְתִיב** (ירמיה מט, כח) **"לְקֵדָר וּלְמַמְלְכוֹת חָצוֹר אֲשֶׁר הִכָּה נְבוּכַדְנֶאצַּר מֶלֶךְ בָּבֶל". °"נְבוּכַדְרֶאצַּר" כְּתִיב, שֶׁאֲצָרָן בַּמִּדְבָּר וַהֲרָגָן. "°עַל פְּנֵי כָל אֶחָיו יִשְׁכֹּן", [כא]הָכָא אַתְּ אָמַר "יִשְׁכֹּן" וְהָתָם כְּתִיב "נָפָל", אֶלָּא כָּל זְמַן שֶׁהָיָה אַבְרָהָם אָבִינוּ קַיָּם "יִשְׁכֹּן", וּכְשֶׁמֵּת אַבְרָהָם "נָפָל". עַד שֶׁלֹּא פָּשַׁט יָדוֹ בְּבֵית הַמִּקְדָּשׁ "יִשְׁכֹּן", כֵּיוָן שֶׁפָּשַׁט יָדוֹ בְּבֵית הַמִּקְדָּשׁ "נָפָל". בָּעוֹלָם הַזֶּה "יִשְׁכֹּן", אֲבָל לֶעָתִיד לָבֹא "נָפָל":**

י [טז, יג] **"וַתִּקְרָא שֵׁם ה' הַדֹּבֵר אֵלֶיהָ אַתָּה אֵל רֳאִי". רַבִּי יְהוּדָה בַּר סִימוֹן וְרַבִּי יוֹחָנָן בְּשֵׁם רַבִּי אֶלְעָזָר בַּר שִׁמְעוֹן: [כב]מֵעוֹלָם לֹא נִזְקַק הַקָּדוֹשׁ בָּרוּךְ הוּא לְהָשִׂיחַ עִם אִשָּׁה אֶלָּא עִם אוֹתָהּ הַצַּדֶּקֶת וְאַף הִיא עַל יְדֵי עִילָּה. רַבִּי אַבָּא בְּשֵׁם רַבִּי בִּירִי: כַּמָּה כִּרְכּוּרִים כִּרְכֵּר בִּשְׁבִיל לְהָשִׂיחַ עִמָּהּ,** (בראשית יח, טו) **"וַיֹּאמֶר לֹא כִּי צָחָקְתְּ". וְהָכְתִיב "וַתִּקְרָא שֵׁם ה' הַדֹּבֵר אֵלֶיהָ",**

עץ יוסף

יולדות לך בן. וס"ד וקראת שמו יצחק: **הנה בן נולד כו' שלמה יהיה שמו.** (ד"ה כ"ב) מביא מקרא דד"ה שעד שלא נולד לו קראו ה' בשם שלמה. ומ"ש בשמואל וישלח ביד נתן וגו' יש לומר שאחר לידתו קרא לו ה' בשם שני ידידיה להודיע לרבים שנמחל לו העון וה' אהבו: **ויקרא על המזבח כו'.** ונאמר בשם ר' נתנאל שזו הנבואה קדמה ללידת יאשיהו ש' שנה והיה בן ח' שנה כשעשה כל אותן המשפטים (כלי יקר): **אף ישמעאל.** סברי שישמעאל עשה תשובה דאל"כ לא היה קוראו בשמו קודם יצירתו כמו הצדיקים (הכ"א): (ט) **[יב] יהיו גדלים בישוב כו'.** פי' פרא אדם שהוא אדם הדומה לפרא שגדל במדברות. פרא לימוד מדבר. וכן כתיב בו וישב במדבר: **פרא אדם ודאי כו'.** כתרגומו מרוד באנשא. כלו' בוזז אדם ממש. ומיעוטא דהוא היינו שהכל בוזזין ממון וזה כוונתו לבוז נפשות: **קרי ביה כו'.** וההיקש לומר שידו ויד כלבו שוין: **מתי ידו בכל.** נ"ל מתי יד כל בו לכשיבא כו' (א"א) ור"ל כשיבא אותו שידו בכל היינו נבוכדנאצר דכתיב ביה וכל די דארין וגו' אז יד כל בו שאז היה ישמעאל למרמס והלכך נבוכדנצר כתיב התם: **שאצרן במדבר.** כמו עצרן. לשון בי מעצרתא כלו' דרכן כמו בגת (מת"כ): **[יג] הבא את אמר ישכון.** משמע ישכון לבטח בגדולה. ובסוף פ' ח"ש כתיב נפל רמז למפלתו. ודורש תחילה ע"ע ואח"כ על בניו להורות שעליהם עיקר הנבואה: **ובשמת אברהם נפל.** פי' נפל ממעלתו לפי שפסק ממנו זכות האב: **כיון שפשט ידו בבית המקדש.** כמ"ש (תהלים פ"ג) אהלי אדום וישמעאלים וגו' נרשה לנו את נאות אלהים אז נפל טפי בטונו (יפ"ת): **לע"ל נפל.** לגמרי (יפ"ת):

פירוש מהרז"ו

יולדת לך בן. וס"ד וקראת שמו יצחק: **(ט) יהיה גדל במדבר.** כמ"ש ירמיה ב' פרא למוד מדבר ופי' שיהיה אדם פרא. אדם של מדבר. וריש לקיש סובר שתיבת פרא פירושו פחות ופוחת וכמ"ש לעיל סוף פר' כ' ופרא ממה דאית לביש ע"ש וכן ברות רבה פסוק וירדת הגורן פרי מאה פחות ממאה וכן כאן פרא אדם פוחת אדם וממעטו וע' מש"ש לעיל פר' מ"א סוף סימן ז': **ויד כל בו.** איך יתכן שיהיה יד כל בו שאם זה ימשול בו לא יניח לאחר למשול בו על כן דרש כלבו. ור"א בא לתרץ הקושיא הנ"ל שמ"ש ויד כל בו הכוונה על נבוכדנצר שכתוב בו ובכל די דארין בני אנשא וגו' והשלטך בכלהון הוא ימשול עליו: **לקדר ולממלכות חצור.** עד ושדדו את בני קדם. וקדר וקדמה הם מבני ישמעאל וע' מ"ש בזה בפר"א פרק ל' באריכות: **שאצרן במדבר והרגן.** הנה בירמיה כתיב כמה פעמים נבוכד ראצר אך כאן כתיב ראצור בוי"ו ודורש ע"פ מדת נוטריקון שאצרן והוי"ו מורה והרגן ומ"ש במדבר כדעת ר' יוחנן שהיו שוכנים במדבר. ומ"ש שאצרן פירושו שסבבם וכבשם והרגם: **הבא את אמר ישכון.** לקמן סוף פר' ס"ב ודורש מדה ט"ו ב' כ"מ שכאן כתוב ישכון משמע לבטח בגדולה ובסוף פרשה חיי שרה כתיב נפל שמשמעו נפל לארץ בשפלות ודורש תחלה על עצמו ואח"כ על בניו לדורות שעליהם עיקר הנבואה. ומ"ש כיון שפשט ידו כמ"ש תהלים פ"ג אהלי אדום וישמעאלים וגו' אשר אמרו נירשה לנו את נאות אלהים וכמ"ש באיכה רבתי פסוק שמעו: **(י) מעולם לא נזקק.** לקמן סוף פר' מ"ח וש"נ כי שם מקומו ופירשתי לעיל פר' כ' סימן ו' כי שם נכתב ראשונה: **כמה ברכורים.** גירסת הילקוט כמה דברים וכמה כרכורים:

חידושי הרד"ל

(כ) **[ט] והוא יהיה גדל במדבר.** כד"א (ירמיה ב') פרא למוד מדבר:

(כא) **שאצרן במדבר.** אספן למקום אחד כבאוצר ושם הרגן. ומפני שהן שכונים באהלים מפוזרים במדבר קשה לכובשן. לכן אמר שאצרן יחד והרגן:

באור מהרי"פ

ט גדל במדבר. כדכתיב בו וישב במדבר ואמר שיהיו הכל גדלין בישוב דמדכתיב והוא משמע הוא לחודי' ולרשב"ל מיעוטא דהוא שהכל בוזזים ממון והוא כוונתו לבוז נפשות (יפ"ת): **בוזז נפשות.** עיין מ"כ וז"ל הערוך ערך פר ד' ירושלמי בסוף במה אשה יוצאה פרי בתרך פי' פרא רץ ע"ע:

מסורת המדרש

כ ילקוט כאן רמז ע"ט:

כא לקמן סוף פרשה ס"ב:

כב ירושלמי סוטה ריש פ' ז'. לעיל פרשה כ'. לקמן פרשה מ"ח ופרשה ס"ג. מדרש תהלים מזמור ט'. ילקוט כאן רמז פ' כה"ע. ובסדר וירא רמז פ"ב:

אם למקרא

וַיֹּאמֶר אֱלֹהִים אֲבָל שָׂרָה אִשְׁתְּךָ יֹלֶדֶת לְךָ בֵּן וְקָרָאתָ אֶת־שְׁמוֹ יִצְחָק וַהֲקִמֹתִי אֶת־בְּרִיתִי אִתּוֹ לִבְרִית עוֹלָם לְזַרְעוֹ אַחֲרָיו: (בראשית יז:יט)

הִנֵּה בֵן נוֹלָד לָךְ הוּא יִהְיֶה אִישׁ מְנוּחָה וַהֲנִחוֹתִי לוֹ מִכָּל אוֹיְבָיו מִסָּבִיב כִּי שְׁלֹמֹה יִהְיֶה שְׁמוֹ וְשָׁלוֹם וָשֶׁקֶט אֶתֵּן עַל יִשְׂרָאֵל בְּיָמָיו: (דברי הימים א כב:ט)

וַיִּקְרָא עַל־הַמִּזְבֵּחַ בִּדְבַר ה' וַיֹּאמֶר מִזְבֵּחַ מִזְבֵּחַ כֹּה אָמַר ה' הִנֵּה־בֵן נוֹלָד לְבֵית־דָּוִד יֹאשִׁיָּהוּ שְׁמוֹ וְזָבַח עָלֶיךָ אֶת־כֹּהֲנֵי הַבָּמוֹת הַמַּקְטִרִים עָלֶיךָ וְעַצְמוֹת אָדָם יִשְׂרְפוּ עָלֶיךָ: (מלכים א יג:ב)

וּבְכָל־דִּי דָיְרִין בְּנֵי־אֲנָשָׁא חֵיוַת בָּרָא וְעוֹף־שְׁמַיָּא יְהַב בִּידָךְ וְהַשְׁלְטָךְ בְּכָלְּהוֹן אַנְתְּ הוּא רֵאשָׁה דִּי דַהֲבָא: (דניאל ב:לח)

לְקֵדָר וּלְמַמְלְכוֹת חָצוֹר אֲשֶׁר הִכָּה נְבוּכַדְרֶאצַּר מֶלֶךְ־בָּבֶל כֹּה אָמַר ה' קוּמוּ עֲלוּ אֶל־קֵדָר וְשָׁדְדוּ אֶת־בְּנֵי־קֶדֶם: (ירמיה מט:כח)

מתנות כהונה

[ט] פרא. הוא מדבר כד"א והוא בין אחים יפריא [ועי' בספר השרשים להרד"ק ז"ל]: **בוזז נפשות.** פרא אדם פירושו ירדוף בני אדם פרא בלשון ירושלמי לשון רדיפה וריצה: **אצרן.** כמו ועצרן וכו'. גירסת הילקוט עכב אותם או הוא כמו עצרן לשון בי מעצרתא כלומר דרכן כמו בגת: **והתם כתיב נפל** סוף פרשת חיי שרה: **[י] לא נזקק הקב"ה כו'** נתבאר לעיל פ' ך':

אשד הנחלים

וי"א אף ישמעאל בעובדי כוכבים. הראשונים לא חשבו אותו יען לא נתבשר פה על טובו וצדקתו רק על כחו וטבעו שבטבעו יהי' איש בלתי מנוחה כי אם אוהב מלחמה ואין זה חידוש והי"א סבירא ליה שזה נוגע ג"כ לענין הבחירה ע"כ חשבו לחידוש וזהו כדעת ר"ל שיהא בוזז נפשות וא"כ היא תכונה רעה למאוד: **[ט] כלבו.** וביאורו יד כלבו אפילו בהמיית הית' עמו בחוברת יחד מתאחדי' בתכונתם: **לכשיבוא כו'.** כי נ"צ הרגו לקדם שזהו ישמעאל וזהו שהשליטו על בני אינשא וחיות ברא. כי המה נדמו בתכונתם לכל חיתו יער כי הוא פרא אדם: **אברהם אבהנו קיים ישכון כו' עד שלא פשט.** אף שאחרי מיתת אברהם תיכף כתיב עליו נפילה אין הנפילות דומות כי בערך המנוחות שהיו לו בחיי אברהם הית' נפילה לו אחרי מיתתו ואחרי שפשטה ידו בבהמ"ק נפל לגמרי ממשלתו. ולע"ל יפול מכל וכל: **[י] עם אותה הצדקת.** זה מוסב על שרה כמו שמפרש ר"ב שרק בשביל להוכיחה. ועכ"ז דיבר עם אברהם. רק בעת שהכחישה אז הוכרח להודיע שצחקה באמת ורק

רַבִּי יְהוֹשֻׁעַ בַּר נְחֶמְיָה אָמַר: עַל יְדֵי מַלְאָךְ — **R' Yehoshua bar Nechemyah said** in response: God spoke to her **through the agency of an angel**, and not directly.[116] וְהָכְתִיב ״וַיֹּאמֶר ה׳ לָהּ״ — **But see, it is written** regarding Rebecca, ***And HASHEM said to her***... (below, 25:23)! רַבִּי לֵוִי בְּשֵׁם רַבִּי חֲנִינָא בַּר חָמָא אָמַר — **R' Levi in the name of R' Chanina bar Chama said** in response: עַל יְדֵי מַלְאָךְ — Here too, God spoke to her **through the agency of an angel.** רַבִּי אֶלְעָזָר בְּשֵׁם רַבִּי יוֹסֵי בֶּן זִמְרָא אָמַר — **R' Elazar in the name of R' Yose ben Zimra said** a different response: עַל יְדֵי שֵׁם — He spoke to Rebecca **through the agency of Shem** son of Noah.[117]

☐ אַתָּה אֵל רֳאִי — ***YOU ARE THE GOD OF VISION.***

The Midrash explains what Hagar meant by referring to God with this appellation:

אָמַר רַבִּי אַיְיבוּ — **R' Aivu said:** אַתָּה הוּא רוֹאֶה בְּעֶלְבּוֹן שֶׁל עֲלוּבִים — Hagar meant, **"You are He Who sees the suffering of the afflicted."**[118]

☐ כִּי אָמְרָה הֲגַם הֲלֹם רָאִיתִי אַחֲרֵי רֹאִי — ***FOR SHE SAID: "COULD I HAVE SEEN EVEN HERE*** [הֲלֹם] ***AFTER MY HAVING SEEN?"***

Hagar speaks of two seeings: (i) "seeing here [הֲלֹם]" and (ii) "having seen," emphasizing the first seeing with the word "even." The Midrash explains what she was referring to:

אָמְרָה ״לֹא דַיִּי שֶׁנִּזְקַקְתִּי לְדִיבּוּר — **She said, "Is it not sufficient for me that I was exposed to a** Divine **communication,** אֶלָּא לְמַלְכוּת״ — **that** moreover I was foretold of **kingship** that would descend from me?!"[119] הֵיךְ מַה דְּאַתְּ אָמַר ״כִּי הֲבִיאֹתַנִי עַד הֲלֹם״ — For the word הֲלֹם intimates royalty, **as it is stated,** ***Who am I, O my Lord . . . that You should have brought me this far*** [הֲלֹם]?[120] (*II Samuel* 7:18). דָּבָר אַחֵר — **Another explanation:**[121] ״לֹא דַיִּי שֶׁנִּזְקַקְתִּי עִם גְּבִרְתִּי — She said, **"Is it not sufficient for me that I was exposed** to Divine visions **together with my mistress,** אֶלָּא בֵּינִי לְבֵין עַצְמִי״ — **that** moreover I have now beheld an angel **by myself?!"**[122]

☐ רָאִיתִי אַחֲרֵי רֹאִי — ***I HAVE SEEN AFTER MY HAVING SEEN.***

The Midrash addresses the seemingly extraneous pronoun "my" in the phrase "my having seen":

״לֹא דַיִּי שֶׁנִּזְקַקְתִּי עִם גְּבִרְתִּי לִרְאוֹת הַמַּלְאָךְ — Hagar was saying here, **"Is it not sufficient for me that I was exposed** to Divine visions while **together with my mistress, to behold angels,** אֶלָּא שֶׁאֲפִילּוּ גְּבִרְתִּי שֶׁהָיְתָה עִמִּי לֹא רָאֲתָה״ — **that** moreover **even my mistress** herself, **when she was with me, did not behold** those angels!"[123] אָמַר רַבִּי שְׁמוּאֵל בַּר נַחְמָן — **R' Shmuel bar Nachman said** in explanation of this statement: מָשָׁל לְמַטְרוֹנָה שֶׁאָמַר לָהּ הַמֶּלֶךְ ״עִבְרִי לְפָנַי״ — This can be illustrated by means of **a parable;** it may be likened **to a noblewoman, to whom the king said, "Pass in front of me."**[124] עָבְרָה לְפָנָיו וְהָיְתָה מִסְתַּמֶּכֶת עַל שִׁפְחָתָהּ וְצִימְצְמָה פָּנֶיהָ — **She passed before him, leaning on her maid because [the noblewoman] had covered**[125] **her face** so as not to gaze at the king's glory, וְלֹא רָאֲתָה הַמֶּלֶךְ וְהַשִּׁפְחָה רָאֲתָה — **and** thus **she did not see the king, but the maid,** who was guiding her along, **did see** him.[126]

NOTES

116. I.e., when the verse speaks of "HASHEM Who spoke to her," it is referring to the words spoken by the angel in vv. 7-12, and not (as originally presumed) to an additional communication direct from God.

117. See below, 63 §6.

118. The ending י of רֳאִי is not the possessive, so that the word would mean, "Who sees *me.*" Rather, all three letters of רֳאִי are part of the root, and the word is a noun, "the One Who sees." The Midrash elaborates on what it is that God sees according to Hagar's statement: He sees the suffering of *all* the downtrodden people, such as herself (*Yefeh To'ar, Maharzu*; see *Rashi* on *Chumash* here). See further Insight Ⓐ.

119. From the fact that she was told (v. 12) that her son's *hand would be against everyone* (*Yefeh To'ar*), or that (ibid.) *he will dwell over all his brothers* (*Radal, Eitz Yosef*), she realized that her son's descendants would develop into a great and powerful nation, ruling over others. The two "seeings" that Hagar marveled over are thus (a) the fact that she experienced a Divine communication altogether and (b) the fact that this communication went so far as ("even") to promise her royal descendants. (More accurately, Hagar was referring to *one* episode of "seeing," which had two aspects.)

120. King David said these words, marveling over the fact that God had seen fit to give him a promise that his descendants would be kings of Israel for all time.

121. We have followed the emendation set forth by *Yefeh To'ar* and (independently) by *Radal,* in reversing the position of this sentence with the next one.

122. Hagar expressed her surprise that she was independently worthy of viewing an angel, without being in the presence of her saintly mistress Sarah. The two "seeings" that Hagar mentions here are thus (a) the seeing of angels while together with Sarah, and (b) the seeing of an angel "even" while alone, by herself.

123. According to this interpretation, Hagar was not describing her present vision of the angel at all; rather, she was referring to her frequent visions of angels she had experienced while in Sarah's house (*Yefeh To'ar*; cf. *Imrei Yosher*). In those visions, she saw the angels while Sarah herself did not — an anomalous, counterintuitive situation, which the Midrash now goes on to explain. This is why she said "*my* having seen" — mine, as opposed to Sarah's.

124. The king wanted to inspect her physical beauty. See Midrash below, 46 §4 (*Maharzu*).

125. [*Aruch* ע׳ צמצם; cf. *Matnos Kehunah.*]

126. Thus, the fact that Hagar beheld the Divine angel, though Sarah did not, is not an indicator that Hagar was spiritually superior to Sarah. On the contrary, Hagar in her own right was unworthy of seeing angels, and it was only through her association with her mistress Sarah that she had these visions. Sarah, however, in her humility chose to conceal her face because she considered herself unworthy to behold an angel. [See similarly *Exodus* 3:6, where Moses hid his face when God appeared to him in the burning bush] (see *Yefeh To'ar*).

INSIGHTS

Ⓐ You See the Suffering of the Afflicted What, exactly, inspired Hagar's wonderment? Surely she knew that the Divine Judge does not ignore the weak and the downtrodden! Why would she expect God to favor Sarah and ignore her?

Hagar sensed that she was wrong. There in the desert, she recognized Sarah as her mistress (see v. 8), and followed the angel's command to return to her. Hagar realized that she deserved some affliction for her behavior. Her wonderment was: God knew she was wrong, but still saw her suffering. If a person has been crushed, it makes no difference whether he is respected, or even virtuous; God will help the downtrodden.

This concept is taught elsewhere in the Midrash. *Vayikra Rabbah* 27 §5 expounds on *Ecclesiastes* 3:15, *And God seeks [to support] the pursued,* as meaning that God *always* supports the pursued, whether he is righteous or not. The principle is: *God seeks the pursued.* The mere fact that he is being persecuted invokes God's support (*Divrei Torah, Bereishis, Maamar* 24, 9-13). [See similarly, *Meiri* cited above, in the Insight to 45 §5.]

Ramban expresses a similar idea to *Exodus* 22:20. The Torah commands there: וְגֵר לֹא תוֹנֶה וְלֹא תִלְחָצֶנּוּ כִּי גֵרִים הֱיִיתֶם בְּאֶרֶץ מִצְרָיִם: כָּל אַלְמָנָה וְיָתוֹם לֹא תְעַנּוּן, *You shall not taunt or oppress a stranger, for you were strangers in the land of Egypt; You shall not cause pain to any widow or orphan.* One might be tempted to take advantage of the stranger, the widow, or the orphan because they are defenseless. If you are so tempted, warns God, remember that you yourselves were strangers in the land of Egypt, and I carried out vengeance against your oppressors — not because of your merit, but because I see *the tears of the oppressed, who have no one to comfort them, and I save them from their oppressors.* Therefore, if you cause pain to the widow or orphan, "I shall hear their outcries" (*Exodus* 20:22), since they have nobody to rely on but Me.

רַבִּי יְהוֹשֻׁעַ בַּר נְחֶמְיָה אָמַר: עַל יְדֵי מַלְאָךְ. וְהָכְתִיב "וַיֹּאמֶר ה' לָהּ", רַבִּי לֵוִי בְּשֵׁם רַבִּי חֲנִינָא בַּר חָמָא אָמַר: עַל יְדֵי מַלְאָךְ, רַבִּי אֶלְעָזָר בְּשֵׁם רַבִּי יוֹסֵי בֶּן זִמְרָא אָמַר: עַל יְדֵי שֵׁם. "אַתָּה אֵל רֳאִי", אָמַר רַבִּי אֵייבוּ: אַתָּה הוּא רוֹאֶה בְּעֶלְבּוֹן שֶׁל עֲלוּבִים. "כִּי אָמְרָה הֲגַם הֲלֹם רָאִיתִי אַחֲרֵי רֹאִי", אָמְרָה: לֹא דַּיִּי שֶׁנִּזְקַקְתִּי לְדִיבּוּר אֶלָּא [כג]לְמַלְכוּת, הֵיךְ מַה דְּאַתְּ אָמַר (שמואל ב ז, יח) "כִּי הֲבִיאֹתַנִי עַד הֲלֹם".° "רָאִיתִי אַחֲרֵי רֹאִי", לֹא דַּיִּי שֶׁנִּזְקַקְתִּי עִם גְּבִרְתִּי לִרְאוֹת הַמַּלְאָךְ אֶלָּא שֶׁאֲפִילּוּ גְּבִרְתִּי שֶׁהָיְתָה עִמִּי לֹא רָאֲתָה, דָּבָר אַחֵר לֹא דַּיִּי שֶׁנִּזְקַקְתִּי עִם גְּבִרְתִּי אֶלָּא בֵּינִי לְבֵין עַצְמִי. אָמַר רַבִּי שְׁמוּאֵל בַּר נַחְמָן: מָשָׁל לְמַטְרוֹנָה שֶׁאָמַר לָהּ הַמֶּלֶךְ: עִבְרִי לְפָנַי, עָבְרָה לְפָנָיו וְהָיְתָה מִסְתַּמֶּכֶת עַל שִׁפְחָתָהּ וְצִימְצְמָה פָּנֶיהָ וְלֹא רָאֲתָה הַמֶּלֶךְ וְהַשִּׁפְחָה רָאֲתָה:

עץ יוסף

(י) [טו] **הרואה בעלבון כו'.** פי' שרואה בצרתם ועונה אותם שזהו עיקר אמונת ההשגחה וכמ"ש בתפלה סומך נופלים ורופא חולים וכו': **בעלבון של עלובים.** וכד"א את עניי ויגיע כפי ראה אלהים. וכן ראה בעלבונה לבשרה בבשורת תנחומים אף כי לא היתה ראויה לדבור המלאך מצד עצמה: **אלא למלכות.** שתיבת הלום המיותר רמז למלכות. שאין הלום אלא מלכות המד"א כי הביאתני עד הלום. והכי קאמרה הגם מלכות מוסף על הראיה שבישר אותי שיהיה ישמעאל גדול בעולם כדכתיב על פני כל אחיו ישכון: **ראיתי אחרי רואי לא די כו'.** הגירסא משובשת ומהופכת וכן צ"ל לא די שנזקקתי עם גבירתי לראות המלאך אלא אפי' ביני לבין עצמי: ד"א לא די שנזקקתי עם גבירתי אלא אפילו גבירתי שהיתה עמי לא ראתה אמר רשב"נ משל למטרונה כו' ור"ל כמו המטרונה שצמצמה פניה מחמת צניעות ולא ראתה המלך והשפחה ראתה. אף כך שרה מצניעותה ויראתה הסתירה פניה ולא ראתה היטיב כי יראה מהביט אל האלהים. והשפחה הגר שהיתה עמה ראתה (יפ"ת): **עברי לפני.** שתעבור לפניו לבודקה ודרך המלכה לסמוך על שפחתה בהליכתה והמלכה מפחדה מהמלך שמא לא ימצא אותה כתיקונה לא ראתה את המלך אף השפחה לא פחדה והסתכלה במלך. וכאן עיקר הראייה בשביל שרה ולא ראתה:

פירוש מהרז"ו

הרואה בעלבון של עלובים. שמ"ש אל ראי שפירושו אל שראה אותי וא"כ מעטה בשבחו שהרי את הכל הוא רואה. על כן דורש שפירושו אל בעל הראי' ת"א אלה דחזי כולא. והמדרש הוסיף ביאור שהוא רואה בעלבון עלובים. פירוש שרואה בצרתם ועונה אותם שזהו עיקר אמונת ההשגחה וכמ"ש בתפלה סומך נופלים ורופא חולים וכו': **אלא למלכות.** דייק מ"ש הגם הלום שהיל"ל הגם פה. ותיבת הגם מיותר. על כן דורש הגם מלכות מוסף על הראיה שבישר אותי שיהי' בני ישמעאל גדול בעולם. ועי' לקמן פר' נ"ה סימן ו': **לא די שנזדקקתי עם גברתי.** הוא ד"א על מ"ש הגם הלום. שמה שראיתי הנבואה אינו בזכותי אלא בזכות שרה שהיא מלכה כי אברהם מלך כמ"ש לעיל פר' מ"ג סימן ה'. וזהו הגם הלום אע"פ שבזכות גברתי ראיתי עכ"ז אני ראיתי ולא היא. ורשב"ן בסמוך בא לגמור פירוש זה אלא שהפסיקו בד"א: **דבר אחר לא דיי.** פי' הלום כנ"ל ולא די שזכיתי לראות המלאך כשהייתי עם גברתי ביחד בביתה. אלא אפילו כאן שאני לבדי ראיתי ג"כ אחרי רואי עמה: **עברי לפני.** שתעבור לפניו לבדקה שאין בה מום כמ"ש לקמן פר' מ"ו סי' ד' בהדיא ודרך המלכה לסמוך על שפחתה בהליכתה. והמלכה מפחדה מהמלך שמא לא ימצא אותה כתיקונה לא ראתה את המלך אך השפחה לא פחדה והסתכלה במלך. וכן כאן עיקר המראה בשביל שרה ולא ראתה:

חידושי הרד"ל

(כב) [י] **רואה בעלבון כו'.** שאמר לה כי שמע ה' אל עניך. וכד"א את עניי ויגיע כפי ראה אלהים:

(כג) **אלא למלכות.** ע"ש על פני כל אחיו ישכון:

(כד) **אחרי רואי.** לא די שנזדקקתי עם גברתי לראות המלאך אלא ביני לבין עצמי. ד"א לא די כו' אלא אפילו גברתי שהיתה עמי לא ראתה אמר רבי שמעון ב"ר נחמני כו' כנ"ל:

מסורת המדרש

כג ע' זבחים דף ק"ב:

אם למקרא

וַיָּבֹא הַמֶּלֶךְ דָּוִד וַיֵּשֶׁב לִפְנֵי ה' וַיֹּאמֶר מִי אָנֹכִי אֲדֹנָי ה' וּמִי בֵיתִי כִּי הֲבִיאֹתַנִי עַד הֲלֹם:
(שמואל ב ז:יח)

מתנות כהונה

בילקוט ובבאורי מהר"א מזרחי מוכיח דה"ג] אלא שאפילו גברתי לא היתה עמי ראיתי לא דיי כו'. ופי' מהר"ר אליהו מזרחי הייתי סבורה שלא ראיתיו אלא באמצעות גברתי וזכותה עכשיו ראיתי שהוא נראה אף אלי לבדי כי הוא רואה בעלבון הנעלבים: [**עברי לפני** גרסינן]: **וצמצמה.** כלומר הסתירה פניה שלא לזון עיניה בפני המלך מפני מורא מלכות והערוך פי' כסתה פניה ולשון עיקר דא"כ למה אמר לה שתעבור בפניו: והשפחה ראתה. וזה מפני שגבירתה נסמכה עליה דאם לא כן מי הביאה לראות פני המלך כך ע"י זכות שרה נזקקה הגר לראות פני המלאך והמשל הוא על הראיות הראשונות שבבית אברהם [ועי' בעקדה סוף שער י"ז ויתבאר לך יותר]:

אשד הנחלים

בהגר היה ע"י מלאך לבד. ולדעת ר"א ע"י שם שהי' שם בן נח מגיד לה עניינה: **בעלבון.** וביאורי אתה האל ראי שתראה האשה עלובה כמוני להשגיח עלי ולנחמני: **למלכות.** כלומר לא די שהבטיחה לה בהסרת הרעה והפחד אלא שהבטיח על בנה שיהי' מלך וביאורו הגם הלום [זה מלכות] ראיתי אחרי רואי הבשורה שלא אפחד עוד ראיתי ונתבשרתי על הגדולה הזאת: **לא דיי.** כלומר הגם הלום פה שאין גבירתי עמי עכ"ז ראיתי אותו. ואגב התנשאה בנפשה שהיא רואה אז מה שגבירתה אינה רואה כעת וזהו אחרי רואי כי רק אני רואה. והד"א אינו סובר כן רק שהתפארה שרואה בעצמה אף בעת שהיא בלתי הגברת: **משל למטרוניתא כו' וצמצמה פניה.** הוא באמת סבה גדולה למה שלא מצינו בשרה שראתה מלאכים רבים כמו הגר. וביאר הסבה לפי שהגדול יש לו בושה גדולה לראות פני המלך מרוב הכנעתו והכרתו את גדולת המלך אך לא כך האיש השפל שרואה בעזות בלי בושה וזה כדמות מאמרם בברכות אני דומה כשר לפני המלך והוא כעבד לפני המלך שהולך תמיד בביתו והענין ע"פ ציור הוא נכון מאוד אף שהתראות המלאך אינה ביד האדם עכ"ז ההבטה בו אחר שהוא מתגלה על האדם תלוי בכח האדם כי המסתיר פנים מפני ענוותו יתכן שלא יראנו כמ"ש במשה ויסתר משה פניו. וא"כ אין צורך לפירוש המ"כ והבן זה.

Chapter 46

וַיְהִי אַבְרָם בֶּן תִּשְׁעִים שָׁנָה וְתֵשַׁע שָׁנִים וַיֵּרָא ה׳ אֶל אַבְרָם וַיֹּאמֶר אֵלָיו אֲנִי אֵל שַׁדַּי הִתְהַלֵּךְ לְפָנַי וֶהְיֵה תָמִים.

When Abram was ninety-nine years old, HASHEM appeared to Abram and said to him, "I am El Shaddai; walk before Me and be perfect" (17:1).

§1 וַיְהִי אַבְרָם בֶּן תִּשְׁעִים וְתֵשַׁע שָׁנִים — *WHEN ABRAM WAS NINETY-NINE YEARS OLD . . . WALK BEFORE ME AND BE PERFECT.*

The Midrash cites an interpretation of a verse in *Hosea* that relates the verse to God's commanding Abraham to circumcise himself (our passage). However, it prefaces that interpretation with a different one:

"כַּעֲנָבִים בַּמִּדְבָּר מָצָאתִי יִשְׂרָאֵל כְּבִכּוּרָה בִתְאֵנָה בְּרֵאשִׁיתָהּ וגו׳" — Scripture states, ***I found Israel like grapes in the desert; like ripe fruit on a fig tree in its beginning,** did I view your fathers* (*Hosea* 9:10). אָמַר רַבִּי יוּדָן — **R' Yudan said** in explanation of this comparison: הַתְּאֵינָה הַזּוֹ בַּתְּחִלָּה אוֹרִים אוֹתָהּ אַחַת אַחַת — **The fig tree, at first they harvest it one** fruit **at a time,**[1] וְאַחַר כָּךְ שְׁתַּיִם וְאַחַר כָּךְ שָׁלֹשׁ — **and subsequently two** at a time, **and subsequently three** at a time,[2] עַד שֶׁאוֹרִים אוֹתָהּ בְּסַלִּים וּבְמַגְרֵיפוֹת — **until** eventually **they harvest it with baskets and with pincers.**[3] כָּךְ בַּתְּחִלָּה "אֶחָד הָיָה אַבְרָהָם וַיִּירַשׁ אֶת הָאָרֶץ" — **So too, at first *Abraham was [but] one, yet he inherited the land,***[4] וְאַחַר כָּךְ שְׁנַיִם אַבְרָהָם וְיִצְחָק — **and then there were two, Abraham and Isaac,** וְאַחַר כָּךְ שְׁלֹשָׁה, אַבְרָהָם יִצְחָק וְיַעֲקֹב — **and then there were three, Abraham, Isaac, and Jacob,**[5]Ⓐ וְאַחַר כָּךְ "וּבְנֵי יִשְׂרָאֵל פָּרוּ וַיִּשְׁרְצוּ וַיִּרְבּוּ וַיַּעַצְמוּ בִּמְאֹד מְאֹד" — **and afterward *the Children of Israel were fruitful, teemed, increased, and became strong — very, very much so*** (*Exodus* 1:7).[6]

The Midrash now gives its second interpretation of the verse in *Hosea* (also from R' Yudan), the one that is related to our passage: אָמַר רַבִּי יוּדָן — **R' Yudan said** further: מָה הַתְּאֵנָה הַזּוֹ אֵין לָהּ פְּסוֹלֶת אֶלָּא עוּקְצָהּ בִּלְבַד — **Just as the fig has no refuse** that must be discarded as inedible, **other than its stem**[7] — הַעֲבֵר אוֹתוֹ וּבָטֵל הַמּוּם — **remove it, and the** fig's only **blemish is eliminated;** כָּךְ אָמַר הַקָּדוֹשׁ בָּרוּךְ הוּא לְאַבְרָהָם — **so too, the Holy One, blessed is He, said to Abraham,** אֵין בְּךָ פְּסוֹלֶת אֶלָּא הָעָרְלָה — **"There is no refuse in you other than the foreskin** — הַעֲבֵר אוֹתָהּ וּבָטֵל הַמּוּם — **remove it, and the blemish is eliminated."** "הִתְהַלֵּךְ לְפָנַי וֶהְיֵה תָמִים" — Thus, He said to Abraham in our verse, ***Walk before Me and "be perfect."***[8]

NOTES

1. Unlike the fruit of other trees, figs do not all ripen at the same time. Rather, at first they ripen one by one, whereupon each fig is picked when it ripens (*Eitz Yosef*).

2. As the season progresses, more and more of the figs ripen, first two at a time, then three at a time, and so on. The pace of the harvest quickens accordingly (ibid.).

3. That is, later in the season, too many figs ripen simultaneously for them to be harvested by hand, one at a time. Instead, pincers are used to grasp a branch and snip it off with all its figs (ibid.). The cut figs are then collected in baskets for easy carrying.

4. R' Yudan is employing a stylistic citation of *Ezekiel* 33:24 to express the idea that Abraham was but one. Thus, he quotes as well the verse's words *yet he inherited the land*, even though they do not relate to his exposition, which focuses on the manner in which the Jewish nation grew (*Radal, Rashash*; see *Maharzu* and *Yedei Moshe*).

5. Abraham lived for 15 years after the birth of Jacob. See *Rashi* to 25:29 below.

6. Thus, the fathers of Israel were like the first ripe fruit of the fig tree whose appearance heralds the multitudes to come.

[R' Yudan has addressed the fig simile used in the verse in *Hosea*. For a discussion of the grape simile used earlier in the verse, see *Yalkut Shimoni, Hosea* §525.]

7. Some fruits have inedible outer peels, while others have inedible inner pits. The fig, however, is edible inside and out — even its seeds and peels. The only part that is discarded is the stem from which it had hung on the tree (*Eitz Yosef*, from *Alshich*).

8. That is, *walk before Me* through the observance of My commandment of circumcision, as detailed in the verses that follow, and thus you will *be perfect*, for you will have removed your sole blemish (*Rashi* on this verse). See Insight Ⓑ.

INSIGHTS

Ⓐ **The Whole Greater Than the Parts** The parallel of the Midrash here does not seem to be precise. In the case of the fig tree, the two-by-two figs are separate from the three-by-three figs, whereas in the case of the Patriarchs, two and three are the *cumulative* amounts. To answer this question, *Yefeh To'ar* suggests that R' Yudan means that in the case of the Patriarchs as well, the "two" and "three" were distinct from the "one." The whole was greater than the sum of its parts. Abraham and Isaac together were more than just the sum of Abraham and Isaac. And Abraham, Isaac, and Jacob were more than just the sum of the three individuals. Each successive patriarch did not simply add to the edifice begun by his predecessor. Rather, together, they were the three Patriarchs of the Jewish nation, with the combined power to forge that nation to a far greater degree than the cumulative influence of three individuals could have done. (See also *Sifra*, cited by *Rashi* to *Leviticus* 26:8.)

Ⓑ **Like the Stem of a Fig** It seems quite clear from our Midrash that the foreskin can be viewed as a *physical* blemish on the body, comparable to the useless, inedible stem of a fig; only once this blemish is removed is a person considered complete. Indeed, *R' Saadiah Gaon* (*Emunah V'Dei'os* 3:10:7), when discussing the rationale of the commandment of circumcision, writes that "perfection" implies a condition containing neither superfluity nor deficiency. The Creator created this part of man's body with a redundancy [i.e., the foreskin that serves no purpose whatsoever and as a superfluous entity, is essentially a defect]; when this redundancy is cut off, a defect in man's formation is removed. What remains is a state of perfection.

Chinuch (§2) adds that the reason why man was created with this redundancy, which is essentially a deficiency, was to hint to him that just as the perfection of one's body can be accomplished through one's own effort and volition, so too, through one's actions man has the power to perfect his soul (see also *Tanchuma, Tazria* §5).

Rambam (*Moreh Nevuchim* 3:49), however, writes that the commandment was *not* given to remove a *physical* defect, but as a means of perfecting man's *moral* shortcomings, for removal of the foreskin decreases excessive lust (see *Rabbeinu Bachya* 17:13; for an analysis of this view see *Akeidas Yitzchak, Lech Lecha, Shaar* §18).

[Many other approaches as to the rationale for this mitzvah have been given by the commentators throughout the ages. For a sampling of some other views, see Artscroll, *Genesis* 17:10; see also R' Nachshoni, end of *Lech Lecha*, for a synopsis of many of the variant opinions.]

According to *Rambam*, it is difficult to understand this Midrash. What does the Midrash mean when it compares Abraham's removal of his foreskin to the removal of the inedible, useless stem of a fig? Why, the foreskin must be removed so as to decrease forbidden desires! *Alshich* (17:1 s.v. אמנם) explains that Abraham possessed complete control over his evil inclination (see our insight below, 59 §8). For him to perform any further action to remove lust or desire was superfluous and absolutely unnecessary, as these desires were completely foreign to him. Hence, Abraham was commanded to circumcise himself not in order to remove his own desires, but so that this commandment would be passed down to and accepted by his progeny, who would require this action to remove lust. Thus, the Midrash can be understood as follows: Hashem told Abraham that he was as perfect as a fig, which is completely edible (peel and all). Accordingly, unlike his progeny, his foreskin was not considered as a "source" of desire but, rather, an extraneous piece of

פרשה מו

א [יז, א] "**וַיְהִי אַבְרָם בֶּן תִּשְׁעִים וְתֵשַׁע שָׁנִים**". (הושע ט, י) "**כַּעֲנָבִים בַּמִּדְבָּר מָצָאתִי יִשְׂרָאֵל כְּבִכּוּרָה בִתְאֵנָה בְּרֵאשִׁיתָהּ וְגוֹ'**", [א]**אָמַר רַבִּי יוּדָן: הַתְּאֵינָה הַזּוֹ בַּתְּחִלָּה אוֹרִים אוֹתָהּ אַחַת אַחַת, וְאַחַר כָּךְ שְׁתַּיִם וְאַחַר כָּךְ שָׁלֹשׁ עַד שֶׁאוֹרִים אוֹתָהּ בְּסַלִּים וּבְמַגְרֵיפוֹת. כָּךְ בַּתְּחִלָּה "אֶחָד הָיָה אַבְרָהָם וַיִּירַשׁ אֶת הָאָרֶץ", וְאַחַר כָּךְ שְׁנַיִם אַבְרָהָם וְיִצְחָק, וְאַחַר כָּךְ שְׁלֹשָׁה, אַבְרָהָם יִצְחָק וְיַעֲקֹב, וְאַחַר כָּךְ** (שמות א, ז) "**וּבְנֵי יִשְׂרָאֵל פָּרוּ וַיִּשְׁרְצוּ וַיִּרְבּוּ וַיַּעַצְמוּ בִּמְאֹד מְאֹד". אָמַר רַבִּי יוּדָן: מָה הַתְּאֵנָה הַזּוֹ אֵין לָהּ פְּסֹלֶת אֶלָּא עוּקְצָהּ בִּלְבָד הַעֲבֵר אוֹתוֹ וּבָטֵל הַמּוּם, כָּךְ אָמַר הַקָּדוֹשׁ בָּרוּךְ הוּא לְאַבְרָהָם: אֵין בְּךָ פְּסֹלֶת אֶלָּא הָעָרְלָה, הַעֲבֵר אוֹתָהּ וּבָטֵל הַמּוּם, "הִתְהַלֵּךְ לְפָנַי וֶהְיֵה תָמִים":**

ב (קהלת ג, א) "**לַכֹּל זְמָן וְעֵת לְכָל חֵפֶץ תַּחַת הַשָּׁמָיִם**", [ב]**זְמַן הָיָה לוֹ לְאַבְרָהָם אֵימָתַי שֶׁנִּתְּנָה לוֹ מִילָה שֶׁנֶּאֱמַר** (בראשית טז, כו) "**בְּעֶצֶם הַיּוֹם הַזֶּה נִמּוֹל אַבְרָהָם וְיִשְׁמָעֵאל בְּנוֹ", זְמַן הָיָה לָהֶם לְבָנָיו שֶׁנִּמּוֹלוּ שְׁתֵּי פְעָמִים אֶחָד בְּמִצְרַיִם וְאֶחָד בַּמִּדְבָּר שֶׁנֶּאֱמַר** (יהושע ה, ה) "**כִּי מֻלִים הָיוּ כָּל הָעָם הַיֹּצְאִים וְגוֹ'". וַיָּמָל [ג]בֶּן אַרְבָּעִים וּשְׁמוֹנֶה שָׁנָה כְּשֶׁהִכִּיר אֶת בּוֹרְאוֹ,**

עץ יוסף

[מו] (א) **התאנה הזו בתחלה כו'.** פירוש מלקטים אותה אחת אחת ואח"כ שתים ואח"כ שלש (לפי שאין כל התאנים מתבשלים יחד כשאר פירות אלא תחלה מעט ושוב יותר) עד שאורים אותה בסלים ובמגריפות (הם כלים שתופש בהם יחור התאנים ומורידו) כך מתחלה אחד היה אברהם ואח"כ שנים אברהם ויצחק ואח"כ שלשה כו' ואח"כ ובני ישראל פרו וישרצו וגו' ולכך המשיל לתאנה ואמר כענבים במדבר מצאתי ישראל וגו'. והיינו כדפרש"י שם כענבים שהם חביבים במדבר כך חבבתי את ישראל: **אלא עוקצה.** כי יש פרי שתוכו נאכל וברו היא קליפתו נזרקת. ויש שתוכו היא גרעינו נזרק וברו נאכל אך התאינה תוכו וברו נאכל. ואין בה פסולת אלא עוקצה לבד שהוא תלוי בו באילן. כך אין לך כו' (אלשיך): (ב) **לכל זמן כו'.** שהיה זמן מכוון למצות המילה דוקא לצ"ט שנה מטעמא דלקמן ולא היה הדבר במקרה. וכן כיוצא בו היה זמן מיוחד לבניו למילה ב"פ אחד במצרים שלא היה להם זכות ליגאל אלא בזכות דם פסח ודם מילה. ומ"מ הנולדים במדבר לא יכלו למול משום סכנה. אבל אח"כ בבואם לארץ הוצרכו לימול שלא היה להם זכות ליכנס לארץ אלא ע"י המילה וכדלקמן סי' ז' (נזה"ק): **שנימולו ב' פעמים.** כל ישראל ביום אחד. וזה לא היה אלא שני פעמים: **בן ארבעים ושמונה שנה כשהכיר.** אבל למ"ד בן ג' שנה הכיר את בוראו לא היה אז ברשות עצמו כי קטן היה:

פירוש מהרז"ו

[מו] (א) **אחת אחת ואחר כך שתים.** עי' במ"ר פר' ב' סימן י"ב אצל כוכבים. ועי' לקמן פר' כ"ג סימן ג' על פסוק כענבים ועי' לעיל פר' י"ב סי' ד' וכמ"ש פאה פרק א' משנה ד': **אחד היה אברהם.** פסוק הוא ביחזקאל ל"ג סימן כ"ד שאחד היה שבא תחת כנפי השכינה במ"ר פר' ב' שם בהדיא: **שלשה אברהם.** עד אברהם יצחק ויעקב ואח"כ בילקוט הושע ט' הגי' ואח"כ שלשה אברהם יצחק ויעקב עד ובני ישראל פרו וישרצו וירבו וכו' וכן צריך להגיה כאן: **אלא עוקצה בלבד.** כי כל הפירות יש להן קליפה מבחוץ וגרעינים מבפנים ובראשם פיקם של שער והכל פסולת אבל התאנה אין לה רק עוקץ בלבד שהוא תלוי בו באילן שעל ידו עיקר גידול הפרי: **ובטל המום.** וזהו והיה תמים: (ב) **לכל זמן.** קהלת רבה פסוק זה: **שנתנה לו המילה.** שתגלה סוד ה' שתהיה תחת השמים עי' לעיל פר' כ"ח סימן ד' קהלת רבה פסוק אחד מאלף וכמ"ש מדרש תהלים ק"ה על פסוק דבר צוה לאלף דור זו מילה: **בעצם היום הזה.** ולא פירש באיזה יום ע"כ דורש יום שהוא מוכן ובא משעת י"ב לא קודם ולא אחר כן: **זמן היה לבניו.** לקמן סימן ו'. ולקמן פר' מ"ז סימן ג': **שנמולו שתי פעמים.** פי' שנמולו כל ישראל ביחד ביום אחד. וזה לא היה בעולם אלא ב' פעמים. וזה מרומז במ"ש זמן ועת על שני עתים. עי' שמ"ר פר' י"ט סימן ה' וש"נ. וזמן אחד היה על ידי משה והשני ע"י יהושע. כמ"ש ושוב מול את בני ישראל שנית עד כי מולים וגו' ופירושו כמו שנמולו בראשונה כל העם היוצאים יחד כך בשניה: **בן ארבעים ושמונה שנה.** כמ"ש לעיל פרשה למ"ד סימן ח' וש"נ ומבואר בבירור. ואז היה לו למול ולמה לא ציוה לו אז. וזה לדעת

חידושי הרד"ל

(א) **בתחלה אחד היה אברהם ויירש את הארץ.** לשון המקרא (יחזקאל ל"ג נקטיה. ועי' יד"מ:

חידושי הרש"ש

[א] **כך בתחלה אחד היה אברהם ויירש אה"א.** הוא לשון הכתוב ביחזקאל ל"ג ואשתמיט מבעל יד"מ:

[ב] **שנימולו שתי פעמים כו' ואחד במדבר כו'.** בילקוט כאן ובקהלת הגי' זמן היה שימולו בניו שנאמר כי מולים כו'. ולכאורה גי' שלפנינו תמוה דהיכן מצינו שנימולו במדבר. ואין לומר שכיוונו למה שהביאו התוס' ביבמות (ע"א ב') בשם פדר"א דמלו במדבר רק שלא פרעו. דהא משמע שם דכל משך הילוכן במדבר מ' שנה עשו כן ולא שייך לומר ואחד במדבר. ואולי טרם שעשו אה"פ במדבר בשנה שניה ליצ"מ מלו את בניהם משום דמלת זכריו מעכבת ע"ש בתוס' ריש דף ע"ב ובקדושין (ל"ז ב') ד"ה הואיל. ואז לא היה להם הולשא דאורחא כי נחו שם מן חדש השלישי עד כ' לחדש השני. וגם טעמא דלא נשיב להו רוח צפונית משום דנזופים הוו לא היה אז לפי' התוס' דהיינו ממרגלים. ועיין לקמן בפסוק ויפול אברם ע"פ ר"פ מ"ז:

מסורת המדרש

א ילקוט כאן רמז פ' כה"ע. ילקוט הושע רמז תקכ"ה:

ב קה"ר ריש פרשה ג'. ילקוט קהלת רמז תתקס"ח:

ג עיין מש"כ לעיל פ' ל':

אם למקרא

כַּעֲנָבִים בַּמִּדְבָּר מָצָאתִי יִשְׂרָאֵל כְּבִכּוּרָה בִתְאֵנָה בְּרֵאשִׁיתָהּ רָאִיתִי אֲבוֹתֵיכֶם הֵמָּה בָּאוּ בַעַל פְּעוֹר וַיִּנָּזְרוּ לַבֹּשֶׁת וַיִּהְיוּ שִׁקּוּצִים כְּאָהֳבָם: (הושע ט, י)

וּבְנֵי יִשְׂרָאֵל פָּרוּ וַיִּשְׁרְצוּ וַיִּרְבּוּ וַיַּעַצְמוּ בִּמְאֹד מְאֹד וַתִּמָּלֵא הָאָרֶץ אֹתָם: (שמות א, ז)

לַכֹּל זְמָן וְעֵת לְכָל חֵפֶץ תַּחַת הַשָּׁמָיִם: (קהלת ג, א)

בְּעֶצֶם הַיּוֹם הַזֶּה נִמּוֹל אַבְרָהָם וְיִשְׁמָעֵאל בְּנוֹ: (בראשית יז, כו)

כִּי־מֻלִים הָיוּ כָּל־הָעָם הַיֹּצְאִים וְכָל־הָעָם הַיִּלֹּדִים בַּמִּדְבָּר בַּדֶּרֶךְ בְּצֵאתָם מִמִּצְרַיִם לֹא־מָלוּ: (יהושע ה, ה)

מתנות כהונה

מו (א) **אורים.** מלקטים כד"א בבא בתרא כמלא אורה וסלו. (ב) [**זמן היה לו.** ע"ל פי"א]: [**היוצאים וגו' גרסינן**]: ה"ג **בן ארבעים ושמונה שנה כשהכיר כו'.** וכן מצאתי בא"א ומקשה אליביה דמ"ד לקמן בן מ"ח שנה הכיר אברהם את בוראו]:

נחמד למראה

מו [ב] **לכל זמן וגו' זמן היה לו לאברהם וכו'.** עיין מ"ש הרב יפ"ת ונ"ל להרחיב את הביאור עוד בזה שבהיותם במצרים היו גוי מקרב גוי מה הללו עובדי עבודת כוכבים וכו' מדת הדין היתה מעכבת בגאולתן ולהורות שלא עבדוה כי אם מתוך אונס וטירוף הדעת ושלבם נכון עמו צוה להם הקב"ה למול את עצמם סמוך לנסיעתם משם וג"כ צוה להם לעשות קרבן פסח. והיה מקום לישראל לסרב בשניהם שלא לעשותם. אם על הפסח שהיה יראתו של מצרים ובשחיטתו היו נכנסין בסכנה גדולה כמו שאמר משה הן נזבח את תועבת מצרים לעיניהם ולא יסקלונו. ולפי שאילו לא צוה ה' להם על המילה היתה יכולה מדת הדין לומר כי מה שלא סירבו הוא כי בטחו על גבורתם להנצל מסכנה זו. לכן צוה ה' שימולו קודם ואז היה פתחון פה להם שלא לעשותו כי אז יהיו בסכנה גדולה ורבה מפני חולשת המילה כענין אנשי שכם שהרגום שמעון ולוי בשביל שהיו חלשים מן המילה וישראל לא סירבו בדבר ומסרו עצמם על קידוש השם ולא היה פתחון פה למדת הדין לקטרג וגאלם מיד. וזהו שאמר זמן היה לבניו שנימולו שתי פעמים אחת במצרים. ומה שאמר ובמדבר פירושו יום מה שדרשו חז"ל על פסוק היום גלותי את חרפת מצרים מעליכם מפני שפרעה אמר להם ראו כי רעה נגד פניכם כוכב אחד יש ושמו רעה והוא סימן דם והריגה והפך הקב"ה את הדם לדם מילה שמל יהושע אותם

אשר הנחלים

מו [א] **בתחילה אורים כו'.** בא לבאר בזה מה שנכתב תאנה בלשון יחיד ובענבים נאמר לשון רבים. גם מהו הנמשל הרמוז בתאנה. ולכן דרש ככה. כענבים הרבים במדבר מצאתי אח"כ לישראל. אשר בתחילה הית' כתאנה יחידית בהתחלת ביכורה ואח"כ נתרבה מאוד. והענין מרמז על ההשגחה האלקית [ועל האמונה האמיתית הניצמחת בהם] אשר החלה להופיע תחילה על איש יחידי ואח"כ החלה בכל המשפחה כולה והן על תכונתם הטובה המיוסד בישראל מאת אבינו הראשון. ולזה מתפלא הנביא על משפחה קדושה כזאת איך נשחתו כ"כ. ומפרש עוד הסבה במה שנדמה תחילה לתאנה מפני שאין בה בעצמה פסולת מאומה. כי היא כולה דבר מאכל [לא כמו שאר פירות שיש בם גרעינים שאינם ראוים בפנים] רק בחיצונית הפרי נמצא העוקץ שאינו ראוי. כן הי' אברהם כולו בתכונתו בלי רע מאומה רק החסרון הזה ובהסרת הדבר הזה נעשה תמים לגמרי בלי שום חסרון: [ב] **זמן הי'.** כוונתם לדרוש מלת היום הזה להורות אף שהמצוות האלקית המה תמידיות נוהגת לעד. עכ"ז יש בהם כוונה אלקית התלוי בזמן מיוחד מתי יצווה זאת לאדם בעת ההיא דייקא. כי דווקא בעת ההיא נשתלם אברהם. עד שזכה למצוה הזאת שתתנהג עוד לדורות. ומפרש המדרש הסבה הפשוטה שלא צווה מקודם על המילה. ולכן נימל לצ"ט שיראו גם

§2 The Midrash discusses the timing of Abraham's circumcision: "לַכֹּל זְמָן וְעֵת לְכָל חֵפֶץ תַּחַת הַשָּׁמָיִם" – ***Everything has its time, and there is a season for everything under the heaven*** (*Ecclesiastes* 3:1). זְמַן הָיָה לוֹ לְאַבְרָהָם אֵימָתַי שֶׁנִּיתְּנָה לוֹ מִילָה – **There was a time for Abraham when** it was appropriate that the commandment of **circumcision should be given to him,**[9] שֶׁנֶּאֱמַר "בְּעֶצֶם הַיּוֹם הַזֶּה נִמּוֹל אַבְרָהָם וְיִשְׁמָעֵאל בְּנוֹ" – **as it is stated, *On that very day was Abraham circumcised with Ishmael his son*** (below, v. 26).[10]Ⓐ

The Midrash notes a parallel to other performances of the rite of circumcision centuries later:

זְמַן הָיָה לָהֶם לְבָנָיו שֶׁנִּמּוֹלוּ שְׁתֵּי פְעָמִים – Similarly, **there was, on two occasions,** a specific **time for [Abraham's] descendants, when** it was appropriate for them **to be circumcised:**[11] אֶחָד בְּמִצְרַיִם וְאֶחָד בַּמִּדְבָּר – **one** when they were still **in Egypt,**[12] **and one at** the time that they left **the Wilderness** immediately upon entry into the Land of Israel,[13] שֶׁנֶּאֱמַר "כִּי מֻלִים הָיוּ כָּל הָעָם הַיֹּצְאִים וגו׳" – **as it is stated** in Scripture, *At that time HASHEM said to Joshua, "Make sharp knives for yourself and circumcise the Children of Israel again, a second time."* . . . ***All the people that went forth [from Egypt] were circumcised,*** *but all the people that were born in the Wilderness on the way, after they went forth from Egypt, were not circumcised* (*Joshua* 5:2-5).[14]

The Midrash proceeds to explain why now, at the age of 99, was precisely the appropriate time for Abraham to be circumcised:

וְיָמוּל בֶּן אַרְבָּעִים וּשְׁמוֹנֶה שָׁנָה כְּשֶׁהִכִּיר אֶת בּוֹרְאוֹ – **But [Abraham] should have been circumcised when he was forty-eight years old, when he** first **became cognizant of his Creator!**[15]

NOTES

9. I.e., there were reasons why it was particularly appropriate to give Abraham the commandment of circumcision at this specific juncture, when he was 99 years old, as the Midrash explains below (*Eitz Yosef*).

10. *On that very day* indicates that that was the most appropriate day for Abraham to be circumcised (see *Yefeh To'ar*; see, however, *Maharzu*).

11. I.e., twice in history, there was a time that was appropriate for the en masse circumcision of (almost) all Jewish males (*Eitz Yosef*).

12. For the Jewish people merited liberation from Egypt only by virtue of this mass circumcision, in conjunction with the merit of the *pesach*-offering, which was also performed by the nation as a whole at that time (*Eitz Yosef*, from *Nezer HaKodesh*; see *Shemos Rabbah* 19 §5 and *Ruth Rabbah* 6 §1).

13. See further, and see *Joshua* 5:7. See, however, *Rashash*.

14. That is, they were all circumcised right before they left Egypt; see *Kereisos* 9a and *Rashi* there (s.v. כל העם היוצאים). Joshua was being commanded to perform a similar mass circumcision for the males of the next generation upon their entry into the Land (see *Maharzu*). [The Israelites did not perform circumcision while in the Wilderness; see below, note 65.] This was the appropriate time for them to be circumcised, for they required the merit of this mitzvah to enter the Land (*Eitz Yosef*, from *Nezer HaKodesh*).

15. That is, why did God not command Abraham to perform circumcision as soon as Abraham became aware of His existence and began to worship Him?

The Midrash here accords with the opinion of R' Yochanan and R' Chanina, cited above (30 §8), that Abraham came to his recognition of the existence of God at the age of 48. *Eitz Yosef* writes that the opposing opinion, that it was at age 3, is not mentioned here since Abraham would in any event not have been able to perform circumcision at that young age when he was still subject to the authority of his parents (see also *Maharzu*).

INSIGHTS

flesh. Nevertheless, since his offspring would need to remove this piece of skin in order to remove lust, it was considered a defect, and therefore Hashem commanded Abraham to remove it.

Ⓐ **The Appropriate Time** *Aderes* (*Cheshbonos Shel Mitzvah, mitzvah* §2) explains that this Midrash comes to resolve a fundamental question that is discussed and analyzed by many commentators. The Sages tell us that, although the Torah had not yet been given, Abraham observed all the laws of the Torah (see *Yoma* 28b and *Bereishis Rabbah* 64 §4; see also the Mishnah, *Kiddushin* 82a). Why then did Abraham not circumcise himself until Hashem explicitly commanded him to do so? To answer this question, the Midrash therefore cites the verse that *Everything has its time, and there is a season for everything under the heaven* (*Ecclesiastes* 3:1), expounding the verse to teach that only at this time [after Hashem's command] was it appropriate for Abraham to perform the commandment of circumcision. Prior to this time, however, Abraham was unable to fulfill this commandment.

The reason why Abraham could not fulfill this commandment beforehand is based on a rule derived by the Gemara in *Avodah Zarah* (27a). The Gemara there notes that a circumcision performed by an idolator is invalid. According to the Amora R' Yochanan, this is derived from the verse that reads: הִמּוֹל יִמּוֹל, *Circumcised, he shall be circumcised* (17:13). The double phrasing is expounded by R' Yochanan, who explains that the first word is read as if it were vowelized הַמּוֹל, *the circumcised one*. The verse thus implies that an uncircumcised person cannot perform *milah*. The Gemara there concludes in this context that the "uncircumcised one" (*areil*) being excluded means any idolater (even if he is circumcised); a Jew, even if he is *physically* uncircumcised does not have the *legal* status of an uncircumcised person in regard to this rule and *milah* performed by him is valid. [This is true only regarding a Jew who is uncircumcised because he is unable to be circumcised (e.g., he had two brothers who died because of circumcision); a renegade Jew who refuses to circumcise himself is equivalent to an idolater in this regard (see *Shulchan Aruch* 264:1).] Consequently, Abraham could not circumcise himself before he was commanded to do so, since he then had the status of an idolater, whose performance of *milah* is invalid. At the time that Hashem commanded him to perform a *milah*, however, he was granted the halachic status of a Jew, who, even if physically an *areil*, is legally considered "circumcised," and therefore he was then capable of performing a valid *milah*.

[It should be noted that this explanation follows the position of the *Talmud Bavli* (*Avodah Zarah* 27a) and the accepted halachah (see *Shulchan Aruch* 264:1), that the verse which specifies that only a circumcised person can perform *milah* excludes only an idolater (but an uncircumcised Jew may perform *milah*). The Midrash below (46 §8, see note 91), however, understands that that the above exposition excludes even an uncircumcised Jew, and teaches that he is unfit to perform *milah*. This is also the position of the *Yerushalmi* (*Shabbos* 19:2). According to this view, the explanation of *Aderes* is untenable.

The commentators present many other resolutions to this fundamental question. Among them:

Abraham knew that he would eventually be commanded by Hashem to circumcise himself. The Gemara tells us that גָּדוֹל מְצֻוֶּה וְעוֹשֶׂה יוֹתֵר מִמִּי שֶׁאֵינוֹ מְצֻוֶּה וְעוֹשֶׂה, *one who performs [a mitzvah] that he has been commanded to do is greater than one who performs [a mitzvah] that he has not been commanded to do* (*Kiddushin* 31a). Abraham, who knew that Hashem would eventually command him to fulfill the mitzvah of *milah* [and that this mitzvah could be performed only once (*Vilna Gaon*; *Avodas Yisrael*)], therefore waited until Hashem ordered him to perform *milah*, so that the mitzvah would be performed in the optimal manner (*R' Eliyahu Mizrachi* 17:24; *Perushei Baalei HaTosafos al HaTorah* 17:24).

Circumcision is repeatedly described by the Torah as a בְּרִית, *covenant*. [Indeed, it has become ubiquitous to refer to circumcision as בְּרִית מִילָה, *the covenant of circumcision*.] A covenant by its very definition requires two participants. Were Abraham to have performed the mitzvah on his own accord, his action would have been lacking, since a covenant had not yet been actualized (*R' Yitzchok Zev Soloveitchik of Brisk*).

Abraham did not wish to put a barrier between himself and potential converts. He was concerned that were he to circumcise himself, they would then despise him as being physically different from them (see below, 46 §3 with note 31; for further elaboration on this theme, see *Alshich*). Moreover, they would consider it a barbaric act and this would cause them to distance themselves from him. Thus, he did not circumcise himself until commanded to do so (see also *Emes LeYaakov* 17:1).

A person is not permitted to wound himself (see *Bava Kamma* 91b; *Rambam, Hil. Chovel U'Mazik* 5:1). Prior to being commanded in *milah*, it was thus forbidden for Abraham to wound himself through an

פרשה מו

א [יז, א] "וַיְהִי אַבְרָם בֶּן תִּשְׁעִים וְתֵשַׁע שָׁנִים". (הושע ט, י) "כַּעֲנָבִים בַּמִּדְבָּר מָצָאתִי יִשְׂרָאֵל כְּבִכּוּרָה בִתְאֵנָה בְּרֵאשִׁיתָהּ וְגוֹ'", [א]אָמַר רַבִּי יוּדָן: הַתְּאֵינָה הַזּוֹ בַּתְּחִלָּה אוֹרִים אוֹתָהּ אַחַת אַחַת, וְאַחַר כָּךְ שְׁתַּיִם וְאַחַר כָּךְ שָׁלֹשׁ עַד שֶׁאוֹרִים אוֹתָהּ בְּסַלִּים וּבְמַגְרֵיפוֹת. כָּךְ בַּתְּחִלָּה "אֶחָד הָיָה אַבְרָהָם וַיִּרַשׁ אֶת הָאָרֶץ", וְאַחַר כָּךְ שְׁנַיִם אַבְרָהָם וְיִצְחָק, וְאַחַר כָּךְ שְׁלֹשָׁה, אַבְרָהָם יִצְחָק וְיַעֲקֹב, וְאַחַר כָּךְ (שמות א, ז) "וּבְנֵי יִשְׂרָאֵל פָּרוּ וַיִּשְׁרְצוּ וַיִּרְבּוּ וַיַּעַצְמוּ בִּמְאֹד מְאֹד". אָמַר רַבִּי יוּדָן: מָה הַתְּאֵנָה הַזּוֹ אֵין לָהּ פְּסוֹלֶת אֶלָּא עוּקְצָהּ בִּלְבָד הַעֲבֵר אוֹתוֹ וּבָטֵל הַמּוּם, כָּךְ אָמַר הַקָּדוֹשׁ בָּרוּךְ הוּא לְאַבְרָהָם: אֵין בְּךָ פְּסוֹלֶת אֶלָּא הָעָרְלָה, הַעֲבֵר אוֹתָהּ וּבָטֵל הַמּוּם, "הִתְהַלֵּךְ לְפָנַי וֶהְיֵה תָמִים":

ב (קהלת ג, א) "לַכֹּל זְמָן וְעֵת לְכָל חֵפֶץ תַּחַת הַשָּׁמָיִם", [ב]זְמַן הָיָה לוֹ לְאַבְרָהָם אֵימָתַי שֶׁנִּיתְּנָה לוֹ מִילָה שֶׁנֶּאֱמַר (בראשית יז, כו) "בְּעֶצֶם הַיּוֹם הַזֶּה נִמּוֹל אַבְרָהָם וְיִשְׁמָעֵאל בְּנוֹ", זְמַן הָיָה לָהֶם לְבָנָיו שֶׁנִּמּוֹלוּ שְׁתֵּי פְּעָמִים אֶחָד בְּמִצְרַיִם וְאֶחָד בַּמִּדְבָּר שֶׁנֶּאֱמַר (יהושע ה, ה) "כִּי מֻלִים הָיוּ כָּל הָעָם הַיֹּצְאִים וְגוֹ'". וַיָּמָל [ג]בֶּן אַרְבָּעִים וּשְׁמוֹנֶה שָׁנָה כְּשֶׁהִכִּיר אֶת בּוֹרְאוֹ,

עץ יוסף

[מו] (א) **התאנה הזו בתחלה כו'.** פירוש מלקטים אותה אחת אחת ואח"כ שתים ואח"כ שלש (לפי שאין כל התאנים מתבשלים יחד כשאר פירות אלא תחלה מעט ושוב יותר) עד שאורים אותה בסלים ובמגריפות (הם כלים שתופש בהם יותר התאנים ומורידו) כך מתחלה אחד היה אברהם ואח"כ שנים אברהם ויצחק ואח"כ שלשה כו' ואח"כ ובני ישראל פרו וישרצו וגו' ולכך המשיל לתאנה ואמר כענבים במדבר מצאתי ישראל וגו'. והיינו כדפרש"י שם כענבים שהם חביבים במדבר כך חבבתי את ישראל: **אלא עוקצה.** כי יש פרי שתוכו נאכל וברו היא קליפתו נזרקת. ויש שתוכו היא גרעינו נזרק וברו נאכל אך התאינה תוכו וברו נאכל. ואין בה פסולת אלא עוקצה לבד שהוא תלוי בו באילן. כך אין לך כו' (אלשיך): (ב) **לכל זמן כו'.** שהיה זמן מכוון למצות המילה דוקא לצ"ט שנה מטעמא דלקמן ולא היה הדבר במקרה. וכן כיוצא בו היה זמן מיוחד לבניו למילה ב"פ אחד במצרים שלא היה להם זכות ליגאל אלא בזכות דם פסח ודם מילה. ומ"מ הנולדים במדבר לא יכלו למול משום סכנה. אבל אח"כ בבואם לארץ הוצרכו לימול שלא היה להם זכות ליכנס לארץ אלא ע"י המילה וכדלקמן סי' ז' (כזה"ק): **שנימולו ב' פעמים.** כל ישראל ביום אחד. וזה לא היה אלא שני פעמים: **בן ארבעים ושמונה שנה כשהכיר.** אבל למ"ד בן ג' שנה הכיר את בוראו לא היה אז ברשות עלמו כי קטן היה:

פירוש מהרז"ו

[מו] (א) **אחת אחת ואחר כך שתים.** עי' במ"ר פר' ב' סימן י"ב אלל כוכבים. ועי' לקמן פר' כ"ג סימן ג' על פסוק כענבים ועי' לעיל פר' י"ב סי' ד' וכמ"ש פאה פרק א' משנה ד': **אחד היה אברהם.** פסוק הוא ביחזקאל ל"ג סימן כ"ד שאחד היה שבא תחת כנפי השכינה במ"ר פר' ב' שם בהדיא: **שלשה אברהם.** עד אברהם יצחק ויעקב ואח"כ בילקוט הושע ט' הגי' ואח"כ שלשה אברהם יצחק ויעקב עד ובני ישראל פרו וישרצו וירבו וכו' וכן צריך להגיה כאן: **אלא עוקצה בלבד.** כי כל הפירות יש להן קליפה מבחוץ וגרעינים מבפנים ובראשם פיקם של שער והכל פסולת אבל התאנה אין לה רק עוקץ בלבד שהוא תלוי בו באילן שעל ידו עיקר גידול הפרי: **ובטל המום.** וזהו והיה תמים: (ב) **לכל זמן.** קהלת רבה פסוק זה: **שנתנה לו המילה.** שתגלה סוד ה' שתהיה תחת השמים עי' לעיל פר' כ"ח סימן ד' קהלת רבה פסוק אחד מאלף וכמ"ש מדרש תהלים ק"ה על פסוק דבר לוה לאלף דור זו מילה: **בעצם היום הזה.** ולא פירש באיזה יום ע"כ דורש יום שהוא מוכן ובא משעת י"ב לא קודם ולא אחר כן: **זמן היה לבניו.** לקמן סימן ו'. ולקמן פר' מ"ז סימן ג': **שנמולו שתי פעמים.** פי' שנמולו כל ישראל ביחד ביום אחד. וזה לא היה בעולם אלא ב' פעמים. וזה מרומז במ"ש זמן ועת על שני עתים. עי' שמ"ר פר' י"ט סימן ה' וש"נ. וזמן אחד היה על ידי משה והשני ע"י יהושע. כמ"ש ושוב מול את בני ישראל שנית עד כי מולים וגו' ופירושו כמו שנמולו בראשונה כל העם היוצאים יחד כך בשניה: **בן ארבעים ושמונה שנה.** כמ"ש לעיל פרשה למ"ד סימן ח' וש"נ ומבואר בבירור. ואז היה לו למול ולמה לא ציוה לו אז. וזה לדעת

חידושי הרד"ל

(א) **בתחלה אחד היה אברהם וירש את הארץ.** לשון המקרא (יחזקאל ל"ג) נקטיה. ועי' יד"מ:

חידושי הרש"ש

[א] **כך בתחלה אחד היה אברהם וירש אה"א.** הוא לשון הכתוב ביחזקאל ל"ג ואשתמיט מבעל יד"מ:

[ב] **שנימולו שתי פעמים כו' ואחד במדבר כו'.** בילקוט כאן ובקהלת הגי' זמן היה שימולו בניו שנאמר כי מולים כו'. ולכאורה גי' שלפנינו תמוה דהיכן מלינו שנימולו במדבר. ואין לומר שכוונו למה שהביאו התוס' ביבמות (ע"א ב') בשם פדר"א דמלו במדבר רק שלא פרעו. דהא משמע שם דכל משך הילוכן במדבר מ' שנה עשו כן ולא שייך לומר ואחד במדבר. ואולי טרם שעשו אה"פ במדבר בשנה שניה ליצ"מ מלו את בניהם משום דמלת זכריו מעכבת ע"ש בתוס' ריש דף ע"ב ובקדושין (ל"ז ב') ד"ה הואיל. ואז לא היה להם חולשא דאורחא כי נחו שם מן חדש השלישי עד כ' לחדש השני. וגם טעמא דלא נשיב להו רוח לפונית משום דנזופים הוו לא היה אז לפי' התוס' דהיינו ממרגלים. ועיין לקמן בפסוק ויפול אברם ע"פ ר"פ מ"ז:

מסורת המדרש

א ילקוט כאן רמז פ' כה"ע. ילקוט הושע רמז תקכ"ה:
ב קה"ר ריש פרשה ג'. ילקוט קהלת רמז תתקס"ח:
ג עיין מש"נ לעיל פ' ל':

אם למקרא

כַּעֲנָבִים בַּמִּדְבָּר מָצָאתִי יִשְׂרָאֵל כְּבִכּוּרָה בִתְאֵנָה בְּרֵאשִׁיתָהּ רָאִיתִי אֲבוֹתֵיכֶם הֵמָּה בָּאוּ בַעַל פְּעוֹר וַיִּנָּזְרוּ לַבֹּשֶׁת וַיִּהְיוּ שִׁקּוּצִים כְּאָהֳבָם: (הושע ט, י)

וּבְנֵי יִשְׂרָאֵל פָּרוּ וַיִּשְׁרְצוּ וַיִּרְבּוּ וַיַּעַצְמוּ בִּמְאֹד מְאֹד וַתִּמָּלֵא הָאָרֶץ אֹתָם: (שמות א, ז)

לַכֹּל זְמָן וְעֵת לְכָל חֵפֶץ תַּחַת הַשָּׁמָיִם: (קהלת ג, א)

בְּעֶצֶם הַיּוֹם הַזֶּה נִמּוֹל אַבְרָהָם וְיִשְׁמָעֵאל בְּנוֹ: (בראשית יז, כו)

כִּי־מֻלִים הָיוּ כָּל־הָעָם הַיֹּצְאִים וְכָל־הָעָם הַיִּלֹּדִים בַּמִּדְבָּר בַּדֶּרֶךְ בְּצֵאתָם מִמִּצְרַיִם לֹא־מָלוּ: (יהושע ה, ה)

מתנות כהונה

מו (א) אורים. מלקטים כד"א בבא בתרא כמלא אורה וסלו. (ב) [**זמן היה לו.** ע"ל פי"א]: [**היוצאים וגו' גרסינן**]: ה"ג **בן ארבעים ושמונה שנה כשהכיר כו'.** וכן מלאתי בא"א ומקשה אליביה דמ"ד לקמן בן מ"ח שנה הכיר אברהם את בוראו]:

נחמד למראה

מו [ב] לכל זמן וגו' זמן היה לו לאברהם וכו'. עיין מ"ש הרב יפ"ת ונ"ל להרחיב את הביאור עוד בזה שבהיותם במצרים היו גוי מקרב גוי מה הללו עובדי עבודת כוכבים וכו' מדת הדין היתה מעכבת בגאולתן ולהורות שלא עבדוה כי אם מתוך אונס וטירוף הדעת ושלבם נכון עמו צוה להם הקב"ה למול את עצמם סמוך לנסיעתם משם וג"כ צוה להם לעשות קרבן פסח. והיה מקום לישראל לסרב בשניהם שלא לעשותם. אם על הפסח שהיה יראתו של מצרים ובשחיטתו היו נכנסין בסכנה גדולה כמו שאמר משה הן נזבח את תועבת מצרים לעיניהם ולא יסקלונו. ולפי שאילו לא צוה ה' להם על המילה היתה יכולה מדת הדין לומר כי מה שלא סירבו הוא כי בטחו על גבורתם להנצל מסכנה זו. לכן צוה ה' שימולו קודם ואז היה פתחון פה להם שלא לעשותו כי אז יהיו בסכנה גדולה ורבה מפני חולשת המילה כענין אנשי שכם שהרגום שמעון ולוי בשביל שהיו חלשים מן המילה וישראל לא סירבו בדבר ומסרו עצמם על קידוש השם ולא היה פתחון פה למדת הדין לקטרג וגאלם מיד. וזהו שאמר זמן היה לבניו שנימולו שתי פעמים אחת במצרים. ומה שאמר ובמדבר פירושו יום מה שדרשו חז"ל על פסוק היום גלותי את חרפת מצרים מעליכם מפני שפרעה אמר להם ראו כי רעה נגד פניכם כוכב אחד יש ושמו רעה והוא סימן דם והריגה והפך הקב"ה את הדם לדם מילה שמל יהושע אותם

אשד הנחלים

מו [א] בתחילה אורים כו'. בא לבאר בזה מה שנכתב תאנה בלשון יחיד ובענבים נאמר לשון רבים. גם מהו הנמשל הרמוז בתאנה. ולכן דרש ככה. כענבים הרבים במדבר מצאתי אח"כ לישראל. אשר בתחילה הית' כתאנה יחידית בהתחלת ביכורה ואח"כ נתרבה מאוד. והענין מרמז על ההשגחה האלקית [ועל האמונה האמיתית הניצמחת בהם] אשר החלה להופיע תחילה על איש יחידי ואח"כ החלה בכל המשפחה כולה והן על תכונתם הטובה המיוסד בישראל מאת אבינו הראשון. ולזה מתפלא הנביא על משפחה קדושה כזאת איך נשחתו כ"כ. ומפרש עוד הסבה במה שנדמה תחילה לתאנה מפני שאין בה בעצמה פסולת מאומה. כי היא כולה דבר מאכל [לא כמו שאר פירות שיש בם גרעינים שאינם ראוים בפנים] רק בחיצונית הפרי נמצא העוקץ שאינו ראוי. כן הי' אברהם כולו בתכונתו בלי רע מאומה רק החסרון הזה ובהסרת הדבר הזה נעשה תמים לגמרי בלי שום חסרון: **[ב] זמן הי'.** כוונתם לדרוש מלת היום הזה להורות אף שהמצוות האלקית המה תמידיות נוהגת לעד. עכ"ז יש בהם כוונה אלקית התלוי בזמן מיוחד מתי יצווה זאת לאדם בעת ההיא דייקא. כי דווקא בעת ההיא נשתלם אברהם. עד שזכה למצוה הזאת שתתנהג עוד לדורות. ומפרש המדרש הסבה הפשוטה שלא צווה מקודם על המילה. ולכן נימל לצ"ט שיראו גם

אֶלָּא שֶׁלֹּא לִנְעוֹל דֶּלֶת בִּפְנֵי הַגֵּרִים — **Rather,** he was not commanded to do so at that time, **so as not to lock the door in front of** potential **converts.**[16] וְאִם תֹּאמַר הָיָה לוֹ לִימוֹל בֶּן שְׁמוֹנִים וְחָמֵשׁ שָׁנָה — **And if you will ask, "**But **he should have been circumcised at the age of eighty-five,**[17] בְּשָׁעָה שֶׁנִּדְבַּר עִמּוֹ בֵּין הַבְּתָרִים — **at the time that God spoke with him at the Covenant Between the Parts?"**[18] אֶלָּא כְּדֵי שֶׁיֵּצֵא יִצְחָק מִטִּפָּה קְדוֹשָׁה — **Rather,** God delayed giving Abraham the commandment of circumcision until after the birth of Ishmael, **so that Isaac** alone **would be conceived from a drop** of semen **that is** in a **holy** state.[19] וְיִמוֹל בֶּן שְׁמוֹנִים וְשֵׁשׁ שָׁנִים — **But** if so, **[Abraham] should have been circumcised when he was eighty-six years old,** בְּשָׁעָה שֶׁנּוֹלַד יִשְׁמָעֵאל — **at the time that Ishmael was born?**[20] אָמַר רֵישׁ לָקִישׁ — **Reish Lakish said:** קִנָּמוֹן אֲנִי מַעֲמִיד בָּעוֹלָם — God said regarding Abraham, **"I am establishing a cinnamon** tree **in the world.**[21] מַה קִנָּמוֹן הַזֶּה — **Just as a cinnamon** tree, כָּל זְמַן שֶׁאַתָּה מְזַבְּלוֹ וּמְעַדְּרוֹ — **whenever you fertilize it and hoe it,** even at an advanced age, הוּא עוֹשֶׂה פֵּירוֹת — **it will produce fruit,**[22] כָּךְ מִשֶּׁנִּצְרַר דָּמוֹ — **so too, after** Abraham's **blood** flow **had become restricted,** מִשֶּׁבָּטֵל יִצְרוֹ מִשֶּׁבָּטְלָה תַּאֲוָתוֹ — **when his passion had abated** and **when his desire had abated,**[23] מִשֶּׁנִּקְשַׁר דָּמוֹ — and **after his blood had become coagulated,** he would produce 'fruit.' "[24]

[וַיֹּאמֶר אֵלָיו אֲנִי אֵל שַׁדַּי — *AND SAID TO HIM, "I AM EL SHADDAI."*]

The Midrash quotes Abraham raising a question regarding the commandment of circumcision:

אָמַר — **[Abraham] said** to God, אִם חֲבִיבָה הִיא הַמִּילָה — **"If circumcision is** so **precious,** מִפְּנֵי מָה לֹא נִתְּנָה לְאָדָם הָרִאשׁוֹן — **why was it not given to Adam, the first** man?"[25]

§3 The Midrash expounds the phrase אֲנִי אֵל שַׁדַּי, *I am El Shaddai,* as alluding to God's response to Abraham's question:

אָמַר לוֹ הַקָּדוֹשׁ בָּרוּךְ הוּא לְאַבְרָהָם — **The Holy One, blessed is He, said to Abraham,** דַּיֶּיךָ אֲנִי וְאַתָּה בָּעוֹלָם — **"It suffices for you that I and you are in the world.**[26] וְאִם אֵין אַתְּ מְקַבֵּל עָלֶיךָ לִימוֹל — **But if you will not accept upon yourself** the obligation **to be circumcised,** דַּיּוֹ לְעוֹלָמִי עַד כָּאן — then the existence of **My world until now suffices;**[27] וְדַיֵּיהּ לָעָרְלָה עַד כָּאן — **and** the dominion of **the foreskin** in the world[28] **until now suffices;** וְדַיֶּיהָ לַמִּילָה שֶׁתְּהֵא עֲגוּמָה עַד כָּאן — **and it suffices that circumcision has been miserable** about the lack of its observance **until now."** but no longer.[29]

The Midrash now quotes Abraham expressing reservations about the commandment of circumcision, and God's response:

אָמַר — Abraham then **said,** עַד שֶׁלֹּא מַלְתִּי הָיוּ בָּאִים וּמִזְדַּוְּוגִים לִי — **"As long as I was not circumcised, [the populace]** of the world **would come and join with me.**[30] תֹּאמַר מִשֶּׁמַּלְתִּי הֵן בָּאִים וּמִזְדַּוְּוגִים לִי — **Tell me, once I am circumcised, will they** still **be coming and joining with me?"**[31]Ⓐ

NOTES

16. I.e., so as not to block those who desired to convert. The requirement of circumcision can act as a disincentive for one otherwise interested in converting to Judaism. The fact that Abraham was circumcised at such an advanced age and did not suffer lasting harm as a result could reassure the would-be convert that he need not be concerned about circumcision being injurious to himself, even if he is very old, and certainly if he is young (*Matnos Kehunah*; see, alternatively, *Mishnas DeRabbi Eliezer*).

17. Which is already an advanced age and would have been sufficient for reassuring potential converts (*Matnos Kehunah*).

18. When he received a prophetic vision for the first time; see *Ramban* to 15:1 above. The Covenant Between the Parts is described above, 15:7ff, immediately prior to the story of the birth of Ishmael in Ch. 16, which occurred when Abraham was 86 (as stated in v. 16 there). The Midrash here understands that these passages were written chronologically, making Abraham 85 at the time.

[Our Midrash thus differs with the position of *Seder Olam Rabbah* (see above, 39 §7 and §8, with notes 45 and 56 there), that the account of the Covenant is written out of chronological order and that it had occurred years earlier when Abraham was 70 (*Yefeh To'ar*; however, see *Eitz Yosef,* who suggests emending the text here to state "70"; see also *Maharzu*).]

19. I.e., so that the semen from which Isaac would be conceived should come from the member after it had been sanctified by circumcision, in contrast to that which produced Ishmael, which would have come from the member prior to its sanctification.

20. Above, 16:16. That is, Abraham should have been circumcised immediately following the birth of Ishmael when he was still only 86 years old. Even had Abraham's circumcision occurred then, rather than 13 years later at age 99, the distinction between the conception of Ishmael and that of Isaac would have been maintained.

21. I.e., God delayed giving Abraham the commandment of circumcision so as to make him analogous to the cinnamon tree, in the sense that the Midrash will presently explain.

22. That is, even after it has become old and dry, proper cultivation can restore it to fertility (ibid.). [Cinnamon comes from the bark of a cinnamon tree; it is apparently this bark that the Midrash refers to as "fruit."]

23. These two phrases refer respectively to the weakening of the ability and the drive to procreate (ibid.).

24. I.e., becoming thick and sluggish — a further reference to the loss of passion that normally comes with advanced years. The unspoken conclusion of the Midrash is that even under these adverse conditions for procreation, further compounded by his having undergone circumcision, God would enable Abraham to produce "fruit," that is, a child. Thus, the further delay of Abraham's circumcision was designed to maximize the providential nature of his ultimate siring of Isaac (*Eitz Yosef*). See *Yefeh To'ar* for an alternative explanation; see also *Maharzu.*

25. I.e., if circumcision is desirable, why did You not create man circumcised? See 11 §6 above and the commentators there. Alternatively, here Abraham is asking that if circumcision is imperative, it should have been required of all humanity (see *Yefeh To'ar*). [*Eitz Yosef* emends the text to read: וְאִם תֹּאמַר אִם חֲבִיבָה הִיא הַמִּילָה — **And if you will say, "If circumcision is precious,** etc.," such that it is not Abraham asking the question of God, but the Midrash. *Maharzu* writes that the word וְכוּ' should be added at the end of this line, asserting that it is a truncated version of the Midrash above, 11 §6. Accordingly, what follows next here is not a response to this question, but a new section (demarcated as §3 in the Vilna edition).

26. God responded that He was giving this commandment to Abraham alone since His only interest in the world was in Abraham (*Yedei Moshe*; see also *Maharzu*; see, however, *Matnos Kehunah*). The Midrash here is expounding the Name שַׁדַּי as derived from the word דַּי, which means "sufficient" (*Matnos Kehunah, Eitz Yosef*).

27. I.e., there is no reason for the continued existence of the world; see *Nedarim* 32a (*Eitz Yosef*).

28. Ibid.

29. If its misery does not end now, the world will be destroyed (*Eitz Yosef*).

30. Accepting my leadership (see above, 42 §5) and following my path of worshiping God (*Matnos Kehunah, Yefeh To'ar*; see also *Eitz Yosef*).

31. They will now despise me as being physically different (*Eitz Yosef*) and resent me for being the start of the chosen nation (*Yefeh To'ar*).

INSIGHTS

act of circumcision. Only after an explicit command from Hashem was Abraham permitted do so, as per the Divine command (*Riva,* cited in *Peirushei Baalei HaTosafos al HaTorah*; see further, *Panim Yafos* 17:1; *Ayeles HaShachar* 17:1; *Gilyonei HaShas, Avodah Zarah* 10b).

[Numerous other answers are suggested by the commentators. For other resolutions and approaches, see *Midrash Tanchuma, Lech Lecha* end of §17; *Maharsha* to *Yevamos* 100b; *Mizrachi* loc. cit.; *Pardes Yosef* 17:25; *Shaar Bas Rabbim.*]

Ⓐ **Essence of a Test** R' Eliyahu Dessler sheds light on the nature of Abraham's reservation regarding the commandment of circumcision, and the meaning of God's response to him.

The commandment of circumcision was one of the ten tests with

ד אֶלָּא שֶׁלֹּא לִנְעוֹל דֶּלֶת בִּפְנֵי הַגֵּרִים. וְאִם תֹּאמַר הָיָה לוֹ לִימוֹל בֶּן שְׁמוֹנִים וְחָמֵשׁ שָׁנָה בְּשָׁעָה שֶׁנִּדְבַּר עִמּוֹ בֵּין הַבְּתָרִים, אֶלָּא כְּדֵי שֶׁיֵּצֵא יִצְחָק מִטִּפָּה קְדוֹשָׁה. וְיִמוֹל בֶּן שְׁמוֹנִים וְשֵׁשׁ שָׁנִים בְּשָׁעָה שֶׁנּוֹלַד יִשְׁמָעֵאל, אָמַר רֵישׁ לָקִישׁ: קִנָּמוֹן אֲנִי מַעֲמִיד בָּעוֹלָם מַה קִּנָּמוֹן הַזֶּה כָּל זְמַן שֶׁאַתָּה מְזַבְּלוֹ וּמְעַדְּרוֹ הוּא עוֹשֶׂה פֵּירוֹת, כָּךְ מִשֶּׁנִּצְרַר דָּמוֹ מִשֶּׁבָּטַל יִצְרוֹ מִשֶּׁבָּטְלָה תַּאֲוָתוֹ מִשֶּׁנִּקְשַׁר דָּמוֹ. ה אָמַר: אִם חֲבִיבָה הִיא הַמִּילָה מִפְּנֵי מָה לֹא נִתְּנָה לְאָדָם הָרִאשׁוֹן:

ג אָמַר לוֹ הַקָּדוֹשׁ בָּרוּךְ הוּא לְאַבְרָהָם דַּיֶּךָּ אֲנִי וְאַתָּה בָּעוֹלָם, וְאִם אֵין אַתְּ מְקַבֵּל עָלֶיךָ לִימוֹל דַּי° לְעוֹלָמִי עַד כָּאן וְדַיֶּיהָ לָעָרְלָה עַד כָּאן, וְדַיֶּיהָ לַמִּילָה שֶׁתְּהֵא עֲגוּמָה עַד כָּאן. אָמַר: עַד שֶׁלֹּא מַלְתִּי הָיוּ בָּאִים וּמִזְדַּוְּגִים לִי תֹּאמַר מִשֶּׁמַּלְתִּי הֵן בָּאִים וּמִזְדַּוְּגִים לִי.

עץ יוסף

בן שמונים וחמש כשנדבר עמו בין הבתרים. ע"ס וצ"ל בן ע'. וכדלעיל פרשה ל"ט סימן ח' דמרצה בין הבתרים היה בהיותו בן ע' שנה. וכדאי' בס"ע פ' ג'. ובסדר נשא פ' י"ד בנשיא נפתלי. או שצ"ל היה לו למול בשעה שנדבר עמו בין הבתרים או בשעה שהיה בן פ"ה שנה. ר"ל קודם שיולד ישמעאל: **שיצא יצחק בקדושה.** דבעינן שיובדל יצחק מישמעאל שזה יצא מט"ק ולא זה: **קנמון אני מעמיד.** שהצדיקים נמשלו לבשמים כדאיתא בפ"ק דמגילה. ודרך הקנמון שאף שיזקין ויתם ליחה כל שמזבלין אותו ומעדרין אותו יפרח ויעשה פרי. וכן רצה ה' באברהם משנצרר דמו ובטלה תאותו ינוב בשיבה ויעשה פרי בהשגחת ה'. ולזה צוה במילה בזקנתו שיחליש כח תאותו ומ"מ ינוב בשיבה ויעש פרי: **משנצרר דמו.** מחמת זקנה ועל ידי כן בטל יצרו דהיינו קשויו. וגם בטלה תאותו לגמרי: **משנקשר דמו.** אפשר צ"ל משיקרש דמו כי דמי הזקנים אינו סובב במרוצה כדם הבחורים ולכן גופם קר ובטלה התאוה הבאה ממרוצת הדם: **אמר ואם חביבה היא המילה.** צ"ל וא"ת אם חביבה היא המילה מפני מה לא ניתנה לאדה"ר ועיין לעיל פ' י"א: (ג) **אמר לו הקדוש ברוך הוא לאברהם דייך כו'.** משום דכתיב אני אל שדי. קדריש לשון די. ודרשינן כל עניני די דמצי דריש. ואם אין אתה מקבל עליך לימול דיו לעולמי כו'. ושוב לא יהיה לעולם קיום כדכתיב אם לא בריתי יומם ולילה חוקות שמים וארץ לא שמתי. ודי לערלה ששלטה בעולם עד כאן. ודי למצות מילה שהיתה עגומה (פי' מלשון עגמת נפש) עד עתה. ולא תהיה עגומה מעתה או יחרב העולם: **עד שלא מלתי כו'.** שמקודם כולם נתקרבו לו לכבדו ולהדרו וכמ"ש לעיל פרשה מ"א. אבל עתה שיהיה נבדל מהם בברית שבבשרו תהפך אהבה לשנאה ולא יתקרבו לי. ולזה השיבו הקב"ה דייך שאני אלהיך כי אין לו להקפיד אם לא יהיה נחשב כי ה' אלהיו עמו. והוא פטרונו להשגיח עליו בעצמו מבלי אמצעי. כן הוא לפי הגי' שלפנינו תאמר משמלתי אינם באים ומזדווגים לי. אבל בהרבה מדרשים הגירסא תאמר משמלתי הן באין ומזדווגים לי. כך פירושו עד שלא מלתי היו באים ומזדווגים לי להלחם אתי. מה אעשה אם יבואו להזדווג לי בעת שאמול ואהיה חלש. והשיב לו הקב"ה דייך שאני אלוהו כו':

פירוש מהרז"ו

ר' יוחנן ור' חנינא שם. אך לדעת ר"ל שסובר שבן ג' שנה הכיר ולא היה עדיין ברשות עצמו. ולא בכחו ומי ימול אותו: **בן שמונים וחמשה כשנדבר עמו בין הבתרים.** הנה כשנדבר עמו בין הבתרים היה בן ע' שנה כמ"ש בסדר עולם ריש פרק ג' ובברייתא דל"ב מדות מדה ל"ב ושם מבואר באריכות. וכאן על כרחנו פירושו שהם ב' זמנים כשהיה בן פ"ה קודם לידת ישמעאל שנולד כשהיה בן פ"ו או כשהיה בן שבעים כשנדבר עמו בין הבתרים. וגי' הילקוט וימול בן ע"ה שנה כשנדבר עמו בין הבתרים הם ג"כ ב' זמנים בן ע"ה וכמ"ש מפורש ואברם בן ע"ה בצאתו או כשדיבר עמו בין הבתרים כנ"ל והקשה עוד שהיה לו לצות אותו בלידת ישמעאל כשהיה בן פ"ו וימול אתו יחד: **מזבלו ומעדרו.** וכל מי שעובד בהכנה הפרי יותר טוב וכאן הקינמון הוא יצחק וההכנה שיהיה צדיק מתולדתו הוא צרירת הדם וכו'. וכמ"ש אבות סוף פרק ה' בן מאה כאלו מת וכו': **אמר אם חביבה.** עי' מאמר זה בשלימות לעיל פר' י"א סימן ו' שפילוסוף שאל את ריב"ח והובא כאן דרך אגב ענין המילה בקיצור וצ"ל וכו'. וחלילה לומר שהם דברי אברהם שהקשה קושיות על מצות ה' ויהרהר אחריו: (ג) **דייך אני ואתה.** בא לדרוש פסוק ויאמר אליו אני אל שדי וגו' ומתחלת התורה ועד כאן עדיין לא נזכר שם שדי. וגם תיבת אליו מיותר. ע"כ דורש מדה ט"ז שכאן צריך לומר שם זה. והדבר למד מענינו שמדבר באברהם והמילה. ועל דברים אלו אמר די עד כאן כמ"ש ריש סימן הקודם. ומ"ש אליו פי' שהדיבור של די מיוחד אליו וממנו. שדי לעולם אני ואתה. שאין אחר מכיר ומודיע אלהותי רק אתה. ואם לא תכרות עמי ברית די לעולם וכו' ויחרב. ודי למצוה זו שהיתה מצפה ומיחלת עליך. וכמ"ש בסימן הקודם דבר צוה לאלף דור וכמ"ש אם לא בריתי וגו'. וזה ע"פ מדת ממעל: **היו באים ומזדווגים.** נזדווגו המלכים להלחם אתי ולשון הזדווג משמעו על המלחמה כמ"ש לעיל פר' מ"ב ריש סי' ג' וש"כ ושאל מה יעשה אם יבואו להזדווג לו בעת שימול ויהיה חלש וכטענת אשכול לעיל סוף פרשה מ"ב וזה מרומז במ"ש ויפול אברם על פניו אחר שציוהו על המילה. ודורש שהכוונה שאז התפלל שלא יכשל. וזה על פי מדה ט' ולמוד מענינו שמהתשובה שהשיב לו אחר נפילתו וידבר אתו אלהים

חידושי הרד"ל

(ב) **משיקרש דמו.** כצ"ל כי דמי הזקנים עכור ועב ואינו סובב במרוצה כדם הבחורים ולכן גופם קר ובטלה התאוה הבאה ממרוצת הדם:

חידושי הרש"ש

היה לו לימול בן פ"ה שנה. או בשעה כו' כצ"ל. כי בן ע' היה בברית בה"ב. עיין לעיל בריש הסדר אם לענין החשבון כו'. וכן איתא להדיא בסדר נשא פר' י"ד בפרשת קרבנות נשיא נפתלי ביום הי"ב. וטעם קושיית שימול בן פ"ה הוא כדי שזרע הראשון שלו יצא בקדושה וע"ז משני דמילתו לא היה רק בשביל יצחק שיצא מט"ק. ופריך וימול בן פ"ו ויוליד אז את יצחק ומשני ר"ל קנמון כו':

באור מהרי"פ

[ב] **היה לו למול לימול בן שמונים וחמש שנה.** שהוא חולק על המ"ד שאמר בן ע' שנה היה בעת ברית בין הבתרים אלא הוא סובר בן פ"ה שנה היה אז (יפ"ת ונזה"ק וע"ש):

מסורת המדרש

ד תנחומא כאן סימן י"ז. מכילתא סדר משפטים מסכת דנזיקין פרשה י"ח. ילקוט ישעיה רמז ש"כ:

ה לעיל פרשה י"ח:

מתנות כהונה

שלא לנעול דלת כו'. ולכן נימול בן צ"ט שנה שיראו הזקנים שאין מצות המילה מחלשת כח האדם שהרי זה שהיה כמעט כעבר ובטל מן העולם והיה נימול והבחורים ישאו קל וחומר בעצמם: **בן שמונים וכו'.** שכבר הגיע לימי הגבורות והלמוד במקומו עומד: **כדי שיצא יצחק וכו'.** ולפיכך המתין עד זמן ההוא ויבא הלימוד לגרים ותועלת יצחק כאחד: **אמר אברהם אם חביבה כו':** [ג] **דייך כו'.** די לך גדולה וכבוד שדמיתיך לי ור"ל שמעתה יהיו רמ"ח איבריך שלמים כמניין שמך אברהם כדאיתא בפרק ד' נדרים שזה מורה שבשבילך נברא העולם וכמו שאתה שותף עמי בבריאותו וכמו שדרשו בהבראם באברהם וזה היה אחר מצות המילה שאז נקרא אברהם ודורש שדי לשון דיי: **דיו לעולמי וכו'.** לשון שדי דרש: **דיו לעולמי כו'.** ששוב לא יהיה לו קיום ודיי לערלה ששלטה בעולם ע"כ ודיי למצות מילה שהיתה עגומה עד עתה ולא תהיה עגומה מעתה או יחרב העולם: **עגומה.** כמו עגונה מלשון עגמת נפש: **ומזדווגים לי.** כל בני העולם חברו אלי ומבקרים אותי תאמר משמלתי הן באין ג"כ בתמיה וא"ל הקב"ה אף אם ימנעו ממך כל באי עולם דיי לך בצוותא דידי או י"ל מזדווגים לי לבא עלי למלחמה וכן מצאתי שוב בצב"א:

נחמד למראה

כדאיתא במדרש והביאו רש"י על הפסוק בסדר בא. נמצא שבאותו זמן היה ראוי על כל פנים למול אותם. וזהו שאמר זמן היה לבניו שימולו שתי פעמים אחת במצרים ואחת במדבר. אי נמי כדדרשינן לקמן בפרשה זו כתוב וזה הדבר אשר מל יהושע דבר אמר להם ומלן אמר דלהם מה אתם סבורין שאתם נכנסין לארץ ערלים וכו' ודו"ק:

אשד הנחלים

הזקנים שהדבר אין בו סכנה. ולכן אף הי' מהראוי שבבין הבתרים יצטווה על זה רק מפני יצחק שיצא מטפה קדושה תיכף שיקיים המצוה הזאת: **קנמון כו' משביטל.** המשל הזה הוא נפלא להראות איך דווקא שמענין ההפכי הנפסד יצא ההויה השלימה כמו שהקנמון אשר ריחו טוב מאוד א"א לגדל בטוב. עד שבתחילה יזבל השדה בדברים מעופשים ומוסרחים. אשר אז יקבל הזרע ההפסד הגמור במעמקי האדמה. ואז יצא ההויה בתכלית הטוב כן באברהם אחר שנבטל יצרו לגמרי [שזהו לפי הראות ההפסד להולדה]. אז דווקא הוציא הפרי הטוב

רַבִּי נָתָן וְרַבִּי אַחָא וְרַבִּי בֶּרֶכְיָה בְּשֵׁם רַבִּי יִצְחָק — **R' Nassan, R' Acha, and R' Berechyah** said **in the name of R' Yitzchak:** "אֲנִי אֵל שַׁדַּי" — God said, ***"I am El Shaddai"*** — אֲנִי הוּא שֶׁאָמַרְתִּי לְעוֹלָמִי וְלַשָּׁמַיִם דַּי לָאָרֶץ דַּי — this means: **"I am the One Who said to My world** at the time of creation, both **to the Heavens, 'Enough!' and to the earth, 'Enough!'**[34] שֶׁאִלּוּלֵא שֶׁאָמַרְתִּי לָהֶם דַּי עַד עַכְשָׁיו הָיוּ נִמְתָּחִים וְהוֹלְכִים — **For had I not said to them, 'Enough!' they would have continued expanding until the present."**[35]Ⓐ

אָמַר לוֹ הַקָּדוֹשׁ בָּרוּךְ הוּא — **The Holy One, blessed is He, said to him,** אַבְרָהָם דַּיֶּיךָ שֶׁאֲנִי אֱלֹהֶיךָ דַּיֶּיךָ שֶׁאֲנִי פַּטְרוֹנְךָ — **"Abraham, it suffices for you that I am your God; it suffices for you that I am your patron."**[32] וְלֹא לְךָ לְעַצְמְךָ אֶלָּא דַּיּוֹ לְעוֹלָמִי שֶׁאֲנִי אֱלוֹהוֹ דַּיּוֹ לְעוֹלָמִי שֶׁאֲנִי פַּטְרוֹנוֹ — God added, **"And not only for you, but it suffices** also **for My world that I am its God; it suffices** also **for My world that I am its patron."**[33]

The Midrash now offers other interpretations of the connotation of the phrase אֲנִי אֵל שַׁדַּי:

NOTES

32. I.e., you have no need for the company and support of other humans (*Eitz Yosef*; see, however, *Yefeh To'ar*). Here, too, the Midrash is interpreting God's Name, שַׁדַּי, used in this verse.

[We have explained this segment in accordance with *Eitz Yosef*'s first understanding. He writes, though, that the text as we have it supports an alternative explanation, namely that Abraham was concerned that the idolaters, who had waged war against him in the past (מזדווגים לי), such as the war of the four kings (see above, 42 §2), would take advantage of his weakened state following his circumcision to attack him again. God reassured him that He would protect him. However, see *Matnos Kehunah* and *Yefeh To'ar*.]

33. I.e., ultimately, through you (despite your circumcision), I shall become the sole God and patron of the entire world [in the sense that other gods will no longer be worshiped] (*Eitz Yosef*).

34. Calling a halt to the continued expansion of the cosmos (see below). The name שַׁדַּי is thus a contraction of the words שאמרתי די, *that I said, "Enough!"* (*Maharzu*).

35. I.e., had God not halted them, they would have continued expanding in response to God's original directive calling them into existence; see 5 §8 above and *Chagigah* 12a.

Eitz Yosef, citing *Yefeh To'ar*, writes that God was hinting to Abraham that just as He had limited the world's existence *in space*, halting its spatial expanse, He would limit its existence *in time*, halting its existence from that moment on if Abraham were to refuse to circumcise himself.

INSIGHTS

which Abraham was tried (see *Avos* 5:3 with commentators). The definition of a "test" varies from person to person. For example, a student who is gifted in mathematics but is deficient in self-expression will have no difficulty taking a math test, but would find it very difficult to write an essay. So too, since Abraham exemplified kindness and sensitivity, he could hardly be tested by asking him to extend himself for others. Such conduct was his norm. Furthermore, from the time the young Abraham recognized that God was the Master of the universe, he dedicated strenuous efforts to bring others to a recognition of God and the need to thank Him and serve Him. To do this he had to cultivate friendly relationships with his neighbors and demonstrate how good it is to serve God. The only way Abraham's total loyalty to God could be tested would be for him to be commanded to do something totally out of character.

Thus, the common thread in Abraham's ten tests, or trials, was the requirement for him to go against his nature, by doing things that seemed to be cruel and that would diminish his relationship with those he was trying to influence. Accordingly, the first test mentioned in the Torah was the commandment that he leave his family and homeland. Desert his elderly father? Leave the people he had been teaching to serve Hashem? This was against his nature, so it was a test. This explains his question when Hashem commanded him to circumcise himself. To his neighbors, circumcision would seem to be a bizarre act of self-mutilation. Why would they continue to associate with such a person? Therefore, this commandment would jeopardize his mission of bringing people close to Hashem, and conflict with his very nature. Thus, it was a test for Abraham, and he expressed his reservation to God.

Hashem's answer was that Abraham's mission was to serve Him, and everything else was secondary. If people objected to his performance of a commandment, so be it. This illustrates a major purpose and benefit of such tests. As the commentators stress, a *nisayon* — from the word *neis*, a banner — is meant to elevate a person, just as a banner is held aloft. Abraham's obedience to a command that contradicted his nature proved that he was kind not because he was a gentle person who could not assert himself. Far from it. Whatever he did, whether it was kind or whether it seemed harsh, was because he was doing the will of God. That he met all ten challenges proved, as God told him at the climax of the *Akeidah*, *"Now I know that you are a God-fearing man,"* i.e., Abraham had demonstrated that whatever he did — whether it was natural or difficult for him — was in the service of Hashem (*Michtav MeEliyahu*, Vol. II, p. 162).

Ⓐ **Who Said to My World, "Enough!"** An alternative approach in explaining the relation of this Midrash (which is also cited in *Chagigah* 12a), to the commandment of *milah* is advanced by *Beis HaLevi*. He explains that the expression שֶׁאָמַרְתִּי לְעוֹלָם דַּי, *who said to the world "Enough,"* can be understood as referring to two different ideas. The first relates to quantity or dimensions; that is, Hashem instructed the world that its expansion and growth was sufficient, and should stop. The second relates to the *qualitative* growth of its products. For instance, grain seeds go through many phases until the final produce is fully grown. They begin as straw, develop into ears, and then into the chaff that contains the grain. Each step brings man closer to receiving his sustenance; and had Hashem not declared, "Enough!," the process would have continued until the seeds grew into bread. However, Hashem in His wisdom decreed that the final phases of readying the food through harvest, grinding, kneading, baking, etc., should be performed by man himself. In the future World to Come, the Gemara tells us that the Land of Israel will indeed give forth bread without toil, but until then, it is man's job to bring the process to completion.

With this introduction, *Beis HaLevi* explains that Hashem introduced the mitzvah of *milah* using the name שַׁ־דַּי to deflect a difficulty that was raised by Turnusrufus, the wicked Roman governor who ruled the Land of Israel after the destruction of the Second Temple. As part of a debate with R' Akiva (see *Tanchuma, Tazria* §5), Turnusrufus asked why males are not born circumcised, if Hashem desires them to be circumcised. It is to this question that Hashem answers: It was I who said to the world, "Enough!," and left its completion to man. Similarly, regarding man himself, I have left his completion to him through *milah*. *Milah* is thus a physical reflection of the task of man in the world: to perfect himself and become complete. [This is reflected in R' Akiva's response to Turnusrufus, recorded in *Tanchuma* (ibid.). See there.]

The Rav of Lemberg, *Rav Yitzchak Shmelkis,* in his Torah commentary *Beis Yitzchak* (§25), offers a different perspective on Rav Yitzchak's teaching, linking his interpretation of this clause to the ensuing clause, *"Walk before Me and be perfect."* As discussed in the well-known Midrashic teaching above (39 §1; see Insight there), Abraham came to recognize the existence of God by studying the systematic operation of the world and realizing that this massive and complex system could not possibly operate without a Supreme Being at its controls. However, while this realization was certainly an extraordinary achievement that no human being before him had merited to attain, God was aware that the manner in which he attained this understanding would nonetheless prevent Abraham from achieving the much higher level of understanding God of which he would otherwise be capable. For a belief in God based solely on the observance of His accomplishments in this world is restricted by the limited amount of His greatness that He allows us humans to observe on earth. Thus, He told Abraham, "I am the One Who said 'Enough!', and purposely limited the amount of My greatness that I allowed to be seen on earth." Hence, as R' Elazar ben Yaakov elaborates further, "I am He Whom the entire world and its contents do not suffice to convey My Divinity." Therefore, God told Abraham, "*Walk before*

חידושי הרש"ש

[ג] **שאין העולם ומלואו כדי לאלהותי.** נראה דדריש שדי ע"ד ובכל תבואתי תשרש וכמש"כ לעיל פל"ד. ואולי דריש אל לפי המסורת בפתח: [ד] **אמרה תאמר שנמצא בי פסולת.** פי' מפני שאמר לה שתעבור לפניו והיינו ע"כ כדי לבודקה. וכן בנמשל שא"ל הקב"ה לאברהם התהלך לפני:

באור מהרי"פ

[ג] **תרגום עקילס.** על לשון אל שדי: **אבסיום.** עמ"כ. וז"ל רב"מ אקיום פי' בל"י בלתי נפסד ופי' אוקנוס מסופק בעצמו ע"כ. אולי צ"ל מספיק בעצמו:

עץ יוסף

די לעולמי שאני אלוהו כו'. כלומר על ידך אהיה ג"כ אלוה ופטרון לכל בני העולם. והוא נכלל ג"כ בלשון אל שדי: **אני הוא שאמרתי כו'.** הגירסא הנכונה כדלעיל פ"ה סי' ז'. ודרש דרש זה כאן לומר שכמו שאז אמר די כן יאמר עכשיו לעולם די אם לא יקבל המילה וכדלעיל. ואע"פ שאין הענינים שוין. דהתם לענין השיעור וכאן להמשך הזמן (יפ"ת): **נמתחים והולכים.** לעשות רצון קוניהם הרוצה במציאות: **אין העולם ומלואו** עולם השפל כדי לאלהותי. ומייתי הא דתרגם עקילס על לשון אל שדי אכסיום ואנקום. כלומר נצחי וקיים בלי הפסד. ולכן בהיות עולם השפל מוכן תמיד להפסד שכל חומרי נפסד ואינו מתקיים כנודע לפיכך לא היה ראוי לייחד שמו ית' עליו אשר הוא נצחי וקיים. כי אם ברוב רחמיו ורוב חסדיו (נזה"ק): (ד) [ג] **מטרונה שאמר לה כו'.** ונתכרכמו פניה פירוש הוריקו פניה ככרכום ממוראו אולי ימצא בה איזה חסרון. וכן אברהם א"ל הקב"ה התהלך לפני והיה תמים כלומר שיראה יפיו לפניו ויותמם מדופי קל אשר לו. נתירא. ונפל על פניו מהמורא שירגיש בו איזה חסרון. א"ל הקב"ה אין בך מותר אלא הערלה: [ד] **ישב אברהם ודן גזירה שוה.** פי' שע"פ ג"ש היה יכול אברהם לדעת מה כוונת הסי"ת במ"ש ואתנה בריתי ובמ"ש המול לכם כל זכר שכאן כתיב ערלה. ובפ' קדושים וערלתם ערלתו את פריו. מה ערלה כו'. והשיב לו רחב"פ וכי ניתנה ג"ש לאברהם. דאע"ג שיש לדרוש ג"ש מ"מ מנין ידע אברהם מהיכן ימול עיין ויק"ר פ' כ"ה: **ואתנה בריתי כו' וארבה אותך.** ר"ל דלמד מענינו שענין הריבוי אגל נתינת הברית:

אָמַר לוֹ הַקָּדוֹשׁ בָּרוּךְ הוּא: אַבְרָהָם דַּיֶּיךָ שֶׁאֲנִי אֱלֹהֶיךָ, דַּיֶּיךָ שֶׁאֲנִי פַּטְרוֹנְךָ, וְלֹא לְךָ לְעַצְמְךָ אֶלָּא דַּיּוֹ לְעוֹלָמִי שֶׁאֲנִי אֱלוֹהוֹ, דַּיּוֹ לְעוֹלָמִי שֶׁאֲנִי פַּטְרוֹנוֹ. רַבִּי נָתָן וְרַבִּי אַחָא וְרַבִּי בֶּרֶכְיָה בְּשֵׁם רַבִּי יִצְחָק: "אֲנִי אֵל שַׁדַּי", [ו]אֲנִי הוּא שֶׁאָמַרְתִּי לְעוֹלָמִי וְלַשָּׁמַיִם דַּי, לָאָרֶץ דַּי, שֶׁאִלּוּלֵא שֶׁאָמַרְתִּי לָהֶם דַּי עַד עַכְשָׁיו הָיוּ נִמְתָּחִים וְהוֹלְכִים. תַּנְיָא מִשּׁוּם רַבִּי אֶלְעָזָר בֶּן יַעֲקֹב: אֲנִי הוּא שֶׁאֵין הָעוֹלָם וּמְלוֹאוֹ כְּדֵי לֵאלָהוּתִי. תַּרְגּוּם עֲקִילַס אַכְּסִיּוֹס וְאַנְקוֹס°:

ד אָמַר רַבִּי לֵוִי: [ז]לְמַטְרוֹנָה שֶׁאָמַר הַמֶּלֶךְ עִבְרִי לְפָנַי, וְעָבְרָה לְפָנָיו וְנִתְכַּרְכְּמוּ פָּנֶיהָ, אָמְרָה: תֹּאמַר שֶׁנִּמְצָא בִּי פְּסוֹלֶת, אָמַר לָהּ הַמֶּלֶךְ אֵין בָּךְ פְּסוֹלֶת אֶלָּא צִיפּוֹרֶן שֶׁל אֶצְבַּע קְטַנָּה שֶׁלָּךְ גְּדוֹלָה קִימְעָא, הַעֲבִירִי אוֹתוֹ וּבָטֵל הַמּוּם. כָּךְ אָמַר הַקָּדוֹשׁ בָּרוּךְ הוּא לְאַבְרָהָם אָבִינוּ: אֵין בְּךָ פְּסוֹלֶת אֶלָּא הָעָרְלָה הַזֹּאת הַעֲבֵר אוֹתָהּ וּבָטֵל הַמּוּם, "הִתְהַלֵּךְ לְפָנַי וֶהְיֵה תָמִים". "וְאֶתְּנָה בְרִיתִי בֵּינִי וּבֵינֶךָ וְגוֹ'", אָמַר רַבִּי הוּנָא בְּשֵׁם בַּר קַפָּרָא: [ח]יָשַׁב אַבְרָהָם וְדָן גְּזֵירָה שָׁוָה, נֶאֶמְרָה עָרְלָה בָּאִילָן וְנֶאֶמְרָה עָרְלָה בָּאָדָם, מָה עָרְלָה שֶׁנֶּאֶמְרָה בָּאִילָן מָקוֹם שֶׁהוּא עוֹשֶׂה פֵּירוֹת, אַף עָרְלָה שֶׁנֶּאֱמַר בָּאָדָם מָקוֹם שֶׁהוּא עוֹשֶׂה פֵּירוֹת, אֲמַר לֵיהּ רַבִּי חֲנִינָא בַּר פָּזִי: וְכִי נִתְּנוּ גְּזֵירוֹת שָׁווֹת לְאַבְרָהָם, אֶתְמְהָא, אֶלָּא רֶמֶז רָמַז לוֹ, "וְאֶתְּנָה בְרִיתִי בֵּינִי וּבֵינֶךָ וְאַרְבֶּה אוֹתְךָ בִּמְאֹד מְאֹד", וְאֶתְּנָה בְרִיתִי בֵּינִי וּבֵינֶךָ, בְּמָקוֹם שֶׁהוּא פָּרֶה וְרָבֶה:

פירוש מהרז"ו

לאמר אני הנה בריתי וכו' שתיבת אני מיותר. וגם תחלה אמר וירא אליו ה' וגו'. אני אל שדי ואח"כ אמר אלהים. על כן דורש שעל תפלתו השיב לו אלהים. שהכוונה שאלהותי יעמד לך. ואהיה פטרונך. ואם אמר אלהיך היה הכוונה על אברם בלבד אך מאחר שאמר אלהים משמע לכל. וזהו שאמר ולא לך בעצמך אלא דיו לעולמי שאני אלוהו ועיין לקמן סימן ט'. ובריש מדרש רות פסוק אלהים אלהיך אנכי. דייך אני פטרונך ומ"ש דייך וכו' דעת המדרש שמ"ש אני נלמד מפסוק הקודם אני אל שדי וכאלו כתוב גם כאן אני אל שדי ועל כן יתכן לדרוש דייך דיו: **שאמרתי לעולמי די.** הוקשה לו איך קורא להקב"ה שדי הרי הוא באמת אין די ואין סוף ע"כ דורש נוטריקון שדי שאמר די וע"פ מדה ט' שאמר לעולמו היינו לכל המציאות שהמציא. וכמ"ש לעיל פר' יו"ד סימן ה' שהיו מותחים וכו' וכמ"ש לעיל פר' ה' סימן ח' בביאור ע"ש השינוי. ור"א בן יעקב דורש על הקדוש ברוך הוא בעצמו והנוטריקון שדי שאין די. ועל פי מדה ט' שאין העולם ומלואו כדאי וכמ"ש הנה השמים ושמי השמים לא יכלכלוך: **אבסיום ואנקוס.** בערוך ערך אקיום גורס אקיום ואקנוס וכתב המוסף ערוך פירושו בלשון יוני בלתי נפסד. ופי' אקנוס מספיק בעצמו. פי' שעצמותו מספיק הכל: (ד) **למטרונה שאמר לה.** בא לפרש מ"ש התהלך לפני וגו'. איך שייך זה אל המילה ודורש ע"פ משל שאמר המלך להמטרונה שלו שתעבור לפניו לבדקה אם היא שלמה בגופה ונתכרכמה פניה פירוש הוריקו פניה ככרכום ממוראו אולי ימצא בה איזה חסרון וכן אברהם א"ל התהלך לפני והיה תמים נתירא. ונפל על פניו מהמורא שהרגיש בו איזה חסרון והשיב לו ואתנה בריתי ע"פ מדה ל"א. ויתכן עוד שתחלה אמר לו והיה תמים ונתכרכמיו פניו ופירש לו ואתנה בריתי. וזה ע"פ מדה ט'. וענין הכפילה מבואר בסי' ו' ולעיל סימן ג': **ישב אברהם ודן.** פי' שהתישב בדעתו ותקר מהו כוונת הש"י במ"ש ואתנה בריתי ובמ"ש המול לכם כל זכר וכדומה. ולא פירש לו מהיכן ימול. ודרש בעצמו שכאן כתוב בפרשה כמה פעמים ערלה. ובאילן כתוב בפרשת קדושים וערלתם ערלתו את פריו. ועיין כל הענין בויק"ר פר' כ"ה סימן ו'. ודעת ר"ה כמ"ש לקמן פר' מ"ט סימן ב' שאברהם ידע את כל התורה וא"כ גם מדת גז"ש ידע לדרוש. והשיב לו רחב"פ שאף ע"פ שידע כל

מסורת המדרש

ו חגיגה דף י"ב. לעיל פרשה ה'. פדר"א פ' ג'. ילקוט כאן רמז פ"א:

ז ילקוט כאן רמז פ"א:

ח שבת ק"ח. ויק"ר פרשה כ"ה. פרקי דרבי אליעזר פרק כ"ט. תנחומא סדר זה סוף סימן י"ח. ילקוט כאן רמז פ"א:

מתנות כהונה

[**נמתחין והולכין.** עי' לעיל בפ' בראשית: **אבסיוס.** הערוך גרס אקיום ואקנוס ופי' שכן לועזין בל"י:

אשד הנחלים

על תכנית השלימות. [ג] **היו נמתחין כו'** הדבר הזה צריך באור רב. כי לפי הראות הוא היפך. כי איך יתכן שימתחו מעצמם בלי רצון ה' וחפצו הלא בלתי ית' אין בם שום קיום והעמדה ותנועה וישיית רק ברצון ה'. ואשר נראה לי בזה. כי הכוונה במה שנתיסד אחר ו' ימי המעשה טבע אחרת בעולם. כי בו' ימי המעשה היה פעולת הבריאה ממהרת מאוד כי תיכף הוציאה הארץ תולדותיה דבר יום ביומו וכן השמים ככה. וזה הי' מבלי סבה טבעית מאומה רק ברצון ה' גרידא ואחר כך נתייסד טבע אחרת בעולם. שההויות יתאחרו ויהי' תלוים בזמן ובסבה דווקא. שהארץ לא תוציא צמחה בלתי אם תזרע דווקא ובזמן רב תוציא מעט מעט. וכן כל הנבראים כולם. ובאמת לפי דעת חז"ל האמיתיים. אלולי החטא מאדה"ר. היית' נוהגת העולם כמעט על המתכונת הראשון אך החטא עשתה זאת. וא"כ הברית הראשון הי' באופן אחר. וזה שאמר ה' לאברהם שאל יתפלא בבשורת הזרע בימי הזקנה. שזה כמעט מבלי סבה טבעי' ואחר המילה שזה ג"כ מסבת המבטלות הזרע. שלא ידמה ככה. כי אני אל שדי אני הוא שאמרתי לעולמי די. שאלולי כן הי' על אופן שיהיה פועל הבריא' בתמידות ובמהירו' מאוד ולכן אתה את בריתי תשמר' וגם אני נותן את בריתי הקדום ביני ובינך וארבה אותך במאוד מאוד היפך הטבע הנוהגת עתה וע' בסדר בראשית פ"ה שמה בארתי דבר זה מעט על אופן אחר. אך בעניינם המה אחד: **אבסיוס.** עביד"מ שפירושו בלשון (גריכים) בלתי נפסד. שדי במציאותו בעצמו ואינו צריך לזולתו ואינו נמשך מאחר כי הוא מחוייב בעצמותו וא"כ אינו נפסד: [ד] **ערלה באילן כו'.** אף שלא ניתנה לאברהם. עכ"ז ידוע לאברהם בנבואה. כמאמרם קיים אברהם אבינו כל התורה. ודעת ר"ח אינו כן שעדיין לא ידע מזה. ויש בזה המקום לחקור הרבה. וכבר חקרו כמה חכמים בספריהם אין להאריך פה: **מקרא אמר כו' לחשוב כו'.** כלומר שהמקרא עצמו מוכרע כן אחר שהכתוב צווה

תַּנְיָא מִשּׁוּם רַבִּי אֶלְעָזָר בֶּן יַעֲקֹב — It was taught in the name of R' Elazar ben Yaakov that God said, **אֲנִי הוּא שֶׁאֵין הָעוֹלָם וּמְלוֹאוֹ כְּדֵי לֶאֱלָהוּתִי — "I am He Whom the entire world and its contents do not suffice** to convey **My Divinity."**[36] **תַּרְגּוּם עֲקִילָס אַכְסִיּוֹס וְאִקְנוֹס — *Aquila* translated** *El Shaddai* into Greek[37] **as *aksios*** (indestructible) **and *iknos*** (sufficient unto Himself).[38]

§4 The Midrash discusses the meaning of God's command to Abraham, הִתְהַלֵּךְ לְפָנַי, *walk before Me*, illustrating it by means of a parable:

אָמַר רַבִּי לֵוִי — R' Levi said: לְמַטְרוֹנָה שֶׁאָמַר הַמֶּלֶךְ עִבְרִי לְפָנַי — Abraham, in our passage, may be likened **to a noblewoman** to whom **the king said, "Pass before me."**[39] **וְעָבְרָה לְפָנָיו וְנִתְכַּרְכְּמוּ פָּנֶיהָ — She passed before him, and her face became white as a crocus.**[40] **אָמְרָה תֹּאמַר שֶׁנִּמְצָא בִּי פְּסוֹלֶת — She said** to the king, **"Tell me, is there any** physical **fault to be found with me?" אָמַר לָהּ הַמֶּלֶךְ — The king said to her, אֵין בָּךְ פְּסוֹלֶת אֶלָּא צִיפּוֹרֶן שֶׁל אֶצְבַּע קְטַנָּה שֶׁלָּךְ גְּדוֹלָה קִימְעָא — "There is no fault with you, except that the nail of your small finger is a bit large. הַעֲבִירִי אוֹתוֹ וּבָטֵל הַמּוּם — Remove [the excess] and the blemish is** thus **eliminated."**[41] **כָּךְ אָמַר הַקָּדוֹשׁ בָּרוּךְ הוּא לְאַבְרָהָם אָבִינוּ — So too, the Holy One, blessed is He, said to Abraham our father, אֵין בְּךָ פְּסוֹלֶת אֶלָּא הָעָרְלָה הַזֹּאת — "There is no fault with you except this foreskin. הַעֲבֵר אוֹתָהּ וּבָטֵל הַמּוּם — Remove it and** thus **eliminate the blemish.**[42] **הִתְהַלֵּךְ לְפָנַי וֶהְיֵה תָמִים — *Walk before Me and be perfect.*"**[43]

וְאֶתְּנָה בְרִיתִי בֵּינִי וּבֵינֶךָ וְאַרְבֶּה אוֹתְךָ בִּמְאֹד מְאֹד.

I will set My covenant between Me and you, and I will increase you most exceedingly (17:2).

□ **וְאֶתְּנָה בְּרִיתִי בֵּינִי וּבֵינֶךָ וְגוֹ׳** — ***I WILL SET MY COVENANT BETWEEN ME AND YOU, ETC.***

God commanded Abraham to circumcise his and his descendants' עָרְלָה (below, vv. 11-14), which is normally translated as "foreskin" but literally means "enclosure" or "casing," and can apply to membranes enclosing various parts of the body (see below, Section 5). The Midrash examines how Abraham knew to which עָרְלָה God was referring:

אָמַר רַבִּי הוּנָא בְּשֵׁם בַּר קַפָּרָא — Rav Huna said in the name of Bar Kappara: יָשַׁב אַבְרָהָם וְדָן גְּזֵירָה שָׁוָה — Abraham settled down[44] **and expounded a *gezeirah shavah***[45] to clarify the meaning of עָרְלָה in this passage. **נֶאֶמְרָה עָרְלָה בָּאִילָן —** The term עָרְלָה, *casing*, **is stated in regard to a** fruit **tree,**[46] **וְנֶאֶמְרָה עָרְלָה בָּאָדָם — and** the term **עָרְלָה,** *casing*, **is stated** here **in regard to a person. מָה עָרְלָה שֶׁנֶּאֶמְרָה בָּאִילָן מָקוֹם שֶׁהוּא עוֹשֶׂה פֵּירוֹת — Just as** the term **עָרְלָה that is stated in regard to a tree** refers to **the place** on the tree's body **where [the tree] produces fruit, אַף עָרְלָה שֶׁנֶּאֱמַר בָּאָדָם מָקוֹם שֶׁהוּא עוֹשֶׂה פֵּירוֹת — so too,** the term עָרְלָה **that is stated in regard to a man** refers to **the place** on the man's body **with which he produces "fruit,"** i.e., offspring.[47]

The Midrash raises an objection to the above explanation and suggests an alternative based on the wording of this verse:

אֲמַר לֵיהּ רַבִּי חֲנִינָא בַּר פָּזִי — R' Chanina bar Pazi said to [Rav Huna]: וְכִי נִתְּנוּ גְּזֵירוֹת שָׁווֹת לְאַבְרָהָם אֶתְמְהָא — But were the principles of ***gezeiros shavos* given to Abraham? Can it be?!**[48] **אֶלָּא רֶמֶז רָמַז לוֹ — Rather, [God] hinted to him** the meaning of עָרְלָה in this passage **by means of an allusion,** as follows: **"וְאֶתְּנָה בְרִיתִי בֵּינִי וּבֵינֶךָ וְאַרְבֶּה אוֹתְךָ בִּמְאֹד מְאֹד" — *"I will set My covenant between Me and you, and I will increase you most exceedingly,"*** **וְאֶתְּנָה בְרִיתִי בֵּינִי וּבֵינֶךָ בְּמָקוֹם שֶׁהוּא פָּרֶה וְרָבֶה** — which implies, **"*I will set My covenant*,** i.e., the covenant of circumcision, ***between Me and you,* at the place** on the body **from which a person is fruitful and increases."**[49]

NOTES

36. I.e., the world and its contents are too lowly to express God's Divinity; see *Eitz Yosef*. [*Rashash* suggests that this interpretation is reading אֵל שַׁדַּי as if it were vowelized אַל שַׁדַּי, *not sufficient*, which connotes that the universe is not sufficient for Him.]

37. Aquila was a convert who composed a Greek translation of the Torah. See *Yerushalmi Megillah* 1:9; see also above, 21 §1. Some identify him with Onkelos who translated the Torah into Aramaic; see *Korban HaEidah* on *Yerushalmi Megillah* loc. cit.

38. *Maharzu,* from *Mussaf Aruch*. That is, He Himself has no need for the world and is not dependent upon His creation in any sense. *Aksios* (indestructible) would then be the meaning of אֵל and *anakos* (sufficient unto Himself) would be the sense of שַׁדַּי (שֶׁדַּי — that is sufficient). See also *Moreh Nevuchim* I:63.

[Various spellings and meaning are given for these Greek words; see *Aruch* (s.v. אקיום) and the commentators here. For a full treatment of the issue, see *Aruch HaShalem* (s.v. אקיום).]

39. To allow the king to inspect her for any physical faults or imperfections that needed to be rectified. The Midrash is interpreting *walk before Me and be perfect* similarly, as "allow Me to examine you so as to rectify any minor imperfections" (*Eitz Yosef*).

40. As she passed before the king, out of fear that he would find her deficient.

41. The fingernail is external rather than intrinsic, and the excess serves no vital role and therefore can be easily eliminated (*Yefeh To'ar*).

42. The foreskin too is external and can easily be eliminated via circumcision. God was thus reassuring Abraham that he had no intrinsic faults and that his character and thoughts were without blemish (ibid., *Eitz Yosef*).

43. That is, God was telling Abraham that He saw in him but one blemish, and it could be corrected through circumcision (see below, v. 9ff); once that was done, he would be *perfect*.

44. I.e., he calmly contemplated the meaning of God's commandment (*Maharzu*).

45. A *gezeirah shavah* is a hermeneutic principle that compares passages that share the same or similar words so that the relevant laws or context of one may be applied to the other. The Midrash here is presenting Abraham as using this principle to determine the laws of circumcision.

46. *When you shall come to the land and you shall plant any food tree, you shall treat its fruit as encased; for three years they shall be encased for you, they shall not be eaten* (*Leviticus* 19:23).

47. Accordingly, עָרְלָה in this passage refers to the foreskin encasing the tip of the male organ.

48. Although foreknowledge of the Torah was given to Abraham (see below, 49 §2, 64 §4, et al.), according to R' Chanina bar Pazi he was not given the text of the Torah as we have it. Thus, he would not have had use of the hermeneutic principles such as *gezeirah shavah* that are based on the text (*Maharzu*). [However, the Talmud (*Shabbos* 108a) does use this *gezeirah shavah* for identifying the proper location for circumcision.]

49. I.e., the juxtaposition of the covenant to the promise of *increase* indicates that the mark of the covenant shall be on the part of the body with which he "increases" (*Eitz Yosef*).

INSIGHTS

Me and be tamim (perfect)." Being *tamim* means that one accepts and believes that God's greatness is far beyond what the human mind and intellect can grasp. Only if one begins with this premise, and realizes that whatever level of greatness of God can be grasped from His earthly accomplishments is only a fragment of His true greatness, can he be a perfect believer.

אָמַר לוֹ הַקָּדוֹשׁ בָּרוּךְ הוּא: אַבְרָהָם דַּיֶּיךָ שֶׁאֲנִי אֱלֹהֶיךָ, דַּיֶּיךָ שֶׁאֲנִי פַּטְרוֹנְךָ, וְלֹא לְךָ לְעַצְמְךָ אֶלָּא דַּיּוֹ לְעוֹלָמִי שֶׁאֲנִי אֱלוֹהוֹ, דַּיּוֹ לְעוֹלָמִי שֶׁאֲנִי פַּטְרוֹנוֹ. רַבִּי נָתָן וְרַבִּי אַחָא וְרַבִּי בֶּרֶכְיָה בְּשֵׁם רַבִּי יִצְחָק: "אֲנִי אֵל שַׁדַּי", ואֲנִי הוּא שֶׁאָמַרְתִּי לְעוֹלָמִי וְלַשָּׁמַיִם דַּי, לָאָרֶץ דַּי, שֶׁאִלּוּלֵא שֶׁאָמַרְתִּי לָהֶם דַּי עַד עַכְשָׁיו הָיוּ נִמְתָּחִים וְהוֹלְכִים. תַּנְיָא מִשּׁוּם רַבִּי אֶלְעָזָר בֶּן יַעֲקֹב: אֲנִי הוּא שֶׁאֵין הָעוֹלָם וּמְלוֹאוֹ כְּדַי לֵאלָהוּתִי. תַּרְגּוּם עֲקִילָס אַכְסִיוֹס וְאַנְקוֹס°:

ד אָמַר רַבִּי לֵוִי: זלְמַטְרוֹנָה שֶׁאָמַר הַמֶּלֶךְ עִבְרִי לְפָנַי, וְעָבְרָה לְפָנָיו וְנִתְכַּרְכְּמוּ פָּנֶיהָ, אָמְרָה: תֹּאמַר שֶׁנִּמְצָא בִּי פְּסוֹלֶת, אָמַר לָהּ הַמֶּלֶךְ אֵין בָּךְ פְּסוֹלֶת אֶלָּא צִיפּוֹרֶן שֶׁל אֶצְבַּע קְטַנָּה שֶׁלָּךְ גְּדוֹלָה קִימְעָא, הַעֲבִירִי אוֹתוֹ וּבָטֵל הַמּוּם. כָּךְ אָמַר הַקָּדוֹשׁ בָּרוּךְ הוּא לְאַבְרָהָם אָבִינוּ: אֵין בְּךָ פְּסוֹלֶת אֶלָּא הָעָרְלָה הַזֹּאת הַעֲבֵר אוֹתָהּ וּבָטֵל הַמּוּם, "הִתְהַלֵּךְ לְפָנַי וֶהְיֵה תָמִים". "וְאֶתְּנָה בְרִיתִי בֵּינִי וּבֵינֶךָ וְגוֹ'", אָמַר רַבִּי הוּנָא בְּשֵׁם בַּר קַפָּרָא: חיָשַׁב אַבְרָהָם וְדָן גְּזֵירָה שָׁוָה, נֶאֶמְרָה עָרְלָה בָּאִילָן וְנֶאֶמְרָה עָרְלָה בָּאָדָם, מָה עָרְלָה שֶׁנֶּאֶמְרָה בָּאִילָן מָקוֹם שֶׁהוּא עוֹשֶׂה פֵּירוֹת, אַף עָרְלָה שֶׁנֶּאֱמַר בָּאָדָם מָקוֹם שֶׁהוּא עוֹשֶׂה פֵּירוֹת, אָמַר לֵיהּ רַבִּי חֲנִינָא בַּר פָּזִי: וְכִי נִתְּנוּ גְּזֵירוֹת שָׁוֹות לְאַבְרָהָם, אֶתְמְהָא, אֶלָּא רֶמֶז רָמַז לוֹ, "וְאֶתְּנָה בְרִיתִי בֵּינִי וּבֵינֶךָ וְאַרְבֶּה אוֹתְךָ בִּמְאֹד מְאֹד", וְאֶתְּנָה בְרִיתִי בֵּינִי וּבֵינֶךָ, בְּמָקוֹם שֶׁהוּא פָּרֶה וְרָבֶה:

עץ יוסף

די לעולמי שאני אלוהו כו'. כלומר על ידך אהיה ג"כ אלוה ופטרון לכל בני העולם. והוא נכלל ג"כ בלשון אל שדי: אני הוא שאמרתי כו'. הגירסא הנכונה כדלעיל פ"ה סי' ז'. ודרש דרש זה כאן לומר שכמו שאז אמר די כן יאמר עכשיו לעולם די אם לא יקבל המילה וכדלעיל. ואע"פ שאין הענינים שוין. דהתם לענין השיעור וכאן להמשך הזמן (יפ"ת): נמתחים והולכים. לעשות רצון קוניהם הרוצה במציאות: אין העולם ומלואו עולם השפל כדי לאלהותי. ומייתי הא דתרגם עקילס על לשון אל שדי אכסיום ואנקום. כלומר נצחי וקיים בלי הפסד. ולכן בהיות עולם השפל מוכן תמיד להפסד שכל חומרי נפסד ואינו מתקיים כנודע לפיכך לא היה ראוי לייחד שמו ית' עליו אשר הוא נצחי וקיים. כי אם ברוב רחמיו ורוב חסדיו (נזה"ק): (ד) [ג] מטרונה שאמר לה בו'. ונתכרכמו פניה פירוש הוריקו פניה ככרכום ממוראו אולי ימצא בה איזה חסרון. וכן אברהם א"ל הקב"ה התהלך לפני והיה תמים כלומר שיראה יפיו לפניו ויותמם מדופי קל אשר לו. נתירא. ונפל על פניו מהמורא שירגיש בו איזה חסרון. א"ל הקב"ה אין בך מותר אלא הערלה: [ד] ישב אברהם ודן גזירה שוה. פי' שע"פ ג"ש היה יכול אברהם לדעת מה כוונת השי"ת במ"ש ואתנה בריתי ובמ"ש המול לכם כל זכר שכאן כתיב ערלה. ובפ' קדושים וערלתם ערלתו את פריו. מה ערלה כו'. והשיב לו רחב"פ וכי ניתנה ג"ש לאברהם. דאע"ג שיש לדרוש ג"ש מ"מ מנין ידע אברהם מהיכן ימול עיין ויק"ר פ' כ"ה: ואתנה בריתי כו' וארבה אותך. ר"ל דלמד מעניינו שענין הריבוי אגב נתינת הברית:

חידושי הרש"ש

[ג] שאין העולם ומלואו כדי לאלהותי. נראה דדריש שדי ע"ד ובכל תבואתי תשרש וכמש"כ לעיל פל"ד. ואולי דריש אל לפי המסורת בפתח:

[ד] אמרה תאמר שנמצא בי פסולת. פי' מפני שאמר לה שתעבור לפניו והיינו ע"כ כדי לבודקה. וכן בנמשל שא"ל הקב"ה לאברהם התהלך לפני:

באור מהרי"פ

[ג] תרגום עקילס. על לשון אל שדי: אבסיום. עמ"כ. וז"ל רב"מ אקיום פי' בל"י בלתי נפסד ופי' אוקנום מסופק בעצמו ע"כ. אולי צ"ל מספיק בעצמו:

פירוש מהרז"ו

לאמר אני הנה בריתי וכו' שתיבת אני מיותר. וגם תחלה אמר וירא אליו ה' וגו'. אני אל שדי ואח"כ אמר אלהים. על כן דורש שעל תפלתו השיב לו אלהים. שהכוונה שאלהותי יעמד לך. ואהיה פטרונך. ואם אמר אלהיך היה הכוונה על אברם בלבד אך מאחר שאמר אלהים משמע לכל. וזהו שאמר ולא לך בעצמך אלא דיו לעולמי שאני אלוהו ועיין לקמן סימן ט'. ובריש מדרש רות פסוק אלהים אלהיך אנכי. דייך אני פטרונך ומ"ש דייך וכו' דעת המדרש שמ"ש אני נלמד מפסוק הקודם אני אל שדי וכאלו כתוב גם כאן אני אל שדי ועל כן יתכן לדרוש דייך דיו: שאמרתי לעולמי די. הוקשה לו איך קורא להקב"ה שדי הרי הוא באמת אין די ואין סוף ע"כ דורש נוטריקון שדי שאמר די וע"פ מדה ט' שאמר לעולמו היינו לכל המציאות שהמציא. וכמ"ש לעיל פר' יו"ד סימן ה' שהיו מותחים וכו' וכמ"ש לעיל פר' ה' סימן ח' בביאור ע"ש השינוי. ור"א בן יעקב דורש על הקדוש ברוך הוא בעצמו והנוטריקון שדי שאין די. ועל פי מדה ט' שאין העולם ומלואו כדאי וכמ"ש הנה השמים ושמי השמים לא יכלכלוך: אבסיוס ואנקוס. בערוך ערך אקיום גורס אקיום ואקנום וכתב המוסף ערוך פירושו בלשון יוני בלתי נפסד. ופי' אקנום מספיק בעצמו. פי' שעצמותו מספיק הכל: (ד) למטרונה שאמר לה. בא לפרש מ"ש התהלך לפני וגו'. איך שייך זה אל המילה ודורש ע"פ משל שאמר המלך להמטרונה שלו שתעבור לפניו לבדקה אם היא שלמה בגופה ונתכרכמה פניה פירוש הוריקו פניה ככרכום ממוראו אולי ימצא בה איזה חסרון וכן אברהם א"ל התהלך לפני והיה תמים נתירא. ונפל על פניו מהמורא שהרגיש בו איזה חסרון והשיב לו ואתנה בריתי ע"פ מדה ל"א. ויתכן עוד שתחלה אמר לו והיה תמים ונתכרכמיו פניו ופירש לו ואתנה בריתי. וזה ע"פ מדה ט'. וענין הנפילה מבואר בסי' ו' ולעיל סימן ג': ישב אברהם ודן. פי' שהתישב בדעתו וחקר מהו כוונת הש"י במ"ש ואתנה בריתי ובמ"ש המול לכם כל זכר וכדומה. ולא פירש לו מהיכן ימול. ודרש בעצמו שכאן כתוב בפרשה כמה פעמים ערלה. ובאילן כתוב בפרשת קדושים וערלתם ערלתו את פריו. ועיין כל הענין בויק"ר פר' כ"ה סימן ו'. ודעת ר"ה כמ"ש לקמן פר' מ"ט סימן ב' שאברהם ידע את כל התורה וא"כ גם מדת גז"ש ידע לדרוש. והשיב לו רחב"פ שאף ע"פ שידע כל

מסורת המדרש

ו חגיגה דף י"ב. לעיל פרשה ה'. פדר"א פ' ג'. ילקוט כאן רמז פ"א:

ז ילקוט כאן רמז פ"א:

ח שבת ק"ח. ויק"ר פרשה כ"ה. פרקי דרבי אליעזר פרק כ"ט. תנחומא סדר זה סוף סימן י"א. ילקוט כאן רמז פ"א:

מתנות כהונה

[נמתחין והולכין. עי' לעיל בפ' בראשית: אבסיוס. הערוך גרס אקיום ואקנום ופי' שכן לועזין בל"י:

אשד הנחלים

על תכנית השלימות. [ג] היו נמתחין כו' הדבר הזה צריך באור רב. כי לפי הראות הוא היפך. כי איך יתכן שימתחו מעצמם בלי רצון ה' וחפצו הלא בלתי ית' אין בם שום קיום והעמדה ותנועה וישיית רק ברצון ה'. ואשר נראה לי בזה. כי הכוונה במה שנתיסד אחר ו' ימי המעשה טבע אחרת בעולם. כי בו' ימי המעשה היה פעולת הבריאה ממהרת מאוד כי תיכף הוציאה הארץ תולדותיה דבר יום ביומו וכן השמים ככה. וזה הי' מבלי סבה טבעית מאומה רק ברצון ה' גרידא ואחר כך נתייסד טבע אחרת בעולם. שההויות יתאחרו ויהי' תלוים בזמן ובסבה דווקא. שהארץ לא תוציא צמחה בלתי אם תזרע דווקא ובזמן רב תוציא מעט מעט. וכן כל הנבראים כולם. ובאמת לפי דעת חז"ל האמיתיים. אלולי החטא מאדה"ר. היית' נוהגת העולם כמעט על המתכונת הראשון אך החטא עשתה זאת. וא"כ הברית הראשון הי' באופן אחר. וזה שאמר ה' לאברהם שאל יתפלא בבשורת הזרע בימי הזקנה. שזה כמעט מבלי סבה טבעי' ואחר המילה שזה ג"כ מסבת המבטלות הזרע. שלא ידמה ככה. כי אני אל שדי אני הוא שאמרתי לעולמי די. שאלולי כן הי' על אופן שיהיה פועל הבריא' בתמידות ובמהירו' מאוד ולכן אתה את בריתי תשמו' וגם אני נותן את בריתי הקדום ביני ובינך וארבה אותך במאוד מאוד היפך הטבע הנוהגת עתה וע' בסדר בראשית פ"ה שמה בארתי דבר זה מעט על אופן אחר. אך בעניינם המה אחד: אכסיוס. עביד"מ שפירושו בלשון (גריכים) בלתי נפסד. שדי במציאותו בעצמו ואינו צריך לזולתו ואינו נמשך מאחר כי הוא מחוייב בעצמותו וא"כ אינו נפסד: [ד] ערלה באילן כו'. אף שלא ניתנה לאברהם. עכ"ז ידוע לאברהם בנבואה. כמאמרם קיים אברהם אבינו כל התורה. ודעת ר"ח אינו כן שעדיין לא ידע מזה. ויש בזה המקום לחקור הרבה. וכבר חקרו כמה חכמים בספריהם אין להאריך פה: מקרא אמר כו' לחשוב בו'. כלומר שהמקרא עצמו מוכרע כן אחר שהכתוב צווה

§5 The Midrash cites several alternative derivations for determining the proper location for the rite of "circumcision":
רַבִּי יִשְׁמָעֵאל וְרַבִּי עֲקִיבָא — **R' Yishmael and R' Akiva** each offered a derivation. רַבִּי יִשְׁמָעֵאל אוֹמֵר — **R' Yishmael said:** אַבְרָהָם כֹּהֵן גָּדוֹל הָיָה שֶׁנֶּאֱמַר — **Abraham was a Kohen Gadol, as [Scripture] states,** "נִשְׁבַּע ה' וְלֹא יִנָּחֵם אַתָּה כֹהֵן לְעוֹלָם וגו' " — ***HASHEM has sworn and will not relent, "You shall be a priest forever,** by the word of Malchizedek"* (*Psalms* 110:4),[50] וְנֶאֱמַר לְהַלָּן — **yet it is stated there,** "וּנְמַלְתֶּם אֵת בְּשַׂר עָרְלַתְכֶם" — ***you shall circumcise the flesh of your "orlah"*** (below, v. 11). מֵהֵיכָן יָמוּל — Now, as a Kohen, **where could [Abraham] have been circumcised?** אִם יָמוּל מִן הָאוֹזֶן אֵינוֹ כָּשֵׁר לְהַקְרִיב — **If he were to be circumcised from the ear, he would not be suitable to bring** offerings; מִן הַפֶּה אֵינוֹ כָּשֵׁר לְהַקְרִיב — were he to be circumcised **from the mouth he** likewise **would not be suitable to bring** offerings;[51] מִן הַלֵּב אֵינוֹ כָּשֵׁר לְהַקְרִיב — and were he to be circumcised **from the heart, he would not be suitable to serve.**[52] מֵהֵיכָן יָמוּל וְיִהְיֶה כָּשֵׁר לְהַקְרִיב — **From where could he have been circumcised and** yet **be suitable to bring** offerings? הֱוֵי אוֹמֵר זוֹ עָרְלַת הַגּוּף — By process of elimination, **one must say** that **[the** עָרְלָה **mentioned here] is the "casing" of the member.**[53]

R' Akiva also focuses on the negative consequences of the alternative forms of "circumcision," but follows a somewhat different line of reasoning:
רַבִּי עֲקִיבָא אוֹמֵר — **R' Akiva said:** ד' עָרְלוֹת הֵן — **There are four** body parts to which Scripture ascribes **עָרְלוֹת,** *casings*: עָרְלָה — נֶאֶמְרָה עָרְלָה בָּאוֹזֶן "הִנֵּה עֲרֵלָה אָזְנָם" — עָרְלָה, *casing*, **is stated** in Scripture **regarding the ear,** as it states, ***Behold their ear is encased*** [עֲרֵלָה] [*Jeremiah* 6:10]; וְנֶאֶמְרָה עָרְלָה בַּפֶּה "הֵן אֲנִי עֲרַל שְׂפָתַיִם" — **and** עָרְלָה, *casing*, **is stated regarding the mouth,** as it states, ***And I have encased*** [עֲרַל] ***lips*** (*Exodus* 6:12); וְנֶאֱמַר עָרְלָה בַּלֵּב "וְכָל בֵּית יִשְׂרָאֵל עַרְלֵי לֵב" — **and** עָרְלָה, *casing*, **is stated regarding the heart,** as it states, ***And the House of Israel is of encased*** [עַרְלֵי] ***heart*** (*Jeremiah* 9:25); וְנֶאֱמַר עָרְלָה בַּגּוּף "וְעָרֵל זָכָר" — **and** עָרְלָה, *casing*, **is stated regarding the member,** as it states, ***An encased*** [עָרֵל] ***male*** (below, v. 14).[54] וְנֶאֱמַר לוֹ "הִתְהַלֵּךְ לְפָנַי וֶהְיֵה תָמִים" — **And it was said to [Abraham], *Walk before Me and be perfect*** (above, v. 2).[55] אִם יָמוּל מִן הָאוֹזֶן אֵינוֹ תָּמִים — Now, **if [Abraham] were to be circumcised from the ear, he would** then **not be perfect;**[56] מִן הַפֶּה אֵינוֹ תָּמִים — were he to be circumcised **from the mouth, he would** likewise **not be perfect;** מִן הַלֵּב אֵינוֹ תָּמִים — and were he to be circumcised **from the heart, he would** certainly **not be perfect.** וּמֵהֵיכָן יָמוּל וְיִהְיֶה תָּמִים — **But from where could he be circumcised and be perfect?** הֱוֵי אוֹמֵר זוֹ עָרְלַת הַגּוּף — By process of elimination, **one must say that** the עָרְלָה, *casing*, mentioned here **is the "casing" of the** male **member.**[57]

The Midrash offers another derivation, essentially similar to that of R' Akiva above:
מִקְרָא אָמַר וּבֶן שְׁמֹנַת יָמִים יִמּוֹל לָכֶם כָּל זָכָר לְדֹרֹתֵיכֶם — **Scripture states, *At the age of eight days every male among you shall be circumcised, throughout your generations*** (below, v. 12).[58] אִם יָמוּל מִן הָאוֹזֶן אֵינוֹ שׁוֹמֵעַ — **If [the child] is circumcised from the ear, he will not be able to hear;** מִן הַפֶּה אֵינוֹ מְדַבֵּר — if he is circumcised **from the mouth, he will not be able to speak;** מִן הַלֵּב אֵינוֹ חוֹשֵׁב — if **from the heart, he will not be able to think.**[59] מֵהֵיכָן יָמוּל וְיִהְיֶה יָכוֹל לַחֲשׁוֹב — **From where** then **could [the child] be circumcised, and** yet **be able to think,** to speak, and to hear?[60] זוֹ עָרְלַת הַגּוּף — **This** would only be the circumcision of **the "casing" of the member.**

The Midrash now presents a derivation based on the wording found in a verse below:
אָמַר רַבִּי תַּנְחוּמָא — **R' Tanchuma said:** מִסְתַּבְּרָא הָדָא מִקְרָא "וְעָרֵל זָכָר" — **It is reasonable** that the derivation is from **this verse, *An uncircumcised male*** (below, v. 14). וְכִי יֵשׁ עָרֵל נְקֵבָה — Now, **is there an "uncircumcised female"?**[61] אֶלָּא מִמָּקוֹם שֶׁהוּא נִיכָּר אִם

NOTES

50. The Sages interpret the verse in reference to Abraham, who received the Kehunah, the priesthood, instead of Malchizedek, king of Salem (see above, 14:18), who lost the priesthood because of improper speech (*Nedarim* 32b).

51. For if part of his ear or mouth were missing he would be considered blemished, and a Kohen with a blemish is disqualified from the Temple service. See *Leviticus* 21:17.

52. As the Midrash explains below, the term עָרְלָה is found in Scripture regarding all three of these organs; thus in theory the commandment, *you shall circumcise the flesh of your "orlah,"* might have been referring to a procedure performed on one of them. R' Yishmael is arguing that these three organs can all be rejected as candidates for "circumcision," since such "circumcisions" would have disqualified Abraham as a Kohen, and God had promised him that he would be a Kohen forever.

[Even without this argument, of course, the commandment could not possibly entail a fatal cutting of the heart. It is mentioned here only by association, as one of the three organs (besides the member) with which the term עָרְלָה is associated (*Maharzu*, *Eitz Yosef*).]

53. Since it is only an extra layer of skin, its lack would not constitute a blemish that would render a person unfit to serve as a Kohen (*Eitz Yosef*).

54. R'Akiva seems to understand this verse itself as alluding to the עָרְלָה of the male organ. However, that is difficult, for if so, this verse, which is in our passage and concerns the commandment of circumcision, would be proof in and of itself as to the proper location for the rite of circumcision. The Midrash does offer such a derivation below, but R' Akiva's own derivation, given presently, is different. Accordingly, *Eitz Yosef*, citing the parallel text of *Vayikra Rabbah* 25 §6, argues that our text is in error and that this line should be removed. Although R' Akiva mentioned four עָרְלוֹת, he did not mean that all four are explicit in Scripture, for the עָרְלָה of the member is inferred from verse 2 above, as he now proceeds to explain (*Yefeh To'ar*).

Rashash, though, suggests that R' Akiva's position is that while verse 14 indicates that the foreskin is considered an עָרְלָה for the purpose of circumcision, it does not by itself prove that it is the sole עָרְלָה with which one could perform the rite; perhaps the commandment of circumcision could be fulfilled by the removal of any one of these four "casings." (The verse, וְעָרֵל זָכָר וגו', *an "encased" male who will not circumcise the flesh of his foreskin — that soul shall be cut off from its people*, which appears in our passage, could be taken as meaning *not* that "circumcision" *must* be performed on the member, but rather as excluding one born with an already circumcised [hence, not *encased*] member from requiring any further "circumcision.") It is the aim of R' Akiva's exposition here to show that the *only* acceptable "circumcision" is the removal of the foreskin.

55. Indicating that after the circumcision of the עָרְלָה Abraham would be "perfect."

56. For he would have a blemish.

57. As mentioned above (note 53), the foreskin is only an extra layer of skin, and therefore its removal does not result in an imperfection.

58. I.e., the obligation of circumcision affects every Jewish male throughout the ages (*Maharzu*; see, however, *Mishnas DeRabbi Eliezer*). [In *Vayikra Rabbah* 25 §6, this derivation is attributed to the sage Nagda (see commentators here).]

59. Throughout Scripture, the heart is mentioned as the seat of consciousness; see, for example, 8:21 above.

60. For clearly God is not commanding that all Jewish males be severely maimed (see *Maharzu*).

61. For Scripture has already limited the obligation of circumcision to males (see verse 12); thus, irregardless of which organ is to be "circumcised," the concept of being "uncircumcised" would not apply to women. Therefore, had verse 14 written just וְעָרֵל, *a circumcised [person]*, we also would have known that it was speaking of a male; the additional word זָכָר, *male*, is thus superfluous (*Eitz Yosef*).

ה רַבִּי יִשְׁמָעֵאל וְרַבִּי עֲקִיבָא, רַבִּי יִשְׁמָעֵאל אוֹמֵר: [ט]אַבְרָהָם כֹּהֵן גָּדוֹל הָיָה שֶׁנֶּאֱמַר (תהלים קי, ד) "נִשְׁבַּע ה' וְלֹא יִנָּחֵם אַתָּה כֹהֵן לְעוֹלָם וְגוֹ'" וְנֶאֱמַר לְהַלָּן (בראשית יז, יא) "וּנְמַלְתֶּם אֵת בְּשַׂר עָרְלַתְכֶם", מֵהֵיכָן יָמוֹל, אִם יָמוֹל מִן הָאוֹזֶן אֵינוֹ כָּשֵׁר לְהַקְרִיב, [מִן הַפֶּה אֵינוֹ כָּשֵׁר לְהַקְרִיב,] מִן הַלֵּב אֵינוֹ כָּשֵׁר לְהַקְרִיב, מֵהֵיכָן יָמוֹל וְיִהְיֶה כָּשֵׁר לְהַקְרִיב, הֱוֵי אוֹמֵר זוֹ עָרְלַת הַגּוּף. [י]רַבִּי עֲקִיבָא אוֹמֵר: ד' עֲרָלוֹת הֵן נֶאֶמְרָה עָרְלָה בָּאוֹזֶן (ירמיה ו, י) "הִנֵּה עֲרֵלָה אָזְנָם", וְנֶאֶמְרָה עָרְלָה בַּפֶּה, (שמות ו, ל) "הֵן אֲנִי עֲרַל שְׂפָתַיִם", וְנֶאֱמַר עָרְלָה בַּלֵּב, (ירמיה ט, כה) "וְכָל בֵּית יִשְׂרָאֵל עַרְלֵי לֵב", וְנֶאֱמַר עָרְלָה בַּגּוּף, "וְעָרֵל זָכָר". וְנֶאֱמַר לוֹ "הִתְהַלֵּךְ לְפָנַי וֶהְיֵה תָמִים" אִם יָמוֹל מִן הָאוֹזֶן אֵינוֹ תָּמִים, מִן הַפֶּה אֵינוֹ תָּמִים, מִן הַלֵּב, אֵינוֹ תָּמִים, וּמֵהֵיכָן יָמוֹל וְיִהְיֶה תָּמִים, הֱוֵי אוֹמֵר זוֹ עָרְלַת הַגּוּף. מִקְרָא אָמַר "וּבֶן שְׁמֹנַת יָמִים יִמּוֹל לָכֶם כָּל זָכָר לְדֹרֹתֵיכֶם", אִם יָמוֹל מִן הָאוֹזֶן אֵינוֹ שׁוֹמֵעַ, מִן הַפֶּה אֵינוֹ מְדַבֵּר, מִן הַלֵּב אֵינוֹ חוֹשֵׁב, מֵהֵיכָן יָמוֹל וְיִהְיֶה יָכוֹל לַחֲשׁוֹב, זוֹ עָרְלַת הַגּוּף. אָמַר רַבִּי תַּנְחוּמָא מִסְתַּבְּרָא הָדָא מִקְרָא, "וְעָרֵל זָכָר", וְכִי יֵשׁ עָרֵל נְקֵבָה, אֶלָּא [יא]מִמָּקוֹם שֶׁהוּא נִיכָּר אִם זָכָר אִם נְקֵבָה מִשָּׁם מוֹהֲלִים אוֹתוֹ:

ו [יז, ג] "וַיִּפֹּל אַבְרָם עַל פָּנָיו וַיְדַבֵּר אִתּוֹ אֱלֹהִים לֵאמֹר", רַבִּי פִּנְחָס בְּשֵׁם רַבִּי לֵוִי: שְׁתֵּי פְּעָמִים כְּתִיב בְּאַבְרָהָם נְפִילָה עַל פָּנָיו, כְּנֶגְדָּן נִטְּלָה מִילָה מִבָּנָיו שְׁתֵּי פְּעָמִים אֶחָד בְּמִצְרַיִם וְאֶחָד בַּמִּדְבָּר, בְּמִצְרַיִם בָּא מֹשֶׁה וּמָלָן, בַּמִּדְבָּר בָּא יְהוֹשֻׁעַ וּמָלָן:

ז [יז, ד] "אֲנִי הִנֵּה בְרִיתִי אִתָּךְ" רַבִּי אַבָּא וְרַבִּי בֶּרֶכְיָה וְרַבִּי שְׁמוּאֵל בַּר אַמִּי הֲווֹ יָתְבִין וּמַקְשִׁין: [יב]מִנַּיִן נוֹטָרִיקוֹן מִן הַתּוֹרָה, שֶׁנֶּאֱמַר "וְהָיִיתָ לְאַב הֲמוֹן גּוֹיִם" לְאַב הָם דַּהֲוָה חָסֵר רֵי"שׁ:

עץ יוסף

(ה) נשבע ה' כו'. ובאברהם מיירי שע"י שחטא מלכי צדק נתן הקב"ה הכהונה לאברהם כדלקמן בויק"ר פ' כ"ה: **אם ימול מן האוזן.** דכתיב ביה ערלה וכן מן הפה וכן מן הלב וכדאמר ר"ע: **מן הלב אינו כשר.** אגב שזכר כל הערלות זכר ג"כ ערלת הלב אע"פ שאין שייך בו תיקון כי הלב בנקיבה דקה ימות: **ערלת הגוף** שאין שייך מום בעור יתר: **ונאמר ערלה בגוף וערל זכר.** לא גרסינן לה וכן בויק"ר פ' כ"ג ליתא דאי קים לה לר"ע דערל זכר היא ערלת הגוף לא הוה צריך להיות מתמיה: **מקרא אמר ובן שמונת ימים.** נ"ל נגדא אמר כתיב ובן שמונת ימים כו' א"ר תנחומא מסתברא דנגדא. וכן הוא בויק"ר: **מהיכן ימול ויהיה יכול לחשוב ולדבר ולשמע זו ערלת הגוף** כצ"ל. (א"א): **וכי יש ערל נקבה.** ול"ל למימר וערל זכר. הלא כ"כ המול לכם כל זכר. אלא להורות מקום המילה. ועי' בפ' קדושים שם הבאתי גי' הנזה"ק ופירושו: (ו) [ה] **ב' פעמים כו' בפרשה זו.** א' בפ' ג'. וא' בפ' י"ז. שלפה שיבטלו בב' זמנים אלו ונפל על פניו שהתפלל שלא יבטלו לגמרי: **אחד במצרים.** ביטלו מילה כדאי' בתנחומא שמות. ואחד במדבר כדכת' (יהושע ה) וכל העם הילודים במדבר וגו' לא מלו. ואע"ג דבטלוה מפני הסכנה כדאיתא בפרק הערל. שמא תחלתם באונס וסופם ברצון (יפ"ת): (ז) [ו] **הוון יתבין ומתקשין כו'.** כלומר נתקשו לחקור מאן מוכח דרך הנוטריקון שדורשין החכמים: **דהוה חסר ריש.** כלומר שהוא כאילו נכתב חסר ריש אברהם אב המון.

פירוש מהרז"ו

התורה וכל המצות אך לא נתנה לו בתיבותיה שידע לדרשה אלא שרמז לו כאן בפסוק ואתנה בריתי וארבה אותך. ולמוד מעניננו שענין הריבוי אגל נתינת הברית: **(ה) אברהם כהן גדול היה.** ועי' לקמן פר' כ"ה סימן ו' ובויק"ר פר' כ"ה סימן ו': **מן האוזן וכו' מן הפה וכו' מן הלב וכו'.** בכל אלו כתוב ערלה וכדלקמן בדברי ר"ע. ומ"ש מן הלב אגב שזכר כל הערלות זכר ג"כ ערלת הלב. אע"פ שאין שייך בו תיקון כי הלב בנקיבה דקה ימות: **זו ערלת הגוף.** שאין שייך מום בעור יתר: **התהלך לפני והיה תמים.** וסמיך ליה ואתנה בריתי ביני וביניך. שאע"פ שימול אעפ"כ יהיה תמים: **מקרא אמר.** וכן בסוף הדרשה מסתברא הדא מקרא. אם הוא שם חכם נ"ל הדא דמקרא. ויתכן הכוונה במ"ש מקרא אמר. הכתוב אומר. ופי' מקרא זה אומר. וכן מ"ש מסתברא הדא מקרא. שהפסוק זה כדאי להוכיח ממנו. ובויק"ר שם הגי' נגדא אמר וכן בסוף הדרשא מסתברא דנגדא. וענין דרשה זו שמאחר שהקב"ה צוה כן על כל ילדי ישראל לעולם בהכרח הוא במקום שאין בו מום: **וערל זכר.** דרשה אחרת היא. ועי' בויק"ר פר' כ"ה שם שמות הדורשים. ועי' סוף הפרשה: **(ו) שתי פעמים.** בפרשה זו של צווי המילה א' בפסוק ג' וא' בפסוק י"ז. שלפה שיבטלו בב' זמנים אלו ונפל על פניו שהתפלל שלא יבטלו לגמרי. על דרך מ"ש לעיל פר' ל"ט סימן ט"ז שלא יפלו בעי: **אחד במצרים ואחד במדבר.** עי' לעיל פר' ז' ריש סימן ב' ולקמן פר' מ"ז סימן ג'. ולפי מ"ש בסימן ד' שהנפילה מחמת יראה או כמו שכתוב בסי' ג' גם כן בעבור חששא אם כן הוא סימן לכשלון בניו במילה: **(ז) דהוה חסר רי"ש.** פי' מאמר זה כתבתי

חידושי הרש"ש

[ה] **ונאמר ערלה בגוף וערל זכר.** נראה דר"ע ס"ל נמי דרשה דלקמן מוערל זכר וכי יש כו' אלא דמ"מ י"ל דאחת מהני ערלות דחשיב סגי אם ימולם. וערל זכר אתי לאפוקי דנולד מהול תו א"ח כרת: **מקרא אמר ובן ש"י כו'.** לקמן סוף קדושים הגי' נגדא ופי' המ"כ שם חכם: **וערל זכר וכי יש ערל נקבה.** פי' דהא כבר אמר המול לכם כל זכר. ולקמן בסוף הפרשה איתא דרשה זו בשם ר' חגי. ובסוף קדושים בשם אחרים ע"ש. ובשבת (ק"ח א') בשם ר' נתן (ונראה דשם צ"ל ר' יונתן דהוא בר פלוגתיה דר' יאשיה הנזכר שם מקודם בכל מקום בש"ס): [ז] **אני הנה בריתי אתך.** כצ"ל בלא וי"ו:

באור מהרי"פ

[ה] **נגדא אמר כו' כל זכר לדורותיכם.** פי' אם היה מצות מילה רק לפי שעה לא היה קשה כ"כ אבל לדורות קשה הלא דרכיה דרכי נועם: **ויהיה יכול לחשוב.** צ"ע דפרט רק המחשבה לחוד: **וכי יש ערל נקבה.** בס' המדויקים ה"ג וכי לא יש ערל נקבה. וה"פ א"א דהמילה הוא בשארי איברים כמו באוזן וכו' וכי לא יש ערלה זו בנקבה. אלא ממקום כו' (נזה"ק): [ו] **ב' פעמים כו' נפילה כו'.** נ"ע דהנפילה השניה היא בבשורת הזרע ולא במילה ועיין יפ"ת ונזה"ק: [ז] **דהוה חסיר רי"ש.** כלומר כאלו חסר רי"ש. והרי"ש שהיה מתחלה לא זז ממקומה כדי שלא יתרעם. נזה"ק:

מסורת המדרש

ט נדרים דף ל"ב:
י פדר"א פ' כ"ט. ילקוט כאן רמז פא:
יא שבת דף ק"ח:
יב ע' שבת דף ק"ה:

אם למקרא

נִשְׁבַּע וְלֹא יִנָּחֵם אַתָּה־כֹהֵן לְעוֹלָם עַל־דִּבְרָתִי מַלְכִּי־צֶדֶק: (תהלים קי, ד)

וּנְמַלְתֶּם אֵת בְּשַׂר עָרְלַתְכֶם וְהָיָה לְאוֹת בְּרִית בֵּינִי וּבֵינֵיכֶם: (בראשית יז, יא)

עַל־מִי אֲדַבְּרָה וְאָעִידָה וְיִשְׁמָעוּ הִנֵּה עֲרֵלָה אָזְנָם וְלֹא יוּכְלוּ לְהַקְשִׁיב הִנֵּה דְבַר־ה' הָיָה לָהֶם לְחֶרְפָּה לֹא יַחְפְּצוּ־בוֹ: (ירמיה ו, י)

וַיֹּאמֶר מֹשֶׁה לִפְנֵי ה' הֵן אֲנִי עֲרַל שְׂפָתַיִם וְאֵיךְ יִשְׁמַע אֵלַי פַּרְעֹה: (שמות ו, ל)

עַל־מִצְרַיִם וְעַל־יְהוּדָה וְעַל־אֱדוֹם וְעַל־בְּנֵי עַמּוֹן וְעַל־מוֹאָב וְעַל כָּל־קְצוּצֵי פֵאָה הַיֹּשְׁבִים בַּמִּדְבָּר כִּי כָל־הַגּוֹיִם עֲרֵלִים וְכָל־בֵּית יִשְׂרָאֵל עַרְלֵי־לֵב: (ירמיה ט, כה)

ענף יוסף

[ה] **ואמר רבי עקיבא אומר ד' ערלות הן כו' אלא ממקום שהוא ניכר כו'.** בודאי כל הדורות ידעו מקום המילה מאברהם דור אחר דור. אלא שהתנאים הללו חוקרים מאין ידע אברהם שהמילה באותו מקום. ועל זה אמרו כל אחד דעתו. וק"ל:

מתנות כהונה

[ה] **אתה כהן לעולם.** עי' בויק"ר פכ"ה: ה"ג **ערלת הגוף.** נגדא אמר וכ"ה פ' קדושים ובעקדה גרס בן נגדא: ה"ג **ויהיה יכול לחשוב** ולדבר ולשמוע: ה"ג בפ' קדושים א"ת מסתברא דנגדא וערל זכר כו': [ו] **נטלה מילה.** גרסינן ועי' בעקדה טעם לזה: [ז] **יתבין ומקשין.** יושבין ושואלין: **לאבהם כו'.** כלומר הרי שדרשינן אבהם אברהם חסר רי"ש וזהו נוטריקון ועי' בפ' הבונה: [דהא חסר רי"ש. גרס'.

נחמד למראה

[ו] **ויפול אברהם על פניו וגו'.** ר' פנחס בשם ר' לוי שתי פעמים כתיב באברהם נפילה על פניו כנגדן ניטלה מילה מבניו שתי פעמים וכו'. הדברים כפשוטן שמפני שתי נפילות הללו שנפל אברהם גרם ששתי פעמים ניטלה מילה מבניו שנטלו המילה עד שבא משה ומלן וכן במדבר בטלו המילה כדכתיב וכל הילודים במדבר בדרך לא מלו עד שבא יהושע ומלן לאפוקי מה שפירש הרב ידי משה. להפך שמפני שנפל שתי נפילות זכה שימולו בניו שתי פעמים ע"ש. אין זה פשט המדרש:

אשד הנחלים

זאת לעשות כן לכל זכר שיוולד. וא"א שהתורה רצתה לעשות לכל אדם בעל מום. כי על אברהם לבדו אולי הי' זאת בדרך נסיון לבד לקצץ אבר למען רצון ה' אבל לא יתכן שיצווה לכולם. ובפרט בעת שהם קטנים שאינם בכלל הנסיון. ומה שאומר ויהי' יכול לחשוב אחז בדבר האחרון שאם נאמר שהוא מילת הלב והקושי' ג"כ מהיכן ידבר או ישמע: [ז] **ומקשין כו'.** כלומר יתקשו לחקור מאן מוכח דרך הנוטריקון שדורשין החכמים: **חסר ריש.** לא ידעתי פירושו. וע' ברד"ל וע' רש"י בחומש שנראה שהי' לו גרסא אחרת: **שעד שהוא אברם.** שהכתוב מספר מה שהיה קודם שנקרא אברהם שעכ"ז בחרת בו. ומקשי א"כ בשרה נמי ומתרצי ששמה רק אברהם נצטוה עליה

זָכָר אִם נְקֵבָה מִשָּׁם מוֹהֲלִים אוֹתוֹ — **Rather,** the point of the word זָכָר, *male,* in this verse is to teach us that **[the child] is circumcised at the site that determines whether he is a male or a female,** i.e., his male organ.[62]

וַיִּפֹּל אַבְרָם עַל פָּנָיו וַיְדַבֵּר אִתּוֹ אֱלֹהִים לֵאמֹר.
Abram fell upon his face, and God spoke with him, saying (17:3).

§6 **וַיִּפֹּל אַבְרָם עַל פָּנָיו וַיְדַבֵּר אִתּוֹ אֱלֹהִים לֵאמֹר** — ***ABRAM FELL UPON HIS FACE, AND GOD SPOKE WITH HIM, SAYING.***

The Midrash notes that this was not the only time Abraham threw himself upon his face, and it relates Abraham's actions to later historical phenomena:

רַבִּי פִּנְחָס בְּשֵׁם רַבִּי לֵוִי — **R' Pinchas** said **in the name of R' Levi:** שְׁתֵּי פְעָמִים כְּתִיב בְּאַבְרָהָם נְפִילָה עַל פָּנָיו — **"Falling upon his face" is written twice in** regard to **Abraham,** both here and in v. 17 below. כְּנֶגְדָן נִטְּלָה מִילָה מִבָּנָיו שְׁתֵּי פְעָמִים — **Corresponding to these** two "fallings," **his descendants were twice deprived** of performing the commandment **of circumcision** for an extended period of time:[63] אֶחָד בְּמִצְרַיִם וְאֶחָד בַּמִּדְבָּר — **once** was during their stay **in Egypt,**[64] **and once** was during the years of their sojourn **in the Wilderness.**[65] בְּמִצְרַיִם בָּא מֹשֶׁה וּמָלָן בַּמִּדְבָּר בָּא יְהוֹשֻׁעַ וּמָלָן — **In Egypt,** ultimately **Moses came and circumcised them;**[66] **in the Wilderness, Joshua came and circumcised them.**[67]

אֲנִי הִנֵּה בְרִיתִי אִתָּךְ וְהָיִיתָ לְאַב הֲמוֹן גּוֹיִם.
As for Me, this is My covenant with you: you shall be a father of a multitude of nations (17:4).

§7 **אֲנִי הִנֵּה בְרִיתִי אִתָּךְ** — ***AS FOR ME, THIS IS MY COVENANT WITH YOU.***

The Midrash finds in this verse an important tool for the interpretation of Scripture:

רַבִּי אַבָּא וְרַבִּי בֶּרֶכְיָה וְרַבִּי שְׁמוּאֵל בַּר אַמֵּי הֲווֹ יָתְבִין וּמַקְשִׁין — **R' Abba, R' Berechyah, and R' Shmuel bar Ami were sitting** together in discussion **and they asked** the following question: מִנַּיִן נוֹטָרִיקוֹן מִן הַתּוֹרָה — **Where in the Torah is** the basis for the concept of **contractions?**[68] שֶׁנֶּאֱמַר "וְהָיִיתָ לְאַב הֲמוֹן גּוֹיִם" — They concluded that it is from **that which is stated** here: ***You shall be a father*** (*av*) ***of a multitude*** (*hamon*) ***of nations,*** לְאַב הָם דַּהֲוָה חָסֵר רֵי"שׁ — which can be contracted to ***Av ham,*** that is, the name Abraham (*Avraham*) **minus the** letter ***reish.***[69]

NOTES

62. This derivation is found again below, Section 13, where it is attributed to R' Chaggai. See also *Shabbos* 108a and *Vayikra Rabbah* 25 §6.

[Based on *Vayikra Rabbah* ibid., *Eitz Yosef* emends the text of our Midrash to read that R' Tanchuma is praising the *preceding* derivation (of Nagda; see note 58). The current derivation, from וְעָרֵל זָכָר, is accordingly stated by the Midrash without attribution.]

63. That is, there were two periods in history during which the Jewish nation as a whole did not uphold the practice of circumcision. Abraham foresaw these two periods, and in response he twice fell on his face in prayer that the Israelites should not cease performing the mitzvah entirely (*Maharzu*). See, alternatively, *Eitz Yosef* (Vagshal edition). See Insights.

64. Only the tribe of Levi circumcised themselves during the period of Egyptian servitude. The rest of Israel did not (see *Shemos Rabbah* 19 §5, *Bamidbar Rabbah* 15 §12).

65. Where it was unsafe for the Israelites to practice circumcision — either because of the weakness of the people due to their travels or because the healthful north wind did not blow for them. See *Yevamos* 71b-72a.

66. The Israelites were circumcised just prior to the Exodus, when circumcision became essential for the eating of the *pesach*-offering (as *Exodus* 12:48 states: *No uncircumcised male shall eat of it*).

[Scripture does not state explicitly that Moses circumcised the people. However, given that *Joshua* 5:5 states that the Israelites who left Egypt were circumcised, it is evident that Moses circumcised them.]

67. That is, upon their entry into the land of Canaan after leaving the Wilderness; see *Joshua* 5:2-9 and above, Section 2. Thus, Abraham's prayers were answered and both of these cessations of circumcision were only temporary. See Insights.

68. I.e., what is the Scriptural support for the Sages expounding words as if they were acronyms or contractions of other words? See e.g., *Shabbos* 55b, *Pesachim* 42a, and *Kiddushin* 32b and *Rashi* ad loc.

69. I.e., Abram's new name אַבְרָהָם (see verse 5) is formed from a contraction of אַב (*av*) and הָמוֹן (*hamon*) with an additional ר (*reish*). *Eitz Yosef* writes that the *reish*, although no longer appropriate, retains its position from the original name אַבְרָם. See also below, 47 §1.

[For another understanding of the contraction in the name אַבְרָהָם, see *Shabbos* 105a.]

ה רַבִּי יִשְׁמָעֵאל וְרַבִּי עֲקִיבָא, רַבִּי יִשְׁמָעֵאל אוֹמֵר: ט אַבְרָהָם כֹּהֵן גָּדוֹל הָיָה שֶׁנֶּאֱמַר (תהלים קי, ד) **"נִשְׁבַּע ה' וְלֹא יִנָּחֵם אַתָּה כֹהֵן לְעוֹלָם וְגוֹ'" וְנֶאֱמַר לְהַלָּן** (בראשית יז, יא) **"וּנְמַלְתֶּם אֵת בְּשַׂר עָרְלַתְכֶם", מֵהֵיכָן יָמוּל, אִם יָמוּל מִן הָאוֹזֶן אֵינוֹ כָּשֵׁר לְהַקְרִיב, [מִן הַפֶּה אֵינוֹ כָּשֵׁר לְהַקְרִיב,] מִן הַלֵּב אֵינוֹ כָּשֵׁר לְהַקְרִיב, מֵהֵיכָן יָמוּל וְיִהְיֶה כָּשֵׁר לְהַקְרִיב, הֱוֵי אוֹמֵר זוֹ עָרְלַת הַגּוּף. י רַבִּי עֲקִיבָא אוֹמֵר: ד' עֲרָלוֹת הֵן נֶאֶמְרָה עָרְלָה בָּאוֹזֶן** (ירמיה ו, י) **"הִנֵּה עֲרֵלָה אָזְנָם", וְנֶאֶמְרָה עָרְלָה בַּפֶּה,** (שמות ו, ל) **"הֵן אֲנִי עֲרַל שְׂפָתַיִם", וְנֶאֱמַר עָרְלָה בַּלֵּב,** (ירמיה ט, כה) **"וְכָל בֵּית יִשְׂרָאֵל עַרְלֵי לֵב", וְנֶאֱמַר עָרְלָה בַּגּוּף, "וְעָרֵל זָכָר". וְנֶאֱמַר לוֹ "הִתְהַלֵּךְ לְפָנַי וֶהְיֵה תָמִים" אִם יָמוּל מִן הָאוֹזֶן אֵינוֹ תָּמִים, מִן הַפֶּה אֵינוֹ תָּמִים, מִן הַלֵּב, אֵינוֹ תָּמִים, וּמֵהֵיכָן יָמוּל וְיִהְיֶה תָמִים, הֱוֵי אוֹמֵר זוֹ עָרְלַת הַגּוּף. מִקְרָא אָמַר "וּבֶן שְׁמֹנַת יָמִים יִמּוֹל לָכֶם כָּל זָכָר לְדֹרֹתֵיכֶם", אִם יָמוּל מִן הָאוֹזֶן אֵינוֹ שׁוֹמֵעַ, מִן הַפֶּה אֵינוֹ מְדַבֵּר, מִן הַלֵּב אֵינוֹ חוֹשֵׁב, מֵהֵיכָן יָמוּל וְיִהְיֶה יָכוֹל לַחֲשׁוֹב, זוֹ עָרְלַת הַגּוּף. אָמַר רַבִּי תַּנְחוּמָא מִסְתַּבְּרָא הָדָא מִקְרָא, "וְעָרֵל זָכָר", וְכִי יֵשׁ עָרֵל נְקֵיבָה, אֶלָּא יא מִמָּקוֹם שֶׁהוּא נִיכָּר אִם זָכָר אִם נְקֵבָה מִשָּׁם מוֹהֲלִים אוֹתוֹ:**

ו [יז, ג] **"וַיִּפֹּל אַבְרָם עַל פָּנָיו וַיְדַבֵּר אִתּוֹ אֱלֹהִים לֵאמֹר", רַבִּי פִּנְחָס בְּשֵׁם רַבִּי לֵוִי: שְׁתֵּי פְּעָמִים כְּתִיב בְּאַבְרָהָם נְפִילָה עַל פָּנָיו, כְּנֶגְדָּן נִטְּלָה מִילָה מִבָּנָיו שְׁתֵּי פְּעָמִים אֶחָד בְּמִצְרַיִם וְאֶחָד בַּמִּדְבָּר, בְּמִצְרַיִם בָּא מֹשֶׁה וּמָלָן, בַּמִּדְבָּר בָּא יְהוֹשֻׁעַ וּמָלָן:**

ז [יז, ד] **"אֲנִי הִנֵּה בְרִיתִי אִתָּךְ" רַבִּי אַבָּא וְרַבִּי בֶּרֶכְיָה וְרַבִּי שְׁמוּאֵל בַּר אַמִּי הֲווֹ יָתְבִין וּמַקְשִׁין: יב מִנַּיִן נוֹטָרִיקוֹן מִן הַתּוֹרָה, שֶׁנֶּאֱמַר "וְהָיִיתָ לְאַב הֲמוֹן גּוֹיִם" לְאַב הָם דַּהֲוָה חָסֵר רֵי"שׁ:**

עץ יוסף

(ה) נשבע ה' כו'. ובאברהם מיירי שע"י שחטא מלכי צדק נתן הקב"ה הכהונה לאברהם כדלקמן בויק"ר פ' כ"ה: **אם ימול מן האוזן.** דכתיב ביה ערלה וכן מן הפה וכן מן הלב וכדאמר ר"ע: **מן הלב אינו כשר.** אגב שזכר כל הערלות זכר ג"כ ערלת הלב אע"פ שאין שייך בו תיקון כי הלב בנקיבה דקה ימות: **ערלת הגוף** שאין שייך מום בעור יתר: **ונאמר ערלה בגוף וערל זכר.** לא גרסינן לה וכן בויק"ר פ' כ"ג ליתא דאי קים לה לר"ע דערל זכר היא ערלת הגוף לא הוה צריך להיות מתמיה: **מקרא אמר ובן שמונת ימים.** נ"ל נגדא אמר כתיב ובן שמונת ימים כו' א"ר תנחומא מסתברא דנגדא. וכן הוא בויק"ר: **מהיכן ימול ויהיה יכול לחשוב ולדבר ולשמע זו ערלת הגוף** כצ"ל. (א"א): **וכי יש ערל נקבה.** ול"ל למימר וערל זכר. הלא כ"כ המול לכם כל זכר. אלא להורות מקום המילה. ועי' בפ' קדושים שם הבאתי גי' הנזה"ק ופירושו: (ו) [ה] **ב' פעמים כו' בפרשה זו.** א' בפ' ג'. וא' בפ' י"ז. שלפה שיבטלו בב' זמנים אלו ונפל על פניו שהתפלל שלא יבטלו לגמרי: **אחד במצרים.** ביטלו מילה כדאי' בתנחומא שמות. ואחד במדבר כדכת' (יהושע ה) וכל העם הילודים במדבר וגו' לא מלו. ואע"ג דבטלוה מפני הסכנה כדאיתא בפרק הערל. שמא תחלתם באונס וסופם ברצון (יפ"ת): (ז) [ו] **הוון יתבין ומתקשין כו'.** כלומר נתקשו לחקור מאן מוכח דרך הנוטריקון שדורשין החכמים: **דהוה חסר ריש.** כלומר שהוא כאילו נכתב חסר ריש אברהם אב המון.

פירוש מהרז"ו

התורה וכל המלות אך לא נתנה לו בתיבותיה שידע לדרשה אלא שרמז לו כאן בפסוק ואתנה בריתי וארבה אותך. ולמוד מעניינו שענין הריבוי אלא נתינת הברית: **(ה) אברהם כהן גדול היה.** ועי' לקמן פר' כ"ה סימן ו' ובויק"ר פר' כ"ה סימן ו': **מן האוזן וכו' מן הפה וכו' מן הלב וכו'.** בכל אלו כתוב ערלה וכדלקמן בדברי ר"ע. ומ"ש מן הלב אגב שזכר כל הערלות זכר ג"כ ערלת הלב. אע"פ שאין שייך בו תיקון כי הלב בנקיבה דקה ימות: **זו ערלת הגוף.** שאין שייך מום בעור יתר: **התהלך לפני והיה תמים.** וסמיך ליה ואתנה בריתי ביני וביניך. שאע"פ שימול אעפ"כ יהיה תמים: **מקרא אמר.** וכן בסוף הדרשה מסתברא הדא מקרא. אם הוא שם חכם נ"ל הדא דמקרא. ויתכן הכוונה במ"ש מקרא אמר. הכתוב אומר. ופי' מקרא זה אומר. וכן מ"ש מסתברא הדא מקרא. שהפסוק זה כדאי להוכיח ממנו. ובויק"ר שם הגי' נגדא אמר וכן בסוף הדרשא מסתברא דנגדא. וענין דרשה זו שמאחר שהקב"ה צוה כן על כל ילדי ישראל לעולם בהכרח הוא במקום שאין בו מום: **וערל זכר.** דרשה אחרת היא. ועי' בויק"ר פר' כ"ה שם שמות הדורשים. ועי' סוף הפרשה: **(ו) שתי פעמים.** בפרשה זו של צווי המילה א' בפסוק ג' וא' בפסוק י"ז. שלפה שיבטלו בב' זמנים אלו ונפל על פניו שהתפלל שלא יבטלו לגמרי. על דרך מ"ש לעיל פר' ל"ט סימן ט"ז שלא יפלו בעי: **אחד במצרים ואחד במדבר.** עי' לעיל פר' ז ריש סימן ב' ולקמן פר' מ"ז סימן ג'. ולפי מ"ש בסימן ד' שהכפילה מחמת יראה או כמו שכתוב בסי' ג' גם כן בעבור השאה אם כן הוא סימן לכשלון בניו במילה: **(ז) דהוה חסר רי"ש.** פי' מאמר זה כתבתי

חידושי הרש"ש

[ה] ונאמר ערלה בגוף וערל זכר. נראה דר"ע ס"ל נמי דרשה דלקמן מוערל זכר וכי יש כו' אלא דמ"מ י"ל דאתא מהני ערלות דחשיב סגי אם ימולם. וערל זכר אתי לאפוקי דנולד מהול תו א"ח כרת: **מקרא אמר ובן ש"י כו'.** לקמן סוף קדושים הגי' נגדא ופי' המ"כ שם חכם: **וערל זכר וכי יש ערל נקבה.** פי' דהא כבר אמר המול לכם כל זכר. ולקמן בסוף הפרשה איתא דרשה זו בשם ר' חגי. ובסוף קדושים בשם אחרים ע"ש. ובשבת (ק"ח א') בשם ר' נתן ונראה דשם צ"ל ר' יונתן דהוא בר פלוגתיה דר' יאשיה הנזכר שם מקודם בכל מקום בש"ס: **[ז] אני הנה בריתי אתך.** כצ"ל בלא וי"ו:

באור מהרי"פ

[ה] נגדא אמר כו' כל זכר לדורותיכם. פי' אם היה מצות מילה רק לפי שעה לא היה קשה כ"כ אבל לדורות קשה הלא דרכיה דרכי נועם: **ויהיה יכול לחשוב.** נ"ע דפרט רק המחשבה לחוד: **וכי יש ערל נקבה.** בס' המדויקים ה"ג וכי לא יש ערל נקבה. וה"פ א"א דהמילה הוא בשארי איברים כמו באוזן וכו' וכי לא יש ערלה זו בנקבה. אלא ממקום כו' (נזה"ק): **[ו] ב' פעמים כו' נפילה כו'.** נ"ע דהנפילה השניה היא בבשורת הזרע ולא במילה ועיין יפ"ת ונזה"ק: **[ז] דהוה חסיר רי"ש.** כלומר כאלו חסר רי"ש. והרי"ש שהיה מתחלה לא זז ממקומה כדי שלא יתרעם. נזה"ק:

מסורת המדרש

ט נדרים דף ל"ב: י פדר"א פ' כ"ט. ילקוט כאן רמז פא: יא שבת דף ק"ח: יב ע' שבת דף ק"ה:

אם למקרא

נִשְׁבַּע וְלֹא יִנָּחֵם אַתָּה־כֹהֵן לְעוֹלָם עַל־דִּבְרָתִי מַלְכִּי־צֶדֶק: (תהלים קי, ד)

וּנְמַלְתֶּם אֵת בְּשַׂר עָרְלַתְכֶם וְהָיָה לְאוֹת בְּרִית בֵּינִי וּבֵינֵיכֶם: (בראשית יז, יא)

עַל־מִי אֲדַבְּרָה וְאָעִידָה וְיִשְׁמָעוּ הִנֵּה עֲרֵלָה אָזְנָם וְלֹא יוּכְלוּ לְהַקְשִׁיב הִנֵּה דְבַר ה' הָיָה לָהֶם לְחֶרְפָּה לֹא יַחְפְּצוּ־בוֹ: (ירמיה ו, י)

וַיֹּאמֶר מֹשֶׁה לִפְנֵי ה' הֵן אֲנִי עֲרַל שְׂפָתַיִם וְאֵיךְ יִשְׁמַע אֵלַי פַּרְעֹה: (שמות ו, ל)

עַל־מִצְרַיִם וְעַל־יְהוּדָה וְעַל־אֱדוֹם וְעַל־בְּנֵי עַמּוֹן וְעַל־מוֹאָב וְעַל כָּל־קְצוּצֵי פֵאָה הַיֹּשְׁבִים בַּמִּדְבָּר כִּי כָל־הַגּוֹיִם עֲרֵלִים וְכָל־בֵּית יִשְׂרָאֵל עַרְלֵי־לֵב: (ירמיה ט, כה)

ענף יוסף

[ה] ואמר רבי עקיבא אומר ד' ערלות הן כו' אלא ממקום שהוא ניכר כו'. בודאי כל הדורות ידעו מקום המילה מאברהם דור אחר דור. אלא שהתנאים הללו חוקרים מאין ידע אברהם שהמילה באותו מקום. ועל זה אמרו כל אחד דעתו. וק"ל:

מתנות כהונה

[ה] אתה כהן לעולם. עי' בויק"ר פכ"ה: ה"ג **ערלת הגוף.** נגדא אמר וכ"ה פ' קדושים ובעקדה גרס בן נגדא: ה"ג **ויהיה יכול לחשוב** ולדבר ולשמוע: ה"ג בפ' קדושים אר"ת מסתברא דנגדא וערל זכר כו': **[ו] נטלה מילה.** גרסינן ועי' בעקדה טעם לזה: **[ז] יתבין ומקשין.** יושבין ושואלין: **לאבהם כו'.** כלומר הרי שדרשינן אבהם אברהם חסר רי"ש וזהו נוטריקון ועי' בפ' הבונה: **[דהא חסר רי"ש.** גרס'.

נחמד למראה

[ו] ויפול אברהם על פניו וגו'. ר' פנחס בשם ר' לוי שתי פעמים כתיב באברהם נפילה על פניו כנגדן ניטלה מילה מבניו שתי פעמים וכו'. הדברים כפשוטן שמפני שתי נפילות הללו שנפל אברהם גרם ששתי פעמים ניטלה מילה מבניו שנטלו המילה עד שבא משה ומלן וכן במדבר בטלו המילה כדכתיב וכל הילודים במדבר בדרך לא מלו עד שבא יהושע ומלן לאפוקי מה שפירש הרב ידי משה. להפך שמפני שנפל שתי נפילות זכה שימולו בניו שתי פעמים ע"ש. אין זה פשט המדרש:

אשד הנחלים

זאת לעשות כן לכל זכר שיולד. וא"א שהתורה רצתה לעשות לכל אדם בעל מום. כי על אברהם לבדו אולי הי' זאת בדרך נסיון לבד לקצץ אבר למען רצון ה' אבל לא יתכן שיצווה לכולם. ובפרט בעת שהם קטנים שאינם בכלל הנסיון. ומה שאומר ויהי' יכול לחשוב אחז בדבר האחרון שאם נאמר שהוא מילת הלב והקושי' ג"כ מהיכן ידבר או ישמע: **[ז] ומקשין בו'.** כלומר יתקשו לחקור מאן מוכח דרך הנוטריקון שדורשין החכמים: **חסר ריש.** לא ידעתי פירושו. וע' ברד"ל וע' רש"י בחומש שנראה שהי' לו גרסא אחרת: **שעד שהוא אברם.** שהכתוב מספר מה שהיה קודם שנקרא אברהם שעכ"ז בחרת בו. ומקשי א"כ בשרה נמי ומתרצי ששמה רק אברהם נצטוה עליה

וְלֹא יִקָּרֵא עוֹד אֶת שִׁמְךָ אַבְרָם וְהָיָה שִׁמְךָ אַבְרָהָם כִּי אַב הֲמוֹן גּוֹיִם נְתַתִּיךָ.

Your name shall no longer be called Abram, but your name shall be Abraham, for I have made you the father of a multitude of nations (17:5).

§8 וְלֹא יִקָּרֵא עוֹד אֶת שִׁמְךָ אַבְרָם וְהָיָה שִׁמְךָ אַבְרָהָם — ***YOUR NAME SHALL NO LONGER BE CALLED ABRAM, BUT YOUR NAME SHALL BE ABRAHAM.***

The Midrash explores the halachic ramifications of this verse: בַּר קַפָּרָא אָמַר — **Bar Kappara said:** כָּל מִי שֶׁהוּא קוֹרֵא לְאַבְרָהָם אַבְרָם עוֹבֵר בְּלֹא תַעֲשֶׂה — **Anyone who calls Abraham** by his original name, **Abram, violates a negative commandment.**[70] רַבִּי לֵוִי אָמַר בַּעֲשֵׂה וְלֹא תַעֲשֶׂה — **R' Levi said:** He violates both **a positive and a negative commandment** — ״וְלֹא יִקָּרֵא עוֹד שִׁמְךָ אַבְרָם״ בְּלֹא תַעֲשֶׂה — **a negative commandment:** ***And your name shall no longer be called Abram,*** ״וְהָיָה שִׁמְךָ אַבְרָהָם״ בַּעֲשֵׂה — **and a positive commandment:** ***But your name shall be Abraham.***[71] וַהֲרֵי אַנְשֵׁי כְּנֶסֶת הַגְּדוֹלָה קָרְאוּ אוֹתוֹ אַבְרָם שֶׁנֶּאֱמַר — **But did not the Men of the Great Assembly call him Abram, as it is stated,** ״אַתָּה הוּא ה׳ הָאֱלֹהִים אֲשֶׁר בָּחַרְתָּ בְּאַבְרָם וְהוֹצֵאתוֹ מֵאוּר כַּשְׂדִּים וְשַׂמְתָּ שְּׁמוֹ אַבְרָהָם״ — ***You are HASHEM, the God, You selected Abram and brought him out of Ur of the Chaldees, and changed his name to Abraham*** (*Nehemiah* 9:7).[72] דִּלְמָא שָׁנְיָיה הִיא שֶׁעַד שֶׁהוּא אַבְרָם בָּחַרְתָּ בּוֹ — **Perhaps that is different,** as the text is relating only **that *You . . . selected* him when he was still Abram.**[73]

The Midrash discusses why such a prohibition is limited to the name "Abram":

דִּכְווֹתָהּ הַקּוֹרֵא לְשָׂרָה שָׂרַי עוֹבֵר בַּעֲשֵׂה — If so, then it should be that **similarly, one who calls Sarah** by her original name, **Sarai,** also **violates a positive commandment.**[74] אֶלָּא שֶׁנִּצְטַוָּה עָלֶיהָ — **Rather** there it was specifically Abraham **who was commanded regarding** calling **her** Sarah.[75] דִּכְווֹתָהּ הַקּוֹרֵא לְיִשְׂרָאֵל יַעֲקֹב עוֹבֵר בַּעֲשֵׂה — If so, then it should be that **similarly, one who calls Israel** by his original name, **Jacob, violates a positive commandment.**[76] תָּנֵי לֹא שֶׁיֵּעָקֵר שֵׁם יַעֲקֹב מִמְּקוֹמוֹ אֶלָּא ״כִּי אִם יִשְׂרָאֵל יִהְיֶה שְׁמֶךָ״ יִשְׂרָאֵל עִיקָּר וְיַעֲקֹב טְפֵילָה — The Midrash responds: **It was taught** in a Baraisa: **It is not that the name Jacob is to be completely displaced; rather, *but rather Israel will be your name*** (below, 35:10), meaning that the name **Israel should** from now on **be primary, with Jacob** remaining **the secondary** name.[77] רַבִּי זַבְדָּא בְּשֵׁם רַבִּי אַחָא — **R' Zavda** said **in the name of R' Acha:** מִכָּל מָקוֹם ״שִׁמְךָ יַעֲקֹב . . . כִּי אִם יִשְׂרָאֵל״ — The verse implies that **nevertheless,** despite the new name, ***Your name is Jacob . . . but rather Israel,*** יַעֲקֹב עִיקָּר וְיִשְׂרָאֵל מוֹסָף עָלָיו — meaning that **Jacob is** still **the primary** name, **and** the name **Israel is being added to it.**[78]

וַהֲקִמֹתִי אֶת בְּרִיתִי בֵּינִי וּבֵינֶךָ וּבֵין זַרְעֲךָ אַחֲרֶיךָ לְדֹרֹתָם לִבְרִית עוֹלָם לִהְיוֹת לְךָ לֵאלֹהִים וּלְזַרְעֲךָ אַחֲרֶיךָ. וְנָתַתִּי לְךָ וּלְזַרְעֲךָ אַחֲרֶיךָ אֵת אֶרֶץ מְגֻרֶיךָ אֵת כָּל אֶרֶץ כְּנַעַן לַאֲחֻזַּת עוֹלָם וְהָיִיתִי לָהֶם לֵאלֹהִים.

I will ratify my covenant between Me and you and between your offspring after you, throughout their generations, as an everlasting covenant, to be a God to you and to your offspring after you. And I will give to you and to your offspring after you the land of your sojourns — the whole of the land of Canaan — as an everlasting possession; and I shall be a God to them (17:7-8).

§9 וְנָתַתִּי לְךָ וּלְזַרְעֲךָ אַחֲרֶיךָ אֵת אֶרֶץ מְגֻרֶיךָ — ***AND I WILL GIVE TO YOU AND YOUR OFFSPRING AFTER YOU THE LAND OF YOUR SOJOURNS.***

A covenant between two parties implies mutual obligations. The Midrash elaborates the obligations this covenant is placing

NOTES

70. The second half of the verse, וְהָיָה שִׁמְךָ אַבְרָהָם, *your name shall be Abraham,* is sufficient to inform Abraham of the name change. Hence the first clause, וְלֹא יִקָּרֵא עוֹד אֶת שִׁמְךָ אַבְרָם, *your name shall no longer be called Abram,* is to be understood as a negative commandment, forbidding further use of the earlier name (see *Eitz Yosef*).

71. According to R' Levi it would have sufficed to say, שִׁמְךָ אַבְרָהָם, *your name is Abraham,* to inform him of the new name. The extra word וְהָיָה, *[your name] shall be [Abraham],* therefore serves as a positive commandment: the name by which you are called shall always be Abraham [as opposed to Abram] (*Eitz Yosef* and *Yefeh To'ar*).

72. This verse is from a prayer of the Levites, recited in the presence of all the Children of Israel, including the Men of the Great Assembly. (See also *Rashi* to *Sanhedrin* 64a, s.v. ויצעקו בני ישראל בקול גדול.)

73. I.e., the verse means to say that God had chosen him when his name was still Abram, but it is not actually referring to him as Abram (*Yefeh To'ar, Eitz Yosef*; see also *Maharzu*).

74. For God also changed Sarai's name, to Sarah, and Scripture likewise states: שָׂרַי אִשְׁתְּךָ לֹא תִקְרָא אֶת שְׁמָהּ שָׂרָי כִּי שָׂרָה שְׁמָהּ, *As for Sarai your wife — you shall not call her name Sarai, for Sarah is her name* (below, v. 15). Nevertheless, it appears that even R' Levi agrees that this verse does not constitute a positive commandment since he mentioned only Abraham but did not mention Sarah. Why should this be so? (*Eitz Yosef*).

[The same question applies regarding the *negative* commandment, according to Bar Kappara as well as R' Levi. The Midrash phrases its question in regard to the positive commandment because it wishes to note that there is a basis to say (in accordance with R' Levi) that there is not only a negative commandment but a positive commandment *as well*. See *Eitz Yosef* here, and below, s.v. הקורא לישראל יעקב; see, however, *Rashash* here.]

75. [Translation follows version of Midrash in parallel text below, 78 §3, which reads: אלא הוא שנצטוה עליה. *Matnos Kehunah* in fact emends our text to read likewise.]

Verse 15 is addressed to Abraham and is in the second person, *As for Sarai your wife — you shall not call her name Sarai.* This contrasts with our verse, which is phrased as a general statement, וְלֹא יִקָּרֵא עוֹד אֶת שִׁמְךָ אַבְרָם, *your name shall no longer be called Abram,* with Abraham's name as the subject and the verb in the passive third person; it is thus a commandment that *no one* should call him Abram (see *Eitz Yosef*).

76. God also gave the patriarch Jacob a new name, and Scripture states: לֹא יִקָּרֵא שִׁמְךָ עוֹד יַעֲקֹב כִּי אִם יִשְׂרָאֵל יִהְיֶה שְׁמֶךָ, *Your name shall no further be called Jacob, but rather Israel shall be your name* (below, 35:10). It appears that even R' Levi agrees that this verse does not constitute a positive commandment, for he made no mention of Jacob in his ruling. Why should this be so? (In addition, in light of how the verse is phrased — see preceding note — even Bar Kappara should agree that there is a negative commandment not to call Jacob, "Jacob." Why did he not mention this in *his* ruling?) See *Eitz Yosef.* [The question here may actually be stronger, for in fact we find that both Scripture and the Sages continue to refer to the patriarch as Jacob.]

77. The additional word אִם, *rather* (which is not found in our passage regarding Abraham), serves to moderate the statement, so that the verse means that Israel, not Jacob, is the essential, preferred name, but Jacob is still to be used as a secondary name (*Maharzu*; see, however, *Yefeh To'ar* and *Eitz Yosef*).

78. The verse reads in full: *Your name is Jacob. Your name shall no further be called Jacob, but rather Israel shall be your name.* The introductory statement, *your name is Jacob*, indicates that the name Jacob remains fully in force. Thus the new name, Israel, is purely an additional supplementary name. R' Acha thus disagrees with the Baraisa just cited. In any event, both according to the Baraisa and according to R' Acha, it is clear that the verse is not in any sense restricting the continued use of the name Jacob.

Yefeh To'ar discusses the rationale for this distinction between the name Abram and the names Sarai and Jacob.

[A different version of this entire discussion is found in *Berachos* 13a. See also below, 78 §3, and *Yerushalmi Berachos* 1:6.]

ח [יז, ה] "וְלֹא יִקָּרֵא עוֹד אֶת שִׁמְךָ אַבְרָם וְהָיָה שִׁמְךָ אַבְרָהָם". [יג]בַּר קַפָּרָא אָמַר כָּל מִי שֶׁהוּא קוֹרֵא לְאַבְרָהָם אַבְרָם עוֹבֵר בְּלֹא תַעֲשֶׂה. רַבִּי לֵוִי אָמַר: בַּעֲשֵׂה וְלֹא תַעֲשֶׂה, "וְלֹא יִקָּרֵא עוֹד שִׁמְךָ אַבְרָם" בְּלֹא תַעֲשֶׂה, "וְהָיָה שִׁמְךָ אַבְרָהָם" בַּעֲשֵׂה. וַהֲרֵי אַנְשֵׁי כְּנֶסֶת הַגְּדוֹלָה קָרְאוּ אוֹתוֹ אַבְרָם שֶׁנֶּאֱמַר (נחמיה ט, ז) "אַתָּה הוּא ה' הָאֱלֹהִים אֲשֶׁר בָּחַרְתָּ בְּאַבְרָם וְהוֹצֵאתוֹ מֵאוּר כַּשְׂדִּים וְשַׂמְתָּ שְׁמוֹ אַבְרָהָם", דִּלְמָא שָׁנְיָיה הִיא שֶׁעַד שֶׁהוּא אַבְרָם בָּחַרְתָּ בּוֹ. דִּכְוָותָהּ הַקּוֹרֵא לְשָׂרָה שָׂרַי עוֹבֵר בַּעֲשֵׂה, אֶלָּא שֶׁנִּצְטַוָּה עָלֶיהָ. דִּכְוָותָהּ הַקּוֹרֵא לְיִשְׂרָאֵל יַעֲקֹב עוֹבֵר בַּעֲשֵׂה, [יד]תְּנִי: לֹא שֶׁיֵּעָקֵר שֵׁם יַעֲקֹב מִמְּקוֹמוֹ אֶלָּא "כִּי אִם יִשְׂרָאֵל יִהְיֶה שְׁמֶךָ", יִשְׂרָאֵל עִיקָּר וְיַעֲקֹב טְפֵילָה. רַבִּי זַבְדָּא בְּשֵׁם רַבִּי אַחָא: מִכָּל מָקוֹם "שִׁמְךָ יַעֲקֹב ... כִּי אִם יִשְׂרָאֵל", יַעֲקֹב עִיקָּר וְיִשְׂרָאֵל °מוֹסִיף עָלָיו:

ט [יז, ח] "וְנָתַתִּי לְךָ וּלְזַרְעֲךָ אַחֲרֶיךָ אֵת אֶרֶץ מְגֻרֶיךָ". [טו]רַבִּי יוּדָן אָמַר חָמֵשׁ: אִם מְקַבְּלִים בָּנֶיךָ אֱלָהוּתִי אֲנִי אֶהְיֶה לָהֶם לֶאֱלוֹהַּ וּלְפַטְרוֹן, וְאִם לָאו לֹא אֶהְיֶה לָהֶם לֶאֱלוֹהַּ וּלְפַטְרוֹן.

עץ יוסף

אלא דהרי"ש שהיתה בו מתחלה ג"כ לא זזה ממקומה שאף יו"ד של שרה נתרעמה על השכינה עד שהוסיפה ליהושע: (ח) **בלא תעשה.** דכתיב לא יקרא עוד שמך אברם. אבל בעשה לא ס"ל דוהיה שמך אברהם מילרך למימר שמו המחודש. ועיין לקמן פ' ע"ח הגי' בעשה. וכן בבבלי וירושלמי ספ"ק דברכות: **ר"ל אמר בעשה כו'.** בעשה נמי מדכתיב והיה (יפ"ת) כלו' והיה משמע בהוייתו יהא כן תמיד: **שנייה היא.** שאני התם שפי' שעד שהוא אברם בחרת בו: **דכוותיה הקורא לשרה שרי כו'.** נמי עובר בתמיה וא"ת הכי נמי א"כ מדוע אמרו רק באברהם. ומתרץ ששם לא נצטווה רק אברהם לבדו. כי שם נאמר רק בלשון נוכח לאברהם וכאן נאמר לא יקרא בפי הכל: **הקורא לישראל יעקב עובר בעשה.** בתמיה דכתיב ביה כי אם ישראל יהיה שמך והוה מצי למימר בל"ת דכ' לא יקרא שמך עוד יעקב אלא רבותא קאמר דאפילו עשה איכא לפי מ"ש ר"ל: **לא שיעקר שם יעקב כו'.** לתרוצי דלא תקשי לן דכוותיה ביעקב ועיין ברכות דף י"ג: **ישראל עיקר ויעקב טפילה.** בקרא כתיב שמך יעקב לא יקרא שמך עוד יעקב כי אם ישראל יהיה שמך ויקרא את שמו ישראל וס"ל לת"ק דלהכי כתיב ב' פעמים ישראל לאשמועי' דישראל יהיה עיקר השם. ומ"ד איפכא דיעקב עיקר וישראל מוסף עליו ס"ל דאדרבא מדכתיב ברישא שמך יעקב משמע דעיקר השם הוא יעקב וישראל מוסף עליו (כזה"ק): (ט) [ז] **ר' יודן אמר ה'.** בפ' ז' כתיב והקמותי את בריתי ביני ובינך ובין זרעיך אחריך לדורותם לברית עולם להיות לך לאלהים ולזרעך אחריך. ובפסוק ח' שאצל הארץ כתיב ונתתי לך ולזרעך אחריך את ארץ מגוריך ומסיים והייתי להם לאלהים ודורש בזה ה' דרשות. א' קבלת עול מלכות שמים. וז"ש אם מקבלים בניך אלהותי דהיינו להאמין בכח אלהותי. וזהו להיות לך לאלהים וגו'. אם אני אהיה להם לאלוה היינו לייחד שמי עליהם. לפטרון היינו שיהיה מנהיג ומשגיח עליהם בעצמו. ב' אם בניך נכנסים לארץ. היינו מ"ש בפסוק ח' ונתתי לך ולזרעך את ארץ מגורך וכו' אז והייתי להם וגו' וכדאמרינן כל הדר בח"ל דומה כו' ואף בזמן החורבן לא זזה שכינה מכותל מערבי. ג' אם מקיימים בניך את הברית וכו' היינו מ"ש בפ' ז' והקימותי את בריתי וגו' וסמיך לו ונתתי לך ולזרעך אחריך את ארץ מגוריך וכו' שזה תלוי בזה. ד' אם מקבלים בניך את

פירוש מהרז"ו

באריכות בספרי מדרש תנאים במדת נוטריקון והעתקתיו בהקדמה לפני המדות שמתחיל הקב"ה דרש ע"ש ושם והפירוש עמוק ואמתי: (ח) **בר קפרא אמר.** ברכות סוף פרק א' בבלי וירושלמי שם ושם השמות בהיפוך וחילוף לב"ק בעשה ול"ת ולר' לוי בל"ת לחוד. וכן הוא לקמן פר' ע"ח בסימן ג' כמ"ש בגמרא וירושלמי. וטעם פלוגתתם שמי שסובר בל"ת לחוד כמ"ש ולא יקרא עוד שמך אברם והיה שמך אברהם שאם כתב ויהיה נקרא שמך אברהם היינו אומרים שהוא מצות עשה. אך מאחר שלא כתב כן אין כאן אלא הבטחה לאברהם. ודעת מי שסובר בעשה ול"ת. היינו שדורש מ"ש והיה שמך אברהם ע"פ מדה ט' כאלו כתוב והיה שמך נקרא אברהם וכמ"ש ברישא דקרא ולא יקרא על אחרים שלא יקראו כן מ"ש והיה שמך ג"כ על אחרים: **דלמא שנייה.** דלמא בלשון ירושלמי מעשה שמספר שכן היה המעשה שבחר בו כשהיה שמו אברם כמו שכתוב בגמרא הנ"ל: **דכוותה הקורא לשרי.** כר' לוי כאן בעשה ול"ת שמ"ש כי שרה שמה פי' לא תקרא שמה שרי כי שרה תקרא שמה על פי מדה כ"ב. ולב"ק בל"ת לבד שמ"ש כי שרה שמה אינה מצוה אלא הבטחה כנ"ל. ולדברי הכל אינו עובר על שרה אלא אברהם בלבד כמ"ש אל תקרא ולא אמר ולא תִקָּרֵא כמ"ש אצל אברהם וגם כאן הפלוגתא בעשה ול"ת כנ"ל. ומקשה למה אינם חולקים כך אצל יעקב שכתוב בו לא יקרא שמך עוד יעקב כי אם ישראל יהיה שמך. לא יקרא לאו כ"א ישראל וכו' עשה וכנ"ל אצל אברהם למר כדאית ליה ולמר כדאית ליה ועל זה תירץ תני לא שיעקר וכו' אלא כי אם ישראל שתיבת אם מיותר ומשמע מיעוט כמו רק שבא למעט שלא יקרא שם ישראל לבד. ואצל אברהם כתיב והיה שמך אברהם בלא מיעוט ועל כן אצל אברהם לא נזכר עוד בכל התורה שיקרא בשם אברם ואצל יעקב נקרא בכל התנ"ך בשני שמות יעקב וישראל וגם באותה פרשה עצמה וילב יעקב מצבה ויקרא יעקב: (ט) **רבי יודן אמר חמשה.** הוקשה לו כופל לשון שבפסוק ז' אצל המילה חותם להיות לך לאלהים ובפסוק ח' שאצל הארץ חותם והייתי להם לאלהים על כן דורש בזה חמש דרשות. א' שמ"ש להיות לך לאלהים פי' אם מקבלים אלהותי אז והייתי להם לאלהים והיינו לפטרון ולמליץ טוב וכמ"ש לעיל בסימן ג' וש"נ. ב' כי אם בניך נכנסים לארץ. היינו מ"ש בפסוק ח' ונתתי לך ולזרעך את ארץ מגוריך וגו' אז

חידושי הרש"ש

[ח] **עובר בל"ת.** לקמן פע"ח הגי' בעשה וכן בגמרת בבלי וירושלמי ספ"ק דברכות וסמי חדא מקמי תלת: **דילמא שנייה כו'.** בירושלמי שם ל"ג תיבת דלמא. ולקמן פרשה ע"ח גירסא אחרת עיין שם: **דכוותה הקורא לשרה שרי עובר בעשה.** דהל"ת גם המקשן ידע דלא קאי רק על אברהם כיון דכתיב לא תקרא אבל העשה הוה ס"ד דהוה לכולם. ועי"ז משני אלא שנצטווה כו' ר"ל דהעשה לא קאי ג"כ רק על מי שנצטווה עליה בל"ת. ולקמן פע"ח הגי' אלא הוא שנצטווה עליה והוא יותר נאות לפירושי: [ט] **רי"א חמש אם מקבלין כו'.** כאן חסר עוד תנאי אחד ועיין בילקוט ותמצאנו:

מסורת המדרש

יג ברכות דף י"ג כה"ע. ירושלמי ברכות פרק א'. לקמן פרשה ע"ח:

יד תוספתא ברכות פרק א':

טו ילקוט כאן רמז פ"ב כה"ע:

אם למקרא

אַתָּה הוּא הָאֱלֹהִים אֲשֶׁר בָּחַרְתָּ בְּאַבְרָם וְהוֹצֵאתוֹ מֵאוּר כַּשְׂדִּים וְשַׂמְתָּ שְׁמוֹ אַבְרָהָם:
(נחמיה ח, ז)

מתנות כהונה

[ח] ה"ג בירושלמי ספ"ק דברכות ולא יקרא וגו' הרי בל"ת והיה שמך אברהם הרי בעשה]: ה"ג ושמת שמו אברהם: **שניה היא.** שניה כמו שאני בלשון תלמוד בבלי: **שעד שהוא כו'.** בעוד שהוא שמו אברם קודם שנקרא אברהם: **דכוותה הקורא לשרה כו'.** לשון קושיא הוא [ועי' ספ"ק דברכות שתלמוד בבלי וירושלמי]: **תני כו'.** תירוצא הוא: **אלא שנצטווה.** ה"ג אלא הוא נצטוה עליה והכי איתא בהדיא סוף פ"ק דברכות ופירושו אברהם לבדו נצטוה לקרותה שרה דכתיב אל תקרא ואילו גבי אברהם כתיב לא יקרא וכן גבי יעקב לא יאמר ולקמן פרשה ע"ח גרסינן ג"כ שנצטווה ויש ליישבו וק"ל: **דכוותה הקורא לישראל כו'.** גם הוא לשון קושיא והכי איתא בהדיא בירושלמי ובבבלי. מ"מ שמך יעקב דאל"כ שמך יעקב למה ליה והא דאמר א"כ כי אם ישראל ע"כ יעקב עיקר כו': [ט] **ולפטרון.** לאב לפרעה תרגומו לפטרון ודרש לאלהים לשון אלוה ולשון אדנות ומנהיג:

אשד הנחלים

לא כולם ומקשי על יעקב ג"כ ומשני שהכוונה שיהי' טפל ליה (ועיין ברכות י"ג): [ט] **חמש כו'.** כלומר שכולן רמוזים בפרשה שלא ידומה כי המילה לבד די להם כי העיקר האמנה באחדות והתנאי הכניסה לארץ ששם מקום הקדושה ושמירות השבת שמביא לידי האמנת החידוש וההשגחה [ואולי הגירסא הנכונה ד' כי לא חשב רק ד' דברים ובין תבין כי תלה כניסת הארץ במילה ושבת. אבל האמונה בה' היא העיקר שהכל תלוי בה ואין לתלות בה רק היא עיקר בפ"ע ומרומז זאת בכתוב והקימותי את בריתי [ברית שבת ומילה] ואז ונתתי לך ולזרעך את ארץ מגורך גו' והייתי לכם לאלהים שזהו עיקר הגדול כי בלא זאת כל התנאים בטלים כי זהו העיקר שהכל תלוי בה והבן:

upon Abraham's descendants and how they impact on God's reciprocal obligations to them:

רַבִּי יוּדָן אָמַר: חָמֵשׁ — **R' Yudan said:** God's covenant here with Abraham is contingent upon **five** stipulations:[79] אִם מְקַבְּלִים בָּנֶיךָ אֱלָהוּתִי אֲנִי אֶהְיֶה לָהֶם לֶאֱלוֹהַּ וּלְפַטְרוֹן — (i) **If your descendants accept My Divinity,**[80] then **I shall be their God and patron;**[81] וְאִם לָאו לֹא אֶהְיֶה לָהֶם לֶאֱלוֹהַּ וּלְפַטְרוֹן — **but if** they do **not** accept My Divinity, then **I shall not be their God and patron.**

NOTES

79. God makes two promises to Abraham in this covenant: (i) that He shall give the land of Canaan to his descendants, and (ii) that He shall be their God. As the Midrash will explain, some of these stipulations concern the promise of the Land while others concern God's promise to be their God.

80. R' Yudan understands the phrase לִהְיוֹת לְךָ לֵאלֹהִים וּלְזַרְעֲךָ אַחֲרֶיךָ, *to be a God to you and to your offspring after you* (v. 7), as a condition of the covenant. God is stipulating that I am *to be a God to you, etc.*, i.e., that you and your offspring will believe in Me as the omnipotent God (*Eitz Yosef*).

81. As promised in v. 8, וְהָיִיתִי לָהֶם לֵאלֹהִים, *and I shall be a God to them* (*Eitz Yosef*; see, however, *Yefeh To'ar*). "I shall be their God" means that they shall bear My Name, i.e., they will be considered My nation; "and patron" means that I will conduct and supervise their affairs directly without any intermediary (*Eitz Yosef*; see *Ramban's* comment on this verse in his commentary to 15:18 above). Alternatively, God shall be their patron in the sense that He shall act as their champion and protector (*Maharzu*; see also *Matnos Kehunah*).

ח [יז, ה] "וְלֹא יִקָּרֵא עוֹד אֶת שִׁמְךָ אַבְרָם וְהָיָה שִׁמְךָ אַבְרָהָם". [יג]בַּר קַפָּרָא אָמַר כָּל מִי שֶׁהוּא קוֹרֵא לְאַבְרָהָם אַבְרָם עוֹבֵר בְּלֹא תַעֲשֶׂה. רַבִּי לֵוִי אָמַר: בַּעֲשֵׂה וְלֹא תַעֲשֶׂה, "וְלֹא יִקָּרֵא עוֹד שִׁמְךָ אַבְרָם" בְּלֹא תַעֲשֶׂה, "וְהָיָה שִׁמְךָ אַבְרָהָם" בַּעֲשֵׂה. וַהֲרֵי אַנְשֵׁי כְּנֶסֶת הַגְּדוֹלָה קָרְאוּ אוֹתוֹ אַבְרָם שֶׁנֶּאֱמַר (נחמיה ט, ז) "אַתָּה הוּא ה' הָאֱלֹהִים אֲשֶׁר בָּחַרְתָּ בְּאַבְרָם וְהוֹצֵאתוֹ מֵאוּר כַּשְׂדִּים וְשַׂמְתָּ שְׁמוֹ אַבְרָהָם", דִּלְמָא שָׁנְיָה הִיא שֶׁעַד שֶׁהוּא אַבְרָם בָּחַרְתָּ בּוֹ. דִּכְוָתָהּ הַקּוֹרֵא לְשָׂרָה שָׂרַי עוֹבֵר בַּעֲשֵׂה, אֶלָּא שֶׁנִּצְטַוָּה עָלֶיהָ. דִּכְוָותָהּ הַקּוֹרֵא לְיִשְׂרָאֵל יַעֲקֹב עוֹבֵר בַּעֲשֵׂה, [יד]תְּנִי: לֹא שֶׁיֵּעָקֵר שֵׁם יַעֲקֹב מִמְּקוֹמוֹ אֶלָּא "כִּי אִם יִשְׂרָאֵל יִהְיֶה שְׁמֶךָ", יִשְׂרָאֵל עִיקָּר וְיַעֲקֹב טְפֵילָה. רַבִּי זַבְדָּא בְּשֵׁם רַבִּי אַחָא: מִכָּל מָקוֹם "שִׁמְךָ יַעֲקֹב ... כִּי אִם יִשְׂרָאֵל", יַעֲקֹב עִיקָּר וְיִשְׂרָאֵל °מוֹסִיף עָלָיו:

ט [יז, ח] "וְנָתַתִּי לְךָ וּלְזַרְעֲךָ אַחֲרֶיךָ אֵת אֶרֶץ מְגֻרֶיךָ". [טו]רַבִּי יוּדָן אָמַר חָמֵשׁ: אִם מְקַבְּלִים בָּנֶיךָ אֱלָהוּתִי אֲנִי אֶהְיֶה לָהֶם לֶאֱלוֹהַּ וּלְפַטְרוֹן, וְאִם לָאו לֹא אֶהְיֶה לָהֶם לֶאֱלוֹהַּ וּלְפַטְרוֹן.

עץ יוסף

אלא דהרי"ש שהיתה בו מתחלה ג"כ לא זזה ממקומה שאף יו"ד של שרה נתרעמה על השכינה עד שהוסיפה ליהושע: (ח) **בלא תעשה.** דכתיב לא יקרא עוד שמך אברם. אבל בעשה לא ס"ל דוהיה שמך אברהם מילרך למימר שמו המחודש. ועיין לקמן פ' ע"ח הגי' בעשה. וכן בבבלי וירושלמי ספ"ק דברכות: **ר"ל אמר בעשה כו'.** בעשה נמי מדכתיב והיה (יפ"ת) כלו' והיה משמע בהוייתו יהא כן תמיד: **שנייה היא.** שאני התם שפי' שעד שהוא אברם בחרת בו: **דכוותיה הקורא לשרה שרי כו'.** נמי עובר בתמיה וא"ת הכי נמי א"כ מדוע אמרו רק באברהם. ומתרץ ששם לא נצטווה רק אברהם לבדו. כי שם נאמר רק בלשון נוכח לאברהם וכאן נאמר לא יקרא בפי הכל: **הקורא לישראל יעקב עובר בעשה.** בתמיה דכתיב ביה כי אם ישראל יהיה שמך והוה מצי למימר בל"ת דכ' לא יקרא שמך עוד יעקב אלא רבותא קאמר דאפילו עשה איכא לפי מ"ש ר"ל: **לא שיעקר שם יעקב כו'.** לתרוצי דלא תקשי לן דכוותיה ביעקב ועיין ברכות דף י"ג: **ישראל עיקר ויעקב טפילה.** בקרא כתיב שמך יעקב לא יקרא שמך עוד יעקב כי אם ישראל יהיה שמך ויקרא את שמו ישראל וס"ל לת"ק דלהכי כתיב ב' פעמים ישראל לאשמועי' דישראל יהיה עיקר השם. ומ"ד איפכא דיעקב עיקר וישראל מוסף עליו ס"ל דאדרבא מדכתיב ברישא שמך יעקב משמע דעיקר השם הוא יעקב וישראל מוסף עליו (נזה"ק): (ט) [ז] **ר' יודן אמר ה'.** בפ' ז' כתיב והקמותי את בריתי ביני ובינך ובין זרעיך אחריך לדורותם לברית עולם להיות לך לאלהים ולזרעך אחריך. ובפסוק ח' שאצל הארץ כתיב ונתתי לך ולזרעך אחריך את ארץ מגוריך ומסיים והייתי להם לאלהים ודורש בזה ה' דרשות. א' קבלת עול מלכות שמים. וז"ש אם מקבלים בניך אלהותי דהיינו להאמין בכח אלהותי. וזהו להיות לך לאלהים וגו'. אם אני אהיה להם לאלוה היינו לייחד שמי עליהם. לפטרון היינו שיהיה מנהיג ומשגיח עליהם בעצמו. ב' אם בניך נכנסים לארץ. היינו מ"ש בפסוק ח' ונתתי לך ולזרעך את ארץ מגורך וכו' אז והייתי להם וגו' וכדאמרינן כל הדר בח"ל דומה כו' ואף בזמן החורבן לא זזה שכינה מכותל מערבי. ג' אם מקיימים בניך את הברית וכו' היינו מ"ש בפ' ז' והקימותי את בריתי וגו' וסמיך לו ונתתי לך ולזרעך אחריך את ארץ מגוריך וכו' שזה תלוי בזה. ד' אם מקבלים בניך את

פירוש מהרז"ו

באריכות בספרי מדרש תנאים במדת נוטריקון והעתקתיו בהקדמה לפני המדות שמתחיל הקב"ה דרש ע"ש ושם והפירוש עמוק ואמתי: (ח) **בר קפרא אמר.** ברכות סוף פרק א' בבלי וירושלמי שם ושם השמות בהיפוך וחילוף לב"ק בעשה ול"ת ולר' לוי בל"ת לחוד. וכן הוא לקמן פר' ע"ח בסימן ג' כמ"ש בגמרא וירושלמי. וטעם פלוגתתם שמי שסובר בל"ת לחוד כמ"ש ולא יקרא עוד שמך אברם והיה שמך אברהם שאם כתב ויהיה נקרא שמך אברהם היינו אומרים שהוא מצות עשה. אך מאחר שלא כתב כן אין כאן אלא הבטחה לאברהם. ודעת מי שסובר בעשה ול"ת. היינו שדורש מ"ש והיה שמך אברהם ע"פ מדה ט' כאלו כתוב והיה שמך נקרא אברהם וכמ"ש ברישא דקרא ולא יקרא על אחרים שלא יקראו כן מ"ש והיה שמך ג"כ על אחרים: **דלמא שנייה.** דלמא בלשון ירושלמי מעשה שמספר שכן היה המעשה שבחר בו כשהיה שמו אברם כמו שכתוב בגמרא הנ"ל: **דכוותה הקורא לשרי.** כר' לוי כאן בעשה ול"ת שמ"ש כי שרה שמה פי' לא תקרא שמה שרי כי שרה תקרא שמה על פי מדה כ"ב. ולב"ק בל"ת לבד שמ"ש כי שרה שמה אינה מצוה אלא הבטחה כנ"ל. ולדברי הכל אינו עובר על שרה אלא אברהם בלבד כמ"ש אל תקרא ולא אמר ולא תִקָּרֵא כמ"ש אצל אברהם וגם כאן הפלוגתא בעשה ול"ת כנ"ל. ומקשה למה אינם חולקים כך אצל יעקב שכתוב בו לא יקרא שמך עוד יעקב כי אם ישראל יהיה שמך. לא יקרא לאו כ"א ישראל וכו' עשה וכנ"ל אצל אברהם למר כדאית ליה ולמר כדאית ליה ועל זה תירץ תני לא שיעקר וכו' אלא כי אם ישראל שתיבת אם מיותר ומשמע מיעוט כמו רק שבא למעט שלא יקרא שם ישראל לבד. ואצל אברהם כתיב והיה שמך אברהם בלא מיעוט ועל כן אצל אברהם לא נזכר עוד בכל התורה שיקרא בשם אברם ואצל יעקב נקרא בכל התנ"ך בשני שמות יעקב וישראל וגם באותה פרשה עצמה ויצב יעקב מצבה ויקרא יעקב: (ט) **רבי יודן אמר חמשה.** הוקשה לו כופל לשון שבפסוק ז' אצל המילה חותם להיות לך לאלהים ובפסוק ח' שאצל הארץ חותם והייתי להם לאלהים על כן דורש בזה חמש דרשות. א' שמ"ש להיות לך לאלהים פי' אם מקבלים אלהותי אז והייתי להם לאלהים והיינו לפטרון ולמליץ טוב וכמ"ש לעיל בסימן ג' וש"נ. ב' כי אם בניך נכנסים לארץ. היינו מ"ש בפסוק ח' ונתתי לך ולזרעך את ארץ מגוריך וגו' אז

חידושי הרש"ש

[ח] **עובר בל"ת.** לקמן פע"ח הגי' בעשה וכן בגמרת בבלי וירושלמי ספ"ק דברכות וסמי חדא מקמי תלת: **דילמא שנייה כו'.** בירושלמי שם ל"ג תיבת דלמא. ולקמן פרשה ע"ח גירסא אחרת עיין שם: **דכוותה הקורא לשרה שרי עובר בעשה.** דהל"ת גם המקשן ידע דלא קאי רק על אברהם כיון דכתיב לא תקרא אבל העשה הוה ס"ד דהוה לכולם. וע"ז משני אלא שנצטוה כו' ר"ל דהעשה לא קאי ג"כ רק על מי שנצטוה עליה בל"ת. ולקמן פע"ח הגי' אלא הוא שנצטוה עליה והוא יותר נאות לפירושי: [ט] **רי"א חמש אם מקבלין כו'.** כאן חסר עוד תנאי אחד ועיין בילקוט ותמצאנו:

מסורת המדרש

יג ברכות דף י"ג כה"ע. ירושלמי ברכות פרק א'. לקמן פרשה ע"ח:

יד תוספתא ברכות פרק א':

טו ילקוט כאן רמז פ"ב כה"ע:

אם למקרא

אַתָּה הוּא הָאֱלֹהִים אֲשֶׁר בָּחַרְתָּ בְּאַבְרָם וְהוֹצֵאתוֹ מֵאוּר כַּשְׂדִּים וְשַׂמְתָּ שְׁמוֹ אַבְרָהָם:

(נחמיה ח, ז)

מתנות כהונה

[ח] ה"ג בירושלמי ספ"ק דברכות ולא יקרא וגו' הרי בל"ת והיה שמך אברהם הרי בעשה]: ה"ג ושמת שמו אברהם: **שניה היא.** שניה כמו שאני בלשון תלמוד בבלי: **שעד שהוא בו'.** בעוד שהוא שמו אברם קודם שנקרא אברהם: **דכוותה הקורא לשרה בו'.** לשון קושיא הוא [ועי' ספ"ק דברכות שתלמוד בבלי וירושלמי]: **תני בו'.** תירוצא הוא: **אלא שנצטווה.** ה"ג אלא הוא נצטוה עליה והכי איתא בהדיא סוף פ"ק דברכות ופירושו אברהם לבדו נצטוה לקרותה שרה דכתיב אל תקרא ואילו גבי אברהם כתיב לא יקרא וכן גבי יעקב לא יאמר ולקמן פרשה ע"ח גרסינן ג"כ שנצטוה ויש ליישבו וק"ל: **דכוותה הקורא לישראל בו'.** גם הוא לשון קושיא והכי איתא בהדיא בירושלמי ובבבלי. מ"מ שמך יעקב דאל"כ שמך יעקב למה ליה והא דאמר אח"כ כי אם ישראל ע"כ יעקב עיקר כו': [ט] **ולפטרון.** לאב לפרעה תרגומו לפטרון ודרש לאלהים לשון אלוה ולשון אדנות ומנהיג:

אשד הנחלים

לא כולם ומקשי על יעקב ג"כ ומשני שהכוונה שיהי' טפל ליה (ועיין ברכות י"ג): [ט] **חמש כו'.** כלומר שכולן רמוזים בפרשה שלא ידומה כי המילה לבד די להם כי העיקר האמנה באחדות והתנאי הכניסה לארץ ששם מקום הקדושה ושמירות השבת שמביא לידי האמנת החידוש וההשגחה [ואולי הגירסא הנכונה ד' כי לא חשב רק ד' דברים] ובין תבין כי תלה כניסת הארץ במילה ושבת. אבל האמונה בה' היא העיקר שהכל תלוי בה ואין לתלות בה רק היא עיקר בפ"ע ומרומז זאת בכתוב והקימותי את בריתי [ברית שבת ומילה] ואז ונתתי לך ולזרעך את ארץ מגורך גו' והייתי לכם לאלהים שזהו עיקר הגדול כי בלא זאת כל התנאים בטלים כי זהו העיקר שהכל תלוי בה והבן:

אִם נִכְנָסִין בָּנֶיךָ לָאָרֶץ הֵן מְקַבְּלִין אֱלָהוּתִי — (ii) **If your children enter the Land** of Israel, then **they will** be deemed to **have accepted My Divinity;**[82] וְאִם לָאו אֵינָם מְקַבְּלִין — **but if** they do **not** enter the Land of Israel, then **they will not** be deemed to **have accepted** My Divinity. אִם מְקַיְּימִין בָּנֶיךָ אֶת הַמִּילָה הֵן נִכְנָסִים לָאָרֶץ — (iii) **If your children fulfill** the obligation **of circumcision,** then **they will enter into the Land** of Israel; וְאִם לָאו אֵין נִכְנָסִים לָאָרֶץ — **but if they do not** fulfill the obligation of circumcision, **they will not enter into the Land** of Israel.[83] אִם מְקַבְּלִים בָּנֶיךָ אֶת הַשַּׁבָּת — (iv) **If your children accept the Sabbath,** הֵם נִכְנָסִים לָאָרֶץ — then **they will enter into the Land** of Israel; וְאִם לָאו אֵין נִכְנָסִים — **but if they do not** accept the Sabbath, **they will not enter** into the Land.[84]

Our passage thus indicates that God's promise of the land of Canaan to Abraham's offspring is contingent upon their observance of circumcision. The Midrash finds this stipulation echoed at the time of Joshua's conquest of the Land:

רַבִּי בֶּרֶכְיָה וְרַבִּי חֶלְבּוֹ בְּשֵׁם רַבִּי אָבוּן בַּר רַבִּי יוֹסֵי — **R' Berechyah and R' Chelbo** said **in the name of R' Avun the son of R' Yose:** כְּתִיב "וְזֶה הַדָּבָר אֲשֶׁר מָל יְהוֹשֻׁעַ" — **It is written,** ***This is the matter*** [דָּבָר] ***that Joshua circumcised*** *the entire nation . . . all the people that were born in the Wilderness on the way, after they went forth from Egypt were uncircumcised* (*Joshua* 5:4-5).[85] דָּבָר אָמַר לָהֶם יְהוֹשֻׁעַ וּמָלָן — **Joshua said a speech to them and** then **circumcised them.**[86] אָמַר לָהֶם מָה אַתֶּם סְבוּרִין שֶׁאַתֶּם נִכְנָסִין לָאָרֶץ עֲרֵלִים — **He said to them, "What do you think, that you can enter the Land** of Israel **uncircumcised?**[87] כָּךְ אָמַר הַקָּדוֹשׁ בָּרוּךְ הוּא לְאַבְרָהָם אָבִינוּ — **Thus said the Holy One, blessed is He, to Abraham our father:** "וְנָתַתִּי לְךָ וּלְזַרְעֲךָ אַחֲרֶיךָ וְגוֹ'" עַל מְנָת "וְאַתָּה אֶת בְּרִיתִי תִשְׁמֹר" — ***'And I will give to you and to your offspring after you*** *the land of your sojourns — the whole of the land of Canaan, etc.,* **on the condition that** ***And as for you, you shall keep My covenant . . .*** *Every male among you shall be circumcised.'* "[88]

וַיֹּאמֶר אֱלֹהִים אֶל אַבְרָהָם וְאַתָּה אֶת בְּרִיתִי תִשְׁמֹר אַתָּה וְזַרְעֲךָ אַחֲרֶיךָ לְדֹרֹתָם.

God said to Abraham, "And as for you, you shall keep My covenant you and your offspring after you throughout their generations (17:9).

□ וְאַתָּה אֶת בְּרִיתִי תִשְׁמֹר — ***AND AS FOR YOU, YOU SHALL KEEP MY COVENANT.***

The Midrash cites a debate regarding whether our verse serves as the source for a law about circumcision:

רַבִּי הוּנָא וְרַבִּי יוֹחָנָן — **Rav Huna and R' Yochanan** disagreed about the Scriptural source for one of the laws of circumcision. רַבִּי הוּנָא אָמַר "וְאַתָּה" מִיכָּן לְמוֹהֵל שֶׁיְּהֵא מָהוּל — **R' Huna said:** ***And as for you,*** *etc.* — **from here** it can be derived **that the** ritual **circumciser must** himself **be circumcised.**[89] וְרַבִּי יוֹחָנָן אָמַר "הִמּוֹל יִמּוֹל" מִיכָּן

NOTES

82. That is, they will merit the fulfillment of this promise, וְהָיִיתִי לָהֶם לֵאלֹהִים, *and I shall be a God to them.* But if they refuse to enter the Land, as the Israelites threatened to do at the time of the episode of the spies (see *Numbers* 14:4), then God would not be considered their God. As the Sages say: Anyone who lives outside the Land of Israel is considered as if he has no God (*Kesubos* 110b). This stipulation is derived from the linkage in v. 8, *And I will give to you and to your offspring after you the land of your sojourns, etc., and I shall be a God to them* (*Eitz Yosef*). See Insight Ⓐ.

83. That is, God's promise in verse 8 granting the land to Abraham's descendants is dependent upon their fulfilling the mitzvah of circumcision. This stipulation is implied from the fact that the promise of the land is preceded by the reference to the covenant in verse 7, which the Midrash is interpreting to mean the covenant of circumcision (*Eitz Yosef*). Alternatively, it is derived from the placement of the command of circumcision (vv. 9-14) immediately following the promise of the land (*Yefeh To'ar*).

84. The Midrash is taking the words לְדֹרֹתָם לִבְרִית עוֹלָם, *throughout their generations, as an everlasting covenant* (verse 7), as a reference to the Sabbath, which is similarly described as לְדֹרֹתָם בְּרִית עוֹלָם, *an everlasting covenant for their generations* (*Exodus* 31:16). On the basis of this parallel, R' Yudan states that just as the mitzvah of circumcision is a precondition for the Jewish people to receive the Land of Israel, so too is the Sabbath (*Eitz Yosef*).

R' Yudan mentioned five stipulations, but our version of the Midrash lists only four. The parallel text in *Yalkut Shimoni* (§82) states the additional stipulation that God's being the God and patron of Abraham's descendants is dependent upon their observing circumcision (although the text there omits mention of the Sabbath stipulation). See *Rashash* and *Eitz Yosef*.

85. Joshua circumcised all the Israelite males immediately after they entered the Land. See note 67 above.

86. The word דָּבָר, translated here as *matter*, appears superfluous in this sentence. The Midrash therefore expounds דָּבָר here in accordance with its other meaning as "word" or "speech," indicating that Joshua made a speech to the Israelites to persuade them of the necessity of undergoing circumcision at this juncture (see *Eitz Yosef*).

87. The Israelites' reluctance to undergo circumcision at that time was not due to any impiety. Rather they felt that the strain of their recent travels left them in a weakened state so that circumcision posed a health risk, and that therefore they were legitimately halachically excused from their obligation (*Eitz Yosef*, from *Yefeh To'ar*).

88. Indicating that possession of the Land is contingent upon the observance of the covenant of circumcision; see above (*Eitz Yosef*).

89. The words *And as for you* imply that it is specifically *you*, Abraham (who is about to be circumcised), who will uphold the covenant of circumcision in the future by circumcising others (*Eitz Yosef*).

INSIGHTS

Ⓐ **Eretz Yisrael — God's Land** Our Midrash's statement that God is Israel's God only when and if the Jews enter *Eretz Yisrael* requires elaboration. *Ramban* deals with this at length in many places — in particular, in his commentary to *Leviticus* 18:25 (see also his essay on *Ecclesiastes*, Chavel edition, pp. 200-202; and his essay on *Rosh Hashanah* (ibid., pp. 249-252), stating: The Torah (*Leviticus* 18:25) states that the Land of Israel *became contaminated* and *disgorged its inhabitants* (the Canaanites) as a result of the Canaanites' carnal immorality. Why would this sin, which after all is not connected to the Land of Israel, have such consequences?

Every nation, in its land, is assigned a star or constellation to rule over its affairs (see *Deuteronomy* 4:19 and *Ramban* there). [Indeed, the Midrash above (10 §6) says the same about every individual blade of grass.] Overseeing each star or constellation is a celestial minister, i.e., an angel (see *Daniel* 10:13, 20). God, of course, is the overall Master, but He gives authority to the angels as well to oversee the nations of the world.

This is not the case in regard to Israel or its land, *Eretz Yisrael*: God Himself directly oversees the affairs of the Land and its people. Thus, God tells Israel: *You shall be to Me the most beloved treasure of all peoples* (*Exodus* 19:5; see *Ramban* there); and *HASHEM has taken you . . . from Egypt, to be a nation of heritage for Him* (*Deuteronomy* 4:20); and *you will be a people for Me and I will be a God for you* (*Jeremiah* 11:4). And as *Ramban* says in his essay on *Ecclesiastes* (end of p. 200), it is *because* God designated *Eretz Yisrael* for Israel that He oversees the Land directly, as He does the people of Israel.

This, then, is why the Land *becomes contaminated* and *disgorges its inhabitants* when they sin: because sin defiles the Land's special sanctity as the heritage of God. The Egyptians were not disgorged by the land of Egypt, despite their immoral behavior, nor were other nations disgorged by their lands. Nevertheless, God incited lions against the Samaritans because they committed idolatry in *Eretz Yisrael* (see *II Kings* 17:26), while they were not punished when they did the same in their home country. *Eretz Yisrael* is God's land, and as such it is intolerant of sin. As *Ramban* writes in his essay on *Rosh Hashanah* (p. 249), a sin committed in *Eretz Yisrael* is a particular affront, for it is like someone violating the king's law in his own palace. Thus, God is particularly manifest as the Jews' God when they are in the Land of Israel and obey His precepts there.

אִם נִכְנָסִין בָּנֶיךָ לָאָרֶץ הֵן מְקַבְּלִין אֱלָהוּתִי וְאִם לָאו אֵינָם מְקַבְּלִין, אִם מְקַיְּימִין בָּנֶיךָ אֶת הַמִּילָה הֵן נִכְנָסִים לָאָרֶץ וְאִם לָאו אֵין נִכְנָסִים לָאָרֶץ, אִם מְקַבְּלִים בָּנֶיךָ אֶת הַשַּׁבָּת הֵם נִכְנָסִים לָאָרֶץ וְאִם לָאו אֵין נִכְנָסִים. רַבִּי בֶּרֶכְיָה וְרַבִּי חֶלְבּוֹ בְּשֵׁם רַבִּי אָבוּן בַּר רַבִּי יוֹסֵי: כְּתִיב (יהושע ה, ד) "וְזֶה הַדָּבָר אֲשֶׁר מָל יְהוֹשֻׁעַ", דָּבָר אָמַר לָהֶם יְהוֹשֻׁעַ וּמָלָן. אָמַר לָהֶם: מָה אַתֶּם סְבוּרִים שֶׁאַתֶּם נִכְנָסִים לָאָרֶץ עֲרֵלִים, כָּךְ אָמַר הַקָּדוֹשׁ בָּרוּךְ הוּא לְאַבְרָהָם אָבִינוּ "וְנָתַתִּי לְךָ וּלְזַרְעֲךָ אַחֲרֶיךָ וְגוֹ'" עַל מְנָת [יז, ט] "וְאַתָּה אֶת בְּרִיתִי תִשְׁמֹר". "וְאַתָּה אֶת בְּרִיתִי תִשְׁמֹר", רַבִּי הוּנָא וְרַבִּי יוֹחָנָן, [טז]רַבִּי הוּנָא אָמַר: "וְאַתָּה", מִיכָּן לְמוֹהֵל שֶׁיְּהֵא מָהוּל, וְרַבִּי יוֹחָנָן אָמַר: "הִמּוֹל יִמּוֹל" מִיכָּן לְמוֹהֵל שֶׁיְּהֵא מָהוּל. תַּנְיָא יִשְׂרָאֵל עָרֵל אֵינוֹ מוֹהֵל קַל וָחוֹמֶר עוֹבֵד כּוֹכָבִים° עָרֵל:

י [יז, יא] "וּנְמַלְתֶּם אֵת בְּשַׂר עָרְלַתְכֶם" כְּנוּמִי הִיא תְּלוּיָה בַּגּוּף. וּמַעֲשֶׂה בְּמוּנְבַּז הַמֶּלֶךְ וּבְזוֹטוּס בָּנָיו שֶׁל תַּלְמַי הַמֶּלֶךְ שֶׁהָיוּ יוֹשְׁבִין וְקוֹרִין בְּסֵפֶר בְּרֵאשִׁית, כֵּיוָן שֶׁהִגִּיעוּ לַפָּסוּק הַזֶּה "וּנְמַלְתֶּם אֵת בְּשַׂר עָרְלַתְכֶם" הָפַךְ זֶה פָּנָיו לַכּוֹתֶל וְהִתְחִיל בּוֹכֶה וְזֶה הָפַךְ פָּנָיו לַכּוֹתֶל וְהִתְחִיל בּוֹכֶה, הָלְכוּ שְׁנֵיהֶם וְנִימּוֹלוּ. לְאַחַר יָמִים הָיוּ יוֹשְׁבִין וְקוֹרִין בְּסֵפֶר בְּרֵאשִׁית כֵּיוָן שֶׁהִגִּיעוּ לַפָּסוּק הַזֶּה "וּנְמַלְתֶּם אֵת בְּשַׂר עָרְלַתְכֶם", אָמַר אֶחָד לַחֲבֵירוֹ: אִי לְךָ אָחִי, אָמַר לוֹ: אַתְּ אִי לְךָ, לִי לֹא אוֹי. גִּלּוּ אֶת הַדָּבָר זֶה לָזֶה, כֵּיוָן שֶׁהִרְגִּישָׁה בָּהֶן אִמָּן הָלְכָה וְאָמְרָה לַאֲבִיהֶן בָּנֶיךָ עָלְתָה° נוּמִי בִּבְשָׂרָן וְגָזַר הָרוֹפֵא שֶׁיִּמּוֹלוּ. אָמַר לָהּ: יִמּוֹלוּ. מַה פָּרַע לוֹ הַקָּדוֹשׁ בָּרוּךְ הוּא, אָמַר רַבִּי פִּנְחָס: בְּשָׁעָה שֶׁיָּצָא לַמִּלְחָמָה עָשׂוּ לוֹ סִיעָה שֶׁל פַּסְטוֹן וְיָרַד מַלְאָךְ וְהִצִּילוֹ:

יא [יז, יב] "וּבֶן שְׁמֹנַת יָמִים יִמּוֹל לָכֶם". תַּנְיָא: הַלּוֹקֵחַ עוּבָּר שִׁפְחָתוֹ שֶׁל גּוֹי, רַבִּי יוֹחָנָן אָמַר: יִמּוֹל לִשְׁמוֹנָה, וְתָאנֵי רַבִּי חָמָא בַּר רַבִּי יוֹסֵי: יִמּוֹל לִשְׁמוֹנָה, וְתָנֵי שְׁמוּאֵל כֵּן.

עץ יוסף

השבת דכאן כתיב לדורותם לברית עולם. וכן אצל שבת לדורותם ברית עולם הרי שמרומז וסמיך ליה ונתתי לך כו' את ארץ מגורך היינו בזכות שבת. והנה מתחיל בחמש דברים ולא פירש אלא ד' דברים. אך בילקוט אינו חושב שבת וחושב אם בניך מקיימין את הברית אהיה להם לאלוה ולפטרון. ואם לאו כו' היינו פסוק ז'. אם בניך מקיימין הברית הם מקבלים אלהותי ואם לאו כו'. הרי חמשה דברים לבד שבת: **אם נכנסין בניך לארץ.** ולא ימאסו בארץ חמדה כמ"ש קלא נתנה ראש ונשובה מצרימה: **דבר אמר להם.** דאל"כ וזה הטעם מיבעי ליה: **מה אתם סבורים.** שהיו מסרבין מלמול עד בואם לארץ משום חולשא דאורחא (יפ"ת): **על מנת ואתה את בריתי.** אם ישמרו בריתי יירשו הארץ: [ח] **ואתה מכאן למוהל.** דה"פ אתה שתהיה מהול דוקא תימול אחרים: **המול ימול.** קרי ביה המל ימול: (י) **כנומי היא. תלויה בגוף.** דריש ונמלתם. נוטריקון נומי מלתך. ופירושו כמו יבלת שהוא מיותר ועומד ליקצץ: **ומעשה במונבז.** מעשה זו הובא בדברי הימים של קדמוניות באריכות. ועיין סדר הדורות דף ל"ב. וספר יוחסין דף ע"ט: **אי לך אחי.** שאתה אינך מהול: **הלכה ואמרה לאביהן.** פן יודע לו ויתקצף שקיימו את התורה: **נומי בבשרן.** באבר קטן: **סיעה של פסטין.** הערוך פירש מארב. והמוסף פי' בעלי מלחמות בלא סוסים נקראים פסטין בלשון יון. והמעריך פי' מגור: (יא) [ט] **הלוקח עובר שפחתו כו'.** מיירי בלוקח שפחה לעוברה לכשיולד יהיה שלו וס"ל קנין פירות כקנין הגוף דמי כדאיתא בפרק יש נוחלין ובפרק השולח (יפ"ת): **ותני שמואל כן.**

פירוש מהרז"ו

והייתי להם וגו' וכמ"ש חז"ל כל הדר בארץ ישראל דומה וכו' ג' אם מקיימים בניך את הברית וכו' היינו מ"ש בפסוק ז' והקימותי את בריתי וגו' וסמך לו ונתתי לך ולזרעך אחריך את ארץ מגוריך וגו' שזה תלוי בזה. ד' אם מקבלים בניך את השבת כי כאן כתוב והקימותי את בריתי ביני ובין זרעך אחריך לדורותם לברית עולם. וכן כתוב אצל שבת לעשות את השבת לדורותם ברית עולם ביני ובין בני ישראל אות היא לעולם. הרי שכאן מרומז שבת בפסוק ז' וסמך ליה ונתתי לך ולזרעך אחריך את ארץ מגוריך היינו בזכות שבת והנה התחיל בחמשה דברים ולא פירש אלא ד' דברים. אך בילקוט כאן אינו חושב שבת וחושב אם בניך מקיימין את הברית אהיה להם לאלוה ולפטרון. ואם לאו וכו' היינו פסוק ז' אם בניך מקיימין הברית הם מקבלים אלהותי ואם לאו וכו'. הרי ה' דברים לבד שבת: **דבר אמר להם.** כמ"ש וזה דבר הרואה. וזה דבר השמיטה שדרשו שצריך לומר רואה אני. משמע אני וכן כאן: **על מנת ואתה את בריתי.** ובפסוק הקודם. ונתתי לך ולזרעך אחריך את ארץ מגוריך. אם ישמרו בריתי יירשו הארץ: **מכאן למוהל.** ממ"ש ואתה וגו' אתה וזרעך. ולשון הירושלמי. כל שכיוצא בך ימול אחרים. ודורש כופל תיבת אתה שתיבת אתה הב' מורה כמו אתה כך זרעך כיוצא בך. ולפי דברי הירושלמי שבת פרק ר"א דמילה מובא כאן לקמן פליגי בפלוגתא דר' ישמעאל ור"ע. וכן מצאתי בהדיא בירושלמי יבמות פרק הערל דר' עקיבא סובר לשונות כפולים רבוים הם המול ימול המל ימול. וכן דעת ר' יוחנן. ור' ישמעאל סובר דברה תורה כלשון בני אדם לשונות כפולים ועל כן דורש מפסוק ואתה את בריתי תשמור וכנ"ל: (י) **כנומי היא תלויה בגוף.** דייק ונמלתם שהיל"ל ומלתם כמ"ש ומלתם את ערלת לבבכם. נוטריקון נומי מלתם [יפ"ת]: **ומעשה במונבז.** מעשה זה הובא בדברי הימים של קדמוניות באריכות: **סיעה של פסטון.** עי' ערוך ערך פסט וכתב המ"ע אנשי צבא רגלים: (יא) **תניא הלוקח עובר.** היינו שעדיין הוא במעי אמו ולכשיולד יהיה שלו:

חידושי הרד"ל

(ג) **את השבת.** דרש זאת ברית על שבת שהיא אות בין המקום לישראל ובמכילתא יתרו פ' בחדש השלישי פ"ב אר"א ושמרתם את בריתי זו שבת וע' אג"ב ספי"ז:

חידושי הרש"ש

[יב] **המול ימול מילה ופריעה בו'.** הן דריש כאן ד' דרשות מן המול ימול ובסוה"פ מסיק עוד דרשה חמשית לרבות את המשוך. ובע"א (כ"ז א') איתא ואידך (ר"ל ר' יהודא) כו' המול ימול דברה תורה כלשון ב"א. והנה הא דלא מוקי לה על מילה ופריעה י"ל משום דאמרינן ביבמות (ע"א ב') ל"נ פריעת מילה לאברהם. וכן דרשת דהמוהל יהיה מהול ע"כ ל"ל לר' יהודה מדמסקינן שם דר"י מכשיר עובדי כוכבים. וכן דרשה דלהביא את שנולד מהול. י"ל דס"ל להש"ס דהלכה כת"ק בשבת (קל"ה א') דלב"ה א"צ להטיף דם ברית וכרב שם וכ"פ בה"ג ע"ש בתוס'. או דאפילו למ"ד דצריך אינו אלא משום ערלה כבושה כדאיתא שם (וכן פה בסמוך) ול"צ קרא ותדע דהגמרא שם לא הזכיר הקרא לזה. וכן משוך ס"ל להגמרא ביבמות (ע"ב א') דאינו אלא מדרבנן וקרא אסמכתא בעלמא. אבל הא קשיא מדוע לא מ"ל לגילין. וביבמות שם משמע דר' יהודה עצמו א"ל הך דרשא ע"ש. וכ"ל דדרשה דגילין אינה מלשון כפול אלא ממלת המול לחוד וראיה ברורה לזה מדדריש ליה תחלה שם למשוך ואמר לשון אפילו מאה פעמים. ודרשת מ"פ מסקינן בב"מ (ל"א) דידעינן לה מהמקור לחודיה. ובע"א שם איירי מכפל לשון מדכתיב המול ימול והראיה מדמשני

מסורת המדרש

טז עבודת כוכבים דף כ"ז:
יז שבת קל"ה. יבמות דף ע"א. ירושלמי פרק י"א. וירושלמי שבת קלה יבמות פרק ח'. תוספתא שבת פרק ט"ז. דברים רבה ריש פרשה ו':

אם למקרא

וְזֶה הַדָּבָר אֲשֶׁר־מָל יְהוֹשֻׁעַ כָּל־הָעָם הַיֹּצֵא מִמִּצְרַיִם הַזְּכָרִים כֹּל אַנְשֵׁי הַמִּלְחָמָה מֵתוּ בַמִּדְבָּר בַּדֶּרֶךְ בְּצֵאתָם מִמִּצְרָיִם: (יהושע ה, ד)

באור מהרי"פ

[י] **פסטון.** עמ"כ. וז"ל רב"מ פי' בל"י אנשי הצבא ההולכים ברגליהם:

מתנות כהונה

אם מקבלין את השבת כו'. דרש הא דכתיב ואתה את בריתי תשמור על ברית שבת דאילו ברית מילה כתיב אח"כ זאת בריתי וגו' אבל בילקוט לא גרס ליה וגרס במקומו שאם מקבלין בניך את המילה הם מקבלין אלהותי ואם לאו אין מקבלין אלהותי: **מכאן למוהל כו'.** מואתה קדייק [כדאיתא בפ"ב דע"א ובירושלמי פ' ר"א דמילה וביבמות פ' הערל]: **המול ימול.** קרי ביה המל ימול יהא נמול: **ישראל ערל.** לא שמתו אחיו מחמת מילה אלא המתכוין להפר ברית ועיין בפרק אין מעמידין: [י] **בנומי.** כמו יבלת שהוא מותר ועומד ליקצץ ודייק מדכתיב בשר כלומר בשר בעלמא בלא צורך רק לחותכו [שהיא תלויה גרסינן וכ"ג הילקוט]: **אי לך.** שאתה אינך נימול ודוגמת מעשה כזה עי' בשמות רבה פרשה ל': **נומי בבשרן.** בבשר ערלתן. ואם יגזרו אותו יהיו נימולים כיהודים: **עשו לו כו'.** האויבים עשו לו מארב: **פסטון.** פירש הערוך וזה לשונו לפי הענין הוא מארב:

לְמוֹהֵל שֶׁיְּהֵא מָהוּל – **And R' Yochanan said:** The verse uses a repetitive terminology, ***shall surely be circumcised*** (below, v. 13) – **from here** it can be derived **that the** ritual **circumciser must** himself **be circumcised.**[90] תַּנְיָא יִשְׂרָאֵל עָרֵל אֵינוֹ מוֹהֵל – **It is taught** in a Baraisa: **An uncircumcised Jew may not circumcise,** קַל וָחוֹמֶר גּוֹי עָרֵל – and **all the more so an uncircumcised non-Jew.**[91]

וּנְמַלְתֶּם אֵת בְּשַׂר עָרְלַתְכֶם וְהָיָה לְאוֹת בְּרִית בֵּינִי וּבֵינֵיכֶם.
You shall circumcise the flesh of your foreskin, and that shall be the sign of the covenant between Me and you (17:11).

§10 **וּנְמַלְתֶּם אֵת בְּשַׂר עָרְלַתְכֶם** – ***YOU SHALL CIRCUMCISE THE FLESH OF YOUR FORESKIN.***

The Midrash comments on an unusual word form found in this verse:

כְּנוּמִי הִיא תְּלוּיָה בַּגּוּף – The word וּנְמַלְתֶּם connotes that **[the foreskin] is like a wart that is attached to the body.**[92]

The Midrash relates a story that connects to the idea that the foreskin is like a wart:

וּמַעֲשֶׂה בְּמוּנְבַּז הַמֶּלֶךְ וּבְזוֹטוֹס בָּנָיו שֶׁל תַּלְמַי הַמֶּלֶךְ שֶׁהָיוּ יוֹשְׁבִין וְקוֹרִין בְּסֵפֶר בְּרֵאשִׁית – **And there was an incident with King Munbaz and** his brother **Zotos, the children of King Ptolemy,**[93] **that they were sitting and reading the Book of *Genesis.*** כֵּיוָן שֶׁהִגִּיעוּ לַפָּסוּק הַזֶּה "וּנְמַלְתֶּם אֵת בְּשַׂר עָרְלַתְכֶם" – **When they reached this verse, *You shall circumcise the flesh of your foreskin,*** הָפַךְ זֶה פָּנָיו לַכּוֹתֶל וְהִתְחִיל בּוֹכֶה וְזֶה הָפַךְ פָּנָיו לַכּוֹתֶל וְהִתְחִיל בּוֹכֶה – **the one** brother **turned toward the wall** so that his brother should not see **and began to weep, and the other** brother also **turned toward the wall and began to weep.**[94] הָלְכוּ שְׁנֵיהֶם וְנִימוֹלוּ – **The two of them** each **went** independently **and became circumcised.**[95] לְאַחַר יָמִים הָיוּ יוֹשְׁבִין וְקוֹרִין בְּסֵפֶר בְּרֵאשִׁית – **Days later, they were** again **sitting and reading the Book of *Genesis.*** כֵּיוָן שֶׁהִגִּיעוּ לַפָּסוּק הַזֶּה וּנְמַלְתֶּם אֵת בְּשַׂר עָרְלַתְכֶם – **When they reached this verse, *You shall circumcise the flesh of your foreskin,*** אָמַר אֶחָד לַחֲבֵירוֹ אִי לָךְ אָחִי – **the one said to the other, "Woe to you, my brother!"**[96] אָמַר לוֹ אַתָּ אִי לָךְ לִי לֹא אוֹי – **The other one retorted, "To *you* it is woe, to me it is not woe!"** גִּלּוּ אֶת הַדָּבָר זֶה לָזֶה – **They** then **revealed the matter** of their respective circumcisions **to each other.** כֵּיוָן שֶׁהִרְגִּישָׁה בָּהֶן אִמָּן הָלְכָה וְאָמְרָה לַאֲבִיהֶן – **When their mother sensed what they [had done], she went and told** King Ptolemy, **their father,** בָּנֶיךָ עָלְתָה נוּמִי בִּבְשָׂרָן וְגָזַר הָרוֹפֵא שֶׁיָּמוֹלוּ – **"Your children have grown warts on their flesh,**[97] **and the doctor has ruled that they must be circumcised."**[98] אָמַר לָהּ יָמוֹלוּ – **[King Ptolemy] said to her, "Let them be circumcised."** מָה פָּרַע לוֹ הַקָּדוֹשׁ בָּרוּךְ הוּא – **How did the Holy One, blessed is He, reward [King Munbaz]?**[99] אָמַר רַבִּי פִּנְחָס בְּשָׁעָה שֶׁיָּצָא לַמִּלְחָמָה עָשׂוּ לוֹ סִיעָה שֶׁל פַּסְטוֹן – **R' Pinchas said: When he went out to war, [the enemy] prepared an ambush party**[100] **for him,** וְיָרַד מַלְאָךְ וְהִצִּילוֹ – **and an angel came down** from heaven **and rescued him.**[101]

וּבֶן שְׁמֹנַת יָמִים יִמּוֹל לָכֶם כָּל זָכָר לְדֹרֹתֵיכֶם יְלִיד בָּיִת וּמִקְנַת כֶּסֶף מִכֹּל בֶּן נֵכָר אֲשֶׁר לֹא מִזַּרְעֲךָ הוּא.
At the age of eight days every male among you shall be circumcised, throughout your generations – he that is born in the household or purchased with money from any stranger who is not of your offspring (17:12).

§11 **וּבֶן שְׁמֹנַת יָמִים יִמּוֹל לָכֶם** – ***AT THE AGE OF EIGHT DAYS EVERY MALE AMONG YOU SHALL BE CIRCUMCISED . . . HE THAT IS BORN IN THE HOUSEHOLD OR PURCHASED WITH MONEY . . .***

NOTES

90. R' Yochanan is expounding the double terminology of the phrase הִמּוֹל יִמּוֹל as if it were written הַמָּל יָמוֹל, *one who is circumcised shall circumcise* (*Eitz Yosef*; see *Rashi* to *Avodah Zarah* 27a; see, however, *Matnos Kehunah*).

91. For the uncircumcised non-Jew is not bound by the covenant of circumcision at all.

[It is clear from this Baraisa that the above expositions exclude even an uncircumcised Jew (i.e., even an observant Jew who for medical reasons is excused from the obligation of circumcision), and that is also the position of the *Yerushalmi* (*Shabbos* 19:2). However, according to the *Talmud Bavli* (*Avodah Zarah* 27a) the verses exclude only a non-Jew, but an uncircumcised Jew is subject to the covenant and is deemed as if he were circumcised. See also *Shulchan Aruch, Yoreh Deah* 264:1.]

92. The word could have been written וּמַלְתֶּם, without the נ (see *Rashi* on the verse). The Midrash therefore interprets the word as if it were a contraction: נוּמִי, *a wart*; מַלְתֶּם, *you should circumcise*, indicating that the foreskin is an excess growth, like a wart, and should be removed (*Eitz Yosef*; however, see *Matnos Kehunah*).

93. [Ptolemy was the name of most of the monarchs of the (Greek) Ptolemaic dynasty of Egypt, one of whom was responsible for the translation of the Torah into Greek (see *Megillah* 9a and *Rashi* ad loc.). However, Ptolemy was a fairly common Greek name and the King Ptolemy of our story was not necessarily a king of Egypt nor a member of that dynasty. See note 101 below.]

94. For they each realized that as long as they were uncircumcised, they were excluded from God's covenant.

95. Secretly converting to Judaism. See, however, Insight Ⓐ.

96. For you are still uncircumcised.

97. I.e., their male organs (*Eitz Yosef*; see, however, *Matnos Kehunah*).

98. She was afraid that the king would become aware of their circumcision, and that he would be angry at them if he were to realize that it had been done out of compliance with the Torah.

Their mother spoke the truth, for as explained above, the foreskin is equivalent to a wart.

99. *Yefeh To'ar*, first interpretation. Alternatively, it was King Ptolemy whom God rewarded, for he saw through his wife's stratagem but nevertheless gave his consent to his sons' circumcisions (ibid., second interpretation).

100. Our translation of פַּסְטוֹן as "ambush" follows *Aruch*, quoted by *Eitz Yosef*. *Eitz Yosef* also cites *Mussaf HeAruch*, who defines it as "infantry," and *HaMaarich*, who writes that it means a siege.

101. *Eitz Yosef* associates this story of the conversion of King Munbaz and his brother Bazotos with that related by Josephus (*Antiquities* 20:2) about Helene the wife of Monobaseus (Munbaz), King of Adiabene, who, together with her son Izates (similar to Bazotos), converted to Judaism. (Josephus mentions that Izates had a brother named Monobaseus, but

INSIGHTS

Ⓐ **A Non-Jew's Circumcision** Although we have explained the brothers' circumcision as an act of conversion to Judaism, the matter is not so clear. It is in fact possible that the brothers did not intend to convert through their act of circumcision (i.e., they remained non-Jews). Yet their act of circumcision was still considered meritorious (as is evident from the fact that God rewarded them), and, moreover, it was even a mitzvah.

Tzafnas Pane'ach (*Hil. Milah* 3:7) understands *Rambam* as stating that if a non-Jew wishes to be circumcised without converting to Judaism, but merely to perform the mitzvah of *milah*, his act is meritorious and he is rewarded for it. This understanding of *Rambam's* view is disputed by *Kesef Mishneh* (ad loc.) and *Igros Moshe* (*Yoreh Deah* II §7), but is supported by a responsum attributed to *Rambam* (*Mekitzei Nirdamim* 5718 edition, Vol. I, §174, reproduced in *Sefer Likkutim* in Frankel edition of *Rambam, Hil. Milah* ibid.).

According to *Tzafnas Pane'ach's* understanding of *Rambam*, therefore, it is possible that the brothers in our Midrash did not undergo circumcision as part of a conversion to Judaism, but rather to perform the mitzvah discussed in the Book of *Genesis* they were studying, and which they believed to be God's word.

אִם נִכְנָסִין בָּנֶיךָ לָאָרֶץ הֵן מְקַבְּלִין אֱלָהוּתִי וְאִם לָאו אֵינָם מְקַבְּלִין, אִם מְקַיְּימִין בָּנֶיךָ אֶת הַמִּילָה הֵן נִכְנָסִים לָאָרֶץ וְאִם לָאו אֵין נִכְנָסִים לָאָרֶץ, אִם מְקַבְּלִים בָּנֶיךָ אֶת הַשַּׁבָּת הֵם נִכְנָסִים לָאָרֶץ וְאִם לָאו אֵין נִכְנָסִים. רַבִּי בֶּרֶכְיָה וְרַבִּי חֶלְבּוֹ בְּשֵׁם רַבִּי אָבוּן בַּר רַבִּי יוֹסֵי: כְּתִיב (יהושע ה, ד) "וְזֶה הַדָּבָר אֲשֶׁר מָל יְהוֹשֻׁעַ", דָּבָר אָמַר לָהֶם יְהוֹשֻׁעַ וּמָלָן. אָמַר לָהֶם: מָה אַתֶּם סְבוּרִים שֶׁאַתֶּם נִכְנָסִים לָאָרֶץ עֲרֵלִים, כָּךְ אָמַר הַקָּדוֹשׁ בָּרוּךְ הוּא לְאַבְרָהָם אָבִינוּ "וְנָתַתִּי לְךָ וּלְזַרְעֲךָ אַחֲרֶיךָ וְגוֹ'" עַל מְנָת [יז, ט] "וְאַתָּה אֶת בְּרִיתִי תִשְׁמֹר". "וְאַתָּה אֶת בְּרִיתִי תִשְׁמֹר", רַבִּי הוּנָא וְרַבִּי יוֹחָנָן, [טז]רַבִּי הוּנָא אָמַר: "וְאַתָּה", מִיכָּן לְמוֹהֵל שֶׁיְּהֵא מָהוּל, וְרַבִּי יוֹחָנָן אָמַר: "הִמּוֹל יִמּוֹל" מִיכָּן לְמוֹהֵל שֶׁיְּהֵא מָהוּל. תַּנְיָא יִשְׂרָאֵל עָרֵל אֵינוֹ מוֹהֵל קַל וָחוֹמֶר עוֹבֵד כּוֹכָבִים° עָרֵל:

י [יז, יא] "וּנְמַלְתֶּם אֵת בְּשַׂר עָרְלַתְכֶם" כְּנוֹמִי הִיא תְּלוּיָה בַּגּוּף. וּמַעֲשֶׂה בְּמוֹנְבַּז הַמֶּלֶךְ וּבְזוֹטוּס בָּנָיו שֶׁל תַּלְמַי הַמֶּלֶךְ שֶׁהָיוּ יוֹשְׁבִין וְקוֹרִין בְּסֵפֶר בְּרֵאשִׁית, כֵּיוָן שֶׁהִגִּיעוּ לַפָּסוּק הַזֶּה "וּנְמַלְתֶּם אֵת בְּשַׂר עָרְלַתְכֶם" הָפַךְ זֶה פָּנָיו לַכּוֹתֶל וְהִתְחִיל בּוֹכֶה וְזֶה הָפַךְ פָּנָיו לַכּוֹתֶל וְהִתְחִיל בּוֹכֶה, הָלְכוּ שְׁנֵיהֶם וְנִימּוֹלוּ. לְאַחַר יָמִים הָיוּ יוֹשְׁבִין וְקוֹרִין בְּסֵפֶר בְּרֵאשִׁית כֵּיוָן שֶׁהִגִּיעוּ לַפָּסוּק הַזֶּה "וּנְמַלְתֶּם אֵת בְּשַׂר עָרְלַתְכֶם", אָמַר אֶחָד לַחֲבֵירוֹ: אִי לְךָ אָחִי, אָמַר לוֹ: אַתְּ אִי לְךָ, לִי לֹא אוֹי. גִּלּוּ אֶת הַדָּבָר זֶה לָזֶה, כֵּיוָן שֶׁהִרְגִּישָׁה בָּהֶן אִמָּן הָלְכָה וְאָמְרָה לַאֲבִיהֶן בָּנֶיךָ עָלְתָה° נוֹמִי בִּבְשָׂרָן וְגָזַר הָרוֹפֵא שֶׁיִּמּוֹלוּ. אָמַר לָהּ: יִמּוֹלוּ. מַה פָּרַע לוֹ הַקָּדוֹשׁ בָּרוּךְ הוּא, אָמַר רַבִּי פִּנְחָס: בְּשָׁעָה שֶׁיָּצָא לַמִּלְחָמָה עָשׂוּ לוֹ סִיעָה שֶׁל פָּסְטוֹן וְיָרַד מַלְאָךְ וְהִצִּילוֹ:

יא [יז, יב] "וּבֶן שְׁמֹנַת יָמִים יִמּוֹל לָכֶם". תַּנְיָא: הַלּוֹקֵחַ עוּבָּר שִׁפְחָתוֹ שֶׁל גּוֹי, רַבִּי יוֹחָנָן אָמַר: יִמּוֹל לִשְׁמוֹנָה, וְתָאנֵי רַבִּי חָמָא בַּר רַבִּי יוֹסֵי: יִמּוֹל לִשְׁמוֹנָה, וְתָנֵי שְׁמוּאֵל כֵּן.

עץ יוסף

השבת דכאן כתיב לדורותם לברית עולם. וכן אצל שבת לדורותם ברית עולם הרי שמרומז וסמיך ליה ונתתי לך כו' את ארץ מגורך היינו בזכות שבת. והנה מתחיל בחמש דברים ולא פירש אלא ד' דברים. אך בילקוט אינו חושב שבת וחושב אם בניך מקיימין את הברית אהיה להם לאלוה ולפטרון. ואם לאו כו' היינו פסוק ז'. אם בניך מקיימין הברית הם מקבלים אלהותי ואם לאו כו'. הרי חמשה דברים לבד שבת: **אם נכנסין בניך לארץ.** ולא ימאסו בארץ חמדה כמ"ש קאת נתנה ראש ונשובה מצרימה: **דבר אמר להם.** דא"כ וזה הטעם מיבעי ליה: **מה אתם סבורים.** שהיו מסרבין מלמול עד בואם לארץ משום חולשא דאורחא (יפ"ת): **על מנת ואתה את בריתי.** אם ישמרו בריתי יירשו הארץ: [ח] **ואתה מכאן למוהל.** דה"פ אתה שתהיה מהול דוקא תימול אחרים: **המול ימול.** קרי ביה המל ימול: (י) **כנומי היא. תלויה בגוף.** דריש ונמלתם. נוטריקון נומי מלתך. ופירושו כמו יבלת שהוא מיותר ועומד ליקצץ: **ומעשה במונבז.** מעשה זו הובא בדברי הימים של קדמוניות באריכות. ועיין סדר הדורות דף ל"ב. וספר יוחסין דף ע"ט: **אי לך אחי.** שאתה איך מהול: **הלכה ואמרה לאביהן.** פן יודע לו ויתקצף שקיימו את התורה: **נומי בבשרן.** באבר קטן: **סיעה של פסטין.** הערוך פירש מארב. והמוסף פי' בעלי מלחמות בלא סוסים נקראים פסטין בלשון יון. והמעריך פי' מצור: (יא) [ט] **הלוקח עובר שפחתו כו'.** מיירי בלוקח שפחה לעוברה לכשיולד יהיה שלו וס"ל קנין פירות כקנין הגוף דמי כדאיתא בפרק יש נוחלין ובפרק השולח (יפ"ת): **ותני שמואל כן.**

פירוש מהרז"ו

והייתי להם וגו' וכמ"ש חז"ל כל הדר בארץ ישראל דומה וכו' ג' אם מקיימים בניך את הברית וכו' היינו מ"ש בפסוק ז' והקימותי את בריתי וגו' וסמך לו ונתתי לך ולזרעך אחריך את ארץ מגוריך וגו' שזה תלוי בזה. ד' אם מקבלים בניך את השבת כי כאן כתוב והקימותי את בריתי ביני ובין זרעך אחריך לדורותם לברית עולם. וכן כתוב אצל שבת לעשות את השבת לדורותם ברית עולם ביני ובין בני ישראל אות היא לעולם. הרי שכאן מרומז שבת בפסוק ז' וסמך ליה ונתתי לך ולזרעך אחריך את ארץ מגוריך היינו בזכות שבת והנה התחיל בחמשה דברים ולא פירש אלא ד' דברים. אך בילקוט כאן אינו חושב שבת וחושב אם בניך מקיימין את הברית אהיה להם לאלוה ולפטרון. ואם לאו וכו' היינו פסוק ז' אם בניך מקיימין הברית הם מקבלים אלהותי ואם לאו וכו'. הרי ה' דברים לבד שבת: **דבר אמר להם.** כמ"ש וזה דבר הרולא. וזה דבר השמיטה שדרשו שצריך לומר רולא אני. משמט אני וכן כאן: **על מנת ואתה את בריתי.** ובפסוק הקודם. ונתתי לך ולזרעך אחריך את ארץ מגוריך. אם ישמרו בריתי יירשו הארץ: **מכאן למוהל.** ממ"ש ואתה וגו' אתה וזרעך. ולשון הירושלמי. כל שכיולא בך ימול אחרים. ודורש כופל תיבת אתה שתיבת אתה הב' מורה כמו אתה כך זרעך כיולא בך. ולפי דברי הירושלמי שבת פרק ר"א דמילה מובא כאן לקמן פליגי בפלוגתא דר' ישמעאל ור"ע. וכן מלאתי בהדיא בירושלמי יבמות פרק הערל דר' עקיבא סובר לשונות כפולים רבוים הם המול ימול המל ימול. וכן דעת ר' יוחנן. ור' ישמעאל סובר דברה תורה כלשון בני אדם לשונות כפולים ועל כן דורש מפסוק ואתה את בריתי תשמור וכנ"ל: (י) **כנומי היא תלויה בגוף.** דייק ונמלתם שהיל"ל ומלתם כמ"ש ומלתם את ערלת לבבכם. נוטריקון נומי מלתם [יפ"ת]: **ומעשה במונבז.** מעשה זה הובא בדברי הימים של קדמוניות באריכות: **סיעה של פסטון.** עי' ערוך ערך פסט וכתב המ"ע אנשי צבא רגלים: (יא) **תניא הלוקח עובר.** היינו שעדיין הוא במעי אמו ולכשיולד יהיה שלו:

חידושי הרד"ל

(ג) **את השבת.** דרש זאת ברית על שבת שהיא אות בין המקום לישראל ובמכילתא יתרו פ' בחדש השלישי פ"ב אר"א ושמרתם את בריתי זו שבת וע' אג"ב ספי"ז:

חידושי הרש"ש

[יב] **המול ימול מילה ופריעה כו'.** הן דריש כאן ד' דרשות מן המול ימול ובסוה"פ מסיק עוד דרשה חמשית לרבות את המשוך. ובע"א (כ"ז א') איתא ואידך (ר"ל ר' יהודא) כו' המול ימול דברה תורה כלשון ב"א. והנה הא דלא מוקי לה על מילה ופריעה י"ל משום דאמרינן ביבמות (ע"א ב') ל"נ פריעת מילה לאברהם. וכן דרשת דהמוהל יהיה מהול ע"כ ל"ל לר' יהודה מדמסקינן שם דר"י מכשיר עובדי כוכבים. וכן דרשה דלהביא את שנולד מהול. י"ל דס"ל להש"ס דהלכה כת"ק בשבת (קל"ה א') דלב"ה א"צ להטיף דם ברית וכרב שם וכ"פ בה"ג ע"ש בתוס'. או דאפילו למ"ד דצריך אינו אלא משום ערלה כבושה כדאיתא שם (וכן פה בסמוך) ול"צ קרא ותדע דהגמרא שם לא הזכיר הקרא לזה. וכן משוך ס"ל להגמרא ביבמות (ע"ב א') דאינו אלא מדרבנן וקרא אסמכתא בעלמא. אבל הא קשיא מדוע לא מ"ל לצילין. וביבמות שם משמע דר' יהודה עצמו א"ל הך דרשא ע"ש. וצ"ל דדרשה דצילין אינה מלשון כפול אלא ממלת המול לחוד וראיה ברורה לזה מדדריש ליה תחלה שם למשוך ואמר לשון אפילו מאה פעמים. ודרשת מ"פ מסקינן בב"מ (ל"א) דידעינן לה מהמקור לחודיה. ובע"א שם איירי מכפל לשון מדכתיב המול ימול והראיה מדמשני

באור מהרי"פ

[י] **פסטון.** עמ"כ. וז"ל רב"מ פי' בל"י אנשי הצבא ההולכים ברגליהם:

מסורת המדרש

טז עבודת כוכבים דף כ"ז:
יז שבת קל"ה. יבמות דף ע"א. ירושלמי פרק י"ח. וירושלמי שבת קלה יבמות פרק ח'. תוספתא שבת פרק ט"ז. דברים רבה ריש פרשה ו':

אם למקרא

וְזֶה הַדָּבָר אֲשֶׁר־מָל יְהוֹשֻׁעַ כָּל־הָעָם הַיֹּצֵא מִמִּצְרַיִם הַזְּכָרִים כֹּל אַנְשֵׁי הַמִּלְחָמָה מֵתוּ בַמִּדְבָּר בַּדֶּרֶךְ בְּצֵאתָם מִמִּצְרָיִם: (יהושע ה, ד)

מתנות כהונה

אם מקבלין את השבת כו'. דרש הא דכתיב ואתה את בריתי תשמור על ברית שבת דאילו ברית מילה כתיב אח"כ זאת בריתי וגו' אבל בילקוט לא גרס ליה וגרס במקומו שאם מקבלין בניך את המילה הם מקבלין אלהותי ואם לאו אין מקבלין אלהותי: **מכאן למוהל כו'.** מואתה קדייק [כדאיתא בפ"ב דע"א ובירושלמי פ' ר"א דמילה וביבמות פ' הערל]: **המול ימול.** קרי ביה המל ימול יהא נמול: **ישראל ערל.** לא שמתו אחיו מחמת מילה אלא המתכוין להפר ברית ועיין בפרק אין מעמידין: [י] **בנומי.** כמו יבלת שהוא מותר ועומד ליקצץ ודייק מדכתיב בשר כלומר בשר בעלמא ללא צורך רק לחותכו [שהיא תלויה גרסינן וכ"ג הילקוט]: **אי לך.** שאתה איך נימול ודוגמת מעשה כזה עי' בשמות רבה פרשה ל': **נומי בבשרן.** בבשר ערלתן. ואם יגזרו אותו יהיו נימולים כיהודים: **עשו לו כו'.** האויבים עשו לו מארב: **פסטון.** פירש הערוך וזה לשונו לפי הענין הוא מארב:

The Midrash discusses the eighth-day circumcision of a slave child:[102]

תַּנְיָא הַלּוֹקֵחַ עוּבָּר שִׁפְחָתוֹ שֶׁל גּוֹי – It is taught in a Baraisa: Regarding **one who buys the fetus of a heathen's slave-woman,**[103] **רַבִּי יוֹחָנָן אָמַר יִמּוֹל לִשְׁמוֹנָה – R' Yochanan**[104] **said: [The child] is** to be **circumcised on the eighth day** following his birth.[105] **וְתָאנֵי רַבִּי חָמָא בַּר רַבִּי יוֹסֵי יִמּוֹל לִשְׁמוֹנָה – And** similarly **R' Chama bar Yose taught a Baraisa** stating that **[the child] is** to be **circumcised on the eighth day. וְתָנֵי שְׁמוּאֵל כֵּן – And** it is evident that **Shmuel taught similarly,**

NOTES

nowhere states that this brother also converted.)

Similarly, some authorities identify the Munbaz mentioned here with the king Munbaz who, along with his mother Helene, made generous gifts to the Temple, as recorded in *Yoma* 37a. See ibid., Schottenstein edition, note 30.

102. Although this verse indicates that the obligation to circumcise a male child on the eighth day applies even to a slave child, the following verse repeats the requirement for the circumcision of slaves but omits any mention of the eighth day. The Talmud (*Shabbos* 135b) derives from this that it is only certain categories of slaves that are to be circumcised on the day they are born. See further.

103. So that at the time of its birth, the child shall be the property of the Jew.

104. [*Yefeh To'ar* notes that the name Yochanan is not normally found in a Baraisa without some form of a surname (e.g., R' Yochanan ben Nuri, R' Yochanan HaSandlar) and therefore suggests emending the text here to read "R' Chanina" or "R' Chiya."]

105. That is, such a slave would fit the rule of our verse that *he that is . . . purchased with money from any stranger* is to be circumcised at the age of eight days (*Maharzu*).

This ruling, however, is contradicted by the Gemara *Shabbos* loc. cit., which limits the verse to the situation where the Jew purchased the mother slave together with her fetus, and states that if a Jew purchased only the fetus, then the child would be circumcised on the day he is born. Accordingly, *Yefeh To'ar* (cited by *Eitz Yosef*) suggests that this Baraisa is not referring to a situation where the Jew purchased the actual fetus that the slavewoman was carrying at the time, but rather to one where he purchased the slavewoman *with respect to* the rights to her offspring (i.e., but not with respect to any other monetary rights). As the Talmud explains there, the master's ownership of such rights, in accordance with the position that קִנְיַן פֵּירוֹת כְּקִנְיַן הַגּוּף דָּמֵי (ownership rights over produce is equivalent to ownership of the object itself), would be deemed sufficient "ownership" of the mother to warrant delaying the child's circumcision till the eighth day.

אִם נִכְנָסִין בָּנֶיךָ לָאָרֶץ הֵן מְקַבְּלִין אֱלָהוּתִי וְאִם לָאו אֵינָם מְקַבְּלִין, אִם מְקַיְּימִין בָּנֶיךָ אֶת הַמִּילָה הֵן נִכְנָסִים לָאָרֶץ וְאִם לָאו אֵין נִכְנָסִים לָאָרֶץ, אִם מְקַבְּלִים בָּנֶיךָ אֶת הַשַּׁבָּת הֵם נִכְנָסִים לָאָרֶץ וְאִם לָאו אֵין נִכְנָסִים. רַבִּי בֶּרֶכְיָה וְרַבִּי חֶלְבּוֹ בְּשֵׁם רַבִּי אָבוּן בַּר רַבִּי יוֹסֵי: כְּתִיב (יהושע ה, ד) "וְזֶה הַדָּבָר אֲשֶׁר מָל יְהוֹשֻׁעַ", דָּבָר אָמַר לָהֶם יְהוֹשֻׁעַ וּמָלָן. אָמַר לָהֶם: מָה אַתֶּם סְבוּרִים שֶׁאַתֶּם נִכְנָסִים לָאָרֶץ עֲרֵלִים, כָּךְ אָמַר הַקָּדוֹשׁ בָּרוּךְ הוּא לְאַבְרָהָם אָבִינוּ "וְנָתַתִּי לְךָ וּלְזַרְעֲךָ אַחֲרֶיךָ וְגוֹ'" עַל מְנָת [יז, ט] "וְאַתָּה אֶת בְּרִיתִי תִשְׁמֹר". "וְאַתָּה אֶת בְּרִיתִי תִּשְׁמֹר", רַבִּי הוּנָא וְרַבִּי יוֹחָנָן, [טז]רַבִּי הוּנָא אָמַר: "וְאַתָּה", מִיכָּן לְמוֹהֵל שֶׁיְּהֵא מָהוּל, וְרַבִּי יוֹחָנָן אָמַר: "הִמּוֹל יִמּוֹל" מִיכָּן לְמוֹהֵל שֶׁיְּהֵא מָהוּל. תַּנְיָא יִשְׂרָאֵל עָרֵל אֵינוֹ מוֹהֵל קַל וָחוֹמֶר עוֹבֵד כּוֹכָבִים° עָרֵל:

י [יז, יא] "וּנְמַלְתֶּם אֵת בְּשַׂר עָרְלַתְכֶם" כְּנוּמִי הִיא תְּלוּיָה בַּגּוּף. וּמַעֲשֶׂה בְּמוּנְבַּז הַמֶּלֶךְ וּבְזוֹטוֹס בָּנָיו שֶׁל תַּלְמַי הַמֶּלֶךְ שֶׁהָיוּ יוֹשְׁבִין וְקוֹרִין בְּסֵפֶר בְּרֵאשִׁית, כֵּיוָן שֶׁהִגִּיעוּ לַפָּסוּק הַזֶּה "וּנְמַלְתֶּם אֵת בְּשַׂר עָרְלַתְכֶם" הָפַךְ זֶה פָּנָיו לַכּוֹתֶל וְהִתְחִיל בּוֹכֶה וְזֶה הָפַךְ פָּנָיו לַכּוֹתֶל וְהִתְחִיל בּוֹכֶה, הָלְכוּ שְׁנֵיהֶם וְנִימּוֹלוּ. לְאַחַר יָמִים הָיוּ יוֹשְׁבִין וְקוֹרִין בְּסֵפֶר בְּרֵאשִׁית כֵּיוָן שֶׁהִגִּיעוּ לַפָּסוּק הַזֶּה "וּנְמַלְתֶּם אֶת בְּשַׂר עָרְלַתְכֶם", אָמַר אֶחָד לַחֲבֵירוֹ: אִי לְךָ אָחִי, אָמַר לוֹ: אַתְּ אִי לְךָ, לִי לֹא אוֹי. גִּלּוּ אֶת הַדָּבָר זֶה לָזֶה, כֵּיוָן שֶׁהִרְגִּישָׁה בָּהֶן אִמָּן הָלְכָה וְאָמְרָה לַאֲבִיהֶן בָּנֶיךָ עָלְתָה° נוּמִי בִּבְשָׂרָן וְגָזַר הָרוֹפֵא שֶׁיִּמּוֹלוּ. אָמַר לָהּ: יִמּוֹלוּ. מַה פָּרַע לוֹ הַקָּדוֹשׁ בָּרוּךְ הוּא, אָמַר רַבִּי פִּנְחָס: בְּשָׁעָה שֶׁיָּצָא לַמִּלְחָמָה עָשׂוּ לוֹ סִיעָה שֶׁל פַּסְטוֹן וְיָרַד מַלְאָךְ וְהִצִּילוֹ:

יא [יז, יב] "וּבֶן שְׁמֹנַת יָמִים יִמּוֹל לָכֶם". תַּנְיָא: הַלּוֹקֵחַ עוּבָּר שִׁפְחָתוֹ שֶׁל גּוֹי, רַבִּי יוֹחָנָן אָמַר: יִמּוֹל לִשְׁמוֹנָה, וְתָאנֵי רַבִּי חָמָא בַּר רַבִּי יוֹסֵי: יִמּוֹל לִשְׁמוֹנָה, וְתָנֵי שְׁמוּאֵל כֵּן.

עץ יוסף

השבת דכאן כתיב לדורותם לברית עולם. וכן אצל שבת לדורותם ברית עולם הרי שמרומז וסמיך ליה ונתתי לך כו' את ארץ מגורך היינו בזכות שבת. והנה מתחיל בחמש דברים ולא פירש אלא ד' דברים. אך בילקוט אינו חושב שבת וחושב אם בניך מקיימין את הברית אהיה להם לאלוה ולפטרון. ואם לאו כו' היינו פסוק ז'. אם בניך מקיימין הברית הם מקבלים אלהותי ואם לאו כו'. הרי חמשה דברים לבד שבת: **אם נכנסין בניך לארץ.** ולא ימאסו בארץ חמדה כמ"ש קלת נתנה ראש ונשובה מצרימה: **דבר אמר להם.** דאל"כ וזה הטעם מיבעי ליה: **מה אתם סבורים.** שהיו מסרבין מלמול עד בואם לארץ משום חולשא דאורחא (יפ"ת): **על מנת ואתה את בריתי.** אם ישמרו בריתי יירשו הארץ: [ח] **ואתה מכאן למוהל.** דה"פ אתה שתהיה מהול דוקא תימול אחרים: **המול ימול.** קרי ביה המל ימול: (י) **כנומי היא. תלויה בגוף.** דריש ונמלתם. נוטריקון נומי מלתם. ופירושו כמו יבלת שהוא מיותר ועומד ליקצץ: **ומעשה במונבז.** מעשה זו הובא בדברי הימים של קדמוניות באריכות. ועיין סדר הדורות דף ל"ב. וספר יוחסין דף ע"ט: **אי לך אחי.** שאתה אינך מהול: **הלכה ואמרה לאביהן.** פן יודע לו ויתקצף שקיימו את התורה: **נומי בבשרן.** באבר קטן: **סיעה של פסטין.** הערוך פירש מארב. והמוסף פי' בעלי מלחמות בלא סוסים נקראים פסטין בלשון יון. והמעריך פי' מצור: (יא) [ט] **הלוקח עובר שפחתו כו'.** מיירי בלוקח שפחה לעוברה לכשיולד יהיה שלו וס"ל קנין פירות כקנין הגוף דמי כדאיתא בפרק יש נוחלין ובפרק השולח (יפ"ת): **ותני שמואל בן.**

פירוש מהרז"ו

והייתי להם וגו' וכמ"ש חז"ל כל הדר בארץ ישראל דומה וכו' ג' אם מקיימים בניך את הברית וכו' היינו מ"ש בפסוק ז' והקימותי את בריתי וגו' וסמך לו ונתתי לך ולזרעך אחריך את ארץ מגוריך וגו' שזה תלוי בזה. ד' אם מקבלים בניך את השבת כי כאן כתוב והקימותי את בריתי ביני ובין זרעך אחריך לדורותם לברית עולם. וכן כתוב אצל שבת לעשות את השבת לדורותם ברית עולם ביני ובין בני ישראל אות היא לעולם. הרי שכאן מרומז שבת בפסוק ז' וסמך ליה ונתתי לך ולזרעך אחריך את ארץ מגוריך היינו בזכות שבת והנה התחיל בחמשה דברים ולא פירש אלא ד' דברים. אך בילקוט כאן אינו חושב שבת וחושב אם בניך מקיימין את הברית אהיה להם לאלוה ולפטרון. ואם לאו וכו' היינו פסוק ז' אם בניך מקיימין הברית הם מקבלים אלהותי ואם לאו וכו'. הרי ה' דברים לבד שבת: **דבר אמר להם.** כמ"ש וזה דבר הרואה. וזה דבר השמיטה שדרשו שצריך לומר רואה אני. משמע אני וכן כאן: **על מנת ואתה את בריתי.** ובפסוק הקודם. ונתתי לך ולזרעך אחריך את ארץ מגוריך. אם ישמרו בריתי יירשו הארץ: **מכאן למוהל.** ממ"ש ואתה וגו' אתה וזרעך. ולשון הירושלמי. כל שכיוצא בך ימול אחרים. ודורש כופל תיבת אתה שתיבת אתה הב' מורה כמו אתה כך זרעך כיוצא בך. ולפי דברי הירושלמי שבת פרק ר"א דמילה מובא כאן לקמן פליגי בפלוגתא דר' ישמעאל ור"ע. וכן מצאתי בהדיא בירושלמי יבמות פרק הערל דר' עקיבא סובר לשונות כפולים רבוים הם המול ימול המל ימול. וכן דעת ר' יוחנן. ור' ישמעאל סובר דברה תורה כלשון בני אדם לשונות כפולים ועל כן דורש מפסוק ואתה את בריתי תשמור וכנ"ל: (י) **בנומי היא תלויה בגוף.** דייק ונמלתם שהיל"ל ומלתם כמ"ש ומלתם את ערלת לבבכם. נוטריקון נומי מלתם [יפ"ת]: **ומעשה במונבז.** מעשה זה הובא בדברי הימים של קדמוניות באריכות: **סיעה של פסטון.** עי' ערוך ערך פסט וכתב המ"ע אנשי צבא רגלים: (יא) **תניא הלוקח עובר.** היינו שעדיין הוא במעי אמו ולכשיולד יהיה שלו:

חידושי הרד"ל

(ג) **את השבת.** דרש זאת ברית על שבת שהיא אות בין המקום לישראל ובמכילתא יתרו פ' בחדש השלישי פ"ב אר"א ושמרתם את בריתי זו שבת וע' אג"ב ספי"ז:

חידושי הרש"ש

[יב] **המול ימול מילה ופריעה כו'.** הן דריש כאן ד' דרשות מן המול ימול ובסוה"פ מסיק עוד דרשה חמשית לרבות את המשוך. ובע"א (כ"ז א') איתא ואידך (ר"ל ר' יהודא) כו' המול ימול דברה תורה כלשון ב"א. והנה הא דלא מוקי לה על מילה ופריעה י"ל משום דאמרינן ביבמות (ע"א ב') ל"נ פריעת מילה לאברהם. וכן דרשת דהמוהל יהיה מהול ע"כ ל"ל לר' יהודה מדמסקינן שם דר"י מכשיר עובדי כוכבים. וכן דרשה דלהביא את שנולד מהול. י"ל דס"ל להש"ס דהלכה כת"ק בשבת (קל"ה א') דלב"ה א"צ להטיף דם ברית וכרב שם וכ"פ בה"ג ע"ש בתוס'. או דאפילו למ"ד דצריך אינו אלא משום ערלה כבושה כדאיתא שם (וכן פה בסמוך) ול"צ קרא ותדע דהגמרא שם לא הזכיר הקרא לזה. וכן משוך ס"ל להגמרא ביבמות (ע"ב א') דאינו אלא מדרבנן וקרא אסמכתא בעלמא. אבל הא קשיא מדוע לא מ"ל לדילין. וביבמות שם משמע דר' יהודה עצמו א"ל הך דרשא ע"ש. וצ"ל דדרשה דילין אינה מלשון כפול אלא ממלת המול לחוד וראיה ברורה לזה מדדריש ליה תחלה שם למשוך ואמר לשון אפילו מאה פעמים. ודרשת מ"פ מסקינן בב"מ (ל"א) דידעינן לה מהמקור לחודיה. ובע"א שם איירי מכפל לשון מדכתיב המול ימול והראיה מדמשני

מסורת המדרש

טז עבודת כוכבים דף כ"ז:

יז שבת קל"ה. יבמות דף ע"א. ירושלמי פרק י"א. וירושלמי שבת קלה יבמות פרק ח'. תוספתא שבת פרק ט"ז. דברים רבה ריש פרשה ו':

אם למקרא

וְזֶה הַדָּבָר אֲשֶׁר־מָל יְהוֹשֻׁעַ כָּל־הָעָם הַיֹּצֵא מִמִּצְרַיִם הַזְּכָרִים כֹּל אַנְשֵׁי הַמִּלְחָמָה מֵתוּ בַמִּדְבָּר בַּדֶּרֶךְ בְּצֵאתָם מִמִּצְרָיִם: (יהושע ה, ד)

באור מהרי"פ

[י] **פסטון.** עמ"כ. וז"ל רב"מ פי' בל"י אנשי הצבא ההולכים ברגליהם:

מתנות כהונה

אם מקבלין את השבת כו'. דרש הא דכתיב ואתה את בריתי תשמור על ברית שבת דאילו ברית מילה כתיב אח"כ זאת בריתי וגו' אבל בילקוט לא גרס ליה וגרס במקומו שאם מקבלין בניך את המילה הם מקבלין אלהותי ואם לאו אין מקבלין אלהותי: **מכאן למוהל כו'.** מואתה קדייק [כדאיתא בפ"ב דע"א ובירושלמי פ' ר"א דמילה וביבמות פ' הערל]: **המול ימול.** קרי ביה המל ימול יהא נמול: **ישראל ערל.** לא שמתו אחיו מחמת מילה אלא המתכוין להפר ברית ועיין בפרק אין מעמידין: [י] **בנומי.** כמו יבלת שהוא מותר ועומד ליקצץ ודייק מדכתיב בשר כלומר בשר בעלמא ללא צורך רק לחותכו [שהיא תלויה גרסינן וכ"ג הילקוט]: **אי לך.** שאתה אינך נימול ודוגמת מעשה כזה עי' בשמות רבה פרשה ל': **נומי בבשרן.** בבשר ערלתן. ואם יגזרו אותו יהיו נימולים כיהודים: **עשו לו כו'.** האויבים עשו לו מארב: **פסטון.** פירש הערוך וזה לשונו לפי הענין הוא מארב:

מַה דְּאָמַר שְׁמוּאֵל "לְבֵן אוֹ לְבַת" מִכָּל מָקוֹם – from that which Shmuel said: *For a son or for a daughter* (*Leviticus* 12:6), in any event.[106]

הִמּוֹל יִמּוֹל יְלִיד בֵּיתְךָ וּמִקְנַת כַּסְפֶּךָ וְהָיְתָה בְרִיתִי בִּבְשַׂרְכֶם לִבְרִית עוֹלָם.

He that is born in your household or purchased with your money shall surely be circumcised (17:13).

§12 The Midrash presents several expositions based on the repetitive wording הִמּוֹל יִמּוֹל, *shall surely be circumcised:*[107]

"הִמּוֹל יִמּוֹל" מִילָה וּפְרִיעָה – *He . . . shall surely be circumcised.* This phraseology alludes to the two procedures involved with circumcision, **circumcision** itself, **and** the **uncovering** of the membrane under the foreskin to reveal the corona;[108] מִילָה וְצִיצִין – it also alludes to the initial **circumcision and** the subsequent removal of the remaining **strips** of foreskin.[109]

הִמּוֹל יִמּוֹל – *He . . . shall surely be circumcised* – מִיכָּן לְמוֹהֵל שֶׁיְּהֵא מָהוּל – **from here** it is derived **that the** ritual **circumciser must** himself **be circumcised.**[110]

הִמּוֹל יִמּוֹל – *He . . . shall surely be circumcised* – לְהָבִיא אֶת שֶׁנּוֹלַד מָהוּל – this serves **to include one who is born circumcised,** i.e., without a foreskin.[111]

The Midrash now cites a Baraisa that discusses the issue of someone born without a foreskin:

תַּנְיָא – **It was taught in a Baraisa:** רַבִּי שִׁמְעוֹן בֶּן אֶלְעָזָר אוֹמֵר – **R' Shimon ben Elazar said:** לֹא נֶחְלְקוּ בֵּית שַׁמַּאי וּבֵית הִילֵּל עַל שֶׁנּוֹלַד מָהוּל – **Beis Shammai and Beis Hillel did not disagree regarding one who was born circumcised,** שֶׁהוּא צָרִיךְ לְהַטִּיף מִמֶּנּוּ דַּם בְּרִית – **that one must draw a drop of covenantal blood from [the child],**[112] מִפְּנֵי שֶׁהִיא עָרְלָה כְּבוּשָׁה – **because it is** considered **a suppressed foreskin.**[113] וְעַל מַה נֶּחְלְקוּ – **But regarding what** then, **did they disagree?** עַל גֵּר שֶׁנִּתְגַּיֵּיר מָהוּל – **Regarding a convert who converts** to Judaism **when he is** already **circumcised,**[114] שֶׁבֵּית שַׁמַּאי אוֹמְרִים שֶׁהוּא צָרִיךְ לְהַטִּיף מִמֶּנּוּ דַּם בְּרִית – **for Beis Shammai said** that **one must draw a drop of covenantal blood from** such a convert, וּבֵית הִילֵּל אוֹמְרִים אֵינוֹ צָרִיךְ – **while Beis Hillel said** that **one need not.**[115]

The Baraisa cites a differing opinion:

רַבִּי אֶלְעָזָר בְּנוֹ שֶׁל רַבִּי יוֹסֵי הַגְּלִילִי אוֹמֵר – **R' Eliezer the son of R' Yosi HaGelili said:** בֵּית שַׁמַּאי וּבֵית הִילֵּל לֹא נֶחְלְקוּ עַל זֶה וְעַל זֶה – **Beis Shammai and Beis Hillel disagreed neither regarding this nor regarding that,**[116] שֶׁהוּא צָרִיךְ לְהַטִּיף מִמֶּנּוּ דַּם בְּרִית – **that one must draw a drop of covenantal blood from him.** וְעַל מַה נֶּחְלְקוּ – **But regarding what** then, **did they disagree?** עַל מִי שֶׁנּוֹלַד מָהוּל – **Regarding one who was born circumcised,** וּכְשֶׁחָל יוֹם שְׁמִינִי שֶׁלּוֹ לִהְיוֹת בְּשַׁבָּת – **and whose eighth day** from birth **falls on the Sabbath,** שֶׁבֵּית שַׁמַּאי אוֹמְרִים צָרִיךְ לְהַטִּיף מִמֶּנּוּ דַּם בְּרִית – **for Beis Shammai say that one must draw a drop of covenantal blood from him** on the Sabbath, וּבֵית הִילֵּל אוֹמְרִים אֵינוֹ צָרִיךְ – **while Beis Hillel said** that **one need not.**[117]

The Midrash cites a halachic ruling regarding the above debate:

רַבִּי יִצְחָק בַּר נַחְמָן בְּשֵׁם רַבִּי הוֹשַׁעְיָא: הֲלָכָה כְּדִבְרֵי הַתַּלְמִיד – **R' Yitzchak bar Nachman** said: **The halachah is in accordance with the words of the student.**[118]

וְעָרֵל זָכָר אֲשֶׁר לֹא יִמּוֹל אֶת בְּשַׂר עָרְלָתוֹ וְנִכְרְתָה הַנֶּפֶשׁ הַהִוא מֵעַמֶּיהָ אֶת בְּרִיתִי הֵפַר.

An uncircumcised male who will not circumcise the flesh of his foreskin — that soul shall be cut off from its people; he has annulled My covenant (17:14).

§13 וְעָרֵל זָכָר – *AN UNCIRCUMCISED MALE.*

The Midrash quotes an exposition of this verse that had been presented previously in Section 5:

NOTES

106. The passage there is primarily discussing the mother's period of postpartum contamination. Nevertheless, Shmuel is expounding the seemingly extraneous phrase: לְבֵן אוֹ לְבַת, *for a son or for a daughter*, in reference to the circumcision of a male child on the eighth day, which is mentioned in verse 3 there. Accordingly, the phrase is indicating that eighth-day circumcision would apply to *any* male child, even when the mother is not (fully) owned by the Jewish master. See *Matnos Kehunah* and *Maharzu*.

This exposition seems somewhat forced, however, for the cited verse does not directly refer to circumcision. *Eitz Yosef* (following *Yefeh To'ar*) therefore emends the text to read: מִמַּה דְּאָמַר שְׁמוּאֵל "מִכֹּל בֶּן נֵכָר" מִכָּל מָקוֹם – **from that which Shmuel said:** *or purchased with money* ***from any stranger,*** **in any event.** Shmuel then is expounding the word מִכֹּל, *from any*, in our verse as indicating that *any* slave purchased from a stranger is to be circumcised on the eighth day, even when the Jewish master has only minimal ownership of the mother.

107. These expositions are not mutually exclusive (*Yefeh To'ar*).

108. It should be noted that according to the Talmud (*Yevamos* 71b), the obligation of פְּרִיעָה, the uncovering of the membrane, had not been commanded to Abraham. See *Yefeh To'ar.*

109. If the initial circumcision had left strips of the foreskin intact and those strips cover the majority of the corona, the strips must then be removed. See *Shabbos* 137a-b.

110. This exposition is found in Section 9 above (where it is attributed to R' Yochanan). See note 90.

111. That is, the phrase הִמּוֹל יִמּוֹל indicates that one born without a foreskin also must be circumcised. Although in such a circumstance a normal circumcision would obviously be a physical impossibility, a minimal form of circumcision is required. See following note.

112. One must draw a minute amount of blood from what would have been the site of the foreskin, as fulfillment of the covenant of circumcision.

113. I.e., the visible outer skin of the member is in fact the foreskin, although it does not appear to be such (see *Rashi* to *Shabbos* 135a, s.v. אנדרוגינוס), and hence some form of circumcision is required.

114. E.g., if the convert had been an Arab (see *Rashi* to *Shabbos* 135a) or was from some other group that traditionally circumcised their males.

115. Although there is clearly no concern here for the existence of a suppressed foreskin, Beis Shammai nevertheless require the drawing of a drop of blood as a fulfillment of the requirement for circumcision. Beis Hillel disagree.

116. I.e., neither regarding an infant who was born circumcised nor regarding a convert who had been circumcised previously.

117. I.e., one is not permitted to draw the covenantal blood on the Sabbath. While Beis Hillel agree that one must draw covenantal blood from an infant born without a foreskin, they argue that that obligation does not override the prohibitions of the Sabbath. According to Beis Shammai, when performed on the eighth day it would override the Sabbath, just as a full circumcision on the eighth day overrides the Sabbath. See *Shabbos* 133a, et al. (*Maharzu*, *Eitz Yosef*).

[It appears from *Shabbos* 135a that the reasoning of Beis Hillel is that the reason there is an obligation to draw covenantal blood from an infant born circumcised is that there exists the possibility of there being a suppressed foreskin. However, the existence of such a suppressed foreskin is not a certainty and one may not violate the Sabbath out of doubt. (The previously circumcised convert must undergo the drawing of the covenantal blood *despite* the fact that there is no question of a suppressed foreskin, since some form of circumcision is a necessary element of the conversion procedure; see *Ramban* to *Shabbos* 135a.)]

118. I.e., in accordance with the first opinion, that of R' Shimon ben Elazar (*Maharzu*). Alternatively: In accordance with the second opinion, that of R' Eliezer the son of R' Yosi HaGelili (*Yefeh To'ar*). [*Eitz Yosef* follows the view of *Yefeh To'ar* but emends the Midrash to read that the second opinion is that of a different sage, R' Elazar HaKappar (see *Shabbos* 135a), for R' Eliezer the son of R' Yosi HaGelili preceded R' Shimon ben Elazar by a generation and could not be called his student.] See also *Yerushalmi Shabbos* 19:2 with commentators.

Shulchan Aruch (*Yoreh Deah* 263:4, 266:10 and 268:1) rules like the second view presented in our Midrash (following Beis Hillel).

חידושי הרד"ל

(ד) **לבן או לבת** מ"מ. הך דרשא מייתי בש"ס רפ"ה (דנדה מ) לרבות טומטום ואנדרוגינוס לטומאת לידה. וכאן אולי יש לדחוק דמייתי לה אדלעיל לרבות עובר שפחתו של עובד כוכבים שהטבילה ואח"כ ילדה שאמו טמאה לידה וממילא נימול נמי לשמונה כדאמר בש"ס שם אבל באמת הלשון עובר שפחתו של עובד כוכבים משמע שלא הטבילה כלל:

חידושי הרש"ש

לרי"ה ד"ת כלשון בני אדם והוא על כפילת הלשון בכ"מ בש"ס. אמנם בירושלמי בפר"א דמילה הל' ב' משמע דדרשה דלילן הוא גם כן מכפולא. דאחר שהביא שם דרשה זו דלילן מהמול ימול פריך עד כדון כר"ע כו' כרי"ש דו אמר לשונות כפולות התורה דברה כדרכה הלוך הלכת כו' מנ"ל. ונ"ל דהיה ק"ל להגמרא דרי"ה נ"ל לגילין מן חתן דמים למולות כדמסיים בירושלמי שם אליבא דרי"ש:

[יג] **בימי בן כוזיבא וחזרו ומלו ולכולהון בנין הה"ד כו' פעמים ואומר את בריתי כו'.** כנ"ל ועיין יבמות (ע"ב ב'):

עץ יוסף

ממה דאמר שמואל מכל בן נכר מ"מ. כנ"ל ופי' דשמואל נמי תני הכי וטעמיה מרבויא דכל בן נכר דכתיב בקרא דשמונה דרבי אפילו בכה"ג לכס קרינן ביה שיש קנין בא‍מו (יפ"ת): **(יב) וציצין.** נימין של בשר הנשאר מן הערלה: **להביא את שנולד מהול.** דאפילו ב"ה מודים שמטיפין ממנו דם ברית: **ר"א בנו של ריה"ג.** נ"ל ר' אלעזר הקפר. וכן הוא בהג"מ ובזה ניחא מ"ש הלכה כדברי התלמיד. אבל ר"א בנו של ריה"ג היה בימי רשב"ג אביו של רבי. ורשב"א היה חבר רבי. וא"כ איך יכול להיות ר"א בנו של ריה"ג תלמיד רשב"א: **וכשחל יום שמיני כו'.** והפלוגתא לענין חילול שבת דלב"ש חייב לחלל. ולב"ה אסור לחלל: **(יג) ערל נקבה.** פירשתי בסימן ד': **ימול שהיא ערלה כבושה.** פי' שהערלה הזאת נעשתה בתחבולה וכבוש הטבע וסכנה היא למולו שנית וכן הוא בירוש' המשוך לא ימול שלא יבא לידי סכנה: **בימי בן כוזיבא.** פרש"י בפ' הערל שמשכום עכו"ם באונס וגברה יד בן כוזיבא ונלחם ומלך על ישראל ב' שנים ומחצה וחזרו ונימולו בימיו: **לכולהון בנין חוזרין ומולין.** פי' לכולם היו להם בנים אע"פ שחזרו ונימולו שלא ניזוקו במילה: **אפילו ד' וה' פעמים.** כששייר ציצין המעכבין את המילה שחוזר עליהם לעולם כדאיתא בפר"א דמילה:

מדרש רבה

מַה דְּאָמַר שְׁמוּאֵל "לְבֵן אוֹ לְבַת" מִכָּל מָקוֹם:

יב [יז, יג] "הִמּוֹל יִמּוֹל" מִילָה, וּפְרִיעָה, מִילָה וְצִיצִין. "הִמּוֹל יִמּוֹל", מִיכָּן לְמוֹהֵל שֶׁיְּהֵא מָהוּל. "הִמּוֹל יִמּוֹל", לְהָבִיא אֶת שֶׁנּוֹלַד מָהוּל. תַּנְיָא רַבִּי שִׁמְעוֹן בֶּן אֶלְעָזָר אוֹמֵר: לֹא נֶחְלְקוּ בֵּית שַׁמַּאי וּבֵית הִילֵּל עַל שֶׁנּוֹלַד מָהוּל שֶׁהוּא צָרִיךְ לְהַטִּיף מִמֶּנּוּ דַּם בְּרִית מִפְּנֵי שֶׁהִיא עָרְלָה כְּבוּשָׁה, וְעַל מַה נֶּחְלְקוּ, עַל גֵּר שֶׁנִּתְגַּיֵּיר מָהוּל, שֶׁבֵּית שַׁמַּאי אוֹמְרִים שֶׁהוּא צָרִיךְ לְהַטִּיף מִמֶּנּוּ דַּם בְּרִית, וּבֵית הִילֵּל אוֹמְרִים אֵינוֹ צָרִיךְ. רַבִּי אֶלְעָזָר בְּנוֹ שֶׁל רַבִּי יוֹסֵי הַגְּלִילִי אוֹמֵר: בֵּית שַׁמַּאי וּבֵית הִילֵּל לֹא נֶחְלְקוּ עַל זֶה וְעַל זֶה שֶׁהוּא צָרִיךְ לְהַטִּיף מִמֶּנּוּ דַּם בְּרִית, וְעַל מַה נֶּחְלְקוּ, עַל מִי שֶׁנּוֹלַד מָהוּל וּכְשֶׁחָל יוֹם שְׁמִינִי שֶׁלּוֹ לִהְיוֹת בְּשַׁבָּת, שֶׁבֵּית שַׁמַּאי אוֹמְרִים צָרִיךְ לְהַטִּיף מִמֶּנּוּ דַּם בְּרִית, וּבֵית הִילֵּל אוֹמְרִים אֵינוֹ צָרִיךְ. רַבִּי יִצְחָק בַּר נַחְמָן בְּשֵׁם רַבִּי הוֹשַׁעְיָא: הֲלָכָה כְּדִבְרֵי הַתַּלְמִיד:

יג [יז, יד] "וְעָרֵל זָכָר", רַבִּי חַגַּי אָמַר: וְכִי יֵשׁ עָרֵל נְקֵבָה, אֶלָּא מִמָּקוֹם שֶׁהוּא נִיכָּר אִם זָכָר אִם נְקֵבָה מוֹהֲלִים אוֹתוֹ. "אֶת בְּרִיתִי הֵפַר" זֶה הַמָּשׁוּךְ. תְּנִי הַמָּשׁוּךְ אֵינוֹ צָרִיךְ לִימּוֹל, רַבִּי יְהוּדָה אוֹמֵר: ° יִמּוֹל מִפְּנֵי שֶׁהִיא עָרְלָה כְּבוּשָׁה. אָמְרוּ לִפְנֵי רַבִּי יְהוּדָה: וַהֲלֹא הַרְבֵּה הָיוּ בִּימֵי בֶּן כּוֹזִיבָא לְכוּלְּהוֹן בְּנִין חוֹזְרִין וּמוֹלִין הָדָא הוּא דִכְתִיב "הִמּוֹל יִמּוֹל", אֲפִילוּ ד' וְה' פְּעָמִים. "אֶת בְּרִיתִי הֵפַר" זֶה הַמָּשׁוּךְ:

פירוש מהרז"ו

לבן או לבת. בריש תזריע ובמלאת ימי טהרה לבן או לבת. וזה לע"ג שהרי פסוק זה מדבר בטהרת יולדת מטומאת לידה ואיך יליף מכאן על שפחה. והיפ"ת מגיהה מדעתו מה דאמר שמואל מכל בן נכר מכ"מ ועי' מ"כ. ואולי שעל שפסוק זה מיותר שהרי דיבר לעיל בטומאת זכר ונקבה ועל זה אמר ובמלאת ימי טהרה לבן או לבת. ואא"ע לטהרה ת"ע למילת בן שכתוב למעלה וביום השמיני ימול. ודורש לבן מכל מקום. ומאמר זה לא מצאתי לא בירושלמי שבת ולא ביבמות. רק בילקוט כאן הביאו. ונ"ע: **(יב) מילה ופריעה.** ד"ר ריש פרשה ו' שבת דף קל"ה. יבמות ע"ב תוספ' שבת פרק ט"ז. וירושלמי שבת פרק ר"א דמילה וירושלמי יבמות פרק הערל: **שחל יום ח' שלו.** והפלוגתא לענין חילול שבת דלב"ש חייב לחלל ולב"ה אסור לחלל: **הלכה כדברי התלמיד.** הייני כדברי ר"ש בן אלעזר שהוא תלמיד של ר"א בנו של רבי יוסי הגלילי ובירושלמי גורס זה אלל דברי ר"ש ב"א. אך נ"ע דבירושלמי שם ושם אינו מביא דברי ר"א בנו של ריה"ג. ובהכרח שצריך להגיהה שם מכאן להביא דברי ר"א בנו של ריה"ג: **(יג) אלא ממקום שהוא ניכר.** לעיל פר' ז' סוף סימן ה' ויק"ר פר' כ"ה סוף סימן ו':

מסורת המדרש

יח עבודת כוכבים דף כ"ז:

יט שבת דף ק"ת. ויקרא רבה פרשה כ"ה:

כ יבמות דף ע"ב:

באור מהרי"פ

[יב] **הלכה כדברי התלמיד.** פי' כדברי רא בנו של ריה"ג. יפ"ת:

[יג] **רבי חגי אמר וכי יש כו'.** נ"ל וכי לא יש כו' כדלעיל:

מתנות כהונה

[יא] ["לבן או לבת." הוא ר"פ תזריע] הכי גרסינן בילקוט לבן מ"מ לבת מ"מ ונראה דדריש לבן כל דיני הבן הכתובים באותה פרשה הם נוהגין מכל מקום ובאותה פ' כתיב וביום השמיני וגו' וכן לבת מ"מ שאמה טמאה עליה שבועיים מ"מ: [יב] [**המול ימול וכו'.** כ"ז הוא בירושלמי פ' הערל ופר"א דמילה ובתו"כ פ' תזריע ובתלמודא דידן פר"א דמילה: ה"ג בילקוט ר"א בנו שר"א הקפר אומר ב"ש כו']: **וכשחל כו'.** כלומר ושחל וה"ג בילקוט: [וראיתי בירושלמי בפ' הערל ובפ' ר"א דמילה הגירסא בסגנון אחר ונ"ע שם]: ה"ג תני המשוך צריך למול וכן הוא בפרק ר"א דמילה בירושלמי ובבבלי המשוך פירש"י פרק ר"א דמילה מהול שנמשכה ערלתו וכסתה את העטרה: [יג] ה"ג **ר' יודא אומר לא ימול בו'.** מפני שהיא ערלה כבושה ואם ימול יעשנה כרות שפכה ובפרק ר"א דמילה בירושלמי ובבבלי גרס לא ימול מפני שסכנה היא לו וכן עיקר: **והא הרבה וכו'.** הרבה מולים היו שמשכום עובדי כוכבים באונס בכרך ביתר וגברה יד בן כוזיבא ונלחם בהם ונלחם ומלך על ישראל ב' שנים ומחצה וחזרו ומלו בימיו כן פירש"י בפרק ר"א דמילה: [ה"ג בירושלמי הרבה משוכין היו בימי בן כוזיבא חוזרין ומולין והוה לכולהון בנין הה"ד] כו': **זה המשוך.** שנימול כבר והוא הפר הברית:

אשד הנחלים

[יא] **לבן או לבת מ"מ.** עיין במ"כ שפירושו שכתוב בפ' תזריע לבן או לבת שאמו תהי' טמאה לידה יהי' נוהג מ"מ גם בעובר של שפחה וכן מה שכתוב שמה דיני מילה הוא נוהג מ"מ [ופריעה] זהו שני פעמים מילה החתוך ואח"כ הפריעה וכן הציצין הנשארין:

רַבִּי חַגַּי אָמַר – R' Chaggai said: וְכִי יֵשׁ עָרֵל נְקֵבָה – Now, is there an "uncircumcised female"? אֶלָּא מִמָּקוֹם שֶׁהוּא נִיכָּר אִם זָכָר אִם נְקֵבָה מוֹהֲלִים אוֹתוֹ – Rather, the connotation of the verse is that **[the child] is circumcised at the site that determines whether he is a male or a female,** i.e., his male organ.[119]

□ **אֶת בְּרִיתִי הֵפַר** – ***HE HAS ANNULLED MY COVENANT.***

The Midrash explains what kind of person is described as one who has "annulled" the covenant:

זֶה הַמָּשׁוּךְ – This is one whose skin has been stretched over the corona.[120]

The Midrash now quotes a Baraisa that discusses the issue of such artificial "foreskins":

תְּנֵי הַמָּשׁוּךְ אֵינוֹ צָרִיךְ לִימּוֹל – It was taught in a Baraisa: One whose skin has been stretched need not be circumcised again.[121] **רַבִּי יְהוּדָה אוֹמֵר לֹא יִמּוֹל מִפְּנֵי שֶׁהִיא עָרְלָה כְּבוּשָׁה – R' Yehudah says: He should not**[122] **be circumcised** again, **as it is a suppressed foreskin.**[123] **אָמְרוּ לִפְנֵי רַבִּי יְהוּדָה – [The Sages] said in front of R' Yehudah: וַהֲלֹא הַרְבֵּה הָיוּ בִּימֵי בֶּן כּוֹזִיבָא – But were there not many** with stretched skins who circumcised again **in the days of Ben Koziva,**[124] **לְכוּלְּהוֹן בְּנִין חוֹזְרִין וּמוֹלִין – who all had children,** even though **they had been circumcised again?**[125] **הָדָא הוּא דִכְתִיב "הִמּוֹל יִמּוֹל" אֲפִילוּ ד' וְה' פְּעָמִים – Thus it is written,** *He . . .* ***shall surely be circumcised*** (above, v. 3); the repetitive wording intimates that he is to be circumcised **even four or five times.**[126] **"אֶת בְּרִיתִי הֵפַר" זֶה הַמָּשׁוּךְ –** ***My covenant he has annulled*** **– this is** referring to **one whose skin has been stretched** over the corona.[127]

NOTES

119. See above, note 61.

120. The skin of his member had been stretched to cover the corona, forming an artificial foreskin and thereby physically "annulling" the covenant of circumcision (see *Yefeh To'ar*). The verse thus indicates that one who has done this is in violation of the commandment of circumcision and therefore must be circumcised again.

121. As the Midrash stated just previously.

In most Midrash editions the text states תְּנֵי הַמָּשׁוּךְ אֵינוֹ צָרִיךְ לִימּוֹל. The text we have presented conforms with *Matnos Kehunah's* emendation (based on *Yevamos* 72a and *Tosefta, Shabbos* 16:6) and with the reading found in Midrash manuscripts.

122. In many Midrash editions the text states רַבִּי יְהוּדָה אוֹמֵר יִמּוֹל. We have emended our text in accordance with other versions of the Midrash and in accordance with the commentators, who point out that the parallel discussions in both the Babylonian and Jerusalem Talmuds make this emendation necessary.

123. He could become maimed (sterilized) or seriously injured if he were to be re-circumcised.

In most Midrash editions the text states מִפְּנֵי שֶׁהִיא עָרְלָה כְּבוּשָׁה, so that the entire line means (see previous note), "R' Yehudah says: He should be circumcised again, as it is a suppressed foreskin." We have emended the text, in accordance with *Matnos Kehunah,* to conform to the parallel passage in *Tosefta* ibid., *Yevamos* ibid., and *Yerushalmi, Shabbos* 19:2.

124. Ben Koziva (also known as Bar Kochba) led a revolt against the Romans during the time of R' Akiva (see *Yerushalmi Taanis* 4:5 and *Rambam, Hil. Melachim* 11:3), reestablishing Jewish sovereignty for a period of 2 ½ years. Many of those who had stretched their skin under the duress of the Roman persecution were circumcised again during Bar Koziva's reign (*Matnos Kehunah, Eitz Yosef,* from *Rashi* to *Yevamos* 72a).

125. Indicating that a second circumcision does not present a danger to the member (*Eitz Yosef*).

126. As long as there is skin covering the corona.

This exposition by itself is not sufficient proof that one who stretched the skin of his member must be circumcised again, for it might refer to the situation where the initial circumcision had left צִיצִין, *strips of skin,* covering the corona (see preceding section). Accordingly, the Baraisa goes on to quote another exposition (see *Eitz Yosef*).

127. This is the same exposition presented by the Midrash at the beginning of this segment. It serves as the conclusion of the argument of the Sages, who rule that circumcision is mandatory for one who stretched the skin of his member, in contrast to the positions of both R' Yehudah and the first Tanna of the Baraisa. According to the Talmud (loc. cit.), though, this obligation is a Rabbinic enactment and is not Biblical; the expositions cited serve only as אַסְמַכְתּוֹת, attachments of a Rabbinic law to verses in Scripture.

מַה דְּאָמַר שְׁמוּאֵל "לְבֵן אוֹ לְבַת" מִכָּל מָקוֹם:

יב [יז, יג] [יז]"הִמּוֹל יִמּוֹל" מִילָה, וּפְרִיעָה, מִילָה וְצִיצִין. "הִמּוֹל יִמּוֹל", מִיכָּן לְמוֹהֵל שֶׁיְּהֵא מָהוּל. "הִמּוֹל יִמּוֹל", לְהָבִיא אֶת שֶׁנּוֹלַד מָהוּל. [יח]תַּנְיָא רַבִּי שִׁמְעוֹן בֶּן אֶלְעָזָר אוֹמֵר: לֹא נֶחְלְקוּ בֵּית שַׁמַּאי וּבֵית הִילֵּל עַל שֶׁנּוֹלַד מָהוּל שֶׁהוּא צָרִיךְ לְהַטִּיף מִמֶּנּוּ דַּם בְּרִית מִפְּנֵי שֶׁהִיא עָרְלָה כְּבוּשָׁה, וְעַל מַה נֶּחְלְקוּ, עַל גֵּר שֶׁנִּתְגַּיֵּיר מָהוּל, שֶׁבֵּית שַׁמַּאי אוֹמְרִים שֶׁהוּא צָרִיךְ לְהַטִּיף מִמֶּנּוּ דַּם בְּרִית, וּבֵית הִילֵּל אוֹמְרִים אֵינוֹ צָרִיךְ. רַבִּי אֶלְעָזָר בְּנוֹ שֶׁל רַבִּי יוֹסֵי הַגְּלִילִי אוֹמֵר: בֵּית שַׁמַּאי וּבֵית הִילֵּל לֹא נֶחְלְקוּ עַל זֶה וְעַל זֶה שֶׁהוּא צָרִיךְ לְהַטִּיף מִמֶּנּוּ דַּם בְּרִית, וְעַל מַה נֶּחְלְקוּ, עַל מִי שֶׁנּוֹלַד מָהוּל וּכְשֶׁחָל יוֹם שְׁמִינִי שֶׁלּוֹ לִהְיוֹת בְּשַׁבָּת, שֶׁבֵּית שַׁמַּאי אוֹמְרִים צָרִיךְ לְהַטִּיף מִמֶּנּוּ דַּם בְּרִית, וּבֵית הִילֵּל אוֹמְרִים אֵינוֹ צָרִיךְ. רַבִּי יִצְחָק בַּר נַחְמָן בְּשֵׁם רַבִּי הוֹשַׁעְיָא: הֲלָכָה כְּדִבְרֵי הַתַּלְמִיד:

יג [יז, יד] "וְעָרֵל זָכָר", רַבִּי חַגַּי אָמַר: וְכִי יֵשׁ עָרֵל נְקֵבָה, [יט]אֶלָּא מִמָּקוֹם שֶׁהוּא נִיכָּר אִם זָכָר אִם נְקֵבָה מוֹהֲלִים אוֹתוֹ. "אֶת בְּרִיתִי הֵפַר" [כ]זֶה הַמָּשׁוּךְ. תְּנִי הַמָּשׁוּךְ אֵינוֹ צָרִיךְ לִימּוֹל, רַבִּי יְהוּדָה אוֹמֵר: ° יִמּוֹל מִפְּנֵי שֶׁהִיא עָרְלָה כְּבוּשָׁה. אָמְרוּ לִפְנֵי רַבִּי יְהוּדָה: וַהֲלֹא הַרְבֵּה הָיוּ בִּימֵי בֶּן כּוֹזִיבָא לְכוּלְּהוֹן בְּנִין חוֹזְרִין וּמוֹלִין הָדָא הוּא דִכְתִיב "הִמּוֹל יִמּוֹל", אֲפִילוּ ד' וְה' פְּעָמִים. "אֶת בְּרִיתִי הֵפַר" זֶה הַמָּשׁוּךְ:

עץ יוסף

ממה דאמר שמואל מכל בן נכר מ"מ. כצ"ל ופי' דשמואל נמי תני הכי וטעמיה מרבויא דכל בן נכר דכתיב בקרא דשמונה דרבי אפילו בכה"ג לכם קרינן ביה שיש קנין באמו (יפ"ת): **(יב) וציצין.** נימין של בשר הנשאר מן הערלה: **להביא את שנולד מהול.** דאפילו ב"ה מודים שמטיפין ממנו דם ברית: **ר"א בנו של ריה"ג.** נ"ל ר' אלעזר הקפר. וכן הוא בהג"מ ובזה ניחא מ"ש הלכה כדברי התלמיד. אבל ר"א בנו של ריה"ג היה בימי רשב"ג אביו של רבי. ורשב"א היה חבר רבי. וא"כ איך יכול להיות ר"א בנו של ריה"ג תלמיד רשב"א: **וכשחל יום שמיני כו'.** והפלוגתא לענין חילול שבת דלב"ש חייב לחלל. ולב"ה אסור לחלל: **(יג) ערל נקבה.** פירשתי בסימן ד': **ימול שהיא ערלה כבושה.** פי' שהערלה הזאת נעשתה בתחבולה וכבוש הטבע וסכנה היא למולו שנית וכן הוא בירוש' המשוך לא ימול שלא יבא לידי סכנה: **בימי בן כוזיבא.** פרש"י בפ' הערל שמשכום עכו"ם באונס וגברה יד בן כוזיבא ונלחם ומלך על ישראל ב' שנים ומחצה וחזרו ונימולו בימיו: **לכולהון בנין חוזרין ומולין.** פי' לכולם היו להם בנים אע"פ שחזרו ונימולו שלא ניזוקו במילה: **אפילו ד' וה' פעמים.** כששייר ציצין המעכבין את המילה שחוזר עליהם לעולם כדאיתא בפר"א דמילה:

פירוש מהרז"ו

לבן או לבת. ברש תזריע ובמלאת ימי טהרה לבן או לבת. וזה צע"ג שהרי פסוק זה מדבר בטהרת יולדת מטומאת לידה ואיך יליף מכאן על שפחה. והיפ"ת מגיהה מדעתו מה דאמר שמואל מכל בן נכר מכ"מ ועי' מ"כ. ואולי שטל שפסוק זה מיותר שהרי דיבר לעיל בטומאת זכר ונקבה ועל זה אמר ובמלאת ימי טהרה לבן או לבת. וא"ע לטהרה ת"ע למילת בן שכתוב למעלה וביום השמיני ימול. ודורש לבן מכל מקום. ומאמר זה לא מצאתי לא בירושלמי שבת ולא ביבמות. רק בילקוט כאן הביאו. וצ"ע: **(יב) מילה ופריעה.** ד"ר ריש פרשה ו' שבת דף קל"ה. יבמות ע"ב תוספ' שבת פרק ט"ז. וירושלמי שבת פרק ר"א דמילה וירושלמי יבמות פרק הערל: **שחל יום ח' שלו.** והפלוגתא לענין חילול שבת דלב"ש חייב לחלל ולב"ה אסור לחלל: **הלכה כדברי התלמיד.** הייני כדברי ר"ש בן אלעזר שהוא תלמיד של ר"א בנו של רבי יוסי הגלילי ובירושלמי גורס זה אלא דברי ר"ש ב"א. אך צ"ע דבירושלמי שם ושם אינו מביא דברי ר"א בנו של ריה"ג. ובהכרח שצריך להגיהה שם מכאן להביא דברי ר"א בנו של ריה"ג: **(יג) אלא ממקום שהוא ניכר.** לעיל פר' ז' סוף סימן ה' ויק"ר פר' כ"ה סוף סימן ו':

חידושי הרד"ל

(ד) **לבן או לבת מ"מ.** הך דרשא מייתי בש"ס רפ"ה (דנדה מ) לרבות טומטום ואנדרוגינוס לטומאת לידה. וכאן אולי יש לדחוק דמייתי לה אדלעיל לרבות עובר שפחתו של עובד כוכבים שהטבילה ואח"כ ילדה שאמו טמאה לידה וממילא נימול נמי לשמונה כדאמר בש"ס שם אבל באמת הלשון עובר שפחתו של עובד כוכבים משמע שלא הטבילה כלל:

חידושי הרש"ש

לרי"ה ד"ת כלשון בני אדם והוא על כפילת הלשון בכ"מ בש"ס. אמנם בירושלמי בפר"א דמילה הל' ב' משמע דדרשה דלילן הוא גם כן מכפולת. דאחר שהביא שם דרשה זו דלילן מהמול ימול פריך עד כדכן כר"ע כו' כרי"ש דו אמר לשונות כפולות התורה דברה כדרכה הלוך הלכת כו' מנ"ל. וצ"ל דהיה ק"ל להגמרא דרי"ה נ"ל לגילין מן חתן דמים למולות כדמסיים בירושלמי שם אליבא דרי"ש:

[יג] **בימי בן כוזיבא וחזרו ומלו ולכולהון בנין הה"ד כו' פעמים ואומר את בריתי כו'.** כצ"ל ועיין יבמות (ע"ב ב'):

מסורת המדרש

יח עבודת כוכבים דף כ"ז:
יט שבת דף ק"ח. ויקרא רבה פרשה כ"ה:
כ יבמות דף ע"ב:

מתנות כהונה

[יא] ["לבן או לבת." הוא ר"פ תזריע] הכי גרסינן בילקוט לבן מ"מ לבת מ"מ ונראה דדריש לבן כל דיני הבן הכתובים באותה פרשה הם נוהגין מכל מקום ובאותה פ' כתיב וביום השמיני וגו' וכן לבת מ"מ שאמה טמאה עליה שבועיים מ"מ: **[יב]** **[המול ימול וכו'.** כ"ז הוא בירושלמי פ' הערל ופר"א דמילה ובתו"כ פ' תזריע ובתלמודא דידן פר"א דמילה: ה"ג בילקוט ר"א בנו שר"א הקפר אומר ב"ש כו']: **וכשחל כו'.** כלומר שחל וה"ג בילקוט: [וראיתי בירושלמי בפ' הערל ובפ' ר"א דמילה הגירסא בסגנון אחר וצ"ע שם]: ה"ג תני המשוך צריך למול וכן הוא בפרק ר"א דמילה בירושלמי ובבבלי המשוך פירש"י פרק ר"א דמילה מהול שנמשכה ערלתו וכסתה את העטרה: **[יג]** ה"ג **ר' יודא אומר לא ימול כו'.** מפני שהיא ערלה כבושה ואם ימול יעשנה כרות שפכה ובפרק ר"א דמילה בירושלמי ובבבלי גרס לא ימול מפני שסכנה היא לו וכן עיקר: **והא הרבה וכו'.** הרבה מולים היו שמשכום עובדי כוכבים באונס בכרך ביתר וגברה יד בן כוזיבא ונלחם בהם ונצחם ומלך על ישראל ב' שנים ומחצה וחזרו ומלו בימיו כן פירש"י בפרק ר"א דמילה: [ה"ג בירושלמי הרבה משוכין היו בימי בן כוזיבא חוזרין ומולין והוה לכולהון בנין הה"ד] כו': **זה המשוך.** שנימול כבר והוא הפר הברית:

באור מהרי"פ

[יב] הלכה כדברי התלמיד. פי' כדברי רא בנו של ריה"ג. יפ"ת:

[יג] רבי חגי אמר וכי יש כו'. נ"ל וכי לא יש כו' כדלעיל:

אשד הנחלים

[יא] **לבן או לבת מ"מ.** עיין במ"כ שפירושו שכתוב בפ' תזריע לבן או לבת שאמו תהי' טמאה לידה יהי' נוהג מ"מ גם בעובר של שפחה וכן מה שכתוב שמה דיני מילה הוא נוהג מ"מ [ופריעה] זהו שני פעמים מילה החתוך ואח"כ הפריעה וכן הציצין הנשארין:

Chapter 47

וַיֹּאמֶר אֱלֹהִים אֶל אַבְרָהָם שָׂרַי אִשְׁתְּךָ לֹא תִקְרָא אֶת שְׁמָהּ שָׂרָי כִּי שָׂרָה שְׁמָהּ.

And God said to Abraham, "As for Sarai your wife do not call her name Sarai, for Sarah is her name" (17:15).

§1 וַיֹּאמֶר אֱלֹהִים ... שָׂרַי אִשְׁתְּךָ וְגוֹ׳ — *AND GOD SAID ... "AS FOR SARAI, YOUR WIFE, ETC."*

The Midrash cites a verse in *Proverbs* and applies it to Sarah: כְּתִיב ״אֵשֶׁת חַיִל עֲטֶרֶת בַּעְלָהּ״ — **It is written:** ***A virtuous woman is the crown of her husband*** (*Proverbs* 12:4). אָמַר רַבִּי אַחָא בַּעְלָהּ נִתְעַטֵּר בָּהּ וְהִיא לֹא נִתְעַטְּרָה בְּבַעְלָהּ — **R' Acha said:** The *virtuous woman* alludes to Sarah. **[Sarah's] husband** Abraham **was crowned through her,**[1] **but she** (Sarah) **was not crowned through her husband.**[2] רַבָּנָן אָמְרֵי מָרְתָא לְבַעְלָהּ — **The Sages said:** Sarah was **a ruler over her husband.**[3] בְּכָל מָקוֹם הָאִישׁ גּוֹזֵר — **Generally, it is the man who issues the orders;**[4] בְּרַם הָכָא ״כֹּל אֲשֶׁר תֹּאמַר אֵלֶיךָ שָׂרָה שְׁמַע בְּקֹלָהּ״ — **but here** the verse states: ***Whatever Sarah tells you, heed her voice***[5] (below, 21:12).

The Midrash explains how the name שָׂרַי became שָׂרָה:

אָמַר רַבִּי יְהוֹשֻׁעַ בֶּן קָרְחָה: יוּ״ד — **R' Yehoshua ben Korchah said:** שֶׁנָּטַל הַקָּדוֹשׁ בָּרוּךְ הוּא מִשָּׂרַי נֶחְלַק — **The letter** ***yud*** **that the Holy One, blessed is He, removed from Sarai's name was divided** into two: חֶצְיוֹ לְשָׂרָה וְחֶצְיוֹ לְאַבְרָהָם — **half of it** went **to Sarah and half of it** went **to Abraham.**[6]

The Midrash presents another opinion as to what happened to the *yud* of Sarai's name:

אָמַר רַבִּי שִׁמְעוֹן בֶּן יוֹחָאי: יוּ״ד — **R' Shimon ben Yochai said:** שֶׁנָּטַל הַקָּדוֹשׁ בָּרוּךְ הוּא מִשָּׂרַי — **The letter** ***yud*** **that the Holy One, blessed is He, removed from Sarai's name** הָיָה טָס וּפוֹרֵחַ לִפְנֵי כִּסְאוֹ שֶׁל הַקָּדוֹשׁ בָּרוּךְ הוּא — **soared and flew** heavenward **before the throne of the Holy One, blessed is He,** to protest. אָמַר לְפָנָיו: רִבּוֹנוֹ שֶׁל עוֹלָם — **It said before Him, "Master of the Universe,** בִּשְׁבִיל שֶׁאֲנִי קְטַנָּה שֶׁבָּאוֹתִיּוֹת הוֹצֵאתַנִי מִשָּׂרָה הַצַּדֶּקֶת — **because I am the smallest of all the letters** of the alphabet **You have removed me from** the name of **the righteous Sarah?"**[7] אָמַר לוֹ הַקָּדוֹשׁ בָּרוּךְ הוּא: — **The Holy One, blessed is He, said to it,** לְשֶׁעָבַר הָיִיתָ בִּשְׁמָהּ שֶׁל נְקֵבָה וּבְסוֹפָהּ שֶׁל אוֹתִיּוֹת — **"In the past you were in a woman's name and** you were **the last of its letters;**[8] עַכְשָׁיו אֲנִי נוֹתְנָךְ בִּשְׁמוֹ שֶׁל זָכָר וּבְרֹאשָׁן שֶׁל אוֹתִיּוֹת — **now I will place you in a man's name, and** you will be **the first of its letters."**[9] שֶׁנֶּאֱמַר ״וַיִּקְרָא מֹשֶׁה לְהוֹשֵׁעַ בִּן נוּן יְהוֹשֻׁעַ״ — **as it is stated, Moses called Hoshea son of Nun, Joshua** (*Numbers* 13:16).

The Midrash explains the difference in meaning between שָׂרַי and שָׂרָה:

אָמַר רַבִּי מָנָא: — **R' Mana said:** לְשֶׁעָבַר הָיְתָה שָׂרָה לְעַצְמָהּ[10] — **In the past, [Sarai] was a princess** only **to her own people,**[11] עַכְשָׁיו תְּהֵא הִיא שָׂרָה לְכָל בָּאֵי הָעוֹלָם — whereas **now she is a princess to all mankind.**[12]

וּבֵרַכְתִּי אֹתָהּ וְגַם נָתַתִּי מִמֶּנָּה לְךָ בֵּן וּבֵרַכְתִּיהָ וְהָיְתָה לְגוֹיִם מַלְכֵי עַמִּים מִמֶּנָּה יִהְיוּ.

I will bless her; indeed, I will give you a son through her; I will bless her and she shall give rise to nations; kings of peoples will rise from her (17:16).

§2 וּבֵרַכְתִּי אֹתָהּ וְגַם נָתַתִּי מִמֶּנָּה לְךָ בֵּן וּבֵרַכְתִּיהָ — *I WILL BLESS HER; INDEED, I WILL GIVE YOU A SON THROUGH HER; I WILL BLESS HER, ETC.*

The verse begins by stating: וּבֵרַכְתִּי אֹתָהּ, *I will bless her,* and then states again: וּבֵרַכְתִּיהָ, *I will bless her*. The Midrash records a Tannaic dispute regarding the apparent redundancy:

רַבִּי יְהוּדָה וְרַבִּי נְחֶמְיָה — **R' Yehudah and R' Nechemyah** debated this issue. רַבִּי יְהוּדָה אוֹמֵר: ״וּבֵרַכְתִּי אוֹתָהּ״ לִיתֵּן לָהּ בֵּן, ״וּבֵרַכְתִּיהָ״ לְבִרְכַּת הֶחָלָב — **R' Yehudah said:** The first statement ***I will bless her*** means **to give her a son.** The second statement ***I will bless her*** refers **to a blessing of** having an abundance of **milk.**[13] אָמַר לוֹ רַבִּי נְחֶמְיָה: — **R' Nechemyah said to him,**

NOTES

1. That is, since Sarah was greater in prophecy than Abraham, she served as the crown of his head rather than the other way around (*Eitz Yosef*). See also 52 §5 below and note 51 there.

2. Accordingly, God is telling Abraham: *Do not call her name* שָׂרַי, lit., *my princess*, as if her importance comes from you [from being *your wife*]. *For* שָׂרָה *is her name* — she is a princess in her own right; and in fact *you*, Abraham, are "crowned through *her*" (*Radal*). [For a different approach regarding the connection between our verse and R' Acha's statement, see note 6.]

3. See 52 §5 below and note 52 there.

4. As *Esther* 1:22 states: לִהְיוֹת כָּל אִישׁ שֹׂרֵר בְּבֵיתוֹ, *every man shall rule in his own home* (*Maharzu*). See also *Genesis* 3:16, which states: וְהוּא יִמְשָׁל בָּךְ, *and he will rule over you*.

5. When Sarah wished to send Ishmael from the house and Abraham did not, God told Abraham that he was to listen to Sarah.

The Sages are thus adding the point that Sarah's superiority expressed itself in Abraham's being compelled to listen to her when her view contradicted his own (*Eitz Yosef*).

6. The letter *yud* has a numerical value of 10 (in *gematria*). God divided it into two of the letter *hei*, which has a numerical value of 5. One *hei* went to שָׂרַי (which became שָׂרָה) and one *hei* went to אַבְרָם (which became אַבְרָהָם).

Rashi (to 52 §5, cited by *Matnos Kehunah* here) and *Nezer HaKodesh* write that the fact that אַבְרָהָם got his *hei* from the *yud* of שָׂרַי serves to explain R' Acha's statement above that Abraham was "crowned" through Sarah. [*Nezer HaKodesh* writes further that it is this fact that serves to form the connection between our verse and R' Acha's statement; see, however, note 2.]

7. Apparently, You felt that since I am the smallest letter it was not befitting Sarah's honor that I should form part of her name. But if so, You should put me in a higher place, not cast me out altogether (מַעֲלִין בַּקֹּדֶשׁ וְלֹא מוֹרִידִין)! (*Eitz Yosef*).

8. You were the last letter in Sarai's name, and this was inappropriate. For the letters *yud* and *hei* that together form the Name of God (י־ה) appear in the Hebrew words for man and woman (אִישׁ and אִשָּׁה), respectively, with the *yud* appearing in the *man's* name, not in the woman's. It was therefore appropriate to remove the *yud* from Sarai's name and make it שָׂרָה, giving her the *hei* that belongs to the woman (*Maharsha* to *Sanhedrin* 107a).

9. That is, I will add you to Hosea's name and change it to יְהוֹשֻׁעַ (see *Numbers* 13:16). You will then be part of a man's name, which is more appropriate (ibid.).

10. [See *Berachos* 13a, where the reading is לְאוּמָּתָהּ, *her nation*, instead of לְעַצְמָהּ. Other texts of Midrash Rabbah read לְעַמָּהּ, which means the same as לְאוּמָּתָהּ (*Maharzu*).]

11. For שָׂרַי means *"my" princess* — i.e., she was the princess of Abraham and his people, the people of Aram (*Rashi* to *Berachos* 13a).

12. For שָׂרָה means just *princess.* Sarah was to be a princess of all mankind, just as Abram's name change to Abraham signified that *he* was to be *the father of a multitude of nations* (above, v. 5) (*Eitz Yosef*).

13. See 53 §9 below for a description of this abundance.

[As to why God gave Sarah so much milk, the Gemara (*Bava Metzia* 87a) and Midrash (*Pesikta Rabbasi* §43; *Seichel Tov* to *Genesis* 21:7; and *Yalkut Shimoni, Vayeira* §93) tell us that people did not believe that Sarah's new baby was her natural offspring and suspected her of having adopted a foundling. To counter this suspicion, God enabled Sarah to nurse not only her own baby but all babies who were brought to her.]

פרשה מז

א [יז, טו] "וַיֹּאמֶר אֱלֹהִים שָׂרַי אִשְׁתְּךָ וְגוֹ'". כְּתִיב (משלי יב, ד) "אֵשֶׁת חַיִל עֲטֶרֶת בַּעְלָהּ", אָמַר רַבִּי אַחָא: בַּעֲלָהּ נִתְעַטֵּר בָּהּ וְהִיא לֹא נִתְעַטְּרָה בְּבַעֲלָהּ, רַבָּנָן אָמְרִי: מָרְתָא לְבַעֲלָהּ, בְּכָל מָקוֹם הָאִישׁ גּוֹזֵר בְּרַם הָכָא (בראשית כא, יב) "כֹּל אֲשֶׁר תֹּאמַר אֵלֶיךָ שָׂרָה שְׁמַע בְּקֹלָהּ". אָמַר רַבִּי יְהוֹשֻׁעַ בֶּן קָרְחָה: יוּ"ד שֶׁנָּטַל הַקָּדוֹשׁ בָּרוּךְ הוּא מִשָּׂרַי נֶחֱלַק חֶצְיוֹ לְשָׂרָה וְחֶצְיוֹ לְאַבְרָהָם. אָמַר רַבִּי שִׁמְעוֹן בֶּן יוֹחָאי: [א]יוּ"ד שֶׁנָּטַל הַקָּדוֹשׁ בָּרוּךְ הוּא מִשָּׂרַי הָיָה טָס וּפוֹרֵחַ לִפְנֵי כִּסְאוֹ שֶׁל הַקָּדוֹשׁ בָּרוּךְ הוּא, אָמַר לְפָנָיו: רִבּוֹנוֹ שֶׁל עוֹלָם, בִּשְׁבִיל שֶׁאֲנִי קְטַנָּה שֶׁבָּאוֹתִיּוֹת הוֹצֵאתַנִי מִשָּׂרָה הַצַּדֶּקֶת, אָמַר לוֹ הַקָּדוֹשׁ בָּרוּךְ הוּא: לְשֶׁעָבַר הָיִיתָ בִּשְׁמָהּ שֶׁל נְקֵבָה וּבְסוֹפָן שֶׁל אוֹתִיּוֹת עַכְשָׁיו אֲנִי נוֹתֶנְךָ בִּשְׁמוֹ שֶׁל זָכָר וּבְרֹאשָׁן שֶׁל אוֹתִיּוֹת, שֶׁנֶּאֱמַר (במדבר יג, טז) "וַיִּקְרָא מֹשֶׁה לְהוֹשֵׁעַ בִּן נוּן יְהוֹשֻׁעַ". אָמַר רַבִּי מָנָא: לְשֶׁעָבַר הָיְתָה שָׂרָה לְעַצְמָהּ [ב]עַכְשָׁיו תְּהֵא הִיא שָׂרָה לְכָל בָּאֵי הָעוֹלָם:

ב [יז, טז] "וּבֵרַכְתִּי אֹתָהּ וְגַם נָתַתִּי מִמֶּנָּה לְךָ בֵּן וּבֵרַכְתִּיהָ", רַבִּי יְהוּדָה וְרַבִּי נְחֶמְיָה, [ג]רַבִּי יְהוּדָה אוֹמֵר: "וּבֵרַכְתִּי אוֹתָהּ", לִיתֵּן לָהּ בֵּן, "וּבֵרַכְתִּיהָ", לְבִרְכַּת הֶחָלָב. אָמַר לוֹ רַבִּי נְחֶמְיָה

עץ יוסף

מז (א) כתיב אשת חיל כו'. מייתי הא דרשא הכא משום הא דמסיק א"ר יהושע ב"ק יו"ד שנטל הקב"ה משרה נחלק חציה לשרה וחציה לאברהם. שעם זה נתקיים בה אשת חיל עטרת בעלה שמן אות שלה ניתן חציה לאברהם (נזה"ק): **בעלה נתעטר בה.** לפי שגדלה מעלתה ממעלת אברהם ברוה"ק: **מרתה לבעלה.** שאף גם בדבר שנגד רצונו בהתגרשות ישמעאל נעשית מרתה עליו לעשות כדבריה. והיינו נמי לפי שהיה טפל לה ברה"ק: **נחלק חציו כו'.** כי כן הוא מסגולת אות ה' בשם להצליח לזרע וכמ"ש בזוהר על פסוק הא לכם זרע (נזה"ק): **היה טס ופורח.** להתרעם על מה שהוציאו משם הצדקת. כי האותיות הקבועים בשם הצדיק הם מתעלים ע"י כשרון המעשה של הצדיק (נזה"ק): **שאני קטנה שבאותיות.** ואין זה כבודה של שרה. אך מעלין בקודש ואין מורידין. והשיב לה שכן יעשה שיעלה אותה בראש שם של זכר גדול העולם: **היתה שרה לעצמה.** כן הוא ביפ"ת. וכלו' כמו אברם אברהם בתחלה אב לארם כו'. כ"ה בשרה דאשה כבעלה: **(ב) וברכתי אותה כו' וברכתיה.** וסובר ר"י שבירכה בשני מיני ברכות הראשון של ברכת הבן. וה"ק וברכתי אותה בבן ממך שהוא קשה מלדה ומלדך. וברכתיה אחר שתלד בחלב שתהיה כמו בריכה של חלב. כדאי' לקמן פ' נ"ג (נזה"ק):

פירוש מהרז"ו

מז (א) אשת חיל עטרת בעלה. עי' לעיל ריש פר' מ"ה. לקמן פרשה נ"ב סוף סימן ה' ילקוט כאן וילקוט משלי י"ב. ובמדרש משלי ל"א שסרה נקראת פר' אשת חיל ובעלה נתעטר בה ועי' מ"כ בשם רש"י. כמ"ש לעיל פר' מ"ו סימן ז' עי' מש"ש. וכן הוא במדבר רבה פרשה י"ח סימן כ"א עיין שם: **בכל מקום האיש גוזר.** כמ"ש להיות כל איש שורר בביתו: **יו"ד שנטל** שמ"ר פרשה ו' סימן א' וש"נ: **שאני קטנה שבאותיות.** ואין זה כבודה של שרה. אך מאחר שכבר זכיתי מקומי. מעלין בקודש ואין מורידין. והשיב לה שכן יעשה שיעלה אותה להיות בראש שם של זכר של גדול העולם: **שרה לעצמה.** בגמרא סוף פרק א' דברכות הגי' שרה לאומתה וכנ"ל ומאחר שאברהם היה תחלה אב לארם וכן שרה. וכן הגירסא במדרש שעם יפ"ת: **(ב) וברכתי וכו' וברכתיה וכו'.** וסובר ר"י שכופל לשון ברכה ע"פ מדה יו"ד על שני מיני ברכות. הראשון של ברכת הבן כמ"ש וברכתי אותה וגם נתתי לך ממנה בן וכמ"ש ר' יודן. וזהו וברכתי אותה במטרין. ומ"ש וברכתיה היינו אחר שיהיה לה בן אברך אותה בחלב שתהיה כמו בריכה של חלב ועל ידי כן מלכי עמים ממנה יהיו וכמ"ש מפורש לקמן פר' נ"ג סי' ט' בדברי ר' אחא. והקשה לו ר"נ שמאחר שיש לנו לדרוש על דברים של קודם העיבור אין לדלג לדרוש על אחר לידה ומ"ש שהחזירה לנערותה כמ"ש לקמן פר' נ"ג סימן ה' נתפשטו הקמטין ונתעדן הבשר:

חידושי הרד"ל

[א] בעלה נתעטר בה והיא כו'. אפשר בא לדרוש לא תקרא שמה שרי שלא תדמה בנפשך כי אתה הוא הקורא שמה שרי כלומר שררותה וחשיבותה באה ממך. אלא שרה שמה היא בעצמה שרה וחשובה. ואדרבה שררתה על אחרים שבעלה מתעטר בה: **[ב] שמע בקולה.** א"ר מנא לשעבר כו' לבאי עולם אר"י בן קרחה כו' בן נון יהושע וברכתי אותה כצ"ל:

חידושי הרש"ש

[א] לשעבר היתה שרה לעמה כצ"ל וכ"ה בילקוט. ובגמרא סוף פרק קמא דברכות הגי' לאומתה:

מסורת המדרש

א סנהדרין ק"ז. ירושלמי סנהדרין פ"ב. שמות רבה פרשה ו'. ויק"ר פי"ט. במד"ר פרשה י"ח. שי"ר פרשה ה' פסוק ראשו כתם פז. תנחומא סדר קרח סי' י"ב. ילקוט סדר זה רמז פ"ב:
ב ברכות דף י"ג:
ג פסיקתא רבתי פרשה מ"ב. לקמן פ' נ"ג ילקוט כאן רמז פ"ב:

אם למקרא

אֵשֶׁת־חַיִל עֲטֶרֶת בַּעְלָהּ וּכְרָקָב בְּעַצְמוֹתָיו מְבִישָׁה: (משלי יב:ד)

וַיֹּאמֶר אֱלֹהִים אֶל־אַבְרָהָם אַל־יֵרַע בְּעֵינֶיךָ עַל־הַנַּעַר וְעַל־אֲמָתֶךָ כֹּל אֲשֶׁר תֹּאמַר אֵלֶיךָ שָׂרָה שְׁמַע בְּקֹלָהּ כִּי בְיִצְחָק יִקָּרֵא לְךָ זָרַע: (בראשית כא:יב)

אֵלֶּה שְׁמוֹת הָאֲנָשִׁים אֲשֶׁר־שָׁלַח מֹשֶׁה לָתוּר אֶת־הָאָרֶץ וַיִּקְרָא מֹשֶׁה לְהוֹשֵׁעַ בִּן־נוּן יְהוֹשֻׁעַ: (במדבר יג:טז)

מתנות כהונה

מז (א) בעלה נתעטר בה. דריש האי קרא על שרה מדכתיב אנלה והיא בעולת בעל כדלקמן פרשה נ"ב לשון עילוי מעלתו ועטרתו של בעלה ונתעטר בה אברהם שנאמר ייטב לי בעבורך וגו' ונתעטר ממנה בכבוד וגדולה ורש"י פי' פרשה נ"ב שיו"ד של שרי חלק החציה לאברהם וחציה לשרה הרי שנתעטר בה וכדמפרש ואזיל: **[ב] [וברכתיה לחלב.** עי' כ"ז לקמן פנ"ג]:

נחמד למראה

מז [א] ויאמר אלהים שרי אשתך וגו' כתיב אשת חיל וגו' אמר רבי אחא בעלה נתעטר בה וכו'. עיין ביפ"ת וידי משה. ול"נ דמה שדרשו לעיל פרשה מ' על פסוק וירד אברם מצרימה אברהם היה עיקר ויקח אברם את שרי אשתו עשה עצמו טפלה אמרי נא אחותי את ונעשה טפלה לה ולאברם היטיב בעבורה. ועוד דרשו בפרשה מ"א וכל אותו הלילה היתה שרה שטוחה על פניה ואומרת רבון העולמים אברהם יצא בהבטחה וכו' ואני בתוך הסירה אמר לה הקב"ה כל מה שאני עושה בשבילך אני עושה והכל אומרים על דבר שרי אשת אברם ע"כ. והרב ידי משה נדחק הרבה בזה. ונ"ל דבאותו פרק שירד אברהם למצרים בלי רשות קונו נחשב לו לעון אשר חטא כמו שכתוב בזוה"ק שהיה לו לבטוח בה' שברעב יפדנו ממות. ועל כן לא עמדה זכות של אברהם באותו ענין שתנצל אשתו בעבורו. ומה שנעשה לה נס הכל בזכות שרה וזהו שאמר כל מה שאני עושה בשבילך אני עושה כלומר לא בשביל אברהם וזהו שאמרו שאברהם היה עיקר ונעשה טפל שנאמר ולאברם היטיב בעבורה וא"כ זהו מה שדרש ר' אחא בעלה נתעטר בה שהנס נעשה בזכותה והיא לא נתעטרה בבעלה שהרי לא היה מספיק זכות אברהם להצילה ומשום דדבר זה לא היה אלא פעם אחת בירידתו למצרים שבגג אברהם אבינו שלא דרש את פי ה' וגם שאמר אמרי נא אחותי את אבל בזמנים אחרים אברהם היה עיקר ולזה דרשו רבנן מרתא דבעלה שלעולם היה אברהם טפל לנביאות לשרה:

אשד הנחלים

מז [א] **בעלה נתעטר.** דייק מדכתיב אח"כ וברכתיה וגם נתתי ממנה לך בן המורה שבזכותה זכה לבן ממנה וא"כ היא עטרת תפארת לו ולא הוא לה ואולי דייק מדצווה לקרות' שרה שהיא שרה לכל העולם שבתחילה הית' נקראת רק שרי שהיא שרה לאברהם. אח"כ שרה לכל העולם. וממלת שרי לא הי' יכול לדייק דאולי לא מפני הכוונה הזאת אבל אח"כ שנשתנה שמה א"כ מזה מוכח שזהו בכוונה וק"ל. ודעת רבנן להשמיענו עוד רבותא שלא די שהיא עטרת לבעלה אף גם בדבר שנגד רצונו כהתגרשות ישמעאל נעשית מרתה עליו לעשות כדבריה: **יוד שנטל.** הדבר הזה ידוע רק לחכמי אמת היודעים רמזי אותיות על אמיתתן והדבר מוזכר בספריהם הרב': **הי' טס כו'.** הדבר ידוע כי האותיות המה אורות עליונים והאותיות במוחשיהם מרמזים לעניינים רוחניים המכוונים לזה ואין להאריך בזה: **[ב] לברכת החלב.** כי ענין הברכ' הוא תוספת וריבוי מה שלא הי' בו תחילה כ"כ ולכן דרש על החלב מלבד לידת הבן שאפשר שתלד ועכ"ז לא יהי' לה חלב כ"כ בכדי שתוכל להניק בנה וע"כ בירכה בריבוי יותר שתהי' לה כל הצורך ודעת ר"נ שחזר' לימי נערותה וזהו הוספת הכח ממה שהי' לה בעת זקנתה שעכ"פ מעט כח הי' בה וניתוספה לה ובפרט לפי מה שאמר להלן ששרה לא הית' זקינה כל כך:

וְכִי כְּבָר נִתְבַּשְּׂרָה בֶּחָלָב וַהֲלֹא עֲדַיִין לֹא נִתְעַבְּרָה – **"Can it really be** said **that [Sarah] was already informed** regarding an abundance of **milk? Why, she had not yet** even **conceived?!**[14] אֶלָּא מְלַמֵּד שֶׁהֶחֱזִירָהּ הַקָּדוֹשׁ בָּרוּךְ הוּא לִימֵי נַעֲרוּתָהּ – **Rather, [the second *I will bless her*] teaches** that in addition to the blessing of conceiving and having a son, **the Holy One, blessed is He, returned her to her youthfulness."**[15]

The Midrash expounds the expression וְהָיְתָה לְגוֹיִם, lit., *and she shall become to nations*:[16]

רַבִּי אַבָּהוּ בְּשֵׁם רַבִּי יוֹסֵי בַּר רַבִּי חֲנִינָא – **R' Abahu** taught **in the name of R' Yose bar Chanina:** נוֹתֵן אֲנִי יִרְאָתָהּ עַל כָּל אוּמּוֹת הָעוֹלָם – God said, **"I will inspire her awe among all the** heathen **nations of the world**[17] דְּלָא יְהֲווֹן מוֹנִין לָהּ וְצָווְחִין: דָּא עֲקַרְתָּא – **so that they will not taunt her and call out** to her, **'This is the barren woman,'** as they had in the past."[18]

Another interpretation of וּבֵרַכְתִּי אֹתָהּ, *I will bless her*:[19]

רַבִּי יוּדָן בְּשֵׁם רֵישׁ לָקִישׁ: עִיקַּר מִיטְרִין לָא הֲוָה לָהּ – **R' Yudin** explained **in the name of Reish Lakish: [Sarah] did not possess a womb,**[20] וְגָלַף לָהּ הַקָּדוֹשׁ בָּרוּךְ הוּא עִיקַּר מִיטְרִין – **and the Holy One, blessed is He, carved**[21] out of her body **a womb for her.**[22]

☐ מַלְכֵי עַמִּים מִמֶּנָּה יִהְיוּ – ***KINGS OF PEOPLE WILL RISE FROM HER.***

The plain meaning of *from "her"* is that it refers to Sarah, like the preceding parts of the verse. However, the Midrash takes it homiletically to refer to someone else:[23]

אָמַר רַבִּי חָמָא בַּר רַבִּי חֲנִינָא: מִיכָּן דָּרַשׁ אַבְרָהָם וְהֶחֱזִיר אֶת קְטוּרָה – **R' Chama bar R' Chanina said: Abraham derived** God's wishes **from here and he took back Keturah.**[24]

וַיִּפֹּל אַבְרָהָם עַל פָּנָיו וַיִּצְחָק וַיֹּאמֶר בְּלִבּוֹ הַלְּבֶן מֵאָה שָׁנָה יִוָּלֵד וְאִם שָׂרָה הֲבַת תִּשְׁעִים שָׁנָה תֵּלֵד.

And Abraham threw himself upon his face and laughed; and he thought, "Shall a child be born to a hundred-year-old [man]? And shall Sarah — a ninety-year-old [woman] — give birth?" (17:17).

§3 וַיִּפֹּל אַבְרָהָם עַל פָּנָיו וַיִּצְחָק – ***AND ABRAHAM THREW HIMSELF UPON HIS FACE AND LAUGHED.***

The Midrash notes that this was not the first time Abraham threw himself upon his face, and it relates Abraham's actions to later historical phenomena:

שְׁתֵּי פְּעָמִים נָפַל אַבְרָהָם עַל פָּנָיו – On **two occasions Abraham threw himself upon his face** upon hearing the word of God;[25] וּכְנֶגְדָּן נִיטְּלָה מִילָה מִבָּנָיו ב׳ פְּעָמִים – **and corresponding to them, on two occasions his descendants were deprived** of performing the commandment **of circumcision** for an extended period of time:[26] אֶחָד בְּמִצְרַיִם וְאֶחָד בַּמִּדְבָּר – **one** time was during their stay **in Egypt,**[27] **and one** time was during the years of their sojourn **in the Wilderness.**[28] בְּמִצְרַיִם בָּא מֹשֶׁה וּמָלָן – **In Egypt, Moses** ultimately **came and circumcised them;**[29] בַּמִּדְבָּר בָּא יְהוֹשֻׁעַ וּמָלָן – and **in the Wilderness, Joshua came and circumcised them.**[30]

NOTES

14. [The commentators wonder why the Midrash should find this problematic. *Yefeh To'ar* explains that the Midrash considers it extremely premature for God to discuss Sarah's milk, in light of the fact that her conceiving altogether was a matter of such grave doubts, both for Abraham (who hoped God would consider Ishmael his spiritual heir; see v. 18) and for Sarah (who questioned if it was possible; see 18:13). See *Anaf Yosef* for a different approach.]

15. Lit., *to the days of her youth.* Her skin became delicate and her wrinkles became smooth (*Maharzu* and *Eitz Yosef,* from *Bava Metzia* 87a).

[For further discussion of the debate between R' Yehudah and R' Nechemyah, see 53 §5 below. (There the debate focuses on interpretation of a *different* verse.)]

16. *Matnos Kehunah, Eitz Yosef.*

17. This awe will in turn be inspired through the blessings that Sarah received becoming public knowledge (*Eitz Yosef*). The phrase וְהָיְתָה לְגוֹיִם accordingly means: *and she shall become [known] to nations.*

18. And people will not say that Sarah had merely adopted a foundling [see above, note 13] (*Yedei Moshe*).

19. *Eitz Yosef.* Alternatively, the Midrash here is interpreting the word וּבֵרַכְתִּיהָ, *I will bless her* (*Yefeh To'ar*).

20. See *Yevamos* 64b, expounding *Genesis* 11:30. [The literal translation of the phrase עִקַּר מִטְרִין appears to be **"the essential** organ necessary for **motherhood"** (the Latin word for "mother" is "mater").]

21. See *Matnos Kehunah, Eitz Yosef.*

22. [See 53 §5 below, where the preceding two teachings are cited in the context of explaining a *different* verse. See also above, 45 §1.]

23. *Rashash* suggests that the Midrash's grounds for doing so are that if this clause indeed referred (exclusively) to Sarah like the preceding clauses, we would have expected it to begin with the conjunctive "and." See, however, *Maharzu*, cited in the next note.

24. *Genesis* 25:1-4 states that Abraham took Keturah as a wife and lists their progeny. The Midrash (61 §4 below) identifies Keturah as Hagar, whom Abraham had married and then sent away (see above, 16:3 and 21:14). In other words, Abraham *remarried* Hagar.

How did Abraham derive from God's instructions to him in our verse that he was to remarry Hagar? *Maharzu* explains: In the earlier part of our verse God says: וְגַם "נָתַתִּי" מִמֶּנָּה לְךָ בֵּן, which literally means *also I "gave" you a son from her* (in the past tense). Given that Sarah had not yet given birth to Isaac, God must be referring to Ishmael; and *from "her"* must then refer to Hagar, Ishmael's mother. The continuation of the verse: וּבֵרַכְתִּיהָ וְהָיְתָה לְגוֹיִם מַלְכֵי עַמִּים מִמֶּנָּה יִהְיוּ, *I will bless her and "she" shall give rise to nations; kings of peoples will rise from "her,"* also refers, then, to Hagar. Abraham thus understood from God that he was to remarry Hagar and have children with her who would multiply and become complete nations.

See, however, *Ohr HaSeichel* (cited by *Eitz Yosef*) and *Matnos Kehunah.*

25. The first is recorded in verse 3 above and the second in our verse.

26. The events of Abraham's life — as indeed of all the Patriarchs' lives — are to be understood as prophetic symbols, foretelling similar events that will occur during the lives of his descendants (מַעֲשֵׂה אָבוֹת סִימָן לְבָנִים). See 40 §6 above (*Yefeh To'ar* to 46 §6). [Note: In *Yefeh To'ar's* own numbering, his comment appears in section 5, not section 6.]

Abraham's falling on his face served as a symbol of weakness (*Imrei Yosher* to 46 §6) and of religious failing (*Yefeh To'ar* ibid.). Since Abraham's "fallings" occurred in connection with the command of circumcision, they portended that Israel would "fall" twice in connection with circumcision, i.e., that Israel would twice go long periods of time without performing this mitzvah.

27. Only the tribe of Levi circumcised themselves during the period of Egyptian servitude. The rest of Israel did not; and this was regarded as a sin (see *Shemos Rabbah* 19 §5, *Bamidbar Rabbah* 15 §12).

28. Circumcision in the Wilderness was deemed dangerous — either because of the weakness of the people due to their travels or because the healthful north wind did not blow for them. See *Yevamos* 71b-72a.

[It would seem, then, that the Israelites had legitimate reasons for not performing circumcision during their years in the Wilderness. It is possible, however, that while at first they refrained from circumcising themselves only because of circumstances that were beyond their control, over time they came to refrain because this was their preference (*Yefeh To'ar*).]

29. The Israelites were circumcised just prior to the Exodus, when circumcision became essential for the eating of the Passover offering (as *Exodus* 12:48 states: *No uncircumcised male shall eat of it*).

Scripture does not state explicitly that Moses circumcised the people. However, given that *Joshua* 5:5 states that the Israelites who left Egypt were circumcised, it is evident that Moses circumcised them.

30. As stated in *Joshua* 5:7 (i.e., after they had crossed the Jordan, not in the Wilderness itself). See, however, *Rashash* to 46 §2 above.

וְכִי כְּבָר נִתְבַּשְּׂרָה בֶּחָלָב וַהֲלֹא עֲדַיִין לֹא נִתְעַבְּרָה, אֶלָּא מְלַמֵּד שֶׁהֶחֱזִירָהּ הַקָּדוֹשׁ בָּרוּךְ הוּא לִימֵי נַעֲרוּתָהּ. רַבִּי אַבָּהוּ בְּשֵׁם רַבִּי יוֹסֵי בַּר רַבִּי חֲנִינָא: נוֹתֵן אֲנִי יִרְאָתָהּ עַל כָּל אוּמּוֹת הָעוֹלָם דְּלָא יֶהֱוֹון מוֹנִין לָהּ וְצָוְוחִין: דָּא עֲקַרְתָּא. רַבִּי יוּדָן בְּשֵׁם רֵישׁ לָקִישׁ: ^ד^עִיקַּר °מַטְרוֹן לָא הֲוָה לָהּ, וְגָלַף לָהּ הַקָּדוֹשׁ בָּרוּךְ הוּא עִיקַּר °מַטְרוֹן. "מַלְכֵי עַמִּים מִמֶּנָּה יִהְיוּ", אָמַר רַבִּי חָמָא בַּר רַבִּי חֲנִינָא: מִיכָּן דָּרַשׁ אַבְרָהָם וְהֶחֱזִיר אֶת קְטוּרָה:

ג [יז, יז] "וַיִּפֹּל אַבְרָהָם עַל פָּנָיו וַיִּצְחָק".

^ה^שְׁתֵּי פְּעָמִים נָפַל אַבְרָהָם עַל פָּנָיו וּכְנֶגְדָּן נִיטְּלָה מִילָה מִבָּנָיו ב' פְּעָמִים, אֶחָד בְּמִצְרַיִם וְאֶחָד בַּמִּדְבָּר. בְּמִצְרַיִם בָּא מֹשֶׁה וּמָלָן, בַּמִּדְבָּר בָּא יְהוֹשֻׁעַ וּמָלָן. "וַיֹּאמֶר בְּלִבּוֹ הַלְּבֶן מֵאָה שָׁנָה יִוָּלֵד וְגוֹ'", רַבִּי יוּדָן וְרַבִּי עֲזַרְיָה, רַבִּי יוּדָן אָמַר: "הַלְּבֶן מֵאָה שָׁנָה יִוָּלֵד", לָמָּה שֶׁשָּׂרָה הֲבַת תִּשְׁעִים שָׁנָה תֵּלֵד, הָאִישׁ אֵינוֹ מַזְקִין וְהָאִשָּׁה מַזְקֶנֶת. רַבִּי עֲזַרְיָה אָמַר: אַף לָזֹאת לֹא נִצְרַךְ שֶׁהֲרֵי שָׂרָה בַּת תִּשְׁעִים שָׁנָה לֹא הִזְקִינָה, ^ו^אֵי זוֹ הִיא זְקֵינָה כָּל שֶׁקּוֹרִין אוֹתָהּ אִימָּא פְּלָנִית וְאֵינָהּ מַקְפֶּדֶת:

ד [יז, יח] "לוּ יִשְׁמָעֵאל יִחְיֶה לְפָנֶיךָ",

רַבִּי יוּדָן בְּשֵׁם רַבִּי יְהוּדָה בַּר סִימוֹן אָמַר: מָשָׁל לְאוֹהֲבוֹ שֶׁל מֶלֶךְ שֶׁהָיָה הַמֶּלֶךְ מַעֲלֶה לוֹ אַנּוֹנָה. אָמַר לוֹ הַמֶּלֶךְ: אֲנִי מְבַקֵּשׁ לִכְפּוֹל אַנּוֹנָה שֶׁלְּךָ, אָמַר לֵיהּ: לֹא תְּמַלֵּי רוּחִי קָרִיר, הַלְוַאי קַדְמָיְיתָא לָא תִמְנַע. כָּךְ "לוּ יִשְׁמָעֵאל יִחְיֶה לְפָנֶיךָ, וַיֹּאמֶר אֱלֹהִים אֲבָל שָׂרָה אִשְׁתְּךָ":

עץ יוסף

לימי נערותה. וזהו מענין העיבור שבתחלה היתה לה עדנה שנתפשטו הקמטין ונתעדן הבשר: **נותן אני יראתה כו'.** יליף לה מס"ד והיתה לגוים. לרמוז שברכתה יהיה מפורסם גם לגוים ולא יפקפקו לומר שלקחו אסופי מן השוק. ויהיה זה מחמת מורא: **ולא יהיו מונין לה.** פי' שלא יהיו מקנטרין אותה: **עיקר מטרון.** רחם בל"ר מטרין. דכתיב וברכתי אותה וברכה זו מענין הלידה שמתחלה בירכה בחדוש מטרון להיות לה הכנה לילד: **עיקר מטרון לא היה לה.** נפקא מותהי שרי עקרה אין לה ולד אפי' בית ולד לא היה לה (יפ"ת): **ורפה לה.** וי"ג וגלף לה פי' וחקק לה: **מכאן דרש אברהם כו'.** רמז לו על העמים שילאו מהגר אחר שהחזירה אברהם ואמר ממנה פי' מחמת סיבתה יהיה לך לפי שהיא נתנה אותה לך (הא"ב"א): (ג) **ב' פעמים כו'.** לעיל בפרשה מ"ו סימן ה' ע"ש: [ד] **למה ששרה כו'.** פי' שאין פלא כ"כ מה שיוליד זקן בן ק' שנה רק מה שיוליד זקן מאשה זקנה (ועי' רמב"ן). ואמר ר"ע שאף בזה לא יצרך (פי' לא נסתפק) מפני שבאמת לא הזקינה והיתה לה עדנה. וה"א של הבת תשעים היא תמיהה קיימת: **איזו היא זקנה כו'.** כל שאומרים לה אימא פלונית היינו שגם אחרים מלבד בניה קורין אותה אימא לרוב שנותיה ואינה מקפדת: (ד) [ה] **לאוהבו של מלך כו'.** מביא משל מותשי ממלך. ובן אדם כמוהו. שהמלך היה מעלה לו אנונה (פי' מנה בקצבה די מחסורו) וא"ל המלך אני מבקש לכפול אנונה שלך. וזה מגד יראת כבוד המלך מולא בנפשו הכנעה. ואמר למלך לא תמלא רוחי קריר פי' לא תקרר (מלשון קורת רוח) רוחי בדברים שאינם ראויים לי הלואי קדמייתא לא תמנע. אף כך באשר עשה ה' כבר חסד לאברהם שהוליד את ישמעאל ועתה בא להוסיף לו חנינה בתולדות יצחק לעת זקנתו מן שרה. אמר הלואי ישמעאל יחיה לפניך לפי שגם לזה איני כדאי אלא הוא בתורת חסד וחנינה: **ויאמר אלהים שרה אשתך.** ר"ל מפני שטענת אברהם היה שאינו כדאי לזה השיבו ה' כי מגד היותה אשתך תלד לך ואתה כדאי אל הנס (יפ"ת). אבל יותר נראה שמתיבת ויאמר אלהים שרה אשתך הוא התחלת המאמר של סימן ו':

פירוש מהרז"ו

מונין לה. מחרפין אותה וקורין אותה עקרה מלשון לא תונו: **נותן אני יראתה.** שמ"ש והיתה לגוים שהיתה שרה לגוים כמו אברהם והיית לאב המון גוים כך כי שרה שמה והיתה שרה ודו"ק. ודברי רש"י בחומש אולי היה לו ג' אחרת במדרש וצ"ע: **ר' יודן בשם.** ר"ל לפרש מ"ש וברכתי אותה וגם נתתי לך ממנה בן וכנ"ל כדברי ר' יודן: **מכאן דרש אברהם.** צ"ע איך דורש הברכה המפורשת לשרה על קטורה. ונ"ל שדורש רישא דקרא וגם נתתי לך ממנה בן משמע שכבר נתן ואחר כך ממנה יהיו בעתיד שמ"ש נתתי היינו ישמעאל מלכי עמים ממנה יהיו בעתיד שאותה שכבר היה ממנה בן יהיו ממנה מלכי עמים י"ד משפחות ועל כן החזיר את קטורה היא הגר. ופשוטו על שרה. ומ"ש נתתי עבר במקום עתיד. ומרמז בתיבת גם לרבות אותה שכבר נתתי וגו'. עי' לקמן פר' ס' סימן י"ד ופר' ס"א סימן ד': (ג) **ב' פעמים נפל.** לעיל פר' מ"ו סימן ו' וש"נ ומבואר: **למה ששרה וכו'.** שלעצמו לא אמר בלשון אם בספק אלא אמר בניחותא הלבן מאה שנה יולד יתכן שיולד אך אם שרה בזה יש ספק ופלא: **אף לזאת לא נצרך.** פירושו לכאורה שלא היה צריך להסתפק שהרי באמת ילדה בת צ' שנה. ולפי זה סובר ג"כ כר' יודן. אך באמת נראה לי שמ"ש לא נצרך פירושו לא הסתפק ולשון ירושלמי הוא וכמ"ש לקמן פרשה נ"א בסימן ג' תמן צריכא ליה והכא פשיטא ליה. ורבי עזריה חולק על ר' יודן שכמו שכתוב אצל אברהם הלבן מאה שנה יולד שהוא לשון ודאי ולא בפלא וספק כך כתוב אצל שרה הבת תשעים שנה תלד בוודאי ומ"ש ואם שרה ע"פ מדה ט' שרבים לא יאמינו כי זה חידוש אך גם בזאת אני מאמין באין ספק הבת תשעים שנה תלד. ומ"ש הלבן הבת הן תמיהות מתקיימות כמ"ש רש"י בחומש: **איזה זקנה.** הובא מאמר זה לכאן דרך אגב: (ד) **אנונה.** מנה ומתנה והיה נותן לו תמיד בקצבה די מחסורו: **לא תמלא רוחי וכו'.** לא תטרח למלאות לי כל כך כי יש לי קורת רוח ונחת ממה שנתת לי והלואי שלא תקח ותחסיר לי מהקודם:

חידושי הרד"ל

[ב] **וכי כבר נתברכה בחלב והלא עדיין כו'.** כצ"ל:

[ד] **נותן אני יראתה כו'.** כאן אין שייכות ג"כ למאמר זה. ולהלן שם מקומו לפרש לשון ויעש כמש"ש אי"ה. וכאן שמביא המאמר דר"י ור"ן מייתי לה ג"כ:

[ג] **לא הזקינה.** כמ"ש הרמב"ן שלא נשתנית ביופיה שהיו המלכים לופין ומתאוין ליפיה ע"ש:

(ו) **איזהו זקנה כו'.** ירושלמי נדה פ"ד ה"ד ומביא זה כאן לראיה. שאף שהיא זקנה בשנים. כל שאין זקנה ניכרת בפניה ואין קורין אותה (אנשים שאין יודעין שנותיה) אימא אינה חשובה זקנה (מי' לכאורה שם לענין דיה שעתה ראוי להיות תלוי בשנים):

חידושי הרש"ש

[ב] **מלכי עמים ממנה יהיו כו' מכאן דרש אברהם והחזיר את קטורה.** נראה דדריש ממנה מהגר מדלא אמר ומלכי בוי"ו העטוף:

[ג] **רבי עזריה אומר אף לזאת ל"נ כו'.** הן במקרא מלאנו מלת אף משמשת לק"ו כמו הן בעודני חי כו' ואף כו' בס"פ וילך וכן רבות (עיין לקמן ס"פ מקץ) וכ"ה הכוונה כאן. וליתר באור אמר עוד לזאת לא נצרך והוא ממש כלשון הגמרא בכ"מ זו ואצ"ל זו. ועיין ב"מ פ"ז א' ועדיין היו מרננין כו' אם שרה כו' (ר"ל דזה יכול להיות) אברהם כו' יוליד מיד כו' והוא כדעת ר"ע בכאן:

מסורת המדרש

ד עי' יבמות דף ס"ד: ה לעיל פ' מ"ז. וילקוט כאן רמז פ"ב: ו נדה דף ט':

ענף יוסף

מז [ב] **אמר לו רבי נחמיה וכי כבר כו'** תימא מה קושיא דלמה לא יבשר בעתיד מן החלב שיבא אחר העיבור. ויש לומר שקשה ליה כיון שמלינו שגם אח"כ דיבר ה' עוד כמה פעמים עם אברהם. למה ליה להקדים הבשורה קודם זמנו. ה"ל למימר אח"כ סמוך למעשה:

באור מהרי"פ

[ב] **נותן אני יראתה.** אולי דריש וברכתיה מלשון אברך. והכוונה שתהיה מוראה עליהם כמורא מלכות. יפ"ת: **עיקר מטרון כו'.** נראה דקאי ארישיה דקרא וברכתי אותה בעיקר מטרון תחלה להיות לה הכנה ללדת. ואחר כך ונתתי וכו' להוליד בפועל. נזה"ק: [ג] **למה ששרה וכו' רע"א אף לזאת וכו'.** ע' נזה"ק שהביא ג' ספרים ישנים רי"א הלבן ק' שנה יולד אף זו ששרה כו'. רע"א לזאת לא נצרך כו'. וע"ש פירושו באורך:

מתנות כהונה

מרתא. גבירתה: **נותן אני כו'.** סיפיה דקרא קדריש והיתה לגוים וגו': **דלא יהוון כו'.** שלא יהיו מקנטרים אותה ויקראו אותה עקרה: **עיקר מטרן.** פי' הערוך בלשון רומי הרחם נקרא מוטרא: **וגלף.** פתוחי חותם תרגום אונקלוס כגלף עזקא: **מיכן דרש כו'.** ממה שאמר הקב"ה מלכי עמים משמע מלכים של עמים ולכן החזיר קטורה והזרע ההוא נקרא ע"ש שרה ולקמן פרשה נ"ג כתבתי בשם רש"י מניין להא וע"ש שהיא היתה הגורם וכן אמרה אולי אבנה ממנה: [ג] **ב' פעמים נפל כו'.** עיין לעיל פרשה מ"ו: **ששרה כו'.** דייק הכי מדלא כתיב השרה בת תשעים וגו' ועוד כתיב יולד ולא כתיב יוליד: **אינו מזקין.** זקנותו אינו מזיק לו מלהוליד: **אף לזאת לא נצרך כו'.** דריש ה"א של הבת תשעים שנה תמיהה קיימת וכן רבים: **כל שקורין כו'.** מפני זקנותה ואינה מקפדת: [ד] **אנונא.** פי' הערוך מנות פרנסה מבית המלך: **לא תמלא רוחי כו'.** קריר. לשון קורת רוח לא תקרר רוחי כ"כ

אשד הנחלים

נותן אני יראת'. שלכן נקראת עתה שרה שהיא שרה לכל העולם וגם מסיפא דקרא והית' לגוים: **עיקר מטרין.** וזהו בתחילה וברכתיה במטרין ואולי כוונתם לדייק מה דכתיב בעבר וברכתי. וגם נתתי טרם שנתעברה הוא מפני שעתה גלף לה עיקר מטרין ע"כ ממילא הרי זה כמו שנתן לה ולכן כתיב לשון עבר: [ג] **שתי פעמים.** עיין בפרש' הקודמת ושם ביארתי. **למה ששרה כו'.** וא"כ מלת הלבן הוא תמיה קיימת כלומר אמת שזה יתכן אבל האשה שהיא מזקנת איך יתכן זה ודעת ר' עזריה שגם זה לא הי' תמיה כ"כ שבאמת ששרה לא היתה במדריגת הזקנה כ"כ רק עיקר הפלא שעיקר מטרון לא הי' לה. ולא מחמת הזקנה (שמעתי): [ד] **משל לאוהבו.** הוצרך במשל הזה

□ וַיֹּאמֶר בְּלִבּוֹ הַלְּבֶן מֵאָה שָׁנָה יִוָּלֵד וגו׳ — *AND HE THOUGHT, "SHALL A CHILD BE BORN TO A HUNDRED-YEAR-OLD [MAN]? ETC. AND SHALL SARAH – A NINETY-YEAR-OLD [WOMAN] – GIVE BIRTH?"*

The Midrash records a Tannaitic dispute regarding Abraham's reaction to God's promise:

רַבִּי יוּדָן וְרַבִּי עֲזַרְיָה — **R' Yudin and R' Azariah** debated Abraham's intent:

רַבִּי יוּדָן אָמַר: "הַלְּבֶן מֵאָה שָׁנָה יִוָּלֵד" — **R' Yudin said:** ***Shall a child be born to a hundred-year-old man?*** לָמָּה שֶׁשָּׂרָה "הֲבַת תִּשְׁעִים שָׁנָה תֵּלֵד" — **Why** did Abraham consider this so unlikely? **Because *shall Sarah, a ninety-year-old – give birth?***[31] הָאִישׁ אֵינוֹ מַזְקִין וְהָאִשָּׁה מַזְקֶנֶת — **A man does not** cease to beget children when he **gets old,**[32] **but a woman** cannot conceive when she **ages.** Abraham was therefore astonished when he was told that Sarah would give birth to a son.

רַבִּי עֲזַרְיָה אָמַר: אַף לְזֹאת לֹא נִצְרַךְ — **R' Azariah said: For this, too,** i.e., because of God's promise that the ninety-year-old Sarah would give birth to a son, **there is no reason** to interpret Abraham's question as one of astonishment,[33] שֶׁהֲרֵי שָׂרָה בַּת תִּשְׁעִים שָׁנָה לֹא הִזְקִינָה — **because** although **Sarah was** actually **ninety years old, she had not aged.**[34] אֵי זוֹ הִיא זְקֵנָה — **Which [woman] is** categorized as **aged** and is assumed to have lost her ability to conceive? כָּל שֶׁקּוֹרִין אוֹתָהּ אִימָּא פְּלָנִית וְאֵינָהּ מַקְפֶּדֶת — **Anyone who does not get offended** when **they call her "Mother So-and-So."**[35]

וַיֹּאמֶר אַבְרָהָם אֶל הָאֱלֹהִים לוּ יִשְׁמָעֵאל יִחְיֶה לְפָנֶיךָ.
And Abraham said to God, "O that Ishmael might live before You!" (17:18).

§4 לוּ יִשְׁמָעֵאל יִחְיֶה לְפָנֶיךָ — *"O THAT ISHMAEL MIGHT LIVE BEFORE YOU!"*

The Midrash explains Abraham's request:

רַבִּי יוּדָן בְּשֵׁם רַבִּי יְהוּדָה בַּר סִימוֹן אָמַר: — **R' Yudin said in the name of R' Yehudah bar Simon:** מָשָׁל לְאוֹהֲבוֹ שֶׁל מֶלֶךְ שֶׁהָיָה הַמֶּלֶךְ מַעֲלֶה לוֹ אַנּוֹנָה — **It is comparable to a close friend of a king whom the king supported with a** steady **stipend.** אָמַר לוֹ הַמֶּלֶךְ: אֲנִי מְבַקֵּשׁ לִכְפּוֹל אַנּוֹנָה שֶׁלְּךָ — After some time, **the king said to [his friend], "I wish to double your stipend."** אָמַר לֵיהּ: לָא תְּמַלֵּי רוּחִי קְרִיר — To this **[the king's friend]** humbly **rejoined, "Do not give me more than I deserve;**[36] הַלְוַאי קַדְמָיְיתָא לָא תִּמְנַע — **O that you would only not withhold the original** stipend, for even that I do not truly deserve." כָּךְ "לוּ יִשְׁמָעֵאל יִחְיֶה לְפָנֶיךָ" — **Similarly,** did Abraham, in his humility, pray: ***O that*** I shall be worthy that ***Ishmael,*** the son that You have already given me, ***might live before You;*** I am surely not worthy of having another son. "וַיֹּאמֶר אֱלֹהִים אֲבָל שָׂרָה אִשְׁתְּךָ" — *God said, "Nonetheless, your wife Sarah* will bear you a son."

NOTES

31. That is: The fact that Abraham was 100 years old was *not* the cause of his surprise upon hearing that he would have a child. Rather, it was the fact that he would have the child *with Sarah,* who was 90.

32. See *Ramban* ad loc.

33. Abraham's entire question was rather an expression of wonder and gratitude at the goodness that God was bestowing upon him; see *Rashi* to 17:17.

34. Until the age of 90 Sarah possessed the beauty of a bride under her wedding canopy (above, 45 §4).

35. It appears that in Talmudic times they would prefix the title "Mother" to an older woman and call her "Mother So-and-So." See *Niddah* 9a-b. Since Sarah looked youthful, however, it would *not* have been proper to call her "Mother"; hence she would *not* be categorized as aged and could therefore be presumed capable of bearing children.

[We have followed *Radal,* who writes that the concluding part of our Midrash, "Who is categorized as aged? etc.," serves as proof to R' Azariah's view. See, however, *Maharzu* and *Yedei Moshe,* who say that the concluding part of our Midrash is unrelated to that which preceded it.]

36. Lit., *do not fill my spirit with satisfaction* (as in the expression קוֹרַת רוּחַ) (*Eitz Yosef*).

וְכִי כְּבָר נִתְבַּשְּׂרָה בְּחָלָב וַהֲלֹא עֲדַיִין לֹא נִתְעַבְּרָה, אֶלָּא מְלַמֵּד שֶׁהֶחֱזִירָהּ הַקָּדוֹשׁ בָּרוּךְ הוּא לִימֵי נַעֲרוּתָהּ. רַבִּי אַבָּהוּ בְּשֵׁם רַבִּי יוֹסֵי בַּר רַבִּי חֲנִינָא: נוֹתֵן אֲנִי יִרְאָתָהּ עַל כָּל אוּמּוֹת הָעוֹלָם דְּלָא יֶהֱווֹן מוֹנִין לָהּ וְצָוְוחִין: דָּא עֲקַרְתָּא. רַבִּי יוּדָן בְּשֵׁם רֵישׁ לָקִישׁ: דעִיקַּר °מַטְרוֹן לָא הֲוָה לָהּ, וְגָלַף לָהּ הַקָּדוֹשׁ בָּרוּךְ הוּא עִיקַּר °מַטְרוֹן. "מַלְכֵי עַמִּים מִמֶּנָּה יִהְיוּ", אָמַר רַבִּי חָמָא בַּר רַבִּי חֲנִינָא: מִיכָּן דָּרַשׁ אַבְרָהָם וְהֶחֱזִיר אֶת קְטוּרָה:

ג [יז, יז] "וַיִּפֹּל אַבְרָהָם עַל פָּנָיו וַיִּצְחָק".

השְׁתֵּי פְּעָמִים נָפַל אַבְרָהָם עַל פָּנָיו וּכְנֶגְדָן נִיטְּלָה מִילָה מִבָּנָיו ב' פְּעָמִים, אֶחָד בְּמִצְרַיִם וְאֶחָד בַּמִּדְבָּר. בְּמִצְרַיִם בָּא מֹשֶׁה וּמָלָן, בַּמִּדְבָּר בָּא יְהוֹשֻׁעַ וּמָלָן. "וַיֹּאמֶר בְּלִבּוֹ הַלְּבֶן מֵאָה שָׁנָה יִוָּלֵד וְגוֹ'", רַבִּי יוּדָן וְרַבִּי עֲזַרְיָה, רַבִּי יוּדָן אָמַר: "הַלְּבֶן מֵאָה שָׁנָה יִוָּלֵד", לָמָּה שֶׁשָּׂרָה הֲבַת תִּשְׁעִים שָׁנָה תֵּלֵד, הָאִישׁ אֵינוֹ מַזְקִין וְהָאִשָּׁה מַזְקֶנֶת. רַבִּי עֲזַרְיָה אָמַר: אַף לָזֹאת לֹא נִצְרַךְ שֶׁהֲרֵי שָׂרָה בַּת תִּשְׁעִים שָׁנָה לֹא הִזְקִינָה, וְאֵי זוֹ הִיא זְקֵינָה כָּל שֶׁקּוֹרִין אוֹתָהּ אִימָּא פְּלָנִית וְאֵינָהּ מַקְפֶּדֶת:

ד [יז, יח] "לוּ יִשְׁמָעֵאל יִחְיֶה לְפָנֶיךָ", רַבִּי יוּדָן בְּשֵׁם רַבִּי יְהוּדָה בַּר סִימוֹן אָמַר: מָשָׁל לְאוֹהֲבוֹ שֶׁל מֶלֶךְ שֶׁהָיָה הַמֶּלֶךְ מַעֲלֶה לוֹ אַנּוֹנָה. אָמַר לוֹ הַמֶּלֶךְ: אֲנִי מְבַקֵּשׁ לִכְפּוֹל אַנּוֹנָה שֶׁלָּךְ, אָמַר לֵיהּ: לֹא תְּמַלֵּי רוּחִי קָרִיר, הַלְוַאי קַדְמַיְיתָא לָא תִּמְנַע. כָּךְ "לוּ יִשְׁמָעֵאל יִחְיֶה לְפָנֶיךָ, וַיֹּאמֶר אֱלֹהִים אֲבָל שָׂרָה אִשְׁתְּךָ":

עץ יוסף

לימי נערותה. וזהו מענין העיבור שבתחלה היתה לה עדנה שנתפשטו הקמטין ונתעדן הבשר: **נותן אני יראתה כו'.** יליף לה מס"ד והיתה לגוים. לרמוז שברכתה יהיה מפורסם גם לגוים ולא יפקפקו לומר שלקחו אסופי מן השוק. ויהיה זה מחמת מורא: **ולא יהיו מונין לה.** פי' שלא יהיו מקנטרין אותה: **עיקר מטרון.** רחם בל"ר מטרין. דכתיב וברכתי אותה וברכה זו מענין הלידה שמתחלה בירכה בחדוש מטרון להיות לה הכנה לילד: **עיקר מטרון לא היה לה.** כפקא מותהי שרי עקרה אין לה ולד אפי' בית ולד לא היה לה (יפ"ת): **ורפה לה.** וי"ג וגלף לה פי' וחקק לה: **מכאן דרש אברהם כו'.** רמז לו על העמים שילאו מהגר אחר שהחזירה אברהם ואמר ממנה פי' מחמת סיבתה יהיה לך לפי שהיא נתנה אותה לך (הא"ב"א): (ג) **ב' פעמים כו'.** לעיל בפרשה מ"ו סימן ה' ע"ש: [ד] **למה ששרה כו'.** פי' שאין פלא כ"כ מה שיוליד זקן בן ק' שנה רק מה שיוליד זקן מאשה זקנה (ועי' רמב"ן). ואמר ר"ע שאף בזה לא ילרך (פי' לא נסתפק) מפני שבאמת לא הזקינה והיתה לה עדנה. וה"א של הבת תשעים היא תמיהה קיימת: **איזו היא זקנה כו'.** כל שאומרים לה אימא פלונית היינו שגם אחרים מלבד בניה קורין אותה אימא לרוב שנותיה ואינה מקפדת: (ד) [ה] **לאוהבו של מלך כו'.** מביא משל מותשי ממלך. ובן אדם כמוהו. שהמלך היה מעלה לו אנונה (פי' מנה בקלבה די מחסורו) וא"ל המלך אני מבקש לכפול אנונה שלך. וזה מלד יראת כבוד המלך מולא בנפשו הכנעה. ואמר למלך לא תמלא רוחי קריר פי' לא תקרר (מלשון קורת רוח) רוחי בדברים שאינם ראוים לי הלואי קדמייתא לא תמנע. אף כך באשר עשה ה' כבר חסד לאברהם שהוליד את ישמעאל ועתה בא להוסיף לו חנינה בתולדות ילחק לעת זקנתו מן שרה. אמר הלואי ישמעאל יחיה לפניך לפי שגם לזה איני כדאי אלא הוא בתורת חסד וחנינה: **ויאמר אלהים שרה אשתך.** ר"ל מפני שטענת אברהם היה שאינו כדאי לזה השיבו ה' כי מלד היותה אשתך תלד לך ואתה כדאי אל הנס (יפ"ת). אבל יותר נראה שמתיבת ויאמר אלהים שרה אשתך הוא התחלת המאמר של סימן ו':

פירוש מהרז"ו

מונין לה. מחרפין אותה וקורין אותה עקרה מלשון לא תונו: **נותן אני יראתה.** שמ"ש והיתה לגוים שהיתה שרה לגוים כמו אברהם והיית לאב המון גוים כך כי שרה שמה והיתה שרה ודו"ק. ודברי רש"י בחומש אולי היה לו גי' אחרת במדרש ול"ע: **ר' יודן בשם.** ר"ל לפרש מ"ש וברכתי אותה וגם נתתי לך ממנה בן וכנ"ל כדברי ר' יודן: **מכאן דרש אברהם.** ל"ע איך דורש הברכה המפורשת לשרה על קטורה. ונ"ל שדורש רישא דקרא וגם נתתי לך ממנה בן משמע שכבר נתן ואחר כך ממנה יהיו בעתיד שמ"ש נתתי היינו ישמעאל מלכי עמים ממנה יהיו בעתיד שאותה שכבר היה ממנה בן יהיו ממנה מלכי עמים י"ד משפחות ועל כן החזיר את קטורה היא הגר. ופשוטו על שרה. ומ"ש נתתי עבר במקום עתיד. ומרמז בתיבת גם לרבות אותה שכבר נתתי וגו'. עי' לקמן פר' ס' סימן י"ד ופר' ס"א סימן ד': (ג) **ב' פעמים נפל.** לעיל פר' מ"ו סימן ו' וש"נ ומבואר: **למה ששרה וכו'.** שלעלמו לא אמר בלשון אם בספק אלא אמר בניחותא הלבן מאה שנה יולד יתכן שיולד אך אם שרה בזה יש ספק ופלא: **אף לזאת לא נצרך.** פירושו לכאורה שלא היה לריך להסתפק שהרי באמת ילדה בת נ' שנה. ולפי זה סובר ג"כ כר' יודן. אך באמת נראה לי שמ"ש לא נלרך פירושו לא הסתפק ולשון ירושלמי הוא וכמ"ש לקמן פרשה נ"א בסימן ג' תמן נריכא ליה והכא פשיטא ליה. ורבי עזריה חולק על ר' יודן שכמו שכתוב אלל אברהם הלבן מאה שנה יולד שהוא לשון ודאי ולא בפלא וספק כך כתוב אלל שרה הבת תשעים שנה תלד בוודאי ומ"ש ואם שרה ע"פ מדה ט' שרבים לא יאמינו כי זה חידוש אך גם בזאת אני מאמין באין ספק הבת תשעים שנה תלד. ומ"ש הלבן הבת הן תמיהות מתקיימות כמ"ש רש"י בחומש: **איזה זקנה.** הובא מאמר זה לכאן דרך אגב: (ד) **אנונה.** מנה ומתנה והיה נותן לו תמיד בקלבה די מחסורו: **לא תמלא רוחי וכו'.** לא תטרח למלאות לי כל כך כי יש לי קורת רוח ונחת ממה שנתת לי והלואי שלא תקח ותחסיר לי מהקודם:

חידושי הרד"ל

[ב] **וכי כבר נתברכה בחלב והלא עדיין כו'.** כל"ל: [ד] **נותן אני יראתה כו'.** כאן אין שייכות ג"כ למאמר זה. ולהלן שם מקומו לפרש לשון ויעש כמש"ש אי"ה. וכאן שמביא המאמר דר"י ור"ן מייתי לה ג"כ: [ג] **לא הזקינה.** כמ"ש הרמב"ן שלא נשתנית ביופיה שהיו המלכים לופין ומתאוין ליפיה ע"ש: (ו) **איזהו זקנה כו'.** ירושלמי נדה פ"ד ה"ד ומביא זה כאן לראיה. שאף שהיא זקנה בשנים. כל שאין זקנה ניכרת בפניה ואין קורין אותה (אנשים שאין יודעין שנותיה) אימא אינה חשובה זקנה (ומי' לכאורה שם לענין דיה שעתה ראוי להיות תלוי בשנים):

חידושי הרש"ש

[ב] **מלכי עמים ממנה יהיו כו' מכאן דרש אברהם והחזיר את קטורה.** נראה דדריש ממנה מהגר מדלא אמר ומלכי בוי"ו העטוף: [ג] **רבי עזריה אומר אף לזאת ל"נ כו'.** הן במקרא מלאנו מלת אף משמשת לק"ו כמו הן בעודני חי כו' ואף כו' בס"פ וילך וכן רבות (עיין לקמן ס"פ מקץ) וכ"ה הכוונה כאן. וליתר באור אמר עוד לזאת לא נלרך והוא ממש כלשון הגמרא בכ"מ זו ואצ"ל זו. ועיין ב"מ פ"ז א' ועדיין היו מרננין כו' אם שרה כו' (ר"ל דזה יכול להיות) אברהם כו' יוליד מיד כו' והוא כדעת ר"ע בכאן:

מסורת המדרש

ד עי' יבמות דף ס"ד: ה לעיל פ' מ"ז. וילקוט כאן רמז פ"ב: ו נדה דף ע':

ענף יוסף

מז [ב] **אמר לו רבי נחמיה וכי כבר כו'** תימא מה קושיא דלמה לא יבשר בעתיד מן החלב שיבא אחר העיבור. ויש לומר שקשה ליה כיון שמלינו שגם אח"כ דיבר ה' עוד כמה פעמים עם אברהם. למה ליה להקדים הבשורה קודם זמנו. ה"ל למימר אח"כ סמוך למעשה:

באור מהרי"פ

[ב] **נותן אני יראתה.** אולי דריש וברכתיה מלשון אברך. והכוונה שתהיה מורא עליהם כמורא מלכות. יפ"ת: **עיקר מטרון כו'.** נראה דקאי ארישיה דקרא וברכתי אותה בעיקר מטרון תחלה להיות לה הכנה ללדת. ואחר כך ונתתי וכו' להוליד בפועל. נזה"ק: [ג] **למה ששרה וכו' רע"א אף לזאת וכו'.** ע' נזה"ק שהביא גי' ספרים ישנים רי"א הלבן ק' שנה יולד אף זו ששרה כו'. רע"א לזאת לא נלרך כו'. וע"ש פירושו באורך:

מתנות כהונה

מרתא. גבירתה: **נותן אני כו'.** סיפיה דקרא קדריש והיתה לגוים וגו': **דלא יהוון כו'.** שלא יהיו מקנטרים אותה ויקראו אותה עקרה: **עיקר מטרן.** פי' הערוך בלשון רומי הרחם נקרא מוטרא: **וגלף.** פתוחי חותם תרגום אונקלוס כגלף עזקא: **מיכן דרש כו'.** ממה שאמר הקב"ה מלכי עמים משמע מלכים של עמים ולכן החזיר קטורה והזרע ההוא נקרא ע"ש שרה ולקמן פרשה נ"ג כתבתי בשם רש"י מניין להא וע"ש שהיא היתה הגורם וכן אמרה אולי אבנה ממנה: [ג] **ב' פעמים נפל כו'.** עיין לעיל פרשה מ"ו: **ששרה כו'.** דייק הכי מדלא כתיב השרה בת תשעים וגו' ועוד כתיב יולד ולא כתיב יוליד: **אינו מזקין.** זקנותו אינו מזיק לו מלהוליד: **אף לזאת לא נצרך כו'.** דריש ה"א של הבת תשעים שנה תמיהה קיימת וכן רבים: **כל שקורין כו'.** מפני זקנותה ואינה מקפדת: [ד] **אנונא.** פי' הערוך מנות פרנסה מבית המלך: **לא תמלא רוחי כו'.** קריר. לשון קורת רוח לא תקרר רוחי כ"כ

אשד הנחלים

נותן אני יראת'. שלכן נקראת עתה שרה שהיא שרה לכל העולם וגם מסיפא דקרא והית' לגוים: **עיקר מטרין.** וזהו בתחילה וברכתיה במטרין ואולי כוונתם לדייק מה דכתיב בעבר וברכתי. וגם נתתי טרם שנתעברה הוא מפני שעתה גלף לה עיקר מטרין ע"כ ממילא הרי זה כמו שנתן לה ולכן כתיב לשון עבר: [ג] **שתי פעמים.** עיין בפרש' הקודמת ושם ביארתי. **למה ששרה כו'.** וא"כ מלת הלבן הוא תמיה קיימת כלומר אמת שזה יתכן אבל האשה שהיא מזקנת איך יתכן זה ודעת ר' עזריה שגם זה לא הי' תמיה כ"כ שבאמת ששרה לא הית' במדריגת הזקנה כ"כ רק עיקר הפלא שעיקר מטרון לא הי' לה. ולא מחמת הזקנה (שמעתי): [ד] **משל לאוהבו.** הוצרך במשל הזה

וַיֹּאמֶר אֱלֹהִים אֲבָל שָׂרָה אִשְׁתְּךָ יֹלֶדֶת לְךָ בֵּן וְקָרָאתָ אֶת שְׁמוֹ יִצְחָק וַהֲקִמֹתִי אֶת בְּרִיתִי אִתּוֹ לִבְרִית עוֹלָם לְזַרְעוֹ אַחֲרָיו. וּלְיִשְׁמָעֵאל שְׁמַעְתִּיךָ הִנֵּה בֵּרַכְתִּי אֹתוֹ וְהִפְרֵיתִי אֹתוֹ וְהִרְבֵּיתִי אֹתוֹ בִּמְאֹד מְאֹד שְׁנֵים עָשָׂר נְשִׂיאִם יוֹלִיד וּנְתַתִּיו לְגוֹי גָּדוֹל. וְאֶת בְּרִיתִי אָקִים אֶת יִצְחָק אֲשֶׁר תֵּלֵד לְךָ שָׂרָה לַמּוֹעֵד הַזֶּה בַּשָּׁנָה הָאַחֶרֶת.

God said, "Nonetheless, your wife Sarah will bear you a son and you shall call his name Isaac; and I will fulfill My covenant with him as an everlasting covenant for his offspring after him. And regarding Ishmael, I have heard you. Behold, I have blessed him, I will make him fruitful, and I will increase him most exceedingly; he will beget twelve princes and I will make him into a great nation. But I will maintain My convenant through Isaac, whom Sarah will bear to you by this time next year" (17:19-21).

§5 וּלְיִשְׁמָעֵאל שְׁמַעְתִּיךָ – ***AND REGARDING ISHMAEL, I HAVE HEARD YOU.***

Why does Scripture mention Ishmael's blessings in the middle of its discussion of the blessings of Isaac? The Midrash brings two approaches as to how our verse is to be understood and what it is accordingly telling us about the respective blessings of Ishmael and Isaac. The first approach:

רַבִּי יוֹחָנָן בְּשֵׁם רַבִּי יְהוֹשֻׁעַ בַּר חֲנִינָא – R' Yochanan said in the name of R' Yehoshua bar Chanina: בֶּן הָאָמָה לָמֵד מִבֶּן הַגְּבִירָה[37] – **Here,** Ishmael, **the son of the maidservant,** Hagar, **may learn from** Isaac, **the son of the mistress** of the house, Sarah.[38] "הִנֵּה בֵּרַכְתִּי אֹתוֹ" זֶה יִצְחָק – The phrase ***Behold, I have blessed him*** **is** referring to **Isaac;**[39] "וְהִפְרֵיתִי אֹתוֹ" זֶה יִצְחָק – the phrase ***I will make him fruitful*** **is** also referring to **Isaac;** "וְהִרְבֵּיתִי אֹתוֹ" זֶה יִצְחָק – and the phrase ***I will increase him*** **is** referring to **Isaac** as well.[40] וּלְיִשְׁמָעֵאל כְּבָר שָׁמַעְתִּי אוֹתוֹ עַל יְדֵי מַלְאָךְ – The phrase ***And regarding Ishmael, I have heard you*** means: **I have already informed him** of various blessings **through the angel** that appeared to Hagar in the wilderness.[41] And, in addition, I have now heard your current prayer[42] and am giving him further blessings.[43]

The second approach:

רַבִּי אַבָּא בַּר כַּהֲנָא בְּשֵׁם רַבִּי בֵּירִי: – R' Abba bar Kahana said **in the name of R' Biri:** כָּאן בֶּן הַגְּבִירָה לָמֵד מִבֶּן הָאָמָה[44] – **Here,** Isaac, **the son of the mistress of the house,** Sarah, **may learn from** Ishmael, **the son of the maidservant,** Hagar.[45] "הִנֵּה בֵּרַכְתִּי אֹתוֹ" זֶה יִשְׁמָעֵאל – The phrase ***Behold, I have blessed him*** **is** referring to **Ishmael.** "וְהִפְרֵיתִי אֹתוֹ" זֶה יִשְׁמָעֵאל – The phrase ***I will make him fruitful*** **is** also referring to **Ishmael.** "וְהִרְבֵּיתִי אֹתוֹ" זֶה יִשְׁמָעֵאל – The phrase ***I will increase him*** **is** referring to **Ishmael** as well. קַל וָחֹמֶר "וְאֶת בְּרִיתִי אָקִים אֶת יִצְחָק" – If God blessed Ishmael so, it follows (by a *kal vachomer*) that God will surely bless Isaac so much more through His blessing: ***I will maintain My covenant through Isaac*** (v. 21).Ⓐ

Continuing with the approach of R' Abba bar Kahana in the name of R' Biri, the Midrash compares the blessing of Isaac to that of Ishmael:

אָמַר רַבִּי יִצְחָק: כְּתִיב "כָּל אֵלֶּה שִׁבְטֵי יִשְׂרָאֵל שְׁנֵים עָשָׂר" – **R' Yitzchak said: It is written,** ***All these are the Tribes of Israel, twelve*** (*Genesis* 49:28) – אֵלּוּ בְּנֵי גְבִירָה – **these** tribes **are the descendants of** Sarah, **the mistress of the house.** וְיִשְׁמָעֵאל אֵינוֹ מַעֲמִיד שְׁנֵים עָשָׂר – But **did not Ishmael,** the son of Hagar, the maidservant, **produce twelve** tribes as well?[46] How then were

NOTES

37. Emendation follows recommendation of *Matnos Kehunah, Ohr HaSeichel,* and *Eitz Yosef,* based on *Yalkut Shimoni, Lech Lecha* §82. *Yefeh To'ar* offers explanations of both versions.

38. That is, we may learn about the blessings with which Ishmael will be blessed from the blessings given to Isaac. See further.

39. The plain meaning of our verse is certainly that *him* refers to Ishmael. However, R' Yehoshua bar Chanina is saying that on the level of homiletic interpretation, it alludes to Isaac (*Eitz Yosef*).

[According to this understanding, Scripture is *not* interrupting its discussion of Isaac's blessings with those of Ishmael (as presumed in our introduction), for our verse is discussing *Isaac's* blessings. However, our verse's mention of Ishmael at this point still bears explanation.]

40. *Imrei Yosher* asks: But how can the *continuation* of our verse, *he will beget twelve princes*, refer to Isaac? He answers by referring to the Midrash below, 63 §6, which states that indeed Isaac and Rebecca were supposed to have been the parents of the twelve tribes.

41. See above, 16:10-12. (See also below, 21:18.)

42. As *Targum Onkeles* renders the word שְׁמַעְתִּיךָ.

43. By virtue of being Isaac's brother, Ishmael will receive blessings similar to those of Isaac mentioned in our verse (*Eitz Yosef*).

44. See above, note 37. *Rashi* (on verse 19) cites R' Biri's approach (albeit in a different sage's name) and follows this version as well.

44. That is, we may learn about the blessings with which Isaac will be blessed from the blessings given to Ishmael.

46. As stated in our verse: שְׁנֵים עָשָׂר נְשִׂיאִם יוֹלִיד, *he will beget twelve princes.*

INSIGHTS

Ⓐ **The Covenant and the Kal VaChomer** *Bnei Yisas'char* (*Tishrei* 12:4) questions why a *kal vachomer* argument is necessary to confirm the blessing to Isaac: Such logical arguments are necessary when an idea is only implicit in the Torah; a *kal vachomer* argument then explicates the implicit idea. But here, the verse (17:21) states explicitly: *But I will maintain my covenant through Isaac*! Why is there any further need to confirm this blessing by means of a *kal vachomer*?

Bnei Yisaschar explains that the confirmation is indeed necessary, because there is a significant difference between the explicit blessing and the implicit blessing. Although God pledged (17:19): *I will fulfill My covenant with him* [i.e., Isaac] *as an everlasting covenant for his offspring after him*, that pledge was conditional, as an earlier verse states (ibid.): *God said to Abraham, "And as for you, you shall keep My covenant – you and your offspring after you throughout their generations."* Thus, the direct covenant between God and Isaac is contingent on Isaac's descendants maintaining the covenant – i.e., on their adherence to the Torah and to its commandments. Accordingly, if the Jewish people were to behave improperly, the explicit covenant would be inoperative.

Our Midrash therefore notes that besides the explicit blessing that is the direct covenant between God and Isaac's progeny, there is another, implicit, covenant that emerges from a *kal vachomer*. And, as is always the case when an idea is derived from a *kal vachomer*, the law that emerges follows the parameters of the source from which it was derived. Since the blessing promised to Ishmael was *not* contingent on Ishmael's adherence to the Torah or to the commandments, the implicit blessing to the Jewish people that is derived from that blessing is also not contingent – neither on their adherence to the Torah, nor on their adherence to the commandments. Thus, this implicit blessing can never be rendered inoperative (see also *Mekadeshei Hashem, Zer Zahav* §167; see, however, *Yefeh To'ar* who gives a novel interpretation of the *kal vachomer*).

[*Mishneh Sachir* (II:151) suggests that this Midrash is the reason why the Torah reading for the first day of Rosh Hashanah includes the verses that refer to Hagar's and Ishmael's incident in the desert. These verses invoke a variation of the Midrash's *kal vachomer* – if God accepted Hagar's prayers on behalf of Ishmael, surely He should accept our prayers on behalf of Isaac's descendants. According to *Bnei Yisas'char,* it may be that these verses are also read so as to "remind" God on the Day of Judgment of His implicit commitment to bless us unconditionally.]

ה [יז, כ] "וּלְיִשְׁמָעֵאל שְׁמַעְתִּיךָ", רַבִּי יוֹחָנָן בְּשֵׁם רַבִּי יְהוֹשֻׁעַ בַּר חֲנִינָא: בֶּן °הַגְּבִירָה לָמֵד מִבֶּן °הָאָמָה. "הִנֵּה בֵּרַכְתִּי אֹתוֹ", זֶה יִצְחָק, "וְהִפְרֵיתִי אֹתוֹ", זֶה יִצְחָק, "וְהִרְבֵּיתִי אֹתוֹ", זֶה יִצְחָק. וּלְיִשְׁמָעֵאל כְּבָר שָׁמַעְתִּי אוֹתוֹ עַל יְדֵי מַלְאָךְ. רַבִּי אַבָּא בַּר כַּהֲנָא בְּשֵׁם רַבִּי בֵּירִי: כָּאן בֶּן °הָאָמָה לָמֵד מִבֶּן °הַגְּבִירָה. "הִנֵּה בֵּרַכְתִּי אֹתוֹ", זֶה יִשְׁמָעֵאל, "וְהִפְרֵיתִי אֹתוֹ", זֶה יִשְׁמָעֵאל, "וְהִרְבֵּיתִי אֹתוֹ", זֶה יִשְׁמָעֵאל, קַל וָחֹמֶר "וְאֶת בְּרִיתִי אָקִים אֶת יִצְחָק". אָמַר רַבִּי יִצְחָק: [ז]כְּתִיב (בראשית מט, כח) "כָּל אֵלֶּה שִׁבְטֵי יִשְׂרָאֵל שְׁנֵים עָשָׂר", אֵלּוּ בְּנֵי גְּבִירָה, וְיִשְׁמָעֵאל אֵינוֹ מַעֲמִיד שְׁנֵים עָשָׂר, [ח]אֶלָּא אוֹתָן נְשִׂיאִים, הֵיךְ מָה דְּאַתְּ אָמַר (משלי כה, יד) "נְשִׂיאִים וְרוּחַ וְגֶשֶׁם אָיִן", אֲבָל אֵלּוּ מַטּוֹת, כְּמָה דְּאַתְּ אָמַר (חבקוק ג, ט) "שְׁבֻעוֹת מַטּוֹת אֹמֶר סֶלָה". [יז, כא] "וְאֶת בְּרִיתִי אָקִים אֶת יִצְחָק", רַבִּי הוּנָא בְּשֵׁם רַבִּי אִידִי: [ט]אוֹתָהּ הַשָּׁנָה מְעוּבֶּרֶת הָיְתָה:

עץ יוסף

(ה) [ו] **בן הגבירה למד מבן האמה.** ה"ג בס"י ר' יוחנן בשם ריב"ח אמר כאן בן האמה למד מבן הגבירה הנה ברכתי אותו זה יצחק וכו'. ר' אבא ב"כ בשם ר"ב אמר כאן בן הגבירה למד מבן האמה ולישמעאל שמעתיך. כבר שמעתי אותך על ידי מלאך הנה ברכתי אותו זה ישמעאל וכו' וק"ו ואת בריתי אקים את יצחק. דר"י מפרש ולישמעאל שמעתיך עתה שמעתי תפלתך וכתרגומו. דכאן נתחדש ברכה לישמעאל נוסף על הברכה שנתברך כבר ע"י המלאך שנתגלה להגר. והטעם כי עתה שנתברך יצחק בברכה יתירה גם הוא נתברך עמו באשר הוא אחיו ולכך נכנס ונסמך ברכת ישמעאל לברכת יצחק ללמד ברכה מיצחק לישמעאל ר"ל ללמדך כי ישמעאל נתברך על ידי יצחק הנה ברכתי אותו זה יצחק והפריתי אותו זה יצחק כו' כלו' דבא לרמוז במלת אותו גם ליצחק ללמדך דישמעאל נתברך ע"י יצחק מעין ברכתו. אבל ר' אבא ב"כ מפרש ולישמעאל שמעתיך כבר השמעתיך ע"י מלאך ובן הגבירה למד מבן האמה וה"ק הנה כבר ברכתי אותו והפריתי אותו זה ישמעאל כפשטא דקרא והיינו ע"י מלאך. ק"ו ואת בריתי אקים את יצחק שהוא בן הגבירה ולכן הוא יתברך עוד ביתר שאת ויתר עוז (נזה"ק) ע"ש באריכות: [ז] **אלו בני הגבירה.** דילפי' ק"ו לבן הגבירה מבן האמה לי"ב נשיאים. וקאמר שחילוק רב ביניהם שאלו נקראים נשיאים ר"ל עננים כמד"א נשיאים ורוח וגו' ר"ל שיכלו כעננים אבל אלו נקראים מטות. שיהיו קיימים וחזקים כמטות ונושאות ענף ופרי. וז"ש שבועות מטות אומר סלה. כלומר השבועות והיעודים הטובים אשר לשבטים. הם אומר קיים לעולם ובב"ר סוף פ' י"ג אמר כשם שנשבע ה' לאבות כך נשבע לשבטים: **אבל אלו מטות.** ושבט ומטה ענין אחד הוא וכמ"ש ישעיה י' הוי אשור שבט אפי וגו' ומטה הוא וגו'. וכן שם פסוק ט"ו: **ואת בריתי אקים את יצחק.** וס"ד אשר תלד לך שרה למועד הזה לשנה האחרת. ע"ז אמר אותה השנה מעוברת היתה דפירוש למועד אשוב אליך ליום טוב הבא ראשון. ולהכי צריך לומר דס"ל

פירוש מהרז"ו

(ה) **בן הגבירה.** עי' מתנות כהונה גירס' הילקוט וכ"ג רש"י בחומש. וז"ל ארא"כ מכאן למד ק"ו בן הגבירה מבן האמה כתיב הנה ברכתי אותו והפרתי אותו והרביתי אותו זה ישמעאל וק"ו ואת בריתי אקים את יצחק עכ"ל ומ"ש ואת בריתי אקים את יצחק שהוא מיותר שהרי כבר כתב בפסוק י"ט והקימותי את בריתי אתו ע"כ דורש שהוא ק"ו מפורש ע"פ מדה ט' אם לישמעאל אני מברך כל כך בי"ב נשיאים וזה תראה בעיניך ק"ו שאעשה כך ליצחק אע"פ שלא תראה בחייך בעיניך. שהרי אברהם מת כשהיו יעקב ועשו בני ט"ו שנה ולא נשאו עדיין נשים. אך ר"י בשם ר"י ב"ח סובר שמאחר שעיקר פרשה זאת על שרה ועל יצחק ולא הוזכר ישמעאל רק בעבור שאמר אברהם לו ישמעאל יחיה לפניך היה די שישיב לו מה שביקש שיחיה לפניו ואיך יתכן לומר שקבע עיקר הברכה לישמעאל ואת יצחק הזכיר מן הצד ללמדו מישמעאל. גם למה הפסיק בברכת ישמעאל באמצע ברכת יצחק על כן בהכרח ע"פ מדה ל"א מוקדם שמאוחר בענין. שמ"ש ולישמעאל שמעתיך מקומו בסוף אחר ברכת יצחק וא"כ ממילא יהיה כל הברכה שייך ליצחק ואחר שגמר ברכת יצחק אמר ולישמעאל שמעתיך כבר שמעתי אותך קודם שהתפללת בעבורו היינו מ"ש המלאך להגר כבר הרבה ארבה את זרעך וגו' וכן אקיים וא"כ מ"ש שנים עשר נשיאים יוליד וכו' קאי על יצחק. ועל שישמעאל הוליד ג"כ שנים עשר נשיאים כמ"ש בסוף פרשת חיי שרה על זה אמר שבן האמה למד מבן הגבירה שכתוב ולישמעאל בוי"ו המוסיף על ענין ראשון הרי למד ממנו שיתברך כמו יצחק שכל הברכה עליו לבד. דוק והתבונן בכתובים איך אלו ואלו דברי אלהים חיים ומה דאתי מדרשא חביבא ולר"י החידוש הדרשא של מדה ל"א. ולרא"כ החידוש דרשא של ק"ו מפורש ושניהם יחד לא יתכן כאן: **כל אלה שבטי ישראל.** ע' לעיל פר' י"ב סוף סימן א' שתיבת אלה מורה התפארות ושבח. ומהו ההתפארות בזה הלא גם בן האמה היו י"ב נשיאים. ולמה קורא לבני האמה נשיאים ולבני הגבירה שבטים. על כן דורש ר' יצחק. שמ"ש נשיאים על שם נשיאים ורוח הם העננים הנישאים על כנפי רוח ורומז למ"ש דניאל ונשא הימון רוחא וכמ"ש פר"א פרק שלשים בסופו ע"ש ותבין כאן: **אבל אלו מטות.** ושבט ומטה ענין אחד הוא וכמ"ש ישעיה י' הוי אשור שבט וגו' ומטה הוא וגו' וכן שם פסוק ט"ו כהניף שבט. כהרים מטה. והשבטים יקראו גם בתורה בשם מטה ומטות. אך ניחא ליה להביא פסוק מחבקוק ששם מבואר שכשם שנשבע לאבות בשמו הגדול כך נשבע לשבטים וכמ"ש שמ"ר בפר' מ"ד בסי' ט': **ואת בריתי וכו' מעוברת היתה.** הכוונה על מ"ש בס"ד אשר תלד לך שרה למועד הזה לשנה האחרת וכמ"ש במ"כ וזה לע"ג דבשלמא הגמרא דסובר שהמילה היתה ביהכ"פ כמ"ש פר"א פרק כ"ט וביום הג' אחר המילה באו המלאכים לבקרו וא"כ בהכרח לומר שהיתה השנה מעוברת שילדה לז' חדשים אך המדרש שסובר שהמלאכים באו בפסח כמ"ש לקמן פר'

חידושי הרד"ל

[ה] **ע"י מלאך.** ואין כאן עוד בפרשה ברכה אמורה לו: **מעוברת היתה.** עיין תוס' פ"ק (דר"ה י"א) שהביאו מהמדרש שסרט לו סריטה בכותל. ודרש למועד הזה לשנה האחרת. ולכן אמר שהיתה מעוברת. שאם כפשוטה לא תגיע חמה לסריטה לשנה האחרת כדלעיל ס"פ ל"ב. מיהו אף במעוברת לא תגיע ואפשר לשון בשנה האחרת דריש שהשנה הבאה תהיה אחרת ומשונה משנה זו דהיינו שתהא שנה זו מעוברת:

מסורת המדרש

ז ילקוט כאן רמז פ"ב. תנחומא סדר ויחי סימן ט"ו. ועי' לעיל פרשה י"ב:
ח ילקוט חבקוק רמז תקס"ד:
ט ר"ה דף י"א:

אם למקרא

כָּל־אֵלֶּה שִׁבְטֵי יִשְׂרָאֵל שְׁנֵים עָשָׂר וְזֹאת אֲשֶׁר־דִּבֶּר לָהֶם אֲבִיהֶם וַיְבָרֶךְ אוֹתָם אִישׁ אֲשֶׁר כְּבִרְכָתוֹ בֵּרַךְ אֹתָם: (בראשית מט:כח)

נְשִׂיאִים וְרוּחַ וְגֶשֶׁם אָיִן אִישׁ מִתְהַלֵּל בְּמַתַּת־שָׁקֶר: (משלי כה:יד)

עֶרְיָה תֵעוֹר קַשְׁתֶּךָ שְׁבֻעוֹת מַטּוֹת אֹמֶר סֶלָה נְהָרוֹת תְּבַקַּע אָרֶץ: (חבקוק ג:ט)

מתנות כהונה

מלא וגדוש הלוואי שלא תמנע ממני קלבה הקודמת: [ה] [ה"ג בילקוט וכן עיקר ר"י בן חנינא אמר בן האמה למד מבן הגבירה הנה ברכתי כו' עד בשם ר' בירי בן הגבירה למד מבן האמה הנה ברכתי כו']: **בני גבירה.** בני שרה אמנו. וישמעאל אינו מעמיד בתמיה וא"כ מאי רבותא דבני הגבירה שהכתוב משבח ואומר כל אלה שבטי ישראל י"ב: **נשיאים.** עננים. כענן כלה וילך: **מטות.** כלומר חזקים כמטה הזה: **מעוברת היתה.** בפ"ק דמסכת ר"ה דריש דהא דכתיב שוב אשוב אליך כעת חיה שהמלאך היה עומד בתשרי ומבשר על ניסן ומקשה והאיכא בשש חדשים מי ילדה ומשני אותה שנה מעוברת היתה ושרה אמנו ילדה לשבעה חדשים ע"כ

אשד הנחלים

להמתיק איך יתכן שלא יאבה אברהם לקבל הטובה הזאת שיהי' לו בן משרה. ולכן מביא משל מוחשי ממלך ובן אדם כמוהו שמצד יראת כבוד המלך בעת שרואה שהמלך מבשר לו עוד טובות הוא מוצא בנפשו כניע' גדול' מאד עד שאומר מלבו ומבין בנפשו כי גם הטובו' הקודמות המה חסדים שאיני כדאי אף כי הטובות הרבות הגדולות עוד: [ה] **בן הגביר' למד כו'** כלומר אחר שנתברך בן האמה ככה אף כי בן הגביר'. ודעת ראב"כ שביאר הכתוב היא כמו ראי' אחר שראית שלישמעאל שמעתיך מכבר והנה ברכתי אותו גו' [ודייק דמוסב על ישמעאל מדכתיב ברכתי נתתי בלשון עבר. ואם כן מכש"כ ואת בריתי אקים את יצחק אשר תלד לך שרה וכלומר אם לישמעאל שאינו משרה ככה אף כי בן שרה ולכן דרש שמעתיך כבר ע"י מלאך שבישר להגר: **וישמעאל אינו מעמיד.** כלומר אחר שגם ישמעאל זכה לזה א"כ מהו ההבטחה ליעקב דווקא. ומפרש שבישמעאל לא הי' רק נשיאים ומצאנו בכתוב שמגנה הנשיאים בדרך לעג שהמה אך רוח וגשם אין כלומר שלא יוכלו להוציא מחשבתם לפועל שזה מכונה בשם גשם ורוח לרוות הארץ ולהזריע פעולה טובה שיהיו קנין קיים להם אבל על המטות נאמר שבועות מטות כאלו נשבע להם שיהיו קיימים והאומר עומד תמיד סלה וקיים לעד: **מעוברת הי'.** עיין במ"כ

Isaac's blessings superior to Ishmael's, as called for by the above *kal vachomer?*[47] אֶלָּא אוֹתָן נְשִׂיאִים – **But** the answer is that **[Ishmael's twelve tribes] are** referred to as **נשיאים,**[48] which bears a secondary meaning of *clouds*, הֵיךְ מָה דְאַתְּ אָמַר "נְשִׂיאִים וְרוּחַ וְגֶשֶׁם אָיִן" – **as it is stated** in Scripture: ***clouds*** [נְשִׂיאִים], ***wind without rain*** (*Proverbs* 25:14). The term thus indicates that the princes (tribes) of Ishmael would be transient as the wind-driven clouds.[49] אֲבָל אֵלּוּ מַטּוֹת – **But these** tribes, i.e., those of Israel, **are** referred to as **מַטּוֹת,**[50] which bear the secondary meaning of *rods*.[51] The term thus indicates strength and endurance.[52] כְּמָה דְאַתְּ אָמַר "שְׁבֻעוֹת מַטּוֹת אֹמֶר סֶלָה" – This is **as it is stated** in Scripture: ***the oaths to the tribes*** [מַטּוֹת], ***an enduring word*** (*Habakkuk* 3:9), which means that all the good things promised to the Tribes of Israel[53] would endure.[54]

The Midrash proceeds to elucidate the end[55] of verse 21:

"וְאֶת בְּרִיתִי אָקִים אֶת יִצְחָק" – ***But I will maintain my covenant through Isaac*** *whom Sarah will bear to you in the [coming] festival* [לַמּוֹעֵד הַזֶּה] *next year.*[56] רַבִּי הוּנָא בְּשֵׁם רַבִּי אִידִי: אוֹתָהּ הַשָּׁנָה מְעוּבֶּרֶת הָיְתָה – **R' Huna** said **in the name of R' Idi: That year was a leap year.**[57]

NOTES

47. *Matnos Kehunah* and *Eitz Yosef.*

48. See note 46.

49. *Matnos Kehunah.*

50. *Numbers* 1:16, 17:17, et al.

51. Like the word שֵׁבֶט, with which it is synonymous; see *Isaiah* 10:5 and 10:15 (*Eitz Yosef*). The term connotes rulership as well.

52. *Matnos Kehunah.*

53. [Although not mentioned in Scripture, the Midrash presumes that] just as God made promises to the Patriarchs, so did He make promises to the Tribes of Israel (*Eitz Yosef* above, s.v. אלו בני גבירה).]

54. The Tribes of Israel (unlike those of Ishmael) would thus endure. And this is why Habakkuk uses the word מַטּוֹת – which connotes endurance – for *tribes*.

55. *Matnos Kehunah, Maharzu, Eitz Yosef.*

56. [The word מוֹעֵד, lit., *appointed time*, is often used by Scripture to denote *a festival*.] The Midrash understands that when God spoke to Sarah it was a festival (i.e., one of the *Shalosh Regalim*) and told her that she would bear a son on the *next* festival, and that that festival would be in a different year (*Matnos Kehunah*).

Accordingly, the festival on which God spoke to Sarah must have been Succos (which falls in Tishrei), and the successive festival, on which she gave birth, must have been Pesach (which falls in Nissan). For since Nissan marks the first month of the new year (in Scripture), this is the only way that two successive festivals would fall out in different calendar years.

[The Gemara, *Rosh Hashanah* 11a, commenting on 18:14 below, states that the two festivals could not have been Pesach and Shavuos because the fifty days that separate those festivals are clearly insufficient for a fetus to develop; the two festivals could also not have been Shavuos and Succos because just over five months separate those festivals, which is also clearly insufficient.]

57. The difficulty is that there are still but six months between Succos and Pesach – not long enough to bear viable offspring. Rav Huna therefore states that that year was a leap year (i.e., there were two Adars). There were thus seven months between Succos and Pesach. Compare R' Chama's opinion below, 53 §6.

[Our Midrash disagrees with the Midrash (48 §12) that states that the angels came to Abraham on Passover (and foretold that Isaac will be born on the next Passover festival]) (*Eitz Yosef*). See also *Rashi* to 18:10 and 21:2 below.]

ה [יז, כ] **"וּלְיִשְׁמָעֵאל שְׁמַעְתִּיךָ", רַבִּי יוֹחָנָן בְּשֵׁם רַבִּי יְהוֹשֻׁעַ בַּר חֲנִינָא: בֶּן °הַגְּבִירָה לָמֵד מִבֶּן °הָאָמָה. "הִנֵּה בֵּרַכְתִּי אֹתוֹ", זֶה יִצְחָק, "וְהִפְרֵיתִי אֹתוֹ", זֶה יִצְחָק, "וְהִרְבֵּיתִי אֹתוֹ", זֶה יִצְחָק. וּלְיִשְׁמָעֵאל כְּבָר שָׁמַעְתִּי אוֹתוֹ עַל יְדֵי מַלְאָךְ. רַבִּי אַבָּא בַּר כַּהֲנָא בְּשֵׁם רַבִּי בֵּירִי: כָּאן בֶּן °הָאָמָה לָמֵד מִבֶּן °הַגְּבִירָה. "הִנֵּה בֵּרַכְתִּי אֹתוֹ", זֶה יִשְׁמָעֵאל, "וְהִפְרֵיתִי אֹתוֹ", זֶה יִשְׁמָעֵאל, "וְהִרְבֵּיתִי אֹתוֹ", זֶה יִשְׁמָעֵאל, קַל וָחֹמֶר "וְאֶת בְּרִיתִי אָקִים אֶת יִצְחָק". אָמַר רַבִּי יִצְחָק: [ז] כְּתִיב** (בראשית מט, כח) **"כָּל אֵלֶּה שִׁבְטֵי יִשְׂרָאֵל שְׁנֵים עָשָׂר", אֵלּוּ בְּנֵי גְבִירָה, וְיִשְׁמָעֵאל אֵינוֹ מַעֲמִיד שְׁנֵים עָשָׂר, [ח] אֶלָּא אוֹתָן נְשִׂיאִים, הֵיךְ מָה דְּאַתְּ אָמַר** (משלי כה, יד) **"נְשִׂיאִים וְרוּחַ וְגֶשֶׁם אָיִן", אֲבָל אֵלּוּ מַטּוֹת, כְּמָה דְאַתְּ אָמַר** (חבקוק ג, ט) **"שְׁבֻעוֹת מַטּוֹת אֹמֶר סֶלָה".** [יז, כא] **"וְאֶת בְּרִיתִי אָקִים אֶת יִצְחָק", רַבִּי הוּנָא בְּשֵׁם רַבִּי אִידִי: [ט] אוֹתָהּ הַשָּׁנָה מְעוּבֶּרֶת הָיְתָה:**

עץ יוסף

(ה) [ו] **בן הגבירה למד מבן האמה.** ה"ג בס"י ר' יוחנן בשם ריב"ח אמר כאן בן האמה למד מבן הגבירה הנה ברכתי אותו זה יצחק וכו'. ר' אבא ב"כ בשם ר"ב אמר כאן בן הגבירה למד מבן האמה ולישמעאל שמעתיך. כבר שמעתי אותך על ידי מלאך הנה ברכתי אותו זה ישמעאל וכו' וק"ו ואת בריתי אקים את יצחק. דר"י מפרש ולישמעאל שמעתיך עתה שמעתי תפלתך וכתרגומו. דכאן נתחדש ברכה לישמעאל נוסף על הברכה שנתברך כבר ע"י המלאך שנתגלה להגר. והטעם כי עתה שנתברך יצחק בברכה יתירה גם הוא נתברך עמו באשר הוא אחיו ולכך נכנס ונסמך ברכת ישמעאל לברכת יצחק ללמד ברכה מיצחק לישמעאל ר"ל ללמדך כי ישמעאל נתברך על ידי יצחק הנה ברכתי אותו זה יצחק והפריתי אותו זה יצחק כו' כלו' דבא לרמוז במלת אותו גם ליצחק ללמדך דישמעאל נתברך ע"י יצחק מעין ברכתו. אבל ר' אבא ב"כ מפרש ולישמעאל שמעתיך כבר השמעתיך ע"י מלאך ובן הגבירה למד מבן האמה וה"ק הנה כבר ברכתי אותו והפריתי אותו זה ישמעאל כפשטא דקרא והיינו ע"י מלאך. ק"ו ואת בריתי אקים את יצחק שהוא בן הגבירה ולכן הוא יתברך עוד ביתר שאת ויתר עוז (נזה"ק) ע"ש בארוכות: [ז] **אלו בני הגבירה.** דילפי' ק"ו לבן הגבירה מבן האמה לי"ב נשיאים. וקאמר שחילוק רב ביניהם שאלו נקראים נשיאים ר"ל עננים כמד"א נשיאים ורוח וגו' ר"ל שיכלו כעננים אבל אלו נקראים מטות. שיהיו קיימים וחזקים כמטות ונושאות ענף ופרי. וז"ש שבועות מטות אומר סלה. כלומר השבועות והיעודים הטובים אשר לשבטים. הם אומר קיים לעולם ובב"ר סוף פ' י"ג אמר כשם שנשבע ה' לאבות כך נשבע לשבטים: **אבל אלו מטות.** ושבט ומטה ענין אחד הוא וכמ"ש ישעיה י' הוי אשור שבט אפי וגו' ומטה הוא וגו'. וכן שם פסוק ט"ו: **ואת בריתי אקים את יצחק.** וס"ד אשר תלד לך שרה למועד הזה לשנה האחרת. ע"ז אמר אותה השנה מעוברת היתה דפירוש למועד אשוב אליך ליום טוב הבא ראשון. ולהכי צריך לומר דס"ל

פירוש מהרז"ו

(ה) **בן הגבירה.** עי' מתנות כהונה גירס' הילקוט וכ"ג רש"י בחומש. וז"ל הרא"כ מכאן למד ק"ו בן הגבירה מבן האמה כתיב הנה ברכתי אותו והפרתי אותו והרביתי אותו זה ישמעאל וק"ו ואת בריתי אקים את יצחק עכ"ל ומ"ש ואת בריתי אקים את יצחק שהוא מיותר שהרי כבר כתב בפסוק י"ט והקימותי את בריתי אתו ע"כ דורש שהוא ק"ו מפורש ע"פ מדה ט' אם לישמעאל אני מברך כל כך בי"ב נשיאים וזה תראה בעיניך ק"ו שאעשה כך ליצחק אע"פ שלא תראה בחייך בעיניך. שהרי אברהם מת כשהיו יעקב ועשו בני ט"ו שנה ולא נשאו עדיין נשים. אך ר"י בשם ר' ב"ח סובר שמאחר שעיקר פרשה זאת על שרה ועל יצחק ולא הוזכר ישמעאל רק בעבור שאמר אברהם לו ישמעאל יחיה לפניך היה די שישיב לו מה שביקש שיחיה לפניו ואיך יתכן לומר שקבע עיקר הברכה לישמעאל ואת יצחק הזכיר מן הצד ללמדו מישמעאל. גם למה הפסיק בברכת ישמעאל באמצע ברכת יצחק על כן בהכרח ע"פ מדה ל"א מוקדם שמאוחר בענין. שמ"ש ולישמעאל שמעתיך מקומו בסוף אחר ברכת יצחק וא"כ ממילא יהיה כל הברכה שייך ליצחק ואחר שגמר ברכת יצחק אמר ולישמעאל שמעתיך כבר שמעתי אותך קודם שהתפללת בעבורו היינו מ"ש המלאך להגר כבר הרבה ארבה את זרעך וגו' וכן אקיים וא"כ מ"ש שנים עשר נשיאים יוליד וכו' קאי על יצחק. ועל שישמעאל הוליד ג"כ שנים עשר נשיאים כמ"ש בסוף פרשת חיי שרה על זה אמר שבן האמה למד מבן הגבירה שכתוב ולישמעאל בוי"ו המוסיף על ענין ראשון הרי למד ממנו שיתברך כמו יצחק שכל הברכה עליו לבד. דוק והתבונן בכתובים איך אלו ואלו דברי אלהים חיים ומה דאתי מדרשא חביבא ולר"י החידוש הדרשא של מדה ל"א. ולרא"כ החידוש דרשא של ק"ו מפורש ושניהם יחד לא יתכן כאן: **כל אלה שבטי ישראל.** ע' לעיל פר' י"ב סוף סימן א' שתיבת אלה מורה התפארות ושבח. ומהו ההתפארות בזה הלא גם בן האמה היו י"ב נשיאים. ולמה קורא לבני האמה נשיאים ולבני הגבירה שבטים. על כן דורש ר' יצחק. שמ"ש נשיאים על שם נשיאים ורוח הם העננים הנישאים על כנפי רוח ורומז למ"ש דניאל ונשא הימון רוחא וכמ"ש פר"א פרק שלשים בסופו ע"ש ותבין כאן: **אבל אלו מטות.** ושבט ומטה ענין אחד הוא וכמ"ש ישעיה י' הוי אשור שבט וגו' ומטה הוא וגו' וכן שם פסוק ט"ו כהניף שבט. כהרים מטה. והשבטים יקראו גם בתורה בשם מטה ומטות. אך ניחא ליה להביא פסוק מחבקוק ששם מבואר שבשם שנשבע לאבות בשמו הגדול כך נשבע לשבטים וכמ"ש שמ"ר בפר' מ"ד בסי' ט': **ואת בריתי וכו' מעוברת היתה.** הכוונה על מ"ש בס"ד אשר תלד לך שרה למועד הזה לשנה האחרת וכמ"ש במ"כ וזה לע"ג דבשלמא הגמרא דסובר שהמילה היתה ביהכ"פ כמ"ש פר"א פרק כ"ט וביום הג' אחר המילה באו המלאכים לבקרו וא"כ בהכרח לומר שהיתה השנה מעוברת שילדה לז' חדשים אך המדרש שסובר שהמלאכים באו בפסח כמ"ש לקמן פר'

חידושי הרד"ל

[ה] **ע"י מלאך.** ואין כאן עוד בפרשה ברכה אמורה לו: **מעוברת היתה.** עיין תוס' פ"ק (דר"ה י"א) שהביאו מהמדרש שסרט לו סריטה בכותל. ודרש למועד הזה לשנה האחרת. ולכן אמר שהיתה מעוברת. שאם כפשוטה לא תגיע חמה לסריטה לשנה האחרת כדלעיל ס"פ ל"ב. מיהו אף במעוברת לא תגיע ואפשר לשון בשנה האחרת דריש שהשנה הבאה תהיה אחרת ומשונה משנה זו דהיינו שתהא שנה זו מעוברת:

מסורת המדרש

ז ילקוט כאן רמז פ"ב. תנחומא סדר ויחי סימן ט"ו. ועי' לעיל פרשה י"ב:
ח ילקוט חבקוק רמז תקס"ד:
ט ר"ה דף י"א:

אם למקרא

כָּל־אֵלֶּה שִׁבְטֵי יִשְׂרָאֵל שְׁנֵים עָשָׂר וְזֹאת אֲשֶׁר־דִּבֶּר לָהֶם אֲבִיהֶם וַיְבָרֶךְ אוֹתָם אִישׁ אֲשֶׁר כְּבִרְכָתוֹ בֵּרַךְ אֹתָם: (בראשית מט:כח)

נְשִׂיאִים וְרוּחַ וְגֶשֶׁם אָיִן אִישׁ מִתְהַלֵּל בְּמַתַּת־שָׁקֶר: (משלי כה:יד)

עֶרְיָה תֵעוֹר קַשְׁתֶּךָ שְׁבֻעוֹת מַטּוֹת אֹמֶר סֶלָה נְהָרוֹת תְּבַקַּע אָרֶץ: (חבקוק ג:ט)

מתנות כהונה

מלא וגדוש הלוואי שלא תמנע ממני קצבה הקודמת: **[ה]** [ה"ג בילקוט וכן עיקר ר"י בן חנינא אמר בן האמה למד מבן הגבירה הנה ברכתי כו' עד בשם ר' בירי בן הגבירה למד מבן האמה הנה ברכתי כו']: **בני גבירה.** בני שרה אמנו. וישמעאל אינו מעמיד בתמיה וא"כ מאי רבותא דבני הגבירה שהכתוב משבח ואומר כל אלה שבטי ישראל י"ב: **נשיאים.** עננים. כענן כלה וילך: **מטות.** כלומר חזקים כמטה הזה: **מעוברת היתה.** בפ"ק דמסכת ר"ה דריש דהא דכתיב שוב אשוב אליך כעת חיה שהמלאך היה עומד בתשרי ומבשר על ניסן ומקשה ואכתי בשש חדשים מי ילדה ומשני אותה שנה מעוברת היתה ושרה אמנו ילדה לשבעה חדשים ע"כ

אשד הנחלים

להמתיק איך יתכן שלא יאבה אברהם לקבל הטובה הזאת שיהי' לו בן משרה. ולכן מביא משל מוחשי ממלך ובן אדם כמוהו שמצד יראת כבוד המלך בעת שרואה שהמלך מבשר לו עוד טובות הוא מוצא בנפשו כניע' גדול' מאד עד שאומר מלבו ומבין בנפשו כי גם הטובו' הקודמות המה חסדים שאיני כדאי אף כי הטובות הרבות הגדולות עוד: [ה] **בן הגביר' למד כו'** כלומר אחר שנתברך בן האמה ככה אף כי בן הגביר'. ודעת ראב"כ שביאר הכתוב היא כמו ראי' אחר שראית שלישמעאל שמעתיך מכבר והנה ברכתי אותו גו' [ודייק דמוסב על ישמעאל מדכתיב ברכתי נתתי בלשון עבר. ואם כן מכש"כ ואת בריתי אקים את יצחק אשר תלד לך שרה וכלומר אם לישמעאל שאינו משרה ככה אף כי בן שרה ולכן דרש שמעתיך כבר ע"י מלאך שבישר להגר: **וישמעאל אינו מעמיד.** כלומר אחר שגם ישמעאל זכה לזה א"כ מהו ההבטחה ליעקב דווקא. ומפרש שבישמעאל לא הי' רק נשיאים ומצאנו בכתוב שמגנה הנשיאים בדרך לעג שהמה אך רוח וגשם אין כלומר שלא יוכלו להוציא מחשבתם לפועל שזה מכונה בשם גשם ורוח לרוות הארץ ולהזריע פעולה טובה שיהיו קנין קיים להם אבל על המטות נאמר שבועות מטות כאלו נשבע להם שיהיו קיימים והאומר עומד תמיד סלה וקיים לעד: **מעוברת הי'.** עיין במ"כ

וַיְכַל לְדַבֵּר אִתּוֹ וַיַּעַל אֱלֹהִים מֵעַל אַבְרָהָם
And when He finished speaking with him, God ascended from upon Abraham (17:22).

§6 וַיְכַל לְדַבֵּר אִתּוֹ — *AND WHEN HE FINISHED SPEAKING WITH HIM, ETC.*

The Midrash explains that this verse proves a Tannaitic teaching:

תְּנֵי — **It has been taught** in a Baraisa:[58] הַנִּפְטָר מֵחֲבֵירוֹ בֵּין גָּדוֹל בֵּין קָטָן צָרִיךְ לִיטוֹל מִמֶּנּוּ רְשׁוּת — It is proper manners that when **one parts from his friend** and wishes to go on his way, **whether he is greater or less great** than his friend, **he must ask leave of him** before parting.[59] מִמִּי אַתָּה לָמֵד, מֵאַבְרָהָם — **From whom do you learn this?** The Baraisa explains: **From Abraham** we learn that the less great person must ask leave of the greater one, פַּעַם אַחַת הָיָה אַבְרָהָם מְדַבֵּר עִם הַקָּדוֹשׁ בָּרוּךְ הוּא — **for one time Abraham was speaking with the Holy One, blessed is He,** בָּאוּ מַלְאֲכֵי הַשָּׁרֵת לְדַבֵּר עִמּוֹ — and **the ministering angels came to speak with him.**[60] אָמַר לָהֶן נִפְטָר מִן הַשְּׁכִינָה שֶׁהִיא גְּדוֹלָה מִכֶּם תְּחִלָּה אַחַר כָּךְ אֲנִי[61] מְדַבֵּר עִמָּכֶם — **He said to them, "I must take leave of the *Shechinah*, which is greater than you,** and **afterward I will speak with you."** כֵּיוָן שֶׁדִּבֵּר עִם הַקָּדוֹשׁ בָּרוּךְ הוּא כָּל צָרְכּוֹ — **And when he finished speaking with the Holy One, blessed is He,** and said **all that he needed** to say, אָמַר לְפָנָיו רִבּוֹן הָעוֹלָמִים צָרִיךְ אֲנִי לְדַבֵּר — **[Abraham] said before Him, "Master of the Universe, I have need to speak** to the angels."[62] אָמַר לוֹ הִפָּטֵר בְּשָׁלוֹם — **[God] then said to him, "Take leave in peace."**[63] הֲדָא הוּא דִכְתִיב "וַיַּעַל אֱלֹהִים מֵעַל אַבְרָהָם" — And **thus it is written:** *And when He finished speaking with him,* ***God ascended from upon Abraham.*** From this we learn that the greater personage must ask leave of the lesser[64]

The Midrash now expounds the unusual expression *from upon Abraham*:

אָמַר רֵישׁ לָקִישׁ: הָאָבוֹת הֵן הֵן הַמֶּרְכָּבָה — **Reish Lakish said: The Patriarchs are the chariot** of the Omnipresent,[65] שֶׁנֶּאֱמַר "וַיַּעַל אֱלֹהִים מֵעַל אַבְרָהָם" — **for it is stated,** ***And God ascended from upon Abraham,*** which implies that the *Shechinah* (God's Presence) actually rested upon Abraham. "וַיַּעַל מֵעָלָיו אֱלֹהִים" "וְהִנֵּה ה' נִצָּב עָלָיו" — Similarly, Scripture states in connection with Jacob: ***Then God ascended from upon him*** (below, 35:13), and: ***And behold, HASHEM was standing upon him*** (below, 28:13), both of which imply that the *Shechinah* rested upon Jacob.[66]

NOTES

58. *Derech Eretz Rabbah* Ch. 5 (beginning); see also Ch. 4 (end).

59. The one who is parting must always ask leave of the one from whom he is parting. If the former is less great than the latter, requesting leave is clearly necessary, for not to do so would demonstrate a lack of respect. But even if the former is *greater* than the latter, it is logical that such a request should be made in order that the latter not be embarrassed [that he is considered so unimportant that the former just takes his leave without asking] (*Eitz Yosef*). Alternatively, if the former is greater than the latter, it is possible that it is even more obvious that a request is necessary, for the departure of a greater person is more painful than that of a lesser one (*Yefeh To'ar*).

60. *Yefeh To'ar* writes that the Midrash is *not* referring in this story to the visit of the three angels of Ch. 18 below, for the details of the story that follows here do not appear to match those of the story of the three angels. However, *Rashash, Maharif,* and others disagree.

61. Emendation follows *Matnos Kehunah.*

62. *Matnos Kehunah* inserts the word לַמַּלְאָכִים, "to the angels," into the text.

63. From the fact that Abraham asked God for permission to leave, we see that it is proper for the less great to take leave of the greater (*Rashash*).

64. The Midrash takes the phrase *And when He finished "speaking" with him* to refer to God's asking leave of Abraham (*Eitz Yosef*). The Midrash thus takes our verse to prove the Tannaitic teaching above that it is proper for the greater (God) to take leave of the less great (Abraham) (*Rashash, Eitz Yosef*).

Alternatively: The Midrash derives this from the unusual expression מֵעַל אַבְרָהָם, *from upon Abraham* (*Matnos Kehunah, Maharzu*), or from the entire seemingly superfluous verse (for why do we need to be informed that God left after He finished speaking with Abraham?) (*Yefeh To'ar*).

65. See *Rashi* to v. 22, who writes הַצַּדִּיקִים מֶרְכַּבְתּוֹ שֶׁל מָקוֹם, the righteous are the chariot of the Omnipresent (i.e., not only the Patriarchs). *Ramban* there, however, notes that this is unlike our Midrash, which states that only the Patriarchs are His chariot. See *Gur Aryeh* ad loc. for explanation of *Rashi. Bach* to *Orach Chaim Siman* 47 (beginning) writes that all of Israel are capable of becoming a chariot of the Omnipresent. See Insight Ⓐ.

66. Although the Midrash cites no verse that states the same about Isaac, it can be presumed that that which is true about Abraham and Jacob is true about Isaac as well. And it is certainly the case [that the Midrash is using Abraham and Jacob only as *examples* rather than as a comprehensive list] if we say that *all* the righteous, not just the Patriarchs, are included (see preceding note) (*Yefeh To'ar*).

INSIGHTS

Ⓐ **The King's Chariot** God's Presence rests upon man to the extent that man permits. If he observes God's commands only so long as they do not conflict with a particular passion — be it a desire for food, lust, avarice, intellectual stimulation — then to whatever extent that weakness conflicts with his dedication to the will of God, the *Shechinah* cannot rest upon him. The bearer of God's Presence is referred to as a מֶרְכָּבָה, *chariot.* A royal chariot can bear the king only if it is free of external encumbrances. Fill it with extraneous burdens, and it will have no room for the king himself. And a royal chariot with no room for the king is a wagon, not a chariot.

Abraham, Isaac, and Jacob are God's chariot on earth, because it was through them that His Presence descended to earth and found a place there. Never was there a selfish consideration. Their very existence — every moment of it — was an exercise in perfect service. Because they negated themselves as individuals, they could totally absorb Godliness and thus become the bearers — the Chariot — of His *Shechinah* (excerpted from *Artscroll Bereishis,* Overview to *Lech Lecha*).

ו [יז, כב] **"וַיְכַל לְדַבֵּר אִתּוֹ", תָּנֵי: הַנִּפְטָר מֵחֲבֵירוֹ בֵּין גָּדוֹל בֵּין קָטָן צָרִיךְ לִיטּוֹל מִמֶּנּוּ רְשׁוּת. מִמִּי אַתָּה לָמֵד, מֵאַבְרָהָם. פַּעַם אַחַת הָיָה אַבְרָהָם מְדַבֵּר עִם הַקָּדוֹשׁ בָּרוּךְ הוּא, בָּאוּ מַלְאֲכֵי הַשָּׁרֵת לְדַבֵּר עִמּוֹ, אָמַר לָהֶן: נִפָּטֵר מִן הַשְּׁכִינָה שֶׁהִיא גְדוֹלָה מִכֶּם תְּחִלָּה אַחַר כָּךְ אֲנִי מְדַבֵּר עִמָּכֶם. כֵּיוָן שֶׁדִּבֵּר עִם הַקָּדוֹשׁ בָּרוּךְ הוּא כָּל צָרְכּוֹ, אָמַר לְפָנָיו: רִבּוֹן הָעוֹלָמִים צָרִיךְ אֲנִי לְדַבֵּר, אָמַר לוֹ: הִפָּטֵר בְּשָׁלוֹם. הָדָא הוּא דִכְתִיב "וַיַּעַל אֱלֹהִים מֵעַל אַבְרָהָם", אָמַר רֵישׁ לָקִישׁ: הָאָבוֹת הֵן הֵן הַמֶּרְכָּבָה שֶׁנֶּאֱמַר "וַיַּעַל אֱלֹהִים מֵעַל אַבְרָהָם", (לקמן לה, יג) "וַיַּעַל מֵעָלָיו אֱלֹהִים", (לקמן כח, יג) "וְהִנֵּה ה' נִצָּב עָלָיו":**

עץ יוסף

לרב הונא דבחג הוו קיימי וי"ט הבא ראשון היינו פסח ואותה השנה מעוברת היתה וילדה לז'. ורב הונא חולק על מה שאמרו לקמן פ' מ"ח שהמלאכים באו בפסח. ועיין בר"ה דף י' וביפ"ת ובנזה"ק: (ו) [ח] **בין גדול בין קטן כו'**. דבגדול צריך ליטול ממנו רשות ליפטר ממנו מפני כבודו. ואף בקטן ראוי לעשות כן מסברא כדי שלא לביישו: **ממי אתה למד**. ממי אתה למד עיקר נטילת רשות מאברהם. וזה מכוון למאי דאי' באדר"נ פ"ג וז"ל ג' מלאכים באו אצל א"א. וכיון שראה א"א את מה"ש באתה שכינה ועמדה למעלה ממנו. אמר להם רבותי המתינו לי עד שאפטר מהשכינה תחלה שהיא גדולה מכם שנא' ויאמר אדני אם נא מצאתי חן בעיניך אל נא תעבור מעל עבדך. וכיון שנפטר מן השכינה בא להכניסן תחת האילן וכו'. הרי מזה נלמוד שצריכין ליטול רשות מן הגדול. ובתנחומא סדר וירא איתא וז"ל כשהקב"ה היה מדבר עם אברהם וביקש לפרוש ממנו נטל רשות מאברהם שנאמר וילך ה' אימתי כאשר כלה לדבר עכ"ל. ואפשר שכוונת המדרש שהביא זה על פ' ויכל לדבר אתו. שמפרש שויכל לדבר אתו היינו דבר ההפטר ואח"כ ויעל אלהים מעל אברהם. וא"כ מזה ראיה שאף הגדול צריך ליטול רשות מהקטן: **הדא הוא דכתיב ויעל אלהים מעל אברהם**. נראה דהכי תיבות הה"ד מיותרין: **האבות הן הן המרכבה**. הורו בזה שאין שום אמצעי בין המקום ב"ה ובין האבות כי המה מחזיקים הכסא כביכול ויהיה מחיצתם לפנים ממחיצת מה"ש (כלי יקר):

פירוש מהרז"ו

מ"ח סימן י"ב וכמ"ש שם סימן ח' וסימן ט' שהחימוס יפה למכה וכו' ואני ופמליא שלי וכו'. וא"כ למה צריך לומר שהשנה היתה מעוברת שהרי מ"ש למועד הזה לשנה האחרת יתפרש כפשוטו בפסח של שנה האחרת כי בתשרי בר"ה נתחדשה השנה ולמ"ד בניסן נברא העולם נתחדשה השנה בניסן ולישב זה כ"ל בהכרח לומר דבזה כולם מודים שהציווי על המילה היה בפסח כמ"ש כאן אשר תלד לך שרה למועד הזה לשנה האחרת ומאחר שנולד בפסח היה ההבטחה והציווי על המילה ג"כ בפסח וגם בזה מודו לדעת הגמרא בפסוק למועד הזה כעת חיה דקאי בסוכות וקאמר שבפסח יולד יצחק אלא דבזה פליגי שהגמרא בשיטת הפר"א הנ"ל שהמילה היתה חצי שנה אחר הציווי היינו ביום הכפורים ע"פ גז"ש עצם עצם ומה שלא קיים המצוה מיד כמ"ש לעיל פ' ל"ט בסי' ח' משהורשה וילך אברם כאשר דיבר אליו ה'. וכן כתוב כאן בפסוק כ"ג וימל את בשר וגו' כאשר דיבר אתו אלהים היינו משהורשה ככ"ל וכל התורה היה באופן זה כמ"ש ויק"ר פר' א' ריש סימן א' אע"פ שנתנה בסיני לא נענשו עליה עד שנשנית באוה"מ. זהו דעת הגמ' והפר"א. ודעת המדרש שדורש גז"ש של ועשי עוגות כמ"ש עוגות מצות הרי שבאו המלאכים בפסח ובאו לבקרו אחר המילה שדורשים סמוכים תחלת וירא לסוף לך לך הרי שהכל היה בפסח רק שסוברים שמ"ש ויאמר ה' למה זה צחקה שרה ופסוק היפלא מה' דבר למועד אשוב היה חצי שנה אחר ביאת המלאכים כפשטא דגמרא דקאי בחג וקאמר למועד שבפסח ישוב ויולד יצחק. וא"כ בהכרח שגם המדרש סובר שאותה שנה מעוברת היתה. ע"ש בגמרא ותוספות ובהגהה שם ויתוודע ויתברר איך נתיישבו על פי דברי בראיות ולפי זה צ"ע ברש"י בחומש ריש וירא שאינו לא כדעת הגמרא ולא כדעת המדרש וע' לקמן פר' נ"ג סימן ו' גם יתכן לומר שר' הונא בר רבי אידי כדעת הגמרא אך המדרש אינו סובר כן. והקושיא מעיקרא ליתא: (ו) **הנפטר מחבירו וכו'**. וכן הגירסא בילקוט כאן ואם יכוון למלאכים שבר"פ וירא היה לו לדרוש שם ולא כאן. גם לא הביא ראיה להפך על גדול מקטן וגם לא נטל רשות כלל לפטור שמפורש ואברהם עודנו עומד לפני ה' עד אחר התפלה על סדום. ונראה דכאן כתוב ויכל לדבר אתו ויעל אלהים מעל אברהם. וכן אחר שהתפלל על סדום כתוב. וילך ה' כאשר כלה לדבר אל אברהם. ושני הפסוקים מיותרים דמן הסתם כן הוא. ודורשים על נטילת רשות ומפסוק ויכל למדו על קטן מגדול ככ"ל ומפסוק וילך ה' על גדול מקטן. וכמ"ש בנזה"ק בשם התנחומא הובא לשונו בביאור הרי"פ וכאן דרשו מ"ש ויכל לדבר משמע שהיה לו לדבר וכלה דבורו ודרשו שבאו מלאכים באמצע הדבור והבין אברהם שרצון ה' שידבר עם המלאכים. ועדיין עמדה מראה השכינה ואינה מדברת. וכן המלאכים. מזה למד אברהם שצריך לפטור מהשכינה בנטילת רשות. כי גם הוא לא היה לו מה לדבר שדבר כל צרכו עם ה'. ואח"כ ידבר עם המלאכים. וכמ"ש בריש ערבי פסחים משל למלך יוצא ואפרכוס נכנס מלוים את המלך ומקבלים האפרכוס. וזהו מ"ש כאן פעם אחת פי' שעל קטן מגדול ראיה מהפעם של כאן ועל גדול מקטן ראיה מפעם הב' ככ"ל מהתנחומא ומ"ש עוד בנזה"ק בשם מסכת ד"א פרק ד'. ושם איתא כ"א שהדרשה ע"פ של כאן ויכל לדבר אתו ולגרסא זו אין ראיה ממאמר זה כי הועתק ממדרש זה לשם דרך אגב: **הדא הוא דכתיב ויעל**. וכן הוא בילקוט דדורש ממ"ש מעל אברהם שהוא נטל רשות. וגם דרשת ר"ל מפסוק ויעל כאלו כתב ד"א ויעל אר"ל והדבר מובן: **המרכבה**. לקמן פרשה פ"ב סימן ו'. והכוונה כמו המרכבה שראה יחזקאל שעליהם נישא הכ"כ בשמים ועל הצדיקים בארץ:

חידושי הרד"ל

[ו] **פ"א היה אברהם מדבר כו'**. מלה"ש כו' במס' ד"א רבה ספ"ד תני לה בשעה שבאו המלאכים לבשרו ע"ש:

חידושי הרש"ש

[ו] **פ"א היה אברהם כו'**. היינו הא דר"פ וירא ומשם נלמד הא דהנפטר מגדול צריך כו'. ומה דמסיים המדרש הה"ד ויעל אלהים כו' הוא לראיה על הנפטר מקטן דמשמע דאלהים נפטר מאברהם כביכול בנט"ר:

באור מהרי"פ

[ו] **פעם א' וכו'**. דעת היפ"ת שאין זו עובדא דג' מלאכים שבס' וירא אלא גמרא גמירי להו דכך היה מעשה באיזה זמן. אבל הנזה"ק הוכיח שהיא עובדא דריש פ' וירא. והביא בשם מס' ד"א פ' ד' וז"ל ג' מלאכים באו אצל א"א כו' באתה שכינה ועמדה למעלה ממנו. א"ל רבותי המתינו לי עד שאפטר משכינה תחלה כו'. שנאמר ויאמר וגו' אל נא תעבור מעל עבדך. ובתנחומא איתא כשהקב"ה היה מדבר עם אברהם וביקש לפרוש ממנו נטל רשות מאברהם שנא' וילך ה' אימתי כאשר כלה לדבר ע"ש וז"ש המדרש כאן בין גדול בין קטן ע"כ מנזה"ק:

מסורת המדרש

י מס' דרך ארץ רבה ריש פרק ה'. ילקוט כאן רמז פ"ב:

אם למקרא

וְהִנֵּה ה' נִצָּב עָלָיו וַיֹּאמַר אֲנִי ה' אֱלֹהֵי אַבְרָהָם אָבִיךָ וֵאלֹהֵי יִצְחָק הָאָרֶץ אֲשֶׁר אַתָּה שֹׁכֵב עָלֶיהָ לְךָ אֶתְּנֶנָּה וּלְזַרְעֶךָ: (בראשית כח:יג)

ענף יוסף

[ו] (ח) **הפטר בשלום**. קשה דבשלהי ברכות אמר הנפטר מחבירו אל יאמר לו לך בשלום אלא לך לשלום. ויש לומר דחילוק יש בין לשון פטירה להליכה. דפטירה היא בהוה ושייך בו בשלום. והליכה על עתיד ונופל בו לשלום שימצא שלום בהילוכו (יפ"ת):

מתנות כהונה

והכי נמי דייק מדכתיב בשנה האחרת שלא מצינו שתלד למועד הסמוך ליום הבשורה שנאמר למועד אשוב אליך וגו' ויהיה בשנה האחרת אלא מתשרי לניסן והשנה תהיה מעוברת: [ו] **ה"ג נפטר** אני מן וכו': **ה"ג צריך אני לדבר** למלאכים א"ל הפטר בשלום

אשד הנחלים

ומוסב על לאחריו דכתיב למועד הזה בשנה האחרת: [ו] **רשות כו'**. לכאורה יקשה מאוד מאין מוכח ככה שרצה לדבר עם המלאכים ואם נאמר מפני שאח"כ נאמר וירא והנה שלשה אנשים הלא זה הי' אחר שמל עצמו וא"כ אין מזה ראיה דזה הי' ענין אחר. והנראה דהוקשה לפי שלא מצאנו בשום פעם התראות לבד בלא הגדה וא"כ מה הי' הראי' שנאמר בפרשה וירא ולכן הוכרחו לומר שזהו הראי' הראשונה' וההגדה שבישר לו בלידת יצחק וציווי המילה. ונמשכה הראיה ג"כ אף בעת שמל עצמו ולכן דרשו להלן שסייע הקב"ה שנאמר וכרות עמו הברית וא"כ הוא כלל שלאחריו פרט שאח"כ מספר הכתוב שבעת שראה את ה' נתגלו לו השלשה מלאכים אך הוא לא פנה אליהם ואמר לה' אל נא תעבור מעל עבדך למען אפנה ממך אליהם וכאן סיפר הכתוב שלא פנה אליהם עד שנכלה הדבור ואז ממילא ויעל ה' מעל אברהם ואז דיבר עמהם כן הוא עומק פשוטו. וע"ד הציור הוא דבר דק מאוד לפי שקשר עצמו בהשגה נעלה מזו ע"כ לא הי' יכול לטפל עם המלאכים שהמה השגות למטה מזה. עד שכילה מההשגה הזאת כי א"א שתעמוד לעד באדם שהוא עם חומרו וע"כ ממילא נתעלה מאתו ההשג' הזאת ואז עסק עם המלאכים בעניינים מוחשים מענין הסעודה וכדומה ולכן כתיב שה' עלה מאתו ועיין בפרש' במה שבארתי שם ותבין גם פה ביתר ביאור: **הן הן המרכבה**. הדבר הזה ע"פ ציור השכל הוא ענין דק מאוד מוזכר בדברי חכמי אמת וריש מילין אומר להיות שהמרכבה השלימה הם כלל כל הרוחנים העליונים וכל אחד מיוחד במדתו והשגתו מה שאין ברעהו וכלל קשרי המרכב' המה המדות כולם שע"י יונהגו העולם. והג' האבות במדותם המה מכוונים מול המרכב' כולה וכל אחד מהאבות היו בהם מדות פרטית המכוון למול אחד מפני המרכב' ע"ד מאמרי ח"א כי מדתו של אברהם חסד ושל יעקב אמת והג' כמו שה' שורה על המרכב' כן שורה על האבות ולכן כתיב בלשון עליו כמו שנאמר במרכב' ודי בזה קצת ציור למתבונן: **כתיב את**. לרבות עור הפריעה שלא נתמעך עדיין:

וַיִּקַּח אַבְרָהָם אֶת יִשְׁמָעֵאל בְּנוֹ וְאֵת כָּל יְלִידֵי בֵיתוֹ וְאֵת כָּל מִקְנַת כַּסְפּוֹ כָּל־זָכָר בְּאַנְשֵׁי בֵּית אַבְרָהָם וַיָּמָל אֶת בְּשַׂר עָרְלָתָם בְּעֶצֶם הַיּוֹם הַזֶּה כַּאֲשֶׁר דִּבֶּר אִתּוֹ אֱלֹהִים.
Then Abraham took his son Ishmael and all those [servants] born in his household and all those he had purchased for money — all the male members of Abraham's house — and he circumcised the flesh of their foreskin on that very day as God had spoken with him (17:23).

§7 **וַיִּקַּח אַבְרָהָם אֶת יִשְׁמָעֵאל בְּנוֹ וְאֵת כָּל יְלִידֵי בֵיתוֹ** — ***THEN ABRAHAM TOOK HIS SON ISHMAEL AND ALL THOSE [SERVANTS] BORN IN HIS HOUSEHOLD,*** *ETC.*

Scripture could have simply stated: "Abraham did all that God had commanded him." Why did Scripture elaborate in detail all the people whom Abraham circumcised?[67]

אָמַר רַבִּי אַיְיבוּ: בְּשָׁעָה שֶׁמָּל אַבְרָהָם אוֹתָן יְלִידֵי בֵיתוֹ — R' Aivu said: The reason for the detail is to teach that **when Abraham circumcised all the servants who had been born in his household, הֶעֱמִידָן גִּבְעָה עֲרָלוֹת — he stood [their foreskins] up** to form **a heap**[68] **of foreskins.**[69] **וְזָרְחָה עֲלֵיהֶם חַמָּה וְהִתְלִיעוּ — When the sun's rays shone upon [the foreskins] they became wormy** and decayed, **וְעָלָה רֵיחָן לִפְנֵי הַקָּדוֹשׁ בָּרוּךְ הוּא — and their odor ascended** and came **before the Holy One, blessed is He, כִּקְטוֹרֶת סַמִּים וּכְעוֹלָה שֶׁהִיא כָלִיל לָאִישִׁים —** and He considered it **as** the aroma of **the incense spices** offered in the Temple **and like the *olah*-offering that was burnt in its entirety on the fires** of the Altar.[70] **אָמַר הַקָּדוֹשׁ בָּרוּךְ הוּא: — The Holy One, blessed is He,** then **declared: בְּשָׁעָה שֶׁיִּהְיוּ בָנָיו שֶׁל זֶה בָּאִים לִידֵי עֲבֵירוֹת וְלִידֵי מַעֲשִׂים רָעִים — "Any time** in the future **that [Abraham's] descendants will come into the grip of sins and evil deeds, אֲנִי נִזְכָּר לָהֶם הָרֵיחַ הַזֶּה וּמִתְמַלֵּא עֲלֵיהֶם רַחֲמִים וּמְרַחֵם עֲלֵיהֶם — I will remember** in their favor **this aroma** of the decaying foreskins, **and I will be filled with compassion on their behalf and will show compassion to them,** delaying punishment until they can repent their evil ways."

וְאַבְרָהָם בֶּן תִּשְׁעִים וָתֵשַׁע שָׁנָה בְּהִמֹּלוֹ בְּשַׂר עָרְלָתוֹ.
וְיִשְׁמָעֵאל בְּנוֹ בֶּן שְׁלֹשׁ עֶשְׂרֵה שָׁנָה בְּהִמֹּלוֹ אֵת בְּשַׂר עָרְלָתוֹ.
Abraham was ninety-nine years old when he was circumcised on the flesh of his foreskin. And his son Ishmael was thirteen years old when he was circumcised on the flesh of his foreskin (17:24-25).

§8 **וְאַבְרָהָם בֶּן תִּשְׁעִים וָתֵשַׁע וגו׳** — ***ABRAHAM WAS NINETY-NINE YEARS OLD, ETC.***

The Midrash notes a change in Scripture's language when describing Ishmael's circumcision compared to its language when describing Abraham's circumcision:

הָכָא אַתְּ אָמַר ״בְּשַׂר עָרְלָתוֹ״ — Why is it that **here,** in verse 24, **it is stated בְּשַׂר עָרְלָתוֹ,** without the indefinite particle אֵת, **וּלְהַלָּן אַתְּ אָמַר ״אֵת בְּשַׂר עָרְלָתוֹ״** — while **there,** in verse 25, **it is stated** ״אֵת״ **בְּשַׂר עָרְלָתוֹ?**[71] **אֶלָּא אַבְרָהָם עַל יְדֵי שֶׁנִּתְמָעֵךְ עַל יְדֵי אִשָּׁה כְּתִיב ״בְּשַׂר עָרְלָתוֹ״ — But** the answer is that in regard to **Abraham it is written בְּשַׂר עָרְלָתוֹ,** without the word אֵת, **since** his member **had been compressed through** many years of having relations with **a woman;**[72] **יִשְׁמָעֵאל שֶׁלֹּא נִתְמָעֵךְ עַל יְדֵי אִשָּׁה כְּתִיב ״אֵת בְּשַׂר עָרְלָתוֹ״** — but in regard to **Ishmael, since his flesh was not yet compressed through** relations with **a woman,**[73] the phrase **״אֵת״ בְּשַׂר עָרְלָתוֹ is written.**[74]

NOTES

67. *Yefeh To'ar.*

68. Lit., *hill.*

69. [*Shir Hashirim Rabbah* 4 §6 states that Joshua did the same when he circumcised the nation upon entering the Land of Israel.]

70. The incense spices produced the choicest aromas; and the *olah*-offering — the only sacrifice that was entirely burnt on the Altar — is described as a *satisfying aroma* and a source of contentment to God (see *Leviticus* 1:9 with *Rashi*). Abraham's performing these circumcisions was regarded by God as a comparable, or even superior, offering, for Abraham and his family allowed their blood to flow and their flesh to become consumed (via the worms and decay), much as the bringing of an animal sacrifice entails the flow of blood and the burning of flesh (see *Eitz Yosef*, citing *Yefeh To'ar*). See also Insight Ⓐ.

71. The word אֵת is often used to connote something secondary to that which is stated explicitly in the verse. (This is because the word אֵת can mean "with.") Why is this word written only in connection with Ishmael's circumcision but not Abraham's?

72. The mitzvah of circumcision actually consists of two acts: *milah*, cutting off the flesh of the foreskin, and *periah*, removing the thin membrane underneath the foreskin. At his own circumcision Abraham needed only to do the former, not the latter, since the membrane had already been compressed (*Rashi* to v. 25, cited by *Matnos Kehunah*).

73. Since he was but a boy of 13 at the time, as stated in v. 25.

74. To indicate that something additional had to be removed. At Ishmael's circumcision, Abraham had to remove not only the flesh of the foreskin but the membrane as well (ibid.).

INSIGHTS

Ⓐ **True Fragrance** There is an old custom of unknown origin cited in *Shulchan Aruch* (*Yoreh Deah* 265:1) and still practiced today by many Sephardic communities, to recite a blessing on spices at a *Bris Milah* and to smell them, immediately after the circumcision. Among the multitude of reasons that have been suggested as a possible basis for this custom, the author of *Shibbolei HaLeket* (*Hilchos Milah* §4), quoting his brother R' Binyamin, cites our Midrash as its likely source. Although he fails to elaborate, the link with this Midrash and the important lesson it provides seem rather clear. Prior to mentioning that the ascending odor of the foreskins was to God like the aroma of the daily incense-offerings and the *olah*-offering, the Midrash makes a point of stating that the heap of foreskins — something we would not associate with a fragrant smell to begin with — became wormy and decayed from the sun. Clearly, the Midrash wishes to emphasize that a "pleasing odor" to God is an entirely different concept than what *we* would consider a fragrant smell.

When the Torah required that the daily incense spice offerings be comprised of the choicest aromas, it was not because their fragrant smell would make them pleasing to God. The human olfactory sense, like all the other human senses, does not translate to the realm of the Divine. Rather, the incense was offered because the people's honor and reverence for the Holy Temple would be increased by beautifying it and surrounding it with a wonderful aroma, as explained in *Sefer HaChinuch* (Mitzvah 101). Similarly, the *satisfying aroma to HASHEM* that results from burning an *olah*-offering in its entirety on the Altar merely means that God is pleased by what this action represents; namely, that His commandment to make the offering was fulfilled (*Rashi* to *Leviticus* 1:9).

In this context we can understand how a heap of decayed foreskins can be so "fragrant" to God. For the "aroma" that ascends to God is not the odor that we humans smell, but rather the pleasing nature of the mental association that it evokes. In this case, it triggers the picture of a 99-year-old man rushing to circumcise himself and all the members of his household upon God's command, with no questions asked. Thus, just as our blowing a *shofar* (ram's horn) on Rosh Hashanah is intended to evoke the memory of the *Akeidah*, when our forefather Isaac was prepared to be offered on the Altar to Hashem, so is the smelling of spices after the circumcision intended to evoke the memory of the "fragrant aroma" yielded by that first circumcision. This is an aroma that God promised to remember forever on our behalf, and one that we hope the circumcision will merit to evoke as well.

ז [יז, כג] "וַיִּקַּח אַבְרָהָם אֶת יִשְׁמָעֵאל בְּנוֹ וְאֵת כָּל יְלִידֵי בֵיתוֹ", [יא]אָמַר רַבִּי אַיְּבוּ: בְּשָׁעָה שֶׁמָּל אַבְרָהָם אוֹתָן יְלִידֵי בֵיתוֹ הֶעֱמִידָן גִּבְעָה עֲרָלוֹת וְזָרְחָה עֲלֵיהֶם חַמָּה וְהִתְלִיעוּ וְעָלָה רֵיחָן לִפְנֵי הַקָּדוֹשׁ בָּרוּךְ הוּא כִּקְטוֹרֶת סַמִּים וּכְעוֹלָה שֶׁהִיא כָלִיל לָאִשִּׁים. אָמַר הַקָּדוֹשׁ בָּרוּךְ הוּא: בְּשָׁעָה שֶׁיִּהְיוּ בָנָיו שֶׁל זֶה בָּאִים לִידֵי עֲבֵירוֹת וְלִידֵי מַעֲשִׂים רָעִים אֲנִי נִזְכָּר לָהֶם הָרֵיחַ הַזֶּה וּמִתְמַלֵּא עֲלֵיהֶם רַחֲמִים וּמְרַחֵם עֲלֵיהֶם:

ח [יז, כד] "וְאַבְרָהָם בֶּן תִּשְׁעִים וָתֵשַׁע וְגוֹ'", הָכָא אַתְּ אָמַר "בְּשַׂר עָרְלָתוֹ", וּלְהַלָּן אַתְּ אָמַר [יז, כה] "אֵת בְּשַׂר עָרְלָתוֹ", אֶלָּא אַבְרָהָם עַל יְדֵי שֶׁנִּתְמָעֵךְ עַל יְדֵי אִשָּׁה כְּתִיב "בְּשַׂר עָרְלָתוֹ", יִשְׁמָעֵאל שֶׁלֹּא נִתְמָעֵךְ עַל יְדֵי אִשָּׁה כְּתִיב "אֵת בְּשַׂר עָרְלָתוֹ":

ט [יז, כו] "בְּעֶצֶם הַיּוֹם הַזֶּה נִמּוֹל אַבְרָהָם", [יב]אָמַר רַבִּי בֶּרֶכְיָה: (ישעיה מח, טז) "לֹא מֵרֹאשׁ בַּסֵּתֶר דִּבַּרְתִּי" אֶלָּא אָמַר הַקָּדוֹשׁ בָּרוּךְ הוּא: אִילּוּ מָל אַבְרָהָם בַּלַּיְלָה הָיוּ כָּל בְּנֵי דוֹרוֹ אוֹמְרִים: בְּכָךְ וְכָךְ אִילּוּ הָיִינוּ רוֹאִים אוֹתוֹ לֹא הָיִינוּ מַנִּיחִים אוֹתוֹ לִימוֹל, אֶלָּא "בְּעֶצֶם הַיּוֹם הַזֶּה", °דְּרָגַשׁ לֵיהּ יְמַלֵּל. "נִמּוֹל אַבְרָהָם", אָמַר רַבִּי אַבָּא בַּר כָּהֲנָא: הִרְגִּישׁ וְנִצְטָעֵר כְּדֵי שֶׁיִּכְפּוֹל לוֹ הַקָּדוֹשׁ בָּרוּךְ הוּא שְׂכָרוֹ. אָמַר רַבִּי לֵוִי: "מָל אַבְרָהָם" אֵין כְּתִיב כָּאן אֶלָּא "נִימּוֹל", [יג]בָּדַק אֶת עַצְמוֹ וּמָצָא עַצְמוֹ מָהוּל. אָמַר רַבִּי בֶּרֶכְיָה: בְּהַהִיא °עָנְתָא אֲקֵיל רַבִּי אַבָּא בַּר כָּהֲנָא לְרַבִּי לֵוִי, אָמַר לוֹ: שַׁקְרָנָא כַּזְבָנָא אַתְּ, אֶלָּא הִרְגִּישׁ וְנִצְטָעֵר כְּדֵי שֶׁיִּכְפּוֹל הַקָּדוֹשׁ בָּרוּךְ הוּא שְׂכָרוֹ:

י [יז, כז] "וְכָל אַנְשֵׁי בֵיתוֹ יְלִיד בָּיִת וּמִקְנַת כֶּסֶף", [יד]תַּנְיָא: הוֹלְכִים לְיָרִיד שֶׁל עוֹבְדֵי כוֹכָבִים °בְּחוּלּוֹ שֶׁל מוֹעֵד לִיקַּח מֵהֶם בָּתִּים שָׂדוֹת וּכְרָמִים וַעֲבָדִים וּשְׁפָחוֹת. רַבִּי אַמִּי בְּשֵׁם רֵישׁ לָקִישׁ אָמַר:

עץ יוסף

(ז) [ט] **העמידן גבעה כו'.** והיינו דכתיב אלך לי אל המור ואל גבעת הלבונה וגו' וכדמפרש בחזית. ולשון האגדה כאן קיצר: **ועלה ריחן לפני הקב"ה כו'.** שזה היה כריח ניחוח למה ששפכו דמם ונתנו בשרם להיות רימה ותולעה בחייהם. ואין קרבן גדול מזה (יפ"ת): (ח) [י] **אברהם על ידי שנתמעך.** וז"ל רש"י בחומש באברהם לא נאמר את לפי שלא היה חסר אלא חיתוך בשר כו' אבל ישמעאל שהיה ילד הוזקק לחתוך ולפרוע לכך נאמר בו את עכ"ל הרי דאברהם נצטווה על הפריעה. ואל המדרש הזה כוונו התוס' ביבמות דף ע"א ע"ב ד"ה לא במה שכתבו ומ"מ אברהם פרע מילתו פירוש שמל את ישמעאל: (ט) [יא] **לא מראש בסתר דברתי.** מעת שהתחלתי לעשות אתכם לעם היינו מאברהם שצויתיו למול. התחלה זאת לא היה בסתר אלא בעצם היום הזה. או מראש הוא אברהם כמ"ש בשי"ר פסוק אתי מלבנון מראש אמנה זה אברהם: **לא היינו מניחים.** מפני שעל ידי זו המצוה מבדיל עצמו להיות לעם מיוחד אי נמי לפי שחבל בעצמו ובכל אנשיו (יפ"ת): **בעצם היום הזה.** שהיה בעצומו של יום. דאע"פ דמילה כשרה מהנץ החמה ואברהם היה מן הזריזין למצות. מ"מ כאן המתין אברהם עד עצומו של יום כמו אחר ג' שעות ביום בשעה שהכל נעורים כדי לפרסם הדבר (נזה"ק): **דרגש ליה ימלל.** שיחרה לו ידבר כנגדו וימחה: **הרגיש.** ונצטער מדכתיב נימול בלשון נפעל משמע שנצטער מחמת המילה (מת"כ): **נימול בדק עצמו כו'.** דרש נימול מעצמו ביום ההוא על ידי נס כדי שלא יצטער: **בההיא ענתא אקיל כו'.** באותו עת וזמן זלזל רבי אבא לרבי לוי שקרן וכזבן אתה. משום דואתה את בריתי תשמור משמע שימול עצמו ועוד שלא היה נאות לשיפסיד שכר המצוה משום צער (יפ"ת): **בההיא ענתה כו'.** מפני שבשאר מקומות ראינו תמיד שהיה מחבבו ונשקו על ראשו כדאיתא בירוש'. לכן פירש שרק בההיא ענתה כו' (רד"ל): (י) [יב] **ההולכים ליריד כו' בחולו של מועד.** כתב היפ"ת ל"ג בחולו של מועד. משום לתא דעכו"ם מיתניא בתוספתא:

פירוש מהרז"ו

(ז) **בשעה שמל.** תנחומא כאן ועי' כל זה בשי"ר פסוק עד שיפוח היום ושם יתבאר וע' עוד באגדת בראשית פרק י"ט ומ"ש כאן ר' איבו יתכן שהכוונה על ר' אבהו הנזכר בשי"ר שם ע"ש ותבין: ח (ח) **ואברהם בן תשעים.** עי' מ"כ וז"ל רש"י בחומש סוף לך לך באברהם לא נאמר את לפי שלא היה חסר אלא חיתוך בשר כו' אבל ישמעאל שהיה ילד הוזקק לחתוך ולפרוע לכך נאמר בו את ב"ר עכ"ל: (ט) **לא מראש בסתר דברתי.** מעת שהתחלתי לעשות אתכם לעם היינו מאברהם שצויתיו למול התחלה זאת לא היה בסתר אלא בעצם היום הזה. וגם מאמר זה בשי"ר שם ויותר נראה שמ"ש לא בראש הוא אברהם שנקרא ראש אמנה כמ"ש בשי"ר פסוק אתי מלבנון תשורי מראש אמנה זה אברהם: **דרגיש ליה.** מי שירגיש במילת אברהם ויחרה לו ידבר נגדו וימחה ולא יוכל לומר אח"כ לא הייתי יודע ואם הייתי יודע הייתי מוחה וכן הוא לעיל פר' ל"ב סימן ח' אצל נח: **הרגיש ונצטער.** דורש מ"ש נימול משמע מעצמו כמ"ש נמולו אתו ע"כ פירושו ע"י שאברהם מל אותם כמפורש בפסוק כ"ג וימל את וגו' א"כ מ"ש אצל אברהם נימול ג"כ פירושו ע"י שמל עצמו וכן מ"ש בהמולו אצל אברהם ואצל ישמעאל. ואפשר דר' לוי סובר כמ"ש לקמן פרשה מ"ט סימן ב' בביאור ובאגדת בראשית פרק י"ט. וזהו נימול ואף ר"ל אינו סובר כן אלא אצל אברהם אך ילידי ביתו שכתוב נמולו אתו פירושו כפשוטו כמ"ש וימל את בשר וכו':

חידושי הרד"ל

[ז] **בשעה שמל כו'.** בשי"ר פ"ד פ"ה דרש לה מקרא אלך לי אל הר המור: [ח] **ישמעאל כו'.** את בשר ערלתו. לומר שעור הפריעה היה דבוק וטפל לבשר הערלה: **ומצא עצמו מהול.** נ"ל שר' לוי דרך רמז אמר שמצא והרגיש בעצמו שסרה מאתו לגמרי שנהפך לבבו להאיר באור ה' והיה יכול לקבל גלוי שכינה ועומד על רגליו. רק מדאמר ר' לוי ל' סתום כעס ראב"כ וא"ל שקרנא כו' (אולי פירושו בלשון בתמיה וכי שקרנא וכזבנא את) שאומר אתה בדיבור בלשון סתום. אלא אדרבה ראוי לפרש בדיבור שהרגיש ונצטער כדי לכפול כו': **בההיא עיתא אקיל כו'.** מפני שבשאר מקומות ראינו תמיד שהיה מחבבו ונשקו על ראשו כדאיתא בירושלמי לכן פירש שרק בהיא ענתה כו':

חידושי הרש"ש

[ח] **הכא את אמר כו' אלא אברהם כו'. ישמעאל כו' כתיב את כו'.** עמ"כ בשם רש"י דהכוונה פה על הפריעה. ואל המדרש הזה כוונו התוס' ביבמות (ע"א ב') ד"ה לא במש"כ ומ"מ אברהם פרע מילתו (פי' שמל את ישמעאל) כו' כדאמר בב"ר (היינו המדרש שלפנינו) דאפילו ע"ת קיים (הוא טעם למה פרע אם לא נצטוה ע"ז) והמרש"ם שם בתוס' לפע"ד טעה והטעה שני גאוני תורה את הגרי"פ בהגהותיו שמה ואת הגאון מוהר"א פלעקלש בתשובה מאהבה חלק שני רל"ד. אך ק"ק דילמא המדרש לשיטתו דדרש לעיל פמ"ו המול ימול מילה ופריעה. וי"ל דבשלמא המול כו' מוקי לה הגמרא לדרשא אחרינא לגיין המעכבין אה"מ כדאיתא ביבמות (ע"ב א') ודלא בעינן לשמה ולמוהל שיהא מהול כדאיתא בעבודת כוכבים (כ"ז א') (ועיין מש"כ לעיל ס"פ מ"ו) אבל את בשר כו' לא מצינו דרשה אחרת זולת דרשה דהכא. ולכן משמע להו להתוס' דל"פ ע"פ הגמרא: [ט] **נימול אברהם אראב"כ הרגיש ונצטער כו'.** נראה דדייק מדלא כתיב נמול בשר אברהם. אלא משמע דכל גופו הרגיש לו ונצטער כאלו כולו כרות וחתוך:

מסורת המדרש

יא עי' כ"ז בשי"ר פ"ד פסוק עד שיפוח היום. ובאגדת בראשית פרק י"ט. ובילקוט כאן רמז פ"ב. ובילקוט שה"ש רמז תתקפ"ו. תנחומא סדר וירא סימן ב':
יב ילקוט ישעיה רמז שכ"ה:
יג תנחומא כאן סי' י"ז:
יד עבודת כוכבים דף י"ג:

אם למקרא

קִרְבוּ אֵלַי שִׁמְעוּ־זֹאת לֹא מֵרֹאשׁ בַּסֵּתֶר דִּבַּרְתִּי מֵעֵת הֱיוֹתָהּ שָׁם אָנִי וְעַתָּה אֲדֹנָי אֱלֹהִים שְׁלָחַנִי וְרוּחוֹ: (ישעיה מח:טז)

מתנות כהונה

הה"ד ויעל אלהים כו'. ופירוש הכתוב כאשר כלה אברהם לדבר עם ה' ית' ויעל וגו' ומדכתיב אתו דייק אתו כלה לדבר אבל עם המלאכים לא דבר עדיין ומדכתיב מעל אברהם דייק שנפטר ממנו ברשותו: [ז] **העמידן כו'.** ר"ל הערלות [ובמדרש חזית בפ' עד שיפוח הגיר' יותר ברורה]: [ח] **ולהלן.** בסמוך אצל ישמעאל: **את בשר ערלתו.** את לרבות את עור הפריעה ואברהם שכבר נתמעך מפני דרך ארץ לא הוצרך לזה כך פירש"י סוף סדר זה: [ט] **דרגש ליה.** מי שכואב לו ומרגיש צער בעצמו ידבר ויעכב וע"ל בפרשה ל"ב: **הרגיש ונצטער** מדכתיב נימול בלשון נפעל משמע שנצטער מחמת המילה ור' לוי דרש נימול מעצמו: **בההוא עיתא כו'.** באותו עת וזמן קלל וזלזל ר' אבא לר' לוי וא"ל שקרן וכזבן כו': [א"ל שקרנא גרסינן]: [י] **ותני הולכים גרסינן.** ה"ג בילקוט

אשד הנחלים

[ט] **הרגיש ונצטער.** עיין במ"כ ופירושו כאלו נימול שלא מרצונו כ"כ כי קיבל בתחילתו צער וכאב מזה בעת שהתחיל למול רק אחר שהתחיל נימול עוד ולכן כתיב בלשון נפעל ודעת ר' לוי שלכן כתיב בלשון נפעל כאלו הוא נמול מתחילתו וא"כ הוא מלשון עבר. **את שואלני.** כי מסתמא הי שואלו ביו"ט והשיב לו שאפילו בשבת מותר: **ג' ירידין.** מביא זה באגב שהזכיר תחילה שהולכים ליריד והמעשה

בְּעֶצֶם הַיּוֹם הַזֶּה נִמּוֹל אַבְרָהָם וְיִשְׁמָעֵאל בְּנוֹ.
In the middle of that day was Abraham circumcised with Ishmael his son (17:26).

§9 בְּעֶצֶם הַיּוֹם הַזֶּה נִמּוֹל אַבְרָהָם — ***IN THE MIDDLE OF THAT DAY WAS ABRAHAM CIRCUMCISED.***

The phrase בְּעֶצֶם הַיּוֹם הַזֶּה is subject to various interpretations.[75] The Midrash quotes a verse in the Book of *Isaiah* that sheds light on how the phrase is to be translated here:

אָמַר רַבִּי בֶּרֶכְיָה: "לֹא מֵרֹאשׁ בַּסֵּתֶר דִּבַּרְתִּי" — R' Berechyah said: Scripture states, ***From the first*** [רֹאשׁ] ***I did not speak in secrecy*** (*Isaiah* 48:16).[76] **אֶלָּא אָמַר הַקָּדוֹשׁ בָּרוּךְ הוּא — Thus, the Holy One, blessed is He, said: אִילּוּ מָל אַבְרָהָם בַּלַּיְלָה הָיוּ כָּל בְּנֵי דוֹרוֹ אוֹמְרִים בְּכָךְ וְכָךְ — Had Abraham performed the circumcision** secretly, **at night, all of his contemporaries would have said the following:**[77] **אִילּוּ הָיִינוּ רוֹאִים אוֹתוֹ לֹא הָיִינוּ מַנִּיחִים אוֹתוֹ לִימּוֹל — "If we would have** only **seen him** at that time, **we would not have let him perform the circumcision."**[78] **אֶלָּא "בְּעֶצֶם הַיּוֹם הַזֶּה" דְּרַגְשָׁה לֵיהּ יְמַלֵּל — Rather,** the circumcision was performed **in the middle of that day,** i.e., in broad daylight, so that **whoever felt [angry or upset]** about it **would** have had the opportunity to **speak up** and protest.[79]Ⓐ

The phrase נִמּוֹל אַבְרָהָם, *was Abraham circumcised*, is written in the passive form. The Midrash cites conflicting opinions as to what is to be learned from this:[80]

"נִמּוֹל אַבְרָהָם" — The verse states: ***... was Abraham circumcised ...*** **אָמַר רַבִּי אַבָּא בַּר כָּהֲנָא: — R' Abba bar Kahana said: הִרְגִּישׁ וְנִצְטָעֵר כְּדֵי שֶׁיִּכְפּוֹל לוֹ הַקָּדוֹשׁ בָּרוּךְ הוּא שְׂכָרוֹ — The reason [Abraham] felt** pain **and suffered** because of his circumcision[81] was **in order that the Holy One, blessed is He, would double his reward.**[82] **אָמַר רַבִּי לֵוִי: "מָל אַבְרָהָם" אֵין כְּתִיב כָּאן אֶלָּא "נִימּוֹל" — R' Levi said:** That Abraham ***circumcised*** himself **it is not written here; rather,** *Abraham* ***was circumcised*** **is written. בָּדַק אֶת עַצְמוֹ וּמָצָא עַצְמוֹ מָהוּל — This teaches us that he examined himself and found that he was** already **circumcised.**[83]

The Midrash records R' Abba bar Kahana's response to R' Levi:

אָמַר רַבִּי בֶּרֶכְיָה: בְּהַהִיא עִיתָּא אֲקִיל רַבִּי אַבָּא בַּר כָּהֲנָא לְרַבִּי לֵוִי — R' Berechyah said: At that time R' Abba bar Kahana insulted R' Levi.[84] **אָמַר לוֹ שַׁקְרָנָא כַּזְּבָנָא אַתְּ — He said to him, "You are a liar** and **a speaker of falsehood** if you teach that Abraham did not circumcise himself[85]Ⓑ and did not suffer any pain.[86]

NOTES

75. See at length in *Ramban* to *Leviticus* 23:28.

76. The word רֹאשׁ, *first*, is a reference to Abraham, who is referred to in *Song of Songs* 4:8 as רֹאשׁ אֲמָנָה, the *Prime Believer* (see *Shir HaShirim Rabbah* ad loc.). Alternatively: The word מֵרֹאשׁ, *from the first*, means "from the time I first made you (Israel) into a nation." The point in time when that occurred was when God commanded Abraham to perform circumcision (*Maharzu*, followed by *Eitz Yosef*). [Circumcision was the first mitzvah given to Abraham (*Yefeh To'ar*).]

According to both interpretations, the import of God's statement in this verse is: "When I commanded Abraham to fulfill the mitzvah of circumcision, I told him *not* to perform it in secret."

77. Lit., *with this and this.*

78. They would have prevented him from performing the circumcision because it was through this mitzvah that Abraham and his people separated themselves from the other nations and became God's unique nation. Alternatively: They would have tried to prevent Abraham and his people from wounding themselves (*Eitz Yosef*, citing *Yefeh To'ar*).

79. God wanted Abraham to perform the circumcision in broad daylight to show the world that he could not and would not be stopped. For other examples of this underlying meaning of בְּעֶצֶם הַיּוֹם הַזֶּה, see 32 §8 above and *Sifrei* to *Deuteronomy* 32:48 (cited in *Rashi* ad loc.).

80. *Matnos Kehunah, Eitz Yosef.* (See, however, *Rashash*, who explains the first opinion that follows as being based on a *different* aspect of the phrase נִמּוֹל אַבְרָהָם.)

81. The passive phrase *he was circumcised* indicates that Abraham was *affected* in some way by the circumcision (ibid.).

82. See *Avos* 5:26. The reward one receives for performing a mitzvah is proportional to the effort and discomfort one experiences in its performance.

83. That is: Abraham did not have to perform an act of circumcision, for he found that he was already circumcised. God performed this miracle so that Abraham should not suffer any pain (*Eitz Yosef*; see *Yefeh To'ar*).]

It emerges that according to R' Abba bar Kahana, the passive word נִמּוֹל tells us that Abraham suffered pain; according to R' Levi it tells us the opposite.

84. But *only* at that time. In general, R' Abba bar Kahana held R' Levi in high esteem and loved him; see *Yerushalmi Horayos* 3:5 (*Radal*).

85. For the words וְאַתָּה אֶת בְּרִיתִי תִשְׁמֹר, *And as for you, you shall keep My covenant* (above, v. 9), imply that he should circumcise himself (*Yefeh To'ar*).

86. For it would not be fitting for Abraham to lose out on the extra reward that he would gain via suffering the pain of circumcision; see note 82 (ibid.).

INSIGHTS

Ⓐ **Comfort of Darkness** Actually, this is the second instance where the Midrash relates that God commanded that an unpopular act be done in broad daylight, to show that opponents would not be able to prevent it. The first was when Noah was preparing to enter the Ark. His compatriots gnashed their teeth, but could not stop him. The second is here, when Abraham's neighbors could not prevent him from circumcising himself. It is understandable why people would try to stop Noah, because they were outraged at his message that he and his animals would float to safety while everyone else would be wiped out. But why would anyone care if Abraham wished to inflict a "wound" on himself?

Actually, what incensed them was Abraham's spiritual and moral stature. When a person is elevated above his contemporaries, he puts them in a bad light, and if they do not wish to follow his example they may well try to impede his spiritual growth.

The sun shines a glaring light on actions that people would prefer to do in the darkness. People who wish to wallow in moral filth do not wish to be exposed. If they could, they would prevent the sun from rising. Just as broad daylight embarrasses them, so too the example of an Abraham casts light on their preferred degradation, so rather than improving themselves, they will try to prevent his ascent. Abraham dared to be different and suffer pain in obedience to God's command. This was intolerable to those who desired only immoral and impious pleasure. They would have stopped Abraham if they could, so he acted publicly to show that they were powerless to prevent him from performing the mitzvah (*Ohr Chadash*, Vol. 1, pp. 109-110).

Ⓑ **"You are a Speaker of Falsehood!"** Although the occasional use of strong language in the course of a Talmudic debate is not unheard of, R' Abba bar Kahana's response ("You are a liar and a speaker of falsehood") is unusually harsh even by these standards. Apparently, he viewed the suggestion that Abraham did not circumcise himself as not merely an incorrect representation of a particular event, but also as a challenge to some fundamental truth in Judaism.

In a profound essay on the essence of the *tzitzis* commandment (*Numbers* 15:39), in which he postulates a comprehensive thesis regarding the true purpose of *all* of God's commandments, *Meshech Chochmah* (ad loc.) explains why it was so vital for Abraham to personally circumcise himself. Whereas most of the universe is complete and attests to the ultimate wisdom and perfection of God, our world was purposely left incomplete and elastic so that we humans can personally partake in its completion. By performing God's commandments

ז [יז, כג] "**וַיִּקַּח אַבְרָהָם אֶת יִשְׁמָעֵאל בְּנוֹ וְאֵת כָּל יְלִידֵי בֵּיתוֹ**", [יא]אָמַר רַבִּי אַיְּבוּ: בְּשָׁעָה שֶׁמָּל אַבְרָהָם אוֹתָן יְלִידֵי בֵּיתוֹ הֶעֱמִידָן גִּבְעָה עֲרָלוֹת וְזָרְחָה עֲלֵיהֶם חַמָּה וְהִתְלִיעוּ וְעָלָה רֵיחָן לִפְנֵי הַקָּדוֹשׁ בָּרוּךְ הוּא כִּקְטֹרֶת סַמִּים וּכְעוֹלָה שֶׁהִיא כָּלִיל לָאִשִּׁים. אָמַר הַקָּדוֹשׁ בָּרוּךְ הוּא: בְּשָׁעָה שֶׁיִּהְיוּ בָּנָיו שֶׁל זֶה בָּאִים לִידֵי עֲבֵירוֹת וְלִידֵי מַעֲשִׂים רָעִים אֲנִי נִזְכָּר לָהֶם הָרֵיחַ הַזֶּה וּמִתְמַלֵּא עֲלֵיהֶם רַחֲמִים וּמְרַחֵם עֲלֵיהֶם:

ח [יז, כד] "**וְאַבְרָהָם בֶּן תִּשְׁעִים וָתֵשַׁע וְגוֹ'**", הָכָא אַתְּ אָמַר "בְּשַׂר עָרְלָתוֹ", וּלְהַלָּן אַתְּ אָמַר [יז, כה] "אֵת בְּשַׂר עָרְלָתוֹ", אֶלָּא אַבְרָהָם עַל יְדֵי שֶׁנִּתְמָעֵךְ עַל יְדֵי אִשָּׁה כְּתִיב "בְּשַׂר עָרְלָתוֹ", יִשְׁמָעֵאל שֶׁלֹּא נִתְמָעֵךְ עַל יְדֵי אִשָּׁה כְּתִיב "אֵת בְּשַׂר עָרְלָתוֹ":

ט [יז, כו] "**בְּעֶצֶם הַיּוֹם הַזֶּה נִמּוֹל אַבְרָהָם**", [יב]אָמַר רַבִּי בֶּרֶכְיָה: (ישעיה מח, טז) "לֹא מֵרֹאשׁ בַּסֵּתֶר דִּבַּרְתִּי" אֶלָּא אָמַר הַקָּדוֹשׁ בָּרוּךְ הוּא: אִילּוּ מָל אַבְרָהָם בַּלַּיְלָה הָיוּ כָּל בְּנֵי דוֹרוֹ אוֹמְרִים: בְּכָךְ וְכָךְ אִילּוּ הָיִינוּ רוֹאִים אוֹתוֹ לֹא הָיִינוּ מַנִּיחִים אוֹתוֹ לִימוֹל, אֶלָּא "בְּעֶצֶם הַיּוֹם הַזֶּה", °דִּרְגַשׁ לֵיהּ יְמַלֵּל. "נִמּוֹל אַבְרָהָם", אָמַר רַבִּי אַבָּא בַּר כָּהֲנָא: הִרְגִּישׁ וְנִצְטָעֵר כְּדֵי שֶׁיִּכְפּוֹל לוֹ הַקָּדוֹשׁ בָּרוּךְ הוּא שְׂכָרוֹ. אָמַר רַבִּי לֵוִי: "מָל אַבְרָהָם" אֵין כְּתִיב כָּאן אֶלָּא "נִימּוֹל", [יג]בָּדַק אֶת עַצְמוֹ וּמָצָא עַצְמוֹ מָהוּל. אָמַר רַבִּי בֶּרֶכְיָה: בְּהַהִיא °עֲנְתָא אֲקִיל רַבִּי אַבָּא בַּר כָּהֲנָא לְרַבִּי לֵוִי, אָמַר לוֹ: שַׁקְרָנָא כַּזְבָנָא אַתְּ, אֶלָּא הִרְגִּישׁ וְנִצְטָעֵר כְּדֵי שֶׁיִּכְפּוֹל הַקָּדוֹשׁ בָּרוּךְ הוּא שְׂכָרוֹ:

י [יז, כז] "**וְכָל אַנְשֵׁי בֵיתוֹ יְלִיד בָּיִת וּמִקְנַת כֶּסֶף**", [יד]תַּנְיָא: הוֹלְכִים לְיָרִיד שֶׁל עוֹבְדֵי כּוֹכָבִים °בְּחוּלוֹ שֶׁל מוֹעֵד לִיקַּח מֵהֶם בָּתִּים שָׂדוֹת וּכְרָמִים וַעֲבָדִים וּשְׁפָחוֹת. רַבִּי אַמִּי בְּשֵׁם רֵישׁ לָקִישׁ אָמַר:

עץ יוסף

(ז) [ט] **העמידן גבעה כו'**. והיינו דכתיב אלך לי אל הר המור ואל גבעת הלבונה וגו' וכדמפרש בחזית. ולשון האגדה כאן קיצר: **ועלה ריחן לפני הקב"ה כו'**. שזה היה כריח ניחוח למה ששפכו דמם ונתנו בשרם להיות רימה ותולעה בחייהם. ואין קרבן גדול מזה (יפ"ת): (ח) [י] **אברהם על ידי שנתמעך**. וז"ל רש"י בחומש באברהם לא נאמר את לפי שלא היה חסר אלא חיתוך בשר כו' אבל ישמעאל שהיה ילד הוזקק לחתוך ולפרוע לכך נאמר בו את עכ"ל הרי דאברהם נצטוה על הפריעה. ואל המדרש הזה כוונו התוס' ביבמות דף ע"א ע"ב ד"ה לא במה שכתבו ומ"מ אברהם פרע מילתו פירוש שמל את ישמעאל: (ט) [יא] **לא מראש בסתר דברתי**. מעת שהתחלתי לעשות אתכם לעם היינו מאברהם שצויתיו למול. התחלה זאת לא היה בסתר אלא בעצם היום הזה. או מראש הוא אברהם כמ"ש בשי"ר פסוק אתי מלבנון מראש אמנה זה אברהם: **לא היינו מניחים**. מפני שעל ידי זו המצוה מבדיל עצמו להיות לעם מיוחד אי נמי לפי שחבל בעצמו ובכל אנשיו (יפ"ת): **בעצם היום הזה**. שהיה בעצומו של יום. דאע"פ דמילה כשרה מהנץ החמה ואברהם היה מן הזריזין למצות. מ"מ כאן המתין אברהם עד עצומו של יום כמו אחר ג' שעות ביום בשעה שהכל נעורים כדי לפרסם הדבר (נזה"ק): **דרגש ליה ימלל**. שיחרה לו ידבר כנגדו וימחה: **הרגיש**. ונצטער מדכתיב נימול בלשון נפעל משמע שנצטער מחמת המילה (מת"כ): **נימול בדק עצמו כו'**. דרש נימול מעצמו ביום ההוא על ידי נס כדי שלא יצטער: **בההיא ענתא אקיל כו'**. באותו עת וזמן זלזל רבי אבא לרבי לוי שקרן וכזבן אתה. משום דואתה את בריתי תשמור משמע שימול עצמו ועוד שלא היה נאות לשיפסיד שכר המצוה משום צער (יפ"ת): **בההיא ענתה כו'**. מפני שבשאר מקומות ראינו תמיד שהיה מחבבו ונשקו על ראשו כדאיתא בירוש'. לכן פירש שרק בההיא ענתה כו' (רד"ל): (י) [יב] **ההולכים ליריד כו' בחולו של מועד**. כתב היפ"ת ל"ג בחולו של מועד. משום לאתויי דעכו"ם מיתניא בתוספתא:

פירוש מהרז"ו

(ז) **בשעה שמל**. תנחומא כאן ועי' כל זה בשי"ר פסוק עד שיפוח היום ושם יתבאר וע' עוד באגדת בראשית פרק י"ט ומ"ש כאן ר' איבו יתכן שהכוונה על ר' אבהו הנזכר בשי"ר שם ע"ש ותבין: ח (ח) **ואברהם בן תשעים**. עי' מ"כ וז"ל רש"י בחומש סוף לך לך באברהם לא נאמר את לפי שלא היה חסר אלא חיתוך בשר כו' אבל ישמעאל שהיה ילד הוזקק לחתוך ולפרוע לכך נאמר בו את ב"ר עכ"ל: (ט) **לא מראש בסתר דברתי**. מעת שהתחלתי לעשות אתכם לעם היינו מאברהם שצויתיו למול התחלה זאת לא היה בסתר אלא בעצם היום הזה. וגם מאמר זה בשי"ר שם ויותר נראה שמ"ש לא בראש הוא אברהם שנקרא ראש אמנה כמ"ש בשי"ר פסוק אתי מלבנון תשורי מראש אמנה זה אברהם: **דרגיש ליה**. מי שירגיש במילת אברהם ויחרה לו ידבר נגדו וימחה ולא יוכל לומר אח"כ לא הייתי יודע ואם הייתי יודע הייתי מוחה וכן הוא לעיל פר' ל"ב סימן ח' אלל נח: **הרגיש ונצטער**. דורש מ"ש נימול משמע מעצמו כמ"ש נמולו אתו ע"כ פירושו ע"י שאברהם מל אותם כמפורש בפסוק כ"ג וימל את וגו' א"כ מ"ש אצל אברהם נימול ג"כ פירושו ע"י שמל עצמו וכן מ"ש בהמולו אצל אברהם ואצל ישמעאל. ואפשר דר' לוי סובר כמ"ש לקמן פרשה מ"ט סימן ב' בביאור ובאגדת בראשית פרק י"ט. וזהו נימול ואף ר"ל אינו סובר כן אלא אצל אברהם אך ילידי ביתו שכתוב נמולו אתו פירושו כפשוטו כמ"ש וימל את בשר וכו':

חידושי הרד"ל

[ז] **בשעה שמל כו'**. בשי"ר פ"ד פ"ה דרש לה מקרא אלך לי אל הר המור: [ח] **ישמעאל כו'**. את בשר ערלתו. לומר שעור הפריעה היה דבוק וטפל לבשר הערלה: **ומצא עצמו מהול**. כ"ל שר' לוי דרך רמז אמר שמלא והרגיש בעצמו שסרה מאתו לגמרי שנהפך לבבו להאיר באור ה' והיה יכול לקבל גלוי שכינה ועומד על רגליו. רק מדאמר ר' לוי ל' סתום כעס רא"ב"כ וא"ל שקרנא כו' (אולי פירושו בלשון בתמיה וכי שקרנא וכזבנא את) שאומר אתה בדיבור בלשון סתום. אלא אדרבה ראוי לפרש בדיבור שהרגיש ונצטער כדי לכפול כו': **בההיא עיתא אקיל כו'**. מפני שבשאר מקומות ראינו תמיד שהיה מחבבו ונשקו על ראשו כדאיתא בירושלמי לכן פירש שרק בהיא ענתה כו':

חידושי הרש"ש

[ח] **הכא את אמר כו' אלא אברהם כו'. ישמעאל כו' כתיב את כו'**. עמ"כ בשם רש"י דהכוונה פה על הפריעה. ואל המדרש הזה כוונו התוס' ביבמות (ע"א ב') ד"ה לא במש"כ ומ"מ אברהם פרע מילתו (פי' שמל את ישמעאל) כו' כדאמר בב"ר (היינו המדרש שלפנינו) דאפילו ע"ת קיים (הוא טעם למה פרע אם לא נצטוה ע"ז) והמרשים שם בתוס' לפע"ד טעה והטעה שני גאוני תורה את הגרי"פ בהגהותיו שמה ואת הגאון מוהר"א פלעקלש בתשובה מאהבה חלק שני רל"ד. אך ק"ק דילמא המדרש לשיטתו דדרש לעיל פמ"ו המול ימול מילה ופריעה. וי"ל דבשלמא המול כו' מוקי לה הגמרא לדרשא אחרינא לגלין המעכבין אה"מ כדאיתא ביבמות (ע"ב א') ודלא בעינן לשמה ולמוהל שיהא מהול כדאיתא בעבודת כוכבים (כ"ז א') (ועיין מש"כ לעיל ס"פ מ"ו) אבל את בשר כו' לא מצינו דרשה אחרת זולת דרשה דהכא. ולכן משמע להו להתוס' דל"פ ע"ז הגמרא: [ט] **נימול אברהם ארבא"ב הרגיש ונצטער כו'**. נראה דדייק מדלא כתיב נמול בשר אברהם. אלא משמע דכל גופו הרגיש לו ונצטער כאלו כולו כרות וחתוך:

מסורת המדרש

יא עי' כ"ז בשי"ר פ"ד פסוק עד שיפוח היום. ובאגדת בראשית פרק י"ט. ובילקוט כאן רמז פ"ב. ובילקוט שה"ש רמז תתקפ"ו. תנחומא סדר וירא סימן ב':
יב ילקוט ישעיה רמז שכ"ה:
יג תנחומא כאן סי' י"ז:
יד עבודת כוכבים דף י"ג:

אם למקרא

קִרְבוּ אֵלַי שִׁמְעוּ־זֹאת לֹא מֵרֹאשׁ בַּסֵּתֶר דִּבַּרְתִּי מֵעֵת הֱיוֹתָהּ שָׁם אָנִי וְעַתָּה אֲדֹנָי אֱלֹהִים שְׁלָחַנִי וְרוּחוֹ:
(ישעיה מח:טז)

מתנות כהונה

הה"ד ויעל אלהים כו'. ופירוש הכתוב כאשר כלה אברהם לדבר עם ה' ית' ויעל וגו' ומדכתיב אתו דייק אתו כלה לדבר אבל עם המלאכים לא דבר עדיין ומדכתיב מעל אברהם דייק שנפטר ממנו ברשותו: [ז] **העמידן כו'**. ר"ל הערלות [ובמדרש חזית בפ' עד שיפוח הגיר' יותר ברורה]: [ח] **ולהלן**. בסמוך אצל ישמעאל: **את בשר ערלתו**. את לרבות את עור הפריעה ואברהם שכבר נתמעך מפני דרך ארץ לא הוצרך לזה כך פירש"י סוף סדר זה: [ט] **דרגש ליה**. מי שכואב לו ומרגיש צער בעצמו ידבר ויעכב וע"ל בפרשה ל"ב: **הרגיש ונצטער** מדכתיב נימול בלשון נפעל משמע שנצטער מחמת המילה ור' לוי דרש נימול מעצמו: **בההוא עיתא כו'**. באותו עת וזמן קלל וזלזל ר' אבא לר' לוי וא"ל שקרן וכזבן כו': [א"ל שקרנא גרסינן]: [י] **ותני הולכים גרסינן**. ה"ג בילקוט

אשד הנחלים

[ט] **הרגיש ונצטער**. עיין במ"כ ופירושו כאלו נימול שלא מרצונו כ"כ כי קיבל בתחילתו צער וכאב מזה בעת שהתחיל למול רק אחר שהתחיל נימול עוד ולכן כתיב בלשון נפעל ודעת ר' לוי שלכן כתיב בלשון נפעל כאלו הוא נמול מתחילתו וא"כ הוא מלשון עבר. **את שואלני**. כי מסתמא הי שואלו ביו"ט והשיב לו שאפילו בשבת מותר: **ג' ירידין**. מביא זה באגב שהזכיר תחילה שהולכים ליריד והמעשה

§10 וְכָל אַנְשֵׁי בֵיתוֹ יְלִיד בָּיִת וּמִקְנַת כֶּסֶף – *AND ALL THE PEOPLE OF HIS HOUSEHOLD – BORN IN HIS HOUSEHOLD AND PURCHASED FOR MONEY.*

The Midrash cites and explains a *Tosefta* related to our verse: תַּנְיָא – **It was taught in a Baraisa:** הוֹלְכִים לְיָרִיד שֶׁל עוֹבְדֵי כּוֹכָבִים[87] – **We may go to a** commercial **fair of idol worshipers**[88] לִיקַּח מֵהֶם בָּתִּים שָׂדוֹת וּכְרָמִים וַעֲבָדִים וּשְׁפָחוֹת – **to purchase from them houses, fields, and vineyards, slaves and maidservants** (*Tosefta, Avodah Zarah* 1:3; see also *Eruvin* 47a).[89] רַבִּי אַמִּי בְּשֵׁם רֵישׁ לָקִישׁ אָמַר: – **R' Ami in the name of Reish Lakish said:** אֶלָּא הִרְגִּישׁ וְנִצְטַעֵר כְּדֵי שֶׁיִּכְפּוֹל הַקָּדוֹשׁ בָּרוּךְ הוּא שְׂכָרוֹ – **Rather,** I still maintain that it teaches us that [Abraham] did indeed **feel pain and suffered** at his circumcision **so that the Holy One, blessed is He, would double his reward** for performing the mitzvah."

וְכָל אַנְשֵׁי בֵיתוֹ יְלִיד בָּיִת וּמִקְנַת כֶּסֶף מֵאֵת בֶּן נֵכָר נִמֹּלוּ אִתּוֹ.

And all the people of his household – born in his household and purchased for money from a stranger – were circumcised with him (17:27).

NOTES

87. Some texts have here the phrase בְּחוּלוֹ שֶׁל מוֹעֵד, but it is deleted by *Yefeh To'ar*, cited by *Eitz Yosef*. Indeed, those words do not appear in the *Tosefta*.

88. These fairs were traditionally held on the heathen holidays (*Rashi* to *Eruvin* 47a).

It is generally forbidden for a Jew to transact business with idolaters during the three days preceding their festivals, and certainly on the festival itself, because the idolater is likely to pay homage to his deity on his festival for any benefits that he received during those days. The Jew would thus be guilty of (indirectly) causing the idolater to praise the name of his alien god (Mishnah *Avodah Zarah* 2a with *Rashi* and *Rambam*). The Baraisa quoted here is listing exceptions to this rule.

89. The reason it is permitted to buy homes, fields, and vineyards is in order to diminish the influence of pagan traders, or to further the settlement of the Land of Israel (*Rashi* to *Eruvin* 47a; see also *Tosefta* loc. cit.). As to why it is permissible to buy slaves and maidservants, see further.

INSIGHTS

with worldly objects and using material matter to make the world a better and more just place in which to live, we make it holier and more spiritual.

As part of this grand design, God deliberately created human beings in an imperfect manner, with a superfluous and unwanted foreskin, so that we can contribute to our own "completion," and merit to perform the deed that purifies and elevates us, and entitles us to join the nation of God. [See insight to 46 §3, "Who Said To My World `Enough'. "]

Indeed, every one of the 613 commandments similarly contributes to the completion and perfection of God's creation, albeit in a less conspicuous manner. To highlight this fact, we are commanded to wear a *tallis*, whose physical aspects are designed to reflect this theme. For our world is commonly described in the Midrashic literature as a "garment" for the Divine Presence. That is, just as a garment covers a person, so that we see it rather than what is behind it, so too, in a sense, are we humans only able to see the Divine Presence and light through His earthly creations. Thus, by wearing the *tallis*, we shall *remember all the commandments of HASHEM* (*Numbers* 15:39). For by seeing ourselves surrounded by a woven garment with unfinished fringes on all four corners, we shall be reminded that the "garment" (i.e., the world) we live in has similarly been left somewhat incomplete by God, in order to allow us to contribute to and influence its final form. It is our purpose and duty in our allotted time on this earth to perform all of God's commandments and thus help to complete this "garment" in the most ideal and perfect manner possible. Moreover, each of the fringes on the *tallis* must consist of one-third braid and two-thirds fringe, in order to remind us that in performing the commandments and weaving the remaining fringes, part of our job will be done by God, who lends assistance to all those who follow in His ways and choose to take the path of the righteous.

It is in this context, explains *Meshech Chochmah*, that we can understand the vehemence of R' Abba's response. For the very purpose of this mitzvah, and the reason that we are born with this superfluous foreskin, is to allow us to purify and elevate ourselves by our own actions. Thus, to suggest that God did not allow His beloved Abraham, the very first circumcised human being, to perform this commandment himself, was utterly unthinkable to R' Abba, for it not only "denies" the obvious purpose of *this* commandment, but also that of *all* the Torah's commandments.

ז [יז, כג] "וַיִּקַּח אַבְרָהָם אֶת יִשְׁמָעֵאל בְּנוֹ וְאֵת כָּל יְלִידֵי בֵיתוֹ", יאאָמַר רַבִּי אַיְּבוּ: בְּשָׁעָה שֶׁמָּל אַבְרָהָם אוֹתָן יְלִידֵי בֵיתוֹ הֶעֱמִידָן גִּבְעָה עֲרָלוֹת וְזָרְחָה עֲלֵיהֶם חַמָּה וְהִתְלִיעוּ וְעָלָה רֵיחָן לִפְנֵי הַקָּדוֹשׁ בָּרוּךְ הוּא כִּקְטוֹרֶת סַמִּים וּכְעוֹלָה שֶׁהִיא כָלִיל לָאִישִׁים. אָמַר הַקָּדוֹשׁ בָּרוּךְ הוּא: בְּשָׁעָה שֶׁיִּהְיוּ בָנָיו שֶׁל זֶה בָּאִים לִידֵי עֲבֵירוֹת וְלִידֵי מַעֲשִׂים רָעִים אֲנִי נִזְכָּר לָהֶם הָרֵיחַ הַזֶּה וּמִתְמַלֵּא עֲלֵיהֶם רַחֲמִים וּמְרַחֵם עֲלֵיהֶם:

ח [יז, כד] "וְאַבְרָהָם בֶּן תִּשְׁעִים וָתֵשַׁע וְגוֹ'", הָכָא אַתְּ אָמַר "בְּשַׂר עָרְלָתוֹ", וּלְהַלָּן אַתְּ אָמַר [יז, כה] "אֵת בְּשַׂר עָרְלָתוֹ", אֶלָּא אַבְרָהָם עַל יְדֵי שֶׁנִּתְמָעֵךְ עַל יְדֵי אִשָּׁה כְּתִיב "בְּשַׂר עָרְלָתוֹ", יִשְׁמָעֵאל שֶׁלֹּא נִתְמָעֵךְ עַל יְדֵי אִשָּׁה כְּתִיב "אֵת בְּשַׂר עָרְלָתוֹ":

ט [יז, כו] "בְּעֶצֶם הַיּוֹם הַזֶּה נִמּוֹל אַבְרָהָם", יבאָמַר רַבִּי בֶּרֶכְיָה: (ישעיה מח, טז) "לֹא מֵרֹאשׁ בַּסֵּתֶר דִּבַּרְתִּי" אֶלָּא אָמַר הַקָּדוֹשׁ בָּרוּךְ הוּא: אִילּוּ מָל אַבְרָהָם בַּלַּיְלָה הָיוּ כָּל בְּנֵי דוֹרוֹ אוֹמְרִים: בְּכָךְ וְכָךְ אִילּוּ הָיִינוּ רוֹאִים אוֹתוֹ לֹא הָיִינוּ מַנִּיחִים אוֹתוֹ לִימּוֹל, אֶלָּא "בְּעֶצֶם הַיּוֹם הַזֶּה", °דִּרְגַשׁ לֵיהּ יְמַלֵּל. "נִמּוֹל אַבְרָהָם", אָמַר רַבִּי אַבָּא בַּר כָּהֲנָא: הִרְגִּישׁ וְנִצְטַעֵר כְּדֵי שֶׁיִּכְפּוֹל לוֹ הַקָּדוֹשׁ בָּרוּךְ הוּא שְׂכָרוֹ. אָמַר רַבִּי לֵוִי: "מָל אַבְרָהָם" אֵין כְּתִיב כָּאן אֶלָּא "נִימּוֹל", יגבָּדַק אֶת עַצְמוֹ וּמָצָא עַצְמוֹ מָהוּל. אָמַר רַבִּי בֶּרֶכְיָה: בְּהַהִיא °עֲנְתָא אֲקִיל רַבִּי אַבָּא בַּר כָּהֲנָא לְרַבִּי לֵוִי, אָמַר לוֹ: שַׁקְרָנָא כַּזְּבָנָא אַתְּ, אֶלָּא הִרְגִּישׁ וְנִצְטַעֵר כְּדֵי שֶׁיִּכְפּוֹל הַקָּדוֹשׁ בָּרוּךְ הוּא שְׂכָרוֹ:

י [יז, כז] "וְכָל אַנְשֵׁי בֵיתוֹ יְלִיד בָּיִת וּמִקְנַת כֶּסֶף", ידתַּנְיָא: הוֹלְכִים לְיָרִיד שֶׁל עוֹבְדֵי כוֹכָבִים °בְּחוּלּוֹ שֶׁל מוֹעֵד לִיקַּח מֵהֶם בָּתִּים שָׂדוֹת וּכְרָמִים וַעֲבָדִים וּשְׁפָחוֹת. רַבִּי אַמִּי בְּשֵׁם רֵישׁ לָקִישׁ אָמַר:

עץ יוסף

(ז) [ט] **העמידן גבעה כו'.** והיינו דכתיב אלך לי אל הר המור ואל גבעת הלבונה וגו' וכדמפרש בחזית. ולשון האגדה כאן קיצר: **ועלה ריחן לפני הקב"ה כו'.** שזה היה כריח ניחוח למה שספכו דמם ונתנו בשרם להיות רימה ותולעה בחייהם. ואין קרבן גדול מזה (יפ"ת): (ח) [י] **אברהם על ידי שנתמעך.** וז"ל רש"י בחומש באברהם לא נאמר את לפי שלא היה חסר אלא חיתוך בשר כו' אבל ישמעאל שהיה ילד הוזקק לחתוך ולפרוע לכך נאמר בו את עכ"ל הרי דאברהם נצטווה על הפריעה. ואל המדרש הזה כוונו התוס' ביבמות דף ע"א ע"ב ד"ה לא במה שכתבו ומ"מ אברהם פרע מילתו פירוש שמל את ישמעאל: (ט) [יא] **לא מראש בסתר דברתי.** מעת שהתחלתי לעשות אתכם לעם היינו מאברהם שצויתיו למול. התחלה זאת לא היה בסתר אלא בעצם היום הזה. או מראש הוא אברהם כמ"ש בשי"ר פסוק אתי מלבנון מראש אמנה זה אברהם: **לא היינו מניחים.** מפני שעל ידי זו המצוה מבדיל עצמו להיות לעם מיוחד אי נמי לפי שחבל בעצמו ובכל אנשיו (יפ"ת): **בעצם היום הזה.** שהיה בעצומו של יום. דאע"פ דמילה כשרה מהנץ החמה ואברהם היה מן הזריזין למצות. מ"מ כאן המתין אברהם עד עצומו של יום כמו אחר ג' שעות ביום בשעה שהכל נעורים כדי לפרסם הדבר (נזה"ק): **דרגש ליה ימלל.** שיחרה לו ידבר כנגדו וימחה: **הרגיש.** ונצטער מדכתיב נימול בלשון נפעל משמע שנצטער מחמת המילה (מת"כ): **נימול בדק עצמו כו'.** דרש נימול מעצמו ביום ההוא על ידי נס כדי שלא יצטער: **בההיא ענתא אקיל כו'.** באותו עת וזמן זלזל רבי אבא לרבי לוי שקרן וכזבן אתה. משום דואתה את בריתי תשמור משמע שימול עצמו ועוד שלא היה נאות לשיפסיד שכר המצוה משום צער (יפ"ת): **בההיא ענתה כו'.** מפני שבשאר מקומות ראינו תמיד שהיה מחבבו ונשקו על ראשו כדאיתא בירוש'. לכן פירש שרק בההיא ענתה כו' (רד"ל): (י) [יב] **ההולכים ליריד כו' בחולו של מועד.** כתב היפ"ת ל"ג בחולו של מועד. משום לאו דעכו"ם מיתניא בתוספתא:

פירוש מהרז"ו

(ז) **בשעה שמל.** תנחומא כאן ועי' כל זה בשי"ר פסוק עד שיפוח היום ושם יתבאר ועי' עוד באגדת בראשית פרק י"ט ומ"ש כאן ר' איבו יתכן שהכוונה על ר' אבהו הנזכר בשי"ר שם ע"ש ותבין: ח (ח) **ואברהם בן תשעים.** עי' מ"כ וז"ל רש"י בחומש סוף לך לך באברהם לא נאמר את לפי שלא היה חסר אלא חיתוך בשר כו' אבל ישמעאל שהיה ילד הוזקק לחתוך ולפרוע לכך נאמר בו את ב"ר עכ"ל: (ט) **לא מראש בסתר דברתי.** מעת שהתחלתי לעשות אתכם לעם היינו מאברהם שצויתיו למול התחלה זאת לא היה בסתר אלא בעצם היום הזה. וגם מאמר זה בשי"ר שם ויותר נראה שמ"ש לא בראש הוא אברהם שנקרא ראש אמנה כמ"ש בשי"ר פסוק אתי מלבנון תשורי מראש אמנה זה אברהם: **דרגיש ליה.** מי שירגיש במילת אברהם ויחרה לו ידבר נגדו וימחה ולא יוכל לומר אח"כ לא הייתי יודע ואם הייתי יודע הייתי מוחה וכן הוא לעיל פר' ל"ב סימן ח' אלל נח: **הרגיש ונצטער.** דורש מ"ש נימול משמע מעצמו כמ"ש נמולו אתו ע"כ פירושו ע"י שאברהם מל אותם כמפורש בפסוק כ"ג וימל את וגו' א"כ מ"ש אצל אברהם נימול ג"כ פירושו ע"י שמל עצמו וכן מ"ש בהמולו אצל אברהם ואצל ישמעאל. ואפשר דר' לוי סובר כמ"ש לקמן פרשה מ"ט סימן ב' בביאור ובאגדת בראשית פרק י"ט. וזהו נימול ואף ר"ל אינו סובר כן אלא אצל אברהם אך ילידי ביתו שכתוב נמולו אתו פירושו כפשוטו כמ"ש וימל את בשר וכו':

חידושי הרד"ל

[ז] **בשעה שמל כו'.** בשי"ר פ"ד פ"ה דרש לה מקרא אלך לי אל הר המור: [ח] **ישמעאל כו'.** את בשר ערלתו. לומר שעור הפריעה היה דבוק וטפל לבשר הערלה: **ומצא עצמו מהול.** נ"ל שר' לוי דרך רמז אמר שמצא והרגיש בעצמו שסרה מאתו לגמרי שנהפך לבו להאיר באור ה' והיה יכול לקבל גלוי שכינה ועומד על רגליו. רק מדאמר ר' לוי ל' סתום כעם ראב"כ וא"ל שקרנא כו' (אולי פירושו בלשון בתמיה וכי שקרנא וכזבנא את) שאומר אתה בדיבור בלשון סתום. אלא אדרבה ראוי לפרש בדיבור שהרגיש ונצטער כדי לכפול כו': **בההיא עיתא אקיל כו'.** מפני שבשאר מקומות ראינו תמיד שהיה מחבבו ונשקו על ראשו כדאיתא בירושלמי לכן פירש שרק בהיא ענתה כו':

חידושי הרש"ש

[ח] **הכא את אמר כו' אלא אברהם כו'. ישמעאל כו' כתיב את כו'.** עמ"כ בשם רש"י דהכוונה פה על הפריעה. ואל המדרש הזה כוונו התוס' ביבמות (ע"א ב') ד"ה לא במש"כ ומ"מ אברהם פרע מילתו (פי' שמל את ישמעאל) כו' כדאמר בב"ר (היינו המדרש שלפנינו) דאפילו ע"ת קיים (הוא טעם למה פרע אם לא נצטוה ע"ז) והמרשים שם בתוס' לפע"ד טעה והטעה שני גאוני תורה את הגרי"פ בהגהותיו שמה ואת הגאון מוהר"א פלעקלש בתשובה מאהבה חלק שני רל"ד. אך ק"ק דילמא המדרש לשיטתו דדרש לעיל פמ"ו המול ימול מילה ופריעה. וי"ל דבשלמא המול כו' מוקי לה הגמרא לדרשא אחרינא לגיֹין המעכבין אה"מ כדאיתא ביבמות (ע"ב א') ודלא בעינן לשמה ולמוהל שיהא מהול כדאיתא בעבודת כוכבים (כ"ז א') (ועיין מש"כ לעיל ס"פ מ"ו) אבל את בשר כו' לא מצינו דרשה אחרת זולת דרשה דהכא. ולכן משמע להו להתוס' דל"פ ע"ז הגמרא: [ט] **נימול אברהם ארא"ב הרגיש ונצטער כו'.** נראה דדייק מדלא כתיב נמול בשר אברהם. אלא משמע דכל גופו הרגיש לו ונצטער כאלו כולו כרות וחתוך:

מסורת המדרש

יא עי' כ"ז בשי"ר פ"ד פסוק עד שיפוח היום. ובאגדת בראשית פרק י"ט. ובילקוט כאן רמז פ"ב. ובילקוט שה"ש רמז תתקפ"ו. תנחומא סדר וירא סימן ב':
יב ילקוט ישעיה רמז שכ"ה:
יג תנחומא כאן סי' י"ז:
יד עבודת כוכבים דף י"ג:

אם למקרא

קִרְבוּ אֵלַי שִׁמְעוּ־זֹאת לֹא מֵרֹאשׁ בַּסֵּתֶר דִּבַּרְתִּי מֵעֵת הֱיוֹתָהּ שָׁם אָנִי וְעַתָּה אֲדֹנָי אֱלֹהִים שְׁלָחַנִי וְרוּחוֹ: (ישעיה מח:טז)

מתנות כהונה

הה"ד ויעל אלהים כו'. ופירוש הכתוב כאשר כלה אברהם לדבר עם ה' ית' ויעל וגו' ומדכתיב אתו דייק אתו כלה לדבר אבל עם המלאכים לא דבר עדיין ומדכתיב מעל אברהם דייק שנפטר ממנו ברשותו: [ז] **העמידן כו'.** ר"ל הערלות [ובמדרש חזית בפ' עד שיפוח הגיר' יותר ברורה]: [ח] **ולהלן.** בסמוך אצל ישמעאל: **את בשר ערלתו.** את לרבות את עור הפריעה ואברהם שכבר נתמעך מפני דרך ארץ לא הוצרך לזה כך פירש"י סוף סדר זה: [ט] **דרגש ליה.** מי שכואב לו ומרגיש צער בעצמו ידבר ויעכב וע"ל בפרשה ל"ב: **הרגיש ונצטער** מדכתיב נימול בלשון נפעל משמע שנצטער מחמת המילה ור' לוי דרש נימול מעצמו: **בההוא עיתא כו'.** באותו עת וזמן קלל וזלזל ר' אבא לר' לוי וא"ל שקרן וכזבן כו': [א"ל שקרנא גרסינן]: [י] **ותני הולכים גרסינן.** ה"ג בילקוט

אשד הנחלים

[ט] **הרגיש ונצטער.** עיין במ"כ ופירושו כאלו נימול שלא מרצונו כ"כ כי קיבל בתחילתו צער וכאב מזה בעת שהתחיל למול רק אחר שהתחיל נימול עוד ולכן כתיב בלשון נפעל ודעת ר' לוי שלכן כתיב בלשון נפעל כאלו הוא נמול מתחילתו וא"כ הוא מלשון עבר. **את שואלני.** כי מסתמא הי שואלו ביו"ט והשיב לו שאפילו בשבת מותר: **ג' ירידין.** מביא זה באגב שהזכיר תחילה שהולכים ליריד והמעשה

לֹא סוֹף דָּבָר עֲבָדִים מְהוּלִים הוּא לוֹקֵחַ[90] – **It is not only**[91] **circumcised slaves**[92] **whom one may purchase** at these fairs; אֶלָּא אֲפִילוּ עֲרֵלִים מִפְּנֵי שֶׁהוּא מַכְנִיסָן תַּחַת כַּנְפֵי הַשְּׁכִינָה – **rather,** one may purchase **even uncircumcised slaves because he thereby brings them under the wings of the *Shechinah*.**[93]

A related teaching:

רַבִּי יְהוֹשֻׁעַ בֶּן לֵוִי בָּעֵי קוֹמֵיהּ דְּרֵישׁ לָקִישׁ – **R' Yehoshua ben Levi posed a question before Reish Lakish.** אָמַר לוֹ: מַהוּ לִיקַּח עֲבָדִים עֲרֵלִים מִן הַגּוֹיִים – **He said to him, "Is it permitted to purchase uncircumcised slaves from gentiles?"** אָמַר לוֹ: אֵימָתַי אַתְּ שׁוֹאֲלֵנִי – **[Reish Lakish] responded to him,** "Regarding **when are you asking me** this question? בְּיוֹם טוֹב – Are you asking if it is permitted to do so **on a festival day?** תְּנֵי: אֲפִילוּ בְּשַׁבָּת – If so, **teach** that it is permitted to do so **even on the Sabbath,"**[94] for even though it is Rabbinically forbidden to conduct a business transaction on the Sabbath, the Sages waived this prohibition in order to bring these slaves under the wings of the *Shechinah*.

A related teaching regarding the laws of the Sabbath:

וְכֵן הַקּוֹנֶה חָצֵר בְּאֶרֶץ יִשְׂרָאֵל – **So, too,** is the law **if one wishes to purchase a property in the Land of Israel** from a heathen on the Sabbath. אוֹמֵר לוֹ: הֲרֵי לְמָחָר בְּכָךְ וְכָךְ – **He may say to [the heathen]** that he is willing to pay **such and such** an amount **the next day.** מִשּׁוּם דַּחֲבִיבָה אֶרֶץ יִשְׂרָאֵל יֵשׁ לוֹ רְשׁוּת לוֹמַר כָּךְ – Although it is Rabbinically forbidden to speak of business matters on the Sabbath, **he is permitted to say this** to the heathen **because the Land of Israel is beloved,** and the Sages waived this prohibition in order to further the settlement of the Land.

The Midrash cites Biblical proof that the usual laws are modified for the sake of settling the Land of Israel:[95]

תָּנֵי חִזְקִיָּה: "עַד רִדְתָּהּ" אֲפִילוּ בְּשַׁבָּת – **Hezekiah taught:** The Torah's command (*Deuteronomy* 20:20) to wage war against the enemy city ***until it is conquered*** means that once a war has been started, it is to be continued **even on the Sabbath.**[96] שֶׁכֵּן מָצִינוּ שֶׁלֹּא נִכְבְּשָׁה יְרִיחוֹ אֶלָּא בְּשַׁבָּת – **For thus we find that** the city of **Jericho was conquered on the Sabbath.**[97]

A related teaching regarding transacting business at the fairs of idolaters on their holidays:

שְׁלֹשָׁה יְרִידִים הֵם – During Talmudic times, **there were three** annual **fairs** in the Land of Israel that were said to be potentially of an idolatrous nature: יְרִיד עַזָּה יְרִיד עַכּוֹ יְרִיד בָּטְנָן – **the fair of Gaza, the fair of Acco,** and **the fair of Batnan.** וְאֵין לְךָ מְחֻוָּר מִכּוּלָּם אֶלָּא יְרִיד בָּטְנָן – However, **none of them is clearly** of an idolatrous nature **other than the fair of Batnan.**[98]

The Midrash concludes by expounding the connection between the end of *Parashas Lech Lecha* (the circumcision of Abraham and his household) and the beginning of *Parashas Vayeira* (God appearing to Abraham):[99]

אָמַר אַבְרָהָם עַד שֶׁלֹּא מַלְתִּי הָיוּ הָעוֹבְרִים וְהַשָּׁבִים בָּאִים אֶצְלִי – **Abraham said, "Before I circumcised myself, passersby would come to me.**[100] תֹּאמַר מִשֶּׁמַּלְתִּי אֵינָן בָּאִים אֶצְלִי – **Is it possible**[101] that **now that I have circumcised** myself **they will no longer come to me?"**[102] אָמַר לוֹ הַקָּדוֹשׁ בָּרוּךְ הוּא – **The Holy One, blessed is He, said to him:** עַד שֶׁלֹּא מַלְתָּ הָיוּ בְּנֵי אָדָם עֲרֵלִים בָּאִים אֶצְלְךָ – **"Before you circumcised** yourself, only mortal, **uncircumcised men came to visit you;** עַכְשָׁיו אֲנִי בִּכְבוֹדִי בָּא וְנִגְלֶה עָלֶיךָ – however, **now** that you are circumcised, **I in My Glory will come and reveal Myself to you."** הָדָא הוּא דִכְתִיב "וַיֵּרָא אֵלָיו ה' בְּאֵלֹנֵי מַמְרֵא" – **Thus it is written, *HASHEM appeared to him in the plains of Mamre.*** Abraham merited the revelation of God's Glory because he fulfilled the mitzvah of circumcision.[103]

NOTES

90. Most Midrash editions have הֵן לוֹ. Our emendation follows *Matnos Kehunah,* who cites *Yalkut Shimoni, Lech Lecha* §82.

91. Lit., *it is not the end of the matter.*

92. I.e., Jews (*Yerushalmi Avodah Zarah* 1:4).

93. This is because a gentile slave bought by a Jew undergoes a form of conversion that obligates him to observe most of the mitzvos of the Torah (see *Yevamos* 48b). Circumcision forms part of this conversion — and this appears to be the connection of our Midrash to the verse being expounded (v. 27).

94. Which is more severe than Yom Tov in its restrictions and in the punishments meted out for its desecration.

95. *Yefeh To'ar.*

96. As stated in *Tosefta, Eruvin* 3:6 (cited in *Shabbos* 19a), a war should not be *started* within three days of Shabbos; but if it *was* started, it is to be continued.

(This permit applies even where lifting the siege does not pose any danger to Jewish lives; see *Sfas Emes* to *Shabbos* ibid.).

97. *Joshua* Ch. 6 records that God told the Israelites to walk once around the walls of Jericho for six days, and then seven times on the seventh day. They did so, and on the seventh day the walls collapsed. The Talmud *Yerushalmi, Shabbos* 1:8, states that the seventh day was the Sabbath. (*Matnos Kehunah* and *Eitz Yosef* here explain that the *Yerushalmi* derives this from the definite article ה in the phrase בַּיּוֹם הַשְּׁבִיעִי, *on the seventh day*, that appears in *Joshua* 6:4 and 15, for *"the" seventh day* connotes that special seventh day, the Sabbath.)

98. Therefore, it is only that fair that one is prohibited to attend [except to make the exceptional purchases listed above] (*Yerushalmi Avodah Zarah* 1:4, cited by *Matnos Kehunah*).

99. *Maharzu.*

100. And I was able to fulfill the mitzvah of hosting guests (*Eitz Yosef*).

101. Lit., *can you say?*

102. Because they might be afraid that I will force them to undergo circumcision (*Yefeh To'ar*, second interpretation; see, however, the beginning of 48 §9 below).

103. See, however, *Bava Metzia* 86b, which states that God came to visit Abraham because he was sick from his circumcision.

לֹא סוֹף דָּבָר עֲבָדִים מְהוּלִים °הֵן לוֹ, אֶלָּא אֲפִילוּ עֲרֵלִים, מִפְּנֵי שֶׁהוּא מַכְנִיסָן תַּחַת כַּנְפֵי הַשְּׁכִינָה. רַבִּי יְהוֹשֻׁעַ בֶּן לֵוִי בָּעֵי קֳמֵיהּ דְּרֵישׁ לָקִישׁ אָמַר לוֹ: [טו]מַהוּ לִיקַּח עֲבָדִים עֲרֵלִים מִן °הָעוֹבְדֵי °כּוֹכָבִים, אָמַר לוֹ: אֵימָתַי אַתְּ שׁוֹאֲלֵנִי בְּיוֹם טוֹב, תְּנִי אֲפִילוּ בְּשַׁבָּת. וְכֵן הַקּוֹנֶה חָצֵר בְּאֶרֶץ יִשְׂרָאֵל אוֹמֵר לוֹ: הֲרֵי לְמָחָר בְּכָךְ וְכָךְ, מִשּׁוּם דַּחֲבִיבָה אֶרֶץ יִשְׂרָאֵל יֵשׁ לוֹ רְשׁוּת לוֹמַר כָּךְ. [טז]תָּנֵי חִזְקִיָּה: (דברים כ, כ) "עַד רִדְתָּהּ", אֲפִילוּ בְּשַׁבָּת, [יז]שֶׁכֵּן מָצִינוּ שֶׁלֹּא נִכְבְּשָׁה יְרִיחוֹ אֶלָּא בְּשַׁבָּת. [יח]שְׁלֹשָׁה יְרִידִים הֵם, יְרִיד עַזָּה, יְרִיד עַכּוֹ, יְרִיד בָּטְנָן, וְאֵין לְךָ מְחֻוָּר מִכּוּלָּם אֶלָּא יְרִיד בָּטְנָן. אָמַר אַבְרָהָם: עַד שֶׁלֹּא מַלְתִּי הָיוּ הָעוֹבְרִים וְהַשָּׁבִים בָּאִים אֶצְלִי, תֹּאמַר מִשֶּׁמַּלְתִּי אֵינָן בָּאִים אֶצְלִי, אָמַר לוֹ הַקָּדוֹשׁ בָּרוּךְ הוּא: עַד שֶׁלֹּא מַלְתָּ הָיוּ בְּנֵי אָדָם עֲרֵלִים בָּאִים אֶצְלְךָ עַכְשָׁיו אֲנִי בִּכְבוֹדִי בָּא וְנִגְלֶה עָלֶיךָ הָדָא הוּא דִכְתִיב "וַיֵּרָא אֵלָיו ה' בְּאֵלֹנֵי מַמְרֵא":

עץ יוסף

עבדים מהולים הם לו. כשיש להם עבדים מהולים למכור שקנאן מישראל. או שגבאן. אלא אפי' עבדים שאינם מהולים מפני שהוא מכניסן תכה"ש כלו' כשלוקחן מוטל עליו למולן וממילא בזה הוא מכניסן תכה"ש. וכן הקונה חצר בא"י איכא מצות ישוב א"י. ואיידי דקאמר שיש מצוה בקניית עבדים שאינם גזורים. מייתי נמי הא הכא (יפ"ת) ועיין בירוש' שגם הגירסא נשתנה: **למחר בכך ובכך.** שלא יגמור המקח בפיו אלא אומר למחר אקנה בכך וכך והנכרי יבין ויגמור לו המקח. והכי איתא בירושלמי כיצד הוא עושה מראה לו כיסין של דינרין והוא חותם שטרי המקח לפני ערכותיהם: **עד רדתה.** בסדר שופטים כתיב ובנית מצור על העיר אשר היא עושה עמך מלחמה עד רדתה: **אפילו בשבת.** יכול לעשות עמה מלחמה כדי לכבשה משום ישוב א"י: **שלא נכבשה יריחו בו'.** בירוש' יליף לה מוביום השביעי תסובו את העיר ז' פעמים ודיק ה"א של השביעי הידוע וזהו שבת: **ג' ירידים הם.** שהיה בימיהם דהוי בהו לתא דעכו"ם: **[יג] אמר אברהם.** דריש וירא אליו מפני שלא היו עוברים ושבים באין אללו. ובפ' הפועלים אמרו שבא לבקרו בחליו ממילתו (יפ"ת): **אינן באין אצלי.** הענין כי עולם חסד יבנה. ולכן נתקיימו כולם ע"י אברהם שהחזיק בעמוד החסד בהכנסת אורחים. ולכן עכשיו פחד שמא לא יתקיים העולם באשר יתרחקו ממנו האורחים לשבת המילה. ועז"א עכשיו אני בכבודי נגלה עליך. כלומר עכשיו אני מתגלה עליך להיות לי למרכבה. ובהיות השכינה בתחתונים ממילא יתקיים העולם כי באור פני מלך חיים (מפרשים):

פירוש מהרז"ו

[י] **אמר אברהם.** לקמן פר' מ"ח ריש סי' ט' וע"ש סי' ב': **אני בכבודי.** ולקמן שם הגירסא אני ופמליא שלי היינו המלאכים וזהו כבודו: **הדא הוא דכתיב וירא.** דורש סמוכין פרשה זו עם ריש פרשת וירא:

חידושי הרד"ל

[י] **משום דחביבה בו' לומר כך.** הוא פי' וגליון ואינו לשון הב"ר:

מסורת המדרש

טו ירושלמי שבת פרק א'. וירושלמי עבודת כוכבים פ' א':
טז שבת י"ט:
יז ירושלמי שבת פ' א'. סדר עולם רבה פ' י"א. במד"ר פרשה י"ד ופרשה כ"ג. תנחומא סדר מסעי סי' ה'. ילקוט יהושע רמז ט"ו. עי' במד"ר פרשה ב'. ועי' תנחומא במדבר סי' ט':
יח ירושלמי עבודת כוכבים פרק א':
יח לקמן פרשה מ"ח. מדרש תהלים מזמור י"ח. אגדת בראשית פרק י"ט. תנחומא כאן סי' ב'. ילקוט שמואל ב' רמז קס"ב:

אם למקרא

רַק עֵץ אֲשֶׁר־תֵּדַע כִּי לֹא־עֵץ מַאֲכָל הוּא אֹתוֹ תַשְׁחִית וְכָרָתָּ וּבָנִיתָ מָצוֹר עַל־הָעִיר אֲשֶׁר־הִוא עֹשָׂה עִמְּךָ מִלְחָמָה עַד רִדְתָּהּ: (דברים כ:ב)

מתנות כהונה

לא סוף דבר עבדים מהולים הוא לוקח אלא: **הרי למחר.** למחר כו' אתן לך כך וכך בירושלמי איתא שמראה לו כיסין של דינרין כדי שיהא לו על מה לסמוך: **עד רדתה.** בפרשת שופטים ובנית מצור על העיר אשר היא עושה עמך מלחמה עד רדתה: **אפילו בשבת** יכול לעשות עמה מלחמה כדי לכבשם משום ישוב ארץ ישראל: **שלא נכבשה יריחו כו'.** בירושלמי יליף ליה מדכתיב וביום השביעי תסובו את העיר ז' פעמים ודייק ה"א של השביעי הידוע וזהו שבת: **שלשה ירידין בו'.** בירושלמי דפ"ק דמסכת עבודת כוכבים לענין שאסור לישראל לילך ליריד של עובדי כוכבים ביום עבודת כוכבים שלהם גרס התם וז"ל ר' יוסי ב"ר בון ב"ר חנה בשם ר' יוחנן לא אסרו אלא כגון ירידה של בוטנה ותני ג' ירידים הם יריד עזה יריד עכו יריד של בוטנה והמחוור שבכולם יריד בוטנה עכ"ל:

אשד הנחלים

הזה מביא על הטעם שמל אברהם לכל מקנת כספו: **[י] אינם באים אצלי.** כי אולי יפחדו פן יכריחם למול עצמן וא"כ ימנע עצמו מהכנ"א שהוא מצוה רבה והשיב לו ה' שאל ידאג מזה כי עתה יכפל שכרו. ולכן כתיב תיכף אחר וירא אליו. ולדעתי דייק זאת מסיפור הפרש' שרא' הג' אנשים וירץ לקראתם כי כן הי' דרכו להכניס אורחים בשמח' עצומה אך ה' נתגלה אליו וא"כ הי' טרוד בהתבודדותו ונבואותו וביקש מאת ה' שאל נא יעבור מעל עבדו אף שהוא היה טרוד בקבול האנשים כי הי' מאוד מקושר במצו' הזאת. ודי בזה למתבונן:

וירא

VAYEIRA

Chapter 48

וַיֵּרָא אֵלָיו ה׳ בְּאֵלֹנֵי מַמְרֵא וְהוּא יֹשֵׁב פֶּתַח הָאֹהֶל כְּחֹם הַיּוֹם.

HASHEM appeared to him in the plains of Mamre while he was sitting at the entrance of the tent in the heat of the day (18:1).

§1 **וַיֵּרָא אֵלָיו ה׳ בְּאֵלֹנֵי מַמְרֵא וְהוּא יֹשֵׁב פֶּתַח הָאֹהֶל** – ***HASHEM APPEARED TO HIM IN THE PLAINS OF MAMRE WHILE HE WAS SITTING AT THE ENTRANCE OF THE TENT.***

Below (section 7), the Midrash relates that when Abraham, who was recuperating from his circumcision, was visited by God, he attempted to rise in respect, but God bid him remain seated. The Midrash expounds a verse as alluding to this incident:

כְּתִיב ״וַתִּתֶּן לִי מָגֵן יִשְׁעֶךָ וִימִינְךָ תִסְעָדֵנִי וְעַנְוָתְךָ תַרְבֵּנִי״ – It is written, *You have given me the shield of Your salvation, and Your right hand has sustained me, and with great humility You have treated me* (*Psalms* 18:36). **״וַתִּתֶּן לִי מָגֵן יִשְׁעֶךָ״ זֶה אַבְרָהָם – *You have given me the shield of Your salvation* – this is** an allusion to **Abraham;**[1] **״וִימִינְךָ תִסְעָדֵנִי״, בְּכִבְשַׁן הָאֵשׁ בָּרְעָבוֹן וּבַמְּלָכִים – *and Your right hand has sustained me* – in the fiery furnace, during the famine, and in** my war against **the kings;**[2] **״וְעַנְוָתְךָ תַרְבֵּנִי״ – *and with great humility You have treated me* – מָה עֲנָוָה הִרְבָּה הַקָּדוֹשׁ בָּרוּךְ הוּא לְאַבְרָהָם – with what great humility did the Holy One, blessed is He, treat Abraham?**[3] **שֶׁהָיָה יוֹשֵׁב וְהַשְּׁכִינָה עוֹמֶדֶת – It is that Abraham was** told to remain **sitting while the Divine Presence stood.**[4] **הֲדָא הוּא דִכְתִיב ״וַיֵּרָא אֵלָיו ה׳ וְגוֹ׳״ – This is what is written, *HASHEM appeared to him . . .*** *while he was sitting.* Ⓐ

§2 Our verse states that God appeared to Abraham, but does not mention what God told him at that meeting. From this it is evident that God's appearance to Abraham was not in order to inform him of anything, but rather in order to honor him for his deed of circumcision.[5] The next series of Midrashim expand upon this point:

״וְאַחַר עוֹרִי נִקְּפוּ זֹאת וּמִבְּשָׂרִי אֶחֱזֶה אֱלוֹהַּ״ – *After my skin they joined this, and from my flesh I see God* (*Job* 19:26). **אָמַר אַבְרָהָם: אַחַר שֶׁמַּלְתִּי עַצְמִי הַרְבֵּה גֵּרִים בָּאוּ לְהִדָּבֵק בְּזֹאת הַבְּרִית – Abraham said** before God, **"After I circumcised myself, many proselytes came to cleave to this covenant";**[6] **״וּמִבְּשָׂרִי אֶחֱזֶה אֱלוֹהַּ״ – *and from my flesh I see God* – אִילוּלֵא שֶׁעָשִׂיתִי כֵן מֵהֵיכָן הָיָה הַקָּדוֹשׁ בָּרוּךְ הוּא נִגְלָה עָלַי – "Had I not done this** (i.e., circumcised myself), **from where,** i.e., in what merit, **would the Holy One, blessed is He, have appeared to me?"**[7] **״וַיֵּרָא אֵלָיו ה׳״** – This is why immediately after the account of Abraham's circumcision (at the end of *Parashas Lech Lecha*) it is written (in our verse), ***HASHEM appeared to him,*** to indicate that God revealed Himself to Abraham in reward for his act of circumcision.[8]

NOTES

1. I.e., this verse was spoken by Abraham. [Although this verse was authored by David, he speaks here in the name of Abraham, progenitor of our people. The basis for this interpretation is the fact that the author speaks of God *shielding* him, and we find that God told Abraham (above, 15:1): *I am a "shield" for you* (*Yalkut Shimoni* here).]

2. Whenever my life was in peril, You rescued me. When Nimrod cast me into the fiery furnace for refusing to bow to his gods, You caused me to emerge unscathed (above, 38 §13); when I descended to Egypt to escape the hunger in the land of Canaan, You caused me to find favor in the eyes of Pharaoh and he showered me with riches (above, 12:10-16) [which sustained me during the famine (see *Eitz Yosef*)]; when I went to war to rescue Lot from the four kings, You made me victorious against overwhelming odds (above, 14:14-16).

[*Agra D'Chalah*, by the author of *Bnei Yisas'char*, writes (on p. 240) that the letters of the word מַמְרֵא serve as an acronym for the three things mentioned in our Midrash from which God saved Abraham: מִלְחֶמֶת מְלָכִים ("the war of the kings"), רְעָבוֹן ("hunger"), and אֵשׁ ("fire").]

3. I.e., where do we find that God acted toward Abraham with humility? (*Eitz Yosef*).

4. The Midrash below (section 7) derives from our verse that God bid Abraham to remain seated while He Himself, as it were, stood. Abraham enumerated this honor among the other great kindnesses that God performed for him during his lifetime.

5. *Ramban* here (who cites part of the coming Midrash as support for this interpretation).

6. My deed was an inspiration to others to also join the covenant of circumcision. The Midrash renders the verse thus: *After [I removed] my [fore]skin, they joined* [נִקְּפוּ] *this [covenant].* [The word נִקְּפוּ is rendered here as *they joined*, based on its Mishnaic sense of *they came close*, as in the phrase (*Beitzah* 32b): וְאֵין מַקִּיפִין שְׁתֵּי חָבִיּוֹת, *and we may not position two barrels next to each other* (*Rashash*; see *Radal*, *Maharzu*, and *Eitz Yosef* for alternative translations and etymologies).]

The basis for associating the verse in *Job* with Abraham's act of circumcision seems to be the word זֹאת, *this*, which appears both in the verse in *Job* and in God's commandment to Abraham regarding circumcision (above, 17:10): זֹאת בְּרִיתִי אֲשֶׁר תִּשְׁמְרוּ, *This is My covenant which you shall keep.* This type of exposition is known as a *gezeirah shavah* (see *Maharzu*). [For a similar *gezeirah shavah* involving 17:10, see *Shemos Rabbah* 23 §12; see also *Ramban* to *Exodus* 16:3.]

7. *I see God from my flesh* is interpreted to mean: *I [merited to] see God because of [what I did to] my flesh.*

Though God had appeared to Abraham numerous times before he was circumcised, each of those appearances was in order to tell Abraham something. In the present case, however, no mention is made of God telling Abraham anything. Rather, this appearance was a reward for Abraham's having performed God's command, and to inform him that his actions were pleasing to Him (*Ramban*).

Alternatively, Abraham is saying that although God had appeared to him many times before, he merited a higher level of prophecy only because he performed his circumcision (*Radal*).

For yet other approaches, see *Zayis Raanan* to *Yalkut Shimoni* here and *Yefeh To'ar*.

8. [Although there is a paragraph break between the narrative of the circumcision and the beginning of our *parashah, Parashas Vayeira*, our verse is in fact a continuation of that narrative. This is indicated by the fact that our verse says, *HASHEM appeared "to him"* rather than *HASHEM appeared "to Abraham"* (*Ramban*).]

INSIGHTS

Ⓐ **Abraham Was Sitting** *Shem MiShmuel* explains the significance of the fact that Abraham remained seated at this time.

The Torah tells us that Moses' power of prophecy was different from that of all other prophets in several respects (*Numbers* 12:6-8). One of these facets, explains *Rambam* (*Hil. Yesodei HaTorah* 7:6), is that ordinary prophets had to spend time and effort preparing themselves to receive their communications from God, whereas Moses could communicate with Him on the spur of the moment, as he was in a permanent state of readiness. Now, we find the expression "standing" used in regard to the other prophets (see *I Kings* 17:1, 18:15; *II Kings* 3:14, etc.). This is because the Hebrew verb "to stand" also has the connotation of "to bestir oneself," and this is what a prophet would have to do prior to receiving his prophetic message. Regarding Moses, however, we [generally] find the expression "sitting" (*Deuteronomy* 9:9), because Moses did not have to bestir himself in advance to receive Divine communication. (We do find the expression "standing" in regard to Moses as well; see *Megillah* 21a for an explanation.)

R' Chaim Vital (disciple of the *Arizal*) writes that when a circumcision takes place the baby (or convert) being circumcised receives a tremendous burst of spirituality, equivalent to his full capacity for

סֵדֶר וַיֵּרָא

פרשה מח

א [יח, א] "וַיֵּרָא אֵלָיו ה' בְּאֵלֹנֵי מַמְרֵא וְהוּא יֹשֵׁב פֶּתַח הָאֹהֶל". כְּתִיב (תהלים יח, לו) א"וַתִּתֶּן לִי מָגֵן יִשְׁעֶךָ וִימִינְךָ תִסְעָדֵנִי וְעַנְוָתְךָ תַרְבֵּנִי", "וַתִּתֶּן לִי מָגֵן יִשְׁעֶךָ", זֶה אַבְרָהָם. "וִימִינְךָ תִסְעָדֵנִי", בְּכִבְשַׁן הָאֵשׁ בָּרְעָבוֹן וּבַמְּלָכִים, "וְעַנְוָתְךָ תַּרְבֵּנִי", מָה עֲנָוָה הִרְבָּה הַקָּדוֹשׁ בָּרוּךְ הוּא לְאַבְרָהָם, שֶׁהָיָה יוֹשֵׁב וְהַשְּׁכִינָה עוֹמֶדֶת, הֲדָא הוּא דִכְתִיב "וַיֵּרָא אֵלָיו ה' וְגוֹ'":

ב (איוב יט, כו) "וְאַחַר עוֹרִי נִקְּפוּ זֹאת וּמִבְּשָׂרִי אֶחֱזֶה אֱלוֹהַּ", באָמַר אַבְרָהָם: אַחַר שֶׁמַּלְתִּי עַצְמִי הַרְבֵּה גֵּרִים בָּאוּ לְהִדָּבֵק בְּזֹאת הַבְּרִית, "וּמִבְּשָׂרִי אֶחֱזֶה אֱלוֹהַּ", אִילוּלֵי שֶׁעָשִׂיתִי כֵּן מֵהֵיכָן הָיָה הַקָּדוֹשׁ בָּרוּךְ הוּא נִגְלֶה עָלַי, "וַיֵּרָא אֵלָיו ה'":

עץ יוסף

מח (א) מגן ישעך זה אברהם. כד"א אנכי מגן לך. וכן אי' באגדת בראשית פ' י"ט דרמיז לאברהם שישבח דוד גם על מה שהיה לאבותיו. או שגם בדוד היו הענינים האלו והיה האב סימן לו (יפ"ת): **בכבשן האש ברעבון ובמלכים.** אמר ימנך תסעדני בכבשן האש כדאי' בפדר"א פ' כ"ו פשט הקב"ה יד ימינו והצילו מכבשן האש. ומשום דסעד משמע כנגד אחרים לכן מפרש בכבשן שסעדו נגד נמרוד ושלא יוזק מהאש שהשליכו נמרוד כדאי' לעיל פ' ל"ח. וקאמר נמי רעבון דלחם לבב אנוש יסעד. והיינו מה שירד אברהם מצרימה ונתנו ה' לחן בעיני פרעה ולהחיותו ברעב. וקאמר במלכים מדכתיב וימיך תסעדני. והיינו שעמד כנגד ד' מלכים במתי מעט: **מה ענוה הרבה.** פי' היכן נהג ה' עם אברהם במדת ענוה רבה שפי' וענותך תרבני הרבית מדת ענותך עמי: **שהיה יושב.** והודה לה' שמלבד הטיבו עם אברהם בתועלות הנזכר. הטיב עמו במדת הכבוד והמעלה שכיבדו: **הדא הוא דכתיב וירא אליו.** וסיפיה דקרא והוא יושב ודרשינן לקמן ישב כתיב בקש לעמוד כו': **(ב) ואחר עורי.** אחר שחתך עור המילה. נקפו ונקוו עליו ונתכנסו רבים להדבק בזאת אות הברית. ומפרש נקפו לשון חיבור כמו מן המוקף. או פירוש נקפו כמו נקוו בחילוף בומ"ף כי רבים נימולו אתו בראותם אותו נימול וע"י כן זכיתי לגלוי השכינה. וזהו ומבשרי אחזה אלוה. כלו' מפני שגזרתי בשרי (יפ"ת): **מהיכן היה הקדוש ברוך הוא נגלה עליו.** שבזכות הברית שבבשרו נגלית שכינה עליו. ועיין לעיל פ' מ"ז סי' י"ג בשם המפרשים:

פירוש מהרז"ו

מח (א) והוא יושב פתח האהל. למה לא עמד מפני מראה השכינה. ותירץ שלא הניחו לעמוד וזה מפורש בתהלים. מדה י"ז ע"פ גז"ש: **ותתן לי מגן ישעך.** מדרש תהלים י"ח ילקוט שמואל כ"ב. ודורש גז"ש ממ"ש אצל אברהם אנכי מגן לך. וכן מ"ש וימינך תסעדני כמ"ש תהלים ק"י נאם ה' לאדוני שב לימיני עד אשית אויביך הדום לרגליך. כמ"ש במדרש תהלים שם י"ט ופר"א פרק ח' נדרים ל"ב שכל המזמור מדבר באברהם. שסעדו בימינו מאויביו כמ"ש ימינך ה' תרעץ אויב ומ"ש ברעבון מתיבת תסעדני. כמ"ש ולחם לבב אנוש יסעד. וסעדו לבכם. סעד לבך פת לחם ועי' לעיל ריש פר' מ'. ועי' רד"ל: **בכבשן האש.** וכמ"ש פר"א פרק כ"ו והמלך הכבוד פשט ימינו והצילו מתוך כבשן האש שנאמר ויאמר אני ה' אשר הוצאתיך מאור כשדים: **שהיה יושב והשכינה עומדת.** כמ"ש והוא יושב. משמע שהשכינה שנגלית עליו עומדת כביכול וכמ"ש בהדיא לקמן פרשה מ"ט סימן ז' ואברהם עודנו עומד לפני ה' תיקון סופרים הוא והכוונה שה' עודנו עומד לפני אברהם ע"ד והנה ה' נצב עליו שכך נדמה לו במראה הנבואה וכמ"ש באגדת בראשית פרק י"ט וז"ל כיון שנגלה לו הקב"ה היה יושב שנאמר והוא יושב פתח האהל בא אברהם לעמוד כשראה את השכינה. אמר לו הקב"ה אל תצטער שנאמר נאם ה' לאדני שב לימיני התחיל אברהם לקלס ותתן לי מגן ישעך כשרדף את המלכים וימינך תסעדני כשאחזת בימיני לכרות וכו'. וענותך תרבני שאני יושב ואתה עומד עכ"ל: **(ב) ואחר עורי וגו'.** על אברהם על פי גז"ש של תיבת זאת. ואחר עורי פירושו ואחר שחתך עור המילה נקפו ונקוו עליו ונתכנסו רבים להדבק בזאת אות הברית. ונקפו כמו נקוו בחילוף בומ"ף. ועי' סוף פר' דלעיל ומבשרי וגו'. כמ"ש וירא אליו ה' סמוך לפרשת המילה ודורש סמוכים. ועי' יד"מ:

חידושי הרד"ל

(א) **[א] מגן ישעך זה אברהם.** כד"א אנכי מגן לך. כ"ה באג"ב פי"ט. ועיין יד"מ:

(ב) **וימינך תסעדני בכבשן האש.** בפר"א פכ"ו פשט הקב"ה יד ימינו והצילו מכבשן והא דרעבון אפשר דלשון תסעדני קדריס:

(ג) **[ב] אחר שמלתי את עצמי.** דרש אחר עורי. אחר שהסירותי עור הערלה:

(ד) **הרבה כו' להדבק בזאת כו'** דרש נקפו שהקיפו וסבבו הרבה לזאת הברית. או י"ל נקפו לשון מכה. שהיא המילה:

(ה) **אלולי שעשיתי כן מהיכן כו' עלי.** אף שכבר נגלה לו מקודם גם כן. מ"מ אחר המילה זכה לגלוי מדרגה גדולה יותר כמ"ש בזוהר כאן. ובפרשת לך לך (נ"ד) ע"ש:

חידושי הרש"ש

[א] מגן ישעך זה אברהם. עיד"מ. ול"נ לפי שמליצו שא"ל הקב"ה אנכי מגן לך. או שנאמר לו אשר מגן לעזרך כו' וכ"ה לקמן בב"ר פל"ת. אח"ז ראיתי בילקוט שמביא פסוק אנכי מגן לך:

[ב] הרבה גרים באו להדבק כו'. דריש נקפו מלשון אין מקיפין שתי חביות (ביצה פ"ד):

מסורת המדרש

א מדרש תהלים מזמור יח. אגדת בראשית פרק י"ט: ב ילקוט איוב רמז תתקי"ז. ילקוט כאן רמז י"ח:

אם למקרא

וַתִּתֶּן־לִי מָגֵן יִשְׁעֶךָ וִימִינְךָ תִסְעָדֵנִי וְעַנְוָתְךָ תַרְבֵּנִי: (תהלים יח:לו)

וְאַחַר עוֹרִי נִקְּפוּ־זֹאת וּמִבְּשָׂרִי אֶחֱזֶה אֱלוֹהַּ: (איוב יט:כו)

נחמד למראה

[א] והוא יושב וכו' ר' ברכיה משום ר' לוי אמר ישב כתיב. בקש לעמוד אמר לו הקב"ה שב אתה סימן לבניך וכו'. וכן פירש"י בחומש וכל מפרשי דברי רש"י כולם נתנבאו בסגנון אחד באמרם כיון דכתיב יֹשֵׁב חסר וא"ו לכך דרשינן ביה כאלו כתוב יָשַׁב שהוא לשון עבר מבנין הקל. ולא נהירא שהרי כפי המסורת לא יתכן לקרותו ישב בקמץ היו"ד כיון שאין אל"ף כתובה אחרי הקמץ כמו שביארתי במקום אחר. ותו איך משמע מהא שבקש לעמוד ואמר לו הקב"ה שב. והרא"ם כתב וז"ל שאילו היה בוא"ו שהוא פועל בינוני היה מתפרש יושב כמו ופרעה חולם היה פירושו שכאשר נראה לו היה יושב אבל כשראהו קם. אבל השתא דכתיב בלא וא"ו שהוא פעל עבר משמע שכאשר נראה אליו ה' ישב במקום שהיה לו לעמוד אם היה יושב לפיכך דרשו שאמר לו הקב"ה שב ולפיכך ישב עכ"ל. ואנכי לא אוכל לכוין במה שהוא מחלק בין עת הנראה לעת הרואה שהרי אין נראה בלא רואה. וכיון שהכתוב אומר וַיֵּרָא אליו ה' בלשון נפעל יחויב א"כ שראהו דאי לא הכי לא ילדק אומרו וַיֵּרָא וזה פשוט. והרב יפ"ת כתב וז"ל ישב כתיב והא דכתיב ולוט ישב בשער סדום וכן ועפרון ישב. הא דרשי להו בדוכתייהו. אך קשה ביושב אהל ומקנה. ובאז יושב בארץ. והוא יושב בסדום וזולתם רבים שכולם חסרים ולמה לא דרשום עכ"ל. ואנכי נפלאתי על המראה וכי יש בידינו כל דרשות חז"ל הלא אמרו בהוריות ת"ר סדרי משנה נשנו בימי רבי. ובמסכת עבודת כוכבים איתא ע"ז דאברהם אבינו ארבע מאות פרקי הוו ואנן אין לנו אלא חמשה. וא"כ באמת כולן נדרשו כמו שכתב רש"י ז"ל בפסחים (דף ג' ע"ב) על הא דפרכינן התם והא רוכבת ויושבת כי הדדי נינהו וכתיב רוכבת ומשני רכבת כתיב ופירש"י וז"ל רכבת כתיב ואע"ג דמלי למכתב נמי ישבת חסר ומיהו כל חסירות שבתורה לדרוש הן באין. וכאן למדך בחסרון זה שתתפוס לשון קצרה ואפי' הוא מגונה שהרי כאן תפס לשון מגונה וקצרו עכ"ל:

אשד הנחלים

[א] מגן ישעך. זה אברהם שעל אברהם נאמר אנכי מגן לך שיהי' למגן ומחסה מפני המלכים שקמו עליו. וימינך שזהו מדת הרחמים המכונ' בשם ימין הי' לסעד לו בכל עת צרותיו בעת שמשליכו לכבשן האש. ובעת הרעבון וגם בעת מלחמתו עם המלכים וכלומר אף שהי' עליו עת צרה מעט שזהו מהדין עכ"ז הימין היו מתגבר בו להיות לסעד להצילו וכ"כ הי' אהבתו לאברהם עד שענוה הרב' הקב"ה לאברהם שהי' יושב והשכינה עומדת. וביאור הדבר כי האדם המכין עצמו לנבואה ומתבודד עצמו נקרא בעת ההיא עומד וכאלו עומד ומצפה ע"ד שנאמר ואברהם עודנו עומד לפני ה' והשכינה מכונה בשם יושבת כאילו היא יושבת במקומה בלתי שורה רק להמכינים עדיה. אבל באברהם בעת ההיא להיפך שהוא הי' יושב במנוחה ולא הי' בדעתו אז להשגת הנבוא'. והשכינ' עומדת עליו ומצפה לשרות עליו ודייק מספור הכתוב שהוא הי' אז רץ לקראת האנשים והי' טרוד בהכנסת אורחים. ועכ"ז וירא אליו ה' ואז ביקש אל נא תעבור מעל עבדך אף שעתה אני שקוע בהתבודדת כי טרוד אני בהתחברות האורחים וכל זה הזכיר דוד שה' נתן לי מגן הישע כמו שנתן לאברהם אבינו ע"ה ודי בזה: **[ב] להדבק.** לא כמו שדמיתי מתחילה שעתה לא יבואו בני אדם אלי כ"א נהפוך הוא לכן כתיב תיכף שבאו שלשה האנשים וביאר הכתוב ואחר עורי אחר מלתי את עורי עכ"ז נקפו ושקדו בני אדם על ביתי. וגם התגלות הנבואה גדלה עי"ז אלי. וזהו מבשרי ע"י שמלתי בשרי אחזה מדריגה רמה יותר ויותר כי פה אף שהיו טרוד באורחיו עכ"ז לא סרה מאתו השכינ' וזהו מעלה רמה:

§3 The last verse of *Parashas Lech Lecha* relates that Abraham also circumcised all of his household members, including his slaves. Immediately following that verse, our *parashah* begins: *HASHEM appeared to him.* The Midrash discusses the connection:

רַבִּי אִיסִי פָּתַח — R' Issi began his discourse on this portion by quoting the following verse: "אִם אֶמְאַס מִשְׁפַּט עַבְדִּי וַאֲמָתִי בְּרִיבָם עִמָּדִי — מָה אֶעֱשֶׂה כִּי יָקוּם אֵל וְכִי יִפְקֹד מָה אֲשִׁיבֶנּוּ" — ***If I ever spurned justice for my servants and maidservants when they contended with me, then what could I do when God would rise up? When He would attend to me, what could I answer Him?*** (*Job* 31:13-14).[9]

Before making the connection to our *parashah*, the Midrash illustrates the plain meaning of the verses just quoted:

אִתְּתֵיהּ דְּרַבִּי יוֹסֵי הֲוָה מִכַּתְּשָׁא עִם אַמְתֵיהּ — The wife of R' Yose was once **quarreling with his maidservant. אַכְחָשָׁהּ קֳדָמָהּ — R' Yose confuted** the arguments of **his wife in the presence of [the maidservant]. אָמְרָה לוֹ מִפְּנֵי מָה אַתָּה מַכְחִישֵׁנִי לִפְנֵי שִׁפְחָתִי — His wife said to him, "Why do you confute me in front of my maidservant!"**[10] **אָמַר לָהּ לֹא כָךְ אָמַר אִיּוֹב "אִם אֶמְאַס מִשְׁפַּט עַבְדִּי" — He said to her, "Did not Job say thus, '*If I ever spurned justice for my servants*** *and maidservants, etc.*' "?[11]

The Midrash now gives the homiletic explanation of the above verses and explains the connection between the end of *Lech Lecha* and the beginning of our *parashah*:

דָּבָר אַחֵר "אִם אֶמְאַס מִשְׁפַּט", זֶה אַבְרָהָם — Another explanation: *If I ever spurned the law of* *my servants* — **this is** a reference to **Abraham,** as it is written, "וַיִּקַּח אַבְרָהָם אֶת יִשְׁמָעֵאל בְּנוֹ וגו׳" — ***Then Abraham took his son Ishmael, etc.,*** *and all those servants born in his household . . . and he circumcised the flesh of their foreskin* (above, 17:23).[12] אָמַר אִילוּלֵי שֶׁעָשִׂיתִי כֵּן מֵהֵיכָן הָיָה הַקָּדוֹשׁ בָּרוּךְ הוּא נִגְלֶה עָלַי — **[Abraham] said, "Had I not done so** (i.e., circumcised my servants), **from where,** i.e., in what merit, **would the Holy One, blessed is He, have appeared to me?"** "וַיֵּרָא אֵלָיו ה׳ בְּאֵלֹנֵי מַמְרֵא וְהוּא יוֹשֵׁב" — This is why immediately after the verse describing how Abraham circumcised his slaves, it is written, ***HASHEM appeared to him in the plains of Mamre while he was sitting.***[13]

§4 **רַבִּי יִצְחָק פָּתַח — R' Yitzchak began** his discourse on this portion by quoting the following verse: "מִזְבַּח אֲדָמָה תַּעֲשֶׂה לִּי וגו׳" — ***An Altar of earth shall you make for Me, etc.*** *. . . wherever I permit My Name to be mentioned I shall come to you and bless you* (*Exodus* 20:21). **אָמַר רַבִּי יִצְחָק — R' Yitzchak said:** מָה אִם זֶה שֶׁבָּנָה מִזְבֵּחַ לִשְׁמִי הֲרֵינִי נִגְלֶה עָלָיו וּמְבָרְכוֹ — **Now if for this person, who built an altar for My Name, I will reveal Myself on it and bless him,** אַבְרָהָם שֶׁמָּל עַצְמוֹ לִשְׁמִי עַל אַחַת כַּמָּה וְכַמָּה — then **Abraham, who circumcised himself for My Name, how much more so!**[14] "וַיֵּרָא אֵלָיו ה׳ בְּאֵלֹנֵי מַמְרֵא" — This is why immediately after the story of the circumcision it is written, ***HASHEM appeared to him in the plains of Mamre,*** to indicate that God came to bless him in reward for having performed the mitzvah of circumcision.

§5 **רַבִּי לֵוִי פָּתַח — R' Levi began** his discourse on this portion by quoting the following verse: "וְשׁוֹר וָאַיִל לִשְׁלָמִים לִזְבֹּחַ לִפְנֵי ה׳" — ***And a bull and a ram for a peace-offering to slaughter before HASHEM*** *. . . for today HASHEM appears to you* (*Levitcus* 9:4).[15] אָמַר: מָה אִם זֶה שֶׁהִקְרִיב שׁוֹר וָאַיִל לִשְׁמִי הֲרֵינִי נִגְלֶה עָלָיו וּמְבָרְכוֹ — **R' Levi said: Now if for this one who offered a bull and a ram for My sake, I will reveal Myself to him and bless him,**[16] אַבְרָהָם שֶׁמָּל עַצְמוֹ לִשְׁמִי עַל אַחַת כַּמָּה וְכַמָּה — then **Abraham, who circumcised himself for My sake, how much more so!**[17] "וַיֵּרָא אֵלָיו ה׳ בְּאֵלֹנֵי מַמְרֵא" — This is why immediately after the

NOTES

9. In this passage in the Book of *Job*, Job enumerates the many righteous things he did over his lifetime. Among them, he relates that though he had the upper hand against his slaves and maidservants, and could easily have ignored any complaint they had against him, he never did so. Rather, if his servants ever had a grievance against him, he would go to litigation with them and accept the ruling of the judge, even if that ruling was in his slaves' favor. For he feared God, and knew that he was answerable to Him.

10. And thereby undermine my authority.

11. I feel that our maidservant is correct, so I am compelled to defend her even against her mistress.

Maharzu suggests that the Midrash interprets the expression עִמָּדִי, *with me*, in the *Job* verse as an allusion to one's wife, as it is stated (above, 3:12), הָאִשָּׁה אֲשֶׁר נָתַתָּה עִמָּדִי, *the woman whom You gave to be "with me"* (*Maharzu*; see 19 §12 above for another instance in which Job refers to his wife with the term עִמָּדִי). [The verse is thus rendered: *If I ever spurned justice for my servants and maidservants when they contended [with the one whom God gave to be] with me.*]

12. According to the Midrash's exposition, the words אִם אֶמְאַס מִשְׁפַּט עַבְדִּי וַאֲמָתִי בְּרִבָם עִמָּדִי are to be rendered (differently than according to the plain interpretation): *If I ever spurned "the law of" my servants and [the sons of my] maidservants . . . when they contended with me.* Abraham is saying, "Did I ever spurn the commandment that one's slaves must be circumcised (see above, 17:12) — even though *they contended with me* and did not want to be circumcised?" (*Maharzu*; see *Radal* for a completely different explanation).

13. This is the Midrash's interpretation of the continuation of the passage in *Job*: וּמָה אֶעֱשֶׂה כִּי יָקוּם אֵל. Abraham is saying, Had I not circumcised my servants, *what could I have done [to merit] that God should stand over me* while I was sitting (as above in sec. 1)? (see *Radal*).

14. If for merely slaughtering animals on the Altar God promises that He will reveal Himself upon that Altar and bless the slaughterer, then to Abraham, who slaughtered *himself* [by cutting off part of his own flesh], surely God will appear and bless him (*Tanchuma* here). The Midrash may mean that God's appearance will bring healing to Abraham from the ill effects of his circumcision (*Ramban*).

15. The inauguration ceremony for the Mishkan (Tabernacle) spanned many days. On the eighth and final day, certain special sacrifices were to be brought by the people, culminating with a bull and a ram for a peace-offering. At that point, Moses assured the nation, God would reveal Himself to them.

16. [Although the Torah does not state explicitly that God blessed the people,] the Torah does relate that after the bull and ram were offered, *Moses and Aaron came to the Tent of Meeting, and they went out and they blessed the people* (*Leviticus* 9:23). The verse then states: *and the glory of HASHEM appeared to the entire people*, which indicates that God acceded to Moses' and Aaron's blessing (*Matnos Kehunah*).

17. If God's revelation and blessing were the reward for the Israelites, who merely sacrificed animals, how much more so for Abraham, who sacrificed part of his own body. See Insight Ⓐ.

INSIGHTS

holiness in his lifetime. Afterward, this departs from him, and he must subsequently earn these spiritual powers through his own toil and efforts. Since the vision described in our passage occurred just after Abraham's circumcision, he was still under the influence of this surge of spirituality, reaching levels that were normally possible only for Moses. It is for this reason that God appeared to Abraham while he was "sitting" – i.e., without the usual requirement of advance preparation.

Ⓐ **The Offering of Circumcision** This Midrash establishes a correlation between one who "sacrifices" his body to Hashem by performing the commandment of circumcision, and one who offers an animal as a sacrifice. A similar connection is made by *Pirkei DeRabbi Eliezer* (Chapter 29) which states that Abraham, when circumcising his son, Yitzchak, "offered" him as a *korban minchah.* Other Midrashim add that *anyone* who offers his son up for circumcision is akin to one who

ג רַבִּי אִיסִּי פָּתַח: (שם לא, יג-יד) "אִם אֶמְאַס מִשְׁפַּט עַבְדִּי וַאֲמָתִי בְּרִבָם עִמָּדִי וּמָה אֶעֱשֶׂה כִּי יָקוּם אֵל וְכִי יִפְקֹד מָה אֲשִׁיבֶנּוּ". אִתְּתֵיהּ דְּרַבִּי יוֹסֵי הֲוָה מִכַּתְּשָׁא עִם אַמְתֵּיהּ, אַכְחֲשָׁהּ קֳדָמָהּ, אָמְרָה לוֹ: מִפְּנֵי מָה אַתָּה מַכְחִישֵׁנִי לִפְנֵי שִׁפְחָתִי, אָמַר לָהּ: לֹא כָךְ אָמַר אִיּוֹב (שם, יג) "אִם אֶמְאַס מִשְׁפַּט עַבְדִּי". דָּבָר אַחֵר "אִם אֶמְאַס מִשְׁפָּט", זֶה אַבְרָהָם (לעיל יז, כג) "וַיִּקַּח אַבְרָהָם אֶת יִשְׁמָעֵאל בְּנוֹ וְגוֹ'", אָמַר: אִילּוּלֵי שֶׁעָשִׂיתִי כֵּן מֵהֵיכָן הָיָה הַקָּדוֹשׁ בָּרוּךְ הוּא נִגְלֶה עָלַי, "וַיֵּרָא אֵלָיו ה' בְּאֵלֹנֵי מַמְרֵא וְהוּא יֹשֵׁב".

ד רַבִּי יִצְחָק פָּתַח: (שמות כ, כא) "מִזְבַּח אֲדָמָה תַּעֲשֶׂה לִּי וְגוֹ'", אָמַר רַבִּי יִצְחָק: מָה אִם זֶה שֶׁבָּנָה מִזְבֵּחַ לִשְׁמִי הֲרֵינִי נִגְלֶה עָלָיו וּמְבָרְכוֹ, אַבְרָהָם שֶׁמָּל עַצְמוֹ לִשְׁמִי עַל אַחַת כַּמָּה וְכַמָּה, "וַיֵּרָא אֵלָיו ה' בְּאֵלוֹנֵי מַמְרֵא".

ה רַבִּי לֵוִי פָּתַח: (ויקרא ט, ד) "וְשׁוֹר וָאַיִל לִשְׁלָמִים לִזְבֹּחַ לִפְנֵי ה'", אָמַר: מָה אִם זֶה שֶׁהִקְרִיב שׁוֹר וָאַיִל לִשְׁמִי הֲרֵינִי נִגְלֶה עָלָיו וּמְבָרְכוֹ, אַבְרָהָם שֶׁמָּל עַצְמוֹ לִשְׁמִי עַל אַחַת כַּמָּה וְכַמָּה, "וַיֵּרָא אֵלָיו ה' בְּאֵלוֹנֵי מַמְרֵא".

ו כְּתִיב (ישעיה לג, יד) "פָּחֲדוּ בְצִיּוֹן חַטָּאִים", אָמַר רַבִּי יִרְמְיָה בֶּן אֶלְעָזָר: מָשָׁל לִשְׁנֵי תִינוֹקוֹת שֶׁבָּרְחוּ מִבֵּית הַסֵּפֶר הָיָה זֶה לוֹקֶה וְזֶה מְיָרְתַת.

עץ יוסף

(ג) **הות מכתשא.** היתה מריבה עם שפחתה: **אכחשה.** היה מוכיח אותה ומכחישה לאמר שהדין עם האמה: **מפני מה כו'.** מפני כבודה לא היה לו להוכיחה ולהכחישה בפניה: **לא כך אמר איוב.** שמ"ש בריבם עמדי. היינו אשתו ע"ש הכתוב האשה אשר נתת עמדי. ור"ל לא כך אמר איוב כו' בריבם עם אשתי. שעם היותה אמה משועבדת לרצון גבירה. מ"מ אין למאוס משפטה יותר מהראוי: **זה אברהם.** שענין זה נתקיים גם באברהם שלא מאס במשפט עבדיו דהיינו מילה דאיקרי משפט כדלקמן ויק"ר פ' כ"ו והענין שאברהם היה זריז ומהיר יותר בתיקון מצות מילת עבדיו שהוא מל כולם בעצם היום הזה. אע"פ שעדיין היה חולה מכאב מלתו והיה לו הדבר לעמל ולטורח: **אילולא שעשיתי כן.** אלא הייתי מעכב מילת עבדי איזה ימים עד שבאתי לבריאותי לא היתה קדושת השכינה התגלה עלי אלא במקום שאתבודד בו אני לבדי בשדה. אבל עכשיו שנימולו כולם נגלה עלי הקב"ה באלני ממרא שהוא אהלי וחצרי (נזה"ק): (ד) **מזבח אדמה וגו'.** אבא אליך וברכתיך: **הריני נגלה עליו ומברכו.** ולזה היתה הראותו של הקב"ה לאברהם כדי לברכו. וכלומר התם אבא אליך וברכתיך: **אברהם שגזר עצמו.** שהמילה גם היא כקרבן. וזהו ג"כ כוונת ר"ל אלא דר' יצחק פתח בקרא קמא ור"ל פתח בשור ואיל דהתם כתיב בהדיא ה' נראה אליכם כדהכא וירא אליו ה' (יפ"ת): (ו) [ה] **פחדו בציון חטאים וכו'.** משום דבעי למידרש בסמוך סיפא דקרא באברהם מפרש אגב גם רישא דקרא (נזה"ק): **משל לשני תינוקות.** נתן טעם למה הפחד בחטאים לה' ולא בצדיקים. שכמו שהתינוק המפחד מרדיית חברו הוא להשוותו לו בחטא הבריחה. ומי שלא ברח לא יפחד. כן הצדיק משמועה רעה לא יירא (יפ"ת): **זה לוקה וזה מירתת.** וכן כתיב ברישא שמעו רחוקים אשר עשיתי ודעו קרובים גבורתי וגו' ואח"כ כתי' פחדו בציון חטאים אחזה רעדה חנפים:

פירוש מהרז"ו

(ג) **אם אמאס משפט עבדי.** שמ"ש ומה אעשה כי יקום אל הוא מיותר ומה ענין קימה זו. ע"כ דורש מדה כ' אא"ע על איוב שאינו מפורש שקם עליו הגל ת"ע על אברהם שמפורש עליו שקם עליו הגל. כמ"ש בסוף סימן א'. וכך פירוש הפסוק אם אמאס לקיים משפט ומצוה שנצטויתי על עבדי למול אותו וכן ילידי ביתו אף שרבו עליו שלא רצו לעשות כן. אם כן מה יעשה איזה סבה יעשה שיקום עליו הגל ועוד וכי יפקוד וגו'. וזהו אמיתות דרך התורה. שמשמעות התיבות מודיעים ענין אחר לבד הפשט. כמבואר בהקדמה באריכות: **ויקח אברהם את ישמעאל בנו.** וס"ד ואת כל ילידי ביתו ואת כל מקנת כספו וכו' וגם ישמעאל נקרא בן האמה וזהו ואמתי: **לא כך אמר איוב.** שמ"ש בריבם עמדי. היינו אשתו שקרא לאשתו עמדי שהיא עמו תמיד או על שם הכתוב היא האשה אשר נתתה עמדי. וכמ"ש לעיל פר' י"ט סימן ב' שאמר איוב לא כן אנכי עמדי ע"ש ותבין כאן. וכפשט הכתוב שאיוב אמרו על עצמו: (ד) **מזבח אדמה תעשה לי.** וס"ד וזבחת עליו את עולותיך ואת שלמיך וגו' בכל המקום אשר אזכיר את שמי אבא אליך וברכתיך. ועי' במ"ר פר' י"א סימן ד' שהמקרא מסורס ע"פ מדה ל"א שמ"ש אבוא אליך וברכתיך שייך למ"ש וזבחת ואחר כך בכל המקום אשר אזכיר את שמי. שהבטיח הקב"ה שעל שיקריב מעט דם של בהמה על המזבח שיבא אליו ויברכנו. אברהם שמל עצמו וכל ילידי ביתו ונהר של דם יוצא מביתו (כן הוא באגדת בראשית פרק י"ט) עאכ"ו שיבא ויברכנו וזהו מ"ש וירא אליו ה' ולא כ' כלל מה עשה בהראותו ומה דבר לו על כן דרש ק"ו על פי מדה י"ז שברכו. שביאתו של הקב"ה לצדיק היא לברכה. וכאלו כתוב כאן מפורש וירא אליו ה' ויברך אותו: (ה) **ושור ואיל לשלמים.** וס"ד כי היום ה' נראה אליכם. והיינו שיברכם וכמ"ש אבא אליך וברכתיך וכמבואר בסימן הקודם: (ו) **לשני תינוקות.** והנמשל על שבפסוק הקודם כתיב והיו משרפות סיד קוצים כסוחים באש יצתו. ואח"כ כתיב פחדו בציון חטאים שאותם שעדיין לא לקו פחדו על ידי אותם שכבר לקו:

חידושי הרד"ל

(ו) [ג] **דבר אחר אם אמאס משפט עבדי ואמתי זה אברהם כו'** כצ"ל. ועבדי זה ישמעאל בן האמה ואמתי זה הגר ועלה קאי בריבם עמדי. כשהיתה מריבת שרה עבור הגר עמדו כדלעיל פמ"ה. וכן כשאמרה שרה גרש האמה ואת בנה:

(ז) **ויקח אברהם את ישמעאל בנו וגו' אמר אלולי כו'.** י"ל שע"י המילה הוא שזכה שיהיה הוא יושב ושכינה עומדת כדלקמן. וז"ש מה אעשה כי יקום אל. ר"ל אלמלא עשיתי זאת למול עבדי ובני אמתי. מה הייתי עושה כשקמה שכינה ע"ג:

(ח) [ה] **אברהם שמל עצמו לשמי.** דמילה אקרי קרבן כדאמר כורתי בריתי עלי זבח. וע' פר"א ספ"י ובזוהר בכ"מ קרי ליה קורבנא דרביא. וע"ל פכ"ב ומדרש שמואל פ"א:

(ט) [ו] **זה לוקה וזה כו'.** כן פחדו בציון חטאים ישראל כשראו מפלתן של עובדי כוכבים:

באור מהרי"פ

ג [א] **אם אמאס משפט זה אברהם.** עיין בויק"ר פכ"ז לשון משפט על המילה ע"פ אדם ובהמה וגו'. יפ"ת:

מסורת המדרש

ג תנחומא כאן סי' ב':
ד ילקוט ישעיה רמז ש"ד:

אם למקרא

אִם־אֶמְאַס מִשְׁפַּט עַבְדִּי וַאֲמָתִי בְּרִבָם עִמָּדִי: וּמָה אֶעֱשֶׂה כִּי־יָקוּם אֵל וְכִי־יִפְקֹד מָה אֲשִׁיבֶנּוּ: (איוב לא:יג-יד)

מִזְבַּח אֲדָמָה תַּעֲשֶׂה־לִּי וְזָבַחְתָּ עָלָיו אֶת־עֹלֹתֶיךָ וְאֶת־שְׁלָמֶיךָ אֶת־צֹאנְךָ וְאֶת־בְּקָרֶךָ בְּכָל־הַמָּקוֹם אֲשֶׁר אַזְכִּיר אֶת־שְׁמִי אָבוֹא אֵלֶיךָ וּבֵרַכְתִּיךָ: (שמות כ:כא)

וְשׁוֹר וָאַיִל לִשְׁלָמִים לִזְבֹּחַ לִפְנֵי ה' וּמִנְחָה בְּלוּלָה בַשָּׁמֶן כִּי הַיּוֹם ה' נִרְאָה אֲלֵיכֶם: (ויקרא ט:ד)

פָּחֲדוּ בְצִיּוֹן חַטָּאִים אָחֲזָה רְעָדָה חֲנֵפִים מִי יָגוּר לָנוּ אֵשׁ אוֹכֵלָה מִי־יָגוּר לָנוּ מוֹקְדֵי עוֹלָם: (ישעיה לג:יד)

רש"י

(ג) **איתתיה דרבי יוסי הוות מכתשא עם אמתה.** היתה עושה מריבה עם שפחתה וכחשה רבי יוסי שאמר הדין עם שפחתה אמרה ליה למה את מכחישני בפני שפחתי א"ל לא כך אמר איוב אם אמאס משפט עבדי ואמתי (איוב ל"א): (ד) **הריני נגלה עליו ומברכו.** דכתיב בכל המקום אשר אזכיר את שמי אבא אליך וברכתיך (שמות כ'): (ה) **שהקריב שור ואיל לשמי הריני נגלה עליו ומברכו.** דכתיב כי היום ה' נראה עליכם (ויקרא ט') וכתיב וישא אהרן את ידיו ויברכם: (ו) **לשני תינוקות.** שברחו מבית הספר זה לוקה וזה מרתת כך פחדו בציון חטאים אלו השוגגין יש להם להתפחד:

מתנות כהונה

[ג] **הוות מכתשא בו'.** מריבה ומתקוטטת: **אכחשה.** היה מוכיח אותה ומכחישה לאמר שהדין עם האמה: **מפני מה בו'.** מפני כבודה לא היה לו להוכיח ולהכחישה בפניה: **זה אברהם.** שלא מאס לימול ישמעאל בן האמה וילידי ביתו בני השפחות ומקנת כספו העבדים כדי להוציא לאור משפטיהם להכניסם תחת כנפי השכינה: [ד] **מזבח אדמה וגו'.** אבא אליך וברכתיך: [ה] **ושור ואיל וגו'.** ריש פ' שמיני ובסוף כתיב ויצאו ויברכו את העם וירד כבוד ה' אל כל העם הרי שהשכים הקדוש ברוך הוא על הברכה: [ו] **זה לוקה בו'.** וכן כתיב ברישא שמעו רחוקים אשר עשיתי ודעו קרובים גבורתי ואח"כ כתיב פחדו בציון חטאים אחזה רעדה חנפים:

אשד הנחלים

[ו] **כתיב פחדו.** מביא זה להיות הפסוק שלאחריו מדבר באברהם כמו שאומר להלן: **וזה מירתת.** וזהו פרושו פחדו בציון חטאי' שחטאו בפועל וע"כ לקו ואז אחזה רעדה [כי יראו לנפשם שילקו גם הם כמוהם] חנפים שלא חטאו בפועל ובהתגלות רק במחשבת הלב.

story of the circumcision it is written: ***HASHEM appeared to him in the plains of Mamre,*** to indicate that God came to bless him in reward for having performed the mitzvah of circumcision.

§6 The Midrash quotes and explains a verse in *Isaiah*:[18] כְּתִיב "פָּחֲדוּ בְצִיּוֹן חַטָּאִים" — **It is written, *Sinners were afraid in Zion*** (*Isaiah* 33:14).[19] אָמַר רַבִּי יִרְמְיָה בֶּן אֶלְעָזָר — **R' Yirmiyah ben Elazar said:** מָשָׁל לִשְׁנֵי תִינוֹקוֹת שֶׁבָּרְחוּ מִבֵּית הַסֵּפֶר — **This is comparable to two children who ran away from school** and were subsequently caught. הָיָה זֶה לוֹקֶה וְזֶה מִירְתַת — **While this one was being whipped, the other one** watched and **trembled.**[20]

NOTES

18. The Midrash below will expound the continuation of this passage from *Isaiah* as alluding to Abraham. In this context it first explains the verse cited here (*Eitz Yosef,* from *Nezer HaKodesh*; see also *Maharzu* below ד״ה מוקדי עולם).

19. The previous verses (vv. 12-13) read: *Nations will be like burnings for lime, like cut thorns set aflame. Hear, O faraway people, what I have done, and you who are close by, recognize My might.* According to the Midrash, these verses allude to the punishments that God will have brought upon the idolaters at the time of the future judgment. Scripture continues that having witnessed these punishments, *Sinners were afraid in Zion . . .* (*Nezer HaKodesh*; see also *Radal, Matnos Kehunah*).

20. So, too, the Jewish sinners in Zion will take fright when they see punishment befall the idolaters (*Radal*), realizing that they will receive similar treatment.

INSIGHTS

offers a sacrifice upon the Altar (see *Radal* ad loc. §41). Hence, *on the day that one performs a milah, he should offer his son as a sacrifice with happiness and desire of the heart, to bring him under the confines of the Shechinah . . . and this sacrifice is similar to the sacrificing of animals, for both take place after eight days* [for *milah* takes place eight days after a child is born just as an animal is fit to be offered as a sacrifice only from its eighth day and on (*Leviticus* 22:27)] (*Zohar [Hanigleh], Tazria*; see also *Rabbeinu Bachya* to *Leviticus* 17:13).

Rabbeinu Bachya (ibid. and in *Kad HaKemach, Milah* 4:1) further extends the correlation between circumcision and sacrifice to associate the festive meal served at a circumcision with the eating of a sacrifice. Just as one who brings a sacrifice is commanded to partake of his offering (*Exodus* 29:33), so too a festive meal is eaten to celebrate a circumcision (see *Pirkei DeRabbi Eliezer* ibid.; see also *Abudraham, Shaar* §9, *Birkas Milah*, and *Shulchan Aruch, Yoreh Deah* 265:12).

This correlation may have halachic ramifications as well. *Magen Avraham* (568:10) writes that it was customary in some places to wait to eat the festive meal that follows the *milah* until nightfall. Upon first glance, it is difficult to comprehend this custom. It would seem logical for a meal celebrating the performance of a mitzvah to immediately follow the performance of that mitzvah; why, then, should the meal be delayed until nightfall? However, the rationale for this custom can perhaps be understood by utilizing the aforementioned connection between the *milah* meal and the sacrificial offerings: Just as, concerning sacrifices, the status of the night is determined by the day that precedes it, and one who offers a sacrifice by day may partake of its meat during the night that follows (see *Rashi, Leviticus* 7:15 and to *Temurah* 14a s.v. משום), so too a meal eaten the night after *milah* can still be deemed as a meal that is related to the *milah* (*Os LeYisrael* 18:3-4).

Chasam Sofer (*She'eilos U'Teshuvos, Orach Chaim* 158) uses this connection in another halachic context. The Gemara (*Moed Katan* 14a) rules that those who were engaged in the sacrificial service were prohibited from shaving during their week of service, so as to ensure that they would shave beforehand and thereby commence their duties while properly groomed, as befitting their exalted positions. Similarly, the principal participants in a *bris* [i.e., the father of the baby, the *sandak* and the *mohel* (see *Mishnah Berurah* 493:12)] are permitted to shave and take a haircut even during times when this is normally prohibited, such as during the period of *sefirah* (see *Rama* 493:2; but see *Shaarei Teshuvah* ibid. §4) and the weeks between the Seventeenth of Tammuz and the Ninth of Av (see *Shaarei Teshuvah* 551:3).

ג רַבִּי אִיסִי פָּתַח: (שם לא, יג-יד) "אִם אֶמְאַס מִשְׁפַּט עַבְדִּי וַאֲמָתִי בְּרִבָם עִמָּדִי וּמָה אֶעֱשֶׂה כִּי יָקוּם אֵל וְכִי יִפְקֹד מָה אֲשִׁיבֶנּוּ". אִתְּתֵיהּ דְּרַבִּי יוֹסֵי הֲוָה מִכַּתְּשָׁא עִם אַמְתֵיהּ, אַכְחֲשָׁהּ קֳדָמָהּ, אָמְרָה לוֹ: מִפְּנֵי מָה אַתָּה מַכְחִישֵׁנִי לִפְנֵי שִׁפְחָתִי, אָמַר לָהּ: לֹא כָּךְ אָמַר אִיּוֹב (שם, יג) "אִם אֶמְאַס מִשְׁפַּט עַבְדִּי". דָּבָר אַחֵר "אִם אֶמְאַס מִשְׁפָּט", זֶה אַבְרָהָם (לעיל יז, כג) "וַיִּקַּח אַבְרָהָם אֶת יִשְׁמָעֵאל בְּנוֹ וְגוֹ'", אָמַר: אִילוּלֵי שֶׁעָשִׂיתִי כֵּן מֵהֵיכָן הָיָה הַקָּדוֹשׁ בָּרוּךְ הוּא נִגְלֶה עָלַי, "וַיֵּרָא אֵלָיו ה' בְּאֵלֹנֵי מַמְרֵא וְהוּא יֹשֵׁב":

ד רַבִּי יִצְחָק פָּתַח: (שמות כ, כא) "מִזְבַּח אֲדָמָה תַּעֲשֶׂה לִּי וְגוֹ'", אָמַר רַבִּי יִצְחָק: מָה אִם זֶה שֶׁבָּנָה מִזְבֵּחַ לִשְׁמִי הֲרֵינִי נִגְלֶה עָלָיו וּמְבָרְכוֹ, אַבְרָהָם שֶׁמָּל עַצְמוֹ לִשְׁמִי עַל אַחַת כַּמָּה וְכַמָּה, "וַיֵּרָא אֵלָיו ה' בְּאֵלֹנֵי מַמְרֵא":

ה רַבִּי לֵוִי פָּתַח: (ויקרא ט, ד) "וְשׁוֹר וָאַיִל לִשְׁלָמִים לִזְבֹּחַ לִפְנֵי ה'", אָמַר: מָה אִם זֶה שֶׁהִקְרִיב שׁוֹר וָאַיִל לִשְׁמִי הֲרֵינִי נִגְלֶה עָלָיו וּמְבָרְכוֹ, אַבְרָהָם שֶׁמָּל עַצְמוֹ לִשְׁמִי עַל אַחַת כַּמָּה וְכַמָּה, "וַיֵּרָא אֵלָיו ה' בְּאֵלֹנֵי מַמְרֵא":

ו כְּתִיב (ישעיה לג, יד) "פָּחֲדוּ בְצִיּוֹן חַטָּאִים", אָמַר רַבִּי יִרְמְיָה בֶּן אֶלְעָזָר: מָשָׁל לִשְׁנֵי תִינוֹקוֹת שֶׁבָּרְחוּ מִבֵּית הַסֵּפֶר הָיָה זֶה לוֹקֶה וְזֶה מִירְתַת.

עץ יוסף

(ג) הות מכתשא. היתה מריבה עם שפחתה: אכחשה. היה מוכיח אותה ומכחישה לאמר שהדין עם האמה: מפני מה כו'. מפני כבודה לא היה לו להוכיחה ולהכחישה בפניה: לא כך אמר איוב. סמ"ש ברבים עמדי. היינו אשתו ע"ש הכתוב האשה אשר נתת עמדי. ור"ל לא כך אמר איוב כו' ברבים עם אשתי. שעם היותה אמה משועבדת לרצון גבירה. מ"מ אין למאוס משפטה יותר מהראוי: זה אברהם. שענין זה נתקיים גם באברהם שלא מאס במשפט עבדיו דהיינו מילה דאיקרי משפט כדלקמן ויק"ר פ' כ"ו והענין שאברהם היה זריז ומהיר יותר בתיקון מצות מילת עבדיו שהוא מל כולם בעצם היום הזה. אע"פ שעדיין היה חולה מכאב מילתו והיה לו הדבר לעמל ולטורח: אילולא שעשיתי כן. אלא הייתי מעכב מילת עבדי איזה ימים עד שבאתי לבריאותי לא היתה קדושת השכינה התגלה עלי אלא במקום שאתבודד בו אני לבדי בשדה. אבל עכשיו שנימולו כולם נגלה עלי הקב"ה באלוני ממרא שהוא אהלי ותלמידי (נזה"ק): (ד) מזבח אדמה וגו'. אבא אליך וברכתיך: הריני נגלה עליו ומברכו. ולזה היתה הראותו של הקב"ה לאברהם כדי לברכו. וכלומר התם אבא אליך וברכתיך: אברהם שגזר עצמו. שהמילה גם היא כקרבן. וזהו ג"כ כוונת ר"ל אלא דר' יצחק פתח בקרא קמא ור"ל פתח בשור ואיל דהתם כתיב בהדיא ה' נראה אליכם כדהכא וירא אליו ה' (יפ"ת): (ו) [ה] פחדו בציון חטאים וכו'. משום דבעי למידרש בסמוך סיפא דקרא באברהם מפרש אגב גם רישא דקרא (נזה"ק): משל לשני תינוקות. נתן טעם למה הפחד בחטאים לה' ולא בצדיקים. שכמו שהתינוק המפחד מרדיית חברו הוא להשוותו לו בחטא הבריחה. ומי שלא ברח לא יפחד. כן הצדיק משמועה רעה לא יירא (יפ"ת): זה לוקה וזה מירתת. וכן כתיב ברישא שמעו רחוקים אשר עשיתי ודעו קרובים גבורתי וגו' ואח"כ כתי' פחדו בציון חטאים אחזה רעדה חנפים:

פירוש מהרז"ו

(ג) אם אמאס משפט עבדי. סמ"ש ומה אעשה כי יקום אל הוא מיותר ומה ענין קימה זו. ע"כ דורש מדה כ' אח"ע על איוב שאינו מפורש שקם עליו האל ת"ע על אברהם שמפורש עליו שקם עליו האל. כמ"ש בסוף סימן א'. וכך פירוש הפסוק אם אמאס לקיים משפט ומצוה שנצטויתי על עבדי למול אותו וכן ילידי ביתו אף שרבו עליו שלא רצו לעשות כן. אם כן מה יעשה איזה סבה יעשה שיקום עליו האל ועוד וכי יפקוד וגו'. וזהו אמיתות דרך התורה. שמשמעות התיבות מודיעים ענין אחר לבד הפשט. כמבואר בהקדמה באריכות: ויקח אברהם את ישמעאל בנו. וס"ד ואת כל ילידי ביתו ואת כל מקנת כספו וכו' וגם ישמעאל נקרא בן האמה וזהו ואמתי: לא כך אמר איוב. סמ"ש ברבים עמדי. היינו אשתו שקרא לאשתו עמדי שהיא עמו תמיד או על שם הכתוב היא האשה אשר נתתה עמדי. וכמ"ש לעיל פר' י"ט סימן ב' שאמר איוב לא כן אנכי עמדי ע"ש ותבין כאן. וכפשט הכתוב שאיוב אמרו על עצמו: (ד) מזבח אדמה תעשה לי. וס"ד וזבחת עליו את עולותיך ואת שלמיך וגו' בכל המקום אשר אזכיר את שמי אבא אליך וברכתיך. ועי' במ"ר פר' י"א סימן ג' שהמקרא מסורס ע"פ מדה ל"א שמ"ש אבוא אליך וברכתיך שייך למ"ש וזבחת ואחר כך בכל המקום אשר אזכיר את שמי. שהבטיח הקב"ה שעל שיקריב מעט דם של בהמה על המזבח שיבא אליו ויברכנו. אברהם שמל עצמו וכל ילידי ביתו ונהר של דם יוצא מביתו (כן הוא באגדת בראשית פרק י"ט) עאכ"ו שיבא ויברכנו וזהו מ"ש וירא אליו ה' ולא כ' כלל מה עשה בהראותו ומה דבר לו על כן דרש ק"ו על פי מדה י"ז שברכו. שביאתו של הקב"ה לצדיק היא לברכה. וכאלו כתוב כאן מפורש וירא אליו ה' ויברך אותו: (ה) ושור ואיל לשלמים. וס"ד כי היום ה' נראה אליכם. והיינו שיברכם וכמ"ש אבא אליך וברכתיך וכמבואר בסימן הקודם: (ו) לשני תינוקות. והמשל על שבפסוק הקודם כתיב והיו עמים משרפות סיד קוצים כסוחים באש יצתו. ואח"כ כתיב פחדו בציון חטאים שאותם שעדיין לא לקו פחדו על ידי אותם שכבר לקו:

חידושי הרד"ל

(ו) [ג] דבר אחר אם אמאס משפט עבדי ואמתי זה אברהם כו' כצ"ל. ועבדי זה ישמעאל בן האמה ואמתי זה הגר ועלה קאי ברבים עמדי. כשהיתה מריבת שרה עבור הגר עמדו כדלעיל פמ"ה. וכן כשאמרה שרה גרש האמה ואת בנה: (ז) ויקח אברהם את ישמעאל בנו וגו' אמר אלולי כו'. י"ל שע"י המילה הוא זוכה שיהיה הוא יושב ושכינה עומ"ג כדלקמן. וז"ש מה אעשה כי יקום אל. ר"ל אלמלא עשיתי זאת למול עבדי ובני אמתי. מה הייתי עושה כשקמה שכינה ע"ג: (ח) [ה] אברהם שמל עצמו לשמי. דמילה אקרי קרבן כדאמר כורתי בריתי עלי זבח. וע' פר"א ספ"ט ובזוהר בכ"מ קרי ליה קורבנא דרביה. וע"ל פכ"ב ומדרש שמואל פ"א: (ט) [ו] זה לוקה וזה כו'. כן פחדו בציון חטאים ישראל כשראו מפלתן של עובדי כוכבים:

מסורת המדרש

ג תנחומא כאן סי' ב': ד ילקוט ישעיה רמז ש"ד:

אם למקרא

אִם־אֶמְאַס מִשְׁפַּט עַבְדִּי וַאֲמָתִי בְּרִבָם עִמָּדִי: וּמָה אֶעֱשֶׂה כִּי־יָקוּם אֵל וְכִי־יִפְקֹד מָה אֲשִׁיבֶנּוּ: (איוב לא:יג-יד)

מִזְבַּח אֲדָמָה תַּעֲשֶׂה־לִּי וְזָבַחְתָּ עָלָיו אֶת־עֹלֹתֶיךָ וְאֶת־שְׁלָמֶיךָ אֶת־צֹאנְךָ וְאֶת־בְּקָרֶךָ בְּכָל־הַמָּקוֹם אֲשֶׁר אַזְכִּיר אֶת־שְׁמִי אָבוֹא אֵלֶיךָ וּבֵרַכְתִּיךָ: (שמות כ:כא)

וְשׁוֹר וָאַיִל לִשְׁלָמִים לִזְבֹּחַ לִפְנֵי ה' וּמִנְחָה בְּלוּלָה בַשָּׁמֶן כִּי הַיּוֹם ה' נִרְאָה אֲלֵיכֶם: (ויקרא ט:ד)

פָּחֲדוּ בְצִיּוֹן חַטָּאִים אָחֲזָה רְעָדָה חֲנֵפִים מִי יָגוּר לָנוּ אֵשׁ אוֹכֵלָה מִי־יָגוּר לָנוּ מוֹקְדֵי עוֹלָם: (ישעיה לג:יד)

באור מהרי"פ

ג [א] אם אמאס משפט זה אברהם. עיין בויק"ר פכ"ו לשון משפט על המילה ע"פ אדם ובהמה וגו'. יפ"ת:

רש"י

(ג) איתתיה דרבי יוסי הוות מכתשא עם אמתה. היתה עושה מריבה עם שפחתה וכחשה רבי יוסי שאמר הדין עם שפחתה אמרה ליה למה את מכחישני בפני שפחתי א"ל לא כך אמר איוב אם אמאס משפט עבדי ואמתי (איוב ל"א): (ד) הריני נגלה עליו ומברכו. דכתיב בכל המקום אשר אזכיר את שמי אבא אליך וברכתיך (שמות כ'): (ה) שהקריב שור ואיל לשמי הריני נגלה עליו ומברכו. דכתיב כי היום ה' נראה אליכם (ויקרא ט') וכתיב וישא אהרן את ידיו ויברכם: (ו) לשני תינוקות. שברחו מבית הספר זה לוקה וזה מרתת כך פחדו בציון חטאים אלו השוגגין יש להם להתפחד:

מתנות כהונה

[ג] הוות מכתשא כו'. מריבה ומתקוטטת: אכחשה. היה מוכיח אותה ומכחישה לאמר שהדין עם האמה: מפני מה כו'. מפני כבודה לא היה לו להוכיחה ולהכחישה בפניה: זה אברהם. שלא מאס לימול ישמעאל בן האמה וילידי ביתו בני השפחות ומקנת כספו העבדים כדי להוציא לאור משפטיהם להכניסם תחת כנפי השכינה: [ד] מזבח אדמה וגו'. אבא אליך וברכתיך: [ה] ושור ואיל וגו'. ריש פ' שמיני וכסוף כתיב ויצאו ויברכו את העם וירד כבוד ה' אל כל העם הרי שהסכים הקדוש ברוך הוא על הברכה: [ו] זה לוקה כו'. וכן כתיב ברישא שמעו רחוקים אשר עשיתי ודעו קרובים גבורתי ואח"כ כתיב פחדו בציון חטאים אחזה רעדה חנפים:

אשד הנחלים

[ו] כתיב פחדו. מביא זה להיות הפסוק שלאחריו מדבר באברהם כמו שאומר להלן: וזה מירתת. וזהו פרושו פחדו בציון חטאי' שחטאו בפועל וע"כ לקו ואז אחזה רעדה [כי יראו לנפשם שילקו גם הם כמוהם] חנפים שלא חטאו בפועל ובהתגלות רק במחשבת הלב.

The Midrash states that the meaning of a term used in Scripture may be learned from the same verse in *Isaiah*:

אָמַר רַבִּי יוֹנָתָן — R' Yonasan said: **כָּל חֲנוּפָּה שֶׁנֶּאֱמַר בַּמִּקְרָא בְּמִינוּת הַכָּתוּב מְדַבֵּר — Any** instance in which the term חנופה **is stated in a verse, it is of heresy**[21] **that Scripture speaks.** **וּבִנְיַן אָב שֶׁבְּכוּלָּן "פָּחֲדוּ בְצִיּוֹן חַטָּאִים אָחֲזָה רְעָדָה חֲנֵפִים" — And the paradigm for all [such instances] is** the verse: ***Sinners were afraid in Zion, trembling seized*** **חֲנֵפִים** (ibid.).[22]

The verse in *Isaiah* implies that in the future only the wicked will tremble before God's judgment. Elsewhere, however, Scripture implies that all Israel will tremble before God. The Midrash uses a parable to resolve this difficulty:[23]

אָמַר רַבִּי יְהוּדָה בַּר רַבִּי סִימוֹן — R' Yehudah bar R' Simone said: **לְאַרְכִילִיסְטִים שֶׁמָּרַד בַּמֶּלֶךְ —** This is comparable **to a leader of a band of robbers**[24] **who rebelled against the king.** **אָמַר הַמֶּלֶךְ כָּל מִי שֶׁהוּא תוֹפְשׂוֹ אֲנִי נוֹתֵן לוֹ פְּרוֹקוֹפִּי — The king declared, "Whoever apprehends him, I will give him a promotion!"** **עָמַד אֶחָד וּתְפָשׂוֹ — One** man **arose and apprehended him.** **אָמַר הַמֶּלֶךְ שִׁמְרוּ שְׁנֵיהֶם עַד הַבֹּקֶר — The king said, "Guard them both until the morning!"**[25] **וְהָיָה זֶה מִתְפַּחֵד וְזֶה מִתְפַּחֵד —** All night, **this one trembled and this one trembled.** **זֶה מִתְפַּחֵד לוֹמַר אֵיזוֹ פְּרוֹקוֹפִּי הַמֶּלֶךְ נוֹתֵן לִי — This one trembled** in anticipation, **saying, "What promotion will the king give me?"**[26] **וְזֶה מִתְפַּחֵד וְאוֹמֵר אֵי זֶה דִּין הַמֶּלֶךְ דָּן אוֹתִי — And this one trembled** in fear, **saying, "What judgment will the king pronounce against me?"** **כָּךְ לֶעָתִיד לָבֹא יִשְׂרָאֵל מִתְפַּחֲדִים וְעוֹבְדֵי כוֹכָבִים מִתְפַּחֲדִים — So** too **in the Next World, Israel will tremble and idolaters will tremble.** **יִשְׂרָאֵל מִתְפַּחֲדִים "וּפָחֲדוּ אֶל ה' וְאֶל טוּבוֹ בְּאַחֲרִית הַיָּמִים" — Israel will tremble** in anticipation, as it is written: *Afterward the Children of Israel will return and seek out HASHEM their God . . .* ***and they will tremble for HASHEM and for His goodness in the end of days*** (*Hosea* 3:5),[27] **וְעוֹבְדֵי כוֹכָבִים מִתְפַּחֲדִים "פָּחֲדוּ בְצִיּוֹן חַטָּאִים" — while idolaters**[28] **will tremble** in fear, dreading their day of judgment, as it is written: ***Sinners were afraid in Zion.***

In the closing words of the above-cited verse in *Isaiah*, the evildoers exclaim: מִי יָגוּר לָנוּ אֵשׁ אוֹכֵלָה מִי יָגוּר לָנוּ מוֹקְדֵי עוֹלָם, *Which of us can live with the consuming fire? Which of us can live with with those who set the world ablaze?*[29] The Midrash elaborates:

אָמַר רַבִּי יְהוּדָה בַּר רַבִּי סִימוֹן לָמָּה הוּא קוֹרֵא אוֹתָן מוֹקְדֵי עוֹלָם — R' Yehudah bar Simone said: Why does he call them *those who set the world ablaze?* **שֶׁאִילּוּ נִיתַּן לָהֶם רְשׁוּת הָיוּ מוֹקְדִים כָּל הָעוֹלָם כּוּלּוֹ עַל יוֹשְׁבָיו לְשָׁעָה קַלָּה — For if permission were granted them, they would set the entire world ablaze in an instant along with its inhabitants.**[30]

The next verse in *Isaiah* (33:15) reads as follows: *One who walks with righteousness and speaks with truthfulness, who spurns extortionate profit and shakes off his hands from holding a bribe, who seals his ears from hearing of bloodshed and shuts his eyes from seeing evil.* The Midrash now expounds this verse, phrase by phrase, with reference to Abraham:

"הֹלֵךְ צְדָקוֹת", זֶה אַבְרָהָם — *One who walks with righteousness* — this alludes to Abraham, as it states, **"וְשָׁמְרוּ דֶּרֶךְ ה' לַעֲשׂוֹת צְדָקָה וּמִשְׁפָּט" — *That they keep the way of HASHEM, doing righteousness and justice*** (below, v. 19);[31]

NOTES

21. I.e., denying that the Torah is Divine (*Maharzu*; see also *Eitz Yosef*; see, however, *Imrei Yosher*).

22. Strictly speaking, the word חנופה means *hypocrisy* in any form. In the present verse, however, it must refer to a particularly grievous type of hypocrisy, because the verse speaks of sinners being *afraid* and hypocrites being *seized with trembling*, and trembling connotes *extreme* fear, which is appropriate only for one who has committed the very worst sin (*Radal*); in addition, the verse goes on to describe everlasting punishment (*Which of us can live with the consuming fire? Targum* ad loc. explains that the verse is referring to the fires of *Gehinnom*). Such punishment is fitting only for a most severe sin (*Maharzu*).

R' Yonasan therefore explains that when used in Scripture, the term חנופה denotes specifically the sin of maintaining heretical beliefs [in one's heart while hypocritically giving others the impression of being a loyal Jew] (*Nezer HaKodesh*).

23. *Eitz Yosef*.

24. [לִיסְטִים means *robber*. אַרְכִי means *chief*. (In English as well the prefix arch- has this meaning, e.g., archenemy.) An אַרְכִילִיסְטִים is thus a leader of a band of robbers.]

25. So that we may judge them in the morning (ibid.).

26. The person who caught the robber will be anxious that the king may not grant him as great a promotion as he hopes for (see ibid.).

27. The righteous of Israel will be anxious that God may not grant them as great a reward in the Next World as they hope for (ibid.).

28. I.e., the sinners of Israel.

29. The wicked dread the final judgment day, when God [*the consuming fire* (see *Deuteronomy* 4:24)] and His ministers [*those who set the world ablaze*] will judge them in Zion (*Targum Yonasan* ad loc.; *Rashi* here).

[The phrase מוֹקְדֵי עוֹלָם can also be translated *the eternal conflagrations*. The Midrash, however, understands it as rendered above.]

30. God's ministers are called *those who set the world ablaze* because if God would permit them, they would set the entire world ablaze because of the evil perpetrated within it. Alternatively: The question, *"Which of us can live with those who set the world ablaze?"* is uttered by the righteous of Israel (*Maharzu*), who proclaim, *Which of us can* possibly *live* (i.e., survive) *with those who set the world ablaze* (i.e., in a world engulfed by conflagration)? And *those who set the world ablaze* are the idolaters (*Matnos Kehunah*), because if their plans were not thwarted, they would cause the entire world to be incinerated as a result of their evil behavior (*Eitz Yosef*).

31. In this verse, God declares that He has loved Abraham *because he commands his children and his household after him that they keep the way of HASHEM, doing righteousness and justice*. Abraham would not have commanded his children and household to follow the path of righteousness if he himself did not follow this path; indeed, this is the meaning of the phrase *after him* (*Maharzu*). See further, Insight Ⓐ.

INSIGHTS

Ⓐ **Who Walks With Righteousness** It is not readily apparent how the Midrash (and the parallel Gemara in *Makkos* 24a) justifies its reference to Abraham as הוֹלֵךְ צְדָקוֹת, *one who walks with righteousness*, based on the verse it cites. Several approaches are offered by the commentators to Tractate *Makkos* (loc. cit.).

Maharsha (s.v. בא ישעיה) sees in the words הוֹלֵךְ צְדָקוֹת an allusion to the ideal of *conveying righteousness* to another generation by training one's offspring to act righteously. The verse which is offered proves that in addition to his own righteousness, Abraham placed emphasis on ensuring that his children would act similarly.

In a related approach, *Aruch LaNer* (*Makkos* ibid. s.v. בגמרא שאינו מקניט) notes that the the plural term צְדָקוֹת, as opposed to the more common צְדָקָה, describes one who *walks* with *two* types of *righteousness*. The cited verse proves to the Midrash that Abraham was credited with his own righteousness as well as the righteousness of his progeny.

Maharal (*Nesivos Olam, Nesiv HaEmunah* Ch. 2) explains the verse's reference to *walking* with righteousness in light of the Gemara (*Shabbos* 104a) that teaches that a true performer of kind deeds *runs* after the needy to help them. If so, Abraham, who in the heat of the day and at the height of his pain still *ran* to the dusty and thirsty wayfarers, was the הוֹלֵךְ צְדָקוֹת par excellence. It was this legacy that he instilled in and bequeathed to his descendants.

אָמַר רַבִּי יוֹנָתָן: כָּל חֲנוּפָּה שֶׁנֶּאֱמַר בַּמִּקְרָא בְּמִינוּת הַכָּתוּב מְדַבֵּר וּבִנְיַן אָב שֶׁבְּכוּלָּן "פָּחֲדוּ בְצִיּוֹן חַטָּאִים אָחֲזָה רְעָדָה חֲנֵפִים". אָמַר רַבִּי יְהוּדָה בַּר רַבִּי סִימוֹן: לְאַרְכִילִיסְטִים שֶׁמָּרַד בַּמֶּלֶךְ אָמַר הַמֶּלֶךְ: כָּל מִי שֶׁהוּא תוֹפְשׂוֹ אֲנִי נוֹתֵן לוֹ פְּרוֹקוֹפִּי. עָמַד אֶחָד וּתְפָשׂוֹ אָמַר הַמֶּלֶךְ: שִׁמְרוּ שְׁנֵיהֶם עַד הַבּוֹקֶר וְהָיָה זֶה מִתְפַּחֵד וְזֶה מִתְפַּחֵד, זֶה מִתְפַּחֵד לוֹמַר: אֵיזוֹ פְּרוֹקוֹפִּי הַמֶּלֶךְ נוֹתֵן לִי, וְזֶה מִתְפַּחֵד וְאוֹמֵר אֵי זֶה דִּין הַמֶּלֶךְ דָּן אוֹתִי. כָּךְ לֶעָתִיד לָבֹא יִשְׂרָאֵל מִתְפַּחֲדִים וְעוֹבְדֵי כוֹכָבִים מִתְפַּחֲדִים. יִשְׂרָאֵל מִתְפַּחֲדִים (הושע ג, ה) "וּפָחֲדוּ אֶל ה' וְאֶל טוּבוֹ בְּאַחֲרִית הַיָּמִים", עוֹבְדֵי כוֹכָבִים מִתְפַּחֲדִים (ישעיה לג, יד) "פָּחֲדוּ בְצִיּוֹן חַטָּאִים". אָמַר רַבִּי יְהוּדָה בַּר רַבִּי סִימוֹן: לָמָּה הוּא קוֹרֵא אוֹתָן מוֹקְדֵי עוֹלָם, שֶׁאִילּוּ נִיתַּן לָהֶם רְשׁוּת הָיוּ מוֹקְדִים כָּל הָעוֹלָם כּוּלּוֹ עַל יוֹשְׁבָיו לְשָׁעָה קַלָּה. (שם לג, טו) "הֹלֵךְ צְדָקוֹת", זֶה אַבְרָהָם, "וְשָׁמְרוּ דֶּרֶךְ ה' לַעֲשׂוֹת צְדָקָה וּמִשְׁפָּט",

רש"י

חנפים. רשעים מזידין שעתידין ליתן את הדין פירש המקרא מי יגרום לנו לגור בציון עם הקב"ה שהוא אש אוכלה ועם משרתיו שהן מוקדי עולם ולפי שפסוק זה הולך לדקות בסמוך לו התחיל ודורש למעלה הימנו עד שמגיע לו:

עץ יוסף

במינות הכתוב מדבר. ונקראו חנפים כי כמו שהחנף הוא גונב לב ודעת חבירו בחלקלקות לשונו אף כך הם שעליהם נאמר נופת תטופנה שפתי זרה וחלק משמן חכה וגו' מנכריה אמריה החליקה וכמבואר שם במפרשים ובמדרשות: **ובנין אב שבכולן פחדו בציון כו'.** באפיקורסות הכתוב מדבר הבאים לעקור יסוד כל התורה כולה. ולכן גדול עונש יותר משאר חוטאין (נזה"ק): **לארכיליסטים כו'.** משום דקשה ליה דהכא משמע דליכא פחד לעתיד אלא בחוטאים המפורסמים ואילו בנבואת הושע נא' אחר ישובו ב"י וגו' ופחדו אל ה' ואל טובו באחרית הימים דמשמע דלעתיד כל ישראל יהיו בפחד ואימה מהדין. לזה בא ריב"ם לתרץ שאין פחד לישראל הכשרים (ובשו"ט הגירסא כן לע"ל הצדיקים מתפחדים והרשעים מתפחדים צדיקים מתפחדים כו') כפחד החוטאים. כי פחד החוטאים הוא מאימת הדין ואילו פחד הצדיקים השלמים אינו אלא שמא לא יזכו כל כך למדרגה גדולה בבחינת הטוב כחפצם ורצונם. וכדי לבאר זה אמר שהוא משל לארכיליסטים הוא שר הליסטים שמרד במלך אמר המלך שמרו כו'. כי לילה עדיין לא היה עת הכושר לעיין במשפטם ודינם. ולכן כל הלילה שניהם מתפחדים. אלא שמ"מ יש הבדל ביניהם כי זה מתפחד מצד השכר לומר איני יודע איזה שכר טוב יתן לי. וזה היה מתפחד מצד דין העונש. אף כך לע"ל כו' (נזה"ק): **מוקדי עולם.** ס"ד כתיב מי יגור לנו מוקדי עולם: **היו מוקדים כל העולם.** פי' היו שורפים כל העולם במעשיהם הרעים. מוקדים כמו על מוקדה: **לשעה קלה.** שלכן כפל אש אוכלה מוקדי עולם שהכפל מורה על המהירות (יפ"ת):

פירוש מהרז"ו

הכתוב מדבר. היינו מכחישי התורה מן השמים. ולא על סתם חנפים בני אדם בשביל הנאתם שמדבר מסוף עונש הרשעים: **ופחדו אל ה' ואל טובו.** אותם שלא הורגלו בטובה וכבר שכחו אותה. מתפחדים מרוב טובה פתאומית ושני הפחדים יהיו באחרית הימים וכאן כתוב ואל טובו באחרית הימים וביחזקאל ל"ט א' אצל גוג כתוב ג"כ באחרית הימים: **מוקדי עולם.** ר"ד פחדו בציון וגו' מי יגור לנו אש אוכלה וגו' מוקדי עולם. ולא פירש כן המדרש ברישא מ"ש אש אוכלה שכוונתו על הש"י כמ"ש כי ה' אלהיך אש אוכלה אל קנא. שהרשעים מתפחדים לגור בציון אשר שם שוכן הש"י שהוא אש אוכלה. וס"ד על פי מדה ט' שהצדיקים אומרים מי יגור לנו מוקדי עולם ודרשה זו דרך אגב שדרש הפסוק השני הולך לדקות על אברהם: **ושמרו דרך ה'.** ורישא דקרא כי ידעתיו למען אשר יצוה את בניו ואת ביתו אחריו וגו' ושמרו פירושו כמו שהוא עצמו היה עושה כך יצוה שיעשו בניו וזהו אחריו:

חידושי הרד"ל

(י) **ובנין אב כו' רעדה חנפים.** שא"א לפרש חניפה ממש. מדכתיב בחטאים פחד ובחנפים רעדה שהיא גדולה מן פחד דמשמע שעון חנופה גדול ביותר:

מסורת המדרש

ה מכות דף כ"ד. ילקוט ישעיה רמז ש"ד:

אם למקרא

אַחַר יָשֻׁבוּ בְּנֵי יִשְׂרָאֵל וּבִקְשׁוּ אֶת־ה' אֱלֹהֵיהֶם וְאֵת דָּוִד מַלְכָּם וּפָחֲדוּ אֶל ה' וְאֶל־טוּבוֹ בְּאַחֲרִית הַיָּמִים: (הושע ג:ה)

פָּחֲדוּ בְצִיּוֹן חַטָּאִים אָחֲזָה רְעָדָה חֲנֵפִים מִי יָגוּר לָנוּ אֵשׁ אוֹכֵלָה מִי־יָגוּר לָנוּ מוֹקְדֵי עוֹלָם: הֹלֵךְ צְדָקוֹת וְדֹבֵר מֵישָׁרִים מֹאֵס בְּבֶצַע מַעֲשַׁקּוֹת נֹעֵר כַּפָּיו מִתְּמֹךְ בַּשֹּׁחַד אֹטֵם אָזְנוֹ מִשְּׁמֹעַ דָּמִים וְעֹצֵם עֵינָיו מֵרְאוֹת בְּרָע: (ישעיה לג:יד-טו)

מתנות כהונה

[ה"ג במקרא במינות הכתוב מדבר]: **ארכיליסטוס.** פי' הערוך שר על הלסטים: **ארכי.** פירושו שר ומושל: **פרוקופי.** פי' הערוך שכר טוב וכבוד: **מוקדי עולם.** סיפיה דהאי קרא מי יגור לנו מוקדי עולם: **ניתן להם.** לעובדי כוכבים:

אשד הנחלים

כאיש חנף שפעולותיו הוא טוב ובקרבו רעה. ולפי שהכלל בידינו שעל המחשבות אין אדם נידון. רק על מחשבת האפיקורסות. לכן אמרו שכל חנופה הנאמר במקר' הוא על אפיקורסו' והענין לדעתי הוא דבר דק מאוד לפי שהדורות הראשונים בימי הנביאים היו אנשי אמת בפעולותיהם או לטוב או למוטב. וזהו שאמרו ביומא ראשונים שנתגלה עוונם נתגלה קיצם. ואם נמצא באדם שום דבר שקר אז הוא אות כי אמונתו נשחתה בקרבו. עד שהוא ירא מבני אדם יותר מפני כבודו ית' ואז רוח האפיקורסו' נזרקה בקרבו. הבן זה ובחון את תכונתם. ולכן על מי שלא נלקה כתיב רק אחזה רעדה פן ילקה. ועבמ"כ פי' אחר **זה מתפח' וזה כו' ישראל מתפחד כו'** לפי הראות לא ידענו מה כיוון לתווך במשל הזה כשהבדיל בין פחד ישראל לפחד עובדי כוכבים. ואיפה מרומז זאת בכתוב. והנרא' שמלת חנפים קדריש שמפחד בחניפה לא ע"ד האמת. ומה מאד הוא מבואר כי הנה הפחד ראוי להיות מפני הדר כבוד ה' ומרוב גדולתו ורוממותו לא מפני יראת העונש אחרי החטא. כי זהו יראה חנפית ושקרית לא אמיתית. וכל זה רק בעובדי כוכבים הקדמונים. שכל פחדתם רק מפני העונש לבד אחרי שראו הפורעניות המתרגשות עליהם אבל המאמינים בה' באמת זרע אברהם אוהביו כל פחדתם מפני גדלו ורוממותו. והמתיק זה ע"י המשל להסביר לנו גדר הפחד ממה יפחד מאל הטוב המטיב לכל. ומפרש שכל פחדתו לדעת מה שכר יותן לו. כי ענין הפחד הוא בדבר מסופק שחפצו לדעת תוכן הדבר. והדבר ההוא ענין דק מאוד למתבונן. כי הנה כל מאויי האוהב את ה' לדבק בה' ולעשות רצונו ית'. זאת הוא שכרו האמיתי ע"ד מאמרם ז"ל ששכר מצוה מצו'. והנה האהב' בלי פחד הוא הבלתי מתבונן על איכות השכר רק עובד ה' מאהב' לבד. והמפחד ג"כ הוא הכוסף לזכות לשכר כלומר לדבק בה' יותר ויותר ומפחד מפני גדולתו ונפשו כוסף לדעת מדריגתו. אז נקרא פחד אמיתי אשר ע"ז נאמר אשרי אדם מפחד תמיד כמאמרם ההוא בדברי תורה כתיב כלומר שכל פחדתו בדרכי ה' לא פחד הגופני שע"ז נאמר פחדו בציון חטאים. ואחז במשל במלך שצוה לתפוס המורד בו להיות שהאיש הטוב הרך הלבב מתפחד בהרע לזולתו אך עושה זאת מפני שה' ציווהו לו שיעשה ככה ועושה רצון ה'. והסביר בזה ענין אברהם במה שהרג המלכים ואח"כ פחד כמ"ש אח"כ בכתוב. ולפי שאח"כ מדבר הכתוב באברהם בהריגת המלכים לכן אחז במשל הזה והבן מאוד מה שרמזתי לך שני פרושים נכונים מאוד: **היו מוקדים כל העולם.** וא"כ הוא מאמר מוסגר בכתוב. כאומר באמת כן הוא כי הם מוקדי עולם ברשעתם ובודאי ראוי שיפחדו ויראו: **הולך צדקות זה אברהם כו'.** חשב מכמה ענינים שונים הצדקה עם בני אדם לאהוב אותם כנפשם. ולהצדיקם לעשות צדיקים יודעי אמונה וזהו דרך ה' כלומר דרך אלקית. המישרים הוא מדה נפלאה שהולך ביושר בלי נטי' לאחד מן הקצוות מאומה. אך לפי שיש בני אדם שאוהבים ממונם והנטי' הזאת מטה אותן לפעמים לדרך אחרת אך הוא נוער כפיו מבלי להשאר בידו אף שוחד קטון שבקטנות וכל זה מצד שהוא מואס בכל קניינים המדומים שהמה בצע מעשקות ע"כ הוא נוער כפיו מתמוך בשוחד. ובין תבין הדבר הנעלה כי הנה הצדיק העושה עניינו אם ימצא במעשיו נטי' מעטה לטובת עצמו נקראת שוחד. כי אינו מכוון במעשיו ע"ד האמת כ"א משחד את עצמו. והנה אברהם בהרגו המלכים לא הי' בו שום כוונה לעצמו כי אינו חפץ במאומה במעשקות. ואף מה שאבה לתת לו כל הרכוש לא חפץ לקחת כי הוא נוער כפיו לבלי להשאר בידו אף אבק שוחד וזהו הרימותי ידי רק לה' כי אין כוונתי רק למען ה' ולכן אם מחוט ועד שרוך נעל אקח מכל אשר לך:

״דֹּבֵר מֵישָׁרִים״, שֶׁנֶּאֱמַר ״מֵישָׁרִים אֲהֵבוּךָ״ – ***and speaks with truthfulness*** – this, too, alludes to Abraham, **as it says, *Sincerely do they*[32] *love you*** (*Song of Songs* 1:4); ״מוֹאֵס בְּבֶצַע מַעֲשַׁקּוֹת״ שֶׁנֶּאֱמַר ״אִם מִחוּט וְעַד שְׂרוֹךְ נַעַל״ – ***who spurns extortionate profit*** – this, too, alludes to Abraham, **for it is stated** that after defeating the four kings, Abraham told the king of Sodom that he refused to retain as compensation ***if so much as a thread or a shoestrap*** (above, 14:23);[33] ״נֹעֵר כַּפָּיו מִתְּמֹךְ בַּשֹּׁחַד״, ״הֲרִימֹתִי יָדִי אֶל ה׳ אֵל עֶלְיוֹן״ – ***[and] shakes off his hands from holding a bribe*** – this, too, alludes to Abraham, as it says, ***I have raised my hand to HASHEM, God, the Most High,*** *if so much as a thread or a shoestrap, etc.* (ibid., vv. 22-23).[34]

The next verse in *Isaiah* (33:16) lists the rewards of one who possesses the noble qualities just elaborated: *He shall dwell in heights; in rocky fortresses is his stronghold; his bread will be granted, his water assured*. The Midrash now expounds this verse as well, phrase by phrase, with reference to Abraham:

״הוּא מְרוֹמִים יִשְׁכֹּן״ – ***He shall dwell in heights*** – רַבִּי יְהוּדָה בַּר רַבִּי סִימוֹן בְּשֵׁם רַבִּי חָנִין בְּשֵׁם רַבִּי יוֹחָנָן – this, too, alludes to Abraham, as **R' Yehudah bar R' Simone** said **in the name of R' Chanin,** who said **in the name of R' Yochanan:** הֶעֱלָה אוֹתוֹ לְמַעְלָה מִכִּיפַּת הָרָקִיעַ – **[God] lifted [Abraham] up above the vault of heaven.**[35] הָדָא דְּהוּא אָמַר לוֹ ״הַבֶּט נָא הַשָּׁמַיְמָה״ – **This is** the explanation of **what [God] said to him, "*Gaze* [הַבֶּט] *now, toward the Heavens*"** (above, 15:5), אֵינוֹ שַׁיָּיךְ לוֹמַר הַבֵּט אֶלָּא מִלְמַעְלָה לְמַטָּה – for **it is only possible to say** הַבֵּט in reference to gazing **downward from above.**[36]

The Midrash continues expounding the verse in *Isaiah*:

״מְצָדוֹת סְלָעִים מִשְׂגַּבּוֹ״, אֵלּוּ עַנְנֵי כָבוֹד – ***In rocky fortresses is his stronghold*** – **these are the Clouds of Glory;**[37] ״לַחְמוֹ נִתָּן מֵימָיו נֶאֱמָנִים״, ״יֻקַּח נָא מְעַט מַיִם״ – ***his bread will be granted, his water assured*** – this, too, alludes to Abraham, who said, ***Let some water be brought*** (below, v. 4).[38]

And finally, the beginning of the next verse in *Isaiah* (33:17) states: *Your eyes will behold the King in His splendor*. The Midrash expounds it, too, with reference to Abraham:

״מֶלֶךְ בְּיָפְיוֹ תֶּחֱזֶינָה עֵינֶיךָ״ – ***Your eyes will behold the King in His splendor*** – this alludes to Abraham, who beheld the Divine Presence, ״וַיֵּרָא אֵלָיו ה׳ בְּאֵלוֹנֵי מַמְרֵא״ – for it is written in our verse, ***HASHEM appeared to him in the plains of Mamre.***[39]

§7 וְהוּא יֹשֵׁב פֶּתַח הָאֹהֶל כְּחֹם הַיּוֹם – ***WHILE HE WAS SITTING AT THE ENTRANCE OF THE TENT IN THE HEAT OF THE DAY.***

The Midrash expounds the word יֹשֵׁב, *sitting*:

רַבִּי בֶּרֶכְיָה מִשּׁוּם רַבִּי לֵוִי אָמַר – **R' Berachyah said in the name of R' Levi:** ״יָשַׁב״ כְּתִיב – **The word יֹשֵׁב is written** here without a *vav*. בִּקֵּשׁ לַעֲמוֹד – This deficiency indicates that **[Abraham] wished to rise,** out of respect for the Divine Presence,[40] אָמַר לוֹ הַקָּדוֹשׁ בָּרוּךְ הוּא: שֵׁב, אַתָּה סִימָן לְבָנֶיךָ – but **the Holy One, blessed is He, said to him, "Sit; you are a symbol,** i.e., a portent, **for your progeny:**[41] מָה אַתָּה יוֹשֵׁב וּשְׁכִינָה עוֹמֶדֶת, כָּךְ בָּנֶיךָ יוֹשְׁבִין וּשְׁכִינָה עוֹמֶדֶת עַל גַּבָּן – **Just as you sit and the Divine Presence stands, so** in the future **will your descendants sit and the Divine Presence will stand over them.** כְּשֶׁיִּשְׂרָאֵל נִכְנָסִים לְבָתֵּי כְנֵסִיּוֹת וּלְבָתֵּי מִדְרָשׁוֹת וְקוֹרִין קְרִיאַת שְׁמַע – For **when Israel enters the synagogues and study halls and recite the *Shema*,** וְהֵן יוֹשְׁבִין לִכְבוֹדִי וַאֲנִי עַל גַּבָּן שֶׁנֶּאֱמַר ״אֱלֹהִים נִצָּב בַּעֲדַת אֵל״ – **they** will **sit in My honor and I** will stand **over them,"**[42] **as it is stated, *God stands in the Divine assembly***[43] (*Psalms* 82:1).[44]

NOTES

32. Referring to the forefathers, who were true and sincere; and particularly to Abraham, who was first and foremost among them (see below, 49 §2).

33. That is: [Abraham had been offered by the king of Sodom all of Sodom's possessions that he had recaptured from the four kings. However,] since Sodom's possessions had been acquired through extortion and robbery, Abraham wanted no part of them. He thus "spurned extortionate profit" (*Maharzu*; see also *Rashi* to *Sotah* 17a ד״ה בשכר). Alternatively: Since these possessions had been extorted by the four kings from the king of Sodom, Abraham refused to retain them for himself [after recapturing them from the four kings] (*Eitz Yosef*, from *Yefeh To'ar*).

34. Sodom's wealth had also been obtained through bribery (*Maharzu*). He therefore *raised his hand to HASHEM*, taking an oath (see *Rashi* ad loc.) that he would retain nothing for himself; he thus "shook off his hand" from bribery (*Eitz Yosef*).

[The Midrash here does not expound the final two attributes mentioned in the passage, *who seals his ears from hearing of bloodshed and shuts his eyes from seeing evil*, as alluding to Abraham, because it does so elsewhere (the first in 43 §2 above, and the second in 53 §12 below).]

35. Abraham saw in the stars that he was destined not to father a child (44 §10 above). God lifted Abraham above the stars – meaning that He removed Abraham from the stars' control and placed him under His especial management (*Maharzu* to 44 §12) – thereby allowing him to father a child (44 §12 above). See similarly *Bamidbar Rabbah* 2 §12.

36. Had God meant to tell Abraham to look *up* to the sky, He would have said שָׂא נָא עֵינֶיךָ. The word הַבֵּט, though, means look *down* to the sky (*Tanchuma, Shoftim* §11) [as in the phrase (*Isaiah* 63:15 and *Psalms* 80:15): הַבֵּט מִשָּׁמַיִם וּרְאֵה, *Look down from heaven and see* (*Maharzu* to 44 §12 above)]. Thus the verse in *Isaiah* cited here states, *He shall dwell in heights*.

37. Which shielded Abraham's descendants in the Wilderness, in reward for his having offered shelter to his guests; see below, section 10 (*Nezer HaKodesh*).

Eitz Yosef (citing *Yefeh To'ar*), however, suggests that the Clouds of Glory mentioned here refer not to the Clouds that accompanied Israel in the Wilderness but rather to the Cloud that Abraham saw hovering over Mount Moriah on his way to the *Akeidah* [Binding of Isaac] (see below, 56 §1) and the Cloud that hovered near Sarah's tent (see below, 60 §16). As noted by *Radal* here, *Midrash Tanchuma* (*Chayei Sarah* §4) in fact states that "Clouds of Glory" surrounded Sarah's tent.

The Clouds are referred to as *rocky fortresses* because they were high in the heavens as *rocky fortresses* are tall (*Yefeh To'ar*) or because they shielded the Israelites against would-be attackers like walls of rock.

38. Because Abraham possessed the noble qualities described by the earlier-cited verse in *Isaiah*, he would be rewarded that *his waters [will be] assured*.

Alternatively: Because Abraham gave water to his guests, he would be rewarded in that his descendants would have water in the Wilderness (*Nezer HaKodesh*; see section 10 below, as well as *Shemos Rabbah* 25 §5 and *Bava Metzia* 86b).

[*Maharzu* emends our Midrash to include the statement that the phrase in *Isaiah*, *his bread will be granted*, parallels Abraham's statement, *"I will fetch a morsel of bread"* (below, v. 5). See section 10 below and *Shemos Rabbah* loc. cit.; see also *Nezer HaKodesh*.]

39. That is: After fulfilling the commandment of circumcision, Abraham became elevated and was now able to perceive the Divine Presence of God with a heightened awareness. This, then, is the import of *HASHEM appeared to him in the plains of Mamre* (see *Radal*, based on *Zohar* to *Genesis* [p. 97b]; see also above, sections 2-4).

40. The defective spelling of the word יֹשֵׁב (rather than the full spelling, יוֹשֵׁב) indicates that Abraham's sitting was compromised, i.e., he was not in a full sitting position. From this the Midrash infers that he began rising from his seat, for he wished to stand out of respect for the Divine Presence (*Nechmad LeMareh*, *Eitz Yosef*; for a different explanation see *Maharzu*).

41. For everything that occurs to the forefathers serves as a portent for what will occur to their descendants (see 40 §6 above; see also *Midrash Tanchuma, Lech Lecha* §9).

42. [The parallel Midrash in *Shir HaShirim Rabbah* (2 §9) reads: *They will sit and My Honor will stand over them* (see *Radal*, *Eitz Yosef*).]

43. See *Berachos* 6a, where the Gemara says that "the Divine assembly" is a reference to the synagogues, where people assemble to pray to God.

44. Since they are preoccupied with honoring Me by accepting upon

(שם) ״וְדֹבֵר מֵישָׁרִים״, שֶׁנֶּאֱמַר (שיר השירים א, ד), מֵישָׁרִים אֲהֵבוּךָ״, (ישעיה שם) ״מֹאֵס בְּבֶצַע מַעֲשַׁקּוֹת״, שֶׁנֶּאֱמַר (בראשית יד, כג) ״אִם מִחוּט וְעַד שְׂרוֹךְ נַעַל״. (ישעיה לג, טו) ״נֹעֵר כַּפָּיו מִתְּמֹךְ בַּשֹּׁחַד״, ״הֲרִימֹתִי יָדִי אֶל ה׳ אֵל עֶלְיוֹן״. (שם לג, טז) ״הוּא מְרוֹמִים יִשְׁכֹּן״, רַבִּי יְהוּדָה בַּר רַבִּי סִימוֹן בְּשֵׁם רַבִּי חָנִין בְּשֵׁם רַבִּי יוֹחָנָן: הֶעֱלָה אוֹתוֹ לְמַעְלָה מִכִּיפַּת הָרָקִיעַ הָדָא דְהוּא אָמַר לֵיהּ ״הַבֶּט נָא הַשָּׁמַיְמָה״, יאֵינוֹ שַׁיָּיךְ לוֹמַר הַבֶּט אֶלָּא מִלְמַעְלָה לְמַטָּה. (שם) ״מְצָדוֹת סְלָעִים מִשְׂגַּבּוֹ״, אֵלּוּ עַנְנֵי כָבוֹד. (שם) ״לַחְמוֹ נִתָּן מֵימָיו נֶאֱמָנִים״, (לקמן יח, ד) ״יֻקַּח נָא מְעַט מַיִם״. (שם לג, יז) ״מֶלֶךְ בְּיָפְיוֹ תֶּחֱזֶינָה עֵינֶיךָ״, ״וַיֵּרָא אֵלָיו ה׳ בְּאֵלֹנֵי מַמְרֵא״:

ז [יח, א] ״וְהוּא יֹשֵׁב פֶּתַח הָאֹהֶל כְּחֹם הַיּוֹם״, רַבִּי בֶּרֶכְיָה מִשּׁוּם רַבִּי לֵוִי אָמַר: ז״יָשַׁב״ כְּתִיב, בִּקֵּשׁ לַעֲמוֹד, אָמַר לוֹ הַקָּדוֹשׁ בָּרוּךְ הוּא: שֵׁב, אַתָּה סִימָן לְבָנֶיךָ, מָה אַתָּה יוֹשֵׁב וּשְׁכִינָה עוֹמֶדֶת, כָּךְ בָּנֶיךָ יוֹשְׁבִין וּשְׁכִינָה עוֹמֶדֶת עַל גַּבָּן. חכְּשֶׁיִּשְׂרָאֵל נִכְנָסִים לְבָתֵּי כְנֵסִיּוֹת וּלְבָתֵּי מִדְרָשׁוֹת וְקוֹרִין קְרִיאַת שְׁמַע וְהֵן יוֹשְׁבִין לִכְבוֹדִי וַאֲנִי עַל גַּבָּן שֶׁנֶּאֱמַר (תהלים פב, א) ״אֱלֹהִים נִצָּב בַּעֲדַת אֵל״. אָמַר רַבִּי חַגַּי בְּשֵׁם רַבִּי יִצְחָק: ״עוֹמֵד״ אֵין כְּתִיב כָּאן, אֶלָּא ״נִצָּב״ אֶטִימוֹס,

עץ יוסף

מישרים אהבוך. דאבות מיירי כדדריש בחזית מישרות גדולות פעלו אבותינו לפניך. וקאי אנזכירה דודיך מיין דמיירי בהו כדאמרינן התם מיין של אבות: **אם מחוט.** ופי׳ בצע מעשקות מה שעשקו ד׳ המלכים ממלך סדום וחביריו. דלגבי אברהם ליכא מעשקות דבהיתר אתא לידו (יפ״ת): **הרמותי ידי.** כי זו היא נוער כפיו שנשא ידיו ונזדרז בשבועה: **העלה אותו כו׳.** ואע״פ שזה היה לפי שעה אמר הוא מרומים ישכון שע״י השליטו על המערכה לעולם: **ענני כבוד.** וקראו סלעים לגבהן והיינו מה שראה ענן קשור על ההר כדלקמן בפרשה נ״ו ומה שענן קשור באהל שרה כדלקמן פרשה ס׳ (יפ״ת): **יוקח נא מעט מים.** ועוד כתיב בתריה ואקחה פת לחם דהיינו לחמו נתן אלא כתוב כסדר המעשים והתם מקדים לחם שהוא העיקר והתכלית. ואפשר שצריך להיות לחמו ניתן ואקחה פת לחם. מימיו נאמנים יוקח נא מעט מים: **מלך ביפיו כו׳ וירא אליו ה׳ כו׳.** שעתה ראה במדרגה גדולה ויופי יותר: (ז) [ו] **ישב כתיב בקש לעמוד כו׳.** דלשון ישב חסר משמע ישיבה חסירה שאינה ישיבה גמורה. לכך דריש שאז בקש לעמוד. וממילא בזמן שהתחיל לזקוף עצמו לא היה לו ישיבה גמורה. וכן כיוצא בו כל היכא דלא הוי ישיבה גמורה לא כתיב אלא ישב חסר (נזה״ק): **אתה סימן.** דכל מה שאירע לאבות סימן לבנים כדלעיל פ״מ: **והן יושבים לכבודי.** כלו׳ לפי שהם יושבים אז לכבודי לקבל עליהם עול מלכות שמים לכן אין להקפיד ואפשר דצ״ל והן יושבין ואני בכבודי עומד עליהן (הרד״ל): **אלהים נצב בעדת אל.** בבתי כנסיות כדאמרי׳ בפ״ק דברכות מנין שהקב״ה מצוי בביה״כ שנא׳ אלהים נצב בעדת אל ופרש״י בבית מועדו: **איטימוס.** פי׳ הערוך מוכן ומזומן. להיות עתידים מתורגם דיהוון אוטימוס. כלומר שהוא כעומד כביכול מוכן להשלים בקשתם ותפלתם כדרך העומד אצל היושב. וכמד״א ונצבת על הצור שפי׳ שהיה משה רבינו ע״ה מוכן להקביל פני השכינה. אף אלהים נצב בעדת אל היינו שעומד מוכן להשלים בקשתם לפני תפלתן וכדכתיב והיה טרם יקראו ואני אענה (נזה״ק):

פירוש מהרז״ו

מישרים אהבוך. בשי״ר פסוק זה וכן הוא לקמן פר׳ מ״ט בסי׳ ב׳ ע״ש. עי׳ קהלת רבה והאלהים עשה את האדם ישר והאבות היו ישרים כמדרגת אדם קודם החטא כמ״ש לעיל פר׳ ו׳ סימן ט׳ ספר הישר: **אם מחוט.** וממון של סדום היה מעושק וגזל על כן מאס בבצע של עושק: **נוער כפיו.** בהרמת ונעירת כפיו הראה שידיו נקיות וכמ״ש נשא לבבנו אל כפים. וכמ״ש ובכפי דבק מאום שלא לקח שוחד. על כן לא רצה לקבל ממלך סדום כלום שהיה ממון של שוחד. וכאן לא דרש על מ״ש אוטם אזנו משמוע דמים שסמך על מ״ש לעיל ריש פר׳ מ״ג ע״ש. ומ״ש ועוצם עיניו מראות ברע סמך על מ״ש לקמן פר׳ נ״ג סימן י״ב וש״נ. על כן לא דרשם כאן: **העלה אותו למעלה.** לעיל פר׳ מ״ד סימן י״ב ושם מבואר שמ״ר פר׳ ל״ח סימן ו׳ במ״ר פר׳ ב׳ סימן י״ב בריש הסי׳: **אלו ענני הכבוד.** כי מאחר שדורש מרומים ישכון על למעלה מן השמים. א״כ מ״ש מצדות סלעים משגבו הוא דרך משל על ענני הכבוד כמ״ש לקמן פרשה ז׳ סימן י׳ ועי׳ ויק״ר פר׳ כ׳ סימן ד׳ על שן סלע ומצודה על מקום הארון כמ״ש כי בענן וגו׳. ועל שאמר רחצו נותן להם מים במדבר. ועל שאמר ואקחה פת לחם נותן להם מן במדבר כמ״ש לקמן סימן יו״ד באריכות ובשמ״ר פר׳ כ״ה סימן ה׳ ע״ש ותבין כאן וכצ״ל לחמו ניתן ואקחה פת לחם מימיו נאמנים יוקח נא מעט מים. ועי׳ ב״מ דף פ״ו ב׳: (ז) **ישב כתיב** וגו׳. עי׳ במ״ר פר׳ י״א בסימן ב׳ שי״ר פסוק דומה דודי לגבי פסיקתא רבתי פר׳ ט״ו סימן ט׳ מדרש תהלים י״ח. וכמ״ש לעיל בריש הפרשה. ובשם אגדת בראשית. והכתיב ישב חסר ו׳ וכאלו כתב יָשַב כשנראה לו היה יושב כפי הקרי ביקש לעמוד ואמר לו שישב וכאלו עתה ישב בפניו: **אתה סימן לבניך.** כמ״ש לעיל פ׳ מ״א סימן ו׳ וכן כאן במעשה זו: **נכנסין לב״ב.** ומרומז במ״ש פתח האהל וכמ״ש מה טובו אהליך יעקב משכנותיך ישראל שפירושו ב״כ וב״מ. ובמקומות שציינתי הוא כתוב אצל מ״ש בסימן א׳ שישב ושם מקומו. וכאן הפסיק בכמה דרשות. ושם הגי׳ אתה סימן טוב לבניך: **בעדת אל.** כשנועדים ומתאספים לשם האל לקרות שמע ולהתפלל ולהלל: **אטימוס.** עי׳ מ״כ וזהו שהביא ראיה מפסוק ונצבת על הצור שמשה עמד מוכן ומזומן קודם שיבא הקב״ה כמ״ש שם והיה בעבור כבודי וגו׳ ומ״ש כתיב והיה טרם יקראו שם במ״ר הגי׳ כמה דתימא והיה טרם יקראו וכאן נ״ל וכתיב. וזהו ניצב עומד וממתין על תפלות ישראל:

חידושי הרד״ל

(יא) **הוא מרומים ישכון.** דל״ג הב״ר מלדרוש מקרא שבנתיים אוטם אזנו משמוע דמים ועוצם עיניו מראות ברע ודרש לרישיה לעיל ר״פ מ״ג ולסיפא לקמן פנ״ג ע״ש וסופו דעוצם עיניו מראות ברע שדרשוהו ספ״ג דב״ב על הסתכלות בנשים ודאי מדריש כפשטיה באברהם כדאמרינן ספ״ק דב״ב דאפילו בדידיה לא איסתכל:

(יב) **אלו ענני כבוד.** אם לא נראה לדחוק לפרשו על עתיד לישראל. י״ל בא״א וכדאיתא בתנחומא חיי שרה עוז והדר לבושה אלו ענני כבוד שהיו באהל שרה. וע״ל פ״ט:

(יג) **מלך ביפיו תחזינה וירא אליו בו׳** כמש״ל בשם הזוהר שעתה ראה במדרגה גדולה ויופי יותר:

(יד) [ז] **וקורין קריאת שמע והן יושבין.** משמע דק״ש בישיבה דוקא וכשיטת בני בבל במחלוקת ב״ב ובני א״י. וע׳ זוהר חיי שרה (קל״ב) בזה:

(טו) **לכבודי ואני על גבן.** נראה דגרסינן והן יושבין ואני בכבודי עומד על גבן וכיוצא בו הגירסא בשה״ר ובמ״ר שם פרשה י״א:

(טז) **איטימוס.** עיין מ״כ. והיינו בשבח דבר שבקדושה שבעשרה (כדלקמן מותאה קדוש) דקדמא שכינה ואתיא כמ״ש (בברכות ו׳.):

מסורת המדרש

ו עיין מה שנרשם לעיל פרשה מ״ד: ז במד״ר פרשה י״א. שיר רבה פרשה ב׳ פסוק ט׳. מדרש תהלים מזמור כ״ב. פסיקתא רבתי פ׳ ט״ז. אגדת בראשית פרק י״ט. תנחומא כאן סימן ב׳. ילקוט כאן רמז פ״ב ילקוט תהלים רמז תתל״א: ח ע׳ ברכות דף ו׳:

אם למקרא

מָשְׁכֵנִי אַחֲרֶיךָ נָּרוּצָה הֱבִיאַנִי הַמֶּלֶךְ חֲדָרָיו נָגִילָה וְנִשְׂמְחָה בָּךְ נַזְכִּירָה דֹדֶיךָ מִיַּיִן מֵישָׁרִים אֲהֵבוּךָ: (שיר השירים א:ד)

אִם־מִחוּט וְעַד שְׂרוֹךְ־נַעַל וְאִם־אֶקַּח מִכָּל־אֲשֶׁר־לָךְ וְלֹא תֹאמַר אֲנִי הֶעֱשַׁרְתִּי אֶת־אַבְרָם: (בראשית יד:כג)

הוּא מְרוֹמִים יִשְׁכֹּן מְצָדוֹת סְלָעִים מִשְׂגַּבּוֹ לַחְמוֹ נִתָּן מֵימָיו נֶאֱמָנִים: הֹלֵךְ צְדָקוֹת וְדֹבֵר מֵישָׁרִים מֹאֵס בְּבֶצַע מַעֲשַׁקּוֹת נֹעֵר כַּפָּיו מִתְּמֹךְ בַּשֹּׁחַד אֹטֵם אָזְנוֹ מִשְּׁמֹעַ דָּמִים וְעֹצֵם עֵינָיו מֵרְאוֹת בְּרָע: מֶלֶךְ בְּיָפְיוֹ תֶּחֱזֶינָה עֵינֶיךָ תִּרְאֶינָה אֶרֶץ מַרְחַקִּים: (ישעיה לג:יד-יז)

אַחַר יָשֻׁבוּ בְּנֵי יִשְׂרָאֵל וּבִקְשׁוּ אֶת־ה׳ אֱלֹהֵיהֶם וְאֵת דָּוִד מַלְכָּם וּפָחֲדוּ אֶל ה׳ וְאֶל־טוּבוֹ בְּאַחֲרִית הַיָּמִים: (הושע ג:ה)

מִזְמוֹר לְאָסָף אֱלֹהִים נִצָּב בַּעֲדַת־אֵל בְּקֶרֶב אֱלֹהִים יִשְׁפֹּט: (תהלים פב:א)

רש״י

(ז) אטימס. מזומן בלשון יוני:

מתנות כהונה

מישרים אהבוך. מדבר באבות העולם כמו שפירש שם רש״י: [**לחמו נתן** גרסינן]: [ז] [**שב כו׳.** עי׳ בבאורי המזרחי ובמד״ר פי״א ובמדרש חזית בפ׳ דומה דודי המאמר יותר שלם]: **אתה סימן כו׳.** יו״ד האיתן מורה על העתיד שישבו בניו והוא יעמוד: **אטימוס.** פי׳ הערוך מוכן ומזומן שם טרם בואם וכן פירש״י:

אשד הנחלים

העלה אותו למעלה כו׳. כלומר הגביה אותו למעלה מדרכי הטבע לבלי ישלוט דרכי הטבע בו מאומה. וזהו מרומים ישכון מרום מכל דרכי הטבע ופעולותיו כ״א ע״י השגחה העליונ׳ הנסיית: **ענני כבוד.** כסלע שהוא מקום מחס׳ ומסתור מכל צר ונזק כן הקיפו אותו ענני כבוד: **לחמו נתן.** ר״ל ניתן לו מאוויו וזהו כמו שאמר לעיל שאברהם פחד פן אחרי המולו ימנעו בני אדם מבוא אליו. והבטיחו עוד שע״י המילה אז מלך ביופיו תחזנה עיניך שישיג מדריגת הנבואה במדריג׳ עוד יותר רמה כמו׳ שמסיים בסדרא לך עיי״ש בסוף סדרא ותבין: [ז]**בקש לעמוד.** שלכן כתיב בלשון עבר להורות שעתה ביקש לעמוד אך ה׳ מנעו שישב עוד ולא יעמוד: **יושבין ושכינה עומדת.** עיי״ש לעיל ריש הפרשה ושם פרשתי ותבין גם פה: **אלהים נצב.** וזהו כמאמרם כל בי עשרה שכינה קדמא ואתא. וזהו כפירושו לעיל ריש הפרשה: **אטימוס.** פירש הערוך מוכן ומזומן כי למעלה אין ישיבה ולא עמידה רק הכוונה הכנה שהוא מוכן מתחילה לכך כעומד נצב ומצפה עליהם ומביא ראיה מן ונצבת על הצור שגם שם הכוונה שתתיצב ותעמוד בהכנה ראוי׳ ובהתבודדת עצומה אז וראית (והשגת) את אחורי והבן זה. ועיין במורה בביאור מלת נצב ותבין:

The Midrash cites an exposition on the last-cited verse: אָמַר רַבִּי חַגַּי בְּשֵׁם רַבִּי יִצְחָק עוֹמֵד אֵין כְּתִיב כָּאן אֶלָּא נִצָּב אֶטִימוֹס – **R' Chaggai said in the name of R' Yitzchak: The word** עוֹמֵד, which means simply *stands*, **is not written here** (in the aforementioned verse from *Psalms*); **rather** it says **נִצָּב**, which connotes standing ***ready***,[45]

NOTES

themselves the yoke of heaven through their recital of the *Shema*, they may sit while doing so, just as Abraham was permitted to sit when he greeted the *Shechinah* (see *Eitz Yosef*).

[The words פֶּתַח הָאֹהֶל, *at the entrance of the tent*, are an allusion to synagogues and study halls, as we find that the words מַה טֹּבוּ אֹהָלֶיךָ יַעֲקֹב, *How goodly are your tents, O Jacob* (*Numbers* 24:5), are interpreted (*Sanhedrin* 105b) in the same manner (*Maharzu*).]

45. *Rashi* writes that the word אֶטִימוֹס means "ready" in Greek. This is meant in the sense of "ready and waiting" (see *Matnos Kehunah, from Aruch*).

(שם) "וְדֹבֵר מֵישָׁרִים", שֶׁנֶּאֱמַר (שיר השירים א, ד), מֵישָׁרִים אֲהֵבוּךָ", (ישעיה שם) "מֹאֵס בְּבֶצַע מַעֲשַׁקּוֹת", שֶׁנֶּאֱמַר (בראשית יד, כג) "אִם מִחוּט וְעַד שְׂרוֹךְ נַעַל". (ישעיה לג, טו) "נֹעֵר כַּפָּיו מִתְּמֹךְ בַּשֹּׁחַד", "הֲרִימֹתִי יָדִי אֶל ה' אֵל עֶלְיוֹן". (שם לג, טז) "הוּא מְרוֹמִים יִשְׁכֹּן", רַבִּי יְהוּדָה בַּר רַבִּי סִימוֹן בְּשֵׁם רַבִּי חָנִין בְּשֵׁם רַבִּי יוֹחָנָן: הֶעֱלָה אוֹתוֹ לְמַעְלָה מִכִּיפַּת הָרָקִיעַ הָדָא דְהוּא אָמַר לֵיהּ "הַבֶּט נָא הַשָּׁמַיְמָה", אֵינוֹ שַׁיָּךְ לוֹמַר הַבֵּט אֶלָּא מִלְמַעְלָה לְמַטָּה. (שם) "מְצָדוֹת סְלָעִים מִשְׂגַּבּוֹ", אֵלּוּ עַנְנֵי כָבוֹד. (שם) "לַחְמוֹ נִתָּן מֵימָיו נֶאֱמָנִים", (לקמן יח, ד) "יֻקַּח נָא מְעַט מַיִם". (שם לג, יז) "מֶלֶךְ בְּיָפְיוֹ תֶּחֱזֶינָה עֵינֶיךָ", "וַיֵּרָא אֵלָיו ה' בְּאֵלֹנֵי מַמְרֵא":

ז [יח, א] "וְהוּא יֹשֵׁב פֶּתַח הָאֹהֶל כְּחֹם הַיּוֹם", רַבִּי בֶּרֶכְיָה מִשּׁוּם רַבִּי לֵוִי אָמַר: [ז]"יָשַׁב" כְּתִיב, בִּקֵּשׁ לַעֲמוֹד, אָמַר לוֹ הַקָּדוֹשׁ בָּרוּךְ הוּא: שֵׁב, אַתָּה סִימָן לְבָנֶיךָ, מָה אַתָּה יוֹשֵׁב וּשְׁכִינָה עוֹמֶדֶת, כָּךְ בָּנֶיךָ יוֹשְׁבִין וּשְׁכִינָה עוֹמֶדֶת עַל גַּבָּן. [ח]כְּשֶׁיִּשְׂרָאֵל נִכְנָסִים לְבָתֵּי כְנֵסִיּוֹת וּלְבָתֵּי מִדְרָשׁוֹת וְקוֹרִין קְרִיאַת שְׁמַע וְהֵן יוֹשְׁבִין לִכְבוֹדִי וַאֲנִי עַל גַּבָּן שֶׁנֶּאֱמַר (תהלים פב, א) "אֱלֹהִים נִצָּב בַּעֲדַת אֵל". אָמַר רַבִּי חַגַּי בְּשֵׁם רַבִּי יִצְחָק: "עוֹמֵד" אֵין כְּתִיב כָּאן, אֶלָּא "נִצָּב" אֱטִימוֹס,

רש"י

(ז) אטימס. מזומן בלשון יוני:

עץ יוסף

מישרים אהבוך. דאבות מיירי כדדריש בחזית מישרות גדולות פעלו אבותינו לפניך. וקאי אנזכירה דודיך מיין דמיירי בהו כדאמרינן התם מיין של אבות: **אם מחוט.** ופי' בלע מעשקות מה שעשקו ד' המלכים ממלך סדום וחביריו. דלגבי אברהם ליכא מעשקות דבהיתר אתא לידו (יפ"ת): **הרמותי ידי.** כי זו היא נוער כפיו שנשא ידיו ונזדרז בשבועה: **העלה אותו כו'.** ואע"פ שזה היה לפי שעה אמר הוא מרומים ישכון שע"י השליטו על המערכה לעולם: **ענני כבוד.** וקראו סלעים לגבהן והיינו מה שראה ענן קשור על ההר כדלקמן בפרשה נ"ו ומה שענן קשור באהל שרה כדלקמן פרשה ס' (יפ"ת): **יוקח נא מעט מים.** ועוד כתיב בתריה ואקחה פת לחם דהיינו לחמו נתן אלא כתוב כסדר המעשים והתם מקדים לחם שהוא העיקר והתכלית. ואפשר שצריך להיות לחמו ניתן ואקחה פת לחם. מימיו נאמנים יוקח נא מעט מים: **מלך ביפיו כו' וירא אליו ה' כו'.** שעתה ראה במדרגה גדולה ויופי יותר: **(ז) [ו] ישב כתיב בקש לעמוד כו'.** דלשון ישב חסר משמע ישיבה חסירה שאינה ישיבה גמורה. לכך דריש שאז בקש לעמוד. וממילא בזמן שהתחיל לזקוף עצמו לא היה לו ישיבה גמורה. וכן כיוצא בו כל היכא דלא הוי ישיבה גמורה לא כתיב אלא ישב חסר (נזה"ק): **אתה סימן.** דכל מה שאירע לאבות סימן לבנים כדלעיל פ"מ: **והן יושבים לכבודי.** כלו' לפי שהם יושבים אז לכבודי לקבל עליהם עול מלכות שמים לכן אין להקפיד ואפשר דצ"ל והן יושבין ואני בכבודי עומד עליהן (הרד"ל): **אלהים נצב בעדת אל.** בבתי כנסיות כדאמרי' בפ"ק דברכות מנין שהקב"ה מצוי בביה"כ שנא' אלהים נצב בעדת אל ופרש"י בבית מועדו: **איטימוס.** פי' הערוך מוכן ומזומן. להיות עתידים מתורגם דיהוין אוטימוס. כלומר שהוא כעומד כביכול מוכן להשלים בקשתם ותפלתם כדרך העומד אצל היושב. וכמד"א ונצבת על הצור שפי' שהיה משה רבינו ע"ה מוכן להקביל פני השכינה. אף אלהים נצב בעדת אל היינו שעומד מוכן להשלים בקשתם לפני תפלתן וכדכתיב והיה טרם יקראו ואני אענה (נזה"ק):

פירוש מהרז"ו

מישרים אהבוך. בשי"ר פסוק זה וכן הוא לקמן פר' מ"ט בסי' ב' ע"ש. עי' קהלת רבה והאלהים עשה את האדם ישר והאבות היו ישרים כמדרגת אדם קודם החטא כמ"ש לעיל פר' ו' סימן ט' ספר הישר: **אם מחוט.** וממון של סדום היה מעושק וגזל על כן מאס בבלע של עושק: **נוער כפיו.** בהרמת ונעירת כפיו הראה שידיו נקיות וכמ"ש נשא לבבנו אל כפים. וכמ"ש ובכפי דבק מאום שלא לקח שוחד. על כן לא רצה לקבל ממלך סדום כלום שהיה ממון של שוחד. וכאן לא דרש על מ"ש אוטם אזנו משמוע דמים שסמך על מ"ש לעיל ריש פר' מ"ג ע"ש. ומ"ש ועוצם עיניו מראות ברע סמך על מ"ש לקמן פר' נ"ג סימן י"ב וש"נ. על כן לא דרשם כאן: **העלה אותו למעלה.** לעיל פר' מ"ד סימן י"ב ושם מבואר שמ"ר פר' ל"ח סימן ו' במ"ר פר' ב' סימן י"ב בריש הסי': **אלו ענני הכבוד.** כי מאחר שדורש מרומים ישכון על למעלה מן השמים. א"כ מ"ש מצדות סלעים משגבו הוא דרך משל על ענני הכבוד כמ"ש לקמן פרשה זו סימן י' ועי' ויק"ר פר' כ' סימן ד' על שן סלע ומצודה על מקום הארון כמ"ש כי בענן וגו'. ועל שאמר רחצו נותן להם מים במדבר. ועל שאמר ואקחה פת לחם נותן להם מן במדבר כמ"ש לקמן סימן יו"ד באריכות ובשמ"ר פר' כ"ה סימן ה' ע"ש ותבין כאן וכצ"ל לחמו ניתן ואקחה פת לחם מימיו נאמנים יוקח נא מעט מים. ועי' ב"מ דף פ"ו ב': **(ז) ישב כתיב וגו'.** עי' במ"ר פר' י"א בסימן ב' שי"ר פסוק דומה דודי לצבי פסיקתא רבתי פר' ט"ו סימן ט' מדרש תהלים י"ח. וכמ"ש לעיל בריש הפרשה. ובשם אגדת בראשית. והכתיב ישב חסר ו' וכאלו כתב יָשַׁב כשנראה לו היה יושב כפי הקרי ביקש לעמוד ואמר לו שישב וכאלו עתה ישב בפניו: **אתה סימן לבניך.** כמ"ש לעיל פ' מ"א סימן ו' וכן כאן במעשה זו: **נכנסין לב"ב.** ומרומז במ"ש פתח האהל וכמ"ש מה טובו אהליך יעקב משכנותיך ישראל שפירושו ב"כ וב"מ. ובמקומות שציינתי הוא כתוב אצל מ"ש בסימן א' שישב ושם מקומו. וכאן הפסיק בכמה דרשות. ושם הגי' אתה סימן טוב לבניך: **בעדת אל.** כשנועדים ומתאספים לשם האל לקרות שמע ולהתפלל ולהלל: **אטימוס.** עי' מ"כ וזהו שהביא ראיה מפסוק ונצבת על הצור שמשה עמד מוכן ומזומן קודם שיבא הקב"ה כמ"ש שם והיה בעבור כבודי וגו' ומ"ש כתיב והיה טרם יקראו שם במ"ר הגי' כמה דתימא והיה טרם יקראו וכאן נ"ל וכתיב. וזהו ניצב עומד וממתין על תפלות ישראל:

חידושי הרד"ל

(יא) הוא מרומים ישכון. דל"ג הב"ר מלדרוש מקרא שבנתיים אוטם אזנו משמוע דמים ועוצם עיניו מראות ברע ודרש לרישיה לעיל ר"פ מ"ג ולסיפא לקמן פנ"ג ע"ש וסופו דעוצם עיניו מראות ברע שדרשוהו ספ"ג דב"ב על הסתכלות בנשים ודאי מדריש כפשטיה באברהם כדאמרינן ספ"ק דב"ב דאפילו בדידיה לא איסתכל:

(יב) אלו ענני כבוד. אם לא נראה לדחוק לפרשו על עתיד לישראל. י"ל בא"ח וכדאיתא בתנחומא חיי שרה עוז והדר לבושה אלו ענני כבוד שהיו באהל שרה. וע"ל פ"ט:

(יג) מלך ביפיו תחזינה וירא אליו כו' כמש"ל בשם הזוהר שעתה ראה במדרגה גדולה ויופי יותר:

(יד) [ז] וקורין קריאת שמע והן יושבין. משמע דק"ש בישיבה דוקא וכשיטת בני בבל במחלוקת ב"ב ובני א"י. וע' זוהר חיי שרה (קל"ב) בזה:

(טו) לכבודי ואני על גבן. נראה דגרסינן והן יושבין ואני בכבודי עומד על גבן וכיוצא בו הגירסא בשה"ר ובמ"ר שם פרשה י"א:

(טז) איטומוס. עיין מ"כ. והיינו בשבח דבר שבקדושה שבעשרה (כדלקמן מואתה קדוש) דקדמא שכינה ואתיא כמ"ש (בברכות ו'.):

מסורת המדרש

ו עיין מה שנרשם לעיל פרשה מ"ד: **ז** במד"ר פרשה י"א. שיר רבה פרשה ב' פסוק ט'. מדרש תהלים מזמור כ"ב. פסיקתא רבתי פ' ט"ו. אגדת בראשית פרק י"ט. תנחומא כאן סימן ב'. ילקוט כאן רמז פ"ב ילקוט תהלים רמז תתל"א: **ח** ע' ברכות דף ו':

אם למקרא

מָשְׁכֵנִי אַחֲרֶיךָ נָּרוּצָה הֱבִיאַנִי הַמֶּלֶךְ חֲדָרָיו נָגִילָה וְנִשְׂמְחָה בָּךְ נַזְכִּירָה דֹדֶיךָ מִיַּיִן מֵישָׁרִים אֲהֵבוּךָ: (שיר השירים א:ד)

אִם־מִחוּט וְעַד שְׂרוֹךְ־נַעַל וְאִם־אֶקַּח מִכָּל־אֲשֶׁר־לָךְ וְלֹא תֹאמַר אֲנִי הֶעֱשַׁרְתִּי אֶת־אַבְרָם: (בראשית יד:כג)

הוּא מְרוֹמִים יִשְׁכֹּן מְצָדוֹת סְלָעִים מִשְׂגַּבּוֹ לַחְמוֹ נִתָּן מֵימָיו נֶאֱמָנִים: הֹלֵךְ צְדָקוֹת וְדֹבֵר מֵישָׁרִים מֹאֵס בְּבֶצַע מַעֲשַׁקּוֹת נֹעֵר כַּפָּיו מִתְּמֹךְ בַּשֹּׁחַד אֹטֵם אָזְנוֹ מִשְּׁמֹעַ דָּמִים וְעֹצֵם עֵינָיו מֵרְאוֹת בְּרָע: מֶלֶךְ בְּיָפְיוֹ תֶּחֱזֶינָה עֵינֶיךָ תִּרְאֶינָה אֶרֶץ מַרְחַקִּים: (ישעיה לג:יד-יז)

אַחַר יָשֻׁבוּ בְּנֵי יִשְׂרָאֵל וּבִקְשׁוּ אֶת־ה' אֱלֹהֵיהֶם וְאֵת דָּוִד מַלְכָּם וּפָחֲדוּ אֶל ה' וְאֶל־טוּבוֹ בְּאַחֲרִית הַיָּמִים: (הושע ג:ה)

מִזְמוֹר לְאָסָף אֱלֹהִים נִצָּב בַּעֲדַת־אֵל בְּקֶרֶב אֱלֹהִים יִשְׁפֹּט: (תהלים פב:א)

מתנות כהונה

מישרים אהבוך. מדבר באבות העולם כמו שפירש שם רש"י: **[לחמו נתן** גרסינן]: **[ז] [שב כו'.** עי' בבאורי המזרחי ובמד"ר פי"א ובמדרש חזית בפ' דומה דודי המאמר יותר שלם]: **אתה סימן כו'.** יו"ד האיתן מורה על העתיד שישבו בניו והוא יעמוד: **אטימוס.** פי' הערוך מוכן ומזומן שם טרם בואם וכן פירש"י:

אשד הנחלים

העלה אותו למעלה כו'. כלומר הגביה אותו למעלה מדרכי הטבע לבלי ישלוט דרכי הטבע בו מאומה. וזהו מרומים ישכון מרום מכל דרכי הטבע ופעולותיו כ"א ע"י השגחה העליונ' הנסיית: **ענני כבוד.** כסלע שהוא מקום מחס' ומסתור מכל צר ונזק כן הקיפו אותו ענני כבוד: **לחמו נתן.** ר"ל ניתן לו מאוויו וזהו כמו שאמר לעיל שאברהם פחד פן אחרי המולו ימנעו בני אדם מבוא אליו. והבטיחו עוד שע"י המילה אז מלך ביופיו תחזנה עיניך שישיג מדריגת הנבואה במדריג' עוד יותר רמה כמו' שמסיים בסדרא לך עיי"ש בסוף סדרא ותבין: **[ז]בקש לעמוד.** שלכן כתיב בלשון עבר להורות שעתה ביקש לעמוד אך ה' מנעו שישב עוד ולא יעמוד: **יושבין ושכינה עומדת.** עיי"ש לעיל ריש הפרשה ושם פרשתי ותבין גם פה: **אלהים נצב.** וזהו כמאמרם כל בי עשרה שכינה קדמא ואתא. וזהו כפירושו לעיל ריש הפרשה: **אטימוס.** פירש הערוך מוכן ומזומן כי למעלה אין ישיבה ולא עמידה רק הכוונה הכנה שהוא מוכן מתחילה לכך כעומד נצב ומצפה עליהם ומביא ראיה מן ונצבת על הצור שגם שם הכוונה שתתיצב ותעמוד בהכנה ראוי' ובהתבודדת עצומה אז וראית (והשגת) את אחורי והבן זה. ועיין במורה בביאור מלת נצב ותבין:

כְּמָה דְתֵימָא "וְנִצַּבְתָּ עַל הַצּוּר" — **like that which is stated,** ***You may stand*** [וְנִצַּבְתָּ] ***on the rock*** (*Exodus* 33:21).[46] כְּתִיב "וְהָיָה טֶרֶם יִקְרָאוּ וַאֲנִי אֶעֱנֶה". — **Thus it is written,** ***It will be that before they call I will answer*** (*Isaiah* 65:24).

The Midrash has stated that the Divine Presence stands over Israel while they recite the *Shema*. The Midrash now extends this idea:

רַבִּי שְׁמוּאֵל בַּר רַבִּי חִיָּיא וְרַבִּי יוּדָן בְּשֵׁם רַבִּי חֲנִינָא — **R' Shmuel son of R' Chiya and R' Yuden in the name of R' Chanina** said: עַל כָּל שֶׁבַח וְשֶׁבַח שֶׁיִּשְׂרָאֵל מְשַׁבְּחִין לְהַקָּדוֹשׁ בָּרוּךְ הוּא מַשְׁרֶה שְׁכִינָתוֹ עֲלֵיהֶם — **Whenever Israel praises the Holy One, blessed is He, He rests his** ***Shechinah*** **upon them.**[47] מַה טַּעַם — **What is the reason,** i.e., the source for this? "וְאַתָּה קָדוֹשׁ יוֹשֵׁב תְּהִלּוֹת יִשְׂרָאֵל" — It is written, ***Yet You are the Holy One, enthroned upon the praises of Israel*** (*Psalms* 22:4).[48]

§8 פֶּתַח הָאֹהֶל — *HASHEM APPEARED TO ABRAHAM, ETC., WHILE HE WAS SITTING* ***AT THE ENTRANCE OF THE TENT.***

The Midrash expounds on the words פֶּתַח הָאֹהֶל, *at the entrance of the tent*:[49]

פֶּתַח טוֹב פָּתַחְתָּ לָעוֹבְרִים וְלַשָּׁבִים — God said to Abraham, **You have opened a good door to passersby;**[50] פֶּתַח טוֹב פָּתַחְתָּ לַגֵּרִים — **you have opened a good door for converts.**[51] שֶׁאִלּוּלֵי אַתְּ לֹא בָרָאתִי שָׁמַיִם וָאָרֶץ שֶׁנֶּאֱמַר "וַיִּמְתָּחֵם כָּאֹהֶל לָשָׁבֶת" — **(For) if it were not for you, I would not have created heaven and earth,**[52] **as it is written** regarding the heavens, ***And stretches them like a tent to dwell in*** (*Isaiah* 40:22);[53] שֶׁאִלּוּלֵי אַתְּ לֹא בָרָאתִי גַלְגַּל חַמָּה שֶׁנֶּאֱמַר "לַשֶּׁמֶשׁ שָׂם אֹהֶל בָּהֶם" — furthermore, **(for) if it were not for you, I would not have created the orb of the sun, as it is written,** ***In their midst He has set up a tent for the sun*** (*Psalms* 19:50);[54] שֶׁאִלּוּלֵא אַתְּ לֹא בָרָאתִי אֶת הַיָּרֵחַ שֶׁנֶּאֱמַר "הֵן עַד יָרֵחַ וְלֹא יַאֲהִיל" — and furthermore, **(for) if it were not for you, I would not have created the moon, as it is written,** ***Behold! the moon passed by and cast no light*** [יַאֲהִיל][55] (*Job* 25:5).

The Midrash cites another exposition on the words פֶּתַח הָאֹהֶל, *at the entrance of the tent*:

אָמַר רַבִּי לֵוִי: לֶעָתִיד לָבֹא אַבְרָהָם יוֹשֵׁב עַל פֶּתַח גֵּיהִנֹּם וְאֵינוֹ מַנִּיחַ אָדָם מָהוּל מִיִּשְׂרָאֵל לֵירֵד לְתוֹכָהּ — **R' Levi said: In the Next World, Abraham will sit at the entrance to** ***Gehinnom,***[56] **and will not allow a circumcised Israelite to descend there.**[57] וְאוֹתָן שֶׁחָטְאוּ יוֹתֵר מִדַּאי מָהוּ עוֹשֶׂה לָהֶם — **And what will [God] do to those** Israelites **who have sinned excessively** and therefore *deserve Gehinnom*? מַעֲבִיר אֶת הָעָרְלָה מֵעַל גַּבֵּי תִינוֹקוֹת שֶׁמֵּתוּ עַד שֶׁלֹּא מָלוּ וְנוֹתְנָהּ עֲלֵיהֶם וּמוֹרִידָן לַגֵּיהִנֹּם — **He will remove the foreskin from babies who died before they were circumcised and place it upon [the sinners],** rendering them "uncircumcised," **and then allow them to descend into** ***Gehinnom.*** הֲדָא הוּא דִכְתִיב "שָׁלַח יָדָיו בִּשְׁלֹמָיו חִלֵּל בְּרִיתוֹ" — **Thus it is written,** ***He stretched out his hands against those who were at peace,***[58] ***he profaned his covenant*** (*Psalms* 55:21).[59] "כְּחֹם הַיּוֹם" לִכְשֶׁיָּבוֹא אוֹתוֹ הַיּוֹם שֶׁכָּתוּב בּוֹ "כִּי הִנֵּה הַיּוֹם בָּא בֹּעֵר כַּתַּנּוּר" — This is the import of our verse, ***In the heat of the day,*** which is an allusion to the time **when the day will come of which it is written,** ***For behold, the day is coming, burning like an oven*** (*Malachi* 3:19).[60]

NOTES

46. Moses was told to stand ready at the rock to greet the *Shechinah*, which would soon be passing (*Maharzu*). Likewise, אֱלֹהִים נִצָּב בַּעֲדַת אֵל means that God is present in the synagogues even before a quorum assembles to pray (*Berachos* 6a), standing ready to listen and accept the supplications of Israel. The Midrash goes on to prove this from a verse in *Isaiah* (*Eitz Yosef*).

47. The Midrash is saying that it is not only to the *Shema* prayer that God listens; rather, upon hearing any expression of praise from Israel God rests His Presence among them to hear their supplications [that follow the expressions of praise] and protect them (*Eitz Yosef,* from *Yefeh To'ar*; for an alternative explanation see *Maharzu*).

48. That is: The Divine Presence rests upon Israel when they praise God.

49. *Yefeh To'ar, Eshed HaNechalim,* and *Eitz Yosef* explain that the Midrash expounds these words because they appear to be superfluous, for of what significance is it where Abraham was sitting?

Maharzu writes, alternatively, that [as noted by *Ramban*, cited in notes 5 and 7 above] our verse states that God appeared to Abraham, but does not mention what God told him at that meeting; our Midrash will therefore expound these words as comprising the *content* of God's communication.

50. That is, God said to Abraham, "Because you opened your home to weary travelers [see below, section 9], you merited that I now reveal Myself to you" — on a higher level than heretofore (*Eitz Yosef,* from *Nezer HaKodesh*; see also *Radal*, cited in note 7 above).

51. That is, God said to Abraham, "Because you 'opened the door' for people to come to belief in Me, you merited that I now reveal Myself to you" (*Yefeh To'ar*). [The Midrash mentions first the "door" open to guests and only then the "door" open to converts because the former is literal while the latter is figurative (ibid.).]

Alternatively: The Midrash below, 84 §4, states that Abraham invited people into his tent to eat and drink, and used the opportunity to convert them to the true faith. Our Midrash is saying that God told Abraham that because he did that, he was being rewarded with the current Revelation. [The Midrash thus mentions Abraham's hospitality to guests first because it was that hospitality that *led* to acquiring converts (see ibid.).]

52. *Eitz Yosef*, citing *Yefeh To'ar*, explains that this and the following two clauses are actually independent statements unrelated to the preceding statements of the Midrash. (For this reason we have put the word "for" in parentheses.) Rather, they are expositions on the word *tent* (see further). God tells Abraham, "If it were not for your sake (i.e., if not that I knew you would heed My command of circumcision), I would not have created heaven and earth." [See *Jeremiah* 33:25 and Mishnah *Nedarim* 31b.]

53. And the earth is included, too (see *Yefeh To'ar*).

The Midrash is saying that it was in the merit of Abraham, who sits at the entrance to his *tent*, that the world, which is also called a *tent*, was created (*Eitz Yosef*, citing *Yefeh To'ar*).

54. That is, it was in the merit of Abraham, who sits at the entrance to his *tent*, that the orb of the sun, which is also called a *tent*, was created (ibid.).

55. The moon, too, is thus described via a word that is cognate to *tent* (ibid.).

56. That is, it is the entrance to *Gehinnom* to which the apparently superfluous words פֶּתַח הָאֹהֶל, *at the entrance of the tent*, refer (*Yefeh To'ar*; see above, note 49).

57. With this, God hinted to Abraham that in the merit of fulfilling the commandment of circumcision he was given the unique opportunity of saving his descendants from the fires of *Gehinnom* (ibid.).

58. I.e., against the wicked, who should have been at peace with God but chose otherwise (*Rashi*; see, however, *Maharzu* and *Yedei Moshe*).

59. To ensure that the wicked receive their just deserts, Abraham annulled and desecrated, so to speak, God's holy covenant of circumcision by placing an uncircumcised foreskin upon the [circumcised] wicked (*Rashi*).

60. The verse in *Malachi* continues: וְהָיוּ כָל זֵדִים וְכָל עֹשֵׂה רִשְׁעָה קַשׁ וְלִהַט אֹתָם הַיּוֹם הַבָּא, *when all the wicked people and all the evildoers will be like straw; and that coming day will burn them up.* This verse refers to the hereafter, when the great evildoers will be punished in the fiery ovens of *Gehinnom* (*Maharzu, Eitz Yosef*).

חידושי הרד"ל

(יז) [ח] לעתיד לבא אברהם כו'. ערפ"ב (דעירובין י"ט) ובשמ"ר פ"ט ותנחומא סוף פרשת לך לך:

עץ יוסף

על כל שבח ושבח. דלא מיבעי כשקורין ק"ש. אלא אפילו בכל שבח ושבח בעלמא משרה שכינתו עליהם לשמוע בקולם ולהגן בעדם (יפ"ת): **ואתה קדוש יושב.** ומה שאמר יושב. אפשר לשון עכבה כמו וישבו בקדש (יפ"ת): **(ח) [ז] פתח טוב פתחת.** כל הני דרשות הללו מיתורא דפתח האהל דריש להו דרמיז בהא הא דקאמר ליה פתח טוב פתחת לעוברים ושבים כו' ונאמר לו זה כאן שלאחר שקיבל אות ברית קודש זכה לגילוי שכינה במדרגה גבוה בזכות שפתח פתח טוב לעוברים ושבים. וכן בזכות שפתח פתח טוב לנכנסין תחת כנפי השכינה זכה ג"כ להקביל פני השכינה (נזה"ק): **שאילולא את מילתא אחריתי היא.** ודרש שרמז בלשון האהל לומר שאילולא את לא בראתי שמים וארץ הנרמזים בלשון אהל. או לבריאת שמש וירח דכתיב בהו נמי לשון אהל. כי מעתה ע"י אות ברית היה כדאי למפרע לברא כל אלה בזכותו. ואם לא קבל מצוה זו היה העולם חוזר לתהו ובהו וכדלעיל פ' מ"ו סי' ג' (יפ"ת): **וימתחם כאהל לשבת.** שבזכות אברהם נבראו שמים וארץ ושמש וירח ובזכותו עומדים ומתקיימים: **אברהם יושב על פתח גיהנם.** והיינו והוא יושב פתח האהל כחום היום והיינו לע"ל אחר התחייה שאז נידונין עוד הרשעים בגיהנם כדתניא בפ"ק דר"ה ג' כתות ליום הדין (יפ"ת): **שלח ידיו בשלומיו.** באותן הראוין לתשלום להפרע מהם רוב עונותיהם. ומחלל בריתו היינו ברית קודש במה שמכסה עליהם בערלת הקטנים: **כי הנה היום בא.** וס"ד והיו כל זדים וכל עושי רשעה קש וליהט אותם היום הבא. וזהו כחום היום:

מדרש

כְּמָה דְתֵימָא "וְנִצַּבְתָּ עַל הַצּוּר", כְּתִיב (ישעיה סה, כד) "וְהָיָה טֶרֶם יִקְרָאוּ וַאֲנִי אֶעֱנֶה". רַבִּי שְׁמוּאֵל בַּר רַבִּי חִיָּיא וְרַבִּי יוּדָן בְּשֵׁם רַבִּי חֲנִינָא: עַל כָּל שֶׁבַח וָשֶׁבַח שֶׁיִּשְׂרָאֵל מְשַׁבְּחִין לְהַקָּדוֹשׁ בָּרוּךְ הוּא מַשְׁרֶה שְׁכִינָתוֹ עֲלֵיהֶם, מַה טַּעַם (תהלים כב, ד) "וְאַתָּה קָדוֹשׁ יוֹשֵׁב תְּהִלּוֹת יִשְׂרָאֵל":

ח "פֶּתַח הָאֹהֶל", פֶּתַח טוֹב פָּתַחְתָּ לָעוֹבְרִים וְלַשָּׁבִים, פֶּתַח טוֹב פָּתַחְתָּ לַגֵּרִים, שֶׁאִלּוּלֵא אַתְּ לֹא בָרָאתִי שָׁמַיִם וָאָרֶץ שֶׁנֶּאֱמַר (ישעיה מ, כב) "וַיִּמְתָּחֵם כָּאֹהֶל לָשָׁבֶת". שֶׁאִלּוּלֵי אַתְּ לֹא בָרָאתִי גַּלְגַּל חַמָּה שֶׁנֶּאֱמַר (תהלים יט, ה) "לַשֶּׁמֶשׁ שָׂם אֹהֶל בָּהֶם", שֶׁאִלּוּלֵא אַתְּ לֹא בָרָאתִי אֶת הַיָּרֵחַ שֶׁנֶּאֱמַר (איוב כה, ה) "הֵן עַד יָרֵחַ וְלֹא יַאֲהִיל". אָמַר רַבִּי לֵוִי: לֶעָתִיד לָבֹא [ט]אַבְרָהָם יוֹשֵׁב עַל פֶּתַח גֵּיהִנֹּם וְאֵינוֹ מַנִּיחַ אָדָם מָהוּל מִיִּשְׂרָאֵל לֵירֵד לְתוֹכָהּ, וְאוֹתָן שֶׁחָטְאוּ יוֹתֵר מִדַּאי מַהוּ עוֹשֶׂה לָהֶם, מַעֲבִיר אֶת הָעָרְלָה מֵעַל גַּבֵּי תִּינוֹקוֹת שֶׁמֵּתוּ עַד שֶׁלֹּא מָלוּ וְנוֹתְנָהּ עֲלֵיהֶם וּמוֹרִידָן לַגֵּיהִנֹּם, הֲדָא הוּא דִכְתִיב (תהלים נה, כא) "שָׁלַח יָדָיו בִּשְׁלֹמָיו חִלֵּל בְּרִיתוֹ". "כְּחֹם הַיּוֹם", לִכְשֶׁיָּבוֹא אוֹתוֹ הַיּוֹם שֶׁכָּתוּב בּוֹ (מלאכי ג, יט) "כִּי הִנֵּה הַיּוֹם בָּא בֹּעֵר כַּתַּנּוּר".

פירוש מהרז"ו

על כל שבח. כל מה שמוסיפין לשבח מוסיף להשרות שכינתו ביניהם ובא לדרוש שמאחר שמ"ש אלהים נצב הוא בדקדוק נילב ולא יושב. וע"כ סותר למ"ש ואתה קדוש יושב תהלות ישראל ע"כ דורש ומכריע שמ"ש יושב פירושו שוכן ומתעכב וכמ"ש ותשבו בקדש וכדומה. ומ"ש נצב בעדת אל כנ"ל ולא יושב שבשעת תפלה כ"י עומד מוכן ומזומן לקבל תפלה: **(ח) פתח האהל.** לפי מה שדורש שמ"ש והוא יושב שאמר לו שישאר יושב א"כ מ"ש פתח האהל הוא ענין בפני עצמו. ודורש ע"פ מדה ט' שמאחר שאמר וירא אליו ה' ולא פירש מה אמר לו. הרי פירש פתח האהל. וכאלו מפורש ויאמר לו פתחת פתח האהל. לכל עובר ושב להכניס להאכילם ולהשקותם. ודורש עוד האהל על ב"כ וב"מ שבם לומדים תורה וחכמה ומתפללים וכאלו אמר ד"א פתח טוב פתחת וכו' ד"א אלולי את וכו' ד"א אלולי את וכו': **לא בראתי.** כמ"ש לעיל פר' י"ב סימן ט'. בהבראם באברהם. ודורש פתח האהל גז"ש ממ"ש כאהל לשבת. השמים כיריעה פרושה והארץ מתחת לשבת שבזכות אברהם נבראו שמים וארץ ושמש וירח ובזכותו עומדים ומתקיימים: **ולא יאהיל.** פירש עד ירח מסיר הירח שלא יאיר ודורש אהל מלשון עטישותיו תהל אור: **על פתח גיהנם.** משמע שדורש פתח האהל על הגיהנם וצ"ע איך הוא דורשם שהרי בתיבת אוהל אין שום רמז ואם נאמר שדורש כחום היום על הגיהנם וכמו שמביא מפסוק כי הנה היום בא בוער כתנור. שהרי מפורש לעיל פר' כ"ו סימן ו' ר' ינאי ור"ל אמרין אין גיהנם וכו' כי הנה היום בא בוער כתנור וכו' וליהט אותם היום הבא עי' סנהדרין דף ק"י הובא בילקוט מלאכי ג' הרי מפסוק זה שאין גיהנם ע"פ דעת רבנן ואיך דורש כאן מפסוק זה על גיהנם. ויתכן דכאן אינו מדקדק בזה וקורא ליום בשם גיהנם. והוא יושב פתח האהל כחום היום. פירושו על השמש כנ"ל שנקרא אהל ופתח האהל פירושו שהוציא חמה מנרתיקה וכמ"ש בבא מציעא דף פ"ו ב' בהדיא וכן יהיה לעתיד. גם יתכן שסובר כאן כדעת רבנן שיש גיהנם ומ"ש כי הנה היום בא בוער כתנור שגם היום יהיה בוער כי יפתח הגיהנם ויורתח העולם כמו התנור וכמ"ש בסוף הסימן שניקב נקב בגיהנם (ועוררני הררי"ב לפרש ע"פ מדה י"ב והוא יושב פתח האהל שישב עתה פתח האהל כמו שישב בחום היום לעתיד והרי זה בא ללמד ונמצא למד שבחום היום יהיה יושב על פתח של חום פתח של גיהנם): **שמתו עד שלא.** עי' שמ"ר פר' י"ט סוף סימן ד' באופן אחר: **שלח ידיו בשלומיו.** כי מ"ש אשר אין חליפות למו אין לו קישור למעלה שמדבר בצדיקים. וע"כ לפרש ע"פ מדה י"א מסידור שנחלק שמ"ש אשר אין חליפות למו שייך למטה שהרשעים שחושבים שיחיו לעולם ולא יחליפו מן העולם. ובני העולם נקראו בני חלוף כמ"ש משלי ל"א. וזהו אשר אין חליפות למו ולא יראו אלהים מה יעשה עמהם שלח ידיו בשלומיו שעדיין שלימים עמו כמו שנבראו למעלה. הם התינוקות נפשות שלימות. ונאסר מהם כי כל שליחות יד פירושו להחסיר ועי"ז חלל בריתו עם אותם הרשעים ויחליפם מדה כ"מ: **כי הנה היום בא.** וס"ד והיו כל זדים וכל עושי רשעה קש וליהט אותם היום הבא. וזהו כחום היום:

מסורת המדרש

ט ילקוט תהלים רמז תשע"ג:

אם למקרא

וְהָיָה טֶרֶם־יִקְרָאוּ וַאֲנִי אֶעֱנֶה עוֹד הֵם מְדַבְּרִים וַאֲנִי אֶשְׁמָע: (ישעיה סה:כד)

וְאַתָּה קָדוֹשׁ יוֹשֵׁב תְּהִלּוֹת יִשְׂרָאֵל: (תהלים כב:ד)

הַיֹּשֵׁב עַל־חוּג הָאָרֶץ וְיֹשְׁבֶיהָ כַּחֲגָבִים הַנּוֹטֶה כַדֹּק שָׁמַיִם וַיִּמְתָּחֵם כָּאֹהֶל לָשָׁבֶת: (ישעיה מ:כב)

בְּכָל־הָאָרֶץ יָצָא קַוָּם וּבִקְצֵה תֵבֵל מִלֵּיהֶם לַשֶּׁמֶשׁ שָׂם אֹהֶל בָּהֶם: (תהלים יט:ה)

הֵן עַד־יָרֵחַ וְלֹא יַאֲהִיל וְכוֹכָבִים לֹא־זַכּוּ בְעֵינָיו: (איוב כה:ה)

שָׁלַח יָדָיו בִּשְׁלֹמָיו חִלֵּל בְּרִיתוֹ: (תהלים נה:כא)

כִּי הִנֵּה הַיּוֹם בָּא בֹּעֵר כַּתַּנּוּר וְהָיוּ כָל־זֵדִים וְכָל־עֹשֵׂה רִשְׁעָה קַשׁ וְלִהַט אֹתָם הַיּוֹם הַבָּא אָמַר ה' צְבָאוֹת אֲשֶׁר לֹא־יַעֲזֹב לָהֶם שֹׁרֶשׁ וְעָנָף: (מלאכי ג:יט)

רש"י

(ח) שלח ידיו בשלומיו. שלח ידו באותן שהיה להם להיות שלמים כנגד הקב"ה ומחלל ברית שלהם ומורידן לגיהנם ונותן ערלה במקום מילה: **בחום היום.** הרי שש שעות אמורות הא מה אני מקיים וחם השמש ונמס בארבע שעות או חילוף הדברים כחום היום בארבע שעות והלא בד' שעות אין חום אלא במקום שהחמה זורחת שבד' שעות טולא קריר ושמשא שריב בו' שעות טולא ושמשא שריבין כחדא אם היום חם בכל מקום לפי שחמה זורחת בחצי יום בכל מקום

מתנות כהונה

[שלח ידיו בשלומיו קרי בי' בשלמיו אותם הראוין לתשלום להפרע מהם רוב עוונותיהם שלא בהם ידיו ומחלל ברית מילתן במה שמכסה עליהם ערלה וע"ע ס"פ בא]: **[ח] בחום היום.** משמע שהיום חם אפילו במקום שאין החמה זורחת וזהו בשעה ששית כחצי היום הא מה

אשד הנחלים

כל שבח ושבח. כלומר כפי כח כל שבח אם הוא שבח נעלה אז השכינה שרויה בהתגלות יותר והכל כפי כח השבח וכפי הכנת לבם וזהו ואתה קדוש יושב ומצפה על תהלות ישראל שעי"ז תשרה בתוכם: **[ח] פתח טוב כו' באוהל כו'.** דאם הכוונה כפשוטו לא הוה צריך קרא למימר דמאי נפק"מ א"ו שמרמז שהוא יושב על פתח האוהל כי הוא פתח פתח טוב לכל שע"י באו בני אדם ונתגיירו וע"י האהל שהוא כלל הבריאה וכל צבא השמים המאירים [ואוהל ג"כ מלשון האר' מאירים בעולם] ולכן נתגלה אליו ה' אחר שהוא תיקן כל העולם בדרכי הטובה: **מעביר כו' מעל גבי תינוקת.** הדבר הזה יש לו ציור אך אין להאריך:

❒ כְּחֹם הַיּוֹם — *HE WAS SITTING AT THE ENTRANCE OF THE TENT IN THE HEAT OF THE DAY.*

The Midrash explains the difference between the expression, *in the heat of the day*, and a somewhat different expression used elsewhere:

תָּנֵי רַבִּי יִשְׁמָעֵאל ״כְּחֹם הַיּוֹם״ הֲרֵי שֵׁשׁ שָׁעוֹת אֲמוּרוֹת — **R' Yishmael taught:** When the verse states, ***in the heat of the day*, this is** how **six hours** into the day[61] is **expressed** in the Torah. הָא מָה אֲנִי מְקַיֵּים ״וְחַם הַשֶּׁמֶשׁ וְנָמָס״, בְּאַרְבַּע שָׁעוֹת — **If so, what is the meaning of**[62] the phrase written with respect to the manna, ***and when the sun grew hot it melted*** (*Exodus* 16:21)? It means **at four hours** into the day.[63] אַתָּה אוֹמֵר בְּאַרְבַּע שָׁעוֹת אוֹ אֵינוֹ אֶלָּא בְּשֵׁשׁ שָׁעוֹת — The Midrash now reasons: **You say** the aforementioned verse means **at four hours, but perhaps this is not so, and it means at six hours?** כְּשֶׁהוּא אוֹמֵר ״כְּחֹם הַיּוֹם״ הֲרֵי שֵׁשׁ שָׁעוֹת אֲמוּרוֹת — This cannot be, for **when [Scripture] states, *in the heat of the day*, that is** how **six hours** into the day is **expressed** in the Torah. So the phrase *and when the sun grew hot* must mean something else, i.e., four hours into the day. אוֹ חִילוּף ״כְּחוֹם הַיּוֹם״ בְּאַרְבַּע שָׁעוֹת ״וְחַם הַשֶּׁמֶשׁ״ וְנָמָס בְּשֵׁשׁ שָׁעוֹת — **Yet perhaps it is the reverse** and we will say that the words ***in the heat of the day*** **mean four hours** into the day, and the words ***and when the sun grew hot it melted*** refer to **six hours** into the day? אֲמַרְתְּ הֵיךְ אַתָּה יָכוֹל לְקַיֵּים ״כְּחֹם הַיּוֹם״ בְּאַרְבַּע שָׁעוֹת — **To this we will respond: How can you explain the words *in the heat of the day* to mean four hours** into the day, וַהֲלֹא בְּאַרְבַּע שָׁעוֹת אֵין חוֹם אֶלָּא בְּמָקוֹם שֶׁהַחַמָּה זוֹרַחַת שָׁם — **when at four hours it is hot only where the sun shines?** בְּאַרְבַּע שָׁעוֹת טוּלָּא קָרִיר וְשִׁמְשָׁא שָׁרִיב, בְּשֵׁשׁ שָׁעוֹת טוּלָּא וְשִׁמְשָׁא שְׁרִיבִין כַּחֲדָא — **For,** as indeed we can observe, **at four hours it is cool in the shade and hot in the sun, whereas at six hours, the sun and the shade are equally hot.**[64] הָא אֵין עָלֶיךָ לוֹמַר כִּלְשׁוֹן אַחֲרוֹן אֶלָּא כִּלְשׁוֹן רִאשׁוֹן — **Thus, you should not adopt the latter approach, but rather assume the former approach,** namely: ״כְּחוֹם הַיּוֹם״ בְּשִׁשָּׁה שָׁעוֹת ״וְחַם הַשֶּׁמֶשׁ״ וְנָמֵס בד׳ שָׁעוֹת, שֶׁבְּמָקוֹם שֶׁהַחַמָּה זוֹרַחַת בִּלְבַד שָׁם נָמֵס — the expression ***in the heat of the day*** **means six hours** into the day, and the expression ***and when the sun grew hot it melted*** means **four hours** into the day — a time of day **when it** (the manna) **will melt only if it is in a place where the sun shines.** אָמַר רַבִּי תַּנְחוּמָא: בְּשָׁעָה שֶׁאֵין לַבְּרִיּוֹת צֵל — **R' Tanchuma said:** *In the heat of the day* means **when a person has no** extended **shadow,** i.e., at six hours into the day.[65]

The Midrash explains that the *heat* referred to by our verse was not ordinary:

אָמַר רַבִּי יַנַּאי: נִיקֵב נֶקֶב מִגֵּיהִנֹּם וְהִרְתִּיחַ כָּל הָעוֹלָם כּוּלּוֹ עַל יוֹשְׁבָיו לְשָׁעָה קַלָּה — **R' Yannai said:** While Abraham was recovering from his circumcision, **[God] punctured a hole** in the wall that separates the world **from *Gehinnom*, and within a brief moment heated up the entire world together with its inhabitants.** אָמַר הַקָּדוֹשׁ בָּרוּךְ הוּא: צַדִּיקִים בְּצַעַר וְהָעוֹלָם בְּרֶיוַח — **For the Holy One, blessed is He, said, "Shall the righteous be in pain**[66] **while the rest of the world is content!"** הֲדָא אָמְרָה שֶׁהַחִימּוּם יָפֶה לַמַּכָּה — **This teaches that heat is beneficial for a wound.**[67]

וַיִּשָּׂא עֵינָיו וַיַּרְא וְהִנֵּה שְׁלֹשָׁה אֲנָשִׁים נִצָּבִים עָלָיו וַיַּרְא וַיָּרָץ לִקְרָאתָם מִפֶּתַח הָאֹהֶל וַיִּשְׁתַּחוּ אָרְצָה.

And [Abraham] raised his eyes and saw, and behold, three men were standing over him, and he saw, then he ran toward them from the entrance of the tent, and bowed down toward the ground (18:2).

§9 Due to the unusual heat discussed in the preceding section, there were no travelers on the road and thus no visitors for Abraham.[68] The Midrash records Abraham's concern and God's response:

אָמַר עַד שֶׁלֹּא מַלְתִּי הָיוּ הָעוֹבְרִים וְהַשָּׁבִים בָּאִים אֶצְלִי — **[Abraham] said, "Before I circumcised** myself **passersby would come to me** but now that I am circumcised, no one is coming!" אָמַר לוֹ הַקָּדוֹשׁ בָּרוּךְ הוּא: עַד שֶׁלֹּא מַלְתָּה הָיוּ בְּנֵי אָדָם עֲרֵלִים בָּאִים — **The Holy One, blessed is He, said to him, "Before you circumcised** yourself, only **uncircumcised people would come** to you, עַכְשָׁיו אֲנִי וּבְנֵי פַמַּלְיָא שֶׁלִּי נִגְלִים עָלֶיךָ — but **now** that you are circumcised **I and My ministers**[69] **will be appearing before you."** הֲדָא הוּא דִכְתִיב ״וַיִּשָּׂא עֵינָיו וַיַּרְא וְהִנֵּה שְׁלֹשָׁה אֲנָשִׁים נִצָּבִים עָלָיו וגו׳״ — **Thus it is written, *And [Abraham] raised his eyes and saw, and behold, three men were standing over him,*** *and he saw, then he ran toward them, etc.* (v. 2). ״וַיַּרְא״, בַּשְּׁכִינָה ״וַיַּרְא״, בַּמַּלְאָכִים — In this verse Scripture states twice: *and he saw*, to indicate that ***he saw*** **God's Presence** and ***he saw*** also **the angels,** as God had assured him.[70]

Having mentioned angels, the Midrash comments on the source of their names:

אָמַר רַבִּי חֲנִינָא: שְׁמוֹת חֳדָשִׁים עָלוּ מִבָּבֶל — **R' Chanina said: The** current **names of the months** of the Jewish calendar **came up** to the Land of Israel **from Babylon** with the returning exiles.[71]

NOTES

61. I.e., noon, when the sun is at its zenith and the heat is strongest. See below.

62. Lit., *how may I fulfill?*

63. The phrase, וְחַם הַשֶּׁמֶשׁ וְנָמָס, *when the sun grew hot it melted,* must refer to a different time of day than the expression, כְּחֹם הַיּוֹם, *in the heat of the day,* or else Scripture would have used the same expression (*Eitz Yosef*; as to how the Sages knew that it refers to four hours into the day, see below, and see discussion in *Nezer HaKodesh*).

64. That is, it is more reasonable to assume that the words כְּחֹם הַיּוֹם, *in the heat of the day*, which denote intense heat, refer to six hours into the day — a time when the heat's intensity permeates even the shade. By contrast, the words וְחַם הַשֶּׁמֶשׁ indicate that it was hot only in the sun, but not in the shade; this generally occurs at four hours into the day (*Matnos Kehunah, Eitz Yosef*).

65. I.e., at noontime, when the sun is overhead and casts no shadow.

R' Tanchuma does not disagree with R' Yishmael; he simply explains the meaning of our verse in other terms (see *Maharzu*).

66. "The righteous" is a reference to Abraham and all the members of his household, who were in pain as a result of their circumcision (*Maharzu*).

67. Thus, God brought heat to the world in order to expedite the healing process for Abraham and his household. By doing so, God was in effect proclaiming that it is worthwhile for the whole world to be uncomfortable for the sake of easing the pain of the righteous (*Rashi*; *Eitz Yosef,* from *Yefeh To'ar*). See Insights.

[For a different reason why God made the world unusually hot at this time, see *Rashi* to our verse and *Radal* to the beginning of the next section.]

Why did God choose to utilize the heat of *Gehinnom* to raise the temperature of the world and heal Abraham, rather than the heat of the sun? *Eitz Yosef* answers that He wished to insinuate that it was in the merit of Abraham's circumcision that his descendants would be saved from the fires of *Gehinnom* (as recounted in the Midrash above) (*Eitz Yosef*).

68. See *Yedei Moshe,* which states that this is our Midrash's understanding of the cause of Abraham's lack of guests. [As to *why* God brought the unusual heat, see end of section 8 and note 67. See, however, *Yefei To'ar* to 47 §10 above (cited there in note 102).]

69. Alternatively: The words בְּנֵי פַמַּלְיָא are to be rendered as *army* (*Aruch,* cited by *Matnos Kehunah*).

70. The phrase *Abraham raised his eyes and saw* refers to Abraham's seeing God (see v. 1), not to his seeing the angels (mentioned in our verse), for our verse states, *and he saw*, in reference to the angels, and there would be no reason for Scripture to say twice that Abraham saw the angels (*Eitz Yosef,* from *Yefeh To'ar*).

The Midrash thus explains that the timing and purpose of God's appearance to Abraham along with the three angels was in response to Abraham's concern about the lack of guests (*Eitz Yosef,* from *Nezer HaKodesh*; *Nechmad LeMareh*, second, preferred explanation).

71. The Midrash is saying that the names we use today for the months of the year (Tishrei, Cheshvan, etc.) — which are Persian (*Ramban* to *Exodus* 12:2) — first came into use during the Babylonian exile. This

"כְּחֹם הַיּוֹם", [י]תָּנֵי רַבִּי יִשְׁמָעֵאל: "כְּחֹם הַיּוֹם", הֲרֵי שֵׁשׁ שָׁעוֹת אֲמוּרוֹת הָא מָה אֲנִי מְקַיֵּם (שמות טז, כא) [יא]"וְחַם הַשֶּׁמֶשׁ וְנָמָס", בד' שָׁעוֹת. אַתָּה אוֹמֵר ד' שָׁעוֹת אוֹ אֵינוֹ אֶלָּא בְּשֵׁשׁ שָׁעוֹת, כְּשֶׁהוּא אוֹמֵר "כְּחֹם הַיּוֹם", הֲרֵי שֵׁשׁ שָׁעוֹת אֲמוּרוֹת, אוֹ חִילּוּף "כְּחֹם הַיּוֹם", בְּאַרְבַּע שָׁעוֹת "וְחַם הַשֶּׁמֶשׁ וְנָמָס" בְּשֵׁשׁ שָׁעוֹת, אֲמַרְתְּ הֵיאַךְ אַתָּה יָכוֹל לְקַיֵּם "כְּחֹם הַיּוֹם" בְּאַרְבַּע שָׁעוֹת וַהֲלֹא בְּאַרְבַּע שָׁעוֹת אֵין חוֹם אֶלָּא בְּמָקוֹם שֶׁהַחַמָּה זוֹרַחַת שָׁם. שֶׁבְּאַרְבַּע שָׁעוֹת טוּלָּא קָרִיר וְשִׁמְשָׁא שָׁרִיב, בְּשֵׁשׁ שָׁעוֹת טוּלָּא וְשִׁמְשָׁא שָׁרִיבִין כַּחֲדָא, הָא אֵין עָלֶיךָ לוֹמַר כְּלָשׁוֹן אַחֲרוֹן אֶלָּא כְּלָשׁוֹן רִאשׁוֹן, "כְּחֹם הַיּוֹם", בְּשֵׁשׁ שָׁעוֹת "וְחַם הַשֶּׁמֶשׁ וְנָמָס" בְּד' שָׁעוֹת, שֶׁבְּמָקוֹם שֶׁהַחַמָּה זוֹרַחַת בִּלְבָד שָׁם נָמֵס. אָמַר רַבִּי תַּנְחוּמָא: בְּשָׁעָה שֶׁאֵין לַבְּרִיּוֹת צֵל תַּחְתָּיו.° אָמַר רַבִּי יַנַּאי: [יב]נִיקַּב נֶקֶב מִגֵּיהִנֹּם וְהִרְתִּיחַ כָּל הָעוֹלָם כּוּלּוֹ עַל יוֹשְׁבָיו לְשָׁעָה קַלָּה, אָמַר הַקָּדוֹשׁ בָּרוּךְ הוּא: צַדִּיקִים בְּצַעַר וְהָעוֹלָם בְּרֶיוַח, הָדָא אָמְרַת° שֶׁהַחִימּוּם יָפֶה לַמַּכָּה:

ט [יג]אָמַר עַד שֶׁלֹּא מַלְתִּי הָיוּ הָעוֹבְרִים וְהַשָּׁבִים בָּאִים אֶצְלִי, אָמַר לוֹ הַקָּדוֹשׁ בָּרוּךְ הוּא: עַד שֶׁלֹּא מַלְתָּ הָיוּ בְּנֵי אָדָם עֲרֵלִים בָּאִים, עַכְשָׁיו אֲנִי וּבְנֵי פַמַּלְיָא שֶׁלִּי נִגְלִים עָלֶיךָ, הָדָא הוּא דִכְתִיב [יח, א] [יד]"וַיִּשָּׂא עֵינָיו וַיַּרְא וְהִנֵּה שְׁלֹשָׁה אֲנָשִׁים נִצָּבִים עָלָיו וְגוֹ'". "וַיַּרְא", בַּשְּׁכִינָה "וַיַּרְא", בַּמַּלְאָכִים. [טו]אָמַר רַבִּי חֲנִינָא: שְׁמוֹת חֳדָשִׁים עָלוּ מִבָּבֶל.

עץ יוסף

[ח] **הרי שש שעות אמורות.** כלו' הכא בששה שעות מיירי: **מה אני מקיים וחם השמש ונמס.** דשני קרא בלישני'. ע"כ הוא בארבע שעות: **או חילוף.** דשינוי הלשון מורה בהיפך כחום היום בד' שעות וחם השמש ונמס בששה שעות: **אמרת היך כו'.** כלו' דמסתבר טפי לאוקמי כחום היום בששה שעות שהיום חם אפילו במקום דליכא חמה. דבארבע שעות אין חם אלא במקום שהחמה זורחת. אבל במקום הצל קר: **בחום היום בשש שעות.** הטעם מפורש בלדו במ"ש ניקב נקב מגיהנם והרתיח כו' דלאחר ששה שעות מתחיל להתגבר יותר אור של גיהנם כי אז נוטים גלגלי ערב שהם משורש תוקף הדין הקשה (נזה"ק): **וחם השמש ונמס בד' שעות.** וטעם קביעות המן בד' שעות היינו לפי שד' הוא זמן סעודה לכל וכדאי' בפ"ק דשבת (נזה"ק): **ניקב נקב מגיהנם.** מה שהרתיח דוקא באור של גיהנם ולא באור החמה היינו להורות גם כן שבזכות המילה יגן אברהם על זרעו להצילם מאור של גיהנם וכדדריש בסמוך: **צדיקים בצער והעולם בריוח כו'.** כלומר אתמהא. ור"ל שאברהם הצדיק בצער המילה. והעולם בריות. לכן לא אחוש לצער העולם בהרתחתו כדי להרויח לצדיק שעל ידי החימום יקל לאברהם ובני ביתו שנימולו אתו. שביום שלישי למילתם היה כדאיתא בפרק הפועל וע"ש (יפ"ת): (ט) **אמר לו הקדוש ברוך הוא עד כו'.** הכוונה במה שנגלה עליו הוא ובני פמליא בא להורות לו תשובה על תלונתו כאילו א"ל הרי עכשיו אני ובני פמליא שלי נגלים עליך בדמות אורחים. ולאחר המעשה אז הבין אברהם הדבר מעצמו (נזה"ק) וע"ש וביפ"ת. ועיין לעיל פ' מ"ז וכאן בשינוי לשון וחסר: **וירא בשכינה.** דוירא קמא קאי אשכינה ואינו דבק עם והנה שלשה אנשים דהא כבר כתיב וירא ב' דקאי אמלאכים ותרי למה לי (יפ"ת): **שמות חדשים עלו מבבל.** בתנ"ך נמצאו שמות ז' חדשים ניסן סיון אלול כסליו טבת שבט אדר. שהמה בספרים שאחר גלות בבל כמו אסתר זכריה נחמיה. וגם שמות שאר החמשה חדשים שלא באו

פירוש מהרז"ו

תני רבי ישמעאל. ברכות כ"ז וש"נ וע' עוד במ"כ: **שאין לבריה צל תחתיו.** לפרש מ"ש כחום היום. היינו באמצע וחצות היום וחסר כאן תיבת אלא וצ"ל שאין לבריה צל אלא תחתיו. כי בשאר עתות היום השמש נוטה לצדדי העולם ועושה צל לשכנגדו אך באמצע היום השמש למעלה נגד הראש. ועושה צל עכ"פ תחתיו: **ניקב נקב בגיהנם.** עי' בריש הסימן כמ"ש פר"א פרק כ"ט ר"ג בשרי"ה אומר. ביום שנמול אברהם ביום השלישי כאב גדול היה לו מאד. כדי לנסותו מה עשה לו הקב"ה נקב חור אחד בגיהנם והרתיח את היום כיומו של רשעים וילא וישב לו בפתח האהל לרוח היום. ומ"ש כיומו של רשעים כוונתו לפסוק שהובא לעיל ריש סימן זה: **צדיקים בצער.** אברהם וכל אותם שנמולו אתו שקורא לכולם צדיקים. והעולם בריוח כמנהגו התמידית: (ט) **אמר עד שלא.** לעיל סוף פר' מ"ז וכאן בשינוי לשון וחסר ושם המאמר בשלימות ובביאור ויתכן שהועתק ממקום אחר: **וירא בשכינה כו'.** כפל לשון. וירא והנה שלשה אנשים. וירא וירץ לקראתם דורש ע"פ מדה יו"ד מדבר שהוא שנוי על שני ראיות ודורש עוד מדה י"א מסדור שנחלק. שמ"ש וישא עיניו וירא שייך לפסוק הקודם וירא אליו ה' ועל זה אמר וישא עיניו וירא בשכינה. ואח"כ כתוב והנה שלשה אנשים נצבים עליו הם המלאכים וע"ז אמר וירא במלאכים. ע' לקמן פ' ע"ז סי' ג' וירא בשכינה: **שמות חדשים.** ירושלמי ר"ה פ"א ריש הלכה ב'.

חידושי הרד"ל

(יח) **נקב מגיהנם.** בפר"א פכ"ט הלשון והרתיח היום כיומן של רשעים. ר"ל כדכתיב יום בא בוער כתנור וע"ל פ"י:

(יט) **שהחימום יפה.** בילקוט הגי' שהחמין. ואף שהאמת חמין יפה למכה כדאיתא בשבת (קל"ד) מ"מ כאן הענין מדבר בחום היום וגי' דהכא עיקר:

(כ) [ט] **וירא בשכינה וירץ במלאבים.** כ"ה הגי' בשה"ש רבה פ"א פי"ט וכל"ל:

מסורת המדרש

י ברכות דף כ"ז. ירושלמי ברכות פרק ד'. ילקוט כאן רמז פ"ב. ילקוט בשלח רמז רס"א:

יא מכילתא בשלח מסכת דויסע פרשה ד':

יב פרקי דרבי אליעזר פרק כ"ט:

יג לעיל סוף פרשה ז'. ילקוט כאן רמז פ"ב:

יד שיר רבה פרשה א' פסוק י"ג:

טו ירושלמי ראש השנה פרק א':

אם למקרא

וַיִּלְקְטוּ אֹתוֹ בַּבֹּקֶר בַּבֹּקֶר אִישׁ כְּפִי אָכְלוֹ וְחַם הַשֶּׁמֶשׁ וְנָמָס: (שמות טז:כא)

רש"י

הא אין לומר כלשון אחרון אלא כלשון ראשון כחום היום בו' שעות וחם השמש ונמס בד' שעות שבמקום שהחמה זורחת נמס: **אמר ר' ינאי נקב ניקב בגיהנם והרתיח כל העולם כולו על יושביו בשעה קלה.** אמר לדיק זה בלער מחמת מכת מילתו והעולם בריוח מוטב יהא כל העולם בלער שאני מיחם היום ויהא הוא בריוח שהחמה יפה לו ואחר כך והנה שלשה אנשים נלבים עליו: (ט) **שמות חדשים עלו בידן מבבל.** כמו שמלינו במגלת אסתר רובן של שמות

מתנות כהונה

אני מקיים וחם השמש ונמס דמשמע שלא נמס אלא במקום זריחת החמה בארבע שעות שלא נתחממה היום עדיין בפירוש רש"י: **טולא קריר כו'.** הצל קר ובמקום השמש לבד הוא חם בו' שעות השמש והצל חמומים כאחד: **ה"ג בירושלמי** פרק תפלת השחר ופרק תמיד נשחט במס' פסחים א"ר תנחומא מהו כחם היום שאין לבריה צל ול"ג תחתיו וזהו בו' שעות בחצי היום ממש: **בילקוט ורש"י** גרס לדיק זה בלער: **בצער** פירש"י שמכתו כואבת לו והחום רפואה לו מוטב שיהא כל העולם בלער והוא בריות כדי שתתרפא מכתו ועוד שלא יטריחו אותו עוברים ושבים: [ט] **ה"ג באים אצלי** כלומר משמלתי אינן באין אצלי א"ל הקדוש ברוך הוא כו'. עד ערלים באים אלך עכשיו כו': **פמליא.** פירש הערוך חיל. נצבים עליו וגו' גרסינן ודריש וירא וירא ב' פעמים: [**שמות חדשים.** פירש"י

נחמד למראה

(ט) **וירא בשכינה וירא במלאכים.** המפרשים ז"ל האריכו בזה ול"נ שאברהם אבינו היה נבוך מאד כשראה את המלאכים ולא היה יודע מה לעשות אם ללכת לקראתם ולהניח פני שכינה או לקבל פני שכינה ולהניח המלאכים שילכו כי גדול כבוד ה' וכדדרשינן לעיל

אשד הנחלים

הרי שש שעות. שאז היום חם אף במקום הצל אבל וחם השמש משמע רק במקום השמש הוא חם ולא במקום הצל. וזהו בד' שעות ועיין ברכות דף כז וברש"י שם: **נקב מגהינם והרתיח.** וזהו כמאמרם שהאש של מטה אחד משישים בגיהנם. והדבר הזה יש לו ציור רחב בחכמה ע"ד האמת וע"ד המחקר: **יפה למכה.** כי החום הוא מעורר כח החיים ומרבה מרוצות הדמים ואז הבריאות שולט ועיין ברוח חיים מכח החיים ותבין: [ט] **ובני פמליא.** כי השלשה האנשים היו מלאכים בדמות אנשים: **בשכינה וירא במלאכים.** דעתם בפירוש הכתוב

רֵישׁ לָקִישׁ אָמַר: אַף שְׁמוֹת מַלְאָכִים, מִיכָאֵל רְפָאֵל וְגַבְרִיאֵל – **Reish Lakish said: The names of angels** such as **Michael, Raphael, and Gabriel also** originated in Babylon.[72]

The Midrash discusses the appearance of the three angels:

אָמַר רַבִּי לֵוִי: אֶחָד נִדְמָה לוֹ בִּדְמוּת סַרְקִי, וְאֶחָד נִדְמָה לוֹ בִּדְמוּת נַוְטִי, וְאֶחָד בִּדְמוּת עֲרָבִי – **R' Levi said: One** of the three angels **appeared to [Abraham] in the guise of a bread vendor,**[73] **one appeared to him in the guise of a ship captain,**[74] **and one in the guise of a desert nomad.**[75]

The Midrash presents a second way to understand the repetition of the phrase, *and he saw*:

אָמַר: אִם רוֹאֶה אֲנִי שֶׁשְּׁכִינָה מַמְתֶּנֶת עֲלֵיהֶם אֲנִי יוֹדֵעַ שֶׁהֵן בְּנֵי אָדָם גְּדוֹלִים – **[Abraham],** to whom God had just appeared (see v. 1), **said** to himself, **If I see that the Divine Presence waits for** me to take care of **[the three guests]** who have just arrived, **I will know that they are great**[76] **people.** וְאִם אֲנִי רוֹאֶה אוֹתָן חוֹלְקִים כָּבוֹד אֵלּוּ לָאֵלּוּ אֲנִי יוֹדֵעַ שֶׁהֵן בְּנֵי אָדָם מְהוּגָּנִין – **And if I see them showing respect to one another, I will know that they are decent people.**[77] וְכֵיוָן שֶׁרָאָה אוֹתָן חוֹלְקִין כָּבוֹד אֵלּוּ לָאֵלּוּ יָדַע שֶׁהֵן בְּנֵי אָדָם מְהוּגָּנִין – **When he saw that** God's Presence was waiting for them, he knew that they were great,[78] and when he saw **that they were giving respect to one another,**[79] **[Abraham] knew that they were decent people.**[80]

NOTES

is implied by the fact that these names are mentioned only in Biblical books written after the Babylonian Exile, such as *Zechariah*, *Ezra*, *Nehemiah*, and *Esther*. Pre-exilic Biblical books refer to the months simply by using ordinal numbers, such as *the first month*, *the second month*. [References such as יֶרַח הָאֵתָנִים (*I Kings* 8:2), יֶרַח זִו (*I Kings* 6:1,37), and יֶרַח בּוּל (ibid., v. 38) are not considered names but rather allusions to events that occurred in those months; see *Rosh Hashanah* 11a regarding the first two, and *Tanchuma, Noah* (Buber) §17 regarding the third.] Although only seven of the months – Nissan, Sivan, Elul, Kislev, Teves, Shevat, and Adar – are mentioned in the post-exilic Biblical books, the Midrash asserts that even the names of the remaining five unmentioned months also came from Babylonia (*Eitz Yosef* from *Yefeh To'ar*; see also *Rashi* and *Maharzu*). For further discussion, see Insight Ⓐ.

72. The proof here, as in the preceding note, is that the first Biblical mention of angels' names is in the Book of *Daniel*, which is set in Babylon and Persia after the exile from Jerusalem (Michael is mentioned ibid. 10:21 and Gabriel ibid. 9:21) (*Rashi*, *Matnos Kehunah*, *Maharzu*).

Eitz Yosef, citing *Yefeh To'ar*, writes that our Midrash was bothered by the fact that the Torah does not mention the names of Abraham's three angelic guests. [The Sages (below, 50 §2; *Bava Metzia* 86b; see also *Yoma* 37a) tell us that the three were Michael, Gabriel, and Raphael.] In answer to this question, the Midrash asserts that the angels' names were not in use at the time the Torah was written. And once the Midrash is already discussing the fact that the angels' names came from Babylon, it also discusses the related issue regarding the names of the months.

73. Emendation follows *Rashi*.

Our Midrashim read סָרְקִי, which *Matnos Kehunah* (citing *Aruch*) says refers to the name of a place. [*Eitz Yosef*, citing *Targum Yonasan*, says סָרְקִי refers to an Ishmaelite (i.e., a desert nomad – perhaps the source of the word "Saracen," which originally referred to a nomad of the Syrian and Arabian desert during the Roman Empire, and later to a Moslem at the time of the Crusades). The difficulty with this translation is that the Midrash will momentarily mention that another angel appeared as an עֲרָבִי, which seems to mean the same thing.]

74. The word נַוְטִי is derived from a Greek word that means captain (*Matnos Kehunah*). Alternatively, the word refers to the name of a place [perhaps Nabatea] (ibid., citing *Aruch*).

75. The word עַרְבִי refers to one who dwells in the עֲרָבָה, *wilderness* (*Eitz Yosef*, citing *Rashi* on *Jeremiah* 3:2).

76. "Great" in terms of wisdom and good deeds (ibid.). Alternatively, "great" means that they were prophets and extremely righteous (*Maharzav*; see next note).

[Although the three guests appeared to Abraham as a baker, etc. (as above), this did not necessarily mean that their external ordinariness did not mask internal greatness (*Eitz Yosef*).]

77. *Maharzu* explains the Midrash as follows: Abraham was in a quandary, for he noticed the presence of the three potential guests while in the process of experiencing a prophetic vision. He reasoned that if he sees that God's Presence would "wait" (i.e., continue to rest upon him), while he took care of the guests, then it would indicate that they are prophets who are exceedingly righteous and thus worthy of his interrupting his prophetic vision. If, however, he sees that God's Presence would *not* remain with him, he would wait until the prophetic vision was over and only then take care of the guests. However, he would deem them worthy of his attention only if they showed respect for one another, thus indicating that, even though they were not righteous enough to detain God's Presence, they at least had basic human decency. If they did not even show respect for one another, he would not attend to them at all.

78. This is implied in our Midrash though not stated explicitly (*Yefeh To'ar*, *Maharzu*). See *Yalkut Shimoni*, *Vayeira* §18, and see emendations to our text in *Matnos Kehunah* and *Eitz Yosef.*

79. He saw that the greatest of the three was intentionally positioned in the middle as a sign of respect (see note 90 below).

80. The second *and he saw* thus means "and he investigated"; Abraham investigated both if his guests were great and if they were decent (*Yefeh To'ar*). Alternatively: Each of the two phrases *and he saw* refers to a different investigation.

[The Midrash below (50 §4) states that Abraham gave his guests water to wash their feet because he suspected them of being idolaters who worship the dust. *Yefeh To'ar* writes that it is clear that our Midrash disagrees with that one.]

INSIGHTS

Ⓐ **A Reminder of Deliverance** Why is it that before the Babylonian exile, the months were called *the first month*, *the second month*, etc. (with the first month being Nissan, the second Iyar, etc.), while ever since the Babylonian exile we call the months by their Persian names? *Ramban* (to *Exodus* 12:2) explains:

Exodus 12:2 states, *This month* (referring to Nissan, the month of the Exodus from Egypt) *shall be for you the beginning of the months; it shall be for you the first of the months of the year.* That is, even though Tishrei, not Nissan, marks the beginning of the Jewish calendar year (see ibid. 23:16 and 34:22), Nissan shall from now on be the first month of the year *for you*, to enable you to remember the Exodus. Just as we call Sunday *"echad b'Shabbos"* and Monday *"sheni b'Shabbos"* as a fulfillment of *Remember the Sabbath day to sanctify it* (ibid. 20:8 with *Ramban*), so too calling Nissan *the first month*, Sivan *the second month*, etc., will serve as a commemoration of our redemption from Egypt.

As our Midrash states, the names of the months that we currently use came from Babylonia (see similarly, *Yerushalmi Rosh Hashanah* 1:2) [although, as *Ramban* states, the names themselves are actually Persian]. The prophet Jeremiah, in prophesying the redemption from the Babylonian exile, had said: *However, behold, days are coming — the word of HASHEM — when it will no longer be said, "As HASHEM lives, Who took out the Children of Israel from the land of Egypt," but rather, "As HASHEM lives, Who took out the Children of Israel from the land of the North . . ."* (*Jeremiah* 16:14-15; see also ibid. 23:7-8). In fulfillment of this prophecy, when we returned to Israel after our 70-year exile in Babylonia, we switched over to calling the months by the names that they were called in Babylonia. This served, and continues to serve, as a reminder of our deliverance from that exile.

In his "Essay on Rosh Hashanah" (p. 216 in Chavel ed.), *Ramban* adds that this does not mean that the original system of referring to the months by number from Nissan should be abandoned, and the Egyptian redemption forgotten. Rather, the Babylonian/Persian names are now to be used in *addition* to the original names in order to ensure that we recall the second redemption as well.

[There are those who understand *Ramban* to be saying that nowadays the system of numbering the months from Nissan must always be used alongside the commonly used Persian names, for the Torah's commandment in *Exodus* 12:2 cannot be supplanted. This leads to several questions, however, such as why we do not use numbered months when writing official documents nor when we announce the new moon on the Sabbath preceding Rosh Chodesh. For discussion, see Responsa *Binyan Shlomo* §22, and *Karan Pnei Moshe* and *Lev Tzion* on *Ramban* in *Exodus*. See also *Sefer HaIkkarim* 3:16 and *HaKoseiv* (in *Ein Yaakov*) to *Megillah* 2a.]

רֵישׁ לָקִישׁ אָמַר: אַף שְׁמוֹת מַלְאָכִים, מִיכָאֵל, רְפָאֵל וְגַבְרִיאֵל. אָמַר רַבִּי לֵוִי: אֶחָד נִדְמָה לוֹ בִּדְמוּת סַרְקִי, וְאֶחָד נִדְמָה לוֹ בִּדְמוּת נַוְוטִי, וְאֶחָד בִּדְמוּת עֲרָבִי. אָמַר: אִם רוֹאֶה אֲנִי שֶׁשְּׁכִינָה מַמְתֶּנֶת עֲלֵיהֶם אֲנִי יוֹדֵעַ שֶׁהֵן בְּנֵי אָדָם גְּדוֹלִים, וְאִם אֲנִי רוֹאֶה אוֹתָן חוֹלְקִים כָּבוֹד אֵלּוּ לָאֵלּוּ אֲנִי יוֹדֵעַ שֶׁהֵן בְּנֵי אָדָם מְהוּגָּנִין וְכֵיוָן שֶׁרָאָה אוֹתָן חוֹלְקִין כָּבוֹד אֵלּוּ לָאֵלּוּ יָדַע שֶׁהֵן בְּנֵי אָדָם מְהוּגָּנִין.

רש"י

הי"ב חדשים וקודם לכן לא נתגלו וכן שמות מלאכים דכתיב מיכאל שרכם (דניאל י' כ"א) והאיש גבריאל אשר ראיתי בחזון (שם ט' כ"א) וקודם לכן לא נתגלו לפי שכתוב והנה שלשה אנשים ולא נתפרשו שמותן: **אמר רבי לוי.** אחד מן המלאכים נדמה לו בדמות נווטי שכן קורין לספן בלשון יוני נווטי וכן מלינו בספר ישעיה בורא השמים ונוטיהם מנהיגיהם: **ואחד נדמה בדמות סדקי.** מוכר פת: **בדמות ערבי.** ישמעאלי:

עץ יוסף

בתנ"ך מבבל הביאו. כי שם נתחדשו להם שמות לחדשים. דמתחלה לא נקראו אלא חדש ראשון ושני וכיולא. וירח האיתנים וירח זיו אינן שמות כי פירושו שנולדו בו איתני עולם וכו' כדאי' בפ"ק דר"ה (יפ"ת): **אף שמות המלאכים.** לא מלאנום רק בדניאל דכתיב מיכאל וגבריאל והביא בעל המאמר זה כאן משום דק"ל למה לא זכרה התורה שמות ג' מלאכים הגדולים האלה אלא אמר ג' אנשים סתם. ולזה אמר שאין שמות אלו לקוחים אלא מבבל. דלפי האמת אין להם שמות וכדכתיב למה זה תשאל לשמי ואגב זה מייתי נמי הא דא"ר חנינא שמות חדשים עלו מבבל (יפ"ת): **סרקי.** ארחת ישמעאלים תרגם יונתן סיען דסרקאין. וכתב המוסף סרקי בלשון יוני ורומי איש ישמעאל. ורש"י גרס סדקי פירוש מוכר פת: **נווטי.** פרש"י ספן: **אם אני רואה כו'.** ודרש וירא לשון עיון כמו ולבי ראה. והיינו שעיין בשני דברים. האחד אם הם בני אדם גדולים בחכמה ומע"ט. והשני אם הם מהוגנים במוסר ואע"פ שנדמו לו כסדקי וערבי אפשר יהיו בהם גדולים ומהוגנים: **חולקים כבוד אלו לאלו.** בילקוט הגי' חולקים כבוד זה לזה: **וכיון שראה שהשכינה ממתנת עליהם וחולקים כבוד זה לזה ידע שהם בני אדם גדולים.** כל"ל (מת"כ יפ"ת) וכן הוא בילקוט. משום דמסתמא בתרתי ידע דאתרווייהו קאמר וירא וירא וירץ: **חולקים כבוד אלו לאלו.** פי' שהרב בא באמלע וכדתני' בפרק הממונה ג' שהיו מהלכין בדרך הרב באמלע גדול בימינו וקטן בשמאלו וכן מלינו בשלשה מה"ש שבאו אל אברהם מיכאל באמלע וגבריאל בימינו ורפאל בשמאלו. ועל זה אמר בסמוך לגדול שבהם אמר זה מיכאל: **פילון.** פי' אהל. ואפשר שבפנים היה כתיב פילון ועל הגליון כתב אחד אהל והוא פירוש על תיבת פילון. ואח"ז הכניסו המדפיסים תיבת אהל בפנים המדרש:

פירוש מהרז"ו

ובתנ"ך נמלאו שמות ז' חדשים ניסן סיון אלול כסליו טבת שבט אדר. שהמה בספרים שאחר גלות בבל כמו אסתר זכריה נחמיה. וגם שמות שאר ה' החדשים שלא באו בתנ"ך מבבל הביאו: **אף שמות מלאכים.** מיכאל וגבריאל נמלאים בסוף דניאל (ע' מ"כ) אבל רפאל לא נמלא ואולי חשיב ליה על שנמלא בספר טוביה שהוא אחד מח' ספרים הנוספים על התנ"ך והמעשה היה בימי חזקיהו המלך. ובדחז"ל נמלאים עוד שמות מלאכים כמו נוריאל יורקמי שר הברד דומה ועוד רבים. ומפורש כתוב שיש להמלאכים שמות כמ"ש לכולם שמות יקרא וכתיב לכולם בשם יקרא וכמ"ש לקמן פר' ע"ח סי' ד'. וצ"ל שגם שמות שאר המלאכים העלו מבבל כמו אלו השנים שנזכרו בדניאל. וכמו בחדשים לפני זה. ואין כוונת ר"ל לפרש פסוק זה והנה שלשה אנשים והובא דרך אגב של פסוק הנ"ל. ומאמר ר' חנינא אגב מאמר ר"ל. ור"ל לא הזכיר שמות מלאכים כלל. וכמ"ש בירושלמי שם שמאמר ר"ח ור"ל בעלמא אתמר. וכאן חסר וצ"ל כמ"ש ב"מ דף פ"ו ב' והנה ג' אנשים מאן נינהו ג' אנשים מיכאל וגבריאל ורפאל ויתכן שדורש גז"ש והנה שלשה אנשים. והנה מיכאל וגו' בדניאל. וגם כתוב שם והנה כדמות בני אדם וגו'. הם מלאכים שכבר נדמו בדמות בני אדם כמ"ש והנה שלשה אנשים. ועי' לעיל סוף פרשה ח' ומש"ש. ועל שנראו לו המלאכים עם השכינה מן הסתם שהם המלאכים היותר גדולים. וכמ"ש במ"ר פר' ב' סוף סי' יו"ד. וזהו שאמר המדרש אני ופמליא שלי. וע' יומא דף ל"ז מיכאל באמלע גבריאל מימין ורפאל משמאל מסכת ד"א פרק ד': **בדמות סדקי כו'.** וע' לעיל פר' מ"ד סימן כ"ג ערביה שלמיי נוטיה ובילקוט כאן הגי' אחד בדמות סרקי ואחד בדמות נווטי. וכתוב בלד הילקוט סירקי תרגום מיד הישמעאלים מיד סירקיי. נווטי ספן כמ"ש לעיל פר' י"ב סי' י"ב ונווטיהם וכ"ג הערוך ופירושו אבל רש"י במדרש במקום סרקי גורס סדקי ופירש מוכר פת בלשון משנה ועי' במוסף ערוך חידושי דברים. וצ"ע מנא ליה כל זה. ולפי גירסת רש"י שדורש סדקי ולפי מ"ש רש"י בחומש על מ"ש ורחצו רגליכם שהיה סבור שהם אורחים ערביים. וא"כ הרמז על ערבי במ"ש ורחצו רגליכם אף שאחד היה ערבי אמר כן לשלשתם בשביל אחד וא"כ יתכן שמ"ש ואחד היה נווטי כמ"ש והשענו תחת העץ על שכל חייהם של מנהיגי הספינות על ידי עץ התורן ותחתיו. ואחד סדקי כמ"ש ואקחה פת לחם אך לפי גירסת הילקוט והערוך לע"ג מנא להו: **שכינה ממתנת עליהם.** וירא אליו ה' ואח"כ כתוב וישא עיניו וירא והנה וגו' היינו בעוד שהשכינה נגלית לו ראה אותם. והתבונן אברהם שלריך לקבל האורחים. ע"כ אמר אם אבין שרלון השכינה להמתין עליהם כל זמן קבלתם כדאי לקבל אותם ולהפסיק ממראה הנבואה וזה ראיה שהם אנשים נביאים ולדיקים גדולים אלל הקב"ה. ואם לא יחפוץ להמתין אמתין עד שיסתלק מראה הנבואה ואח"כ אקבל אותם. ואע"פ שאינם גדולים עכ"פ אם אראה אותם חולקים כבוד זה לזה הם בני אדם מהוגנים בעלי דרך ארץ ואם לאו אפילו דרך ארץ אין בהם ולא אתן דעתי עליהם עתה וכמ"ש ריש סימן יו"ד לגדול שבהם אמר

חידושי הרד"ל

(בא) **ממתנת עליהן.** יודעני שהן בני אדם מהוגנין ואם כו' כבוד זל"ז יודעני שהן מהוגנין. כ"ה הגי' בערוך ע' הגן השני:

חידושי הרש"ש

[ט] **חולקים כבוד אלו לאלו.** בילקוט הגי' זה לזה וכל"ל וכן בסמוך:

מתנות כהונה

כמו שמלינו במגלת אסתר]: **מיכאל כו'.** שמות אלו נזכרים בספר דניאל מיכאל שרכם והאיש גבריאל וקודם לכן לא נתפרשו דכתיב ג' אנשים ולא נתפרשו שמותם: **סדקי.** פירש"י מוכר פת ועיין ריש רות: **נווטי.** מנהיג הספינה: **ערבי.** ישמעאל והערוך פירש. סרקי. נווטי. שמות מקומות הן וכפירוש הראשון מלאתי בספר קלף ישן נושן ומסיים שכן בלשון יון קורין לרב החובל ניווטן: **ה"ג שראה אותן חולקין כבוד אלו לאלו.** ושכינה ממתנת להם ידע שהן בני אדם:

נחמד למראה

בפרשה מ"ז ממי אתה למד מאברהם פעם אחת היה אברהם מדבר עם הקב"ה באו מלאכי השרת לדבר עמו אמר להן נפטר מן השכינה שהיא גדולה מכם תחלה ואח"כ אני מדבר עמכם כיון שדבר עם הקב"ה כל לרכו אמר לפניו רבון העולמים לריך אני לדבר אמר לו הפטר בשלום הדא הוא דכתיב ויעל אלהים מעל אברהם ע"כ. נמלא דקים ליה לאברהם שחובה ומלוה עליו להיות עומד עם השכינה ולא ליטפל במלאכים. אמנם התם המלאכים היו ממתינים לו והיה לו זמן לדבר עמהם בהסתלקות השכינה אבל כאן שהמלאכים היו רחוקים

אשד הנחלים

שביקש אדוני אל נא תעבור מעל עבדך שביקש מהשכינה שלא תפרד מעליו אף שהוא עוסק עתה בהבאת המלאכים לביתו שהמה למטה במדריגה. וזהו וירא אליו ה' זהו השראת השכינה ואח"כ וירא זהו המלאכים וירץ לקראתם לקראת המלאכים אך ביקש שגם השכינה לא תעבור מאתו ג"כ והבן זה: **שמות המלאכים.** שהתבוננו על כחותם ומדותם ונתנו להם שמות בגדרם האמיתי. למשל רפאל ע"ש שעל ידו הרפוא'. וכדומה: **בדמות סדקי כו'.** לא ידעתי מה כיוונו בזה ובוודאי מרומז פה עניינים נפלאי' הנעלם מדעתנו. אך זאת ידענו כי כל מחזה ותמונה המתראה לאנשי הרוח המה מרמזים לענינים נעלמים ומתראים בתמונת גשמית דמיונות שע"י יבינו הכוונה ועיין בספר קל"ח פתחי חכמ' מהרב החכם האלקי הלוצאטי ותבין: **גדולים כו' מהוגנים.** גדולים המה גדולים בחכמה וע"כ השכינה שרוי' ביניהם

Our verse states that Abraham's guests were *standing next to him.* But it then states that *he ran toward them,* which implies that there was a distance between them! The Midrash resolves this difficulty:[81]

אָמַר רַבִּי אַבָּהוּ: פְּלוֹנוֹ[82] שֶׁל אָבִינוּ אַבְרָהָם מְפוּלָּשׁ הָיָה – **R'Abahu said: The abode of our forefather Abraham was open at both ends** i.e., it had two entrances.[83] רַבִּי יוּדָן אָמַר: כְּהָדֵין דְּרוֹמִילוּס – **R' Yudan said:** Abraham's tent was **like a *dromilos*,** i.e., a large inn that has entrances on all four sides.[84]

The Midrash now explains the sequence of events:

אָמַר אִם אֲנִי רוֹאֶה אוֹתָן שֶׁהִפְלִיגוּ אֶת דַּרְכָּם לְהִתְקָרֵב דֶּרֶךְ כָּאן – **[Abraham] said, "If I see them turn aside** from **their path** along the main road[85] **to approach this way,** אֲנִי יוֹדֵעַ שֶׁהֵן בָּאִין אֶצְלִי – **I** will **know that they are coming to me** and it would thus be appropriate to go out and greet them."[86] כֵּיוָן שֶׁרָאָה אוֹתָם שֶׁהִפְלִיגוּ, מִיָּד ״וַיָּרָץ לִקְרָאתָם מִפֶּתַח הָאֹהֶל וַיִּשְׁתַּחוּ אָרְצָה״ – **When he saw them passing *past*** his tent,[87] **immediately *he ran toward them from the entrance of the tent*** [88] ***and bowed down toward the ground.***[89]

וַיֹּאמַר אֲדֹנָי אִם נָא מָצָאתִי חֵן בְּעֵינֶיךָ אַל נָא תַעֲבֹר מֵעַל עַבְדֶּךָ.

And he said, "My Lord, if I find favor in Your eyes, please pass not from before Your servant" (18:3).

§10 וַיֹּאמַר אֲדֹנָי אִם נָא מָצָאתִי חֵן – *AND HE SAID, "MY LORD, IF I FIND FAVOR IN YOUR EYES, PLEASE PASS NOT FROM BEFORE YOUR SERVANT."*

To whom was Abraham speaking in this verse? The Midrash explains:

תָּנֵי רַבִּי חִיָּיא: לַגָּדוֹל שֶׁבָּהֶן אָמַר, זֶה מִיכָאֵל – **R' Chiya taught: He said this to the greatest of them, namely, Michael.**[90]

יֻקַּח נָא מְעַט מַיִם וְרַחֲצוּ רַגְלֵיכֶם וְהִשָּׁעֲנוּ תַּחַת הָעֵץ.

Let some water be brought, please, and wash your feet, and recline beneath the tree (18:4).

☐ יֻקַּח נָא מְעַט מַיִם – *"LET SOME WATER BE BROUGHT, PLEASE, ETC."*

The Midrash lists six separate ways in which Abraham served the angels, and the corresponding rewards that Israel would receive in the future:

רַבִּי אֶלְעָזָר בְּשֵׁם רַבִּי סִימַאי אָמַר: – **R' Elazar said in the name of R' Simai:** אָמַר הַקָּדוֹשׁ בָּרוּךְ הוּא לְאַבְרָהָם אַתָּה אָמַרְתָּ ״יֻקַּח נָא מְעַט מַיִם״ – (i) **The Holy One, blessed is He, said to Abraham, "You said: 'Let some water be brought, please.'**[91] חַיֶּיךָ שֶׁאֲנִי פּוֹרֵעַ לְבָנֶיךָ בַּמִּדְבָּר וּבַיִּישׁוּב וְלֶעָתִיד לָבֹא – **By your life! I will repay your children** with water **in the Wilderness, in the settlement** (i.e., the Land of Israel), **and in the Messianic future."**[92] הָדָא הוּא דִכְתִיב ״אָז יָשִׁיר יִשְׂרָאֵל אֶת הַשִּׁירָה הַזֹּאת עֲלִי בְאֵר עֱנוּ לָהּ״ הֲרֵי בַּמִּדְבָּר – **This is what is written, *Then Israel sang this song: "Come up, O well! Call out to it!*** *Well that the princes dug, that the nobles of the people excavated, etc."* (*Numbers* 21:17-18), from which **we see** that Israel was repaid with water **in the Wilderness.**[93] בְּאֶרֶץ כְּנַעַן מִנַּיִן – **From where** do we know **that they** (Israel) **were** repaid **in the land of Canaan?**[94] ״אֶרֶץ נַחֲלֵי מָיִם עֲיָנֹת וּתְהֹמֹת יֹצְאִים בַּבִּקְעָה וּבָהָר״ – From the verse, ***A land with streams of water, of springs and underground water coming forth in valley and mountain*** (*Deuteronomy* 8:7). לֶעָתִיד לָבֹא מִנַּיִן – **And from where** do we know **that they** (Israel) **will be repaid in the Messianic future?** תַּלְמוּד לוֹמַר ״בַּיּוֹם הַהוּא יֵצְאוּ מַיִם חַיִּים מִירוּשָׁלִַם״ – **[The verse] states, *On that day*** (i.e., in the Messianic future), ***spring water will flow out of Jerusalem*** (*Zechariah* 14:8).

NOTES

81. *Eitz Yosef,* from *Nezer HaKodesh.* See also *Maharzu* below.

82. [The word פִּלָּן means *tent,* as does the word אֹהֶל; some Midrash texts here have both words, one after the other. *Eitz Yosef* suggests that perhaps the original manuscript of the Midrash had only the word פִּלָּן; someone then wrote the word אֹהֶל in the margin to indicate that the word פִּלָּן means *tent.* The word אֹהֶל then got mistakenly inserted into the texts of the Midrash itself.]

83. This is derived from the fact that the Torah writes twice the phrase, *the entrance of the tent* (*Nezer HaKodesh, Maharzu*).

[*Yefeh To'ar* writes that according to R' Abahu (as according to R' Yudan's view that follows) Abraham's tent had *four* entrances.]

84. *Eitz Yosef,* from *Nezer HaKodesh.* Abraham had entrances on all four sides so that his tent would be visibly open to travelers no matter from which direction they came (ibid.). (*Matnos Kehunah* and *Maharzu* cite *Aruch,* who translates the word *dromilos* differently, as a large open area. However, the intent of the Midrash is the same.)

85. *Eitz Yosef,* from *Nezer HaKodesh.*

86. If, however, they did not turn aside from the main road, Abraham reasoned that it would not be appropriate to go out to greet them because they might be pressed for time (ibid.).

87. *Maharzu* (see, however, Insight below).

88. That is, from the *other* entrance of his tent; that entrance was now closer to the guests, as they had moved away from the first entrance that they had approached (*Maharzu*).

This sequence of events serves to explain why Scripture first states that the three men were *standing next to him* but then states that Abraham *ran toward them* (which implies that there was a distance between them) (*Maharzu, Eitz Yosef*).

89. The reason, then, that Scripture writes the words *and he saw* twice is to indicate that first Abraham saw the guests approaching, but then *he saw* that they were turning away and therefore *ran toward them.*

90. The three angels who visited Abraham were Michael, Raphael, and Gabriel (above, section 9). Michael was the greatest of the angels, as we find in Scripture (*Daniel* 12:1): *And at that time Michael will stand, the great [heavenly] prince, etc.*; see also ibid. 10:13. Since Michael was accorded the honor of walking between the other two angels, Abraham knew that he was the greatest of the three (see *Yoma* 37a, which states that when three walk together, the greatest is to walk in the center; the Gemara cites the angels' behavior as an example), and addressed him exclusively (*Maharzu, Eitz Yosef*). See also below, 49 §7.

91. This, and the following expositions in this section, are based on the fact that the Torah does not simply state that Abraham invited the angels to his home, fed them, and gave them to drink; rather, the Torah writes expansively, in detail, all of Abraham's various directives and actions on behalf of the angels. These actions are therefore interpreted by the Midrash as a portent for Israel in the future (*Yefeh To'ar*).

92. As stated in *Exodus* 34:7, God preserves the deeds of the forefathers for the benefit of their offspring. Thus Israel was rewarded for the good deeds of their forefather Abraham (*Imrei Yosher*).

[It should be noted that the Midrash does not literally mean that God actually said this to Abraham; rather, it means simply that this reward would be given to the children of Abraham as a result of his exemplary dedication to the guests (*Yefeh To'ar*).]

93. This is the well that accompanied the Israelites during the forty years they spent in the Wilderness. The words *Well that "the princes" dug* are expounded elsewhere as a reference to the forefathers and indicate that Israel merited the accompaniment of the well through the merit of their forefathers — particularly Abraham, as implied in *Psalms* 105:41-42 (*Bamidbar Rabbah* 19 §26, quoted by *Eitz Yosef*). Alternatively: It is the words *that "the nobles"* [נְדִיבֵי] *of the people excavated* that refer to Abraham, for he is referred to as נָדִיב in *Song of Songs* 7:2; [see *Shir HaShirim Rabbah* ad loc.] (*Maharzu*).

[Our Midrash stands in contrast to the view of the Sages who state that the well accompanied the Israelites in the desert in the merit of Miriam. See *Taanis* 9a, *Seder Olam Rabbah* Ch. 10, and *Tanchuma, Chukas* §1.]

94. I.e., the Land of Israel.

אָמַר רַבִּי אַבָּהוּ: אֹהֶל פִּלָּן° שֶׁל אָבִינוּ אַבְרָהָם מְפוּלָּשׁ הָיָה. רַבִּי יוּדָן אָמַר: כְּהָדֵין דְּרוֹמִילוֹס. אָמַר: אִם אֲנִי רוֹאֶה אוֹתָן שֶׁהִפְלִיגוּ אֶת דַּרְכָּם לְהִתְקָרֵב דֶּרֶךְ כָּאן אֲנִי יוֹדֵעַ שֶׁהֵן בָּאִין אֶצְלִי, כֵּיוָן שֶׁרָאָה אוֹתָם שֶׁהִפְלִיגוּ, מִיָּד "וַיָּרָץ לִקְרָאתָם מִפֶּתַח הָאֹהֶל וַיִּשְׁתַּחוּ אָרְצָה":

י [יח, ג] "וַיֹּאמַר אֲדֹנָי אִם נָא מָצָאתִי חֵן", [טז]תָּנֵי רַבִּי חִיָּיא: לַגָּדוֹל שֶׁבָּהֶם אָמַר, [יז]זֶה מִיכָאֵל. [יח, ד] "יֻקַּח נָא מְעַט מַיִם", רַבִּי אֶלְעָזָר בְּשֵׁם רַבִּי סִימָאי: [יח]אָמַר: אָמַר הַקָּדוֹשׁ בָּרוּךְ הוּא לְאַבְרָהָם: אַתָּה אָמַרְתָּ "יֻקַּח נָא מְעַט מַיִם", חַיֶּיךָ שֶׁאֲנִי פּוֹרֵעַ לְבָנֶיךָ בַּמִּדְבָּר וּבַיִּישּׁוּב וְלֶעָתִיד לָבֹא, הָדָא הוּא דִכְתִיב (במדבר כא, יז) "אָז יָשִׁיר יִשְׂרָאֵל אֶת הַשִּׁירָה הַזֹּאת עֲלִי בְאֵר עֱנוּ לָהּ", הֲרֵי בַּמִּדְבָּר. בְּאֶרֶץ כְּנַעַן מִנַּיִן, (דברים ח, ז) "אֶרֶץ נַחֲלֵי מָיִם עֲיָנֹת וּתְהוֹמֹת יֹצְאִים בַּבִּקְעָה וּבָהָר". לֶעָתִיד לָבֹא מִנַּיִן, תַּלְמוּד לוֹמַר (זכריה יד, ח) "בַּיּוֹם הַהוּא יֵצְאוּ מַיִם חַיִּים מִירוּשָׁלָיִם".

רש"י

מפולש היה. לפי שנאמר וירא וירץ אהלו מפולש היה כדי שיראה מכאן ומכאן העוברים והשבים והיינו דגרסינן ביתו פתוח לרוחה היה: אם רואה אני אותם מפליגין בדברים אני יודע שהן באין לדור אצלי: **(י) ויאמר אדני אם נא מצאתי חן וגו'.** תני ר' חייא למלאך הגדול שביניהן זה מיכאל כדגרסינן במסכת שבועות כל שמות האמורים באברהם קדש חוץ מזה שנאמר אדני אם נא מצאתי חן וגו':

עץ יוסף

מפולש היה. משום דקשה ליה כתיב נצבים עליו וכתיב וירץ לקראתם ולכן אמר שהיה פילון מפולש וממילא מתחלה עברו בדרך שמצד פתח האהל האחד והיינו נצבים עליו כלו' בסמוך לא מן הצד. אך באשר נתרחקו קצת משם בדרך הנוטה אל צד פתח האהל השני אז פנה אברהם מפתח אהל הראשון ורץ לקראתם מפתח האהל השני (נזה"ק): **רבי יודן אמר בהדין כו'.** שהיה פילון שלו כהדין דרומילוס הוא פונדק גדול שיש לו ד' פתחים (שערים) לכל צד להיות ביתו פתוח לרווחה לכל אורח עובר לכל צד ופינה (נזה"ק): **אם רואה אותן כו'.** כלומר שינטו מדרך הכבושה לרבים אל פני השדה להתקרב אל האהל אני יודע שכוונתם לבא אצלי. וראוי לי לרוץ לקראתם לחלוק להם כבוד. אבל אילולא זה אין נכון לעשות כן כי אפשר שהם נחוצים לדרכם. ועל זה אמר וירא וירץ דכיון שראה אותם שהפליגו דרכם כו' מיד וירץ לקראתם כי אע"פ שכבר הרגיש בהם שרוצים להתארח אצלו מ"מ אפשר שעדיין מתביישין ליכנס שלא ברשות (נזה"ק): **[י] זה מיכאל.** שהכיר בו שהוא הגדול בהיותו באמצע וכדלעיל. ומיכאל הוא הגדול וכדכתיב בעת ההיא יעמוד מיכאל שר הגדול: **(י) אמר הקדוש ברוך הוא לאברהם כו'.** מ"ט האריך בפרט כל המאורע לאשמועינן לדקת ה' שנתן שכר לאברהם כפי כל פרטי מעשיו בגמילות חסדיו לאורחים זה שלש פעמים במדבר ובארץ ולעתיד היינו לימות המשיח. ומה שאמר אמר הקב"ה לאברהם כלו' שנתן שכרו (יפ"ת) ובכה"ג פיר' בריש סימן הקודם: **עלי באר ענו לה באר חפרוה שרים.** ואי' בבמד"ר פרשה י"ט וכי חפירה היתה שם אלא שניתנה בזכות אבות שנקראו שרים שנא' פתח גור ויזובו מים כי זכר את דבר קדשו את אברהם עבדו הרי שהיה בזכות אברהם:

פירוש מהרז"ו

ואיך ידע אלא שראה אותם שהם חולקים לו כבוד כמ"ש ב"מ פ"ו. ומרומז ג"כ במ"ש ב' פעמים וירא וכנ"ל והמדרש לא פירש אלא הראיה הב' שהם מהוגנים אך הראיה הא' אם הם גדולים לא פירש כי סמך עצמו על מ"ש ואברהם עודנו עומד לפני ה' עד ששלח את המלאכים לסדום ולא נודע לו מיד: **אהל פלן.** בערוך ערך פלן גורס פלונו של אברהם אבינו ופירש מקום מפולש ואורח ישר. ופי' המוסף ערוך אולם ושער וחצר בלשון יון: **דרומילוס.** בערוך ערך דרמלים וז"ל מקום של א"א מפולש היה כו' דורמלים. פי' רחבה גדולה בלשון יון ע"ש במ"ע. והנה בערך פלן גורס פלוני של א"א וכאן מקום של א"א על שכאן אין הכוונה אלא בעבור תיבת דורמילוס ע"כ מעתיק כפי פירושו. מקום: **שהפליגו את דרכם.** שנוטים מן הדרך להתקרב אצלי. אך כיון שראה אותם שהפליגו ולא נתקרבו אצלו ועברו על אהלו. ועל שכתוב ב' פעמים מפתח האהל דורש מדה יו"ד שהיה לו שני פתחים. וזהו וירץ לקראתם. שעברו לפניו ועל אהלו וירץ מפתח הב' ובא לקראתם ובתחלה באו לפניו בפתח הא' וזהו נצבים עליו. ועי' ב"מ דף פ"ו בא"א: **(י) לגדול שבהם אמר.** הוא מי שהשנים חולקים לו כבוד וממצעים אותו באמצע. ומ"ש זה מיכאל על שהוא הגדול שבמלאכים כמ"ש והנה מיכאל אחד השרים הראשונים בא לעזרני דניאל י"א י"ג. ועליו כתוב ויעף אלי אחד מן השרפים. עי' שבועות דף ל"ה ב' פלוגתא דתנאי בזה. דמאן דאמר לגדול שבהם סובר שמ"ש אדני הוא חול מלשון אדנות ומ"ד להקב"ה אמר סובר שהוא קודש ורש"י בחומש אמר שתי הלשונות מב"ר וכאן לא נמצא אלא לשון אחד: **אתה אמרת יוקח נא.** עי' שמ"ר פ' כ"ה סי' ה'. במ"ר פ' י"ד סי' ב'. ויק"ר פ' ל"ד סי' ח' קה"ר פ' שלח לחמך. ושם הגירסא מתוקנת חייך שאני פורע לבניך במדבר וישוב ולעתיד לבא. וכאן חסר על תיבת יוקח ואיתא במ"ר שם. עי' פסיקתא רבתי פ' י"ד סי' ג' ועי' ב"מ דף פ"ו ב': **אז ישיר ישראל.** וס"ד בא"ר וגו' כרוה נדיבי העם בזכות אברהם שנקרא נדיב כמ"ש בת נדיב:

חידושי הרד"ל

(כב) אהל פלן. עמ"כ דגרס פילון. ותיבת אהל הוא פי' למלת פילון וכי"ב בב"מ. ובילקוט הגי' אכפיליון ועיין פרש"י ספ"ב דברכות:

חידושי הרש"ש

פלן של אברהם אבינו מפולש היה כו'. נ"ל שפי' כאן גדול כמו לקמן פ"ע כשני קורות מפולשות מסוה"ע וע"ס. וכנוי דעליו דבקרא שב על האהל הנזכר וכמו והוא אחריו דלקמן בפר' דמפרש הא"ע דאחריו שב על האהל. והוא ישב בפתחו רחוק מקצהו האחר אשר עמדו עליו המלאכים (עיין לעיל פל"א ד"א כו' עושה פתחו מן הצד ופי' המ"כ בקרן זוית) ובא ליישב בזה קושיית הגמרא (ב"מ פ"ו ב') מעיקרא כתיב נצבים עליו ולבסוף כתיב וירץ לקראתם הביא רש"י בנימוקיו:

מסורת המדרש

טז שבועות דף ל"ה ע"ב:
יז עי' יומא ל"ז. מסכת דרך ארץ פרק ד':
יח בבא מציעא דף פ"ו. שמ"ר פרשה כ"ה. במד"ר פרשה י"ד. קה"ר פרשה י"א פסוק א'. פסיקתא רבתי פ' י"ד. מכילתא סדר בשלח מסכת דויסע ריש פרשה ב'. תוספתא סוטה פרק ד'. תנחומא כאן סימן ד'. ילקוט כאן רמז פ"ב. וע' בתדא"ר פרק י"ב:

אם למקרא

אָז יָשִׁיר יִשְׂרָאֵל אֶת־הַשִּׁירָה הַזֹּאת עֲלִי בְאֵר עֱנוּ־לָהּ: (במדבר כא:יז)

כִּי ה' אֱלֹהֶיךָ מְבִיאֲךָ אֶל־אֶרֶץ טוֹבָה אֶרֶץ נַחֲלֵי מָיִם עֲיָנֹת וּתְהֹמֹת יֹצְאִים בַּבִּקְעָה וּבָהָר: אֶרֶץ חִטָּה וּשְׂעֹרָה וְגֶפֶן וּתְאֵנָה וְרִמּוֹן אֶרֶץ־זֵית שֶׁמֶן וּדְבָשׁ: (דברים ח:ז-ח)

וְהָיָה בַּיּוֹם הַהוּא יֵצְאוּ מַיִם־חַיִּים מִירוּשָׁלַם חֶצְיָם אֶל־הַיָּם הַקַּדְמוֹנִי וְחֶצְיָם אֶל־הַיָּם הָאַחֲרוֹן בַּקַּיִץ וּבָחֹרֶף יִהְיֶה: (זכריה יד:ח)

ענף יוסף

(י) עלי באר ענו לה הרי במדבר כו'. ואע"ג דאפי' אי לא הוי זכות אברהם בודאי יתן להם לחם ומים כי לא ימיתם ברעב. מ"מ לא היה מפרנסן ע"י לחם ומים אלו שיש בהם מעלות טובות. ובארץ שנתן להם נחלי מים היינו שנתן להם יותר מדאי בשפע:

מתנות כהונה

ה"ג א"ר אבהו פלון של אבינו כו' פלן פי' הערוך מקומו כלומר אהלו: **מפולש.** פירש"י פתוח משני צדדיו ולפיכך וירא וירץ וגו' וזהו שאחז"ל ביתו פתוחה לרווחה היתה ואולי היה ביתו פתוח לרוחה. לד' רוחות העולם כמו שכתוב באבות דרבי נתן פ"ו שכך עשה איוב את ביתו: **דורמילוס.** פירש הערוך רחבה גדולה: **[י] לגדול שבהן וכו'.** מדלא כתיב אדני הנו"ן בפת"ח כדלקמן גבי לוט דהוה משמע לשון רבים אלא בקמ"ץ בניקוד שם יחידו של עולם ש"מ דלא אמר אלא לאחד מהם לגדול שבכולם וזהו מיכאל וכן משמע לי בפירוש רש"י בפרק שבועת העדות אע"פ שבחומש לא פירש כן: **אמר הקדוש ברוך הוא כו'.** עיין זה במדרש קהלת בפסוק שלח לחמך:

נחמד למראה

ממנו ואם לא ירוץ לקראתם ילכו לדרכם ולא יוכל אברהם לקיים מצות הכנסת אורחים שבשביל זה ישב פתח האהל ולא היה יודע מה לעשות. וזהו שאמר וירא בשכינה וירא במלאכים נתחכם ליטול רשות מהקב"ה להמתין לו עד שירוץ ויכניס את האורחים כמו שדרשו רז"ל וזה נראה פשט המדרש הלזה ודו"ק. א"נ יותר נראה דברים כפשטן ממש שאברהם אמר שאחר שמל לא באו לו אורחים והשיב לו הקב"ה עד שלא מלת היו בני אדם ערלים וכו' עכשיו אני ובני פמליא שלי וכו' הדא הוא דכתיב וירא וגו' שתיכף בא הקב"ה והמלאכים וזהו שאמר וירא בשכינה וירא במלאכים שקיים לו הקדוש ב"ה הבטחתו שבא עם פמליא שלו ודו"ק:

אשד הנחלים

ואם חולקים כבוד אז יש בהם מדרכי הנימוסיות וד"א. וזהו בני אדם המהוגנים לבד. ולכן ביקש מאת השכינה שלא תעבור ומזה ידע מה המה האנשים ההם: **מפולש.** דאל"כ למה וירא וירא שני פעמים א"ו שראה בתחילה שלשה אנשים נצבים פתח אהלו ואח"כ נטו מאחריו אחורי ביתו וראה אותם עוד הפעם כי הי' ביתו מפולש וראה אותם: **[י] לגדול שבהם.** שלכן נכתב בלשון יחיד ואם הגדול יתעכב שם בודאי הקטנים ממנו לא ילכו. והכוונה בגדול גדול בהשגה וזהו מיכאל שזהו מלאך הרחמים והרחמי' גדול מהדין:

״אַתָּה אָמַרְתָּ ״וְרַחֲצוּ רַגְלֵיכֶם — (ii) The Holy One, blessed is He, said to Abraham, **"You said: 'And wash your feet'** (v. 4). חַיֶּיךָ שֶׁאֲנִי פּוֹרֵעַ לְבָנֶיךָ בַּמִּדְבָּר וּבַיִּישׁוּב וְלֶעָתִיד לָבֹא — **By your life! I will repay your children,** by cleansing them with water[95] **in the Wilderness, in the settlement, and in the Messianic future."** בַּמִּדְבָּר מִנַּיִן שֶׁנֶּאֱמַר ״וָאֶרְחָצֵךְ בַּמַּיִם״ — **How is it known** that they were repaid **in the Wilderness? For it is written** that God tells Israel, ***I bathed you with water***[96] (*Ezekiel* 16:9). בַּיִּשׁוּב מִנַּיִן, שֶׁנֶּאֱמַר ״רַחֲצוּ הִזַּכּוּ״ — **From where** do we know that they were repaid **in the settlement** (*Eretz Yisrael*)? **For it is written, *Wash yourselves, purify yourselves***[97] (*Isaiah* 1:16). לֶעָתִיד לָבֹא מִנַּיִן שֶׁנֶּאֱמַר ״אִם רָחַץ ה׳ אֵת צֹאַת בְּנוֹת צִיּוֹן״ — And **from where** do we know that they will be repaid **in the Messianic future? For it is written**, ***When my Lord will have washed the filth***[98] ***of the daughters of Zion*** (ibid. 4:4).

״אַתָּה אָמַרְתָּ ״וְהִשָּׁעֲנוּ תַּחַת הָעֵץ — (iii) The Holy One, blessed is He, said to Abraham, **"You said: '*And recline beneath the tree*'** to be protected from the sun. חַיֶּיךָ שֶׁאֲנִי פּוֹרֵעַ לְבָנֶיךָ וְכוּ׳ — **By your life! I will repay your children** by sheltering them, **etc.** [in the Wilderness, in the settlement, and in the Messianic future]." ״פָּרַשׂ עָנָן לְמָסָךְ״, הֲרֵי בַּמִּדְבָּר — Scripture states, ***He spread out a cloud for shelter*** (*Psalms* 105:39), from which **we see** that Israel was repaid **in the Wilderness.**[99] בָּאָרֶץ מִנַּיִן, ״בַּסֻּכֹּת תֵּשְׁבוּ שִׁבְעַת יָמִים״ — **From where** do we know that they were repaid **in the Land** of Israel? For it is written, ***You shall dwell in booths for a seven-day period*** (*Leviticus* 23:42).[100] לֶעָתִיד לָבֹא מִנַּיִן שֶׁנֶּאֱמַר ״וְסֻכָּה תִּהְיֶה לְצֵל יוֹמָם מֵחֹרֶב״ — And **from where** do we know that they will be repaid **in the Messianic future?** For it is written, ***And there will be a tabernacle as a shade from heat in the daytime*** (*Isaiah* 4:6).

״אַתָּה אָמַרְתָּ ״וְאֶקְחָה פַּת לֶחֶם — (iv) The Holy One, blessed is He, said to Abraham, **"You said: '*I will fetch a morsel of bread*'** (v. 5) to feed the angels. חַיֶּיךָ שֶׁאֲנִי פּוֹרֵעַ לְבָנֶיךָ וכו׳ — **By your life! I will repay your children,** by sustaining them, **etc.** [in the Wilderness, in the settlement, and in the Messianic future]." ״וַיֹּאמֶר ה׳ אֶל מֹשֶׁה הִנְנִי מַמְטִיר לָכֶם לֶחֶם מִן הַשָּׁמָיִם״, הֲרֵי בַּמִּדְבָּר — Scripture states, ***HASHEM said to Moses, "Behold! — I shall rain down for you food from heaven"*** (*Exodus* 16:4), from which **we see** that Israel was repaid with sustenance **in the Wilderness.**[101] בָּאָרֶץ מִנַּיִן שֶׁנֶּאֱמַר ״אֶרֶץ חִטָּה וּשְׂעֹרָה״ — **From where** do we know that they were repaid **in the Land** of Israel? **For it is written, *A land of wheat and barley,*** *etc.* (*Deuteronomy* 8:8).[102] לֶעָתִיד לָבֹא מִנַּיִן ״יְהִי פִסַּת בַּר בָּאָרֶץ״ — And **from where** do we know that they will be repaid **in the Messianic future?** For it is written, ***May there be abundant grain on the earth*** (*Psalms* 72:16).Ⓐ

כָּךְ כְּתִיב ״וְאֶל הַבָּקָר רָץ אַבְרָהָם״ — (v) **Similarly, it is written,**[103] ***Then Abraham ran to the cattle*** (v. 7). חַיֶּיךָ שֶׁאֲנִי פּוֹרֵעַ לְבָנֶיךָ וְכוּ׳ — Hashem said to Abraham, **"By your life! I will repay your children,** with an abundance of meat, **etc.** [in the Wilderness, in the settlement, and in the Messianic future]." ״וְרוּחַ נָסַע מֵאֵת ה׳ וַיָּגָז שַׂלְוִים מִן הַיָּם״, הֲרֵי בַּמִּדְבָּר — Scripture states, ***A wind went forth from HASHEM and blew quail from the sea,*** *etc.* (*Numbers* 11:31)[104] — from which **we see** that Israel was repaid with meat **in the Wilderness.**[105]

NOTES

95. That is: Besides giving his guests water to drink, Abraham used water to perform another mitzvah as well; namely, cleansing his guests from the dust on their feet that they worshiped (below, 50 §4; *Bava Metzia* 86b). As reward for this mitzvah, God will cleanse Israel from its sins (*Eitz Yosef,* from *Yefeh To'ar*; *Maharzu*).

96. Referring to both physical and spiritual cleansing at the time the Torah was given; see *Radak* ad loc.

97. That is, wash yourselves and be cleansed of your sins (see preceding note).

98. A reference to spiritual impurity; see *Tanchuma, Vayeira* §4.

99. This verse refers to the pillar of cloud (also known as the Clouds of Glory) that accompanied the Israelites in the Wilderness. See *Exodus* 13:21. The Midrash is saying that Israel was afforded this protection in the merit of Abraham.

[This is in contrast to the view of the Sages who state that the Clouds of Glory accompanied the Israelites in the Wilderness in the merit of Aaron. See *Taanis* 9a and *Seder Olam Rabbah* Ch. 10.]

100. This verse does not represent an example of Divine shelter; rather, it is the commandment to dwell in *succos* (in commemoration of the protection afforded by the Clouds of Glory; see *Leviticus* 23:43 and *Rashi* ad loc. from *Succah* 11b). The Midrash means to say that it was in the merit of their forefather Abraham that they received this commandment (*Yefeh To'ar*; see also *Eitz Yosef*). See also *Tanchuma, Vayeira* §4.

101. The Midrash is saying that Israel was sustained with the manna in the Wilderness in the merit of Abraham.

[This is in contrast to the view of the Sages who state that the Israelites were sustained with manna in the merit of Moses. See *Taanis* 9a and *Seder Olam Rabbah* Ch. 10.]

102. And the succeeding verse there states, *A land where you will eat bread without poverty — you will lack nothing there, etc.* (*Maharzu*).

103. [Unlike the first four ways that Abraham served the angels, which have been introduced by the Midrash with the words, "You said," the last two (this one and the next) are introduced with the words, "it is written." This is because Abraham did not *say* anything in connection with the last two (*Maharzu* and *Eitz Yosef*).]

104. The commentators note that this verse does not seem appropriate here since these particular quail came as a punishment (see *Numbers* Ch. 11) when the Children of Israel complained, "Who will feed us meat" (ibid. v. 4). The verse that discusses quails as a reward is in *Exodus* 16:13. The commentators explain that this verse is merely quoted to demonstrate that the quail came from God (*A wind went forth from HASHEM*); the actual intent of the Midrash, though, is the account recorded in *Exodus* (*Yefeh To'ar*; see also *Anaf Yosef*).

105. Quail is a type of meat and was therefore fitting recompense for

INSIGHTS

Ⓐ **In Whose Merit** Our Midrash (like the parallel Gemara in *Bava Metzia* 86b) teaches that during the Jewish people's sojourn in the Wilderness, they drank from the miraculous well, ate of the sublime manna, and were protected by the heavenly cloud, in the merit of Abraham's gracious treatment of his guests.

Maharsha (to *Bava Metzia* loc. cit.) points out that this seems to contradict a Baraisa cited in *Taanis* 9a, where these same three things — the well, the manna, and the pillar of cloud — are attributed to the merits of others. The Gemara there reads as follows: *R' Yose the son of R' Yehudah says: Three excellent leaders arose for Israel; they are: Moses, Aaron and Miriam. And because of them, three excellent gifts were bestowed [upon Israel]. They are: the well, the [pillar of] cloud, and the manna. The well [was provided] in the merit of Miriam, the pillar of cloud in the merit of Aaron, and the manna in the merit of Moses.* [See also *Seder Olam Rabbah* Ch. 10, and *Tanchuma, Chukas* §1.]

R' Chaim Shmulevitz offers the following analogy to reconcile these two sources: A huge tree may grow from a small seed, but only if the seed is implanted in earth, and then provided with water and sunlight. It is the combination of all of these elements that allows a tree to sprout. Says *R' Chaim*: The "seeds" from which the manna, the pillar of cloud, and the well sprouted were indeed Abraham's acts of kindness. However, it was the "nutrients" provided by the merits of Moses, Aaron and Miriam that ultimately caused those seeds to blossom as they did into wondrous resources for the Jewish people. [See also *Numbers* 21:18 with *Targum Yonasan Ben Uziel*.]

This is a powerful lesson about the value of every small, and possibly seemingly insignificant, good deed. Even a slight inclination toward goodness may give birth to a seed that has within it the potential to grow, over years of germination, into something remarkable. Conversely as well, any slight leaning towards evil may one day produce frightening results (*Sichos Mussar,* 5732 §8). [See similarly above, Insight to 42 §8.]

אַתָּה אָמַרְתָּ "וְרַחֲצוּ רַגְלֵיכֶם", חַיֶּיךָ שֶׁאֲנִי פּוֹרֵעַ לְבָנֶיךָ בַּמִּדְבָּר וּבַיִּשּׁוּב וְלֶעָתִיד לָבֹא. בַּמִּדְבָּר מִנַּיִן, שֶׁנֶּאֱמַר (יחזקאל טז, ט) "וָאֶרְחָצֵךְ בַּמַּיִם". בַּיִּשּׁוּב מִנַּיִן, שֶׁנֶּאֱמַר (ישעיה א, טז) "רַחֲצוּ הִזַּכּוּ". לֶעָתִיד לָבֹא מִנַּיִן, שֶׁנֶּאֱמַר (שם ד, ד) "אִם רָחַץ ה' אֵת צֹאַת בְּנוֹת צִיּוֹן". אַתָּה אָמַרְתָּ "וְהִשָּׁעֲנוּ תַּחַת הָעֵץ", חַיֶּיךָ שֶׁאֲנִי פּוֹרֵעַ לְבָנֶיךָ וְכוּ' (תהלים קה, לט) "פָּרַשׂ עָנָן לְמָסָךְ", הֲרֵי בַּמִּדְבָּר. בָּאָרֶץ מִנַּיִן, (ויקרא כג, מב) "בַּסֻּכֹּת תֵּשְׁבוּ שִׁבְעַת יָמִים". לֶעָתִיד לָבֹא מִנַּיִן שֶׁנֶּאֱמַר (ישעיה ד, ו) "וְסֻכָּה תִּהְיֶה לְצֵל יוֹמָם מֵחֹרֶב". אַתָּה אָמַרְתָּ "וְאֶקְחָה פַּת לֶחֶם", חַיֶּיךָ שֶׁאֲנִי פּוֹרֵעַ לְבָנֶיךָ וְכוּ' (שמות טז, ד) "וַיֹּאמֶר ה' אֶל מֹשֶׁה הִנְנִי מַמְטִיר לָכֶם לֶחֶם מִן הַשָּׁמָיִם", הֲרֵי בַּמִּדְבָּר. בָּאָרֶץ מִנַּיִן, שֶׁנֶּאֱמַר (דברים ח, ח) "אֶרֶץ חִטָּה וּשְׂעֹרָה". לֶעָתִיד לָבֹא מִנַּיִן, (תהלים עב, טז) "יְהִי פִסַּת בַּר בָּאָרֶץ". כָּךְ כְּתִיב "וְאֶל הַבָּקָר רָץ אַבְרָהָם", חַיֶּיךָ שֶׁאֲנִי פּוֹרֵעַ לְבָנֶיךָ וְכוּ' (במדבר יא, לא) "וְרוּחַ נָסַע מֵאֵת ה' וַיָּגָז שַׂלְוִים מִן הַיָּם", הֲרֵי בַּמִּדְבָּר. בָּאָרֶץ מִנַּיִן, (שם לב, א) "וּמִקְנֶה רַב הָיָה לִבְנֵי רְאוּבֵן". לֶעָתִיד לָבֹא מִנַּיִן, שֶׁנֶּאֱמַר (ישעיה ז, כא) "וְהָיָה בַּיּוֹם הַהוּא יְחַיֶּה אִישׁ וְגוֹ' ". כָּךְ כְּתִיב "וְהוּא עֹמֵד עֲלֵיהֶם", חַיֶּיךָ שֶׁאֲנִי פּוֹרֵעַ לְבָנֶיךָ וְכוּ' (שמות יג, כא) "וַה' הֹלֵךְ לִפְנֵיהֶם יוֹמָם בְּעַמּוּד עָנָן לַנְחֹתָם הַדֶּרֶךְ", הֲרֵי בַּמִּדְבָּר. בָּאָרֶץ מִנַּיִן, שֶׁנֶּאֱמַר (תהלים פב, א) "אֱלֹהִים נִצָּב בַּעֲדַת אֵל", לֶעָתִיד לָבֹא מִנַּיִן, שֶׁנֶּאֱמַר (מיכה ב, יג) "עָלָה הַפֹּרֵץ לִפְנֵיהֶם":

יא [יח, ה] "וְאֶקְחָה פַת לֶחֶם וְסַעֲדוּ לִבְּכֶם אַחַר תַּעֲבֹרוּ" [יט]אָמַר רַבִּי יִצְחָק: בַּתּוֹרָה וּבַנְּבִיאִים וּבַכְּתוּבִים מָצִינוּ דַּהֲדָא פִּיתָּא מְזוֹנִיתָא דְלִיבָּא. בַּתּוֹרָה מִנַּיִן, "וְאֶקְחָה פַת לֶחֶם וְסַעֲדוּ לִבְּכֶם". בַּנְּבִיאִים (שופטים יט, ה) "סְעָד לִבְּךָ פַּת לֶחֶם". בַּכְּתוּבִים (תהלים קד, טו) "וְלֶחֶם לְבַב אֱנוֹשׁ יִסְעָד". אָמַר רַבִּי אַחָא: "וְסַעֲדוּ לְבַבְכֶם" אֵין כְּתִיב כָּאן, אֶלָּא "וְסַעֲדוּ לִבְּכֶם", הָדָא אָמְרַת° [כ]אֵין יֵצֶר הָרָע שׁוֹלֵט בַּמַּלְאָכִים,

עץ יוסף

ורחצו רגליכם. שמלבד שכרו בתתו מימיו לגמילות חסדים יש לו שכר על הקפידו לטהר מטכו"ס וכנגד זה יטהר ה' את ישראל מטון (יפ"ת): **פרש ענן למסך.** להיות לל על ראשיהם דוגמת וישענו תחת העץ להיות להם לצל. ואע"ג דההוא ענן משמע בענן המפסיק בין ישראל למצרים. גם עליהם היה ענן דשבעה עננים היו כמ"ש חז"ל: **בסוכות תשבו.** בזכות אברהם זכו למצוה זו: **בארץ מנין ומקנה רב.** קשה היכי מייתי מזה לארץ הא מקנה זה במדבר היה. ובילקוט ישעיה מייתי מקנה רב למדבר. ובנכסים רבים תשובו אל אחיכם מייתי לארץ: **כך כתיב והוא עומד עליהם.** בד' חלוקות הראשונות אמר המדרש אתה אמרת. שד' אלו סובבים למ"ש ויאמר. אבל בב' האחרונות לא הי' שם אמירת אברהם. על כן החליף המדרש הלשון לכתוב כך כתיב: **והוא עומד עליהם לשמש אותם.** כן שימש הקב"ה אותם בעמוד הענן. וכן נצב בעדת אל לשמוע תפלתם כדאי' לעיל. וכן עלה הפורץ וגו' וה' בראשם לשמרם ולהגן עליהם: **(יא) דהדא פיתא מזוניתא דליבא.** שאין הלב מתחזק כי אם בפת לחם. ולכן עיקר הסעודה נקרא ע"ש הלחם כי הוא יסוד הכל. ולכן אמר אברהם ואקחה פת לחם וסעדו לבכם אף כי הביא גם שאר מאכלים בן בקר רך וטוב וחמאה וחלב. והכוונה בזה להורות מוסר כי די לאדם לחיותו בפת באין צורך לענינים מותרים אשר אינם עקרים לכח החיות: **אין יצר הרע שולט במלאכים.** שאינן בעלי בחירה. ואע"פ שהוא חשבם לאנשים רוח ה' נוססה בו לכוין האמת בדבריו (יפ"ת):

פירוש מהרז"ו

ורחצו רגליכם. כמ"ש רש"י בחומש כאן. ולקמן פ' נ' סי' ד' שהיה חושדן שהם ערביים. שהיו משתחוים לאבק שברגליהם. ולזה היה השכר במ"ש רחצו הזכו. **אם רחץ ה' וגו'.** וארחצך במים. כינוי לטהרת הטומאה. וסובר שמ"ש יוקח נא מעט מים היה לשתיה וגם לרחיצה: **והשענו תחת העץ.** והעץ היה סוכך עליהם מחום השמש לצל: **ארץ חטה ושעורה.** וס"ד אשר לא במסכנות תאכל בה לחם: **כך כתיב ואל הבקר.** היינו בשר והשלוים ג"כ בשר ומלבד שנתן בשר כנגד בשר אלא גם שאכל הבשר ניתן ברוח במרוצה. בד' חלוקות ראשונות אמר המדרש בלשון אתה אמרת שד' אלו סובבים למ"ש ויאמר בב' האחרונות לא היה שם אמירת אברהם. על כן החליף המדרש הלשון לכתוב כך כתיב: **והוא עומד עליהם.** לשמש אותם. ועמוד כנגד עומד וכן נצב בעדת לשמוע תפלתם לעיל סי' ז'. וכן עלה הפורץ וגו' וה' בראשם לשמרם ולהגן עליהם:

חידושי הרד"ל

(כג) [י] **וסעדו לבבכם אב"ב.** אע"ג דבקרא דשופטים שהביא בסמוך כתיב ג"כ לבך. שם מדרש כדאמרינן בב"ב (יב.) שקודם שאכל יש לו ב' לבבות ואחר שאכל אין לו אלא לב א'. אבל במלאכים א"ל כן ואף שאברהם לא ידע שהן מלאכים מ"מ התורה יש לה לכתוב הלשון לפי האמת מידי דשייך במלאכים) לכן דרש שאין להם יצ"ה. ועיין אג"ב פכ"ג:

חידושי הרש"ש

[יא] **וסעדו לבבכם אין כתיב באן כו'.** פי' כיון דהיו שלשה הל"ל לבבכם. ופע"ז אמר אין יצה"ר שולט כו' לכן כולן שוין לטובה בלב אחת. ע"ד שאמרו (סוכה מ"ה ב') אף ישראל אין להם אלא לב אחד לאביהם שבשמים. וכן במקרא מצאנו לתת להם לב אחד וגו' (ד"ה ב' ל"ד) משא"כ בבני אדם שיש להם יצה"ר חלק לבם שזה מתאוה לד"ז וזה לד"א וכל הגדול מחבירו יצרו גדול הימנו (שם נ"ב) וכה"ג אמרו בויק"ר פ"ד בעשיו כתיב כו' נפשות הרבה וביעקב ע' נפש וכתיב ביה נפש א' כו' אלא זה שהיה עובד לאלהות הרבה כתיב ביה נפשות אבל יעקב שהיה עובד לאלוה א' כתיב בו נפש א'. אבל באחד מצינו אף באדם סעד לבך ועוד רבות ודלא כמ"כ. ומה שמצינו אחרי שרירות לבם וכיוצא דעת לנבון נקל לישבם:

ענף יוסף

(ויגז שלוים) תימא איך יהיה בשר זה שהיה להם לזרא חלף שכר אברהם (יפ"ת). וי"ל דהא אמרינן ביומא פרק ח כתיב שליו וקרינן סליו. אר"ח צדיקים אוכלים אותו בשלוה. ורשעים דומים להם כסלוי. והכא בצדיקים מיירי (נהז"ק):

רש"י

כך כתיב ואל הבקר רץ אברהם חייך שאני פורע לבניך שנאמר ורוח נסע מאת ה' ויגז שלוים וגו'. בשר כנגד בשר רץ כנגד רץ הוא רץ ושליו רץ זה כנגד זה: **אמר רבי יצחק.** בתורה ובנביאים ובכתובים מצינו דהאי פיתא מזוניתא דלבא: (יא) **וסעדו לבבכם אין כתיב כאן אלא לבכם.** לב אחד שאין להם אלא לב אחד: **שיתו לבבכם לחילה אין כתיב כאן אלא לבכם.** עתיד הקדוש ברוך הוא לעשות ראש מחול לצדיקים שנאמר שיתו לבכם לחילה (תהלים מ"ח) לחולה קרי לשון מחול לומר לך אף

מתנות כהונה

עלה הפורץ וגו' גרסינן. סיפיה דקרא ויעבור מלכם לפניהם וה' בראשם: [יא] **לבבכם.** משמע שני לבבות יצר טוב ויצר הרע לככם

אשד הנחלים

שאני פורע כו'. חשב כל ענייני המימות. הן מים הגשמים המחיים את הגוף והן הטהר' הנפשית המכונה בשם מים שזהו יהי' לע"ל כמו שנא' לא רעב ללחם ולא צמא למים כ"א לשמוע דבר ה' וכ"ז תיקן אברהם בטוב לבו גם אברהם תיקן בזה הטהר' הנפשית במה שאמר רחצו רגליכם לטהר אותם. ובמה ששענו תחת העץ להיות למגן להם מצל ומחורב תיקן לבניו כל עניני הסוכה הן מחסה הגופני והן מצות הסוכה שזהו סוכות ענני כבוד שזהו מהעניני' הנפשיים. וכן לע"ל הצלה מכל צרה וצוקה וסוכות לויתן הרי הגשמי והנפשי יחד ואין להאריך. וכן במה שנתן להם פת זכו לפת בארץ ולע"ל שאז תתוקן הארץ ותוציא פירות מבושלים ומתוקנים בלי יגיעה עוד כמאמרם בשבת: **יחיה איש.** כי יהי' ריבוי השובע בעולם וגם ברכת ה' תשלוט בעולם. וכן במה שעמד עליהם יזכו שיעמוד ה' לפניהם להשגיח עליהם תחילה כמו שהיו בים והשראת השכינה כמ"ש אלהים נצב בעדת אל. ולע"ל תהי' שתיה' יחד השגחה להצילם והשראת השכינה יחד וכמ"ש עלה הפורץ לפניהם לפרוץ דרך להצילם וה' בראשם להופיע עליהם ודי בזה: **[יא] פתא מזונתא דלבא.** שמעתי בשם חכמי הרופאים שלכן נקרא סעד לפי שהלב תלוי על האסטומכא באויר ובעת שהאדם אוכל לשובע ואז האסטומכא מתמלאה וסועדת ללב לבלי יתלה באויר. ולכן נקרא זאת סעד ועיקר הסעד הוא מהפת. ועל דרך האמת הכוונה כי הפת הוא המאכל היותר עוזר לבריאת הלב שהוא עיקר המחזק את הכח החיוני השורה בלב. וכוונה בזה להערת מוסר כי די לאדם לחיותו הפת באין צורך לעניינים מותרים אשר אינם עקרים לכח החיות: **אין יצר הרע.** ולא יקשה לפ"ז הלא המלאכים אין צורך להם לאכילה ושתי' כלל בזה כבר תרצו חכמי אמת כי המלאכים בירידתם למטה

מסורת המדרש

יט שוח"ט מזמור ק"ד. ילקוט כאן וילקוט שופטים רמז ע"ה. ילקוט תהלים רמז תתס"ב: כ עיין שבת פ"ט:

אם למקרא

וָאֶרְחָצֵךְ בַּמַּיִם וָאֶשְׁטֹף דָּמַיִךְ מֵעָלָיִךְ וָאֲסֻכֵךְ בַּשָּׁמֶן: (יחזקאל טז:ט)

רַחֲצוּ הִזַּכּוּ הָסִירוּ רֹעַ מַעַלְלֵיכֶם מִנֶּגֶד עֵינָי חִדְלוּ הָרֵעַ: (ישעיה א:טז)

אִם רָחַץ אֲדֹנָי אֵת צֹאַת בְּנוֹת־צִיּוֹן וְאֶת־דְּמֵי יְרוּשָׁלִַם יָדִיחַ מִקִּרְבָּהּ בְּרוּחַ מִשְׁפָּט וּבְרוּחַ בָּעֵר: (ישעיה ד:ד)

פָּרַשׂ עָנָן לְמָסָךְ וְאֵשׁ לְהָאִיר לָיְלָה: (תהלים קה:לט)

בַּסֻּכֹּת תֵּשְׁבוּ שִׁבְעַת יָמִים כָּל־הָאֶזְרָח בְּיִשְׂרָאֵל יֵשְׁבוּ בַּסֻּכֹּת: (ויקרא כג:מב)

וְסֻכָּה תִּהְיֶה לְצֵל־יוֹמָם מֵחֹרֶב וּלְמַחְסֶה וּלְמִסְתּוֹר מִזֶּרֶם וּמִמָּטָר: (ישעיה ד:ו)

וַיֹּאמֶר ה' אֶל־מֹשֶׁה הִנְנִי מַמְטִיר לָכֶם לֶחֶם מִן־הַשָּׁמָיִם וְיָצָא הָעָם וְלָקְטוּ דְּבַר־יוֹם בְּיוֹמוֹ לְמַעַן אֲנַסֶּנּוּ הֲיֵלֵךְ בְּתוֹרָתִי אִם־לֹא: (שמות טז:ד)

אֶרֶץ חִטָּה וּשְׂעֹרָה וְגֶפֶן וּתְאֵנָה וְרִמּוֹן אֶרֶץ־זֵית שֶׁמֶן וּדְבָשׁ: (דברים ח:ח)

יְהִי פִסַּת־בַּר בָּאָרֶץ בְּרֹאשׁ הָרִים יִרְעַשׁ כַּלְּבָנוֹן פִּרְיוֹ וְיָצִיצוּ מֵעִיר כְּעֵשֶׂב הָאָרֶץ: (תהלים עב:טז)

וְרוּחַ נָסַע מֵאֵת ה' וַיָּגָז שַׂלְוִים מִן־הַיָּם וַיִּטֹּשׁ עַל־הַמַּחֲנֶה כְּדֶרֶךְ יוֹם כֹּה וּכְדֶרֶךְ יוֹם כֹּה סְבִיבוֹת הַמַּחֲנֶה וּכְאַמָּתַיִם עַל־פְּנֵי הָאָרֶץ: (במדבר יא:לא)

וּמִקְנֶה רַב הָיָה לִבְנֵי רְאוּבֵן וְלִבְנֵי־גָד עָצוּם מְאֹד וַיִּרְאוּ אֶת־אֶרֶץ יַעְזֵר וְאֶת־אֶרֶץ גִּלְעָד וְהִנֵּה הַמָּקוֹם מְקוֹם מִקְנֶה: (במדבר לב:א)

וְהָיָה בַּיּוֹם הַהוּא יְחַיֶּה־אִישׁ עֶגְלַת בָּקָר וּשְׁתֵּי־צֹאן: (ישעיה ז:כא)

וַה' הֹלֵךְ לִפְנֵיהֶם יוֹמָם בְּעַמּוּד עָנָן לַנְחֹתָם הַדֶּרֶךְ וְלַיְלָה בְּעַמּוּד אֵשׁ לְהָאִיר לָהֶם לָלֶכֶת יוֹמָם וָלָיְלָה: (שמות יג:כא)

מִזְמוֹר לְאָסָף אֱלֹהִים נִצָּב בַּעֲדַת־אֵל בְּקֶרֶב אֱלֹהִים יִשְׁפֹּט: (תהלים פב:א)

עָלָה הַפֹּרֵץ לִפְנֵיהֶם פָּרְצוּ וַיַּעֲבֹרוּ שַׁעַר וַיֵּצְאוּ בוֹ וַיַּעֲבֹר מַלְכָּם לִפְנֵיהֶם וַה' בְּרֹאשָׁם: (מיכה ב:יג)

וַיְהִי בַּיּוֹם הָרְבִיעִי וַיַּשְׁכִּימוּ בַבֹּקֶר וַיָּקָם לָלֶכֶת וַיֹּאמֶר אֲבִי הַנַּעֲרָה אֶל־חֲתָנוֹ סְעָד לִבְּךָ פַּת־לֶחֶם וְאַחַר תֵּלֵכוּ: (שופטים יט:ה)

וְיַיִן | יְשַׂמַּח לְבַב־אֱנוֹשׁ לְהַצְהִיל פָּנִים מִשָּׁמֶן וְלֶחֶם לְבַב־אֱנוֹשׁ יִסְעָד: (תהלים קד:טו)

בָּאָרֶץ מִנַּיִן, "וּמִקְנֶה רַב הָיָה לִבְנֵי רְאוּבֵן" — **From where** do we know that they were repaid **in the Land** of Israel? For it is written, ***The children of Reuben had abundant livestock*** (ibid. 32:1).[106] לֶעָתִיד לָבֹא מִנַּיִן, שֶׁנֶּאֱמַר "וְהָיָה בַּיּוֹם הַהוּא יְחַיֶּה אִישׁ וגו'" — And **from where** do we know that they will be repaid **in the Messianic future? For it is written: *It shall be on that day that each man will raise, etc.***, *a heifer and two sheep* (*Isaiah* 7:21).

כָּךְ כְּתִיב "וְהוּא עֹמֵד עֲלֵיהֶם" — (vi) **Similarly, it is written, *He stood over them*** (v. 8). חַיֶּיךָ שֶׁאֲנִי פּוֹרֵעַ לְבָנֶיךָ וְכוּ' — Hashem said to Abraham, **"By your life! I will repay your children,** by attending to their needs and protecting them, **etc.** [in the Wilderness, in the settlement, and in the Messianic future]." "וַה' הֹלֵךְ לִפְנֵיהֶם יוֹמָם בְּעַמּוּד עָנָן לַנְחֹתָם הַדֶּרֶךְ", הֲרֵי בַּמִּדְבָּר — Scripture states, ***HASHEM went before them by day in a pillar of cloud to lead them on the way*** (*Exodus* 13:21), from which **we see** that Israel was repaid **in the Wilderness.** בָּאָרֶץ מִנַּיִן שֶׁנֶּאֱמַר "אֱלֹהִים נִצָּב בַּעֲדַת אֵל" — And **from where** do we know that they were repaid **in the Land** of Israel? **For it is written, *God stands in the divine assembly*** (*Psalms* 82:1).[107] לֶעָתִיד לָבֹא מִנַּיִן שֶׁנֶּאֱמַר "עָלָה הַפֹּרֵץ לִפְנֵיהֶם" — And **from where** do we know that they will be repaid **in the Messianic future? For it is stated, *The one who breaks forth will go before them,*** etc., *their king [Messiah] will pass in front of them, with HASHEM at their head* (*Micah* 2:13), to protect them.[108]

וְאֶקְחָה פַת לֶחֶם וְסַעֲדוּ לִבְּכֶם אַחַר תַּעֲבֹרוּ כִּי עַל כֵּן עֲבַרְתֶּם עַל עַבְדְּכֶם וַיֹּאמְרוּ כֵּן תַּעֲשֶׂה כַּאֲשֶׁר דִּבַּרְתָּ.

"I will fetch a morsel of bread that you may sustain yourselves, then go on — since for this purpose you have passed your servant's way." They said, "So shall you do just as you have said" (18:5).

§11 וְאֶקְחָה פַת לֶחֶם וְסַעֲדוּ לִבְּכֶם אַחַר תַּעֲבֹרוּ — ***I WILL FETCH A MORSEL OF BREAD THAT YOU MAY SUSTAIN YOURSELVES, THEN GO ON.***

As recorded in verses 6-8, Abraham prepared a number of foods for his guests. Why does our verse mention only bread?[109]

אָמַר רַבִּי יִצְחָק: בַּתּוֹרָה וּבַנְּבִיאִים וּבַכְּתוּבִים מָצִינוּ דְּהָדָא פִּיתָא מְזוֹנִיתָא דְלִיבָּא — **R' Yitzchak said: In the Torah, in the Prophets, and in the Writings we find that bread is the nourishment of the heart.**[110] בַּתּוֹרָה מִנַּיִן, "וְאֶקְחָה פַת לֶחֶם וְסַעֲדוּ לִבְּכֶם" — **From where** do we know this **from the Torah?** From the verse, ***I will fetch a morsel of bread that you may nourish your heart.*** בַּנְּבִיאִים "סְעָד לִבְּךָ פַּת לֶחֶם" — And **from the Prophets, *Sustain yourself with some bread*** (*Judges* 19:5). בַּכְּתוּבִים "וְלֶחֶם לְבַב אֱנוֹשׁ יִסְעָד" — And **from the Writings, *And bread that sustains the heart of man*** (*Psalms* 104:15).

□ {וְסַעֲדוּ לִבְּכֶם — *THAT YOU MAY SUSTAIN YOURSELVES.*}

The Midrash derives a teaching about angels from the word לִבְּכֶם:

אָמַר רַבִּי אַחָא: וְסַעֲדוּ לְבַבְכֶם אֵין כְּתִיב כָּאן, אֶלָּא "וְסַעֲדוּ לִבְּכֶם" — **R Acha said: It does not say** in our verse, וְסַעֲדוּ לְבַבְכֶם, **but rather** וְסַעֲדוּ לִבְּכֶם.[111] הָדָא אָמְרָה אֵין יֵצֶר הָרָע שׁוֹלֵט בַּמַּלְאָכִים — **This indicates that the Evil Inclination has no power over angels.**[112]

NOTES

Abraham's having given meat to his guests. In addition, it was given to Israel speedily (via the wind), just as Abraham *ran* speedily to the cattle (*Maharzu*).

106. *Eitz Yosef* finds it difficult to understand how this verse indicates that Israel had meat (or livestock) in the Land of Israel, for this verse appears in the context of Reuben's holdings on the *eastern* side of the Jordan. He points out that in an alternate version of our Midrash (*Yalkut Shimoni, Isaiah* §401), this verse is indeed cited to prove that the Israelites had meat in the *Wilderness*; to prove the point in connection with the Land of Israel, a different verse (*Joshua* 22:8) is cited: *With much wealth return to your tents, and with very much cattle.*

However, it is possible that the Midrash holds that the land on the eastern side of the Jordan is in fact part of *Eretz Yisrael*. See also *Sheviis* 9:2 and *Kesubos* 13:10, cited as proof to this position by *Tashbetz* III:198.

107. As the Midrash said above (section 7), this verse means that God listens to the prayers of Israel (*Eitz Yosef*).

108. The Midrash's proof is from the end of the verse (*Matnos Kehunah, Eitz Yosef*).

109. [One well-known answer to this question is that, in keeping with the teaching of our Sages (*Ethics of the Fathers* 1:15) that one should "say (promise) little but do much," Abraham promises only bread but actually gives much more (*Bava Metzia* 87a). Our Midrash has a different approach.]

110. Indeed, the plain meaning of the words וְסַעֲדוּ לִבְּכֶם is *nourish your heart*. The Midrash means that it is bread that the heart (and body) need in order to be healthy and strong; other foods are just "extra." As such, Abraham mentions only the bread he is preparing for his guests, not the other foods (*Imrei Yosher, Eitz Yosef*).

Our verse is thus incidentally teaching us a point of *mussar* (ethical perfection) as well; namely, that it is possible to make do with bread (which is a necessary staple) and to dispense with unnecessary delicacies (*Eitz Yosef*).

111. There are two different forms of the Hebrew word for "your (pl.) heart," לְבַבְכֶם and לִבְּכֶם. The additional ב in the former connotes a second heart (*Matnos Kehunah*). See further.

112. By using the form לִבְּכֶם, *your heart*, which has but one ב, Abraham was implicitly asserting that angels have only "one heart" — one heart to do good. Since angels do not have free will (*Eitz Yosef*), they do not possess two separate hearts, as it were, one to do good and the other to do evil; their sole mission is to do the will of their Creator (*Rashi, Matnos Kehunah*).

[Though Abraham was under the impression that they were ordinary mortals (not angels), the Godly spirit within him caused him to speak accurately even without his conscious awareness (*Eitz Yosef,* from *Yefeh To'ar*). Alternatively: Even though Abraham himself spoke *inaccurately*, the Torah should, and does, speak *accurately*, recording Abraham's words as corresponding to the reality that these men were actually angels (*Radal*).]

אַתָּה אָמַרְתָּ "וְרַחֲצוּ רַגְלֵיכֶם", חַיֶּיךָ שֶׁאֲנִי פּוֹרֵעַ לְבָנֶיךָ בַּמִּדְבָּר וּבַיִּשּׁוּב וְלֶעָתִיד לָבֹא. בַּמִּדְבָּר מִנַּיִן, שֶׁנֶּאֱמַר (יחזקאל טז, ט) "וָאֶרְחָצֵךְ בַּמַּיִם". בַּיִּשּׁוּב מִנַּיִן, שֶׁנֶּאֱמַר (ישעיה א, טז) "רַחֲצוּ הִזַּכּוּ". לֶעָתִיד לָבֹא מִנַּיִן, שֶׁנֶּאֱמַר (שם ד, ד) "אִם רָחַץ ה' אֵת צֹאַת בְּנוֹת צִיּוֹן". אַתָּה אָמַרְתָּ "וְהִשָּׁעֲנוּ תַּחַת הָעֵץ", חַיֶּיךָ שֶׁאֲנִי פּוֹרֵעַ לְבָנֶיךָ וְכוּ' (תהלים קה, לט) "פָּרַשׂ עָנָן לְמָסָךְ", הֲרֵי בַּמִּדְבָּר. בָּאָרֶץ מִנַּיִן, (ויקרא כג, מב) "בַּסֻּכֹּת תֵּשְׁבוּ שִׁבְעַת יָמִים". לֶעָתִיד לָבֹא מִנַּיִן שֶׁנֶּאֱמַר (ישעיה ד, ו) "וְסֻכָּה תִּהְיֶה לְצֵל יוֹמָם מֵחֹרֶב". אַתָּה אָמַרְתָּ "וְאֶקְחָה פַּת לֶחֶם", חַיֶּיךָ שֶׁאֲנִי פּוֹרֵעַ לְבָנֶיךָ וְכוּ' (שמות טז, ד) "וַיֹּאמֶר ה' אֶל מֹשֶׁה הִנְנִי מַמְטִיר לָכֶם לֶחֶם מִן הַשָּׁמָיִם", הֲרֵי בַּמִּדְבָּר. בָּאָרֶץ מִנַּיִן, שֶׁנֶּאֱמַר (דברים ח, ח) "אֶרֶץ חִטָּה וּשְׂעֹרָה". לֶעָתִיד לָבֹא מִנַּיִן, (תהלים עב, טז) "יְהִי פִסַּת בַּר בָּאָרֶץ". כָּךְ כְּתִיב "וְאֶל הַבָּקָר רָץ אַבְרָהָם", חַיֶּיךָ שֶׁאֲנִי פּוֹרֵעַ לְבָנֶיךָ וְכוּ' (במדבר יא, לא) "וְרוּחַ נָסַע מֵאֵת ה' וַיָּגָז שַׂלְוִים מִן הַיָּם", הֲרֵי בַּמִּדְבָּר. בָּאָרֶץ מִנַּיִן, (שם לב, א) "וּמִקְנֶה רַב הָיָה לִבְנֵי רְאוּבֵן". לֶעָתִיד לָבֹא מִנַּיִן, שֶׁנֶּאֱמַר (ישעיה ז, כא) "וְהָיָה בַּיּוֹם הַהוּא יְחַיֶּה אִישׁ וְגוֹ'". כָּךְ כְּתִיב "וְהוּא עֹמֵד עֲלֵיהֶם", חַיֶּיךָ שֶׁאֲנִי פּוֹרֵעַ לְבָנֶיךָ וְכוּ' (שמות יג, כא) "וַה' הֹלֵךְ לִפְנֵיהֶם יוֹמָם בְּעַמּוּד עָנָן לַנְחֹתָם הַדֶּרֶךְ", הֲרֵי בַּמִּדְבָּר. בָּאָרֶץ מִנַּיִן, שֶׁנֶּאֱמַר (תהלים פב, א) "אֱלֹהִים נִצָּב בַּעֲדַת אֵל", לֶעָתִיד לָבֹא מִנַּיִן, שֶׁנֶּאֱמַר (מיכה ב, יג) "עָלָה הַפֹּרֵץ לִפְנֵיהֶם":

יא [יח, ה] "וְאֶקְחָה פַת לֶחֶם וְסַעֲדוּ לִבְּכֶם אַחַר תַּעֲבֹרוּ" [י]אָמַר רַבִּי יִצְחָק: בַּתּוֹרָה וּבַנְּבִיאִים וּבַכְּתוּבִים מָצִינוּ דַּהֲדָא פִּיתָּא מְזוֹנִיתָא דְלִיבָּא. בַּתּוֹרָה מִנַּיִן, "וְאֶקְחָה פַת לֶחֶם וְסַעֲדוּ לִבְּכֶם". בַּנְּבִיאִים (שופטים יט, ה) "סְעַד לִבְּךָ פַּת לֶחֶם". בַּכְּתוּבִים (תהלים קד, טו) "וְלֶחֶם לְבַב אֱנוֹשׁ יִסְעָד". אָמַר רַבִּי אַחָא: "וְסַעֲדוּ לְבַבְכֶם" אֵין כְּתִיב כָּאן, אֶלָּא "וְסַעֲדוּ לִבְּכֶם", הָדָא אָמְרָת° [כ]אֵין יֵצֶר הָרַע שׁוֹלֵט בַּמַּלְאָכִים,

עץ יוסף

ורחצו רגליכם. שמלבד שכרו בתתו מימיו לגמילות חסדים יש לו שכר על הקפידו לטהר מעכו"ם וכנגד זה יטהר ה' את ישראל מטון (יפ"ת): **פרש ענן למסך.** להיות צל על ראשיהם דוגמת וישענו תחת העץ להיות להם לצל. ואע"ג דההוא ענן משמע בענן המפסיק בין ישראל למצרים. גם עליהם היה ענן דשבעה ענניס היו כמ"ש חז"ל: **בסוכות תשבו.** בזכות אברהם זכו למצוה זו: **בארץ מנין ומקנה רב.** קשה היכי מייתי מזה לארץ הא מקנה זה במדבר היה. ובילקוט ישעיה מייתי מקנה רב למדבר. ובכנסים רבים תשובו אל אחיכם מייתי לארץ: **כך כתיב והוא עומד עליהם.** בד' חלוקות הראשונות אמר המדרש אתה אמרת. שד' אלו סובבים למ"ש ויאמר. אבל בב' האחרונות לא הי' שם אמירת אברהם. על כן החליף המדרש הלשון לכתוב כך כתיב: **והוא עומד עליהם לשמש אותם.** כן שימש הקב"ה אותם בעמוד הענן. וכן נצב בעדת אל לשמוע תפלתם כדאי' לעיל. וכן עלה הפורץ וגו' וה' בראשם לשמרם ולהגן עליהם: **(יא) דהדא פיתא מזוניתא דליבא.** שאין הלב מתחזק כי אם בפת לחם. ולכן עיקר הסעודה נקרא ע"ש הלחם כי הוא יסוד הכל. ולכן אמר אברהם ואקחה פת לחם וסעדו לבכם אף כי הביא גם שאר מאכלים בן בקר רך וטוב וחמאה וחלב. והכוונה בזה להורות מוסר כי די לאדם לחיותו בפת באין צורך לעניינים מותרים אשר אינם עקרים לכח החיות: **אין יצר הרע שולט במלאכים.** שאינן בעלי בחירה. ואע"פ שהוא השבם לאנשים רוח ה' נוססה בו לכוין האמת בדברו (יפ"ת):

פירוש מהרז"ו

ורחצו רגליכם. כמ"ש רש"י בחומש כאן. ולקמן פ' נ' סי' ד' שהיה חושדן שהם ערביים. שהיו משתחוים לאבק שברגליהם. ולזה היה השכר במ"ש רחצו הזכו. **אם רחץ ה' וגו'.** וארחצך במים. כינוי לטהרת הטומאה. וסובר שמ"ש יוקח נא מעט מים היה לשתיה וגם לרחילה: **והשענו תחת העץ.** והעץ היה סוכך עליהם מחום השמש לצל: **ארץ חטה ושעורה.** וס"ד אשר לא במסכנות תאכל בה לחם: **כך כתיב ואל הבקר.** היינו בשר והשלוים ג"כ בשר ומלבד שנתן בשר כנגד בשר אלא גם שאכל הבשר ניתן ברוח במרוצה. בד' חלוקות ראשונות אמר המדרש בלשון אתה אמרת שד' אלו סובבים למ"ש ויאמר בב' האחרונות לא היה שם אמירת אברהם. על כן החליף המדרש הלשון לכתוב כך כתיב: **והוא עומד עליהם.** לשמש אותם. ועמוד כנגד עומד וכן נצב בעדת לשמוע תפלתם לעיל סי' ז'. וכן עלה הפורץ וגו' וה' בראשם לשמרם ולהגן עליהם:

חידושי הרד"ל

(בג) [י] **וסעדו לבבכם אב"ב.** אע"ג דבקרא דשופטים שהביא בסמוך כתיב ג"כ לבך. שם מדרש כדאמרינן בב"ב (יב.) שקודם שאכל יש לו ב' לבבות ואחר שאכל אין לו אלא לב א'. אבל במלאכים א"ל כן (ואף שאברהם לא ידע שהן מלאכים מ"מ התורה יש לה לכתוב הלשון לפי האמת מידי דשייך במלאכים) לכן דרש שאין להם יצ"ה. ועיין אג"ב פכ"ג:

חידושי הרש"ש

[יא] **וסעדו לבבכם אין כתיב כאן כו'.** פי' כיון דהיו שלשה הל"ל לבבכם. וע"ז אמר אין יצה"ר שולט כו' לכן כולן שוין לטובה בלב אחת. ע"ד שאמרו (סוכה מ"ה ב') אף ישראל אין להם אלא לב אחד לאביהם שבשמים. וכן במקרא מצאנו לתת להם לב אחד וגו' (ד"ה ב' למ"ד) משא"כ בבני אדם שיש להם יצה"ר חלק לבם שזה מתאוה לד"ז וזה לד"א וכל הגדול מחבירו יצרו גדול הימנו (שם נ"ב) וכה"ג אמרו בויק"ר פ"ד בעשיו כתיב כו' נפשות הרבה וביעקב ע' נפש וכתיב ביה נפש א' כו' אלא זה שהיה עובד לאלהות הרבה כתיב ביה נפשות אבל יעקב שהיה עובד לאלוה א' כתיב בו נפש א'. אבל באחד מצינו אף באדם סעד לבך ועוד רבות ודלא כמ"כ. ומה שמצינו אחרי שרירות לבם וכיוצא דעת לנבון נקל ליישבם:

ענף יוסף

(ויגז שלוים) תימא איך יהיה בשר זה שהיה להם לצרא חלף שכר אברהם (יפ"ת). וי"ל דהא אמרינן ביומא פרק ח כתיב שליו וקרינן סלוו. אר"ח צדיקים אוכלים אותו בשלוה. ורשעים דומים להם כסלוי. והכא בצדיקים מיירי (כהז"ק):

מסורת המדרש

יט שוח"ט מזמור ק"ד. ילקוט כאן וילקוט שופטים רמז ע"ה. ילקוט תהלים רמז תתמ"ב: כ עיין שבת פ"ט:

אם למקרא

וָאֶרְחָצֵךְ בַּמַּיִם וָאֶשְׁטֹף דָּמַיִךְ מֵעָלָיִךְ וָאֲסֻכֵךְ בַּשָּׁמֶן: (יחזקאל טז:ט)

רַחֲצוּ הִזַּכּוּ הָסִירוּ רֹעַ מַעַלְלֵיכֶם מִנֶּגֶד עֵינָי חִדְלוּ הָרֵעַ: (ישעיה א:טז)

אִם רָחַץ אֲדֹנָי אֵת צֹאַת בְּנוֹת־צִיּוֹן וְאֶת־דְּמֵי יְרוּשָׁלִַם יָדִיחַ מִקִּרְבָּהּ בְּרוּחַ מִשְׁפָּט וּבְרוּחַ בָּעֵר: (ישעיה ד:ד)

פָּרַשׂ עָנָן לְמָסָךְ וְאֵשׁ לְהָאִיר לָיְלָה: (תהלים קה:לט)

בַּסֻּכֹּת תֵּשְׁבוּ שִׁבְעַת יָמִים כָּל־הָאֶזְרָח בְּיִשְׂרָאֵל יֵשְׁבוּ בַּסֻּכֹּת: (ויקרא כג:מב)

וְסֻכָּה תִּהְיֶה לְצֵל־יוֹמָם מֵחֹרֶב וּלְמַחְסֶה וּלְמִסְתּוֹר מִזֶּרֶם וּמִמָּטָר: (ישעיה ד:ו)

וַיֹּאמֶר ה' אֶל־מֹשֶׁה הִנְנִי מַמְטִיר לָכֶם לֶחֶם מִן־הַשָּׁמָיִם וְיָצָא הָעָם וְלָקְטוּ דְּבַר־יוֹם בְּיוֹמוֹ לְמַעַן אֲנַסֶּנּוּ הֲיֵלֵךְ בְּתוֹרָתִי אִם־לֹא: (שמות טז:ד)

אֶרֶץ חִטָּה וּשְׂעֹרָה וְגֶפֶן וּתְאֵנָה וְרִמּוֹן אֶרֶץ־זֵית שֶׁמֶן וּדְבָשׁ: (דברים ח:ח)

יְהִי פִסַּת־בַּר בָּאָרֶץ בְּרֹאשׁ הָרִים יִרְעַשׁ כַּלְּבָנוֹן פִּרְיוֹ וְיָצִיצוּ מֵעִיר כְּעֵשֶׂב הָאָרֶץ: (תהלים עב:טז)

וְרוּחַ נָסַע מֵאֵת ה' וַיָּגָז שַׂלְוִים מִן־הַיָּם וַיִּטֹּשׁ עַל־הַמַּחֲנֶה כְּדֶרֶךְ יוֹם כֹּה וּכְדֶרֶךְ יוֹם כֹּה סְבִיבוֹת הַמַּחֲנֶה וּכְאַמָּתַיִם עַל־פְּנֵי הָאָרֶץ: (במדבר יא:לא)

וּמִקְנֶה רַב הָיָה לִבְנֵי רְאוּבֵן וְלִבְנֵי־גָד עָצוּם מְאֹד וַיִּרְאוּ אֶת־אֶרֶץ יַעְזֵר וְאֶת־אֶרֶץ גִּלְעָד וְהִנֵּה הַמָּקוֹם מְקוֹם מִקְנֶה: (במדבר לב:א)

וְהָיָה בַּיּוֹם הַהוּא יְחַיֶּה־אִישׁ עֶגְלַת בָּקָר וּשְׁתֵּי־צֹאן: (ישעיה ז:כא)

וַה' הֹלֵךְ לִפְנֵיהֶם יוֹמָם בְּעַמּוּד עָנָן לַנְחֹתָם הַדֶּרֶךְ וְלַיְלָה בְּעַמּוּד אֵשׁ לְהָאִיר לָהֶם לָלֶכֶת יוֹמָם וָלָיְלָה: (שמות יג:כא)

מִזְמוֹר לְאָסָף אֱלֹהִים נִצָּב בַּעֲדַת־אֵל בְּקֶרֶב אֱלֹהִים יִשְׁפֹּט: (תהלים פב:א)

עָלָה הַפֹּרֵץ לִפְנֵיהֶם פָּרְצוּ וַיַּעֲבֹרוּ שַׁעַר וַיֵּצְאוּ בוֹ וַיַּעֲבֹר מַלְכָּם לִפְנֵיהֶם וַה' בְּרֹאשָׁם: (מיכה ב:יג)

וַיְהִי בַּיּוֹם הָרְבִיעִי וַיַּשְׁכִּימוּ בַבֹּקֶר וַיָּקָם לָלֶכֶת וַיֹּאמֶר אֲבִי הַנַּעֲרָה אֶל־חֲתָנוֹ סְעָד לִבְּךָ פַּת־לֶחֶם וְאַחַר תֵּלֵכוּ: (שופטים יט:ה)

וְיַיִן | יְשַׂמַּח לְבַב־אֱנוֹשׁ לְהַצְהִיל פָּנִים מִשָּׁמֶן וְלֶחֶם לְבַב־אֱנוֹשׁ יִסְעָד: (תהלים קד:טו)

רש"י

כך כתיב ואל הבקר רץ אברהם חייך שאני פורע לבניך שנאמר ורוח נסע מאת ה' ויגז שלוים וגו'. בשר כנגד בשר רץ כנגד רץ הוא רץ ושליו רץ זה כנגד זה: **אמר רבי יצחק.** בתורה ובנביאים ובכתובים מצינו דהאי פיתא מזוניתא דלבא: **(יא) וסעדו לבבכם אין כתיב כאן אלא לבכם.** לב אחד שאין להם אלא לב אחד: **שיתו לבבכם לחילה אין כתיב כאן אלא לבכם.** עתיד הקדוש ברוך הוא לעשות ראש מחול לצדיקים שנאמר שיתו לבכם לחילה (תהלים מ"ח) לחולה קרי לשון מחול לומר לך אף

מתנות כהונה

עלה הפורץ וגו' גרסינן. סיפיה דקרא ויעבור מלכם לפניהם וה' בראשם: **[יא] לבבכם.** משמע שני לבבות יצר טוב ויצר הרע לבכם

אשד הנחלים

שאני פורע כו'. חשב כל ענייני המימות. הן מים הגשמים המחיים את הגוף והן הטהר' הנפשית המכונה בשם מים שזהו יהי' לע"ל כמו שנא' לא רעב ללחם ולא צמא למים כ"א לשמוע דבר ה' וכ"ז תיקן אברהם בטוב לבו גם אברהם תיקן בזה הטהר' הנפשיית במה שאמר רחצו רגליכם לטהר אותם. ובמה ששענו תחת העץ להיות למגן להם מצל ומחורב תיקן לבניו כל עניני הסוכה הן מחסה הגופני והן מצות הסוכה שזהו סוכות ענני כבוד שזהו מהעניני' הנפשיים. וכן לע"ל הצלה מכל צרה וצוקה וסוכות לוויתן הרי הגשמי והנפשי יחד ואין להאריך. וכן במה שנתן להם פת זכו לפת בארץ ולע"ל שאז תתוקן הארץ ותוציא פירות מבושלים ומתוקנים בלי יגיעה עוד כמאמרם בשבת: **יחיה איש.** כי יהי' ריבוי השובע בעולם וגם ברכת ה' תשלוט בעולם. וכן במה שעמד עליהם יזכו שיעמוד ה' לפניהם להשגיח עליהם תחילה כמו שהיו בים והשראת השכינה כמ"ש אלהים נצב בעדת אל. ולע"ל תהי' שתיה' יחד השגחה להצילם והשראת השכינה יחד וכמ"ש עלה הפורץ לפניהם לפרוץ דרך להצילם וה' בראשם להופיע עליהם ודי בזה: **[יא] פתא מזונתא דלבא.** שמעתי בשם חכמי הרופאים שלכן נקרא סעד לפי שהלב תלוי על האסטומכא באויר ובעת שהאדם אוכל לשובע ואז האסטומכא מתמלאה וסועדת ללב לבלי יתלה באויר. ולכן נקרא זאת סעד ועיקר הסעד הוא מהפת. ועל דרך האמת הכוונה כי הפת הוא המאכל היותר עוזר לבריאת הלב שהוא עיקר המחזק את הכח החיוני השורה בלב. וכוונה בזה להערת מוסר כי די לאדם לחיותו הפת באין צורך לעניינים מותרים אשר אינם עקרים לכח החיות: **אין יצר הרע.** ולא יקשה לפ"ז הלא המלאכים אין צורך להם לאכילה ושתי' כלל בזה כבר תרצו חכמי אמת כי המלאכים בירידתם למטה

דְּאָמַר הוּא דַּעְתֵּיהּ דְּרַבִּי חִיָּיא — This is also the view of R' Chiya, רַבִּי חִיָּיא: "שִׁיתוּ לִבְּכֶם לְחֵילָה" אֵין כְּתִיב כָּאן אֶלָּא "לִבְּכֶם" — for R' Chiya said that in the verse, *Mark well in your hearts her ramparts* (*Psalms* 48:14), it does not say לְבַבְכֶם but rather לִבְּכֶם. הָדָא אָמְרָה שֶׁאֵין יֵצֶר הָרָע שׁוֹלֵט לֶעָתִיד לָבֹא — This proves that the Evil Inclination exerts no control in the Messianic future.[113]

❑ כִּי עַל כֵּן עֲבַרְתֶּם עַל עַבְדְּכֶם — *SINCE FOR THIS PURPOSE YOU HAVE PASSED YOUR SERVANT'S WAY.*

According to the plain meaning of this clause, Abraham appears to be telling the three guests that they passed his way for the purpose of eating his food. This seems an inappropriate comment to make to guests. The Midrash therefore explains Abraham's comment homiletically:[114]

אָמַר רַבִּי יְהוֹשֻׁעַ: מִיּוֹם שֶׁבָּרָא הַקָּדוֹשׁ בָּרוּךְ הוּא אֶת עוֹלָמוֹ הֱיִיתֶם מְזוּמָּנִים לָבֹא אֶצְלִי — R' Yehoshua said: Abraham is saying as follows, **Since the day the Holy One, blessed is He, created His world, you** three **were destined to come to me;** "כִּי עַל כֵּן עֲבַרְתֶּם" — this is the import of ***Since for this purpose you have passed.***[115] הֵיךְ מָה דְּאַתְּ אָמַר "יְהִי כֵן ה' עִמָּכֶם" — **Thus it is stated,** ***So be HASHEM with you, etc.***[116] (*Exodus* 10:10).

❑ וַיֹּאמְרוּ כֵּן תַּעֲשֶׂה כַּאֲשֶׁר דִּבַּרְתָּ — *THEY SAID, "SO SHALL YOU DO JUST AS YOU HAVE SAID."*

Abraham has just invited his guests to eat; why then do they not say, *so shall "we" do*?[117] Furthermore, their words, *just as you have said*, appear superfluous.[118] The Midrash explains:

אָמְרוּ אָנוּ אֵין לְפָנֵינוּ אֲכִילָה וּשְׁתִיָּה — **They said,** "As for **us** angels, **we neither eat nor drink,** and therefore there is no purpose in preparing a meal for us; אֲבָל אַתָּה שֶׁיֵּשׁ לְפָנֶיךָ אֲכִילָה וּשְׁתִיָּה כֵּן תַּעֲשֶׂה לְעַצְמְךָ, כַּאֲשֶׁר דִּבַּרְתָּ — **but you, who do eat and drink,** ***so shall you do*** **for yourself,** ***just as you have said.*** יְהִי רָצוֹן שֶׁתִּזְכֶּה לַעֲשׂוֹת עוֹד סְעוּדָה אַחֶרֶת לְבַר דְּכַר דְּיִתְיְלִיד לָךְ — By adding *just as you have said*,[119] the angels were conveying to Abraham, **"May it be the will** of God **that you merit to prepare another feast, on** the occasion of **the birth of a son who will be born to you."**[120]

וַיְמַהֵר אַבְרָהָם הָאֹהֱלָה אֶל שָׂרָה וַיֹּאמֶר מַהֲרִי שְׁלֹשׁ סְאִים קֶמַח סֹלֶת לוּשִׁי וַעֲשִׂי עֻגוֹת.

So Abraham hastened to the tent to Sarah and said, "Hurry! Three se'ahs of meal, fine flour! Knead and make cakes!" (18:6).

§12 וַיְמַהֵר אַבְרָהָם הָאֹהֱלָה אֶל שָׂרָה וַיֹּאמֶר מַהֲרִי — *SO ABRAHAM HASTENED TO THE TENT TO SARAH AND SAID, "HURRY! THREE SE'AHS OF MEAL, FINE FLOUR! KNEAD AND MAKE CAKES!"*

The Midrash cites a debate regarding how much baked goods Sarah prepared:

רַבִּי אֶבְיָתָר אָמַר: תֵּשַׁע סְאִין אָפְתָה — **R' Evyasar said: She baked nine** ***se'ahs***[121] of flour in all: שָׁלֹשׁ לְעוּגוֹת, שָׁלֹשׁ לְחָבִיץ, וְשָׁלֹשׁ לְמִינֵי מִילוּטְמִיָּה — **three for cakes, three for** ***chavitz*****, and three for** various **kinds of pastries.**[122] וְרַבָּנָן אָמְרִין שָׁלֹשׁ — **But the Sages said: She baked three** *se'ahs* in all: אֶחָד לְעוּגוֹת, וְאֶחָד לְחָבִיץ, וְאֶחָד לְמִלּוּטְמִיָּה — **one of cakes, one of** ***chavitz*****, and one of pastries.**[123]

❑ לוּשִׁי וַעֲשִׂי עוּגוֹת — *KNEAD AND MAKE CAKES!*

The Midrash explains the purpose of these "cakes":

הָדָא אָמְרָה פְּרַס הַפֶּסַח הֲוָה — **This shows that this episode took place on Passover,**[124] and Abraham instructed Sarah to bake matzos to be eaten on Passover.

NOTES

113. In this verse, which refers to some time in the Messianic future (see similarly *Vayikra Rabbah* 11 §9), the utilization of the form לִבְּכֶם is an allusion to the teaching that there will come a time when the Evil Inclination will no longer exist and all of Israel will have one heart — to do the will of God (see *Rashi*).

[The expression לֶעָתִיד לָבֹא, rendered here "the Messianic future," is used primarily to refer to the Messianic era, but may be used for any point beyond that as well (see *Meiri* to *Avos* 2:20). There are conflicting opinions among the Sages regarding the question if the nature of the world will change in the Messianic era (see *Shabbos* 151b, et al.). Our Midrash may reflect the view of those who say it will change; or it may be interpreted to refer to the era of the Resurrection, when nature will change according to all opinions (as noted by *Abarbanel, Yeshuos Meshicho, HaIyun HaShelishi*, Ch. 7; see also *Maharsha* to *Shabbos* 63a).]

114. *Ohr HaSeichel, Maharzu, Yedei Moshe*. [The latter writes that according to its plain interpretation our verse should be rendered not as a statement but as a rhetorical question: "Did you then come here just to eat my food? Of course not; you came for a higher purpose!" Alternatively: According to its plain interpretation the phrase כִּי עַל כֵּן עֲבַרְתֶּם עַל עַבְדְּכֶם may be translated: *inasmuch as you have passed your servant's way*.]

115. That is, Abraham meant to say, "Since it was destined from the beginning of Creation that you will pass by here."

Eitz Yosef, citing *Yefei To'ar*, explains: A righteous man is the foundation of the world, and God created everything for his sake. Thus, the three angels were initially created especially for the purpose of benefiting Abraham. Indeed, each angel was charged with a specific mission for his good (see below, 50 §2).

116. The Midrash cites this verse to show that just as the word כֵּן there is stated with reference to God (*so be HASHEM with you*), so also with regard to our verse, which uses the word כֵּן, it was Divinely preordained that the angels should visit Abraham (ibid. from *Yefeh To'ar*; *Rashash*).

Alternatively: The word כֵּן in our verse, and in *Exodus* 10:10 as well, is reminiscent of the word "וַיְהִי כֵן" that appears in the context of each of the first six days of Creation. Abraham's statement כִּי עַל כֵּן עֲבַרְתֶּם thus conveys that "you came here because of God's plan from the time of Creation"; see *Maharzu*, and see *Radal*, who writes that the correct text of our Midrash in fact reads "וַיְהִי כֵן" and not "יְהִי כֵן ה' עִמָּכֶם".

117. *Ohr HaSeichel*.

118. *Matnos Kehunah*.

119. Which actually imply that Abraham was to prepare a meal for *them* — the opposite of what the Midrash has just explained *so shall you do* to mean (*Ohr HaSeichel*).

120. I.e., the words *just as you have said* were stated in reference to the future, not the present. In effect, the angels were saying to him: We bless you that you will merit to make the kind of meal of which you are speaking (*just as you have said*) on some other occasion (*Ohr HaSeichel, Maharzu*).

[Some commentators state that by using the word תַּעֲשֶׂה, *you shall do* (future tense), the angels were already referring to the future; the phrase כֵּן תַּעֲשֶׂה means: "So shall you do — on a future occasion." For if the angels had been referring only to what Abraham should do now, they would have used the imperative עֲשֵׂה, *do!* (*Maharzu, Rashash*).]

121. The *se'ah* is a measure of volume for dry objects and liquids.

122. Abraham used three separate terms to describe the bread that Sarah should bake for the guests. For baking standard bread or cake to be eaten with the meal, Abraham told Sarah to use קֶמַח, which is meal (coarse flour). He then told her סֹלֶת לוּשִׁי, *knead fine flour*, meaning: prepare a dish of flour and oil. Finally: וַעֲשִׂי עֻגוֹת, *make cakes*, i.e., prepare an assortment of pastries to be eaten as a dessert (*Eitz Yosef*). R' Evyasar maintains that since the verse states that Abraham stipulated that three *se'ahs* be used for the קֶמַח, it is evident that three *se'ahs* were used for each of the other two dishes as well (ibid.).

The reason Abraham instructed Sarah to make so many baked goods for just three guests was so that when they leave they would also have provisions for their journey. That Abraham was concerned about what they would eat on their journey is indicated by the words *then go on* in verse 5 (*Anaf Yosef*, citing *Shelah*; see also *Yefeh To'ar*).

123. The Sages hold that by prefacing his instructions with the words "three *se'ahs*," Abraham indicated that he wanted a total of three *se'ah's* to be used for all the baked items (*Eitz Yosef*).

124. *Maharzu*, citing *Aruch*, who explains that the word פְּרַס, meaning

הוּא דַעְתֵּיהּ דְרַבִּי חִיָּיא, דְּאָמַר רַבִּי חִיָּיא: (שם מח, יד) **"שִׁיתוּ לִבְּכֶם לְחֵילָה" אֵין כְּתִיב כָּאן אֶלָּא "לִבְּכֶם", הָדָא אָמְרַת°** כא**שֶׁאֵין יֵצֶר הָרָע שׁוֹלֵט לֶעָתִיד לָבֹא. "כִּי עַל כֵּן עֲבַרְתֶּם עַל עַבְדְּכֶם", אָמַר רַבִּי יְהוֹשֻׁעַ:** כב**מִיּוֹם שֶׁבָּרָא הַקָּדוֹשׁ בָּרוּךְ הוּא אֶת עוֹלָמוֹ הֱיִיתֶם מְזוּמָּנִים לָבֹא אֶצְלִי. "כִּי עַל כֵּן עֲבַרְתֶּם", הֵיךְ מַה דְּאַתְּ אָמַר** (שמות י, י) **"יְהִי כֵן ה' עִמָּכֶם". "וַיֹּאמְרוּ כֵּן תַּעֲשֶׂה כַּאֲשֶׁר דִּבַּרְתָּ", אָמְרוּ: אָנוּ אֵין לְפָנֵינוּ אֲכִילָה וּשְׁתִיָּה, אֲבָל אַתָּה שֶׁיֵּשׁ לְפָנֶיךָ אֲכִילָה וּשְׁתִיָּה "כֵּן תַּעֲשֶׂה", לְעַצְמְךָ, "כַּאֲשֶׁר דִּבַּרְתָּ", יְהִי רָצוֹן שֶׁתִּזְכֶּה לַעֲשׂוֹת עוֹד סְעוּדָה אַחֶרֶת לְבַר דְּבַר דְּיִתְיְלִיד לָךְ:**

יב [יח, ו] **"וַיְמַהֵר אַבְרָהָם הָאֹהֱלָה אֶל שָׂרָה וַיֹּאמֶר מַהֲרִי". רַבִּי אֶבְיָתָר אָמַר:** כג**תֵּשַׁע סְאִין אָפְתָּה, שָׁלֹשׁ לְעוּגוֹת, שָׁלֹשׁ לְחָבִיץ, וְשָׁלֹשׁ לְמִינֵי מִילוֹטְמְיָה. וְרַבָּנָן אָמְרִין שָׁלֹשׁ, אֶחָד לְעוּגוֹת, וְאֶחָד לְחָבִיץ, וְאֶחָד לְמִלוֹטְמְיָה. "לוּשִׁי וַעֲשִׂי עוּגוֹת", הָדָא אָמְרַת°** כד**פְּרֹס הַפֶּסַח הֲוָה.**

עץ יוסף

[יב] **מיום שברא כו'.** שרוח ה' נוססה בו ואמר בלשון שיסבול ג"כ פירוש זה שמיום שברא כו': **מזומנים לבא אצלי.** כי צדיק יסוד עולם והכל נברא בשבילו. וביחוד מלאכים אלו שבאו לבשרו ולרפאותו ולהציל בן אחיו. מתחלה נבראו בשבילו. והרמז במאמר על כן דרמיז להקב"ה בגי' דויהי כן ה' עמכם (יפ"ת): **אנו אין לפנינו כו'.** דה"ל למימר כן נעשה. לזה דרש דה"ק בלשון רמז אנו אין לפנינו אכילה ושתיה כו': **לעשות עוד סעודה.** לשמחת בן הנולד לך כאשר דברת לעשות סעודה לפנינו. ואברהם הבין כוונתם שמודים לבקשתו ויעשה סעודתו כאשר דבר שהם נשמעים לו: (יב) [יג] **תשע סאין אפתה כו'.** מפרש שהיה כאן שלשה מינים. עוגות וחבין ומיני מלטומיה. ועוגות סתם הוא סתם פת הנאכל בסעודה עם בשר ושאר מיני מאכל וזה היה מן קמח כסתם פת שהוא קיבר. ושוב אמר סולת לושי על מיני חבין קדרה דהיינו קמחא ומשחא. ונעשה מסולת. ושוב אמר ועשי עוגות על מיני מלטומיה כלו' עוגות של מיני מתיקה כדפרש"י הנאכל לאחר הסעודה לקנוח ולתענוג. והם ג"כ נעשים מסולת. ומ"ד שהיה כל אחד ג' סאין ס"ל דמדסמך ג' סאין לקמח משמע קמח לבד ג' סאין. ונלמוד שגם מן הסולת כן ג' סאין וכן ג' לעוגות. ורבנן ס"ל דהכל יחד היו ג' סאין. דג' סאין דרישא אכל המינים קאי (נזה"ק): **פרוס הפסח היה.** הרא"ש גרס ערב פסח היה. והתוספות פ"ק דר"ה גרסי פסח היה ע"ש. מיהו מדאמר לקמן פ"נ שנהפכה סדום בט"ו

חידושי הרד"ל

(כד) **מיום שברא בו'.** עברתם הד"א ויהי כן ויאמרו כן תעשה כצ"ל. ומקרא דויהי כן דמעשה בראשית מביא לדרוש על כן מיום שנברא העולם. וכ"ה בשו"ט מז' א' אקרא דע"כ לא יקומו:

(כה) [ו] **תשע סאין אפתה.** דרש שלש סאין כמו משולש שלש של שלש (שלש קופות של ג' סאין). ובאדר"ן פי"ג ותנחומא כאן דרשו ג' סאין כמשמעו קמח הרי שש סלת הרי ט':

חידושי הרש"ש

כי על כן עברתם כו' מיום שברא הקב"ה כו'. ר"ל שהשם הביאכם אלי כי לחום הגדול שהוא עתה (כדלעיל ובב"מ פ"ו ב') נמנע להיות עוברי דרך ע"פ הטבע. ועי"ז הביא מקרא דיהי כן כו' דשם כתיב השם אלא כן וכן כן דהכא הוא ע"פ השם:

יהי רצון שתזכה לעשות כו'. נ"ל דדריש מדלא כתיב עשה כאשר כו' בלשון צווי שהוא משמש על עשיית הפעולה תיכף ואמרו תעשה בלשון עתיד המורה על עשיית הפעולה לאחר זמן:

[יב] **רבי אביתר אמר תשע סאין כו' ורב"א שלש כו'.** נראה דפליגי בפלוגתת ר"י ורבנן בירושלמי אשר הביאו התוס' בחגיגה (ג' א') ד"ה חרש וע"ש בט"א. ובתנחומא מפורש טעם אחר למ"ד ט' סאין ע"ש:

באור מהרי"פ

יא [יא] **היך מה דאת אמר יהי כן ה' עמכם.** רמז לה בגז"ש דיהי כן ה' שמאת ה' היתה זאת מתחלת הבריאה. יפ"ת:

יב [יב] **מלוטמיה.** פירש הרב"מ בל"י מאכל מתוקן בדבש:

פירוש מהרז"ו

(יא) **שיתו לבבם לחילה** עי' ויק"ר סוף פ' י"א שהענין מדבר לעתיד וכן במדרש תהלים סוף מזמור מ"ח. ירושלמי מגילה פ"ב ה"ד. שי"ר פסוק לריח שמניך ובפסוק שובי שובי ובקה"ר פסוק אין זכרון: **מיום שברא הקדוש ברוך הוא את עולמו.** נ"ע מה לענין בריאת עולם כאן ולמה הזכיר פסוק יהי כן ה' עמכם. ונ"ל ליישב שהוקשה לחז"ל מ"ש ואקחה פת לחם וגו' כי על כן עברתם משמע בשביל פת לחם שלא יתכן שיאמר אברהם כן לאורחים הגונים ע"כ דרש כי בכל מעשה בראשית כתוב ויהי כן שפירושו מלשון אמת וברור וקיים. וכשברא הש"י את העולם. נתן בו כח הקיום שיתנהג בהנהגה ישרה. וכל דבר טוב. הכל מהכח שנתן בקיום העולם במאמר ויהי כן שנאמר במעשה כל יום. שכתוב שש פעמים ויהי כן כנגד ו' ימי בראשית ובתיבת כן ג' משמעות. א' הודאת דברים כמ"ש כדבריכם כן הוא. ב' לאמת דבר כן בנות צלפחד כן בני יוסף. כנים אנחנו. ג' מלשון כַּן ובסים מלשון כונן שמים כוננת מישרים. ותלוים זה בזה שעל שמודה באמת ומתנהג באמת יש קיום לעולם כמדת הנפש כך קיום העולם. וזהו מ"ש כאן כי על כן עברתם על כן של בריאת עולם שהייתם ראוים לזה מיום שנברא העולם. וכן יהי כן ה' עמכם. הטוב של כן ה'. היינו כן של בריאת עולם יהיה עמכם אם אשלח. ומכלל הן וכו' שהרי לא אשלח ולא יהיה כן ה' עמכם כך חשב פרעה. והאמת ששלח והיה כן ה' עמהם. וכמ"ש מפורש במדרש תהלים. הובא ילקוט תהלים א' פסוק לא כן הרשעים וז"ל א"ר יודן אמר הקב"ה לרשעים אני בראתי העולם בכן שנאמר ויהי כן. אתם אומרים לא כן שנאמר ולב כסילים לא כן (לא כן הרשעים) חייכם על כן לא יקומו רשעים. ומבואר מדברינו הנ"ל דוק והבן: **יהי רצון שתזכה.** שהיל"ל כן עשה אשר דברת אך תעשה משמע בעתיד וכן כאשר דברת משמע גם כן שתעשה דבר אחר בדומה לזה: (יב) **תשע סאין.** שהיה די שיאמר מהרי שלש סאים סולת לעוגות ומ"ש קמח לושי ועשי מיותר. ע"כ דורש ע"פ מדה כ"ב שמ"ש שלש סאים קמח סולת נמשך אל לושי ואל עשי ואל עוגות וכמ"ש בשמואל ב' י"ג. ועשי לו הבריה כן מ"ש עשי כאן פירש ג"כ הבריה מיני מלוטמיה ופירש בערוך היינו מאכל מקמח מתוק בדבש. ועוד שם ותלש ותלבב לעיניו ותבשל את הלביבות. וכן כאן לושי על חבין קדרה ולביבות. ומ"ש במדרש ט' סאין אפתה נ"ע. שהרי דורש לושי בפני עצמו ועשי בפ"ע ואפשר שגם החבין והמלוטמיה נעשים על ידי אפייה ואח"כ מחזירם לקמח ועושים מהם מאכלים. ודעת רבנן שלשלשה אנשים די בסאה אחת לכל מין שגם זה וויתור גדול מאד. ותחלה אמר דרך כלל. מהרי ג' סאין קמח סולת סאה אחת לושי וסאה אחת ועשי וסאה אחת עוגות ע"פ מדה ט':

מסורת המדרש

כא ע' סוכה נ"ב:
כב ילקוט כאן רמז פ"ב:
כג אדר"ן פ' י"ג. תנחומא כאן סי' ד':
כד פסיקתא רבתי פ' ו':

אם למקרא

שִׁיתוּ לִבְּכֶם לְחֵילָה פַּסְּגוּ אַרְמְנוֹתֶיהָ לְמַעַן תְּסַפְּרוּ לְדוֹר אַחֲרוֹן: (תהלים מח:יד)

וַיֹּאמֶר אֲלֵהֶם יְהִי כֵן ה' עִמָּכֶם כַּאֲשֶׁר אֲשַׁלַּח אֶתְכֶם וְאֶת־טַפְּכֶם רְאוּ כִּי רָעָה נֶגֶד פְּנֵיכֶם: (שמות י:י)

ענף יוסף

(יב) [**תשע סאין אפתה**] טעם רבוי הלחם לג' אנשים. תירץ השל"ה שהכין לחם רב לתת להם גם צידה לדרך. והיינו דכתיב ואקחה פת לחם וסעדו לבכם אחר תעבורו כלומר שאתן לכם צידה לדרך שיהיה לכם לאכול גם אחר שתעבורו מזה:

רש"י

על פי שעסוקין בדברי שמחה אין יצר הרע שולט בהן: **אנו אין לפנינו אכילה ושתיה** אתה שיש לפניך אכילה ושתיה תעשה כאשר דברת כמו שאמרת תעשה לעצמך: **ותני יומא לבר דבר.** כשם שעשית לנו משתה עכשיו כך יזכה אותך הקב"ה לעשות משתה יום תניין בבן זכר שיתן לך הקב"ה: **(יב) שלש לחביץ.** קדרה: **ושלש למיני מלוטמיא.** למיני מתיקה: **הוא מדבר סין הוא אלוש.** ולמה שינה הכתוב לקרותו אלוש בזכות מי שאמר לושי. מאיזו

מתנות כהונה

משמע לב אחד: **שיתו לבבם לחילה.** קרי ביה לחולה לשון מחול ודרשו חז"ל עתיד הקדוש ברוך הוא לעשות מחול לצדיקים ואז אין יצר הרע שולט בעולם ועי' בויקרא רבה סוף פרשה י"א: יהי כן ה' וגו'. ויהיה כי על כן בניחותא שבודאי על כן עברתם: **יהי כן ה'.** פירש לשון אמת וכן יהיה פירושו כאן: **אין לפנינו כו'.** דייק מדהוה ליה למכתב כן נעשה כאשר דברת להתעכב פה אתך וכתב כן תעשה משמע לעצמך תעשה כן: **יהי רצון כו'.** דייק הכי מכאשר דברת שהוא מיותר לומר שעוד יעשה כן לעתיד כשיולד לו בן זכר: **[יב] לחביץ.** מין מאכל מפרורי לחם וגילוש יחד ודייק מדכתיב לושי: **מלוטמיה.** גם הוא מין מאכל ודייק מדכתיב ועשי שהיה

אשד הנחלים

מתלבשים בגוף ספירי אשר גם הוא צריך למאכל מה כמו שהשכל אשר באדם צריך למאכל כל זמן היותו שוכן בחומרו כי ממזון הדק שבדקות נזדכך ונעשה מזון להשכל וכן במלאכים ולכן נאמר על המן לחם אבירים לחם שמלאכי השרת אוכלים אותו ויש במדרשות דיעות חלוקות בזה כי יש אומרים שהיו נראין כאוכלין כמו שאמר להלן ואין לחקור בזה הרבה: **הייתם מזומנים.** כי המלאכים המה כחות פרטיות וכל פעולותיה' המה מזומנים מכבר בכחו כי אין בהם שיעשו כפי רצונם רק כפי הגזירה מאת המנהיג העליון. ואברהם הבין שהמה מעותדים להיות אצלו ולאכול ממנו והבן זה: **המד"א יהי כן.** ע' במ"כ ולפי פירושו לא ידעתי מה חדשו בזה בפשט הכתוב וצ"ע ע' רד"ל: **אין לפניו.** ולכן לא כתיב נעשה כ"א תעשה: **[יב] תשע כו' רבנן אמרין שלש.** לא ידעתי איפה מרומז זאת ובמאי פליגי.

The Midrash discusses the manna and connects it to our verse:
רַבִּי יוֹנָה בְּשֵׁם רַבִּי חָמָא בַּר חֲנִינָא: הִיא מִדְבַּר סִין הִיא מִדְבַּר אָלוּשׁ – **R' Yonah said in the name of R' Chama bar Chanina: The Wilderness of Sin,** where Israel received the manna, **and the Wilderness of Alush are one and the same place.**[125] מֵאֵיזוֹ זְכוּת זָכוּ יִשְׂרָאֵל שֶׁנִּיתַּן לָהֶם מָן בַּמִּדְבָּר – **In whose merit were the Israelites privileged to have the manna given to them?** בִּזְכוּת שֶׁל אַבְרָהָם שֶׁאָמַר "לוּשִׁי וַעֲשִׂי עוּגוֹת" – **In the merit of Abraham, who said, *"Knead and make cakes."***[126]

וְאֶל הַבָּקָר רָץ אַבְרָהָם וַיִּקַּח בֶּן בָּקָר רַךְ וָטוֹב וַיִּתֵּן אֶל הַנַּעַר וַיְמַהֵר לַעֲשׂוֹת אֹתוֹ.

Then Abraham ran to the cattle, took a calf, tender and good, and gave it to the youth who hurried to prepare it (18:7).

§13 וְאֶל הַבָּקָר רָץ אַבְרָהָם – ***THEN ABRAHAM RAN TO THE CATTLE.***

The Midrash offers a homiletic interpretation of the verse:
אָמַר רַבִּי לֵוִי: רָץ לִקְדַּם אוֹתָהּ אוּמָּה שֶׁכָּתוּב בָּהּ "אֶפְרַיִם עֶגְלָה מְלֻמָּדָה אֹהַבְתִּי לָדוּשׁ" – **R' Levi said: He ran to anticipate** and invoke merit for **the people of whom it is written, *Ephraim is a trained calf who loves to thresh*** (*Hosea* 10:11).[127]

□ וַיִּקַּח בֶּן בָּקָר – ***AND TOOK A CALF,*** *TENDER AND GOOD.*

The Midrash explains the need for the two adjectives, *tender* and *good*:
יָכוֹל גָּדוֹל תַּלְמוּד לוֹמַר "רַךְ" – **Perhaps** one might think that **it was full grown** and that its meat was therefore tough;[128] [Scripture] therefore **states, *tender.*** אִי רַךְ יָכוֹל חָסֵר תַּלְמוּד לוֹמַר "וָטוֹב" – **If** it would say only ***tender*** **perhaps** one might think **it was lacking** in flavor;[129] **[Scripture]** therefore **states, *and good.***

□ וַיִּתֵּן אֶל הַנַּעַר – ***AND GAVE IT TO THE YOUTH*** *WHO HURRIED TO PREPARE IT.*

Who is the *youth*? The Midrash tells us:
זֶה יִשְׁמָעֵאל בִּשְׁבִיל לְזָרְזוֹ בְּמִצְוֹת – **This** *youth* **is Ishmael,**[130] and the purpose of delegating him with this task was **in order to encourage him in the fulfillment of mitzvos.**[131]

וַיִּקַּח חֶמְאָה וְחָלָב וּבֶן הַבָּקָר אֲשֶׁר עָשָׂה וַיִּתֵּן לִפְנֵיהֶם וְהוּא עֹמֵד עֲלֵיהֶם תַּחַת הָעֵץ וַיֹּאכֵלוּ.

He took cream and milk and the calf which he had prepared, and placed these before them; he stood over them beneath the tree and they ate (18:8).

§14 וַיִּקַּח חֶמְאָה וְחָלָב – ***HE TOOK CREAM***[132] ***AND MILK.***

The Midrash discusses the cream that Abraham gave his guests:
אָמַר רַבִּי חֲנִינָא: הַמְעוּלֶּה אֶחָד מִשִּׁשִּׁים בֶּחָלָב – **R' Chanina said: The superior** grade of cream **is one-sixtieth part of the milk.**[133] וְהַבֵּינוֹנִי אֶחָד מֵאַרְבָּעִים – **The average** grade of **cream is one-fortieth part of the milk,** וְהַקִּיבָר אֶחָד מֵעֶשְׂרִים – **and the inferior** grade of **cream is one-twentieth part of the** milk.[134] רַבִּי יוֹנָה אָמַר: הַמְעוּלֶּה אֶחָד מִמֵּאָה, בֵּינוֹנִי אֶחָד מִשִּׁשִּׁים, וְהַקִּיבָר אֶחָד מֵעֶשְׂרִים – **However, R' Yonah said: The superior** grade of cream **is made from one-hundredth part milk, the average** grade of cream **from one-sixtieth part milk, and the inferior** grade of cream **from one-twentieth part milk.**[135]

NOTES

half, is used to describe Passover because it comes out in the middle of the month. See Insight Ⓐ.

125. In *Exodus* (16:1,4) it is stated that the manna was given to the Children of Israel in the Wilderness of Sin. Subsequently, it is written (ibid. 17:1) that they journeyed from Sin and they encamped in Rephidim. However, this episode is recounted somewhat differently in *Numbers* (33:14), where it is stated that it was from the city of Alush that they journeyed to Rephidim. Apparently, then, the city of Sin and the city of Alush were one and the same place, and it was there that they were given the manna (*Eitz Yosef*).

126. Scripture (in *Numbers*) refers to the Wilderness of Sin as the Wilderness of "Alush" (see preceding note) — a word that sounds like the word לוּשִׁי, *knead.* Scripture's purpose in this name change is to indicate that the manna that the Israelites received in Sin/Alush was in the merit of Abraham, who said לוּשִׁי וַעֲשִׂי עֻגוֹת, *knead and make cakes* (*Rashi*).

127. The tribe of Ephraim was the leader of the ten tribes of Israel who lived in Samaria (the northern half of Israel); the ten tribes are therefore often referred to in Scripture as Ephraim. In the Book of *Hosea*, the prophet rebukes Ephraim/Israel for the sin of idolatry and other vices and warns of the consequences. In the verse cited here, the prophet tells us that like a calf that would rather thresh in lush pastures than plow with a yoke, Ephraim refused to accept upon itself the yoke of the Torah (*Rashi* ad loc.).

Our verse, which states, *Abraham ran to the cattle*, is interpreted to mean that Abraham hurried in order to anticipate the future sins of his descendants (who are called "calves") and to do a mitzvah whose merit would serve as atonement for them (*Rashi*; *Eitz Yosef*, from *Yefeh To'ar*; see, however, *Ohr HaSeichel*, *Eshed HaNechalim*).

128. *Maharzu*, *Eitz Yosef.*

129. Ibid.

130. Who is referred to elsewhere as a נַעַר, *youth*; see below, 21:12 (*Rashash*, *Eitz Yosef*).

131. Although Abraham could have had one of his servants slaughter the calf, he gave the job to Ishmael in order to encourage him to perform mitzvos (*Eitz Yosef*). Ishmael had turned thirteen (bar mitzvah) just three days earlier; see above, 17:25, and *Rashi* to verse 1 in our chapter.

132. Our translation of חֶמְאָה as *cream* (rather than *butter*) follows *Rashi* on the verse.

133. Raw cow's milk (unhomogenized) contains cream as well as milk. The cream comprises approximately one-quarter of the total volume (though it varies according to how long it is left sitting, time of year, and other factors). The Midrash is saying that superior cream (the creamiest) comprises but one-sixtieth of the total volume (*Eitz Yosef*).

134. Since Abraham excelled in his hospitality, he gave the guests the superior cream: one-sixtieth part of the milk (*Yedei Moshe*). Indeed, the numerical value of the word וְחֶמְאָה, *and cream*, is 60, alluding to this teaching (*Radal*).

135. According to R' Yonah, Abraham gave his guests the superior cream made from one-hundredth part of the milk. This is alluded to

INSIGHTS

Ⓐ **When Did the Angels Come?** In other contexts (e.g., *Shekalim* 3:1) the expression פְּרֹס הַפֶּסַח means *fifteen days before Pesach* (15 days being half of the 30-day period of study that precedes each festival; see *Pesachim* 6b). It is clear that this is not what פְּרֹס הַפֶּסַח means here, for matzah would not be prepared [for personal use] so long before Pesach (*Yefeh To'ar*). An alternative explanation of the term פְּרֹס הַפֶּסַח (lit., "half of Pesach) is that the angels came to Abraham at midday ("half" of the day) on the eve of Pesach, when *chametz* is already forbidden. Although regular matzah also may not be eaten at that time, he made for them "cakes," referring to מַצָּה עֲשִׁירָה, "*rich* (i.e. flavored *matzah,*" which is permitted on the eve of Pesach (see *Tosafos, Pesachim* 99b ד"ה לא יאכל). After leaving Abraham, the angels proceeded to Sodom, where they arrived on the night of Pesach, which is why Lot baked matzos (i.e., genuine matzos) for them [below, 19:3] (*Tiferes Yehonasan*). [See also *Mizrachi,* who cites an alternate text here, which reads: עֶרֶב פֶּסַח, *on Passover eve*, rather than פְּרֹס הַפֶּסַח.]

It should also be noted that in writing that the angels came to Abraham on Passover, our Midrash apparently disagrees with the Midrash above (47 §5), which holds that they came on *Succos* (see there at length).

רַבִּי יוֹנָה בְּשֵׁם רַבִּי חָמָא בַּר חֲנִינָא: הִיא מִדְבַּר סִין הִיא מִדְבַּר אָלוּשׁ, מֵאֵיזוֹ זְכוּת זָכוּ יִשְׂרָאֵל שֶׁנִּיתַּן לָהֶם מָן בַּמִּדְבָּר, בִּזְכוּת שֶׁל אַבְרָהָם שֶׁאָמַר "לוּשִׁי וַעֲשִׂי עוּגוֹת":

יג [יח, ז] "וְאֶל הַבָּקָר רָץ אַבְרָהָם". אָמַר רַבִּי לֵוִי: רָץ לְקַדֵּם אוֹתָהּ אוּמָּה שֶׁכָּתוּב בָּהּ (הושע י, יא) "אֶפְרַיִם עֶגְלָה מְלֻמָּדָה אוֹהַבְתִּי לָדוּשׁ". "וַיִּקַּח בֶּן בָּקָר", יָכוֹל גָּדוֹל תַּלְמוּד לוֹמַר "רַךְ", אִי רַךְ יָכוֹל חָסֵר, תַּלְמוּד לוֹמַר "וָטוֹב". "וַיִּתֵּן אֶל הַנַּעַר", [כה]זֶה יִשְׁמָעֵאל בִּשְׁבִיל לְזָרְזוֹ בְּמִצְוֹת:

יד [יח, ח] "וַיִּקַּח חֶמְאָה וְחָלָב", [כו]אָמַר רַבִּי חֲנִינָא: הַמְעוּלֶּה אֶחָד מִשִּׁשִּׁים בֶּחָלָב, וְהַבֵּינוֹנִי אֶחָד מֵאַרְבָּעִים, וְהַקִּיבָּר אֶחָד מֵעֶשְׂרִים. רַבִּי יוֹנָה אָמַר: הַמְעוּלָּה אֶחָד מִמֵּאָה, בֵּינוֹנִי אֶחָד מִשִּׁשִּׁים, וְהַקִּיבָּר אֶחָד מֵעֶשְׂרִים. וּפַת הֵיכָן הִיא, [כז]אֶפְרַיִם מַקְשָׁאָה תַּלְמִידוֹ דְּרַבִּי מֵאִיר מִשּׁוּם רַבִּי מֵאִיר אָמַר: פֵּירְסָה נִדָּה וְנִטְמֵאת הָעִיסָּה. רַבָּנָן אָמְרִי [כח]אֲפִילּוּ פַּת הֵבִיא לִפְנֵיהֶם. מָה אִם דְּבָרִים שֶׁלֹּא אָמַר הֵבִיא לִפְנֵיהֶם, דְּבָרִים שֶׁאָמַר לָהֶם עַל אַחַת כַּמָּה וְכַמָּה. "וְהוּא עוֹמֵד עֲלֵיהֶם".

רש"י

זכות זכו ישראל שניתן להם מן במדבר בזכות של אברהם שאמר לושי ועשי עוגות: (יג) **ואל הבקר רץ אברהם אמר ר' לוי לקדם אותה אומה שנאמר בהם אפרים עגלה מלומדה.** להקדים להם דבר שיהיו מתכפרין בו: **אי רך יכול חסר.** פירוש כחוש ת"ל וטוב: (יד) **אמר ר' חנינא.** המעולה בחמאה אחד מששים בחלב והבינוני אחד מארבעים והקיבר כלומר הגרועים אחד מכ': **אפרים מקשאה.** מוכר קשואין ואמרי לה מקש' הלכות:

עץ יוסף

בניסן א"כ היתה ביאת המלאכים אל אברהם בט"ו בניסן. ופרוס לשון פרוסה ומקצת: **הוא מדבר אלוש.** שבפרשה בשלח כתיב שבמדבר סין נתן להם המן. וכתיב שם ויסעו ממדבר סין ויחנו בדפקה ויסעו מדפקה ויחנו באלוש ויסעו מאלוש ויחנו ברפידים. הרי שמאלוש נסעו לרפידי'. וקודם רפידים ניתן להם המן הרי שבאלוש ניתן להם המן. נ"ל שמדבר סין כולל דפקה ואלוש וסין. ובאלוש ניתן להם המן לרמוז שירד המן בזכות מי שאמר לושי וגו'. שבזכות שאמר ואקחה פת לחם אמר הקב"ה הנני ממטיר לכם לחם מן השמים כדלעיל סדר זו סי' י'. ובשכר שאמר לושי ועשי עוגות ולוה לעשות לפניה' פת מחדש לכן נתן הקב"ה לבניו מן חדש בכל יום: (יג) [יד] **רץ לקדם כו'.** דריש שרמז בריצתו לקדם לבניו הנקראים בקר. כלו' שזכות זה תעמוד לזרעו (יפ"ת): **אפרים עגלה מלומדה.** ועגל הוא בן בקר כמ"ש עגל בן בקר: **יכול גדול.** שכבר הוזקן ונתקשה הבשר ת"ל רך אם רך יכול חסר זמן שאין בו טעם בשר גמור ת"ל וטוב שהגיע לטעמו במלואו וטובו. ובהיותו רך בשנים ושמן הוא מן המובחר. ומ"מ משמע הכא שהכל היה עגל אח' (יפ"ת): **זה ישמעאל.** שנקרא הנער כמ"ש אל ירע בעיניך על הנער ועל אמתך: **בשביל לזרזו במצות.** כי לאחר לא יתן מלוה מידו רק לישמעאל שהיה בנו כדי לחנכו ולזרזו במצות וכדכתיב וימהר לעשות אותו הרי שזרזו: (יד) [טו] **המעולה.** פי' חמאה המעולה שהיא עיקר שמנונית היא מעט שאינו רק אחד מששים מהחלב: **והקיבר.** דבר פסולת נקרא קיבר. וכלו' החמאה הגרוע: **ופת היכן הוא.** שאברהם אמר ואקחה פת לחם ולמה לא הוזכר שהביאו: **פרסה נדה.** שחזר להיות לה אורח כנשים כדפרש"י. ומ"ש אחר בשורת המלאך אחרי בלותי היתה לי עדנה. פירושו בניותא שכבר בא לה הווסת ולא ירחק העיבור מלדה רק מאברהם וכדאמ' בפרקין: **ונטמאת העיסה.** שערה לשה אותה כמ"ש לושי. ואברהם אוכל חולין בטהרה הוה: **אפילו פת הביא.** אע"פ שלא הוזכר בפסוק: **דברים שלא אמר.** היינו חמאה וחלב ובן הבקר. דברים שאמר היינו מים ופת: **עאב"ו.** ולהכי לא איצטריך למכתבה:

פירוש מהרז"ו

מדבר סין הוא אלוש. שמ"ר פר' כ"ה סוף סימן ה' ד"ר פר' ב' סימן א' סדר עולם סוף פרק ה' ודורש מדה ט"ו שבפרשת בשלח כתוב שבמדבר סין נתן להם המן וכתוב שם ויסעו ממדבר סין ויחנו ברפידים. ובפרשת מסעי כתוב ויסעו ממדבר סין ויחנו בדפקה ויסעו מדפקה ויחנו באלוש ויסעו מאלוש ויחנו ברפידים. הרי שמאלוש נסעו לרפידים וקודם רפידים ניתן להם המן הרי שבאלוש ניתן להם המן והכריע שמדבר סין כולל דפקה ואלוש וסין ובאלוש ניתן להם המן ע"פ מדת ממעל ומנגד שעל שנתן להם פת ניתן להם המן כדלעיל סימן יו"ד ועל שאמר בלשון לושי ניתן להם באלוש. ועי' מ"ש בשמ"ר שם דברים של טעם: **פרוס הפסח.** פירושו זמן הפסח והוא ל' משנה בשקלים בג' פרקים תורמין את הלשכה בפרוס הפסח וכו' ועי' בערוך ערך פרוס א' באריכות שהוא מלשון חצי על שהוא בחצי החודש. וע"ש במוסף ערוך: (יג) **רץ לקדם אותה אומה.** שהיה לו לומר. וימהר ויקח בן בקר וגו' על כן דרש שרץ במכוון אל הבקר אומה שנקראת עגלה ובקר ועי' לקמן פר' כ"ג סימן ג' ואין בקר ברפתים ועגל הוא בן בקר כמ"ש עגל בן בקר: **יכול גדול.** שכבר הוזקן ונתקשה הבשר ת"ל רך. אם רך יכול חסר פירוש חסר זמן שאין בו טעם בשר גמור ת"ל וטוב שהגיע לטעמו במלואו וטובו: **זה ישמעאל.** הוקשה לו מ"ש אל הנער הידוע והלא היו לו נערים הרבה כמ"ש בלעדי רק אשר אכלו הנערים. על כן דורש שהכוונה על ישמעאל. שנקרא הנער כמ"ש בסדר זה אל ירע בעיניך על הנער ועל אמתך וכאן הוא הפעם הראשון שנזכר תיבת הנער בתורה והפעם השני הוא הפסוק אל ירע בעיניך על הנער כדי לחנכו במצות ומ"ש לזרזו היינו ממ"ש וימהר לעשות אותו: (יד) **המעולה אחד בששים.** אם אינו לוקח מהחלב רק אחד מששים הוא המעולה וכו' עי' יד"מ לפי שהחמאה הוא שומן של החלב: **ופת היכן.** שאמר ואקחה פת לחם: **ונטמאת.** כמ"ש לקמן סימן י"ז היתה לי עדנה. וכן הוא בבבא מציעא דף פ"ו ב' וכן הוא בפר"א פרק ל"ו ראתה דם נידה לפיכך לא הגיש מן העוגות עכ"ל: **רבנן אמרי.** יתכן שאינם חולקים על אפרים מקשאה שלא הביא עוגות של שרה אלא פת לחם כדי לקיים דברו:

חידושי הרד"ל

(כו) [יד]**המעולה א' מששים.** רמז לדבר וחמאה גי' ס':

(כז) **המעולה אחד ממאה.** רמז לדבר חלב וחמאה גי' ק' (וגם י"ל חמאה דרשינן חד ממאה):

חידושי הרש"ש

[יג] **הנער זה ישמעאל.** נראה דיליף נער נער מן אל ירע בעיניך על הנער דכתיב גבי ישמעאל:

מסורת המדרש

כה אדר"נ פ' י"ג:

כו ילקוט כאן רמז פ"ב:

כז ב"מ דף פ"ז. פדר"א פרק ל"ו:

כח תנחומא כאן סי' ד':

אם למקרא

וְאֶפְרַיִם עֶגְלָה מְלֻמָּדָה אֹהַבְתִּי לָדוּשׁ וַאֲנִי עָבַרְתִּי עַל־טוּב צַוָּארָהּ אַרְכִּיב אֶפְרַיִם יַחֲרוֹשׁ יְהוּדָה יְשַׂדֶּד־לוֹ יַעֲקֹב: (הושע י:יא)

מתנות כהונה

לו לומר לושי עוגות: **[אלוש.** הוא לשון לושי וכ"ה בהדיא בש"ר פכ"ה]: [יג] **לקדם אותה אומה כו'.** פירש"י להקדים להם דבר שיהיו מתכפרין בו: **זה ישמעאל.** ה"א הידיעה של הנער קדייק: [יד]**אחד בששים.** מן החלב: **והקיבר.** פי' הערוך דבר פסולת נקרא קיבר: **ופת היכן היא.** כלומר לא הוזכר שהביאו: **אפילו פת הביא.** אע"פ שלא הוזכר בפסוק:

אשד הנחלים

שאמר לושי. ולכן מכונה בשם אלוש להורות על הרמז הזה: [יג]**לקדם אותה אומה.** עיין במ"כ בשם רש"י ויתכן עוד שאפרי' שהי' בטבע זריז ונוטל עליו עול המשא ממצות ה' וכחו הי' מאביו אברהם שהי' זריז במעשהו וכן להיפך לרעה ח"ו מהרו לעבוד העגלים שעשה ירבע' כמ"ש לעיל לעגלו' גו' וזהו שרץ לקדם להיות להם לזכות לכן מרמז הכתוב ואפרים עגלה מלומדה וכאלו מרמז על אברהם ששבט אפרים ממנו והמה כל ישראל שנקראו אז בשם אפרים ע"ש מלכם שהי' מאפרים: **יכול גדול בו'.** כלומר שהכתוב משבח טוב עינו של אברהם שהי' בוחר מהמובחרים: **בשביל לזרזו.** כי ע"י פעולת המעשה יכון גם לבו לזה לעשות טוב בכל לבו:

The Midrash points out a difficulty in the Torah's narrative: וּפַת הֵיכָן הִיא – **And where was the bread?**[136] אֶפְרַיִם מַקְשָׁאָה תַּלְמִידוֹ דְּרַבִּי מֵאִיר מִשּׁוּם רַבִּי מֵאִיר אָמַר: פֵּירְסָה נִדָּה וְנִטְמֵאת הָעִיסָּה – **Ephraim Mikshaah,**[137] **a disciple of R' Meir, said in the name of R' Meir: Sarah became menstruous**[138] **and the dough became impure** through contact with her; therefore, it was not brought before the guests.[139] רַבָּנָן אָמְרֵי אֲפִילּוּ פַּת הֵבִיא לִפְנֵיהֶם – **The Sages, however,** disagree and **say that he** certainly **brought them bread, too,** even though it is not mentioned in the verse. מָה אִם דְּבָרִים שֶׁלֹּא אָמַר הֵבִיא לִפְנֵיהֶם, דְּבָרִים שֶׁאָמַר לָהֶם עַל אַחַת כַּמָּה וְכַמָּה – **For if he brought them** even **things that he did not** originally **mention,** i.e., cream, milk, and meat, **he certainly brought them [the bread] that he had mentioned!**

❑ וְהוּא עוֹמֵד עֲלֵיהֶם – ***HE STOOD OVER THEM*** *BENEATH THE TREE AND THEY ATE.*

The Midrash notes an apparent contradiction in the Torah's narrative:

NOTES

by the numerical value of חֶמְאָה וְחָלָב, *cream and milk*, which comes to 100 (ibid.).

136. That is: Earlier (in verse 5) Abraham told the angels that he will fetch them a morsel of bread. Why does Scripture make no mention of his actually giving them bread? (*Matnos Kehunah*, *Eitz Yosef*).

137. *Rashi* offers two possible explanations for the term מַקְשָׁאָה, the first being "seller of קִישׁוּאִים (squash or cucumber)" and the second being "one who poses questions (מַקְשֶׁה) regarding laws."

138. For on that very day, Sarah regained her period, in preparation for the eventual conception and birth of a child (*Rashi* to *Genesis* 18:8; see below, vv. 11-12; see *Yefeh To'ar*).

139. Although it is permitted to eat non-sacred food that is impure, Abraham adopted the custom of the pious and refrained from doing so (*Eitz Yosef*, based on *Bava Metzia* 87a).

רַבִּי יוֹנָה בְּשֵׁם רַבִּי חָמָא בַּר חֲנִינָא: הִיא מִדְבַּר סִין הִיא מִדְבַּר אָלוּשׁ, מֵאֵיזוֹ זְכוּת זָכוּ יִשְׂרָאֵל שֶׁנִּיתַּן לָהֶם מָן בַּמִּדְבָּר, בִּזְכוּת שֶׁל אַבְרָהָם שֶׁאָמַר "לוּשִׁי וַעֲשִׂי עוּגוֹת":

יג [יח, ז] "וְאֶל הַבָּקָר רָץ אַבְרָהָם". אָמַר רַבִּי לֵוִי: רָץ לְקַדֵּם אוֹתָהּ אוּמָּה שֶׁכָּתוּב בָּהּ (הושע י, יא) "אֶפְרַיִם עֶגְלָה מְלֻמָּדָה אוֹהַבְתִּי לָדוּשׁ". "וַיִּקַּח בֶּן בָּקָר", יָכוֹל גָּדוֹל תַּלְמוּד לוֹמַר "רַךְ", אִי רַךְ יָכוֹל חָסֵר, תַּלְמוּד לוֹמַר "וָטוֹב". "וַיִּתֵּן אֶל הַנַּעַר", [כה]זֶה יִשְׁמָעֵאל בִּשְׁבִיל לְזָרְזוֹ בְּמִצְוֹת:

יד [יח, ח] "וַיִּקַּח חֶמְאָה וְחָלָב", [כו]אָמַר רַבִּי חֲנִינָא: הַמְעוּלֶּה אֶחָד מִשִּׁשִּׁים בֶּחָלָב, וְהַבֵּינוֹנִי אֶחָד מֵאַרְבָּעִים, וְהַקִּיבָּר אֶחָד מֵעֶשְׂרִים. רַבִּי יוֹנָה אָמַר: הַמְעוּלָּה אֶחָד מִמֵּאָה, בֵּינוֹנִי אֶחָד מִשִּׁשִּׁים, וְהַקִּיבָּר אֶחָד מֵעֶשְׂרִים. וּפַת הֵיכָן הִיא, [כז]אֶפְרַיִם מַקְשָׁאָה תַּלְמִידוֹ דְּרַבִּי מֵאִיר מִשּׁוּם רַבִּי מֵאִיר אָמַר: פֵּירְסָה נִדָּה וְנִטְמֵאת הָעִיסָּה. רַבָּנָן אָמְרֵי [כח]אֲפִילּוּ פַּת הֵבִיא לִפְנֵיהֶם. מָה אִם דְּבָרִים שֶׁלֹּא אָמַר הֵבִיא לִפְנֵיהֶם, דְּבָרִים שֶׁאָמַר לָהֶם עַל אַחַת כַּמָּה וְכַמָּה. "וְהוּא עוֹמֵד עֲלֵיהֶם".

רש"י

זכות זכו ישראל שניתן להם מן במדבר בזכות של אברהם שאמר לושי ועשי עוגות: (יג) **ואל הבקר רץ אברהם אמר ר' לוי לקדם אותה אומה שנאמר בהם אפרים עגלה מלומדה.** להקדים להם דבר שיהיו מתכפרין בו: **אי רך יכול חסר.** פירוש כחוש ת"ל וטוב: (יד) **אמר ר' חנינא.** המעולה בחמאה אחד מששים בחלב והבינוני אחד מארבעים והקיבר כלומר הגרועים אחד מכ': **אפרים מקשאה.** מוכר קשואין ואמרי לה מקש' הלכות:

עץ יוסף

בניסן א"כ היתה ביאת המלאכים אל אברהם בט"ו בניסן. ופרוס לשון פרוסה ומקצת: **הוא מדבר אלוש.** שבפרשה בשלח כתיב שבמדבר סין נתן להם המן. וכתיב שם ויסעו ממדבר סין ויחנו בדפקה ויסעו מדפקה ויחנו באלוש ויסעו מאלוש ויחנו ברפידים. הרי שמאלוש נסעו לרפידי'. וקודם רפידים ניתן להם המן הרי שבאלוש ניתן להם המן. נ"ל שמדבר סין כולל דפקה ואלוש וסין. ובאלוש ניתן להם המן לרמוז שירד המן בזכות מי שאמר לושי וגו'. שבזכות שאמר ואקחה פת לחם אמר הקב"ה הנני ממטיר לכם לחם מן השמים כדאי' לעיל סדר זו סי' י'. ובשכר שאמר לושי ועשי עוגות ואוה לעשות לפניה' פת מחדש לכן נתן הקב"ה לבניו מן חדש בכל יום: (יג) [יד] **רץ לקדם בו'.** דריש שרמז בריצתו לקדם לבניו הנקראים בקר. כלו' שזכות זה תעמוד לזרעו (יפ"ת): **אפרים עגלה מלומדה.** ועגל הוא בן בקר כמ"ש עגל בן בקר: **יכול גדול.** שכבר הוזקן ונתקשה הבשר ת"ל רך אם רך יכול חסר זמן שאין בו טעם בשר גמור ת"ל וטוב שהגיע לטעמו במלואו וטובו. ובהיותו רך בשניס ושמן הוא מן המובחר. ומ"מ משמע הכא שהכל היה עגל אח' (יפ"ת): **זה ישמעאל.** שנקרא הנער כמ"ש אל ירע בעיניך על הנער ועל אמתך: **בשביל לזרזו במצות.** כי לאחר לא יתן מצוה מידו רק לישמעאל שהיה בנו כדי לחנכו ולזרזו במצות וכדכתיב וימהר לעשות אותו הרי שזרזו: (יד) [טו] **המעולה.** פי' חמאה המעולה שהיא עיקר שמנונית היא מעט שאינו רק אחד מששים מהחלב: **והקיבר.** דבר פסולת נקרא קיבר. וכלו' החמאה הגרוע: **ופת היכן הוא.** שאברהם אמר ואקחה פת לחם ולמה לא הוזכר שהביאו: **פרסה נדה.** שחזר להיות לה אורח כנשים כדפרש"י. ומ"ש אחר בשורת המלאך אחרי בלותי היתה לי עדנה. פירושו בניתותא שכבר בא לה הווסת ולא ירחק העיבור מלדה רק מאברהם וכדאמ' בפרקין: **ונטמאת העיסה.** ששרה לשה אותה כמ"ש לושי. ואברהם אוכל חולין בטהרה הוה: **אפילו פת הביא.** אע"פ שלא הוזכר בפסוק: **דברים שלא אמר.** היינו חמאה וחלב ובן הבקר. דברים שאמר היינו מים ופת: **עאב"ו.** ולהכי לא איצטריך למכתבה:

פירוש מהרז"ו

מדבר סין הוא אלוש. שמ"ר פר' כ"ה סוף סימן ה' ד"ר פר' ב' סימן א' סדר עולם סוף פרק ה' ודורש מדה ט"ו שבפרשת בשלח כתוב שבמדבר סין נתן להם המן וכתוב שם ויסעו ממדבר סין ויחנו ברפידים. ובפרשת מסעי כתוב ויסעו ממדבר סין ויחנו בדפקה ויסעו מדפקה ויחנו באלוש ויסעו מאלוש ויחנו ברפידים. הרי שמאלוש נסעו לרפידים וקודם רפידים ניתן להם המן הרי שבאלוש ניתן להם המן והכריע שמדבר סין כולל דפקה ואלוש וסין ובאלוש ניתן להם המן ע"פ מדת ממעל ומנגד שעל שנתן להם פת ניתן להם המן כדלעיל סימן יו"ד ועל שאמר בלשון לושי ניתן להם באלוש. ועי' מ"ש בשמ"ר שם דברים של טעם: **פרוס הפסח.** פירושו זמן הפסח והוא ל' משנה בשקלים בג' פרקים תורמין את הלשכה בפרוס הפסח וכו' ועי' בערוך ערך פרוס א' באריכות שהוא מלשון חצי על שהוא בחצי החודש. וע"ש במוסף ערוך: (יג) **רץ לקדם אותה אומה.** שהיה לו לומר. וימהר ויקח בן בקר וגו' על כן דרש שרץ במכוון אל הבקר אומה שנקראת עגלה ובקר ועי' לקמן פר' כ"ג סימן ג' ואין בקר ברפתים ועגל הוא בן בקר כמ"ש עגל בן בקר: **יכול גדול.** שכבר הוזקן ונתקשה הבשר ת"ל רך. אם רך יכול חסר פירוש חסר זמן שאין בו טעם בשר גמור ת"ל וטוב שהגיע לטעמו במלואו וטובו: **זה ישמעאל.** הוקשה לו מ"ש אל הנער הידוע והלא היו לו נערים הרבה כמ"ש בלעדי רק אשר אכלו הנערים. על כן דורש שהכוונה על ישמעאל. שנקרא הנער כמ"ש בסדר זה אל ירע בעיניך על הנער ועל אמתך וכאן הוא הפעם הראשון שנזכר תיבת הנער בתורה והפעם השני הוא הפסוק אל ירע בעיניך על הנער כדי לחנכו במצות ומ"ש לזרזו היינו ממ"ש וימהר לעשות אותו: (יד) **המעולה אחד בששים.** אם אינו לוקח מהחלב רק אחד מששים הוא המעולה וכו' עי' יד"מ לפי שהחמאה הוא שומן של החלב: **ופת היכן.** שאמר ואקחה פת לחם: **ונטמאת.** כמ"ש לקמן סימן י"ז היתה לי עדנה. וכן הוא בבבא מציעא דף פ"ו ב' וכן הוא בפר"א פרק ל"ו ראתה דם נידה לפיכך לא הגיש מן העוגות עכ"ל: **רבנן אמרי.** יתכן שאינם חולקים על אפרים מקשאה שלא הביא עוגות של שרה אלא פת לחם כדי לקיים דברו:

חידושי הרד"ל

(כו) [יד]**המעולה א' משׁשים.** רמז לדבר וחמאה גי' ס': (כז) **המעולה אחד ממאה.** רמז לדבר חלב וחמאה גי' ק' (גם י"ל חמאה דרשינן חד ממאה):

חידושי הרש"ש

[יג] **הנער זה ישמעאל.** נראה דיליף נער נער מן אל ירע בעיניך על הנער דכתיב גבי ישמעאל:

מסורת המדרש

כה אדר"נ פ' י"ג:
כו ילקוט כאן רמז פ"ב:
כז ב"מ דף פ"ז. פדר"א פרק ל"ו:
כח תנחומא כאן סי' ד':

אם למקרא

וְאֶפְרַיִם עֶגְלָה מְלֻמָּדָה אֹהַבְתִּי לָדוּשׁ וַאֲנִי עָבַרְתִּי עַל־טוּב צַוָּארָהּ אַרְכִּיב אֶפְרַיִם יַחֲרוֹשׁ יְהוּדָה יְשַׂדֶּד־לוֹ יַעֲקֹב: (הושע י:יא)

מתנות כהונה

לו לומר לושי עוגות: [**אלוש.** הוא לשון לושי וכ"ה בהדיא בש"ר פכ"ה]: [יג] **לקדם אותה אומה בו'.** פירש"י להקדים להם דבר שיהיו מתכפרין בו: **זה ישמעאל.** ה"א הידיעה של הנער קדייק: [יד]**אחד בששים.** מן החלב: **והקיבר.** פי' הערוך דבר פסולת נקרא קיבר: **ופת היכן היא.** כלומר לא הוזכר שהביאתו: **אפילו פת הביא.** אע"פ שלא הוזכר בפסוק:

אשד הנחלים

שאמר לושי. ולכן מכונה בשם אלוש להורות על הרמז הזה: [יג]**לקדם אותה אומה.** עיין במ"כ בשם רש"י ויתכן עוד שאפרי' שהי' בטבע זריז ונוטל עליו עול המשא ממצות ה' וכחו הי' מאביו אברהם שהי' זריז במעשהו וכן להיפך לרעה ח"ו מהרו לעבוד העגלים שעשה ירבע' כמ"ש לעיל לעגלו' גו' וזהו שרץ לקדם להיות להם לזכות לכן מרמז הכתוב ואפרים עגלה מלומדה וכאלו מרמז על אברהם ששבט אפרים ממנו והמה כל ישראל שנקראו אז בשם אפרים ע"ש מלכם שהי' מאפרים: **יכול גדול בו'.** כלומר שהכתוב משבח טוב עינו של אברהם שהי' בוחר מהמובחרים: **בשביל לזרזו.** כי ע"י פעולת המעשה יכון גם לבו לזה לעשות טוב בכל לבו:

הָכָא אַתְּ אָמַר "וְהוּא עוֹמֵד עֲלֵיהֶם" – **Here you read,** ***He stood over them,*** וּלְהַלָּן אָמַר "נִצָּבִים עָלָיו" – **but over there** (in v. 2 above) **you read,** *Three men* ***were standing over him?***[140] אֶלָּא עַד שֶׁלֹּא יָצָא יְדֵיהֶם "נִצָּבִים עָלָיו" – **Rather, before he met his obligation**[141] **toward them,**[142] *the three men* ***were standing over him,*** i.e., they were greater and more awe inspiring than Abraham; כֵּיוָן שֶׁיָּצָא יְדֵיהֶם "וְהוּא עוֹמֵד עֲלֵיהֶם" אֵימָתוֹ מוּטֶּלֶת עֲלֵיהֶם, מִיכָאֵל מִירְתַת גַּבְרִיאֵל מִירְתַת – **but once he had served them,** ***He stood over them,*** i.e., **they were overtaken by fear [of Abraham]:**[143] **Michael trembled and Gabriel trembled.**[144]

The Midrash brings another explanation of the phrase *He stood over them:*[145]

רַבִּי תַּנְחוּמָא מִשּׁוּם רַבִּי אֶלְעָזָר וְרַבִּי אָבוּן בְּשֵׁם רַבִּי מֵאִיר – **R' Tanchuma** said **in the name of R' Elazar and R' Abun** said **in the name of R' Meir:** מַתְלָא אָמַר: עָלַת לְקַרְתָּא הֲלֵךְ בְּנִימוּסַהּ – **The popular saying goes** as follows: **"When you enter a town, follow its customs."** לְמַעְלָה שֶׁאֵין אֲכִילָה וּשְׁתִיָּה – **Since there is no eating and drinking Above,** עָלָה מֹשֶׁה לַמָּרוֹם וְלֹא אָכַל – when **Moses ascended to the heavenly spheres,** the domain of angels, he acted like an angel **and he did not eat,** שֶׁנֶּאֱמַר "וָאֵשֵׁב בָּהָר אַרְבָּעִים יוֹם וְאַרְבָּעִים לַיְלָה לֶחֶם לֹא אָכַלְתִּי וּמַיִם לֹא שָׁתִיתִי" – **as it is stated,** ***And I remained on the mountain for forty days and forty nights; bread I did not eat and water I did not drink*** (*Deuteronomy* 9:9).[146] אֲבָל לְמַטָּה שֶׁיֵּשׁ אֲכִילָה וּשְׁתִיָּה, "וְהוּא עֹמֵד עֲלֵיהֶם תַּחַת הָעֵץ וַיֹּאכֵלוּ" – **But** on the earth **below, where there is eating and drinking,** our verse states regarding the angels, ***He stood over them beneath the tree and they ate.***[147] וְכִי אוֹכְלִין הָיוּ – **But were they actually eating?** אֶלָּא נִרְאִין כְּאוֹכְלִין רִאשׁוֹן רִאשׁוֹן מִסְתַּלֵּק – **Rather, it** ***appeared*** **as though they were eating, each consecutive [course] being removed** from the table by the angels.[148]

וַיֹּאמְרוּ אֵלָיו אַיֵּה שָׂרָה אִשְׁתֶּךָ וַיֹּאמֶר הִנֵּה בָאֹהֶל.
They said to him, "Where is Sarah your wife?" And he said, "Behold! – in the tent!" (18:9).

§15 וַיֹּאמְרוּ אֵלָיו אַיֵּה שָׂרָה אִשְׁתֶּךָ וגו׳ – *THEY SAID TO HIM, "WHERE IS SARAH YOUR WIFE?"*

The Midrash discusses the dots that appear in the Torah over the word אֵלָיו, *to him:*

אֵלָ"ף יוּ"ד וָי"ו נָקוּד – In the word אֵלָיו, the letters ***aleph, yud,*** **and** ***vav*** **are written with dots** above them, לָמֶ"ד אֵינוֹ נָקוּד – **while the** ***lamed*** **is not written with a dot.**[149] אָמַר רַבִּי שִׁמְעוֹן בֶּן אֶלְעָזָר: בְּכָל מָקוֹם שֶׁאַתָּה מוֹצֵא כְּתָב רַבָּה עַל הַנְּקוּדָּה אַתָּה דוֹרֵשׁ אֶת הַכְּתָב – **R' Shimon ben Elazar said: Wherever you find that the plain** (undotted) **letters exceed the dotted letters, you expound the plain letters;** נְקוּדָּה רַבָּה עַל הַכְּתָב אַתָּה דוֹרֵשׁ אֶת הַנְּקוּדָּה – however, **if the dotted letters exceed the plain letters, you expound the dotted letters.**[150] כָּאן שֶׁהַנְּקוּדָּה רַבָּה עַל הַכְּתָב אַתָּה דוֹרֵשׁ אֶת הַנְּקוּדָּה – Accordingly, **here,** in the word אֵלָיו, **where the dotted letters exceed the plain** (undotted) **letters, you expound the dotted letters** as a single word: אַיּוֹ, "Where is he?" אַיּוֹ אַבְרָהָם – That is, besides asking Abraham, "*Where is Sarah your wife?*" they also asked Sarah, **"Where is Abraham?"** אָמַר רַבִּי עֲזַרְיָה: כְּשֵׁם שֶׁאָמְרוּ "אַיֵּה שָׂרָה" כָּךְ אָמְרוּ לְשָׂרָה אַיּוֹ אַבְרָהָם – Thus, **R' Azariah said: Just as they said to Abraham, "Where is Sarah?," so they said to Sarah, "Where is Abraham?"**[151]

□ וַיֹּאמֶר הִנֵּה בָאֹהֶל – *AND HE SAID, "BEHOLD! – IN THE TENT."*

הֲדָא הוּא דִכְתִיב "תְּבֹרַךְ מִנָּשִׁים יָעֵל אֵשֶׁת חֶבֶר הַקֵּינִי מִנָּשִׁים בָּאֹהֶל תְּבֹרָךְ" – **Thus it is stated,** ***Blessed by women is Jael, wife of Heber the Kenite; beyond the women in the tent will she be blessed*** (*Judges* 5:24).[152] רַבִּי אֶלְעָזָר וְרַבִּי שְׁמוּאֵל בַּר נַחְמָן – **R' Elazar and R' Shmuel bar Nachman** debate the meaning of the phrase *beyond the women in the tent:* רַבִּי אֶלְעָזָר אָמַר: מִנְּשֵׁי דוֹר הַמִּדְבָּר שֶׁהֵן יוֹשְׁבוֹת בְּאֹהָלִים – **R' Elazar said:** It means that Yael is blessed even **beyond the women of the generation of the Wilderness who dwelled in tents,** שֶׁנֶּאֱמַר "אִישׁ לְפֶתַח אָהֳלוֹ" – **as it is stated,** regarding the generation of the Wilderness, ***each one at the entrance of his tent*** (*Numbers* 11:10).

NOTES

140. By stating earlier that *three men were standing over him*, the Torah implies that they were spiritually greater than Abraham; but in our verse it states that *he stood over them*, implying that he was greater than they (see similarly *II Samuel* 19:19, cited by *Maharzu*).

[The difficulty exists because the Torah used the words עֲלֵיהֶם and עָלָיו, *over them* and *over him*, which connote superiority of stature. It could instead have used the words אֶצְלָם and אֶצְלוֹ, *near him* and *near them*, which do not have this connotation (*Eitz Yosef*, from *Yefeh To'ar*).]

141. Translation follows *Rashi* and *Matnos Kehunah*.

142. In offering them hospitality and serving them (*Matnos Kehunah*, *Eitz Yosef*).

143. After beholding Abraham's dedication and the alacrity with which he performed the mitzvah of hospitality, they realized that his greatness transcended even that of heavenly angels. Thus the verse states that Abraham *stood over them* spiritually (*Eshed HaNechalim*).

144. Michael and Gabriel were two of the angels who visited Abraham (see 48 §9). The Midrash did not have to mention that Raphael (the third angel) also trembled in fear before Abraham, for if Michael and Gabriel, who were greater than Raphael, had trembled, certainly Raphael trembled as well (*Yefeh To'ar*; see, however, *Yedei Moshe*).

145. *Eitz Yosef*. See below.

146. Since Moses was in heaven, where no eating or drinking takes place, he acted accordingly and did not eat or drink. While there, he was miraculously sustained by the Supernal Light of the Divine Presence (*Eitz Yosef*).

147. Thus, *He stood over them beneath the tree and they ate* means that because the angels now found themselves in the domain of Abraham, who was mortal, they adapted themselves and assumed the behavior of mortals. See further (*Yefeh To'ar*, *Eitz Yosef*).

148. That is, the angels either removed it some distance from the table, or burned it (*Yefeh To'ar*).

The Midrash has thus provided another explanation of the phrase, *He stood over them*: Abraham's "superiority" over the angels was expressed [not in spiritual terms, as the Midrash stated above, but rather] in the angels being compelled to change their normal behavior and pretend to eat (*Eitz Yosef*; see note 145).

[The Midrash here has merely recounted what actually transpired: the angels did not actually eat, but pretended to eat. However, the Midrash's point would be proven even more strikingly had the angels actually eaten (ibid., *Eitz Yosef*). *Eliyahu Rabbah*, *Parashah* 13 (ed. Ish Shalom) in fact states that the angels *did* actually eat. *Vayikra Rabbah* 47 §5, however, agrees with our Midrash. Both views appear in *Yalkut Shimoni* §82.]

149. For a list of examples of dotted letters in Scripture, see *Bamidbar Rabbah* 3 §13 and *Maseches Sofrim* 6:3.

150. If the dotted letters form the majority of the word, this indicates that they represent the main part of the word [and are the ones to be expounded] (*Eitz Yosef*).

151. That is: Although the angels knew where Sarah was, and they certainly knew where Abraham was, they nevertheless asked each about the whereabouts of the other. The reason they did this was to teach us that it is proper etiquette both to ask a husband about his wife and a wife about her husband (*Yedei Moshe*, *Eitz Yosef*, based on *Bava Metzia* 87a, as explained by *Tosafos*; see also *Rashi* to our verse; see, however, discussion in *Yefeh To'ar*).

152. Yael was the righteous woman who invited the retreating Sisera into her tent and then, while he was sleeping, killed him by driving a tent peg into his head (see *Judges* 4:15-24). This brought a great salvation to the Children of Israel, and spawned the exalted "Song of Deborah" (ibid. Ch. 5) from which the above phrase is taken.

הָכָא אַתְּ אָמַר "וְהוּא עוֹמֵד עֲלֵיהֶם", וּלְהַלָּן אָמַר "נִצָּבִים עָלָיו" אֶלָּא עַד שֶׁלֹּא יָצָא יְדֵיהֶם "נִצָּבִים עָלָיו", כֵּיוָן שֶׁיָּצָא יְדֵיהֶם "וְהוּא עוֹמֵד עֲלֵיהֶם", אֵימָתוֹ מוּטֶּלֶת עֲלֵיהֶם, מִיכָאֵל מִירְתַת גַּבְרִיאֵל מִירְתַת. רַבִּי תַּנְחוּמָא מִשּׁוּם רַבִּי אֶלְעָזָר וְרַבִּי אָבוּן בְּשֵׁם רַבִּי מֵאִיר מַתְלָא אֲמַר: [כט]עַלַּת לְקַרְתָּא הֲלֵךְ בְּנִימוּסָהּ, לְמַעְלָה שֶׁאֵין אֲכִילָה וּשְׁתִיָּה עָלָה מֹשֶׁה לַמָּרוֹם וְלֹא אָכַל שֶׁנֶּאֱמַר (דברים ט, ט) "וָאֵשֵׁב בָּהָר אַרְבָּעִים יוֹם וְאַרְבָּעִים לַיְלָה לֶחֶם לֹא אָכַלְתִּי וּמַיִם לֹא שָׁתִיתִי", אֲבָל לְמַטָּה שֶׁיֵּשׁ אֲכִילָה וּשְׁתִיָּה, [ל]"וְהוּא עֹמֵד עֲלֵיהֶם תַּחַת הָעֵץ וַיֹּאכֵלוּ", וְכִי אוֹכְלִין הָיוּ, אֶלָּא נִרְאִין כְּאוֹכְלִין רִאשׁוֹן רִאשׁוֹן מִסְתַּלֵּק:

טו [יח, ט] "וַיֹּאמְרוּ אֵלָיו אַיֵּה שָׂרָה אִשְׁתֶּךָ וְגוֹ' ". אָלֶ"ף יוֹ"ד וָי"ו נָקוּד לָמֶ"ד אֵינוֹ נָקוּד. אָמַר רַבִּי שִׁמְעוֹן בֶּן אֶלְעָזָר: [לא]בְּכָל מָקוֹם שֶׁאַתָּה מוֹצֵא כְּתָב רָבֶה עַל הַנְּקוּדָּה אַתָּה דוֹרֵשׁ אֶת הַכְּתָב, נְקוּדָּה רָבָה עַל הַכְּתָב אַתָּה דוֹרֵשׁ אֶת הַנְּקוּדָּה. כָּאן שֶׁהַנְּקוּדָּה רָבָה עַל הַכְּתָב אַתָּה דוֹרֵשׁ אֶת הַנְּקוּדָּה, אַיּוֹ אַבְרָהָם. אָמַר רַבִּי עֲזַרְיָה: כְּשֵׁם שֶׁאָמְרוּ "אַיֵּה שָׂרָה", כָּךְ אָמְרוּ לְשָׂרָה אַיּוֹ אַבְרָהָם. "וַיֹּאמֶר הִנֵּה בָאֹהֶל", הָדָא הוּא דִכְתִיב (שופטים ה, כד) "תְּבֹרַךְ מִנָּשִׁים יָעֵל אֵשֶׁת חֶבֶר הַקֵּינִי מִנָּשִׁים בָּאֹהֶל תְּבֹרָךְ", רַבִּי אֶלְעָזָר וְרַבִּי שְׁמוּאֵל בַּר נַחְמָן, רַבִּי אֶלְעָזָר אָמַר: מִנְּשֵׁי דוֹר הַמִּדְבָּר שֶׁהֵן יוֹשְׁבוֹת בְּאֹהָלִים, שֶׁנֶּאֱמַר (במדבר יא, י) "אִישׁ לְפֶתַח אָהֳלוֹ".

רש"י

עד שלא יצא ידיהן נצבים. עד שלא יצא ידי חובתן נצבים עליו משיצא ידי חובתן והוא עומד עליהם: **ס"א ד"א אימתו היתה עומדת עליהם מיכאל מירתת וגבריאל מירתת.** מפחדו של א"א כלו' אימתו היתה עומדת עליהם: **(טו) כל מקום שאתה מוצא כתב רבה על הנקודה.** כגון או בדרך רחוקה נקוד על ה': **נקודה רבה על הכתב אתה דורש את הנקודה.** כגון כאן שהנקודה רבה על הכתב שבאליו אי"ו נקוד למ"ד אין נקוד אתה דורש את הנקודה דורש איו איו אברהם שכשם ששאלו לאברהם איה שרה אשתך כך שאלו לשרה איו אברהם: **רבי אלעזר ורבי שמואל בר נחמן.** ר"א אומר תבורך מנשים זה דור המדבר שהיו יושבים באהלים דכתיב איש לפתח אהלו (במדבר י"א) ולמה תבורך מהן לפי שהן ילדו ומה היה

עץ יוסף

[טז] הבא את אמר כו'. לשון עליו ועליהם דריש. שלא אמר אצלו ואצלם (יפ"ת): **עד שלא יצא ידיהם.** היו חשובים ממנו ואימתן מוטל עליו. שאע"פ שחשבן לאנשים הכיר במעלתם מהמתנת השכינה כדלעיל: **כיון שיצא ידיהם.** ועסק במצות הכנסת אורחים בכל עוז הכירו המלאכים מעלתו והיתה אימתו מוטלת עליהם והוא כשולט עליהם: **מיכאל מירתת כו'.** דמיכאל וגבריאל היו ב' מהמלאכים האלו כדלעיל (יפ"ת): **רבי תנחומא כו'.** איהו נמי תירץ קרא דהוא עומד עליהם שגבר כחו עליהם ששינו את דרכם להיות כאוכלים לפי שהיו אצלו: **עלה משה למרום ולא אכל.** אעפ"י שבטבע אין האדם מתקיים בלא אכילה ושתיה זמן רב. מ"מ נתקיים משה דרך נס שנהנה מזיו השכינה אלא שלא נעשה לו נס כזה אלא למעלה כדי שלא לשנות המנהג: **וכי אוכלים היו.** קושטא דמילתא קאמר. ואין הכי נמי שאילו אכלו ממש יוכיח שפיר טפי שאין לשנות מהמנהג: **ואשב בהר.** ואע"פ שלא עלה לשמים אלא להר כדאי' בפ"ק דסוכה הא אמרינן התם דהא דכתיב מאחז פני כסא היינו דאשתרבוביא אשתרבב ליה כסא עד עשרה. והרי הוא כאילו עלה למרום שאין שם אכילה ושתיה. ולפיכך גם הוא לא אכל כדי שלא לשנות מן המנהג. וכן להיפך מה"ש שירדו למטה אכלו כדי שלא לשנות המנהג: **ראשון ראשון מסתלק.** מהשולחן שהמלאכים שרפוהו. ולאברהם נדמה שאכלוהו וכן אי' בזוהר סדר זו בהדיא. אבל בתד"א ח"א פרשה י"א אי' בצדקתו של אותו צדיק ובשכר טורח שטרח בשבילם פתח להם הקב"ה את פיהם ואכלו עכ"ל: **(טו) [טז] בכל מקום שאתה מוצא כו'.** כולהו מייתי להו בבמד"ר סוף פ"ג: **כתב רבה.** שהאותיות הבלתי מנוקדות רבים על המנוקדות. אתה דורש את הכתב. אך כשרבו הנקודות אז מורה שעיקר התיבה כפי הניקוד: **איו אברהם.** ואשמועינן דרך ארץ כדאי' בהפועלים למה נקד על איו שבאליו למדה תורה ד"א שישאל אדם באכסניא שלו. וכתבו התוס' דהיינו מה ששאלו לשרה איו אברהם כדאמר הכא שאח"כ עמדה בפתח האהל כמ"ש ושרה שומעת פתח האהל. ואז נראית להם (יפ"ת): **[יח] שהן יושבות באהלים.** כלו' מחמת צניעות וכדכתיב בהו איש לפתח אהלו. שהנשים היו צנועות וכששמעו שנאסרו לבעליהן נעלו דלתותיהם כדלקמן בויק"ר פ"ב. וביעל

פירוש מהרז"ו

נצבים עליו. משמע שהם גדולים ממנו ומושלים עליו. וכמ"ש שמואל עומד נצב עליהם. ואח"כ אמר והוא עומד עליהם. משמע שהוא מושל עליהם. מאחר שנהנו ממנו נכנעו לו ועמד עליהם. ומ"ש מיכאל גבריאל כמ"ש לעיל סי' ט': **עלת לקרתא.** שמ"ר פר' מ"ז סימן ה'. ועי' במ"ר פר' י' סוף סימן ה'. ויק"ר פר' ל"ד סי' ח': **(טו) ארשב"א.** לקמן פר' ע"ח סימן ט' עי' במ"ר פר' ג' סימן י"ג וש"נ. ועיין ב"מ דף פ"ז: **כתב רבה.** שהאותיות הבלתי מנוקדות רבים על המנוקדות. וניקוד אות אחת לרמוז על איזה דבר ודורש התיבה כולה כאלו לא היתה מנוקדת. אך כשרבו המנוקדות אז מורה שעיקר התיבה כפי הניקוד. וכמו שפירש ר' עזריה ששאל לשניהם שאלו לאברהם על שרה כפי הפשט ושאלו לשרה על אברהם כפי הניקוד. ועי' יד"מ: **אבודין.** ע"י סיסרא:

חידושי הרד"ל

(כח) נראין באוכלין. בתוס' ב"מ שם הביאו בשם תדא"ר (פי"ב) שלכבודו של אברהם אכלו. וכ"מ בקה"ר פ"ג פי"ג (אבל בלוט דכתיב ומצות אפה ויאכלו. וודאי מתפרש נראין כאוכלין) ועיין ויק"ר פל"ד:

מסורת המדרש

כט ב"מ דף פ"ו ע"ב. שמ"ר פרשה מ"ז. ויק"ר פ' ל"ד. במד"ר פרשה י'. תנחומא כאן סי' י"א:

ל קה"ר פ' ג':

לא ירושלמי פסחים פרק ט'. לקמן פרשה ע"ח. במד"ר פ' ג'. שי"ר פרשה ז':

אם למקרא

בַּעֲלֹתִי הָהָרָה לָקַחַת לוּחֹת הָאֲבָנִים לוּחֹת הַבְּרִית אֲשֶׁר־כָּרַת ה' עִמָּכֶם וָאֵשֵׁב בָּהָר אַרְבָּעִים יוֹם וְאַרְבָּעִים לַיְלָה לֶחֶם לֹא אָכַלְתִּי וּמַיִם לֹא שָׁתִיתִי: (דברים ט:ט)

תְּבֹרַךְ מִנָּשִׁים יָעֵל אֵשֶׁת חֶבֶר הַקֵּינִי מִנָּשִׁים בָּאֹהֶל תְּבֹרָךְ: (שופטים ה:כד)

וַיִּשְׁמַע מֹשֶׁה אֶת־הָעָם בֹּכֶה לְמִשְׁפְּחֹתָיו אִישׁ לְפֶתַח אָהֳלוֹ וַיִּחַר־אַף ה' מְאֹד וּבְעֵינֵי מֹשֶׁה רָע: (במדבר יא:י)

ענף יוסף

(טו) כאן שהנקודה רבה קשה למה ליה למנקד אותיות איו. הוי סגי דנקד האות למ"ד והוה דרשינן איו מטעם הכתב רבה על הנקודה. עיין בנימוקי יוסף בפרק הפועלים ובספר פענח רזא מה שתירצו על זה:

מתנות כהונה

עד שלא יצא ידיהם. קודם שיצא י"ח עמהם להכניסם ולהאכילם ולהשקותם: [**ר' תנחומא** גרסינן]: **מתלא כו'.** המשל אמר אם נכנסת לעיר לך במנהגם: [**נראין באוכלין כו'.** עי' בזה בפרשת נשא: [**טו**] **איה אברהם.** וכדמפרש ר' עזריה ועי' בתוספת פרק השוכר את הפועלים]: **מנשי דור המדבר.** תבורך יעל יותר מהם ונשי דור המדבר צדקניות היו ועיין במדרש חזית

נחמד למראה

[טו] תבורך מנשים וגו' מנשי דור המדבר וכו'. יש לדקדק במאי פליגי ר"א ור' שמואל בר נחמן דמר אמר מנשי דור המדבר ומר אמר מן האמהות. ונ"ל דפלוגתייהו תליין בפלוגתא אחרינא דבפרק מצות חליצה איתא גבי יעל אמר ר' יוחנן שבע בעילות בעל אותו רשע שנאמר בין רגליה כרע נפל שכב בין רגלים וגו'. נמצא דהא מיהא עשתה עבירה לשעה. ואילו במדרש רבה לקמן

אשד הנחלים

[יד] ולהלן אומר נצבים עליו כו'. דמשמע שהמה בממשלת עליו ואח"כ להיפך כאלו הוא מושל עליהם כי ראו והתבוננו על מעשיו כמה גדלו יותר ממעשי המלאכים וזריזותם: **למרום ולא אכל.** כי נזדכך בגופו ונתמרק עד היותו כמה"ש ולכן לא הי' צריך לאכילה ושתיה לחזק גופו אחר כי אז עלה למדריגת מלאכי מעלה: **[טו] אמרו לשרה איו.** כי גם שרה שמעה בקול המלאכים בשאלם על אברהם בעלה: **מנשים באוהל.** כי כן דרך נשים הצנועות לשבת רק באוהל ורמז על שרה שהית' רק יושבת באהלה: **לפתח אהלו.** הכוונה לפתח ששם הי' אהלו ואין אוהל אלא אשתו כמ"ש שובו לכם לאהליכם. והכוונה להיות שהאוהל אינו מקום קבוע רק דירת ארעי לפעמים בעת הצורך

וְלָמָּה תְּבוֹרַךְ מֵהֶם — **And why does [Yael's] blessing exceed theirs?** הֵן יָלְדוּ וְקִיְּימוּ אֶת הָעוֹלָם וּמָה הָיָה מוֹעִיל לָהֶם שֶׁאִלְמָלֵי הִיא כְּבָר הָיוּ אֲבוּדִין — For **they gave birth to children and sustained the world, but what good would it have done for them, for without her** (Yael) **they**[153] **would have been destroyed!**[154] רַבִּי שְׁמוּאֵל בַּר נַחְמָן אָמַר: מִן הָאִמָּהוֹת — **R' Shmuel bar Nachman said:** *Beyond the women in the tent* means Yael is blessed **beyond the Matriarchs,** who dwelled in tents.[155] הֵן יָלְדוּ וכו׳ שֶׁאִלְמָלֵא הִיא כְּבָר הָיוּ אֲבוּדִין — For **they gave birth** to children and sustained the world, but what good would it have done for them, **for without her** (Yael) **they**[156] **would have been destroyed!**[157]

וַיֹּאמֶר שׁוֹב אָשׁוּב אֵלֶיךָ כָּעֵת חַיָּה וְהִנֵּה בֵן לְשָׂרָה אִשְׁתֶּךָ וְשָׂרָה שֹׁמַעַת פֶּתַח הָאֹהֶל וְהוּא אַחֲרָיו.

And he said, "I will surely return to you at this time next year, and behold Sarah your wife will have a son." Now Sarah was listening at the entrance of the tent and he was behind him (18:10).

§16 וַיֹּאמֶר שׁוֹב אָשׁוּב אֵלֶיךָ כָּעֵת חַיָּה וגו׳ וְהוּא אַחֲרָיו — *AND HE SAID, "I WILL SURELY RETURN TO YOU AT THIS TIME NEXT YEAR, ETC." NOW SARAH WAS LISTENING AT THE ENTRANCE OF THE TENT, AND HE WAS BEHIND HIM.*

The Midrash explains the ambiguous clause, *and he was behind him*:

"וְהוּא" — זֶה יִשְׁמָעֵאל — The word **[*"he"*] refers to Ishmael;**[158] "וְהוּא אַחֲרָיו", מִפְּנֵי הַיִּחוּד — ***and he was behind him*** means that Ishmael stood behind the guests, interposing himself between Sarah and them, **because of** the prohibition of ***yichud.***[159] "וְהוּא אַחֲרָיו" זֶה הַמַּלְאָךְ שֶׁהִבִּיט לַאֲחָרָיו וְהִרְגִּישׁ שֶׁבָּאת אוֹרָה מֵאַחֲרָיו — Alternatively: The words וְהוּא אַחֲרָיו mean *[the entrance] was behind him,*[160] the word *him* **referring to the angels, who** turned around and **looked behind, realizing that light** emanating from our matriarch Sarah[161] **was coming from that direction.**[162]

וְאַבְרָהָם וְשָׂרָה זְקֵנִים בָּאִים בַּיָּמִים חָדַל לִהְיוֹת לְשָׂרָה אֹרַח כַּנָּשִׁים.

Now Abraham and Sarah were old, well on in years; the course of women had ceased to be with Sarah (18:11).

☐ וְאַבְרָהָם וְשָׂרָה זְקֵנִים — *NOW ABRAHAM AND SARAH WERE OLD.*

The Midrash addresses an apparent redundancy in Scripture:

אָמַר רַבִּי יוֹחָנָן: כְּבָר כְּתִיב "וְאַבְרָהָם וְשָׂרָה זְקֵנִים" — **R' Yochanan said:** Since **it is already written** here: ***Now Abraham and Sarah were old,*** מַה תַּלְמוּד לוֹמַר "וְאַבְרָהָם זָקֵן" — **why does [Scripture] state** again: ***Now Abraham was old*** (below, 24:1)? אֶלָּא שֶׁהֶחֱזִירוֹ הַקָּדוֹשׁ בָּרוּךְ הוּא לִימֵי נַעֲרוּתָיו צָרִיךְ לִכְתּוֹב פַּעַם שְׁנִיָּה "וְאַבְרָהָם זָקֵן" — **Rather, it is** to teach **that** since **the Holy One, blessed is He, restored him to the days of his youth, [Scripture] needed to write a second time, *Now Abraham was old.***[163] רַבִּי אַמִּי אָמַר: כָּאן זִקְנָה שֶׁיֵּשׁ בָּהּ לַחְלוּחִית וּלְהַלָּן בְּזִקְנָה שֶׁאֵין בָּהּ לַחְלוּחִית — Alternatively, **R' Ami said: Here,** in our verse, **old age combined with vitality**[164] is meant, **while** in the verse **below, old age *without* vitality** is meant.[165]

NOTES

153. That is, their descendants (see Midrash text in *Rashi*).

154. For had Sisera not been killed immediately by Yael, he would certainly have rearmed and regrouped and been victorious over Israel, as he possessed a very large army (*Eitz Yosef*).

[The women in the Wilderness were exceptionally modest (see *Vayikra Rabbah* 2 §1), while Yael behaved with great immodesty with Sisera (see *Yevamos* 103a, *Nazir* 23b). Nevertheless, our Midrash teaches that since she acted for the sake of heaven (as mentioned in *Nazir* ibid.), her blessing is greater than theirs (*Eitz Yosef*). See, however, *Vayikra Rabbah* 23 §10, which states (unlike the Gemara) that Yael did *not* sin with Sisera.]

155. Each of the Matriarchs dwelled in a tent. Regarding Sarah it is written: *Now Sarah heard at the entrance of the tent* (below, v. 10); regarding Rebecca it is written: *And Isaac brought her into the tent* (below, 24:67); and regarding Rachel and Leah it says: *Laban came into Jacob's tent, etc., and he left Leah's tent and came into Rachel's tent* (below, 31:33) (*Rashi, Eitz Yosef*).

156. I.e., the Matriarchs' descendants.

157. The Matriarchs, too, were exceptionally modest, and in fact were greater than the women in the Wilderness. According to R' Shmuel bar Nachman, then, Yael is praised by Scripture even more than according to R' Elazar.

[For another approach to the debate between R' Elazar and R' Shmuel bar Nachman, see *Nechmad LeMareh*.]

158. Who, as already stated in the end of section 13 above, was present at the time (*Yefeh To'ar, Imrei Yosher*).

159. *Rashi*, citing *Targum Yerushalmi* to our verse. See also *Yedei Moshe*, who explains similarly but says that the *angel* was behind *Ishmael*. See Insight Ⓐ. [*Yichud* is the prohibition against being secluded with a woman other than one's wife, sister, mother, or daughter.]

160. *Rashi* here; see similarly *Rashi* to our verse.

161. *Matnos Kehunah*, et al. See next note.

162. When the angels began informing Abraham that in a year's time Sarah will give birth to a child, Sarah came to the entrance of the tent to hear their discussion. Once she appeared at the entrance, the entire courtyard became illuminated with her radiant beauty, and the angels, who had been standing with their backs to the tent, turned around to discover the origin of the light (*Rashi*; see *Rashash*, who suggests emending the word וְהִרְגִּישׁ to שֶׁהִרְגִּישׁ in order to better accommodate this interpretation).

[*Maharzu* interprets similarly, but renders וְהוּא אַחֲרָיו as *the angel [turned] behind him*. He adds that the word אֹהֶל (lit., *tent*) also connotes *light* (see *Job* 25:5, 29:3, 41:10; see also *Exodus* 33:6-7 with *Shabbos* 88a), and our Midrash is expounding it in that sense.]

Yedei Moshe explained the Midrash above to be saying that the angel was behind Ishmael (see Insight Ⓐ). He interprets the current statement in the Midrash not as an alternative explanation, but rather as an answer to the question of why Ishmael acted in an inhospitable fashion and did not face his guest: it was because when he looked behind him, he realized that a great light was emanating *from the angel*, and he was too frightened to face him. (It may be noted that an advantage to *Yedei Moshe's* approach is that all three of the Midrash's points about the words *and he was behind him* are now interconnected.)

For other interpretations of this passage, see *Maharzu*.

163. At the time Isaac was conceived, Abraham's youth (and Sarah's) were miraculously restored. It was, therefore, necessary for Scripture to write a second time: *Now Abraham was old* (below, 24:1), to affirm that he was then genuinely old [and would not again be restored to youth] (*Rashi*).

164. The root of the word לַחְלוּחִית is לח, meaning *moist* or *fresh*.

165. In our verse, Abraham is 99 years old (for Isaac was born when

INSIGHTS

Ⓐ **Ishmael's Intent** *Imrei Yosher* objects to this understanding of the Midrash, noting that inasmuch as the guests were standing outside beneath a tree and not inside the tent (see v. 8), they would certainly not have been guilty of *yichud*, even without Ishmael's intervention. He therefore interprets the words וְהוּא אַחֲרָיו to mean *and [Ishmael] was behind [the tent]*. In order to ensure that *he* would not be guilty of *yichud* with Sarah, Ishmael stood behind the tent [and not inside it] (see also *Yefeh To'ar*).

Eitz Yosef, citing *Nezer HaKodesh*, explains that the Midrash is not referring specifically to the incident involving these guests. Rather, it means that Ishmael, acting on Abraham's instructions, would always place himself in front of Sarah's tent to make sure that men who *entered* her tent, for whatever reason, would not be in violation of *yichud*.

Rashi to our verse, in a third approach, interprets וְהוּא אַחֲרָיו to mean *and [the entrance] was behind [the angel]*; see further in Midrash.

וְלָמָּה תְּבוֹרַךְ מֵהֶם, הֵן יָלְדוּ וְקִיְּמוּ אֶת הָעוֹלָם וּמֶה הָיָה מוֹעִיל לָהֶם שֶׁאִילְמָלֵא הִיא כְּבָר הָיוּ אֲבוּדִין. רַבִּי שְׁמוּאֵל בַּר נַחֲמָן אָמַר: [לב] מִן הָאִמָּהוֹת, הֵן יָלְדוּ וְכוּ' שֶׁאִלּוּלֵי הִיא כְּבָר הָיוּ אֲבוּדִין:

טז [יח, י] "וַיֹּאמֶר שׁוֹב אָשׁוּב אֵלֶיךָ כָּעֵת חַיָּה וגו'. "וְהוּא אַחֲרָיו", [לג] זֶה יִשְׁמָעֵאל. "וְהוּא אַחֲרָיו", מִפְּנֵי הַיִּחוּד. "וְהוּא אַחֲרָיו", זֶה הַמַּלְאָךְ שֶׁהִבִּיט לְאַחֲרָיו וְהִרְגִּישׁ שֶׁבָּאת אוֹרָה מֵאַחֲרָיו. [יח, יא] "וְאַבְרָהָם וְשָׂרָה זְקֵנִים", אָמַר רַבִּי יוֹחָנָן: כְּבָר כְּתִיב "וְאַבְרָהָם וְשָׂרָה זְקֵנִים", מַה תַּלְמוּד לוֹמַר "וְאַבְרָהָם זָקֵן", אֶלָּא שֶׁהֶחֱזִירוֹ הַקָּדוֹשׁ בָּרוּךְ הוּא לִימֵי נַעֲרוּתָיו צָרִיךְ לִכְתּוֹב פַּעַם שְׁנִיָּה "וְאַבְרָהָם זָקֵן". רַבִּי אַמֵּי אָמַר: כָּאן זִקְנָה שֶׁיֵּשׁ בָּהּ לַחְלוּחִית וּלְהַלָּן בְּזִקְנָה שֶׁאֵין בָּהּ לַחְלוּחִית. "חָדַל לִהְיוֹת לְשָׂרָה אֹרַח כַּנָּשִׁים", הֵיךְ מַה דְּאַתְּ אָמַר (דברים כג, כג) "וְכִי תֶחְדַּל לִנְדֹּר", פָּסַק. הֵיךְ מַה דְּאַתְּ אָמַר (במדבר ט, יג) "וְחָדַל לַעֲשׂוֹת הַפֶּסַח":

עץ יוסף

אשת חבר אע"פ שמלינו בה כאילו נהגה פריצות שמסרה עצמה לדבר עבירה כדאמר בגמ' אפ"ה מנשים באהל תבורך מנשי דור המדבר. משום שכוונתה היתה לשם שמים: **כבר היו אבודים.** על ידי סיסרא שאילו לא הומת מיד בו ביום שוב היה מתחזק כנגדם לאסוף אליו עמים רבים לנלחם במלחמה כי היה לו עם רב. וכן היה כחו רב מאד כמבואר בילקוט: **מן האמהות.** דכתיב בהו אהל. בשרה הנה באהל. ברבקה ויביאה יצחק האהלה. בלאה ורחל ויצא מאהל לאה ויבא באהל רחל: (טז) [יט] **זה ישמעאל.** שהוא הנער הנזכר לעיל בפרשה: **מפני היחוד.** שהיה רגיל תמיד לעמוד לפני פתח האהל לשמרה מפני היחוד של האנשים הבאים תוך האהל של שרה לצורך דבר מה ועשה כן במצות אברהם (נזה"ק): **שהביט לאחריו שהרגיש.** כצ"ל ור"ל מפני שהרגיש שבאת אורה מאחוריו לכן נהפך להסתכל מאחריו מאין באה האורה (רש"ש): **שבאת אורה מאחריו.** מפתח האהל של שרה. וכמ"ש לקמן פ"ס שכל זמן שהיתה שרה קיימת היה ענן קשור על פתח אהלה: **כבר בתיב.** היינו כאן. ולמה כתוב עוד הפעם ואברהם זקן בסדר חיי שרה: **שהחזירו הקדוש ברוך הוא לימי נערותו.** לכן צריך לומר עוד הפעם ואברהם זקן: **שיש בה לחלוחית.** פי' שמ"ש כאן ואברהם ושרה זקנים הוא זקנה שיש לה עדיין לחלוחית בטבע. ומ"ש ואברהם זקן הוא זקנה שאין בה לחלוחית בטבע. אבל נתקיים באברהם עוד ינובון בשיבה דשנים ורעננים יהיו. שהרי אח"כ לקח אשה וילדה לו ששה בנים: **וכי תחדל לנדור וגו'.** שפירושו שלא ידור נדר כלל. וכן פירושו כאן שלא היה לה אורח כנשים מעולם (מת"כ): **פסק היך מה דאת אמר בו'.** הוא כמו ד"א חדל פסק. אבל מקודם זה היה לה אורח כנשים. כמו וחדל לעשות הפסח אין פירושו שלא עשה פסח מעולם שאפילו עשה פסח כל ימיו ופסק ולא עשה פעם אחת הרי הוא בכרת (מת"כ) ועיין בנזה"ק שגורס בהדיא בפנים המדרש ד"א פסק:

פירוש מהרז"ו

(טז) **זה ישמעאל.** נ"ע שהרי ישמעאל לא נזכר כאן כלל רק ברמז בפסוק ויתן אל הנער. ויתכן שדורש ע"פ מדה ל"א מוקדם ומאוחר בענין שאמר המלאך שוב אשוב אליך כעת חיה והנה בן לשרה אשתך והוא אחריו שמ"ש והנה בן היינו יצחק והוא ישמעאל יהיה אחר יצחק שיצחק יהיה קודם לו במעלה ובגדולה כמ"ש ויקברו אותו יצחק וישמעאל בניו. ויתכן שישמעאל היה עומד ליד אברהם לשמשו שהרי רצה אברהם לזרזו במצות כמ"ש לעיל סימן י"ג ועל זה אמר והוא אחריו כנ"ל ואפשר לפרש והוא על יצחק שיהיה אחר ישמעאל כמ"ש פר"א סוף פרק ל'. גם יתכן שדורש גז"ש כמ"ש והוא יהיה פרא אדם. ומ"ש מפני היחוד דרשה אחרת היא על מ"ש והוא אחריו שהמלאך עמד אחר אברהם שלא יתיחד עם שרה. היינו כשאמר לה איו אברהם כנ"ל. והפירוש הג' והוא אחריו המלאך היה פונה אחריו שבאתה לו אורה מאחריו מאהל שרה ודורש אהל מלשון אור כמ"ש לעיל סימן ח' וכמ"ש לקמן סוף פר' ס' שכל זמן שהיתה שרה קיימת היה ענן קשור על פתח אהלה: **כבר בתיב.** היינו כאן ולמה כתוב עוד הפעם ואברהם זקן בסדר חיי שרה: **כאן לזקנה שיש בה לחלוחית.** פי' שמ"ש תחלה כאן ואברהם ושרה זקנים הוא זקנה שיש לה עדיין לחלוחית בטבע ומ"ש ואברהם זקן הוא זקנה שאין בה לחלוחית בטבע אבל נתקיים באברהם עוד ינובון בשיבה דשנים ורעננים יהיו שהרי אח"כ לקח אשה וילדה לו ששה בנים:

רש"י

מועיל להם שאלמלא היא שהרגה את סיסרא כבר היו אבודין אותן שהן ילדו: **רבי שמואל בר נחמן אמר.** תבורך מן האמהות שהיו יושבות באהל דכתיב ושרה שומעת פתח האהל וכתיב ויביאה יצחק האהלה וכתיב ויבא לבן באהל יעקב ובאהל לאה ובאהל שתי האמהות וגו' (פ' ויצא) שאלמלא היא כבר היו אבודין: (טז) **פתח האהל והוא אחריו זה ישמעאל.** מפני היחוד שהיה ישמעאל ממוצע בין שרה למלאכים כתרגום ירושלמי וישמעאל קאים מאחורוהי מאחריו של מלאך: **ד"א והוא אחריו.** הרגיש שבאת אורה. שהמלאכים היו יושבים בחוץ תחת העץ והיה האהל מאחוריהם שאחוריהם אל אהל שרה ובשעה שהיו אומרים לאברהם שוב אשוב אליך כעת חיה והנה בן לשרה אשתך באת שרה לציית לשמוע מה הם מדברים וכיון שקרבה לשמוע מה הם מדברים הבהיקה האהל מהוד יפיה כמו שדרשו בספר הזה שהבהיק ארץ מצרים מאורה וכיון שבאת אותה אורה מאחרי המלאך הרגיש המלאך וכן נוהג בעולם כל זמן שאדם יושב באפלה אם יש נר או אבוקה לפניו אינו מרגיש מאורה אבל אם האור באה מאחריו הוא מרגיש: **אמר רבי יוחנן.** כבר כתיב ואברהם ושרה זקנים מה ת"ל ואברהם זקן אלא כשנולד יצחק החזירן הקב"ה לימי נערות: **אמר רבי אמי.** כאן זקנה שיש בה לחלוחית ולהלן זקנה שאין בה לחלוחית: **חדל להיות לשרה אורח כנשים כמה דתימא כי תחדל לנדור.** נמנע ממנה לבא ווסתה כדרך הבחורים

מתנות כהונה

בפסוק יפה את כתרלה: **מן האמהות.** שנכתב בכולן אהל. בשרה הנה באהל. ברבקה האהלה שרה אמו. רחל ולאה ויצא מאהל לאה ויבא באהל רחל: [טז] **זה ישמעאל.** פירש רש"י היה עומד אחר המלאך מפני היחוד שלא תתייחד שרה עם המלאך וכן הוא בתרגום ירושלמי: **שבאת אורה.** משרה אמנו: **וכי תחדל וגו'.** פירושו שלא ידור נדר כלל וכן פירושו כאן לא היה לה אורח כנשים

נחמד למראה

ס' ויקרא איתא התם ותכסהו בשמיכה שמי כה שמי מעיד עליה שלא נגע בה אותו רשע הרי דס"ל דלא עשתה עבירה כלל. וא"כ ר"א דריש תבורך מנשים מנשי דור המדבר דס"ל כר' יוחנן דאמר שבע בעילות בעל וכו' ואין ראוי שתתברך מן האמהות ור' שמואל בר נחמן ס"ל כמדרש רבה דקאמר שלא נגע בה אותו רשע ואם כן ראויה זו שתתברך מן האמהות:

אשד הנחלים

לכן נקראת האשה אוהל שהיא יושבת באוהל ובית דירתה אינו קבוע לבעלה כ"א לפרקים וק"ל: **הן ילדו כו'.** כלומר ולמה תבורך מהם לפי שאמת שהם ילדו ומהם השתכלל זרע ישראל. אבל אלמלא היא כבר היו אבודין וכאלו לא הי'. ולכן תבורך מהן: **[טז] זה ישמעאל.** שהי' עומד אחר המלאך שהי' מתיירא מפני היחוד כי דימה שהם בני אדם: **שהביט לאחריו.** זהו פירש אחר. שפירושו והוא מביט מאחריו והרגיש אורה מזיו שרה. ואולי הכוונה ג"כ על אור אלהי השופע עליה ולכן ברכה כי היא ראויה למתנה אלקית: **שאין בה לחלוחית.** שמדרך הטבע א"א עוד לשוב לימי נעוריה אחר שפסק הכח מאתה. ועכ"ז שבה לנערותה. והרי זה נס אלקי ממש: **וכי תחדל כו' פסק.** פירוש המ"כ

חידושי הרש"ש

[טז] **שהביט לאחריו והרגיש בו'.** נ"ל דצ"ל שהרגיש כו' ור"ל מפני שהרגיש שבאה אורה מאחוריו לכן נהפך להסתכל מאחריו מאין באה האורה:

באור מהרי"פ

טז [טז] **מפני היחוד.** פירוש מפני שלא יתיחד ישמעאל עם שרה היה עומד בחוץ אחר המלאך. או אחר אברהם שכשיבוא אברהם ליכנס האהלה יכנס תחלה ולא נתיחד ישמעאל עמה. יפ"ת: **היך מה דאת אמר וכי תחדל לנדור.** מדברי המ"כ מבואר דה"ג חדל המד"א וכי תחדל לנדור. ד"א פסק המד"א וחדלה וגו'. נזה"ק:

מסורת המדרש

לב יבמות ט"ו. נזיר כ"ג. ילקוט שופטים רמז נ"ד:

לג ילקוט כאן רמז פ"ב:

אם למקרא

וְכִי תֶחְדַּל לִנְדֹּר לֹא־יִהְיֶה בְךָ חֵטְא: (במדבר כג:כג)

וְהָאִישׁ אֲשֶׁר־הוּא טָהוֹר וּבְדֶרֶךְ לֹא־הָיָה וְחָדַל לַעֲשׂוֹת הַפֶּסַח וְנִכְרְתָה הַנֶּפֶשׁ הַהִוא מֵעַמֶּיהָ כִּי קָרְבַּן ה' לֹא הִקְרִיב בְּמֹעֲדוֹ חֶטְאוֹ יִשָּׂא הָאִישׁ הַהוּא: (במדבר ט:יג)

ענף יוסף

(יח) **[שאלמלא היא כבר היו אבודין]** בפרק חלק מנשים באהל תבורך נשים באהל מאן נינהו שרה רבקה רחל ולאה אורח ארעא למימר הכי. אלא מעין קאמר. ופרש"י אורח ארעא שתאמר דבורה ליעל שתהא ברוכה משרה ורבקה אלא מעין ברכת שרה קאמר:

□ חָדַל לִהְיוֹת לְשָׂרָה אֹרַח כַּנָּשִׁים – *THE COURSE OF WOMEN HAD CEASED TO BE WITH SARAH.*

The Midrash gives two interpretations of the word חָדַל, *ceased*:

הֵיךְ מָה דְאַתְּ אָמַר ״וְכִי תֶחְדַּל לִנְדֹּר״ – **[The term חָדַל in our verse]** has the same connotation **as that which is stated,** ***If you refrain*** [תֶחְדַּל] ***from vowing,*** *there will be no sin in you* (*Deuteronomy* 23:23).[166] פָּסַק. הֵיךְ מָה דְאַתְּ אָמַר ״וְחָדַל לַעֲשׂוֹת הַפֶּסַח״ – Alternatively,[167] the word חָדַל denotes **discontinuation, as that which is stated,** ***And had refrained*** [וְחָדַל] ***from making the pesach-offering*** (*Numbers* 9:13).[168]

NOTES

Abraham was 100; see above, 17:17); verse 24:1 occurs 40 years later (the verse introduces Abraham's search for a wife for Isaac, and Isaac got married at the age of 40; see 25:20). R' Ami says that while 100 is certainly old, Abraham still had some of his youthful vigor then; 40 years later he no longer had it. [Despite this, God still gave him the ability to father more children with Keturah in his old age; see vv. 25:1-2] (*Maharzu*, *Eitz Yosef*).

166. The meaning of this verse is that it is proper for one to *refrain* and not to vow at all [for if one does make a vow, he runs the risk of forgetting about it or violating it]. Similarly, in our verse, the word חָדַל implies that menstruation had always been withheld from Sarah, i.e., she had never menstruated in her life (*Matnos Kehunah*).

167. [Some versions of the Midrash actually have the words דָּבָר אַחֵר, *another interpretation*, written before the word פָּסַק (*Eitz Yosef*, citing *Nezer HaKodesh*).]

168. In this particular verse, the word חָדַל means that although the person had made his *pesach*-offering in previous years, he refrained from doing so this year. Similarly, in our verse, the word חָדַל suggests that Sarah used to menstruate (in her younger years), but had now ceased to do so (*Matnos Kehunah*).

וְלָמָּה תְּבוֹרַךְ מֵהֶם, הֵן יָלְדוּ וְקִיְּמוּ אֶת הָעוֹלָם וּמֶה הָיָה מוֹעִיל לָהֶם שֶׁאִילְמָלֵא הִיא כְּבָר הָיוּ אֲבוּדִין. רַבִּי שְׁמוּאֵל בַּר נַחְמָן אָמַר: [לב]מִן הָאִמָּהוֹת, הֵן יָלְדוּ וְכוּ' שֶׁאִלּוּלֵי הִיא כְּבָר הָיוּ אֲבוּדִין:

טז [יח, י] "וַיֹּאמֶר שׁוֹב אָשׁוּב אֵלֶיךָ כָּעֵת חַיָּה וגו'. "וְהוּא אַחֲרָיו", [לג]זֶה יִשְׁמָעֵאל. "וְהוּא אַחֲרָיו", מִפְּנֵי הַיִּחוּד. "וְהוּא אַחֲרָיו", זֶה הַמַּלְאָךְ שֶׁהִבִּיט לְאַחֲרָיו וְהִרְגִּישׁ שֶׁבָּאת אוֹרָה מֵאַחֲרָיו. [יח, יא] "וְאַבְרָהָם וְשָׂרָה זְקֵנִים", אָמַר רַבִּי יוֹחָנָן: כְּבָר כְּתִיב "וְאַבְרָהָם וְשָׂרָה זְקֵנִים", מַה תַּלְמוּד לוֹמַר "וְאַבְרָהָם זָקֵן", אֶלָּא שֶׁהֶחֱזִירוֹ הַקָּדוֹשׁ בָּרוּךְ הוּא לִימֵי נַעֲרוּתָיו צָרִיךְ לִכְתּוֹב פַּעַם שְׁנִיָּה "וְאַבְרָהָם זָקֵן". רַבִּי אַמֵּי אָמַר: כָּאן זְקֵנָה שֶׁיֵּשׁ בָּהּ לַחְלוּחִית וּלְהַלָּן בִּזְקֵנָה שֶׁאֵין בָּהּ לַחְלוּחִית. "חָדַל לִהְיוֹת לְשָׂרָה אֹרַח כַּנָּשִׁים", הֵיךְ מַה דְּאַתְּ אָמַר (דברים כג, כג) "וְכִי תֶחְדַּל לִנְדֹּר", פָּסַק. הֵיךְ מַה דְּאַתְּ אָמַר (במדבר ט, יג) "וְחָדַל לַעֲשׂוֹת הַפֶּסַח":

עץ יוסף

אשת חבר אע"פ שמלינו בה כאילו נהגה פריצות שמסרה עלמה לדבר עבירה כדאמר בגמ' אפ"ה מכשים באהל תבורך מנשי דור המדבר. משום שכוונתה היתה לשם שמים: **כבר היו אבודים.** על ידי סיסרא שאילו לא הומת מיד בו ביום שוב היה מתחזק כנגדם לאסוף אליו עמים רבים לנלחם במלחמה כי היה לו עם רב. וכן היה כחו רב מאד כמבואר בילקוט: **מן האמהות.** דכתיב בהו אהל. בשרה הנה באהל. ברבקה ויביאה ילחק האהלה. בלאה ורחל וילא מאהל לאה ויבא באהל רחל: **(טז) [יט] זה ישמעאל.** שהוא הנער הנזכר לעיל בפרשה: **מפני היחוד.** שהיה רגיל תמיד לעמוד לפני פתח האהל לשמרה מפני היחוד של האנשים הבאים תוך האהל של שרה לנורך דבר מה ועשה כן במלות אברהם (נזה"ק): **שהביט לאחריו שהרגיש.** כצ"ל ור"ל מפני שהרגיש שבאת אורה מאחוריו לכן נהפך להסתכל מאחריו מאין באה האורה (רש"ש): **שבאת אורה מאחריו.** מפתח האהל של שרה. וכמ"ש לקמן פ"ס שכל זמן שהיתה שרה קיימת היה ענן קשור על פתח אהלה: **כבר כתיב.** היינו כאן. ולמה כתוב עוד הפעם ואברהם זקן בסדר חיי שרה: **שהחזירו הקדוש ברוך הוא לימי נערותו.** לכן לריך לומר עוד הפעם ואברהם זקן: **שיש בה לחלוחית.** פי' שמ"ש כאן ואברהם ושרה זקנים הוא זקנה שיש לה עדיין לחלוחית בטבע. ומ"ש ואברהם זקן הוא זקנה שאין בה לחלוחית בטבע. אבל נתקיים באברהם עוד ינובון בשיבה דשנים ורעננים יהיו. שהרי אח"כ לקח אשה וילדה לו ששה בנים: **וכי תחדל לנדור וגו'.** שפירושו שלא ידור נדר כלל. וכן פירושו כאן שלא היה לה אורח כנשים מעולם (מת"כ): **פסק היך מה דאת אמר כו'.** הוא כמו ד"א חדל פסק. אבל מקודם זה היה לה אורח כנשים. כמו וחדל לעשות הפסח אין פירושו שלא עשה פסח מעולם שאפילו עשה פסח כל ימיו ופסק ולא עשה פעם אחת הרי הוא בכרת (מת"כ) ועיין בנזה"ק שגורס בהדיא בפנים המדרש ד"א פסק:

פירוש מהרז"ו

(טז) זה ישמעאל. ל"ע שהרי ישמעאל לא נזכר כאן כלל רק ברמז בפסוק ויתן אל הנער. ויתכן שדורש ע"פ מדה ל"א מוקדם ומאוחר בענין שאמר המלאך שוב אשוב אליך כעת חיה והנה בן לשרה אשתך והוא אחריו שמ"ש והנה בן היינו ילחק והוא ישמעאל יהיה אחר ילחק שילחק יהיה קודם לו במעלה ובגדולה כמ"ש ויקברו אותו ילחק וישמעאל בניו. ויתכן שישמעאל היה עומד ליד אברהם לשמשו שהרי רלה אברהם לזרזו במלות כמ"ש לעיל סימן י"ג ועל זה אמר והוא אחריו כנ"ל ואפשר לפרש והוא על ילחק שיהיה אחר ישמעאל כמ"ש פר"א סוף פרק ל'. גם יתכן שדורש גז"ש כמ"ש והוא יהיה פרא אדם. ומ"ש מפני היחוד דרשה אחרת היא על מ"ש והוא אחריו שהמלאך עמד אחר אברהם שלא יתיחד עם שרה. היינו כשאמר לה איו אברהם כנ"ל. והפירוש הג' והוא אחריו המלאך היה פונה אחריו שבאתה לו אורה מאחריו מאהל שרה ודורש אהל מלשון אור כמ"ש לעיל סימן ח' וכמ"ש לקמן סוף פר' ס' שכל זמן שהיתה שרה קיימת היה ענן קשור על פתח אהלה: **כבר כתיב.** היינו כאן ולמה כתוב עוד הפעם ואברהם זקן בסדר חיי שרה: **כאן לזקנה שיש בה לחלוחית.** פי' שמ"ש תחלה כאן ואברהם ושרה זקנים הוא זקנה שיש לה עדיין לחלוחית בטבע ומ"ש ואברהם זקן הוא זקנה שאין בה לחלוחית בטבע אבל נתקיים באברהם עוד ינובון בשיבה דשנים ורעננים יהיו שהרי אח"כ לקח אשה וילדה לו ששה בנים:

רש"י

מועיל להם שאלמלא היא שהרגה את סיסרא כבר היו אבודין אותן שהן ילדו: **רבי שמואל בר נחמן אמר.** תבורך מן האמהות שהיו יושבות באהל דכתיב ושרה שומעת פתח האהל וכתיב ויביאה ילחק האהלה וכתיב ויבא לבן באהל יעקב ובאהל לאה ובאהל שתי האמהות וגו' (פ' וילא) שאלמלא היא כבר היו אבודין: **(טז) פתח האהל והוא אחריו זה ישמעאל.** מפני היחוד שהיה ישמעאל ממולע בין שרה למלאכים כתרגום ירושלמי וישמעאל קאים מאחורוהי מאחריו של מלאך: **ד"א והוא אחריו.** הרגיש שבאת אורה. שהמלאכים היו יושבים בחוץ תחת העץ והיה האהל מאחוריהם שאחוריהם אל אהל שרה ובשעה שהיו אומרים לאברהם שוב אשוב אליך כעת חיה והנה בן לשרה אשתך באת שרה לליית לשמוע מה הם מדברים וכיון שקרבה לשמוע מה הם מדברים הבהיקה האור מהוד יפיה כמו שדרשו בספר הזה שהבהיק ארץ מלרים מאורה וכיון שבאת אותה אורה מאחרי המלאך הרגיש המלאך וכן נוהג בעולם כל זמן שאדם יושב באפלה אם יש נר או אבוקה לפניו אינו מרגיש מאורה אבל אם האור באה מאחריו הוא מרגיש: **אמר רבי יוחנן.** כבר כתיב ואברהם ושרה זקנים מה ת"ל ואברהם זקן אלא כשנולד ילחק החזירן הקב"ה לימי נערות: **אמר רבי אמי.** כאן זקנה שיש בה לחלוחית ולהלן זקנה שאין בה לחלוחית: **חדל להיות לשרה אורח כנשים כמה דתימא כי תחדל לנדור.** נמנע ממנה לבא ווסתה כדרך הבחורים

מתנות כהונה

בפסוק יפה את כתרלה: **מן האמהות.** שנכתב בכולן אהל. בשרה הנה באהל. ברבקה האהלה שרה אמו. רחל ולאה וילא מאהל לאה ויבא באהל רחל: **[טז] זה ישמעאל.** פירש רש"י היה עומד אחר המלאך מפני היחוד שלא תתייחד שרה עם המלאך וכן הוא בתרגום ירושלמי: **שבאת אורה.** משרה אמנו: **וכי תחדל וגו'.** פירושו שלא ידור נדר כלל וכן פירושו כאן לא היה לה אורח כנשים

נחמד למראה

ס' ויקרא איתא התם ותכסהו בשמיכה שמי כה שמי מעיד עליה שלא נגע בה אותו רשע הרי דס"ל דלא עשתה עבירה כלל. וא"כ ר"א דריש תבורך מנשים מנשי דור המדבר דס"ל כר' יוחנן דאמר שבע בעילות בעל וכו' ואין ראוי שתתברך מן האמהות ור' שמואל בר נחמן ס"ל כמדרש רבה דקאמר שלא נגע בה אותו רשע ואם כן ראויה זו שתתברך מן האמהות:

אשד הנחלים

לכן נקראת האשה אוהל שהיא יושבת באוהל ובית דירתה אינו קבוע לבעלה כ"א לפרקים וק"ל: **הן ילדו כו'.** כלומר ולמה תבורך מהם לפי שאמת שהם ילדו ומהם השתכלל זרע ישראל. אבל אלמלא היא כבר היו אבודין וכאלו לא הי'. ולכן תבורך מהן: **[טז] זה ישמעאל.** שהי' עומד אחר המלאך שהי' מתיירא מפני היחוד כי דימה שהם בני אדם: **שהביט לאחריו.** זהו פירש אחר. שפירושו והוא מביט מאחריו והרגיש אורה מזיו שרה. ואולי הכוונה ג"כ על אור אלהי השופע עליה ולכן ברכה כי היא ראויה למתנה אלקית: **שאין בה לחלוחית.** שמדרך הטבע א"א עוד לשוב לימי נעוריה אחר שפסק הכח מאתה. ועכ"ז שבה לנערותה. והרי זה נס אלקי ממש: **וכי תחדל כו' פסק.** פירוש המ"כ

חידושי הרש"ש

[טז] **שהביט לאחריו והרגיש בו'.** כ"ל דל"ל שהרגיש כו' ור"ל מפני שהרגיש שבאה אורה מאחוריו לכן נהפך להסתכל מאחריו מאין באה האורה:

באור מהרי"פ

טז **[טז] מפני היחוד.** פירוש מפני שלא יתיחד ישמעאל עם שרה היה עומד בחוץ אחר המלאך. או אחר אברהם שכשיבוא אברהם ליכנס האהלה יכנס תחלה ולא נתיחד ישמעאל עמה. יפ"ת: **היך מה דאת אמר וכי תחדל לנדור.** מדברי המ"כ מבואר דה"ג חדל המד"א וכי תחדל לנדור. ד"א פסק המד"א וחדלה וגו'. נזה"ק:

מסורת המדרש

לב יבמות ט"ו. נזיר כ"ג. ילקוט שופטים רמז נ"ד:
לג ילקוט כאן רמז פ"ב:

אם למקרא

וְכִי תֶחְדַּל לִנְדֹּר לֹא־יִהְיֶה בְךָ חֵטְא: (במדבר כג:כג)

וְהָאִישׁ אֲשֶׁר־הוּא טָהוֹר וּבְדֶרֶךְ לֹא־הָיָה וְחָדַל לַעֲשׂוֹת הַפֶּסַח וְנִכְרְתָה הַנֶּפֶשׁ הַהִוא מֵעַמֶּיהָ כִּי קָרְבַּן ה' לֹא הִקְרִיב בְּמֹעֲדוֹ חֶטְאוֹ יִשָּׂא הָאִישׁ הַהוּא: (במדבר ט:יג)

ענף יוסף

(יח) **[שאלמלא היא כבר היו אבודין]** בפרק חלק מנשים באהל תבורך נשים באהל מאן נינהו שרה רבקה רחל ולאה אורח ארעא למימר הכי. אלא מעין קאמר. ופרש"י אורח ארעא שתאמר דבורה ליעל שתהא ברוכה משרה ורבקה אלא מעין ברכת שרה קאמר:

וַתִּצְחַק שָׂרָה בְּקִרְבָּהּ לֵאמֹר אַחֲרֵי בְלֹתִי הָיְתָה לִּי עֶדְנָה וַאדֹנִי זָקֵן.

And Sarah laughed at herself, saying, "After I have withered I have delicate skin. But my husband is old" (18:12).

§17 וַתִּצְחַק שָׂרָה בְּקִרְבָּהּ לֵאמֹר — *AND SARAH LAUGHED AT HERSELF* [בְּקִרְבָּהּ], *SAYING.*

זֶה אֶחָד מִן הַדְּבָרִים שֶׁשִּׁינּוּ לְתַלְמַי הַמֶּלֶךְ — This is one of the texts which [the Sages] emended for King Ptolemy,[169] rendering it: "וַתִּצְחַק שָׂרָה בִּקְרוֹבֶיהָ לֵאמֹר ... וַאדֹנִי זָקֵן" — **"And Sarah laughed 'in front of her relatives'** [בִּקְרוֹבֶיהָ], **saying, ... but my husband is old."**[170]

❑ אַחֲרֵי בְלוֹתִי וְגוֹ׳ — *AND SARAH LAUGHED AT HERSELF, SAYING, "AFTER I HAVE WITHERED, I HAVE DELICATE SKIN* [עֶדְנָה]. *BUT MY HUSBAND IS OLD."*[171]

The literal meaning of עֶדְנָה is *delicate.* However, the Midrash gives three homiletic interpretations for this word:[172]

אָמְרָה הָאִשָּׁה הַזּוּ כָּל זְמַן שֶׁהִיא יַלְדָּה יֵשׁ לָהּ תַּכְשִׁיטִים נָאִים — (i) She said, A woman, as long as she is young, possesses beautiful adornments; וַאֲנִי "אַחֲרֵי בְלוֹתִי הָיְתָה לִּי עֶדְנָה", תַּכְשִׁיטִים — **and I,** ***after I have withered, I*** still ***have*** עֶדְנָה (meaning: **beautiful adornments).**[173] הֵיךְ מָה דְאַתְּ אָמַר "וָאֶעְדֵּךְ עֶדִי" — **[The term** עֶדְנָה] thus **has the same connotation as that which is stated,** ***I decked you with ornaments*** [עֶדִי] (*Ezekiel* 16:11).

הָאִשָּׁה הַזּוּ כָּל זְמַן שֶׁהִיא יַלְדָּה יֵשׁ לָהּ וְסָתוֹת — (ii) A woman, as long as she is young, has her regular menstrual cycle; וַאֲנִי אַחֲרֵי בְלוֹתִי הָיְתָה לִּי עֶדְנָה עִידָּנִים — **and I,** ***after I have withered, I*** still ***have*** עֶדְנָה (meaning **a regular menstrual cycle).**[174]

הָאִשָּׁה הַזּוּ כָּל זְמַן שֶׁהִיא יַלְדָּה יֵשׁ לָהּ עִידּוּיִין — (iii) A woman, as long as she is young, is capable of childbearing;[175] וַאֲנִי "אַחֲרֵי בְלוֹתִי הָיְתָה לִּי עֶדְנָה", זְמַנִּי — **and I,** ***after I have withered, I*** still ***have*** עֶדְנָה (meaning **my hour** to bear a child).[176]

The Midrash now explains Sarah's statement, וַאדֹנִי זָקֵן:

"אֶלָּא "וַאדֹנִי זָקֵן — **But,** although there is no hindrance on my part, ***my husband is old,*** i.e., he is no longer capable of procreation. **רַב יְהוּדָה אָמַר: טוֹחֵן וְלֹא פוֹלֵט — R' Yehudah said:** By this Sarah meant: **He grinds but does not emit.**[177] **אָמַר רַבִּי יְהוּדָה בַּר רַבִּי סִימוֹן: אָמַר הַקָּדוֹשׁ בָּרוּךְ הוּא אַתֶּם מְיַלְּדִים עַצְמְכֶם וּמְזַקְּנִים אֶת חַבְרֵיכֶם — R' Yehudah the son of R' Simon said: The Holy One, blessed is He, said** to Sarah, in response, **"You have declared yourself to be young and your partner to be old.**[178] **וַאֲנִי זָקַנְתִּי מִלַּעֲשׂוֹת נִסִּים — Yet, am I too old to perform miracles?!"**[179]

וַיֹּאמֶר ה׳ אֶל אַבְרָהָם לָמָּה זֶּה צָחֲקָה שָׂרָה לֵאמֹר הַאַף אֻמְנָם אֵלֵד וַאֲנִי זָקַנְתִּי.

Then HASHEM said to Abraham, "Why is it that Sarah laughed, saying, 'Shall I in truth bear a child, though I have aged?' " (18:13).

§18 וַיֹּאמֶר ה׳ אֶל אַבְרָהָם לָמָּה זֶּה צָחֲקָה שָׂרָה לֵאמֹר — *THEN HASHEM SAID TO ABRAHAM, "WHY IS IT THAT SARAH LAUGHED, SAYING, 'SHALL I IN TRUTH BEAR A CHILD, THOUGH I HAVE AGED?' "*

בַּר קַפָּרָא אָמַר: גָּדוֹל הַשָּׁלוֹם — Bar Kappara said: Great is the cause of peace, שֶׁאַף הַכְּתוּבִים דִּבְּרוּ בְּדוּיִים בִּשְׁבִיל לְהַטִּיל שָׁלוֹם בֵּין אַבְרָהָם לְשָׂרָה — **for even Scripture** itself **spoke untruthfully** in order **to preserve peace between Abraham and Sarah.** "וַתִּצְחַק שָׂרָה בְּקִרְבָּהּ לֵאמֹר אַחֲרֵי בְלוֹתִי הָיְתָה לִּי עֶדְנָה וַאדֹנִי זָקֵן" — For the verse that recounts Sarah's actual words states, ***And Sarah laughed at herself, saying, "After I have withered, shall I again have delicate skin? And my husband is old!"*** (above, v. 12). לְאַבְרָהָם אֵינוֹ אוֹמֵר כֵּן אֶלָּא "לָמָּה זֶּה צָחֲקָה שָׂרָה לֵאמֹר הַאַף אֻמְנָם אֵלֵד וַאֲנִי זָקַנְתִּי" — **To Abraham,** however, when God repeated Sarah's words, **He did not say this but rather,** ***"Why is it that Sarah laughed, saying, 'Shall I in truth bear a child though I have aged?' "***

NOTES

169. The Gemara in *Megillah* (9a) relates that King Ptolemy placed seventy-two elders of Israel in seventy-two separate cubicles and demanded that they write for him a Greek translation of the Torah. Miraculously, each one of the elders arrived at a common decision about how to translate various words and passages that might anger Ptolemy or create misconceptions in his mind (see Gemara there for a list of these words and the reasons behind their substitutions).

170. When the elders came to our verse, they translated the word בְּקִרְבָּהּ, *at herself*, as though it said: בִּקְרוֹבֶיהָ, *in front of her relatives*. For the Torah relates that God rebuked Sarah for her reaction to the promise of a son (v. 13), and although Abraham also laughed upon hearing that Sarah would bear a son (above, 17:17), it is not mentioned that God rebuked him. The elders were concerned that Ptolemy would accuse God of favoritism toward Abraham. They therefore wrote that Sarah laughed בִּקְרוֹבֶיהָ, *in front of her relatives*, to indicate that Sarah laughed publicly and was thus deserving of rebuke, whereas Abraham laughed in private. (Their concern was particularly apt in light of the fact that the word בְּקִרְבָּהּ, which we have rendered, *at herself*, literally means *inside herself*, which would clearly indicate that no one else knew of her laughter) (*Rashi* to *Megillah* 9a; *Eitz Yosef*).

171. [We have translated this verse here as it is understood in the Midrash that follows (according to the interpretation of *Eitz Yosef*). In section 18 below we will translate it differently.]

172. All three are equally valid and all three are true (*Eitz Yosef*).

173. God instilled in young women a craving for pretty jewelry with which to adorn themselves for their husbands. Sarah is saying that despite her old age, she still has this craving (ibid.).

174. The word עֶדְנָה, according to this interpretation, is a cognate of the word עידונים, which means a fixed time, i.e., a fixed menstrual cycle (*Matnos Kehunah*, *Eitz Yosef*). Sarah believed that she got her period — as stated above, section 14 — naturally (*Eitz Yosef*).

175. Lit., *pregnancy* (*Matnos Kehunah*, *Radal*).

176. Sarah was saying, "Although I am old in years, I am like any young woman, and as such, this time, too, is an opportune time for childbearing. It is because of Abraham that we have no children" (see further) (*Eitz Yosef*). [We have followed *Eitz Yosef's* approach to our passage. See similarly *Nezer HaKodesh* to section 16 above (§19 in his version, s.v. המד"א). *Maharzu* (s.v. ואדני זקן), however, understands Sarah as questioning also her *own* ability to bear children.]

177. This is a euphemistic way of saying: "He is capable of the act of procreation, but cannot emit seed" (*Eitz Yosef*; see *Matnos Kehunah*).

Sarah wondered how she would ever be able to conceive given the fact that Abraham no longer had this capacity.

178. Translation follows *Eitz Yosef*, who emends the text to read in the singular: אַתְּ מְיַלֶּדֶת אֶת עַצְמֵךְ וּמְזַקֶּנֶת אֶת חֲבֵרֵךְ.

179. In the following verse (v. 13), God tells Abraham, *"Why is it that Sarah laughed, saying, 'Shall I in truth bear a child* וַאֲנִי זָקַנְתִּי?' " R' Yehudah the son of R' Simon interprets the words וַאֲנִי זָקַנְתִּי homiletically: They are not the conclusion of Sarah's question ("Shall I bear a child though I have aged?") [for indeed, according to our Midrash, Sarah was not questioning *her* ability to procreate; see note 176]; rather they are the words of God, Who is responding to Sarah's question, *Shall I bear a child?* by asking rhetorically: "Have I, God, become too old to perform miracles?!" (*Matnos Kehunah*).

God conveyed to Sarah [through His words to Abraham] that although Abraham may no longer be capable of procreation by natural means, God can certainly enable him to have a child through His intervention. This proclamation [by God] is in response to Sarah's despair and her contention that the fault of childlessness lies not in her but in her husband. God responds that just as He especially intervened to help them in so many incidents throughout their lives, He will continue to intervene to help them have a child (*Eitz Yosef*, from *Nezer HaKodesh*).

יז [יח, יב] "וַתִּצְחַק שָׂרָה בְּקִרְבָּהּ לֵאמֹר". [לד] זֶה אֶחָד מִן הַדְּבָרִים שֶׁשִּׁנּוּ לְתַלְמַי הַמֶּלֶךְ "וַתִּצְחַק שָׂרָה בִּקְרוֹבֶיהָ לֵאמֹר". "וַאדֹנִי זָקֵן",° אָמְרָה: הָאִשָּׁה הַזּוֹ כָּל זְמַן שֶׁהִיא יַלְדָה יֵשׁ לָהּ תַּכְשִׁיטִים נָאִים, וַאֲנִי "אַחֲרֵי בְלֹתִי הָיְתָה לִי עֶדְנָה", תַּכְשִׁיטִים. הֵיךְ מַה דְּאַתְּ אָמַר (יחזקאל טז, יא) "וָאֶעְדֵּךְ עֶדִי". הָאִשָּׁה הַזּוֹ כָּל זְמַן שֶׁהִיא יַלְדָה יֵשׁ לָהּ וְסָתוֹת וַאֲנִי "אַחֲרֵי בְלֹתִי הָיְתָה לִי עֶדְנָה", עִידָּנִים. הָאִשָּׁה הַזּוֹ כָּל זְמַן שֶׁהִיא יַלְדָה יֵשׁ לָהּ עִידּוּיִין וַאֲנִי "אַחֲרֵי בְלֹתִי הָיְתָה לִי עֶדְנָה", זְמַנִּי. אֶלָּא "וַאדֹנִי זָקֵן", רַב יְהוּדָה אָמַר: טוֹחֵן וְלֹא פּוֹלֵט, אָמַר רַבִּי יְהוּדָה בַּר רַבִּי סִימוֹן: אָמַר הַקָּדוֹשׁ בָּרוּךְ הוּא: אַתֶּם מְיַלְּדִים עַצְמְכֶם וּמַזְקִינִים אֶת חַבְרֵיכֶם וַאֲנִי זָקַנְתִּי מִלַּעֲשׂוֹת נִסִּים:

יח [יח, יג] "וַיֹּאמֶר ה' אֶל אַבְרָהָם לָמָּה זֶה צָחֲקָה שָׂרָה לֵאמֹר". בַּר קַפָּרָא אָמַר: [לה] גָּדוֹל הַשָּׁלוֹם שֶׁאַף הַכְּתוּבִים דִּבְּרוּ בְּדוּיִים בִּשְׁבִיל לְהַטִּיל שָׁלוֹם בֵּין אַבְרָהָם לְשָׂרָה. "וַתִּצְחַק שָׂרָה בְּקִרְבָּהּ לֵאמֹר אַחֲרֵי בְלֹתִי הָיְתָה לִי עֶדְנָה וַאדֹנִי זָקֵן", לְאַבְרָהָם אֵינוֹ אוֹמֵר כֵּן אֶלָּא "לָמָּה זֶה צָחֲקָה שָׂרָה לֵאמֹר הַאַף אֻמְנָם אֵלֵד וַאֲנִי זָקַנְתִּי", לֹא דִּיבֵּר הַכָּתוּב כְּמוֹ שֶׁאָמְרָה שָׂרָה "וַאדֹנִי זָקֵן" אֶלָּא "וַאֲנִי זָקַנְתִּי":

יט [יח, יג] "הֲיִפָּלֵא מֵה' דָּבָר וְגוֹ'". רַבִּי יוּדָן בְּרַבִּי סִימוֹן אָמַר: מָשָׁל לְאֶחָד שֶׁהָיָה בְּיָדוֹ שְׁתֵּי קְפִלְיוֹת הוֹלִיכָן אֵצֶל נַפָּח,

עץ יוסף

(יז) [כ] **ששנינו לתלמי.** מגילה דף ט' ע"ב: **ותצחק שרה בקרוביה.** כדי שלא יטעון למה לא הקפיד על אברהם כשלחק כדכתיב ויפול אברהם על פניו ויצחק כמו שהקפיד על שרה. ולכן כתבו לו בקרוביה שעל שאמרה בקרוביה דרך לעג הקפיד הקב"ה: **כל זמן שהיא ילדה כו'.** כך נתן הסי"ת הטבע לנשים ילדות להתקשט בפני בעליהן. ואני אחרי בלותי היתה לי עדנה תכשיטין ר"ל שאני מתאוה בטבעי אל תכשיטין. דכיון דתלת מילי משתמטן מעדנה ושקולים הם יבואו כולם: **אחרי בלותי היתה לי עדנה עדנין.** כלו' שעות הוסתות שהרי פירסה נדה כדאפריס מקשאה דלעיל. והיא חשבה שבטבע היתה לה ועל כן הרחיקה הלידה מצד טבע בעלה: **כל זמן שהיא ילדה יש לה עדונין.** כצ"ל (ולא גרסי' עדויין. דעדויין היינו וסתות וכבר נזכרו בפירוש הב') ופי' עדונין לחלוח הבשר בלשון המשנה שמשיר את השער ומעדן את הבשר כדפירש רש"י בחומש. ובפרק הפועלים שנתעדן הבשר ונתפשטו הקמטים: **זמני הוא.** וה"ק אחרי בלותי היתה לי עדנה וממני אין מניעה מלהוליד. שזמני הוא גם עכשיו. אלא ואדוני זקן שהמניעה הוא ממנו וו"ו ואדוני כוי"ו ועבדיך באו לשבור אוכל שפי' אבל עבדיך באו לשבור אוכל כדכתב הרא"ם ז"ל: **טוחן ולא פולט.** מגזרת תטחן לאחר אשתי. כלומר שנזקק לה ואינו מוליא זרע: **אמר הקדוש ברוך הוא כו'.** ה"ג בס"י אמר הקב"ה אתה מילדת את עלמך ומזקנת את חברך. ואני זקנתי מלעשות נסים. והיינו כמ"ש בסמוך ששרה אמרה זמני הוא אלא ואדוני זקן. וע"ז אמר הקב"ה וכי אני זקנתי מלעשות נסים בתמיה כמו שעשיתי עד עכשיו שנגע את פרעה בעבורם והלם בכבוד והדר בכל מקומות ישיבתם (נזה"ק): **(יח) [כא] שאף הכתובים.** דלא מיבעי לאנשים דמותר לשנות מפני השלום כדאי' בפרק הבא על יבמתו. אלא שאף התורה שינתה: **בדויים.** כמו החדש אשר בדה מלבו: **לא דיבר הכתוב כמ"ש שרה.** דואני זקנתי בא בדברי ה' תמורת ואדוני זקן שבדברי שרה: (יט) [כב] **משל לאחד כו'.** קפליות שבורות (כן גרס רש"י. ופי' קפליות פותחות או מנעולים. יפ"ת ומעריך) וכו' עד כך הכא לבראתן מתחלה אני

פירוש מהרז"ו

(יז) **ששנינו לתלמי.** מגילה דף ט' ע"ב: **ילדה יש לה תכשיטין.** כך נתן הש"י טבע לנשים ילדות להתקשט ולהתיפות בפני בעלה. ואני לריך לדבר זה לעת זקנה אחרי בלותי היתה לי עדנה. ודורש ע"פ מדת נוטריקון עדי נאה: **זמני.** על שלרוב הנשים יש קביעות זמן לנידתן: **אלא ואדוני זקן.** ולא עוד אלא שאדוני זקן ואינו ראוי להוליד: **ר' יהודה אומר כו'.** נ"ע דלעיל פר' מ"ז סימן ג' אמר ר' יודן שהאיש אינו מזקין ויתכן דר' יהודה דכאן אינו ר' יודן וחולק עליו גם חולק על מ"ש בסימן הקודם שזקנה של כאן הוא זקנה שיש בה לחלוחית ומ"ש טוחן כמ"ש איוב תטחן לאחר וגו' וכן ויהי טוחן בבית האסורים. ומ"ש ואינו כו' כמ"ש לקמן פר' נ"ג סימן ט' מי מלל ע"ש ותבין. ואח"כ עוד יוכוון בשיבה: **מילדים עצמכם.** שאמרה שרה שאחרי בלותה היתה לה עדנה שחזרה לנערותה אלא ואדוני זקן על אברהם שאחר הזקנה לא יתכן שאלד. וזה מ"ש האף אמנם אלד. ואני זקנתי מלעשות נסים. לפרש למה זה לחקה וגו' כנ"ל: **(יח) גדול השלום** ספרי נשא פסוק וישם לך שלום במ"ר פר' י"א סימן ז' ויק"ר פר' ט' בסימן א' וש"נ: **אלא ואני זקנתי.** ששרה אמרה על עלמה ואני זקנתי. גם יש לפרש כמ"ש בסוף סימן הקודם ואני זקנתי מלעשות נסים על הקב"ה כ"י: **(יט) שתי קפליות של ברזל.** חתיכות ברזל והביאם לנפח שהוא האומן של ברזל לחברם יחד. וכמ"ש ויק"ר פר'

רש"י

אלא כדרך זקנות שווסתן רחוקה אחת לג' חדשים: **(יז) בקרבה לאמר.** זה אחד מן הדברים ששינו לתלמי המלך שכתבו לו בקרוביה לאמר: **אתם מיילדין עצמכם ומזקינים אדוניכם.** עושים עלמכם כבחורים ואומרים שזקן אדוניכם כלומר שאתם תולין הדבר בהן. שאף שאת תולה הדבר באברהם. חייך שאף בך הדבר תלוי: **ואני זקנתי מלעשות נסים.** שיהא לו ילד: .**(יח) ואדני זקן** אין כתיב כאן אלא ואני זקנתי כדי להטיל שלום בינו לבינה: **(יט) לאחד שהיו בידו שתי קפליות.** פותחות כעין שעושין למרלופים ויש ספר שכתב

מתנות כהונה

מטולס ואח"כ אמר או יהיה פירושו פסק אבל מקודם זה היה לה אורח כנשים כמו וחדל לעשות הפסח אין פירושו שלא עשה פסח מעולם שאפילו עשה פסח כל ימיו ופסק ולא עשה פעם אחת הרי הוא בכרת: [יז] **ששינו לתלמי המלך.** גופא דעובדא בפ"ק דמגילה]: **בקרוביה.** פירש"י בפ"ק דמגלה שלחקה וספרה דברי הלחוק בתוך קרוביה אבל אברהם לחק בלבו ולפיכך הקפיד הקדוש ברוך הוא עליה ולא עליו: [ה"ג **ואדוני זקן.** אחרי בלותי וגו' אמרה האשה כו']: **עידונין.** זמן ווסת נידתה: **עדויין.** הריון בלשון תרגום וכלם דייק מלשון עדנה: **אלא ואדני כו'.** כלומר אין כאן חסרון רק שאדוני זקן: **טוחן כו'.** דייק מדאמרה אדוני משמע שאדנותו וגבורתו במקומו עומד מלד המעשה ואם כן מה שאמרה זקן הוא על סוף המעשה: **מילדים עצמכם.** עשיתם עלמכם ילדים בילקוט גרס ומזקינים את אדניכם: **ואני זקנתי מלעשות נסים.** בתמיה ודרש ואני זקנתי על הקדוש ברוך הוא: [ה"ג **בין אברהם לשרה.** דכתיב ותצחק וגו']: [יט] **קפליות.** בערוך משמע שלשלאות: **לתקנם לך כו'.** בתמיה:

אשד הנחלים

הם שני פרושים או חדל לעולם שלא הי' לה מעולם דרך נשים או פסק עתה והוא נכון: [יז] **תבשיטין כו'.** דרש או מלשון עדי או מלשון עידוי שהוא הריון או מלשון עדנה ותענוג שתרגיש תענוג עוד בימי הזקנה מבעלה ובפרט כי הוא זקן טוחן ולא פולט: **מילדים עצמיכם ומזקינים חבריכם.** זהו ממה שאמרה אף אמנם אלד אך ואדוני זקן שרמז' בזה שלא הבינה אחר שה' עשאה אותה ילדה מה חידוש כ"כ

מסורת המדרש

לד מגילה ט'. ירושלמי מגילה פרק א'. ילקוט בראשית רמז ג'. וילקוט כאן רמז פ"ב:

לה יבמות ס"ה. ב"מ דף פ"ז ירושלמי פאה פ' א'. ויק"ר פרשה ט'. במד"ר פרשה י"א. ד"ר פרשה ה'. לקמן פרשה ק'. מסכת דרך ארץ פרק י"א. תנחומא סדר תולדות סימן א'. וסוף סדר ויחי. וסדר צו סימן ז'. וסדר שופטים סימן י"א. וע' ספרי נשא פסקא מ"ב. ילקוט תורה רמז קס"ב ורמז תשי"א. וילקוט נ"ך רמז תשי"ב:

אם למקרא

וָאֶעְדֵּךְ עֶדִי וָאֶתְּנָה צְמִידִים עַל־יָדַיִךְ וְרָבִיד עַל־גְּרוֹנֵךְ: (יחזקאל טז:יא)

חידושי הרד"ל

(כט) [יז] **וסתות ואני אחרי בלותי היתה לי עדנה.** זמני (היינו ווסתות) האשה הזו כ"ז שהיא ילדה יש לה עדוין (פי' עיבורים בל' תרגום) ואני אחרי בלותי היתה לי עדנה עדוין וכ"ה בילקוט וכ"מ שהיה הגי' לפני המ"כ וכנ"ל:

(ל) [יט] **טוחן.** כד"א תטחן לאחר אשתי:

לֹא דִיבֵּר הַכָּתוּב כְּמוֹ שֶׁאָמְרָה שָׂרָה "וַאדֹנִי זָקֵן" אֶלָּא "וַאֲנִי זָקַנְתִּי" — Thus, when speaking to Abraham, **Scripture does not report** Sarah's words **as Sarah actually said** them, viz., ***And "my husband" is old,*** **but** rather: ***though "I" have aged.***[180]Ⓐ

הֲיִפָּלֵא מֵה' דָּבָר לַמּוֹעֵד אָשׁוּב אֵלֶיךָ כָּעֵת חַיָּה וּלְשָׂרָה בֵן.
"Is anything beyond HASHEM?! At the appointed time I will return to you at this time next year, and Sarah will have a son" (18:14).

§19 הֲיִפָּלֵא מֵה' דָּבָר וְגוֹ' — ***IS ANYTHING BEYOND HASHEM?! ETC.***

The Midrash elaborates God's comment by means of a parable:[181]

רַבִּי יוּדָן בְּרַבִּי סִימוֹן אָמַר: מָשָׁל לְאֶחָד שֶׁהָיָה בְּיָדוֹ שְׁתֵּי קִפְלִיוֹת — **R' Yudan the son of R' Simon said: This is comparable to a man who had in his hand two parts of a chain**[182] הוֹלִיכָן אֵצֶל נַפָּח — and then **took them to the blacksmith.**

NOTES

180. God purposely altered Sarah's words so that Abraham should not become upset upon hearing that Sarah had faulted him with being incapable of producing a child. See Insight Ⓑ.

181. It is also possible to interpret our verse as constituting the words of one of the angels (as *Ramban* explains it in his commentary to verse 15). However, our Midrash understands these words to be God's.

182. Translation follows *Matnos Kehunah*, citing *Aruch*. Others translate the words שְׁתֵּי קִפְלִיוֹת to mean two keys (*Rashi*), or two parts of a lock (see *Yefeh To'ar*).

INSIGHTS

Ⓐ **The Importance of Ensuring Peace** Our Midrash's assertion that God saw fit to misrepresent Sarah's comments to Abraham for the sake of peace is remarkable. Sarah had merely described Abraham as *old*. In fact, at this time, Abraham was a year away from having lived a century! What more, Abraham himself had previously harbored a very similar thought: *Shall a child be born to a hundred-year-old man?* (*Genesis* 17:17). Without a doubt, any disunity that Sarah's words could have caused between her and her husband would have been very insignificant. Nevertheless, God chose to "deviate for the sake of peace."

This act of God's is an indication of the tremendous severity with which He views even the slightest division between two people. It also is instructive of our great obligation to secure interpersonal harmony and to suppress even the remotest possibility of discord (*R' Chaim Shmulevitz, Sichos Mussar,* 5732 §6).

Ⓑ **Peace or Truth** The classical sources are replete with contempt for lying (see, for example, *Rabbeinu Yonah, Shaarei Teshuvah* 3:178-186; *Orchos Tzaddikim, Shaar HaSheker;* and *Sefer Sfas Tamim* [by the *Chafetz Chaim*] at length). In fact, the Gemara in *Sanhedrin* (92a) draws a parallel between speaking falsely and idol-worship.

However, our Midrash is one of several sources that surprisingly vindicate dishonesty under certain circumstances. [Another such source appears below, in 100 §8.]

In fact, the Gemara (*Yevamos* 65b) states conclusively: *It is permitted for a person to deviate [from the truth] in order [to keep] the peace.* The Gemara goes on to add that it is even a mitzvah to do so!

Michtav MeEliyahu (Vol. 1, p. 94) explains that this ruling is not merely an indication of the immense value that the Torah places on peace (see, for example *Rambam, Hil. Chanukah* 4:14: *Great is peace, for the entire Torah was given only to increase peace in the world*). More than that, it is a revelation of the true parameters of the *emes* that the Torah values so, and the *sheker* that it scorns. He explains that *emes,* which is commonly defined simply as *truth,* actually refers to anything that will bring a result that is desirable to God, and *sheker* is its opposite. While truthfulness is most often *emes,* in a situation where the interests of *peace* will best be served by dishonesty, that represents the *emes* (see also *Gur Aryeh* to *Genesis* 47:29; *Chazon Ish, Emunah U'Bitachon* 4:13; *Daas Chochmah U'Mussar* Vol. 1 §40; *Emes LeYaakov* to *Genesis* 27:12). [See also above, Insight to 44 §4.]

[An interesting discussion about the parameters of this license to stray from the truth emerges from our Midrash: As was explained in the preceding section, Sarah professed her own ability to produce a child, and questioned only *Abraham's* ability to do so (see also *Rashi* to our verse). If so, when the Midrash then goes on to state that God deviated from the truth in reporting that statement to Abraham, He changed her words in such a way as to completely misrepresent them. We may thus infer that even this type of radical deviation is permitted for the furtherance of peace (compare *Chizkuni* to verse, *Moshav Zekeinim* to v. 13 [first approach], *Rashi* to *Beitzah* 20a s.v. ולזבחי שלמים הבאתיה, and *Rabbeinu Yonah, Shaarei Teshuvah* 3:181; see also *Avos DeRabbi Nassan* 12:3).

However, according to *Midrash Tanchuma* (*Veyeira* §13), Sarah's first words contained a question: *After I have withered shall I again have delicate skin?*, followed by a statement: *And my husband is old.* Accordingly, Sarah asserted that *both* she and Abraham were too old to have a child, and God did not speak an *untruth* in reporting that Sarah said she was old — He merely chose to repeat only half of her remarks (see also *Ibn Ezra* to our verse, *Rashbam, Ramban,* and *Moshav Zekeinim* to *Genesis* 18:13, and *Maharsha* to *Yevamos* loc. cit.). This leads several authorities to state that the Gemara's leniency and obligation to "deviate" from the truth for the preservation of peace applies only to half-truths and ambiguous statements. These *Acharonim* maintain that one is not allowed to tell an outright lie for this consideration (see *Aruch LaNer* to *Yevamos* loc. cit. and *R' Reuven Margaliyos, Kuntres Chasdei Olam* at the end of *Sefer Chasidim MHK* ed., pp. 594-595; see also *Chesed L'Avraham* cited in *Mekor Chesed* to *Sefer Chasidim* §426; cf. *Moshav Zekeinim* loc. cit.).]

Our obligation (see *Deuteronomy* 28:9 with *Sifri, Eikev* 11:22) to emulate God, whose *seal is emes* (*Yoma* 69b), requires that we cling unflinchingly to *emes.* But we are simultaneously enjoined to recognize that straightforwardness which will lead to the disintegration of a relationship is not *emes* at all.

יז [יח, יב] "וַתִּצְחַק שָׂרָה בְּקִרְבָּהּ לֵאמֹר". [לד]וְזֶה אֶחָד מִן הַדְּבָרִים שֶׁשִּׁנּוּ לְתַלְמַי הַמֶּלֶךְ "וַתִּצְחַק שָׂרָה בִּקְרוֹבֶיהָ לֵאמֹר". "וַאדֹנִי זָקֵן",° אָמְרָה: הָאִשָּׁה הַזּוֹ כָּל זְמַן שֶׁהִיא יַלְדָּה יֵשׁ לָהּ תַּכְשִׁיטִים נָאִים, וַאֲנִי "אַחֲרֵי בְלֹתִי הָיְתָה לִי עֶדְנָה", תַּכְשִׁיטִים. הֵיךְ מַה דְּאַתְּ אָמַר (יחזקאל טז, יא) "וָאֶעְדֵּךְ עֶדִי". הָאִשָּׁה הַזּוֹ כָּל זְמַן שֶׁהִיא יַלְדָּה יֵשׁ לָהּ וְסָתוֹת וַאֲנִי "אַחֲרֵי בְלֹתִי הָיְתָה לִי עֶדְנָה", עִידָּנִים. הָאִשָּׁה הַזּוֹ כָּל זְמַן שֶׁהִיא יַלְדָּה יֵשׁ לָהּ עִידּוּיִין וַאֲנִי "אַחֲרֵי בְלֹתִי הָיְתָה לִי עֶדְנָה", זְמַנִּי. אֶלָּא "וַאדֹנִי זָקֵן", רַב יְהוּדָה אָמַר: טוֹחֵן וְלֹא פּוֹלֵט, אָמַר רַבִּי יְהוּדָה בַּר רַבִּי סִימוֹן: אָמַר הַקָּדוֹשׁ בָּרוּךְ הוּא: אַתֶּם מְיַלְּדִים עַצְמְכֶם וּמַזְקִינִים אֶת חַבְרֵיכֶם וַאֲנִי זָקַנְתִּי מִלַּעֲשׂוֹת נִסִּים:

יח [יח, יג] "וַיֹּאמֶר ה' אֶל אַבְרָהָם לָמָּה זֶה צָחֲקָה שָׂרָה לֵאמֹר". בַּר קַפָּרָא אָמַר: [לה]גָּדוֹל הַשָּׁלוֹם שֶׁאַף הַכְּתוּבִים דִּבְּרוּ בְּדוּיִים בִּשְׁבִיל לְהַטִּיל שָׁלוֹם בֵּין אַבְרָהָם לְשָׂרָה. "וַתִּצְחַק שָׂרָה בְּקִרְבָּהּ לֵאמֹר אַחֲרֵי בְלֹתִי הָיְתָה לִי עֶדְנָה וַאדֹנִי זָקֵן", לְאַבְרָהָם אֵינוֹ אוֹמֵר כֵּן אֶלָּא "לָמָּה זֶה צָחֲקָה שָׂרָה לֵאמֹר הַאַף אֻמְנָם אֵלֵד וַאֲנִי זָקַנְתִּי", לֹא דִיבֵּר הַכָּתוּב כְּמוֹ שֶׁאָמְרָה שָׂרָה "וַאדֹנִי זָקֵן" אֶלָּא "וַאֲנִי זָקַנְתִּי":

יט [יח, יג] "הֲיִפָּלֵא מֵה' דָּבָר וְגוֹ'". רַבִּי יוּדָן בְּרַבִּי סִימוֹן אָמַר: מָשָׁל לְאֶחָד שֶׁהָיָה בְּיָדוֹ שְׁתֵּי קְפְלִיּוֹת הוֹלִיכָן אֵצֶל נַפָּח,

חידושי הרד"ל

(כט) [יז] **וסתות ואני אחרי בלותי היתה לי עדנה.** זמני (היינו ווסתות) האשה הזו כ"ז שהיא ילדה יש לה עדוין (פי' עיבורים בל' תרגום) ואני אחרי בלותי היתה לי עדנה עדויין וכ"ה בילקוט וכ"מ שהיה הגי' לפני המ"כ וכל"ל:

(ל) [יט] **טוחן.** כד"א תטחן לאחר אשתי:

עץ יוסף

(יז) [כ] **ששנינו לתלמי.** מגילה דף ט' ע"ב: **ותצחק שרה בקרוביה.** כדי שלא יטעון למה לא הקפיד על אברהם כשצחק כדכתיב ויפול אברהם על פניו ויצחק כמו שהקפיד על שרה. ולכן כתבו לו בקרוביה שעל שאמרה בקרוביה דרך לעג הקפיד הקב"ה: **כל זמן שהיא ילדה כו'.** כך נתן השי"ת הטבע לנשים ילדות להתקשט בפני בעליהן. ואני אחרי בלותי היתה לי עדנה תכשיטין ר"ל שאני מתאוה בטבעי אל תכשיטין. דכיון דתלת מילי משתמען מעדנה ושקולים הם יבואו כולם: **אחרי בלותי היתה לי עדנה עדנין.** כלו' שעות הוסתות שהרי פירסה נדה כדאפרים מקשאה דלעיל. והיא חשבה שבטבע היתה לה ועל כן הרחיקה הלידה מצד טבע בעלה: **כל זמן שהיא ילדה יש לה עדונין.** כצ"ל ולא גרסי' עדויין. דעדויין היינו וסתות וכבר נזכרו בפירוש הב') ופי' עדונין לחלוח הבשר בלשון המשנה שמשיר את השער ומעדן את הבשר כדפירש רש"י בחומש. ובפרק הפועלים שנתעדן הבשר ונתפשטו הקמטים: **זמני הוא.** וה"ק אחרי בלותי היתה לי עדנה וממני אין מניעה מלהוליד. שזמני הוא גם עכשיו. אלא ואדוני זקן שהמניעה הוא ממנו וי"ו ואדוני כוי"ו ועבדיך באו לשבור אוכל שפי' אבל עבדיך באו לשבור אוכל כדכתב הרא"ם ז"ל: **טוחן ולא פולט.** מגזרת תטחן לאחר אשתי. כלומר שנזקק לה ואינו מוציא זרע: **אמר הקדוש ברוך הוא כו'.** ה"ג בס"י אמר הקב"ה אתה מילדת את עצמך ומזקנת את חברך. ואני זקנתי מלעשות נסים. והיינו כמ"ש בסמוך שרה אמרה זמני הוא אלא ואדוני זקן. וע"ז אמר הקב"ה וכי אני זקנתי מלעשות נסים בתמיה כמו שעשיתי עד עכשיו שנגע את פרעה בעבורם והלם בכבוד והדר בכל מקומות ישיבתם (נזה"ק): (יח) [כא] **שאף הכתובים.** דלא מיבעי לאנשים דמותר לשנות מפני השלום כדאי' בפרק הבא על יבמתו. אלא שאף התורה שינתה: **בדויים.** כמו החדש אשר בדה מלבו: **לא דיבר הכתוב כמ"ש שרה.** דואני זקנתי בא בדברי ה' תמורת ואדוני זקן שבדברי שרה: (יט) [כב] **משל לאחד כו'.** קפליות שבורות (כן גרס רש"י. ופי' קפליות פותחות או מנעולים. יפ"ת ומעריך) וכו' עד כך הכא לבראתן מתחלה אני

פירוש מהרז"ו

(יז) **ששינו לתלמי.** מגילה דף ט' ע"ב: **ילדה יש לה תכשיטין.** כך נתן הש"י טבע לנשים ילדות להתקשט ולהתיפות בפני בעלה. ואני צריך לדבר זה לעת זקנה אחרי בלותי היתה לי עדנה. ודורש ע"פ מדת נוטריקון עדי נאה: **זמני.** על שלרוב הנשים יש קביעות זמן לנידתן: **אלא ואדוני זקן.** ולא עוד אלא שאדוני זקן ואינו ראוי להוליד: **ר' יהודה אומר כו'.** ל"ע דלעיל פר' מ"ז סימן ג' אמר ר' יודן שהאיש אינו מזקין ויתכן דר' יהודה דכאן אינו ר' יודן וחולק עליו גם חולק על מ"ש בסימן הקודם שזקנה של כאן הוא זקנה שיש בה לחלוחית ומ"ש טוחן כמ"ש איוב תטחן לאחר וגו' וכן ויהי טוחן בבית האסורים. ומ"ש ואינו כו' כמ"ש לקמן פר' נ"ג סימן ט' מי מלל ע"ש ותבין. ואח"כ עוד יכובון בשיבה: **מילדים עצמכם.** שאמרה שרה שאחרי בלותה היתה לה עדנה שחזרה לנערותה אלא ואדוני זקן על אברהם שאחר הזקנה לא יתכן שאלד. וזה מ"ש האף אמנם אלד. ואני זקנתי מלעשות נסים. לפרש למה זה צחקה וגו' כצ"ל: (יח) **גדול השלום** ספרי נשא פסוק וישם לך שלום במ"ר פר' י"א סימן ז' ויק"ר פר' ט' בסימן א' וש"נ: **אלא ואני זקנתי.** ששרה אמרה על עצמה ואני זקנתי. גם יש לפרש כמ"ש בסוף סימן הקודם ואני זקנתי מלעשות נסים על הקב"ה כ"י: (יט) **שתי קפליות של ברזל.** חתיכות ברזל והביאם לנפח שהוא האומן של ברזל לחברם יחד. וכמ"ש ויק"ר פר'

מסורת המדרש

לד מגילה ט'. ירושלמי מגילה פרק א'. ילקוט בראשית רמז ג'. וילקוט כאן רמז פ"ב:

לה יבמות ס"ה. ב"מ דף פ"ז ירושלמי פאה פ' א'. ויק"ר פרשה ט'. במד"ר פרשה י"א. ד"ר פרשה ה'. לקמן פרשה ק'. מסכת דרך ארץ פרק י"א. תנחומא סדר תולדות סימן א'. וסוף סדר ויחי. וסדר צו סימן ז'. וסדר שופטים סימן י"א. וע' ספרי נשא פסקא מ"ב. ילקוט תורה רמז קס"ב ורמז תשי"א. וילקוט נ"ך רמז תשי"ב:

אם למקרא

וָאֶעְדֵּךְ עֶדִי וָאֶתְּנָה צְמִידִים עַל־יָדַיִךְ וְרָבִיד עַל־גְּרוֹנֵךְ:
(יחזקאל טז:יא)

רש"י

אלא כדרך זקנות שווסתן רחוקה אחת לג' חדשים: (יז) **בקרבה לאמר.** זה אחד מן הדברים ששינו לתלמי המלך שכתבו לו בקרוביה לאמר: **אתם מיילדין עצמכם ומזקינים אדוניכם.** עושים עצמכם כבחורים ואומרים שזקן אדוניכם כלומר שאתם תולין הדבר בהן. שאף שאת תולה הדבר באברהם. חייך שאף בך הדבר תלוי: **ואני זקנתי מלעשות נסים.** שיהא לו ילד: .(יח) **ואדני זקן** אין כתיב כאן אלא ואני זקנתי כדי להטיל שלום בינו לבינה: (יט) **לאחד שהיו בידו שתי קפליות.** פותחות כעין שעושין למרצופים ויש ספר שכתב

מתנות כהונה

מעולם ואח"כ אמר או יהיה פירושו פסק אבל מקודם זה היה לה אורח כנשים כמו וחדל לעשות הפסח אין פירושו שלא עשה פסח מעולם שאפילו עשה פסח כל ימיו ופסק ולא עשה פעם אחת הרי הוא בכרת: [יז] **ששינו לתלמי המלך.** גופא דעובדא בפ"ק דמגילה]: **בקרוביה.** פירש"י בפ"ק דמגלה שצחקה וספרה דברי הצחוק בתוך קרוביה אבל אברהם צחק בלבו ולפיכך הקפיד הקדוש ברוך הוא עליה ולא עליו: [ה"ג **ואדוני זקן.** אחרי בלותי וגו' אמרה האשה כו']: **עידונין.** זמן ווסת נידתה: **עדויין.** הריון בלשון תרגום וכלם דייק מלשון עדנה: **אלא ואדני כו'.** כלומר אין כאן חסרון רק שאדוני זקן: **טוחן כו'.** דייק מדאמרה אדוני משמע שאדנותו וגבורתו במקומו עומד מצד המעשה ואם כן מה שאמרה זקן הוא על סוף המעשה: **מילדים עצמכם.** עשיתם עצמכם ילדים בילקוט גרס ומזקינים את אדניכם: **ואני זקנתי מלעשות נסים.** בתמיה ודרש ואני זקנתי על הקדוש ברוך הוא: [ה"ג **בין אברהם לשרה.** דכתיב ותצחק וגו']: [יט] **קפליות.** בערוך משמע שלשלאות: **לתקנם לך כו'.** בתמיה:

אשד הנחלים

הם שני פרושים או חדל לעולם שלא הי' לה מעולם דרך נשים או פסק עתה והוא נכון: [יז] **תכשיטין כו'.** דרש או מלשון עדי או מלשון עידוי שהוא הריון או מלשון עדנה ותענוג שתרגיש תענוג עוד בימי הזקנה מבעלה ובפרט כי הוא זקן טוחן ולא פולט: **מילדים עצמיכם ומזקינים חבריכם.** זהו ממה שאמרה אף אמנם אלד אך ואדוני זקן שרמז' בזה שלא הבינה אחר שה' עשאה אותה ילדה מה חידוש כ"כ

אָמַר לוֹ יָכוֹל אַתָּה לְתַקְּנָם לִי – **and asked him, "Can you repair these for me?"** אָמַר לוֹ לִבְרֹאתָן כְּבַתְּחִלָּה אֲנִי יָכוֹל, לְתַקְּנָם לָךְ אֵינִי יָכוֹל – **[The blacksmith] replied, "I can create them** even **from the outset; do you think, then, that I cannot repair them?!"**[183] כֵּן הָכָא לִבְרֹאתָן כְּבַתְּחִלָּה אֲנִי יָכוֹל, לְהַחֲזִירָם לִימֵי נַעֲרוּתָן אֵינִי יָכוֹל – **Similarly, here** God said, **"I can create men from the outset;** do you think, then, that **I am incapable of restoring them to their youth!?"** Certainly nothing is beyond the powers of God.

> וַתְּכַחֵשׁ שָׂרָה לֵאמֹר לֹא צָחַקְתִּי כִּי יָרֵאָה וַיֹּאמֶר לֹא כִּי צָחָקְתְּ.
> *Sarah denied it, saying, "I did not laugh," for she was frightened. But he said, "No, you laughed indeed"* (18:15).

§20 וַתְּכַחֵשׁ שָׂרָה לֵאמֹר לֹא וְגוֹ׳ – ***SARAH DENIED IT SAYING, "I DID NOT*** *LAUGH,"* ***ETC.****, BUT HE SAID, "NO, YOU LAUGHED INDEED."*

The Midrash discusses God's communications to women:[184]

רַבִּי יְהוּדָה בַּר רַבִּי סִימוֹן אָמַר: מֵעוֹלָם לֹא נִזְקַק הַקָּדוֹשׁ בָּרוּךְ הוּא לְהָשִׂיחַ עִם אִשָּׁה אֶלָּא עִם אוֹתָהּ הַצַּדֶּקֶת – **R' Yehudah the son of R' Simon said: The Holy One, blessed is He, never engaged in conversation with any woman, save with that righteous woman,** Sarah; וְאַף הִיא עַל יְדֵי עִילָּה – **and even this was for a** specific **reason.**[185] Ⓐ רַבִּי אַבָּא בַּר כָּהֲנָא בְּשֵׁם רַבִּי אִידֵי אָמַר: כַּמָּה כִּירְכּוּכִים כִּירְכֵּר בִּשְׁבִיל לְהָשִׂיחַ עִמָּהּ "וַיֹּאמֶר לֹא כִּי צָחָקְתְּ וְגוֹ׳" – **R' Abba bar Kahana said in the name of R' Idi: How many circuitous turns did [God] make**[186] **in order to speak to her,** as it states, ***And He***[187] ***said, "No, you laughed indeed."*** [188]

The Midrash presents some apparent contradictions to the statement of R' Yehudah the son of R' Simon, and resolves them:

רַבִּי אֶלְעָזָר אוֹמֵר: וְהָכְתִיב "וַתִּקְרָא שֵׁם ה׳ הַדֹּבֵר אֵלֶיהָ" – **R' Elazar objected: But see, it is written** regarding Hagar, ***And she called the name of HASHEM Who spoke to her*** (above, 16:13)![189] רַבִּי יְהוֹשֻׁעַ בְּשֵׁם רַבִּי נְחֶמְיָה בְּשֵׁם רַבִּי אִידִי אָמַר: עַל יְדֵי מַלְאָךְ – **R' Yehoshua said** in response **in the name of R' Nechemyah, who said in the name of R' Idi:** God spoke to her **through the agency of an angel,** not directly.[190] וְהָכְתִיב "וַיֹּאמֶר ה׳ לָהּ" – The Midrash persists: **But see, it is written** in connection with Rebecca, ***And HASHEM said to her*** (below, 25:23)! רַבִּי לֵוִי אָמַר: עַל יְדֵי מַלְאָךְ – **R' Levi said** in response: Here, too, it was **through the agency of an angel.** רַבִּי אֶלְעָזָר בְּשֵׁם רַבִּי יוֹסֵי בַּר זִימְרָא אָמַר: עַל יְדֵי שֵׁם בֶּן נֹחַ – Alternatively, **R' Elazar said in the name of R' Yose bar Zimra:** God spoke to Rebecca **through the agency of Shem son of Noah.**[191]

> וַיָּקֻמוּ מִשָּׁם הָאֲנָשִׁים וַיַּשְׁקִפוּ עַל פְּנֵי סְדֹם וְאַבְרָהָם הֹלֵךְ עִמָּם לְשַׁלְּחָם.
> *So the men got up from there, and gazed down toward Sodom, and Abraham walked with them to escort them* (18:16).

☐ וַיָּקוּמוּ מִשָּׁם הָאֲנָשִׁים וַיַּשְׁקִפוּ עַל פְּנֵי סְדֹם וְאַבְרָהָם הֹלֵךְ עִמָּם לְשַׁלְּחָם – ***SO THE MEN GOT UP FROM THERE AND GAZED TOWARD SODOM, AND ABRAHAM WALKED WITH THEM TO ESCORT THEM.***[192]

מַתְלָא אָמַר, אֲכָלִית, אַשְׁקִית, לַוֵּית – As **the saying goes: After giving** your guest **food and drink, escort** him.[193] כָּךְ "וְאַבְרָהָם הוֹלֵךְ עִמָּם לְשַׁלְּחָם" – **Thus** it is written, ***and Abraham walked with them to escort them.***[194]

NOTES

183. *Matnos Kehunah.*

184. According to most commentators on our verse, the words *"No, but you laughed indeed"* were spoken by one of the angels (e.g., *Targum Yonasan, Ramban, Sforno*). However, our Midrash understands the verse to mean that it was God Himself Who spoke these words to Sarah.

185. I.e., to admonish her for doubting the possibility of the miracle (*Eitz Yosef* to 48 §20; see, however, *Maharzu* there [ד״ה כמה], who translates the word עִילָּה as "denial," a reference to Sarah's denying that she had laughed).

When it was revealed to Abraham and Sarah that they would have a son, Sarah laughed in disbelief (see above, 18:13). When God told Abraham that He faulted Sarah for laughing, Sarah denied that she had laughed, because she thought Abraham was voicing his own view, not God's. To counter her denial, God told her directly that she had indeed laughed. God had not "planned" to speak to her, but was forced to do so only as a result of the specific circumstances of that incident (*Eitz Yosef* to 63 §7 below, citing *Nezer HaKodesh*).

186. [The word כִּרְכֵּר refers literally to the whorl of the spindle upon which the woof is rolled around to be eventually woven together with the warp (*Rashi* to 20 §6 above, as cited by *Matnos Kehunah* and *Eitz Yosef* there; see, however, *Eitz Yosef's* own understanding there of the word's etymology).]

187. It is the opinion of the Midrash that the antecedent of this pronoun is *HASHEM*, mentioned in verse 13; see further above, 45 §10 with note 114 there.

188. See above, 45 §10, note 113.

189. This verse indicates that God spoke to Hagar directly. This runs counter to the statement of R' Yehudah the son of R' Simon that Sarah was the only woman with whom God did so.

[Although the previous verses (16:7-12) state that it was an angel who conversed with Hagar, the Midrash at this point assumes that Scripture used the word "angel" merely as a metaphor for the word of God, and that it was actually God Who spoke directly to her (*Eitz Yosef* loc. cit.). Alternatively, the Midrash now assumes that the current verse represents a communication by God that was *in addition to* the earlier communication by an angel (*Yefeh To'ar* loc. cit.).]

190. Thus, when the verse here states: *". . . HASHEM Who spoke to her,"* it is referring to the One Whose message was being conveyed (God), not to the one who actually did the speaking (an angel).

191. Rebecca had gone to the academy of Shem to inquire as to the reason for the intense kicking and pushing going on inside her womb (*Rashi* to 25:22, from 63 §6 below). Through his power of prophecy (*Eitz Yosef* loc. cit.), Shem was able to inform her that *"Two nations are in your womb, etc."* (25:23).

192. After one of the angels (Michael) conveyed his tidings, the remaining two angels (Gabriel and Raphael) left for Sodom. See 50 §2 below. Our verse is saying that Abraham escorted the two angels as they left.

193. The word לְשַׁלְּחָם is thus to be translated as *to escort them*, not as *to send them away* (i.e., as if he no longer wishes their company) (*Eitz Yosef*).

194. Even though you have done much for your guest by giving him food and drink, nevertheless, escort him on his way as well (*Eshed HaNechalim*), for this is the conclusion of the mitzvah of hosting guests, and one is obliged to complete a mitzvah that one has begun (*Maharzu*). Furthermore, it is important to escort your guest, for the Gemara (*Sotah* 46b) states that by doing so he will be saved from potential dangers he may encounter on his way (*Eitz Yosef*). [Regarding how the accompaniment will accomplish this, see *Maharsha* to *Sotah* 45b (s.v. לא בא); see also his comments to *Sotah* 46b (s.v. שנאמר הראיני).] It is from Abraham who escorted his guests on their way that the Sages learned that one is obligated to accompany his guest (see *Rambam, Hil. Aveil* 14:2).

INSIGHTS

Ⓐ **Sarah's Unique Status** This Midrash seems difficult to understand, for we know from 67 §9 below (see also *Megillah* 14a) that all the matriarchs were prophetesses, as well as other women, like Miriam (see *Exodus* 15:20), Huldah (see *II Kings* 22:14), and Deborah (see *Judges* 4:4,6).

Yefeh To'ar (above, 20 §6) answers simply that the Midrash means other women did not prophesy with the same acuity and intensity as that of Sarah. *Maharzu*, followed by *Eitz Yosef*, explains differently: Although women did not generally possess the lofty spiritual qualifications necessary for prophetic visions, there were indeed exceptional women who did merit to be prophetesses. However, God communicated with them only regarding issues that concerned the Jewish people as a whole, not regarding their own personal issues. Sarah, however, because of her great level of righteousness, merited prophetic vision even with regard to herself. [For further discussion regarding the role of prophets with regard to personal matters, see the commentary of the *Vilna Gaon* to *Mishlei* 16:4, and *Malbim* to *I Samuel* 9:9.]

חידושי הרד"ל

(לא) [ב] **אבלת אשקת לוית.** עיין סוטה (י"ז):

עץ יוסף

יכול. להחזירם לימי נערותן אני יכול. והוא הגי' הנכונה. כלו' הבריאה מאין ליש אני יכול. ואף כי יש מיש להחזיר מכח הזקנה לכח הילדות שעכ"פ מעט כח נמצא בו. ולכך דקדק לומר היפלא מה' דבר כו' שם הוי"ה הוא מורה על שהוא מהוה ההויות (נזה"ק):

(ב) [כג] **להשיח עם אשה.** עיין לעיל פ"כ: **על ידי עילה.** בשביל להוכיחה ולהכחישה על דבריה כי היה ענין הכרחי. אבל לא זולת: **ברכורים.** פרש"י כמה גלגולים גלגל. כרכר הוא קנה חלול שכורכין עליו הערב ואורגין אותו עם השתי (מת"כ): **על ידי מלאך.** שזהו מדרגה יותר קטנה: **על ידי שם.** בן נח שבשר לה בנבואה: [כד] **אבלית אשקית לוית.** פי' אחר שהאכלת והשקית האורח. לווהו ג"כ שהעיקר היא הלויה לפי שע"י זה הם ניצולים מנזקי הדרך כמ"ש בפרק עגלה ערופה: **הולך עמם לשלחם.** פי' ללוותם לא שילוח ממש שיראה שהוא מבקש שילכו מאתו:

מדרש

אָמַר לוֹ יָכוֹל אַתָּה לְתַקְּנָם לִי, אָמַר לוֹ לִבְרֹאתָן כְּבַתְּחִלָּה אֲנִי יָכוֹל, לְתַקְּנָם לָךְ אֵינִי יָכוֹל. כֵּן הָבָא (לְהַחֲזִירָם)° **לִבְרֹאתָן כְּבַתְּחִלָּה אֲנִי יָכוֹל, לְהַחֲזִירָם לִימֵי נַעֲרוּתָן אֵינִי יָכוֹל:**

ב [יח, יג] **"וַתְּכַחֵשׁ שָׂרָה לֵאמֹר לֹא צָחַקְתִּי וְגוֹ'". רַבִּי יְהוּדָה בַּר סִימוֹן אָמַר:** [לו]**מֵעוֹלָם לֹא נִזְקַק הַקָּדוֹשׁ בָּרוּךְ הוּא לְהָשִׂיחַ עִם אִשָּׁה אֶלָּא עִם אוֹתָהּ הַצַּדֶּקֶת וְאַף הִיא עַל יְדֵי עִילָּה. רַבִּי אַבָּא בַּר כָּהֲנָא בְּשֵׁם רַבִּי אִידִי אָמַר: כַּמָּה כִירְכּוּכִים כִּירְכֵּר בִּשְׁבִיל לְהָשִׂיחַ עִמָּהּ "וַיֹּאמֶר לֹא כִּי צָחָקְתְּ". רַבִּי אֶלְעָזָר אוֹמֵר: וְהָכְתִיב** (לעיל טז, יג) **"וַתִּקְרָא שֵׁם ה' הַדֹּבֵר אֵלֶיהָ", רַבִּי יְהוֹשֻׁעַ בְּשֵׁם רַבִּי נְחֶמְיָה בְּשֵׁם רַבִּי אִידִי אָמַר: עַל יְדֵי מַלְאָךְ. וְהָכְתִיב "וַיֹּאמֶר ה' לָהּ", רַבִּי לֵוִי אָמַר: עַל יְדֵי מַלְאָךְ, רַבִּי אֶלְעָזָר בְּשֵׁם רַבִּי יוֹסֵי בַּר זִימְרָא אָמַר: עַל יְדֵי שֵׁם בֶּן נֹחַ.** [יח, טז] **"וַיָּקֻמוּ מִשָּׁם הָאֲנָשִׁים וַיַּשְׁקִפוּ עַל פְּנֵי סְדֹם וְאַבְרָהָם הֹלֵךְ עִמָּם לְשַׁלְּחָם", מַתְלָא אָמַר: אֲכָלִית,° אַשְׁקֵית, לַוֵּית, כָּךְ "וְאַבְרָהָם הֹלֵךְ עִמָּם לְשַׁלְּחָם":**

פירוש מהרז"ו

כ"א סימן א' רמ"ח קופליות של ברזל. השיב להם הש"י היפלא מה' דבר. ודורש היפלא מה' דבר כמו שדרשו לעיל פר' כ"ח ריש סימן ג' ע"ש. ד"ר פר' ה' סימן י"ג על מ"ש אכנו בדבר בְּדָבָר בראתי העולם כמ"ש בדבר ה' שמים נעשו דבר אני מולא. וכן כאן היפלא מה' דבר לברא אותן כבתחלה: (ב) **מעולם לא נזקק.** ירושלמי סוטה ריש פרק ז'. לעיל פר' כ' סימן ו' ופר' מ"ה סימן י' ולקמן פר' ס"ג סימן ז': **כמה ברכורים.** כמה דבורים ועקות. שתחלה דבר המלאך באופן שתשמע שרה ונחקה ואמר ה' לאברהם ואברהם אמר לשרה עד שהשיב לה הש"ת כו' לא כי נחקת. ומ"ש ע"י עילה פי' על ידי שהכחישה. ועי' לעיל פר' כ' סימן ו' ושם מבואר: **שם בן נח.** וכמ"ש בתד"א סוף פרק כ"ח שם בן נח נתנבא ד' מאות שנה: **לשלחם.** ללות אותם כמ"ש מכילתא ריש בשלח. שמ"ר פר' כ' סוף סימן ב' וש"נ ומאחר שהתחיל במצוה של הכנסת אורחים היה מחויב לגמור והגמר הוא הלויה:

מסורת המדרש

לו לעיל פרשה מ"ה וש"נ:

אם למקרא

וַתִּקְרָא שֵׁם ה' הַדֹּבֵר אֵלֶיהָ אַתָּה אֵל רֳאִי כִּי אָמְרָה הֲגַם הֲלֹם רָאִיתִי אַחֲרֵי רֹאִי: (בראשית טז:יג)

רש"י

ספליות ספלים הוליכם אלא נפח אומרים לו יכול אתה לתקנם וכו': (ב) **מעולם לא נזקק הקב"ה להסיח עם אשה אלא עם אותה הצדקת.** שרה: **כמה ברכורים כרכר.** כמה חיזורים חזר להסיח עמה: **מתלא אמר.** אכלית אשקית לווית האכלת אורח משלך והשקית משלך עשה לו לוויה:

מתנות כהונה

ה"ג בן הבא. לבראתן כו': [ב] **לא נזקק הקדוש ברוך הוא.** עי' לעיל פ"ך: **ה"ג להשיח עמה.** ויאמר לא כי נחקת: **אבלית אשקית בו'.** האכלת האורחים והשקיתם תלוה אותם גם כן:

אשד הנחלים

שאברהם יה' ילד בזה וא"כ עשתה לאדונה זקן מלעשות ניסים עוד רק לה בשהיא רק ראויה לזה לבד והבן: [יט] **להחזירן לבראותן בבתחילה בו'.** כלומר הבריא' מאין ליש אני יכול ואף כי יש מיש להחזיר מכח הזקנה לכח הילדות שעכ"פ מעט כח נמצא בו. וזהו מלשון פלא וכלומר הלא פלאים יותר ויותר יש יכולת בידי אף כי זה: **על ידי עילה.** בשביל להוכיחה ולהכחישה על דבריה כי היה ענין הכרחי אבל לא זולת. **על ידי מלאך.** שזהו מדריגה יותר קטנה. ודעת ר"א שגם זה אינה כ"א ע"י שם שבשר לה בנבואה: **אשקית לוית.** כלומר אף שעשית עמם כל טוב באכיל' ושתיה עכ"ז הוי מלוה אותם ג"כ:

Chapter 49

וַה׳ אָמָר הַמְכַסֶּה אֲנִי מֵאַבְרָהָם אֲשֶׁר אֲנִי עֹשֶׂה. וְאַבְרָהָם הָיוֹ יִהְיֶה לְגוֹי גָּדוֹל וְעָצוּם וְנִבְרְכוּ בוֹ כֹּל גּוֹיֵי הָאָרֶץ. כִּי יְדַעְתִּיו לְמַעַן אֲשֶׁר יְצַוֶּה אֶת בָּנָיו וְאֶת בֵּיתוֹ אַחֲרָיו וְשָׁמְרוּ דֶּרֶךְ ה׳ לַעֲשׂוֹת צְדָקָה וּמִשְׁפָּט לְמַעַן הָבִיא ה׳ עַל אַבְרָהָם אֵת אֲשֶׁר דִּבֶּר עָלָיו.

And HASHEM said, "Shall I conceal from Abraham what I do, and Abraham is surely to become a great and mighty nation, and all the nations of the earth shall bless themselves by him? For I have loved him, because he commands his children and his household after him that they keep the way of HASHEM, doing charity and justice, in order that HASHEM might then bring upon Abraham that which He had spoken of him" (18:17-19).

§1 **וַה׳ אָמָר הַמְכַסֶּה אֲנִי מֵאַבְרָהָם** — ***AND HASHEM SAID, "SHALL I CONCEAL FROM ABRAHAM . . . "***

In order to address the Torah's inclusion of these praises of Abraham which are unrelated to their context, the Midrash will introduce and explain a verse from *Proverbs*:[1]

רַבִּי יִצְחָק פָּתַח — **R' Yitzchak opened** his exposition of this passage with the following verse: **"זֵכֶר צַדִּיק לִבְרָכָה וְשֵׁם רְשָׁעִים יִרְקָב"** — ***The mention of a righteous man brings blessing, but the name of the wicked will rot*** (*Proverbs* 10:7). **אָמַר רַבִּי יִצְחָק** — **R' Yitzchak said:** **כָּל מִי שֶׁהוּא מַזְכִּיר אֶת הַצַּדִּיק וְאֵינוֹ מְבָרְכוֹ עוֹבֵר בַּעֲשֵׂה** — **Anyone who mentions a righteous person and does not bless him transgresses a positive commandment.**[2] **מַה טַּעְמֵיהּ, "זֵכֶר צַדִּיק לִבְרָכָה"** — **What is the reason** (i.e., what is the source) **for this?** Because it is written, ***The mention of a righteous man is for a blessing.***[3] **וְכָל מִי שֶׁהוּא מַזְכִּיר אֶת הָרָשָׁע וְאֵינוֹ מְקַלְּלוֹ עוֹבֵר בַּעֲשֵׂה** — **And** similarly, **anyone who mentions a wicked person and does not curse him transgresses a positive commandment.**[4] **מַה טַּעְמֵיהּ, "וְשֵׁם רְשָׁעִים יִרְקָב"** — **What is the reason for this?** Because it is written, ***but the name of the wicked will rot.***[5]Ⓐ

Further discussion of the cited verse from *Proverbs*:

אָמַר רַבִּי שְׁמוּאֵל בַּר נַחְמָן — **R' Shmuel bar Nachman said:** **שְׁמוֹתָן שֶׁל רְשָׁעִים דּוֹמִים לִכְלֵי קוֹרְיָיס** — **The names of the wicked are like utensils of *koryas*:**[6] **מַה כְּלֵי קוֹרְיָיס כָּל מַה שֶׁאַתָּה מִשְׁתַּמֵּשׁ בָּהֶם הֵם עוֹמְדִים, הִנַּחְתָּם הֵם מִתְרַפִּים** — **Just as** with **utensils of *koryas*, as long as you use them they endure,** but if **you leave them they fall apart,**[7] **כָּךְ שָׁמַעְתָּ מִיָּמֶיךָ אָדָם קוֹרֵא שֵׁם בְּנוֹ פַּרְעֹה, סִיסְרָא, סַנְחֵרִיב** — **so it is** with the wicked. **Have you ever in your life heard a man name his son Pharaoh** or **Sisera** or **Sennacherib?**[8] Of course not![9] **אֶלָּא אַבְרָהָם, יִצְחָק, יַעֲקֹב, רְאוּבֵן, שִׁמְעוֹן** — People **only** use names of the righteous such as **Abraham, Isaac, Jacob, Reuben,** and **Simeon.**

The Midrash provides examples of sages who cursed the wicked upon mentioning their names:

רַבִּי בֶּרֶכְיָה וְרַבִּי חֶלְבּוֹ מִשּׁוּם רַבִּי שְׁמוּאֵל בַּר נַחְמָן — **R' Berechyah and R' Chelbo** said **in the name of R' Shmuel bar Nachman:** **רַבִּי**[10] **יוֹנָתָן כְּשֶׁהָיָה מַגִּיעַ לַפָּסוּק הַזֶּה "אֲשֶׁר הָגְלָה מִירוּשָׁלַיִם עִם הַגּוֹלָה וְגוֹ׳"** — **When R' Yonasan would come to this verse** — ***who had been exiled from Jerusalem along with the exiles,*** **etc.** *[whom Nebuchadnezzar king of Babylon had exiled]* (*Esther* 2:6) — **הֲוָה אָמַר "נְבוּכַדְנֶצַּר שְׁחִיק עַצְמוֹת"** — **he would say,** upon the mention of that wicked king's name, **"Nebuchadnezzar, may his bones be ground up!"**[11] **וְלָמָּה לָא הֲוָה אָמַר כֵּן בְּיִרְמְיָה** — **And why did [R' Yonasan] not say this** when he mentioned Nebuchadnezzar's name **in *Jeremiah*** as well?[12]

NOTES

1. *Maharzu*.

2. I.e., a Rabbinic commandment that has the stringent dimension of having its source in the writings of the prophets [מִדִּבְרֵי קַבָּלָה] (*Maharzu*; cf. *Eshed HaNechalim*).

3. R' Yitzchak maintains that this verse cannot mean simply that a righteous person merits God's blessing while wicked ones are cursed, because this interpretation leaves unexplained the fact that the verse speaks not about the people themselves but rather about their *mention* and *name* respectively. Therefore, R' Yitzchak understands the verse to be commanding that one's *mention of a righteous person* should *bring blessing*, and, conversely, one's reference to the *names of the wicked* should be followed by a curse (*Eitz Yosef,* from *Yefeh To'ar*).

4. [See *Yefeh To'ar* who proves from *Berachos* 10a that this rule does not apply to live evildoers.]

5. The reason for these commandments is that when people hear praise of the righteous and denigration of the wicked, they will come to appreciate virtuous deeds and disdain evil ones (*Anaf Yosef,* based on *Rambam*, *Shemonah Perakim* Ch. 5; see *Yefeh To'ar*).

6. These utensils are alternatively associated with specific weavers' tools (*Rashi*, also cited by *Matnos Kehunah* and *Eitz Yosef*; see *Shabbos* 105a, cited by *Maharzu*), or certain garments of value (*Matnos Kehunah* and *Eitz Yosef* [second interpretation], citing *Koheles Rabbah* 2 §16; additional interpretations appear in *Yefeh To'ar* and *Eitz Yosef*).

7. If left unused, *koryas* utensils tend to wither and spoil (*Eitz Yosef*) due to insufficient exposure to air (*Maharzu*).

8. *Maharzu* questions the Midrash's use of these examples. Pharaoh, for instance, was not a name that one might give his son, but rather a title given to all Egyptian kings. *Maharzu* concludes that the Midrash gives these names for illustration only and its point is true of proper names of wicked people (see there further).

9. During the lifetimes of the wicked, when they bear their own names, those names are said to *endure*. With their deaths, however, their names *rot away* in that they fall into disuse (*Matnos Kehunah, Eitz Yosef;* see *Yoma* 38b).

[The Midrash makes this exposition in addition to the first one, because if only for that lesson, the verse should have stated explicitly, *the name of the wicked* "should be cursed" (*Eitz Yosef*).]

10. Most editions have וְרַבִּי; our emendation follows *Maharzu*.

11. *Matnos Kehunah*.

R' Yonasan did this in keeping with the above exposition of *the name of the wicked will rot.*

12. I.e., why did R' Yonasan not pronounce this curse when he read the Book of *Jeremiah*, which contains numerous references to Nebuchadnezzar.

[Presumably, the Midrash deduces that R' Yonasan did not curse Nebuchadnezzar when he came across his name in *Jeremiah*, from R' Shmuel bar Nachman's having specified that R' Yonasan cursed when he read *this* verse.]

INSIGHTS

Ⓐ **Praising the Righteous** We are encouraged to praise the righteous so that others will be motivated to emulate them. We are bidden to speak of the evils of the wicked (where this does not constitute *lashon hara*) so that others will be discouraged from aping their conduct (*Meiri* to *Yoma* 38b; see also *Maharsha* there, citing *Rambam*).

The Midrash states, based on the verse, that a wicked person should be cursed. *Maharsha* (to *Yoma* ibid.) takes a different approach to the verse. He notes that although the verse begins *the mention of a righteous one is for a blessing,* it does not conclude similarly, by saying *and the mention of a wicked person is for a curse.* This is because we do not curse the wicked, but rather hope to see them return to God. Thus, the verse ends *and the name of the wicked should rot,* i.e., their reputation of wickedness should cease, on account of their repentance (see also *Berachos* 10a and *Sanhedrin* 37a).

פרשה מט

א [יח, יז] "וַה' אָמַר הַמְכַסֶּה אֲנִי מֵאַבְרָהָם". רַבִּי יִצְחָק פָּתַח: (משלי י, ז) "זֵכֶר צַדִּיק לִבְרָכָה וְשֵׁם רְשָׁעִים יִרְקָב", אָמַר רַבִּי יִצְחָק: [א]כָּל מִי שֶׁהוּא מַזְכִּיר אֶת הַצַּדִּיק וְאֵינוֹ מְבָרְכוֹ עוֹבֵר בַּעֲשֵׂה. מַה טַּעְמֵיהּ "זֵכֶר צַדִּיק לִבְרָכָה". וְכָל מִי שֶׁהוּא מַזְכִּיר אֶת הָרָשָׁע וְאֵינוֹ מְקַלְּלוֹ עוֹבֵר בַּעֲשֵׂה, מַה טַּעְמֵיהּ "וְשֵׁם רְשָׁעִים יִרְקָב". אָמַר רַבִּי שְׁמוּאֵל בַּר נַחֲמָן: שְׁמוֹתָן שֶׁל רְשָׁעִים דּוֹמִים לִכְלֵי °קוֹרִיִּים, מַה כְּלֵי °קוֹרִיִּים כָּל מַה שֶּׁאַתָּה מִשְׁתַּמֵּשׁ בָּהֶם הֵם עוֹמְדִים, הִנַּחְתָּם הֵם מִתְרַפִּים, כָּךְ שָׁמַעְתָּ מִיָּמֶיךָ אָדָם קוֹרֵא שֵׁם בְּנוֹ פַּרְעֹה, סִיסְרָא, סַנְחֵרִיב, אֶלָּא אַבְרָהָם, יִצְחָק, יַעֲקֹב, רְאוּבֵן, שִׁמְעוֹן. רַבִּי בֶּרֶכְיָה וְרַבִּי חֶלְבּוֹ מִשּׁוּם רַבִּי שְׁמוּאֵל בַּר נַחֲמָן °וְרַבִּי יוֹנָתָן [ב]כְּשֶׁהָיָה מַגִּיעַ לַפָּסוּק הַזֶּה, (אסתר ב, ו) "אֲשֶׁר הָגְלָה מִירוּשָׁלַיִם עִם הַגּוֹלָה וְגוֹ'", הֲוָה אָמַר: "נְבוּכַדְנֶצַּר שְׁחִיק עֲצָמוֹת". וְלָמָּה לָא הֲוָה אָמַר כֵּן בְּיִרְמְיָה, אֶלָּא שֶׁכָּל נְבוּכַדְנֶצַּר שֶׁכָּתוּב בְּיִרְמְיָה חַי הֲוָה, בְּרַם הָכָא מֵת הֲוָה. רַבִּי כִּי הֲוָה מָטֵי לְהָמָן בְּפוּרִים אָמַר: [ג]אָרוּר הָמָן וַאֲרוּרִים בָּנָיו, לְקַיֵּים מַה שֶּׁנֶּאֱמַר "וְשֵׁם רְשָׁעִים יִרְקָב". אָמַר רַבִּי פִּנְחָס: "חַרְבוֹנָה זָכוּר לַטּוֹב".

רש"י

מט (א) שמותן של רשעים דומים לבלי קורייס. כלי אריגה יתדות והמסכת כל זמן שאתה משתמש בהן עומדים בחוזק וכל זמן שאין אתה משתמש בהן וכו': **רב כד מטי להמן.** אמר ארור המן ארורים בניו לקיים מה שנאמר שם רשעים ירקב. רבי פנחס כי מטי לחרבונה אמר חרבונה זכור לטוב:

עץ יוסף

מט (א) זכר צדיק לברכה. דליכא למימר דה"ק שהצדיק יתברך מן השמים ובהיפך הרשע יקולל. דא"כ למה דקדק לומר לשון זכר ושם. אלא ללמדך שכל הזוכר את הצדיק צריך לברכו. והמזכיר שם הרשע צריך לקללו (יפ"ת): **דומים לבלי קוריים.** מדקאמר ירקב ולא קאמר לקללה רמיז נמי אהא. כדאמר בפרק הממונה מאי ושם רשעים ירקב כו' דלא מסקי בשמייהו: **לבלי קוריים.** פרש"י כלי אורגים. ובמדרש קהלת משמע שהם בגדים חשובים. והמעריך פי' הם כלים מן לוחות עץ שכל זמן שאדם משתמש בהם הם עומדים בתקונם. ואם מניחם הם מתרפים שהם מתייבשים ומתכווצין ומעלים חלודה ורקבון. וכן הוא ג"כ המידה בשם רשעים שבהיות בני אדם משתמשים בשמותם לקרותם בשמם בהיותם בחיים שמותם מתקיים. אבל לאחר מותם שמם נאבד ואינו מתקיים לפי שאין משתמשים לקרות אחרים בשמם: **חי הוה.** ואע"ג דהשתא מיהא מת הוה. כיון דבסדר הכתובים חי הוא לא יכון לומר שחיק טמיא כלו' ימחו וישחקו עצמותיו: **בי הוה מטי להמן.** ולא מפליג בין המן דקודם תליה לאחר תליה. דכיון דלא היה מלך מותר לקללו אף בחייו: **וארורים בניו.** כי הוה מטי לבניו נמי הוה אמר עלייהו ארורים. ובאסתר רבתי אמר ג"כ על זרש: **חרבונא זכור לטוב.** דס"ל דאליהו הוא שנדמה לחרבונה:

פירוש מהרז"ו

מט (א) המכסה אני מאברהם. ובפסוק הסמוך ואברהם היה יהיה והיל"ל מיד זעקת סדום ולמה הפסיק בברכתו לאברהם ואגב זה הביא כל הדרשה כמ"ש בסוף הסימן. ובריש מדרש שמואל כל הענין ע"ש: **עובר בעשה.** זה מ"ע מדברי קבלה. ומרומז בתורה כאן אצל אברהם שמי שאינו עושה כן הוא עובר על מצות עשה. וכן אצל רשעים להפך. כי עומק פשוטו של מקרא כאלו כתוב זכר צדיק לברכה וזכר רשע לקללה. ושם צדיקים יעמוד לעד ושם רשעים ירקב. שמברכת הצדיק אנו לומדים קללת הרשע. ומקללת הרשע בסיפא דקרא אנו לומדים ברכת הצדיק. וזה על פי מדה ט'. וזהו שאמר ירקב פי' שבזה גלה הכתוב ללמוד הצדיק מן הרשע והרשע מן הצדיק ודוק. ועוד יתכן שכוונתו שכמו בר"ד תיבת לברכה שמ"ע לומר ברכה: **בלי קורייס.** לשון משנה הוא פרק ר"א אומר האורג בנירין בקירוס. ובירושלמי שם איתא קירוס הוא קירומה תרגום חטובות אטון מצרים תרגם ומקרמא מצראי וזהו מ"ש במסכת בילה ועיטרה בקרמים. ועיין ד"ר פר' ז' סימן י"א ומש"ש ועי' מוסף ערוך ערך קרומא. וכלים אלו צריכים לאויר העולם. ואם מסגירים אותם בתיבות זמן רב הם כלים והולכים: **פרעה סיסרא סנחריב.** שאחר שנהרגו ולא מתו כשאר כל אדם. אין שום אדם רוצה לקרא שם בנו בשמם וכמ"ש חז"ל דלא מסקי בשמייהו של רשעי ישראל כדואג ואחיתופל: ומ"ש פרעה סיסרא סנחריב צ"ע שהרי פרעה שם המלוכה שכל מלכי מצרים היו נקראים פרעה וגם בדור ירמיה ובדור יחזקאל היו נקראים כן ואיך יקרא אדם שם בנו פרעה. וגם על סנחריב יקשה שהרי איתא בפרק חלק שהיו לו שמונה שמות. חוץ מסנחריב שאינו שם כלל ע"ש. ועל סיסרא יקשה שמפורש בעזרא ובנחמיה בני ברקוס בני סיסרא עי' במ"ר פר' ט"ז סימן י' ושם תמצא ישוב נכון על ענין סיסרא. ובפרעה וסנחריב נ"ל שתפס אותם למשל בעלמא ובדברי משל אין לדקדק בכל חלקיו ודיבר כפי הנראה מפשוטי הדברים שהם שמות בני אדם ובימי הנביאים היו השמות האלו ידועים ואח"כ נשתכחו לגמרי ובימי חז"ל לא היה עוד זכר לשמות אלו: **ור' יונתן.** נ"ל בלא וי"ו ופירושו שר"ב ור"ח בשם ר' שמואל ב"ר נחמן העידו על ר' יונתן שעשה כן. וכ"ה בירושלמי פרק ג' דמגילה ובמס' סופרים פרק י"ד ובריש מדרש שמואל ועי' ג"כ במדרש אסתר פסוק אשר הגלה מירושלים כי כן הוא: **אשר הגלה מירושלים.** וס"ד אשר הגלה נבוכדנצר: **בפורים.** לרבותא אף שמברכים אין זה הפסק כצ"ל אך במס' סופרים איתא בהדיא שרב אמר כן אחר קריאת המגילה. ואפשר שהטעם משום הפסק הברכה והמ"ע יקיים אחר הקריאה. ועיין ביפ"מ וקרבן העדה. וגי' המדרש כאן ראיה לפירוש היפ"מ. וגי' המ"ס ראיה לבעל קרבן העדה: **חרבונה זכור לטוב.** במדרש אסתר פסוק והמלך קם בחמתו הגי' דאמר ר' פנחס צריך לומר חרבונה זכור לטוב. וגירסת רש"י כאן כי הוה מטי לחרבונה אמר חרבונה זכור לטוב ולענין אי הוי הפסק כמ"ש בדברי רב וז"ל המדרש

מתנות כהונה

מט [א] בלי קורייס. פירש רש"י כלי אורגים ובמדרש קהלת בפסוק ושנאתי אני את החיים משמע שהם בגדים חשובים [וכ"ז הוא במדרש חזית בפ' נופת תטופנה]: **הנחתם הם מתרפים.** כך שמות הרשעים לאחר מותם אבד זכרם ושם רשעים ירקב: [**שחיק עצמות.** כלומר ימחו וישחקו עצמותיו ובמסכת סופרים פי"ד גרס נבוכדנצר רשיעא שחיק שמיה למזגי לטבא טבתיה ולביש בישתיה שנאמר זכר צדיק וגו']: [**וגי' הספר.** הוא ממש כנוסחת ריש מדרש שמואל: **בירמיה.** בשמות נ"נ הכתובים בס' ירמיה]: **חי הוה.** וכתיב גם במדעך מלך אל תקלל: **אמר רבי פנחס.** ר' פנחס אמר חרבונה כו' בפורים כשהגיע לפסוק ויאמר חרבונה:

אשד הנחלים

מט [א] עובר בעשה. אחר שמצאנו שהכתוב אומר שמדרך הטבע כן הוא. שכן נטוע בלב כל אדם וא"כ מי שאינו מוציא ברכה מלבו עובר על זה ויש בו תכונה רעה. וכן להיפך הטבע נטוע לקלל הרשע מפני רשעתו והוא אינו מוצא זאת בנפשו ולכן עובר ע"ז התכונה: **הנחתם הם מתרפים.** וכלומר כמו שהבגדים האלה אין קיומם מצד עצמם כ"א מצד השמוש בהם ובעת שאין משתמשים בהם מיד הם מתרפים ונאבדים כן הם הרשעים כל זמן שהם בחייהם ועוסקים בעסקיהם ההבליות הם ניכרים בעולם אבל כיון שהם מונחים אז יאבד כל זכר למו כי אין קיומם מחמת עצמן כ"א מחמת פעולותיהם. ולכן אין קורא בשמם כי אינם חשובים מאומה:

חידושי הרד"ל

(א) [א] אמר רבי פנחס צריך לומר חרבונא זכור לטוב. כ"ה בירושלמי ספ"ג דמגילה וכצ"ל:

באור מהרי"פ

א בלי קורייס. פירש רב"מ בערך קר האחרון בל"י חוט הערב ונקראו כן כלי אריגה ע"כ:

מסורת המדרש

א יומא דף ל"ח. אגדת שמואל פ' א' פסיקתא רבתי פ' י"ב. מדרש תהלים מזמור קי"ח. ילקוט משלי רמז תתק"ט:

ב ירושלמי מגילה פרק ג'. מסכת סופרים פרק י"ד. אסתר רבה פ' ו'. מדרש שמואל פרשה א':

ג מגילה ז'. מסכת סופרים פרק י"ד. אסתר רבה פרשה י'. ילקוט משלי רמז תתקמ"ו:

אם למקרא

זֵכֶר צַדִּיק לִבְרָכָה וְשֵׁם רְשָׁעִים יִרְקָב: (משלי י:ז)

אֲשֶׁר הָגְלָה מִירוּשָׁלַיִם עִם־הַגֹּלָה אֲשֶׁר הָגְלְתָה עִם יְכָנְיָה מֶלֶךְ־יְהוּדָה אֲשֶׁר הֶגְלָה נְבוּכַדְנֶאצַּר מֶלֶךְ בָּבֶל: (אסתר ב:ו)

ענף יוסף

(א) אמר רבי יצחק כל מי כו'. והטעם כמ"ש הרמב"ם ז"ל בשמונה פרקים שראוי לשבח החשובים במעלתם כדי שייטב מעשיהם בעיני בני אדם ללמוד מעשיהם. ולגנות הרשעים בפחיתותם כדי שיתגנו פעולתם בעיני בני אדם. ומה"ט ראוי ג"כ לברך הצדיקים ולגנות ולקלל הרשעים בזכירתם:

אֶלָּא שֶׁכָּל נְבוּכַדְנֶצַּר שֶׁכָּתוּב בְּיִרְמְיָה חַי הֲוָה, בְּרַם הָכָא מֵת הֲוָה – **However,** the explanation for this is that **every** mention of **Nebuchadnezzar that is written in *Jeremiah*** describes him while **he was** still **alive,**[13] **whereas here,** in the Book of *Esther,* **he was** already **dead.** רַבִּי[14] כִּי הֲוָה מָטֵי לְהָמָן בְּפוּרִים אָמַר: אָרוּר הָמָן וַאֲרוּרִים בָּנָיו – **Rebbi, when he reached** the mentions of **Haman** and his sons[15] in the *Megillah* **on Purim, would say, "Cursed be Haman, and cursed be his sons!"**[16] לְקַיֵּים מַה שֶּׁנֶּאֱמַר "וְשֵׁם רְשָׁעִים יִרְקָב" – Rebbe did this **in fulfillment of what is stated,** ***but the name of the wicked will rot.*** אָמַר רַבִּי פִּנְחָס: "חַרְבוֹנָה זָכוּר לַטּוֹב" – **R' Pinchas would say,** upon mentioning Harbonah's name (ibid. 7:9),[17] **"Harbonah, may he be remembered favorably."**[18]

The Midrash will now demonstrate that God Himself abides by the above principle and, in so doing, it will return to explain our verse:

NOTES

13. After reading a verse that discussed a *live* Nebuchadnezzar, R' Yonasan could not appropriately curse him with a curse that was suitable for dead people ("may his bones be ground up"). And since he was dead at the time of the reading, a curse that would be fit for a live person was also inappropriate (*Yefeh To'ar*; see there further). Alternatively, as *Ecclesiastes* 10:20 cautions against cursing a king, R' Yonasan did not wish to curse Nebuchadnezzar after reading a verse that spoke of him during his lifetime (*Matnos Kehunah*; see *Eitz Yosef*).

14. [Some editions of the Midrash attribute this practice to רַב.]

15. *Eitz Yosef;* cf. *Yedei Moshe.*

16. See *Maharzu,* who considers whether Rebbi made his pronouncement during the actual reading of the *Megillah* or only afterward, so as not to interrupt the reading. *Eitz Yosef* notes that, according to *Esther Rabbasi* (6 §9), Rebbi cursed Zeresh, Haman's evil wife, as well.

[The fact that the *Megillah's* earlier mentions of Haman describe him while alive was not a reason to avoid cursing him, because Haman was not a monarch (*Eitz Yosef;* cf. *Yedei Moshe*).]

17. *Matnos Kehunah, Maharzu.*

18. [Harbonah was Ahasuerus' chamberlain who pointed out (in *Esther* 7:9) the gallows that Haman had prepared for Mordechai, at the critical moment when Haman had fallen into disfavor with the king.] According to *Esther Rabbasi* (10 §9), that statement was actually made by Elijah the Prophet, who had posed as Harbonah. And since the phrase זָכוּר לַטּוֹב, *may he be remembered favorably*, is commonly appended to Elijah's name, R' Pinchas would say it after the mention of Harbonah's (*Yefeh To'ar, Maharzu;* see *Eitz Yosef*).

[It goes without saying that the sages would bless the righteous Mordechai and Esther (*Yefeh To'ar*).]

פרשה מט

א [יח, יז] **"וַה' אָמָר הַמְכַסֶּה אֲנִי מֵאַבְרָהָם". רַבִּי יִצְחָק פָּתַח:** (משלי י, ז) **"זֵכֶר צַדִּיק לִבְרָכָה וְשֵׁם רְשָׁעִים יִרְקָב", אָמַר רַבִּי יִצְחָק: [א]כָּל מִי שֶׁהוּא מַזְכִּיר אֶת הַצַּדִּיק וְאֵינוֹ מְבָרְכוֹ עוֹבֵר בַּעֲשֵׂה. מַה טַּעֲמֵיהּ "זֵכֶר צַדִּיק לִבְרָכָה". וְכָל מִי שֶׁהוּא מַזְכִּיר אֶת הָרָשָׁע וְאֵינוֹ מְקַלְּלוֹ עוֹבֵר בַּעֲשֵׂה, מַה טַּעֲמֵיהּ "וְשֵׁם רְשָׁעִים יִרְקָב". אָמַר רַבִּי שְׁמוּאֵל בַּר נַחֲמָן: שְׁמוֹתָן שֶׁל רְשָׁעִים דּוֹמִים לִכְלֵי °קוֹרִיּים, מַה כְּלֵי °קוֹרִיּים כָּל מַה שֶּׁאַתָּה מִשְׁתַּמֵּשׁ בָּהֶם הֵם עוֹמְדִים, הִנַּחְתָּם הֵם מִתְרַפִּים, כָּךְ שָׁמַעְתָּ מִיָּמֶיךָ אָדָם קוֹרֵא שֵׁם בְּנוֹ פַּרְעֹה, סִיסְרָא, סַנְחֵרִיב, אֶלָּא אַבְרָהָם, יִצְחָק, יַעֲקֹב, רְאוּבֵן, שִׁמְעוֹן. רַבִּי בֶּרֶכְיָה וְרַבִּי חֶלְבּוֹ מִשּׁוּם רַבִּי שְׁמוּאֵל בַּר נַחֲמָן °וְרַבִּי יוֹנָתָן [ב]כְּשֶׁהָיָה מַגִּיעַ לַפָּסוּק הַזֶּה,** (אסתר ב, ו) **"אֲשֶׁר הָגְלָה מִירוּשָׁלַיִם עִם הַגּוֹלָה וְגוֹ'", הֲוָה אָמַר: "נְבוּכַדְנֶצַּר שְׁחִיק עֲצָמוֹת". וְלָמָּה לָא הֲוָה אָמַר כֵּן בְּיִרְמְיָה, אֶלָּא שֶׁכָּל נְבוּכַדְנֶצַּר שֶׁכָּתוּב בְּיִרְמְיָה חַי הֲוָה, בְּרַם הָכָא מֵת הֲוָה. רַבִּי כִּי הֲוָה מָטֵי לְהָמָן בְּפוּרִים אָמַר: [ג]אָרוּר הָמָן וַאֲרוּרִים בָּנָיו, לְקַיֵּים מַה שֶּׁנֶּאֱמַר "וְשֵׁם רְשָׁעִים יִרְקָב". אָמַר רַבִּי פִּנְחָס: "חַרְבוֹנָה זָכוּר לַטּוֹב".**

רש"י

מט (א) שמותן של רשעים דומים לבלי קורייס. כלי אריגה יתדות והמסכת כל זמן שאתה משתמש בהן עומדים בחוזק וכל זמן שאין אתה משתמש בהן וכו': **רב כד מטי להמן.** אמר ארור המן ארורים בניו לקיים מה שנאמר שם רשעים ירקב. רבי פנחס כי מטי לחרבונה אמר חרבונה זכור לטוב:

עץ יוסף

מט (א) זכר צדיק לברכה. דליכא למימר דה"ק שהצדיק יתברך מן השמים ובהיפך הרשע יקולל. דא"כ למה דקדק לומר לשון זכר ושם. אלא ללמדך שכל הזוכר את הצדיק צריך לברכו. והמזכיר שם הרשע צריך לקללו (יפ"ת): **דומים לבלי קוריים.** מדקאמר ירקב ולא קאמר לקללה רמיז נמי אהא. כדאמר בפרק הממונה מאי ושם רשעים ירקב כו' דלא מסקי בשמייהו: **לבלי קוריים.** פרש"י כלי אורגים. ובמדרש קהלת משמע שהם בגדים חשובים. והמעריך פי' הם כלים מן לוחות עץ שכל זמן שאדם משתמש בהם הם עומדים בתקונם. ואם מניחם הם מתרפים שהם מתייבשים ומתכווצין ומעלים חלודה ורקבון. וכן הוא ג"כ המידה בשם רשעים שבהיות בני אדם משתמשים בשמותם לקרותם בשמם בהיותם בחיים שמותם מתקיים. אבל לאחר מותם שמם נאבד ואינו מתקיים לפי שאין משתמשים לקרות אחרים בשמם: **חי הוה.** ואע"ג דהשתא מיהא מת הוה. כיון דבסדר הכתובים חי הוא לא יכון לומר שחיק טמיא כלו' ימחו וישחקו עצמותיו: **כי הוה מטי להמן.** ולא מפליג בין המן דקודם תליה לאחר תליה. דכיון דלא היה מלך מותר לקללו אף בחייו: **וארורים בניו.** כי הוה מטי לבניו נמי הוה אמר עלייהו ארורים. ובאסתר רבתי אמר ג"כ על זרש: **חרבונא זכור לטוב.** דס"ל דאליהו הוא שנדמה לחרבונה:

חידושי הרד"ל

(א) [א] אמר רבי פנחס צריך לומר חרבונא זכור לטוב. כ"ה בירושלמי ספ"ג דמגילה וכצ"ל:

באור מהרי"פ

א **בלי קורייס.** פירש רב"מ בערך קר האחרון בל"י חוט הערב ונקראו כן כלי אריגה ע"כ:

פירוש מהרז"ו

מט (א) המכסה אני מאברהם. ובפסוק הסמוך ואברהם היה יהיה והיל"ל מיד זעקת סדום ולמה הפסיק בברכתו לאברהם ואגב זה הביא כל הדרשה כמ"ש בסוף הסימן. ובריש מדרש שמואל כל הענין ע"ש: **עובר בעשה.** זה מ"ע מדברי קבלה. ומרומז בתורה כאן אצל אברהם שמי שאינו עושה כן הוא עובר על מצות עשה. וכן אצל רשעים להפך. כי עומק פשוטו של מקרא כאלו כתוב זכר צדיק לברכה וזכר רשע לקללה. ושם צדיקים יעמוד לעד ושם רשעים ירקב. שמברכת הצדיק אנו לומדים קללת הרשע. ומקללת הרשע בסיפא דקרא אנו לומדים ברכת הצדיק. וזה על פי מדה ט'. וזהו שאמר ירקב פי' שבזה גלה הכתוב ללמוד הצדיק מן הרשע והרשע מן הצדיק ודוק. ועוד יתכן שכוונתו שכמו בר"ד תיבת לברכה שמ"ע לומר ברכה: **בלי קורייס.** לשון משנה הוא פרק ר"א אומר האורג בנירין בקירוס. ובירושלמי שם איתא קירוס הוא קירומה תרגום חטובות אטון מצרים תרגם ומקרמא מצראי וזהו מ"ש במסכת ביצה ועיטרה בקרמים. ועיין ד"ר פר' ז' סימן י"א ומש"ש ועי' מוסף ערוך ערך קרומא. וכלים אלו צריכים לאויר העולם. ואם מסגירים אותם בתיבות זמן רב הם כלים והולכים: **פרעה סיסרא סנחריב.** שמאחר שנהרגו ולא מתו כשאר כל אדם. אין שום אדם רוצה לקרא שם בנו בשמם וכמ"ש חז"ל דלא מסקי בשמייהו של רשעי ישראל כדואג ואחיתופל: ומ"ש פרעה סיסרא סנחריב צ"ע שהרי פרעה שם המלוכה שכל מלכי מצרים היו נקראים פרעה וגם בדור ירמיה ובדור יחזקאל היו נקראים כן ואיך יקרא אדם שם בנו פרעה. וגם על סנחריב יקשה שהרי איתא בפרק חלק שהיו לו שמונה שמות. חוץ מסנחריב שאינו שם כלל ע"ש. ועל סיסרא יקשה שמפורש בעזרא ובנחמיה בני ברקוס בני סיסרא עי' במ"ר פר' ט"ז סימן י' ושם תמצא ישוב נכון על ענין סיסרא. ובפרעה וסנחריב נ"ל שתפס אותם למשל בעלמא ובדברי משל אין לדקדק בכל חלקיו ודיבר כפי הנראה מפשוטי הדברים שהם שמות בני אדם ובימי הנביאים היו השמות האלו ידועים ואח"כ נשתכחו לגמרי ובימי חז"ל לא היה עוד זכר לשמות אלו: **ור' יונתן.** נ"ל בלא וי"ו ופירושו שר"ב ור"ח בשם ר' שמואל ב"ר נחמן העידו על ר' יונתן שעשה כן. וכ"ה בירושלמי פרק ג' דמגילה ובמס' סופרים פרק י"ד ובריש מדרש שמואל ועי' ג"כ במדרש אסתר פסוק אשר הגלה מירושלים כי כן הוא: **אשר הגלה מירושלים.** וס"ד אשר הגלה נבוכדנצר: **בפורים.** לרבותא אף שמברכים אין זה הפסק כנ"ל אך במס' סופרים איתא בהדיא שרב אמר כן אחר קריאת המגילה. ואפשר שהטעם משום הפסק הברכה והמ"ע יקיים אחר הקריאה. ועיין ביפ"מ וקרבן העדה. וגי' המדרש כאן ראיה לפירוש היפ"מ. וגי' המ"ס ראיה לבעל קרבן העדה: **חרבונה זכור לטוב.** במדרש אסתר פסוק והמלך קם בחמתו הגי' דאמר ר' פנחס צריך לומר חרבונה זכור לטוב. וגירסת רש"י כאן כי הוה מטי לחרבונה אמר חרבונה זכור לטוב ולענין אי הוי הפסק כמ"ש בדברי רב וז"ל המדרש

מסורת המדרש

א יומא דף ל"ה. אגדת שמואל פ' א' פסיקתא רבתי פ' י"ב. מדרש תהלים מזמור ק"ח. ילקוט משלי רמז תתק"ט:

ב ירושלמי מגילה פרק ג'. מסכת סופרים פרק י"ד. אסתר רבה פ' ו'. מדרש שמואל פרשה א':

ג מגילה ז'. מסכת סופרים פרק י"ד. אסתר רבה פרשה י'. ילקוט משלי רמז תתקמ"ו:

אם למקרא

זֵכֶר צַדִּיק לִבְרָכָה וְשֵׁם רְשָׁעִים יִרְקָב: (משלי י:ז)

אֲשֶׁר הָגְלָה מִירוּשָׁלַיִם עִם־הַגֹּלָה אֲשֶׁר הָגְלְתָה עִם יְכָנְיָה מֶלֶךְ־יְהוּדָה אֲשֶׁר הֶגְלָה נְבוּכַדְנֶאצַּר מֶלֶךְ בָּבֶל: (אסתר ב:ו)

ענף יוסף

(א) **אמר רבי יצחק כל מי בו'.** והטעם כמ"ש הרמב"ם ז"ל בשמונה פרקים שראוי לשבח החשובים במעלתם כדי שייטב מעשיהם בעיני בני אדם ללמוד מעשיהם. ולגנות הרשעים בפחיתותם כדי שיתגנו פעולתם בעיני בני אדם. ומה"ט ראוי ג"כ לברך הצדיקים ולגנות ולקלל הרשעים בזכירתם:

מתנות כהונה

מט [א] בלי קורייס. פירש רש"י כלי אורגים ובמדרש קהלת בפסוק ושנאתי אני את החיים משמע שהם בגדים חשובים [וכ"ז הוא במדרש חזית בפ' נופת תטופנה]: **הנחתם הם מתרפים.** כך שמות הרשעים לאחר מותם אבד זכרם ושם רשעים ירקב: [**שחיק עצמות.** כלומר ימחו וישחקו עצמותיו ובמסכת סופרים פי"ד גרס נבוכדנאצר רשיעא שחיק שמיה למזגי לטבא טבתיה ולביש בישתיה שנאמר זכר צדיק וגו']: [**וגי' הספר.** הוא ממש כנוסחת ריש מדרש שמואל]: **בירמיה.** בשמות נ"כ הכתובים בס' ירמיה]: **חי הוה.** וכתיב גם במדעך מלך אל תקלל: **אמר רבי פנחס.** ר' פנחס אמר חרבונה כו' בפורים כשהגיע לפסוק ויאמר חרבונה:

אשד הנחלים

מט [א] עובר בעשה. אחר שמצאנו שהכתוב אומר שמדרך הטבע כן הוא. שכן נטוע בלב כל אדם וא"כ מי שאינו מוציא ברכה מלבו עובר על זה ויש בו תכונה רעה. וכן להיפך הטבע נטוע לקלל הרשע מפני רשעתו והוא אינו מוצא זאת בנפשו ולכן עובר ע"ז התכונה: **הנחתם הם מתרפים.** וכלומר כמו שהבגדים האלה אין קיומם מצד עצמם כ"א מצד השמוש בהם ובעת שאין משתמשים בהם מיד הם מתרפים ונאבדים כן הם הרשעים כל זמן שהם בחייהם ועוסקים בעסקיהם ההבליות הם ניכרים בעולם אבל כיון שהם מונחים אז יאבד כל זכר למו כי אין קיומם מחמת עצמן כ"א מחמת פעולותיהם. ולכן אין קורא בשמם כי אינם חשובים מאומה:

אָמַר רַבִּי שְׁמוּאֵל בַּר נַחְמָן — **R' Shmuel bar Nachman said:** מְצִינוּ שֶׁהַקָּדוֹשׁ בָּרוּךְ הוּא מַזְכִּיר שְׁמָן שֶׁל יִשְׂרָאֵל וּמְבָרְכָן — **We find that the Holy One, blessed is He, mentions the name of Israel and** immediately **blesses them,** שֶׁנֶּאֱמַר "ה׳ זְכָרָנוּ יְבָרֵךְ" — **for it is stated,** ***HASHEM, Who has mentioned***[19] ***us will bless:*** *He will bless the House of Israel* (*Psalms* 115:1). רַבִּי הוּנָא בְּשֵׁם רַבִּי אַחָא אָמַר — **R' Huna said in the name of R' Acha:** אֵין לִי אֶלָּא שִׁשִּׁים רִבּוֹא — From this source **I have** established **only** that when all **600,000** members of Israel are mentioned by Him He blesses them; מִנַּיִן שֶׁכָּל אֶחָד וְאֶחָד מִיִּשְׂרָאֵל שֶׁהַקָּדוֹשׁ בָּרוּךְ הוּא מַזְכִּיר שְׁמוֹ וּמְבָרְכוֹ — **from where** can it be learned **that** with respect to **each and every individual** of the nation **of Israel** as well, **the Holy One, blessed is He, mentions his name and** then **blesses him?**[20] שֶׁנֶּאֱמַר "וַה׳ אָמָר הַמְכַסֶּה אֲנִי מֵאַבְרָהָם אֲשֶׁר אֲנִי עֹשֶׂה וְאַבְרָהָם הָיוֹ יִהְיֶה לְגוֹי גָּדוֹל וְעָצוּם" — This too can be derived from Scripture, **for it is stated,** ***And HASHEM said, Shall I conceal from Abraham what I do, and Abraham is surely to become a great and mighty nation*** *and all the nations of the earth shall bless themselves by him?* לֹא הָיָה צָרִיךְ קְרָא לְמֵימַר אֶלָּא "וַיֹּאמֶר ה׳ זַעֲקַת סְדוֹם וַעֲמוֹרָה כִּי רָבָּה" — Now, following the words, *And HASHEM said, "Shall I conceal from Abraham what I do?"* [with regard to Sodom], **Scripture did not have to say anything more than —** ***So HASHEM said, "Because the outcry of Sodom and Gomorrah has become great,*** etc." (v. 20), without the interpolated praises of Abraham (vv. 18-19).[21] אֶלָּא אָמַר הַקָּדוֹשׁ בָּרוּךְ הוּא: הִזְכַּרְתִּי אֶת הַצַּדִּיק וְאֵינִי מְבָרְכוֹ — **However, the Holy One, blessed is He, said** to Himself,[22] **"I have mentioned** the name of **the righteous [Abraham], will I not bless him?!** "וְאַבְרָהָם הָיוֹ יִהְיֶה לְגוֹי גָּדוֹל" — [Of course I will!] ***And Abraham is surely to become a great and mighty nation,*** etc."[23]

§2 The Midrash will examine a verse from *Psalms* before relating it to our verse:

כְּתִיב "סוֹד ה׳ לִירֵאָיו וּבְרִיתוֹ לְהוֹדִיעָם" — **It is written:** ***The secret of HASHEM is to those who fear Him, and to make His covenant known to them*** (*Psalms* 25:14). אֵיזֶהוּ "סוֹד ה׳" — **What is** the ***"secret of HASHEM"*** to which the verse refers?[24] זוֹ מִילָה שֶׁלֹּא גִלָּה אוֹתָהּ מֵאָדָם וְעַד עֶשְׂרִים דּוֹר עַד שֶׁעָמַד אַבְרָהָם וּנְתָנָהּ לוֹ — **This is circumcision,** which is called a "secret" **because [God] did not reveal it** to anyone **from** the creation of **Adam until twenty generations** later, **until Abraham arose, and [God] gave it to him;** שֶׁנֶּאֱמַר "וְאֶתְּנָה בְרִיתִי בֵּינִי וּבֵינֶךָ" — **for it is stated** regarding circumcision, ***I will set My covenant between Me and you*** (above, 17:2).[25]

A second insight into the above verse from *Psalms*:[26]

אָמַר לוֹ הַקָּדוֹשׁ בָּרוּךְ הוּא: אִם תָּמוּל, תִּטּוֹל סוֹד ה׳ — Alternatively, the cited verse from *Psalms* suggests that **the Holy One, blessed is He, said to [Abraham], "If you become circumcised, you will receive** as a reward **the** ***secret*** [סוֹד] ***of HASHEM."***[27] מַה "סוֹד ה׳" — And **what is** the nature of this reward called ***"secret*** [סוֹד] ***of HASHEM"?*** ס׳, שִׁשִּׁים, ו׳, שִׁשָּׁה, ד׳, אַרְבָּעָה, הֲרֵי שִׁבְעִים — The letter ***samech*** has a numerical value of **60,** ***vav*** **is 6,** and ***dalet*** **is 4, for a total of 70.**[28] שִׁבְעִים אֲנִי מַעֲמִיד מִמְּךָ בִּזְכוּת הַמִּילָה — Thus, God told Abraham, **"I will bring forth from you** ***seventy*** people **in the merit of** your performing **circumcision,"** שֶׁנֶּאֱמַר "בְּשִׁבְעִים נֶפֶשׁ יָרְדוּ אֲבוֹתֶיךָ וְגוֹ׳" — **as it is written:** ***With seventy souls did your ancestors descend*** to Egypt, etc. (*Deuteronomy* 10:22).[29] וּמַעֲמִיד אֲנִי מֵהֶן שִׁבְעִים זְקֵנִים שֶׁנֶּאֱמַר "אֶסְפָה לִּי שִׁבְעִים אִישׁ מִזִּקְנֵי יִשְׂרָאֵל" — "And furthermore, **I will bring about from them**[30] ***seventy*** **elders,"** as **it is written:** *HASHEM said to Moses,* ***"Gather to Me seventy men from the elders of Israel"*** (*Numbers* 11:16). וּמַעֲמִיד אֲנִי מֵהֶן מֹשֶׁה, שֶׁהוּא הוֹגֶה בַּתּוֹרָה בְּשִׁבְעִים לָשׁוֹן — **"And,** furthermore, **I will bring about from them Moses, who will teach the Torah in** all **seventy languages,"** שֶׁנֶּאֱמַר "הוֹאִיל מֹשֶׁה בֵּאֵר וְגוֹ׳" — **as it is written:** ***Moses began explaining, etc.*** *[this Torah]* (*Deuteronomy* 1:5).[31] בִּזְכוּת מִי, בִּזְכוּת הַמִּילָה, שֶׁנֶּאֱמַר "סוֹד ה׳ לִירֵאָיו" — And all this was **in the merit of what? In the merit of circumcision, as it is written:** ***The secret*** [סוֹד] ***of HASHEM is to those who fear Him*** *and to make His covenant known to them.*[32]

Another approach to relate the cited verse from *Psalms* to Abraham's circumcision:[33]

אָמַר לוֹ הַקָּדוֹשׁ בָּרוּךְ הוּא לְאַבְרָהָם דַּיּוֹ לְעֶבֶד שֶׁיְּהֵא כְּרַבּוֹ — **The Holy One, blessed is He, said to [Abraham], "It is sufficient for the servant to be like his Master!"**[34]

NOTES

19. According to its plain meaning, the word זְכָרָנוּ means *who has remembered us*. Here, the Midrash is associating it with זִכָּרוֹן, meaning *mention* (see *Matnos Kehunah, Maharzu*).

20. The cited verse speaks of God's blessing the entirety of *the House of Israel*, who, collectively, have great merits. That verse cannot be used as proof that God blesses each individual Jew in this manner (*Eitz Yosef*). [The Torah (*Exodus* 12:37, *Numbers* 11:21) gives the number of Israelite men who left Egypt and received the Torah at Mount Sinai as 600,000, and that number is often used in reference to the whole of the Jewish people.]

21. Elucidation is based on *Maharzu,* who explains that God's informing Abraham of the impending destruction of Sodom could have appeared immediately after the verse relating God's decision to do so. The praises of Abraham that the Torah inserts between these two verses are seen by the Midrash as irrelevant to the narrative.

22. *Mizrachi* to verse.

23. The Midrash thus explains our verse, locating a source for the concept that God blesses even individual Jews whom He *mentions*.

[In truth, it is impossible to extrapolate that God blesses any Jew He mentions from the fact that He blessed Abraham after mentioning him, for the righteous Abraham had tremendous merits (compare note 18 above). The Midrash makes this declaration based on the verse's use of the seemingly repetitive term, הָיוֹ יִהְיֶה, which is seen as an indication that the verse's lesson holds true with respect to Abraham as well as each one of his children (*Eitz Yosef*, citing *Nezer HaKodesh*).]

24. *Eitz Yosef.*

25. Since this verse refers to Abraham's circumcision as a *covenant*, the Midrash infers that the verse from *Psalms*, which, also speaks of a *covenant*, also regards that commandment. When that verse mentions *those who fear [God]*, it describes Abraham, about whom God said, *Now I know that you* (Abraham) *are a God-fearing man* (below, 22:12), as well as his descendants, who emulated him. Thus, the *secret* that God gave *to those who fear Him* refers to the covenant of circumcision that He gave to Abraham and his progeny (*Eitz Yosef*, citing *Yefeh To'ar*; see *Maharzu*).

26. The previous explanation did not justify the verse's choosing to refer to circumcision as a *secret*, as opposed to identifying it by name; the Midrash will therefore offer a second approach which will (*Eitz Yosef*, citing *Yefeh To'ar*).

27. Above, the Midrash explained the cited verse from *Psalms* to refer to *circumcision* as a *secret* given to Abraham; here, the Midrash interprets the term *secret* [סוֹד] as a description of the *reward* that God gave Abraham for his circumcision (*Maharzu*).

28. As the verse gives no indication what it is that God gave Abraham seventy *of*, the Midrash will interpret the verse to refer to *all* of the gifts Abraham received in a quantity of *seventy* (*Eitz Yosef*, citing *Yefeh To'ar*).

29. [The significance of the fact that Abraham's family numbered seventy people at that point in history is discussed in *Yefeh To'ar* and *Maharzu*.]

30. I.e., from those seventy descendants (see *Aggadas Bereishis* §16).

31. The Midrash accords with *Rashi* (compare *Sotah* 32a; *Seder Olam* Ch. 11) to the cited verse from *Deuteronomy*, who states that Moses *explained* the entire Torah in all of the seventy languages of mankind. This interpretation is substantiated by the word בֵּאֵר, *explaining*, which implies that this lesson would suffice to give anyone an understanding of the Torah, regardless of the language he spoke (*Eitz Yosef;* see *Maharzu*).

32. According to the Midrash, this verse is to be understood as follows: *Things that number* סוֹד (70) *are granted to those who fear God, in the merit of* [their adherence to] *His covenant* [of circumcision] (*Eitz Yosef*).

33. See *Yefeh To'ar* cited in note 25.

34. Several commentators point out that this enigmatic line is part of

אָמַר רַבִּי שְׁמוּאֵל בַּר נַחְמָן: דמָצִינוּ שֶׁהַקָּדוֹשׁ בָּרוּךְ הוּא מַזְכִּיר שְׁמָן שֶׁל יִשְׂרָאֵל וּמְבָרְכָן שֶׁנֶּאֱמַר (תהלים קטו, יב) "ה' זְכָרָנוּ יְבָרֵךְ". רַבִּי הוּנָא בְּשֵׁם רַבִּי אַחָא אָמַר: אֵין לִי אֶלָּא שִׁשִּׁים רִבּוֹא, מִנַּיִן שֶׁכָּל אֶחָד וְאֶחָד מִיִּשְׂרָאֵל השֶׁהַקָּדוֹשׁ בָּרוּךְ הוּא מַזְכִּיר שְׁמוֹ וּמְבָרְכוֹ שֶׁנֶּאֱמַר "וַה' אָמָר הַמְכַסֶּה אֲנִי מֵאַבְרָהָם אֲשֶׁר אֲנִי עוֹשֶׂה וְאַבְרָהָם הָיוֹ יִהְיֶה לְגוֹי גָּדוֹל וְעָצוּם". לֹא הָיָה צָרִיךְ קְרָא לְמֵימַר אֶלָּא "וַיֹּאמֶר ה' זַעֲקַת סְדוֹם וַעֲמוֹרָה כִּי רָבָּה", אֶלָּא אָמַר הַקָּדוֹשׁ בָּרוּךְ הוּא: הִזְכַּרְתִּי אֶת הַצַּדִּיק וְאֵינִי מְבָרְכוֹ, "וְאַבְרָהָם הָיוֹ יִהְיֶה לְגוֹי גָּדוֹל":

ב כְּתִיב (תהלים כה, יד) "סוֹד ה' לִירֵאָיו וּבְרִיתוֹ לְהוֹדִיעָם", וְאֵיזֶהוּ "סוֹד ה'", זוֹ מִילָה שֶׁלֹּא גִּלָּה אוֹתָהּ מֵאָדָם וְעַד עֶשְׂרִים דּוֹר עַד שֶׁעָמַד אַבְרָהָם וּנְתָנָהּ לוֹ שֶׁנֶּאֱמַר (בראשית יז, ב) "וְאֶתְּנָה בְרִיתִי בֵּינִי וּבֵינֶךָ". אָמַר לוֹ הַקָּדוֹשׁ בָּרוּךְ הוּא: אִם תָּמוֹל, תִּטּוֹל סוֹד ה'. מַה סוֹד ה', ס', שִׁשִּׁים, ו', שִׁשָּׁה, ד', אַרְבָּעָה, הֲרֵי שִׁבְעִים. שִׁבְעִים אֲנִי מַעֲמִיד מִמְּךָ בִּזְכוּת הַמִּילָה שֶׁנֶּאֱמַר (דברים י, כב) "בְּשִׁבְעִים נֶפֶשׁ יָרְדוּ אֲבוֹתֶיךָ וְגוֹ'", וּמַעֲמִיד אֲנִי מֵהֶן שִׁבְעִים זְקֵנִים שֶׁנֶּאֱמַר (במדבר יא, טז) "אֶסְפָה לִי שִׁבְעִים אִישׁ מִזִּקְנֵי יִשְׂרָאֵל", וּמַעֲמִיד אֲנִי מֵהֶן מֹשֶׁה שֶׁהוּא הוֹגֶה בַּתּוֹרָה בְּשִׁבְעִים לָשׁוֹן, שֶׁנֶּאֱמַר (דברים א, ה) "הוֹאִיל מֹשֶׁה בֵּאֵר וְגוֹ'", בִּזְכוּת מִי, בִּזְכוּת הַמִּילָה שֶׁנֶּאֱמַר "סוֹד ה' לִירֵאָיו". אָמַר לוֹ הַקָּדוֹשׁ בָּרוּךְ הוּא לְאַבְרָהָם: ידַּיּוֹ לְעֶבֶד שֶׁיְּהֵא כְּרַבּוֹ.

עץ יוסף

אלא ששים רבוא. כדכתיב את בית ישראל. ואיכא למימר שאני רבים דנפיש זכותייהו: **ואברהם היה יהיה.** ואע"ג דאיכא למימר שאני אברהם דנפיש זכותיה מ"מ מדכתיב כפל היו יהיה בא לרבות גם בניו להתברך כיוצא בו בזכירתם אפילו יחידים (נזה"ק): **(ב) איזהו סוד.** פי' איזו סוד ה' הנזכר כאן שכל המצות ג"כ נקראו סוד שלא נגלו עד משה. ומשני דסוד זה אינו רק סוד כ' דורות שהוא סוד המילה שניתן לאברהם אבינו. וכדמסיים ובריתו להודיעם והיינו ברית מילת אברהם וכדכתיב ואתנה בריתי ביני וביניך ויראיו זה אברהם דכתיב ביה כי ירא אלהים אתה. ואומר יראיו בל"ר עליו ועל זרעו הדומים לו (יפ"ת): **אם תמול תטול סוד ה'.** מדקרי ליה סוד ע"כ לרמוז ג"כ שהזוכה לה יזכה לחשבון סוד וכיון דסתמא קאמר דרש כל מלין דמספר שבעים (יפ"ת): **הואיל משה באר.** וכדפרש"י בחומש בע' לשון פירשה להם. ופי' כן משום דבאר משמעו ביאור שלם. ואם אינו בכל לשון עדיין יצטרך ביאור לבעלי אותו הלשון: **בזכות מילה.** וה"פ סוד ה' דהיינו הנך מילי שחשבונם סוד הוא ליראי ה' בזכות בריתו להודיעם: **דיו לעבד שיהא בסוד רבו.** כ"ה ג' המת"כ וגירסתנו שיהא כרבו כי שם שדי רמז במהול. כי טרס ימול

פירוש מהרז"ו

שם מה עשה אליהו זכור לטוב נדמה לחרבונה ואמר לו אדוני המלך גם הנה העץ דאמר ר' פנחס וכו' כנ"ל. ואין הכוונה שצריך לברך את חרבונה כמו ברוך מרדכי היפך ארור המן. דא"כ היל"ל ברוך חרבונה אלא הכוונה על שנדמה אליהו ז"ל בדמות חרבונה ואליהו נקרא בכל מקום זכור לטוב וכשמזכיר את חרבונה צריך להזכירו בשם זכור לטוב לרמז שמו של אליהו עליו על שנדמה בשעה זו בצורתו. וכדומה לזה לעיל פר' ל"ג בסימן ג' ע"ש: **זכרנו יברך.** כשמזכיר אותנו יברכנו: **אשר אני עושה.** היינו עונש סדום על רעתם והיה צריך לומר מיד זעקת סדום וכו': **(ב) כתיב סוד ה'.** ד"א המכסה אני מאברהם. עי' אגדת בראשית פרק ט"ז תנחומא בריש לך לך. ועיין לעיל פר' מ"ו סי' ב' ומש"ש וש"נ: **איזה סוד ה'.** עיקר הראיה מס"ד ובריתו להודיעם. אלא שבא ליתן טעם למה נקרא המילה סוד ה' על שלא גלה עד ך' דור: **עד שעמד אברהם.** וז"ל אגדת בראשית שם עד שעמד אברהם ונתנה לו. שנאמר סוד ה' ליראיו זה אברהם שנאמר בו כי ירא אלהים אתה. וכאן הוכיח שמדבר באברהם ממ"ש ובריתו להודיעם כמ"ש ואתנה בריתי ביני וביך: **אם תמול תטול סוד.** פירוש אחר הוא שסוד אינו המילה אלא שכר המילה שמ"ש ובריתו להודיעם הוא המילה שעל כך תיטול סוד ה' שבעים נפש. וענין השבעים נפש שאז נפלו בגורלו של הקב"ה. ועל זה נאמר יצב גבולות למספר בני ישראל. וכמ"ש בהדיא בפר"א פ' כ"ד וז"ל ומכין שהפיל גורלות ביניהם. שנא' בהנחל וגו'. בהפרידו בני אדם יצב וגו' למספר בני ישראל. כי חלק ה' עמו יעקב חבל נחלתו עכ"ל. וזה דווקא על ידי הברית שאז יזכה לזה. וכן ע' זקנים שהם סנהדרין שיהיה בכל דור שהם כנגד ע' נפש וע' לשונות הנ"ל: **הואיל משה באר.** משמע שבא לבאר שכל באי עולם ידעו אותה והיינו בכל לשון שבעולם. וכמ"ש בספרי ריש דברים. וכמ"ש אלא אבנים של הר עיבל וכתבת על האבנים וגו' באר היטב. ודרשו. בשבעים לשון. ובאגדת בראשית פ' ט"ז הנ"ל איתא ז"ל. ומעמיד אני מבניך את משה שהוא הוגה בשבעים לשון שנאמר וגו' הואיל משה באר וכו' בזכות מה בזכות הברית שנא' ה' אלהינו כרת עמנו ברית בחורב וכו' שמ"ש בריש דברים הואיל משה באר וגו' בחורב וגו' ומ"ש בדברים ה' כרת עמנו ברית בחורב דבר אחד הוא: **דיו לעבד שיהיה כרבו.** אין למאמר זה שום ביאור ושייכות כאן. אך הוא לקוח מאגדת בראשית וכאן לא כתב אלא ריש מילין. וז"ל האג"ב אחר מאמר הנ"ל. א"ל הקב"ה לאברהם דיו לעבד שיהיה לו קונו ובריתו להודיעם. משל לשר שהיה לו אוהב והיה עשיר יותר מדאי אמר כו' ומה אתן לו זהב וכסף יש לו עבדים ושפחות יש לו אלא הריני חוגרו זונין שלי. כך אמר הקב"ה לאברהם מה אתן לך ואתנה בריתי ביני וביך וגו' ויפול אברהם על פניו וגו' הנה בריתי אתך סוד ה' ליראיו. הרי מבואר הכוונה שבמשל שבזה שחגרו זונין שלו נתן לו מתנה גדולה שידומה לו.

חידושי הרד"ל

(ב) [ב] **סוד ה' ליראיו כו' עד שעמד אברהם כו'.** שנקרא ירא כד"א כי ירא אלהים אתה כדלקמן וכ"ה בתנחומא ס"פ לך לך ובאג"ב פט"ז: (ג) **ביני וביניך.** כדבר סוד שאין ידוע כ"א בין איש לרעהו: (ד) **דיו לעבד שיהא כרבו.** באג"ב שם משל למלך שהיה לו אוהב עשיר א"ל מה אתן לך כסף וזהב יש לך אלא הריני חוגרך אזין שלי ואתנה בריתי ביני וביניך. ע"כ. ופי' אזין חגורה שחוגרין בה המלכים. והוא משל למילה שכתוב בה חגור חרבך על ירך גבור וגו' ורכב. שהיא כחרב על ירך לאות מפחד של יצה"ר דג"ע. והוא כענין אזון של מלכות שחוגרים לסימן ממשלה וגבורה ועיין בילקוט בשם אבכיר:

מסורת המדרש

ד ילקוט תהלים רמז תתע"ג: ה פסיקתא רבתי פ' י"ב: ו ילקוט תהלים רמז תש"ב: ז ברכות דף כ"ח:

אם למקרא

ה' זְכָרָנוּ יְבָרֵךְ יְבָרֵךְ אֶת־בֵּית יִשְׂרָאֵל יְבָרֵךְ אֶת־בֵּית אַהֲרֹן: (תהלים קטו:יב)

סוֹד ה' לִירֵאָיו וּבְרִיתוֹ לְהוֹדִיעָם: (תהלים כה:יד)

וְאֶתְּנָה בְרִיתִי בֵּינִי וּבֵינֶךָ וְאַרְבֶּה אוֹתְךָ בִּמְאֹד מְאֹד: (בראשית יז:ב)

בְּשִׁבְעִים נֶפֶשׁ יָרְדוּ אֲבֹתֶיךָ מִצְרָיְמָה וְעַתָּה שָׂמְךָ ה' אֱלֹהֶיךָ כְּכוֹכְבֵי הַשָּׁמַיִם לָרֹב: (דברים י:כב)

וַיֹּאמֶר ה' אֶל־מֹשֶׁה אֶסְפָה־לִּי שִׁבְעִים אִישׁ מִזִּקְנֵי יִשְׂרָאֵל אֲשֶׁר יָדַעְתָּ כִּי־הֵם זִקְנֵי הָעָם וְשֹׁטְרָיו וְלָקַחְתָּ אֹתָם אֶל־אֹהֶל מוֹעֵד וְהִתְיַצְּבוּ שָׁם עִמָּךְ: (במדבר יא:טז)

בְּעֵבֶר הַיַּרְדֵּן בְּאֶרֶץ מוֹאָב הוֹאִיל מֹשֶׁה בֵּאֵר אֶת־הַתּוֹרָה הַזֹּאת לֵאמֹר (דברים א:ה)

מתנות כהונה

זכרנו. דרש לשון זכרון: [ב]**הואיל משה באר וכו'.** ודרשו חז"ל בע' לשון פירש להם: ה"ג **ליראיו וכו'.** סיפיה דקרא ובריתו להודיעם: **דיו לעבד שיהיה בסוד רבו.** כדכתיב סוד ה' וגו' וזה ובריתו להודיעם או ר"ל כדאיתא לעיל פרשה מ"ו שאמר לו

נחמד למראה

(ב) **בזכות מי בזכות המילה שנאמר סוד ה' ליראיו אמר לו הקב"ה דיו לעבד להיות כרבו.** המדרש הזה קשה להולמו והמפרשים נדחקו מאד בפירוש דיו לעבד להיות כרבו הלא בספרתם. ול"נ שכשהקדוש ב"ה אמר לאברהם ימול יטול שכר הרבה כמנין סוד וגו' אז לא מצינו שאברהם השיב להקב"ה על זה ונראה שחשב בלבו שאם ימול יתחדוהו העולם שעשה זה כדי לקבל פרס ובוחן לבות ידע מחשבתו ואמר לו דיו לעבד להיות כרבו דאיתא בפ"ק דקדושין על פסוק יודוך ה' כל מלכי ארץ וגו' בשעה שאמר הקב"ה אנכי ולא יהיה לך אמרו אומות העולם לכבוד עצמו הוא דורש כיון שאמר כבד את אביך וגו' חזרו והודו למאמרות הראשונות וכו' ע"כ. נמצא שהעולם חשדו שלכבוד עצמו הוא דורש חלילה ואח"כ חזרו והודו שטעו בזה. כן יארע באברהם

אשד הנחלים

זכרנו יברך. בעת שמזכיר אותנו הוא יברך אותנו ואף כל איש פרטי כן כמו אברהם שאחר שהזכירו ברכו: [ב] **דיו לעבד כרבו.** פירש המ"כ שיהי' בסוד רבו וא"כ לפי דבריו הוא בלשון שבח אך לפי הלשון בכל מקום מורה להיפך שאם יבקש דבר יותר גדול הוא אומר דיו לעבד שיהי' כרבו ואל יבקש גדולות אך דע שהדבר הזה א"א לצייר אם לא ע"פ חכמי אמת בסוד תמונת האדם והדבר ידוע רק ליודעים אמיתים:

אָמַר לְפָנָיו וּמִי יָמוּל אוֹתִי — [Abraham] said before Him, "But who will circumcise me?" אָמַר אַתָּה בְּעַצְמְךָ — [God] said, "You will circumcise **yourself!**"[35] מִיָּד נָטַל אַבְרָהָם סַכִּין וְהָיָה אוֹחֵז בְּעָרְלָתוֹ וּבָא לַחְתּוֹךְ — **Abraham immediately took a knife, and was holding his foreskin and preparing to cut** it, וְהָיָה מִתְיָרֵא שֶׁהָיָה זָקֵן — **but he was afraid** to proceed, **because he was an old man.**[36] מֶה עָשָׂה הַקָּדוֹשׁ בָּרוּךְ הוּא — **What did the Holy One, blessed is He, do?** שָׁלַח יָדוֹ וְאָחַז עִמּוֹ וְהָיָה אַבְרָהָם חוֹתֵךְ — **He sent forth His hand,** as it were, **and held** the knife **with [Abraham], and Abraham cut,** שֶׁנֶּאֱמַר "אַתָּה הוּא ה' הָאֱלֹהִים אֲשֶׁר בָּחַרְתָּ בְּאַבְרָם וְגוֹ'" — **as it is written:** ***You are HASHEM, the God, You selected Abram, etc.,*** *and You forged* [וְכָרוֹת, lit., *you cut*] *the covenant with him* (*Nehemiah* 9:7-8). "וְכָרוֹת לוֹ הַבְּרִית" אֵין כְּתִיב כָּאן אֶלָּא "וְכָרוֹת עִמּוֹ" — **"And You forged the covenant** ***for*** **him," is not written here, but** ***and You forged*** (or *cut*) *the covenant* ***"with" him.*** מְלַמֵּד שֶׁהָיָה הַקָּדוֹשׁ בָּרוּךְ הוּא אוֹחֵז בּוֹ — **[This] teaches** us **that the Holy One, blessed is He, was holding onto him** as he cut.

The Midrash will make a final comment regarding the cited verse from *Psalms* and then return to explain our verse:

דָּבָר אַחֵר "סוֹד ה' לִירֵאָיו" — **Another insight** into the verse — ***The secret of HASHEM is to those who fear Him:*** בִּתְחִלָּה הָיָה "סוֹד ה' לִירֵאָיו" — **At first,** ***the secret of HASHEM***[37] **was shared** ***with those who fear Him;*** וְאַחַר כָּךְ לַיְשָׁרִים, "וְאֶת יְשָׁרִים[38] סוֹדוֹ" — **subsequently,** it was shared only **with the upright,**[39] as it is written, ***and His secret is with the upright*** (*Proverbs* 3:32); וְאַחַר כָּךְ לַנְּבִיאִים, "כִּי לֹא יַעֲשֶׂה ה' אֱלֹהִים דָּבָר כִּי אִם גָּלָה סוֹדוֹ אֶל עֲבָדָיו הַנְּבִיאִים" — **and later** still, it was shared only **with the prophets,** as it is written: ***For the Lord HASHEM/ELOHIM will not do anything unless He has revealed His secret to His servants the prophets*** (*Amos* 3:7).[40] אָמַר הַקָּדוֹשׁ בָּרוּךְ הוּא: אַבְרָהָם זֶה יְרֵא אֱלֹהִים — **The Holy One, blessed is He, said, "This Abraham is one who fears God,** שֶׁנֶּאֱמַר "עַתָּה יָדַעְתִּי כִּי יְרֵא אֱלֹהִים אַתָּה" — **as it is written:** ***Now I know that you are a God-fearing man*** (below, 22:12). אַבְרָהָם זֶה יָשָׁר מִן הַיְשָׁרִים שֶׁנֶּאֱמַר "מֵישָׁרִים אֲהֵבוּךָ" — Additionally, **this Abraham is the most upright of the upright,**[41] **as it is written:** ***the upright ones love You*** (*Song of Songs* 1:4).[42] אַבְרָהָם זֶה נָבִיא, שֶׁנֶּאֱמַר "וְעַתָּה הָשֵׁב אֵשֶׁת הָאִישׁ כִּי נָבִיא הוּא" — And finally, **this Abraham is** also **a prophet, as it is written:** ***But now, return the man's wife for he is a prophet*** (below, 20:7). וְאֵינִי מְגַלֶּה לוֹ — **And** since he has *all* of these qualities, **will I not,** then, **reveal to him** what I am planning to do with regard to Sodom?!"[43]

Another approach to our verses:

אָמַר רַבִּי יְהוֹשֻׁעַ בֶּן לֵוִי — **R' Yehoshua ben Levi said:** מָשָׁל לְמֶלֶךְ שֶׁנָּתַן אוּסְיָא לְאוֹהֲבוֹ — **A parable** may be drawn **to a king who gave land**[44] **to his friend.** לְאַחַר זְמַן בִּקֵּשׁ הַמֶּלֶךְ לָקוֹץ מִתּוֹכָהּ חֲמִשָּׁה אִילָנֵי סְרָק — **Some time later, the king desired to chop down five barren trees from [that land].** אָמַר הַמֶּלֶךְ אִילוּ מִן פַּטְרִיקוֹן שֶׁלּוֹ הָיִיתִי מְבַקֵּשׁ לֹא הָיָה מְעַכֵּב וּמַה בְּכָךְ, וְנִמְלַךְ בּוֹ — **The king said** to himself, "Even **if I would desire** trees **from [my friend's] ancestral heritage**[45] **he would not refuse** me. Certainly, then, he would allow me to take five barren trees from the land that I myself gave him, and I have no need to request them.[46] **But what of it."**[47] **And He conferred with him.**

NOTES

a longer Midrashic exposition that appears in *Aggadas Bereishis* §16. There the Midrash gives the parable of a king who wished to give a gift to a wealthy friend who lacked nothing. The king decided to make a gift of his very own belt. The Midrash continues that in this manner did God give Abraham the covenant of circumcision. The commentators explain that the significance of this gift is that one who is circumcised bears a similarity to God Himself. *Maharzu* states that while this is certainly a matter of Kabbalistic depth, in its plain meaning it means that man perfects his body through circumcision and thereby emulates his Creator, Who is perfect.

Yefeh To'ar suggests that this exposition provides another approach to the verse's reference to circumcision as a *secret*. He explains (in his first of two approaches) that since circumcision causes a man to bear a similarity to God, it is like a secret that connects those who share it. *Yefeh To'ar* further proposes that God's telling Abraham, *"It is sufficient for the servant to be like his Master!"* was intended to placate Abraham who feared either an adverse reaction of the non-Jews or pain that the circumcision could bring. God told him that he was fortunate to have an opportunity to become like his Master (see above, 46 §3).

35. Upon hearing that his circumcision would cause him to be similar to God, Abraham wondered who was capable of executing something so exalted. God responded that Abraham himself was the only person adequate to the task (*Eitz Yosef*, citing *Alshich* [to *Genesis* 17:1, at the end]).

Alternatively, as halachah requires that one who performs a circumcision must himself be circumcised (see *Shulchan Aruch, Yoreh Deah* 264:1), Abraham wondered how he could fulfill the world's first circumcision (*Ohr HaSeichel*, cited by *Yedei Moshe* and *Eitz Yosef*, Vagshal ed.). God answered that since the circumcision itself would bring about Abraham's eligibility to circumcise, for its purposes he could be treated as one who is already circumcised (*Eitz Yosef*, citing *Yitav Lev,* who compares *Tosafos* to *Kesubos* 11a s.v. גר קטן).

[The reason for the above law is that the sanctity that circumcision brings upon a person cannot be channeled by one who is himself lacking that sanctity (*Eitz Yosef*, Vagshal ed., citing *Ohr HaSeichel*).]

36. Abraham feared that he would injure himself due to the quivering of his aged hands (*Eitz Yosef*).

37. [Earlier, the Midrash interpreted this *secret* to be suggestive of either circumcision or its reward.] According to this exposition, the *secret of HASHEM* refers to knowledge of future events [such as the destruction of Sodom in our verse] which He would periodically share with those He held dear (*Yefeh To'ar*).

38. [Many editions read וְלַיְשָׁרִים.]

39. While one *who fears God* acts properly and fears sin, the term *upright* describes one who has attained the more lofty level of serving God in love (*Yefeh To'ar*, second approach; *Imrei Yosher*).

40. These changes reflected the spiritual levels of the generations. Although in the earlier, more elevated generations [beginning after the giving of the Torah (*Yefeh To'ar*)], God's *secret* was revealed to all who feared Him, the decline of subsequent generations caused Him to limit His revelation first to *the upright* and then further, to *the prophets*. Additional descent eventually led to the discontinuation of all prophecy (*Eitz Yosef*, citing *Yefeh To'ar*; cf. *Maharzu*).

41. I.e., the most *upright* of the three Patriarchs, all of whom are described [in the verse which will now be cited] with that term (*Eitz Yosef*, citing *Yefeh To'ar*).

42. [As we have seen above, 48 §6, cited by *Maharzu* here] this verse describes the Patriarchs (*Eitz Yosef*, citing *Yefeh To'ar*).

[In fact, it is due to its chronicling of the Patriarchs' upstanding behavior, that the Book of *Genesis* has been called *Sefer HaYashar*, *the Book of the Upright* (*Haamek Davar*, Introduction to *Genesis*).]

43. According to the Midrash here, v. 19 need not be explained as an unrelated praise of Abraham (as it was explained earlier). Rather, it gives God's reason for His decision to inform Abraham of the impending destruction of Sodom. For that verse contains allusions to each of the three qualities possessed by Abraham that influenced that decision: *For I have loved* [יְדַעְתִּיו, lit., *known*] *him* (prophecy), *because he commands his children and his household after him that they keep the way of HASHEM* (fear of God), *doing charity and justice* (uprightness).

44. The term אוּסְיָא connotes *fields* or *orchards* (*Rashi* et al.).

45. *Maharzu*; *Eitz Yosef*, citing *HaMaarich*. Alternatively, the term פַּטְרִיקוֹן describes objects of extreme value (*Matnos Kehunah*; *Eitz Yosef*, first approach).

46. *Matnos Kehunah*.

47. I.e., although I am certain that my dear friend will permit me to take the trees, I will nonetheless request them of him, in order to show him honor (*Eitz Yosef*, citing *Nezer HaKodesh*).

חידושי הרד"ל

(ה) ואחר כך וכו'. בתנחומא גרס קרא בסוד ישרים ועדה:

חידושי הרש"ש

[ב] ואחר כך לישרים ואת ישרים סודו. כצ"ל:

באור מהרי"פ

פטריקון. פי' רב"מ בל"י ירושה ונחלת אבות ע"כ. וז"ל המעריך פירש הערוך פטרון ולא נהיר אלא פי' מנחלת אבותיו וכן מוכח בב"ר פ' ל"ח עכ"ל:

עץ יוסף

יש לו ש"ן ולכ"ת ובהמולו מגלה היו"ד ונשלם השם הקדוש כדאי' בתנחומא סדר שמיני: **ומי ימול אותי**. ר"ל שתאמר לפניו א"כ שע"י כן אדמה לך מי ימול אותי שאהיה ראוי לכך. ע"כ אמר לו אתה בעצמך כי אין בדורך ראוי לכך זולתך (אלשי"ך): **שהיה זקן**. וידיו רותתות ופחד פן יחבל בגופו. והיה נס אלהי שעזרו ה': [ג] **בתחילה היה כו'**. בתחלה היה נגלה אפי' ליראים. ושוב נעלם ולא נגלה רק לישרים דעדיפי מיראים. ונגלה להם ברוה"ק. ושוב נעלם מהם ולא נגלה רק לנביאים גמורים שגורה עליהם נבואה מפורשת. וסבת ההשתנות בבחינות הדורות שהיו מתמעטים והולכים. ובתחלה למעלת הדור היה הסוד נגלה אפי' ליראים ושוב הספיק הגלותה בישרים. ושוב בנביאים לבדם כי דבר ה' היה יקר דור אחר דור. כמו שאח"כ נסתם כל חזון (יפ"ת): **ישר מן הישרים**. פי' מן הישרים שעליהם נא' מישרים אהבוך והם האבות כדאי' בחזית (יפ"ת): [ד] **אוסיא**. פי' שדות וכרמים: **פטריקון שלו**. פי' מן החשובים שלו. והמעריך פי' מנחלת אבותיו: **לא היה מעכב**. בידי כ"ש באלו אילני סרק. ואין צריך לאמלוכי ביה. ומ"מ ומה בכך ונמלך בו כדי לחלוק לו כבוד בהיותו אוהבי וידידי:

מדרש

[ח]אָמַר לְפָנָיו: וּמִי יָמוּל אוֹתִי, אָמַר: אַתָּה בְּעַצְמְךָ. מִיָּד נָטַל אַבְרָהָם סַכִּין וְהָיָה אוֹחֵז בְּעָרְלָתוֹ וּבָא לַחְתּוֹךְ וְהָיָה מִתְיָרֵא שֶׁהָיָה זָקֵן. מֶה עָשָׂה הַקָּדוֹשׁ בָּרוּךְ הוּא שָׁלַח יָדוֹ וְאָחַז עִמּוֹ וְהָיָה אַבְרָהָם חוֹתֵךְ שֶׁנֶּאֱמַר (נחמיה ט, ז-ח) "אַתָּה הוּא ה' הָאֱלֹהִים אֲשֶׁר בָּחַרְתָּ בְּאַבְרָם וְגוֹ' ", "וְכָרוֹת לוֹ הַבְּרִית" אֵין כְּתִיב כָּאן אֶלָּא "וְכָרוֹת עִמּוֹ", מְלַמֵּד שֶׁהָיָה הַקָּדוֹשׁ בָּרוּךְ הוּא אוֹחֵז בּוֹ. [ט] דָּבָר אַחֵר, "סוֹד ה' לִירֵאָיו", בַּתְּחִלָּה הָיָה "סוֹד ה' לִירֵאָיו", וְאַחַר כָּךְ לַיְשָׁרִים, (משלי ג, לב) "וְאֶת יְשָׁרִים סוֹדוֹ", וְאַחַר כָּךְ לַנְּבִיאִים, (עמוס ג, ז) "כִּי לֹא יַעֲשֶׂה ה' אֱלֹהִים דָּבָר כִּי אִם גָּלָה סוֹדוֹ אֶל עֲבָדָיו הַנְּבִיאִים". אָמַר הַקָּדוֹשׁ בָּרוּךְ הוּא: אַבְרָהָם זֶה יְרֵא אֱלֹהִים שֶׁנֶּאֱמַר (בראשית כב, יב) "עַתָּה יָדַעְתִּי כִּי יְרֵא אֱלֹהִים אַתָּה", אַבְרָהָם זֶה יָשָׁר מִן הַיְשָׁרִים שֶׁנֶּאֱמַר (שיר א, ד) "מֵישָׁרִים אֲהֵבוּךָ", אַבְרָהָם זֶה נָבִיא שֶׁנֶּאֱמַר (בראשית כ, ז) "וְעַתָּה הָשֵׁב אֵשֶׁת הָאִישׁ כִּי נָבִיא הוּא", וְאֵינִי מְגַלֶּה לוֹ. אָמַר רַבִּי יְהוֹשֻׁעַ בֶּן לֵוִי: [י]מָשָׁל לְמֶלֶךְ שֶׁנָּתַן אוּסְיָא לְאוֹהֲבוֹ. לְאַחַר זְמַן בִּקֵּשׁ הַמֶּלֶךְ לָקוֹץ מִתּוֹכָהּ חֲמִשָּׁה אִילָנֵי סְרָק, אָמַר הַמֶּלֶךְ: אִילוּ מִן פַּטְרִיקוֹן שֶׁלּוֹ הָיִיתִי מְבַקֵּשׁ לֹא הָיָה מְעַכֵּב וּמַה בְּכָךְ, וְנִמְלַךְ בּוֹ.

פירוש מהרז"ו

ובנמשל בזה שגלה לו סודו והודיעו בריתו נדמה לו וזהו זוכין שלו. ורומז לדברים העומדים ברומו ש"ע בסודות הזוהר ופשוטו כמו שאני תמים בלא חסרון כן אתה וכן מאמר הסמוך הוא משם. עד אוחז כו': **בתחלה סוד ה' וכו'**. תנחומא וירא סי' ו' מדרש תהלים כ"ה בילקוט: **ולישרים סודו**. אין פסוק כזה בתנ"ך. ובתנחומא שם הגי' בסוד ישרים ועדה תהלים קי"א. ובמדרש תהלים שם ובילקוט שם ובילקוט עמוס ג' מביא פסוק ואת ישרים סודו (ע' מ"כ). ומ"ש בתחלה וכו' ואח"כ הבליע בנעימת לשונו הכרעת הכתובים הנראים סותרים זא"ז. שתחלה כתב בתהלים כך ואח"כ במשלי כך ואח"כ בעמוס כך. והסדר לאו דווקא שלכל ג' אלו ראוי הסוד. ואברהם ראוי לו הסוד מג' טעמים הנ"ל וסימנך נכנס יי"ן יצא סוד שעל ידי יראים ישרים נביאים נגלה הסוד. וכן שמעתי בשם הגאון דווילנא: **מישרים אהבוך**. לעיל פרשה מ"ח בסימן ו' וש"נ ומבואר: **פטריקון שלו**. אלו הייתי מבקש משל ירושתו שהיא חביבה עליו ביותר. וכמ"ש חלילה לי מה' מתתי את נחלת אבותי לך. לא היה משיב דברי ריקם: **מה בכך**. מה אפסיד אם אבקש רשותו. מאחר שהוא אוהבי:

מסורת המדרש

ח ילקוט נחמיה רמז תתל"ף ע"ח:
ט מדרש תהלים מזמור כ"ה. תנחומא ס"ז סי' ו'. וסדר ויחי סימן י"ד. ילקוט כאן רמז פ"ב. ילקוט עמוס רמז תקמ"א. וילקוט תהלים רמז תש"ב:
י תנחומא כאן סימן ה':

אם למקרא

אַתָּה־הוּא ה' הָאֱלֹהִים אֲשֶׁר בָּחַרְתָּ בְּאַבְרָם וְהוֹצֵאתוֹ מֵאוּר כַּשְׂדִּים וְשַׂמְתָּ שְּׁמוֹ אַבְרָהָם: וּמָצָאתָ אֶת־לְבָבוֹ נֶאֱמָן לְפָנֶיךָ וְכָרוֹת עִמּוֹ הַבְּרִית לָתֵת אֶת־אֶרֶץ הַכְּנַעֲנִי הַחִתִּי הָאֱמֹרִי וְהַפְּרִזִּי וְהַיְבוּסִי וְהַגִּרְגָּשִׁי לָתֵת לְזַרְעוֹ וַתָּקֶם אֶת־דְּבָרֶיךָ כִּי צַדִּיק אָתָּה:
(נחמיה ט:ז-ח)

כִּי תוֹעֲבַת ה' נָלוֹז וְאֶת־יְשָׁרִים סוֹדוֹ:
(משלי ג:לב)

כִּי לֹא יַעֲשֶׂה אֲדֹנָי אֱלֹהִים דָּבָר כִּי אִם־גָּלָה סוֹדוֹ אֶל־עֲבָדָיו הַנְּבִיאִים:
(עמוס ג:ז)

וַיֹּאמֶר אַל־תִּשְׁלַח יָדְךָ אֶל־הַנַּעַר וְאַל־תַּעַשׂ לוֹ מְאוּמָה כִּי עַתָּה יָדַעְתִּי כִּי־יְרֵא אֱלֹהִים אַתָּה וְלֹא חָשַׂכְתָּ אֶת־בִּנְךָ אֶת־יְחִידְךָ מִמֶּנִּי:
(בראשית כב:יב)

מָשְׁכֵנִי אַחֲרֶיךָ נָּרוּצָה הֱבִיאַנִי הַמֶּלֶךְ חֲדָרָיו נָגִילָה וְנִשְׂמְחָה בָּךְ נַזְכִּירָה דֹדֶיךָ מִיַּיִן מֵישָׁרִים אֲהֵבוּךָ:
(שיר השירים א:ד)

וְעַתָּה הָשֵׁב אֵשֶׁת־הָאִישׁ כִּי־נָבִיא הוּא וְיִתְפַּלֵּל בַּעַדְךָ וֶחְיֵה וְאִם־אֵינְךָ מֵשִׁיב דַּע כִּי־מוֹת תָּמוּת אַתָּה וְכָל־אֲשֶׁר־לָךְ:
(בראשית כ:ז)

רש"י

(ב) **אוסיא**. נחלות שדות וכרמים: מנחם רגלאה ננס קטן הרגלים: [נראה דקאי על מה שמובא מירושלמי במ"כ בסי' ח']

מתנות כהונה

הקב"ה דייך אני ואתה בעולם והראשון עיקר: [**נטל אברהם סכין** גרסינן]: [ה"ג **אח"כ לישרים** ואת ישרים סודו (משלי ג')]: **ואיני מגלה לו**. בתמיה: **אוסיא**. פירש"י והערוך שדות וכרמים: **פטריקון**. פירש הערוך הפטרון והחשובים שיש לו מנחלת אבותיו:

נחמד למראה

שבתחלה יחשדוהו שנימול על מנת לקבל פרס אלא שאח"כ המה יביטו יראו ממעשיו של אברהם אבינו שהכל עושה לשם שמים ולא ע"מ לקבל פרס. וזהו שאמרו אמר הקב"ה לאברהם דיו לעבד ר"ל די לך שתהיה כמוני שבתחלה יחשדוך ואח"כ יכירו וידעו שלא עשית ע"מ לקבל פרס וזהו שאמר להיות כרבו ודו"ק. כך שמעתי מאחד קדוש מדבר ונכון הוא:

אשד הנחלים

ומי ימול אותי. כי נפל פחד בלבו והקב"ה הי' מחזקו בהתגלות הנבואה ואמר אתה בעצמך תוכל זאת אך עכ"ז ע"פ טבע הי' מתירא רק שהי' זה נס אלקי שעזרו ה' שלא כדרך הטבע. וזהו ביאור הציורי לכל מתבונן: **הקב"ה אוחז בו**. כלומר סייעו שלא כדרך הטבע כי כח נתן בלבו שיהי' יכול על זה: **ליריאיו ואח"כ לישרים**. יש להבין מדוע נשתנה העת גם היתכן שהיראים והישרים יקרים מנביאים במה שאמר ואח"כ לנביאים גם מתי היתה התחלה הלא סוד ה' ליריאיו זהו מאמר דוד ואת ישרים סודו זהו מאמר שלמה בנו אחריו. ומהו ההבדל בין הירא להישר נראה לי בזה כי הכוונה בתחילה סברו כי רק להיריאים סודו. ואח"כ אחזו בדרך אחרת שרק לישרים סודו ואח"כ אחזו בדעת אחרת כי רק לנביאים ולא ליראים או לישרים בלבד והענין הוא ציור רחב ע"פ מאמרם במדרש משלי פרשה א' היכן החכמה מצויה רבי אליעזר אומר בראש ור' יהושע אומר בלב דכתיב נתת שמחה בלבי ואין שמחה אלא חכמה שנאמר חכם בני וגו'. אף דוד התפלל עליו לב טהור ברא לי אלהים כו' כיון שראה שלמה שהחכמה נתונה בלב משם התחיל כו' כל מה שעשה לשבחו של דוד עשה כו' ובארתי שם בספרי זרע אברהם שבזה נחלקו איזה כח יגבר האדם בנפשו אם כח המתפעלי הבא מהלב או השגת השכל הבא מהמוח וע"י איזה כח יתוסף החכמה בלבו וראיית ר' אליעזר הוא מבחינת רוה"ק המופיע על האדם מצאנו תחילת הופעתו על הלב כמ"ש לב טהור כו' שזה ביקש דוד על רוח הקודש שניטל ממנו בסבת חטאו כו' והנה שלמה החכם אף שעיקרו ויסודו הוא בהשגת החכמה עכ"ז ספרו בנה בהתייסדות המדות ע"ד התפעלות הבא מהלב כי נמשך אחר שיטת דוד אביו שהי' נוטה לחסידות יותר ע"ד לא המדרש העיקר כ"א המעשה עכ"ל שם בקצרה. והנה עתה מבוארים הדברים גם פה שזהו ההבדל שבין הירא שעיקרו התפעלות הלב. והישר הוא המתנהג בשכל והשגה רוממה. ובתחילה זהו דעת דוד. שעיקרו היראה הרוממת להלהיב הלב ביראה ועי"ז יתגלה הרוה"ק ויודיעו סודות עצומות. ואח"כ גילה שלמה את דעתו שרק לישרים ההולכים בשכלם ביושר יגלה ואח"כ נתפרסם הדבר כי לא יועיל היראה או שכל הישר כ"א לנביאים שזהו תכונה נברא בכח האדם שיוכל לקבל הנבואה לו יתכן שיתגלה. והדבר ע"פ הציור הוא ענין דק למתבונן. ומסיים אבל אברהם הי' שלם בכולם ביראה ובשכל הישר ותכונת הנבואה היה בטבעו. וע"כ בוודאי לו ראוי לגלות עתידות וזהו המכסה אני מאברהם שזהו א"א אחר שיש בו כל החמודות האלו: **משל למלך**. הסביר בזה פשט הכתוב אחר זה שאמר ואברהם היו יהיה לגוי גדול ועצום וא"כ כל הארץ שלו וא"כ צריך אני למלוך בו כי אף שהמה אילני סרק אנשים פחותים הראוים להאבד עכ"ז אמלך בו:

כָּךְ אָמַר הַקָּדוֹשׁ בָּרוּךְ הוּא, כְּבָר נָתַתִּי אֶת הָאָרֶץ מַתָּנָה לְאַבְרָהָם שֶׁנֶּאֱמַר "לְזַרְעֲךָ נָתַתִּי אֶת הָאָרֶץ" — **So too, the Holy One, blessed is He, said, "I have already given the land** of Canaan **as a gift to Abraham, as it is written:** ***To your descendants have I given this land*** (above, 15:18), **וַחֲמִשָּׁה כְּרַכִּים הַלָּלוּ בְּתוֹךְ שֶׁלּוֹ הֵם** — **and these five cities**[48] **are within his** territory.[49] **וְאִילּוּ מִפַּטְרִיקוֹן שֶׁלּוֹ הָיִיתִי מְבַקֵּשׁ לֹא הָיָה מְעַכֵּב בְּיָדִי וּמָה בְּכָךְ** — **Now,** even **if I would ask him** to give me something **from his ancestral heritage he would not refuse me.**[50] **But what of it."** **וְנִמְלַךְ בּוֹ** — **And He conferred with him.**[51]

Another parable is presented in illustration of our verse: **אָמַר רַבִּי יְהוּדָה בַּר סִימוֹן** — **R' Yehudah bar Simon said:** **לְמֶלֶךְ שֶׁהָיוּ לוֹ שְׁלֹשָׁה אוֹהֲבִים וְלֹא הָיָה עוֹשֶׂה דָּבָר חוּץ מִדַּעְתָּן** — A parable may be drawn **to a king who had three dear friends, and** generally **would not do anything of which they did not approve.**[52] **פַּעַם אַחַת בִּקֵּשׁ הַמֶּלֶךְ לַעֲשׂוֹת דָּבָר חוּץ מִדַּעְתָּן** — **One time the king desired to do something of which they did not approve.** **נָטַל אֶת הָרִאשׁוֹן וּטְרָדוֹ וְהוֹצִיאוֹ חוּץ לַפַּלְטִין** — **He took the first** [friend] **and drove him away and expelled him from the palace.**[53] **שֵׁנִי חֲבָשׁוֹ בְּבֵית הָאֲסוּרִים, וְנָתַן סִפְרָגוֹס שֶׁלּוֹ עָלָיו** — **He incarcerated the second in prison and** then **placed his** royal **seal**[54] **on** [the prison door] so that it could not be opened.[55] **שְׁלִישִׁי שֶׁהָיָה חָבִיב עָלָיו יוֹתֵר מִדַּאי, אָמַר אֵינִי עוֹשֶׂה דָּבָר חוּץ מִדַּעְתּוֹ** — But when it came to **the third one, who was exceedingly beloved to him,** [the king] **said, "I will not do anything of which he does not approve."** **כָּךְ אָדָם הָרִאשׁוֹן, "וַיְגָרֶשׁ אֶת הָאָדָם"** — **Similarly,** regarding **Adam, the first man,** it is written: ***And [God] drove out the man*** [from the Garden of Eden] (above, 3:24);[56] **נֹחַ, "וַיִּסְגֹּר ה' בַּעֲדוֹ"** — regarding **Noah** it is written, ***And HASHEM shut [the ark] on his behalf*** (ibid. 7:16);[57] **אַבְרָהָם שֶׁהָיָה חָבִיב עָלָיו יוֹתֵר מִדַּאי, אָמַר מָה אֲנִי עוֹשֶׂה דָּבָר חוּץ מִדַּעְתּוֹ** — but regarding **Abraham, who was exceedingly beloved to Him, God said, "How can I do anything of which he does not approve?"**[58]

A third parable for the events of our verses: **אָמַר רַבִּי שְׁמוּאֵל בַּר נַחְמָן** — **R' Shmuel bar Nachman said:** **מָשָׁל לְמֶלֶךְ שֶׁהָיָה לוֹ סַנְקָתֶדְרִיס אֶחָד וְלֹא הָיָה עוֹשֶׂה דָּבָר חוּץ מִדַּעְתּוֹ** — **A parable** may be drawn **to a king who had a certain adviser,**[59] **and would** generally **not do anything of which [the adviser] did not approve.** **פַּעַם אַחַת בִּקֵּשׁ הַמֶּלֶךְ לַעֲשׂוֹת דָּבָר חוּץ מִדַּעְתּוֹ** — **One time the king desired to do something of which [his adviser] did not approve.** **אָמַר הַמֶּלֶךְ כְּלוּם עֲשִׂיתִי אוֹתוֹ סַנְקָתֶדְרִיס שֶׁלִּי אֶלָּא שֶׁלֹּא לַעֲשׂוֹת דָּבָר חוּץ מִדַּעְתּוֹ** — But then **the king said** to himself, **"I appointed him my adviser only so that I should not do anything of which he does not approve!"**[60]

Additional approaches to explain our verses: **אָמַר רַבִּי יוּדָן** — **R' Yudan said:** **אָמַר הַקָּדוֹשׁ בָּרוּךְ הוּא הֲרֵי יֵשׁ שָׁם לוֹט בֶּן אָחִיו וְאֵינִי מְגַלֶּה לוֹ** — **The Holy One, blessed is He, said, "Now, Lot, [Abraham's] nephew, is there** (i.e., in Sodom); **will I not reveal** my plans **to [Abraham]?!"**[61] **וְרַבָּנָן אָמְרֵי** — **And the Sages said:** **כְּבָר קְרָאתִי אוֹתוֹ אֲבִיהֶם** — The Holy One, blessed is He, said, **"I have already called [Abraham] 'father' [of these cities' inhabitants],**[62] **שֶׁנֶּאֱמַר "כִּי אַב הֲמוֹן גּוֹיִם נְתַתִּיךָ"** — **as it is written:** ***For I have made you*** (Abraham) ***the father of a multitude of nations*** (above, 17:5).[63] **דָּנִים אֶת הַבֵּן חוּץ מִן הָאָב** — **Does one judge the son** of a dear friend[64] **without the** approval of his **father?!"**[65] **מַתַּן תּוֹרָה גִּלִּיתִי לוֹ, גֵּיהִנֹּם גִּלִּיתִי לוֹ** — The Sages also offered an alternative approach to our verses:[66] The Holy One, blessed is He, said, **"I have revealed to [Abraham] the giving of the Torah,** and **I have revealed to him** the punishments of ***Gehinnom;***[67]

NOTES

48. I.e., Sodom and the four neighboring cities that were eventually destroyed with it.

49. See above, 10:19 (*Maharzu*, citing *Tanchuma*, *Vayeira* §5).

The five cities are likened to the five barren trees of the parable (*Maharzu*) [presumably because they were full of evildoers and thus did not produce anything of substance].

50. [Although at first Abraham debated with God in an attempt to salvage the cities, upon learning that they were empty of righteous people, he, in fact, acquiesced.]

51. R' Yehoshua ben Levi is explaining the connection between verse 17, in which God decides to inform Abraham of His plans for Sodom, and verse 19, in which God declares His love for Abraham. For it was only that love that led God to honor Abraham by conferring with him (*Eitz Yosef*, citing *Nezer HaKodesh*; see further *Yefeh To'ar*).

52. Translation is based on *Maharzu* and *Eitz Yosef*. According to *Yefeh To'ar*, the king would not do anything *without their knowledge*.

53. The king found an excuse to have his friend removed so that he would not interfere with what the king wished to do (*Eitz Yosef*).

54. *Matnos Kehunah*, citing *Aruch*; *Eitz Yosef*.

55. As the king was more fond of the second friend than the first, he did not wish to have him permanently removed from the palace. Instead, the king found grounds to have his friend jailed for the amount of time he would need to carry out his plans undisturbed (*Eitz Yosef*).

56. Adam originally lived in the Garden of Eden, in close proximity, as it were, to God Himself. [Evidence of God sharing information with Adam during that period appears in 24 §2 and 19 §9 above (*Yefeh To'ar*).] After Adam sinned and God wished to punish mankind and the earth, He expelled Adam from Eden so that he not prevent God's punishment through prayer (*Maharzu*).

57. To prevent him from intervening with prayer on behalf of the world, God sealed Noah into the ark for the duration of the flood (*Maharzu*; *Eitz Yosef*, second approach; see there further). [Presumably, this minimized the efficacy of his prayers by keeping him from actually witnessing the destruction.]

58. Although God originally considered, as it were, destroying Sodom without Abraham's knowledge, He dismissed this idea in consideration of the affection that He had for Abraham, which exceeded His love for other righteous people. All of this is suggested by our verses: *And HASHEM said, "Shall I conceal from 'Abraham' what I do, and Abraham is surely to become ... [For I have loved him, etc.]"* (*Eitz Yosef*, citing *Yefeh To'ar* and *Nezer HaKodesh*).

[Regarding the concept that God generally does not do anything *of which his friends do not approve*, *Maharzu*, who references *Psalms* 8:7 and *Ecclesiastes* 12:13, comments that God empowers the greatest person in any given generation with a certain degree of control over events.]

59. Translation follows *Matnos Kehunah*, citing *Aruch*, who adds that this prominent adviser would be seated before the king.

60. This insight follows the pattern set by the previous one, which understands from our verse that God originally wished not to inform Abraham of His decision with regard to Sodom, but relented after considering Abraham's stature (*Yefeh To'ar*, *Eitz Yosef; see Maharzu*).

61. According to R' Yudan, God decided to inform Abraham about His plans for Sodom because those plans would directly affect Abraham's nephew, Lot. And since, as the next verses suggest, God had great affinity for Abraham, He wished to grant Abraham the opportunity to save his nephew through prayer (*Eitz Yosef; see Maharzu*).

62. *Matnos Kehunah*.

63. Abraham was thus the *father* of all mankind, including the people of Sodom.

64. *Eitz Yosef*.

65. According to this interpretation, verse 18 gives the reason for God's decision (of verse 17) as — *Abraham is surely to become a great and mighty nation, and all the nations of the earth shall bless themselves by him*. For it is because the nations would *bless themselves by him* that Abraham was deemed *their father*, and it is therefore to be expected that Abraham [whom God loved, as stated in verse 19] be involved in any decision to punish them (*Eitz Yosef*).

66. *Yefeh To'ar*.

67. See above, 44 §21 (*Matnos Kehunah* et al.).

כָּךְ אָמַר הַקָּדוֹשׁ בָּרוּךְ הוּא: כְּבָר נָתַתִּי אֶת הָאָרֶץ מַתָּנָה לְאַבְרָהָם שֶׁנֶּאֱמַר (בראשית טו, יח) "לְזַרְעֲךָ נָתַתִּי אֶת הָאָרֶץ", וַחֲמִשָּׁה כְּרַכִּים הַלָּלוּ בְּתוֹךְ שֶׁלּוֹ הֵם וְאִילּוּ מִפַּטְרִיקוֹן שֶׁלּוֹ הָיִיתִי מְבַקֵּשׁ לֹא הָיָה מְעַכֵּב בְּיָדִי וּמַה בְּכָךְ, וְנִמְלַךְ בּוֹ. אָמַר רַבִּי יְהוּדָה בַּר סִימוֹן: לְמֶלֶךְ שֶׁהָיוּ לוֹ שְׁלֹשָׁה אוֹהֲבִים וְלֹא הָיָה עוֹשֶׂה דָּבָר חוּץ מִדַּעְתָּן. פַּעַם אַחַת בִּקֵּשׁ הַמֶּלֶךְ לַעֲשׂוֹת דָּבָר חוּץ מִדַּעְתָּן. נָטַל אֶת הָרִאשׁוֹן וּטְרָדוֹ וְהוֹצִיאוֹ חוּץ לַפָּלָטִין. שֵׁנִי חֲבָשׁוֹ בְּבֵית הָאֲסוּרִים, וְנָתַן °סְפָרְגּוּם שֶׁלּוֹ עָלָיו. שְׁלִישִׁי שֶׁהָיָה חָבִיב עָלָיו יוֹתֵר מִדַּאי, אָמַר: אֵינִי עוֹשֶׂה דָּבָר חוּץ מִדַּעְתּוֹ. כָּךְ אָדָם הָרִאשׁוֹן "וַיְגָרֶשׁ אֶת הָאָדָם", נֹחַ "וַיִּסְגֹּר ה' בַּעֲדוֹ", אַבְרָהָם שֶׁהָיָה חָבִיב עָלָיו יוֹתֵר מִדַּאי, אָמַר: מָה אֲנִי עוֹשֶׂה דָּבָר חוּץ מִדַּעְתּוֹ. אָמַר רַבִּי שְׁמוּאֵל בַּר נַחְמָן: מָשָׁל לְמֶלֶךְ שֶׁהָיָה לוֹ סַנְקַתֶּדְרִיס אֶחָד וְלֹא הָיָה עוֹשֶׂה דָּבָר חוּץ מִדַּעְתּוֹ. פַּעַם אַחַת בִּקֵּשׁ הַמֶּלֶךְ לַעֲשׂוֹת דָּבָר חוּץ מִדַּעְתּוֹ, אָמַר הַמֶּלֶךְ: כְּלוּם עָשִׂיתִי אוֹתוֹ סַנְקַתֶּדְרִיס שֶׁלִּי אֶלָּא שֶׁלֹּא לַעֲשׂוֹת דָּבָר חוּץ מִדַּעְתּוֹ. אָמַר רַבִּי יוּדָן: אָמַר הַקָּדוֹשׁ בָּרוּךְ הוּא: הֲרֵי יֵשׁ שָׁם לוֹט בֶּן אָחִיו וְאֵינִי מְגַלֶּה לוֹ, וְרַבָּנָן אָמְרִי: כְּבָר קְרָאתִי אוֹתוֹ אֲבִיהֶם, שֶׁנֶּאֱמַר (בראשית יז, ה) "כִּי אַב הֲמוֹן גּוֹיִם נְתַתִּיךָ", דָּנִים אֶת הַבֵּן חוּץ מִן הָאָב. [יא]מַתַּן תּוֹרָה גִּלִּיתִי לוֹ, גֵּיהִנֹּם גִּלִּיתִי לוֹ,

עץ יוסף

אף כך אמר הקב"ה כו'. אבל מ"מ מה בכך ונמלך בו כדי לחלוק לו כבוד בהיותו אוהבי וידידי. והיינו דכתיב בתריה ואברהם היו יהיה וגו' כי ידעתיו וגו' שלכך בא לספר בה בשבח מעלתו של אברהם כדי לבאר שראוי לחלוק לו כבוד ליטול ממנו רשות (נזה"ק): [ה] **למלך שהיה לו כו'.** מדקאמר המכסה אני מאברהם משמע הא מאחר אכסה. לכן אמר באדם ונח שמתוך חיבתן היו בעלי סודו תמיד. ובשניהם אירע פעם אחד שנעשה הדבר חוץ מדעתן. ובאברהם אע"פ שעלה במחשבה לעשות ג"כ שלא מדעתו אמר שאין ראוי לכסות ממנו שאין חיבתו שוה לאחרים כי היו יהיה וגו' (ועיין ביפ"ת ובנזה"ק באורך): **והוציאו חוץ לפלטין.** לדחותו משררתו באיזה עילה. לבל יהיה לו עוד פ"פ בהנהגת המדינה ויוכל המלך לעשות כחפצו ורצונו: **השני.** שהיה חביב עליו יותר לא רצה להעבירו משררתו לגמרי אלא רק לפי שעה בא עליו באיזה עילה לחובשו בבית האסורים להיות עכ"פ כנדחה משעתו לפי שעה באותו הפרק. באופן שלא יהא נצרך אז להסכמת דעתו ורצונו: **ספרגום.** פי' חותם: **כך אדם הראשון ויגרש את האדם.** שטרם חטאו לא היה דבר שהיה עושה ה' חוץ מדעתו כי היה מדעתו מקיף כל הידיעות מכל ענייני המציאות כי היה מדובק בשכינה. ועתה אחרי החטא נפל ממדרגתו ונעלם ממנו השגתו הגבוה. ובנח שלא היה כדאי לראות במפלתן של רשעים. ועוד כדי שלא יבקש רחמים בראותו זאת לכן סגר בעדו. אבל אברהם אוהבו לו הודיעו תחלה את כל. כי היה ידיעתו מקפת את כל במחזה הנבואה: [ו] **משל למלך כו'.** גם זה על דרך ההיא דלעיל לר"ש בר נחמן משלו לסנקתדרוס שעיקרו לא נעשה אלא לגלות לו הסוד כי הוא יועץ למלך ועל פיו יצא ויבא: **סנקתדרוס.** סיקריטארי' בלע"ז (מעריך): **יש שם לוט.** והיינו דכתיב המכסה אני מאברהם בהיותו שם לוט בן אחיו. ואברהם היו יהיה לגוי גדול וגו' כלו' בהיותו חביב לפני כל כך ראוי להמציא תקנה בזכותו גם ללוט בן אחיו. ולכך ראוי לגלות לו כדי שינצל ע"י תפלת אברהם: **ורבנן אמרי.** דה"ק כבר קראתי אותו אביהם של כל העמים שנא' כי אב המון גוים נתתיך ואין ראוי לדון את הבן חוץ מן האב בהיות האב חביב עלי כל כך. והיינו דכתיב בתריה ואברהם היו יהיה לגוי גדול ועצום ונברכו בו כל גויי הארץ ובאשר כולם נתברכו בו נקרא אב המון גוים לפיכך אינו ראוי לדונם חוץ מדעתו בהיות נקרא אביהם: **מתן תורה גליתי לו כו'.** וכדלעיל פרשה מ"ד וע"ז אמר כי ידעתיו במצות התורה למען אשר יצוה את בניו ואת ביתו אחריו ושמרו דרך ה' הוא דרך

פירוש מהרז"ו

וחמשה כרכים הללו בתוך שלו כמ"ש מפורש בראשית יו"ד י"ט ויהי גבול הכנעני וגו' בואכה סדומה ועמורה וגו' וכן מצאתי בתנחומא כאן. והם דומים לאילני סרק: **כך אדם הראשון.** שהקב"ה קללו עם העולם כולו בלא דעתו ורצונו והיה בג"ע בתוך הפלטין וקרוב לו גרשו ורחקו מג"ע שלא יבקש לעכב. וכן נח רצה הקב"ה לקלל העולם ולקלקלו בזמנו. ובכדי שלא יעכב סגרו הקב"ה בתיבה: **אלא שלא לעשות.** כאן חסר הנמשל ובילקוט כאן מפורש כך אמר הקב"ה כלום קראתי לאברהם מארץ מרחק איש עצתי אלא שלא לעשות דבר חוץ מדעתו. ומדאמר המכסה אני מאברהם משמע שהיו מקטרגים לכסות ממנו. ומ"ש שלא היה עושה דבר חוץ מדעתם. כמ"ש מפורש כל שתה תחת רגליו והכוונה הצדיק המובחר שבדור כמ"ש כי זה כל האדם. אדם בזמנו נח בזמנו אברהם בזמנו: **יש שם לוט בן אחיו.** ואם אודיענו יתפלל עליו ויציל אותו ואם לא אודיע לו יצטער על אבדונו: **מתן תורה גליתי לו וכו'.** לעיל פר' מ"ד סימן כ"א וש"נ

אם למקרא

בַּיּוֹם הַהוּא כָּרַת ה' אֶת־אַבְרָם בְּרִית לֵאמֹר לְזַרְעֲךָ נָתַתִּי אֶת־הָאָרֶץ הַזֹּאת מִנְּהַר מִצְרַיִם עַד־הַנָּהָר הַגָּדֹל נְהַר־פְּרָת:
(בראשית טו:יח)

וְלֹא־יִקָּרֵא עוֹד אֶת־שִׁמְךָ אַבְרָם וְהָיָה שִׁמְךָ אַבְרָהָם כִּי אַב־הֲמוֹן גּוֹיִם נְתַתִּיךָ:
(בראשית יז:ה)

מסורת המדרש

יא לעיל פרשה מ"ד. שמ"ר פרשה כ"ח. שוח"ט מזמור מ' ומזמור כ"ב. פסיקתא רבתי פ' ט"ו. מכילתא יתרו ריש פ' ט'. ילקוט סדר לך לך רמז ע"ו. ילקוט תהלים רמז תשל"ז:

מתנות כהונה

אילו מן פטריקון כו'. אילו הייתי מבקש ממנו שיתן לי ה' אילנות טובות וחשובות מתוך שדהו לא היה מעכב וא"כ אין צריך לאמלוכי ביה ומ"מ מה בכך אפ"ה נמלך בו: **ספרגוס.** פירש הערוך חותם: **מה אני עושה.** בלשון תימה וכי אני עושה כו' [ובילקוט פ' בראשית גורס אמר אין אני עושה דבר]: **סנקתדריס.** פי' הערוך שר יועץ יושב על כסאו לפני המלך: **אביהם.** של אלו חמש עיירות: **דנים את הבן.** בתמיה: **מ"ת.** וגיהנם בברית בין הבתרים וע"ל פרשה מ"ג:

אשד הנחלים

שהיו לו שלש אוהבים כו' אדה"ר ויגרש כו'. לכאורה הוא קשה המובן מה שייך אצל אדה"ר שביקש לעשות דבר חוץ מדעתו הלא בחטאו נתגרש. ואשר נראה לי בזה כי באמת אצלו יתברך אינו שייך שינוי רצון שיאמרו שפעם אחת רצה לעשות חוץ מדעתו מדוע ירצה א"כ בוודאי יש סבה לזה. והנה הסבות המה או סבות פנימיות הנוגע לאדם עצמו או סבות חיצונית הנוגע להזולת. והנה כפי מאמרם ז"ל במדרש שטרם חטאו הי' השכינה למטה ואחרי החטא נסתלקה לרקיע א"כ טרם חטאו לא הי' דבר שהיה עושה ה' חוץ מדעתו של אדה"ר כי הי' מדעו מקיף כל הידיעות מכל ענייני המציאות והפעולות וכל ההנהגות העליונות הי' תלוי במעשיו ובפעולותיו כי הי' מדובק בשכינ'. ועתה אחרי החטא נפל ממדריגתו ונעלם ממנו השגתו הגבוה כמו שאמרו במדרש בראשית קודם שחטא אדה"ר הי' שומע קול אדבריון [זהו קול בייתי. שהיא מדריגת פא"פ] ואחר שחטא היה שומע קול אגריון [זהו קול מדברי. שזהו קול היוצא מן הקול] וא"כ הי' עושה דבר חוץ מדעתו שלא הי' יודע עוד מההנהגת המציאות כי נסתלק ממנו דרכי ההנהגה העליונה והנה אלולי היו בג"ע לא הי' יתכן שיפול ממדריגתו עד שיהי' דבר עשוי שלא מדעתו ולכן טרדו ואז נפל ממדריגתו הגבוה וא"כ ממילא נעש' דבר שלא מדעתו ובנח שלא הי' כדאי לראות במפלתן של רשעים ולכן סגר בעדו ועוד כדי שלא יבקש רחמים בראותו זאת אבל אברהם אוהבו לו הודיע תחילה את כל כי הי' ידיעתו מקפת את כל במחזה הנבואה והבן זה: **פעם אחת ביקש כו' אמר המלך כו'.** יש להבין מה צורך לומר שמתחילה ביקש להסתיר ממנו ואח"כ חזר בו. ויתכן דדייק מהכתוב וה' אמר המכסה אני מאברהם כאלו מתחילה הי' בדעתו כביכול לכסות הדבר ואח"כ אמר היתכן לכסות ממנו. וזהו ע"ד מליצה כאלו כביכול התייעץ עם עצמו שא"א לכסות ממנו וק"ל: **יש שם לוט.** דהוקש' מה הי' צריך לגלותו אחר שידע ה' כי לא יועיל תפילת אברהם בעדם. וא"כ לא יועיל ידיעתו בזה ולכן מפרש שהועיל ללוט שאחר שנתוודע בקש על לוט ובזכות בקשתו ניצל: **אותו אביהם.** וזהו אברהם היו יהי' לגוי גדול ועצום. וא"כ הוא אביהם וראוי לחלוק לו כבוד ולשאול לו על בניו: **מתן תורה כו' גהינם.** כלומר מקור הטוב שזהו נתינת התורה שיהי' לעתיד. ומקור הרע והצירוף שזהו הגיהנם. וכלומר הטוב והרע

דִּינָהּ שֶׁל סְדוֹם לְמָחָר, וְאֵינִי מְגַלֶּה לוֹ — **the judgment of Sodom,** then, which will take place **tomorrow, will I not reveal to him?!"**[68]

The Midrash cites a discussion regarding other things that God revealed to Abraham:[69]

רַבִּי אַחָא בְּשֵׁם רַבִּי שְׁמוּאֵל בַּר נַחְמָן בְּשֵׁם רַבִּי נָתָן אָמַר — **R' Acha said in the name of R' Shmuel bar Nachman, in the name of R' Nassan:** אֲפִילּוּ הִלְכוֹת עֵירוּבֵי חֲצֵירוֹת הָיָה אַבְרָהָם יוֹדֵעַ — **Abraham knew** and observed **even the laws of** the **courtyard** ***eiruv.*** רַבִּי פִּנְחָס בְּשֵׁם רַבִּי שְׁמוּאֵל אָמַר — **R' Pinchas said in the name of R' Shmuel:** אֲפִילּוּ שֵׁם חָדָשׁ שֶׁהַקָּדוֹשׁ בָּרוּךְ הוּא עָתִיד לִקְרוֹא לִירוּשָׁלַיִם — **Even the new name that the Holy One, blessed is He, will in the future give to Jerusalem** — שֶׁנֶּאֱמַר "בָּעֵת הַהִיא יִקְרְאוּ לִירוּשָׁלַיִם כִּסֵּא ה׳" — **as it is written:** ***At that time people will call Jerusalem "The Throne of HASHEM"*** (*Jeremiah* 3:17) — הָיָה אַבְרָהָם יוֹדֵעַ — **Abraham knew.** רַבִּי בֶּרֶכְיָה וְרַבִּי חִיָּיא וְרַבָּנָן דְּתַמָּן בְּשֵׁם רַבִּי יְהוּדָה — **R' Berechyah and R' Chiya and the Sages of "there"** (i.e., Babylonia) said **in the name of R' Yehudah:** אֵין יוֹם וָיוֹם שֶׁאֵין הַקָּדוֹשׁ בָּרוּךְ הוּא מְחַדֵּשׁ הֲלָכָה בְּבֵית דִּין שֶׁל מַעְלָה — **There is never a day in which the Holy One, blessed is He, does not innovate a new** halachic **ruling in the heavenly court.** מַאי טַעֲמֵיהּ, "שִׁמְעוּ שָׁמוֹעַ בְּרֹגֶז קֹלוֹ וְהֶגֶה מִפִּיו יֵצֵא" — **What is [R' Yehudah's] reasoning?** He derives it from the verse, ***Listen well as, in fury, He gives voice, speech emanates from His mouth*** (*Job* 37:2). וְאֵין הֶגֶה אֶלָּא תּוֹרָה שֶׁנֶּאֱמַר "וְהָגִיתָ בּוֹ יוֹמָם וָלַיְלָה" — **And** ***speech*** [הֶגֶה] **refers to Torah,** as **it is stated,** *This Book of the Torah shall not depart from your mouth;* ***rather you should speak*** [וְהָגִיתָ] ***of it day and night*** (*Joshua* 1:8). אֲפִילּוּ אוֹתָן הֲלָכוֹת הָיָה אַבְרָהָם יוֹדֵעַ — **And even those laws Abraham knew.**

§3 וְאַבְרָהָם הָיוֹ יִהְיֶה — *AND ABRAHAM IS SURELY TO BECOME A GREAT AND MIGHTY NATION.*

The Midrash presents a homiletical interpretation of this phrase:

רַבִּי תַּנְחוּם בְּשֵׁם רַבִּי בֶּרֶכְיָה אָמַר — **R' Tanchum said in the name of R' Berechyah:** בִּשְּׂרוֹ שֶׁאֵין הָעוֹלָם חָסֵר מִשְּׁלֹשִׁים צַדִּיקִים כְּאַבְרָהָם — This verse indicates[70] that **[God] gave [Abraham] the good tiding that the world would never lack thirty men as righteous as Abraham.**[71]

NOTES

68. This approach presents a new interpretation of verse 19, which reads, *For I have loved him* [יְדַעְתִּיו], *because he commands his children and his household after him that they keep the way of HASHEM*, as the reason for God's telling Abraham of His planned destruction of Sodom. The Midrash here understands the word יְדַעְתִּיו to mean *I have made him know*, and to allude to God's having informed Abraham of the Torah and *Gehinnom*, because Abraham would use that knowledge in his efforts to *command his children*, etc. Thus, God reasoned that if He had told Abraham of those things in order to promote Abraham's teaching of his children, then certainly He should tell Abraham that Sodom would be destroyed due to the wickedness of its inhabitants. For since that event, which bore similarities to *Gehinnom* (see below, 51 §3), would occur the very next day, during Abraham's lifetime, it would be most useful in inspiring Abraham's children to fear of sin (*Eitz Yosef*, citing *Nezer HaKodesh*; see *Maharzu*).

69. Our verse, which states, *Shall I conceal from Abraham*, without first specifying the destruction of Sodom, is seen by the Midrash as an indication that God did not conceal *anything* from Abraham (*Maharzu*, see *Eitz Yosef* for another approach). The Sages will now illustrate the extent of the information to which Abraham was privy.

The full-length version of this Midrash appears below, 64 §4; see there for commentary.

70. R' Tanchum is interpreting the seemingly unnecessary ל in the phrase וְאַבְרָהָם הָיוֹ יִהְיֶה "לְ"גוֹי גָּדוֹל וְעָצוּם, *and Abraham is surely to become a great and mighty nation*. The numerical value of ל is 30 (*Maharzu*; see *Eitz Yosef* for another approach).

71. The words וְאַבְרָהָם הָיוֹ יִהְיֶה, lit., *And Abraham will be*, are understood by the Midrash to suggest that he will live on indefinitely. The Midrash therefore explains that there will always be thirty [corresponding to the numerical value of the extra ל] people whose righteousness equals that of Abraham, alive at any given time (*Yefeh To'ar*, *Eshed HaNechalim*). [It is a Kabbalistic precept that the world must have thirty righteous people in order to subsist (*Eshed HaNechalim*; cf. *Succah* 45b and *Sanhedrin* 97b, where we find the number 36).]

דִּינָהּ שֶׁל סְדוֹם לְמָחָר, וְאֵינִי מְגַלֶּה לוֹ. רַבִּי אַחָא בְּשֵׁם רַבִּי שְׁמוּאֵל בַּר נַחְמָן בְּשֵׁם רַבִּי נָתָן אָמַר: [יב]אֲפִילוּ הִלְכוֹת עֵירוּבֵי חֲצֵרוֹת הָיָה אַבְרָהָם יוֹדֵעַ. רַבִּי פִּנְחָס בְּשֵׁם רַבִּי שְׁמוּאֵל אָמַר: אֲפִילוּ שֵׁם חָדָשׁ שֶׁהַקָּדוֹשׁ בָּרוּךְ הוּא עָתִיד לִקְרוֹא לִירוּשָׁלַיִם שֶׁנֶּאֱמַר (ירמיה ג, יז) "בָּעֵת הַהִיא יִקְרְאוּ לִירוּשָׁלַיִם כִּסֵּא ה'", הָיָה אַבְרָהָם יוֹדֵעַ. רַבִּי בֶּרֶכְיָה וְרַבִּי חִיָּיא וְרַבָּנָן דְּתַמָּן בְּשֵׁם רַבִּי יְהוּדָה: [יג]אֵין יוֹם וָיוֹם שֶׁאֵין הַקָּדוֹשׁ בָּרוּךְ הוּא מְחַדֵּשׁ הֲלָכָה בְּבֵית דִּין שֶׁל מַעְלָה. מַאי טַעְמֵיהּ (איוב לז, ב) "שִׁמְעוּ שָׁמוֹעַ בְּרֹגֶז קֹלוֹ וְהֶגֶה מִפִּיו יֵצֵא", וְאֵין הֶגֶה אֶלָּא תּוֹרָה שֶׁנֶּאֱמַר (יהושע א, ה) "וְהָגִיתָ בּוֹ יוֹמָם וָלַיְלָה", אֲפִילוּ אוֹתָן הֲלָכוֹת הָיָה אַבְרָהָם יוֹדֵעַ:

ג [יח, יח] "וְאַבְרָהָם הָיוֹ יִהְיֶה". רַבִּי תַּנְחוּם בְּשֵׁם רַבִּי בֶּרֶכְיָה אָמַר: בִּשְּׂרוֹ שֶׁאֵין הָעוֹלָם חָסֵר [יד]מִשְּׁלֹשִׁים צַדִּיקִים כְּאַבְרָהָם,

אם למקרא

בָּעֵת הַהִיא יִקְרְאוּ לִירוּשָׁלַ͏ִם כִּסֵּא ה' וְנִקְווּ אֵלֶיהָ כָל־הַגּוֹיִם לְשֵׁם ה' לִירוּשָׁלָ͏ִם וְלֹא־יֵלְכוּ עוֹד אַחֲרֵי שְׁרִרוּת לִבָּם הָרָע: (ירמיה ג:יז)

שִׁמְעוּ שָׁמוֹעַ בְּרֹגֶז קֹלוֹ וְהֶגֶה מִפִּיו יֵצֵא: (איוב לז:ב)

לֹא־יָמוּשׁ סֵפֶר הַתּוֹרָה הַזֶּה מִפִּיךָ וְהָגִיתָ בּוֹ יוֹמָם וָלַיְלָה לְמַעַן תִּשְׁמֹר לַעֲשׂוֹת כְּכָל־הַכָּתוּב בּוֹ כִּי־אָז תַּצְלִיחַ אֶת־דְּרָכֶךָ וְאָז תַּשְׂכִּיל: (יהושע א:ח)

עץ יוסף

התורה ועבור זה גליתי לו גם הגיהנם להיות זהירים וזריזים במצות ה' מפני יראת העונש. והרי דינה של סדום למחר ואיני מגלה לו הדבר שהיה בהשגחה פרטית בעונש עון כי הרי בזה יהיה אזהרה יתירה לבניו ממה שראה בדורו מהשגחת דין הרשעים בגפרית ואש שהוא כעין עונש גיהנם וכדלקמן פ' נ"א (נזה"ק): **ר' אחא כו'.** כלו' לכך המכסה אני שכבר גילה לו הכל ולא כיסה ממנו אפילו הלכות דרבנן המתחדשים לעתיד כהלכות ערובי חצרות וכן כיוצא בזה שם חדש של ירושלים כל ההלכות שהקב"ה מחדש בכל יום תמיד (נזה"ק): **אפילו הלכות ע"ח.** עיין לקמן פ' ס"ד. ועיין מ"ש בתנחומא ריש סדר לך לך: **אפילו אותן הלכות כו'.** אפשר דדייק לה מדכתיב מצותי חקותי ותורותי דמשמע המיוחדת שאני מחדש תמיד (יפ"ת):

(ג) [ז] ואברהם היו יהיה רבי תנחום בשם ר' ברכיה אמר בשרו שאין העולם חסר משלשים צדיקים כאברהם

פירוש מהרז"ו

ומבואר. שילוה את בניו וביתו אחריו שישמרו התורה ואם לאו ידונו בדין הגיהנם. ודינה של סדום באש וגפרית שהוא בעולם דינו של גיהנם. כמ"ש מפורש לקמן פר' נ"א סימן ג' וטוב שיוכיח בניו וביתו ותלמידיו שידעו שעל שחטאו נגדו נדונו בדין הגיהנם ולא יאמרו מקרה היה: **ערובי חצרות.** לקמן פר' ס"ד סימן ד' ע"ש וגם זה מרומז כאן בפסוק זה שאם אמר אשר אני עושה בסדום המכסה אני לא היה כוונתו אלא על ענין סדום בלבד אך מאחר שאמר תחלה מכסה אני מאברהם משמעותו שאינו מכסה ממנו שום דבר מהתורה ומכל סודות אלהיות ושל עתידות. וכן מה שאני עושה עתה בסדום איני מכסה ממנו. וכמ"ש שמ"ר פר' י"ב סימן ב' אשר לא היה כמוהו במצרים ע"ש: **שם חדש.** עיין מ"ש על זה לקמן פר' ס"ד שם במדרש ובביאורי וכאן קיצר המדרש וקצרתי ועי' לקמן פר' נ"ו סימן יו"ד: **מחדש הלכה.** שהנהגת העולם ע"פ החכמה והתורה העליונה כמ"ש בהקדמה הב' באריכות וזהו מ"ש בתד"א שהקב"ה עוסק בתורה בכל יום ואיתא שם שבשבעת הימים של המבול לא עסק בתורה שהיה כ"י בלול מהנהגת העולם. וחידוש הלכה היינו לעשות נסים והודעת עתידות ואברהם שכתוב בו קונה שמים וארץ וכתוב בו וישמור משמרתי וכו' ותורותי ידע הכל. והבן זה: **אפילו אותן הלכות.** לפי מ"ש כאן צ"ע מנין לו על החדושים. ע"כ נ"ל שדורש מפסוק ובתורתו יהגה שדורש לקמן בריש פרשה ס"א על אברהם וכן בריש מדרש תהלים שבמקום פסוק והגית וגו' נ"ל פסוק ובתורתו יהגה ודורש גז"ש ממ"ש והגה מפיו יצא ויצא משמע דבר של חידוש ועי' ויק"ר פר' י"ג סימן ג' חידוש תורה מאתי תצא: (ג) **שלשים צדיקים באברהם.** לעיל פר' ל"ה סוף סימן ב'. עי' חולין צ"ב הובא ילקוט זכריה י"א מפסוק ותשקלו את שכרי שלשים כסף. ובתנחומא מקץ ריש סימן ו'. ובירושלמי ע"א ריש פרק ב' ובמדרש תהלים ריש מזמור ה':

מסורת המדרש

יב לקמן פרשה ס"ד. תנחומא סדר לך סי' א' וסי' י"א וסדר בהר סימן א'. אגדת בראשית פרק י"ג. שוח"ט מזמור א'. עיין יומא כ"ח. קדושין דף פ"ב. ילקוט תולדות רמז קי"א. וע' מ"ש לקמן פרשה נ"ה:

יג ילקוט איוב רמז תתקכ"א:

יד לעיל פ' ל"ה וש"נ:

מתנות כהונה

אפילו עירובי חצרות. כך דרשו חז"ל לקמן בפרשה ס"ד מפסוק עקב אשר שמע אברהם בקולי וגו'. והביאו רש"י ז"ל בפרשת תולדות: **אפילו שם חדש כו'.** עיין לקמן בפרשה ס"ד ויתבאר לך:

אשד הנחלים

שיהי' באחרית גליתי לו. ומה שיהי' לזמן קרוב לא אגלה לו בתמיה. ודייק מהכתוב המכסה אני מאברהם את אשר אני עושה כלומר מה שאני עושה מיד: **עירובי חצרות.** שהוא מדרבנן לבד ואינו אלא גדר ותיקון בעלמא. כי הקיף כל העניינים החדשים שיתהוה כפי העת: **שם חדש.** כלומר שם הגדרי מהו שיקרא ירושלים ע"ש מעלתה. וכלומר שנתגלה לו האופן איכה יהי' הנהגת ירושלים וההשגחה שתהי' נטויה עליה באחרית הימים. עד שתקרא כסא ה' כמו שהכסא הכבוד שהוא ראש לקבלת ההנהגה העליונה היוצאת מאת ה'. כן יהי' ירושלים באחרית הימים וכל זה ידע אברהם בנבואתו וא"כ איך יתכן להסתיר ממנו מפלת סדום: **הקב"ה מחדש הלכה בבית דין של מעלה.** כאן מוכרח אני להאריך מעט בכדי שיובנו כל המאמרים הנדברים בענין זה בכמה מקומות. למשל אמרו במס' עבודת כוכבים. שלש שעות הקב"ה עוסק בתורה וכדומה מאמרים הרבה. ואמרו במדרש שהקב"ה שומר התורה וכדומה רבות אשר רחוק מהציור לדמות זאת. וארחיב מעט. אך בקוצר מילין מאוד. אמרו במדרש אז ראה ויספרה הכינה וגם חקרה מלמד שחזר הקב"ה עם עצמו ד' פעמים קודם שנתן תורה לישראל. והענין בקצרה כפי הנודע לנו שיש ד' עולמות זה למעלה מזה וכל אשר למעלה הוא יותר דקה ורוחניות ממה שלמטה הימנה כי כל אשר ירדה למטה נתגשם יותר ונעשית מוחשי יותר. והנה התורה הניתנת לנו במצוותיה המעשים פה בעולם המעשה. לעומתה יש בעולם העליון. אך היא יותר דקה עד בואה למדריגה העליונה ששם היא ברוחניות ממש ואם תרצה להבין זאת איכה יתקשר הרוחני בגשמי בחון מנפשך וגופך ותראה. כי העשי' שלך שאת' עושה בגופך מעורר שכלך הרוחני. והדבור שאתה מוצא בפיך עד שתרגיש בה מעורר נפשך. והנה התורה העליונה היא כוללת כל ההנהגה העליונה מראשית ועד אחרית ואין פרט נמלט ממנה. כי היא ראשית המדריגה האצולה מאת פני המאציל העליון ובה כלול כל העניינים הפרטים המתהוים בעולם מראש ועד סוף. ולעומת' הנה היא ר"ל התורה. פה בעולם כלול בה המצות כולם המשלימים את נפש האדם בכל פרטי כחותיו באין נמלט אחת מהן. והוכרח האדם לתורה כי גם נפשו מוכלל מכל הכחות הנמצאים בכל העולם. לא כמלאכים העליונים שהמה רק כחות פרטית מיוחדות זה לדין וזה לרחמים וזה לחסד וזה למשפט כו'. ולכן על פי מעשי האדם יתנהגו העולם וכל סדרי הטבע וההשגחה העליונה מתנהגת כפי קיום האדם התורה שהיא כלולה בכל. והנה השנוים הנעשים בכל יום בטבע המציאות היא בגזירה שמור' וערוכ' אין מעשי יום זה שוה למעשה יום שלפניו ולאחריו וכל זה שקולה בשקל החכמה העליונה ובפלס חכמתו ית' הבב"ת שהיא התורה העליונה וההנהגה העליונה. ומעתה בין תבין היטב כי מה שאנו מייחסים להשי"ת שהוא עוסק בתורה. הרי זה כמו שנאמר כי הקב"ה עוסק בהנהגת העולם ובקיומו אחר שעל פיה מתנהג כל העולם. וכשאנו אומרים שמחדש בכל יום ההלכה הרי זה כמו שאנו אומרים שהוא עושה בכל יום פעולות אחרות שאינו דומות לשלפניו ולאחריו. והחזרה אצלו ית' הוא ההשתלשלות הנעשה מהעליונות המדריגה עד למטה ברדתה התורה לעולם השפל שהתלבשה בגשמיות ובמצוותיה המעשיות ואחר שהעולמות הם ד' א"כ התורה ד' פעמים נתלבשה לבוש אחר לבוש עד רדתה פה. ודי בזה כעת להבין הדברים בדרך כלל בדרך באור הציורי. בחון הדברים היטב וכבר הארכתי בזה בספרי הדרשות הנקרא תפוחי זהב דרוש עין ראשית: **ואין הגה אלא תורה.** כי ההגיון הוא מחשבת הלב. והמחשבה בערך הדבור הוא רוחני ודקה. והתורה שהיא עליונה מכל נקראת הגיון שהיא המחשבה העליונה והבן זה מאוד. והנה הפה הוא הגלוי שנעשה מוחשי וממשי. והגיון יוצא מתוך הפה עד שנעשה ממשי. ומה שאמר שיוצא ברוגז קולו לרמז כי כל מעשי הבריאה נפעלים על ידה ונכספים לרצון המחשבה העליונה והפעולות הנמשכים ממנה: **הי' אברהם יודע.** אחר שידע מכל המאורעות שיתהוו בעולם יום יום עד אחרית הימים א"כ ידע כל התורה המכוונת לזה: [ג] **מל' צדיקים.** זהו סוד נסתר בחכמה העליונה שא"א לעמוד העולם כ"א ע"פ שלשים צדיקים. כי לא יתכן להיות איש דומה לרעהו בצדקתו. ובכללן המה משלימין העולם. וביאר הכתוב ואברהם היו יהיה לעולם ויהיה בגמטריא

רַבִּי יוּדָן וְרַבִּי אַחָא בְּשֵׁם רַבִּי אֲלֶכְּסַנְדְּרִי מַיְיתֵי לָהּ מֵהָכָא — R' Yudan and R' Acha, in the name of R' Alexandri, derive [this teaching] from here: "וְאַבְרָהָם הָיוֹ יִהְיֶה" — ***And Abraham is surely to become*** [יִהְיֶה].[72] יוּ״ד עֶשֶׂר וְה׳ חָמֵשׁ וְיוּ״ד עֶשֶׂר וְה׳ חָמֵשׁ — Of the four letters comprising the word יִהְיֶה, ***yud* is ten** in numerical value, ***hei* is five, *yud* is ten, and *hei* is five** — for a total of *thirty*.

§4 **כִּי יְדַעְתִּיו לְמַעַן אֲשֶׁר יְצַוֶּה** — ***FOR I HAVE LOVED HIM, BECAUSE HE COMMANDS*** *HIS CHILDREN AND HIS HOUSEHOLD AFTER HIM THAT THEY KEEP THE WAY OF HASHEM, DOING CHARITY AND JUSTICE.*

The Midrash explains the meritorious acts described by our passage:

רַבִּי יוּדָן בְּשֵׁם רַבִּי אֲלֶכְּסַנְדְּרִי: זוֹ הוּבְרַיָא — R' Yudan said **in the name of R' Alexandri: This** verse **refers to the mourner's first meal.**[73] **וְרַבָּנָן אָמְרֵי: זוֹ בִּיקּוּר חוֹלִים — And the** other **Sages said: This** verse **refers to visiting the sick.**[74]

☐ [לַעֲשׂוֹת צְדָקָה וּמִשְׁפָּט — *DOING CHARITY AND JUSTICE.*]

The Midrash examines the expression *charity and justice*:[75]

רַבִּי עֲזַרְיָה בְּשֵׁם רַבִּי יְהוּדָה — R' Azariah said **in the name of R' Yehudah:** מִתְּחִלָּה "צְדָקָה"[76], לְבַסּוֹף "מִשְׁפָּט" — **Initially,** what Abraham did was ***righteousness***, but **at the end** it was ***justice***. **הָא כֵּיצַד, אַבְרָהָם הָיָה מְקַבֵּל אֶת הָעוֹבְרִים וְאֶת הַשָּׁבִים — How is this so? Abraham would accept passersby** into his home and offer them food and drink. **מִשֶּׁהָיוּ אוֹכְלִים וְשׁוֹתִים אָמַר לָהֶם "בָּרְכוּ" — When they were eating and drinking, he would say to them, "Say a blessing."** אָמְרוּ לֵיהּ מַה נֹּאמַר **— They would say to him, "What should we say?"** אָמַר לָהֶם אִמְרוּ בָּרוּךְ אֵל עוֹלָם שֶׁאָכַלְנוּ מִשֶּׁלּוֹ — And **he would tell them, "Say, 'Blessed be the God of the world, from Whose** food **we have eaten.'"** אִם מְקַבֵּל עָלָיו וּבָרֵיךְ הֲוָה אָכֵיל וְשָׁתֵי וְאָזֵיל **— If [the guest] accepted** this **upon himself and said a blessing, he would eat and drink and go** on his way, without paying for his meal.[77] וְאִי לָא הֲוָה מְקַבֵּל עֲלֵיהּ וּבָרֵיךְ, הֲוָה אָמַר לֵיהּ: הַב מַה דַּעֲלָךְ **— But if [the guest] would not accept** this **upon himself and say a blessing, [Abraham] would say to him, "Give me what you owe** me as payment for the food."[78] וְאָמַר: מָה אִית לָךְ עֲלַי **— And [the guest] would say,** "You tell me, **what do I owe you?"**[79] הֲוָה אָמַר לֵיהּ: חַד קְסִיט דְּחֲמַר בְּעַשְׂרָה פוֹלָרִין **—** And **[Abraham] would say to him, "One container**[80] **of wine costs ten *follarin*,**[81] וְחַד לִיטְרָא דְקוּפָּר בְּעַשְׂרָה פוֹלָרִין **— and one *litra* of meat**[82] **costs ten *follarin*,** וְחַד עִיגּוּל דְּרִיפְתָּא בְּעַשְׂרָה פוֹלָרִין **— and one roll of bread**[83] **costs ten *follarin*.** מַאן יָהֵיב לָךְ חַמְרָא בְּמַדְבְּרָא, מַאן יָהֵיב לָךְ קוּפָּר בְּמַדְבְּרָא, מַאן יָהֵיב לָךְ עִיגּוּלָא בְּמַדְבְּרָא **—** For **who would give you wine in the** middle of a **desert, who would give you meat in the** middle of a **desert,** and **who would give you a roll in the** middle of a **desert?"**[84] מִן דַּהֲוָה חָמֵי הַהִיא עָקְתָא דַּהֲוָה עָקֵי לֵיהּ הֲוָה אָמַר בָּרוּךְ אֵל עוֹלָם שֶׁאָכַלְנוּ מִשֶּׁלּוֹ **— When [the guest] saw the difficulty that Abraham was making for him,**[85] **he would** relent and **say, "Blessed be the God of the world, from Whose** food **we have eaten."** הָדָא הוּא דִכְתִיב לְבַתְּחִלָּה "צְדָקָה" וּלְבַסּוֹף "מִשְׁפָּט" **— Thus, it is written: initially — *charity*, and at the end — *justice*.**[86]

NOTES

72. The word יִהְיֶה appears to be unnecessary for the plain meaning of this verse (see *Maharzu*).

73. *Matnos Kehunah, Eitz Yosef.* [Upon his return from the burial of a relative, a mourner eats a meal supplied by friends or neighbors (see *Ezekiel* 24:7 with *Moed Katan* 27b). This practice is called הַבְרָאָה (in Aramaic, הוּבְרַיָה), meaning *refreshment*, and is designed to bring comfort to the mourner (*Yefeh To'ar*).]

According to R' Alexandri, when our verse says דֶּרֶךְ ה׳, "*the way" of HASHEM*, it suggests comforting mourners, which is a form of צְדָקָה (lit., *charity*, but used to describe any act of kindness) whose performance entails traveling [to the mourner] (*Eitz Yosef*; the alternative version of *Aruch* is cited and explained by *Maharzu* and *Eitz Yosef*). [Indeed, comforting mourners and visiting the sick (see below) are both acts in which God involves Himself (see *Sotah* 14a) and the Sages (in *Sifrei* §49) teach that when one acts as God does, he is said to *go in God's ways* (see *Nezer HaKodesh*).]

74. [Like comforting mourners], visiting the sick is an act of kindness that involves traveling [to the sick person]. The Sages believe that it is the good deed alluded to by our verse (*Maharzu, Eitz Yosef*). See Insight Ⓐ.

75. The wording of our verse suggests to the Midrash that it describes a good deed that was practiced by Abraham and continued by his children after his death. The Midrash is therefore confronted with a difficulty; for while the Torah openly describes Abraham's *charity*, nowhere do we find that Abraham was involved in the implementation of *justice* (*Maharzu*; see *Yefeh To'ar* for another approach).

76. [In some editions the reading is צֶדֶק.]

77. *Eitz Yosef.*

78. Ibid.

Although the food had been eaten on the assumption that it was free, Abraham was fully within his rights to demand payment for it. This is because it had been given only with the understanding that a blessing would be recited. And the recipient could not claim ignorance of Abraham's intent, as Abraham's practices were known throughout the world (*Yefeh To'ar*; see there for a second approach). See Insight Ⓑ.

79. *Eitz Yosef.*

80. See *Aruch*, cited by *Matnos Kehunah* and *Eitz Yosef.*

81. I.e., ten small coins [פְּרוּטוֹת] (*Eitz Yosef*; also see *Maharzu*).

82. *Matnos Kehunah, Eitz Yosef.*

83. Ibid.

84. Abraham was pointing out that the value of what he had given was greater when the circumstances in which he had provided it were taken into account (*Yefeh To'ar*).

85. *Matnos Kehunah, Eitz Yosef.*

86. Abraham's initial offer of hospitality and free food was an act of *charity*. His subsequent request that the food be appropriately paid for was an attempt to ensure that *justice* be carried out (*Yefeh To'ar*).

INSIGHTS

Ⓐ **Teaching Eternity** *Eshed HaNechalim* explains why the verse, as it is explained by this Midrash, singles out Abraham's participation in *the mourner's first meal* and *visiting the sick*: Abraham had the distinction of introducing mankind to the existence of an afterlife. By doing so, he provided comfort to mourners, who took solace in the knowledge that the soul of their loved ones lived on. Also, he calmed the fears of the sick, who now understood that death did not represent the absolute end of their existence.

Thus, when the Midrash teaches that Abraham performed these two charitable acts, it alludes not only to the acts themselves, but also to Abraham's diffusion of one of the most essential of Jewish beliefs.

Ⓑ **The True Provider** It is possible that in demanding payment from those guests who would not recite a blessing, Abraham was presenting them with a philosophical argument: If they believed what Abraham told them, that the almighty God had given him the food, then they could rightfully claim that He provided it to Abraham for the express purpose of distributing it to wayfarers. In that case, while they would be obliged to bless God and thank Him for the food, they would not necessarily be obligated to pay Abraham, who had acted only as a conduit. But if they refused to accept Abraham's premise, and instead attributed their meal solely to Abraham's efforts, then there was no reason that they should not pay him for the food!

רַבִּי יוּדָן וְרַבִּי אַחָא בְּשֵׁם רַבִּי אֲלֶכְּסַנְדְּרִי מַיְיתֵי לָהּ מֵהָכָא: "וְאַבְרָהָם הָיוֹ יִהְיֶה", יוֹ"ד עֶשֶׂר וְה' חָמֵשׁ וְיוֹ"ד עֶשֶׂר וְה' חָמֵשׁ:

ד [יח, יט] "כִּי יְדַעְתִּיו לְמַעַן אֲשֶׁר יְצַוֶּה".

רַבִּי יוּדָן בְּשֵׁם רַבִּי אֲלֶכְּסַנְדְּרִי: זוֹ הוּבְרָיָא, וְרַבָּנָן אָמְרֵי: זוֹ בִּיקּוּר חוֹלִים. רַבִּי עֲזַרְיָה בְּשֵׁם רַבִּי יְהוּדָה: מִתְּחִלָּה "צְדָקָה" לְבַסּוֹף "מִשְׁפָּט", הָא כֵּיצַד אַבְרָהָם הָיָה מְקַבֵּל אֶת הָעוֹבְרִים וְאֶת הַשָּׁבִים, [ט]מִשֶּׁהָיוּ אוֹכְלִים וְשׁוֹתִים אָמַר לָהֶם: בָּרְכוּ. אָמְרוּ לֵיהּ: מַה נֹּאמַר, אָמַר לָהֶם: אִמְרוּ בָּרוּךְ אֵל עוֹלָם שֶׁאָכַלְנוּ מִשֶּׁלּוֹ. אִם מְקַבֵּל עָלָיו וּבָרֵיךְ הֲוָה אָכֵיל וְשָׁתֵי וְאָזֵיל, וְאִי לָא הֲוָה מְקַבֵּל עֲלֵיהּ וּבָרֵיךְ, הֲוָה אָמַר לֵיהּ: הַב מַה דַּעֲלָךְ, וְאָמַר: מָה אִית לָךְ עָלַי, הֲוָה אָמַר לֵיהּ: חַד קְסִיט דַּחֲמַר בַּעֲשָׂרָה פּוֹלָרִין, וְחַד לִיטְרָא דְּקוּפָּר בַּעֲשָׂרָה פּוֹלָרִין, וְחַד עִיגּוּל דְּרִיפְתָּא בַּעֲשָׂרָה פּוֹלָרִין, מַאן יָהֵיב לָךְ חַמְרָא בְּמַדְבְּרָא, מַאן יָהֵיב לָךְ קוּפָּר בְּמַדְבְּרָא, מַאן יָהֵיב לָךְ עִיגּוּלָא בְּמַדְבְּרָא, מִן דַּהֲוָה חָמֵי הַהִיא עָקְתָא דַּהֲוָה עָקֵי לֵיהּ הֲוָה אָמַר: בָּרוּךְ אֵל עוֹלָם שֶׁאָכַלְנוּ מִשֶּׁלּוֹ. הָדָא הוּא דִכְתִיב לְכַתְּחִלָּה "צְדָקָה" וּלְבַסּוֹף "מִשְׁפָּט". "לְמַעַן הָבִיא ה' עַל אַבְרָהָם וְגוֹ'", תְּנֵי: רַבִּי שִׁמְעוֹן בֶּן יוֹחָאי אוֹמֵר: [טז]כָּל מִי שֶׁיֵּשׁ לוֹ בֵּן יָגֵעַ בַּתּוֹרָה כְּאִילּוּ לֹא מֵת, שֶׁנֶּאֱמַר "לְמַעַן הָבִיא ה' עַל אַבְרָהָם ...", "אֵת אֲשֶׁר דִּבֶּר אֵלָיו" לֹא נֶאֱמַר אֶלָּא "אֵת אֲשֶׁר דִּבֶּר עָלָיו":

עץ יוסף

ר' יודן ור"א בשם ר"א מייתי לה מהכא ואברהם היו יהיה יו"ד עשרה כו'. בתנחומא ס' וירא מהו כה יהיה אמר ר' תנחום בשם ר' אחא אין העולם חסר משלשים צדיקים שכן יהיה בגימטריא ל' ע"כ ואפשר שגם כאן צ"ל כן שר"ת מפיק לה מכה יהי' ור"י יליף לה מהיו יהיה: **מהכא ואברהם היו יהיה.** כלו' היו במנין יהיה שהוא גימטריא שלשים: **(ד) זו הובריא.** כלו' סעודת הבראה שמנחמים בה אבלים. ודרש מל' דרך כענין תנחומי אבלים ובקור חולים שהוא בהילוך ונקרא דרך ה' והוא בכלל צדקה וג"ח שבגופו. והערוך גרס זו הווכריא בל"י זריזות וחריצות עכ"ל. ואפשר שכוונתו ע"ד דרש חז"ל אין צו אלא לשון זירוז ודריש מאשר יצוה שהוא להיות זריזין במצות: **היה אביל ושתי ואזיל.** אחר אכילה ושתיה הלך לו ולא פרע לו כלום: **והיה אומר כו'.** אברהם לאותו אורח תן לי מה שיש עליך בעד המזונות שאכלת. ואמר האורח אמור אתה כמה יש לך עלי: **קסיט** פי' כלי של חרס או מתכת או מכל דבר: **פלרין.** פרוטות: **ליטרא דקופר.** פי' ליטרא בשר: **ריפתא.** לחם: **מאן יהיב לך כו'.** מי נתן לך מטולס במדבר בשר ולחם ויין: **מן דהוה כו'.** משהיה רואה האורח הצרה ההיא שהוא מיצר לו היה מברך: **[ח] אליו לא נאמר.** שאז היה פירושו שדבר לו ה' מה שיהיה לבניו אבל עליו משמע שדבר לצרכו ובעבורו והא כתיב ודור רביעי ישובו הנה. אלא לפי שהעמיד בניס צדיקים ות"ח כי הבן נתח מהאב ושורש מנפשו ואחרי שבנו חי והוא יגע בתורה שזהו חיי הנפש א"כ הוא ממש בחיים והרי הוא כאילו דבר עליו (נזה"ק):

פירוש מהרז"ו

ואברהם היו יהיה. שהיל"ל יהי ואמר יהיה לגמטריא של שלשים. ולא אמר ואברהם יהיה שהוא עצמו יהיה לז"א ל' צדיקים כאברהם ומשמע דר' תנחום יש לו דרשה אחרת היינו ממ"ש לגוי גדול שהלמ"ד מיותר לרמוז על ל' צדיקים: **(ד) זו הובריא.** בערוך ערך הווכריא גורס וואחוכריא ופי' המ"ע בל"י זריזות וחריצות עכ"ל וא"כ דורש למען אשר יצוה וגו'. ואין צו בכל מקום אלא זריזות כמ"ש וצו את יהושע וחזקהו ואמצהו. במ"ר פר' ז' סי' ז': **זו בקור חולים.** כמ"ש חז"ל על פסוק והודעת להם את הדרך ילכו בה. ב"ק דף נ"ט וש"כ את הדרך זו ג"ח אשר ילכו זה ביקור חולים. ופי' כמ"ש והלכת בדרכיו שפי' מה הוא רחום וכו' וזהו מ"ש את הדרך זו ג"ח. אשר ילכו זו ביקור חולים שהמצוה בהכרח ע"י הליכה אל החולה. וכן צ"ל כאן ושמרו את דרך ה' זו ג"ח. וכאילו כתוב ושמרו את דרך ה' אשר ילכו בה ככ"ל. וזה על פי מדה ט': **חמרא במדברא.** עי' ד"ר פר' י"א בסימן ג' אצל אברהם שאמר לו משה את היית זן בישוב וכו' ול"ע ועי' מש"ש לישב שיתכן שהכוונה מ"ש בישוב באופן שזנים בישוב בלחם טבעי ובשר טבעי: **מתחלה צדקה כו'.** דורש מ"ש אשר יצוה וגו' לעשות צדקה ומשפט משמע שיעשו הם אחר מותו מה שעשה הוא בחייו צדקה ומשפט. וזהו מ"ש אחריו ולא מצאנו לאברהם שהיה שופט כ"א שעשה צדקה. ע"כ דורש מתחלה צדקה ולבסוף משפט. ואצל דוד כתוב ויהי דוד עושה משפט וצדקה. ודרשו ד"ר פר' ה' סוף סי' ג'. ודרשו תחלה משפט ואח"כ צדקה כי דוד עיקר ענינו לענין המשפט. כמ"ש שימה לנו מלך לשפטנו על כן כתב תחלה משפט ובסוף צדקה: **אליו לא נאמר אלא עליו.** מדקאמר למען אשר יצוה אחריו היינו אחר שימות אברהם. ואח"כ אמר למען הביא ה' על אברהם ועוד שאליו היה משמע שהדיבור לאברהם בשביל בניו. אך עליו משמע שהדיבור היה על עצמו. וכן מצאתי ברש"י בחומש שמדקדק גם ממ"ש על אברהם. וכן הוא דרך המדרש אחת דבר ושתים שמענו. עי' ב"ב קט"ז על פסוק כי שכב דוד וכי מת יואב דוד שהניח בן כמותו וכו' עי' לעיל פר' יו"ד סימן ה':

חידושי הרד"ל

(ו) [ד] זו הובריא. עמ"כ ובמ"ע גרים הוכריא ופי' זריזות וחריצות:

מסורת המדרש

טו לעיל פ' מ"ג וש"כ:

טז ע' ב"ב קט"ז:

מתנות כהונה

[ד] **אשר יצוה ונר גרסינן.** וסיפיה דקרא וצדקה: **הובריא.** סעודת הבראה שמברין את האבל וזהו צדקה: [**מתחלה** צדיק גרסי']: **הוה אביל ושתי ואזיל.** כלומר אחר אכילה ושתיה הלך לו ולא פרע לו כלום: **הוה אומר כו'.** אברהם היה אומר לאותו אורח תן לי מה שיש עליך בעד המזונות שאכלת ואמר האורח אמור אתה כמה יש לך עלי: **קסיט.** פירש הערוך כלי של חרס או מתכות או מכל דבר: **פולרין.** מין מטבע: **ליטרא דקופר.** ליטרא בשר: **ריפתא.** לחם: **מאן יהיב לך כו'.** מי נתן לך מטולס במדבר בשר ולחם ויין: **מן דהוה כו'.** משהיה רואה האורח הצרה ההיא שהיה מצר לו היה מברך: **את אשר דבר אליו.** בילקוט [ובהרא"מ גרסי דבר לו לא נאמר]: **עליו.** משמע על עצמו יבוא ואברהם כבר מת בימים ההם ורש"י בסדר זה בפירוש החומש יש לו דרך אחרת ועיין במזרחי:

אשד הנחלים

שלשים כמו שאומר להלן: [ד] **הובריא כו' בקור חולים.** אחז את זה כדוגמת מליצת הכתוב שמצינו על המיתה שנאמר צו לביתך כי מת אתה ולכן אמר שיצוה לביתו לעסוק בסעודת הבראה ובקור חולים. ובין תבין כי הנה אאע"ה הוא החל לייסד בעולם שיש עולם הנצחי והשארת הנפש ולכן יש נוחם לנפש שלא יבכה למת כי חיה יחיה שמה. וכן ביקור חולים לנחמו ולדבר על לבו שלא יפחד מהמות ויתאמץ בבטחון ה' כי יחי' אחרי נפלו וא"כ המה העיקרי' הכוללים אשר כל יסודי האמונה תלוי בזה. וא"כ אין מן הפלא שאחזו דווקא בזה כי הוא עיקר ושרש ראשון באמונה: **מתחילה צדק ולבסוף משפט.** כי הצדק הוא כח טוב ורחמים לרחם על כל והוא אהוב לכל והמשפט הוא כפי הדין. והנה אנשי רשע אוהבים לקבל הצדק מזולתו אך לא המשפט. ואברהם היה מתחכם להעמיד במשפט ארץ. ופית' אותם בתחילה בדרכי הצדק ואח"כ אחז במשפט ידו עד שמזה הביאם לידי אמונה אמיתית: **כאלו לא מת.** כי הבן נתח מהאב ושורש מנפשו. ואחרי שבנו חי והוא יגע בתורה שזהו חיי הנפש א"כ הוא ממש בחיים:

ה׳ לְמַעַן הָבִיא ה׳ עַל אַבְרָהָם וְגוֹ׳ — ***IN ORDER THAT HASHEM MIGHT THEN BRING UPON ABRAHAM, ETC.*** *[THAT WHICH HE HAD SPOKEN OF HIM].*

The Midrash cites an inference from this verse:

תְּנֵי — **It was taught in a Baraisa:** רַבִּי שִׁמְעוֹן בֶּן יוֹחָאי אוֹמֵר: כָּל מִי שֶׁיֵּשׁ לוֹ בֵּן יָגֵעַ בַּתּוֹרָה כְּאִילּוּ לֹא מֵת — **R' Shimon ben Yochai said: Whoever** dies but **has a son who toils in Torah** study,[87] **it is as if he has not died.**[88] שֶׁנֶּאֱמַר ״לְמַעַן הָבִיא ה׳ עַל אַבְרָהָם...״ — This is derived from our verse, **for it is written:** ***in order that HASHEM might then bring upon Abraham*** *that which He had spoken of him.* ״אֵת אֲשֶׁר דִּבֶּר אֵלָיו״ לֹא נֶאֱמַר — **"That which He had spoken *to* him" is not stated,**[89] אֶלָּא ״אֵת אֲשֶׁר דִּבֶּר[90] עָלָיו״ — **but rather,** ***that which He had spoken "of" him.***[91]

NOTES

87. The word וְשָׁמְרוּ, *that they keep,* suggests Torah study (*Yefeh To'ar,* referencing *Toras Kohanim, Bechukosai, Parshasa* 1).

88. A son's soul is rooted in his father's. If the son learns Torah, then his soul is *alive* and thus the father's soul lives on as well, even after his own physical death (*Eitz Yosef,* citing *Nezer HaKodesh*).

89. Our verse states that the deeds of Abraham and his children would be the impetus for God's bringing upon Abraham a reward that had previously been specified. That reward was the land of Canaan, which God promised Abraham as a homeland for his descendants. Now, since that land was delivered to them only many years after Abraham's death, it would appear that the verse should refer to it as *that which [God] had spoken* (i.e., *promised*) *"to" [Abraham].* However, this was not stated (see *Matnos Kehunah* and *Eitz Yosef*).

90. In some editions the word ה׳ is mistakenly inserted here.

91. The wording of the verse implies that God would give the land of Canaan [see note 88] to Abraham and his progeny in fulfillment of a promise God made *of,* i.e., *for the benefit of, Abraham.* And since he had died years before that gift was actually made, the only way it would have benefited Abraham himself is if he were still *alive* [in a spiritual sense] at that time, as a result of the fact that his descendants studied Torah (see *Matnos Kehunah, Eitz Yosef*; also see *Maharzu*).

[*Rashi* to our verse cites a very similar exposition, which makes its inference from the first half of the verse. There the verse stated *in order that HASHEM might then bring* (the promised reward) *upon Abraham,* as opposed to stating *upon Abraham's "household"* (i.e., his *descendants*), despite the fact that, as noted, Abraham had died when the reward was given. See *Yefeh To'ar* and *Nezer HaKodesh,* who consider why the Midrash here did not use those words as its source.]

רַבִּי יוּדָן וְרַבִּי אַחָא בְּשֵׁם רַבִּי אֲלֶכְּסַנְדְּרִי מַיְיתֵי לָהּ מֵהָכָא: ״וְאַבְרָהָם הָיוֹ יִהְיֶה״, יוֹ״ד עֶשֶׂר וְה׳ חָמֵשׁ וְיוֹ״ד עֶשֶׂר וְה׳ חָמֵשׁ:

ד [יח, יט] ״כִּי יְדַעְתִּיו לְמַעַן אֲשֶׁר יְצַוֶּה״.

רַבִּי יוּדָן בְּשֵׁם רַבִּי אֲלֶכְּסַנְדְּרִי: זוֹ הוֹבְרָיָא, וְרַבָּנָן אָמְרֵי: זוֹ בִּיקּוּר חוֹלִים. רַבִּי עֲזַרְיָה בְּשֵׁם רַבִּי יְהוּדָה: מִתְּחִלָּה ״צְדָקָה״ לְבַסּוֹף ״מִשְׁפָּט״, הָא כֵּיצַד אַבְרָהָם הָיָה מְקַבֵּל אֶת הָעוֹבְרִים וְאֶת הַשָּׁבִים, [טו]מִשֶּׁהָיוּ אוֹכְלִים וְשׁוֹתִים אָמַר לָהֶם: בָּרְכוּ. אָמְרוּ לֵיהּ: מַה נֹּאמַר, אָמַר לָהֶם: אִמְרוּ בָּרוּךְ אֵל עוֹלָם שֶׁאָכַלְנוּ מִשֶּׁלּוֹ. אִם מְקַבֵּל עָלָיו וּבָרֵיךְ הֲוָה אָכֵיל וְשָׁתֵי וְאָזֵיל, וְאִי לָא הֲוָה מְקַבֵּל עֲלֵיהּ וּבָרֵיךְ, הֲוָה אָמַר לֵיהּ: הַב מַה דַּעֲלָךְ, וְאָמַר: מָה אִית לָךְ עֲלַי, הֲוָה אָמַר לֵיהּ: חַד קְסִיט דַּחֲמַר בַּעֲשָׂרָה פוֹלָרִין, וְחַד לִיטְרָא דְקוּפָּר בַּעֲשָׂרָה פוֹלָרִין, וְחַד עִיגּוּל דְּרִיפְתָּא בַּעֲשָׂרָה פוֹלָרִין, מַאן יָהֵיב לָךְ חַמְרָא בְּמַדְבְּרָא, מַאן יָהֵיב לָךְ קוּפָּר בְּמַדְבְּרָא, מַאן יָהֵיב לָךְ עִיגּוּלָא בְּמַדְבְּרָא, מִן דַּהֲוָה חָמֵי הַהִיא עָקְתָא דַּהֲוָה עָקֵי לֵיהּ הֲוָה אָמַר: בָּרוּךְ אֵל עוֹלָם שֶׁאָכַלְנוּ מִשֶּׁלּוֹ. הָדָא הוּא דִכְתִיב לְכַתְּחִלָּה ״צְדָקָה״ וּלְבַסּוֹף ״מִשְׁפָּט״.

״לְמַעַן הָבִיא ה׳ עַל אַבְרָהָם וְגוֹ׳ ״, תְּנֵי: רַבִּי שִׁמְעוֹן בֶּן יוֹחָאי אוֹמֵר: [טז]כָּל מִי שֶׁיֵּשׁ לוֹ בֵּן יָגֵעַ בַּתּוֹרָה כְּאִילּוּ לֹא מֵת, שֶׁנֶּאֱמַר ״לְמַעַן הָבִיא ה׳ עַל אַבְרָהָם ...״, ״אֵת אֲשֶׁר דִּבֶּר אֵלָיו״ לֹא נֶאֱמַר אֶלָּא ״אֵת אֲשֶׁר דִּבֶּר עָלָיו״:

עץ יוסף

ר׳ יודן ור״א בשם ר״א מייתי לה מהכא ואברהם היו יהיה יו״ד עשרה כו׳. בתנחומא ס׳ וירא מהו כה יהיה אמר ר׳ תנחום בשם ר׳ אחא אין העולם חסר משלשים צדיקים שכן יהיה בגימטריא ל׳ ע״כ ואפשר שגם כאן נ״ל כן שר״ת מפיק לה מכה יהי׳ ור״י יליף לה מהיו יהיה: **מהכא ואברהם היו יהיה.** כלו׳ היו במנין יהיה שהוא גימטריא שלשים: **(ד) זו הובריא.** כלו׳ סעודת הבראה שמנחמים בה אבלים. ודרש מל׳ דרך כענין תנחומי אבלים ובקור חולים שהוא בהילוך ונקרא דרך ה׳ והוא בכלל צדקה וג״ח שבגופו. והערוך גרס זו הווכריא בל״י זריזות וחרילות עכ״ל. ואפשר שכוונתו ע״ד דרש חז״ל אין צו אלא לשון זירוז ודריש מאשר יצוה שהוא להיות זריזין במצות: **היה אביל ושתי ואזיל.** אחר אכילה ושתיה הלך לו ולא פרע לו כלום: **והיה אומר בו׳.** אברהם לאותו אורח תן לי מה שיש עליך בעד המזונות שאכלת. ואמר האורח אמור אתה כמה יש לך עלי: **קסיט** פי׳ כלי של חרס או מתכת או מכל דבר: **פלרין.** פרוטות: **ליטרא דקופר.** פי׳ ליטרא בשר: **ריפתא.** לחם: **מאן יהיב לך כו׳.** מי נתן לך מעולם במדבר בשר ולחם ויין: **מן דהוה כו׳.** משהיה רואה האורח הצרה הזאת שהוא מיצר לו היה מברך: **[ח] אליו לא נאמר.** שאז היה פירושו שדבר לו ה׳ מה שיהיה לבניו אבל עליו משמע שדבר לצרכו ובעבורו והא כתיב ודור רביעי ישובו הנה. אלא לפי שהעמיד בניו צדיקים ות״ת כי הבן נתח מהאב ושורש מנפשו ואחרי שבנו חי והוא יגע בתורה שזהו חיי הנפש א״כ הוא ממש בחיים והרי הוא כאילו דבר עליו (כזה״ק):

פירוש מהרז״ו

ואברהם היו יהיה. שהיל״ל יהי ואמר יהיה לגמטריא של שלשים. ולא אמר ואברהם יהיה שהוא עצמו יהיה לנ״א ל׳ צדיקים כאברהם ומשמע דר׳ תנחום יש לו דרשה אחרת היינו ממ״ש לגוי גדול שהלמ״ד מיותר לרמוז על ל׳ צדיקים: **(ד) זו הובריא.** בערוך ערך הווכריא גורס וואחוכריא ופי׳ המ״ע בל״י זריזות וחרילות עכ״ל וא״כ דורש למען אשר יצוה וגו׳. ואין צו בכל מקום אלא זריזות כמ״ש וצו את יהושע וחזקהו ואמצהו. במ״ר פר׳ ז׳ סי׳ ז׳: **זו בקור חולים.** כמ״ש חז״ל על פסוק והודעת להם את הדרך ילכו בה. ב״ק דף נ״ט וש״כ את הדרך זו ג״ח אשר ילכו זה ביקור חולים. ופי׳ כמ״ש והלכת בדרכיו שפי׳ מה הוא רחום וכו׳ וזהו מ״ש את הדרך זו ג״ח. אשר ילכו זו ביקור חולים שהמצוה בהכרח ע״י הליכה אל החולה. וכן נ״ל כאן ושמרו את דרך ה׳ זו ג״ח. וכאילו כתוב ושמרו את דרך ה׳ אשר ילכו בה כנ״ל. וזה על פי מדה ט׳: **חמרא במדברא.** עי׳ ד״ר פר׳ י״א בסימן ג׳ אצל אברהם שאמר לו משה את היית זן בישוב וכו׳ ונ״ע ועי׳ מש״ש ליישב שיתכן שהכוונה מ״ש בישוב באופן שזנים בישוב בלחם טבעי ובשר טבעי: **מתחלה צדקה כו׳.** דורש מ״ש אשר יצוה וגו׳ לעשות צדקה ומשפט משמע שיעשו הם אחר מותו מה שעשה הוא בחייו צדקה ומשפט. וזהו מ״ש אחריו ולא מצאנו לאברהם שהיה שופט כ״א שעשה צדקה. ע״כ דורש מתחלה צדקה ולבסוף משפט. ואצל דוד כתוב ויהי דוד עושה משפט וצדקה. ודרשו ד״ר פר׳ ה׳ סוף סי׳ ג׳. ודרשו תחלה משפט ואח״כ צדקה כי דוד עיקר ענינו לענין המשפט. כמ״ש שימה לנו מלך לשפטנו על כן כתב תחלה משפט ובסוף צדקה: **אליו לא נאמר אלא עליו.** מדקאמר למען אשר יצוה אחריו היינו אחר שימות אברהם. ואח״כ אמר למען הביא ה׳ על אברהם ועוד שאליו היה משמע שהדיבור לאברהם בשביל בניו. אך עליו משמע שהדיבור היה על עצמו. וכן מצאתי ברש״י בחומש שמדקדק גם ממ״ש על אברהם. וכן הוא דרך המדרש אחת דבר ושתים שמעה. עי׳ ב״ב קט״ז על פסוק כי שכב דוד וכי מת יואב דוד שהניח בן כמותו וכו׳ עי׳ לעיל פר׳ יו״ד סימן ה׳:

חידושי הרד״ל

(ו) [ד] **זו הובריא.** עמ״כ ובמ״ע גרים הוכריא ופי׳ זריזות וחרילות:

מסורת המדרש

טו לעיל פ׳ מ״ג וש״נ: טז ע׳ ב״ב קט״ז:

מתנות כהונה

[ד] **אשר יצוה ונר גרסינן.** וסיפיה דקרא וצדקה: **הובריא.** סעודת הבראה שמברין את האבל וזהו צדקה: [**מתחלה** צדיק גרסי׳]: **הוה אביל ושתי ואזיל.** כלומר אחר אכילה ושתיה הלך לו ולא פרע לו כלום: **הוה אומר בו׳.** אברהם היה אומר לאותו אורח תן לי מה שיש עליך בעד המזונות שאכלת ואמר האורח אמור אתה כמה יש לך עלי: **קסיט.** פירש הערוך כלי של חרס או מתכות או מכל דבר: **פולרין.** מין מטבע: **ליטרא דקופר.** ליטרא בשר: **ריפתא.** לחם: **מאן יהיב לך כו׳.** מי נתן לך מעולם במדבר בשר ולחם ויין: **מן דהוה כו׳.** משהיה רואה האורח הצרה ההיא שהיה מצר לו היה מברך: **את אשר דבר אליו.** בילקוט [ובהרא״מ גרסי דבר לו לא נאמר]: **עליו.** משמע על עצמו יבוא ואברהם כבר מת בימים ההם ורש״י בסדר זה בפירוש החומש יש לו דרך אחרת ועיין במזרחי:

אשד הנחלים

שלשים כמו שאומר להלן: [ד] **הובריא כו׳ בקור חולים.** אחז את זה כדוגמת מליצת הכתוב שמצינו על המיתה שנאמר צו לביתך כי מת אתה ולכן אמר שיצוה לביתו לעסוק בסעודת הבראה ובקור חולים. ובין תבין כי הנה אאע״ה הוא החל לייסד בעולם שיש עולם הנצחי והשארת הנפש ולכן יש נוחם לנפש שלא יבכה למת כי חיה יחיה שמה. וכן ביקור חולים לנחמו ולדבר על לבו שלא יפחד מהמות ויתאמץ בבטחון ה׳ כי יחי׳ אחרי נפלו וא״כ המה העיקרי׳ הכוללים אשר כל יסודי האמונה תלוי בזה. וא״כ אין מן הפלא שאחזו דווקא בזה כי הוא עיקר ושרש ראשון באמונה: **מתחילה צדק ולבסוף משפט.** כי הצדק הוא כח טוב ורחמים לרחם על כל והוא אהוב לכל והמשפט הוא כפי הדין. והנה אנשי רשע אוהבים לקבל הצדק מזולתו אך לא המשפט. ואברהם היה מתחכם להעמיד במשפט ארץ. ופית׳ אותם בתחילה בדרכי הצדק ואח״כ אחז במשפט ידו עד שמזה הביאם לידי אמונה אמיתית: **כאלו לא מת.** כי הבן נתח מהאב ושורש מנפשו. ואחרי שבנו חי והוא יגע בתורה שזהו חיי הנפש א״כ הוא ממש בחיים:

וַיֹּאמֶר ה׳ זַעֲקַת סְדֹם וַעֲמֹרָה כִּי־רָבָּה וְחַטָּאתָם כִּי כָבְדָה מְאֹד.
So HASHEM said, "Because the outcry of Sodom and Gomorrah has become great, and because their sin has been very grave" (18:20).

§5 **וַיֹּאמֶר ה׳ זַעֲקַת סְדֹם וַעֲמֹרָה כִּי רָבָּה** — ***SO HASHEM SAID, "BECAUSE THE OUTCRY OF SODOM AND GOMORRAH HAS BECOME GREAT . . . "***

The Midrash comments on the word רָבָּה:

רַבִּי חֲנִינָא אָמַר — **R' Chanina said:** **רַבָּה וְהוֹלֶכֶת** — The word רָבָּה indicates that the outcry was **growing progressively greater.**[92] **רַבִּי בֶּרֶכְיָה בְּשֵׁם רַבִּי יוֹחָנָן** — A second insight: **R' Berechyah** said **in the name of R' Yochanan:** **שָׁמַעְנוּ בְּדוֹר הַמַּבּוּל שֶׁנִּידּוֹנוּ בְּמַיִם, וְהַסְּדוֹמִיִּים שֶׁנִּדּוֹנוּ בְּאֵשׁ** — **We have learned about the** people of the **generation of the flood, that they were punished with water,**[93] and about **the Sodomites, that they were punished with fire.**[94] **מִנַּיִן לִיתֵּן אֶת הָאָמוּר בָּזֶה בָּזֶה** — **From where** can it be derived that we are **to apply what is stated by one to the other?** **תַּלְמוּד לוֹמַר "רַבָּה" "רַבָּה", לִגְזֵירָה שָׁוָה** — To teach us this **the Torah states** "רַבָּה" about the generation of the flood,[95] and it states "רַבָּה" in our verse, making **for a *gezeirah shavah.***[96]

אֵרְדָה־נָּא וְאֶרְאֶה הַכְּצַעֲקָתָהּ הַבָּאָה אֵלַי עָשׂוּ כָּלָה וְאִם־לֹא אֵדָעָה.
"I will descend and see: if they act in accordance with its outcry which has come to me then destruction! And if not, I will know" (18:21).

§6 **אֵרְדָה נָּא** — ***SO HASHEM SAID . . . "I WILL DESCEND . . . "***

The Midrash discusses God's *descent* and subsequent determination:

תָּנֵי רַבִּי שִׁמְעוֹן בֶּן יוֹחַאי — **R' Shimon ben Yochai taught in a Baraisa:** **זוֹ אַחַת מֵעֶשֶׂר יְרִידוֹת הָאֲמוּרוֹת בַּתּוֹרָה** — **This is one of the ten *descents*** of God **that are stated in Scripture.**[97]

Another insight:

אָמַר רַבִּי אַבָּא בַּר כָּהֲנָא — **R' Abba bar Kahana said:** **מְלַמֵּד שֶׁפָּתַח לָהֶם הַמָּקוֹם פֶּתַח שֶׁל תְּשׁוּבָה** — [This verse] **teaches** us **that the Omnipresent opened up the entrance of repentance for them,**[98] **שֶׁנֶּאֱמַר "אֵרְדָה נָּא וְאֶרְאֶה הַכְּצַעֲקָתָהּ הַבָּאָה אֵלַי עָשׂוּ כָּלָה"** — **For it is written, *I will descend and see: If they act in accordance with its outcry which has come to Me*** [then] **"כָּלָה", כְּלָיָיה הֵן חַיָּיבִין** — which means **they are liable to annihilation** as punishment![99] **"וְאִם לֹא אֵדָעָה", אוֹדִיעַ בָּהֶן מִדַּת הַדִּין בָּעוֹלָם**

NOTES

92. Far from repenting their evil deeds, the wicked Sodomites were only compounding them (see *Matnos Kehunah*; *Eitz Yosef*, citing *Nezer HaKodesh*).

This exposition is based on an understanding of the word רָבָּה as a verb in the present tense, so that it means, *it is becoming great* (*Eitz Yosef*). [This is difficult to accept though, for as *Rashi* (to verse) notes, the grammatical form of this word actually indicates that it is in *past* tense and means *it has become great*. It is possible that the Midrash here is actually basing its comment on the word רַבָּה that was stated in 6:5 above, and it relies on the *gezeirah shavah* that will be introduced immediately below to apply that exposition to our verse (*Yefeh To'ar*, *Maharzu*; for additional approaches see *Nezer HaKodesh* and *Matnos Kehunah*).]

93. See above, 7:21-23.

94. See below, 19:24.

95. Above, in 6:5: *HASHEM saw that the wickedness of Man was great* [רַבָּה] *upon the earth* (*Eitz Yosef*; *Rashash*, referencing above, 27 §3; cf. *Matnos Kehunah*).

96. The Midrash deduces by means of a *gezeirah shavah* between the flood and the destruction of Sodom, that water aided in the destruction of Sodom as it did in the generation of the flood, and that the flood involved fire as did Sodom's destruction. [The fire that was present in the flood has been discussed above, in 28 §9, and the water involved in the destruction of Sodom, in 42 §5 above (*Maharzu*; see further *Imrei Yosher*).]

97. As enumerated in *Avos DeRabbi Nassan* 34:5, these are: (i) above, 3:8 (ii) above, 11:5 (iii) here (iv) *Exodus* 3:8 (v) *II Samuel* 22:10 (vi) *Exodus* 19:20 (vii) ibid. 34:5 (viii) *Numbers* 11:25 (ix) *Ezekiel* 44:2 (x) *Zechariah* 14:4. [Reference (vii) is missing in some texts of *Avos DeRabbi Nassan*, but *Gra*, in his glosses, inserts it. See also *Pirkei DeRabbi Eliezer*, at the beginning of Ch. 14.]

It is unclear exactly what R' Shimon Bar Yochai wishes to teach by pointing out that this figure of speech appears ten times in Scripture. See *Nezer HaKodesh*, who suggests a Kabbalistic explanation.

98. R' Abba bar Kahana seeks to explain how our verse could imply that God, Who is all-knowing, sought to descend to earth in order to gain knowledge with which to make a decision. He explains that God did not wish to observe what the Sodomites had done, for He certainly knew that. Rather, He wished to present them an opportunity to repent, and He would then see whether or not they would avail themselves of this opportunity (*Maharzu*; *Eitz Yosef*, citing *Nezer HaKodesh*; for another explanation see *Rashi* to the verse with *Mizrachi* and *Matnos Kehunah*). And, although God knows in advance whether or not a person will repent, the verse describes God ("using the language of men") as if He did not know what would happen to Sodom (*Eitz Yosef*, citing *Nezer HaKodesh*). [R' Abba bar Kahana makes this comment in a number of places, including 38 §9 above, each of which involves a similar instance where one might mistakenly understand a verse as implying that God was in need of information (*Maharzu*).]

Repentance is, of course, always accessible to those who wish to repent. However, at certain times, people are inspired by heaven to do so. The Midrash is teaching that the people of Sodom were inspired in this way [as God's final attempt to forestall the destruction] (*Eitz Yosef*, citing *Nezer HaKodesh*). See Insight Ⓐ.

99. As explained above, God wished to observe whether or not the people of Sodom would repent. Accordingly, when our verse describes the two courses of action that the people might take, together with the results

INSIGHTS

Ⓐ **Magnetism to Teshuvah** Many commentaries have difficulty understanding what phenomenon in the saga of Sodom can be identified as a gateway that the Omnipotent One opened for the possibility of the Sodomites returning to Him in *teshuvah*. *R' Yonasan Shraga Domb* suggests that an answer may be found in the unique quality that is ascribed to the month of Elul as an appropriate time for *teshuvah*. *R' Shneur Zalman of Liadi* (*Likkutei Torah, Parashas Re'eh*, p. 32) defines this special character of Elul as the time at which "the King is in the field." Although throughout the year it is difficult to come before the King — ensconced, as He is, deep in his palace, behind numerous barriers — for one month each year the King makes Himself accessible and approachable, making it easy for His subjects to "return" to Him.

In a similar vein, *R' Yehonasan Eyebschutz* (*Yaaros Devash* 1:1) explains that the verse, *Seek God where He can be found; call upon Him when He is near* (*Isaiah* 55:6), is understood to relate to the time of Elul, because it depicts God as making Himself available and "near." Through His "proximity" to us, He enhances our lives with His aura of holiness, which then serves as a catalyst for *teshuvah*. Here too, God relates to Abraham that He Himself will be "going down" to Sodom. The aura of holiness that fills the area to which God descends is that gateway which — used properly — can facilitate the *teshuvah* process of those in its proximity. An analogy may be drawn to the interaction of a piece of metal with a magnet. Although at a distance a magnet's force may be too weak to attract a piece of metal, the closer the two objects move, the more the magnetic pull exerted by the magnet upon the metal, and the more likely the magnet and metal are to bond — i.e. , for *teshuvah* to occur. On the other hand, if the magnet and metal do not bond even at close range, then it must be concluded that either the magnet is weak, or the object is not magnetized. So too here: Man's soul is as metal to the magnet of God's holiness. If even the presence of God does not exert sufficient force upon the soul, it is a sign that the soul has lost its magnetic quality — i.e., that it is beyond any reasonable expectation of *teshuvah* (based on *LeHa'ir LeHoros U'LeHaskil* pp. 197-198).

ה [יח, כ] "וַיֹּאמֶר ה' זַעֲקַת סְדֹם וַעֲמֹרָה כִּי רָבָּה". רַבִּי חֲנִינָא אָמַר: רַבָּה וְהוֹלֶכֶת. רַבִּי בֶּרֶכְיָה בְּשֵׁם רַבִּי יוֹחָנָן: [יז]שָׁמַעְנוּ בְּדוֹר הַמַּבּוּל שֶׁנִּידּוֹנוּ בְּמַיִם, וְהַסְּדוֹמִיִּים שֶׁנִּדּוֹנוּ בְּאֵשׁ, מִנַּיִן לִיתֵּן אֶת הָאָמוּר בָּזֶה בָּזֶה, תַּלְמוּד לוֹמַר "רַבָּה" "רַבָּה", לִגְזֵירָה שָׁוָה:

ו [יח, כא] "אֵרְדָה נָּא". תָּנֵי רַבִּי שִׁמְעוֹן בֶּן יוֹחָאי: [יח]זוֹ אַחַת מֵעֶשֶׂר יְרִידוֹת הָאֲמוּרוֹת בַּתּוֹרָה. אָמַר רַבִּי אַבָּא בַּר כָּהֲנָא: מְלַמֵּד שֶׁפָּתַח לָהֶם הַמָּקוֹם פֶּתַח שֶׁל תְּשׁוּבָה, שֶׁנֶּאֱמַר "אֵרְדָה נָּא וְאֶרְאֶה הַכְּצַעֲקָתָהּ הַבָּאָה אֵלַי עָשׂוּ כָּלָה", כְּלָיָיה הֵן חַיָּיבִין. "וְאִם לֹא אֵדָעָה", אוֹדִיעַ בָּהֶן מִדַּת הַדִּין בָּעוֹלָם. אָמַר רַבִּי לֵוִי: אֲפִילוּ אֲנִי מְבַקֵּשׁ לִשְׁתּוֹק, [יט]דִּינָהּ שֶׁל רִיבָה אֵינִי מֵנִיחַ אוֹתִי לִשְׁתּוֹק. מַעֲשֶׂה בִּשְׁתֵּי נְעָרוֹת שֶׁיָּרְדוּ לִשְׁתּוֹת וּלְמַלֹּאות מַיִם, אָמְרָה אַחַת לַחֲבֶרְתָּהּ: לָמָּה פָּנַיִךְ חוֹלָנִיּוֹת, אָמְרָה לָהּ: כָּלוּ מְזוֹנוֹתֶיהָ וּכְבָר הִיא נְטוּיָה לָמוּת. [כ]מֶה עָשְׂתָה מִלְּאָה אֶת הַכַּד קֶמַח וְהֶחְלִיפוּ, נָטְלָה זוֹ מַה שֶּׁבְּיַד זוֹ. וְכֵיוָן שֶׁהִרְגִּישׁוּ בָהּ נְטָלוּהָ וּשְׂרָפוּ אוֹתָהּ. אָמַר הַקָּדוֹשׁ בָּרוּךְ הוּא: אֲפִילוּ אֲנִי מְבַקֵּשׁ לִשְׁתּוֹק, דִּינָהּ שֶׁל נַעֲרָה אֵינוֹ מֵנִיחַ אוֹתִי לִשְׁתּוֹק. הֲדָא הוּא דִכְתִיב "הַכְּצַעֲקָתָהּ", "הַכְּצַעֲקָתָם" אֵינוֹ אוֹמֵר אֶלָּא "הַכְּצַעֲקָתָהּ". וְאֵיזוֹ זוֹ דִּינָהּ שֶׁל נַעֲרָה. אָמַר רַבִּי יִרְמְיָה בֶּן אֶלְעָזָר: [כא]עִיקַּר שַׁלְוָתָהּ שֶׁל סְדוֹם לֹא הָיְתָה אֶלָּא חֲמִשִּׁים וּשְׁתַּיִם שָׁנָה, וּמֵהֶם עֶשְׂרִים וְחָמֵשׁ שָׁנָה הָיָה הַקָּדוֹשׁ בָּרוּךְ הוּא מַרְעִישׁ עֲלֵיהֶם הָרִים וּמֵבִיא עֲלֵיהֶם זְוָעוֹת כְּדֵי שֶׁיַּעֲשׂוּ תְשׁוּבָה, וְלֹא עָשׂוּ,

עץ יוסף

(ה) [ט] **רבה והולכת.** דריש רבה בלשון הווה (ועי' רש"י) שהיא רבה והולכת תמיד בכל יום ולפיכך אין להם שום תקנה (נזה"ק): **רבה רבה לגזירה ושוה.** פי' בדור המבול כתיב כי רבה רעת וגו' ועי' לעיל פ' כ"ח שם נתבאר: (ו) [י] **זו אחת מעשר כו'.** עיין לעיל פ' ל"ח סי' י"ב ושם נתבאר: **מלמד שפתח כו'.** והענין כי הבחירה ניתן ביד האדם וכביכול ה' סילק רשותו ממנו. אך לפעמים יותן הארה מלמעלה ללב האדם אולי ישוב ובהיות התשובה תלוי בבחירתו שייך למימר ביה לשון מסופק אע"ג דליכא ספיקא קמי שמיא (נזה"ק): **דינה של ריבה.** נערה: **ושרפו אותה.** לפי שחק חקקו שלא להחיות את העניים בפ' חלק: **אפילו אני מבקש כו'.** כי חטא בין אדם לחבירו גדול מחטאו בין אדם למקום כי מריע לאחרים במעשיו. ולכן אי אפשר לי לשתוק: [יא] **עיקר שלוותה כו' נ"ב שנה.** (בפ"ק דשבת איתא עיקר ישיבתה כ"ב שנה ושלותה כ"ו) והוא מוכרח דהא בוני מגדל בארץ שנער היו ומשם נפוצו ובנו להם עיירות. ומשנתפלגה עד שחרבה סדום שאז היה אברהם בן ק' שנה ליכא רק כ"ב שנה שבסוף ימי פלג נתפלגו ואז היה אברהם בן מ"ח שנה כדאי' בס"ע (יפ"ת): **עשרים וחמש שנה היה הקדוש ברוך הוא מרעיש.** אפשר דהכי גמירי להו שכ"ה שנה היה מרעיש עליהם:

חידושי הרד"ל

(ז) [ו] **פתח של תשובה שנאמר ארדה נא ואראה.** לשון ראייה והוא לטובה ובתשובה כדאמר (ישעיה נ"ז) דרכיו ראיתי וארפאהו:

חידושי הרש"ש

[ה] **רבה רבה לגז"ש.** כי גם בדור המבול כתיב כי רבה רעת כו' כ"ה להדיא לעיל פכ"ז וזה אישתמיט ממ"כ:

פירוש מהרז"ו

(ה) **רבה והולכת.** וכן לעיל פר' כ"ז סימן ג' ועי' רש"י בחומש על פסוק זה זעקת סדום ועמורה כי רבה. שכתב היפך דברי המדרש כאן. ונ"ל שעיקר דרשה של רבה והולכת אמרה ר' חנינא לעיל על פסוק כי רבה רעת האדם בארץ ושם הטעם למטה בב' כדברי רש"י ופי' גדלה והולכת. והובא כאן דרך אגב של מאמר ר' יוחנן שדורש גז"ש של רבה ויועיל גם לזה דשם פי' רבה והולכת וכן כאן. וכאן פירש שכבר גדלה וכן שם נמלא דשניהם כבר גדלה ועל כל זה גדלה והולכת: **רבה רבה לגזירה שוה.** וכמ"ש לעיל פרשה כ"ח סימן ט' וכמ"ש שם סי' ז' ע"ש הרי שבאיוב מפורש ע"פ מדה י"ז ובתורה מרומז ע"פ גז"ש. ואגל סדום היה מים ג"כ. ומרומז בתורה בגז"ש ובאיוב מפורש בצורות יאורים בקע כמ"ש לעיל פר' מ"ב סוף סי' ה' ע"ש. גם מרומז בתורה במ"ש המטיר על סדום ע"פ מדת ממעל המטיר מטר וסתם מטר הוא מים: (ו) **אחת מעשר ירידות.** עי' פדר"א ריש פרק י"ד. וחושב שם תשעה בתורה ואחד בנביאים לעתיד. ואף שמבואר בכמה פסוקים הירידה של עתיד הכל רומזים על ירידה אחת: **אמר רבי אבא בר כהנא.** עי' לעיל פר' ל"ח סוף סימן ט' וש"נ לכמה מקומות ג"כ בשם ר"א ב"כ. והנה במקומות הנ"ל הדרשה על שכתוב בלשון ספק על הש"י. ע"כ דרשו שהספק הוא על האדם. וכן כאן שאמר ארדה ואראה הכצעקתה הבאה אלי עשו כלה משמע שצריך לירד ולידע ואם לאו לא ידע חלילה ומי איכא ספיקא קמי שמיא. ע"כ דורש שתלה הדבר בתנאי התשובה על להבא אם לא יעשו תשובה אז הם חייבים כליה ואם לאו אלא שיעשו תשובה אז לא אעשה כלה אלא אדעה בהם מדת הדין. ואם אינו ענין על ידיעת עצמו כ"י ת"ע שיודיע לאחרים. וכמ"ש שמ"ר סוף פר' א' וידע אלהים הודיע דרך הקן. וכמ"ש בכל הטונשים וידעו כי אני ה' וזהו אדעה שיודע בעולם כחו וגבורתו ומדת משפטו אך בלא כליה שאע"פ שיעשו תשובה לא יועיל להם לסלוח להם לגמרי: **עיקר שלותה.** עיין שבת דף י"ד ושם איתא ישיבתה של סדום כ"ב שנה ושלותה כ"ו שנה. וצ"ע מנין לו שכ"ה שנה היה מרעיש עליהם. וגירסת התנחומא וירא סימן י' כ"ב שנה היה מעיד בהם באנשי סדום. ומזעזע עליהם את ההרים. כדי שיעשו תשובה אמר רשב"י מקרא מפורש הוא המעתיק הרים וגו'. והחשבון של כ"ב שנה בסדר עולם פרק א' משנת מ"ח לאברהם עד שנת מאה היינו מעת ההפלגה עד שנהפכה.

מסורת המדרש

יז לעיל פ' כ"ז וש"ה: יח לעיל פרשה ל"ח. פדר"א פרק י"ד. אדר"ן פרק ל"ד. ספרי בהעלותך פסקא ל"ג. ילקוט בראשית רמז כ"ז: יט סנהדרין דף ק"ט: כ עי' פדר"א פ' כ"ה. ילקוט כאן רמז פ"ג: כא שבת י'. סדר עולם רבה פרק א'. תנחומא כאן סי' י'. ילקוט כאן רמז פ"ג. ילקוט איוב רמז תתק"ד:

מתנות כהונה

[ה] **רבה והולכת.** ואינם חוזרים בתשובה ורש"י ז"ל כתב בפירוש החומש שפירושו כבר רבתה והוא על פי הדקדוק: **רבה רבה.** בדור המבול כתיב מעינות תהום רבה: [ו] **פתח של תשובה.** במה שאמר ואראה שאם יחזרו בתשובה לא יראה בהם כלום או י"ל דדייק מסיפיה דקרא עשו כלה ואם לא אדעה כמו שפירש"י בחומש ודייק מדכתיב עשו ולא עשו ובוודאי שכבר עשו שהרי כבר כתיב וחטאתם כי כבדה מאד וכן פי' המזרחי: **ריבה.** נערה ודריש רבה קרי ביה ריבה: [**עשרים וחמש וכו'.** ה"ג ג"כ בילקוט איוב]:

אשד הנחלים

[ה] **רבה והולכת.** הענין כי ה' יודע את נפש האדם אם יתכן שישוב עוד מדרכו הרעה או לא. כי אם נתגבר בו הרשע בהרגל גדול אז אין תקוה לו. ואז ישפט בכליון חרוץ כי אין תקומה עוד למפלתו. ולכן דן אנשי סדומים כי ידע כי ירשיעו עוד יותר ויותר ולכן שפטם במדת הנקם: **רבה רבה לג"ש.** כלומר אחר שהמה היו שוים במעשיהם הרעים. א"כ גם ענשם שוה. כי העונש הוא מדה במדה ולכן מוכרחין אנו לומר שהעונש שהי' בזה הי' בזה וא"כ שניהם נידונו באש ומים שהוא העונש היותר קשה שני הפכיים בנושא אחד: [ו] **אחת מעשר ירידות.** ביאור מלת ירידה הנאמר אצלו ית' כבר ביאר הרב הנכבד בספרו שענינו על מי שיורד ממדריגתו להזדקק לדבר פחות. והנה ה' ית' נעלה ומרומם להיות משגיח בשפלים ועכ"ז כביכול ירד ממדריגתו להזדקק לראות במעשיהם כן פי' הרב המורה ז"ל. ולפי הדברים כאן שאמרו שפתח להם פתח של תשובה. מורה שהירידה הוא ג"כ על הכוונה הזאת. והענין כי הבחירה ניתן ביד האדם וכביכול ה' סילק רשותו ממנו. אך לפעמים יותן הארה מלמעלה ללב האדם אולי ישוב וזהו נקראת ירידה אצלו ית' שירד ממקום כבודו להופיע עליהם הארה. ואראה אם ישובו מדרכם הרעה אז לא אשחיתם אך אם גם זאת לא יועיל להם אעשה כלה ויהיו לפ"ז פירש הכצעקתה הבאה אלי עשו כלומר אם עודנה יאחזו במעשיהם כצעקתה הבאה אלי עתה. אז אכלם. ואם לא אדעה ואתבונן איך להענישם רק בעונש אבל לא כליה וזהו אני מודיע מדה"ד בעולם לא כלי' אמיתית: **אפילו אני מבקש כו'.** כי חטא בין אדם לחבירו גדול מחטאו בין אדם למקום כי מריע לאחרים במעשיו. ולכן א"א לי לשתוק אף שאמחול על ביני לבין האדם:

– *And if not,* [then] אֵדְעָה – **through them** ***I will make known*** **throughout the world** My **Attribute of Strict Justice.**[100]

The Midrash examines the *outcry,* which, according to our verse, arose from Sodom:

אָמַר רַבִּי לֵוִי – **R' Levi said:** אֲפִילוּ אֲנִי מְבַקֵּשׁ לִשְׁתּוֹק, דִּינָהּ שֶׁל רִיבָה אֵינִי מֵנִיחַ אוֹתִי לִשְׁתּוֹק – God said, **"Even if I would desire to remain silent** in the face of all of Sodom's misdeeds, **the judgment of a** certain **girl,** (which will now be related) **does not allow Me to remain silent."** מַעֲשֶׂה בִּשְׁתֵּי נְעָרוֹת שֶׁיָּרְדוּ לִשְׁתּוֹת וּלְמַלְּאוֹת מַיִם – For there was once **an incident involving two girls** from Sodom **who went down** to the water **to drink and to fill** their pitchers with **water.** אָמְרָה אַחַת לַחֲבֶרְתָּהּ: לָמָּה פָּנַיִךְ חוֹלָנִיּוֹת – **One** girl **said to her friend, "Why is your face sickly** looking?" אָמְרָה לָהּ: כָּלוּ מְזוֹנוֹתֶיהָ וּכְבָר הִיא נְטוּיָה לָמוּת – **She replied to her, "Her** (i.e., my)[101] **food supply is finished, and she is** (i.e., I am) **already approaching death** from hunger." מֶה עָשְׂתָה, מִלְאָה אֶת הַכַּד קֶמַח וְהֶחְלִיפוּ, נָטְלָה זוֹ מַה שֶּׁבְּיַד זוֹ – **What did** [the other girl] **do** when she heard this? **She filled** her **pitcher with flour and they exchanged** pitchers, so that **this one took what was in the hand of the other one.** וְכֵיוָן שֶׁהִרְגִּישׁוּ בָהּ נְטָלוּהָ וְשָׂרְפוּ אוֹתָהּ – **And when [the Sodomites] became aware of her** actions **they took her and burned her.**[102] אָמַר הַקָּדוֹשׁ בָּרוּךְ הוּא: אֲפִילוּ אֲנִי מְבַקֵּשׁ לִשְׁתּוֹק, דִּינָהּ שֶׁל נַעֲרָה אֵינוֹ מֵנִיחַ אוֹתִי לִשְׁתּוֹק – Concerning this episode, **the Holy One, Blessed is He, said, "Even if I would desire to remain silent, the judgment of that girl does not allow Me to remain silent!"**[103] הָדָא הוּא דִכְתִיב "הַכְּצַעֲקָתָהּ" – **Thus, it is written,** ***If*** *they act* ***in accordance with its*** (lit., *her*) ***outcry;*** "הַכְּצַעֲקָתָם" אֵינוֹ אוֹמֵר אֶלָּא "הַכְּצַעֲקָתָהּ" – **[the verse] does not say, "if** they act **in accordance with** ***their*** **outcry,"** in the plural, **but rather,** ***If they act in accordance with "her" outcry,*** in the singular. וְאֵיזוֹ? זוֹ דִּינָהּ שֶׁל נַעֲרָה – **And which** *outcry* **is this** that is specifically referred to by the verse? The *outcry* of the victim of **the judgment of** that **girl.**[104]

Additional discussion of the fact that Sodom was unsuccessfully encouraged to repent:

אָמַר רַבִּי יִרְמְיָה בֶּן אֶלְעָזָר – **R' Yirmiyah ben Elazar said:** עִיקַּר שַׁלְוָתָהּ שֶׁל סְדוֹם לֹא הָיְתָה אֶלָּא חֲמִשִּׁים וּשְׁתַּיִם שָׁנָה – **The totality of Sodom's tranquility was only fifty-two years.**[105] וּמֵהֶם עֶשְׂרִים וְחָמֵשׁ שָׁנָה הָיָה הַקָּדוֹשׁ בָּרוּךְ הוּא מַרְעִישׁ עֲלֵיהֶם הָרִים וּמֵבִיא עֲלֵיהֶם זְוָעוֹת כְּדֵי שֶׁיַּעֲשׂוּ תְּשׁוּבָה – **And** for **twenty-five of those,**[106] **the Holy One, blessed is He, made** the neighboring **mountains rumble, and brought tremors**[107] **upon [the Sodomites] so that they should repent** their evil ways. וְלֹא עָשׂוּ – **But they did not perform** repentance.

NOTES

that those actions would bring, the first scenario mentioned is one in which the people would not repent and the second discusses what will happen if they do. Thus, the Midrash explains the first segment of the verse as stating that if the people of Sodom continue in their evil ways without remorse they will be annihilated (*Maharzu*).

100. The second half of the verse (literally, *And if not, I will know*) is difficult to understand. The Midrash interprets the word אֵדְעָה to mean *I will make known.* Thus, God was saying that He would make something known if the Sodomites did indeed repent. The Midrash explains that, in that event, God pledged that although He would not destroy them, He would nonetheless bring suffering upon those wicked people and thereby *make known* to mankind that He possesses the Attribute of Strict Justice with which evildoers are punished. For, even if they were to repent and thereby stave off annihilation, the evil Sodomites would have to suffer before they could achieve atonement (*Maharzu*; see further *Yefeh To'ar*).

101. [When one discusses the possibility of tragedy befalling himself, he will often speak as though it were someone else who was in danger.]

102. They did this because Sodomite law forbade supporting poor people (*Yefeh To'ar* and *Eitz Yosef*, citing an inference from *Sanhedrin* ibid.).

103. God might not have acted upon the sins the people of Sodom committed against Him, but He would not remain passive in the face of their sins toward their fellow man, which are treated more severely (*Eshed HaNechalim*, *Eitz Yosef*).

104. The word רַבָּה of the previous verse, "וַעֲקַת סְדֹם וַעֲמֹרָה כִּי "רָבָּה, *because the outcry of Sodom and Gomorrah has become great*, is associated with רִיבָה, the Aramaic word for *girl*, and therefore alludes to this terrible story involving a *girl* (see *Sanhedrin* 109b [where this inference appears alongside a different story of the Sodomites' cruel punishment of a young girl]). Here, the Midrash justifies our verse's use of the term *"her" outcry*, by explaining that it refers to the outcry of the girl who had been indicated by the previous verse (see *Yefeh To'ar*; see also *Matnos Kehunah*).

105. Translation follows *Yefeh To'ar*, who quotes *Shabbos* 10b, which teaches that the city of Sodom was 52 years old at the time of its destruction. [See there further where *Yefeh To'ar* notes a discrepancy between this Midrash's chronicle of the history of Sodom and the one presented by the Gemara.]

[The length of Sodom's existence can be calculated as follows: Until the Dispersion, all the world's inhabitants lived in Babylonia. They subsequently spread out and built cities elsewhere. Hence, it may be assumed that Sodom, which was a major city located outside Babylonia, was founded soon after the Dispersion. The date of the Dispersion is alluded to in the verse (above, 10:25): *The name of the first* [son of Eiver] *was Peleg for in his days the world was dispersed.* [פֶּלֶג, *Peleg*, shares the same root as הַפְלָגָה, *dispersion.*] This verse cannot mean merely that the Dispersion took place some time in the middle of Peleg's days (i.e., neither at his birth nor at his death), because then the allusion would be too vague. The Torah's purpose in stating this allusion is surely to give a specific date, rather than a wide time frame. It must mean that the Dispersion occurred either at the *beginning* of Peleg's days (i.e., when he was born) or at the *end* of his days (i.e., when he died). We know that the Dispersion did not take place when Peleg was born, because the descendants of his younger brother, Yaktan, were among the people dispersed (see *Rashi* ibid.). The verse must therefore mean that the Dispersion occurred when Peleg died. It can be calculated that Peleg died in the 48th year of Abraham's life. [This calculation is based on 11:19-26 above, which states the lengths of the generations between Peleg and Abraham (see *Rashi* ibid. 19 §20).] Thus, Abraham was in his 48th year at the time of the Dispersion and the founding of Sodom (which occurred soon afterward, as stated above). The destruction of Sodom took place when Abraham was 99 years old. This is evident from the fact that the angels proceeded to destroy Sodom after telling Abraham that he would have a son in a year's time, and Abraham was 100 years old when Isaac was born. Since Sodom was founded when Abraham was in his 48th year and destroyed when he was 99, it evidently endured for 52 years (*Rashi* to *Shabbos* loc. cit., cited by *Yefeh To'ar,* who is cited by *Eitz Yosef*).]

106. The Midrash must know this time frame based on oral tradition, as no source is apparent (*Eitz Yosef*; see also *Maharzu*).

107. Translation of זְוָעוֹת as *tremors* is based on *Eitz Yosef*, citing *Nezer HaKodesh* (compare *Berachos* 59a; see further, *Yefeh To'ar* and *Maharzu*).

חידושי הרד"ל

(ז) [ו] **פתח של תשובה שנאמר ארדה נא ואראה.** לשון ראייה והוא לטובה ובתשובה כדאמר (ישעיה נ"ז) דרכיו ראיתי וארפאהו:

חידושי הרש"ש

[ה] **רבה רבה לגז"ש.** כי גם בדור המבול כתיב כי רבה רעת כו' כ"ה להדיא לעיל פכ"ז וזה אישתמיט ממ"כ:

עץ יוסף

(ה) [ט] **רבה והולכת.** דריש רבה בלשון הווה (ועי' רש"י) שהיא רבה והולכת תמיד בכל יום ולפיכך אין להם שום תקנה (נזה"ק): **רבה רבה לגזירה ושוה.** פי' בדור המבול כתיב כי רבה רעת וגו' ועי' לעיל פ' כ"ח שם נתבאר: (ו) [י] **זו אחת מעשר כו'.** עיין לעיל פ' ל"ח סי' י"ב ושם נתבאר: **מלמד שפתח כו'.** והענין כי הבחירה ניתן ביד האדם וכביכול ה' סילק רשותו ממנו. אך לפעמים יותן הארה מלמעלה ללב האדם אולי ישוב ובהיות התשובה תלוי בבחירתו שייך למימר ביה לשון מסופק אע"ג דליכא ספיקא קמי שמיא (נזה"ק): **דינה של ריבה.** נערה: **ושרפו אותה.** לפי שחק חקקו שלא להחיות את העניים בפ' חלק: **אפילו אני מבקש כו'.** כי חטא בין אדם לחבירו גדול מחטאו בין אדם למקום כי מריע לאחרים במעשיו. ולכן אי אפשר לי לשתוק: [יא] **עיקר שלוותה כו' נ"ב שנה.** (בפ"ק דשבת איתא עיקר ישיבתה כ"ב שנה ושלותה כ"ו) והוא מוכרח דהא בוני מגדל בארץ שנער היו ומשם נפוצו ובנו להם עיירות. ומשנתפלגה עד שחרבה סדום שאז היה אברהם בן ק' שנה ליכא רק כ"ב שנה שבסוף ימי פלג נתפלגו ואז היה אברהם בן מ"ח שנה כדאי' בס"ע (יפ"ת): **עשרים וחמש שנה היה הקדוש ברוך הוא מרעיש.** אפשר דהכי גמירי להו שכ"ה שנה היה מרעיש עליהם:

ה [יח, כ] "וַיֹּאמֶר ה' זַעֲקַת סְדֹם וַעֲמֹרָה כִּי רָבָּה". רַבִּי חֲנִינָא אָמַר: רַבָּה וְהוֹלֶכֶת. רַבִּי בֶּרֶכְיָה בְּשֵׁם רַבִּי יוֹחָנָן: [יז]שָׁמַעְנוּ בְּדוֹר הַמַּבּוּל שֶׁנִּידּוֹנוּ בְּמַיִם, וְהַסְּדוֹמִיִּים שֶׁנִּדּוֹנוּ בְּאֵשׁ, מִנַּיִן לִיתֵּן אֶת הָאָמוּר בָּזֶה בָּזֶה, תַּלְמוּד לוֹמַר "רַבָּה" "רָבָּה", לִגְזֵירָה שָׁוָה:

ו [יח, כא] "אֵרְדָה נָּא". תָּנֵי רַבִּי שִׁמְעוֹן בֶּן יוֹחָאי: [יח]זוֹ אַחַת מֵעֶשֶׂר יְרִידוֹת הָאֲמוּרוֹת בַּתּוֹרָה. אָמַר רַבִּי אַבָּא בַּר כָּהֲנָא: מְלַמֵּד שֶׁפָּתַח לָהֶם הַמָּקוֹם פֶּתַח שֶׁל תְּשׁוּבָה, שֶׁנֶּאֱמַר "אֵרְדָה נָּא וְאֶרְאֶה הַכְּצַעֲקָתָהּ הַבָּאָה אֵלַי עָשׂוּ כָּלָה", כְּלָיָה הֵן חַיָּיבִין. "וְאִם לֹא אֵדָעָה", אוֹדִיעַ בָּהֶן מִדַּת הַדִּין בָּעוֹלָם. אָמַר רַבִּי לֵוִי: אֲפִילוּ אֲנִי מְבַקֵּשׁ לִשְׁתּוֹק, [יט]דִּינָהּ שֶׁל רִיבָה אֵינִי מַנִּיחַ אוֹתִי לִשְׁתּוֹק. מַעֲשֶׂה בִּשְׁתֵּי נְעָרוֹת שֶׁיָּרְדוּ לִשְׁתּוֹת וּלְמַלְּאוֹת מַיִם, אָמְרָה אַחַת לַחֲבֶרְתָּהּ: לָמָּה פָּנַיִךְ חוֹלָנִיּוֹת, אָמְרָה לָהּ: כָּלוּ מְזוֹנוֹתֶיהָ וּכְבָר הִיא נְטוּיָה לָמוּת. [כ]מֶה עָשְׂתָה מִלְּאָה אֶת הַכַּד קֶמַח וְהֶחְלִיפוּ, נָטְלָה זוֹ מַה שֶּׁבְּיַד זוֹ. וְכֵיוָן שֶׁהִרְגִּישׁוּ בָּהּ נְטָלוּהָ וּשְׂרָפוּ אוֹתָהּ. אָמַר הַקָּדוֹשׁ בָּרוּךְ הוּא: אֲפִילוּ אֲנִי מְבַקֵּשׁ לִשְׁתּוֹק, דִּינָהּ שֶׁל נַעֲרָה אֵינוֹ מַנִּיחַ אוֹתִי לִשְׁתּוֹק. הֲדָא הוּא דִכְתִיב "הַכְּצַעֲקָתָהּ", "הַכְּצַעֲקָתָם" אֵינוֹ אוֹמֵר אֶלָּא "הַכְּצַעֲקָתָהּ". וְאֵיזוֹ זוֹ דִּינָהּ שֶׁל נַעֲרָה. אָמַר רַבִּי יִרְמְיָה בֶּן אֶלְעָזָר: [כא]עִיקַּר שַׁלְוָתָהּ שֶׁל סְדוֹם לֹא הָיְתָה אֶלָּא חֲמִשִּׁים וּשְׁתַּיִם שָׁנָה, וּמֵהֶם עֶשְׂרִים וְחָמֵשׁ שָׁנָה הָיָה הַקָּדוֹשׁ בָּרוּךְ הוּא מַרְעִישׁ עֲלֵיהֶם הָרִים וּמֵבִיא עֲלֵיהֶם זְוָעוֹת כְּדֵי שֶׁיַּעֲשׂוּ תְּשׁוּבָה, וְלֹא עָשׂוּ,

פירוש מהרז"ו

(ה) **רבה והולכת.** וכן לעיל פר' כ"ז סימן ג' ועי' רש"י בחומש על פסוק זה זעקת סדום ועמורה כי רבה. שכתב היפך דברי המדרש כאן. וצ"ל שעיקר דרשה של רבה והולכת אמרה ר' חנינא לעיל על פסוק כי רבה רעת האדם בארץ ושם הטעם למטה בב' כדברי רש"י ופי' גדלה והולכת. והובא כאן דרך אגב של מאמר ר' יוחנן שדורש גז"ש של רבה ויועיל גם לזה דשם פי' רבה והולכת וכן כאן. וכאן פירש שכבר גדלה וכן שם נמצא דבשניהם כבר גדלה ועל כל זה גדלה והולכת: **רבה רבה לגזירה שוה.** וכמ"ש לעיל פרשה כ"ח סימן ט' וכמ"ש שם סי' ז' ע"ש הרי שבאיוב מפורש ע"פ מדה י"ז ובתורה מרומז ע"פ גז"ש. ואצל סדום היה מים ג"כ. ומרומז בתורה בגז"ש ובאיוב מפורש בצורות יאורים בקע כמ"ש לעיל פר' מ"ב סוף סי' ה' ע"ש. גם מרומז בתורה במ"ש המטיר על סדום ע"פ מדת ממעל המטיר מטר ושם מטר הוא מים: (ו) **אחת מעשר ירידות.** עי' פדר"א ריש פרק י"ד. וחושב שם תשעה בתורה ואחד בנביאים לעתיד. ואף שמבואר בכמה פסוקים הירידה של עתיד הכל רומזים על ירידה אחת: **אמר רבי אבא בר כהנא.** עי' לעיל פר' ל"ח סוף סימן ט' וש"נ לכמה מקומות ג"כ בשם ר"א ב"כ. והנה במקומות הנ"ל הדרשה על שכתוב בלשון ספק על הש"י. ע"כ דרשו שהספק הוא על האדם. וכן כאן שאמר ארדה ואראה הכצעקתה הבאה אלי עשו כלה משמע שצריך לירד ולידע ואם לאו לא ידע חלילה ומי איכא ספיקא קמי שמיא. ע"כ דורש שתלה הדבר בתנאי התשובה על להבא אם לא יעשו תשובה אז הם חייבים כליה ואם לאו אלא שיעשו תשובה אז לא אעשה כלה אלא אדעה בהם מדת הדין. ואם איננו ענין על ידיעת עצמו כ"י ת"ע שיודיע לאחרים. וכמ"ש שמ"ר סוף פר' א' וידע אלהים הודיע דרך הקן. וכמ"ש בכל העונשים וידעו כי אני ה' וזהו אדעה שיודע בעולם כחו וגבורתו ומדת משפטו אך בלא כליה שאע"פ שיעשו תשובה לא יועיל להם לסלוח להם לגמרי: **עיקר שלותה.** עיין שבת דף יו"ד ושם איתא ישיבתה של סדום כ"ב שנה ושלותה כ"ו שנה. וצ"ע מנין לו שכ"ה שנה היה מרעיש עליהם. וגירסת התנחומא וירא סימן י' כ"ב שנה היה מעיד בהם באנשי סדום. ומזעזע עליהם את ההרים. כדי שיעשו תשובה אמר רשב"י מקרא מפורש הוא המעתיק הרים וגו'. והחשבון של כ"ב שנה בסדר עולם פרק א' משנת מ"ח לאברהם עד שנת מאה היינו מעת הפלגה עד שנהפכה.

מסורת המדרש

יז לעיל פ' כ"ז וש"נ: **יח** לעיל פרשה ל"ח. פדר"א פרק י"ד. אדר"ן פרק ל"ד. ספרי בהעלותך פסקא נ"ג. ילקוט בראשית רמז כ"ז: **יט** סנהדרין דף ק"ט: **כ** עי' פדר"א פ' כ"ה. ילקוט כאן רמז פ"ג: **כא** שבת י'. סדר עולם רבה פרק א'. תנחומא כאן סי' י'. ילקוט כאן רמז פ"ג. ילקוט איוב רמז תתק"ד:

מתנות כהונה

[ה] **רבה והולכת.** ואינם חוזרים בתשובה ורש"י ז"ל כתב בפירוש החומש שפירושו כבר רבתה והוא על פי הדקדוק: **רבה רבה.** בדור המבול כתיב מעינות תהום רבה: [ו] **פתח של תשובה.** במה שאמר ואראה שאם יחזרו בתשובה לא יראה בהם כלום או י"ל דדייק מסיפיה דקרא עשו כלה ואם לא אדעה כמו שפירש"י בחומש ודייק מדכתיב עשו ולא עשו ובוודאי שכבר עשו שהרי כבר כתיב וחטאתם כי כבדה מאד וכן פי' המזרחי: **ריבה.** נערה ודריש רבה קרי ביה ריבה: [**עשרים וחמש וכו'.** ה"ג ג"כ בילקוט איוב]:

אשד הנחלים

[ה] **רבה והולכת.** הענין כי ה' יודע את נפש האדם אם יתכן שישוב עוד מדרכו הרעה או לא. כי אם נתגבר בו הרשע בהרגל גדול אז אין תקוה לו. ואז ישפט בכליון חרוץ כי אין תקומה עוד למפלתו. ולכן דן אנשי סדומים כי ידע כי ירשיעו עוד יותר ויותר ולכן שפטם במדת הנקם: **רבה רבה לג"ש.** כלומר אחר שהמה היו שוים במעשיהם הרעים. א"כ גם ענשם שוה. כי העונש הוא מדה במדה ולכן מוכרחין אנו לומר שהעונש שהי' בזה הי' בזה וא"כ שניהם נידונו באש ומים שהוא העונש היותר קשה שני הפכיים בנושא אחד: [ו] **אחת מעשר ירידות.** ביאור מלת ירידה הנאמר אצלו ית' כבר ביאר הרב הנכבד בספרו שענינו על מי שיורד ממדריגתו להזדקק לדבר פחות. והנה ה' ית' נעלה ומרומם להיות משגיח בשפלים ועכ"ז כביכול ירד ממדריגתו להזדקק לראות במעשיהם כן פי' הרב המורה ז"ל. ולפי הדברים כאן שאמרו שפתח להם פתח של תשובה. מורה שהירידה הוא ג"כ על הכוונה הזאת. והענין כי הבחירה ניתן ביד האדם וכביכול ה' סילק רשותו ממנו. אך לפעמים יותן הארה מלמעלה ללב האדם אולי ישוב וזהו נקראת ירידה אצלו ית' שירד ממקום כבודו להופיע עליהם הארה. ואראה אם ישובו מדרכם הרעה אז לא אשחיתם אך אם גם זאת לא יועיל להם אעשה כלה ויהיו לפ"ז פירש הכצעקתה הבאה אלי עשו כלומר אם עודנה יאחזו במעשיהם כצעקתה הבאה אלי עתה. אז אכלם. ואם לא אדעה ואתבונן איך להענישם רק בעונש אבל לא כליה וזהו אני מודיע מדה"ד בעולם לא כלי' אמיתית: **אפילו אני מבקש כו'.** כי חטא בין אדם לחבירו גדול מחטאו בין אדם למקום כי מריע לאחרים במעשיו. ולכן א"א לי לשתוק אף שאמחול על ביני לבין האדם:

הָדָא הוּא דִכְתִיב "הַמַּעְתִּיק הָרִים וְלֹא יָדָעוּ" – **Thus it is written** with respect to Sodom:[108] Initially, ***[God] uproots mountains and [people] do not know*** (*Job* 9:5),[109] וּבְסוֹף "אֲשֶׁר הֲפָכָם בְּאַפּוֹ" – **and ultimately, *which He overturned in His anger*** (ibid.).[110]

וַיִּפְנוּ מִשָּׁם הָאֲנָשִׁים וַיֵּלְכוּ סְדֹמָה וְאַבְרָהָם עוֹדֶנּוּ עֹמֵד לִפְנֵי ה׳.

The men turned from there and went to Sodom, while Abraham was still standing before HASHEM (18:22).

§7 וַיִּפְנוּ מִשָּׁם הָאֲנָשִׁים – *THE MEN TURNED FROM THERE AND WENT TO SODOM.*

The Midrash makes a deduction from our verse:

הָדָא אָמְרָה אֵין עוֹרֶף לַמַּלְאָכִים – **This** phrase **states** (i.e., teaches) that **angels do not have backs to their heads.**[111]

וַיֵּלְכוּ סְדֹמָה וְאַבְרָהָם עוֹדֶנּוּ עֹמֵד לִפְנֵי ה׳ ☐ – ***AND THEY WENT TO SODOM, WHILE ABRAHAM WAS STILL STANDING BEFORE HASHEM.***

The Midrash comments on this wording:

אָמַר רַבִּי סִימוֹן: תִּיקּוּן סוֹפְרִים הוּא זֶה – **R' Simon said: This is a scribal correction.**[112] שֶׁהַשְּׁכִינָה הָיְתָה מַמְתֶּנֶת לְאַבְרָהָם – **For,** in fact, it was **the Divine Presence** that **was waiting for Abraham.**[113]

וַיִּגַּשׁ אַבְרָהָם וַיֹּאמַר הַאַף תִּסְפֶּה צַדִּיק עִם רָשָׁע.

Abraham came forward and said, "Will you also stamp out the righteous along with the wicked?" (18:23).

§8 וַיִּגַּשׁ אַבְרָהָם וַיֹּאמַר וְגוֹ׳ – ***ABRAHAM CAME FORWARD AND SAID, ETC.***

The Midrash will interpret the word וַיִּגַּשׁ, *[Abraham] came forward:*[114]

רַבִּי יְהוּדָה וְרַבִּי נְחֶמְיָה וְרַבָּנָן – **R' Yehudah, R' Nechemyah, and the** other **Sages** discussed this expression: רַבִּי יְהוּדָה אָמַר: הַגָּשָׁה לְמִלְחָמָה, שֶׁנֶּאֱמַר "וַיִּגַּשׁ יוֹאָב וְהָעָם אֲשֶׁר עִמּוֹ לִפְנֵי אֲרָם לַמִּלְחָמָה" – **R' Yehudah said:** Abraham's ***coming forward***[115] was **for war.**[116] For the word וַיִּגַּשׁ is used with respect to warfare,[117] **as it is stated, *Then Joab and the people who were with him went forward* [וַיִּגַּשׁ] *to do battle against Aram*** (*I Chronicles* 19:14). רַבִּי נְחֶמְיָה אָמַר: הַגָּשָׁה לְפִיּוּס, הֵיךְ מַה דְאַתְּ אָמַר "וַיִּגְּשׁוּ בְנֵי יְהוּדָה אֶל יְהוֹשֻׁעַ" – **R' Nechemyah said:** Abraham's ***coming forward*** was **for persuasion,**[118] **as it is stated, *The Children of Judah came forward* [וַיִּגְּשׁוּ] *to Joshua*** (*Joshua* 14:6).[119]

NOTES

108. The Midrash understands this verse to be a reference to what took place in Sodom, based on the verse's conclusion, cited below (*Eitz Yosef*, citing *Nezer HaKodesh*; see *Yefeh To'ar* and *Marharzu* for additional approaches).

109. The beginning of this verse indicates that mountains were displaced as an unheeded call to repentance (*Maharzu*), and the succeeding verse (*Job* 9:6), which states, *Who shakes the earth from its place, and its pillars tremble*, provides a source for the Midrash's statement that Sodom was affected by *tremors* (*Eitz Yosef*, citing *Nezer HaKodesh*; see *Yefeh To'ar* and *Marharzu* for additional approaches).

110. This verse describes what at last became of the wicked and unremorseful Sodom (*Eitz Yosef*).

111. [The עוֹרֶף, or *occiput*, is the back part of the head.] The Midrash is taking note of the phrase וַיִּפְנוּ מִשָּׁם, [*the men* (i.e., the angels)] *turned from there*. For normally, when the verb פנה, *to turn* [from someone or something] is applied to a person, it is followed directly by a second verb that describes his moving away [from the person or thing] (see, for example, *Exodus* 7:23, 10:6). Our verse's addition of the word מִשָּׁם, *from there*, before the words וַיֵּלְכוּ סְדֹמָה, *and they went to Sodom*, leads the Midrash to interpret the word וַיִּפְנוּ as suggesting פָּנִים, *faces*, and to infer that even as the angels were walking to Sodom, their *faces* could still be visible מִשָּׁם, *from there* (i.e., from the place from which they had left). We may thus conclude that angels have faces in the backs as well as the fronts of their heads (*Matnos Kehunah*; *Eitz Yosef*, citing *Yefeh To'ar*). See Insight Ⓐ.

[This Midrash accords with *Ezekiel* 1:6, which describes angels as having four faces each (*Eshed HaNechalim*).]

112. This term is applied by the Sages to this and seventeen other verses in Scripture (see *Midrash Tanchuma*, *Beshalach* §16), whose plain meanings are inconsistent with their true messages. What it means is either that the Sages, who are referred to as *scribes* (see *Kiddushin* 30a), explained the verses in the appropriate manner (*Yefeh To'ar*, *Matnos Kehunah*; see also the responsum of *Rashba* (*Chadashos*) §368, cited by *Mizrachi* to verse), or that in the manner that a *scribe* will edit his text to improve upon it, so did the Torah change what it "should have" written in these verses, in order to present more acceptable wording (*Eitz Yosef*, citing *Sefer HaIkkarim* 3:22).

[The words תִּיקּוּן סוֹפְרִים, *a scribal correction*, cannot, Heaven forbid, be taken at face value. There can be no doubt that the Torah as we have it was given to Moses at Mount Sinai and faithfully transmitted ever since (*Teshuvos Radbaz*, Vol. 3, §1020 (594), cited by *Eitz Yosef*; *Rashba* loc. cit.; *Sefer HaIkkarim*, loc. cit.; *Mizrachi* loc. cit., cited by *Matnos Kehunah*; cf. *Midrash Tanchuma*, loc. cit., et al., cited by *Matnos Kehunah*, but see *Yefeh To'ar* here and *Eitz Yosef* to *Tanchuma* ad loc.). See also *Igros Moshe, Yoreh Deah* III:114 at length.]

113. Earlier, God had come to Abraham to tell him of the impending destruction of Sodom. If so, when our verse wishes to convey that they were still speaking, it should have stated that *God* was still standing before *Abraham*. The Torah did not do so because it is improper to speak of God as *standing before* a human being (*Rashi* with *Yefeh To'ar*; see also *Matnos Kehunah* and *Eitz Yosef*; see *Mizrachi* loc. cit. and *Maharzu* for alternative interpretations).

114. The word cannot mean simply that Abraham came close to God, for as stated by the previous verses, he was already standing and speaking with God. It must therefore mean that Abraham roused himself in preparation for something he would do during the course of his discussion with God (*Yefeh To'ar*).

115. *Matnos Kehunah*.

116. I.e., to present God with arguments against destroying Sodom, such as (v. 25), *It would be sacrilege to You to do such a thing* etc. (*Maharzu*; see further, *Eitz Yosef*, citing *Nezer HaKodesh*). ["War" means that Abraham was prepared to sacrifice his life for this (*Ohr Yechezkel* III [*Middos*], p. 146).]

117. *Eitz Yosef*.

118. The term פִּיּוּס describes a petitioner's efforts to convince someone of a position that has some merit even when considered from a perspective of strict justice (*Yefeh To'ar*; *Eitz Yosef*, citing *Nezer HaKodesh*). Here, Abraham attempted to *persuade* God to spare Sodom in the merit of its righteous residents (*Yefeh To'ar*; see *Eitz Yosef*, citing *Nezer HaKodesh*, for another approach).

119. [In the following verses, Caleb requested of Joshua that he be allowed to conquer Hebron as God had told him he would. See *Nezer HaKodesh* for a discussion of why that request should be classified as *persuasion*.]

INSIGHTS

Ⓐ **Turning Angels** Alternatively, the Midrash means to address the following difficulty: The term וַיִּפֶן, *he turned*, connotes turning away from one's present location to face in the direction one wishes to go (as in the two verses in *Exodus* cited above). However, the Gemara tells us (*Yoma* 53a) that when departing from the Sanctuary or Courtyard in the Temple, or when departing from one's teacher, one is supposed to walk backward as a sign of respect, and continue facing the object of one's reverence. Given that God was standing near Abraham, it must be presumed that the angels walked backward; how can the verse use the term וַיִּפְנוּ, which implies that they turned away and no longer faced God? It is this difficulty which the Midrash resolves by saying that angels have faces in back as well as in front of their heads (*Meshech Chochmah* to our verse; see also *Yefeh To'ar* for an additional interpretation and further discussion).

הָדָא הוּא דִכְתִיב (איוב ט, ה) "הַמַּעְתִּיק הָרִים וְלֹא יָדָעוּ", וּבַסּוֹף "אֲשֶׁר הֲפָכָם בְּאַפּוֹ":

ז [יח, כב] "וַיִּפְנוּ מִשָּׁם הָאֲנָשִׁים". [כב] הָדָא °אָמְרַת אֵין עוֹרֶף לְמַלְאָכִים. "וַיֵּלְכוּ סְדֹמָה וְאַבְרָהָם עוֹדֶנּוּ עֹמֵד לִפְנֵי ה'". [כג] אָמַר רַבִּי סִימוֹן: תִּיקּוּן סוֹפְרִים הוּא זֶה שֶׁהַשְּׁכִינָה הָיְתָה מַמְתֶּנֶת לְאַבְרָהָם:

ח [יח, כג] "וַיִּגַּשׁ אַבְרָהָם וַיֹּאמַר וגו'". רַבִּי יְהוּדָה וְרַבִּי נְחֶמְיָה וְרַבָּנָן, רַבִּי יְהוּדָה אָמַר: [כד] הַגָּשָׁה לְמִלְחָמָה שֶׁנֶּאֱמַר (ד"ה א יט, יד) "וַיִּגַּשׁ יוֹאָב וְהָעָם אֲשֶׁר עִמּוֹ לִפְנֵי אֲרָם לַמִּלְחָמָה". רַבִּי נְחֶמְיָה אָמַר: הַגָּשָׁה לְפִיּוּס, הֵיךְ מַה דְּאַתְּ אָמַר (יהושע יד, ו) "וַיִּגְּשׁוּ בְנֵי יְהוּדָה אֶל יְהוֹשֻׁעַ. רַבָּנָן אָמְרִי: [כה] הַגָּשָׁה לִתְפִלָּה, הֵיךְ מַה דְּאַתְּ אָמַר (מלכים א יח, לו) "וַיְהִי בַּעֲלוֹת הַמִּנְחָה וַיִּגַּשׁ אֵלִיָּהוּ הַנָּבִיא וַיֹּאמַר ה' אֱלֹהֵי אַבְרָהָם יִצְחָק וְיִשְׂרָאֵל הַיּוֹם יִוָּדַע כִּי אַתָּה אֱלֹהִים בְּיִשְׂרָאֵל וגו'".

עץ יוסף

המעתיק הרים כו'. ובסדום איירי מדכ' בסיפא אשר הפכם באפו דהיינו הפיכת סדום וז"ש והביא עליהם זועות יליף מסיפא דקרא המרגיז ארץ ממקומה ועמודיה יתפלצון והיינו זועות (נזה"ק): (ז) [יב] **אין עורף למלאכים.** דויפנו משם משמע שעם היותם פונים ממקום שבו היה אברהם עכ"ז היו הולכים סדומה וזה לפי שאין עורף למלאכים והם פונים מכל צד (יפ"ת): **תיקון סופרים.** כתב הרדב"ז בח"ג סי' תקנ"ד כל מקום שתמצא מקרא סופרים או תיקון סופרים או עיטור סופרים לא יעלה על דעתך ח"ו שהיה הדבר חסר והם תקנוהו. אלא עקרן של דברים שהכל הלכה למשה מסיני שכך הוא. אלא שהסופרים דקדקו זה היה ראוי להיות כך וזה כך וע"ש שהאריך. ועיין מ"ש בתנחומא סדר בשלח סי' ט"ז: **תיקון סופרים הוא זה.** דה"ל למימר וי"י עודנו עומד וגו'. אלא שהכ' תיקן הדבר מפני הכבוד כסופר שמתקן דבר מה. (ח) [יג] **רבי יהודה ורבי נחמיה ורבנן.** ר"י דריש שבא לרמוז בזה ענין מלחמה דלשון הגשה נאמר במלחמה. ולר"נ הגשה לפיוס. ולרבנן הגשה לתפלה. ולז"א כלהו איתנהו בזה בלשון ויגש וכדלקמן: **הגשה למלחמה.** כלו' שבא להלחם עם כח האף. שהוא מצד תוקף הדין להחליש כחו ע"י פיוס ותפלה לה' המעורר מקור הרחמים המבטל כח הדין (נזה"ק): **הגשה לפיוס כו' ורבנן אמרי הגשה לתפלה.** ההבדל שבין פיוס לתפלה. דפיוס נאמר על דבר שאינו בדין גמור ואינו בחסד גמור. אלא הוא במדה הממוצעת בדבר שיש פנים לכאן ולכאן. ועל זה הוא הפיוס לפייס את המושל להיות נוטה לו לכף זכות ולא לכף חובה. אבל ענין התפלה והתחנונים הוא על דבר שהוא חסד גמור שאינו בא אלא דרך בקשת רחמים ותפלה. וא"כ הפיוס בא על הצלת הצדיקים משום דאמרינן לקמן בפרקין כל הצדיקים האמורים בסדום חסר כתיב דאינם אלא צדיקים גרועים ואם מן הדין אף הם לא היו ראוים להצלה. ולכן אמר אברהם דרך פיוס שלא יתנם תחת שליטת האף. ולשון תפלה נאמר על

פירוש מהרז"ו

ונצטרך לומר ששנת המאה של אברהם יעלה לכאן ולכאן ולא היו כ"ב שלימות וכמ"ש מפורש בסוף לך לך הלבן מאה שנה יולד וא"כ כתיב ואברהם בן תשעים ותשע שנה והם ב' כ"מ וההכרעה כנ"ל: **המעתיק הרים ולא ידעו** ובפסוק הקודם מי הקשה אליו וישלם המעתיק הרים ולא ידעו וגו' אשר הפכם באפו. פי' מי הקשה אליו שלא לשוב בתשובה וישלם שישלים חפצו שהרי אנשי סדום חטאו והעיד בהם שישובו על ידי שהעתיק הרים ולא ידעו פי' לא נתנו לב לשוב בתשובה וכמ"ש גם שיבה זרקה בו ולא ידע עד אשר הפכם באפו כמ"ש ויהפוך את הערים וגו' על פי מדה י"ז. וזה בהכרח על פי זוועות גדולות. ורוחות וסערות וכמ"ש אצל אליהו ורוח גדולה וחזק מפרק הרים ומשבר סלעים לפני ה' ע"פ מדה הנ"ל: (ז) **תיקון סופרים.** עי' שמ"ר פר' מ"א סימן ד' כי לפי פשוטו ואברהם עודנו עומד לפני ה' כמו שהיה עומד תחלה יקשה שהרי הלך ללות המלאכים ואיך אמר עודנו עומד אלא אא"ע לאברהם ת"ע למי שעמד היינו השכינה וזה עודנו עומד. וסיפר הכתוב שלא נפסק מראה הנבואה עד ששלחם והתחיל הש"י לדבר עם אברהם אחר ששלחם. וכאלו כתוב וה' עודנו עומד לפני אברהם: (ח) **רבי יהודה ורבי נחמן ורבנן.** הוא לקמן פר' צ"ג סימן ו' ושם פירושו שנגש יהודה להלחם נגד יוסף כמ"ש שם ובספר הישר. ולפיוס כמ"ש ידבר נא עבדך דבר באזני אדוני ואל יחר אפך בעבדך וגו'. ולתפלה כמ"ש ועתה ישב נא עבדך תחת הנער וגו'. וכאן פירושו למלחמה להתווכח בטענות חלילה לך ולפיוס כמ"ש הנה נא הואלתי לדבר וגו'. ולתפלה כמ"ש אולי יש חמשים צדיקים וגו' והובא המאמר בשינוי ברש"י בחומש כאן. ובסדר ויגש לא הביא רש"י המאמר. משמע שעיקר המאמר מקומו כאן שהרי רש"י הביא ראיה על מ"ש הגשה לפיוס מפסוק ויגש אליו יהודה. הרי שסובר שפירושו לפיוס לבד. ולשון רש"י מצאתי באגדת בראשית פרק כ"ב. אך גירסת המדרש הגשה לפיוס מפסוק ויגשו בני יהודה אל יהושע

חידושי הרש"ש

[ח] **הגשה לפיוס היך מה דאת אמר ויגשו בני יהודה כו'.** וברש"י בפי' התורה מביא ע"ז פסוק ויגש אליו יהודה. ונראה דט"ס הוא כי שם במדרש מביא גם כן על פסוק זה פלוגתא זו וככל האמור כאן:

באור מהרי"פ

ח **הגשה למלחמה וכו'.** ההגשה היא התעוררות הלב אל המלחמה וכן הגשה לפיוס ותפלה. דקאמרינן בויגש יואב היינו שנתעוררו בלב אמיץ להמלחמה. דאי שקרבו עצמם לארם הרי היו כבר ביניהם. וכן ויגשו אל יהושע וכן ויגש אליהו. דאל"כ היכן נגש הלא מתחלה היה שם. יפ"ת: **היך מה דאת אמר ויגשו בני יהודה.** רש"י בחומש הביא ויגש אליו יהודה. והמדרש לא הביאו. דבהביא הגשה גופא איכא פלוגתא בפ' צ"ג יפ"ת:

מסורת המדרש

כב ע' חגיגה ט"ו:
כג שמ"ר פרשה מ"א. ויק"ר פ' י"א. מכילתא בשלח פרשה ו'. תנחומא סדר בשלח סימן ט"ז. מדרש תהלים מזמור י"ח. ספרי בהעלותך פסקא פ"ד. ילקוט כאן רמז פ"ג. ילקוט בשלח רמז רמ"ז. ילקוט שמואל ב' רמז קס"א:
כד לקמן פ' צ"ג. ילקוט כאן רמז פ"ג. וילקוט יהושע רמז כ"ב:
כה תנחומא כאן סי' ח':

אם למקרא

הַמַּעְתִּיק הָרִים וְלֹא יָדָעוּ אֲשֶׁר הֲפָכָם בְּאַפּוֹ: (איוב ט:ה)

וַיִּגַּשׁ יוֹאָב וְהָעָם אֲשֶׁר־עִמּוֹ לִפְנֵי אֲרָם לַמִּלְחָמָה וַיָּנוּסוּ מִפָּנָיו: (דברי הימים א יט:יד)

וַיִּגְּשׁוּ בְנֵי־יְהוּדָה אֶל־יְהוֹשֻׁעַ בַּגִּלְגָּל וַיֹּאמֶר אֵלָיו כָּלֵב בֶּן־יְפֻנֶּה הַקְּנִזִּי אַתָּה יָדַעְתָּ אֶת־הַדָּבָר אֲשֶׁר־דִּבֶּר ה' אֶל־מֹשֶׁה אִישׁ־הָאֱלֹהִים עַל אֹדוֹתַי וְעַל אֹדוֹתֶיךָ בְּקָדֵשׁ בַּרְנֵעַ: (יהושע יד:ו)

וַיְהִי בַּעֲלוֹת הַמִּנְחָה וַיִּגַּשׁ אֵלִיָּהוּ הַנָּבִיא וַיֹּאמַר ה' אֱלֹהֵי אַבְרָהָם יִצְחָק וְיִשְׂרָאֵל הַיּוֹם יִוָּדַע כִּי־אַתָּה אֱלֹהִים בְּיִשְׂרָאֵל וַאֲנִי עַבְדֶּךָ וּבִדְבָרְךָ עָשִׂיתִי אֵת כָּל־הַדְּבָרִים הָאֵלֶּה: (מלכים א יח:לו)

מתנות כהונה

[ז] **אין עורף כו'.** דייק מדכתיב משם דהוה ליה למימר ויפנו האנשים וילכו כמו ויפן פרעה [ויבא אל ביתו ויפן ויצא מעם פרעה] ויפנו אל המדבר ומדכתיב משם דריש ויפנו לשון פנים לומר שאף משם היה להם פנים ולא עורף: **השכינה כו'.** כן היה האמת שהשכינה היתה ממתנת שהרי כתיב וירא ה' אל אברהם הרי שהשכינה באת אצלו ואמרה לו זעקת סדום וגו' והל"ל וה' עודנו וגו' אלא שהכתוב תיקן הדבר מפני הכבוד כסופר זה שמתקן דבר מה כך קבלתי וכן כתב המזרחי ובחבורים רבים זולתו ונקרא תיקון סופרים ע"ש שהסופרים חז"ל דקדקו ופירשו שהכתוב מדבר דרך כינוי ועיין זה במזרחי בסדר זה ובפרשת בהעלותך אבל מצאתי בתנחומא בפרשת בשלח שאנשי כנסת הגדולה תקנו ושינו הדיבור ממה שהיה כתוב מקודם וז"ל כי הנוגע בכם נוגע בבבת עינו אלא שכינהו הכתוב כביכול כלפי מעלה וכנהו הכתוב שהוא תיקון סופרים אנשי כנסת הגדולה ושוב הביא שם כל תקוני סופרים כו' עד אלא שכינו פסוקים אלו אנשי כנסת הגדולה ולכן נקראו סופרים שהיו סופרים כל אותיות שבתורה ודורשין אותם וכן הנם שולחים הזמורה אל אפי והם תקנו אל אפם ואף כאן כי הנוגע בכם נוגע בבבת עינו עכ"ל וכן כתב הערוך בערך כבד וז"ל הנוגע בכם נוגע בבבת עינו בספרים הראשונים היו כתוב בבבת עיני עכ"ל וכ"מ בפרשת במדבר רבה וז"ל וי"א למה נקוד אלא כך אמר עזרא אם יבא אליהו ויאמר למה כתבת אומר כבר נקדתי עליהם ואם יאמר יפה כתבת כבר אמחוק נקודותיהן מעליהם עכ"ל וכן הוא באבות דר' נתן הרי שאם יאמר לו אליהו למה כתבת אגלי מילתא למפרע שהיה מיותר בתורה ואף על פי כן נמסר הדבר לו ולחכמי הדורות כפי חכמתם ע"ד לא תסור מן הדבר אשר יורוך וגו': [ח] **הגשה למלחמה.** הגשה זו היתה למלחמה וכן כולם:

אשד הנחלים

ולבסוף אשר הפכם באפו. כי תחילה מביא ה' על החוטא יסורי העונש. אולי ישוב מדרכו הרעה ואחר שרואה ה' שגם זה לא יועיל לו אז ישפטם במדת הנקם לכלות ולאבד וזהו המעתיק [מתחילה] הרים עכ"ז לא ידעו ולא התבוננו ולבסוף אשר הפכם באפו ואולי דרש בזה פשט הכתוב ג"כ בתחילה ארדה נא ואראה אם כצעקתה עתה עשו [כמו יעשו] עוד. ואז כלה: [ז] **אין עורף.** עיין במ"כ והענין כמו שמצינו במעשה מרכבה שהם ד' פנים ולא יסבו בלכתן. **תיקון סופרים.** עיין במ"כ פירושו. אך עכ"ז אינו היפך בלשון כי כמו שנכתב פרושו ג"כ ככה שאברהם עודנו עומד לפני ה' כי ה' עומד לפניו ולא סר ההתגלות ממנו וע"כ ממילא אברהם עודנו עומד לפני ה' ורואה השכינה: [ח] **למלחמה כו' לפיוס כו' לתפילה.** כי מלת הגשה מורה שניגש במקום דחוק. וערך עצמו לגשת עליו ביד חזקה. והנה לפעמים אם המדה"ד מתגבר מאוד והצדיק מתחזק עצמו להשביח הדין בחזקה ע"י התווכחות נקרא זאת מלחמה. ולפעמים יודע כי ראוי לפגוע בם הדין. אך מבקש לפיים הדין בדבר אחר שלא יגע בהם נקרא פיוס. ולפעמים יודע

רַבָּנָן אָמְרֵי: הַגָּשָׁה לִתְפִלָּה — And the other Sages said: Abraham's *coming forward* was for prayer,[120] הֵיךְ מַה דְּאַתְּ אָמַר "וַיְהִי בַּעֲלוֹת הַמִּנְחָה וַיִּגַּשׁ אֵלִיָּהוּ הַנָּבִיא וַיֹּאמַר ה׳ אֱלֹהֵי אַבְרָהָם יִצְחָק וְיִשְׂרָאֵל הַיּוֹם יִוָּדַע כִּי אַתָּה אֱלֹהִים בְּיִשְׂרָאֵל וגו׳" — as it is stated, ***And it was at the time of the afternoon-offering, Elijah the prophet came forward*** [וַיִּגַּשׁ] ***and said, "HASHEM, God of Abraham, Isaac, and Israel, let it become known today that You are God in Israel, etc."*** (*I Kings* 18:36).

NOTES

120. תְּפִלָּה, *prayer*, connotes a supplicant's request that God, in His kindness, grant him something that he has no claim to (*Yefeh To'ar*; *Eitz Yosef*, citing *Nezer HaKodesh*). Abraham's asking, *What if the fifty righteous people should lack five? Would You destroy the entire city because of the five?* (v. 28), fell into this category (*Yefeh To'ar*; see further *Eitz Yosef*, citing *Nezer HaKodesh*; *Maharzu*).

הֲדָא הוּא דִכְתִיב (איוב ט, ה) "הַמַּעְתִּיק הָרִים וְלֹא יָדָעוּ", וּבְסוֹף "אֲשֶׁר הֲפָכָם בְּאַפּוֹ":

ז [יח, כב] "וַיִּפְנוּ מִשָּׁם הָאֲנָשִׁים". כב הָדָא °אָמְרַת אֵין עוֹרֵף לְמַלְאָכִים. "וַיֵּלְכוּ סְדֹמָה וְאַבְרָהָם עוֹדֶנּוּ עֹמֵד לִפְנֵי ה'". כג אָמַר רַבִּי סִימוֹן: תִּיקּוּן סוֹפְרִים הוּא זֶה שֶׁהַשְּׁכִינָה הָיְתָה מַמְתֶּנֶת לְאַבְרָהָם:

ח [יח, כג] "וַיִּגַּשׁ אַבְרָהָם וַיֹּאמַר וגו'". רַבִּי יְהוּדָה וְרַבִּי נְחֶמְיָה וְרַבָּנָן, רַבִּי יְהוּדָה אָמַר: כד הַגָּשָׁה לְמִלְחָמָה שֶׁנֶּאֱמַר (ד"ה א יט, יד) "וַיִּגַּשׁ יוֹאָב וְהָעָם אֲשֶׁר עִמּוֹ לִפְנֵי אֲרָם לַמִּלְחָמָה". רַבִּי נְחֶמְיָה אָמַר: הַגָּשָׁה לְפִיּוּס, הֵיךְ מָה דְאַתְּ אָמַר (יהושע יד, ו) "וַיִּגְּשׁוּ בְנֵי יְהוּדָה אֶל יְהוֹשֻׁעַ". רַבָּנָן אָמְרֵי: כה הַגָּשָׁה לִתְפִלָּה, הֵיךְ מָה דְאַתְּ אָמַר (מלכים א יח, לו) "וַיְהִי בַּעֲלוֹת הַמִּנְחָה וַיִּגַּשׁ אֵלִיָּהוּ הַנָּבִיא וַיֹּאמַר ה' אֱלֹהֵי אַבְרָהָם יִצְחָק וְיִשְׂרָאֵל הַיּוֹם יִוָּדַע כִּי אַתָּה אֱלֹהִים בְּיִשְׂרָאֵל וגו'".

עץ יוסף

המעתיק הרים כו'. ובסדום איירי מדכ' בסיפא אשר הפכם באפו דהיינו הפיכת סדום וז"ש והביא עליהם זוועות יליף מסיפא דקרא המרגיז ארץ ממקומה ועמודיה יתפלצון והיינו זוועות (נזה"ק): (ז) [יב] **אין עורף למלאכים.** דויפנו משם משמע טעם היותם פונים ממקום שבו היה אברהם עכ"ז היו הולכים סדומה וזה לפי שאין עורף למלאכים והם פונים מכל צד (יפ"ת): **תיקון סופרים.** כתב הרדב"ז בח"ג סי' תקל"ד כל מקום שתמצא מקרא סופרים או תיקון סופרים או עיטור סופרים לא יעלה על דעתך ח"ו שהיה הדבר חסר והם תקנוהו. אלא עקרן של דברים שהכל הלכה למשה מסיני שכך הוא. אלא שהסופרים דקדקו זה היה ראוי להיות כך וזה כך וכו' ע"ש שהאריך. ועיין מ"ש בתנחומא סדר בשלח סי' ט"ז: **תיקון סופרים הוא זה.** דה"ל למימר וי"י עודנו עומד וגו'. אלא שהכ' תיקן הדבר מפני הכבוד כסופר שמתקן דבר מה. (ח) [יג] **רבי יהודה ורבי נחמיה ורבנן.** ר"י דריש שבא לרמוז בזה ענין מלחמה דלשון הגשה נאמר במלחמה. ולר"נ הגשה לפיוס. ולרבנן הגשה לתפלה. ולז"א כלהו איתנהו בזה בלשון ויגש וכדלקמן: **הגשה למלחמה.** כלו' שבא להלחם עם כח האף. שהוא מלך תוקף הדין להחליש כחו ע"י פיוס ותפלה לה' המעורר מקור הרחמים המבטל כח הדין (נזה"ק): **הגשה לפיוס כו' ורבנן אמרי הגשה לתפלה.** ההבדל שבין פיוס לתפלה. דפיוס נאמר על דבר שאינו בדין גמור ואינו בחסד גמור. אלא הוא במדה הממוצעת בדבר שיש פנים לכאן ולכאן. ועל זה הוא הפיוס לפייס את המושל להיות נוטה לו לכף זכות ולא לכף חובה. אבל ענין התפלה והתחנונים הוא על דבר שהוא חסד גמור שאינו בא אלא דרך בקשת רחמים ותפלה. וא"כ הפיוס בא על הצלת הצדיקים משום דאמרינן לקמן בפרקין כל הצדיקים האמורים בסדום חסר כתיב דאינם אלא צדיקים גרועים ואם מן הדין אף הם לא היו ראוים להצלה. ולכן אמר אברהם דרך פיוס שלא יתנם תחת שליטת האף. ולשון תפלה נאמר על

פירוש מהרז"ו

ונלטרך לומר שסנת המאה של אברהם יעלה לכאן ולכאן ולא היו נ"ב שלימות וכמ"ש מפורש בסוף לך לך הלבן מאה שנה יולד ואח"כ כתיב ואברהם בן תשעים ותשע שנה והם ב' כ"מ והסכרעה כנ"ל: **המעתיק הרים ולא ידעו** ובפסוק הקודם מי הקשה אליו וישלם המעתיק הרים ולא ידעו וגו' אשר הפכם באפו. פי' מי הקשה אליו שלא לשוב בתשובה וישלם שישלים חפצו שהרי אנשי סדום חטאו והעיד בהם שישובו על ידי שהעתיק הרים ולא ידעו פי' לא נתנו לב לשוב בתשובה וכמ"ש גם שיבה זרקה בו ולא ידע עד אשר הפכם באפו כמ"ש ויהפוך את הערים וגו' על פי מדה י"ח. וזה בהכרח על פי זוועות גדולות. ורוחות וסערות וכמ"ש אבל אליהו ורוח גדולה וחזק מפרק הרים ומשבר סלעים לפני ה' ע"פ מדה הנ"ל: (ז) **תיקון סופרים.** עי' שמ"ר פר' מ"א סימן ד' כי לפי פשוטו ואברהם עודנו עומד לפני ה' כמו שהיה עומד תחלה יקשה שהרי הלך ללוות המלאכים ואיך אמר עודנו עומד אלא אח"ע לאברהם ת"ע למי שעמד היינו השכינה וזה עודנו עומד. וסיפר הכתוב שלא נפסק מראה הנבואה עד שנלחם והתחיל הש"י לדבר עם אברהם אחר שנלחם. וכאלו כתוב וה' עודנו עומד לפני אברהם: (ח) **רבי יהודה ורבי נחמן ורבנן.** הוא לקמן פר' נ"ג סימן ו' ושם פירושו שנגש יהודה להלחם נגד יוסף כמ"ש שם ובספר הישר. ולפיוס כמ"ש ידבר נא עבדך דבר באזני אדוני ואל יחר אפך בעבדך וגו'. ולתפלה כמ"ש ועתה ישב נא עבדך תחת הנער וגו'. וכאן פירושו למלחמה להתווכח בטענות חלילה לך ולפיוס כמ"ש הנה נא הואלתי לדבר וגו'. ולתפלה כמ"ש אולי יש חמשים לדיקים וגו' והובא המאמר בשינוי ברש"י בחומש כאן. ובסדר ויגש לא הביא רש"י המאמר. משמע שעיקר המאמר מקומו כאן שהרי רש"י הביא ראיה על מ"ש הגשה לפיוס מפסוק ויגש אליו יהודה. הרי שסובר שפירושו לפיוס לבד. ולשון רש"י מלאתי באגדת בראשית פרק כ"ב. אך גירסת המדרש הגשה לפיוס מפסוק ויגשו בני יהודה אל יהושע

חידושי הרש"ש

[ח] **הגשה לפיוס היך מה דאת אמר ויגשו בני יהודה כו'.** וברש"י בפי' התורה מביא ע"ז פסוק ויגש אליו יהודה. ונראה דט"ס הוא כי שם במדרש מביא גם כן על פסוק זה פלוגתא זו וככל האמור כאן:

באור מהרי"פ

ח **הגשה למלחמה וכו'.** ההגשה היא התעוררות הלב אל המלחמה וכן הגשה לפיוס ותפלה. דקאמרינן בויגש יואב היינו שנתעוררו בלב אמיץ להמלחמה. דאי שקרבו עלמם לארם הרי היו כבר ביניהם. וכן ויגשו אל יהושע וכן ויגש אליהו. דאל"כ היכן נגש הלא מתחלה היה שם. יפ"ת: **היך מה דאת אמר ויגשו בני יהודה.** רש"י בחומש הביא ויגש אליו יהודה. והמדרש לא הביאו. דההיא הגשה גופה איכא פלוגתא בפ' נ"ג יפ"ת:

מסורת המדרש

כב ע' חגיגה ט"ו:
כג שמ"ר פרשה מ"א. ויק"ר פ' י"א. מכילתא בשלח פרשה ו'. תנחומא סדר בשלח סימן ט"ז. מדרש תהלים מזמור י"ח. ספרי בהעלותך פסקא פ"ד. ילקוט כאן רמז פ"ג. ילקוט בשלח רמז רמ"ז. ילקוט שמואל ב' רמז קס"א.
כד לקמן פ' נ"ג. ילקוט כאן רמז פ"ג. וילקוט יהושע רמז כ"ב.
כה תנחומא כאן סי' ח':

אם למקרא

הַמַּעְתִּיק הָרִים וְלֹא יָדָעוּ אֲשֶׁר הֲפָכָם בְּאַפּוֹ: (איוב ט:ה)

וַיִּגַּשׁ יוֹאָב וְהָעָם אֲשֶׁר־עִמּוֹ לִפְנֵי אֲרָם לַמִּלְחָמָה וַיָּנוּסוּ מִפָּנָיו: (דברי הימים א יט:יד)

וַיִּגְּשׁוּ בְנֵי־יְהוּדָה אֶל־יְהוֹשֻׁעַ בַּגִּלְגָּל וַיֹּאמֶר אֵלָיו כָּלֵב בֶּן־יְפֻנֶּה הַקְּנִזִּי אַתָּה יָדַעְתָּ אֶת־הַדָּבָר אֲשֶׁר־דִּבֶּר ה' אֶל־מֹשֶׁה אִישׁ־הָאֱלֹהִים עַל אֹדוֹתַי וְעַל אֹדוֹתֶיךָ בְּקָדֵשׁ בַּרְנֵעַ: (יהושע יד:ו)

וַיְהִי בַּעֲלוֹת הַמִּנְחָה וַיִּגַּשׁ אֵלִיָּהוּ הַנָּבִיא וַיֹּאמַר ה' אֱלֹהֵי אַבְרָהָם יִצְחָק וְיִשְׂרָאֵל הַיּוֹם יִוָּדַע כִּי־אַתָּה אֱלֹהִים בְּיִשְׂרָאֵל וַאֲנִי עַבְדֶּךָ וּבִדְבָרְךָ עָשִׂיתִי אֵת כָּל־הַדְּבָרִים הָאֵלֶּה: (מלכים א יח:לו)

מתנות כהונה

[ז] **אין עורף כו'.** דייק מדכתיב משם דהוה ליה למימר ויפנו האנשים וילכו כמו ויפן פרעה [ויבא אל ביתו ויפן ויצא מעם פרעה] ויפנו אל המדבר ומדכתיב משם דריש ויפנו לשון פנים לומר שאף משם היה להם פנים ולא עורף: **השכינה כו'.** כן היה האמת שהשכינה היתה ממתנת שהרי כתיב וירא ה' אל אברהם הרי שהשכינה באת אצלו ואמרה לו זעקת סדום וגו' והל"ל וה' עודנו וגו' אלא שהכתוב תיקן הדבר מפני הכבוד כסופר זה שמתקן דבר מה כך קבלתי וכן כתב המזרחי והחבורים רבים זולתו ונקרא תיקון סופרים ע"ש שהסופרים חז"ל דקדקו ופירשו שהכתוב מדבר דרך כינוי ועיין זה במזרחי בסדר זה ובפרשת בהעלותך אבל מלאתי בתנחומא בפרשת בשלח שאנשי כנסת הגדולה תקנו ושינו הדיבור ממה שהיה כתוב מקודם וז"ל כי הנוגע בכם נוגע בבבת עינו אלא שכינהו הכתוב כביכול כלפי מעלה וכהנו הכתוב שהוא תיקון סופרים אנשי כנסת הגדולה ושוב הביא שם כל תקוני סופרים כו' עד אלא שכינו פסוקים אלו אנשי כנסת הגדולה ולכן נקראו תקוני סופרים שהיו סופרים כל אותיות שבתורה ודורשין אותם וכן הנם שולחים הזמורה אל אפי והם תקנו אל אפם ואף כאן כי הנוגע בכם נוגע בבבת עינו עכ"ל וכן כתב הערוך בערך כבד וז"ל הנוגע בכם נוגע בבבת עינו בספרים הראשונים היו כתוב בבבת עיני עכ"ל וכ"מ בפרשת במדבר רבה ה"ל ו"א למה נקוד אלא כך אמר עזרא אם יבא אליהו ויאמר למה כתבת אומר כבר נקדתי עליהם ואם יאמר יפה כתבת כבר אמחוק נקודותיהן מעליהם עכ"ל וכן הוא באבות דר' נתן הרי שאם יאמר לו אליהו למה כתבת אגלי מילתא למפרע שהיה מיותר בתורה ואף על פי כן נמסר הדבר לו ולחכמי הדורות כפי חכמתם ע"ד לא תסור מן הדבר אשר יורוך וגו': [ח] **הגשה למלחמה.** הגשה זו היתה למלחמה וכן כולם:

אשד הנחלים

ולבסוף אשר הפכם באפו. כי תחילה מביא ה' על החוטא יסורי העונש. אולי ישוב מדרכו הרעה ואחר שרואה ה' שגם זה לא יועיל לו אז ישפטם במדת הנקם לכלות ולאבד וזהו המעתיק [מתחילה] הרים עכ"ז לא ידעו ולא התבוננו ולבסוף אשר הפכם באפו ואולי דרש בזה פשט הכתוב ג"כ בתחילה ארדה נא ואראה אם כצעקתה עתה עשו [כמו יעשו] עוד. ואז כלה: [ז] **אין עורף.** עיין במ"כ והענין כמו שמצינו במעשה מרכבה שהם ד' פנים ולא יסבו בלכתן. **תיקון סופרים.** עיין במ"כ פירושו. אך עכ"ז אינו היפך בלשון כי כמו שנכתב פרושו ג"כ ככה שאברהם עודנו עומד לפני ה' כי ה' עומד לפניו ולא סר התגלות ממנו וע"כ ממילא אברהם עודנו עומד לפני ה' ורואה השכינה: [ח] **למלחמה כו' לפיוס כו' לתפילה.** כי מלת הגשה מורה שניגש במקום חזק. וערך עצמו לגשת עליו ביד חזקה. והנה לפעמים אם המדה"ד מתגבר מאוד והצדיק מתחזק עצמו להשביח הדין בחזקה ע"י התווכחות נקרא זאת מלחמה. ולפעמים יודע כי ראוי לפגוע בם הדין. אך מבקש לפיים הדין בדבר אחר שלא יגע בהם נקרא פיוס. ולפעמים יודע

רַבִּי אֱלִיעֶזֶר פָּשַׁט לָהּ – **R' Eliezer interpreted [the word וַיִּגַּשׁ]** as follows: **אִם לְמִלְחָמָה אֲנִי בָא, אִם לְפִיּוּס אֲנִי בָא, אִם לִתְפִלָּה אֲנִי בָא** – Abraham said, **"If it is for battle** that I must prepare myself, **I am coming** (i.e., I am ready for battle); **if it is for persuasion** that I must prepare myself, **I am coming; if it is for prayer** that I must prepare myself, **I am coming!"**[121]Ⓐ

The Midrash cites a related discussion about the appropriate terms with which to describe prayer:[122]

רַבִּי פִּנְחָס וְרַבִּי לֵוִי וְרַבִּי יוֹחָנָן – **R' Pinchas and R' Levi and R' Yochanan** said: **זֶה שֶׁהוּא עוֹבֵר לִפְנֵי הַתֵּיבָה אֵין אוֹמְרִים לוֹ: בֹּא וַעֲשֵׂה, בֹּא קְרַב, בֹּא וַעֲשֵׂה קָרְבָּן שֶׁל צִיבּוּר** – **One who** is about to **"pass before the Ark"** to lead the congregation in prayer **should not be told, "Come and do** what the congregation needs done,"[123] or, **"Come and battle,"** which would mean, **"Come and fight the congregation's battle."** [124] **אֶלָּא בֹּא וּקְרַב לְהִתְפַּלֵּל** – **Rather,** he is told, **"Come and do battle to pray."**[125]

As the Midrash will soon discuss God's practice of preventing calamities, it introduces that subject with a related discussion:[126]

אָמַר רַבִּי תַּנְחוּמָא – **R' Tanchuma said: לָמָּה הִתְקִינוּ בְּרָכוֹת חֲמֵשׁ עֶשְׂרֵה עַד "שׁוֹמֵעַ תְּפִלָּה"** – **Why did [the Sages] institute fifteen blessings** in the *Amidah* prayer **until** the blessing of *Blessed are You, HASHEM,* ***Who hears prayer?***[127]

כְּנֶגֶד חֲמֵשׁ עֶשְׂרֵה אַזְכָּרוֹת שֶׁבְּ"הָבוּ לַה' בְּנֵי אֵלִים" – These blessings were arranged **corresponding to the fifteen mentions** of God's Name **that are in** the Psalm that begins, *A Psalm of David:* ***Render unto HASHEM, you sons of the powerful*** (*Psalm* 29),[128] **עַד "ה' לַמַּבּוּל יָשָׁב"** – **until** the phrase ***HASHEM sat enthroned at the Flood.*** **שֶׁהוּא מְכַלֶּה אֶת הַפּוּרְעָנוּת מִלָּבֹא לָעוֹלָם** – And that phrase denotes **that [God] prevents misfortunes from coming to the world.**[129]

NOTES

121. According to R' Eliezer, since, as proven, the word וַיִּגַּשׁ has three connotations, each of which could equally be applied to our verse, we must understand its usage here to suggest that Abraham prepared himself in each of these three ways (see *Yefeh To'ar*). [Presumably, Abraham did this because he was unsure which approach would be most effective.]

[It is possible that the other Sages agree with R' Eliezer that Abraham prepared himself for all three tactics mentioned, for indeed his statements employed all of them, and the Sages' debate revolves around which of the three (if any) represented his primary intention (*Yefeh To'ar*).]

122. See *Maharzu*.

123. *Matnos Kehunah*.

124. Emendation follows *Matnos Kehunah*.

125. This phrase includes all of the elements of prayer discussed above: *warfare* and *prayer*, as well as *persuasion*, which may also be suggested by the word תְּפִלָּה (see *Matnos Kehunah*; see *Yefeh To'ar* for an alternative interpretation). [See *Rashi*, *Matnos Kehunah*, *Maharzu*, and *Eitz Yosef* for alternative versions of this Midrash.]

126. *Yefeh To'ar*, *Maharzu*.

127. Today, the weekday *Amidah* prayer contains nineteen blessings, of which the *sixteenth* is *Who hears prayer*. However, as it was originally designed by the Men of the Great Assembly, this prayer comprised eighteen blessings (see *Berachos* 28b), so that the above blessing was the *fifteenth*. Here, the Midrash wonders why the Sages arranged it with this amount of blessings, as opposed to adding requests for life or children and the like, or combining such blessings as *Return us* and *Forgive us*, thereby causing a higher or lower total of blessings (*Eitz Yosef*, citing *Yefeh To'ar*).

128. [The Talmud (*Berachos* 28b; see also *Rosh Hashanah* 32a) teaches that the eighteen (original) blessings of the *Amidah* correspond to the eighteen mentions of God's Name contained in this Psalm.]

129. The Midrash sees in the cited verse from *Psalms* a reference to the fact that immediately after the Flood of Noah's times, God swore to never again bring such destruction upon the world. And as the blessing of *Who hears prayer* has the similar effect of preventing misfortune, the Sages arranged that its placement should correspond to that *fifteenth*

INSIGHTS

Ⓐ **Approaches to Prayer** In our commentary, we have cited several of the commentators' methods of explaining the three aspects of Abraham's pleas: battle, persuasion, and prayer. Two aspects of this Midrashic teaching in particular still call for clarification: (1) Why was Abraham's comment regarding the Divine method of punishment accepted without rebuke, whereas Job was punished for offering a seemingly similar comment, as the Midrash discusses below (in §9). (2) Precisely what is connoted by the "prayer" approach, and how does it differ from that of "persuasion"?

In a profound essay on the purpose of prayer in *Michtav MeEliyahu* (Vol. II, pp. 183-7), which is based on the terse comments of *Maharal* (*Gur Aryeh, Genesis* 18:23) on this Midrash, Rav Eliyahu Dessler argues that the three approaches taken by Abraham represent the three essential ways in which one can pray to God, each of which seeks to address a different Attribute of God's Justice. The "prayer" aspect is being used when one asks God to provide a certain need of his own or of others, because only He is capable of doing so. It is by this very acknowledgment that he merits having his prayer answered, since God is aware that answering this plea will merely strengthen his belief in God's power and benevolence. This is deemed an ordinary "prayer," since one is merely appealing to the Divine Attribute of Compassion [מִדַּת הָרַחֲמִים] to help those who seek to be close to Him.

In Abraham's pleas, the "prayer" aspect was his general request that God spare the lives of the Sodomites, not because they were ready to repent and have their sins forgiven, but simply because they are His creatures, and only He, as the Provider of life, has the power to do so.

In the "persuasion" aspect of prayer, one asks for the forgiveness of his sins because he realizes that they are distancing him from God, and from the abundance of good that He provides to those who follow in His ways. Here too, it is the ultimate intent of his request that causes God to grant his plea for forgiveness. However, such a request is aimed at God's Attribute of Benevolence [מִדַּת הַחֶסֶד], since it requests forgiveness for someone who, by his sins, has forfeited his right to be saved. The performer seeks Divine amnesty from an exceedingly benevolent God, Who will hopefully be willing to grant him another chance, so that he can use it to change his ways and return to God. This was Abraham's "persuasion" approach as well, when he asked that the Sodomites be saved if there would be fifty righteous people among them, so that they might use this renewed opportunity to rebuke the sinners and cause them all to repent.

In the "battle" approach used by Abraham, his allusion to killing the righteous along with the wicked did not mean to imply an actual inequity in Divine Justice, God forbid. Abraham certainly believed that any Divine action cannot be anything but true justice, even if the limited human concept is unable to grasp the deep reasons for any particular decision. Rather, Abraham was troubled by man's inability to see the true justice of such a decree, and by the negative impact it might have on how the world views the Divine system of justice. Since this would have a negative effect, he asked that God grant his request to rescind the decree, if righteous people indeed existed in Sodom. This was deemed the "battle" aspect of Abraham's prayer because he went to battle with God's Attribute of Judgment [מִדַּת הַדִּין], seeking to have its inherently just decision altered because it threatened mankind's ability to serve God in the purest manner.

However, *R' Dessler* warns that this last approach is extremely dangerous and can succeed only when offered by the mouths of the truly righteous, who can pass inspection by even the strictest standard of Divine Judgment. Because their sole desire is to optimize the level of Divine worship, God will be receptive even to an audacious request. If however, there is even an iota of doubt in the mind of the supplicant about the *actual* justice of the decision he seeks to overturn, his "criticism" is a desecration of God's Name, and liable to severe punishment. This is what the Midrash means below (in §9) in differentiating between the "ripe" statement of Abraham and the "unripe" statement of Job, for the latter's comment was tainted by a true doubt about the essential justice of God's decisions.

רַבִּי אֱלִיעֶזֶר פָּשַׁט לָהּ: אִם לְמִלְחָמָה אֲנִי בָא, אִם לְפִיּוּס אֲנִי בָא, אִם לִתְפִלָּה אֲנִי בָא. רַבִּי פִּנְחָס וְרַבִּי לֵוִי וְרַבִּי יוֹחָנָן: [כו]זֶה שֶׁהוּא עוֹבֵר לִפְנֵי הַתֵּיבָה אֵין אוֹמְרִים לוֹ: בֹּא וַעֲשֵׂה, בֹּא קָרֵב, בֹּא וַעֲשֵׂה קָרְבָּן שֶׁל צִיבּוּר, אֶלָּא בֹּא וּקְרַב לְהִתְפַּלֵּל. אָמַר רַבִּי תַּנְחוּמָא: לָמָּה הִתְקִינוּ בְּרָכוֹת חָמֵשׁ עֶשְׂרֵה עַד שׁוֹמֵעַ תְּפִלָּה, [כז]כְּנֶגֶד ט"ו אַזְכָּרוֹת שֶׁבְּ"הָבוּ לַה' בְּנֵי אֵלִים" עַד "ה' לַמַּבּוּל יָשָׁב", שֶׁהוּא מְכַלֶּה אֶת הַפּוּרְעָנוּת מִלָּבֹא לָעוֹלָם. רַבִּי הוּנָא בְּשֵׁם רַבִּי אַחָא: "הַאַף תִּסְפֶּה", אַתָּה גוֹדֵר אֶת הָאַף וְהָאַף לֹא יִגְדְּרֶךָ. אָמַר רַבִּי יְהוֹשֻׁעַ בַּר נְחֶמְיָה: [כח]אַף שֶׁאַתָּה מֵבִיא לְעוֹלָמְךָ, אַתָּה מְכַלֶּה בוֹ אֶת הַצַּדִּיקִים וְאֶת הָרְשָׁעִים, וְלֹא דַיֶּיךָ שֶׁאֵין אַתָּה תּוֹלֶה הָרְשָׁעִים בִּשְׁבִיל הַצַּדִּיקִים, אֶלָּא שֶׁאַתָּה מְכַלֶּה אֶת הַצַּדִּיקִים עִם הָרְשָׁעִים.

רש"י

(ח) **זה שהוא עובר לפני התיבה אין אומרים לו בא ועשה.** בא והתפלל אלא בא קרב בא ועשה תפלה של צבור: **א"ר תנחומא למה התקינו שומע תפלה בברכת ט"ו.** כנגד ט"ו הזכרות שבהבו לה' בני אלים עד ה' למבול ישב לפיכך תקנוה ברכת ט"ו שבשם ט"ו ה' למבול ישב לפיכך ישאל אדם צרכיו בשומע תפלה ונענה: **מהו למבול ישב.** שכלה הפורענות מלבא לעולם: **רבי הונא בשם רבי אחא האף תספה.** אתה מכלהו: **אתה גודר את האף.** אתה מפסיק את האף והאף לא יגדרך. באף שאתה מביא בעולמך אתה מכלה את הצדיקים עם הרשעים ולא די שאתה תולה מעשיהם ולוקין בעולם הזה אלא שאתה מכלה אותם מן העולם

עץ יוסף

הצלת הרשעים שיגנו עליהם הצדיקים אע"פ שאינם אלא צדיקים גרועים שהוא לפנים משורת הדין לגמרי. ואין זה אלא בדרך תפלה ובקשת רחמים כאמור (נזה"ק): **זה שהוא.** עובר לפני התיבה א"א לו בא והתפלל אלא בא וקרב עשה קרבנינו מלחמתינו. כנ"ל וכן הוא בס"ע ובירושלמי כלו' דרכם הי' לומר לעובר לפני התיבה לשון בא וקרב. וע"ז מפרש שנרמז בזה לשון קרבא שהוא מלחמה. להורות שנכלל בתפלה ג"כ ענין מלחמה וכלו' שאומרים לו שיכוון הטיב לבקש רחמים להלחם עם כח האף (נזה"ק): [יד] **למה התקינו ברכות ט"ו כו'.** לא פחות ולא יותר דברכת המינים אינה מן המנין דבתר הכי תקנוה כדאי' בגמרא דה"ל למימר טפי כגון שאלת חיים ובנים ושאר צרכים. אי נמי דלהוו בציר מט"ו דהוו מצי כיילי דדמי כחדא כגון השיבנו וסלח לנו כחדא. (יפ"ת): **מכלה את הפורעניות.** כלו' שכח מדריגות ט"ו האזכרות גרמו לכלות פורעניות המבול מן העולם. וכן כיוצא בו כח הט"ו ברכות שבתפלה יכלו את הפורענות מן העולם: **אתה גודר את האף.** ר"ל אתה כובש את מלאך המשחית הנקרא אף הבא לכלות את העולם בתוקף דינו. והאף לא יגדרך לכבוש מדת טובך שהוא ממקור הרחמים. וא"כ מדוע לא תכבוש גם עתה כח האף ודרש האף תספה לשון חרון אף ורומז כתרגומו. דהיינו מלאך המשחית הנקרא אף. והיינו נמי דקאמר הלא אף שאתה מביא לעולמך אתה מכלה בו את הצדיקים והרשעים וכדאמרינן משניתנה רשות למשחית אינו מבחין בין צדיק לרשע כי הוא מצד תוקף הדין: **ולא דייך שאין כו'.** כלומר שמן הראוי היה אף לתלות לרשעים בשביל הצדיקים. ולא די שאינך תולה לרשעים בשביל הצדיקים. אלא שאתה מכלה גם כן באף גם את הצדיקים עם הרשעים:

פירוש מהרז"ו

ומבואר שם שכלב ביקש ממנו שיתן לו נחלתו המפורשת ואין זה תפלה אלא פיוס על שמטריחו: **זה שהוא עובר לפני התיבה.** שייכות המאמר לכאן על שאמר בא וקרב שלשון הגשה שייך לתפלה כנ"ל: **חמש עשרה ברכות.** עם ברכת ולמלשינים וברכת שומע תפלה היא ברכה ט"ו וכן האזכרות שבמזמור הבו לה' בני אלים הם ט"ו לבד ה' למבול ישב וחושב גם את הכבוד לשם. ואז נשבע שלא יביא מבול לעולם הרי שהעביר הפורענות מלבא לעולם. וכן ברכת שומע תפלה גורמת לבטל האף והפורענות. ושייכות המאמר לכאן למ"ש האף תספה כמ"ש בסמוך שמבטל האף: **רבי פנחס.** ה"ג בירושלמי ברכות פרק ד' בהלכה ד' ר' פנחס ר"ל ר"י בשם מנחם דגליא. זה שעובר לפני התיבה אין אומרים לו בא והתפלל אלא בא וקרב. עשה קרבינו עשה צרכנו עשה מלחמותינו פייס בעדנו. והיא הפוכה מגירסת המדרש ומי יבחר איזה מהם אמתית ובגירסת הירושלמי יש פיוס ותפלה ומלחמה. ומה שכתוב בירושלמי אין אומרים לו בא והתפלל פירושו שאין צריך לדקדק בכך לומר לו דוקא בלשון תפלה אלא יכול לומר לו לשונות אלו שכולם כוללים התפלה וזה נצלנו שלא לעשות פלוגתא רחוקה והפוכה בין הירושלמי והמדרש: **האף תספה.** דקשה למה פתח באף וכמ"ש לעיל פר' י"ט סימן ב' ד' הן פתחו באף וכו' וא"כ חמשה הם. והנ"ל הגם. או התספה וגו'. על כן דורש שאמר בזה שבח להש"י וכן ת"א הברגז ותיבת תספה אין פירושו על סדום כתרגומו תשיצי אלא פירושו על האף שאתה תספה ותגדור את האף שלא יתפשט ואתה מושל בו. ופירושו האף תספה ואיך תספה צדיק עם רשע ע"פ מדת ממעל ודרך קצרה: **אף שאתה מביא.** ומה שפתח באף אין קפידא שהרי הש"י כבר בשרו והודיעו שרוצה להביאו לעולם ועל זה אמר האף שאתה רוצה להביאו שתספה צדיק עם רשע. ואין זה לפי מדת טובך ולדקדק וג"ל ולא דייך שאין אתה תולה לרשעים כו' וכ"ה בילקוט. ומ"ש אתה מכלה בו. לפרש תיבת תספה על הש"י נוכח לזכר ולא על האף נסתר לנקבה שהאף ביד הש"י כמטה ביד המכה וזהו ג"כ בדרך האונקלוס שתרגם הברגז תשיצי וזה על פי מדה ט' הגם שאינו דומה ממש ודו"ק:

חידושי הרד"ל

(ח) [ח] **אלא בא וקרב.** עמ"כ. ומביא זה כאן אהא דהגשה לתפלה דמתרגמינן ויגש וקריב: (ט) **שהוא מכלה את הפורעניות.** ע"י תפלות ישראל. וז"ש אח"כ ה' עוז לעמו יתן ה' יברך את עמו בשלום:

מסורת המדרש

כו ירושלמי ברכות פרק ד': כז ע' ברכות כ"ח: כח עיין בבא קמא דף ס':

מתנות כהונה

פשט. ויגש דהכא מדכתיב סתם פירושו על כולם: [**ה"ג רש"י ז"ל** וכ"ה בירושלמי פרק תפלת השחר ר"ל ור"י בשם מנחם דגלייא זה שהוא כו']: **בא ועשה.** משמע עשה צרכי צבור: **בא וקרב.** כדמפרש ואזיל עשה קרבן של צבור פי' מלחמתן של צבור אלא בוא וקרב להתפלל כלומר שירד למלחמה ולהתפלל הכולל פיוס ותפלה ובירושלמי פרק תפלת השחר מצאתי הגירסא אין אומרים לו בא והתפלל אלא בא וקרב [עשה קרבנותינו עשה צרכנו עשה מלחמתנו פייס בעדנו. ובס' יוחסין הביא גירסת] הספר כך אין אומרים לו בא והתפלל אלא בא וקרב קרבנות צבור עשה צרכינו ופייס בעדינו ע"כ ושם משמע שזה שאמר עשה קרבן הוא לשון פיוס וקריבה [וגירסת רש"י נוטה לגי' הספר]: **שהוא מכלה כו'.** התפלה מכלה כו'. אתה תשלול ותגדור את האף ואתה תמשל בו והאף לא יגדור אותך למשול בך כביכול ודרש תספה מלשון אסיפה: **ה"ג ולא דייך** שאין אתה תולה:

אשד הנחלים

כי ע"י תפלה ובקשת רחמים יוכל להפוך הגזירה כי ע"י התפילה מתעלה נפשו של אדם ואז כחו וזכותו מגין על הרעה. והנה אברהם ראינו שבא בדרך וויכוח (חלילה לך כו'). ואח"כ ביקש זהו תפילה ופיוס שישארו בעבור הצדיקים כמפייס מדת הדין שיתנחם בצדיקים ולא יביט על מעשי הרשעים: **בוא וקרב להתפלל.** כי מי אנחנו שיעשה תפלתינו מלחמה למדה"ד רק תפילה לבד ועיין במ"כ בשם הירושלמי גירסא אחרת: **עד ה' למבול ישב.** כלומר אחר שראינו שדוד ע"ה הזכיר ט"ו אזכרות טרם הזכיר ה' למבול ישב שפירושו לפי דעתם ה' למבול ישב מבלי ישלוט עליהם המבול בכדי וישב ה' מלך וא"כ הט"ו האזכרות הוא מועיל לכלות את הפורעניות ע"כ גם אנחנו עושים כן. והדבר בפרט הוא מובן ע"ד חכמי אמת בספריהם: **והאף לא יגדרך.** כאומר אתה תספה את האף כלומר הרחמים גובר על הדין אבל לא בהיפך ואיך יתכן שישוה צדיק עם רשע. ודעת ר"ל להיפך שכהה אמר אברהם היתכן שתעניש ע"י האף שזהו מדה חזקה מאד שתכלה הצדיק עם הרשע ביחד אתמהה *)

*והגרסא הנכונה שאין אתה תולה (יד"מ):

ה [״הַאַף תִּסְפֶּה״ — הַאַף תִּסְפֶּה צַדִּיק עִם רָשָׁע] *THE RIGHTEOUS ALONG WITH THE WICKED.*]

The Midrash comments on the words הַאַף תִּסְפֶּה:[130]

רַבִּי הוּנָא בְּשֵׁם רַבִּי אַחָא — **R' Huna** said **in the name of R' Acha:** ״הַאַף תִּסְפֶּה״, אַתָּה גוֹדֵר אֶת הָאַף וְהָאַף לֹא יִגְדְּרָךְ — The words הַאַף תִּסְפֶּה indicate that Abraham was saying to God, **"You curtail**[131] **Wrath; Wrath does not curtail You!"**[132] אָמַר רַבִּי יְהוֹשֻׁעַ בַּר נְחֶמְיָה — An alternative approach: **R' Yehoshua bar Nechemyah said:** אַף שֶׁאַתָּה מֵבִיא לְעוֹלָמְךָ, אַתָּה מְכַלֶּה בוֹ אֶת הַצַּדִּיקִים וְאֶת הָרְשָׁעִים — Abraham was saying to God, **"Wrath that You bring into Your world — You destroy with it**[133] **the righteous as well as the wicked!**[134] וְלֹא דַיֶּיךָ שֶׁאֵין אַתָּה[135] תּוֹלֶה הָרְשָׁעִים בִּשְׁבִיל הַצַּדִּיקִים, אֶלָּא שֶׁאַתָּה מְכַלֶּה אֶת הַצַּדִּיקִים עִם הָרְשָׁעִים — **And it is not enough for You that You do not spare the wicked because of the** merit of the **righteous** among them, **but You** even **destroy the righteous along with the wicked!"**[136]

NOTES

mention of God's Name in the Psalm (*Maharzu*; see also *Rashi*, *Yefeh To'ar*, and *Imrei Yosher*; see *Matnos Kehunah*, *Radal*, and *Eitz Yosef* for additional approaches).

[*Rashi* comments that it emerges from this Midrash that one who states his personal requests in this, the *fifteenth* blessing of the *Amidah*, will be answered (see further, *Shulchan Aruch*, *Orach Chaim* 119:1).]

130. According to the verse's plain meaning, these words are to be translated, *Will You also stamp out* (see *Rashi* to verse). The Midrash is dissatisfied with this explanation because, generally speaking, one cannot say *also* until something else has been stated (see *Yefeh To'ar*; for another approach, see *Maharzu*, who compares 19 §2 above).

131. *Eitz Yosef*; see also *Rashi*, *Matnos Kehunah*, and *Maharzu*. Alternatively: *You cut down Wrath* (*Yefeh To'ar*).

132. There exists a destructive angel named אַף, *Wrath*, who seeks to destroy the world (see *Nedarim* 32b and elsewhere) but is restrained by God, in His mercy. According to R' Acha, in our verse Abraham referred to this force by name when he implored God, "Since You control *Wrath*, and not the other way around, *Will Wrath stamp out the righteous along with the wicked?!*" (see *Nezer HaKodesh* and *Eitz Yosef*; see also *Yefeh To'ar* below, s.v. דוב; for additional interpretations see *Yefeh To'ar* and *Maharzu*).

133. "Wrath" is in the hand of God like a weapon held by a combatant (*Maharzu*).

134. R' Yehoshua bar Nechemyah's interpretation accepts what was advanced by the previous one, that the word אַף refers to the destructive *Wrath*. But unlike that approach, this one believes that תִּסְפֶּה does not mean *"it* (i.e., Wrath)*" will stamp out*, but rather, *"You* (God)*" will stamp out*. Consequently, the words הַאַף תִּסְפֶּה are understood as if הַבְאַף תִּסְפֶּה, meaning, *Will You stamp out "with" Wrath*, were written (*Yefeh To'ar* and *Maharzu*, who compares *Targum Onkelos* to the verse, also cited by *Rashi* to the verse).

135. Another version, appearing in most editions, reads שֶׁאַתָּה תּוֹלֶה. Our version (which appears in the Warsaw 1867 edition) follows *Os Emes*, *Matnos Kehunah*, *Yedei Moshe*, and *Maharzu*, who cites *Yalkut Shimoni*; but see *Rashi* for an interpretation of the prevalent version.

136. Abraham maintained that [given His immense goodness and righteousness (*Maharzu*)] it would be appropriate for God to save wicked people in the merit of the righteous. Abraham said to God, "Not only do you not save the wicked, but, to the contrary, you use Wrath to destroy the righteous along with the wicked!" (*Eitz Yosef*).

R' Yehoshua bar Nechemyah assigns a double meaning to the word אַף, so that it suggests *Wrath* as well as *even*. Thus, in addition to what has been explained above, Abraham was also saying, "Not only do You not plan to save the wicked of Sodom in the merit of its righteous, but *You will even* [אַף] *destroy the righteous along with the wicked!"* (*Yefeh To'ar*, second approach; see there further where *Yefeh To'ar* suggests why R' Yehoshua bar Nechemyah would hold that, alone, neither of the two explanations is adequate to explain the verse's usage of this word).

חידושי הרד"ל

(ח) [ח] **אלא בא וקרב.** עמ"כ. ומביא זה כאן אהא דהגשה לתפלה דמתרגמינן ויגש וקריב:

(ט) **שהוא מכלה את הפורעניות.** ע"י תפלות ישראל. וז"ש אח"כ ה' עוז לעמו יתן ה' יברך את עמו בשלום:

עץ יוסף

הצלת הרשעים שיגנו עליהם הצדיקים אע"פ שאינם אלא צדיקים גרועים שהוא לפנים משורת הדין לגמרי. ואין זה אלא בדרך תפלה ובקשת רחמים כאמור (נזה"ק): **זה שהוא.** עובר לפני התיבה א"א לו בא והתפלל אלא בא וקרב עשה קרבנינו מלחמתינו. כצ"ל וכן הוא בס"ע ובירושלמי כלו' דרכש הי' לומר לעובר לפני התיבה לשון בא וקרב. וע"ז מפרש שנרמז בזה לשון קרבא שהוא מלחמה. להורות שנכלל בתפלה ג"כ ענין מלחמה וכלו' שאומרים לו שיכוין הטיב לבקש רחמים להלחם עם כח האף (נזה"ק): [יד] **למה התקינו ברכות ט"ו כו'.** לא פחות ולא יותר דברכת המינים אינה מן המנין דבתר הכי תקנוה כדאי' בגמרא דה"ל למימר טפי כגון שאלת חיים ובנים ושאר צרכים. אי נמי דלהוו בציר מט"ו דהוו מצי כיילי דדמי כחדא כגון השיבנו וסלח לנו כחדא. (יפ"ת): **מכלה את הפורעניות.** כלו' שכח מדריגות ט"ו האזכרות גרמו לכלות פורעניות המבול מן העולם. וכן כיוצא בו כח הט"ו ברכות שבתפלה יכלו את הפורענות מן העולם: **אתה גודר את האף.** ר"ל אתה כובש את מלאך המשחית הנקרא אף הבא לכלות את העולם בתוקף דינו. והאף לא יגדרך לכבוש מדת טובך שהוא ממקור הרחמים. וא"כ מדוע לא תכבוש גם עתה כח האף ודרש האף תספה לשון חרון אף ורומז כתרגומו. דהיינו מלאך המשחית הנקרא אף. והיינו נמי דקאמר הלא אף שאתה מביא לעולמך אתה מכלה בו את הצדיקים והרשעים וכדאמרינן משניתנה רשות למשחית אינו מבחין בין צדיק לרשע כי הוא מצד תוקף הדין: **ולא דייך שאין בו'.** כלומר שמן הראוי היה אף לתלות לרשעים בשביל הצדיקים. ולא די שאינך תולה לרשעים בשביל הצדיקים. אלא שאתה מכלה גם כן באף גם את הצדיקים עם הרשעים:

רַבִּי אֱלִיעֶזֶר פָּשַׁט לָהּ: אִם לְמִלְחָמָה אֲנִי בָא, אִם לְפִיּוּס אֲנִי בָא, אִם לִתְפִלָּה אֲנִי בָא. רַבִּי פִּנְחָס וְרַבִּי לֵוִי וְרַבִּי יוֹחָנָן: כוזֶה שֶׁהוּא עוֹבֵר לִפְנֵי הַתֵּיבָה אֵין אוֹמְרִים לוֹ: בֹּא וַעֲשֵׂה, בֹּא קְרַב, בֹּא וַעֲשֵׂה קָרְבָּן שֶׁל צִיבּוּר, אֶלָּא בֹּא וּקְרַב לְהִתְפַּלֵּל. אָמַר רַבִּי תַּנְחוּמָא: לָמָּה הִתְקִינוּ בְּרָכוֹת חֲמֵשׁ עֶשְׂרֵה עַד שׁוֹמֵעַ תְּפִלָּה, כזכְּנֶגֶד ט"ו אַזְכָּרוֹת שֶׁבְּ"הָבוּ לַה' בְּנֵי אֵלִים" עַד "ה' לַמַּבּוּל יָשָׁב", שֶׁהוּא מְכַלֶּה אֶת הַפּוּרְעָנוּת מִלָּבֹא לָעוֹלָם. רַבִּי הוּנָא בְּשֵׁם רַבִּי אַחָא: "הַאַף תִּסְפֶּה", אַתָּה גּוֹדֵר אֶת הָאַף וְהָאַף לֹא יְגַדְּרֶךָ. אָמַר רַבִּי יְהוֹשֻׁעַ בַּר נְחֶמְיָה: כחאַף שֶׁאַתָּה מֵבִיא לְעוֹלָמְךָ, אַתָּה מְכַלֶּה בּוֹ אֶת הַצַּדִּיקִים וְאֶת הָרְשָׁעִים, וְלֹא דַּיֶּיךָ שֶׁאֵין אַתָּה תּוֹלֶה הָרְשָׁעִים בִּשְׁבִיל הַצַּדִּיקִים, אֶלָּא שֶׁאַתָּה מְכַלֶּה אֶת הַצַּדִּיקִים עִם הָרְשָׁעִים.

רש"י

(ח) **זה שהוא עובר לפני התיבה אין אומרים לו בא ועשה.** בא והתפלל אלא בא קרב בא ועשה תפלה של ציבור: **א"ר תנחומא למה התקינו שומע תפלה בברכת ט"ו.** כנגד ט"ו הזכרות שבהבו לה' בני אלים עד ה' למבול ישב לפיכך תקנוה ברכת ט"ו שגם ט"ו ה' למבול ישב לפיכך ישאל אדם צרכיו בשומע תפלה ונענה: **מהו למבול ישב.** שכלה הפורענות מלבא לעולם: **רבי הונא בשם רבי אחא האף תספה.** אתה מכלהו: **אתה גודר את האף.** אתה מפסיק את האף והאף לא יגדרך. באף שאתה מביא בעולמך אתה מכלה את הצדיקים עם הרשעים ולא די שאתה תולה מעשיהם ולוקין בעולם הזה אלא שאתה מכלה אותם מן העולם

פירוש מהרז"ו

ומבואר שם שכלב ביקש ממנו שיתן לו נחלתו המפורשת ואין זה תפלה אלא פיוס על שמטריחו: **זה שהוא עובר לפני התיבה.** שייכות המאמר לכאן על שאמר בא וקרב שלשון הגשה שייך לתפלה כנ"ל: **חמש עשרה ברכות.** עם ברכת ולמלשינים וברכת שומע תפלה היא ברכה ט"ז וכן האזכרות שבמזמור הבו לה' בני אלים הם ט"ו לבד ה' למבול ישב וחושב גם אל הכבוד לשם. ואז נשבע שלא יביא מבול לעולם הרי שהעביר הפורענות מלבא לעולם. וכן ברכת שומע תפלה גורמת לבטל האף והפורענות. ושייכות המאמר לכאן למ"ש האף תספה כמ"ש בסמוך שמבטל האף: **רבי פנחס.** ה"ג בירושלמי ברכות פרק ד' בהלכה ד' ר' פנחס ר"ל ר"י בשם מנחם דגליא. זה שעובר לפני התיבה אין אומרים לו בא והתפלל אלא בא וקרב. עשה קרבינו עשה צרכנו עשה מלחמותינו פייס בעדנו. והיא הפוכה מגירסת המדרש ומי יבחר איזה מהם אמתית ובגירסת הירושלמי יש פיוס ותפלה ומלחמה. ומה שכתוב בירושלמי אין אומרים לו בא והתפלל פירושו שאין צריך לדקדק בכך לומר לו דוקא בלשון תפלה אלא יכול לומר לו לשונות אלו שכולם כוללים התפלה ובזה נצלנו שלא לעשות פלוגתא רחוקה והפוכה בין הירושלמי והמדרש: **האף תספה.** דקשה למה פתח באף וכמ"ש לעיל פר' י"ט סימן ב' ד' הן שפתחו באף וכו' וא"כ חמשה הם. והיל"ל הגם. או התספה וגו'. על כן דורש שאמר בזה שבח להש"י וכן ת"א הברגז ותיבת תספה אין פירושו על סדום כתרגומו תשיצי אלא פירושו על האף שאתה תספה ותגדור את האף שלא יתפשט ואתה מושל בו. ופירושו האף תספה ואיך תספה צדיק עם רשע ע"פ מדת ממעל ודרך קצרה: **אף שאתה מביא.** ומה שפתח באף אין קפידא שהרי הש"י כבר בשרו והודיעו שרוצה להביאו לעולם ועל זה אמר האף שאתה רוצה להביאו שתספה צדיק עם רשע. ואין זה לפי מדת טובך וצדקתך וצ"ל ולא דייך שאין אתה תולה לרשעים כו' וכ"ה בילקוט. ומ"ש אתה מכלה בו. לפרש תיבת תספה על הש"י נוכח לזכר ולא על האף נסתר לנקבה שהאף ביד הש"י כמטה ביד המכה וזהו ג"כ בדרך האונקלוס שתרגם הברגז תשיצי וזה על פי מדה ט' הגם שאינו דומה ממש ודו"ק:

מסורת המדרש

כו ירושלמי ברכות פרק ד':

כז ע' ברכות כ"ח:

כח עיין בבא קמא דף ס':

מתנות כהונה

פשט. ויגש דהכא מדכתיב סתם פירושו על כולם: [ה"ג **רש"י ז"ל** וכ"ה בירושלמי פרק תפלת השחר ר"ל ור"י בשם מנחם דגלייא זה שהוא כו']: **בא ועשה.** משמע עשה צרכי צבור: **בא וקרב.** כדמפרש ואזיל עשה קרבן של צבור פי' מלחמתן של צבור אלא בוא וקרב להתפלל כלומר שירד למלחמה ולהתפלל הכולל פיוס ותפלה ובירושלמי פרק תפלת השחר מצאתי הגירסא אין אומרים לו בא והתפלל אלא בא וקרב [עשה קרבנותינו עשה צרכנו עשה מלחמתנו פייס בעדנו. ובס' יוחסין הביא גירסת] הספר כך אין אומרים לו בא והתפלל אלא בא וקרב קרבנות צבור עשה צרכינו ופייס בעדינו ע"כ ושם משמע שזה שאמר עשה קרבן הוא לשון פיוס וקריבה [וגירסת רש"י נוטה לגי' הספר]: **שהוא מכלה בו'.** התפלה מכלה כו'. אתה תשלול ותגדור את האף ואתה תמשל בו והאף לא יגדור אותך למשול בך כביכול ודרש תספה מלשון אסיפה: **ה"ג ולא דייך** שאין אתה תולה:

אשד הנחלים

כי ע"י תפילה ובקשת רחמים יוכל להפוך הגזירה כי ע"י התפילה מתעלה נפשו של אדם ואז כחו וזכותו מגין על הרעה. והנה אברהם ראינו שבא בדרך וויכוח (חלילה לך כו'). ואח"כ ביקש זהו תפילה ופיוס שישארו בעבור הצדיקים כמפייס מדת הדין שיתנחם בצדיקים ולא יביט על מעשי הרשעים: **בוא וקרב להתפלל.** כי מי אנחנו שיעשה תפלתינו מלחמה למדה"ד רק תפילה לבד ועיין במ"כ בשם הירושלמי גירסא אחרת: **עד ה' למבול ישב.** כלומר אחר שראינו שדוד ע"ה הזכיר ט"ו אזכרות טרם הזכיר ה' למבול ישב שפרושו לפי דעתם ה' למבול ישב מבלי ישלוט עליהם המבול בכדי וישב ה' מלך וא"כ הט"ו האזכרות הוא מועיל לכלות את הפורעניות ע"כ גם אנחנו עושים כן. והדבר בפרט הוא מובן ע"ד חכמי אמת בספריהם: **והאף לא יגדרך.** כאומר אתה תספה את האף כלומר הרחמים גובר על הדין אבל לא בהיפך ואיך יתכן שישוה צדיק עם רשע. ודעת ר"ל להיפך שככה אמר אברהם היתכן שתעניש ע"י האף שזהו מדה חזקה מאד שתכלה הצדיק עם הרשע ביחד אתמהה *)

*והגרסא הנכונה שאין אתה תולה (יד"מ):

Having mentioned God's mastery over Wrath, the Midrash cites a related discussion:[137]

רַבִּי וְרַבִּי יוֹנָתָן — A discussion took place involving **Rebbi and R' Yonasan:** רַבִּי אוֹמֵר: בָּשָׂר וָדָם חֵמָה כּוֹבַשְׁתּוֹ, אֲבָל הַקָּדוֹשׁ בָּרוּךְ הוּא כּוֹבֵשׁ אֶת הַחֵמָה — **Rebbi said: A flesh-and-blood** human being **— anger overpowers him, but the Holy One, Blessed is He — He overpowers anger,**[138] שֶׁנֶּאֱמַר "נֹקֵם ה' וּבַעַל חֵמָה" — **as it is stated,** ***HASHEM is vengeful and a master over anger*** (*Nahum* 1:2).[139] רַבִּי יוֹנָתָן אָמַר: בָּשָׂר וָדָם קִנְאָה כּוֹבַשְׁתּוֹ אֲבָל הַקָּדוֹשׁ בָּרוּךְ הוּא כּוֹבֵשׁ אֶת הַקִּנְאָה — In a similar vein, **R' Yonasan said: A flesh-and-blood** human being **— jealousy overpowers him, but the Holy One, Blessed is He — He overpowers jealousy,**[140] שֶׁנֶּאֱמַר "אֵל קַנּוֹא וְנֹקֵם ה' " — **as it is stated,** ***HASHEM is master over jealousy and vengeful*** (ibid.).[141]Ⓐ

The Midrash presents a discussion related to the concept of the righteous perishing along with the wicked:[142]

רַבִּי שִׂמְלַאי שְׁאָלֵיהּ לְרַבִּי יוֹנָתָן — **R' Simlai asked of R' Yonasan:** מַאי דִּכְתִיב "וְיֵשׁ נִסְפֶּה בְּלֹא מִשְׁפָּט" — **What is** the meaning of **that which is written,** ***and one may be swept away without justice*** (*Proverbs* 13:23)?[143] אָמַר לוֹ: בְּלֹא מִשְׁפַּט מְקוֹמוֹ — **He replied to him:** *Without justice* means ***without the justice of his*** rightful ***place.***[144] מַעֲשֶׂה בְּאֶחָד שֶׁנִּשְׁתַּלַּח לִגְבּוֹת מִבְּנֵי טְבֶרְיָא וּבְנֵי צִיפּוֹרִי — The Midrash will now illustrate this concept: **There was once an incident with someone who was sent to collect**[145] **from the people of Tiberias and the people of Sepphoris.** כְּשֶׁהָיָה גוֹבֶה בִּטְבֶרְיָא, רָאָה אֶחָד מִצִּיפּוֹרִי, עָמַד וּתְפָשׂוֹ — **While he was collecting in Tiberias, he saw an individual from Sepphoris. He arose and seized him,** demanding payment. אָמַר לוֹ: מִצִּיפּוֹרִי אֲנִי — **[The Sepphoris resident] told him, "I am from Sepphoris,** not Tiberias! I do not need to pay the tax?!" אָמַר לוֹ: יֵשׁ בְּיָדִי כְּתָבִים מִצִּיפּוֹרִי לִגְבּוֹתָהּ — **He told him, "I have documents in my possession from Sepphoris, to collect** the tax **from it** as well!" And the man was forced to pay the tax. וְלֹא הִסְפִּיק לִגְבּוֹת בְּנֵי טְבֶרְיָא עַד שֶׁבָּאת רְוָחָה לְצִיפּוֹרִי — **And,** ultimately, **[the collector] had not managed to collect** all the taxes from **the people of Tiberias, when a reprieve arrived for Sepphoris,** exempting its inhabitants from paying the tax.[146] וְנִמְצָא נִסְפֶּה בְּלֹא מִשְׁפַּט מְקוֹמוֹ — **And it** thus **emerged that [the Sepphoris man] was** ***swept away without the justice of his*** rightful ***place.***[147]

רַבִּי לֵוִי אָמַר — A related thought: **R' Levi said:** לְדוּבָּה שֶׁהָיְתָה מְשַׁכֶּלֶת בַּחַיָּה — *Wrath*, which destroys the righteous,[148] may be compared **to a female bear**[149] **that used to bereave** (i.e., kill) **wild animals** when angered.[150] וְלֹא מָצְאָה לְשַׁכֵּל בַּחַיָּה, וְשִׁכְּלָה בְּבָנֶיהָ — **And** it happened that **it could not find** an opportunity **to bereave among wild animals,**[151] **so it bereaved among its own offspring.**[152]

רַבִּי סִימוֹן אָמַר — **R' Simon said** another parable for *Wrath:* לְמַגָּל כּוֹסַחַת כּוֹבִין וְלֹא שְׁלֵים לָהּ, שׁוֹשַׁנָּה וְלֹא שְׁלֵים לָהּ — It may be compared **to a sickle that cuts down thorns and is not finished** cutting, and cuts down **a rose and is not finished** cutting.[153]

NOTES

137. *Maharzu, Eitz Yosef*; see *Yedei Moshe* for another approach.

138. When a human being is seized by anger, he cannot help but act differently than he otherwise would. God, on the other hand, is never actually angered. Even when He does things that appear to demonstrate anger, those acts are entirely based in conscious decision (see *Yefeh To'ar*).

139. Translation of the verse according to this Midrash follows *Matnos Kehunah* and *Eitz Yosef*. [The phrase's plain meaning is, *HASHEM is vengeful and full of anger*.]

140. Whereas people suffer from jealousy, God acts jealously only when He desires to do so (*Yefeh To'ar*).

141. Translation of the verse according to this Midrash follows *Matnos Kehunah*, also cited by *Eitz Yosef* and *Maharzu*. [The phrase's plain meaning is *HASHEM is a jealous and vengeful God*.]

142. *Yefeh To'ar, Matnos Kehunah*.

143. I.e., how would God, about Whom the verse (*Deuteronomy* 32:4) states, *The Rock! — perfect is His work, "for all His paths are justice,"* allow such a thing? (*Eitz Yosef, Maharzu*).

144. If God decrees that misfortune will befall a specific place, one who goes to that place from elsewhere may be *swept up* in its fate, despite the fact that he was not originally to be affected by the decree (*Eitz Yosef*; see further discussion in *Yefeh To'ar*). Thus, the cited verse is to be understood as follows: *one may be swept away with justice, but without the justice* (i.e., *outside of the judgment*) *of his* [original] *place* (*Maharzu*).

145. A tax owed to the government (*Rashi* et al.).

146. *Matnos Kehunah*.

147. For based on [his personal judgment and] the communal judgment of Sepphoris, he should not have been required to pay the tax (see *Yefeh To'ar*).

148. *Eitz Yosef*, citing *Nezer HaKodesh*.

149. *Maharzu* notes that *Eichah* 3:10 provides a precedent for the use of a *bear* as a metaphor for God in a state of anger.

150. *Maharzu*; *Eitz Yosef*, citing *Nezer HaKodesh*.

151. The bear could not find enough animals to kill and thereby calm its raging fury (see *Imrei Yosher* and *Eitz Yosef*, who cites *Nezer HaKodesh*).

152. Since an angry bear is violent and cruel by nature, its rage may be vented even against its own young. Similarly, the forces that God releases upon the world as a result of man's sins are designed by Him to destroy, and they will not refrain from harming the righteous for lack of wicked victims (*Yefeh To'ar*; see *Maharzu* and *Eitz Yosef*, who cites *Nezer HaKodesh*).

Thus, according to R' Levi, the cited verse means quite literally that a man *may be swept away without justice* (*Maharzu*). [Citing *Nezer HaKodesh*, *Eitz Yosef* notes that people whose righteousness is perfect cannot be affected this way.]

153. *Ohr HaSeichel*, cited by *Yedei Moshe*; *Eitz Yosef*.

The sickle is not equipped to distinguish between wheat, thorns, and flowers. It cuts what is in its path and goes on to cut again. Similarly, the destructive forces unleashed on the world by God in response to the deeds of the wicked may not be able to discern who is righteous and who is wicked (*Nezer HaKodesh*, cited by *Eitz Yosef*; *Yefeh To'ar*; see *Rashi* for an alternative interpretation).

[Here too, *Eitz Yosef*, citing *Nezer HaKodesh*, asserts that God will intervene to spare the perfectly righteous from such suffering.]

INSIGHTS

Ⓐ **Master Over Jealousy** This Midrash furnishes an explanation for puzzling lines that are found in two *piyutim:* In one of the *zemiros* traditionally sung on Friday night, *Kol Mekadesh Shevi'i*, we recite: "מְשׁוֹךְ חַסְדְּךָ לְיוֹדְעֶיךָ אֵל קַנֹּא וְנוֹקֵם". Literally, this translates: *Extend Your kindness to those who know You, O jealous and vengeful God.* Needless to say, it is surprising that we are addressing Hashem as the *"jealous and vengeful God"* even as we are beseeching Him to extend His kindness! But our Midrash makes clear that the appellation אֵל קַנֹּא וְנוֹקֵם means "the Master over jealousy and vengefulness." Thus, we ask Hashem: Although we may deserve to be judged by these Attributes because of our sins, please overcome them and extend kindness to us instead (*Maharatz Chayes* in *Machberes Tzion*, Vol. II, cited in *Iyun Tefillah* to *Zemiros Leil Shabbos*).

This explanation also sheds light upon the words of the *piyut* כִּי הִנֵּה כַּחֹמֶר, recited on Yom Kippur night during the Maariv service. A line there reads: "כִּי הִנֵּה כַּיְרִיעָה בְּיַד הָרוֹקֵם וכו' כֵּן אֲנַחְנוּ בְּיָדְךָ אֵל קַנֹּא וְנוֹקֵם" – *For, behold! As a curtain in the hand of the embroiderer...so are we in Your hand, Keil kano v'nokeim.* Here too, the meaning is "the Master over jealousy and vengefulness." Since You control jealousy and vengefulness and they do not control You, therefore we can ask: לַבְּרִית הַבֵּט וְאַל תֵּפֶן לַיֵּצֶר, *look at the covenant and ignore the Accuser* [as the stanza concludes] (*Shiras David al Siddur HaTefillah D'Yamim Noraim*, p.276).

רַבִּי וְרַבִּי יוֹנָתָן, [כט]רַבִּי אוֹמֵר: בָּשָׂר וָדָם חֵמָה כּוֹבַשְׁתּוֹ, אֲבָל הַקָּדוֹשׁ בָּרוּךְ הוּא כּוֹבֵשׁ אֶת הַחֵמָה, שֶׁנֶּאֱמַר (נחום א, ב) "נֹקֵם ה' וּבַעַל חֵמָה". רַבִּי יוֹנָתָן אָמַר: בָּשָׂר וָדָם קִנְאָה כּוֹבַשְׁתּוֹ אֲבָל הַקָּדוֹשׁ בָּרוּךְ הוּא כּוֹבֵשׁ אֶת הַקִּנְאָה, שֶׁנֶּאֱמַר "אֵל קַנּוֹא וְנֹקֵם ה'". [ל]רַבִּי שְׂמְלָאי שְׁאָלֵיהּ לְרַבִּי יוֹנָתָן: מַאי דִּכְתִיב (משלי יג, כג) "וְיֵשׁ נִסְפֶּה בְּלֹא מִשְׁפָּט", אָמַר לוֹ: בְּלֹא מִשְׁפַּט מְקוֹמוֹ. מַעֲשֶׂה בְּאֶחָד שֶׁנִּשְׁתַּלַּח לִגְבּוֹת °מַס מִבְּנֵי טְבֶרְיָא וּבְנֵי צִיפּוֹרִי, כְּשֶׁהָיָה גּוֹבֶה בִּטְבֶרְיָא, רָאָה אֶחָד מִצִּיפּוֹרִי, עָמַד וּתְפָשׂוֹ, אָמַר לוֹ: מִצִּיפּוֹרִי אֲנִי. אָמַר לוֹ: יֵשׁ בְּיָדִי כְּתָבִים מִצִּיפּוֹרִי לִגְבוֹתָהּ. וְלֹא הִסְפִּיק לִגְבּוֹת בְּנֵי טְבֶרְיָא עַד שֶׁבָּאת רְוָחָה לְצִיפּוֹרִי וְנִמְצָא נִסְפֶּה בְּלֹא מִשְׁפַּט מְקוֹמוֹ. רַבִּי לֵוִי אָמַר: לְדוּבָּה שֶׁהָיְתָה מְשַׁכֶּלֶת בַּחַיָּה, וְלֹא מָצְאָה לְשַׁכֵּל בַּחַיָּה, וְשִׁכְּלָה בְּבָנֶיהָ. רַבִּי סִימוֹן אָמַר: לְמַגָּל כּוֹסַחַת כּוֹבִין וְלָא שְׁלִים לָהּ, שׁוֹשַׁנָּה וְלָא שְׁלִים לָהּ:

ט [יח, כה] "חָלִלָה לְּךָ", אָמַר רַבִּי יוּדָן: [לא]חֲלִילָה הוּא לָךְ, בַּרְיָה הוּא לָךְ. אָמַר רַבִּי אַחָא: "חָלִלָה... חָלִלָה" שְׁתֵּי פְעָמִים, חִלּוּל שֵׁם שָׁמַיִם יֵשׁ בַּדָּבָר.

אם למקרא

אֵל קַנּוֹא וְנֹקֵם ה' נֹקֵם ה' וּבַעַל חֵמָה נֹקֵם ה' לְצָרָיו וְנוֹטֵר הוּא לְאֹיְבָיו: (נחום א:ב)

רָב־אֹכֶל נִיר רָאשִׁים וְיֵשׁ נִסְפֶּה בְּלֹא מִשְׁפָּט: (משלי יג:כג)

עץ יוסף

בשר ודם חמה כובשתו. איידי דקאמר אתה גודר את האף כו' מסיק נמי ב"ו חמה כובשתו כו': **נוקם ה' ובעל חמה.** דבעל משמע שבולט בה והיא ברשותו כאילו הוא בעל ואדון עליה: **אל קנא.** אל הוא לשון אדנות ואיילות (מת"כ): [טו] **מאי דכתיב ויש נספה בלא משפט.** כלו' הלא כתיב הצור תמים פעלו כי כל דרכיו משפט: **בלא משפט מקומו.** כאשר בא איש ממקום אחר לאותו המקום שנגזר עליו פורעניות שמתחלה לא היה בכלל המשפט הנגזר. וכאשר בא לאותו המקום נתפס גם הוא עמהם. והרי הוא כנספה בלא משפט. ומייתי דוגמא לזה מהך עובדא דגובה מס בטבריא שנתפס שם גם אחד מבני צפורי בהיותו שם. אע"פ שבא אח"כ הרווחה למקומו. והיה נספה בלא משפט מקומו: **לגבות.** מס המלך: **שבאת רוחה.** עמדה להם ריוח והנחה מאת המלך: **ר' לוי כו' ר' סימון כו'.** לפרושי הך מילתא אתו למה האף מכלה גם הצדיקים. ור' לוי אמר שהוא משל לדוב שהיה דרכו לשכל בחיות בתוקף כעסו ובשעה שאינו מוצא לשכל בחיות כפי רצונו אז הוא משכל אף בבניו כדי להשקיט כח רוגזו וכעסו. כן הוא במלאך המשחית חלילה. וא"כ בכוונה אינו מבחין מחמת תוקף כעסו ופוגע גם בצדיקים לפי שאינן צדיקים גמורים וכדאמרן. ור' סימון מדמה ליה למגל החותך שאין לו כח להבחין. ולכן כשיש לו לקצור קוצים ונמצא ביניהם שושנה אינו מבחין וכורת גם השושנה אף כך במלאך המשחית אינו מצד הכעס רק אין לו כח להבחין בין צדיק לרשע ואינו יכול להנצל אלא דרך נס וצדיק שאינו גמור אינו כדאי לזה. ומ"מ לכ"ע תחילת הגזרה אינה אלא מפני הרשעים. ולכן אמר אברהם האף תספה צדיק עם רשע (נזה"ק): **למגל כוסחת.** פי' כמגל זה שכורת קוצים ואינו משלים כסחותו וכורת שושנים ואינו משלים לכרות כי טבעו הוא לכרות בלי הבחנה והכל שוה לו קוצים ושושנים: (ט) [טז] **בריה הוא לך.** פי' ענין חילוני. כלו' חוץ מחק יושרך. וחלילה לשון חולין: **אמר רבי אחא כו'.** ר' אחא נמי מודה לר' יודן. אלא דמיתורא מפרש חלילה השני לשון חלול שם שמים שיהרהרו אחריו לומר תם ורשע הוא מכלה:

פירוש מהרז"ו

רבי ורבי יונתן. הובא כאן אגב דברי רבי אחא: **אל קנא.** שהרי הקנאה היא מדה רעה ואיך מיחסה להקב"ה. על כן דורש שהוא האל על הקנאה והוא במכילתא יתרו פסוק זה: **רבי שמלאי.** הובא אגב מ"ש האף תספה וכמ"ש בילקוט האף תספה אמר רבי שמלאי. ועל זה הביא לפרש פסוק ויש נספה ור"ד רב אוכל ניר ראשים והוקשה לו ואיך יתכן שֶׁיֵּעָשֶׂה דבר בעולם בלא משפט. והלא כתוב כי כל דרכיו משפט: **בלא משפט מקומו.** וגם זה במשפט וכאלו כתוב ויש נספה במשפט בלא משפט מקומו ושייכות המשל כמ"ש ר"ד רב אוכל ניר ראשים הוא הגבאי: **משכלת בחיה.** שמ"ש ויש נספה בלא משפט הוא כפשוטו שבעת הכעס שניתן רשות למשחית אינו מבחין וכו' וכמשל הדוב בכעסו. וכמ"ש דוב אורב הוא לי ויש עת שנעשה כן במשפט: (ט) **אמר רבי יודן חלילה וכו' ברייה וכו'.** לפי גירסא זו פירוש שחלילה לך מלהחזיק דבר כזה אצלך אלא תוציאנו חוצה ויהיה אצלך מלבר וזהו בריה הוא לך ואולי בא ג"כ לפרש מ"ש ב' פעמים חלילה ובמדרש אחר מצאתי הגירסא חלילה לך חלולה לך דורש חלילה מלשון חלל היינו על חלל ואויר העולם שאינו בבית בפנים אלא בחוץ וזהו בריה הוא לך שכל דבר שיש בו צורך הוא בפנים בבית וכל דבר בטל והפקר הוא בחוץ בחלל העולם. וכמ"ש לקמן פר' נ"ו סימן ה' לעקו חולה בריה הוא לך וכו' ע"ש: **חלילה חלילה.** חלילה הראשון מלשון ברייה כר"י. והשני מלשון חילול. ורש"י בחומש כתב על חלילה השני שהוא בעוה"ב וא"כ הראשון הוא בעולם הזה ואולי היה גירסתו כן במדרש:

מסורת המדרש

כט מדרש תהלים מזמור נ"ד. תנחומא כאן סי' ח':
ל ילקוט כאן רמז פ"ג. ילקוט משלי רמז תתק"כ:
לא ע' תנחומא כאן סימן ח':

רש"י

ותולה מעשיהם של רשעים בצדיקים: **שנשתלח לגבות מבני טבריא ומבני צפורי.** שהיו חייבין למלכות: **רבי סימון אמר למגל כוסחת כובין ולא שלם לה שושנה (לצדיקים) ולא שלם לה.** לא מספיק לה כך הקב"ה לא מצא לחייב רשעים ונוטל צדיקים לא די ברשעים עד שהשלים בצדיקים: (ט)**חלילה לך.** אמר רבי יודן בריה הוא לך דבר חיצון חולין הוא לך חילול הוא לך מכבודך: **אמר ר' אחא חלילה חלילה שתי פעמים חילול שם שמים.** חילול שם שמים יש בדבר שלא יאמרו באי עולם כך הוא אומנתו שמאבד את הדורות במכת אכזריות איבד

מתנות כהונה

ובעל חימה. פירושו האדון המושל על החימה: **אל קנא.** אל גם הוא לשון אדנות ואיילות: **לגבות.** מס המלך: **שבאת רוחה.** עמדה להם ריוח והצלה והנחה מאת המלך לרוב כו': **וכן הבא.** תספה צדיק עם רשע: **בילקוט גרס** ושכלה בבהמות: **כוסחת.** קוצרת: **כובין.** קוצים: [ט] **ברייה.** פירש רש"י דבר חיצון הוא לך. וגירסת הספר בדיה הוא לך י"ל כזב ודבר שקר: **שם שמים.** עי'

אשד הנחלים

חימה כובשתו. כי החימה באה מריבוי תבערת החום המתגבר באדם עד שכובשו ונוגשו לעשות רעה אבל אצלו ית' אין שום התפעלות כ"א להיפך הוא כובש החימה כי הרחמים גוברת כי מדתו ית' רק טוב ובעל חימה הוא בעל ואדון על החימה אף שנוקם ה' עכ"ז הוא אדון עליו: **בלא משפט מקומו.** כי כפשוטו לא יתכן שיספה בלא דין ומשפט רק הכוונה כמו שמביא המעשה שאלולי הי' אז בציפורי אז הית' הרווחה לו אבל נגזר עליו שיהי' בטבריה באותו שעה ואז נגבה ממנו ג"כ. ויהי' א"כ פירושו יש נספה [מצד הגזיר'] בלא משפט הטבע שכפי טבע המשפט הי' ניצל מהגזירה אבל ה' מסבב עליו שיבוא במקום אחר והגזירה באה עליו כי ה' מסבב זאת: **ושכלה בבניה.** כלומר שכפי הטבע לא הית' עושה זאת כי החמלה מרובה אבל כיון שמתמלא חימה אז אינה מבחנת ושוכלת גם בניה. והנמשל בעת שיתגבר המדה"ד מאוד אז אינו מבחין בין טוב לרע כמ"ש כיוון שניתן רשות למשחית אינו מבחין בין טוב לרע. וזהו ויש נספה בלא משפט כי אלולי הי' מדה"ד חזק מאוד כ"כ לא הי' שולט עליו כ"כ. וזהו האף [מדת האף] תספה צדיק עם רשע. כי אז אין משפט בעולם להשגיח על הצדיק ביחוד: **למגל כו' שושנה.** כי המגל בטבע היא חותכת בלי הבחנ' וכל הבאה בידה היא חותכת וכוסחת. כן מדה"ד בטבעה שופטת מבלי הבחנה כל הבא בידה ואם הטוב נמצא בין הרעים אז נספה עמו בכלל: [ט] **ברי' היא לך.** פירש רש"י חיצון הוא לך. כי הקדושה הוא מבפנים והחולין חוץ מהקדושה וכאומר דבר חיצוני שאין בך המידות ההם שיספה צדיק עם רשע לא כאלה מדותך ועיין במ"כ פירש אחר:

חָלִלָה לְּךָ מֵעֲשֹׂת כַּדָּבָר הַזֶּה לְהָמִית צַדִּיק עִם־רָשָׁע וְהָיָה כַצַּדִּיק כָּרָשָׁע חָלִלָה לָּךְ הֲשֹׁפֵט כָּל־הָאָרֶץ לֹא יַעֲשֶׂה מִשְׁפָּט.
It would be sacrilege to you to do such a thing, to bring death upon the righteous along with the wicked; so the righteous will be like the wicked. It would be sacrilege to you! Shall the judge of all the earth not do justice? (18:25).

§9 חָלִלָה לְּךָ — ***IT WOULD BE SACRILEGE TO YOU*** *TO DO SUCH A THING . . .*

The Midrash comments on the uncommon phrase חָלִלָה לְּךָ, *It would be sacrilege to You*, which appears twice in our passage: **אָמַר רַבִּי יוּדָן: חָלִילָה הוּא לָךְ, בְּרִיָּה הוּא לָךְ — R' Yudan said:** The words ***it would be sacrilege to You*** suggest, **"It is outside for You."**[154] **אָמַר רַבִּי אַחָא: "חָלִלָה ... חָלִלָה" שְׁתֵּי פְּעָמִים — R' Acha said** another approach: ***It would be sacrilege . . . It would be sacrilege.*** It is written **twice.** **חִלּוּל שֵׁם שָׁמַיִם יֵשׁ בַּדָּבָר** — The second occurrence of this phrase[155] suggests, **"There is a desecration**[156] **of the Name of Heaven** (i.e., of God's Name) involved **in [this] matter."** [157]

NOTES

154. The word חָלִילָה shares its root with חוּלִּין, meaning *profane* or *sacrilegious*. R' Yudan explains Abraham's argument that it would be *sacrilege* to God *to bring death upon the righteous along with the wicked*, by adding that Abraham insisted that to act this way was *outside*, i.e., foreign to, God's characteristic fairness [and against His very nature] (*Yefeh To'ar*, *Eitz Yosef*; see further *Rashi*, *Matnos Kehunah*, and *Maharzu*).

155. Elucidation follows *Yefeh To'ar*, *Eitz Yosef*, and *Maharzu*, who assert that R' Acha accepts R' Yudan's interpretation for the first appearance of the word חָלִלָה in our verse, but feels compelled to explain the second one differently.

156. The word חָלִילָה is interpreted as being related to חִלּוּל, *desecration* (*Yefeh To'ar*, *Eitz Yosef*, *Maharzu*).

157. Abraham argued before God that the deaths of Sodom's righteous people would cause His Name to be desecrated among the nations of the world, who would claim that God punishes indiscriminately (*Eitz Yosef*). Furthermore, people would say that God is accustomed to cruelly wiping out the righteous and wicked together, as He did previously in the generations of Enosh, the Flood, and the Dispersion (*Rashi* here and to verse, citing *Midrash Tanchuma*, *Vayeira* §8; see further *Yefeh To'ar*).

אם למקרא

אֵל קַנּוֹא וְנֹקֵם ה' נֹקֵם ה' וּבַעַל חֵמָה נֹקֵם ה' לְצָרָיו וְנוֹטֵר הוּא לְאֹיְבָיו: (נחום א:ב)

רָב־אֹכֶל נִיר רָאשִׁים וְיֵשׁ נִסְפֶּה בְּלֹא מִשְׁפָּט: (משלי יג:כג)

עץ יוסף

בשר ודם חמה כובשתו. איידי דקאמר אתה גודר את האף כו' מסיק נמי ב"ו חמה כובשתו כו': **נוקם ה' ובעל חמה.** דבעל משמע שמושל בה והיא ברשותו כאילו הוא בעל ואדון עליה: **אל קנא.** אל הוא לשון אדנות ואיילות (מת"כ): [טו] **מאי דכתיב ויש נספה בלא משפט.** כלו' הלא כתיב הצור תמים פעלו כי כל דרכיו משפט: **בלא משפט מקומו.** כאשר בא איש ממקום אחר לאותו המקום שנגזר עליו פורעניות שמתחלה לא היה בכלל המשפט הנגזר. וכאשר בא לאותו המקום נתפס גם הוא עמהם. והרי הוא כנספה בלא משפט. ומייתי דוגמא לזה מהך עובדא דגובה מס בטבריא שנתפס שם גם אחד מבני צפורי בהיותו שם. אע"פ שבא אח"כ הרווחה למקומו. והיה נספה בלא משפט מקומו: **לגבות.** מס המלך: **שבאת רוחה.** עמדה להם ריוח והנחה מאת המלך: **ר' לוי כו' ר' סימון כו'.** לפרושי הך מילתא אתו למה האף מכלה גם הצדיקים. ור' לוי אמר שהוא משל לדוב שהיה דרכו לשכל בחיות בתוקף כעסו ובשעה שאינו מוצא לשכל בחיות כפי רצונו אז הוא משכל אף בבניו כדי להשקיט כח רוגזו וכעסו. כן הוא במלאך המשחית חלילה. וא"כ בכוונה אינו מבחין מחמת תוקף כעסו ופוגע גם בצדיקים לפי שאינן צדיקים גמורים וכדאמרן. ור' סימון מדמה ליה למגל החותך שאין לו כח להבחין. ולכן כשיש לו לקצור קוצים ומצא ביניהם שושנה אינו מבחין וכורת גם השושנה אף כך במלאך המשחית אינו מצד הכעס רק אין לו כח להבחין בין צדיק לרשע ואינו יכול להנצל אלא דרך נס וצדיק שאינו גמור אינו כדאי לזה. ומ"מ לכ"ע תחילת הגזרה אינה אלא מפני הרשעים. ולכן אמר אברהם האף תספה צדיק עם רשע (כזה"ק): **למגל כוסחת.** פי' כמגל זה שכורת קוצים ואינו משגיח כוסחותו וכורת שושנים ואינו משגיח לכרות כי טבעו הוא לכרות בלי הבחנה והכל שוה לו קוצים ושושנים: (ט) [טז] **בריה הוא לך.** פי' ענין חילוני. כלו' חוץ מחק יושרך. וחלילה לשון חולין: **אמר רבי אחא כו'.** ר' אחא נמי מודה לר' יודן. אלא דמיתורא מפרש חלילה השני לשון חלול שם שמים שיהרהרו אחריו לומר תם ורשע הוא מכלה:

רַבִּי וְרַבִּי יוֹנָתָן, [כט]רַבִּי אוֹמֵר: בָּשָׂר וָדָם חֵמָה כּוֹבַשְׁתּוֹ, אֲבָל הַקָּדוֹשׁ בָּרוּךְ הוּא כּוֹבֵשׁ אֶת הַחֵמָה, שֶׁנֶּאֱמַר (נחום א, ב) "נֹקֵם ה' וּבַעַל חֵמָה". רַבִּי יוֹנָתָן אָמַר: בָּשָׂר וָדָם קִנְאָה כּוֹבַשְׁתּוֹ אֲבָל הַקָּדוֹשׁ בָּרוּךְ הוּא כּוֹבֵשׁ אֶת הַקִּנְאָה, שֶׁנֶּאֱמַר "אֵל קַנּוֹא וְנֹקֵם ה' ". [ל]רַבִּי שְׂמְלַאי שְׁאָלֵיהּ לְרַבִּי יוֹנָתָן: מַאי דִּכְתִיב (משלי יג, כג) "וְיֵשׁ נִסְפֶּה בְּלֹא מִשְׁפָּט", אָמַר לוֹ: בְּלֹא מִשְׁפַּט מְקוֹמוֹ. מַעֲשֶׂה בְּאֶחָד שֶׁנִּשְׁתַּלַּח לִגְבּוֹת °מַס מִבְּנֵי טְבֶרְיָא וּבְנֵי צִיפּוֹרִי, כְּשֶׁהָיָה גּוֹבֶה בִּטְבֶרְיָא, רָאָה אֶחָד מִצִּיפּוֹרִי, עָמַד וּתְפָשׂוֹ, אָמַר לוֹ: מִצִּיפּוֹרִי אֲנִי. אָמַר לוֹ: יֵשׁ בְּיָדִי כְּתָבִים מִצִּיפּוֹרִי לִגְבּוֹתָהּ. וְלֹא הִסְפִּיק לִגְבּוֹת בְּנֵי טְבֶרְיָא עַד שֶׁבָּאת רְוָחָה לְצִיפּוֹרִי וְנִמְצָא נִסְפֶּה בְּלֹא מִשְׁפַּט מְקוֹמוֹ. רַבִּי לֵוִי אָמַר: לְדוּבָּה שֶׁהָיְתָה מְשַׁכֶּלֶת בַּחַיָּה, וְלֹא מָצְאָה לְשַׁכֵּל בַּחַיָּה, וְשִׁכְּלָה בְּבָנֶיהָ. רַבִּי סִימוֹן אָמַר: לְמַגָּל כּוֹסַחַת כּוֹבִין וְלָא שְׁלִים לָהּ, שׁוֹשַׁנָּה וְלָא שְׁלִים לָהּ:

ט [יח, כה] "חָלִלָה לְּךָ", אָמַר רַבִּי יוּדָן: [לא]חָלִילָה הוּא לְךָ, בַּרְיָה הוּא לְךָ. אָמַר רַבִּי אַחָא: "חָלִלָה... חָלִלָה" שְׁתֵּי פְּעָמִים, חִלּוּל שֵׁם שָׁמַיִם יֵשׁ בַּדָּבָר.

פירוש מהרז"ו

רבי ורבי יונתן. הובא כאן אגב דברי רבי אחא: **אל קנא.** שהרי הקנאה היא מדה רעה ואיך מיחסה להקב"ה. על כן דורש שהוא האל על הקנאה והוא במכילתא יתרו פסוק זה: **רבי שמלאי.** הובא אגב מ"ש האף תספה וכמ"ש בילקוט האף תספה אמר רבי שמלאי. ועל זה הביא לפרש פסוק ויש נספה ור"ד רב אוכל ניר ראשים והוקשה לו ואיך יתכן שֶׁיֵּעָשֶׂה דבר בעולם בלא משפט. והלא כתוב כי כל דרכיו משפט: **בלא משפט מקומו.** וגם זה במשפט וכאלו כתוב ויש נספה במשפט בלא משפט מקומו ושייכות המשל כמ"ש ר"ד רב אוכל ניר ראשים הוא הגבאי: **משכלת בחיה.** שמ"ש ויש נספה בלא משפט הוא כפשוטו שבעת הכעס שניתן רשות למשחית אינו מבחין וכו' וכמשל הדוב בכעסו. וכמ"ש דוב אורב הוא לי ויש עת שנעשה כן במשפט: (ט) **אמר רבי יודן חלילה וכו' ברייה וכו'.** לפי גירסא זו פירוש שחלילה לך מלהחזיק דבר כזה אצלך אלא תוציאנו חוצה ויהיה אצלך מלבר וזהו בריה הוא לך ואולי בא ג"כ לפרש מ"ש ב' פעמים חלילה ובמדרש אחר מצאתי הגירסא חלילה לך חלולה לך דורש חלילה מלשון חלל היינו על חלל ואויר העולם שאינו בבית בפנים אלא בחוץ וזהו בריה הוא לך שכל דבר שיש בו צורך הוא בפנים בבית וכל דבר בטל והפקר הוא בחוץ בחלל העולם. וכמ"ש לקמן פר' נ"ו סימן ה' צעקו חוצה בריה הוא לך וכו' ע"ש: **חלילה חלילה.** חלילה הראשון מלשון ברייה כר"י. והשני מלשון חילול. ורש"י בחומש כתב על חלילה השני שהוא בעוה"ב וא"כ הראשון הוא בעולם הזה ואולי היה גירסתו כן במדרש:

מסורת המדרש

כט מדרש תהלים מזמור צ"ד. תנחומא כאן סי' ח':

ל ילקוט כאן רמז פ"ג. ילקוט משלי רמז תתק"כ:

לא ע' תנחומא כאן סימן ח':

רש"י

ותולה מעשיהם של רשעים בצדיקים: **שנשתלח לגבות מבני טבריא ומבני צפורי.** שהיו חייבין למלכות: **רבי סימון אמר למגל כוסחת כובין ולא שלם לה שושנה (לצדיקים) ולא שלם לה.** לא מספיק לה כך הקב"ה לא מצא לחייב רשעים ונוטל צדיקים לא די ברשעים עד שהשלים בצדיקים: (ט)**חלילה לך.** אמר רבי יודן בריה הוא לך דבר חיצון חולין הוא לך חילול הוא לך מכבודך: **אמר ר' אחא חלילה חלילה שתי פעמים חילול שם שמים.** חילול שם שמים יש בדבר שלא יאמרו באי עולם כך הוא אומנתו שמאבד את הדורות במכת אכזריות איבד

מתנות כהונה

ובעל חימה. פירושו האדון המושל על החימה: **אל קנא.** אל גם הוא לשון אדנות ואיילות: **לגבות.** מס המלך: **שבאת רוחה.** עמדה להם ריוח והצלה והנחה מאת המלך לרוב כו': **וכן הבא.** תספה צדיק עם רשע: **בילקוט גרס** ושכלה בבהמות: **כוסחת.** קוצרת: **כובין.** קוצים: [ט] **ברייה.** פירש רש"י דבר חיצון הוא לך. וגירסת הספר בדיה הוא לך י"ל כזב ודבר שקר: **שם שמים.** עי'

אשד הנחלים

חימה כובשתו. כי החימה באה מריבוי תבערת החום המתגבר באדם עד שכובשו ונוגשו לעשות רעה אבל אצלו ית' אין שום התפעלות כ"א להיפך הוא כובש החימה כי הרחמים גוברת כי מדתו ית' רק טוב ובעל חימה הוא בעל ואדון על החימה אף שנוקם ה' עכ"ז הוא אדון עליו: **בלא משפט מקומו.** כי כפשוטו לא יתכן שיספה בלא דין ומשפט רק הכוונה כמו שמביא המעשה שאלולי הי' אז בציפורי אז הית' הרווחה לו אבל נגזר עליו שיהי' בטבריה באותו שעה ואז נגבה ממנו ג"כ. ויהי' א"כ פירושו יש נספה [מצד הגזיר'] בלא משפט הטבע שכפי טבע המשפט הי' ניצל מהגזירה אבל ה' מסבב עליו שיבוא במקום אחר והגזירה באה עליו כי ה' מסבב זאת: **ושכלה בבניה.** כלומר שכפי הטבע לא הייתה עושה זאת כי החמלה מרובה אבל כיון שמתמלא חימה אז אינה מבחנת ושוכלת גם בניה. והנמשל בעת שיתגבר המדה"ד מאוד אז אינו מבחין בין טוב לרע כמ"ש כיוון שניתן רשות למשחית אינו מבחין בין טוב לרע. וזהו ויש נספה בלא משפט כי אלולי הי' מדה"ד חזק מאוד כ"כ לא הי' שולט עליו כ"כ. וזהו האף [מדת האף] תספה צדיק עם רשע. כי אז אין משפט בעולם להשגיח על הצדיק ביחוד: **למגל כו' שושנה.** כי המגל בטבע היא חותכת בלי הבחנ' וכל הבאה בידה היא חותכת וכוסחת. כן מדה"ד בטבעה שופטת מבלי הבחנה כל הבא בידה ואם הטוב נמצא בין הרעים אז נספה עמו בכלל: [ט] **ברי' היא לך.** פירש רש"י חיצון הוא לך. כי הקדושה הוא מבפנים והחולין חוץ מהקדושה וכאומר דבר חיצוני שאין בך המידות ההם שיספה צדיק עם רשע לא כאלה מדותך ועיין במ"כ פירש אחר:

The Midrash addresses the words מַעֲשׂת כַּדָּבָר הַזֶּה, *to do such a thing*, contained in our verse:

אָמַר רַבִּי אַבָּא — **R' Abba said:** "מֵעֲשׂת דָּבָר" אֵין כְּתִיב כָּאן אֶלָּא "מֵעֲשׂת כַּדָּבָר" — In the verse's continuation, **"to do *this* thing" is not written, but** rather *to do* **"*such a thing.*"**[158] לֹא הִיא וְלֹא דִכְוָותָהּ, וְלֹא דִּפְחִיתָה מִינָּהּ — This implies that Abraham insisted that God should do, **"Neither this, nor anything like it, and not even anything less** severe **than it."**[159]

The Midrash relates Abraham's remarks to similar ones made by Job:

אָמַר רַבִּי לֵוִי — **R' Levi said:** שְׁנֵי בְנֵי אָדָם אָמְרוּ דָּבָר אֶחָד, אַבְרָהָם וְאִיּוֹב — **Two people said** essentially **the same thing — Abraham and Job.** אַבְרָהָם אָמַר: "חָלִלָה לְּךָ מֵעֲשׂת כַּדָּבָר הַזֶּה לְהָמִית צַדִּיק עִם רָשָׁע" — **Abraham** said: ***It would be sacrilege to You to do such a thing, to bring death upon the righteous along with the wicked;*** אִיּוֹב אָמַר: "אַחַת הִיא עַל כֵּן אָמַרְתִּי תָּם וְרָשָׁע הוּא מְכַלֶּה" — and **Job said: *It is all the same; therefore I say, "He destroys the blameless with the wicked"*** (*Job* 9:22). אַבְרָהָם נָטַל עָלֶיהָ שָׂכָר, אִיּוֹב נֶעֱנַשׁ עָלֶיהָ — And yet, **Abraham received reward for** saying **it,**[160] whereas **Job was punished for** saying **it!**[161] אַבְרָהָם אָמַר: בִּישׁוּלָה, אִיּוֹב אָמַר: פַּגָּה — The explanation for this disparity is that **Abraham said a "ripe" thing,**[162] whereas **Job said something "unripe,"**[163] for Job said the following: "אַחַת הִיא עַל כֵּן אָמַרְתִּי תָּם וְרָשָׁע הוּא מְכַלֶּה" — ***It is all the same; therefore I say, "He destroys the blameless with the wicked."***[164]

The Midrash addresses the seeming repetitiveness of our passage:[165]

רַבִּי חִיָּיא בַּר אַבָּא אָמַר — **R' Chiya bar Abba said:** עִרְבּוּבֵי שְׁאֵלוֹת יֵשׁ כָּאן — **There is a mixture of questions here,** as will now be explained:[166] אַבְרָהָם אָמַר: "חָלִלָה לְּךָ מֵעֲשׂת כַּדָּבָר הַזֶּה לְהָמִית צַדִּיק עִם רָשָׁע" — First **Abraham said, *"It would be sacrilege to You to do such a thing, to bring death upon the righteous along with the wicked."*** וְהַקָּדוֹשׁ בָּרוּךְ הוּא אוֹמֵר "וְהָיָה כַצַּדִּיק כָּרָשָׁע" — **And** then **the Holy One, blessed is He, said** in response, ***"like the righteous will be the wicked,"*** יִתָּלֶה לָרְשָׁעִים בִּשְׁבִיל צַדִּיקִים — meaning, "You ask that judgment **should be suspended for the wicked** people of Sodom **because of the** merit of its **righteous?** הַלְוַאי צַדִּיקִים, דְּהָא אֵינָם אֶלָּא צַדִּיקִים נִיבְלֵי — **If only** there were **righteous people** in Sodom![167] **For,** in fact, **[the best of the Sodomites] are nothing but inferior**[168] **'righteous people.'"**[169] דְּאָמַר רַבִּי יוֹחָנָן — **For,** as **R' Yochanan said:** כָּל צַדִּיקִים שֶׁנֶּאֱמְרוּ בִּסְדוֹם "צַדִּקִם" כְּתִיב — In **all** four instances[170] of the word **"righteous people"** [צַדִּיקִים] **that are stated in the context of Sodom** (vv. 24-28), "צַדִּקִם" **is written,** without the second י.[171]

NOTES

158. That Abraham did not say that *it would be sacrilege to* God to do *this thing*, i.e., to destroy Sodom, suggests to the Midrash that Abraham argued against God's doing something similar to what He planned to do to Sodom (*Eitz Yosef*).

159. Abraham argued that *the righteous* should not be *killed* together *with the wicked*, nor should they jointly suffer poverty or any other of the afflictions that are equated with death (see below, 71 §6), and, what is more, *no* severe forms of suffering should be visited upon *the righteous along with the wicked* (*Eitz Yosef*, citing *Yefeh To'ar*).

[Whenever כ serves as a prefix in order to suggest that something is being likened to the stated noun, as in the word כַּדָּבָר of our verse, the indication is that what is suggested is somehow less intense than the noun itself (*Maharzu*, referencing *Eichah Rabbah* 2:9).]

160. See the Midrash below, at the end of this section (*Eitz Yosef*).

161. The Midrash accords with *Bava Basra* 15b, which teaches that God rewarded Job [for his good deeds] in this world in order to banish him from the World to Come (*Eitz Yosef*).

162. What Abraham said was fully developed in that it was intelligent and reasonable (*Matnos Kehunah*, also cited by *Eitz Yosef*; see also *Maharzu*). See Insight to §8 above, "Approaches to Prayer," for a deeper explanation of why Abraham's statement was considered "ripe" whereas Job's was considered "unripe."

[Our version of the Midrash is based on an emendation of *Matnos Kehunah*. Most early editions (including those used by *Rashi*, *Yefeh To'ar*, and *Nezer HaKodesh*) read אַבְרָהָם אָמַר בְּיִשּׁוּב, which, as explained by *Rashi*, translates to: *Abraham spoke with presence (of mind).*]

163. Job's remarks were made without proper development and thought (*Matnos Kehunah*, cited by *Eitz Yosef*).

In truth, the comments of Abraham and Job were very similar; both realized that God was in control of events and both noted the surprising fact that, nonetheless, the righteous and the wicked may suffer in kind. However, when Abraham stated *to bring death upon the righteous "along with" the wicked*, he demonstrated his understanding that the basis for this phenomenon is that while the wicked are punished, the righteous may be swept up incidentally (as explained in the preceding section). [His remarks were no more than an appeal to God to prevent this process from being carried out.] Job, on the other hand, was punished for not choosing his wording more carefully. For his statement appears to suggest that the righteous and the wicked are inflicted equally, out of a Divine desire to bring random destruction upon mankind (*Eitz Yosef*, citing *Yefeh To'ar*).

Alternatively, while Abraham prayed that God, Who is kind and just, not bring suffering upon the righteous, Job stated resolutely that the righteous suffer indiscriminately (*Maharzu*; see also *Imrei Yosher*; see *Eshed HaNechalim* for yet another approach).

164. The Midrash is taking note of the severe implications of this wording (as explained in the preceding note).

165. *Yefeh To'ar*, *Imrei Yosher*; see *Maharzu* for an alternative approach.

166. I.e., the verse does not contain a single lengthy argument by Abraham, as it appears to, but rather two distinct contentions, separated by God's response to the former (*Yefeh To'ar*).

167. I.e., if only the best of the Sodomites were truly "righteous people," with sufficient merit to save themselves! (*Eitz Yosef*, citing *Nezer HaKodesh*; see further *Yefeh To'ar*).

168. *Eitz Yosef*, citing *Nezer HaKodesh*; see *Matnos Kehunah* for another explanation.

[An alternative version reads "נִיכְלֵי" צַדִּיקִים, meaning *duplicitous "righteous people"* (*Eitz Yosef*, citing *Nezer HaKodesh*).]

169. According to the Midrash, when our verse, ostensibly quoting Abraham, states, וְהָיָה כַצַּדִּיק כָּרָשָׁע, *so the righteous will be like the wicked*, it relates God's response to Abraham's argument that it would be proper for Him to save the wicked with the righteous of Sodom. For the Midrash interprets these words to mean *[the best of the Sodomites] are [only] "like" righteous [people, but they are also, in fact,] like wicked [ones]!* (*Eitz Yosef*, citing *Nezer HaKodesh*; see also *Yefeh To'ar* and *Maharzu*). See Insight Ⓐ.

170. *Maharzu*.

171. This intimates that their righteousness was inferior [and thus incomplete] (*Eitz Yosef*, citing *Yefeh To'ar*).

INSIGHTS

Ⓐ **Abraham's Prayer** A question arises: If, as the Midrash explains, God told Abraham that the "righteous" of Sodom were not truly righteous and were therefore unworthy of being saved, why did Abraham then proceed to protest by stating once again (in the continuation of the verse), *it would be sacrilege to You*? *Yefeh To'ar* (cited in part by *Eitz Yosef*) suggests that in the latter half of our verse, Abraham was imploring God to *disregard* the deficiencies of the "righteous" Sodomites, and asking Him to save Sodom based on one of the considerations that the Midrash will soon cite (see below). *Yefeh To'ar* adds that God, in fact, acceded to this second request when He said: *If I find in Sodom fifty righteous people* [צַדִּיקִים] *in the midst of the city, I will spare the entire place on their account* (v. 26). Ultimately, Sodom was destroyed nonetheless, because the requisite amount of any type of righteous people could not be found.

אם למקרא

אַחַת הִיא עַל־כֵּן אָמַרְתִּי תָּם וְרָשָׁע הוּא מְכַלֶּה: (איוב ט:כב)

וַיֹּאמְרוּ אֵלֵינוּ זְקֵינֵינוּ וְכָל־יֹשְׁבֵי אַרְצֵנוּ לֵאמֹר קְחוּ בְיֶדְכֶם צֵידָה לַדֶּרֶךְ וּלְכוּ לִקְרָאתָם וַאֲמַרְתֶּם אֲלֵיהֶם עַבְדֵיכֶם אֲנַחְנוּ וְעַתָּה כִּרְתוּ־לָנוּ בְרִית: (יהושע ט:יא)

אָמַר רַבִּי אַבָּא: "מֵעֲשׂת דָּבָר" אֵין כְּתִיב כָּאן אֶלָּא "מֵעֲשׂת כַּדָּבָר", לֹא הִיא וְלֹא דִּכְוָותָהּ, וְלֹא דִּפְחִיתָה מִינָּהּ. [לב]אָמַר רַבִּי לֵוִי: שְׁנֵי בְּנֵי אָדָם אָמְרוּ דָּבָר אֶחָד, אַבְרָהָם וְאִיּוֹב, אַבְרָהָם אָמַר: "חָלִלָה לְּךָ מֵעֲשׂת כַּדָּבָר הַזֶּה לְהָמִית צַדִּיק עִם רָשָׁע", אִיּוֹב אָמַר: (איוב ט, כב) "אַחַת הִיא עַל כֵּן אָמַרְתִּי תָּם וְרָשָׁע הוּא מְכַלֶּה". אַבְרָהָם נָטַל עָלֶיהָ שָׂכָר, אִיּוֹב נֶעֱנַשׁ עָלֶיהָ, אַבְרָהָם אָמַר: בִּישׁוּלָה, אִיּוֹב אָמַר: פַּגָּה. "אַחַת הִיא עַל כֵּן אָמַרְתִּי תָּם וְרָשָׁע הוּא מְכַלֶּה". רַבִּי חִיָּיא בַּר אַבָּא אָמַר: עִרְבּוּבֵי שְׁאֵלוֹת יֵשׁ כָּאן. אַבְרָהָם אָמַר: "חָלִלָה לְּךָ מֵעֲשׂת כַּדָּבָר הַזֶּה לְהָמִית צַדִּיק עִם רָשָׁע", וְהַקָּדוֹשׁ בָּרוּךְ הוּא אוֹמֵר: "וְהָיָה כַצַּדִּיק כָּרָשָׁע", יִתָּלֶה לָרְשָׁעִים בִּשְׁבִיל צַדִּיקִים, הַלְוַאי צַדִּיקִים, דְּהָא אֵינָם אֶלָּא צַדִּיקִים נִיבְלֵי, דְּאָמַר רַבִּי יוֹחָנָן: כָּל צַדִּיקִים שֶׁנֶּאֶמְרוּ בִּסְדוֹם "צַדִּקִם" כְּתִיב, הִיא דַּעְתֵּיהּ דְּרַבִּי יוֹחָנָן דְּאָמַר רַבִּי יוֹחָנָן: (יהושע ט, יא) [לג]"וַיֹּאמְרוּ אֵלֵינוּ זְקֵינֵינוּ וְכָל יֹשְׁבֵי אַרְצֵנוּ", "זְקָנֵנוּ" כְּתִיב, זִקְנֵי אַשְׁמָה, הַיְינוּ סָבֵי דְּבַהֲתָא.

עץ יוסף

מעשות דבר אב"כ. דאין טעם שיאמר כדבר דמשמע מילתא אחריתי אלא לא היא ולא דכוותה ולא דפחיתא מינה ופירושי לא היא היינו לא מיתה ממש ולא דכוותה כגון עניות ויסורין וכיוצא בה דחשיבי כמיתה כדלקמן פ' ע"א. ולא דפחיתא מינה יסורים קשים קרובים למיתה דבשום צד אין ללקות צדיק עם רשע (יפ"ת): **[יז] שני בני אדם כו'.** דדברי אברהם קרובים לשל איוב דגם בדברי איוב אין כפירה שכוונת שניהם במקרה אחד לצדיק ולרשע. וזה שבא המשפט על הכלל אינו מבחין בין צדיק לרשע. וז"א והיה כצדיק כרשע. אלא שאברהם אמרה בישוב הדעת שנתן טעם לדבר באמרו להמית צדיק עם רשע. שידע שאין נזק הצדיק נמשך לו אלא מפני הרשע מהטעמים הנזכ' לעיל בסי' י"ד. ועכ"ז בקש שלא יעשה כן פן יראה שהצדיק כרשע עם היותו יודע שהצדיק שכרו אתו. אמנם איוב הוציא הדבר מפיו בענין רע שאמר אחת היא על כן אמרתי תם ורשע הוא מכלה שיראה שמדה אחת לשניהם בשוה ואין זה נמשך מזה. וגם כי מאומר מכלה נראה שהכוונה האלהית השחתת עולם. ולכן לא יבדיל. אמנם לפי שעכ"ז יש לפרש דבריו כשל אברהם קאמר פגה שאפשר לתקן. ומ"מ נענש על שלא דקדק בדבריו (יפ"ת): **נטל עליה שכר.** כדאמר לקמן על כן משחך כו': **נענש עליה.** כדאמר בפ"ק דב"ב שניתן שכרו בעוה"ז לטורדו מעוה"ב (יפ"ת): **אברהם אמרה בישוב.** כן הוא הנוסחא ביפ"ת ונזה"ק. והמת"כ גורס אמרה בישולה כלו' מבושל בטוב טעם ודעת: **פגה.** בלתי מבושל בלי דעת: **[יח] ערבובי שאלות יש כאן.** שאברהם אמר חלילה לך להמית צדיק עם רשע. והקב"ה אמר והיה כצדיק כרשע. כלומר שאינו אלא כצדיק ולא צדיק ממש וקרוב לרשע. ובא להשיב זה כלפי מ"ש אברהם שיתלה לרשעים בשביל הצדיקים. ועל זה אמר הקב"ה הלואי צדיקים כלו' הלואי שהיו לצדיקים הללו זכות אף להציל עצמם. דהא אינם אלא צדיקי ניבלי כלומר צדיקים גרועים כמו פירות הנובלות. וי"ג ניכלי כלו' רמאים כמו בנכליהם. והא מסיק דלכך כתיב צדקם חסר לאשמועינן שלא היו צדיקים ממש אלא צדיקי ניבלי (נזה"ק): **אלא צדיקים ניבלי.** ומ"מ קאמר תו חלילה לך. כי יצרף מעשיו או צדקתו ית' עמהם כדבסמוך ויחשבו לצדיקים ראוים. וה' הודה לו ואמר אם אמצא וגו' חמשים צדיקים. ואע"ג דצדיקים כתיב: **סבי דבהתא.** זקני בושת:

פירוש מהרז"ו

ולא פחות מינה. כי כל כ"ף הדמיון בא להפחית הדבר. כמ"ש מדרש איכה פסוק היה ה' כאויב. וכדומה: **אברהם ואיוב.** אברהם אמר להמית וגו' והיה כצדיק כרשע. ואיוב אמר תם ורשע הוא מכלה. וההפרש ביניהם דומה לשנים שאוכלים מין פרי אחד זה אוכל וטוב לו כי אוכלה אחר שנתבשלה. וזה אוכל ורע לו כי אכלה קודם שנתבשלה וכן כאן אברהם אמר והיה כצדיק כרשע דרך תפלה אמר אבל איוב אמר כן דרך החלט: **ערבובי שאילות.** שתחלה אמר חלילה לך וכו' להמית צדיק עם רשע שלא ידמו ואח"כ אמר והיה כצדיק כרשע שידמו ע"כ דרש ע"פ מדה כ' שאח"ע לאברהם ת"ע להקב"ה שהוא אמר והיה כצדיק כרשע ופי' אני הבוחן לב יודע שצדיקי סדום אינם צדיקים: **ויתלה לרשעים.** פי' אתה רוצה שאתלה: **כל צדיקים וכו'.** ד' פעמים כתוב צדיקם בענין זה וכולם חסרים יו"ד בתרא: **זקננו.** זקני אשמה בילקוט כאן הגירס' זקני אשמאי של שממה וחורבן. אך בספרים שלנו כתוב זקינינו מלא בשני יודי"ן:

מסורת המדרש

לב תנחומא כאן סימן ה. ילקוט איוב רמז תתק"ד:

לג ילקוט יהושע רמז י"ט:

רש"י

דור אנוש ודור המבול ודור הפלגה אינו מניח אומנתו לכך כפול חלילה לך בתנחומא מפורש דבר זה: #**מעשות דבר זה** אין כתיב כאן אלא מעשות כדבר הזה: **לא היא ולא דכוותה.** כיוצא בה: **ולא דפחיתא מינה.** ולא שפחותה ממנה: **אברהם נטל עליה שכר איוב נענש.** לפי שאברהם אמרה בישוב הדעת בלשון יפה נטל עליה שכר: **איוב אמרה פגה.** בוסר. כמו פגי תמרה ששיניו של אדם קהות בהן שאמרה בלשון כפירה: **והקב"ה אמר והיה כצדיק כרשע.** כך השיבו יתלה לרשעים בשביל הצדיקים וודאי הייתי תולה לרשעים בשביל הצדיקים אלא אינם צדיקים אלא נכלי רמאים הם כמו בנכליהם: **זקני אשמה היו.** סבין דבהתא חרפה כמו מבושיו תרגומו בהתתיה:

מתנות כהונה

בפירוש רש"י בחומש: **ולא דפחותה.** ולא דבר קטן מזה: **ה"ג אברהם אמר בישולה** כלומר מבושל בטוב טעם ודעת שאמר חלילה: **פגה.** בלתי מבושל בלי דעת שאמר תם ורשע כו': **יתלה לרשעים כו'.** כלומר לא זו שלא אכלה הצדיקים אלא רצוני להתלות אף לרשעים בשביל הצדיקים הלואי שיהיו צדיקים אבל אינם אלא צדיקים נבלי כו': **נבלי.** לשון נבלה שמראים את עצמם צדיקים ובתוכם ישימו ארבם ובילקוט גרס נכלי מלאים נכלי ערמומיות: **זקני אשמה.** כמו זקני אשמאי רקים ושוטים וכדמפרש סבי דבהתא פירוש זקנים של בושה וחרפה. במבושיו תרגום בהתתיה:

אשד הנחלים

ולא דפחותה. ופרושו מעשות אף דבר מעט מזה כי כן מורה המ': **אברהם נטל עליה שכר כו' בישולה כו' פגה כו'.** לפי פירש המ"כ הכונה שאברהם אמר בלשון תמי' שלא יתכן שיהיה הקב"ה עושה כן ואיוב אמר בדרך החלט שכן הוא. וא"כ לא אמרו דבר אחד אחר שאברהם לא האמין בנפשו שיהיה ככה. וגם מהו המליצה בבישולה ופגה. ויתכן שזהו כמו שאמר להלן שבעת שניתן רשות למשחית וזהו גמר בישולה שנגמר הדין לצאת בחימה אז אינו מבחין אבל בעת שהי' עדיין פגה טרם החל הדין להתחמ' ולהתגבר אז לא יענשו כאח' הצדיקים והרשעים אך איוב אמר אחת היא כלומר התם והרשע שניהם מכלה. כי דימה כי האד' נמסר לטבע באין הבחנה מאומה לעולם, ולא כן דעת אברהם שידע בנפשו כי ההשגחה העליונה נטוי' על הצדיק רק בעת החימה [שזהו כגמר הבישול] אז אין כח בצדיק להיות ניצול ע"ד נס. ולכן נטל עליו שכר כי הבין האמת שכן הוא בצדיקים שאינם גמורים [כמו שאומר להלן] שאין בהם כח לעמוד נגד האף בעת ששולט בעבור הרשעים: **ערבובי דברים.** דהוקשה להם הכפל לשון להמית צדיק עם רשע ועוד הפעם והי' כצדיק כרשע ועוד דהל"ל והי' הצדיק כרשע מהו כצדיק ולכן דרש שזה תשובה שהרשע כצדיק לפי שהצדיק אינו באמת. ולכן אינו ראוי להנצל. ודע דאף דפשט הכתוב מורה שאמר הכל אברהם בלשונו. עכ"ז הסב זה לתשובה מאת ה' כי אברהם דיבר זאת במחזה. וידענו דדיבור הנביא אינו דבריו רק דיבור המחזה. ולכן יצא מפיו זה הלשון ועוררו על זה שהצדיקים אינם צדיקים באמת. וזהו דהא אינם כו' אלא נבלה שהם מראים א"ע כצדיקים ובקרבם רעה: **סבי בהתא.** שראוי לביישם ולחרפם כי אין בם טוב:

The Midrash digresses to cite a similar statement of R' Yochanan's:

הִיא דַעְתֵּיהּ דְּרַבִּי יוֹחָנָן – **This is the approach of R' Yochanan** elsewhere as well.[172] דְּאָמַר רַבִּי יוֹחָנָן: "וַיֹּאמְרוּ אֵלֵינוּ זְקֵינֵינוּ וְכָל יֹשְׁבֵי אַרְצֵנוּ" – **For R' Yochanan said:** In the verse, ***Our elders and all the inhabitants of our country spoke to us*** (*Joshua* 9:11),[173] "זְקֵנֵנוּ" כְּתִיב, זְקֵנֵי אַשְׁמָה – "זְקֵנֵנוּ" **is written,** without a י,[174] indicating that the elders were **"foolish elders,"**[175] הַיְינוּ סָבֵי[176] דְּבַהֲתָא – and **this** term suggests **"elders of shame."**[177]

NOTES

172. I.e., elsewhere, R' Yochanan similarly analyzes a word with a missing י.

173. [This sentence was spoken by the Canaanite inhabitants of Gibeon who were capitulating to Joshua.]

174. [In our Scriptural texts, however, the word is actually written "זְקֵינֵינוּ", with the letter י appearing twice (*Maharzu*; see *Minchas Shai* to verse).]

175. *Matnos Kehunah*; compare *Maharzu,* as well as *Rashi* to *Kiddushin* 33b s.v. זקן אשמאי.

176. [Some editions have סָבָא, in the singular.]

177. Translation follows *Rashi* et al. *Eshed HaNechalim* adds that these elders were deserving of being disgraced for they had no positive qualities.

[See *Yefeh To'ar,* who discusses the significance of the verse's suggested criticism of the Gibeonite elders.]

אָמַר רַבִּי אַבָּא: "מֵעֲשׂת דָּבָר" אֵין כְּתִיב כָּאן אֶלָּא "מֵעֲשׂת כַּדָּבָר", לֹא הִיא וְלֹא דִּכְוָותָהּ, וְלֹא דִּפְחִיתָה מִינָּהּ. לבאָמַר רַבִּי לֵוִי: שְׁנֵי בְּנֵי אָדָם אָמְרוּ דָּבָר אֶחָד, אַבְרָהָם וְאִיּוֹב, אַבְרָהָם אָמַר: "חָלִלָה לְּךָ מֵעֲשׂת כַּדָּבָר הַזֶּה לְהָמִית צַדִּיק עִם רָשָׁע", אִיּוֹב אָמַר: (איוב ט, כב) "אַחַת הִיא עַל כֵּן אָמַרְתִּי תָּם וְרָשָׁע הוּא מְכַלֶּה". אַבְרָהָם נָטַל עָלֶיהָ שָׂכָר, אִיּוֹב נֶעֱנַשׁ עָלֶיהָ, אַבְרָהָם אָמַר: בִּישׁוּלָה, אִיּוֹב אָמַר: פַּגָּה. "אַחַת הִיא עַל כֵּן אָמַרְתִּי תָּם וְרָשָׁע הוּא מְכַלֶּה". רַבִּי חִיָּיא בַּר אַבָּא אָמַר: עִרְבּוּבֵי שְׁאֵלוֹת יֵשׁ כָּאן. אַבְרָהָם אָמַר: "חָלִלָה לְּךָ מֵעֲשׂת כַּדָּבָר הַזֶּה לְהָמִית צַדִּיק עִם רָשָׁע", וְהַקָּדוֹשׁ בָּרוּךְ הוּא אוֹמֵר: "וְהָיָה כַצַּדִּיק כָּרָשָׁע", יִתָּלֶה לָרְשָׁעִים בִּשְׁבִיל צַדִּיקִים, הַלְוַאי צַדִּיקִים, דְּהָא אֵינָם אֶלָּא צַדִּיקִים נִיבְלֵי, דְּאָמַר רַבִּי יוֹחָנָן: כָּל צַדִּיקִים שֶׁנֶּאֶמְרוּ בִּסְדוֹם "צַדִּקִם" כְּתִיב, הִיא דַעְתֵּיהּ דְּרַבִּי יוֹחָנָן דְּאָמַר רַבִּי יוֹחָנָן: (יהושע ט, יא) לג"וַיֹּאמְרוּ אֵלֵינוּ זְקֵינֵינוּ וְכָל יֹשְׁבֵי אַרְצֵנוּ", "זְקֵנֵנוּ" כְּתִיב, זִקְנֵי אַשְׁמָה, הַיְינוּ סָבֵי דְּבַהֲתָא.

אם למקרא

אַחַת הִיא עַל־כֵּן אָמַרְתִּי תָּם וְרָשָׁע הוּא מְכַלֶּה: (איוב ט:כב)

וַיֹּאמְרוּ אֵלֵינוּ זְקֵינֵינוּ וְכָל־יֹשְׁבֵי אַרְצֵנוּ לֵאמֹר קְחוּ בְיֶדְכֶם צֵידָה לַדֶּרֶךְ וּלְכוּ לִקְרָאתָם וַאֲמַרְתֶּם אֲלֵיהֶם עַבְדֵיכֶם אֲנַחְנוּ וְעַתָּה כִּרְתוּ־לָנוּ בְרִית: (יהושע ט:יא)

עץ יוסף

מעשות דבר אב"ב. דאין טעם שיאמר כדבר דמשמע מילתא אחריתי אלא לא היא ולא דכוותה ולא דפחיתא מינה ופירושי לא היא היינו לא מיתה ממש ולא דכוותה כגון עניות ויסורין וכיוצא בה דחשיבי כמיתה כדלקמן פ' ע"א. ולא דפחיתא מינה יסורים קשים קרובים למיתה דבשום צד אין ללקות לדיק עם רשע (יפ"ת): **[יז] שני בני אדם כו'.** דדברי אברהם קרובים לשל איוב דגם בדברי איוב אין כפירה שכוונת שניהם במקרה אחד לצדיק ולרשע. וזה שבא המשפט על הכלל אינו מבחין בין לדיק לרשע. וז"א והיה כלדיק כרשע. אלא שאברהם אמרה בישוב הדעת שנתן טעם לדבר באמרו להמית לדיק עם רשע. שידע שאין נזק הלדיק נמשך לו אלא מפני הרשע מהטעמים הנזכ' לעיל בסי' י"ד. ועכ"ז בקש שלא יעשה כן פן יראה שהלדיק כרשע עם היותו יודע שהלדיק שכרו אתו. אמנם איוב הוציא הדבר מפיו בענין רע שאמר אחת היא על כן אמרתי תם ורשע הוא מכלה שיראה שמדה אחת לשניהם בשוה ואין זה נמשך מזה. וגם כי מאומר מכלה נראה שהכוונה האלהית השחתת עולם. ולכן לא יבדיל. אמנם לפי שעכ"ז יש לפרש דבריו כשל אברהם קאמר פגה שאפשר לתקן. ומ"מ נענש על שלא דקדק בדבריו (יפ"ת): **נטל עליה שכר.** כדאמר לקמן על כן משחך כו': **נענש עליה.** כדאמר בפ"ק דב"ב שניתן שכרו בעוה"ז לטורדו מעוה"ב (יפ"ת): **אברהם אמרה בישוב.** כן הוא הנוסחא ביפ"ת וכזה"ק. והמת"כ גורס אמרה בישולה כלו' מבושל בטוב טעם ודעת: **פגה.** בלתי מבושל בלי דעת: **[יח] ערבובי שאלות יש כאן.** שאברהם אמר חלילה לך להמית לדיק עם רשע. והקב"ה אמר והיה כלדיק כרשע. כלומר שאינו אלא כלדיק ולא לדיק ממש וקרוב לרשע. ובא להשיב זה כלפי מ"ש אברהם שיתלה לרשעים בשביל הלדיקים. ועל זה אמר הקב"ה הלואי לדיקים כלו' הלואי שהיו לנדיקים הללו זכות אף להציל עלמם. דהא אינם אלא לדיקי ניבלי כלומר לדיקים גרועים כמו פירות הנובלות. וי"ג ניכלי כלו' רמאים כמו בנכליהם. והאי מסיק דלכך כתיב לדיקם חסר לאשמועינן שלא היו לדיקים ממש אלא לדיקי ניבלי (נזה"ק): **אלא צדיקים ניבלי.** ומ"מ קאמר תו חלילה לך. כי ילרף מעשיו או לדקתו ית' עמהם כדבסמוך ויחשבו לנדיקים ראוים. וה' הודה לו ואמר אם אמלא וגו' חמשים לדיקים. ואע"ג דלדיקים כתיב: **סבי דבהתא.** זקני בושת:

פירוש מהרז"ו

ולא פחות מינה. כי כל כ"ף הדמיון בא להפחית הדבר. כמ"ש מדרש איכה פסוק היה ה' כאויב. וכדומה: **אברהם ואיוב.** אברהם אמר להמית וגו' והיה כלדיק כרשע. ואיוב אמר תם ורשע הוא מכלה. וההפרש ביניהם דומה לשנים שאוכלים מין פרי אחד זה אוכל וטוב לו כי אוכלה אחר שנתבשלה. וזה אוכל ורע לו כי אכלה קודם שנתבשלה וכן כאן אברהם אמר והיה כלדיק כרשע דרך תפלה אמר אבל איוב אמר כן דרך החלט: **ערבובי שאילות.** שתחלה אמר חלילה לך וכו' להמית לדיק עם רשע שלא ידמו ואח"כ אמר והיה כלדיק כרשע שידמו ע"כ דרש ע"פ מדה כ' שאח"ע לאברהם ת"ע להקב"ה שהוא אמר והיה כלדיק כרשע ופי' אני הבוחן לב יודע שלדיקי סדום אינם לדיקים: **ויתלה לרשעים.** פי' אתה רולה שאתלה: **כל צדיקים וכו'.** ד' פעמים כתוב לדיקם בענין זה וכולם חסרים יו"ד בתרא: **זקננו.** זקני אשמה בילקוט כאן הגירס' זקני אשמאי של שממה וחורבן. אך בספרים שלנו כתוב זקינינו מלא בשני יודי"ן:

מסורת המדרש

לב תנחומא כאן סימן ה. ילקוט איוב רמז תתק"ד:

לג ילקוט יהושע רמז י"ט:

רש"י

דור אנוש ודור המבול ודור הפלגה אינו מניח אומנתו לכך כפול חלילה לך בתנחומא מפורש דבר זה: *מעשות דבר זה אין כתיב כאן אלא מעשות כדבר הזה: **לא היא ולא דכוותה.** כיוצא בה: **ולא דפחיתא מינה.** ולא שפחותה ממנה: **אברהם נטל עליה שכר איוב נענש.** לפי שאברהם אמרה בישוב הדעת בלשון יפה נטל עליה שכר: **איוב אמרה פגה.** בוסר. כמו פגי תמרה שעיניו של אדם קהות בהן שאמרה בלשון כפירה: **והקב"ה אמר והיה כצדיק כרשע.** כך השיבו יתלה לרשעים בשביל הלדיקים ולאי הייתי תולה לרשעים בשביל הלדיקים אלא אינם לדיקים אלא נכלי רמאים הם כמו בנכליהם: **זקני אשמה היו.** סבין דבהתא חרפה כמו מבושיו תרגומו בהתתיה:

מתנות כהונה

בפירוש רש"י בחומש: **ולא דפחותה.** ולא דבר קטן מזה: **ה"ג אברהם אמר בישולה** כלומר מבושל בטוב טעם ודעת שאמר חלילה: **פגה.** בלתי מבושל בלי דעת שאמר תם ורשע כו': **יתלה לרשעים כו'.** כלומר לא זו שלא אכלה הלדיקים אלא רלוני להתלות אף לרשעים בשביל הלדיקים הלואי שיהיו לדיקים אבל אינם אלא לדיקים נבלי כו': **נבלי.** לשון נבלה שמראים את עלמם לדיקים ובתוכם ישימו ארבם ובילקוט גרס נכלי מלאים נכלי ערמומיות: **זקני אשמה.** כמו זקני אשמאי רקים ושוטים וכדמפרש סבי דבהתא פירוש זקנים של בושה וחרפה. במבושיו תרגום בהתתיה:

אשד הנחלים

ולא דפחותה. ופרושו מעשות אף דבר מעט מזה כי כן מורה המ': **אברהם נטל עליה שכר כו' בישולה כו' פגה כו'.** לפי פירש המ"כ הכונה שאברהם אמר בלשון תמי' שלא יתכן שיהיה הקב"ה עושה כן ואיוב אמר בדרך החלט שכן הוא. וא"כ לא אמרו דבר אחד אחר שאברהם לא האמין בנפשו שיהיה ככה. וגם מהו המליצה בבישולה ופגה. ויתכן שזהו כמו שאמר להלן שבעת שניתן רשות למשחית וזהו גמר בישולה שנגמר הדין לצאת בחימה אז אינו מבחין אבל בעת שהי' עדיין פגה טרם החל הדין להתחמ' ולהתגבר אז לא יענשו כאח' הצדיקים והרשעים אך איוב אמר אחת היא כלומר התם והרשע שניהם מכלה. כי דימה כי האד' נמסר לטבע באין הבחנה מאומה לעולם, ולא כן דעת אברהם שידע בנפשו כי ההשגחה העליונה נטוי' על הצדיק רק בעת החימה [שזהו כגמר הבישול] אז אין כח בצדיק להיות ניצול ע"ד נס. ולכן נטל עליו שכר כי הבין האמת שכן הוא בצדיקים שאינם גמורים [כמו שאומר להלן] שאין בהם כח לעמוד נגד האף בעת ששולט בעבור הרשעים: **ערבובי דברים.** דהוקשה להם הכפל לשון להמית צדיק עם רשע ועוד הפעם והי' כצדיק כרשע ועוד דהל"ל והי' הצדיק כרשע מהו כצדיק ולכן דרש שזה תשובה שהרשע כצדיק לפי שהצדיק אינו באמת. ולכן אינו ראוי להנצל. ודע דאף דפשט הכתוב מורה שאמר הכל אברהם בלשונו. עכ"ז הסב זה לתשובה מאת ה' כי אברהם דיבר זאת במחזה. וידענו דדיבור הנביא אינו דבריו רק דיבור המחזה. ולכן יצא מפיו זה הלשון ועוררו על זה שהצדיקים אינם צדיקים באמת. וזהו דהא אינם כו' אלא נבלה שהם מראים א"ע כצדיקים ובקרבם רעה: **סבי בהתא.** שראוי לביישם ולחרפם כי אין בם טוב:

☐ [וַיֹּאמֶר ה׳ אִם אֶמְצָא בִסְדֹם חֲמִשִּׁים צַדִּיקִם בְּתוֹךְ הָעִיר וְנָשָׂאתִי לְכָל־הַמָּקוֹם בַּעֲבוּרָם. וַיַּעַן אַבְרָהָם... אוּלַי יַחְסְרוּן חֲמִשִּׁים הַצַּדִּיקִם חֲמִשָּׁה הֲתַשְׁחִית בַּחֲמִשָּׁה אֶת כָּל הָעִיר — *AND HASHEM SAID, "IF I FIND IN SODOM FIFTY RIGHTEOUS PEOPLE IN THE MIDST OF THE CITY, THEN I WOULD SPARE THE ENTIRE PLACE ON THEIR ACCOUNT." ABRAHAM RESPONDED AND SAID . . . "WHAT IF THE FIFTY RIGHTEOUS PEOPLE SHOULD LACK FIVE? WOULD YOU DESTROY THE ENTIRE CITY BECAUSE OF THE FIVE?"*]

God had already stated that to save the five cities threatened with destruction, a total of fifty righteous people, representing ten per city, was needed. Abraham asked if forty-five such people, or nine per city, would suffice. The Midrash explains the basis for Abraham's suggestion:[178]

אָמַר רַבִּי יְהוֹשֻׁעַ בֶּן לֵוִי — R' Yehoshua ben Levi said: **אָמַר אַבְרָהָם: צָרֵף מַעֲשַׂי וְיַעֲלוּ לְמִנְיַן חֲמִשִּׁים — Abraham said** to God, **"Combine my** good **deeds** with the forty-five righteous people **and** in this way **they will add up to the number** of **fifty** righteous people."[179]

אָמַר רַבִּי יְהוּדָה בַּר סִימוֹן — R' Yehudah bar Simon said an alternative approach: **לֹא אַתְּ הוּא צַדִּיקוֹ שֶׁל עוֹלָם** — Abraham said to God, **"Are You** Yourself **not the Righteous One of the universe? צָרֵף עַצְמְךָ עִמָּהֶם וְיַעֲלוּ לְמִנְיַן חֲמִשִּׁים** — So then **combine Yourself with [the forty-five righteous people] and** in this way **they will add up to the number** of **fifty** righteous people."[180]

☐ [חָלִלָה לְּךָ מֵעֲשֹׂת כַּדָּבָר הַזֶּה... הֲשֹׁפֵט כָּל הָאָרֶץ לֹא יַעֲשֶׂה מִשְׁפָּט — *IT WOULD BE SACRILEGE TO YOU TO DO SUCH A THING . . . SHALL THE JUDGE OF ALL THE EARTH NOT DO JUSTICE?*]

The Midrash presents several approaches to Abraham's argument of this passage:

אָמַר רַבִּי יְהוּדָה בַּר סִימוֹן — R' Yehudah bar Simon said: כָּךְ אָמַר לֵיהּ אַבְרָהָם — This is what Abraham said to [God]: מֶלֶךְ בָּשָׂר וָדָם תּוֹלִין לוֹ אַנְקְלִיטוֹן מִדּוּכּוּס לְאִפַּרְכוּס, וּמֵאִפַּרְכוּס לְאִסְטְרַלִיטוּס — "In the case of **a flesh-and-blood judge,**[181] [people] **may announce**[182] **an appeal against him** (i.e., his judgment), **from a duke to a prefect, or from a prefect to a governor.**[183] **וְאַתְּ בִּשְׁבִיל שֶׁאֵין לְךָ מִי שֶׁיִּתְלֶה לְךָ אַנְקְלִיטוֹן, לֹא תַעֲשֶׂה מִשְׁפָּט — But You — because You have no one who may announce an appeal against You — will You** ***not do justice?!***"[184] **אָמַר רַבִּי יְהוּדָה בַּר רַבִּי סִימוֹן — R' Yehudah bar R' Simon said** a second interpretation: **כְּשֶׁבִּקַּשְׁתָּ לָדוּן אֶת עוֹלָמְךָ מָסַרְתָּ אוֹתוֹ בְּיַד שְׁנַיִם רוֹמוּס וְרוֹמִילוּס** — Abraham said to God, **"When You desired to judge Your world**[185] **You gave it over to the authority of** ***two*** people, **Remus and Romulus,**[186] **שֶׁאִם בִּקֵּשׁ אֶחָד מֵהֶם לַעֲשׂוֹת דָּבָר, חֲבֵירוֹ מְעַכֵּב עַל יָדוֹ — so that if one of them wanted to do something** harmful to society,[187] **his colleague would prevent him.**[188] **וְאַתְּ בִּשְׁבִיל שֶׁאֵין לְךָ מִי שֶׁיְּעַכֵּב עַל יָדְךָ לֹא תַעֲשֶׂה מִשְׁפָּט — But You — because You have no one to prevent You — will You** ***not do justice?!***"[189] **אָמַר רַבִּי אַחָא** — A third approach to our verse: **R' Acha said:**[190] **נִשְׁבַּעְתָּ שֶׁאֵין אַתָּה מֵבִיא מַבּוּל לָעוֹלָם** — Abraham said to God, **"You swore that You would never** again **bring a flood upon the world.**

מָה אַתְּ מַעֲרִים עַל הַשְּׁבוּעָה — Are You now **contriving** to **evade the oath, מַבּוּל שֶׁל מַיִם אֵין אַתְּ מֵבִיא, מַבּוּל שֶׁל אֵשׁ אַתְּ מֵבִיא** — by saying that You promised only that **a flood of water You would not bring,** but **a 'flood' of fire You may still bring? אִם כֵּן לֹא יָצָאתָ יְדֵי שְׁבוּעָה — If so, You will not have fulfilled the obligation placed upon You by the oath!"**[191]

NOTES

178. *Eshed HaNechalim*. [See *Yefeh To'ar,* who offers an explanation for why the Midrash addresses this difficulty with v. 28 at this juncture, before its examination of v. 25.]

179. Abraham requested that in consideration of his own meritorious deeds, he be added to the number of righteous people possessed by each of the five cities, thus completing the requisite ten righteous people per city (see *Matnos Kehunah*, who references *Rashi* to verse, and *Eshed HaNechalim*; see *Rashi* here for an alternative version of the Midrash). [Although not a resident of the cities, Abraham sought to be counted among them because] a righteous person may shield his generation regardless of his whereabouts. Even more so in the case of Abraham and these cities which (as stated above, section 2) God had promised to give to him (*Eitz Yosef*, citing *Nezer HaKodesh*).

The Midrash finds a hint to the notion of Abraham being added to the number of righteous people in Sodom, in the fact that Abraham said, *I am but dust and ash*, immediately before his request that forty-five people suffice (*Maharzu*).

180. As God is eminently righteous [and His presence is in every place (*Imrei Yosher*; compare *Isaiah* 6:3)], Abraham sought to have God considered as the tenth "righteous person" for each of the five cities (see *Maharzu*, citing *Rashi* to verse; see *Yefeh To'ar*, *Eshed HaNechalim*, and *Maharzu* for other explanations).

[According to this Midrash, when Abraham prefaced his petition that forty-five people save the cities, with the words, *Behold, now, I desired to speak to my Lord*, he alluded to the fact that he wished for God Himself to contribute to the number of righteous (*Maharzu*).]

181. *Eitz Yosef*, citing *Nezer HaKodesh*.

182. Lit., *hang up*.

183. Whenever a lower official renders a judgment, it may be reviewed by his superior if a claim is made against its fairness. For this reason, the judge must be vigilant in ensuring that he rules justly. Even the king himself, who is the land's highest officer, fears retribution from God should his ruling be tainted (*Eitz Yosef*, citing *Nezer HaKodesh*).

184. Abraham argued before God that His destruction of Sodom would cause wicked non-believers to claim that, Heaven forbid, God rules unjustly because, as *the Judge of all the earth*, there is no way to appeal His verdict. This would result in a desecration of the Divine Name (*Eitz Yosef*, citing *Nezer HaKodesh*; see also *Rashi* and *Matnos Kehunah*).

185. I.e., when You decided to place the entire world under the dominion of a single superpower (*Eitz Yosef*).

186. These legendary co-founders of the city of Rome (see *Matnos Kehunah*, who cites numerous sources for this) lived long after Abraham's time (see *Shabbos* 56b). Nonetheless, Abraham, who was supernaturally endowed with knowledge of future events (רוּחַ הַקֹּדֶשׁ), used these brothers to illustrate his argument (*Maharzu*).

187. *Eitz Yosef*, citing *Nezer HaKodesh*.

188. In this way God ensured that civilization would retain a degree of lawfulness (*Eitz Yosef*).

189. Thus, Abraham argued that, as the *Judge of all the earth*, if God would act in a way that was perceived to be unjust, people would claim that, Heaven forbid, He judges that way because His power is unchecked, and a desecration of His Name would result (*Eitz Yosef*, citing *Nezer HaKodesh*).

[R' Yehudah son of R' Simon's first approach left unexplained the fact that Abraham referred to God as *the Judge of all "the earth,"* as opposed to *the supreme judge*. This approach seeks to explain that title (*Yefeh To'ar*, *Eitz Yosef*). However, if only for this second interpretation of our passage, the verse should have referred to God as *the "Ruler" of all the earth*. Thus, the two approaches of R' Yehudah son of R' Simon complement each other (*Yefeh To'ar*).]

190. [The remainder of this section appears, almost verbatim, in 39 §6, above. See there for additional commentary.]

191. The words הֲשֹׁפֵט כָּל הָאָרֶץ לֹא יַעֲשֶׂה מִשְׁפָּט are understood by this approach not as a question, but rather as a statement of fact: *The judge of all the earth* (i.e., *You, God, Who judged the entire earth at the time of the Flood*) *will not do justice* (i.e., *will not carry out a judgment similar to that one*), as a result of Your oath (*Maharzu*). Furthermore, the words חָלִלָה לְּךָ are seen as an allusion to the *desecration* of God's oath, for *Numbers* 30:3 forbids the violation of an oath with the words לֹא "יַחֵל" דְּבָרוֹ, *he shall not "desecrate" his word* (*Eitz Yosef*). [It should be noted that it emerges from this interpretation that Abraham made another argument that was unrelated to the fact that the righteous would perish *along with the wicked* (*Eitz Yosef*).]

אָמַר רַבִּי יְהוֹשֻׁעַ בֶּן לֵוִי: אָמַר אַבְרָהָם: צָרֵף מַעֲשַׂי וְיַעֲלוּ לְמִנְיַן חֲמִשִּׁים. אָמַר רַבִּי יְהוּדָה בַּר סִימוֹן: לֹא אַתְּ הוּא צַדִּיקוֹ שֶׁל עוֹלָם צָרֵף עַצְמְךָ עִמָּהֶם וְיַעֲלוּ לְמִנְיַן חֲמִשִּׁים. אָמַר רַבִּי יְהוּדָה בַּר סִימוֹן: [לד]כָּךְ אֲמַר לֵיהּ אַבְרָהָם מֶלֶךְ בָּשָׂר וָדָם תּוֹלִין לוֹ אַנְקְלִיטוֹן מִדּוּכוּס לְאִפַּרְכוּס, וּמֵאִפַּרְכוּס לְאִסְטְרָלִיטוּס, וְאַתְּ בִּשְׁבִיל שֶׁאֵין לְךָ מִי שֶׁיִּתְלֶה לְךָ אַנְקְלִיטוֹן, לֹא תַעֲשֶׂה מִשְׁפָּט. אָמַר רַבִּי יְהוּדָה בַּר רַבִּי סִימוֹן: כְּשֶׁבִּקַּשְׁתָּ לָדוּן אֶת עוֹלָמְךָ מָסַרְתָּ אוֹתוֹ בְּיַד שְׁנַיִם רוֹמוּס וְרוֹמִילוּס, שֶׁאִם בִּקֵּשׁ אֶחָד מֵהֶם לַעֲשׂוֹת דָּבָר, חֲבֵירוֹ מְעַכֵּב עַל יָדוֹ, וְאַתְּ בִּשְׁבִיל שֶׁאֵין לְךָ מִי שֶׁיְּעַכֵּב עַל יָדְךָ לֹא תַעֲשֶׂה מִשְׁפָּט. אָמַר רַבִּי °אַבָּא: [לה]נִשְׁבַּעְתָּ שֶׁאֵין אַתָּה מֵבִיא מַבּוּל לָעוֹלָם מָה אַתְּ מַעֲרִים עַל הַשְּׁבוּעָה [לו]מַבּוּל שֶׁל מַיִם אֵין אַתְּ מֵבִיא, מַבּוּל שֶׁל אֵשׁ אַתְּ מֵבִיא אִם כֵּן לֹא יָצָאתָ יְדֵי שְׁבוּעָה. אָמַר רַבִּי לֵוִי: "הֲשֹׁפֵט כָּל הָאָרֶץ לֹא יַעֲשֶׂה מִשְׁפָּט", אִם עוֹלָם אַתָּה מְבַקֵּשׁ אֵין דִּין, וְאִם דִּין אַתָּה מְבַקֵּשׁ לֵית עוֹלָם,

רש"י

צרף מעשיתם. אם יחסרון מעשה הצדיקים צרף מעשיהם הטובים אי אפשר שלא יהא בהם שנים ושלשה דברים טובים: **לא אתה הוא צדיקו של עולם.** צרף זכותך עמהם ויעלו למנין חמישים: **בשר ודם תולין לו אנקליטים ויועצים.** אומרים לו אי אפשר לעשות מפני דוכוס מפני איפרכוס:

עץ יוסף

אמר אברהם צרף מעשי כו'. שהצדיק בכל מקום הוא מגין על הדור. וכ"ש על סדום שהכרכים הללו משלו. וריב"ס אמר דה"ק לא את הוא צדיקו של עולם כו' ויעלו למנין חמשים (נזה"ק): **[יט] תולין לו אנקליטון.** שופט בשר ודם תולין לו אנקליטון (בלשון לעז אפולעליא) כלו' שאפשר להעביר משפטיו ודיניו אל השופט הגבוה ממנו לראות אם הוא משפט כדת. ולכן לעולם השופט הקטן יש לו עליו אימת השופט הגבוה ממנו בסדר מדריגות השרים גבוה מעל גבוה עד המלך שאין למעלה ממנו. ואעפ"כ אין לו להטות דין מצד היושר האמיתי ומאימת דין שמים. וא"כ יאמרו המינים הרשעים כי בשביל שאין לך מי שיתלה לך אנקליטון להעביר משפטיך למק"א לא תעשה משפט ח"ו ויהיה חילול ש"ש בדבר (נזה"ק): **ארבי יהודה בר רבי סימון בשבקשת.** משום דלפי דבריו הראשונים ה"ל למימר השופט העליון לא השופט כל הארץ. לכן אמר כשבקש הקב"ה לדון עולמו בממשלת ארם המושלת בכיפה. לא מסר ביד אחד לגמרי לבל יעבור הדת הראוי לגמרי. אלא מסרו ביד שנים רומוס ורימילוס (עיין במת"כ) שאם בקש אחד מהם לעשות דבר שאינו ראוי נגד הכלל. חבירו מעכב על ידו. ועתה יאמרו כי את בשביל שאתה לבד שופט כל הארץ שאין לך מי שיעכב על ידך לא תעשה משפט ח"ו ויהיה חילול שם שמים בדבר (נזה"ק): **[כ] אמר רבי אדא נשבעת כו'.** נתב' לעיל בפ' ל"ט סי' ו' ע"ש: **מערים על השבועה.** שמצינו לשון חולין על המחלל שבועה כמו שנאמר לא יחל דברו וזה חולין הוא להערים על השבועה. ויהיו א"כ שתי תמיהות אחד חלילה לך. ועוד להמית צדיק עם רשע: **אם עולם.** כי העולם הגשמי ואנשיו מוכנים לחטוא על ידי היצר. ולכן אי אפשר להתנהג עמהם בדרך דין גמור לחייבם. ואם אתה מתנהג עמהם בדין אז אי אפשר לעולם שיתקיימו וזהו השופט כל הארץ להשגיח עליה ולקיימה א"כ לא יתכן לעשות משפט ודין עמהם לגמרי:

פירוש מהרז"ו

צרף מעשי ויעלו למנין חמשים. שהיל"ל הנה אנכי עפר ואפר הואלתי לדבר וגו'. על כן דורש על פי מדה י"א מסדור שנחלק וע"פ מדה ט'. ואנכי עפר ואפר אולי יחסרון צרף אותי ולא יחסרו: **צרף עצמך עמהם.** היינו מ"ש התשחית בחמשה את כל העיר אלא עשה בצירוף חסדך וחשוב כאלו הם חמשים ויותר נראה שדורש מ"ש הנה נא הואלתי לדבר אל ה' שאתה תמלא החסרון לט' של כל עיר כמ"ש רש"י בחומש ומ"ש ואנכי עפר ואפר כמ"ש לקמן סימן י"א ורש"י בחומש: **אנקליטון.** עי' ד"ר פר' ט' סוף סימן ג' והובא בערוך ערך אנקליטין ועי' ברי"פ בשם מ"ע: **מדוכוס לאפרכוס.** כאן למדנו סדר ממשלתם שאפרכוס גדול מדוכוס וכו': **ביד שנים כו'.** המדרש לקח ראיה משנים אלו שהיו בדורות אחרונים וכן אגוסטוס ואנטוניוס חבירו קסרי רומי בימי הורדוס כמבואר ביוסיפון ומן הסתם גם בימי אברהם בדוגמאות אלו ולפי מה שכתבתי בויק"ר פרשה כ' סימן ה' בשם תנחומא אחרי מות סימן ח' על ענין בדומה לזה שבעלי רוח הקודש צפו ברוה"ק מה שיהיה בדורות אחרונים. ועשו מזה טענה על מה שהיה בזמנם ויתכן גם כאן כן שצפה אברהם ברוה"ק שכן יהיה וכן הוא בהדיא באגדת בראשית פרק כ"ב צפה אברהם ברוה"ק וכו' ע"ש וכן כאן ומרומז במ"ש השופט כל הארץ שאתה שופט לבדך כל הארץ: **נשבעת כו'.** לעיל פר' ל"ט סי' ו' וש"נ ומבואר היטב. וזהו מ"ש השופט כל הארץ (אתה ששפטת את כל הארץ היינו בדור המבול) לא יעשה (עוד) משפט (כזה) למה שהרי נשבעת וזה על פי מדה ט' וי"ז. והשבועה היתה שלא לחבל לעשות כליה ואין הפרש בין אם עושה כן בכל הארץ או במדינה אחת כדמיון המבול לכלות מדינה כולה היום תעשה במדינה זו ולמחר במדינה אחרת. והעולם כלה וזה הערמה על השבועה. ודעת המדרש לפרש שמ"ש לא יעשה משפט אינו בתמיה אלא בניחותא:

חידושי הרש"ש

[ט] אמר רבי יהושע בן לוי אמר אברהם צרף מעשי כו'. הן לפי סדור המדרש משמע דזה תשובה למה דא"ל הקב"ה דאינם אלא צדיקים ניבלי. ועי"ז אמר צרף מעשי ר"ל לכל צדיק מהן ויהיו נקראים צדיקים שלמים (ולכן לא אמר צרפני) ואגב זאת מביא ג"כ מימרא דריב"ס דקאי על שאלת מ"ה כפירש"י בחומש. ובזה א"ש מה שלא הביא רש"י דברי ריב"ל משום דלא קאי על שאלת מ"ה:

באור מהרי"פ

ט אנקליטין. רב"מ פירש בל"י קריאה מב"ד תחתון אל עליון ממנו להפוך הגזרה ע"כ:

מסורת המדרש

לד ילקוט כאן רמז פ"ג:
לה לעיל פרשה ל"ט:
לו עיין סוטה דף י"א. וזבחים דף קט"ז. ויקרא רבה פרשה י'. ילקוט תהלים רמז תש"כ:

מתנות כהונה

צרף מעשי כו'. להשלים למנין עשרה לכל כרך וכרך ועיין בפירש"י בחומש: **אנקליטון.** לפי הענין פירושו פסק דינו שילא בפני הדוכס אם אינו רוצה בכך הולך לו לפני האפרכוס שהוא יותר חשוב מהדוכס וכן מן האפרכס לאסטרליטוס: **שאין לך כו'.** וזה שאמר השופט כל הארץ וגו': **רומוס ורומילוס** גרס. ושני מלכי אומות היו [ועי' במדרש אסתר בפ' גם ושתי המלכה ובמדרש תהלים מז' י' ובמז' י"ז כתב שנשתיירו מאספסיינוס קיסר ובס' הקבלה להראב"ד ז"ל כתב וז"ל ככרך גדול של רומי נבנה בימי יחזקיהו מלך יהודה בנוהו ב' אחים מלכים גדולים שם האחד רומוס ושם הב' רומילוס כו'] והרב שם טוב כתב בדרשותיו בפ' וישב שחלם אביהם בעת לידתם שהיו יוצאות מנחיריו שני אודים ושורפים עירו אשר הוא מושל וכאשר הקיץ הגידו לו שכבר ילדה אשתו תאומים ושפט כי הם האודים אשר חלם וצוה להשליכם ביער וכן עשו ונזדמנה להם דובה והניקה אותם וכו' עד ומהם המשפחות גדולות שברומי והם הדוכיים עכ"ל והפליג בגדולתן בספר יוסיפון: **אם עולם אתה מבקש כו'.** ויהיה ה"א של השופט תמיהה קיימת

אשד הנחלים

צרף מעשי. דהוקשה להם כיון שבתחילה ביקש רק אם ימצאון חמשים איך מצא בנפשו לבקש על פחות מהם. א"ו שביקש אח"כ שיצורף מעשיו ואז יהיו כמספר החמשים: **צרף עצמך עמהם.** הדבר קשה לאומרו ע"ד פשוטו ויתכן שפי' שעיקר כוונת אברהם שימצא בכל עיר עשרה וכל בי עשרה שכינ' שורה. ואז אין כח ברע ובמשחית לשלוט עליהם. אך בסיבת העון השכינה מסתלקת ולכן ביקש שיצרף עמהם ואז אין רשות למשחית לבוא בעיר. ובא בטענה כשימצא השכינה שמה אז ישובו מעונם ג"כ. וזהו נקראת התעוררת מלמעלה. וזהו כמו שאמר לעיל מלמד שפתח להם פתח של תשובה. אך אברהם לא ידע שכבר נפתח להם ועכ"ז לא שבו. והבן זה מאוד: **מי שיתלה לך אנקליטין.** זהו מרומז בכתוב השופט כל הארץ ואין מושל עליו שיהי' למעלה ממנו איך יתכן שלא יעשה משפט כי זה א"א שתענשם בלא משפט: **ביד שנים.** עיין במ"כ. וזהו נכלל במלת השופט כל כו' כנזכר לעיל: **מערים על השבועה.** דרש זה לפי שמצאנו לשון חולין על המחלל השבוע' כמ"ש לא יחל דברו וזהו חולין הוא להערי' על השבוע'. ויהיו א"כ שני תמיהות אחד חלילה לך. ועוד להמית צדיק עם רשע: **אם עולם.** כי העולם הגשמי ואנשיו המה מוכנים לחטוא ע"י היצר. ולכן א"א להתנהג עמהם בדרך דין גמור לחייבם. ואם אתה תתנהג עמם בדין אז א"א לעולם שיתקיימו. וזהו השופט כל הארץ להשגיח עליה ולקיימה א"כ לא יתכן לעשות משפט ודין עמהם לגמרי:

אָמַר רַבִּי לֵוִי – Another approach to our verse: **R' Levi said** that Abraham made the following argument on behalf of the Sodomites: "הֲשֹׁפֵט כָּל הָאָרֶץ לֹא יַעֲשֶׂה מִשְׁפָּט" – ***"The Judge of all the earth shall not do justice,*** [192] אִם עוֹלָם אַתָּה מְבַקֵּשׁ אֵין דִּין – meaning, **if** it is **a** viable **world** that **You desire, there can be no** strict **justice;** וְאִם דִּין אַתָּה מְבַקֵּשׁ לֵית עוֹלָם – **and if** it is strict **justice** that **You desire, there can be no** viable **world.**[193]

NOTES

192. Our translation reflects R' Levi's understanding of our verse as a statement, as opposed to a question (see *Radal* and *Eitz Yosef* to 39 §6, as well as *Eitz Yosef* here; see, however, *Matnos Kehunah* here).

193. It is axiomatic that the human beings who populate the physical world, being driven by a powerful evil inclination, will sin. Thus, Abraham argued that the world cannot exist under conditions of strict justice, which would find people to be punishable for every infringement. According to this interpretation, the words הֲשֹׁפֵט כָּל הָאָרֶץ לֹא יַעֲשֶׂה מִשְׁפָּט are to be understood as follows: *The Judge of all the earth* (i.e., *He Who sees to the continued existence of the world*) *cannot do* [strict] *justice* (*Eitz Yosef*).

אָמַר רַבִּי יְהוֹשֻׁעַ בֶּן לֵוִי: אָמַר אַבְרָהָם: צָרֵף מַעֲשַׂי וְיַעֲלוּ לְמִנְיַן חֲמִשִּׁים. אָמַר רַבִּי יְהוּדָה בַּר סִימוֹן: לֹא אַתְּ הוּא צַדִּיקוֹ שֶׁל עוֹלָם צָרֵף עַצְמְךָ עִמָּהֶם וְיַעֲלוּ לְמִנְיַן חֲמִשִּׁים. אָמַר רַבִּי יְהוּדָה בַּר סִימוֹן: [לד]כָּךְ אָמַר לֵיהּ אַבְרָהָם מֶלֶךְ בָּשָׂר וָדָם תּוֹלִין לוֹ אַנְקְלִיטוֹן מִדּוּכּוּס לְאִפַּרְכוּס, וּמֵאִפַּרְכוּס לְאִסְטְרָלִיטוּס, וְאַתְּ בִּשְׁבִיל שֶׁאֵין לְךָ מִי שֶׁיִּתְלֶה לְךָ אַנְקְלִיטוֹן, לֹא תַעֲשֶׂה מִשְׁפָּט. אָמַר רַבִּי יְהוּדָה בַּר רַבִּי סִימוֹן: כְּשֶׁבִּקַּשְׁתָּ לָדוּן אֶת עוֹלָמְךָ מָסַרְתָּ אוֹתוֹ בְּיַד שְׁנַיִם רוֹמוּס וְרוֹמִילוּס, שֶׁאִם בִּקֵּשׁ אֶחָד מֵהֶם לַעֲשׂוֹת דָּבָר, חֲבֵירוֹ מְעַכֵּב עַל יָדוֹ, וְאַתְּ בִּשְׁבִיל שֶׁאֵין לְךָ מִי שֶׁיְּעַכֵּב עַל יָדְךָ לֹא תַעֲשֶׂה מִשְׁפָּט. אָמַר רַבִּי °אַבָּא: [לה]נִשְׁבַּעְתָּ שֶׁאֵין אַתָּה מֵבִיא מַבּוּל לָעוֹלָם מָה אַתְּ מַעֲרִים עַל הַשְּׁבוּעָה [לו]מַבּוּל שֶׁל מַיִם אֵין אַתְּ מֵבִיא, מַבּוּל שֶׁל אֵשׁ אַתְּ מֵבִיא אִם כֵּן לֹא יָצָאתָ יְדֵי שְׁבוּעָה. אָמַר רַבִּי לֵוִי: "הֲשֹׁפֵט כָּל הָאָרֶץ לֹא יַעֲשֶׂה מִשְׁפָּט", אִם עוֹלָם אַתָּה מְבַקֵּשׁ אֵין דִּין, וְאִם דִּין אַתָּה מְבַקֵּשׁ לֵית עוֹלָם,

רש"י

צרף מעשיתם. אם יחסרון מעשה הלדיקים לרף מעשיהם הטובים אי אפשר שלא יהא בהם שנים ושלשה דברים טובים: **לא אתה הוא צדיקו של עולם.** לרף זכותך עמהם ויעלו למנין חמישים: **בשר ודם תולין לו אנקליטים ויועצים.** אומרים לו אי אפשר לעשות מפני דוכוס מפני איפרכוס:

עץ יוסף

אמר אברהם צרף מעשי כו'. שהלדיק בכל מקום הוא מגין על הדור. וכ"ש על סדום שהכרכים הללו משלו. וריב"ס אמר דה"ק לא את הוא לדיקו של עולם כו' ויעלו למנין חמשים (נזה"ק): [יט] **תולין לו אנקליטון.** שופט בשר ודם תולין לו אנקליטון (בלשון לעז אפולעלייא) כלו' שאפשר להעביר משפטיו ודיניו אל השופט הגבוה ממנו לראות אם הוא משפט כדת. ולכן לעולם השופט הקטן יש לו עליו אימת השופט הגבוה ממנו בסדר מדריגות השרים גבוה מעל גבוה עד המלך שאין למעלה ממנו. ואעפ"כ אין לו להטות דין מלד היושר האמיתי ומאימת דין שמים. וא"כ יאמרו המינים הרשעים כי בשביל שאין לך מי שיתלה לך אנקליטון להעביר משפטיך למק"א לא תעשה משפט ח"ו ויהיה חילול ש"ש בדבר (נזה"ק): **ארבי יהודה בר רבי סימון בשבקשת.** משום דלפי דבריו הראשונים ה"ל למימר השופט העליון לא השופט כל הארץ. לכן אמר כשבקש הקב"ה לדון עולמו בממשלת ארס המושלת בכיפה. לא מסר ביד אחד לגמרי לבל יעבור הדת הראוי לגמרי. אלא מסרו ביד שנים רומוס ורימילוס (עיין במת"כ) שאם בקש אחד מהם לעשות דבר שאינו ראוי נגד הכלל. חבירו מעכב על ידו. ועתה יאמרו כי את בשביל שאתה לבד שופט כל הארץ שאין לך מי שיעכב על ידך לא תעשה משפט ח"ו ויהיה חילול שם שמים בדבר (נזה"ק): [כ] **אמר רבי אדא נשבעת כו'.** נתב' לעיל בפ' ל"ט סי' ו' ע"ש: **מערים על השבועה.** שמלינו לשון חולין על המחלל שבועה כמו שנאמר לא יחל דברו וזה חולין הוא להערים על השבועה. ויהיו א"כ שתי תמיהות אחד חלילה לך. ועוד להמית לדיק עם רשע: **אם עולם.** כי העולם הגשמי ואנשיו מוכנים לחטוא על ידי היצר. ולכן אי אפשר להתנהג עמהם בדרך דין גמור לחייבם. ואם אתה מתנהג עמהם בדין אז אי אפשר לעולם שיתקיימו וזהו השופט כל הארץ להשגיח עליה ולקיימה א"כ לא יתכן לעשות משפט ודין עמהם לגמרי:

חידושי הרש"ש

[ט] **אמר רבי יהושע בן לוי אמר אברהם צרף מעשי כו'.** הן לפי סדור המדרש משמע דזה תשובה למה דא"ל הקב"ה דאינם אלא לדיקים ניבלי. וע"ז אמר לרף מעשי ר"ל לכל לדיק מהן ויהיו נקראים לדיקים שלמים (ולכן לא אמר לרפני) ואגב זאת מביא ג"כ מימרא דריב"ס דקאי על שאלת מ"ה כפירש"י בחומש. ובזה א"ש מה שלא הביא רש"י דברי ריב"ל משום דלא קאי על שאלת מ"ה:

באור מהרי"פ

ט **אנקליטין.** רב"מ פירש בל"י קריאה מב"ד תחתון אל עליון ממנו להפוך הגזרה ע"כ:

פירוש מהרז"ו

צרף מעשי ויעלו למנין חמשים. שהיל"ל הנה אנכי עפר ואפר הואלתי לדבר וגו'. על כן דורש על פי מדה י"א מסדור שנחלק וע"פ מדה ט'. ואנכי עפר ואפר אולי יחסרון לרף אותי ולא יחסרו: **צרף עצמך עמהם.** היינו מ"ש התשחית בחמשה את כל העיר אלא עשה בלירוף חסדך ותשוב כאלו הם חמשים ויותר נראה שדורש מ"ש הנה נא הואלתי לדבר אל ה' שאתה תמלא החסרון לט' של כל עיר כמ"ש רש"י בחומש ומ"ש ואנכי עפר ואפר כמ"ש לקמן סימן י"א ורש"י בחומש: **אנקליטון.** עי' ד"ר פר' ט' סוף סימן ג' והובא בערוך ערך אנקליטין ועי' ברי"פ בשם מ"ע: **מדוכוס לאפרכוס.** כאן למדנו סדר ממשלתם שאפרכוס גדול מדוכוס וכו': **ביד שנים כו'.** המדרש לקח ראיה משנים אלו שהיו בדורות אחרונים וכן אגוסטוס ואנטנינוס חבירו קסרי רומי בימי הורדוס כמבואר ביוסיפון ומן הסתם גם בימי אברהם בדוגמאות אלו ולפי מה שכתבתי בויק"ר פרשה כ' סימן ה' בשם תנחומא אחרי מות סימן ח' על ענין בדומה לזה שבעלי רוח הקודש לפו ברוה"ק מה שיהיה בדורות אחרונים. ועשו מזה טענה על מה שהיה בזמנם ויתכן גם כאן כן שלפה אברהם ברוה"ק שכן יהיה וכן הוא בהדיא באגדת בראשית פרק כ"ב לפה אברהם ברוה"ק וכו' ע"ש וכן כאן ומרומז במ"ש השופט כל הארץ שאתה שופט לבדך כל הארץ: **נשבעת כו'.** לעיל פר' ל"ט סי' ו' וש"נ ומבואר היטב. וזהו מ"ש השופט כל הארץ (אתה ששפטת את כל הארץ היינו בדור המבול) לא יעשה (עוד) משפט (כזה) למה שהרי נשבעת וזה על פי מדה ט' וי"ז. והשבועה היתה שלא לחבל לעשות כליה ואין הפרש בין אם עושה כן בכל הארץ או במדינה אחת כדמיון המבול לכלות מדינה כולה היום תעשה במדינה זו ולמחר במדינה אחרת. והעולם כלה וזה הערמה על השבועה. ודעת המדרש לפרש שמ"ש לא יעשה משפט אינו בתמיה אלא בניחותא:

מסורת המדרש

לד ילקוט כאן רמז פ"ג:
לה לעיל פרשה ל"ט:
לו עיין סוטה דף י"א. וזבחים דף קט"ז. ויקרא רבה פרשה י'. ילקוט תהלים רמז תש"כ:

מתנות כהונה

צרף מעשי כו'. להשלים למנין עשרה לכל כרך וכרך ועיין בפירש"י בחומש: **אנקליטון.** לפי הענין פירושו פסק דינו שילא בפני הדוכס אם אינו רולה בכך הולך לו לפני האפרכוס שהוא יותר חשוב מהדוכס וכן מן האפרכס לאסטרליטוס: **שאין לך כו'.** וזה שאמר השופט כל הארץ וגו': **רומוס ורומילוס** גרס. ושני מלכי אומות היו [ועי' במדרש אסתר בפ' גם ושתי המלכה ובמדרש תהלים מז' י' ובמז' י"ז כתב שנשתיירו מאספסיינוס קיסר ובס' הקבלה להראב"ד ז"ל כתב וז"ל כרך גדול של רומי נבנה בימי יחזקיהו מלך יהודה בנוהו ב' אחים מלכים גדולים שם האחד רומוס ושם הב' רומילוס כו'] והרב שם טוב כתב בדרשותיו בפ' וישב שחלם אביהם בעת לידתם שהיו יולאות מנחיריו שני אודים ושורפים עירו אשר הוא מושל וכאשר הקיץ הגידו לו שכבר ילדה אשתו תאומים ושפט כי הם האודים אשר חלם וצוה להשליכם ביער וכן עשו ונזדמנה להם דובה והניקה אותם וכו' עד ומהם המשפחות גדולות שברומי והם הדוכיים עכ"ל והפליג בגדולתן בספר יוסיפון: **אם עולם אתה מבקש כו'.** ויהיה ה"א של השופט תמיהה קיימת

אשד הנחלים

צרף מעשי. דהוקשה להם כיון שבתחילה ביקש רק אם ימצאון חמשים איך מצא בנפשו לבקש על פחות מהם. א"ו שביקש אח"כ שיצורף מעשיו ואז יהיו כמספר החמשים: **צרף עצמך עמהם.** הדבר קשה לאומרו ע"ד פשוטו ויתכן שפי' שעיקר כוונת אברהם שימצא בכל עיר עשרה וכל בי עשרה שכינ' שורה. ואז אין כח ברע ובמשחית לשלוט עליהם. אך בסיבת העון השכינה מסתלקת ולכן ביקש שיצרף עמהם ואז אין רשות למשחית לבוא בעיר. ובא בטענה כשימצא השכינה שמה אז ישובו מעונם ג"כ. וזהו נקראת התעוררת מלמעלה. וזהו כמו שאמר לעיל מלמד שפתח להם פתח של תשובה. אך אברהם לא ידע שכבר נפתח להם ועכ"ז לא שבו. והבן זה מאוד: **מי שיתלה לך אנקליטין.** זהו מרומז בכתוב השופט כל הארץ ואין מושל עליו שיהי' למעלה ממנו איך יתכן שלא יעשה משפט כי זה א"א שתענשם בלא משפט: **ביד שנים.** עיין במ"כ. וזהו נכלל במלת השופט כל כו' כנזכר לעיל: **מערים על השבועה.** דרש זה לפי שמצאנו לשון חולין על המחלל השבוע' כמ"ש לא יחל דברו וזהו חולין הוא להערי' על השבוע'. ויהיו א"כ שני תמיהות אחד חלילה לך. ועוד להמית צדיק עם רשע: **אם עולם.** כי העולם הגשמי ואנשיו המה מוכנים לחטוא ע"י היצר. ולכן א"א להתנהג עמהם בדרך דין גמור לחייבם. ואם אתה תתנהג עמם בדין אז א"א לעולם שיתקיימו. וזהו השופט כל הארץ להשגיח עליה ולקיימה א"כ לא יתכן לעשות משפט ודין עמהם לגמרי:

אַתְּ תָּפִיס חַבְלָא בִּתְרֵין רָאשִׁין — **You are holding a rope at both ends;** בָּעֵי עָלְמָא וּבָעֵי דִּינָא — You **desire a world and** yet You also **desire** strict **justice!** אִם לֵית אַתְּ מְוַותֵּר צִיבְחַר, לֵית עָלְמָא יָכִיל קָאִים — **If you do not forgo** strict justice **a little, the world cannot endure."**[194]Ⓐ

The Midrash teaches that God related a verse in *Psalms* to Abraham, following his defense of Sodom:

אָמַר לוֹ הַקָּדוֹשׁ בָּרוּךְ הוּא: אַבְרָהָם "אָהַבְתָּ צֶּדֶק וַתִּשְׂנָא רֶשַׁע" — **The Holy One, blessed is He, said to [Abraham], "Abraham,** ***You love justice and you hate wickedness;*** *therefore has God, your God, anointed you with oil of joy from among your peers*" (*Psalms* 45:8). "אָהַבְתָּ" לְצַדֵּק אֶת בְּרִיּוֹתַי — This means, "***You love*** **to vindicate** [לְצַדֵּק] **My creations,** "וַתִּשְׂנָא רֶשַׁע", מֵאַנְתָּ לְחַיְּיבָן — ***and you hate wickedness*** in that **you refuse to assign** any **guilt to them.** "עַל כֵּן מְשָׁחֲךָ אֱלֹהִים אֱלֹהֶיךָ שֶׁמֶן שָׂשׂוֹן מֵחֲבֵרֶיךָ" — And ***therefore has God, your God, anointed you, with oil of joy from among your peers."*** מַהוּ "מֵחֲבֵרֶיךָ" — **What is** meant by *your God, anointed you, with oil of joy* ***from among your peers?*** מִנֹּחַ וְעַד אֶצְלְךָ י' דּוֹרוֹת — God told Abraham, **"From Noah until yourself there were ten generations,**[195] וּמִכֻּלָּם לֹא דִּבַּרְתִּי עִם אֶחָד מֵהֶם אֶלָּא עִמָּךְ — **and from all of [those generations] I did not speak with a single one, only with you,"**[196] "וַיֹּאמֶר ה' אֶל אַבְרָם לֶךְ לְךָ" — as the verse states, ***HASHEM said to Abram: Go for yourself from your land*** (*Genesis* 12:1).[197]

וַיֹּאמֶר ה׳ אִם אֶמְצָא בִסְדֹם חֲמִשִּׁים צַדִּיקִם בְּתוֹךְ הָעִיר וְנָשָׂאתִי לְכָל־הַמָּקוֹם בַּעֲבוּרָם.

And HASHEM said, "If I find in Sodom fifty righteous people in the midst of the city, then I would spare the entire place on their account" (18:26).

§10 **וַיֹּאמֶר ה' אִם אֶמְצָא בִסְדֹם** — ***AND HASHEM SAID, "IF I FIND IN SODOM*** *FIFTY RIGHTEOUS PEOPLE . . ."*

The Midrash relates a passage in *Job* to the episode of Abraham and Sodom described by our verses:

רַבִּי יוּדָן וְרַבִּי יְהוּדָה בְּרַבִּי סִימוֹן בְּשֵׁם רַבִּי יְהוֹשֻׁעַ בֶּן לֵוִי אָמְרוּ — **R' Yudan and R' Yehudah son of R' Simon said in the name of R' Yehoshua ben Levi:** "כִּי אֶל אֵל הֶאָמַר[198] נָשָׂאתִי לֹא אֶחְבֹּל" — A verse states: ***For can one say to God,*** "נָשָׂאתִי לֹא אֶחְבֹּל" (*Job* 34:31).[199] הַיְינוּ דִּכְתִיב "וְנָשָׂאתִי לְכָל הַמָּקוֹם בַּעֲבוּרָם" — **[The word** "נָשָׂאתִי", ***I will spare*****] is** a reference to **what is written** here: ***then I will spare*** [וְנָשָׂאתִי] ***the entire place*** (Sodom) ***on their account.***[200] "לֹא אֶחְבֹּל", אֵינִי מְמַשְׁכְּנָם, הֵיךְ מַה דִּכְתִיב "אִם חָבֹל תַּחְבֹּל" — And the words "לֹא אֶחְבֹּל" suggest, **"I will not** even **take anything from them as payment,"**[201] **as it is written,** ***If you take*** *your fellow's garment* ***as payment*** [תַּחְבֹּל] (*Exodus* 22:25).[202] וְהֵן חוֹבְלִים עָלַי דְּבָרִים וְאוֹמְרִים: אֵינוֹ דָּן כַּשּׁוּרָה — The Midrash continues to quote God:[203] **"And** yet **they pile up**[204] contemptuous **words against Me, and they say, 'He does not judge fairly.' "**[205]

NOTES

194. *Matnos Kehunah.*

195. I.e., Abraham was the tenth generation after Noah; see above, 11:10-26.

196. According to the Midrash, the cited verse refers to prophecy as *oil of joy* because just as oil rises above other liquids, do did prophecy cause Abraham to become elevated above his *peers* (*Maharzu*) and because there is no greater joy than perception of God and the receipt of His spiritual bounty (*Eitz Yosef* to 39 §6). Noah and his descendants are referred to as Abraham's *peers* because all of their lifetimes overlapped his own (*Maharzu*).

[Actually, God did speak with Noah and some of his descendants who preceded Abraham, but none received as much prophecy or as many commandments as did Abraham (*Maharzu*). Possibly, Abraham's prophecy was of a qualitatively different nature than that which his predecessors were exposed to.]

Thus, in the cited verse from *Psalms*, God suggested to Abraham that it was *as a result* of the goodness of heart and concern for the sanctification of the Divine Name that he displayed in pleading for the salvation of Sodom, that he merited prophecy while other righteous men did not (*Eshed HaNechalim*, *Eitz Yosef*). [Although God revealed Himself to Abraham long before our verse's debate over the fate of Sodom, Abraham's comments on that occasion attest to his possession of the attributes that originally led God to single him out for prophecy (*Maharzu*).]

197. This verse represents the first prophetic message to be received by Abraham (*Matnos Kehunah*; see *Eitz Yosef* to 39 §6 for another approach).

198. [Many editions cite the verse inaccurately.]

199. [This verse is part of Elihu's reproof of Job, who had claimed that God's judgment against man is overly strict and without mercy (*Eitz Yosef*).]

200. Thus, Elihu pointed out to Job that one could not claim that God punishes without mercy, for God had been prepared to spare the wicked Sodom entirely if only fifty righteous people could be found there (*Eitz Yosef*).

201. God's punishment of sinners is occasionally referred to as *payment of a debt*; for a sin creates a debt to God for which His retribution is *payment* (see *Eshed HaNechalim*; compare *Shemos Rabbah* 51 §5 with *Eitz Yosef* ad loc.). Thus, in the cited verse, Elihu tells Job that in the case of Sodom, God was prepared to completely pardon the Sodomites, and to forgo even the collection of a portion of its population as *payment* for its sins. This is proof that God acts with a supreme degree of mercy (*Eitz Yosef*).

202. This verse uses the root חבל to mean *to take as payment of a debt*.

Thus, as understood by the Midrash, the cited verse states as follows: *Can one say such things to God,* [Who said,] *"I will spare* [Sodom], *I will not take anything from them as payment"?!* (see *Eitz Yosef*).

203. Citing *Aggadas Bereishis* §22 and *Yalkut Shimoni* to *Job* §927, *Maharzu* asserts that the verse from Job that is being expounded by our Midrash retells something God told Abraham after the latter had questioned God's handling of Sodom (see also *Yefeh To'ar* and *Nezer HaKodesh*).

204. *Eitz Yosef.*

205. [I.e., despite the fact that I (God) magnanimously said *I will spare* the city of Sodom if I find fifty righteous people there] there are repeated instances of wicked people, such as those in the generations of Enosh, the Flood, and the Dispersion, who complained that, Heaven forbid, I

INSIGHTS

Ⓐ **The World and Justice** *Rashba* in his Responsa (*HaChadashos* §368) quotes our Midrash to help explain another one. *Psalms* (50:1) states, אֵל אֱלֹהִים ה' דִּבֶּר וַיִּקְרָא אָרֶץ, *Almighty God HASHEM spoke and called to the earth.* There is a Midrash that notes that these three Names of God represent three different Attributes of God. *Rashba* explains that אֱלֹהִים represents the Attribute of Justice; ה' (i.e., י־ה־ו־ה) represents the Attribute of Mercy; and אֵל represents the combination, or fusion, of the two.

Rashba elaborates: The world could not exist with either Justice or Mercy by itself. It could not exist with Justice by itself, because *there is no man so wholly righteous on earth that he [always] does good and never sins* (*Ecclesiastes* 7:20). Every person sins; and every person who sins would immediately be smitten by the Attribute of Justice, such that the world would become desolate. As our Midrash states (*Rashba* paraphrases), "If You want strict justice, You do not want a world." Similarly, if the world were created solely through the Attribute of Mercy, it could not exist, for the Attribute of Mercy would forgive everything, and there would be no difference whether a person served God or denied Him. The purpose of Creation would thus be thwarted, for we were created to serve God, to choose good and eschew evil [and to be rewarded or punished accordingly]. The world therefore requires both Attributes to be fused together: the Attribute of Mercy is necessary to give the sinner a chance to repent, and the Attribute of Justice is necessary to punish the sinner, in this world or the next, if he does not choose to do so.

אַתְּ תָּפֵיס חַבְלָא בִּתְרֵין רָאשִׁין, בָּעֵי עָלְמָא וּבָעֵי דִינָא, אִם לֵית אַתְּ מְוַותֵּר צִיבְחַר, לֵית עָלְמָא יָכֵיל קָאֵים. אָמַר לוֹ הַקָּדוֹשׁ בָּרוּךְ הוּא: אַבְרָהָם (תהלים מה, ח) "אָהַבְתָּ צֶּדֶק וַתִּשְׂנָא רֶשַׁע", "אָהַבְתָּ" לְצַדֵּק אֶת בְּרִיּוֹתַי "וַתִּשְׂנָא רֶשַׁע", מֵאַנְתָּ לְחַיְּיבָן. "עַל כֵּן מְשָׁחֲךָ אֱלֹהִים אֱלֹהֶיךָ שֶׁמֶן שָׂשׂוֹן מֵחֲבֵרֶיךָ", מַהוּ "מֵחֲבֵרֶיךָ", מִנֹּחַ וְעַד אֶצְלְךָ י' דּוֹרוֹת וּמִכֻּלָּם לֹא דִבַּרְתִּי עִם אֶחָד מֵהֶם אֶלָּא עִמָּךְ, "וַיֹּאמֶר ה' אֶל אַבְרָם לֶךְ לְךָ":

י [יח, כו] "וַיֹּאמֶר ה' אִם אֶמְצָא בִסְדֹם".

רַבִּי יוּדָן וְרַבִּי יְהוּדָה בְּרַבִּי סִימוֹן בְּשֵׁם רַבִּי יְהוֹשֻׁעַ בֶּן לֵוִי אָמְרוּ: (איוב לד, לא) "כִּי אֶל אֵל הֶאָמַר נָשָׂאתִי לֹא אֶחְבֹּל", הַיְינוּ דִּכְתִיב "וְנָשָׂאתִי לְכָל הַמָּקוֹם בַּעֲבוּרָם". "לֹא אֶחְבֹּל", אֵינִי מְמַשְׁכְּנָם, הֵיךְ מַה דִּכְתִיב (שמות כב, כה) "אִם חָבֹל תַּחְבֹּל", וְהֵן חוֹבְלִים עָלַי דְּבָרִים וְאוֹמְרִים אֵינוֹ דָן כַּשּׁוּרָה. (איוב לד, לב) "בִּלְעֲדֵי אֶחֱזֶה", בַּר מִינִּי זִיל פַּשְׁפֵּשׁ דִּינָא, וְאִם טָעִיתִי "אַתָּה הֹרֵנִי" (שם) "וְאִם עָוֶל פָּעַלְתִּי", עִם הָרִאשׁוֹנִים "לֹא אֹסִיף" עִם הָאַחֲרוֹנִים. (איוב מא, ד) "לֹא אַחֲרִישׁ בַּדָּיו", "לְךָ אֲנִי מַחֲרִישׁ וְלַבַּדִּים הַיּוֹצְאִים מִמְּךָ.

רש"י

(י) **לא אחריש בדיו לך אני מחריש ולבדים הבאים ממך.** ולא לאחרים ששתק כשאמרתי לו קח נא את בנך שהיה לו להשיב תשובה ולא השיב:

חידושי הרד"ל

(י) **[י] לך אני מחריש.** דרש הקרי לו אחריש בוי"ו. ובאנס דחק המ"כ:

חידושי הרש"ש

[י] כי אל אל האמר כ"ה במקרא וכצ"ל. ור"ל שאמר נשאתי כו' וכן נכון לפי דקדוק הלשון כמו ההלכוא אתו (יהושע יו"ד) דפי' שהלכו עיין רד"ק שם: **ואם עול פעלתי** כו'. כצ"ל: **לא אחריש בדיו לך אני מחריש** כו'. פי' כי הקרי הוא לו בוי"ו. ולפ"ז לא נצטרך לפי' המ"כ שהוא בלשון תימה. וע"ש במ"ש. וע"ע מש"כ בס"ד לקמן סוף פרשה ס"ד:

עץ יוסף

ומכולם לא דברתי כו'. אף שנמצא עכ"פ בדורם אנשים לדיקים אבל לא היו רק להשלמת עצמן לא להצדיק את הבריות ולבקש בעדן. וזה אות על טוב לבך ועל אהבתך לקדוש השם. ולכך זכית לנבואה יותר מכולם ועיין לעיל פ' ל"ט: (י) **[כא] נשאתי לא אחבול.** בלעדי אחזה אתה הורני אם עול פעלתי לא אוסיף. במענה אליהוא לאיוב שהוכיחו על מה שקרא תגר על משפטי ה' לומר כי הוא מתנהג עם ברואיו בתוקף מדה"ד ולא ברחמים. ועי"ז א"ל כי לא יתכן לומר כן אל אל האומר נשאתי אף לסדומים הרשעים לומר אם אמצא בסדום חמשים לדיקים ונשאתי לכל המקום בעבורם. נשיאות עון גמור: **וגם לא אחבול.** ר"ל וגם לא אמשכן לצדיקים עבורם. אלא בין הצדיקים ובין הרשעים ימלטו. וא"כ אין לנו רחמים גדולים מזו. ואמר עוד שה' אמר שהבריות: **הן חובלים עלי דברים.** מלשון אבילות שמאספים עלי דברים מדור אנוש ודור המבול ודור הפלגה לומר איני דן כשורה ח"ו: **בלעדי אחזה בר מיני.** כלומר מלבד מה שאני ראיתי ועיינתי בדינם. אתה הוריני גם תראה לעיין ולפשפש בדינם. ואם טעיתי לפי דעתך אתה הורני. ואם עול פעלתי עם הדורות הראשונים לא אוסיף עם האחרונים (נזה"ק): **[כב] לא אחריש בדיו.** שנתחסד ה' עמו לשתוק לדבריו כמודה לו כי טוב דבר: **לא אחריש בדיו.** דלעיל מיניה כתיב מי הקדימני ואשלם וגו' ודרשינן ליה לקמן בבמדב"ר פ' י"ד באברהם ע"ש. וה"נ פי' סיפא דקרא באברהם: **ולבדים היוצאים ממך.** פי' בדיו ענפיו והם בניו (כמו ותעש בדים ותשלח פארות) ודע דבפסוק זה הכתיב לא אחריש. והקרי לו אחריש. והמדרש דורש הקרי והכתיב. ולפי הקרי הוא בניחותא לו אחריש וגם לבדיו הם בניו. ולפי הכתיב הוא בתמיה וכי לא אחריש גם לבדיו

פירוש מהרז"ו

אהבת צדק כו'. הנה ענין לך לך היה הרבה שנים קודם ענין סדום. אך הכוונה שמענין סדום אנו לומדים מדתו של אברהם על פי מדה ח' בנין אב שהיה אוהב תמיד להצדיק הבריות על כן זכה לנבואה יותר מכולם. והנה אברהם ראה את כל העשרה דורות וראה את נח כי נח מת יו"ד שנה אחר הפלגה. לפי חשבון שנותיהם המפורשים בתורה וכל היו"ד ראשי דורות משם מתו אחר הפלגה רק פלג ועל כן נקראו כולם חביריו. ומהם היו לדיקים שכל מי שנאמר בו אז היה לדיק כמ"ש וארפכשד חי ושלח חי. ונח ושם היו נביאים וכן עבר דרשו חז"ל שהיה נביא אלא שאברהם גדול מהם שדיבר עמו יותר מכולם וליוהו מלות יותר מכולם: **שמן ששון.** שעל ידי דיבוק ודיבור אלהי נעשה עליון על כולם כשמן שעומד עליון על כל המשקים: (י) **כי אל אל האמור נשאתי.** כל הענין באגדת בראשית פרק כ"ב ובילקוט כאן ופי' שהאל כשאמר ונשאתי לכל המקום בעבורם ע"פ מדה י"ז. לא אחבול ולא אמסור ולא אמשכן אותם ביד מלאכי אפי וזעמי לכלותם ובפסוק השני בלעדי אחזה אתה הוריני ואם עול פעלתי לא אוסיף. ומדאמר אתה הוריני הרי משמע שמי שמדבר אליו אמר שטעה בדין וחבל. ע"פ מדה ט'. ואיך תאמר טעיתי הרי אמרתי ונשאתי אם אמצא וגו' הרי שלא מצאתי. וא"כ מחויב אני לכלותם שכולם רשעים. בלעדי אחזה לבד מה שאני רואה בענין זה ויודע שלא טעיתי. אתה הוריני. ראה אתה וחפוש וחקור בדין זה והשג האמת והוריני אם עול פעלתי בסדום וכו' ומ"ש והם חובלים עלי דברים הוא פירוש שני. שמ"ש לא אחבול פירוש לא חבלתי ולא קלקלתי מלשון לאחד קראתי חובלים. ובאגדת בראשית הנ"ל וכן בילקוט איוב מ"א והוא מאג"ב הנ"ל מבואר שאמר כל זה נגד אברהם שהוא חשב שקלקל ועיות הדין ודיבר קשות כנגד הש"ת ובאיוב פי' ע"פ רוה"ק מה שאמר הש"י כנגדו: **לא אחריש בדיו.** לא כתיב לו קרי שפירושו לפי הקרי לו אני מחריש ולבדיו וכפי הכתיב אבל לא לאחרים כמפורש באגדת בראשית הנ"ל. והנה המדרש חבר שני פסוקים יחד וכפי מ"ש כאן אין פירוש לדברים. אך כפי מה שמבואר באגדת בראשית הדבר מבואר בטוב טעם שכתוב שם ל"ד המעמך ישלמנה וכתיב שם מ"א מי הקדמני ואשלם שם כתוב אתה הוריני וכאן כתוב ומה ידעת

מסורת המדרש

לז ילקוט איוב רמז תתקכ"ז:

אם למקרא

אָהַבְתָּ צֶּדֶק וַתִּשְׂנָא רֶשַׁע עַל־כֵּן מְשָׁחֲךָ אֱלֹהִים אֱלֹהֶיךָ שֶׁמֶן שָׂשׂוֹן מֵחֲבֵרֶיךָ: (תהלים מה:ח)

כִּי אֶל־אֵל הֶאָמַר נָשָׂאתִי לֹא אֶחְבֹּל: (איוב לד:לא)

בִּלְעֲדֵי אֶחֱזֶה אַתָּה הֹרֵנִי אִם עָוֶל פָּעַלְתִּי לֹא אֹסִיף: (איוב לד:לב)

אִם־חָבֹל תַּחְבֹּל שַׂלְמַת רֵעֶךָ עַד־בֹּא הַשֶּׁמֶשׁ תְּשִׁיבֶנּוּ לוֹ: (שמות כב:כה)

לֹא [לוֹ] ־אַחֲרִישׁ בַּדָּיו וּדְבַר־גְּבוּרוֹת וְחִין עֶרְכּוֹ: (איוב מא:ד)

מתנות כהונה

כמו הנגלה נגליתי וכהנה רבות: **אתה תפיס כו'.** אתה רוצה לאחוז החבל בשני ראשיו חפץ אתה בעולם וגם חפץ אתה בדין אמת אם אין אתה מוותר מעט אין העולם יכול להתקיים: **אם לית את גרסינן.** [וכ"ה בויק"ר פר' י' ובילקוט]: **ויאמר ה' אל אברם לך לך.** ה"ג ג"כ בילקוט תהלים והוא היה תחלת דבר ה' באברהם ובויק"ר פרשה יו"ד גרס אחר הדברים האלה היה דבר ה' וגו' ואולי טעות סופר הוא שהרי קודם זה דבר עמו פעמים רבות: **[י] אל אל האמר** גרסינן]: **בר מיני וכו'.** חוץ ממני ובלעדי לך אתה חקור דיני אם טעיתי באחד מהם ואם טעיתי וכו': **לך אני מחריש גרסינן.** ויהיה פירוש הכתוב בלשון תימה וכי לך ולבדים היוצאים ממך לא אחריש ובילקוט איוב יש גירסא אחרת ועל פי אותה גירסא יהיה פירוש הכתוב בניחותא ונלאיתי לכותבו:

אשד הנחלים

אהבת לצדק כו' ומכולם לא דברתי. אף שנמצא עכ"פ בדורם אנשים צדיקים אבל לא היה רק להשלמת עצמן לא להצדיק את הבריו' ולבקש בעדן. וזה אות על טוב לבך ועל אהבתך לקדוש השם ולכן זכית לנבואה יותר מכולם. אף טרם שהגעת למדריגה רמה כי תיכף טרם שסופר מענין אברהם וממעלתו. תיכף כתיב ויאמר ה' אל אברם לך לך מארצך שלא יתחבר עם אנשי דורו שהם רעים. אבל אתה מוכן לקבל המחזה האלקית מפני טוב לבך. והשמן ששון הוא הנבואה: **[י] היינו דכתיב נשאתי** ובאור הכתוב כי אל אל ראו לאמר. שאמר נשאתי וממנו נראה טובתו עלינו שאינו חפץ למשכן אותנו בעבור עונינו והעונש הוא המשכון בעד החוב שזהו הרשע אך הם לא כן כי אינם רואים דברי ומחפים עלי דברים אשר לא כן. בלעדי. כלומר חוץ מזה התבונן בעצמך ואם טעיתי בדיני אתה הורני: **לך אני מחריש.** וכלומר בלשון תמי' וכי אינני מחריש לך ולבדיו הם בניו אחריו במה שיתלו בי ח"ו חסרון בהנהגה אחר שידעתי כי כוונתך לטובה להצדיק בריותי ומפרש זה אף שהוא דבר גבורות להעריך עצמו מולו ית' עכ"ז חין ערכו מפני שנמצא חן בשפתיו כי שפתותיו דובבות בצדק להצדיק לבריות כי אינם מכונים למענם ולא ח"ו להאשים ההנהגה העליונה כ"א מאהבתם לבני אדם ע"כ יחריש להם:

"בִּלְעֲדֵי אֶחֱזֶה", בַּר מִינַּי זִיל פַּשְׁפֵּשׁ דִּינָא – The Midrash expounds the next verse in Job as a continuation of the preceding one: The verse states: ***Besides what I see*** – *you teach me! If I have done wrong, I will not continue* (*Job* 34:32). God told Abraham, **"Besides Me, go examine** My **judgment,**[206] וְאִם טָעִיתִי "אַתָּה הֹרֵנִי" – **and if** you believe that **I have erred,**[207] ***you teach Me."*** וְ"אִם עָוֶל פָּעַלְתִּי", עִם הָרִאשׁוֹנִים "לֹא אֹסִיף" עִם הָאַחֲרוֹנִים – The Midrash concludes its quote from God based on the end of the verse from Job: **"And *if I have done wrong* with the earlier ones, *I will not continue*** to do so **with the later ones."**[208]

Another passage from *Job* is related to Abraham:[209]

"לֹא אַחֲרִישׁ בַּדָּיו", לְךָ אֲנִי מַחֲרִישׁ וְלַבַּדִּים הַיּוֹצְאִים מִמְּךָ – A verse states: "לוֹ אַחֲרִישׁ בַּדָּיו" (*Job* 41:4). This may be interpreted to mean: **I** (God) **remain silent for you** (Abraham) **and for the "branches"** (i.e., the *offspring*)[210] **that issue from you.**[211]

NOTES

judge unfairly (*Eitz Yosef*; see *Eshed HaNechalim*; see *Maharzu* for an alternative approach).

206. God challenged Abraham, "Without regard for My own examination of the deeds of the people of Sodom and the appropriate measures to deal with them, you may go ahead and conduct your own investigation" (*Nezer HaKodesh*, cited in part by *Eitz Yosef*; *Maharzu*; see also *Yefeh To'ar*, *Matnos Kehunah*, and *Eshed HaNechalim*).

207. *Eitz Yosef*, citing *Nezer HaKodesh*.

208. God made a commitment to Abraham that if He, in fact, dealt unfairly with the people of Sodom, He would change His practices (see *Maharzu* and *Eitz Yosef*, who cites *Nezer HaKodesh*).

209. The Midrash accords with *Bamidbar Rabbah* 14 §2, which interprets the verse immediately before this one as alluding to Abraham (*Eitz Yosef*).

210. *Eitz Yosef*.

211. As it is interpreted here, in this verse God notes His kindness in silently absorbing "harsh" words directed toward Him by Abraham, as well as several of his descendants (*Eitz Yosef*).

The cited verse appears here in its *pronounced* form (קְרִי). The verse's *written* form (כְּתִיב) is לֹא אַחֲרִישׁ, meaning *I would not be silent*. This exposition gives consideration to both of these: לוֹ אַחֲרִישׁ בַּדָּיו is understood as *I would remain silent "for him"* (i.e., for *Abraham,* and for) *his branches* (i.e., *his offspring*). And לֹא אַחֲרִישׁ בַּדָּיו is rendered, *Would I "not" remain silent for his* (i.e., *Abraham's*) *branches* (i.e., *his offspring*), in consideration of the fact that "branches" are always similar to the "roots" that form their source? (*Eitz Yosef*; see also *Maharzu*, *Radal*, and *Rashash*; see *Matnos Kehunah* for an alternative version of the Midrash).

אַתְּ תָּפֵיס חַבְלָא בִּתְרֵין רָאשִׁין, בָּעֵי עָלְמָא וּבָעֵי דִינָא, אִם לֵית אַתְּ מְוַותֵּר צִיבְחַר, לֵית עָלְמָא יָכֵיל קָאֵים. אָמַר לוֹ הַקָּדוֹשׁ בָּרוּךְ הוּא: אַבְרָהָם (תהלים מה, ח) "אָהַבְתָּ צֶּדֶק וַתִּשְׂנָא רֶשַׁע", "אָהַבְתָּ" לְצַדֵּק אֶת בְּרִיּוֹתַי "וַתִּשְׂנָא רֶשַׁע", מֵאַנְתָּ לְחַיְּיבָן. "עַל כֵּן מְשָׁחֲךָ אֱלֹהִים אֱלֹהֶיךָ שֶׁמֶן שָׂשׂוֹן מֵחֲבֵרֶיךָ", מַהוּ "מֵחֲבֵרֶיךָ", מִנֹּחַ וְעַד אֶצְלְךָ י' דוֹרוֹת וּמִכֻּלָּם לֹא דִבַּרְתִּי עִם אֶחָד מֵהֶם אֶלָּא עִמָּךְ, "וַיֹּאמֶר ה' אֶל אַבְרָם לֶךְ לְךָ":

י [יח, כו] "וַיֹּאמֶר ה' אִם אֶמְצָא בִסְדֹם".

רַבִּי יוּדָן וְרַבִּי יְהוּדָה בְּרַבִּי סִימוֹן בְּשֵׁם רַבִּי יְהוֹשֻׁעַ בֶּן לֵוִי אָמְרוּ: (איוב לד, לא) "כִּי אֶל אֵל הֶאָמַר נָשָׂאתִי לֹא אֶחְבֹּל", הַיְינוּ דִכְתִיב "וְנָשָׂאתִי לְכָל הַמָּקוֹם בַּעֲבוּרָם". "לֹא אֶחְבֹּל", אֵינִי מְמַשְׁכְּנָם, הֵיךְ מַה דִכְתִיב (שמות כב, כה) "אִם חָבֹל תַּחְבֹּל", וְהֵן חוֹבְלִים עָלַי דְּבָרִים וְאוֹמְרִים אֵינוֹ דָן כַּשּׁוּרָה. (איוב לד, לב) "בִּלְעֲדֵי אֶחֱזֶה", בַּר מִינִּי זִיל פַּשְׁפֵּשׁ דִּינָא, וְאִם טָעִיתִי "אַתָּה הֹרֵנִי" (שם) "וְאִם עָוֶל פָּעַלְתִּי", עִם הָרִאשׁוֹנִים "לֹא אֹסִיף" עִם הָאַחֲרוֹנִים. (איוב מא, ד) "לֹא אַחֲרִישׁ בַּדָּיו", [לך] לְךָ אֲנִי מַחֲרִישׁ וְלַבַּדִּים הַיּוֹצְאִים מִמְּךָ.

רש"י

(י) לא אחריש בדיו לך אני מחריש ולבדים הבאים ממך. ולא לאחרים ששתק כשאמרתי לו קח נא את בנך שהיה לו להשיב תשובה ולא השיב:

עץ יוסף

ומכולם לא דברתי כו'. אף שנמצא עכ"פ בדורם אנשים לדיקים אבל לא היו רק להשלמת עלמן לא להלדיק את הבריות ולבקש בעדן. וזה אות על טוב לבך ועל אהבתך לקדוש השם. ולכך זכית לנבואה יותר מכולם ועיין לעיל פ' ל"ט: (י) **[כא] נשאתי לא אחבול.** בלעדי אחזה אתה הורני אם עול פעלתי לא אוסיף. במענה אליהוא לאיוב שהוכיחו על מה שקרא תגר על משפטי ה' לומר כי הוא מתנהג עם ברואיו בתוקף מדה"ד ולא ברחמים. וע"ז א"ל כי לא יתכן לומר כן אל אל האומר נשאתי אף לסדומים הרשעים לומר אם אמלא בסדום חמשים לדיקים ונשאתי לכל המקום בעבורם. נשיאות עון גמור: **וגם לא אחבול.** ר"ל וגם לא אמשכן ללדיקים עבורם. אלא בין הלדיקים ובין הרשעים ימלטו. וא"כ אין לנו רחמים גדולים מזו. ואמר עוד שה' אמר שהבריות: **הן חובלים עלי דברים.** מלשון חבילות חבילות שמאספים עלי דברים מדור אנוש ודור המבול ודור הפלגה לומר איני דן כשורה ח"ו: **בלעדי אחזה בר מיני.** כלומר מלבד מה שאני ראיתי ועיינתי בדינם. אתה הוריני גם תראה לעיין ולפשפש בדינם. ואם טעיתי לפי דעתך אתה הורני. ואם עול פעלתי עם הדורות הראשונים לא אוסיף עם האחרונים (נזה"ק): **[כב] לא אחריש בדיו.** שנתחסד ה' עמו לשתוק לדבריו כמודה לו כי טוב דבר: **לא אחריש בדיו.** דלעיל מיניה כתיב מי הקדימני ואשלם וגו' ודרשינן ליה לקמן במדב"ר פ' י"ד באברהם ע"ש. וה"נ פי' סיפא דקרא באברהם: **ולבדים היוצאים ממך.** פי' בדיו ענפיו והם בניו (כמו ותעש בדים ותשלח פארות) ודע דבפסוק זה הכתיב לא אחריש. והקרי לו אחריש. והמדרש דורש הקרי והכתיב. ולפי הקרי הוא בניחותא לו אחריש וגם לבדיו הם בניו. ולפי הכתיב הוא בתמיה וכי לא אחריש גם לבדיו

פירוש מהרז"ו

אהבת צדק כו'. הנה ענין לך לך היה הרבה שנים קודם ענין סדום. אך הכוונה שמענין סדום אנו לומדים מדתו של אברהם על פי מדה א' בנין אב שהיה אוהב תמיד להלדיק הבריות על כן זכה לנבואה יותר מכולם. והנה אברהם ראה את כל העשרה דורות וראה את נח כי נח מת יו"ד שנה אחר הפלגה. לפי חשבון שנותיהם המפורשים בתורה וכל היו"ד ראשי דורות משם מתו אחר הפלגה רק פלג ועל כן נקראו כולם חביריו. ומהם היו לדיקים שכל מי שנאמר בו אי היה לדיק כמ"ש וארפכשד חי ושלח חי. ונח ושם היו נביאים וכן עבר דרשו חז"ל שהיה נביא אלא שאברהם גדול מהם שדיבר עמו יותר מכולם וליוהו מלות יותר מכולם: **שמן ששון.** שעל ידי דיבוק ודיבור אלהי נעשה עליון על כולם כשמן שעומד עליון על כל המשקים: (י) **כי אל אל האמור נשאתי.** כל הענין באגדת בראשית פרק כ"ב וילקוט כאן ופי' שהאל כשאמר ונשאתי לכל המקום בעבורם ע"פ מדה י"ג. לא אחבול ולא אמסור ולא אמשכן אותם ביד מלאכי אפי וזעמי לכלותם ובפסוק השני בלעדי אחזה אתה הוריני ואם עול פעלתי לא אוסיף. ומדאמר אתה הוריני הרי משמע שמי שמדבר אליו אמר שטעה בדין וחבל. ע"פ מדה ט'. ואיך תאמר טעיתי הרי אמרתי ונשאתי אם אמלא וגו' הרי שלא מלאתי. וא"כ מחויב אני לכלותם שכולם רשעים. בלעדי אחזה לבד מה שאני רואה בענין זה ויודע שלא טעיתי. אתה הוריני. ראה אתה וחפוש וחקור בדין זה והשג האמת והוריני אם עול פעלתי בסדום וכו' ומ"ש והם חובלים עלי דברים הוא פירוש שני. שמ"ש לא אחבול פירוש לא חבלתי ולא קלקלתי מלשון לאחד קראתי חובלים. ובאגדת בראשית הנ"ל וכן בילקוט איוב מ"א והוא מאג"ב הנ"ל מבואר שאמר כל זה נגד אברהם שהוא חשב שקלקל ועיות הדין ודיבר קשות כנגד השי"ת ובאיוב פי' ע"פ רוה"ק מה שאמר הש"י כנגדו: **לא אחריש בדיו.** לא כתיב לו קרי שפירושו לפי הקרי לו אני מחריש ולבדיו וכפי הכתיב אבל לא לאחרים כמפורש באגדת בראשית הנ"ל. והנה המדרש חבר שני פסוקים יחד וכפי מ"ש כאן אין פירוש לדברים. אך כפי מה שמבואר באגדת בראשית הדבר מבואר בטוב טעם שכתוב שם ל"ד המעמך ישלמנה וכתיב שם מ"א מי הקדמני ואשלם שם כתוב אתה הוריני וכאן כתוב ומה ידעת

חידושי הרד"ל

(י) [י] **לך אני מחריש.** דרש הקרי לו אחריש בוי"ו. ובאנס דחק המ"כ:

חידושי הרש"ש

[י] **כי אל אל האמר** כ"ה במקרא וכנ"ל. ור"ל שאמר נשאתי כו' וכן נכון לפי דקדוק הלשון כמו ההלכות אתו (יהושע י"ד) דפי' שהלכו עיין רד"ק שם: **ואם עול פעלתי בו'.** כנ"ל: **לא אחריש בדיו לך אני מחריש בו'.** פי' כי הקרי הוא לו בוי"ו. ולפ"ז לא נצטרך לפי' המ"כ שהוא בלשון תימה. וע"ש במ"ש. וע"ע מש"כ בס"ד לקמן סוף פרשה ס"ד:

מסורת המדרש

לז ילקוט איוב רמז תתקכ"ז:

אם למקרא

אָהַבְתָּ צֶּדֶק וַתִּשְׂנָא רֶשַׁע עַל־כֵּן מְשָׁחֲךָ אֱלֹהִים אֱלֹהֶיךָ שֶׁמֶן שָׂשׂוֹן מֵחֲבֵרֶיךָ: (תהלים מה:ח)

כִּי אֶל־אֵל הֶאָמַר נָשָׂאתִי לֹא אֶחְבֹּל: (איוב לד:לא)

בִּלְעֲדֵי אֶחֱזֶה אַתָּה הֹרֵנִי אִם עָוֶל פָּעַלְתִּי לֹא אֹסִיף: (איוב לד:לב)

אִם־חָבֹל תַּחְבֹּל שַׂלְמַת רֵעֶךָ עַד־בֹּא הַשֶּׁמֶשׁ תְּשִׁיבֶנּוּ לוֹ: (שמות כב:כה)

לֹא [לוֹ] ־אַחֲרִישׁ בַּדָּיו וּדְבַר־גְּבוּרוֹת וְחִין עֶרְכּוֹ: (איוב מא:ד)

מתנות כהונה

כמו הנגלה נגליתי וכהנה רבות: **אתה תפיס כו'.** אתה רולה לאחוז החבל בשני ראשיו חפץ אתה בעולם וגם חפץ אתה בדין אמת אם אין אתה מוותר מעט אין העולם יכול להתקיים: **אם לית את גרסינן.** [וכ"ה בויק"ר פר' י' ובילקוט]: **ויאמר ה' אל אברם לך לך.** ה"ג ג"כ בילקוט תהלים והוא היה תחלת דבר ה' באברהם ובויק"ר פרשה יו"ד גרס אחר הדברים האלה היה דבר ה' וגו' ואולי טעות סופר הוא שהרי קודם זה דבר עמו פעמים רבות: [י] **אל אל האמר** גרסינן]: **בר מיני וכו'.** חוץ ממני ובלעדי לך אתה חקור דיני אם טעיתי באחד מהם ואם טעיתי וכו': **לך אני מחריש גרסינן.** ויהיה פירוש הכתוב בלשון תימה וכי לך ולבדים היוצאים ממך לא אחריש ובילקוט איוב יש גירסא אחרת ועל פי אותה גירסא יהיה פירוש הכתוב בניחותא ונלאיתי לכותבו:

אשד הנחלים

אהבת לצדק כו' ומכולם לא דברתי. אף שנמצא עכ"פ בדורם אנשים צדיקים אבל לא היה רק להשלמת עצמן לא להצדיק את הבריו' ולבקש בעדן. וזה אות על טוב לבך ועל אהבתך לקדוש השם ולכן זכית לנבואה יותר מכולם. אף טרם שהגעת למדריגה רמה כי תיכף טרם שסופר מענין אברהם וממעלתו. תיכף כתיב ויאמר ה' אל אברם לך לך מארצך שלא יתחבר עם אנשי דורו שהם רעים. אבל אתה מוכן לקבל המחזה האלקית מפני טוב לבך. והשמן ששון הוא הנבואה: [י] **היינו דכתיב נשאתי** ובאור הכתוב כי אל אל ראו לאמר. שאמר נשאתי וממנו נראה טובתו עלינו שאינו חפץ למשכן אותנו בעבור עונינו והעונש הוא המשכון בעד החוב שזהו הרשע אך הם לא כן כי אינם רואים דברי ומחפים עלי דברים אשר לא כן. בלעדי. כלומר חוץ מזה התבונן בעצמך ואם טעיתי בדיני אתה הורני: **לך אני מחריש.** וכלומר בלשון תמי' וכי אינני מחריש לך ולבדיו הם בניו אחריו במה שיתלו בי ח"ו חסרון בהנהגה אחר שידעתי כי כוונתך לטובה להצדיק בריותי ומפרש זה אף שהוא דבר גבורות להעריך עצמו מולו ית' עכ"ז חין ערכו מפני שנמצא חן בשפתיו כי שפתותיו דובבות בצדק להצדיק לבריות כי אינם מכונים למענם ולא ח"ו להאשים ההנהגה העליונה כ"א מאהבתם לבני אדם ע"כ יחריש להם:

לְאַבְרָהָם שֶׁהוּא אוֹמֵר "חָלִלָה לְּךָ מֵעֲשׂת כַּדָּבָר הַזֶּה" — The Midrash explains: God remained silent **for Abraham, who said, *"It would be sacrilege to You to do such a thing!"*;** וּלְמשֶׁה שֶׁהוּא אוֹמֵר "לָמָּה ה' יֶחֱרֶה אַפְּךָ בְּעַמֶּךָ" — **and for Moses, who said, *"Why, HASHEM, should Your anger flare up against Your people?"*** (*Exodus* 32:11); וְלִיהוֹשֻׁעַ שֶׁהוּא אוֹמֵר "לָמָּה הֶעֱבַרְתָּ הַעֲבִיר אֶת הָעָם" — **and for Joshua, who said, *"Why did you bring* this *people across*** *the Jordan to deliver us into the hand of the Amorites, to make us perish?"* (*Joshua* 7:7); וּלְדָוִד שֶׁהוּא אוֹמֵר "לָמָּה ה' תַּעֲמֹד בְּרָחוֹק תַּעְלִים לְעִתּוֹת בַּצָּרָה" — **and for David, who said, *"Why, HASHEM, do You stand aloof, do You conceal Yourself in times of distress?"*** (*Psalms* 10:1). "וּדְבַר גְּבוּרוֹת וְחִין עֶרְכּוֹ", חֵן נִיתַּן בַּעֲרִיכוּת שְׂפָתַיִם — The Midrash cites the conclusion of the verse from Job: "וּדְבַר גְּבוּרוֹת וְחִין עֶרְכּוֹ" (*Job* ibid.). This may be interpreted to mean: **Grace**[212] **was granted** by God to Abraham **when he made a verbal presentation,**[213] בְּשָׁעָה שֶׁבִּקֵּשׁ רַחֲמִים עַל הַסְּדוֹמִיִּים — **at the time when he requested mercy for the Sodomites.**[214]

וַיַּעַן אַבְרָהָם וַיֹּאמַר הִנֵּה־נָא הוֹאַלְתִּי לְדַבֵּר אֶל־אֲדֹנָי וְאָנֹכִי עָפָר וָאֵפֶר.

Abraham responded and said, "Behold, now, I desired to speak to my Lord although I am but dust and ash (18:27).

§11 **וַיַּעַן אַבְרָהָם וַיֹּאמַר הִנֵּה נָא הוֹאַלְתִּי וגו'** — ***ABRAHAM RESPONDED AND SAID, "BEHOLD, NOW, I DESIRED . . . "***

The Midrash comments on Abraham's description of himself as *dust and ashes:*[215]

אָמַר: אִילוּ הֲרָגַנִי אַמְרָפֶל לֹא הָיִיתִי עָפָר? וְאִילוּ שְׂרָפַנִי נִמְרוֹד לֹא הָיִיתִי אֵפֶר? — **[Abraham] said** to God, **"If Amraphel had killed me,**[216] **would I not be dust**[217] by now? **And if Nimrod had burned me,**[218] **would I not be ashes** by now?"[219]

Another insight into these words:

אָמַר לוֹ הַקָּדוֹשׁ בָּרוּךְ הוּא: חַיֶּיךָ אַתָּה אָמַרְתָּ "וְאָנֹכִי עָפָר וָאֵפֶר" — **The Holy One, blessed is He, said to [Abraham],** "I swear by **your life! You have said,** ***I am but dust and ash*;** חַיֶּיךָ שֶׁאֲנִי נוֹתֵן לְבָנֶיךָ כַּפָּרָה בָּהֶם — I swear by **your life!** As a reward for your humility,[220] **I will give your descendants expiation through** both of **them!"** שֶׁנֶּאֱמַר "וְלָקְחוּ לַטָּמֵא מֵעֲפַר שְׂרֵפַת הַחַטָּאת", "וְאָסַף אִישׁ טָהוֹר אֵת אֵפֶר הַפָּרָה" — **For it is written** regarding the red cow,[221] ***They shall take for the contaminated person some of the "dust" of the burning of the purification*** [animal] (*Numbers* 19:17), and ***A pure man shall gather the "ash" of the cow*** (ibid. v. 9).[222]

The Midrash derives a practical halachah from Abraham's words:

תְּנִינַן: סֵדֶר תַּעֲנִיּוֹת כֵּיצַד, מוֹצִיאִין אֶת הַתֵּיבָה בִּרְחוֹב הָעִיר וכו'[223] וְנוֹתְנִין אֵפֶר מִקְלֶה עַל גַּבֵּי הַתֵּיבָה — **We have learned in a Mishnah: What is the procedure for** the prayer service on **fast days? The ark is brought out** from the synagogue **into the town square, and ashes from burning**[224] **are placed upon the ark** and upon the head of the *Nasi*, and upon the head of the Chief of the Court;

NOTES

212. The Midrash equates the word חין with חֵן, *grace* (*Matnos Kehunah*).

213. עֶרְכּוֹ is seen as an allusion to עֲרִיכַת שְׂפָתַיִם, *a verbal presentation* (lit., *an arrangement of the lips*). The words דְּבַר גְּבוּרוֹת indicate that the verse refers to *a speech of might*, i.e., the *harsh words* spoken by Abraham in defense of Sodom (see *Eitz Yosef*).

214. The Midrash sees the verse's second half as offering justification for the unique treatment which, according to the verse's first half, God granted Abraham's descendants. The conclusion of the verse teaches that Abraham was treated with grace despite his having spoken harshly, because he spoke out of a genuine desire to vindicate God's creations (*Eitz Yosef*; see also the previous section, where Abraham's comments were defended). See Insight Ⓐ.

215. According to the verse's plain meaning, Abraham was merely pointing out his insignificance. However, the fact that Abraham used *two* terms for this purpose indicates the presence of a deeper meaning (*Eitz Yosef*, citing *Yefeh To'ar*; see further *Yefeh To'ar* and *Maharzu*).

216. Above, 14:8-17 teaches of Abraham's successful military campaign against Amraphel and his allies.

217. I.e., dead and decomposed.

218. See above, 38 §13, where Nimrod's attempt to burn Abraham in a furnace is discussed.

219. Abraham was pointing out that as one who had personally benefited from God's kindness, when his life was [miraculously (*Maharzu*)] saved repeatedly, he was asking that kindness be shown to the Sodomites as well (*Eshed HaNechalim*, *Maharzu*, *Eitz Yosef*). Alternatively, Abraham evoked the two occasions mentioned in the hope that the merit he earned then by risking his life for noble causes would cause his entreaty to be heard (*Yefeh Toar*, first approach; *Matnos Kehunah*; see *Yefeh To'ar* for additional explanations).

220. *Yefeh To'ar* and *Eitz Yosef*, citing *Chullin* 88b.

[*Yefeh To'ar* notes that this exposition is based on the verse's plain meaning and not the Midrashic interpretation cited above, for a verse's plain meaning always has significance (אֵין מִקְרָא יוֹצֵא מִידֵי פְּשׁוּטוֹ).]

221. [*Bamidbar* 19:1-13 teaches that one who is ritually contaminated through contact with a corpse may be purified through a process that involves his being sprinkled with the ashes of an incinerated red cow.]

222. Apparently, the Torah's reference to the ashes of the red cow as both *ash* and *dust* indicates to the Midrash that those ashes were related to Abraham's comment of our verse. See Insight Ⓑ.

223. [All the printed editions have וכו' here, but it appears to be in error; it is not found in manuscripts or in the *Yalkut Shimoni* version of this Midrash.]

224. [Although usually used to refer to *ashes*, the Hebrew word אֵפֶר can also mean *dust*. For this reason, the Mishnah specifies אֵפֶר מִקְלֶה, *ashes from burning* (*Rashi* ad loc.).]

INSIGHTS

Ⓐ **God's Forbearance** The implication of the verse from Job, as interpreted by the Midrash, is that it was specifically for Abraham and his descendants that God silently bore the type of harsh remarks they made. It was explained above, in the Insight to §8 ("Approaches to Prayer"), why Abraham's remarks were borne. Several approaches are offered to explain why his descendants also merited this preferential treatment.

Aggadas Bereishis §22 (cited by *Maharzu*; also see *Rashi* and *Yefeh To'ar*) comments that Abraham earned this privilege for himself and his descendants when he unquestioningly submitted himself to God's commandment that he bring up Isaac as an offering, despite the fact that God had promised Abraham that he would have progeny through Isaac. As a result of Abraham's wordless acquiescence on that occasion, God said: "I, too, will be silent for him."

In an alternative approach, *Eshed HaNechalim* suggests that the remarks made by each of the righteous men named in the Midrash here differed categorically from similar ones made by other people. When these giants spoke "harshly" to God, they did so only out of genuine concern for their fellow man, His creations, and they never intended, Heaven forbid, to accuse God of any wrongdoing. God recognized the purity of their motives, and therefore chose not to respond to their comments. [According to this approach, each of these righteous men merited God's "silence" for the very same reason that Abraham himself merited it, as explained in the Insight above.]

Ⓑ **Elevated Through Service** God's reward can be understood as follows: Dust and ashes are lowly items, that would at first glance seem too insignificant to be used for mitzvos. Since, however, Abraham humbled himself to the extent of calling himself "dust and ashes," his descendants merited performing mitzvos even with these most humble of substances, thus elevating them through their use in the service of God (*Toras Chaim*; see *Yefeh To'ar*, see also *Rashi* to *Numbers* 23:10).

לְאַבְרָהָם שֶׁהוּא אוֹמֵר: "חָלִלָה לְּךָ מֵעֲשֹׂת כַּדָּבָר הַזֶּה", וּלְמשֶׁה שֶׁהוּא אוֹמֵר: (שמות לב, יא) "לָמָה ה' יֶחֱרֶה אַפְּךָ בְּעַמֶּךָ", וְלִיהוֹשֻׁעַ שֶׁהוּא אוֹמֵר: (יהושע ז, ז) "לָמָה הֶעֱבַרְתָּ הַעֲבִיר אֶת הָעָם", וּלְדָוִד שֶׁהוּא אוֹמֵר: (תהלים י, א) "לָמָה ה' תַּעֲמֹד בְּרָחוֹק תַּעְלִים לְעִתּוֹת בַּצָּרָה". (איוב מא, ד) "וּדְבַר גְּבוּרוֹת וְחִין עֶרְכּוֹ", חֵן נִיתַּן בַּעֲרִיכוּת שְׂפָתַיִם, בְּשָׁעָה שֶׁבִּקֵּשׁ רַחֲמִים עַל הַסְּדוֹמִיִּים:

יא [יח, כו] "וַיַּעַן אַבְרָהָם וַיֹּאמַר הִנֵּה נָא הוֹאַלְתִּי וְגוֹ'". [לח]אָמַר: אִילּוּ הֲרָגַנִי אַמְרָפֶל לֹא הָיִיתִי עָפָר וְאִילּוּ שְׂרָפַנִי נִמְרוֹד לֹא הָיִיתִי אֵפֶר, אָמַר לוֹ הַקָּדוֹשׁ בָּרוּךְ הוּא: חַיֶּיךָ [לט]אַתָּה אָמַרְתָּ "וְאָנֹכִי עָפָר וָאֵפֶר", חַיֶּיךָ שֶׁאֲנִי נוֹתֵן לְבָנֶיךָ כַּפָּרָה בָּהֶם שֶׁנֶּאֱמַר (במדבר יט, יז) "וְלָקְחוּ לַטָּמֵא מֵעֲפַר שְׂרֵפַת הַחַטָּאת", "וְאָסַף אִישׁ טָהוֹר אֵת אֵפֶר הַפָּרָה". [מ]תָּנֵינַן: סֵדֶר תַּעֲנִיּוֹת כֵּיצַד, מוֹצִיאִין אֶת הַתֵּיבָה בִּרְחוֹב הָעִיר וְכוּ' וְנוֹתְנִין אֵפֶר מִקְלֶה עַל גַּבֵּי הַתֵּיבָה. רַבִּי יוּדָן בַּר מְנַשֶּׁה וְרַבִּי שְׁמוּאֵל בַּר נַחְמָן, [מא]חַד אָמַר: זְכוּתוֹ שֶׁל אַבְרָהָם וְחַד אָמַר: זְכוּתוֹ שֶׁל יִצְחָק. מַאן דְּאָמַר זְכוּתוֹ שֶׁל אַבְרָהָם ° "אָנֹכִי עָפָר וָאֵפֶר", מַאן דְּאָמַר זְכוּתוֹ שֶׁל יִצְחָק אֵפֶר בִּלְבָד. מִילְּתָא דְּרַבִּי יוּדָן פְּלִיגָא אַהָא דְּרַבִּי יְהוּדָה בֶּן פָּזִי, דַּהֲוָה מַכְרִיז בְּצִיבּוּרָא וְאָמַר: כָּל מַאן דְּלָא מְטָא שְׁלִיחָא דְצִיבּוּרָא לְגַבֵּיהּ לְמִיתַּן קִיטְמָא בְּרֵאשֵׁיהּ יִסַּב אִיהוּ °קִימְטָא וְיָהֵיב בְּרֵאשֵׁיהּ, מִילְּתֵיהּ דְּרַבִּי יְהוּדָה בֶּן פָּזִי אָמַר: הוּא עָפָר וְהוּא אֵפֶר:

עץ יוסף

הייני לבניו הצדיקים הממלאים מקומו שהם כמו ענפיו. כי הענף דומה לטבע שרשו שהוא מקור מחצבו. ועיין במנחת ש"י: ודבר גבורות וחין ערכו בו'. ר"ל סיפא דקרא פירוש לרישא דקרא. שכן ה' ישתוק לבניו בהיותם מדברים קשות לנגדו. משום שכך עשה גם לאברהם שהיה מדבר גבורות וקשות לנגדו ואעפ"כ היה חין ערכו שניתן לו חן בעריכת שפתים בהיות כוונתו רצויה להצדיק בריותיו. ע"כ יחריש גם להם: (יא) [כג] אמר אילו הרגני בו'. מדכפל לומר עפר ואפר דריש דרמיז בזה נמי ענין אמרפל ונמרוד (נזה"ק): לא הייתי עפר בו' לא הייתי אפר. בתמיה וא"כ אנכי עפר ואפר לולא רחמיך עלי. וא"כ יודע אני טובתך וחסדך עלי וע"כ אבקש עליהם אולי יתכן לרחם גם עליהם: אתה אמרת בו'. שבשכר שהשפיל עצמו נתן לו שכר וכדאמר בפ' כסוי הדם: כפרה בהם. שהפרה באה לכפר על העגל כדלקמן בבמד"ר פ' י"ט: ולקחו לטמא. נקט הכתובים שלא כסדרן להקדים של עפר לשל אפר כי הכא (יפ"ת): אפר מקלה על גבי התיבה. ובראש הנשיא ובראש אב"ד ובראש כל אחד. לזכור זכות אברהם שאמר ואנכי עפר ואפר: חד אמר זכותו בו'. הני מ"ד קאי אסיפא דמתניתין היינו על מה שנתנו על ראש הנשיא כו'. אבל מה שנתנו אפר על גבי התיבה הוא מטעם דעמו אנכי בצרה: מאן דאמר כדי להזכיר זכותו של אברהם בין עפר ובין אפר על שם אנבי עפר ואפר. כצ"ל וכן הוא בירוש' (מת"כ יפ"ת) וה"פ דלמ"ד להזכיר זכות אברהם בין בעפר ובין באפר: מילתא דרבי יודן. ר' יודן היינו ר' יהודה בן פזי. וה"ק מעשה של ר"י בן פזי חולק על זה שאמרנו דדוקא אפר. ועובדא דר"י בן פזי היינו דהוה מכריז בצבורא ואמר כו' יסב איהו עפר ויהיב ברישא כצ"ל וכן הוא בירוש' ופירושו ביום התענית היה מכריז ואומר מי שלא הגיע אליו שליח צבור

חידושי הרד"ל

(יא) [יא] מילתא דרבי יודן פליגא אהא דרבי יהודה בן פזי בו'. האי ר' יודן היינו בר מנשיא דלעיל דאמר זכותו של אברהם (ואע"ג דנשנה סתם. וחד אמר. צ"ל דמסיימי. והראשון אמר הראשונה). דלדידיה הוא עפר הוא אפר ובסיפיה גרסינן נמי מלתיה דר' יודן אמר הוא עפר כו' ול"ג שם בן פזי. ובירושלמי דתענית ליתא כ"ז:

באור מהרי"פ

יא כל מאן דלא מטא בו'. עמ"כ בשם הירושלמי. וז"ל הירושלמי ר"י בן פזי כד הוה נפיק לתעניתא הוה אמר קמיהון אחינן כל דלא מטא שמשא לגביה יסב עפרא ויתן גו' רישא ע"כ משמע מלשון זה דר"י בן פזי היה המכריז ליקח עפר מי שלא הגיע לו השמש אפר. ומהמ"כ משמע דרבי יודן היה המכריז וצ"ע ועי' יפ"ת דכתב דרבי יודן הוא ר"י בן פזי ע"ש:

פירוש מהרז"ו

דבר ולו אחריש בדיו שאע"פ שאמר לי דברים קשים ודבר גבורות. וחין ערכו ערב לי ומה גבורות דיבר ויגש אברהם וכו' (וכמ"ש לעיל סי' ח' כל הענין). עוד שם לו אחריש בדיו לאברהם בלבד אני שותק למה שהוא שתק לי וכו' ואני כחרש לא אשמע אף אני מחריש לו ע"ש ובהכרח שכוונתו כמ"ש כאן במדרש לו אחריש ולבדים היוצאים ממנו פי' שהם כיוצא בו ראשי הדורות אבל לא לאחרים. וכאן במדרש ג"כ כוונתו שלאחרים לא יחריש: וחין ערכו. לעיל פר' מ"א סי' ט' חן בשפתיו ולקמן פר' כ"ט סימן ד' הולך חן בשפתותיך שמדבר באברהם וכן כאן ע"פ גז"ש. התבונן בדברים והמעיין בשני המקומות באיוב ל"ד ושם מ"א יראה שכוונה אחת להם שם ולכל זה כוון המדרש בלי ספק: (יא) הנה נא הואלתי. ואנכי עפר ואפר ואיך היה עפר והלא היה חי. ואפר אינו שייך אלא בדבר הנשרף ודורש שאברהם חשב עצמו שהיה ראוי להיות עפר ואפר אלא שניצל ע"פ נס. והנה סדר הנסים היו תחלה אפר ואח"כ עפר והמדרש חושב כסדר הכתוב עפר ואפר. כפי פשט הכתוב שנמרוד ואמרפל הם שני מלכים אך לעיל פר' מ"ב סי' ד' איתא שאמרפל הוא נמרוד הוא כוש וכוונתו כאשר גמלת אתי חסד זה כך תעשה עם סדום: חייך שאני נותן. במ"ר פר' ט' סי' ט"ו: תנינן ביצד סדר תעניות. תענית ריש פרק ב' וירושלמי שם בריש הפרק והובא בילקוט כאן: זכותו של אברהם. בירושלמי שם הגי' כדי להזכיר זכותו של אברהם וכו' בין עפר ובין אפר ע"ש ואנכי עפר ואפר וה"א כדי להזכיר זכותו של יצחק וכו' אפר בלבד רואים אפרו של יצחק כאלו צבור על גבי המזבח ועיין מ"כ וכאן חסר: מלתא דרבי יודן פליגא אהא דרבי יהודה בן פזי. גירסא זו צ"ע שעדיין לא נזכר כאן ר' יהודה ב"פ שיאמר פליג על ריב"פ ולהלן אינו מזכיר רק ריב"פ ולא ר' יודן. וגירסת הילקוט כאן ג"כ צ"ע ובירושלמי הגירסא ר' יודן ב"פ כד הוה נפיק בתעניתא הוה אמר קומיהון אחינן כל מאן דלא

מסורת המדרש

לח ילקוט כאן רמז פ"ג:
לט עיין סוטה י"ז. וחולין פ"ח:
מ תענית דף ט"ו:
מא שם ט"ז. ירושלמי שם פ' ב':

אם למקרא

וַיְחַל מֹשֶׁה אֶת־פְּנֵי ה' אֱלֹהָיו וַיֹּאמֶר לָמָה ה' יֶחֱרֶה אַפְּךָ בְּעַמֶּךָ אֲשֶׁר הוֹצֵאתָ מֵאֶרֶץ מִצְרַיִם בְּכֹחַ גָּדוֹל וּבְיָד חֲזָקָה: (שמות לב:יא)

לָמָה ה' תַּעֲמֹד בְּרָחוֹק תַּעְלִים לְעִתּוֹת בַּצָּרָה: (תהלים י:א)

לֹא [לוֹ] ־אַחֲרִישׁ בַּדָּיו וּדְבַר־גְּבוּרוֹת וְחִין עֶרְכּוֹ: (איוב מא:ד)

וְלָקְחוּ לַטָּמֵא מֵעֲפַר שְׂרֵפַת הַחַטָּאת וְנָתַן עָלָיו מַיִם חַיִּים אֶל־כֶּלִי: (במדבר יט:יז)

רש"י

(יא) תמן תנינן. סדר תענית כיצד מוציאים את התיבה לרחובה של עיר ונותנים אפר מקלה על גבי התיבה ובראש כל אדם: מ"ד זכותו של אברהם ואנכי עפר ואפר. בתלמוד ירושלמי רצה עפר רצה אפר מ"ד זכותו של יצחק אפר בלבד היו נותנים על גביהן ולא עפר וביצחק כתוב אפר ולא עפר דכתיב ועולתך ידשנה סלה: מילתא דרב יודן פליגא. אדרבי יהודה בן פזי דהוה מכריז בצבורא ואמר. בשעה שהיו מתענין ונותנין אפר מקלה בראש כל אדם והוה מכריז ואמר כל דלא מטא שלוחא דצבורא לגביה למתן קיטמא ברישיה יסב איהו גופיה קיטמא ברישיה והיינו פליגי דלמ"ד להזכיר זכותו של אברהם דכתיב ביה עפר דקסבר עפר נמי נותנין פליגי אהא דר' יודן דאמר קיטמא ולא עפרא וכו' בגמרא דתענית ירושלמי ומשני מילתא דרבי יודן בן פזי אמרה ולא פליגי אלא

מתנות כהונה

חן ניתן. דרש וחין כמו וחן: [יא] הואלתי וגו'. גרסינן וסיפיה דקרא עפר ואפר קדייק: לא הייתי אפר. כלומר ואותו זכות יעמוד לי עכשיו שתקבל תחנוני: ה"ג בירושלמי פרק סדר תענית ביצד. מ"ד זכותו של אברהם בין עפר בין אפר ואנכי עפר ואפר ופירוש בין עפר ובין אפר נותנין ע"ג התיבה: כל מאן דלא מטא בו'. ביום התענית היה מכריז מי שלא הגיע אליו שליח צבור ליתן אפר על ראשו יקח הוא בעצמו אפר ויתן על ראשו משמע דוקא אפר כירה דהיינו קיטמא ור' יודא בן פזי סבר שעפר ג"כ

אשד הנחלים

[יא] לא הייתי אפר. בתמי' וא"כ אנכי עפר ואפר לולא רחמיך עלי וא"כ יודע אני טובתך וחסדיך עלי וע"כ אבקש עליהם אולי יתכן לרחם גם עליהם: כפרה בהם. שזכר עי"ז זכות אברהם שאמר על עצמו שהוא עפר ואפר ויתכן עוד שע"ד פשט המצוה הוא שיזכור האדם שהוא עפר ואפר לולי השגחת ה' עליו ואז יטהר מעונו וכן בתענית צבור נותנים עפר על ראשם לזכור זאת ואז ירחם ה' עליהם

then everyone else places ashes on his own head (*Taanis* 15a). **רַבִּי יוּדָן בַּר מְנַשֶּׁה וְרַבִּי שְׁמוּאֵל בַּר נַחְמָן – R' Yudan bar Menasheh and R' Shmuel bar Nachman** debated the symbolism of these ashes.[225] **חַד אָמַר: זְכוּתוֹ שֶׁל אַבְרָהָם – One** of them **said:** Ashes are used to recall **the merit of Abraham,** who humbled himself in our verse.[226] **וְחַד אָמַר: זְכוּתוֹ שֶׁל יִצְחָק – And** the other **one said:** To recall **the merit of Isaac,** who agreed to be sacrificed to God at the *Akeidah*.[227] **מַאן דְּאָמַר זְכוּתוֹ שֶׁל אַבְרָהָם, בֵּין עָפָר וּבֵין אֵפֶר עַל שֵׁם[228] "אָנֹכִי עָפָר וָאֵפֶר" – According to the one who said** that ashes are used to recall **the merit of Abraham, either dust or ashes** are acceptable,[229] **based on** our verse, in which Abraham said, ***"I am but dust and ashes."***[230] **מַאן דְּאָמַר זְכוּתוֹ שֶׁל יִצְחָק אֵפֶר בִּלְבָד** – But according to **the one who said** that it is to recall **the merit of Isaac, only ashes** may be used.[231] **מִילְּתָא דְּרַבִּי יוּדָן פְּלִיגָא אַהָא** – The Midrash relates an incident to the above dispute: **The practice of R' Yudan conflicts with the** second **opinion cited above,** which permitted only the use of ashes.[232] **דְּרַבִּי יְהוּדָה בֶּן פָּזִי דַּהֲוָה מַכְרִיז בְּצִיבּוּרָא וְאָמַר** – And the practice **of R' Yehudah ben Pazi**[233] was **that he would declare in the assembly** on a fast day **and say, כָּל מַאן דְּלָא מְטָא שְׁלִיחָא דְצִיבּוּרָא לְגַבֵּיהּ לְמִיתַּן קִיטְמָא בְּרֵאשֵׁיהּ יִסַּב אִיהוּ עָפָר[234] וְיָהֵיב בְּרֵאשֵׁיהּ – "Anybody who the agent of the community did not reach to place ashes on his head, let him take *dust* and place it on his** own **head."**[235] **מִילְּתֵיהּ דְּרַבִּי יְהוּדָה בֶּן פָּזִי אָמַר הוּא עָפָר וְהוּא אֵפֶר** – Thus, **the practice of R' Yehudah ben Pazi suggests that "dust" and "ashes" are equivalent** in this regard.[236]

NOTES

225. The sages debated why ashes were placed on the heads of the people. The reason for the placement of ashes on the ark is because God Himself shares in the suffering of His people, as it were (*Eitz Yosef*, from *Taanis* 16a; but see *Matnos Kehunah*).

226. *Yefeh To'ar*.

227. Ibid.

[The reference to either of these Patriarchs' merit was intended to ease the acceptance of the fast day's prayers.]

228. The words בֵּין עָפָר וּבֵין אֵפֶר עַל שֵׁם are added to the text following *Os Emes, Yefeh To'ar* and *Matnos Kehunah*, also cited by *Eitz Yosef*, and is based on *Talmud Yerushalmi*, *Taanis* 2:1.

229. Elucidation follows *Matnos Kehunah* and *Eitz Yosef*.

230. Since our verse uses both *dust* and *ashes* in description of Abraham, either one may recall his merit.

[According to this opinion, although the Mishnah specifies אֵפֶר מַקְלֶה, *ashes of burning*, it does so only as an example, and perhaps as a preference, but not as a requirement (*Yefeh Toar*, see there for another approach).]

231. For only ashes connote Isaac's act of self-sacrifice that involved his preparedness to be burned at the *Akeidah* (see *Rashi* and *Maharzu*).

232. Elucidation of the remainder of this section follows *Eitz Yosef*, citing *Yefeh To'ar*; also see *Maharzu*; see *Rashi*, *Matnos Kehunah*, and *Radal* for alternative approaches.

233. This is the same sage that was identified just above as R' Yudan (*Eitz Yosef*, citing *Yefeh To'ar*).

234. The text originally read קִיטְמָא; we have emended it following *Eitz Yosef*, citing *Yefeh To'ar*, based on *Yerushalmi* loc. cit.; also see *Maharzu*.

235. The agent of the community would prepare ashes for distribution among the participants in the public fast day's prayer service. Those to whom he could not get were instructed to use dust, which was readily available (*Maharzu*; see *Eitz Yosef*, citing *Yefeh To'ar*). [This announcement is in conflict with the view that insists that ashes and not dust be placed on people's heads on a fast day.]

236. Apparently, R' Yehudah ben Pazi subscribed to the opinion that the placement of ashes was meant to recall the merit of Abraham (*Maharzu*).

לְאַבְרָהָם שֶׁהוּא אוֹמֵר: "חָלִלָה לְּךָ מֵעֲשֹׂת כַּדָּבָר הַזֶּה", וּלְמֹשֶׁה שֶׁהוּא אוֹמֵר: (שמות לב, יא) "לָמָה ה' יֶחֱרֶה אַפְּךָ בְּעַמֶּךָ", וְלִיהוֹשֻׁעַ שֶׁהוּא אוֹמֵר: (יהושע ז, ז) "לָמָה הֶעֱבַרְתָּ הַעֲבִיר אֶת הָעָם", וּלְדָוִד שֶׁהוּא אוֹמֵר: (תהלים י, א) "לָמָה ה' תַּעֲמֹד בְּרָחוֹק תַּעְלִים לְעִתּוֹת בַּצָּרָה". (איוב מא, ד) "וּדְבַר גְּבוּרוֹת וְחִין עֶרְכּוֹ", חֵן נִיתַּן בַּעֲרִיכוּת שְׂפָתַיִם, בְּשָׁעָה שֶׁבִּקֵּשׁ רַחֲמִים עַל הַסְּדוֹמִיִּים:

יא [יח, כו] "וַיַּעַן אַבְרָהָם וַיֹּאמַר הִנֵּה נָא הוֹאַלְתִּי וְגוֹ'". [לח]אָמַר: אִילּוּ הֲרָגַנִי אַמְרָפֶל לֹא הָיִיתִי עָפָר וְאִילּוּ שְׂרָפַנִי נִמְרוֹד לֹא הָיִיתִי אֵפֶר, אָמַר לוֹ הַקָּדוֹשׁ בָּרוּךְ הוּא: חַיֶּיךָ [לט]אַתָּה אָמַרְתָּ "וְאָנֹכִי עָפָר וָאֵפֶר", חַיֶּיךָ שֶׁאֲנִי נוֹתֵן לְבָנֶיךָ כַּפָּרָה בָּהֶם שֶׁנֶּאֱמַר (במדבר יט, יז) "וְלָקְחוּ לַטָּמֵא מֵעֲפַר שְׂרֵפַת הַחַטָּאת", "וְאָסַף אִישׁ טָהוֹר אֵת אֵפֶר הַפָּרָה". [מ]תְּנֵינַן: סֵדֶר תַּעֲנִיּוֹת כֵּיצַד, מוֹצִיאִין אֶת הַתֵּיבָה בִּרְחוֹב הָעִיר וְכוּ' וְנוֹתְנִין אֵפֶר מִקְלֶה עַל גַּבֵּי הַתֵּיבָה. רַבִּי יוּדָן בַּר מְנַשֶּׁה וְרַבִּי שְׁמוּאֵל בַּר נַחְמָן, [מא]חַד אָמַר: זְכוּתוֹ שֶׁל אַבְרָהָם וְחַד אָמַר: זְכוּתוֹ שֶׁל יִצְחָק. מַאן דְּאָמַר זְכוּתוֹ שֶׁל אַבְרָהָם ° "אָנֹכִי עָפָר וָאֵפֶר", מַאן דְּאָמַר זְכוּתוֹ שֶׁל יִצְחָק אֵפֶר בִּלְבָד. מִילְּתָא דְּרַבִּי יוּדָן פְּלִיגָא אַהָא דְּרַבִּי יְהוּדָה בֶּן פָּזִי, דַּהֲוָה מַכְרִיז בְּצִיבּוּרָא וְאָמַר: כָּל מַאן דְּלָא מְטָא שְׁלִיחָא דְצִיבּוּרָא לְגַבֵּיהּ לְמִיתַּן קִיטְמָא בְּרֵאשֵׁיהּ יִסַּב אִיהוּ °קִימְטָא וְיָהֵיב בְּרֵאשֵׁיהּ, מִילְּתֵיהּ דְּרַבִּי יְהוּדָה בֶּן פָּזִי אָמַר: הוּא עָפָר וְהוּא אֵפֶר:

עץ יוסף

היינו לבניו הצדיקים הממלאים מקומו שהם כמו ענפיו. כי הענף דומה לטבע שרשו שהוא מקור מחצבו. ועיין במנחת שי: **ודבר גבורות וחין ערכו כו'**. ר"ל סיפא דקרא פירוש לרישא דקרא. שכן ה' ישתוק לבניו בהיותם מדברים קשות לנגדו. משום שכך עשה גם לאברהם שהיה מדבר גבורות וקשות לנגדו ואעפ"כ היה חין ערכו שניתן לו חן בעריכת שפתים בהיות כוונתו רצויה להצדיק בריותיו. ע"כ יחריש גם להם: (יא) [בג] **אמר אילו הרגני כו'**. מדכפל לומר עפר ואפר דריש דרמיז בזה נמי ענין אמרפל ונמרוד (נזה"ק): **לא הייתי עפר כו' לא הייתי אפר.** בתמיה וא"כ אנכי עפר ואפר לולא רחמיך עלי. וא"כ יודע אני טובתך וחסדך עלי וע"כ אבקש עליהם אולי יתכן לרחם גם עליהם: **אתה אמרת כו'**. שבשכר שהשפיל עצמו נתן לו שכר וכדאמר בפ' כסוי הדם: **כפרה בהם**. שהפרה באה לכפר על העגל כדלקמן בבמד"ר פ' י"ט: **ולקחו לטמא**. נקט הכתובים שלא כסדרן להקדים של עפר לשל אפר כי הכא (יפ"ת): **אפר מקלה על גבי התיבה**. ובראש הנשיא ובראש אב"ד ובראש כל אחד. לזכור זכות אברהם שאמר ואנכי עפר ואפר: **חד אמר זכותו כו'**. הני מ"ד קאי אסיפא דמתניתין היינו על מה שנתנו על ראש הנשיא כו'. אבל מה שנתנו אפר על גבי התיבה הוא מטעם דעמו אנכי בצרה: **מאן דאמר כדי להזכיר זכותו של אברהם בין עפר ובין אפר על שם אנכי עפר ואפר**. כצ"ל וכן הוא בירוש' (מת"כ יפ"ת) וה"פ דלמ"ד להזכיר זכות אברהם בין בעפר ובין באפר: **מילתא דרבי יודן**. ר' יודן היינו ר' יהודה בן פזי. וה"ק מעשה של ר"י בן פזי חולק על זה שאמרנו דדוקא אפר. ועובדא דר"י בן פזי היינו דהוה מכריז בצבורא ואמר כו' יסב איהו עפר ויהיב ברישא כצ"ל וכן הוא בירוש' ופירושו ביום התענית היה מכריז ואומר מי שלא הגיע אליו שליח צבור

פירוש מהרז"ו

דבר ולו אחריש בדיו שאע"פ שאמר לי דברים קשים ודבר גבורות. וחין ערכו ערב לי ומה גבורות דיבר ויגש אברהם וכו' (וכמ"ש לעיל סי' ח' כל הענין). עוד שם לו אחריש בדיו לאברהם בלבד אני שותק למה שהוא שתק לי וכו' ואני כחרש לא אשמע אף אני מחריש לו ע"ש ובהכרח שכוונתו כמ"ש כאן במדרש לו אחריש ולבדים היוצאים ממנו פי' שהם כיוצא בו ראשי הדורות אבל לא לאחרים. וכאן במדרש ג"כ כוונתו שלאחרים לא יחריש: **וחין ערכו**. לעיל פר' מ"א סי' ט' חן בשפתיו ולקמן פר' כ"ט סימן ד' הוצק חן בשפתותיך שמדבר באברהם וכן כאן ע"פ גז"ש. התבונן בדברים והמעיין בשני המקומות באיוב ל"ד ושם מ"א יראה שכוונה אחת להם שם ולכל זה כוון המדרש בלי ספק: **(יא) הנה נא הואלתי**. ואנכי עפר ואפר ואיך היה עפר והלא היה חי. ואפר אינו שייך אלא בדבר הנשרף ודורש שאברהם חשב עצמו שהיה ראוי להיות עפר ואפר אלא שניצל ע"פ נס. והנה סדר הנסים היו תחלה אפר ואח"כ עפר והמדרש חושב כסדר הכתוב עפר ואפר. כפי פשט הכתוב שנמרוד ואמרפל הם שני מלכים אך לעיל פר' מ"ב סי' ד' איתא שאמרפל הוא נמרוד הוא כוש וכוונתו כאשר גמלת אתי חסד זה כך תעשה עם סדום: **חייך שאני נותן**. במ"ר פר' ט' סי' ט"ו: **תנינן כיצד סדר תעניות**. תענית ריש פרק ב' וירושלמי שם בריש הפרק והובא בילקוט כאן: **זכותו של אברהם**. בירושלמי שם הגי' כדי להזכיר זכותו של אברהם וכו' בין עפר ובין אפר ע"ש ואנכי עפר ואפר וח"א כדי להזכיר זכותו של יצחק וכו' אפר בלבד רואים אפרו של יצחק כאלו צבור על גבי המזבח ועיין מ"כ וכאן חסר: **מלתא דרבי יודן פליגא אהא דרבי יהודה בן פזי**. גירסא זו צ"ע שעדיין לא נזכר כאן ר' יהודה ב"פ שיאמר פליג על ריב"פ ולהלן אינו מזכיר רק ריב"פ ולא ר' יודן. וגירסת הילקוט כאן ג"כ צ"ע ובירושלמי הגירסא ר' יודן ב"פ כד הוה נפיק בתעניתא הוה אמר קומיהון אחינן כל מאן דלא

חידושי הרד"ל

(יא) [יא] **מילתא דרבי יודן פליגא אהא דרבי יהודה בן פזי כו'**. הא' ר' יודן היינו בר מנשיא דלעיל דאמר זכותו של אברהם (ואע"ג דנשנה סתם. וחד אמר. נ"ל דמסיימי. והראשון אמר הראשונה). דלדידיה הוא עפר הוא אפר ובסיפיה גרסינן נמי מלתיה דר' יודן אמר הוא עפר כו' ול"ג שם בן פזי. ובירושלמי דתענית ליתא כ"ז:

באור מהרי"פ

יא **כל מאן דלא מטא כו'**. עמ"כ בשם הירושלמי. וז"ל הירושלמי ר"י בן פזי כד הוה נפיק לתעניתא הוה אמר קמיהון אחינן כל דלא מטא שמשא לגביה יסב עפרא ויתן גו' רישא ע"כ משמע מלשון זה דר"י בן פזי היה המכריז ליקח עפר מי שלא הגיע לו השמש אפר. ומהמ"כ משמע דרבי יודן היה המכריז וצ"ע ועי' יפ"ת דכתב דרבי יודן הוא ר"י בן פזי ע"ש:

מסורת המדרש

לח ילקוט כאן רמז פ"ג:
לט עיין סוטה י"ז. וחולין פ"ח:
מ תענית דף ט"ו:
מא שם ט"ז. ירושלמי שם פ' ב':

אם למקרא

וַיְחַל מֹשֶׁה אֶת־פְּנֵי ה' אֱלֹהָיו וַיֹּאמֶר לָמָה ה' יֶחֱרֶה אַפְּךָ בְּעַמֶּךָ אֲשֶׁר הוֹצֵאתָ מֵאֶרֶץ מִצְרַיִם בְּכֹחַ גָּדוֹל וּבְיָד חֲזָקָה: (שמות לב:יא)

לָמָה ה' תַּעֲמֹד בְּרָחוֹק תַּעְלִים לְעִתּוֹת בַּצָּרָה: (תהלים י:א)

לֹא [לוֹ] ־אַחֲרִישׁ בַּדָּיו וּדְבַר־גְּבוּרוֹת וְחִין עֶרְכּוֹ: (איוב מא:ד)

וְלָקְחוּ לַטָּמֵא מֵעֲפַר שְׂרֵפַת הַחַטָּאת וְנָתַן עָלָיו מַיִם חַיִּים אֶל־כֶּלִי: (במדבר יט:יז)

רש"י

(יא) תמן תנינן. סדר תענית כיצד מוציאים את התיבה לרחובה של עיר ונותנים אפר מקלה על גבי התיבה ובראש כל אדם: **מ"ד זכותו של אברהם ואנכי עפר ואפר**. בתלמוד ירושלמי רצה עפר רצה אפר מ"ד זכותו של יצחק אפר בלבד היו נותנים על גביהן ולא עפר וביצחק כתוב אפר ולא עפר דכתיב ועולתך ידשנה סלה: **מילתא דרב יודן פליגא**. אדרבי יהודה בן פזי דהוה מכריז בצבורא ואמר. בשעה שהיו מתענין ונותנין אפר מקלה בראש כל אדם והוה מכריז ואמר כל דלא מטא שלוחא דצבורא לגביה למתן קיטמא ברישיה יסב איהו גופיה קיטמא ברישיה והיינו פליגי דלמ"ד להזכיר זכותו של אברהם דכתיב ביה עפר דקסבר עפר נמי נותנין פליגי אהא דר' יודן דאמר קיטמא ולא עפרא וכו' בגמרא דתענית ירושלמי ומשני מילתא דרבי יודן בן פזי אמרה ולא פליגי אלא

מתנות כהונה

חן ניתן. דרש וחין כמו וחן: [יא] **הואלתי וגו'**. גרסינן וסיפיה דקרא עפר ואפר קדייק: **לא הייתי אפר**. כלומר ואותו זכות יעמוד לי עכשיו שתקבל תחנוני: ה"ג **בירושלמי פרק סדר תענית כיצד**. מ"ד זכותו של אברהם בין עפר בין אפר ואנכי עפר ואפר ופירוש בין עפר ובין אפר נותנין ע"ג התיבה: **כל מאן דלא מטא כו'**. ביום התענית היה מכריז מי שלא הגיע אליו שליח צבור ליתן אפר על ראשו יקח הוא בעצמו אפר ויתן על ראשו משמע דוקא אפר כירה דהיינו קיטמא ור' יודא בן פזי סבר שעפר ג"כ

אשד הנחלים

[יא] **לא הייתי אפר**. בתמי' וא"כ אנכי עפר ואפר לולא רחמיך עלי וא"כ יודע אני טובתך וחסדיך עלי וע"כ אבקש עליהם אולי יתכן לרחם גם עליהם: **כפרה בהם**. שזכר ע"י זכות אברהם שאמר על עצמו שהוא עפר ואפר ויתכן עוד שע"ד פשט המצוה הוא שיזכור האדם שהוא עפר ואפר לולי השגחת ה' עליו ואז יטהר מעונו וכן בתענית צבור נותנים עפר על ראשם לזכור זאת ואז ירחם ה' עליהם

אוּלַי יַחְסְרוּן חֲמִשִּׁים הַצַּדִּיקִם חֲמִשָּׁה הֲתַשְׁחִית בַּחֲמִשָּׁה אֶת־כָּל־הָעִיר וַיֹּאמֶר לֹא אַשְׁחִית אִם־אֶמְצָא שָׁם אַרְבָּעִים וַחֲמִשָּׁה.

"What if the fifty righteous people should lack five? Would You destroy the entire city because of the five?" And He said, "I will not destroy if I find there forty-five" (18:28).

§12 **אוּלַי יַחְסְרוּן חֲמִשִּׁים הַצַּדִּיקִים חֲמִשָּׁה** — ***WHAT IF THE FIFTY RIGHTEOUS PEOPLE SHOULD LACK FIVE?***

The Midrash reads deeper meaning into the dialogue between God and Abraham:[237]

אָמַר רַבִּי חִיָּיא בַּר אַבָּא — **R' Chiya bar Abba said:** **בִּקֵּשׁ אַבְרָהָם לֵירֵד לוֹ מֵחֲמִשִּׁים לַחֲמִשָּׁה** — **Abraham wanted to go down from fifty to five.**[238] **אָמַר לוֹ הַקָּדוֹשׁ בָּרוּךְ הוּא חֲזוֹר בְּךָ לְמַפְרֵעַ** — But **the Holy One, blessed is He, said to him, "Go backwards!"**[239] **אָמַר רַבִּי לֵוִי** — The Midrash elaborates: **R' Levi said:** **לְחַלַפְסִדְרָא**[240] **מְלֵיאָה מַיִם** — A parable may be drawn **to a clepsydra**[241] **full of water;** **כָּל זְמַן שֶׁהִיא מְלֵיאָה מַיִם הַסָּנֵיגוֹר מְלַמֵּד** — **as long as it is full of water the advocate may present arguments** on behalf of the accused.[242] **פְּעָמִים שֶׁהַדַּיָּין מְבַקֵּשׁ שֶׁיְּלַמֵּד סָנֵיגוֹרְיָא הוּא אוֹמֵר הוֹסִיפוּ בְּתוֹכָהּ מַיִם** — And **sometimes the judge wants [the advocate] to present** additional **defensive arguments,** so **he says, "Put more water into [the clepsydra]."**[243]

וַיֹּאמֶר אַל־נָא יִחַר לַאדֹנָי וַאֲדַבְּרָה אַךְ־הַפַּעַם אוּלַי יִמָּצְאוּן שָׁם עֲשָׂרָה וַיֹּאמֶר לֹא אַשְׁחִית בַּעֲבוּר הָעֲשָׂרָה.

So [Abraham] said, "Let not my Lord be annoyed and I will speak but this once: What if ten would be found there?" And He said, "I will not destroy on account of the ten" (18:32).

§13 **וַיֹּאמֶר אַל נָא יִחַר לַה' ... אוּלַי יִמָּצְאוּן שָׁם עֲשָׂרָה** — ***SO [ABRAHAM] SAID, "LET NOT MY LORD BE ANNOYED** AND I WILL SPEAK BUT THIS ONCE: **WHAT IF TEN WOULD BE FOUND THERE?"***

The Midrash examines this final plea made by Abraham on behalf of the Sodomites:

וְלָמָּה עֲשָׂרָה — **And why** did Abraham specifically present the number **ten** and not less?[244] **כְּדֵי כְּנִיסָה לְכוּלָּם** — So that there should be **enough** righteous people **to gather,**[245] **for all of them.**[246] **דָּבָר אַחֵר** — **Another explanation:** **לָמָּה עֲשָׂרָה** — **Why ten?** **כְּבָר נִשְׁתַּיֵּיר בְּדוֹר הַמַּבּוּל שְׁמוֹנָה וְלֹא נִתְלָה לָעוֹלָם בִּזְכוּתָן** — Because it had **already** happened **in the generation of the flood** that **eight** righteous people **remained,**[247] **and the world was not saved in their merit.**[248] **דָּבָר אַחֵר** — **Another explanation:** **לָמָּה עֲשָׂרָה** — **Why ten?** **שֶׁהָיָה סָבוּר שֶׁיֵּשׁ שָׁם עֲשָׂרָה: לוֹט וְאִשְׁתּוֹ וְאַרְבַּע בְּנוֹתָיו וְאַרְבַּעַת חֲתָנָיו** — Because **[Abraham] thought that there were ten** righteous people **[in Sodom] — Lot, his wife, his four daughters, and his four sons-in-law.**[249]Ⓐ

NOTES

237. The Midrash is noting the fact that Abraham did not say אוּלַי יַחְסְרוּן "מֵ"חֲמִשִּׁים הַצַּדִּיקִם חֲמִשָּׁה, *What if there will be lacking "from" the fifty righteous people five*, as would have been appropriate according to the verse's plain meaning (see *Yefeh To'ar* and *Nezer HaKodesh*).

238. Abraham's petition was worded in such a way as to simultaneously request that a *deduction* of five righteous people — to a total of nine per city — produce a sufficient total, and that the *presence* of only five such people — one per city — have this effect (*Eitz Yosef*; see the various commentators for a number of alternative approaches).

[See *Yefeh To'ar,* who discusses what could have been Abraham's rationale in presenting this request.]

239. God communicated this to Abraham when He responded positively only to the request that forty-five righteous people suffice, and ignored the suggestion that five should do so. As a result of God's directive, Abraham's subsequent requests began with a higher number and continued by gradually attempting to reduce the number of righteous people that would be needed (*Eitz Yosef*).

240. Most editions have לחלף סרדה; our emendation follows *Mussaf He'Aruch* s.v. חלפסדרא, as well as early editions of the Midrash; see also *Eitz Yosef*; but see *Matnos Kehunah*, citing *Aruch* s.v. סרד, who upholds our version.

241. *Mussaf HeAruch* (ibid., cited by *Maharzu* and *Eitz Yosef*) explains that this Greek word describes a clock that would measure time by the escape of water through a small hole. The emptiness of the utensil would signify the passage of a certain amount of time since it was filled. [He adds that the term is comprised of the Greek words for *steal* and *water*.]

242. Ancient jurisprudence limited the amount of time an advocate had to speak before the judges to the time it took for a clepsydra to drain. Once it emptied, the defender would be silenced and the clepsydra refilled, and the prosecutor would respond (*Mussaf HeAruch* loc. cit., cited by *Maharzu* and *Eitz Yosef*).

243. The Midrash is using this parable to explain that God specifically told Abraham to modify his request and ask first for a higher amount, so that he could slowly proceed to ask for less and less. As the final decision to destroy Sodom would not be made until the conclusion of Abraham's arguments (see below, section 14), this would cause Sodom's fate to be delayed (*Eitz Yosef*; see also *Rashi* with *Matnos Kehunah*; see *Maharzu* for another approach).

244. *Yefeh To'ar*.

245. I.e., *to gather* for public prayer services, which (as taught below, 91 §3) require the presence of ten people (*Eitz Yosef*; see also *Matnos Kehunah* and *Maharzu*). Abraham understood that if there would be ten righteous people, they could gather together to pray, and thereby save themselves and their neighbors (*Maharzu*; see also *Rashi* and *Eshed HaNechalim*).

[*Rashi* and *Maharzu* add (also compare above, section 9) that Abraham's original request that the cities be spared if *fifty* righteous people would be found in them, was predicated on the same logic, but sought enough people *to gather* for *each* of the five cities.]

246. The ten righteous people, although scattered throughout the five endangered cities, would suffice to save *all of them* (*Eitz Yosef*). See Insight.

247. These were Noah, his wife, his three sons, and their wives (*Rashi* et al.).

[The Midrash assumes that Noah's family members were righteous from the fact that they survived the Flood. And although one of Noah's sons, Ham, would later act wickedly, he was righteous at the time of the Flood (*Yefeh To'ar*, see there further). Alternatively, Ham was not guilty of theft — the sin which led to the destruction of that generation, and is therefore deemed righteous in this context (*Eitz Yosef*, citing *Nezer HaKodesh*).]

248. Abraham did not request that an amount of righteous people less than ten should save Sodom, because the generation of the Flood had demonstrated that eight righteous people could not save their undeserving companions (*Matnos Kehunah*, *Eshed HaNechalim*).

[Abraham did not need to request that nine people should suffice because (as taught in section 9 above) God had already expressed His receptiveness to the concept that He or Abraham should complement a group of nine so that they would be treated as ten. So, in effect, Abraham's request that ten righteous people suffice required only the presence of nine such individuals (*Eitz Yosef*, citing *Yefeh To'ar*; see also *Rashi* to verse).]

249. That Lot had four married daughters is taught below, in 50 §9, referenced by *Maharzu*.

According to this approach, Abraham did not ask that less than ten

INSIGHTS

Ⓐ **The Merit of Silence** Let us turn to define Lot's righteousness. At first glance, it seems that Lot was not worthy of saving himself, let alone the whole city. When he left Abraham to go to Sodom, his intention was to go to a place were adultery was rampant. Additionally,

יב [יח, כח] "**אוּלַי יַחְסְרוּן חֲמִשִּׁים הַצַּדִּיקִם חֲמִשָּׁה**". [מב] **אָמַר רַבִּי חִיָּיא בַּר אַבָּא: בִּקֵּשׁ אַבְרָהָם לֵירֵד לוֹ מֵחֲמִשִּׁים לַחֲמִשָּׁה, אָמַר לוֹ הַקָּדוֹשׁ בָּרוּךְ הוּא: חֲזוֹר בְּךָ לְמַפְרֵעַ. אָמַר רַבִּי לֵוִי: לְחַלַּף °סִרְדָה מְלֵיאָה מַיִם כָּל זְמַן שֶׁהִיא מְלֵיאָה מַיִם הַסָּנֵיגוֹר מְלַמֵּד, פְּעָמִים שֶׁהַדַּיָּן מְבַקֵּשׁ שֶׁיְּלַמֵּד סָנֵיגוֹרְיָא הוּא אוֹמֵר: הוֹסִיפוּ בְּתוֹכָהּ מַיִם:**

יג [יח, לב] "**וַיֹּאמֶר אַל נָא יִחַר לַה' ... אוּלַי יִמָּצְאוּן שָׁם עֲשָׂרָה**". [מג] **וְלָמָּה עֲשָׂרָה כְּדֵי כְּנִיסָה לְכוּלָּם. דָּבָר אַחֵר לָמָּה עֲשָׂרָה, כְּבָר נִשְׁתַּיֵּיר בְּדוֹר הַמַּבּוּל שְׁמוֹנָה וְלֹא נִתְלָה לָעוֹלָם בִּזְכוּתָן. דָּבָר אַחֵר לָמָּה עֲשָׂרָה, שֶׁהָיָה סָבוּר שֶׁיֵּשׁ שָׁם עֲשָׂרָה לוֹט וְאִשְׁתּוֹ וְד' בְּנוֹתָיו וְד' חֲתָנָיו. רַבִּי יְהוּדָה בַּר רַבִּי סִימוֹן וְרַבִּי חָנִין בְּשֵׁם רַבִּי יוֹחָנָן: כָּאן עֲשָׂרָה וּבִירוּשָׁלַיִם אֲפִילוּ אֶחָד,**

רש"י

הא אתא לאשמועינן הוא אפר הוא עפר: (יב) **חזור בך למפרע**. שיחסרון מחמשים חמשה ולא שיחסרון מכ' מ"ה שהחמשה אינן כדאי להגן על כולן: **פעמים שהדיין מבקש שילמוד זכות הסניגור והוא אומר הוסיפו לתוכה מים**. כך כל זמן שהשכינה פותחת לו בזכותו היה הוא מוסיף ואמר אולי אולי: (יג) **למה עשרה כדי כניסה לבולם**. עדה לכולם שעדה ראויה שתשרה שכינה ביניהם דכתיב אלהים נצב בעדת אל ויש לומר שלפיכך אמר בתחלה חמשים לדיקים כדי כניסה לכל כרך וכרך מחמשה כרכים הללו: **דבר אחר למה עשרה**. שכבר נשתייר בדור המבול ח' ולא נתלה לעולם בזכותן. נח ושלשה בניו ונשותיהם: **ובירושלים אפילו אחד**

עץ יוסף

ליתן אפר על ראשו יקח הוא בעלמו מהעפר הנמלא לו ויתן על ראשו. וא"כ מילתא דר' יודן בן פזי אמרה דעפר ואפר מהני (יפ"ת): (יב) [כד] **מחמשים לחמשה אמר לו כו'**. שבקשת אברהם היה בשתי כוונות א' אולי לא יהיה רק מ"ה לדיקים. והיינו תשעה בכל עיר. ב' אולי יחסרון החמשים לדיקים ולא ישאר רק ה' לדיקים והיינו לדיק אחד לכל עיר על כן היה מוכרח לבקש בזה הלשון כדי שיהיה נכלל בדבריו אלו השני בקשות הנ"ל ורק מפני שרלון הקב"ה היה לדבר עמו עוד. וע"כ לא השיבו רק לא אשחית אם אמלא שם מ"ה. ובזה הבין אברהם שרלה הקב"ה שיחזור בו למפרע היינו לבקש על מ' ועל ל' וכדומה. ולא על יחידי סגולה כי בקש כבר על ה' יחידי סגולה: **לחלף סרדה בו'**. ס"ל שהקב"ה עשה כן בכוונה לסבב הדבר שאברהם יאריך עוד בתפלות בהדרגה מלמעלה למטה. שבזה יהיה עוד אריכת אף קלת לאנשי סדום וכדאמרי' לקמן סוף פירקין שהקטיגור ממתין כל זמן שהסניגור מלמד זכות. ולזה בא ר' לוי להמתיק הדבר במשל. והמוסף הערוך כתב שהנוסחא האמיתי הוא חלפסדרא תיבה אחת. והוא בל"י כלי שעות מלא מים ובתחתיתו נקב קטן ובתוך שעה נשאר הכלי ריק ונהגו הקדמונים שבעוד מים בכלי היה הסניגור מליץ לזכות או לחובה. ובכלותם היה שותק. וממלאים אותו הכלי מים והיה מתחיל האחר לדבר. וטעם מלת חלפסדרא גונב מים עכ"ל: (יג) [כה] **כדי בניסה לבולם**. כדי כניסת לבור לתפלה כדכתיב אלהים נלב בעדת אל ואין עדה פחותה מעשרה כדלקמן פ' כ"ה. ודקדק לומר כדי כניסה לכולם כלו' כל העיירות יחד סגי בעשרה כשיטת הרמב"ן ז"ל שבכל התפלות היה מבקש להציל כולם (יפ"ת ונזה"ק): **כבר נשתייר בדור המבול בו'**. היינו נח ושלשה בניו ונשותיהם ואע"ג דחם רשע היה מ"מ לא נחשד על הגזל ועל החמס שבעבורו נחתם עיקר הגז"ד (נזה"ק): **בדור המבול ח'**. ומ"מ לא בקש על ט' דכיון דאודי ליה על י' ה"ה על ט' בלירוף ה' או אברהם כדלעיל ס' י"א (יפ"ת): **באן עשרה**. להחמשה כרכים דה"ל ב' לכ"א: **ובירושלים אפילו אחד**. ומה שבאמת הקיל ה' בדין ירושלים היינו מפני שהיה להם זכות אברהם וזכות בהמ"ק וכדלעיל פ' כ"ח ע"ש (נזה"ק):

פירוש מהרז"ו

מטי שמשא לגביה יסב עפר ויתן גו רישא. פי' שהשמש היה מכין אפר ליתן כי באפר יולא לכ"ע. אך הרחוקים שלא היה אפשר להגיע שם ולהספיק להם אפר היה מכריז שיקח כל אחד עפר ויולא ידי חובתו שעפר נמלא אלל כל אחד וזהו מ"ש כאן בסוף המאמר מלתא דר' כו' אמרה הוא עפר והוא אפר שמ"ש במשנה אפר מקלה ה"ה לעפר שסובר כמ"ד כדי להזכיר זכותו של אברהם כנ"ל: (יב) **חזור בך למפרע**. שדעת אברהם היה להיות הולך ומבקש מחמשים עד שיהיה די בחמשה וזהו שאמר אולי יחסרון החמשים הלדיקים חמשה שיחסרו כל החמשים עד שיהיו חמשה. התשחית בחמשה כשלא יהיו אלא חמשה. והקב"ה בירר לו בתשובתו לא אשחית אם אמלא שם ארבעים וחמשה. וע"כ גם אברהם אמר עוד בלשון שאמר לו הקב"ה אולי ימלאון שם ארבעים שלשים עשרים. וזהו חזור בך למפרע ולך כסדר לפחות מעט מעט: **חלף סרדא**. במוסף ערוך ערך חלף אחרון והוא בלשון יוני כלי שעות מלא מים ובתחתיתו נקב שיורד המים לארץ יכלה בתוך שעה ונותנים רשות לסניגור ללמד זכות כל זמן שיש מים בכלי. וכשכלה כל המים אין לו עוד רשות לדבר. וכשהדיין חפץ בסנגוריא שלו. מלוה להוסיף מים בכלי כך על שחפץ הקב"ה בסנגוריא של אברהם לא הלך מאתו עד שגמר כל דבריו אף שידע השם יתברך שאין בסדום לדיקים וכדלקמן בסימן י"ד מסביר לו פנים: (יג) **בדי בניסה לבולם**. פי' שתחלה ביקש על חמשים שיהיו עשרה לכל עיר כדי כניסה שיתקבלו עשרה לדיקים בכל עיר שיתפללו אל הש"י בעת לרה וינללו כולם בזכותם. ואח"כ ביקש על מ' לד' ערים. כי בזכותם של כ' לא היה מקום לחרון אף לשלוט. אך במ' שעל כרחך ניתן מקום לחרון אף לשלוט בעיר אחת ע"כ הולרך לבקש על ארבעים וביותר על שלשים של ג' עירות. ועל כ' ועל יו"ד לפ"ד רש"י ז"ל בחומש אך אין ראיה מהמדרש שכוון לכך כי לפי פשט הכתוב והמדרש משמע שאמר כדי כניסה לכולם שביקש על כל מדינת סדום שישא להם בשביל עשרה. וע' ד"ר פרשה ג' סי' ט"ו משמע ג"כ יו"ד כמו החמשים דו"ק בסוף סי' זה ול"ע: **לוט ואשתו וכו'**. עי' לקמן פ' כ' סי' ט':

חידושי הרד"ל

(יב) [יב] **בקש אברהם לירד לו מחמשים לחמשה כו' חזור למפרע**. אפשר דרש מ"ש התשחית בחמשה את כל העיר דרש שהיתה בלבו של אברהם לומר אם ימלאון שם חמשה לדיקים. אך כשהשיב לו ה' לא אשחית בעבור מ"ה. רמז לו שלא יתחיל לבקש מחמשה בשביל קטרוג מדה"ד רק יחזור למפרע: (יג) [יג] **וד' בנותיו וד' חתניו**. עיין לקמן דדרש חתניו לוקחי בנותיו ד' בנות היו לו:

חידושי הרש"ש

[יג] **כבר נשתייר בדוה"מ שמונה בו'**. ועל תשעה כבר פעל במה שהסכים הקב"ה ע"י במ"ה והוא ע"י לירוף לדיקו ש"ע כדלעיל וה"ה לט' כיון שעל עשרה כבר נענה ועיין ברא"ס:

מסורת המדרש

מב ילקוט כאן רמז פ"ג:

מג ילקוט כאן רמז פ"ג:

מתנות כהונה

מותר ליקח דהיא היא [ובירושלמי בפ' סדר תעניות ישנו דברי ר"י בן פזי לחוד ומילתיה דר"י ב"פ כו' גרסינן]: [יב] **לחלף סרדא**. בערוך ערך סרד פירש עריבה של נחתומים: ה"ג **הסניגור** מלמד זכות פעמים שהדיין מבקש כו'. והענין שכלי של מים ניתן על גבי האש וכל זמן שיש עוד בכלי מים ניתן רשות לסניגור ללמוד סניגוריא פעמים שהדיין חפץ שהסניגור ילמוד סניגוריא כי חפץ בו לדבר בו הרבה ואומר להוסיף עוד מים לתוך הכלי כדי שיהא שהות לסניגור ללמוד סניגוריא כך אמר אברהם אם יחסרון החמשים עד שיהיו רק חמשה והקב"ה השיבו אם ימלאון מ"ה וגו' והיה אברהם מוכרח לבקש עוד על ארבעים ושלשים וכו' דאל"כ היה לו להקב"ה להשיב אם יחסרון כל כך לא אסלח בעבורם וכך מלאתי בפירש"י: [יג] **כניסה**. עשרה שראויין לקרות בתורה ולהתפלל בבית הכנסת וכן בפ"ק דמגילה קורא ליום שמתפללין בעשרה יום הכניסה: **ולא נתלה בו'**. לפיכך לא בקש על פחות מי': **וד' חתניו**. והם לא

אשד הנחלים

אחר שמבינים כי הכל בידו ית': [יב] **חזור בך למפרע**. דהל"ל אולי יחסרון חמשה והו' אמר בהיפך אלא ודאי שרצה תיכף לבקש על מספר החמשה וה' השיבו שיבקש כסדר מספר אחר מספר מחמשים למ"ה ממ"ה לארבעים עד תום כל המספרים שכן מטבע הנהוג להשתיק הדין מעט מעט ולא בבת אחת כי אז הדין מתגבר מאוד. וזהו המשל לסרדה מלאה מים שכ"ז שהסניגור מלמד זכות פעם אחר פעם מעט אז הסניגור מתקבל. [יג] **כדי כניסה**. כי עשרה המה קבוץ וכנסי' שעי"ז תוכל השכינה להזדקק להם ואף שהם מפוזרים בכל עיר ועיר עכ"ז יתכן שיתכנסו כולם בבת אחת: **שמונה**. ולכן הבין אברהם שפחות ממספר עשרה לא יתכן. והד"א אומר לפי שדימה אברהם שיש שם עשרה צדיקים ע"כ לא ביקש על פחות אבל באמת גם אם היו פחות היו נתלים בזכותם: **ובירושלים אפי'**. כי היא מקום קדוש ומכפרת

The Midrash contrasts the conditions for rescuing Sodom with another, similar situation described in Scripture:

רַבִּי יְהוּדָה בַּר רַבִּי סִימוֹן וְרַבִּי חָנִין בְּשֵׁם רַבִּי יוֹחָנָן — **R' Yehudah, son of R' Simon, and R' Chanin** said **in the name of R' Yochanan:** כָּאן עֲשָׂרָה וּבִירוּשָׁלַיִם אֲפִילוּ אֶחָד — **Here** (i.e., with regard to Sodom) **ten** righteous people were needed,[250] **but** in the case of **Jerusalem, even one** such individual would have sufficed to stave off its ruination.[251]

NOTES

righteous people suffice to save Sodom, because, in his mind, this request was unnecessary, as he was aware of the existence of ten such Sodomites.

[In the end, God destroyed Sodom despite His having agreed that ten righteous people would stave off the destruction, because Lot's sons-in-law were not as righteous as Abraham had thought they were (see *Matnos Kehunah*, who references *Genesis* 19:14). And see *Ramban* to v. 28, who notes that Abraham left his discussion with God unaware of what Sodom's verdict would be.]

250. Thus, proportionately, each of the five cities needed *two* righteous people to be saved (*Eitz Yosef*).

251. One reason for this disparity is that most of the wicked of Jerusalem were less sinful than the Sodomites (*Yefeh Toar*; see there, *Eshed HaNechalim*, and *Eitz Yosef* for additional reasons).

INSIGHTS

he said, "I do not want anything to do with Abraham, or his God" (*Midrash* 41 §7). If so, in what merit was Lot saved? His saving grace was that when he accompanied Abraham and Sarah to Egypt and heard Abraham say that Sarah was his sister, Lot was silent and did not reveal the truth (51 §6). On the surface, that Lot did not inform on Abraham and possibly cause his death would not seem to be a mark of great virtue. He owed everything to Abraham, who was his uncle, foster father, and the man who made him wealthy. Sarah was his sister and Abraham's partner in giving Lot an upbringing and a future. For Lot to tell the Egyptian authorities that Abraham and Sarah were deceiving them would have been an act of unspeakable treachery. Nevertheless, his refraining from doing so was sufficient to save him from the inferno of Sodom. Furthermore, had there been nine others like Lot, the entire city of Sodom would have been spared, despite its notorious cruelty, wickedness, and immorality. There can be no greater proof of the awesome power of refraining from harmful speech (*Ohr HaTzafun*, vol. 1 p. 120). For further discussion of Lot's merit, see Insight to 51 §6.

יב [יח, כח] "אולי יַחְסְרוּן חֲמִשִּׁים הַצַּדִּיקִם חֲמִשָּׁה". [מב]אָמַר רַבִּי חִיָּיא בַּר אַבָּא: בִּקֵּשׁ אַבְרָהָם לֵירֵד לוֹ מֵחֲמִשִּׁים לַחֲמִשָּׁה, אָמַר לוֹ הַקָּדוֹשׁ בָּרוּךְ הוּא: חֲזוֹר בְּךָ לְמַפְרֵעַ. אָמַר רַבִּי לֵוִי: לְחַלַּף °סִרְדָה מְלֵיאָה מַיִם כָּל זְמַן שֶׁהִיא מְלֵיאָה מַיִם הַסָּנֵיגוֹר מְלַמֵּד, פְּעָמִים שֶׁהַדַּיָּין מְבַקֵּשׁ שֶׁיְּלַמֵּד סָנֵיגוֹרְיָא הוּא אוֹמֵר: הוֹסִיפוּ בְּתוֹכָהּ מַיִם:

יג [יח, לב] "וַיֹּאמֶר אַל נָא יִחַר לַה' ... אוּלַי יִמָּצְאוּן שָׁם עֲשָׂרָה". [מג]וְלָמָּה עֲשָׂרָה כְּדֵי כְּנִיסָה לְכוּלָּם. דָּבָר אַחֵר לָמָּה עֲשָׂרָה, כְּבָר נִשְׁתַּיֵּיר בְּדוֹר הַמַּבּוּל שְׁמוֹנָה וְלֹא נִתְלָה לָעוֹלָם בִּזְכוּתָן. דָּבָר אַחֵר לָמָּה עֲשָׂרָה, שֶׁהָיָה סָבוּר שֶׁיֵּשׁ שָׁם עֲשָׂרָה לוֹט וְאִשְׁתּוֹ וְד' בְּנוֹתָיו וְד' חֲתָנָיו. רַבִּי יְהוּדָה בַּר רַבִּי סִימוֹן וְרַבִּי חָנִין בְּשֵׁם רַבִּי יוֹחָנָן: כָּאן עֲשָׂרָה וּבִירוּשָׁלַיִם אֲפִילוּ אֶחָד,

רש"י

הא אתא לאשמועינן הוא אפר הוא עפר: **(יב) חזור בך למפרע.** שיחסרון מחמשים חמשה ולא שיחסרון מנ' מ"ה שהחמשה אינן כדאי להגן על כולן: **פעמים שהדיין מבקש שילמוד זכות הסניגור והוא אומר הוסיפו לתוכה מים.** כך כל זמן שהשכינה פותחת לו בזכותו היה הוא מוסיף ואמר אולי: **(יג) למה עשרה בדי כניסה לבולם.** עדה לכולם שעדה ראויה שתשרה שכינה ביניהם דכתיב אלהים נצב בעדת אל ויש לומר שלפיכך אמר בתחלה חמשים צדיקים כדי כניסה לכל כרך וכרך מחמשה כרכים הללו: **דבר אחר למה עשרה.** שכבר נשתייר בדור המבול ח' ולא נתלה לעולם בזכותן. נח ושלשה בניו ונשותיהם: **ובירושלים אפילו אחד**

עץ יוסף

ליתן אפר על ראשו יקח הוא בעצמו מהעפר הנמצא לו ויתן על ראשו. וא"כ מילתא דר' יודן בן פזי אמרה דעפר ואפר מהני (יפ"ת): **(יב) [כד] מחמשים לחמשה אמר לו כו'.** שבקשת אברהם היה בשתי כוונות א' אולי לא יהיה רק מ"ה צדיקים. והיינו תשעה בכל עיר. ב' אולי יחסרון החמשים צדיקים ולא ישאר רק ה' צדיקים והיינו צדיק אחד לכל עיר על כן היה מוכרח לבקש בזה הלשון כדי שיהיה נכלל בדבריו אלו השני בקשות הנ"ל ורק מפני שרצון הקב"ה היה לדבר עמו עוד. וע"כ לא השיבו רק לא אשחית אם אמצא שם מ"ה. ובזה הבין אברהם שרצה הקב"ה שיחזור בו למפרע היינו לבקש על מ' ועל ל' וכדומה. ולא על יחידי סגולה כי בקש כבר על ה' יחידי סגולה: **לחלף סרדה בו'.** ס"ל שהקב"ה עשה כן בכוונה לסבב הדבר שאברהם יצריך עוד בתפלות בהדרגה מלמעלה למטה. שבזה יהיה עוד אריכת אף קצת לאנשי סדום וכדאמרי' לקמן סוף פירקין שהקטיגור ממתין כל זמן שהסניגור מלמד זכות. ולזה בא ר' לוי להמתיק הדבר במשל. והמוסף הערוך כתב שהנוסחא האמיתי הוא חלפסדרא תיבה אחת. והוא בל"י כלי שעות מלא מים ובתחתיתו נקב קטן ובתוך שעה נשאר הכלי ריק ונהגו הקדמונים שבעוד מים בכלי היה הסניגור מליץ לזכות או לחובה. ובכלותם היה שותק. וממלאים אותו הכלי מים והיה מתחיל האחר לדבר. וטעם מלת חלפסדרא גונב מים עכ"ל: **(יג) [כה] בדי בניסה לבולם.** כדי כניסת צבור לתפלה כדכתיב אלהים נצב בעדת אל ואין עדה פחותה מעשרה כדלקמן פ' כ"ה. ודקדק לומר כדי כניסה לכולם כלו' כל העיירות יחד סגי בעשרה כשיטת הרמב"ן ז"ל שבכל התפלות היה מבקש להציל כולם (יפ"ת ונזה"ק): **כבר נשתייר בדור המבול בו'.** היינו נח ושלשה בניו ונשותיהם ואע"ג דחם רשע היה מ"מ לא נחשד על הגזל ועל החמס שבעבורו נחתם עיקר הגז"ד (נזה"ק): **בדור המבול ח'.** ומ"מ לא בקש על ט' דכיון דאודי ליה על י' ה"ה על ט' בצירוף ה' או אברהם כדלעיל ס' י"א (יפ"ת): **כאן עשרה.** לחמשה כרכים דה"ל ב' לכ"א: **ובירושלים אפילו אחד.** ומה שבאמת הקיל ה' בדין ירושלים היינו מפני שהיה להם זכות אברהם וזכות בהמ"ק וכדלעיל פ' כ"ח ע"ש (נזה"ק):

פירוש מהרז"ו

מטי שמשא לגביה יסב עפר ויתן גו רישא. פי' שהשמש היה מכין אפר ליתן כי באפר יוצא לכ"ע. אך הרחוקים שלא היה אפשר להגיע שם ולהספיק להם אפר היה מכריז שיקח כל אחד עפר ויוצא ידי חובתו שעפר נמצא אצל כל אחד וזהו מ"ש כאן בסוף המאמר מלתא דר' כו' אמרה הוא עפר והוא אפר שמ"ש במשנה אפר מקלה ה"ה לעפר שסובר כמ"ד כדי להזכיר זכותו של אברהם כנ"ל: **(יב) חזור בך למפרע.** שדעת אברהם היה להיות הולך ומבקש מחמשים עד שיהיה די בחמשה וזהו שאמר אולי יחסרון החמשים הצדיקים חמשה שיחסרו כל החמשים עד שיהיו חמשה. התשחית בחמשה כשלא יהיו אלא חמשה. והקב"ה בירר לו בתשובתו לא אשחית אם אמצא שם ארבעים וחמשה. וע"כ גם אברהם אמר עוד בלשון שאמר לו הקב"ה אולי ימצאון שם ארבעים שלשים עשרים. וזהו חזור בך למפרע ולך כסדר לפחות מעט מעט: **חלף סרדא.** במוסף ערוך ערך חלף אחרון והוא בלשון יוני כלי שעות מלא מים ובתחתיתו נקב שיורד המים לארץ יכלה בתוך שעה ונותנים רשות לסניגור ללמד זכות כל זמן שיש מים בכלי. וכשכלה כל המים אין לו עוד רשות לדבר. וכשהדיין חפץ בסנגוריא שלו. מצוה להוסיף מים בכלי כך על שחפץ הקב"ה בסנגוריא של אברהם לא הלך מאתו עד שגמר כל דבריו אף שידע השם יתברך שאין בסדום צדיקים וכדלקמן בסימן י"ד מסביר לו פנים: **(יג) בדי בניסה לבולם.** פי' שתחלה ביקש על חמשים שיהיו עשרה לכל עיר כדי כניסה שיתקבצו עשרה צדיקים בכל עיר שיתפללו אל הש"י בעת צרה וינצלו כולם בזכותם. ואח"כ ביקש על מ' לד' ערים. כי בזכותם של כ' לא היה מקום לחרון אף לשלוט. אך במ' שעל כרחך ניתן מקום לחרון אף לשלוט בעיר אחת ע"כ הוצרך לבקש על ארבעים וביותר על שלשים של ג' עירות. ועל כ' ועל יו"ד לפ"ד רש"י ז"ל בחומש אך אין ראיה מהמדרש שכוון לכך כי לפי פשט הכתוב והמדרש משמע שאמר כדי כניסה לכולם שביקש על כל מדינת סדום שישא להם בשביל עשרה. וע' ד"ר פרשה ג' סי' ט"ו משמע ג"כ יו"ד כמו החמשים דו"ק בסוף סי' זה וצ"ע: **לוט ואשתו ובו'.** עי' לקמן פ' כ' סי' ט':

מסורת המדרש

מב ילקוט כאן רמז פ"ג:
מג ילקוט כאן רמז פ"ג:

חידושי הרד"ל

(יב) [יב] בקש אברהם לירד לו מחמשים לחמשה בו' חזור למפרע. אפשר דרש מ"ש התשחית בחמשה את כל העיר דרש שהיתה בלבו של אברהם לומר אם ימצאון שם חמשה צדיקים. אך כשהשיב לו ה' לא אשחית בעבור מ"ה. רמז לו שלא יתחיל לבקש מחמשה בשביל קטרוג מדה"ד רק יחזור למפרע: **(יג) [יג] וד' בנותיו וד' חתניו.** עיין לקמן דדרש חתניו לוקחי בנותיו ד' בנות היו לו:

חידושי הרש"ש

[יג] כבר נשתייר בדוה"מ שמונה בו'. ועל תשעה כבר פעל במה שהסכים הקב"ה ע"י במ"ה והוא ע"י צירוף צדיקו ש"ע כדלעיל וה"ה לט' כיון שעל עשרה כבר נענה ועיין ברא"ש:

מתנות כהונה

מותר ליקח דהיא היא [ובירושלמי בפ' סדר תעניות ישנו דברי ר"י בן פזי לחוד ומילתיה דר"י ב"פ כו' גרסינן]: **[יב] לחלף סרדא.** בערוך ערך סרד פירש עריבה של נחתומים: **ה"ג הסניגור מלמד זכות פעמים שהדיין מבקש כו'.** והענין שכלי של מים ניתן על גבי האש וכל זמן שיש עוד בכלי מים ניתן רשות לסניגור ללמוד סניגוריא פעמים שהדיין חפץ שהסניגור ילמוד סניגוריא כי חפץ בו לדבר בו הרבה ואומר להוסיף עוד מים לתוך הכלי כדי שיהא שהות לסניגור ללמוד סניגוריא כך אמר אברהם אם יחסרון החמשים עד שיהיו רק חמשה והקב"ה השיבו אם ימצאון מ"ה וגו' והיה אברהם מוכרח לבקש עוד על ארבעים ושלשים וכו' דאל"כ היה לו להקב"ה להשיב אם יחסרון כל כך לא אסלח בעבורם וכך מצאתי בפירש"י: **[יג] בניסה.** עשרה שראויין לקרות בתורה ולהתפלל בבית הכנסת וכן בפ"ק דמגילה קורא ליום שמתפללין בעשרה יום הכניסה: **ולא נתלה בו'.** לפיכך לא בקש על פחות מי': **וד' חתניו.** והם לא

אשד הנחלים

אחר שמבינים כי הכל בידו ית': **[יב] חזור בך למפרע.** דהל"ל אולי יחסרון חמשה והו' אמר בהיפך אלא ודאי שרצה תיכף לבקש על מספר החמשה וה' השיבו שיבקש כסדר מספר אחר מספר מחמשים למ"ה ממ"ה לארבעים עד תום כל המספרים שכן מטבע הנהוג להשתיק הדין מעט מעט ולא בבת אחת כי אז הדין מתגבר מאוד. וזהו המשל לסרדה מלאה מים שכ"ז שהסניגור מלמד זכות פעם אחר פעם מעט אז הסניגור מתקבל. **[יג] כדי כניסה.** כי עשרה המה קבוץ וכנסי' שעי"ז תוכל השכינה להזדקק להם ואף שהם מפוזרים בכל עיר ועיר עכ"ז יתכן שיתכנסו כולם בבת אחת: **שמונה.** ולכן הבין אברהם שפחות ממספר עשרה לא יתכן. והד"א אומר לפי שדימה אברהם שיש שם עשרה צדיקים ע"כ לא ביקש על פחות אבל באמת גם אם היו פחות היו נתלים בזכותם: **ובירושלים אפי'.** כי היא מקום קדוש ומכפרת

הָדָא הוּא דִכְתִיב ״שׁוֹטְטוּ בְּחוּצוֹת יְרוּשָׁלַיִם וְגוֹ׳״ – **Thus is it written:** ***Walk about in the streets of Jerusalem*** . . . *if you will find a man, if there is one who dispenses justice and seeks truth, then I* (God) *will forgive her* (*Jeremiah* 5:1). וְכֵן[252] הוּא אוֹמֵר ״אַחַת לְאַחַת לִמְצֹא חֶשְׁבּוֹן״ – **And similarly [another verse] states:** ***one to one, to find a count*** (*Ecclesiastes* 7:27), אָמַר רַבִּי יִצְחָק – in explanation of which, **R' Yitzchak said:** עַד כַּמָּה הוּא מִצּוּי חֶשְׁבּוֹן לְעִיר אַחַת, עַד אֶחָד – **Until what amount may the calculation be distilled**[253] to save **one city? Until one.**[254] אִם נִמְצָא אֶחָד בְּכָל הָעִיר תּוֹלִין לָהּ בִּזְכוּתוֹ – The verse thus indicates that even **if one** righteous person **is found in an entire city, it may be saved in his merit.**[255]

> וַיֵּלֶךְ ה׳ כַּאֲשֶׁר כִּלָּה לְדַבֵּר אֶל־אַבְרָהָם וְאַבְרָהָם שָׁב לִמְקֹמוֹ. וַיָּבֹאוּ שְׁנֵי הַמַּלְאָכִים סְדֹמָה בָּעֶרֶב וְלוֹט יֹשֵׁב בְּשַׁעַר־סְדֹם וַיַּרְא־לוֹט וַיָּקָם לִקְרָאתָם וַיִּשְׁתַּחוּ אַפַּיִם אָרְצָה.
> *HASHEM departed when He had finished speaking to Abraham, and Abraham returned to his place. The two angels came to Sodom in the evening and Lot was sitting at the gate of Sodom; now Lot saw and stood up to meet them and he bowed, face to the ground* (18:33-19:1).

§14 וַיֵּלֶךְ ה׳ כַּאֲשֶׁר כִּלָּה לְדַבֵּר אֶל אַבְרָהָם – ***HASHEM DEPARTED WHEN HE HAD FINISHED SPEAKING TO ABRAHAM . . .***

The Midrash expounds upon the sequence of events described by these verses:

הַדַּיָּין הַזֶּה כָּל זְמַן שֶׁהַסָּנֵיגוֹר מְלַמֵּד הוּא מַמְתִּין – **The judge – as long as the advocate is presenting arguments** on behalf of the accused, **he waits** and listens. נִשְׁתַּתֵּק הַסָּנֵיגוֹר עָמַד לוֹ הַדַּיָּין – When **the advocate became silent, the judge arose.**[256] כָּךְ ״וַיֵּלֶךְ ה׳ כַּאֲשֶׁר כִּלָּה לְדַבֵּר אֶל אַבְרָהָם״ – And **so** it was here: ***HASHEM departed when He had finished speaking to Abraham.***[257] הַסָּנֵיגוֹר הַזֶּה כָּל זְמַן שֶׁהַדַּיָּין מַסְבִּיר לוֹ פָּנִים הוּא מְלַמֵּד – **The advocate – as long as the judge shows him a kind face, he presents arguments** on behalf of the accused. עָמַד לוֹ הַדַּיָּין נִשְׁתַּתֵּק הַסָּנֵיגוֹר – **When the judge arose,** thereby demonstrating that he had heard enough, **the advocate became silent.**[258] כָּךְ ״וַיֵּלֶךְ ה׳ כַּאֲשֶׁר כִּלָּה לְדַבֵּר אֶל אַבְרָהָם״ – And **so** it was here: ***HASHEM departed when He had finished speaking to Abraham,*** וּכְתִיב ״וְאַבְרָהָם שָׁב לִמְקוֹמוֹ״ – **and it is written** thereafter, ***and Abraham returned to his place.***[259] הַקָּטֵיגוֹר הַזֶּה כָּל זְמַן שֶׁהַסָּנֵיגוֹר מְלַמֵּד וְהַדַּיָּין מַסְבִּיר לוֹ פָּנִים מַמְתִּין – **The prosecutor – as long as the advocate is presenting arguments** on behalf of the accused, **and the judge is showing [the advocate] a kind face, he waits.** עָמַד לוֹ הַדַּיָּין וְנִשְׁתַּתֵּק הַסָּנֵיגוֹר הַמְקַטְרֵג[260] הוֹלֵךְ לַעֲשׂוֹת שְׁלִיחוּתוֹ – When **the judge arose and the advocate became silent, the prosecutor goes to perform his mission.**[261] כָּךְ ״וַיֵּלֶךְ ה׳״, וּכְתִיב ״וַיָּבֹאוּ שְׁנֵי הַמַּלְאָכִים סְדֹמָה בָּעֶרֶב״ – And **so** it was here: It is written, ***HASHEM departed*** . . . **and** immediately thereafter **it is written,** ***The two angels came to Sodom in the evening.***[262]

NOTES

252. Printed editions read here וכאן; our emendation follows *Os Emes*, *Yefeh Toar*, and *Rashash*, and conforms with the Theodor-Albeck edition of the Midrash.

253. The Midrash associates the word לִמְצֹא with וְנִמְצָה of *Leviticus* 1:14 [which means *and it shall be extracted*] (*Eitz Yosef*).

254. אַחַת לְאַחַת is understood to suggest *one* [righteous person may provide protection] *for one* [city] (*Matnos Kehunah, Eitz Yosef*).

255. This Midrash appears to suggest that at the time of the destruction of Jerusalem and the Temple, there was not even *a single righteous person* in the entire city. This is very difficult to understand, especially since Scripture makes mention of worthy residents of Jerusalem, such as Jeremiah the prophet. For discussion and possible resolutions of this difficulty, see *Yefeh To'ar* and *Nezer HaKodesh*.

256. When the advocate finishes his argument in defense of the accused, he falls silent. The judge then arises and the court adjourns (*Eitz Yosef*).

257. The Midrash is deducing from our verse that it is God's way to patiently allow advocates to offer defense of the wicked, for He does not desire to punish them (*Mizrachi* to verse, cited by *Yefeh To'ar*). This explanation serves to explain the verse's emphasis on God's departure *when He had finished speaking to Abraham* (*Yefeh To'ar*; see *Mizrachi* loc. cit. and *Eshed HaNechalim* for alternative approaches).

258. This does not contradict what was said above that the judge arises when the advocate has finished speaking. For, as long as an advocate is presenting an argument, the judge will not arise, but will rather allow him to complete it. However, when the judge does not wish for *additional* presentations to be made, he will arise before the advocate can begin a new one (*Yefeh To'ar*).

259. Originally, God *showed* Abraham *a kind face* by guiding him toward the proper argument, as we have seen in section 12 above. This encouraged Abraham to make several additional pleas. But after his request that Sodom be saved in the merit of only ten righteous people, Abraham discerned that God did not wish for him to continue praying, and so he fell silent (*Yefeh To'ar, Eitz Yosef*).

The Midrash seeks to justify the verse's seemingly unnecessary mention of Abraham's *return to his place* (*Yefeh To'ar*; see *Eshed HaNechalim* for an alternative approach).

[This Midrash provides an alternative answer to the question, posed in the preceding section, of why Abraham did not request a figure lower than ten (*Yefeh To'ar*).]

260. [Many editions have נִשְׁתַּתֵּק הַסָּנֵיגוֹר וְהַמְקַטְרֵג הוֹלֵךְ.]

261. [See *Bava Basra* 16a, where it is taught that the prosecuting angel is also entrusted with carrying out the judgment.]

262. Earlier (in v. 22) the verse had stated that the angels had begun the journey to Sodom. The fact that they arrived there only in the evening indicates that they paused along the way to await the end of Abraham's defense of Sodom (*Yefeh To'ar*; see *Eitz Yosef*; compare below, 50 §1).

הָדָא הוּא דִכְתִיב (ירמיה ה, א) **״שׁוֹטְטוּ בְּחוּצוֹת יְרוּשָׁלַיִם וְגוֹ׳ ״, °וְכָאן הוּא אוֹמֵר** (קהלת ז, כז) **״אַחַת לְאַחַת לִמְצֹא חֶשְׁבּוֹן״. ^[מד] אָמַר רַבִּי יִצְחָק: עַד כַּמָּה הוּא מְצוּי חֶשְׁבּוֹן לְעִיר אַחַת, עַד אֶחָד, אִם נִמְצָא אֶחָד בְּכָל הָעִיר תּוֹלִין לָהּ בִּזְכוּתוֹ:**

יד [יח, לג] **״וַיֵּלֶךְ ה׳ כַּאֲשֶׁר כִּלָּה לְדַבֵּר אֶל אַבְרָהָם״. ^[מה] הַדַּיָּין הַזֶּה כָּל זְמַן שֶׁהַסָּנֵיגוֹר מְלַמֵּד הוּא מַמְתִּין. נִשְׁתַּתֵּק הַסָּנֵיגוֹר עָמַד לוֹ הַדַּיָּין. כָּךְ ״וַיֵּלֶךְ ה׳ כַּאֲשֶׁר כִּלָּה לְדַבֵּר אֶל אַבְרָהָם״. הַסָּנֵיגוֹר הַזֶּה כָּל זְמַן שֶׁהַדַּיָּין מַסְבִּיר לוֹ פָּנִים הוּא מְלַמֵּד, עָמַד לוֹ הַדַּיָּין נִשְׁתַּתֵּק הַסָּנֵיגוֹר. כָּךְ ״וַיֵּלֶךְ ה׳ כַּאֲשֶׁר כִּלָּה לְדַבֵּר אֶל אַבְרָהָם״. וּכְתִיב ״וְאַבְרָהָם שָׁב לִמְקוֹמוֹ״. הַקָּטֵיגוֹר הַזֶּה כָּל זְמַן שֶׁהַסָּנֵיגוֹר מְלַמֵּד וְהַדַּיָּין מַסְבִּיר לוֹ פָּנִים מַמְתִּין. עָמַד לוֹ הַדַּיָּין וְנִשְׁתַּתֵּק הַסָּנֵיגוֹר הַמְקַטְרֵג הוֹלֵךְ לַעֲשׂוֹת שְׁלִיחוּתוֹ. כָּךְ ״וַיֵּלֶךְ ה׳ ״, וּכְתִיב ״וַיָּבֹאוּ שְׁנֵי הַמַּלְאָכִים סְדֹמָה בָּעֶרֶב״:**

עץ יוסף

וכאן הוא אומר אחת לאחת. כצ״ל (יפ״ת): **עד כמה הוא מצוי חשבון.** ר׳ ונמצא דמו. וא״ל כשנבא לתמצית החשבון מגינו דאחד סגי לעיר אחת. וזהו אחת לאחת פי׳ לדקנוה אחת או לדיק א׳ מגין לעיר אחת: (יד) [כו] **נשתתק הסניגור.** כשאין לו עוד ללמד סניגוריא עומד הדיין וגומר הדין: **שהדיין מסביר לו פנים.** כמו שהקב״ה הסביר בתחילה פנים לאברהם שא״ל חזור בך למפרע ולא א״ל מיד בעשרה אני רוצה שבזה הסביר פנים לאברהם שיתפלל עוד כמש״ל סי׳ כ״ד. לכן היה הסניגור אברהם מלמד זכות עוד אולי ימצאון מ׳ או ל׳ או כ׳ או י׳. אבל מי׳ ולמטה לא היה לו הסבר פנים שיתפלל נשתתק אברהם: **שני המלאכים סדומה בערב.** שעכבו א״ע בדרך עד שכלתה הסניגוריא:

פירוש מהרז״ו

שטטו בחוצות. וס״ד אם תמצאו איש אם יש עושה משפט מבקש אמונה ואסלח לה: **וכאן הוא אומר.** נ״ל וכן הוא אומר: **אחת לאחת.** פי׳ זכות לדיק אחד לעיר אחת. וחשבון עונות של העיר מתמלא וע׳ קה״ר פסוק זה וש״נ וע׳ לקמן פר׳ נ״ב סוף סי׳ ב׳ וכמ״ש על רבא מסתייך דמגנת על כולא כרכא: **(יד) הדיין הזה.** כי כל פסוק זה מיותר להורות לדרשה זו ה׳ הוא הדיין אברהם הוא הסניגור שני המלאכים שלוחים לגמור הדין של הדיין. ובזה שהדיין מקבל סנגוריא מהסניגור. מתחזק ללמד סנגוריא והקטיגור מתחלש מלגמור הדין והדיין כשמרגיש שטענותיו מתחלשים וכלים הולך לו ואז הקטיגור מתחזק וגומר הדין:

חידושי הרש״ש

וכאן הוא אומר אחת לאחת כו׳. נראה דצ״ל וכן הוא אומר כו׳: **[יד] עמד לו הדיין ונשתתק הסניגור המקטרג כו׳.** כ״ה בילקוט:

באור מהרי״פ

יג וכאן הוא אומר. היפ״ת גורס וכן הוא אומר:

מסורת המדרש

מד קהלת רבה סוף פ׳ ז׳:
מה ילקוט כאן רמז פ״ד. ועיין תנחומא כאן סי׳ ח׳:

אם למקרא

שׁוֹטְטוּ בְּחוּצוֹת יְרוּשָׁלַם וּרְאוּ־נָא וּדְעוּ וּבַקְשׁוּ בִרְחוֹבוֹתֶיהָ אִם־תִּמְצְאוּ אִישׁ אִם־יֵשׁ עֹשֶׂה מִשְׁפָּט מְבַקֵּשׁ אֱמוּנָה וְאֶסְלַח לָהּ: (ירמיה ה:א)

רְאֵה זֶה מָצָאתִי אָמְרָה קֹהֶלֶת אַחַת לְאַחַת לִמְצֹא חֶשְׁבּוֹן: (קהלת ז:כז)

רש״י

הדא הוא דכתיב שוטטו בחוצות ירושלים. וראו נא ודעו ובקשו ברחובותיה אם יש איש אפילו אחד כלומר כאן בקש הקב״ה לתלות אם נמצא בם עשרה ובירושלים בקש לתלות אפילו באחד ולא נמצא: **עד כמה הוא מצוי חשבון לעיר אחת.** עד אחד אם נמצא אחד תולין בזכותו לכל העיר:

מתנות כהונה

היו כשרים שנאמר ויהי כמלחק בעיני חתניו: [**בחוצות ירושלים וגו׳** גרסינן. וס״ד אם תמצאו איש: **וכן הוא אומר** גרסינן]: **לעיר אחת כו׳.** וזהו אחת לאחת פי׳ לדיק אחד לעיר אחת: **[יד]מלמד.** זכות:

אשד הנחלים

כמ״ש וכפר אדמתו עמו ואף בשביל צדיק אחד: **אחת לאחת** כלומר שא״א להיות כ״א בצירוף אחת אל אחת ואז יצורף: **אם נמצא אחד.** זהו לפי דעתם לעיל שאם היו חמשה היו ניצולין וא״כ אחד די לכל העיר: **[יד] עמד לו הדיין כו׳ הקטיגור הזה.** דהוקשה לו דאחז פה שתי הלשונות יחד אם ה׳ הלך מאברהם אז לא צריך לומר כי אברהם שב למקומו דמשמע דאברהם הלך מאת פני ה׳ ולכן ביאר שני הפנים יחד כי אברהם היה הסניגור עומד למליץ ואחר שענהו ה׳ שאין זכות להם אז עמד הדיין מלענות לו עוד וזהו בחינת הליכה שנאמר אצלו ית׳ שפירושו שלא ענה עוד אותו. וכן אברהם לא דיבר ולא ביקש עוד מלפניו רק שב למקומו ולא התבודד עוד לשאול מאת פני ה׳ וזהו נשתתק הסניגור וא״כ שני הפנים צדקו יחדיו וכן ביאר מענין הקטיגור שפירושו וילך ה׳ שמדת הרחמים הלך משם ואז נשאר להקטיגור לעשות את שלו כי הוסכם הדבר להענישם וזהו וילך ה׳ גו׳ אז ויבואו שני המלאכים סדומה בערב:

Chapter 50

וַיָּבֹאוּ שְׁנֵי הַמַּלְאָכִים סְדֹמָה בָּעֶרֶב וְלוֹט יֹשֵׁב בְּשַׁעַר סְדֹם וַיַּרְא לוֹט וַיָּקָם לִקְרָאתָם וַיִּשְׁתַּחוּ אַפַּיִם אָרְצָה.

The two angels came to Sodom in the evening and Lot was sitting at the gate of Sodom; now Lot saw and stood up to meet them and he bowed, face to the ground (19:1).

§1 וַיָּבֹאוּ שְׁנֵי הַמַּלְאָכִים סְדֹמָה בָּעֶרֶב וְגוֹ׳ — *THE TWO ANGELS CAME TO SODOM IN THE EVENING, ETC.*

The Midrash begins by citing a verse describing the swiftness of angels:

"וְהַחַיּוֹת רָצוֹא וָשׁוֹב כְּמַרְאֵה הַבָּזָק" — The verse states: ***The Chayos-angels ran to and fro*** (literally, *running and returning*) ***like the appearance of a flash*** (*Ezekiel* 1:14). אָמַר רַבִּי אֵייבוּ: "רָצוֹת" אֵין כְּתִיב כָּאן, אֶלָּא "רָצוֹא" — **And R' Aivu said: It is not written here** רָצוֹת,[1] **but** רָצוֹא.[2] רוֹצִין לַעֲשׂוֹת שְׁלִיחוּתָן — The meaning, then, is that **they are eager to fulfill their mission.**[3] "כְּמַרְאֵה הַבָּזָק" — The verse continues: ***like the appearance of the*** בָּזָק.[4] רַבִּי יְהוּדָה בְּשֵׁם רַבִּי סִימוֹן בְּשֵׁם רַבִּי לֵוִי בַּר פַּרְטָא — **R' Yehudah in the name of R' Simon in the name of R' Levi bar Parta** said: כָּזֶה שֶׁהוּא בּוֹזֵק גֶּפֶת בְּכִירָה — The appearance of the angels was **like one who spreads about** [בּוֹזֵק] **olive marc in a lit oven.**[5] רַבִּי חִיָּיא בַּר אַבָּא אָמַר: כְּרוּחָא לְזִיקָא — **R' Chiya bar Abba said:** It means that the motion of the angels was **like** the effect of **the wind on a** suspended empty **wineskin** [זִיקָא], which is swiftly cast about by the wind.[6] רַבָּנָן אָמְרֵי: כְּזִיקָא לַעֲנָנָא — **The** other **Sages say:** It was **like** the effects of **wind** [זִיקָא] on **a cloud,** which is immediately dispersed by the strong wind.[7]

In light of the great swiftness of the angels, the Midrash notes their uncharacteristic behavior in our verse:

נִפְטָרִים מֵאַבְרָהָם בְּשֵׁשׁ שָׁעוֹת, וּבָאִין סְדוֹמָה בָּעֶרֶב — **They take leave of Abraham at six hours** into the day[8] **and come to Sodom** only **in the evening!?** Why the uncharacteristic delay? אֶלָּא מַלְאֲכֵי רַחֲמִים הָיוּ וְהָיוּ מַמְתִּינִים וּסְבוּרִים שֶׁמָּא יִמְצָא לָהֶם זְכוּת — **However,** the explanation is that **they were angels of mercy, and they were tarrying** before coming to Sodom to carry out their mission of destruction, **in the hope that perhaps** in the interim **[Abraham] would find some merit** for the people of Sodom to stave off the decree. וְכֵיוָן שֶׁלֹּא מָצָא לָהֶם זְכוּת, "וַיָּבֹאוּ שְׁנֵי הַמַּלְאָכִים סְדֹמָה בָּעֶרֶב" — **But once** it became apparent that **he could not find any merit for them,** ***The two angels came to Sodom in the evening*** to carry out their mission.[9]

§2 [וַיָּבֹאוּ שְׁנֵי הַמַּלְאָכִים סְדֹמָה] — *THE TWO ANGELS CAME TO SODOM.*]

The Midrash discusses the necessity of two angels going to Sodom:

"וְהוּא בְאֶחָד וּמִי יְשִׁיבֶנּוּ וְנַפְשׁוֹ אִוְּתָה וַיָּעַשׂ" — Scripture states about God, ***He is "with one" and who can contradict Him? His will desires and He does!*** (*Job* 23:13). תְּנֵי: אֵין מַלְאָךְ אֶחָד עוֹשֶׂה שְׁתֵּי שְׁלִיחוּת — Based on this verse, **it is taught in a Baraisa: One angel does not perform two** separate **missions,** וְלֹא שְׁנֵי מַלְאָכִים עוֹשִׂים שְׁלִיחוּת אַחַת — **nor do two angels perform one mission.**[10] וְאַתְּ אָמַרְתְּ "שְׁנֵי" — **Yet it is stated here** in our verse, *The **two** angels came to Sodom*! Why did God send two angels to perform the single mission of destroying Sodom? אֶלָּא מִיכָאֵל אָמַר בְּשׂוֹרָתוֹ וְנִסְתַּלֵּק — **However,** the explanation is that each angel of the original three who came to Abraham indeed had an individual mission: The angel **Michael conveyed his tidings** to Sarah that she would bear a son (above, 18:10) **and departed;**[11] גַּבְרִיאֵל נִשְׁתַּלַּח לַהֲפוֹךְ אֶת סְדוֹם — **Gabriel was sent to overturn Sodom,** וּרְפָאֵל לְהַצִּיל אֶת לוֹט — **and Raphael was sent to rescue Lot.**[12]

❏ וַיָּבֹאוּ שְׁנֵי הַמַּלְאָכִים סְדֹמָה — *THE TWO ANGELS CAME TO SODOM IN THE EVENING.*

The Midrash notes an apparent contradiction between this verse and a previous one, and presents three solutions:

NOTES

1. From the root רוץ, *to run.*

2. From the root רצה, *to desire* (*Rashi; Rashash*).

3. And after they eagerly fulfill their mission they *return* (וָשׁוֹב) (*Eitz Yosef*).

4. This word appears nowhere else in Scripture, and its meaning is obscure. R' Yehudah therefore goes on to explain it.

5. The olive marc ignites quickly (*Matnos Kehunah,* from *Aruch*). Similarly, the angels fulfill their missions without delay (*Rashi*). [*Rashi* in *Ezekiel* ad loc. explains: When the fire catches onto the olive marc a flame shoots up suddenly and then quickly subsides; this is a description of the swiftness of the angels "running to and fro."]

6. R' Chiya bar Abba thus interprets בָּזָק as being related to the word זִיקָא ("wineskin"), with the ב acting as a prefix. [In fact, זִיקָא can mean both "wind" and "wineskin." Hence, R' Chiya bar Abba incorporates both meanings and expounds הַבָּזָק as suggesting what the "wind" does to the "wineskin" (*Maharzu*).]

7. These other Sages thus interpret בָּזָק as being related to the word זִיק ("wind"). [*Maharzu* suggests that these Sages mean to incorporate *three* meanings in הַבָּזָק: The "strong wind" [זִיקָא] "scatters" [בּוֹזֵק] the cloud, which is likened by the Midrash above (13 §10; see *Matnos Kehunah* ad loc.) to a "wineskin" [זִיקָא].]

According to all the cited expositions, this part of the verse, too, describes the swiftness with which the angels carry out their mission.

8. As stated above, *in the heat of the day* (18:1), which the Midrash there (48 §8) explains to mean at six hours into the day (*Maharzu*). Although that verse describes the time at which the angels *arrived* at Abraham's tent, Abraham provided their needs swiftly (as described in the passage there, vv. 6-7) and they surely departed his tent in very short order, whereupon they could have traveled to Sodom immediately (ibid.; see also *Yefeh To'ar* and *Rashash*).

9. Abraham's prayers extended until evening (*Eitz Yosef*), but did not succeed in revoking the decree against Sodom. Whereupon the angels immediately *came to Sodom in the evening* [as indicated by the juxtaposition of the verses: *HASHEM departed when He had finished speaking to Abraham, and Abraham returned to his place. The two angels came to Sodom in the evening* . . . (18:33-19:1)], to perform their mission without delay.

10. It is this second of the Baraisa's teachings that is alluded to by the verse in *Job*: *He* carries out His will *with one* angel; He does not send two angels to perform the same mission (*Rashi, Matnos Kehunah, Yefeh To'ar*). [Other commentators (*Ohr HaSeichel, Maharzu,* et al.; see also *Yefeh To'ar*) see an allusion in the verse to the first teaching as well.] In any event, it is the second teaching that is the focus of the Midrash's present discussion.

11. The Midrash here incidentally resolves another difficulty: Three angels visited Abraham, whereas only two came to Sodom. The Midrash explains that the third angel was Michael, whose mission had been to inform Sarah that she would bear a son; upon completing that mission, Michael departed.

12. Thus, each angel performed a single mission. [Although the angel Raphael was also the one who healed Abraham (see *Bava Metzia* 86b, *Rashi* on *Chumash* above, 18:2), this does not contradict the rule that one angel does not perform two missions, because rescuing (Lot) and

פרשה נ

א [יט, א] "וַיָּבֹאוּ שְׁנֵי הַמַּלְאָכִים סְדֹמָה בָּעֶרֶב וְגוֹ'" (יחזקאל א, יד) "וְהַחַיּוֹת רָצוֹא וָשׁוֹב כְּמַרְאֵה הַבָּזָק", אָמַר רַבִּי אֵייבוּ רָצוֹת אֵין כְּתִיב כָּאן, אֶלָּא רָצוֹא רָצִין° לַעֲשׂוֹת שְׁלִיחוּתָן. "כְּמַרְאֵה הַבָּזָק", רַבִּי יְהוּדָה בְּשֵׁם רַבִּי סִימוֹן בְּשֵׁם רַבִּי לֵוִי בַּר פַּרְטָא כָּזֶה שֶׁהוּא בּוֹזֵק גֶּפֶת בְּכִירָה. רַבִּי חִיָּיא בַּר אַבָּא אָמַר כְּרוּחָא לְזִיקָא. רַבָּנָן אָמְרֵי: כְּזִיקָא לַעֲנָנָא. נִפְטָרִים מֵאַבְרָהָם [ב]בְּשֵׁשׁ שָׁעוֹת, וּבָאִין סְדוֹמָה בָּעֶרֶב, אֶלָּא מַלְאֲכֵי רַחֲמִים הָיוּ וְהָיוּ מַמְתִּינִים וּסְבוּרִים שֶׁמָּא יִמְצָא לָהֶם זְכוּת, וְכֵיוָן שֶׁלֹּא מָצָא לָהֶם זְכוּת, "וַיָּבֹאוּ שְׁנֵי הַמַּלְאָכִים סְדֹמָה בָּעֶרֶב":

ב (איוב כג, יג) "וְהוּא בְאֶחָד וּמִי יְשִׁיבֶנּוּ וְנַפְשׁוֹ אִוְּתָה וַיָּעַשׂ", [ג]תְּנֵי אֵין מַלְאָךְ אֶחָד עוֹשֶׂה שְׁתֵּי שְׁלִיחוּת, וְלֹא שְׁנֵי מַלְאָכִים עוֹשִׂים שְׁלִיחוּת אַחַת, וְאַתְּ אֲמַרְתְּ "שְׁנֵי", אֶלָּא מִיכָאֵל אָמַר בְּשׂוֹרָתוֹ וְנִסְתַּלֵּק, [ד]גַּבְרִיאֵל נִשְׁתַּלַּח לַהֲפוֹךְ אֶת סְדוֹם, וּרְפָאֵל לְהַצִּיל אֶת לוֹט. "וַיָּבֹאוּ שְׁנֵי הַמַּלְאָכִים סְדֹמָה,

עץ יוסף

נ (א) **והחיות רצוא ושוב.** דעת חז"ל שהחיות הם המלאכים הרוחניים. וכיון שדרך המלאכים למהר בשליחותם ואיך נתעכבו שנפטרו מאברהם בשש שעות ובאו לסדום בערב: **רצות אין כתיב בן** כלו' דאי מל' ריצה הל"ל רצות שהוא כינוי לנקבות ל' הנופל על חיות. לכן דרש בו ל' רצון וריצוי (ובילקוט הגי' רצות. רוצים לעשות שליחותם) כלו' שהם ששים לעשות רצון קונם. ומתוך שהם רוצים לעשות שליחותו בשמחה הם ג"כ רצים וממהרים לשוב (נזה"ק): **כזה שהוא בוזק גפת בבירה.** שהוא מפזר גפת (פסולת של זיתים) בתוך התנור שהאש נאחז בהן מיד ודולקין: **ברוחא לזיקא.** כרוח המגלגל הנד במהרה כן אלו רצוא ושוב: **בזיקא לעננא.** כרוח החזק המפזר העננים: **נפטרים מאברהם בשש שעות.** כדאמרי' בפ' מ' כחום היום בו' שעות היינו בתחלת שעה ששית שאז הוא זמן סעודת ת"ח. ובסוף שעה ו' נפטרו ממנו (נזה"ק) ובאין סדומה בערב בתמיה. ומפרש שמלאכי רחמים היו והמתינו אולי תועיל תפלת אברהם. ונמשכו תפלותיו עד הערב: (ב) **והוא באחד.** מאי והוא באחד. דאין שני מלאכים עושים שליחות אחת והוא עושה שליחותו באחד. ואפ"ה ומי ישיבנו למחות בידו: **ואין שני מלאכים כו'.** ודכתיב ויחזיקו האנשים בידו ויוציאוהו תירצו בתוס' ששניהם הוציאוהו חוץ לעיר ורפאל הלך עמו עד צוער. וגבריאל היה מלוה אותו למהר ע"ש: **ורפאל להציל כו'.** ואף על גב דאמרינן בפרק השוכר שרפאל ריפא נמי לאברהם. תירצו התוס' שם דרפואה

פירוש מהרז"ו

נ (א) **רצין לעשות.** פי' שמחמת גודל הרצון הם רצים וגירסת הילקוט כאן כמו במדרש וביחזקאל א' הגי' רצים הכל מלשון ריצה: **בוזק גפת בבירה.** בוזק פירושו מפזר ולשון משנה הוא עירובין ק"ד בוזקין את המלח. וכמ"ש בפסוק הקודם מראיהם כגחלי אש. א"כ מ"ש כמראה הבזק הוא ג"כ לענין האש והדבר למוד מענינו ודרשו שמרומז בתיבת בזק בדבר פיזור שמרבה אש והיינו כשמפזר גפת בכירה פסולת של זיתים שיש בהם שמנונית השמן הם מתלהבים כרגע ושוקע מיד. וזהו רצוא ושוב: **ברוחא לזיקא.** זיקא בלשון ארמית נאד כמ"ש ערוך ערך זק ג' וגם מלשון רוח כמ"ש בערך זק ד' שהרוח רצוא ושוב בנוד הפתוח. הרי בתיבת בזק רוח ונאד וזהו רצוא ושוב כמראה הבזק. ודעת רבנן כרוחא לעננא. כרוח שמביא ומפזר העננים הנה והנה ומרומז הכל בתיבת הבזק מלשון רוח כנ"ל ומלשון פיזור כנ"ל והעננים הם כנודות כמ"ש יזוקו מטר לאדו לעיל פר' י"ג סי' יו"ד ע' מ"כ שם וזהו רצוא ושוב כמראה הבזק ודרשה זו ע"פ מדת ממעל בארמית ולשון משנה כנ"ל וע"פ דבר הלמד מענינו: **נפטרים מאברהם בשש שעות.** כמ"ש והוא יושב פתח האהל כחום היום ודרשו לעיל פר' מ"ח בסי' ח' שהיה בשש שעות ועל שעשה הכל במרוצה ומהירות כמ"ש וימהר אברהם האוהלה. ואל הבקר רץ וימהר לעשות. בודאי נעשה הכל בשעה מועטת. ויכלו לבוא לסדום כרגע אחר חצות היום. אלא המתינו בשליחותם מאחר שראו שאברהם מלמדו סנגוריא. ויש להם רשות להמתין אולי ימצא זכות כמ"ש חז"ל בגבריאל שהיו הגחלים עמומות בידו ו' שנים. וכיון שלא מצא זכות באו סדומה בערב שהעונש דומה לערב וחושך כמ"ש לקמן סי' ג'. וכמש"ל פ"ב סימן ג' ויהי ערב: (ב) **והוא באחד.** היל"ל והוא אחד לכן פי' ע"פ מדה ע' באחד במלאך א' עושה שליחתו ולא בשנים (וגם משמע שלכל שליחות מלאך אחד ולא שתי שליחות ע"י אחד): **אלא מיכאל.** וכמש"ל פמ"ח סי' ט' שהג' אנשים המה מיכאל גבריאל רפאל: **בשורתו.** על שהוא השר של ישראל וכמ"ש בדניאל מיכאל השר הגדול העומד על בני עמך ועל גבריאל ע' לקמן פ' נ"א סי' ב': **ורפאל להציל.** כמ"ש לקמן סי' י"א וב"מ פ"ו בא"ח:

חידושי הרש"ש

[א] **רצות אין כתיב באן כו'.** כי שורש ריצה הוא מנע"ו והבינוני הוא רצות. אבל רצוא הוא מקור מנל"ה (והא' במקום ה') והוא לשון רצון: **נפטרין מאברהם בשש שעות** לאו דוקא דהא ביאתם אליו היה כחום היום דהיינו בש"ש כדלעיל. ושחיטת בן הבקר ותקונו ובשולו אף דכתיב וימהר מכל מקום ודאי נשתהה איזה זמן:

באור מהרי"פ

[א] **רצין לעשות.** פי' לשון רוצין שהם ששים לעשות רצון קונם לפיכך הם רצין ושוב במהירות:

מסורת המדרש

א ילקוט יחזקאל רמז של"ז:
ב לעיל פרשה מ"ח:
ג ילקוט כאן רמז פ"ד. ילקוט איוב רמז תתק"ח:
ד ב"מ פ"ו:

אם למקרא

וְהַחַיּוֹת רָצוֹא וָשׁוֹב כְּמַרְאֵה הַבָּזָק: (יחזקאל א:יד)

וְהוּא בְאֶחָד וּמִי יְשִׁיבֶנּוּ וְנַפְשׁוֹ אִוְּתָה וַיָּעַשׂ:

ענף יוסף

(ב) **אין מלאך אחד עושה שתי שליחות** להודיע שאין מספר לגדודיו ית' ואין עניות במקום עשירות. ולפ"ז אף אם הם ממין אחד אין מלאך אחד עושה שתי שליחות בפעם אחד. ומה שאין שני מלאכים עושים שליחות אחת. הוא לבל יהיה מקום לטעות שהשי"ת אינו יכול לפעול פעולות באחד. ולכן עושה שליחותו רק במלאך אחד:

רש"י

נ (א) **רצות אין כתיב באן אלא רצוא.** לשון רצוי ולא לשון מרוצה שהן רוצין לעשות שליחותן: **במראה הבזק כזה שהוא בוזק גפת בבירה.** מפזר פסולת של זיתים בכירה לדולקן ומסיק אש באחד מהן מיד הן נדלקים כולם מריח השמן שבהן כך קלין לעשות שליחותן: **נפטרין מאברהם בשש שעות ובאין סדומה בערב.** ומניין שבאו אצל אברהם בשש שעות דכתיב כחום היום והיינו בשש שעות כמו שאמרנו ובאין לסדומה בערב והרי הכתוב מתמיה עליהם כיון שהן קלין בשליחותן היאך עכבו כל כך שבאו לסדום בערב בתמיהה אלא מלאכי רחמים היו וממתינים כל הדרך הזה כסבורין שמא אברהם מוצא להם זכות: (ב) **והוא באחד ומי ישיבנו.** נעשה שליחותו באחד: **ויבאו שני המלאכים סדומה.** כתיב ישלח בם חרון אפו עברה וזעם וצרה משלחת מלאכי רעים כלומר כל א' וא' לשליחותו ואת אמרת שני אתמהא:

מתנות כהונה

נ (א) **רצות.** כינוי לנקבות רבות נופל על חיות ואמר רצוא לפיכך דרש בו לשון רצון: **רצין לעשות** גרסינן. וכ"ה בילקוט יחזקאל: **בוזק.** פי' הערוך מפזר כזה שהוא מפזר גפת שהוא פסולת של זיתים בתוך התנור שהאש נאחז בהן מיד ודו"ק: **ברוחא לזיקא.** כרוח המגלגל הנוד. ורבנן אמרי כזיקא כרוח החזק המפזר העננים ותרווייהו לשון בזק קא דרשי: [**בשש שעות.** כדלעיל כחום היום בפ' מ"ח]: **ובאים בערב.** בתמיה כיון שרצים כבזק למה שהו כ"כ: **שמא ימצא.** אברהם להם זכות: (ב) **ואין שני מלאכים כו'.** דכתיב ומי באחד עושה שליחותו ע"י מלאך אחד וכן הוא בילקוט איוב בהדיא ואע"ג דכתיב להלן ויחזיקו האנשים בידו ויוציאוהו כבר תירצו התוספות פרק השוכר את הפועלים ששניהם הוציאוהו חוץ לעיר ורפאל הלך עמו עד צוער וגבריאל היה מלוה אותו למהר ועיין שוב שם: **ורפאל להציל כו'.** ואע"ג דאמרינן בפרק השוכר שרפאל רפא נמי אברהם תירצו התוספות שם דרפואה והצלה חדא

אשד הנחלים

נ [א] **רצין לעשות שליחותן.** הוא מענין רצון שעושין מעשיהם בחשק נמרץ וממנו בא הריצה. וזהו המכונה אצלם בריצה שר"ל שעושין במהירות מתוך גודל חשקם כאיש הרץ וממהר לעשות מעשהו: **שהוא בוזק גפת בבירה.** עיין במ"כ. ור"ל כמו שהאש מכלה ושורף מהר כן מעשיהם נעשים ביותר מהירות ושבים מהר למקומם: **ברוחא לזיקא.** ודריש לשון זיקא כמו הרוח המגלגל הנוד מהר או כזיקא לעננא. וע"ד הציור יש בזה מקום הסבר אך אין להאריך: **סדומה בערב.** בתמי' הלא הלוכן כרגע ומפרש מפני שמלאכי רחמים היו וע"כ המתינו אולי ימצא בהם זכות ואולי רומז שלכן באו בערב בעת שליטת הדין: [ב] **שתי שליחות.** וזהו והוא באחד [בכח אחד] ולכן ומי ישיבנו אחר שאין בו כחות הפכיות כאדם שהוא בעל בחירה פעם רוצה ופעם ימאן. אבל המלאך אם נפשו אותה אז תיכף ויעש. והכונה תיכף כשמצווה הוא עושה מהר כי אין בו היפוכו כחות להפוך רצונו: **שליחות אחת.** אחר שאין שני מלאכים

הָכָא אַתְּ אָמַר "מַלְאָכִים" וּלְהַלָּן קוֹרֵא אוֹתָן "אֲנָשִׁים" – **Here it is stated "angels," whereas elsewhere,** when the angels came to Abraham (above, 18:2,16, 22), **[Scripture] refers to them as "men"!** אֶלָּא לְהַלָּן שֶׁהָיְתָה שְׁכִינָה עַל גַּבֵּיהֶן קְרָאָן "אֲנָשִׁים" – **However,** the explanation for this apparent contradiction is that **in the other context** (regarding Abraham), **when the** ***Shechinah*** (Divine Presence) **was** hovering **above them, [Scripture] calls them "men,"** כֵּיוָן שֶׁנִּסְתַּלְּקָה שְׁכִינָה מֵעַל גַּבֵּיהֶן לָבְשׁוּ מַלְאָכוּת – but **once the** ***Shechinah*** **departed from above them, they were invested with angelic glory,** and are thereafter referred to as "angels."[13]

אָמַר רַבִּי תַּנְחוּמָא אָמַר רַבִּי לֵוִי: אַבְרָהָם שֶׁהָיָה כֹּחוֹ יָפֶה נִדְמוּ לוֹ בִּדְמוּת אֲנָשִׁים – **R' Tanchuma said in the name of R' Levi:** Regarding **Abraham, whose** spiritual **power was great, they appeared to him in the form of men,** אֲבָל לוֹט עַל יְדֵי שֶׁהָיָה כֹּחוֹ רַע נִדְמוּ לוֹ בִּדְמוּת מַלְאָכִים – **but** regarding **Lot, whose spiritual powers were weak, they appeared to him as angels.**[14]

אָמַר רַבִּי חֲנִינָא: עַד שֶׁלֹּא עָשׂוּ שְׁלִיחוּתָן קְרָאָן "אֲנָשִׁים" – **R' Chanina said: Prior to fulfilling their mission they are referred to as "men";** מִשֶּׁעָשׂוּ שְׁלִיחוּתָן קְרָאָן "מַלְאָכִים" – **once they** began to **fulfill their mission they are referred to as "angels."**[15] אָמַר רַבִּי תַּנְחוּמָא – To clarify R' Chanina's point, **R' Tanchuma said:** לְאֶחָד שֶׁנָּטַל הֶגְמוֹנְיָא מִן הַמֶּלֶךְ – This can be illustrated by a parable; it is comparable **to one who received a position of governance from the king.** עַד שֶׁלֹּא הִגִּיעַ לְבֵית אוֹרָיָין שֶׁלּוֹ הָיָה מְהַלֵּךְ כְּפָגָן – **Before reaching his seat of power he comported himself as an ordinary person,** כֵּיוָן שֶׁהִגִּיעַ לְבֵית אוֹרָיָין שֶׁלּוֹ הָיָה מְהַלֵּךְ כְּקָאלְמִין – but **upon reaching the seat of his power he comported himself as a person of eminence.** כָּךְ עַד שֶׁלֹּא עָשׂוּ שְׁלִיחוּתָן קְרָאָן "אֲנָשִׁים" – **So too** here: **Before performing their mission [Scripture] refers to [the angels] as** ordinary **"men,"** כֵּיוָן שֶׁעָשׂוּ שְׁלִיחוּתָן קְרָאָן "מַלְאָכִים" – but **once they** had begun to **undertake their mission it refers to them as "angels."**

§3 סְדֹמָה – *THE TWO ANGELS CAME* ***TO SODOM.***

The Midrash states a grammatical rule:

תְּנִי מִשּׁוּם רַבִּי נְחֶמְיָה כָּל דָּבָר שֶׁצָּרִיךְ לָמֶ"ד בִּתְחִלָּתוֹ תֵּן לָהּ הֵ"א בְּסוֹפוֹ – **It was taught in a Baraisa in the name of R' Nechemyah: Any word that requires** the prefix ***lamed*** **at its beginning** (meaning "to"), you may **place** the suffix ***hei*** **at its end** instead, for the

NOTES

healing (Abraham) are considered the same kind of mission (*Tosafos* to *Bava Metzia* ibid., cited in *Matnos Kehunah*).] See further, Insight Ⓐ.

13. The three angels came to Abraham as God was appearing to him (see above, 18:1). As long as the Divine Presence was with them, their angelic glory did not manifest itself, for it was eclipsed by the glory of the *Shechinah*; hence they are referred to as "men." However, after the departure of the *Shechinah* (see above, 18:33), their angelic form emerged; they are then referred to as "angels" (*Eitz Yosef, Rashi*; see *Eshed HaNechalim*).

14. Since Abraham was accustomed to seeing angels (see Midrash above, 45 §7), he related to the three angels as ordinary men; hence Scripture refers to them as "men." Lot, however, who was unaccustomed to such things, related to them as the awesome angels they were, and they are therefore referred to as such (see *Rashi*). [*Yefeh To'ar* notes that it seems clear from the context of the story that Lot did not actually recognize that they were angels at this point; the Midrash means only to say that he recognized that they were exceedingly exalted, "angel-like" people.]

15. I.e., once the two angels began performing their respective missions (of saving Lot and of destroying Sodom), they took on a Divine, spiritual quality, and are therefore referred to as angels (*Eitz Yosef*).

INSIGHTS

Ⓐ **An Angel's Mission** We have followed (in note 12) the approach of the commentators who maintain that the reason the angel Raphael could perform both missions without violating the principle that "one angel does not perform two missions" was because healing and rescuing are similar (*Tosafos, Bava Metzia* 86b; some versions of *Rashi* 18:2 cited by *Sifsei Chachamim*), since they both serve the purpose of saving someone from danger (*Gur Aryeh,* end of s.v. אין מלאך; see also *Ramban* 18:2).

Alternatively, the principle that "one angel does not perform two missions" teaches that one angel is not charged with two missions *in one place*. After he has completed one mission, however, he can be charged with a separate mission in a *different* place. Thus, after Raphael completed his mission of saving Abraham, he was charged with the separate mission of saving Lot (*Tosafos* loc. cit., cited by *Mizrachi* here; *Ramban*).

[*Mizrachi* notes a difficulty with this approach. Why was it necessary for three angels to visit Abraham, when it would seem that two would have sufficed [one to bear the good tidings to Sarah and one to cure Abraham, after which they could go to Sodom, where one would destroy the city and the other would save Lot]? *Maharasha* (to *Bava Metzia* loc. cit.) responds that although an angel *can* perform two tasks in two places, it is not *mandatory* for an angel to continually perform different tasks in different places. Rather, Hashem will at times instruct one angel to perform two tasks in different places, and at times instruct different angels to perform different missions (see also *Shaarei Aharon*).]

[For a homiletical answer to the original question, see *Chidushei HaRim* cited in *Maayanah Shel Torah*.]

According to the Gemara (*Bava Metzia* 86b) it was the angel Michael, not Raphael, who went on to save Lot. [Although *Chizkuni* 18:2 emends the text of that Gemara to read Raphael and thus accords with our Midrash, other commentators both in *Chumash* and on that Gemara do not emend the Gemara in this manner.] Now, Michael was also charged with informing Sarah that she would conceive; hence, the same issue of why one angel could perform two missions must be addressed. The second resolution presented above can be stated here as well; since these two tasks were not performed simultaneously, the principle that one angel does not perform two missions was not violated. According to the first approach, however, it is difficult to understand how we can consider informing Sarah that she would conceive and the saving of Lot to be related missions.

Rabbeinu Bachya explains that the principle that one angel cannot perform two missions teaches only that an angel cannot perform two missions *that are diametrically opposed* to one another; for example, it would be incongruous for an angel who performs acts of strict judgment to perform acts of mercy. However, an angel who performs one act of mercy can perform another act of mercy even if the context of that act of mercy is different than the first act. Thus, Michael was entrusted with performing two acts of kindness: informing Sarah that, although she was aged and barren, she would bear a son, and saving Lot from destruction even though he was not worthy of being saved. As for the reason why Michael did not heal Abraham as well, since that was also an act of kindness, *Rabbeinu Bachya* explains that all missions of healing are entrusted solely to Raphael, and one celestial creature is not permitted to encroach into the domain of another, as is hinted to in the verse: *He who makes peace in his heights* (*Job* 25:2). See *Gur Aryeh* who explains in a similar vein.

As to the *reason* why one angel cannot perform two missions, *Gur Aryeh* explains that an angel's essence is his mission. The very name *malach,* "angel," denotes a *messenger,* for this is the entire content of an angel; Hashem creates him to accomplish a specific task, and this task is his entire being. Since he knows no other dimension aside from his mission, it is impossible for him to be charged with more than one assignment (see further, *Daas Torah, Bereishis* p. 114; *Pachad Yitzchak*; see also *Limudei Nissan*). Alternatively, by creating new angels to perform different tasks instead of relying on the previous ones, Hashem demonstrates the vastness of His greatness. Relying on the same core of angels for a variety of tasks might lead to the mistaken notion that Hashem is somehow limited in the number of celestial messengers that He can create and regulate at His disposal (*Gur Aryeh; Sifsei Chachamim* 18:2).

הָכָא אַתְּ אָמַר "מַלְאָכִים", וּלְהַלָּן קוֹרֵא אוֹתָן "אֲנָשִׁים", אֶלָּא לְהַלָּן שֶׁהָיְתָה שְׁכִינָה עַל גַּבֵּיהֶן קְרָאָן "אֲנָשִׁים", כֵּיוָן שֶׁנִּסְתַּלְּקָה שְׁכִינָה מֵעַל גַּבֵּיהֶן לָבְשׁוּ מַלְאָכוּת. אָמַר רַבִּי תַּנְחוּמָא אָמַר רַבִּי לֵוִי: אַבְרָהָם שֶׁהָיָה כֹּחוֹ יָפֶה נִדְמוּ לוֹ בִּדְמוּת אֲנָשִׁים, אֲבָל לוֹט עַל יְדֵי שֶׁהָיָה כֹּחוֹ רַע נִדְמוּ לוֹ בִּדְמוּת מַלְאָכִים. אָמַר רַבִּי חֲנִינָא: עַד שֶׁלֹּא עָשׂוּ שְׁלִיחוּתָן קְרָאָן "אֲנָשִׁים" מִשֶּׁעָשׂוּ שְׁלִיחוּתָן קְרָאָן "מַלְאָכִים". [ה]אָמַר רַבִּי תַּנְחוּמָא: לְאֶחָד שֶׁנָּטַל הֶגְמוֹנְיָא מִן הַמֶּלֶךְ עַד שֶׁלֹּא הִגִּיעַ לְבֵית אוֹרָיִין שֶׁלּוֹ הָיָה מְהַלֵּךְ כְּפָגָן כֵּיוָן שֶׁהִגִּיעַ לְבֵית אוֹרָיִין שֶׁלּוֹ הָיָה מְהַלֵּךְ בְּקָאלְמִין, כָּךְ עַד שֶׁלֹּא עָשׂוּ שְׁלִיחוּתָן קְרָאָן "אֲנָשִׁים", כֵּיוָן שֶׁעָשׂוּ שְׁלִיחוּתָן קְרָאָן "מַלְאָכִים":

ג "סְדֹמָה". תְּנִי מִשּׁוּם רַבִּי נְחֶמְיָה: [ו]כָּל דָּבָר שֶׁצָּרִיךְ לָמֶ"ד בִּתְחִלָּתוֹ תֵּן לָהּ הֵ"א בְּסוֹפוֹ, סְדֹמָה שְׂעִירָה מִצְרַיְמָה חָרָנָה. אֲתִיבוּן: וְהָכְתִיב (תהלים ט, יח) "יָשׁוּבוּ רְשָׁעִים לִשְׁאוֹלָה", רַבִּי אַבָּא בַּר זַבְדָּא אָמַר לְבִיטֵי הַתַּחְתּוֹנָה שֶׁבִּשְׁאוֹל. "בָּעֶרֶב", בָּא עַרְבָּהּ שֶׁל סְדוֹם וְשָׁקְעָה שִׁמְשָׁהּ וְנֶחְתַּם גְּזַר דִּינָהּ. [ז]אָמַר רַבִּי לֵוִי אֵין הַקָּדוֹשׁ בָּרוּךְ הוּא דָּן אֶת הָעוֹבְדֵי° כּוֹכָבִים° אֶלָּא בַּלַּיְלָה בְּשָׁעָה שֶׁהֵן יְשֵׁנִים°, וְאֵינוֹ דָּן אֶת יִשְׂרָאֵל אֶלָּא בַּיּוֹם, בְּשָׁעָה שֶׁהֵם עֲסוּקִים בְּמִצְוֹת, הֲדָא הוּא דִכְתִיב (תהלים ט, ט) "וְהוּא יִשְׁפֹּט תֵּבֵל בְּצֶדֶק".

רש"י

להלן על ידי שהיתה שכינה על גביהן אנשים. לגבי שכינה לא נחשבו כי אם כאנשים. כיון שנסתלקה שכינה מעל גביהן לבשו מלאכות. ממשלה: **אברהם שהיה לו כחו יפה נדמו לו כדמות אנשים.** שלא היה מתיירא מהם: **לוט שכחו רע נדמו לו כדמות מלאכים.** שהיה מתיירא מהם ובמדרש רבי תנחומא מפרש אברהם שהיו מצויים אצלו כל שעה לא הרגיש בם כי אם כאנשים אבל לוט שלא היו מצויים אצלו הרגיש בהם כמלאכים: **אמר ר' תנחום לאחד שנטל ממשלה מן המלך עד שלא הגיע לבית אודיין שלו מהלך כפגן.** אודיין מקום גדולתו ויסובו כדגרסינן במשקין אודייני ופירשו הגאונים שהוא מקום ישוב ומדרש רבי תנחומא מעיד עליו דאמר כל הימים שהיה מהלך בדרך היה מהלך כפגן משנכנס וישב במקומו התחילו מכבדין אותו ואית דגרסי לבית אודן שלו ואומרים שהוא לשון יון: (ג) **ובשעה שהוא דן את העולם בלילה דן אותם.** בשעה שהם ישנים מן העבירות להטותן לכף זכות משום דכתיב ורחמיו על כל מעשיו (תהלים קמ"ה): **ישפוט תבל בצדק.** אלו ישראל שמתובלין במצות:

עץ יוסף

והלכה חדא מילתא היא: [ג] **להלן באברהם קורא אותן אנשים.** ולמה קראן כאן מלאכים: **להלן שהיתה שכינה על גביהן כו'.** שנראה כאנשים של נורה כדמות נורא ומבהיל מאד הדומה למלאך. וכענין ומראהו כמלאך אלהים נורא מאד. וכל זמן שהיתה השכינה ע"ג קראן אנשים כי לא נתגלה זיו מראיהם כלפי בחינת אור השכינה: **אברהם שהיה כחו יפה.** להשגת מראות המלאכים נורא בעיניו אלא כמו ראיית האנשים אבל לוט שהיה כחו רע פי' שלא היה רגיל בנבואה נדמו כמלאכים: **עד שלא עשו שליחותן.** שעדיין לא הגיעו למקום שליחותן לא נתלבשו בדמות נורא. אבל משעשו שליחותן כלו' משהתחילו לעשות שליחותן נתלבשו מלאכות בדמות נורא כדוגמת המשל שקודם שהגיע אל מקום ממשלתו הוא הולך כמו הדיוט בעלמא. אבל משהגיע אל מקום ממשלתו הולך בקומה זקופה ובלבוש מושל (נזה"ק): **לבית אוריין.** מקום גדולתו וחשיבותו: **כפגן.** אדם הדיוט: **בקאלמין.** אדם חשוב: (ג) [ד] **כל דבר כו'.** ביבמות הגי' כל תיבה שצריכה למ"ד בתחלתה הטיל לה הכתוב ה"א בסופה ור"ל שלפעמים ישתמש הכתוב בה"א בסוף התיבה במקום למ"ד בראשה: **לביטי התחתונה שבשאול.** כלומר לשאול של שאול היינו לחדר התחתונה שבשאול ובשוח"ט כגי' לדיוטא: [ה] **בערב בא ערבה של סדום.** דריש בערב בא ערב כאילו הוא שתי תיבות. לרמוז שעדיין לא נחתם גזר דינה של סדום אלא בערב פי' באותה לילה אז בא ערבה ושקעה שמשה (נזה"ק): **אין הקדוש ברוך הוא כו'.** ולהכי היה גמר דינם דוקא בלילה שאין הקב"ה דן כו' שהם ישינים מן העבירות כי רחמיו על כל מעשיו והוא חפץ להצדיקם ?בם' אי' להצדיקם? בדין. אבל אנשי סדום לא היה להם תקומה בדין אפילו בלילה כי גם בלילה לא שכב לבם מן העבירות. כדאי' לעיל פ' כ"ז סי' ב' (נזה"ק): **שהם עוסקים במצות.** כדי לזכותם כי חביבה מלוה בשעתה להיות לו באותו הפרק לפרקליט ומליץ יושר: **ישפוט תבל בצדק.** תבל אלו ישראל שהם מתובלין

פירוש מהרז"ו

הכא את אמר. ע' פר' כ"א סי' ט'. ועיין שמ"ר פ' כ"ה סי' ב' וכאן ע"פ מדה ט"ו ב' כ"מ. הכריע שגם כתיב וירא אליו ה' וגו' וכן בפסוק ואברהם עודנו עומד לפני ה'. קראם אנשים. ואחר שכתוב וילך ה' וגו' אז ויבאו שני המלאכים: **שהיה כחו יפה.** להשגת מראות אלהים וכמ"ש ר"פ כ"ז גדול כח הנביאים שמדמים הצורה ליוצרה. וכ"ש למלאכים. משא"כ לוט. וכמ"ש במנוח מות נמות כי אלהים ראינו. או שהיה כחו יפה במע"ט כמ"ש פ' ל"א סי' י': **הגמוניא.** עיין ויק"ר פ' כ"ו סי' ב' ופי' שנטל הפקידות להיות הגמון ושר: (ג) **תני משום רבי נחמיה.** לקמן פס"ח סי' ח' וס"כ: **בא ערבה.** ע"פ נוטריקון. כי לא אמר לעת ערב כמו באליעזר. ולילה ממש הרי לא היה דהא כתיב ולוט יושב וגו' וירא לוט וגו': **אמר רבי לוי.** מדרש תהלים ט': **שהם ישנים.** ואינם חוטאים וזהו במישרים. ותבל הוא ארץ ישראל כמ"ש ילקוט משלי א' בשם ספרי. והכוונה על הדרים בה:

מתנות כהונה

מילתא היא: **ולהלן.** ברא"ש הפרשה קורא אותן אנשים והנה ג' אנשים ויפנו משם האנשים: **לבית אוריין.** פירש הערוך ענין מדינה וממשלה ורש"י ז"ל גורס אודיין ופי' בו מקום גדולתו וישובו: **כפגן.** פי' הערוך אדם הדיוט: **בקאלמין.** פירש הערוך אדם חשוב: (ג) **והא כתיב כו'.** ואם ה"א בסוף התיבה משמשת כמו למ"ד בראש תרתי למה לי: **לביטי.** פירש הערוך אמבטי או אשטיבא בלע"ז והוא חדר ודייק לשאולה כאילו כתיב להשאול בה"א הידיעה השאול המיוחדת והברורה: **בא ערבה.** דייק מדכתיב בערב הב' קמוצה כאילו הוא ב' תיבות בא ערב: **ה"ג בשהן ישנים** מן העבירות: **תבל בצדק.** פירש"י תבל אלו ישראל המתובלין

אשד הנחלים

דומין. כי בכל אחד כח מיוחד. וא"כ א"א שיעשו פעולה אחת. **כיון שנסתלקה שכינה כו' לבשו מלאכות.** כי בערך אור השכינה אינה נחשב מעלת המלאכים מאומה והרי הם כערך האנשים לבד. אבל בעת שנסתלקה השכינה אז המה מלאכים ממש והענין ע"ד הציור כי בעת הופעת השכינה עליהם אז אין כחם לעשות מאומה ואז המה רק בערך אנשי' ממש אבל כיון שנסתלק' שכינה וניתנה רשות לעשות מעשיהם אז יתלבשו מלאכות לעשות פעולותיהם במהירות רב מאוד: **כחו יפה נדמו כו'.** שלא הי' ירא מאומה עד שהי' בערכו רק כדמות אנשי' שלא יהי' ירא מהם: **משעשו שליחותן מלאכים.** כי שם מלאך ע"ש השליחות ואז ניכר מעלתו והתייחסו בשם מלאכות אבל בעת שאינו עושה הפעולה אז הוא בגדר איש. כי המלאכים ג"כ מתלבשים בגוף ספירי ואז המה בגדר בני אדם לבד. רק בעת שעושין פעולתן אז ניכר מלאכותן והבן: [ג] **לביטי התחתונה.** וא"כ הה' מורה על העמקה לעמקי שאול שהוא המקום המיוחד לרעה: **ערבה של סדום.** זהו כמו שפרשתי שהערב הוא שליטת הרעה ושקע אור הרחמים מעליהם: **בשעה שהם ישנים.** גרסת המ"כ בשעה שהם ישנים מן העבירות. וא"כ הוא מדת הצדק ועכ"ז היו ראוים לעונש וזהו ידין לאומים במשרים:

חידושי הרד"ל

(א) [ג] **לביטי התחתונה.** בשו"ט בתהלים שם הגירסא דיוטא התחתונה וכן הביאו הרשב"א והריטב"א בחי' ביבמות שם בלשון הירושלמי:

(ב) **שהן ישנים מן העבירות.** עמ"כ וכ"ה בילקוט כאן ושו"ט שם ופסיקתא דבאחד לחדש השביעי. וכן הגי' המפרש בירושלמי דר"ה פ"ק ה"ג:

(ג) **תבל בצדק.** ידין עמים במישרים דן אותן בישרות כ"ה בפסיקתא:

חידושי הרש"ש

[ג] **ישב כתיב אותו היום מנוהו כו'.** אולי הכוונה דלפי המסורה ח"ו נוכל לנקדו בנקודות עתיד יֵשֵׁב ור"ל שאז הסכימו עליו שישב בשער שהוא מקום המשפט. עיין ברה"ם על פסוק והוא יושב ובמ"כ שם:

באור מהרי"פ

[ב] **לבית אורין שלו.** רב"מ פי' בל"י גבול ובערוך למיתורין שלו. ופי' רב"מ בל"י גבול ותחום מקום הממשלה. כפגן פי' רב"מ בל"ר פרזי ואיש כפרי:

[ג] **לביטי.** פי' רב"מ בל"י מקום עמוק:

מסורת המדרש

ה ויק"ר פ' כ"ו:

ו יבמות י"ג. ירושלמי יבמות פרק א'. לקמן פרשה ס"ח ופרשה פ"ו. מדרש תהלים מזמור ט'. ילקוט כאן רמז פ"ד. סדר וילא רמז קי"ז. וסדר וישב רמז קמ"ה. ילקוט תהלים רמז תרמ"ה:

ז ירושלמי ר"ה פרק א'. מדרש תהלים מזמור ט'. ילקוט תהלים רמז תרמ"ב:

אם למקרא

(איוב כג:יג)

יָשׁוּבוּ רְשָׁעִים לִשְׁאוֹלָה כָּל־גּוֹיִם שְׁכֵחֵי אֱלֹהִים:

(תהלים ט:יח)

וְהוּא יִשְׁפֹּט־תֵּבֵל בְּצֶדֶק יָדִין לְאֻמִּים בְּמֵישָׁרִים:

ענף יוסף

(ג) **כיון שנסתלקה שכינה כו'** אבל מ"מ אח"כ שוב קראן אנשים כפי מה שנדמו ללוט ולאנשי סדום כאנשים. והא דכתיב ויאיצו המלאכים בלוט וגו' י"ל שבאותו הפרק נתגלו לו ללוט בדמות מלאכים ממש. וע"י זה יזדרז יותר לצאת חיש מהר מסדום בלי איחור כלל (נזה"ק):

same effect. סְדֹמָה, שְׂעִירָה, מִצְרַיְמָה, חָרָנָה — Examples of this rule are found in the words ***to Sodom*** (above, 10:19; 18:22, here), ***to Seir*** (below, 33:14, etc.), ***to Egypt*** (above, 12:10, etc.), and ***to Haran*** (below, 27:43, 28:10), all of which have the *hei* suffix in place of the *lamed* prefix.Ⓐ

The Midrash raises a question on this rule and answers it: אֲתִיבוּן: וְהָכְתִיב ״יָשׁוּבוּ רְשָׁעִים לִשְׁאוֹלָה״ — **A challenge was raised: But it is written *the wicked will return to the grave*** [לִשְׁאוֹלָה] (*Psalms* 9:18), where the *hei* suffix is used *in addition to* the *lamed* prefix![16] רַבִּי אַבָּא בַּר זַבְדָּא אָמַר: לְבֵיטִי הַתַּחְתּוֹנָה שֶׁבִּשְׁאוֹל — To resolve this question, **R' Abba bar Zavda said:** The use of both affixes in conjunction indicates that it means **"to the lowest depths of the grave."**

☐ בָּעֶרֶב — *THE TWO ANGELS CAME TO SODOM **IN THE EVENING**.*

The Midrash interprets this word homiletically:

בָּא עַרְבָּהּ שֶׁל סְדוֹם — **The twilight of Sodom had arrived**[17] — וְשָׁקְעָה שִׁמְשָׁהּ וְנֶחְתַּם גְּזַר דִּינָהּ — **its sun had set; its verdict had been sealed.**[18]

Another interpretation for בָּעֶרֶב, taking it in its plain sense: אָמַר רַבִּי לֵוִי: אֵין הַקָּדוֹשׁ בָּרוּךְ הוּא דָן אֶת הָעוֹבְדֵי כוֹכָבִים אֶלָּא בַּלַּיְלָה בְּשָׁעָה שֶׁהֵן יְשֵׁנִים מִן הָעֲבֵירוֹת — **R' Levi said: The Holy One, blessed is He, passes judgment on the nations of the world only during the night, when they are sleeping from** their **sins,** וְאֵינוֹ דָן אֶת יִשְׂרָאֵל אֶלָּא בַּיּוֹם, בְּשָׁעָה שֶׁהֵם עֲסוּקִים בְּמִצְוֹת — **and he passes judgment on Israel only during the daytime, when they are occupied with** performing **mitzvos.**[19] הָדָא הוּא דִכְתִיב ״וְהוּא יִשְׁפֹּט תֵּבֵל בְּצֶדֶק״ — **This is what is** meant by **what is written: *And He will judge the world in righteousness*** (*Psalms* 9:9).[20]

NOTES

16. If the *hei* suffix is equivalent to the *lamed* prefix, as R' Nechemyah asserts, this word would constitute a redundancy.

17. בָּעֶרֶב (*in the evening*) is interpreted as if written as two words: בָּא עֶרֶב, *evening has arrived* (*Matnos Kehunah*) — an ominous expression, which the Midrash goes on to elaborate.

18. According to this interpretation, the angels did not go to Sodom to decide its fate; this had already been sealed (*Yefeh To'ar*).

19. God wishes to judge everyone in the most favorable way possible. For the idolatrous nations, the most favorable time is at night, for during their waking hours they are generally engaged in sin; for Israel, who are generally engaged in mitzvos, the most favorable time for judgment is daytime (*Rashi*). However, in this case this did not spare Sodom of God's wrath, for their sinning took place even at night (see 27 §2 above) (*Eitz Yosef,* citing *Nezer HaKodesh*).

20. Or, "He judges the world charitably," i.e., in the most favorable manner possible in each case, as explained above (*Yefeh To'ar*). Alternatively: The verse in its entirety — *And He will judge the world* [תֵּבֵל] *in righteousness* [בְּצֶדֶק] *and the nations with fairness* — is interpreted as follows by the Midrash: תֵּבֵל refers to Israel (because they are "seasoned" — מְתֻבָּל — with mitzvos), while "the nations" refers to the other nations of the world. The verse is thus saying that God judges Israel בְּצֶדֶק, while they are involved with righteous deeds; and the nations He judges בְּמֵישָׁרִים, when they are acting their best (*Rashi,* as elaborated by *Matnos Kehunah* and *Yefeh To'ar; Radal*).

INSIGHTS

Ⓐ **The *Lamed* and the *Hei*** *Gur Aryeh* (*Genesis* 28:2 and 32:3) points out that the Midrash's statement that any word requiring the prefix *lamed* may take the suffix *hei* instead is not meant precisely. The only time we find the suffix *hei* used with the meaning *to* is where the object of the preposition *to* is a *place*. Thus if, for example, Scripture wishes to convey the idea that Reuven came to Shimon, it will say וַיָּבֹא רְאוּבֵן לְשִׁמְעוֹן (or אֶל שִׁמְעוֹן); it will never say וַיָּבֹא רְאוּבֵן שִׁמְעוֹנָה. The reason for this, *Gur Aryeh* propounds, is that the *hei* at the end of the word means not *to,* but rather *into* or *onto* (e.g., מִצְרַיְמָה and הַמִּזְבֵּחָה mean *into* Egypt and *onto* the Altar respectively). Since when Reuven comes to Shimon he comes only *until* Shimon, but he does not *enter* him, saying שִׁמְעוֹנָה would be incorrect. *Gur Aryeh* suggests further that it is exactly because the *hei* implies entering the place, which comes *after* the initial encounter with the place, that it is put at the end of the word. The *lamed,* on the other hand, implies that one thing met another but did not enter it, so it is placed at the beginning of the word, since the initial encounter comes at the beginning.

A different distinction is suggested by *R' Aryeh Tzvi Frommer* in *Eretz Tzvi* (beginning of *Parashas Vayeitzei*). In cases in which the destination of the person and his identity were known at the time he began his journey, the prefix *lamed* or the word אֶל is placed before the word. But where either the person's destination or his identity was unknown at the time he set out, the *to* is expressed with a *hei* at the end of the word. The implication of this usage is that the fact that So-and-So went to such and such place became known only once he arrived there. Thus, it is written וַיֵּלֶךְ חָרָנָה, *and he went to Haran* (below, 28:10), with the suffixed *hei,* because only after Jacob arrived in Haran did it become known that that had been his destination, since he fled in secrecy. Another example: וַיָּבֹאוּ שְׁנֵי הַמַּלְאָכִים סְדֹמָה, *The two angels came to Sodom* (our verse). Their destination may have been known from the beginning, but the fact that they were מַלְאָכִים, *angels,* was not; this became apparent only after they arrived and overturned the city. Since the fact that "two angels came to Sodom" was known only in retrospect, the *to* is expressed by a *hei* at the end. A third example: וַיְבִאֶהָ יִצְחָק הָאֹהֱלָה שָׂרָה אִמּוֹ, *And Isaac brought her* [Rebecca] *into the tent of Sarah his mother* (below, 24:67). The Midrash (below, 60 §16, cited by *Rashi* to that verse) explains that only after Isaac brought Rebecca into the tent did it become "the tent of Sarah his mother," because the three miracles that had occurred constantly while Sarah had lived there (the Sabbath lights remained lit from one Friday night to the next, there was a blessing in the dough, and a cloud hovered over the tent) returned. The final *hei* is used because only at the end did it become known that he had brought her into "the tent of Sarah his mother." With some insight, a similar explanation can be offered for any instance in which the final *hei* is used.

There are cases in which both expressions are used regarding the same incident. In *Parashas Lech Lecha,* God commanded Abraham, לֶךְ־לְךָ... אֶל הָאָרֶץ אֲשֶׁר אַרְאֶךָּ, *Go for yourself . . . to the land that I will show you* (above, 12:1), using the אֶל form of *to.* But later, when the Torah describes Abraham's fulfillment of that command, it is written, וַיֵּצְאוּ לָלֶכֶת אַרְצָה כְּנַעַן וַיָּבֹאוּ אַרְצָה כְּנָעַן, *and they left to go to the land of Canaan and they came to the land of Canaan* (ibid. v. 5), expressing the *to* with the final *hei.* This is because when God commanded Abraham to go, God knew Abraham's destination. Abraham, on the other hand, was not informed of his destination at the outset; God merely ordered him to go *to the land that I will show you.* Since only after he arrived in Canaan did he realize that that had been his destination, the final *hei* is appropriate.

This may account also for the double usage in the verse recorded by the Midrash יָשׁוּבוּ רְשָׁעִים לִשְׁאוֹלָה. The wicked know at the time that they are led away that they are headed for *Gehinnom,* but just how deep into *Gehinnom* they are going (i.e., the full extent of their torment) becomes clear to them only once they arrive.

הָבָא אַתְּ אָמַר "מַלְאָכִים", וּלְהַלָּן קוֹרֵא אוֹתָן "אֲנָשִׁים", אֶלָּא לְהַלָּן שֶׁהָיְתָה שְׁכִינָה עַל גַּבֵּיהֶן קְרָאָן "אֲנָשִׁים", כֵּיוָן שֶׁנִּסְתַּלְּקָה שְׁכִינָה מֵעַל גַּבֵּיהֶן לָבְשׁוּ מַלְאָכוּת. אָמַר רַבִּי תַּנְחוּמָא אָמַר רַבִּי לֵוִי: אַבְרָהָם שֶׁהָיָה כֹּחוֹ יָפֶה נִדְמוּ לוֹ בִּדְמוּת אֲנָשִׁים, אֲבָל לוֹט עַל יְדֵי שֶׁהָיָה כֹּחוֹ רַע נִדְמוּ לוֹ בִּדְמוּת מַלְאָכִים. אָמַר רַבִּי חֲנִינָא: עַד שֶׁלֹּא עָשׂוּ שְׁלִיחוּתָן קְרָאָן "אֲנָשִׁים" מִשֶּׁעָשׂוּ שְׁלִיחוּתָן קְרָאָן "מַלְאָכִים". [ה]אָמַר רַבִּי תַּנְחוּמָא: לְאֶחָד שֶׁנָּטַל הֶגְמוֹנְיָא מִן הַמֶּלֶךְ עַד שֶׁלֹּא הִגִּיעַ לְבֵית אוֹרַיָּין שֶׁלּוֹ הָיָה מְהַלֵּךְ כְּפַגָּן כֵּיוָן שֶׁהִגִּיעַ לְבֵית אוֹרַיָּין שֶׁלּוֹ הָיָה מְהַלֵּךְ בְּקָאלְמִין, כָּךְ עַד שֶׁלֹּא עָשׂוּ שְׁלִיחוּתָן קְרָאָן "אֲנָשִׁים", כֵּיוָן שֶׁעָשׂוּ שְׁלִיחוּתָן קְרָאָן "מַלְאָכִים":

ג "סְדֹמָה". תְּנִי מִשּׁוּם רַבִּי נְחֶמְיָה: [ו]כָּל דָּבָר שֶׁצָּרִיךְ לָמֶ"ד בִּתְחִלָּתוֹ תֵּן לָהּ הֵ"א בְּסוֹפוֹ, סְדֹמָה שְׂעִירָה מִצְרַיְמָה חָרָנָה. אֲתִיבוּן: וְהָכְתִיב (תהלים ט, יח) "יָשׁוּבוּ רְשָׁעִים לִשְׁאוֹלָה", רַבִּי אַבָּא בַּר זַבְדָּא אָמַר לַבִּיטִי הַתַּחְתּוֹנָה שֶׁבִּשְׁאוֹל. "בָּעֶרֶב", בָּא עַרְבָּהּ שֶׁל סְדוֹם וְשָׁקְעָה שִׁמְשָׁהּ וְנֶחְתַּם גְּזַר דִּינָהּ. [ז]אָמַר רַבִּי לֵוִי אֵין הַקָּדוֹשׁ בָּרוּךְ הוּא דָּן אֶת הָעוֹבְדֵי° כּוֹכָבִים° אֶלָּא בַּלַּיְלָה בְּשָׁעָה שֶׁהֵן יְשֵׁנִים°, וְאֵינוֹ דָּן אֶת יִשְׂרָאֵל אֶלָּא בַּיּוֹם, בְּשָׁעָה שֶׁהֵם עֲסוּקִים בְּמִצְוֹת, הָדָא הוּא דִכְתִיב (תהלים ט, ט) "וְהוּא יִשְׁפֹּט תֵּבֵל בְּצֶדֶק".

עץ יוסף

והללה חדא מילתא היא: [ג] להלן באברהם קורא אותן אנשים. ולמה קראן כאן מלאכים: להלן שהיתה שכינה על גביהן כו'. שנראה כאנשים של צורה כדמות נורא ומבהיל אחד הדומה למלאך. וכטנין ומראהו כמלאך אלהים נורא מאד. וכל זמן שהיתה השכינה ע"ג קראן אנשים כי לא נתגלה זיו מראיהם כלפי בחינת אור השכינה: אברהם שהיה כחו יפה. להשגת מראות המלאכים נורא בעיניו אלא כמו ראיית האנשים אבל לוט שהיה כחו רע פי' שלא היה רגיל בנבואה נדמו כמלאכים: עד שלא עשו שליחותן. שעדיין לא הגיעו למקום שליחותן לא נתלבשו בדמות נורא. אבל משעשו שליחותן כלו' משהתחילו לעשות שליחותן נתלבשו מלאכות בדמות נורא כדוגמת המשל שקודם שהגיע אל מקום ממשלתו הוא הולך כמו הדיוט בעלמא. אבל משהגיע אל מקום ממשלתו הולך בקומה זקופה ובלבוש מושל (נזה"ק): לבית אוריין .מקום גדולתו וחשיבותו: כפגן. אדם הדיוט: בקאלמין. אדם חשוב: (ג) [ד] כל דבר כו'. ביבמות הגי' כל תיבה שצריכה למ"ד בתחלתה הטיל לה הכתוב ה"א בסופה ור"ל שלפעמים ישתמש הכתוב בה"א בסוף התיבה במקום למ"ד בראשה: לביטי התחתונה שבשאול. כלומר לשאול של שאול היינו לחדר התחתונה שבשאול ובשוח"ט כגי' לדיוטא: [ה] בערב בא ערבה של סדום. דריש בערב בא ערב כאילו הוא שתי תיבות. לרמוז שעדיין לא נחתם גזר דינה של סדום אלא בערב פי' באותה לילה אז בא ערבה ושקעה שמשה (נזה"ק): אין הקדוש ברוך הוא כו'. ולהכי היה גמר דינם דוקא בלילה שאין הקב"ה דן כו' שהם ישנים מן העבירות כי רחמיו על כל מעשיו והוא חפץ להצדיקם ?בס' אי' להצדיקם? בדין. אבל אנשי סדום לא היה להם תקומה בדין אפילו בלילה כי גם בלילה לא שכב לבם מן העבירות. כדאי' לעיל פ' כ"ז סי' ב' (נזה"ק): שהם עוסקים במצות. כדי לזכותם כי חביבה מצוה בשעתה להיות לו באותו הפרק לפרקליט ומליץ יושר: ישפוט תבל בצדק. תבל אלו ישראל שהם מתובלין

פירוש מהרז"ו

הבא את אמר. ע' פר' כ"א סי' ט'. ועיין שמ"ר פ' כ"ה סי' ב' וכאן ע"פ מדה ט"ו ב' כ"מ. הכריע שבפסוק כתיב וירא אליו ה' וגו' וכן בפסוק ואברהם עודנו עומד לפני ה'. קראם אנשים. ואחר שכתוב וילך ה' וגו' אז ויבאו שני המלאכים: שהיה כחו יפה. להשגת מראות אלהים וכמ"ש ר"פ כ"ז גדול כח הנביאים שמדמים הצורה ליוצרה. וכ"ש למלאכים. משא"כ לוט. וכמ"ש במנוח מות נמות כי אלהים ראינו. או שהיה כחו יפה במע"ט כמ"ש פ' ל"א סי' י': הגמוניא. עיין ויק"ר פ' כ"ו סי' ב' ופי' שנטל הפקידות להיות הגמון ושר: (ג) תני משום רבי נחמיה. לקמן פס"ח סי' ח' וס"ג: בא ערבה. ע"פ נוטריקון. כי לא אמר לעת ערב כמו באליעזר. ולילה ממש הרי לא היה דהא כתיב ולוט יושב וגו' וירא לוט וגו': אמר רבי לוי. מדרש תהלים ט': שהם ישנים. ואינם חוטאים וזהו במישרים. ותבל הוא ארץ ישראל כמ"ש ילקוט משלי ח' בשם ספרי. והכוונה על הדרים בה:

רש"י

להלן על ידי שהיתה שכינה על גביהן אנשים. לגבי שכינה לא נחשבו כי אם כאנשים. כיון שנסתלקה שכינה מעל גביהן לבשו מלאכות. ממשלה: אברהם שהיה לו כחו יפה נדמו לו בדמות אנשים. שלא היה מתיירא מהם: לוט שכחו רע נדמו לו כדמות מלאכים. שהיה מתיירא מהם ובמדרש רבי תנחומא מפרש אברהם שהיו מצויים אצלו כל שעה לא הרגיש בם כי אם כאנשים אבל לוט שלא היו מצויים אצלו הרגיש בהם כמלאכים: אמר ר' תנחום לאחד שנטל ממשלה מן המלך עד שלא הגיע לבית אודיין שלו מהלך כפגן. אודיין מקום גדולתו וישובו כדגרסינן במשקין אודייני ופירשו הגאונים שהוא מקום ישוב ומדרש רבי תנחומא מעיד עליו דאמר כל הימים שהיה מהלך בדרך היה מהלך כפגן משנכנס וישב במקומו התחילו מכבדין אותו ואית דגרסי לבית אודן שלו ואומרים שהוא לשון יון: (ג) ובשעה שהוא דן את העולם בלילה דן אותם. בשעה שהם ישנים מן העבירות להטותן לכף זכות משום דכתיב ורחמיו על כל מעשיו (תהלים קמ"ה): ישפוט תבל בצדק. אלו ישראל שמתובלין במצות:

מתנות כהונה

מילתא היא: ולהלן. ברוש הפרשה קורא אותן אנשים והנה ג' אנשים ויפנו משם האנשים: לבית אוריין. פירש הערוך ענין מדינה וממשלה ורש"י ז"ל גורס אודיין ופי' בו מקום גדולתו וישובו: כפגן. פי' הערוך אדם הדיוט: בקאלמין. פירש הערוך אדם חשוב: (ג) והא כתיב כו'. ואם ה"א בסוף התיבה משמשת כמו למ"ד בראש תרתי למה לי: לביטי. פירש הערוך אמבטי או אשטיבא בלע"ז והוא חדר ודייק לשאולה כאילו כתיב להשאול בה"א הידיעה השאול המיוחדת והברורה: בא ערבה. דייק מדכתיב בערב הב' קמוצה כאילו הוא ב' תיבות בא ערב: ה"ג בשהן ישנים מן העבירות: תבל בצדק. פירש"י תבל אלו ישראל המתובלין

אשד הנחלים

דומין. כי בכל אחד כח מיוחד. וא"כ א"א שיעשו פעולה אחת. כיון שנסתלקה שכינה כו' לבשו מלאכות. כי בערך אור השכינה אינה נחשב מעלת המלאכים מאומה והרי הם כערך האנשים לבד. אבל בעת שנסתלקה השכינה אז המה מלאכים ממש והענין ע"ד הציור כי בעת הופעת השכינה עליהם אז אין כחם לעשות מאומה ואז המה רק בערך אנשי' ממש אבל כיון שנסתלק' שכינה וניתנה רשות לעשות מעשיהם אז יתלבשו מלאכות לעשות פעולותיהם במהירות רב מאוד: כחו יפה נדמו כו'. שלא הי' ירא מאומה עד שהי' בערכו רק כדמות אנשי' שלא יהי' ירא מהם: משעשו שליחותן מלאכים. כי שם מלאך ע"ש השליחות ואז ניכר מעלתו והתייחסו בשם מלאכות אבל בעת שאינו עושה הפעולה אז הוא בגדר איש. כי המלאכים ג"כ מתלבשים בגוף ספירי ואז המה בגדר בני אדם לבד. רק בעת שעושין פעולתן אז ניכר מלאכותן והבן: [ג] לביטי התחתונה. וא"כ הה' מורה על העמקה לעמקי שאול שהוא המקום המיוחד לרעה: ערבה של סדום. זהו כמו שפרשתי שהערב הוא שליטת הרעה ושקע אור הרחמים מעליהם: בשעה שהם ישנים. גרסת המ"כ בשעה שהם ישנים מן העבירות. וא"כ הוא מדת הצדק ועכ"ז היו ראוים לעונש וזהו ידין לאומים במשרים:

חידושי הרד"ל

(א) [ג] לביטי התחתונה. בשו"ט בתהלים שם הגירסא דיוטא התחתונה וכן הביאו הרשב"א והריטב"א בחי' ביבמות שם בלשון הירושלמי:

(ב) שהן ישנים מן העבירות. עמ"כ וכ"ה בילקוט כאן ושוח"ט שם ופסיקתא דבאחד לחדש השביעי. וכן הגי' המפרש בירושלמי דר"ה פ"ק ה"ג:

(ג) תבל בצדק. ידין עמים במישרים דן אותן בישרות כ"ה בפסיקתא:

חידושי הרש"ש

[ג] ישב כתיב אותו היום מנוהו בו'. אולי הכוונה דלפי המסורה ח"ו נוכל לנקדו בנקודות עתיד יֵשֵׁב ור"ל שאז הסכימו עליו שישב בשער שהוא מקום המשפט. עיין ברה"ס על פסוק והוא יושב ובמ"כ שם:

באור מהרי"פ

[ב] לבית אורין שלו. רב"מ פי' בל"י גבול ובערוך למיתורין שלו. ופי' רב"מ בל"י גבול ותחום מקום הממשלה. כפגן פי' רב"מ בל"ר פרזי ואיש כפרי:

[ג] לביטי. פי' רב"מ בל"י מקום עמוק:

מסורת המדרש

ה ויק"ר פ' כ"ו:

ו יבמות י"ג. ירושלמי יבמות פרק א'. לקמן פרשה ס"ח ופרשה פ"ו. מדרש תהלים מזמור ט'. ילקוט כאן רמז פ"ד. סדר וילא רמז קי"ז. וסדר וישב רמז קמ"ה. ילקוט תהלים רמז תרמ"ה:

ז ירושלמי ר"ה פרק א'. מדרש תהלים מזמור ט'. ילקוט תהלים רמז תרמ"ב:

אם למקרא

(איוב כג:יג)

יָשׁוּבוּ רְשָׁעִים לִשְׁאוֹלָה כָּל־גּוֹיִם שְׁכֵחֵי אֱלֹהִים:

(תהלים ט:יח)

וְהוּא יִשְׁפֹּט־תֵּבֵל בְּצֶדֶק יָדִין לְאֻמִּים בְּמֵישָׁרִים:

ענף יוסף

(ג) כיון שנסתלקה שכינה כו' אבל מ"מ אח"כ שוב קראן אנשים כפי מה שנדמו ללוט ולאנשי סדום כאנשים. והא דכתיב ויאיצו המלאכים בלוט וגו' י"ל שבאותו הפרק נתגלו לו ללוט בדמות מלאכים ממש. וע"י זה יזדרז יותר לצאת חיש מהר מסדום בלי איחור כלל (נזה"ק):

וַיִּפְצַר בָּם מְאֹד וַיָּסֻרוּ אֵלָיו וַיָּבֹאוּ אֶל בֵּיתוֹ וַיַּעַשׂ לָהֶם מִשְׁתֶּה וּמַצּוֹת אָפָה וַיֹּאכֵלוּ.

The two angels came to Sodom in the evening and Lot was sitting at the gate of Sodom; now Lot saw and stood up to meet them and he bowed, face to the ground. And he said, "Behold now, my lords; turn aside, please, to your servant's house; spend the night and wash your feet, and wake up early and go your way!" And they said, "No, rather we will spend the night in the square." And he urged them very much, so they turned aside toward him and came to his house; he made a feast for them and baked matzos, and they ate (19:1-3).

§4 וַיַּרְא לוֹט וַיָּקָם לִקְרָאתָם וגו׳ וַיֹּאמֶר הִנֶּה נָּא אֲדֹנַי — ***NOW LOT SAW AND STOOD UP TO MEET THEM, ETC. AND HE SAID, "BEHOLD NOW, MY LORDS,*** *TURN ASIDE, PLEASE, TO YOUR SERVANT'S HOUSE . . ."*

Why did Lot use the expression "Turn aside" — as opposed to simply "Come" — when inviting the angels to his house?[28]

רַבִּי יוּדָן וְרַבִּי הוּנָא — **R' Yudan and R' Huna** disputed the connotation of these words. רַבִּי יוּדָן אָמַר: ״סוּרוּ נָא, אֲפִילוּ אֵינִי כְדַאי עִקְמוּ עָלַי אֶת הַדֶּרֶךְ״ — **R' Yudan said:** He meant to say, ***"Turn aside, please:* even if I am unworthy** of your company, **divert yourselves from your** ordinary **manner for me."**[29]

רַבִּי הוּנָא אָמַר: ״עִקְמוּ עָלַי אֶת הַדֶּרֶךְ כְּדֵי שֶׁלֹּא תִהְיוּ נִרְאִים בָּאִים אֶצְלִי״ — **R' Huna said:** He meant to say, **"Divert yourselves from the** direct **route to me** (i.e., to my house), and come by a roundabout route, **so that it should not be apparent** to the townspeople **that**

וְלוֹט יֹשֵׁב ☐ — ***AND LOT WAS SITTING*** *AT THE GATE OF SODOM.*

The Midrash elaborates on the reason for Lot's being seated at Sodom's gate:

יָשַׁב כְּתִיב — The word [יֹשֵׁב], "sitting" (present tense), **is written** here without a *vav,*[21] so that it can also be read יָשַׁב ("sat," in past tense). אוֹתוֹ הַיּוֹם מִינּוּהוּ אַרְכֵי דַיָּינִים — This spelling alludes that **on that day they appointed him as arch-magistrate.**[22]

The Midrash relates a story regarding Lot's position as arch-magistrate:

חֲמִשָּׁה רָאשֵׁי דַיָּינִים הָיוּ בִסְדוֹם: קֵץ שֶׁקֶר, וְרַב שֶׁקֶר, רַב מַסְטֵידִין, רַב נְבָל, וְקַלָּא פַּנְדֵּר — **There were five chief judges in Sodom,**[23] named ***Ketz Sheker*** (Prince of Falsehood),[24] ***Rav Sheker*** (Chief of Falsehood), ***Rav Mastei-din*** (Chief Perverter of Justice), ***Rav Naval*** (Chief scoundrel), **and *Kala-fander*** (Kidnaper).[25] לוֹט הָיָה אַרְכֵי הַדַּיָּינִים שֶׁבְּכוּלָּן — And **Lot was the arch-magistrate** presiding **over them all.**Ⓐ בְּשָׁעָה שֶׁהָיָה אוֹמֵר לָהֶם דְּבָרִים שֶׁהֵם עֲרֵבִים לָהֶם — **When he would tell them words that pleased them,** הֵן אוֹמְרִים לוֹ ״גֶּשׁ הָלְאָה״, סַק לְעֵיל — **they would say to him "move further on,"**[26] by which they meant, **"Rise** to a **higher** rank." וּבְשָׁעָה שֶׁהָיָה אוֹמֵר לָהֶם דְּבָרִים שֶׁאֵין עֲרֵבִים לָהֶם הָיוּ אוֹמְרִין לוֹ ״הָאֶחָד בָּא לָגוּר וַיִּשְׁפֹּט שָׁפוֹט״ — **And when he would tell them words that did not please them, they would tell him** disdainfully, ***"This fellow came to sojourn and would act as a judge?"***[27]

וַיָּבֹאוּ שְׁנֵי הַמַּלְאָכִים סְדֹמָה בָּעֶרֶב וְלוֹט יֹשֵׁב בְּשַׁעַר סְדֹם וַיַּרְא לוֹט וַיָּקָם לִקְרָאתָם וַיִּשְׁתַּחוּ אַפַּיִם אָרְצָה. וַיֹּאמֶר הִנֶּה נָּא אֲדֹנַי סוּרוּ נָא אֶל בֵּית עַבְדְּכֶם וְלִינוּ וְרַחֲצוּ רַגְלֵיכֶם וְהִשְׁכַּמְתֶּם וַהֲלַכְתֶּם לְדַרְכְּכֶם וַיֹּאמְרוּ לֹּא כִּי בָרְחוֹב נָלִין.

NOTES

21. See below, 24:3,62; 50:11, etc., where the word is spelled יוֹשֵׁב, with a *vav.*

22. Since the word is pronounced יוֹשֵׁב (present tense), yet written יָשַׁב (past tense), it should be interpreted as connoting both meanings (see Midrash above, 48 §7): Lot had been "sitting in the gate" [i.e., acting as judge; see below] previously (יָשַׁב), implying that he was no longer there at the time the angels arrived. On the other hand, he was still sitting (יוֹשֵׁב) at the gate when they came. This is because he had previously been an ordinary judge, and on this day they had promoted him to be chief judge (*Yefeh To'ar*; cf. *Matnos Kehunah* and *Rashash*).

The city gate is where the judges and elders used to hold court (see *Deuteronomy* 17:8, 21:19; *Amos* 5:15; *Proverbs* 31:23, etc.), so Lot's "sitting at the gate" would indicate that he was a judge (*Yefeh To'ar,* et al.; see also the explanation of Yedei Moshe).

23. One magistrate for each of the five cities in the area (*Eitz Yosef*). [Cf. *Sanhedrin* 109b.]

24. Another version (found in *Aruch, Rashi,* and Theodor-Albeck edition) has *Kav Sheker* (Rule of Falsehood).

25. These names were given to them by the Sodomites themselves, because this was their function: to insure that fair justice was *not* meted out to those people whom their society considered undesirable (*Yefeh To'ar*).

26. These (גֶּשׁ הָלְאָה) are the words spoken to Lot by the Sodomites below, v. 9 (translated there as "Move away!"). As *Rashi* (on *Chumash*) explains there, these were words of approval over Lot's offer to let the people have their way with his daughters. The Midrash here tells us that this was the expression they always used to express their approval of Lot's ideas (*Yefeh To'ar*).

27. These, too, are words spoken to Lot by the Sodomites below (ibid.). As *Rashi* (ibid.) explains there, these were words of disapproval over Lot's attempt to be kind to his guests. The Midrash here tells us that this was the expression they always used to express their disapproval of Lot's ideas (*Yefeh To'ar*).

The plain meaning of the Sodomites' complaint, "This fellow came to sojourn and would act as a judge?" is, "How dare this stranger presume to be our judge!" However, the Midrash cannot accept this interpretation, because it has just told us that the Sodomites appointed Lot to be chief magistrate over them! Therefore it interprets these words to be frequently expressed declarations of disapproval of Lot's "depraved" concepts of fair justice.

28. *Rashi.*

29. I.e., even if you are not used to being hosted in the house of someone so humble as myself (for Lot recognized that these were exceedingly exalted people; see above, note 14), please "turn aside" from your ordinary habits and come to my house anyway (*Rashi, Matnos Kehunah*).

INSIGHTS

Ⓐ **On That Day, They Appointed Lot Arch-magistrate** Czarist Russia in the late 19th century had many corrupt and oppressive laws that were especially cruel and discriminatory against Jews. A certain well-connected Jew was a staunch advocate of these decrees of the state being enforced to the letter of the law, and his actions caused untold suffering to many of his Jewish brethren.

The great Rav of Kovno, *R' Yitzchak Elchanan Spektor,* approached him with the following observation on our Midrash:

It seems puzzling that Sodom should be destroyed just as they appointed Lot to be their chief judge. While Lot fell far short of the exalted standard of righteousness set by his uncle Abraham, he was surely a saint when compared to the depraved residents of his adopted city. Indeed the Midrash above (49 §13) counts Lot first among the ten potential *tzaddikim* in whose merit the city would be spared. The Sodomites had finally taken a quantum leap upward by appointing Lot as their judge. Should *that* be the day that their fate was sealed?

Yes indeed, asserted *R' Yitzchak Elchanan.* It is possible to survive under a corrupt regime with corrupt laws if the judges are corrupt as well (as indeed Sodom's judges had hitherto been, as indicated by their names recorded in our Midrash). These corrupt judges can be induced to bend or ignore the laws just enough to make life livable. But when such a society appoints a "righteous" judge, who honestly enforces the corrupt decrees of an oppressive regime, there is no hope of accommodation. On that day, Sodom's laws became unbearable. It was not possible to survive under them. On that day, Sodom had to be destroyed (see *Iturei Torah*).

[ח]״וְלוֹט יֹשֵׁב״, ״יָשַׁב״ כְּתִיב, אוֹתוֹ הַיּוֹם מִינּוּהוּ אַרְכִי דַיָּינִים. [ט]חֲמִשָּׁה רָאשֵׁי דַיָּינִים הָיוּ בִסְדוֹם, קֵץ שֶׁקֶר, וְרַב שֶׁקֶר, רַב מַסְטֵידִין,° רַב נָבָל, וְקְלַא פַנְדֵּר. לוֹט הָיָה אַרְכִי הַדַּיָּינִים שֶׁבְּכוּלָּן, [י]בְּשָׁעָה שֶׁהָיָה אוֹמֵר לָהֶם דְּבָרִים שֶׁהֵם עֲרֵבִים לָהֶם הֵן אוֹמְרִים לוֹ ״גֶּשׁ הָלְאָה״, סַק לְעֵיל, וּבְשָׁעָה שֶׁהָיָה אוֹמֵר לָהֶם דְּבָרִים שֶׁאֵין עֲרֵבִים לָהֶם הָיוּ אוֹמְרִין לוֹ ״הָאֶחָד בָּא לָגוּר וַיִּשְׁפֹּט שָׁפוֹט״:

ד [יט, א-ב] ״וַיַּרְא לוֹט וַיָּקָם לִקְרָאתָם וְגוֹ׳ ״, ״וַיֹּאמֶר הִנֶּה נָּא אֲדֹנַי״. רַבִּי יוּדָן וְרַבִּי הוּנָא, רַבִּי יוּדָן אָמַר ״סוּרוּ נָא״, אֲפִילוּ אֵינִי כְדַאי עַקְמוּ עָלַי אֶת הַדֶּרֶךְ. רַבִּי הוּנָא אָמַר עַקְמוּ עָלַי אֶת הַדֶּרֶךְ כְּדֵי שֶׁלֹּא תִהְיוּ נִרְאִים בָּאִים אֶצְלִי. ״אֶל בֵּית עַבְדְּכֶם וְלִינוּ וְרַחֲצוּ״, [יא]אַבְרָהָם מַקְדִּים רְחִיצָה לְלִינָה וְלוֹט מַקְדִּים לִינָה לִרְחִיצָה, אֶלָּא אַבְרָהָם מַקְפִּיד עַל טִנּוּפֶת עֲבוֹדָה זָרָה לְפִיכָךְ הִקְדִּים רְחִיצָה, וְלוֹט אֵינוֹ מַקְפִּיד עַל טִנּוּפֶת עֲבוֹדָה זָרָה.

רש״י

ארכי דיינין. גדול הדיינין: **ה׳ ראשי דיינין היו בסדום.** קו שקר ורב שקר רב נבל ורב מסטי דין וקלא פנדא. קו שקר מדת שקר: **(ד) סורו נא.** אפילו איני כדאי סורו נא עקמו עלי את הדרך. היה לו לומר בואו נא מהו סורו נא מדרך הישרה ועשו שלא כדין אע״פ שאיני כדאי לכם: **אברהם מקפיד על טינופת עבודת כוכבים לפיכך הקדים רחיצה.** שהיו משתחוים לאבק רגליהם:

עץ יוסף

במלות הוא דן אותם בצדק כלו׳ בשעה שהם עושים צדקות דהיינו ביום. וכן ידין לאומים העכו״ם בעת שהם במישרים ממעשי העבירות דהיינו בלילה. כי לכולם עושה תקנה כדי לזכותם: **[ו] ישב כתיב כו׳.** נתב׳ לעיל פ׳ מ״ח סי׳ ו׳: **אותו היום מינוהו כו׳.** דיושבי הם השופטים. ואמר שמינהו ארכי עליהם דהיינו ראש הדיינים ומדכתיב וישפוט שפוט דרש שהיה שופט את שופטיהם (נזה״ק): **ה׳ ראשי דיינים היו.** לא׳ כרכים אחד לכל כרך: **קץ שקר.** ל׳ קלין. ורש״י גרס קו שקר: **מסטירין.** מטה דין. ובמוסף גרס מסטורין בל״י חוקר: **וקלא פנדר.** בל״י גונב אדם: **סק לעיל.** עלה למקום יותר מעולה. ודייק זה מדכתיב ואמרו האחד בא לגור וישפוט שפוט ולא כיילו כל דבריהם בויאמרו קמא (יפ״ת): **(ד) [ז] סורו נא אפילו איני בדאי.** כלו׳ נא תעבורו על מדת כבודכם לבא אלי אע״פ שאיני כדאי לכך. מפני שהכיר בהם שהם אנשים חשובים כמ״ש לעיל סי׳ ב׳: **ר׳ הונא אמר עקמו כו׳.** כלו׳ שילכו אחורי הבית מן הצד כדי שלא יהיו נראים באים אצלו כי הם הסכימו להשבית רגל האורחים מביניהם: **אברהם מקדים כו׳.** ה״ל ללמוד מאברהם כמו שלמד ממנו הכנסת אורחים ולשון ללינה אצל אברהם ל״ד: **מקפיד על טנופת עבודת כוכבים.** שהערביים היו משתחוים לאבק רגליהם. ואלו נדמו לו כערביים כדלעיל פ׳ מ״ח. ולכן מהר לרחוץ רגליהם. ולוט שלא היה מקפיד לא חש להקדים בדיבורו הרחילה אע״פ שבמעשה תקדים ללינה (יפ״ת):

פירוש מהרז״ו

אותו היום מינוהו. כן דרש גם לקמן פנ״ח סי׳ ז׳. ובמדרש שמואל ס״פ א׳: ועיין במ״ר פ״ג סי׳ ח׳ מש״ש שתיבת יושב מורה על המשפט ע״פ גז״ש מן וישב משה לשפוט את העם וכן מדוע אתה יושב לבדך והחסר מורה על שאותו היום מנוהו. גם בשער מורה על מקום המשפט בכמה מקומות וע׳ במ״ר פ׳ י״ג ר״ס ט״ז מש״ש: **רב מסטורין.** בערוך הגי׳ מסטה דין ועיין מ״כ: **סק לעיל.** כי גם משמע התקרבות והלאה משמע התרחקות גם ויאמרו ויאמרו ב״פ ע״כ פי׳ שהם שני דברים. ובשעה כו׳: **(ד) עקמו עלי** של׳ הסרה משמע מדרך הישר כמ״ש וסרתם מן הדרך וכדומה. עז״א אפי׳ איני כדאי ואין זה דרך ישר שתבואו אצלי עקמו כו׳ ור״ה פי׳ לשון הסרה שילכו דרך עקומה כו׳: **רחיצה ללינה.** כמ״ש ורחצו רגליכם וגו׳ ואקחה פת לחם ולשון ללינה לאו דוקא. ונקטה אגב שנקט בלוט לינה לרחילה:

חידושי הרד״ל

(ד) מינוהו ארכי דיינים. עמ״כ. ונראה דיושב בשער סדום דרש שער מקום המשפט. כמו ועלתה השערה. וכן עוד היום על שם זה נקרא מלכות ישמעאל השער הגבוה בלשון העמים) וכ״ה להדיא בפר״א פכ״ה ודרש יושב בשער שמנוהו ראש על השער. וזהו ג״כ שכתוב וישפוט שפוט שנעשה שופט ראש לשופטיהם:

חידושי הרש״ש

בשעה כו׳ אומרין כו׳ ובשעה כו׳ אומרין כו׳. זה דריש מדכתיב ויאמרו כו׳ ויאמרו כו׳ ב׳ פעמים: **[ד]אברהם מקדים רחיצה ללינה.** לאו דוקא כי לא לנו אצלו. ואף הוא לא בקשם על ככה שהרי א״ל אחר תעבורו. אך י״ל שאמר מעט ועשה לעשות הרבה כדאיתא בב״מ (פ״ז א׳):

באור מהרי״פ

קלפנדר. פי׳ רב״מ בל״י גונב אדם:

מסורת המדרש

ח פדר״א פרק כ״ה: ט עיין סנהדרין דף ק״ט: י תדא״ר פ׳ ל״א: יא בבא מציעא דף פ״ו:

מתנות כהונה

במלות דן אותן בשעה שעושין לדקות שהוא ביום: **ישב כתיב.** פי׳ מהר״ר אליהו מזרחי בפרשת חיי שרה אילו כתיב יושב היה בינוני ופירושו היה יושב כמו פרעה חולם עכשיו כתיב בלא וי״ו ישב הוא עבר ופירושו ישב בעת ההיא ולכן דרשו שאותו היום מינוהו ומה שאמרו שהיה ראש הדיינים קבלה היא בידם ולא למדוהו מן המקרא: **קץ שקר.** י״ל שהוא מלשון קלין ורש״י והערוך גרס קו שקר: **רב שקר.** ה״ג גם כן ברש״י ז״ל: **מסטדין.** מטה דין וי״ת ויסטו: **קלא פנדר.** הערוך הביאו ולא נתן בו טעם: **ארכי הדיינין.** הראש והאדון: **סק לעיל.** עלה ושב למעלה: **(ד) עקמו עלי כו׳.** כלומר תעברו על מדת כבודכם ודרככם: **אמר רב הונא עקמו עלי את הדרך.** עלי כמו ממני: **על טינופת עבודת כוכבים.** עיין בפירש״י בחומש:

נחמד למראה

[ג] ולוט יושב ישב כתיב אותו היום מינוהו ארכי דיינים וכו׳. כתב הרא״ם וזה לשונו מה שאמרו שהיה ארכי הדיינים שחמשה דיינים היו בסדום קץ שקר רב שקר רב מסתירין רב נבל וקלא פנדר. ולזה היה ארכי הדיינים שפירושו ראש הדיינים גמרא הוא בידם עכ״ל. הא מה שמסיים גמרא הוא בידם אינו מענין הפתיחה שאמר מה שאמרו שהיה ארכי הדיינים דמשמע שבא ליתן טעם לזה. ואולי דעתו לומר כיון שחמשה דיינים היו בסדום ולא קא חשיב לוט בהדייהו מבואר כי ארכי הדיינים היה. אך לפי שיש להקשות כיון ששמות האלה מורים על גנותם א״כ שמות תוארים הם ומאן לימא לן שלא היה לוט חד מינייהו וכפי זה בדוכתא קיימא מנלן שהיה ארכי הדיינים ולכך מסיים ביה שגמרא היה בידם. ולי נראה שבהכרח נריך לומר כי ארכי הדיינים היה מדכתיב ולוט יושב בשער סדום. פירוש שכבר היה שופט עליהם. כי יושבי שער הם השופטים. ומדכתיב ישב חסר וא״ו נריך לומר כפי המסורת יָשַׁב כתיב מבנין שלא נזכר שם פועלו מהכבד ולזה אמר אותו היום מינוהו ארכי הדיינים. ועיין לעיל תחלת פרשה מ״ח מה שכתבתי שם: **[ד] ויאמר הנה נא אדני סורו נא וגו׳.** נריך לדעת במאי קא מפלגי ר׳ יודן ור׳ הונא דמאי נפקא מינה אם אמר איני כדאי או שלא תהיו נראים כבאים אצלי כיון דתרוייהו מודו שאמר עקמו עלי את הדרך. ונ״ל דר׳ יודן ס״ל שללוט נדמו לו בדמות מלאכים כדסבירא ליה לר׳ לוי לעיל בפרשה זו. ומש״ה פירש שאמר להם סורו נא אל בית עבדכם אע״פ שאיני כדאי שאתם מלאכים ואני הדיוט אפ״ה עקמו עלי את הדרך ר״ל דרך ארץ שתעשו עמי לפנים משורת הדין אף ע״פ שאין זה כבודכם. ורב הונא ס״ל שבאו אליו בדמות אנשים ממש ולא הכיר בהם שהיו מלאכים ולפיכך פחד מאד מאנשי המקום שלא יעשו עמהם ועמו רעה כמנהגם ועל כן הזהירם שיעקמו את הדרך שלא יהו נראין כבאים אצלו: **סורו נא וכו׳ עקמו עלי את הדרך כדי שלא תהיו נראים באים אצלי.** כתב החכם אבן עזרא בפ׳ שמות וזה לשונו. גזר סר אם בא אחריה

אשד הנחלים

קץ שקר ורב שקר. הוא דרך צחות לבאר עניינם בגדר נכון עד כמה הגיע כח רשעתם. שקרותם היה בתכלית האחרון וזהו קץ שקר אך יש שהוא משקר בדבר אחד לבד והם היו רב שקר ששקרותם היה בכל דבר. והשקר הוא הדבר הן שבין אדם למקום או בין אדם לחבירו והוא שרש רעה שאין אחריו. רב מסטירין. נוטה דין שהיה בזה התכלית הרע בהטיית הדין: **סק לעיל.** כי בתחילה דימו שמדבר כפי חפצם אך כיון שראו שהוא אינו מסכים לדבריהם ע״כ אמרו האחד בא לגור גו׳: **[ד] עקמו עלי.** כי מלת הסרה נאמר בכל מקו׳ על הסרה ממקום לא למקום אחר. וכאן אומר בלשון הסרה לרמוז שאמת הוא שהוא הסרה ונטי׳ מדרך הנכון אבל עכ״ז עקמו עלי את הדרך אף שהוא

you are coming to me, for that would lead to trouble."[30]

□ אֶל בֵּית עַבְדְּכֶם וְלִינוּ וְרַחֲצוּ – *TURN ASIDE, PLEASE,* ***TO YOUR SERVANT'S HOUSE; SPEND THE NIGHT AND WASH*** *YOUR FEET.*

The Midrash takes note of a dissimilarity between Abraham's conduct and Lot's conduct:

אַבְרָהָם מַקְדִּים רְחִיצָה לְלִינָה וְלוֹט מַקְדִּים לִינָה לִרְחִיצָה – **Abraham mentions washing before** mentioning **spending the night,**[31] **whereas** when they came to **Lot,** he **mentions spending the night before** mentioning **washing.** How can we account for this difference?[32] אֶלָּא אַבְרָהָם מַקְפִּיד עַל טִנּוּפֶת עֲבוֹדָה זָרָה, לְפִיכָךְ הִקְדִּים רְחִיצָה – **However,** the explanation is that **Abraham was strict about** not allowing **the dirt of idolatry** into his house, **so he mentioned washing first,**[33] וְלוֹט אֵינוֹ מַקְפִּיד עַל טִנּוּפֶת עֲבוֹדָה זָרָה – **whereas Lot was not strict about** this matter of **the dirt of idolatry,** so he did not insist on their washing first.

NOTES

30. I.e., when coming to my house, be sure to "turn aside" to a circuitous route.

31. For Abraham had said to them: *Let some water be brought and wash your feet, and recline beneath the tree. I will fetch a morsel of bread that you may sustain yourselves, then go on* (above, 18:4-5). When the Midrash says that Abraham "mentions washing before spending the night," it does not mean this literally, for Abraham never mentioned spending the night at all. Rather, it means that the first offer on his list was washing the feet, whereas for Lot it was the second item (*Yefeh To'ar, Rashash*).

32. Being that he was taught about the concept of hospitality in the house of Abraham, Lot should have followed his procedure as to which directive is first in proper order (*Eitz Yosef*).

33. For the angels appeared as Arabs (see above, note 14), who used to worship the dust of their feet (*Bava Metzia* 86b; see *Yefeh To'ar* who suggests a reason as to why they would worship the dust of their feet).

ח"וְלוֹט יֹשֵׁב", "יָשַׁב" כְּתִיב, אוֹתוֹ הַיּוֹם מִינּוּהוּ אַרְכִי דַיָּינִים. טחֲמִשָּׁה רָאשֵׁי דַיָּינִים הָיוּ בִסְדוֹם, קֵץ שֶׁקֶר, וְרַב שֶׁקֶר, רַב מַסְטֵידִין,° רַב נָבָל, וּקְלַא פַנְדֵּר. לוֹט הָיָה אַרְכִי הַדַּיָּינִים שֶׁבְּכוּלָּן, יבְּשָׁעָה שֶׁהָיָה אוֹמֵר לָהֶם דְּבָרִים שֶׁהֵם עֲרֵבִים לָהֶם הֵן אוֹמְרִים לוֹ "גֶּשׁ הָלְאָה", סַק לְעֵיל, וּבְשָׁעָה שֶׁהָיָה אוֹמֵר לָהֶם דְּבָרִים שֶׁאֵין עֲרֵבִים לָהֶם הָיוּ אוֹמְרִין לוֹ "הָאֶחָד בָּא לָגוּר וַיִּשְׁפֹּט שָׁפוֹט":

ד [יט, א-ב] "וַיַּרְא לוֹט וַיָּקָם לִקְרָאתָם וגו'", "וַיֹּאמֶר הִנֶּה נָּא אֲדֹנַי". רַבִּי יוּדָן וְרַבִּי הוּנָא, רַבִּי יוּדָן אָמַר "סוּרוּ נָא", אֲפִילּוּ אֵינִי כְּדַאי עִקְמוּ עָלַי אֶת הַדֶּרֶךְ. רַבִּי הוּנָא אָמַר עִקְמוּ עָלַי אֶת הַדֶּרֶךְ כְּדֵי שֶׁלֹּא תִהְיוּ נִרְאִים בָּאִים אֶצְלִי. "אֶל בֵּית עַבְדְּכֶם וְלִינוּ וְרַחֲצוּ", יאאַבְרָהָם מַקְדִּים רְחִיצָה לְלִינָה וְלוֹט מַקְדִּים לִינָה לִרְחִיצָה, אֶלָּא אַבְרָהָם מַקְפִּיד עַל טִנּוֹפֶת עֲבוֹדָה זָרָה לְפִיכָךְ הִקְדִּים רְחִיצָה, וְלוֹט אֵינוֹ מַקְפִּיד עַל טִנּוֹפֶת עֲבוֹדָה זָרָה.

עץ יוסף

במלות הוא דן אותם בלדק כלו' בשעה שהם עושים לדקות דהיינו ביום. וכן ידין לאומים העכו"ם בעת שהם במישרים ממעשי העבירות דהיינו בלילה. כי לכולם עושה תקנה כדי לזכותם: [ו] **ישב כתיב כו'**. נתב' לעיל פ' מ"ח סי' ו': **אותו היום מינוהו כו'**. דיושבי הם השופטים. ואמר שמינהו ארכי עליהם דהיינו ראש הדיינים ומדכתיב וישפוט שפוט דרש שהיה שופט את שופטיהם (נזה"ק): **ה' ראשי דיינים היו**. לה' כרכים אחד לכל כרך: **קץ שקר**. ל' קלין. ורש"י גרס קו שקר: **מסטירין**. מטה דין. ובמוסף גרס מסטורין בל"י חוקר: **וקלא פנדר**. בל"י גונב אדם: **סק לעיל**. עלה למקום יותר מעולה. ודייק זה מדכתיב ואמרו האחד בא לגור וישפוט שפוט ולא כיילו כל דבריהם בויאמרו קמא (יפ"ת): (ד) [ז] **סורו נא אפילו איני כדאי**. כלו' נא תעבורו על מדת כבודכם לבא אלי אע"פ שאיני כדאי לכך. מפני שהכיר בהם שהם אנשים חשובים כמ"ש לעיל סי' ב': **ר' הונא אמר עקמו כו'**. כלו' שילכו אחורי הבית מן הלד כדי שלא יהיו נראים באים אללו כי הם הסכימו להשבית רגל האורחים מביניהם: **אברהם מקדים כו'**. ה"ל ללמוד מאברהם כמו שלמד ממנו הכנסת אורחים ולשון ללינה אלל אברהם ל"ד: **מקפיד על טנופת עבודת כוכבים**. שהערביים היו משתחוים לאבק רגליהם. ואלו נדמו לו כערביים כדלעיל פ' מ"ח. ולכן מהר לרחוץ רגליהם. ולוט שלא היה מקפיד לא חש להקדים בדיבורו הרחילה אע"פ שבמעשה תקדים ללינה (יפ"ת):

פירוש מהרז"ו

אותו היום מינוהו. כן דרש גם לקמן פנ"ח סי' ז'. ובמדרש שמואל ס"פ א': ועיין במ"ר פ"ג סי' ח' מש"ש שתיבת יושב מורה על המשפט ע"פ גז"ש מן וישב משה לשפוט את העם וכן מדוע אתה יושב לבדך והחסר מורה על שאותו היום מנוהו. גם בשער מורה על מקום המשפט בכמה מקומות וע' במ"ר פ' י"ג ר"ס ע"ז מש"ש: **רב מסטורין**. בערוך הגי' מסטה דין ועיין מ"כ: **סק לעיל**. כי גש משמע התקרבות והלאה משמע התרחקות גם ויאמרו ויאמרו ב"פ ע"כ פי' שהם שני דברים. ובשעה כו': (ד) **עקמו עלי** של' הסרה משמע מדרך הישר כמ"ש וסרתם מן הדרך וכדומה. עז"א אפי' איני כדאי ואין זה דרך ישר שתבואו אללי עקמו כו' ור"ה פי' לשון הסרה שילכו דרך עקומה כו': **רחיצה ללינה**. כמ"ש ורחצו רגליכם וגו' ואקחה פת לחם ולשון ללינה לאו דוקא. ונקטה אגב שנקט בלוט לינה לרחילה:

מסורת המדרש

ח פדר"א פרק כ"ה: ט עיין סנהדרין דף ק"ט: י תדא"ר פ' ל"א: יא בבא מציעא דף פ"ו:

חידושי הרד"ל

(ד) **מינוהו ארכי דיינים**. עמ"כ. ונראה דיושב בשער סדום דרש שער מקום המשפט. כמו ועלתה השערה. וכן עוד היום על שם זה נקרא מלכות ישמעאל השער הגבוה בלשון העמים) וכ"ה להדיא בפר"א פכ"ה ודרש יושב בשער שמנוהו ראש על השער. וזהו ג"כ שכתוב וישפוט שפוט שנעשה שופט ראש לשופטיהם:

חידושי הרש"ש

בשעה כו' אומרין כו' ובשעה כו' אומרין כו'. זה דריש מדכתיב ויאמרו כו' ויאמרו כו' ב' פעמים: [ד]**אברהם מקדים רחיצה ללינה**. לאו דוקא כי לא לנו אללו. ואף הוא לא בקשם על ככה שהרי א"ל אחר תעבורו. אך י"ל שאמר מעט ותשב לעשות הרבה כדאיתא בב"מ (פ"ז א'):

באור מהרי"פ

קלפנדר. פי' רב"מ בל"י גונב אדם:

רש"י

ארכי דיינין. גדול הדיינין: **ה' ראשי דיינין היו בסדום**. קו שקר ורב שקר רב נבל ורב מסטי דין וקלא פנדא. קו שקר מדת שקר: (ד) **סורו נא**. אפילו איני כדאי סורו נא עקמו עלי את הדרך. היה לו לומר בואו נא מהו סורו נא מדרך הישרה ועשו שלא כדין אע"פ שאיני כדאי לכם: **אברהם מקפיד על טינופת עבודת כוכבים לפיכך הקדים רחיצה**. שהיו משתחוים לאבק רגליהם:

מתנות כהונה

במלות דן אותן בשעה שעושין לדקות שהוא ביום: **ישב כתיב**. פי' מהר"ר אליהו מזרחי בפרשת חיי שרה אילו כתיב יושב היה בינוני ופירושו היה יושב כמו פרעה חולם עכשיו כתיב בלא וי"ו ישב הוא עבר ופירושו ישב בעת ההיא ולכן דרשו שאותו היום מינוהו ומה שאמרו שהיה ראש הדיינים קבלה היא בידם ולא למדוהו מן המקרא: **קץ שקר**. י"ל שהוא מלשון קלין ורש"י והערוך גרס קו שקר: **רב שקר**. ה"ג גם כן ברש"י ז"ל: **מסטדין**. מטה דין וי"ת ויסטו: **קלא פנדר**. הערוך הביאו ולא נתן בו טעם: **ארכי הדיינין**. הראש והאדון: **סק לעיל**. עלה ושב למעלה: (ד) **עקמו עלי כו'**. כלומר תעברו על מדת כבודכם ודרככם: **אמר רב הונא עקמו עלי את הדרך**. עלי כמו ממני: **על טינופת עבודת כוכבים**. עיין בפירש"י בחומש:

נחמד למראה

[ג] **ולוט יושב ישב כתיב אותו היום מינוהו ארכי דיינים וכו'**. כתב הרא"ם וזה לשונו מה שאמרו שהיה ארכי הדיינים שחמשה דיינים היו בסדום קץ שקר רב שקר רב מסתירין רב נבל וקלא פנדר. ולזה היה ארכי הדיינים שפירושו ראש הדיינים גמרא הוא בידם עכ"ל. הא מה שמסיים גמרא הוא בידם אינו מענין הפתיחה שאמר מה שאמרו שהיה ארכי הדיינים דמשמע שבא ליתן טעם לזה. ואולי דעתו לומר כיון שחמשה דיינים היו בסדום ולא קא חשיב לוט בהדייהו מבואר כי ארכי הדיינים היה. אך לפי שיש להקשות כיון שהשמות האלה מורים על גנותם א"כ שמות תוארים הם ומאן לימא לן שלא היה לוט חד מינייהו וכפי זה בדוכתא קיימא מנלן שהיה ארכי הדיינים ולכך מסיים דזה שגמרא היה בידם. ולי נראה שבהכרח לריך לומר כי ארכי הדיינים היה מדכתיב ולוט יושב בשער סדום. פירוש שכבר היה שופט עליהם. כי יושבי שער הם השופטים. ומדכתיב ישב חסר וא"ו לריך לומר כפי המסורת יָשַׁב כתיב מבנין שלא נזכר שם פועלו מהכבד ולזה אמר אותו היום מינוהו ארכי הדיינים. ועיין לעיל תחלת פרשה מ"ח מה שכתבתי שם: [ד] **ויאמר הנה נא אדני סורו נא וגו'**. לריך לדעת במאי קא מפלגי ר' יודן ור' הונא דמאי נפקא מינה אם אמר איני כדאי או שלא תהיו נראים כבאים אללי כיון דתרווייהו מודו שאמר עקמו עלי את הדרך. ונ"ל דר' יודן ס"ל שללוט נדמו לו בדמות מלאכים כדסבירא ליה לר' לוי לעיל בפרשה זו. ומש"ה פירש שאמר להם סורו נא אל בית עבדכם אע"פ שאיני כדאי שאתם מלאכים ואני הדיוט אפ"ה עקמו עלי את הדרך ר"ל דרך ארץ שתעשו עמי לפנים משורת הדין אף ע"פ שאין זה כבודכם. ורב הונא ס"ל שבאו אליו בדמות אנשים ממש ולא הכיר בהם שהיו מלאכים ולפיכך פחד מאד מאנשי המקום שלא יעשו עמהם ועמו רעה כמנהגם ועל כן הזהירם שיעקמו את הדרך שלא יהו נראין כבאים אללו: **סורו נא וכו' עקמו עלי את הדרך כדי שלא תהיו נראים באים אצלי**. כתב החכם אבן עזרא בפ' שמות וזה לשונו. גזר סר אם בא אחריה

אשד הנחלים

קץ שקר ורב שקר. הוא דרך צחות לבאר עניינם בגדר נכון עד כמה הגיע כח רשעתם. שקרותם היה בתכלית האחרון וזהו קץ שקר אך יש שהוא משקר בדבר אחד לבד והם היו רב שקר ששקרותם היה בכל דבר. והשקר הוא הדבר הן שבין אדם למקום או בין אדם לחבירו והוא שרש רעה שאין אחריו. רב מסטירין. נוטה דין שהיה בזה התכלית הרע בהטיית הדין: **סק לעיל**. כי בתחילה דימו שמדבר כפי חפצם אך כיון שראו שהוא אינו מסכים לדבריהם ע"כ אמרו האחד בא לגור גו': [ד] **עקמו עלי**. כי מלת הסרה נאמר בכל מקו' על הסרה ממקום לא למקום אחר. וכאן אומר בלשון הסרה לרמוז שאמת הוא שהוא הסרה ונטי' מדרך הנכון אבל עכ"ז עקמו עלי את הדרך אף שהוא

וְיֵשׁ אוֹמְרִים: אַף זֶה עָשָׂה כַּשּׁוּרָה — **And some say: Even** regarding **this** matter of presenting the order of actions **[Lot] acted properly:**[34] כְּדֵי שֶׁיֵּצְאוּ וְיִרְאוּ אָבָק עַל רַגְלֵיהֶם, שֶׁלֹּא יֹאמְרוּ ״הֵיכָן לָנוּ?״ — He mentioned washing last **so that [the angels] would leave** the house in the morning **and [the townspeople] would detect dust** still **on their feet, so that they should not** become suspicious and **inquire, "Where did they sleep** last night?"[35]

☐ וַיֹּאמְרוּ לֹּא כִּי בָרְחוֹב נָלִין — *AND THEY SAID, "NO, RATHER WE WILL SPEND THE NIGHT IN THE SQUARE."*

The Midrash contrasts the angels' reaction to Lot's invitation with their reaction to Abraham's, upon which they said immediately, "Do so, just as you have said" (above, 18:5).

מְמָאֲנִין בְּקָטָן וְאֵין מְמָאֲנִין בְּגָדוֹל — **An offer** extended **by someone** of **minor** stature **may be refused; an offer** extended **by someone of great stature**[36] **should not be refused.**

☐ וַיִּפְצַר בָּם מְאֹד — *AND HE URGED THEM VERY MUCH.*

הִכְנִיס בָּם אַף וְצָרָה — This means that **he directed toward them anger and anguish** at their refusal.[37]

☐ וַיָּסֻרוּ אֵלָיו וַיָּבֹאוּ אֶל בֵּיתוֹ — *SO THEY TURNED ASIDE TOWARD HIM AND THEY CAME TO HIS HOUSE.*

הָדָא מְסַיְּיעָא לְהַהוּא דְּאָמַר רַב הוּנָא: ״עַקְּמוּ עָלַי אֶת הַדֶּרֶךְ כְּדֵי שֶׁלֹּא תִהְיוּ נִרְאִים בָּאִים אֶצְלִי״ — **This verse supports R' Huna's opinion** (earlier in this section) that when Lot asked the angels to "turn aside" he meant, **"Divert yourselves from the** direct **route to me** (i.e., to my house), and come by a roundabout route, **so that it should not be apparent** to the townspeople **that you are coming to me."**[38]

☐ וַיַּעַשׂ לָהֶם מִשְׁתֶּה — *HE MADE A FEAST FOR THEM.*

בְּבֵיתוֹ שֶׁל אַבְרָהָם אָבִינוּ הָיָה, שֶׁהָיָה מְקַבֵּל אֶת הָעוֹבְרִים וְאֶת הַשָּׁבִים — **[Lot] had been** for many years **in the home of our forefather Abraham, who would take in passersby** to his home.[39]

☐ וּמַצּוֹת אָפָה — *AND HE BAKED MATZOS.*

The Midrash presents a homiletical interpretation of the word "matzos":

אָמַר רַבִּי יִצְחָק: מַצּוֹת גְּדוֹלָה עָמְדָה עַל הַמֶּלַח — **A great quarrel** [מַצוּת][40] **arose** at that time between Lot and his wife[41] **over salt.**[42] דַּהֲוָה אָמַר לָהּ הַב לְאִלֵּין אַכְסַנְיָא קְלִיל מֶלַח — **For** during the meal **[Lot] would say to her, "Give a bit of salt to these guests** to flavor their food." וַהֲוַת אָמְרָה לֵיהּ ״אַף הָדָא סוּנִיתָא בִּישָׁא אַתְּ בָּעֵי מוֹלְפָא הָכָא!״ — **And she would reply to him, "Do you wish to introduce also this evil custom to this place?!"**[43]

NOTES

34. I.e., it was not due to his laxity in matters of idolatry.

35. According to this view, Lot's intention was to protect the angels. He felt, "Better that they linger here with the dust on their feet, so that they should appear as though they just came" (*Rashi* to *Genesis* 19:2). I.e., Lot could tell the Sodomites, "Look, their feet are still dirty! They just came in a short while ago, and I did not have time to notify you." He therefore told his guests not to wash their feet until after leaving his house in the morning (*Matnos Kehunah*). [Although his words were, "*Spend the night and wash your feet, and wake up early and go your way,*" he did not mean that they should do the last two actions in this order, washing their feet before leaving (*Rashi, Yefeh To'ar*).]

36. Such as Abraham.

37. According to this Midrash, the word וַיִּפְצַר (*and he urged*) is a contraction of the words אַף and צָרָה (*Matnos Kehunah*). It is possible that Lot's anger was feigned in order to deceive the townspeople that his conversation with them was contentious and did not concern hospitality (*Yefeh To'ar*). Alternatively, the Midrash implies that Lot made his guests feel anger and anguish, for being forced to consent to something that they did not want to do (*Maharzu*).

38. According to the other interpretation of "turn aside" — that of R' Yudan — Lot had meant that the "visitors" should forgo their customary manner of taking only the most regal lodgings and come to his humble home. It is thus unnecessary for the Torah to relate here that they "turned aside" in this sense, for merely by telling us that they went to Lot's house this is already known. But according to R' Huna it is indeed necessary to inform us that not only did they go to Lot's house, but they went there by a circuitous route (*Rashi, Yefeh To'ar;* cf. *Matnos Kehunah*).

39. It was from spending time in the house of Abraham that Lot absorbed the practice of inviting passersby to his home and offering them a large feast (*Eitz Yosef*).

40. The Midrash homiletically interprets the word מַצּוֹת (unleavened bread) as if it were vowelized מַצוּת (quarrel).

41. Who was a native Sodomite.

42. It stands to reason that the quarrel (מַצוּת) that took place was over salt, for we find below (19:26) that Lot's wife was punished by being turned into a pillar of salt (*Yefeh To'ar*).

43. Lot prepared the feast by himself (as v. 3 states: *"he" made a feast for them and "he" baked matzos*). But after he served the food he asked his wife to bring some salt, at which point she protested, for the Sodomites were strongly opposed to extending any assistance to any outsider (*Yefeh To'ar*).

[יב]וְיֵשׁ אוֹמְרִים אַף זֶה עָשָׂה כַּשּׁוּרָה כְּדֵי שֶׁיֵּצְאוּ וְיִרְאוּ אָבָק עַל רַגְלֵיהֶם שֶׁלֹּא יֹאמְרוּ: הֵיכָן לָנוּ. "וַיֹּאמְרוּ לֹּא כִּי בָרְחוֹב נָלִין", [יג]מְמָאֲנִין בְּקָטָן וְאֵין מְמָאֲנִין בְּגָדוֹל. "וַיִּפְצַר בָּם מְאֹד", הִכְנִיס בָּם אַף וְצָרָה. [יט, ג] "וַיָּסֻרוּ אֵלָיו וַיָּבֹאוּ אֶל בֵּיתוֹ", הָדָא מְסַיְּיעָא לְהַהוּא דְּאָמַר רַב הוּנָא: עַקְמוּ עָלַי אֶת הַדֶּרֶךְ כְּדֵי שֶׁלֹּא תִּהְיוּ נִרְאִים בָּאִים אֶצְלִי. "וַיַּעַשׂ לָהֶם מִשְׁתֶּה", [יד]בְּבֵיתוֹ שֶׁל אַבְרָהָם אָבִינוּ הָיָה, שֶׁהָיָה מְקַבֵּל אֶת הָעוֹבְרִים וְאֶת הַשָּׁבִים. אָמַר רַבִּי יִצְחָק: מַצּוֹת גְּדוֹלָה עָמְדָה עַל הַמֶּלַח, דַּהֲוָה אָמַר לָהּ: הַב לְאִלֵּין אַכְסְנַיָּא קְלִיל מֶלַח וַהֲוַת אָמְרָה לֵיהּ אַף הָדָא סוּנִיתָא בִּישָׁא אַתְּ בָּעֵי מֵילְפָא הָכָא:

עץ יוסף

כדי שיצאו ביום המחר לרחוב **ויראו אבק על רגליהם. שלא יאמרו היכן לנו.** אלא יסברו שבאו עכשיו: **ממאנין בקטן** שעל דבריו אפשר לסרב. ולכן בלוט מיאנו. אבל בגדול אין ממאנין שיש לקיים דבריו בגזרת שלטון. ולכן באברהם אמרו מיד כן תעשה: [ח] **אף וצרה** ויפצר נוטריקון לשון אף וצרה. והכעס היה למראה עינים כדי שלא ירגישו הרואים שהיה מזמינם. בחשבם שהיה מתקוטט עמהם על איזה ענין: **הדא מסייע** דלדידיה ניחא דאשמועינן שעשו כדבריו שעקמו הדרך. אבל למ"ד אפי' אורחיה כדאי למה לי ויסורו (יפ"ת): **בביתו של אברהם אבינו היה.** ומשם למד לעשות משתה גדול: **מצות גדולה** פי' מריבה גדולה היתה שם על עסקי המלח. שאמר לאשתו תן מעט מלח לאורחים אלו. וא"ל מה זה שתחפוץ להנהיג פה מנהג הכנסת אורחים שאינו מנהג המקום. ודרש מצות לשון ריב ומצה. ומ"ש שהריב היה במלח הוא מדנענשה ותהי נציב מלח:

פירוש מהרז"ו

אף זה פי' אף דבר זה וכו"ה: **ממאנין** עיין ב"מ דף פ"ו ושם איתא מסרבין: **הכניס בם אף וצרה** כך פי' תיבת ויפצר בכל מקום. שעל שמעביר את חבירו מרצונו מכעיסו ומצרת נפשו מתרצה: **מסייע בו'** דאי כר' יודן היה די שיאמר ויסורו אליו: **בביתו של אברהם אבינו היה** פי' אף שדר בסדום. ולא הקפיד על עבודת האבק ונתאוה לבנותיו כמ"ש לקמן פ' נ"א. עכ"ז נמצאו בו דברים טובים יען גדל בבית אברהם: **מצות גדולה** כי אברהם אמר לשרה לושי ועשי עוגות אבל בלוט ומצות אפה בעצמו. שאשתו היתה סדומית ולא רצתה. וממ"ש מצות אין צורך להוכיח שהיה בפסח שכבר ידענו כן מאברהם כמ"ש לעיל פ' מ"ח סי' י"ב. ע"כ דורש ע"פ מדת ממעל ריב ומצה. ומרומז גם בתיבת מצות שהמצה היה על המלח כי דרך המצות לאפות בלא מלח. וצריך לאכלם עם מלח. וע"פ מדת מנגד שהרי היתה לבסוף נציב מלח על שחטאה במלח. ועיין לקמן פ' נ"א סי' ה'. ובכל המאמר שם ר' יצחק כמו כאן: **סיניתא** אולי צ"ל סוגיתא מלשון סוגיא דעלמא בדחז"ל לשון דרך ומנהג:

מסורת המדרש

יב מסכת דרך ארץ פרק ד':
יג פסחים פ"ט ע"ב. בבא מציעא פ"ז ע"א. תנחומא סדר זה סי' י"א:
יד פדר"א פרק כ"ה. תנחומא כאן סימן י"א:

חידושי הרד"ל

(ה) [ד] **מצוה גדולה עמדה על המלח.** עמ"כ. ומ"ש עגות מצות הוא בלי מלח. שזה דבריו כדברי האומרים מלח מחמיץ. מה שרוב הפוסקים חולקים ע"ז. גם פשט הלשון משמע שעל המלח לסעודה לטבול הפת היה מצות ולא שבתוך העיסה. ועיקר ענין המלח. נראה נלמד במדה כנגד מדה. שלכן נעשה נציב מלח וכדלקמן פנ"א וי"ל עוד דלשון נציב מלח. דרש כמו נצב לריב. (ילאו נצבים שדרשוהו לחרף ולגדף). שעשתה מריבה על המלח. וזהו לשון עמדה דנקט כאן. כלשון נציב שהוא לשון יציבה ועמידה:
(ו) **סוניתא.** פי' בערוך מנהיג:

חידושי הרש"ש

ויסורו אליו בו' הדא מסייע בו'. עמ"כ. וכוונתו פשוטה דבשלמא הוא דסבר שהמה אנשים שפיר אמר תעברו על כבודכם. אבל איך שייך לספר עליהם שמחלו על כבודם כיון שבאמת היו מלאכים. והוא נכון מאד בפשט המדרש. והיד"מ במח"כ לא הבינו:
מצות גדולה עמדה על המלח. עמ"כ ולפירושו היה סמך גדול מכאן להנוהגים שלא לתת מלח במצה עיין שו"ע או"ח סי' תנ"ה ס"ה. אבל פירושו אינו מוכרח עיין לקמן פנ"א על ותהי נציב מלח:
הדא סוניתא בישא. בערוך פי' שהוא בלשון יון מנהג. ורש"י בפי' התורה לקמן בפסוק ותהי נציב מלח כתב ג"כ אף המנהג הרע כו':

באור מהרי"פ

[ד] **סוניתא.** פי' הערוך בל"י מנהיג סונתיאה:

רש"י

ויש אומרים אף זה עשה בשורה. שהקדים לינה: **כדי שיצאו ויראו אבק שעל רגליהם ולא יאמרו אנשי סדום אלו לנו.** אבל לכשיראו אבק שעל רגליהם יאמרו לא לנו אלא עכשיו באו ומה שכתוב ורחצו רגליכם למחר רחצו רגליכם כשתלכו ולא כשבאו: **ממאנין בקטן.** זה לוט: **ואין ממאנין בגדול.** שאמרו לו כן תעשה כאשר דברת: **ויפצר בהם.** הכניס בהם אף וצרה ויסורו אליו הדא אמרה סייעתא להכיא דאמר רב הונא עקמו עלי את הדרך כדי שלא תהיו נראים באין אצלי. והם עשו כמו כן דכתיב ויסורו ולא כתיב ויבאו: **מצוה גדולה עמדה על המלח.** מצות דורש: **דהוה אמר.** לוט לאתתיה הב לאלין אכסנאין קלי מלח: **אף הדא סוניתא בישתא את בעי מלפא הכא.** מנהג כעור כדאמרינן סניא הדא דר' כעורה זו שכנה ר':

מתנות כהונה

כדי שיצאו. למחר ויראו הסדומיים האבק ולא ירגישו שלנו בתוך הבית ופי' ורחצו רגליכם לאחר שתצאו מזה: **ואין ממאנין בגדול.** ולפיכך לאברהם אמרו כן תעשה: **ויפצר.** נוטריקון ווי אף וצרה: **הדא מסייע בו'.** דאי כר' יודן היאך אמר הכתוב שהמלאכים עברו על מדתם ובאו אליו [כאלו] אין דרכם להתאכסן אלא עם אנשים חשובים וק"ל: **בביתו של אברהם בו'.** וממנו למד ובילקוט גרס גידל בבית אברהם כו'. כלומר מגודל בביתו היה: #ה"ג **השבים ומצות אפה וגו'** א"ר יצחק מצות גדולה וכן הוא בילקוט: **מצות.** ריב וקטטה ודייק מדלא אמר עוגות כמו גבי אברהם ועל כל פנים היו עוגות מצות בלי מלח מפני שחסה על המלח ולא ס"ל כהאי תנא דאמר פסח היה: **דהוה אמר לה.** לוט לאשתו: **הב בו'.** תן לאורחים הללו מעט מלח והיתה אומרת לו אף המנהג הרע אתה רוצה ללמדו פה. #**סוניתא.** פירש"י כעור ובזה כדאמרינן סניא הדא דר' פירוש כעורה זו שכנה רבי:

נחמד למראה

מ"ס היא למרחוק כמו ממני הוא אומר רחקו ממני. ואם אחריה אֶל תהפך כמו סורה אלי סורה ממקומך ובוא אלי עכ"ל. וראוי שתדע כי לשון הסרה לא יפול אלא באחד משני פנים. אם בדבר שהוא נח ושוקט במקום מן המקומות ויסור משם כענין שאמר החכם אבן עזרא שהוראתו סורה ממקומך ובוא אלי. או במי שהולך לדרכו ללכת אל מקום מן המקומות וקודם שיגיע לשם יסור מן הדרך הישרה לנטות אל מקום מן המקומות לסבה מן הסבות כמו דאת אומר סורו מני דרך הטו מני אורח (ישעיה ל'). ואולם בהמלאכים האלה לא יצדק לשון הסרה כיון שכל מגמתם היה לבוא סדומה כדכתיב ויבואו שני המלאכים סדומה בערב. וא"כ הוי ליה למימר בואו נא אל בית עבדכם. ומדקאמר סורו נא לזה דרש עקמו עלי את הדרך כדי שלא תהיו נראים באים אצלי: **ויפצר בם מאד הכניס בהם אף וצרה.** הרב יפ"ת פירש שלוט התאנף בהם שלא היו רוצים לבוא אצלו. ולפירושו קשה דהכניס בם מורה שלוט הכניס במלאכים אף וצרה. והב"א פירש שהכניס במלאכים אף וצרה שלא היה כדאי. והרב ידי משה כתב שפירושו דחוק דלא שייך במלאכים אף וצרה. ועוד יש לדקדק לפי פירושו דלמה הלכו המלאכים בעל כרחם ומי הכריחם לעשות כדברי לוט שילינו ברחוב. גם מה שפירש הרב ידי משה עצמו ובמשנת דר' אליעזר פירושם דחוק מאד כאשר יראה המעיין. ול"נ לפרש שלפי שלוט היה חושב שהיו אנשים אורחים כדברי רב הונא דפירשנו לעיל כשאמר למלאכים סורו נא שיעקמו את הדרך כדי שלא יהו נראין כבאים אצלו מפני שיש סכנה בדבר להם אם ירגישו בם אנשי העיר באותה שעה נראו המלאכים כאלו נתמלאו אף וחימה מרשעת האנשים שעושים שפטים באורחים ובמי שמארח אותם כמו שהוא הטבע בבן אדם כשיארע לו כיוצא בזה כדי להעלים הדבר מלוט שלא ידע שהם מלאכים ועל כן ויסורו אליו שעקמו את הדרך שאם לא היו נראים את עצמם והיו באים דרך ישרה היה מקום ללוט להכירם שהם מלאכים מדלא השגיחו בקול פחדים והשתא אתי שפיר הדא דמסייעא להא דאמר רב הונא עקמו עלי את הדרך דס"ל שנראו אליו כאורחים כדפירשנו לעיל דאילו לר' יודן דאמר שבאו אליו כמלאכים אין בהם אף וצרה ולא היו מעקמין את הדרך כי אין פחד אנשי העיר עליהם ודו"ק:

אשד הנחלים

דרך עקומה לא מיושרה ואיני כדאי לזה ולכן מכונה זאת בשם הסרה ודעת ר"ה לא שהי' מדמה כי הוא אינו כדאי רק כדי שלא ירגישו בהם האנשים אמר שיסורו ממקומם. עד שידמה שהמה סרים מביתו למקום אחר: **ואין ממאנים בגדול.** ולכן לא סרבו אצל אברהם: **אף מצרה.** כלומר אף שבאמת היו בכעס עליו לילך לביתו ועכ"ז אחזום צרה ולחץ שהכריחם על כך שיכנסו: **עקמו עלי.** וזהו ויסורו אליו שנראה כאלו סרו מביתו: **בביתו של אברהם.** ולכן ההרגל עשה זאת רושם בנפש:

טֶרֶם יִשְׁכָּבוּ וְאַנְשֵׁי הָעִיר אַנְשֵׁי סְדֹם נָסַבּוּ עַל הַבַּיִת מִנַּעַר וְעַד זָקֵן כָּל הָעָם מִקָּצֶה. וַיִּקְרְאוּ אֶל לוֹט וַיֹּאמְרוּ לוֹ אַיֵּה הָאֲנָשִׁים אֲשֶׁר בָּאוּ אֵלֶיךָ הַלָּיְלָה הוֹצִיאֵם אֵלֵינוּ וְנֵדְעָה אֹתָם.

They had not yet lain down when the townspeople, the people of Sodom, converged upon the house, from young to old, all the people from every quarter. And they called to Lot and said to him, "Where are the men who came to you tonight? Bring them out to us that we may know them" (19:4-5).

§5 **טֶרֶם יִשְׁכָּבוּ** — ***THEY HAD NOT YET LAIN DOWN*** *WHEN THE TOWNSPEOPLE, THE PEOPLE OF SODOM, CONVERGED UPON THE HOUSE.*

The phrase *the townspeople, the people of Sodom* appears redundant. The Midrash offers an explanation:

הִתְחִילוּ שׁוֹאֲלִים אוֹתוֹ, אָמְרוּ לוֹ "אַנְשֵׁי הָעִיר מָה הֵם?" — At this point, before it was time to lie down, **[the angels] began questioning him, saying to him: What** type of people **are the people of this city?**[44] **אָמַר לְהוֹן "כָּל אֲתַר אִית טָבִין וּבִישִׁין, בְּרַם הָכָא סוּגְיֵיהּ בִּישִׁין"** — **He replied to them: Every place** in the world **has some good people and some wicked people;**[45] **however, here** in Sodom **the bulk of [its populace] is wicked.**

□ **וְאַנְשֵׁי הָעִיר אַנְשֵׁי סְדֹם נָסַבּוּ עַל הַבַּיִת וְגוֹ'** — *THEY HAD NOT YET LAIN DOWN,* ***WHEN THE TOWNSPEOPLE, THE PEOPLE OF SODOM, CONVERGED UPON THE HOUSE*** *FROM YOUNG TO OLD, ALL THE PEOPLE FROM EVERY QUARTER.*

אֵין אֶחָד מֵהֶם מְעַכֵּב — **Not one of [the Sodomites] prevented** the people from converging upon the house.[46]

□ **וַיִּקְרְאוּ אֶל לוֹט וַיֹּאמְרוּ לוֹ** — ***AND THEY CALLED TO LOT AND SAID TO HIM,*** *"WHERE ARE THE MEN WHO CAME TO YOU TONIGHT? BRING THEM OUT TO US SO THAT WE MAY KNOW THEM."*

רַבִּי יְהוֹשֻׁעַ בֶּן לֵוִי בְּשֵׁם רַבִּי פְּדָיָה אָמַר — **R' Yehoshua ben Levi in the name of R' Pedayah said:** **כָּל אוֹתוֹ הַלַּיְלָה הָיָה לוֹט מְבַקֵּשׁ עֲלֵיהֶם רַחֲמִים וְהָיוּ מְקַבְּלִין מִמֶּנּוּ** — **Through that entire night Lot sought mercy for [the Sodomites], and [the angels] were receptive** of his pleas. **כֵּיוָן שֶׁאָמְרוּ לוֹ "הוֹצִיאֵם אֵלֵינוּ וְנֵדְעָה אוֹתָם", לְתַשְׁמִישׁ** — However, **once they said, *Bring them out so that we may know them*** — by which they meant "that we may 'know' them **carnally"** — **אָמְרוּ לוֹ "עַד מִי לְךָ פֹּה"** — **[the angels] said to him** (v. 12), ***Whom else do you have "here"*** [פֹּה], **קְרֵי בֵיהּ "עוֹד מִי לְךָ פֶּה"** — **which you should read as, "What else can you** possibly **have in your mouth** [פֶּה] to say in their favor?!"[47] **עַד כָּאן הָיָה לְךָ רְשׁוּת לְלַמֵּד סָנֵיגוֹרְיָא עֲלֵיהֶם, מִכָּאן וְאֵילָךְ אֵין לְךָ רְשׁוּת לְלַמֵּד סָנֵיגוֹרְיָא עֲלֵיהֶם** — They were telling him, in effect: **"Up until this point you were permitted to present a defense on their behalf,** but **from this point onward you have no more permission to present a defense on their behalf."**[48]

וַיֵּצֵא אֲלֵהֶם לוֹט הַפֶּתְחָה וְהַדֶּלֶת סָגַר אַחֲרָיו. וַיֹּאמַר אַל נָא אַחַי תָּרֵעוּ. הִנֵּה נָא לִי שְׁתֵּי בָנוֹת אֲשֶׁר לֹא יָדְעוּ אִישׁ אוֹצִיאָה נָּא אֶתְהֶן אֲלֵיכֶם וַעֲשׂוּ לָהֶן כַּטּוֹב בְּעֵינֵיכֶם רַק לָאֲנָשִׁים הָאֵל אַל תַּעֲשׂוּ דָבָר כִּי עַל כֵּן בָּאוּ בְּצֵל קֹרָתִי. וַיֹּאמְרוּ גֶּשׁ הָלְאָה וַיֹּאמְרוּ הָאֶחָד בָּא לָגוּר וַיִּשְׁפֹּט שָׁפוֹט עַתָּה נָרַע לְךָ מֵהֶם וַיִּפְצְרוּ בָאִישׁ בְּלוֹט מְאֹד וַיִּגְּשׁוּ לִשְׁבֹּר הַדָּלֶת

Lot went out to them to the entrance, and shut the door behind him. And he said, "I beg you, my brothers, do not act wickedly. See, now, I have two daughters who have never known a man. I shall bring them out to you and do to them as you please; but to these men do nothing inasmuch as they have come under the shelter of my roof." And they said, "Move away!" Then they said, "This fellow came to sojourn and would act as a judge? Now we will treat you worse than them!" They pressed exceedingly upon the man, upon Lot, and they approached to break the door (19:6-9).

§6 **וַיֵּצֵא אֲלֵהֶם לוֹט הַפֶּתְחָה ... אַל נָא אַחַי ... הִנֵּה נָא לִי שְׁתֵּי בָנוֹת וְגוֹ' רַק לָאֲנָשִׁים הָאֵל** — ***LOT WENT OUT TO THEM TO THE ENTRANCE*** *.... AND HE SAID,* ***"I BEG YOU, MY BROTHERS,*** *DO NOT ACT WICKEDLY.* ***SEE, NOW, I HAVE TWO DAUGHTERS*** *WHO HAVE NEVER KNOWN A MAN. I SHALL BRING THEM OUT TO YOU AND DO TO THEM AS YOU PLEASE;* ***BUT TO THESE MEN*** *DO NOTHING."*

The usual word for "these" is הָאֵלֶּה, but here the rare form הָאֵל is used. The Midrash explains:

הַקָּשׁוֹת — The word הָאֵל can mean **"the mighty."**[49] **דָּבָר אַחֵר, אֱלֹהוּת הֵם אֵלּוּ** — **Alternatively**, by using the term הָאֵל he alluded to the Sodomites, **"These men are divine beings!"**[50]

□ **כִּי עַל כֵּן בָּאוּ בְּצֵל קוֹרָתִי** — ***INASMUCH AS THEY HAVE COME UNDER THE SHELTER OF MY ROOF*** (lit., *BEAM*).

Why did Lot not say simply "inasmuch as they have come into my house"? Why did he mention the roof (or "beam") of his house? **לֹא בִּזְכוּתִי אֶלָּא בִּזְכוּתוֹ שֶׁל אַבְרָהָם** — He was saying to them, "It is **not in my merit** that such noble guests have come to my house, **but in the merit of** my uncle **Abraham,** who shelters me (through his merits) like a roof."[51]

NOTES

44. To resolve the redundancy problem, the Midrash expounds "the townspeople" as an excerpt from a dialogue, i.e., when *they had not yet lain down* the angels asked about *the townspeople*. After Lot's reply, the narrative resumes: *The people of Sodom converged upon the house,* etc. (*Rashi* to *Genesis* 19:4, as explained by *Mizrachi* ad loc., cited by *Eitz Yosef*).

45. Perhaps he said this to justify his decision to reside in Sodom: After all, you can find sinners in *any* city (*Yefeh To'ar*). Alternatively: Lot answered the query about the type of people in town by referring to them first as "the townspeople" — the implication being that they were comparable to people of any ordinary town — and then as "the people of Sodom," clarifying that they were in fact mostly wicked (see above, 41 §7).

46. This is derived from the end of the verse, which states, *"all the people from every quarter"* (*Rashi* to *Genesis* 19:4). Since it is impossible for all the inhabitants of a city to literally assemble around one house, the Midrash explains that the verse means only that there was universal consent to this behavior — not universal participation in it (*Yefeh To'ar*).

Rashi on Midrash understands this comment differently. According to him, the Midrash is saying (based on the wording of the Scriptural phrase cited here) that there was no one — neither of the "townspeople" (outsiders who had settled there) nor of the (native) "people of Sodom" — who protested.

47. For the Hebrew words for "here" (פֹּה) and "mouth" (פֶּה) are spelled the same, with only the vowelization being different.

48. You cannot possibly find any vindication for such behavior.

49. According to this interpretation הָאֵל here denotes "strength," as in the verse *and he took away the mighty ones* (אֵילֵי) *of the land* (*Ezekiel* 17:13; see also below, 31:29, etc.), as noted in *Yevamos* 21a and in the Midrash below, 64 §3. Lot's motive in choosing a word that alluded to the strength of his guests was to deter the townspeople from acting upon their evil designs (*Eitz Yosef*).

[The Midrash's use of the feminine form קָשׁוֹת when referring to "men" is puzzling (see *Yedei Moshe*). It is possible that this comment is quoted verbatim from another context, such as on the words הַתּוֹעֵבֹת הָאֵל (as in *Yevamos* 21a) or the words הָאֲרָצוֹת הָאֵל (as in the Midrash below, 64 §3), where the nouns in question are indeed feminine.]

50. According to this interpretation, הָאֵל here denotes "a Godly being," as in *Exodus* 15:11, etc. Here, too, Lot used this word as a deterrent to the mob.

51. בָּאוּ בְּצֵל קֹרָתִי thus means "they came under the protection of my 'roof,' Abraham" (*Eitz Yosef; Maharzu*). Lot told the townspeople that the merit of Abraham would come to his aid if they continued their advances.

ה [יט, ד] "טֶרֶם יִשְׁכָּבוּ". טוהִתְחִילוּ שׁוֹאֲלִים אוֹתוֹ, אָמְרוּ לוֹ: אַנְשֵׁי הָעִיר מָה הֵם, אֲמַר לְהוֹן כָּל אֲתַר אִית טָבִין וּבִישִׁין בְּרַם הָכָא סוּגְיֵיה בִּישִׁין. "וְאַנְשֵׁי הָעִיר אַנְשֵׁי סְדֹם נָסַבּוּ עַל הַבַּיִת",° אֵין אֶחָד מֵהֶם מְעַכֵּב. [יט, ה] "וַיִּקְרְאוּ אֶל לוֹט וַיֹּאמְרוּ לוֹ", רַבִּי יְהוֹשֻׁעַ בֶּן לֵוִי בְּשֵׁם רַבִּי פְּדָיָה אָמַר: טזכָּל אוֹתוֹ הַלַּיְלָה הָיָה לוֹט מְבַקֵּשׁ עֲלֵיהֶם רַחֲמִים וְהָיוּ מְקַבְּלִין מִמֶּנּוּ, כֵּיוָן שֶׁאָמְרוּ לוֹ "הוֹצִיאֵם אֵלֵינוּ וְנֵדְעָה אוֹתָם" יזלְתַשְׁמִישׁ, אָמְרוּ לוֹ "עֹד מִי לְךָ פֹה", קְרֵי בֵּיהּ "עוֹד מִי לְךָ פֶּה". עַד כָּאן הָיָה לְךָ רְשׁוּת לְלַמֵּד סָנֵיגוֹרְיָא עֲלֵיהֶם מִכָּאן וָאֵילָךְ אֵין לְךָ רְשׁוּת לְלַמֵּד סָנֵיגוֹרְיָא עֲלֵיהֶם:

ו [יט, ו-ח] "וַיֵּצֵא אֲלֵיהֶם לוֹט הַפֶּתְחָה", "אַל נָא אַחַי, הִנֵּה נָא לִי שְׁתֵּי בָנוֹת וְגוֹ' ", "רַק לָאֲנָשִׁים הָאֵל", יחהַקָּשׁוֹת, דָּבָר אַחֵר אֱלֹהוּת הֵם, אֵלּוּ חֲזָקִים°. "כִּי עַל כֵּן בָּאוּ בְּצֵל קוֹרָתִי", לֹא בִּזְכוּתִי אֶלָּא בִּזְכוּתוֹ שֶׁל אַבְרָהָם. דָּבָר אַחֵר, "כִּי עַל כֵּן בָּאוּ בְּצֵל קוֹרָתִי", מְלַמֵּד שֶׁהִטְּתָה° אֶת הַבַּיִת עֲלֵיהֶם, אָמְרָה לוֹ: אִם בָּעֵית מְקַבְּלַתְהוֹן° קַבְּלִנְהוּ בְּחֶלְקָךְ:

ז [יט, ט] "וַיֹּאמְרוּ גֶּשׁ הָלְאָה". קְרַב לְהַלָּן. "וַיֹּאמְרוּ הָאֶחָד בָּא לָגוּר וַיִּשְׁפֹּט שָׁפוֹט", דִּין שֶׁדָּנוּ רִאשׁוֹנִים אַתָּה בָּא לַהֲרוֹס. רַבִּי מְנַחֲמָא מִשֵּׁם רַבִּי בִּיבִי: כָּךְ הִתְנוּ אַנְשֵׁי סְדוֹם בֵּינֵיהֶם, אָמְרוּ: כָּל אַכְסְנַאי שֶׁהוּא בָּא לְכָאן יְהוּ בּוֹעֲלִים אוֹתוֹ וְנוֹטְלִים אֶת מָמוֹנוֹ אֲפִילּוּ אוֹתוֹ שֶׁכָּתוּב בּוֹ "וְשָׁמְרוּ דֶּרֶךְ ה' לַעֲשׂוֹת צְדָקָה וּמִשְׁפָּט", אָנוּ בּוֹעֲלִים אוֹתוֹ וְנוֹטְלִים אֶת מָמוֹנוֹ:

עץ יוסף

(ה) [ט] **התחילו שואלים כו'**. כלו' שפי' טרם ישכבו ואנשי העיר היו בפיהם של מלאכים שהיו מדברים עם לוט עליהם ועודם מדברים בהם ואנשי סדום נסבו על הבית (רש"י בחומש): **אמר להון כל אתר כו'**. דבכל מקום יש טובים ורעים ואפשר להבחין הי מינייהו רובא. אבל הכא רובן רשעים: **אין אחד מהם מעכב**. כדכתיב כל העם מקצה מקצה העיר עד הקצה: **היה לוט מבקש כו'**. שכבר נתבררה רשעתם למלאכים ויאמרו להשמידם. ולוט היה מליץ עליהם כמה שעות (יפ"ת): **והיו מקבלים כו'**. פי' שהיו שותקים וממתינים שידעו שלבסוף לא יהיה ללוט פתחון פה עוד: **קרי ביה עוד מי לך פה**. העוד לך פה לבקש עליהם. ומעתה חתן ובניך ובנותיך וכל אשר לך הוצא: **אין לך רשות** שעל הכל ה' מאריך אפו חוץ מן הזנות כדלעיל פ' כ"ו. וכ"ש בענין רע כזה: [ו] **האל הקשות** בפ"ב דיבמות מסיק דכתיב ואת אילי הארץ לקח כלו' שהאנשים הללו קשים וחזקים ולא תהיה לכם תקומה לפניהם: **ד"א אלהות הם** אנשי אלהים נביאי ה' ושלוחיו: **לא בזכותי כו'**. שכל כך חשובים הם במעלה עד שלא הייתי כדאי שיתאכסנו אצלי. ולא באו אלי אלא בזכות אברהם אחי אבא שהוא צל קורתי שמגין עלי כצל הקורה: **שהטתה את הבית** פי' שהטתה אשתו את האורחים מהבית אל פינה של קורה אחת שהית' ללוט. עי' במ"ר פ"ו: (ז) **גש הלאה קרב להלן**. דגש משמע קירוב. והלאה משמע ריחוק. לכך מפרש קרב להלן כלו' התקרב לצדדין והתרחק ממנו: **דין שדנו הראשונים** וישפוט שפוט כלו' וישפוט משפט חדש לסתור דבר שהוא שפוט כבר בתקנות הראשונים: **אפילו אותו שכתוב כו'**. דהיינו אברהם ואמרו לו כן כלפי מה שאמר להם שבאו בזכותו של אברהם. לזה אמרו שהיתה הסכמתם מתחלה

פירוש מהרז"ו

(ה) **טרם ישכבו** וס"ד ואנשי העיר אנשי סדום וגו' שמלות אנשי סדום מיותר לכן דרשו וי"ו ואנשי הפך הקודם פי' אבל אנשי העיר הם אנשי סדום פי' רעים כמ"ש פ' מ"א ס"ס ז' כשאדם רע קורין אותו סדומי. וא"כ בהכרח ששאלו אותו ע"ז טרם השכיבה כדרך האורחים לחקור אז מהבע"ב על מנהג העיר והוא השיב להם כן. (ועיין פרש"י בחומש): **כל אותו הלילה** לעיל פ' כ"ו סי' ה'. ויק"ר פר' כ"ג סימן ד': **עוד מי לך פה** שתיבת עוד משמע שדברו כבר עמו על מה שנמצא לו והוסיפו לשאול עוד מי לך והרי לא דברו עדיין מזה. ע"כ דרשו קרי ביה פה בסגול מי לך עוד פה כמו שהיה לך עד עתה ומזה שעד עתה היה מלמד עליהם סנגוריא על פי מדה ט': (ו) **האל הקשות** שתיבת האל מיותר שבהם מדבר. ע"כ פי' שהם קשים וגבורים (כמו שכתב היפ"ת מפ"ב דיבמות מאי משמע דהאל לישנא דקשה הוא דכתיב ואת אילי הארץ): **חזקים** (המ"כ מוחקו) ויתכן שמקומו אצל הקשות לפני זה: **של אברהם** דייק בצל קורתי לרמז על אברהם שמגין עליו בזכותו כקורה. עי' שמ"ר פר' א' סימן ו' מקורתי: **שהטתה את הבית** פרש"י במדרש בצל לשון הטיה כי תרגום לא תטה לא תצלי וזהו בצל קורתי בנטית קורתי. וגם יתכן שדורש ממ"ש ימי כצל נטוי. ופי' שהטתה אשתו את האורחים מהבית אל פנה של קורה אחת שהיה ללוט. עי' במ"ר פר' יו"ד סימן ה' הגללפונית: (ז) **כל אכסנאי כו'** וזהו האחד בא לגור וישפוט שפוט כל גר שבא לכאן יהיה נשפט בשני משפטים ומלת וישפוט כמו וישפט בנפעל ליטול ממונו בדין שלנו. ומ"ש שפוט הוא על הזנות כמ"ש ונדעה. כמ"ש שמ"ר פר' ח' סימן ב' וביואש עשו שפטים א"ת שפטים אלא שפוטים והעתקתי שם מהמכילתא ששפוטים הוא זנות ע"ש וכמ"ש קה"ר פסוק ונתתי את לבי זה שפוטו ענין תאוה: **אפילו אותו כו'** אפילו אברהם שכתוב בו ושמרו וגו' לעשות צדקה ומשפט. ואברהם נקרא

חידושי הרד"ל

(ז) [ה] **טרם ישכבו**. התחילו שואלין כו'. אפשר יליף האי טרם ישכבו מן טרם ישכבו האמור במרגלים ביהושע שכתוב שם והיא עלתה עליהם על הגג. שדברה עמהם שם. כן כאן טרם ישכבו היו מדברים עם לוט מענין אנשי העיר: (ח) **סוגייה בישין**. ז"ש אנשי העיר אנשי סדום. כלם אנשים רעים כמש"ל פמ"א כשאדם רע קורין אותו סדומי: (ט) [ו] **אלא בזכותו של אברהם**. כדא' כי על כן עברתם על עבדכם. וכדא' כן תעשה וגו': (י) **מלמד שהטו הבית עליהם**. עיין יד"מ. וי"ל דדרש מ"ש ויאהל עד סדום שנטה אהלו עד גבול סדום (יתפרש כפשוטו יושב בשער סדום שהיה יושב לפתחי שער). באופן שקורות ביתו לא היו בגבול סדום. וז"ש כי על כן באו בצל קורתי. והסדומים אמרו קבלינן בחלקך ורצו לסתור צד האהל שנטה בגבולם: (יא) [ז] **בועלים ונוטלין את ממונו**. דרש וישפוט שפוט ב' משפטים בגופו ובממונו לשון שפוט דרש שפוטין שפי' ענין תאוות ג"ע כמ"ש בתנחומא פ' וארא ע"ש. ובמוסף הערוך:

חידושי הרש"ש

[ה] **טרם ישכבו התחילו שואלים כו' אנשי העיר כו'**. מפירש"י בחומש משמע דדייק מכפל לשון ואנשי העיר אנשי סדום. לכן פירשו טרם ישכבו ואנשי העיר (היו בפיהם כו' עודם מדברים). ואנשי סדום נסבו על הבית כו': [ו] **כי על כן באו בצל קורתי לא בזכותי אלא בזכותו של אברהם**. כי הוא נמשל לקורה לעיל פי"ד אדם יש לו קורה כו' וכן לקמן ר"פ נ"ב דרשו קרית עוז על אברהם:

{במ"ב ד"ה ה"ג **על הבית וגו' וס"ד מקטן ועד גדול**. נ"ל מנער ועד זקן:}

מסורת המדרש

טו ילקוט כאן רמז פ"ד:
טז לעיל פרשה כ"ו. ויק"ר פרשה כ"ו. ילקוט סדר בראשית רמז מ"ד:
יז במד"ר פ' כ'. תנחומא סדר בלק סי' י"ז:
יח פ' יבמות כ"א. וב"ב פ"ח:

ענף יוסף

(י) **[אפי' אותו שכתוב בו כו' אנו בועלים אותו כו']** פי' ויאמרו היינו שהסכימו והתנו ביניהם אנשי סדום. האחד בא לגור אפי' אותו שכתוב בו אחד היה אברהם. אז וישפוט שפוט היינו שנשפטנו במשפט שנקרא שפוט. והוא הבעילת זנות מענין ושפוטים עשו בה (יחזקאל כ"ג. וע' תנחומא וארא וש"ר פ' ח') וזהו שמפרש תיכף אנו בועלים אותו. ומפרש שזה המשפט כבר היה יכול לרמוז במלת וישפוט לבד. ע"כ דריש מכפל וישפוט שפוט על לקיחת הממון:

רש"י

(ה) **טרם ישכבו**. התחילו המלאכים שואלין אותו ללוט שאלות: **ואנשי העיר אנשי סדום נסבו על הבית**. אנשי העיר שבאו ממקום אחר לדור שם ואנשי סדום שנולדו שם: (ו) **רק לאנשים האל**. לשון קשות לשון קושי: ד"א אלהות הן אלו כלומר חזקים הם אלו כמו את אלי הארץ: **בצל קורתי מלמד שהטו עליהן צל**. כהדא דתנינן אצלי ודוך. לא תטה. לא תצלי: **אמרה ליה**. ללוט בעלה אין בעית למיקבלהון קבילהון בחולקך. ומפרש בתנחומא מלמד שבקש להכניסן לתוך ביתו ולא הניחה לו אשתו מה עשה הכניסן תחת קורה שלו הדא הוא דכתיב בצל קורתי שהטתה הבית עליהן כלומר שלא רצתה לקבלם בחלקה אלא הטתה הבית לצד אחד כלומר חלקה לשני חלקים ואמרה לא לקבלם בחלקה: (ז) **וישפט שפט**. דין שדנו ראשונים אתה בא לעות. וישפוט שפט. לדין דיקך ולעות דין אחרים:

מתנות כהונה

(ה) **כל אתר וכו'**. כל עיר ועיר יש בה אנשים טובים ורעים אבל פה כלם רעים: **סוגיה**. הסוג והכלל: ה"ג **על הבית וגו'**. וסיפיה דקרא מקטן ועד גדול: #והיו המלאכים מקבלים סניגוריא שלו: [ו] #ה"ג אלהות הם אלו כי על כן: **בזכות של אברהם**. דרש צל קורתי לשון צילי ומגיני דהל"ל בביתי. כך פירש"י ז"ל: **שהטתה הבית וכו'**. ופירושו אשתו נטתה הבית ומנעה אותם מלהכניס לתוך הבית ולנו בצל קורה אחת משלו והביא ראיה מתנחומא: (ז) **להלן**. ולא כמו שדרשו לעיל. למעלה וכבוד: **דין שדנו**. וזהו וישפוט שפוט ישפוט לצד אחד המשפט והנימוס הקדוש: #ה"ג **דרך ה' וגו'** וסיפיה דקרא לעשות צדקה ומשפט:

אשד הנחלים

[ה] **מה הם**. כי לכן כתיב טרם ישכבו כי כן דרך האורחים לדבר מעט עם הבעה"ב טרם השכיבה ובתוך דבריהם באו אנשי סדום כולם ונסבו על הבית: **פה**. והוא הוא מי לך פה שיהיה ראוי שינצל: [ו] **האל הקשות**. כי הם חזקים וגורו לכם מפניהם: **דבר אחר אלהות**. כלומר שהכיר והתבונן שהם מלאכים ממש: **בזכותו של אברהם**. שהוא עיקר הקורה המעמיד הבנין כולו והוא סתרי ומגיני ומשגבי: [ז] **שדנו ראשונים**. וזהו האחד בא לגור עתה ואיך יש בו כח להרוס המשפט שגבלו ראשונים: **ושמרו דרך ה'**. כלומר כיון שלוט אמר להם שהם

דָּבָר אַחֵר, ״כִּי עַל כֵּן בָּאוּ בְּצֵל קוֹרָתִי״, מְלַמֵּד שֶׁהִטּוּ אֶת הַבַּיִת עֲלֵיהֶם — **Another explanation** of ***Inasmuch as they have come under the shelter of my roof*** is that **this teaches** us **that [the Sodomites] started to topple the house on them,** אָמְרוּ לוֹ אִם בָּעֵית מְקַבֵּלַתְהוֹן קַבְּלִינְהוּ בְּחֶלְקָךְ — **saying to [Lot], "If you wish to receive [these people]** as guests, **do so on your own property,** not on ours!"[52]

§7 וַיֹּאמְרוּ גֶּשׁ הָלְאָה — *AND THEY SAID, "MOVE AWAY."*

The Midrash explains the meaning of this phrase[53] by translating it into Aramaic:

קְרַב לְהַלָּן — This means, **"Get close to over there."**[54]

□ וַיֹּאמְרוּ הָאֶחָד בָּא לָגוּר וַיִּשְׁפֹּט שָׁפוֹט — ***THEN THEY SAID, "THIS FELLOW CAME TO SOJOURN AND WOULD ACT AS A JUDGE"*** (lit., *AND WOULD JUDGE, JUDGING*)?

The Midrash addresses the double expression "would judge, judging":[55]

דִּין שֶׁדָּנוּ רִאשׁוֹנִים אַתָּה בָּא לַהֲרוֹס — They were saying to him, **"Are you coming to undermine a law previously established by our judges?!"**[56]

רַבִּי מְנַחֲמָא מִשֵּׁם רַבִּי בִּיבִי — **R' Menachama said in the name of R' Bivi:** כָּךְ הִתְנוּ אַנְשֵׁי סְדוֹם בֵּינֵיהֶם — **The people of Sodom made this stipulation among themselves:** אָמְרוּ ״כָּל אַכְסְנָאִי שֶׁהוּא בָּא לְכָאן יְהוּ בּוֹעֲלִים אוֹתוֹ וְנוֹטְלִים אֶת מָמוֹנוֹ — **They said, "Any guest who comes here will be molested and have his money stolen.**[57] אֲפִילוּ אוֹתוֹ שֶׁכָּתוּב בּוֹ ׳וְשָׁמְרוּ דֶּרֶךְ ה׳ לַעֲשׂוֹת צְדָקָה וּמִשְׁפָּט׳, אָנוּ בּוֹעֲלִים אוֹתוֹ וְנוֹטְלִים אֶת מָמוֹנוֹ — And **even that person** (Abraham) **of whom it is written** (above, 18:19), *he commands his children and his household after him* ***that they keep the way of Hashem,*** *doing charity and justice,* if he comes to visit **we will molest him and take his money."**[58]

NOTES

52. And Lot responded that although the land itself might be Sodomite territory, the guests were in fact under "the shelter of his roof," so that he had the right to host them (*Ohr HaSeichel*).

This is the reading in the earlier Midrash editions. There is an alternative reading, found in *Rashi* which has been adopted in the later editions (from Vilna, 1843):

דָּבָר אַחֵר, ״כִּי עַל כֵּן בָּאוּ בְּצֵל קֹרָתִי״, מְלַמֵּד שֶׁהִטְּתָה אֶת הַבַּיִת עֲלֵיהֶם — **Another explanation** of ***Inasmuch as they have come under the shelter of my roof*** is that **this teaches** us **that [Lot's wife] "tilted"** (i.e., split) **the house between [herself and Lot],** . . . . . . אָמְרָה לֵיהּ אִם בָּעֵית מְקַבַּלְתּוֹן קַבְּלִינְהוּ בְּחֶלְקָךְ **– saying to him, "If you wish to receive [these people]** as guests, **do so in your own property,** not on mine."

According to this version, the Midrash is based on the fact that the root צל (translated here as "shelter") in Aramaic means "to tilt" (see *Onkelos, Exodus* 23:6). And Lot referred specifically to "his beam" because the guests were standing under his personal roof-beam, as opposed to the part of the roof belonging to his wife (*Rashi, Matnos Kehunah, Yefeh To'ar*).

53. The difficulty with the Hebrew expression גֶּשׁ הָלְאָה – lit., *Approach away* – is that it appears to be a contradiction in terms; *Approach* denotes "Come close to us," while *away* suggests "Go away from us" (*Yefeh To'ar*).

54. The Aramaic translation (found in Onkelos) shows that the verb נגש here means "to get close to something" – in this case, getting close to "over there," i.e., moving further away (*Eitz Yosef*).

55. Another difficulty here is: Lot did not appear to be passing judgment here at all, but merely speaking words of appeasement to the townsfolk (*Yefeh To'ar*).

56. The Midrash accounts for the double expression by bringing up previous judgments: Lot was trying to re-"judge" that which had already been "judged" by others (*Eitz Yosef*). Furthermore, by appeasing the people in this manner Lot was in effect seeking to undo rulings of previous judges (*Yefeh To'ar*). The "previous law" that Lot sought to undermine was that all visitors must be harassed, as the Midrash goes on to explain.

57. R' Menachama explains וַיֹּאמְרוּ הָאֶחָד בָּא לָגוּר וַיִּשְׁפֹּט שָׁפוֹט as follows: The people of Sodom had said previously that anyone who would come for a visit (הָאֶחָד בָּא לָגוּר) would be subjected to two "judgments," i.e., punishments (וַיִּשְׁפֹּט שָׁפוֹט) (*Radal, Maharzu*).

58. I.e., even Abraham himself – whose merit you have just invoked – would be treated no differently by us (*Eitz Yosef*). The allusion to Abraham is seen in the words וַיִּשְׁפֹּט שָׁפוֹט, which the Midrash associates with Abraham's hallmark trait of *doing charity and justice* (*Yefeh To'ar*). Alternatively, it is seen in the word הָאֶחָד, for Abraham is also called "אֶחָד," in *Ezekiel* 33:24 (*Radal*).

ה [יט, ד] "**טֶרֶם יִשְׁכָּבוּ**". [טו]**הִתְחִילוּ שׁוֹאֲלִים אוֹתוֹ, אָמְרוּ לוֹ: אַנְשֵׁי הָעִיר מָה הֵם, אֲמַר לְהוֹן כָּל אֲתַר אִית טָבִין וּבִישִׁין בְּרַם הָכָא סוּגְיֵיה בִּישִׁין. "וְאַנְשֵׁי הָעִיר אַנְשֵׁי סְדֹם נָסַבּוּ עַל הַבַּיִת",° אֵין אֶחָד מֵהֶם מְעַכֵּב.** [יט, ה] "**וַיִּקְרְאוּ אֶל לוֹט וַיֹּאמְרוּ לוֹ**", **רַבִּי יְהוֹשֻׁעַ בֶּן לֵוִי בְּשֵׁם רַבִּי פְּדָיָה אָמַר:** [טז]**כָּל אוֹתוֹ הַלַּיְלָה הָיָה לוֹט מְבַקֵּשׁ עֲלֵיהֶם רַחֲמִים וְהָיוּ מְקַבְּלִין מִמֶּנּוּ, כֵּיוָן שֶׁאָמְרוּ לוֹ "הוֹצִיאֵם אֵלֵינוּ וְנֵדְעָה אוֹתָם"** [יז]**"לְתַשְׁמִישׁ, אָמְרוּ לוֹ "עֹד מִי לְךָ פֹה", קְרֵי בֵיהּ "עוֹד מִי לְךָ פֶּה". עַד כָּאן הָיָה לְךָ רְשׁוּת לְלַמֵּד סָנֵיגוֹרְיָא עֲלֵיהֶם מִכָּאן וָאֵילָךְ אֵין לְךָ רְשׁוּת לְלַמֵּד סָנֵיגוֹרְיָא עֲלֵיהֶם:**

ו [יט, ו-ח] "**וַיֵּצֵא אֲלֵיהֶם לוֹט הַפֶּתְחָה**", "**אַל נָא אַחַי, הִנֵּה נָא לִי שְׁתֵּי בָנוֹת וְגוֹ'** ", "**רַק לָאֲנָשִׁים הָאֵל**", [יח]**הַקָּשׁוֹת, דָּבָר אַחֵר אֱלֹהוֹת הֵם, אֵלּוּ חֲזָקִים°. "כִּי עַל כֵּן בָּאוּ בְּצֵל קֹרָתִי", לֹא בִּזְכוּתִי אֶלָּא בִּזְכוּתוֹ שֶׁל אַבְרָהָם. דָּבָר אַחֵר, "כִּי עַל כֵּן בָּאוּ בְּצֵל קֹרָתִי", מְלַמֵּד שֶׁהִטְּתָה° אֶת הַבַּיִת עֲלֵיהֶם, אָמְרָה לוֹ: אִם בָּעֵית מְקַבְּלַתְהוֹן° קַבְּלִנְהוּ בְּחֶלְקָךְ:**

ז [יט, ט] "**וַיֹּאמְרוּ גֶּשׁ הָלְאָה**". **קְרַב לְהַלָּן. "וַיֹּאמְרוּ הָאֶחָד בָּא לָגוּר וַיִּשְׁפֹּט שָׁפוֹט", דִּין שֶׁדָּנוּ רִאשׁוֹנִים אַתָּה בָּא לַהֲרוֹס. רַבִּי מְנַחֲמָא מִשֵּׁם רַבִּי בִּיבִי: כָּךְ הִתְנוּ אַנְשֵׁי סְדוֹם בֵּינֵיהֶם, אָמְרוּ: כָּל אַכְסְנַאי שֶׁהוּא בָּא לְכָאן יְהוּ בּוֹעֲלִים אוֹתוֹ וְנוֹטְלִים אֶת מָמוֹנוֹ אֲפִילוּ אוֹתוֹ שֶׁכָּתוּב בּוֹ "וְשָׁמְרוּ דֶּרֶךְ ה' לַעֲשׂוֹת צְדָקָה וּמִשְׁפָּט", אָנוּ בּוֹעֲלִים אוֹתוֹ וְנוֹטְלִים אֶת מָמוֹנוֹ:**

עץ יוסף

(ה) [ט] **התחילו שואלים כו'**. כלו' שפי' טרם ישכבו ואנשי העיר היו בפיהם של מלאכים שהיו מדברים עם לוט עליהם ועודם מדברים בהם ואנשי סדום נסבו על הבית (רש"י בחומש): **אמר להון כל אתר כו'**. דבכל מקום יש טובים ורעים ואפשר להבחין הי מינייהו רובא. אבל הכא רובן רשעים: **אין אחד מהם מעכב**. כדכתיב כל העם מקצה מקצה העיר עד הקצה: **היה לוט מבקש כו'**. שכבר נתבררה רשעתם למלאכים ויאמרו להשמידם. ולוט היה מליץ עליהם כמה שעות (יפ"ת): **והיו מקבלים כו'**. פי' שהיו שותקים וממתינים שידעו שלבסוף לא יהיה ללוט פתחון פה עוד: **קרי ביה עוד מי לך פה**. העוד לך פה לבקש עליהם. ומעתה חתן ובניך ובנותיך וכל אשר לך הוצא: **אין לך רשות** שעל הכל ה' מאריך אפו חוץ מן הזנות כדלעיל פ' כ"ו. וכ"ש בענין רע כזה: [י] **האל הקשות** בפ"ב דיבמות מסיק דכתיב ואת אילי הארץ לקח כלו' שהאנשים הללו קשים וחזקים ולא תהיה לכם תקומה לפניהם: **ד"א אלהות הם** אנשי אלהים נביאי ה' ושלוחיו: **לא בזכותי כו'**. שכל כך חשובים הם במעלה עד שלא הייתי כדאי שיתאכסנו אצלי. ולא באו אלי אלא בזכות אברהם אחי אבא שהוא צל קורתי שמגין עלי כצל הקורה: **שהטתה את הבית** פי' שהטתה אשתו את האורחים מהבית אל פינה של קורה אחת שהית' ללוט. עי' במ"ר פ"ו: (ז) **גש הלאה קרב להלן**. דגש משמע קירוב. והלאה משמע ריחוק. לכך מפרש קרב להלן כלו' התקרב לצדדין והתרחק ממנו: **דין שדנו הראשונים** וישפוט שפוט כלו' וישפוט משפט חדש לסתור דבר שהוא שפוט כבר בתקנות הראשונים: **אפילו אותו שכתוב כו'**. דהיינו אברהם ואמרו לו כן כלפי מה שאמר להם שבאו בזכותו של אברהם. לזה אמרו שהיתה הסכמתם מתחלה

פירוש מהרז"ו

(ה) **טרם ישכבו** וס"ד ואנשי העיר אנשי סדום וגו' שמלות אנשי סדום מיותר לכן דרשו וי"ו ואנשי הפך הקודם פי' אבל אנשי העיר הם אנשי סדום פי' רעים כמ"ש פ' מ"א ס"ס ז' כשאדם רע קורין אותו סדומי. וא"כ בהכרח ששאלו אותו ע"ז טרם השכיבה כדרך האורחים לחקור אז מהבע"ב על מנהג העיר והוא השיב להם כן. (ועיין פרש"י בחומש): **כל אותו הלילה** לעיל פ' כ"ו סי' ה'. ויק"ר פר' כ"ג סימן ד': **עוד מי לך פה** שתיבת עוד משמע שדברו כבר עמו על מה שנמלא לו והוסיפו לשאול עוד מי לך והרי לא דברו עדיין מזה. ע"כ דרשו קרי ביה פה בסגול מי לך עוד פה כמו שהיה לך עד עתה ומזה שעד עתה היה מלמד עליהם סנגוריא על פי מדה ט': (ו) **האל הקשות** שתיבת האל מיותר שבהם מדבר. ע"כ פי' שהם קשים וגבורים (כמו שכתב היפ"ת מפ"ב דיבמות מאי משמע דהאל לישנא דקשה הוא דכתיב ואת אילי הארץ): **חזקים** (המ"כ מוחקו) ויתכן שמקומו אצל הקשות לפני זה: **של אברהם** דייק בצל קורתי לרמז על אברהם שמגין עליו בזכותו כקורה. עי' שמ"ר פר' א' סימן ו' מקוראי: **שהטתה את הבית** פרש"י במדרש בצל לשון הטיה כי תרגום לא תטה לא תצלי וזהו בצל קורתי בנטית קורתי. וגם יתכן שדורש ממ"ש ימי כצל נטוי. ופי' שהטתה אשתו את האורחים מהבית אל פנה של קורה אחת שהיה ללוט. עי' במ"ר פר' יו"ד סימן ה' הגלגלפונית: (ז) **כל אכסנאי כו'** וזהו האחד בא לגור וישפוט שפוט כל גר שבא לכאן יהיה נשפט בשני משפטים ומלת וישפוט כמו וישפט בנפעל ליטול ממונו בדין שלנו. ומ"ש שפוט הוא על הזנות כמ"ש ונדעה. כמ"ש שמ"ר פר' א' סימן ב' וביואש עשו שפטים א"ת שפטים אלא שפוטים והעתקתי שם מהמכילתא ששפוטים הוא זנות ע"ש וכמ"ש קה"ר פסוק ונתתי את לבי זה שפוטו ענין תאוה: **אפילו אותו כו'** אפילו אברהם שכתוב בו ושמרו וגו' לעשות צדקה ומשפט. ואברהם נקרא

רש"י

(ה) **טרם ישכבו**. התחילו המלאכים שואלין אותו ללוט שאלות: **ואנשי העיר אנשי סדום נסבו על הבית**. אנשי העיר שבאו ממקום אחר לדור שם ואנשי סדום שנולדו שם: (ו) **רק לאנשים האל**. לשון קשות לשון קושי: ד"א אלהות הן אלו כלומר חזקים הם אלו כמו את אלי הארץ: **בצל קורתי מלמד שהטו עליהן צל**. כהדא דתנינן אצלי ודוך. לא תצלי: לא תטה. **אמרה ליה**. ללוט בעלה אין בעית למיקבלהון קבילהון בחולקך. ומפרש בתנחומא מלמד שבקש להכניסן לתוך ביתו ולא הניחה לו אשתו מה עשה הכניסן תחת קורה שלו הדא הוא דכתיב בצל קורתי שהטתה הבית עליהן כלומר שלא רצתה לקבלם בחלקה אלא הטתה הבית לצד אחד כלומר חלקה לשני חלקים ואמרה לא לקבלם בחלקה: (ז) **וישפט שפט**. דין שדנו ראשונים אתה בא לעות. וישפוט שפט. לדין דינך ולעות דין אחרים:

מתנות כהונה

(ה) **כל אתר וכו'**. כל עיר ועיר יש בה אנשים טובים ורעים אבל פה כלם רעים: **סוגיה**. הסוג והכלל: **ה"ג על הבית וגו'**. וסיפיה דקרא מקטן ועד גדול: #והיו המלאכים מקבלים סניגוריא שלו: [ו] #ה"ג אלהות הם אלו כי על כן: **בזכות של אברהם**. דרש צל קורתי לשון צילי ומגיני דהצ"ל בביתי. כך פירש"י ז"ל: **שהטתה הבית וכו'**. ופירושו אשתו נטתה הבית ומנעה אותם מלהכניס לתוך הבית ולנו בצל קורה אחת משלו והביא ראיה מתנחומא: (ז) **להלן**. ולא כמו שדרשו לעיל. למעלה וכבוד: **דין שדנו**. וזהו וישפוט שפוט ישפוט לצד אחד המשפט והנימוס הקדוש: #ה"ג **דרך ה' וגו'** וסיפיה דקרא לעשות צדקה ומשפט:

אשד הנחלים

[ה] **מה הם**. כי לכן כתיב טרם ישכבו כי כן דרך האורחים לדבר מעט עם הבעה"ב טרם השכיבה ובתוך דבריהם באו אנשי סדום כולם ונסבו על הבית: **פה**. והוא הוא מי לך פה שיהיה ראוי שינצל: [ו] **האל הקשות**. כי הם חזקים וגורו לכם מפניהם: **דבר אחר אלהות**. כלומר שהכיר והתבונן שהם מלאכים ממש: **בזכותו של אברהם**. שהוא עיקר הקורה המעמיד הבנין כולו והוא סתרי ומגיני ומשגבי: [ז] **שדנו ראשונים**. וזהו האחד בא לגור עתה ואיך יש בו כח להרוס המשפט שגבלו ראשונים: **ושמרו דרך ה'**. כלומר כיון שלוט אמר להם שהם

חידושי הרד"ל

(ז) [ה] **טרם ישכבו**. התחילו שואלין כו'. אפשר יליף הכי טרם ישכבו מן טרם ישכבו האמור במרגלים ביהושע שכתוב שם והיא עלתה עליהם על הגג. שדברה עמהם שם. כן כאן טרם ישכבו היו מדברים עם לוט מענין אנשי העיר:

(ח) **סוגייה בישין**. ז"ש אנשי העיר אנשי סדום. כלם אנשים רעים כמש"ל פמ"א כשאדם רע קורין אותו סדומי:

(ט) [ו] **אלא בזכותו של אברהם**. כדא' כי על כן עברתם על עבדכם. וכדא' כן תעשה וגו':

(י) **מלמד שהטו הבית עליהם**. עיין יד"מ. וי"ל דדרש מ"ש ויאהל עד סדום שנטה אהלו עד גבול סדום ויתפרש כפשוטו יושב בשער סדום שהיה יושב לפתחי שער). באופן שקורות ביתו לא היו בגבול סדום. וז"ש כי על כן באו בצל קורתי. והסדומים אמרו קבלינן בחלקך ורצו לסתור לד האהל שנטה בגבולם:

(יא) [ז] **בועלים ונוטלין את ממונו**. דרש וישפוט שפוט ב' משפטים בגופו ובממונו לשון שפוט דרש שפוטין שפי' ענין תאוות ג"ע כמ"ש בתנחומא פ' וארא ע"ש. ובמוסף הערוך:

חידושי הרש"ש

[ה] **טרם ישכבו התחילו שואלים כו' אנשי העיר כו'**. מפירש"י בחומש משמע דדייק מכפל לשון ואנשי העיר אנשי סדום. לכן פירשו טרם ישכבו ואנשי העיר (היו בפיהם כו' עודם מדברים). ואנשי סדום נסבו על הבית כו':

[ו] **כי על כן באו בצל קורתי לא בזכותי אלא בזכותו של אברהם**. כי הוא נמשל לקורה לעיל פי"ד אדם יש לו קורה כו' וכן לקמן ר"פ נ"ב דרשו קרית עוז על אברהם:

{במ"ב ד"ה ה"ג **על הבית וגו'** וס"ד **מקטן ועד גדול**. צ"ל מנער ועד זקן:}

מסורת המדרש

טו ילקוט כאן רמז פ"ד:
טז לעיל פרשה כ"ו. ויק"ר פרשה כ"ו. ילקוט סדר בראשית רמז מ"ד:
יז במד"ר פ' כ'. תנחומא סדר בלק סי' י"ז:
יח פ' יבמות כ"ח. וב"ב פ"ח:

ענף יוסף

(י) **[אפי' אותו שכתוב בו כו' אנו בועלים אותו כו']** פי' ויאמרו היינו שהסכימו והתנו ביניהם אנשי סדום. האחד בא לגור אפי' אותו שכתוב בו אחד היה אברהם. אז וישפוט שפוט היינו שנשפטנו במשפט שנקרא שפוט. והוא הבעילת זנות מענין ושפוטים עשו בה (יחזקאל כ"ג. וע' תנחומא וארא וש"ר פ' א') וזהו שמפרש תיכף אנו בועלים אותו. ומפרש שזה המשפט כבר היה יכול לרמוז במלת וישפוט לבד. ע"כ דריש מכפל וישפוט שפוט על לקיחת הממון:

וַיִּשְׁלְחוּ הָאֲנָשִׁים אֶת יָדָם וַיָּבִיאוּ אֶת לוֹט אֲלֵיהֶם הַבָּיְתָה וְאֶת הַדֶּלֶת סָגָרוּ. וְאֶת הָאֲנָשִׁים אֲשֶׁר פֶּתַח הַבַּיִת הִכּוּ בַּסַּנְוֵרִים מִקָּטֹן וְעַד גָּדוֹל וַיִּלְאוּ לִמְצֹא הַפָּתַח.

The men stretched out their hand and brought Lot into the house with them, and closed the door. And the men who were at the entrance of the house they struck with blindness, from small to great; and they wearied themselves to find the entrance (19:10-11).

§8 **וַיִּשְׁלְחוּ הָאֲנָשִׁים אֶת יָדָם וַיָּבִיאוּ אֶת לוֹט אֲלֵיהֶם וגו׳ וְאֶת הָאֲנָשִׁים אֲשֶׁר פֶּתַח הַבַּיִת וגו׳** — ***THE MEN STRETCHED OUT THEIR HAND AND BROUGHT LOT TO THEMSELVES, ETC., AND THE MEN WHO WERE AT THE ENTRANCE OF THE HOUSE*** *THEY STRUCK WITH BLINDNESS, FROM SMALL TO GREAT.*

The Midrash comments on the significance of the words "from small to great":

מִי שֶׁהִתְחִיל בַּעֲבֵירָה מִמֶּנּוּ הִתְחִילָה הַפּוּרְעָנוּת — **He who was first to sin, the retribution began with him.** שֶׁנֶּאֱמַר ״וְאַנְשֵׁי ... סְדֹם וגו׳ מִנַּעַר וְעַד זָקֵן״ — **For it is stated,** ***when the people . . . of Sodom*** *converged upon the house,* ***"from young to old"*** (v. 4), in order to assault the guests, לְפִיכָךְ הִכּוּ ״בַּסַּנְוֵרִים מִקָּטֹן וְעַד גָּדוֹל״ — and **consequently they were struck** by the angels ***from small to great.***[59] דִּכְווָתָהּ ״וַיִּמַח אֶת כָּל הַיְקוּם אֲשֶׁר עַל פְּנֵי הָאֲדָמָה וגו׳״ — **Similar to this** we find regarding the Flood: ***And He blotted out all existence that was on the face of the ground,*** *from man to animals* (above, 7:23); מִי שֶׁהִתְחִיל בַּעֲבֵירָה מִמֶּנּוּ הִתְחִילָה הַפּוּרְעָנוּת — here too, **he who was first to sin, the retribution began with him.**[60] דִּכְווָתָהּ ״וְהִכֵּיתִי כָל בְּכוֹר בְּאֶרֶץ מִצְרַיִם וגו׳״ — And **similar to this** we find regarding the slaying of the firstborn: ***and I shall strike every firstborn in the land of Egypt,*** *from man to beast* (*Exodus* 12:12);[61] מִי שֶׁהִתְחִיל בַּעֲבֵירָה מִמֶּנּוּ הִתְחִילָה הַפּוּרְעָנוּת — here too, **he who was first to sin, the retribution began with him.**[62] דִּכְווָתָהּ ״וְצָבְתָה בִטְנָהּ וְנָפְלָה יְרֵכָהּ״ — And **similar to this** we find regarding a woman who is guilty of adultery: ***And her stomach shall be distended and her thigh shall collapse*** (*Numbers* 5:27); אֵבֶר שֶׁהִתְחִיל בַּעֲבֵירָה תְּחִלָּה מִמֶּנּוּ הִתְחִילָה הַפּוּרְעָנוּת — here too, **the limb from which the sinning began, the retribution began with it.**[63] דִּכְווָתָהּ ״הַכֵּה תַכֶּה אֶת יוֹשְׁבֵי הָעִיר הַהִיא לְפִי חָרֶב וגו׳״ — And **similar to this** we find regarding the punishment meted out to a city whose inhabitants sin through idolatry: ***You shall smite the inhabitants of that city with the edge of the sword;*** *lay it waste and everything that is in it, and its animals* (*Deuteronomy* 13:16); מִי שֶׁהִתְחִיל בַּעֲבֵירָה תְּחִלָּה מִמֶּנּוּ הִתְחִילָה הַפּוּרְעָנוּת — here too, **he who was first to sin, the retribution began with him.**[64]

❐ **וַיִּלְאוּ לִמְצֹא הַפָּתַח** — ***AND THEY WEARIED THEMSELVES TO FIND THE ENTRANCE.***

The word וַיִּלְאוּ is not a common one, and the Midrash gives three meanings for it:

אִלְאוֹן — The term וַיִּלְאוּ **means "they became weary,"** הֵיךְ מַה דְּאַתְּ אָמַר ״וְהָיָה כִּי נִרְאָה כִּי נִלְאָה מוֹאָב״ — **as it is written,** ***And it shall be that when it becomes apparent that Moab has become weary*** [נִלְאָה] (*Isaiah* 16:12). אִינְּסוֹן, הֵיךְ מַה דְּאַתְּ אָמַר ״נִלְאֵיתִי נְשׂוֹא״ — It also means **"they became disgusted,"** upset with their predicament,[65] **as it is written,** ***I am disgusted*** [נִלְאֵיתִי] ***with tolerating them*** (ibid. 1:14). אִישְׁתַּטּוֹן, הֵיךְ מַה דְּאַתְּ אָמַר ״כִּי אֱוִיל עַמִּי״ — And it also means **"they behaved madly,"** as it is **written:** ***For my people are foolish*** [אֱוִיל] (*Jeremiah* 4:22).[66]

וַיֹּאמְרוּ הָאֲנָשִׁים אֶל לוֹט עֹד מִי לְךָ פֹה חָתָן וּבָנֶיךָ וּבְנֹתֶיךָ וְכֹל אֲשֶׁר לְךָ בָּעִיר הוֹצֵא מִן הַמָּקוֹם. כִּי מַשְׁחִתִים אֲנַחְנוּ אֶת הַמָּקוֹם הַזֶּה כִּי גָדְלָה צַעֲקָתָם אֶת פְּנֵי ה׳ וַיְשַׁלְּחֵנוּ ה׳ לְשַׁחֲתָהּ.

Then the men said to Lot, "Whom else do you have here — a son-in-law, your sons, or your daughters? All that you have in the city remove from the place, for we are about to destroy this place; for their outcry has become great before HASHEM, so HASHEM has sent us to destroy it" (19:12-13).

§9 **כִּי מַשְׁחִיתִים אֲנַחְנוּ** — ***FOR WE ARE ABOUT TO DESTROY*** *THIS PLACE.*

רַבִּי לֵוִי בְּשֵׁם בַּר נַחְמָן — **R' Levi said in the name of Bar Nachman:** מַלְאֲכֵי הַשָּׁרֵת עַל יְדֵי שֶׁגִּילּוּ מִסְטוֹרִין שֶׁל הַקָּדוֹשׁ בָּרוּךְ הוּא נִדְחוּ מִמְּחִיצָתָן מֵאָה וּשְׁלֹשִׁים וּשְׁמוֹנֶה שָׁנָה — **Since the ministering angels revealed a secret of the Holy One, blessed is He,**[67] **they were** punished by being **barred from their abode for a hundred and thirty-eight years.**[68]

וְרַבִּי תַּנְחוּמָא הֲוָה מַפִּיק לִישָּׁנָא קַלָּה — **R' Tanchuma expressed** the misdeed of the angels **in a more muted tone,**[69] by quoting the

NOTES

59. Since the youth were first to converge upon the house, they were first to receive punishment.

60. During the Flood, not only was mankind destroyed, but the animals and birds as well, because they also committed unnatural acts (see above, 6:12, with *Rashi*). However, since it was the people who were the first to sin, they were the first to be destroyed (*Matnos Kehunah*).

61. In all Midrash editions the verse cited is בְּיוֹם הַכֹּתִי כָל בְּכוֹר בְּאֶרֶץ מִצְרַיִם (*Numbers* 3:13). However, there is no mention of punishment or retribution for "man and beast" in this verse; *Yefeh To'ar* (followed by others, including *Eitz Yosef*) therefore emends the text to what we have presented, which is indeed the reading found in the parallel passage in *Mechilta* (on *Exodus* ibid.) and *Yalkut Shimoni* (here). It is implicit in *Matnos Kehunah* (see *Maharzu*) that he, too, supported emending the text, albeit to *Exodus* 11:5 or 12:29, which is the reading found in *Sifrei Zuta* (Ch. 5).

62. Although the animals themselves did not sin at all, since the Egyptians compelled the Israelites to tend their animals, the animals died for the sins of their masters (*Yefeh To'ar*). Alternatively, the animals were also culpable since they were utilized for idol worship (*Maharzu*). According to *Matnos Kehunah,* the Midrash's proof is not from the words *from man to beast* at all, but from the words *from the firstborn of Pharaoh sitting on his throne to the firstborn of the maidservant* (*Exodus* 11:5).

63. The stomach and thigh are the first parts of the body to derive pleasure from the act of adultery, and only afterward does the rest of the body receive pleasure. Consequently, the stomach and thigh are struck before the rest of the body (*Matnos Kehunah,* et al.).

64. That is: The inhabitants, who committed the sin, are killed before the animals, who did not sin; the expression "first to sin" does not mean to imply that the animals sinned at all (*Yefeh To'ar*). As to why the animals in an idolatrous city are killed altogether, see *Sanhedrin* 112a.

65. Following *Matnos Kehunah* (citing *Ohr HaSeichel*); cf. *Yefeh To'ar.* They were upset over their sudden blindness.

66. They thrashed about wildly trying to find the doorway (*Yefeh To'ar*).

67. I.e., they revealed to Lot that they were going to destroy Sodom, a fact that God did not wish them to divulge. [See *Yefeh To'ar* for several suggestions as to why God did not want this fact known.]

68. They returned to Heaven at the time when Jacob, in his dream, beheld angels ascending and descending a ladder that reached heavenward (below, 28:12) (*Matnos Kehunah,* citing *Raavad* to *Sefer Yetzirah*). See *Eitz Yosef* for an exact calculation of the 138 years from Sodom's destruction until Jacob's dream. See Insight Ⓐ.

69. I.e., he maintained that the angels' misdeed was not so serious as R' Levi taught (*Matnos Kehunah*). According to *Rashi* and *Yefeh To'ar* this

INSIGHTS

Ⓐ **The Potential of Man** *R' Gedaliah Schorr* (*Ohr Gedaliahu, Bereishis* p. 98) elaborates on a different interpretation of the angels' misdeeds in

ח [יט, י-יא] "וַיִּשְׁלְחוּ הָאֲנָשִׁים אֶת יָדָם וַיָּבִיאוּ אֶת לוֹט אֲלֵיהֶם וְגוֹ'", "וְאֶת הָאֲנָשִׁים אֲשֶׁר פֶּתַח הַבַּיִת וְגוֹ'". יטמִי שֶׁהִתְחִיל בַּעֲבֵירָה מִמֶּנּוּ הִתְחִילָה הַפּוּרְעָנוּת, שֶׁנֶּאֱמַר "וְאַנְשֵׁי... סְדֹם וְגוֹ' מִנַּעַר וְעַד־זָקֵן", לְפִיכָךְ הֻכּוּ "בַּסַּנְוֵרִים מִקָּטֹן וְעַד גָּדוֹל". דִּכְוָותָהּ (בראשית ז, כג) "וַיִּמַח אֶת כָּל הַיְקוּם אֲשֶׁר עַל פְּנֵי הָאֲדָמָה וְגוֹ'", מִי שֶׁהִתְחִיל בַּעֲבֵירָה מִמֶּנּוּ הִתְחִילָה הַפּוּרְעָנוּת. דִּכְוָותָהּ (במדבר ג, יג) "בְּיוֹם °הַכּוֹתִי °כָל בְּכוֹר בְּאֶרֶץ מִצְרַיִם וְגוֹ'", מִי שֶׁהִתְחִיל בַּעֲבֵירָה מִמֶּנּוּ הִתְחִילָה הַפּוּרְעָנוּת. דִּכְוָותָהּ (שם ה, כז) "וְצָבְתָה בִטְנָהּ וְנָפְלָה יְרֵכָהּ", אֵבָר שֶׁהִתְחִיל בַּעֲבֵירָה תְּחִלָּה מִמֶּנּוּ הִתְחִילָה הַפּוּרְעָנוּת. דִּכְוָותָהּ (דברים יג, טז) "הַכֵּה תַכֶּה אֶת יוֹשְׁבֵי הָעִיר הַהִיא לְפִי חָרֶב וְגוֹ'", מִי שֶׁהִתְחִיל בַּעֲבֵירָה תְּחִלָּה מִמֶּנּוּ הִתְחִילָה הַפּוּרְעָנוּת. "וַיִּלְאוּ לִמְצֹא הַפָּתַח", כאִלְאוֹן, הֵיךְ מַה דְּאַתְּ אָמַר (ישעיה טז, יב) "וְהָיָה כִי נִרְאָה כִּי נִלְאָה מוֹאָב". אִינְסוֹן, הֵיךְ מַה דְּאַתְּ אָמַר (שם א, יד) "נִלְאֵיתִי נְשֹׂא", אִישְׁתַּטוֹן, הֵיךְ מַה דְּאַתְּ אָמַר (ירמיה ד, כב) "כִּי אֱוִיל עַמִּי":

ט [יט, יג] "כִּי מַשְׁחִיתִים אֲנַחְנוּ", רַבִּי לֵוִי בְּשֵׁם רַב° נַחְמָן כאמַלְאֲכֵי הַשָּׁרֵת עַל יְדֵי שֶׁגִּילּוּ מִסְטוֹרִין שֶׁל הַקָּדוֹשׁ בָּרוּךְ הוּא נִדְחוּ מִמְּחִיצָתָן קל"ח שָׁנָה. וְרַבִּי תַּנְחוּמָא הֲוָה מַפִּיק לִישָׁנָא קַלָּה,

רש"י

(ח) **מקטן ועד גדול**. מי שהתחיל בעבירה תחלה בו התחילה הפורענות כמו שנאמר ואנשי העיר אנשי סדום נסבו על הבית מנער ועד זקן לפיכך הכו בסנורים למקטן ועד גדול: **וילאו למצוא הפתח אלאין**. כמא דתימר ונלאו מצרים ומה שכתוב בספרים כי אויל עמי טעות הוא: (ט) **מסטורין**. סוד ורבי תנחומא הוה מפיק לישנא קלה שדבר קלות לא בשביל מסטורין אלא

עץ יוסף

מפורש אף אאברהם גופי'. ובהגהות הרד"ל כתב דצ"ל אפילו אותו שכתוב בו אחד היה אברהם וכו'. ור"ל האחד בא לגור רמוז על אברהם אם הוא היה בא לגור כאן יהיה נשפט בדין השפוט והיינו וישפוט שפוט ועיין בענף: (ח) [יא] **מי שהתחיל בעבירה כו'**. ובריש' כתיב מנער ועד זקן שהנערים התקבלו תחילה: **דכוותיה וימח** דהתחיל באדם. דאל"כ בבהמה הו"ל לאתחולי דבקללה מתחילין מן הקטן (יפ"ת): **דכוותה ביום הכותי כל בכור בארץ מצרים כו'**. ט"ס הוא כי כתוב זה הוא ב' פעמים (במדבר ג') וגם (שם ח') ובשניהם קאי על בכורי ישראל אבל צ"ל או והכיתי כל בכור בארץ מצרים מאדם ועד בהמה. וכמו שמובא מקרא זה במכילתא בענין מי שהתחיל בעבירה כו'. או וה' הכה כל בכור בארץ מצרים מבכור פרעה כו' וכל בכור בהמה (שם יב יט): **אבר שהתחיל בעבירה** דירך ובטן לקו תחלה ואח"כ כל האברים דכתיב ובאו בה וילפינן מינה בכל אבר ובכל שערה. וא"כ לא פירש ירך ובטן אלא מפני שמהם מתחיל (יפ"ת): [יב] **אלאון** לשון לאות ועייפות: **אינסון** לשון קץ ומיאוס. כד"א והגס זועפים ת"א נסיסין (הערוך): **נלאיתי נשוא** הוא לשון קץ ומיאוס (נזה"ק): **אישתטון** שנתבלבלה דעתן מחזרתן סביב למצוא הפתח. ודרש ג' דרשות אלו מתיבת וילאו משום דכולהו איתנהו בלשון הזה העייפות והמאוס בנפשו והשגעון משום העייפות: **כי אויל עמי** דרש וילאו לשון אולת (מת"כ) והר"מ כתב שצ"ל המד"א (ישעי' מ"ט) נואלו שרי צוען: (ט) [יג] **שגילו מסטורין כו'**. באומרם כי משחיתים אנחנו וגו' שמזה נודע כי הם מלאכים כי עבור הצלת לוט היה די במה שיאמרו כי הם נביאים ונשלחו אליו לגלות אזנו כי משחית ה' את העיר למען ימלטו משם הוא וכל הנלוים אליו בחמלת ה' עליו (נזה"ק): **נדחו ממחיצתן** שלא היו יכולים לשוב למדרגתם וחשיבותם אשר הם שם ושמחים לעשות רצון קונם בלבד: **והמה נדחו נדחו ממחיצתן קל"ח שנה**. דמלאכים אלו הם אותם שראה יעקב עולים במראה הסולם שעד הזמן ההוא היו נדחים ואז עלו. ומכאן ועד התם קל"ח שנה דהפיכת סדום שנה אחת קודם לידת יצחק דבאותה העת נתבשרה שרה למועד אשוב אליך. ומשנולד יצחק עד שנולד יעקב ס' שנה כדכתיב ויצחק בן ששים שנה בלדת אותם. ומשנולד יעקב עד מראה הסולם ע"ז שנה דבן ס"ג היה כשנתברך ועשה עוד בבית עבר י"ד שנה כדלקמן פ' ס"ח: **הוה מפיק לישנא קלה**. שהיה מפרש העונש על קלות הלשון באומרם בלשון גאוה כי משחיתים אנחנו. כאילו הדבר בידם שהיה להם להזהר בדבריהם. ואע"ג דקאמרי נמי וישלחנו ה'

פירוש מהרז"ו

אחד כמ"ש לעיל פר' ל"ח סימן ו' אחד היה אברהם וזהו האחד בא לגור ג"כ וישפט שפוט בב' משפטים הנ"ל: (ח) **מי שהתחיל** שמ"ר פר' א' סי' ט' וש"נ. ועי' במ"ר פר' ט' סימן י"ח באריכות וש"נ. ועי' בירושלמי קדושין פ"א ה"ז. וכאן כתוב מנער ועד זקן וזה ע"פ מדת מנגד: **וימח וגו'** וס"ד מאדם עד בהמה היינו לענין המיחוי שזה עיקר הגזירה כמ"ש אמחה את האדם. אך לענין הגויעה בהיפך כמ"ש בפסוק הקודם ודו"ק. וגם הבהמות חטאו כמ"ש כי השחית כל בשר וגו': **ביום הכותי כל בכור** וס"ד הקדשתי לי כל בכור בישראל מאדם עד בהמה וכאלו מפורש גם בר"ד מאדם ועד בהמה. וחטא הבהמות שנעבדו כי היו מצרים עובדים להצאן. ובמכילתא ובילקוט גורס פסוק של שמות י"ב והכיתי כל בכור. וכן מ"ש דכוותי' הכה תכה כו' ג"כ הכוונה על מ"ש אח"כ ואת בהמתה. והמ"כ גורס פסוק וה' הכה כל בכור בארץ מצרים מבכור פרעה וגו' כי פרעה התחיל בעבירה כמ"ש שם בשמ"ר: **נלאה מואב** וס"ד ולא יוכל וכל אלו נלאו למצא ולא יכלו: **אינסון** ל' אונס ביסורין הסנוירים ונלאו נשוא: (ט) **שגילו מסטורין** כמ"ש המכסה אני מאברהם וגו' הרי שמאחרים כסה (קל"ח שנים) שהפיכת סדום בשנת צ"ט לאברהם וחי קע"ה הרי ע"ו שנה עד שמת ויעקב כשראה החלום היה בן ע"ז לא מהם ע"ו שנה שנולד קודם שמת אברהם הרי ס"א מאברהם וע"ז מיעקב הרי קל"ח עד שראה המלאכים עולים כמ"ש לקמן פר' ס"ח סימן י"ב שעלו כשנפתח שער השמים: **לישנא קלה** שהקלו בלשונם במ"ש אנחנו כרחב"ת. פי' אחר שר"ת היה אומר בלשונו קל"ה שנה ולא קל"ח דליתנהו אלא קל"ה שלמים כ"כ היפ"ת (וע"ע בהגהות רד"ל כי החשבון אחד הוא):

חידושי הרד"ל

(יב) **אפילו אותו בו'**. גם ל' האחד יש לדרוש על אברהם כמ"ש א' היה אברהם וכ"ה במדרשות: (יג) [ט] **לישנא קלה**. כמדומה דקל"ה שנה קאמר דר"נ נקט קל"ח. וכ"ה החשבון שחורבן סדום היה שנה אחת קודם שנולד יצחק וס' שנה עד לידת יעקב וס"ג שהיה יעקב כשברת. וי"ד שנטמן בבית שם ועבר הרי קל"ח ור"ת אפשר ס"ל שהיו בהם שנים מקוטעות מובלעות זו בזו ולא היו כ"א קל"ה שנה וזהו היה מפיק לישנא קלה וכלומר היה אומרו דרך סימן בלשון קלה כלומר על דבר קל כזה נדחו קל"ה שנים:

חידושי הרש"ש

[ח] **דכוותה (ביום הכותי) כל בכור בו'**. מפי' המ"כ נראה דגורס הכה כל בכור והוא בשמות (י"ב): **וצבתה בטנה ונפלה ירכה אבר שהתחיל בו'**. הן בסוטה (ח' ב') במשנה איתא בירך התחילה בעבירה תחלה ואח"כ הבטן כו' וכ"ה לקמן בנשא פ"ט. וצ"ל דכאן הכוונה להקדמת בטן וירך לשאר הגוף וכ"מ בספרי נשא פ"י פיסקא י"ח ע"ש בפי' ז"א:

ענף יוסף

(יא) **דכוותיה הכה תכה וגו'**. קשה התם בהמה מה חטאה. וצמא משום דנכסיהם גרמו לדור בתוכה כדאמר בפרק חלק שלכן ממונם אבד. להכי חשבינהו מסייעים בעבירה (יפ"ת):

מסורת המדרש

יט סוטה ח' וי"א. שמ"ר פרשה א' פ' י' ופ' י"א. במד"ר פרשה ט':
כ ילקוט כאן רמז פ"ד:
כא לקמן פרשה ס"ח. ילקוט כאן רמז פ"ד. וסדר וילא רמז קי"ט:

אם למקרא

(תהלים מ:ט)

וַיִּמַח אֶת־כָּל־הַיְקוּם אֲשֶׁר עַל־פְּנֵי הָאֲדָמָה מֵאָדָם עַד־בְּהֵמָה עַד־רֶמֶשׂ וְעַד־עוֹף הַשָּׁמַיִם וַיִּמָּחוּ מִן־הָאָרֶץ וַיִּשָּׁאֶר אַךְ־נֹחַ וַאֲשֶׁר אִתּוֹ בַּתֵּבָה:
(בראשית ז:כג)

כִּי לִי כָּל־בְּכוֹר בְּיוֹם הַכֹּתִי כָל־בְּכוֹר בְּאֶרֶץ מִצְרַיִם הִקְדַּשְׁתִּי לִי כָל־בְּכוֹר בְּיִשְׂרָאֵל מֵאָדָם עַד־בְּהֵמָה לִי יִהְיוּ אֲנִי ה':
(במדבר ג:יג)

וְהִשְׁקָהּ אֶת־הַמַּיִם וְהָיְתָה אִם־נִטְמְאָה וַתִּמְעֹל מַעַל בְּאִישָׁהּ וּבָאוּ בָהּ הַמַּיִם הַמְאָרְרִים לְמָרִים וְצָבְתָה בִטְנָהּ וְנָפְלָה יְרֵכָהּ וְהָיְתָה הָאִשָּׁה לְאָלָה בְּקֶרֶב עַמָּהּ:
(במדבר ה:כז)

הַכֵּה תַכֶּה אֶת־יֹשְׁבֵי הָעִיר הַהִוא לְפִי־חָרֶב הַחֲרֵם אֹתָהּ וְאֶת־כָּל־אֲשֶׁר־בָּהּ וְאֶת־בְּהֶמְתָּהּ לְפִי־חָרֶב:
(דברים יג:טז)

וְהָיָה כִי־נִרְאָה כִּי־נִלְאָה מוֹאָב עַל־הַבָּמָה וּבָא אֶל־מִקְדָּשׁוֹ לְהִתְפַּלֵּל וְלֹא יוּכָל:
(ישעיה טז:יב)

חָדְשֵׁיכֶם וּמוֹעֲדֵיכֶם שָׂנְאָה נַפְשִׁי הָיוּ עָלַי לָטֹרַח נִלְאֵיתִי נְשֹׂא:
(ישעיה א:יד)

כִּי אֱוִיל עַמִּי אוֹתִי לֹא יָדָעוּ בָּנִים סְכָלִים הֵמָּה וְלֹא נְבוֹנִים הֵמָּה חֲכָמִים הֵמָּה לְהָרַע וּלְהֵיטִיב לֹא יָדָעוּ:
(ירמיה ד:כב)

מתנות כהונה

[ח] **פתח הבית וגו'** גרסינן וס"ד מקטן ועד גדול: **ע"פ האדמה וגו'**. גרסינן וס"ד מאדם עד בהמה שהאדם התחיל בעבירה]: **בארץ מצרים וגו'**. גרסינן. וסיפיה דקרא מבכור פרעה וכו': וצבתה בטנה כו'. בטן וירך התחילו בעבירה ואח"כ כל הגוף כמו שפירש"י שם: **לפי חרב וגו'** גרסינן: **אילאון**. לשון לאות ועייפות: **אינסון**. לשון קץ ומאוס כד"א והגס זועפים תרגום אונקלוס נסיסין כך פי' הערב"א: **אשתטון**. לשון שטות ושיגעון: **אויל**. וילאו לשון אולת: (ט) **מסטורין**. סודותיו וסתריו שאמרו שנשתלחו להשחית העיר והקב"ה לא גילהו אפילו לאברהם: **מאה ושלשה ושמונה שנה**. עד שנאמר אצל יעקב מלאכי אלהים עולים ויורדים בו: #[וכ"פ הרא"בד בספר יצירה ועי' בס' בחיי ר"פ וילא]: **לישנא קלה**. היה מוצא לשון קל דרך כבוד כלפי המלאכים שלא גילו מסתורין אלא שתלו הגדולה

אשד הנחלים

מגדר המלאכים שאיך בהם יצר למאומה ועכ"ז מרוב השתובבותם לא הטו אוזן ואבו לבועלם וא"כ התנאי הי' ביניהם שאפילו אותן הגדולים שהם רק שומרי משמרת ה' כבחינת מלאכים עכ"ז יעשו את שלהם: [ח] **לפיכך הוכו כו'**. כלומר כיון שהתחיל' הפורעניות מהמתחילים בעבירה אז ניתן רשות להכות את כולם מקטון בעבירה שלא חשב עודנה עד גדול: **אלאון**. הוא ענין עייפות: **אינסין כו' אישתטין כו'**. עיין במ"כ. וכולהו איתנהו בלשון הזה העייפות והמאוס בנפשו והשגעון מרוב העייפות שאינו יודע אנה יפנה ואנה הוא עד שכמעט יוצא מדעתו לדעת אנה הוא: [ט] **נדחו ממחיצתן**. כי גם המלאכים לפעמים המה עוברים גבולם ולכן יענשו ועונשם הוא שאינם יכולים

following teaching: אָמַר רַבִּי חָמָא בַּר חֲנִינָא: עַל שֶׁנִּתְגָּאוּ וְאָמְרוּ "כִּי מַשְׁחִיתִים אֲנַחְנוּ אֶת הַמָּקוֹם הַזֶּה" — **R' Chama bar Chanina said:** The angels were punished **because they were prideful, declaring: *"for 'we' are about to destroy this place."***[70]

וַיֵּצֵא לוֹט וַיְדַבֵּר אֶל חֲתָנָיו לֹקְחֵי בְנֹתָיו וַיֹּאמֶר קוּמוּ צְּאוּ מִן הַמָּקוֹם הַזֶּה כִּי מַשְׁחִית ה׳ אֶת הָעִיר וַיְהִי כִמְצַחֵק בְּעֵינֵי חֲתָנָיו.

So Lot went out and spoke to his sons-in-law, those marrying his daughters, and he said, "Get up and leave this place, for HASHEM is about to destroy the city!" But he seemed like a jester in the eyes of his sons-in-law (19:14).

☐ וַיְדַבֵּר אֶל חֲתָנָיו וגו׳ — *LOT WENT OUT* ***AND SPOKE TO HIS SONS-IN-LAW,*** *THOSE MARRYING HIS DAUGHTERS,* ***ETC.***

Why does the Torah explain to us what "son-in-law" means, by elaborating, "those marrying his daughters"?

אַרְבַּע בָּנוֹת הָיוּ לוֹ, שְׁתַּיִם אֲרוּסוֹת וּשְׁתַּיִם נְשׂוּאוֹת — **[Lot] had four daughters — two** who were **betrothed and two** who **were** fully **married.**[71] "לֹקְחֵי" אֵין כְּתִיב כָּאן אֶלָּא "לֹקְחֵי בְנוֹתָיו" — We know that two were only betrothed because **it is not written here, "those who had married** his daughters," which would have connoted that they had already become married, **but *those "marrying" his daughters,*** indicating that they were yet to be married.

☐ וַיְהִי כִמְצַחֵק בְּעֵינֵי חֲתָנָיו — ***BUT HE SEEMED LIKE A JESTER IN THE EYES OF HIS SONS-IN-LAW.***

The Midrash explains why Lot's sons-in-law did not take his warning seriously:

אָמְרוּ לוֹ אִדְרְכוֹלִין וּכְרַבְלִין בַּמְּדִינָה וּמְדִינָה נֶהֱפֶכֶת — **They said to him** incredulously, **"There are organists and flute players in the city, and the city is going to be destroyed?!"**[72]

וּכְמוֹ הַשַּׁחַר עָלָה וַיָּאִיצוּ הַמַּלְאָכִים בְּלוֹט לֵאמֹר קוּם קַח אֶת אִשְׁתְּךָ וְאֶת שְׁתֵּי בְנֹתֶיךָ הַנִּמְצָאֹת פֶּן תִּסָּפֶה בַּעֲוֺן הָעִיר.

And just as dawn was breaking, the angels urged Lot on, saying, "Get up — take your wife and your two daughters who are present, lest you be swept away because of the sin of the city!" (19:15).

§10 וּכְמוֹ הַשַּׁחַר עָלָה וַיָּאִיצוּ הַמַּלְאָכִים בְּלוֹט לֵאמֹר — ***AND JUST AS DAWN WAS BREAKING, THE ANGELS URGED LOT ON, SAYING . . .***

אָמַר רַבִּי חֲנִינָא מִשֶּׁיַּעֲלֶה עַמּוּד הַשַּׁחַר עַד שֶׁיָּאִיר הַמִּזְרָח אָדָם מְהַלֵּךְ אַרְבַּעַת מִילִין — **R' Chanina said: From the break of predawn**[73] **until**

NOTES

phrase should be translated: **R' Tanchuma expressed** that the misdeed of the angels had to do with their **careless speech** and not with revealing secrets, as R' Chama goes on to explain. [See *Yefeh To'ar* and *Radal* for yet another explanation of לִישָּׁנָא קַלָּה, based on the numerical value of the word קלה.]

70. The words used by the angels sounded as though they themselves, without God's command, were destroying Sodom (see Insight Ⓐ).

71. The husbands of the married daughters are referred to in the verse as "his sons-in-law"; the husbands-to-be are referred to as "those marrying his daughters." The two descriptions do not refer to the same people.

72. They could not imagine that a city could go so suddenly from merriness to cataclysm without any prior signs of danger or panic (*Yefeh To'ar*).

73. Although R' Chanina uses the term עַמּוּד הַשַּׁחַר, which is the expression used throughout the Talmud to refer to "daybreak," the

INSIGHTS

Sodom. His understanding is based on *Targum Yonasan's* teaching that the angels in Jacob's dream ascended On High and saw that Jacob's likeness was inscribed on the Heavenly Throne of Glory, whereupon other angels descended to earth to gaze at him.

According to *R' Schorr,* the angels' error in Sodom was rooted in an earlier error, commited in primeval times, when God consulted them, as it were, regarding whether He should create man. The angels argued that man should not be created because people would not be able to resists the blandishments of the evil inclination. If man was doomed to sin and blemish God's Creation, why should God bring him into being? God rejected their counsel, but there remained angels who never plumbed the depths of the Divine wisdom. Why, indeed, should the perfection of the spiritual world be "contaminated" by sinful man?

When the angels were sent to destroy Sodom and they observed its notorious immorality and cruelty, they declared, *"We are destroyers,"* meaning that their dire predictions at the time of the Creation were justified. At the time of Jacob's dream, the angels were given the opportunity to redeem themselves. That God inscribed Jacob, as it were, on His Throne of Glory symbolizes that he was the perfect human being, the flesh-and blood representation of what God intended when He declared, "Let us make man." No one who observed Jacob could contend that man was incapable of conquering his evil inclination and making his body the servant of his soul. Not even the angels could doubt any longer that there was purpose to the creation of man. True, very few can reach the heights occupied by our great Forefathers, but God does not deal in numbers. As *Rambam* writes in the introduction to his *Commentary to the Mishnah,* all of creation is justified for the sake of one righteous human being.

These angels had pleaded with God, *"What is frail man that You should remember him and the son of mortal man that You should be mindful of him? (Psalms* 8:5). Now they realized that they were wrong, and thereby redeemed themselves.

Ⓐ **Heights of Humility** The angels were held to account for speaking as if they, and not God, were acting against Sodom. Even though the angels did say later in their statement, *And* HASHEM *sent us to destroy it,* nevertheless, they should not have begun their words the way they did (*Eitz Yosef*).

R' Chaim Shmulevitz sees here a great ethical lesson: Indulging oneself in the honor and recognition given mistakenly by others is a dangerous thing. The angels, according to their exalted level, were barred from their Heavenly abode for 138 years for taking credit, even for a few moments, for the destruction of Sodom.

Conversely, denying credit for something one does is a very healthy and attractive characteristic: The Torah tells us that Pharaoh summoned Joseph from prison, where he had spent years on a trumped-up charge. Pharaoh needed him to interpret his dream and Joseph was experienced in doing so. When Pharaoh explained what he wanted from Joseph, Joseph immediately said something surprising: בִּלְעָדַי, *It is not me!* The ability to interpret dreams is not mine; it is entirely the capability of God and thus, *God will respond to Pharaoh's welfare.*

This characteristic, *R' Chaim Shmulevitz* comments, explains a puzzling point in Joseph's narrative: As Joseph finishes interpreting the dream, he tells Pharaoh that he should appoint a discerning person to oversee the massive transfer and preservation of grain in national storehouses over the next seven years. Pharaoh appoints Joseph in this position immediately. But this seems rather odd: Joseph was an unloved alien, a young slave. Should the royal Egyptian kingdom, with its many ministers and courtiers, cede the rulership of the entire country to Joseph simply because he knew how to interpret a dream?!

The answer is that Pharaoh saw in Joseph more than interpretive skills; he saw integrity. At the very moment that everyone was heaping praise upon Joseph for his singular wisdom, Joseph himself begged to differ: It is not me. I cannot take any credit. It is God. On such a person, Pharaoh realized, one could rely. No one else was more fit to be overseer of Egypt. Joseph was someone who put his own interests aside completely. And, indeed, Pharaoh reasoned well, because Joseph served Pharaoh with perfect faithfulness throughout his 80-year tenure, making sure that even the wagons he sent for his father and family were authorized by Pharaoh, as described in *Genesis* Chs. 45-46 (*Sichos Mussar* §22 and §25, new edition, 5762).

אָמַר רַבִּי חָמָא בַּר חֲנִינָא עַל שֶׁנִּתְגָּאוּ וְאָמְרוּ "כִּי מַשְׁחִיתִים אֲנַחְנוּ אֶת הַמָּקוֹם הַזֶּה". [יט, יד] "וַיְדַבֵּר אֶל חֲתָנָיו וגו' ", אַרְבַּע בָּנוֹת הָיוּ לוֹ שְׁתַּיִם אֲרוּסוֹת וּשְׁתַּיִם נְשׂוּאוֹת "לְקוּחֵי" אֵין כְּתִיב כָּאן אֶלָּא "לֹקְחֵי בְנוֹתָיו". וַיְהִי כִמְצַחֵק בְּעֵינֵי חֲתָנָיו אָמְרוּ לוֹ אִדְרְכוֹלִין וְכַרְבְּלִין בַּמְּדִינָה וּמְדִינָה נֶהֱפֶכֶת:

י [יט, טו] "וּכְמוֹ הַשַּׁחַר עָלָה וַיָּאִיצוּ הַמַּלְאָכִים בְּלוֹט לֵאמֹר", [כב]אָמַר רַבִּי חֲנִינָא מִשֶּׁיַּעֲלֶה עַמּוּד הַשַּׁחַר עַד שֶׁיָּאִיר הַמִּזְרָח אָדָם מְהַלֵּךְ אַרְבָּעָה מִילִין, מִשֶּׁהֵאִיר הַמִּזְרָח עַד שֶׁתָּנֵץ הַחַמָּה אַרְבָּעָה מִילִין שֶׁנֶּאֱמַר "וּכְמוֹ הַשַּׁחַר עָלָה", וּכְתִיב "הַשֶּׁמֶשׁ יָצָא עַל הָאָרֶץ וְגוֹ' ", וּמִסְּדוֹם לְצוֹעַר, אַרְבָּעָה מִילִין,

רש"י

בשביל דבורן שתלו בהן הגדולה: **ויהי כמצחק בעיני חתניו.** אמרו כל העיר מלאה שמחה ושחוק וכולן יושבין בשמחה ובשלוה ואתה אומר שהמדינה נהפכת: **הדרבלין וכרבלין במדינה והמדינה נהפכת.** אתמהא הדרבלין כהדא דתנינן בערכין הדרבלין לא היה במקדש שלא לערבב את הנעימה. כרכלין אף הוא מיני זמר דכתיב בספר שמואל ודוד מכרכר בכל עוז לומר לך מנגן בכל עוז: **(י) אמר ר' חנינא.** משיעלה עמוד השחר עד שיאיר המזרח אדם מהלך ארבע מילין ומשהאיר המזרח עד שתנץ החמה ד' מילין שנאמר וכמו השחר עלה וכתיב השמש יצא על הארץ ולוט בא צוערה ומסדום לצוער ד' מילין והא יתר הווין א"ר חנינא המלאך קפר לפניהם הדרך שנאמר ויאיצו אבל אדם אחר אינו הולך אלא ד' מילין ומה דאותיב והא יתר הויי' כדגרסינן בפסחים לדידי חזי לי האי אתרא והוה ה' מילין ומנ"ל משיאור המזרח עד שתנץ החמה ד' מילין כמו וכמו מילא דמיא למילא מאי כמו וכמו דבר זה דומה לחבירתה כמו משיעלה עמוד השחר עד שיאור המזרח ד' מילין כך משיאור המזרח עד שתנץ החמה ד' מילין מילא מדמיא

עץ יוסף

לשחתה. מ"מ לא הוה להו למיתלי בתחילת דבריהם הגדולה בדידהו (נזה"ק): **[יד] ד' בנות היו לו.** דלוקחי בנותיו זולת חתניו. ומכיון דמיעוט רבים שנים חתניו ב' ולוקחי בנותיו ב' הרי כאן ד' (יפ"ת): **לקוחי אב"ב** דלקוחי משמע כבר. ולוקחי משמע שהם לקחום כעת שהיו ארוסות (מת"כ): **אדר בולין** כלי זמר ובערכין הדרבולין לא היו במקדש שלא לערבב את הנעימה: **וכרבולין** גם כן כלי זמר. כלו' כל מיני כלי זמר במדינה שהעיר נהלה ושמחה ואיך נהפכת. והיינו לפי שבדרך הטבע הפורענות אינו בא אלא בהדרגה. אבל באמת נשתנה המדה בחטאים הללו והיתה נפילתם פתאום (נזה"ק): **(י) [טו] אמר רבי חנינא משיעלה כו'.** ה"ג בס"מ כאן וביר' פ"ק דברכות א"ר"ח מאילת השחר עד שיאיר המזרח אדם מהלך ד' מילין משיאיר המזרח עד שתנץ החמה ד' מילין דכתיב וכמו השחר עלה וגו' וכתיב השמש יצא על הארץ ולוט בא צוערה. וכי מן סדום לצוער ד' מילין יותר הוין. אמר רבי זעירא המלאך היה מקדר לפניהם הדרך. ומנין מאילת השחר עד שיאיר המזרח ד' מילין כמו וכמו מילתא דמיא לחברותה כו'. ופי' מאילת השחר היינו שהיא כמין תרתין קרנין דנהור דסלקין ממדינחא ומנהרין לעלמא כדאמר לקמן עד שיאיר המזרח דהיינו בשעה שהשמש מתחיל ליכנס בתוך עובי הרקיע שמאז פני המזרח מאדימים. הוא מהלך ד' מילין. ומשיאיר המזרח עד שתנץ החמה היינו יציאת השמש לגמרי על פני הארץ ג"כ ד' מילין. ולוט יצא משיאיר המזרח מסדום ובא לצוער בנץ החמה. וזהו דכתיב וכמו השחר עלה ויאיצו המלאכים בלוט וגו' דהיינו משיאיר המזרח דמיקרי עלות השחר וכתיב השמש יצא על הארץ דהיינו בשעת יציאת השמש לגמרי על פני הארץ דהיינו בהנץ החמה ולוט בא צוערה. והא פריך וכי מן סדום לצוער ד' מילין יותר הוין כדאי' בפ' מי שהי' דא"ר"ח לדידי חזי לי האי אתרא והוי ה' מילין. והתם משני ויאיצו שאני וכן משני הכא המלאך היה מקדר

פירוש מהרז"ו

ארבע בנות עי' לעיל פר' מ"ט סימן י"ב ודורש כפל לשון חתניו לוקחי בנותיו. חתניו שנים. לוקחי בנותיו שנים. דהיל"ל שלקחו בנותיו בעבר. אך לוקחי משמע שעתה לוקחים שהיו ארוסות (וכ"כ יפ"ת) ונפקי מינה של דרשה זו שמזה אנו יודעים שהיו בתולות וכמ"ש לקמן פר' נ"א ריש סימן ט' וש"נ: **הדרבולין** ע' לעיל פר' כ"ג סי' ג' כל תופש כנור ועוגב. עי' ערוך ערך הרדולום שע"כ כתוב כמצחק לרמוז שלא האמינו על שראו שהעיר מלאה צחוק: **(י) משיעלה עמוד השחר** שכאן כתוב כמו השחר עלה וגו' וכתיב השמש יצא על הארץ ולוט בא צוערה הרי שכל דבריהם עם לוט אודות ההצלה היה מע"ה עד הנץ החמה ואנו רואים שיש מסדום לצוער ד' מילין הרי הליכת לוט ובנותיו ד' מילין. א"כ באיזה זמן היה עסק המלאכים עם לוט ומפורש כתוב ויתמהמה ואח"כ הוציאוהו מחוץ לעיר ובהכרח שהיה בזה שיהוי זמן מה. ע"כ דרש שמעלות השחר עד הנץ יותר מד' מילין. ובזה זמן היתר היה עסק המלאכים עם לוט וכמה זמן היתר היה דורש מ"ש וכמו השחר עלה שתיבת וכמו מיותר ללמדנו. מה זמן המפורש הליכת לוט מסדום לצוער ד' מילין וזה היה משהאיר המזרח עד שיצאה השמש וזמן הדומה לו היינו מעלות השחר עד שהאיר המזרח. שמאחר שמרבה זמן ע"כ שהם דומים. והם ג' זמנים. עלות השחר. והאיר המזרח. והנץ החמה. וכצ"ל במדרש מעלות השחר עד שהאיר המזרח ד' מילין ומשהאיר המזרח עד הנץ החמה ד' מילין וכו'. ומנין שמשהאיר המזרח עד הנץ החמה ד' מילין שנאמר וכמו השחר עלה וגו' השמש יצא על הארץ וגו' זהו לפי שיטת הירושלמי ריש ברכות והיא העיקר וכן הגיה רש"י במדרש. וכ"ה בילקוט וגירסת ירושלמי יומא פ"ג ה"ב אין להולמה: **ומסדום לצוער** עי' מ"כ. וכמ"ש יומא ל"ג שהם ה' מילין ותירץ שזהו שכתוב ויאיצו ע"ש וכאן מתרץ שקידר לפניהם הדרך:

חידושי הרד"ל

(יד) ב' ארוסות וב' נשואות. דרש חתניו שנשאו כבר. ולוקחי בנותיו הארוסים שהיו עתידין ליקח (ולכן יש פסיק בין חתניו ללוקחי בנותיו. לרמוז ע"ז שהן נדרשין בפני עצמם). והנשואות כבר היו בבית בעליהן (כדרכן להוציא הבנות החולה כלשון הכנסת כלה בלשון חז"ל ואמרו קל מסובין חתן הדר בבית חמיו). ושתי בנותיו הנמצאות אתו שניצלו מן הארוסות:

מסורת המדרש

כב פסחים דף נ"ג. ירושלמי יומא פרק ג' הלכה ב'. וירושלמי ברכות פרק א'. ילקוט כאן רמז פ"ד:

מתנות כהונה

בעצמם באמרם אנחנו: **לקוחי משמע לקוחין כבר.** לוקחי משמע שעדיין היו לוקחים והולכים שעדיין היו ארוסות ומדכתיב חתניו משמע ששתי בנות היו לקוחות להם: **אדרכלין וכרבלין במדינה.** פירש"י והערוך מיני זמר כלומר העיר נהלה ושמחה והיא נהפכת בתמיה ודייק מדכתיב כמצחק: **(י) שנאמר וכמו וכו'.** הביא ראייה על שאמר שמעלות השחר עד שהאיר פני המזרח ארבע מילין וה"ג בירושלמי פרק אמר להם הממונה בהדיא וזה לשונו ומניין מעלות השחר עד שיאיר המזרח אדם מהלך ד' מילין שנאמר וכמו וגו' וכו'. עד ומניין משהאיר המזרח עד שתנץ החמה ד' מילין וכמו מלתא כו' עכ"ל וכך מצאתי שוב הגירסא בספר ישן מאד ומה שקרא שם אילת השחר קרא כאן עליית השחר וכן משמע בספר ישן וז"ל מלשון ב"ר דקאמר משיעלה עמוד השחר עד שיאיר המזרח אדם מהלך ארבע מילין ומירושלמי דקאמר מאילת השחר עד שיאיר המזרח אדם מהלך ארבע מילין שמעינן דעמוד השחר הוא אילת השחר עכ"ל: **וכתיב השמש יצא כו'.** וכשעלה עמוד השחר יצא מסדום דכתיב וכמו השחר עלה ויאיצו וגו' וכשהשמש יצא על הארץ דהיינו משהאיר פני המזרח והשמש יצא להוציא אורה על הארץ אז בא צוער ופריך ומסדום לצוער ארבע מילין הם בתמיה והלא יותר הם וה"ג בהדיא בפ"ק דברכות בירושלמי והא יתר הווין ורש"י ז"ל פי' שהוא חמש מילין כדגרסינן בפסחים בפרק מי שהיה לדידי חזי לי ההוא אתרא והוה ה' מילין ומשני המלאך היה מקדר כו'. מקדר גרסינן בירושלמי פ"ק דברכות וביומא פרק אמר להם הממונה ופי' נוקב ומשוה הגבוה והנמוך ומקצר לפניהם הדרך כדאמרינן בעירובין מקדרין בהרים כדי שימהרו אורחותם ודייק מדכתיב ויאיצו כד"א ולא אץ לבא ומניין

אשד הנחלים

לשוב למדריגתם וחשיבותם אשר הם ששים ושמחים לעשות רצון קונם בלבד והמה נדחו ואף שהוכרחו להגיד כדי שיברח לוט מסדום עכ"ז היה להם רק לצוות שינוס משם ולא לגלות הטעם: **על שנתגאו.** כאלו הדבר בידם. ואף שמצינו בכתוב שהמלאך מדבר מפי ה' ויאמר כמפי עצמו. מ"מ כאן במקום שיש טועין ומכחישים שידמו כי רק להם הכח בלבד היה להם להזהר בדבריהם: **אדרכולין.** מיני כלי זמר כן פי' הערוך ורש"י. וזה כמצחק שהעיר הי' להם כעיר צחקה מרוב מיני הזמר הנשמעים בעיר ולכן היה להם לזרזו שתהפך: **[י] ארבע מלין.** עיין בהגדת ירושלמי ריש ברכות שם גרסא אחרת ועיין במ"כ ועיין ביפ"מ שם ושם פרשתי:

the time when the horizon in the **east is illuminated**[74] there is enough time that **a person can walk** a distance of **four** *mils,*[75] מִשֶּׁהֵאִיר הַמִּזְרָח עַד שֶׁתָּנֵץ הַחַמָּה אַרְבַּעַת מִילִין – and **from the time when the** horizon in the **east is illuminated until the sun rises** a person can walk another **four** ***mils.***[76] שֶׁנֶּאֱמַר "וּכְמוֹ הַשַּׁחַר עָלָה" וּכְתִיב "הַשֶּׁמֶשׁ יָצָא עַל הָאָרֶץ וְגוֹ'" – We learn this[77] **because it is stated** when the angels were urging Lot to flee Sodom, ***And just as dawn was breaking,*** *etc.* (v. 15), **and it is written** below, ***The sun rose over the earth*** *and Lot arrived at Zoar* (v. 23).[78]

The Midrash questions the assertion just made that the distance between Sodom and Zoar is four *mil*:

וּמִסְּדוֹם לְצוֹעַר, אַרְבַּעַת מִילִין – **But is the distance between Sodom and Zoar four** ***mil?*** It is a known fact that there is a greater

NOTES

commentators unanimously assert that here he is referring to an earlier stage in the day, called אַיֶּלֶת הַשַּׁחַר (which we have translated as "predawn") – a term that the Midrash defines below. This Midrash passage appears twice in *Talmud Yerushalmi* (*Berachos* 1:1 and *Yoma* 3:2), and in both places it states אַיֶּלֶת הַשַּׁחַר wherever our Midrash says עַמּוּד הַשַּׁחַר. [In fact some commentators suggest emending our Midrash to conform to the *Yerushalmi* (*Nezer HaKodesh, Eitz Yosef*).]

74. This illumination of the eastern sky is equivalent to the "daybreak" (עֲלוֹת הַשַּׁחַר or עַמּוּד הַשַּׁחַר) frequently mentioned by the Sages (*Yefeh To'ar, Eitz Yosef*).

75. A *mil* is 2,000 cubits, a bit more than a kilometer. It takes 18 minutes to walk a *mil* (see *Rambam Commentary* to *Berachos* 1:1; *Shulchan Aruch, Orach Chaim* 459:2). The time it takes to walk four *mil* is thus 72 minutes.

76. For a total of 144 minutes from the break of predawn to sunrise.

77. That the time lapse between predawn and the illumination of the eastern horizon is four *mil's* worth (i.e., 72 minutes) (*Matnos Kehunah,* following *Yerushalmi* in *Yoma*).

Alternatively: That the time lapse between the illumination of the eastern horizon and sunrise is four *mil's* worth (*Rashi, Eitz Yosef,* following *Yerushalmi* in *Berachos*).

78. The Midrash appears to be saying that the distance between Sodom and Zoar is known to be four *mil*, and since Lot's flight from Sodom began "as dawn was breaking" and ended at Zoar when "the sun rose over the earth," this proves that there is a four-*mil* (72-minute) time lapse between these two times. [According to *Matnos Kehunah* [see previous note], the Midrash would be interpreting "as dawn was breaking" as predawn and "the sun rose over the earth" as illumination of the eastern sky. According to *Rashi,* et al. [ibid.], it would be interpreting "as dawn was breaking" as illumination of the eastern sky and "the sun rose over the earth" as sunrise.]

אָמַר רַבִּי חָמָא בַּר חֲנִינָא עַל שֶׁנִּתְגָּאוּ וְאָמְרוּ "כִּי מַשְׁחִיתִים אֲנַחְנוּ אֶת הַמָּקוֹם הַזֶּה". [יט, יד] "וַיְדַבֵּר אֶל חֲתָנָיו וגו' ", אַרְבַּע בָּנוֹת הָיוּ לוֹ שְׁתַּיִם אֲרוּסוֹת וּשְׁתַּיִם נְשׂוּאוֹת "לְקוּחֵי" אֵין כְּתִיב כָּאן אֶלָּא "לֹקְחֵי בְנוֹתָיו". וַיְהִי כִמְצַחֵק בְּעֵינֵי חֲתָנָיו אָמְרוּ לוֹ אִדְרְכוֹלִין וְכַרְבְּלִין בַּמְּדִינָה וּמְדִינָה נֶהֱפֶכֶת:

י [יט, טו] "וּכְמוֹ הַשַּׁחַר עָלָה וַיָּאִיצוּ הַמַּלְאָכִים בְּלוֹט לֵאמֹר", [כב]אָמַר רַבִּי חֲנִינָא מִשֶּׁיַּעֲלֶה עַמּוּד הַשַּׁחַר עַד שֶׁיָּאִיר הַמִּזְרָח אָדָם מְהַלֵּךְ אַרְבָּעָה מִילִין, מִשֶּׁהֵאִיר הַמִּזְרָח עַד שֶׁתָּנֵץ הַחַמָּה אַרְבָּעָה מִילִין שֶׁנֶּאֱמַר "וּכְמוֹ הַשַּׁחַר עָלָה", וּכְתִיב "הַשֶּׁמֶשׁ יָצָא עַל הָאָרֶץ וגו' ", וּמִסְּדוֹם לְצוֹעַר, אַרְבָּעָה מִילִין,

רש"י

בשביל דבורן שתלו בהן הגדולה: **ויהי במצחק בעיני חתניו.** אמרו כל העיר מלאה שמחה ואחוק וכולן יושבין בשמחה ובשלוה ואתה אומר שהמדינה נהפכת: **הדרבלין וכרבלין במדינה והמדינה נהפכת.** אתמהא הדרבלין כהדא דתנינן בערכין הדרבלין לא היה במקדש שלא לערבב את הנעימה. כרכלין אף הוא מיני זמר דכתיב בספר שמואל ודוד מכרכר בכל עוז לומר לך מנגן בכל עוז: (י) **אמר ר' חנינא.** משיעלה עמוד השחר עד שיאיר המזרח אדם מהלך ארבע מילין ומשהאיר המזרח עד שתנץ החמה ד' מילין שנאמר וכמו השחר עלה וכתיב השמש יצא על הארץ ולוט בא צוערה ומסדום לצוער ד' מילין והא יתר הווין א"ר חנינא המלאך קצר לפניהם הדרך שנאמר ויאיצו אבל אדם אחר אינו הולך אלא ד' מילין ומה דאותיב והא יתר הויי' כדגרסינן בפסחים לדידי חזי לי האי אתרא והוה ה' מילין ומנ"ל משיאור המזרח עד שתנץ החמה ד' מילין כמו וכמו מילא דמיא למילא מאי כמו וכמו דבר זה דומה לחבירתה כמו משיעלה עמוד השחר עד שיאור המזרח ד' מילין כך משיאור המזרח עד שתנץ החמה ד' מילין מילא מדמיא

עץ יוסף

לשחתה. מ"מ לא הוה להו למיתלי בתחילת דבריהם הגדולה בדידהו (נזה"ק): **[יד] ד' בנות היו לו.** דלוקחי בנותיו זולת חתניו. ומכיון דמיעוט רבים שנים חתניו ב' ולוקחי בנותיו ב' הרי כאן ד' (יפ"ת): **לקוחי אב"ב** דלקוחי משמע כבר. ולוקחי משמע שהם לקחום כעת שהיו ארוסות (מת"כ): **אדר בולין** כלי זמר ובערכין הדרבולין לא היו במקדש שלא לערבב את הנעימה: **וכרבולין** גם כן כלי זמר. כלו' כל מיני כלי זמר במדינה שהעיר מלאה ושמחה ואיך נהפכת. והיינו לפי שבדרך הטבע הפורענות אינו בא אלא בהדרגה. אבל באמת נשתנה המדה בחטאים הללו והיתה נפילתם פתאום (נזה"ק): (י) **[טו] אמר רבי חנינא משיעלה כו'.** ה"ג בס"מ כאן ובירד פ"ק דברכות אר"ח מאילת השחר עד שיאיר המזרח אדם מהלך ד' מילין משיאיר המזרח עד שתנץ החמה ד' מילין דכתיב וכמו השחר עלה וגו' וכתיב השמש יצא על הארץ ולוט בא צוערה. וכי מן סדום לצוער ד' מילין יותר הויין. אמר רבי זעירא המלאך היה מקדר לפניהם הדרך. ומנין מאילת השחר עד שיאיר המזרח ד' מילין כמו וכמו מילתא דמיא לחברותה כו'. ופי' מאילת השחר היינו שהיא כמין תרתין קרנין דנהור דסלקין ממדינחא ומנהרין לעלמא כדאמר לקמן עד שיאיר המזרח דהיינו בשעה שהשמש מתחיל ליכנס בתוך עובי הרקיע שמאז פני המזרח מאדימים. הוא מהלך ד' מילין. ומשיאיר המזרח עד שתנץ החמה היינו יציאת השמש לגמרי על פני הארץ ג"כ ד' מילין. ולוט יצא משיאיר המזרח מסדום ובא לצוער בנץ החמה. וזהו דכתיב וכמו השחר עלה ויאיצו המלאכים בלוט וגו' דהיינו משיאיר המזרח דמיקרי עלות השחר וכתיב השמש יצא על הארץ דהיינו בשעת יציאת השמש לגמרי על פני הארץ דהיינו בהנץ החמה ולוט בא צוערה. והאי פריך וכי מן סדום לצוער ד' מילין יותר הויין כדאי' בפ' מי שהי' דאר"ח לדידי חזי לי האי אתרא והוי ה' מילין. והתם משני ויאיצו שאני וכן משני הכא המלאך היה מקדר

פירוש מהרז"ו

ארבע בנות עי' לעיל פר' מ"ט סימן י"ב ודורש כפל לשון חתניו לוקחי בנותיו. חתניו שנים. לוקחי בנותיו שנים. דהיל"ל שלקחו בנותיו בעבר. אך לוקחי משמע שעתה לוקחים שהיו ארוסות (וכ"כ יפ"ת) ונפקי מינה של דרשה זו שמזה אנו יודעים שהיו בתולות וכמ"ש לקמן פר' נ"א ריש סימן ט' וש"נ: **הדרבולין** ע' לעיל פר' כ"ג סי' ג' כל תופש כנור ועוגב. עי' ערוך ערך הרדולום שע"כ כתוב כמצחק לרמוז שלא האמינו על שראו שהעיר מלאה שחוק: (י) **משיעלה עמוד השחר** שכאן כתוב כמו השחר עלה וגו' וכתיב השמש יצא על הארץ ולוט בא צוערה הרי שכל דבריהם עם לוט אודות ההצלה היה מעה"ש עד הנץ החמה ואנו רואים שיש מסדום לצוער ד' מילין הרי הליכת לוט ובנותיו ד' מילין. א"כ באיזה זמן היה עסק המלאכים עם לוט ומפורש כתוב ויתמהמה ואח"כ הוציאוהו מחוץ לעיר ובהכרח שהיה בזה שיהוי זמן מה. ע"כ דרש שמעלות השחר עד הנץ יותר מד' מילין. ובזה זמן היתר היה עסק המלאכים עם לוט וכמה זמן היתר היה דורש מ"ש וכמו השחר עלה שתיבת וכמו מיותר ללמדנו. מה זמן המפורש הליכת לוט מסדום לצוער ד' מילין וזה היה משהאיר המזרח עד שיצאה השמש וזמן הדומה לו היינו מעלות השחר עד שהאיר המזרח. שמאחר שמרבה זמן ע"כ שהם דומים. והם ג' זמנים. עלות השחר. והאיר המזרח. והנץ החמה. וכצ"ל במדרש מעלות השחר עד שהאיר המזרח ד' מילין ומשהאיר המזרח עד הנץ החמה ד' מילין וכו'. ומנין שמשהאיר המזרח עד הנץ החמה ד' מילין שנאמר וכמו השחר עלה וגו' השמש יצא על הארץ וגו' זהו לפי שיטת הירושלמי ריש ברכות והיא העיקר וכן הגיה רש"י במדרש. וכ"ה בילקוט וגירסת ירושלמי יומא פ"ג ה"ב אין להולמה: **ומסדום לצוער** עי' מ"כ. וכמ"ש יומא ל"ג שהם ה' מילין ותירץ שזהו שכתוב ויאיצו ע"ש וכאן מתרץ שקידר לפניהם הדרך:

מתנות כהונה

בעצמם באמרם אנחנו: **לקוחי משמע לקוחין כבר.** לוקחי משמע שעדיין היו לוקחים והולכים שעדיין היו ארוסות ומדכתיב חתניו משמע ששתי בנות היו לקוחות להם: **אדרבלין וכרבלין במדינה.** פירש"י והערוך מיני זמר כלומר העיר מלאה ושמחה והיא נהפכת בתמיה ודייק מדכתיב כמצחק: (י) **שנאמר וכמו וכו'.** הביא ראייה על שאמר שמעלות השחר עד שהאיר פני המזרח ארבע מילין וה"ג בירושלמי פרק אמר להם הממונה בהדיא וזה לשונו ומניין מעלות השחר עד שיאיר המזרח אדם מהלך ד' מילין שנאמר וכמו וגו' וכו'. עד ומניין משהאיר המזרח עד שתנץ החמה ד' מילין וכמו מלתא כו' עכ"ל וכך מצאתי שוב הגירסא בספר ישן מאד ומה שקרא שם אילת השחר קרא כאן עליית השחר וכן משמע בספר ישן וז"ל מלשון ב"ר דקאמר משיעלה עמוד השחר עד שיאיר המזרח אדם מהלך ארבע מילין ומירושלמי דקאמר מאילת השחר עד שיאיר המזרח אדם מהלך ארבע מילין שמעינן דעמוד השחר הוא אילת השחר עכ"ל: **וכתיב השמש יצא כו'.** וכשעלה עמוד השחר יצא מסדום דכתיב וכמו השחר עלה ויאיצו וגו' וכשהשמש יצא על הארץ דהיינו משהאיר פני המזרח והשמש יצא להוציא אורה על הארץ אז בא צוער ופריך ומסדום לצוער ארבע מילין הם בתמיה והלא יותר הם וה"ג בהדיא בפ"ק דברכות בירושלמי והא יתר הווין ורש"י ז"ל פי' שהוא חמש מילין כדגרסינן בפסחים בפרק מי שהיה לדידי חזי לי ההוא אתרא והוה ה' מילין ומשני המלאך היה מקדר כו'. מקדר גרסינן בירושלמי פ"ק דברכות וביומא פרק אמר להם הממונה ופי' נוקב ומשוה הגבוה והנמוך ומקצר לפניהם הדרך כדאמרינן בעירובין מקדרין בהרים כדי שימהרו אורחותם ודייק מדכתיב ויאיצו כד"א ולא אץ לבא ומניין

אשד הנחלים

לשוב למדריגתם וחשיבותם אשר הם ששים ושמחים לעשות רצון קונם בלבד והמה נדחו ואף שהוכרחו להגיד כדי שיברח לוט מסדום עכ"ז היה להם רק לצוות שינוס משם ולא לגלות הטעם: **על שנתגאו.** כאלו הדבר בידם. ואף שמצינו בכתוב שהמלאך מדבר מפי ה' ויאמר כמפי עצמו. מ"מ כאן במקום שיש טוען ומכחישים שידמו כי רק להם הכח בלבד היה להם להזהר בדבריהם: **אדרכולין.** מיני כלי זמר כן פי' הערוך ורש"י. וזה כמצחק שהעיר הי' להם כעיר צחקה מרוב מיני הזמר הנשמעים בעיר ולכן היה להם לזרזו שתהפך: **[י] ארבע מלין.** עיין בהגדת ירושלמי ריש ברכות שם גרסא אחרת ועיין במ"כ ועיין ביפ"מ שם ושם פרשתי:

חידושי הרד"ל

(יד) ב' ארוסות וב' נשואות. דרש חתניו שנשאו כבר. ולוקחי בנותיו הארוסים שהיו עתידין ליקח (ולכן יש פסיק בין חתניו ללוקחי בנותיו. לרמוז ע"ז שאן נדרשין בפני עצמם). והנשואות כבר היו בבית בעליהן (כדרכן להוציא הבנות החולה כלשון הכנסת כלה בלשון חז"ל ואמרו קל מסובין חתן הדר בבית חמיו). ושתי בנותיו הנמצאות אתו שניצולו מן הארוסות:

מסורת המדרש

כב פסחים דף נ"ג. ירושלמי יומא פרק ג' הלכה ב'. וירושלמי ברכות פרק א'. ילקוט כאן רמז פ"ד:

distance between them![79] אָמַר רַבִּי זְעֵירָא: הַמַּלְאָךְ הָיָה מְקַדֵּר לִפְנֵיהֶם אֶת הַדֶּרֶךְ – **R' Z'eira said** in reply to this question: **The angel** that rescued Lot and his daughters **leveled the ground before them** to expedite the trip.[80]

Having taught the source for one of R' Chanina's two statements before, the Midrash now teaches the source for the other: וּמִנַּיִן מִשֶּׁהֵאִיר הַמִּזְרָח עַד שֶׁתָּנֵץ הַחַמָּה אָדָם מְהַלֵּךְ אַרְבַּעַת מִילִין – **And from where** can we derive **that from the time when the** horizon in the **east is illuminated until the time of sunrise, a person can walk four** ***mils*****?**[81] כְּמוֹ, וּכְמוֹ, מִילְתָא דָּמְיָא לְמִילְתָא – It is derived from the fact that Scripture could have stated simply **כְּמוֹ,** ***just as*** *dawn was breaking, etc.,* but instead it states **וּכְמוֹ, "*and*" *just as.*** The additional *vav* alludes that there is **something** else that is **similar to** (that is "just as") **this thing.**[82]

The Midrash now turns to clarify the meaning of the term "predawn" (אַיֶּלֶת הַשַּׁחַר), mentioned above:

אָמַר רַבִּי יוֹסֵי בַּר אָבִין – **R' Yose bar Avin said:** אִם יֹאמַר לָךְ אָדָם הָדָא כּוֹכַבְתָּא דְּצַפְרָא אַיַּלְתָּא דְשַׁחְרָא, שַׁקְרָן הוּא – **If someone tells you that the** appearance of the **morning star**[83] **is** what the Sages mean by **אַיֶּלֶת הַשַּׁחַר, he is a liar!** פְּעָמִים פּוֹחֶתֶת וּפְעָמִים שֶׁהִיא מוֹסֶפֶת – **For [the morning star] sometimes appears earlier, and sometimes appears later,** whereas the time of *ayeles hashachar* is fixed.[84] אֶלָּא כְּמִין תַּרְתֵּין קַרְנִין דִּנְהוֹרָא סָלְקִין מִמַּדִּינְחָא וּמַנְהֲרִין לְעָלְמָא – **Rather,** 72 minutes before dawn there is **something resembling two rays of light** that **emanate from the east and** begin to **illuminate the world,** and this is called אַיֶּלֶת הַשַּׁחַר.

□ וְאֶת שְׁתֵּי בְנֹתֶיךָ הַנִּמְצָאֹת וְגוֹ׳ – *GET UP – TAKE YOUR WIFE* ***AND YOUR TWO DAUGHTERS WHO ARE PRESENT*** *(lit., FOUND),* ***ETC.***

The Midrash expounds on the seemingly incongruous word "found" applied to Lot's daughters:

אָמַר רַבִּי טוֹבִיָּה בַּר רַבִּי יִצְחָק – **R' Toviah bar R' Yitzchak said:** שְׁתֵּי מְצִיאוֹת: רוּת הַמּוֹאֲבִיָּה, וְנַעֲמָה הָעַמּוֹנִית – The phrase *your two daughters who are "found"* refers to **two "finds"**[85] **– Ruth the Moabitess and Naamah the Ammonitess.**[86]

אָמַר רַבִּי יִצְחָק: "מָצָאתִי דָּוִד עַבְדִּי" – In a similar vein, **R' Yitzchak said:** It is written, ***I have found David, My servant*** (*Psalms* 89:21). הֵיכָן מָצָאתִי אוֹתוֹ בִּסְדוֹם – And **where did I** (God) **"find" him?**[87] **In Sodom.**

וַיִּתְמַהְמָהּ וַיַּחֲזִיקוּ הָאֲנָשִׁים בְּיָדוֹ וּבְיַד אִשְׁתּוֹ וּבְיַד שְׁתֵּי בְנֹתָיו בְּחֶמְלַת ה׳ עָלָיו וַיֹּצִאֻהוּ וַיַּנִּחֻהוּ מִחוּץ לָעִיר. וַיְהִי כְהוֹצִיאָם אֹתָם הַחוּצָה וַיֹּאמֶר הִמָּלֵט עַל נַפְשֶׁךָ אַל תַּבִּיט אַחֲרֶיךָ וְאַל תַּעֲמֹד בְּכָל הַכִּכָּר הָהָרָה הִמָּלֵט פֶּן תִּסָּפֶה.

And he delayed – so the men grasped him by his hand, his wife's hand, and the hand of his two daughters in HASHEM*'s mercy on him; and they took him out and left him outside the city. And it was as they took them out that he said: "Flee for your life! Do not look behind you nor stop anywhere in all the plain; flee to the mountain lest you be swept away"* (19:16-17).

§11 וַיִּתְמַהְמָהּ – ***AND HE DELAYED.***

The Midrash interprets this word homiletically:

תְּמָהוֹן אַחַר תְּמָהוֹן – Lot felt **bewilderment after bewilderment.**[88]Ⓐ אָמַר: כַּמָּה אִבּוּד בְּכֶסֶף וְזָהָב בַּאֲבָנִים טוֹבוֹת וּמַרְגָּלִיּוֹת – **He said, "What a** tremendous **loss in silver and gold, in precious stones and gems!"**[89] הָדָא הוּא דִכְתִיב "עֹשֶׁר שָׁמוּר לִבְעָלָיו לְרָעָתוֹ" – **This** case of Lot **is** alluded to in **that which is written, *Wealth preserved by its owner, to his detriment***[90] (*Ecclesiastes* 5:12).

NOTES

79. For R' Chanina himself declared (in *Pesachim* 93b), "I myself saw that area, and it (the distance from Sodom to Zoar) is a distance of five *mil*!" (*Rashi, Eitz Yosef*).

80. Although the distance between the two places was five *mil* (i.e., 90 minutes' travel), the angels expedited Lot's travel so that it took him only 72 minutes. [The Gemara (*Pesachim* ibid.) learns this from the words "the angels urged (or *hastened*) Lot on" (v. 15) (*Eitz Yosef*).]

81. According to *Rashi*, et al. (see notes 77-78), this proposition was already proven by the Midrash above! Hence, in keeping with their approach, the text would have to be emended to read:

וּמִנַּיִן מֵאַיֶּלֶת הַשַּׁחַר עַד שֶׁיָּאִיר הַמִּזְרָח אַרְבַּעַת מִיל – **And from where is it derived that from predawn until the time when the** horizon in the **east is illuminated one can walk four** ***mils*****?**

82. I.e., just as there is a 72-minute period before sunrise that is derived from the verse as above, so too is there an additional presunrise period that is of equal duration, so that the total lapse between אַיֶּלֶת הַשַּׁחַר and sunrise is 144 minutes.

83. Venus, when it appears in the early morning sky, is called "the morning star."

84. As established above, אַיֶּלֶת הַשַּׁחַר occurs 144 minutes before sunrise every day (*Eitz Yosef*).

85. A מְצִיאָה (lit., "find") connotes something valuable that one discovers unexpectedly.

86. Naamah the Ammonitess was Solomon's main wife – the mother of his successor, King Rehoboam, and hence ancestress of all future kings of Judah, including the Messiah. According to its Midrashic meaning, the phrase *who are present* (*found*) does not refer to Lot's daughters; rather it alludes to the two great women who would descend from them – two precious treasures that were "found" among the spiritual ruins of Sodom.

87. The expression "finding" implies discovering something that is unique compared to its surroundings. God's "finding" of David, then, cannot refer to David's selection as king in the days of Samuel, for there were many righteous, capable people in Israel. It must refer, then, to God's "finding" him (through his ancestress, Lot's daughter) among the wicked inhabitants of Sodom (*Yefeh To'ar*).

88. Instead of viewing וַיִּתְמַהְמָהּ as being the *hispael* form of the root מהמה, "to delay" (which is its plain interpretation), the Midrash sees it as being the *kal* form of the root תמה, "to be amazed, bewildered," with the doubling of the מה indicating repetitive occurrence. See Insight Ⓐ.

89. In the first edition of Midrash Rabbah (Constantinople, 1512), this line reads:

אָמַר "כַּמָּה אֶבְרֵר, בְּכֶסֶף וְזָהָב אֲבָנִים טוֹבוֹת וּמַרְגָּלִיּוֹת?" – **He said, "What shall I select** to salvage? **Silver, gold, precious stones, or gems?"**

I.e., the source of Lot's bewilderment was that he could not decide what to save and what to abandon (*Eitz Yosef*). This is *Rashi's* reading in the Midrash as well. See also *Radal*.

90. I.e., sometimes the possession of wealth can bring one harm. In Lot's

INSIGHTS

Ⓐ **Bewilderment After Bewilderment** Lot delated, contemplating the loss of all the wealth he had accumulated. The Torah emphasizes this point to hold up the tragedy of Lot as an object lesson: As taught by the verses and Midrash above, Lot abandoned the association of his exalted uncle Abraham and embraced the dangers of Sodom because of his unbridled desire for its luxuries and material opportunities (see above, 13:10, and Midrash 41 §7). In the end, all he had hoped to gain was destroyed. Indeed, the law is that when an apostate city [עִיר הַנִּדַּחַת] is destroyed, even the property of the righteous among them is destroyed, as the Gemara explains: "What caused those righteous to dwell in such a city? Their property. Therefore, let their property be destroyed!" (*Sanhedrin* 112a). Lot compromised his principles and spirituality for ephemeral gain, and in the end he lost everything and gained nothing. He suffered bewilderment after bewilderment (based on *Emes LeYaakov* here).

אָמַר רַבִּי זְעֵירָא: הַמַּלְאָךְ הָיָה מְקַדֵּר לִפְנֵיהֶם אֶת הַדֶּרֶךְ. וּמִנַּיִן מִשֶּׁהֵאִיר הַמִּזְרָח עַד שֶׁתָּנֵץ הַחַמָּה אָדָם מְהַלֵּךְ אַרְבָּעָה מִילִין, כְּמוֹ, וּכְמוֹ, מִילְּתָא דָּמְיָא לְמִילְּתָא. אָמַר רַבִּי יוֹסֵי בַּר אָבִין: אִם יֹאמַר לְךָ אָדָם הָדָא כּוֹכַבְתָּא דְּצַפְרָא אַיַּילְתָּא דְּשַׁחֲרָא, שַׁקְרָן הוּא. פְּעָמִים פּוֹחֶתֶת וּפְעָמִים שֶׁהִיא מוֹסֶפֶת, אֶלָּא כְּמִין תַּרְתֵּין קַרְנִין דִּנְהוֹרָא סָלְקִין מִמַּדִּינְחָא וּמַנְהֲרִין לְעָלְמָא. "וְאֶת שְׁתֵּי בְנוֹתֶיךָ הַנִּמְצָאֹת וְגוֹ'", אָמַר רַבִּי טוֹבִיָּה בַּר רַבִּי יִצְחָק כג שְׁתֵּי מְצִיאוֹת, רוּת הַמּוֹאֲבִיָּה, וְנַעֲמָה הָעַמּוֹנִית. אָמַר רַבִּי יִצְחָק (תהלים פט, כא) "מָצָאתִי דָּוִד עַבְדִּי", הֵיכָן מְצָאתִי אוֹתוֹ, בִּסְדוֹם:

יא [יט, טז] "וַיִּתְמַהְמָהּ", תְּמָהוֹן אַחַר תְּמָהוֹן, אָמַר כַּמָּה אִבּוּד בְּכֶסֶף וְזָהָב בַּאֲבָנִים טוֹבוֹת וּמַרְגָּלִיּוֹת, הָדָא הוּא דִכְתִיב (קהלת ה, יב) כד "עוֹשֶׁר שָׁמוּר לִבְעָלָיו לְרָעָתוֹ". רַבִּי יְהוֹשֻׁעַ בֶּן לֵוִי אָמַר: זֶה לוֹט, רַבִּי שְׁמוּאֵל בַּר נַחְמָן אָמַר: כה זֶה קֹרַח, רַבִּי יְהוּדָה בַּר סִימוֹן אָמַר: זֶה נָבוֹת,. רַבִּי לֵוִי אָמַר: זֶה הָמָן רַבִּי יִצְחָק אָמַר: זֶה שֵׁבֶט רְאוּבֵן וְגָד,

רש"י

למילא: **הדא איילתא דשחרא כוכבתא דצפרא.** היא שקרן הוא ובירושלמי בברכות האי איילתא דשחרא מאן דאמר כוכבתא היא טעי למה שפעמים פוחתת פעמים מוספת פירוש פעמים מקדמת כוכב לאילת פעמים מאחרת אלא כמין דוקרנין דנהור סלקין מן מדינחא ומנהרין לעלמא. בברכות ירושלמי בתחלת המסכתא מאילת השחר עד שיאור המזרח אדם מהלך ד' מילין ומשיאור המזרח עד שתנץ החמה ד' מילין: **תרין דוקרנין.** שני עמודים של אורה דנהרין הרקיע ויוצאין: **אמר רבי יצחק.** כתיב בתהלים מצאתי דוד עבדי היכן מצאתיו בסדום: **[יא]** במה אברור בכסף ובזהב או באבנים טובות ומרגליות: **זה שבט ראובן.** דכתיב בהו ומקנה רב היה לבני ראובן:

עץ יוסף

לפניהם את הדרך כלו' שהיה ממהר דרכם להשים להם את העקוב למישור והוו ד' מילין: **פעמים פוחתת כו'.** כלו' פעמים שנראה אותו הכוכב קרוב מאד לבקר והוא פחות משיעור ד' מילין עד אור המזרח. ופעמים שהוא נראה זמן רב קודם הבקר והוא נוסף על שיעור ד' מילין עד אור המזרח. וכיון דילפת בסמוך מקרא דלעולם שיעורו מכוון ד' מילין ע"כ אותו הכוכב אינו אילת השחר אלא הוא כמין תרתין קרנין דנהור המתגלים תמיד בשיעור שוה לפני אור הבקר באור המזרח (נזה"ק): **ממדינחא** ממזרח ומאירין לעולם: **[טז] אמר רבי טובי' כו'.** נתב' לעיל פרשה מ"א סימן ה' עיין שם: **(יא) [יז] תמהון אחר תמהון.** דריש ויתמהמה מלשון תמהון שהיה לו בלב תמהון אחר תמהון איך יצא נקי לגמרי מנכסיו. כי אמר הרי כמה אבוד יש לי בכסף ובזהב באבנים טובות ומרגליות. ורש"י גרס אמר במה אברר בכסף וזהב או באבנים טובות ומרגליות. כלו' שע"ז היה עומד ותמה ולא ידע מתוך הבהלה כדת מה לעשות (נזה"ק): **זה לוט** במה שבא תחלה להתעכב עבור ממונו שאם היה עושה כך היה מתקיים בו עושר שמור לבעליו לרעתו שלסיבת העיכוב עבור ממון לא היה יכול להמלט על נפשו מתוך ההפכה בהיות הזמן קצר. ולפיכך לא הניחוהו המלאכים אפילו רגע אחת: **זה קרח** כלו' שהוא כענין קרח וכדאמר לקמן במדב"ר שמצא אוצרות יוסף ומתוך עושרו נתגאה לחלוק על משה. ונאבד הוא וממונו אתו: **זה נבות** כלו' שהוא כענין נבות שהיה מתגרה במלך עבור כרמו. והיה עושר זה שמור לרעתו שמתוך כך נאבד מן העולם: **זה המן** כלו' שהוא כענין המן שלקח אוצרות מלכי יהודה. ומתוך עושרו גדלו המלך כדאי' באסת"ר ולזה בא להתגרות בישראל וליתן למלך עשרת אלפים ככר כסף כדי להאבידם. ומתוך כך נטרד מן העולם והיה עושרו שמור לו לרעתו: **זה שבט ראובן וגד.** פי' שהוא כענין שבט ראובן גו' שע"י רוב מקניהם מאסו בארץ הקדושה ובחרו בעבר הירדן. ולכן גלו תחלה וכדלקמן סוף במדב"ר:

פירוש מהרז"ו

כמו וכמו מילתא וכו' פירוש שמתיבת וכמו אנו דורשים שהזמנים שוים. כמו משהאיר המזרח עד יציאת השמש. וכמו מעלות השחר עד שהאיר המזרח: **תרין קרנין** זהו האיר המזרח שני קרני אור יוצאים מן המזרח ומאירים לעולם. ועיין בקרבן העדה שם: **הנמצאות** שהוא מיותר שהרי בהן מדבר. ועי' לעיל פרשה מ"א סי' ד' יבמות ע"ז א'. וענין המציאה שאם מוצא אבן טובה במקום סגולתו אין זה מציאה. אך אם מוצא באשפה זהו מציאה וכן כאן: **(יא) תמהון כו'** שהיה מלא מחשבות ותמהון על הבנות והעושר: **עושר שמור** ועיין כ"ז בקה"ר פסוק זה: **זה שבט ראובן וגד** עיין במ"ר סוף פר' כ"ג באריכות:

חידושי הרד"ל

(טו) [י] כמין תרתין קרנין דנהורא. כמש"ל פ"ג בס"ד שלשון עליית השחר הוא שמסתלק השחרות המאפלת פני הרקיע ומתחיל להלבין פניו באור היום. ואילת השחר הוא שבתוך השחרות מתפללין כמין קרני אילה של נהור:

(טז) [יא] במה אבור. ברי"ש גרסינן עמ"כ ויד"מ. וכ"ה בילקוט:

(יז) זה לוט. שע"י שהיה עשיר גדול. והיה יושב ומחשב במה לברור. התמהמה ובזה אבד את הכל בענין רע (כסיפיה דקרא) ולקחו המלאכים והוציאהו לבדו נקי מכל נכסיו:

מסורת המדרש

כג יבמות ע"ז. לעיל פ' מ"א. ילקוט כאן רמז פ"ד:
כד קהלת רבה פ' ה':
כה פסחים דף קי"ט:

אם למקרא

מָצָאתִי דָּוִד עַבְדִּי בְּשֶׁמֶן קָדְשִׁי מְשַׁחְתִּיו: (תהלים פט:כא)

יֵשׁ רָעָה חוֹלָה רָאִיתִי תַּחַת הַשָּׁמֶשׁ עֹשֶׁר שָׁמוּר לִבְעָלָיו לְרָעָתוֹ: (קהלת ה:יב)

מתנות כהונה

משהאיר כו' עד שתתפשט השמש על כל פני הארץ דהיינו הנץ החמה גם הוא ד' מילין ומשני מדכתיב וכמו והוה ליה למימר כמו. וי"ו התוספת לאורויי אתא שיש עוד שיעור כשיעור שיש מעלות השחר עד יציאת השמש להוציא אורה דהיינו משהאיר פני המזרח וזהו מיציאת השמש להאיר פני המזרח עד שתנץ החמה על פני כל הארץ כך י"ל לפי הגירסא שלפנינו וכן הוא הגירסא בירושלמי בפרק אמר להם הממונה אות באות [וגירסת הירושלמי בפ"ק דברכות אמנם כך היא א"ר חנינא מאילת השחר עד שיאיר המזרח אדם מהלך ד' מילין ומשיאיר המזרח עד שתנץ החמה אדם מהלך ד' מילין. ומנין משיאיר המזרח עד שתנץ החמה אדם מהלך ד' מילין וכמו השחר עלה וגו' וכתיב השמש יצא וגו' מן סדום לצוער ד' מילין הא יתר הוון א"ר זעירא המלאך היה מקדר לפניהם את הדרך. ומנין מאילת השחר עד שיאיר המזרח מהלך אדם ד' מילין וכמו. מלה דמיא לחבירתה. ולפ"ז נ"ל מקדר לפניהם את הדרך ומנין משעלה עמוד השחר עד שהאיר פני המזרח אדם מהלך וכו'. ומאי דכתיב בקרא וכמו השחר עלה יהיה פירושו שהשחר הלך ונסתלק והאיר פני המזרח כד"א כעלות גדיש בעתו. ובהעלות הענן וכן רבים. ובילקוט ובפירש"י גרסי גם הם כגיר' ירושלמי דמסכת ברכות. ומאד אפלא על רש"י ז"ל למה לא הביא גירסת הירושלמי דמסכת יומא. ויועמד חי וקיים טוב ויפה גי' הספר. וגם הא"ב"א לא זכרו: **כוכבתא דצפרא כו'.** כוכב הנראה בשחר זה אילת השחר שקרן הוא: **פעמים פוחתת כו'.** פעמים שהוא פוחת ומקדים כוכב הבוקר ופעמים שמוסף עליו כך פירש"י ז"ל]: **אלא כמין כו'.** כמו שני קרניים של אור עולים מן המזרח ומאירים לעולם וזהו אילת השחר ובירושלמי גרס שני דוקרנין ופירש"י עמודים: **רות ונעמה.** יוצאים מבנות לוט: **מצאתי דוד כו'.** שיצא מרות המואביה: **(יא) במה אבוד כו'.** והיה חפץ ליטול הכל או היה יושב ותוהה במה יברור או בזה או בזה כ"פ רש"י: **זה לוט.** ששהה על עשרו וע"י זה מתה אשתו שאילו הלך לו מיד לא הוה נאסר מהביט אחריו שלא התחילה פורענותם עדיין: **שבט ראובן וגד.** שע"י שהיה להם מקנה רב בחרו להם בעבר הירדן ולא נכנסו לארץ

אשד הנחלים

כמו וכמו מילת' דמי' למילתא. כי מלת כמו הוא מאמר הדמיון כמו זה כן זה. וכמו עלות השחר כן ויאיצו: **הדא כוכבתא** גם זה בירושלמי שם עיי"ש ועיין במ"כ: **שתי מציאות** גדר המציאה הוא דבר שאינו בנמצא. שלא חשב אדם שימצא וכן בבנות לוט שהיו רעות ומי יחשוב שמתוכן יצא רות ונעמה רק כדמות מציאה. וזה רמזה תורה כאן שתי בנותיו הנמצאות. כי נמצא בהם שרש טוב אשר ע"כ ניצולו. **מצאתי דוד עבדי.** כי מי יחשוב שיצא איש קדוש כזה מזרע כמוהו אין זה כ"א כדמות מציאה שלא חשב אדם על זה מעולם: **בסדום.** שעי"ז ניצולו בנותיו בסדום כדי שיצא דוד באחרית מהן: **[יא] כמה אבוד.** כבר ידוע מאת הרב בעל הג"ן. כי שרש התמהמה הונח על מי שמעכב מצד איזה סבה המעכבתו מלילך ונגזר משורש מה מה שלא ידענו מה זה אשר מתאחר ולכן דרשו שהיה מתמהמה שהיה צר לו על אבוד כסף וזהב והמה דרשו שהוא משורש תמהון כאלו הוא פלא שמפני זה יתמהמה וזהו עושר שמור לבעליו לרעתו. כי עי"ז החזיקו אותו בכעס להוציאו וגם אולי גם אשתו היית' ניצלת אם לא היתה מתמהמה: **זה קרח כו' זה נבות.** כל אחד אחז בספור פרטי למשל

The Midrash presents several possible applications for this *Ecclesiastes* verse:

רַבִּי יְהוֹשֻׁעַ בֶּן לֵוִי אָמַר: זֶה לוֹט – R' Yehoshua ben Levi said: This verse **is** alluding **to Lot,** as explained above. **רַבִּי שְׁמוּאֵל בַּר נַחְמָן אָמַר: זֶה קֹרַח – R' Shmuel bar Nachman said: This** verse **is** alluding to **Korah.**[91] **רַבִּי יְהוּדָה בַּר סִימוֹן אָמַר: זֶה נָבוֹת – R' Yehudah bar Simon said: This** verse **is** alluding to **Naboth.**[92] **רַבִּי לֵוִי אָמַר: זֶה הָמָן – R' Levi said: This** verse **is** alluding to **Haman.**[93] **רַבִּי יִצְחָק אָמַר: זֶה שֵׁבֶט רְאוּבֵן וְגָד – R' Yitzchak said: This** verse **is** alluding to **the tribes of Reuben and Gad.**[94]

NOTES

case, his hesitation in lamenting over his lost wealth (or in choosing what part of his wealth to save) almost led to his being swept up in Sodom's destruction (*Ohr HaSeichel, Eitz Yosef*). Alternatively: Lot's wealth caused him pain when he saw it all about to go to waste (*Yefeh To'ar*). Yet another approach: It was a consequence of Lot's hesitation and last-second departure that his wife died (see v. 26) (*Matnos Kehunah*).

91. Korah's wealth furnished him the arrogance with which to dispute Moses, and this was the cause of his ultimate destruction (*Eitz Yosef*).

92. Who lost his life because King Ahab coveted his vineyard (see *I Kings* Ch. 29) (*Eitz Yosef*).

93. Had Haman not been so wealthy, Ahasuerus would not have promoted him (as related in *Esther Rabbah* 7 §5), and he would not have experienced such a great downfall (*Yefeh To'ar, Eitz Yosef*).

94. Who, because of their great amounts of livestock, requested and received the outlying areas of Gilead and Bashan as their portion (*Numbers* Ch. 32). This ultimately led to their being conquered and exiled before all the other tribes of Israel (*Matnos Kehunah*).

אָמַר רַבִּי זְעִירָא: הַמַּלְאָךְ הָיָה מְקַדֵּר לִפְנֵיהֶם אֶת הַדֶּרֶךְ. וּמִנַּיִן מִשֶּׁהֵאִיר הַמִּזְרָח עַד שֶׁתָּנֵץ הַחַמָּה אָדָם מְהַלֵּךְ אַרְבָּעָה מִילִין, כְּמוֹ, וּכְמוֹ, מִילְתָא דָּמְיָא לְמִילְתָא. אָמַר רַבִּי יוֹסֵי בַּר אָבִין: אִם יֹאמַר לְךָ אָדָם הָדָא כּוֹכַבְתָּא דְּצַפְרָא אַיַּלְתָּא דְּשַׁחֲרָא, שַׁקְרָן הוּא. פְּעָמִים פּוֹחֶתֶת וּפְעָמִים שֶׁהִיא מוֹסֶפֶת, אֶלָּא כְּמִין תַּרְתֵּין קַרְנִין דִּנְהוֹרָא סָלְקִין מִמַּדִּינְחָא וּמַנְהֲרִין לְעָלְמָא. "וְאֶת שְׁתֵּי בְנוֹתֶיךָ הַנִּמְצָאֹת וְגוֹ'", אָמַר רַבִּי טוֹבִיָּה בַּר רַבִּי יִצְחָק כג שְׁתֵּי מְצִיאוֹת, רוּת הַמּוֹאֲבִיָּה, וְנַעֲמָה הָעַמּוֹנִית. אָמַר רַבִּי יִצְחָק (תהלים פט, כא) "מָצָאתִי דָּוִד עַבְדִּי", הֵיכָן מְצָאתִי אוֹתוֹ, בִּסְדוֹם:

יא [יט, טז] "וַיִּתְמַהְמָהּ", תְּמָהוֹן אַחַר תְּמָהוֹן, אָמַר כַּמָּה אִבּוּד בְּכֶסֶף וְזָהָב בַּאֲבָנִים טוֹבוֹת וּמַרְגָּלִיּוֹת, הָדָא הוּא דִכְתִיב (קהלת ה, יב) כד"עוֹשֶׁר שָׁמוּר לִבְעָלָיו לְרָעָתוֹ". רַבִּי יְהוֹשֻׁעַ בֶּן לֵוִי אָמַר: זֶה לוֹט, רַבִּי שְׁמוּאֵל בַּר נַחְמָן אָמַר: כה"זֶה קֹרַח, רַבִּי יְהוּדָה בַּר סִימוֹן אָמַר: זֶה נָבוֹת,. רַבִּי לֵוִי אָמַר: זֶה הָמָן רַבִּי יִצְחָק אָמַר: זֶה שֵׁבֶט רְאוּבֵן וְגָד,

עץ יוסף

לפניהם את הדרך כלו' שהיה ממהר דרכם להשים להם את העקוב למישור והוו ד' מילין: **פעמים פוחתת כו'**. כלו' פעמים שנראה אותו הכוכב קרוב מאד לבקר והוא פחות משיעור ד' מילין עד אור המזרח. ופעמים שהוא נראה זמן רב קודם הבקר והוא נוסף על שיעור ד' מילין עד אור המזרח. וכיון דילפת בסמוך מקרא דלעולם שיעורו מכוון ד' מילין ע"כ אותו הכוכב אינו אילת השחר אלא הוא כמין תרתין קרנין דנהור המתגלים תמיד בשיעור שוה לפני אור הבקר באור המזרח (נזה"ק): **ממדינחא** ממזרח ומאירין לעולם: **[טז] אמר רבי טובי' כו'**. נתב' לעיל פרשה מ"א סימן ה' עיין שם: **(יא) [יז] תמהון אחר תמהון**. דריש ויתמהמה מלשון תמהון שהיה לו בלב תמהון אחר תמהון איך יצא נקי לגמרי מנכסיו. כי אמר הרי כמה אבוד יש לי בכסף וזהב באבנים טובות ומרגליות. ורש"י גרס אמר במה אברר בכסף וזהב או באבנים טובות ומרגליות. כלו' שע"ז היה עומד ותמה ולא ידע מתוך הבהילה כדת מה לעשות (נזה"ק): **זה לוט** במה שבא תחלה להתעכב עבור ממונו שאם היה עושה כך היה מתקיים בו עושר שמור לבעליו לרעתו שלסיבת העיכוב עבור ממון לא היה יכול להמלט על נפשו מתוך ההפכה בהיות הזמן קצר. ולפיכך לא הניחוהו המלאכים אפילו רגע אחת: **זה קרח** כלו' שהוא כענין קרח וכדאמר לקמן בבמדב"ר שמצא אוצרות יוסף ומתוך עושרו נתגאה לחלוק על משה. ונאבד הוא וממונו אתו: **זה נבות** כלו' שהוא כענין נבות שהיה מתגרה במלך עבור כרמו. והיה עושר זה שמור לרעתו שמתוך כך נאבד מן העולם: **זה המן** כלו' שהוא כענין המן שלקח אוצרות מלכי יהודה. ומתוך עושרו גדלו המלך כדאי' באסת"ר ולזה בא להתגרות בישראל וליתן למלך עשרת אלפים ככר כסף כדי להאבידם. ומתוך כך נטרד מן העולם והיה עושרו שמור לו לרעתו: **זה שבט ראובן וגד**. פי' שהוא כענין שבט ראובן גו' שע"י רוב מקניהם מאסו בארץ הקדושה ובחרו בעבר הירדן. ולכן גלו תחלה וכדלקמן סוף במדב"ר:

פירוש מהרז"ו

כמו וכמו מילתא וכו' פירוש שמתיבת וכמו אנו דורשים שהזמנים שוים. כמו משהאיר המזרח עד יציאת השמש. וכמו מעלות השחר עד שהאיר המזרח: **תרין קרנין** זהו האיר המזרח שני קרני אור יוצאים מן המזרח ומאירים לעולם. ועיין בקרבן העדה שם: **הנמצאות** שהוא מיותר שהרי בהן מדבר. ועי' לעיל פרשה מ"א סי' ד' יבמות ע"ז א'. וענין המציאה שאם מוצא אבן טובה במקום סגולתו אין זה מציאה. אך אם מוצא באשפה זהו מציאה וכן כאן: **(יא) תמהון כו'** שהיה מלא מחשבות ותמהון על הבנות והעושר: **עושר שמור** ועיין כ"ז בקה"ר פסוק זה: **זה שבט ראובן וגד** עיין במ"ר סוף פר' כ"ג באריכות:

רש"י

למילא: **הדא איילתא דשחרא כוכבתא דצפרא**. היא שקרן הוא ובירושלמי בברכות האי איילתא דשחרא מאן דאמר כוכבתא היא טעי למה שפעמים פוחתת פעמים מוספת פירוש פעמים מקדמת כוכב לאילת פעמים מאחרת אלא כמין דוקרנין דנהור סלקין מן מדינחא ומנהרין לעלמא. בברכות ירושלמי בתחלת המסכתא מאילת השחר עד שיאור המזרח אדם מהלך ד' מילין ומשיאור המזרח עד שתנץ החמה ד' מילין: **תרין דוקרנין**. שני עמודים של אורה דנהרין הרקיע ויוצאין: **אמר רבי יצחק**. כתיב בתהלים מצאתי דוד עבדי היכן מצאתיו בסדום: **[יא]** במה אברור בכסף ובזהב או באבנים טובות ומרגליות: **זה שבט ראובן**. דכתיב בהו ומקנה רב היה לבני ראובן:

מתנות כהונה

משהאיר כו' עד שתתפשט השמש על כל פני הארץ דהיינו הנץ החמה גם הוא ד' מילין ומשני מדכתיב וכמו והוה ליה למימר כמו. וי"ו התוספת לאורויי אתא שיש עוד שיעור כשיעור שיש מעלות השחר עד יציאת השמש להוציא אורה דהיינו משהאיר פני המזרח וזהו מיציאת השמש להאיר פני המזרח עד שתנץ החמה על פני כל הארץ כך י"ל לפי הגירסא שלפנינו וכן הוא הגירסא בירושלמי בפרק אמר להם הממונה אות באות [וגירסת הירושלמי בפ"ק דברכות אמנם כך היא א"ר חנינא מאילת השחר עד שיאיר המזרח אדם מהלך ד' מילין ומשיאיר המזרח עד שתנץ החמה אדם מהלך ד' מילין. ומנין משיאיר המזרח עד שתנץ החמה אדם מהלך ד' מילין וכמו השחר עלה וגו' וכתיב השמש יצא וגו' מן סדום לצוער ד' מילין הא יתר הוון א"ר זעירא המלאך היה מקדר לפניהם את הדרך. ומנין מאילת השחר עד שיאיר המזרח מהלך אדם ד' מילין וכמו. מלה דמיא לחבירתה. ולפ"ז צ"ל מקדר לפניהם את הדרך ומנין משעלה עמוד השחר עד שהאיר פני המזרח אדם מהלך וכו'. ומאי דכתיב בקרא וכמו השחר עלה יהיה פירושו שהשחר הלך ונסתלק והאיר פני המזרח כד"א כעלות גדיש בעתו. ובהעלות הענן וכן רבים. ובילקוט ובפירש"י גרסי גם הם כגיר' ירושלמי דמסכת ברכות. ומאד אפלא על רש"י ז"ל למה לא הביא גירסת הירושלמי דמסכת יומא. ויועמד חי וקיים טוב ויפה גי' הספר. וגם הא"ח לא זכרו: **כוכבתא דצפרא כו'**. כוכב הנראה בשחר זה אילת השחר שקרן הוא: **פעמים פוחתת כו'**. פעמים שהוא פוחת ומקדים כוכב הבוקר ופעמים שמוסף עליו כך פירש"י ז"ל: **אלא כמין כו'**. כמו שני קרניים של אור עולים מן המזרח ומאירים לעולם וזהו אילת השחר ובירושלמי גרס שני דוקרנין ופירש"י עמודים: **רות ונעמה**. יוצאים מבנות לוט: **מצאתי דוד כו'**. שיצא מרות המואביה: **(יא) במה אבוד כו'**. והיה חפץ ליטול הכל או היה יושב ותוהה במה יברור או בזה או בזה כ"פ רש"י: **זה לוט**. ששהה על עשרו וע"י זה מתה אשתו שאילו הלך לו מיד לא הוה נאסר מהביט אחריו שלא התחילה פורענותם עדיין: **שבט ראובן וגד**. שע"י שהיה להם מקנה רב בחרו להם בעבר הירדן ולא נכנסו לארץ

אשד הנחלים

כמו וכמו מילת' דמי' למילתא. כי מלת כמו הוא מאמר הדמיון כמו זה כן זה. וכמו עלות השחר כן ויאיצו: **הדא כוכבתא** גם זה בירושלמי שם עיי"ש ועיין במ"כ: **שתי מציאות** גדר המציאה הוא דבר שאינו בנמצא. שלא חשב אדם שימצא וכן בבנות לוט שהיו רעות ומי יחשוב שמתוכן יצא רות ונעמה רק כדמות מציאה. וזה רמזה תורה כאן שתי בנותיו הנמצאות. כי נמצא בהם שרש טוב אשר ע"כ ניצולו. **מצאתי דוד עבדי**. כי מי יחשוב שיצא איש קדוש כזה מזרע כמוהו אין זה כ"א כדמות מציאה שלא חשב אדם על זה מעולם: **בסדום**. שעי"ז ניצולו בנותיו בסדום כדי שיצא דוד באחרית מהן: **[יא] כמה אבוד**. כבר ידוע מאת הרב בעל הג"ן. כי שרש התמהמה הונח על מי שמעכב מצד איזה סבה המעכבתו מלילך ונגזר משורש מה מה שלא ידענו מה זה אשר מתאחר ולכן דרשו שהיה מתמהמה שהיה צר לו על אבוד כסף וזהב והמה דרשו שהוא משורש תמהון כאלו הוא פלא שמפני זה יתמהמה וזהו עושר שמור לבעליו לרעתו. כי עי"ז החזיקו אותו בכעס להוציאו וגם אולי גם אשתו היית' ניצלת אם לא היתה מתמהמה: **זה קרח כו' זה נבות**. כל אחד אחז בספור פרטי למשל

חידושי הרד"ל

(טו) [י] במין תרתין קרנין דנהורא. כמש"ל פ"ג בס"ד שלשון עליית השחר הוא שמסתלק השחרות המאפלת פני הרקיע ומתחיל להלבין פניו באור היום. ואילת השחר הוא שבתוך השחרות מתפללין כמין קרני אילה של נהור:

(טז) [יא] כמה אבוד. ברי"ש גרסינן עמ"כ ויד"מ. וכ"ה בילקוט:

(יז) זה לוט. שע"י שהיה עשיר גדול. והיה יושב ומחשב במה לברור. התמהמה ובזה אבד את הכל בענין רע (כסיפיה דקרא) ולקחו המלאכים והוציאהו לבדו נקי מכל נכסיו:

מסורת המדרש

כג יבמות ע"ז. לעיל פ' מ"א. ילקוט כאן רמז פ"ד:

כד קהלת רבה פ' ה':

כה פסחים דף קי"ט:

אם למקרא

מָצָאתִי דָּוִד עַבְדִּי בְּשֶׁמֶן קָדְשִׁי מְשַׁחְתִּיו: (תהלים פט:כא)

יֵשׁ רָעָה חוֹלָה רָאִיתִי תַּחַת הַשָּׁמֶשׁ עֹשֶׁר שָׁמוּר לִבְעָלָיו לְרָעָתוֹ: (קהלת ה:יב)

וְרַבָּנָן אָמְרֵי: זֶה אִיּוֹב, דַּהֲוָה עָתִיר וְנִתְמַסְכֵּן וְחָזַר לְמָה דַּהֲוָה — And the other **Sages said: This** verse **is** alluding to **Job who was wealthy** at first, **then became destitute, and** subsequently **returned to his former state.**[95]

□ וַיַּחֲזִיקוּ הָאֲנָשִׁים בְּיָדוֹ וּבְיַד אִשְׁתּוֹ וּבְיַד שְׁתֵּי בְנֹתָיו וגו׳ — ***SO THE MEN GRASPED ONTO HIS HAND, ONTO HIS WIFE'S HAND, AND ONTO THE HAND OF HIS TWO DAUGHTERS, ETC.***

The Midrash assumes that it was a single angel who saved Lot and his family, and identifies him:

מִי הָיָה זֶה, זֶה רְפָאֵל — **Who** exactly **was it** who saved Lot? **It was Raphael.**[96] אֲתִיבוּן: וְהָא כְתִיב ״וַיֹּצִאֻהוּ וַיַּנִּחֻהוּ״, וּכְתִיב ״וַיְהִי כְהוֹצִיאָם אוֹתָם הַחוּצָה״ — **An objection was raised** to the sage who said this statement: **But it is written** here, ***"they" took him out and "they" left him*** (ibid.), **and it is** also **written, *And it was as "they" took them out*** (v. 17)![97] אָמַר לוֹן: קְרוֹן דִּבַתְרֵיהּ — **[The sage] responded to [the questioners]: Read what is** written **after that;** ״וַיֹּאמְרוּ הִמָּלֵט עַל נַפְשֶׁךָ״ אֵין כְּתִיב, אֶלָּא ״וַיֹּאמֶר הִמָּלֵט עַל נַפְשֶׁךָ״ — **it does not say, *"They* said, 'Flee for your life,'"** but ***"He said, 'Flee for your life'"*** (v. 17), indicating that just one angel was their rescuer.[98]

□ הָהָרָה הִמָּלֵט פֶּן תִּסָּפֶה — ***FLEE TO THE MOUNTAIN LEST YOU BE SWEPT AWAY.***

The Midrash gives Lot's flight to the mountain a homiletic interpretation:

בִּזְכוּת אַבְרָהָם שֶׁנִּקְרָא ״הַר״ — By this statement the angel intimated that Lot should flee to the mountain where Abraham lived and be saved **in the merit of Abraham who is called "a mountain,"**[99] שֶׁנֶּאֱמַר ״מְדַלֵּג עַל הֶהָרִים״, וְאוֹמֵר ״שִׁמְעוּ הָרִים וגו׳״ — **as it is stated, *leaping over mountains***[100] (*Song of Songs* 2:8), **and it states** as well, ***Listen, you mountains,*** *to the grievance of* HASHEM, *etc.*[101] (*Micah* 6:2). ״וְאָנֹכִי לֹא אוּכַל לְהִמָּלֵט הָהָרָה וגו׳״ — But Lot replied, ***"I cannot flee to the mountain, etc."*** (v. 19), meaning, "I am not able to avail myself of the merits of Abraham," as will be explained shortly.

וַיֹּאמֶר לוֹט אֲלֵהֶם אַל נָא אֲדֹנָי. הִנֵּה נָא מָצָא עַבְדְּךָ חֵן בְּעֵינֶיךָ וַתַּגְדֵּל חַסְדְּךָ אֲשֶׁר עָשִׂיתָ עִמָּדִי לְהַחֲיוֹת אֶת נַפְשִׁי וְאָנֹכִי לֹא אוּכַל לְהִמָּלֵט הָהָרָה פֶּן תִּדְבָּקַנִי הָרָעָה וָמַתִּי. הִנֵּה נָא הָעִיר הַזֹּאת קְרֹבָה לָנוּס שָׁמָּה וְהִוא מִצְעָר אִמָּלְטָה נָא שָׁמָּה הֲלֹא מִצְעָר הִוא וּתְחִי נַפְשִׁי. וַיֹּאמֶר אֵלָיו הִנֵּה נָשָׂאתִי פָנֶיךָ גַּם לַדָּבָר הַזֶּה לְבִלְתִּי הָפְכִּי אֶת הָעִיר אֲשֶׁר דִּבַּרְתָּ.

Lot said to them, "Please, no! My Lord. See, now, Your servant has found grace in Your eyes and Your kindness was great which You did with me to save my life; but I cannot flee to the mountain lest the evil attach itself to me and I die. Behold, please, this city is near enough to escape there and it is small; I shall flee there. Is it not small? — and I will live." And He replied to him, "Behold, I have granted you special consideration even regarding this, that I not overturn the city about which you have spoken" (19:18-21).

□ וַיֹּאמֶר לוֹט אֲלֵיהֶם אַל נָא אֲדֹנָי, הִנֵּה מָצָא עַבְדְּךָ חֵן בְּעֵינֶיךָ וגו׳ — ***LOT SAID TO THEM, "PLEASE NO! MY LORD — SEE NOW YOUR SERVANT HAS FOUND GRACE IN YOUR EYES, ETC.***[102]

The Midrash explains why Lot did not accept the angel's offer to "flee to the mountain," i.e., to go live with Abraham and benefit from his merits, and why he was afraid he might die if he did so:

רַבִּי בֶּרֶכְיָה וְרַבִּי לֵוִי בְּשֵׁם רַבִּי חָמָא בַּר חֲנִינָה — **R' Berechyah and R' Levi in the name of R' Chama bar Chaninah** said: שְׁנֵי בְנֵי אָדָם אָמְרוּ דָּבָר אֶחָד, לוֹט וְצָרְפִית — **There were two people who expressed the same idea — Lot and the woman of Zeraphath.**[103] צָרְפִית אָמְרָה עַד שֶׁלֹּא בָּאתָ אֶצְלִי הָיָה הַקָּדוֹשׁ בָּרוּךְ הוּא רוֹאֶה מַעֲשַׂי וּמַעֲשֵׂה אַנְשֵׁי עִירִי — **The Zeraphath woman said** to Elijah,[104] **"Before you came to** stay with **me, the Holy One, blessed is He, would view my deeds and the deeds of my fellow inhabitants** וְהָיוּ מַעֲשַׂי רַבִּים עַל אַנְשֵׁי בְּנֵי עִירִי וְהָיִיתִי צַדֶּקֶת בֵּינֵיהֶם — **and** see that **my** righteous **deeds were** more **abundant than those of my fellow inhabitants, and** consequently **I was** deemed **righteous among them,** so no harm befell me. עַכְשָׁיו שֶׁבָּאתָ אֶצְלִי בָּאתָ לְהַזְכִּיר אֶת עֲוֹנִי וּלְהָמִית אֶת בְּנִי — But **now that you have come** to stay **with me,** my righteousness is deemed as nothing compared with yours; it is as if **you have come *to call attention to my sins and cause my son to die!"*** לוֹט אָמַר עַד שֶׁלֹּא הָלַכְתִּי אֵצֶל אַבְרָהָם הָיָה הַקָּדוֹשׁ בָּרוּךְ הוּא רוֹאֶה מַעֲשַׂי וּמַעֲשֵׂה בְּנֵי עִירִי וַאֲנִי צַדִּיק בֵּינֵיהֶם — And in a similar vein **Lot said** to the angels in effect, **"Before I went** to be **near Abraham,**[105] **the Holy One, blessed is He, would view my deeds and the deeds of my** fellow **townsmen, and I was** deemed **righteous among them.**

NOTES

95. These Sages interpret the verse in *Ecclesiastes* differently from the previous opinions. Instead of translating it *wealth preserved by its owner, to his detriment,* they render, *wealth preserved for its owner, for* (i.e. during) *his bad state* (לְרָעָתוֹ). I.e., occasionally even after one's financial decline his wealth is "preserved" for him, as it were, and returns to him at a later date (*Matnos Kehunah, Yedei Moshe*).

96. Who was sent specifically to rescue Lot (see Midrash above, §2).

97. Why, then, do you say that it was a single angel who rescued Lot?

98. In the Midrash above (§2) it was mentioned that the angel Raphael was commissioned to save Lot, while Gabriel was charged with destroying Sodom. Though it was Raphael alone who was charged with saving Lot and his family, verse 16 nevertheless uses plural verbs. This is because it was a necessary precondition to Sodom's destruction that Lot be removed, so that the destroying angel (Gabriel) also assisted in grasping him and his family to lead them out of the city. Once their removal was accomplished, however, only Raphael, who was charged with saving them, urged them to flee. This is why verse 17 uses the singular form (*Eitz Yosef, Matnos Kehunah*).

99. Because of his towering spiritual merits (*Yefeh To'ar*). I.e., the angel means "mountain" both literally (the mountain where Abraham lived) and figuratively (Abraham's stature as a "mountain") (*Yefeh To'ar*).

100. The Sages explain this phrase to mean that God "leapt over" the prescribed amount of subjugation to the Egyptians and freed the Israelites sooner than foretold, because of the merits of the "mountains," the Patriarchs (*Rosh Hashanah* 11a; *Tanchuma, Bamidbar* §14).

101. In this verse God invokes the Patriarchs — calling them "mountains" — to hear God's grievances against Israel (*Maharsha* to *Rosh Hashanah* ibid.).

102. [The verse continues to relate that Lot told the angel that he cannot flee to the mountain "lest the evil attach itself to me and I die." Lot instead opted to flee to the city of Zoar. The Midrash proceeds to explain why Lot feared going to the mountain, which was where Abraham resided.]

103. The woman who sustained Elijah the prophet when he passed through her city (see *I Kings* 17:17-24).

104. After the death of her young son, she told Elijah plaintively, *"What is there between me and you, O man of God, that you have come to me to call attention to my sins and to cause my son to die!"* (ibid. v. 18). The Midrash now elaborates on what she meant by this statement.

105. I.e., when I was living among the people of Sodom (*Rashi* on *Chumash*, v.19).

רַבָּנָן אָמְרִי: זֶה אִיּוֹב, דַּהֲוָה עַתִּיר וְנִתְמַסְכֵּן וְחָזַר לְמַה דַּהֲוָה. "וַיַּחֲזִיקוּ הָאֲנָשִׁים בְּיָדוֹ וּבְיַד אִשְׁתּוֹ וּבְיַד שְׁתֵּי בְנוֹתָיו וְגוֹ'", מִי הָיָה זֶה, כ״וזֶה רְפָאֵל, אֲתִיבוּן: וְהָא כְּתִיב "וַיֹּצִאֻהוּ וַיַּנִּחֻהוּ", וּכְתִיב [יט, יז] "וַיְהִי כְהוֹצִיאָם אוֹתָם הַחוּצָה", אָמַר לוֹן: קְרוֹן דְּבַתְרֵיהּ, "וַיֹּאמְרוּ הִמָּלֵט עַל נַפְשֶׁךָ" אֵין כְּתִיב אֶלָּא "וַיֹּאמֶר הִמָּלֵט עַל נַפְשֶׁךָ". "הָהָרָה הִמָּלֵט פֶּן תִּסָּפֶה", בִּזְכוּת אַבְרָהָם כ״זשֶׁנִּקְרָא הַר שֶׁנֶּאֱמַר (שיר ב, ח) "מְדַלֵּג עַל הֶהָרִים", וְאוֹמֵר (מיכה ו, ב) "שִׁמְעוּ הָרִים וְגוֹ'". [יט, יח-יט] "וְאָנֹכִי לֹא אוּכַל לְהִמָּלֵט הֶהָרָה וְגוֹ'", "וַיֹּאמֶר לוֹט אֲלֵיהֶם אַל נָא אֲדֹנָי, הִנֵּה מָצָא עַבְדְּךָ חֵן בְּעֵינֶיךָ וְגוֹ'", רַבִּי בֶּרֶכְיָה וְרַבִּי לֵוִי בְּשֵׁם רַבִּי חָמָא בַּר חֲנִינָה כ״חשְׁנֵי בְּנֵי אָדָם אָמְרוּ דָּבָר אֶחָד, לוֹט וְצָרְפִית. צָרְפִית אָמְרָה עַד שֶׁלֹּא בָאתָ אֶצְלִי הָיָה הַקָּדוֹשׁ בָּרוּךְ הוּא רוֹאֶה מַעֲשַׂי וּמַעֲשֵׂה אַנְשֵׁי עִירִי וְהָיוּ מַעֲשַׂי רַבִּים עַל אַנְשֵׁי בְּנֵי עִירִי וְהָיִיתִי צַדֶּקֶת בֵּינֵיהֶם, עַכְשָׁיו שֶׁבָּאתָ אֶצְלִי בָּאתָ לְהַזְכִּיר אֶת עֲוֹנִי וּלְהָמִית אֶת בְּנִי. לוֹט אָמַר: עַד שֶׁלֹּא הָלַכְתִּי אֵצֶל אַבְרָהָם הָיָה הַקָּדוֹשׁ בָּרוּךְ הוּא רוֹאֶה מַעֲשַׂי וּמַעֲשֵׂי בְּנֵי עִירִי וַאֲנִי צַדִּיק בֵּינֵיהֶם עַכְשָׁיו שֶׁאֲנִי הוֹלֵךְ אֵצֶל אַבְרָהָם שֶׁמַּעֲשָׂיו רַבִּים עַל שֶׁלִּי אֵינִי יָכוֹל לַעֲמוֹד בְּנַחֲלָתוֹ. "וְאָנֹכִי לֹא אוּכַל", רַבִּי בֶּרֶכְיָה בְּשֵׁם רַבִּי לֵוִי מִן הֵן תְּנֵינַן: כְּשֵׁם כ״טשֶׁהַנָּוֶה הָרָעָה בּוֹדֵק° כָּךְ הַנָּוֶה הַיָּפָה בּוֹדֵק. מִן הָכָא "וְאָנֹכִי לֹא אוּכַל לְהִמָּלֵט הָהָרָה פֶּן תִּדְבָּקַנִי וְגוֹ'", וּסְדוֹם בְּעוּמְקָא הִיא, לְפוּם כָּךְ הוּא אוֹמֵר "וְאָנֹכִי לֹא אוּכַל לְהִמָּלֵט הָהָרָה" שָׁרֵי בְּעוּמְקָא

רש"י

ויחזיקו האנשים. זה מיכאל ורפאל: **בידו וביד אשתו וביד שתי בנותיו וגו'.** בחמלת ה' עליו זה רפאל שכל שמות האמורות בלוט חול חוץ מזה. ויאמר לוט אליהם אל נא אדוני תחלה אמר להם ואח"כ התחיל להתפלל לפני הקב"ה: **להמלט ההרה.** רבי ברכיה בשם ר' לוי מן הן תנינן כשם שנוה הרע בודק כך נוה היפה בודק מהכא ואנכי לא אוכל להמלט ההרה אתמהא שרי בעומקא ואיכון אמרי ליה סק לטורא והוא אמר כן לא אוכל להמלט ההרה אתמהא עד עכשיו היה שוכן בעמק בככר והמלאכים אומרים לו שיעלה להר והוא מסבב ואמר לא אוכל להמלט ההרה אתמהא אלא הדא אמרה אפילו מנוה הרע לנוה היפה כהר שהנוה יפה בודק:

פירוש מהרז"ו

למה דהוה דורש מ"ש שמור לבעליו לרעתו. שאף בעת רעתו שמור הוא לבעליו וחוזר אליו: **זה רפאל** כמ"ש לעיל סי' ב'. ועל שכתוב בלשון יחיד וגם בלשון רבים ב' כ"מ הכריע שאחד היה עיקר בדבר זה. והשני עיקר בדבר אחר. ומ"ש אל נא אדוני וכל התפלה שהתפלל היתה לה'. וכמ"ש רש"י בחומש בשם חז"ל שהוא קודש: **בזכות אברהם** ע' פסיקתא רבתי פר' ג' סימן ג' כל הענין. ובאג"ב פרק כ"ה וז"ל מה כתיב למעלה אל תבט אחריך לא כשם שאתה תולה עיניך בחטא שנאמר כי בעד אשה וגו'. (עד ככר לחם וזהו מ"ש כאן ואל תעמוד בכל הככר) אמר להם מה אעשה. אמרו לו לך אצל אברהם שנאמר ההרה המלט וגו' אלא הנה נא העיר הזאת קריבה לנוס. כל הדברים הללו עשה כדי שילך למערה לעסוק בחטא וכו' ע"ש כל הפרק. ועי' רש"י בחומש: **לעמוד בנחלתו** יתכן שצ"ל בגחלתו וכלשון המשנה הוי זהיר בגחלתן שלא תכוה וכמ"ש לקמן פר' נ"ב סימן ד':

עץ יוסף

זה איוב שבא לרמוז ג"כ על ענין איוב דהוי עשיר והעני וחזר והעשיר והיה העושר שמור לו לרעתו וכמ"ד בפ"ק דב"ב שנתן לו ה' שכרו בעוה"ז וטרדו מעוה"ב לפי שחירף וגידף (נזה"ק): **[יח] מי היה המציל זה רפאל.** כצ"ל (הרא"ס) והיינו משום דשלשה מלאכים באו אצל אברהם מיכאל לבשר את שרה. וגבריאל להפך את סדום. ורפאל להציל את לוט: **ויוצאוהו וינחוהו כו' כהוציאם.** לשון רבים. משמע ששניהם הצילוהו: **קרון דבתריה** קראו המקרא הכתוב אחריו ויאמר המלט ולא כתיב ויאמרו המלט מכלל שלא היה מציל אלא אחד. ומה ששניהם הוליאוהו היינו מפני שגם גבריאל לא היה רשאי להפוך את סדום אלא לאחר שיצא לוט ובני ביתו ומן המקום. ולפיכך גם הוא מסייע בדבר להוציאם. ומ"מ ההוצאה מן העיר עדיין לא היתה רק הכנה להצלה ועיקר ההצלה היתה במה שנתרחק מסדום לגמרי. ולא היה לו כח להתרחק לשעה קלה אלא בסיוע המלאך כדאי' לעיל סי' ט"ו שהמלאך היה מקדר לפניהם את הדרך כדי למהר ביאתו לצוער ודבר זה עשה רפאל לבד לפי שהוא היה מוכן להצלתו: **בזכות אברהם** שרמז ליה שימלט אצל אברהם היושב בהר שזכותו הוא כהר גבוה ומייתי נמי ראיה שנקראו האבות הרים ממ"ש מדלג על ההרים בזכות האבות שנמשלו להרים וכן שמעו הרים אלו האבות כמבואר בפ"ק דר"ה: **[יט] צרפית אמרה** לאליהו הנביא: **לעמוד בגחלתו** לפי שאהיה נחשב כרשע בעיניו (שעכשיו אברהם נתעלה טפי בצדקות ושמול) הנה העיר הזאת קרובה לנוס שמה והיא מצער במעשים אמלטה נא שמה ותחי נפשי כי בערכם אני צדיק: **[כ] רבי ברכיה** בשם רבי לוי כו'. ר"ל שרבי לוי מפרש קרא בענין אחר. משום דתנינן כשם שהנוה הרעה בודק כך נוה היפה בודק. ובהיות סדום בעמק שהיא כנוה הרעה לגבי ההר דבשים אוירא. לכן אמר ואנכי לא אוכל להמלט ההרה מטעם פן תדבקני הרעה משינוי וסת ומתי:

מן הן מהיכן כלומר מניין: **הנוה הרעה בודקת** כשיצא אדם מנוה יפה לנוה רעה בודק את הגוף ובא לידי חולה כך כשיצא אדם מנוה רעה אל נוה יפה ג"כ בודק את הגוף: **לפום וכו'.** לפיכך הוא אומר לא אוכל להמלט ההרה ש"מ סדום בעמק הי':

חידושי הרד"ל

(יח) זה איוב. עיין יד"מ שפי' דהעושר שמור היה לבעליו אף בעת רעתו לחזור אליו אח"כ למשנה (בשביל הרעה שסבל נכפל לו). וי"ל רמז לדבר דבאיוב נדרש דכתיב כאשר יצא מבטן אמו ערום. וכתיב באיוב ערום יצאתי מבטן אמי: **(יט) איני יכול לעמוד בגחלתו.** מפרש בפסיקתא שם הוי זהיר בגחלתן שלא תכוה שכבר נכוה לוט כשהלך עם אברהם והיה מריבה ביניהם ונגזר עליו להפרד. ונתיירא עתה שלא יכוה עוד הפעם:

חידושי הרש"ש

[יא] ויחזיקו האנשים כו' מי היה זה זה רפאל. עמ"כ דהכוונה על בחמלת ה' וכן לקמן וה' המטיר כו' זה גבריאל. ומזה נראה לכאורה סתירה למש"כ הכ"מ בשם הריטב"א בפ"ו מהלכות יסוה"ת ה"ט (וכ"כ המהרש"א בח"א שבועות ל"ה ב') ע"ש שנעלם ממנו דברי הריטב"א הנזכרים) וכ"כ ממה שפסק הרמב"ם שם דכל שמות האמורות במיכה חול ואף בשם ה' כמש"כ הכ"מ שם:

באור מהרי"פ

[יא] וחזר למה דהוה. פי' וחזר לעשרו וזה לרעתו וכמ"ד בפ"ק דב"ב נתן לו שכרו בעוה"ז כדי לטורדו מעוה"ב ע"ש נזה"ק:

מסורת המדרש

כו בבא מציעא דף פ"ו:
כז ראש השנה דף י"א. אגדת בראשית פ' כ"ה. פסיקתא רבתי פ' ג':
כח ילקוט כאן רמז פ"ד. ילקוט מלכים א' רמז ר"ט. פסיקתא רבתי פ' ג':
כט כתובות דף ק"י. ירושלמי שם:

אם למקרא

קוֹל דּוֹדִי הִנֵּה־זֶה בָּא מְדַלֵּג עַל־הֶהָרִים מְקַפֵּץ עַל־הַגְּבָעוֹת: (שיר השירים ב:ח)

שִׁמְעוּ הָרִים אֶת־רִיב ה' וְהָאֵתָנִים מֹסְדֵי אָרֶץ כִּי רִיב לַה' עִם־עַמּוֹ וְעִם־יִשְׂרָאֵל יִתְוַכָּח: (מיכה ו:ב)

מתנות כהונה

וגם אחר כך הם היו גולים תחלה כמו שדרשו חז"ל נחלה מבוהלת בראשונה וגו': **זה איוב כו'.** שאבד עושרו לכפר עונותיו וא"כ העושר ההוא היה שמור לימי רעתו: **מי היה זה.** שנאמר עליו בחמלת ה' שכל השמות האמורים בלוט חול חוץ מזה ויאמר לוט אליהם אל נא אדני כדאיתא בפרק שבועות העדות ובמס' סופרים: **זה רפאל.** ונקרא השליח בשם משלחו וכן רבים [ועיין ברמב"ן בספר זה] והא דכתיב ויחזיקו וגו' על רפאל וגבריאל וכפירש"י בחומש: **קרון דבתריה.** קראו המקרא הכתוב אחריו ויאמר המלט הרי שעיקר ההצלה ע"י אחד שגבריאל לא היה רשאי להפוך את סדום אלא אחר יציאתו מן המקום ולכן החזיק גם הוא בידו להוציאו ולא בשביל להצילו: #צרפית אמרה לאליהו הנביא מה לי ולך איש האלהים כי באתה להזכיר עוני: **מן הן.** מהיכן כלומר מניין: הנוה הרעה בודק כו'. כשיוצא אדם מנוה יפה לנוה רעה בודק את הגוף ובא לידי חולי כדאמר שמואל סוף מסכת כתובות שנוי וסת תחלת חולי מעיים אפילו מרעה לטובה: **לפום כו'.** לפיכך הוא אומר לא אוכל להמלט ההרה שמע מיניה סדום בעמק היה:

אשד הנחלים

על אמיתת הכתוב שכן הוא שכן ראינו באנשים כאלה שעושרם היה לרעתם: **זה רפאל** שהוא ממונה רק על טוב כמו שמבואר לעיל ריש הפרשה עיי"ש: **שנקרא הר.** ולכן כתב בה' הידיעה שיזכור ויתפלל ויבקש שיעמוד לו זכות אברהם בעדו כי לולא הוא פן יספה ומביא ראיה מהכתוב מדלג על ההרים שזה נאמר על הקץ שמדלג בזכות ההרים וכן מצינו שנקראו בני אדם הגדולים בשם הר כמ"ש שמעו הרים כן: **שאני הולך אצל אברהם.** כי המלאכים צווהו באמת שילך אל אברהם ושם ינצל בזכותו. והוא היה ירא פן נהפוך כי שם יזכר עונו. ולכן אמר כי עיר מצער היא [במעשים] אמלטה נא ותחי נפשי כי בערכם אנכי צדיק:

עַכְשָׁיו שֶׁאֲנִי הוֹלֵךְ אֵצֶל אַבְרָהָם שֶׁמַּעֲשָׂיו רַבִּים עַל שֶׁלִּי אֵינִי יָכוֹל לַעֲמוֹד בִּנְחַלְתּוֹ — **Now, if I go** to be **near Abraham whose** righteous **deeds are more abundant than mine, I cannot survive in his domain!"**[106] Ⓐ

□ וְאָנֹכִי לֹא אוּכַל — ***BUT I CANNOT*** *FLEE TO THE MOUNTAIN.*

The Midrash presents a different approach to understanding Lot's refusal to flee to the mountain.

רַבִּי בֶּרֶכְיָה בְּשֵׁם רַבִּי לֵוִי — **R' Berechyah** said **in the name of R' Levi:** מִן הֵן תְּנִינָן: כְּשֵׁם שֶׁהַנָּוֶה הָרָע בּוֹדֵק כָּךְ הַנָּוֶה הַיָּפֶה בּוֹדֵק — **From where** can it be derived **that which we have learned in a Mishnah** (*Kesubos* 13:10): **Just as an unpleasant locale tries** a person's constitution, **so also a pleasant locale tries** a person's constitution?[107] מִן הָכָא "וְאָנֹכִי לֹא אוּכַל לְהִמָּלֵט הָהָרָה פֶּן תִּדְבָּקַנִי וגו׳" — **From here** in our verse: ***But I cannot flee to the mountain lest*** *the evil* ***attach itself to me*** *and I die.* וּסְדוֹם בְּעוּמְקָא הִיא, לְפוּם כָּךְ הוּא אוֹמֵר "וְאָנֹכִי לֹא אוּכַל לְהִמָּלֵט הָהָרָה" — **Now, Sodom is** situated **in a low-lying place, and thus it states, *But I cannot flee to the mountain,*** which suggests that Lot was fleeing from a lower altitude. שָׁרֵי בְּעוּמְקָא — So **he was dwelling in a valley,**

NOTES

106. Lit., *in his allotted portion. Radal* (see also *Maharzu*) reads בְּגַחַלְתּוֹ, "with his hot coal" — i.e., Lot was afraid that he would be "burned" by the "hot coal" of Abraham's extraordinary righteousness (using the imagery of *Avos* 2:10) — as he was previously, when he clashed with Abraham and was forced to part ways with him (see above, 13:9, and Midrash ad loc.).

107. That is, just as moving from a place of pleasant surroundings to unpleasant surroundings can adversely affect a person's well-being, so too the reverse. The "quote" from the Mishnah is inexact, but it reflects Rabban Shimon ben Gamliel's position there.

See insight Ⓐ.

INSIGHTS

Ⓐ **In the Domain of Greatness** Lot was afraid that proximity to Abraham would eclipse whatever accomplishments he had to his credit, and therefore shunned the proximity of his exalted uncle. *Shelah HaKadosh* (*Shaar HaOsios,* ע׳ ענוה) uses this psychological phenomenon to explain the dictum of the Sages that God says He cannot live in the same world, as it were, with an arrogant person (*Sotah* 5a). Rather, as the Talmud there adds, He rests His Presence on those who are humble, despondent, and of lowly spirit (see *Isaiah* 57:15).

Why does the *Shechinah,* the Divine Presence, refuse to rest on an arrogant person? Because that *person* cannot bear to be its host. Like Lot, he cannot bear to be in the domain of greatness. He is like one who is moderately knowledgeable, but not a true scholar, and enjoys the company of ignoramuses because they will regard him as a brilliant authority. If he were to enter the company of true scholars, he would amount to nothing in comparison with them — so he prefers to associate with ignorant people who feed his vanity. A person with this need for self-importance has no room for the *Shechinah,* because he is too taken with his own prestige, and cannot bear to feel insignificant.

Someone who seeks closeness to God and always "sets Hashem before him" (*Psalms* 16:8) knows that he is nothing in comparision with God. He negates himself completely to the Divine and therefore welcomes closeness to his Creator. Such a person can be a host of the *Shechinah.*

רַבָּנָן אָמְרִי: זֶה אִיּוֹב, דַּהֲוָה עַתִּיר וְנִתְמַסְכֵּן וְחָזַר לְמַה דַּהֲוָה. "וַיַּחֲזִיקוּ הָאֲנָשִׁים בְּיָדוֹ וּבְיַד אִשְׁתּוֹ וּבְיַד שְׁתֵּי בְנוֹתָיו וְגוֹ' ", מִי הָיָה זֶה, [כו]זֶה רְפָאֵל, אֲתִיבוּן: וְהָא כְּתִיב "וַיֹּצִאֻהוּ וַיַּנִּחֻהוּ", וּכְתִיב [יט, יז] **"וַיְהִי כְהוֹצִיאָם אֹתָם הַחוּצָה", אָמַר לוֹן: קְרוֹן דְּבַתְרֵיהּ, "וַיֹּאמְרוּ הִמָּלֵט עַל נַפְשֶׁךָ" אֵין כְּתִיב אֶלָּא "וַיֹּאמֶר הִמָּלֵט עַל נַפְשֶׁךָ". "הָהָרָה הִמָּלֵט פֶּן תִּסָּפֶה", בִּזְכוּת אַבְרָהָם [כז]שֶׁנִּקְרָא הַר שֶׁנֶּאֱמַר** (שיר ב, ח) **"מְדַלֵּג עַל הֶהָרִים", וְאוֹמֵר** (מיכה ו, ב) **"שִׁמְעוּ הָרִים וְגוֹ' ".** [יט, יח-יט] **"וְאָנֹכִי לֹא אוּכַל לְהִמָּלֵט הֶהָרָה וְגוֹ' ", "וַיֹּאמֶר לוֹט אֲלֵיהֶם אַל נָא אֲדֹנָי, הִנֵּה מָצָא עַבְדְּךָ חֵן בְּעֵינֶיךָ וְגוֹ' ", רַבִּי בֶּרֶכְיָה וְרַבִּי לֵוִי בְּשֵׁם רַבִּי חָמָא בַּר חֲנִינָה [כח]שְׁנֵי בְנֵי אָדָם אָמְרוּ דָּבָר אֶחָד, לוֹט וְצָרְפִית. צָרְפִית אָמְרָה עַד שֶׁלֹּא בָּאתָ אֶצְלִי הָיָה הַקָּדוֹשׁ בָּרוּךְ הוּא רוֹאֶה מַעֲשַׂי וּמַעֲשֵׂה אַנְשֵׁי עִירִי וְהָיוּ מַעֲשַׂי רַבִּים עַל אַנְשֵׁי בְּנֵי עִירִי וְהָיִיתִי צַדֶּקֶת בֵּינֵיהֶם, עַכְשָׁיו שֶׁבָּאתָ אֶצְלִי בָּאתָ לְהַזְכִּיר אֶת עֲוֹנִי וּלְהָמִית אֶת בְּנִי. לוֹט אָמַר: עַד שֶׁלֹּא הָלַכְתִּי אֵצֶל אַבְרָהָם הָיָה הַקָּדוֹשׁ בָּרוּךְ הוּא רוֹאֶה מַעֲשַׂי וּמַעֲשֵׂי בְּנֵי עִירִי וַאֲנִי צַדִּיק בֵּינֵיהֶם עַכְשָׁיו שֶׁאֲנִי הוֹלֵךְ אֵצֶל אַבְרָהָם שֶׁמַּעֲשָׂיו רַבִּים עַל שֶׁלִּי אֵינִי יָכוֹל לַעֲמוֹד בְּנַחֲלָתוֹ. "וְאָנֹכִי לֹא אוּכַל", רַבִּי בֶּרֶכְיָה בְּשֵׁם רַבִּי לֵוִי מִן הֵן תְּנֵינַן: כְּשֵׁם [כט]שֶׁהַנָּוֶה הָרָעָה בּוֹדֵק° כָּךְ הַנָּוֶה הַיָּפֶה בּוֹדֵק. מִן הָכָא "וְאָנֹכִי לֹא אוּכַל לְהִמָּלֵט הָהָרָה פֶּן תִּדְבָּקַנִי וְגוֹ' ", וּסְדוֹם בְּעוּמְקָא הִיא, לְפוּם כָּךְ הוּא אוֹמֵר "וְאָנֹכִי לֹא אוּכַל לְהִמָּלֵט הָהָרָה" שָׁרֵי בְּעוּמְקָא**

רש"י

ויחזיקו האנשים. זה מיכאל ורפאל: **בידו וביד אשתו וביד שתי בנותיו וגו'.** בחמלת ה' עליו זה רפאל שכל שמות האמורות בלוט חול חוץ מזה. ויאמר לוט אליהם אל נא אדוני תחלה אמר להם ואח"כ התחיל להתפלל לפני הקב"ה: **להמלט ההרה.** רבי ברכיה בשם ר' לוי מן הן תנינן כשם שנוה הרע בודק כך נוה היפה בודק מהכא ואנכי לא אוכל להמלט ההרה אתמהא שרי בעומקא ואינון אמרי ליה סק לטורא והוא אמר כן לא אוכל להמלט ההרה אתמהא עד עכשיו היה שוכן בעמק בככר והמלאכים אומרים לו שיעלה להר והוא מסבב ואמר לא אוכל להמלט ההרה אתמהא אלא הדא אמרה אפילו מנוה הרע לנוה היפה כהר שהנוה יפה בודק:

עץ יוסף

זה איוב שבא לרמוז ג"כ על ענין איוב דהוי עשיר והעני וחזר והעשיר והיה העושר שמור לו לרעתו וכמ"ד בפ"ק דב"ב שנתן לו ה' שכרו בעוה"ז וטרדו מעוה"ב לפי שחירף וגידף (נזה"ק): **[יח] מי היה המציל זה רפאל.** כצ"ל (הרא"ס) והיינו משום דשלשה מלאכים באו אצל אברהם מיכאל לבשר את שרה. וגבריאל להפך את סדום. ורפאל להציל את לוט: **ויוצאוהו וינחוהו כו' בהוציאם.** לשון רבים. משמע ששניהם הצילוהו: **קרון דבתריה** קראו המקרא הכתוב אחריו ויאמר המלט ולא כתיב ויאמרו המלט מכלל שלא היה מציל אלא אחד. ומה ששניהם הוציאוהו היינו מפני שגם גבריאל לא היה רשאי להפוך את סדום אלא לאחר שיצא לוט ובני ביתו ומן המקום. ולפיכך גם הוא מסייע בדבר להוציאם. ומ"מ ההוצאה מן העיר עדיין לא היתה רק הכנה להצלה ועיקר ההצלה היתה במה שנתרחק מסדום לגמרי. ולא היה לו כח להתרחק לשעה קלה אלא בסיוע המלאך כדאי' לעיל סי' ט"ו שהמלאך היה מקדר לפניהם את הדרך כדי למהר ביאתו לצוער ודבר זה עשה רפאל לבד לפי שהוא היה מוכן להצלתו: **בזכות אברהם** שרמז ליה שימלט אצל אברהם היושב בהר שזכותו הוא כהר גבוה ומייתי נמי ראיה שנקראו האבות הרים ממ"ש מדלג על ההרים בזכות האבות שנמשלו להרים וכן שמעו הרים אלו האבות כמבואר בפ"ק דר"ה: **[יט] צרפית אמרה** לאליהו הנביא: **לעמוד בגחלתו** לפי שאהיה נחשב כרשע בעיניו (שעכשיו אברהם נתעלה טפי בצדקות ושנמול) הנה העיר הזאת קרובה לנוס שמה והיא מצער במעשים אמלטה נא שמה ותחי נפשי כי בערכם אני צדיק: **[כ] רבי ברכיה** בשם רבי לוי כו'. ר"ל שרבי לוי מפרש קרא בענין אחר. משום דתנינן כשם שהנוה הרעה בודק כך נוה היפה בודק. ובהיות סדום בעמק שהיא כנוה הרעה לגבי ההר דבשים אוירא. לכן אמר ואנכי לא אוכל להמלט ההרה מטעם פן תדבקני הרעה משינוי וסת ומתי: **מן הן** מהיכן כלומר מניין: **הנוה הרעה בודקת** כשילא אדם מנוה יפה לנוה רעה בודק את הגוף ובא לידי חולה כך כשילא אדם מנוה רעה אל נוה יפה ג"כ בודק את הגוף: **לפום וכו'.** לפיכך הוא אומר לא אוכל להמלט ההרה ש"מ סדום בעמק הי':

פירוש מהרז"ו

למה דהוה דורש מ"ש שמור לבעליו לרעתו. שאף בעת רעתו שמור הוא לבעליו וחוזר אליו: **זה רפאל** כמ"ש לעיל סי' ב'. ועל שכתוב בלשון יחיד וגם בלשון רבים ב' כ"מ הכריע שאחד היה עיקר בדבר זה. והשני עיקר בדבר אחר. ומ"ש אל נא אדוני וכל התפלה שהתפלל היתה לה'. וכמ"ש רש"י בחומש בשם חז"ל שהוא קודש: **בזכות אברהם** ע' פסיקתא רבתי פר' ג' סימן ג' כל הענין. ובאג"ב פרק כ"ה וז"ל מה כתיב למעלה אל תבט אחריך לא כשם שאתה תולה עיניך בחטא שנאמר כי בעד אשה וגו'. (עד ככר לחם וזהו מ"ש כאן ואל תעמוד בכל הככר) אמר להם מה אעשה. אמרו לו לך אצל אברהם שנאמר ההרה המלט וגו' אלא הנה נא העיר הזאת קריבה לנוס. כל הדברים הללו עשה כדי שילך למערה לעסוק בחטא וכו' ע"ש כל הפרק. ועי' רש"י בחומש: **לעמוד בנחלתו** יתכן שצ"ל בגחלתו וכלשון המשנה הוי זהיר בגחלתן שלא תכוה וכמ"ש לקמן פר' כ"ב סימן ד':

חידושי הרד"ל

(יח) זה איוב. עיין יד"מ שפי' דהעושר שמור היה לבעליו אף בעת רעתו לחזור אליו אח"כ למשנה (בשביל הרעה שסבל כפל לו). וי"ל רמז לדבר דבאיוב נדרש דכתיב כאשר יצא מבטן אמו ערום. וכתיב באיוב ערום יצאתי מבטן אמי:

(יט) איני יכול לעמוד בגחלתו. מפרש בפסיקתא שם הוי זהיר בגחלתן שלא תכוה שכבר נכוה לוט כשהלך עם אברהם והיה מריבה ביניהם ונגזר עליו להפרד. ונתיירא עתה שלא יכוה עוד הפעם:

חידושי הרש"ש

[יא] ויחזיקו האנשים כו' מי היה זה זה רפאל. עמ"כ דהכוונה על בחמלת ה' וכן לקמן וה' המטיר כו' זה גבריאל. ומזה נראה לכאורה סתירה למש"כ הכ"מ בשם הריטב"א בפ"ו מהלכות יסוה"ת ה"ט (וכ"כ המהרש"א בח"א שבועות (ל"ה ב') ע"ש שנעלם ממנו דברי הריטב"א הנזכרים) וכ"כ ממה שפסק הרמב"ם שם דכל שמות האמורות במיכה חול ואף בשם ה' כמש"כ הכ"מ שם:

באור מהרי"פ

[יא] וחזר למה דהוה. פי' וחזר לעשרו וזה לרעתו וכמ"ד בפ"ק דב"ב נתן לו שכרו בעוה"ז כדי לטורדו מעוה"ב ע"ש נזה"ק:

מסורת המדרש

כו בבא מציעא דף פ"ו:

כז ראש השנה דף י"א. אגדת בראשית פ' כ"ה. פסיקתא רבתי פ' ג':

כח ילקוט כאן רמז פ"ד. ילקוט מלכים א' רמז ר"ט. פסיקתא רבתי פ' ג':

כט כתובות דף ק'. ירושלמי שם:

אם למקרא

קוֹל דּוֹדִי הִנֵּה־זֶה בָּא מְדַלֵּג עַל־הֶהָרִים מְקַפֵּץ עַל־הַגְּבָעוֹת:
(שיר השירים ב:ח)

שִׁמְעוּ הָרִים אֶת־רִיב ה' וְהָאֵתָנִים מֹסְדֵי אָרֶץ כִּי רִיב לַה' עִם־עַמּוֹ וְעִם־יִשְׂרָאֵל יִתְוַכָּח:
(מיכה ו:ב)

מתנות כהונה

וגם אחר כך הם היו גולים תחלה כמו שדרשו חז"ל נחלה מבוהלת בראשונה וגו': **זה איוב כו'.** שאבד עושרו לכפר עונותיו וא"כ העושר ההוא היה שמור לימי רעתו: **מי היה זה.** שנאמר עליו בחמלת ה' שכל השמות האמורים בלוט חול חוץ מזה ויאמר לוט אליהם אל נא אדני כדאיתא בפרק שבועות העדות ובמס' סופרים: **זה רפאל.** ונקרא השליח בשם משלחו וכן רבים [ועיין ברמב"ן בספר זה] והא דכתיב ויחזיקו וגו' על רפאל וגבריאל וכפירש"י בחומש: **קרון דבתריה.** קראו המקרא הכתוב אחריו ויאמר המלט הרי שעיקר ההצלה ע"י אחד שגבריאל לא היה רשאי להפוך את סדום אלא אחר יציאתו מן המקום ולכן החזיק גם הוא בידו להוציאו ולא בשביל להצילו: #צרפית אמרה לאליהו הנביא מה לי ולך איש האלהים כי באתה להזכיר עוני: **מן הן.** מהיכן כלומר מניין: הנוה הרעה בודק כו'. כשיוצא אדם מנוה יפה לנוה רעה בודק את הגוף ובא לידי חולי כדאמר שמואל סוף מסכת כתובות שנוי וסת תחלת חולי מעיים אפילו מרעה לטובה: **לפום כו'.** לפיכך הוא אומר לא אוכל להמלט ההרה שמע מיניה סדום בעמק היה:

אשד הנחלים

על אמיתת הכתוב שכן הוא שכן ראינו באנשים כאלה שעושרם היה לרעתם: **זה רפאל** שהוא ממונה רק על טוב כמו שמבואר לעיל ריש הפרשה עיי"ש: **שנקרא הר.** ולכן כתב בה' הידיעה שיזכור ויתפלל ויבקש שיעמוד לו זכות אברהם בעדו כי לולא הוא פן יספה ומביא ראיה מהכתוב מדלג על ההרים שזה נאמר על הקץ שמדלג בזכות ההרים וכן מצינו שנקראו בני אדם הגדולים בשם הר כמ"ש שמעו הרים כן: **שאני הולך אצל אברהם.** כי המלאכים צווהו באמת שילך אל אברהם ושם ינצל בזכותו. והוא היה ירא פן נהפוך כי שם יזכר עונו. ולכן אמר כי עיר מצער היא [במעשים] אמלטה נא ותחי נפשי כי בערכם אנכי צדיק:

וְאִינוּן אָמְרוּ לֵיהּ פּוּק לְטוּרָא וְהוּא אָמַר הָכֵין — and [the angels] told **him, "Go out** from here and go **to the mountain,"**[108] **and this is how he responds!?** הָדָא אָמְרָה אֲפִילּוּ מִנָּוֶה הָרָעָה לַנָּוֶה הַיָּפֶה, הֲרֵי שֶׁהַנָּוֶה הַיָּפֶה בּוֹדֵק — **This implies that even moving from an unpleasant locale to a pleasant locale tests** one's constitution and can adversely affect his well-being.[109]

□ הִנֵּה נָא הָעִיר הַזֹּאת קְרֹבָה לָנוּס שָׁמָּה ... וַיֹּאמֶר אֵלָיו הִנֵּה נָשָׂאתִי פָנֶיךָ גַּם לַדָּבָר הַזֶּה — ***"BEHOLD, PLEASE, THIS CITY IS NEAR ENOUGH TO ESCAPE THERE, ETC." AND HE REPLIED TO HIM, "BEHOLD, I HAVE GRANTED YOU SPECIAL CONSIDERATION EVEN REGARDING THIS."***

The Midrash makes an observation about God granting "special consideration" to people:

אָמַר רַבִּי חֲלַפְתָּא קֵסָרְיָיא — **R' Chalafta of Caesarea said:** וּמָה אִם לוֹט עַל יְדֵי שֶׁכִּבֵּד אֶת הַמַּלְאָךְ נָשָׂא לוֹ פָּנִים — The following is what God tells the nation of Israel: **If** just **for showing hospitality to the angel Lot merited special consideration from him,**[110] לְךָ לֹא אֶשָּׂא פָּנִים מִפָּנֶיךָ וּמִפְּנֵי אֲבוֹתֶיךָ — **how can I not show special consideration** to you **for the sake of your own** good deeds **and for the sake of** those of **your forefathers!** "יִשָּׂא ה׳ פָּנָיו אֵלֶיךָ" — Thus it is written, ***HASHEM will lift His countenance to you***[111] (*Numbers* 6:26).

> מַהֵר הִמָּלֵט שָׁמָּה כִּי לֹא אוּכַל לַעֲשׂוֹת דָּבָר עַד בֹּאֲךָ שָׁמָּה עַל כֵּן קָרָא שֵׁם הָעִיר צוֹעַר. הַשֶּׁמֶשׁ יָצָא עַל הָאָרֶץ וְלוֹט בָּא צֹעֲרָה.
>
> *"Hurry, flee there, for I cannot do a thing until you arrive there." He therefore called the name of the city Zoar. The sun rose upon the earth and Lot arrived at Zoar* (19:22-23).

§12 מַהֵר הִמָּלֵט שָׁמָּה כִּי לֹא אוּכַל לַעֲשׂוֹת דָּבָר עַד בּוֹאֲךָ שָׁמָּה וְגוֹ׳. הַשֶּׁמֶשׁ יָצָא וְגוֹ׳. — ***HURRY, FLEE THERE, FOR I CANNOT DO A THING UNTIL YOU ARRIVE THERE, ETC. THE SUN ROSE*** *OVER THE EARTH*, ***ETC.*** *AND HASHEM RAINED UPON SODOM AND UPON GOMORRAH SULFUR AND FIRE, ETC.*

The Midrash explains why God chose this specific time of day to inflict punishment upon Sodom:

אָמַר רַבִּי לֵוִי — **R' Levi said:** מָשָׁל לִמְדִינָה שֶׁהָיוּ לָהּ שְׁנֵי פַּטְרוֹנִין אֶחָד עִירוֹנִי וְאֶחָד מִן הַמְּדִינָה — This can be illustrated by means of **a parable:** It may be compared **to a city that had two governors, one** originating **from a small village, and one from a large city,** וְכָעַס עֲלֵיהֶם הַמֶּלֶךְ וּבִקֵּשׁ לְרַדּוֹתָן — **and the king became angry at the city's inhabitants and wished to punish them.** אָמַר הַמֶּלֶךְ אִם רוֹדֶה אֲנִי אוֹתָם בִּפְנֵי בֶּן הַמְּדִינָה עַכְשָׁיו הֵן אוֹמְרִים אִלּוּ הָיָה עִירוֹנִי כָּאן הָיָה מִתְקַיֵּים עָלֵינוּ — **The king said** to himself, **"If I punish them in the presence of the [governor] from the large city** and not in the presence of the governor from the village, **the people** of the city **will say, 'If the [governor] from the village were present, he would have stood up for us** and come to our rescue!' וְאִילּוּ בִּפְנֵי עִירוֹנִי עַכְשָׁיו הֵן אוֹמְרִין אִילּוּ הָיָה בֶּן הַמְּדִינָה שָׁם הָיָה מִתְקַיֵּים עָלֵינוּ — **And,** on the other hand, **if** I punish them **in the presence of the governor from the village** and not in the presence of the governor from the big city, **the people will say, 'If the minister from the large city were present he would have stood up for us** and come to our rescue!'" Therefore he punished them in the presence of both governors. כָּךְ לְפִי שֶׁהָיוּ סְדוֹמִיִּים מֵהֶם עוֹבְדִים לַחַמָּה וּמֵהֶם עוֹבְדִים לַלְּבָנָה — **Similarly** here in the case of Sodom: **Since some of the Sodomites worshiped the sun and some of them worshiped the moon,** אָמַר הַקָּדוֹשׁ בָּרוּךְ הוּא אִם אֲנִי רוֹדֶה אוֹתָן בַּיּוֹם עַכְשָׁיו הֵם אוֹמְרִים אִילּוּ הָיְתָה לְבָנָה שָׁם הָיְתָה מְקַיֶּימֶת עָלֵינוּ — **the Holy One, blessed is He, said,** as it were, **"If I exact punishment from them during the day, they**[112] **would say, 'If the moon had been there,'** i.e., if He had come to punish us at night, **'it would have stood up for us** and come to our rescue!' וְאִם אֲנִי רוֹדֶה אוֹתָן בַּלַּיְלָה עַכְשָׁיו הֵם אוֹמְרִים אִילּוּ הָיְתָה הַחַמָּה שָׁם הָיְתָה מְקַיֶּימֶת עָלֵינוּ — **And if I exact punishment from them during the night, [the sun worshipers] will say, 'If the sun had been there,'** i.e., if He had come to punish us by day, **'it would have stood up for us** and come to our rescue!'" אֶלָּא אֶנָּקֵם מֵהֶם בְּשִׁשָּׁה עָשָׂר בְּנִיסָן בְּשָׁעָה שֶׁחַמָּה וּלְבָנָה עוֹמֶדֶת בָּרָקִיעַ — **Rather, I will exact punishment from them on the sixteenth day of Nissan,**[113] and in the twilight of dawn, **when both the sun and the moon are visible in the sky.**[114] הָדָא הוּא דִכְתִיב "הַשֶּׁמֶשׁ יָצָא עַל הָאָרֶץ וְלוֹט בָּא צֹעֲרָה וְגוֹ׳" — **This is** the explanation for **what is written,** ***The sun rose over the earth and Lot arrived at Zoar.***

NOTES

108. A mountainous climate is more pleasant that that of a low-lying area. Yet Lot refused to move to the mountainous area indicated to him.

109. And this is the meaning of Lot's concern, *lest the evil attach itself to me and I die*.

110. And he spared Zoar from destruction because of this special consideration.

111. I.e., He will show you special consideration.

112. The moon worshipers (*Rashi* to *Genesis* 19:24; *Eitz Yosef*).

113. This is in keeping with the tradition (*Bereishis Rabbah*, 48 §12, cited by *Rashi* to *Genesis* 19:3) that the angels came to Lot on the evening of the second night of Pesach — shortly before nightfall of the 16th day of Nissan (*Maharzu; Matnos Kehunah*).

114. In the middle of a lunar month (such as on the 16th), the moon rises just as the sun sets.

וְאִינוּן אֲמָרוּ לֵיהּ פּוּק לְטוּרָא וְהוּא אֲמַר הָכֵין, הָדָא אָמְרָה אֲפִילּוּ מִנָּוֶה הָרָעָה לַנָּוֶה הַיָּפֶה, הֲרֵי שֶׁהַנָּוֶה הַיָּפֶה בּוֹדֵק. ל״הִנֵּה נָא הָעִיר הַזֹּאת קְרֹבָה לָנוּס שָׁמָּה״, ״וַיֹּאמֶר אֵלָיו הִנֵּה נָשָׂאתִי פָנֶיךָ גַּם לַדָּבָר הַזֶּה״, אָמַר רַבִּי חֲלַפְתָּא קֵסָרְיָיא, וּמָה אִם לוֹט עַל יְדֵי שֶׁכִּבֵּד אֶת הַמַּלְאָךְ נָשָׂא לוֹ פָּנִים, לְךָ לֹא אֶשָּׂא פָּנִים מִפָּנֶיךָ וּמִפְּנֵי אֲבוֹתֶיךָ, (במדבר ו, כו) ״יִשָּׂא ה׳ פָּנָיו אֵלֶיךָ״:

יב [יט, כב] מַהֵר הִמָּלֵט שָׁמָּה כִּי לֹא אוּכַל לַעֲשׂוֹת וְגוֹ׳ הַשֶּׁמֶשׁ יָצָא וְגוֹ׳ ״. אָמַר רַבִּי לֵוִי מָשָׁל לִמְדִינָה שֶׁהָיוּ לָהּ שְׁנֵי פִּטְרוֹנִין אֶחָד עִירוֹנִי וְאֶחָד מִן הַמְּדִינָה וְכָעַס עֲלֵיהֶם הַמֶּלֶךְ וּבִקֵּשׁ לִרְדּוֹתָן. אָמַר הַמֶּלֶךְ: אִם רוֹדֶה אֲנִי אוֹתָם בִּפְנֵי בְּנֵי הַמְּדִינָה° עַכְשָׁיו הֵן אוֹמְרִים: אִלּוּ הָיָה עִירוֹנִי כָּאן הָיָה מִתְקַיֵּים עָלֵינוּ וְאִילוּ הָיָה° בִּפְנֵי עִירוֹנִי עַכְשָׁיו הֵן אוֹמְרִים: אִילּוּ הָיָה בֶּן הַמְּדִינָה שָׁם הָיָה מִתְקַיֵּים עָלֵינוּ. כָּךְ לְפִי שֶׁהָיוּ סְדוֹמִיִּים מֵהֶם עוֹבְדִים לַחַמָּה וּמֵהֶם עוֹבְדִים לַלְּבָנָה, אָמַר הַקָּדוֹשׁ בָּרוּךְ הוּא: וְאִם אֲנִי רוֹדֶה אוֹתָן בַּיּוֹם עַכְשָׁיו הֵם אוֹמְרִים: אִילּוּ הָיְתָה לְבָנָה שָׁם הָיְתָה מְקַיֶּימֶת עָלֵינוּ, אִם אֲנִי רוֹדֶה אוֹתָן בַּלַּיְלָה עַכְשָׁיו הֵם אוֹמְרִים: אִילּוּ הָיְתָה הַחַמָּה שָׁם הָיְתָה מְקַיֶּימֶת עָלֵינוּ, אֶלָּא אֶנָּקֵם מֵהֶם שִׁשָּׁה עָשָׂר בְּנִיסָן בְּשָׁעָה שֶׁחַמָּה וּלְבָנָה עוֹמֶדֶת בָּרָקִיעַ. הָדָא הוּא דִכְתִיב ״הַשֶּׁמֶשׁ יָצָא עַל הָאָרֶץ וְלוֹט בָּא צוֹעֲרָה וְגוֹ׳ ״:

רש״י

(יב) שני פטרונין. אדוניס: אחד בן המדינה ואחד עירוני בן כפר. וכעס המלך עליהם וביקש לרדותן לבני המדינה אמר המלך אם אני רודה אותה בפני בן המדינה עכשיו יהו אומרים אילו היה עירוני כאן היה מתקיים עלינו וכו׳: **השמש יצא על הארץ**. ועדיין לבנה קיימת וכתיב וה׳ המטיר על סדום שכן בכל חדש באמצעיתו שניהם עומדים כאחד כשהחמה יוצאה עדיין לבנה נראית וה׳ המטיר על סדום:

עץ יוסף

ואינון אמרי כו׳. והם אמרו לו לא לך אל ההר ששם האויר טוב ויפה מן העמק והוא אמר הכי לא אוכל בתמיה: [**בא**] **אמר רבי חלפתא קסרייא.** ממקום קסריא: **ע״י שכיבד את המלאך כו׳.** ודאי עיקר הצלתו הית׳ בזכות אברהם שהרי עוד קודם כבוד האכסנאי כבר שלח ה׳ מלאך להציל את לוט וכדלעיל סי׳ ב׳. אלא דבהא לחוד לא הי׳ נמלט אלא בהר וכמ״ש ההרה המלט. אבל עבור כבוד האכסנאי נשא פניו ג״כ להציל עבורו גם את צוער הקרובה לסדום להצילו לגמרי מידי סכנה. וממילא לפי שכבר הית׳ עיקר הצלה בזכות אברהם הועיל לו ג״כ כבוד האכסנאי לעשות לו הצלה גמורה. והיינו דקאמר לא אשא פנים מפניך ומפני אבותיך דמשמע דתרווייהו בעינן (נזה״ק): **מפניך** כלומר מפני מעשיך הטובים: (**יב**) [**כב**] **פטרונין** אדונים מלשון פטרון: **עירוני** מכפר: **מדינה** כרך גדול: **וכעס עליהם** על בני המדינה: **היה מתקיים** מתקומם להצילנו: **מהם עובדים כו׳.** ומ״מ לא נגמר דינם אלא על עושק וזנות. דבע״ז אומנות אבותיהם מדור אנוש בידיהם וכל העולם היו טועים בזה. זולת אברהם ותלמידיו (יפ״ת): **אילו היתה לבנה שם כו׳.** עובדי לבנה יאמרו להתגלל כן על מפלתן לומר שלא עמדה להם יראתם לפי שהית׳ המכה שלא בזמן ממשלתה וכן בהיות המכה בלילה יאמרו כן בהיפך עובדי החמה ולפיכך בא להתנקם מהם בט״ז בניסן בבקר בשעה שחמה ולבנה עומדים ברקיע. הה״ד השמש יצא על הארץ וכו׳ וכדלעיל סי׳ ט״ו וכמו השחר עלה היינו משיאיר המזרח והא דכתיב השמש יצא על הארץ ולוט בא צוערה היינו בנץ החמה ובתחלת הנץ החמה עוד הלבנה ברקיע ובאותה שעה נגמר פורענותם (נזה״ק): **אנקם מהם בט״ז בניסן.** נמצא היו המלאכים אצל אברהם בט״ו בניסן שהיה אז יום ג׳ למילתו הרי שנימול בי״ג בניסן:

פירוש מהרז״ו

ומה אם לוט ע׳ במ״ר פר׳ י״א ריש סי׳ ז׳ בשינוי ושם מבואר שהנשיאות פנים הוא לתפלה וע׳ מש״ש: **לך לא אשא פנים** לישראל שיש להם זכות אבות והם מכבדים ה׳. ספרי פסוק זה ודורש מדה ו׳ ק״ו שתוס ע״פ מדה י״ז שמפורש בהם נשיאות פנים במקום אחר: (**יב**) **פטרונין** שרים מלמדים זכות וסניגוריא. עי׳ לעיל פר׳ מ״ו סימן ג׳ פטרוקך. וע׳ ד״ר פר׳ ב׳ סי׳ כ״ט וע׳ ריש רות: **בששה עשר בניסן** שאצל אברהם היו בט״ו בניסן ובאו ללוט בערב ליל ט״ז בניסן כמ״ש לעיל פר׳ מ״ח סימן י״ב פרוס הפסח היה:

חידושי הרד״ל

(**ב**) **ואינון אמרין ליה פוק לטורא.** שאויר ההר יפה יותר וכמ״ש בכתובות (ק״ד.) בציפורי דמדליא ובסים אוירא:

מסורת המדרש

ל ילקוט כאן רמז פ״ד כל הענין. ועיין במדבר רבה פרשה י״א:

אם למקרא

יִשָּׂא ה׳ פָּנָיו אֵלֶיךָ וְיָשֵׂם לְךָ שָׁלוֹם: (במדבר ו:כו)

מתנות כהונה

ואינון אמרו כו׳. והם אמרו לו לא לך אל ההר ששם האויר טוב ויפה מן העמק והוא אמר הכי לא אוכל בתמיה: **רב חלפתא קסרייא.** ממקום קסריא: **ומה אם לוט וכו׳.** כך אמר הקב״ה לישראל: **מפניך.** כלומר מפני מעשיך הטובים: (**יב**) **פיטרונין.** אדונים מלשון פטרון: #[**בפני בן המדינה** גרסינן]: **וחד עירוני** גרסינן. עירוני מכפר: **מדינה.** כרך גדול: **ובעס המלך.** על בני המדינה: **היה מתקיים.** מתקומם עלינו להצילנו: #[**ואלו בפני העירוני** גרסינן]: **בט״ז בניסן.** כמ״ד פסח היה: השמש יצא. ואז הלבנה עדיין עומדת ברקיע:

אשד הנחלים

שהנוה היפה בודק. לפי שעל ההר האויר צלול ומבריא ועכ״ז היה ירא לוט כי נתגדל והורגל באויר העמק. כי גם זה מחליש את האדם. וכל זה דרשו דרך פשוטו שלכן לא אבה לוט לדור שמה: **לך לא אשא.** זהו מאמר הקב״ה לישראל כן הוא גרסת המ״כ. והוא מאמר ציורי להתבונן איך שה׳ נושא פנים לישראל. אם ככה נשאו המלאכים בלוט: [**יב**] **עירני.** מכפר שהוא בא לפרקים ויש פנים לכאן ולכאן. יש פנים לומר אולי העירוני יותר חשוב לפני המלך לפי שאינו תדיר ואינו רגיל אצלו ע״כ הוא נושא לו פנים ויש לומר להיפך שהבן המדינה הוא תמיד מהיושבים ראשונה במלכות ע״כ הוא חשוב יותר. וזה היתה סבת עבודתם יש שמשתחוי׳ לחמה שהיא תדירה והיא חשובה יותר ויש להפך שהלבנה מסתרת אורה ע״כ אורה בחשיבות יותר כי הדבר שאינו תדיר הוא יותר חביבה ויש מקום לומר אולי זה או זה תעמוד לפיכך ענשם בשעה ששניהם בעולם ולא אחד בהם שהצילם. ואז ידעו כי שוא עבודתם:

Chapter 51

וַה׳ הִמְטִיר עַל סְדֹם וְעַל עֲמֹרָה גָּפְרִית וָאֵשׁ מֵאֵת ה׳ מִן הַשָּׁמָיִם.

And HASHEM had caused sulfur and fire to rain upon Sodom and Gomorrah, from HASHEM, out of heaven (19:24).

§1 וַה׳ הִמְטִיר עַל סְדוֹם וְעַל עֲמוֹרָה גָּפְרִית וָאֵשׁ וְגוֹ׳ – ***AND HASHEM HAD CAUSED SULFUR AND FIRE TO RAIN UPON SODOM AND GOMORRAH, ETC.***

The Midrash cites a verse from *Psalms* and applies it to the destruction of Sodom and Gomorrah:

כְּתִיב ״כְּמוֹ שַׁבְּלוּל תֶּמֶס יַהֲלֹךְ נֵפֶל אֵשֶׁת בַּל חָזוּ שָׁמֶשׁ וְגוֹ׳ ״ – **It is written,** ***Like the shablool that melts and slithers away; like the still-birth*** [נֵפֶל] ***of an eishes, who never saw the sun*** (*Psalms* 58:9).[1] כְּהָדֵין כִּילַיי סִילַיי – The meaning of "like the *shablool*" is: **like this *kilai*** or ***silai***,[2] כַּשַּׁבְלוּל הַזֶּה שֶׁהוּא נִמְחֶה בְּצוֹאָה – that is, **like the worm that disintegrates in** its **slime.**[3] כְּאִישׁוּת זוֹ שֶׁאֵינָהּ מַסְפֶּקֶת לִרְאוֹת שֶׁמֶשׁ עַד שֶׁהִיא חוֹזֶרֶת לֶעָפָרָהּ – And the reference to *eishes* in the second clause means that they will be **like a mole,**[4] **which does not have a chance to see the sun before it returns to its** place in the **ground.**[5] דָּבָר אַחֵר: כְּאֵשֶׁת אִישׁ שֶׁזִּינְּתָה וְהִיא מִתְבַּיֶּישֶׁת שֶׁלֹּא יֵרָאֶה עוּבָּרָהּ – **An alternative explanation** of *eishes:* The wicked will be **like a married woman**[6] **who committed adultery** and became pregnant, **and she is** then **embarrassed lest her fetus be seen,**[7] וְהִיא מַשְׁלִיכַתּוּ בַּלַּיְלָה קוֹדֶם שֶׁלֹּא תֶּחֱזֶנּוּ שֶׁמֶשׁ – **so she** therefore aborts it and **casts it off at night, before** daybreak, **so that it does not see the light of day.**[8] הָדָא הוּא דִכְתִיב ״הַשֶּׁמֶשׁ יָצָא עַל הָאָרֶץ וְלוֹט בָּא צֹעֲרָה״ – And **this is** the import of **what is written,** ***The sun rose upon the earth and Lot arrived at Zoar.*** *And HASHEM had caused sulfur and fire to rain upon Sodom and Gomorrah.*[9]

§2 וַה׳ הִמְטִיר עַל סְדֹם וְגוֹ׳ ״ – ***AND HASHEM HAD CAUSED*** *SULFUR AND FIRE* ***TO RAIN UPON SODOM*** *AND GOMORRAH FROM HASHEM, OUT OF HEAVEN.*

The Midrash contrasts the punishment meted out to Sodom with the description of the future punishment of Edom:

מָשָׁל לִשְׁתֵּי מְדִינוֹת שֶׁמָּרְדוּ בַּמֶּלֶךְ – This can be illustrated by **a parable regarding two provinces,** both of **which rebelled against the king.**[10] אָמַר הַמֶּלֶךְ תִּשָּׂרֵף אַחַת מִשֶּׁלָּהּ, וְאַחַת תִּשָּׂרֵף מִטַּמְיוֹן – **The king said, "One** province **should be burned down from its own** provisions,[11] **and** the other **one should be burned down from the royal stores."**[12] כָּךְ לְהַלָּן ״וְנֶהֶפְכוּ נְחָלֶיהָ לְזֶפֶת וַעֲפָרָהּ לְגָפְרִית״ – **Thus there,** regarding Edom, Scripture states, ***Its rivers will turn to tar and its soil to sulfur;*** *its land will become burning tar* (*Isaiah* 34:9).[13] בְּרַם הָכָא ״וַה׳ הִמְטִיר עַל סְדֹם וְעַל עֲמֹרָה וְגוֹ׳ ״ – **But here** it says, ***And HASHEM had caused*** *sulfur and fire* ***to rain upon Sodom and Gomorrah,*** *from HASHEM, out of heaven.*[14]

□ מֵאֵת ה׳ מִן הַשָּׁמָיִם] – *FROM HASHEM, OUT OF HEAVEN* (lit., *FROM HEAVEN*).]

The wording implies that there were two sources from which the fire and sulfur came: *from HASHEM* and *from heaven.* The Midrash explains what is meant by this, by means of a parable:

אָמַר רַבִּי אָבוּן: לְשִׁפְחָה שֶׁהָיְתָה רוֹדָה פַּת בְּתַנּוּר – **R' Avun said:** It is comparable **to a maidservant who was removing bread from an oven.**

NOTES

1. The verse is describing the effect that God's punishment shall have upon the wicked (*Eitz Yosef*).

2. These refer to various snail-like creatures (*Eitz Yosef*). [In the printed editions a third word, לימצא, is inserted here. It is in fact a French word (*limace,* meaning "slug") — used by *Rashi* to *Leviticus* 11:30, *Psalms* ad loc., and elsewhere — that was originally inserted as a marginal gloss, which eventually made its way into the Midrash text (*Ohr HaSeichel*). It is not found in most Midrash manuscripts.]

3. The "worm" discussed here actually refers to a kind of snail (*Rashi* to *Moed Katan* 6b) or slug (*Ohr HaSeichel*). As it crawls along it secretes a slimy substance onto the ground. If it would continue to do this indefinitely, it would eventually "melt away" (desiccate) and die (*Matnos Kehunah, Eitz Yosef*). [*Yefeh To'ar* suggests that the text should read כַּשַּׁבְּלוּל הַזֶּה – **like this snail.**]

4. Interpreting the verse's אֵשֶׁת as a variation of אִישׁוּת, *mole.*

5. Moles are blind and live in subterranean burrows, coming up above ground only for very brief intervals. According to this interpretation, the word נֵפֶל (of the root נפל, "to fall") in the verse (translated here as "stillbirth") means that it constantly "falls" back into the ground (*Rashi* on *Moed Katan* 6b; cf. *Rashi* on *Psalms* ad loc.).

6. This explanation understands the verse's אֵשֶׁת as short for אֵשֶׁת אִישׁ, "a married woman" (*Maharzu, Eitz Yosef,* et al.).

7. That is, the wicked are comparable to the adulteress' dead infant. [According to this interpretation נֵפֶל means a stillborn child, as in our translation of the verse.] According to either interpretation of אֵשֶׁת, the idea of the verse is that the wicked are consigned into the perpetual darkness of *Gehinnom* (*Eitz Yosef*).

8. Lit., *so that the sun does not see it.*

9. The destruction of Sodom and Gomorrah occurred immediately upon sunrise (see also above, 50 §12), and thus they were analogous to the אֵשֶׁת discussed above, for they too did not continue their existence into the daytime; they melted away (like the שַׁבְּלוּל discussed above) before sunrise (*Matnos Kehunah, Eitz Yosef*).

10. The inhabitants of both provinces were disobedient to the king, but in one province they were more severely rebellious than in the other.

11. The province that was the more rebellious of the two should be burned from its own provisions; that is, the fuel to be used for igniting the fire should be taken from among the materials found within the province.

12. The king would supply the fuel for burning the province that had been less severely rebellious. Although both provinces were to be burnt, it was a greater disgrace for a province to be destroyed by means of its own provisions (*Eitz Yosef*).

13. It will be the land of Edom itself that will provide the fuel for its own destruction.

14. It was God Who supplied the fire used to burn Sodom. The sin of Edom is more grievous than that of Sodom, for it was Edom (Rome) that destroyed the Temple (*Eitz Yosef;* cf. *Yedei Moshe*).

נא (א) **כמו שבלול תמס יהלך.** במפלת הרשעים משתעי קרא זורו רשעים מרחם וגו' כמו שבלול תמס וגו' ומפרש כמו שבלול כהדין כיליי סיליי לימלא והם שרלים שונים שהם מיני שבלול שביליאתו מנרתיקו יולא ממנו רירין ונואה עד שהוא נמחה ונמס בלואת עלמו ומת בו וכן הרשעים יאבדו כמו שבלול הזה: **באישות זו שאינה כו'.** נפל אשת בל חזו שמש כאישות זו (והיא תנשמת דמתרגמינן אישותא) והיא בריה שאין לה עינים שאינ' מספקת לנאת מחורה להתראות בשמש עד שהיא חוזרת לעפרה. ותו דריש נפל אשת דהיינו הנפלים של אשת איש שהם בל חזו שמש ועז"א ד"א כאשת איש. כ"ג הא"א שזינתה כו' והכוונה הוא בנמשל שכך הרשעים נופלים בגיהנם שהוא חשך ולא יראו שמש. ומסיק בילקוט ד"א מדבר באנשי סדום וכו' בל חזו שמש שלא חזו שמש אנשי סדום. אלא השמש ינא על הארץ מה כתיב שם וה' המטיר וגו'. והיינו נמי דמסיק הכא הה"ד השמש ילא על הארץ וגו' וה' המטיר וגומר שבא לרמוז שבא עליהם המכה מיד בתחילת יליאת השמש עד שלא זכו לראות שמש: (ב) **לשני מדינות כו'.** דק"ל מ"ש בסדום שהמטיר אש וגפרית עליהם מן השמים ואילו באדם נהפכו נחליה לזפת ועפרה לגפרית. ע"ז השיב שהוא משל לשני מדינות כו' תשרף אחת (שמרדה ביותר) משלה שהוא עגמת נפש ביותר במה שנשרפת אף משלה. ואחת (שלא מרדה ביותר) תשרף מטמיון פי' מתוך אולר המלך. כך להלן באדם שהרשיעו ביותר שרפו את ביתו. לכן ונהפכו נחליה כו' ברם הכא בסדום שלא מרדה כל כך וה' המטיר על סדום וכו' (נזה"ק): **אמר רבי אבין לשפחה כו'.** שהשי"ת יביא הטוב והרע מהשמים כענין השפחה שהוליאה מתנור טוב ורע (יפ"ת):

פרשה נא

א [יט, כד] "וַה' הִמְטִיר עַל סְדוֹם וְעַל עֲמוֹרָה גָּפְרִית וָאֵשׁ וְגוֹ'". אכְּתִיב (תהלים נח, ט) "כְּמוֹ שַׁבְּלוּל תֶּמֶס יַהֲלֹךְ נֵפֶל אֵשֶׁת בַּל חָזוּ שָׁמֶשׁ וְגוֹ'". כְּהָדֵין בִּילַיי סִילַיי °לִימָצָא, כַּשְּׁלְשׁוּל הַזֶּה שֶׁהוּא נִמְחֶה בְּצוֹאָה כְּאִישׁוּת זוֹ שֶׁאֵינָהּ מַסְפֶּקֶת לִרְאוֹת שֶׁמֶשׁ עַד שֶׁהִיא חוֹזֶרֶת לַעֲפָרָהּ,° כְּאֵשֶׁת אִישׁ שֶׁזִּנְּתָה וְהִיא מִתְבַּיֶּישֶׁת שֶׁלֹּא תֵּרָאֶה° עוּבָּרָהּ וְהִיא מַשְׁלִיכַתּוּ בַּלַּיְלָה קוֹדֶם שֶׁלֹּא תֶּחֱזֶנּוּ שֶׁמֶשׁ, הָדָא הוּא דִכְתִיב "הַשֶּׁמֶשׁ יָצָא עַל הָאָרֶץ וְלוֹט בָּא צֹעֲרָה":

ב "וַה' הִמְטִיר עַל סְדֹם וְגוֹ'", במָשָׁל °לִשְׁנֵי מְדִינוֹת שֶׁמָּרְדוּ בַּמֶּלֶךְ אָמַר הַמֶּלֶךְ: תִּשָּׂרֵף אַחַת מִשֶּׁלָּהּ, וְאַחַת תִּשָּׂרֵף מִטַּמְיוֹן, כָּךְ לְהַלָּן (ישעיה לד, ט) "וְנֶהֶפְכוּ נְחָלֶיהָ לְזֶפֶת וַעֲפָרָהּ לְגָפְרִית", בְּרַם הָכָא "וַה' הִמְטִיר עַל סְדֹם וְעַל עֲמֹרָה וְגוֹ'". אָמַר רַבִּי אָבוּן: לְשִׁפְחָה שֶׁהָיְתָה רוֹדָה פַּת בְּתַנּוּר,

נא (א) **שלשול.** כמ"ש חולין דף מ' שילשול קטן שבים. וכתב המ"ע שהתולעים נקראים שלשול על שמשלשלים עלמם. תרגום והתנשמת ואישותא. ובמ"ק דף ו' אישות בריה שאין לה עינים וזהו בל חזו שמש. והערוך כתב שהשבלול הוא אשת וא"כ הוא כפול כמו שבלול נפל אשת. ויתכן דשבלול כולל כל מינים אלו (ומ"ש כשלשול כו' כתב היפ"ת שקרוב שצ"ל כשבלול הזה שהוא נמחה ביליאה ע"ש): **באשת איש.** ד"א הוא כמ"ש בספרי על פסוק אשת יפ"ת אשת אפילו אשת איש. וכתב בפסיקתא זוטרתי פסוק זה כי אשת הוא סמוך וחסר הנסמך. וכן כאן ע"פ מדה ט'. ופי' נפל של אשת איש והוא משל על הרשעים שמדבר שם בפסוקים הקודמים: (ב) **ברם הבא.** פי' סדום שחטאה על עלמה כמ"ש יחזקאל ט"ז מ"ט. הנה זה היה עון סדום וגו' כל הענין ע"ש ותבין. וכתן עליה עונש שריפה מן השמים בעולם הזה והובטחה שתשובנה לקדמותה כמ"ש יחזקאל ט"ז נ"ה. אך אותה שהחריבה בהמ"ק עונשה אש של עלמה ועל דרך שכתוב לעיל פר' ו' סי' ו' שאש יולא מגופן של רשעים ומכלתן ולא כן בעוה"ז שיש לכל נמלא ברית הבטחת קיומו שלא יהפך ליבטל מעלמו. ועיין לעיל פר' ל"ד סי' י"א:

מסורת המדרש

א ילקוט תהלים רמז תשע"ו:
ב ילקוט כאן סוף רמז פ"ד:

אם למקרא

כְּמוֹ שַׁבְּלוּל תֶּמֶס יַהֲלֹךְ נֵפֶל אֵשֶׁת בַּל־חָזוּ שָׁמֶשׁ: (תהלים נח:ט)

וְנֶהֶפְכוּ נְחָלֶיהָ לְזֶפֶת וַעֲפָרָהּ לְגָפְרִית וְהָיְתָה אַרְצָהּ לְזֶפֶת בֹּעֵרָה: (ישעיה לד:ט)

רש"י

נא [א] **כמו שבלול תמס יהלוך נפל אשת בל חזו שמש.** כהדין סיליי כשלשול הזה שהוא נמחה בנואה כאשת הזו שאינה מסתפקת לראות השמש עד שחוזרת לעפרה: **אשת.** זו התנשמת שתרגום חומט והתנשמת חומטא ואשותא: **דבר אחר כאשת איש.** שהיא יולאת ומתביישת שלא יראה עוברה לחוץ והיא מחנקתו בלילה קודם שתחזנו שמש כך סדומיים לא הספיקו לראות השמש ונמחו מן העולם דכתיב השמש ילא על הארץ וסמיך ליה וה' המטיר על סדום: [ב] **לשני מדינות שמרדו במלך.** אמר המלך אחת תשרף בעלמה משלה ואחת תשרף מטמיון מאולר המלך כך להלן באדום ונהפכו נחליה לזפת ועפרה לגפרית מעלמה: **ברם הבא וה' המטיר על סדום וגו' מאת ה'.** מאולרו של מקום: **לשפחה שהיתה רודה פת בתנור.** בא בן גברתה ורדת פת ונתנה לו ובא בן בנה ורדת גחלים ונתנה לו כך להלן ויאמר ה' אל משה וגו'.

מתנות כהונה

[א] **בהדין ביליי סיליי לימצא.** שלשתם מיני שרלים הם ופירש"י בחומש החומט לימלא [וכן בפ"ק דמו"ק במשנה לדין את האשות ודריש שבלול נוטריקון סיליי כיליי לימלא והרד"ק ורש"י במו"ק שם שבלול זהו לימלא]: **בשלשול.** הוא שרץ קטן ומלאתי בשב"א שיולאין ממנו רירין ונואה עד שהוא נמחה ונמס ומת ורש"י פירש בפ"ק דמו"ק כי כן מנהג החומט כשהיא יולאה חוץ מנרתיקיה וא"כ הוא ג"כ מין שבלול דהיינו חומט: **אישות.** בריה שאין לה עינים ודרש אשת כמו אישות ועי' בפירוש רש"י בתהלים: **באשת איש.** דרש נפל אשת נפל של אשת כך הסדומיים נמוחו מן העולם עד שלא ילא השמש על הארץ דכתיב השמש ילא על הארץ ולוט בא לוערה וסדום ובנותיה לי כבר נימוחו: [ב] **משלה.** מאש שלהם: **מטמיון.** מתוך אולר המלך: **להלן.** גבי מחריבי ביהמ"ק:

נחמד למראה

(א) **באשת איש שזינתה והיא מתביישת וכו'.** כתב הרב ידי משה וזה לשונו והיא כו' לריך להיות והיא מנקתו בלילה רש"י עכ"ל. טעות סופר יש בדבריו וכן לריך להיות והיא מחנקתו בלילה. וזה לשון רש"י ד"א כאשת איש שהיא יולאת ומתביישת שלא יראה עוברה לחוץ והיא מחנקתו בלילה קודם שתחזנו שמש וכו' ע"כ. ונראה דתיבת יולאת היינו זינתה דיולאת ר"ל נפקה ברא ונראה שרש"י ז"ל היה גורס במקום והיא משליכתו בלילה והיא מחנקתו. אבל גירסא דידן נמי אתי שפיר שאשת איש שזינתה פירושו כשהרחיק בעלה נדוד יותר משנה וזינתה והיא מתביישת שלא יראה עוברה ויתפרסם שזינתה היא משליכתו בלילה במקום שיאספו אותו בני אדם ולא ידעו בן מי זה העלם. אי נמי משלחתו בלילה למקום אחר ע"י איש הנאמן לה שלא יגלה סודה ודו"ק:

אשד הנחלים

[א] **סילוי כו' כאישית כו'.** לפי דברי המדרש המה כולם משלים והנמשל מסיים כן בל חזו שמש. והוא משל על הסדומים שמהר שהשמש יצא על הארץ מהר נימוחו מן העולם. כמו שהשרצים ההם המה נמחים מהר וכמו האישית שאינה רואה השמש בחייה ודרש עוד כאשת איש שזנתה ומתביישת מעוברה וזהו נפל אשת שהיא מפלת וולדה כן בל חזו הסדומיים שמש. כאלו בושו לראות פני החמה. וזהו משל שבושו שיראו מפלתם לעיני השמש: [ב] **משלה כו' מטמיון.** ידוע כי יש במעמקי הארץ גפרית וזפת ולפעמים מתבקעת האדמה ונעשה רעידת הארץ להפכה ממקומה וזהו משלה כלומר מטבעה. וזהו השגחה הנגלל בטבע המציאות מעט אבל כאן מטמיון מאוצר המלך כלומר לא מטבע המציאות כ"א מן השמים מלמעלה. ולכן וה' המטיר כלומר רק מלמעלה:

בָּא בֶּן גְּבִרְתָּהּ וְרָדַת פַּת וְנָתְנָה לוֹ — **The son of her mistress came and she removed bread and gave it to him;** [15] בָּא בְּנָהּ וְרָדַת גֶּחָלִים וְנָתְנָה לוֹ — **her** own **son came and she removed coals and gave it to him.**[16] כָּךְ לְהַלָּן "וַיֹּאמֶר ה' אֶל מֹשֶׁה הִנְנִי מַמְטִיר לָכֶם לֶחֶם מִן הַשָּׁמָיִם" — **Thus, elsewhere**[17] Scripture states, ***Behold, I shall rain down for you food from heaven*** (*Exodus* 16:4).[18] בְּרַם הָכָא "וַה' הִמְטִיר עַל סְדֹם וְעַל עֲמֹרָה גָּפְרִית וָאֵשׁ" — **But here** it says, ***And HASHEM had caused sulfur and fire to rain upon Sodom and Gomorrah,*** *from HASHEM, out of heaven.*[19]

□ וַה' הִמְטִיר עַל סְדֹם וְעַל עֲמֹרָה גָּפְרִית וָאֵשׁ מֵאֵת ה'] — *AND HASHEM HAD CAUSED SULFUR AND FIRE TO RAIN UPON SODOM AND GOMORRAH, FROM HASHEM.*]

Since "HASHEM" is mentioned at the beginning of the verse, we would expect the subsequent phrase to use a pronoun ("from *Him*") instead of repeating Hashem's Name ("from *HASHEM*"). The Midrash cites several approaches to deal with this question:

רַבִּי חֶלְבּוֹ בֶּן רַבִּי חִילְפִי בַּר סַמְקָאִי בְּשֵׁם רַבִּי יְהוּדָה בַּר רַבִּי סִימוֹן — **R' Chelbo ben R' Chilfi bar Samkai** said **in the name of R' Yehudah bar R' Simon:** "וַה' הִמְטִיר עַל סְדֹם", זֶה גַּבְרִיאֵל — ***And HASHEM had caused*** *sulfur and fire* ***to rain upon Sodom* — this** mention of Hashem **is** actually referring to the angel **Gabriel.**[20] "מֵאֵת ה' מִן הַשָּׁמָיִם", זֶה הַקָּדוֹשׁ בָּרוּךְ הוּא — ***From HASHEM, out of heaven* — this** mention of Hashem refers to **the Holy One, blessed is He,** Himself.[21]

אָמַר רַבִּי אֶלְעָזָר: כָּל מָקוֹם שֶׁנֶּאֱמַר "וַה'" הוּא וּבֵית דִּינוֹ — **R' Elazar said: Any place** in Scripture **where it is stated, *"and HASHEM,"*** it refers to **[God] and His** celestial **court.**[22]

אָמַר רַבִּי יִצְחָק: בַּתּוֹרָה בַּנְּבִיאִים וּבַכְּתוּבִים מָצִינוּ שֶׁהַהֶדְיוֹט מַזְכִּיר שְׁמוֹ ב' פְּעָמִים בְּפָסוּק אֶחָד — **R' Yitzchak said: In the Torah, in the Prophets, and in the Writings we find that an ordinary person mentions his name twice in one verse,** and thus there is nothing unusual about Hashem's Name being repeated here.[23] בַּתּוֹרָה: "וַיֹּאמֶר לֶמֶךְ לְנָשָׁיו" — **In the Torah: *And Lamech said to his wives,*** *"Adah and Zilah, hear my voice; 'wives of Lamech,' give ear to my speech"* (above, 4:23); "נָשַׁי" אֵין כְּתִיב כָּאן אֶלָּא "נְשֵׁי לֶמֶךְ הַאְזֵנָּה וגו'" — **it is not written here, *"My* wives,** give ear to my speech," **but, *wives "of Lamech,"*** *give ear to my speech.*[24] בַּנְּבִיאִים: "וַיֹּאמֶר הַמֶּלֶךְ לָהֶם קְחוּ עִמָּכֶם אֶת עַבְדֵי אֲדֹנֵיכֶם וְהִרְכַּבְתֶּם אֶת שְׁלֹמֹה בְנִי עַל הַפִּרְדָּה אֲשֶׁר לִי וגו'" — **In the Prophets: *The king said to them, "Take with you 'your master's' servants and mount my son Solomon upon my mule*** (*I Kings* 1:33); "אֶת עֲבָדַי" אֵין כְּתִיב כָּאן, אֶלָּא "אֶת עַבְדֵי אֲדֹנֵיכֶם" — **it is not written here, "*my* servants," but *"your master's" servants.***[25] בַּכְּתוּבִים: דִּכְתִיב "כִּי כְתָב אֲשֶׁר נִכְתָּב בְּשֵׁם הַמֶּלֶךְ וְנַחְתּוֹם בְּטַבַּעַת הַמֶּלֶךְ" — **In the Writings:** *Then King Ahasuerus said to Queen Esther . . . You may write concerning the Jews whatever is favorable in your eyes . . .* ***for an edict that is written in "the king's" name and sealed with "the king's" signet may not be revoked*** (*Esther* 8:7-8).[26]

NOTES

15. In the printed editions the text reads בָּא בֶּן בְּנָהּ, but the commentators (*Os Emes, Matnos Kehunah,* etc.) emend it as we have presented it.

16. The oven contained both the bread that had been baking there and the coals that had heated it. The maidservant was not authorized to give her son any of the bread she was baking for her master; she gave him some coals instead.

17. Concerning the manna provided to the Israelites in the Wilderness.

18. The heavens correspond to the maidservant in the parable; they must do whatever their Master instructs them to do. To Israel, the Master's children, they gave forth bread; to the Sodomites — their own children (for the Sodomites worshiped the stars and other heavenly bodies) — they had no choice but to give forth the coals they deserved.

19. The wording "from HASHEM from the heavens" thus indicates that the fire and sulfur were "delivered" by the heavens, but by orders received from their Master, Hashem. See Insight Ⓐ.

20. Gabriel is the angel responsible for fire (*Pesachim* 108a) and he was God's agent for bringing this rain down upon Sodom and Gomorrah; see above, 50 §2. Since Gabriel was acting as Hashem's agent, Scripture here refers to his actions as *"Hashem" caused . . .* (*Eitz Yosef,* citing *Ramban*).

21. Here the name "Hashem" refers to God Himself, for He was the ultimate source of the rain of fire. Had Scripture used a pronoun, saying מֵאִתּוֹ ("from Him"), rather than *from HASHEM,* it would have referred back to Gabriel, who had been indicated above.

Gabriel, the angel of fire, represents the attribute of strict Divine Justice, while the name "Hashem" (the Tetragrammaton) represents Divine Mercy. Accordingly, the meaning of the verse is that due to the extreme wickedness of the inhabitants of Sodom even the attribute of Mercy took part in the punishment of Sodom (*Eitz Yosef*).

22. "And" always indicates something additional; in this case, God in addition to His celestial court (*Rashi* on *Exodus* 12:29). According to this interpretation, *and Hashem had caused sulfur and fire to rain upon Sodom* means that Hashem and His celestial court decided upon the punishment of Sodom; the verse concludes *from Hashem* to indicate that it was God Himself Who executed the punishment (*Ramban* to this verse).

23. That is, the name (or title) of a person is mentioned twice in one verse, rather than substituting a pronoun for the second use. Accordingly, the question, "Why does the verse mention Hashem's Name twice?" is not legitimate, for it is in fact the style of Scripture to use the proper name instead of a pronoun at times. Therefore, there is no need to say that the first mention refers to either the angel Gabriel or to Hashem in conjunction with His court. (This understanding of our verse is also found in *Sanhedrin* 38b.)

[We have explained the Midrash here in accordance with *Ramban's* commentary to v. 24 here. However, it would appear from *Rashi* there that R' Yehudah bar Simon and R' Elazar are not addressing the issue of the repetition of Hashem's Name; see *Mizrachi* ad loc. and *Eitz Yosef* here.]

24. Although, since Lamech was the one speaking, the pronoun "my" would have been more appropriate.

25. Although, since David was the one speaking, the pronoun "my" would have been more appropriate.

We have presented the Midrash text as emended by *Yefeh To'ar* and *Eitz Yosef.* From *Rashi's* commentary to *Chumash* here it would appear that this was the Midrash text he had as well. It is also the wording of *Tanchuma Yashan* here (§19). However, in all known manuscripts and printed editions of *Bereishis Rabbah,* the reading here is: "אֶת בֶּן הַמֶּלֶךְ" אֵין כְּתִיב כָּאן, אֶלָּא "אֶת שְׁלֹמֹה בְנִי" — **it is not written here, "The king's son** Solomon," **but *my son Solomon.*** This is a very difficult line, and the various commentators struggle to explain it (see *Rashi, Ohr HaSeichel, Matnos Kehunah,* etc.).

26. Here too, since Ahasuerus was speaking he could have said "*my* name" and "*my* signet" (*Rashi* on *Chumash,* v. 24). Alternatively, since the verse mentioned *the king's name* it could have concluded, "*his* signet," rather than repeating *"the king's" signet;* see *Rashi* here.

INSIGHTS

Ⓐ **The Maidservant and the Oven** *Yefeh To'ar* writes that this parable is directed against the astrologers who believe that the constellations of the heavens have independent power to bestow good and evil. In response, the Midrash states that the heavens are nothing more than the maidservant of Divine Providence. Hence, while it is true that the astrological signs do exercise a certain influence over events on earth, that influence is completely controlled by God, Who uses it to reward those worthy of reward and to punish those deserving of punishment. The examples of Sodom, where the heavens rained fire and sulfur upon the evildoers, and of the manna, which rained down from the heavens in the Wilderness, demonstrate that the heavens are a tool in the hand of God, that He utilizes in rewarding the righteous and punishing the wicked.

בָּא בֶּן גְּבִרְתָּהּ וְרָדַת פַּת וְנָתְנָה לוֹ, בָּא °בֶּן בִּנָהּ וְרָדַת גֶּחָלִים וְנָתְנָה לוֹ. כָּךְ לְהַלָּן (שמות טז, ד) "וַיֹּאמֶר ה' אֶל מֹשֶׁה הִנְנִי מַמְטִיר לָכֶם לֶחֶם מִן הַשָּׁמָיִם", בְּרַם הָכָא "וַה' הִמְטִיר עַל סְדֹם וְעַל עֲמֹרָה גָּפְרִית וָאֵשׁ". רַבִּי חֶלְבּוֹ בֶּן רַבִּי חִילְפִי בַּר סִמְקָאיי בְּשֵׁם רַבִּי יְהוּדָה בַּר רַבִּי סִימוֹן: "וַה' הִמְטִיר עַל סְדֹם", זֶה גַּבְרִיאֵל. "מֵאֵת ה' מִן הַשָּׁמָיִם", זֶה הַקָּדוֹשׁ בָּרוּךְ הוּא. ג אָמַר רַבִּי אֶלְעָזָר: כָּל מָקוֹם שֶׁנֶּאֱמַר "וַה'", הוּא וּבֵית דִּינוֹ. ד אָמַר רַבִּי יִצְחָק: בַּתּוֹרָה בַּנְּבִיאִים וּבַכְּתוּבִים מָצִינוּ שֶׁהַהֶדְיוֹט מַזְכִּיר שְׁמוֹ ב' פְּעָמִים בְּפָסוּק אֶחָד. בַּתּוֹרָה (בראשית ד, כג) "וַיֹּאמֶר לֶמֶךְ לְנָשָׁיו", "נָשַׁי" אֵין כְּתִיב כָּאן אֶלָּא "נְשֵׁי לֶמֶךְ הַאְזֵנָּה וגו'". בַּנְּבִיאִים (מלכים א א, לג) "וַיֹּאמֶר הַמֶּלֶךְ לָהֶם קְחוּ עִמָּכֶם אֶת עַבְדֵי אֲדֹנֵיכֶם וְהִרְכַּבְתֶּם אֶת שְׁלֹמֹה בְנִי עַל הַפִּרְדָּה אֲשֶׁר לִי וגו'". "אֶת °בֶּן הַמֶּלֶךְ" אֵין כְּתִיב כָּאן אֶלָּא "אֶת °שְׁלֹמֹה בְנִי". בַּכְּתוּבִים דִּכְתִיב (אסתר ח, ח) "כִּי כְתָב אֲשֶׁר נִכְתָּב בְּשֵׁם הַמֶּלֶךְ וְנַחְתּוֹם בְּטַבַּעַת הַמֶּלֶךְ". וְאַתְּ תְּמֵהַּ שֶׁהַקָּדוֹשׁ בָּרוּךְ הוּא מַזְכִּיר שְׁמוֹ שְׁנֵי פְּעָמִים בְּפָסוּק אֶחָד:

ג [יט, כד] "גָּפְרִית וָאֵשׁ". ה הָדָא הוּא דִכְתִיב (תהלים יא, ו) "יַמְטֵר עַל רְשָׁעִים פַּחִים אֵשׁ וְגָפְרִית וגו'". פַּחִים, גּוּמְרִין °וּמְצָדִין,

רש"י

בן גברתה. ישראל קרוים בנים למקום והוא אדון לשמים. **בא בנה.** לפי שסדומיים עובדין לשמש ולירח קרויין בניהם. שמים קרויין שפחה לפי שנבראו לתשמישם של בריות ובא בנה ורדת גחלים ונתנה לו וה' המטיר על סדום ועל עמורה גפרית ואש: **והרכבתם את בן המלך אין כתיב באן.** דאי הוה כתיב כן הייתי אומר ויאמר להם קחו עבדי אדוניכם שהזכיר ברחש המקרא ומ"ש והרכבתם את בן המלך דבר אחד הוא הואיל ולשניהם נשמע כאלו מאדם אחר היה מדבר. עכשיו שכתב בתחלה קחו עמכם עבדי אדוניכם שמשמע על בני אדם אחרים היה אומר אדוניכם ולא על עצמו. שהדבר שקול הוא. בהכרע הוא עומד כלומר אלו אמרו אחר שלא אמרו דוד הייתי אומר מבני אדם אחרים מדבר השתא שאמרו דוד שאין לומר מבני אדם אחרים אמר קחו עמכם עבדי אדוניכם שהרי לדוק הכהן שלא היה לזה אדון אחר חוץ מדוד ואח"כ שינה הלשון שאמר והרכבתם את שלמה בני ולא אמר את בן המלך את למד שהזכיר שמו ב' פעמים בפסוק אחד ומפורש בתנחומא לא היה לריך לומר אלא עבדי ושלמה בני שאפילו יאמר אדם בדברים הרבה דבר זה שלי וזה שלו עד ק' פעמים בכולן אין נשמע שמזכיר עלמו אלא פעם אחת או מאחר שאמר עבדי אדוניכם לא הולרך לומר אלא והרכבתם את בן המלך ממשמע שאמר והרכבתם את שלמה בני אתה למד שהזכיר שמו שתי פעמים בפסוק אחד: **בכתובים.** כי כתב אשר נכתב בשם המלך ונחתום בטבעת המלך ומפורש בתנחומא אפשר לומר ונחתום בטבעת המלך אחר שנאמר נכתב בשם המלך אלא כדי להזכיר שמו שתי פעמים בפסוק: [ג] **גפרית ואש.** הה"ד ימטר על רשעים פחים מהו פחים גומרים ומלדן. יש לפרש פחים שהוא גחלים כמ"ד נגים פחים ומפרש בברייתא דשמואל נגים שני מיני ליגה שהאדם נכשל בהן. פחים שנים. אף שני מיני חמימות הן שהאדם נכשל בהם וגם מפורש

מתנות כהונה

ה"ג בא בנה. והסדומיים היו עובדים לחמה וללבנה ולכל לבא השמים ומשמים המטיר עליהם אש וגפרית ועל בני ישראל שעובדים לרוכב השמים ב"ה המטיר לחם מן השמים: **זה גבריאל.** והשליח נקרא בשם שולחו וכן פירש הרמב"ן ז"ל: [ה"ג ב' פעמים. בתורה כו' ובילקוט מלכים גרס ככתוב פה]: **ויאמר למך כו'.** הרי שכתוב מזכיר שם ההדיוט ב' פעמים והיה יכול לומר נשיי: **עבדי אדוניכם.** וככר כתיב ויאמר המלך והל"ל מעבדי: **את בן המלך אין כתיב כאן.** בא לומר שלא יקשה שיאמר ג"כ את בן המלך כיון שדבר בלשון נסתר עבדי אדוניכם ואמר שהוא משום שלא יובן שעל בן מלך אחר ולא יפול טעות וערעור במלכות שלמה לומר שאביו לא נוה להמליכו כך יש ליישבו: [ובפירש"י מאריך בו מאד ופי' האב"א נוטה לפירושי]: [ג] **גומרין.** תרגום של פחים: **ומצדין.** מלודות כד"א הפח נשבר ובילקוט תהלים גרס גומרין כד"א פחם לגחלים ועלים לאש: **מצדין.** כד"א כמהר לפור אל פח:

אשד הנחלים

גבריאל. שהוא ממונה על הדין והעונש. כי שם ה' הוא רחמים ואין עונש ורע יורד ממנו: **זה הקב"ה.** שלפעמים ברבות הרשע אז גם מדה"ר מסכים לעונש וזהו מאת ה' אף שהוא מלא רחמים: **ובית דינו.** כי הו' מורה לרבות עוד כי נתגבר הדין על הרחמים והסכים מדה"ר למד"הד להענישם: **ואת תמיה כו'.** עד שהוכרחת לדרוש הפסוק על גבריאל שאינו יאות ככה לדרוש השם הוי' על המלאך. כ"א דרך הלשון הוא להכפיל עוד הפעם כאלו ה' המטיר. מאין ה' המטיר. **מן השמים.** שלא הי' זה מטבע האדמה כ"א מן השמים למעלה מהטבע: [ג] **הדא הוא דכתיב ימטר.** כלומר שלכן דוד קלל את הרשעים בזה העונש אחר שמצאנו שכן נענשו הסדומיים: **גומרין.** הוא גחלת מלשון פחם

עץ יוסף

בא בנה ורדת. כצ"ל (א"א) שהסדומיים היו עומדים לחמה ולבנה ולכל לבא השמים כדלעיל סוף פרשה הקודמת: [ג] **זה גבריאל** שהוא שרו של אש. והוא נשלח להפוך את סדום כדאיתא לעיל פ"נ ונקרא גבריאל בשם רבו משום שנקרא השליח בשם השולח כמו שכתב הרמב"ן גבריאל הוא הממונה על הדין והעונש: **מאת ה' מן השמים זה הקדוש ברוך הוא.** שלפעמי' ברבות הרשע אז גם מדה"ר מסכים לעונש וזהו מאת ה' אף שהוא מלא רחמים: **וה' הוא ובית דינו.** שהוי"ו תוס' הוא כמו פלוני ופלוני (רש"י). כי נתגבר הדין על הרחמים ומסכים מדה"ר למדה"ד להענישם. ואע"ג דגבריאל ע"כ שולח להפוך את סדום. פירושו וה' המטיר שהסכים הוא ובית דינו להמטיר גפרית ואש על ידי גבריאל שהוא הפועל הקרוב בזה: **אמר רבי יצחק בתורה כו'.** נראה דבשיטת רבי אלעזר אמרה. דמשום דלא תיקשי ליה דפירש וה' קודש אם כן מאתו מיבעי ליה לזה אמר דעביד קרא דמשתעי הכי (יפ"ת): **שההדיוט מזכיר שמו.** לפי שהזכירו שמם תמורת הכנוי. ולכן כשהגיד הכתוב דבריהם אע"פ שכבר הזכיר שמם הזכירם שנית לפי שהזכיר סגנון דבריהם. ונמלא שהזכיר שמם בלי לורך. כן הש"ת הזכיר שמו תמורת הכנוי (יפ"ת): **את בן המלך אין כתוב כאן אלא את שלמה בני.** ט"ס הוא וכל"ל את עבדי אכ"כ אלא את עבדי אדוניכם (יפ"ת): **ואת תמיה שהקדוש ברוך הוא מזכיר שמו כו'.** וא"ת מה ראיה מהדיוט שלא ידקדק בלשונו ללשון התורה. י"ל לפי שהזכרת השם הוא דרך גדולה. ולכן מכ"ש ילדק זה בהקב"ה (יפ"ת): (ג) [ד] **ימטר על רשעים כו'.** דריש דרמיז ביה על דינה של סדום שהמטיר עליהם מלמעלה אש וגפרית והיה זה מופת על עונש הרשעים בגיהנם לעתיד (נזה"ק): **גומרין ומצדן.** שפי' פחם מגזרת פחם לגחלים וקאמר פחים למדרש נמי מלודים מלשון פח יקוש ועניין המלודים לכאן היינו עניין הורדתם לגיהנם כעניין שנאמר ילודנו למדחפות וכדלעיל פ"ך (יפ"ת):

פירוש מהרז"ו

רודה פת. ע' תנחומא כאן. שמ"ר פר' כ"ה סי' א': **זה גבריאל.** כמ"ש לעיל פר' נ' סי' ב' וכמ"ש ר"א והיינו גבריאל משמאל מלאך של הדין. וע' ויק"ר פר' כ"ד סי' ב' וש"נ ומבואר. ודעת ר"א הוא ובית דינו לא גבריאל לבדו. ומ"ש מאת ה' ולא אמר מאתו ע"ז אר"י מלינו כו'. ומ"ש שההדיוט מזכיר כו' פירושו שהכתוב מזכיר שמו ב' פעמים. שמ"ש ויאמר למך אין זה דברי למך אלא דברי הכתוב. וכן ויאמר המלך ותיבת אדוניכם אמר דוד על עלמו שהוא אדונם. והיה ל"ל את עבדיי. ומ"ש את בן המלך אכ"כ ע' מ"כ ודרשה אחרת היא אגב שהזכיר הפסוק: (ג) **פחים וגו'.** פסוק זה מדבר בסדום כמ"ש כאן המטיר וגו' גפרית ואש וע"פ מדה ז' וי"ז אנו דורשים שהיה שם

חידושי הרד"ל

(א) [ב] בן גברתה ורדת פת כו'. מפרש מ"ש תחלה שעל ירושלים לא ירד מן השמים גפרית ואש כ"א פת כי שוכן שמים משמים ישיט עליהם לטובה ולא רעה. והרעה תלא מעלמה וכמו שכתב (ישעיה כ'). לכו באור אשכם וגו': **(ב) כל מקום שנאמר וה' הוא ובית דינו כו'.** בא לפרש ג"כ לשון וה' המטיר כו' מאת ה' כו'. לומר דהיינו ב"ד. מדה"ד בהסכם מדת הרחמים:

חידושי הרש"ש

[ב] בא בן גבירתה כו' בא בנה כו'. והנמשל הוא שהיו תחת מערכות השמים ככתוב אשר חלק ה' אלהיך אותם וכו' ואתכם לקח ה':

באור מהרי"פ

ב את בן המלך אין כתיב כאן. ט"ס הוא וצ"ל את עבדי אכ"כ אלא את עבדי אדוניכם כו'. יפ"ת:

מסורת המדרש

ג שמ"ר פרשה י"ב. ויק"ר פשרה כ"ד. במד"ר פ' ג'. ירושלמי ברכות פרק ט'. ירושלמי סנהדרין פרק א'. תנחומא סדר וארא סי' ט"ז. שי"ר פ' א'. ילקוט כאן רמז פ"ה. ילקוט מלכים א' רמז רכ"ג. וילקוט איוב רמז תתל"ג:
ד ילקוט סדר בראשית רמז ל"ט. ילקוט מלכים א' רמז קס"ז. וילקוט אסתר רמז אל"ף נ"ט:
ה מדרש תהלים מזמור י"א. ילקוט תהלים רמז תרנ"ה:

אם למקרא

וַיֹּאמֶר ה' אֶל־מֹשֶׁה הִנְנִי מַמְטִיר לָכֶם לֶחֶם מִן־הַשָּׁמָיִם וְיָצָא הָעָם וְלָקְטוּ דְּבַר־יוֹם בְּיוֹמוֹ לְמַעַן אֲנַסֶּנּוּ הֲיֵלֵךְ בְּתוֹרָתִי אִם־לֹא: (שמות טז:ד)

וַיֹּאמֶר לֶמֶךְ לְנָשָׁיו עָדָה וְצִלָּה שְׁמַעַן קוֹלִי נְשֵׁי לֶמֶךְ הַאְזֵנָּה אִמְרָתִי כִּי אִישׁ הָרַגְתִּי לְפִצְעִי וְיֶלֶד לְחַבֻּרָתִי: (בראשית ד:כג)

וַיֹּאמֶר הַמֶּלֶךְ לָהֶם קְחוּ עִמָּכֶם אֶת־עַבְדֵי אֲדֹנֵיכֶם וְהִרְכַּבְתֶּם אֶת־שְׁלֹמֹה בְנִי עַל־הַפִּרְדָּה אֲשֶׁר־לִי וְהוֹרַדְתֶּם אֹתוֹ אֶל־גִּחוֹן: (מלכים א א:לג)

וְאַתֶּם כִּתְבוּ עַל־הַיְּהוּדִים כַּטּוֹב בְּעֵינֵיכֶם בְּשֵׁם הַמֶּלֶךְ וְחִתְמוּ בְּטַבַּעַת הַמֶּלֶךְ כִּי־כְתָב אֲשֶׁר־נִכְתָּב בְּשֵׁם־הַמֶּלֶךְ וְנַחְתּוֹם בְּטַבַּעַת הַמֶּלֶךְ אֵין לְהָשִׁיב: (אסתר ח:ח)

יַמְטֵר עַל־רְשָׁעִים פַּחִים אֵשׁ וְגָפְרִית וְרוּחַ זִלְעָפוֹת מְנָת כּוֹסָם: (תהלים יא:ו)

וְאַתְּ תָּמֵיהַּ שֶׁהַקָּדוֹשׁ בָּרוּךְ הוּא מַזְכִּיר שְׁמוֹ שְׁנֵי פְּעָמִים בְּפָסוּק אֶחָד – **And** despite all these examples **you are perplexed that the Holy One, blessed is He, mentions His Name twice in one verse?!**

§3 גָּפְרִית וָאֵשׁ – *SULFUR AND FIRE.*

The Midrash finds an allusion to the fate of Sodom and Gomorrah in a verse from *Psalms*:

הָדָא הוּא דִכְתִיב "יַמְטֵר עַל רְשָׁעִים פַּחִים אֵשׁ וְגָפְרִית וְגוֹ'" – **This is what** is alluded to in the verse that **is written,** ***He will rain down*** **פַּחִים*,*** ***fire, and sulfur upon the wicked;*** *a burning blast is the allotment for their cup* (*Psalms* 11:6).[27]

The Midrash now proceeds to elaborate this verse:

"פַּחִים" גּוּמְרִין וּמְצָדִן – The word **פַּחִים is** translatable both as **"coals" and "traps."**[28]

NOTES

27. This verse describes the punishment in store for the wicked in *Gehinnom* (*Yefeh To'ar,* etc.). The Midrash here sees it further as an allusion to the punishments visited upon Sodom and Gomorrah. [According to *Yefeh To'ar,* the Midrash was bothered by this question: Since the Sodomites were burned by fire from heaven in any event, why was there a need for sulfur to rain down on them as well? And the answer is that the cataclysmic destruction of Sodom was intentionally made to resemble the horrors of *Gehinnom.*]

28. The word פַּחִים can be construed as a variation of the word פֶּחָם ("coal"), as in the verse *a burning coal* [פֶּחָם] *to charcoal and twigs to a fire* (*Proverbs* 26:21), and it can also be seen as the plural of פַּח ("trap"), as in the verse, *like a bird hurrying to the trap* [פָּח] (*Proverbs* 7:23); see *Yalkut Shimoni, Psalms* §655. The Midrash is saying that both interpretations are correct, for the wicked shall fall into the fires of *Gehinnom* as though falling into a trap (*Eitz Yosef*).

בָּא בֶּן גְּבִרְתָּהּ וְרָדַת פַּת וְנָתְנָה לוֹ, בָּא °בֶּן בְּנָהּ וְרָדַת גֶּחָלִים וְנָתְנָה לוֹ. כָּךְ לְהַלָּן (שמות טז, ד) "וַיֹּאמֶר ה' אֶל מֹשֶׁה הִנְנִי מַמְטִיר לָכֶם לֶחֶם מִן הַשָּׁמָיִם", בְּרַם הָכָא "וַה' הִמְטִיר עַל סְדֹם וְעַל עֲמֹרָה גָּפְרִית וָאֵשׁ". רַבִּי חֶלְבּוֹ בֶּן רַבִּי חִילְפִי בַּר סִמְקָאיי בְּשֵׁם רַבִּי יְהוּדָה בַּר רַבִּי סִימוֹן: "וַה' הִמְטִיר עַל סְדֹם", זֶה גַּבְרִיאֵל. "מֵאֵת ה' מִן הַשָּׁמָיִם", זֶה הַקָּדוֹשׁ בָּרוּךְ הוּא. [ג]אָמַר רַבִּי אֶלְעָזָר: כָּל מָקוֹם שֶׁנֶּאֱמַר "וַה' ", הוּא וּבֵית דִּינוֹ. [ד]אָמַר רַבִּי יִצְחָק: בַּתּוֹרָה בַּנְּבִיאִים וּבַכְּתוּבִים מָצִינוּ שֶׁהֶהֶדְיוֹט מַזְכִּיר שְׁמוֹ ב' פְּעָמִים בְּפָסוּק אֶחָד. בַּתּוֹרָה (בראשית ד, כג) "וַיֹּאמֶר לֶמֶךְ לְנָשָׁיו", "נָשַׁי" אֵין כְּתִיב כָּאן אֶלָּא "נְשֵׁי לֶמֶךְ הַאֲזֵנָּה וגו' ". בַּנְּבִיאִים (מלכים א א, לג) "וַיֹּאמֶר הַמֶּלֶךְ לָהֶם קְחוּ עִמָּכֶם אֶת עַבְדֵי אֲדוֹנֵיכֶם וְהִרְכַּבְתֶּם אֶת שְׁלֹמֹה בְנִי עַל הַפִּרְדָּה אֲשֶׁר לִי וגו'. "אֶת °בֶּן הַמֶּלֶךְ" אֵין כְּתִיב כָּאן אֶלָּא "אֶת °שְׁלֹמֹה בְנִי". בַּכְּתוּבִים דִּכְתִיב (אסתר ח, ח) "כִּי כְתָב אֲשֶׁר נִכְתָּב בְּשֵׁם הַמֶּלֶךְ וְנַחְתּוֹם בְּטַבַּעַת הַמֶּלֶךְ". וְאַתְּ תְּמֵיהַּ שֶׁהַקָּדוֹשׁ בָּרוּךְ הוּא מַזְכִּיר שְׁמוֹ שְׁנֵי פְּעָמִים בְּפָסוּק אֶחָד:

ג [יט, כד] "גָּפְרִית וָאֵשׁ". [ה]הָדָא הוּא דִכְתִיב (תהלים יא, ו) "יַמְטֵר עַל רְשָׁעִים פַּחִים אֵשׁ וְגָפְרִית וגו' ". פַּחִים, גּוּמְרִין °וּמְצָדִין,

פירוש מהרז"ו

רודה פת. ע' תנחומא כאן. שמ"ר פר' כ"ה סי' א': **זה גבריאל.** כמ"ש לעיל פר' נ' סי' ב' וכמ"ש ר"א והיינו גבריאל משמאל מלאך של הדין. וע' ויק"ר פר' כ"ד סי' ב' וש"נ ומבואר. ודעת ר"א הוא ובית דינו לא גבריאל לבדו. ומ"ש מאת ה' ולא אמר מאתו ע"ז אר"י מלינו כו'. ומ"ש שההדיוט מזכיר כו' פירושו שהכתוב מזכיר שמו ב' פעמים. שמ"ש ויאמר למך אין זה דברי למך אלא דברי הכתוב. וכן ויאמר המלך ותיבת אדוניכם אמר דוד על עצמו שהוא אדונם. והיה נ"ל את עבדיי. ומ"ש את בן המלך אכ"כ ע' מ"כ ודרשה אחרת היא אגב שהזכיר הפסוק: (ג) **פחים וגו'.** פסוק זה מדבר בסדום כמ"ש כאן המטיר וגו' גפרית ואש וע"פ מדה ז' וי"ז אנו דורשים שהיה שם

עץ יוסף

בא בנה ורדת. כצ"ל (א"א) שהסדומיים היו עומדים לחמה ולבנה ולכל צבא השמים כדלעיל סוף פרשה הקודמת: [ג] **זה גבריאל** שהוא שרו של אש. והוא נשתלח להפוך את סדום כדאיתא לעיל פ"נ ונקרא גבריאל בשם רבו משום שנקרא השליח בשם השולח כמו שכתב הרמב"ן גבריאל הוא הממונה על הדין והעונש: **מאת ה' מן השמים זה הקדוש ברוך הוא.** שלפעמי' ברבות הרשע אז גם מדה"ר מסכים לעונש וזהו מאת ה' אף שהוא מלא רחמים: **וה' הוא ובית דינו.** שהוי"ו תוס' הוא כמו פלוני ופלוני (רש"י). כי נתגבר הדין על הרחמים ומסכים מדה"ר למדה"ד להעניש. ואע"ג דגבריאל ע"כ שולח להפוך את סדום. פירושו וה' המטיר שהסכים הוא ובית דינו להמטיר גפרית ואש על ידי גבריאל שהוא הפועל הקרוב בזה: **אמר רבי יצחק בתורה כו'.** נראה דבשיטת רבי אלעזר אמרה. דמשום דלא תיקשי ליה דפירש וה' קודש אם כן מאתו מיבעי ליה לזה אמר דעביד קרא דמשתעי הכי (יפ"ת): **שההדיוט מזכיר שמו.** לפי שהזכירו שמם תמורת הכנוי. ולכן כשהגיד הכתוב דבריהם אע"פ שכבר הזכיר שמם הזכירם שנית לפי שהזכיר סגנון דבריהם. ונמצא שהזכיר שמם בלי צורך. כן הסי"ת הזכיר שמו תמורת הכנוי (יפ"ת): **את בן המלך אין כתוב כאן אלא את שלמה בני.** ט"ס הוא וכצ"ל את עבדי אכ"כ אלא את עבדי אדוניכם (יפ"ת): **ואת תמיה שהקדוש ברוך הוא מזכיר שמו כו'.** וא"ת מה ראיה מהדיוט שלא ידקדק בלשונו ללשון התורה. י"ל לפי שהזכרת השם הוא דרך גדולה. ולכן מכ"ש ילדק זה בהקב"ה (יפ"ת): (ג) [ד] **ימטר על רשעים כו'.** דריש דרמיז ביה על דינה של סדום שהמטיר עליהם מלמעלה אש וגפרית והיה זה מופת על עונש הרשעים בגיהנם לעתיד (נזה"ק): **גומרין ומצדן.** שפי' פחם מגזרת פחם לגחלים וקאמר פחים למדרש נמי מלודים מלשון פח יקוש וענין המלודים לכאן היינו ענין הורדתם לגיהנם כענין שנאמר ילודו למדחפות וכדלעיל פ"ך (יפ"ת):

חידושי הרד"ל

(א) [ב] **בן גברתה ורדת פת כו'.** מפרש מ"ש תחלה שעל ירושלים לא ירד מן השמים גפרית ואש כ"א פת כי שוכן שמים משמים יביט עליהם לטובה ולא רעה. והרעה תלא מעלמה וכמו שכתב (ישעיה כ'). לכו באור אשכם וגו': (ב) **כל מקום שנאמר וה' הוא ובית דינו כו'.** בא לפרש ג"כ לשון וה' המטיר כו' מאת ה' כו'. לומר דהיינו ב"ד. מדה"ד בהסכם מדת הרחמים:

חידושי הרש"ש

[ב] **בא בן גבירתה כו' בא בנה כו'.** והנמשל הוא שהיו תחת מערכות השמים ככתוב אשר חלק ה' אלהיך אותם וכו' ואתכם לקח ה':

באור מהרי"פ

ב את בן המלך אין כתיב כאן. ט"ס הוא וצ"ל את עבדי אכ"כ אלא עבדי אדוניכם כו'. יפ"ת:

רש"י

בן גברתה. ישראל קרוים בנים למקום והוא אדון לשמים. **בא בנה.** לפי שסדומיים עובדין לשמש ולירח קרויין בניהם. שמים קרויין שפחה לפי שנבראו לתשמישם של בריות ובא בנה ורדת גחלים ונתנה לו וה' המטיר על סדום ועל עמורה גפרית ואש: **והרכבתם את בן המלך אין כתיב כאן.** דאי הוה כתיב כן הייתי אומר ויאמר להם קחו עבדי אדוניכם שהזכיר בראש המקרא ומ"ש והרכבתם את בן המלך דבר אחד הוא הואיל ושניהם נשמע כאלו מאדם אחר היה מדבר. עכשיו שכתב בתחלה קחו עמכם עבדי אדוניכם שמשמע על בני אדם אחרים היה אומר אדוניכם ולא על עצמו. שהדבר שקול הוא. בהכרע הוא עומד כלומר אלו אמרו אחר שלא אמרו דוד הייתי אומר מבני אדם אחרים מדבר השתא שאמרו דוד שאין לומר מבני אדם אחרים אמר קחו עמכם עבדי אדוניכם שהרי לדוק הכהן שלא היה לזה אדון אחר חוץ מדוד ואח"כ שינה הלשון שאמר והרכבתם את שלמה בני ולא אמר את בן המלך את למד שהזכיר שמו ב' פעמים בפסוק אחד ומפורש בתנחומא לא היה צריך לומר אלא עבדי ושלמה בני שאפילו יאמר אדם בדברים הרבה דבר זה שלי וזה שלו עד ק' פעמים בכולן אין נשמע שמזכיר עצמו אלא פעם אחת או מאחר שאמר עבדי אדוניכם לא הוצרך לומר אלא והרכבתם את בן המלך ממשמע שאמר והרכבתם את שלמה בני אתה למד שהזכיר שמו שתי פעמים בפסוק אחד: **בכתובים.** כי כתב אשר נכתב בשם המלך ונחתום בטבעת המלך ומפורש בתנחומא אפשר לומר ונחתום בטבעת המלך אחר שנאמר נכתב בשם המלך אלא כדי להזכיר שמו שתי פעמים בפסוק: [ג] **גפרית ואש.** הה"ד ימטר על רשעים פחים מהו פחים גומרים ומלדן. יש לפרש פחים שהוא גחלים כמ"ד נניס פחים ומפרש בברייתא דשמואל נניס שני מיני ליגה שהאדם נכשל בהן. פחים שנים. אף שני מיני חמימות הן שהאדם נכשל בהם וגם מפורש

מסורת המדרש

ג שמ"ר פרשה י"ב. ויק"ר פשרה כ"ד. במד"ר פ' ג'. ירושלמי ברכות פרק ט'. ירושלמי סנהדרין פרק א'. תנחומא סדר וארא סי' ט"ז. שי"ר פ' א'. ילקוט כאן רמז פ"ה. ילקוט מלכים א' רמז רכ"ב. וילקוט איוב רמז תתל"ג:

ד ילקוט סדר בראשית רמז ל"ט. ילקוט מלכים א' רמז קס"ז. וילקוט אסתר רמז אל"ף נ"ט:

ה מדרש תהלים מזמור י"א. ילקוט תהלים רמז תרכ"ה:

אם למקרא

וַיֹּאמֶר ה' אֶל־מֹשֶׁה הִנְנִי מַמְטִיר לָכֶם לֶחֶם מִן־הַשָּׁמָיִם וְיָצָא הָעָם וְלָקְטוּ דְּבַר־יוֹם בְּיוֹמוֹ לְמַעַן אֲנַסֶּנּוּ הֲיֵלֵךְ בְּתוֹרָתִי אִם־לֹא:
(שמות טז:ד)

וַיֹּאמֶר לֶמֶךְ לְנָשָׁיו עָדָה וְצִלָּה שְׁמַעַן קוֹלִי נְשֵׁי לֶמֶךְ הַאְזֵנָּה אִמְרָתִי כִּי אִישׁ הָרַגְתִּי לְפִצְעִי וְיֶלֶד לְחַבֻּרָתִי:
(בראשית ד:כג)

וַיֹּאמֶר הַמֶּלֶךְ לָהֶם קְחוּ עִמָּכֶם אֶת־עַבְדֵי אֲדֹנֵיכֶם וְהִרְכַּבְתֶּם אֶת־שְׁלֹמֹה בְנִי עַל־הַפִּרְדָּה אֲשֶׁר־לִי וְהוֹרַדְתֶּם אֹתוֹ אֶל־גִּחוֹן:
(מלכים א א:לג)

וְאַתֶּם כִּתְבוּ עַל־הַיְּהוּדִים כַּטּוֹב בְּעֵינֵיכֶם בְּשֵׁם הַמֶּלֶךְ וְחִתְמוּ בְּטַבַּעַת הַמֶּלֶךְ כִּי־כְתָב אֲשֶׁר־נִכְתָּב בְּשֵׁם־הַמֶּלֶךְ וְנַחְתּוֹם בְּטַבַּעַת הַמֶּלֶךְ אֵין לְהָשִׁיב:
(אסתר ח:ח)

יַמְטֵר עַל־רְשָׁעִים פַּחִים אֵשׁ וְגָפְרִית וְרוּחַ זִלְעָפוֹת מְנָת כּוֹסָם:
(תהלים יא:ו)

מתנות כהונה

ה"ג בא בנה. והסדומיים היו עובדים לחמה וללבנה ולכל צבא השמים ומשמים המטיר עליהם אש וגפרית ועל בני ישראל שעובדים לרוכב השמים ב"ה המטיר לחם מן השמים: **זה גבריאל.** השליח נקרא בשם שולחו וכן פירש הרמב"ן ז"ל: [ה"ג ב' פעמים. בתורה כו' ובילקוט מלכים גרס ככתוב פה]: **ויאמר למך כו'.** הרי שכתוב מזכיר שם ההדיוט ב' פעמים והיה יכול לומר נשיי: **עבדי אדוניכם.** וכבר כתיב ויאמר המלך והל"ל מעבדי: **את בן המלך אין כתיב כאן.** בא לומר שלא יקשה שיאמר ג"כ את בן המלך כיון שדבר בלשון נסתר עבדי אדוניכם ואמר שהוא משום שלא יובן שעל בן מלך אחר ולא יפול טעות וערעור במלכות שלמה לומר שאביו לא נוה להמליכו כך יש ליישבו: [ובפירש"י מאריך בו מאד ופי' האב"א נוטה לפירושי]: [ג] **גומרין.** תרגום של פחים: **ומצדין.** מצודות כד"א הפח נשבר ובילקוט תהלים גרס גומרין כד"א פחם לגחלים ועצים לאש: **מצדין.** כד"א כמהר צפור אל פח:

אשד הנחלים

גבריאל. שהוא ממונה על הדין והעונש. כי שם ה' הוא רחמים ואין עונש ורע יורד ממנו: **זה הקב"ה.** שלפעמים ברבות הרשע אז גם מדה"ר מסכים לעונש וזהו מאת ה' אף שהוא מלא רחמים: **ובית דינו.** כי הו' מורה לרבות עוד כי נתגבר הדין על הרחמים והסכים מדה"ר למד"הד להענישם: **ואת תמיה כו'.** עד שהוכרחת לדרוש הפסוק על גבריאל שאינו יאות ככה לדרוש השם הוי' על המלאך. כ"א דרך הלשון הוא להכפיל עוד הפעם כאלו ה' המטיר. מאין ה' המטיר. מן השמים. שלא הי' זה מטבע האדמה כ"א מן השמים למעלה מהטבע: [ג] **הדא הוא דכתיב ימטר.** כלומר שלכן דוד קלל את הרשעים בזה העונש אחר שמצאנו שכן נענשו הסדומיים: **גומרין.** הוא גחלת מלשון פחם

אָמַר רַבִּי יוּדָן: מִפְּנֵי מָה אָדָם מֵרִיחַ רֵיחַ גָּפְרִית וְנַפְשׁוֹ סוֹלֶדֶת עָלָיו "אֵשׁ וְגָפְרִית" — ***Fire and sulfur*** — **R' Yudan said: What is the reason that when a person smells the odor of sulfur his soul recoils?**[29] לָמָּה? שֶׁהִיא יוֹדַעַת שֶׁהִיא נִידוֹנֶת בָּהּ לֶעָתִיד לָבֹא — **Why? Because [the soul] knows that it will** ultimately **be punished with [sulfur] in the future** time **to come,** in *Gehinnom.*[30] "שֶׁנֶּאֱמַר "מְנָת כּוֹסָם — **as it says,** פַּחִים, *fire and sulfur . . . a burning blast is **the allotment for their cup.***[31] רַבִּי יִשְׁמָעֵאל בַּר נַחְמָן מִשּׁוּם רַבִּי יוֹנָתָן: כִּפְיָילֵי פִּיטְרִין לְאַחַר הַמֶּרְחָץ — **R' Yishmael bar Nachman** said **in the name of R' Yonasan:** They are **like the vial of** spiced **potion** taken **after** one attends **the bathhouse.**[32]

□ [וַה׳ הִמְטִיר עַל סְדֹם וְעַל עֲמֹרָה גָּפְרִית וָאֵשׁ מֵאֵת ה׳ מִן הַשָּׁמָיִם] — *AND HASHEM HAD CAUSED SULFUR AND FIRE TO RAIN UPON SODOM AND GOMORRAH, FROM HASHEM, OUT OF HEAVEN.*]

Scripture describes the fire and sulfur that descended upon Sodom and Gomorrah as being sent from Heaven by God.[33] The Midrash cites a discussion of the Sages that is relevant to this statement:

אָמַר רַבִּי חֲנִינָא: אֵין דָּבָר רַע יוֹרֵד מִלְמַעְלָה — **R' Chanina** ben Pazi **said: Nothing bad** ever **descends from On High.**[34] אֲתִיבוּן: "וְהָכְתִיב "אֵשׁ וּבָרָד שֶׁלֶג וְקִיטוֹר — **[The Sages] raised an objection: But see, it is written, *Fire and hail, snow and vapor,*** *stormy wind fulfilling His word* (*Psalms* 148:8).[35] אָמַר לָהֶם: רוּחַ סְעָרָה הוּא שֶׁעוֹשָׂה דְבָרוֹ — **[R' Chanina] said** in response **to them: It is the stormy wind that fulfills [God's] word.**[36]

The Midrash cites a conflicting opinion:

מִילְּתָא דְרַבִּי שִׁמְעוֹן בֶּן לָקִישׁ פְּלִיגָא אַהָא דְאָמַר רַבִּי חֲנִינָא בֶּן פָּזִי — **The** following **statement of R' Shimon ben Lakish disagrees with that which R' Chanina ben Pazi said,**[37] דְּאָמַר רַבִּי שִׁמְעוֹן בֶּן לָקִישׁ "יִפְתַּח ה׳ לְךָ אֶת אוֹצָרוֹ הַטּוֹב", מִכָּאן שֶׁיֵּשׁ לוֹ אוֹצָרוֹת אֲחֵרִים — **for R' Shimon ben Lakish said:** It is written, ***HASHEM shall open for you His storehouse of goodness*** *[in] the heavens* (*Deuteronomy* 28:12); it can be derived **from here that He has other storehouses** — which are not "of goodness" — in the heavens.[38]

□ מֵאֵת ה׳ מִן הַשָּׁמָיִם — ***FROM HASHEM, OUT OF HEAVEN.***

Scripture's description of the sulfur and fire as coming *from HASHEM, out of heaven* appears repetitive; the Midrash explains the connotation of this phrase:

כְּמַרְתֵּק מִן גִּבָּר — **Like** the blow of **a fist**[39] **from a mighty man.**[40]

NOTES

29. To a greater extent than from other, even more foul-smelling odors (*Eitz Yosef*).

30. Even the souls of the righteous are unsettled by this order, for even the righteous are guilty of some sins (see *Ecclesiastes* 7:20), and are thus deserving of some punishment (ibid.).

31. *The allotment for their cup* means that these horrors are their destined punishment in *Gehinnom.* The Midrash now explains what the cup metaphor indicates.

32. A potion that was drunk for medicinal purposes after bathing (*Rashi*; see above, 10 §7). The Midrash is interpreting the word *their cup* as an allusion to that drink. *Radal* identifies the potion mentioned here with the *alontis* mentioned in *Shabbos* 140a, a wine-based beverage taken to cool the bather from the heat of the baths. R' Yosef there states that he felt its effects throughout his body, from his hair till his toenails. Accordingly, the Midrash here means that the burning blast will affect the entire person of the wicked; see also *Yefeh To'ar* cited in *Eitz Yosef,* and *Korban HaEidah* to *Yerushalmi Pesachim* 10:1 ד״ה דיפלי פוטירין. Alternatively, just as the potion revives the bather, so too will the blast revive the wicked, in order that they may endure further punishment (*Pnei Moshe* ibid. ד״ה דיפיילי פוטירין).

33. Both in the verse from *Psalms,* cited above, *He will rain down* פַּחִים, *fire, and sulfur* (*Psalms* 11:6), and here in our verse: *And HASHEM had caused sulfur and fire to rain upon Sodom and Gomorrah.*

34. Nothing bad or destructive can ever emanate from God's abode On High, and so it is written (*Psalms* 5:5), *no evil sojourns with You* (*Midrash Tehillim* 149 §1). Destructive forces that appear to come from the heavens actually take form in the lower, earthly realms (ibid.). As for the fire and sulfur that rained down upon Sodom and Gomorrah "from Hashem, out of heaven," when it began its fall from heaven it was in fact rain, but was transformed into fire and sulfur when it entered the lower realms (ibid.; *Yalkut Shimoni, Psalms* §655; *Tanchuma Yashan* here §18; see also *Rashi* on *Chumash* here). This is derived from the wording of the verse, וַה׳ הִמְטִיר עַל סְדֹם וְעַל עֲמֹרָה גָּפְרִית וָאֵשׁ, lit., *And Hashem caused to "rain down" sulfur and fire upon Sodom and Gomorrah;* at first it was "rain," and subsequently it became sulfur and fire (*Yefeh To'ar*; see *Rashi* ibid.). See further, Insight Ⓐ.

35. The Sages' objection appears to be that this verse implies that even such destructive phenomena as fire and hail originate in heaven. However, there is nothing in this verse to warrant drawing this conclusion. *Maharzu,* following *Rashi,* suggests that the force of the question actually comes from other verses in Scripture that do place these phenomena in heaven — such as, *the rain and the snow descend from heaven* (*Isaiah* 55:10). *Nezer HaKodesh,* followed by *Eitz Yosef,* prefers a variant text of the Midrash that cites here the verse quoted above, *He will rain down* פַּחִים, *fire, and sulfur* (*Psalms* 11:6).

36. That is, when these phenomena originate from heaven they are benign, but God transforms them in this world — in the "lower realms" — through the agency of the *stormy wind,* transforming them into the means of His punishment for humanity; see *Yalkut Shimoni, Exodus* §186 (*Maharzu, Eitz Yosef*).

37. That nothing malign comes from heaven.

38. I.e., storehouses of punishment and evil. For otherwise the mention of *storehouse of goodness* would be superfluous (*Eitz Yosef, Rashash*).

39. *Rashi, Aruch.* Alternatively, מַרְתֵּק means a stone (*Eitz Yosef,* first interpretation).

40. The fact that it was thrown by a mighty man implies that it was thrown with great force. Accordingly, the phrase *from Hashem* indicates the force invested in the fire and the sulfur rather than their point of origin. [This exposition could be understood as supporting the position of R' Shimon ben Lakish above, indicating that the fire and sulfur began their descent from heaven already endowed with destructive force; see *Eitz Yosef* and *Yefeh To'ar.*]

INSIGHTS

Ⓐ **Nothing Bad Descends From On High** *Sefer HaChinuch* (§169) expands the Midrash's statement into a broader concept: God is always kind and beneficent. Suffering does not emanate from Him. If pain and adversity are experienced by man, it is his own fault for corrupting God's beneficence through his misdeeds and causing it to be transformed into misfortune. *Chinuch* suggests a parable: A person, instead of walking comfortably on a wide, paved road, decides to walk on the road's edge, scraping himself on the protective hedges that were planted there. He obviously cannot blame those who constructed the road or planted the hedges; he alone is responsible for his injury. Similarly, all harm that occurs to mankind is self-inflicted, a direct result of sin.

אֵשׁ וְגָפְרִית, אָמַר רַבִּי יוּדָן: מִפְּנֵי מָה אָדָם מֵרִיחַ רֵיחַ גָּפְרִית וְנַפְשׁוֹ סוֹלֶדֶת עָלָיו, לָמָּה שֶׁהִיא יוֹדַעַת שֶׁהִיא נִידוֹנֶת בָּהּ לֶעָתִיד לָבֹא שֶׁנֶּאֱמַר "מְנָת כּוֹסָם". רַבִּי יִשְׁמָעֵאל בַּר נַחְמָן מִשּׁוּם רַבִּי יוֹנָתָן: כִּפְיָילִי פִּיטְרִין לְאַחַר הַמֶּרְחָץ. אָמַר רַבִּי חֲנִינָא: אֵין דָּבָר רַע יוֹרֵד מִלְמַעְלָה. אֲתִיבוּן וְהָכְתִיב (תהלים קמח, ח) "אֵשׁ וּבָרָד שֶׁלֶג וְקִיטוֹר", אָמַר לָהֶם רוּחַ סְעָרָה הוּא שֶׁעוֹשָׂה דְּבָרוֹ. וּמִילְּתָא דְּרַבִּי שִׁמְעוֹן בֶּן לָקִישׁ פְּלִיגָא אַהָא דְּאָמַר רַבִּי חֲנִינָא בֶּן פָּזִי: דְּאָמַר רַבִּי שִׁמְעוֹן בֶּן לָקִישׁ: (דברים כח, יב) "יִפְתַּח ה' לְךָ אֶת אוֹצָרוֹ הַטּוֹב", מִכָּאן שֶׁיֵּשׁ לוֹ אוֹצָרוֹת אֲחֵרִים. "מֵאֵת ה' מִן הַשָּׁמַיִם", כְּמַרְתֵּק מִן גִּבָּר:

עץ יוסף

סולדת עליו. נשרף ונבהל מפניו יותר מבשאר ריחות רעים הקשים יותר. ודריש בזה סיפא דקרא ורוח זלעפות שהוא ענין רעדה ובהלה: **שנדונת בה לעתיד לבא** ואפילו נפשות הצדיקים מתיראים מעונש גיהנם כי אין צדיק בארץ וגו': **מנת כוסם** חלק הרשעים לעתיד הוא אש וגפרית דקרא בשכר ועונש העתידים לנפש קמיירי דלעיל מיניה כתיב ישר יחזו פנימו והיינו לעוה"ב שרואים פני שכינה (יפ"ת): **כפיילי פיטורין.** ככוס משקה של בשמים ששותין לאחר המרחץ דריש ליה לשון כוס ממש. ולפי שהנאת הכוס אחר המרחץ שהעורקים פתוחים והאדם נמא ושתית הכוס נכנסת בכל האברים אמר שהכוונה בכאן שכוס התרעלה הזה יחלחל ברשעים ככוס אחר המרחץ (יפ"ת) ועיין מ"ש לעיל פ"י סימן ח' פי' פיילי פיטורין: [ה] **אין דבר רע יורד.** אין הרעה באה מלמעלה אלא מלמטה באה מאליה ע"י שלוחי הדינים. וע"ז נא' לא יגורך רע: **והא כתיב אש וברד כו'.** העיקר כגי' הס' המדויקים דה"ג והכתיב אש וגפרית וגו' מן השמים. א"ל כתיב אש וברד שלג וקיטור רוח סערה הוא שעושה דברו. וזה מכוון למ"ש בילקוט וארא בענין הברד של מצרים וז"ל וימטר ה' בתחילה מטר כשירד נעשה ברד שנא' וימטר ה' ברד. למה שאין הרעה דרה אצל הקב"ה. המטר היה יורד והיה הרוח נכנס בו ועושה אותו ברד שנא' רוח סערה עושה דברו ע"כ. וכן הוא באש שהרוח סערה מערב בו כח אש מן האש היסודי ונהפך לאש וגפרית בכח הרוח סערה. ופעולה זו נעשה ע"י גבריאל למטה בארץ (נזה"ק): **שיש לו אוצרות אחרים.** כלו' שיש לו אוצרות אחרים בשמים שהם רעים דמה ת"ל את אוצרו הטוב. אלא ללמדך שיש בשמים ג"כ אוצרות רעים. ומסיק הא דכתיב הכא מאת ה' מן השמים דהיינו כמרתק מן גבר פירוש כאבן המושלך בכח

פירוש מהרז"ו

גם פחים ורוח זלעפות. ודורש פחים ע"פ מדת ממעל בשני משמעות כמ"ש במדרש תהלים י"א פחים גומרין כמ"ש פחס לגחלים. פחים מלבן כמ"ש כמהר לפור אל פח: **פיילי פוטירין.** ככוס של יין שמתוקן לשתות אחר המרחץ כך מתוקן אש וגפרית לרשעים. ובמדרש תהלים שם והובא בילקוט כאן ובילקוט תהלים י"א בשינוי נוסחאות וגם שם בילקוט מפורש דקאי על מ"ש ורוח זלעפות על לעתיד כמ"ש ברוח קדים אפילם. וכצ"ל כאן שהיא נידונית בה לע"ל. ורוח זלעפות מנת כוסם ר"י ב"נ בשם ר"י כפיילי וכו' שנאמר ברוח קדים אפילם. ומ"ש מנת כוסם קאי על אש וגפרית ועל רוח וכן תיבת זלעפות שפירושו פלצות ובעתה שייך גם כן על כל הנ"ל: **אין דבר רע.** רמוז במ"ש המטיר שהיל"ל הוריד אלא לדרוש מדת ממעל ודרך קצרה המטיר מטר ונעשה גפרית ואש: **אש וברד.** ל"ע שהרי מפורש הללו את ה' מן הארץ וגו' ואיך אמר מן השמים. ויש לומר שסמך על הפסוק כי כאשר ירד הגשם והשלג מן השמים. ואבל הברד כתיב גם כן נטה ידך על השמים ויהי ברד וכדעת רבי יהושע לעיל פר' י"ב סימן י"א וש"נ ומבואר. (ואח"כ מצאתי ביפ"ת) ומ"ש רוח סערה שהוא עושה דברו פירוש שמן השמים יורדים דברים טובים כנ"ל. וכשבאים לאויר העולם הרוח סערה גומרת דברו ושליחותו של הקב"ה. וכן כאן שכתוב אש וגפרית מן השמים היה ע"י רוח סערה כמ"ש לעיל פר' מ"ט סימן ו' וזהו מ"ש ימטר על רשעים פחים אש וגפרית ורוח זלעפות מנת כוסם ימטר מטר ונעשה אש וגפרית ע"י רוח זלעפות וכנ"ל: **מלתא דרשב"ל בו'.** שמ"ש ר"ח אין דבר רע יורד מלמעלה הוא ר' חנינא ב"ר פזי. ורשב"ל שדורש פסוק יפתח ה' וגו' שיש לו בשמים ג"כ אוצרות רעים חולק על ר"ח ב"ר פזי. ובילקוט תהלים י"א הגי' מלתא דרשב"ל פליגא דאמר רשב"ל יפתח ה':

רש"י

במקום אחר לגיס פחים קורא ותימנא ועוד ראיה לדבר פיח הכבשן לו גחלים. ויש לפרש שהוא לשון מצודות כמא דתימא התפול לפור על פח הארץ: **אמר רבי יוחנן אדם מריח גפרית ונפשו סולדת.** שהנפש יודעת שנדון בה להבא: **רוח זלעפות מנת כוסם.** כפילי פטירין לאחר המרחץ. כוס משקה של בשמים ששותין אותו לאחר המרחץ לרפואה: **אין דבר רע יורד מלמעלה.** אתיבון אש וברד שלג וקיטור רוח סערה אלמא דברקיע איתנהו כלומר הללוהו בארץ בגבורותיו שהוא עושה מן השמים. ברד מניין. דכתיב וירעם בשמים ה' ועליון יתן קולו ברד וגחלי אש. שלג מניין. כי כאשר ירד הגשם והשלג מן השמים. סערה מניין דכתיב ה' בסופה ובסערה דרכו. ומשיב להם תשובה לעולם בארעא איתנהו שהרי דוד הורידן דכתיב לא יגור במגורך רע ומה שהוא אומר כאן ורוח סערה רוח סערה הוא שעושה דברו של הקדוש ברוך הוא שכשבני אדם חוטאים והמטר יורד הקב"ה מעלה רוח סערה מן הארץ ומערב בהן אש וברד וקיטור כדי לערבב המטר ומדסלקי לשמים ויורדין כיורדין מן שמיא דמי וכן הכתוב אומר יתן ה' את מטר ארצך אבק ועפר מן השמים ירד עליך מאחר שאבק עולה מן הארץ היאך יורד מן השמים אלא מדסלקי לשמיא ונחתי וכו': **מלתא דריש לקיש פליגא.** אהא דרבי חנינא בן פזי דאמר שאין דבר רע יורד מלמעלה דאמר ריש לקיש יפתח ה' לך את אוצרו הטוב את השמים ממשמע שנאמר אוצרו הטוב מכלל שיש לו אוצרות אחרים בשמים: **מאת ה' מן השמים.** מכאן אתה למד כח גבורתו של הקב"ה שאע"פ שהיה יורד ומהלך כמו מן השמים לארץ אינו כהה: **במרתק מן גבר.** כאגרוף מן גבור. באבן או באגרוף מתרגמינן תרגום ירושלמי באבנא או במרתקא:

מתנות כהונה

סולדת. נשרף ונבהל מפניו: [**ה"ג לע"ל** שנאמר גפרית ואש מנת כוסם]: **בפיילי פיטרין.** פירש"י והערוך כוס משקה של בשמים ששותין לאחר המרחץ כן ישקם ה' יתברך בצמא פורענותם לכך כתיב מנת כוסם: [**אין דבר רע בו'.** רש"י וילקוט בסדר זה גרסי ככתוב פה. ובילקוט תהלים גרס אין דבר רע יורד מלמעלה אלא הוריד מטר ונעשה גפרית]: **איתיבון בו' במרתק ובו'.** כאבן המושלך בכח מן הגבור: **מרתק.** פירש הערוך אגרוף:

אשד הנחלים

וגם מלשון מצודה כמו פח: **ונפשו סולדת עליו למה שהיא יודעת בו'.** אין זה מן הפלא. כי מן הסתם נטוע בטבע הנפש סבה למה שהיא שונאת וריחה מבהיל אותה ואינה יכולה לסבול. ואחר שהיא מטבע עצם הנפש ועצם הנפש יודעת ומרגשת כל רק בעודה בחומרה החומר מסתיר ידיעתה והרגשתה ואין לה ציור מורגש אבל עצם הנפש יודעת זאת כמאמרם אע"ג דאיהו לא חזי מזלי חזי אשר לכן לפעמים החלום אמת. כי לפעמים מתבודדת מבין גופה בעת השינה וא"כ אין מן הפלא כי לכן נפשה סולדת מהזפת למה שהיא מרגשת בעצמה שהדבר הזה הוא לעונשה. ואל יהיה רחוק בעיניך ידידי בחון הדברים היטב ותראה כי כל מאיסת הדברים הוא מעצם הנפש והנפש אינה ממאסת כ"א הדברים שהוא עונש לה באמת לא עניינים המאוסים המדומים והבן זה וזהו ורוח זלעפות שיאחזם רוח זלעפות במה שיזכרו שזאת מנת כוסם שישקו לע"ל: **כפיילי פטרין לאחר המרחץ.** כי אחר המרחץ הגוף חם מאוד והמשקה ממלא את כל כחותם כן ישקם ה' בצמא פורענותם: **רוח סערה שהיא עושה דברו.** כלומר לא שמן השמים יורד זאת רק ע"י רוח סערה נתעבה האויר ונתהפך כל אלה מהן מן המים ומהן מן האדים: **אוצרות אחרים.** לרע ג"כ וכל המציאות המוחשי מעורב טוב ורע והרע לעומת הטוב: **במרתק מן גבר.** כאבן המושלך בכח מן גבור. וזהו המליצה מן ה' הגדול והגבור ובודאי נורא הוא ומן השמי' ממקום גבוה מאוד וכח נפילתה בכח גדול מפני שהוא ממקום רחוק:

חידושי הרד"ל

(ג) [ג] **סולדת.** דריש סיפא דקרא ורוח זלעפות (שהוא ענין רעדה ובהלה) והוא סולדות דקאמר ועיין ערוך ובשו"ט שם הגי' כוללת וע"ש הוא:

(ד) **כפיילי פיטרין לאחר בו'.** ירושלמי פסחים פ"י ה"א. ואפשר היינו אלונתית (שבת ק"מ). דעבדי אחר המרחץ למיקר ואמרו שם דחש ומרגיש בה מביניתא דרישא עד טופרא דכרעא. ונגד זה הרשעים אחר שממטיר עליהם פחים גומרין ישתו מנת כוסם אש וגפרית רוח זלעפות המרעיד ומבהיל כל גופם:

(ה) **ארבי חנינא בן פזי אין דבר רע בו'.** דרשב"ל פליגא כו' בן פזי דאמר רשב"ל יפתח כו' כ"ה בילקוט וכצ"ל:

(ו) **רוח סערה הוא שעושה דברו.** לפ"ז יש לקיים הגירסא ישנה בחגיגה (י"ב.) וסערה של קיטור שהגיהו הגר"א והגרי"פ ז"ל מערה של קיטור ע"ש. מיהו סוגיא דהתם פליגא אדהכא דמשני שם דוד בקש עליהם רחמים והורידם לארץ:

(ז) **במרתק מן גבר.** בא ליישב לר"ח ב"פ שאין דבר רע יורד מלמעלה. ופי' דהיינו שנשלח בליווי מן השמים. אבל מציאותו למטה מהשמים באויר בארץ:

חידושי הרש"ש

[ג] **והכתיב אש וברד בו'.** עיין נז"ה שהביא ג"א והוא. והכתיב גפרית ואש כו' מן השמים א"ל כתיב אש וברד שלג וקיטור רוח סערה כו' והוא נכון. וכן בקרא דימטר על רשעים כו' כתיב ג"כ ורוח זלעפות כו':

את אוצרו הטוב מכאן בו'. לכאורה אדרבה דהא הקרא גופיה מפרש מהו אוצרו הטוב את השמים. וי"ל דא"כ את אוצרו הטוב מיותר. ואת דהשמים משמש פה במקום מן כמו כצאתי את העיר:

אם למקרא

אֵשׁ וּבָרָד שֶׁלֶג וְקִיטוֹר רוּחַ סְעָרָה עֹשָׂה דְבָרוֹ: (תהלים קמח:ח)

יִפְתַּח ה' לְךָ אֶת־אוֹצָרוֹ הַטּוֹב אֶת־הַשָּׁמַיִם לָתֵת מְטַר־אַרְצְךָ בְּעִתּוֹ וּלְבָרֵךְ אֵת כָּל־מַעֲשֵׂה יָדֶךָ וְהִלְוִיתָ גּוֹיִם רַבִּים וְאַתָּה לֹא תִלְוֶה: (דברים כח:יב)

באור מהרי"פ

ג **מפני מה אדם מריח בו'.** שריח זה משובח מכל הריחות הרעות שאין בו סרחון והנפש סולדת ומצטערת כאלו נכנס ממש בגוף האדם יפ"ת: **והכתיב אש וברד וגו'.** העיקר כגי' ספרים מדוייקים דה"ג והכתיב אש וגפרית גו' מן השמים א"ל כתיב אש וברד שלג וקיטור רוח סערה רוח סערה הוא שעושה דברו. וזה מכוון למ"ש בילקוט וארא בענין הברד של מצרים וז"ל וימטר ה' בתחלה מטר ואח"כ כשירד נעשה ברד שנאמר וימטר ה' ברד למה שאין הרעה דרה אצל הקב"ה המטר היה יורד והיה הרוח נכנס בו ועושה אותו ברד שנאמר רוח סערה עושה דברו ע"כ וכ"ה באש שהרוח סערה מערב בו כח אש מן האש היסודי ונהפך לאש וגפרית. וכה"ג משני הכא בסדום שלמעלה היה מטר ולמטה נהפך לאש וגפרית (נזה"ק):

וַיַּהֲפֹךְ אֶת הֶעָרִים הָאֵל וְאֵת כָּל הַכִּכָּר וְאֵת כָּל יֹשְׁבֵי הֶעָרִים וְצֶמַח הָאֲדָמָה.

He overturned these cities and the entire plain, with all the inhabitants of the cities and the vegetation of the soil (19:25).

§4 **וַיַּהֲפֹךְ אֶת הֶעָרִים הָאֵל** — *HE OVERTURNED THESE CITIES.*

Scripture does not say that God "destroyed" the cities of Sodom and Gomorrah, etc., but that He *overturned* them. The Midrash expounds on the significance of this wording:

רַבִּי לֵוִי בְּשֵׁם רַבִּי שְׁמוּאֵל בַּר נַחְמָן: חֲמֵשֶׁת הַכְּרַכִּים הַלָּלוּ הָיוּ יוֹשְׁבוֹת עַל צוּר אֶחָד — **R' Levi** said **in the name of R' Shmuel bar Nachman: Those five cities were situated on one rock;** **שָׁלַח מַלְאָךְ אֶת יָדוֹ וַהֲפָכָן** — **an angel**[41] **sent forth his hand and overturned them** all at once.[42] **הֲדָא הוּא דִכְתִיב ״בַּחַלָּמִישׁ שָׁלַח יָדוֹ הָפַךְ מִשֹּׁרֶשׁ הָרִים״** — **That is** the meaning of **what is written,** ***He sent forth His hand to the flint and overturned mountains from the root*** (*Job* 28:9).[43] **תְּרֵין אָמוֹרָאֵי פְּלִיגֵי: חַד אָמַר: בַּחַלָּמִישׁ שֶׁל יָד** — **Two Amoraim disagreed** concerning the meaning of that verse. **One said:** It was **with a flint of a hand.** **וְחַד אָמַר: בַּחַלָּמִישׁ שֶׁל אֶצְבַּע קְטַנָּה** — **And** the other **one said: With a flint of a little finger.**[44]

□ [**וְצֶמַח הָאֲדָמָה** — *AND THE VEGETATION OF THE SOIL.*]

The Midrash discusses the effect of Sodom's destruction upon the plant life of the area:

״וְצֶמַח הָאֲדָמָה״, אֲפִילוּ צִמְחֵי הָאֲדָמָה לָקוּ — **אָמַר רַבִּי יְהוֹשֻׁעַ** — **R' Yehoshua said:** ***And the vegetation of the soil*** — **even ground vegetation was smitten.**[45] **אָמַר רַבִּי יְהוֹשֻׁעַ בֶּן לֵוִי** — **R' Yehoshua ben Levi** said: **עַד עַכְשָׁיו אִם יִקְלוֹט אָדָם מָטָר מֵאֲוִירָהּ שֶׁל סְדוֹם וְיִתֵּן בַּעֲרוּגָה אֵינָהּ מַצְמַחַת** — Even **up to the present** day, **if a person collects rain** water **from the air over Sodom and puts it on a row of** planted **vegetation** located elsewhere, **[the vegetation] does not grow.**[46]

וַתַּבֵּט אִשְׁתּוֹ מֵאַחֲרָיו וַתְּהִי נְצִיב מֶלַח.

His wife peered behind him and she became a pillar of salt (19:26).

§5 **וַתַּבֵּט אִשְׁתּוֹ מֵאַחֲרָיו** — *HIS WIFE PEERED BEHIND HIM.*

The Midrash discusses the nature of the punishment inflicted upon Lot's wife:

רַבִּי יִצְחָק אָמַר: שֶׁחָטְאָה בְּמֶלַח — **R' Yitzchak said:** Her punishment took this form **because she had sinned through salt.**[47] **בְּאוֹתָהּ הַלַּיְלָה שֶׁבָּאוּ הַמַּלְאָכִים אֶל לוֹט מָה הִיא עוֹשָׂה** — **What had [Lot's wife] been doing on that night when the angels came to Lot?** **הוֹלֶכֶת אֶל כָּל שְׁכֵינוֹתֶיהָ וְאוֹמֶרֶת לָהֶן תְּנוּ לִי מֶלַח, שֶׁיֵּשׁ לָנוּ אוֹרְחִים** — **She had been going to all her neighbors and saying to them, "Give me** some **salt, for we have guests."** **וְהִיא מִתְכַּוֶּונֶת שֶׁיַּכִּירוּ בָּהֶן אַנְשֵׁי הָעִיר** — **And she was intending that** thereby **the townsfolk would become aware of** the presence of **[the guests].**[48]

NOTES

41. Although the verse attributes the overturning of Sodom and Gomorrah to God, the angel was acting as the agent of God; see above, §2.

42. The connotation of the verse is that He overturned all the cities simultaneously, through one act, and therefore all of the destroyed cities must have been located on one rock (*Gur Aryeh* on *Rashi,* below, 19:25). Alternatively, R' Shmuel bar Nachman derives that they were all located on one rock from the verse in *Job* that he will presently quote (*Eitz Yosef*).

[The Midrash's mention of *five* cities is difficult, for in fact only four cities were destroyed, since Zoar was spared, as stated in v. 21. *Rashi* on *Chumash* here indeed writes, "the *four* of them were situated on one rock." *Mizrachi* suggests emending the Midrash text accordingly. *Matnos Kehunah* and *Yefeh To'ar* suggest that although all five cities were on the rock, only four of them were overturned.]

43. The Midrash is interpreting the verse in reference to Sodom and Gomorrah, for we find no other occasion in history in which God overturned any particular site (*Eitz Yosef*). [The Midrash interprets other verses in this passage in the context of Sodom; see above, 41 §5 and *Vayikra Rabbah* 5 §2 (*Maharzu*).]

The concluding phrase of the verse — *overturned mountains from the root* — indicates that although all the cities were located on one rock, each one was on a separate hill on that rock (*Eitz Yosef*).

44. We have translated the words literally, but the terms חַלָּמִישׁ שֶׁל יָד and חַלָּמִישׁ שֶׁל אֶצְבַּע קְטַנָּה are obscure. *Rashi* explains that the word חַלָּמִישׁ (rendered above as "flint") is to be interpreted as if the ל is extraneous, so that it means חֹמֶשׁ, *a fifth*. Thus, the first Amora states that the angel used חַלָּמִישׁ שֶׁל יָד, "a fifth of a hand" — i.e., a single finger — to overturn Sodom and Gomorrah, while the second Amora states that he used חַלָּמִישׁ שֶׁל אֶצְבַּע קְטַנָּה, "a fifth of a small finger" (or perhaps "the fifth finger, i.e., the smallest").

Other commentators (*Nezer HaKodesh, Eitz Yosef;* see also *Ohr HaSeichel* and *Yefeh To'ar*) maintain that the text here is corrupt, and the word שֶׁל should be emended (in conformance with the text found in *Yalkut Shimoni* here, §85, and *Job* §915) to שָׁלַח, "he sent forth." Accordingly, the first Amora asserts that the angel "sent forth his hand to the flint" (as the verse states), while the second Amora asserts that he "sent forth" only his small finger to the flint. The reason the second Amora veers from the plain meaning of the verse is — as stated in *Yalkut* explicitly — that he interprets the word חַלָּמִישׁ as if it were חֹמֶשׁ (see previous paragraph). This deviation from the plain interpretation of חַלָּמִישׁ is due to Scripture's use of the term חַלָּמִישׁ as opposed to the more common words for "rock," צוּר or סֶלַע (*Eitz Yosef*). See Insight Ⓐ.

45. R' Yehoshua does not seem to be adding anything to what the verse states explicitly; the only change from the Torah's wording seems to be from צֶמַח to צִמְחֵי. *Yefeh To'ar* (followed by *Eitz Yosef*) suggests that R' Yehoshua means to add that even vegetation (grasses, weeds, and the like) that grows wild was destroyed, not only cultivated crops. The fire and the destructive vapors left the land totally barren, unable to sustain any growth. [It was not just that the region lost the exceptional fertility mentioned above, 13:10, but that it was in fact left a complete wasteland.]

46. R' Yehoshua ben Levi interprets צֶמַח הָאֲדָמָה as referring to the vegetative power (not the vegetation itself) of the land — even its rainwater lost the power to engender vegetation (*Yefeh To'ar*; see also *Rashash*).

47. Lot's wife was being punished here for looking back at Sodom as it was being destroyed (in contravention of the angel's command in v. 17: *Do not look behind you*). However, R' Yitzchak is saying that her punishment was specifically becoming a pillar of salt because she was also guilty of another sin that involved salt (*Eitz Yosef,* from *Yefeh To'ar*).

48. For Lot's wife, as a native Sodomite, was opposed to her husband's hospitality (as explained above, 50 §4), and wanted the townsfolk to take action against these guests — as in fact they attempted to do.

INSIGHTS

Ⓐ **The Hand or the Finger** Regardless of which interpretation of this Midrash is adopted, it is unclear what idea the two Amoraim cited here are trying to convey, and what their point of dispute is. *Yefeh To'ar* suggests the following: Since angels are Heavenly beings and, as taught above, evil and destruction do not emanate from On High, the second Amora preferred to say that the angel did not use his full force to destroy these cities, but rather used his small finger, as if to show his hesitancy in carrying out this destructive act — this despite the fact that the verse itself states that he "sent forth his hand." The first Amora, however, maintains the plain meaning of the verse ("his hand"), and holds that since in fact the destruction of Sodom and Gomorrah was ultimately for the good of mankind, it was proper for the angel to use his full force in executing this form of justice.

חידושי הרד"ל

(ח) [ו] **ששתק לאברהם.** דרש את אברהם. שזכר לו איזו דבר טוב שעשה כשהיה (את) עם אברהם:

(ט) **שהיה שרוי בהן.** שהיה רכושו רב. והיו לו בתי אוצרות לקניינו בכל הערים (ויתפרש מ"ש לוט ישב בערי הככר ויאהל עד סדום. גם כן שהיה רכושו וקניינו בכל ערי הככר ואהלו היה בגבול סדום). ואפשר גרסינן שהיה שורר בהם (מלשון שורר בביתו) וכדדרש לעיל שמינוהו ארכי דיינין ודרש כן ישב דהתם:

חידושי הרש"ש

[ד] **אמר רבי יהושע וצמח האדמה אפילו צמחי האדמה לקו.** נראה דר"ל דבר המצמיח האדמה דהיינו הגשמים כדכתיב כי כאשר ירד הגשם כו' והצמיחה. ולכן שפיר מייתי ע"ז אם יקלוט אדם מטר כו':

באור מהרי"פ

ד **משום רבי שמואל.** בערוך הגי' משום ר' שמואל כוזית ופי' שכינוי שם הוא ע"ש:

עץ יוסף

מן הגבר כלומר כמשליך אבן בכח מן הגבר מלמעלה למטה. כך השליך ה' אש וגפרית מאתו מלמעלה מן השמים עד למטה. והמעריך פי' כמרתק כאגרוף תרגום ירושלמי באבן או באגרוף מרתיק: (ד) [ו] **חמשת הכרכים.** נראה דארבע גרסי' דהא מקראי משמע שנמלט צוער ושמא דעת רז"ל שאחר שילא לוט מצוער נהפכה. ומ"ש הכתוב ויהפוך לאו בבת אחת: **והפכן.** מלמעלה למטה ממש והיינו ויהפוך. דאי שהשחיתן. כבר נאמר שהמטיר עליהם גפרית ואש ופשיטא שנשחתו. ומשום דבעי לאתויי ראיה מקרא דבחלמיש אקדים לומר דהיו יושבות על צור אחד. והא דכתיב הפך משורש הרים שלכל אחד היה גבעה בצור בפני עצמה וקרי להו הרים: **בחלמיש שלח ידו כו'.** ולא אשכחן הפיכה בהדיא רק בסדום ועמורה. הילכך משמע טפי דבהכי איירי (יפ"ת): **חד אמר בחלמיש שלח כל היד. וח"א בחלמיש שלח אצבע קטנה שהוא אחד מה' אפיק למ"ד מחלמיש.** כצ"ל וכן הוא בספר המדויקים ובילקוט וה"פ דחד מפרש בחלמיש כמשמעו מלשון צור. והמכה היה בכל היד. ואידך ס"ל דחלמיש כמו בחמש ועניינו באצבע החמישי לבד דמדלא כתיב בהדיא לשון צור דריש מיניה כמי הא: **צמחי אדמה.** העשבים הגדילים בתוך האדמה בלא זריעה או כמהין ופטריות. כי גם זה נשחת כי הקיטור והאידים שחתו את האדמה מכל וכל עד שנעשתה חריבה ויבשה בלתי יכולה לקבל את הצמחים בתוכה: **עד עכשיו כו'.** כי האויר שבה נשחת מאד עד שגם המטר נשחת בעבור זה: **ויתן בערוגה אחרת אינה מצמחת.** כצ"ל (א"א): (ה) [ז] **ותהי נציב מלח.** עיקר מיתתה היתה מאזהרת אל תביט אחריך. אלא מה שנידונה בנציב מלח בעבור שחטאה במלח (יפ"ת): (ו) [ח] **ששתק לאברהם כו'.** שזכר ללוט הטובה שעשה לאברהם בשתיקה ששתק לאברהם בשעה שאמר על שרה אשתו כו' בזה הצילו לאברהם מסכנת מות. ולכן בעבור שעשה טובה אל הצדיק הגין זכותו עליו. כי כל המטיב עם הצדיק זכותו מגין עליו כמבואר בכמה דוכתין (נזה"ק): **שהיה שרוי בהם.** דייק מסיפא אשר ישב בהן ואיך ישב בכולן אלא שהיה שרוי כו' גם בשאר הערים פעם בזה ופעם בזה עד כי הגיע לסדום אשר נתיישב שם בישיבת קבע: **רבנן אמרי שהיה כו'.** שלא נתיישב אלא בעיר סדום. והא דכתיב אשר ישב בהן היינו שהיה לו ישיבת הרוחה על ידם בהיותו מלוה להן בריבית. וכן ע"ש זה היה בכולם כתושב דעבד לוה לאיש מלוה וקמ"ל קרא דלפי שהיה מתחבר להם היה ראוי לו ללקות עמהם אילולא זכות אברהם (נזה"ק):

ד [יט, כה] "וַיַּהֲפֹךְ אֶת הֶעָרִים הָאֵל". רַבִּי לֵוִי בְּשֵׁם רַבִּי שְׁמוּאֵל בַּר נַחְמָן: [ז]חֲמֵשֶׁת הַכְּרָכִים הַלָּלוּ הָיוּ יוֹשְׁבוֹת עַל צוּר אֶחָד, שָׁלַח מַלְאָךְ אֶת יָדוֹ וַהֲפָכָן, הֲדָא הוּא דִכְתִיב (איוב כח, ט) "בַּחַלָּמִישׁ שָׁלַח יָדוֹ הָפַךְ מִשֹּׁרֶשׁ הָרִים". תְּרֵין אָמוֹרָאֵי פְּלִיגֵי חַד אָמַר: בַּחַלָּמִישׁ שֶׁל יָד, וְחַד אָמַר: בַּחַלָּמִישׁ שֶׁל אֶצְבַּע קְטַנָּה. אָמַר רַבִּי יְהוֹשֻׁעַ: "וְצֶמַח הָאֲדָמָה", אֲפִילוּ צִמְחֵי הָאֲדָמָה לָקוּ. אָמַר רַבִּי יְהוֹשֻׁעַ בֶּן לֵוִי: עַד עַכְשָׁיו אִם יִקְלוֹט אָדָם מָטָר מֵאֲוִירָהּ שֶׁל סְדוֹם וְיִתֵּן בַּעֲרוּגָה אֵינָהּ מַצְמַחַת:

ה [יט, כו] "וַתַּבֵּט אִשְׁתּוֹ מֵאַחֲרָיו". רַבִּי יִצְחָק אָמַר: [ח]שֶׁחָטְאָה בְּמֶלַח. בְּאוֹתָהּ הַלַּיְלָה שֶׁבָּאוּ הַמַּלְאָכִים אֶל לוֹט מָה הִיא עוֹשָׂה, הוֹלֶכֶת אֶל כָּל שְׁכֵינוֹתֶיהָ וְאוֹמֶרֶת לָהֶן: תְּנוּ לִי מֶלַח שֶׁיֵּשׁ לָנוּ אוֹרְחִים, וְהִיא מִתְכַּוֶּונֶת שֶׁיַּכִּירוּ בָּהֶן אַנְשֵׁי הָעִיר, עַל כֵּן "וַתְּהִי נְצִיב מֶלַח":

ו [יט, כט] "וַיְהִי בְּשַׁחֵת אֱלֹהִים אֶת עָרֵי הַכִּכָּר וַיִּזְכֹּר אֱלֹהִים אֶת אַבְרָהָם וַיְשַׁלַּח אֶת לוֹט". מַה זְּכִירָה נִזְכַּר לוֹ לְלוֹט, שְׁתִיקָה שֶׁשָּׁתַק לְאַבְרָהָם. בְּשָׁעָה שֶׁאָמַר אַבְרָהָם עַל שָׂרָה אִשְׁתּוֹ "אֲחוֹתִי הִיא", וְהָיָה יוֹדֵעַ וְשׁוֹתֵק. "מִתּוֹךְ הַהֲפֵכָה", רַבִּי שְׁמוּאֵל בַּר נַחְמָן אָמַר: שֶׁהָיָה שָׁרוּי בָּהֶן. רַבָּנָן אָמְרִי: שֶׁהָיָה מַלְוֶה לָהֶן בְּרִבִּית:

פירוש מהרז"ו

(ד) **חמשה כרכים הללו.** הם סדום ועמורה אדמה וצביים ובלע היא צוער. ועל בלע אמר כאן לבלתי הפכי את העיר אשר דברת על כל זה לבסוף חרבה. כמ"ש כי ירא לשבת בצוער. וכמ"ש לעיל פר' מ"ב סימן ה' בלע שנתבלעו: **בחלמיש של אצבע.** כמ"ש ילקוט כאן הובא במ"כ. ויתכן דפלוגתתם דמ"ד באבן של יד שהפך כל עיר באצבע אחת. וצוער שהיתה קטנה מכולם באצבע קטנה. ומ"ד באצבע קטנה שאף שכתוב ידו עכ"ז הפך כל אחת כמו באצבע קטנה ולכך כתיב ידו וכתיב בחלמיש. ורש"י בחומש היה לו גירסא אחרת ע"ש. ופסוק זה וכל הפסוקים שלפניו מדבר בסדום כמ"ש ויק"ר פר' ה' סימן א' מפסוק פרץ נחל מעם גר עד בצורות יאורים בקע. כמ"ש לעיל פר' מ"ב סוף סימן ה' ודרשה זו ע"פ מדה י"ז: **אפילו צמחי אדמה.** כ' המ"כ כדמפרש ואזיל. יתכן שכוונתו כמ"ש ריב"ל שאם יקח ממטר סדום ליתן באדמה אחרת לא יצמח כי מ"ש וצמח האדמה הוא מיותר שהרי כתב ויהפוך וגו' וצמחי האדמה בכלל ע"כ דורש על כל האדמה (ועי' יפ"ת): (ה) **מאחריו** ותהי נציב מלח. ולא של גפרית: **מה היא עושה.** וכ"ה בילקוט ופי' שכך היתה עושה שהלכה כו' וע"כ ותהי נציב שלא תוכל ללכת. ועי' לעיל פ"כ סוף סימן ד' ושם מבואר: (ו) **מה זכירה.** פירש במה זכה לזכור לו זכות אברהם על שבשתיקתו הציל הוא לאברהם וע' לעיל פל"ג ס"ס ג' ולקמן פע"ג סי' ד' וש"נ:

מסורת המדרש

ו חגיגה דף י"ב:
ז ילקוט איוב רמז תתקט"ו. וילקוט כאן רמז פ"ה כה"ע:
ח עיין לעיל פרשה כ':
ט ילקוט תהלים רמז תשע"ה:

אם למקרא

בַּחַלָּמִישׁ שָׁלַח יָדוֹ הָפַךְ מִשֹּׁרֶשׁ הָרִים: (איוב כח:ט)

רש"י

[ד] **יושבות בצור אחד.** על צור אחד זו בצד חבירתה שהיו יושבות כולן על צור אחד אלא שהיו חתוכין בצור כל אחד בפני עצמה הה"ד משרש הרים. שלח המלאך ידו והפכן הדא הוא דכתיב בחלמיש שלח ידו הפך וגו': **תרין אמוראין חד אמר בחלמיש של יד.** כלומר באצבע אחד. וחד אמר בחלמיש של אצבע. בחומש של אצבע: [ו] **וישלח את לוט.** מתוך ההפכה בהפוך

מתנות כהונה

[ד] **חמשת הכרכים כו'.** עם צוער היו חמשה: **שלח מלאך ידו והפכן.** אותן ארבע הנהפכים והמזרחי תמה על הגירסא: **בחלמיש של יד.** זהו אצבע אחד: **בחלמיש של אצבע.** פירש"י. בחומש של אצבע ובילקוט איוב גרסינן חד אמר בחלמיש שלח ידו וחד אמר בחלמיש שלח אצבע ובילקוט סדר זה מסיים בו אפיק למ"ד מחלמיש והוא מחומש כלומר אחת מחמש אצבעות: [**אפילו צמחי האדמה** כדמפרש ואזיל]: [ו] **ה"ג נזכר לי ללוט** שתיקה ששתק לאברהם כו' והמזרחי ז"ל האריך בביאור מאמר זה ע"ש: **מתוך ההפכה וגו'.** גרסינן. ודייק סיפיה דקרא אשר ישב בהן לוט והיאך אפשר לו לישב בכולן ומשני שרוי בכולן פעמים פה ופעמים פה: **מלוה להם ברבית.** וישיבתו וקיומו היה מן כל הערים הללו:

אשד הנחלים

[ד] **על צור אחד.** עיין במ"כ בשם המזרחי. ויש לתת בזה הסבר נכון מה הי' נחסר לנו אם לא הי' על צור אחד האם לא הי' בכח המלאך לעשות שליחותו ביחד במקומות רבות. ורחוק שיהיה כל דיוקם מהכתוב. ובמקום אחר נרחיב בזה המחקר: **צמחי אדמה לקו.** כי הקיטור והאידים שחתו את האדמה מכל וכל עד שנעשתה חריבה ויבשה בלתי יכולה לקבל את הצמחי' בתוכה כי נחרב כל הלחלוחית שבה: **מטר מאווירו.** כי האויר שבה נשחת מאוד עד שגם המטר נשחת בעבור זה: [ה] **שחטאה במלח.** כמו שאמר לעיל וע"כ נענשה מדה במדה: [ו] **הי' יודע ושותק.** כי לא יתכן שלא היה בלוט מעט זכות וניצל רק בזכות אברהם רק עכ"פ היה

עַל כֵּן "וַתְּהִי נְצִיב מֶלַח" — **Therefore,** the appropriate punishment was, ***and she became a pillar of salt.***[49]

> וַיְהִי בְּשַׁחֵת אֱלֹהִים אֶת עָרֵי הַכִּכָּר וַיִּזְכֹּר אֱלֹהִים אֶת אַבְרָהָם וַיְשַׁלַּח אֶת לוֹט מִתּוֹךְ הַהֲפֵכָה בַּהֲפֹךְ אֶת הֶעָרִים אֲשֶׁר יָשַׁב בָּהֵן לוֹט.
>
> *And so it was when God destroyed the cities of the plain that God remembered Abraham; so He sent Lot from amid the upheaval when He overturned the cities in which Lot lived* (19:29).

§6 וַיְהִי בְּשַׁחֵת אֱלֹהִים אֶת עָרֵי הַכִּכָּר וַיִּזְכֹּר אֱלֹהִים אֶת אַבְרָהָם וַיְשַׁלַּח אֶת לוֹט — ***AND SO IT WAS WHEN GOD DESTROYED THE CITIES OF THE PLAIN THAT GOD REMEMBERED ABRAHAM; SO HE SENT LOT** FROM AMID THE UPHEAVAL, ETC.*

The Midrash comments on a seeming anomaly in this verse: מַה זְכִירָה נִזְכַּר לוֹ לְלוֹט — **What memory** concerning Abraham **did [God] remember on behalf of Lot?**[50] שְׁתִיקָה שֶׁשָּׁתַק לְאַבְרָהָם — **The silence by which [Lot] had kept silent for** the sake of **Abraham,** בְּשָׁעָה שֶׁאָמַר אַבְרָהָם עַל שָׂרָה אִשְׁתּוֹ "אֲחוֹתִי הִיא" וְהָיָה יוֹדֵעַ וְשׁוֹתֵק — **at the time when Abraham said about his wife Sarah, "She is my sister"** (above, 12:19),[51] **when Lot knew** the truth **but kept silent.**[52]

□ "מִתּוֹךְ הַהֲפֵכָה וְגוֹ'" — ***FROM AMID THE UPHEAVAL** WHEN HE OVERTURNED THE CITIES IN WHICH LOT LIVED.*

How could Lot live in more than one place (*the "cities" in which Lot lived*)? The Midrash presents two interpretations:

רַבִּי שְׁמוּאֵל בַּר נַחְמָן אָמַר: שֶׁהָיָה שָׁרוּי בָּהֶן — **R' Shmuel bar Nachman said:** This means **that [Lot] lived in [all these cities].**[53] רַבָּנָן אָמְרֵי: שֶׁהָיָה מַלְוֶה לָהֶן בְּרִבִּית — **The** other **Sages said:** This means **that he would make loans with interest to** residents of each of **these cities.**[54]

NOTES

49. For God metes out punishment "measure for measure," i.e., in a manner that corresponds to the sin and to the sinner; see *Sanhedrin* 90a and above, 9 §11. See also above, 50 §4.

50. The phrase *God remembered Abraham* would normally be construed as meaning that God recalled the merits of Abraham. But that would be incongruous here, for why should the merits of Abraham result in God saving Lot? Hence, in this context it must mean that God remembered something that concerned Abraham that served as a merit for Lot.

[*Mizrachi* (on this verse) is troubled by the premise of this question, for in fact we know that Abraham loved Lot dearly, to the extent that when Lot had been taken captive by the four kings, Abraham risked his life to rescue Lot. Accordingly, it should be quite plausible that God would save Lot for the sake of Abraham! *Yefeh To'ar* explains that the Midrash always understands the phrase "God remembered So-and-so" as indicating that God found *a specific merit* that justified the person being saved; see above, 33 §3 and below, 73 §4. In the context here, then, it would mean that God found a specific merit for Lot that in some manner concerned Abraham.]

51. When Abraham went to Egypt with Sarah and he was concerned that if the Egyptians realized that Sarah was his wife, they would kill him in order to be able to take Sarah for themselves. See above, 12:10-20.

52. Thus sparing Abraham from death at the hands of the Egyptians. In return, God now spared Lot's life (*Rashi* on *Chumash* here). See Insight Ⓐ.

53. Lot had residences in each of the four overturned cities. *Eitz Yosef* understands this as meaning that Lot had resided temporarily in each of the other cities before settling permanently in Sodom.

54. The verse does not mean that he actually dwelled in all of these cities, but that he made his livelihood from all of the cities (*Matnos Kehunah*).

INSIGHTS

Ⓐ **The Reward for Personal Growth** The Midrash tells us that Lot was saved from the destruction of Sodom because when Abraham once told the Egyptian border guards that Sarah was his sister, Lot did not reveal the secret that Abraham and Sarah were in fact married. Lot probably could have gained some reward by exposing Abraham's ruse, and moreover, he risked being branded as an accessory to it by remaining silent, yet he made the proper decision and held his tongue. The question arises, however: Was this such a great act of righteousness and source of merit? Abraham was, after all, Lot's uncle, brother-in-law and mentor. They had a close relationship. Surely it would be only natural for Lot to lend him his support!

Another question is: If the Midrash is searching for a source of merit for Lot, why does it not cite the fact that Lot had just done an act that was seemingly much more virtuous, by literally risking his life to host the angels in Sodom?

Addressing these questions, *Rav Eliyahu Dessler* coins a phrase that expresses deep insight into the human psyche: *nekudas habechirah,* "the point of choice." When a person is faced with a moral issue and must make a difficult choice, he is facing a *nekudas habechirah.* However, the "point of choice" does not include options that are totally outside a person's normal range of alternatives. For instance, if a person is betrayed by a friend, he may choose between scolding him, cursing him, taking legal action, or some kind of revenge, etc., or ignoring the slight. But killing his antagonist is beyond the range of viable choices; he does not consider doing so because it is not part of his *nekudas habechirah.*

Spiritual growth comes in small increments. For instance, it is impossible for someone who has never studied Gemara before to suddenly sit in yeshivah all day. That is not within his *nekudas habechirah.* However, he can choose between not learning at all and learning an hour a day; that is the realistic choice that he faces. If he makes the virtuous decision and steadfastly maintains a modest learning schedule, his *nekudas habechirah* rises, and he can now opt to increase his learning incrementally. And so it is for all other similar situations.

Rav Dessler goes on to say that it is quite possible that Jews who were raised in strictly observant homes are not often faced with difficult decisions concerning Torah observance. They naturally fulfill the basic mitzvos because, having been trained in mitzvah observance, it is a force of habit that is below their *nekudas habechirah* level. Sometimes when such a person faces a temptation concerning something outside his conditioning and habit, he may succumb, although it is a relatively easy trial.

Lot acted with great compassion toward his guests, even to the point of endangering his life, because that is what he had seen while growing up in Abraham's household. He habitually mimicked the behavior that he was accustomed to seeing, but it was not truly a part of him. His true *nekudas habechirah* manifested itself when he was faced with the test of revealing Abraham's secret, when he had a desire to expose the ruse but chose not to. It was a genuine expression of his own goodness, and therefore he was saved in its merit (*Michtav MeEiliyahu,* Vol. 1, pp. 113-116; see also Insight to 49 §13).

Rav Aharon Kotler follows the same approach, and adduces proof for the assertion that Lot was not an intrinsically generous person despite the fact that he imperiled his life to host guests. The people of Sodom were vicious and cruel, and even enacted laws forbidding kindness. How could any decent person contemplate living in such a society? Furthermore, we find that the Sages castigate Lot for his greed, noting that he chose to live in Sodom despite the wickedness of its inhabitants, because of the area's lush flora and fertile fields. Avarice and generosity, Rav Aharon observes, are mutually exclusive traits. One who is hungry for money cannot simultaneously be kind and giving (*Mishnas R' Aharon, Maamarim,* Vol I, pp. 138-142).

ד [יט, כה] "וַיַּהֲפֹךְ אֶת הֶעָרִים הָאֵל". רַבִּי לֵוִי בְּשֵׁם רַבִּי שְׁמוּאֵל בַּר נַחְמָן: ׳חֲמֵשֶׁת הַכְּרַכִּים הַלָּלוּ הָיוּ יוֹשְׁבוֹת עַל צוּר אֶחָד, שָׁלַח מַלְאָךְ אֶת יָדוֹ וַהֲפָכָן, הָדָא הוּא דִכְתִיב (איוב כח, ט) "בַּחַלָּמִישׁ שָׁלַח יָדוֹ הָפַךְ מִשֹּׁרֶשׁ הָרִים". תְּרֵין אָמוֹרָאֵי פְּלִיגֵי חַד אָמַר: בַּחַלָּמִישׁ שֶׁל יַד, וְחַד אָמַר: בַּחַלָּמִישׁ שֶׁל אֶצְבַּע קְטַנָּה. אָמַר רַבִּי יְהוֹשֻׁעַ: "וְצֶמַח הָאֲדָמָה", אֲפִילוּ צִמְחֵי הָאֲדָמָה לָקוּ. אָמַר רַבִּי יְהוֹשֻׁעַ בֶּן לֵוִי: עַד עַכְשָׁיו אִם יִקְלוֹט אָדָם מָטָר מֵאֲוִירָהּ שֶׁל סְדוֹם וְיִתֵּן בַּעֲרוּגָה אֵינָהּ מַצְמַחַת:

ה [יט, כו] "וַתַּבֵּט אִשְׁתּוֹ מֵאַחֲרָיו". רַבִּי יִצְחָק אָמַר: ׳שֶׁחָטְאָה בְּמֶלַח. בְּאוֹתָהּ הַלַּיְלָה שֶׁבָּאוּ הַמַּלְאָכִים אֶל לוֹט מָה הִיא עוֹשָׂה, הוֹלֶכֶת אֶל כָּל שְׁכֵנוֹתֶיהָ וְאוֹמֶרֶת לָהֶן: תְּנוּ לִי מֶלַח שֶׁיֵּשׁ לָנוּ אוֹרְחִים, וְהִיא מִתְכַּוֶּנֶת שֶׁיַּכִּירוּ בָּהֶן אַנְשֵׁי הָעִיר, עַל כֵּן "וַתְּהִי נְצִיב מֶלַח":

ו [יט, כט] "וַיְהִי בְּשַׁחֵת אֱלֹהִים אֶת עָרֵי הַכִּכָּר וַיִּזְכֹּר אֱלֹהִים אֶת אַבְרָהָם וַיְשַׁלַּח אֶת לוֹט". מַה זְּכִירָה נִזְכַּר לוֹ לְלוֹט, שְׁתִיקָה שֶׁשָּׁתַק לְאַבְרָהָם. בְּשָׁעָה שֶׁאָמַר אַבְרָהָם עַל שָׂרָה אִשְׁתּוֹ "אֲחוֹתִי הִיא", וְהָיָה יוֹדֵעַ וְשׁוֹתֵק. "מִתּוֹךְ הַהֲפֵכָה", רַבִּי שְׁמוּאֵל בַּר נַחְמָן אָמַר: שֶׁהָיָה שָׁרוּי בָּהֶן. רַבָּנָן אָמְרֵי: שֶׁהָיָה מַלְוֶה לָהֶן בְּרִבִּית:

פירוש מהרז"ו

(ד) **חמשה כרכים הללו.** הם סדום ועמורה אדמה וצביים ובלע היא צוער. ועל בלע אמר כאן לבלתי הפכי את העיר אשר דברת על כל זה לבסוף חרבה. כמ"ש כי ירא לשבת בצוער. וכמ"ש לעיל פר' מ"ב סימן ה' בלע שנתבלעו: **בחלמיש של אצבע.** כמ"ש ילקוט כאן הובא במ"כ. ויתכן דפלוגתתם דמ"ד באבן של יד שהפך כל עיר באצבע אחת. וצוער שהיתה קטנה מכולם באצבע קטנה. ומ"ד באצבע קטנה שאף שכתוב ידו עכ"ז הפך כל אחת כמו באצבע קטנה ולכך כתיב ידו וכתיב בחלמיש. ורש"י בחומש היה לו גירסא אחרת ע"ש. ופסוק זה וכל הפסוקים שלפניו מדבר בסדום כמ"ש ויק"ר פר' ה' סימן א' מפסוק פרץ נחל מעם גר עד בצורות יאורים בקע. כמ"ש לעיל פר' מ"ב סוף סימן ה' ודרשה זו ע"פ מדה י"ז: **אפילו צמחי אדמה.** כ' המ"כ כדמפרש ואזיל. יתכן שכוונתו כמ"ש ריב"ל שאם יקח ממטר סדום ליתן באדמה אחרת לא יצמח כי מ"ש וצמח האדמה הוא מיותר שהרי כתב ויהפוך וגו' ואמתי האדמה בכלל ע"כ דורש על כל האדמה (ועי' יפ"ת): (ה) **מאחריו** ותהי נציב מלח. ולא של גפרית: **מה היא עושה.** וכ"ה בילקוט ופי' שכך היתה עושה שהלכה כו' וע"כ ותהי נציב שלא תוכל ללכת. ועי' לעיל פ"כ סוף סימן ד' ושם מבואר: (ו) **מה זכירה.** פירש במה זכה לזכור לו זכות אברהם על שבשתיקתו הציל הוא לאברהם וע' לעיל פל"ג ס"ס ג' ולקמן פע"ג סי' ד' וש"נ:

עץ יוסף

מן הגבר כלומר כמשליך אבן בכח מן הגשר מלמעלה למטה. כך השליך ה' אש וגפרית מאתו מלמעלה מן השמים עד למטה. והמעריך פי' כמרתק כאגרוף תרגום ירושלמי באבן או באגרוף מרתיק: (ד) [ו] **חמשת הכרכים.** נראה דארבע גרסי' דהא מקראי משמע שנמלט צוער ושמא דעת רז"ל שאחר שיצא לוט מצוער נהפכה. ומ"ש הכתוב ויהפוך לאו בבת אחת: **והפכן.** מלמעלה למטה ממש והיינו ויהפוך. דאי שהשחיתן. כבר נאמר שהמטיר עליהם גפרית ואש ופשיטא שנשחתו. ומשום דבעי לאתויי ראיה מקרא דבחלמיש אקדים לומר דהיו יושבות על צור אחד. והא דכתיב הפך משורש הרים שלכל אחד היה גבעה בצור בפני עצמה וקרי להו הרים: **בחלמיש שלח ידו כו'.** ולא אשכחן הפיכה בהדיא רק בסדום ועמורה. הילכך משמע טפי דבהכי איירי (יפ"ת): **חד אמר בחלמיש שלח כל היד. וח"א בחלמיש שלח אצבע קטנה שהוא אחד מה' אפיק למ"ד מחלמיש.** כצ"ל וכן הוא בספר המדויקים ובילקוט וה"פ דחד מפרש בחלמיש כמשמעו מלשון צור. והמכה היה בכל היד. ואידך ס"ל דחלמיש כמו בחמש ועניינו באצבע החמישי לבד דמדלא כתיב בהדיא לשון צור דריש מיניה נמי הא: **צמחי אדמה.** העשבים הגדלים בתוך האדמה בלא זריעה או כמהין ופטריות. כי גם זה נשחת כי הקיטור והאידים שחתו את האדמה מכל וכל עד שנעשתה חריבה ויבשה בלתי יכולה לקבל את הצמחים בתוכה: **עד עכשיו כו'.** כי האויר שבה נשחת מאד עד שגם המטר נשחת בעבור זה: **ויתן בערוגה אחרת אינה מצמחת.** כצ"ל (א"א): (ה) [ז] **ותהי נציב מלח.** עיקר מיתתה היתה מאזהרת אל תביט אחריך. אלא מה שנידונה בנציב מלח בעבור שחטאה במלח (יפ"ת): (ו) [ח] **ששתק לאברהם כו'.** שזכר ללוט הטובה שעשה לאברהם בשתיקה ששתק לאברהם בשעה שאמר על שרה אשתו כו' בזה הצילו לאברהם מסכנת מות. ולכן בעבור שעשה טובה אל הצדיק הגין זכותו עליו. כי כל המטיב עם הצדיק זכותו מגין עליו כמבואר בכמה דוכתין (נזה"ק): **שהיה שרוי בהם.** דייק מסיפא אשר ישב בהן ואיך ישב בכולן אלא שהיה שרוי כו' גם בשאר הערים פעם בזה ופעם בזה עד כי הגיע לסדום אשר נתיישב שם בישיבת קבע: **רבנן אמרי שהיה כו'.** שלא נתיישב אלא בעיר סדום. והא דכתיב אשר ישב בהן היינו שהיה לו ישיבת הרווחה על ידם בהיותו מלוה להן ברבית. וכן ע"ש זה היה בכולם כתושב דעבד לוה לאיש מלוה וקמ"ל קרא דלפי שהיה מתחבר להם היה ראוי לו ללקות עמהם אילולא זכות אברהם (נזה"ק):

רש"י

[ד] **יושבות בצור אחד.** על צור אחד זו בצד חבירתה שהיו יושבות כולן על צור אחד אלא שהיו חתוכין בצור כל אחד בפני עצמה הה"ד משרש הרים. שלח המלאך ידו והפכן הדא הוא דכתיב בחלמיש שלח ידו הפך וגו': **תרין אמוראין חד אמר בחלמיש של יד.** כלומר באצבע אחד. וחד אמר בחלמיש של אצבע. בחומש של אצבע: [ו] **וישלח את לוט.** מתוך ההפכה בהפוך

מתנות כהונה

[ד] **חמשת הכרכים כו'.** עם צוער היו חמשה: **שלח מלאך ידו והפכן.** אותן ארבע הנהפכים והמזרחי תמה על הגירסא: **בחלמיש של יד.** זהו אצבע אחד: **בחלמיש של אצבע.** פירש"י. בחומש של אצבע ובילקוט איוב גרסינן חד אמר בחלמיש שלח ידו וחד אמר בחלמיש שלח אצבע ובילקוט סדר זה מסיים בו אפיק למ"ד מחלמיש והוא מחומש כלומר אחת מחמש אצבעות: [**אפילו צמחי האדמה** כדמפרש ואזיל]: [ו] **ה"ג נזכר לי ללוט** שתיקה ששתק לאברהם כו' והמזרחי ז"ל האריך בביאור מאמר זה ע"ש: **מתוך ההפכה וגו'.** גרסינן. ודייק סיפיה דקרא אשר ישב בהן לוט והיאך אפשר לו לישב בכולן ומשני שרוי בכולן פעמים פה ופעמים פה: **מלוה להם ברבית.** וישיבתו וקיומו היה מן כל הערים האלו:

אשד הנחלים

[ד] **על צור אחד.** עיין במ"כ בשם המזרחי. ויש לתת בזה הסבר נכון מה הי' נחסר לנו אם לא הי' על צור אחד האם לא הי' בכח המלאך לעשות שליחותו ביחד במקומות רבות. ורחוק שיהיה כל דיוקם מהכתוב. ובמקום אחר נרחיב בזה המחקר: **צמחי אדמה לקו.** כי הקיטור והאידים שחתו את האדמה מכל וכל עד שנעשתה חריבה ויבשה בלתי יכולה לקבל את הצמחי' בתוכה כי נחרב כל הלחלוחית שבה: **מטר מאוירו.** כי האויר שבה נשחת מאוד עד שגם המטר נשחת בעבור זה: [ה] **שחטאה במלח.** כמו שאמר לעיל וע"כ נענשה מדה במדה: [ו] **הי' יודע ושותק.** כי לא יתכן שלא היה בלוט מעט זכות וניצל רק בזכות אברהם רק עכ"פ היה

חידושי הרד"ל

(ח) [ו] **ששתק לאברהם.** דרש את אברהם. שזכר לו איזו דבר טוב שעשה כשהיה (את) עם אברהם:

(ט) **שהיה שרוי בהן.** שהיה רכושו רב. והיו לו בתי אוצרות לקניינו בכל הערים (ויתפרש מ"ש לוט ישב בערי הככר ויאהל עד סדום. גם כן שהיה רכושו וקניינו בכל ערי הככר ואהלו היה בגבול סדום). ואפשר גרסינן שהיה שורר בהם (מלשון שורר בביתו) וכדדרש לעיל שמינוהו ארכי דיינין ודרש כן ישב דהתם:

חידושי הרש"ש

[ד] **אמר רבי יהושע וצמח האדמה אפילו צמחי האדמה לקו.** נראה דר"ל דבר המצמיח האדמה דהיינו הגשמים כדכתיב כי כאשר ירד הגשם כו' והצמיחה. ולכן שפיר מייתי ע"ז אם יקלוט אדם מטר כו':

באור מהרי"פ

ד **משום רבי שמואל.** בערוך הגי' משום ר' שמואל כוזית ופי' שכינוי שם הוא ע"ש:

מסורת המדרש

ו חגיגה דף י"ב:
ז ילקוט איוב רמז תתקט"ו. וילקוט כאן רמז פ"ה כה"ע:
ח עיין לעיל פרשה כ':
ט ילקוט תהלים רמז תשע"ה:

אם למקרא

בַּחַלָּמִישׁ שָׁלַח יָדוֹ הָפַךְ מִשֹּׁרֶשׁ הָרִים:
(איוב כח:ט)

וַיַּעַל לוֹט מִצּוֹעַר וַיֵּשֶׁב בָּהָר וּשְׁתֵּי בְנֹתָיו עִמּוֹ כִּי יָרֵא לָשֶׁבֶת בְּצוֹעַר וַיֵּשֶׁב בַּמְּעָרָה הוּא וּשְׁתֵּי בְנֹתָיו.

Now Lot went up from Zoar and settled on the mountain, his two daughters with him, for he was afraid to remain in Zoar; he dwelt in a cave, he with his two daughters (19:30).

§7 וַיַּעַל לוֹט מִצּוֹעַר וַיֵּשֶׁב בָּהָר — ***NOW LOT WENT UP FROM ZOAR AND SETTLED ON THE MOUNTAIN.***

The Midrash finds an echo of God's rescue of Lot and his daughters in a prayer uttered by David (Lot's descendant) centuries later:

הָדָא הוּא דִכְתִיב ״לַמְנַצֵּחַ אַל תַּשְׁחֵת לְדָוִד מִכְתָּם בְּבָרְחוֹ מִפְּנֵי שָׁאוּל בַּמְּעָרָה״ — **That is** alluded to by **what is written, *For the conductor, a plea to be spared from destruction, by David, a michtam, when he was fleeing from Saul, in the cave*** (*Psalms* 57:1).[55] **אָמַר לְפָנָיו רִבּוֹן הָעוֹלָמִים** — **[David] said before [God], "Master of the Worlds: עַד שֶׁלֹּא נִכְנַסְתִּי לַמְּעָרָה עָשִׂיתָ חֶסֶד עִם אֲחֵרִים בִּשְׁבִילִי — Before I entered the cave** here,[56] **You performed kindness with others for my sake;**[57] **עַכְשָׁיו שֶׁאֲנִי נָתוּן בַּמְּעָרָה יְהִי רָצוֹן מִלְּפָנֶיךָ ״אַל תַּשְׁחֵת״** — **now that I am placed** here **in the cave,** threatened with death if caught, **may it be Your will to spare** me **from destruction!"**[58]

וַתֹּאמֶר הַבְּכִירָה אֶל הַצְּעִירָה אָבִינוּ זָקֵן וְאִישׁ אֵין בָּאָרֶץ לָבוֹא עָלֵינוּ כְּדֶרֶךְ כָּל הָאָרֶץ. לְכָה נַשְׁקֶה אֶת אָבִינוּ יַיִן וְנִשְׁכְּבָה עִמּוֹ וּנְחַיֶּה מֵאָבִינוּ זָרַע. וַתַּשְׁקֶיןָ אֶת אֲבִיהֶן יַיִן בַּלַּיְלָה הוּא וַתָּבֹא הַבְּכִירָה וַתִּשְׁכַּב אֶת אָבִיהָ וְלֹא יָדַע בְּשִׁכְבָהּ וּבְקוּמָהּ.

The older one said to the younger, "Our father is old and there is no man in the land to marry us in the usual manner. Come, let us ply our father with wine and lie with him that we may give life to offspring through our father." So they plied their father with wine on that night; and the older one came and lay with her father, and he was not aware of her lying down and of her getting up (19:31-33).

§8 וַתֹּאמֶר הַבְּכִירָה אֶל הַצְּעִירָה אָבִינוּ זָקֵן וגו׳ — ***THE OLDER ONE SAID TO THE YOUNGER, "OUR FATHER IS OLD, ETC."***

The Midrash explains the concern of Lot's daughters:

שֶׁהָיוּ סְבוּרוֹת שֶׁנִּתְכַּלָּה הָעוֹלָם כְּדוֹר הַמַּבּוּל — She said this **because they thought that the** entire **world had been destroyed, like** the destruction of **the generation of the Flood,**[59] leaving them and their father as the only survivors of humanity.[60]

☐ לְכָה נַשְׁקֶה אֶת אָבִינוּ יַיִן וגו׳ — ***COME, LET US PLY OUR FATHER WITH WINE*** *AND LIE WITH HIM THAT WE MAY GIVE LIFE TO OFFSPRING THROUGH OUR FATHER.*

The Midrash remarks on the daughter's choice of wording:

רַבִּי תַּנְחוּמָא מִשּׁוּם רַבִּי שְׁמוּאֵל — **R' Tanchuma** said **in the name of R' Shmuel: ״וּנְחַיֶּה מֵאָבִינוּ זָרַע״, אֵין כְּתִיב כָּאן ״וּנְחַיֶּה מֵאָבִינוּ בֵּן״ אֶלָּא ״וּנְחַיֶּה מֵאָבִינוּ זָרַע״** — ***That we may give life to off-spring through our father:*** **It is not written, "that we may give life to *a son* through our father," but *that we may give life to "offspring" through our father.***[61] **אוֹתוֹ זֶרַע שֶׁהוּא בָּא מִמָּקוֹם אַחֵר וְאֵי זֶה, זֶה מֶלֶךְ הַמָּשִׁיחַ** — By this she alluded[62] to **that** future **offspring who will come from another place**[63] — **and who is that? That is the king Messiah.**[64]

☐ וַתַּשְׁקֶיןָ אֶת אֲבִיהֶן יַיִן וגו׳ — ***SO THEY PLIED THEIR FATHER WITH WINE*** *ON THAT NIGHT; AND THE OLDER ONE CAME AND LAY WITH HER FATHER, AND HE WAS NOT AWARE OF HER LYING DOWN AND OF HER GETTING UP* [וּבְקוּמָהּ].

There is a dot in the Torah placed over the second ו in וּבְקוּמָהּ (*and of her getting up*). The Midrash explains the significance of this unusual symbol:

נָקוּד עַל וי״ו שֶׁל ״וּבְקוּמָהּ״ — **It is dotted above the** second ***vav* of וּבְקוּמָהּ,** *and her getting up,* **שֶׁבְּשִׁכְבָהּ לֹא יָדַע, בְּקוּמָהּ יָדַע** — which alludes to us **that he was unaware of her lying down,** but **he was aware of her getting up.**[65]

NOTES

55. The mention in the verse in *Psalms* of the cave where David was seeking refuge seems unnecessary. Therefore, as it proceeds to explain, the Midrash takes it as an allusion to the cave mentioned here where Lot and his daughters had found refuge.

56. I.e., even before King Saul sought to kill me and I was forced to hide in this cave. *Rashi*'s version of the text here reads: **עַד שֶׁלֹּא נוֹלַדְתִּי עָשִׂיתָ חֶסֶד עִם אֲחֵרִים בִּשְׁבִילִי — When I was not yet even born, You performed kindness with others for my sake.**

57. That is, You spared Lot and his daughters from the destruction of Sodom so that I, David, would ultimately be born. David was a descendant of Ruth the Moabitess (*Ruth* 4:13-17), and thus a descendant of Lot through his grandson Moab (see below, v. 37). [Although Lot himself was saved by virtue of Abraham (see previous section), his daughters were saved for the sake of David and David's descendants [see *Yevamos* 77a and above, 50 §10, and note 64 below] (*Eitz Yosef*).]

58. David is in effect saying to God that if He does not save him now, the salvation of Lot and his daughters will have been in vain (*Eitz Yosef*). *Maharzu* sees in the Psalm's use of the word תַּשְׁחֵת (*destruction*) an allusion to the word בְּשַׁחֵת here in the verse, *when God destroyed* [בְּשַׁחֵת] *the cities of the plain . . . He sent Lot from amid the upheaval* (v. 29).

59. Rather than just Sodom and the three neighboring cities. Although they had seen that Zoar had not been destroyed together with Sodom, they thought it had subsequently been destroyed after they departed (*Eitz Yosef*). [The Midrash above, 42 §5, indicates that in fact the fate of Zoar was ultimately similar to that of Sodom; see *Eitz Yosef* there.]

60. *There is no man in the land to marry us* meant that there was no other male in the world, leaving their father as their only possible mate.

61. "Son" would have been more appropriate than *offspring,* for their intent was first and foremost to produce a male son so as to thereby guarantee the future continuity of humanity (*Eitz Yosef*).

62. Unwittingly (*Eitz Yosef*).

63. I.e., from an outsider — interpreting זֶרַע (*offspring*) as related to זָר, meaning "foreign or alien" — referring to the fact that Israelites are not permitted to intermarry with Moabites (i.e., the males — see below, note 82), as stated in *Deuteronomy* 23:4 (*Matnos Kehunah, Eitz Yosef*).

64. The Messiah will be from the seed of King David and, as mentioned in note 57, King David had Moabite ancestry. Accordingly, the elder daughter's mention of זֶרַע (*offspring*) was an unwitting prophetic allusion to the Messiah, a future descendant of Moab, the son whom she was to conceive through her father (*Eitz Yosef*). [It should be noted that the Davidic dynasty is also descended from Ammon, the son of Lot and his younger daughter (below, v. 38), for David's son, King Solomon, married Naamah the Ammonitess, who bore his son and successor, Rehoboam (*I Kings* 14:21; see above, 50 §10).]

65. The dot indicates that the word should be regarded as if it is removed from the text (*Eitz Yosef;* cf. *Maharzu*). Accordingly, Lot was aware *ex post facto* of what had transpired. Despite this awareness, he did not resist his daughters' attempts to intoxicate him again the following night, although he realized the potential results (*Rashi* on *Chumash* here, from *Nazir* 23a).

The question arises, however: If the dot indicates that the word should be disregarded, why does the Torah write the word in the first place? *Yefeh To'ar* explains that the Midrash does not mean that the word should be disregarded altogether; rather, it means that Lot did not have complete awareness of what happened, but he did have a sense that *something* suspicious had transpired. Yet, he did not investigate further or take any precautions against future occurrences. [While the intentions of Lot's daughters were honorable, as explained above, Lot had no such justification, for he had been informed by the angels that only Sodom and the neighboring cities would be destroyed; see *Nazir* loc. cit.]

ז [יט, ל] **"וַיַּעַל לוֹט מִצּוֹעַר וַיֵּשֶׁב בָּהָר". הָדָא הוּא דִכְתִיב** (תהלים נז, א) **"לַמְנַצֵּחַ אַל תַּשְׁחֵת לְדָוִד מִכְתָּם בְּבָרְחוֹ מִפְּנֵי שָׁאוּל בַּמְּעָרָה", [ט]אָמַר לְפָנָיו: רִבּוֹן הָעוֹלָמִים עַד שֶׁלֹּא נִכְנַסְתִּי לַמְּעָרָה עָשִׂיתָ חֶסֶד עִם אֲחֵרִים בִּשְׁבִילִי, עַכְשָׁיו שֶׁאֲנִי נָתוּן בַּמְּעָרָה יְהִי רָצוֹן מִלְּפָנֶיךָ "אַל תַּשְׁחֵת":**

ח [יט, לא] **"וַתֹּאמֶר הַבְּכִירָה אֶל הַצְּעִירָה אָבִינוּ זָקֵן וְגוֹ'". [י]שֶׁהָיוּ סְבוּרוֹת שֶׁנִּתְכַּלָּה הָעוֹלָם כְּדוֹר הַמַּבּוּל. "לְכָה נַשְׁקֶה אֶת אָבִינוּ יַיִן וְגוֹ'", רַבִּי תַּנְחוּמָא מִשּׁוּם רַבִּי שְׁמוּאֵל: "וּנְחַיֶּה מֵאָבִינוּ זָרַע", "וּנְחַיֶּה מֵאָבִינוּ בֵּן" אֵין כְּתִיב כָּאן אֶלָּא "וּנְחַיֶּה מֵאָבִינוּ זָרַע", [יא]אוֹתוֹ זֶרַע שֶׁהוּא בָּא מִמָּקוֹם אַחֵר, וְאֵי זֶה זֶה מֶלֶךְ הַמָּשִׁיחַ. "וַתַּשְׁקֶיןָ אֶת אֲבִיהֶן יַיִן וְגוֹ'", [יב]נָקוּד עַל וָי"ו שֶׁל "וּבְקוּמָהּ", שֶׁבְּשִׁכְבָהּ לֹא יָדַע, בְּקוּמָהּ יָדַע.** [יט, לד] **"וַיְהִי מִמָּחֳרָת וַתֹּאמֶר הַבְּכִירָה אֶל הַצְּעִירָה וְגוֹ'". מִנַּיִן הָיָה לָהֶם יַיִן בַּמְּעָרָה, אֶלָּא מִמַּה שֶּׁהַיַּיִן מְרוּבֶּה לָהֶן הָיוּ מַחְבִּיאִין אוֹתוֹ בַּמְּעָרוֹת. אָמַר רַבִּי יְהוּדָה בַּר סִימוֹן: נַעֲשָׂה לָהֶם מַעְיָן דּוּגְמָא שֶׁל הָעוֹלָם הַבָּא. הֵיךְ מַה דְּאַתְּ אָמַר** (יואל ג, יח) **"וְהָיָה בַּיּוֹם הַהוּא יִטְּפוּ הֶהָרִים עָסִיס":**

עץ יוסף

(ז) [ט] **למנצח אל תשחת.** דרש דלשון במערה הוא טעם לאומרו אל תשחת. כי בהיותו אז במערה נזכר לענין המערה של לוט ובנותיו שנפקדו שם בזרע. וכן ניצולו בזכות דוד העתיד לצאת מהן כדאיתא בפרק הערל ולעיל פ' מ"א ופ"נ. ולזה אמר דוד אחרי כי עשית חסד לאחרים בשבילי אלו לוט ובנותיו שהיו במערה. עכשיו שאני נתון במערה יה"ר מלפניך אל תשחת כלומר אל תשחת עתה טובת מערה הראשונה. כי אם תרפה ידך ממני תהיה למפרע טובה הראשונה לבטלה. ואע"ג דלוט ניצול בזכות אברהם וכדלעיל סימן ח'. אבל מ"מ בנותיו לא ניצולו אלא בזכות דוד שעתיד לצאת מהם כדדרש הנמלאות: (ח) [י] **שנתכלה העולם.** ואע"פ שראו שנמלטה צוער בעוד חברותיה נהפכות. חשבו כי בצאת אביהם משם נשחתה ולא נשארו אלא הם לבדם לחיות זרע: **ונחיה מאבינו בן אב"ב.** דהו"ל למימר בן בהיות עיקר מבוקשתם לבן לחיות זרע על ידו אף כשימות הזקן. אבל בלידת בת אין להם תקנה לכך דרש שנרמז בזה על משך זרע העתיד הוא מלך המשיח. ששם זרע הונח גם על בניו ובני בניו הרחוקים עד סוף כל הדורות. והיו כמתנבאות ואינן יודעות מה (נזה"ק): **בא ממקום אחר.** דריש זרע מלשון זרות. וזהו מלך המשיח שבא מפסול משפחה ממואב (מת"כ): **בקומה ידע.** שהנקוד עוקר המלה כמאן דליכא. שכאשר הפיג יינו הרגיש קצת במעשה שעשה בשכרותו ולא חקר בדבר. ובגנותו דבר הכתוב שעם שהרגיש בדבר לא נזהר שלא לשתות בלילה השניה. ולכן לא נקוד בקומה ב' שאין נפקותא מידיעתו בלילה הב' דמאי דהוה הוה (יפ"ת): **מחביאין אותו במערות.** והמערות הללו היו משל אנשי סדום ועמורה כי היה ההר סמוך להם. וכאשר מתו כולם זכו בהם לוט ובנותיו מן ההפקר ולא היה גזל (נזה"ק): **דוגמא של עולם הבא.** לימות המשיח. לרמוז שעתיד משיח לצאת מהן (נזה"ק):

פירוש מהרז"ו

(ז) **אל תשחת כו'.** למה דווקא במערה אמר אל תשחת לפי שנאמר ויהי בשחת אלהים וגו' שעשה חסד עם לוט ובנותיו בזכות דוד כמ"ש לעיל פ"נ סי' י' ונמלטו במערה כמ"ש וישב במערה וע' ילקוט תהלים כ"ז עכשיו שדוד עצמו יושב במערה כ"ש שיציל אותו וק"ו זה ע"פ מדת ממעל של תיבת בשחת ומדה ט' וי"ז: (ח) **זרע הבא ממקום אחר.** ע"פ גז"ש כמ"ש חוה כי שת לי אלהים זרע אחר כמ"ש פכ"ג סי' ה' זרע שהוא בא ממ"א כו' ע' מש"ש (וכ"כ יפ"ת) ושם וכאן בעל המאמר ר' תנחומא בר"ש שעיקר כוונתו מתיבת אחר וכמש"ש ובסוף מדרש רות איתא ר' הונא אלא שמביא ג"כ להדיא פסוק זרע אחר הנ"ל ע"ש: **נקוד על וי"ו.** עי' במ"ר פ"ג סימן י"ג וש"נ. ושם מפורש על וי"ו שבאמצע של ובקומה כו' ונ"ע שהרי כתיב ובקומה בוי"ו החבור ומוסב על ולא ידע ואילו היה נקוד וי"ו החבור היה בא לרמוז שאינו מושך אליו התיבות וכמ"ש במ"ר שם ע"פ אשר פקד משה ואהרן נקוד על וי"ו של ואהרן שלא היה מן המנין ע"ש. ועוד דלעיל פמ"ח סימן ט"ו איתא כ"מ שהכתב רבה על הנקודה אתה דורש הכתב ואיך עוקר כאן נקודה אחת את הכתב כולו. ע"כ נ"ל שהכתוב כפשוטו שלא ידע בשכבה ובקומה ומ"ש ובקמה ידע דורש הכתב והכוונה ע"ד שדרשו ע"פ ולא קמה רוח באיש זבחים ק"ג דאפילו כו'. וכן בפסיקתא פמ"ד סימן ג' על פסוק תן להם וגו' ע' מש"ש. וכן לקמן פנ"ג סימן ט' של א"א ע"ש: **ייטפו ההרים עסיס.** ועסיס הוא יין כמ"ש ריש יואל והילילו כל שותי יין על עסיס וגו'. ואיתא בויק"ר פכ"ז סי' ד' וש"נ שכל מה שעתיד הקב"ה לעשות בעוה"ב עשה מקצתו ע"י נביא בעוה"ז ולוט היה נביא שדיבר עמו המלאך וכמ"ש לעיל פר' מ"ה סוף סי' ז' בני ביתו של אברהם אבינו נופים היו ולוט היה בן ביתו. והמערה היה תחת ההר כמ"ש וישב בהר וגו' וישב במערה וכשהטיף ההר עסיס בא למערה שתחתיו:

רש"י

את הערים אשר ישב בהן לוט רבי שמואל בר נחמן אומר שהיה שרוי בכולן: [ז] **ויעל לוט מצוער.** וישב בהר וישב במערה הוא ושתי בנותיו הה"ד למנצח אל תשחת לדוד מכתם בברחו מפני שאול במערה אמר לפניו רבון העולמים עד שלא נולדתי עשית חסד עם אחרים בשבילי שעשית חסד עם לוט בשביל שהייתי עתיד לצאת ממנו עכשיו שאני נתון במערה יהי רצון מלפניך אל תשחת: [ח] **ואיש אין בארץ.** שהיו סבורות כמו שנכלה בדור המבול כן היו סבורות עכשיו שאין איש בארץ: **אותו זרע שהוא בא ממקום אחר.** ואיזה זה מלך המשיח. שבא מיהודה ומרות. נקוד על וי"ו שבובקומה שבשכבה לא ידע אבל בקומה ידע:

מתנות כהונה

[ז] **עד שלא נכנסתי כו'.** דייק מדכתיב אל תשחת כלומר אל תשחת דרך הגלה הקדומה שעשית לאחרים בשבילי: [ח] **שהוא בא ממקום אחר כו'.** דדריש זרע מלשון זרות וזהו מלך המשיח שבא מפסול משפחה ממואב וכן משמע בפירש"י ברות [והערוך הביאו ערך בזות ולא פירשו]: **ובקומה ידע.** פירש"י בחומש ואעפ"כ לא נמנע למחרת מלשתות: **מרובה להן.** לאנשי סדום ועמורה: **נעשה להם מעין כו'.** פירש"י בחומש כדי שילאו שתי אומות מהן עמון ומואב:

אשד הנחלים

לו מעט זכות ומדה טובה שהציל את אברהם בשתיקתו וע"כ הציל זכות אברהם אותו וזהו מדה במדה וק"ל: [ז] **עם אחרים בשבילי.** וזהו כמו שאמר לעיל מצאתי דוד עבדי בסדום שעי"ז ניצל לוט כדי שיצא ממנו רות שממנו דוד בא ולכן אחז במלת השחתה כמ"ש בסדום ויהי בשחת [כי ההשחתה נאמר על כליון עולמית] אל תשחת עתה כמו שלא שיחת אותי שמה: [ח] **כדור המבול.** וזה ואיש אין בארץ כי חשבו שאין אדם בכל הארץ: **ממקום אחר ואי זה מלך המשיח.** עיין במ"כ והוא דוחק. ויתכן לפי ששם זרע הונח גם על בניו ובני בניו הרחוקים עד סוף כל הדורות וסוף סוף מזרעו הוא. והן המה ראו כי מהם יצא המלך המשיח בריחוק הזמן שזהו דוד מלך ישראל וזהו ממקום אחר כלומר ממקום רחוק בזמן: **מעין דוגמא.** שנטף יין לשם בכדי שיתעברו ויצא מהם המלך המשיח באחרית. וע"י שסבבו הדבר שיהי' באחרית ע"כ נעשה להם כמו שיהי' לע"ל:

חידושי הרד"ל

(י) [ח] **מעין דוגמא של עולם הבא.** בספרי עקב פרשה מ"ג. הלשון שנזדמן להם יין לשעה וכה"א והיה ביום ההוא יטפו וגו' ע"ש:

חידושי הרש"ש

[ח] **בן אין כתיב כאן אלא כו' זרע.** עיד"מ. וכ"כ התוס' ביבמות (כ"ב ב') דזרע משמע אפילו בני בנים ובן לא משמע אלא בן לבדו:

[ט]**לתאוה יבקש נפרד זה לוט כו'.** דהוא נקרא נפרד דכתיב גביה ויפרדו איש מעל אחיו ועיין רש"י ותוס' בנזיר (כ"ג ב'):

מסורת המדרש

י פסיקתא רבתי פ' מ"ב: **יא** לעיל פ' כ"ג וש"נ: **יב** נזיר כ"ג. הוריות י'. במד"ר פרשה ג'. ספרי בהעלותך פסקא ס"ט. אדר"ן פ' ל"ד. מסכת סופרים פרק ו' הלכה ג':

אם למקרא

לַמְנַצֵּחַ אַל תַּשְׁחֵת לְדָוִד מִכְתָּם בְּבָרְחוֹ מִפְּנֵי שָׁאוּל בַּמְּעָרָה: (תהלים נז, א)

וְהָיָה בַיּוֹם הַהוּא יִטְּפוּ הֶהָרִים עָסִיס וְהַגְּבָעוֹת תֵּלַכְנָה חָלָב וְכָל־אֲפִיקֵי יְהוּדָה יֵלְכוּ מָיִם וּמַעְיָן מִבֵּית ה' יֵצֵא וְהִשְׁקָה אֶת־נַחַל הַשִּׁטִּים: (יואל ד:יח)

ענף יוסף

(י) [ח] **מנין היה להם יין.** תימא שמא מצוער הביאוהו כמו שהביאו בר ולחם ומזון. דאל"כ מנ"ל מזון בהר. ושמא יש לומר דכיון שילא מצוער כבורח כי יראו לשבת שם. מסתמא לא נפנה להביא יין רק מזון ההכרחי (יפ"ת):

וַיְהִי מִמָּחֳרָת וַתֹּאמֶר הַבְּכִירָה אֶל הַצְּעִירָה הֵן שָׁכַבְתִּי אֶמֶשׁ אֶת אָבִי נַשְׁקֶנּוּ יַיִן גַּם הַלַּיְלָה וּבֹאִי שִׁכְבִי עִמּוֹ וּנְחַיֶּה מֵאָבִינוּ זָרַע. וַתַּשְׁקֶיןָ גַּם בַּלַּיְלָה הַהוּא אֶת אֲבִיהֶן יָיִן וַתָּקָם הַצְּעִירָה וַתִּשְׁכַּב עִמּוֹ וְלֹא יָדַע בְּשִׁכְבָהּ וּבְקֻמָהּ.

And it was on the next day that the older one said to the younger, "Behold, I lay with my father last night; let us ply him with wine tonight as well, and you come lie with him that we may give life to offspring through our father." So they plied their father with wine that night also; and the younger one got up and lay with him, and he was not aware of her lying down and of her getting up (19:34-35).

□ **וַיְהִי מִמָּחֳרָת וַתֹּאמֶר הַבְּכִירָה אֶל הַצְּעִירָה וְגוֹ׳** — *AND IT WAS ON THE NEXT DAY THAT THE OLDER ONE SAID TO THE YOUNGER, ETC.*

The Midrash discusses two possibilities as to the source of the wine used by Lot's daughters:

מִנַּיִן הָיָה לָהֶם יַיִן בַּמְּעָרָה — Where did they have wine from while **in the cave?**[66] **אֶלָּא מִמַּה שֶּׁהַיַּיִן מְרוּבֶּה לָהֶן הָיוּ מַחְבִּיאִין אוֹתוֹ בַּמְּעָרוֹת — However,** the explanation for this is that **since wine was so abundant among [the people]** of Sodom, **they would hide it in the** nearby **caves** for safekeeping.[67]

אָמַר רַבִּי יְהוּדָה בַּר סִימוֹן: נַעֲשָׂה לָהֶם מַעְיַן דּוּגְמָא שֶׁל הָעוֹלָם הַבָּא — R' Yehudah bar Simon said: Miraculously, **a stream of wine was made for them, a model of** what will take place in **the World to Come,**[68] **הֵיךְ מַה דְּאַתְּ אָמַר ״וְהָיָה בַיּוֹם הַהוּא יִטְּפוּ הֶהָרִים עָסִיס״ — as it is stated,** ***And it shall be on that day that the mountains will drip with wine*** (*Joel* 4:18).[69]

NOTES

66. Where Lot and his daughters were presumably living in primitive, fashion.

67. For the cave where Lot had fled was close to Sodom (*Eitz Yosef*). [Lot and his daughters were permitted to help themselves to this wine, for it was now considered ownerless, once all the inhabitants of Sodom had perished (*Eitz Yosef*).]

68. I.e., the Messianic era (ibid.).

69. *Matnos Kehunah,* citing *Rashi* on *Chumash* here, says that the purpose of this miracle was so that the daughters would be able to conceive from Lot and give birth to the nations of Moab and Ammon. The miraculous foretaste of the Messianic era symbolized that the seed from which the Messiah will ultimately sprout was being planted in that cave (*Eitz Yosef*).

[See *Mishnas DeRabbi Eliezer* for a discussion as to why the Midrash did not raise the question of the source of the wine earlier (vv. 32-33), when wine was first mentioned.]

ז [יט, ל] "**וַיַּעַל לוֹט מִצּוֹעַר וַיֵּשֶׁב בָּהָר**". **הָדָא הוּא דִכְתִיב** (תהלים נז, א) "**לַמְנַצֵּחַ אַל תַּשְׁחֵת לְדָוִד מִכְתָּם בְּבָרְחוֹ מִפְּנֵי שָׁאוּל בַּמְּעָרָה**", [ט]**אָמַר לְפָנָיו: רִבּוֹן הָעוֹלָמִים עַד שֶׁלֹּא נִכְנַסְתִּי לַמְּעָרָה עָשִׂיתָ חֶסֶד עִם אֲחֵרִים בִּשְׁבִילִי, עַכְשָׁיו שֶׁאֲנִי נָתוּן בַּמְּעָרָה יְהִי רָצוֹן מִלְּפָנֶיךָ "אַל תַּשְׁחֵת"**:

ח [יט, לא] "**וַתֹּאמֶר הַבְּכִירָה אֶל הַצְּעִירָה אָבִינוּ זָקֵן וְגוֹ'**". [י]**שֶׁהָיוּ סְבוּרוֹת שֶׁנִּתְכַּלָּה הָעוֹלָם כְּדוֹר הַמַּבּוּל. "לְכָה נַשְׁקֶה אֶת אָבִינוּ יַיִן וְגוֹ'", רַבִּי תַּנְחוּמָא מִשּׁוּם רַבִּי שְׁמוּאֵל: "וּנְחַיֶּה מֵאָבִינוּ זָרַע", "וּנְחַיֶּה מֵאָבִינוּ בֵּן" אֵין כְּתִיב כָּאן אֶלָּא "וּנְחַיֶּה מֵאָבִינוּ זָרַע", [יא]אוֹתוֹ זֶרַע שֶׁהוּא בָּא מִמָּקוֹם אַחֵר, וְאֵי זֶה זֶה מֶלֶךְ הַמָּשִׁיחַ. "וַתַּשְׁקֶיןָ אֶת אֲבִיהֶן יַיִן וְגוֹ'", [יב]נָקוּד עַל וָי"ו שֶׁל "וּבְקוּמָהּ", שֶׁבְּשִׁכְבָהּ לֹא יָדַע, בְּקוּמָהּ יָדַע.** [יט, לד] "**וַיְהִי מִמָּחֳרָת וַתֹּאמֶר הַבְּכִירָה אֶל הַצְּעִירָה וְגוֹ'**". **מִנַּיִן הָיָה לָהֶם יַיִן בַּמְּעָרָה, אֶלָּא מִמַּה שֶּׁהַיַּיִן מְרוּבֶּה לָהֶן הָיוּ מַחְבִּיאִין אוֹתוֹ בַּמְּעָרוֹת. אָמַר רַבִּי יְהוּדָה בַּר סִימוֹן: נַעֲשָׂה לָהֶם מַעְיָן דּוּגְמָא שֶׁל הָעוֹלָם הַבָּא. הֵיךְ מַה דְּאַתְּ אָמַר** (יואל ג, יח) "**וְהָיָה בַיּוֹם הַהוּא יִטְּפוּ הֶהָרִים עָסִיס**":

עץ יוסף

(ז) [ט] **למנצח אל תשחת.** דרש דלשון במערה הוא טעם לאומרו אל תשחת. כי בהיותו אז במערה נזכר לענין המערה של לוט ובנותיו שנפקדו שם בזרע. וכן ניצולו בזכות דוד העתיד לצאת מהן כדאיתא בפרק הערל ולעיל פ' מ"א ופ"נ. ולזה אמר דוד אחרי כי עשית חסד לאחרים בשבילי אלו לוט ובנותיו שהיו במערה. עכשיו שאני נתון במערה יה"ר מלפניך אל תשחת כלומר אל תשחת עתה טובת מערה הראשונה. כי אם תרפה ידך ממני תהיה למפרע טובה הראשונה לבטלה. ואע"ג דלוט ניצול בזכות אברהם וכדלעיל סימן ח'. אבל מ"מ בנותיו לא ניצולו אלא בזכות דוד שעתיד לצאת מהם כדדרש הנמצאות: (ח) [י] **שנתכלה העולם.** ואע"פ שראו שנמלטה צוער בעוד חברותיה נהפכות. חשבו כי בצאת אביהם משם נשחתה ולא נשארו אלא הם לבדם לחיות זרע: **ונחיה מאבינו בן אב"ב.** דהו"ל למימר בן בהיות עיקר מבוקשתם לבן לחיות זרע על ידו אף כשימות הזקן. אבל בלידת בת אין להם תקנה לכך דרש שנרמז בזה על משך זרע העתיד הוא מלך המשיח. ששם זרע הונח גם על בניו ובני בניו הרחוקים עד סוף כל הדורות. והיו כמתנבאות ואינן יודעות מה (נזה"ק): **בא ממקום אחר.** דריש זרע מלשון זרות. וזהו מלך המשיח שבא מפסול משפחה ממואב (מת"כ): **בקומה ידע.** שהנקוד עוקר המלה כמאן דליתא. שכאשר הפיג יינו הרגיש קצת במעשה שעשה בשכרותו ולא חקר בדבר. ובגנותו דבר הכתוב שעם שהרגיש בדבר לא נזהר שלא לשתות בלילה השניה. ולכן לא נקוד בקומה ב' שאין נפקותא מידיעתו בלילה הב' דמאי דהוה הוה (יפ"ת): **מחביאין אותו במערות.** והמערות הללו היו משל אנשי סדום ועמורה כי היה ההר סמוך להם. וכאשר מתו כולם זכו בהם לוט ובנותיו מן ההפקר ולא היה גזל (נזה"ק): **דוגמא של עולם הבא.** לימות המשיח. לרמוז שעתיד משיח לצאת מהן (נזה"ק):

פירוש מהרז"ו

(ז) **אל תשחת כו'.** למה דווקא במערה אמר אל תשחת לפי שנאמר ויהי בשחת אלהים וגו' שעשה חסד עם לוט ובנותיו בזכות דוד כמ"ש לעיל פ"נ סי' י' ונמלטו במערה כמ"ש וישב במערה וע' ילקוט תהלים כ"ז עכשיו שדוד עצמו יושב במערה כ"ש שיציל אותו וק"ו זה ע"פ מדת ממעל של תיבת בשחת ומדה ט' וי"ז: (ח) **זרע הבא ממקום אחר.** ע"פ גז"ש כמ"ש חוה כי שת לי אלהים זרע אחר כמ"ש פכ"ג סי' ה' זרע שהוא בא ממ"א כו' ע' מש"ש (וכ"כ יפ"ת) ושם וכאן בעל המאמר ר' תנחומא בר"ש שעיקר כוונתו מתיבת אחר וכמש"ש ובסוף מדרש רות איתא ר' הונא אלא שמביא ג"כ להדיא פסוק זרע אחר הנ"ל ע"ש: **נקוד על וי"ו.** עי' במ"ר פ"ג סימן י"ג וש"נ. ושם מפורש על וי"ו שבאמצע של ובקומה כו' וצ"ע שהרי כתיב ובקומה בוי"ו החבור ומוסב על ולא ידע ואילו היה נקוד וי"ו החבור היה בא לרמוז שאינו מושך אליו התיבות וכמ"ש במ"ר שם ע"פ אשר פקד משה ואהרן נקוד על וי"ו של ואהרן שלא היה מן המנין ע"ש. ועוד דלעיל פמ"ח סימן ט"ו איתא כ"מ שהכתב רבה על הנקודה אתה דורש הכתב ואיך עוקר כאן נקודה אחת את הכתב כולו. ע"כ נ"ל שהכתוב כפשוטו שלא ידע בשכבה ובקומה ומ"ש ובקמה ידע דורש הכתב והכוונה ע"ד שדרשו ע"פ ולא קמה רוח באיש זבחים ק"ג דאפילו כו'. וכן בפסיקתא פמ"ד סימן ג' על פסוק תן להם וגו' ע' מש"ש. וכן לקמן פנ"ג סימן ט' של א"א ע"ש: **ייטפו ההרים עסיס.** ועסיס הוא יין כמ"ש ריש יואל והילילו כל שותי יין על עסיס וגו'. ואיתא בויק"ר פכ"ז סי' ד' וש"נ שכל מה שעתיד הקב"ה לעשות בעוה"ב עשה מקצתו ע"י נביא בעוה"ז ולוט היה נביא שדיבר עמו המלאך וכמ"ש לעיל פר' מ"ה סוף סי' ז' בני ביתו של אברהם אבינו נופים היו ולוט היה בן ביתו. והמערה היה תחת ההר כמ"ש וישב בהר וגו' וישב במערה וכשהטיף ההר עסיס בא למערה שתחתיו:

חידושי הרד"ל

(י) [ח] **מעין דוגמא שך עולם הבא.** בספרי עקב פרשה מ"ג. הלשון שנזדמן להם יין לשעה וכה"א והיה ביום ההוא יטפו וגו' ע"ש:

חידושי הרש"ש

[ח] **בן אין כתיב כאן אלא כו' זרע.** עיד"מ. וכ"כ התוס' ביבמות (כ"ב ב') דזרע משמע אפילו בני בנים ובן לא משמע אלא בן לבדו:

[ט]**לתאוה יבקש נפרד זה לוט כו'.** דהוא נקרא נפרד דכתיב גביה ויפרדו איש מעל אחיו ועיין רש"י ותוס' בנזיר (כ"ג ב'):

מסורת המדרש

י פסיקתא רבתי פ' מ"ב:
יא לעיל פ' כ"ג וש"נ:
יב נזיר כ"ג. הוריות י'. במד"ר פרשה ג'. ספרי בהעלותך פסקא ס"ט. אדר"ן פ' ל"ד. מסכת סופרים פרק ו' הלכה ג':

אם למקרא

לַמְנַצֵּחַ אַל תַּשְׁחֵת לְדָוִד מִכְתָּם בְּבָרְחוֹ מִפְּנֵי שָׁאוּל בַּמְּעָרָה: (תהלים נז, א)

וְהָיָה בַיּוֹם הַהוּא יִטְּפוּ הֶהָרִים עָסִיס וְהַגְּבָעוֹת תֵּלַכְנָה חָלָב וְכָל־אֲפִיקֵי יְהוּדָה יֵלְכוּ מָיִם וּמַעְיָן מִבֵּית ה' יֵצֵא וְהִשְׁקָה אֶת־נַחַל הַשִּׁטִּים: (יואל ד:יח)

ענף יוסף

(י) [ח] **מנין היה להם יין.** תימא שמא מצוער הביאוהו כמו שהביאו בר ולחם ומזון. דא"כ מנ"ל מזון בהר. ושמא יש לומר דכיון שיצא מצוער כבורח כי יראו לשבת שם. מסתמא לא נפנה להביא יין רק מזון ההכרחי (יפ"ת):

רש"י

את הערים אשר ישב בהן לוט רבי שמואל בר נחמן אומר שהיה שרוי בכולן: [ז] **ויעל לוט מצוער.** וישב בהר וישב במערה הוא ושתי בנותיו הה"ד למנצח אל תשחת לדוד מכתם בברחו מפני שאול במערה אמר לפניו רבון העולמים עד שלא נולדתי עשית חסד עם אחרים בשבילי שעשית חסד עם לוט בשביל שהייתי עתיד לצאת ממנו עכשיו שאני נתון במערה יהי רצון מלפניך אל תשחת: [ח] **ואיש אין בארץ.** שהיו סבורות כמו שכלה בדור המבול כן היו סבורות עכשיו שאין איש בארץ: **אותו זרע שהוא בא ממקום אחר.** ואיזה זה מלך המשיח. שבא מיהודה ומרות. נקוד על וי"ו שבובקומה שבשכבה לא ידע אבל בקומה ידע:

מתנות כהונה

[ז] **עד שלא נכנסתי בו'.** דייק מדכתיב אל תשחת כלומר אל תשחת דרך הגלה הקדומה שעשית לאחרים בשבילי: [ח] **שהוא בא ממקום אחר בו'.** דדריש זרע מלשון זרות וזהו מלך המשיח שבא מפסול משפחה ממואב וכן משמע בפירש"י ברות [והערוך הביאו ערך בזות ולא פירשו]: **ובקומה ידע.** פירש"י בחומש ואעפ"כ לא נמנע למחרת מלשתות: **מרובה להן.** לאנשי סדום ועמורה: **נעשה להם מעין בו'.** פירש"י בחומש כדי שיצאו שתי אומות מהן עמון ומואב:

אשד הנחלים

לו מעט זכות ומדה טובה שהציל את אברהם בשתיקתו וע"כ הציל זכות אברהם אותו וזהו מדה במדה וק"ל: [ז] **עם אחרים בשבילי.** וזהו כמו שאמר לעיל מצאתי דוד עבדי בסדום שעי"ז ניצל לוט כדי שיצא ממנו רות שממנו דוד בא ולכן אחז במלת השחתה כמ"ש בסדום ויהי בשחת [כי ההשחתה נאמר על כליון עולמית] אל תשחת עתה כמו שלא שיחת אותי שמה: [ח] **כדור המבול.** וזה ואיש אין בארץ כי חשבו שאין אדם בכל הארץ: **ממקום אחר ואי זה מלך המשיח.** עיין במ"כ והוא דוחק. ויתכן לפי ששם זרע הונח גם על בניו ובני בניו הרחוקים עד סוף כל הדורות וסוף סוף מזרעו הוא. והן המה ראו כי מהם יצא המלך המשיח בריחוק הזמן שזהו דוד מלך ישראל וזהו ממקום אחר כלומר ממקום רחוק בזמן: **מעין דוגמא.** שנטף יין לשם בכדי שיתעברו ויצא מהם המלך המשיח באחרית. וע"י שסבבו הדבר שיהי' באחרית ע"כ נעשה להם כמו שיהי' לע"ל:

וַתַּהֲרֶיןָ שְׁתֵּי בְנוֹת לוֹט מֵאֲבִיהֶן.

Thus, Lot's two daughters conceived from their father (19:36).

§9 וַתַּהֲרֶיןָ שְׁתֵּי בְנוֹת לוֹט מֵאֲבִיהֶן – ***THUS, LOT'S TWO DAUGHTERS CONCEIVED FROM THEIR FATHER.***

The Midrash quotes a discussion of the Sages that concerns this verse:

אָמַר רַבִּי אֶלְעָזָר: לְעוֹלָם אֵין הָאִשָּׁה מִתְעַבֶּרֶת מִבִּיאָה רִאשׁוֹנָה – **R' Elazar said: A woman can never conceive from** her **first** act of **cohabitation.**[70] אֲתִיבוּן: וְהָא כְתִיב ״וַתַּהֲרֶיןָ שְׁתֵּי בְנוֹת לוֹט מֵאֲבִיהֶן״ – **[The Sages] challenged** this: **But see, it is written,** ***Thus Lot's two daughters conceived from their father!***[71] אָמַר רַבִּי תַּנְחוּמָא – **R' Tanchuma said:** שָׁלְטוּ בְּעַצְמָן וְהוֹצִיאוּ עֶרְוָתָן – **They took control of themselves and took out their nakedness,**[72] וְנִתְעַבְּרוּ כְּמִבִּיאָה שְׁנִיָּה – **and** thus **they conceived as** if **from a second** act of **cohabitation.**

□ [וַתַּהֲרֶיןָ שְׁתֵּי בְנוֹת לוֹט מֵאֲבִיהֶן – *THUS, LOT'S TWO DAUGHTERS CONCEIVED FROM THEIR FATHER.*]

The Midrash notes a moral that can be derived from the story of Lot and his daughters:

אָמַר רַבִּי נַחְמָן בַּר חָנִין – **R' Nachman bar Chanin said:** כָּל מִי שֶׁהוּא לָהוּט אַחַר בּוּלְמוּס שֶׁל עֲרָיוֹת – **Whoever is driven by a ravenous appetite for promiscuity,**[73] סוֹף שֶׁמַּאֲכִילִין אוֹתוֹ מִבְּשָׂרוֹ – **in the end he is given to "eat" from his own flesh.**[74]

Continuing with the theme of Lot's culpability, the Midrash cites Scriptural evidence that Lot's guilt was greater than that of his daughters:

רַבִּי יוּדָן דְּמִן גַּלְיָיא וְרַבִּי שְׁמוּאֵל בַּר נַחְמָן תַּרְוֵיהוֹן אָמְרֵי מִשּׁוּם רַבִּי אֶלְיְהוֹעֵינַי – **Both R' Yudan from Gallia and R' Shmuel bar Nachman said in the name of R' Elyeho'enai:** אֵין אָנוּ יוֹדְעִים אִם לוֹט נִתְאַוָּה לִבְנוֹתָיו אִם בְּנוֹתָיו נִתְאַוּוּ לוֹ – **We do not know if Lot lusted for his daughters** or **if his daughters lusted for him.**[75] מִן מַה דִּכְתִיב ״לְתַאֲוָה יְבַקֵּשׁ נִפְרָד״ הֱוֵי לוֹט נִתְאַוָּה לִבְנוֹתָיו וּבְנוֹתָיו לֹא נִתְאַוּוּ לוֹ – But, **from that which is written,** ***he who parted courts lust*** (*Proverbs* 18:1),[76] **it is evident that it was Lot** who **lusted for his daughters but** that **his daughters did not lust for him.**[77]

The Midrash continues to discuss Lot's everlasting shame:

רַבִּי תַּנְחוּמָא בַּר רַבִּי חִיָּיא מִשֵּׁם רַבִּי הוֹשַׁעְיָא תּוּרְגְּמָנָא – **R' Tanchuma son of R' Chiya** said **in the name of R' Hoshaya the interpreter:**[78] אֵין כָּל שַׁבָּת וְשַׁבָּת שֶׁאֵין קוֹרִין בָּהּ פָּרָשָׁתוֹ שֶׁל לוֹט – **There is never a Sabbath on which the passage of Lot is not read** from the Torah.[79] מַאי טַעֲמֵיהּ ״בְּכָל תּוּשִׁיָּה יִתְגַּלָּע״ – **What is the reason** for this? For the above verse in *Proverbs* concludes, ***he will be exposed in every Torah conclave.***[80]

NOTES

70. When her virginity is lost. [R' Elazar's statement is quoted above, 45 §4, in regard to Hagar's conceiving from her union with Abraham.]

71. Though they were virgins, as stated above (v. 8), our passage indicates that they became pregnant from their first intimacy.

72. Another version of the Midrash (see *Aruch,* third ע׳ ער; *Daas Zekeinim* on 19:36) has: וְהוֹצִיאוּ עֵדוּתָן – ***and they*** *manually* ***removed their signs*** *of virginity.* I.e., they no longer had their virginity intact when they consorted with Lot. This is how our version of the text (עֶרְוָתָן) should be understood as well (*Rashi*). They did this in their desperation to become pregnant immediately, because they thought this was their sole opportunity to have children and repopulate the world (*Eitz Yosef*).

73. Such as Lot, who had chosen to dwell in Sodom specifically because he knew it was a place where promiscuity was rampant; see above, 41 §7.

74. That is, in the end he will commit incestuous acts with his own flesh and blood (*Rashi*), although even one who succumbs to illicit desire does not generally desire his own blood relatives (*Maharzu* above, loc. cit.).

75. The Scriptural account of Lot and his daughters is ambiguous. It could be viewed as condemning the daughters as the instigators of incest, with their father Lot as the innocent victim completely ignorant of their scheme. Or it could be understood as the Midrash understands it, that the daughters acted out of pure motives while Lot was the one acting promiscuously; see *Yefeh To'ar.*

76. *He who parted* refers to Lot, whom Scripture earlier (above, 13:8-14) describes as having parted from Abraham (*Maharzu;* see also *Nazir* 23b, *Horayos* 10b). [As mentioned above, note 8, Lot parted from the righteous Abraham so as to be able to cater to his base desires.]

77. For the verse condemns Lot for being lustful, but not his daughters. Thus, the verse supports the Midrash's understanding above that his daughters acted properly but Lot himself did not. [*Yefeh To'ar,* citing *Midrash Yelamdeinu,* writes that this is alluded to in the verse here as well, for the word מֵאֲבִיהֶן (*from their father*), is superfluous here, for it is obvious that they conceived from their father. Rather, the verse is indicating that their father was to blame for their becoming pregnant.]

78. A תּוּרְגְּמָן, *interpreter* or *spokesman,* is one whose job it is to repeat the lecture of the sage in a loud voice so that it can be heard by the entire audience.

79. Apparently it was once the practice every Sabbath to read publicly in the synagogue the story of Lot and his daughters (*Yefeh To'ar,* etc.), so as to teach the public about the dangers of intoxication (*Matnos Kehunah, Eitz Yosef*). [The majority of commentators (*Yefeh To'ar, Eitz Yosef, Maharzu Radal*) prefer an alternative version of the text, substituting שָׁנָה וְשָׁנָה ("There is never a year . . . ") for שַׁבָּת וְשַׁבָּת ("There is never a Sabbath . . . "), for the story of Lot is read in the synagogue each year as part of the annual cycle of reading the Torah. It should be noted, however, that in *Eretz Yisrael* (where *Bereishis Rabbah* originates) it was not customary to read through the entire Torah every year, but in a three-year cycle.] See Insight Ⓐ.

80. That is, Lot's shame is exposed in every synagogue where the Torah is publicly read. The Talmud gives a similar interpretation of this verse in *Nazir* 23b and *Horayos* 10b.

INSIGHTS

Ⓐ **Reading the Passage of Lot Every Sabbath** *R' Shimon Schwab,* suggests that perhaps there is no need for emendation and we can keep the words of the Midrash as is. The phrase, "the passage of Lot," is not referring specifically to the *Scriptural* verses of *Genesis* Ch. 19, but to the *theme* of Lot's behavior. Lot initially showed great devotion to Abraham, and seemed perfectly righteous. However, at some point, Lot suddenly departed from Abraham to join the wicked of Sodom. Why the change in direction? His long-lasting lust for wealth finally overcame him, and so he chose money over the company of Abraham. Scripture alludes to Lot's inner conflict in the verse, *And they captured Lot and his possessions — Abram's nephew — and they left; for he was residing in Sodom* (above, 14:12). The phrase *and his possessions* is seemingly out of place; the verse should have said: *And they captured Lot, Abram's nephew, and his possessions . . .* R' Schwab explains that by arranging the words of the verse in this order, Scripture is emphasizing that Lot placed his possessions between himself and the righteousness of Abraham.

"There is never a Sabbath on which the passage of Lot is not read" alludes to a similar behavior, which occurs on a weekly basis at the close of the Sabbath. Many people are focused on spirituality for the duration of Sabbath, and delight in the special peace and holiness of the day. But for some, immediately with the conclusion of Sabbath this elevated state is driven out by their prompt return to physical pursuits. The lessons that the day of rest should have imparted are lost in the rush back to their business concerns; the lofty goals with which the Sabbath should have left them are replaced by aspirations for wealth and luxuries. The actual Scriptural passage of Lot is read but once a year, but the allegorical "passage of Lot," the conduct in which material possessions form a barrier between a person and Hashem, is sadly played out every single Shabbos (*Maayan Beis HaSho'eivah, Lech Lecha,* p. 29).

ט [יט, לו] "וַתַּהֲרֶיןָ שְׁתֵּי בְנוֹת לוֹט מֵאֲבִיהֶן", אָמַר רַבִּי אֶלְעָזָר: [יג]לְעוֹלָם אֵין הָאִשָּׁה מִתְעַבֶּרֶת מִבִּיאָה רִאשׁוֹנָה, אֲתִיבוּן: וְהָא כְתִיב "וַתַּהֲרֶיןָ שְׁתֵּי בְנוֹת לוֹט מֵאֲבִיהֶן", אָמַר רַבִּי תַּנְחוּמָא: שָׁלְטוּ בְּעַצְמָן וְהוֹצִיאוּ עֶרְוָתָן וְנִתְעַבְּרוּ כְּמִבִּיאָה שְׁנִיָּה. אָמַר רַבִּי נַחְמָן בַּר חָנִין: [יד]כָּל מִי שֶׁהוּא לָהוּט אַחַר בּוּלְמוּס שֶׁל עֲרָיוֹת סוֹף שֶׁמַּאֲכִילִין אוֹתוֹ מִבְּשָׂרוֹ. רַבִּי יוּדָן דְּמִן גַּלְיָיא וְרַבִּי שְׁמוּאֵל בַּר נַחְמָן תַּרְוֵיהוֹן אָמְרֵי מִשּׁוּם רַבִּי אֶלְיְהוֹעֵינַי: [טו]אֵין אָנוּ יוֹדְעִים אִם לוֹט נִתְאַוָּה לִבְנוֹתָיו אִם בְּנוֹתָיו נִתְאַוּוּ לוֹ, מִן מַה דִּכְתִיב (משלי יח, א) "לְתַאֲוָה יְבַקֵּשׁ נִפְרָד", הֱוֵי לוֹט נִתְאַוָּה לִבְנוֹתָיו, וּבְנוֹתָיו לֹא נִתְאַוּוּ לוֹ. רַבִּי תַּנְחוּמָא בַּר רַבִּי חִיָּיא מִשֵּׁם רַבִּי הוֹשַׁעְיָא תּוּרְגְּמָנָא: אֵין כָּל שַׁבָּת וְשַׁבָּת שֶׁאֵין קוֹרִין בָּהּ פָּרָשָׁתוֹ שֶׁל לוֹט, מַאי טַעְמֵיהּ (שם) "בְּכָל תּוּשִׁיָּה יִתְגַּלָּע", אָמַר רַבִּי אַחָא: "יִתְגַּלְּעוּ" אֵין כְּתִיב כָּאן אֶלָּא "יִתְגַּלָּע", [טז]הָאֲנָשִׁים נִתְרַחֲקוּ, וְהַנָּשִׁים נִתְקָרְבוּ:

י הָדָא הוּא דִכְתִיב (ירמיה מח, ל) "אֲנִי יָדַעְתִּי נְאֻם ה' עֶבְרָתוֹ וְלֹא כֵן בַּדָּיו לֹא כֵן עָשׂוּ", רַבִּי הוּנָא בַּר פַּפָּא וְרַבִּי סִימוֹן, [יז]רַבִּי הוּנָא אָמַר: מִתְּחִילַּת עִיבּוּרוֹ שֶׁל מוֹאָב לֹא הָיָה לְשֵׁם זְנוּת אֶלָּא לְשֵׁם שָׁמַיִם שֶׁנֶּאֱמַר "לֹא כֵן בַּדָּיו ° עָשׂוּ", לְשֵׁם שָׁמַיִם, אֶלָּא לְשֵׁם זְנוּת, שֶׁנֶּאֱמַר (במדבר כה, א) "וַיֵּשֶׁב יִשְׂרָאֵל בַּשִּׁטִּים וַיָּחֶל הָעָם לִזְנוֹת וגו' ". רַבִּי סִימוֹן אָמַר: מִתְּחִילַּת עִיבּוּרוֹ שֶׁל מוֹאָב לֹא הָיָה לְשֵׁם שָׁמַיִם אֶלָּא לְשֵׁם זְנוּת שֶׁנֶּאֱמַר "עֶבְרָתוֹ וְלֹא כֵן בַּדָּיו",

רש"י

[ט] **שלטו בעצמן והוציאו ערותן.** כלומר פתחו פתח והוליאו ערותן דהיינו בתוליהן ועברו מביאה ראשונה: **כל מי שהוא להוט אחר בולמוס.** לשון יון הוא שמזנה ואינו שבע סוף מאכילין אותו מבשרו שמזנה עם קרובותיו כמו שהיה לוט שזינה עם בנותיו לבסוף והיינו דגרסינן מי שאחזו בולמוס שאוכל ואינו שבע ומתוך כך מאבד ראות עיניו מאכילין אותו דבש: **בשם רב אושעיה תורגמנא.** מתורגמן: **בבל תושיה יתגלע.** בכל מקום שהבריות דורשין יתגלה קלונו יתגלעו אין כתיב כאן אלא יתגלע האנשים נתרחקו והנשים נתקרבו אילו נאמר יתגלעו הייתי אומר אנשים ונשים עכשיו שנאמר יתגלע אנשים ולא נשים הה"ד אני ידעתי נאם ה' עברתו ולא כן בדיו עברתו עיבורו לא היה כן לשם זנות אלא לשם שמים אלא בדיו זרעו לשם זנות היה הה"ד וישב ישראל בשטים ויחל העם לזנות את בנות מואב:

עץ יוסף

(ט) [יא] **אין אשה מתעברת בו'** והכי גמירי לה (יפ"ת): **והכתיב ותהרן שתי בו'.** והיו בתולות כדכתיב הנה נא לי שתי בנות אשר לא ידעו איש: **והוציאו ערותן.** לפי שידעו שאינן מתעברות מביאה ראשונה (יפ"ת): **כל מי שהוא להוט בו'.** כלו' הרעה הזאת גרמה אביהן שע"י שהיה להוט אחר הערוה נכשל בזה. כי לולי זה אע"פ שהיה שכור לא היה מתאוה לזנות וכ"ש למ"ש לעיל שבשניה היה קרוב למזיד (יפ"ת): [יב] **הוי לוט נתאוה.** כי נפרד זה לוט שנפרד מאברהם ונזכר זה לתוכחת מוסר כי ההולך בשרירות לבו ונפרד מהטובים תגלה רעתו בקהל: **אין כל שבת בו'.** כי אז היו נוהגים לקרות בכל שבת ושבת גם כן פרשתו של לוט להורות לעם איך השכרות מביא לידי מכשול עון. ומתוך כך שומר נפשו ירחיק מזה. ומיהו אית דגרסי אין לך כל שנה ושנה שאין קורין בה כו' והיא גיר' נכונה (יפ"ת): **בבל תושיה יתגלע.** כלומר בכל שבת שקורין בתורה הנקראת תושיה יתגלה כלו' יתגלה קלונו של לוט כי אותיות אחה"ע מתחלפין: **אמר רבי אחא התגלעו בו'.** ר"א דייק לה מס"ד דכתיב בכל תושיה יתגלע ולא כתיב התגלעו לשון רבים על לוט ובנותיו. אלא ודאי כי הוא לבדו נתכוון לדבר עבירה. ומסיק דמהאי טעמא נמי האנשים נתרחקו והנשים נתקרבו (נזה"ק): (י) [יג] **רבי הונא בר פפא ורבי סימון.** כל הני תנא מפרשי עברתו מלשון עיבור. כלו' תחלת עיבורו של מואב שהיה מבנות לוט שנתעברו מאביהם. ובדיו היינו בניו וכענין שנאמר יאכל בדיו בכור מות. אלא דפליגי בפירושא דקרא כמו שיתב': **רבי הונא אמר תחלת עיבורו של מואב לא היה לשם זנות אלא לשם שמים. ולא כן בדיו לא כן עשו לא עשו לשם שמים אלא.** כצ"ל מפרש רישא דקרא לשבח וסיפא לגנאי. וס"ל דה"ק תחלת עיבורו של מואב לא היה לשם זנות אלא לשם שמים ואמר ולא כן כלו' שלא נשארו כך כפי טבע שורשם שהיה בכוונה טובה שהרי בדיו לא כן עשו במעשה השיטים שנא' ויחל העם לזנות אל בנות מואב כי בנות מואב פיתו אותם לדבר עבירה וכמבואר שם (נזה"ק): **רבי סימון אמר תחילת עבירה של מואב לא היה לשם שמים אלא לשם זנות ולא כן בדיו לא כן עשו לשם זנות**

פירוש מהרז"ו

(ט) **לעולם אין האשה.** פסיקתא פמ"ב סי' ג' לעיל פמ"ה סימן ד' ושם מבואר: **כל מי שהוא להוט.** לעיל פמ"א ריש סימן ז' ושם מבואר: **אין אנו יודעים.** ע"פ מדה י"ז: **יבקש נפרד.** זהו לוט כמ"ש הפרד נא מעלי וכתיב אחרי הפרד לוט מעמו שהוא בקש תאוה כמ"ש לעיל פמ"א סי' ז' וישא לוט וגו' שבקש להפרד מאברהם בעבור התאוה. א"כ גם כאן במערה הוא נתאוה לבנותיו: **שאין כל שבת ושבת.** ע' בהגהות רד"ל גם בילקוט כאן נכתב בלדו נ"א בכל שנה ושנה: **התגלעו אין כתיב כאן.** בילקוט משלי י"ח הגי' יתגלעו אכ"כ. ופי' בכל תושיה בכל מקום שקורין התורה בבכ"נ ובבמ"ד יתגלע ויתרחק גלע כמו געל בהפוך אותיות: (י) **עברתו ולא כן.** ר"ד שמעתו גאון מואב וגו' עברתו ולא כן בדיו לא כן עשו. ודורש עברתו לשון עבור ולא כן פי' לא כמו מעשיו עתה ע"פ דרך קלרה. כי תחלת

מתנות כהונה

[ט] **והוציאו ערותן.** בתוליהן כדי שיתעברו מיד: **בולמוס.** רבוי תאוה ורעבון: **מאבילין אותו מבשרו.** פירש רש"י כלומר סוף שמזנה עם קרובותיו ובנותיו שהם בשר מבשרו ולוט היה להוט אחר הזנות כדמפרש ואזיל ועוד יש לפרש שבנותיו היו להוטים אחר הזנות ולפיכך הוצרכו לשלוט בעצמן להסיר בתוליהן וכן הוא בילקוט בהדיא: **לא נתאוו לו.** וכל עצמן לא היה אלא משום ייסוב העולם שסברו שנתכלה העולם כולו כדלעיל: **אין כל שבת בו'.** אולי היה כך מנהגם כדי להפריש העם מעריות ודוגמת זה פירש הא"ב: **יתגלע גרסינן.** יתגלע כינוי ליחיד נסתר רמז שהוא ודוגמתו שהם הזכרים נתרחקו ולא נקיבות כמו שדרשו חז"ל עמוני ולא עמונית: [י] **ועברתו.** לשון הריון ועיבור ובערוך ערך עבר פירשו לשון זמורות: [**עברתו** לא כן בדיו גרסינן]:

אשד הנחלים

[ט] **לוט נתאוה לבנותיו.** וזה היה אחר שהשקו אותו יין אז נתאוה להם. ודרש עליו כי אחר שנפרד מאברהם אז ביקש לתאוה. וכל חפצו להפרד מאברהם היה למען ישיג תאותו: **ובנותיו לא נתאוו לו.** רק רצו לחיות זרע לא למען התאוה בעצמה: **מ"ט בכל תושי' יתגלע.** כלומר הוא נמאס בכל אשר מוזכר התורה כלומר בבית המדרש אשר שם קורין בד"ת שם נזכר בזיונו כדי להתרחק מעריות ועיין במ"כ: [י] **לא כן בדיו עשו.** בדיו הן הבנות שנולדו ממואב כי הם פתו לישראל לשם זנות וכאומר אני ידעתי נאום ה' עברתו עבורו שהי' רק לש"ש אבל לא כן בדיו רק לשם זנות נתכוונו. ודעת ר"ס להיפך שבנות לוט נתכוונו לשם זנות ולא כן בדיו רומז על רות שלא כוונה רק

חידושי הרד"ל

(יא) **נתאוה לבנותיו.** ואולי זה לתאוה יבקש נפרד שלכן ביקש להיות נפרד במערה וכמ"ש עם הזונות יפרדו וע' באג"ב שם:

(יב) **כל שבת ושבת.** באג"ב שם הגי' כל שנה ושנה. וכן הנכון דהיינו כשמשלימין את התורה בכל שנה ובכל תושיה בכל גמר התושיה:

(יג) **אלא לשם שמים שנאמר לא כן בדיו בו'** אלא לשם זנות. כצ"ל. ודייק מעברתו לשון עבירה וכן לשון עברה וכעס לפני המקום:

באור מהרי"פ

ט **התגלעו אין כתיב כאן בו'.** לא כתיב התגלעו ל' רבים על לוט ובנותיו אלא יתגלע ל' יחיד דליכא קלון אלא ללוט ולא לבנותיו דהוא לבדו נתכוין לדבר עבירה ולא בנותיו ומסיק דמה"ט נמי האנשים נתרחקו והנשים נתקרבו. נזה"ק:

י **ועברתו.** ע' מ"כ בשם הערוך. ול"ע שהרי הערוך הביא מאמר זה בערך עבר החמישי מלשון עיבור לא מלשון זמורות וע"ש ערך ו':

מסורת המדרש

יג לעיל פרשה מ"ה וש"נ. יבמות ל"ד:

יד פסיקתא רבתי פ' מ"ב:

טו נזיר כ"ג. אגדת בראשית פרק כ"ה. מדרש משלי פרשה י"ח. ילקוט משלי רמז תתקנ"ו:

טז עיין יבמות ע"ו:

אם למקרא

לְתַאֲוָה יְבַקֵּשׁ נִפְרָד בְּכָל־תּוּשִׁיָּה יִתְגַּלָּע: (משלי יח:א)

אֲנִי יָדַעְתִּי נְאֻם ה' עֶבְרָתוֹ וְלֹא־כֵן בַּדָּיו לֹא־כֵן עָשׂוּ: (ירמיה מח:ל)

וַיֵּשֶׁב יִשְׂרָאֵל בַּשִּׁטִּים וַיָּחֶל הָעָם לִזְנוֹת אֶל־בְּנוֹת מוֹאָב: (במדבר כה:א)

R' Acha adds an insight to R' Tanchuma's statement:

אָמַר רַבִּי אַחָא: "יִתְגַּלְּעוּ" אֵין כְּתִיב כָּאן אֶלָּא "יִתְגַּלָּע" – **R' Acha said: [Scripture] does not say here, "They will be exposed,"** in the plural, **but** ***he will be exposed,*** in the singular.[81] **הָאֲנָשִׁים נִתְרַחֲקוּ, וְהַנָּשִׁים נִתְקָרְבוּ** – Therefore, **the male** descendants of Lot **were distanced** from marrying an Israelite woman, **but the female** descendants **were allowed to approach** and marry an Israelite man.[82]

§10 The Midrash continues to discuss the incident of Lot and the issue of the exoneration of his daughters:

הֲדָא הוּא דִכְתִיב "אֲנִי יָדַעְתִּי נְאֻם ה' עֶבְרָתוֹ וְלֹא כֵן בַּדָּיו לֹא כֵן עָשׂוּ" – **Regarding this it is written** in a prophecy about Moab, ***I know his evrah***[83] ***– the word of HASHEM – but not so his descendants;***[84] ***they did not do so*** (*Jeremiah* 48:30). **רַבִּי הוּנָא בַּר פַּפָּא וְרַבִּי סִימוֹן** – **R' Huna bar Pappa and R' Simon** discussed this verse and its application to Lot.[85] **רַבִּי הוּנָא אָמַר: מִתְּחִילַּת עִיבּוּרוֹ שֶׁל מוֹאָב לֹא הָיָה לְשֵׁם זְנוּת אֶלָּא לְשֵׁם שָׁמַיִם** – **R' Huna** bar Pappa **said: The start of Moab's gestation** (עִיבּוּר)[86] **was not for the sake of licentiousness but for the sake of Heaven,**[87] **שֶׁנֶּאֱמַר "לֹא כֵן בַּדָּיו לֹא כֵן עָשׂוּ", לְשֵׁם שָׁמַיִם, אֶלָּא לְשֵׁם זְנוּת** – **for it is stated,** ***not so his descendants; they did not do so,*** meaning that the Moabites of the future did not act **for the sake of Heaven, but rather for the sake of licentiousness,**[88] **שֶׁנֶּאֱמַר "וַיֵּשֶׁב יִשְׂרָאֵל בַּשִּׁטִּים וַיָּחֶל הָעָם לִזְנוֹת וגו'"** – **as [Scripture] says,** ***Israel settled in Shittim and the people began to commit harlotry*** *with the daughters of Moab* (*Numbers* 25:1).[89] **רַבִּי סִימוֹן אָמַר: מִתְּחִילַּת עִיבּוּרוֹ שֶׁל מוֹאָב לֹא הָיָה לְשֵׁם שָׁמַיִם אֶלָּא לְשֵׁם זְנוּת** – **R' Simon said: The start of Moab's gestation** (עִיבּוּר) **was not for the sake of Heaven, but rather for the sake of licentiousness,** **שֶׁנֶּאֱמַר "עֶבְרָתוֹ וְלֹא כֵן בַּדָּיו"** – **for [Scripture] says,** *I know* ***his evrah, but not so his descendants,***

NOTES

81. Indicating that the story is shameful only for Lot but not for his daughters, since their motives were pure (*Eitz Yosef*).

82. As alluded to in note 63 above, male Moabites and Ammonites, the descendants of Lot, are forbidden from marrying Israelite women, but there is no similar prohibition for female Moabites and Ammonites. According to R' Acha, the reason for this distinction is that Lot, the male progenitor of Moab and Ammon, was sinful, while the female progenitors, Lot's daughters, were righteous. Cf. *Yevamos* 76b -77a. See Insight Ⓐ.

83. This word (עֶבְרָה) is usually translated as "fury"; the Midrash prefers a homiletical interpretation of the word, as will now be elaborated.

84. The Midrash interprets בַּדָּיו as "his branches or offshoots," i.e., his descendants (*Yefeh To'ar;* see also commentary of *Mahari Kara* ad loc.).

85. Both R' Huna and R' Simon interpret the verse in the context of the incestuous act from which Moab was conceived, but they differ in the details.

86. The Midrash interprets *evrah* (עֶבְרָה) as being related to עִבּוּר, *gestation*.

87. Lot's daughter was acting out of proper motives when Moab was conceived, as explained above (§8 and §9), not out of base desire.

88. *Not so his descendants* indicates a contrast between the act that led to the gestation of Moab and similar acts subsequently committed by Moab's descendants. Since, as R' Huna will show, the Moabites later acted for the sake of licentiousness, it follows that the original conception of Moab had resulted from an act committed with pure motivation.

89. Thus, the Moabite women acted out of base motives.

INSIGHTS

Ⓐ **Moab and Ammon** Lot's residence in Sodom led eventually to the incidents of incest between him and his daughters, and these unions resulted in the nations of Moab and Ammon. The Torah (*Deuteronomy* 23:4) forbids a woman who was born Jewish from marrying a Moabite or Ammonite convert (see *Yevamos* 76b and *Rambam, Hil. Isurei Biah* 12:17-18). Thus, Lot's departure from Abraham brought about a permanent break between Israel and the nations of Moab and Ammon. This division is described in the metaphor of *Proverbs* as the bolt of a castle gate, which prevents unwanted outsiders from entering (see *Tosafos* and *Rosh* to *Nazir* 23a-b; see also *Chidushei Rabbeinu Meir Simchah* to *Nazir* ibid.).

[*Ramban* to *Deuteronomy* 23:4 states that the unforgiving separation of Moab and Ammon from the Jewish people was put in place because these nations were direct beneficiaries of Abraham's kindness (he saved their patriarch and matriarchs from the sword of war, from captivity, and from the overturning of their city), and yet they were unwilling to show any gratitude to Abraham's descendants when they emerged from Egypt (as stated in *Deuteronomy* 23:5). It may be supposed that this national characteristic of ingratitude dated back to Lot's decision to separate himself from Abraham, the pillar of kindness, and join the Sodom community, whose prominent trait was a miserliness born of ingratitude (מִדַּת סְדוֹם; see *Avos* 5:10). It was there that Lot's family acquired this trait. Thus, Lot's fateful choice to distance himself from Abraham and his influence resulted ultimately in the distance between their respective descendants.]

ט [יט, לו] "וַתַּהֲרֶיןָ שְׁתֵּי בְנוֹת לוֹט מֵאֲבִיהֶן", אָמַר רַבִּי אֶלְעָזָר: יגלְעוֹלָם אֵין הָאִשָּׁה מִתְעַבֶּרֶת מִבִּיאָה רִאשׁוֹנָה, אֲתִיבוּן: וְהָא כְתִיב "וַתַּהֲרֶיןָ שְׁתֵּי בְנוֹת לוֹט מֵאֲבִיהֶן", אָמַר רַבִּי תַּנְחוּמָא: שָׁלְטוּ בְּעַצְמָן וְהוֹצִיאוּ עֶרְוָתָן וְנִתְעַבְּרוּ כְּמִבִּיאָה שְׁנִיָּה. אָמַר רַבִּי נַחְמָן בַּר חָנִין: ידכָּל מִי שֶׁהוּא לָהוּט אַחַר בּוּלְמוּס שֶׁל עֲרָיוֹת סוֹף שֶׁמַּאֲכִילִין אוֹתוֹ מִבְּשָׂרוֹ. רַבִּי יוּדָן דְּמִן גַּלְיָיא וְרַבִּי שְׁמוּאֵל בַּר נַחְמָן תַּרְוֵיהוֹן אָמְרֵי מִשּׁוּם רַבִּי אֱלִיהוֹעֵינַי: טואֵין אָנוּ יוֹדְעִים אִם לוֹט נִתְאַוָּה לִבְנוֹתָיו אִם בְּנוֹתָיו נִתְאַוּוּ לוֹ, מִן מַה דִּכְתִיב (משלי יח, א) "לְתַאֲוָה יְבַקֵּשׁ נִפְרָד", הֱוֵי לוֹט נִתְאַוָּה לִבְנוֹתָיו, וּבְנוֹתָיו לֹא נִתְאַוּוּ לוֹ. רַבִּי תַּנְחוּמָא בַּר רַבִּי חִיָּיא מִשֵּׁם רַבִּי הוֹשַׁעְיָא תּוּרְגְּמָנָא: אֵין כָּל שַׁבָּת וְשַׁבָּת שֶׁאֵין קוֹרִין בָּהּ פָּרָשָׁתוֹ שֶׁל לוֹט, מַאי טַעְמֵיהּ (שם) "בְּכָל תּוּשִׁיָּה יִתְגַּלָּע", אָמַר רַבִּי אַחָא: "יִתְגַּלְּעוּ" אֵין כְּתִיב כָּאן אֶלָּא "יִתְגַּלָּע", טזהָאֲנָשִׁים נִתְרַחֲקוּ, וְהַנָּשִׁים נִתְקָרְבוּ:

י הֲדָא הוּא דִכְתִיב (ירמיה מח, ל) "אֲנִי יָדַעְתִּי נְאֻם ה' עֶבְרָתוֹ וְלֹא כֵן בַּדָּיו לֹא כֵן עָשׂוּ", רַבִּי הוּנָא בַּר פַּפָּא וְרַבִּי סִימוֹן, יזרַבִּי הוּנָא אָמַר: מִתְּחִילַּת עִיבּוּרוֹ שֶׁל מוֹאָב לֹא הָיָה לְשֵׁם זְנוּת אֶלָּא לְשֵׁם שָׁמַיִם שֶׁנֶּאֱמַר "לֹא כֵן בַּדָּיו ° עָשׂוּ", לְשֵׁם שָׁמַיִם, אֶלָּא לְשֵׁם זְנוּת, שֶׁנֶּאֱמַר (במדבר כה, א) "וַיֵּשֶׁב יִשְׂרָאֵל בַּשִּׁטִּים וַיָּחֶל הָעָם לִזְנוֹת וגו'". רַבִּי סִימוֹן אָמַר: מִתְּחִילַּת עִיבּוּרוֹ שֶׁל מוֹאָב לֹא הָיָה לְשֵׁם שָׁמַיִם אֶלָּא לְשֵׁם זְנוּת שֶׁנֶּאֱמַר "עֶבְרָתוֹ וְלֹא כֵן בַּדָּיו",

עץ יוסף

(ט) [יא] **אין אשה מתעברת בו'** והכי גמירי לה (יפ"ת): **והכתיב ותהרן שתי בו'**. והיו בתולות כדכתיב הנה נא לי שתי בנות אשר לא ידעו איש: **והוציאו ערותן**. לפי שידעו שאינן מתעברות מביאה ראשונה (יפ"ת): **כל מי שהוא להוט בו'**. כלו' הרעה הזאת גרמה אביהן שע"י שהיה להוט אחר הערוה נכשל בזה. כי לולי זה אע"פ שהיה שכור לא היה מתאוה לזנות וכ"ש למ"ש לעיל שבשניה היה קרוב למזיד (יפ"ת): [יב] **הוי לוט נתאוה**. כי נפרד זה לוט שנפרד מאברהם ונזכר זה לתוכחת מוסר כי ההולך בשרירות לבו ונפרד מהטובים תגלה רעתו בקהל: **אין כל שבת בו'**. כי אז היו נוהגים לקרות בכל שבת ושבת גם כן פרשתו של לוט להורות לעם איך השכרות מביא לידי מכשול עון. ומתוך כך שומר נפשו ירחיק מזה. ומיהו אית דגרסי אין לך כל שנה ושנה שאין קורין בה כו' והיא גיר' נכונה (יפ"ת): **בבל תושיה יתגלע**. כלומר בכל שבת שקורין בתורה הנקראת תושיה יתגלה כלו' יתגלה קלונו של לוט כי אותיות אהח"ע מתחלפין: **אמר רבי אחא התגלעו בו'**. ר"א דייק לה מס"ד דכתיב בכל תושיה יתגלע ולא כתיב התגלעו לשון רבים על לוט ובנותיו. אלא ודאי כי הוא לבדו נתכוון לדבר עבירה. ומסיק דמהאי טעמא נמי האנשים נתרחקו והנשים נתקרבו (נזה"ק): (י) [יג] **רבי הונא בר פפא ורבי סימון**. כל הני תנא מפרשי עברתו מלשון עיבור. כלו' תחלת עיבורו של מואב שהיה מבנות לוט שנתעברו מאביהם. ובדיו היינו בניו וכענין שנאמר יאכל בדיו בכור מות. אלא דפליגי בפירושא דקרא כמו שיתב': **רבי הונא אמר תחלת עיבורו של מואב לא היה לשם זנות אלא לשם שמים. ולא כן בדיו לא כן עשו לא עשו לשם שמים אלא**. כצ"ל מפרש רישא דקרא לשבח וסיפא לגנאי. וס"ל דה"ק תחלת עיבורו של מואב לא היה לשם זנות אלא לשם שמים ואמר ולא כן כלו' שלא נשארו כך כפי טבע שורשם שהיה בכוונה טובה שהרי בדיו לא כן עשו במעשה השיטים שנא' ויחל העם לזנות אל בנות מואב כי בנות מואב פיתו אותם לדבר עבירה וכמבואר שם (נזה"ק): **רבי סימון אמר תחילת עבירה של מואב לא היה לשם שמים אלא לשם זנות ולא כן בדיו לא כן עשו לשם זנות**

פירוש מהרז"ו

(ט) **לעולם אין האשה**. פסיקתא פמ"ב סי' ג' לעיל פמ"ה סימן ד' ושם מבואר: **כל מי שהוא להוט**. לעיל פמ"א ריש סימן ז' ושם מבואר: **אין אנו יודעים**. ע"פ מדה י"ז: **יבקש נפרד**. זהו לוט כמ"ש הפרד נא מעלי וכתיב אחרי הפרד לוט מעמו שהוא בקש תאוה כמ"ש לעיל פמ"א סי' ז' ויסא לוט וגו' שבקש להפרד מאברהם בעבור התאוה. א"כ גם כאן במערה הוא נתאוה לבנותיו: **שאין כל שבת ושבת**. ע' בהגהות רד"ל גם בילקוט כאן נכתב בגלדו נ"א בכל שנה ושנה: **התגלעו אין כתיב כאן**. בילקוט משלי י"ח הגי' יתגלעו אכ"כ. ופי' בכל תושיה בכל מקום שקורין התורה בבכ"נ ובבמ"ד יתגלע ויתרחק גלע כמו געל בהפוך אותיות: (י) **עברתו ולא כן**. ר"ד שמענו גאון מואב וגו' עברתו ולא כן בדיו לא כן עשו. ודורש עברתו לשון עבור ולא כן פי' לא כמו מעשיו עתה ע"פ דרך קלרה. כי תחלת

רש"י

[ט] **שלטו בעצמן והוציאו ערותן**. כלומר פתחו פתח והוליאו ערותן דהיינו בתוליהן ועברו מביאה ראשונה: **כל מי שהוא להוט אחר בולמוס**. לשון יון הוא שמזנה ואינו שבע סוף מאכילין אותו מבשרו שמזנה עם קרובותיו כמו שהיה לוט שזינה עם בנותיו לבסוף והיינו דגרסינן מי שאחזו בולמוס שאוכל ואינו שבע ומתוך כך מאבד ראות עיניו מאכילין אותו דבש: **בשם רב אושעיה תורגמנא**. מתורגמן: **בבל תושיה יתגלע**. בכל מקום שהבריות דורשין יתגלה קלונו יתגלעו אין כתיב כאן אלא יתגלע האנשים נתרחקו והנשים נתקרבו אילו נאמר יתגלעו הייתי אומר אנשים ונשים עכשיו שנאמר יתגלע אנשים ולא נשים הה"ד אני ידעתי נאם ה' עברתו ולא כן בדיו עברתו עיבורו לא היה כן לשם זנות אלא לשם שמים אלא בדיו זרעו לשם זנות היה הה"ד וישב ישראל בשטים ויחל העם לזנות את בנות מואב:

מתנות כהונה

[ט] **והוציאו ערותן**. בתוליהן כדי שיתעברו מיד: **בולמוס**. רבוי תאוה ורעבון: **מאכילין אותו מבשרו**. פירש רש"י כלומר סוף שמזנה עם קרובותיו ובנותיו שהם בשר מבשרו ולוט היה להוט אחר הזנות כדמפרש ואזיל ועוד יש לפרש שבנותיו היו להוטים אחר הזנות ולפיכך הוצרכו לשלוט בעצמן להסיר בתוליהן וכן הוא בילקוט בהדיא: **לא נתאוו לו**. וכל עצמן לא היה אלא משום יישוב העולם שסברו שנתכלה העולם כולו כדלעיל: **אין כל שבת בו'**. אולי היה כך מנהגם כדי להפריש העם מעריות ודוגמת זה פירש האב"א: **יתגלע גרסינן**. יתגלע כינוי ליחיד נסתר רמז שהוא ודוגמתו שהם הזכרים נתרחקו ולא נקיבות כמו שדרשו חז"ל עמוני ולא עמונית: [י] **ועברתו**. לשון הריון ועיבור ובערוך ערך עבר פירשו לשון זמורות: [**עברתו** לא כן בדיו גרסינן]:

אשד הנחלים

[ט] **לוט נתאוה לבנותיו**. וזה היה אחר שהשקו אותו יין אז נתאוה להם. ודרש עליו כי אחר שנפרד מאברהם אז ביקש לתאוה. וכל חפצו להפרד מאברהם היה למען ישיג תאותו: **ובנותיו לא נתאוו לו**. רק רצו לחיות זרע לא למען התאוה בעצמה: **מ"ט בכל תושי' יתגלע**. כלומר הוא נמאס בכל אשר מוזכר התורה כלומר בבית המדרש אשר שם קורין בד"ת שם נזכר בזיונו כדי להתרחק מעריות ועיין במ"כ: [י] **לא כן בדיו עשו**. בדיו הן הבנות שנולדו ממואב כי הם פתו לישראל לשם זנות וכאומר אני ידעתי נאום ה' עברתו עבורו שהי' רק לש"ש אבל לא כן בדיו רק לשם זנות נתכוונו. ודעת ר"ס להיפך שבנות לוט נתכוונו לשם זנות ולא כן בדיו רומז על רות שלא כוונה רק

חידושי הרד"ל

(יא) **נתאוה לבנותיו**. ואולי זה לתאוה יבקש נפרד שלכן ביקש להיות נפרד במערה וכמ"ש עם הזונות יפרדו וע' באג"ב שם:

(יב) **כל שבת ושבת**. באג"ב שם הגי' כל שנה ושנה. וכן הנכון דהיינו כשמשלימין את התורה בכל שנה ובכל תושיה בכל גמר התושיה:

(יג) **אלא לשם שמים שנאמר לא כן בדיו בו'** אלא לשם זנות. כצ"ל. ודייק מעברתו לשון עבירה וכן לשון עברה וכעס לפני המקום:

באור מהרי"פ

ט התגלעו אין כתיב כאן בו'. לא כתיב התגלעו ל' רבים על לוט ובנותיו אלא יתגלע ל' יחיד דליכא קלון אלא ללוט ולא לבנותיו דהוא לבדו נתכוין לדבר עבירה ולא בנותיו ומסיק דמה"ט נמי האנשים נתרחקו והנשים נתקרבו. נזה"ק:

י ועברתו. ע' מ"כ בשם הערוך. ול"ע שהרי הערוך הביא מאמר זה בערך עבר החמישי מלשון עיבור לא מלשון זמורות וע"ש ערך ו':

מסורת המדרש

יג לעיל פרשה מ"ה וש"נ. יבמות ל"ד:

יד פסיקתא רבתי פ' מ"ב:

טו נזיר כ"ג. אגדת בראשית פרק כ"ה. מדרש משלי פרשה י"ח. ילקוט משלי רמז תתקנ"ו:

טז עיין יבמות ע"ו:

אם למקרא

לְתַאֲוָה יְבַקֵּשׁ נִפְרָד בְּכָל־תּוּשִׁיָּה יִתְגַּלָּע: (משלי יח:א)

אֲנִי יָדַעְתִּי נְאֻם ה' עֶבְרָתוֹ וְלֹא־כֵן בַּדָּיו לֹא־כֵן עָשׂוּ: (ירמיה מח:ל)

וַיֵּשֶׁב יִשְׂרָאֵל בַּשִּׁטִּים וַיָּחֶל הָעָם לִזְנוֹת אֶל־בְּנוֹת מוֹאָב: (במדבר כה:א)

לֹא עָשָׂה כֵן בָּדָיו לְשֵׁם זְנוּת אֶלָּא לְשֵׁם שָׁמַיִם – meaning that **[Moab's] descendants did not act this way – for the sake of licentiousness – but for the sake of Heaven,**[90] שֶׁנֶּאֱמַר "וַתֵּרֶד הַגּוֹרֶן וַתַּעַשׂ כְּכֹל אֲשֶׁר צִוַּתָּה חֲמוֹתָהּ" – **as it is stated,** ***So she went down to the threshing floor and did everything as her mother-in-law instructed her*** (*Ruth* 3:6).[91]

According to both R' Huna bar Pappa and R' Simon, the verse in *Jeremiah* is contrasting the incestuous act of the mother of Moab with the behavior of Moab's offspring. The Midrash now cites an opposing view:

אָמַר רַבִּי לֵוִי: אִם תְּחִלָּתוֹ שֶׁל מוֹאָב לְשֵׁם זְנוּת גַּם סוֹפוֹ הָיָה לְשֵׁם זְנוּת – **R' Levi said: If the start of Moab**[92] **was** done **for the sake of licentiousness, its end**[93] **was also** one done **for the sake of licentiousness.** "בַּדָּיו לֹא כֵן עָשׂוּ"? "וַיֵּשֶׁב יִשְׂרָאֵל בַּשִּׁטִּים וגו'" – For the verse is asking rhetorically: ***Did [Moab's] descendants not act so*** as well? They did indeed, as it is stated, ***Israel settled in Shittim*** *and the people began to commit harlotry with the daughters of Moab.*[94] וְאִם מִתְּחִלַּת עִיבּוּרוֹ לְשֵׁם שָׁמַיִם אַף סוֹפוֹ לְשֵׁם שָׁמַיִם – **And if the start of [Moab's] gestation was for the sake of Heaven, its end** alluded to in the verse **was also** one done **for the sake of Heaven.** "בַּדָּיו לֹא כֵן עָשׂוּ"? "וַתֵּרֶד הַגֹּרֶן וגו'" – Accordingly, the verse in *Jeremiah* would mean: **Did [Moab's] descendants not act so?** Indeed they did, as it is written, ***So she went down to the threshing floor*** *and did everything as her mother-in-law instructed her.*[95]

וַתֵּלֶד הַבְּכִירָה בֵּן וַתִּקְרָא שְׁמוֹ מוֹאָב הוּא אֲבִי מוֹאָב עַד הַיּוֹם. וְהַצְּעִירָה גַם הִוא יָלְדָה בֵּן וַתִּקְרָא שְׁמוֹ בֶּן עַמִּי הוּא אֲבִי בְנֵי עַמּוֹן עַד הַיּוֹם.

The older bore a son and she called his name Moab; he is the ancestor of Moab until this day. And the younger one also bore a son and she called his name Ben-ammi; he is the ancestor of the Children of Ammon until this day (19:37-38).

§11 וַתֵּלֶד הַבְּכִירָה בֵּן וגו' – ***THE OLDER BORE A SON*** *AND SHE CALLED HIS NAME MOAB.*

The Midrash remarks upon the difference between the names that each of the daughters chose for the son they respectively bore from their father:

רַבִּי יוּדָן מִשֵּׁם רַבִּי אַיְבוּ: – **R' Yudan** said **in the name of R' Aivu:** הַבְּכִירָה עַל יְדֵי שֶׁבִּיזַּת כְּבוֹד אָבִיהָ וְאָמְרָה שְׁמוֹ "מוֹאָב", מֵאָב – In regard to **the elder** daughter, **since she shamed the honor of her father and she said [her son's] name** explicitly as **"Moab,"** meaning **"from Father"** [מֵאָב],[96] אָמַר הַכָּתוּב "אַל תָּצַר אֶת מוֹאָב וְאַל תִּתְגָּר בָּם מִלְחָמָה" – **Scripture says,** ***You shall not distress Moab and you shall not provoke war with them*** (*Deuteronomy* 2:9),[97] מִלְחָמָה אִי אַתָּה עוֹשֶׂה עִמָּהֶן – implying: **you shall not make** actual **war with them,** אֲבָל אַתָּה מְפַתֵּק הַנְּהָרוֹת שֶׁלָּהֶן, שׂוֹרֵף גְּדִישִׁים שֶׁלָּהֶן בָּאֵשׁ – **but you may divert their rivers**[98] and **set their stacked grain on fire.**[99] אֲבָל הַצְּעִירָה – **However,** regarding **the younger** daughter, עַל יְדֵי שֶׁחָסַת עַל כְּבוֹד אָבִיהָ וְאָמְרָה "וַתִּקְרָא שְׁמוֹ בֶּן עַמִּי", בֶּן מִי שֶׁהָיָה עִמִּי – **since she protected the honor of her father and said,** ***and she called his name, Ben-ammi,*** meaning **"the son of the one who was with me,"**[100] אָמַר הַכָּתוּב "אַל תְּצֻרֵם וְאַל תִּתְגָּר בָּהֶם" כָּל עִיקָּר – **Scripture says,** ***you shall not distress them and you shall not provoke them*** (ibid., v. 19), i.e., you shall not provoke them **at all.**[101]

The Midrash discusses the incongruity of Lot's daughters conceiving children:

אָמַר רַבִּי יְהוּדָה בַּר רַבִּי סִימוֹן וְרַבִּי חָנִין בְּשֵׁם רַבִּי יוֹחָנָן – **R' Yehudah son of R' Simon and R' Chanin** said **in the name of R' Yochanan:** בְּנוֹתָיו שֶׁל לוֹט הוֹלְכוֹת לַעֲבוֹר עֲבֵירָה וְנִתְפַּקְּדוּ – **The daughters of Lot went to commit a sin,** i.e., incest,[102] **and** nevertheless **they were granted** immediate **conception.**[103] בְּאֵיזֶה זְכוּת, – **By what merit** was this?[104]

NOTES

90. R' Simon agrees with R' Huna that the verse is indicating a contrast between the original conception of Moab and the actions of his offspring, but he argues that on the contrary, the verse about future Moabites refers to a totally commendable act performed by one of Moab's descendants, as will now be explained.

91. When Ruth, the Moabite convert, went at night to Boaz's threshing floor and lay down near him, she went without any base intentions, but rather to fulfill the instructions of her righteous mother-in-law. Thus, the verse in *Jeremiah* is contrasting the actions of Lot's daughters, which resulted in the conception of Moab, with the purely motivated actions of Moab's descendant, Ruth, indicating that Lot's daughters had acted with improper intent (*Eitz Yosef*). [R' Simon thus disagrees with the teachings above in §8 and §9 that Lot's daughters acted properly.]

Since R' Simon interprets the second segment of the verse solely in terms of Ruth, the use of the plural wording there ("descendants") must be understood as being purely poetic.

92. I.e., the act through which Moab was conceived.

93. That is, the action of Moab's progeny alluded to in the verse in *Jeremiah.*

94. According to R' Levi the verse is stressing the continuity between the beginning of Moab and the actions of his offspring, not contrasting them, rhetorically asking *and are his descendants not so as well?* Therefore, if in fact the daughter of Lot acted improperly, out of base desire, then the continuation of the verse must similarly refer to a promiscuous act on the part of Moab's progeny, i.e., the harlotry committed by the daughters of Moab with the Israelites in Shittim.

95. If, on the other hand, the daughter of Lot acted out of pure intent, then the end of the verse must similarly refer to a proper act carried out by one of Moab's offspring, i.e., Ruth's nocturnal visit to the threshing floor of Boaz.

R' Levi is not taking a position in the fundamental dispute between R' Huna and R' Simon as to whether Lot's daughter acted out of pure or impure motive; the verse can be explained either way (*Eitz Yosef*).

However, since he sees the verse as comparing rather than contrasting the act involved with Moab's gestation to the acts of Moab's heroes, he is saying that if the beginning is interpreted like R' Huna the end is to be understood like R' Simon, and vice versa.

96. Thus publicly proclaiming Lot's parentage of her child.

97. God forbade the Israelites from launching war against Moab, for He had given the land of Moab to the Moabites as their inheritance (*Deuteronomy* ibid.).

98. So as to destructively flood their fields. Alternatively, it means to divert the rivers away from the fields so that the Moabite's crops would not be irrigated. See *Radal,* who suggests that the Midrash here is alluding to Elisha's command concerning Moab, *you will . . . stop up all springs of water* (*II Kings* 3:19).

99. I.e., although it is forbidden to wage war against the Moabites' persons, attacking their property is permitted if necessary.

100. The Midrash interprets בֶּן עַמִּי as if it were vowelized בֶּן עִמִּי (*Matnos Kehunah*), meaning that the child is the son of one who is normally present together with me, i.e., a close family member – but without an explicit mention of her father (*Eitz Yosef*). Alternatively, the expression "the one who was with me" is a euphemism for cohabitation; see *II Samuel* 13:20 and *Metzudas Tzion* ad loc. (*Maharzu*).

101. That is, not even to attack their property. The Talmud makes a similar distinction between the prohibition concerning waging war against Moab and the prohibition concerning Ammon (*Bava Kamma* 38b); see also *Rashi* to this verse and to *Deuteronomy* 2:9.

102. These Sages are of the opinion that the daughters' intentions were promiscuous; see R' Simon's statement in the previous section (*Yefeh To'ar, Eitz Yosef*).

103. Lit., *they were remembered.* This term for conception is derived from below, 21:1, *Hashem had "remembered Sarah,"* regarding Sarah's conceiving Isaac. See also above, 34 §10 and 39 §11.

104. Although God allows nature to take its course and thus adulterers and the like often conceive, that both of Lot's daughters should conceive immediately on two consecutive nights was highly improbable (*Yefeh To'ar*). Accordingly, that they did in fact conceive required some form of special merit.

לֹא עָשָׂה כֵן בַּדָּיו לְשֵׁם זְנוּת אֶלָּא לְשֵׁם שָׁמַיִם שֶׁנֶּאֱמַר (רות ג, ו) "וַתֵּרֶד הַגּוֹרֶן וַתַּעַשׂ כְּכֹל אֲשֶׁר צִוַּתָּה חֲמוֹתָהּ". [יח]אָמַר רַבִּי לֵוִי: אִם תְּחִלָּתוֹ שֶׁל מוֹאָב לְשֵׁם זְנוּת גַּם סוֹפוֹ הָיָה לְשֵׁם זְנוּת, "בַּדָּיו לֹא כֵן עָשׂוּ", "וַיֵּשֶׁב יִשְׂרָאֵל בַּשִּׁטִּים וגו' ", וְאִם מִתְּחִילַּת עִיבּוּרוֹ לְשֵׁם שָׁמַיִם אַף סוֹפוֹ לְשֵׁם שָׁמַיִם, "בַּדָּיו לֹא כֵן עָשׂוּ", "וַתֵּרֶד הַגֹּרֶן וְגוֹ' ":

יא [יט, לז] "וַתֵּלֶד הַבְּכִירָה בֵּן וגו' ". רַבִּי יוּדָן מִשֵּׁם רַבִּי אֵיבוּ: [יט]הַבְּכִירָה עַל יְדֵי °שֶׁבִּיזְּתָה כְּבוֹד אָבִיהָ וְאָמְרָה שְׁמוֹ "מוֹאָב", מֵאָב, אָמַר הַכָּתוּב (דברים ב:ט) "אַל תָּצַר אֶת מוֹאָב וְאַל תִּתְגָּר בָּם מִלְחָמָה", מִלְחָמָה אִי אַתָּה עוֹשֶׂה עִמָּהֶן, אֲבָל אַתָּה מְפַתֵּק הַנְּהָרוֹת שֶׁלָּהֶן, שׂוֹרֵף גְּדִישִׁים שֶׁלָּהֶן בָּאֵשׁ, אֲבָל הַצְּעִירָה עַל יְדֵי °שֶׁחָסְתָה עַל כְּבוֹד אָבִיהָ וְאָמְרָה "וַתִּקְרָא שְׁמוֹ בֶּן עַמִּי", בֶּן מִי שֶׁהָיָה עִמִּי, אָמַר הַכָּתוּב (שם יט) "אַל תְּצֻרֵם וְאַל תִּתְגָּר בָּהֶם" כָּל עִיקָּר. אָמַר רַבִּי יְהוּדָה בְּרַבִּי סִימוֹן וְרַבִּי חָנִין בְּשֵׁם רַבִּי יוֹחָנָן: בְּנוֹתָיו שֶׁל לוֹט הוֹלְכוֹת לַעֲבוֹר עֲבֵירָה וְנִתְפַּקְדוּ, בְּאֵיזֶה זְכוּת, בִּזְכוּת "מוֹאָב", °מִי אָב שֶׁנֶּאֱמַר בְּאַבְרָהָם (בראשית יז, ה) "כִּי אַב הֲמוֹן גּוֹיִם נְתַתִּיךָ":

עץ יוסף

אלא לשם שמים שנאמר ותרד. כצ"ל ור"ל שר"ס מפרש איפכא תחילת עבורה של מואב לא היה לש"ש אלא לשם זנות כי גם בנותיו נתאוו לו לזנות. ואמר ולא כן כלו' שמ"מ לא נשאר בכולם טבע שורש הרע. שהרי בדיו לא כן עשו זו רות במעשה בועז שלא עשתה אלא לש"ש שנא' ותרד הגורן ותעש ככל אשר צותה חמותה. שכוונתה היתה לש"ש (כזה"ק): **א"ר לוי כו'** מפרש ולא כן בדיו לא כן עשו בתמיה. ולא כן וכי בדיו לא כן עשו כאשר עשו אבותיהן. ולא הכריע הדבר אם המקרא נדרש לשבח או לגנאי: (יא) **[יד] מפתק** פי' סותם: **בן מי שהיה עמי.** כלו' שאינו מאיש זר רק ממי שהיה תמיד עמי. והוא האב. ומ"מ לא אמרה בפירוש מאב. ולכן קבלה שכר (יפ"ת): **לעבור עבירה** דס"ל כרבי סימון דלעיל דאמר שהיה להם לשם זנות: **ונתפרקו** בתמיהא: **בזכות מואב מי אב.** נ"ל בזכות אברהם מואב מאב. ונמלא בנוסחאות כן באיזה זכות בזכות אביהן אברהם שנקרא אב דכתיב כי אב המון גוים נתתיך (אות אמת):

פירוש מהרז"ו

עבורו לש"ש ובדיו לא כן עשו היינו בנות מואב בשטים. ולר"ס עברתו ולא כן שלא היה תחלת עבורו כן ונכון מל' כן בנות ללפחד דוברות אבל בדיו לא כן עשו כמעשה האמהות אלא לש"ש היינו רות ור"ל ישוה המדות א"כ הא' לשבח גם הב' לשבח ואם הא' לגנאי גם הב' כן. וע' מדרש רות פסוק ותרד הגורן ודו"ק: (יא) **אל תצר כו'** ב"ק דף ל"ח: **מפתק** סותם כדלעיל ר"פ ט"ז ד' ראשי נהרות פותק: **שהיה עמי** וע"ד מ"ש האמינון אחיך היה עמך: **מואב מי אב** הענין כי מאברהם יצאו הרבה גוים בחייו ישמעאל ובניו. יצחק ובניו. ובני קטורה ויעקב ועשו היו בני ט"ו שנה כשמת אברהם. וכל מי שנולד בימיו ממשפחתו היה לעם וגוי בפני עצמו. וזהו מ"ש ויוגד לאברהם לאמר. הנה ילדה מלכה וגו' וכל השמונה שילדה היו גוים ולאומים כמ"ש קמואל אבי ארם. וכן עוץ כמ"ש ארץ עוץ. וכן כשד הוא כשדים. וכן כולם. וכן בלוט שנצול במערה בזכות אברהם הגין זכותו ג"כ שה"ל זרע ללוט שהיה לגוי ועם וז"ש הוא אבי מואב שנעשה לעם בזכות מי אב ור"י בר"ס ור"ח חולקים על ר' יודן שלא ביזתה אביה וכן יש לדרוש בן עמי שיהיה לגוי ועם בזכות מי שהוא אבי עמים וגוים. ועיין לקמן פרשה ס"א סי' ה' ראשי אומין. ודו"ק:

חידושי הרד"ל

(יד) **מפתק הנהרות.** (כמדומני שעיקר הגי' מפסק כלומר פוסק מעיינם. אבל מפתק ענינו להיפך ברוב המקומות) ואפשר מרמז לזה שליוה אלישע (מלכים ב' ג') וכל מעייני מים תסתמו ועיין במדרש רבה סוף פרשה פנחס:

מסורת המדרש

יז רות רבה סוף פרשה ה'. ילקוט כאן רמז פ"ו. ילקוט ירמיה רמז של"א:

יח במד"ר פ' כ'. תנחומא בלק סי' י"ז. ילקוט בלק רמז תשע"א:

יט נזיר כ"ג. בבא קמא ל"ח. הוריות דף י'. ילקוט כאן רמז פ"ו. וילקוט דברים רמז תת"ח:

אם למקרא

וַתֵּרֶד הַגֹּרֶן וַתַּעַשׂ כְּכֹל אֲשֶׁר־צִוַּתָּה חֲמוֹתָהּ: (רות ג:ו)

וַיֹּאמֶר ה' אֵלַי אַל־תָּצַר אֶת־מוֹאָב וְאַל־תִּתְגָּר בָּם מִלְחָמָה כִּי לֹא־אֶתֵּן לְךָ מֵאַרְצוֹ יְרֻשָּׁה כִּי לִבְנֵי־לוֹט נָתַתִּי אֶת־עָר יְרֻשָּׁה: (דברים ב:ט)

וְקָרַבְתָּ מוּל בְּנֵי עַמּוֹן אַל־תְּצֻרֵם וְאַל־תִּתְגָּר בָּם כִּי לֹא־אֶתֵּן מֵאֶרֶץ בְּנֵי־עַמּוֹן לְךָ יְרֻשָּׁה כִּי לִבְנֵי־לוֹט נְתַתִּיהָ יְרֻשָּׁה: (דברים ב:יט)

וְלֹא־יִקָּרֵא עוֹד אֶת־שִׁמְךָ אַבְרָם וְהָיָה שִׁמְךָ אַבְרָהָם כִּי אַב־הֲמוֹן גּוֹיִם נְתַתִּיךָ: (בראשית יז:ה)

רש"י

[יא] **אבל אתה מפתק.** נהרות שלהם כהא דתנינן פותקין מים לגנה שסותם מצד אחד כדי שיבאו המים לגנה: ותהרין שתי בנות לוט מאביהן. בנותיו של לוט הולכות לעבור עבירה ונפקדות באיזה זכות מאביהן אברהם שנקרא אב דכתיב כי אב המון גוים נתתיך היה לו לומר ותהרינה שתי בנות לוט ממנו מהו מאביהן בזכות אברהם:

מתנות כהונה

אמר רבי לוי כו'. בדיו לא כן עשו בתמיה והכתיב וישב ישראל וגו' וכן בדיו לא כן עשו בתמיה והכתיב ותרד הגורן: **[יא] מפתק.** מקלקל יד הנהר והמים הולכים להם כדאמרינן בפ"ק דשבת פותקין מים לגנה: **בן מי שהיה עמי** הערי"ן בחיר"ק: **ונתפקדו.** בהריון ולידה: **מי אב.** מי שנקרא אב:

אשד הנחלים

לש"ש ולכן נאמר שלא עשתה רק מצד שצותה עליו חמותה לא בשביל תאותה. ודעת ר"ל שמרומז בה שניהם שתחילת הביאה הי' לשם זנות וכן בשטים אך תחילת עבורם הי' לש"ש וגם רות כמוהם כל כוונתה לש"ש וא"כ פירש הכתוב ככה אני ידעתי עברתו האם לא כן בדיו ונכלל בזה שני הכוונות יחד: **[יא] ע"י שביזה כו' מפתק הנהרות שלהן.** אף שבן לא ישא בעון האב מ"מ תכונת אמם נשאר בטבעם וע"כ הם ראיים לזה: **מי אב.** דעתם שלכן קראו מואב שתלו זכותם שנתעברו רק בזכות אברהם אף שעשו עבירה עם אביהם

בִּזְכוּת אַבְרָהָם, "מוֹאָב" מֵאָב – By the merit of Abraham; for "Moav" means "from (i.e., on account of) **the** one who is called **'father,'"**[105] **שֶׁנֶּאֱמַר בְּאַבְרָהָם "כִּי אַב הֲמוֹן גּוֹיִם נְתַתִּיךָ" – as [Scripture] says in** regard to **Abraham,** ***for I have made you the "father" of a multitude of nations*** (above, 17:5).[106]

NOTES

105. The name Moab (מוֹאָב) indicates that the child was born מֵאָב, from the merit of the one known as "Father," that is, Abraham, as the Midrash will presently explain (*Eitz Yosef*).

Maharzu maintains that R' Yudan son of R' Simon and R' Chanin are disagreeing with R' Aivu's position above, that the elder daughter was making a (disrespectful) reference to her father Lot by naming her child Moab.

106. Abraham was thus considered the father of the entire world, and his merit could therefore assist everyone in the world (see above, 49 §2), including the daughters of Lot (see *Rashi* and *Matnos Kehunah*). Alternatively, the verse means that many nations would arise from among Abraham's descendants. This blessing extended to other members of Abraham's family (see below, 22:21). The Midrash here is implying that similarly, it was through this blessing that the daughters of Lot (Abraham's grand-nieces) merited bearing the two nations of Moab and Ammon (*Maharzu*).

לֹא עָשָׂה כֵן בַּדָּיו לְשֵׁם זְנוּת אֶלָּא לְשֵׁם שָׁמַיִם שֶׁנֶּאֱמַר (רות ג, ו) "וַתֵּרֶד הַגּוֹרֶן וַתַּעַשׂ כְּכֹל אֲשֶׁר צִוַּתָּה חֲמוֹתָהּ". [יח]אָמַר רַבִּי לֵוִי: אִם תְּחִלָּתוֹ שֶׁל מוֹאָב לְשֵׁם זְנוּת גַּם סוֹפוֹ הָיָה לְשֵׁם זְנוּת, "בַּדָּיו לֹא כֵן עָשׂוּ", "וַיֵּשֶׁב יִשְׂרָאֵל בַּשִּׁטִּים וגו' ", וְאִם מִתְּחִילַּת עִיבּוּרוֹ לְשֵׁם שָׁמַיִם אַף סוֹפוֹ לְשֵׁם שָׁמַיִם, "בַּדָּיו לֹא כֵן עָשׂוּ", "וַתֵּרֶד הַגֹּרֶן וְגוֹ' ":

יא [יט, לז] "וַתֵּלֶד הַבְּכִירָה בֵּן וגו' ".

רַבִּי יוּדָן מִשֵּׁם רַבִּי אֵיְיבוּ: [יט]הַבְּכִירָה עַל יְדֵי °שֶׁבִּיזְּתָה כְּבוֹד אָבִיהָ וְאָמְרָה שְׁמוֹ "מוֹאָב", מֵאָב, אָמַר הַכָּתוּב (דברים ב:ט) "אַל תָּצַר אֶת מוֹאָב וְאַל תִּתְגָּר בָּם מִלְחָמָה", מִלְחָמָה אִי אַתָּה עוֹשֶׂה עִמָּהֶן, אֲבָל אַתָּה מְפַתֵּק הַנְּהָרוֹת שֶׁלָּהֶן, שׂוֹרֵף גְּדִישִׁים שֶׁלָּהֶן בָּאֵשׁ, אֲבָל הַצְּעִירָה עַל יְדֵי °שֶׁחָסְתָה עַל כְּבוֹד אָבִיהָ וְאָמְרָה "וַתִּקְרָא שְׁמוֹ בֶּן עַמִּי", בֶּן מִי שֶׁהָיָה עִמִּי, אָמַר הַכָּתוּב (שם יט) "אַל תְּצֻרֵם וְאַל תִּתְגָּר בָּהֶם" כָּל עִיקָּר. אָמַר רַבִּי יְהוּדָה בְּרַבִּי סִימוֹן וְרַבִּי חָנִין בְּשֵׁם רַבִּי יוֹחָנָן: בְּנוֹתָיו שֶׁל לוֹט הוֹלְכוֹת לַעֲבוֹר עֲבֵירָה וְנִתְפַּקְדוּ, בְּאֵיזֶה זְכוּת, בִּזְכוּת "מוֹאָב", °מִי אָב שֶׁנֶּאֱמַר בְּאַבְרָהָם (בראשית יז, ה) "כִּי אַב הֲמוֹן גּוֹיִם נְתַתִּיךָ":

עץ יוסף

אלא לשם שמים שנאמר ותרד. כצ"ל ור"ל שר"ס מפרש איפכא תחילת עבורה של מואב לא היה לש"ש אלא לשם זנות כי גם בנותיו נתאוו לו לזנות. ואמר ולא כן כלו' שמ"מ לא נשאר בכולם טבע שורש הרע. שהרי בדיו לא כן עשו זו רות במעשה בועז שלא עשתה אלא לש"ש שנא' ותרד הגורן ותעש ככל אשר צותה חמותה. שכוונתה היתה לש"ש (כזה"ק): **א"ר לוי כו'** מפרש ולא כן בדיו לא כן עשו בתמיה. ולא כן וכי בדיו לא כן עשו כאשר עשו אבותיהן. ולא הכריע הדבר אם המקרא נדרש לשבח או לגנאי: **(יא) [יד] מפתק** פי' סותם: **בן מי שהיה עמי.** כלו' שאינו מאיש זר רק ממי שהיה תמיד עמי. והוא האב. ומ"מ לא אמרה בפירוש מאב. ולכן קבלה שכר (יפ"ת): **לעבור עבירה** דס"ל כרבי סימון דלעיל דאמר שהיה להם לשם זנות: **ונתפרקו** בתמיהא: **בזכות מואב מי אב.** נ"ל בזכות אברהם מואב מאב. ונמצא בנוסחאות כן באיזה זכות בזכות מאביהן אברהם שנקרא אב דכתיב כי אב המון גוים נתתיך (אות אמת):

פירוש מהרז"ו

עבורו לש"ש ובדיו לא כן עשו היינו בנות מואב בשטים. ולר"ס עברתו ולא כן שלא היה תחלת עבורו כן וכמו מל' כן בנות צלפחד דוברות אבל בדיו לא כן עשו כמעשה האמהות אלא לש"ש היינו רות ור"ל ישוה המדות א"כ הא' לשבח גם הב' לשבח ואם הא' לגנאי גם הב' כן. וע' מדרש רות פסוק ותרד הגורן ודו"ק: **(יא) אל תצר כו'** ב"ק דף ל"ח: **מפתק** סותם כדלעיל ר"פ ט"ז ד' ראשי נהרות פותק: **שהיה עמי** וע"ד מ"ש האמינון אחיך היה עמך: **מואב מי אב** הענין כי מאברהם יצאו הרבה גוים בחייו ישמעאל ובניו. יצחק ובניו. ובני קטורה ויעקב ועשו היו בני ט"ו שנה כשמת אברהם. וכל מי שנולד בימיו ממשפחתו היה לעם וגוי בפני עצמו. וזהו מ"ש ויוגד לאברהם לאמר. הנה ילדה מלכה וגו' וכל השמונה שילדה היו גוים ולאומים כמ"ש קמואל אבי ארם. וכן עוץ כמ"ש ארץ עוץ. וכן כשד הוא כשדים. וכן כולם. וכן בלוט שנצול במערה בזכות אברהם הגין זכותו ג"כ שה"ל זרע ללוט שהיה לגוי ועם וז"ש הוא אבי מואב שנעשה לעם בזכות מי אב ור"י בר"ס ור"ח חולקים על ר' יודן שלא ביזתה אביה וכן יש לדרוש בן עמי שיהיה לגוי ועם בזכות מי שהוא אבי עמים וגוים. ועיין לקמן פרשה ס"ח סי' ה' ראשי אומין. ודו"ק:

רש"י

[יא] אבל אתה מפתק. נהרות שלהם כהא דתנינן פותקין מים לגנה שסותם מצד אחד כדי שיבאו המים לגנה: ותהרין שתי בנות לוט מאביהן. בנותיו של לוט הולכות לעבור עבירה ונפקדות באיזה זכות מאביהן אברהם שנקרא אב דכתיב כי אב המון גוים נתתיך היה לו לומר ותהריגה שתי בנות לוט ממנו מהו מאביהן בזכות אברהם:

מתנות כהונה

אמר רבי לוי כו'. בדיו לא כן עשו בתמיה והכתיב וישב ישראל וגו' וכן בדיו לא כן עשו בתמיה והכתיב ותרד הגורן: **[יא] מפתק.** מקלקל יד הנהר והמים הולכים להם כדאמרינן בפ"ק דשבת פותקין מים לגנה: **בן מי שהיה עמי** הטיי"ן בחיר"ק: **ונתפקדו.** בהריון ולידה: **מי אב.** מי שנקרא אב:

אשד הנחלים

לש"ש ולכן נאמר שלא עשתה רק מצד שצותה עליו חמותה לא בשביל תאותה. ודעת ר"ל שמרומז בה שניהם שתחילת הביאה הי' לשם זנות וכן בשטים אך תחילת עבורם הי' לש"ש וגם רות כמוהם כל כוונתה לש"ש וא"כ פירש הכתוב ככה אני ידעתי עברתו האם לא כן בדיו ונכלל בזה שני הכוונות יחד: **[יא] ע"י שביזה כו' מפתק הנהרות שלהן.** אף שבן לא ישא בעון האב מ"מ תכונת אמם נשאר בטבעם וע"כ הם ראיים לזה: **מי אב.** דעתם שלכן קראו מואב שתלו זכותם שנתעברו רק בזכות אברהם אף שעשו עבירה עם אביהם

חידושי הרד"ל

(יד) **מפתק הנהרות.** (כמדומני שעיקר הגי' מפסק כלומר פוסק מעיינס. אבל מפתק עניינו להיפך ברוב המקומות) ואפשר מרמז לזה שליוה אלישע (מלכים ב' ג') וכל מעייני מים תסתמו ועיין במדרש רבה סוף פרשה פנחס:

מסורת המדרש

יז רות רבה סוף פרשה ה'. ילקוט כאן רמז פ"ו. ילקוט ירמיה רמז של"ח:

יח במד"ר פ' כ'. תנחומא בלק סי' י"ז. ילקוט בלק רמז תשע"ח:

יט נזיר כ"ג. בבא קמא ל"ח. הוריות דף י'. ילקוט כאן רמז פ"ו. וילקוט דברים רמז תת"ח:

אם למקרא

וַתֵּרֶד הַגֹּרֶן וַתַּעַשׂ כְּכֹל אֲשֶׁר־צִוַּתָּה חֲמוֹתָהּ: (רות ג:ו)

וַיֹּאמֶר ה' אֵלַי אַל־תָּצַר אֶת־מוֹאָב וְאַל־תִּתְגָּר בָּם מִלְחָמָה כִּי לֹא־אֶתֵּן לְךָ מֵאַרְצוֹ יְרֻשָּׁה כִּי לִבְנֵי־לוֹט נָתַתִּי אֶת־עָר יְרֻשָּׁה: (דברים ב:ט)

וְקָרַבְתָּ מוּל בְּנֵי עַמּוֹן אַל־תְּצֻרֵם וְאַל־תִּתְגָּר בָּם כִּי לֹא־אֶתֵּן מֵאֶרֶץ בְּנֵי־עַמּוֹן לְךָ יְרֻשָּׁה כִּי לִבְנֵי־לוֹט נְתַתִּיהָ יְרֻשָּׁה: (דברים ב:יט)

וְלֹא־יִקָּרֵא עוֹד אֶת־שִׁמְךָ אַבְרָם וְהָיָה שִׁמְךָ אַבְרָהָם כִּי אַב־הֲמוֹן גּוֹיִם נְתַתִּיךָ: (בראשית יז:ה)

Chapter 52

וַיִּסַּע מִשָּׁם אַבְרָהָם אַרְצָה הַנֶּגֶב וַיֵּשֶׁב בֵּין קָדֵשׁ וּבֵין שׁוּר וַיָּגָר בִּגְרָר.

Abraham journeyed from there to the region of the south and settled between Kadesh and Shur, and he sojourned in Gerar (20:1).

§1 וַיִּסַּע מִשָּׁם אַבְרָהָם אַרְצָה הַנֶּגֶב — ***ABRAHAM JOURNEYED FROM THERE TO THE REGION OF THE SOUTH.***

Why did Abraham journey away from his original residence (where he was well-respected and had many allies) at this particular time — especially to a place like Gerar, which turned out to be quite hostile? The Midrash addresses this issue:

רַבִּי אָבִין פָּתַח: "וְאוּלָם הַר נוֹפֵל יִבּוֹל וְצוּר יֶעְתַּק מִמְּקוֹמוֹ" — **R' Avin began** his discourse on this passage by citing the verse: ***In truth, a mountain falls and withers, and a rock will move from its place*** (*Job* 14:18). "וְאוּלָם הַר נוֹפֵל", זֶה לוֹט שֶׁנָּפַל מֵהַר — ***In truth, a mountain falls and withers* — this is** an allusion to **Lot, who "fell" from a mountain;**[1] "וְצוּר", זֶה אַבְרָהָם, "יֶעְתַּק מִמְּקוֹמוֹ", פָּנָה מִמְּקוֹמוֹ — ***and a rock will move from its place* — this is** alluding to **Abraham,**[2] **who** subsequently **removed himself from his place** and went to settle in Gerar:[3] לְפִי שֶׁחָרַב מְקוֹמָהּ שֶׁל סְדוֹם פָּסְקוּ הָעוֹבְרִים וְהַשָּׁבִים — **Because the area of Sodom was destroyed, passersby ceased** to travel by Abraham's tent, וְאָמַר מָה אֲנִי מַפְסִיק צְדָקָה מִבֵּיתִי — **and he said, "What, shall I** now **cease** doing acts of **charity from my house?!"**[4] הָלַךְ וְנָטַע לוֹ אֹהֶל בִּגְרָר — **So he went and pitched his tent in Gerar.** הֲדָא הוּא דִכְתִיב "וַיִּסַּע מִשָּׁם אַבְרָהָם" — **This is** the meaning of **what is written** here, immediately after the story of Lot, ***Abraham journeyed from there.***

§2 [וַיִּסַּע מִשָּׁם אַבְרָהָם — *ABRAHAM JOURNEYED FROM THERE.*]

The Midrash expounds a verse in *Proverbs* as an allusion to Lot's behavior here:

"אָח נִפְשָׁע מִקִּרְיַת עֹז" — It is written, ***A brother who is rebellious against a strong city*** (*Proverbs* 18:19). "אָח" זֶה לוֹט שֶׁהָיָה בֶּן אָחִיו שֶׁל אַבְרָהָם — ***A brother* — this is** an allusion to **Lot, who was the son of Abraham's brother;**[5] "נִפְשָׁע מִקִּרְיַת עֹז", פָּשַׁעְתְּ בְּאַבְרָהָם כָּפַרְתְּ בֵּיהּ שִׁקַּרְתְּ בֵּיהּ — ***rebellious against a strong city* — you**[6] **rebelled against Abraham,**[7] **contradicted him and were false to him.**[8] וּמָה גָרַם לָךְ — **And what did [this]** course of action **cause** to happen **to you?** "וּמִדְיָנִים כִּבְרִיחַ אַרְמוֹן", הֵבִיא עָלָיו מִדְיָנִים כִּבְרִיחֵי בֵּית הַמִּקְדָּשׁ — As the *Proverbs* verse concludes, ***and contentions like the bolt of a palace* — he brought upon himself divisiveness** as steadfast **as the bolts of the holy Temple.**[9] מַה לְהַלָּן "וְלֹא יָבֹא טָמֵא" אַף כָּאן "לֹא יָבֹא עַמּוֹנִי וּמוֹאָבִי בִּקְהַל ה'..." — For **just as there,** referring to the Temple, it is stated, ***an impure person "shall not enter"*** (*II Chronicles* 23:19), **so too here** it is stated, ***An Ammonite or Moabite "shall not enter" the congregation of HASHEM . . .*** (*Deuteronomy* 23:4).[10]

NOTES

1. That is, Lot "fell" spiritually from (i.e., as a result of what happened on) a mountain (for that is where Lot was at the time; see above, 19:30) — referring to his incestuous relations with his daughters, recounted in 19:31-38 (*Rashi, Matnos Kehunah;* cf. *Radal* and *Eitz Yosef*). The words הַר נוֹפֵל are homiletically interpreted not as "a mountain falls," but "he who falls from a mountain."

The word יִבּוֹל (translated here as "withered") indicates that Lot not only "fell" spiritually, but "withered away" in the sense that it was not possible for him to recover spiritually (*Eitz Yosef*). Alternatively: It means that he did a disgusting deed (from the root נבל, "disgusting") (*Yefeh To'ar*).

2. Who is called a צוּר (*rock*) in *Isaiah* 51:1-2 (as noted in many Midrashim).

3. For the reason the Midrash now goes on to elaborate. Many commentators (*Matnos Kehunah, Yefeh To'ar,* etc.) note that in the *Yalkut Shimoni* version of this Midrash (here, §87), the sentence that follows begins with the words דָּבָר אַחֵר — **Another interpretation.** According to this version, the Midrash is giving two separate reasons for Abraham's departure: (i) A wish to distance himself from embarrassment over the degenerate behavior of his nephew and former disciple Lot (as the Midrash indeed states below), and (ii) another interpretation: He left because of the dearth of wayfarers in the area, as the Midrash goes on to explain. *Yefeh To'ar* and *Eitz Yosef* in fact recommend emending the text of our Midrash to correspond to that version.

4. As long as Sodom and its environs were settled, Abraham had the opportunity to take in guests and poor people who passed through the area (whom the Sodomites did not care for; see *Ezekiel* 16:49). These opportunities were lost upon Sodom's destruction. Therefore, Abraham sought other opportunities to perform acts of kindness (*Maharzu;* see *Aggadas Bereishis* Ch. 25).

5. Although Lot was Abraham's nephew, the Torah refers to the two as "brothers" (above, 13:8, 14:14) (*Eitz Yosef*).

6. The Midrash addresses Lot, as it were.

7. The term *strong city* is taken as an allusion to Abraham, who is depicted in Scripture as a strong rock (*Isaiah* 51:1-2) (*Rashi* to *Nazir* 23a, cited by *Eitz Yosef*). Alternatively: Abraham was like a "strong city" in that his great merits afforded protection to others as a fortified city protects its inhabitants (*Maharzu*).

8. By acting as you did with your daughters, you contradicted Abraham's teachings and caused him a loss of esteem in the eyes of others, thus betraying him (*Ohr HaSeichel*).

9. The Midrash interprets מִדְיָנִים (translated here as "contentiousness") as "divisiveness," referring to the forced separation between Israel and Lot's descendants mandated by the Torah (*Deuteronomy* 23:4) (*Rashi*). It also interprets the "palace" of the verse to be referring to God's "palace," the Temple.

10. Just as impure people are barred from the Temple (kept out of it by bolts, as it were), so are Lot's descendants (Ammon and Moab), the offspring of incest, barred from entering the Israelite nation through intermarriage. The Midrash is saying, then, that Lot's disgraceful actions here are what caused his descendants to be banned from marrying Israelites (though *Deuteronomy* ibid. gives different reasons for the prohibition; see *Yefeh To'ar*).

[The *Yalkut Shimoni* version of this Midrash concludes: לְכָךְ סָמַךְ "וַיִּסַּע מִשָּׁם אַבְרָהָם" — And **therefore [Scripture] juxtaposes *Abraham journeyed from there*** to the story of Lot and his daughters.

Abraham's departure from Lot is seen as a harbinger of the future prohibition against intermingling between Israel and Ammon and Moab; just as Abraham distanced himself (physically) from Lot in the wake of the incident with his daughters, so too would the Israelites distance themselves (halachically) from Lot's descendants because of this immoral act (see *Yefeh To'ar*).]

פרשה נב

א [כ, א] **״וַיִּסַּע מִשָּׁם אַבְרָהָם אַרְצָה הַנֶּגֶב״. רַבִּי אָבִין פָּתַח:** (איוב יד, יח) [א]**״וְאוּלָם הַר נוֹפֵל יִבּוֹל וְצוּר יֶעְתַּק מִמְּקוֹמוֹ״, ״וְאוּלָם הַר נוֹפֵל״, זֶה לוֹט שֶׁנָּפַל מֵהָר, ״וְצוּר״, זֶה אַבְרָהָם, ״יֶעְתַּק מִמְּקוֹמוֹ״, פָּנָה מִמְּקוֹמוֹ.** [ב]**לְפִי שֶׁחָרַב מְקוֹמָהּ שֶׁל סְדוֹם פָּסְקוּ הָעוֹבְרִים וְהַשָּׁבִים, וְאָמַר מַה אֲנִי מַפְסִיק צְדָקָה מִבֵּיתִי, הָלַךְ וְנָטַע לוֹ אֹהֶל בִּגְרָר, הָדָא הוּא דִכְתִיב ״וַיִּסַּע מִשָּׁם אַבְרָהָם וְגוֹ׳ ״:**

ב (משלי יח, יט) **״אָח נִפְשָׁע מִקִּרְיַת עֹז״,** [ג]**״אָח״ זֶה לוֹט שֶׁהָיָה בֶּן אָחִיו שֶׁל אַבְרָהָם, ״נִפְשָׁע מִקִּרְיַת עֹז״, פְּשַׁעַת בְּאַבְרָהָם כְּפַרְתְּ בֵּיהּ, שְׁקַרְתְּ בֵּיהּ. וּמַה גָּרַם לָךְ,** (שם) **״וּמִדְיָנִים כִּבְרִיחַ אַרְמוֹן״, הֵבִיא עָלָיו מִדְיָנִים כִּבְרִיחֵי בֵּית הַמִּקְדָּשׁ, מַה לְהַלָּן** (דה״י ב כג, יט) **״וְלֹא יָבֹא טָמֵא״ אַף כָּאן** (דברים כג, ד) **״לֹא יָבֹא עַמּוֹנִי וּמוֹאָבִי בִּקְהַל ה׳ ״:**

עץ יוסף

נב (א) רבי אבין פתח כו׳. ולמה זה נסע עכשיו ממנו ללא סיבה למקום אשר לא ידע והוצרך להתנכר לאשתו. לזה סמך ר׳ אבין אהאי קרא ואולם הר נופל כו׳ שסבת העתקו מפני לוט (יפ״ת): **ואולם הר נופל יבול זה לוט שנפל מהר. וצור יעתק ממקומו זה אברהם שגרם לו לוט שפנה ממקומו. ד״א לפי שחרב מקומה של סדום כו׳.** כצ״ל וכן הוא בילקוט (יפ״ת ונזה״ק). וה״פ הר נופל זה לוט שנפל מהר כלו׳ שמעת שנפרד מאברהם ירד ונפל ממעלות מדרגת קדושת אברהם הנמשל להר שבהיותו דבוק בו באברהם אז היה גם הוא נדבק בקדושתו ובמעלתו להיות ג״כ במדרגת מעלת ההר. אבל משנתרחק ממנו ירד ממדרגתו. ולכן נקרא הר נופל לפי שנפל ממדרגת ההר של אברהם. יבול שנבלה ונפסד לגמרי ולא היה לו תיקון עוד לשוב לקדמותו. שהרי עבור זה שוב נסע אברהם משם אל ארץ הנגב להתרחק ממנו. וצור זה אברהם שנקרא צור יעתק ממקומו שגרם לו לוט שפנה ממקומו: **מפסיק** פירוש מחדיל ומונע: **(ב) שהיה בן אחיו.** וחשוב כאחיו כמ״ש כי אנשים אחים אנחנו וכמ״ש וישמע אברם כי נשבה אחיו: **פשעת באברהם.** דמקרית עוז היינו אברהם כדכתיב הביטו אל צור חוצבתם כדכתב רש״י בפ״ק דנזיר (יפ״ת): **כפרת ביה שקרת ביה.** שענין הפשיעה היא הכפירה בו שפורק עולו מעליו כאילו לא ידעו ומשקר באמונתו. ואפשר שהכפירה נאמר בבחינת האמונה. והשקרות בבחינת המעשה שלא ישמור אמונתו במשאו ובמתנו כמו שמצינו זה בלוט שכפר באמונת אברהם כמ״ש לעיל בפרשה מ״א ויסע לוט מקדם מקדמונו של עולם. וג״כ הפוך מעשיו ממעשי אברהם ונמשך למעשה סדום (יפ״ת): **מה להלן לא יבא טמא כו׳.** ר״ל כמו שהטמא מפני טומאתו ושיקוצו צריך להתרחק מן המקדש הקודש כן עמון ומואב מפני טומאתם ושיקוציהם בהיותם נולדים בעבירה נתרחקו מן הקהל המיוחס והקדוש (יפ״ת):

פירוש מהרז״ו

נב (א) שנפל מהר. שאמר לא אוכל להמלט ההרה. וכמ״ש לעיל פ״נ ס״ס י״א וע״כ נכשל בבנותיו שזה היתה כוונתו כמ״ש שם מאג״ב וזהו מ״ש יפול שנכשל בבנותיו. וע״כ וצור יעתק ממקומו זה אברהם. ובאג״ב פר׳ כ״ה הר נופל זה סדום שנקרא הר שנאמר המעתיק הרים. (וכמ״ש לעיל פר׳ מ״ט ס״ו) וצור יעתק ממקומו זה אברהם שנאמר הביטו אל צור חוצבתם עכ״ל: **שחרב מקומו של סדום.** כי סדום היתה מדינה של חמש ערים ובעבור שלא היו מקבלים אורחים ע״כ ישב אברהם בצדם וקיבלם והעניים של סדום שלא רצו לפרנסם. כמ״ש ויד עני ואביון לא החזיקה היה אברהם מפרנסם. וכשחרבה סדום לא היו עוברים ושבים ולא עניים לפרנס וכמ״ש כ״ז בהדיא באג״ב שם: **(ב) אח נפשע.** נזיר כ״ג ואין פשע אלא מרידה כמ״ש מלך מואב פשע בי. במ״ר ר״פ י״ח מקרית עוז הוא אברהם שהיה מגין בזכותו כמו קרית עוז ועיר מבצר: **כבריח בהמ״ק.** כבריח ארמונו של הקב״ה זה בהמ״ק. לשון ילקוט כאן. וכמ״ש ישעיה ל״ב כי ארמון נוטש וכו׳ והבריח הוא משל על האיסור: **לא יבא טמא.** לכל דבר (פסוק הוא בד״ה ב׳ כ״ג יפ״ת) ומה בריח ארמון גורם שלא יבא בו טמא מחמת קדושת בהמ״ק כך המדינים של לוט כמ״ש ויהי ריב וגו׳ כמ״ש לעיל פ׳ מ״א סי׳ ו׳ גרם לו שנתרחק זרעו לדורות עולם:

רש״י

נב (א) ואולם הר נופל יבול זה לוט שנפל מהר. כלומר שנחסר מהר. כלומר על ידי הר. שנתרחק מישראל על עסק שעשה בהר. נופל לשון חסר כד״א לא נופל אנכי מכם: **וצור יעתק ממקומו זה אברהם.** שנקרא צור דכתיב הביטו אל צור חוצבתם. שגרם לו לוט שפינה מקומו שהיו עוברים ושבים אומרים כך וכך עשה לוט והיה אברהם וכו׳ (כאן נחסר כמה שורות מן רש״י ז״ל):

הקטע שבסוגריים < > הושמט בדפוסים רבים, והשלמנוהו על פי פירוש רש״י שנדפס בספר אור השכל.

‹**(ב) ומדיינים כבריח ארמון.** הביא על עצמו מחלוקות גדולות כבריחי ארמונו של הבית המקדש מה להלן לא יבא טמא אף כאן לא יבא עמוני›:

מתנות כהונה

[א] שנפל מהר. פירש״י נפילתו וחסרונו בא לו ממה שעשה בהר: **זה אברהם שנקרא צור.** שנאמר הביטו אל צור חצבתם: ה״ג בילקוט סדר זה יעתק ממקומו שגרם לו שפנה ממקומו ד״א לפי כו׳. [ובילקוט איוב גורס כמו כאן] שגרם לו שנתבייש ממנו על אודותיו עם בנותיו: **[ב] פשעת כו׳.** נפשע דרש בלשון נוטריקון:

נחמד למראה

[א] וצור יעתק ממקומו. עיין בידי משה וזה לשונו נ״ל מקומה דמ״ם יתר היא עכ״ל. מה שכתב מקומה הוא טעות סופר וצ״ל מקומו אבל מה שכתב יתר מ״ם וצ״ל מקומו הוא תמוה שהרי מקרא מלא הוא ממקומו. וצ״ל שדברי הרב לא קאי אקרא אלא אדרשה דקא דריש יעתק ממקומו שפנה ממקומו ועלה קאמר שצ״ל פנה מקומו ר״ל שהוא פנה המקום שהיה בו והלך אל מקום אחר ולפיכך נ״ל מקומו אבל הפסוק הוא ממקומו והציון ה בטעות וצ״ל למטה בפנה ממקומו. ומה שהביאו לזה כפי הנראה הוא ממה שראה ביפ״ת שהביא גירסת הילקוט כן. פנה מקומו. אבל אינו מוכרח שהרי אח״כ חזר וכתב הגירסא ממקומו. וכן מתנות כהונה הביא גירסת הילקוט שפנה ממקומו אלא שבילקוט גורס. שגרם לו שפנה ממקומו והמדרש אינו גורס שגרם לו ובלאו הכי אין שום נפקותא בין אם גרסינן פנה מקומו או פנה ממקומו שפירושו פנה עצמו ממקומו ודכוותה אשכחן לקמן בסדר ויצא יעקב פנה משם פנה זיוה וכו׳ ר״ל פנה את עצמו משם ודו״ק: **[ב] הביא עליו מדינים כבריחי בית המקדש וכו׳ אף כאן לא יבא עמוני וכו׳.** הקשו המפרשים דלא משבת לוט נאסרו עמון ומואב שהרי הטעם מפורש בתורה על דבר אשר לא קדמו אתכם בלחם ובמים וגו׳ והאריכו הרבה בזה. ונ״ל שמפני שלוט פשע באברהם היתה עברתו שמורה נצח ושנאה זו נמשכה לזרעו אחריו בדרך טבע עד שזרע זרעו היתה טמונה שנאתו בקרבו לזרעו של אברהם ומפני זה לא קדמו אותם בלחם ובמים משנאתם אותם ועל דבר זה נתרחקו ונתן טעם הכתוב על דבר אשר לא קדמו אתכם ובמדרש גילה הסיבה לזה שהיה לוט ודו״ק:

אשד הנחלים

[א] שנפל מהר. מסבת עשייתו בהר ולכן נפל ממעלתו. לכן הצור שהוא העיקר ויסוד העולם נעתק מממקומו לפי שראה שהמקום ריקן מבני אדם ואינו יכול להכניס אורחים לשם וגם עם לוט לא יוכל להתחבר כי נפל ממעלתו: **[ב] פשעת כו׳ כפרת כו׳ שקרת כו׳.** כי פשע זהו המרד שמורד באוהב. ואיך יתכן למרוד באוהב אם לא ישקר באמונתו כי יכפור בו לומר עליו שאינו כדאי לאוהבו. והנה הכפירה

חידושי הרד״ל

(א) **[א] הר נופל זה לוט.** יש לפרש שנפל ונפרד מאברהם שנקרא הר. ובשו״ט מז׳ י״ג ובאג״ב פרשה כ״ה הגי׳ זו סדום שנאמר המעתיק הרים וגו׳ אשר הפכם באפו (מיהו לעיל פרשה נ׳ אמרו דסדום בעומקא):

(ב) **[ב] זה לוט שהיה בן אחיו.** וקראו אברהם בלשון אנשים אחים. ועיין פר״א פל״ו:

מסורת המדרש

א אגדת בראשית פרק כ״ה. ילקוט כאן רמז פ״ז:
ב פסיקתא רבתי פמ״ב:
ג נזיר כ״ג:

אם למקרא

וְאוּלָם הַר־נוֹפֵל יִבּוֹל וְצוּר יֶעְתַּק מִמְּקֹמוֹ: (איוב יד:יח)

אָח נִפְשָׁע מִקִּרְיַת־עֹז וּמִדְיָנִים כִּבְרִיחַ אַרְמוֹן: (משלי יח:יט)

וַיַּעֲמֵד הַשּׁוֹעֲרִים עַל־שַׁעֲרֵי בֵּית ה׳ וְלֹא־יָבֹא טָמֵא לְכָל־דָּבָר: (דברי הימים ב כג:יט)

לֹא־יָבֹא עַמּוֹנִי וּמוֹאָבִי בִּקְהַל ה׳ גַּם דּוֹר עֲשִׂירִי לֹא־יָבֹא לָהֶם בִּקְהַל ה׳ עַד־עוֹלָם: (דברים כג:ד)

§3 [וַיִּסַּע מִשָּׁם אַבְרָהָם — *ABRAHAM JOURNEYED FROM THERE.*]

The Midrash expounds another verse in *Proverbs* as an allusion to Abraham:

דָּבָר אַחֵר "וַיִּסַּע מִשָּׁם אַבְרָהָם" — **Another interpretation of** ***Abraham journeyed from there:***

"חֲכַם לֵב יִקַּח מִצְוֹת" — It is written, ***The wise of heart acquires good deeds,*** *but the one of foolish lips stumbles* (*Proverbs* 10:8). "חֲכַם לֵב" זֶה אַבְרָהָם — ***The wise of heart*** — **this is** alluding to **Abraham;**[11] "יִקַּח מִצְוֹת", לְפִי שֶׁחָרַב מְקוֹמָהּ שֶׁל סְדוֹם וּפָסְקוּ הָעוֹבְרִים וְהַשָּׁבִים וְלֹא חָסֵר קִלּוּרִין שֶׁלּוֹ כְּלוּם — ***acquires good deeds*** — **since the area of Sodom was destroyed and passersby ceased** to traverse the roads, **and [Abraham's] storehouses** of food **were** thus **not being diminished at all,**[12] אָמַר מָה אֲנִי מַפְסִיק צְדָקָה מִבֵּיתִי — **he said, "What, shall I** now **cease** doing acts of **charity from my house?!"**[13] הָלַךְ וְנָטָה לוֹ אֹהֶל בִּגְרָר — So **he went and pitched** his **tent in Gerar.**[14] "וֶאֱוִיל שְׂפָתַיִם יִלָּבֵט", זֶה לוֹט שֶׁהָיָה אֱוִיל בִּשְׂפָתָיו — ***But the one of foolish lips stumbles*** — **this is** an allusion to **Lot,**[15] **who was foolish with his lips,** שֶׁהָיָה צָרִיךְ לוֹמַר לִבְנוֹתָיו דָּבָר שֶׁלָּקָה בּוֹ הָעוֹלָם אָנוּ בָּאִים לַעֲשׂוֹת — **for he should have said to his daughters,**[16] **"Are we then going to do that** immoral **act**[17] **for which the world was stricken** in punishment?"[18] אֶלָּא "יִלָּבֵט" — **However,** he did not do so; rather, ***he "stumbles,"*** meaning:[19] מָה גָּרַם לוֹ — **What did [this]** course of action **cause** to happen **to him?** "יִלָּבֵט", הֵבִיא עָלָיו לְבוּטִים — It caused him that ***He stumbles*** — **he brought stumblings upon himself** by causing his descendants to be distanced from the people of Israel. מַה לְהַלָּן "לֹא יָבֹא טָמֵא" אַף כָּאן "לֹא יָבֹא עַמּוֹנִי וּמוֹאָבִי בִּקְהַל ה'" — For **just as elsewhere,** referring to the Temple, it is stated, ***an impure person "shall not enter"*** (*II Chronicles* 23:19), **so too here**[20] it is stated, ***An Ammonite or Moabite "shall not enter" the congregation of HASHEM*** (*Deuteronomy* 23:4).

§4 וַיִּסַּע מִשָּׁם אַבְרָהָם — ***ABRAHAM JOURNEYED FROM THERE.***

The Midrash continues to discuss the reason for Abraham's move:

פָּנָה מִפְּנֵי רֵיחַ רַע — **He moved away** from there **because of the foul smell,** שֶׁהָיוּ אוֹמְרִים לוֹט בֶּן אֲחִי אַבְרָהָם בָּא עַל שְׁתֵּי בְנוֹתָיו — **for people were saying, "Lot, Abraham's nephew, cohabited with his two daughters."**[21]

ב אַרְצָה הַנֶּגֶב — ***TO THE REGION OF THE SOUTH.***

שִׁבְעָה שֵׁמוֹת נִקְרְאוּ לוֹ: דָּרוֹם, נֶגֶב, תֵּימָן, חֶדֶר יָם, וְיָמִין, וּסְנִינִים, [נ״א וְסִינִים] — The direction **["south"] is called by seven names** in Scripture: ***darom*** (*Deuteronomy* 33:23, *Ezekiel* 21:2, etc.), ***negev***

NOTES

11. Who was so wise that he came on his own to a recognition of God (*Eitz Yosef*). See 30 §8 and 46 §2 above and 64 §4 below.

12. By giving food to guests (*Maharzu*).

13. See note 4.

14. As stated above in §1. Abraham is described as one who *"acquires" good deeds* because he was not satisfied to fulfill those good deeds that happened to come his way; he actively sought out and acquired opportunities to perform mitzvos even when he was technically exempt from performing them (such as the mitzvah of hospitality, from which he was presently exempt as there were no passersby) (*Eitz Yosef*). See Insight Ⓐ.

15. *Radal* suggests that the Midrash interprets יִלָּבֵט as if it were written יִלּוֹט, "he is cursed" — by having his descendants shunned by the people of Israel. This would clearly be an allusion to Lot, whose very name לוֹט means "accursed" in Aramaic.

16. To the second daughter, that is; for according to the Midrash (above, 51 §8) Lot knew in advance that she was planning to lie with him (*Yefeh To'ar*).

17. Namely, incest.

18. Referring to the destruction of the whole world in the time of the Flood and/or to the destruction just visited upon Sodom and its environs — both of which were [at least in part] punishments for immoral conduct (*Matnos Kehunah, Yefeh To'ar, Eitz Yosef*).

19. [The phrase אֶלָּא יִלָּבֵט appears to be superfluous, and is in fact missing in manuscripts.]

20. It is unclear why the Midrash here (as opposed to the previous section) brings in this comparison with the Temple. *Maharzu* writes that the words מַה לְהַלָּן ... אַף כָּאן (*Just as ... so too here*) do not really belong here, and were in fact inserted by the Midrash only in order to maintain a parallel structure with the preceding section. *Matnos Kehunah* notes that in *Yalkut Shimoni* (loc. cit.) these words do not appear, and insinuates that they should be deleted here as well. [*Eitz Yosef* (Vagshal edition), however, citing *Shach*, keeps these words, writing that the Midrash is interpreting the word יִלָּבֵט as an acronym for לֹא יָבֹא טָמֵא. (The same suggestion is raised in *Mattas-yah*.)]

21. A "foul smell" is a metaphor for a bad reputation. The Midrash is expounding the word מִשָּׁם, *from there*, as if it were written מִשֵּׁם, *because of a name* (or "reputation") (*Mattas-yah*), and is saying that Abraham moved away because of Lot's bad reputation (שֵׁם רַע). A good reputation is called a "good smell" (see *Ecclesiastes* 7:1), while a bad reputation is called a "bad smell" (see *Song of Songs* 1:12 and *Shir HaShirim Rabbah* ad loc.) (*Maharzu; Eitz Yosef*).

Alternatively: *Eitz Yosef* (Vagshal edition) cites *Shach*, who explains that the Midrash's comment is based on the fact that שַׁם means "smell" in Arabic, so that מִשָּׁם is taken to mean "because of the smell." In that case, "smell" could be taken literally, as a reference to the odor of sulfur in the air from Sodom's destruction (see also *Maharzu*). [Concerning the Sages' use of Arabic in interpreting Biblical words, see Midrash above, 36 §1; below, 63 §5, 79 §7, 87 §1; *Shemos Rabbah* 42 §4; *Rosh Hashanah* 26a, etc.]

INSIGHTS

Ⓐ **Pursuing Mitzvos** There are many mitzvos that are not obligatory in the sense that one is required to pursue them; rather, it is only if specific circumstances present themselves that the Torah obligates a certain course of action. *Tanchuma, Chukas* §22, gives several examples of such mitzvos: There is no obligation to seek out a lost animal in order to return it to its owner (see *Exodus* 23:4), or to try to find a donkey struggling under its load in order to help it (see ibid., v. 5); similarly, there is no obligation to plant an olive tree or vineyard in order to fulfill the mitzvah of leaving behind some of the fruit for the poor (see *Deuteronomy* 24:20:21). In regard to the mitzvah of giving *tzedakah*, *Rashba* to *Shevuos* 25a writes explicitly that there is no obligation to seek out poor people to whom to give charity; the mitzvah becomes obligatory when a poor person asks for assistance.

However, as explained by *Shelah* to *Chullin* (*Perek Ner Mitzvah*, par. 11), there is a Gemara that may indicate to the contrary. The Gemara in *Sotah* (14a) tells us that Moses greatly desired to enter the Land of Israel so that he would have the opportunity to fulfill those mitzvos that that can only be fulfilled there. According to one approach in *Tosafos* (to *Pesachim* 113b s.v. ואין), this Gemara serves as proof that a person must seek to *create* the circumstances that will obligate him to perform a particular mitzvah, and that he is regarded as "excommunicated by heaven" if he does not (see *Pesachim* ibid.).

Others disagree. *Mordechai* to *Menachos* 41a, citing the same Gemara in *Sotah*, holds that while it is a *mitzvah min hamuvchar* (i.e., the most preferred option) for one to create the circumstances that make a *mitzvah* obligatory, a person has no *obligation* to do this. He might be punished by God [in times of Divine wrath (see *Menachos* ibid.)] only if he takes steps to *exempt* himself from a mitzvah obligation that is already available to him (see *Shelah* loc. cit.; see similarly, *Rosh* to *Moed Katan* 3:80; see also *Igros Moshe, Orach Chaim* III:93).

Our Midrash states that Abraham exemplified the character trait of being *wise of heart* in moving to Gerar, in order to be able to fulfill the mitzvah of providing food and shelter to those in need. Even if he was not obligated to do this, Abraham strongly desired to pursue acts of *chesed* (kindness). As the Gemara in *Shabbos (*104a) states, "It is the way of the *gomel chesed* (doer of kindness) to run after the poor."

ג דָּבָר אַחֵר, "וַיִּסַּע מִשָּׁם אַבְרָהָם", (משלי י, ח) "חֲכַם לֵב יִקַּח מִצְוֹת", ד"חֲכַם לֵב", זֶה אַבְרָהָם, "יִקַּח מִצְוֹת", לְפִי שֶׁחָרַב מְקוֹמָהּ שֶׁל סְדוֹם וּפָסְקוּ הָעוֹבְרִים וְהַשָּׁבִים וְלֹא חָסֵר קְלוֹרִין שֶׁלּוֹ כְּלוּם, אָמַר: מָה אֲנִי מַפְסִיק צְדָקָה מִבֵּיתִי, הָלַךְ וְנָטָה לוֹ אֹהֶל בִּגְרָר. (שם) "וֶאֱוִיל שְׂפָתַיִם יִלָּבֵט", זֶה לוֹט שֶׁהָיָה אֱוִיל בִּשְׂפָתָיו, שֶׁהָיָה צָרִיךְ לוֹמַר לִבְנוֹתָיו: דָּבָר שֶׁלָּקָה בּוֹ הָעוֹלָם אָנוּ בָּאִים לַעֲשׂוֹת, אֶלָּא "יִלָּבֵט", מַה גָּרַם לוֹ, "יִלָּבֵט", הֵבִיא עָלָיו לִבְטֵי° לְבוּטִים. מַה לְּהַלָּן (דה"י ב כג, יט) "לֹא יָבֹא טָמֵא" אַף כָּאן (דברים כג, ד) "לֹא יָבֹא עַמּוֹנִי וּמוֹאָבִי בִּקְהַל ה'":

ד [כ, א] "וַיִּסַּע מִשָּׁם אַבְרָהָם", ה"פָּנָה מִפְּנֵי רֵיחַ רָע, שֶׁהָיוּ אוֹמְרִים לוֹט בֶּן אֲחִי אַבְרָהָם בָּא עַל שְׁתֵּי בְּנוֹתָיו. "אַרְצָה הַנֶּגֶב", שִׁבְעָה שֵׁמוֹת נִקְרְאוּ לוֹ: דָּרוֹם, נֶגֶב, תֵּימָן, חֲצַר יָם וְיָמִין, וּסְנִינִים [נ"א וְסִינִים]. הֵיתִיבוּן: וְהָכְתִיב (תהלים עה, ז) "וְלֹא מִמִּדְבַּר הָרִים", אָמַר לָהֶם: אַף הוּא דָּרוֹם הוּא. אָמַר רַבִּי חִיָּיא בַּר אַבָּא: ועֲבַר הֲוֵית קָמֵי כְּנִישְׁתָּא דְּצִיפֹּרִין שְׁמָעִית: °מֵינוּקָא יָתִיבִין וְקָרְיִין "וַיִּסַּע מִשָּׁם אַבְרָהָם". אֲמַרְתִּי: זגְּדוֹלִים דִּבְרֵי חֲכָמִים שֶׁאָמְרוּ: ח"הֱוֵי זָהִיר בְּגַחַלְתָּן שֶׁלֹּא תִכָּוֶה וְכוּ' וְכָל דִּבְרֵיהֶם כְּגַחֲלֵי אֵשׁ,

רש"י

(ד) **שבעה שמות נקראו לו דרום נגב תימנים וימין חדרי תימן נגב תימנה דכתיב נגבה תימנה.** חדר דכתיב מן החדר תבא סופה. איתיבון והא כתיב "ולא ממדבר הרים" אמ' לון אוף הוא דרום הוא. כלומר ודאי הדין כמו כן היה יכול לומר הרים. יש דכתיב "משא מדבר ים כסופות בנגב לחלוף: **ויגר בגרר.** כנדקי בירושלמי בכל מקום משנה שמות כמו מדבר שור באורחא תלוא בפסיקתא אף כאן בגרר בנרקי:

עץ יוסף

(ג) **חכם לב זה אברהם.** שנקרא חכם לב לפי שהשכיל מעצמו להכיר את בוראו. כמו שאמר לקמן פ' ס"א. ואמר יקח מצות כי לא יספיק לו בקיומן רק שיהיה כלוקח וקונה אותם ורודף אחריהם אע"פ שהיה במקום שלא יבואו לידו כדהכא שנסע ממקום שהיה פטור מהכנסת אורחים ובקש מקום שיזכה בהם: **ולא חסר קילורין שלו.** פי' ולא נחסר אוצרות שלו כלום מחמת האורחים כמו שהיה דרכו תמיד להוציא כמה מבהמותיו ומאכילו להם: **מה אני מפסיק צדקה.** אע"פ שהוא לא היה עושה בידים קרי נפשיה מפסיק מאחר שבידו ללכת למקום שימצא לעשות ואינו עושה. ע"ד גם מתרפה במלאכתו אח הוא לאיש משחית (יפ"ת): **זה לוט שהיה אויל בשפתיו.** שחטא בשפתיו שלא הוכיח את בנותיו. וזו היתה סיבה שילבט ויתרחק מקהל ה' (יפ"ת): **לבטי לבוטין.** מכשולי מכשולות: **דבר שלקה בו העולם.** בדור המבול ובסדום ועמורה דהיינו זנות. ואפי' למ"ד ב"נ מותר בבתו. גנאי היה וכבר גדרו עלמן הדורות (יפ"ת): (ד) **שבעה שמות נקראו לו.** לצד הדרום ונגב אחד מהם: **דרום.** כדכתיב הולך אל דרום וסובב אל צפון: **נגב.** טעם שם נגב כתב הראב"ע ז"ל שהוא מלשון נגוב. כי צד דרום חם ומרוב החום ייבש: **תימן.** שנאמר אומר לצפון תני ולתימן אל תכלאי עורי צפון ובואי תימן: **ימין.** שנא' אם השמאל ואימינה ואם הימין ואשמאילה וכד"א צפון וימין אתה בראתם: **חדר.** שנא' (איוב ל"ז) מן החדר תבא סופה ואמרי' בפ' לא יחפור זה רוח דרומית: **ים.** כדכתיב ממזרח וממערב ומצפון ומים ומתרגמינן מן ימא דרומא: **וסינים.** דכתיב ואלה מארץ סינים ות"י מארע דרומא: **נ"א וסנינים.** גירסא זו לא ידעתיה (יפ"ת): **ולא ממדבר הרים.** ומתרגמינן שם ומן דרומא אטר דרומא: **אף היא דרום היא.** כי הודה על האמת כי הרים שם לרוח דרומית והוה ליה ח' שמות. קרוב אנלי דגרס אלא במקום א"ל. כי לא נזכר אומר ומקשה דלימא א"ל (יפ"ת): [ה] **ויסע משם אברהם אמרתי כו'.** על שאמר לו הפרד נא מעלי נתקיים כן ולא יכול להתקרב אליו עוד לעולם:

פירוש מהרז"ו

(ג) **לפי שחרב.** לעיל סוף סי' א' לקמן פר כ"ד סי' ב'. וע' עוד לקמן פר' נ"ט סימן ז'. וקילורין פי' אוצר של מיני מאכל: **יקח מצות.** עיין ד"ר פר' ח' סי' ה' וש"נ בראיות. שהצדקה נקרא בלשון חז"ל מצות וכמ"ש בנחמיה יו"ד והעמדנו עלינו מצות. שלא יחסר האוצרות: **שהיה צריך לומר כו'.** שהרי ידע בקומה של בכירה. כמ"ש לעיל פר' נ"א סי' א': **שלקה בו העולם.** כאן בסדום כמ"ש לעיל פר' נ' סימן ה' וש"נ. או שהכוונה על דור המבול כמ"ש המ"כ לקמן וכ"ה פר' ע' סוף סימן י"ב: **אנו באים.** שיהיה קיום העולם בתמיה: **מה להלן לא יבא טמא.** זהו בא"ג שאמר כן לעיל ס"ס ב' והמ"כ מ"ז: (ד) **מפני ריח רע.** שם רע של לוט. ושם טוב נקרא ריח טוב כמ"ש טוב שם משמן טוב. וכמ"ש שמן תורק שמך ושם רע נקרא ריח רע. כמ"ש נרדי נתן ריחו (ע"ש במדרש שה"ש) שהם שני דברים א' ריח רע של גפרית. והב' שהיו אומרים וכו': **שבע שמות** (מ"ש בזה הוא ברי"פ בשם יפ"ת): **אף הוא דרום.** שנקרא דרום ע"ש שהם ההרים הרמים וכמ"ש בתרגום שם אתר טוריא ומ"מ קשה שהיל"ל לחשב הרים לשם בפ"ע וע' במ"ר פר' כ"ב סימן א' א"ר אבא סרגוניא ולא ממדבר הרים כל הרים שבמקרא הרים חוץ מזה שהוא לשון התרוממות שאין אדם מתרומם וכו' ע"ש ואפשר שג"כ נ"ל כן שהשיב לו שאינו לשון דרום ואין לחשוב אותו. ומ"ש לומר להם חסר שם האומר ואם כוון למ"ש במ"ר שם א"כ הוא ר"א סרגוניא הנ"ל וצ"ע: **אמר רבי חייא.** פסיקתא רבתי פר' ג' סי' ג' באריכות ובקצור: **הוי זהיר בגחלתן.** אבות פרק ב' משנה יו"ד:

מתנות כהונה

[ג] **קלורין.** פירש הערוך אוצר ועיין לקמן פרשה כ"ד: **שלקה בו העולם.** בימי דור המבול שנאמר כי השחית כל בשר את דרכו על הארץ: **לבטי לבוטים.** ענין כשלון ויגיעה כך פירשו רש"י ורא"בע בספר משלי [ה"ג בילקוט משלי לבוטים לא יבא עמוני כו']:

[ד] **תימן.** חדרי תימן: **ולא ממדבר הרים.** וזהו רוח דרומית כדפירש שם הראב"ע: **אף הוא דרום הוא.** דרום לשון רום וכן הרים: **עבר הוינא** גרסינן. פירוש עובר הייתי לפני בית הכנסת של ציפורי ושמעתי תינוקות של בית רבן יושבים וקורים ויסע כו':

אשד הנחלים

הוא הכופר באמונתו והשקר שעושה עצמו כאוהב ואינו ע"ד האמת. כן היה לוט שביקש עלילות להפרד ממנו ובקרבו כפר בו אך לעיניו עשה א"ע כאוהב רק שנפרד מצד מריבת הרועים ומרד בקרית עוז שהיה תמיד למגן בעדו. ולכן המדינים שעשה עמי כבריח ארמון שנבדל ממנו כמבריח ארמון שהוא מקום קדוש כך לא יתחבר לעולם עם קהל ה': [ג] **חכם לב גו' זה אברהם.** זהו כמו שגדרו החכמים האחרונים ההבדל בין חכם סתם לחכם לב. שהחכם סתם עודנה לא בא החכמה בלבו עד שיאהבנה ויחפש אחרי' רק עכ"ז שומרה ועושה כפיה. ומשל העושה צדקה בבוא עני לפניו יקרא חכם אבל הרודף אחריו ומחפש לקיימה אז נקרא חכם לב שבאה החכמה בלבו עד שמבקש ומחפש אולי ימצא אותה. ולכן גדרו זאת על אברהם שחפש מקום לעשות צדקה וליקח מצות לעצמו: **שהיה אויל בשפתיו כו' לומר לבנותיו.** כי בודאי הי' יכול להעבירן מדעתן אחר שלא כיונו לזנות כ"א להעמיד זרע הי' יכול להעבירן שזהו שלא כתורה וכמצוה רק שהי' אויל בשפתיו ולא מצא מענה בפיו להוכיחן מחמת כי הי' רוצה בעצמו בכך ע"כ ילבט ונכשל תמיד שלא יבא בקהל ה'. וזהו היפך ממש מאברהם שהי' רודף אחרי טוב. וזה אחרי רע: [ד] **מפני ריח רע.** כריח הנודף מרחוק כן הריח ישמע מתועבת בן אחיו ולכן נאמר ויסע משם: **אף הוא דרום.** עיין במ"כ. ויתכן כפשוטו דאינו שם העצם רק לפי ששם מקום מדבר והרים רבים ע"כ אינו שם בפ"ע וזהו אף הוא דרום אבל אינו שם: **הוה זהיר כו'**

מסורת המדרש

ד ילקוט כאן רמז פ"ז. וילקוט משלי רמז תתקמ"ז:
ה ילקוט כאן רמז פ"ז:
ו פסיקתא רבתי פ' ג':
ז שבת דף י"ב. חגיגה דף כ'. יבמות דף קכ"א:
ח אבות פרק ב'. אדר"נ סוף פרק ט"ו:

אם למקרא

חֲכַם־לֵב יִקַּח מִצְוֹת וֶאֱוִיל שְׂפָתַיִם יִלָּבֵט: (משלי י:ח)

כִּי לֹא מִמּוֹצָא וּמִמַּעֲרָב וְלֹא מִמִּדְבַּר הָרִים: (תהלים עה:ז)

ענף יוסף

(ה) [ד] **שמעית מינוקא יתיבין וקריין ויסע משם אברהם. אמרתי כו'.** המאמר הזה הוא תמוה למה התעורר זה דוקא מינוקא שקרא ויסע משם אברהם. ולא התעורר זה כשקרא בעצמו פסוק זה. ויש לתרץ. משום דאי' לעיל טעם אחד על שנסע משם אברהם הוא לפי שפסקו העוברים והשבים כו'. ועוד אי' שם שפנה מפני ריח רע כו'. והנ"מ בשני הטעמים שאם נסע משם משום הכנסת אורחים עיקר הילוכו היה לארצות הנגב. וצריך להיות פסיק אחר תיבת הנגב. אבל אי אמרינן משום ריח רע נסיעתו היה משם. ולא היה לו מקום רשום לנסוע לשם. אלא יחנה במקום אשר ימצא וא"כ צריך להיות הפסיק אחר תיבת אברהם. שכל עיקר כוונת אברהם היה רק ליסע משם. ובזה מבואר שר' חייא קרא תמיד ויסע משם אברהם ארצה הנגב בלי הפסק משום שהיה סבור שנסע מפני אורחים. אבל כששמע מהתינוקות קריין רק ויסע משם אברהם. והפסיקו שם. מזה הבין שעיקר נסיעתו משם מפני הבושה. לכן אמר כמה גדולים דברי חכמים כו' וכל דבריהם כגחלי אש. ר"ל כמו הגחלת שאע"פ שמבחוץ נראה כבויה. אם יפיח עליה תתעורר האש. כך מרמז קל הפיחו בזה

חידושי הרד"ל

(ג) [ג] **לבטי לבטים.** הוא כמו לווטי לווטים. קללות. וכמו לוט עצמו שדרשוהו בז"ח ובמדרש הנעלם לשון לווט:

(ד) [ד] **ז' שמות כו'.** (ומרחוק תרגום מדינחא (ועיין רד"ק שם) נ"ל כד"א (שם מ"ו) קורא ממזרח עיט מארץ מרחק) וכ' היפ"ת עד ודרום ימין. וכד"א צפון וימין אתה בראתם:

(ה) **ולא ממדבר הרים.** כ' היפ"ת דמפרש וממוצא דהיינו מזרח. דמוצא תרגומו מדינחא לשון מקום יציאת השמש כמו מזרח מקום זריחתו:

חידושי הרש"ש

[ד] **ז' שמות כו'.** וסינים דכתיב אלה מרחוק יבואו כו' (והוא מזרח כדכתיב קורא ממזרח עיט מארץ מרחק כו' והוא כפול במ"ש):

באור מהרי"פ

ד ז' שמות נקראו. דרום וכו'. וימין חדר. וסינים. כצ"ל. דרום שנאמר הולך אל דרום וסובב אל צפון. נגב. לפונה ונגבה. תימן אומר לצפון תני ולתימן אל תכלאי. עורי צפון ובואי תימן. יש אע"ג דיש ברוב הכתובים מערב. ס"ל דהוא נמי דרום מדכתיב ממזרח וממערב ומצפון ומים. וכ"ש דלא כהראב"ע ז"ל. ימין. כמ"ש ואם הימין ואשמאילה ות"א ואם את לדרומא אנא לציפונא. ונקרא מזרח קדם ומערב אחור ודרום ימין וצפון שמאל. גם חדר יראה שהוא רוח דרומי. ממה שנאמר מן החדר תבוא סופה ואמר בפ' לא יחפור זה רוח דרומית. וכ"מ מדכתיב וחדרי תימן. וסינים. מדכתיב ואלה מארץ סינים ות"י מארע דרומא. והטעם לפי שכתיב אלה מרחוק יבאו ואלה מארץ סינים נראה שנזכר ד' רוחות. ואל"כ יהיה מרחוק רוח מזרח כפי' הראב"ע וסינים דרום. ומה שלא אמר דים דרום וסוסים מערב ואפשר דים מוקמינן לי' במערב כפשט לשון ים. וגי' סינים לא ידעתה. ע"כ מיפ"ת: **והכתיב ולא ממדבר הרים.** דכיון דכתיב ממוצא

(below, 28:14, etc.),[22] *teiman* (*Exodus* 26:18, etc.), ***cheder,***[23] ***yam,***[24] ***yamin,***[25] **and** ***sninim***[26] **{(another version:** ***sinim***[27]**}}.** הֵיתִיבוּן וְהָכְתִיב "וְלֹא מִמִּדְבַּר הָרִים" – **[The Sages] raised a difficulty: But see, it is written,** ***nor from the wilderness of mountains*** (*Psalms* 75:7)![28] אָמַר לָהֶם אַף הוּא דָּרוֹם הוּא – **He said to them**[29] in reply: Indeed, **that too** (הָרִים) **is** another word for **"south."**[30]

❑ [וַיִּסַּע מִשָּׁם אַבְרָהָם – *ABRAHAM JOURNEYED FROM THERE.*]

The Midrash again looks into the reasons behind Abraham's relocation at this point:

אָמַר רַבִּי חִיָּיא בַּר אַבָּא: עָבַר הֲוֵית קָמֵי כְּנִישְׁתָּא דְצִפֳּרִין שְׁמָעִית מֵינוּקַיָּא יָתִיבִין וְקָרְיִין "וַיִּסַּע מִשָּׁם אַבְרָהָם" – **R' Chiya bar Abba said: I was passing in front of the synagogue of Sepphoris, and I heard children sitting and reciting** the verse,[31] ***Abraham journeyed from there.***[32] אָמַרְתִּי: גְּדוֹלִים דִּבְרֵי חֲכָמִים שֶׁאָמְרוּ: הֱוֵי זָהִיר בְּגַחַלְתָּן שֶׁלֹּא תִכָּוֶה שֶׁנְּשִׁיכָתָן וְכוּ׳ וְכָל דִּבְרֵיהֶם כְּגַחֲלֵי אֵשׁ – **I said, "How great are the words of the Sages, who said: Beware of their** (the Torah Sages') **glowing coals lest you be scorched** by them, **for their bite is** as potent as **a fox's bite, their sting is** as grave as **a scorpion's sting, their hiss is** as ominous as **the hiss of a serpent, and all their words are like fiery coals"** (*Avos* 2:10).[33]

NOTES

22. *Negev* is related to the root נגב, "to dry out." The further south one travels (toward the equator), the hotter – and drier – it gets (*Ibn Ezra* on above, 12:9, cited by *Eitz Yosef*).

23. As in *Job* 37:9 (as understood by the Gemara, *Bava Basra* 25b); see also *Job* 9:9.

24. Although the word *yam* in Scripture usually refers to the west, in *Psalms* 107:3 it means "south," as interpreted by *Targum* there; cf. *Ibn Ezra* ad loc. (*Yefeh To'ar*). Another example is *Isaiah* 21:1 (*Rashi*).

25. As in *Psalms* 89:13 (see *Rashi* on below, 35:18), *I Samuel* 23:19 (see *Targum Yonasan* ad loc.), etc. [The word *yamin* literally means "right." When one faces east (also called "front"), south is on one's right. (For the same reason north is sometimes called שְׂמֹאל, "left.") The same explanation applies to *teiman,* which is also from the root *yamin* (*Radak, Sefer HaShorashim,* s.v. ימן).]

26. There is no such word anywhere in *Tanach*; the "other version," *sinim*, is surely the correct one (see *Yefeh To'ar*). Indeed, many Midrash manuscripts have only the second version.

27. As in *Isaiah* 49:12 (as explained by *Targum Yonasan* and the commentators there).

28. The phrase *wilderness of mountains* refers to the south (*Targum* ad loc.; see also *Ibn Ezra*). Accordingly, there are not just seven terms for south but eight, the eighth being הָרִים!

29. The sage who had listed the seven names for "south" said to those who had raised the difficulty.

30. That is: Indeed there is an eighth term for south (the sage is admitting that he was mistaken in stating that there are but seven terms) (*Yefeh To'ar, Eitz Yosef*). Alternatively: The sage is answering that he did not count הָרִים because it is subsumed under the term דָּרוֹם (and that is what he meant by אַף הוּא דָּרוֹם הוּא), for both words are from the root רום, meaning "height." (*Ramban* on *Exodus* 26:18 explains that the sun is at its highest when it is in the southern sky [as viewed by those living north of the tropics, where *Eretz Yisrael* is]) (*Matnos Kehunah, Yefeh To'ar*).

31. *Yefeh To'ar* suggests that the reason R' Chiya mentions the exact place where this thought occurred to him is to illustrate the saying of the Sages, "A person should never absent himself from the study house even for a single hour . . . for there is never a [time in the] study house that does not produce some new insight" (*Shabbos* 83b, *Chagigah* 3a). Even overhearing children reciting their lessons gives rise to new insights.

32. R' Chiya reflected on this: Ever since Lot's falling out with Abraham (above, 13:9) – which was precipitated by the refusal of Lot and his shepherds to conduct themselves properly while tending their livestock (Midrash above, 41 §5-6) – they never got together again; even when Lot went to live "in the mountain" (above, 19:30), which was in Abraham's proximity (see Midrash above, 50 §11), Abraham moved to a different location to maintain his distance from Lot. This inspired R' Chiya to contemplate the greatness of the Sages' dictum cited here (*Yefeh To'ar;* see also *Yedei Moshe*).

33. And Lot, because he did not heed Abraham's reprimands at first, was "burnt" by Abraham's "fiery coals" and was forced to endure permanent separation from him (*Yefeh To'ar, Eitz Yosef*). In fact this separation extended to future generations, through the prohibition of intermarriage between Israel and Lot's descendants (*Rashi, Matnos Kehunah, Eitz Yosef*; see Insight to 51 §10).

ג דָּבָר אַחֵר, "וַיִּסַּע מִשָּׁם אַבְרָהָם", (משלי י, ח) "חֲכַם לֵב יִקַּח מִצְוֹת", ד"חֲכַם לֵב", זֶה אַבְרָהָם, "יִקַּח מִצְוֹת", לְפִי שֶׁחָרַב מְקוֹמָהּ שֶׁל סְדוֹם וּפָסְקוּ הָעוֹבְרִים וְהַשָּׁבִים וְלֹא חָסֵר קְלוֹרִין שֶׁלּוֹ כְּלוּם, אָמַר: מָה אֲנִי מַפְסִיק צְדָקָה מִבֵּיתִי, הָלַךְ וְנָטָה לוֹ אֹהֶל בִּגְרָר. (שם) "וֶאֱוִיל שְׂפָתַיִם יִלָּבֵט", זֶה לוֹט שֶׁהָיָה אֱוִיל בִּשְׂפָתָיו, שֶׁהָיָה צָרִיךְ לוֹמַר לִבְנוֹתָיו: דָּבָר שֶׁלָּקָה בּוֹ הָעוֹלָם אָנוּ בָּאִים לַעֲשׂוֹת, אֶלָּא "יִלָּבֵט", מַה גָּרַם לוֹ, "יִלָּבֵט", הֵבִיא עָלָיו לִבְטֵי° לְבוּטִים. מַה לְּהַלָּן (דה"י ב כג, יט) "לֹא יָבֹא טָמֵא" אַף כָּאן (דברים כג, ד) "לֹא יָבֹא עַמּוֹנִי וּמוֹאָבִי בִּקְהַל ה'":

ד [כ, א] "וַיִּסַּע מִשָּׁם אַבְרָהָם", הפָּנָה מִפְּנֵי רֵיחַ רָע, שֶׁהָיוּ אוֹמְרִים לוֹט בֶּן אֲחִי אַבְרָהָם בָּא עַל שְׁתֵּי בְּנוֹתָיו. "אַרְצָה הַנֶּגֶב", שִׁבְעָה שֵׁמוֹת נִקְרְאוּ לוֹ: דָּרוֹם, נֶגֶב, תֵּימָן, חֲצַר יָם וְיָמִין, וּסְנִינִים [נ"א וְסִינִים]. הֵיתִיבוּן: וְהָכְתִיב (תהלים עה, ז) "וְלֹא מִמִּדְבַּר הָרִים", אָמַר לָהֶם: אַף הוּא דָּרוֹם הוּא. אָמַר רַבִּי חִיָּיא בַּר אַבָּא: ועָבַר הֲוֵית קָמֵי כְּנִישְׁתָּא דְּצִיפֳּרִין שְׁמָעִית: °מֵינוּקָא יָתִיבִין וְקָרְיִין "וַיִּסַּע מִשָּׁם אַבְרָהָם". אָמַרְתִּי: זגְּדוֹלִים דִּבְרֵי חֲכָמִים שֶׁאָמְרוּ: חהֱוֵי זָהִיר בְּגַחַלְתָּן שֶׁלֹּא תִּכָּוֶה וְכוּ' וְכָל דִּבְרֵיהֶם כְּגַחֲלֵי אֵשׁ,

עץ יוסף

(ג) **חכם לב זה אברהם.** שנקרא חכם לב לפי שהשכיל מעלמו להכיר את בוראו. כמו שאמר לקמן פ' ס"א. ואמר יקח מלות כי לא יספיק לו בקיומן רק שיהיה כלוקח וקונה אותם ורודף אחריהם אע"פ שהיה במקום שלא יבואו לידו כדהכא שנסע ממקום שהיה פטור מהכנסת אורחים ובקש מקום שיזכה בהם: **ולא חסר קילורין שלו.** פי' ולא נחסר אולרות שלו כלום מחמת האורחים כמו שהיה דרכו תמיד להוליא כמה מבהמותיו ומאכילו להם: **מה אני מפסיק צדקה.** אע"פ שהוא לא היה עושה בידים קרי נפשיה מפסיק מאחר שבידו ללכת למקום שימלא לעשות ואינו עושה. ע"ד גם מתרפה במלאכתו אחר הוא לאיש משחית (יפ"ת): **זה לוט שהיה אויל בשפתיו.** שחטא בשפתיו שלא הוכיח את בנותיו. וזו היתה סיבה שילבט ויתרחק מקהל ה' (יפ"ת): **לבטי לבוטין.** מכשולי מכשולות: **דבר שלקה בו העולם.** בדור המבול ובסדום ועמורה דהיינו זנות. ואפי' למ"ד ב"נ מותר בבתו. גנאי היה וכבר גדרו עלמן הדורות (יפ"ת): (ד) **שבעה שמות נקראו לו.** לגד הדרום ונגב אחד מהם: **דרום.** כדכתיב הולך אל דרום וסובב אל לפון: **נגב.** טעם שם נגב כתב הראב"ע ז"ל שהוא מלשון נגוב. כי לד דרום חם ומרוב החום ייבש: **תימן.** שנאמר אומר ללפון תני ולתימן אל תכלאי עורי לפון ובואי תימן: **ימין.** שנא' אם השמאל ואימינה ואם הימין ואשמאילה וכד"א לפון וימין אתה בראתם: **חדר.** שנא' (איוב ל"ז) מן החדר תבא סופה ואמרי' בפ' לא יחפור זה רוח דרומית: **ים.** כדכתיב ממזרח וממערב ומלפון ומים ומתרגמינן מן ימא דרומא: **וסינים.** דכתיב ואלה מארץ סינים ות"י מארע דרומא: **נ"א וסנינים.** גירסא זו לא ידעתיה (יפ"ת): **ולא ממדבר הרים.** ומתרגמינן שם ומן דרומא אתר דרומא: **אף היא דרום היא.** כי הודה על האמת כי הרים שם לרוח דרומית והוה ליה ח' שמות. קרוב אללי דגרס אלא במקום א"ל. כי לא נזכר אומר ומקשה דלימא א"ל (יפ"ת): [ה] **ויסע משם אברהם אמרתי כו'.** על שאמר לו הפרד נא מעלי נתקיים כן ולא יכול להתקרב אליו עוד לעולם:

פירוש מהרז"ו

(ג) **לפי שחרב.** לעיל סוף סי' א' לקמן פר כ"ד סי' ב'. וע' עוד לקמן פר' כ"ט סימן ז'. וקילורין פי' אולר של מיני מאכל: **יקח מצות.** עיין ד"ר פר' ח' סי' ה' וש"נ בראיות. שהלדקה נקרא בלשון חז"ל מלות וכמ"ש בנחמיה יו"ד והעמדנו עלינו מלות. שלא יחסר האולרות: **שהיה צריך לומר כו'.** שהרי ידע בקומה של בכירה. כמ"ש לעיל פר' כ"א סי' ח': **שלקה בו העולם.** כאן בסדום כמ"ש לעיל פר' כ' סימן ה' וש"נ. או שהכוונה על דור המבול כמ"ש המ"כ לקמן וכ"ה פר' ע' סוף סימן י"ב: **אנו באים.** שיהיה קיום העולם בתמיה: **מה להלן לא יבא טמא.** זהו בג"ש שאמר כן לעיל ס"ס ב' והמ"כ מ"ז: (ד) **מפני ריח רע.** שם רע של לוט. ושם טוב נקרא ריח טוב כמ"ש טוב שם משמן טוב. וכמ"ש שמן תורק שמך ושם רע נקרא ריח רע. כמ"ש נרדי נתן ריחו (ע"ש במדרש שה"ש) שהם שני דברים א' ריח רע של גפרית. והב' שהיו אומרים וכו': **שבע שמות** (מ"ש בזה הוא ברי"פ בשם יפ"ת): **אף הוא דרום.** שנקרא דרום ע"ש שבשם ההרים הרמים וכמ"ש בתרגום שם אתר טוריא ומ"מ קשה שהיל"ל לחשב הרים לשם בפ"ע וע' במ"ר פר' כ"ב סימן ח' א"ר אבא סרגוניא ולא ממדבר הרים כל הרים שבמקרא הרים חוץ מזה שהוא לשון התרוממות שאין אדם מתרומם וכו' ע"ש ואפשר שג"כ נ"ל כן שהשיב לו שאינו לשון דרום ואין לחשוב אותו. ומ"ש לומר להם חסר שם האומר ואם כוון למ"ש במ"ר שם א"כ הוא ר"א סרגוניא הנ"ל ול"ע: **אמר רבי חייא.** פסיקתא רבתי פר' ג' סי' ג' באריכות ובבאור: **הוי זהיר בגחלתן.** אבות פרק ב' משנה יו"ד:

רש"י

(ד) **שבעה שמות נקראו לו דרום נגב תימנים וימין חדרי תימן נגב תימנה דכתיב נגבה תימנה.** חדר דכתיב מן החדר תבא סופה. איתיבון והא כתיב "ולא ממדבר הרים" אמ' לון אוף הוא דרום הוא. כלומר ולאי הדין כמו כן היה יכול לומר הרים. ים דכתיב "משא מדבר ים כסופות בנגב לחלוף: **ויגר בגרר.** כנדקי בירושלמי בכל מקום משנה שמות כמו מדבר שור באורחא חלולא בפסיקתא אף כאן בגרר בנרקי:

מתנות כהונה

[ג] **קלורין.** פירש הערוך אולר ועיין לקמן פרשה כ"ד: **שלקה בו העולם.** בימי דור המבול שנאמר כי השחית כל בשר את דרכו על הארץ: **לבטי לבוטים.** ענין כשלון ויגיעה כך פירשו רש"י וראב"ע בספר משלי [ה"ג בילקוט משלי לבוטים לא יבא עמוני כו']: [ד] **תימן.** חדרי תימן: **ולא ממדבר הרים.** וזהו רוח דרומית כדפירש שם הראב"ע: **אף הוא דרום הוא.** דרום לשון רום וכן הרים: **עבר הוינא** גרסינן. פירוש עובר הייתי לפני בית הכנסת של ציפורי ושמעתי תינוקות של בית רבן יושבים וקורים ויסע כו':

אשד הנחלים

הוא הכופר באמונתו והשקר שעושה עצמו כאוהב ואינו ע"ד האמת. כן היה לוט שביקש עלילות להפרד ממנו ובקרבו כפר בו אך לעיניו עשה א"ע כאוהב רק שנפרד מצד מריבת הרועים ומרד בקרית עוז שהיה תמיד למגן בעדו. ולכן המדינים שעשה עמי כבריח ארמון שנבדל ממנו כמבריח ארמון שהוא מקום קדוש כך לא יתחבר לעולם עם קהל ה': [ג] **חכם לב גו' זה אברהם.** זהו כמו שגדרו החכמים האחרונים ההבדל בין חכם סתם לחכם לב. שהחכם סתם עודנה לא בא החכמה בלבו עד שיאהבנה ויחפש אחרי' רק עכ"ז שומרה ועושה כפיה. ומשל העושה צדקה בבוא עני לפניו יקרא חכם אבל הרודף אחריו ומחפש לקיימה אז נקרא חכם לב שבאה החכמה בלבו עד שמבקש ומחפש אולי ימצא אותה. ולכן גדרו זאת על אברהם שחפש מקום לעשות צדקה וליקח מצות לעצמו: **שהיה אויל בשפתיו כו' לומר לבנותיו.** כי בודאי הי' יכול להעבירן מדעתן אחר שלא כיונו לזנות כ"א להעמיד זרע הי' יכול להעבירן שזהו שלא כתורה וכמצוה רק שהי' אויל בשפתיו ולא מצא מענה בפיו להוכיחן מחמת כי הי' רוצה בעצמו בכך ע"כ ילבט ונכשל תמיד שלא יבא בקהל ה'. וזהו היפך ממש מאברהם שהי' רודף אחרי טוב. וזה אחרי רע: [ד] **מפני ריח רע.** כריח הנודף מרחוק כן הריח ישמע מתועבת בן אחיו ולכן נאמר ויסע משם: **אף הוא דרום.** עיין במ"כ. ויתכן כפשוטו דאינו שם העצם רק לפי ששם מקום מדבר והרים רבים ע"כ אינו שם בפ"ע וזהו אף הוא דרום אבל אינו שם: **הוה זהיר כו'**

חידושי הרד"ל

(ג) [ג] **לבטי לבטים.** הוא כמו לווטי לווטים. קללות. וכמו לוט עלמו שדרשוהו בז"ח ובמדרש הנעלם לשון לווט:

(ד) [ד] **ז' שמות כו'.** ומרחוק תרגום מדינחא (ועיין רד"ק שם) נ"ל כד"א (שם מ"ו) קורא ממזרח עיט מארץ מרחק) וכ' היפ"ת עד ודרום ימין. וכד"א לפון וימין אתה בראתם:

(ה) **ולא ממדבר הרים.** כ' היפ"ת דמפרש וממולא דהיינו מזרח. דמולא תרגומו מדינחא. דמן מקום יליאת השמש כמו מזרח מקום זריחתו:

חידושי הרש"ש

[ד] **ז' שמות כו'.** וסינים דכתיב אלה מרחוק יבואו כו' (והוא מזרח כדכתיב קורא ממזרח עיט מארץ מרחק כו' והוא כפול במ"ש):

באור מהרי"פ

ד ז' שמות נקראו. דרום וכו'. וימין חדר. וסינים. כנ"ל. דרום שנאמר הולך אל דרום וסובב אל לפון. נגב. לפונה ונגבה. תימן אומר ללפון תני ולתימן אל תכלאי. עורי לפון ובואי תימן. ים אע"ג דים ברוב הכתובים מערב. מ"ל דהוא נמי דרום מדכתיב ממזרח וממערב ומלפון ומים. וכת"י דלא כהראב"ע ז"ל. ימין. כמ"ש ואם הימין ואשמאילה ות"א ואם את לדרומא אנא לגיפולא. ונקרא מזרח קדם ומערב אחור ודרום ימין ולפון שמאל. גם חדר ירלה שהוא רוח דרומי. ממה שנאמר מן החדר תבוא סופה ואמר בפ' לא יחפור זה רוח דרומית. וכ"מ מדכתיב וחדרי תימן. וסינים. מדכתיב ואלה מארץ סינים ות"י מארע דרומא. והטעם לפי שכתיב אלה מרחוק יבאו ואלה מלפון ומים. ואלה מארץ סינים נראה שנזכר ד' רוחות. וא"כ יהיה מרחוק רוח מזרח כפי' הראב"ע וסינים דרום. ומה שלא אמר דים דרום ומערב. ואפשר דים מוקמינן לי' במערב כפשט לשון ים. וגי' סנינים לא ידעתה. ע"כ מיפ"ת: **והכתיב ולא ממדבר הרים.** דכיון דכתיב ממולא

מסורת המדרש

ד ילקוט כאן רמז פ"ז. וילקוט משלי רמז תתקמ"ז:
ה ילקוט כאן רמז פ"ז:
ו פסיקתא רבתי פ' ג':
ז שבת דף י"ב. חגיגה דף כ'. יבמות דף קכ"א.
ח אבות פרק ב'. אדר"נ סוף פרק ט"ו:

אם למקרא

חֲכַם־לֵב יִקַּח מִצְוֺת וֶאֱוִיל שְׂפָתַיִם יִלָּבֵט: (משלי י:ח)

כִּי לֹא מִמּוֹצָא וּמִמַּעֲרָב וְלֹא מִמִּדְבַּר הָרִים: (תהלים עה:ז)

ענף יוסף

(ה) [ד] **שמעית מינוקא יתיבין וקריין ויסע משם אברהם. אמרתי כו'.** המאמר הזה הוא תמוה למה התעורר זה דוקא מינוקא שקרא ויסע משם אברהם. ולא התעורר זה כשקרא בעלמו פסוק זה. ויש לאמר. משום דהו' לעיל טעם אחד על שנסע משם אברהם הוא לפי שפסקו העוברים והשבים כו'. ועוד אמ' שם שפנה מפני ריח רע כו'. והנ"ל בשני הטעמים שאם נסע משם משום הכנסת אורחים עיקר הילוכו היה לארצות הנגב. ולריך להיות פסוק אחר תיבת הנגב. אבל אי אמרינן משום ריח רע נסיעתו היה משם. ולא היה לו מקום רשום לנסוע לשם. אלא יחנה במקום אשר ימלא וא"כ לריך להיות הפסיק אחר תיבת אברהם. שכל עיקר כוונת אברהם היה רק ליסע משם. ובזה מבואר שר' חייא קרא תמיד ויסע משם אברהם ארצה הנגב בלי הפסק משום שהיה סבור שנסע מפני אורחים. אבל כששמע מהתינוקות קריין רק ויסע משם אברהם. והפסיקו שם. מזה הבין שעיקר נסיעתו משם מפני הבושה. לכן אמר כמה גדולים דברי חכמים כו' וכל דבריהם כגחלי אש. ר"ל כמו הגחלת שאע"פ שמבחוץ נראה כבויה. אם יפיח עליה תתעורר האש. כך מרמז קל הפיחו בזה

שֶׁמִּשָּׁעָה שֶׁפֵּירַשׁ אָבִינוּ אַבְרָהָם מִלּוֹט הָיְתָה פְּרִישָׁתוֹ פְּרִישַׁת עוֹלָם — **For from the moment that our father Abraham separated from Lot, his separation was a permanent separation.**Ⓐ

□ וַיָּגָר בִּגְרָר — *AND HE SOJOURNED IN GERAR.*

The Midrash identifies Gerar by a different name:

בִּגְרָרִיקֵי — **In Geradikei.**[34]

> וַיֹּאמֶר אַבְרָהָם אֶל שָׂרָה אִשְׁתּוֹ אֲחֹתִי הִוא וַיִּשְׁלַח אֲבִימֶלֶךְ מֶלֶךְ גְּרָר וַיִּקַּח אֶת שָׂרָה.
> *Abraham said of Sarah his wife, "She is my sister"; so Abimelech, king of Gerar, sent, and took Sarah* (20:2).

□ וַיֹּאמֶר אַבְרָהָם אֶל שָׂרָה אִשְׁתּוֹ אֲחֹתִי הִיא — *ABRAHAM SAID OF SARAH HIS WIFE, "SHE IS MY SISTER."*

עַל כָּרְחָהּ שֶׁלֹּא בְּטוֹבָתָהּ — Abraham said this **against Sarah's will, without her consent.**[35]

> וַיָּבֹא אֱלֹהִים אֶל אֲבִימֶלֶךְ בַּחֲלוֹם הַלָּיְלָה וַיֹּאמֶר לוֹ הִנְּךָ מֵת עַל הָאִשָּׁה אֲשֶׁר לָקַחְתָּ וְהִוא בְּעֻלַת בָּעַל.
> *And God came to Abimelech in a dream by night and said to him, "Behold you are to die because of the woman you have taken; moreover, she is a married woman"* (20:3).

§5 וַיָּבֹא אֱלֹהִים וגו׳ בַּחֲלוֹם הַלָּיְלָה — *AND GOD CAME TO ABIMELECH IN A DREAM BY NIGHT.*

The Midrash discusses God's method of communication with Abimelech:

אָמַר רַבִּי יוֹסֵי — **R' Yose said:** אֵין הַקָּדוֹשׁ בָּרוּךְ הוּא נִגְלֶה עַל נְבִיאֵי אוּמּוֹת הָעוֹלָם אֶלָּא בְּשָׁעָה שֶׁדֶּרֶךְ בְּנֵי אָדָם לִפְרוֹשׁ זֶה מִזֶּה — **The Holy**

NOTES

34. There are many versions of this word in various manuscripts and editions. Probably the correct version is something like Geraritiké (Γεραριτιχη), which is the Greek name for Gerar.

35. When Abraham and Sarah had gone to Egypt previously, we find that Abraham requested of Sarah to tell the Egyptians that she was his sister (above, 12:13). But this time we find no such request, indicating that Abraham gave this information without her consent. [As for why he did so: *Rashi* on *Chumash* here explains that it is because "She had already been taken by Pharaoh (the previous time) as a result of this plan." I.e., since Sarah had been separated from Abraham and taken by force to Pharaoh's house (ibid., verse 15), Abraham had reason to fear she would not agree a second time to this ploy (*Yefeh Toar;* cf. *Mizrachi*).] See further, Insight Ⓑ.

However, there is a difficulty with this interpretation: It seems evident from Scripture (see vv. 5 and 13) that Sarah *did* tell Abimelech that she was Abraham's sister (*Yefeh To'ar*)! *Maharzu* therefore prefers a different version of our Midrash, which is found in *Yalkut Shimoni* on our verse (§88) as well as in several Midrash manuscripts here, according to which the Midrash's comment is not on the words *Abraham said of Sarah his wife, "She is my sister,"* but on the subsequent words: *so Abimelech, king of Gerar, sent, and took Sarah.* I.e., it is explaining that Abimelech *took Sarah* against her will. [*Eitz Yosef* resolves the difficulty presented by verse 5 by saying that once Abraham stated that Sarah was his sister (without her permission), she confirmed his statement because of her fine character.]

INSIGHTS

Ⓐ **I Heard the Children Reciting** It would seem that the children's recitation of the verse did nothing more than recall the verse to R' Chiya bar Abba's mind, and it was the recollection of that verse that prompted his observation. However, *R' Eliyahu Shick* proposes that R' Chiya was alerted to his particular interpretation of the verse because he heard the children reciting the verse with different cantillation marks (*tropp*) than the ones with which they are traditionally recited in the synagogue reading. The precise interpretation of the phrase, *Abraham journeyed from there to the region of the south,* depends upon the *purpose* of Abraham's move: whether it was primarily to flee his current location, in which case his ultimate destination was merely circumstantial, or whether he moved because he specifically wanted to go to the southern region. R' Chiya, having always recited the verse in its traditional manner with the entire phrase linked by a מַהְפַּךְ פַּשְׁטָא זָקֵף־קָטֹן cantillation, assumed that the purpose of his journey was to go to the south. However, upon hearing the children break at the word *there* by punctuating it with an אֶתְנַחְתָּא (the Scriptural equivalent of a semicolon), thus effectively separating the phrase *Abraham journeyed from there* from the phrase *to the region of the south,* he realized the verse's true implication: that Abraham primarily wanted to get away from his present location, and he did not set out with the specific aim of moving to the south.

Now in the preceding segments (§1-3; see note 3) the Midrash offered alternative reasons for Abraham's move: either because he was embarrassed by his nephew Lot, whose cohabitation with his own daughters had become public knowledge, or because of the dearth of wayfarers in the area in the wake of Sodom's destruction. Whereas the former reason would merely cause him to flee his current location, with his particular destination inconsequential, the latter reason would require him to seek a new location that would have a greater amount of wayfarers. Hence, when R' Chiya bar Abba heard the children break after *Abraham journeyed from there,* thus indicating that he primarily sought to flee his current location, he understood anew that Abraham must have fled because of his embarrassment with Lot, which implies that father-daughter relations were deemed incestuous under Noahide laws as well. This explains why he went on to expound that Lot's initial failure to heed Abraham's reprimand about the improper conduct of his shepherds, which led to Abraham's initial separation from him, ultimately led to his permanent separation. For had Lot still been in Abraham's vicinity and under his influence, he would never have committed the act of cohabiting with his daughters that led to his permanent separation (*Ein Eliyahu, Bava Kamma* 38b, p. 91). [See also Insight to 51 §10.]

Ⓑ **Without Her Consent** The rationale behind Abraham's conduct in claiming that Sarah was his sister, despite his previous experience in Egypt, requires explanation. *Betzir Aviezer* (52:6) offers an explanation based upon the fundamental principle of *Ramban* that כָּל מַה שֶּׁאֵירַע לָאָבוֹת סִימָן לַבָּנִים, *Everything that happened to the Patriarchs is a portent for the children,* which, as we have previously explained, teaches that the actions of the Patriarchs were a sort of "formation" with regard to their offspring, and served as an indication of what would occur to them in the future (see Insight to 40 §6). In this case, Abimelech's seizure of Sarah was a portent of an event that was to occur at a much later juncture in Jewish history.

In the period of the Judges, during the reign of Eli the Kohen, the Philistines defeated the Jews in battle, and captured the Ark that contained the Tablets of the Law that God gave Moses on Mount Sinai (see *I Samuel,* Chs 4-6). The events that occurred to the Philistines at that time mirrored those that occurred to Abimelech, king of the Philistines, when he kidnaped Sarah, the matriarch of the Jewish nation. Just as God did not allow Abimelech to touch Sarah (see *Rashi* to *Genesis* 20:4,6), the hands of the Philistine idol, Dagon, which had been placed next to the Ark, were severed, while the idol itself fell on its face (*I Samuel* 5:4). Just as Abimelech was stricken with an internal disease, the Philistines in the area where the Ark was held captive, were stricken with an internal disease [hemorrhoids] (ibid. 5:6,9). Eventually, the Philistines realized that their only salvation would come from returning the Ark, and they returned the Ark along with many pieces of silver to serve as a "guilt-offering" for their actions (ibid. 6:4), just as Abimelech gave gifts to Abraham and Sarah to serve as a "eye-covering" when he returned Sarah to Abraham.

Abraham knew full well that embodied in his actions was the future of the Jewish people. Therefore, he set the stage for Sarah to be kidnaped even though he knew that she would not consent to this action (see also *Chasam Sofer* 20:1, who similarly interprets the details of this incident as foretelling the details of the incident of the Philistines' seizure of the Ark. For another correlation between the conduct of Abraham and Abimelech and the behavior of the Jews and Philistines at a later juncture, see below, 54 §4.).

[For another explanation concerning Abraham's conduct in not consulting Sarah, see *Maskil LeDavid.*]

באור מהרי״פ

וממערב דהיינו מזרח ומערב גם מדבר הרים היינו רוח העולם כו׳ ולפ״ד המתרגם מדבר הוא לפוני והרים דרומי. ומשני אף הוא וכו׳ פי׳ כי הרים ג״כ הוא שם דרום וה״ל ח׳ שמות. וקרוב אנלי דגרס אלא במקום אמר להם כי לא נזכר אומר למקשה דלימא אמר להם. יפ״ת.

עץ יוסף

פרישת עולם. שהרי אפילו עכשיו שהלך לוט להר אשר שם אברהם להתקרב אצלו נסע משם להפרד ממנו. וטעם הנטייה לפי שגרם לעשות מריבה בין אברהם ללוט כדאיתא לעיל פ׳ מ״א. וגם הכוונה על פרישת עירוב הזרע כי על שנפרד מאברהם גרם לריחוק זרעו כדלעיל סי׳ ב׳. ומשעה שפירש ממנו אברהם רמז לו זה כדאמר לעיל פ׳ מ״א מה הפרדה הזו כו׳: [ו] **על כרחה שלא בטובתה.** שפי׳ אל שרה כמו על שרה. וכה״ג פרש״י בחומש וז״ל כאן לא נטל רשות אלא על כרחה שלא בטובתה לפי שכבר לוקחה בית פרעה עי״כ עכ״ל ואע״פ שכתוב והיא גם היא אמרה אחי. ע״כ הודית לדברי אברהם בטוב מוסרה. וכן פירש התרגום ואמר אברהם על שרה אשתו: (ה) [ז] **שדרך בני אדם לפרוש זה מזה.** דהיינו בלילה אשר אז הוא זמן ממשלת החיצונים. וה״ה במקומות חרבים אשר שם משכנם גם ביום שאינם זוכים לאור הנבואה מאת ה׳ לגמרי אלא בהתלבשות מדרגת החיצונים (כזה״ק): **למלך שהיה נתון הוא כו׳.** ר״ל כמו המלך שאינו מדבר עם מי שאינו אוהבו אלא ע״י הפסק הוילון. כך גם נביאי עכו״ם המתנבאים בלילה בזמן ממשלת החיצונים. אשר הם כוילון ומסך מבדיל בינם לבין קונם ית׳. אבל בנביאי ישראל מקפל הוילון הוא מסך המבדיל ומדבר עמם פנים אל פנים. אלא שמ״מ לא הגיעו כולם למדרגת משה שהשיג יותר להתנבאות באספקלריא המאירה כדלקמן בויק״ר פ״א: **הולך במטמוניות.** וכן על נביאי עכו״ם אינו מתגלה אלא בלילה בהתלבשות מדרגות החצונים אשר השפע הקדוש בא אליהם במטמוניות: **מה בין ישראל כו׳.** לעיל אמר איך נגלה ובא להם. וכאן מדבר איך מדבר עמהם: **בחצי דבור.** שקשה עליו להאריך

מדרש

שֶׁמִּשָּׁעָה שֶׁפֵּירַשׁ אָבִינוּ אַבְרָהָם מִלּוֹט הָיְתָה פְּרִישָׁתוֹ פְּרִישַׁת עוֹלָם. "וַיָּגָר בִּגְרָר", בִּגְרָדִיקֵי. [כ, ב] "וַיֹּאמֶר אַבְרָהָם אֶל שָׂרָה אִשְׁתּוֹ אֲחֹתִי הִיא". עַל כָּרְחָהּ שֶׁלֹּא בְּטוֹבָתָהּ:

ה [כ, ג] "וַיָּבֹא אֱלֹהִים וגו׳ בַּחֲלוֹם הַלָּיְלָה". אָמַר רַבִּי יוֹסֵי: [ט]אֵין הַקָּדוֹשׁ בָּרוּךְ הוּא נִגְלֶה עַל נְבִיאֵי אוּמּוֹת הָעוֹלָם אֶלָּא בְּשָׁעָה שֶׁדֶּרֶךְ בְּנֵי אָדָם לִפְרוֹשׁ זֶה מִזֶּה, הָדָא הוּא דִכְתִיב (איוב ד, יג) "בִּשְׂעִפִּים מֵחֶזְיוֹנוֹת לָיְלָה וְאֵלַי דָּבָר יְגֻנָּב וגו׳". מַה בֵּין נְבִיאֵי יִשְׂרָאֵל לִנְבִיאֵי אוּמּוֹת הָעוֹלָם רַבִּי חֲנִינָא בַּר פַּפָּא וְרַבָּנָן, רַבִּי חֲנִינָא בַּר פַּפָּא אָמַר: מָשָׁל לְמֶלֶךְ שֶׁהָיָה נָתוּן הוּא וְאוֹהֲבוֹ בִּטְרַקְלִין וּוִילוֹן מוּנָּח בֵּינֵיהֶם, כָּל זְמַן שֶׁהָיָה רוֹצֶה לְדַבֵּר עִם אוֹהֲבוֹ הָיָה קוֹפֵל אֶת הַוִּילוֹן וּמְדַבֵּר עִמּוֹ, אֲבָל לִנְבִיאֵי אוּמּוֹת הָעוֹלָם אֵינוֹ מְקַפֵּל אוֹתוֹ אֶלָּא מְדַבֵּר עִמָּהֶם מֵאַחֲרֵי הַוִּילוֹן. וְרַבָּנָן אָמְרֵי: לְמֶלֶךְ שֶׁהָיָה לוֹ אִשָּׁה וּפִלֶגֶשׁ, כְּשֶׁהוּא הוֹלֵךְ אֵצֶל אִשְׁתּוֹ הוּא הוֹלֵךְ בְּפַרְהֶסְיָא וּכְשֶׁהוּא הוֹלֵךְ אֵצֶל פִּלַגְשׁוֹ הוֹלֵךְ בְּמַטְמוֹנִיּוֹת, כָּךְ אֵין הַקָּדוֹשׁ בָּרוּךְ הוּא נִגְלֶה עַל אוּמּוֹת הָעוֹלָם אֶלָּא בַּלַּיְלָה, (במדבר כב, כ) "וַיָּבֹא אֱלֹהִים אֶל בִּלְעָם לַיְלָה", (בראשית לא, כד) "וַיָּבֹא אֱלֹהִים אֶל לָבָן הָאֲרַמִּי בַּחֲלֹם הַלָּיְלָה", (שם כ, ג) "וַיָּבֹא אֱלֹהִים אֶל אֲבִימֶלֶךְ בַּחֲלוֹם הַלָּיְלָה". מַה בֵּין נְבִיאֵי יִשְׂרָאֵל לִנְבִיאֵי אוּמּוֹת הָעוֹלָם,

פירוש מהרז״ו

פרישתו פרישת עולם. שנתיירא ללכת אצל אברהם כמ״ש לעיל פר׳ נ׳ סי׳ י״א וכמ״ש בפסיקתא שם. וז״ל שם מה אמרו לו ההרה המלט בזכותו של אותו ההר הגדול נמלטת לך אצלו אמר להם איני יכול שכבר אמר לי להפרד לא אוכל להמלט ההרה ע״ש: **על כרחה שלא בטובתה.** עיין מ״כ וסיים רש״י לפי שכבר לוקחה לבית פרעה עי״כ אך נ״ע שהרי מפורש ואומר לה זה חסדך וגו׳ אל כל המקום וגו׳ אמרי לי אחי הוא. הרי זה כלל על כל המקומות כמו במצרים וכ״כ והיא גם היא אמרה אחי הוא. אך בילקוט כאן הגי׳ וישלח אבימלך מלך גרר ויקח את שרה אפשר שהולכת ברצונה אלא בעל כרחה שלא בטובתה וגי׳ זו עיקר וכ״מ ביפ״ת [א״ה היפ״ת אחר שהביא את דברי הילקוט כתב בזה״ל ואם אמת הי׳ לשון זה במדרש הייתי אומר דמדרש דילן נמי אויקח את שרה קאי אלא שודאי שיבוש הוא דמאי ק׳ לי׳ כי מנא לי׳ שהי׳ ברצונה דקא מתמה אפשר מה שלא הוקשה לגבי פרעה ואי משום דהתם כתיב ותוקח דמשמע בע״כ והכי שני וכתיב ויקח א״כ מאי משני על כרחה אלא ודאי שיבוש הוא שעלה על לב איזה תלמיד לפרש כך וכתב בספר ודברי רש״י ז״ל דלעיל יוכיחו עכ״ל ותימה על מהרז״ו דכתב בשם היפ״ת כי גירסת הילקוט עיקר] ולפי שאצל פרעה כתיב ותוקח האשה משמע בע״כ וכאן כתוב ויקח ויש לטעות שהי׳ שלא בע״כ ע״כ הוצרכו חז״ל לפרש שג״כ כאן בע״כ. ומ״ש ותוקח וכן ויקח פי׳ חז״ל לקיחת דברים כמ״ש לעיל פ׳ מ׳ סי׳ ה׳ ע׳ מש״ש אלא דשם שכתוב ותוקח היינו ע״י שרים לא שלח ללקחה וכאן כתיב וישלח ויקח: (ה) **אמר רבי יוסי וכו׳.** לקמן פר׳ ע״ד סי׳ ז׳ ושם איתא ר״י ב״ר חנינא ויק״ר פ׳ א׳ סי׳ י״ב ובשנוים ע״ש: **לפרוש זה מזה.** תיבת סעיפים מלשון פרישה. וכן לעיל פ׳ מ״ד סי׳ ט׳ מול תיבת סרעפי הפורשים ממני: **הוילון ומדבר עמו.** וכאן חסר חצי המשל השני. וחצי נמשל הראשון והוא מובן ובויק״ר פ״א הוא מפורש וגם שם חשב כל המקומות שנראה לנביאים ביום והכוונה גם ביום: **אצל שפחתו.** שם הגי׳ פלגשו. וכמו שהתחיל. שאין הפילגש שפחה:

רש״י

נתפרש ממנו פרישת עולם. שלא זכה לידבק בזרעו: **וישלח אבימלך מלך גרר ויקח את שרה** בעל כרחו: (ה) **אין לשון ויקר אלה לשון טומאה.** שהיה דומה לפני הקב״ה כאילו מדבר עם טמא: **מה בין נביאי ישראל לנביאי אומות העולם, למלך שהיה הוא ואוהבו בטרקלין וביניהם וילון כשהוא מדבר הוא מקפל את הוילון ומדבר עם אוהבו אבל לאומות העולם אין מקפל** אלא דרך גניבה מדבר עמהם.

מסורת המדרש

ט לקמן פרשה ע״ד. ויק״ר פ׳ א׳. ילקוט משלי רמז תתקנ״ג. וילקוט איוב רמז תתל״ו:

אם למקרא

בִּשְׂעִפִּים מֵחֶזְיֹנוֹת לָיְלָה בִּנְפֹל תַּרְדֵּמָה עַל־אֲנָשִׁים: (איוב ד:יג)

וַיָּבֹא אֱלֹהִים אֶל־בִּלְעָם לַיְלָה וַיֹּאמֶר לוֹ אִם־לִקְרֹא לְךָ בָּאוּ הָאֲנָשִׁים קוּם לֵךְ אִתָּם וְאַךְ אֶת־הַדָּבָר אֲשֶׁר־אֲדַבֵּר אֵלֶיךָ אֹתוֹ תַעֲשֶׂה: (במדבר כב:כ)

וַיָּבֹא אֱלֹהִים אֶל־לָבָן הָאֲרַמִּי בַּחֲלֹם הַלָּיְלָה וַיֹּאמֶר לוֹ הִשָּׁמֶר לְךָ פֶּן־תְּדַבֵּר עִם־יַעֲקֹב מִטּוֹב עַד־רָע: (בראשית לא:כד)

וַיָּבֹא אֱלֹהִים אֶל־אֲבִימֶלֶךְ בַּחֲלוֹם הַלָּיְלָה וַיֹּאמֶר לוֹ הִנְּךָ מֵת עַל־הָאִשָּׁה אֲשֶׁר־לָקַחְתָּ וְהִוא בְּעֻלַת בָּעַל: (בראשית כ:ג)

ענף יוסף

ענין גדול שהבנתי שברת מפני הבושה. וזהו שמסיים שמשעה שפירש כו׳ (בשם הרב המאה״ג מו״ה אליה אב״ד דק״ק לידא):

מתנות כהונה

פרישת עולם. שלא זכה זרעו לידבק בזרע אברהם שנאמר לא יבא עמוני וגו׳: **בגרדקי.** פירש הערוך תרגום ירושלמי מן גרר הוא גרדקי וראיתי בתרגום ירושלמי שלפנינו וכתוב בו מלך גרר מלכא דערד ואולי נ״ל דגרר: [**שרה** אשתי גרסינן]: ע״ב **שלא בטובתה.** פירש רש״י בחומש שהרי לא נטל ממנה רשות כמו בבואם למצרים: [ה] [**ווילון מונח ביניהן** גרסינן]: **ומדבר עמו.** פנים אל פנים וכן הוא בויקרא רבה פרשה א׳ בהדיא: **אלא בלילה.** אבל לנביאי ישראל ביום ועיין בויק״ר פרשה א׳:

אשד הנחלים

פרישת עולם. כלומר לקחת מזה מוסר כי התבוננת על המעשה הזה במה שנאמר ויסע משם שנתפרד מבן אחיו לוט והפרידה היתה עולמית שנתקיים שלעולם לא ידבק בו. ע״כ מזה ניקח מוסר כמה נזהר מחכמים לבלי נכוה בהם בפשעם בהם: **שלא בטובתה.** שלא בקשה כמו שביקש במצרים: [ה] **לפרוש זה מזה.** שלא ידעו מזה בני אדם כי באה אליו ההתגלות כי אין כבודו ית׳ להזדקק להם בגלוי: **אינו מקפל אותו.** הציור בזה כי הנבואה האמיתית הוא שכל עליוני הנתחדש לאדם בעת ההיא ואז השכל האנושי וכל מחשבותיו ודמיונותיו האנושים בטלים ומתקפלים והוא רואה ומשיג השכל האלקי. אבל בעובדי כוכבי׳ השכל האנושי וסעיפיו במקומ׳ רק מתוכם ובאמצעם ירגיש עוד ניצוץ השכל האלקי וזהו כשומע מאחורי הווילון. והבן זה: **הולך במטמוניות.** זהו ואלי דבר יגונב. כגניבה הנעשה בצנעה שלא ירגיש בה כן גם המקבל הנבואה אינו מרגיש שהיא נבואה. רק חלום כדמות חלום טבעי ואף שמתגלה אליו:

One, blessed is He, appears to people of **the** other **nations of the world only at a time when people are normally separate from one another,**[36] i.e., at night.[37] הָדָא הוּא דִכְתִיב ״בִּשְׂעִפִּים מֵחֶזְיֹנוֹת לָיְלָה״ ״וְאֵלַי דָּבָר יְגֻנָּב וְגוֹ׳״ – **This is** the meaning of **what is written:** ***When thoughts***[38] ***come from nocturnal visions*** (*Job* 4:13), **and** ***A message surreptitiously reached me, etc.*** (ibid., v. 12).

The Midrash expands on the topic of prophetic communication to non-Jews:

מַה בֵּין נְבִיאֵי יִשְׂרָאֵל לִנְבִיאֵי אוּמּוֹת הָעוֹלָם – **What is the difference** in prophecy **between the prophets of Israel and the prophets of the nations of the world?** רַבִּי חֲנִינָא בַּר פַּפָּא וְרַבָּנָן – **R' Chanina bar Pappa and the** other **Sages** debated this question: רַבִּי חֲנִינָא בַּר פַּפָּא אָמַר: מָשָׁל לְמֶלֶךְ שֶׁהָיָה נָתוּן הוּא וְאוֹהֲבוֹ בִּטְרַקְלִין וִוילוֹן מוּנָּח בֵּינֵיהֶם – **R' Chanina bar Pappa said: This may be compared to a king who was situated in a parlor room with his friend, with a curtain placed between them;** כָּל זְמַן שֶׁהָיָה רוֹצֶה לְדַבֵּר עִם אוֹהֲבוֹ הָיָה קוֹפֵל אֶת הַוִּילוֹן וּמְדַבֵּר עִמּוֹ – **whenever he wanted to speak with his friend he would fold away the curtain and speak with him.** So too, God speaks "face to face" (as it were) with the prophets of Israel, אֲבָל לִנְבִיאֵי אוּמּוֹת הָעוֹלָם אֵינוֹ מְקַפֵּל אוֹתוֹ אֶלָּא מְדַבֵּר עִמָּהֶם מֵאַחֲרֵי הַוִּילוֹן – **but** when speaking **with the prophets of the** other **nations of the world [God] does not "fold away [the curtain],"** as it were, **but speaks with them from "behind the curtain."**[39] וְרַבָּנָן אָמְרֵי: לְמֶלֶךְ שֶׁהָיָה לוֹ אִשָּׁה וּפִלֶּגֶשׁ – **And the** other **Sages said:** It may be compared **to a king who had a wife and a concubine.** כְּשֶׁהוּא הוֹלֵךְ אֵצֶל אִשְׁתּוֹ הוּא הוֹלֵךְ בְּפַרְהֶסְיָא וּכְשֶׁהוּא הוֹלֵךְ אֵצֶל פִּלַגְשׁוֹ[40] הוֹלֵךְ בְּמַטְמוֹנִיּוֹת – **When he went to be with his wife he would go publicly, but when he went to his servant-woman**[41] **he would go secretly** so as not to publicize the matter. כָּךְ אֵין הַקָּדוֹשׁ בָּרוּךְ הוּא נִגְלֶה עַל אוּמּוֹת הָעוֹלָם אֶלָּא בַּלַּיְלָה – **Similarly, the Holy One, blessed is he, appears to the nations of the world only at night,**[42] as seen from the following three verses: ״וַיָּבֹא אֱלֹהִים אֶל בִּלְעָם לָיְלָה״ – ***God came to Balaam at night*** (*Numbers* 22:20); ״וַיָּבֹא אֱלֹהִים אֶל לָבָן הָאֲרַמִּי בַּחֲלֹם הַלָּיְלָה״ – ***God had come to Laban the Aramean in a dream by night*** (below, 31:24); ״וַיָּבֹא אֱלֹהִים אֶל אֲבִימֶלֶךְ בַּחֲלוֹם הַלָּיְלָה״ – ***And God came to Abimelech in a dream by night*** (our verse).

The Midrash cites the opinions of other Sages who discussed this matter:[43]

מַה בֵּין נְבִיאֵי יִשְׂרָאֵל לִנְבִיאֵי אוּמּוֹת הָעוֹלָם – **What is the difference between the prophets of Israel and the prophets of the** other **nations of the world?**

NOTES

36. I.e., at a time when the communication can be made in private, without many people gathered together to witness it. Alternatively: at a time when people do not usually gather together for discussions. Either way, the point is that God communicates with them in a manner that shows a reluctance to do so (*Yefeh To'ar*).

37. Although some Jewish prophets received prophecies at night as well (e.g., Jacob's dream about the ladder), the Midrash is saying that non-Jews receive prophecy *only* at night (*Yefeh To'ar*; see there further regarding Balaam, who was the exception to this rule). See Insight Ⓐ.

38. *Maharzu* writes that the Midrash here interprets שְׂעִפִּים as "separation" (as it apparently does above as well, in 44 §9), and cites this verse to prove its assertion that God communicates with gentiles "at a time when people are normally separate from one another."

39. The drawn curtain represents a lack of clarity and directness in the prophetic vision (*Yefeh To'ar*).

40. Most printed editions have שִׁפְחָתוֹ; *Maharzu*, based on the text in *Vayikra Rabbah* 1 §13, emends the text to פִּלַגְשׁוֹ. The *Yalkut Shimoni* version of this Midrash and Midrash manuscripts here also read פִּלַגְשׁוֹ, and this reading was adopted in the Warsaw edition.

41. Or "his maidservant" (see previous note).

42. While to the prophets of Israel He appears by day (*Vayikra Rabbah* ibid.; see verses cited there).

43. Above, the point was the difference regarding how God *appears* to the non-Jewish and Jewish prophets; here it is the difference regarding how He *speaks to* the non-Jewish and Jewish prophets (*Eitz Yosef*).

INSIGHTS

Ⓐ **The Times Of Prophecy** *R' Yaakov Chaim Sofer* (*Menuchas Shalom* IX: §11) presents an encyclopedic treatment of this topic. Below are some of his points:

R' Chaim Palagi in *U'vacharta BaChaim* (*Parashas Bo* 12a) assumes that God speaks to Jewish prophets *only* during the day and *never* at night (this view is based on a Midrash in *Vayikra Rabbah* 1 §13 which is similar to ours, and is also cited by *Rashi, Bamidbar* 22:8). He questions this, however, for we find that God appeared to King Solomon by night (*II Divrei HaYamim* 7:12). Similarly, we find that God spoke to Nathan the Prophet at night (*I Divrei HaYamim* 17:3).

R' Chaim Palagi explains that there is no difficulty posed by God's appearance to Solomon at night, since God's appearance was merely in a dream and did not constitute a true prophetic experience. [There were times when God appeared to other prophets in dreams that *were* true prophetic experiences. However, on those occasions, the prophet would awaken and realize that he seen a prophetic vision. This did not occur when God spoke to Solomon, as can be inferred from other verses (see *Moreh Nevuchim* 2:45).] Moreover, one cannot suggest that Solomon actually had a prophetic vision, since *Zohar* (II, p. 154) writes that a king cannot also be a prophet. [This view is also held by *Meiri*, Introduction to *Avos*, who explains that the reason why Solomon's writings (*Mishlei*, *Koheles*, and *Shir HaShirim*) are incorporated in the Hagiographa (*Kesuvim*) and not in the book of *Prophets* is that Solomon was not a true prophet. Although at times he achieved a level of Divine inspiration, he never attained the level of "prophecy" (see further *Moreh Nevuchim* loc. cit., who elaborates on this distinction; see also *Derech Hashem* 3:3:3,4).] However, this leaves unresolved the question of how God could appear to Nathan the Prophet at night.

Menuchas Shalom (ibid.) disagrees with the basic assumption of R' Chaim Palagi. In his view our Midrash (as well as the similar Midrash in *Vayikra Rabbah* 1 §13) does not indicate that God speaks to Jewish prophets *only* during the day. Rather, it means to state that God *can* speak to Jewish prophets by day, in stark contrast to non-Jewish prophets, who receive prophecy *only* at night. However, at times, a Jewish prophet will also attain prophecy by night. [This is also the view of *Yefeh To'ar* cited in footnote 37 above, as well as that of *Maharzu* here.]

As for R' Chaim Palagi's citation of the *Zohar* to prove that Solomon was not a prophet, *Menuchas Shalom* is puzzled that he does not make note of the Gemara (*Sotah* 48b) and *Sifri* (*Devarim*, *Pesikta* §1), among other sources, that clearly state that Solomon *was* a prophet. Indeed, *Rashi* to *Megillah* 14a lists Solomon as the 14th of the 48 prophets. [*Menuchas Shalom* cites over a dozen sources relevant to this issue, among them *Abarbanel* to *I Melachim* 3:5, and *Maharatz Chayes* to *Yoma* 37a.]

[For further discussion of this issue, see *Menuchas Shalom* ibid., and see *Bris Yaakov* (also by R' Yaakov Chaim Sofer) §4 at length.]

שֶׁמִּשָּׁעָה שֶׁפֵּירַשׁ אָבִינוּ אַבְרָהָם מִלּוֹט הָיְתָה פְּרִישָׁתוֹ פְּרִישַׁת עוֹלָם. "וַיָּגָר בִּגְרָר", בִּגְרָדִיקֵי. [כ, ב] "וַיֹּאמֶר אַבְרָהָם אֶל שָׂרָה אִשְׁתּוֹ אֲחֹתִי הִיא". עַל כָּרְחָהּ שֶׁלֹּא בְּטוֹבָתָהּ:

ה [כ, ג] "וַיָּבֹא אֱלֹהִים וגו' בַּחֲלוֹם הַלָּיְלָה". אָמַר רַבִּי יוֹסֵי: [ט]אֵין הַקָּדוֹשׁ בָּרוּךְ הוּא נִגְלֶה עַל נְבִיאֵי אוּמּוֹת הָעוֹלָם אֶלָּא בְּשָׁעָה שֶׁדֶּרֶךְ בְּנֵי אָדָם לִפְרוֹשׁ זֶה מִזֶּה, הָדָא הוּא דִכְתִיב (איוב ד, יג) "בִּשְׂעִפִּים מֵחֶזְיֹנוֹת לָיְלָה וְאֵלַי דָּבָר יְגֻנָּב וגו' ". מַה בֵּין נְבִיאֵי יִשְׂרָאֵל לִנְבִיאֵי אוּמּוֹת הָעוֹלָם רַבִּי חֲנִינָא בַּר פַּפָּא וְרַבָּנָן, רַבִּי חֲנִינָא בַּר פַּפָּא אָמַר: מָשָׁל לְמֶלֶךְ שֶׁהָיָה נָתוּן הוּא וְאוֹהֲבוֹ בִּטְרַקְלִין וּוִילוֹן מוּנָּח בֵּינֵיהֶם, כָּל זְמַן שֶׁהָיָה רוֹצֶה לְדַבֵּר עִם אוֹהֲבוֹ הָיָה קוֹפֵל אֶת הַוִּילוֹן וּמְדַבֵּר עִמּוֹ, אֲבָל לִנְבִיאֵי אוּמּוֹת הָעוֹלָם אֵינוֹ מְקַפֵּל אוֹתוֹ אֶלָּא מְדַבֵּר עִמָּהֶם מֵאַחֲרֵי הַוִּילוֹן. וְרַבָּנָן אָמְרֵי: לְמֶלֶךְ שֶׁהָיָה לוֹ אִשָּׁה וּפִלֶּגֶשׁ, כְּשֶׁהוּא הוֹלֵךְ אֵצֶל אִשְׁתּוֹ הוּא הוֹלֵךְ בְּפַרְהֶסְיָא וּכְשֶׁהוּא הוֹלֵךְ אֵצֶל פִּלַגְשׁוֹ הוֹלֵךְ בְּמַטְמוֹנִיּוֹת, כָּךְ אֵין הַקָּדוֹשׁ בָּרוּךְ הוּא נִגְלֶה עַל אוּמּוֹת הָעוֹלָם אֶלָּא בַּלַּיְלָה, (במדבר כב, כ) "וַיָּבֹא אֱלֹהִים אֶל בִּלְעָם לַיְלָה", (בראשית לא, כד) "וַיָּבֹא אֱלֹהִים אֶל לָבָן הָאֲרַמִּי בַּחֲלֹם הַלָּיְלָה", (שם כ, ג) "וַיָּבֹא אֱלֹהִים אֶל אֲבִימֶלֶךְ בַּחֲלוֹם הַלָּיְלָה". מַה בֵּין נְבִיאֵי יִשְׂרָאֵל לִנְבִיאֵי אוּמּוֹת הָעוֹלָם,

רש"י

נתפרש ממנו פרישת עולם. שלא זכה לידבק בזרעו: **וישלח אבימלך מלך גרר ויקח את שרה בעל כרחו:** (ה) **אין לשון וייקר אלה לשון טומאה.** שהיה דומה לפני הקב"ה כאילו מדבר עם טמא: **מה בין נביאי ישראל לנביאי אומות העולם, למלך שהיה הוא ואוהבו בטרקלין וביניהם וילון כשהוא מדבר הוא מקפל את הוילון ומדבר עם אוהבו אבל לאומות העולם אין מקפל** אלא דרך גניבה מדבר עמהם.

עץ יוסף

פרישת עולם. שהרי אפילו עכשיו שהלך לוט להר אשר שם אברהם להתקרב אללו נסע משם להפרד ממנו. וטעם הנטייה לפי שגרם לעשות מריבה בין אברהם ללוט כדאיתא לעיל פ' מ"א. וגם הכוונה על פרישת עירוב הזרע כי על שנפרד מאברהם גרם לריחוק זרעו כדלעיל סי' ב'. ומשעה שפירש ממנו אברהם רמז לו זה כדאמר לעיל פ' מ"א מה הפרדה הזו כו': [ו] **על כרחה שלא בטובתה.** שפי' אל שרה כמו על שרה. וכה"ג פרש"י בחומש וז"ל כאן לא נטל רשות אלא על כרחה שלא בטובתה לפי שכבר לוקחה בית פרעה עי"כ עכ"ל ואע"פ שכתוב והיא גם היא אמרה אחי. ע"כ הודית לדברי אברהם בטוב מוסרה. וכן פירש התרגום ואמר אברהם על שרה אשתו: (ה) [ז] **שדרך בני אדם לפרוש זה מזה.** דהיינו בלילה אשר אז הוא זמן ממשלת החיצונים. וה"ה במקומות חרבים אשר שם משכנם גם ביום שאינם זוכים לאור הנבואה מאת ה' לגמרי אלא בהתלבשות מדרגת החיצונים (נזה"ק): **למלך שהיה נתון הוא כו'.** ר"ל כמו המלך שאינו מדבר עם מי שאינו אוהבו אלא ע"י הפסק הוילון. כך גם נביאי עכו"ם המתנבאים בלילה בזמן ממשלת החיצונים. אשר הם כוילון ומסך מבדיל בינם לבין קונם ית'. אבל בנביאי ישראל מקפל הוילון הוא מסך המבדיל ומדבר עמם פנים אל פנים. אלא שמ"מ לא הגיעו כולם למדרגת משה שהשיג יותר להתנבאות באספקלריא המאירה כדלקמן בויק"ר פ"א: **הולך במטמוניות.** וכן על נביאי עכו"ם אינו מתגלה אלא בלילה בהתלבשות מדרגות החצונים אשר השפע הקדוש בא אליהם במטמוניות: **מה בין ישראל כו'.** לעיל אמר איך נגלה ובא להם. וכאן מדבר איך מדבר עמהם:

בחצי דבור. שקשה עליו להאריך

פירוש מהרז"ו

פרישתו פרישת עולם. שנתיירא ללכת אצל אברהם כמ"ש לעיל פר' נ' סי' י"א וכמ"ש בפסיקתא שם. וז"ל שם מה אמרו לו ההרה המלט בזכותו של אותו ההר הגדול נמלטת לך אצלו אמר להם איני יכול שכבר אמר לי להפרד לא אוכל להמלט ההרה ע"ש:

על כרחה שלא בטובתה. עיין מ"כ וסיים רש"י לפי שכבר לוקחה לבית פרעה עי"כ אך נ"ע שהרי מפורש ואומר לה זה חסדך וגו' אל כל המקום וגו' אמרי לי אחי הוא. הרי זה כלל על כל המקומות כמו במצרים וכ"כ והיא גם היא אמרה אחי הוא. אך בילקוט כאן הגי' וישלח אבימלך מלך גרר ויקח את שרה אפשר שהולכת ברצונה אלא בעל כרחה שלא בטובתה וגי' זו עיקר וכ"מ ביפ"ת [א"ה היפ"ת אחר שהביא את דברי הילקוט כתב בזה"ל ואם אמת הי' לשון זה במדרש הייתי אומר דמדרש דילן כמי אויקח את שרה קאי אלא שודאי שיבוש הוא דמאי ק' לי' כי מנא לי' שהי' ברצונה דקא מתמה אפשר מה שלא הוקשה לגבי פרעה ואי משום דהתם כתיב ותוקח דמשמע בע"כ והכי שני וכתיב ויקח א"כ מאי משני על כרחה אלא ודאי שיבוש הוא שעלה על לב איזה תלמיד לפרש כך וכתב בספר ודברי רש"י ז"ל דלעיל יוכיחו עכ"ל ותימה על מהרז"ו דכתב בשם היפ"ת כי גירסת הילקוט עיקר] ולפי שאצל פרעה כתיב ותוקח האשה משמע בע"כ וכאן כתוב ויקח ויש לטעות שהי' שלא בע"כ ע"כ הוצרכו חז"ל לפרש שג"כ כאן בע"כ. ומ"ש ותוקח וכן ויקח פי' חז"ל לקיחת דברים כמ"ש לעיל פ' מ' סי' ה' ע' מש"ש אלא דשם שכתוב ותוקח היינו ע"י שרים לא שאלה ללקחה וכאן כתיב וישלח ויקח: (ה) **אמר רבי יוסי וכו'.** לקמן פר' ע"ד סי' ז' ושם איתא ר"י ב"ר חנינא ויק"ר פ' א' סי' י"ב ובשנוים ע"ש: **לפרוש זה מזה.** תיבת סעיפים מלשון פרישה. וכן לעיל פ' מ"ד סי' ט' מול תיבת סרעפי הפורשים ממני: **הוילון ומדבר עמו.** וכאן חסר חצי המשל השני. וחצי כמשל הראשון והוא מובן ובויק"ר פ"א הוא מפורש וגם שם חשב כל המקומות שנראה לנביאים ביום והכוונה גם ביום: **אצל שפחתו.** שם הגי' פלגשו. וכמו שהתחיל. שאין הפילגש שפחה:

מתנות כהונה

פרישת עולם. שלא זכה זרעו לידבק בזרע אברהם שנאמר לא יבא עמוני וגו': **בגרדקי.** פירש הערוך תרגום ירושלמי מן גרר הוא גרדקי וראיתי בתרגום ירושלמי שלפנינו וכתוב בו מלך גרר מלכא דערד ואולי צ"ל דגרר: [**שרה אשתי** גרסינן]: ע"ב **שלא בטובתה.** פירש רש"י בחומש שהרי לא נטל ממנה רשות כמו בבואם למצרים: [ה] [**ווילון מונח ביניהן** גרסינן]: **ומדבר עמו.** פנים אל פנים וכן הוא בויקרא רבה פרשה א' בהדיא: **אלא בלילה.** אבל לנביאי ישראל ביום ועיין בויק"ר פרשה א':

אשד הנחלים

פרישת עולם. כלומר לקחת מזה מוסר כי התבוננת על המעשה הזה במה שנאמר ויסע משם שנתפרד מבן אחיו לוט והפרידה היתה עולמית שנתקיים שלעולם לא ידבק בו. ע"כ מזה ניקח מוסר כמה נזהר מחכמים לבלי נכוה בהם בפשעם בהם: **שלא בטובתה.** שלא בקשה כמו שביקש במצרים: [ה] **לפרוש זה מזה.** שלא ידעו מזה בני אדם כי באה אליו ההתגלות כי אין כבודו ית' להזדקק להם בגלוי: **אינו מקפל אותו.** הציור בזה כי הנבואה האמיתית הוא שכל עליוני הנתחדש לאדם בעת ההיא ואז השכל האנושי וכל מחשבותיו ודמיונותיו האנושים בטלים ומתקפלים והוא רואה ומשיג השכל האלקי. אבל בעובדי כוכבי' השכל האנושי וסעיפיו במקומ' רק מתוכם ובאמצעם ירגיש עוד ניצוץ השכל האלקי וזהו כשומע מאחורי הווילון. והבן זה: **הולך במטמוניות.** זהו ואלי דבר יגונב. כגניבה הנעשה בצנעה שלא ירגיש בה כן גם המקבל הנבואה אינו מרגיש שהיא נבואה. רק חלום כדמות חלום טבעי ואף שמתגלה אליו:

באור מהרי"פ

וממערב דהיינו מזרח ומערב גם מדבר הרים היינו רוח העולם כו' ולפ"ד המתרגם מדבר הוא לפוני והרים דרומי. ומשני אף הוא וכו' פי' כי הרים ג"כ הוא שם דרום וה"ל ח' שמות. וקרוב אללי דגרם אלא במקום אמר להם כי לא נזכר אומר למקשה דלימא אמר להם. יפ"ת.

מסורת המדרש

ט לקמן פרשה ע"ד. ויק"ר פ' א'. ילקוט משלי רמז תתקנ"ג. וילקוט איוב רמז תתנ"ו:

אם למקרא

בִּשְׂעִפִּים מֵחֶזְיֹנוֹת לָיְלָה בִּנְפֹל תַּרְדֵּמָה עַל־אֲנָשִׁים: (איוב ד:יג)

וַיָּבֹא אֱלֹהִים אֶל־בִּלְעָם לַיְלָה וַיֹּאמֶר לוֹ אִם־לִקְרֹא לְךָ בָּאוּ הָאֲנָשִׁים קוּם לֵךְ אִתָּם וְאַךְ אֶת־הַדָּבָר אֲשֶׁר־אֲדַבֵּר אֵלֶיךָ אֹתוֹ תַעֲשֶׂה: (במדבר כב:כ)

וַיָּבֹא אֱלֹהִים אֶל־לָבָן הָאֲרַמִּי בַּחֲלֹם הַלָּיְלָה וַיֹּאמֶר לוֹ הִשָּׁמֶר לְךָ פֶּן־תְּדַבֵּר עִם־יַעֲקֹב מִטּוֹב עַד־רָע: (בראשית לא:כד)

וַיָּבֹא אֱלֹהִים אֶל־אֲבִימֶלֶךְ בַּחֲלוֹם הַלָּיְלָה וַיֹּאמֶר לוֹ הִנְּךָ מֵת עַל־הָאִשָּׁה אֲשֶׁר־לָקַחְתָּ וְהִוא בְּעֻלַת בָּעַל: (בראשית כ:ג)

ענף יוסף

ענין גדול שהבנתי סברת מפני הבושה. וזהו שמסיים שמשעה שפירש כו' (בשם הרב המאה"ג מו"ה אליה אב"ד דק"ק לידא):

רַבִּי חָמָא בַּר רַבִּי חֲנִינָא וְרַבִּי יִשָּׂשכָר דִּכְפַר מַנְדִּי — **R' Chama son of R' Chanina and R' Yissachar of Kfar Mandi** discussed this issue: רַבִּי חָמָא אָמַר: אֵין הַקָּדוֹשׁ בָּרוּךְ הוּא נִגְלֶה עַל נְבִיאֵי אוּמּוֹת הָעוֹלָם אֶלָּא בַּחֲצִי דִּבּוּר — **R' Chama said: The Holy One, blessed is He, appeared to the prophets of the nations of the world with only half of a speaking,**[44] הֵיךְ מָה דְאַתְּ אָמַר "וַיִּקָּר אֱלֹהִים אֶל בִּלְעָם" — **as it is stated, *God happened upon*** [וַיִּקָּר] ***Balaam*** (*Numbers* 23:4).[45] אָמַר רַבִּי יִשָּׂשכָר דִּכְפַר מַנְדִּי: אֵין הַלָּשׁוֹן הַזֶּה "וַיִּקָּר" אֶלָּא לְשׁוֹן טוּמְאָה — **R' Yissachar from Kfar Mandi said: This expression** וַיִּקָּר **is an expression of impurity,** הֵיךְ מָה דְאַתְּ אָמַר "כִּי יִהְיֶה בְךָ אִישׁ אֲשֶׁר לֹא יִהְיֶה טָהוֹר מִקְּרֵה לָיְלָה" — **as it is stated, *If there will be among you a man who will not be clean because of a nocturnal occurrence*** [מִקְּרֵה], *he shall go outside the camp* (*Deuteronomy* 23:11). אֲבָל נְבִיאֵי יִשְׂרָאֵל בְּדִבּוּר שָׁלֵם — **But** when it comes to **the prophets of Israel,** God speaks to them **with complete speech**[46] בְּלָשׁוֹן חִיבָּה בְּלָשׁוֹן קְדוּשָּׁה בְּלָשׁוֹן שֶׁמַּלְאֲכֵי הַשָּׁרֵת מְקַלְּסִין אוֹתוֹ — **and with an expression denoting love, with an expression denoting holiness,** and **with an expression by which the ministering angels praise Him,**[47] שֶׁנֶּאֱמַר "וְקָרָא זֶה אֶל זֶה וְאָמַר קָדוֹשׁ וגו'" — **as it is stated, *And one called*** [וְקָרָא] ***to another and said, Holy,*** *holy, holy is HASHEM* (*Isaiah* 6:3).

The Midrash adds one more statement about non-Jewish versus Jewish prophets:

אָמַר רַבִּי יוֹסֵי בֶּן בִּיבָא: "רָחוֹק ה' מֵרְשָׁעִים", אֵלּוּ נְבִיאֵי אוּמּוֹת הָעוֹלָם — It is written, ***HASHEM is distant from the wicked*** *but He hears the prayer of the righteous* (*Proverbs* 15:29) — **these** "wicked" **are the prophets of the** other **nations of the world;**[48] "וּתְפִלַּת צַדִּיקִים יִשְׁמָע", אֵלּוּ נְבִיאֵי יִשְׂרָאֵל — ***but He hears the prayer of the righteous*** — **these** "righteous" **are the prophets of Israel.**

❑ וַיָּבֹא אֱלֹהִים אֶל אֲבִימֶלֶךְ וַיֹּאמֶר לוֹ הִנְּךָ מֵת עַל הָאִשָּׁה וגו' — ***AND GOD CAME TO ABIMELECH IN A DREAM BY NIGHT AND SAID TO HIM, "BEHOLD YOU ARE TO DIE BECAUSE OF THE WOMAN*** *YOU HAVE TAKEN."*

The Midrash derives a halachic conclusion from God's statement to Abimelech:

מִכָּאן שֶׁאֵין הַתְרָאָה בִּבְנֵי נֹחַ — **From here** we learn **that there is no** requirement for **warning concerning Noahides.**[49]

❑ וְהִיא בְּעֻלַת בָּעַל — ***MOREOVER, SHE IS A MARRIED WOMAN.***

The Midrash expounds the unusual phrase בְּעֻלַת בָּעַל:[50]

אָמַר רַבִּי אַחָא: בַּעְלָהּ נִתְעַטֵּר בָּהּ וְהִיא לֹא נִתְעַטְּרָה בְּבַעְלָהּ — **R' Acha said: [Sarah's] husband gloried in her,**[51] **but she did not glory in her husband.** רַבָּנָן אָמְרֵי: מָרְתָא דְּבַעְלָהּ — **The** other **Sages said: She was master over her husband.**[52] בְּכָל מָקוֹם הָאִישׁ גּוֹזֵר — For **in every** other **instance** it is **the husband** who **decrees** what is to be done, בְּרַם הָכָא "כֹּל אֲשֶׁר תֹּאמַר אֵלֶיךָ שָׂרָה שְׁמַע בְּקֹלָהּ" — **whereas here,** in this case, God tells Abraham, ***Whatever Sarah tells you, heed her voice*** (below, 21:12).[53]

NOTES

44. For He finds it unpleasant, as it were, to speak with them at length (*Eitz Yosef*).

45. The word וַיִּקָּר is a shortened form ("half") of the word וַיִּקְרָא, *and He called,* that appears in Scripture in connection with Jewish prophets (see e.g., *Exodus* 3:4).

46. Relating to R' Chama's position (*Vayikra Rabbah* loc. cit.).

47. Relating to the position of R' Yissachar of Kfar Mandi (ibid.).

48. It is obvious that God is distant from the wicked; perforce the verse means that even when it seems that God is close to them, as when He appears to them in prophecy, He is still *distant* from them (*Maharzu*), appearing to them only through a "curtain" of separation (*Eitz Yosef,* citing *Nezer HaKodesh*).

49. Generally there is a halachic principle that a court cannot administer punishment unless the perpetrator was first warned that what he is about to do is forbidden and that he will be punished if he does it. The Midrash is saying that from the fact that Abimelech was told that he would die for something he had already done we see that this requirement does not apply to Noahides. [Our verse cannot be understood as a warning to Abimelech if he dares to touch her *subsequently* — for verse 4 states that *Abimelech had not approached her,* which implies that if he *had* approached her previously he would be liable for death. See also below, §8, and above, 34 §14 (*Maharzu*).] See further, Insight Ⓐ.

This law can be explained as follows: Since the Noahide laws (such as the prohibition against stealing and killing) are all rational imperatives, Noahides can indeed be punished for failing to observe them even if no explicit warning was given, since the main reason for the requirement of warning is to ascertain that the sinner is aware of the law (ibid.).

[The Midrash appears to be assuming that Abimelech was liable for death by a *human* court as well (for certainly God Himself can punish *anyone,* Jew and Noahide alike, even if no warning was given, for since God always knows if a person sinned intentionally or not, He has no need for the mechanism of warnings to ascertain this).]

50. The phase literally means "the married woman of a married man," or "the wife of a husband" — a verbose expression in any event. The usual term for a married woman is אֵשֶׁת אִישׁ (see *Leviticus* 20:10) (*Maharzu*).

51. The Midrash is interpreting the word בְּעֻלַת as being from the root עלה, "to elevate." בְּעֻלַת בָּעַל thus means that Sarah was the "elevation" or "glory" of her husband, for he was "raised" in status on her account; see above, 12:13,16 (*Matnos Kehunah* to 47 §1 above). Moreover, she was superior to him (and hence a source of glory for him) in prophetic ability, as the Midrash goes on to show (*Eitz Yosef* to 47 §1 above).

52. The other Sages expound בְּעֻלַת (not spelled בְּעוּלַת as would be expected) as if it were vowelized בַּעֲלַת, *the master of* (*Rashi*).

53. God's purpose in saying all this to Abimelech was to raise Sarah's importance in his eyes, so that he would be afraid to touch her (*Maharzu*).

INSIGHTS

Ⓐ **There Is No Warning Concerning Noahides** *Maharzu* makes the point mentioned in note 49 to answer a question posed by many commentators: In verse 7, God tells Abimelech: *"but if you do not return her, be aware that you will surely die, you and all that is yours."* Thus, God *did* in fact forewarn Abimelech that he would die for not returning Sarah. Therefore, *Maharzu* explains that the proof that a Noahide does not need forewarning is from verse 4, which indicates that had Abimelech touched Sarah, he would have *already* been liable to death even before the warning that later followed in verse 7. [See, however, *Nezer HaKodesh* cited in note 75 below, according to whom the entire difficulty does not arise.]

Alternatively, this Midrash's proof that a Noahide does not need forewarning is from the latter portion of verse 7, which states that the death penalty would apply to *you and all that is yours.* This comes to include not only Abimelech's immediate family [as some commentators understand it — see *Sforno*), but rather, his entire kingdom. They were liable to death since Noahide law makes all of the inhabitants of a town responsible for the institution of courts to administer justice. If they fail to do so, and allow evil actions to go unchastened, they are deserving of death (*Rambam, Hil. Melachim* 9:14). [Indeed, It was for this very reason that the people of Shechem were liable to death when they allowed their prince Shechem to go unpunished for abducting Dinah (ibid.).] Since they did not reprove Abimelech, God decreed that, barring the return of Sarah, they would also be destroyed (see *Malbim; Griz* ibid.; *Aruch LaNer* loc. cit.). Now, the entire city never received a prior warning that they would be punished for their lack of oversight (even if it could be argued that, in verse 7, Abimelech himself did). Thus, the Midrash proves that a Noahide does not require forewarning (*Binyan Ariel,* cited in *Pilpula Charifta, Bereishis* Vol. 1, p. 367). See *Pilpula Charifta* ibid. for an additional answer.

רַבִּי חָמָא בַּר רַבִּי חֲנִינָא וְרַבִּי יִשָּׂשכָר דִּכְפַר מַנְדִי, רַבִּי חָמָא אָמַר: אֵין הַקָּדוֹשׁ בָּרוּךְ הוּא נִגְלֶה עַל נְבִיאֵי אוּמּוֹת הָעוֹלָם אֶלָּא בַּחֲצִי דִּבּוּר, הֵיךְ מַה דְּאַתְּ אָמַר (במדבר כג, טז) "וַיִּקָּר אֱלֹהִים אֶל בִּלְעָם". אָמַר רַבִּי יִשָּׂשכָר דִּכְפַר מַנְדִי: אֵין הַלָּשׁוֹן הַזֶּה וַיִּקָּר אֶלָּא לְשׁוֹן טוּמְאָה הֵיךְ מָה דְּאַתְּ אָמַר (דברים כג, יא) "כִּי יִהְיֶה בְךָ אִישׁ אֲשֶׁר לֹא יִהְיֶה טָהוֹר מִקְּרֵה", אֲבָל נְבִיאֵי יִשְׂרָאֵל בְּדִבּוּר שָׁלֵם בִּלְשׁוֹן חִיבָּה בְּלָשׁוֹן קְדוּשָּׁה בְּלָשׁוֹן שֶׁמַּלְאֲכֵי הַשָּׁרֵת מְקַלְּסִין אוֹתוֹ, שֶׁנֶּאֱמַר (ישעיה ו, ג) "וְקָרָא זֶה אֶל זֶה וְאָמַר קָדוֹשׁ וגו'". אָמַר רַבִּי יוֹסֵי בֶּן בֵּיבָא: (משלי טו, כט) "רָחוֹק ה' מֵרְשָׁעִים", אֵלּוּ נְבִיאֵי אוּמּוֹת הָעוֹלָם, "וּתְפִלַּת צַדִּיקִים יִשְׁמָע", אֵלּוּ נְבִיאֵי יִשְׂרָאֵל. "וַיָּבֹא אֱלֹהִים אֶל אֲבִימֶלֶךְ וַיֹּאמֶר לוֹ הִנְּךָ מֵת עַל הָאִשָּׁה וְגוֹ'", [י]מִכָּאן שֶׁאֵין הַתְרָאָה בִּבְנֵי נֹחַ.

"וְהִיא בְּעֻלַת בָּעַל", אָמַר רַבִּי אַחָא: [יא]בַּעֲלָהּ נִתְעַטֵּר בָּהּ וְהִיא לֹא נִתְעַטְּרָה בְּבַעֲלָהּ. רַבָּנָן אָמְרֵי: מָרְתָא דְּבַעֲלָהּ, בְּכָל מָקוֹם הָאִישׁ גּוֹזֵר בְּרַם הָכָא כֹּל אֲשֶׁר תֹּאמַר אֵלֶיךָ שָׂרָה שְׁמַע בְּקֹלָהּ":

ו [כ, ד] "וַאֲבִימֶלֶךְ לֹא קָרַב אֵלֶיהָ וגו', הֲגוֹי גַּם צַדִּיק תַּהֲרֹג". אָמַר: אִם כָּךְ דַּנְתָּ לְדוֹר הַמַּבּוּל וּלְדוֹר הַפַּלָּגָה צַדִּיקִים הָיוּ. אָמַר רַבִּי בֶּרֶכְיָה: אִי גּוֹי זֶה תַּהֲרוֹג צַדִּיק תַּהֲרוֹג. [כ, ה] "הֲלֹא הוּא אָמַר לִי וגו' וְהִיא גַּם הִיא". הִיא וְחַמָּרֶיהָ וְגַמָּלֶיהָ וּבְנֵי בֵיתָהּ וְאַנְשֵׁי בֵיתָהּ כּוּלָּם אָמְרוּ כֵּן.

עץ יוסף

עמהס בדברים: **ויקר לשון טומאה.** שנתלבש את נבואתו במדרגת הטומאה (נזה"ק): **רחוק ה' כו'.** דאע"פ שהוא מתגלה להם בנבואה. מ"מ נקרא רחוק לפי שהוא רק דרך מסך מבדיל. ולפיכך גם תפלתם אינה נשמעת (נזה"ק): **[ח] שאין התראה כו'.** אינם צריכים התראה שהרי א"ל מת אתה אע"פ שלא הותרה הטעם בזה כי מי שלבו טובה בעצם רק החטא הוא במקרה ועל כן הוא צריך התראה כי אולי נפתה לשעה קלה. ואחר שיתרו אותו אז יעבור מאתו הרוח רעה. לא כן מי שלבו רעה בעצם אז לא יועיל לו התראה: **בעלה נתעטר בה כו'.** דריש לה כאילו כתיב בעלת בעל שהיא בעל עליו ועל ידיה נעשה הוא בעל שבעלה נתעטר בה כו' וכדמפרש לעיל ריש פרשה מ"ז (נזה"ק): **(ו) אמר אם כך דנת לדור המבול כו'.** דגם בא לרבות דור המבול ודור הפלגה. ולכן אמר ג"כ גוי לשון רבים דמשמע אומה שלימה דה"ק אם כך דנת לדור המבול צדיקים היו (נזה"ק): **ואי גוי זה תהרוג.** דהיינו אותי עם בני ביתי ובני אומתי א"כ גם צדיק אברהם תהרוג שגרם הדבר כי הלא הוא אמר לי אחותי. וכן הוא להדיא בפסיקתא והלא הוא כו' נמשך למעלה שלכן גם צדיק תהרוג. ותו דריש מדכתיב והיא גם

פירוש מהרז"ו

לשון טומאה. רות רבה פסוק ויקר מקרה: **בדיבור שלם.** בשנה ובסיני ובאוה"מ כתוב ויקרא: **רחוק ה' מרשעים.** מאי קמ"ל שהוא רחוק מרשעים אלא קמ"ל אפילו בשעה שנראה קרוב להם בנבואה גם אז רחוק ה' מהם. וא"כ עד"ז גם ס"ד: **מכאן שאין התראה.** לעיל פל"ד סי' י"ד וש"נ ואין לומר שמ"ש הנך מת זו התראה שאם יקרב ימות דממ"ש ואבימלך לא קרב אליה משמע שאם קרב היה מת אע"פ שלא התרו בו וכ"מ ממ"ש ויתפלל בעדך וחיה (וכ"כ היפ"ת) ועיין מכות דף ט' והטעם שא"צ התראה כי מצווים רק במצות שכליות שהיל"ל לדעת גם בלא התראה וע"ד שאמרו חז"ל חבר א"צ התראה): **בעולת בעל.** והיל"ל והיא א"א וכמ"ש הפב אשת האיש. ע"כ דורש בעולת מלשון בעל ואדון. ובא להחשיבה בעיניו ולהגדילה שיתירא ליגע בה. שאברהם כבר היה במעלה וכבוד בעולם כמ"ש פר' מ"ב סימן ה' והיא גדולה ממנו. ועיין לעיל ר"פ מ"ז: **(ו) אם כך דנת.** פסיקתא רבתי פר' מ"ב סי' ג' ושם הגירסא אם כך דנת בלא התראה וכו': **לדור המבול.** כי גוי משמע אומה ואחד לא נקרא גוי וע"פ מדה י"ז הכוונה על דור המבול ודור הפלגה וסדום. וכמ"ש לעיל פר' ל"ו ס"ס א' ויק"ר ר"פ ה' על גוי זה דור המבול: **אם גוי זה תהרוג.** דורש גוי על אבימלך שהוא שקול ככל הגוי (וכמ"ש כי הבאת עלי ועל ממלכתי וגו' יפ"ת) ומ"ש המדרש תהרוג שתי פעמים על פי מדה כ"ב שתיבת תהרוג נמשך גם לתיבת גוי וכ"מ ממ"ש גם צדיק תהרוג שמ"ש הגוי פי' גם כן הגוי תהרוג: **ואנשי ביתה.** בני ביתה. עבדיה. ושפחותיה. ואנשי ביתה. הבאים תמיד לביתה

חידושי הרד"ל

(ו) [ו] **אי גוי זה תהרוג גם צדיק תהרוג.** כ"ה בפסיקתא דוה' פקד את שרה. ומסיים שם אם הורג אתה לאבימלך הרוג גם לאברהם למה שאלתי אותו ואותה. ויתפרש מ"ש כאן הלא הוא גו' נמשך למעלה שלכן גם צדיק תהרוג:

מסורת המדרש

י סנהדרין נ"ז: **יא** לעיל פרשה מ"ז. ילקוט משלי רמז תתקמ"ז:

אם למקרא

וַיִּקָּר ה' אֶל־בִּלְעָם וַיָּשֶׂם דָּבָר בְּפִיו וַיֹּאמֶר שׁוּב אֶל־בָּלָק וְכֹה תְדַבֵּר: (במדבר כג:טז)

כִּי־יִהְיֶה בְךָ אִישׁ אֲשֶׁר לֹא־יִהְיֶה טָהוֹר מִקְּרֵה־לָיְלָה וְיָצָא אֶל־מִחוּץ לַמַּחֲנֶה לֹא יָבֹא אֶל־תּוֹךְ הַמַּחֲנֶה: (דברים כג:יא)

וְקָרָא זֶה אֶל־זֶה וְאָמַר קָדוֹשׁ קָדוֹשׁ קָדוֹשׁ ה' צְבָאוֹת מְלֹא כָל־הָאָרֶץ כְּבוֹדוֹ: (ישעיה ו:ג)

רש"י

הנך מת על האשה אע"פ שלא הותר' מכאן שאין התראה לבני נח: **בעלה נתעטר בה והיא לא נתעטרה בבעלה.** שנטל הנב"ה) יו"ד שהיה מונח בסוף שם שרי והניח אליו באברהם ואליו בשרה. הדא הוא דכתיב "אשת חיל עטרת בעלה". **רבנן אמרין מרתא דבעלה** בעלת בעל כתיב חסר. **בכל מקום האיש גוזר ועושה רצונו הכא כל אשר תאמר אליך שרה** שמע בקולה: **(ו) אמר רבי ברכיה אי גוי זה תהרוג צדיק תהרוג הלא הוא אמר לי אחותי היא** שאני לא נגעתי בה ואתה אומר הנך מת. אם יש להרוג, הרוג את אברהם שאמר לי אחותי היא. והיא גם היא אמרה אחי הוא אף חמריה וגמליה ובני ביתה אמרה אחי הוא אף חרמיה וגמליה ובני ביתה אומרין הכי. גם דורש ולא הם לבדם אלא אף כל בני ביתם.

מתנות כהונה

אלא לשון טומאה. פירש"י שהיה דומה לפני הקב"ה כאילו מדבר עם טמא: [**רחוק ה' מרשעים.** ע"ע בויק"ר פ"א]: **שאין התראה כו'.** אינם צריכים התראה שהרי אמר ליה מת אתה אע"פ שלא הותרה: [**נתעטר בה.** נתבאר לעיל פמ"ז]: [ו] **אם כן דנתה.** על חטאים כאילו צדיקים היו ולא כדין דנתה ודייק מדכתיב גוי שהרי לא אמר לו המלאך כי אם הנך מת וכן משמע בביאורי מהר"ר אליהו מזרחי: **אם גוי זה תהרוג.** על עצמו אמר כן: **וחמריה כו'.** בני אדם מוליכי החמורים והגמלים ודייק מדכתיב גם:

אשד הנחלים

בחצי דיבור הד"א ויקר. הענין כי הדיבור השלם מורה שהידיעה היא שלימה בתכלית ולכן יוכל לדבר ולהסביר אותה ולא כן אם הידיעה איננה שלימה רק מעורבת בדמיונות ע"כ אינו יכול לדבר בה ולהסבירה וא"כ הדיבור שאינו שלם מורה שהידיע' איננה שלמה רק השערות דמיוניות לבד. הבן זה: **אלא לשון טומאה.** זהו כמ"ש שבלע' בועל אתונו הי'. וכל התבודדותו ומעשיו הי' ע"י הטומא' הזא' והדבו' בו ארוך ואינו כדאי להרחיב הדברי' וע' בספר כ"י הנקר' קנאת ה' צבאות מהרב החכם האלקי ר' משה חיים לוצאטי ותבין: **בדבור שלם.** הוא הידיעה השלימה: **בלשון חיבה.** שהמחזה העליונה חפיצה מאוד להתדבק בו. ובלשון קדושה. כי בעת בא המחזה אז תתקדש נפשו יותר ויותר ומבין ענין קדושתו ית' שהיא לאין תכלית כמו שנאמר קדוש קדוש קדוש ה' צבאות שהוא קדוש עד לאין תכלית: **אלו נביאי עובדי כוכבים** שלא ידומה אחר שהמה זוכים לנבואה א"כ קרוב ה' להם לא כן: **שאין התראה בעובדי כוכבים.** הטע' בזה כי מי שלבו טובה בעצם רק החטא הוא במקרה וע"כ הוא צריך התראה. כי אולי נפתה לשעה קלה ואחר שיתרו אותו אז יעבור מאתו הרוח הרעה. לא כן מי שלבו רעה בעצם אז לא יועיל לו התראה כי נפשו כוספת לזה. ולכן אין צריך התראה והיו נענשי' תיכף: **נתעטר בה.** דרש בעולת בעל היא בעלת הבעל שהיא בעל עליו ועל ידיה נעשה הוא בעל: [ו] **אם כך דנת.** כי מלת גוי נאמר על הקבוץ הרב ואומה שלימה. ולכן דרשו שהרהר על משפטי ה' ית' שנדמה לו שכל משפטיו שלא כמשפט: **וחמריה.** מן גם לרבות קדרש כלומר והיא בעצמה גם משרתיה ואנשיה אמרו ג"כ ככה:

וַאֲבִימֶלֶךְ לֹא קָרַב אֵלֶיהָ וַיֹּאמַר אֲדֹנָי הֲגוֹי גַּם צַדִּיק תַּהֲרֹג. הֲלֹא הוּא אָמַר לִי אֲחֹתִי הִוא וְהִיא גַם הוּא אָמְרָה אָחִי הוּא בְּתָם לְבָבִי וּבְנִקְיֹן כַּפַּי עָשִׂיתִי זֹאת.

Now Abimelech had not approached her; so he said, "O my Lord, will You slay a nation even though it is righteous? Did not he himself tell me, 'She is my sister'? And she, too, herself said, 'He is my brother!' In the innocence of my heart and integrity of my hands have I done this" (20:4-5).

§6 **וַאֲבִימֶלֶךְ לֹא קָרַב אֵלֶיהָ וְגוֹ׳ הֲגוֹי גַּם צַדִּיק תַּהֲרוֹג** — ***ABIMELECH HAD NOT APPROACHED HER, ETC., "WILL YOU SLAY A NATION EVEN THOUGH*** (lit., *ALSO*) ***IT IS RIGHTEOUS"*** (lit., *A NATION, ALSO A RIGHTEOUS ONE*)*?*

God had told Abimelech, "Behold *you* are to die because of the woman you have taken." Why does Abimelech now speak of God planning to "slay a *nation*"? Another question is: What did he mean by "also"?[54]

אָמַר: אִם כָּךְ דַּנְתָּ לְדוֹר הַמַּבּוּל וּלְדוֹר הַפַּלָּגָה צַדִּיקִים הָיוּ — [Abimelech] **was saying, "If this is how You judged the generation of the Flood and the generation of the Dispersion,**[55] then I conclude that **they were righteous,**[56] too!"[57]

אָמַר רַבִּי בֶּרֶכְיָה — **R' Berechyah said: אִי גּוֹי זֶה תַּהֲרוֹג צַדִּיק תַּהֲרוֹג** — Abimelech was saying, **"If You kill this *nation*,**[58] then **You should kill** also this ***righteous person*** (Abraham), **הֲלֹא הוּא אָמַר לִי וְגוֹ׳** — for ***Did not he himself tell me, etc.?"***[59]

☐ **וְהִיא גַם הִיא** — ***AND SHE, TOO, HERSELF*** *SAID* (lit., *AND SHE, ALSO SHE, SAID*).

The Midrash addresses the apparent redundancy in this phrase:

הִיא וְחַמָּרֶיהָ וְגַמָּלֶיהָ וּבְנֵי בֵיתָהּ וְאַנְשֵׁי בֵיתָהּ כּוּלָּם אָמְרוּ כֵּן — Abimelech was saying, **"She** (Sarah) **as well as her donkey drivers and her camel drivers and her domestics**[60] **and the members of her household**[61] **— all of them said this,**[62] that she was Abraham's sister."

NOTES

54. [It is because of this difficulty that English texts usually translate גַּם here as "even though" instead of "also."]

55. Punishing them even for inadvertent sins. It is these large groups of people (the generation of the Flood and the generation of the Dispersion) that Abimelech referred to as "nations" (*Matnos Kehunah*).

56. It should be noted that the word צַדִּיק often means "innocent" of a charge (see *Exodus* 23:7, *Deuteronomy* 25:1), and that is probably its intent here.

57. Thus, the word "also" is explained: Not only are You going to slay me unfairly (for I am righteous/innocent), but I conclude that You did so *also* with those previous generations (*Eitz Yosef*).

58. According to this interpretation, Abimelech referred to himself as "nation" (גּוֹי) (*Matnos Kehunah, Maharzu*), perhaps because, as king, he was equal in importance to the entire nation (*Maharzu*). Alternatively: By "nation" he meant himself and the Philistines as a whole (*Eitz Yosef*), for the Midrash now assumes that Abimelech understood that his whole country would be punished (see v. 9).

59. That is, if You consider me and my nation liable for death, You should likewise consider Abraham liable for death, for he caused me to sin by telling me that Sarah was his sister. The word "also" indicates that not only should I be killed, but *also* Abraham.

We have translated this line in accordance with the understanding found in *Pesikta Rabbasi* (Ch. 42), *Rashi*, *Eitz Yosef*, and others. Another interpretation of the line is: Abimelech was saying, **"If You kill this nation** (me), then **You will be killing an innocent person,** for I did not sin intentionally; after all, ***Did not he himself tell me* . . .** " This understanding of the Midrash is found in *Pesikta Zutresi, Yefeh To'ar*, and others. Both interpretations are presented in *Midrash Aggadah* and *Ohr HaSeichel*.

60. Servants and maids (*Maharzu*).

61. People from the outside who came to visit her house (ibid.). [The terms בְּנֵי בֵיתָא and אַנְשֵׁי בֵיתָהּ are usually synonymous expressions. *Yefeh To'ar* notes that the words אַנְשֵׁי בֵיתָהּ are missing in the *Yalkut Shimoni* version. (They are missing in many Midrash manuscripts as well.)]

62. And it is these other parties that are alluded to in the seemingly extraneous words גַּם הוּא.

רַבִּי חָמָא בַּר רַבִּי חֲנִינָא וְרַבִּי יִשָּׂשכָר דִּכְפַר מַנְדִי, רַבִּי חָמָא אָמַר: אֵין הַקָּדוֹשׁ בָּרוּךְ הוּא נִגְלֶה עַל נְבִיאֵי אוּמּוֹת הָעוֹלָם אֶלָּא בַּחֲצִי דִבּוּר, הֵיךְ מַה דְּאַתְּ אָמַר (במדבר כג, טז) "וַיִּקָּר אֱלֹהִים אֶל בִּלְעָם". אָמַר רַבִּי יִשָּׂשכָר דִּכְפַר מַנְדִי: אֵין הַלָּשׁוֹן הַזֶּה וַיִּקָּר אֶלָּא לְשׁוֹן טוּמְאָה הֵיךְ מָה דְאַתְּ אָמַר (דברים כג, יא) "כִּי יִהְיֶה בְךָ אִישׁ אֲשֶׁר לֹא יִהְיֶה טָהוֹר מִקְּרֵה", אֲבָל נְבִיאֵי יִשְׂרָאֵל בְּדִבּוּר שָׁלֵם בִּלְשׁוֹן חִיבָּה בְּלָשׁוֹן קְדוּשָּׁה בְּלָשׁוֹן שֶׁמַּלְאֲכֵי הַשָּׁרֵת מְקַלְּסִין אוֹתוֹ, שֶׁנֶּאֱמַר (ישעיה ו, ג) "וְקָרָא זֶה אֶל זֶה וְאָמַר קָדוֹשׁ וגו'". אָמַר רַבִּי יוֹסֵי בֶּן בֵּיבָא: (משלי טו, כט) "רָחוֹק ה' מֵרְשָׁעִים", אֵלּוּ נְבִיאֵי אוּמּוֹת הָעוֹלָם, "וּתְפִלַּת צַדִּיקִים יִשְׁמָע", אֵלּוּ נְבִיאֵי יִשְׂרָאֵל. "וַיָּבֹא אֱלֹהִים אֶל אֲבִימֶלֶךְ וַיֹּאמֶר לוֹ הִנְּךָ מֵת עַל הָאִשָּׁה וגו'", ימִכָּאן שֶׁאֵין הַתְרָאָה בִּבְנֵי נֹחַ.

"וְהִיא בְּעֻלַת בָּעַל", אָמַר רַבִּי אַחָא: יאבַּעֲלָהּ נִתְעַטֵּר בָּהּ וְהִיא לֹא נִתְעַטְּרָה בְּבַעֲלָהּ. רַבָּנָן אָמְרֵי: מָרְתָא דְבַעֲלָהּ, בְּכָל מָקוֹם הָאִישׁ גּוֹזֵר בְּרַם הָכָא "כֹּל אֲשֶׁר תֹּאמַר אֵלֶיךָ שָׂרָה שְׁמַע בְּקֹלָהּ":

ו [כ, ד] "וַאֲבִימֶלֶךְ לֹא קָרַב אֵלֶיהָ וגו', הֲגוֹי גַּם צַדִּיק תַּהֲרוֹג". אָמַר: אִם כָּךְ דַּנְתָּ לְדוֹר הַמַּבּוּל וּלְדוֹר הַפַּלָּגָה צַדִּיקִים הָיוּ. אָמַר רַבִּי בֶּרֶכְיָה: אִי גּוֹי זֶה תַּהֲרוֹג צַדִּיק תַּהֲרוֹג. [כ, ה] "הֲלֹא הוּא אָמַר לִי וגו' וְהִיא גַם הִיא". הִיא וְחַמָּרֶיהָ וְגַמָּלֶיהָ וּבְנֵי בֵיתָהּ וְאַנְשֵׁי בֵיתָהּ כּוּלָּם אָמְרוּ כֵּן.

עץ יוסף

עמהם בדברים: **ויקר לשון טומאה.** שנתלבש את נבואתו במדרגת הטומאה (נזה"ק): **רחוק ה' כו'.** דאע"פ שהוא מתגלה להם בנבואה. מ"מ נקרא רחוק לפי שהוא רק דרך מסך מבדיל. ולפיכך גם תפלתם אינה נשמעת (נזה"ק): [ח] **שאין התראה כו'.** אינם צריכים התראה שהרי א"ל מת אתה אע"פ שלא הותרה הטעם בזה כי מי שלבו טובה בעצם רק החטא הוא במקרה ועל כן הוא צריך התראה כי אולי נפתה לשעה קלה. ואחר שיתרו אותו אז יעבור מאתו הרוח רעה. לא כן מי שלבו רעה בעצם אז לא יועיל לו התראה: **בעלה נתעטר בה כו'.** דריש לה כאילו כתיב בעלת בעל שהיא בעל עליו ועל ידיה נעשה הוא בעל שבעלה נתעטר בה כו' וכדמפרש לעיל ריש פרשה מ"ז (נזה"ק): (ו) **אמר אם כך דנת לדור המבול כו'.** דגם בא לרבות דור המבול ודור הפלגה. ולכן אמר ג"כ גוי לשון רבים דמשמע אומה שלימה דה"ק אם כך דנת לדור המבול לדיקים היו (נזה"ק): **ואי גוי זה תהרוג.** דהיינו אותי עם בני ביתי ובני אומתי א"כ גם לדיק אברהם תהרוג שגרם הדבר כי הלא הוא אמר לי אחותי. וכן הוא להדיא בפסיקתא והלא הוא כו' נמשך למעלה שלכן גם לדיק תהרוג. ותו דריש מדכתיב והיא גם

חידושי הרד"ל

(ו) [ו] **אי גוי זה תהרוג גם צדיק תהרוג.** כ"ה בפסיקתא דוה' פקד את שרה. ומסיים שם אם הורג אתה לאבימלך הרוג גם לאברהם למה שאלתי אותו ואותה. ויתפרש מ"ש כאן הלא הוא גו' נמשך למעלה שלכן גם לדיק תהרוג:

פירוש מהרז"ו

לשון טומאה. רות רבה פסוק ויקר מקרה: **בדיבור שלם.** בסנה ובסיני ובאוה"מ כתוב ויקרא: **רחוק ה' מרשעים.** מאי קמ"ל שהוא רחוק מרשעים אלא קמ"ל אפילו בשעה שנראה קרוב להם בנבואה גם אז רחוק ה' מהם. וא"כ עד"ז גם ס"ד: **מכאן שאין התראה.** לעיל פל"ד סי' י"ד וש"כ ואין לומר שמ"ש הנך מת זו התראה שאם יקרב ימות דממ"ש ואבימלך לא קרב אליה משמע שאם קרב היה מת אע"פ שלא התרו בו וכ"מ ממ"ש ויתפלל בעדך וחיה (וכ"כ היפ"ת) ועיין מכות דף ט' והטעם שא"ל התראה כי מצווים רק במצות שכליות שהיל"ל לדעת גם בלא התראה וע"ד שאמרו חז"ל חבר א"ל התראה): **בעולת בעל.** והיל"ל והיא א"א וכמ"ש השב אשת האיש. ע"כ דורש בעולת מלשון בעל ואדון. ובא להחשיבה בעיניו ולהגדילה שיתירא ליגע בה. שאברהם כבר היה במעלה וכבוד בעולם כמ"ש פר' מ"ג סימן ה' והיא גדולה ממנו. ועיין לעיל ר"פ מ"ז: (ו) **אם כך דנת.** פסיקתא רבתי פר' מ"ג סי' ג' ושם הגירסא אם כך דנת בלא התראה וכו': **לדור המבול.** כי גוי משמע אומה ואחד לא נקרא גוי וע"פ מדה י"ז הכוונה על דור המבול ודור הפלגה וסדום. וכמ"ש לעיל פר' ל"ו ס"ס א' ויק"ר ר"פ ה' על גוי זה דור המבול: **אם גוי זה תהרוג.** דורש גוי על אבימלך שהוא שקול ככל הגוי (וכמ"ש כי הבאת עלי ועל ממלכתי וגו' יפ"ת) ומ"ש המדרש תהרוג שתי פעמים על פי מדה כ"ב שתיבת תהרוג נמשך גם לתיבת גוי וכ"מ ממ"ש גם לדיק תהרוג שמ"ש הגוי פי' גם כן הגוי תהרוג: **ואנשי ביתה.** בני ביתה. עבדיה. ושפחותיה. ואנשי ביתה. הבאים תמיד לביתה

מסורת המדרש

י סנהדרין נ"ז:
יא לעיל פרשה מ"ז. ילקוט משלי רמז תתקמ"ז:

אם למקרא

וַיִּקָּר ה' אֶל־בִּלְעָם וַיָּשֶׂם דָּבָר בְּפִיו וַיֹּאמֶר שׁוּב אֶל־בָּלָק וְכֹה תְדַבֵּר: (במדבר כג:טז)

כִּי־יִהְיֶה בְךָ אִישׁ אֲשֶׁר לֹא־יִהְיֶה טָהוֹר מִקְּרֵה־לָיְלָה וְיָצָא אֶל־מִחוּץ לַמַּחֲנֶה לֹא יָבֹא אֶל־תּוֹךְ הַמַּחֲנֶה: (דברים כג:יא)

וְקָרָא זֶה אֶל־זֶה וְאָמַר קָדוֹשׁ קָדוֹשׁ קָדוֹשׁ ה' צְבָאוֹת מְלֹא כָל־הָאָרֶץ כְּבוֹדוֹ: (ישעיה ו:ג)

רש"י

הנך מת על האשה אע"פ שלא הותר' מכאן שאין התראה לבני נח: **בעלה נתעטר בה והיא לא נתעטרה בבעלה.** שנטל הקב"ה יו"ד שהיה מונח בסוף שם שרי והניח חציו באברהם וחציו בשרה. הדא הוא דכתיב "אשת חיל עטרת בעלה". **רבנן אמרין מרתא דבעלה** בעלת בעל כתיב חסר. **בכל מקום האיש גוזר ועושה רצונו הבא כל אשר תאמר אליך שרה** **שמע בקולה:** (ו) **אמר רבי ברכיה אי גוי זה תהרוג צדיק תהרוג הלא הוא אמר לי אחותי היא** שאני לא נגעתי בה ואתה אומר הנך מת. אם יש להרוג, הרוג את אברהם שאמר לי אחותי היא. והיא גם היא אמרה אחי הוא אף חמריא וגמליא ובני ביתא אמרה אחי הוא אף חרמיא וגמליא ובני ביתא אומרין הכי. גם דורש ולא הם לבדם אלא אף כל בני ביתם.

מתנות כהונה

אלא לשון טומאה. פירש"י שהיה דומה לפני הקב"ה כאילו מדבר עם טמא: [**רחוק ה' מרשעים.** ע"ע בויק"ר פ"א]: **שאין התראה כו'.** אינם צריכים התראה שהרי אמר ליה מת אתה אע"פ שלא הותרה: [**נתעטר בה.** נתבאר לעיל פמ"ז]: [ו] **אם כן דנתה.** על חטאים כאילו לדיקים היו ולא כדין דנתה ודייק מדכתיב גוי שהרי לא אמר לו המלאך כי אם הנך מת וכן משמע בביאורי מהר"ר אליהו מזרחי: **אם גוי זה תהרוג.** על עלמו אמר כן: **וחמריה כו'.** בני אדם מוליכי החמורים והגמלים ודייק מדכתיב גם:

אשד הנחלים

בחצי דיבור הד"א ויקר. הענין כי הדיבור השלם מורה שהידיעה היא שלימה בתכלית ולכן יוכל לדבר ולהסביר אותה ולא כן אם הידיעה איננה שלימה רק מעורבת בדמיונות ע"כ אינו יכול לדבר בה ולהסבירה וא"כ הדיבור שאינו שלם מורה שהידיע' איננה שלמה רק השערות דמיוניות לבד. הבן זה: **אלא לשון טומאה.** זהו כמ"ש שבלע' בועל אתונו הי'. וכל התבודדותו ומעשיו הי' ע"י הטומא' הזא' והדבו' בו ארוך ואינו כדאי להרחיב הדברי' וע' בספר כ"י הנקר' קנאת ה' צבאות מהרב החכם האלקי ר' משה חיים לוצאטי ותבין: **בדבור שלם.** הוא הידיעה השלימה: **בלשון חיבה.** שהמחזה העליונה חפיצה מאוד להתדבק בו. ובלשון קדושה. כי בעת בא המחזה אז תתקדש נפשו יותר ויותר ומבין ענין קדושתו ית' שהיא לאין תכלית כמו שנאמר קדוש קדוש קדוש ה' צבאות שהוא קדוש עד לאין תכלית: **אלו נביאי עובדי כוכבים** שלא ידומה אחר שהמה זוכים לנבואה א"כ קרוב ה' להם לא כן: **שאין התראה בעובדי כוכבים.** הטע' בזה כי מי שלבו טובה בעצם רק החטא הוא במקרה וע"כ הוא צריך התראה. כי אולי נפתה לשעה קלה ואחר שיתרו אותו אז יעבור מאתו הרוח הרעה. לא כן מי שלבו רעה בעצם אז לא יועיל לו התראה כי נפשו כוספת לזה. ולכן אין צריך התראה והיו נענשי' תיכף: **נתעטר בה.** דרש בעולת בעל היא בעלת הבעל שהיא בעל עליו ועל ידיה נעשה הוא בעל: [ו] **אם כך דנת.** כי מלת גוי נאמר על הקבוץ הרב ואומה שלימה. ולכן דרשו שהרהר על משפטי ה' ית' שנדמה לו שכל משפטיו שלא כמשפט: **וחמריה.** מן גם לרבות קדרש כלומר והיא בעצמה גם משרתיה ואנשיה אמרו ג"כ ככה:

☐ בְּתָם לְבָבִי וְגוֹ׳ – *IN THE INNOCENCE OF MY HEART AND INTEGRITY OF MY HANDS HAVE I DONE THIS.*

הָדָא אָמְרָה מִשְׁמוּשׁ יָדַיִם הָיָה – **This implies** that **there was,** however, **touching with the hands.**[63]

> וַיֹּאמֶר אֵלָיו הָאֱלֹהִים בַּחֲלֹם גַּם אָנֹכִי יָדַעְתִּי כִּי בְתָם לְבָבְךָ עָשִׂיתָ זֹּאת וָאֶחְשֹׂךְ גַּם אָנֹכִי אוֹתְךָ מֵחֲטוֹ לִי עַל כֵּן לֹא נְתַתִּיךָ לִנְגֹּעַ אֵלֶיהָ.
>
> *And God said to him in the dream, "I, too, knew that it was in the innocence of your heart that you did this, and I, too, prevented you from sinning against Me; that is why I did not permit you to touch her"* (20:6).

§7 וַיֹּאמֶר אֵלָיו הָאֱלֹהִים בַּחֲלֹם גַּם אָנֹכִי יָדַעְתִּי וְגוֹ׳ וָאֶחְשֹׂךְ גַּם אָנֹכִי אוֹתְךָ מֵחֲטוֹ לִי – *AND GOD SAID TO HIM IN THE DREAM, "I, TOO, KNEW ETC. THAT IT WAS IN THE INNOCENCE OF YOUR HEART THAT YOU DID THIS,* ***AND I, TOO, PREVENTED YOU FROM SINNING AGAINST ME;*** *THAT IS WHY I DID NOT PERMIT YOU TO TOUCH HER."*

The words "that is why" seems to imply that what is stated previously is a reason for what follows. In our verse, then, "I prevented you from sinning" is supposed to be the reason for "I did not permit you to touch her." But this makes no sense; the Midrash therefore gives a different interpretation for the words that precede "that is why":[64]

רַבִּי יִצְחָק אוֹמֵר: "מֵחֲטוֹ לִי", מַחֲטוֹנָךְ לִי – **R' Yitzchak said:** The phrase מֵחֲטוֹ לִי is to be understood homiletically to mean **"your Evil Inclination**[65] **was** given over **to Me,"**[66] "עַל כֵּן לֹא נְתַתִּיךָ" – and ***that is why I did not permit you*** *to touch her.*[67] מָשָׁל לְגִבּוֹר רוֹכֵב עַל הַסּוּס וְהַסּוּס רָץ וְרָאָה תִּינוֹק אֶחָד מוּשְׁלָךְ – This can be illustrated by **a parable.** It may be compared **to a soldier who was riding a horse, and the horse was running. [The rider] saw a young child** who had been **placed** on the ground, וּמָשַׁךְ הַסּוּס וְלֹא הִזִּיק אֶת הַתִּינוֹק – **and he pulled the horse back so that it did not harm the baby.** לְמִי הַכֹּל מְקַלְּסִים לַסּוּס אוֹ לָרוֹכֵב, לֹא לָרוֹכֵב – **Whom does everybody praise** for saving the child **– the horse or the rider? Is it not the rider** whom they will praise?![68] כָּךְ, "עַל כֵּן לֹא נְתַתִּיךָ לִנְגֹּעַ אֵלֶיהָ" – **Similarly** here, God said, ***"that is why I did not permit you to touch her –*** מַחֲטוֹנָךְ לִי, יִצְרָךְ הַמַּחֲטִיאָךְ בְּיָדִי הוּא מָסוּר – because **your Evil Inclination – your inclination that causes you to sin**[69] **– was given over into My hand,** וַאֲנִי מְנַעְתִּיךָ מִלַּחֲטוֹא – **and I prevented you from sinning;** מְשַׁכְתִּיךָ מִן הַחֵטְא, וְהַשֶּׁבַח שֶׁלִּי הוּא וְלֹא שֶׁלָּךְ – it was **I** Who **drew you away from sin, and** thus **the praise is due to Me and not to you."**

> וְעַתָּה הָשֵׁב אֵשֶׁת הָאִישׁ כִּי נָבִיא הוּא וְיִתְפַּלֵּל בַּעַדְךָ וֶחְיֵה וְאִם אֵינְךָ מֵשִׁיב דַּע כִּי מוֹת תָּמוּת אַתָּה וְכָל אֲשֶׁר לָךְ.
>
> *But now, return the man's wife for he is a prophet, and he will pray for you and you will live, but if you do not return her, be aware that you shall surely die: you and all that is yours* (20:7).

§8 וְעַתָּה הָשֵׁב אֵשֶׁת הָאִישׁ כִּי נָבִיא הוּא – ***BUT NOW, RETURN THE MAN'S WIFE FOR HE IS A PROPHET,*** *AND HE WILL PRAY FOR YOU AND YOU WILL LIVE.*

The word "for" (because) in the phrase "for he is a prophet" indicates that Abraham's being a prophet is the reason for something. What is it the reason for?[70] The Midrash expands on the dialogue that took place here:

אָמַר לוֹ מִי מְפַיְּיסוֹ שֶׁלֹּא נָגַעְתִּי בָהּ – **[Abimelech] said to [God], "Who will reassure [Abraham] that I did not touch her?"**[71] אָמַר לוֹ "כִּי נָבִיא הוּא" – **And [God] said to him** in response to this question, ***"For he is a prophet."***[72] אָמַר לוֹ מִי מוֹדִיעַ לַכֹּל – **[Abimelech]** then **said to Him, "Who will inform everyone** else?"[73] אָמַר לוֹ "וְיִתְפַּלֵּל בַּעַדְךָ וֶחְיֵה" – And **[God] replied to him,** ***"And he will pray for you and you will live."***[74]

☐ וְאִם אֵינְךָ מֵשִׁיב דַּע כִּי מוֹת תָּמוּת – ***BUT IF YOU DO NOT RETURN HER, BE AWARE THAT YOU SHALL SURELY DIE:*** *YOU AND ALL THAT IS YOURS.*

The Midrash explains the import of the end of the verse:

מִיכָּן שֶׁאֵין הַתְרָאָה בִּבְנֵי נֹחַ – **From here** we learn **that there is no** requirement for **warning in** regard to **Noahides.**[75]

NOTES

63. That is, Abimelech *attempted* to touch her, but God did not allow him to do so, as v. 6 states (*Rashi* on *Chumash*). This is apparently derived from the words "I have *done* this," implying that some act was done (*Matnos Kehunah, Yefeh To'ar*). However, the commentators unanimously declare their preference for the version found in *Yalkut Shimoni* (here, §90) – cited anonymously by *Rashi* on *Chumash* here, and cited by *Rashi* on Midrash in the name of *Midrash Tanchuma* (*Tanchuma Yashan* §25) – according to which the inference is derived from the fact that in Abimelech's complaint to God, he claimed to have acted both *"in the innocence of my heart and integrity of my hands,"* whereas in God's response to him (next verse) He says, *I, too, knew that it was "in the innocence of your heart" that you did this* – implying, "Yes, there was innocence of heart – but *not,* as you claim, integrity of hands."

64. *Yefeh To'ar.* [He also mentions the possibility that the Midrash is addressing the unusual spelling of מֵחֲטוֹ, which is missing an א at the end, an approach adopted by *Maharzu*.]

65. Lit., *that which causes sin.*

66. I "commandeered" your Evil Inclination to prevent you from sinning (*Eitz Yosef*).

67. Through taking control of your Evil Inclination, I thereby "did not permit you to touch her." Now the causative implication of the words "that is why" makes sense.

68. The point of the Midrash is that God controlled Abimelech the way a rider controls a horse, so that Abimelech deserved no credit for his "virtuous" behavior.

69. This phrase is not found in many manuscripts, and was probably an explanatory gloss for the unusual words מַחֲטוֹנָךְ לִי, which eventually made its way into some Midrash texts.

70. The plain meaning of the clause *return the man's wife for he is a prophet* appears to be that Abimelech must return Sarah to her husband because he is a prophet, implying that if he were not a prophet he could keep Sarah as his wife. But – as the Gemara notes (*Bava Kamma* 93a, *Makkos* 9b) – this is an untenable interpretation. The Midrash therefore searches for a different interpretation (*Yefeh To'ar*).

71. You, God, know the truth and are prepared to forgive me (*Ohr HaSeichel*), but who will convince Abraham that I am telling the truth? (*Matnos Kehunah*). [Abimelech was concerned about appeasing Abraham because he had wronged him by taking Sarah, and he understood that God would not fully forgive him until Abraham was appeased (*Yefeh To'ar*).] And it is in response to this question that God told him, "for he is a prophet."

72. And because *he is a prophet* he knows that you did not cohabit with her. [Cf. *Bava Kamma* and *Makkos* loc. cit.]

73. Granted that Abraham, through his prophetic ability, knows that his wife did not sin, but how will the rest of the world know this? And if they think she sinned, Abraham will be embarrassed and not be fully appeased (*Yefeh To'ar*).

74. Abraham will pray for you and cause you to be healed, and this fact will surely become known to all, so they will realize that Abimelech had not sinned with Sarah (*Yefeh To'ar, Eitz Yosef*).

75. The Midrash makes the same observation above, §5. Drawing this conclusion from our verse, however, is problematic, for here God is in fact warning Abimelech that if he does not return Sarah he will be punished. Where is there any hint of punishment *without* warning? [Indeed, *Yedei Moshe* believes that the whole sentence is miscopied here, and should be expunged from the text.] *Nezer HaKodesh* explains that "you shall surely die" refers to being liable to punishment in a court (as opposed to

"בְּתָם לְבָבִי"° הָדָא אָמְרָת מִשְׁמוּשׁ יָדַיִם הָיָה:

ז [כ, ו] "וַיֹּאמֶר אֵלָיו הָאֱלֹהִים בַּחֲלֹם גַּם אָנֹכִי יָדַעְתִּי וגו' וָאֶחְשֹׂךְ גַּם אָנֹכִי אוֹתְךָ מֵחֲטוֹ לִי". רַבִּי יְהוּדָה אוֹמֵר: "מֵחֲטוֹ לִי", מַחֲטוֹנְךָ לִי. "עַל כֵּן לֹא נְתַתִּיךָ", מָשָׁל לְגִבּוֹר רוֹכֵב עַל הַסּוּס וְהַסּוּס רָץ וְרָאָה תִּינוֹק אֶחָד מוּשְׁלָךְ וּמָשַׁךְ הַסּוּס וְלֹא הִזִּיק אֶת הַתִּינוֹק, לְמִי הַכֹּל מְקַלְּסִים לַסּוּס אוֹ לָרוֹכֵב, לֹא לָרוֹכֵב, כָּךְ, "עַל כֵּן לֹא נְתַתִּיךָ לִנְגֹּעַ אֵלֶיהָ", מַחֲטוֹנְךָ לִי, יִצְרְךָ הַמַּחֲטִיאֲךָ בְּיָדִי הוּא מָסוּר, וַאֲנִי מְנַעְתִּיךָ מִלַּחֲטוֹא מִשַּׁבְתִּיךָ מִן הַחֵטְא, וְהַשֶּׁבַח שֶׁלִּי הוּא וְלֹא שֶׁלָּךְ:

ח [כ, ז] "וְעַתָּה הָשֵׁב אֵשֶׁת הָאִישׁ כִּי נָבִיא הוּא". [יב]אָמַר לוֹ: מִי מְפַיְּיסוֹ שֶׁלֹּא נָגַעְתִּי בָהּ, אָמַר לוֹ: כִּי נָבִיא הוּא אָמַר לוֹ: מִי מוֹדִיעַ לַכֹּל, אָמַר לוֹ: "וְיִתְפַּלֵּל בַּעַדְךָ וֶחְיֵה". "וְאִם אֵינְךָ מֵשִׁיב דַּע כִּי מוֹת תָּמוּת", [יג]מִיכָּן שֶׁאֵין הַתְרָאָה בִּבְנֵי נֹחַ:

ט [כ, ח] "וַיַּשְׁכֵּם אֲבִימֶלֶךְ בַּבֹּקֶר וְגוֹ' ". אָמַר רַבִּי חָנִין: לְפִי שֶׁהָיוּ רוֹאִים עֲשָׁנָהּ שֶׁל סְדוֹם עוֹלֶה כְּכִבְשַׁן הָאֵשׁ אָמְרוּ תֹּאמַר אוֹתָן הַמַּלְאָכִים שֶׁנִּשְׁתַּלְּחוּ לִסְדוֹם בָּאוּ לְכָאן, לְפִיכָךְ "וַיִּירְאוּ הָאֲנָשִׁים מְאֹד":

י [כ, ט] "וַיִּקְרָא אֲבִימֶלֶךְ לְאַבְרָהָם וַיֹּאמֶר לוֹ מֶה חָטָאתִי לָךְ° וּמֶה עָשִׂיתָ לָּנוּ". , הֵיךְ מַה דְּאַתְּ אָמַר "הִנְּךָ מֵת עַל הָאִשָּׁה אֲשֶׁר לָקַחְתָּ וְגוֹ' ". "וּמֶה חָטָאתִי לָךְ", "וְאִם אֵינְךָ מֵשִׁיב דַּע כִּי מוֹת תָּמוּת",

רש"י

בתום לבבי ובנקיון כפי עשיתי זאת הדא אמר' משמוש ידים היה שם בשרה. ובנקיון כפי דורש. ובתנחומא מפרש בתום לבבי ובנקיון כפי אמר ליה הקדוש ברוך הוא דכית באחד ושיקרת באחד, תום לבבך יש בך נקיון כפים לא יש בך. ממאי מדכתיב אנכי ידעתי כי בתום לבבך עשית זאת בתום לבבך כתי' ולא כתיב בנקיון כפיך. אמר הקדוש ברוך הוא בקשת לחטוא אלא אני לא נתתיך אף על פי כן נקיון כפים אין לך בדבר זה. הדא היא דאמרי משמוש ידים היה שם: (ז) **לגבור שהיה יושב על הסוס והיה הסוס רץ תחתיו וראה תינוק אחד וכו' כך למי מקלסין** לא להקב"ה שלא נתנו לגגוע אליה: (ח) **ועתה השב אשת האיש.** אמר אבימלך רבש"ע הרי נתפייסת שלא נגעתי בה. **מי מפייס לאברהם שלא נגעתי בה.** א"ל מה לך פיוס כי נביא הוא ויודע הבירור: **א"ל מי מודיע לכל. ויתפלל בעדך וחיה** ודבר זה יגלה לכל: (י) **מה עשית לנו** שגרמת לנו לומר דע כי מות תמות אתה וכל אשר לך ומה חטאתי לך אני שגרמת לי לומר הנך מת:

עץ יוסף

היא לרבות חמרים וגמלים שכולם אמרו שאחותו היא (נזה"ק): **בתם לבבי הדא כו'.** גירסת הילקוט יותר נכונה שם בתום לבבי וכו' א"ל אמת דברת באחת תום לבב יש לך נקיון כפים אין לך. ממה שהשיבו וגם אנכי ידעתי כי בתם לבבך עשיתי זאת אמרת משמוש ידים היה. כלומר ולפיכך לא הזכיר ה' ג"כ לשון נקי כפים: (ז) [ט] **מחטא לי מחטונך כו'.** כלומר יצרך המחטיאך מסור בידי שהוא ברשותי. ועל זה אמר על כן לא נתתיך וגו' וכדמסיק משל לגבור רוכב על הסוס כו' עד מחטונך לי וכו' ולא ממך הוא הדבר שבעלתי תאות יצרך (נזה"ק): **לסוס או לרוכב.** הוי לרוכב כי הסוס אין בשכלו להטותו מדרכו. כן היצר שמתאוה. רק ה' בחסדו חשך אותו ומנע עצמו ע"י התגלות החלום: (ח) [י] **מי מפייסו שלא נגעתי בה.** ועל זה א"ל כי נביא הוא. ויהיה כי נביא הוא תשובה למה שלא נזכר בכתוב כדרכם ז"ל בכמה מקומות. והכי קאמר מפויים הוא כי נביא הוא: **ומי מודיע לכל.** שאע"פ שאברהם יודע כי טהורה היא. מ"מ לא יהיה מפויים מכיון שהעולם יחשבו כי נטמאה אשתו וחרפתו לא תמחה: **ויתפלל בעדך.** ומזה ידעו הכל כי אמת שלא נגע בה. מאחר שאברהם מתפלל בעדו: (ט) **רואים.** עשנה של סדום. ברואתם ענין מעשה אברהם שלקו כולם בעוצר רחם ועצירת שאר נקבים כדלקמן. גזרו אומר כי השגחת המכה בעשנה של סדום מתפשט גם לכאן בהיותנו קרובים אל החלל. ולפי שגם הנה נתפשטו המלאכים שנשתלחו לסדום שהם שלוחי ההשגחה. והיינו דקאמר אמרו אותן המלאכים שנשתלחו לסדום באו לכאן להשגיח בחוטאים ולפיכך וייראו האנשים מאד (נזה"ק): (י) **ויקרא אבימלך לאברהם ויאמר לו מה עשית לנו ומה חטאתי לך. מה חטאתי לך היך מה דאת אמר הנך מת על האשה אשר לקחת וגו' ומה עשית לנו ואם אינך משיב דע כי מות תמות.** כצ"ל והקדים המדרש לפרש מה חטאתי לך שלא כסדר הכתוב משום דסליק מיניה. ועוד דהנך מת קודם אל ואם אינך משיב (יפ"ת). ומפרש דמה עשית לנו ל"ר הוא כלפי מה שאמר לו ה' ואם אינך משיב דע כי מות תמות

פירוש מהרז"ו

מן החוץ. ויש כאן ג' רבויים שתיבת גם היא מיותרים והוי"ו של והיא ע"כ מרבה ג' כתות אלו (ובילקוט ל"ג ואנשי ביתה יפ"ת): (ז) **משל לגבור.** שמ"ר פר' כ' בסימן א' ופסיקתא רבתי פר' מ"ב סי' ג': **מחטונך לי.** טעם הדרשה לחסרון אל"ף. מחטוא (וכ"כ ביפ"ת) לז"א שמלת מחטו הוא שם היצר המחטיאו: (ח) **מי מפייסו.** מלשון פיוס ועיין ב"ק דף ל"ב א'. כי השב אשת האיש הוא מטעם שהיא א"א ומ"ש כי נביא הוא ע"כ הוא טעם אחר שידע שלא נגעת בה וזה ע"פ מדה ט'. ועי' מכות דף ט': **שאין התראה.** לעיל ס"ם ה' על עצמו שהיה גדול וחכם שא"צ התראה וכאן אף על ב"נ: (ט) **עשנה וגו'.** כי לעיל כתיב וישכם אברהם בבוקר וגו' והנה כקיטור הכבשן וכן כאן וישכם אבימלך בבקר וגו' וייראו האנשים מאד למה נתיראו והלא א"ל השב אשת האיש וחיה אלא יראו שהעונש מוכן ובא גם עליהם על שנלכדו בעון סדום שבגדו באורחים כמוהם: (י) **מה עשית לנו.** ד' לשונות שאמר אבימלך א'. מה עשית לנו. ב'. ומה חטאתי לך. ג'. כי הבאת

מסורת המדרש

יב ילקוט כאן רמז ל':
יג סנהדרין דף כ"ז:

חידושי הרד"ל

(ז) [ז] **מחטונך לי.** מדלא מפרש כאן בדר' ינאק הא דיצרך המסור כו' כדמפרש להלן אפשר דכאן הוא גרסא אחרת. ואולי יש לכוונו למ"ש בזוהר ויקרא (א'). שסרו של אבימלך היה ואמר לו שחטאו זה של אבימלך עלוי דידיה הדר שיעברוהו משלטנותו בחטא זה ע"ש: (ח) [ט] **לפי שהיו רואים עשנה כו'.** אפשר יליף האי וישכם אבימלך בבקר מן וישכם אברהם בבקר וישקף על פני סדום והנה עלה קיטור הארץ וגו' (מפני שבבקר ניכר יותר הקיטור העולה מן הארץ. לכן נרמז בלשון וישכם בבקר):

חידושי הרש"ש

[ו] **בתם לבבי.** אולי צ"ל וגו' ודייק לה מדאמר ובנקיון כפי כו' דפירושו מה שעשו כפי היה בנקיון כי שניהם אמרו לי שהיא אחות:

באור מהרי"פ

י ויאמר מה חטאתי לך וכו'. ה"ג רש"י ז"ל מה עשית לנו המד"א ואם אינך משיב דע כי מות תמות אתה וכל אשר לך. ומה חטאתי לך המד"א הנך מת על האשה וגו'. והדבר מבואר דברישא נקט לשון רבים ובסיפא לשון יחיד לכך מפרש דמה עשית לנו לשון רבים הוא כלפי מ"ש לו ה' ואם אינך משיב וגו' אתה וכל אשר לך. ומ"ש ומה חטאתי לך לשון יחיד כלפי מ"ש לו ה' הנך מת וגו' שהזכיר העונש לו לבדו. נזה"ק:

מתנות כהונה

ה"ג בתם לבבי וגו'. וסיפיה דקרא ובנקיון כפי קדריש על משמוש ידים ובפירש"י בשם תנחומא דייק ליה מדכתיב לבסוף גם אנכי ידעתי כי בתם לבבך עשית זאת ואילו נקיון כפים לא קאמר שמע מיניה שהיה משמוש ידים בשרה: [ז] **מחטונך לי.** יצרך המחטיא אותך לי וברשותי הוא כדמפרש ואזיל: **מי מפייסו לאברהם.** שיאמין שלא נגעתי בה: **ויתפלל בעדך.** פירש רש"י ויתפרסם הדבר לכל: [י] **ה"ג ויאמר לו מה עשית לנו היך כו'.** בכל מקום שבאת שמה היתה רוחה וכל טוב וכאן רעבון קדמך ונראה

אשד הנחלים

משמוש ידים. שלא עשה עודנה מעשה בפועל ולכן יחס זאת לידים שהיו בנקיון ועיין ברש"י בשם תנחומא: [ז] **לסוס או לרוכב.** הוי לרוכב כי הסוס אין בשכלו להטות מדרכו. כן היצר המתאוה רק ה' בחסדו חשך אותו ומנע יצרו ע"י התגלות החלום. ולכן אין השבח לאבימלך. לא כמו שדימה אבימלך שהוא צדיק בדעתו: [ח] **מי מפייסו** כלומר שלכן אמר לו ה' שנביא הוא. כי ירא אבימלך פן ידמה אברהם שנגע בה ע"כ אמר ה' נביא הוא ויודע האמת: **ויתפלל בעדך.** ואז ידעו הכל כי אמת שלא נגע אחר שאברהם מתפלל בעדו: [ט] **באו לכאן.** להענישם ג"כ על מעשיהם ולכן פחדו מאוד. כי עיקר פחדתם רק מפני יראת העונש: [י] **היך מה דאת אמר הנך מת כו' דע כי מות תמות.** פירש מה עשית לנו וגרמת שאתבשר מלמעל' שאמות עליה ומה חטאתי עוד שנתבשרתי כי אם לא אשיב אותה שאמות עליה:

וַיַּשְׁכֵּם אֲבִימֶלֶךְ בַּבֹּקֶר וַיִּקְרָא לְכָל עֲבָדָיו וַיְדַבֵּר אֶת כָּל הַדְּבָרִים הָאֵלֶּה בְּאָזְנֵיהֶם וַיִּירְאוּ הָאֲנָשִׁים מְאֹד.
Abimelech arose early next morning; he summoned all his servants and told them all of these words in their ears, and the people were very frightened (20:8).

§9 **וַיַּשְׁכֵּם אֲבִימֶלֶךְ בַּבֹּקֶר וגו׳** — ***ABIMELECH AROSE EARLY NEXT MORNING, ETC.*** *HE TOLD THEM ALL OF THESE WORDS IN THEIR EARS, AND THE PEOPLE WERE VERY FRIGHTENED.*

Why were the people frightened? After all, part of "these words" that Abimelech related was that if he returned Sarah to Abraham all would be well![76] The Midrash explains:

אָמַר רַבִּי חָנִין: לְפִי שֶׁהָיוּ רוֹאִים עֲשָׁנָהּ שֶׁל סְדוֹם עוֹלֶה כְּכִבְשַׁן הָאֵשׁ — **R' Chanin said: Since [Abimelech and his servants] saw**[77] **the smoke of Sodom rising like** smoke from **a fiery kiln,**[78] **אָמְרוּ תֹּאמַר אוֹתָן הַמַּלְאָכִים שֶׁנִּשְׁתַּלְּחוּ לִסְדוֹם בָּאוּ לְכָאן** — **they said,**[79] **"Perhaps**[80] **those angels who were sent to Sodom have** now **come here?"**[81] **לְפִיכָךְ "וַיִּירְאוּ הָאֲנָשִׁים מְאֹד"** — **Therefore *the people were very frightened.***

וַיִּקְרָא אֲבִימֶלֶךְ לְאַבְרָהָם וַיֹּאמֶר לוֹ מֶה עָשִׂיתָ לָּנוּ וּמֶה חָטָאתִי לָךְ כִּי הֵבֵאתָ עָלַי וְעַל מַמְלַכְתִּי חֲטָאָה גְדֹלָה מַעֲשִׂים אֲשֶׁר לֹא יֵעָשׂוּ עָשִׂיתָ עִמָּדִי. וַיֹּאמֶר אֲבִימֶלֶךְ אֶל אַבְרָהָם מָה רָאִיתָ כִּי עָשִׂיתָ אֶת הַדָּבָר הַזֶּה.
Then Abimelech summoned Abraham and said to him, "What have you done to us? How have I sinned against you that you brought upon me and my kingdom such great sin? Deeds that ought not to be done have you done to me!" And Abimelech said to Abraham, "What did you see that you did such a thing?" (20:9-10).

§10 **וַיִּקְרָא אֲבִימֶלֶךְ לְאַבְרָהָם וַיֹּאמֶר לוֹ מֶה עָשִׂיתָ לָּנוּ וּמֶה חָטָאתִי לָךְ**[82] — ***THEN ABIMELECH SUMMONED ABRAHAM AND SAID TO HIM, "WHAT HAVE YOU DONE TO US?*** *HOW HAVE I SINNED AGAINST YOU, THAT YOU BROUGHT UPON ME AND MY KINGDOM SUCH GREAT SIN? DEEDS THAT OUGHT NOT TO BE DONE HAVE YOU DONE TO ME!"*

The Midrash analyzes the four parts of Abimelech's complaint to Abraham, identifying what each one refers to specifically:

הֵיךְ מַה דְּאַתְּ אָמַר "הִנְּךָ מֵת עַל הָאִשָּׁה אֲשֶׁר לָקַחְתָּ וגו׳ " — (i) The first complaint, *What have you done to us*, corresponds to **that which is stated, *Behold you are to die because of the woman you have taken, etc.*** (v. 3).[83] **"וּמֶה חָטָאתִי לָךְ", "וְאִם אֵינְךָ מֵשִׁיב דַּע כִּי מוֹת תָּמוּת"** — (ii) ***How have I sinned against you*** corresponds to God's telling Abimelech, ***but if you do not return her, be aware that you shall surely die*** (v. 7).[84]

NOTES

being punished by God) (see *Makkos* 9a). A human court would not be able to accept God's admonition to Abimelech as a legal warning, for only Abimelech had heard it; there were no witnesses to vouch for it. Hence, it can be derived from here that a Noahide court can punish a person without warning. *Maharzu* writes that the Midrash's conclusion here is drawn from the fact that God threatened punishment not only for Abimelech (who was now being warned), but also for *all that is yours* — i.e., the members of his household (who did not know about this warning).

76. *Yefeh To'ar.*

77. I.e., they pictured it in their mind's eye (*Yefeh To'ar*).

78. *Maharzu* and *Radal* suggest that the Midrash sees an allusion here to the kiln-like smoke of Sodom in the words "Abimelech arose early next morning," for the last time Scripture used this expression was in 19:27-28: *Abraham arose early next morning . . . and he gazed down upon Sodom and Gomorrah and the entire surface of the land of the plain and saw, and behold, the smoke of the earth rose like the smoke of a kiln.*

According to *R' Samson Raphael Hirsch,* however, the Midrash sees Abimelech's association of this incident with the destruction of Sodom in the plain meaning of the words of the verse. When God informed Abraham that Sodom was about to be destroyed, Abraham asked how it could be that the righteous and the wicked would be condemned to the same fate. In justifying himself for kidnaping Sarah, Abimelech used virtually the same words, stating (in v. 4), *"Will You slay a nation even though it is righteous?"*

79. They said this when they realized that *HASHEM had completely closed every orifice of their household* (v. 18) on account of Sarah (*Eitz Yosef*, citing *Nezer HaKodesh*).

80. Lit., *you [might] say.*

81. And they will exact punishment from us for whatever evil deeds we may commit from now on (besides taking Sarah from Abraham, for that was forgiven them) (*Nezer HaKodesh*). Alternatively: God had told Abimelech that *he* would be forgiven if he returned Sarah. The people, however, feared that *they* would not be forgiven for maltreating these strangers (Sarah and Abraham) in their midst, just as the Sodomites were punished for the way they treated *their* guests (see above, 19:4ff) (*Maharzu*).

82. The wording of the heading (which differs somewhat from that found in the printed editions) follows *Os Emes* and *Matnos Kehunah.*

83. That is, the complaint *What have you done to us* refers to the fact that Abraham brought the threat of death upon Abimelech.

84. What sin have I done against you that you have caused the threat of death to be issued to me? [Several commentators (*Rashi, Yefeh To'ar, Eitz Yosef*) reverse these two sentences, relating the *second* complaint to v. 3 and then the *first* complaint to v. 7. This version, however, involves changing the Midrash text and accepting that the Midrash discusses the four complaints out of order. See *Rashi* and *Yefeh To'ar* for the advantages of this version.]

״בְּתָם לְבָבִי״° הָדָא אָמְרַת מִשְׁמוּשׁ יָדַיִם הָיָה:

ז [כ, ו] ״וַיֹּאמֶר אֵלָיו הָאֱלֹהִים בַּחֲלֹם גַּם אָנֹכִי יָדַעְתִּי וגו׳ וָאֶחְשֹׂךְ גַּם אָנֹכִי אוֹתְךָ מֵחֲטוֹ לִי״. רַבִּי יְהוּדָה אוֹמֵר: ״מֵחֲטוֹ לִי״, מַחֲטוֹנְךָ לִי. ״עַל כֵּן לֹא נְתַתִּיךָ״, מָשָׁל לְגִבּוֹר רוֹכֵב עַל הַסּוּס וְהַסּוּס רָץ וְרָאָה תִּינוֹק אֶחָד מוּשְׁלָךְ וּמָשַׁךְ הַסּוּס וְלֹא הִזִּיק אֶת הַתִּינוֹק, לְמִי הַכֹּל מְקַלְּסִים לַסּוּס אוֹ לָרוֹכֵב, לֹא לָרוֹכֵב, כָּךְ, ״עַל כֵּן לֹא נְתַתִּיךָ לִנְגֹּעַ אֵלֶיהָ״, מַחֲטוֹנְךָ לִי, יִצְרְךָ הַמַּחֲטִיאֲךָ בְּיָדִי הוּא מָסוּר, וַאֲנִי מְנַעְתִּיךָ מִלַּחֲטוֹא מִשַּׁכְבְתִּיךָ מִן הַחֵטְא, וְהַשֶּׁבַח שֶׁלִּי הוּא וְלֹא שֶׁלָּךְ:

ח [כ, ז] ״וְעַתָּה הָשֵׁב אֵשֶׁת הָאִישׁ כִּי נָבִיא הוּא״. [יב]אָמַר לוֹ: מִי מְפַיְּיסוֹ שֶׁלֹּא נָגַעְתִּי בָּהּ, אָמַר לוֹ: כִּי נָבִיא הוּא אָמַר לוֹ: מִי מוֹדִיעַ לַכֹּל, אָמַר לוֹ: ״וְיִתְפַּלֵּל בַּעַדְךָ וֶחְיֵה״. ״וְאִם אֵינְךָ מֵשִׁיב דַּע כִּי מוֹת תָּמוּת״, [יג]מִיכָּן שֶׁאֵין הַתְרָאָה בִּבְנֵי נֹחַ:

ט [כ, ח] ״וַיַּשְׁכֵּם אֲבִימֶלֶךְ בַּבֹּקֶר וְגוֹ׳״. אָמַר רַבִּי חָנִין: לְפִי שֶׁהָיוּ רוֹאִים עֲשָׁנָהּ שֶׁל סְדוֹם עוֹלֶה כְּכִבְשָׁן הָאֵשׁ אָמְרוּ תֹּאמַר אוֹתָן הַמַּלְאָכִים שֶׁנִּשְׁתַּלְּחוּ לִסְדוֹם בָּאוּ לְכָאן, לְפִיכָךְ ״וַיִּירְאוּ הָאֲנָשִׁים מְאֹד״:

י [כ, ט] ״וַיִּקְרָא אֲבִימֶלֶךְ לְאַבְרָהָם וַיֹּאמֶר לוֹ מֶה חָטָאתִי לָךְ° וּמֶה עָשִׂיתָ לָּנוּ״. , הֵיךְ מַה דְּאַתְּ אָמַר ״הִנְּךָ מֵת עַל הָאִשָּׁה אֲשֶׁר לָקַחְתָּ וְגוֹ׳״. ״וּמֶה חָטָאתִי לָךְ״, ״וְאִם אֵינְךָ מֵשִׁיב דַּע כִּי מוֹת תָּמוּת״,

עץ יוסף

היא לרבות חמרים וגמלים שכולם אמרו שאחותו היא (נזה״ק): **בתם לבבי הדא כו׳**. גירסת הילקוט יותר נכונה שם בתום לבבי וכו׳ א״ל אמת דברת באחת תום לבב יש לך נקיון כפים אין לך. ממה שהשיבו וגם אנכי ידעתי כי בתם לבבך עשית זאת אמרת משמוש ידים היה. כלומר ולפיכך לא הזכיר ה׳ ג״כ לשון נקי כפים: (ז) [ט] **מחטא לי מחטונך כו׳**. כלומר יצרך המחטיאך מסור בידי שהוא ברשותי. ועל זה אמר על כן לא נתתיך וגו׳ וכדמסיק משל לגבור רוכב על הסוס כו׳ עד מחטונך לי וכו׳ ולא ממך הוא הדבר שבעלתי תאות יצרך (נזה״ק): **לסוס או לרוכב**. הוי לרוכב כי הסוס אין בשכלו להטותי מדרכו. כן היצר שמתאוה. רק ה׳ בחסדו חשך אותו ומנע עצמו ע״י התגלות החלום: (ח) [י] **מי מפייסו שלא נגעתי בה**. ועל זה א״ל כי נביא הוא. ויהיה כי נביא הוא תשובה למה שלא נזכר בכתוב כדרכם ז״ל בכמה מקומות. והכי קאמר מפויים הוא כי נביא הוא: **ומי מודיע לכל**. שאע״פ שאברהם יודע כי טהורה היא. מ״מ לא יהיה מפויים מכיון שהעולם יחשבו כי נטמאה אשתו וחרפתו לא תמחה: **ויתפלל בעדך**. ומזה ידעו הכל כי אמת שלא נגע בה. מאחר שאברהם מתפלל בעדו: (ט) **רואים**. עשנה של סדום. בראותם ענין מעשה אברהם שלקו כולם בעוצר רחם ועצירת שאר נקבים כדלקמן. גזרו אומר כי השגחת המכה בעשנה של סדום מתפשט גם לכאן בהיותנו קרובים אל החלל. ולפי שגם הנה נתפשטו המלאכים שנשתלחו לסדום שהם שלוחי ההשגחה. והיינו דקאמר אמרו אותן המלאכים שנשתלחו לסדום באו לכאן להשגיח בחוטאים ולפיכך וייראו האנשים מאד (נזה״ק): (י) **ויקרא אבימלך לאברהם ויאמר לו מה עשית לנו ומה חטאתי לך. מה חטאתי לך היך מה דאת אמר הנך מת על האשה אשר לקחת וגו׳ ומה עשית לנו ואם אינך משיב דע כי מות תמות**. כצ״ל והקדים המדרש לפרש מה חטאתי לך שלא כסדר הכתוב משום דסליק מיניה. ועוד דהנך מת קודם אל ואם אינך משיב (יפ״ת). ומפרש דמה עשית לנו ל״ר הוא כלפי מה שאמר לו ה׳ ואם אינך משיב דע כי מות תמות

פירוש מהרז״ו

מן החוץ. ויש כאן ג׳ רבויים שתיבת גם היא מיותרים והוי״ו של והיא ע״כ מרבה ג׳ כתות אלו (ובילקוט ל״ג ואנשי ביתה יפ״ת): (ז) **משל לגבור**. שמ״ר פר׳ כ׳ בסימן א׳ ופסיקתא רבתי פר׳ מ״ב סי׳ ג׳: **מחטונך לי**. טעם הדרשה לחסרון אל״ף. מחטוא (וכ״כ ביפ״ת) לז״א שמלת מחטו הוא שם היצר המחטיאו: (ח) **מי מפייסו**. מלשון פיוס ועיין ב״ק דף נ״ב א׳. כי השב אשת האיש הוא מטעם שהיא א״א ומ״ש כי נביא הוא ע״כ הוא טעם אחר שידע שלא נגעת בה וזה ע״פ מדה ט׳. וע׳ מכות דף ט׳: **שאין התראה**. לעיל ס״ם ה׳ על עצמו שהיה גדול וחכם שא״צ התראה וכאן אף על ב״נ: (ט) **עשנה וגו׳**. כי לעיל כתיב וישכם אברהם בבוקר וגו׳ והנה כקיטור הכבשן וכן כאן וישכם אבימלך בבקר וגו׳ וייראו האנשים מאד למה נתיראו והלא א״ל השב אשת האיש וחיה אלא יראו שהעונש מוכן ובא גם עליהם על שנלכדו בעון סדום שבגדו באורחים כמוהם: (י) **מה עשית לנו**. ד׳ לשונות שאמר אבימלך א׳. מה עשית לנו. ב׳. ומה חטאתי לך. ג׳. כי הבאת

רש״י

בתום לבבי ובנקיון כפי עשיתי זאת הדא אמר׳ משמוש ידים היה שם בשרה. ובנקיון כפי דורש. ובתנחומא מפרש בתום לבבי ובנקיון כפי אמר ליה הקדוש ברוך הוא דכית באחד ושיקרת באחד, תום לבבך יש בך נקיון כפים לא יש בך. ממאי מדכתיב אנכי ידעתי כי בתום לבבך עשית זאת בתום לבבך כתי׳ ולא כתיב בנקיון כפיך. אמר הקדוש ברוך הוא בקשת לחטוא אלא אני לא נתתיך אף על פי כן נקיון כפים אין לך בדבר זה. הדא היא דאמרי משמוש ידים היה שם: (ז) **לגבור שהיה יושב על הסוס והיה הסוס רץ תחתיו וראה תינוק אחד וכו׳ כך למי מקלסין** לא להקב״ה שלא נתנו לנגוע אליה: (ח) **ועתה השב אשת האיש.** אמר אבימלך רבש״ע הרי נתפייסת שלא נגעתי בה. **מי מפייס לאברהם שלא נגעתי בה.** א״ל מה לך פיוס כי נביא הוא ויודע הבירור: **א״ל מי מודיע לכל. ויתפלל בעדך וחיה** ודבר זה יגלה לכל: (י) **מה עשית לנו** שגרמת לנו לומר דע כי מות תמות אתה וכל אשר לך ומה חטאתי לך אני שגרמת לי לומר הנך מת:

מתנות כהונה

ה״ג **בתם לבבי וגו׳**. וסיפיה דקרא ובנקיון כפי קדריש על משמוש ידים ובפירש״י בשם תנחומא דייק ליה מדכתיב לבסוף גם אנכי ידעתי כי בתם לבבך עשית זאת ואילו נקיון כפים לא קאמר שמע מיניה שהיה משמוש ידים בשרה: [ז] **מחטונך לי**. יצרך המחטיא אותך לי וברשותי הוא כדמפרש ואזיל: **מי מפייסו לאברהם**. שיאמין שלא נגעתי בה: **ויתפלל בעדך**. פירש רש״י ויתפרסם הדבר לכל: [י] ה״ג **ויאמר לו מה עשית לנו היך כו׳**. בכל מקום שבאת שמה היתה רוחה וכל טוב וכאן רעבון קדמך ונראה

אשד הנחלים

משמוש ידים. שלא עשה עודנה מעשה בפועל ולכן יחס זאת לידים שהיו בנקיון ועיין ברש״י בשם תנחומא: [ז] **לסוס או לרוכב**. הוי לרוכב כי הסוס אין בשכלו להטות מדרכו. כן היצר המתאוה רק ה׳ בחסדו חשך אותו ומנע יצרו ע״י התגלות החלום. ולכן אין השבח לאבימלך. לא כמו שדימה אבימלך שהוא צדיק בדעתו: [ח] **מי מפייסו** כלומר שלכן אמר לו ה׳ שנביא הוא. כי ירא אבימלך פן ידמה אברהם שנגע בה ע״כ אמר ה׳ נביא הוא ויודע האמת: **ויתפלל בעדך**. ואז ידעו הכל כי אמת שלא נגע אחר שאברהם מתפלל בעדו: [ט] **באו לכאן**. להענישם ג״כ על מעשיהם ולכן פחדו מאוד. כי עיקר פחדתם רק מפני יראת העונש: [י] **היך מה דאת אמר הנך מת כו׳ דע כי מות תמות**. פירש מה עשית לנו וגרמת שאתבשר מלמעל׳ שאמות עליה ומה חטאתי עוד שנתבשרתי כי אם לא אשיב אותה שאמות עליה:

חידושי הרד״ל

(ז) [ז] **מחטונך לי**. מדלא מפרש כאן בדר׳ יצחק הא דיצרך המסור כו׳ כדמפרש להלן אפשר דכאן הוא גרסא אחרת. ואולי יש לכוונו למ״ש בזוהר ויקרא (א׳). שסרו של אבימלך היה ואמר לו שחטאו זה של אבימלך עלוי דידיה הדר שיעברוהו משלטנותו בחטא זה ע״ש: (ח) [ט] **לפי שהיו רואים עשנה כו׳**. אפשר יליף האי וישכם אבימלך בבקר מן וישכם אברהם בבקר וישקף על פני סדום והנה עלה קיטור הארץ וגו׳ (מפני שבבקר ניכר יותר הקיטור העולה מן הארץ. לכן נרמז בלשון וישכם בבקר):

חידושי הרש״ש

[ו] **בתם לבבי**. אולי צ״ל וגו׳ ודייק לה מדאמר ובנקיון כפי כו׳ דפירושו מה שעשו כפי היה בנקיון כי שניהם אמרו לי שהיא אחות:

באור מהרי״פ

י **ויאמר מה חטאתי לך וכו׳**. ה״ג רש״י ז״ל מה עשית לנו המד״א ואם אינך משיב דע כי מות תמות אתה וכל אשר לך. ומה חטאתי לך המד״א הנך מת על האשה וגו׳. והדבר מבואר דבריש נקט לשון רבים ובסיפא לשון יחיד לכך מפרש דמה עשית לנו לשון רבים הוא כלפי מ״ש לו ה׳ ואם אינך משיב וגו׳ אתה וכל אשר לך. ומ״ש ומה חטאתי לך לשון יחיד כלפי מ״ש לו ה׳ הנך מת וגו׳ שהזכיר העונש לו לבדו. נזה״ק:

מסורת המדרש

יב ילקוט כאן רמז ל׳:
יג סנהדרין דף כ״ז:

"כִּי הֵבֵאתָ עָלַי וְעַל מַמְלַכְתִּי חֲטָאָה גְדוֹלָה", "כִּי עָצֹר עָצַר ה׳ בְּעַד כָּל רֶחֶם לְבֵית אֲבִימֶלֶךְ" – (iii) ***That you brought upon me and my kingdom such great sin*** [חֲטָאָה] corresponds to the punishment ***for HASHEM had completely closed every orifice of the household of Abimelech*** (v. 18).[85] "מַעֲשִׂים אֲשֶׁר לֹא יֵעָשׂוּ", אָמַר רַבִּי חֶלְבּוֹ: בְּכָל מָקוֹם הָיְתָה רְוָוחָה מְקַדַּמְתְּךָ, וְכָאן קִדֶּמְךָ רְעָבוֹן – (iv) ***Deeds that ought not to be done*** *have you done to me!* – **R' Chelbo said** that by this Abimelech meant to say to Abraham, "Heretofore, **every place that you went prosperity went before you, whereas here famine preceded you.**"[86] "מַעֲשִׂים אֲשֶׁר לֹא יֵעָשׂוּ" – And that is what he meant by, ***Deeds that ought not to be done*** (or "are not usually done") *have you done to me.*

וַיֹּאמֶר אַבְרָהָם כִּי אָמַרְתִּי רַק אֵין יִרְאַת אֱלֹהִים בַּמָּקוֹם הַזֶּה וַהֲרָגוּנִי עַל דְּבַר אִשְׁתִּי. וְגַם אָמְנָה אֲחֹתִי בַת אָבִי הִוא אַךְ לֹא בַת אִמִּי וַתְּהִי לִי לְאִשָּׁה. וַיְהִי כַּאֲשֶׁר הִתְעוּ אֹתִי אֱלֹהִים מִבֵּית אָבִי וָאֹמַר לָהּ זֶה חַסְדֵּךְ אֲשֶׁר תַּעֲשִׂי עִמָּדִי אֶל כָּל הַמָּקוֹם אֲשֶׁר נָבוֹא שָׁמָּה אִמְרִי לִי אָחִי הוּא.

And Abraham said, "Because I said, 'There is but no fear of God in this place and they will slay me because of my wife.' Moreover, she is indeed my sister, my father's daughter, though not my mother's daughter; and she became my wife. And so it was, when God caused me to wander from my father's house, I said to her, 'Let this be your kindness which you shall do for me — to whatever place we come, say of me: He is my brother'" (20:11-13).

§11[87] וַיֹּאמֶר אֲבִימֶלֶךְ לְאַבְרָהָם מָה רָאִיתָ כִּי עָשִׂיתָ אֶת הַדָּבָר וְגוֹ׳ וַיֹּאמֶר אַבְרָהָם כִּי אָמַרְתִּי רַק אֵין יִרְאַת אֱלֹהִים ... וְגַם אָמְנָה אֲחֹתִי בַת אָבִי הִיא – ***AND ABIMELECH SAID TO ABRAHAM, "WHAT DID YOU SEE THAT YOU DID SUCH A THING?" AND ABRAHAM SAID, "BECAUSE I SAID, 'THERE IS BUT NO FEAR OF GOD*** *IN THIS PLACE . . . .'* ***MOREOVER, SHE IS INDEED MY SISTER, MY FATHER'S DAUGHTER,*** *THOUGH NOT MY MOTHER'S DAUGHTER."*

Abraham's justification that Sarah was "indeed my sister" is difficult to understand, for if she was his sister, how could he have married her altogether? Furthermore, why did Abraham feel it necessary to detail the nature of his relationship with Sarah, explaining that she was "my father's daughter, though not my mother's daughter"? The Midrash explains:

בְּשִׁיטָתָן הֱשִׁיבָן – **He responded to [Abimelech and his people] according to their own understanding.**[88]

□ וַיְהִי כַּאֲשֶׁר הִתְעוּ אוֹתִי אֱלֹהִים מִבֵּית אָבִי וְגוֹ׳ – ***AND SO IT WAS, WHEN GOD CAUSED ME TO WANDER FROM MY FATHER'S HOUSE, ETC.***

אָמַר רַבִּי חָנִין: הַלְוַאי נִדְרוֹשׁ הָדֵין קְרָיָא תְּלַת אַפִּין וְנֵיפּוֹק יְדוֹי – **R' Chanin said: Would that we could interpret this verse in three ways and do it justice:**[89] בְּשָׁעָה שֶׁבִּקְשׁוּ אוּמּוֹת הָעוֹלָם לִיזְדַּוֵּוג לִי עַד שֶׁאֲנִי בְּבֵית אָבִי נִתְקַיֵּים עָלַי הַקָּדוֹשׁ בָּרוּךְ הוּא – The first interpretation: **When the nations of the world sought to band together against me while I was** still **in my father's house,**[90] **the Holy One, blessed is He, stood by me** to rescue me.[91] וּבְשָׁעָה שֶׁבִּקְשׁוּ אוּמּוֹת הָעוֹלָם לִתְעוֹת אוֹתִי נִגְלָה עָלַי הַקָּדוֹשׁ בָּרוּךְ הוּא וְאָמַר לִי "לֶךְ לְךָ" – **And** the

NOTES

85. The Midrash here renders חֲטָאָה as *punishment*. See the similar meaning of the word in *Zechariah* 14:19 (*Yefeh To'ar*, cited by *Eitz Yosef*).

86. [See above, 39 §12 (*Eitz Yosef*).] It is not clear how the Midrash knows that Abraham's move to Gerar was accompanied by a famine (*Yefeh To'ar*). *Matnos Kehunah* suggests that the Midrash derives this from the extra word עָצֹר (v. 18), which is associated with the "stopping up (וְעָצַר) of the heavens" (*Deuteronomy* 11:17), i.e., drought.

In any event, the Midrash here understands מַעֲשִׂים אֲשֶׁר לֹא יֵעָשׂוּ עָשִׂיתָ עִמָּדִי not as "Deeds that *ought not* to be done have you done to me," but as "events that do not usually happen you have caused to happen to me" (*Matnos Kehunah, Eitz Yosef*). Abimelech thus blamed Abraham for the famine that had plagued his land. See Insight Ⓐ.

87. [The Vilna edition places the new section between the first and second of these verses.

88. This line is taken from a discussion above, 18 §5. R' Meir stated there that a Noahide (a non-Jew, who must observe the seven universal laws, one of which forbids incest) may not marry a half sister, whether his relationship to her is paternal or maternal. A question was raised there from our verse, in which Abraham seems to be saying that even if Sarah was his sister he was allowed to marry her because she was his father's daughter, not his mother's daughter — implying that there is a difference in permissibility between a maternal and paternal half sister. The Midrash there answers that the people of Gerar *thought* that there was such a distinction, but in fact they were mistaken (according to R' Meir), and Abraham's words of explanation were based on their mistaken understanding of the laws of incest.

[In fact, Sarah was not Abraham's sister at all, but his niece — the daughter of his brother Haran (as above, 38 §14 and 45 §1) — and as such it was permissible for him to marry her regardless of her being related to him maternally or paternally. Abraham here was saying, then, "Even if she would be my sister in the literal sense (and not my niece — though a niece could technically also be called a 'sister'; see above, 13:8 and 14:14), she would have been permissible to me to marry." (See *Rashi to* 20:12, cited succinctly by *Eitz Yosef.*)

89. There are two major difficulties with the phrase הִתְעוּ אֹתִי אֱלֹהִים, lit., *God caused me to go astray*, in this verse: (i) the use of the plural הִתְעוּ in reference to God (*Maharzu; Eitz Yosef*, citing *Nezer HaKodesh*); (ii) the apparent statement that God caused Abraham to go astray (*Yefeh To'ar, Maharzu*), which contradicts the principle of man's free will. The Midrash introduces its efforts to explain this verse by saying that it will offer three interpretations, none of which is guaranteed to do justice to the true intent of this enigmatic verse (*Matnos Kehunah; Eitz Yosef*, citing *Nezer HaKodesh*).

90. *Rashi* cites *Pirkei DeRabbi Eliezer* as relating that as a youngster — while still living in his father's house — Abraham had to go into hiding for ten years because of the hostility of the governmental and religious officials against his "radical" religious ideas.

91. The verse is accordingly to be interpreted as follows: וַיְהִי כַּאֲשֶׁר הִתְעוּ, *and so it was, when they* — referring to the non-Jewish nations — *went astray* after their gods and hated me for denying their deities, they

INSIGHTS

Ⓐ **Deeds That Ought Not to Be Done:** *Maharzu* explains Abimelech's complaint as: "Heretofore every place that you went you brought blessing, whereas here you have brought only curse upon us."

R' Meir Chodosh (*Ohr Meir*, Vol. 1, pp. 56-59) sees in this comment of *Maharzu* the key to resolving an obvious difficulty: How could Abimelech be so brazen as to fault Abraham for the curse that nearly befell his nation? God had revealed to Abimelech that he and his people were being punished for their shameless, coarse inquiries about Sarah as she and Abraham entered Gerar. Whereas proper etiquette would dictate that they should have inquired about providing their guest Abraham with food and drink, they instead asked questions about Abraham's wife! (see *Bava Kamma* 92a).

R' Meir Chodosh answers that included in God's directive to Abraham וֶהְיֵה בְּרָכָה, *and you shall be a blessing* (above, 12:2), was that Abraham would create a positive impression on the nations of the world to such an extent that *nothing negative should result from him.* Abimelech was not *blaming* Abraham; he was simply puzzled that a curse could result — even indirectly and through no fault of his own — from the man who was designated by God to be the paradigm of blessing for all of mankind!

Indeed, it behooves the Jewish people to behave in a way that has a similar effect on our own world, leading the nations to acknowledge that Abraham's progeny are not easily associated with negativity, but are rather a supreme source of blessing to mankind.

"כִּי הֵבֵאתָ עָלַי וְעַל מַמְלַכְתִּי חֲטָאָה גְדוֹלָה", (בראשית כ, יח) "כִּי עָצֹר עָצַר ה' בְּעַד כָּל רֶחֶם לְבֵית אֲבִימֶלֶךְ". "מַעֲשִׂים אֲשֶׁר לֹא יֵעָשׂוּ", אָמַר רַבִּי חֶלְבּוֹ: בְּכָל מָקוֹם הָיְתָה רְוָוחָה מְקַדַּמְתְּךָ, וְכָאן קְדֶמְךָ רְעָבוֹן. "מַעֲשִׂים אֲשֶׁר לֹא יֵעָשׂוּ". "וַיֹּאמֶר אֲבִימֶלֶךְ לְאַבְרָהָם מָה רָאִיתָ כִּי עָשִׂיתָ אֶת הַדָּבָר וגו' ":

יא [כ, יא-יב] "וַיֹּאמֶר אַבְרָהָם כִּי אָמַרְתִּי רַק אֵין יִרְאַת אֱלֹהִים וְגַם אָמְנָה אֲחֹתִי בַת אָבִי הִיא". [יד]בְּשִׁיטָתָן הֱשִׁיבָן. [כ, יג] "וַיְהִי כַּאֲשֶׁר הִתְעוּ אֹתִי אֱלֹהִים מִבֵּית אָבִי וגו' ", אָמַר רַבִּי חָנִין: הַלְוַאי נִדְרוֹשׁ הָדֵין קְרָיָא תְּלָת אַפִּין וְנֵיפּוֹק יְדוֹי, בְּשָׁעָה שֶׁבִּקְשׁוּ אוּמּוֹת הָעוֹלָם לִיזְדַּוֵּוג לִי עַד שֶׁאֲנִי בְּבֵית אָבִי נִתְקַיֵּים עָלַי הַקָּדוֹשׁ בָּרוּךְ הוּא, וּבְשָׁעָה שֶׁבִּקְשׁוּ אוּמּוֹת הָעוֹלָם לְהַתְעוֹת אוֹתִי° נִגְלָה עָלַי הַקָּדוֹשׁ בָּרוּךְ הוּא וְאָמַר לִי לֶךְ לְךָ, וּבְשָׁעָה שֶׁבִּקְשׁוּ אוּמּוֹת הָעוֹלָם לְהַתְעוֹת אוֹתִי° מִדְּרָכָיו שֶׁל הַקָּדוֹשׁ בָּרוּךְ הוּא הֶעֱמִיד לָהֶם שְׁנֵי גְדוֹלִים מִשֶּׁל בֵּית אַבָּא שֵׁם וְעֵבֶר וְהָיוּ מַתְרִים בָּהֶן:

עץ יוסף

אתה וכל אשר לך שהעונש הוא על רבים. ושוב אמר ומה חטאתי לך בלשון יחיד כלפי מ"ש לו ה' הנך מת על האשה אשר לקחת שלא הזכיר בעונש אלא לו לבדו דאינו משיב כולם בכלל העונש. ואם ישיב אז רק הוא לבדו ראוי לעונש (נזה"ק): **כי עצר עצר כו'**. ופירוש חטאה גדולה עונש גדול מגזרת חטאת מצרים (יפ"ת): **בב"מ היתה רווחה מקדמתך.** שבא שמה בעבורך ריוח וכל טוב וכדכתיב ונברכו בך כו' ומפרש לעיל פ' ל"ט הגשמים והטללים בזכותך. כאן מעשים שלא הורגלו לעשות על ידך עשית עמדי שקדמה רעבון בעיצור גשמים ומתיקר השער של תבואה. ונרמז קללה זו במה שכפל לומר עצור עצר לרבות עצירת גשמים כמד"א ועצר את השמים וגו' (נזה"ק): **(יא) בשיטתן הושיבן.** שב"נ לא היו נוהגים איסור באחר האב רק באחר האם (רש"י והערוך) ושקר לא הוציא מפיו אע"ג דהיא היתה בת אחיו. משום דבני בנים הם כבנים: **[יא] הלואי נדרש הדין קריא כו'.** הלואי נדרוש זה הפסוק בג' פנים ונצא ידי חובתו לכוין האמת. כי ודאי בכל אלו הפירושים יש איזה צד דוחק. אלא שמ"מ אין קפידא בזה בהיות המקרא נדרש בג' פנים דאמת רמיז לכולהו (נזה"ק): **בשעה שבקשו א"ה ליזדוג לי כו'.** העיקר כגירסת רש"י ובשעה שבקשו או"ה לענות אותי העמיד להם שני גדולי הדור כו'. ופירושו בשעה שבקשו להזדווג והיינו כשהשליכו לאור כשדים. ולפי זה ה"ק קרא ויהי כאשר התעו אותי פי' כשהזיקו לי אלהים היה עמדי להצילני מאז היותי בבית אבי דהיינו אור כשדים. לפי הדרשה השניה פי' התעו אותי שבקשו להטעותו אחרי עכו"ם כדלעיל פ' ל"ח וה"ק כאשר התעו אותי. אלהים מבית אבי פי' הוציאנו ה' מבית אבי שאמר לי לך לך. ולפי הדרשה הג' שאמר ובשעה שבקשו לענות אותי ביסורין בחבישת בית האסורים (כמו שהיה נחבא בכותא עשר שנים) העמיד להם שם ועבר והיו מתרים בהם ע"פ הדיבור כי יתחייבו כליה מן השמים אם לא ירפו ידם מאברהם וע"י זה נפטר מתחת ידם. וה"ק ויהי כאשר התעו או"ה מדרך הישר ויבקשו לענות אותי. אלהים העמיד מבית אבי שופטים שיוכיחו אותם. וסיפר אברהם כל זה לאבימלך סיבת טלטול ממקומו ואמרו בהיותו עומד בסכנה עצומה עם בני דורו תמיד ובהיותו בא לידי טלטול עם אשתו. בהכרח מאז התנה תנאי עם אשתו לומר עליו כי אחיה הוא (ועיין ביפ"ת ובנזה"ק):

פירוש מהרז"ו

עלי וגו'. ד'. מעשים אשר לא יעשו וגו'. שהם כנגד ד' דברים. א' הנך מת. ב' דע כי מות תמות. ג' כי עצור עצר ה'. ד' כמ"ש ר' חלבו קדמתך רעבון וזהו מ"ש מעשים אשר לא יעשו. ויקשה הרי כבר נעשה במצרים אלא פירש שבכל מקום הבאת ברכה וכמ"ש והיה ברכה וכאן הבאת קללה: **(יא) בשיטתן השיבן.** לעיל פר' י"ח סי' ה' ושם מבואר הענין באריכות ע"ש ותבין כאן וע' בערוך ערך אח א': **הלואי כו'.** דקשה התעו ל' רבים. ועוד איך יאמר שאלהים התעו אותי הלא ישרים דרכי ה' ואינו מתעה. ע"כ דורש בג' אופנים הא' כאשר התעו העובדי כוכבים שהיו שונאיו על שמאס בפסיליהם ורצו להזדווג לו להרגו. ולשון להזדווג לרעה כמו לעיל פמ"ב סי' ג' לא רצו להזדווג אלא וכו' ונזדווגו לו ג' שונאים. והתעו לשון רבים על שונאיו התועים. ובעבור זה רצו להרגו. שע"כ אותי הציל אלהים מבית אבי. שהיו ג"כ עובדי כוכבים ומסרו אביו תרח ביד נמרוד כמ"ש לעיל פר' ל"ח סי' י"ג שאז השליכו אותו לכבשן האש והצילו הקב"ה כמ"ש פר"א פרק כ"ו נסיון א' וב'. והפירוש הב' ויהי כאשר התעו אותי שבקשו התועים להטעותו שיעבוד כוכבים כמותם. אלהים מבית אבי. אלהים אמר לי שאלך מבית אבי. וכמ"ש לך לך מבית אביך. ופי' זה בת"א והוה כד טעו עממיא וכו' ע"ש. וכ"ה בת"י. והפירוש הג' ויהי כאשר התעו הכשדים אז מדרכיו של הקב"ה. אותי אלהים העמיד אותי לעמוד כנגדם להוכיחם. וגם מבית אבי העמיד להוכיחם. כי תרח היה מזרע שם דור ט' לו. ושם חי עד שנת נ' ליעקב. ועבר חי עד שנת ע"ט ליעקב. וג' פירושים אלו ע"פ מדה ט':

חידושי הרד"ל

(ט) [י] **קדמך רעבון.** עמ"כ. ולא נמנה בעשר רעבון רק אחד בימי אברהם. ובסדר תולדות כתיב ביצחק מלבד הרעב הראשון אשר היה בימי אברהם. משמע שאחד לבד היה בימי אברהם. ואפשר נ"ל דאבון פי' צער היפך רווחה:

(י) **[יא] בשיטתן השיבן.** עמ"כ בשם רש"י. וכ"ה לעיל פי"ח וירושלמי יבמות שהביא המ"כ שם:

(יא) **עד שאני בבית אבא נתקיים עלי הקדוש ברוך הוא.** ללשון זה (וכן ללשון שני) האי אלהים קדש. ודרש אותי (הציל) אלהים מבית אבי. וללשון שני דרש כאשר התעו שרצו להתעני אז הוציאני אלהים מבית אבי וא"ל לך לך:

(יב) **לתעות מדרכיו של הקדוש ברוך הוא העמיד להם ב' גדולים משל אבא.** כמדומה שללשון זה אלהים חול. ומפרש ליה גדולים. כמו עד האלהים יבא דבר שניהם. ולא נתבאר ללשון זה כיצד מפרשים מלת אותי ואפשר נ"ל שם ועבר ואותי והיינו מתרים בהם. ועמ"כ בשם רש"י מפר"א (וליתיה בפר"א שלנו) דגרס לענות. ונראה דמפרש כן לשון התעו אותי כמו לעשות לו תועה (נחמיה ד'):

מסורת המדרש

יד ילקוט כאן רמז נ"א כל הענין:

רש"י

(יא) **אחותי בת אבי. בשיטתן השיבן.** שבני נח לא היו נוהגים איסור באחר האב אלא באחר האם: **ויהי כאשר התעו אותי אלהים מבית אבי.** כך אמר אברהם בשעה שבקשו אומות העולם להזדווג לי עד שאני בבית אבי נתקיים עלי הקב"ה, עמד לי בצרתי. ומפור' בפרקי דר' אליעזר שבעוד שהיה קטן בקשו כל גדולי מלכות והקוסמים להרגו. בשעה שבקשו לענות אותו העמיד להם ב' גדולים משל בית אבא כגון שם ועבר והתרו בם שאלמלא הם היו עושין בו יסורין גדולים. ובשעה שבקשו להזדווג לי עד שאני בבי' אבא כמו שכתוב בפרקי ר' אליעזר, שנחבא בארץ י' שנים נתקיים עלי הקב"ה ועמד לי בצרתי. ובשעה שבקשו אומות העולם לתעות אותי מדרכיו של הקב"ה נגלה עלי הקב"ה ואמר לי לך לך מארצך:

מתנות כהונה

דדרים עצור יתירה כד"א ועצר את השמים וזהו מעשים שלא היו רגילין ליעשות על ידיך עשית עמדי: **[יא] בשיטתן השיבן.** פירש"י והערוך ערך את שבני נח לא היו נוהגים איסור באחר האב רק באחר האם [ועיין מזה לעיל פי"ח מאריך בזה]: **הלואי כו'.** מי יתן שנדרוש אותו בג' פנים ונצא ידי חובתו לכוון האמת: **להזדווג לי.** פירש"י בשם פרקי ר"א שנחבא עשר שנים שבעוד שהיה קטן בקשו כל גדולי מלכות והקוסמים להרגו: **ה"ג בפירש"י** על הקב"ה ובשעה שבקשו העובדי כוכבים לענות אותי העמיד להם שני גדולי הדור שם ועבר והיו מתרים בהם ובשעה שבקשו להתעות אותי נגלה עלי הקב"ה ואמר לי לך לך: **לענות אותי.** פירש"י בשם פרקי ר"א אלמלא שהתרו בהם שם ועבר היו מייסרים אותי ביסורים קשים:

אשד הנחלים

חטאה גדולה כי עצר. כלומר עונש וחסרון גדול כי לא יתכן שפירושו חטא גדול הלא היה צדיק בעיניו שלא עשה מאומה לכן דרש על העונש. כמו גדול עוני מנשוא שפרושו עונש עווני כמו שפירשו המפרשים: **היתה רווחה.** זהו אשר לא יעשו כ"א ההיפך כי רעבון היפך הרווחה המורגל על ידך והוא משל על עצירת ההריון ועצירת התאוה שהיתה בם: **[יא] בשיטתן השיבו.** עיין במ"כ בשם הערוך ואולי הכוונה כי אבימלך אחז עצמו שהוא צדיק ואברהם השיבו לפי שיטתו שדימה שאינו צדיק כאלו עתה יודע שהוא צדיק. אבל האמת

second interpretation: **When the nations of the world sought to lead me astray** into idolatry,[92] **the Holy One, blessed is He, appeared to me and said to me, *Go for yourself*** *from your land . . . to the land that I will show you* (above, 12:1).[93] **וּבְשָׁעָה שֶׁבִּקְּשׁוּ אוּמּוֹת הָעוֹלָם לִתְעוֹת מִדְּרָכָיו שֶׁל הַקָּדוֹשׁ בָּרוּךְ הוּא הֶעֱמִיד לָהֶם שְׁנֵי גְדוֹלִים מִשֶּׁל בֵּית אַבָּא שֵׁם וְעֵבֶר וְהָיוּ מַתְרִים בָּהֶן** — **And** the third interpretation: **When the nations of the world sought to stray from the ways of the Holy One, blessed is He,**[94] **He brought about for them two great men from my father's house**[95] — **Shem and Eber**[96] — **and they warned them** not to stray.[97]

NOTES

banded against me and wanted to kill me, but אוֹתִי אֱלֹהִים מִבֵּית אָבִי, *God was with me [and saved me] while [I was still] in the house of my father* (*Maharzu*). Alternatively: וַיְהִי כַּאֲשֶׁר הִתְעוּ אוֹתִי — *and so it was, when they sought to harm me,* אֱלֹהִים מִבֵּית אָבִי — *God [saved me], ever since I was in my father's house.* The use of the word הִתְעוּ to mean "to seek to harm" is somewhat difficult (*Yefeh To'ar, Eitz Yosef;* see *Radal,* who finds a similar usage in *Nehemiah* 4:2).

92. See Midrash above, 38 §13.

93.The verse is accordingly to be interpreted as follows: וַיְהִי כַּאֲשֶׁר הִתְעוּ אוֹתִי, *and so it was, when they* — the nations — *tried to lead me astray,* אֱלֹהִים מִבֵּית אָבִי, *God [sent me away] from my father's house* (*Maharzu, Eitz Yosef*).

94. An alternative reading, found in *Rashi* and preferred by many other commentators (*Matnos Kehunah, Eitz Yosef*) is: **וּבְשָׁעָה שֶׁבִּקְּשׁוּ אוּמּוֹת הָעוֹלָם לְעַנּוֹת אוֹתִי הֶעֱמִיד לָהֶם שְׁנֵי גְדוֹלִים מִשֶּׁל בֵּית אַבָּא שֵׁם וְעֵבֶר וְהָיוּ מַתְרִים בָּהֶן** — **And** the third interpretation: **When the nations of the world sought to torture me** for my refusal to worship idols, **He put in place for them two great men from my father's house — Shem and Eber — and they warned them** against doing so, and they desisted.

95. I.e., from my family.

96. Shem was Eber's great-grandfather (see above, verses 10:21-24), and both were forebears of Abraham.

97. The verse is accordingly to be interpreted as follows: וַיְהִי כַּאֲשֶׁר הִתְעוּ אוֹתִי, *and so it was, when [the nations] went astray* after their gods (or: *sought to torture me*), אֱלֹהִים מִבֵּית אָבִי, *God [sent] from my father's house* — i.e., from among my forebears — men to reprove them.

All the above is what Abraham told Abimelech, in order to explain why he was fearful of being harmed by the local inhabitants and felt that he had to mislead him by saying that Sarah was his sister (*Eitz Yosef*).

"כִּי הֵבֵאתָ עָלַי וְעַל מַמְלַכְתִּי חֲטָאָה גְדוֹלָה", (בראשית כ, יח) "כִּי עָצֹר עָצַר ה' בְּעַד כָּל רֶחֶם לְבֵית אֲבִימֶלֶךְ". "מַעֲשִׂים אֲשֶׁר לֹא יֵעָשׂוּ", אָמַר רַבִּי חֶלְבּוֹ: בְּכָל מָקוֹם הָיְתָה רְוָוחָה מְקַדַּמְתְּךָ, וְכָאן קְדֵמְךָ רְעָבוֹן. "מַעֲשִׂים אֲשֶׁר לֹא יֵעָשׂוּ". "וַיֹּאמֶר אֲבִימֶלֶךְ לְאַבְרָהָם מָה רָאִיתָ כִּי עָשִׂיתָ אֶת הַדָּבָר וגו'":

יא [כ, יא-יב] "וַיֹּאמֶר אַבְרָהָם כִּי אָמַרְתִּי רַק אֵין יִרְאַת אֱלֹהִים וְגַם אָמְנָה אֲחֹתִי בַת אָבִי הִיא". [יד] בְּשִׁיטָתָן הֱשִׁיבָן. [כ, יג] "וַיְהִי כַּאֲשֶׁר הִתְעוּ אֹתִי אֱלֹהִים מִבֵּית אָבִי וגו'", אָמַר רַבִּי חָנִין: הַלְוַאי נִדְרוֹשׁ הָדֵין קְרָיָא תְּלָת אַפִּין וְנֵיפּוֹק יְדוֹי, בְּשָׁעָה שֶׁבִּקְשׁוּ אוּמוֹת הָעוֹלָם לִיזְדַּוֵּג לִי עַד שֶׁאֲנִי בְּבֵית אָבִי נִתְקַיֵּים עָלַי הַקָּדוֹשׁ בָּרוּךְ הוּא, וּבְשָׁעָה שֶׁבִּקְשׁוּ אוּמוֹת הָעוֹלָם לְהַתְעוֹת אוֹתִי° נִגְלָה עָלַי הַקָּדוֹשׁ בָּרוּךְ הוּא וְאָמַר לִי לֶךְ לְךָ, וּבְשָׁעָה שֶׁבִּקְשׁוּ אוּמוֹת הָעוֹלָם לְהַתְעוֹת אוֹתִי° מִדְּרָכָיו שֶׁל הַקָּדוֹשׁ בָּרוּךְ הוּא הֶעֱמִיד לָהֶם שְׁנֵי גְדוֹלִים מִשֶּׁל בֵּית אַבָּא שֵׁם וְעֵבֶר וְהָיוּ מַתְרִים בָּהֶן:

חידושי הרד"ל

(ט) [י] **קדמך רעבון.** עמ"כ. ולא נמנה בעשר רעבון רק אחד בימי אברהם. ובסדר תולדות כתיב ביצחק מלבד הרעב הראשון אשר היה בימי אברהם. משמע שאחד לבד היה בימי אברהם. ואפשר נ"ל דאבון פי' נער היפך רווחה:

(י) [יא] **בשיטתן השיבן.** עמ"כ בשם רש"י. וכ"ה לעיל פי"ח ובירושלמי יבמות שהביא המ"כ שם:

(יא) **עד שאני בבית אבא נתקיים עלי הקדוש ברוך הוא.** ללשון זה (וכן ללשון שני) האי אלהים קדש. ודרש אותי (הציל) אלהים מבית אבי. וללשון שני דרש כאשר התעו שרצו להתעני אז הוציאני אלהים מבית אבי וא"ל לך לך:

(יב) **לתעות מדרכיו של הקדוש ברוך הוא העמיד להם ב' גדולים משל אבא.** כמדומה שללשון זה אלהים חול. ומפרש ליה גדולים. כמו עד האלהים יבא דבר שניהם. ולא נתבאר ללשון זה כילד מפרשים מלת אותי ואפשר נ"ל שם ועבר ואותי והיינו מתרים בהם. ועמ"כ בשם רש"י מפר"א (וליתיה בפר"א שלנו) דגרס לענות. ונראה דמפרש כן לשון התעו אותי כמו לעשות לו תועה (נחמיה ד'):

עץ יוסף

אתה וכל אשר לך שהעונש הוא על רבים. ושוב אמר ומה חטאתי לך בלשון יחיד כלפי מ"ש לו ה' הנך מת על האשה אשר לקחת שלא הזכיר בעונש אלא לו לבדו דאיהו משיב כולם בכלל העונש. ואם ישיב אז רק הוא לבדו ראוי לעונש (נזה"ק): **כי עצר עצר כו'.** ופירוש חטאה גדולה עונש גדול מגזרת חטאת מצרים (יפ"ת): **בב"מ היתה רווחה מקדמתך.** שבא שמה בעבורך ריוח וכל טוב וכדכתיב ונברכו בך כו' ומפרש לעיל פ' ל"ט הגשמים והטללים בזכותך. כאן מעשים שלא הורגלו לעשות על ידך עשית עמדי שקדמה רעבון בעיצור גשמים ומתיקר השער של תבואה. ונרמז קללה זו במה שכפל לומר עצור עצר לרבות עצירת גשמים כמד"א ועצר את השמים וגו' (נזה"ק): (יא) **בשיטתן הושיבן.** שב"נ לא היו נוהגים איסור באשת האב רק באשת האם (רש"י והערוך) ושקר לא הוציא מפיו אע"ג דהיא היתה בת אחיו. משום דבני בנים הם כבנים: [יא] **הלואי נדרש הדין קריא כו'.** הלואי נדרוש זה הפסוק בג' פנים ונצא ידי חובתו לכוין האמת. כי ודאי בכל אלו הפירושים יש איזה צד דוחק. אלא שמ"מ אין קפידא בזה בהיות המקרא נדרש בג' פנים דבאמת רמיז לכולהו (נזה"ק): **בשעה שבקשו א"ה ליזדוג לי כו'.** העיקר כגירסת רש"י ובשעה שבקשו או"ה לענות אותי העמיד להם שני גדולי הדור כו'. ופירושו בשעה שבקשו להזדווג והיינו כשהשליכו לאור כשדים. ולפי זה ה"ק קרא ויהי כאשר התעו אותי פי' כשהזיקו לי אלהים היה עמדי להצילני מאז היותי בבית אבי דהיינו אור כשדים. לפי הדרשה השניה פי' התעו אותי שבקשו להטעותו אחרי עכו"ם כדלעיל פ' ל"ח וה"ק כאשר התעו אותי. אלהים מבית אבי פי' הוציאנו ה' מבית אבי שאמר לי לך לך. ולפי הדרשה הג' שאמר ובשעה שבקשו לענות אותי ביסורין בחבישת בית האסורים (כמו שהיה נחבא בכותא עשר שנים) העמיד להם שם ועבר והיו מתרים בהם ע"פ הדיבור כי יתחייבו כליה מן השמים אם לא ירפו ידם מאברהם וע"י זה נפטר מתחת ידם. וה"ק ויהי כאשר התעו או"ה מדרך הישר ויבקשו לענות אותי. אלהים העמיד מבית אבי שופטים שיוכיחו אותם. וסיפר אברהם כל זה לאבימלך סיבת טלטול ממקומו וארצו בהיותו עומד בסכנה עצומה עם בני דורו תמיד ובהיותו בא לידי טלטול עם אשתו. בהכרח מאז התנה תנאי עם אשתו לומר עליו כי אחיה הוא (ועיין ביפ"ת ובנזה"ק):

פירוש מהרז"ו

עלי וגו'. ד'. מעשים אשר לא יעשו וגו'. שהם כנגד ד' דברים. א' הנך מת. ב' דע כי מות תמות. ג' כי עצור עצר ה'. ד' כמ"ש ר' חלבו קדמתך רעבון וזהו מ"ש מעשים אשר לא יעשו. ויקשה הרי כבר נעשה במצרים אלא פירש שבכל מקום הבאת ברכה וכמ"ש והיה ברכה וכאן הבאת קללה: (יא) **בשיטתן השיבן.** לעיל פר' י"ח סי' ה' ושם מבואר הענין באריכות ע"ש ותבין כאן וע' בערוך ערך אח א': **הלואי כו'.** דקשה התעו ל' רבים. ועוד איך יאמר שאלהים התעו אותי הלא ישרים דרכי ה' ואינו מתעה. ע"כ דורש בג' אופנים הא' כאשר התעו העובדי כוכבים שהיו שונאיו על שמאס בפסיליהם ורצו להזדווג לו להרגו. ולשון להזדווג לרעה כמו לעיל פמ"ב סי' ג' לא רצו להזדווג אלא וכו' ונזדווגו לו ג' שונאים. והתעו לשון רבים על שונאיו התועים. ובעבור זה רצו להרגו. שע"כ אותי הציל אלהים מבית אבי. שהיו ג"כ עובדי כוכבים ומסרו אביו תרח ביד נמרוד כמ"ש לעיל פר' ל"ח סי' י"ג שאז השליכו אותו לכבשן האש והצילו הקב"ה כמ"ש פר"א פרק כ"ו נסיון א' וב'. והפירוש הב' ויהי כאשר התעו אותי שבקשו התועים להטעותו שיעבוד כוכבים כמותם. אלהים מבית אבי. אלהים אמר לי שאלך מבית אבי. וכמ"ש לך לך מבית אביך. ופי' זה בת"א והוה כד טעו עממיא וכו' ע"ש. וכ"ה בת"י. והפירוש הג' ויהי כאשר התעו הכשדים אז מדרכיו של הקב"ה. אותי אלהים העמיד אותי לעמוד כנגדם להוכיחם. וגם מבית אבי העמיד להוכיחם. כי תרח היה מזרע שם דור ט' לו. ושם חי עד שנת נ' ליעקב. ועבר חי עד שנת ע"ט ליעקב. וג' פירושים אלו ע"פ מדה ט':

מסורת המדרש

יד ילקוט כאן רמז נ"א כל הענין:

רש"י

(יא) **אחותי בת אבי. בשיטתן השיבן.** שבני נח לא היו נוהגים איסור באשת האב אלא באשת האם: **ויהי כאשר התעו אותי אלהים מבית אבי.** כך אמר אברהם בשעה שבקשו אומות העולם להזדווג לי עד שאני בבית אבי נתקיים עלי הקב"ה, עמד לי בצרתי. ומפור' בפרקי דר' אליעזר שבעוד שהיה קטן בקשו כל גדולי מלכות והקוסמים להרגו. בשעה שבקשו לענות אותו העמיד להם ב' גדולים משל בית אבא כגון שם ועבר והתרו בם שאלמלא הם היו עושין בו יסורין גדולים. ובשעה שבקשו להזדווג לי עד שאני בבי' אבא כמו שכתוב בפרקי ר' אליעזר, שנחבא בארץ י' שנים נתקיים עלי הקב"ה ועמד לי בצרתי. ובשעה שבקשו אומות העולם לתעות אותי מדרכיו של הקב"ה נגלה עלי הקב"ה ואמר לי לך לך מארצך:

מתנות כהונה

דדריש עצור יתירה כד"א ועצר את השמים וזהו מעשים שלא היו רגילין ליעשות על ידיך עשית עמדי: [יא] **בשיטתן השיבן.** פירש"י והערוך ערך את שבני נח לא היו נוהגים איסור באשת האב רק באשת האם [ועיין מזה לעיל פי"ח מאריך בזה]: **הלואי כו'.** מי יתן שנדרוש אותו בג' פנים ונצא ידי חובתו לכוון האמת: **להזדווג לי.** פירש"י בשם פרקי ר"א שנחבא עשר שנים שבעוד שהיה קטן בקשו כל גדולי מלכות והקוסמים להרגו: **ה"ג בפירש"י** על הקב"ה ובשעה שבקשו העובדי כוכבים לענות אותי העמיד להם שני גדולי הדור שם ועבר והיו מתרים בהם ובשעה שבקשו להתעות אותי נגלה עלי הקב"ה ואמר לי לך לך: **לענות אותי.** פירש"י בשם פרקי ר"א אלמלא שהתרו בהם שם ועבר היו מייסרים אותי ביסורים קשים:

אשד הנחלים

חטאה גדולה כי עצר. כלומר עונש וחסרון גדול כי לא יתכן שפירושו חטא גדול הלא היה צדיק בעיניו שלא עשה מאומה לכן דרש על העונש. כמו גדול עוני מנשוא שפרושו עונש עווני כמו שפירשו המפרשים: **היתה רווחה.** זהו אשר לא יעשו כ"א ההיפך כי רעבון היפך הרווחה המורגל על ידך והוא משל על עצירת ההריון ועצירת התאוה שהיתה בם: **[יא] בשיטתן השיבו.** עיין במ"כ בשם הערוך ואולי הכוונה כי אבימלך אחז עצמו שהוא צדיק ואברהם השיבו לפי שיטתו שדימה שאינו צדיק כאלו עתה יודע שהוא צדיק. אבל האמת

וַיִּקַּח אֲבִימֶלֶךְ צֹאן וּבָקָר וַעֲבָדִים וּשְׁפָחֹת וַיִּתֵּן לְאַבְרָהָם וַיָּשֶׁב לוֹ אֵת שָׂרָה אִשְׁתּוֹ. וַיֹּאמֶר אֲבִימֶלֶךְ הִנֵּה אַרְצִי לְפָנֶיךָ בַּטּוֹב בְּעֵינֶיךָ שֵׁב. וּלְשָׂרָה אָמַר הִנֵּה נָתַתִּי אֶלֶף כֶּסֶף לְאָחִיךְ הִנֵּה הוּא לָךְ כְּסוּת עֵינַיִם לְכֹל אֲשֶׁר אִתָּךְ וְאֵת כֹּל וְנֹכָחַת.

Abimelech took flocks and cattle and servants and maidservants and gave to Abraham; and he returned his wife Sarah to him. And Abimelech said, "Behold, my land is before you: settle wherever you see fit." And to Sarah he said, "Behold, I have given your brother a thousand pieces of silver. Behold! Let it be for you an eye-covering for all who are with you; and to all you will be vindicated" (20:14-16).

§12 **וַיִּקַּח אֲבִימֶלֶךְ צֹאן וּבָקָר ... וּלְשָׂרָה אָמַר הִנֵּה נָתַתִּי אֶלֶף כֶּסֶף לְאָחִיךְ** — ***ABIMELECH TOOK FLOCKS AND CATTLE . . . AND TO SARAH HE SAID, "BEHOLD, I HAVE GIVEN YOUR BROTHER***[98] ***A THOUSAND PIECES OF SILVER.*** *BEHOLD! LET IT BE FOR YOU AN EYE-COVERING.*

In what way were the thousand silver pieces supposed to serve as *an eye-covering*? The Midrash explains:

אָמַר רַבִּי יְהוּדָה בַּר רַבִּי אִלְעָאי: אֲזַלְתְּ לְמִצְרַיִם סְחַרְתְּ בָּהּ, אֲתֵית לְהָכָא וּסְחַרְתְּ בָּהּ — **R' Yehudah bar R' Ila'i said:** Abimelech said to Abraham, **"You went to Egypt and used [Sarah] for business,**[99] **and** then **you came here and used her for business.**[100] אִם מָמוֹן אַתְּ בָּעֵי הֵא לָךְ מָמוֹן וְכַסֵּי מִינָּהּ עֵינָא — And **if** it is specifically **money** that **you want,**[101] **here is money,**[102] **and** thereby **cover up [your] eyes from her."**[103]

דָּבָר אַחֵר "הִנֵּה הוּא לָךְ כְּסוּת עֵינַיִם" — **Another interpretation** of ***Behold! Let it be for you an eye-covering*** (or *an eye-garment*): אָמַר רַבִּי יוֹחָנָן: עֲשֵׂה לָהּ כְּסוּת שֶׁיִּהְיוּ הַכֹּל מַבִּיטִין בִּכְסוּתָהּ וְלֹא בְּנוֹיָהּ — **R' Yochanan said:** Abimelech said to Abraham, **"Make** (i.e., buy) **a covering** (i.e., a garment) **for her** from the thousand pieces of silver[104] so **that everyone will gaze at [the garment] and not at her beauty."**[105]

"כְּסוּת עֵינַיִם", כְּסוּת שֶׁהִיא עֲשׂוּיָה עֵינַיִם עֵינַיִם — Another interpretation[106] of **כְּסוּת עֵינַיִם** is: **a garment that is made of many eyes.**[107]

רַבִּי בֶּרֶכְיָה אָמַר: עֲשָׂאָהּ מַטְרוֹנָה — Another interpretation: **R' Berechyah said: Abimelech made her a noblewoman,** "כְּסוּת" שֶׁהִיא מְכוּסָּה מִן הָעַיִן — and the phrase "**covering** of the eyes" connotes **that [Sarah] was covered from the eye** of the public.[108]

רֵישׁ לָקִישׁ אָמַר: בִּקֵּשׁ לְהַקְנוֹתָהּ בִּפְנֵי בַעְלָהּ — **Reish Lakish said: He sought** by giving her beautiful clothing **to cause [Sarah] enmity regarding her husband,** לוֹמַר כָּל הַשָּׁנִים הַלָּלוּ הִיא עִמּוֹ וְלֹא עָשָׂה לָהּ דָּבָר — **as if to say: All these years she was with [Abraham] and he did not do anything for her,** וְזֶה לַיְלָה אַחַת עָשָׂה לָהּ אֶת כָּל הַכָּבוֹד הַזֶּה — whereas **this one** (Abimelech), after just **one night, he gave her all this honor.**[109]

דָּבָר אַחֵר— **Another interpretation:** אָמַר לָהֶם אַתֶּם כִּסִּיתֶם מִנִּי אֶת הָעַיִן, בֵּן שֶׁאַתֶּם מַעֲמִידִים יְהֵא כְּסוּי עֵינַיִם — **[Abimelech] said to [Abraham and Sarah], "You 'covered my eyes';**[110] as punishment, **may the son whom you shall have** together **be one of covered eyes,** i.e., blind."[111]

□ וְאֵת כֹּל וְנֹכָחַת — ***AND TO ALL YOU WILL BE VINDICATED.***

The Midrash explains this difficult phrase:

אָמַר לָהּ כְּבָר תּוֹכַחְתֵּיהּ דְּהַהוּא גַּבְרָא גַּבֵּיהּ — **[Abimelech] told [Sarah], "The rebuke**[112] **of 'that man' has already been** given **to him."**[113]

NOTES

98. That is, to Abraham, whom you have called your brother (ibid.).

99. You made a lot of money when Pharaoh took her and *he treated Abram well for her sake, and he acquired sheep, cattle, donkeys, slaves and maidservants, female donkeys, and camels* (above, 12:16).

100. Here, too, you have profited handsomely through Sarah, for I have just given you *flocks and cattle and servants and maidservants* to atone for taking her.

101. For so far Abimelech had given him only livestock and servants (*Rashi*).

102. *A thousand pieces of silver.*

103. I.e., do not look to her as a source of income any more (*Ohr HaSeichel, Maharzu*). Alternatively: Abimelech is saying, "Whatever other places you next visit, cover up *other people's* eyes from looking at her," i.e., by discontinuing your current practices (*Eitz Yosef*). According to this interpretation, the "eye-covering" was to cover up the eyes of others, not those of Sarah.

104. *Eitz Yosef.*

105. The garment should be so striking that people will direct their attention to the garment rather than to the person wearing it. According to this interpretation, כְּסוּת עֵינַיִם means "a garment that catches one's eye" (*Yefeh To'ar*).

106. *Eitz Yosef.*

107. Many interpretations have been given for this line: The garment designed to deflect attention from Sarah should be made of many colors (for עֵינַיִם can also mean "colors") (*Ohr HaSeichel, Maharzu*); it should be knit with many eyelets, a very unusual and eye-catching pattern in those days (*Yefeh To'ar*); it should cover her face but have eye-slits so that Sarah could see but not be seen (ibid.). Alternatively: This line is connected to the previous interpretation, and is merely explaining that the purpose of the garment was to "catch many people's eyes" (*Rashi, Matnos Kehunah*).

108. People would consider Sarah off-limits because of her high station, and would be fearful of trying to take her for themselves (*Yalkut Shimoni* loc. cit.).

109. Abimelech thus hoped that Sarah would want to leave Abraham and marry him (*Eitz Yosef*). The Midrash homiletically interprets הִנֵּה הוּא לָךְ כְּסוּת עֵינַיִם לְכֹל אֲשֶׁר אִתָּךְ to mean: *Behold! Let this be for you [an incentive] to cover your eyes from all that are with you* (i.e., your husband) (*Maharzu*).

110. I.e., you deceived me, by hiding from me the fact that you were husband and wife.

111. This curse was fulfilled, for Isaac became blind later in life (see below, 27:1). The Midrash here homiletically interprets הִנֵּה הוּא לָךְ כְּסוּת עֵינַיִם to mean: *Behold! Let this [that you did to me] be for you [the cause of having a son who will be] of covered eyes*; see *Maharzu*.

112. The Midrash interprets the verb וְנֹכָחַת as meaning "to rebuke" (as opposed to "to be proven or vindicated," as it is usually understood here).

113. This enigmatic line (and the relevance of the lines that follow) has been interpreted in many ways. We will present two interpretation: Abimelech told Sarah that through all his gifts he (he referred to himself as "that man," a not-uncommon locution in such situations) has made amends for having taken her away from her husband overnight. The Midrash goes on to show how serious an offense it is for a woman to absent herself from her husband's side, and that monetary compensation is called for in such a situation (*Yefeh To'ar, Nezer HaKodesh, Eitz Yosef*). Alternatively: Abimelech told Sarah that by giving her husband a thousand silver pieces with which to buy her an appropriate garment (as discussed above), he was in effect rebuking Abraham ("that man") for not having provided her with such a garment previously. The Midrash goes on to show that it is indeed the husband's duty to provide appropriate clothing for his wife.

יב [כ, יד-טז] "**וַיִּקַּח אֲבִימֶלֶךְ צֹאן וּבָקָר... וּלְשָׂרָה אָמַר הִנֵּה נָתַתִּי אֶלֶף כֶּסֶף לְאָחִיךְ**". אָמַר רַבִּי יְהוּדָה בַּר רַבִּי אִלְעָאי: אֲזַלְתְּ לְמִצְרַיִם סְחַרְתְּ בָּהּ, אֲתֵית לְהָכָא וּסְחַרְתְּ בָּהּ, אִם מָמוֹן אַתְּ בָּעֵי הֵא לָךְ מָמוֹן וְכַסֵּי מִינָּהּ עֵינָא, °"הִנֵּה הוּא לָךְ כְּסוּת עֵינַיִם". אָמַר רַבִּי יוֹחָנָן: [טו]עֲשֵׂה לָהּ כְּסוּת שֶׁיִּהְיוּ הַכֹּל מַבִּיטִין בִּכְסוּתָהּ וְלֹא בְּנוֹיָהּ. "כְּסוּת עֵינַיִם", כְּסוּת שֶׁהִיא עֲשׂוּיָה עֵינַיִם עֵינַיִם. רַבִּי בֶּרֶכְיָה אָמַר: עֲשָׂאָהּ מַטְרוֹנָה כְּסוּת שֶׁהִיא מְכוּסָּה מִן הָעַיִן: רֵישׁ לָקִישׁ אָמַר: בִּקֵּשׁ לְהַקְנוֹתָהּ בִּפְנֵי בַּעְלָהּ לוֹמַר כָּל הַשָּׁנִים הַלָּלוּ הִיא עִמּוֹ וְלֹא עָשָׂה לָהּ דָּבָר וְזֶה לַיְלָה אַחַת עָשָׂה לָהּ אֶת כָּל הַכָּבוֹד הַזֶּה. דָּבָר אַחֵר אָמַר לָהֶם: אַתֶּם כִּסִּיתֶם מִנִּי אֶת הָעַיִן [טז]בֵּן שֶׁאַתֶּם מַעֲמִידִים יְהֵא כְּסוּי עֵינַיִם. "וְאֵת כֹּל וְנֹכָחַת", אָמַר לָהּ כְּבָר תּוֹכַחְתֵּיהּ דְּהַהוּא גַּבְרָא גַּבֵּיהּ,

רש"י

(יב) **ויקח אבימלך צאן ובקר.** לאן ובקר נתן לו ולא מלינו שנתן לו כסף וזהב, וכתיב ולשרה אמ' הנה נתתי אלף כסף לאחיך והלא לא נתן לו כי אם בהמה ולא כסף וזהב א"ר יהודה בר' אלעאי, כך אמר לה אבימלך אזלת למצרי' וסחרת בה שנתן לו פרעה ממון. אתית להכא וסחרת בה ואי ממון את בעי הילך וכסי מנך עינא.› **דבר אחר הנה הוא לך כסות עינים.** עשי ליך כסות שיהו הכל מביטין בה ולא בנוייך: **כסות עינים כסות שהיא עושה עינים.** שהכל מביטין בה: **רבי ברכיה אמר.** נטל לבוש מלכות והלבישה ועשאה מטרונה למה כדי שלא יתבע אותה אדם אלא יהו שומעים שהיא מלכה ומתייראין לתבוע אותה: **ריש לקיש אמר בקש להקנותה בפני בעלה.** להכניס קנאה ביניהם כדמפרש ואזיל: **דבר אחר הנה הוא לך כסות עינים.** אמר להן אתם כסיתם ממני את העין. שאברהם אמר אחותי היא והיא אמרה אחי הוא חייכם בן שאתם מעמידים יהא כסוי עינים: **ואת כל ונוכחת.** אמר לה כבר תוכחתיה דההוא גברא גביה.

עץ יוסף

(יב) **וכסי עינא מינה.** וה"פ ולשרה אמר הנה נתתי אלף כסף לאחיך ר"ל לזה שאמרת עליו אחי הוא. הנה הוא לך כלומר אותו הממון הוא לך בשביל כסות העינים לכל אשר אתך. דהיינו כדי לכסות העינים לכל האנשים אשר אתך במקום אשר תהיה שם לבל יתנו עיניהם בך. לפי שלא יעשה אברהם עוד כהנה. כי לא העלים הדבר מתחילה אלא עבור הרווחת ממון והרי עתה באתי להשביע עיניו בממון (נזה"ק): **עשה לה כסות כו'.** פי' עשה לה כסות חשוב מן האלף כסף שיהיו הכל מביטים בכסות החשובה ולא בנוייה כי יאמרו שהלבוש גורם היופי: **כסות עינים כסות כו'.** הוא ד"א כסות עינים כסות שהיא עשויה עינים עינים דהיינו מסוה חשוב שהוא מעשה אורג העשוי נקבים נקבים לבל יוכלו להביט בהוד יופיה: **הלבישה כו'.** בילקוט גרס נטל לבוש מלכות והלבישה ועשאה מטרונה למה שלא יתבע אדם אותה אלא יהיו שומעים שהיא מלכה ומתייראים לתבוע אותה והיא כמכוסה מן העין: **בקש להקנותה כו'.** דעשה לה כסות חשוב כדי להקנותה להכניס קנאה ושנאה בלב שרה על בעלה לומר כל השנים כו' וחשב כי עבור זה יתעורר לה איבה ושנאה על בעלה ותמרוד בו ותצא מתחת רשותו להיות אשת המלך שסיפק בידו למלאות רצונה במלבושי כבוד אשר יתאוו להם הנשים: **אתם בסיתם כו'.** וה"פ הנה נתתי אלף כסף כו' ומעשה זה הוא לך כסות עינים לסמיות עינים שלפי שאתם כסיתם ממני שלא גליתם לי שהיא אשת איש. לכן הבן שתעמידו יהיה כסוי עינים שיכהו עיניו מראות: **בן שאתם מעמידים כו'.** וכן נתקיים ביצחק כדכתיב ותכהינה עיניו וכ"ה להדיא בס"פ החובל ופ"ד דמגילה:

[יג] **כבר תוכחתיה כו'.** מפ' ונוכחת מל' תוכחה ומוסר בעונש ופתרונו על הכל קבלתי תוכחה ומוסר בעונש הראוי לי שאף גם על ביטול תשמיש לילה אחת קבלתי עלי עונש ממון אלף כסף. והא קאמר כבר תוכחתיה דהאי גברא גביה גם בממון על ביטול תשמיש. ומייתי עלה לדוגמא הא דתנן המורדת כו' דשמעינן מהא כי יכופר עון זה בממון (נזה"ק):

פירוש מהרז"ו

(יב) **הנה נתתי אלף כסף.** וס"ד הנה הוא לך כסות עינים. ואיך האלף כסף כסות. ודורש שהוא מלשון כסוי שיכסה אברהם את עינו ממנה שלא יעשה בה עוד סחורה: **עינים עינים.** כסות מלא צבעים יפים ע"ד ועינו כעין הבדולח שפירושו ומראיתו. וכן כעין חשמל וכו': **עשאה מטרונה.** כמ"ש באג"ב פר' כ"ו. וכמ"ש המ"כ בשם רש"י. ויתכן שרש"י העתיק מאג"ב. ועי' עוד במ"כ: **ביקש להקנותה.** וע"י הקנאה תתרצה להפטר מאברהם ויקחנה והוא מרומז במ"ש הנה הוא לך כסות עינים לכל אשר אתך. שע"י זה תכסה עיניך מאנשי ביתך וכל אשר אתך ותטה לבך מהם והרמז על אברהם: **בן שאתם מעמידים.** מרומז במ"ש הנה הוא לך כסות עינים פירושו ע"פ מדה ט' שילא מכם כסות עינים. וכמ"ש ביצחק ותכהין עיניו מראות. ויתכן שדורש גז"ש שכאן כתוב הנה וביצחק והנה בן לשרה. ועי' מגילה כ"ח. ב"ק דף נ"ג: **כבר תוכחתיה.** דברי ר"ל שאמר שרצה להקנותה על בעלה. והשיבה לו שרה שאם אמרוד עליו כבר הדין פסוק אללו שיפחות מכתובתי. דתנן המורדת על בעלה

חידושי הרד"ל

(יג) [יב] **עשאה מטרונא.** כסות עינים שהיא מכוסה מן העין כצ"ל. כלומר שתהא יושבת כבת מלך כבודה פנימה ועין לא תשזפתנה ועמ"כ בשם רש"י וכ"ה באג"ב פכ"ו: (יד) **יהא כסוי עינים.** פי' תכהין עינו כ"ה בהדיא פר' החובל ופ"ד דמגילה: (טו) **כבר תוכחתיה דההוא גברא גביה**

חידושי הרש"ש

[יב] **אתה בסית מני את העין בן שאתם מעמידים יהא כסוי עינים.** ר"ל שיהא סומא וכן נתקיים ביצחק כדכתיב ותכהין עיניו. וכ"ה להדיא בס"פ החובל וש"נ:

באור מהרי"פ

יב כבר תוכחתיה דהאי גברא גבי' דתנן וכו'. מביא ראיה לדוגמא אשר יכופר עון דמניעת עונה בדמים. וז"ש אבימלך שעל הכל קבלתי תוכחה ומוסר. כי גם על מה שמנע אותה מבעלה נתן אלף כסף. וכ"ת ולות שרה אמר הא יהבית כו' חלף דאת כסית מן בעליך לילא חדא כו'. ואגב מפרש נמי טעמא דחכמים שקלבו שיעור הקנס בה ז' דינרין. ובו ג' דינרין וכו'. נזה"ק:

מסורת המדרש

טו אגדת בראשית פרק כ"ו:
טז מגילה דף ט"ו ודף כ"ח בבא קמא דף נ"ג:

נחמד למראה

[יב] **וכסי מינה עינא.** כתב הרב ידי משה וכסי מינה עינא פירשו שתצניענה ולא תלך לסחור בה מכאן ולהבא רש"י עכ"ל. רש"י לא פירש כן וזה הפירוש הוא מאב"א:

מתנות כהונה

[יב] **אזלת למצרים כו'.** כשהלכת למצרים עשית סחורה עמה שנאמר ולאברם היטיב בעבורה וגו' עכשיו באת לכאן ועשית גם פה סחורה עמה ופירש"י וז"ל כתיב ויקח אבימלך צאן ובקר נתן לו ולא מצינו שנתן לו כסף וזהב ולשרה אמר הנה נתתי אלף כסף לאחיך והלא לא נתן לו אלא בקר וצאן ולא כסף וזהב אלא כך אמר הלכת למצרים ונתן לך פרעה כסף וזהב ובאת לכאן וסחרת בה ג"כ ואי ממון אתה רוצה הי לך כו': **ה"ג בילקוט.** הא לך ממון וכסי עיניך מנאי: **דבר אחר הנה וגו' מביטין בה.** כסות יפה מצוייר שיהו כל עינים מביטין בו ולא בה כדי שלא תבא עוד לידי תקלה וכדמפרש ואזיל כסות כו': **ה"ג רש"י ז"ל.** כסות שהיא עושה עינים ופירש שהיא עושה עינים שיהו הכל מביטין בו והרד"ק בספר השרשים מביא גירסת הכתוב פה ופירש בו הנה נתתי אלף כסף לאחיך שיקנה לך בו כסות נאה שהיא עשויה עינים עינים וכן פירש בשם ר' סעדיה כתנות תשבץ מעשה רקמה עשוי עינים עינים וכן בלשון ערבי נקרא עין: **עשאה מטרונה.** אבימלך הלבישה לבוש מלכות כמטרונה כדי שייראו ממנה מלשלוח בה עוד יד ובילקוט וכן גירסת רש"י בהדיא רבי ברכיה אמר נטל לבוש מלכות והלבישה ועשאה מטרונה למה כדי שלא יתבע אדם אותה אלא יהו שומעין שהיא מלכה ומתייראין לתבוע אותה ע"כ וזהו שאמר כסות שהיא מכוסה כו' כלומר שמעתה לא יתן אדם עינו בה: **להקנותה.** לשון קנאה: **בסיתם מיני את העין** שלא גליתם לי שלא אח ואחות אתם והכי איתא בפרק החובל בהדיא: **ה"ג בילקוט ורש"י.** אמר להם כבר תוכחתי כו'. ופירש"י כלומר מפני מה אין לה כסות והלא האיש מצווה לעשות לאשתו אלו ג' דברים:

אשד הנחלים

אינו כן כמו שאמר לעיל השבת לי: **הלואי נדרוש.** כי פשט הכתוב אינו נוחה מאוד לאמר כאשר התעו אותי אלהים המורה ח"ו שה' התעה אותו. ולכן דרשו נתוח הכתוב כאשר התעו אותי העובדי כוכבי' והאלהי' עמד עלי וציוני שאלך מבית אבי לבל אלכד בפח אמונתם הרעה. ודרש על שלשה פנים שלכן נאמר לשון רבים התעו כאלו היה הרבה תעות: [יב] **אזלת למצרים.** כי רק שם ניתן לה כסף ודרש עוד אם את בעי הרי לך ממון ועל זה אמר הנה לך אלף כסף אם אתה רוצה: **וכסי עיניך מנאי.** כצ"ל כלומר לבל יביט עליו בעין הכעס והחימה: **מביטין בה ולא בנוייה.** אולי היה זה כסות לכסות הראש והעינים וזהו שהיא עשויה עינים עינים שהיא חלולה. שתהא יכולה להביט דרך חלליו אך אחרים לא יוכלו להביט עליה ולא יכשל בה וזהו כדמות פירש הרד"ק שהביא המ"כ: **עשאה מטרונא.** כלומר כסות כמו שלובשת מטרונא ואז הכל ייראו ממנה ולא יגעו בה: **ולא עשה לה דבר.** כלומר שכיון להכניס קנאה בתוך לבה אולי תפותה בהבליו

דִּתְנַן: הַמּוֹרֶדֶת עַל בַּעְלָהּ פּוֹחֲתִין לָהּ מִכְּתוּבָּתָהּ שִׁבְעָה דִּינָרִין בְּשַׁבָּת — For we learn in a Mishnah:[114] A woman who rebels against her husband[115] — her *kesubah*[116] is decreased by seven dinars per week (*Kesubos* 5:7). וְלָמָּה שִׁבְעָה דִּינָרִין — And why is the penalty specifically seven dinars? כְּנֶגֶד שִׁבְעָה מְלָאכוֹת שֶׁהָאִשָּׁה עוֹשָׂה לְבַעְלָהּ: טוֹחֶנֶת, וְאוֹפָה, וּמְבַשֶּׁלֶת, וּמְכַבֶּסֶת, וּמֵנִיקָה אֶת בְּנָהּ, וּמַצַּעַת לוֹ אֶת הַמִּטָּה, וְעוֹשָׂה בַּצֶּמֶר — It is corresponding to the seven kinds of work that a woman is obligated to do for her husband: she is obligated to grind flour, bake, cook, do laundry, nurse her child, make his bed, and work with wool[117] (ibid. 5:5); לְפִיכָךְ שִׁבְעָה — therefore her *kesubah* is decreased seven dinars a week.[118] וְכֵן הַמּוֹרֵד עַל אִשְׁתּוֹ מוֹסִיפִין לָהּ עַל כְּתוּבָּתָהּ שְׁלֹשָׁה דִּינָרִין בְּשַׁבָּת — The Mishnah cited above continues: Likewise, a man who rebels against his wife — her *kesubah* is increased for her by three dinars per week (ibid. 5:7). לָמָּה שְׁלֹשָׁה — And why is the penalty specifically three dinars? כְּנֶגֶד שְׁלֹשָׁה דְּבָרִים שֶׁהוּא מִתְחַיֵּיב לָהּ: שְׁאֵר כְּסוּת וְעוֹנָה — It is corresponding to the three things that a man is obligated to provide for his wife, viz., food, clothing, and conjugal rights (*Exodus* 21:10); לְפִיכָךְ שְׁלֹשָׁה — therefore he is penalized three dinars a week.[119] אֱמוֹר שֶׁהִכְנִיסָה לוֹ עֲבָדִים וּשְׁפָחוֹת אֵינָהּ מִתְחַיֶּיבֶת לוֹ כְּלוּם — But these reasons cannot be correct: Say that she brought in slaves and maidservants to the marriage — then she does not owe him anything![120] אֱמוֹר שֶׁלֹּא נָתַן לָהּ לֹא שְׁאֵר לֹא עוֹנָה לֹא כְּסוּת אֵינוֹ מִתְחַיֵּיב לָהּ כְּלוּם — Or: Say that [the husband] was not providing her with food, conjugal rights, or clothing[121] — then he does not owe her anything![122] אָמַר רַבִּי יוֹחָנָן: צַעֲרוֹ שֶׁל אִישׁ מְרוּבֶּה מִצַּעֲרָהּ שֶׁל אִשָּׁה — R' Yochanan said: The true reason for the discrepancy in the penalty for rebellion between husband and wife is that a man's suffering[123] is greater than a woman's suffering.

הֲדָא הוּא דִכְתִיב "וַיְהִי כִּי הֵצִיקָה לּוֹ בִדְבָרֶיהָ כָּל הַיָּמִים וַתְּאַלְצֵהוּ"[124] שֶׁהָיְתָה שׁוֹמֶטֶת עַצְמָהּ מִתַּחְתָּיו — Thus it is written, *It happened that after she* (Delilah) *tormented him* (Samson) *with her words every day and pressured him* (*Judges* 16:16) — she "pressured him" in that she would slip herself out from under [Samson] during marital relations, "וַתִּקְצַר נַפְשׁוֹ לָמוּת", אֲבָל הִיא לֹא קָצְרָה נַפְשָׁהּ — and the verse in *Judges* concludes that as a result *he became exasperated to death* — but, this implies, [Delilah] did *not* become exasperated.[125] שֶׁהָיְתָה עוֹשָׂה צְרָכֶיהָ מִמָּקוֹם אַחֵר. — But others dispute this proof,[126] because the reason Delilah was not exasperated was that she was fulfilling her needs in a different place.[127]

וַיִּתְפַּלֵּל אַבְרָהָם אֶל הָאֱלֹהִים וַיִּרְפָּא אֱלֹהִים אֶת אֲבִימֶלֶךְ וְאֶת אִשְׁתּוֹ וְאַמְהֹתָיו וַיֵּלֵדוּ. כִּי עָצֹר עָצַר ה׳ בְּעַד כָּל רֶחֶם לְבֵית אֲבִימֶלֶךְ עַל דְּבַר שָׂרָה אֵשֶׁת אַבְרָהָם.

Abraham prayed to God, and God healed Abimelech, his wife, and his maids, and they were relieved; for HASHEM had completely closed every orifice of the household of Abimelech, because of Sarah, the wife of Abraham (20:17-18).

§13 וַיִּתְפַּלֵּל אַבְרָהָם אֶל הָאֱלֹהִים — *ABRAHAM PRAYED TO GOD.* The Midrash calls attention to something unusual in this phrase:

אָמַר רַבִּי חָמָא בַּר רַבִּי חֲנִינָא: מִתְּחִלַּת הַסֵּפֶר וְעַד כָּאן לֹא נֶאֱמַר כַּלָּשׁוֹן הַזֶּה — R' Chama bar R' Chanina said: From the beginning of the book (*Genesis*) until here, such an expression has never been used.[128] כֵּיוָן שֶׁהִתְפַּלֵּל אָבִינוּ אַבְרָהָם הוּתַּר הַקֶּשֶׁר הַזֶּה — But once our forefather Abraham prayed, this "knot" became "untied."[129]

NOTES

114. The Mishnah and its Talmudic commentary (from the *Yerushalmi* ad loc., for the Sages of *Bereishis Rabbah* were the Sages of *Eretz Yisrael*) are cited here in their entirety, even though only a small part of it is relevant to our discussion here.

115. I.e., she abandons him or does not cooperate with him at all.

116. A *kesubah* is a specified amount of money that a wife is entitled to collect in the event of divorce or the death of her husband.

117. I.e., to process raw wool into yarn.

118. Her *kesubah* is reduced one dinar per week for each obligation that she is not fulfilling toward her husband.

119. Her *kesubah* is increased one dinar per week for each obligation that he is not fulfilling toward his wife.

120. If a woman brings slaves or maidservants into her marriage, she is absolved of the tasks enumerated above, for the servants can perform them in her stead (see Mishnah *Kesubos* 5:5). The above explanation for the seven-dinar penalty for rebellion would thus be inapplicable, and yet a rebellious wife even in this situation is still subject to that penalty.

121. I.e., he stipulated when they got married that he would not be obligated to supply these three things to her (*Yerushalmi Kesubos* 5:8).

122. [We have emended the text in accordance with *Os Emes* and *Yefeh To'ar.*] He has no obligations to her, pursuant to their stipulation (see previous note). Under these circumstances as well, the explanation given above for adding three dinars to the *kesubah* would not apply, and yet this penalty would seemingly be applied to a rebellious husband in this situation as well. In light of these two objections, there must be another explanation as to why a rebellious wife is penalized with seven dinars and the husband with only three.

[See *Yefeh To'ar,* which states that the statement of the *Yerushalmi* and the Midrash that "he does not owe her *anything*" cannot be taken literally, for according to the Gemara *Kesubos* 56a et al. (which is cited in *Yerushalmi* as well — *Bava Metzia* 7:7, etc.), a man who makes the above stipulation, though he is absolved from his duty to supply food and clothing, is still obligated to fulfill his conjugal obligations.]

123. In having his conjugal rights withheld. (For a spouse is penalized for withholding conjugal rights even if he or she meets her other marital obligations — *Kesubos* 63a-b.)

124. In being deprived of conjugal rights. (This explanation does not address the basis for the specific numbers three and seven; it explains only why the woman is penalized more than the man.)

125. The fact that Samson suffered exasperation while Delilah did not proves the contention above that when conjugal rights are withheld, a man's suffering is greater than a woman's.

126. These words (וְיֵשׁ אוֹמְרִים) appear in the *Yerushalmi* ibid. explicitly, and the commentators (*Ohr HaSeichel, Matnos Kehunah, Yefeh Toar*) agree that this is the Midrash's intention as well.

127. I.e., with other men; she was unfaithful to Samson.

128. That is, the word וַיִּתְפַּלֵּל was not used until our passage (though it is first mentioned several verses before this, in v. 7 — *Maharzu*). The commentators raise this difficulty: We find that prayers had been offered before this time (see, e.g., above, 18:23ff), though the particular word וַיִּתְפַּלֵּל was not used. What, then, is so significant about this expression? *Yedei Moshe* explains that וַיִּתְפַּלֵּל refers to *intense* prayer, and this had not been done previously. Alternatively: No one had ever prayed on behalf of another person until this time (*Rashi;* it is unclear how he would differentiate this from above, Ch. 18). Alternatively: No one had ever been successful in changing a Divine decree through prayer until this point (*Radal*). [*Yefeh To'ar* interprets this line in a completely different manner because of this difficulty: The Midrash is not referring to prayer (וַיִּתְפַּלֵּל) at all when it says that this had not taken place previously, but rather to being healed from physical affliction (וַיִּרְפָּא).]

129. I.e., from this time on the concept of prayer (תְּפִלָּה, as variously explained in the previous note) became available to everyone to use (*Maharzu*). [*Radal* suggests that it is for this reason that the *Shemoneh Esrei* prayer opens with the blessing *the Shield of Abraham,* for Abraham was the first to "untie" the "knot" of (i.e., make available) prayer.] Alternatively: The "knot" that was "untied" as a result of Abraham's prayer was the closing up of the orifices described in the next verse and the Midrash (*Yedei Moshe*).

[According to *Yefeh To'ar* (see previous note), the "knot" that Abraham "untied" was the ability to heal disease through prayer.]

דִּתְנַן יזהַמּוֹרֶדֶת עַל בַּעֲלָהּ פּוֹחֲתִין לָהּ מִכְּתוּבָּתָהּ שִׁבְעָה דִינָרִין בְּשַׁבָּת. וְלָמָּה שִׁבְעָה דִינָרִין, כְּנֶגֶד יחשִׁבְעָה מְלָאכוֹת שֶׁהָאִשָּׁה עוֹשָׂה לְבַעֲלָהּ, טוֹחֶנֶת, וְאוֹפָה, וּמְבַשֶּׁלֶת, וּמְכַבֶּסֶת, וּמֵנִיקָה אֶת בְּנָהּ, וּמַצַּעַת לוֹ אֶת הַמִּטָּה, וְעוֹשָׂה בַּצֶּמֶר, לְפִיכָךְ שִׁבְעָה. וְכֵן הַמּוֹרֵד עַל אִשְׁתּוֹ מוֹסִיפִין לָהּ עַל כְּתוּבָּתָהּ שְׁלֹשָׁה דִינָרִין בְּשַׁבָּת, לָמָּה שְׁלֹשָׁה, כְּנֶגֶד שְׁלֹשָׁה דְּבָרִים שֶׁהוּא מִתְחַיֵּיב לָהּ, שְׁאֵר כְּסוּת וְעוֹנָה, לְפִיכָךְ שְׁלֹשָׁה. אֱמוֹר שֶׁהִכְנִיסָה לוֹ עֲבָדִים וּשְׁפָחוֹת אֵינָהּ מִתְחַיֶּיבֶת לוֹ כְּלוּם, אֱמוֹר שֶׁלֹּא נָתַן לָהּ לֹא שְׁאֵר לֹא עוֹנָה לֹא כְּסוּת אֵינוֹ מִתְחַיֵּיב לָהּ כְּלוּם. אָמַר רַבִּי יוֹחָנָן: יטצַעֲרוֹ שֶׁל אִישׁ מְרוּבֶּה מִצַּעֲרָהּ שֶׁל אִשָּׁה, הָדָא הוּא דִכְתִיב (שופטים טז, טז) "וַיְהִי כִּי הֵצִיקָה לּוֹ בִדְבָרֶיהָ כָּל הַיָּמִים וַתְּאַלְצֵהוּ" כשֶׁהָיְתָה שׁוֹמֶטֶת עַצְמָהּ מִתַּחְתָּיו, "וַתִּקְצַר נַפְשׁוֹ לָמוּת", אֲבָל הִיא לֹא קָצְרָה נַפְשָׁהּ שֶׁהָיְתָה עוֹשָׂה צְרָכֶיהָ מִמָּקוֹם אַחֵר:

יג [כ, יז] "וַיִּתְפַּלֵּל אַבְרָהָם אֶל הָאֱלֹהִים". אָמַר רַבִּי חָמָא בַּר רַבִּי חֲנִינָא: מִתְּחִלַּת הַסֵּפֶר וְעַד כָּאן לֹא נֶאֱמַר בַּלָּשׁוֹן° הַזֶּה, כֵּיוָן שֶׁהִתְפַּלֵּל אָבִינוּ אַבְרָהָם הוּתַּר הַקֶּשֶׁר הַזֶּה. [כ, יח] "כִּי עָצֹר עָצַר", כאנֶאֱמַר° עֲצִירָה בַּפֶּה עֲצִירָה בַּגָּרוֹן עֲצִירָה בָּאוֹזֶן, עֲצִירָה מִלְמַעְלָה, עֲצִירָה מִלְּמַטָּה, וְהַכֹּל אוֹמְרִים עַל דְּבַר שָׂרָה אֵשֶׁת אַבְרָם. כבאָמַר רַבִּי בֶּרֶכְיָה: עָלוּ° דְּטוּלְמוּסִין לְמִקְרַב לְמַסָּאנָא דְּמַטְרוֹנָה.

עץ יוסף

דתנן המורדת כו'. מההכרח להעתיק לשון הירוש'. המורדת על בעלה פוחתין לה מכתובתה ז' דינרין כו' וכן המורד על אשתו מוסיף לה על כתובת' ג' דינרין. גמרא. הכא את אמר ז' והכא את אומר ג'. אמר ר"י ב"ח הוא ע"י שהיא חייבת לו שבע הוא פוחת ממנה ז' והיא ע"י שהוא חייב לה ג' מוסיף לה ג'. ופריך הגע עצמך שהכניסה לו עבדים (פי' תעלה בדעתך אם היה כן) הרי אינה חייבת לו כלום. הגע עצמך שהתנה עמה לא שאר ולא כסות ולא עונה הרי הוא אינו חייב לה כלום. מאי כדון (מאי טעמא הכא ז' והכא ג') ומשני כי הא דא"ר יוחנן לערו של איש יותר מרובה משל אשה (כלו' מורדת מתשמיש קאמר וה"ט. דכה פוחתין לה ז' וכו מוסיפין ג' מפני שלערו של איש מרובה יותר משל אשה) הה"ד ויהי כי הציקה כו' עכ"ל הירושלמי. ומעתה נקל על המעיין לתקן במדרש שלפנינו ולהשוותם יחד: (יג) [יד] **לא נאמר בלשון הזה.** פירש"י שיהא אדם מתפלל על אחרים והרד"ל פי' לא התפלל אדם ונענה לבטל הגזירה עד אברהם שפתח הקשר הזה. ולכן פותחת תפלת י"ח במגן אברהם שממנו נפתחו שערי רחמים לשמוע תפלה: **עצירה בפה כו'.** שכל נקביהם נסתם הפה מלדבר הגרון מלאכול העין מלראות האוזן מלשמוע מלמעלה ולמטה קטנים וגדולים (רש"י) או פי' עצירה בפה מרוק וקיא. ועצירה מלמעלה פירושו מלאכול (יפ"ת): **אמר רבי ברכיה כו'.** עד סוף הפ' מבואר לעיל פ' מ"א סי' ב' ע"ש:

פירוש מהרז"ו

וכו'. ועי' ירושלמי כתובות פרק ה' ה"ח. (וכן מצאתי ביד"מ בשם אב"א) וזהו ואת כל שנתן לה אבימלך ופיתה אותה עם כ"ז ונוכחת נגדו: **לפיכך שבעה.** לפיכך פוחתין לה מכתובתה ז' דינרים: **אמור שהכניסה לו.** קושיא היא ועי' מ"כ. ומ"ש שצערו של איש מרובה על שדרכו של בעל אבדה לחזר אחר אבידתו. ועי' כתובות דף ס"ד: **אבל היא לא קצרה נפשה.** מכאן שצערו יותר גדול. ע' מ"כ גי' הירושלמי וע"ש שדוחה טעם זה: (יג) **בלשון זה.** לשון תפלה לא נאמר עד פרשה זו ויתפלל בעדך. ואח"כ ויתפלל אברהם. ומ"ש הותר הקשר הזה. נראה שדעת המדרש שלשון תפלה הוא מלשון נפתולי אלהים נפתלתי. שפירש רש"י ז"ל שם מלשון עקש ופתלתל. ואונקלוס תרגם שם מל' תפלה בעותי באתחננותי ושניהם אמת. שאלהים עשה את העולם ואת האדם ישר. אך בחטא האדם נעקש היושר ונעשה פתלתול בעולם. והתפלה ליישר העקש ולהסיר הפתלתל וזהו נפתולי אלהים שתחלה נעקשתי ונתפתלתי בהשגחה ואח"כ ע"י התפלה הותר הפתלתל וע"ש זה נקרא תפלה לפי שמסיר הפתלתל וע"ד סירותיו לדשנו. ובכל תבואתי תשרש. וזה ע"פ מדה ט"ז מיוחד במקומו שאלל כי עצור כתוב ויתפלל: **נאמר עצירה.** עי' מ"כ ועי' ב"ק דף נ"ג ב': **והכל אומרים כו'.** לעיל פרשה מ"א סימן ב' ושם מבואר: **דטולמוסין.** ג"ז שם לעיל. ובירושלמי כתובות פרק ז' ה' ג' על דטלמסין למגע למסאנה דמטרונה

חידושי הרד"ל

דתנן כו'. שהמורדת על בעלה נותנת לבעלה עבור צערו שבעה דינרין בשבוע. ואני הנה כבר נתתי לאחיך אלף כסף שזה די לו על כל צערו שהיה לו כבר הוכחתי ונענשתי (אני שגרמתי לו צער זה):

(טז) **אבל היא לא קצרה נפשה.** שצערו מרובה משלה:

(יז) [יג] **לא נאמר בלשון זה.** לשון תפלה. וי"ל לא התפלל אדם ונענה לבטל הגזרה עד אברהם שפתח הפתח הזה ולכן פותחת תפלת י"ח במגן אברהם. שממנו נפתחו שערי חסד לשמוע תפלה. וז"ש דניאל בתפלתו למען אברהם שקראך אדון כמ"ש בברכות ז':

(יח) **והכל אומרים על דבר שרה אשת אברם** מפרש בפסיקתא כדי לנקות את שרה כו' שהיו אומרים בני ביתו ומה אנו שהיינו חוץ ממנה כך לקינו אותו שהיתה ישנה אצלו במטה מה נעשה בו כי עצר וגו' על דבר שרי אשת אברהם:

חידושי הרש"ש

[יג] **והכל אומרים על דבר שרה אשת אברהם.** כצ"ל וכן לקמן:

מסורת המדרש

יז כתובות ס"ג. ירושלמי כתובות פרק ה' הלכה ח':
יח כתובות נ"ט:
יט שם ס"ד. ירושלמי כתובות פ' ה':
כ סוטה ט'. ילקוט שופטים רמז ?:
כא בבא קמא דף נ"ג. פסיקתא רבתי פ' מ"ב:
כב לעיל פ' מ"א. תנחומא סדר לך לך סימן ה'. ילקוט סדר לך לך רמז ס"ט:

אם למקרא

וַיְהִי כִּי־הֵצִיקָה לּוֹ בִדְבָרֶיהָ כָּל־הַיָּמִים וַתְּאַלְצֵהוּ וַתִּקְצַר נַפְשׁוֹ לָמוּת: (שופטים טז:טז)

רש"י

כלומר מפני מה אין לה כסות והלא האיש מצווה לעשות לאשתו ג' דברים שארה כסותה ועונתה: **צערו של איש מרובה משל אשה.** אם מורדת עליו בתשמיש: **שהיתה נשמטת מתחתיו.** בשעת גמר ביאה ומניין שצערו של איש מרובה משל צערה דכתיב ותקצר נפשו ולא נפשה: (יג) **אמר רבי חמא ברבי חנינא.** מתחלת הספר ועד כאן לא נאמר בלשון הזה. שיהא אדם מתפלל על אחרים: (יד) **כי עצור עצר ה'.** עצירה בכל דבר עצירה בפה מלדבר עצירה בגרון מלאכול עצירה בעין מלראות עצירה באזן משמוע עצירה מלמעלה קטנים עצירה מלמטה גדולים: **ור' ברכיה אמר** למה לקו בני ביתו לפי שהיו ממרין זה אומר נראה היכול אבימלך ליקרב למנעלה של שרה כדרך שכתב בפרעה שבשעה שבא לשלוף מנעלה באת עליו צרעת ואף איפרכין שלו לכך

מתנות כהונה

[**ה"ג לפיכך שלשה**]: ה"ג בירושלמי דפרק אע"פ ועל המעיין ליישב היא ע"י שנתחייבה לו ז' הוא פוחת ממנה ז' הוא ע"י שהוא חייב לה ג' מוסיף לה ג' הגע עצמך שהכניסה לו עבדים הרי אינה חייבת כלום הגע עצמך שהתנה עמה שאין לה עליו שאר כסות ועונה הרי אינו חייב לה כלום מאי כדון כדא"ר יוחנן צערו של איש וכו' מאי כדון כלומר [היאך לו בדברים גרסי']: למה כשהוא מורדת עליו מן התשמיש פוחתין לה שבעה וכשהוא מורד עליה אינו מוסיף לה כי אם שלשה ומשני כשהוא מונע ממנה התשמיש אין לה כ"כ צער כמו שיש לו כשהיא מונעת ממנו: **ה"ג בירושלמי** והיא לא קצרה נפשה וי"א כו': [יג] **לא נאמר בלשון הזה** פירש"י שיהא אדם מתפלל על אחרים: ה"ג [וכן מוכח בפירש"י ז"ל] **עצור עצירה בפה וכו'.** בפה מלדבר. בגרון מלאכול. בעין מלראות. באוזן משמוע. מלמעלה קטנים. מלמטה גדולים כ"פ רש"י: **עלו דטולמיסין כו'.** מצאתי בשם רש"י ז"ל טולמסין בלשון יון דוחקין ורבי ברכיה נתן טעם למה לקו בני ביתו ואמר על שאמרו זה את זה בפני המלך לאמר נראה היוכל המלך לנגוע במנעלה של

אשד הנחלים

לכעוס על אברהם שלא הלבישה כמוהו וזהו ואת כל ונוכחת שרמז לה שתתווכח עם אברהם בדבר זה וזהו שאמר כבר תוכחתיה דההוא גברי' גבי' שלא קיים לה כסות כדבעי: **דתנן כו' כנגד ג' דברים כו'** וא"כ הוא חייב בכסות: **אמור שהכניסה.** עיין במ"כ פירושו: [יג] **לא נאמר בלשון הזה.** פירש רש"י שלא מצינו שיהא אדם מתפלל על אחרים כי לא ידע אדם עד הנה שתהא תפלת האדם מועלת על אחרים אחר שהוא עצמו אינו כדאי כי גילה הקב"ה בנבואה לאברהם שמועיל תפלת הזולת להשתיק הדין: **עצירה בפה.** כלומר על הכל שייך לשון עצירה שנעצר ונמנע הדבר שהיה עושה פעולתו עד הנה וכאן היו כל העצירות ולכן נכתב כי עצור עצר עצירות הרבה: **והכל אומרים.** דאל"כ ל"ל ע"ד שרי הלא בזה מדבר. אלא ודאי פירושו כי עצר ע"ד שידברו כולם כי זה בעבור שרי ולא יתלו זאת במקרה אחר שראו עצירת הרחם שזהו עונש מדה במדה כדי שלא יוכל לנגוע בה: **עלו דטולמיסן כו'.** עיין במ"כ פירושו. ונ"ל עוד שהוא מליצה

□ כִּי עָצֹר עָצַר – *FOR HASHEM HAD COMPLETELY CLOSED EVERY ORIFICE.*

The Midrash addresses the double expression עָצֹר עָצַר (literally, "closing, He closed," translated here as "completely closed"): עֲצִירָה בַּפֶּה, עֲצִירָה בַּגָּרוֹן, עֲצִירָה בָּאוֹזֶן, עֲצִירָה מִלְמַעְלָה, עֲצִירָה מִלְמַטָּה – This doubled expression alludes to **closing of the mouth,**[130] **closing of the throat,**[131] **closing of the ears,**[132] **closing above,**[133] **and closing below.**[134]

□ [עַל דְּבַר שָׂרָה אֵשֶׁת אַבְרָהָם] – *BECAUSE OF SARAH, THE WIFE OF ABRAHAM.*]

The Midrash explains this phrase:

וְהַכֹּל אוֹמְרִים "עַל דְּבַר שָׂרָה אֵשֶׁת אַבְרָהָם" – **And** when all this "closing" was experienced, **everyone was saying,** "This is ***because of Sarah,*** *who is* ***the wife of Abraham.***"[135]

□ [כִּי עָצֹר עָצַר ה׳ בְּעַד כָּל רֶחֶם לְבֵית אֲבִימֶלֶךְ עַל דְּבַר שָׂרָה אֵשֶׁת אַבְרָהָם] – *FOR HASHEM HAD COMPLETELY CLOSED EVERY ORIFICE OF THE HOUSEHOLD OF ABIMELECH, BECAUSE OF SARAH, THE WIFE OF ABRAHAM.*]

Why should the people of Abimelech's household be stricken for his actions? The Midrash notes that the plague was indeed well-deserved:

אָמַר רַבִּי בֶּרֶכְיָה – **R' Berechyah said:** עָלוּ דְטוֹלְמוּסִין לְמִקְרַב לְמִסָאנָא דְמַטְרוֹנָה – It was **because they instigated** Abimelech **to "touch the shoe" of the noblewoman.**[136]

NOTES

130. Speech was blocked (*Rashi*). Alternatively, saliva was not produced (*Yefeh To'ar*).

131. Eating was blocked (*Rashi*). Alternatively, speech was blocked (*Yefeh To'ar*). [Another version of our Midrash (see *Rashi* here, *Ramban* on this verse, etc.) adds here "closing of the eyes," referring to the cessation of sight (*Rashi*) or a blockage of the tear ducts (*Yefeh To'ar*).]

132. Hearing was blocked (*Rashi*).

133. The ability to urinate was blocked (ibid.). Alternatively, this means that eating was blocked (*Yefeh To'ar*).

134. The ability to defecate was blocked (*Rashi, Yefeh To'ar*).

135. If this phrase (*because of Sarah* . . .) were just the Torah's words, informing us why Pharaoh and his house were stricken, it would not have said "Sarah, *the wife of Abram,*" for we, the readers of the Torah, are well aware that Sarah was married to Abram. Rather, the Midrash teaches, these words were spoken by those who witnessed the sudden, extraordinary plague: "This must be because of Sarah, who – unbeknownst to us until now – must be Abraham's wife!" (*Yefeh To'ar* above, 41 §2).

136. The members of Abimelech's household urged him to so much as touch the shoe of Sarah, daring him to do so. This is why they too were punished.

This is how this line is interpreted by *Rashi* here. See also *Aruch,* ע׳ דטולמוס. According to this interpretation עַל means "because" and דטולמוס is a verb (from Greek), meaning "to dare."

Another version of this line is עָלוּ טוֹלְמוּסִין לְמִקְרַב לְמִסָאנָא דְמַטְרוֹנָא, which *Rashi* (see also *Kesubos* 17a in *Rashi* ד״ה טורמיסין) explains: "The base people (Abimelech's servants) entered to "touch the noblewoman's shoe" – i.e., they assisted Abimelech in his advances to Sarah. Accordingly, עָלוּ is a verb (meaning "to enter") and טוֹלְמוּסִין is a noun (meaning "base people"). [Several Midrash texts and commentators present various amalgams of these two versions.]

דִּתְנַן [יז]הַמּוֹרֶדֶת עַל בַּעֲלָהּ פּוֹחֲתִין לָהּ מִכְּתוּבָּתָהּ שִׁבְעָה דִּינָרִין בְּשַׁבָּת. וְלָמָּה שִׁבְעָה דִּינָרִין, כְּנֶגֶד [יח]שִׁבְעָה מְלָאכוֹת שֶׁהָאִשָּׁה עוֹשָׂה לְבַעֲלָהּ, טוֹחֶנֶת, וְאוֹפָה, וּמְבַשֶּׁלֶת, וּמְכַבֶּסֶת, וּמֵנִיקָה אֶת בְּנָהּ, וּמַצַּעַת לוֹ אֶת הַמִּטָּה, וְעוֹשָׂה בַּצֶּמֶר, לְפִיכָךְ שִׁבְעָה. וְכֵן הַמּוֹרֵד עַל אִשְׁתּוֹ מוֹסִיפִין לָהּ עַל כְּתוּבָּתָהּ שְׁלֹשָׁה דִּינָרִין בְּשַׁבָּת, לָמָּה שְׁלֹשָׁה, כְּנֶגֶד שְׁלֹשָׁה דְּבָרִים שֶׁהוּא מִתְחַיֵּיב לָהּ, שְׁאֵר כְּסוּת וְעוֹנָה, לְפִיכָךְ שְׁלֹשָׁה. אֱמוֹר שֶׁהִכְנִיסָה לוֹ עֲבָדִים וּשְׁפָחוֹת אֵינָהּ מִתְחַיֶּיבֶת לוֹ כְּלוּם, אֱמוֹר שֶׁלֹּא נָתַן לָהּ לֹא שְׁאֵר לֹא עוֹנָה לֹא כְּסוּת אֵינוֹ מִתְחַיֵּיב לָהּ כְּלוּם. אָמַר רַבִּי יוֹחָנָן: [יט]צַעֲרוֹ שֶׁל אִישׁ מְרוּבֶּה מִצַּעֲרָהּ שֶׁל אִשָּׁה, הָדָא הוּא דִכְתִיב (שופטים טז, טז) "וַיְהִי כִּי הֵצִיקָה לּוֹ בִדְבָרֶיהָ כָּל הַיָּמִים וַתְּאַלְצֵהוּ" [כ]שֶׁהָיְתָה שׁוֹמֶטֶת עַצְמָהּ מִתַּחְתָּיו, "וַתִּקְצַר נַפְשׁוֹ לָמוּת", אֲבָל הִיא לֹא קָצְרָה נַפְשָׁהּ שֶׁהָיְתָה עוֹשָׂה צְרָכֶיהָ מִמָּקוֹם אַחֵר:

יג [כ, יז] "וַיִּתְפַּלֵּל אַבְרָהָם אֶל הָאֱלֹהִים". אָמַר רַבִּי חָמָא בַּר רַבִּי חֲנִינָא: מִתְּחִלַּת הַסֵּפֶר וְעַד כָּאן לֹא נֶאֱמַר בַּלָּשׁוֹן° הַזֶּה, כֵּיוָן שֶׁהִתְפַּלֵּל אָבִינוּ אַבְרָהָם הוּתַּר הַקֶּשֶׁר הַזֶּה. [כ, יח] "כִּי עָצֹר עָצַר", [כא]נֶאֱמַר° עֲצִירָה בַּפֶּה עֲצִירָה בַּגָּרוֹן עֲצִירָה בָּאוֹזֶן, עֲצִירָה מִלְמַעְלָה, עֲצִירָה מִלְּמַטָּה, וְהַכֹּל אוֹמְרִים עַל דְּבַר שָׂרָה אֵשֶׁת אַבְרָם. [כב]אָמַר רַבִּי בֶּרֶכְיָה: עָלוּ° דְּטוֹלְמוּסִין לְמִקְרַב לְמַסָּאנָא דְּמַטְרוֹנָה.

עץ יוסף

דתנן המורדת כו'. מההכרח להעתיק לשון הירוש'. המורדת על בעלה פותחין לה מכתובתה ז' דינרין כו' וכן המורד על אשתו מוסיף לה על כתובת' ג' דינרין. גמרא. הכא את אמר ז' והכא את אומר ג'. אמר ר"י ב"ח הוא ע"י שהיא חייבת לו שבע הוא פוחת ממנה ז' והיא ע"י שהוא חייב לה ג' מוסיף לה ג'. ופריך הגע עצמך שהכניסה לו עבדים (פי' תעלה בדעתך אם היה כן) הרי אינה חייבת לו כלום. הגע עצמך שהתנה עמה לא שאר ולא כסות ולא עונה הרי הוא אינו חייב לה כלום. מאי כדון (מאי טעמא הכא ז' והכא ג') ומשני כי הא דא"ר יוחנן צערו של איש יותר מרובה משל אשה (כלו' מורדת מתשמיש קאמר וה"ט. דבה פותחין לה ז' ובו מוסיפין ג' מפני שצערו של איש מרובה יותר משל אשה) הה"ד ויהי כי הציקה כו' עכ"ל הירושלמי. ומעתה נקל על המעיין לתקן במדרש שלפנינו ולהשוותם יחד: (יג) [יד] **לא נאמר בלשון הזה.** פירש"י שיהא אדם מתפלל על אחרים והרד"ל פי' לא התפלל אדם ונענה לבטל הגזירה עד אברהם שפתח הקשר הזה. ולכן פותחת תפלת י"ח במגן אברהם שממנו נפתחו שערי רחמים לשמוע תפלה: **עצירה בפה כו'.** שכל נקביהם נסתם הפה מלדבר הגרון מלאכול העין מלראות האוזן מלשמוע מלמעלה ולמטה קטנים וגדולים (רש"י) או פי' עצירה בפה מרוק וקיא. ועצירה מלמעלה פירושו מלאכול (יפ"ת): **אמר רבי ברכיה כו'.** עד סוף הפ' מבואר לעיל פ' מ"א סי' ב' ע"ש:

פירוש מהרז"ו

וכו'. וע' ירושלמי כתובות פרק ה' ה"ח. (וכן מצאתי ביד"מ בשם אב"א) וזהו ואת כל שנתן לה אבימלך ופיתה אותה עם כ"ז ונוכחת נגדו: **לפיכך שבעה.** לפיכך פותחין לה מכתובתה ז' דינרים: **אמור שהכניסה לו.** קושיא היא וע' מ"כ. ומ"ש שצערו של איש מרובה על שדרכו של בעל אבדה לחזר אחר אבידתו. וע' כתובות דף ס"ד: **אבל היא לא קצרה נפשה.** מכאן שצערו יותר גדול. ע' מ"כ ג' הירושלמי וע"ש שדוחה טעם זה: (יג) **בלשון זה.** לשון תפלה לא נאמר עד פרשה זו ויתפלל בעדך. ואח"כ ויתפלל אברהם. ומ"ש הותר הקשר הזה. נראה שדעת המדרש שלשון תפלה הוא מלשון נפתולי אלהים נפתלתי. שפירש רש"י ז"ל שם מלשון עקש ופתלתל. ואונקלוס תרגם שם מל' תפלה בעותי באתחננותי ושניהם אמת. שאלהים עשה את העולם ואת האדם ישר. אך בחטא האדם נעקש היושר ונעשה פתלתול בעולם. והתפלה לישר העקש ולהסיר הפתלתל וזהו נפתולי אלהים שתחלה נעקשתי ונתפתלתי בהשגחה ואח"כ ע"י התפלה הותר הפתלתל וע"ש זה נקרא תפלה לפי שמסיר הפתלתל וע"ד סירותיו לדשנו. ובכל תבואתי תשרש. וזה ע"פ מדה ט"ז מיוחד במקומו שאלל כי עצור כתוב ויתפלל: **נאמר עצירה.** עי' מ"כ וער' ב"ק דף צ"ג ב': **והכל אומרים כו'.** לעיל פרשה מ"א סימן ב' ושם מבואר: **דטולמוסין.** ג"ז שם לעיל. ובירושלמי כתובות פרק ז' ה' ג' על דטלמסין למגע למסאנה דמטרונה

חידושי הרד"ל

דתנן כו'. שהמורדת על בעלה נותנת לבעלה עבור צערו שבעה דינרין בשבוע. ואני הנה כבר נתתי לאחיך אלף כסף שזה די לו על כל צערו שהיה לו כבר הוכחתי ונענשתי (אני שגרמתי לו צער זה): (טז) **אבל היא לא קצרה נפשה.** שצערו מרובה משלה: (יז) [יג] **לא נאמר בלשון זה.** לשון תפלה. וי"ל לא התפלל אדם ונענה לבטל הגזרה עד אברהם שפתח הפתח הזה ולכן פותחת תפלת י"ח במגן אברהם. שממנו נפתחו שערי חסד לשמוע תפלה. וז"ש דניאל בתפלתו למען אברהם שקראך אדון כמ"ש בברכות ו'): (יח) **והכל אומרים על דבר שרה אשת אברם** מפרש בפסיקתא כדי לנקות את שרה כו' שהיו אומרים בני ביתו ומה אנו שהיינו חוץ ממנה כך לקינו אותו שהיתה ישנה אצלו במטה מה נעשה בו כי עצר וגו' על דבר שרי אשת אברהם:

חידושי הרש"ש

[יג] **והכל אומרים על דבר שרה אשת אברהם.** כצ"ל וכן לקמן:

מסורת המדרש

יז כתובות ס"ג. ירושלמי כתובות פרק ה' הלכה ח': **יח** כתובות נ"ט: **יט** שם ס"ד. ירושלמי כתובות פ' ה': **כ** סוטה ט'. ילקוט שופטים רמז ?: **כא** בבא קמא דף צ"ג. פסיקתא רבתי פ' מ"ב: **כב** לעיל פ' מ"א. תנחומא סדר לך לך סימן ה'. ילקוט סדר לך לך רמז ס"ט:

אם למקרא

וַיְהִי כִּי־הֵצִיקָה לּוֹ בִדְבָרֶיהָ כָּל־הַיָּמִים וַתְּאַלְצֵהוּ וַתִּקְצַר נַפְשׁוֹ לָמוּת: (שופטים טז:טז)

רש"י

כלומר מפני מה אין לה כסות והלא האיש מצווה לעשות לאשתו ג' דברים שארה כסותה ועונתה: **צערו של איש מרובה משל אשה.** אם מורדת עליו בתשמיש: **שהיתה נשמטת מתחתיו.** בשעת גמר ביאה ומניין שצערו של איש מרובה משל נערה דכתיב ותקצר נפשו ולא נפשה: (יג) **אמר רבי חמא ברבי חנינא.** מתחלת הספר ועד כאן לא נאמר בלשון הזה. שיהא אדם מתפלל על אחרים: (יד) **כי עצור עצר ה'.** עצירה בכל דבר עצירה בפה מלדבר עצירה בגרון מלאכול עצירה בעין מלראות עצירה באזן משמוע עצירה מלמעלה קטנים עצירה מלמטה גדולים: **ור' ברכיה אמר** למה לקו בני ביתו לפי שהיו ממרין זה אומר נראה היכול אבימלך ליקרב למנעלה של שרה כדרך שכתב בפרעה שבשעה שבא לשלוף מנעלה באת עליו צרעת ואף איפרכין שלו לכך

מתנות כהונה

[ה"ג **לפיכך שלשה**]: ה"ג בירושלמי דפרק אע"פ ועל המעיין ליישב היא ע"י שנתחייבה לו ז' הוא פוחת ממנה ז' הוא ע"י שהוא חייב לה ג' מוסיף לה ג' הגע עצמך שהכניסה לו עבדים הרי אינה חייבת כלום הגע עצמך שהתנה עמה שאין לה עליו שאר כסות ועונה הרי אינו חייב לה כלום מאי כדון כדא"ר יוחנן צערו של איש וכו' מאי כדון כלומר [היאך לו בדברים גרסי']: למה כשהוא מורדת עליו מן התשמיש פוחתין לה שבעה וכשהוא מורד עליה אינו מוסיף לה כי אם שלשה ומשני כשהוא מונע ממנה התשמיש אין לה כ"כ צער כמו שיש לו כשהיא מונעת ממנו: **ה"ג בירושלמי** והיא לא קצרה נפשה וי"א כו': [יג] **לא נאמר בלשון הזה** פירש"י שיהא אדם מתפלל על אחרים: **ה"ג** [וכן מוכח בפירש"י ז"ל] **עצור עצירה בפה וכו'.** בפה מלדבר. בגרון מלאכול. בעין מלראות. באוזן משמוע. מלמעלה קטנים. מלמטה גדולים כ"פ רש"י: **עלו דטולמיסין כו'.** מצאתי בשם רש"י ז"ל טולמסין בלשון יון דוחקין ורבי ברכיה נתן טעם למה לקו בני ביתו ואמר על שהמרו זה את זה בפני המלך לאמר נראה היוכל המלך לנגוע במנעלה של

אשד הנחלים

לכעוס על אברהם שלא הלבישה כמוהו וזהו ואת כל ונוכחת שרמז לה שתתווכח עם אברהם בדבר זה וזהו שאמר כבר תוכחתיה דההוא גברי' גבי' שלא קיים לה כסות כדבעי: **דתנן כו' כנגד ג' דברים כו'** וא"כ הוא חייב בכסות: **אמור שהכניסה.** עיין במ"כ פירושו: [יג] **לא נאמר בלשון הזה.** פירש רש"י שלא מצינו שיהא אדם מתפלל על אחרים כי לא ידע אדם עד הנה שתהא תפלת האדם מועלת על אחרים אחר שהוא עצמו אינו כדאי כי גילה הקב"ה בנבואה לאברהם שמועיל תפלת הזולת להשתיק הדין: **עצירה בפה.** כלומר על הכל שייך לשון עצירה שנעצר ונמנע הדבר שהיה עושה פעולתו עד הנה וכאן היו כל העצירות ולכן נכתב כי עצור עצר עצירות הרבה: **והכל אומרים.** דאל"כ ל"ל ע"ד שרי הלא בזה מדבר. אלא ודאי פירושו כי עצר ע"ד שידברו כולם כי זה בעבור שרי ולא יתלו זאת במקרה אחר שראו עצירת הרחם שזהו עונש מדה במדה כדי שלא יוכל לנגוע בה: **עלו דטולמיסן כו'.** עיין במ"כ פירושו. ונ"ל עוד שהוא מליצה

☐ [עַל דְּבַר שָׂרָה אֵשֶׁת אַבְרָהָם — *BECAUSE OF THE MATTER OF SARAH, THE WIFE OF ABRAHAM.*]

The Midrash presents other approaches to these words: כָּל אוֹתָהּ הַלַּיְלָה הָיְתָה שָׂרָה שְׁטוּחָה עַל פָּנֶיהָ — Throughout **that entire night Sarah was prostrate on her face** in prayer, וְאוֹמֶרֶת רִבּוֹן הָעוֹלָמִים, אַבְרָהָם יָצָא בְּהַבְטָחָה וַאֲנִי יָצָאתִי בֶּאֱמוּנָה — **saying, "Master of the Universe! Abraham left** Haran to journey to the Land of Canaan **because of a promise** he received from You;[137] **I, however, left on faith.** אַבְרָהָם חוּץ לַסִּירָה וַאֲנִי נְתוּנָה בַּסִּירָה — And now **Abraham is outside the prison, while I am situated** here **in the prison!"**[138] אָמַר לָהּ הַקָּדוֹשׁ בָּרוּךְ הוּא כָּל מַה שֶּׁאֲנִי עוֹשֶׂה בִּשְׁבִילֵךְ אֲנִי עוֹשֶׂה — **The Holy One, blessed is He, responded to her, "All that I am doing** now **I am doing for your sake!** וְהַכֹּל אוֹמְרִין ״עַל דְּבַר שָׂרָה אֵשֶׁת אַבְרָהָם״ — **And everyone will say, '*It is because of the word of Sarah, the wife of Abraham!*' "**[139]

כָּל אוֹתָהּ הַלַּיְלָה הָיָה מַלְאָךְ עוֹמֵד וּמַגְלֵב בְּיָדוֹ וְהָיָה מִתְיָעֵץ בְּשָׂרָה — אָמַר רַבִּי לֵוִי — **R' Levi said: That whole night an angel was standing** there **with a whip in his hand and consulting with Sarah;** אִם אָמְרָה לֵיהּ מְחֵי מָחֵי, וְאִם אָמְרָה לֵיהּ שְׁבוֹק הֲוָה שָׁבֵיק — **if she said to him, "Strike," he struck, and if she said to him, "Leave** him be," **he would leave** him **be.** כָּל כָּךְ לָמָּה — And **why** was **so much** punishment called for?[140] שֶׁהָיְתָה אוֹמֶרֶת לוֹ אֵשֶׁת אִישׁ אֲנִי וְלֹא הָיָה פּוֹרֵשׁ — **Because [Sarah] was** constantly **saying to [Abimelech], "I am a married woman!"**[141] **but he did not desist** from making advances toward her.[142]

The Midrash compares the punishment visited upon Abimelech with that visited upon Pharaoh, as described above, Ch. 12: רַבִּי אֶלְעָזָר תָּנֵי לָהּ מִשּׁוּם רַבִּי אֱלִיעֶזֶר — **R' Elazar taught this in the name of R' Eliezer:** שָׁמַעְנוּ בְּפַרְעֹה שֶׁלָּקָה בְּצָרַעַת וַאֲבִימֶלֶךְ שֶׁלָּקָה בְּעִיצוּר — **We know**[143] **regarding Pharaoh that he was stricken with *tzaraas***[144] for taking Sarah in a similar incident (above, 12:17), **and** regarding **Abimelech** that he was stricken **with "closing** of orifices" for the same misdeed. מִנַּיִן שֶׁהַכֹּל לָקוּ בָּזֶה וּבָזֶה — **From where** can it be learned **that both** Pharaoh and Abimelech **were** in fact **stricken with** *both* **this** affliction (leprosy) **and that** affliction (stoppage)? תַּלְמוּד לוֹמַר ״עַל דְּבַר שָׂרָה אֵשֶׁת אַבְרָהָם״ — To teach us this **Scripture states,** ***because of the matter of Sarah, the wife of Abraham;*** גְּזֵירָה שָׁוָה — the use of the identical expression "because of the matter of" both here and there indicates **a *gezeirah shavah.***[145]

NOTES

137. See above, vv. 12:1-3.

138. I had faith that I would be protected by virtue of the promise You made to Abraham, and now I have ended up in captivity while he is free!

[Our translation of סִירָה as "prison" follows *Matnos Kehunah* (on 41 §2); see also *Eitz Yosef* (ibid.) Cf. *Rashi* (ibid.), who renders סירה as "thorn" (i.e., misfortune).]

139. Everyone will be made aware that Abimelech did not violate you, but on the contrary was stricken because of your prayers (*Yefeh To'ar*). According to this interpretation, the words עַל דְּבַר שָׂרָה do not mean *"because of the matter" of Sarah*, but *"by the word* (i.e., prayer) *of Sarah"* (ibid.).

140. After all, Abimelech was relying on Abraham's and Sarah's claim that she was not married to him; why, then, did he deserve such punishment? (*Matnos Kehunah* ibid.).

141. This is derived from the apparently superfluous words *the word of Sarah, "the wife of Abraham."* (Cf. above, at note 135.)

142. According to this interpretation the words עַל דְּבַר שָׂרָה mean *"because of the word* (i.e., the protestations) *of Sarah"* (*Yefeh To'ar*).

143. Lit., *we have heard.*

144. Generally translated as "leprosy." (See Midrash above, 41 §2.)

145. A hermeneutical principle that an identical (or similar) word or phrase in two passages indicates a comparison between the two contexts – in this case, between the Pharaoh incident and the Abimelech incident.

כָּל אוֹתָהּ הַלַּיְלָה הָיְתָה שָׂרָה שְׁטוּחָה עַל פָּנֶיהָ וְאוֹמֶרֶת: רִבּוֹן הָעוֹלָמִים, אַבְרָהָם יָצָא בְּהַבְטָחָה וַאֲנִי יָצָאתִי בֶּאֱמוּנָה, אַבְרָהָם חוּץ לַסִּירָה וַאֲנִי נְתוּנָה בַּסִּירָה. אָמַר לָהּ הַקָּדוֹשׁ בָּרוּךְ הוּא" כָּל מַה שֶּׁאֲנִי עוֹשֶׂה בִּשְׁבִילֵךְ אֲנִי עוֹשֶׂה וְהַכֹּל אוֹמְרִין: "עַל דְּבַר שָׂרָה אֵשֶׁת אַבְרָהָם:, אָמַר רַבִּי לֵוִי: כָּל אוֹתָהּ הַלַּיְלָה הָיָה מַלְאָךְ עוֹמֵד וּמַגְלֵב בְּיָדוֹ וְהָיָה מִתְיָעֵץ בְּשָׂרָה, אִם אָמְרָה לֵיהּ מְחֵי מָחֵי, וְאִם אָמְרָה לֵיהּ שְׁבוֹק הֲוָה שָׁבֵיק. כָּל כָּךְ לָמָּה, שֶׁהָיְתָה אוֹמֶרֶת לוֹ אֵשֶׁת אִישׁ אֲנִי וְלֹא הָיָה פּוֹרֵשׁ. רַבִּי אֶלְעָזָר תָּנֵי לָהּ מִשּׁוּם רַבִּי אֱלִיעֶזֶר: שָׁמַעְנוּ בְּפַרְעֹה שֶׁלָּקָה בְּצָרַעַת וַאֲבִימֶלֶךְ שֶׁלָּקָה בְּעִיצּוּר, מִנַּיִן שֶׁהַכֹּל לָקוּ בָּזֶה וּבָזֶה, תַּלְמוּד לוֹמַר "עַל דְּבַר שָׂרָה אֵשֶׁת אַבְרָהָם", גְּזֵירָה שָׁוָה:

ופי' בטל פני משה דטלמין מלשון טלמין יתיה איש מוכה ומנוגע. ועל. פירושו נכנס. כך איך יגע אבימלך בכל אשר לשרה המטרונה. וזהו על דבר שרי וכו': **כל אותו הלילה.** לעיל שם מבואר בס"ד:

רש"י

לקו עמו והוא שכתוב כאן עצירה מלמעלה ועצירה מלמטה וסמוך לו אמר רבי ברכיה עלו דטולמוסין למקרב למסאנא דמטרונה על שדוחקין באבימלך ואומרים לו הנראה עכשיו אם אתה יכול ליגע בשרה אירע להם שלקו עמו כל אנשי ביתו שהיו אומרים כך דטולמוסין בלשון יון דוחקין:

מתנות כהונה

שרה כדאמרינן גבי פרעה בשעה שבא לשלוף מנעלה פרחה עליו צרעת ועל שדחקו את המלך בדברים אלו לקו אבל בפ"ב דכתובות הביא רש"י ז"ל גירסת הספר טורמיסין ופירש בו אנשים רקים כמו שכתבתי לעיל בפר' מ"א בשם הערוך: **ה"ג מחי** הוה מחי וכל זה כפול לעיל פ' מ"א:

אשד הנחלים

הרמוזה בכתוב כי עצר גו' ע"ד שרי שהיא אשת אברהם אשת גדולת המעלה מאוד ואיך יתכן שאנשים ריקים כמוהם יקרבו לגבה ואחז במסאנה אולי הוא מנעל שחוגרות ה(א)נשים בסינר כדי שלא יאנסו בני אדם אותן וכן לדעתי פירושו מה שאמרו גבי פרעה בשעה שבא לשלוף מנעלה: **ואם אמרה לו שביק הוה שביק.** כלומר אלולי ח"ו נתפתתה אצלו אז המלאך לא עזרה עוד ולכן הי' שואל אותה אם רוצה שיכה אותו וימנע אותו ממנה: **כל כך.** הלא לא ידע שהיא אשת איש. ומפרש שהיתה אומרת לו ולא שמע: **ג"ש.** כיון שעל דבר זה לקה א"כ ממילא גם בפרעה היה העונש הזה. אחר שמעשה שניהם שוים א"כ העונש שהוא מדה במדה ג"כ שוה:

Chapter 53

וַה׳ פָּקַד אֶת שָׂרָה כַּאֲשֶׁר אָמָר וַיַּעַשׂ ה׳ לְשָׂרָה כַּאֲשֶׁר דִּבֵּר.
HASHEM had remembered Sarah as he had said; and HASHEM did for Sarah as He had spoken (21:1).

§1 וַה׳ פָּקַד אֶת שָׂרָה כַּאֲשֶׁר אָמָר — ***HASHEM HAD REMEMBERED SARAH AS HE HAD SAID.***

The Midrash relates a verse in *Ezekiel* to the events described in our Torah portion:

זֶהוּ שֶׁאָמַר הַכָּתוּב ״וְיָדְעוּ כָּל עֲצֵי הַשָּׂדֶה כִּי אֲנִי ה׳ הִשְׁפַּלְתִּי עֵץ גָּבֹהַּ הִגְבַּהְתִּי עֵץ שָׁפָל״ — **This is what the verse states:** ***And all the trees of the field will know that I, HASHEM, have lowered a high tree and have raised a low tree;*** *I have dried up a moist tree and made blossom a dry tree* (*Ezekiel* 17:24). אָמַר רַבִּי יוּדָן — **R' Yudan said** with respect to the end of the above-cited verse: לָא כְּדֵין דְּאָמְרִין וְלָא עָבְדִין — God is **not like [people] who say** they will do things, **but do not do** as they said they would;[1] אֶלָּא ״אֲנִי ה׳ דִּבַּרְתִּי וְעָשִׂיתִי״ — **rather,** as the verse in *Ezekiel* concludes, ***I am HASHEM; I have spoken and I shall carry it out.*** אָמַר רַבִּי בֶּרֶכְיָה ״אֲנִי ה׳ דִּבַּרְתִּי וְעָשִׂיתִי״ — **R' Berechyah said:** ***I am HASHEM; I have spoken and I shall carry it out*** — וְהֵיכָן דִּבֵּר — **and** ***where*** **did [God] speak** and make a promise that He would ultimately *carry out?*[2] ״לַמּוֹעֵד אָשׁוּב אֵלֶיךָ ... וּלְשָׂרָה בֵן״ — In the verse which states, ***At the appointed time I will return to you . . . and Sarah will have a son*** (above, 18:14);[3] וְעָשָׂה — **and [God] did** indeed carry out that promise.[4]

The Midrash will now explain how each of the earlier segments of the above verse in *Ezekiel* hints to another detail in the episode of Abraham, Sarah, and Abimelech, and the subsequent birth of Isaac:[5]

״וְיָדְעוּ כָּל עֲצֵי הַשָּׂדֶה״ אֵלּוּ הַבְּרִיּוֹת — ***And all the "trees of the field" will know*** — **[the *trees*] are** a reference to **people,** הֵיךְ מָה דְּאַתְּ אָמַר ״כִּי הָאָדָם עֵץ הַשָּׂדֶה״ — **as it is stated,** ***for a man is a tree of the field*** (*Deuteronomy* 20:19).[6] ״כִּי אֲנִי ה׳ הִשְׁפַּלְתִּי עֵץ גָּבֹהַּ״ — ***That I, HASHEM, have lowered a high tree*** — זֶה אֲבִימֶלֶךְ — **[*a high tree*] is** a reference to ***Abimelech.*** ״הִגְבַּהְתִּי עֵץ שָׁפָל״ — ***[I] have raised a low tree*** — זֶה אַבְרָהָם — **[*a low tree*] is** a reference to ***Abraham.***[7] ״הוֹבַשְׁתִּי עֵץ לַח״ — ***I have dried up a moist tree*** — אֵלּוּ נְשֵׁי אֲבִימֶלֶךְ — **[*a moist tree*] is a** reference to **the wives of** ***Abimelech,*** דִּכְתִיב ״כִּי עָצֹר עָצַר ה׳״ — **as it is written,** ***For HASHEM had completely restrained*** *every orifice of the household of Abimelech* (above, 20:18).[8] ״הִפְרַחְתִּי עֵץ יָבֵשׁ״ — ***I made blossom a dry tree*** — זוֹ שָׂרָה — **[*a dry tree*] is** a reference to ***Sarah.***[9]

The Midrash concludes by reiterating its understanding of the end of the *Ezekiel* verse:

״אֲנִי ה׳ דִּבַּרְתִּי״ הֵיכָן דִּבֵּר — ***I am HASHEM; I have spoken*** — **where did [God] speak?** ״לַמּוֹעֵד אָשׁוּב אֵלֶיךָ״ — In the verse that states, ***At the appointed time I will return to you . . . and Sarah will have a son*** (above, 18:14); ״וְעָשִׂיתִי״ הָדָא הוּא דִּכְתִיב ״וַיַּעַשׂ ה׳ לְשָׂרָה כַּאֲשֶׁר דִּבֵּר״ — ***and I shall carry it out*** — where do we see that God indeed carried out His promise? **This is what is written** here, ***and [HASHEM] did for Sarah as He had spoken.*** *Sarah conceived and bore a son unto Abraham.*

§2 The Midrash continues to discuss the guarantee that God made to Abraham and Sarah regarding the birth of their child. It begins by explaining a verse in *Job*:

״הַאֱנוֹשׁ מֵאֱלוֹהַּ יִצְדָּק אִם מֵעֹשֵׂהוּ יִטְהַר גָּבֶר״ — The verse states: ***Can a mortal man be more righteous than God? Can a man be purer than his maker?*** (*Job* 4:17). וְכִי אֶפְשָׁר לְאָדָם לִהְיוֹת צַדִּיק יוֹתֵר מִבּוֹרְאוֹ — The first half of this verse states הַאֱנוֹשׁ מֵאֱלוֹהַּ יִצְדָּק, which means: **Is it possible for a man to be a more righteous being than his Creator?**[10] ״אִם מֵעֹשֵׂהוּ יִטְהַר גָּבֶר״ וְכִי אֶפְשָׁר לְאָדָם לִהְיוֹת טָהוֹר יוֹתֵר מִבּוֹרְאוֹ — The second half of this verse states ״אִם מֵעֹשֵׂהוּ יִטְהַר גָּבֶר״, which means: **Is it possible for a man to be more pure than his Creator?**[11]

The Midrash now brings the story of a human being's guarantee that was fulfilled, and applies the above idea from *Job* to draw a conclusion about God's guarantee to Abraham and Sarah:

מָה אֱלִישָׁע אוֹמֵר לַשּׁוּנַמִּית — **What did Elisha say to the Shunnamite woman?** ״לַמּוֹעֵד הַזֶּה כָּעֵת חַיָּה אַתְּ חֹבֶקֶת בֵּן״ — ***"At this season next year you will be embracing a son"*** (*II Kings* 4:16). אָמְרָה לוֹ: ״אַל אֲדֹנִי אִישׁ הָאֱלֹהִים אַל תְּכַזֵּב בְּשִׁפְחָתֶךָ״ — ***[The Shunnamite woman] said to [Elisha], "Do not, my master, O man of God, do not disappoint your maidservant!"*** (ibid.).

NOTES

1. When a human being commits himself to do something there is no assurance that it will be done. He may find himself unable to fulfill his commitment, or he may be able to fulfill it but choose not to. God, on the other hand, is certainly able to fulfill any commitment, and will certainly do what He has promised (*Matnos Kehunah, Eitz Yosef*).

2. Whenever Scripture quotes God as having said דִּבַּרְתִּי, *I have spoken*, that speech has been recorded elsewhere in Scripture (*Maharzu*, based on *Mechilta, Bo, Parashah* 12).

3. [Although earlier verses record God's guarantee that Sarah will give birth, the Midrash quotes 18:14 because God's promise recorded in this verse was indeed the function of an act of *speaking*, as stated explicitly in 21:2 below. (See alternative explanations in *Yefeh To'ar* and *Maharzu*.)]

4. As stated in 21:1-2 below (cited by the Midrash at the end of this section).

5. Just as R' Berechyah, just cited, understands the *end* of the verse as hinting to Sarah's giving birth to Isaac. (It is somewhat puzzling that our Midrash expounds first the end of the verse and only then the earlier segments. In the parallel version of our Midrash in *Yalkut Shimoni, Vayeira* §91, the verse is indeed expounded in order.)

6. *Trees* cannot *know*. The verse, which attributes knowledge to *trees*, must be using the term to refer to people, for which a precedent appears in the Torah (*Maharzu*).

7. Abimelech, the King of *Gerar,* is likened to a *tall tree*, while Abraham, who was a stranger in that land, is described as a *low tree*. Abimelech was forced to present Abraham with a gift together with his request that Abraham pray for him, and later on was humbled to the extent that he asked Abraham to enter into a covenant with him that would bind future generations as well (see below, 21:23). [In this way *the tall tree* was *lowered* while *the low tree* was *raised*] (*Eitz Yosef*).

8. The wives of Abimelech are described as having been *moist* when they were capable of bearing children. They *dried up* when Hashem *completely restrained* their orifices (*Eitz Yosef*).

9. Sarah was *dry*, i.e., unable to procreate. She *blossomed* when she bore a holy child (*Eitz Yosef*).

Thus: The verse in *Ezekiel* began by exhorting human beings to learn (*know*) — that is to learn moral lessons (*mussar*). It then specified: They are to learn to realize that Hashem controls people's destiny, raising and lowering them, as indicated in the allusions found in the continuation of the verse (*Eshed HaNechalim*).

10. Any righteousness or uprightness that a human being possesses has been endowed to him by the Creator. How, then, can a man be more righteous than God? (*Eitz Yosef, from Nezer HaKodesh*).

11. It is axiomatic that a creation cannot possess more of a virtue than is possessed by its creator (ibid.).

The first half of the verse (which speaks of being *righteous*) refers to a person's dealings with his fellow man, while the second half (which speaks of being *pure*) refers to his fulfillment of the laws between man and God (*Tiferes Tzion*).

פרשה נג

א [כא, א] **"וַה' פָּקַד אֶת שָׂרָה כַּאֲשֶׁר אָמָר". °זֶה שֶׁאָמַר הַכָּתוּב** (יחזקאל יז, כד) **"וְיָדְעוּ כָּל עֲצֵי הַשָּׂדֶה כִּי אֲנִי ה' הִשְׁפַּלְתִּי עֵץ גָּבֹהַ הִגְבַּהְתִּי עֵץ שָׁפָל", [א]אָמַר רַבִּי יוּדָן: לָא כְדֵין דְּאָמְרִין וְלָא עָבְדִין, אֶלָּא "אֲנִי ה' דִּבַּרְתִּי וְעָשִׂיתִי". אָמַר רַבִּי בֶּרֶכְיָה: "אֲנִי ה' דִּבַּרְתִּי וְעָשִׂיתִי", וְהֵיכָן דִּבֵּר** (בראשית יח, יד) **"לַמּוֹעֵד אָשׁוּב אֵלֶיךָ וּלְשָׂרָה בֵן"°. "וְיָדְעוּ כָּל עֲצֵי הַשָּׂדֶה", אֵלּוּ הַבְּרִיּוֹת. הֵיךְ מַה דְּאַתְּ אָמַר** (דברים כ, יט) **"כִּי הָאָדָם עֵץ הַשָּׂדֶה. "כִּי אֲנִי ה' הִשְׁפַּלְתִּי עֵץ גָּבֹהַ", זֶה אֲבִימֶלֶךְ, "הִגְבַּהְתִּי עֵץ שָׁפָל", זֶה אַבְרָהָם, "הוֹבַשְׁתִּי עֵץ לָח", אֵלּוּ נְשֵׁי אֲבִימֶלֶךְ, דִּכְתִיב "כִּי עָצֹר עָצַר ה' ", "הִפְרַחְתִּי עֵץ יָבֵשׁ", זוֹ שָׂרָה, "אֲנִי ה' דִּבַּרְתִּי", הֵיכָן דִּבֵּר, "לַמּוֹעֵד אָשׁוּב אֵלֶיךָ", וְעָשִׂיתִי, הָדָא הוּא דִכְתִיב וַיַּעַשׂ ה' לְשָׂרָה כַּאֲשֶׁר דִּבֵּר:**

ב (איוב ד, יז) **"הַאֱנוֹשׁ מֵאֱלוֹהַּ יִצְדָּק אִם מֵעֹשֵׂהוּ יִטְהַר גָּבֶר", [ב]וְכִי אֶפְשָׁר לְאָדָם לִהְיוֹת צַדִּיק יוֹתֵר מִבּוֹרְאוֹ, "אִם מֵעֹשֵׂהוּ יִטְהַר גָּבֶר", וְכִי אֶפְשָׁר לְאָדָם לִהְיוֹת טָהוֹר יוֹתֵר מִבּוֹרְאוֹ, מָה אֱלִישָׁע אוֹמֵר לַשּׁוּנַמִּית** (מלכים ב ד, טז) **"לַמּוֹעֵד הַזֶּה כָּעֵת חַיָּה אַתְּ חֹבֶקֶת בֵּן", אָמְרָה לוֹ:** (שם) **"אַל אֲדֹנִי אִישׁ הָאֱלֹהִים אַל תְּכַזֵּב בְּשִׁפְחָתֶךָ". [ג]אוֹתָן הַמַּלְאָכִים שֶׁבִּשְּׂרוּ אֶת שָׂרָה, כָּךְ אָמְרוּ לָהּ "לַמּוֹעֵד אָשׁוּב אֵלֶיךָ כָּעֵת חַיָּה וּלְשָׂרָה בֵן". אָמַר לָהּ: אוֹתָן הַמַּלְאָכִים הָיוּ יוֹדְעִים שֶׁהֵם חַיִּים וְקַיָּמִים לְעוֹלָם, אָמְרוּ "לַמּוֹעֵד אָשׁוּב אֵלֶיךָ",**

עץ יוסף

נג (א) **וידעו כל עצי השדה כו'.** ה"ג בילקוט וכס"מ זמ"ה וידעו כל עלי השדה כי אני ה' השפלתי עץ גבוה הגבהתי עץ שפל הובשתי עץ לח והפרחתי עץ יבש וידעו כל עלי השדה אלו הבריות המד"א כי האדם עץ השדה. כי אני ה' השפלתי עץ גבוה זה אבימלך. הגבהתי עץ שפל זה אברהם. הובשתי עץ לח אלו נשי אבימלך דכתיב כי עלר עלר ה' וגו'. הפרחתי עץ יבש זו שרה. אני ה' דברתי ועשיתי א"ר יודן לא כדין דאמרין לא עבדין אלא אני ה' דברתי ועשיתי. א"ב אני ה' דברתי ועשיתי והיכן דיבר למועד אשוב אליך ולשרה בן ועשיתי הה"ד ויעש ה' לשרה כאשר דיבר ע"כ. ודריש דקרא רמיז נמי על העבר בענין אבימלך ואברהם כי מעשה העבר היה סימן על העתיד. והוא כי לשעבר השפיל עץ גבוה זה אבימלך הגביה עץ שפל זה אברהם. כי אע"פ שאברהם היה כגר בארלו מ"מ הולרך אבימלך להכנע עלמו לפני אברהם וליתן לו דורון כדי לפייסו שיתפלל עליו. ולבסוף נכנע לפניו ביותר לבקש ממנו כריתות ברית גם לדורות: **הובשתי עץ לח כו'.** שהיו לחים להפרות זרע ושוב יבשו כמ"ש כי עלר עלר ה' בעד כל רחם לבית אבימלך: **והפרחתי עץ יבש זו שרה.** שהיתה יבשה להפריח זרע ובאותו הפרק הופרחה להוליא פרי קדוש כדכתיב בתר הך עובדא וה' פקד את שרה וגו': **דאמרין ולא עבדין.** פי' שאין הקב"ה כב"ו שאומרים ולא עושים מחמת שינוי רלון או מקולר יכולת שכל אלו ליכא בהקב"ה. והיינו דמסיק רבי ברכיה אני ה' דברתי ועשיתי היכן דבר למועד אשוב אליך כעת חיה ודרשינן ששרט לו שריטה בכותל וכו' וכן עשה לו באותו רגע כדכתיב ויעש ה' לשרה כאשר דבר (נזה"ק): (ב) **וכי אפשר כו' יותר מבוראו.** שהרי כל שלימות הלדק והיושר מושפע לאדם מבוראו: **להיות טהור כו'.** כי בשום אופן אי אפשר שיוסיף העלול מעלה על עילתו: **אותן מלאכים כו'.** מייתי זה למילף מילתא בק"ו מאלישע שאע"פ שהיה ב"ו נתקיימו דבריו כ"ש דברי הקב"ה וס"ל שאמר כן מעלמו דרך ברכה. וכדי להכריח זה מסיק ומייתי הא דדרשי' דהשונמית התרעמה על אלישע על מה שלא אמר זה גם כן למועד הזה. ואס"ד שאמר כן מפי ה' מה תלונתה עליו אלא ודאי מעלמו אמר כן ושפיר איכא ק"ו (נזה"ק): **אמרו לה למועד אשוב כו'.** ביאור הענין כי מה שהבטיחה המלאך לשוב אליה בשעת לידתה היא להיות פקידת לידתה דרך נס לפי שכבר היתה זקנה. לכן אע"פ שהיתה מקבלת הריון

פירוש מהרז"ו

נג (א) **וידעו כל עצי השדה.** אג"ב פ' כ"ט ותנחומא וע' מ"כ: **אלו הבריות.** כי איך שייך ידיעה בעלי השדה ע"כ מפרש ע"פ מדה כ"ו ממשל כמ"ש ביחזקאל בן אדם חוד חידה ומשול משל וגו' והמשל מפורש בתורה כי האדם עץ השדה וכמ"ש פר"א פ' כ"א: **זה אבימלך.** ע' באג"ב בשינוי לשון ובתנחומא חסר ריש הדרשה דכאן. ודורש סמוכין שכאן סמך פסוק כי עלור עלר ה' וכו' לפסוק וה' פקד את שרה. ואין כאן מקומו אלא למעלה פסוק ט'. וכמ"ש לעיל פ' כ"ב סוף סי' י' כי הבאת עלי ועל ממלכתי וגו' כי עלור עלר. ולמה נכתב כאן לדרוש ענין זה שהנהגת הש"י בעולם זה ישפיל וזה ירים וגו' וכמ"ש במ"ר פ' כ"ב סי' ח' וש"נ. ובתנחומא משל נפלא אר"ל כשתקופת תמוז נכנסת מיבשת העשבים. ומפרחת האילנות. כך יבשו העשבים כי עלור עלר ה' ונפרחת האילנות וה' פקד את שרה: **והיכן דבר.** שמ"ש דברתי הכוונה על דבור שמפורש בתורה ונביאים. ובמכילתא בא מביא כל הפסוקים שכתוב שם כי ה' דיבר או דברתי שבכל התנ"ך ודורש היכן דבר ומ"ש למועד אשוב אליך. אף שיש כמה פסוקים קודמים. בסוף לך לך. ובריש וירא פסוק יו"ד על שכתוב בפסוק זה היפלא מה' דבר שיקרא בפירוש דבור. וכן מ"ש ועשיתי הה"ד ויעש ה' לשרה כאשר דבר כוונתו ג"כ לפסוק זה וכמ"ש לקמן סימן ה' בדברי ר"כ מה שאמר לה הוא ע"ש: ב (ב) **אותן המלאכים.** אף שאחד היה המבשר על שבאו ג' ביחד אמר לשון רבים: **למועד אשוב.** כ"ה ג"כ בילקוט מ"ב ד'. אבל בתנחומא איתא אמרושובאשובוגו'וכל"ל.וגםרש"יהביא

חידושי הרד"ל

[א] **וידעו כל עצי השדה כו'.** ע' גי' המ"כ וכ"ה בילקוט ישעיה. ועיין אג"ב פכ"ט:

חידושי הרש"ש

[ב] **אותן המלאכים כו'.** כך א"ל שוב אשוב אליך כעת חיה והנה בן לשרה אשתך כצ"ל וכן להלן:

מסורת המדרש

א אגדת בראשית פ' כ"ט. תנחומא כאן סי' ט"ו. פדר"א פרק כ"ב. וילקוט יחזקאל רמז שנ"ז:

ב ילקוט איוב רמז תתל"ז:

ג ילקוט מלכים ב' רמז רכ"ח:

אם למקרא

וְיָדְעוּ כָּל־עֲצֵי הַשָּׂדֶה כִּי אֲנִי ה' הִשְׁפַּלְתִּי עֵץ גָּבֹהַ הִגְבַּהְתִּי עֵץ שָׁפָל הוֹבַשְׁתִּי עֵץ לָח וְהִפְרַחְתִּי עֵץ יָבֵשׁ אֲנִי ה' דִּבַּרְתִּי וְעָשִׂיתִי:
(יחזקאל יז:כד)

הֲיִפָּלֵא מֵה' דָּבָר לַמּוֹעֵד אָשׁוּב אֵלֶיךָ כָּעֵת חַיָּה וּלְשָׂרָה בֵן:
(בראשית יח:יד)

כִּי־תָצוּר אֶל־עִיר יָמִים רַבִּים לְהִלָּחֵם עָלֶיהָ לְתָפְשָׂהּ לֹא־תַשְׁחִית אֶת־עֵצָהּ לִנְדֹּחַ עָלָיו גַּרְזֶן כִּי מִמֶּנּוּ תֹאכֵל וְאֹתוֹ לֹא תִכְרֹת כִּי הָאָדָם עֵץ הַשָּׂדֶה לָבֹא מִפָּנֶיךָ בַּמָּצוֹר:
(דברים כ:יט)

הַאֱנוֹשׁ מֵאֱלוֹהַּ יִצְדָּק אִם מֵעֹשֵׂהוּ יִטְהַר־גָּבֶר:
(איוב ד:יז)

וַיֹּאמֶר לַמּוֹעֵד הַזֶּה כָּעֵת חַיָּה אַתְּ חֹבֶקֶת בֵּן וַתֹּאמֶר אַל־אֲדֹנִי אִישׁ הָאֱלֹהִים אַל־תְּכַזֵּב בְּשִׁפְחָתֶךָ:
(מלכים ב ד:טז)

מתנות כהונה

נג [א] **הכי גרסינן בילקוט.** סדר זה וכספר יחזקאל הגבהתי עץ שפל וגו' וידעו כל עלי השדה: [**אלו הבריות וכו'.** עד זו שרה אני ה' דברתי ועשיתי א"ר יודן לא כאלין דאמרין ולא עבדין אלא אני ה' דברתי ועשיתי א"ר ברכיה אני ה' דברתי והיכן דיבר כו']: **דאמרין כו'.** שאומרין ומבטיחין דבר מה ואינם עושין ברלון או מקולר יד: **אשוב אליך.** ואלישע לא דבר אשוב אליך:

אשד הנחלים

נג [א] **לא כדין דאמרין ולא עבדין.** פירש העצי השדה. הם אלילי כוכבים ומזלות העשוים מעצי השדה אף אם יאמרו עובדיהם למענם שיושיעו בודאי לא עבדין כי אין בידם להושיע. אבל אנכי אם דברתי תיכף עשיתי. וזהו וה' פקד את שרה כאשר אמר והבטיח. ולהורות בא שההבטחה הבאה לטובה ע"י מלאך אינו חוזרת לעולם כיון שיצא לפועל הדיבור נעשה כמי שנעשה כי הדבור והעשי' אצלו ית' אחד הם והרי יצא אל המציאות והבן זה: **אלו הבריות.** שהם כעצי השדה יציצו ויבולו ואין להם קיום תמידי. והם יקחו מוסר ממה שעשיתי לאבימלך שהוא עץ גבוה וחזק והשפלתי אותו ואת אברהם שהוא עץ שפל ונכנע והגבהתי אותו וכן כל הענין כולו: [ב] **להיות צדיק יותר מבוראו.** והוא מ"ם הרבוי והיתרון. ובאורו כי איוב הי' מתמה על השגחה העליונה המענשת האדם הצדיק שלא כדין וא"כ האדם הוא צדיק יותר ממנו ית' ח"ו. כי חפץ בהנהגת צדק. וכן בטהרה שהוא נקיון המדות מהתפעלות שלא כראוי. וכי אפשר שמעושהו כו'. מאין לו טהרת המדות מעושהו. וא"כ איך יתכן שיטהר יותר ממנו ית'. ולא ידעתי על מה הביא הפסוק הזה לכאן. ואולי הביא זאת להקדמה לשלאחריו להורות שאל אלישע אמרה אל תכזב כי חששה פן ח"ו אין אומן בדבריו אבל שרה ששמעה מן המלאך שדבריו נאמנים לעולם. וכן לכן לא אמר אלישע שוב אשוב כמו המלאכים מפני שהם חיים וקיימים וידעו כי ישובו אליו וזהו שמסיים דבריו של כו' מתקיימים כו':

אוֹתָן הַמַּלְאָכִים שֶׁבִּשְּׂרוּ אֶת שָׂרָה — In challenging Elisha's promise, the woman advanced the following argument: **Those heavenly angels who brought Sarah the tidings** that she would bear a child, "כָּךְ אָמְרוּ לָהּ[12] "לַמּוֹעֵד אָשׁוּב אֵלֶיךָ כָּעֵת חַיָּה וּלְשָׂרָה בֵן[13] — **thus did they**[14] **say to her, *"At the appointed time I will return to you at this time next year, and Sarah will have a son."*** (above, 18:14).[15] אָמַר לָהּ — **[Elisha] said to her** in response, אוֹתָן הַמַּלְאָכִים הָיוּ יוֹדְעִים שֶׁהֵם חַיִּים וְקַיָּימִים לְעוֹלָם — **"Those heavenly angels knew that they would live and exist forever;** אָמְרוּ "לַמּוֹעֵד אָשׁוּב אֵלֶיךָ"[16] — therefore **they said, *"I will return to you."***

NOTES

12. [*Rashash* replaces the word לָהּ, *to her*, with לוֹ, *to him* (both here and further in this section) because the angels actually made this statement to Abraham and not to Sarah.]

13. [*Maharzu* (quoting *Tanchuma*) and *Rashash* emend the text to read: אָמְרוּ לָהּ: שׁוֹב אָשׁוּב אֵלֶיךָ כָּעֵת חַיָּה וְהִנֵּה בֵן לְשָׂרָה אִשְׁתֶּךָ, *thus did they say to her, "I will surely return to you at this time next year, and behold, Sarah your wife will have a son"* (above, 18:10), because the verse that appears in the standard editions is a quote of what *God* said. It is clear from our Midrash, however, that the Midrash is quoting the *angels*.]

14. Although only one angel spoke these words (see further), the Midrash says "they" because they came together as a group (*Maharzu*).

15. The angels who informed Sarah that she would bear a child assured her as well that they would return at the time of the birth. Their intervention would be needed at that time because even though Sarah miraculously conceived, her innards had shriveled in her old age and she would need a second miracle in order to deliver a viable child. Since the Shunnamite woman was also aged (as stated in *Pirkei DeRabbi Eliezer* §33), she was afraid of being *disappointed* by the birth of a stillborn child. She thus complained to Elisha that he had not pledged to return at the time of her birth as the angels had done.

The Midrash brings the Shunnamite woman's complaint here in order to prove that the promise cited above, *"At this season next year you will be embracing a son,"* was Elisha's own blessing to her (Elisha was confident that God would honor his blessing, but his words were *not* a prophecy in the Name of God). The proof is based on the fact that it can safely be assumed that if Elisha had been conveying the word of God, the Shunnamite woman would have had no cause for grievance, for she would have been confident that God would fulfill His promise that she would have a child (because, as *Numbers* 23:19 states, *God is not a man that He should be deceitful*) [even if He would not promise to return at the time of the birth] (*Eitz Yosef*, citing *Nezer HaKodesh*).

16. Here, too, *Maharzu* and *Rashash* emend the text to read שׁוֹב אָשׁוּב אֵלֶיךָ, *I will surely return to you;* see above, note 13.

פרשה נג

א [כא, א] "וַה' פָּקַד אֶת שָׂרָה כַּאֲשֶׁר אָמָר". °זֶה שֶׁאָמַר הַכָּתוּב (יחזקאל יז, כד) "וְיָדְעוּ כָּל עֲצֵי הַשָּׂדֶה כִּי אֲנִי ה' הִשְׁפַּלְתִּי עֵץ גָּבֹהַּ הִגְבַּהְתִּי עֵץ שָׁפָל", [א]אָמַר רַבִּי יוּדָן: לָא כְדֵין דְּאָמְרִין וְלָא עָבְדִין, אֶלָּא "אֲנִי ה' דִּבַּרְתִּי וְעָשִׂיתִי". אָמַר רַבִּי בֶּרֶכְיָה: "אֲנִי ה' דִּבַּרְתִּי וְעָשִׂיתִי", וְהֵיכָן דִּבֵּר (בראשית יח, יד) "לַמּוֹעֵד אָשׁוּב אֵלֶיךָ וּלְשָׂרָה בֵן"°. "וְיָדְעוּ כָּל עֲצֵי הַשָּׂדֶה", אֵלּוּ הַבְּרִיּוֹת. הֵיךְ מַה דְּאַתְּ אָמַר (דברים כ, יט) "כִּי הָאָדָם עֵץ הַשָּׂדֶה. "כִּי אֲנִי ה' הִשְׁפַּלְתִּי עֵץ גָּבֹהַּ", זֶה אֲבִימֶלֶךְ, "הִגְבַּהְתִּי עֵץ שָׁפָל", זֶה אַבְרָהָם, "הוֹבַשְׁתִּי עֵץ לָח", אֵלּוּ נְשֵׁי אֲבִימֶלֶךְ, דִּכְתִיב "כִּי עָצֹר עָצַר ה' ", "הִפְרַחְתִּי עֵץ יָבֵשׁ", זוֹ שָׂרָה, "אֲנִי ה' דִּבַּרְתִּי", הֵיכָן דִּבֵּר, "לַמּוֹעֵד אָשׁוּב אֵלֶיךָ", וְעָשִׂיתִי, הָדָא הוּא דִכְתִיב וַיַּעַשׂ ה' לְשָׂרָה כַּאֲשֶׁר דִּבֵּר:

ב (איוב ד, יז) "הַאֱנוֹשׁ מֵאֱלוֹהַּ יִצְדָּק אִם מֵעֹשֵׂהוּ יִטְהַר גָּבֶר", [ב]וְכִי אֶפְשָׁר לָאָדָם לִהְיוֹת צַדִּיק יוֹתֵר מִבּוֹרְאוֹ, "אִם מֵעֹשֵׂהוּ יִטְהַר גָּבֶר", וְכִי אֶפְשָׁר לְאָדָם לִהְיוֹת טָהוֹר יוֹתֵר מִבּוֹרְאוֹ, מָה אֱלִישָׁע אוֹמֵר לַשּׁוּנַמִּית (מלכים ב ד, טז) "לַמּוֹעֵד הַזֶּה כָּעֵת חַיָּה אַתְּ חֹבֶקֶת בֵּן", אָמְרָה לוֹ: (שם) "אַל אֲדֹנִי אִישׁ הָאֱלֹהִים אַל תְּכַזֵּב בְּשִׁפְחָתֶךָ". [ג]אוֹתָן הַמַּלְאָכִים שֶׁבִּשְּׂרוּ אֶת שָׂרָה, כָּךְ אָמְרוּ לָהּ "לַמּוֹעֵד אָשׁוּב אֵלֶיךָ כָּעֵת חַיָּה וּלְשָׂרָה בֵן". אָמַר לָהּ: אוֹתָן הַמַּלְאָכִים הָיוּ יוֹדְעִים שֶׁהֵם חַיִּים וְקַיָּמִים לְעוֹלָם, אָמְרוּ "לַמּוֹעֵד אָשׁוּב אֵלֶיךָ",

עץ יוסף

נג (א) **וידעו כל עצי השדה כו'**. ה"ג בילקוט וכס"מ זס"ה וידעו כל עלי השדה כי אני ה' השפלתי עץ גבוה הגבהתי עץ שפל הובשתי עץ לח והפרחתי עץ יבש וידעו כל עלי השדה אלו הבריות המד"א כי האדם עץ השדה. כי אני ה' השפלתי עץ גבוה זה אבימלך. הגבהתי עץ שפל זה אברהם. הובשתי עץ לח אלו נשי אבימלך דכתיב כי עלר עלר ה' וגו'. הפרחתי עץ יבש זו שרה. אני ה' דברתי ועשיתי א"ר יודן לא כדין דאמרין לא עבדין אלא אני ה' דברתי ועשיתי. אר"ב אני ה' דברתי ועשיתי והיכן דיבר למועד אשוב אליך ולשרה בן ועשיתי הה"ד ויעש ה' לשרה כאשר דיבר ע"כ. ודריש דקרא רמיז נמי על העבר בענין אבימלך ואברהם כי מעשה העבר היה סימן על העתיד. והוא כי לשעבר השפיל עץ גבוה זה אבימלך הגביה עץ שפל זה אברהם. כי אע"פ שאברהם היה כגר בארלו מ"מ הולרך אבימלך להכנע עלמו לפני אברהם וליתן לו דורון כדי לפייסו שיתפלל עליו. ולבסוף נכנע לפניו ביותר לבקש ממנו כריתות ברית גם לדורות: **הובשתי עץ לח כו'**. שהיו לחים להפרות זרע ושוב יבשו כמ"ש כי עלר עלר ה' בעד כל רחם לבית אבימלך: **והפרחתי עץ יבש זו שרה**. שהיתה יבשה להפריח זרע ובאותו הפרק הופרחה להוליא פרי קדוש כדכתיב בתר הך עובדא וה' פקד את שרה וגו': **דאמרין ולא עבדין**. פי' שאין הקב"ה כב"ו שאומרים ולא עושים מחמת שינוי רלון או מקולר יכולת שכל אלו ליכא בהקב"ה. והיינו דמסיק רבי ברכיה אני ה' דברתי ועשיתי היכן דבר למועד אשוב אליך כעת חיה ודרשינן שסרט לו שריטה בכותל וכו' וכן עשה לו באותו רגע כדכתיב ויעש ה' לשרה כאשר דבר (כזה"ק): (ב) **וכי אפשר כו' יותר מבוראו**. שהרי כל שלימות הלדק והיושר מושפע לאדם מבוראו: **להיות טהור כו'**. כי בשום אופן אי אפשר שיוסיף העלול מעלה על עילתו: **אותן מלאכים כו'**. מייתי זה למילף מילתא בק"ו מאלישע שאע"פ שהיה ב"ו נתקיימו דבריו כ"ש דברי הקב"ה וס"ל שאמר כן מעלמו דרך ברכה. וכדי להכריח זה מסיק ומייתי הא דדרשי' דהשונמית התרעמה על אלישע על מה שלא אמר זה גם כן למועד הזה. ואס"ד שאמר כן מפי ה' מה תלונתה עליו אלא ודאי מעלמו אמר כן ושפיר איכא ק"ו (כזה"ק): **אמרו לה למועד אשוב כו'**. ביאור הענין כי מה שהבטיחה המלאך לשוב אליה בשעת לידתה היא להיות פקידת לידתה דרך נס לפי שכבר היתה זקנה. לכן אע"פ שהיתה מקבלת הריון

חידושי הרד"ל

[א] **וידעו כל עצי השדה כו'**. ע' גי' המ"כ וכ"ה בילקוט ישעיה. ועיין אג"ב פכ"ט:

חידושי הרש"ש

[ב] **אותן המלאכים כו'**. כך א"ל שוב אשוב אליך כעת חיה והנה בן לשרה אשתך כל"ל וכן להלן:

פירוש מהרז"ו

נג (א) **וידעו כל עצי השדה**. אג"ב פ' כ"ט ותנחומא וע' מ"כ: **אלו הבריות**. כי איך שייך ידיעה בעלי השדה ע"כ מפרש ע"פ מדה כ"ו ממשל כמ"ש ביחזקאל בן אדם חוד חידה ומשול משל וגו' והמשל מפורש בתורה כי האדם עץ השדה וכמ"ש פר"א פ' כ"ח: **זה אבימלך**. ע' באג"ב בשינוי לשון ובתנחומא חסר ריש הדרשה דכאן. ודורש סמוכין שכאן סמך פסוק כי עלור עלר ה' וכו' לפסוק וה' פקד את שרה. ואין כאן מקומו אלא למעלה פסוק ט'. וכמ"ש לעיל פ' כ"ב סוף סי' י' כי הבאת עלי ועל ממלכתי וגו' כי עלור עלר. ולמה נכתב כאן לדרוש ענין זה שהנהגת הש"י בעולם זה ישפיל וזה ירים וגו' וכמ"ש במ"ר פ' כ"ב סי' ח' וש"נ. ובתנחומא משל נפלא אר"ל כשתקופת תמוז נכנסת מיבשת העשבים. ומפרחת האילנות. כך יבשו העשבים כי עלור עלר ה' ונפרחת האילנות וה' פקד את שרה: **והיכן דבר**. שמ"ש דברתי הכוונה על דבור שמפורש בתורה ונביאים. ובמכילתא בא מביא כל הפסוקים שכתוב שם כי ה' דיבר או דברתי שבכל התנ"ך ודורש היכן דבר ומ"ש למועד אשוב אליך. אף שיש כמה פסוקים קודמים. בסוף לך לך. ובריש וירא פסוק יו"ד על שכתוב בפסוק זה היפלא מה' דבר שיקרא בפירוש דבור. וכן מ"ש ועשיתי הה"ד ויעש ה' לשרה כאשר דבר כוונתו ג"כ לפסוק זה וכמ"ש לקמן סימן ה' בדברי ר"כ מה שאמר לה הוא ע"ש: ב (ב) **אותן המלאכים**. אף שאחד היה המבשר על שבאו ג' ביחד אמר לשון רבים: **למועד אשוב**. כ"ה ג"כ בילקוט מ"ב ד'. אבל בתנחומא איתא אמרו שוב אשוב וגו' וכל"ל. וגרס"י הביא

מסורת המדרש

א אגדת בראשית פ' כ"ט. תנחומא כאן סי' ט"ו. פדר"א פרק כ"ב. וילקוט יחזקאל רמז שכ"ז:

ב ילקוט איוב רמז תתצ"ז:

ג ילקוט מלכים ב' רמז רכ"ח:

אם למקרא

וְיָדְעוּ כָּל־עֲצֵי הַשָּׂדֶה כִּי אֲנִי ה' הִשְׁפַּלְתִּי עֵץ גָּבֹהַּ הִגְבַּהְתִּי עֵץ שָׁפָל הוֹבַשְׁתִּי עֵץ לָח וְהִפְרַחְתִּי עֵץ יָבֵשׁ אֲנִי ה' דִּבַּרְתִּי וְעָשִׂיתִי: (יחזקאל יז:כד)

הֲיִפָּלֵא מֵה' דָּבָר לַמּוֹעֵד אָשׁוּב אֵלֶיךָ כָּעֵת חַיָּה וּלְשָׂרָה בֵן: (בראשית יח:יד)

כִּי־תָצוּר אֶל־עִיר יָמִים רַבִּים לְהִלָּחֵם עָלֶיהָ לְתָפְשָׂהּ לֹא־תַשְׁחִית אֶת־עֵצָהּ לִנְדֹּחַ עָלָיו גַּרְזֶן כִּי מִמֶּנּוּ תֹאכֵל וְאֹתוֹ לֹא תִכְרֹת כִּי הָאָדָם עֵץ הַשָּׂדֶה לָבֹא מִפָּנֶיךָ בַּמָּצוֹר: (דברים כ:יט)

הַאֱנוֹשׁ מֵאֱלוֹהַּ יִצְדָּק אִם מֵעֹשֵׂהוּ יִטְהַר־גָּבֶר: (איוב ד:יז)

וַיֹּאמֶר לַמּוֹעֵד הַזֶּה כָּעֵת חַיָּה אַתְּ חֹבֶקֶת בֵּן וַתֹּאמֶר אַל־אֲדֹנִי אִישׁ הָאֱלֹהִים אַל־תְּכַזֵּב בְּשִׁפְחָתֶךָ: (מלכים ב ד:טז)

מתנות כהונה

נג [א] **הכי גרסינן בילקוט**. סדר זה ובספר יחזקאל הגבהתי עץ שפל וגו' וידעו כל עלי השדה: [**אלו הבריות וכו'**. עד זו שרה אני ה' דברתי ועשיתי א"ר יודן לא כאלין דאמרין ולא עבדין אלא אני ה' דברתי ועשיתי א"ר ברכיה אני ה' דברתי והיכן דיבר כו']: **דאמרין כו'**. שאומרין ומבטיחין דבר מה ואינם עושין ברלון או מקולר יד: **אשוב אליך**. ואלישע לא דבר אשוב אליך:

אשד הנחלים

נג [א] **לא כדין דאמרין ולא עבדין**. פירש העצי השדה. הם אלילי כוכבים ומזלות העשוים מעצי השדה אף אם יאמרו עובדיהם למענם שיושיעו בודאי לא עבדין כי אין בידם להושיע. אבל אנכי אם דברתי תיכף עשיתי. וזהו וה' פקד את שרה כאשר אמר והבטיח. ולהורות בא שההבטחה הבאה לטובה ע"י מלאך אינו חוזרת לעולם כיון שיצא לפועל הדיבור נעשה כמי שנעשה כי הדבור והעשי' אצלו ית' אחד הם והרי יצא אל המציאות והבן זה: **אלו הבריות**. שהם כעצי השדה יציצו ויבולו ואין להם קיום תמידי. והם יקחו מוסר ממה שעשיתי לאבימלך שהוא עץ גבוה וחזק והשפלתי אותו ואת אברהם שהוא עץ שפל ונכנע והגבהתי אותו וכן כל הענין כולו: [ב] **להיות צדיק יותר מבוראו**. והוא מ"ם הרבוי והיתרון. ובאורו כי איוב הי' מתמה על השגחה העליונה המענשת האדם הצדיק שלא כדין וא"כ האדם הוא צדיק יותר ממנו ית' ח"ו. כי חפץ בהנהגת צדק. וכן בטהרה שהוא נקיון המדות מהתפעלות שלא כראוי. וכי אפשר שמעושהו כו'. מאין לו טהרת המדות מעושהו. וא"כ איך יתכן שיטהר יותר ממנו ית'. ולא ידעתי על מה הביא הפסוק הזה לכאן. ואולי הביא זאת להקדמה לשלאחריו להורות שאל אלישע אמרה אל תכזב כי חששה פן ח"ו אין אומן בדבריו אבל שרה ששמעה מן המלאך שדבריו נאמנים לעולם. וכן לכן לא אמר אלישע שוב אשוב כמו המלאכים מפני שהם חיים וקיימים וידעו כי ישובו אליו וזהו שמסיים דבריו של כו' מתקיימים כו':

אֲבָל אֲנִי שֶׁאֲנִי בָּשָׂר וָדָם קַיָּים הַיּוֹם מֵת לְמָחָר — **But I, who am flesh and blood, exist today** but am **dead tomorrow,** cannot pledge to return at a future date; בֵּין חַי בֵּין מֵת ״לַמּוֹעֵד הַזֶּה ... אַתְּ חוֹבֶקֶת בֵּן״ — nevertheless, I promise you that **whether I**[17] am **alive or dead,** ***at this season next year you will be embracing a son."*** מַה כָּתוּב שָׁם — **What is written there?**[18] ״וַתַּהַר וַתֵּלֶד בֵּן לַמּוֹעֵד הַזֶּה כָּעֵת חַיָּה אֲשֶׁר דִּבֶּר אֵלֶיהָ אֱלִישָׁע״ — ***The woman conceived and bore a son at that season the next year, as Elisha had told her*** (*II Kings* 4:17). דְּבָרָיו שֶׁל בָּשָׂר וָדָם מִתְקַיְּימִים — Now, is it feasible that **the words of** Elisha, a **flesh-and-blood** being, **are fulfilled,** וּדְבָרָיו שֶׁל הַקָּדוֹשׁ בָּרוּךְ הוּא אֵין מִתְקַיְּימִין — **but the words of the Holy One, blessed is He, will not be fulfilled?!**[19] ״וַה׳ פָּקַד אֶת שָׂרָה כַּאֲשֶׁר אָמַר וגו׳״ — The Midrash concludes: ***And HASHEM had remembered Sarah as He had said*** (21:1). God's promise to Abraham and Sarah was indeed fulfilled.[20]

§3 The Midrash cites a verse from *Habakkuk* and relates it, phrase by phrase, to Abraham and Sarah:

״כִּי תְאֵנָה לֹא תִפְרָח וְאֵין יְבוּל בַּגְּפָנִים כִּחֵשׁ מַעֲשֵׂה זַיִת וּשְׁדֵמוֹת לֹא עָשָׂה וגו׳״ — The verse states: ***For the fig tree blossoms not; there is no fruit on the grapevines; the labor of the olive trees has failed, and the fields do not yield*** *food; the sheep are cut off from the fold and no cattle are in the stall* (*Habakkuk* 3:17).[21] ״כִּי תְאֵנָה לֹא תִפְרָח״, זֶה אַבְרָהָם — ***For the fig tree blossoms not*** — this is an allusion to **Abraham,**[22] הֵיךְ מָה דְאַתְּ אָמַר ״כְּבִכּוּרָה בִתְאֵנָה בְּרֵאשִׁיתָהּ רָאִיתִי אֲבוֹתֵיכֶם״ — **as it is stated,** ***like a ripe fruit on a fig tree in its beginning did I view your fathers*** (*Hosea* 9:10);[23] ״וְאֵין יְבוּל בַּגְּפָנִים״, זוֹ שָׂרָה — ***there is no fruit on the grapevines*** — **this** is an allusion to **Sarah,** הֵיךְ מָה דְאַתְּ אָמַר ״אֶשְׁתְּךָ כְּגֶפֶן פּוֹרִיָּה וגו׳״ — **as it is stated,** ***Your wife will be like a fruitful vine*** *in the inner chambers of your home* (*Psalms* 128:3).[24] ״כִּחֵשׁ מַעֲשֵׂה זַיִת״ — ***The labor of the olive trees has failed*** (lit., *lied*) [כִּחֵשׁ] — אוֹתָן הַמַּלְאָכִים שֶׁבִּשְּׂרוּ אֶת שָׂרָה וְהֵאִירוּ[25] פָּנֶיהָ כַּזַּיִת כּוֹחֲשִׁים הָיוּ — is it possible that **those heavenly angels who informed Sarah** that she would have a child, **and** thereby **lighted up her face as an olive tree,**[26] **were liars** (כּוֹחֲשִׁים)?![27] אֶלָּא ״שְׁדֵמוֹת לֹא עָשׂוּ [עשה] אוֹכֶל״ — **But *the*** שדמות ***do not yield food*** — אוֹתָן הַשָּׁדַיִם הַמֵּתִים לֹא עָשׂוּ אוֹכֶל — will **those withered breasts**[28] of mine **not produce food?!**[29] ״גָּזַר מִמִּכְלָה צֹאן״ — ***The "sheep" are cut off from the fold*** — הֵיךְ מָה דְאַתְּ אָמַר ״וְאַתֵּן צֹאנִי צֹאן מַרְעִיתִי אָדָם אַתֶּם״ — the meaning of the word *sheep* is **as it is stated,** ***Now, you are My sheep, the sheep of My pasture, you are Man*** (*Ezekiel* 34:31);[30] אֶלָּא ״וְאֵין בָּקָר בָּרְפָתִים״ — ***and no "cattle" are in the stall*** — הֵיךְ מָה דְאַתְּ אָמַר ״וְאֶפְרַיִם עֶגְלָה מְלֻמָּדָה אֹהַבְתִּי לָדוּשׁ״ — the word *cattle* is a reference to Israel, too, **as it is stated:** ***Ephraim is a trained calf who loves to thresh*** (*Hosea* 10:11).[31] חָזְרָה שָׂרָה וְאָמְרָה מָה אֲנִי מוּבְדָה סִבְרִי מִן בָּרְיִי — But **Sarah then said, "Why shall I lose hope in my Creator?**[32]

NOTES

17. *Matnos Kehunah.*

18. I.e., what was the result of Elisha's promise?

19. The verse from *Job* cited above teaches that this is inconceivable (*Rashi, Matnos Kehunah*).

20. The thrust of our Midrash is that if Elisha's promise to the Shunnamite woman was fulfilled, how much more so (*kal v'chomer*) would God's promise to Abraham and Sarah be fulfilled (because, as the verse in *Job* teaches, a human being cannot be more righteous than God). But it is difficult to understand why this *kal v'chomer* is necessary altogether: Scripture itself records that God's promise was fulfilled!

Some commentators have suggested that our Midrash is not making its point (that it is not possible that "the words of the Holy One, blessed is He, will not be fulfilled") in reference to God's promise to Abraham and Sarah, but rather in reference to any and all promises that God has ever, or will ever, make (*Radal*). Alternatively, it is referring (more specifically) to God's promises of redemption (*Maharzu*).

However, this is problematic, for such an interpretation is untenable in the parallel version of this Midrash in *Yalkut Shimoni, Job* §896 (*Maharzu*). See *Yefeh To'ar* for a resolution of this difficulty.

According to the parallel version of our Midrash in *Aggadas Bereishis* (§28), the *kal vachomer* was stated *to Abraham and Sarah* by God Himself, in order to reassure them that His promise to them would be fulfilled.

21. The verse despairs of the vine and the tree bearing fruit. The Midrash will say that Abraham and Sarah similarly despaired of having a child (*Eitz Yosef*).

22. Who was not deemed capable of having children (fruit of the womb) with Sarah (ibid.).

23. Abraham is the *father* of the Jewish people. (See also 46 §1 above, where the Midrash relates this verse to the Patriarchs.)

24. This verse compares a woman to a vine (*Eitz Yosef*). The Midrash takes the *grapevines* of the *Habakkuk* verse as alluding to Sarah because she is the woman related to Abraham who was alluded to in the *preceding* part of the verse.

Rashi writes that God is asking a rhetorical question in this prophecy of Habakkuk: Is it possible that a fig tree will permanently not blossom, or that grapevines will permanently have no fruit? [It is only *temporarily* that this is possible — just as Abraham and Sarah not having a child is only temporary.]

25. Emendation follows *Matnos Kehunah*. It is evident that *Rashi* and *Maharzu*, who agree with *Matnos Kehunah's* interpretation of this line, concur.

26. That is, as olive oil casts light when it is kindled in a lamp (*Maharzu*).

27. *Rashi, Matnos Kehunah, Maharzu*. See, however, *Eitz Yosef*, who takes this sentence as a statement rather than as a rhetorical question.

28. Lit., *dead breasts.* The Midrash expounds the word שְׁדֵמוֹת as if divided into the two words: שְׁדֵי מָוֶת, lit., *breasts of death* (*Eitz Yosef*).

29. *Rashi.*

See, however, *Maharzu*, who takes this line as a statement: Despite Sarah's joy at the angels' tidings and her hope that their prediction would come true, she expressed uncertainty and concern about her ability to have a child and nurse it. See similarly, *Rashi* to 18:12 above.

30. That is, the word *sheep* is a reference to Israel; Sarah was concerned that Israel would be *cut off* from her (*Rashi*), i.e., that she would not have children (*Eitz Yosef*). [It is evident from the Midrash that Sarah wavered between faithful confidence and concerned uncertainty. See also further.]

31. The line *no "cattle" are in the stall* thus similarly alludes to Sarah's concern that she would have no children (*Matnos Kehunah, Eitz Yosef*).

32. Ibid.

חידושי הרד"ל

[ב] **דבריו של ב"ו כו' אין מתקיימין.** ר"ל ז"ש כאשר דבר. ראוי היה שיתקיים הדיבור. ורומז לדורות שכל דברי הנביאים חיים וקיימים וע"ל פע"ח:

(ג) [ג] **השדים המתים.** דרש שדמות ב' מלות שד מות:

חידושי הרש"ש

[ג] **השדים המתים לא עשו אוכל.** כמו שפירש"י בחומש בפסוק ותצחק שרה בקרבה מסתכלת כו' השדים הללו שצמקו מושכין חלב:

עץ יוסף

מ"מ נמנע כח הלידה בטבע לפי שכבר נתכוולו בני מעיה באופן שבטבע לא היה לה כח הלידה בבן של קיימא לכן הוצרך להשגחת הנס בשניהם. בעיבור ובלידה מחמת זקנתה. ובפדר"א מבואר שגם אשה השונמית היא היתה עקרה וזקנה הבאה בימים. לכן התרעמה על אלישע על כי לא הבטיח אותה לשוב אליה גם בפקידת הלידה דרך נס להיות לה כח ללדת בן של קיימא ולא נפל. שעל זה אמרה אל תכזב בשפחתך שלא לתת לי אלא בן של קיימא. ובאתה ללמד מוסר מענין המלאכים המבשרים לשרה שעשו ג"כ כזה (נזה"ק): **של הקב"ה אין מתקיימים.** בתמיה: (ג) **כי תאנה לא תפרח כו'.** דרשו פה רמז המקרא במשל התאנה וגפן ושאר האחרים בענין אברהם ושרה אשר כבר נתיאשו מן הבנים לעת זקנתם עד כי צחקה שרה בקרבה מתחלה עד כי נתגלה כבוד ה' על אברהם להוכיחה על פניה מאז האמינה כי יפקדנה ה' בדרך נס. ובהיות מעשה אבות סימן לבנים ככה יהיה ג"כ לישראל לעתיד אשר בתחלת המחשבה יתיאשו מן הגאולה ושוב האמינו ע"פ דברי הנביאים ליקח מוסר ממה שאירע לאבותם אברהם ושרה: **לא תפרח זה אברהם.** שלא היה ראוי להוליד ולהוציא פרח משרה: **כבכורה בתאנה כו'.** ודרשי' לה בג' אבות כדלעיל ריש פ' מ"ו: **אשתך כגפן** שהמשיל האשה לגפן: **כחש מעשה זית אותן המלאכים כו'.** פי' שבאה מתחלה להכחיש את דברי המלאכים המבשרים שבאו להאיר פניה כזית משום שדמות לא עשו אוכל לפי ששדיה היו מתים שלהיותה איילונית היו שדיה צומקים כשדי אדם. שזה אחד מסימני האיילונית כדאי' ביבמות ודריש שדמות שדי מות: **גזר ממכלה צאן אלו ישראל כו'.** פי' ישראל שנקראו צאן היו גזורים ונכרתים ממנה. שחששה שרה שלא יעמדו ממנה. ואין בקר. ישראל שנקרא בקר כדמפרש. נתיאשה שלא יעמדו ממנה: **היך מה דאת אמר ואפרים.** היינו המון ישראל שנקראו בשם אפרים: **חזרה שרה ואמרה כו'.** פירש גם סיפא דקרא ואני בה' אעלוזה לפי הרמז הזה. ואמר חזרה שרה ואמרה מה אני מובדה סברי מן בריי. ומה הוא זה שאני מאבד תקותי מן בוראי. אלא ואני בה' אעלוזה וגו'. וזה היה אחר שהוכיחה אברהם:

מדרש רבה

אֲבָל אֲנִי שֶׁאֲנִי בָּשָׂר וָדָם, קַיָּים הַיּוֹם מֵת לְמָחָר, בֵּין חַי בֵּין מֵת "לַמּוֹעֵד הַזֶּה... אַתְּ חֹבֶקֶת בֵּן". מַה כָּתוּב שָׁם "וַתַּהַר וַתֵּלֶד בֵּן לַמּוֹעֵד הַזֶּה כָּעֵת חַיָּה אֲשֶׁר דִּבֶּר אֵלֶיהָ אֱלִישָׁע". דִּבְרָיו שֶׁל בָּשָׂר וָדָם °מִתְקַיְּימִים וּדְבָרָיו שֶׁל הַקָּדוֹשׁ בָּרוּךְ הוּא אֵין מִתְקַיְּימִין, "וַה' פָּקַד אֶת שָׂרָה כַּאֲשֶׁר אָמָר וְגוֹ' ":

ג (חבקוק ג) "הכִּי תְאֵנָה לֹא תִפְרָח וְאֵין יְבוּל בַּגְּפָנִים, כִּחֵשׁ מַעֲשֵׂה זַיִת וּשְׁדֵמוֹת לֹא עָשָׂה וְגוֹ' ". "כִּי תְאֵנָה לֹא תִפְרָח", זֶה אַבְרָהָם, הֵיךְ מָה דְאַתְּ אָמַר (הושע ט, י) "כְּבִכּוּרָה בִתְאֵנָה בְּרֵאשִׁיתָהּ רָאִיתִי אֲבוֹתֵיכֶם". "וְאֵין יְבוּל בַּגְּפָנִים", זוֹ שָׂרָה הֵיךְ מָה דְאַתְּ אָמַר (תהלים קכח, ג) "אֶשְׁתְּךָ כְּגֶפֶן פּוֹרִיָּה וְגוֹ' ". "כִּחֵשׁ מַעֲשֵׂה זַיִת", אוֹתָן הַמַּלְאָכִים שֶׁבִּשְּׂרוּ אֶת °שָׂרָה הֵאִירוּ פָנֶיהָ כַּזַּיִת, כּוֹחֲשִׁים הָיוּ, אֶלָּא "שְׁדֵמוֹת לֹא [עָשָׂה] אֹכֶל", אוֹתָן הַשָּׁדַיִם הַמֵּתִים לֹא עָשׂוּ אֹכֶל. "גָּזַר מִמִּכְלָה צֹאן", הֵיךְ מָה דְאַתְּ אָמַר (יחזקאל לד, לא) "וְאַתֵּן צֹאנִי צֹאן מַרְעִיתִי אָדָם אַתֶּם", אֶלָּא "וְאֵין בָּקָר בָּרְפָתִים", הֵיךְ מָה דְאַתְּ אָמַר (הושע יא, יא) "וְאֶפְרַיִם עֶגְלָה מְלֻמָּדָה אֹהַבְתִּי לָדוּשׁ". חָזְרָה שָׂרָה וְאָמְרָה: מָה אֲנִי מוֹבְדָה סִבְרִי מִן בָּרְיִי,

פירוש מהרז"ו

זה ע"פ שוב אשוב וגו' ועכ"ז הועתק גם שם פסוק למועד אשוב בטעות כמו כאן. ובילקוט איוב ד' הגי' הקב"ה שבישר את שרה למועד אשוב כו': **דבריו של בשר ודם כו'.** דעת המדרש שאלישע לא דבר אליה בשליחות ה' אלא מעצמו דרך ברכה ותפלה ובטח בה' שיקים דבר עבדו ע"ד ותגזר אומר וע"כ אמרה אל תכזב בשפחתך ואם בנבואה לא איש אל ויכזב וגו' ולזה ילדק הק"ו שכ"ש יתקיים דבר ה' בנבואה (וכ"כ יפ"ת) אך קשה דל"ל ק"ו על שרה הלא מפורש בה שנתקיים. ונראה שעיקר הק"ו על נבואות שלעתיד על ציון שיתקיימו וכמו שדורש בתנחומא מהבטחת שרה על הבטחת ציון ע"ש. והסיום וה' פקד את שרה וגו' מוסב למ"ש אחר זה כי תאנה גו'. אמנם בילקוט איוב ד' מפורש הקב"ה בישר את שרה לא כ"ש וצ"ע: (ג) **כי תאנה לא תפרח.** עיין פסיקתא רבתי פמ"ב בסימן ה' בא"א מעט. ובילקוט סוף חבקוק: **כבכורה בתאנה.** עי' לעיל ר"פ מ"ו למה נמשלו לתאנה וש"כ ומבואר: **אותן המלאכים.** גירסת הילקוט וכי אותן המלאכים שבשרו את שרה כחשים היו: **בזית.** שמאיר ע"י נר דלוק: **אלא ושדמות.** פי' שהוי"ו של ושדמות הוא להפך הקודם שאע"פ שמחה עכ"ז תמהה על עצמה אותן השדים וכו' וכמ"ש רש"י בחומש בשם תנחומא ע"פ ותצחק שרה בקרבה ע"ש: **השדים המתים.** (דרש שדמות שדי מות כדדרשינן עלמות על מות יפ"ת): **ואפרים עגלה.** עי' לעיל פר' מ"ח סימן י"ג ואל הבקר: **מה אני מובדה סברי.** כלשון הזה הוא גם כן לקמן פר' ס"ח סימן ב' גבי יעקב:

מסורת המדרש

ד אגדת בראשית פרק כ"ז:

ה פסיקתא רבתי פ' מ"ב. ילקוט כאן רמז נ"א כל הענין. ילקוט חבקוק רמז תקס"ה:

אם למקרא

כִּי־תְאֵנָה לֹא־תִפְרָח וְאֵין יְבוּל בַּגְּפָנִים כִּחֵשׁ מַעֲשֵׂה־זַיִת וּשְׁדֵמוֹת לֹא־עָשָׂה אֹכֶל גָּזַר מִמִּכְלָה צֹאן וְאֵין בָּקָר בָּרְפָתִים: וַאֲנִי בַּה' אֶעְלוֹזָה אָגִילָה בֵּאלֹהֵי יִשְׁעִי: (חבקוק ג:יז-יח)

כַּעֲנָבִים בַּמִּדְבָּר מָצָאתִי יִשְׂרָאֵל כְּבִכּוּרָה בִתְאֵנָה בְּרֵאשִׁיתָהּ רָאִיתִי אֲבוֹתֵיכֶם הֵמָּה בָּאוּ בַעַל־פְּעוֹר וַיִּנָּזְרוּ לַבֹּשֶׁת וַיִּהְיוּ שִׁקּוּצִים כְּאָהֳבָם: (הושע ט:י)

אֶשְׁתְּךָ כְּגֶפֶן פֹּרִיָּה בְּיַרְכְּתֵי בֵיתֶךָ בָּנֶיךָ כִּשְׁתִלֵי זֵיתִים סָבִיב לְשֻׁלְחָנֶךָ: (תהלים קכח:ג)

וְאַתֵּן צֹאנִי צֹאן מַרְעִיתִי אָדָם אַתֶּם אֲנִי אֱלֹהֵיכֶם נְאֻם אֲדֹנָי אֱלֹהִים: (יחזקאל לד:לא)

וְאֶפְרַיִם עֶגְלָה מְלֻמָּדָה אֹהַבְתִּי לָדוּשׁ וַאֲנִי עָבַרְתִּי עַל־טוּב צַוָּארָהּ אַרְכִּיב אֶפְרַיִם יַחֲרוֹשׁ יְהוּדָה יְשַׂדֶּד־לוֹ יַעֲקֹב: (הושע י:יא)

רש"י

מג (ב) **דבריו של בשר ודם.** מה שאמר אלישע מתקיימים מה שאמר הקב"ה לא מתקיים בתמיה הוי האנוש מאלוה יצדק דבר שאי אפשר: (ג) **כי תאנה לא תפרח זה אברהם.** קודם שיוליד: **ואין יבול בגפנים זו שרה.** קודם שילדה אמר הקב"ה וכי אפשר שתאנה לא תפרח ולא יהא יבול בגפנים: **כחש מעשה זית.** אותן מלאכים שבשרו את שרה האירו פניה כזית: **כחשים היו.** בתמיה אלא ושדמות לא עשה אוכל השדים המתים לא עשו אוכל אתמהא: **גזר ממכלה צאן.** ישראל שקרויין צאן גזורים ממנה:

מתנות כהונה

[ב] **בין חי כו'.** בין שיהיה חי או מת ואלישע על עצמו אמר כן: **ודבריו של הקדוש ברוך הוא כו'.** בתמיה וכי יצדק אנוש יותר מאלוה: [ג] **לא תפרח.** זה אברהם קודם שנתבשר: **ואין יבול כו'.** זו שרה קודם שנתבשרה: [**והאירו פניה** גרסינן]: **כוחשים היו.** בתמיה [הכי גרסינן בילקוט סדר זה ובת"ע כוחשים היו שדמות כו' אבל א"ל למוחקו שלשון ס' זה כ"ה בהרבה מקומות] השדים ושדמות דרש לשון שדים לא עשו אוכל: **גזר ממכלה צאן כו'.** ישראל שנקראו צאן היו גזורים ממנה שחששה שרה שלא יעמדו ממנה: **ואין בקר.** ישראל שנקראו בקר כדמפרש ואזיל נתייאשה שלא יעמדו ממנה: [**הכי גרסינן בילקוט.** אדם אתם ואין בקר כו']: **מה אני מובדה.** כלומר למה זה מה הוא זה שאני מאבד תקותי מן בוראי:

אשד הנחלים

[ג] **כי תאנה לא תפרח.** הוא מליצה נאותה ע"ד הרמז במה שראה חבקוק מהרעב הגדול שיהי' ועכ"ז התחזק לבסוף בבטחון ה' ואמר ואני בה' אעלוזה. ולקח חבקוק ציור לזה. שלא נאבד הבטחון משרה אמנו שזקנה בבטחון עד שהולידה והצמיחה. וכל העניינים הכוללים בצמחי אדמה ובפירותיה נוכל לכלול באדם הבלתי מוליד ולבסוף יפריח ויעשה פרי. וצריך לתקן הלשון במה שאמר אותן המלאכים כו' אלא שדמות. כי הלשון דחוק. ומה נחמדה המליצה אברהם יכונה בשם תאנה שהיא חביבה ומתוקה מאוד. שרה בשם גפן המשמח הלבב. הזית מצהיל פנים. כן הצהילו פנים של שרה בהבטחה. אבל עודנה השדמו' שהיא האדמה המקבל הזרע ומצמיח כן השדמות המניקים הוולד שעי"ז יגדל עדיין לא עשה אוכל. ואחר שאין זרע בשדה א"כ גזר ממכלה כל הצאן שהם זרע ישראל כי מאין יקחו ואין בקר המלומדים לחרוש בעמל כמו כן אפרים שהי' עמל בעבודת ה'. אך אני בה' אעלוזה כי יהפך הכל לטובה. ואחז זה על הכתוב וה' פקד. כי מלת פקידה מצינו

אֶלָּא "וַאֲנִי בַּה' אֶעֱלוֹזָה אָגִילָה בֵּאלֹהֵי יִשְׁעִי" — Rather: *As for me, in HASHEM will I rejoice; I will exult in the God of my salvation"* (*Habakkuk* 3:18). אָמַר לָהּ הַקָּדוֹשׁ בָּרוּךְ הוּא — **The Holy One, blessed is He, said to [Sarah],** אַתְּ לָא אוֹבַדְתְּ סִיבְרֵיךְ אַף אֲנָא אֵינִי מוֹבֵד יַת סִיבְרֵיךְ — "Since **you did not lose your hope** but kept your faith in Me, **I too will not cause you to lose hope."** אֶלָּא "וַה' פָּקַד אֶת שָׂרָה וגו'" — **Rather:** *HASHEM had remembered Sarah as He had said* (21:1) — God gave Sarah a child.

□ וַה' פָּקַד אֶת שָׂרָה — *HASHEM HAD REMEMBERED SARAH AS HE HAD SAID.*

The Midrash applies a verse in *Isaiah* to Sarah's nemesis and contrasts what happened to him with what happened to Sarah:

"יָבֵשׁ חָצִיר נָבֵל צִיץ וגו'" — *Grass withers and blossom fades etc.* (*Isaiah* 40:8) — יָבֵשׁ חֲצִירוֹ שֶׁל אֲבִימֶלֶךְ וְנָבֵל צִיצוֹ — this is an allusion to **the grass of Abimelech**[33] that **withered and his blossom** that **faded.** "וּדְבַר אֱלֹהֵינוּ יָקוּם לְעוֹלָם" — The verse in *Isaiah* continues: *but the word of our God shall stand forever* — "וַה' פָּקַד אֶת שָׂרָה כַּאֲשֶׁר אָמַר" — this alludes to Sarah's having a child,[34] as it says, *HASHEM had remembered Sarah as He had said* (21:1).[35]

§4 The Midrash relates two verses from *Psalms* to God's promise to grant progeny to Abraham. The first verse:

"לְעוֹלָם ה' דְּבָרְךָ נִצָּב בַּשָּׁמָיִם" — *Forever, HASHEM, Your word* [דְּבָרְךָ] *stands firm in the heavens* (*Psalms* 119:89). הָא בָּאָרֶץ לֹא — The Midrash asks: **But on earth** does God's word **not** stand firm?! אֶלָּא מַה שֶּׁאָמַרְתָּ לְאַבְרָהָם בַּשָּׁמַיִם — The Midrash answers: **Rather,** the verse is to be interpreted as follows: **That which You** (God) **said to Abraham in** *connection* **with the heavens** — "לַמּוֹעֵד אָשׁוּב אֵלֶיךָ כָּעֵת חַיָּה" — namely, *"Is anything* [דָּבָר] *beyond HASHEM?! At the appointed time I will return to you at this time next year, and Sarah will have a son"* (above, 18:14)[36] — stands firm.[37]

The second verse:

רַבִּי נַחְמָן דְּיָפוֹ מִשֵּׁם רַבִּי יַעֲקֹב דְּקֵיסָרִין פָּתַח — **R' Nachman of Jaffa, quoting R' Yaakov of Kaysarin, introduced** his exposition of our verse with the following thought: "אֱלֹהִים צְבָאוֹת שׁוּב נָא הַבֵּט מִשָּׁמַיִם וּרְאֵה וּפְקֹד גֶּפֶן זֹאת" — The verse states: *O God, Master of Legions, please return; look down from heaven and see, and be mindful of this vine* (*Psalms* 80:15). שׁוּב וַעֲשֵׂה מַה שֶּׁאָמַרְתָּ לְאַבְרָהָם "הַבֶּט נָא הַשָּׁמַיְמָה וּסְפֹר הַכּוֹכָבִים" — This verse may be interpreted as follows: *Return*[38] **and carry out that which You told Abraham,** *"Gaze, now, toward the Heavens, and count the stars if you are able to count them! . . . So shall your offspring be!"* (above, 15:5).[39] וּפְקוֹד גֶּפֶן זֹאת — When the verse in *Psalms* continues: *and be mindful* [וּפְקֹד] *of this vine,* "וַה' פָּקַד אֶת שָׂרָה" — it is recalling the verse, *HASHEM had remembered* [פָּקַד] *Sarah as He had said* (21:1).[40]

The Midrash continues discussing verse 21:1:

רַבִּי שְׁמוּאֵל בַּר נַחְמָן פָּתַח: — **R' Shmuel bar Nachman introduced** his exposition of our verse with the following thought: "לֹא אִישׁ אֵל וִיכַזֵּב וּבֶן אָדָם וְיִתְנֶחָם" — *God is not a man that He should be deceitful, nor a son of man that He should relent; He would say and not do, or speak and not fulfill* (*Numbers* 23:19). אָמַר רַבִּי שְׁמוּאֵל: הַפָּסוּק הַזֶּה לֹא רֹאשׁוֹ סוֹפוֹ וְלֹא סוֹפוֹ רֹאשׁוֹ — **R' Shmuel said: This verse's beginning is not** compatible with **its end and its end is not** compatible with **its beginning!** "לֹא אִישׁ אֵל וִיכַזֵּב וגו' הַהוּא אָמַר וְלֹא יַעֲשֶׂה וְדִבֶּר וְלֹא יְקִימֶנָּה" — The beginning of the verse states, *"God is not a man that He should be deceitful, etc.,* while the end of the verse states, *He would say and not do, or speak and not fulfill."*[41] אֶלָּא בְּשָׁעָה שֶׁהַקָּדוֹשׁ בָּרוּךְ הוּא גּוֹזֵר לְהָבִיא טוֹבָה לָעוֹלָם — **But** the explanation is that **when the Holy One, blessed is He, makes a decree to bring good to the world,** "לֹא אִישׁ אֵל וִיכַזֵּב" — then the statement *God is not a man that He should be deceitful* is applicable;[42] וּבְשָׁעָה שֶׁהוּא גּוֹזֵר לְהָבִיא רָעָה — **but when [God] makes a decree to bring bad** to the world, "הַהוּא אָמַר וְלֹא יַעֲשֶׂה" — then the words *He would say and not do* may hold true.[43]

NOTES

33. *Radal* suggests that our text should read נשי אבימלך, "the *wives* of Abimelech." See section 1.

34. Thus, while Abimelech *withered*, Sarah blossomed.

35. *Eitz Yosef*, citing *Yefeh To'ar*, writes that the Midrash is writing here in the style of מַעֲשֵׂה אָבוֹת סִימָן לְבָנִים: the events that occur in the lives of the Patriarchs serve as portents of events that will occur to their descendants (see above, 40 §6). Just as Abimelech, who caused Abraham to suffer, was punished, while Abraham and Sarah were blessed with a child, so too would the enemies of Israel be punished and Israel emerge victorious in the war of Gog and Magog in the Messianic era.

36. The promise that Abraham would have children is related to the heavens, for God told Abraham, *"Gaze, now, toward the 'Heavens,' and count the stars if you are able to count them! . . . So shall your offspring be!"* (above, 15:5); see *Shemos Rabbah* 38 §6. (Indeed, the Midrash will shortly quote that very verse.) The Midrash expounds the word דְּבָרְךָ, *Your word*, in the *Psalms* verse to refer to God's promise that Abraham would have children because 18:14 uses the word דָּבָר in this context as well (see *Maharzu*); see also 15:4.

37. That is: God's statement that Abraham's children would be innumerable *stands firm*, i.e., its fulfillment is guaranteed. See *Maharzu*. [For other approaches to this passage see *Matnos Kehunah*, *Eshed HaNechalim,* and *Eitz Yosef.*]

38. The term *return* is suggestive of doing something that had been done in the past (*Tiferes Tzion*). See next note.

39. The Psalmist asks God to *return* once again and fulfill His promise that Abraham's children would be innumerable — as He had in the past, in the days of Moses (see *Deuteronomy* 1:10, *Bamidbar Rabbah* 2 §12, 23 §8) (*Ohr HaSeichel*, cited in *Matnos Kehunah*; *Eitz Yosef*).

40. In entreating God to fulfill His guarantee that Abraham's offspring would be innumerable, the Psalmist invokes God's deliverance of Sarah. Sarah is described as a vine (see above, section 3) and, in this Psalm, the metaphor of a vine is used to describe the Jewish people (see *Psalms* ibid. v. 9). The Psalmist therefore asks God to be mindful of *this vine*, i.e., the Jewish people, just as He remembered another vine, i.e., Sarah, in times gone by (*Eitz Yosef*, citing *Yefeh To'ar*).

41. According to the plain meaning of the second half of this verse, the ה at its beginning indicates that it is a (rhetorical) question: *Would [God] say and not do, or speak and not confirm?!* (*Rashi* ad loc.). Accordingly, there is no contradiction between the two halves of the verse. But the Midrash is troubled by the apparent redundancy of the second half of the verse; in addition, it considers it unusual that the second half of the verse should be written in the style of a question, unlike the first half. It therefore takes the second half as well to be a statement. *[God] would say and not do, or speak and not fulfill*. The ה at the beginning serves to identify *the* One, i.e., God (*Nezer HaKodesh*, cited in large part by *Eitz Yosef*). Accordingly there is indeed a contradiction that requires resolution.

[*Yefeh To'ar* notes that a contradiction is of course a bigger problem than a mere redundancy. However, R' Shmuel has no answer to the latter question and therefore poses the former, to which he *does* have an answer.]

42. This holds true even if the intended recipient is no longer deserving of that goodness (see *Midrash Tanchuma* to *Numbers* ibid. [*Masei* §7]). It is an expression of God's attributes of goodness and kindness, which are more potent than His attribute of retribution, that He unfailingly carry out His decrees for good (*Yefeh To'ar*).

[See *Rambam*, Introduction to *Peirush HaMishnayos* (s.v. ונשאר בכאן), who notes that the rule that a prophecy for good is never reversed (stated in *Berachos* 7a [see also *Shabbos* 55a, cited by *Rambam, Hil. Yesodei HaTorah* 1:4]) is an extremely important one, because only as a result of this rule can an illegitimate prophet be exposed when his prophecy fails to materialize (see *Deuteronomy* 18:21-22). *Rambam* there notes also that this rule does not apply to prophecy that God did not command a prophet to communicate to others.]

43. Repentance may cause the reversal of a difficult decree (*Maharzu*; see *Bamidbar Rabbah* 20 §20).

אֶלָּא (חבקוק ג, יח) "וַאֲנִי בַּה' אֶעֱלוֹזָה אָגִילָה בֵּאלֹהֵי יִשְׁעִי". אָמַר לָהּ הַקָּדוֹשׁ בָּרוּךְ הוּא: אַתְּ לָא אוֹבְדִית סִיבְרִיךְ, אַף אֲנָא אֵינִי מוֹבֵד יָת סִיבְרִיךְ אֶלָּא "וַה' פָּקַד אֶת שָׂרָה וְגוֹ'". "וַה' פָּקַד אֶת שָׂרָה", (ישעיה מ, ח) "יָבֵשׁ חָצִיר נָבֵל צִיץ וְגוֹ'", יָבֵשׁ חֲצִירוֹ שֶׁל אֲבִימֶלֶךְ, וְנָבֵל צִיצוֹ, "וּדְבַר אֱלֹהֵינוּ יָקוּם לְעוֹלָם", "וַה' פָּקַד אֶת שָׂרָה כַּאֲשֶׁר אָמָר":

ד (תהלים קיט, פט) "לְעוֹלָם ה' דְּבָרְךָ נִצָּב בַּשָּׁמָיִם", הָא בָּאָרֶץ לֹא, אֶלָּא מַה שֶּׁאָמַרְתָּ לְאַבְרָהָם בַּשָּׁמַיִם, "לַמּוֹעֵד אָשׁוּב אֵלֶיךָ כָּעֵת חַיָּה". רַבִּי נַחְמָן דְּיָפוֹ מִשֵּׁם רַבִּי יַעֲקֹב דְּקֵיסָרִין פָּתַח (תהלים פ, טו) "אֱלֹהִים צְבָאוֹת שׁוּב נָא הַבֵּט מִשָּׁמַיִם וּרְאֵה וּפְקֹד גֶּפֶן זֹאת", [ז]שׁוּב וַעֲשֵׂה מַה שֶּׁאָמַרְתָּ לְאַבְרָהָם, (לעיל טו, ה) "הַבֶּט נָא הַשָּׁמַיְמָה וּסְפֹר הַכּוֹכָבִים", "וּפְקֹד גֶּפֶן זֹאת", "וַה' פָּקַד אֶת שָׂרָה". רַבִּי שְׁמוּאֵל בַּר נַחְמָן פָּתַח (במדבר כג, יט) "לֹא אִישׁ אֵל וִיכַזֵּב וּבֶן אָדָם וְיִתְנֶחָם", [ח]אָמַר רַבִּי שְׁמוּאֵל: הַפָּסוּק הַזֶּה לֹא רֹאשׁוֹ סוֹפוֹ וְלֹא סוֹפוֹ רֹאשׁוֹ, "לֹא אִישׁ אֵל וִיכַזֵּב וְגוֹ', הַהוּא אָמַר וְלֹא יַעֲשֶׂה וְדִבֶּר וְלֹא יְקִימֶנָּה", אֶלָּא [ט]בְּשָׁעָה שֶׁהַקָּדוֹשׁ בָּרוּךְ הוּא גּוֹזֵר לְהָבִיא טוֹבָה לָעוֹלָם, "לֹא אִישׁ אֵל וִיכַזֵּב", וּבְשָׁעָה שֶׁהוּא גּוֹזֵר לְהָבִיא רָעָה, "הַהוּא אָמַר וְלֹא יַעֲשֶׂה", בְּשָׁעָה שֶׁאָמַר לְאַבְרָהָם (לקמן פסוק יב) "כִּי בְיִצְחָק יִקָּרֵא לְךָ זָרַע", "לֹא אִישׁ אֵל וִיכַזֵּב", וּבְשָׁעָה שֶׁאָמַר לוֹ (לקמן כב, ב) "קַח נָא אֶת בִּנְךָ אֶת יְחִידְךָ", "הַהוּא אָמַר וְלֹא יַעֲשֶׂה". בְּשָׁעָה שֶׁאָמַר הַקָּדוֹשׁ בָּרוּךְ הוּא לְמֹשֶׁה (שמות ג, טז) "פָּקֹד פָּקַדְתִּי אֶתְכֶם", "לֹא אִישׁ אֵל וִיכַזֵּב", בְּשָׁעָה שֶׁאָמַר לוֹ הַקָּדוֹשׁ בָּרוּךְ הוּא (דברים ט, יד) "הֶרֶף מִמֶּנִּי וְאַשְׁמִידֵם", "הַהוּא אָמַר וְלֹא יַעֲשֶׂה". בְּשָׁעָה שֶׁאָמַר הַקָּדוֹשׁ בָּרוּךְ הוּא לְאַבְרָהָם (לעיל טו, יד) "וְגַם אֶת הַגּוֹי", "לֹא אִישׁ אֵל וִיכַזֵּב", וּבְשָׁעָה שֶׁאָמַר לוֹ (שם פסוק יג) "וַעֲבָדוּם וְעִנּוּ אוֹתָם וְגוֹ'", "הַהוּא אָמַר וְלֹא יַעֲשֶׂה", בְּשָׁעָה שֶׁאָמַר לוֹ הַקָּדוֹשׁ בָּרוּךְ הוּא "שׁוֹב אָשׁוּב אֵלֶיךָ", "לֹא אִישׁ אֵל וִיכַזֵּב", אֶלָּא "וַה' פָּקַד אֶת שָׂרָה וְגוֹ'":

עץ יוסף

אלא וה' פקד את שרה. דהו"ל לומר ויפקוד ה' את שרה אלא ה"ק וה' גם כן לא עזב חסדו כמו שהיא לא אבדה תקותה: **[ד] יבש חציר כו'.** רמז בו לענין אבימלך ואברהם אשר היה סימן לבנים. וכמו שאברהם ראה במפלת אבימלך שילערו. ופקדו ה'. כן יהי' לישראל עם גוג ומגוג (יפ"ת): **יבש חצירו של אבימלך.** שנא' כי עצור עצר ה' וגו': **(ד) אלא מה שאמרת לאברהם כו'.** כלו' אע"פ שלא שב למועד אשר יעדו. דבריו קיים בשמים. כי ממכון שבתו השגיח לפוקדה. ומאמר שוב אשוב אליך אינו חזרת עצמו ממש. אלא שישוב השגחתו אליו לטובה לעשות חפצו. ולעולם ה' דברך נצב בשמים פי' לעולם ישגיח ה' ויקיים דברו ממכון שבתו מן השמים (יפ"ת): **שוב ועשה מה שאמרת כו'.** פי' שוב נא לקיים הבטחת הבט נא השמימה וגו' להיותם ככוכבי השמים כאשר היו ביציאת מצרים בימי משה וכדלקמן בבמדב"ר פ"ב: **ופקוד גפן זאת וה' פקד.** פי' ופקוד גפן זאת דבק לשוב נא. ור"ל כי כמו שפקד אז את שרה שנקראת גפן כדלעיל סי' ג'. גם עתה ופקוד גפן זאת דהיינו ישראל שעליהם אמר שם גפן ממצרים תסיע (יפ"ת): **[ה] לא ראשו סופו.** דברישא כתיב שלא יכזב ובסיפא כתיב שהוא אומר ואינו עושה. דקרא בלשון בתמיה קאמר וכדפרש"י. וק"ל אמאי מעיקרא קאמר לה בניחותא ובתר הכי בלשון בתמיה. ודריש שבא לרמוז עוד לחלק בין טובה לרעה. ולפי דרשא זו תרווייהו בניחותא קאמר. וה"ק לא איש אל ויכזב וגו' בטובה. וההוא אמר ולא יעשה היינו ברעה ולפי דרשא זו שמוש הה"א של ההוא אינו ה"א התימא אלא ה"א הידיעה ההוא הידוע זה הקב"ה כמ"ש הוא ה' אלהינו (נזה"ק): **ועבדום וענו אותם וגו'** ד' מאות שנה ההוא אמר ולא יעשה אלא חשב ד' מאות שנה מיום שנולד יצחק. ולא באו לכלל עבדות ועינוי עד אחר מיתת יוסף ואחיו. ולא נתקיים בהם

פירוש מהרז"ו

יבש חציר כמ"ש שם כל הבשר חציר וגו' משל על הרשעים וכמ"ש בפרוח רשעים כמו עשב וגו' אבל בצדיקים כתיב צדיק כתמר יפרח וגו' וכן שרה שנמשלה לגפן כו' ועיין סימן א': **(ד) לעולם ה' דברך** עי' שמ"ר פר' ל"ח סימן ו' באורך וש"נ. ומ"ש שאמר לאברהם בשמים. מבואר שם דהיינו שא"ל ויאמר הבט נא השמימה וגו'. וכמ"ש אח"ז כאן. ומ"ש המדרש למועד אשוב אליך דורש תיבת דברך ממ"ש היפלא מה' דבר וגו': **ההוא אמר וגו'** שהיל"ל הוא אמר ויעשה דיבר ויקימנה אלא משמע תמיה המתקיימת שלא יעשה כו' והם ב' כ"מ ומכריע זה לטובה וזה לרעה שאינו מקיים אם ישובו וע"ד שכתוב כי לא אחפוץ במות המת וגו' ועי' במ"ר פר' כ' סימן כ' ופ' כ"ג סימן א' תנחומא סימן י"ג ירושלמי פ"ב דתענית סוף ה' א': **וגם את הגוי** דן אנכי ואח"כ יצאו ברכוש גדול קיים. ועבדום וענו אותם ת' שנה לא קיים שלא עבדו רק מנין רד"ו שנה:

חידושי הרד"ל

(ד) **ונבל ציץ של אבימלך.** וכן הוא בילקוט ואפשר נ"ל אלו נשי אבימלך וכדלעיל בריש הפרשה:

מסורת המדרש

ו ילקוט ישעיה רמז ש"ט:
ז מדרש תהלים מזמור פ'. ילקוט תהלים רמז תתכ"ט:
ח ירושלמי תענית פרק ב' סוף הלכה א' במד"ר פרשה כ"ג. מדרש תהלים מזמור י"ג. תנחומא כאן סי' י"ג. וסדר מסעי סי' ז':
ט ע' שבת דף נ"ה. וילקוט יחזקאל רמז שמ"ט:

אם למקרא

יָבֵשׁ חָצִיר נָבֵל צִיץ וּדְבַר־אֱלֹהֵינוּ יָקוּם לְעוֹלָם: (ישעיה מ:ח)

לְעוֹלָם ה' דְּבָרְךָ נִצָּב בַּשָּׁמָיִם: (תהלים קיט:פט)

אֱלֹהִים צְבָאוֹת שׁוּב־נָא הַבֵּט מִשָּׁמַיִם וּרְאֵה וּפְקֹד גֶּפֶן זֹאת: (תהלים פ:טו)

לֹא אִישׁ אֵל וִיכַזֵּב וּבֶן־אָדָם וְיִתְנֶחָם הַהוּא אָמַר וְלֹא יַעֲשֶׂה וְדִבֶּר וְלֹא יְקִימֶנָּה: (במדבר כג:יט)

לֵךְ וְאָסַפְתָּ אֶת־זִקְנֵי יִשְׂרָאֵל וְאָמַרְתָּ אֲלֵהֶם ה' אֱלֹהֵי אֲבֹתֵיכֶם נִרְאָה אֵלַי אֱלֹהֵי אַבְרָהָם יִצְחָק וְיַעֲקֹב לֵאמֹר פָּקֹד פָּקַדְתִּי אֶתְכֶם וְאֶת־הֶעָשׂוּי לָכֶם בְּמִצְרָיִם: (שמות ג:טז)

הֶרֶף מִמֶּנִּי וְאַשְׁמִידֵם וְאֶמְחֶה אֶת־שְׁמָם מִתַּחַת הַשָּׁמָיִם וְאֶעֱשֶׂה אוֹתְךָ לְגוֹי־עָצוּם וָרָב מִמֶּנּוּ: (דברים ט:יד)

מתנות כהונה

חצירו של אבימלך כו'. שנאמר כי עצור עצר ה' וגו' [והכי גרסינן בילקוט ס' זה בהדיא]: **[ד] מה שאמרת לאברהם בשמים.** שקודם שנגלה אליו על הארץ אמר למלאך שיבשרנו שיהיה לשרה בן למועד: **שוב ועשה כו'.** ותפלת המשורר היתה כאילו עמד בימי אברהם והאב"א פירש שהתפלל שיהיה כן לגלא כשם שנתקיים בימי משה שנאמר והנכם היום ככוכבי השמים לרוב: **לא סופו ראשו כו'.** ברתשונה אמר שלא יכזב ומסיים שאמר דבר ולא יקימנו: **ועבדום ועינו אותם.** סיפיה דקרא ד' מאות שנה וחשב את הקץ לחשוב ד' מאות שנה מיום שנולד יצחק ולא באו לכלל ועבדום ועינו עד אחר מיתת יוסף רק גירות נתקיים בהם ועיין לעיל פרשה מ"ג:

אשד הנחלים

ג"כ על הארץ כדוגמא הזאת. כמ"ש פקדת הארץ ותשוקקיה. אולי דרש וה' פקד זהו פקידת ההריון שהוא הזכירה הראשונה ואח"כ ויעש. וזהו שהאירה כזית בהבשורה. אך עדיין שדמות לא עשו אוכל ואח"כ ויעש שהתקינה וחזרה לנערותה ממש בברכת שדים: **יבש חציר** כלומר מה שבטבע לגדל כחציר הגדל מהר יבש כי נעצר כרגע. אבל דבר אלהינו על דבר הנעלה מדרך הטבע יקום לעולם. ולכן סמך הכתוב הספור הזה מפקידת ההריון אחר מעשה אבימלך: **[ד] לאברהם בשמים.** כלומר ע"י מלאך שהוא מן השמים מן העולמות העליונים. וכאומר אף שאנחנו רואים בארץ כי הטבע עושה שלה. אבל האמת לא כן הוא. דברך ניצב בשמים להפך טבע הנתונה על הארץ. כאלו הדיבור ניצב בשמים מבלי יתראה עד עת בא דברו וזהו למועד גו' והבן. ויתכן עוד שזהו כמו שאמרו לעיל שהגביה לאברהם למעלה מכיפת הרקיע והראה לו למעלה שיוליד באחרית הזמן: **שוב ועשה מה שאמרת.** כלומר כמה שעשית לאברהם מאז שבתחילה הראית לו למעלה שיפקד ואח"כ נפקד באמת כן תעשה לנו לפקדנו בישועה עוד הפעם. וזהו וכנה אשר נטעה ימינך מאז כן תעש' גם עתה: **לא ראשו סופו כו' להביא רעה כו'.** דלא ניחא לי' למימר שהוא בלשון תמיה דא"כ הוא כפל לשון. רק מפרש על הרעה ההוא אמר ולא יקימנה ודיבר ולא יעשה. כי התשובה מהפך הגזירה ומביא כל העניינים אשר לרעה ולא קיים. כי הם תלוים בתנאי. ויש בזה מקום מחקר דק. אך יבואר בספרי הדרשות בארוכה: **אשר שמרת כו' זה אברהם.** כי מלת שמירה הונח על מי ששומר הדבר עד אחרית הזמן. ולכן נאמר בכל המצות ושמרתם ועשיתם העשי' הוא בפועל ממש והשמירה בלב שיהי' שמור בזכרונו לעת בוא המעשה לידו והנה התכלית האחרון מזרע אברהם הוא בנין בהמ"ק. ובעת אשר בנה שלמה הבית המקדש זכר את אברהם אשר הוא הראשון אשר התחיל וכונן התכלית הזאת. ולמען זה נתן לו ה'

The Midrash will now list several instances where one of these two opposing rules was applied:

בְּשָׁעָה שֶׁאָמַר לְאַבְרָהָם "כִּי בְיִצְחָק יִקָּרֵא לְךָ זָרַע" — **When [God] told Abraham, *"for through Isaac will offspring be considered yours"*** (below, v. 12), "לֹא אִישׁ אֵל וִיכַזֵּב" — the phrase ***God is not a man that He should be deceitful*** was applied.[44] וּבְשָׁעָה שֶׁאָמַר לוֹ "קַח נָא אֶת בִּנְךָ אֶת יְחִידְךָ" — **But, when [God] told [Abraham], *"Please take your son, your only one,*** *whom you love — Isaac — and . . . bring him up there as an offering"* (below, 22:2), "הַהוּא אָמַר וְלֹא יַעֲשֶׂה" — then the words ***He would say and not do*** were applied.[45]Ⓐ בְּשָׁעָה שֶׁאָמַר הַקָּדוֹשׁ בָּרוּךְ הוּא לְמשֶׁה "פָּקֹד פָּקַדְתִּי אֶתְכֶם" — **When the Holy One, blessed is He, said to Moses, *"I have surely remembered you*** *and what is done to you in Egypt. And I have said, 'I shall bring you up from the affliction of Egypt'"* (*Exodus* 3:16), "לֹא אִישׁ אֵל וִיכַזֵּב" — the phrase ***God is not a man that He should be deceitful*** was applied.[46] בְּשָׁעָה שֶׁאָמַר לוֹ הַקָּדוֹשׁ בָּרוּךְ הוּא "הֶרֶף מִמֶּנִּי וְאַשְׁמִידֵם" — **But when the Holy One, blessed is He, told [Moses], *"Release Me, and I shall destroy [the Jewish people]"*** (*Deuteronomy* 9:14),[47] "הַהוּא אָמַר וְלֹא יַעֲשֶׂה" — then the words ***He would say and not do*** were applied.[48] בְּשָׁעָה שֶׁאָמַר הַקָּדוֹשׁ בָּרוּךְ הוּא לְאַבְרָהָם "וְגַם אֶת הַגּוֹי וגו׳" — **When the Holy One, blessed is He, said to Abraham, *"But also the nation*** *that they will serve, I shall judge, and afterward they will leave with great wealth"* (above, 15:14), "לֹא אִישׁ אֵל וִיכַזֵּב" — the phrase ***God is not a man that He should be deceitful*** was applied.[49] וּבְשָׁעָה שֶׁאָמַר לוֹ "וַעֲבָדוּם וְעִנּוּ אוֹתָם" — **But when God said [to Abraham],** *"Know with certainty that your offspring shall be aliens in a land not their own —* ***and they will serve them, and they will oppress them*** *— four hundred years"* (above, 15:13), "הַהוּא אָמַר וְלֹא יַעֲשֶׂה" — then the words ***He would say and not do*** were applied.[50] בְּשָׁעָה שֶׁאָמַר לוֹ הַקָּדוֹשׁ בָּרוּךְ הוּא "שׁוֹב אָשׁוּב אֵלֶיךָ" — **When the Holy One, blessed is He, said to [Abraham], *"I will surely return to you*** *at this time next year, and behold Sarah your wife will have a son"* (above, 18:10), "לֹא אִישׁ אֵל וִיכַזֵּב" — the phrase ***God is not a man that He should be deceitful*** was applied;[51] אֶלָּא "וַה׳ פָּקַד אֶת שָׂרָה וגו׳" — **indeed, *HASHEM had remembered Sarah*** *as He had said* (21:1).

NOTES

44. For, ultimately, God kept his promise to perpetuate Abraham through Isaac.

45. For, in the end, after Abraham proved his fear of God, he was commanded that Isaac not be offered sacrificially (see below, 22:12). See Insight Ⓐ.

46. The Jews were, indeed, redeemed from Egyptian bondage, despite questions of their worthiness (see *Shemos Rabbah* 21 §7).

47. [God made this statement in the aftermath of the sin of the Golden Calf.]

48. As a result of Moses' prayers, God informed him that He would not annihilate the Jewish people (see *Exodus* 32:11-14; *Deuteronomy* 9:19).

49. Here too, God fulfilled His promise: The Egyptians were punished and the Jews left Egypt laden with wealth (see *Exodus* 12:35-36).

50. This prophecy foretold the Egyptian exile. [Due to the prayers of the Jews who were suffering acutely (*Eitz Yosef* to *Bamidbar Rabbah* 23 §8, citing *Yefeh To'ar*)], God did not adhere to the strict interpretation of His words, which would have condemned the Jews to 400 years of affliction. Instead, He considered Israel to be *aliens in a land not their own* already from Isaac's birth; and it was only many years later, after the deaths of Joseph and the other children of Jacob, that the Israelites actually began to *serve* the Egyptians and suffer from the Egyptians *oppressing* them (*Matnos Kehunah, Eitz Yosef;* compare to 44 §18 above).

51. God could have annulled that commitment because Sarah laughed at the notion of her bearing a child (see above, 18:12) or because of some other reason. Nonetheless, God upheld His decree for good (see *Beur* to *Pesikta Rabbasi* 43 §15; see also *Me'am Loez*, who offers two additional reasons for the potential inapplicability of God's assurance).

INSIGHTS

Ⓐ **God Is Not Deceitful** The Midrash teaches that God never rescinds a decree by which He committed Himself to bring good to the world, but He may rescind a decree that will bring evil to the world.

These principles are applied to the apparent contradiction between God's promise to Abraham on the one hand, *For through Isaac will offspring be considered yours,* and His directive to Abraham on the other hand, *Please take your son, your only one ... and bring him up there as an offering.* Although at the time he was tested Abraham did not know how to resolve the contradiction, it was clear in retrospect that the promise of offspring through Isaac was subject to the phrase, *God is not a man that He should be deceitful* (as the promise was ultimately fulfilled), whereas the directive to bring Isaac as an offering was subject to the phrase, *He would say and not do* (as the directive was ultimately rescinded).

Yet, the Midrash resolves the contradiction only retrospectively. Going into the situation, Abraham faced the paradox between the promise and the directive prospectively. How, then, did he arrive at the decision to proceed according to the prescription of the directive rather than hold back on the basis of the proscription implied by the promise?

R' Eliyahu Dessler (*Michtav MeEliyahu* Vol. 5, p. 338) explains that the most profound level of *emunah,* belief in God, is a level at which no contradiction — even the greatest contradiction — disturbs the equanimity of the believer. Abraham believed with complete conviction that God would fulfill His promise of progeny through Isaac, and that it would be with that progeny that God would eventually fulfill His other promise — viz., to grant them the Land of Israel. Yet at the same time, Abraham believed with the utmost certainty that he had received a prophetic directive to bring Isaac as an offering atop Mount Moriah. A "normal" believer who found himself facing such a conundrum would be paralyzed by doubt. Abraham, however, was at a level of belief that transcended any questions. For a person on such a level, that which he perceives to be true through his inner vision is as strong and as clear to him as that which he sees with his outer vision. Accordingly, his certain knowledge that *God is not a man that He should be deceitful* leads him to conclude that the issue is his own lack of understanding. Although at this juncture he may be personally incapable of understanding how two paradoxical statements can both come to fruition, his belief and confidence in God afford him the certain knowledge that they *will* both come to fruition, and he hopes to understand the "resolution" of the paradox at that point.

[As to the corollary question: Why did Abraham not simply ask God to resolve the contradiction for him?, R' Dessler remarks pithily and succinctly that Abraham's attitude was: "I do not ask questions that may be grounded in personal vested interests (*negios*)." (This last issue is dealt with at greater length in *Michtav MeEliyahu* Vol. 2, p. 191.)]

אֶלָּא (חבקוק ג, יח) "וַאֲנִי בַּה' אֶעֱלוֹזָה אָגִילָה בֵּאלֹהֵי יִשְׁעִי". אָמַר לָהּ הַקָּדוֹשׁ בָּרוּךְ הוּא: אַתְּ לָא אוֹבְדִית סִיבְרִיךְ, אַף אֲנָא אֵינִי מוֹבֵד יָת סִיבְרִיךְ אֶלָּא "וַה' פָּקַד אֶת שָׂרָה וְגוֹ'". "וַה' פָּקַד אֶת שָׂרָה", (ישעיה מ, ח) "יָבֵשׁ חָצִיר נָבֵל צִיץ וְגוֹ'", יָבֵשׁ חֲצִירוֹ שֶׁל אֲבִימֶלֶךְ, וְנָבֵל צִיצוֹ, "וּדְבַר אֱלֹהֵינוּ יָקוּם לְעוֹלָם", "וַה' פָּקַד אֶת שָׂרָה כַּאֲשֶׁר אָמָר":

ד (תהלים קיט, פט) "לְעוֹלָם ה' דְּבָרְךָ נִצָּב בַּשָּׁמָיִם", הָא בָּאָרֶץ לֹא, אֶלָּא מַה שֶּׁאָמַרְתָּ לְאַבְרָהָם בַּשָּׁמַיִם, "לַמּוֹעֵד אָשׁוּב אֵלֶיךָ כָּעֵת חַיָּה". רַבִּי נַחְמָן דְּיָפוֹ מִשֵּׁם רַבִּי יַעֲקֹב דְּקֵיסָרִין פָּתַח (תהלים פ, טו) "אֱלֹהִים צְבָאוֹת שׁוּב נָא הַבֵּט מִשָּׁמַיִם וּרְאֵה וּפְקֹד גֶּפֶן זֹאת", [ז]שׁוּב וַעֲשֵׂה מַה שֶּׁאָמַרְתָּ לְאַבְרָהָם, (לעיל טו, ה) "הַבֶּט נָא הַשָּׁמַיְמָה וּסְפֹר הַכּוֹכָבִים", "וּפְקֹד גֶּפֶן זֹאת", "וַה' פָּקַד אֶת שָׂרָה". רַבִּי שְׁמוּאֵל בַּר נַחְמָן פָּתַח (במדבר כג, יט) "לֹא אִישׁ אֵל וִיכַזֵּב וּבֶן אָדָם וְיִתְנֶחָם", [ח]אָמַר רַבִּי שְׁמוּאֵל: הַפָּסוּק הַזֶּה לֹא רֹאשׁוֹ סוֹפוֹ וְלֹא סוֹפוֹ רֹאשׁוֹ, "לֹא אִישׁ אֵל וִיכַזֵּב וְגוֹ', הַהוּא אָמַר וְלֹא יַעֲשֶׂה וְדִבֶּר וְלֹא יְקִימֶנָּה", אֶלָּא [ט]בְּשָׁעָה שֶׁהַקָּדוֹשׁ בָּרוּךְ הוּא גּוֹזֵר לְהָבִיא טוֹבָה לָעוֹלָם, "לֹא אִישׁ אֵל וִיכַזֵּב", וּבְשָׁעָה שֶׁהוּא גּוֹזֵר לְהָבִיא רָעָה, "הַהוּא אָמַר וְלֹא יַעֲשֶׂה", בְּשָׁעָה שֶׁאָמַר לְאַבְרָהָם (לקמן פסוק יב) "כִּי בְיִצְחָק יִקָּרֵא לְךָ זָרַע", "לֹא אִישׁ אֵל וִיכַזֵּב", וּבְשָׁעָה שֶׁאָמַר לוֹ (לקמן כב, ב) "קַח נָא אֶת בִּנְךָ אֶת יְחִידְךָ", "הַהוּא אָמַר וְלֹא יַעֲשֶׂה". בְּשָׁעָה שֶׁאָמַר הַקָּדוֹשׁ בָּרוּךְ הוּא לְמֹשֶׁה (שמות ג, טז) "פָּקֹד פָּקַדְתִּי אֶתְכֶם", "לֹא אִישׁ אֵל וִיכַזֵּב", בְּשָׁעָה שֶׁאָמַר לוֹ הַקָּדוֹשׁ בָּרוּךְ הוּא (דברים ט, יד) "הֶרֶף מִמֶּנִּי וְאַשְׁמִידֵם", "הַהוּא אָמַר וְלֹא יַעֲשֶׂה". בְּשָׁעָה שֶׁאָמַר הַקָּדוֹשׁ בָּרוּךְ הוּא לְאַבְרָהָם (לעיל טו, יד) "וְגַם אֶת הַגּוֹי", "לֹא אִישׁ אֵל וִיכַזֵּב", וּבְשָׁעָה שֶׁאָמַר לוֹ (שם פסוק יג) "וַעֲבָדוּם וְעִנּוּ אֹתָם וְגוֹ'", "הַהוּא אָמַר וְלֹא יַעֲשֶׂה", בְּשָׁעָה שֶׁאָמַר לוֹ הַקָּדוֹשׁ בָּרוּךְ הוּא "שׁוֹב אָשׁוּב אֵלֶיךָ", "לֹא אִישׁ אֵל וִיכַזֵּב", אֶלָּא "וַה' פָּקַד אֶת שָׂרָה וְגוֹ'":

חידושי הרד"ל

(ד) ונבל ציץ של אבימלך. וכן הוא בילקוט ואפשר צ"ל אלו נשי אבימלך וכדלעיל בריש הפרשה:

עץ יוסף

אלא וה' פקד את שרה. דהו"ל לומר ויפקוד ה' את שרה אלא ה"ק וה' גם כן לא עזב חסדו כמו שהיא לא אבדה תקותה: [ד] יבש חציר כו'. רמז בו לענין אבימלך ואברהם אשר היה סימן לבנים. וכמו שאברהם ראה במפלת אבימלך שילערו. ופקדו ה'. כן יהי' לישראל עם גוג ומגוג (יפ"ת): יבש חצירו של אבימלך. שנא' כי עצור עצר ה' וגו': (ד) אלא מה שאמרת לאברהם כו'. כלו' אע"פ שלא שב למועד אשר יעדו. דבריו קיים בשמים. כי ממכון שבתו השגיח לפוקדה. ומאמר שוב אשוב אליך אינו חזרת עצמו ממש. אלא שישוב השגחתו אליו לטובה לעשות חפלו. ולעולם ה' דברך נצב בשמים פי' לעולם ישגיח ה' ויקיים דברו ממכון שבתו מן השמים (יפ"ת): שוב ועשה מה שאמרת כו'. פי' שוב נא לקיים הבטחת הבט נא השמימה וגו' להיותם ככוכבי השמים כאשר היו ביציאת מצרים בימי משה וכדלקמן בבמדב"ר פ"ב: ופקוד גפן זאת וה' פקד. פי' ופקוד גפן זאת דבק לשוב נא. ור"ל כי כמו שפקד אז את שרה שנקראת גפן כדלעיל סי' ג'. גם עתה ופקוד גפן זאת דהיינו ישראל שעליהם אמר שם גפן ממצרים תסיע (יפ"ת): [ה] לא ראשו סופו. דברישא כתיב שלא יכזב ובסיפא כתיב שהוא אומר ואינו עושה. דקרא בלשון בתמיה קאמר וכדפרש"י. וק"ל אמאי מעיקרא קאמר לה בניחותא ובתר הכי בלשון בתמיה. ודריש שבא לרמוז עוד לחלק בין טובה לרעה. ולפי דרשא זו תרווייהו בניחותא קאמר. וה"ק לא איש אל ויכזב וגו' בטובה. וההוא אמר ולא יעשה היינו ברעה ולפי דרשא זו שמוש הה"א של ההוא אינו ה"א התימא אלא ה"א הידיעה ההוא הידוע זה הקב"ה כמ"ש הוא ה' אלהינו (נזה"ק): ועבדום וענו אותם וגו' ד' מאות שנה ההוא אמר ולא יעשה אלא חשב ד' מאות שנה מיום שנולד יצחק. ולא באו לכלל עבדות ועינוי עד אחר מיתת יוסף ואחיו. ולא נתקיים בהם

פירוש מהרז"ו

יבש חציר כמ"ש שם כל הבשר חציר וגו' משל על הרשעים וכמ"ש בפרוח רשעים כמו עשב וגו' אבל בלדיקים כתיב לדיק כתמר יפרח וגו' וכן שרה שנמשלה לגפן כו' ועיין סימן א': (ד) לעולם ה' דברך עי' שמ"ר פר' ל"ח סימן ו' באורך וש"נ. ומ"ש שאמר לאברהם בשמים. מבואר שם דהיינו שא"ל ויאמר הבט נא השמימה וגו'. וכמ"ש אא"ז כאן. ומ"ש המדרש למועד אשוב אליך דורש תיבת דברך ממ"ש היפלא מה' דבר וגו': ההוא אמר וגו' שהיל"ל הוא אמר ויעשה דיבר ויקימנה אלא משמע תמיה המתקיימת שלא יעשה כו' והם ב' כ"מ ומכריע זה לטובה וזה לרעה שאינו מקיים אם ישובו וע"ד שכתוב כי לא אחפוץ במות המת וגו' ועי' במ"ר פר' כ' סימן כ' ופ' כ"ג סימן ח' תנחומא סימן י"ג ירושלמי פ"ב דתענית סוף ה' א': וגם את הגוי דן אנכי ואח"כ ילאו ברכוש גדול קיים. ועבדום וענו אותם ת' שנה לא קיים שלא עבדו רק מנין רד"ו שנה:

מסורת המדרש

ו ילקוט ישעיה רמז ש"ט:
ז מדרש תהלים מזמור פ'. ילקוט תהלים רמז תתכ"ט:
ח ירושלמי תענית פרק ב' סוף הלכה א' במד"ר פרשה כ"ג. מדרש תהלים מזמור י"ג. תנחומא כאן סי' י"ג. וסדר מסעי סי' ז':
ט ע' שבת דף כ"ה. וילקוט יחזקאל רמז שמ"ט:

אם למקרא

יָבֵשׁ חָצִיר נָבֵל צִיץ וּדְבַר־אֱלֹהֵינוּ יָקוּם לְעוֹלָם: (ישעיה מ:ח)

לְעוֹלָם ה' דְּבָרְךָ נִצָּב בַּשָּׁמָיִם: (תהלים קיט:פט)

אֱלֹהִים צְבָאוֹת שׁוּב־נָא הַבֵּט מִשָּׁמַיִם וּרְאֵה וּפְקֹד גֶּפֶן זֹאת: (תהלים פ:טו)

לֹא אִישׁ אֵל וִיכַזֵּב וּבֶן־אָדָם וְיִתְנֶחָם הַהוּא אָמַר וְלֹא יַעֲשֶׂה וְדִבֶּר וְלֹא יְקִימֶנָּה: (במדבר כג:יט)

לֵךְ וְאָסַפְתָּ אֶת־זִקְנֵי יִשְׂרָאֵל וְאָמַרְתָּ אֲלֵהֶם ה' אֱלֹהֵי אֲבֹתֵיכֶם נִרְאָה אֵלַי אֱלֹהֵי אַבְרָהָם יִצְחָק וְיַעֲקֹב לֵאמֹר פָּקֹד פָּקַדְתִּי אֶתְכֶם וְאֶת־הֶעָשׂוּי לָכֶם בְּמִצְרָיִם: (שמות ג:טז)

הֶרֶף מִמֶּנִּי וְאַשְׁמִידֵם וְאֶמְחֶה אֶת־שְׁמָם מִתַּחַת הַשָּׁמָיִם וְאֶעֱשֶׂה אוֹתְךָ לְגוֹי־עָצוּם וָרָב מִמֶּנּוּ: (דברים ט:יד)

מתנות כהונה

חצירו של אבימלך כו'. שנאמר כי עצור עצר ה' וגו' [והכי גרסינן בילקוט ס' זה בהדיא]: [ד] מה שאמרת לאברהם בשמים. שקודם שנגלה אליו על הארץ אמר למלאך שיבשרנו שיהיה לשרה בן למועד: שוב ועשה כו'. ותפלת המשורר היתה כאילו עמד בימי אברהם והאב"א פירש שהתפלל שיהיה כן לגאל כשם שנתקיים בימי משה שנאמר והנכם היום ככוכבי השמים לרוב: לא סופו ראשו כו'. ברא שונה אמר שלא יכזב ומסיים שאמר דבר ולא יקימנו: ועבדום ועינו אותם. סיפיה דקרא ד' מאות שנה וחשב את הקץ לחשוב ד' מאות שנה מיום שנולד יצחק ולא באו לכלל ועבדום ועינו עד אחר מיתת יוסף רק גירות נתקיים בהם ועיין לעיל פרשה מ"ג:

אשד הנחלים

ג"כ על הארץ כדוגמא הזאת. כמ"ש פקדת הארץ ותשוקקיה. אולי דרש וה' פקד זהו פקידת ההריון שהוא הזכירה הראשונה ואח"כ ויעש. וזהו שהאירה כזית בהבשורה. אך עדיין שדמות לא עשו אוכל ואח"כ ויעש שהתקינה וחזרה לנערותה ממש בברכת שדים: יבש חציר כלומר מה שבטבע לגדל כחציר הגדל מהר יבש כי נעצר כרגע. אבל דבר אלהינו על דבר הנעלה מדרך הטבע יקום לעולם. ולכן סמך הכתוב הספור הזה מפקידת ההריון אחר מעשה אבימלך: [ד] לאברהם בשמים. כלומר ע"י מלאך שהוא מן השמים מן העולמות העליונים. וכאומר אף שאנחנו רואים בארץ כי הטבע עושה שלה. אבל האמת לא כן הוא. דברך ניצב בשמים להפך טבע הנתונה על הארץ. כאלו הדיבור ניצב בשמים מבלי יתראה עד עת בא דברו וזהו למועד גו' והבן. ויתכן עוד שזהו כמו שאמרו לעיל שהגביה לאברהם למעלה מכיפת הרקיע והראה לו למעלה שיוליד באחרית הזמן: שוב ועשה מה שאמרת. כלומר כמה שעשית לאברהם מאז שבתחילה הראית לו למעלה שיפקד ואח"כ נפקד באמת כן תעשה לנו לפקדנו בישועה עוד הפעם. וזהו וכנה אשר נטעה ימינך מאז כן תעש' גם עתה: לא ראשו סופו כו' להביא רעה כו'. דלא ניחא לי' למימר שהוא בלשון תמיה דא"כ הוא כפל לשון. רק מפרש על הרעה ההוא אמר ולא יקימנה ודיבר ולא יעשה. כי התשובה מהפך הגזירה ומביא כל העניינים אשר לרעה ולא קיים. כי הם תלוים בתנאי. ויש בזה מקום מחקר דק. אך יבואר בספרי הדרשות בארוכה: אשר שמרת כו' זה אברהם. כי מלת שמירה הונח על מי ששומר הדבר עד אחרית הזמן. ולכן נאמר בכל המצות ושמרתם ועשיתם העשי' הוא בפועל ממש והשמירה בלב שיהי' שמור בזכרונו לעת בוא המעשה לידו והנה התכלית האחרון מזרע אברהם הוא בנין בהמ"ק. ובעת אשר בנה שלמה הבית המקדש זכר את אברהם אשר הוא הראשון אשר התחיל וכונן התכלית הזאת. ולמען זה נתן לו ה'

§5 The Midrash relates a verse in *Kings* to God's fulfillment of His promise to Abraham and Sarah:

"וַה׳ פָּקַד אֶת שָׂרָה" — ***HASHEM had remembered Sarah.*** "אֲשֶׁר שָׁמַרְתָּ לְעַבְדְּךָ דָוִד אָבִי אֵת אֲשֶׁר דִּבַּרְתָּ לוֹ" — A verse states: ***for You have preserved for Your servant, my father David, all that You have spoken to him*** (*I Kings* 8:24).[52] "אֲשֶׁר שָׁמַרְתָּ לְעַבְדְּךָ", זֶה אַבְרָהָם — The phrase ***for You have preserved for Your servant*** — **this is** an allusion to **Abraham;**[53] "אֵת אֲשֶׁר דִּבַּרְתָּ לוֹ", "לַמּוֹעֵד אָשׁוּב אֵלֶיךָ" — the phrase ***all that You have spoken to him*** alludes to the promise God made to Abraham, ***"At the appointed time I will return to you*** *. . . and Sarah will have a son"* (above, 18:14). "וַתְּדַבֵּר בְּפִיךָ וּבְיָדְךָ מִלֵּאתָ כַּיּוֹם הַזֶּה" — The verse in *Kings* concludes: ***You spoke with Your mouth and with Your power fulfilled this very day*** (*I Kings* 8:24), "וַה׳ פָּקַד אֶת שָׂרָה" — and this is a reference to our verse, ***HASHEM had remembered Sarah*** *as He had said.*[54]

The Midrash relates a verse in *Psalms* to Sarah's miraculous deliverance:

"מוֹשִׁיבִי עֲקֶרֶת הַבַּיִת אֵם הַבָּנִים שְׂמֵחָה" — ***He transforms the barren wife [into] a glad mother of children*** (*Psalms* 113:9). "מוֹשִׁיבִי עֲקֶרֶת הַבַּיִת" זוֹ שָׂרָה — ***He transforms the barren wife*** — **this is** an allusion to **Sarah,** שֶׁנֶּאֱמַר "וַתְּהִי שָׂרַי עֲקָרָה" — **as it is stated,** ***And Sarai was barren*** (above, 12:30).[55] "אֵם הַבָּנִים שְׂמֵחָה" שֶׁנֶּאֱמַר "הֵינִיקָה בָנִים שָׂרָה" — The continuation of the verse, ***[into] a glad mother of children,*** also alludes to Sarah, **as it is stated,** ***Sarah would nurse children*** (below, 21:7).[56]

Our verse states: *HASHEM had remembered Sarah as He had said; and HASHEM did for Sarah as He had spoken.* The Midrash cites four Tannaim's opinions on how to resolve the apparent redundancy:

"וַה׳ פָּקַד אֶת שָׂרָה כַּאֲשֶׁר אָמָר", — (i) ***HASHEM had remembered Sarah as He had said*** — מַה שֶּׁאָמַר לָהּ הוּא בַּאֲמִירָה — this refers to **that which [God]** Himself **said about [Sarah] with the expression "saying";**[57] "וַיַּעַשׂ ה׳ . . . כַּאֲשֶׁר דִּבֵּר", מַה שֶּׁדִּבֵּר לָהּ עַל יְדֵי מַלְאָךְ — ***and HASHEM did for Sarah as He had spoken*** — this refers to **that which [God] spoke about [Sarah] through a heavenly angel.**[58]

רַבִּי נְחֶמְיָה אָמַר — (ii) **R' Nechemyah said** the opposite of the above approach: "וַה׳ פָּקַד אֶת שָׂרָה כַּאֲשֶׁר אָמָר", מַה שֶּׁאָמַר לָהּ עַל יְדֵי מַלְאָךְ — ***HASHEM had remembered Sarah as He had said*** — this refers to **that which [God] said about [Sarah] through a heavenly angel;** "וַיַּעַשׂ ה׳ לְשָׂרָה כַּאֲשֶׁר דִּבֵּר" מַה שֶּׁאָמַר לָהּ הוּא — ***and HASHEM did for Sarah as He had spoken*** — this refers to **that which [God]** Himself **said about [Sarah].**[59]

רַבִּי יְהוּדָה אָמַר — (iii) **R' Yehudah said:** "כַּאֲשֶׁר אָמָר", לִיתֵּן לָהּ בֵּן — *HASHEM had remembered Sarah* **as He had said** — this refers to His promise **to give her a son;** "כַּאֲשֶׁר דִּבֵּר" לְבָרְכָהּ בְּחָלָב — *and HASHEM did for Sarah* **as He had spoken** — this refers to His promise **to bless her with milk.**[60]

אָמַר לוֹ רַבִּי נְחֶמְיָה — **R' Nechemyah said to [R' Yehudah]** in objection to his approach: וַהֲלֹא [וכו׳][61] כְּבָר נִתְבַּשְּׂרָה בְּחָלָב — **But was [Sarah] already informed of** her future possession of **milk?**[62] אֶלָּא מְלַמֵּד שֶׁהֶחֱזִירָהּ הַקָּדוֹשׁ בָּרוּךְ הוּא לִימֵי נַעֲרוּתָהּ — (iv) **Rather, [*and HASHEM did for Sarah as He had spoken*] teaches that the Holy One, blessed is He, returned [Sarah] to her youthfulness.**[63]

NOTES

52. This verse is part of a prayer offered by King Solomon upon the occasion of his having built the (First) Temple.

53. According to its plain meaning the verse clearly uses this term with respect to King David. The Midrash takes it homiletically to allude to Abraham, for he was the first person ever to be identified as a *servant* of God (see below, 26:24). [The commentators discuss what it is that prompts the Midrash to expound the *servant* mentioned here as an allusion to anyone other than David.]

54. The Temple represented the pinnacle of human service of God. Standing at the historical moment of its completion, King Solomon both recalled Abraham, who first taught humanity about serving God, and alluded to God's having granted offspring to Abraham, for the purpose of His doing so was that they, like their father, should serve Him [see above, 18:19] (*Eshed HaNechalim*).

55. Although Scripture identifies several women as *barren*, the Midrash sees an allusion to Sarah in the words עֲקֶרֶת הַבַּיִת, lit., *the barren woman of the house*, for Sarah was the progenitor of *the House* of Israel (*Yefeh To'ar*).

56. Sarah bore only one son, Isaac, not *children,* as did the barren woman in the verse in *Psalms*. Nonetheless, the Midrash justifies its interpretation of that verse as an allusion to Sarah, based on this verse from *Genesis*, which indicates (see below, section 9) that Sarah indeed nursed numerous children (*Pesikta Rabbasi* 44 §4 followed by *Maharzu*, *Eitz Yosef,* and *Eshed HaNechalim* here).

The reason Sarah was *glad* with all of those children is because, as taught in *Pesikta* loc. cit., converts to Judaism and those [non-Jews (*Beur* ad loc.)] who possess fear of Heaven are all descended from the infants who merited to nurse from Sarah (*Maharzu*, *Eitz Yosef*). Alternatively, the word *glad* indicates that Sarah *gladdened* numerous children (*Eshed HaNechalim*).

57. The reference is to 18:13-14 above, where God Himself spoke to Abraham about Sarah (*And HASHEM said* [וַיֹּאמֶר] *to Abraham, "Why is it that Sarah laughed . . . Is anything beyond HASHEM?! At the appointed time I will return to you at this time next year, and Sarah will have a son."*) It is this promise made by God Himself that is referred to by the words (21:1): *HASHEM had remembered Sarah as He had said* [אָמָר] (*Matnos Kehunah*; *Maharzu*; see also *Rashi*). [*Eitz Yosef*, however, has a different approach.]

58. The reference is to 18:10 above, where an angel spoke to Abraham about Sarah (*And [the angel] said* [וַיֹּאמֶר], *"I will surely return to you at this time next year, and behold Sarah your wife will have a son"*). It is *that* first promise, made by the angel, which verse 21:1 is referring to when it states, *and HASHEM did for Sarah "as He had spoken* [דִּבֵּר]*"* (*Matnos Kehunah*, *Maharzu*, *Eitz Yosef*).

[It is the angel's promise of 18:10 (rather than God's of 18:13) that is described with the term דִּבּוּר, *speech*, because the term connotes forcefulness and is aptly applied to the first, and hence primary, promise (*Matnos Kehunah*).]

59. R' Nechemyah maintains that the promise made by God Himself is more significant than the one made by the angel, and, consequently, it must be the one referred to as דִּבּוּר, *speech* (*Matnos Kehunah*). Furthermore, R' Nechemyah prefers to interpret 21:1 in such a way that it refers to the two promises (that of the angel and that of God) in the order in which they were made (*Maharzu*). [*Eitz Yosef*, however, has a different approach.]

60. The source of this promise, as R. Yehudah taught in 47 §2 above, is 17:16 above: *And I will bless [Sarah]; indeed, I will give you a son through her.* The words *I will bless [Sarah]* comprise a promise to give Sarah an abundant flow of milk (see *Matnos Kehunah*, *Maharzu*, *Eitz Yosef*). See section 9 below for a description of this abundance.

According to R' Yehudah the apparent redundancy is thus resolved, for the two statements refer to two different blessings.

[As to why God gave Sarah so much milk, the Gemara (*Bava Metzia* 87a) and Midrash (*Seichel Tov* to 21:7 and *Yalkut Shimoni, Vayeira* §93) tell us that people did not believe that Sarah's new baby was her natural offspring and suspected her of having adopted a foundling. To counter this suspicion, God enabled Sarah to nurse not only her own baby but all babies who were brought to her.]

61. Emendation follows text in 47 §2 above. (See *Eitz Yosef*, who writes that our text is flawed.)

62. As quoted in 47 §2 above, R' Nechemyah argued that when God told Abraham, *And I will bless [Sarah]* (17:6 above), He could not have been referring to the ability to nurse (as stated by R' Yehudah), because she was not even pregnant at that time. Here, R' Nechemyah asserts that since God never told Sarah that she would one day be able to nurse, the statement *HASHEM did for Sarah "as He had spoken"* cannot possibly refer to a promise to bless her with milk (*Matnos Kehunah*; see also *Rashi*).

63. Lit., *to the days of her youth.* In advance of her conceiving a child, Sarah's skin became delicate and her wrinkles became smoothed (*Maharzu* and *Eitz Yosef* to 47 §2 above, from *Bava Metzia* 87a).

The clause *HASHEM had remembered Sarah as He had said* thus refers

חידושי הרש"ש

[ה] **לעבדך זה אברהם.** כי מלינו עליו זה התואר בעבור אברהם עבדי ועיין לקמן ר"פ סמ"ך:

באור מהרי"פ

[ה] **אשר שמרת לעבדך זה אברהם.** משום דכתיב לעיל מיניה שומר הברית והחסד לעבדיך ההולכים לפניך בכל לבם. אמר לעבדיך בל' רבים רמז ג"כ לאברהם. נזה"ק ע"ש:

עץ יוסף

רק גירות ד' מאות שנה (מת"כ): (ה) [ו] **לעבדך זה אברהם** דריש שרמז ג"כ לאברהם. כי האבות ודוד הם ד' רגלי המרכבה אשר נכללו כולם באדה"ר בעיקר שורש נפשו המיוחד לו. ודוד בא משורש אברהם. והל"ל לדוד עבדך וקאמר לעבדך דוד כיון תחלה על אברהם כמ"ש בעבור אברהם עבדי: **אם הבנים שמחה כו' הניקה בנים שרה.** משום דלפי דרש זה דמיירי בשרה קשה והלא לא ילדה אלא יצחק בלבד. ומהו אם הבנים שמחה. לכן מתרץ שקאי על הבנים שהניקה כדאיתא בפסיקתא שכל גרים המתגיירים בעולם וכל יראי שמים שיש בעולם הם מן אותם שינקו מן חלב של שרה. וזהו אם הבנים שמחה זו שרה ששמחה עם אותם הבנים שהניקה ועיין לקמן פ' זו: [ז] **מה שאמר לה הוא באמירה.** כלומר מ"ש הקב"ה בכבודו ובעצמו עליה בלשון אמירה. בבשורת הזרע האמורה בפרשת המילה דכתיב התם ויאמר אלהים אל אברהם שרי אשתך וגו' וברכתי אותה וגם נתתי ממנה לך בן. ושוב אמר ויעש ה' לשרה כאשר דבר מה שדיבר עליה ע"י המלאך שוב אשוב אליך כעת חיה. ופירש"י שבשליחותו של מקום א"ל כן וכו' (ועיין לעיל סימן ב' מ"ש) . הלכך ברישא הריון שאינו אלא בכח נקט ל' פקד ובסיפא בלידה שהוא בפועל נקט לשון ויעש שהוא גמר המעשה בפועל: **מה שאמר לה על ידי מלאך.** דהיינו שוב אשוב אליך וגו' לפוקדה בלידה בהשגחה וכדאמרן שזה נאמר בלשון אמירה שנא' ויאמר שוב אשוב אליך וגו': **כאשר דבר מה שאמר לה הוא.** דהיינו בשורת הזרע והיינו במעמד בין הבתרים דכתיב לזרעך נתתי את הארץ היינו הזרע שיהיה לו משרה שהרי ביצחק יקרא לך זרע.

ה "וַה' פָּקַד אֶת שָׂרָה", (מלכים א ח, כד) "אֲשֶׁר שָׁמַרְתָּ לְעַבְדְּךָ דָּוִד אָבִי אֵת אֲשֶׁר דִּבַּרְתָּ לוֹ", "אֲשֶׁר שָׁמַרְתָּ לְעַבְדְּךָ", זֶה אַבְרָהָם, "אֵת אֲשֶׁר דִּבַּרְתָּ לוֹ", "לַמּוֹעֵד אָשׁוּב אֵלֶיךָ", "וַתְּדַבֵּר בְּפִיךָ וּבְיָדְךָ מִלֵּאתָ כַּיּוֹם הַזֶּה", "וַה' פָּקַד אֶת שָׂרָה". (תהלים קיג, ט) "מוֹשִׁיבִי עֲקֶרֶת הַבַּיִת אֵם הַבָּנִים שְׂמֵחָה", [י]"מוֹשִׁיבִי עֲקֶרֶת הַבַּיִת", זוֹ שָׂרָה, שֶׁנֶּאֱמַר (לעיל יא, ל) "וַתְּהִי שָׂרַי עֲקָרָה", "אֵם הַבָּנִים שְׂמֵחָה", שֶׁנֶּאֱמַר "הֵינִיקָה בָנִים שָׂרָה". "וַה' פָּקַד אֶת שָׂרָה כַּאֲשֶׁר אָמָר", [יא]מַה שֶּׁאָמַר לָהּ הוּא בַּאֲמִירָה. "וַיַּעַשׂ ה'... כַּאֲשֶׁר דִּבֵּר", מַה שֶּׁדִּבֵּר לָהּ עַל יְדֵי מַלְאָךְ, רַבִּי נְחֶמְיָה אָמַר: "וַה' פָּקַד אֶת שָׂרָה כַּאֲשֶׁר אָמָר", מַה שֶּׁאָמַר לָהּ עַל יְדֵי מַלְאָךְ, "וַיַּעַשׂ ה' לְשָׂרָה כַּאֲשֶׁר דִּבֵּר", [יב]מַה שֶּׁאָמַר לָהּ הוּא. רַבִּי יְהוּדָה אָמַר: "כַּאֲשֶׁר אָמָר", לִיתֵּן לָהּ בֵּן, "כַּאֲשֶׁר דִּבֵּר", לְבָרְכָהּ בְּחָלָב. אָמַר לוֹ רַבִּי נְחֶמְיָה: [יג]וַהֲלֹא כְּבָר נִתְבַּשְּׂרָה בְּחָלָב, אֶלָּא מְלַמֵּד שֶׁהֶחֱזִירָהּ הַקָּדוֹשׁ בָּרוּךְ הוּא לִימֵי נַעֲרוּתָהּ,

פירוש מהרז"ו

ה (ה) **זה אברהם** כי היל"ל לדוד עבדך. ואמר לעבדך דוד כוון תחלה על אברהם שהוא הראשון שקראו הקב"ה עבדי כמ"ש בראשית כ"ו כ"ד בעבור אברהם עבדי (וע"כ שזה היה קודם מ"ש בראשית כ"ד י"ד) וכמ"ש שמ"ר פי"ב סימן ב' מכמה מקומות. את אשר דברת לו כמ"ש היפלא מה' דבר וגו' ותדבר בפיך ובידך מלאת ויעש ה' לשרה כאשר דבר וכמו שעשה לאברהם כך עשה לדוד אבי: **עקרת הבית** וכמ"ש לקמן ר"פ ע"א אלו עקרות שהן אסורות כו': **אם הבנים שמחה** כמ"ש פר' זו סימן ט' וכ"ה בפסיקתא פר' מ"ג סימן ד' וזהו בנים לשון רבים: **מה שאמר לה כו'** כאן חסר שם האומר. ופלוגתתן בכפל כאשר אמר כאשר דבר לת"ק הראשון על הש"י כמ"ש ויאמר ה' עד למועד אשוב והב' לרבות דברי המלאך שאמר שוב אשוב אע"פ שאינו כסדר ור"נ דורש כסדר הא' על דברי המלאך והב' ע"ד הש"י. וגירסת הילקוט בת"ק מה שא"ל בדיבור היינו מ"ש היפלא מה' דבר ע"ש והכל על הש"י שיש בהבטחה זו אמירה ודיבור כמ"ש בפסוק י"ג וי"ד: **רבי יהודה אמר כו'** בפסיקתא פמ"ב סימן ד' ר"י אומר וכו' ר"נ אמר ובשורה זו בדבור היה כדכתיב שם ברישא דעניגא היה דבר ה' אל אברם. והכי איתא במכילתא פ' י"ב ויעש ה' לשרה כאשר דבר והיכן דבר ביום ההוא כרת ה' את אברם ברית לאמר: **לברכה בחלב** לעיל פ' מ"ז וברכתי אותה וגם נתתי ממנה לך בן וברכתיה. וברכתי אותה ליתן לה בן. וברכתיה לברכת החלב וע"ש ביאורו: **והלא כבר נתבשרה בחלב.** לעיל פ' מ"ז איתא א"ל ר"נ וכי כבר נתבשרה בחלב. וגי' דכאן משובש דכל זה לא שייך הכא אלא הוא סיומא דהך מימרא דלעיל פ' מ"ז והכא מייתי לה אגב גררא וע"ש ביאור המאמר:

מסורת המדרש

י פסיקתא רבתי פ' מ"ג. אגדת שמואל פרשה ו'. ילקוט תהלים רמז תתע"ג:
יא מכילתא בא פ' י"ב. ילקוט סדר בא רמז ר"ז:
יב פסיקתא רבתי פ' מ"ב. לעיל פרשה מ"ז. ילקוט סדר לך רמז פ"ב:
יג בבא מציעא דף פ"ז:

אם למקרא

אֲשֶׁר שָׁמַרְתָּ לְעַבְדְּךָ דָּוִד אָבִי אֵת אֲשֶׁר־דִּבַּרְתָּ לוֹ וַתְּדַבֵּר בְּפִיךָ וּבְיָדְךָ מִלֵּאתָ כַּיּוֹם הַזֶּה: (מלכים א ח:כד)

מוֹשִׁיבִי עֲקֶרֶת הַבַּיִת אֵם־הַבָּנִים שְׂמֵחָה הַלְלוּ־יָהּ: (תהלים קיג:ט)

רש"י

(ה) **ויעש ה' לשרה מה שאמר לה.** היפלא מה' דבר למועד אשוב אליך כעת חיה ולשרה בן: **רבי יהודה ורבי נחמיה.** ר' יהודה אומר וה' פקד את שרה כאשר אמר ליתן לה בן דכתיב וברכתי אותה וגם נתתי ממנה לך בן ויעש ה' לשרה כאשר דבר לברכה בחלב: **אמר ליה ר' נחמיה.** וכי כבר נתבשרה בחלב שאמרת כאשר דבר והיכן דבר לה בכך אלא מהו כאשר דבר אלא מלמד שהחזירה הקב"ה לימי נערותה כאשר דבר והיכן דבר אלא מתוך דבריה שאמרה אחרי בלותי היתה לי עדנה מכלל שבכך נתבשרה שעתיד הקב"ה להחזירה לימי נערותה ועל כך השיבה

מתנות כהונה

[ה] **אשר שמרת וגו'.** פסוק הוא (במלכים א ח) ודרש לעבדך על אברהם שבאותה פרשה עצמו הזכירו בנסתר פעמים רבות ולא הזכיר אלא עבד ה': **מה שאמר לה הוא באמירה.** דכתיב ויאמר ה' לאברהם למה זה צחקה וגו': **בדיבור על ידי מלאך.** כיון שבשורה הראשונה היתה ע"י מלאך וכל התחלה הוא העיקר קרא אותה דיבור וסימן לדבר כל התחלות קשות ור' נחמיה סבר שעיקר ההבטחה היתה בדיבורו של הקב"ה בעצמו ולפיכך ייחס אליה לשון דיבור לשון חוזק וקיום ובילקוט גרס בדברי ת"ק כאשר דבר מה שאמר לה בדיבור ופירש הא"א בשם מכלתין בפרשה כ"א היכן אמר אבל שרה אשתך וגו'. והיכן דבר ביום ההוא כרת ה' את אברם ברית וגו' שהיה ע"י דיבור שנאמר היה דבר ה' אל אברם במחזה לאמר: **הכי גרסינן** לעיל פרשה מ"ז א"ל ר' נחמיה וכי כבר נתבשרה בחלב פירוש בשעת ההבטחה בפרשת מילה הלא עדיין לא נתבשרה בחלב שהרי עדיין לא נתעברה הכי גרסינן התם בהדיא והיאך אמר כאן שקיים לה ברכת חלב כאשר דבר בשעת ההבטחה וההבטחה לא היתה על ברכת חלב אלא מלמד שהחזירה

אשד הנחלים

בנים ושמר את דברו עד אחרית הזמן. וכן בדוד אשר כל עמלו היה למען בית המקדש וה' שמר הבטחתו עד שיבוא שלמה בנו. ולכן אמר שלמה כל המליצה הנאמר בפקידת אברהם כן פקד ה' את דוד והיא היא הכל למען התכלית האחרון. והבן זה: [ה] **הינקה בנים.** כי הניקה גם בנים אחרים. וזהו אם הבנים של בנים רבים. שמחה. הרבתה שמחה לאחרים ג"כ: **הוא באמירה כו' מה שדיבר ע"י מלאך ר"נ כו'.** יש להבין במאי פליגי ומהו ההבדל שבין אמירה לדיבור למר כדעתי' ומר כדעתיה. והנראה לפי דעת המפרשים. שאמיר' הונח על כלל המנין והדיבור הוא הדבר הפרטי הנדבר בו ולכן נאמר בכל מקום בתחילה ויאמר ואח"כ וידבר. א"כ נכון דעת הראשון שהאמירה הוא הבטחת ה' בתחילה ע"ד כלל שיפקד בבנים אך מתי יהי' זה ואיך יהי' לא גלה לו אבל המלאך דיבר לו בפירוש מתי תפקד בבנים וכן היה ולכן אמר על תחילת הפקידה שהוא עודנה לא בגלוי כ"כ לשון אמירה. ועל עשיה ממש אמר לשון דיבור שהוא יותר. וזהו דוגמת מה שאמרו (ברכות) ויאמר לא הוה התחלה ודבר הוה התחלה כיון שהתחיל עיקר הדיבור. ועיין במים טהורים להג' בעל אפיקי יהודא שהאריך בהבדל לשון בין אמירה לדיבור בענין אחר קצת. ודעת ר"נ להיפך שהדיבור הוא עיקר ענין פנימי והאמירה הוא רק הדיבור החיצוני לא עיקר ענין הפנימי. והנה עיקר ההבטחה הית' נובעת מהבטחת ה' לאברהם. אך הדבור החיצוני שהוא רק הגלוי על הזמן היה ע"י מלאך. וזה כדעת הרב הג' בעל אפיקי יהודא שם והבן זה. ולכן אמר וה' פקד את שרה כאשר אמר ע"י מלאך ויעש בעצמו כאשר דיבר בעצמו: **לברכה בחלב.** הוא כמו שפרשתי. שזהו עשיה ממש ותקון חדש שנתהפכה לבריה חדשה. וחזרה לנערותה:

The Midrash cites two Amoraim's opinions on how to resolve the apparent redundancy:

רַבִּי אַבָּהוּ אָמַר – (i) **R' Abahu said:** נוֹתֵן אֲנִי יִרְאָתָהּ עַל כָּל אוּמּוֹת הָעוֹלָם – God said, **"I will place a fear [of Sarah] on all of the nations of the world,** דְּלָא יְהוֹן מוֹנִין לָהּ וְצָוְוחִין לָהּ עֲקַרְתָּא – **so that they will not taunt her and call her a barren woman** as they had done in the past."[64]

רַבִּי יְהוּדָה בְּשֵׁם רֵישׁ לָקִישׁ – (ii) **R' Yehudah** said **in the name of Reish Lakish:** עִיקַר מִטְרִין לֹא הָיָה לָהּ – **[Sarah] did not possess a womb,**[65] וְגָלַף לָהּ הַקָּדוֹשׁ בָּרוּךְ הוּא עִיקַר מִטְרִין – **and the Holy One, blessed is He, carved**[66] out of her body **a womb for her.**[67]

The Midrash cites an additional insight into our verse, expounding the phrase וַה׳ פָּקַד אֶת שָׂרָה, *HASHEM had remembered Sarah*: אָמַר רַבִּי אַדָּא בַּעַל פִּקְדוֹנוֹת אֲנִי – **R' Adda said:** God says, **"I am One Who deals with deposits."**[68] עֲמָלֵק הִפְקִיד אֶצְלִי חֲבִילוֹת שֶׁל קוֹצִים – **Amalek deposited with Me** (God) **bundles of thorns,**[69] וְהֶחֱזִיר לוֹ הַקָּדוֹשׁ בָּרוּךְ הוּא חֲבִילוֹת שֶׁל קוֹצִים – **and the Holy One, blessed is He, repaid [Amalek]** with **bundles of thorns,**[70] שֶׁנֶּאֱמַר ״פָּקַדְתִּי אֵת אֲשֶׁר עָשָׂה עֲמָלֵק לְיִשְׂרָאֵל״ – **as it is stated, *"I have remembered* [פָּקַדְתִּי] *what Amalek did to Israel – [the ambush] he emplaced against him on the way, as he went up from Egypt. Now go and strike down Amalek and destroy everything he has"*** (*I Samuel* 15:2).[71] שָׂרָה הִפְקִידָה אֶצְלִי מִצְוֹת וּמַעֲשִׂים טוֹבִים – **Sarah deposited with Me** (God) **mitzvos and good deeds,** הֶחֱזִיר לָהּ הַקָּדוֹשׁ בָּרוּךְ הוּא מִצְוֹת וּמַעֲשִׂים טוֹבִים – **and the Holy One, blessed is He, repaid [Sarah]** with **mitzvos and good deeds,**[72] ״וַה׳ פָּקַד אֶת שָׂרָה״ – as it says, ***HASHEM had remembered Sarah;*** *and HASHEM did for Sarah as He had spoken. Sarah conceived and bore a son unto Abraham* (21:1-2).

§6 The Midrash continues its analysis of our verse:

״וַה׳ פָּקַד אֶת שָׂרָה״ – ***And HASHEM had remembered Sarah.*** אָמַר רַבִּי יִצְחָק – **R' Yitzchak said:** כְּתִיב ״וְאִם לֹא נִטְמְאָה הָאִשָּׁה וּטְהֹרָה הִוא וְנִקְּתָה וְנִזְרְעָה זָרַע״ – **It is written:** ***But if the woman had not become defiled, and she is pure, then she shall be proven innocent and she shall bear seed*** (*Numbers* 5:28).[73] זוֹ שֶׁנִּכְנְסָה לְבֵיתוֹ שֶׁל פַּרְעֹה וּלְבֵיתוֹ שֶׁל אֲבִימֶלֶךְ וְיָצְאת טְהוֹרָה – Consequently, **[Sarah], who entered the house of Pharaoh**[74] **and the house of Abimelech**[75] **and left uncontaminated,** אֵינוֹ דִּין שֶׁתִּפָּקֵד – **does not logic dictate that she be *remembered*?**[76]

NOTES

to His commitment to give her a son, while the clause *HASHEM did for Sarah as He had spoken* alludes to His promise to return her youthful features (*Rashi*; *Maharzu*, citing *Pesikta Rabbasi* 42 §4). Although such a promise does not actually appear in Scripture, the fact that Sarah asked, *"After I have withered shall I again have delicate skin?"* (above, 18:12), [to which God responded, *"Is anything beyond HASHEM?!"* (above, 18:14),] implies that Sarah was notified that she would return to youthfulness and therefore questioned if it would indeed be so (*Rashi*).

[Alternatively: R' Nechemyah here is *not* explaining what *And HASHEM did for Sarah as He had spoken* comes to teach (i.e., he is not coming to explain the redundancy). Rather, he is explaining what the statement *And I will bless [Sarah]* (17:6 above) comes to teach. See note 62. Indeed, in 47 §2 above, R' Nechemyah makes the statement that God returned Sarah to her youthfulness in interpreting 17:6, *not* in interpreting 21:1 (*Matnos Kehunah*).]

64. Even though now she had a child, there was justifiable concern that the nations would accuse Sarah of having merely taken in an abandoned child and posing as its mother; see note 62. God promised Sarah that He would put awe of her in the world so that people would not say this. The clause *HASHEM did for Sarah as He had spoken* is not redundant because it refers to this guarantee. God had made this guarantee above, in 17:15: *And God said to Abraham, "As for Sarai your wife – do not call her name Sarai, for Sarah is her name."* [As stated in *Berachos* 13a with *Rashi* ad loc.,] the name Sarai means *my princess*, and God changed this to Sarah, which means *princess*, an allusion to the fact that the entire world would be in awe of her (*Rashi*; see also *Radal*).

[See, however, 47 §2, where this statement of R' Abahu is an exposition on 17:6, not on 21:1.]

65. Reish Lakish infers this from above, 12:30: וַתְּהִי שָׂרַי עֲקָרָה אֵין לָהּ וָלָד, *And Sarai was barren, she had no child.* The phrase אֵין לָהּ וָלָד, which appears superfluous, is interpreted to mean אֵין לָהּ בֵּית וָלָד, *she did not have a womb* (see *Yevamos* 64b with *Rashi* ad loc.).

66. See *Matnos Kehunah* here and to 47 §2; *Eitz Yosef* to 47 §2.

67. According to R' Yehudah in the name of Reish Lakish, the clause *HASHEM did for Sarah as He had spoken* is not redundant because it refers to His promise to miraculously fashion a womb within her body. This commitment was implicit when God stated (above, 17:16), וְגַם נָתַתִּי מִמֶּנָּה לְךָ בֵּן, *indeed, I will give you a son through her* (*Rashi, Matnos Kehunah*). [See, however, 47 §2, where this statement of R' Yehudah in the name of Reish Lakish is stated in connection with a different verse.]

68. R' Adda interprets the verb פָּקַד, lit., *remembered*, when stated in reference to God (in our verse and others) to suggest that God returned a deposit (פִּקָּדוֹן) that He had previously accepted (*Eshed HaNechalim*; see also *Matnos Kehunah*).

All human deeds, both good and bad, are stored away by God, much the way one would accept items for safekeeping. Reward or punishment for one's actions take place when God "returns" the deeds themselves to the one who did them; a good deed takes the form of a reward and a bad one comes as a punishment (*Yefeh To'ar, Eitz Yosef*; compare *Ruach Chaim* to *Pirkei Avos* 1:1). [*Yefeh To'ar* goes so far as to say that it is a natural process that causes an action to bring reward or punishment in its wake.]

69. Through having afflicted the Jewish people as a *thorn*, Amalek is said to have *deposited bundles of thorns* with God (*Matnos Kehunah, Eitz Yosef*).

70. I.e., God afflicted Amalek as a thorn, in retribution for their misdeeds (*Eitz Yosef*).

71. The Midrash is noting the use of the word פָּקַדְתִּי, *I have remembered*, which, as above, suggests that God acted as one who takes deposits.

72. I.e., God gave Sarah *compensation* for her mitzvos and good deeds, in the form of her son Isaac (*Eitz Yosef*, citing *Yefeh To'ar*). Alternatively, by granting Sarah a righteous son who performed mitzvos and good deeds, and fathered others who did the same, God, in effect, gave Sarah mitzvos and good deeds (*Eitz Yosef*).

73. [This verse regards a woman suspected of infidelity (called a *sotah*) who has secluded herself with a man in disregard of her husband's warning and has been tested by drinking the bitter waters in the Temple. The Torah asserts that if she was wrongfully accused, she will bear children. (*Yefeh To'ar* notes that whereas R' Akiva and R' Yishmael debate (in *Sotah* 26a) whether this verse promises a barren woman children or if it merely assures the woman of better children than her prior ones, the Midrash here appears to follow the former view.)]

74. See above, 12:15.

75. See above, 20:2.

76. A woman who was wrongfully accused of infidelity is compensated for her suffering with the birth of a child, despite the fact that she had provided grounds for suspicion through her seclusion with a strange man. Certainly, then, Sarah, who maintained her purity despite being unwillingly abducted, should be similarly compensated (*Eitz Yosef*).

R' Yitzchak's comments serve as another approach to the issue [raised in the previous section] of the repetitive nature of our verse, which states, *And HASHEM had remembered Sarah as He had said; and HASHEM did for Sarah as He had spoken.* According to R' Yitzchak, *as He had said* does not refer to a promise God made to Sarah, but rather to something God had *said* in His Torah; namely, the verse cited here from *Numbers*. Since that verse provides a basis for Sarah to have a child, God is described as having *remembered Sarah as He had said* in that verse (*Eitz Yosef*, citing *Yefeh To'ar*, second interpretation; *Radal*; *Imrei Yosher*).

[A question arises: According to the argument presented here, Sarah should have been awarded a child after her experiences with Pharaoh. Why, then, did she not have one until after the episode with Abimelech? To answer, *Anaf Yosef*, citing *Yefeh To'ar*, references 45 §4 above, which gives reasons for God's extending the Matriarchs' childlessness, and 46 §2, which states that God wanted Isaac to be born subsequent to Abraham's circumcision. It was only when the appropriate time for

רַבִּי אַבָּהוּ אָמַר נוֹתֵן אֲנִי יִרְאָתָהּ עַל כָּל אוּמּוֹת הָעוֹלָם דְּלָא יְהוֹן מוֹנִין לָהּ וְצָוְוחִין לָהּ: עֲקַרְתָּא. רַבִּי יְהוּדָה בְּשֵׁם רֵישׁ לָקִישׁ [יד]עִיקַּר מִטְרִין לֹא הָיָה לָהּ, וְגָלַף לָהּ הַקָּדוֹשׁ בָּרוּךְ הוּא עִיקַּר מִטְרִין. אָמַר רַבִּי אַדָּא: [טו]בַּעַל פִּקְדוֹנוֹת אֲנִי, עֲמָלֵק הִפְקִיד אֶצְלִי חֲבִילוֹת שֶׁל קוֹצִים וְהֶחֱזִיר לוֹ הַקָּדוֹשׁ בָּרוּךְ הוּא חֲבִילוֹת שֶׁל קוֹצִים שֶׁנֶּאֱמַר (שמואל א טו, ב) "פָּקַדְתִּי אֵת אֲשֶׁר עָשָׂה עֲמָלֵק לְיִשְׂרָאֵל". שָׂרָה הִפְקִידָה אֶצְלִי מִצְוֹת וּמַעֲשִׂים טוֹבִים, הֶחֱזִיר לָהּ הַקָּדוֹשׁ בָּרוּךְ הוּא מִצְוֹת וּמַעֲשִׂים טוֹבִים "וַה' פָּקַד אֶת שָׂרָה":

ו "וַה' פָּקַד אֶת שָׂרָה", אָמַר רַבִּי יִצְחָק כְּתִיב (במדבר ה, כח) "וְאִם לֹא נִטְמְאָה הָאִשָּׁה וּטְהֹרָה הִיא וְנִקְּתָה וְנִזְרְעָה זָרַע", [טז]זוֹ שֶׁנִּכְנְסָה לְבֵיתוֹ שֶׁל פַּרְעֹה וּלְבֵיתוֹ שֶׁל אֲבִימֶלֶךְ וְיָצְאַת טְהוֹרָה אֵינוֹ דִּין שֶׁתִּפָּקֵד. אָמַר רַבִּי יְהוּדָה בְּרַבִּי סִימוֹן אַף עַל גַּב דְּאָמַר רַבִּי הוּנָא מַלְאָךְ הוּא שֶׁהוּא מְמוּנֶּה עַל הַתַּאֲוָה אֲבָל שָׂרָה לֹא נִצְרְכָה לַדְּבָרִים הַלָּלוּ אֶלָּא הוּא בִּכְבוֹדוֹ, "וַה' פָּקַד אֶת שָׂרָה". [כא, ב] "וַתַּהַר וַתֵּלֶד שָׂרָה לְאַבְרָהָם בֵּן לִזְקֻנָיו", מְלַמֵּד שֶׁלֹּא גָּנְבָה זֶרַע מִמָּקוֹם אַחֵר. בֵּן לִזְקוּנָיו, [יז]מְלַמֵּד שֶׁהָיָה זִיו אִיקוֹנִין שֶׁלּוֹ דּוֹמֶה לוֹ. "לַמּוֹעֵד אֲשֶׁר דִּבֶּר אֹתוֹ אֱלֹהִים", רַבִּי יוּדָן וְרַבִּי חָמָא, רַבִּי יוּדָן: אָמַר לט' חֳדָשִׁים נוֹלַד שֶׁלֹּא יִהְיוּ אוֹמְרִין גָּרוּף מִבֵּיתוֹ שֶׁל אֲבִימֶלֶךְ,

רש"י

הקב"ה היפלא מה' דבר: **נותן אני יראתה על אומת העולם דלא יהו מונין לה וכו'.** כאשר דבר והיכן דבר כי שרה שמה עד עכשיו שרי לאומתה מכאן ואילך שרה לכל באי עולם שיהו הכל מתייראין ממנה: **רבי יהודה בשם ריש לקיש אמר עיקר מטרין לא היה לה.** בית הרחם בית הוולד: **וגלף לה הקב"ה עיקר מטרין.** כאשר דבר והיכן דבר וגם נתתי ממנה לך בן וכתיב הביטו אל צור חוצבתם ואל מקבת בור נוקרתם שעשה לה בית וולד:

עץ יוסף

[ח] **בעל פקדונות כו'** שמלת פקידה הונח הן על השגחה לרעה או על השגחה לטובה. הכל לפי הפקדון והזכירה ע"י מעשיו אם טוב ואם רע. כי כל המעשים הם רשומים וטמונים למעלה כדרך פקדון ומכחם בא הגמול בדרך החזרת הפקדון לטוב או לרע: **חבילות של קוצים** שהיה כקוץ מכאיב לישראל. וכן החזיר לו הקב"ה חבילות של קוצים בתשלום הפורעניות להיות לו ג"כ כקוץ מכאיב: **החזיר לה הקב"ה מצות ומע"ט.** פי' החזיר לה הקב"ה ג"כ שכר מצות ומע"ט לפוקדה בבנים (יפ"ת) או פי' שנתן לה בן צדיק אשר יקיים מצות ומע"ט ויצאו ממנו בנים שיקיימו מצות ומע"ט: (ו) [ט] **ואם לא נטמאה כו'.** השתא דריש וה' פקד הוא ובית דינו שבדין נפקדה בהסכמת ב"ד של מעלה. ופי' כאשר אמר כאשר אמר לב"ד וטען עליה. אי נמי כאשר אמר בתורה ונקתה ונזרעה זרע (יפ"ת): **אינו דין שתפקד.** ר"ל שק"ו מה אשה שגרמה לעצמה ניוולה להיותה מסתרת ונותנת מקום לקנאה ומ"מ נפקדת. זו שלקחוה בעל כרחה לפרעה ולאבימלך שהכריחו אותה. ועכ"ז ונקתה אינו דין שתזרע זרע: **הוא בכבודו** כי לא נתחדש בה תאוה טבעית כחק כל הנשים אשר זהו נכלל במלאך הממונה על התאוה כפי' המורה בפרקיו כי על כל כח מיוחד אשר באדם יש מלאך ממונה עליו מלמעלה הנותן בטבעו של אדם כן. אבל היא נתחדשה ע"י ענין אלהי. ולכן לא הי' ע"י תאוה טבעית: [י] ה"ג **ותהר ותלד שרה לאברהם מלמד שלא גנבה זרע ממ"א בן לזקוניו מלמד שהיה זיו איקונין דומה לו. שלא גנבה זרע ממ"א.** כלו' שלא נתעברה מאבימלך אלא מאברהם. ועל זה אמר שנתפרסם על זה מופת בדורם ממה שילדה בן לזקוניו שהוא נוטריקון זיו איקונין ללמד שהיה זיו איקונין שלו דומה לאברהם ומזה נודע לכל שיצחק היה מאברהם (נזה"ק): **למועד אשר דבר כו' לט' חדשים כו'.** דריש דה"ק ותהר ותלד שרה בן לאברהם ולא לאבימלך וזה נתפרסמה ממה שנולד למועד אשר דבר אותו אלהים שהגביל זמנו לט' חדשים כדי להוציאו מן החשד שהרי עברו ט' חדשים שלמים לאחר איזה ימים שיצאה מבית אבימלך: **גרוף** משוך. מלשון נחל קישון גרפם. גרופים מתחת רגלי הבהמה (יפ"ת):

פירוש מהרז"ו

פקד את שרה כאשר אמר בבן כאשר דבר שהחזירה לנערותה ועי' פמ"ז סימן ו' ושם מבואר גם דעת ר"א. ועי' מ"כ ונ"ע ועש"ש בפסיקתא הוספת דברים בדברי רשב"ל ועי' פר' ס"ג סימן ה' אצל רבקה ג"כ מרשב"ל דרשה זו: **בעל פקדונות** בפסיקתא פר' מ"ג סימן ה' הגי' אברהם ושרה הפקידו נפשות אצלי כמ"ש ואת הנפש אשר עשו בחרן ואני מחזיר להם נפשות: (ו) **לאברהם בן לזקוניו** שתיבות לאברהם ולזקוניו מיותר. והרי הוליד אח"כ כמה בנים מקטורה. וכמ"ש לעיל פר' מ"ז סימן ג' האיש אינו מזקין: **זיו איקונין** ועי"ז ידעו הכל שמאברהם נולד וכמ"ש ב"מ דף פ"ז: **לט' חדשים** שהי"ל לפרש המועד ע"כ דורש למועד אשר דיבר בבריאת עולם חק קצוב להריון ולידת רוב נשים ט' חדשים והיכן דיבר הרבה ארבה עצבונך והרונך וכמ"ש לעיל בפר' כ' סימן ו' כמנין הריון ע"ש. ואותו. פירושו הזמן שדיבר. וכן למ"ד לז' חדשים ג"כ כנ"ל וכמפורש שם הרבה בגי' רי"ב. וכמ"ש לעיל פמ"ז סימן ו'. וכמ"ש ר"ה דף י"א ע"פ למועד אשוב אליך דקאי בסוכות ואמר על פסח ואותה השנה מעוברת היתה הרי ז' חדשים:

מתנות כהונה

וזהו וברכתיה דכתיב התם: **יראתה.** ובשעת ההבטחה נקראת על שם יראה זו: **מונין.** מלעיגין עליה: **עיקר מטרין.** פירש הערוך רחם ואם שלה וכן בלשון יון קורין לאם מטרא: **וגלף וחקק.** פי' רש"י דכתיב וגם נתתי לך ממנה בן וכתיב הביטו אל צור חוצבתם ואל מקבת בור נוקרתם: **בעל פקדונות אני.** וה' פקד דרש מלשון פקדון: **חבילות של קוצים.** שהיה קוץ מכאיב לישראל: [ו] **שלא גנבה כו'.** כהאי דאמרינן באמבטי נתעברה שהזרע היורה כחץ מתחלתו ונקלט מוליד אח"כ: **זיו איקונין.** תואר פניו ודריש לזקוניו נוטריקון: **גרוף מביתו כו'.** שאילו ילדתו פחות מט' חדשים היו אומרים מאבימלך נתעברה ומאז נשלמו תשעה אבל עכשיו שילדתו לט' חדשים אם מאבימלך נתעברה היאך שהה הריון כל כך וק"ל: **גרף.** לישנא בזיון קא נקט כזה שגורף את האשפה:

אשד הנחלים

יראתה. לא ידעתי איכה מתווך זאת בכתוב. ודברי המ"כ אינם מובנים לי: **בעל פקדונות.** הוא באמת פשט המלה. כי מלת פקדון הנחתו הראשונה על מי שמפקיד דבר אצל זולתו. שעי"ז זוכרו להשיב לו. ואח"כ על מי שזוכר לחבירו לעשות לו טובה באחרית. וזהו כדמות פקדון בידו לזכור אותו עי"ז ולכן מפרש מפני שהפקידה אצלו ית' מעשים טובים שעי"ז זכרה. וה' פקד כלומר החזיר לה פקדונה. וכן בעמלק הפקדון הוא מעשיו הרעים והחזיר לו כמוהו. וכלל הענין שמלת פקידה הונח הן על השגח' לרעה. או על השגחה לטוב'. הכל כפי הפקדון והזכירה ע"י מעשיו אם טוב ואם רע: [ו] **לביתו של פרעה כו'.** שקרה לה שני פעמים. ולאנשים כמוהם שהכריחום אותה. ועכ"ז ונקתה בודאי ונזרעה זרע ודי זה לפקדון טוב בידה: **הוא בכבודו.** כי לא נתחדש בה תאוה טבעית כחק כל הנשים אשר זהו נכלל במלאך הממונה על התאוה כפי' הרב המורה בפרקיו כי על כל כח מיוחד אשר באדם יש מלאך ממונה עליו מלמעלה הנותן בטבעו של אדם כן. אבל היא נתחדשה ע"י ענין אלקי ולכן לא הי' זה ע"י תאווה טבעית. והבן: **ממקום אחר.** פירש המ"כ שלא תדמה פן באמבטי עברה כ"א מאברהם ממש או פירושו מאבימלך וכדומה: **דומה לו.** פירושו בן דומה לזקוניו של אברהם וכתוארו. והכל ידעו

חידושי הרד"ל

[ה] **רבי אבהו אמר נותן אני כו'.** ר"ל בשר"ל עיקר מטרון כו' ותרוייהו לפרושי ויעש לשרה באו. וכ"ה מבואר בפסיקתא דוה' פקד את שרה כדר"ל (ודר"א ליתא שם) וע"ל פס"ג דרש לה ר"ל ברבקה מלשון עקרה:

(ו) [ו] **אינו דין שתפקד.** ודרש כאשר אמר בתורה וטהורה היא כו':

(ז) **זיו איקונין שלו דומה לו.** מלמד שלא גנבה כו' כנ"ל:

חידושי הרש"ש

[ו] **דאמר רבי הונא מלאך כו'.** עיין לקמן פ' פ"ה בפסוק ויראה יהודה:

באור מהרי"פ

יראתה כו'. עיין במ"ש פ' מ"ז:

מסורת המדרש

יד ע' יבמות דף ס"ד:
טו מדרש שמואל פרשה י"ח. פסיקתא רבתי פ' מ"ג:
טז ע' ברכות דף ל"א:
יז ב"מ דף פ"ז:

אם למקרא

כֹּה אָמַר ה' צְבָאוֹת פָּקַדְתִּי אֵת אֲשֶׁר־עָשָׂה עֲמָלֵק לְיִשְׂרָאֵל אֲשֶׁר־שָׂם לוֹ בַּדֶּרֶךְ בַּעֲלֹתוֹ מִמִּצְרָיִם:
(שמואל א טו:ב)

וְאִם־לֹא נִטְמְאָה הָאִשָּׁה וּטְהֹרָה הִוא וְנִקְּתָה וְנִזְרְעָה זָרַע:
(במדבר ה:כח)

ענף יוסף

(ט) [ו] **[זו שנכנסה לביתו של פרעה כו']** ואע"ג דזה ימים רבים שיצאה מבית פרעה לא נפקדה עד עתה. מפני הטעמים שאמר לעיל פ' מ"ה. ועוד כדי שיצא יצחק מטפה קדושה אחר מילת אברהם כדלעיל פ' מ"ו. ועתה כשהזקין אברהם ומל שהיתה שעה ראויה ללידת יצחק נפקדה שרה בהסכמת ב"ד מטעם ק"ו על מה שנעטרה בפרעה (יפ"ת). ועיין בנזה"ק שהאריך להוכיח משיטת הגמרא דפרק החובל דמעשה אבימלך קדם לבשורת הלידה:

אָמַר רַבִּי יְהוּדָה בְּרַבִּי סִימוֹן – **R' Yehudah the son of R' Simon said:** אַף עַל גַּב דְּאָמַר רַבִּי הוּנָא מַלְאָךְ הוּא שֶׁהוּא מְמוּנֶּה עַל הַתַּאֲוָה – **Even though R' Huna said that there is a heavenly angel who is appointed over desire,**[77] אֲבָל שָׂרָה לֹא נִצְרְכָה לַדְּבָרִים הַלָּלוּ – **Sarah did not need such things;** אֶלָּא הוּא בִּכְבוֹדוֹ – **rather [God] in His glory** brought about Isaac's birth,[78] as it is written, "וַה׳ פָּקַד אֶת שָׂרָה" – ***And HASHEM had remembered Sarah.***

וַתַּהַר וַתֵּלֶד שָׂרָה לְאַבְרָהָם בֵּן לִזְקֻנָיו לַמּוֹעֵד אֲשֶׁר דִּבֶּר אֹתוֹ אֱלֹהִים.

Sarah conceived and bore a son unto Abraham in his old age, at the appointed time which God had spoken (21:2).

☐ וַתַּהַר וַתֵּלֶד שָׂרָה לְאַבְרָהָם בֵּן לִזְקוּנָיו – ***SARAH CONCEIVED AND BORE A SON UNTO ABRAHAM IN HIS OLD AGE ETC.***

The Midrash comments on each segment of this verse:

מְלַמֵּד שֶׁלֹּא גָּנְבָה זֶרַע מִמָּקוֹם אַחֵר – **[This]**[79] **teaches that [Sarah] did not acquire seed from somewhere else.**[80] "בֵּן לִזְקוּנָיו" – The phrase that states, ***a son [unto Abraham] in his old age,*** מְלַמֵּד שֶׁהָיָה זִיו אִיקוּנִין שֶׁלּוֹ דּוֹמֶה לוֹ – **teaches that [Isaac's] visage resembled [Abraham's].**[81]

"לַמּוֹעֵד אֲשֶׁר דִּבֶּר אֹתוֹ אֱלֹהִים" – The verse concludes, ***at the appointed time which God had spoken.*** רַבִּי יוּדָן וְרַבִּי חָמָא – **R' Yudan and R' Chama** debated the interpretation of this verse: רַבִּי יוּדָן אָמַר לט׳ חֳדָשִׁים נוֹלַד – **R' Yudan said: [Isaac] was born after nine months** of gestation,[82] שֶׁלֹּא יִהְיוּ אוֹמְרִין גָּרוּף מִבֵּיתוֹ שֶׁל אֲבִימֶלֶךְ – **so that [people] would not say,** "The child was **drawn**[83] **from Abimelech's house!**"[84]

NOTES

Isaac's birth arrived that Sarah was *remembered* on the basis of the argument presented here.] See also Insight Ⓐ.

77. There is an angel appointed to oversee the functioning of every aspect of physical existence (see above, 10 §6). Thus, there is an angel appointed to implant desire in man (*Yefeh To'ar*). See Insights.

78. That is, He, not an angel, directly oversaw Sarah's desire (*Yefeh To'ar*; see similarly *Imrei Yosher* and *Eitz Yosef*).

79. The Midrash is examining the seemingly unnecessary words, לְאַבְרָהָם, *unto Abraham*, and לִזְקֻנָיו, *in his old age* (*Maharzu*; see also *Imrei Yosher*; see *Mishnas DeRabbi Eliezer* for an alternate approach).

80. The verse stresses that Sarah bore the son *to Abraham*; the seed that produced Isaac was not someone else's. The Torah wishes to discount the possibility that Sarah was impregnated by Abimelech (*Eitz Yosef*, citing *Nezer HaKodesh*) or in a public bath (*Matnos Kehunah*).

81. The Midrash makes this inference from the [seemingly unnecessary] word לִזְקֻנָיו, which may be interpreted as a contraction of זִיו אִיקוּנִין, which means *visage*, and the suffix יו, which means *his* (*Eitz Yosef*, citing *Nezer HaKodesh*; *Matnos Kehunah*). God caused this phenomenon in order to silence those who doubted that Abraham had fathered Isaac (*Eitz Yosef*, citing *Nezer HaKodesh*; *Maharzu*; see also *Bava Metzia* 87a). See also Insight Ⓑ.

82. The verse's stating simply לַמּוֹעֵד, *at the appointed time*, without specifying *which* time that was, indicates to R' Yudan that the duration of time was the one God established as standard for pregnancies, which is nine months (*Maharzu*, who references above, 20 §6).

83. *Eitz Yosef*. The term carries a negative connotation and could be used to describe the removal of garbage (*Matnos Kehunah*).

84. According to R' Yudan, God arranged for Isaac to be born after a full-term pregnancy. The passage of nine full months between the time Sarah left Abimelech's house and Isaac's birth made it clear that Abimelech was not the child's father. Thus, the fact that *Sarah conceived and bore a son "unto Abraham" in his old age* was corroborated by her giving birth *at the appointed time which God had spoken* (*Eitz Yosef*; see also *Matnos Kehunah*).

INSIGHTS

Ⓐ **Logic Dictates That She Be Remembered** There is another reason why Sarah would not have been awarded a child until sometime after she was in Pharaoh's house: The Gemara teaches that when Abraham uttered the words (18:27), *Though I am but dust and ashes,* he merited that his children would have the benefits of two mitzvos, the dust of the *sotah* and the ashes of the red cow (*Chullin* 88b). When did Abraham utter these words? In his defense of Sodom (Ch. 18), which took place after Sarah's abduction to Pharaoh's palace (Ch. 12) and before her abduction to Avimelech's palace (Ch. 20). When Sarah was taken to Pharaoh, the mitzvah of *sotah* and its fertility benefit did not yet exist for Abraham and his descendants; by the time she was taken to Avimelech, it did. Thus, the logical argument that she was more deserving of a child than a *sotah* could be made only upon her emerging from Avimelech's palace (*Imrei Pinchas*).

Ⓑ **Birth of an Heir** Sarah expresses her joy that she gave birth to a son in Abraham's old age. But there is much more to this phrase than the mere literal fact that Abraham was an elderly 100 years of age when Isaac was born. Joseph, too, is described as a son of his father's old age (below, 37:3), but Joseph's birth was hardly the phenomenon of a son born to an old father. Joseph was the eleventh son born in a period of seven years, and he was not much younger than Jacob's tenth son. In both cases, that of Isaac and that of Joseph, the Sages comment that the newborn son closely resembled his father. In Joseph's case, the Sages also comment that he was the learned son to whom Jacob transmitted everything he had learned in the Academy of Shem and Eber. Clearly, then, the Torah uses the expression of a son born in his father's old age as more than a chronological description.

R' Samson Raphael Hirsch comments that in his old age, it is natural for a conscientious father to think about who will succeed him in carrying out his mission in life. Both Abraham and Jacob had these considerations, and in both cases, their questions were answered with the birth of sons who resembled them. It is axiomatic that the resemblance did not consist merely of the same physical features; the main resemblance was spiritual. Both Isaac and Joseph displayed the holy essence of their great fathers. Both had the capacity to carry on their fathers' missions and both were worthy heirs of the Torah scholarship of the Patriarchs. This is what brought Sarah the joy of knowing not only that she had given birth to a son, but that her newborn assured that the mission she shared with Abraham would be perpetuated.

חידושי הרד"ל

[ה] **רבי אבהו אמר נותן אני כו'.** ר"ל בשר"ל עיקר מטרון כו' ותרווייהו לפרושי ויעש לשרה באו. וכ"ה מבואר בפסיקתא דוה' פקד את שרה כדר"ל (ודר"א ליתא שם) וע"ל פס"ג דרש לה ר"ל ברבקה מלשון עקרה:

(ו) [ו] **אינו דין שתפקד.** ודרש כאשר אמר בתורה וטהורה היא כו':

(ז) **זיו איקונין שלו דומה לו.** מלמד שלא גנבה כו' כנ"ל:

חידושי הרש"ש

[ו] **דאמר רבי הונא מלאך כו'.** עיין לקמן פ' פ"ה בפסוק ויראה יהודה:

באור מהרי"פ

יראתה כו'. עיין במ"ש פ' מ"ז:

עץ יוסף

[ח] **בעל פקדונות כו'** שמלת פקידה הונח הן על השגחה לרעה או על השגחה לטובה. הכל לפי הפקדון והזכירה ע"י מעשיו אם טוב ואם רע. כי כל המעשים הם רשומים וטמונים למעלה כדרך פקדון ומכחם בא הגמול בדרך החזרת הפקדון לטוב או לרע: **חבילות של קוצים** שהיה כקוץ מכאיב לישראל. וכן החזיר לו הקב"ה חבילות של קוצים בתשלום הפורעניות להיות לו ג"כ כקוץ מכאיב: **החזיר לה הקב"ה מצות ומע"ט.** פי' החזיר לה הקב"ה ג"כ שכר מצות ומע"ט לפוקדה בבנים (יפ"ת) או פי' שנתן לה בן לדיק אשר יקיים מצות ומע"ט ויצאו ממנו בנים שיקיימו מצות ומע"ט: (ו) [ט] **ואם לא נטמאה בו'.** השתא דריש וה' פקד הוא ובית דינו שבדין נפקדה בהסכמת ב"ד של מעלה. ופי' כאשר אמר כאשר אמר לב"ד וטען עליה. אי נמי כאשר אמר בתורה ונקתה ונזרעה זרע (יפ"ת): **אינו דין שתפקד.** ר"ל שק"ו מה אשה שגרמה לעצמה ניוולה להיותה מסתרת ונותנת מקום לקנאה ומ"מ נפקדת. זו שלקחוה בעל כרחה לפרעה ולאבימלך שהכריחו אותה. ועכ"ז ונקתה אינו דין שתזרע זרע: **הוא בכבודו** כי לא נתחדש בה תאוה טבעית כחק כל הנשים אשר זהו נכלל במלאך הממונה על התאוה כפי' המורה בפרקיו כי על כל כח מיוחד אשר באדם יש מלאך ממונה עליו מלמעלה הנותן בטבעו של אדם כן. אבל היא נתחדשה ע"י ענין אלהי. ולכן לא הי' ע"י תאוה טבעית: [י] ה"ג **ותהר ותלד שרה לאברהם מלמד שלא גנבה זרע ממ"א בן לזקוניו מלמד שהיה זיו איקונין דומה לו. שלא גנבה זרע ממ"א.** כלו' שלא נתעברה מאבימלך אלא מאברהם. ועל זה אמר שנתפרסם על זה מופת בדורס ממה שילדה בן לזקוניו שהוא נוטריקון זיו איקונין ללמד שהיה זיו איקונין שלו דומה לאברהם ומזה נודע לכל שיצחק היה מאברהם (נזה"ק): **למועד אשר דבר כו' לט' חדשים כו'.** דריש דה"ק ותהר ותלד שרה בן לאברהם ולא לאבימלך וזה נתפרסם ממה שנולד למועד אשר דבר אותו אלהים שהגביל זמנו לט' חדשים כדי להוציאו מן החשד שהרי עברו ט' חדשים שלמים לאחר איזה ימים שיצאה מבית אבימלך: **גרוף** משוך. מלשון נחל קישון גרפם. גרופים מתחת רגלי הבהמה (יפ"ת):

רַבִּי אַבָּהוּ אָמַר נוֹתֵן אֲנִי יִרְאָתָהּ עַל כָּל אוּמּוֹת הָעוֹלָם דְּלָא יְהוֹן מוֹנִין לָהּ וְצָווְחִין לָהּ: עֲקַרְתָּא. רַבִּי יְהוּדָה בְּשֵׁם רֵישׁ לָקִישׁ [יד]עִיקַּר מִטְרִין לֹא הָיָה לָהּ, וְגָלַף לָהּ הַקָּדוֹשׁ בָּרוּךְ הוּא עִיקַּר מִטְרִין. אָמַר רַבִּי אַדָּא: [טו]בַּעַל פִּקְדוֹנוֹת אֲנִי, עֲמָלֵק הִפְקִיד אֶצְלִי חֲבִילוֹת שֶׁל קוֹצִים וְהֶחֱזִיר לוֹ הַקָּדוֹשׁ בָּרוּךְ הוּא חֲבִילוֹת שֶׁל קוֹצִים שֶׁנֶּאֱמַר (שמואל א טו, ב) "פָּקַדְתִּי אֵת אֲשֶׁר עָשָׂה עֲמָלֵק לְיִשְׂרָאֵל". שָׂרָה הִפְקִידָה אֶצְלִי מִצְוֹת וּמַעֲשִׂים טוֹבִים, הֶחֱזִיר לָהּ הַקָּדוֹשׁ בָּרוּךְ הוּא מִצְוֹת וּמַעֲשִׂים טוֹבִים "וַה' פָּקַד אֶת שָׂרָה":

ו "וַה' פָּקַד אֶת שָׂרָה", אָמַר רַבִּי יִצְחָק כְּתִיב (במדבר ה, כח) "וְאִם לֹא נִטְמְאָה הָאִשָּׁה וּטְהֹרָה הִיא וְנִקְּתָה וְנִזְרְעָה זָרַע", [טז]זוֹ שֶׁנִּכְנְסָה לְבֵיתוֹ שֶׁל פַּרְעֹה וּלְבֵיתוֹ שֶׁל אֲבִימֶלֶךְ וְיָצָאת טְהוֹרָה אֵינוֹ דִּין שֶׁתִּפָּקֵד. אָמַר רַבִּי יְהוּדָה בְּרַבִּי סִימוֹן אַף עַל גַּב דְּאָמַר רַבִּי הוּנָא מַלְאָךְ הוּא שֶׁהוּא מְמוּנֶּה עַל הַתַּאֲוָה אֲבָל שָׂרָה לֹא נִצְרְכָה לַדְּבָרִים הַלָּלוּ אֶלָּא הוּא בִּכְבוֹדוֹ, "וַה' פָּקַד אֶת שָׂרָה". [כא, ב] "וַתַּהַר וַתֵּלֶד שָׂרָה לְאַבְרָהָם בֵּן לִזְקֻנָיו", מְלַמֵּד שֶׁלֹּא גָּנְבָה זֶרַע מִמָּקוֹם אַחֵר. בֵּן לִזְקוּנָיו, [יז]מְלַמֵּד שֶׁהָיָה זִיו אִיקוֹנִין שֶׁלּוֹ דּוֹמֶה לוֹ. "לַמּוֹעֵד אֲשֶׁר דִּבֶּר אֹתוֹ אֱלֹהִים", רַבִּי יוּדָן וְרַבִּי חָמָא, רַבִּי יוּדָן: אָמַר לט' חֳדָשִׁים נוֹלַד שֶׁלֹּא יִהְיוּ אוֹמְרִין גָּרוּף מִבֵּיתוֹ שֶׁל אֲבִימֶלֶךְ,

פירוש מהרז"ו

פקד את שרה כאשר אמר בבן כאשר דבר שהחזירה לנערותה ועי' פמ"ז סימן ו' ושם מבואר גם דעת ר"א. ועי' מ"כ ונ"ע ועי"ש בפסיקתא הוספת דברים בדברי רשב"ל ועי' פר' ס"ג סימן ה' אצל רבקה ג"כ מרשב"ל דרשה זו: **בעל פקדונות** בפסיקתא פר' מ"ג סימן ה' הגי' אברהם ושרה הפקידו נפשות אצלי כמ"ש ואת הנפש אשר עשו בחרן ואני מחזיר להם נפשות: (ו) **לאברהם בן לזקוניו** שתיבות לאברהם ולזקוניו מיותר. והרי הוליד אח"כ כמה בנים מקטורה. וכמ"ש לעיל פר' מ"ז סימן ג' האיש אינו מזקין: **זיו איקונין** ועי"ז ידעו הכל שמאברהם נולד וכמ"ש ב"מ דף פ"ז: **לט' חדשים** שהי"ל לפרש המועד ע"כ דורש למועד אשר דיבר בבריאת עולם חק קבוע להריון ולידת רוב נשים ט' חדשים והיכן דיבר הרבה ארבה עצבונך והרונך וכמ"ש לעיל בפר' כ' סימן ו' כמנין הריון ע"ש. ואותו. פירושו הזמן שדיבר. וכן למ"ד לז' חדשים ג"כ כנ"ל וכמפורש שם הרבה בגי' רי"ב. וכמ"ש לעיל פמ"ז סימן ו'. וכמ"ש ר"ה דף י"א ע"פ למועד אשוב אליך דקאי בסוכות ואמר על פסח ואותה השנה מעוברת היתה הרי ז' חדשים:

מסורת המדרש

יד ע' יבמות דף ס"ד: **טו** מדרש שמואל פרשה י"ח. פסיקתא רבתי פ' מ"ג: **טז** ע' ברכות דף ל"א: **יז** ב"מ דף פ"ז:

אם למקרא

כֹּה אָמַר ה' צְבָאוֹת פָּקַדְתִּי אֵת אֲשֶׁר־עָשָׂה עֲמָלֵק לְיִשְׂרָאֵל אֲשֶׁר־שָׂם לוֹ בַּדֶּרֶךְ בַּעֲלֹתוֹ מִמִּצְרָיִם: (שמואל א טו:ב)

וְאִם־לֹא נִטְמְאָה הָאִשָּׁה וּטְהֹרָה הִוא וְנִקְּתָה וְנִזְרְעָה זָרַע: (במדבר ה:כח)

ענף יוסף

(ט) [ו] **זו שנכנסה לביתו של פרעה כו'** ואע"ג דזה ימים רבים שיצאה מבית פרעה לא נפקדה עד עתה. מפני הטעמים שאמר לעיל פ' מ"ה. ועוד כדי שיצא יצחק מטפה קדושה אחר מילת אברהם כדלעיל פ' מ"ו. ועתה כשהזקין אברהם ומל שהיתה שעה ראויה ללידת יצחק נפקדה שרה בהסכמת ב"ד מטעם ק"ו על מה שנצטערה בפרעה (יפ"ת). ועיין בנזה"ק שהאריך להוכיח משיטת הגמרא דפרק החובל דמעשה אבימלך קדם לבשורת הלידה:

רש"י

הקב"ה היפלא מה' דבר: **נותן אני יראתה על אומות העולם דלא יהו מונין לה וכו'.** כאשר דבר והיכן דבר כי שרה שמה עד עכשיו שרי לאומתה מכאן ואילך שרה לכל באי עולם שיהו הכל מתייראין ממנה: **רבי יהודה בשם ריש לקיש אמר עיקר מטרין לא היה לה.** בית הרחם בית הוולד: **וגלף לה הקב"ה עיקר מטרין.** כאשר דבר והיכן דבר וגם נתתי ממנה לך בן וכתיב הביטו אל צור חוצבתם ואל מקבת בור נוקרתם שעשה לה בית וולד:

מתנות כהונה

וזהו וברכתיה דכתיב התם: **יראתה.** ובשעת ההבטחה נקראת על שם יראה זו: **מונין.** מלעיגין עליה: **עיקר מטרין.** פירש הערוך רחם ואם שלה וכן בלשון יון קורין לאם מטרא: **וגלף וחקק.** פי' רש"י דכתיב וגם נתתי לך ממנה בן וכתיב הביטו אל צור חוצבתם ואל מקבת בור נוקרתם: **בעל פקדונות אני.** וה' פקד דרש מלשון פקדון: **חבילות של קוצים.** שהיה קוץ מכאיב לישראל:

[ו] **שלא גנבה כו'.** כהאי דאמרינן באמבטי נתעברה שהזרע היורה כחץ מתחלתו ונקלט מוליד אח"כ: **זיו איקונין.** תואר פניו ודריש לזקוניו נוטריקון: **גרוף מביתו כו'.** שאילו ילדתו פחות מט' חדשים היו אומרים מאבימלך נתעברה ומאז נשלמו תשעה אבל עכשיו שילדתו לט' חדשים אם מאבימלך נתעברה היאך שהה הריון כל כך וק"ל: **גרף.** לישנא בזיון קא נקט כזה שגורף את האשפה:

אשד הנחלים

יראתה. לא ידעתי איכה מתוך זאת בכתוב. ודברי המ"כ אינם מובנים לי: **בעל פקדונות.** הוא באמת פשט המלה. כי מלת פקדון הנחתו הראשונה על מי שמפקיד דבר אצל זולתו. שעי"ז זוכרו להשיב לו. ואח"כ על מי שזוכר לחבירו לעשות לו טובה באחרית. וזהו כדמות פקדון בידו לזכור אותו עי"ז ולכן מפרש מפני שהפקידה אצלו ית' מעשים טובים שעי"ז זכרה. וה' פקד כלומר החזיר לה פקדונה. וכן בעמלק הפקדון הוא מעשיו הרעים והחזיר לו כמוהו. וכלל הענין שמלת פקידה הונח הן על השגח' לרעה. או על השגחה לטוב'. הכל כפי הפקדון והזכירה ע"י מעשיו אם טוב ואם רע: [ו] **לביתו של פרעה כו'.** שקרה לה שני פעמים. ולאנשים כמוהם שהכריחום אותה. ועכ"ז ונקתה בודאי ונזרעה זרע ודי זה לפקדון טוב בידה: **הוא בכבודו.** כי לא נתחדש בה תאוה טבעית כחק כל הנשים אשר זהו נכלל במלאך הממונה על התאוה כפי' הרב המורה בפרקיו כי על כל כח מיוחד אשר באדם יש מלאך ממונה עליו מלמעלה הנותן בטבעו של אדם כן. אבל היא נתחדשה ע"י ענין אלקי ולכן לא הי' זה ע"י תאווה טבעית. והבן: **ממקום אחר.** פירש המ"כ שלא תדמה פן באמבטי עברה כ"א מאברהם ממש או פירושו מאבימלך וכדומה: **דומה לו.** פירושו בן דומה לזקוניו של אברהם וכתוארו. והכל ידעו

רַבִּי חָמָא אָמַר לְשִׁבְעָה שֶׁהֵם תִּשְׁעָה מְקוּטָּעִים – And **R' Chama said:** [Isaac] was born **after seven** complete months, **which were nine** months with the inclusion of two **abbreviated ones.**[85]

An additional detail concerning the timing of Isaac's birth: **רַבִּי הוּנָא בְּשֵׁם רַבִּי חִזְקִיָּה** – **R' Huna in the name of R' Chizkiyah** said: **בַּחֲצוֹת הַיּוֹם נוֹלַד** – **[Isaac] was born at midday.** **נֶאֱמַר כָּאן ״מוֹעֵד״ וְנֶאֱמַר לְהַלָּן ״כְּבוֹא הַשֶּׁמֶשׁ מוֹעֵד צֵאתְךָ מִמִּצְרָיִם״** – This can be deduced from the following exegesis: **It says** here ***the appointed time*** **and it says further** in the Torah, with regard to the *pesach*-offering, ***when the sun descends, the appointed time of your departure from Egypt*** (*Deuteronomy* 16:6).

וַיִּקְרָא אַבְרָהָם אֶת שֶׁם בְּנוֹ הַנּוֹלַד לוֹ אֲשֶׁר יָלְדָה לוֹ שָׂרָה יִצְחָק.

Abraham called the name of his son who was born to him – whom Sarah had borne him – Isaac (21:3).

§7 **וַיִּקְרָא אַבְרָהָם אֶת שֶׁם בְּנוֹ וְגוֹ׳ יִצְחָק** – ***ABRAHAM CALLED THE NAME OF HIS SON WHO WAS BORN TO HIM*** – *WHOM SARAH HAD BORNE HIM* – ***ISAAC.***

The Midrash will examine the name that Abraham gave to his newborn son:

יָצָא חוֹק לָעוֹלָם – The name Isaac (יִצְחָק) suggests that, with his birth, **the Torah**[86] **went out** (יָצָא חוק) **into the world.** **דָּבָר אַחֵר**[87]**– נִיתַּן דוֹרְיָיה לָעוֹלָם חִפּוּשִׁית**[88] – **Alternatively,** the name suggests that ***duriyah*** **was given to the world** upon the birth of Isaac, and *duriyah* means **freedom.**[89]

אָמַר רַבִּי יִצְחָק – **R' Yitzchak said:** There is another allusion contained in Isaac's name: **יוּ״ד עֲשָׂרָה כְּנֶגֶד עֲשֶׂרֶת הַדִּבְּרוֹת** – The first letter of *Yitzchak*, ***yud,*** has a numerical value of **ten,**[90] **corresponding to the Ten Statements.**[91] **צָדֵ״י תִּשְׁעִים ״וְאִם שָׂרָה הֲבַת תִּשְׁעִים שָׁנָה תֵּלֵד״** – The second letter, ***tzadi,*** has a value of **ninety,** which was Sarah's age at the time of the child's birth, as the verse states, ***"And shall Sarah – a ninety-year-old woman – give birth?"*** (above, 17:17). **קוּ״ף מֵאָה ״הַלְּבֶן מֵאָה שָׁנָה יִוָּלֵד״** – The fourth letter, ***kuf,*** whose value is **one hundred,** corresponds to Abraham's age at that time, as it says, ***"Shall a child be born to a hundred-year-old man?"*** (ibid.). **חֵי״ת כְּנֶגֶד הַמִּילָה שֶׁנִּיתְּנָה לִשְׁמוֹנָה** – The third letter, ***ches,*** has a value of eight and **corresponds to [Isaac's]**[92] **circumcision, which was performed**[93] **at eight** days.[94]

וַיָּמָל אַבְרָהָם אֶת־יִצְחָק בְּנוֹ בֶּן־שְׁמֹנַת יָמִים כַּאֲשֶׁר צִוָּה אֹתוֹ אֱלֹהִים

Abraham circumcised his son Isaac at the age of eight days as God had commanded him (21:4).

❒ **וַיָּמָל אַבְרָהָם אֶת יִצְחָק וגו׳** – ***ABRAHAM CIRCUMCISED HIS SON ISAAC, ETC.***

When did God command Abraham to circumcise his son? The Midrash answers:

הָדָא הוּא דִכְתִיב ״וּבֶן שְׁמֹנַת יָמִים יִמּוֹל לָכֶם כָּל זָכָר לְדֹרֹתֵיכֶם״ – **This is what is written,**[95] ***At the age of eight days every male among you shall be circumcised, throughout your generations*** (above, 17:12).

NOTES

85. R' Chama maintains that Isaac was born after a gestation period of seven months and two days: one which preceded the seven months, and one which followed. The pregnancy thus spanned parts of nine months (*Rashi*, *Ohr HaSeichel, Matnos Kehunah*, *Eitz Yosef*).

Maharzu notes that the source for this view is given in *Rosh Hashanah* 11a: The word לַמּוֹעֵד is to be understood [as it often is (see, for example, *Leviticus* 23:4,37)] as referring to a *holiday*. Consequently, God's promise to Abraham (above, 18:14), לַמּוֹעֵד אָשׁוּב אֵלֶיךָ כָּעֵת חַיָּה וּלְשָׂרָה בֵן, should be translated, *At the next holiday I will return to you, [at a time] like this time and Sarah will have a son*. Now, since the date of the birth is described as *[a time] like this time*, the time of the prophecy, too, must have been a holiday. And since the interval between Succos and Pesach (six months) is the only one between holidays that is anywhere near long enough to accommodate a viable pregnancy, the Gemara determines that Sarah conceived on Succos and gave birth on Pesach. However, since six months is not quite sufficient for a viable pregnancy, the Gemara posits that that year was a leap year (which has an extra month). Sarah's pregnancy lasted the seven months between Succos and Pesach. See also 47 §5 above, with our commentary. See Insights.

[The Gemara in *Rosh Hashanah* and the Midrash 47 §5 are in disagreement with the Midrash 48 §12 above (cited in *Rashi* to *Genesis* 18:10 and 21:2), which states that the angels visited Abraham on Pesach of one year and foretold that Isaac would be born one year later.]

According to R' Chama, rather than prove that Abraham was Isaac's father, the timing of Isaac's birth served to cast *doubt* on that all-important fact. However, the resemblance between Abraham and Isaac precluded any other possibility. Consequently, our verse may be understood as follows: *Sarah conceived and bore a son "to Abraham,"* and since, as the verse says next, Isaac was born לִזְקֻנָיו, with his visage resembling Abraham's, therefore Isaac's birth was able to take place *at the appointed time which God had spoken*, that is, after [just over] seven months, for the resemblance removed all uncertainty as to the identity of Isaac's father (*Eitz Yosef*, citing *Nezer HaKodesh*; see *Rashash* for another approach).

86. Translation follows *Rashi*, cited by *Eitz Yosef* and *Matnos Kehunah*, who quotes *Psalms* 81:5, where the Torah is referred to as חֹק לְיִשְׂרָאֵל, *a decree for Israel*. The Midrash describes the Torah as having "gone out to the world" with Isaac's birth, because from him would evolve the Jewish nation that would receive the Torah (*Eshed HaNechalim*)

Alternatively: This line of Midrash is to be translated: "the *decree* went out to the world," and refers to the decree of circumcision at eight days of age, for Isaac was the first person to be circumcised at that age (*Eitz Yosef*, based on *Shabbos* 137b with *Tosafos*; *Maharzu*, based on *Psalms* 105:10).

A third approach: This line is to be translated: "*sustenance* went out into the world," and means that the entire world was sustained [by God] in the merit of Isaac (*Eitz Yosef*, who cites 47:22 below as a precedent for this usage of the word חֹק [see also *Beitzah* 16a]).

87. The words דָּבָר אַחֵר are added to the text following *Rashi*.

88. Emendation follows *Matnos Kehunah* and *Eitz Yosef.*

89. The term דוֹרְיָיה is related to the word דְּרוֹר, which is used (in *Leviticus* 25:10) to mean *freedom* (*Matnos Kehunah, Eitz Yosef*).

The nature of the freedom that accompanied Isaac's birth will be explained in the coming section (*Maharzu, Imrei Yosher, Mishnas DeRabbi Eliezer*). See note 102.

90. This is based on the system known as *gematria*, which assigns a numerical value to each of the 22 letters of the Hebrew alphabet.

91. *Maharzu* notes that among the things that the Midrash finds hinted at in Isaac's name (see further), the Ten Statements are unique in that they are not specifically related to Isaac. He cites *Bamidbar Rabbah* 18 §21 and *Pirkei DeRabbi Eliezer* §32, where the same exposition appears, but with *Ten Tests* [to which God subjected Abraham (see *Pirkei Avos* 5:4 and elsewhere)] substituted for *Ten Statements*. These are indeed relevant to Isaac, for the tenth of these was עֲקֵידַת יִצְחָק, *the binding of Isaac*. See also *Rashi* to 17:19 above. See, however, note 94.

92. See preceding note from *Maharzu.*

93. Lit., *given*.

94. According to our version of the Midrash (see note 91), *Eshed HaNechalim* explains the interrelationship of these four allusions: It was in the dual merit of the Ten Statements (which would be kept by Isaac's descendants) and of Isaac's circumcision at eight days that Abraham and Sarah celebrated his miraculous birth at the respective ages of 100 and 90.

95. The Midrash provides the verse wherein the commandment that Isaac be circumcised at eight days of age was articulated to Abraham (*Rashi, Maharzu, Eitz Yosef*).

רַבִּי חָמָא אָמַר: לְשִׁבְעָה שֶׁהֵם תִּשְׁעָה מְקוּטָּעִים. רַבִּי הוּנָא בְּשֵׁם רַבִּי חִזְקִיָּה: בַּחֲצוֹת הַיּוֹם נוֹלַד, נֶאֱמַר כָּאן "מוֹעֵד" וְנֶאֱמַר לְהַלָּן (דברים טז, ו) "כְּבוֹא הַשֶּׁמֶשׁ מוֹעֵד צֵאתְךָ מִמִּצְרָיִם":

ז [כא, ג] "וַיִּקְרָא אַבְרָהָם אֶת שֶׁם בְּנוֹ וְגוֹ', יִצְחָק". [יח]יָצָא חוֹק °לָעוֹלָם נִיתַּן דּוֹרְיָיה לָעוֹלָם °. אָמַר רַבִּי יִצְחָק: °חַפּוּשִׁיָּה יוּ"ד עֲשָׂרָה כְּנֶגֶד עֲשֶׂרֶת הַדִּבְּרוֹת, צָדֵ"י תִּשְׁעִים, (לעיל יז, יז) "וְאִם שָׂרָה הֲבַת תִּשְׁעִים שָׁנָה תֵּלֵד", קוּ"ף מֵאָה (שם) "הַלְּבֶן מֵאָה שָׁנָה יִוָּלֵד", חֵי"ת כְּנֶגֶד הַמִּילָה שֶׁנִּיתְּנָה לִשְׁמוֹנָה. [כא, ד] "וַיָּמָל אַבְרָהָם אֶת יִצְחָק וְגוֹ'", הָדָא הוּא דִכְתִיב (בראשית יז, יב) "וּבֶן שְׁמֹנַת יָמִים יִמּוֹל לָכֶם כָּל זָכָר לְדֹרֹתֵיכֶם":

ח [כא, ו] "וַתֹּאמֶר שָׂרָה צְחוֹק עָשָׂה לִי אֱלֹהִים". רַבִּי בֶּרֶכְיָה בַּר רַבִּי יְהוּדָה בַּר רַבִּי סִימוֹן בְּשֵׁם רַבִּי שְׁמוּאֵל בַּר רַבִּי יִצְחָק: רְאוּבֵן בְּשִׂמְחָה שִׁמְעוֹן מָה אִיכְפַּת לֵיהּ, כָּךְ שָׂרָה נִפְקְדָה, אֲחֵרִים מָה אִיכְפַּת לָהֶם, [יט]אֶלָּא בְּשָׁעָה שֶׁנִּפְקְדָה אִמֵּנוּ שָׂרָה, הַרְבֵּה עֲקָרוֹת נִפְקְדוּ עִמָּהּ, הַרְבֵּה חֵרְשִׁים נִתְפַּקְּחוּ, הַרְבֵּה סוּמִים נִתְפַּתְּחוּ, הַרְבֵּה שׁוֹטִים נִשְׁתַּפּוּ. נֶאֱמַר כָּאן עֲשִׂיָּה וְנֶאֱמַר לְהַלָּן (אסתר ב, יח) "וַהֲנָחָה לַמְּדִינוֹת עָשָׂה", מָה עֲשִׂיָּה שֶׁנֶּאֱמַר לְהַלָּן נִיתַּן דּוֹרְיָיה לָעוֹלָם, אַף עֲשִׂיָּה שֶׁנֶּאֱמַר כָּאן נִיתַּן דּוֹרְיָיה לָעוֹלָם. רַבִּי לֵוִי אָמַר

רש"י

(ו) **רבי הונא אמר לז' שלמים שהן ט' מקוטעין.** יום אחד לחדש שעבר ויום א' להבא חשוב כב' חדשים שהן חדשים מקוטעים יום לחדש: (ז) **יצא חוק לעולם.** ישראל שקבלו התורה כי חוק לישראל הוא: **דבר אחר יצא דורייה לעולם.** מתנה ודורון דכתיב ונברכו בך וגו': כאשר דבר אתו אלהים והיכן דבר ובן שמונת ימים ימול לכם כל זכר לדורותיכם: (ח) **הרבה שוטים נשתפו.** חזר דעתן בשופי: **נאמר כאן עשייה.** לחוק עשה לי אלהים: **ונאמר להלן והנחה למדינות עשה.** מה עשייה שנאמר להלן נותן דרוריא חרות כדמפורש במגלה דלי כרגא מס גולגלתא: **אף עשייה שנאמר כאן נותן דרוריא.** שבאת רווחה לעולם כדמפורש למעלה בדברים הרבה:

עץ יוסף

לשבעה שהם ט' מקוטעים. ולי נראה עיקר כדפרש"י והא"ח לקיים גירסתנו והכי פירושו לשבעה שלמים שהם ט' מקוטעין שאוחזים יום אחד מחדש שלפניהם ויום אחד מחדש שלאחריהם והשני ימים חשובים כשני חדשים מקוטעים. ולדידיה נ"ל שנתבטל החשד מאבימלך ממה שהיה זיו איקונין של יצחק דומה לאברהם. וא"כ הא דכתיב למועד אשר דבר אותו אלהים משמע איפכא שלפי שהוליד בן לזקוניו שהיה זיו איקונין דומה לו לפיכך נולד למועד הקבוע אשר דבר אותו אלהים לשבעה חדשים כי כבר נסתלק החשד במה שהיה זיו איקונין דומה לו (נזה"ק): **ונאמר להלן כבא השמש כו'.** דס"ל שמששה שעות ולמעלה יצאו ממצרים כדאיתא במכילתא ויליף בג"ש מיציאת מצרים שנולד יצחק ג"כ בט"ו בניסן בחצות היום להיות מכוון לזמן והעת שיצאו בו ממצרים להורות שעמד זכותו לבניו להצמיח זמן גאולה בשעת וזמן לידתו (נזה"ק): (ז) [יא] **יצא חק לעולם.** פי' יצא מזון לעולם. על דרך מה שנא' כי חק היא לכהנים מאת פרעה. כלו' כל העולם ניזון בשביל יצחק. ורש"י פי' ישראל שקבלו את התורה שנא' כי חק לישראל (מת"כ). או פי' חק ברית מילה לשמונה קאמר שיצאה תחילה ביצחק וכפי' ר"ת בתוס' ס"פ ר"א דמילה דחק בשארו שם קאי על יצחק: **ניתן דורייה לעולם חפושית אמר רבי יצחק יו"ד.** כצ"ל ור"ל דרייה פי' חירות ונחת רוח. ותיבת חפושית הוא פי' על תיבת דורייה שהיתה כתובה על הגליון ואחר כך כתבוה המדפיסים בפנים ושלא במקומה: **ובן שמונת ימים כו'** ר"ל הא דכתיב הכא כאשר צוה אותו אלהים היינו מ"ש לו בפרשת המילה ובן שמונת ימים וגו': (ח) [יב] **אחרים מה איכפת להו.** דקאמר כל השומע יצחק לי שכולם ישמחו עליה ומשני שעמה נפקדו כמה עקרות הרבה חרשים נתפקחו כו' שבא אז רב שפע טוב וברכה לעולם וכל שומע ישמח שאין גם אחד שלא יהיה מהזוכים לרפואה או קרוב או אוהב שזוכים לרפואה וישמח בהם. וטעם מאמר זה כי לחוק ושמחה שעשה לי אלהים הוא מצד שכל השומע יצחק וישמח על ידי לא מצד עצמי (יפ"ת): **הרבה שוטים נשתפו.** פי' חזרו לדעתם ושכלם וכן בגיטין פ"ב שפוי ונשתטה וחזר ונשתפה. פי' חזר לדעתו. וכ"ה בלשון יון בעל דעת וחכם (מוסף הערוך): **ניתן דרייה לעולם** כלו' חירות והרווחה שעשה המלך אחשורוש הנחה למדינות בנישואי אסתר. אף כאן נתן הקב"ה דוריאה לעולם בהיות אז עת רצון בפקידת שרה הצדקת (נזה"ק):

פירוש מהרז"ו

מועד צאתך וכמ"ש במכילתא בעצם היום הזה יצאו וגו' מו' שעות ולמעלה וכמ"ש פר"א פכ"ט ע"פ בעצם היום הזה נמול אברהם בגבורת השמש בחצי היום: (ז) **יצא חוק** היינו חוק מילה שיצחק היה הראשון שנמול לח'. עי' שמ"ר פ"ל סימן ט'. שי"ר פסוק ישקני בסוף. וכמ"ש אשר כרת וגו' ויעמידה ליעקב לחוק וגו'. ומ"ש ניתן דוריה (עי' מ"כ) פי' חיפושית לילידי ביתו וכמ"ש בצד הילקוט. ועי' סי' שאח"ז: **יו"ד עשרה כו'** טעם אחר ע"ש יצחק ע"פ נוטריקון. וע' במ"ר פי"ח סימן כ"א. פר"א ר"פ ל"ב. שהגי' שם יו"ד י' נסיונות. ולפי"ז גם היו"ד רומז לענין של יצחק כמו אותיות צ"ק. שהנסיון העשירי היה בעקידת יצחק (וכ"כ יפ"ת): **וימל אברהם וגו'** כאשר צוה אותו אלהים והיכן צוה ובן שמנת ימים וגו': (ח) **ראובן בשמחה** פסיקתא פמ"ב סי' ד': **נאמר כאן עשייה** לחוק עשה לי וגו' ובפסיקתא שם הגז"ש ממ"ש

חידושי הרד"ל

(ח) [ז] **חוק לעולם.** נ"ל חוק ברית מילה לשמונה קאמר שיצאה תחלה ביצחק וכפי' ר"ת בתוס' ס"פ ר"א דמילה דחוק בשארו שם קאי על יצחק:

חידושי הרש"ש

לשבעה שהם ט' מקוטעים. פי' למעשה דאבימלך דהשתא לא יאמרו גרוף מביתו דסבר כמ"ד (נדה ל"ח) דיולדת לט' אינה יולדת למקוטעין: [ז] **ניתן דוריה לעולם.** דריש חוק כמו כי חק לכהנים מאת פרעה ואכלו את חקם אשר נתן כו':

מסורת המדרש

יח ילקוט כאן רמז נ"ב כה"ע:
יט פסיקתא רבתי פ' מ"ב:

אם למקרא

כִּי אִם־אֶל־הַמָּקוֹם אֲשֶׁר־יִבְחַר ה' אֱלֹהֶיךָ לְשַׁכֵּן שְׁמוֹ שָׁם תִּזְבַּח אֶת־הַפֶּסַח בָּעָרֶב כְּבוֹא הַשֶּׁמֶשׁ מוֹעֵד צֵאתְךָ מִמִּצְרָיִם: (דברים טז:ו)

וּבֶן־שְׁמֹנַת יָמִים יִמּוֹל לָכֶם כָּל־זָכָר לְדֹרֹתֵיכֶם יְלִיד בָּיִת וּמִקְנַת־כֶּסֶף מִכֹּל בֶּן־נֵכָר אֲשֶׁר לֹא מִזַּרְעֲךָ הוּא: (בראשית יז:יב)

וַיַּעַשׂ הַמֶּלֶךְ מִשְׁתֶּה גָדוֹל לְכָל־שָׂרָיו וַעֲבָדָיו אֵת מִשְׁתֵּה אֶסְתֵּר וַהֲנָחָה לַמְּדִינוֹת עָשָׂה וַיִּתֵּן מַשְׂאֵת כְּיַד הַמֶּלֶךְ: (אסתר ב:יח)

ענף יוסף

(י) [**לשבעה שהם ט' מקוטעים**] היפ"ת מחק גירסא זו. וכתב דגרסי' לשבעה שהם מקוטעים. דס"ל כדאמרינן בפ"ק דר"ה דנזכרה שרה בר"ה וילדה בפסח ואותה שנה מעוברת היתה. ומשום דאפ"ה ליכא ז' שלמים הוצרך לומר דילדה למקוטעים (ועיין בענ):

מתנות כהונה

לז'. שהם תשעה מקוטעין יום אחד מחדש ראשון וכן יום אחד מחדש אחרון ונחשב לב' חדשים שלמים. וטעמא דרבי חמא איתא בפ"ק דר"ה וכתבתי לעיל פרשה מ"ז ע"ש: **מועד צאתך ממצרים.** וכתיב סוף פרשת בא ויהי בעצם היום הזה הוציא ה' וגו' וע"ש בפירוש הרמב"ן: [ז] **יצא חוק לעולם.** פירש"י ישראל שקבלו התורה שנאמר כי חוק לישראל הוא: **דורייה.** פירש"י מתנה ודורון כמו שנאמר ונברכו בך כל משפחות האדמה: **הכי גרסינן** רש"י ז"ל ד"א ניתן דורייה: **חפושית** גרסינן. ונראה שמפרש דורייה לשון דרור וחירות והכי גרסינן בילקוט דרורייה ולא גרס חפושית: [ח] **יצחק יו"ד עשרה כו'.** עשה לי אלהים וגו' גרסינן. וסיפיה דקרא כל השומע יצחק לי ועליה קאי רבי ברכיה: **נשתפו.** חזרו לדעתן להיות בשופי שקט ושליו ברעיוניהם:

אשד הנחלים

שהוא בן אברהם: **בחצות היום.** שהוא מועד הישועה לכל ישראל. ודרש ג"ש מועד מועד. כיון שהוא עת הישועה מסתמא הישועה מהלידה הי' ג"כ בזה העת ודוחק: [ז] **יצא חוק לעולם.** פירש רש"י חוק זהו התור' שניתנה לישראל ופירושו אחר שנולד בן לאברהם ואז ממנו יתחילו שבטי יה שינחלו התור'. ויתכן עוד לפי שבר"ה נפקדה שרה. ואז זמן חוק ומשפט כמ"ש כי חוק הוא לישראל משפט לאלהי יעקב. וזהו דורייה ג"כ שהוא דרור החירות בעת היובל הניתן לעבדים. כי זהו היום הניתן לחירות ולחוק לישרים והזכירם לחיים. כי זהו היום הטוב. שה' זוכר את בני אברהם לטובה אחר כי נולדו בזה היום בתחילה: וזהו לפי דרך רש"י. ולפ"ד הפשט שיצא חוק שה' משדד הטבע ודורי' הוא כמו שאמר להלן: **יו"ד עשרה.** מפרש השם יצחק שרומז שאמר להלן שנולד מבן מאה ובת תשעים וכל זה בזכות עשרת הדברו' שעתידי' לקבל ובזכות המילה הניתן לשמונה: **הדא הוא דכתיב כו' לדורותיכם.** כי שם רמז לו שיקום דור ממנו: **שמעון מה אכפת.** ולמה אמרה כל השומע יצחק לי אלא ודאי שנפקדו גם עקרות אחרות וכל השומע מלידתו היתה צחוק והשמח' רק בי ובזכותי. וכן דרש שהרבה נרפאו ממומם וחסרונם ונחו כולם מחליים. ולכן נאמר מלת עשי' שהוא תיקון ועשיה חדשה וחירות לכולם:

וַתֹּאמֶר שָׂרָה צְחֹק עָשָׂה לִי אֱלֹהִים כָּל הַשֹּׁמֵעַ יִצְחַק לִי.
Sarah said, "God has made laughter for me; whoever hears will laugh for me" (21:6).

§8 וַתֹּאמֶר שָׂרָה צְחוֹק עָשָׂה לִי אֱלֹהִים — ***SARAH SAID, "GOD HAS MADE LAUGHTER FOR ME."***

The Midrash explains Sarah's statement:

רַבִּי בֶּרֶכְיָה בַּר רַבִּי יְהוּדָה בַּר רַבִּי סִימוֹן בְּשֵׁם רַבִּי שְׁמוּאֵל בַּר רַבִּי יִצְחָק — R' Berechyah bar Yehudah bar Simon in the name of R' Shmuel bar R' Yitzchak said: **רְאוּבֵן בְּשִׂמְחָה שִׁמְעוֹן מָה אִיכְפַּת לֵיהּ — If Reuven is joyful, of what interest is it to Shimon?**[96] **כָּךְ שָׂרָה נִפְקְדָה אֲחֵרִים מָה אִיכְפַּת לָהֶם — Similarly,** when **Sarah was remembered, of what interest was it to others?**[97] **אֶלָּא בְּשָׁעָה שֶׁנִּפְקְדָה אִמֵּנוּ שָׂרָה — But** the answer is that **when our Matriarch Sarah was remembered, הַרְבֵּה עֲקָרוֹת נִפְקְדוּ עִמָּהּ — many barren women were remembered with her, הַרְבֵּה חֵרְשִׁים נִתְפַּקְּחוּ — many deaf became able to hear, הַרְבֵּה סוּמִים נִתְפַּתְּחוּ — many blind became able to see, הַרְבֵּה שׁוֹטִים נִשְׁתַּפּוּ —** and **many deranged people regained their sanity.**[98]

The Midrash continues to make inferences about the miracles that surrounded Isaac's birth:

נֶאֱמַר כָּאן "עֲשִׂיָּה" וְנֶאֱמַר לְהַלָּן "וַהֲנָחָה לַמְּדִינוֹת עָשָׂה" — The root **"making"** (עשה) **is stated here** in our verse, **and elsewhere** as well **it is stated,** ***and [Ahasuerus] made*** [עָשָׂה] ***an amnesty for the provinces*** (*Esther* 2:18);[99] **מָה עֲשִׂיָּה שֶׁנֶּאֱמַר לְהַלָּן נִיתַּן דּוֹרְיָיה לָעוֹלָם — just as the "making" that is stated elsewhere** connotes that **freedom**[100] **was given to the world,**[101] **אַף עֲשִׂיָּה שֶׁנֶּאֱמַר כָּאן נִיתַּן דּוֹרְיָיה לָעוֹלָם — so too the "making" that is stated here** denotes that **freedom was given for the world.**[102] **רַבִּי לֵוִי אָמַר — And R' Levi said:**

NOTES

96. This question serves as a preface to the one that follows. *Yefeh To'ar* questions why it is necessary.

97. The Midrash questions why Sarah said, *"Whoever hears will laugh for me."* Why would the birth of *Sarah*'s child gladden *other* people? (*Eitz Yosef*, citing *Yefeh To'ar*).

98. At the time that Sarah was healed an abundance of blessing descended upon the world, such that many people were saved from their personal ailments as Sarah was delivered from hers. Everyone who heard what happened to Sarah rejoiced, either because he was himself healed or because he had a friend or relative who was healed. According to this Midrash, the meaning of our verse is: *"God has made laughter for me; whoever hears will laugh **because of** me."* In other words, the cause of Sarah's laughter was that others would laugh at the blessing that *they* received because of her. [On her elevated spiritual plane, Sarah took more pleasure in the fact that others would be joyful than she did in her own deliverance] (*Eitz Yosef*, citing *Yefeh To'ar*).

99. In honor of his new bride, Queen Esther.

100. *Rashi*, *Eitz Yosef*.

101. According to *Rashi* (here and ad loc., from *Megillah* 13a), this freedom was an exemption from taxes; according to *Pesikta Rabbasi* §42 (with *Beur*) *Ahasuerus* released his jailed subjects.

102. The Midrash refers to the various forms of deliverance, described above, that the world experienced when Isaac was born (*Rashi*; see above, note 89).

Alternatively: *Mishnas DeRabbi Eliezer* (to section 7 above) writes that the Midrash here is referring to the fact that the 400-year period of exile and servitude promised to Abraham by God (see above, 15:13) would be regarded as having begun immediately upon the birth of Isaac, such that "freedom" would come sooner (see *Rashi* ad loc.).

רַבִּי חָמָא אָמַר: לְשִׁבְעָה שֶׁהֵם תִּשְׁעָה מְקוּטָּעִים. רַבִּי הוּנָא בְּשֵׁם רַבִּי חִזְקִיָּה: בַּחֲצוֹת הַיּוֹם נוֹלַד, נֶאֱמַר כָּאן "מוֹעֵד" וְנֶאֱמַר לְהַלָּן (דברים טז, ו) "כְּבוֹא הַשֶּׁמֶשׁ מוֹעֵד צֵאתְךָ מִמִּצְרָיִם":

ז [כא, ג] "וַיִּקְרָא אַבְרָהָם אֶת שֶׁם בְּנוֹ וְגוֹ', יִצְחָק". [יח]יָצָא חוֹק °לָעוֹלָם נִיתַּן דּוֹרְיָיה לָעוֹלָם °. אָמַר רַבִּי יִצְחָק: °חַפּוּשִׁיָּה יוּ"ד עֲשָׂרָה כְּנֶגֶד עֲשֶׂרֶת הַדִּבְּרוֹת, צָדֵ"י תִּשְׁעִים, (לעיל יז, יז) "וְאִם שָׂרָה הֲבַת תִּשְׁעִים שָׁנָה תֵּלֵד", קוּ"ף מֵאָה (שם) "הַלְּבֶן מֵאָה שָׁנָה יִוָּלֵד", חֵי"ת כְּנֶגֶד הַמִּילָה שֶׁנִּיתְּנָה לִשְׁמוֹנָה. [כא, ד] "וַיָּמָל אַבְרָהָם אֶת יִצְחָק וְגוֹ'", הָדָא הוּא דִכְתִיב (בראשית יז, יב) "וּבֶן שְׁמֹנַת יָמִים יִמּוֹל לָכֶם כָּל זָכָר לְדֹרֹתֵיכֶם":

ח [כא, ו] "וַתֹּאמֶר שָׂרָה צְחוֹק עָשָׂה לִי אֱלֹהִים". רַבִּי בֶּרֶכְיָה בַּר רַבִּי יְהוּדָה בַּר רַבִּי סִימוֹן בְּשֵׁם רַבִּי שְׁמוּאֵל בַּר רַבִּי יִצְחָק: רְאוּבֵן בְּשִׂמְחָה שִׁמְעוֹן מָה אִיכְפַּת לֵיהּ, כָּךְ שָׂרָה נִפְקְדָה, אֲחֵרִים מָה אִיכְפַּת לָהֶם, [יט]אֶלָּא בְּשָׁעָה שֶׁנִּפְקְדָה אִמֵּנוּ שָׂרָה, הַרְבֵּה עֲקָרוֹת נִפְקְדוּ עִמָּהּ, הַרְבֵּה חֵרְשִׁים נִתְפַּקְּחוּ, הַרְבֵּה סוּמִים נִתְפַּתְּחוּ, הַרְבֵּה שׁוֹטִים נִשְׁתַּפּוּ. נֶאֱמַר כָּאן עֲשִׂיָּה וְנֶאֱמַר לְהַלָּן (אסתר ב, יח) "וַהֲנָחָה לַמְּדִינוֹת עָשָׂה", מָה עֲשִׂיָּה שֶׁנֶּאֱמַר לְהַלָּן נִיתַּן דּוֹרְיָיה לָעוֹלָם, אַף עֲשִׂיָּה שֶׁנֶּאֱמַר כָּאן נִיתַּן דּוֹרְיָיה לָעוֹלָם. רַבִּי לֵוִי אָמַר

רש"י

(ו) **רבי הונא אמר לז' שלמים שהן ט' מקוטעין.** יום אחד לחדש שעבר ויום א' להבא חשוב כב' חדשים שהן חדשים מקוטעים יום לחדש: (ז) **יצא חוק לעולם.** ישראל שקבלו התורה כי חוק לישראל הוא: **דבר אחר יצא דורייה לעולם.** מתנה ודורון דכתיב ונברכו בך וגו': כאשר דבר אתו אלהים והיכן דבר ובן שמונת ימים ימול לכם כל זכר לדורותיכם: (ח) **הרבה שוטים נשתפו.** חזר דעתן בשופי: **נאמר כאן עשייה.** לחוק עשה לי אלהים: **ונאמר להלן והנחה למדינות עשה.** מה עשייה שנאמר להלן נותן דרוריא חרות כדמפורש במגלה דלי כרגא מס גולגלתא: **אף עשייה שנאמר כאן נותן דרוריא.** שבאת רווחה לעולם כדמפורש למעלה בדברים הרבה:

עץ יוסף

לשבעה שהם ט' מקוטעים. ולי נראה עיקר כדפרש"י והאב"א לקיים גירסתנו והכי פירושו לשבעה שלמים שהם ט' מקוטעין שאוחזים יום אחד מחדש שלפניהם ויום אחד מחדש שלאחריהם והשני ימים חשובים כשני חדשים מקוטעים. ולדידיה נ"ל שנתבטל החשד מאבימלך ממה שהיה זיו איקונין של יצחק דומה לאברהם. וא"כ הא דכתיב למועד אשר דבר אותו אלהים משמע איפכא שלפי שהוליד בן לזקוניו שהיה זיו איקונין דומה לו לפיכך נולד למועד הקבוע אשר דבר אותו אלהים לשבעה חדשים כי כבר נסתלק החשד במה שהיה זיו איקונין דומה לו (נזה"ק): **ונאמר להלן כבא השמש כו'.** דס"ל שמשש שעות ולמעלה יצאו ממצרים כדאיתא במכילתא ויליף בג"ש מיציאת מצרים שנולד יצחק ג"כ בט"ו בניסן בחצות היום להיות מכוון לזמן והעת שיצאו בו ממצרים להורות שעמד זכותו לבניו להצמיח זמן גאולה בשעת וזמן לידתו (נזה"ק): (ז) [יא] **יצא חק לעולם.** פי' יצא מזון לעולם. על דרך מה שנא' כי חק היא לכהנים מאת פרעה. כלו' כל העולם ניזון בשביל יצחק. ורש"י פי' ישראל שקבלו את התורה שנא' כי חק לישראל (מת"כ). או פי' חק ברית מילה לשמונה קאמר שיצאה תחילה ביצחק וכפי' ר"ח בתוס' ס"פ ר"א דמילה דחק בשארו שם קאי על יצחק: **ניתן דורייה לעולם חפושית אמר רבי יצחק יו"ד.** כצ"ל ור"ל דרייה פי' חירות ונחת רוח. ותיבת חפושית הוא פי' על תיבת דורייה שהיתה כתובה על הגליון ואחר כך כתבוה המדפיסים בפנים ושלא במקומה: **ובן שמונת ימים כו'** ר"ל הא דכתיב הכא כאשר צוה אותו אלהים היינו מ"ש לו בפרשת המילה ובן שמונת ימים וגו': (ח) [יב] **אחרים מה איכפת להו.** דקאמר כל השומע יצחק לי שכולם ישמחו עליה ומשני שעמה נפקדו כמה עקרות הרבה חרשים נתפקחו כו' שבא אז רב שפע טוב וברכה לעולם וכל שומע ישמח שאין גם אחד שלא יהיה מהזוכים לרפואה או קרוב או אוהב שזוכים לרפואה וישמח בהם. וטעם מאמר זה כי לחוק ושמחה שעשה לי אלהים הוא מצד שכל השומע יצחק וישמח על ידי לא מצד עצמי (יפ"ת): **הרבה שוטים נשתפו.** פי' חזרו לדעתם ושכלם וכן בגיטין פ"ב שפוי ונשתטה וחזר ונשתפה. פי' חזר לדעתו. וכ"ה בלשון יון בעל דעת וחכם (מוסף הערוך): **ניתן דרייה לעולם** כלו' חירות והרווחה שעשה המלך אחשורוש הנחה למדינות בנישואי אסתר. אף כאן נתן הקב"ה דוריאה לעולם בהיות אז עת רצון בפקידת שרה הצדקת (נזה"ק):

פירוש מהרז"ו

מועד צאתך וכמ"ש במכילתא בעצם היום הזה יצאו וגו' מו' שעות ולמעלה וכמ"ש פר"א פכ"ט ע"פ בעצם היום הזה נמול אברהם בגבורת השמש בחצי היום: (ז) **יצא חוק** היינו חוק מילה שיצחק היה הראשון שנמול לח'. עי' שמ"ר פ"ל סימן ט'. שי"ר פסוק ישקני בסוף. וכמ"ש אשר כרת וגו' ויעמידה ליעקב לחוק וגו'. ומ"ש ניתן דוריה (עי' מ"כ) פי' חיפושית לילדי ביתו וכמ"ש בצד הילקוט. ועי' סי' שאח"ז: **יו"ד עשרה כו'** טעם אחר ע"ש יצחק ע"פ נוטריקון. ועי' במ"ר פי"ח סימן כ"א. פר"א ר"פ ל"ב. שהגי' שם יו"ד י' נסיונות. ולפי"ז גם היו"ד רומז לענין של יצחק כמו אותיות לח"ק. שהנסיון העשירי היה בעקידת יצחק (וכ"כ יפ"ת): **וימל אברהם וגו'** כאשר צוה אותו אלהים והיכן צוה ובן שמנת ימים וגו': (ח) **ראובן בשמחה** פסיקתא פמ"ב סי' ד': **נאמר כאן עשייה** לחוק עשה לי וגו' ובפסיקתא שם הגז"ש ממ"ש

מתנות כהונה

לז'. שהם תשעה מקוטעין יום אחד מחדש ראשון וכן יום אחד מחדש אחרון ונחשב לב' חדשים שלמים. וטעמא דרבי חמא איתא בפ"ק דר"ה וכתבתי לעיל פרשה מ"ז ע"ש: **מועד צאתך ממצרים.** וכתיב סוף פרשת בא ויהי בעצם היום הזה הוציא ה' וגו' וע"ש בפירוש הרמב"ן: [ז] **יצא חוק לעולם.** פירש"י ישראל שקבלו התורה שנאמר כי חוק לישראל הוא: **דורייה.** פירש"י מתנה ודורון כמו שנאמר ונברכו בך כל משפחות האדמה: **הכי גרסינן** רש"י ז"ל ד"א ניתן דורייה: **חפושית** גרסינן. ונראה שמפרש דורייה לשון דרור וחירות והכי גרסינן בילקוט דרורייה ולא גרס חפושית: [ח] **יצחק יו"ד עשרה כו'.** עשה לי אלהים וגו' גרסינן. וסיפיה דקרא כל השומע יצחק לי ועליה קאי רבי ברכיה: **נשתפו.** חזרו לדעתן להיות בשופי שקט ושליו ברעיוניהם:

אשד הנחלים

שהוא בן אברהם: **בחצות היום.** שהוא מועד הישועה לכל ישראל. ודרש ג"ש מועד מועד. כיון שהוא עת הישועה מסתמא הישועה מהלידה הי' ג"כ בזה העת ודוחק: [ז] **יצא חוק לעולם.** פירש רש"י חוק זהו התור' שניתנה לישראל ופירושו אחר שנולד בן לאברהם ואז ממנו יתחילו שבטי יה שינחלו התור'. ויתכן עוד לפי שבר"ה נפקדה שרה. ואז זמן חוק ומשפט כמ"ש כי חוק הוא לישראל משפט לאלהי יעקב. וזהו דורייה ג"כ שהוא דרור החירות בעת היובל הניתן לעבדים. כי זהו היום הניתן לחירות ולחוק לישרים והזכירם לחיים. כי זהו היום הטוב. שה' זוכר את בני אברהם לטובה אחר כי נולדו בזה היום בתחילה: וזהו לפי דרך רש"י. ולפ"ד הפשט שיצא חוק שה' משדד הטבע ודורי' הוא כמו שאמר להלן: **יו"ד עשרה.** מפרש השם יצחק שרומז שאמר להלן שנולד מבן מאה ובת תשעים וכל זה בזכות עשרת הדברו' שעתידי' לקבל ובזכות המילה הניתן לשמונה: **הדא הוא דכתיב כו' לדורותיכם.** כי שם רמז לו שיקום דור ממנו: **שמעון מה אכפת.** ולמה אמרה כל השומע יצחק לי אלא ודאי שנפקדו גם עקרות אחרות וכל השומע מלידתו היתה צחוק והשמח' רק בי ובזכותי. וכן דרש שהרבה נרפאו ממומם וחסרונם ונחו כולם מחליים. ולכן נאמר מלת עשי' שהוא תיקון ועשיה חדשה וחירות לכולם:

חידושי הרד"ל

(ח) [ז] **חוק לעולם.** נ"ל חוק ברית מילה לשמונה קאמר שיצאה תחלה ביצחק וכפי' ר"ת בתוס' ס"פ ר"א דמילה דחוק בשארו שם קאי על יצחק:

חידושי הרש"ש

לשבעה שהם ט' מקוטעים. פי' למעשה דאבימלך דהשתא לא יאמרו גרוף מביתו דסבר כמ"ד (נדה ל"ח) דיולדת לט' אינה יולדת למקוטעין: [ז] **ניתן דוריה לעולם.** דריש חוק כמו כי חק לכהנים מאת פרעה ואכלו את חקם אשר נתן כו':

מסורת המדרש

יח ילקוט כאן רמז נ"ב כה"ע:
יט פסיקתא רבתי פ' מ"ב:

אם למקרא

כִּי אִם־אֶל־הַמָּקוֹם אֲשֶׁר־יִבְחַר ה' אֱלֹהֶיךָ לְשַׁכֵּן שְׁמוֹ שָׁם תִּזְבַּח אֶת־הַפֶּסַח בָּעָרֶב כְּבוֹא הַשֶּׁמֶשׁ מוֹעֵד צֵאתְךָ מִמִּצְרָיִם: (דברים טז:ו)

וּבֶן־שְׁמֹנַת יָמִים יִמּוֹל לָכֶם כָּל־זָכָר לְדֹרֹתֵיכֶם יְלִיד בָּיִת וּמִקְנַת־כֶּסֶף מִכֹּל בֶּן־נֵכָר אֲשֶׁר לֹא מִזַּרְעֲךָ הוּא: (בראשית יז:יב)

וַיַּעַשׂ הַמֶּלֶךְ מִשְׁתֶּה גָדוֹל לְכָל־שָׂרָיו וַעֲבָדָיו אֵת מִשְׁתֵּה אֶסְתֵּר וַהֲנָחָה לַמְּדִינוֹת עָשָׂה וַיִּתֵּן מַשְׂאֵת כְּיַד הַמֶּלֶךְ: (אסתר ב:יח)

ענף יוסף

(י) **[לשבעה שהם ט' מקוטעים]** היפ"ת מחק גירסא זו. וכתב דגרסי' לשבעה שהם מקוטעים. דס"ל כדאמרינן בפ"ק דר"ה דנזכרה שרה בר"ה וילדה בפסח ואותה שנה מעוברת היתה. ומשום דאפ"ה ליכא ז' שלמים הוצרך לומר דילדה למקוטעים (ועיין בעץ):

הוֹסִיפָה עַל הַמְּאוֹרוֹת — When Isaac was born, **[Sarah]**[103] **added** light **to the luminaries.**[104] נֶאֱמַר כָּאן "עֲשִׂיָּה" "עָשָׂה לִי" — This may be derived from the following exegesis: **The word "making" is stated here,** in the phrase *God has made* [עָשָׂה] *laughter for me,* וְנֶאֱמַר לְהַלָּן "וַיַּעַשׂ אֱלֹהִים אֶת שְׁנֵי הַמְּאוֹרוֹת" — **and elsewhere it is stated,** ***And God made*** [וַיַּעַשׂ] ***the two great luminaries*** (above, 1:16).

וַתֹּאמֶר מִי מִלֵּל לְאַבְרָהָם הֵינִיקָה בָנִים שָׂרָה כִּי יָלַדְתִּי בֵן לִזְקֻנָיו.

And she said, "Who is the One Who said to Abraham, 'Sarah would nurse children'? For I have borne a son in his old age!" (Genesis 21:7).

§9 וַתֹּאמֶר מִי מִלֵּל לְאַבְרָהָם הֵינִיקָה בָנִים שָׂרָה — *AND [SARAH] SAID, "WHO IS THE ONE WHO SAID* [מִלֵּל] *TO ABRAHAM, 'SARAH WOULD NURSE CHILDREN'?"*

The Midrash continues to elaborate on the miracles that surrounded Isaac's birth:

רַבִּי פִּנְחָס מִשּׁוּם רַבִּי חִלְקִיָּה — **R' Pinchas** said **in the name of R' Chilkiyah:** "מִי אָמַר" "מִי דִבֵּר" אֵין כְּתִיב כָּאן — The words מִי אָמַר **and** מִי דִבֵּר **are not written here,** אֶלָּא "מִי מִלֵּל" — **but** rather מִי מִלֵּל.[105] רְמָזוֹ שֶׁהוּא מוֹלִיד לְמֵאָה שָׁנָה מִנְיַן מִלֵּ"ל — **[This word's] intimation is that [Abraham] is becoming a father at 100 years** of age, corresponding to **the numerical value of** מלל.[106] רַבִּי פִּנְחָס אָמַר — **R' Pinchas** on his own **said** a different insight into the word מִלֵּל: קוֹמָתוֹ שֶׁל אַבְרָהָם אָבִינוּ הָיְתָה יְבֵשָׁה וְנַעֲשָׂה מְלִילוֹת — **The "standing crop" of our patriarch Abraham was dry but it became moist.**[107]

□ הֵינִיקָה בָנִים שָׂרָה — *SARAH WOULD NURSE CHILDREN.*

The Midrash points out more phenomena hinted to by our verse:

"הֵינִיקָה בֵּן" אֵין כְּתִיב כָּאן — *"Sarah **would nurse a child"*** (in the singular) **is not written here,** as would have been expected in light of the fact that Sarah had but one child.[108] אִמֵּנוּ שָׂרָה הָיְתָה צְנוּעָה יוֹתֵר מִדַּאי — The Midrash justifies the verse's wording with a story:[109] **Our matriarch Sarah was overly modest.**[110] אָמַר לָהּ אָבִינוּ אַבְרָהָם אֵין זוֹ שְׁעַת הַצְּנִיעוּת — **Our patriarch Abraham said to her, "This is not the time for modesty!** אֶלָּא גַּלִּי אֶת דַּדַּיִךְ כְּדֵי שֶׁיֵּדְעוּ הַכֹּל שֶׁהִתְחִיל הַקָּדוֹשׁ בָּרוּךְ הוּא לַעֲשׂוֹת נִסִּים — **Rather, reveal your breasts,**[111] **so that all may know that the Holy One, blessed is He, has begun to perform miracles!"**[112] גִּלְּתָה אֶת דַּדֶּיהָ וְהָיוּ נוֹבְעוֹת חָלָב כִּשְׁנֵי מַעְיָנוֹת — **[Sarah]** thereupon **revealed her breasts, and they were gushing milk like two springs.** וְהָיוּ מַטְרוֹנִיּוֹת בָּאוֹת וּמֵינִיקוֹת אֶת בְּנֵיהֶם מִמֶּנָּה — **Noblewomen would come and have their children nurse from [Sarah],**[113]

NOTES

103. [Some versions have here הוסיפו].

104. This accords with *Pesikta Rabbasi* (loc. cit.), which teaches that on the day of Isaac's birth, God added to the sun's intensity by an amount equal to 48 times the sun's regular strength, bringing it to the level of brightness of the primordial light [discussed above, 3 §6] (*Eitz Yosef*, citing *Radal*). [*Zera Ephraim* (to *Pesikta Rabbasi* ad loc.) suggests that this light may have been the source of the healing mentioned above, and that God may have brought out this light in order to promote Sarah's recovery from the strain of childbirth.]

Alternatively: When Isaac was born, additional light was added to the world. See *Shemos Rabbah* 15 §26, which states that Abraham brought light to the world and Isaac added more. See also *Bamidbar Rabbah* 2 §13, which compares Abraham to the sun, Isaac to the moon, and Jacob to the stars (*Eitz Yosef*, citing *Birkas Shmuel*).

For yet other approaches see *Matnos Kehunah*.

105. The Midrash is noting the verse's reference to speech with the uncommon word מִלֵּל, as opposed to the more familiar verbs אָמַר and דִּבֵּר.

106. The *gematria* of מ is 40 and of ל is 30; מלל thus totals 100.

The Torah utilized a word that means *said* but simultaneously indicates the number 100 in order to recall the promise God made to Abraham that he would have a child at that age. [This promise was not made explicitly but is hinted in God's command to Abraham: לֶךְ לְךָ מֵאַרְצְךָ, *Go for yourself from your land . . . And I will make of you a great nation* (above, 12:1-2). The *gematria* of לֶךְ לְךָ (ל = 30, ך = 20) is 100, and in this way God indicated to Abraham that he would have a son at that age; see *Tanchuma, Vayeira* §3] (*Eitz Yosef*, citing *Yefeh To'ar*).

According to R' Chilkiyah, the word מִי, *who*, is a form of praise to God, "Who" is faithful to His word (see *Rashi* to verse). Thus, in this verse, Sarah praises God for having upheld His promise that Abraham would have a child at age 100 [the *gematria* of the word מִלֵּל], as evidenced by the fact that *Sarah nurse[d] children* (*Yefeh To'ar*).

[Although Abraham fathered Ishmael at an earlier age, Ishmael is not considered Abraham's progeny in this regard (*Eitz Yosef*, citing *Yefeh To'ar*).]

107. R' Pinchas associates the word מלל with מְלִילוֹת, which connotes ears of moist grain (*Rashi*, *Eitz Yosef*; see further, *Mishnas DeRabbi Eliezer*; *Maharzu*, note 11 to *Pesikta Rabbasi* 44 §4). According to R' Pinchas, in this verse Sarah praised God for two separate things: for causing Abraham to become rejuvenated ("moist") enough to father a son, and for causing *her* to *nurse children*. [This is in contrast to R' Chilkiyah, according to whom Sarah praised God for just one thing; see preceding note] (*Yefeh To'ar*).

[Although Abraham had previously fathered Ishmael, this was many years earlier, and he was then still youthful enough to father a son. Subsequently, however, he had aged to the point where this would no longer be possible, and he required miraculous rejuvenation (compare 48 §16 above). It was for this reason that he did not have other children with Hagar before Isaac's birth. Only after God miraculously rejuvenated Abraham's body in preparation for Isaac's birth do we find that Abraham had additional children together with Keturah; see *Genesis* 25:1ff (*Eitz Yosef*, citing *Yefeh To'ar* and *Nezer HaKodesh*).

Yefeh To'ar offers another approach, as well: Abraham had required miraculous rejuvenation already at the time he fathered Ishmael; and this was what Sarah was referring to here with the word מִלֵּל. (And this state of rejuvenation lasted throughout the years that he fathered Isaac and then the children of Keturah.)]

108. See *Yefeh To'ar*; compare above, section 5.

109. There is no Scriptural indication for this story. Rather, R' Pinchas relies on an oral tradition that teaches of its occurrence (see *Eitz Yosef*, citing *Nezer HaKodesh*).

110. I.e., she adhered to her usual high level of modesty at a time when it was not called for; see further.

111. Although she was indoors and only women were present, Sarah insisted on not revealing more of her flesh than was necessary to enable her to nurse. Abraham instructed her to temporarily abandon that modest practice (*Yalkut Me'am Loez*).

112. God caused the events that will be described here in order to silence those who claimed that Sarah had not given birth to Isaac. According to *Bava Metzia* 87a, some asserted that the child was a waif whom Sarah had taken into her home; according to *Pesikta Rabbasi* 44 §4 they asserted that the child was Hagar's (*Eitz Yosef*). Thus, Abraham encouraged Sarah to nurse other children and thereby remove all doubt that God had miraculously granted her a child.

[The phrase *"begun" to perform miracles*, used by Abraham, must be explored. Perhaps Abraham was hinting to Sarah that the miraculous nature of Isaac's birth was only the first in a long series of miracles that would fill the chronicles of Isaac's descendants, the Jewish people. This may shed light on why God performed the miracles described here and why Abraham felt it important that others be aware of them. It is possible that the world had to realize that an extraordinary nation was now ascending the stage of history.]

113. The fact that the *children* Sarah nursed had distinguished parents is suggested by the syntax of the verse, which places the word שָׂרָה, whose root suggests *nobility*, after the phrase הֵינִיקָה בָנִים, *[she] would nurse children*, and not before [which indicates that it is serving as an adjective, as adjectives in the Hebrew language generally appear *after* the noun they modify]; the verse thus contains the implication that Sarah *nurse[d] children* of *nobility*. The relevance of the station of these women will become apparent in the Midrash's description (further)

הוֹסִיפָה עַל הַמְּאוֹרוֹת, נֶאֱמַר כָּאן עֲשִׂיָּיה "עָשָׂה לִי", וְנֶאֱמַר לְהַלָּן (לעיל א, טז) "וַיַּעַשׂ אֱלֹהִים אֶת שְׁנֵי הַמְּאוֹרוֹת":

ט [כא, ז] "וַתֹּאמֶר מִי מִלֵּל לְאַבְרָהָם הֵינִיקָה בָנִים שָׂרָה". רַבִּי פִּנְחָס מִשּׁוּם רַבִּי חִלְקִיָּה: "מִי אָמַר", "מִי דִּבֵּר" אֵין כְּתִיב כָּאן, אֶלָּא "מִי מִלֵּל", רְמָזוֹ שֶׁהוּא מוֹלִיד לְמֵאָה שָׁנָה מִנְיַן מִלֵּ"ל. רַבִּי פִּנְחָס אָמַר קוֹמָתוֹ שֶׁל אַבְרָהָם אָבִינוּ הָיְתָה יְבֵשָׁה וְנַעֲשָׂה מְלִילוֹת. "הֵינִיקָה בָנִים שָׂרָה", הֵינִיקָה בֵּן אֵין כְּתִיב כָּאן. אִמֵּנוּ שָׂרָה הָיְתָה צְנוּעָה יוֹתֵר מִדַּאי. אָמַר לָהּ אָבִינוּ אַבְרָהָם: אֵין זוֹ שְׁעַת הַצְּנִיעוּת אֶלָּא גַּלִּי אֶת דַּדַּיִךְ, כְּדֵי שֶׁיֵּדְעוּ הַכֹּל שֶׁהִתְחִיל הַקָּדוֹשׁ בָּרוּךְ הוּא לַעֲשׂוֹת נִסִּים. [ג]גִּלְּתָה אֶת דַּדֶּיהָ וְהָיוּ נוֹבְעוֹת חָלָב כִּשְׁנֵי מַעְיָנוֹת וְהָיוּ מַטְרוֹנִיּוֹת בָּאוֹת וּמֵינִיקוֹת אֶת בְּנֵיהֶם מִמֶּנָּה, וְהָיוּ אוֹמְרוֹת: אֵין אָנוּ כְּדַאי לְהָנִיק אֶת בָּנֵינוּ מֵחֲלָבָהּ שֶׁל אוֹתָהּ צַדֶּקֶת. רַבָּנָן וְרַבִּי אַחָא, רַבָּנָן אָמְרֵי כָּל מִי שֶׁבָּא לְשֵׁם שָׁמַיִם נַעֲשָׂה יְרֵא שָׁמַיִם, רַבִּי אַחָא אָמַר אַף מִי שֶׁלֹּא בָא לְשֵׁם שָׁמַיִם נִיתַּן לוֹ מֶמְשָׁלָה בָּעוֹלָם הַזֶּה, כֵּיוָן שֶׁהִפְלִיגוּ עַצְמָן בְּסִינַי וְלֹא קִבְּלוּ אֶת הַתּוֹרָה נִטְּלָה מֵהֶם אוֹתָהּ הַמֶּמְשָׁלָה:

י [כא, ח] "וַיִּגְדַּל הַיֶּלֶד וַיִּגָּמַל". רַבִּי הוֹשַׁעְיָה רַבָּה אָמַר נִגְמַל מִיֵּצֶר הָרָע,

רש"י

(ט) **ותאמר מי מלל לאברהם.** מי אמר מי דבר אין כתיב כאן אלא מי מלל רמזו שהוא מוליד לק' מנין מלל: **רבי תנחומא בשם ר' חלקיה אמר חורי קומתו של אברהם אבינו היתה יבשה ונעשית מלילות.** ליחה כמה דתימא וקטפת מלילות:

עץ יוסף

הוסיפה על המאורות. כי אז נתוסף אור השפע למעלה במאורות העליונים וממנו בא ג"כ הרווחה לתחתונים (יפ"ת). או פירושו ע"פ דאיתא בפסיקתא שאותו היום שנולד יצחק הוסיף הקב"ה על גלגל חמה מ"ח פעמים כאור ז' ימים: (ט) [יג] **רמזו שהוא מוליד לק' שנה מנין מלל** כלו' אחז בלשון הרומז על הדבור וגם ירמוז בו מה שהבטיח הקב"ה לאברהם שיוליד לק' שנה היינו כשאמר ליה לך לך מארלך וכדאיתא בתנחומא למאה שנה יהיה לך בן מנין לך לך. וזה נתקיים בכי הניקה בנים שרה. כי ישמעאל לא נחשב לו לזרע (יפ"ת): **קומתו של אברהם כו'.** דרש מלל מלשון מלילות שהיתה קומתו יבשה. כי אע"פ שכבר הוליד את ישמעאל מ"מ שוב פסק מעיינו ולא הוליד עוד אף מהגר באשר נתגבר עליו טבע הזקנה ומה גם עתה שכבר נעשה בן ק' שנה שהיתה קומתו יבשה ולא היה בטבע להוליד כלל וכדלעיל פ' מ"ח. ועכשיו נעשה קומתו מלילות בפקידת שרה. ר"ל כמו תבואה לחה שיש בו שרף. שאז נתחדש כנשר נעוריו והוליד גם בני קטורה (יפ"ת ונזה"ק): **שרה היתה צנועה כו'.** גמרא גמירא להו (נזה"ק): **שידעו הכל כו'** והינו לסתום פי האומרים שלקחו אסופי מן השוק כדאיתא בפרק הפועלים. ובפסיקתא איתא שאמרו שהולד הוא מהגר שפחת שרה ומה עשה הקב"ה יבש דדי נשותיהם והיו מטרונות באות ונושקות עפר רגליה של שרה ואמרו לה עשי מצוה והיניקי בנים שלנו וכו' וכן הוא בפדר"א פרק כ"ב: **והיו אומרת כו'** זה ילא להם מסברא. דודאי כשראו הנס הכירו שפל ערכן שאין בניהם כדאין ליהנות משוד תנחומיה (יפ"ת): **כל מי שבא לש"ש.** דהיינו כדי לקדש את בנה בחלב הצדקת עלתה בידה כי כן נעשה בנה ירא שמים. ור' אחא הוסיף כי אף מי שלא בא לשם שמים אלא כדי להבחין הנס מ"מ בעבור שקיבל שפע חלב מן הצדקת קיבל הוא ממנה ג"כ שפע גדולה וניתן לו ממשלה בעו"ז (נזה"ק): **שהפליגו עצמן בסיני.** כלומ' שהבדילו עצמן מבני שרה בשעת קבלת התורה שלא רצו לקבל התורה מאז ניטל מהם אותה הממשלה (נזה"ק): (י) [יד] **נגמל מיצר הרע** פירוש שנעשה בן י"ג שנה שאז נגמל הנער מיצה"ר שהוא כח התאוה החומרית ונכנס בו כח היצר טוב. ולכן מאז הוא מצווה ועושה. ולשמחה זו עשה אברהם משתה:

פירוש מהרז"ו

ויעש אברהם משתה גדול ובאשורוש ויעש משתה מה שם והנחה וכו': **הוסיפו על המאורות** שם הגי' הוסיף הקב"ה על המאורות והענין אחד. וכמפורש שם שנתרבה אורם מ"ח פעמים. וכמו בעת הבריאה. שבחטא אדם חסרו ועתידין להיות כמבראשונה כמ"ש והיה אור וגו' ואור החמה יהיה שבעתים וגו'. וע' לעיל פ"י סי' ד'. וכל שעתיד להיות. נעשה בעוה"ז ע"י לדיקים וכמ"ש ויק"ר פכ"ז סימן ד'. והכוונה על כל המבואר לעיל פי"ב סי' ו' ע"ש. ובתנחומא תולדות סימן ב' שבשעה שנולד יצחק היו הכל שמחים שמים וארץ וכו' שנאמר אם לא בריתי יומם ולילה וגו' וכתיב ואת בריתי אקים את יצחק: (ט) **הניקה בנים** לעיל פמ"ז סימן ב' ובפ' זו סי' ה' לברכת חלב. וכמ"ש בפסיקתא פמ"ג סי' ד' באריכות: **אין זו שעת הצניעות** כאן חסר התחלת המאמר וז"ל בפסיקתא שם וכי בנים רבים הי"ל לשרה וכו' אלא בשעה שילדה את יצחק היו אומריים אומרים בנה של שפחה הוא ועושה עצמה כאלו היא מניקה אותו באותה שעה אמר לה כו' אין זו שעה של צניעות אלא עמדי והפריעי עצמך בשביל קדושת השם וכו' ע"כ ועי' ב"מ דף פ"ז: **נעשה ירא שמים** שע"כ קראה אותם בנים כמו יצחק בנה. ובפסיקתא בנים שנתבנו בישראל וזה ע"ד א"ת בניך אלא בוניך: **ממשלה** ירמוז במ"ש וברכתיה מלכי עמים ממנה יהיו. ודרשו לעיל פמ"ז סימן ב' וברכתיה לברכת חלב. שעי"ז מלכי עמים ממנה יהיו: **נטלה כו'** בילקוט מסיים הה"ד מוסר מלכים פתח. ועי' בויק"ר פי"ג סימן ב' שדורש שם פסוק זה עם הפסוקים עמד וימודד ארץ ראה וגו' המדברים במ"ת וע"ש וילקוט חבקוק ג'. ותבין ג"כ לכאן ויתכן שדורש ס"ד ויתפוצצו הררי עד שחו גבעות עולם שנתפוצץ ושח מהם אז זכות אברהם ושרה שאין הרים אלא אבות וגבעות אמהות ועי' מכילתא ע"פ על ראש הגבעה ראיה לזה [עי' ויק"ר ס"פ ל"ו ותבין כאן]: (י) **נגמל מיצר הרע** שמ"ש ויגדל ויגמל סותרים זא"ז כי ויגדל משמע שנעשה גדול ויגמל משמע

חידושי הרד"ל

(ט) [ח] **על המאורות.** מפורש בפסיקתא שאותו היום שנולד יצחק הוסיף הקב"ה על גלגל חמה מ"ח פעמים כאור ז' הימים:

(י) [ט] **קומתו של אברהם אבינו היתה יבשה ונעשה מלילות.** כצ"ל וכ"ה בפסיקתא דוה' פקד את חנה:

(יא) **כל מי שבא לשם שמים כו'.** אף מי שלא בא לשם שמים כו'. בפסיקתא שם יש מהן שהביאו את בניהם שתניק אותם באמת (שרצו שיזכו לינק מחלב הצדקת שיוליד החלב בטבעם לבב טוב). ויש מהן שהיו מביאים רק לבדוק (שלא היו מאמינים בנס):

מסורת המדרש

ב בבא מליעא פ"ז. פדר"א פ' כ"ב. תנחומא תולדות סי' ג'. ילקוט כאן רמז ל"ג:

מתנות כהונה

הוסיפו על המאורות. יש לפרש כפשוטה כהאי דאמרינן גבי משה בשעת לידתו נתמלא הבית כלו אורה או י"ל שיצחק הוא הנימול ראשון לשמונה ולולי ברית מילה המאורות אספו נגהם: [ט] **קומתו של אברהם אבינו גרסינן.** מלשון קמה או גדיש: [**מחלבה של צדקת גרסינן.** וגירסת הילקוט בספר זה ובאיוב מחלבו של יצחק] הכי גרסינן בילקוט אותה ממשלה שנאמר מוסר מלכים פתח וגו' (איוב י"ב): [י] **נגמל מיצר הרע.** כלומר בן י"ג שנה שאז בא יצר טוב:

אשד הנחלים

[ח] **הוסיפה על המאורות.** עיין במ"כ. ע"ד הפשט. לפי שמלת עשי' הונח על דבר נכבד וגמר הענין אשר לכן נאמר על המאורות לבד מלת עשי' לפי שהם העיקר בעולם. וכן כאן עיקר התכלית כונן בעת ההיא שלכן נאמר מלת עשי' כי לולא זרע אברהם מאמיני התור' והנבוא' אז אין אור בעולם. וזהו כדמות פירו' השני במ"כ: [ט] **מנין מל"ל.** כלומר אחזה במלה המורה על הדבור ורמזה ג"כ שמי ימלל שתלד למאה שנים הנרמז במלת מל"ל. ודרש עוד מלשון מלילות שהי' קמה בלי יעשה צמח. ואח"כ נעשה מלילות רכות העומדות לצמוח: **שבא לשם שמים.** וא"כ גם זרעה נטוע בו כח טוב. וידוע שהשרשה העיקרית נובע מחלב האם כי היא הנותנת הטבע הראשונה בילד כידוע וע"כ נעשה ירא שמים בצירוף כוונת האם וחלב שרה. **ממשלה בעולם הזה** כי חלב שרה נתן כח בילד לכחות הנהג' והממשל' אשר היא ג"כ ממדת החכמ'. ואם לא באו לכלל יר"ש מפני נפשם אשר לא טובה אבל זאת זכו. דע זה והבינהו. וכל זה היה עד מ"ת. וכיון שלא קבלו התור' ניטלה מהם כי נתגשמו מאוד עד שלא היו ראוים גם לזה. ואולי מפני זכות שרה ג"כ ושניהם איתניהו: [י] **נגמל מיצר הרע.** דלא יתכן

וְהָיוּ אוֹמְרוֹת אֵין אָנוּ כְּדֵי לְהָנִיק אֶת בָּנֵינוּ מֵחֲלָבָהּ שֶׁל אוֹתָהּ צַדֶּקֶת – and they would say, "We are not worthy of having our children nurse from the milk of this righteous woman."[114]

רַבָּנָן וְרַבִּי אֲחָא – The Sages and R' Acha debated what it was these women gained by Sarah's having nursed their children:[115] רַבָּנָן אָמְרִי כָּל מִי שֶׁבָּא לְשֵׁם שָׁמַיִם נַעֲשָׂה יְרֵא שָׁמַיִם – The Sages said: Whoever came with their child for the sake of Heaven, their child became one who feared God.[116] רַבִּי אֲחָא אָמַר אַף מִי שֶׁלֹּא בָּא לְשֵׁם שָׁמַיִם נִיתַּן לוֹ מֶמְשָׁלָה בָּעוֹלָם הַזֶּה – R' Acha said: Even one who did not come for the sake of Heaven received governance in this world.[117] כֵּיוָן שֶׁהִפְלִיגוּ עַצְמָן בְּסִינַי וְלֹא קִבְּלוּ אֶת הַתּוֹרָה – However, when they separated themselves at Mount Sinai and did not accept the Torah, נִטְּלָה מֵהֶם אוֹתָהּ הַמֶּמְשָׁלָה – that governance was taken away from them.[118]

וַיִּגְדַּל הַיֶּלֶד וַיִּגָּמַל וַיַּעַשׂ אַבְרָהָם מִשְׁתֶּה גָדוֹל בְּיוֹם הִגָּמֵל אֶת־יִצְחָק.

The child grew and was weaned. Abraham made a great feast on the day Isaac was weaned (21:8).

§10 וַיִּגְדַּל הַיֶּלֶד וַיִּגָּמַל – *THE CHILD GREW AND WAS WEANED.*

The word וַיִּגְדַּל, lit., *he got big*, seems inappropriate in connection with a young child just being weaned.[119] The Sages debate the meaning of our verse:

רַבִּי הוֹשַׁעְיָה רַבָּה אָמַר נִגְמַל מִיֵּצֶר הָרָע – R' Hoshayah the Great said: He was weaned from the evil inclination.[120]

NOTES

of the respect that they had for Sarah (*Mishnas DeRabbi Eliezer*).

Pirkei DeRabbi Eliezer (Ch. 51) and *Yalkut Shimoni* (§93) add to this narrative that God caused these women to be unable to nurse. *Yalkut Shimoni* continues by stating that they then kissed the dust at Sarah's feet, begging her to nurse their thirsty children (see *Eitz Yosef*).

114. Although the verse contains no indication to this effect, the Midrash assumes that upon witnessing the open miracle that was performed for Sarah, the noblewomen would have felt humbled and undeserving of having their children partake of her milk (*Eitz Yosef*, citing *Yefeh To'ar*).

Alternatively: The fact that the word הֵינִיקָה, *nursed*, is written in the past tense leads the Midrash to infer that at some point the women no longer wished for their children to nurse from Sarah because they felt unworthy (see *Tiferes Tzion*; see also *Yedei Moshe*).

115. *Mishnas DeRabbi Eliezer*.

116. Whoever sought to sanctify their child by exposing him to the milk of a righteous woman was successful, in that the child was indeed elevated to the point where he attained fear of Heaven (*Eitz Yosef*, citing *Nezer HaKodesh*).

[*Pesikta Rabbasi* (44 §4, cited above, section 5, note 56, adds that converts to Judaism and [non-Jews (*Beur* ad loc.)] who possess fear of Heaven are all descended from the infants who merited to taste of Sarah's milk.]

117. R' Acha asserts that even those children who were brought by their mothers solely to test Sarah's ability to nurse them were influenced by her milk so that they eventually received some position of power in this world (*Eitz Yosef*, citing *Nezer HaKodesh*). [It is difficult to discern any Scriptural basis for the argument between the Sages and R' Acha; indeed, it is difficult even to understand what it is they are really debating (for surely they are not debating historical facts) (*Mishnas DeRabbi Eliezer*, end of comment).]

118. When these non-Jewish drinkers of Sarah's milk refused to accept the Torah, they severed their connection with her children and, at that point, were stripped of the governance they had been given (ibid.).

[The children who nursed at the time of Isaac's birth would no longer have been alive at the time of the giving of the Torah, 400 years later. Presumably the Midrash means that their descendants were stripped of the authority that those children had passed down to them (compare the following section with note 141).]

119. *Mishnas DeRabbi Eliezer*, *Maharzu*.

120. According to R' Hoshayah, the verse describes Isaac's becoming a *gadol*, i.e., bar mitzvah, and the feast that Abraham arranged in honor of that event. At 13, a young man is endowed with his *yetzer tov*, his *good inclination* (see *Avos DeRabbi Nassan* 16:2; *Pesikta DeRav Kahana* [Mandelbaum] §3), and he is thus *weaned* of his attachment to the evil inclination. It is for this reason that bar mitzvah represents the point at which one becomes responsible for adherence to the mitzvos (*Eitz Yosef*; see similarly *Matnos Kehunah*, *Maharzu*, and *Imrei Yosher*; see, however, *Mishnas DeRabbi Eliezer*). See Insight Ⓐ.

INSIGHTS

Ⓐ **The Celebration of Bar Mitzvah** This Midrash is the source of the accepted custom to celebrate the day of one's bar mitzvah. The *Zohar Chadash* (*Bereishis* 18b [in Munkatch ed.]) relates that R' Shimon bar Yochai made a large *seudah* and decorated his home with expensive finery on the day his son R' Elazar became bar mitzvah. It likewise quotes R' Yitzchak (ibid. 27a) as saying that the righteous are obliged to be as happy on the day of their bar mitzvah as on the day of their marriage. The *Yam Shel Shlomo* (*Bava Kamma* 7:37) and *Mishnah Berurah* (225:6) rule in accordance with R' Yitzchak, and declare that a bar mitzvah is a *seudas mitzvah*, mitzvah feast.

It is noteworthy that whereas the Midrash explains that the reason for Abraham making the *seudah* was to celebrate the fact that Isaac would no longer be in the sole hands of the *yetzer hara* (evil inclination), the *Yam Shel Shlomo* understands the reason to be that the bar mitzvah boy becomes of age to be commanded to do mitzvos, for, as the Gemara teaches us (*Kiddushin* 31a), one who is commanded to keep mitzvos and does so is greater than a person who voluntarily keeps mitzvos (see also *Yefeh To'ar*). [It is possible that the *Yam Shel Shlomo* understands this reason to be more basic than the reason given by the Midrash. The Midrash, however, is discussing the celebration made for Isaac who lived before the time the Torah was given on Sinai. Therefore, even in adulthood he was not commanded to keep mitzvos, and thus the reason advanced by the *Yam Shel Shlomo* would not apply.]

Chovos HaLevavos (3:2) explains that the *yetzer hara* is placed within a person before the *yetzer hatov* (good inclination), because this world was created with the purpose of giving man equal opportunity to fulfill or transgress the will of God, so that by choosing to fulfill the will of God he will merit eternal reward. But the evil inclination is based on empty, hollow temptation and the most it has to offer is short-lived pleasures. These offer no true competition to the satisfaction of spiritual accomplishment in this world, and the eternal reward offered by the *yetzer hatov*. Consequently, the *yetzer hara* must be given a "head start" of thirteen years, so it will be somewhat entrenched in a person by the time the *yetzer hatov* is emplaced. This serves to equalize man's choice. See also *Ruach Chaim* 4:2.

הוֹסִיפָה עַל הַמְּאוֹרוֹת, נֶאֱמַר כָּאן עֲשִׂיָּה "עָשָׂה לִי", וְנֶאֱמַר לְהַלָּן (לעיל א, טז) **"וַיַּעַשׂ אֱלֹהִים אֶת שְׁנֵי הַמְּאוֹרוֹת":**

ט [כא, ז] **"וַתֹּאמֶר מִי מִלֵּל לְאַבְרָהָם הֵינִיקָה בָנִים שָׂרָה". רַבִּי פִּנְחָס מִשּׁוּם רַבִּי חִלְקִיָּה: "מִי אָמַר", "מִי דִבֵּר" אֵין כְּתִיב כָּאן, אֶלָּא "מִי מִלֵּל", רָמְזוֹ שֶׁהוּא מוֹלִיד לְמֵאָה שָׁנָה מִנְיַן מִלֵּ"ל. רַבִּי פִּנְחָס אָמַר קוֹמָתוֹ שֶׁל אַבְרָהָם אָבִינוּ הָיְתָה יְבֵשָׁה וְנַעֲשָׂה מְלִילוֹת. "הֵינִיקָה בָנִים שָׂרָה", הֵינִיקָה בֵּן אֵין כְּתִיב כָּאן. אִמֵּנוּ שָׂרָה הָיְתָה צְנוּעָה יוֹתֵר מִדַּאי. אָמַר לָהּ אָבִינוּ אַבְרָהָם: אֵין זוֹ שְׁעַת הַצְּנִיעוּת אֶלָּא גַּלִּי אֶת דַּדַּיִךְ, כְּדֵי שֶׁיֵּדְעוּ הַכֹּל שֶׁהִתְחִיל הַקָּדוֹשׁ בָּרוּךְ הוּא לַעֲשׂוֹת נִסִּים. [ב]גִּלְּתָה אֶת דַּדֶּיהָ וְהָיוּ נוֹבְעוֹת חָלָב כִּשְׁנֵי מַעְיָנוֹת וְהָיוּ מַטְרוֹנִיּוֹת בָּאוֹת וּמֵינִיקוֹת אֶת בְּנֵיהֶם מִמֶּנָּה, וְהָיוּ אוֹמְרוֹת: אֵין אָנוּ כְּדַאי לְהָנִיק אֶת בָּנֵינוּ מֵחֶלְבָּהּ שֶׁל אוֹתָהּ צַדֶּקֶת. רַבָּנָן וְרַבִּי אַחָא, רַבָּנָן אָמְרֵי כָּל מִי שֶׁבָּא לְשֵׁם שָׁמַיִם נַעֲשָׂה יְרֵא שָׁמַיִם, רַבִּי אַחָא אָמַר אַף מִי שֶׁלֹּא בָּא לְשֵׁם שָׁמַיִם נִיתַּן לוֹ מֶמְשָׁלָה בָּעוֹלָם הַזֶּה, כֵּיוָן שֶׁהִפְלִיגוּ עַצְמָן בְּסִינַי וְלֹא קִבְּלוּ אֶת הַתּוֹרָה נִטְּלָה מֵהֶם אוֹתָהּ הַמֶּמְשָׁלָה:**

י [כא, ח] **"וַיִּגְדַּל הַיֶּלֶד וַיִּגָּמַל". רַבִּי הוֹשַׁעְיָה רַבָּה אָמַר נִגְמַל מִיֵּצֶר הָרָע,**

רש"י

(ט) **ותאמר מי מלל לאברהם.** מי אמר מי דבר אין כתיב כאן אלא מי מלל רמזו שהוא מוליד לק' מנין מלל: **רבי תנחומא בשם ר' חלקיה אמר חורי קומתו של אברהם אבינו היתה יבשה ונעשית מלילות.** ליחה כמה דתימא וקטפת מלילות:

חידושי הרד"ל

(ט) [ח] **על המאורות.** מפורש בפסיקתא שאותו היום שנולד יצחק הוסיף הקב"ה על גלגל חמה מ"ח פעמים כאור ז' הימים:

(י) [ט] **קומתו של אברהם אבינו היתה יבשה ונעשה מלילות.** כצ"ל וכ"ה בפסיקתא דוה' פקד את חנה:

(יא) **כל מי שבא לשם שמים כו'.** אף מי שלא בא לשם שמים כו'. בפסיקתא שם יש מהן שהביאו את בניהם שתניק אותם באמת (שרצו שיזכו לינק מחלב הצדקת שיוליד החלב בטבעם לבב טוב). ויש מהן שהיו מביאים רק לבדוק (שלא היו מאמינים בנס):

עץ יוסף

הוספה על המאורות. כי אז נתוסף אור השפע למעלה במאורות העליונים וממנו בא ג"כ הרווחה לתחתונים (יפ"ת). או פירושו ע"פ דאיתא בפסיקתא שאותו היום שנולד יצחק הוסיף הקב"ה על גלגל חמה מ"ח פעמים כאור ז' ימים: (ט) [יג] **רמזו שהוא מוליד לק' שנה מנין מלל** כלו'. אחז בלשון הרומז על הדבור וגם ירמוז בו מה שהבטיח הקב"ה לאברהם שיוליד לק' שנה היינו כשאמר ליה לך לך מארצך וכדאיתא בתנחומא למאה שנה יהיה לך בן מנין לך לך. וזה נתקיים בכי הניקה בנים שרה. כי ישמעאל לא נחשב לו לזרע (יפ"ת): **קומתו של אברהם כו'.** דרש מלל מלשון מלילות שהיתה קומתו יבשה. כי אע"פ שכבר הוליד את ישמעאל מ"מ שוב פסק מעיינו ולא הוליד עוד אף מהגר באשר נתגבר עליו טבע הזקנה ומה גם עתה שכבר נעשה בן ק' שנה שהיתה קומתו יבשה ולא היה בטבע להוליד כלל וכדלעיל פ' מ"ח. ועכשיו נעשה קומתו מלילות בפקידת שרה. ר"ל כמו תבואה לחה שיש בו שרף. שאז נתחדש כנשר נעוריו והוליד גם בני קטורה (יפ"ת ונזה"ק): **שרה היתה צנועה כו'.** גמרא גמירא להו (נזה"ק): **שידעו הכל כו'** והינו לסתום פי האומרים שלקחו אסופי מן השוק כדאיתא בפרק הפועלים. ובפסיקתא איתא שאמרו שהולד הוא מהגר שפחת שרה ומה עשה הקב"ה יבש דדי נשותיהם והיו מטרונות באות ונושקות עפר רגליה של שרה ואמרו לה עשי מצוה והיניקי בנים שלנו וכו' וכן הוא בפדר"א פרק כ"ב: **והיו אומרת כו'** זה יצא להם מסברא. דודאי כשראו הנס הכירו שפל ערכן שאין בניהם כדאין ליהנות משוד תנחומיה (יפ"ת): **כל מי שבא לש"ש.** דהיינו כדי לקדש את בנה בחלב הצדקת עלתה בידה כי כן נעשה בנה ירא שמים. ור' אחא הוסיף כי אף מי שלא בא לשם שמים אלא כדי להבחין הנס מ"מ בעבור שקיבל שפע חלב מן הצדקת קיבל הוא ממנה ג"כ שפע גדולה וניתן לו ממשלה בעה"ז (נזה"ק): **שהפליגו עצמן בסיני.** כלומ' שהבדילו עצמן מבני שרה בשעת קבלת התורה שלא רצו לקבל התורה מאז ניטל מהם אותה הממשלה (נזה"ק): (י) [יד] **נגמל מיצר הרע** פירוש שנעשה בן י"ג שנה שאז נגמל הנער מיצה"ר שהוא כח התאוה החומרית ונכנס בו כח היצר טוב. ולכן מאז הוא מצווה ועושה. ולשמחה זו עשה אברהם משתה:

פירוש מהרז"ו

ויעש אברהם משתה גדול ובאחשורוש ויעש משתה מה שם והנחה וכו': **הוספו על המאורות** שם הגי' הוסיף הקב"ה על המאורות והענין אחד. וכמפורש שם שנתרבה אורם מ"ח פעמים. וכמו בעת הבריאה. שבחטא אדם חסרו ועתידין להיות כמבראשונה כמ"ש והיה אור וגו' ואור החמה יהיה שבעתים וגו'. וע' לעיל פ"י סי' ד'. וכל שעתיד להיות. נעשה בעוה"ז ע"י צדיקים וכמ"ש ויק"ר פכ"ז סימן ד'. והכוונה על כל המבואר לעיל פי"ב סי' ו' ע"ש. ובתנחומא תולדות סימן ב' שבשעה שנולד יצחק היו הכל שמחים שמים וארץ וכו' שנאמר אם לא בריתי יומם ולילה וגו' וכתיב ואת בריתי אקים את יצחק: (ט) **הניקה בנים** לעיל פמ"ז סימן ב' ובפ' זו סי' ה' לברכת חלב. וכמ"ש בפסיקתא פמ"ג סי' ד' באריכות: **אין זו שעת הצניעות** כאן חסר התחלת המאמר וז"ל בפסיקתא שם וכי בנים רבים הי"ל לשרה וכו' אלא בשעה שילדה את יצחק היו אומריים אומרים בנה של שפחה הוא ועושה עצמה כאלו היא מניקה אותו באותה שעה אמר לה כו' אין זו שעה של צניעות אלא עמדי והפריעי עצמך בשביל קדושת השם וכו' ע"כ ועי' ב"מ דף פ"ז: **נעשה ירא שמים** שע"כ קראה אותם בנים כמו יצחק בנה. ובפסיקתא בנים שנתבנו בישראל וזה ע"ד א"ת בניך אלא בוניך: **ממשלה** ירמוז במ"ש וברכתיה מלכי עמים ממנה יהיו. ודרשו לעיל פמ"ז סימן ב' וברכתיה לברכת חלב. שעי"ז מלכי עמים ממנה יהיו: **נטלה כו'** בילקוט מסיים הה"ד מוסר מלכים פתח. ועי' בויק"ר פי"ג סימן ב' שדורש שם פסוק זה עם הפסוקים עמד וימודד ארץ ראה וגו' המדברים במ"ת וע"ש וילקוט חבקוק ג'. ותבין ג"כ לכאן ויתכן שדורש ס"ד ויתפוצצו הררי עד שחו גבעות עולם שנתפוצץ ושח מהם אז זכות אברהם ושרה שאין הרים אלא אבות וגבעות אמהות ועי' מכילתא ע"פ על ראש הגבעה ראיה לזה [עי' ויק"ר ס"פ ל"ו ותבין כאן]: (י) **נגמל מיצר הרע** שמ"ש ויגדל ויגמל סותרים זא"ז כי ויגדל משמע שנעשה גדול ויגמל משמע

מסורת המדרש

ב בבא מציעא פ"ו. פדר"א פ' כ"ב. תנחומא תולדות סי' ג'. ילקוט כאן רמז צ"ג:

מתנות כהונה

הוספו על המאורות. יש לפרש כפשוטה כהאי דאמרינן גבי משה בשעת לידתו נתמלא הבית כלו אורה או י"ל שיצחק הוא הנימול ראשון לשמונה ולולי ברית מילה המאורות אספו נגהם: [ט] **קומתו של אברהם אבינו גרסינן.** מלשון קמה או גדיש: [**מחלבה של צדקת גרסינן.** וגירסת הילקוט בספר זה ובאיוב מחלבו של יצחק] הכי גרסינן בילקוט אותה ממשלה שנאמר מוסר מלכים פתח וגו' (איוב י"ב): [י] **נגמל מיצר הרע.** כלומר בן י"ג שנה שאז בא יצר טוב:

אשד הנחלים

[ח] **הוספה על המאורות.** עיין במ"כ. ע"ד הפשט. לפי שמלת עשי' הונח על דבר נכבד וגמר הענין אשר לכן נאמר על המאורות לבד מלת עשי' לפי שהם העיקר בעולם. וכן כאן עיקר התכלית כונן בעת ההיא שלכן נאמר מלת עשי' כי לולא זרע אברהם מאמיני התור' והנבוא' אז אין אור בעולם. וזהו כדמות פירו' השני במ"כ: [ט] **מנין מל"ל.** כלומר אחזה במלה המורה על הדבור רמזה ג"כ שמי ימלל שתלד למאה שנים הנרמז במלת מל"ל. ודרש עוד מלשון מלילות שהי' קמה בלי יעשה צמח. ואח"כ נעשה מלילות רכות העומדות לצמוח: **שבא לשם שמים.** וא"כ גם זרעה נטוע בו כח טוב. וידוע שהשרשה העיקרית נובע מחלב האם כי היא הנותנת הטבע הראשונה בילד כידוע וע"כ נעשה ירא שמים בצירוף כוונת האם וחלב שרה. **ממשלה בעולם הזה** כי חלב שרה נתן כח בילד לכחות הנהג' והממשל' אשר היא ג"כ ממדת החכמ'. ואם לא באו לכלל יר"ש מפני נפשם אשר לא טובה אבל זאת זכו. דע זה והבינהו. וכל זה היה עד מ"ת. וכיון שלא קבלו התור' ניטלה מהם כי נתגשמו מאוד עד שלא היו ראוים גם לזה. ואולי מפני זכות שרה ג"כ ושניהם איתניהו: [י] **נגמל מיצר הרע.** דלא יתכן

רַבָּנָן אָמְרֵי נִגְמַל מֵחֶלְבּוֹ — But **the Sages said: He was weaned from his milk.**[121]

וַיַּעַשׂ אַבְרָהָם מִשְׁתֶּה גָדוֹל ◻ — *ABRAHAM MADE A GREAT FEAST.* רַבִּי יוּדָא בַּר רַבִּי סִימוֹן אָמַר גְּדוֹל עוֹלָמִים הָיָה שָׁם — **R' Yuda bar R' Simon said** in interpretation of this verse:[122] **The Great One of** all the **worlds** (i.e., God) **was there.**[123]

The Midrash similarly explains a different verse: רַבִּי יוּדָן בַּר מַסְפַּרְתָּא אָמַר: — **R' Yudan bar Masparta said:** "וַיַּעַשׂ הַמֶּלֶךְ מִשְׁתֶּה גָדוֹל" — *The king [Ahasuerus] made a great feast for all his officers and his servants — it was Esther's feast* (*Esther* 2:18),[124] [גְּדוֹלֵי עוֹלָם הָיוּ שָׁם[125]] — **The Great One of** all the **worlds was there.]**[126] הָדָא הוּא דִכְתִיב — **This is what is written:** "כִּי יָשׁוּב ה׳ לָשׂוּשׂ עָלֶיךָ לְטוֹב", בִּימֵי מָרְדְּכַי וְאֶסְתֵּר — ***When HASHEM will return to rejoice over you for good*** (*Deuteronomy* 30:9) — this alludes to the joy God shared with the Jewish people **in the days of Mordecai and Esther;** "כַּאֲשֶׁר שָׂשׂ עַל אֲבֹתֶיךָ", בִּימֵי אַבְרָהָם[127] יִצְחָק וְיַעֲקֹב — ***as He rejoiced over your forefathers*** (ibid.) — this alludes to the joy in which God shared **in the days of Abraham.** אָמַר רַבִּי יְהוּדָה בַּר רַבִּי סִימוֹן — **R' Yehudah bar R' Simon said:** "מִשְׁתֶּה גָדוֹל", מִשְׁתֶּה גְדוֹלִים עוֹג וְכָל גְּדוֹלִים עִמּוֹ הָיוּ שָׁם — ***A great feast*** means **a feast of great people** — a reference to the fact **that Og**[128] **and all of his great companions were there.**[129] אָמְרוּ לְעוֹג: — **They**[130] **said to Og,** לֹא הָיִיתָ אוֹמֵר אַבְרָהָם פִּרְדָּה עֲקָרָה וְאֵינוֹ מוֹלִיד — **"Did you not used to say, 'Abraham is** like **a sterile mule**[131] **and he cannot generate offspring'?"**[132] אָמַר לָהֶם: — **[Og] said to them** in response, עַכְשָׁיו מַתָּנָתוֹ מַה הִיא לֹא שְׁפוּפָה — **"Now, what is [Abraham's] gift? Is it not lowly?** אִין יָהֵיב אֲנָא אֶצְבְּעִי עֲלֵיהּ אֲנָא פָּחֵישׁ לֵיהּ — **If I were to put my finger on him** (i.e., on Isaac) **I could crush**[133] **him!"**[134]

NOTES

121. The Sages understand וַיִּגָּמַל, *and he was weaned*, according to its plain meaning (*Maharzu*). Consequently, the preceding וַיִּגְדַּל, *and he grew*, cannot suggest that he reached maturity [before being weaned], but is rather interpreted by the Sages to mean that Isaac nursed until the age at which a child would normally be weaned [which is 2 (see *Kesubos* 60a, et al.; *Eitz Yosef* to section 13 below, s.v. בן כ״ז שנים)]. Accordingly, the verse is noting that the nonagenarian Sarah was not forced to wean him prematurely due to an insufficient milk supply. It was in recognition of this miraculous kindness that God performed for him that Abraham made the feast described by our verse (*Eitz Yosef*, citing *Nezer HaKodesh*).

Alternatively: The Sages understand וַיִּגְדַּל, *and he grew*, to suggest that Isaac grew to an unusual height by the time he was weaned (*Mishnas DeRabbi Eliezer* and *Maharzu*; see similarly *Shemos Rabbah* 1:26 in reference to Moses).

122. R' Simon assumes that the verse cannot mean *great* in the sense of "lavish," because our Patriarch Abraham would not have taken honor in lowly, temporal pleasures (*Eitz Yosef*).

123. The feast was characterized as *great* because of the Divine Presence that graced it (ibid.). See Insight Ⓐ.

124. [This feast was made by Ahasuerus in honor of Esther after she became his queen.] Here, too, the verse cannot mean *great* in the sense of "lavish," because a more lavish feast was described earlier in the Book of *Esther* (1:2,5) *without* the adjective *great* (*Maharzu*).

125. Emendation follows *Eitz Yosef*, *Matnos Kehunah*, and *Maharzu*, who cite *Yalkut Shimoni*.

126. According to R' Yudan bar Masparta, this feast, too, was *great* by virtue of the fact that the Divine Presence attended it. God was present at Abraham's banquet in order to demonstrate that He shared in Abraham's joy; He came to *Esther's feast* in honor of the righteous Esther and in appreciation of the fact that the union between Esther and Ahasuerus was destined to save His nation from annihilation at the hands of Haman (*Eitz Yosef*).

127. Emendation follows *Eitz Yosef* and *Matnos Kehunah*, who cite *Yalkut Shimoni* (§94); but see *Maharzu*, who defends the prevalent version.

128. Og [king of the *Bashan*] is termed *great* in consideration of his notable physical strength and kingdom (*Eshed HaNechalim*).

129. Although R' Yehudah the son of R' Simon has already been cited as offering an interpretation of the phrase *great feast*, he is cited again here as offering an alternative interpretation (see *Yalkut Shimoni* §94). Both interpretations are correct (*Eitz Yosef*).

130. I.e., some of the guests at the feast, perhaps Og's companions.

131. [The hybrid offspring of a male donkey and a female horse, the mule is incapable of procreation.]

132. Although Abraham's ability to father children had been established with the birth of Ishmael, Og saw the fact that Hagar had not borne him any more children in the years that followed as proof that Abraham had since become sterile due to old age (*Eitz Yosef*; but see note 107 above). Therefore, Og would mockingly refer to Abraham as a *sterile mule*.

Now, while partaking in the celebration of a milestone in Isaac's life, Og was reminded of his disproven remarks.

133. Translation follows *Eitz Yosef*, citing *Mussaf HeAruch*. See *Matnos Kehunah*, citing *Aruch*, for another explanation. [Also see *Rashi*, whose version of the Midrash appears to have read, אני הורגו, *I could kill him*. This is, in fact, the way the statement of Og appears in *Devarim Rabbah* 1 §25.]

134. Og minimized the fact that Abraham had a son, saying that if he so desired, he could effortlessly kill the child (*Eshed HaNechalim*).

INSIGHTS

Ⓐ **The Greatness of the Feast** The Midrash explains that when the Torah uses the word *gadol*, "great," to describe an event, it means to tell us that the Divine Presence of the "Great One of the Worlds" — viz., God — was manifest at that event (see *Yefeh To'ar*).

Lev Simchah suggests that the Gemara uses the word *gadol* similarly — i.e., to describe an event or a phenomenon in which the Divine Presence (*Shechinah*) was manifest. He explains the usage of the term *gadol* in a Mishnah in accordance with his suggestion.

The Mishnah (*Succah* 51a) states: "Whoever did not see the Celebration of the Place of [Water] Drawing (*Simchas Beis HaSho'evah*) never saw rejoicing in his life. At the conclusion of the first day of the festival of Succos, the Kohanim and Leviim went down to the Women's Courtyard [in the Holy Temple in Jerusalem], where they made a *tikkun gadol*, a *great arrangement*." The nature of this arrangement is explained by the Gemara (*Succah* 51b), which states in the name of R' Elazar that it is described in the following Mishnah (*Middos* 2:5): "The wall of the Women's Courtyard was originally smooth, but they [later] surrounded it with a balcony, and they instituted that the women should sit above [in the balcony], and the men below." Thus, it was the construction of this balcony for the purpose of separating the men and the women during the celebration, so they should not come to behave licentiously, which was the "great arrangement" to which the Mishnah refers (*Rashi* ad loc.).

While the above-cited Gemara explains the nature of the arrangement, it does not explain why this arrangement is described as a *great* arrangement. *Lev Simchah* suggests that the Mishnah describes the arrangement as *great* for the same reason that the Midrash describes Abraham's feast as *great*, and refers to the Divine Presence of the *Shechinah* at the Celebration of the Place of [Water] Drawing. [This accords with the statement of *Yerushalmi* (*Succah* 5:1; cited by *Tosafos, Succah* 50b), that the event was also known as the Celebration of the Place of Drawing because by participating in the celebration one could "draw" *ruach hakodesh*, the prophetic spirit engendered by the Divine Presence. (Indeed, *Yerushalmi* goes on to state that the prophet Jonah first experienced the prophetic spirit at a Celebration of the Place of Drawing.)]

The arrangement of separating the men and the women was a necessary precondition for the manifestation of the *Shechinah*. For the Midrash (*Vayikra Rabbah* 24 §6, cited by *Rashi, Leviticus* 19:2) states that it is only where one finds safeguards against licentious behavior that one can find sanctity. Thus, the arrangement was "great," as it was the necessary precondition for the manifestation of the *Shechinah* — the "Great One of the Worlds" (*Imrei Shammai* from *Lev Simchah*, cited in *Daf al Daf* to *Succah* 51a)

נגמל מחלבו והא דכתיב ויגדל הילד ויגמל. הוא ללמדך שלא נגמל מחלבו קודם זמנו מפני חסרון החלב בהיות שרה זקנה. אלא היה לה חלב רב בשופי ולא גמלתו אלא עד שהיה גדול. ומהאי טעמא נמי עשה אברהם סעודה עבור החסד והנס הנעשה לשרה שאף גם לעת זקנותה היה לה חלב בריבוי ליתן לנער מלא סיפוקו (נזה"ק): **גדול עולמים** כי לא יתכבד אבינו אברהם במשתה שמנים ועניינים השפלים האלה כי אם משתה גדולה בעניינה שהיתה השראת השכינה שמה: **ויעש המלך משתה גדול גדול עולמים היה שם**. כצ"ל. וכן הוא בילקוט. ור' יהודה ב"מ ס"ל כר"י ב"ס שגדול עולמים היה שם ואמר שזה דכתיב ויעש המלך משתה גדול ג"כ פירושו גדול עולמים (או אפשר שכך צ"ל ויעש אברהם משתה גדול ר' יהודה ב"ס אמר גדול עולמים היה שם כיוצא בו ויעש המלך משתה גדול גדול עולמים היה שם. ותירץ ר"י ב"מ אמר מיותר) ור"ל שבסעודת אברהם נתגלה כבוד גדול עולמים לאות ולמופת שגם הוא שמח בשמחתו. וכן כיוצא בו בסעודת אסתר לכבודה ולפי שהיה נופה ומביט שיבא ע"י הנשואין אלו תשועה לישראל לעתיד בימי המן. וע"ז אמר הה"ד כי ישוב ה' לשוש עליך לטוב בימי מרדכי ואסתר. כאשר שש על אבותיך בימי אברהם. רמז על ענין שמחת הסעודה שהיה בימי האבות. והיינו להתגלות עצמו לכבודם בסעודתם מרוב שמחתם בה'. כן יפליא ה' לעשות בשמחת הסעודה והמשתה בימי מרדכי ואסתר. ולמד זאת ממה שבשניהם כתיב משתה גדול. ויהיה פירוש משתה גדול כאילו כתוב משתה גדול בסמיכת ענין. ופי' משתה של גדול העולם. וגדול הוא תואר על הקב"ה: **בימי אברהם יצחק ויעקב**. בילקוט ליתא הני תיבות יצחק ויעקב. ועכ"פ ויעקב ודאי מיותר: **אמר רבי יהודה בר סימון משתה גדול כו'**. ואע"ג דר"י בר סימון גופיה פי' לעיל גדול העולם היה שם קאמר להא נמי. דכולהו איתנהו. ובילקוט גרס הכא ד"א: **פרדה עקרה** מפני שמישמעאל עד יצחק כמה שנים לא הוליד מהגר סבור שכבר פסק כח ההולדה מאברהם ונתעקר: **שפופה** שפלה ונמוכה: **אין יהיב אנא אצבעי עליה אנא פחיש ליה**. אם אתן אנכי אצבעי עליו אנא פחיש ליה. ז"ל מת"כ פי' הערוך או חרס או שרוע ת"י או פחיש או פסיע עכ"ל ופי' לפ"ז שאעשנו חרום. אבל אינו בת"י שלפנינו אלא בת"י שלפנינו פי' בו דולקי בחוטמיה. ובעל מוסף הערוך פי' שם שהוא מענין פחסה אע"פ שלא חיסרה (מסכת ע"ז דף כ"ג ע"א) שפירושו שם לא ששברה על שברים אלא מעכה שנמחקה הגורה. וא"כ פירוש מלה זו לשון מיעוך ומחק וכן פחיש דכאן נקרא בשי"ן שמאלי כמו פחיס בסמ"ך: **כי בידך נתתי** ומדלא קאמר אתננו דייק שכבר פסק דינו בשנים קדמוניות והיינו במשתה הזה כדלקמן דברים רבה פ"א: **לא נדנדה עריסה** כתב בעל מת"כ וז"ל קאי אדלעיל שאמר עוג מתנתו מה היא כו' כלו' שבזהו מאד שהיה כל כך קטן שנדנדה

רַבָּנָן אָמְרִי: נִגְמַל מֵחֲלָבוֹ. "וַיַּעַשׂ אַבְרָהָם מִשְׁתֶּה גָּדוֹל", רַבִּי יוּדָא בַּר רַבִּי סִימוֹן אָמַר: גְּדוֹל עוֹלָמִים הָיָה שָׁם. רַבִּי יוּדָן בַּר מַסְפַּרְתָּא אָמַר: (אסתר ב, יח) "וַיַּעַשׂ הַמֶּלֶךְ מִשְׁתֶּה גָדוֹל", גְּדוֹלֵי עוֹלָם הָיוּ שָׁם, הָדָא הוּא דִכְתִיב (דברים ל, ט) "כִּי יָשׁוּב ה' לָשׂוּשׂ עָלֶיךָ לְטוֹב", בִּימֵי מָרְדְּכַי וְאֶסְתֵּר, "כַּאֲשֶׁר שָׂשׂ עַל אֲבוֹתֶיךָ", בִּימֵי אַבְרָהָם יִצְחָק וְיַעֲקֹב. אָמַר רַבִּי יְהוּדָה בַּר רַבִּי סִימוֹן: כא "מִשְׁתֶּה גָּדוֹל", מִשְׁתֵּה גְּדוֹלִים, עוֹג וְכָל גְּדוֹלִים עִמּוֹ הָיוּ שָׁם, אָמְרוּ לְעוֹג: לֹא הָיִיתָ אוֹמֵר אַבְרָהָם פִּרְדָּה עֲקָרָה וְאֵינוֹ מוֹלִיד, אָמַר לָהֶם: עַכְשָׁיו מַתָּנָתוֹ מַה הִיא, לֹא שְׁפוּפָה, אִין יָהֵיב אֲנָא אֶצְבְּעִי עֲלֵיהּ אֲנָא פָּחֵישׁ לֵיהּ. אָמַר לֵיהּ הַקָּדוֹשׁ בָּרוּךְ הוּא: מָה אַתָּה מְבַזֶּה עַל מַתָּנָתִי, חַיֶּיךָ שֶׁאַתְּ רוֹאֶה אֶלֶף אֲלָפִים וְרִבֵּי רְבָבוֹת יוֹצְאִים מִבְּנֵי בָנָיו, וְאֵין סוֹפוֹ שֶׁל אוֹתוֹ הָאִישׁ לִיפּוֹל אֶלָּא בְּיָדוֹ, שֶׁנֶּאֱמַר (במדבר כא, לד) "וַיֹּאמֶר ה' אֶל מֹשֶׁה אַל תִּירָא אוֹתוֹ כִּי בְיָדְךָ נָתַתִּי וְגוֹ'", דְּאָמַר רַבִּי לֵוִי: לֹא נִדְנְדָה עֲרִיסָה תְּחִלָּה

רש"י

(י) **אמרו לו לעוג לא היית אומר לאברהם פרדה עקרה אינו מוליד**. אמר להם עכשיו מתנתיה מה הוא לא שפופה אם אני נותן אצבעי עליו אני הורגו: **ויאמר ה' אל תירא אותו כי בידך נתתי אותו**. כבר פסקתי דינו מימי יצחק: **לא נדנדה עריסה**

שנגמל מחלבו כמ"ש גמולי מחלב וכמ"ש ריש ש"א ותנק את בנה עד גמלה אותו וע"כ פי' ויגדל כפשוטו. ומ"ש ויגמל שנגמל מיצה"ר בן י"ג שאז נקרא גדול וכמ"ש לקמן פ' ס"ג סימן י' ויגדלו הנערים שהיו בני י"ג שנה ע"ש וש"כ ומבואר. ולרבנן ויגמל כפשוטו מחלבו. ומ"ש ויגדל שלא נתפרש כאן. יתכן כמ"ש ויגדל משה וכמ"ש שמ"ר פ"א ר"ס כ"ז שגדל שלא כדרך כל הארץ וכ"מ בפי' מדר"א. שהרי אברהם היה האדם הגדול בענקים. עי' ילקוט יהושע י"ד. שע"ז מביא שם מ"ש בב"ר פמ"ט פסיעותיו שהיו גדולות עיי"ש. ועל יצחק דרש שהיה זיו איקונין דומה לאברהם לעיל פר' ז סימן ו' וזהו ויגדל: **גדול העולמים** עי' לקמן פר' ק' ס"ס ה' מספד גדול כנ"ל ועי' מש"ש: **רבי יודן בר מספרתא אמר כו' משתה גדול** דהא משתה שלו גדול משל אסתר והיתה ק"פ יום ובהראותו את עושרו וגו' ולכל שרי המדינות וגו'. ובכ"ז לא קראה גדול אלא שבאסתר שהיתה צדקת היה שם רצון גדול העולמים הקב"ה שנקרא גדול ה'. וכתיב כי ישוב ה' וגו' על אבותיך הם האבות אי"ו שהיה ברצונו אתם גם כן בשמחתם במשתה גדול ועי' לעיל פל"ט סימן ג'. ומ"ש בדברי ריב"מ גדולי עולם ל"ל גדול העולמים וכ"ה בילקוט (ועי' מ"כ). ומ"ש ויעקב אע"ג שלא מצינו כן ביעקב אולי מאחר שכתוב אבותיך שכולל כל הג' אי"ו. ואגב אברהם ויצחק מפורש. וביעקב אולי יכוון על הדרש מספד גדול כנ"ל וכמ"ש חז"ל במ"ק רוכב ערבות שם ושמח בבא אליו נפש נקי לדיק: **עוג וכל גדולים עמו** עיין קה"ר פ' טוב ללכת וגו': **אמרו לעוג** ד"ר פ"א סי' כ"ה: **דאמר רבי לוי** הוא טעם על מ"ש עוג מתנתו שפופה. שעל שנולד מאבות זקנים. ומה גם למ"ד שנולד לז' חדשים שהוא חלוש בטבעו. והוצרך לעריסה משא"כ

מסורת המדרש

בא דברים רבה סוף פרשה א'. ילקוט דברים רמז תת"י:

אם למקרא

וַיַּעַשׂ הַמֶּלֶךְ מִשְׁתֶּה גָדוֹל לְכָל־שָׂרָיו וַעֲבָדָיו אֵת מִשְׁתֵּה אֶסְתֵּר וַהֲנָחָה לַמְּדִינוֹת עָשָׂה וַיִּתֵּן מַשְׂאֵת כְּיַד הַמֶּלֶךְ: (אסתר ב:יח)

וְהוֹתִירְךָ ה' אֱלֹהֶיךָ בְּכֹל מַעֲשֵׂה יָדֶךָ בִּפְרִי בִטְנְךָ וּבִפְרִי בְהֶמְתְּךָ וּבִפְרִי אַדְמָתְךָ לְטֹבָה כִּי יָשׁוּב ה' לָשׂוּשׂ עָלֶיךָ לְטוֹב כַּאֲשֶׁר־שָׂשׂ עַל־אֲבֹתֶיךָ: (דברים ל:ט)

וַיֹּאמֶר ה' אֶל־מֹשֶׁה אַל־תִּירָא אֹתוֹ כִּי בְיָדְךָ נָתַתִּי אֹתוֹ וְאֶת־כָּל־עַמּוֹ וְאֶת־אַרְצוֹ וְעָשִׂיתָ לּוֹ כַּאֲשֶׁר עָשִׂיתָ לְסִיחֹן מֶלֶךְ הָאֱמֹרִי אֲשֶׁר יוֹשֵׁב בְּחֶשְׁבּוֹן: (במדבר כא:לד)

חידושי הרד"ל

(יב) **נעשה ירא שמים**. בפסיקתא מסיים הניקה בנים נתבנו בישראל וכל י"ש שיש בהם מאותם שינקו מחלב שרה:

(יג) [י] **רבי יודן בר מספרתא אמר גדולי עולם היו שם**. ודכוותה ויעש המלך משתה גדול (אסתר ב') גדול עולמים היה שם כלומר רצון הקב"ה היה שם במשתה אסתר ע"ש במ"כ הה"ד כי ישוב כו' ויעקב (כשם שהיה הקב"ה במשתה שמחת אבות כן היה במשתה אסתר). ור"י בר מספרתא אמר גדולי עולם היו שם משתה גדול ביום הגמל וגו' משתה גדולים (פי' ענקים גדולים כעוג וחבריו והיו מלעיגים על יצחק שנולד קטן כדמפ"ו):

(יד) **עוג וכל גדולים כו'** בצ"ל. וע"ל פ"ק ומש"ש בהגהותי בס"ד:

חידושי הרש"ש

[י] **ויעש המלך משתה גדול גדולי עולם היו שם**. בילקוט הגי' גם הכא גדול עולמים וע"ש וכצ"ל:

על אבותיך בימי אברהם אמר רבי יהודה בן סימון כו'. כצ"ל וכן בילקוט ליתא ליצחק ויעקב:

אמר רבי יהודה בן סימון כו'. כצ"ל וכ"א שם וע"ש:

אלף אלפים ורבי רבבות. עמ"ש לעיל פמ"ב בסופה:

אלא בידם. כצ"ל וכ"ה שם ובילקוט הכא:

מתנות כהונה

גדול עולמים. זה הקדוש ב"ה וכדמפרש ואזיל ויעש המלך משתה גדול [גדול עולמים היה שם גרסינן והכי גרסינן בילקוט וכדמפרש ואזיל: **הכי גרסינן בימי אברהם**. אר"י וכו' והכי גרסינן בילקוט]: **שפופה**. שפלה ונמוכה: **אין יהיב כו'**. אם אתן אנכי אצבעי עליו אנא פחיש כו': **הכי גרסינן אצבעי עליה אנא פחיש: פחיש**. פירש הערוך פוחס נורתו חרום או שרוע תרגם יונתן פחיש או פסיע: **כי בידך נתתי אותו**. נתתי משמע כבר בימי אברהם: **דאמר רבי לוי לא נדנדה כו'**. בפירש"י מצאתי שנאמר ביום הגמל את יצחק יום שנתנוהו בעריסה עשו משתה גדול והאב"א מסיים שיצחק אבינו נולד קטן אבל שאר בני האדם היו גדולים ולא הוצרכו לעריסה ע"כ וקאי אדלעיל שאמר עוג מתנתו מה היא וכו'. ואם שאר בני האדם היו גם המה בכמותו מה היה מתמה עליו: **עריסה**. מטה קטנה

אשד הנחלים

לומר שנגמל מהיניקה כיון דכתיב ויגדל המורה שהיה גדול שאינו ראוי להנקה א"ו שנגדל עד שנעשה בן י"ג אז נגמל ונמשך מיצה"ר שלא הי' עוד בו כחות המתאוות לרע כי נגמל שכלו ויצרו הטוב. ודעת רבנן שהכוונה כפשוטו שנגמל מחלבו: **גדול עולמים**. כי לא יתכבד אבינו אברהם במשתה שמנים ועניינים ההבלים האלה כ"א משתה גדולה בענינה שהית' השראת השכינה שמה. וכן פירש מה שנאמר במלך משתה גדול שפירושו משתה לגדולי עולם: **בימי מרדכי כו' בימי אברהם**. כי הכתוב אומר על אחרית הימים שיהי' בעת יצר להם מאוד ואז ישיב לשוש עליהם. וזה הי' בימי המן אחר החורבן שדימו ח"ו כי אבדה התקוה אך אחרי כן פתאום נתגל' התשועה והשמח' הגדולה כאשר היו באבות הקדושים שעיקר שמחתם היה באחרית בעת אשר דימו כי אין עוד תקוה לזה: **עוג** שהי' גדול בגבורה ובממשל': **עכשיו** כלומר מהו המתנה עוד מעט אם אחפוץ ואיננו. וה' השיב לו שסופו ליפול בידם: **לא נדנדה עריסה**. עמ"כ מה שפירש בעצמו והוא נכון.

אָמַר לוֹ הַקָּדוֹשׁ בָּרוּךְ הוּא — **The Holy One, blessed is He, said to [Og],** **מָה אַתָּה מְבַזֶּה עַל מַתְּנָתִי** — **"Why do you denigrate [Abraham's] gift?** **חַיֶּיךָ שֶׁאַתְּ רוֹאֶה אֶלֶף אֲלָפִים וְרִבֵּי רְבָבוֹת יוֹצְאִים מִבְּנֵי בָנָיו** — I swear **by your life that you will witness a thousand thousands and myriads of myriads going out from [Isaac's] descendants!** **וְאֵין סוֹפוֹ שֶׁל אוֹתוֹ הָאִישׁ לִיפּוֹל אֶלָּא**[135] **(בְּיָדוֹ) [בידם]** — **And your end**[136] **will be none other than to fall into their hand,** **שֶׁנֶּאֱמַר "וַיֹּאמֶר ה' אֶל מֹשֶׁה אַל תִּירָא אוֹתוֹ כִּי בְיָדְךָ נָתַתִּי וְגוֹ'"** — **as it is stated,** ***HASHEM said to Moses, 'Do not fear [Og], for into your hand have I given [him], etc.'*** **"** (*Numbers* 21:34).[137]

דְּאָמַר רַבִּי לֵוִי — Og's derisive comments were made **because of** that which **R' Levi said:** **לֹא נִדְנְדָה עֲרִיסָה תְּחִלָּה** — **A crib**[138] **first rocked in none other**

NOTES

135. Emendation follows *Rashash*, based on 42 §6 above and *Yalkut Shimoni* §94.

136. Lit., *the end of that man*.

137. The fact that God told Moses that He had *given* Og into Moses' hand, in the past tense, indicates that God had long determined that Og would fall in this manner. The Midrash explains that that decision was made at the time of the feast described by our verse (*Eitz Yosef*; see also *Rashi*; compare to *Devarim Rabbah* 1 §25).

138. *Matnos Kehunah*, *Imrei Yosher*; see *Maharzu* and *Eitz Yosef*; *Maharzu*.

חידושי הרד"ל

(יב) **נעשה ירא שמים.** בפסיקתא מסיים הניקה בנים נתבנו בישראל וכל י"ש שיש בהם מאותם שינקו מחלב שרה: (יג) [י] **רבי יודן בר מספרתא אמר גדולי עולם היו שם.** ודכוותה ויעש המלך משתה גדול (אסתר ב') גדול עולמים היה שם כלומר רצון הקב"ה היה שם במשתה אסתר ע"ש במ"כ הה"ד כי ישוב כו' ויעקב (כשם שהיה הקב"ה במשתה שמחת אבות כן היה במשתה אסתר). ור"י בר מספרתא אמר גדולי עולם היו שם משתה גדול ביום הגמל וגו' משתה גדולים (פי' ענקים גדולים כעוג וחבריו והיו מלעיגים על יצחק שנולד קטן כדמפ"ו): (יד) **עוג וכל גדולים כו' בצ"ל.** וע"ל פ"ק ומש"ש בהגהותי בס"ד:

חידושי הרש"ש

[י] **ויעש המלך משתה גדול גדולי עולם היו שם.** בילקוט הגי' גם הכא גדול עולמים וע"ש וכנ"ל: **על אבותיך בימי אברהם אמר רבי יהודה בן סימון כו'.** כצ"ל וכן בילקוט ליתא ליצחק ויעקב: **אמר רבי יהודה בן סימון כו'.** כצ"ל וכ"א שם וע"ש: **אלף אלפים ורבי רבבות.** עמ"ש לעיל פמ"ב בסופה: **אלא בידם.** כצ"ל וכ"ה שם ובילקוט הכא:

עץ יוסף

נגמל מחלבו והא דכתיב ויגדל הילד ויגמל. הוא ללמדך שלא נגמל מחלבו קודם זמנו מפני חסרון החלב בהיות שרה זקנה. אלא היה לה חלב רב בשופי ולא גמלתו אלא עד שהיה גדול. ומהאי טעמא נמי עשה אברהם סעודה עבור החסד והנס הנעשה לשרה שאף גם לעת זקנותה היה לה חלב בריבוי ליתן לנער מלא סיפוקו (כזה"ק): **גדול עולמים** כי לא יתכבד אבינו אברהם במשתה שמנים ועניינים השפלים האלה כי אם משתה גדולה בענינה שהיתה השראת השכינה שמה: **ויעש המלך משתה גדול גדול עולמים היה שם.** כצ"ל. וכן הוא בילקוט. ור' יהודה ב"מ ס"ל כר"י ב"ס שגדול עולמים היה שם ואמר שזה דכתיב ויעש המלך משתה גדול ג"כ פירושו גדול עולמים (או אפשר שכך צ"ל ויעש אברהם משתה גדול ר' יהודה ב"ס אמר גדול עולמים היה שם כיולא בו ויעש המלך משתה גדול גדול עולמים היה שם. ותירץ ר"י ב"מ אמר מיותר) ור"ל שבסעודת אברהם נתגלה כבוד גדול עולמים לאות ולמופת שגם הוא שמח בשמחתו. וכן כיולא בו בסעודת אסתר לכבודה ולפי שהיה לופה ומביט שיבא ע"י הכשולין אלו תשועה לישראל לעתיד בימי המן. וע"ז אמר הה"ד כי ישוב ה' לשוש עליך לטוב בימי מרדכי ואסתר. כאשר שש על אבותיך בימי אברהם. רמז על ענין שמחת הסעודה שהיה בימי האבות. והיינו להתגלות עלמו לכבודם בסעודתם מרוב שמחתם בה'. כן יפליא ה' לעשות בשמחת הסעודה והמשתה בימי מרדכי ואסתר. ולמד זאת ממה שבשניהם כתיב משתה גדול. ויהיה פירוש משתה גדול כאילו כתוב משתה גדול בסמיכת ענין. ופי' משתה של גדול העולם. וגדול הוא תואר על הקב"ה: **בימי אברהם יצחק ויעקב.** בילקוט ליתא הני תיבות יצחק ויעקב. ועכ"פ ויעקב ודאי מיותר: **אמר רבי יהודה בר סימון משתה גדול כו'.** ואע"ג דר"י בר סימון גופיה פי' לעיל גדול העולם היה שם קאמר להא נמי. דכולהו איתנהו. ובילקוט גרס הכא ד"א: **פרדה עקרה** מפני שמישמעאל עד יצחק כמה שנים לא הוליד מהגר סבור שכבר פסק כח ההולדה מאברהם ונתעקר: **שפופה** שפלה ונמוכה: **אין יהיב אנא אצבעי עליה אנא פחיש ליה.** אם אתן אנכי אצבעי עליו אנא פחיש ליה. ז"ל מת"כ פי' הערוך או חרס או שרוע ת"י או פחיש או פסיע עכ"ל ופי' לפ"ז שאעשנו חרום. אבל איכו בת"י שלפנינו אלא בת"י שלפנינו פי' בו דולקי בחוטמיה. ובעל מוסף הערוך פי' שם שהוא מענין פחסה אע"פ שלא חיסרה (מסכת ע"ז דף כ"ג ע"א) שפירושו שם לא ששברה על שברים אלא מעכה שנמחקה הגורה. וא"כ פירוש מלה זו לשון מיעוך ומחק וכן פחיש דכאן נקרא בשי"ן שמאלי כמו פחיס בסמ"ך: **כי בידך נתתי** ומדלא קאמר אתננו דייק שכבר פסק דינו בשנים קדמוניות והיינו במשתה הזה כדלקמן דברים רבה פ"א: **לא נדנדה עריסה** כתב בעל מת"כ וז"ל קאי אדלעיל שאמר עוג מתנתו מה היא כו' כלו' שבזהו מאד שהיה כל כך קטן שנדנדה

מדרש

רַבָּנָן אָמְרִי: נִגְמַל מֵחֲלָבוֹ. "וַיַּעַשׂ אַבְרָהָם מִשְׁתֶּה גָּדוֹל", רַבִּי יוּדָא בַּר רַבִּי סִימוֹן אָמַר: גְּדוֹל עוֹלָמִים הָיָה שָׁם. רַבִּי יוּדָן בַּר מַסְפַּרְתָּא אָמַר: (אסתר ב, יח) "וַיַּעַשׂ הַמֶּלֶךְ מִשְׁתֶּה גָדוֹל", גְּדוֹלֵי עוֹלָם הָיוּ שָׁם, הָדָא הוּא דִכְתִיב (דברים ל, ט) "כִּי יָשׁוּב ה' לָשׂוּשׂ עָלֶיךָ לְטוֹב", בִּימֵי מָרְדְּכַי וְאֶסְתֵּר, "כַּאֲשֶׁר שָׂשׂ עַל אֲבוֹתֶיךָ", בִּימֵי אַבְרָהָם יִצְחָק וְיַעֲקֹב. אָמַר רַבִּי יְהוּדָה בַּר רַבִּי סִימוֹן: כא"מִשְׁתֶּה גָּדוֹל", מִשְׁתֵּה גְדוֹלִים, עוֹג וְכָל גְּדוֹלִים עִמּוֹ הָיוּ שָׁם, אָמְרוּ לְעוֹג: לֹא הָיִיתָ אוֹמֵר אַבְרָהָם פִּרְדָּה עֲקָרָה וְאֵינוֹ מוֹלִיד, אָמַר לָהֶם: עַכְשָׁיו מַתָּנָתוֹ מַה הִיא, לֹא שְׁפוּפָה, אִין יָהֵיב אֲנָא אֶצְבְּעִי עֲלֵיהּ אֲנָא פָּחֵישׁ לֵיהּ. אָמַר לֵיהּ הַקָּדוֹשׁ בָּרוּךְ הוּא: מָה אַתָּה מְבַזֶּה עַל מַתְּנָתִי, חַיֶּיךָ שֶׁאַתְּ רוֹאֶה אֶלֶף אֲלָפִים וְרִבֵּי רְבָבוֹת יוֹצְאִים מִבְּנֵי בָנָיו, וְאֵין סוֹפוֹ שֶׁל אוֹתוֹ הָאִישׁ לִיפּוֹל אֶלָּא בְּיָדוֹ, שֶׁנֶּאֱמַר (במדבר כא, לד) "וַיֹּאמֶר ה' אֶל מֹשֶׁה אַל תִּירָא אוֹתוֹ כִּי בְיָדְךָ נָתַתִּי וְגוֹ' ", דְּאָמַר רַבִּי לֵוִי: לֹא נִדְנְדָה עֲרִיסָה תְּחִלָּה

רש"י

(י) **אמרו לו לעוג לא היית אומר לאברהם פרדה עקרה אינו מוליד.** אמר להם עכשיו מתנתיה מה הוא לא שפופה אם אני נותן אצבעי עליו אני הורגו: **ויאמר ה' אל תירא אותו כי בידך נתתי אותו.** כבר פסקתי דינו מימי יצחק: **לא נדנדה עריסה**

פירוש מהרז"ו

שנגמל מחלבו כמ"ש גמולי מחלב וכמ"ש ריש ש"א ותנק את בנה עד גמלה אותו וע"כ פי' ויגדל כפשוטו. ומ"ש ויגמל שנגמל מיצה"ר בן י"ג שאז נקרא גדול וכמ"ש לקמן פ' ס"ג סימן י' ויגדלו הנערים שהיו בני י"ג שנה ע"ש וש"כ ומבואר. ולרבנן ויגמל כפשוטו מחלבו. ומ"ש ויגדל שלא נתפרש כאן. יתכן כמ"ש ויגדל משה וכמ"ש שמ"ר פ"א ר"ס כ"ז שגדל שלא כדרך כל הארץ וכ"מ בפי' מדר"א. שהרי אברהם היה האדם הגדול בענקים. עי' ילקוט יהושע י"ד. שע"ז מביא שם מ"ש בב"ר פמ"ט פסיעותיו שהיו גדולות עיי"ש. ועל יצחק דרש שהיה זיו איקונין דומה לאברהם לעיל פר' זו סימן ו' וזהו ויגדל: **גדול העולמים** עי' לקמן פר' ק' ס"ס ה' מספד גדול ככ"ל ועי' מש"ש: **רבי יודן בר מספרתא אמר כו' משתה גדול** דהא משתה שלו גדול משל אסתר והיתה ק"פ יום ובהראותו את עושרו וגו' ולכל שרי המדינות וגו'. ובכ"ז לא קראה גדול אלא שבאסתר שהיתה לדקת היה שם רצון גדול העולמים הקב"ה שנקרא גדול ה'. וכתיב כי ישוב ה' וגו' על אבותיך הם האבות אי"ו שהיה ברצונו אתם גם כן בשמחתם במשתה גדול ועי' לעיל פל"ט סימן ג'. ומ"ש בדברי ריב"מ גדולי עולם צ"ל גדול העולמים וכ"ה בילקוט (ועי' מ"כ). ומ"ש ויעקב אע"ג שלא מלינו כן ביעקב אולי מאחר שכתוב אבותיך שכולל כל הג' אי"ו. ואצל אברהם ויצחק מפורש. וביעקב אולי יכוון על הדרש מספד גדול ככ"ל וכמ"ש חז"ל במ"ק רוכב ערבות שש ושמח בבא אליו נפש נקי לדיק: **עוג וכל גדולים עמו** עיין קה"ר פ' טוב ללכת וגו': **אמרו לעוג** ד"ר פ"א סי' כ"ה: **דאמר רבי לוי** הוא טעם על מ"ש עוג מתנתו שפופה. שעל שנולד מאבות זקנים. ומה גם למ"ד שנולד לז' חדשים שהוא חלוש בטבעו. והולרך לעריסה משא"כ

מסורת המדרש

כא דברים רבה סוף פרשה א'. ילקוט דברים רמז תת"ג:

אם למקרא

וַיַּעַשׂ הַמֶּלֶךְ מִשְׁתֶּה גָדוֹל לְכָל־שָׂרָיו וַעֲבָדָיו אֵת מִשְׁתֵּה אֶסְתֵּר וַהֲנָחָה לַמְּדִינוֹת עָשָׂה וַיִּתֵּן מַשְׂאֵת כְּיַד הַמֶּלֶךְ: (אסתר ב:יח)

וְהוֹתִירְךָ ה' אֱלֹהֶיךָ בְּכֹל מַעֲשֵׂה יָדֶךָ בִּפְרִי בִטְנְךָ וּבִפְרִי בְהֶמְתְּךָ וּבִפְרִי אַדְמָתְךָ לְטֹבָה כִּי יָשׁוּב ה' לָשׂוּשׂ עָלֶיךָ לְטוֹב כַּאֲשֶׁר־שָׂשׂ עַל־אֲבֹתֶיךָ: (דברים ל:ט)

וַיֹּאמֶר ה' אֶל־מֹשֶׁה אַל־תִּירָא אֹתוֹ כִּי בְיָדְךָ נָתַתִּי אֹתוֹ וְאֶת־כָּל־עַמּוֹ וְאֶת־אַרְצוֹ וְעָשִׂיתָ לּוֹ כַּאֲשֶׁר עָשִׂיתָ לְסִיחֹן מֶלֶךְ הָאֱמֹרִי אֲשֶׁר יוֹשֵׁב בְּחֶשְׁבּוֹן: (במדבר כא:לד)

מתנות כהונה

גדול עולמים. זה הקדוש ב"ה וכדמפרש ואזיל ויעש המלך משתה גדול [גדול עולמים היה שם גרסינן והכי גרסינן בילקוט וכדמפרש ואזיל: **הכי גרסינן בימי אברהם.** אר"י וכו' והכי גרסינן בילקוט]: **שפופה.** שפלה ונמוכה: **אין יהיב כו'.** אם אתן אנכי אצבעי עליו אנא פחיש כו': **הכי גרסינן אצבעי עליה אנא פחיש: פחיש.** פירש הערוך פוחס צורתו חרום או שרוע תרגם יונתן פחיש או פסיע: **כי בידך נתתי אותו.** נתתי משמע כבר בימי אברהם: **דאמר רבי לוי לא נדנדה כו'.** בפירש"י מצאתי שנאמר ביום הגמל את יצחק יום שנתנוהו בעריסה עשו משתה גדול והאב"א מסיים שיצחק אבינו נולד קטן אבל שאר בני האדם היו גדולים ולא הוצרכו לעריסה ע"כ וקאי אדלעיל שאמר עוג מתנתו מה היא וכו'. ואם שאר בני האדם היו גם המה בכמותו מה היה מתמה עליו: **עריסה.** מטה קטנה

אשד הנחלים

לומר שנגמל מהיניקה כיון דכתיב ויגדל המורה שהיה גדול שאינו ראוי להנקה א"ו שנגדל עד שנעשה בן י"ג אז נגמל ונמשך מיצה"ר שלא הי' עוד בו כחות המתאוות לרע כי נגמל שכלו ויצרו הטוב. ודעת רבנן שהכוונה כפשוטו שנגמל מחלבו: **גדול עולמים.** כי לא יתכבד אבינו אברהם במשתה שמנים ועניינים ההבלים האלה כ"א משתה גדולה בענינה שהית' השראת השכינה שמה. וכן פירש מה שנאמר במלך משתה גדול שפירושו משתה לגדולי עולם: **בימי מרדכי כו' בימי אברהם.** כי הכתוב אומר על אחרית הימים שיהי' בעת יצר להם מאוד ואז ישיב לשוש עליהם. וזה הי' בימי המן אחר החורבן שדימו ח"ו כי אבדה התקוה אך אחרי כן פתאום נתגל' התשועה והשמח' הגדולה כאשר היו באבות הקדושים שעיקר שמחתם היה באחרית בעת אשר דימו כי אין עוד תקוה לזה: **עוג** שהי' גדול בגבורה ובממשל': **עכשיו** כלומר מהו המתנה עוד מעט אם אחפוץ ואיננו. וה' השיב לו שסופו ליפול בידם: **לא נדנדה עריסה.** עמ"כ מה שפירש בעצמו והוא נכון.

אֶלָּא בְּבֵיתוֹ שֶׁל אַבְרָהָם אָבִינוּ – **than Abraham our patriarch's house.**[139]

The Midrash returns to its discussion of the attendees of Abraham's feast:

אָמַר[140] רַבִּי יְהוֹשֻׁעַ בֶּן מְנַחֲמָה – **R' Yehoshua ben Menachamah said:** אוֹתָן ס״ב מְלָכִים שֶׁהָרַג יְהוֹשֻׁעַ – **Those sixty-two kings whom Joshua killed** in his conquest of the Land of Israel, כּוּלָּם הָיוּ בְּמִשְׁתֶּה שֶׁל אַבְרָהָם אָבִינוּ – **all of them were present at the feast of Abraham, our patriarch.**[141] וְלֹא ל״א הָיוּ – The Midrash questions the stated number of monarchs:[142] **But were there not thirty-one** kings?[143] אֶלָּא כִּי הַהִיא דְּאָמַר רַבִּי בֶּרֶכְיָה וְרַבִּי חֶלְבּוֹ וְרַבִּי פַּרְנָךְ מִשּׁוּם רַבִּי יוֹחָנָן: – **But** this may be explained **like that [explanation] which R' Berechyah, R' Chelbo, and R' Parnach said in the name of R' Yochanan:** ״מֶלֶךְ יְרִיחוֹ אֶחָד״ – A verse states: ***The king of Jericho, one*** (*Joshua* 12:9);[144] מַה תַּלְמוּד לוֹמַר ״אֶחָד״ – **why does Scripture state,** ***one?*** אֶלָּא הוּא וְאַנְטִקֵיסָר שֶׁלּוֹ – **Rather,** the verse is alluding to **[the king] and his deputy.**[145]

וַתֵּרֶא שָׂרָה אֶת בֶּן הָגָר הַמִּצְרִית אֲשֶׁר יָלְדָה לְאַבְרָהָם מְצַחֵק. וַתֹּאמֶר לְאַבְרָהָם גָּרֵשׁ הָאָמָה הַזֹּאת וְאֶת בְּנָהּ כִּי לֹא יִירַשׁ בֶּן הָאָמָה הַזֹּאת עִם בְּנִי עִם יִצְחָק.

Sarah saw the son of Hagar, the Egyptian, whom she had borne to Abraham, sporting. So she said to Abraham, "Drive out this slavewoman with her son, for the son of that slavewoman shall not inherit with my son, with Isaac!" (21:9-10).

§11 וַתֵּרֶא שָׂרָה אֶת בֶּן הָגָר הַמִּצְרִית — ***SARAH SAW THE SON OF HAGAR, THE EGYPTIAN, ETC.***

The Midrash commences a lengthy discussion on the nature of Ishmael's *sporting*:[146]

אָמַר רַבִּי שִׁמְעוֹן בֶּן יוֹחָאי: – **R' Shimon bar Yochai said:** רַבִּי עֲקִיבָא הָיָה אוֹמֵר בּוֹ דָּבָר לִגְנַאי – **R' Akiva used to say something derogatory** about Ishmael **in** interpretation of **[this verse],** וַאֲנִי אוֹמֵר בּוֹ דָּבָר לְשֶׁבַח – **but I say something positive** about Ishmael **in** interpretation of **[the verse]:**Ⓐ דָּרַשׁ רַבִּי עֲקִיבָא ״וַתֵּרֶא שָׂרָה וגו׳״ – **R' Akiva expounded:** ***Sarah saw*** *the son of Hagar, etc.,* *sporting* [מְצַחֵק] – אֵין מְצַחֵק אֶלָּא גִּלּוּי עֲרָיוֹת – in this context,[147] מְצַחֵק **is nothing other than** a reference to **sexual immorality.** הֵיךְ מָה דְּאַתְּ אָמַר ״בָּא אֵלַי הָעֶבֶד הָעִבְרִי אֲשֶׁר הֵבֵאתָ לָּנוּ לְצַחֶק בִּי״ – This is **as it is stated** in Scripture: ***"The Hebrew slave whom you brought to us came to me to sport*** [לְצַחֶק] ***with me"*** (below, 39:17).[148] מְלַמֵּד שֶׁהָיְתָה אִמֵּנוּ שָׂרָה רוֹאָה אוֹתוֹ לְיִשְׁמָעֵאל – [The verse] thus **teaches that our matriarch Sarah witnessed Ishmael** מְכַבֵּישׁ גִּנּוֹת וְצָד נְשֵׁי אֲנָשִׁים וּמְעַנֶּה אוֹתָן – **seizing gardens,**[149] **trapping married women,**[150] **and ravaging them.**

NOTES

139. R' Levi taught that as the infants of earlier generations were born bigger and stronger than in his time, they had no need to be placed in cribs (compare above, 36 §1). Isaac, however, was born unusually small and was the first to require the use of this device (*Matnos Kehunah*, citing *Ohr HaSeichel*; *Maharzu*). The Midrash is quoting R' Levi in order to explain why Og said about Isaac, *Now, what is his gift? Is it not lowly? If I were to put my finger on him, I could crush him!*, which suggests that Isaac was particularly small (*Matnos Kehunah*; see also *Eitz Yosef*).

Isaac's diminutive birth size was a result of his being born to aged parents and, according to some Midrashic opinions (see above, section 6), prematurely (*Maharzu*).

See, however, *Rashi* and *Imrei Yosher*.

140. Emendation (אָמַר rather than דְּאָמַר) follows *Eitz Yosef*, who cites *Yalkut Shimoni* to *Joshua* Ch. 12.

141. Having taught earlier that Og, king of the Bashan, was at the feast, the Midrash adds that all of the kings of Canaan were present as well (*Eitz Yosef*).

[As it is unlikely that all of the kings lived long enough to be present at both Abraham's feast and Joshua's campaign, close to 450 years later, it appears that the Midrash means that the *ancestors* of all of those kings took part in the feast (*Eshed HaNechalim*).

These monarchs may have been the babies who, as taught in the preceding section, merited governance after partaking of Sarah's milk. Even according to the view that the feast of our verse took place upon Isaac's turning 13, Abraham may have invited those teenagers who had once been fed by Sarah, in recognition of the fact that they (or their descendants) would one day achieve prominence (*Maharzu*; see there further).]

142. This discussion has no relevance to the subject matter of our verse, and appears here only because of its connection with the preceding lines, as is commonplace in Midrash (see *Eitz Yosef*).

143. *Joshua* 12:9-24 lists 31 kings who were killed by Joshua during the Jewish conquest of Canaan, which he led. The Midrash questions why R' Yehoshua ben Menachamah spoke of twice that number of kings.

144. [This verse appears in a series of similar ones that enumerate the 31 kings who were vanquished by Joshua.]

145. Translation follows *Mussaf HeAruch*, cited by *Eitz Yosef*. Alternatively, אַנְטִקֵיסָר may refer to a general (*Eitz Yosef*). See also *Rashi*.

The 31 kings mentioned in *Joshua* Ch. 12 did not reside in Canaan. However, they owned cities in Canaan [which contributed significantly to their status (see below, 85:14)] and were represented there by a surrogate. R' Yochanan taught that the verse states, *The king of Jericho, one*, to indicate that *both* the king and another *one* person, i.e., his appointee, were killed (*Eitz Yosef*; see also *Rashi* and *Matnos Kehunah*). Since Scripture likewise repeats the word *one* after *each* of the 31 kings it lists, we now understand why R' Yehoshua ben Menachamah said that 62 kings were killed by Joshua (*Rashi*, *Eitz Yosef*).

An alternate version of our Midrash appears in *Tanchuma, Masei* §6 (see *Eitz Yosef*).

146. The Midrash takes as given that the verse cannot just be using the word according to its plain sense, for it seems clear from Scripture that Ishmael's *sporting* served as the reason Sarah insisted that he be driven from the house.

147. *Eitz Yosef*.

148. This statement, made by the wife of Potiphar, who falsely accused Joseph of attempting to lie with her, utilizes the word מְצַחֵק as a euphemism for an act of sexual immorality.

149. Translation follows *Maharzu* (first interpretation) and *Radal* (see next note). Alternatively, the word גנות is to be vowelized גְּנוֹת, a Hebraized version of the Greek term for women (*Maharzu* and *Eitz Yosef*, citing *Yefeh To'ar*, who references 18 §4 above; see these commentators for additional explanations).

150. *Radal* notes that it was generally women who worked in gardens.

INSIGHTS

Ⓐ **A Teacher's Honor** R' Shimon bar Yochai was a disciple of R' Akiva. Consequently, the *Sdei Chemed* (Second *Vov*: rule 30) quotes this Midrash, along with six passeges in the Talmud, to prove that it is not deemed disrespectful for a disciple to write or state that he has a difference of opinion with his mentor. This contradicts the ruling of *Radvaz* (Responsa §495) that it is prohibited for a disciple to quote his mentor's opinion and then suggest a variant opinion. Although the *Chida* (*Birkei Yosef, Yoreh Deah* 242:3) qualifies the ruling of *Radvaz* as applying only when the difference of opinion is halachic, *Sdei Chemed* points out that *Chida* himself quotes halachic rulings of Sages of earlier generations (whom the *Chida*, in his customary humility, would consider his mentors), yet he subsequently argues with their halachic rulings.

However, *Radvaz* in his responsum qualifies his ruling by declaring that the prohibition is applicable only as long as the mentor is still living. Furthermore, the prohibition is to issue a halachic ruling in defiance of a mentor's ruling or to offer a variant opinion in a public address, but it is permitted to keep personal notes suggesting proofs that lead to a different conclusion than that of one's mentor. Also, *Radvaz* notes that should rabbis vote to decide on a halachic issue it is prohibited for a disciple to join those rabbis that do not agree with his mentor.

אֶלָּא בְּבֵיתוֹ שֶׁל אַבְרָהָם אָבִינוּ, דְּאָמַר רַבִּי יְהוֹשֻׁעַ בֶּן מְנַחֲמָה [כב]אוֹתָן ס"ב מְלָכִים שֶׁהָרַג יְהוֹשֻׁעַ כּוּלָּם הָיוּ בְּמִשְׁתֶּה שֶׁל אַבְרָהָם אָבִינוּ, וְלֹא ל"א הָיוּ אֶלָּא כִּי הַהִיא דְּאָמַר רַבִּי בֶּרֶכְיָה וְרַבִּי חֶלְבּוֹ וְרַבִּי פַּרְנָךְ מִשּׁוּם רַבִּי יוֹחָנָן, (יהושע יב, ט) "מֶלֶךְ יְרִיחוֹ אֶחָד", מַה תַּלְמוּד לוֹמַר "אֶחָד" אֶלָּא הוּא וְאַנְטִקֵיסָר שֶׁלּוֹ:

יא [כא, ט] "וַתֵּרֶא שָׂרָה אֶת בֶּן הָגָר הַמִּצְרִית", [כג]אָמַר רַבִּי שִׁמְעוֹן בֶּן יוֹחָאי: רַבִּי עֲקִיבָא הָיָה אוֹמֵר בּוֹ דָּבָר לִגְנַאי, וַאֲנִי אוֹמֵר בּוֹ דָּבָר לְשֶׁבַח. דָּרַשׁ רַבִּי עֲקִיבָא: "וַתֵּרֶא שָׂרָה וְגוֹ'", אֵין מְצַחֵק אֶלָּא גִּלּוּי עֲרָיוֹת, הֵיךְ מָה דְּאַתְּ אָמַר (בראשית לט, יז) "בָּא אֵלַי הָעֶבֶד הָעִבְרִי אֲשֶׁר הֵבֵאתָ לָּנוּ לְצַחֶק בִּי", מְלַמֵּד שֶׁהָיְתָה אִמֵּנוּ שָׂרָה רוֹאָה אוֹתוֹ לְיִשְׁמָעֵאל מְכַבֵּשׁ גַּנּוֹת וְצָד נְשֵׁי אֲנָשִׁים וּמְעַנֶּה אוֹתָן. תָּנֵי רַבִּי יִשְׁמָעֵאל אוֹמֵר: [כד]אֵין הַלָּשׁוֹן הַזֶּה שֶׁל צְחוֹק אֶלָּא עֲבוֹדָה זָרָה שֶׁנֶּאֱמַר (שמות לב, ו) "וַיֵּשֶׁב הָעָם לֶאֱכֹל וְשָׁתוֹ וַיָּקֻמוּ לְצַחֵק", מְלַמֵּד שֶׁהָיְתָה אִמֵּנוּ שָׂרָה רוֹאָה אֶת יִשְׁמָעֵאל בּוֹנֶה בִּימָסִיּוֹת וְצָד חֲגָבִים וּמַקְרִיב עֲלֵיהֶם. רַבִּי אֶלְעָזָר בְּנוֹ שֶׁל רַבִּי יוֹסֵי הַגְּלִילִי אוֹמֵר אֵין הַלָּשׁוֹן הַזֶּה צְחוֹק אֶלָּא לְשׁוֹן שְׁפִיכוּת דָּמִים,

עץ יוסף

בעריסה כדרך הקטנים שאצלנו. מה שאין כן דורות הראשונים שהיו גדולים ובריאים מקטנותם. וכמו שדרש בפ' ל"ו על כתוב ישלחו כצאן עויליהם עכ"ל. אבל יותר נראה שכך צריך להיות אנא פתיש ליה דאמר ר' לוי לא נדנדה עריסה תחלה אלא בביתו של אברהם אבינו. א"ל הקב"ה מה אתה מבזה כו' (עד) כי בידך נתתי וגו': **אמר רבי יהושע בר מנחמה** (וכן הוא בילקוט יהושע י"ב) ולא דאמר בדל"ת. כי הוא ענין נוסף והודעה אחרת על מה שלמעלה ממנו ומובא כאן דרך אגב. שאמר לעיל שעוג היה במשתה אברהם מביא מאמר הדומה לזה שלא הוא בלבד היה שם אלא כל ל"א (או ס"ב) מלכים של כנען היו שם. ומביא המאמר על פני כולו עם דברי ר' ברכיה אף שאינו מענייגא דידן כלל. וכדרך המדרשות: **ששים ושנים מלכים** ובתנחומא סדר מסעי סי' ו' איתא אמר ר' ינאי הכהן ס"ב מלכים היו ל"א ביריחו ול"א בימי סיסרא כו' ע"ש: **הוא ואנטיקיסר שלו** פי' שר צבא והמוסף הערוך כתב שהוא משנה קיסר. ור"ל של"א מלכים הנזכרים בספר יהושע לא היו יושבים בא"י ולא היתה מלכותם במקום ההוא לבד אלא מלכים גדולים היו בארץ וכ"א היה לו עיר בא"י ומושיב בה שר צבא או שני לקיסר. וכיוצא בזה איתא לקמן פרשה פ"ה. וקמ"ל מלך יריחו אחד שנהרג המלך ועוד אחד עמו שהוא גליבו. וכן כלם: (יא) [טו] **אומר בו דבר לגנאי.** בצחוק זה שהזכיר הכתוב ולא פירש: **ואני אומר בו דבר לשבח.** שרצה להתייחס אחרי אברהם לומר שראוי להקרא בנו בכורו וכ"ה בתוספתא דסוטה פ"ו סי' ג' בהדיא: **אין מצחק** האמור כאן: **מכביש גנות וצד נשי אנשים ומענה אותם.** כתב היפ"ת מכביש גנות פי' מאנס נשים וכובש אותם בחזקה. וגנות פירושו נשים בחיר"ק תחת הגימ"ל כדלעיל פ' י"ח גיני גיניא אשה בל"י. והיינו נשי אנשים דקאמר. אלא דצד הוא לשון פיתוי שמפתה אותן לרצונם. ומכביש הוא באונס וחזקה. ואולי גיניא היא בתולה בל"י. ונשי אנשים נשואות וכולא ביה איתנהו עכ"ל. או פי' שהיה כובש ודורך על הגדירות בתוך הגנות וצד נשי אנשים ומענה אותם (מת"כ): **בונה בימסיות** בונה במות ולפי שהיה ירא להעיז פניו לעבוד ע"ז במקום שיראוהו אנשי ביתו הולרך לעשות עבודתו בשחיטת חגבים שיראה הרואה ויאמר הלא משחק הוא שאין דרך זביחה בכך. ושרה הבינה את רשעתו וזהו שנא' ותרא שרה כי היא לבדה הבינה מעשיו:

פירוש מהרז"ו

הראשונים היו בריאים מתולדותם (עיין לעיל פל"ו כצאן עויליהם ולא היו צריכים לעריסה): **דאמר רבי יהושע** פירש למ"ש גדולי עולם. ול"ע מנין לו ואפשר שכוונתו כמ"ש בסימן ט' שאותן שינקו חלב שרה נתן להם ממשלה ורמוז במ"ש מלכי עמים ממנה יהיו יהיו בגי' ל"א. ולמ"ד שהמשתה עשה כשהיה בן י"ג א"כ היו אז בני י"ג וי"ד ואברהם שידע שעתידים להיות מושלים זימן את כולם לסעודתו ואותם הרג יהושע. וגם רמוז בפסוקים של חבקוק שרמזתי לעיל בס"ס ט'. קרנים מידו לו הוא יהושע שכתוב אללו וקרני ראם קרניו בהם וגו'. וזהו עמד וימודד וגו' ויתפוצצו הררי וגו' שבימי יהושע נטלה ממשלתם שירשו מאברהם והרגם: **ששים ושנים מלכים** כ"ה ג"כ בילקוט כאן ויהושע י"ג. אך רש"י הגיה ס"ב (עי' מ"כ) ובמ"ר פ' כ"ג סימן ז' איתא ס"ב מלכים ל"א בימי יהושע ול"א בימי סיסרא. ועי' לקמן ס"פ פ"ה מלך בבל אנטיקיסר שלו היה יושב ביריחו. ועיין ילקוט יהושע שם בשם ספרי אר"י וכי ל"א מלכים היו בא"י אלא כל שלא קנה לו פלטריות בארץ לא עשה כלום. ומרומז בשמ"ר פל"ב סימן ב': **(יא) אמר רבי שמעון בר יוחאי** תוספתא סוטה פרק ה' ופרק ז'. ועי' שמ"ר רפ"א כל הענין וס"פ מ"ב כל הדעות ביחד: **דבר לגנאי** שחטא ישמעאל: **מכבש גנות** פי' כובש גנות של אחרים וצד נשים לתוכן. או גנות מל' גן נטול ע"ש בשי"ר (וכ"פ יפ"ת ופי' עוד גנות מל' גיניא דלעיל פי"ח שפי' נשים) ואגב שהביא רשב"י דעת ר"ע הביא המדרש דעות אחרות והפסיק באמצע דברי רשב"י עד דבר לשבח:

רש"י

אלא בימי אברהם תחלה. הה"ד ביום הגמל את יצחק יום שנתנוהו בעריסה עשה משתה גדול ובאו וגמלו עמו חסד: **הוא ואנטיקסר שלו.** שר צבא שלו ועמו היה ל"ב ואני אומר טעות יש בספרים שכתוב בהם ל"ב מלך ואין ראוי להיות אלא ס"ב מלך שהיה דורש אחד שאין ת"ל אחד ומה ת"ל אחד הוא ואנטיקסר שלו כלומר כל מלך ומלך ואנטיקסר שלו שבכל מלך ומלך של ל"א מלכים כתיב אחד שאין ת"ל אלא לרבות אנטיקסר שלו פירוש אותו שהוא ממונה תחתיו של מלך לעשות כל צרכי המלך כמו שהיה המלך ראוי לעשות:

מתנות כהונה

שמנענעין בהם הילדים. ואי לאו דמיספקינא אמינא דהכי פירושו לא באת ניענוע ושברון כדכד לעריסה של עוג ושאר מלכי האומות אלא בביתו כו' וכדמפרש ואזיל: [הכי גרסינן רש"י ז"ל אותן ס"ב מלכים]: **ואנטיקיסור שלו.** פירש"י שר צבאו היה ג"כ שמה ועמהם היו ס"ב וע"כ כתיב מלך יריחו אחד וכן אצל כולם כתיב אחד לרבות הממונה תחתיו לעשות כל צרכי המלוכה ובו נגמר כסא מלכותו בשלמות: **[יא] מכביש.** היה כובש ודורך על הגדירות בתוך הגנות ובביאורי מהר"ר אליהו מזרחי גרס מכבש נשים: **במסיאות.** במות כההיא

אשד הנחלים

ואחז בעריסה לפי שתחילת גבורתו נודע ע"י העריסה כדכתיב הנה ערשו ערש ברזל שבעודו קטן מוטל בעריסה הי' שובר כל הערימות והוכרחו לעשות מברזל. ומאברהם התחיל לנדנד גבורתו כי שם נגזר עליו שיפול באחרית: **כולם הי' במשתה של אברהם אבינו.** אם לא נרצה לומר כפשוטו שיחי' שנים רבות עד ימי יהושע נוכל לומר שבימי יהושע הי' מבני בניהם ועל כולם נגזר על בניהם שיפלו בידי יהושע. ואולי הי' זאת בקבלה: **[יא] אלא גלוי עריות כו' שפיכת דמים כו'.** כי גדר הצחוק בהבנה המורחב' הוא הצחוק לכל דבר יושר. כי אליו כל אפין שוים. כי כל מאוויו לרע ואם יתגדל האדם וירבה בצחוק אז סופו לבוא לידי כל המדות הרעות ההם. סופו ליפרץ בעריות כי ניטל הבושה מאתו. ובשפכ"ד כי דם אחרים נקל בעיניו מרוב הצחוק ואחריתו לעבוד עבודת כוכבים הבאה מרוב צחוק ושמחה נפרצה וכל זה ראתה שרה בחכמת' ובנבואתה. כי הוא איש שהכל בו: **לשבח כו' ירושה כו'.** וזהו שבח הוא לו שעיקר הירושה מאברהם לבניו הוא

חידושי הרד"ל

(טו) ס"ב מלכים שהרג יהושע כו'. ע"ל במ"ר פכ"ג. (ושם אמר שנהרגו ל"א בימי סיסרא. דדרש מ"ש באו מלכים נלחמו כו' מלכי כנען כו'. ולא פורש מי הן המלכים. לומר שהן המלכים הידועים הנזכרים בס' יהושע ל"א מלכים. וכתוב אצל כלם אחד. שהיינו אנטיקיסר שלו. הן הן המלכים שהיו עם סיסרא. ואין זה כמאמר דהכא דאמר ס"ב מלכים הרג יהושע): **(טז) [יא] מכבש גנות.** שדרך נשים לעבוד בגנות. והיה מכבש הגנות וצד הנשים העובדות בו ומענה אותן (ועיין בהגהות הגר"א בתוספתא שם) וע"ל פס"ח: **(יז) וצד חגבים.** שברי' גדולה בהמה וחיה לא היה יכול עדיין לצוד ולהקריב בהיותו קטן. רק היה צד חגבים שדרך התינוקות לשחוק בהם. ועי"ל למאי דקי"ל כחכמים בעבודת כוכבים נ"ח. דפטור על הקרבת החגב לעבודת כוכבים. לכן היה עושה זה כמלחק. אבל קרבן אחר היה מתיירא להקריב שלא יודע לאברהם: נוטל קשת ומורה כו':

חידושי הרש"ש

ואנטקיסר שלו. עיין לקמן ס"פ פ"ה ותבין ביותר:

באור מהרי"פ

[י] ואנטקיסר שלו. פי' רב"מ בל"י משנה לקיסר:

מסורת המדרש

כב ילקוט יהושע רמז כ"ב. ועיין בבמד"ר פ' כ"ג. ובתנחומא סדר מסעי סי' ו':
כג ספרי ואתחנן פסקא ל"ב. תוספתא סוטה פרק ו'. ילקוט כאן רמז כ"ד:
כד שמ"ר פ' א'. תנחומא סדר שמות סימן א':

אם למקרא

וַתְּדַבֵּר אֵלָיו כַּדְּבָרִים הָאֵלֶּה לֵאמֹר בָּא אֵלַי הָעֶבֶד הָעִבְרִי אֲשֶׁר־הֵבֵאתָ לָּנוּ לְצַחֶק בִּי: (בראשית לט:יז)

וַיִּשְׁמַע יְהוֹשֻׁעַ אֶת־קוֹל הָעָם בְּרֵעֹה וַיֹּאמֶר אֶל־מֹשֶׁה קוֹל מִלְחָמָה בַּמַּחֲנֶה: (שמות לב:ז)

The Midrash now interrupts R' Shimon bar Yochai's narrative in order to cite other Tannaim who, like R' Akiva, interpret our verse as speaking derogatorily of Ishmael:[151]

תָּנֵי רַבִּי יִשְׁמָעֵאל אוֹמֵר – **A Baraisa taught: R' Yishmael said:**[152] אֵין הַלָּשׁוֹן הַזֶּה שֶׁל צְחוֹק אֶלָּא עֲבוֹדָה זָרָה – **This expression of** צְחוֹק (viz., מְצַחֵק) used in our verse **is nothing other than** a reference to **idolatry,** שֶׁנֶּאֱמַר "וַיֵּשֶׁב הָעָם לֶאֱכֹל וְשָׁתוֹ וַיָּקֻמוּ לְצַחֵק" – **as it is stated,** ***The people sat to eat and drink, and they got up*** לְצַחֵק (*Exodus* 32:6).[153] מְלַמֵּד שֶׁהָיְתָה אִמֵּנוּ שָׂרָה רוֹאָה אֶת יִשְׁמָעֵאל – **[The verse]** thus **teaches that our matriarch Sarah witnessed Ishmael** בּוֹנֶה בִּימָסִיּוֹת וְצָד חֲגָבִים וּמַקְרִיב עֲלֵיהֶם – **constructing altars,**[154] **trapping grasshoppers, and offering** them **on [the altars].**[155]

רַבִּי אֶלְעָזָר בְּנוֹ שֶׁל רַבִּי יוֹסֵי הַגְּלִילִי אוֹמֵר: – **R' Elazar the son of R' Yose HaGelili said:** אֵין הַלָּשׁוֹן הַזֶּה צְחוֹק אֶלָּא לְשׁוֹן שְׁפִיכוּת דָּמִים – **This expression of** צְחוֹק used in our verse **is nothing other than** a reference to **murder,**

NOTES

151. Only later will it return to elaborate R' Shimon bar Yochai's exposition (see *Maharzu*).

152. The Midrash interrupts the narrative of R' Shimon bar Yochai with which it began, in order to cite other derogatory interpretations of our verse (*Maharzu*).

153. In describing the activities of those who were preparing to perpetrate the sin of the Golden Calf, this verse uses the word לְצַחֵק to allude to idol worship.

154. *Matnos Kehunah*, referencing the Mishnah *Avodah Zarah* 47b and citing the *Aruch*; *Eitz Yosef*.

155. Ishmael lacked the impudence to offer pagan sacrifices in full view of members of Abraham's household. He used grasshoppers, which are not generally sacrificed, so that anyone who saw him would dismiss his behavior as harmless play. Sarah, however understood his true, wicked intent. (This is hinted at by the phrase, וַתֵּרֶא שָׂרָה, *Sarah saw*; [for the word *saw* can mean "understood"; see *Rashi* to 18:2] and only Sarah understood the nature of Ishmael's *sport*) (*Eitz Yosef*; see also *Radal*, second interpretation).

אֶלָּא בְּבֵיתוֹ שֶׁל אַבְרָהָם אָבִינוּ, דְּאָמַר רַבִּי יְהוֹשֻׁעַ בֶּן מְנַחֲמָה [כב]אוֹתָן ס"ב מְלָכִים שֶׁהָרַג יְהוֹשֻׁעַ כּוּלָּם הָיוּ בַּמִּשְׁתֶּה שֶׁל אַבְרָהָם אָבִינוּ, וְלֹא ל"א הָיוּ אֶלָּא כִּי הַהִיא דְּאָמַר רַבִּי בֶּרֶכְיָה וְרַבִּי חֶלְבּוֹ וְרַבִּי פַּרְנָךְ מִשּׁוּם רַבִּי יוֹחָנָן, (יהושע יב, ט) "מֶלֶךְ יְרִיחוֹ אֶחָד", מַה תַּלְמוּד לוֹמַר "אֶחָד" אֶלָּא הוּא וְאַנְטְקֵיסָר שֶׁלּוֹ:

יא [כא, ט] "וַתֵּרֶא שָׂרָה אֶת בֶּן הָגָר הַמִּצְרִית", [כג]אָמַר רַבִּי שִׁמְעוֹן בֶּן יוֹחָאי: רַבִּי עֲקִיבָא הָיָה אוֹמֵר בּוֹ דָּבָר לִגְנַאי, וַאֲנִי אוֹמֵר בּוֹ דָּבָר לְשֶׁבַח. דָּרַשׁ רַבִּי עֲקִיבָא: "וַתֵּרֶא שָׂרָה וְגוֹ'", אֵין מְצַחֵק אֶלָּא גִּלּוּי עֲרָיוֹת, הֵיךְ מָה דְּאַתְּ אָמַר (בראשית לט, יז) "בָּא אֵלַי הָעֶבֶד הָעִבְרִי אֲשֶׁר הֵבֵאתָ לָּנוּ לְצַחֶק בִּי", מְלַמֵּד שֶׁהָיְתָה אִמֵּנוּ שָׂרָה רוֹאָה אוֹתוֹ לְיִשְׁמָעֵאל מְכַבֵּישׁ גַּנּוֹת וְצָד נְשֵׁי אֲנָשִׁים וּמְעַנֶּה אוֹתָן. תָּנֵי רַבִּי יִשְׁמָעֵאל אוֹמֵר: [כד]אֵין הַלָּשׁוֹן הַזֶּה שֶׁל צְחוֹק אֶלָּא עֲבוֹדָה זָרָה שֶׁנֶּאֱמַר (שמות לב, ו) "וַיֵּשֶׁב הָעָם לֶאֱכֹל וְשָׁתוֹ וַיָּקֻמוּ לְצַחֵק", מְלַמֵּד שֶׁהָיְתָה אִמֵּנוּ שָׂרָה רוֹאָה אֶת יִשְׁמָעֵאל בּוֹנֶה בִּימָסִיּוֹת וְצָד חֲגָבִים וּמַקְרִיב עֲלֵיהֶם. רַבִּי אֶלְעָזָר בְּנוֹ שֶׁל רַבִּי יוֹסֵי הַגְּלִילִי אוֹמֵר אֵין הַלָּשׁוֹן הַזֶּה צְחוֹק אֶלָּא לְשׁוֹן שְׁפִיכוּת דָּמִים,

עץ יוסף

בעריסה כדרך הקטנים שאנלנו. מה שאין כן דורות הראשונים שהיו גדולים ובריאים מקטנותם. וכמו שדרש בפ' ל"ו על כתוב ישלחו כלאן עויליהם עכ"ל. אבל יותר נראה שכך לריך להיות אנא פתיש ליה דאמר ר' לוי לא נדנדה עריסה תחלה אלא בביתו של אברהם אבינו. א"ל הקב"ה מה אתה מבזה כו' (עד) כי בידך נתתי וגו': **אמר רבי יהושע בר מנחמה** (וכן הוא בילקוט יהושע י"ב) ולא דאמר בדל"ת. כי הוא ענין נוסף והודעה אחרת על מה שלמעלה ממנו ומובא כאן דרך אגב. שאמר לעיל שעוג היה במשתה אברהם מביא מאמר הדומה לזה שלא הוא בלבד היה שם אלא כל ל"א (או ס"ב) מלכים של כנען היו שם. ומביא המאמר על פני כולו עם דברי ר' ברכיה אף שאינו מענייניא דידן כלל. וכדרך המדרשות: **ששים ושנים מלכים** ובתנחומא סדר מסעי סי' ו' איתא אמר ר' ינאי הכהן ס"ב מלכים היו ל"א ביריחו ול"א בימי סיסרא כו' ע"ש: **הוא ואנטיקיסר שלו** פי' שר לבא והמוסף הערוך כתב שהוא משנה קיסר. ור"ל של"א מלכים הנזכרים בספר יהושע לא היו יושבים בא"י ולא היתה מלכותם במקום ההוא לבד אלא מלכים גדולים היו בארץ וכ"א היה לו עיר בא"י ומושיב בה שר לבא או שני לקיסר. וכיוצא בזה איתא לקמן פרשה פ"ה. וקמ"ל מלך יריחו אחד שנהרג המלך ועוד אחד עמו שהוא גליבו. וכן כלם: (יא) [טו] **אומר בו דבר לגנאי.** בלחוק זה שהזכיר הכתוב ולא פירש: **ואני אומר בו דבר לשבח.** שרלה להתייחס אחרי אברהם לומר שראוי להקרא בנו בכורו וכ"ה בתוספתא דסוטה פ"ו סי' ג' בהדיא: **אין מצחק** האמור כאן: **מכביש גנות וצד נשי אנשים ומענה אותם.** כתב היפ"ת מכביש גנות פי' מאנס נשים וכובש אותם בחזקה. וגנות פירושו נשים בחירי"ק תחת הגימ"ל כדלעיל פ' י"ח גיני גיניא אשה בל"י. והיינו נשי אנשים דקאמר. אלא דלד הוא לשון פיתוי שמפתה אותן לרצונם. ומכביש הוא באונס וחזקה. ואולי גיניא היא בתולה בל"י. ונשי אנשים נשואות וכולא ביה איתנהו עכ"ל. או פי' שהיה כובש ודורך על הגדירות בתוך הגנות ולד נשי אנשים ומענה אותם (מת"כ): **בונה בימסיות** בונה במות ולפי שהיה ירא להעיז פניו לעבוד ע"ז במקום שיראוהו אנשי ביתו הולרך לעשות עבודתו בשחיטת חגבים שיראה הרואה ויאמר הלא משחק הוא שאין דרך זביחה בכך. ושרה הבינה את רשעתו וזהו שנא' ותרא שרה כי היא לבדה הבינה מעשיו:

פירוש מהרז"ו

הראשונים היו בריאים מתולדותם (עיין לעיל פל"ו כלאן עויליהם ולא היו לריכים לעריסה): **דאמר רבי יהושע** פירש למ"ש גדולי עולם. ול"ע מנין לו ואפשר שכוונתו כמ"ש בסימן ט' שאותן שינקו חלב שרה נתן להם ממשלה ורמוז במ"ש מלכי עמים ממנה יהיו יהיו בגי' ל"א. ולמ"ד שהמשתה עשה כשהיה בן י"ג א"כ היו אז בני י"ג וי"ד ואברהם שידע שעתידים להיות מושלים זימן את כולם לסעודתו ואותם הרג יהושע. וגם רמוז בפסוקים של חבקוק שרמזתי לעיל בס"ס ט'. קרנים מידו לו הוא יהושע שכתוב אללו וקרני ראם קרניו בהם וגו'. וזהו עמד וימודד וגו' ויתפוללו הררי וגו' שבימי יהושע נטלה ממשלתם שירשו מאברהם והרגם: **ששים ושנים מלכים** כ"ה ג"כ בילקוט כאן ויהושע י"ג. אך רש"י הגיה ס"ב (עי' מ"כ) ובמ"ר פ' כ"ג סימן ז' איתא ס"ב מלכים ל"א בימי יהושע ול"א בימי סיסרא. ועי' לקמן ס"פ פ"ה מלך בבל אנטיקיסר שלו היה יושב ביריחו. ועיין ילקוט יהושע שם בשם ספרי אר"י וכי ל"א מלכים היו בא"י אלא כל שלא קנה לו פלטריות בארץ לא עשה כלום. ומרומז בשמ"ר פל"ב סימן ב': (יא) **אמר רבי שמעון בר יוחאי** תוספתא סוטה פרק ה' ופרק ז'. ועי' שמ"ר רפ"א כל הענין וס"פ מ"ב כל הדעות ביחד: **דבר לגנאי** שחטא ישמעאל: **מכבש גנות** פי' כובש גנות של אחרים ולד נשים לתוכן. או גנות מל' גן נטול ע"ש בשי"ר (וכ"פ יפ"ת ופי' עוד גנות מל' גיניא דלעיל פי"ח שפי' נשים) ואגב שהביא רשב"י דעת ר"ע הביא המדרש דעות אחרות והפסיק באמלע דברי רשב"י עד דבר לשבח:

חידושי הרד"ל

(טו) **ס"ב מלכים שהרג יהושע כו'.** ע"ל במ"ר פכ"ג. (ושם אמר שנהרגו ל"א בימי סיסרא. דדרש מ"ש באו מלכים נלחמו כו' מלכי כנען כו'. ולא פורש מי הן המלכים. לומר שהן המלכים הידועים הנזכרים בס' יהושע ל"א מלכים. וכתוב אצל כלם אחד. שהיינו אנטקיסר שלו. הן הן המלכים שהיו עם סיסרא. ואין זה כמאמר דהכא דאמר ס"ב מלכים הרג יהושע):

(טז) [יא] **מכבש גנות.** שדרך נשים לעבוד בגנות. והיה מכבש הגנות ולד הנשים העובדות בו ומענה אותן (ועיין בהגהות הגר"א בתוספתא שם) וע"ל פס"ח:

(יז) **וצד חגבים.** שבר' גדולה בהמה וחיה לא היה יכול עדיין לצוד ולהקריב בהיותו קטן. רק היה לד חגבים שדרך התינוקות לשחוק בהם. ועי"ל למאי דקי"ל כחכמים בעבודת כוכבים נ"א. דפטור על הקרבת החגב לעבודת כוכבים. לכן היה עושה זה כמלחק. אבל קרבן אחר היה מתיירא להקריב שלא יוודע לאברהם: נוטל קשת ומורה כו':

חידושי הרש"ש

ואנטקיסר שלו. עיין לקמן ס"פ פ"ה ותבין ביותר:

באור מהרי"פ

[י] **ואנטקיסר שלו.** פי' רב"מ בל"י משנה לקיסר:

מסורת המדרש

כב ילקוט יהושע רמז כ"ב. ועיין בבמד"ר פ' כ"ג. ובתנחומא סדר מסעי סי' ו':

כג ספרי ואתחנן פסקא ל"ב. תוספתא סוטה פרק ו'. ילקוט כאן רמז ל"ד:

כד שמ"ר פ' א'. תנחומא סדר שמות סימן א':

אם למקרא

וַתְּדַבֵּר אֵלָיו כַּדְּבָרִים הָאֵלֶּה לֵאמֹר בָּא אֵלַי הָעֶבֶד הָעִבְרִי אֲשֶׁר־הֵבֵאתָ לָּנוּ לְצַחֶק בִּי: (בראשית לט:יז)

וַיִּשְׁמַע יְהוֹשֻׁעַ אֶת־קוֹל הָעָם בְּרֵעֹה וַיֹּאמֶר אֶל־מֹשֶׁה קוֹל מִלְחָמָה בַּמַּחֲנֶה: (שמות לב:יז)

רש"י

אלא בימי אברהם תחלה. הה"ד ביום הגמל את ילחק יום שנתנוהו בעריסה עשה משתה גדול ובאו וגמלו עמו חסד: **הוא ואנטיקסר שלו.** שר לבא שלו ועמו היה ל"ב ואני אומר טעות יש בספרים שכתוב בהם ל"ב מלך ואין ראוי להיות אלא ס"ב מלך שהיה דורש אחד שאין ת"ל אחד ומה ת"ל אחד הוא ואנטיקסר שלו כלומר כל מלך ומלך ואנטיקסר שלו שבכל מלך ומלך של ל"א מלכים כתיב אחד שאין ת"ל אלא לרבות אנטיקסר שלו פירוש אותו שהוא ממונה תחתיו של מלך לעשות כל לרכי המלך כמו שהיה המלך ראוי לעשות:

מתנות כהונה

שמנענעין בהם הילדים. ואי לאו דמיסתפינא אמינא דהכי פירושו לא באת ניענוע ושברון נדנד לעריסה של עוג ושאר מלכי האומות אלא בביתו כו' וכדמפרש ואזיל: [הכי גרסינן רש"י ז"ל אותן ס"ב מלכים]: **ואנטקיסור שלו.** פירש"י שר לבאו היה ג"כ שמה ועמהם היו ס"ב ועל"כ כתיב מלך יריחו אחד וכן אצל כולם כתיב אחד לרבות הממונה תחתיו לעשות כל לרכי המלוכה ובו נגמר כסא מלכותו בשלמות: [יא] **מכביש.** היה כובש ודורך על הגדירות בתוך הגנות ובביאורי מהר"ר אליהו מזרחי גרס מכבש נשים: **במסיאות.** במות כההיא

אשד הנחלים

ואחז בעריסה לפי שתחילת גבורתו נודע ע"י העריסה כדכתיב הנה ערשו ערש ברזל שבעודו קטן מוטל בעריסה הי' שובר כל הערימות והוכרחו לעשות מברזל. ומאברהם התחיל לנדנד גבורתו כי שם נגזר עליו שיפול באחרית: **כולם הי' במשתה של אברהם אבינו.** אם לא נרצה לומר כפשוטו שיחי' שנים רבות עד ימי יהושע נוכל לומר שבימי יהושע הי' מבני בניהם ועל כולם נגזר על בניהם שיפלו בידי יהושע. ואולי הי' זאת בקבלה: [יא] **אלא גלוי עריות כו' שפיכת דמים כו'.** כי גדר הצחוק בהבנה המורחב' הוא הצחוק לכל דבר יושר. כי אליו כל אפין שוים. כי כל מאוויו לרע ואם יתגדל האדם וירבה בצחוק אז סופו לבוא לידי כל המדות הרעות ההם. סופו ליפרץ בעריות כי ניטל הבושה מאתו. ובשפכ"ד כי דם אחרים נקל בעיניו מרוב הצחוק ואחריתו לעבוד עבודת כוכבים הבאה מרוב צחוק ושמחה נפרצה וכל זה ראתה שרה בחכמת' ובנבואתה. כי הוא איש שהכל בו: **לשבח כו' ירושה כו'.** וזהו שבח הוא לו שעיקר הירושה מאברהם לבניו הוא

הֵיךְ מָה דְאַתְּ אָמֵר "יָקוּמוּ נָא הַנְּעָרִים וִישַׂחֲקוּ לְפָנֵינוּ" — as it is stated, ***Let the young soldiers arise and*** **יְשַׂחֲקוּ** ***before us!*** (*II Samuel* 2:14).[156] רַבִּי עֲזַרְיָה מִשּׁוּם רַבִּי לֵוִי אָמַר — **R' Azariah in the name of R' Levi said:** אָמַר לֵיהּ יִשְׁמָעֵאל לְיִצְחָק נֵלֵךְ וְנִרְאֶה חֶלְקֵינוּ בַּשָּׂדֶה — **Ishmael said to Isaac, "Let us go** take a walk[157] **and look at our parcel**[158] **in the field."**[159] וְהָיָה יִשְׁמָעֵאל נוֹטֵל קֶשֶׁת וְחִצִּים וּמוֹרֶה כְּלַפֵּי יִצְחָק — **And Ishmael** then **took a bow and arrows and shot them toward Isaac,** וְעוֹשֶׂה עַצְמוֹ כְּאִילוּ מְצַחֵק — **thus presenting himself as** merely **sporting.**[160] הֲדָא הוּא דִכְתִיב "כְּמִתְלַהְלֵהַּ הַיֹּרֶה זִקִּים וגו׳ כֵּן אִישׁ רִמָּה אֶת רֵעֵהוּ וְאָמַר הֲלֹא מְצַחֵק אָנִי" — **This is what is written,** ***Like someone who wears himself out throwing firebrands,*** *arrows, and lethal objects,*[161] ***so is a man who deceives his fellow and says, "Surely, I was sporting"*** (*Proverbs* 26:18-19).[162]

The Midrash now elaborates the remarks of R' Shimon bar Yochai that were begun above:

וְאוֹמֵר אֲנִי בּוֹ דָּבָר לְשֶׁבַח — **And I,** R' Shimon bar Yochai, **say something positive** about Ishmael **in** interpretation of **[our verse]:**[163] אֵין לְשׁוֹן הַזֶּה שֶׁל צְחוֹק אֶלָּא לְשׁוֹן יְרוּשָּׁה — **This expression of** צְחוֹק **is nothing other than an expression** referring to **inheritance.**[164] שֶׁבְּשָׁעָה שֶׁנּוֹלַד אָבִינוּ יִצְחָק הָיוּ הַכֹּל שְׂמֵחִים — This word צְחוֹק is used here **because at the time that our patriarch Isaac was born, all**[165] **were joyous;**[166] אָמַר לָהֶם יִשְׁמָעֵאל: שׁוֹטִים אַתֶּם אֲנִי בְּכוֹר וַאֲנִי נוֹטֵל פִּי שְׁנַיִם — **Ishmael** saw this and **said to them, "You are fools! I am the firstborn and I will receive a twofold** inheritance!"[167] שֶׁמִּתְּשׁוּבַת אִמֵּנוּ שָׂרָה לְאַבְרָהָם "כִּי לֹא יִירַשׁ בֶּן הָאָמָה הַזֹּאת עִם בְּנִי" אַתָּה לָמֵד — A proof to this interpretation: **For from the response**[168] **of our matriarch Sarah to Abraham,** *"Drive out this slavewoman [Hagar] with her son [Ishmael],* ***for the son of that slavewoman shall not inherit with my son, with Isaac!"*** (21:10), **you may infer** that Ishmael's צְחוֹק (to which Sarah was responding) was related to issues of inheritance.[169]

The Midrash expounds the end of verse 10:

"כִּי לֹא יִירַשׁ ... עִם בְּנִי" — When the verse states, ***for*** *the son of that slavewoman* ***shall not inherit with my son,*** אֲפִילוּ שֶׁאֵינוֹ יִצְחָק — the implication is **even if [my son] were not** as worthy[170] as **Isaac;**[171] וְ"עִם יִצְחָק", אַף עַל פִּי שֶׁאֵינוֹ בְּנִי — **and** when the verse then states, ***with Isaac,*** the implication is **even if [Isaac] would not be** my son.[172] קַל וָחוֹמֶר "עִם בְּנִי" וְ"עִם יִצְחָק" — Thus, Sarah argued, **certainly** should Ishmael not inherit ***"with my son", and "with Isaac!"***[173]

NOTES

156. In this verse, Abner son of Ner suggested that a group of soldiers under his command duel with a group of soldiers loyal to Joab son of Zeruiah. As that duel resulted in the soldiers' killing each other, the Midrash cites this verse as proof that the root צחק refers to murder. [Although the root שחק appears here rather than צחק, it is regarded as the same root, as the letters ש and צ are interchangeable.] See *Maharzu*.

According to R' Elazar the son of R' Yose HaGelili, our verse is saying that Sarah saw Ishmael committing an act of murder (compare below, note 160).

157. *Eitz Yosef.*

158. I.e., our father's property [which comprises our inheritance] (ibid.).

159. It appears from here that Isaac was old enough to walk in the fields at the time of this episode. According to the view (in section 9) that places the feast of v. 8 during Isaac's infancy, [it must be posited that] the events alluded to in our verse (v. 9) occurred a number of years after that feast (ibid.).

160. According to R' Levi, Ishmael would not have been brazen enough to openly commit murder (see above, note 156). Our verse is rather to be understood as referring to Ishmael's *attempted* murder of *Isaac*, which was done under the pretext of *sport* so that Isaac's resulting death would appear accidental (ibid.). [According to this interpretation, as well, the phrase וַתֵּרֶא שָׂרָה, *Sarah saw*, hints to Sarah's *understanding* of the nature of Ishmael's *sport*; see above, note 155.]

161. I.e., like Ishmael, who did exactly this to Isaac (*Eitz Yosef*).

162. The Midrash is explaining these verses in *Proverbs* to be saying as follows: Anyone who would deceive someone else, claiming *"Surely, I was sporting"* while in fact trying to kill him, is imitating the behavior of Ishmael (ibid.).

163. Why the following interpretation is described as "positive" will be explained below (in note 167).

164. As quoted in *Tosefta*, *Sotah* 6:3, R. Shimon bar Yochai stated as follows: "God forbid that there should be such [a wicked son] in the house of that *tzaddik* (Abraham). Is it possible that one about whom it is written, *For I have loved him, because he commands his children and his household after him [that they keep the way of HASHEM,] etc.* (above, 18:19), [namely, Abraham,] that there should be in his house idolatry and sexual immorality and murder?! Rather, the צחוק mentioned here is nothing other than an expression referring to inheritance." The *Tosefta*, like our Midrash, goes on to explain how this is so.

165. I.e., all of Abraham's acquaintances (*Eitz Yosef*; see, however, Insight below).

166. Although Abraham already had a son (Ishmael), everyone rejoiced that he now had a son from his primary wife, Sarah (*Eitz Yosef*).

167. The meaning of the word מְצַחֵק in our verse is that Ishmael *mocked* the excessive joy at Isaac's birth and at the feast of v. 8 [see note 159] by stating that after all, *he* was the firstborn son of Abraham and would inherit a double portion upon Abraham's death (*Eitz Yosef,* from *Yefeh To'ar*). The Midrash's statement, "This expression of צחוק is nothing other than an expression referring to inheritance," thus means that Ishmael's being מְצַחֵק (i.e., mocking) concerned the issue of inheritance. [See *Proverbs* 31:25, where the similar word ("וַתִּשְׂחַק" לְיוֹם אַחֲרוֹן) is used in connection with death, which is of course related to inheritance (*Eitz Yosef's* second interpretation in Vagshal edition).] See Insights.

R' Shimon bar Yochai's interpretation is described in our Midrash as a positive statement about Ishmael because it quotes Ishmael as desiring to identify with Abraham and to be recognized as his firstborn son (*Eitz Yosef* [above, s.v. ואני אומר]; see similarly *Eshed HaNechalim*, who writes that according to R' Shimon bar Yochai, Ishmael is to be praised because he expressed pride that he would be receiving a double portion in the Holy Land.

Alternatively: R' Shimon bar Yochai's interpretation is referred to as "positive" only in relation to the other interpretations [which incriminated Ishmael of the severest of sins]; Ishmael still acted in a disgraceful manner, only *less* disgraceful than according to the other interpretations (see *Imrei Yosher*).

168. The Midrash terms Sarah's comments a *response* because they were made consequent to Ishmael's remarks about the inheritance (*Eitz Yosef*).

169. *Rashi, Matnos Kehunah, Eitz Yosef* (second interpretation).

The order of the verses here indicates that Sarah's driving away of Hagar and Ishmael occurred after the feast marking Isaac's becoming *weaned*. According to R' Shimon bar Yochai, Ishmael's mocking comments, which were the reason for Sarah's actions, had occurred years earlier, when Isaac was newly born. [See section 10 above, where according to one view the feast occurred when Isaac was 2 years old; according to the other view he was 13.] Apparently, Ishmael's mocking comments continued for years, until Sarah decided that she would endure them no longer and that the time had come to drive him away (*Eitz Yosef*).

170. Greatness is implicit in the name "Isaac"; see section 7 above (*Eitz Yosef*).

171. Since Ishmael's mother, Hagar, was a slavewoman of Sarah's, it would be improper for him to share an inheritance with Sarah's son, Isaac (*Eitz Yosef*).

172. Even if Isaac and Ishmael would be born to the same parents, it would not be correct for so righteous a person as Isaac to have to split his inheritance with the wicked Ishmael (*Eitz Yosef*; see also *Matnos Kehunah*). [Although the Gemara (*Kesubos* 53a) cautions against withholding inheritance, even from a wicked child, because *his* children may be righteous, Sarah knew prophetically that Ishmael would not have worthy children (*Yefeh To'ar*; see *Eitz Yosef*).]

[The Midrash makes the above inferences from the seemingly unnecessary repetition of the word עִם, *with*, for the Torah could have stated more succinctly: עִם בְּנִי יִצְחָק, *with my son Isaac* (*Rashi*).]

173. I.e., with Isaac, who is special in *two* ways: he is my son *and* he is worthy in his own right. (See *Rashi* for an alternative approach to the last segment of this section.)

הֵיךְ מָה דְאַתְּ אָמַר (שמואל ב ב, ב) "יָקוּמוּ נָא הַנְּעָרִים וִישַׂחֲקוּ לְפָנֵינוּ", רַבִּי עֲזַרְיָה מִשּׁוּם רַבִּי לֵוִי אָמַר: אֲמַר לֵיהּ יִשְׁמָעֵאל לְיִצְחָק: נֵלֵךְ וְנִרְאֶה חֶלְקֵינוּ בַּשָּׂדֶה [כה]וְהָיָה יִשְׁמָעֵאל נוֹטֵל קֶשֶׁת וְחִצִּים וּמוֹרֶה כְּלַפֵּי יִצְחָק, וְעוֹשֶׂה עַצְמוֹ כְּאִילּוּ מְצַחֵק, הָדָא הוּא דִכְתִיב (משלי כב, יח-יט) "כְּמִתְלַהְלֵהַּ הַיּוֹרֶה זִקִּים וְגוֹ' כֵּן אִישׁ רִמָּה אֶת רֵעֵהוּ וְאוֹמֵר הֲלֹא מְצַחֵק אָנִי". [כו]וְאוֹמֵר אֲנִי בּוֹ דָּבָר לְשֶׁבַח: אֵין לָשׁוֹן הַזֶּה שֶׁל צְחוֹק אֶלָּא לְשׁוֹן יְרוּשָּׁה, שֶׁבְּשָׁעָה שֶׁנּוֹלַד אָבִינוּ יִצְחָק הָיוּ הַכֹּל שְׂמֵחִים, אָמַר לָהֶם יִשְׁמָעֵאל: שׁוֹטִים אַתֶּם, אֲנִי בְּכוֹר וַאֲנִי נוֹטֵל פִּי שְׁנַיִם, שֶׁמִּתְּשׁוּבַת אִמֵּנוּ שָׂרָה לְאַבְרָהָם (לקמן פסוק י) "כִּי לֹא יִירַשׁ בֶּן הָאָמָה הַזֹּאת עִם בְּנִי" אַתָּה לָמֵד. "כִּי לֹא יִירַשׁ... עִם בְּנִי" אֲפִילוּ שֶׁאֵינוֹ יִצְחָק, וְ"עִם יִצְחָק", אַף עַל פִּי שֶׁאֵינוֹ בְּנִי, קַל וָחוֹמֶר "עִם בְּנִי" וְ"עִם יִצְחָק":

יב [כא, יא] "וַיֵּרַע הַדָּבָר מְאֹד בְּעֵינֵי אַבְרָהָם". הָדָא הוּא דִכְתִיב (ישעיה לג, טו) "וְעֹצֵם עֵינָיו מֵרְאוֹת בְּרָע". [כא, יב] "וַיֹּאמֶר אֱלֹהִים אֶל אַבְרָהָם אַל יֵרַע בְּעֵינֶיךָ וְגוֹ' ", אָמַר רַבִּי יוּדָן "יִצְחָק" אֵין כְּתִיב כָּאן אֶלָּא "בְּיִצְחָק". רַבִּי עֲזַרְיָה בְּשֵׁם בַּר חַטַּיָּא בֵּי"ת תְּרֵין, בְּמִי שֶׁהוּא מוֹדֶה בִּשְׁנֵי עוֹלָמוֹת. [כז]אָמַר רַבִּי יוּדָן בַּר רַבִּי שָׁלוֹם כְּתִיב (תהלים קה, ה) "זִכְרוּ נִפְלְאוֹתָיו אֲשֶׁר עָשָׂה מֹפְתָיו וּמִשְׁפְּטֵי פִיו", מוֹפֵת נָתַתִּי לְמִי שֶׁהוּא מוֹצִיא מִתּוֹךְ °פִּיו, כָּל מִי שֶׁהוּא מוֹדֶה בִּשְׁנֵי עוֹלָמוֹת יִקָּרֵא לְךָ זָרַע,

רש"י

(יא) שמתוך תשובה שאמרה שרה אמנו לאברהם את למד כי לא יירש בן האמה. מכלל שלא היו מדיינין אלא לענין ירושה: **עם בני עם יצחק.** אפשר לומר עם בני ילחק מהו עם בני עם ילחק אפילו לא היה אהוב ויקר כילחק לא היה יורש עמו שנולד בכמה תפלות ובכמה בקשות עם ילחק אף על פי שאינו בני אלא בנו של אברהם מאשה אחרת בכתובה וקידושין לא היה ראוי זה לירש עמו ק"ו עם בני אהובי עם ילחק שלי: **(יב) ר' יודן בר שלום כי יצחק אין כתיב כאן אלא כי ביצחק.** אילו נאמר כי ילחק יקרא לך זרע היית אומר ילחק וכל זרעו יקרא לך זרע עכשיו שנאמר כי בילחק לומר לך בילחק ולא כל ילחק במקלת מזרעו כגון יעקב יקרא לך זרע ולא כל זרעו כגון עשו: **בי"ת תרין לומר לך במי שהוא מודה בשני עולמות.** שהיה יכול לומר כי ילחק מהו כי בילחק כלומר במי שהוא מודה בשני עולמות בו יקרא לך זרע כגון יעקב ולא עשו שכפר בתחיית המתים: **זכרו נפלאותיו אשר עשה.** בילחק. מופתיו ומשפטי פיהו מופת נתתי לו למי שמוליא דבר מתוך פיו שכל מי שמודה בשני עולמות יקרא לך זרע:

עץ יוסף

ר' עזריה משום ר' לוי כו' כי לא יתכן שספק דס ממש ולא היה ירא. אלא שהיה מבקש להרוג את ילחק בערמה ויאמר כי שוגג היה: **ונראה חלקנו בשדה.** פי' נראה חלקת השדה אשר לאבינו דרך טיול. וכשהיה ילחק בשדה היה רוצה קשת כמלחק להגיע בילחק. ולפ"ז נראה שהיה ילחק גדול שהלך לשדה לטייל. והיה זה ימים רבים אחר הגמל את ילחק. או שפי' ויגמל מילה"ר כדלעיל: **הדא הוא דכתיב במתלהלה כו'** היינו ישמעאל כן יהיה כל איש שרימה את רעהו ויאמר הלא מלחק אני: **אלא לשון ירושה.** שהיה מלחק ומלעיג על המשתה ועל שמחת ילחק לומר שלו משפט הבכורה (יפ"ת): **שבשעה שנולד יצחק כו'.** מיום שנולד היה מלחק ועד יום הגמלו היתה שרה סובלתו ועכשיו נתמלא סאתו: **הכל שמחים** כל יודעיו ומכיריו. שחנן לו ה' זרע מהגבירה. ולזה אמר ישמעאל כי לעולם הוא העיקר שלו משפט הבכורה בירושה: **שמתשובת אמנו כו'** כי לא יירש משמע נתינת טעם אל הגרושין שסבת שלוחו לפי שלא יירש ואין לה סבה אחרת: **שמתשובת אמנו** לפי שדברה לאברהם כי לא יירש כלפי מה שאמר הוא אני יורש. להכי קרי לה תשובה: **אפילו שאינו יצחק** כלומר אע"פ שלא הגון כילחק (כי שם ילחק מורה על חשיבותו ומעלתו כדדרשינן לעיל בטעם שם ילחק ילא חוק לעולם כו') לא היה ראוי להוריש עם בני כי בני הוא בן הגבירה. והוא בן האמה. ואמרה עוד עם ילחק כלומר לדיק גמור כילחק אע"פ שלא היה מיוחד לבני להיות בן הגבירה אלא היו שניהם בני הגבירה או שניהם בני אמה מ"מ לא היה ראוי להוריש עמו בהיות ילחק לדיק גמור וישמעאל רשע גמור. והוי גלה קמה ברוה"ק דלא נפיק מיניה זרע מעליא: **(יב) [טז] ועוצם עיניו מראות ברע.** דמיירי באברהם כדלעיל פ' מ"ח ומיניה ילפינן תשובה לדבר וזה דעת המדרש שאברהם כרוב רחמיו כרחם אב על בנים ירחם על בנו אע"פ שהיה רשע. ולזה הביא קרא דעולם עיניו שעיניו כי הבט אל עמל לא יוכל. ולכן חרה לו על אודות בנו שילטרך לגרשו (יפ"ת): **יצחק אין כתיב כאן כו'.** ולתרץ זה א"ר עזריה כו': **בב' עולמות** עוה"ז ועוה"ב. כלו' שמודה היות ב' לאפוקי מהאומר שאין לאדם רק עולם הזה: **מופת נתן** במה שהוליא מפיו כי בילחק יקרא לך זרע במי שמודה בשני עולמות יקרא לך זרע כו'. כן הוא בס"מ ומפרש דה"ק מופת נתן להכיר מי הוא זרע אברהם במשפטי פיו במה שהוליא

פירוש מהרז"ו

וישחקו לפנינו פי' שילחמו יחד ונהרגו עי"ז: **רבי עזריה בשם רבי לוי** עיין בפר"א פ"ל וכ"ז לישב מ"ש שרה גרש וגו' ואת בנה בעבור מלחק לבד: **במתלהלה וגו'** כמ"ש ויהי רובה קשת וכמ"ש ואמר משחק אני כן כאן מלחק: **לשבח** שאין בענין זה דבר עבירה ובתוספתא וז"ל ואני אומר ח"ו כו' אותו שכתוב בו למען אשר יצוה יהיה בביתו עבודת כוכבים וג"ע וש"ד אלא אין לחוק האמור כאן אלא לשון ירושה: **(יב) הדא הוא דכתיב ועוצם עיניו** לעיל פר' מ"ח סימן ו' דורש הולך לדקות וכו' הוא מרומים וכו' הכל על אברהם ולעיל ר"פ מ"ג דורש מ"ש אוטם אזנו עי' מש"ש. וכאן דורש מ"ש ועולם עיניו מראות ברע של ישמעאל שרע בעיניו. וכמ"ש בשמ"ר ר"פ א' ע"ש: **אלא ביצחק** נ"ל כמ"ש בילקוט בילחק ולא כל ילחק (וכ"ה בשוח"ט מזמור ק"ה יפ"ת): **ב' תרין** וכמ"ש לעיל פר' א' סימן יו"ד ברא"שית ב' רא"שית על ב' עולמות נוטריקון וגימטריא: **מופתיו ומשפטי פיו** ופסוק הסמוך זרע אברהם עבדו. שענין המופת הוא לאות לברר דבר אמונה כמ"ש תנו לכם מופת. ונתן אליך אות או מופת. ואם ר"ל המופתים שעשה לזרע אברהם היל"ל

מתנות כהונה

ששניהו אבן שאלבה מתחלה לבימום וכן פירש הערוך: **שמתשובה בו'.** הרי לך שעל עסקי הנחלה היה מדבר: **ועם יצחק** אף אם היה בן אשה אחרת והיה כשר כמו שהוא עכשיו לא היה ראוי שירש עמו: **[יב] אלא ביצחק.** מקלתו ולא כולו להוליא את עשו מכלל זרע: בשני עולמות. לאפוקי עשו שכפר בתחיית המתים שאמר הנה אנכי הולך למות: **זכרו נפלאותיו כו'.** מתוך פירש"י וילקוט תהלים משמע פירושו הנפלאות שעשיתי עם ילחק ומופת נתתי למי שמוליא מפיו אמונת ב' עולמות:

אשד הנחלים

הארץ הקדושה ארץ כנען ששם משכן השכינה והנבואה. והוא דימה שיטול פי שנים בירושה וצחק מאחרים ששמחים דווקא על לידת יצחק ומדמים כי רק לו ניתן ירושת הארץ. ולכן השיב' שרה לא כאשר מצחק ומדמה כן הוא. כי לא ירש עם בני מחמת שהוא בני ומחמת שהוא יצחק נכבד ויקר מאוד בעיני ה': **[יב] הדא הוא דכתיב ועוצם.** כי לא הי' יכול לראות ברע אשר ימצא את בנו ישמעאל מרוב טוב לבו וכדרשתם לעיל הוא מרומים ישכון זה אברהם וכל הפרשה עליו: **בשני עולמות.** כלומר כי רק לו לבדו ראוי ירושת הארץ. שעיקר טובת הארץ הוא משכן השכינ' והנבוא' והדביקות בה' לא הטובה הגשמית לבד. ולכן אין ראוי רק ליצחק המודה בעוה"ב ובדביקות הנפש. ולא כן ישמעאל שעיקר תכליתו היה רק העוה"ז ותאוותיו. ומה לו לקדושת הארץ: **מופת נתתי למי שהוא מוציא מתוך פיו.** באורו

חידושי הרד"ל

(יח) [יב] **ומשפטי פיו.** פי' זרע אברהם עבדו מופת נתתיה כנ"ל. והוא קרא דתהלים ק"ה. ודרש מי שמוליא בפיו משפטיו כלומר מאמין בשכר ועונש של עולם אחר הוא יקרא זרע אברהם. וע"ז נמשך מקרא דלהלן אשר כרת כו' לך אתן. והמ"כ ויד"מ נדחקו:

חידושי הרש"ש

[יב] **מופתיו ומשפטי פיו מופת כו' כל מי שהוא מודה כו'.** ונאות מאד לפ"ז קרא דבתריה זרע אברהם עבדו בני יעקב בחיריו:

מסורת המדרש

כה פדר"א ריש פרק ל':

כו ספרי פרשה ואתחנן פיסקא ל"ב. תוספתא סוטה פרק ו':

כז מדרש תהלים מזמור ק"ה. ילקוט תהלים רמז תתס"ב:

אם למקרא

וַיֹּאמֶר אַבְנֵר אֶל־יוֹאָב יָקוּמוּ נָא הַנְּעָרִים וִישַׂחֲקוּ לְפָנֵינוּ וַיֹּאמֶר יוֹאָב יָקֻמוּ:
(שמואל ב ב:יד)

כִּי נָעִים כִּי תִשְׁמְרֵם בְּבִטְנֶךָ יִכֹּנוּ יַחְדָּו עַל שְׂפָתֶיךָ: לִהְיוֹת בַּה' מִבְטַחֶךָ הוֹדַעְתִּיךָ הַיּוֹם אַף אָתָּה:
משלי כב יח-יט

כִּי־נָעִים כִּי־תִשְׁמְרֵם בְּבִטְנֶךָ יִכֹּנוּ יַחְדָּו עַל־שְׂפָתֶיךָ: לִהְיוֹת בַּה' מִבְטַחֶךָ הוֹדַעְתִּיךָ הַיּוֹם אַף־אָתָּה:
(משלי כב:יח-יט)

הֹלֵךְ צְדָקוֹת וְדֹבֵר מֵישָׁרִים מֹאֵס בְּבֶצַע מַעֲשַׁקּוֹת נֹעֵר כַּפָּיו מִתְּמֹךְ בַּשֹּׁחַד אֹטֵם אָזְנוֹ מִשְּׁמֹעַ דָּמִים וְעֹצֵם עֵינָיו מֵרְאוֹת בְּרָע:
(ישעיה לג:טו)

זִכְרוּ נִפְלְאוֹתָיו אֲשֶׁר עָשָׂה מֹפְתָיו וּמִשְׁפְּטֵי־פִיו:
(תהלים קה:ה)

וַיֵּרַע הַדָּבָר מְאֹד בְּעֵינֵי אַבְרָהָם עַל אוֹדֹת בְּנוֹ.

The matter greatly distressed Abraham regarding his son (12:11).

§12 **וַיֵּרַע הַדָּבָר מְאֹד בְּעֵינֵי אַבְרָהָם** — ***THE MATTER GREATLY DISTRESSED ABRAHAM.***[174]

Why was Abraham distressed?[175] The Midrash answers by citing a verse from *Isaiah*:

הֲדָא הוּא דִכְתִיב "וְעוֹצֵם עֵינָיו מֵרְאוֹת בְּרָע" — **This is what is written,** *One who walks with righteousness and speaks with truthfulness, who spurns extortionate profit and shakes off his hands from holding a bribe, who seals his ears from hearing of bloodshed* ***and shuts his eyes from seeing evil*** (*Isaiah* 33:15).[176]

וַיֹּאמֶר אֱלֹהִים אֶל אַבְרָהָם אַל יֵרַע בְּעֵינֶיךָ עַל הַנַּעַר וְעַל אֲמָתֶךָ כֹּל אֲשֶׁר תֹּאמַר אֵלֶיךָ שָׂרָה שְׁמַע בְּקֹלָהּ כִּי בְיִצְחָק יִקָּרֵא לְךָ זָרַע.

So God said to Abraham, "Be not distressed over the youth or your slavewoman: Whatever Sarah tells you, heed her voice, since through Isaac will offspring be considered yours" (12:12).

ד **"וַיֹּאמֶר אֱלֹהִים אֶל אַבְרָהָם אַל יֵרַע בְּעֵינֶיךָ וְגוֹ'"** — ***SO GOD SAID TO ABRAHAM, "BE NOT DISTRESSED, ETC."***

The Midrash makes an observation about the wording of our verse:

אָמַר רַבִּי יוּדָן: "יִצְחָק" אֵין כְּתִיב כָּאן אֶלָּא "בְּיִצְחָק" — **R' Yudan said:** The word יִצְחָק **is not written here** as would have been expected,[177] **but rather,** בְּיִצְחָק appears.[178] **רַבִּי עֲזַרְיָה בְּשֵׁם בַּר חִטַּיָּיא** — **R' Azariah, in the name of Bar Chitaya,** gave an explanation for this wording:[179] **בֵּי"ת תְּרֵין** — The letter ב is equal, in *gematria*, to **two;**[180] **בְּמִי שֶׁהוּא מוֹדֶה בִּשְׁנֵי עוֹלָמוֹת** — thus, the verse suggests, only **through those who believe in** ***two*** **worlds** will *offspring be considered [Abraham's].*[181]

The Midrash expounds a verse from *Psalms* and relates it to our verse:

אָמַר רַבִּי יוּדָן בַּר רַבִּי שָׁלוֹם — **R' Yudan bar R' Shalom said:** **כְּתִיב "זִכְרוּ נִפְלְאוֹתָיו אֲשֶׁר עָשָׂה מֹפְתָיו וּמִשְׁפְּטֵי פִיו"** — **It is written,** ***Remember His wonders*** [מֹפְתָיו] ***that He wrought, His marvels, and the judgments of His mouth*** (*Psalms* 105:5) — **מוֹפֵת נָתַן בְּמָה שֶׁהוֹצִיא מִפִּיו "כִּי בְיִצְחָק יִקָּרֵא לְךָ זָרַע"**[182] — **[God] gave an indication** (מוֹפֵת)[183] of who is (truly) the *offspring* of Abraham, **with that which He uttered,** ***"since through Isaac*** [בְּיִצְחָק] ***will offspring be considered yours"***:[184] **כָּל מִי שֶׁהוּא מוֹדֶה בִּשְׁנֵי עוֹלָמוֹת יִקָּרֵא לְךָ זֶרַע** — **Anyone who acknowledges** the existence of **two worlds** ***will be considered your offspring,***

NOTES

174. [The preceding verse, which was quoted at the end of the last section, contained Sarah's directive that Abraham expel Hagar and Ishmael. That directive *greatly distressed* Abraham (*Rashi* to verse).]

175. After all, Sarah had told him of Ishmael's wickedness! (*Yefeh To'ar*).

176. Above, in 48 §6 [and 43 §1 (*Maharzu*)], the Midrash ascribed to Abraham many of the virtuous traits listed earlier in this verse from *Isaiah*. Here, the Midrash ascribes to him the trait mentioned at the end of the verse, *shuts his eyes from seeing evil*, and thereby explains why Abraham should have doubts about sending away the wicked Ishmael: Abraham was extremely merciful, and was unwilling and unable to notice the evil deeds of others — certainly those of his own son. As such, he did not see Ishmael as wicked (*Eitz Yosef*, citing *Yefeh To'ar*; see *Yefeh To'ar* and *Imrei Yosher* for additional interpretations).

177. If only for its plain meaning, the verse should have read, אַל יֵרַע בְּעֵינֶיךָ עַל הַנַּעַר וְעַל אֲמָתֶךָ... כִּי "יִצְחָק" יִקָּרֵא לְךָ זָרַע, *"Be not distressed over the youth or your slavewoman ... since 'Isaac' will be considered your offspring"* (*Rashi*).

178. The word בְּיִצְחָק, *through Isaac*, implies וְלֹא כָּל יִצְחָק, *and not all of Isaac* (*Yalkut Shimoni* §94 and *Midrash Shocher Tov* to Psalm 105; see also *Sanhedrin* 59b). Accordingly, the phrase *through Isaac will offspring be considered yours* indicates that only a *portion* of Isaac's children would be considered Abraham's offspring; that is, Jacob would be considered such, whereas the wicked Esau would not (see *Rashi*, *Matnos Kehunah*, *Yefeh To'ar* and *Maharzu*; the latter two actually emend the text of our Midrah to include the words וְלֹא כָּל יִצְחָק; see, however, next note).

179. *Eitz Yosef*. [*Eitz Yosef* writes none of what appears in the preceding note. Accordingly, Bar Chitaya is explaining what R' Yudan meant in his pithy statement: "rather, בְּיִצְחָק appears." According to the commentators cited in the preceding note, however, R' Yudan already explained what he meant; Bar Chitaya is adding a deeper dimension to the exposition.]

180. See *Maharzu*.

181. The verse limits the children of Isaac who will be *considered offspring* of Abraham to those who subscribe to the fundamental belief of the existence of two worlds; that is, this world and the World to Come (*Rashi*, *Eitz Yosef*). Thus, Esau, who denied the resurrection of the dead in a future existence (see *Bava Basra* 16b), is not recognized as Abraham's seed (*Rashi*; *Matnos Kehunah*). See further, Insight Ⓐ.

[See 1 §10 above for a similar exposition of the letter ב in the word בְּרֵאשִׁית; see *Maharzu*.]

182. Emendation follows *Eitz Yosef*, citing *Nezer HaKodesh*. [For interpretations of the prevalent version, see *Rashi*, *Matnos Kehunah*, *Maharzu*, *Radal*, and *Imrei Yosher*.]

183. The word מוֹפֵת, as used in Scripture, generally means *sign* or *wonder*; these words, in turn, connote a *proof* or *indication*.

184. The Midrash expounds the words from *Psalms*, מִשְׁפְּטֵי פִיו, *the judgments of His mouth*, as if they were written מִשְּׂפָתֵי פִיו, *from the lips of His mouth* — an allusion to the sound made by the letter ב, which is formed with the lips — and is saying that God uttered the letter ב. Where did He do so? In our verse, where He said the word "בְּ"יִצְחָק" in order to teach us that only one who believes in *two* worlds is considered Abraham's offspring. This interpretation of the *Psalms* verse is reinforced by the succeeding verse there, which states, זֶרַע אַבְרָהָם עַבְדּוֹ, בְּנֵי יַעֲקֹב בְּחִירָיו, *O seed of Abraham, His servant; O children of Jacob, His chosen ones* — i.e., it is only Jacob (not Esau) and his children who are considered Abraham's offspring, for it is they who acknowledge the existence of *two* worlds (alluded to by the letter ב) (*Eitz Yosef*, citing *Nezer HaKodesh*).

INSIGHTS

Ⓐ **Parallel Worlds** The Midrash comments that the only authentic descendant of Isaac is one who acknowledges the existence of two worlds: this world and the World to Come. Now, it is understandable that to *believe in the* World to Come which we have never seen, requires faith in our tradition, and one who has such faith is deserving of reward and of his place on the honor roll of Isaac's descendants. But as for this World, its existence surrounds us at every turn and no sane person can fail to believe in its existence. Why does the Midrash group together the belief in *two* worlds? The chassidic master *R' Chanoch Henoch of Aleksander* (*Siach Sarfei Kodesh*) and the mussar giant *R' Yechezkel Levenstein* (*Ohr Yechezkel*) both expressed essentially the same understanding of the Midrash:

Despite copious layers of concealment, the material world offers infinite opportunities for spiritual growth. Indeed, this world was created precisely to be the venue where the Jew's faith would be challenged constantly, and where he could earn eternal reward by overcoming the obstacles to his faith in God, his loyalty to Torah and observance of the commandments. The person who conducts his business according to halachah, who treats his contemporaries and menial workers with respect and courtesy, who is a constant vehicle for *kiddush Hashem* (Sanctification of God's Name) — such a person demonstrates that the two worlds are parallel to each other, and that entry to the World to Come is possible only through utilizing this world in the way it was meant: as the means to serve God.

It is told about the *Gaon of Vilna* that on his deathbed he lovingly fingered his *tzitzis* and said that in this world, a person can perform

הֵיךְ מָה דְּאַתְּ אָמַר (שמואל ב ב, ב) "יָקוּמוּ נָא הַנְּעָרִים וִישַׂחֲקוּ לְפָנֵינוּ", רַבִּי עֲזַרְיָה מִשּׁוּם רַבִּי לֵוִי אָמַר: אֲמַר לֵיהּ יִשְׁמָעֵאל לְיִצְחָק: נֵלֵךְ וְנִרְאֶה חֶלְקֵינוּ בַּשָּׂדֶה כה וְהָיָה יִשְׁמָעֵאל נוֹטֵל קֶשֶׁת וְחִצִּים וּמוֹרֶה כְּלַפֵּי יִצְחָק, וְעוֹשֶׂה עַצְמוֹ כְּאִילּוּ מְצַחֵק, הָדָא הוּא דִכְתִיב (משלי כב, יח-יט) "כְּמִתְלַהְלֵהַּ הַיּוֹרֶה זִקִּים וְגוֹ' כֵּן אִישׁ רִמָּה אֶת רֵעֵהוּ וְאוֹמֵר הֲלֹא מְצַחֵק אָנִי". כו וְאוֹמֵר אֲנִי בּוֹ דָּבָר לְשֶׁבַח: אֵין לָשׁוֹן הַזֶּה שֶׁל צְחוֹק אֶלָּא לְשׁוֹן יְרוּשָּׁה, שֶׁבְּשָׁעָה שֶׁנּוֹלַד אָבִינוּ יִצְחָק הָיוּ הַכֹּל שְׂמֵחִים, אָמַר לָהֶם יִשְׁמָעֵאל: שׁוֹטִים אַתֶּם, אֲנִי בְּכוֹר וַאֲנִי נוֹטֵל פִּי שְׁנַיִם, שֶׁמִּתְּשׁוּבַת אִמֵּנוּ שָׂרָה לְאַבְרָהָם (לקמן פסוק י) "כִּי לֹא יִירַשׁ בֶּן הָאָמָה הַזֹּאת עִם בְּנִי" אַתָּה לָמֵד. "כִּי לֹא יִירַשׁ... עִם בְּנִי" אֲפִילּוּ שֶׁאֵינוֹ יִצְחָק, וְ"עִם יִצְחָק", אַף עַל פִּי שֶׁאֵינוֹ בְּנִי, קַל וָחוֹמֶר "עִם בְּנִי" וְ"עִם יִצְחָק":

יב [כא, יא] "וַיֵּרַע הַדָּבָר מְאֹד בְּעֵינֵי אַבְרָהָם". הָדָא הוּא דִכְתִיב (ישעיה לג, טו) "וְעֹצֵם עֵינָיו מֵרְאוֹת בְּרָע". [כא, יב] "וַיֹּאמֶר אֱלֹהִים אֶל אַבְרָהָם אַל יֵרַע בְּעֵינֶיךָ וְגוֹ'", אָמַר רַבִּי יוּדָן "יִצְחָק" אֵין כְּתִיב כָּאן אֶלָּא "בְּיִצְחָק". רַבִּי עֲזַרְיָה בְּשֵׁם בַּר חֲטַיָּא בֵּי"ת תְּרֵין, בְּמִי שֶׁהוּא מוֹדֶה בִּשְׁנֵי עוֹלָמוֹת. כז אָמַר רַבִּי יוּדָן בַּר רַבִּי שָׁלוֹם כְּתִיב (תהלים קה, ה) "זִכְרוּ נִפְלְאוֹתָיו אֲשֶׁר עָשָׂה מֹפְתָיו וּמִשְׁפְּטֵי פִיו", מוֹפֵת נָתַתִּי לְמִי שֶׁהוּא מוֹצִיא מִתּוֹךְ °פִּיו, כָּל מִי שֶׁהוּא מוֹדֶה בִּשְׁנֵי עוֹלָמוֹת יִקָּרֵא לְךָ זָרַע,

עץ יוסף

ר' עזריה משום ר' לוי כו' כי לא יתכן שספק דם ממש ולא היה ירא. אלא שהיה מבקש להרוג את יצחק בערמה ויאמר כי שוגג היה: **ונראה חלקנו בשדה.** פי' נראה חלקת השדה אשר לאבינו דרך טיול. וכשהיה יצחק בשדה היה רובה קשת כמצחק להגיע ביצחק. ולפ"ז נראה שהיה יצחק גדול שהלך לשדה לטייל. והיה זה ימים רבים אחר הגמל את יצחק. או שפי' ויגמל מילה"ר כדלעיל: **הדא הוא דכתיב במתלהלה כו'** היינו ישמעאל כן יהיה כל איש שרימה את רעהו ויאמר הלא מצחק אני: **אלא לשון ירושה.** שהיה מצחק ומלעיג על המשתה ועל שמחת יצחק לומר שלו משפט הבכורה (יפ"ת): **שבשעה שנולד יצחק כו'.** מיום שנולד היה מצחק ועד יום הגמלו היתה שרה סובלתו ועכשיו נתמלא סאתו: **הכל שמחים** כל יודעיו ומכיריו. שאמן לו ה' זרע מהגבירה. ולזה אמר ישמעאל כי לעולם הוא העיקר שלו משפט הבכורה בירושה: **שמתשובת אמנו כו'** כי לא יירש משמע נתינת טעם אל הגרושין ששבת שלוחו לפי שלא יירש ואין לה סבה אחרת: **שמתשובת אמנו** לפי שדברה לאברהם כי לא יירש כלפי מה שאמר הוא אני יורש. להכי קרי לה תשובה: **אפילו שאינו יצחק** כלומר אע"פ שלא הגון כיצחק (כי שם יצחק מורה על חשיבותו ומעלתו כדדרשינן לעיל בטעם שם יצחק יצא חוק לעולם כו') לא היה ראוי להוריש עם בני כי בני הוא בן הגבירה. והוא בן האמה. ואמרה עוד עם יצחק כלומר צדיק גמור כיצחק אע"פ שלא היה מיוחד לבני להיות בן הגבירה אלא היו שניהם בני הגבירה או שניהם בני אמה מ"מ לא היה ראוי להוריש עמו בהיות יצחק צדיק גמור וישמעאל רשע גמור. והוי גלה קמה ברוה"ק דלא נפיק מיניה זרע מעליא: (יב) [טז] **ועוצם עיניו מראות ברע.** דמיירי באברהם כדלעיל פ' מ"ח ומיניה ילפינן תשובה לדבר וזה דעת המדרש שאברהם כרוב רחמיו כרחם אב על בנים ירחם על בנו אע"פ שהיה רשע. ולזה הביא קרא דעוצם עיניו שענינו כי הבט אל עמל לא יוכל. ולכן חרה לו על אודות בנו שיצטרך לגרשו (יפ"ת): **יצחק אין כתיב באן כו'.** ולתרץ זה א"ר עזריה כו': **בב' עולמות** עוה"ז ועוה"ב. כלו' שמודה היות ב' לאפוקי מהאומר שאין לאדם רק עולם הזה: **מופת נתן** במה שהוציא מפיו כי ביצחק יקרא לך זרע במי שמודה בשני עולמות יקרא לך זרע כו'. כן הוא בס"מ ומפרש דה"ק מופת נתן להכיר מי הוא זרע אברהם במשפטי פיו במה שהוציא

פירוש מהרז"ו

וישחקו לפנינו פי' שילחמו יחד ונהרגו עי"ז: **רבי עזריה בשם רבי לוי** עיין בפר"א פ"ל וכ"ז לישב מ"ש שרה גרש וגו' ואת בנה בעבור מצחק לבד: **במתלהלה וגו'** כמ"ש ויהי רובה קשת וכמ"ש ואמר משחק אני כן כאן מצחק: **לשבח** שאין בענין זה דבר עבירה ובתוספתא וז"ל ואני אומר ח"ו כו' אותו שכתוב בו למען אשר יצוה יהיה בביתו עבודת כוכבים וג"ע וש"ד אלא אין לחוק האמור כאן אלא לשון ירושה: (יב) **הדא הוא דכתיב ועוצם עיניו** לעיל פר' מ"ח סימן ו' דורש הולך לדקות וכו' הוא מרומים וכו' הכל על אברהם ולעיל ר"פ מ"ג דורש מ"ש אוטם אזנו עי' מש"ש. וכאן דורש מ"ש ועוצם עיניו מראות ברע של ישמעאל שרע בעיניו. וכמ"ש בשמ"ר ר"פ א' ע"ש: **אלא ביצחק** נ"ל כמ"ש בילקוט ביצחק ולא כל יצחק (וכ"ה בשוח"ט מזמור ק"ה יפ"ת): **ב' תרין** וכמ"ש לעיל פר' א' סימן י"ד ברא'שית ב' רא'שית על ב' עולמות נוטריקון וגימטריא: **מופתיו ומשפטי פיו** ופסוק הסמוך זרע אברהם עבדו. שענין המופת הוא לאות לברר דבר אמונה כמ"ש תנו לכם מופת. ונתן אליך אות או מופת. ואם ר"ל המופתים שעשה לזרע אברהם היל"ל

רש"י

(יא) **שמתוך תשובה שאמרה שרה אמנו לאברהם את למד כי לא יירש בן האמה.** מכלל שלא היו מדיינין אלא לענין ירושה: **עם בני עם יצחק.** אפשר לומר עם בני יצחק מהו עם בני עם יצחק אפילו לא היה אהוב ויקר כיצחק לא היה יורש עמו שנולד בכמה תפלות ובכמה בקשות עם יצחק אף על פי שאינו בני אלא בנו של אברהם מאשה אחרת בכתובה וקידושין לא היה ראוי זה לירש עמו ק"ו עם בני אהובי עם יצחק שלי: (יב) **ר' יודן בר שלום כי יצחק אין כתיב כאן אלא כי ביצחק.** אילו נאמר כי יצחק יקרא לך זרע היית אומר יצחק וכל זרעו יקרא לך זרע עכשיו שנאמר כי ביצחק לומר לך ביצחק ולא כל יצחק במקצת מזרעו כגון יעקב יקרא לך זרע ולא כל זרעו כגון עשו: **בי"ת תרין לומר לך במי שהוא מודה בשני עולמות.** שהיה יכול לומר כי יצחק מהו כי ביצחק כלומר במי שהוא מודה בשני עולמות בו יקרא לך זרע כגון יעקב ולא עשו שכפר בתחיית המתים: **זכרו נפלאותיו אשר עשה.** ביצחק. מופתיו ומשפטי פיהו מופת נתתי לו למי שמוציא דבר מתוך פיו שכל מי שמודה בשני עולמות יקרא לך זרע:

מתנות כהונה

שטניו אבן שתלבה מתחלה לבימוס וכן פירש הערוך: **שמתשובה כו'.** הרי לך שעל עסקי הנחלה היה מדבר: **ועם יצחק** אף אם היה בן אשה אחרת והיה כשר כמו שהוא עכשיו לא היה ראוי שירש עמו: [יב] **אלא ביצחק.** מקצתו ולא כולו להוציא את עשו מכלל זרע: בשני עולמות. לאפוקי עשו שכפר בתחיית המתים שאמר הנה אנכי הולך למות: **זכרו נפלאותיו כו'.** מתוך פירש"י וילקוט תהלים משמע פירושו הנפלאות שעשיתי עם יצחק ומופת נתתי למי שמוציא מפיו אמונת ב' עולמות:

אשד הנחלים

הארץ הקדושה ארץ כנען ששם משכן השכינה והנבואה. והוא דימה שיטול פי שנים בירושה וצחק מאחרים ששמחים דווקא על לידת יצחק ומדמים כי רק לו ניתן ירושת הארץ. ולכן השיב' שרה לא כאשר מצחק ומדמה כן הוא. כי לא ירש עם בני מחמת שהוא בני ומחמת שהוא יצחק נכבד ויקר מאוד בעיני ה': **[יב] הדא הוא דכתיב ועוצם.** כי לא הי' יכול לראות ברע אשר ימצא את בנו ישמעאל מרוב טוב לבו וכדרשתם לעיל הוא מרומים ישכון זה אברהם וכל הפרשה עליו: **בשני עולמות.** כלומר כי רק לו לבדו ראוי ירושת הארץ. שעיקר טובת הארץ הוא משכן השכינ' והנבוא' והדביקות בה' לא הטובה הגשמית לבד. ולכן אין ראוי רק ליצחק המודה בעוה"ב ובדביקות הנפש. ולא כן ישמעאל שעיקר תכליתו היה רק העוה"ז ותאוותיו. ומה לו לקדושת הארץ: **מופת נתתי למי שהוא מוציא מתוך פיו.** באורו

חידושי הרד"ל

(יח) [יב] **ומשפטי פיו.** פי' זרע אברהם עבדו מופת נתתיה כנ"ל. והוא קרא דתהלים ק"ה. ודרש מי שמוציא בפיו משפטיו כלומר מאמין בשכר ועונש של עולם אחר הוא יקרא זרע אברהם. וע"ז נמשך מקרא דלהלן אשר כרת כו' לך אתן. והמ"כ ויד"מ נדחקו:

חידושי הרש"ש

[יב] מופתיו ומשפטי פיו מופת כו' כל מי שהוא מודה כו'. ונאות מאד לפ"ז קרא דבתריה זרע אברהם עבדו בני יעקב בחיריו:

מסורת המדרש

כה פדר"א ריש פרק ל':

כו ספרי פרשה ואתחנן פיסקא ל"ב. תוספתא סוטה פרק ו':

כז מדרש תהלים מזמור ק"ה. ילקוט תהלים רמז תתס"ב:

אם למקרא

וַיֹּאמֶר אַבְנֵר אֶל־יוֹאָב יָקוּמוּ נָא הַנְּעָרִים וִישַׂחֲקוּ לְפָנֵינוּ וַיֹּאמֶר יוֹאָב יָקֻמוּ: (שמואל ב ב:יד)

כִּי נָעִים כִּי תִשְׁמְרֵם בְּבִטְנֶךָ יִכֹּנוּ יַחְדָּו עַל שְׂפָתֶיךָ: לִהְיוֹת בַּה' מִבְטַחֶךָ הוֹדַעְתִּיךָ הַיּוֹם אַף אָתָּה: משלי כב יח-יט

כִּי־נָעִים כִּי־תִשְׁמְרֵם בְּבִטְנֶךָ יִכֹּנוּ יַחְדָּו עַל־שְׂפָתֶיךָ: לִהְיוֹת בַּה' מִבְטַחֶךָ הוֹדַעְתִּיךָ הַיּוֹם אַף־אָתָּה: (משלי כב:יח-יט)

הֹלֵךְ צְדָקוֹת וְדֹבֵר מֵישָׁרִים מֹאֵס בְּבֶצַע מַעֲשַׁקּוֹת נֹעֵר כַּפָּיו מִתְּמֹךְ בַּשֹּׁחַד אֹטֵם אָזְנוֹ מִשְּׁמֹעַ דָּמִים וְעֹצֵם עֵינָיו מֵרְאוֹת בְּרָע: (ישעיה לג:טו)

זִכְרוּ נִפְלְאוֹתָיו אֲשֶׁר עָשָׂה מֹפְתָיו וּמִשְׁפְּטֵי־פִיו: (תהלים קה:ה)

וְכָל מִי שֶׁאֵינוֹ מוֹדֶה בִּשְׁנֵי עוֹלָמוֹת לֹא יִקָּרֵא לְךָ זָרַע – **and anyone who does not acknowledge** the existence of **two worlds will not** *be considered your offspring.*

וַיַּשְׁכֵּם אַבְרָהָם בַּבֹּקֶר וַיִּקַּח־לֶחֶם וְחֵמַת מַיִם וַיִּתֵּן אֶל־הָגָר שָׂם עַל־שִׁכְמָהּ וְאֶת־הַיֶּלֶד וַיְשַׁלְּחֶהָ וַתֵּלֶךְ וַתֵּתַע בְּמִדְבַּר בְּאֵר שָׁבַע.

So Abraham awoke early in the morning, took bread and a skin of water, and gave them to Hagar. He placed them on her shoulder along with the boy, and sent her off. She departed, and strayed in the desert of Beer-sheba (21:14).

§13 וַיַּשְׁכֵּם אַבְרָהָם בַּבֹּקֶר וַיִּקַּח לֶחֶם וְחֵמַת מַיִם וַיִּתֵּן אֶל הָגָר – *ABRAHAM AWOKE EARLY IN THE MORNING, TOOK BREAD AND A SKIN OF WATER, AND GAVE THEM TO HAGAR, ETC.*

The Midrash makes an observation:

בֵּיתוֹ שֶׁל אָבִינוּ אַבְרָהָם וְתְרָנִים הָיוּ – **The** members of **the household of Abraham were generous,** שֶׁנֶּאֱמַר "וַיַּשְׁכֵּם אַבְרָהָם בַּבֹּקֶר וַיִּתֵּן אֶל הָגָר" – **for it says,** ***Abraham awoke early in the morning,*** *took bread and a skin of water,* ***and gave them to Hagar.***[185] שֶׁכֵּן דֶּרֶךְ עֲבָדִים שֶׁיִּהְיוּ מְמֻלָּאִים כַּדִּים עַל שִׁכְמָם – Abraham *placed [the bread and water] on her shoulder,*[186] **for such is the manner of slaves to be laden with full jugs** of water[187] **on their shoulders.**[188]

□ עַל שִׁכְמָהּ וְאֶת הַיֶּלֶד – *HE PLACED THEM* ***ON HER SHOULDER ALONG WITH THE BOY,***[189] *AND SENT HER OFF.*

The Midrash questions this verse:

בֶּן כ״ז שָׁנִים וְאַתְּ אָמַרְתְּ "שָׂם עַל שִׁכְמָהּ" – Ishmael was **a man of twenty-seven years**[190] at the time of this episode, **and the verse states,**[191] ***placed on her shoulder?!*** אֶלָּא מְלַמֵּד שֶׁהִכְנִיסָה בּוֹ עַיִן רָעָה – **Rather, [the verse] teaches that [Sarah] implanted the evil eye**[192] **into [Ishmael],** וְנִכְנְסָה בּוֹ חַמָּה וַאֲכָאֲבִית – **and** therefore **fever and** ***achavis***[193] **came upon him.** תֵּדַע לְךָ שֶׁכֵּן דִּכְתִיב "וַיִּכְלוּ הַמַּיִם מִן הַחֵמֶת" – **That [Ishmael was ill] may be proven,**[194] **for it is written,** ***the water of the skin was consumed*** (21:15), שֶׁכֵּן דֶּרֶךְ הַחוֹלֶה לִהְיוֹת שׁוֹתֶה הַרְבֵּה וּבְכָל שָׁעָה – **for such is the manner of sick people to drink water in large amounts and frequently.**[195]

וַיִּכְלוּ הַמַּיִם מִן הַחֵמֶת וַתַּשְׁלֵךְ אֶת הַיֶּלֶד תַּחַת אַחַד הַשִּׂיחִם.

When the water of the skin was consumed, she cast off the boy beneath one of the trees (21:15).

□ וַתַּשְׁלֵךְ אֶת הַיֶּלֶד תַּחַת אַחַד הַשִּׂיחִם – *SHE CAST OFF THE BOY BENEATH ONE OF THE TREES* [שִׂיחִם].

The Midrash examines the unique expression שִׂיחִם that our verse uses for *trees:*

NOTES

185. Because Abraham's household was so generous and freehanded, he feared that Hagar would be given lavish gifts of gold and silver before she set out. In order to demonstrate that Ishmael was not to be considered his son, but merely the child of a slavewoman, Abraham made sure to arise early and personally send Hagar off with no more than bread and water (*Eitz Yosef*, citing *Nezer HaKodesh*; see, however, *Yedei Moshe*, who criticizes this interpretation, arguing that it makes Abraham appear stingy).

Alternatively, the Midrash proves from this verse that even early in the morning there were provisions available in Abraham's house to provide for guests (*Yedei Moshe*; *Imrei Yosher*).

See *Matnos Kehunah*, *Yefeh To'ar*, *Mishnas DeRabbi Eliezer*, *Maharzu*, and *Radal* for additional approaches.

186. As opposed to handing them to her (*Maharzu*).

187. *Matnos Kehunah*, citing *Yalkut Shimoni* §95.

188. As it is generally slaves who are laden with jugs of water, Abraham's treating Hagar this way had the effect of publicizing that she was no more than a slavewoman, and consequently, her son was neither child nor heir to Abraham (*Eitz Yosef*, citing *Nezer HaKodesh*; see also *Maharzu*).

[Although the Midrash (in 45 §3 above) states that Hagar was a full-fledged wife to Abraham, which would seem to suggest that Sarah had freed Hagar from servitude, apparently Sarah had only relinquished her rights to Hagar for the duration of the time that the latter would be under Abraham's dominion. Once sent away by Abraham, Hagar reverted to her status as Sarah's slavewoman. This is supported by 16:18 above, where, after fleeing from Abraham's house, Hagar (though she was already Abraham's wife) was referred to by a heavenly angel as *the slavewoman of Sarai* (*Eitz Yosef*, citing *Nezer HaKodesh*).]

189. As understood by the Midrash, the verse states that Abraham placed the provisions, *along with the boy*, onto Hagar's shoulder (*Eitz Yosef*).

190. The Midrash here accords with the first view in section 10 above, which maintains that the feast of v. 8 marked Isaac's turning 13. Given that Ishmael was 14 years older than Isaac, Ishmael would have been 27 at the time of the feast and his subsequent dismissal from Abraham's house (*Rashi*, *Matnos Kehunah*, *Imrei Yosher*, and *Eitz Yosef*, in the name of *Yefeh To'ar*).

In the account provided by *Yalkut Shimoni* (§95), Ishmael's age at the time of the events of our verse is given as 17. This is consistent with the second opinion in section 10, which holds that the feast of v. 8 was held upon Isaac's being weaned, at the age of 2. Ishmael would have then been *entering* his 17th year (*Eitz Yosef*, citing *Yefeh To'ar*).

[For additional views regarding Ishmael's age, see *Ramban* and *Rabbeinu Bachya* to our verse, and *Pirkei DeRabbi Eliezer* §30 with *Maharzu*.]

191. Lit., *and you say*.

192. The destructive force referred to as *the evil eye* has been alternatively explained as a natural power with which human beings are created (see *Maharal: Chidushei Aggados, Bava Metzia* 107b and *Nesivos Olam, Nesiv Ayin Tov*, Ch. 1; see also *Chazon Ish, Choshen Mishpat, Likkutim* Ch. 21 ד״ה יהבו ביה רבנן עינייהו), or as the result of a Divine judgment that one arouses against himself by allowing his blessings (e.g., wealth, children, etc.) to cause pain to others less fortunate (*Michtav MeEliyahu*, Vol. 3, p. 313, Vol. 4 pp. 5-6).

193. This illness caused the shrinking of Ishmael's bones and the shriveling of his flesh, to the point that he was reduced to the size of a 3-year-old who could be borne on his mother's shoulder (*Rashi*, cited also by *Eitz Yosef* and *Matnos Kehunah*). [It is due to his shrunken physique that our verse (as well as v. 15 below) refers to Ishmael as הַיֶּלֶד, *the child* (ibid.).]

194. *Lit., know for yourself that this is so.*

195. Abraham obviously would have sent an amount of water which would, under normal circumstances, suffice for the entire trip. That the water was depleted is proof that a factor existed that caused it to be used more quickly (see *Yefeh To'ar*).

INSIGHTS

mitzvos for pennies a day and thereby earn his future reward. But in the World to Come, it is too late.

The Sages note that the letter *beis* of בְּיִצְחָק indicates that only one of Isaac's sons would be considered his true offspring. Esau was disqualified, because to him there was no relationship between the two worlds. To him, This World was the venue for pleasure, domination of others and gratification of lust, whatever the cost to him or others. When Jacob sought to purchase the birthright — the passport to greater spiritual accomplishment — Esau responded contemptuously that the birthright was of no value, *"Look, I am going to die, so of what use to me is the birthright?"* (25:32). He embodied the ideal of "Eat, drink and be merry, for tomorrow we shall die." To Jacob, however, life on earth was a means to earn a greater and greater share of the spiritual bliss to come. Jacob believed equally in two worlds, so he earned them both.

וְכָל מִי שֶׁאֵינוֹ מוֹדֶה בִּשְׁנֵי עוֹלָמוֹת לֹא יִקָּרֵא לְךָ זָרַע:

יג [כא, יד] ״וַיַּשְׁכֵּם אַבְרָהָם בַּבֹּקֶר וַיִּקַּח לֶחֶם וְחֵמַת מַיִם וַיִּתֵּן אֶל הָגָר״. [כח]בֵּיתוֹ שֶׁל אָבִינוּ אַבְרָהָם וַתְּרָנִים הָיוּ שֶׁנֶּאֱמַר ״וַיַּשְׁכֵּם אַבְרָהָם בַּבֹּקֶר, וַיִּתֵּן אֶל הָגָר״, שֶׁכֵּן דֶּרֶךְ עֲבָדִים שֶׁיִּהְיוּ מְמַלְּאִים כַּדִּים עַל שִׁכְמָם. ״עַל שִׁכְמָהּ וְאֶת הַיֶּלֶד״, בֶּן כ״ז שָׁנִים, וְאַתְּ אֲמַרְתְּ ״שָׂם עַל שִׁכְמָהּ״, אֶלָּא מְלַמֵּד שֶׁהִכְנִיסָה בּוֹ °[שָׂרָה] עַיִן רָעָה וְנִכְנְסָה בּוֹ חַמָּה וְאַכְאָבִית, תֵּדַע לְךָ שֶׁכֵּן, דִּכְתִיב [כא, טו] ״וַיִּכְלוּ הַמַּיִם מִן הַחֵמֶת״, שֶׁכֵּן דֶּרֶךְ הַחוֹלֶה לִהְיוֹת שׁוֹתֶה הַרְבֵּה וּבְכָל שָׁעָה. [כט]״וַתַּשְׁלֵךְ אֶת הַיֶּלֶד תַּחַת אַחַד הַשִּׂיחִם״, אָמַר רַבִּי מֵאִיר שֶׁכֵּן דֶּרֶךְ הָרְתָמִים לִהְיוֹת גְּדֵלִים בַּמִּדְבָּר. אָמַר רַבִּי אַמִּי ״תַּחַת אַחַד הַשִּׂיחִם״, שֶׁשָּׁם הֵשִׂיחוּ עִמָּהּ מַלְאֲכֵי הַשָּׁרֵת. [כא, טז] ״וַתֵּלֶךְ וַתֵּשֶׁב לָהּ מִנֶּגֶד״, [ל]נֶאֱמַר כָּאן ״וַתֵּשֶׁב לָהּ מִנֶּגֶד״, וּלְהַלָּן הוּא אוֹמֵר (במדבר ב, ב) ״מִנֶּגֶד סָבִיב לְאֹהֶל מוֹעֵד״.

רש״י

(יג) **בן כ״ז שנים היה ישמעאל.** כששלחו אברהם ולהגר אמו ואת אמרת ואת הילד והלא גדול היה שהרי כשנימול היה בן י״ג שנה וכשנולד יצחק היה בן י״ד וכשנגמל יצחק מיצר רע ליצר טוב היה יצחק בן י״ג שנה וישמעאל בן כ״ז שנים ובאותו הפרק גירש אברהם את הגר אלא מלמד שהכניסה בו שרה עין הרע ומתוך כך חלה ונכנס בו חמה ואכבית ונתמעטו איבריו ונתכחש הבשר עד שלא היה אלא כילד של ג׳ שנים תדע לך שכן כתיב ויכלו המים מן החמת ותשלך את הילד תחת אחד השיחים: **רותם היה.** דברי ר׳ מאיר שכן דרך הרתמים להיות גדלים במדבר: **אמר ר׳ אמי.** שיחים ששם השיחו עמה מלאכי השרת:

עץ יוסף

מפיו. כי ביצחק יקרא לך זרע שעם הב׳ לבד שהוא ממולא השפתים של הפה כנודע בזה שם מופת להכיר מי הוא זרע אברהם שאינו אלא בני יעקב בחיריו המודים ברמז אות הב׳ שהוא על ב׳ עולמות (כזה״ק): (יג) [יז] **בני ביתו של אברהם אבינו ותרנים היו.** שלהיות אנשי בית אברהם ותרנים פחד פן יפתחו ידם לו במתנות כסף וזהב לזה השכים לשלחו בלחם ומים לבד ומזה כל רואיהם יכירו וידעו כי נהג בה אברהם מנהג שפחה וזרעה אינו בנו המתייחס אחריו (כזה״ק): **שכן דרך עבדים שיהיו כו׳.** שלהיות דרך העבדים למלאות כדים על שכמם עשה להם כן כדי לפרסם שהיתה שפחה וולדה כמותה ואינו מיוחס אחריו ואינו יורשו. ואע״ג דאי׳ לעיל פ׳ מ״ה סימן ד׳ ותתן אותה לאברם אישה לאשה. לאשה ולא לפלגש. לא שנעשית משוחררת גמורה אלא רק לגבי אברהם מחלה זכותה. אבל אם תצא מתחת רשות אברהם שוב תחזיר לעבדות. וזהו אשר אמר לה המלאך הגר שפחת שרה אי מזה וגו׳ (כזה״ק): **בן כ״ז שנים** שהרי בן י״ג היה כשנמול ולתקופת השנה ילדה שרה ובן י״ג היה יצחק כשנגמל מילה״ר וגרושי ישמעאל אחרי הגמל את יצחק. אבל בילקוט ובפדר״א אי׳ בן י״ז שנה. ולפ״ז ס״ל ויגמל מחלבו וא״כ היה לסוף ב׳ שנים כי זה זמן היניקה. הרי שהיה ישמעאל אז כבר נכנס לשנת י״ז (יפ״ת): **ואת אמר שם על שכמה.** דואת הילד אשם על שכמה דסמיך ליה קאי. שגם הילד שם על שכמה: **שהכניסה בו שרה עין הרע.** ומתוך כך חלה ונכנס בו חמה ואכאבית הוא מין חולה ונתמעטו אבריו ונתקמט הבשר ונעשה קל עד שלא היה אלא כילד של ג׳ שנים וכן קראו הכתוב ילד מתוך קטנותו עבור החולשה (רש״י): **ונכנסה בו חמה** ועיין מ״ש לעיל פ׳ ל״ט סי׳ י״ז: **ואכאבית** והערוך גרס ועבעבית: **אמר רבי מאיר רותם שכן דרך הרותמים.** כצ״ל דשיח היינו רותם מאחר שזה היה במדבר אע״פ שסתם שיח עץ פרי כמו וכל שיח השדה לפי שאין במדבר עץ פרי (יפ״ת): **אמר רבי אמי כו׳** ס״ל שנקראו האילנות כאן שיחים על שם המקרה שהיה במקום ההוא ששם השיחו עמה מה״ש (יפ״ת): **[יח] נאמר כאן ותשב כו׳.** דילפינן נגד מנגד ורחוק מרחוק דבדגלים מנגד סביב לאהל מועד ולא פירש שיעורא ילפינן מנגד דכתיב בהגר ובהגר ילפינן דמנגד היינו אלפים אמה מדכתיב הכא הרחק וכתיב התם רחוק יהיה ביניכם וביניו כאלפים אמה. והכי איתא לקמן במדבר רבה פ״ב. שהלמד בג״ש חוזר ומלמד בג״ש כדאי׳ בפרק הוציאו לו (יפ״ת). ודעת ר׳ יצחק שאין צריך להוכיח מזה כי אם מגופה:

פירוש מהרז״ו

לזרע אברהם. ע״כ דורש זכרו נפלאותיו לאברהם ושרה בלדת יצחק לזקנתם. מופתיו שנתת מופת ואות לאברהם שיאמר בפיו משפטי שהם ב׳ משפטים שהכל במשפט כפי המעשים ומשפט בעוה״ב ועי׳ שמ״ר פט״ו סימן כ״ב: (יג) **וותרנים.** כמ״ש שלש סאים קמח ושלשה פרים וכמ״ש שמ״ר ר״פ א׳ שאברהם שכתוב בו ואברם כבד מאד בכסף ובזהב היה משלח את אשתו ובנו ריקם בלא כסות ומחיה אלא כו׳ ועי׳ פר״א פ״ל ומש״ש: **ויתן אל הגר** וס״ד שם על שכמה ולא בידה אלא להורות לכל שמחזיקם לעבדים: **שם על שכמה** שגם הילד שם על שכמה: **ב״ז שנה** וכ״ה בפר״א שם. ועי׳ במ״כ. אך בילקוט הגי׳ בן י״ז שנה כמ״ש בספר הישר שהיה אז יצחק בן ה׳. ועי׳ בפר״א שם מש״ש ג׳ שיטות. ועי׳ שמ״ר ר״פ א׳ שיטה ד׳: **שכן דרך הרתמים** עי׳ מ״כ ודורש אחד השיחים מיוחד שבשיחים הוא הרותם שגחליו מחזיקים חום יותר מכל עץ. מדרש תהלים ק״כ וערכין ט״ו שנמשל בו גיהנם. ויתכן שהכוונה ע״פ מ״ש ומה יוסף לך לשון רמיה חצי גבור שנונים עם גחלי רתמים כו׳ שכנתי עם אהלי קדר שהם היו בעלי רמיה וקדר היה בן ישמעאל. וכמ״ש לעיל סימן י״א רמה את רעהו ע״י קשת וחצים וע״כ הושלך תחת רותם. והיה לו חולי החום וזהו גחלי רותם. ושיחים הם אילנות כמ״ש וכל שיח השדה כמ״ש ב״ר רפי״ג סימן ב׳ כל האילנות כאלו משיחים [והרר״י בעהאק נר״ו אמר כי דרשות ר״מ אחד השיחים על רתמים י״ל ע״פ הכ׳ באיוב ל׳ ד׳ מלוח עלי שיח ושרש רתמים לחמם. והנה שם כתיב בחסר ובכפן גלמוד הערוקים ציה וגו׳ (ע״פ מדה י״ז על הגר וישמעאל ואליהו) הקוטפים מלוח עלי שיח ושרש רתמים לחמם. ע״כ דורש אחד השיחים על שיח הרותם. והגר הטיחה דברים ואצל אליהו כתיב שם רצפים רוץ פה וכו׳ וכאן פי׳ שהרצפים הי׳ רותם. וכ״כ שם אח״כ מן גו יגורשו ע״ש רש״י ודו״ק]: **השיחו עמה מלאכי השרת** ויתכן שמ״ש אחד כמ״ש ויעף אלי אחד מן השרפים וכמ״ש מיכאל אחד השרים הראשונים. ובתנחומא הגי׳ מקום שהשיח עמה אחד ממלאכים פי׳ כצ״ל: **נאמר כאן בו׳** יליף מנגד סביב לאוה״מ. ממנגד שכתוב כאן מנגד הרחק והרחק דכאן ממ״ש שם אך רחוק יהיה ביניכם וביניו כאלפים אמה א״כ מנגד דכאן הרי אלפים אמה אף מנגד דשם אלפים אמה. עיין במ״ר פר׳ ב׳ סימן ט׳ בהדיא (עיין יפ״ת) שמ״ר פר׳ מ״ה סי׳

חידושי הרד״ל

(יט) [יג] **וותרנין היו שנאמר וישכם גו׳ אל הגר שם על שכמה.** אלא שכן דרך עבדים וכצ״ל. כלומר ולכן לא נתן לה כ״א לחם וחמת מים. לקיים דבריו שקראה אמה. ובפדר״א פ״ל לקח הדרדור (פי׳ נוד גדול) וקשר במתניה שיהא סוחף אחריה לידע שהיא שפחה: (כ) **זה רותם שכן דרך הרתמים.** כצ״ל וכ״ה בתנחומא פ׳ וילא:

חידושי הרש״ש

[יג] **אר״מ רותם היה שכן כו׳.** כ״ה בילקוט וע״ש וכצ״ל:

מסורת המדרש

כח ילקוט כאן רמז ל״ד:

כט תנחומא סדר וילא סימן ה׳:

ל במדבר רבה פרשה ב׳. ילקוט יהושע רמז י״ג:

מתנות כהונה

[יג] **ביתו.** כלומר בני ביתו: **וותרנים.** שהרי וויתר אצלה הלחם וחמת מים אשר לא נוה עליו אלהים ומדמושל מקשיב על הויתור כל בני ביתו כך היו: **ממלאים כדים.** של מים והכי גרסינן בילקוט: **בן כ״ז שנים.** פירש״י שהרי נימול בן י״ג שנה וכשנולד יצחק בן י״ד שנה היה וכשעשה אברהם משתה גדול ביום שנגמל מיצר הרע ליצר טוב כדלעיל היה יצחק י״ג שנים ולישמעאל כ״ז שנים: **ואכאבית.** מין חולי ועיין לעיל ריש פ׳ י״ט [הכי גרסינן רש״י וילקוט אר״מ רותם היה שכן דרך כו׳]: **השיחו.** דברו:

אשד הנחלים

זכרו נפלאות ה׳ והמופת אשר נתן ממשפט פיו של יצחק. שרק הוא נקרא זרע לרשת מקום הקדושה. וז״ש שם זרע אברהם עבדו. והיד״מ גרס למי שהוא מוציא שני עולמות מתוך פיו ודייק מדכתיב משפטי ל׳ רבים ר״ל ב׳ עולמות: [יג] **וותרנים היו.** דמן הסתם כיון ששמע כן לא הי׳ לו ליתן מאומה אם לא מצד מדת הוותרנות וגמ״ח בחינם: **דרך הרתמים.** אילני רותם. וזהו שיחים ודרש עוד שע״ש העתיד ששם נדברו המלאכים נקראו וכן. וע״ש המעלה הזאת נתכנה המקום כן. כי הוא לדבר פלא שימצא בו קדושה כזאת:

[196]אָמַר רַבִּי מֵאִיר [רותם] – **R' Meir said:** The *tree* of our verse was a ***rosem*** **tree,**[197] שֶׁכֵּן דֶּרֶךְ הָרְתָמִים לִהְיוֹת גְּדֵלִים בַּמִּדְבָּר – **for it is the manner of *rosem* trees to grow in the wilderness.**[198]

אָמַר רַבִּי אַמִּי – **R' Ami said** an additional insight into these words: "תַּחַת אַחַד הַשִּׂיחִם" – ***Beneath one of the trees*** – שֶׁשָּׁם הַשִּׂיחוּ עִמָּהּ מַלְאֲכֵי הַשָּׁרֵת – the trees are referred to with the term שיחם **because in that place the ministering angels spoke with her.**[199]

וַתֵּלֶךְ וַתֵּשֶׁב לָהּ מִנֶּגֶד הַרְחֵק כִּמְטַחֲוֵי קֶשֶׁת כִּי אָמְרָה אַל אֶרְאֶה בְּמוֹת הַיָּלֶד וַתֵּשֶׁב מִנֶּגֶד וַתִּשָּׂא אֶת קֹלָהּ וַתֵּבְךְּ.

She went and sat herself down at a distance, some bowshots away, for she said, "Let me not see the death of the child." And she sat at a distance, lifted her voice, and wept (21:16).

וַתֵּלֶךְ וַתֵּשֶׁב לָהּ מִנֶּגֶד □ – ***[HAGAR] WENT AND SAT HERSELF DOWN AT A DISTANCE.***

The Midrash expounds a *gezeirah shavah* to determine how far away Hagar sat:[200]

נֶאֱמַר כָּאן "וַתֵּשֶׁב לָהּ מִנֶּגֶד" – **It is stated here,** ***and sat herself down at a distance*** [מִנֶּגֶד], וּלְהַלָּן הוּא אוֹמֵר "מִנֶּגֶד סָבִיב לְאֹהֶל מוֹעֵד" – **and elsewhere it states,** *The Children of Israel shall encamp . . .* ***at a distance*** [מִנֶּגֶד] ***surrounding the Tent of Meeting*** (*Numbers* 2:2).[201]

NOTES

196. Emendation follows *Rashi*, *Matnos Kehunah*, *Radal*, *Rashash* and *Eitz Yosef*, and is supported by *Yalkut Shimoni* §95 and *Tanchuma* ויצא §5.

197. Some associate this species with the broom plant.

198. Although the word שִׂיחַ usually refers to a fruit-bearing tree (compare above, 2:5), our verse describes a שִׂיחַ that Hagar encountered in the wilderness, where there are no such trees. R' Meir therefore concludes that, here, שִׂיחַ connotes a *rosem* tree, which is commonly found in that environment (*Eitz Yosef*, citing *Yefeh To'ar*; see further *Maharzu*).

199. Since the word שִׂיחַ may also mean *speech*, R' Ami sees in the Torah's choice of that word an allusion to the conversation that took place in that location (*Eitz Yosef*, citing *Yefeh To'ar*).

It is not fully clear whether our Midrash is referring to the conversation described in verses 17-18 in our chapter or to the earlier conversation described in verses 16:8-12. *Yefeh To'ar* prefers the latter understanding. He suggests that Hagar specifically cast Ishmael in the very spot where the *earlier* conversation took place, either in the hope that she would merit another, similar revelation, or to add emphasis to the argument she would make here (see below) that God had not fulfilled the promise He had previously made to her in that spot.

200. [*Gezeirah shavah* is one of R' Yishmael's thirteen hermeneutical principles of Biblical exegesis (see the opening passage in *Sifra*). It allows for laws to be learned from the subject matter of one verse to the subject matter of a second, seemingly unrelated verse, based on the verses' shared usage of a given root.]

201. This verse dictates that during the Jews' sojourn in the Wilderness after the Exodus, they were to camp *at a distance surrounding the Tent of Meeting* (i.e., the Tabernacle). However, the precise measure of that *distance* is not given. The Midrash is saying that the *gezeirah shavah* מִנֶּגֶד־מִנֶּגֶד tells us that it is the same distance as that which Hagar placed between herself and Ishmael. *That* distance (which is also not stated explicitly) will now be derived from a *second gezeirah shavah* (*Eitz Yosef* and *Maharzu*, citing *Bamidbar Rabbah* 2 §9).

וְכָל מִי שֶׁאֵינוֹ מוֹדֶה בִּשְׁנֵי עוֹלָמוֹת לֹא יִקָּרֵא לְךָ זָרַע:

יג [כא, יד] **"וַיַּשְׁכֵּם אַבְרָהָם בַּבֹּקֶר וַיִּקַּח לֶחֶם וְחֵמַת מַיִם וַיִּתֵּן אֶל הָגָר". [כח]בֵּיתוֹ שֶׁל אָבִינוּ אַבְרָהָם וַתְּרָנִים הָיוּ שֶׁנֶּאֱמַר "וַיַּשְׁכֵּם אַבְרָהָם בַּבֹּקֶר, וַיִּתֵּן אֶל הָגָר", שֶׁכֵּן דֶּרֶךְ עֲבָדִים שֶׁיִּהְיוּ מְמַלְּאִים כַּדִּים עַל שִׁכְמָם. "עַל שִׁכְמָהּ וְאֶת הַיֶּלֶד", בֶּן כ"ז שָׁנִים, וְאַתְּ אֲמַרְתְּ "שָׂם עַל שִׁכְמָהּ", אֶלָּא מְלַמֵּד שֶׁהִכְנִיסָה בוֹ °[שָׂרָה] עַיִן רָעָה וְנִכְנְסָה בוֹ חַמָּה וְאַכְאָבִית, תֵּדַע לְךָ שֶׁכֵּן, דִּכְתִיב** [כא, טו] **"וַיִּכְלוּ הַמַּיִם מִן הַחֵמֶת", שֶׁכֵּן דֶּרֶךְ הַחוֹלֶה לִהְיוֹת שׁוֹתֶה הַרְבֵּה וּבְכָל שָׁעָה. [כט]"וַתַּשְׁלֵךְ אֶת הַיֶּלֶד תַּחַת אַחַד הַשִּׂיחִם", אָמַר רַבִּי מֵאִיר שֶׁכֵּן דֶּרֶךְ הָרְתָמִים לִהְיוֹת גְּדֵלִים בַּמִּדְבָּר. אָמַר רַבִּי אַמִּי "תַּחַת אַחַד הַשִּׂיחִם", שֶׁשָּׁם הֵשִׂיחוּ עִמָּהּ מַלְאֲכֵי הַשָּׁרֵת.** [כא, טז] **"וַתֵּלֶךְ וַתֵּשֶׁב לָהּ מִנֶּגֶד", [ל]נֶאֱמַר כָּאן "וַתֵּשֶׁב לָהּ מִנֶּגֶד", וּלְהַלָּן הוּא אוֹמֵר** (במדבר ב, ב) **"מִנֶּגֶד סָבִיב לְאֹהֶל מוֹעֵד".**

רש"י

(יג) **בן כ"ז שנים היה ישמעאל.** כששלחו אברהם ולהגר אמו ואת אמרת ואת הילד והלא גדול היה שהרי כשנימול היה בן י"ג שנה וכשנולד יצחק היה בן י"ד וכשנגמל יצחק מילר רע לילר טוב היה יצחק בן י"ג שנה וישמעאל בן כ"ז שנים ובאותו הפרק גירש אברהם את הגר אלא מלמד שהכניסה בו שרה עין הרע ומתוך כך חלה ונכנס בו חמה ואכבית ונתמעטו איבריו ונתכחש הבשר עד שלא היה אלא כילד של ג' שנים תדע לך שכן כתיב ויכלו המים מן החמת ותשלך את הילד תחת אחד השיחים: **רותם היה.** דברי ר' מאיר שכן דרך הרתמים להיות גדלים במדבר: **אמר ר' אמי.** שיחים ששם השיחו עמה מלאכי השרת:

עץ יוסף

מפיו. כי ביצחק יקרא לך זרע שטעם הב' לבד שהוא ממולא השפתים של הפה כנודע בזה שם מופת להכיר מי הוא זרע אברהם שאינו אלא בני יעקב בחיריו המודים ברמז אות הב' שהוא על ב' עולמות (נזה"ק): (יג) [יז] **בני ביתו של אברהם אבינו ותרנים היו.** שלהיות אנשי בית אברהם ותרנים פחד פן יפתחו ידם לו במתנות כסף וזהב לזה השכים לשלחו בלחם ומים לבד ומזה כל רואיהם יכירו וידעו כי נהג בה אברהם מנהג שפחה וזרעה אינו בנו המתייחס אחריו (נזה"ק): **שכן דרך עבדים שיהיו בו'.** שלהיות דרך העבדים למלאות כדים על שכמם עשה להם כן כדי לפרסם שהיתה שפחה וולדה כמותה ואינו מיוחס אחריו ואינו יורשו. ואע"ג דאי' לעיל פ' מ"ה סימן ד' ותתן אותה לאברם אישה לאשה. לאשה ולא לפלגש. לא שנעשית משוחררת גמורה אלא רק לגבי אברהם מחלה זכותה. אבל אם תצא מתחת רשות אברהם שוב תחזיר לעבדות. וזהו אשר אמר לה המלאך הגר שפחת שרה אי מזה וגו' (נזה"ק): **בן כ"ז שנים** שהרי בן י"ג היה כשנמול ולתקופת השנה ילדה שרה ובן י"ג היה יצחק כשנגמל מילה"ר וגרושי ישמעאל אחרי הגמל את יצחק. אבל בילקוט ובפדר"א אי' בן י"ז שנה. ולפ"ז ס"ל ויגמל מחלבו וא"כ היה לסוף ב' שנים כי זה זמן היניקה. הרי שהיה ישמעאל אז כבר נכנס לשנת י"ז (יפ"ת): **ואת אמר שם על שבמה.** דואת הילד אשם על שכמה דסמיך ליה קאי. שגם הילד שם על שכמה: **שהבניסה בו שרה עין הרע.** ומתוך כך חלה ונכנס בו חמה ואכאבית הוא מין חולה ונתמעטו אבריו ונתקמט הבשר ונעשה קל עד שלא היה אלא כילד של ג' שנים וכן קראו הכתוב ילד מתוך קטנותו עבור החולשה (רש"י): **ונבנסה בו חמה** ועיין מ"ש לעיל פ' ל"ט סי' י"ז: **ואבאבית** והערוך גרס ועבעבית: **אמר רבי מאיר רותם שבן דרך הרותמים.** כצ"ל דשיח היינו רותם מאחר שזה היה במדבר אע"פ ששתם שיח ען פרי כמו וכל שיח השדה לפי שאין במדבר ען פרי (יפ"ת): **אמר רבי אמי בו'** ס"ל שנקראו האילנות כאן שיחים על שם המקרה שהיה במקום ההוא ששם השיחו עמה מה"ש (יפ"ת): [יח] **נאמר כאן ותשב בו'.** דילפינן נגד מנגד ורחוק מרחוק דבדגלים מנגד סביב לאהל מועד ולא פירש שיעורא ילפינן מנגד דכתיב בהגר ובהגר ילפינן דמנגד היינו אלפים אמה מדכתיב הכא הרחק וכתיב התם רחוק יהיה ביניכם וביניו כאלפים אמה. והכי איתא לקמן בבמדבר רבה פ"ב. שהלמד בג"ש חוזר ומלמד בג"ש כדאי' בפרק הוציאו לו (יפ"ת). ודעת ר' יצחק שאין צריך להוכיח מזה כי אם מגופה:

פירוש מהרז"ו

לזרע אברהם. ע"כ דורש זכרו נפלאותיו לאברהם ושרה בלדת יצחק לזקנתם. מופתיו שנתת מופת ואות לאברהם שיאמר בפיו משפטי שהם ב' משפטים שהכל במשפט כפי המעשים ומשפט בעוה"ב ועי' שמ"ר פט"ו סימן כ"ב: (יג) **וותרנים.** כמ"ש שלש סאים קמח ושלשה פרים וכמ"ש שמ"ר ר"פ א' שאברהם שכתוב בו ואברם כבד מאד בכסף ובזהב היה משלח את אשתו ובנו ריקם בלא כסות ומחיה אלא כו' ועי' פר"א פ"ל ומש"ש: **ויתן אל הגר** וס"ד שם על שכמה ולא בידה אלא להורות לכל שמחזיקם לעבדים: **שם על שבמה** שגם הילד שם על שכמה: **ב"ז שנה** וכ"ה בפר"א שם. ועי' במ"כ. אך בילקוט הגי' בן י"ז שנה כמ"ש בספר הישר שהיה אז יצחק בן ה'. ועי' בפר"א שם מש"ש ג' שיטות. ועי' שמ"ר ר"פ א' שיטה ד': **שבן דרך הרתמים** עי' מ"כ ודורש אחד השיחים מיוחד שבשיחים הוא הרותם שגחליו מחזיקים חום יותר מכל עץ. מדרש תהלים ק"כ וערכין ט"ו שנמשל בו גיהנם. ויתכן שהכוונה ע"פ מ"ש ומה יוסף לך לשון רמיה חצי גבור שנונים עם גחלי רתמים כו' שכנתי עם אהלי קדר שהם היו בעלי רמיה וקדר היה בן ישמעאל. וכמ"ש לעיל סימן י"א רמה את רעהו ע"י קשת וחצים וע"כ הושלך תחת רותם. והיה לו חולי החום וזהו גחלי רותם. ושיחים הם אילנות כמ"ש וכל שיח השדה כמ"ש ב"ר רפי"ג סימן ב' כל האילנות כאלו משיחים [והרר"י בעהאק נר"ו אמר כי דרשות ר"מ אחד השיחים על רתמים י"ל ע"פ הכ' באיוב ל' ד' מלוח עלי שיח ושרש רתמים לחמס. והנה שם כתיב בחסר ובכפן גלמוד הטורקים ליה וגו' (ע"פ מדה י"ז על הגר וישמעאל ואליהו) הקוטפים מלוח עלי שיח ושרש רתמים לחמס. ע"כ דורש אחד השיחים על שיח הרותם. והגר הטיחה דברים ואלל אליהו כתיב שם רצפים רוץ פה וכו' וכאן פי' שהרצפים הי' רותם. וכ"כ שם אח"כ מן גו יגורשו ע"ש רש"י ודו"ק]: **השיחו עמה מלאבי השרת** ויתכן שמ"ש אחד כמ"ש ויעף אלי אחד מן השרפים וכמ"ש מיכאל אחד השרים הראשונים. ובתנחומא הגי' מקום שהשיח עמה אחד ממלאכים פי' כצ"ל: **נאמר באן בו'** יליף מנגד סביב לאוה"מ. ממנגד שכתוב כאן מנגד הרחק והרחק דכאן ממ"ש שם אך רחוק יהיה ביניכם וביניו כאלפים אמה א"כ מנגד דכאן הרי אלפים אמה אף מנגד דשם אלפים אמה. עיין במ"ר פר' ב' סימן ט' בהדיא (עיין יפ"ת) שמ"ר פר' מ"ה סי'

חידושי הרד"ל

(יט) [יג] **וותרנין היו שנאמר וישכם גו' אל הגר שם על שבמה.** אלא שכן דרך עבדים וכצ"ל. כלומר ולכן לא נתן לה כ"א לחם וחמת מים. לקיים דבריו שקראה אמה. ובפדר"א פ"ל לקח הדרדור (פי' נוד גדול) וקשר במתניה שיהא סוחף אחריה לידע שהיא שפחה:

(כ) **זה רותם שבן דרך הרתמים.** כצ"ל וכ"ה בתנחומא פ' וילא:

חידושי הרש"ש

[יג] **אר"מ רותם היה שבן בו'.** כ"ה בילקוט וע"ש וכצ"ל:

מסורת המדרש

כח ילקוט כאן רמז ל"ד:

כט תנחומא סדר וילא סימן ה':

ל במדבר רבה פרשה ב'. ילקוט יהושע רמז י"ג:

מתנות כהונה

[יג] **ביתו.** כלומר בני ביתו: **וותרנים.** שהרי וויתר אללה הלחם וחמת מים אשר לא נוה עליו אלהים ומדמושל מקשיב על הויתור כל בני ביתו כך היו: **ממלאים בדים.** של מים והכי גרסינן בילקוט: **בן ב"ז שנים.** פירש"י שהרי נימול בן י"ג שנה וכשנולד יצחק בן י"ד שנה היה וכשעשה אברהם משתה גדול ביום שנגמל מילר הרע לילר טוב כדלעיל היה יצחק י"ג שנים ולישמעאל כ"ז שנים: **ואבאבית.** מין חולי ועיין לעיל ריש פ' י"ט [הכי גרסינן רש"י וילקוט אר"מ רותם היה שכן דרך כו']: **השיחו.** דברו:

אשד הנחלים

זכרו נפלאות ה' והמופת אשר נתן ממשפט פיו של יצחק. שרק הוא נקרא זרע לרשת מקום הקדושה. וז"ש שם זרע אברהם עבדו. והיד"מ גרס למי שהוא מוציא שני עולמות מתוך פיו ודייק מדכתיב משפטי ל' רבים ר"ל ב' עולמות: **[יג] וותרנים היו.** דמן הסתם כיון ששמע כן לא הי' לו ליתן מאומה אם לא מצד מדת הוותרנות וגמ"ח בחינם: **דרך הרתמים.** אילני רותם. וזהו שיחים ודרש עוד שע"ש העתיד ששם נדברו המלאכים נקראו וכן. וע"ש המעלה הזאת נתכנה המקום כן. כי הוא לדבר פלא שימצא בו קדושה כזאת:

"הַרְחֵק" — Additionally, the term הַרְחֵק appears both in our verse and in another verse: הָכָא אַתְּ אָמַר "הַרְחֵק כִּמְטַחֲוֵי קֶשֶׁת" — **Here it states, *some bowshots away*** [הַרְחֵק], וּלְהַלָּן אַתְּ אָמַר "אַךְ רָחוֹק יִהְיֶה בֵּינֵיכֶם וּבֵינָיו כְּאַלְפַּיִם אַמָּה בַּמִּדָּה" — **and elsewhere it states, *But there shall be a distance*** [רָחוֹק] ***between yourselves and it — a measure of two thousand cubits*** (*Joshua* 3:4).[202] הָא לָמַדְנוּ נֶגֶד מִנֶּגֶד וְרָחוֹק מֵרָחוֹק — **Thus, we have learned** נֶגֶד **from** נֶגֶד **and** רָחוֹק **from** רָחוֹק**.**[203]

אָמַר רַבִּי יִצְחָק "כִּמְטַחֲוֵי קֶשֶׁת" — **R' Yitzchak said:** The above may be inferred from our verse itself.[204] For our verse states, ***some bowshots*** *away*, שְׁנֵי טְוָוחִים בְּקֶשֶׁת מִיל — which implies **two shots of a bow,** which are equivalent to a distance of **one *mil*.**[205]

אָמַר רַבִּי בֶּרֶכְיָה — **R' Berechyah said** another insight into our verse: כִּמְטַחֶת דְּבָרִים כְּלַפֵּי מַעְלָה — The words כמטחוי קשת indicate that **[Hagar] acted as one who shoots words upward** toward Heaven, i.e., she spoke disrespectfully toward God.[206] אָמְרָה "אֶתְמוֹל אָמַרְתָּ לִי "הַרְבָּה אַרְבֶּה אֶת זַרְעֵךְ וגו'" — **[Hagar] said, "In the past**[207] **You told me, '*I will greatly increase your offspring*'** (above, 16:10), וְעַכְשָׁיו הוּא מֵת בַּצָּמָא — and yet **now [my child Ishmael] is dying of thirst!"**[208] Ⓐ

§14 [וַתֵּשֶׂא קוֹלָהּ וַתֵּבְךְּ][209] — *AND [HAGAR] SAT AT A DISTANCE, LIFTED HER VOICE, AND WEPT.*

Our passage speaks of Hagar's prayers for her sick and thirsty son, Ishmael, and of God's response. The Midrash relates verses from *Psalms* to our passage:

הָדָא הוּא דִכְתִיב "נֹדִי סָפַרְתָּה אָתָּה שִׂימָה דִמְעָתִי בְנֹאדֶךָ" — **This is what is written, *You Yourself*** (God) ***have counted my wanderings; place my tears in Your flask*** [בְנֹאדֶךָ] (*Psalms* 56:9). כְּאוֹתָהּ בַּעֲלַת נוֹד — The word בְנֹאדֶךָ indicates that the Psalmist begs of God, "Accept my tearful prayer, **as** you accepted the tearful prayer of **that woman who bore a flask,"** i.e., Hagar.[210],[211] "הֲלֹא בְּסִפְרָתֶךָ"[212] כְּשֵׁם שֶׁכָּתוּב בְּסֵפֶר שֶׁלְּךָ — The conclusion of the cited verse from *Psalms*, ***are they not in Your record?***, may be understood to mean: **as is written in Your Book,** i.e. the Torah,[213] which records the incident of God's hearing Hagar's cries.

NOTES

202. This verse dictates that the Israelites were to put a distance of 2,000 *amos* between themselves and the Ark of the Covenant when crossing the Jordan. As our verse uses that same root with regard to the distance that Hagar placed between herself and Ishmael, we may infer that Hagar stood 2,000 *amos* from where she had cast Ishmael (ibid.).

203. That is, via the *gezeirah shavah* מִנֶּגֶד־מִנֶּגֶד we have learned the distance Israel was to encamp around the Tent of Meeting from the distance Hagar placed between herself and Ishmael; and via the *gezeirah shavah* רָחוֹק־רָחוֹק we have learned the distance Hagar placed between herself and Ishmael from the distance the Israelites were to put between themselves and the Ark of the Covenant (ibid.). See, however, Insights.

204. The first view in the Midrash required a *gezeirah shavah* to establish that Hagar stood 2,000 *amos* from where Ishmael lay. R' Yitzchak argues that the *gezeirah shavah* is unnecessary, as this is implicit within our verse (*Eitz Yosef*; *Matnos Kehunah*; *Maharzu*).

205. A *mil* = 2,000 *amos*, or 3,000-4,000 feet.

כִּמְטַחֲוֵי קֶשֶׁת indicates shots of an arrow in a quantity greater than one. Since whenever Scripture indicates an amount that is undefined but greater than one, it is assumed to be two, the Midrash asserts that Hagar was *two bowshots* away from Ishmael. Now, in a single *shot*, an arrow [launched by an expert archer (*Rashi*)] will travel a distance of 1,000 *amos*. If shot again from the place where it landed, the arrow will have traversed 2,000 *amos*. Thus, R' Yitzchak extrapolates from our verse, which indicates a *distance* of *two bowshots*, that there were 2,000 *amos* between Hagar and Ishmael (*Eitz Yosef*; see *Rashi*; *Matnos Kehunah*; *Maharzu*). [The distance referred to by the verse cited from *Numbers* can then be learned via a single *gezeirah shavah* from our verse (*Matnos Kehunah*).]

206. The Torah's choice of these words as opposed to the root more commonly used for *shooting* an arrow, ירייה, or as opposed to simply stating that Hagar was 2,000 *amos* away, hints at the fact that Hagar *shot* harsh words heavenward (*Eitz Yosef*, citing *Yefeh To'ar*; see *Imrei Yosher* for an alternative explanation).

207. Lit., *yesterday*.

208. Fearing that Ishmael's death was imminent, Hagar complained to God for not fulfilling His promise that Ishmael would be the forebear of a populous nation. See Insight Ⓐ.

209. Emendation follows *Eitz Yosef*, based on *Yalkut Shimoni, Vayeira* §94.

210. The word בְנֹאדֶךָ, whose root means *flask*, is understood by the Midrash to allude to the *skin of water* that was borne by Hagar. The ב at the beginning of this word is interpreted as if it would be a כ, *as* (compare *Shemos Rabbah* 38 §1), and the subject, i.e., the "woman who bore," is to be inserted into the word (compare *Psalms* 109:4). Thus, בְנֹאדֶךָ becomes *as Your woman who bore a flask*. The reason the verse refers to Hagar as *"Your" woman* is that Hagar succeeded in drawing God close to her through prayer (*Eitz Yosef*, citing *Yefeh To'ar*; see further *Yefeh To'ar* and *Maharzu*; also see *Maharzu* for an additional approach).

King David mentions the fact that God paid heed to Hagar's tears because that incident demonstrated the efficacy of tearful prayer [as we will see below] (*Eitz Yosef*).

211. The Midrash is using this verse from *Psalms* to achieve a better understanding of our verse: Verse 17, which states: וַיִּשְׁמַע אֱלֹהִים אֶת קוֹל הַנַּעַר, *God heard the cry of the youth*, appears to suggest that God heard the prayers of Ishmael, and not Hagar's (see further below). However, the cited verse from *Psalms* demonstrates that Hagar's tears were also accepted. We must therefore conclude that these juxtaposed phrases, which together read, *And she sat at a distance, lifted her voice, and wept. God heard the cry of the youth*, are to be understood to mean that God heard the cries of *both* Hagar and Ishmael (*Maharzu*; see also *Yefeh To'ar* for a similar explanation; see also *Eitz Yosef*, end of s.v. ומ"ש אח"ז שמעה תפלתי).

212. The two words הֲלֹא בְּסִפְרָתֶךָ are added following *Eitz Yosef* and *Maharzu*, based on *Yalkut Shimoni* loc. cit. The same is true for substituting בְּסֵפֶר שֶׁלְּךָ for בְּסֵפֶר תְּהִלִּים. For an interpretation of the other version see *Yefeh To'ar*.

213. *Maharzu*, *Eitz Yosef*; see also *Imrei Yosher*.

INSIGHTS

Ⓐ **Different Thoughts** The Midrash criticizes Hagar for having spoken disrespectfully to God. This requires explanation. It is true that Hagar questioned God as to how His promise to grant her a vast number of offspring could be reconciled with Ishmael's apparently imminent death from thirst. But her question seems to differ little from the question that Abraham posed to God after the angel prevented the slaughter of Isaac as a sacrificial offering atop Mount Moriah. As the Midrash notes (below, 56 §8), Abraham asked God to reconcile His promise that Isaac would be the the progenitor of a great nation with His directive to bring Isaac as a sacrificial offering (and, in turn, to reconcile that directive with the directive to desist from the venture). Yet, the Midrash does not criticize Abraham for his question. Why, then, does the Midrash criticize Hagar for her similar question?

Ir Al Tilah points out a major distinction between the case of Abraham and the case of Hagar. Another Midrash (below, 56 §10) restates and expands Abraham's statement to God. In that Midrash, R' Yochanan explains that Abraham stressed to God that he could have verbalized his question *before* proceeding to Mount Moriah, but that he had deliberately suppressed it. *Radal* in his commentary (ad loc.) elaborates that Abraham was stressing that he had successfully overcome any possible inclination to doubt Hashem, and had instead compelled himself to proceed to Mount Moriah unquestioningly, on the basis of his trust in God, and the trust that he would ultimately understand God's master plan. [See the Insight to 53 §4, where this was discussed at length.]

Hagar, on the other hand, actually doubted God, and certainly did not place trust in Him — and she expressed those shortcomings, immediately verbalizing her question. Thus, while their questions may have been similar, the thought-processes of Hagar and Abraham were very different (*Ir Al Tilah* to *II Kings* 4:28).

"הַרְחֵק", הָכָא אַתְּ °אוֹמֵר "הַרְחֵק כִּמְטַחֲוֵי קֶשֶׁת", וּלְהַלָּן אַתְּ °אוֹמֵר (יהושע ג, ד) "אַךְ רָחוֹק יִהְיֶה בֵּינֵיכֶם וּבֵינָיו כְּאַלְפַּיִם אַמָּה בַּמִּדָּה", הָא לָמַדְנוּ נֶגֶד מִנֶּגֶד, וְרָחוֹק מֵרָחוֹק. אָמַר רַבִּי יִצְחָק: "כִּמְטַחֲוֵי קֶשֶׁת" שְׁנֵי טְוָוחִים בַּקֶּשֶׁת, מִיל. אָמַר רַבִּי בֶּרֶכְיָה [לא]כִּמְטַחַת דְּבָרִים כְּלַפֵּי מַעְלָה, אָמְרָה: אֶתְמוֹל אָמַרְתָּ לִי "הַרְבָּה אַרְבֶּה אֶת זַרְעֵךְ וְגוֹ'", עַכְשָׁיו הוּא מֵת בַּצָּמָא:

יד °הָדָא הוּא דִכְתִיב (תהלים נו, ט) "נֹדִי סָפַרְתָּה אָתָּה שִׂימָה דִמְעָתִי בְנֹאדֶךָ", [לב]כְּאוֹתָהּ בַּעֲלַת נוֹד, °כְּשֵׁם שֶׁכָּתוּב בְּסֵפֶר תְּהִלִּים° (תהלים לט, יג) "שִׁמְעָה תְפִלָּתִי ה' וְשַׁוְעָתִי הַאֲזִינָה וְגוֹ'", אֶל דִּמְעָתָהּ שֶׁל הָגָר לֹא הֶחֱרַשְׁתָּ אֶל דִּמְעָתִי אַתָּה מַחֲרִישׁ, וְאִם תֹּאמַר עַל יְדֵי שֶׁהָיְתָה גִּיּוֹרֶת הָיְתָה חֲבִיבָה אַף אָנֹכִי (שם). "כִּי גֵר אָנֹכִי עִמָּךְ תּוֹשָׁב כְּכָל אֲבוֹתָי". וַיִּקְרָא מַלְאַךְ אֱלֹהִים אֶל הָגָר, בִּזְכוּת שֶׁל אַבְרָהָם. "בַּאֲשֶׁר הוּא שָׁם", בִּזְכוּת עַצְמוֹ. יָפָה תְּפִלַּת הַחוֹלֶה לְעַצְמוֹ יוֹתֵר מִכֹּל. "בַּאֲשֶׁר הוּא שָׁם", [לג]אָמַר רַבִּי סִימוֹן קָפְצוּ מַלְאֲכֵי הַשָּׁרֵת לְקַטְרְגוֹ, אָמְרוּ לְפָנָיו: רִבּוֹן הָעוֹלָמִים

עץ יוסף

שני טווחים כי מהלך הקשת אלף אמה דטיחה לשון ירייה. ומטחוי משמע ב' דמיעוט רבים ב'. ומשפט הוי"ו ליכנס בכאן כדפרש"י בחומש. וכשיורה פעם ב' ממקום שכלה הורייה ראשונה יהיה אלפים אמה: **במטחת דברים** מדנקט האי לישנא דמטחוי ולא ירייה אי נמי מדלא קאמר אלפים אמה וכיולא. להורות שהיתה מטחת דברים כלפי מעלה כמורה חצים (יפ"ת): **עכשיו הוא מת בצמא ותשא קולה ותבך הה"ד נודי ספרת**. כצ"ל: (יד) **באותה בעלת נוד** דרמיז נמי אבעלת נוד היא הגר ששם אברהם הנוד על שכמה שנתקבל דמעתה כי ממנה למד. ובגיר' הילקוט מסיק הלא בספרתך כתוב בספר שלך כלו' בתורה מעניין הגר. וגירסת הילקוט עיקר וכצ"ל כאותה בעלת נוד. הלא בספרתך כשם שכתוב בספר שלך. ומ"ש אח"ז שמעה תפלתי כו' היא דרשה אחרת הדומה לדלעיל מינה שדרש שם מלת דמעתי. וכן כאן כתוב אל דמעתי אל תחרש. ואולי צ"ל הה"ד שמעה תפלתי. והיא ראיה אחרת שנעתרה דמעת הגר (יפ"ת): **באותה בעלת נוד** והבי"ת בנאדך במקום כ"ף ע"ד מ"ש בשמות רבה פ' ל"ח אל תאמר בשמים אלא כשמים. והמקרא חסר הנושא כמו ואני תפלה שפיר' איש תפלה. וכינוי בנאדך לפי שקרבה ה' (יפ"ת): **אל דמעתה של הגר כו'**. מובטחני בדמעה שלא תחרש ובהכרח תתקבל ולא תחרש ממנה מאחר שאפילו לדמעתה של הגר שלא היתה כדאית שתתקבל שהטיחה דברים כדלעיל על כל זה לא החרשת נראה שמסגולת שערי דמעה שלא ינעלו: **ואם תאמר** דשאני הגר מפני שהיתה גיורת היתה חביבה כדכתיב ואוהב גר. אבל לא מפני סגולת הדמע לחוד: **כי גר אנכי עמך** ר"ל לפי שחביבות הגר הוא לפי שלבו נשבר ונדכה כי אין לו קרובים ורעים אהובים וקרוב ה' לנשברי לב. לכן אמר שהוא ג"כ נחשב לגר שגם לבו נשבר: [יט] **בזכותו של אברהם**. דכתיב אצלו ויקרא מלאך ה' אל אברהם שנית מן השמים (רש"י ויפ"ת): **בזכות עצמו** שנמול בהיותו בן י"ג ולא עכב שעל זה היה מתפאר כדלקמן פ' נ"ה: **יפה תפלת החולה** מדתלה קבלתו בזכות עצמו ולא בזכות אברהם אע"פ שגם בזכותו נתקבל כדלעיל (יפ"ת). ועוד דגם הגר התפללה כדאמר לעיל בסי' הקודם אל דמעתה של הגר לא החרשת כו' וא"כ למה לא תלה הדבר בקול תפלת הגר. אע"כ שיפה תפלת החולה לעצמו יותר מכל. כלו' שאם החולה מכניע לבו לתשובה ותפלה הוא מועיל יותר מתפלת אחרים שמתפללים עליו (נזה"ק): **קפצו מלאכי השרת כו'**. דהוה סגי דלימא באשר הוא. ושם למה לי. אלא לומר שנדון על ההווה ולא על העתיד לבא (יפ"ת):

פירוש מהרז"ו

ג' ולר"י א"צ לגז"ש של רחוק רחוק אלא נגד דשם מנגד דכאן וכאן מגופא דקרא דשני טווחים ויריית קשת הוא מיל. ומ"ש שמ"ר פר' י"א סימן ה' שהקשת אינו יכול להלוך אפילו מאה אמה היינו בגובה: (יד) **הדא הוא דכתיב נודי ספרת** בא לדרוש מ"ש ותשא קולה ותבך וישמע אלהים את קול הנער שמשמע ג"כ קול בכית הגר וזה ממ"ש נודי ספרת אתה וגו' שמשמע שכבר ספר הדמעות והניחם בנאד ואח"כ אמר שימה דמעתי בנאדך שעדיין אינם בנאד. לזה דרש נודי בעלת נאד וכמו נודית ע"ד בית הנשים שני שפירש שנית ויו"ד נודי ליחס) עי' מ"כ. ויתכן עוד כמ"ש בתנחומא סוף פ' חיי שרה קטורה זו הגר שהיתה קשורה כנאד וזהו בעלת נוד. ומ"ש במדרש כשם שכתוב בספר היינו בספר תורה. וכן הגי' בילקוט הלא בספרתך כשם שכתוב בספר שלך ע"כ וזה ע"פ מדה ל"א נודי ספרת הלא בספרתך. ופי' שבעלת נוד אשר בכתה ספרת דמעתה. הלא בספרתך שם בתורתך מפורש ששמת דמעתה בנאדך וקבלת אותה. כן ספור ושימה דמעתי בנאדך כי כמו ברישא דקרא ספרת כך בסיפא ספור. וכמו בסיפא שימה דמעתי כך ברישא ושמת דמעתה כשנגרשה מאברהם. ומלת תהלים במדרש ט"ס הוא. ופסוק שמעה ה' הוא דרשה אחרת. וכמ"ש בסמוך (וכ"כ היפ"ת): **ויקרא מלאך וגו'** וס"ד מן השמים ואברהם נקרא שמים כמ"ש שמ"ר פל"ח סימן ו' בביאור. וכמ"ש לעיל פמ"ה ס"ס ז': **באשר הוא שם** במעמד שעומד בו עתה הרי שהיה עליו קטרוג ממה שיהיה לעתיד וזה ע"פ מדה ט' וי"ז שמפורש במקום אחר שהמיתו בניו את ישראל בצמא וכמ"ש שמ"ר פ"ג סימן ב' וש"נ ועי' תנחומא וילא סי' ה' ושם הגי' מיד רמז הקב"ה למלאך להראות לו הבאר כו' ע"ש בשינוי:

רש"י

למדנו נגד מנגד הרחק מרחוק. נאמר כאן ותשב לה מנגד ולהלן הוא אומר מנגד סביב לאהל מועד יחנו. נאמר כאן הרחק כמטחוי קשת ונאמר להלן רחוק יהיה ביניכם וביניו כאלפים אמה במדה מה נגד ורחוק האמור להלן אלפים אף כאן מטחוי קשת אלפים: **שתי טיחות בקשת מיל**. כשאדם מושך בקשת שתי טיחות לסוף הראשונה מתחיל האחרת יכול לירות מיל וזהו אומן לירות בקשת ופחות מכאן לאו אומן לירות מיקרי: **אמר רבי ברכיה**. כמטחוי כמטחת דברים: (יד) **ויקרא מלאך אלהים אל הגר מן השמים בזכותו של אברהם**. שנאמר בו ויקרא מלאך ה' אל אברהם שנית מן השמים: **באשר הוא שם בזכות עצמו**. שניצול בזכות קול תפלתו וכבר אמרנו חולה היה מכאן אמרו יפה תפלת החולה לעצמו יותר מכל תפלות אחרים דכתיב וישמע אלהים את קול הנער:

מתנות כהונה

הרחק. מרחוק: מה להלן אלפים אמה שכן כתיב אך רחוק יהיה ביניכם אלפים אמה הכא נמי אלפים אמה ור' יצחק אמר אינו צריך ללמוד משם מדכתיב כמטחוי שתי טיחות וכשיורה פעם שניה ממקום שכלה היריה הראשונה היא אלפים אמה: [יד] **בעלת נוד**. זו הגר ששם אברהם חמת על שכמה: בזכות אברהם. פירש"י דכתיב אצלו ויקרא מלאך ה' אל אברהם שנית מן השמים:

אשד הנחלים

מנגד מנגד. שגם פה אלפים אמה. ודעת ר"י שאין צריך להוכיח מזה כ"א מגופא. שני טווחים כי מהלך הקשת מיל. ושני טווחים הוא שני מיל: **כמטחת דברים**. כלומר שלכן נאמר לשון זה ולא נאמר אלפים אמה להורות שהית' מטחת דברים ונרמז ג"כ לשון זה: [יד] **נודי ספרת כו' בעלת נד**. כלומר אם כך דרכו לרחם על מי שהיא תועה במדבר אף למי ששלחה אברהם מביתו ומסתמא היא ראוי' לזה ועכ"ז שמעת תפלתה ואף כי אנכי תועה במדבר בישימון דרך. ומסיים עוד פן היא חביבה בעיניך מצד היותה גר. לזה אמר גם אני גר אנכי. כלומר גם אנכי נחשבתי בעיני כגר נכנע לדבריך וראוי גם לרחם עלי [והציור הרעיוני הזה נמשך ע"פ מה שביארתי בתהלוכות (פרק א) בעניני השתשקות הרעיונות ע"ש]: **בזכות של אברהם כו' בזכות עצמו** כלומר תחילת הקריאה הי' בזכות אברהם אך צרף בזה זכות עצמו ג"כ כי בעת הזאת הי' עדיין טוב. וזהו באשר הוא שם כפי אשר הוא שם כעת:

מסורת המדרש

לא שמ"ר פ' ג'. תנחומא וילא סי' ה':
לב ילקוט תהלים רמז תשע"ד:
לג ר"ה ט"ז. ירושלמי ר"ה פרק א'. שוח"ט מזמור ה'. תנחומא וילא סי' ה'. ילקוט כאן רמז צ"ד:

אם למקרא

אִישׁ עַל־דִּגְלוֹ בְאֹתֹת לְבֵית אֲבֹתָם יַחֲנוּ בְּנֵי יִשְׂרָאֵל מִנֶּגֶד סָבִיב לְאֹהֶל־מוֹעֵד יַחֲנוּ: (במדבר ב:ב)

אַךְ רָחוֹק יִהְיֶה בֵּינֵיכֶם וּבֵינָיו כְּאַלְפַּיִם אַמָּה בַּמִּדָּה אַל־תִּקְרְבוּ אֵלָיו לְמַעַן אֲשֶׁר־תֵּדְעוּ אֶת־הַדֶּרֶךְ אֲשֶׁר תֵּלְכוּ־בָהּ כִּי לֹא עֲבַרְתֶּם בַּדֶּרֶךְ מִתְּמוֹל שִׁלְשׁוֹם: (יהושע ג:ד)

נֹדִי סָפַרְתָּה אָתָּה שִׂימָה דִמְעָתִי בְנֹאדֶךָ הֲלֹא בְּסִפְרָתֶךָ: (תהלים נו:ט)

שִׁמְעָה־תְפִלָּתִי ה' וְשַׁוְעָתִי הַאֲזִינָה אֶל־דִּמְעָתִי אַל־תֶּחֱרַשׁ כִּי גֵר אָנֹכִי עִמָּךְ תּוֹשָׁב כְּכָל־אֲבוֹתָי: (תהלים לט:יג)

The Midrash will now interpret a second verse from *Psalms* as related to our passage:[214]

״שִׁמְעָה תְפִלָּתִי ה׳ וְשַׁוְעָתִי הַאֲזִינָה וגו׳״ — ***Hear my prayer, HASHEM, give ear to my outcry, etc.*** *[be not mute to my tears; for I am a sojourner with You, a settler like all my forefathers]* (*Psalms* 39:13). אֶל דִּמְעָתָהּ שֶׁל הָגָר לֹא הֶחֱרַשְׁתָּ — In this verse King David expresses confidence that God will indeed heed his prayers, based on the following argument:[215] **"To the tear of Hagar You** (God) **were not mute,**[216] אֶל דִּמְעָתִי אַתָּה מַחֲרִישׁ — **to my tear will You** then **be mute?**[217] וְאִם תֹּאמַר עַל יְדֵי שֶׁהָיְתָה גִּיּוֹרֶת הָיְתָה חֲבִיבָה — **And if You will say** that **since [Hagar] was a proselyte, she was** especially **beloved,**[218] אַף אָנֹכִי ״כִּי גֵר אָנֹכִי עִמָּךְ תּוֹשָׁב כְּכָל אֲבוֹתָי״ — **I** (King David) **too** am equivalent to a proselyte in this regard, as the verse states, ***for I am a sojourner with You, a settler like all my forefathers."***[219]

וַיִּשְׁמַע אֱלֹהִים אֶת קוֹל הַנַּעַר וַיִּקְרָא מַלְאַךְ אֱלֹהִים אֶל הָגָר מִן־הַשָּׁמַיִם וַיֹּאמֶר לָהּ מַה־לָּךְ הָגָר אַל־תִּירְאִי כִּי שָׁמַע אֱלֹהִים אֶל קוֹל הַנַּעַר בַּאֲשֶׁר הוּא שָׁם.

God heard the cry of the youth, and an angel of God called to Hagar from heaven and said to her, "What troubles you, Hagar? Fear not, for God has heeded the cry of the youth in his present state" (21:17).

□ וַיִּקְרָא מַלְאַךְ אֱלֹהִים אֶל הָגָר — ***AND AN ANGEL OF GOD CALLED TO HAGAR ETC.***

The Midrash discusses in whose merit Ishmael was saved: בִּזְכוּת שֶׁל אַבְרָהָם — The wording of our verse suggests that God saved Ishmael **in the merit of Abraham.**[220] ״בַּאֲשֶׁר הוּא שָׁם״ בִּזְכוּת עַצְמוֹ — The continuation of the verse, which states, ***in his present state,*** suggests that God saved Ishmael **in his own merit.**[221]

The Midrash derives an important lesson about prayer from our verse:

יָפָה תְּפִלַּת הַחוֹלֶה לְעַצְמוֹ יוֹתֵר מִכֹּל — **The prayer of a sick person**[222] **on his own behalf is more effective**[223] **than all** other prayers.[224]

□ בַּאֲשֶׁר הוּא שָׁם — *FEAR NOT, FOR GOD HAS HEARD THE CRY OF THE YOUTH* ***IN HIS PRESENT STATE.***

What is the significance of the expression *in his present state*? The Midrash explains:

אָמַר רַבִּי סִימוֹן — **R' Simon said:**[225] קָפְצוּ מַלְאֲכֵי הַשָּׁרֵת לְקַטְרְגוֹ — When God was about to provide water for the suffering Ishmael, **the ministering angels hastened to prosecute him.** אָמְרוּ לְפָנָיו: רִבּוֹן הָעוֹלָמִים — **They said before [God], "Master of the Universes!**

NOTES

214. This interpretation is not directly related to the preceding one, but appears here because of the similarity between the two. It is possible that it is cited as additional proof that Hagar's prayers were received [and not just Ishmael's] (*Eitz Yosef*, citing *Yefeh To'ar*; see also *Maharzu*).

215. *Eitz Yosef*.

216. I.e., you responded positively to the tears that Hagar shed in prayer.

217. Hagar was not worthy of being saved, for she had spoken disrespectfully toward God (see above, end of preceding section). That she was nonetheless assisted is a testament that all who cry out to God will be granted their requests (*Eitz Yosef*; see *Eshed HaNechalim* for a similar approach). [*Eitz Yosef* indicates the statement made by the Sages in *Berachos* 32b based on this verse in *Psalms*: "From the day that the Temple was destroyed, the (heavenly) gates of prayer were locked . . . (but) the gates of tears (i.e., prayer accompanied by tears) have not been locked."]

218. That God has a particular fondness for proselytes is stated in *Deuteronomy* 10:18. One may therefore argue that God answered Hagar's tears only because she was a proselyte, and consequently, King David would be unjustified in assuming, based on God's responding to Hagar's tears, that his own tears are necessarily effective (*Eitz Yosef*).

219. God's affinity for proselytes is due to the brokenheartedness and humility that they develop as a result of not having relatives or close friends. As stated in *Psalms* 34:19, God is close to people who possess these traits. King David defended his argument that God should respond to his tears no less than He had to Hagar's by claiming that [as indicated by the cited verse in which David refers to himself as a גֵּר, *a sojourner*] his heart was as humbled as a proselyte's (*Eitz Yosef*).

220. An unrelated verse states, וַיִּקְרָא מַלְאַךְ ה׳ אֶל אַבְרָהָם, *The angel of HASHEM called to Abraham* (above, 22:15). The similar wording used by our verse with respect to the angel's calling Hagar indicates to the Midrash that it was in Abraham's merit that the angel did so (see *Rashi* and *Yefeh To'ar*, also cited by *Eitz Yosef*; see *Maharzu* for an alternative approach).

221. Ishmael possessed a great merit in that he voluntarily underwent circumcision as a 13-year-old (*Eitz Yosef*, who references 55 §4 below). Alternatively, the Midrash is referring to the merit Ishmael accrued through the prayers he uttered as he lay suffering (*Rashi*; see below).

Thus, Ishmael was saved through a combination of Abraham's merit and his own.

222. We have learned in the preceding section that Ishmael had taken ill (*Rashi*).

223. Lit., *better*.

224. Elucidation follows *Rashi* (here and to verse) and *Eitz Yosef*, citing *Nezer HaKodesh*. These commentators explain that the Midrash makes this inference from the fact that the verse states, *for God has heeded the cry of the youth*, as the reason for God's intervention, despite the fact that (as taught above) Hagar prayed as well.

Alternatively, having taught that Ishmael's salvation was a result of Abraham's and Ishmael's combined merits, the Midrash infers that Ishmael's prayer was most significant among the contributing factors (*Eitz Yosef*, citing *Yefeh To'ar*).

A sick person's prayer is uniquely effective because his suffering moves him to pray with great sincerity, and because [as taught above from *Psalms*] God is close to the brokenhearted and the humble (*Yefeh To'ar*; see also *Eitz Yosef*, citing *Nezer HaKodesh*).

225. The verse implies that God assisted Ishmael based on his status in his present state, whereas his future status would not justify that assistance. R' Simon seeks to explain this (*Eitz Yosef*, citing *Yefeh To'ar*; *Maharzu*).

"הַרְחֵק", הָבָא אַתְּ °אוֹמֵר "הַרְחֵק כִּמְטַחֲוֵי קֶשֶׁת", וּלְהַלָּן אַתְּ °אוֹמֵר (יהושע ג, ד) "אַךְ רָחוֹק יִהְיֶה בֵּינֵיכֶם וּבֵינָיו כְּאַלְפַּיִם אַמָּה בַּמִּדָּה", הָא לָמַדְנוּ נֶגֶד מִנֶּגֶד, וְרָחוֹק מֵרָחוֹק. אָמַר רַבִּי יִצְחָק: "כִּמְטַחֲוֵי קֶשֶׁת" שְׁנֵי טְוָוחִים בַּקֶּשֶׁת, מִיל. אָמַר רַבִּי בֶּרֶכְיָה [לא]כִּמְטַחַת דְּבָרִים כְּלַפֵּי מַעְלָה, אָמְרָה: אֶתְמוֹל אָמַרְתָּ לִי "הַרְבָּה אַרְבֶּה אֶת זַרְעֵךְ וְגוֹ'", עַכְשָׁיו הוּא מֵת בַּצָּמָא:

יד °הָדָא הוּא דִכְתִיב (תהלים נו, ט) "נוֹדִי סָפַרְתָּה אַתָּה שִׂימָה דִמְעָתִי בְנֹאדֶךָ", [לב]כְּאוֹתָהּ בַּעֲלַת נוֹד, °כְּשֵׁם שֶׁכָּתוּב בְּסֵפֶר תְּהִלִּים° (תהלים לט, יג) "שִׁמְעָה תְפִלָּתִי ה' וְשַׁוְעָתִי הַאֲזִינָה וְגוֹ'", אֶל דִּמְעָתָהּ שֶׁל הָגָר לֹא הֶחֱרַשְׁתָּ אֶל דִּמְעָתִי אַתָּה מַחֲרִישׁ, וְאִם תֹּאמַר עַל יְדֵי שֶׁהָיְתָה גִּיּוֹרֶת הָיְתָה חֲבִיבָה אַף אָנֹכִי (שם). "כִּי גֵר אָנֹכִי עִמָּךְ תּוֹשָׁב כְּכָל אֲבוֹתָי". וַיִּקְרָא מַלְאַךְ אֱלֹהִים אֶל הָגָר, בִּזְכוּת שֶׁל אַבְרָהָם. "בַּאֲשֶׁר הוּא שָׁם", בִּזְכוּת עַצְמוֹ. יָפָה תְּפִלַּת הַחוֹלֶה לְעַצְמוֹ יוֹתֵר מִכֹּל. "בַּאֲשֶׁר הוּא שָׁם", [לג]אָמַר רַבִּי סִימוֹן קָפְצוּ מַלְאֲכֵי הַשָּׁרֵת לְקַטְרְגוֹ, אָמְרוּ לְפָנָיו: רִבּוֹן הָעוֹלָמִים

מסורת המדרש

לא שמ"ר פ' ג'. תנחומא וילא סי' ה': לב ילקוט תהלים רמז תשע"ד: לג ר"ה ט"ז. ירושלמי ר"ה פרק א'. שוח"ט מזמור ה'. תנחומא וילא סי' ה'. ילקוט כאן רמז ל"ד:

עץ יוסף

שני טווחים כי מהלך הקשת אלף אמה דטיחה לשון ירייה. ומטחוי משמע ב' דמיעוט רבים ב'. ומשפט הוי"ו ליכנס בכאן כדפרש"י בחומש. וכשיורה פעם ב' ממקום שכלה הורייה ראשונה יהיה אלפים אמה: **במטחת דברים** מדנקט האי לישנא דמטחוי ולא ירייה אי נמי מדלא קאמר אלפים אמה וכיוצא. להורות שהיתה מטחת דברים כלפי מעלה כמורה חצים (יפ"ת): **עכשיו הוא מת בצמא ותשא קולה ותבך הה"ד נודי ספרת.** כצ"ל: (יד) **כאותה בעלת נוד** דרמיז נמי אבעלת נוד היא הגר ששם אברהם הנוד על שכמה שנתקבל דמעתה כי ממנה למד. ובגיר' הילקוט מסיק הלא בספרתך כתוב בספר שלך כלו' בתורה מענין הגר. וגירסת הילקוט עיקר וכצ"ל כאותה בעלת נוד. הלא בספרתך כשם שכתוב בספר שלך. ומ"ש אח"ז שמעה תפלתי כו' היא דרשה אחרת הדומה לדלעיל מינה שדרש שם מלת דמעתי. וכן כאן כתוב אל דמעתי אל תחרש. ואולי צ"ל הה"ד שמעה תפלתי. והיא ראיה אחרת שנעתרה דמעת הגר (יפ"ת): **באותה בעלת נוד** והבי"ת בנאדך במקום כ"ף ע"ד מ"ש בשמות רבה פ' ל"א אל תאמר בשמים אלא כשמים. והמקרא חסר הנושא כמו ואני תפלה שפיר' איש תפלה. וכינוי בנאדך לפי שקרבה ה' (יפ"ת): **אל דמעתה של הגר כו'.** מובטחני בדמעה שלא תחרש ובהכרח תתקבל ולא תחרש ממנה מאחר שאפילו לדמעתה של הגר שלא היתה כדאית שתתקבל שהטיחה דברים כדלעיל על כל זה לא החרשת נראה שמסגולת שערי דמעה שלא ינעלו: **ואם תאמר** דשאני הגר מפני שהיתה גיורת היתה חביבה כדכתיב ואוהב גר. אבל לא מפני סגולת הדמע לחוד: **כי גר אנכי עמך** ר"ל לפי שחביבות הגר הוא לפי שלבו נשבר ונדכה כי אין לו קרובים ורעים אהובים וקרוב ה' לנשברי לב. לכן אמר שהוא ג"כ נחשב לגר שגם לבו נשבר: [יט] **בזכותו של אברהם.** דכתיב אצלו ויקרא מלאך ה' אל אברהם שנית מן השמים (רש"י ויפ"ת): **בזכות עצמו** שנמול בהיותו בן י"ג ולא עכב שעל זה היה מתפאר כדלקמן פ' נ"ה:

יפה תפלת החולה מדתלה קבלתו בזכות עצמו ולא בזכות אברהם אע"פ שגם בזכותו נתקבל כדלעיל (יפ"ת). ועוד דגם הגר התפללה כדאמר לעיל בסי' הקודם אל דמעתה של הגר לא החרשת כו' וא"כ למה לא תלה הדבר בקול תפלת הגר. אע"כ שיפה תפלת החולה לעצמו יותר מכל. כלו' שאם החולה מכניע לבו לתשובה ותפלה הוא מועיל יותר מתפלת אחרים שמתפללים עליו (נזה"ק): **קפצו מלאכי השרת כו'.** דהוה סגי דלימא באשר הוא. ושם למה לי. אלא לומר שנדון על ההווה ולא על העתיד לבא (יפ"ת):

פירוש מהרז"ו

ג' ולר"י א"צ לגז"ש של רחוק רחוק אלא נגד דשם מנגד דכאן וכאן מגופא דקרא דשני טווחים וירייה קשת הוא מיל. ומ"ש שמ"ר פר' י"א סימן ה' שהקשת אינו יכול להלוך אפילו מאה אמה היינו בגובה: (יד) **הדא הוא דכתיב נודי ספרת** בא לדרוש מ"ש ותשא קולה ותבך וישמע אלהים את קול הנער ששמע ג"כ קול בכית הגר וזה ממ"ש נודי ספרת אתה וגו' שמשמע שכבר ספר הדמעות והניחם בנאד ואח"כ אמר שימה דמעתי בנאדך שעדיין אינם בנאד. לזה דרש נודי בעלת נאד וכמו נודית ע"ד בית הנשים שני שפירש שנית ויו"ד נודי ליחס) עי' מ"כ. ויתכן עוד כמ"ש בתנחומא סוף פ' חיי שרה קטורה זו הגר שהיתה קשורה כנאד וזהו בעלת נוד. ומ"ש במדרש כשם שכתוב בספר היינו בספר תורה. וכן הגי' בילקוט הלא בספרתך כשם שכתוב בספר שלך ע"כ וזה ע"פ מדה ל"א נודי ספרת הלא בספרתך. ופי' שבעלת נוד אשר בכתה ספרת דמעתה. הלא בספרתך שם בתורתך מפורש ששמת דמעתה בנאדך וקבלת אותה. כן ספור ושימה דמעתי בנאדך כי כמו ברישא דקרא ספרת כך בסיפא ספור. וכמו בסיפא שימה דמעתי כך ברישא ושמת דמעתה כשנגרשה מאברהם. ומלת תהלים במדרש ט"ס הוא. ופסוק שמעה ה' הוא דרשה אחרת. וכמ"ש בסמוך (וכ"כ היפ"ת): **ויקרא מלאך וגו'** וס"ד מן השמים ואברהם נקרא שמים כמ"ש שמ"ר פל"ח סימן ו' בביאור. וכמ"ש לעיל פמ"ה ס"ס ז': **באשר הוא שם** במעמד שעומד בו עתה הרי שהיה עליו קטרוג ממה שיהיה לעתיד וזה ע"פ מדה ט' וי"ז שמפורש במקום אחר שהמיתו בניו את ישראל בצמא וכמ"ש שמ"ר פ"ג סימן ב' וש"כ וע' תנחומא וילא סי' ה' ושם הגי' מיד רמז הקב"ה למלאך להראות לו הבאר כו' ע"ש בשינוי:

אם למקרא

אִישׁ עַל־דִּגְלוֹ בְאֹתֹת לְבֵית אֲבֹתָם יַחֲנוּ בְּנֵי יִשְׂרָאֵל מִנֶּגֶד סָבִיב לְאֹהֶל־מוֹעֵד יַחֲנוּ: (במדבר ב:ב)

אַךְ רָחוֹק יִהְיֶה בֵּינֵיכֶם וּבֵינָיו כְּאַלְפַּיִם אַמָּה בַּמִּדָּה אַל־תִּקְרְבוּ אֵלָיו לְמַעַן אֲשֶׁר־תֵּדְעוּ אֶת־הַדֶּרֶךְ אֲשֶׁר תֵּלְכוּ־בָהּ כִּי לֹא עֲבַרְתֶּם בַּדֶּרֶךְ מִתְּמוֹל שִׁלְשׁוֹם:

נֹדִי סָפַרְתָּה אָתָּה שִׂימָה דִמְעָתִי בְנֹאדֶךָ הֲלֹא בְּסִפְרָתֶךָ: (תהלים נו:ט)

שִׁמְעָה־תְפִלָּתִי ה' וְשַׁוְעָתִי הַאֲזִינָה אֶל־דִּמְעָתִי אַל־תֶּחֱרַשׁ כִּי גֵר אָנֹכִי עִמָּךְ תּוֹשָׁב כְּכָל־אֲבוֹתָי: (תהלים לט:יג)

רש"י

למדנו נגד מנגד הרחק מרחוק. נאמר כאן ותשב לה מנגד ולהלן הוא אומר מנגד סביב לאהל מועד יחנו. נאמר כאן הרחק כמטחוי קשת ונאמר להלן רחוק יהיה ביניכם וביניו כאלפים אמה במדה מה נגד ורחוק האמור להלן אלפים אף כאן מטחוי קשת אלפים: **שתי טיחות בקשת מיל.** כשאדם מושך בקשת שתי טיחות לסוף הראשונה מתחיל האחרת יכול לירות מיל וזהו אומן לירות בקשת ופחות מכאן לאו אומן לירות מיקרי: **אמר רבי ברכיה.** כמטחוי כמטחת דברים: (יד) **ויקרא מלאך אלהים אל הגר מן השמים בזכותו של אברהם.** שנאמר בו ויקרא מלאך ה' אל אברהם שנית מן השמים: **באשר הוא שם בזכות עצמו.** שניצול בזכות קול תפלתו וכבר אמרנו חולה היה מכאן אמרו יפה תפלת החולה לעצמו יותר מכל תפלות אחרים דכתיב וישמע אלהים את קול הנער:

מתנות כהונה

הרחק. מרחוק: מה להלן אלפים אמה שכן כתיב אך רחוק יהיה ביניכם אלפים אמה הכא נמי אלפים אמה ור' יצחק אמר אינו צריך ללמוד משם מדכתיב כמטחוי שתי טיחות וכשיורה פעם שניה ממקום שכלה הירייה הראשונה היא אלפים אמה: [יד] **בעלת נוד.** זו הגר ששם אברהם חמת על שכמה: בזכות אברהם. פירש"י דכתיב אצלו ויקרא מלאך ה' אל אברהם שנית מן השמים:

אשד הנחלים

מנגד מנגד. שגם פה אלפים אמה. ודעת ר"י שאין צריך להוכיח מזה כ"א מגופא. שני טוחים כי מהלך הקשת מיל. ושני טווחים הוא שני מיל: **במטחת דברים.** כלומר שלכן נאמר לשון זה ולא נאמר אלפים אמה להורות שהית' מטחת דברים ונרמז ג"כ לשון זה: **[יד] נודי ספרת כו' בעלת נד.** כלומר אם כך דרכו לרחם על מי שהיא תועה במדבר אף למי ששלחה אברהם מביתו ומסתמא היא ראוי' לזה ועכ"ז שמעת תפלתה ואף כי אנכי תועה במדבר בישימון דרך. ומסיים עוד פן היא חביבה בעיניך מצד היותה גר. לזה אמר גם אני גר אנכי. כלומר גם אנכי נחשבתי בעיני כגר נכנע לדבריך וראוי גם לרחם עלי [והציור הרעיוני הזה נמשך ע"פ מה שביארתי בתהלוכות (פרק א) בעניני השתשקות הרעיונות ע"ש]: **בזכות של אברהם כו' בזכות עצמו** כלומר תחילת הקריאה הי' בזכות אברהם אך צרף בזה זכות עצמו ג"כ כי בעת הזאת הי' עדיין טוב. וזהו באשר הוא שם כפי אשר הוא שם כעת:

אָדָם שֶׁהוּא עָתִיד לְהָמִית בָּנֶיךָ בַּצָּמָא אַתְּ מַעֲלֶה לוֹ בְּאֵר – **The man who is destined to kill Your children by thirst**[226] **– will You raise for him a well?!"**[227] אָמַר לָהֶם: עַכְשָׁיו מַה הוּא צַדִּיק אוֹ רָשָׁע – **[God] said to [the angels], "At the present, what is Ishmael, righteous or wicked?"** אָמְרוּ לוֹ: צַדִּיק – **They said to Him, "Righteous."**[228] אָמַר לָהֶם אֵינִי דָן אֶת הָאָדָם אֶלָּא בְּשַׁעְתּוֹ – **He said to them, "I judge a man based only on his present state."**[229]

קוּמִי שְׂאִי אֶת הַנַּעַר וְהַחֲזִיקִי אֶת יָדֵךְ בּוֹ כִּי לְגוֹי גָּדוֹל אֲשִׂימֶנּוּ: וַיִּפְקַח אֱלֹהִים אֶת עֵינֶיהָ וַתֵּרֶא בְּאֵר מָיִם וַתֵּלֶךְ וַתְּמַלֵּא אֶת הַחֵמֶת מַיִם וַתַּשְׁקְ אֶת הַנָּעַר.

"Arise, lift up the youth and grasp your hand upon him, for I will make a great nation of him." Then God opened her eyes and she perceived a well of water; she went and filled the skin with water and gave the youth to drink (21:18-19).

☐ קוּמִי שְׂאִי אֶת הַנַּעַר ... וַיִּפְקַח ... אֶת עֵינֶיהָ – ***"ARISE, LIFT UP THE YOUTH*** *AND GRASP YOUR HAND UPON HIM ... "* ***[GOD] OPENED HER [HAGAR'S] EYES,*** *ETC.*

An important understanding of the sense of sight is developed from verse 19:

אָמַר רַבִּי בִּנְיָמִין הַכֹּל בְּחֶזְקַת סוּמִין עַד שֶׁהַקָּדוֹשׁ בָּרוּךְ הוּא מֵאִיר אֶת עֵינֵיהֶם – **R' Binyamin said: All** human beings **are in a state of** being **blind people until the Holy One, blessed is He, enlightens their eyes.**[230] מִן הָכָא "וַיִּפְקַח אֱלֹהִים אֶת עֵינֶיהָ" – This may be inferred **from here,** where Scripture states: ***God opened her eyes*** *and she perceived a well of water.*[231]

NOTES

226. The Midrash is alluding to the tragic episode described in *Eichah Rabbah* 2 §4 and *Midrash Tanchuma, Yisro* §5 (*Eitz Yosef*; see *Rashi* here and to verse): [After the destruction of the First Temple,] when the Jewish captives were being led into the Babylonian exile under deplorable conditions, they requested of their overlords to be brought to their relatives, the descendants of Ishmael [in the hope that they would treat them mercifully (*Rashi* to verse)]. The Ishmaelites went out to greet the exiles bearing salty foods and displaying canteens that were cunningly designed to appear as though they held water. The desperate Jews partook of the food after being encouraged to do so by the treacherous Ishmaelites, who promised to give them water afterward. When the then thirst-stricken Jews attempted to drink from the empty canteens, they imbibed the hot air contained therein and they died.

227. The angels argued that the thirsting Ishmael should not be provided with a well, as his descendants would one day kill Jews through thirst. See Insights.

[Our Midrash accords with *Pirkei DeRabbi Eliezer* (§30), which states that this well had been created during twilight of the sixth day of Creation (compare *Pirkei Avos* 5:6), and God opened it to provide for Ishmael. Thus the angels attempted to dissuade God from miraculously "raising" the well for him (*Yefeh To'ar*, *Maharzu*; but see *Eitz Yosef* below, s.v. הכל בחזקת סומין, in the name of *Ohr HaSeichel*, who states that the well's accessibility was natural).]

228. [*Yefeh To'ar* questions how this Midrash may be reconciled with section 11 above, which charged Ishmael with having committed the severest of sins. He suggests that Ishmael had already achieved atonement for those sins as a result of the suffering he underwent through his sickness and the exile from Abraham's home. This would also explain why the angels who sought to prosecute Ishmael did not mention those sins. (See *Yefeh To'ar*, as well as *Mizrachi* and *Gur Aryeh* to our verse, for additional approaches.)]

229. See Insight Ⓐ.

230. The human eye will see what is before it only if God wills that it be so. Thus, in truth, all people are *blind* unless God *lightens their eyes* by allowing them to see (*Eitz Yosef*, citing *Ohr HaSeichel*; see *Maharzu*).

231. Although the well was within Hagar's field of vision, she could not perceive it until God *opened her eyes*. This demonstrates R' Binyamin's principle that even people who are able to see cannot do so in practice except as God wills (ibid.). See Insight Ⓑ.

INSIGHTS

Ⓐ **The Road Taken** Our Midrash's principle — that a man is judged only according to his present state, even if it is known that he will sin in the future — has great relevance to the judgment that takes place annually on Rosh Hashanah. On that day, God judges men on the basis of their merits as of that date, and He does not penalize them for sins they will commit in the future (*Rosh Hashanah* 16b with *Aruch LaNer*, s.v. ואמר ר"י כל שנה וכו'). Indeed, this is one reason that this Torah portion is read in the synagogue on Rosh Hashanah.

The commentators, however, are bothered, for this policy seems to contradict the principle on which the law of the *ben sorer u'moreh* (wayward and rebellious son) is based. The Torah (*Deuteronomy* 21:18-21) states that a boy just over the age of 13 who steals from his father and uses the money to buy wine and meat, which he then consumes in a gluttonous manner, is executed by the court. The Gemara (*Sanhedrin* 72a, quoted by *Rashi* to *Deuteronomy* ibid.) asks: Has the boy committed any sin deserving of the death penalty? Why, gluttony and wine guzzling are not capital crimes! The Gemara answers that the *ben sorer u'moreh* is judged for what ultimately will become of him. Eventually he will exhaust his father's money with his habit. Unable to maintain his lifestyle, he will take to highway robbery, killing his victims when they try to resist. The Torah therefore said: Better he die now, while he is still innocent of murder, and not later, when he is guilty.

The commentators ask: Is not what is done to the *ben sorer u'moreh* exactly what our Midrash says God told the angels He does *not* do? God answered the angels that he judges a man according to his deeds as of now, not according to what he will do in the future! *Mizrachi* (to our verse) resolves this question by explaining that whereas Yishmael did not yet sin (or had already achieved atonement for his sins, see note 228), the *ben sorer u'moreh* has already embarked on a path that will lead to the evil deeds of the future (see also *Yefeh To'ar*).

R' Eliyahu Lopian (*Lev Eliyahu, Parashas Ki Seitzei*) elaborates *Mizrachi's* answer, and his elaboration is a foundation of self-training and pedagogy. From the fact that the angels argued against rescuing Ishmael, it is evident that the trait of cruelty exhibited by his descendants was present in Ishmael himself. If not, how could he be blamed for what his offspring would do 1200 years later? Rather, the disposition toward cruelty existed in Ishmael himself, and all of his descendants in which we see this trait have it by inheritance from their grandfather. It is like a seed of a fruit tree: the type that is planted is the type that grows. If one sows poison, poison emerges. And all the growths that will emerge from that seed forever, even generations later, will be of the type sown in the beginning, since all are attributable to the original seed. Therefore, the angels prosecuted Ishmael, arguing that according to strict justice he did not deserve to be spared.

But God responded that He judges only according to one's *deeds*. Since Ishmael had not himself *practiced* cruelty, the fact that he possessed the *trait* of cruelty did not necessarily mean that he would commit cruel acts. He was capable of exercising his free will to overcome that trait and not put it into practice. The *ben sorer u'moreh,* on the other hand, has *accustomed* himself to gluttony. He has created a habit. In so doing he has virtually negated his free will and become like an animal, whose actions are not the result of choice but rather of instinct. It is thus certain that he will continue his behavior, doing whatever is necessary to sustain his habit, even acts for which he will be liable to the death penalty. He is therefore judged as if he already committed those acts.

This is a lesson in the awesome power of habit.

Ⓑ **We Are All Blind** *Chidushei HaRim* explains the profundity of this Midrash. The well was there all along, for Ishmael was not doomed to die of thirst, but Hagar was blind to the obvious until God opened her eyes and enabled her to see it.

What is it that God wants people to see? That whatever we have is given us by God. True, people must work, invest, and fashion, but while human effort is often necessary, it is merely a vehicle for God's blessing. The Divine plan calls for man to discern the hand of God even though it is hidden behind "nature," "coincidence," and "human

[לד]אָדָם שֶׁהוּא עָתִיד לְהָמִית בָּנֶיךָ בַּצָּמָא אַתְּ מַעֲלֶה לוֹ בְּאֵר, אָמַר לָהֶם: עַכְשָׁיו מַה הוּא, צַדִּיק אוֹ רָשָׁע, אָמְרוּ לוֹ: צַדִּיק. אָמַר לָהֶם אֵינִי דָּן אֶת הָאָדָם אֶלָּא בְּשַׁעְתּוֹ. [כא, יח] "קוּמִי שְׂאִי אֶת הַנַּעַר" ... "וַיִּפְקַח ... אֶת עֵינֶיהָ", אָמַר רַבִּי בִּנְיָמִין: הַכֹּל בְּחֶזְקַת סוּמִין עַד שֶׁהַקָּדוֹשׁ בָּרוּךְ הוּא מֵאִיר אֶת עֵינֵיהֶם, מִן הָכָא [כא, יט] "וַיִּפְקַח אֱלֹהִים אֶת עֵינֶיהָ". "וַתֵּלֶךְ וַתְּמַלֵּא אֶת הַחֵמֶת", הָדָא אָמְרָה מְחוּסֶּרֶת אֲמָנָה הָיְתָה:

טו [כא, כ] "וַיְהִי אֱלֹהִים אֶת הַנַּעַר וַיִּגְדָּל", [לה]רַבִּי יִשְׁמָעֵאל שָׁאַל אֶת רַבִּי עֲקִיבָא אָמַר לוֹ בִּשְׁבִיל שֶׁשִּׁמַּשְׁתָּ נַחוּם אִישׁ גַּם זוֹ עֶשְׂרִים וּשְׁתַּיִם שָׁנָה אַכִּים וְרַקִּים מִיעוּטִים, אֶתִין וְגַמִּין רִיבּוּיִם, הָדֵין "אֶת", דִּכְתִיב הָכָא מַהוּ, אָמַר לוֹ: אִילוּ נֶאֱמַר "וַיְהִי אֱלֹהִים הַנַּעַר", הָיָה הַדָּבָר קָשֶׁה, אֶלָּא "אֶת הַנַּעַר". אָמַר לוֹ (דברים לב, מז) "כִּי לֹא דָבָר רֵק הוּא מִכֶּם", וְאִם רֵק מִכֶּם, שֶׁאֵין אַתֶּם יוֹדְעִים לִדְרוֹשׁ, אֶלָּא "אֶת הַנַּעַר", הוּא וַחֲמָרָיו וּגְמַלָּיו וּבְנֵי בֵיתוֹ. "וַיְהִי רֹבֶה קַשָּׁת", רָבֶה וְקַשְׁיוּתוֹ עִמּוֹ, [נוסח אחר רָבֶה וְקַשְׁיוּתוֹ אִמּוֹ] רָבֶה מִתְלַמֵּד בַּקֶּשֶׁת, דָּבָר אַחֵר: רָבֶה עַל כָּל הַמּוֹרִים בַּקֶּשֶׁת. [כא, כא] "וַיֵּשֶׁב בְּמִדְבַּר פָּארָן", אָמַר רַבִּי יִצְחָק [לו]זְרוֹק חוּטְרָא לַאֲוִירָא, וְעַל עִיקְּרֵיהּ הוּא קָאֵים, כָּךְ לְפִי שֶׁכָּתוּב (לעיל טז, א) "וְלָהּ שִׁפְחָה מִצְרִית וּשְׁמָהּ הָגָר", לְפִיכָךְ "וַתִּקַּח לוֹ אִמּוֹ אִשָּׁה מֵאֶרֶץ מִצְרָיִם":

רש"י

אדם שהוא עתיד להמית בניך בצמא. כשהולכין בגולה דכתיב משא בערב ביער בערב תלינו ארחות דדנים לקראת צמא התיו מים: **הדא אמרה מחוסרת אמנה היתה.** דכתיב ותמלא את החמת שהיתה יראה שמא יחסרו לה מים ולא יתן לה עוד: **(טו) אילו נאמר ויהי אלהים הנער היה הדבר קשה להטעות הבריות.** אלא את הנער עמו בצרתו: **הוא וחמרוהי וגמלוהי ובני ביתיה.** שבכל דבר היה מצליח שלא תאמר בצרתו בלבד היה מתקיים עליו אלא לרבות הצלחה בכל מעשיו: **וישב במדבר ויהי רובה קשת רבה וקשיותו עמו** ד"א רבה ומתלמד בקשת דבר אחר רבה אומן על כל המורים בקשת: **זרוק חוטרא לאוירא אעיקריה קאים.** כשהוא נופל הוא ננעץ בארץ ועומד על עיקרו זקוף:

עץ יוסף

שהוא עתיד להמית כדאי' באיכה רבתי ובתנחומא סדר יתרו: **הכל בחזקת סומין** שאין העין יכול לראות אלא במה שניתן לו רשות אע"פ שהיה הדבר לפניו. וכן אירע להגר שלא נברא זה הבאר ההוא מחדש אלא שם היה ולא היה לה רשות לראותו עד שפקח אלהים את עיניה (הא"ב"א): **מחוסרת אמנה היתה** כי לא בטחה בה' שלא ימנע טובו ממה שמילאה החמת בתחילה ואח"כ השקתו שהיתה יריאה שיתעלם ממנה הבאר ויחזור למות בצמא (והא"ב"א והיפ"ת): **(טו) [כ] בשביל ששימשת כו'.** לעיל פ' א' סי' י"ט: **הדין את דכתיב הכא מהו.** ר"ל דלכתוב ויהי אלהים עם הנער. ולא את שדרכו לרבות. ור"ע ס"ד שאל דלימא אלהים הנער ולזה אמר לו אילו נאמר כו'. ור' ישמעאל א"ל כי לא דבר רק הוא כו' והודיעו האמת (יפ"ת): **היה הדבר קשה** אין ראוי שיבוא הלשון בענין רע כזה. (יפ"ת): **וחמוריו כו'.** כלו' אשר הוא עושה ה' מצליח בידו. ואולי צריך להיות חמריו הח' בפת"ח. וגמליו הגימ"ל בפת"ח. ועל שומרי החמורים והגמלים אמר כן כדלעיל אצל והיא גם היא וגו' (מת"כ): **רבה וקשיותו עמו** שבא לרמוז ג"כ שהיה רבה כלומר גדל והלך וקשיותו עמו כלומר שרעתו היתה מתגדל עמו ולא חזר בו בהיותו גדול (יפ"ת ונזה"ק): **נ"א רבה וקשיותו אמו.** בילקוט ליתא זה. והמת"כ פירש שאמו עזרה לו לרעה. ולכך סמך ותקח לו אמו אשה מארץ מצרים שהיה לה ליקח ממשפחת אברהם ושרה: **רבה מתלמד בקשת** שפי' רובה קשת שלומד ומרגיל עצמו להיות קשת (יפ"ת): **על כל המורים בקשת.** מתגדל על כל קשת (יפ"ת): **על עיקריה הוא קאים.** שנופל לארץ כדרך גדילתו שהשורש למטה כמו שהיה עומד כשגדל שכל דבר חוזר לשרשו. וכך הגר אע"פ שנדבקה לאברהם הצדיק חזרה לשרשה ליקח לו אשה מארץ מצרים (נזה"ק):

פירוש מהרז"ו

אתה מעלה לו באר כמ"ש פר"א פ"ל נפתח לו הבאר שנברא ביה"ש כו' ע"ש: **בחזקת סומים** שאף שנזדמן לה באר דבר גשמי הנראה לא הרגישה עד שהקב"ה האיר עיניה: **מחוסרת אמנה** שהיה לה לעשות בהיפך תחלה להשקות הילד שהיה בסכנה ואח"כ למלאות החמת אלא שחששה שעד שתלך אל הנער להשקותו ותחזור אל הבאר הרחוק ממנה מיל לא תמצא עוד למלאות. והיה לה להאמין בהשי"ת שהבטיח שיהיה לגוי גדול (וכ"כ היפ"ת): **(טו)רבי ישמעאל שאל** לעיל פר' א' סימן י"ד וש"כ ומבואר: **רבה וקשיותו** כל מה שרבה בגידולו והולך רבה וגדלה קשיותו עמו (יפ"ת): **זרוק חוטרא** עיין לקמן ס"פ פ"ו:

חידושי הרד"ל

(כא) [יד] מחוסרת אמנה היתה. שהמלאך א"ל תחלה קומי שאי את הנער ולא האמינה ולא עשתה כן. עד שנפקחו עיניה וראתה באר מים. וגם אז הלכה תחלה למלא החמת ואח"כ לקחתו. כי חששה שמא הבור רק אין בו מים:

(כב) [טו] רובה וקשיותו עמו. פי' נער ועכ"ז קשיותו ועזותו עמו כגדול וכ"ה בתוספ' עה"ת. נ"א רבה וקשיותו עמו כצ"ל פי' שהיה רבה וגדל והולך וכן קושייתו היה עמו גדל ועולה במעלה:

(כג) ועל עיקרו הוא קאים. בבמ"ר פ"כ הלשון על עיקרו נופל. וע"ל ס"פ פ"ו:

חידושי הרש"ש

[יד] הכל בחזקת סומין כו' מן הכא ויפקח כו'. כי הבאר היה שם מכבר לפי דרשת ר"א לעיל ששם השיחו עמה מה"ש ושם כתיב על עין המים. ע"כ קרא לבאר כו':

באור מהרי"פ

[טו] רבה מתלמד בקשת. שפי' רבה קשת שלומד ומרגיל עצמו להיות קשת אבל לא ידעתי מאיזה לשון יהיה רובה לומד או מרגיל יפ"ת (ויתכן שהוא מלשון היינו רביתיה בתלמוד. ר"ל הרגלו ובל' מקרא תרבות אנשים חטאים וכדומה):

מסורת המדרש

לד ירושלמי תענית פרק ד' סוף הלכה ה'. שמ"ר ריש פרשה כ"ז. איכה רבתי פרשה ב'. תנחומא יתרו סי' ה'. ילקוט ישעיה רמז רפ"ט:

לה חגיגה י"ב. לעיל פרשה א' וש"נ:

לו לקמן סוף פרשה פ"ו. במד"ר פרשה כ'. תנחומא סדר בלק סימן י"ז:

אם למקרא

כִּי לֹא־דָבָר רֵק הוּא מִכֶּם כִּי־הוּא חַיֵּיכֶם וּבַדָּבָר הַזֶּה תַּאֲרִיכוּ יָמִים עַל־הָאֲדָמָה אֲשֶׁר אַתֶּם עֹבְרִים אֶת־הַיַּרְדֵּן שָׁמָּה לְרִשְׁתָּהּ: (דברים לב: מז)

ענף יוסף

(יט) [יד] אמר לו איני דן את האדם אלא בשעתו. הקשו המפרשים מבן סורר ומורה שנידון ע"ש סופו כדאמרינן בסנהדרין. יש לומר שאני ישמעאל אע"פ שהיתה בו באותה שעה תחלת הקלקלה בעון ע"ז ג"ע וש"ד כדאי' לעיל. מ"מ אין סופו שימית הוא בעצמו את ישראל בצמא. אלא בניו עתידים לחטוא בכך. ואין דנין בן סורר ומורה רק על קלקול עצמו תחלה וסוף כצ"ל עכ"ל. וכן כתב היפ"ת:

מתנות כהונה

והמית בניך בצמא. עיין בשמ"ר פ"ג]: **מחוסרת אמנה.** פרש"י דכתיב ותמלא את החמת שהיתה מתיירא שלא יתן לה עוד: **[טו] הדבר קשה.** מפני המיעוט אלא את הנער פירושו עם הנער: [הכי גרסינן כי לא דבר רק הוא. ואם רק מכם הוא שאין אתם כו'] : **וחמריו כו'.** כלומר כל אשר הוא עושה ה' מצליח בידו ואולי צ"ל חמריו החי"ת בפתח וכו' וגמליו הגימ"ל בפתח. ועל שומרי החמורים וגמלים אמר כן כדלעיל אצל והיא גם היא וגו': **רבה.** מלשון רביא כלומר נער ואע"פ כן קשיותו עמו ודרשו כן מדלא כתיב רובה קשת בסגו"ל וכתב קשת שם תואר על שם קושי ערפו ואומן לבבו: **וקשיותו אמו.** שעזרה לו לרעה ולכך סמך ותקח לו אמו אשה מארץ מצרים שהיה לה ליקח ממשפחת אברהם ושרה: [הכי גרסינן רש"י ד"א רבה ומתלמד בקשת. ודייק התואר של קשת על ההתלמדות]: **הכי גרסינן** ד"א רבה על כל כו': **רבה.** רב ואומן: **המורים.** ישוב על כל המורים זולתו: [**במדבר פארן וגו'** גרסינן]: **על עיקריה קאי גרסינן.** פירש"י כשתזרוק מטה למעלה לתוך האויר לצד מעלה חוזר ונופל על הארץ למקום שרשו לצד מטה:

נמחד למראה

[טו] ויהי רובה קשת. רבה וקשיותו עמו. עיין מה שפירשו מתנות כהונה וידי משה. ולי נראה שהוא כענין והאיש קשה ורע מעללים וזהו בכל מקום שהוא הולך לא הניח קשיותו דהיינו רוע מעלליו ודו"ק:

אשד הנחלים

בניך בצמא. דייק מדמתחילה היה צמא למים במדבר טרם קראה המלאך מכלל דהי' זה קטרוג המלאכים למען ימות בצמא מדה במדה מצד שרצונו להמית את ישראל בצמא אך אח"כ נתגברו מלאכי רחמים. כי עודנה לא עשה מאומה: **הכל בחזקת סומין** פ' האב"א שאין העין יכול לראות אלא במה שניתן לה רשות אף שהוא לפניו וכן אירע להגר שלא נברא לה הבאר מחדש רק שם הי' ולא ראתה: **ואם רק מכם.** מסבתכם שאין אתם יגעים בה: **חמריו וגמליו.** כלומר גם עם משרתיו כי יהי' איש מצליח ורבים משרתיו: **רבה וקשיותו עמו.** כלומר הלך וגדל בקשיות עורף כפרא אדם. הולך מרעה אל רעה. כי למה יספר הכתוב שהיה רובה קשת אם לא לתאר תכונתו הרעה שהי' איש קשה שמזה התכונה הקשה הי' רובה קשת כאכזר לירות בקשת להרוג את כל ופירש הנ"א עי' ברד"ל פירושו: **על עיקדיה קאים** כי נוטה לשורשו כן הגר אף שנתגדלה בבית אברהם. והי' ראוי לה לברוח מקחת אשה ממצרי' שהוא מקום מתועב. עכ"ז אחר שהיא ממצרי' לקחה אשה לו משם. כי שרשה אינו טוב:

A final comment on verse 19:

"וַתֵּלֶךְ וַתְּמַלֵּא אֶת הַחֵמֶת" — The verse continues: ***[Hagar] went and filled the skin** with water and gave the youth to drink.* הָדָא אָמְרַת מְחוּסֶּרֶת אֱמָנָה הָיְתָה — **This** verse **indicates that [Hagar] was lacking in faith.**[232]

> וַיְהִי אֱלֹהִים אֶת הַנַּעַר וַיִּגְדָּל וַיֵּשֶׁב בַּמִּדְבָּר וַיְהִי רֹבֶה קַשָּׁת.
> *God was with the youth and he grew up; he dwelt in the desert and he became one who shoots [arrows with] a bow* (21:20).

§15 וַיְהִי אֱלֹהִים אֶת הַנַּעַר וַיִּגְדָּל — ***GOD WAS WITH THE YOUTH AND HE GREW UP.***

The Midrash discusses the verse's use of the word אֶת:

רַבִּי יִשְׁמָעֵאל שָׁאַל אֶת רַבִּי עֲקִיבָא — **R' Yishmael asked R' Akiva** a question concerning our verse: אָמַר לוֹ: בִּשְׁבִיל שֶׁשִּׁימַּשְׁתָּ נַחוּם אִישׁ גַּם זוֹ עֶשְׂרִים וּשְׁתַּיִם שָׁנָה — **He said to him, "Since you attended**[233] **Nahum Ish Gam Zu**[234] **for twenty-two years,** אַכִים וְרַקִּים מִיעוּטִים אֶתִין וְגַמִּין רִיבּוּיִם — and Nahum Ish Gam Zu would interpret all of the Torah's usages of the words אַךְ **and** רַק **as exclusions,** and all usages of **אֶת and גַּם as inclusions,**[235] I therefore pose the following question to you: הָדֵין "אֶת" דִּכְתִיב הָכָא מַהוּ — **This** אֶת **that is written here** (in our verse), **what is it** written for?"[236] אָמַר לוֹ: אִילּוּ נֶאֱמַר וַיְהִי אֱלֹהִים הַנַּעַר הָיָה הַדָּבָר קָשֶׁה — **[R' Akiva] said to [R' Yishmael], "If [the verse] would have stated *God was the youth,***[237] **it would have been difficult;**[238] אֶלָּא "אֶת הַנַּעַר" — **but** the Torah states: ***with the youth,*** which is not problematic. אָמַר לוֹ "כִּי לֹא דָבָר רֵק הוּא מִכֶּם" — **[R' Yishmael] said to [R' Akiva]:** Scripture states, ***for [the Torah] is not an empty thing for you*** (*Deuteronomy* 32:47), וְאִם רֵק מִכֶּם — **and** the verse is to be interpreted to mean that **if it** appears **empty, it is because of you,**[239] שֶׁאֵין אַתֶּם יוֹדְעִים לִדְרוֹשׁ — **for you do not know how to expound.**[240] אֶלָּא "אֶת הַנַּעַר" — **Rather,** when the verse includes the word אֶת in the phrase *God was **with*** [אֶת] ***the youth,*** הוּא וַחֲמָרָיו וּגְמַלָּיו וּבְנֵי בֵיתוֹ — it serves to indicate that God was with **[Ishmael], his donkeys, his camels, and the members of his household."**[241]

□ וַיְהִי רוֹבֶה קַשָּׁת — ***AND HE [ISHMAEL] BECAME ONE WHO SHOOTS [ARROWS WITH] A BOW.***

The Midrash offers different interpretations of this clause:

רָבָה וְקַשְׁיוּתוֹ עִמּוֹ — **[Ishmael] grew and his difficulty**[242] **grew with him.**[243] [נוּסָח אַחֵר: רָבָה וְקַשְׁיוּתוֹ אִמּוֹ] — **[Some versions**

NOTES

232. Hagar did not fully believe the assurance God gave her in the verse 18: *"I will make a great nation of [Ishmael]"* (*Maharzu*). This is evident in the fact that Hagar first *filled the skin with water* and only then *gave the youth to drink.* She hurried to fill the skin for fear that the well would disappear and she would have no water for the rest of the way, and her son would eventually die. Had her trust in God been complete, she would have immediately taken a minimal amount of water to give her dying son and only afterward *filled the skin.* (*Maharzu*; *Eitz Yosef*, citing *Ohr HaSeichel* and *Yefeh To'ar*; for an alternative explanation see *Radal*).

233. I.e., studied Torah under.

234. This sage was referred to as Nahum Ish Gam Zu (lit., *Nahum, man of "this too"*) because he would always say, "This too is for the best," even when beset by apparent tragedy (*Eitz Yosef* to 1 §14 above, based on *Taanis* 24a).

235. Nahum Ish Gam Zu held that whenever the Torah uses the words אַךְ or רַק, both of which mean *only*, the Torah is indicating that something is to be excluded. Conversely, the term אֶת, which is [primarily] used merely to introduce a direct object [but can also mean *with*,] and the term גַּם, which means *also*, are used by the Torah to include something. Nahum Ish Gam Zu devoted himself to determining what it was that these words excluded or included (see *Eitz Yosef* loc. cit.; see also *Chagigah* 12a). R' Yishmael introduced his question by stating that R' Akiva's training by this sage qualified him to answer the question that R' Yishmael was about to pose (compare *Kiddushin* 57a).

236. R' Yishmael questioned what could possibly be included by the word אֶת in the phrase *God was with* [אֶת] *the youth.* [Instead of using the word אֶת — which comes to include something — for the word *with*, the Torah could have used the word עִם — which does not (*Eitz Yosef*, citing *Yefeh To'ar*).]

237. R' Akiva misunderstood R' Yishmael to be inquiring why our verse is not written: וַיְהִי אֱלֹהִים הַנַּעַר [without אֶת *or* עִם] (*Yefeh To'ar*, *Eitz Yosef*). [*Yefeh To'ar* is at a loss to explain how R' Akiva could have possibly understood R' Yishmael's question this way, since the word אֶת of our verse is not simply the negligibly significant precursor to the word הַנַּעַר, *the youth*, but rather serves as the preposition *with* and plays an indispensable part in the structure of our verse!]

238. R' Akiva responded that the verse could not have stated וַיְהִי אֱלֹהִים הַנַּעַר, for this phrase would give people the dangerous impression that Ishmael was, Heaven forbid, a deity. The verse therefore includes the word אֶת, which transforms it to mean that *God was "with" the youth* in his times of distress (*Rashi*; *Matnos Kehunah*). And although the notion of Ishmael's divinity may easily be refuted from other verses, the Torah would not write something of an inappropriate nature (*Eitz Yosef*, citing *Yefeh To'ar*).

239. R' Yishmael interprets the end of this verse to mean that since no part of the Torah is empty or purposeless, whenever a word has the appearance of דָּבָר רֵק, *an empty thing*, you [the student] may be sure that מִכֶּם, *it is from you*, i.e., it is your own fault (*Eitz Yosef* to 1 §14 above).

240. I.e., you did not expend sufficient effort in trying to understand the apparently *empty* word or verse. R' Yishmael was criticizing R' Akiva for failing to interpret the verse according to its true meaning (see ibid.).

241. The word אֶת, which indicates the inclusion of something that is not stated openly in the verse, here indicates that in addition to God's being *with* Ishmael in times of trouble, He was also *with* Ishmael's possessions, such that all of Ishmael's financial endeavors were successful (*Rashi*; see also *Matnos Kehunah*, also cited by *Eitz Yosef*).

[It is possible that the words should be vowelized חַמָּרָיו וְגַמָּלָיו, meaning *his donkey handlers and his camel handlers* (*Matnos Kehunah*, also cited by *Eitz Yosef*).]

242. I.e., his evil deeds (*Eitz Yosef*, citing *Yefeh To'ar*; see also *Nechmad LeMareh*; *Matnos Kehunah*).

243. In other words, Ishmael did not outgrow his evil ways; to the contrary, they grew as he aged (*Eitz Yosef* and *Maharzu*, citing *Yefeh To'ar*;

INSIGHTS

exertion." The challenge is for us to recognize that every success is a Heavenly gift, and not the result of human effort and intelligence. When one achieves this recognition, God opens one's eyes and displays the blessing that was always prepared for him.

Hagar was blind to this truth, even though her years with Abraham and Sarah should have taught it to her beyond a doubt. In an act of mercy, God opened her eyes and showed her that a well had awaited her all along. She responded by filling the skin, out of fear that there would be no water later. But she had already seen that God provides — was this demonstration not enough to convince her that if there had been one well when she needed it, that there would be another one awaiting when and if she needed it? Alas, no. She filled her vessels, which proved, as the Midrash infers, that her faith was still incomplete.

Chidushei HaRim notes that one of the Torah's words for prayer, *avodah*, alludes to this concept. *Avodah* is related to *eved*, slave. A slave owns nothing of his own; he is entirely dependent upon the mercy and generosity of his master. Even what he finds or what a stranger gives him is automatically the property of his master. A slave does not worry about what he will eat tomorrow, because he knows that his master will not let him starve. A Jew's faith in God should be no less complete. And if we have that faith, God will let us see His salvation.

[לד]אָדָם שֶׁהוּא עָתִיד לְהָמִית בָּנֶיךָ בַּצָּמָא אַתְּ מַעֲלֶה לוֹ בְּאֵר, אָמַר לָהֶם: עַכְשָׁיו מַה הוּא, צַדִּיק אוֹ רָשָׁע, אָמְרוּ לוֹ: צַדִּיק. אָמַר לָהֶם אֵינִי דָן אֶת הָאָדָם אֶלָּא בְּשַׁעְתּוֹ. [כא, יח] "קוּמִי שְׂאִי אֶת הַנַּעַר" ... "וַיִּפְקַח ... אֶת עֵינֶיהָ", אָמַר רַבִּי בִּנְיָמִין: הַכֹּל בְּחֶזְקַת סוּמִין עַד שֶׁהַקָּדוֹשׁ בָּרוּךְ הוּא מֵאִיר אֶת עֵינֵיהֶם, מִן הָכָא [כא, יט] "וַיִּפְקַח אֱלֹהִים אֶת עֵינֶיהָ". "וַתֵּלֶךְ וַתְּמַלֵּא אֶת הַחֵמֶת", הָדָא אָמְרָה מְחוּסֶּרֶת אֲמָנָה הָיְתָה:

טו [כא, כ] "וַיְהִי אֱלֹהִים אֶת הַנַּעַר וַיִּגְדָּל", [לה]רַבִּי יִשְׁמָעֵאל שָׁאַל אֶת רַבִּי עֲקִיבָא אָמַר לוֹ בִּשְׁבִיל שֶׁשִּׁימַּשְׁתָּ נַחוּם אִישׁ גַּם זוֹ עֶשְׂרִים וּשְׁתַּיִם שָׁנָה אַכִים וְרַקִּים מִיעוּטִים, אֶתִין וְגַמִּין רִיבּוּיִם, הָדֵין "אֶת", דִּכְתִיב הָכָא מַהוּ, אָמַר לוֹ: אִילוּ נֶאֱמַר "וַיְהִי אֱלֹהִים הַנַּעַר", הָיָה הַדָּבָר קָשֶׁה, אֶלָּא "אֶת הַנַּעַר". אָמַר לוֹ (דברים לב, מז) "כִּי לֹא דָבָר רֵק הוּא מִכֶּם", וְאִם רֵק מִכֶּם, שֶׁאֵין אַתֶּם יוֹדְעִים לִדְרוֹשׁ, אֶלָּא "אֶת הַנַּעַר", הוּא וְחַמָּרָיו וְגַמָּלָיו וּבְנֵי בֵיתוֹ. "וַיְהִי רוֹבֶה קַשָּׁת", רָבֶה וְקַשְׁיוּתוֹ עִמּוֹ, [נוסח אחר רָבֶה וְקַשְׁיוּתוֹ אִמּוֹ] רָבֶה מִתְלַמֵּד בַּקֶּשֶׁת, דָּבָר אַחֵר: רָבֶה עַל כָּל הַמּוֹרִים בַּקֶּשֶׁת. [כא, כא] "וַיֵּשֶׁב בְּמִדְבַּר פָּארָן", אָמַר רַבִּי יִצְחָק [לו]זְרוֹק חוּטְרָא לַאֲוִירָא, וְעַל עִיקְּרֵיהּ הוּא קָאֵים, כָּךְ לְפִי שֶׁכָּתוּב (לעיל טז, א) "וְלָהּ שִׁפְחָה מִצְרִית וּשְׁמָהּ הָגָר", לְפִיכָךְ "וַתִּקַּח לוֹ אִמּוֹ אִשָּׁה מֵאֶרֶץ מִצְרָיִם":

עץ יוסף

שהוא עתיד להמית כדאי' באיכה רבתי ובתנחומא סדר יתרו: **הכל בחזקת סומין** שאין העין יכול לראות אלא במה שניתן לו רשות אע"פ שהיה הדבר לפניו. וכן אירע להגר שלא נברא זה הבאר ההוא מחדש אלא שם היה ולא היה לה רשות לראותו עד שפקח אלהים את עיניה (הא"ב"א): **מחוסרת אמנה היתה** כי לא בטחה בה' שלא ימנע טובו ממה שמילאה החמת בתחילה ואח"כ השקתו שהיתה יריאה שיתעלם ממנה הבאר ויחזור למות בצמא (והא"ב"א והיפ"ת): (טו) [כ] **בשביל ששימשת כו'.** לעיל פ' א' סי' י"ט: **הדין את דכתיב הכא מהו.** ר"ל דלכתוב ויהי אלהים עם הנער. ולא את שדרכו לרבות. ור"ע ס"ד ששאל דלימא אלהים הנער ולזה אמר לו אילו נאמר כו'. ור' ישמעאל א"ל כי לא דבר רק הוא כו' והודיעו האמת (יפ"ת): **היה הדבר קשה** אין ראוי שיבוא הלשון בענין רע כזה. (יפ"ת): **וחמוריו כו'.** כלו' אשר הוא עושה ה' מצליח בידו. ואולי צריך להיות חמריו הח' בפת"ח. וגמליו הגימ"ל בפת"ח. ועל שומרי החמורים והגמלים אמר כן כדלעיל אלא והיא גם היא וגו' (מת"כ): **רבה וקשיותו עמו** שבא לרמוז ג"כ שהיה רבה כלומר גדל והלך וקשיותו עמו כלומר שרעתו היתה מתגדל עמו ולא חזר בו בהיותו גדול (יפ"ת וכזה"ק): **נ"א רבה וקשיותו אמו.** בילקוט ליתא זה. והמת"כ פירש שאמו עזרה לו לרעה. ולכך סמך ותקח לו אמו אשה מארץ מצרים שהיה לה ליקח ממשפחת אברהם ושרה: **רבה מתלמד בקשת** שפי' רובה קשת שלומד ומרגיל עצמו להיות קשת (יפ"ת): **על כל המורים בקשת.** מתגדל על כל קשת (יפ"ת): **על עיקריה הוא קאים.** שנופל לארץ כדרך גדילתו שהשורש למטה כמו שהיה עומד כשגדל שכל דבר חוזר לשרשו. וכך הגר אע"פ שנדבקה לאברהם הצדיק חזרה לשרשה ליקח לו אשה מארץ מצרים (כזה"ק):

פירוש מהרז"ו

אתה מעלה לו באר כמ"ש פר"א פ"ל נפתח לו הבאר שנברא ביה"ש כו' ע"ש: **בחזקת סומים** שאף שנזדמן לה באר דבר גשמי הנראה לא הרגישה עד שהקב"ה האיר עיניה: **מחוסרת אמנה** שהיה לה לעשות בהיפך תחלה להשקות הילד שהיה בסכנה ואח"כ למלאות החמת אלא שחששה שעד שתלך אל הנער להשקותו ותחזור אל הבאר הרחוק ממנה מיל לא תמצא עוד למלאות. והיה לה להאמין בהשי"ת שהבטיח שיהיה לגוי גדול (וכ"כ היפ"ת): (טו)**רבי ישמעאל שאל** לעיל פר' א' סימן י"ד וש"נ ומבואר: **רבה וקשיותו** כל מה שרבה בגידולו והולך רבה וגדלה קשיותו עמו (יפ"ת): **זרוק חוטרא** עיין לקמן ס"פ פ"ו:

רש"י

אדם שהוא עתיד להמית בניך בצמא. כשהולכין בגולה דכתיב משא בערב ביער בערב תלינו ארחות דדנים לקראת צמא התיו מים: **הדא אמרה מחוסרת אמנה היתה.** דכתיב ותמלא את החמת שהיתה יראה שמא יחסרו לה מים ולא יתן לה עוד: (טו) **אילו נאמר ויהי אלהים הנער היה הדבר קשה להטעות הבריות.** אלא את הנער עמו בצרתו: **הוא וחמרוהי וגמלוהי ובני ביתיה.** שבכל דבר היה מצליח שלא תאמר בצרתו בלבד היה מתקיים עליו אלא לרבות הצלחה בכל מעשיו: **וישב במדבר ויהי רובה קשת רבה וקשיותו עמו** ד"א רבה ומתלמד בקשת דבר אחר רבה אומן על כל המורים בקשת: **זרוק חוטרא לאוירא אעיקריה קאים.** כשהוא נופל הוא ננעץ בארץ ועומד על עיקרו זקוף:

מתנות כהונה

[**והמית בניך בצמא.** עיין בשמ"ר פ"ג]: **מחוסרת אמנה.** פרש"י דכתיב ותמלא את החמת שהיתה מתייראה שלא יתן לה עוד: [טו] **הדבר קשה.** מפני המיעות אלא את הנער פירושו עם הנער: [הכי גרסינן כי לא דבר רק הוא. ואם רק מכם הוא שאין אתם כו'] : **וחמריו כו'.** כלומר כל אשר הוא עושה ה' מצליח בידו ואולי צ"ל חמריו החי"ת בפתח וכו' וגמליו הגימ"ל בפתח. ועל שומרי החמורים וגמלים אמר כן כדלעיל אגל והיא גם היא וגו': **רבה.** מלשון רביא כלומר נער ואע"פ כן קשיותו עמו ודרשו כן מדלא כתיב רובה קשת בסגו"ל וכתב קשת שם תואר על שם קושי ערפו ואומן לבבו: **וקשיותו אמו.** שעזרה לו לרעה ולכך סמך ותקח לו אמו אשה מארץ מצרים שהיה לה ליקח ממשפחת אברהם ושרה: [הכי גרסינן רש"י ד"א רבה ומתלמד בקשת. ודייק התואר של קשת על ההתלמדות]: **הכי גרסינן** ד"א רבה על כל כו': **רבה.** רב ואומן: **המורים.** ישוב על כל המורים זולתו: [**במדבר פארן וגו'** גרסינן]: **על עיקריה קאי גרסינן.** פירש"י כשתזרוק מטה למעלה לתוך האויר לצד מעלה חוזר ונופל על הארץ למקום שרשו לצד מטה:

נמחד למראה

[טו] **ויהי רובה קשת. רבה וקשיותו עמו.** עיין מה שפירשו מתנות כהונה וידי משה. ולי נראה שהוא כענין והאיש קשה ורע מעללים וזהו בכל מקום שהוא הולך לא הניח קשיותו דהיינו רוע מעלליו ודו"ק:

אשד הנחלים

בניך בצמא. דייק מדמתחילה היה צמא למים במדבר טרם קראה המלאך מכלל דהי' זה קטרוג המלאכים למען ימות בצמא מדה במדה מצד שרצונו להמית את ישראל בצמא אך אח"כ נתגברו מלאכי רחמים. כי עודנה לא עשה מאומה: **הכל בחזקת סומין** פ' האב"א שאין העין יכול לראות אלא במה שניתן לה רשות אף שהוא לפניו וכן אירע להגר שלא נברא לה הבאר מחדש רק שם הי' ולא ראתה: **ואם רק מכם.** מסבתכם שאין אתם יגעים בה: **חמריו וגמליו.** כלומר גם עם משרתיו כי יהי' איש מצליח ורבים משרתיו: **רבה וקשיותו עמו.** כלומר הלך וגדל בקשיות עורף כפרא אדם. הולך מרעה אל רעה. כי למה יספר הכתוב שהיה רובה קשת אם לא לתאר תכונתו הרעה שהי' איש קשה שמזה התכונה הקשה הי' רובה קשת כאכזר לירות בקשת להרוג את כל ופירש הנ"א עי' ברד"ל פירושו: **על עיקריה קאים** כי נוטה לשורשו כן הגר אף שנתגדלה בבית אברהם. והי' ראוי לה לברוח מקחת אשה ממצרי' שהוא מקום מתועב. עכ"ז אחר שהיא ממצרי' לקחה אשה לו משם. כי שרשה אינו טוב:

חידושי הרד"ל

(כא) [יד] **מחוסרת אמנה היתה.** שהמלאך א"ל תחלה קומי שאי את הנער ולא האמינה ולא עשתה כן. עד שנפקחו עינה וראתה באר מים. וגם אז הלכה תחלה למלא החמת ואח"כ לקחתו. כי חששה שמא הבור רק אין בו מים:

(כב) [טו] **רובה וקשיותו עמו.** פי' נער ועכ"ז קשיותו ועזותו עמו כגדול וכ"ה בתוספ' עה"ת. כ"א רבה וקשיותו עמו כצ"ל פי' שהיה רבה וגדל והולך וכן קושייתו היה עמו גדל ועולה במעלה:

(כג) **ועל עיקרו הוא קאים.** בבמ"ר פ"כ הלשון על עיקרו נופל. וע"ל ס"פ פ"ו:

חידושי הרש"ש

[יד] **הכל בחזקת סומין כו' מן הבא ויפקח כו'.** כי הבאר היה שם מכבר לפי דרשת ר"א לעיל ששם השיחו עמה מה"ש ושם כתיב על עין המים. ע"כ קרא לבאר כו':

באור מהרי"פ

[טו] **רבה מתלמד בקשת.** שפי' רבה קשת שלומד ומרגיל עצמו להיות קשת אבל לא ידעתי מאיזה לשון יהיה רובה לומד או מרגיל יפ"ת (ויתכן שהוא מלשון היינו רביתיה בתלמוד. ר"ל הרגלו ובל' מקרא תרבות אנשים חטאים וכדומה):

מסורת המדרש

לד ירושלמי תענית פרק ד' סוף הלכה ה'. שמ"ר ריש פרשה כ"ז. איכה רבתי פרשה ב'. תנחומא יתרו סי' ה'. ילקוט ישעיה רמז רפ"ט:

לה חגיגה י"ב. לעיל פרשה א' וש"נ:

לו לקמן סוף פרשה פ"ו. במד"ר פרשה כ'. תנחומא סדר בלק סימן י"ז:

אם למקרא

כִּי לֹא־דָבָר רֵק הוּא מִכֶּם כִּי־הוּא חַיֵּיכֶם וּבַדָּבָר הַזֶּה תַּאֲרִיכוּ יָמִים עַל־הָאֲדָמָה אֲשֶׁר אַתֶּם עֹבְרִים אֶת־הַיַּרְדֵּן שָׁמָּה לְרִשְׁתָּהּ: (דברים לב: מז)

ענף יוסף

(יט) [יד] **אמר לו איני דן את האדם אלא בשעתו.** הקשו המפרשים מבן סורר ומורה שנידון ע"ש סופו כדאמרינן בסנהדרין. יש לומר שאני ישמעאל אע"פ שהיתה בו באותה שעה תחלת הקלקלה בעון ע"ז ג"ע וש"ד כדאי' לעיל. מ"מ אין סופו שימית הוא בעצמו את ישראל בצמא. אלא בניו עתידים לחטוא בכך. ואין דנין בן סורר ומורה רק על קלקול עצמו תחלה וסוף כנ"ל עכ"ל. וכן כתב היפ"ת:

read: [Ishmael] grew and his mother caused his difficulty.[244]] **רֹבֶה מִתְלַמֵּד בַּקֶּשֶׁת** — Alternatively: The word רֹבֶה suggests that **[Ishmael] was practicing to become an archer.**[245] **דָּבָר אַחֵר: רֹבֶה עַל כָּל הַמּוֹרִים בַּקֶּשֶׁת** — **Another interpretation: [Ishmael] surpassed all archers.**[246]

וַיֵּשֶׁב בְּמִדְבַּר פָּארָן וַתִּקַּח לוֹ אִמּוֹ אִשָּׁה מֵאֶרֶץ מִצְרָיִם.
He lived in the desert of Paran, and his mother took a wife for him from the land of Egypt (21:21).

□ **וַיֵּשֶׁב בְּמִדְבַּר פָּארָן וְגוֹ׳** — *[ISHMAEL] LIVED IN THE DESERT OF PARAN, ETC.*

The Midrash comments on Hagar's choice of Egypt:

אָמַר רַבִּי יִצְחָק: זְרוֹק חוּטְרָא לַאֲוִירָא וְעַל עִיקָּרֵיהּ הוּא קָאִים — **R' Yitzchak said: Throw a staff into the air, and it will stand on its root.**[247] **כָּךְ לְפִי שֶׁכָּתוּב ״וְלָהּ שִׁפְחָה מִצְרִית וּשְׁמָהּ הָגָר״** — **So too** with respect to Hagar: **Because it is written** about her, ***[Sarai] had an Egyptian maidservant whose name was Hagar*** (above, 16:1), **לְפִיכָךְ ״וַתִּקַּח לוֹ אִמּוֹ אִשָּׁה מֵאֶרֶץ מִצְרָיִם״** — **therefore** do we find here, ***and his mother took a wife for him from the land of Egypt.***[248]

NOTES

see *Matnos Kehunah*, *Radal*, *Yedei Moshe*, and *Nechmad LeMareh* for alternative approaches).

The Hebrew word for *one who shoots*, רוֹבֶה, would normally be written with a ו; its being written here without a ו suggests the reading, רָבָה, which means *[as] he was growing* (*Eitz Yosef*, citing *Yefeh To'ar*). Alternatively, it suggests the Aramaic word רַבְיָא, which means a lad ("growing boy") (*Matnos Kehunah*).

The Hebrew word for *bow* is קֶשֶׁת [and at the end of a verse would be vowelized קָשֶׁת]. Our verse's vowelization קַשָּׁת suggests a different root and is interpreted to mean קַשְׁיוּתוֹ, *his difficulty* (see *Matnos Kehunah*).

244. *Matnos Kehunah*, also cited by *Eitz Yosef*.

The Midrash infers this interpretation from the end of our verse, which teaches that Hagar took an Egyptian wife for Ishmael. [If not for the fact that she was a force behind Ishmael's descent into wickedness (*Tiferes Tzion*)], Hagar would have found Ishmael a bride from among the families of Abraham and Sarah (*Matnos Kehunah*, also cited by *Eitz Yosef*).

245. *Eitz Yosef*, citing *Yefeh To'ar*.

The root רבה is occasionally used to mean *becoming accustomed* (*Beur Maharif*, who references the Talmudic expression הַיְינוּ רְבִיתֵיהּ [*Chullin* 67a, et al.] and *Numbers* 32:14; see also *Yefeh To'ar*, cited there).

246. This interpretation understands our verse to mean, *He grew above all archers* (*Eitz Yosef*), or *he was a master over all archers* (*Matnos Kehunah*).

247. Regardless of how it is thrown up (see *Matnos Kehunah*), a wooden staff will land in the position in which it grew, with the end that served as the plant's roots penetrating the ground (*Eitz Yosef*; *Rashi*, also cited by *Matnos Kehunah*). This analogy is used to demonstrate that it is the nature of things to return to their source (*Eitz Yosef*, citing *Nezer HaKodesh*).

248. Despite Hagar's having been married to the righteous Abraham, upon leaving his house she returned to Egypt to take a wife for her son, for her roots were there (*Eitz Yosef*, citing *Nezer HaKodesh*).

[לד]אָדָם שֶׁהוּא עָתִיד לְהָמִית בָּנֶיךָ בַּצָּמָא אַתְּ מַעֲלֶה לוֹ בְּאֵר, אָמַר לָהֶם: עַכְשָׁיו מַה הוּא, צַדִּיק אוֹ רָשָׁע, אָמְרוּ לוֹ: צַדִּיק. אָמַר לָהֶם אֵינִי דָן אֶת הָאָדָם אֶלָּא בְּשַׁעְתּוֹ. [כא, יח] "קוּמִי שְׂאִי אֶת הַנַּעַר" ... "וַיִּפְקַח ... אֶת עֵינֶיהָ", אָמַר רַבִּי בִּנְיָמִין: הַכֹּל בְּחֶזְקַת סוּמִין עַד שֶׁהַקָּדוֹשׁ בָּרוּךְ הוּא מֵאִיר אֶת עֵינֵיהֶם, מִן הָכָא [כא, יט] "וַיִּפְקַח אֱלֹהִים אֶת עֵינֶיהָ". "וַתֵּלֶךְ וַתְּמַלֵּא אֶת הַחֵמֶת", הָדָא אָמְרָה מְחוּסֶּרֶת אֲמָנָה הָיְתָה:

טו [כא, כ] "וַיְהִי אֱלֹהִים אֶת הַנַּעַר וַיִּגְדָּל", [לה]רַבִּי יִשְׁמָעֵאל שָׁאַל אֶת רַבִּי עֲקִיבָא אָמַר לוֹ בִּשְׁבִיל שֶׁשִּׁימַּשְׁתָּ נַחוּם אִישׁ גַּם זוֹ עֶשְׂרִים וּשְׁתַּיִם שָׁנָה אַכִים וְרַקִּים מִיעוּטִים, אֶתִין וְגַמִּין רִיבּוּיִם, הָדֵין "אֶת", דִּכְתִיב הָכָא מַהוּ, אָמַר לוֹ: אִילּוּ נֶאֱמַר "וַיְהִי אֱלֹהִים הַנַּעַר", הָיָה הַדָּבָר קָשֶׁה, אֶלָּא "אֶת הַנַּעַר". אָמַר לוֹ (דברים לב, מז) "כִּי לֹא דָבָר רֵק הוּא מִכֶּם", וְאִם רֵק מִכֶּם, שֶׁאֵין אַתֶּם יוֹדְעִים לִדְרוֹשׁ, אֶלָּא "אֶת הַנַּעַר", הוּא וַחֲמָרָיו וּגְמַלָּיו וּבְנֵי בֵיתוֹ. "וַיְהִי רוֹבֶה קַשָּׁת", רָבֶה וְקַשְׁיוּתוֹ עִמּוֹ, [נוסח אחר רָבֶה וְקַשְׁיוּתוֹ אִמּוֹ] רָבֶה מִתְלַמֵּד בַּקֶּשֶׁת, דָּבָר אַחֵר: רָבֶה עַל כָּל הַמּוֹרִים בַּקֶּשֶׁת. [כא, כא] "וַיֵּשֶׁב בְּמִדְבַּר פָּארָן", אָמַר רַבִּי יִצְחָק [לו]זְרוֹק חוּטְרָא לַאֲוִירָא, וְעַל עִיקָּרֵיהּ הוּא קָאֵים, כָּךְ לְפִי שֶׁכָּתוּב (לעיל טז, א) "וְלָהּ שִׁפְחָה מִצְרִית וּשְׁמָהּ הָגָר", לְפִיכָךְ "וַתִּקַּח לוֹ אִמּוֹ אִשָּׁה מֵאֶרֶץ מִצְרָיִם":

עץ יוסף

שהוא עתיד להמית כדאי' באיכה רבתי ובתנחומא סדר יתרו: **הכל בחזקת סומין** שאין העין יכול לראות אלא במה שניתן לו רשות אע"פ שהיה הדבר לפניו. וכן אירע להגר שלא נברא זה הבאר ההוא מחדש אלא שם היה ולא היה לה רשות לראותו עד שפקח אלהים את עיניה (האב"א): **מחוסרת אמנה היתה** כי לא בטחה בה' שלא ימנע טובו ממה שמילאה החמת בתחילה ואח"כ השקתו שהיתה יריאה שיתעלם ממנה הבאר ויחזור למות בצמא (והאב"א והיפ"ת): (טו) [כ] **בשביל ששימשת כו'.** לעיל פ' א' סי' י"ט: **הדין את דכתיב הכא מהו.** ר"ל דלכתוב ויהי אלהים עם הנער. ולא את שדרכו לרבות. ור"ע ס"ד ששאל דלימא אלהים הנער ולזה אמר לו אילו נאמר כו'. ור' ישמעאל א"ל כי לא דבר רק הוא כו' והודיעו האמת (יפ"ת): **היה הדבר קשה** אין ראוי שיבוא הלשון בענין רע כזה. (יפ"ת): **וחמוריו כו'.** כלו' אשר הוא עושה ה' מצליח בידו. ואולי צריך להיות חמריו הח' בפת"ח. וגמליו הגימ"ל בפת"ח. ועל שומרי החמורים והגמלים אמר כן כדלעיל אגל והיא גם היא וגו' (מת"כ): **רבה וקשיותו עמו** שבא לרמוז ג"כ שהיה רבה כלומר גדל והלך וקשיותו עמו כלומר שרעתו היתה מתגדל עמו ולא חזר בו בהיותו גדול (יפ"ת ונזה"ק): **נ"א רבה וקשיותו אמו.** בילקוט ליתא זה. והמת"כ פירש שאמו עזרה לו לרעה. ולכך סמך ותקח לו אמו אשה מארץ מצרים שהיה לה ליקח ממשפחת אברהם ושרה: **רבה מתלמד בקשת** שפי' רובה קשת שלומד ומרגיל עצמו להיות קשת (יפ"ת): **על כל המורים בקשת.** מתגדל על כל קשת (יפ"ת): **על עיקריה הוא קאים.** שנופל לארץ כדרך גדילתו שהשורש למטה כמו שהיה עומד כשגדל שכל דבר חוזר לשרשו. וכן הגר אע"פ שנדבקה לאברהם הצדיק חזרה לשרשה ליקח לו אשה מארץ מצרים (נזה"ק):

פירוש מהרז"ו

אתה מעלה לו באר כמ"ש פר"א פ"ל נפתח לו הבאר שנברא ביה"ש כו' ע"ש: **בחזקת סומים** שאף שנזדמן לה באר דבר גשמי הנראה לא הרגישה עד שהקב"ה האיר עיניה: **מחוסרת אמנה** שהיה לה לעשות בהיפך תחלה להשקות הילד שהיה בסכנה ואח"כ למלאות החמת אלא שחששה שעד שתלך אל הנער להשקותו ותחזור אל הבאר הרחוק ממנה מיל לא תמצא עוד למלאות. והיה לה להאמין בהשי"ת שהבטיח שיהיה לגוי גדול (וכ"כ היפ"ת): (טו)**רבי ישמעאל שאל** לעיל פר' א' סימן י"ד וש"נ ומבואר: **רבה וקשיותו** כל מה שרבה בגידולו והולך רבה וגדלה קשיותו עמו (יפ"ת): **זרוק חוטרא** עיין לקמן ס"פ פ"ו:

רש"י

אדם שהוא עתיד להמית בניך בצמא. כשהולכין בגולה דכתיב משא בערב ביער בערב תלינו ארחות דדנים לקראת צמא התיו מים: **הדא אמרה מחוסרת אמנה היתה.** דכתיב ותמלא את החמת שהיתה יראה שמא יחסרו לה מים ולא יתן לה עוד: (טו) **אילו נאמר ויהי אלהים הנער היה הדבר קשה להטעות הבריות.** אלא את הנער עמו בצרתו: **הוא וחמרוהי וגמלוהי ובני ביתיה.** שבכל דבר היה מצליח שלא תאמר בצרתו בלבד היה מתקיים עליו אלא לרבות הצלחה בכל מעשיו: **וישב במדבר ויהי רובה קשת רבה וקשיותו עמו** ד"א רבה ומתלמד בקשת דבר אחר רבה אומן על כל המורים בקשת: **זרוק חוטרא לאוירא אעיקריה קאים.** כשהוא נופל הוא נגעץ בארץ ועומד על עיקרו זקוף:

מתנות כהונה

[**והמית בניך בצמא.** עיין בשמ"ר פ"ג]: **מחוסרת אמנה.** פרש"י דכתיב ותמלא את החמת שהיתה מתיירא שלא יתן לה עוד: [טו] **הדבר קשה.** מפני המינות אלא את הנער פירושו עם הנער: [הכי גרסינן כי לא דבר רק הוא. ואם רק מכם הוא שאין אתם כו'] : **וחמריו כו'.** כלומר כל אשר הוא עושה ה' מצליח בידו ואולי צ"ל חמריו הח"ת בפתח וכו' וגמליו הגימ"ל בפתח. ועל שומרי החמורים וגמלים אמר כן כדלעיל אגל והיא גם היא וגו': **רבה.** מלשון רביא כלומר נער ואע"פ כן קשיותו עמו ודרשו כן מדלא כתיב רובה קשת בסגו"ל וכתב קשת שם תואר על שם קושי ערפו ואומן לבבו: **וקשיותו אמו.** שעזרה לו לרעה ולכך סמך ותקח לו אמו אשה מארץ מצרים שהיה לה ליקח ממשפחת אברהם ושרה: [הכי גרסינן רש"י ד"א רבה ומתלמד בקשת. ודייק התואר של קשת על ההתלמדות]: **הכי גרסינן** ד"א רבה על כל כו': **רבה.** רב ואומן: **המורים.** ישוב על כל המורים זולתו: [**במדבר פארן וגו'** גרסינן]: **על עיקריה קאי גרסינן.** פירש"י כשתזרוק מטה למעלה לתוך האויר לצד מעלה חוזר ונופל על הארץ למקום שרשו לצד מטה:

נמחד למראה

[טו] **ויהי רובה קשת. רבה וקשיותו עמו.** עיין מה שפירשו מתנות כהונה וידי משה. ולי נראה שהוא כענין והאיש קשה ורע מעללים וזהו בכל מקום שהוא הולך לא הניח קשיותו דהיינו רוע מעלליו ודו"ק:

אשד הנחלים

בניך בצמא. דייק מדמתחילה היה צמא למים במדבר טרם קראה המלאך מכלל דהי' זה קטרוג המלאכים למען ימות בצמא מדה במדה מצד שרצונו להמית את ישראל בצמא אך אח"כ נתגברו מלאכי רחמים. כי עודנה לא עשה מאומה: **הכל בחזקת סומין** פ' האב"א שאין העין יכול לראות אלא במה שניתן לה רשות אף שהוא לפניו וכן אירע להגר שלא נברא לה הבאר מחדש רק שם הי' ולא ראתה: **ואם רק מכם.** מסבתכם שאין אתם יגעים בה: **חמריו וגמליו.** כלומר גם עם משרתיו כי יהי' איש מצליח ורבים משרתיו: **רבה וקשיותו עמו.** כלומר הלך וגדל בקשיות עורף כפרא אדם. הולך מרעה אל רעה. כי למה יספר הכתוב שהיה רובה קשת אם לא לתאר תכונתו הרעה שהי' איש קשה שמזה התכונה הקשה הי' רובה קשת כאכזר לירות בקשת להרוג את כל ופירש הנ"א עי' ברד"ל פירושו: **על עיקריה קאים** כי נוטה לשורשו כן הגר אף שנתגדלה בבית אברהם. והי' ראוי לה לברוח מקחת אשה ממצרי' שהוא מקום מתועב. עכ"ז אחר שהיא ממצרי' לקחה אשה לו משם. כי שרשה אינו טוב:

חידושי הרד"ל

(כא) [יד] **מחוסרת אמנה היתה.** שהמלאך א"ל תחלה קומי שאי את הנער ולא האמינה ולא עשתה כן. עד שנפקחו עיניה וראתה באר מים. וגם אז הלכה תחלה למלא החמת ואח"כ לקחתו. כי חששה שמא הבור רק אין בו מים:

(כב) [טו] **רובה וקשיותו עמו.** פי' נער ועכ"ז קשיותו ועזותו עמו כגדול וכ"ה בתוספ' עה"ת. נ"א רבה וקשיותו עמו כצ"ל פי' שהיה רבה וגדל והולך וכן קושייתו היה עמו גדל ועולה במעלה:

(כג) **ועל עיקרו הוא קאים.** בבמ"ר פ"כ הלשון על עיקרו נופל. וע"ל ס"פ פ"ו:

חידושי הרש"ש

[יד] **הכל בחזקת סומין כו' מן הבא ויפקח כו'.** כי הבאר היה שם מכבר לפי דרשת ר"א לעיל שעם השיחו עמה מה"ש ושם כתיב על עין המים. ע"כ קרא לבאר כו':

באור מהרי"פ

[טו] **רבה מתלמד בקשת.** שפי' רבה קשת שלומד ומרגיל עצמו להיות קשת אבל לא ידעתי מאיזה לשון יהיה רובה לומד או מרגיל יפ"ת (ויתכן שהוא מלשון היינו רביתיה בתלמוד. ר"ל הרגלו ובל' מקרא תרבות אנשים חטאים וכדומה):

מסורת המדרש

לד ירושלמי תענית פרק ד' סוף הלכה ה'. שמ"ר ריש פרשה כ"ז. איכה רבתי פרשה ב'. תנחומא יתרו סי' ה'. ילקוט ישעיה רמז רפ"ט:

לה חגיגה י"ב. לעיל פרשה א' וש"נ:

לו לקמן סוף פרשה פ"ו. במד"ר פרשה כ'. תנחומא סדר בלק סימן י"ז:

אם למקרא

כִּי לֹא־דָבָר רֵק הוּא מִכֶּם כִּי־הוּא חַיֵּיכֶם וּבַדָּבָר הַזֶּה תַּאֲרִיכוּ יָמִים עַל־הָאֲדָמָה אֲשֶׁר אַתֶּם עֹבְרִים אֶת־הַיַּרְדֵּן שָׁמָּה לְרִשְׁתָּהּ:
(דברים לב: מז)

ענף יוסף

(יט) [יד] **אמר לו איני דן את האדם אלא בשעתו.** הקשו המפרשים מבן סורר ומורה שנידון ע"ש סופו כדאמרינן בסנהדרין. יש לומר שאני ישמעאל אע"פ שהיתה בו באותה שעה תחלת הקלקלה בעון ע"ז ג"ע וש"ד כדאי' לעיל. מ"מ אין סופו שימית הוא בעצמו את ישראל בצמא. אלא בניו עתידים לחטוא בכך. ואין דנין בן סורר ומורה רק על קלקול עצמו תחלה וסוף כנ"ל עכ"ל. וכן כתב היפ"ת:

Chapter 54

וַיְהִי בָּעֵת הַהִוא וַיֹּאמֶר אֲבִימֶלֶךְ וּפִיכֹל שַׂר צְבָאוֹ אֶל אַבְרָהָם לֵאמֹר אֱלֹהִים עִמְּךָ בְּכֹל אֲשֶׁר אַתָּה עֹשֶׂה.

At that time, Abimelech and Phicol, general of his legion, said to Abraham, "God is with you in all that you do" (21:22).

§1 **וַיְהִי בָּעֵת הַהִוא וַיֹּאמֶר אֲבִימֶלֶךְ וּפִיכֹל שַׂר צְבָאוֹ** — ***AT THAT TIME, ABIMELECH AND PHICOL GENERAL OF HIS LEGION, SAID, ETC.***

The Midrash presents several different interpretations of a verse in *Proverbs*, the last of which pertains directly to our verse. The first interpretation:

"בִּרְצוֹת ה׳ דַּרְכֵי אִישׁ גַּם אֹיְבָיו יַשְׁלִם אִתּוֹ" — Scripture states, ***When a man's ways please HASHEM, He makes even his enemies to be at peace with him*** (*Proverbs* 16:7). **רַבִּי יוֹחָנָן אָמַר: זוֹ אִשְׁתּוֹ שֶׁנֶּאֱמַר "אֹיְבֵי אִישׁ אַנְשֵׁי בֵיתוֹ"** — **R' Yochanan said: This** refers even to **one's wife,**[1]Ⓐ **as it states, *A man's enemies are the people of his household*** (*Micah* 7:6).[2] **מַעֲשֶׂה בְּאִשָּׁה שֶׁקִּבְּלָה עַל בַּעְלָהּ לַשִּׁלְטוֹן וְהִתִּיז אֶת רֹאשׁוֹ** — A case in point:[3] **There was an incident regarding a woman who complained about her husband to the ruler,**[4] **and** as a result, the ruler **beheaded him. וְיֵשׁ אוֹמְרִים אַף הִתִּיז אֶת רֹאשָׁהּ** — **Some say that [the ruler] also beheaded her.**[5]

A second interpretation:

רַבִּי שְׁמוּאֵל אָמַר: זֶה הַנָּחָשׁ — **R' Shmuel says: This** refers to **the snake.**[6] **תָּנָא: רַבִּי חֲלַפְתָּא אוֹמֵר: הַנָּחָשׁ הַזֶּה לָהוּט אַחַר הַשּׁוּם** — **A Barasia teaches: R' Chalafta said: Snakes have a passion for garlic. וּמַעֲשֶׂה בְּנָחָשׁ אֶחָד שֶׁיָּרַד מִן הָהָר לַבַּיִת, וּמָצָא קְעָרָה שֶׁל שׁוּם וַאֲכָלָהּ וְהֵקִיא בְּתוֹכָהּ** — **There was** thus **an incident in which a snake descended from a mountain and entered a house, where he found a plate of garlic; he ate** from **it and spit** venom[7] **into it. וְרָאָה נָחָשׁ שֶׁבַּבַּיִת וְלֹא הָיָה יָכוֹל לַעֲמוֹד לוֹ** — **A** different **snake** that was **in the house witnessed** this event, but **was unable to stand up to [the first snake].**[8] **כֵּיוָן שֶׁיָּצָא אוֹתוֹ הַנָּחָשׁ יָצָא הַנָּחָשׁ שֶׁל בַּיִת וּמִילֵּא אוֹתָהּ עָפָר** — **After [the first] snake left** the house, **the snake** that had been in the **house emerged** from his hiding place and **filled [the plate** containing the garlic] **with dirt** in an attempt to prevent the members of the household from unwittingly eating the poisoned garlic.[9]

A third interpretation:

רַבִּי יְהוֹשֻׁעַ בֶּן לֵוִי אָמַר: זֶה יֵצֶר הָרַע — **R' Yehoshua ben Levi said: This** refers to the **evil inclination.**[10] **בְּנוֹהַג שֶׁבָּעוֹלָם אָדָם גָּדֵל עִם חֲבֵירוֹ שְׁתַּיִם שָׁלֹשׁ שָׁנִים בִּכְרַךְ וְהוּא קוֹשֵׁר לוֹ אַהֲבָה** — **It is customary**

NOTES

1. I.e., even a wife, despite her natural affinity toward her husband, has the potential of becoming his enemy, for without Divine assistance, two people, possessing different temperaments and personalities, would find it difficult to maintain a peaceful relationship long-term. Certainly then, such Divine assistance is necessary in order to enable strangers to get along; and all the more so is it needed in order to repair a damaged relationship such as exists between two enemies. Consequently, if a person's actions are not pleasing in the eyes of God, his punishment will be that he will not merit this Divine assistance, and as a result his interpersonal relationships will suffer.

Accordingly, the above verse in *Proverbs* is teaching that if a person's *ways please HASHEM*, He will strengthen all of his interpersonal relationships — even going so far as to repair the damaged ones. An example of the latter is the relationship between Abraham and Abimelech (*Eitz Yosef*). See Insight Ⓐ.

2. That the verse seeks to include even one's wife among these household people is indicated by the verse's use of the word בֵּיתוֹ, *his house*, which is often interpreted by the Sages to refer to one's wife (see, e.g., *Yoma* 2a).

3. Proving that a woman can sometimes turn into an enemy of her own husband.

4. She informed on him regarding a serious crime he had committed, such as robbery or murder (*Yefeh To'ar*).

5. Although her husband was justifiably put to death, the lack of compassion displayed on her part prompted the ruler to find some sort of accusation against her in order to kill her as well (*Rashi*, based on *Pesikta DeRav Kahana* [Mandelbaum] §11).

Alternatively, like her husband, she too was killed on account of his crime, because it emerged during the proceedings that she was present at the crime scene yet failed to make any attempt to stop him. The Midrash records this in order to make the point that she hated her husband so much that she was prepared to risk being put to death herself in order to see him killed (*Yefeh To'ar*).

6. A reference to the very first snake of creation, which was cursed by God that it and all its descendants would eternally be man's *enemy* [אוֹיֵב], as the verse states (above, 3:15), וְאֵיבָה אָשִׁית בֵּינְךָ וּבֵין הָאִשָּׁה וְכוּ׳, *"I will put enmity* [אֵיבָה] *between you and the woman, etc."* (*Matnos Kehunah*, *Eitz Yosef*).

According to R' Shmuel, even man's eternal enemy, the hostile snake, will be at peace with the person whose *ways please HASHEM*. The Midrash proceeds to illustrate this with a story.

7. *Rashi*.

8. Although the snake that looked on would have liked to prevent the first snake from injecting venom into the food, he was powerless to do so because the first snake was quicker and more powerful than he. Unable to confront him, he remained in his normal place of hiding (*Rashi* and *Yedei Moshe*, from *Pesikta DeRav Kahana* loc. cit.).

9. *Rashi*, *Matnos Kehunah*, *Eitz Yosef*. [*Pesikta DeRav Kahana* adds that despite the friendly snake's noble efforts, the members of the household failed to notice the dirt that he had added to the plate, and were prepared to eat the garlic anyway. At that point the snake threw *himself* into the contents of the plate, thereby guaranteeing they would not eat from it.]

That the heroic snake did not act with hostility toward the members of its household but rather intervened to save them can be attributed only to the idea expressed in the verse in *Proverbs*. R' Shmuel's point is thus well proven (ibid.).

10. Which is also man's lifelong *enemy*, as the Midrash will now point out.

INSIGHTS

Ⓐ **When a Man's Ways Please Hashem** *Chida* (*R' Chaim Yosef David Azulai*) derives from this Midrash that an individual's relationship with his spouse is a often a mirror image of his relationship with God. For example, the way in which a *talmid chacham's* wife relates to him would reflect the way in which he relates to God. Thus, R' Yochanan in this Midrash is teaching that if a person's relationship with his spouse is contentious, it may be that the fault is not in his wife, but in his own relationship with God. Accordingly, he should engage in introspection and in improving his relationship with God. His relationship with his spouse will then reflect that improvement, and the marriage will be restored to harmony.

This, according to *Chida*, is the meaning of R' Elazar's interpretation (*Yevamos* 63a) of the verse which states (*Genesis* 2:18): אֶעֱשֶׂה לּוֹ עֵזֶר כְּנֶגְדּוֹ, *I will make him a helpmate opposite him. R' Elazar* explains: "If a man merits (זָכָה), his wife helps him; if he does not merit, she opposes him" [i.e., she disagrees with him and contradicts what he says — see *Rashi* ad loc.]. According to *Chida*, a husband's "merit" refers to his positive relationship with God. If a person enjoys a positive relationship with God, he will enjoy a positive relationship with his spouse as well. On the other hand, if he is antagonistic toward God, his wife will be antagonistic toward him (*Midbar Kedeimos, Maareches Nun* §11).

[*Chida* cautions, though, that such correlations can be assumed to exist only in cases that involve *tzaddikim*, righteous individuals. See *Maaseh Ish* Vol. 2, p. 79 for a similar idea applied to a case involving more "average" individuals.]

פרשה נד

א [כא, כב] **"וַיְהִי בָּעֵת הַהִוא וַיֹּאמֶר אֲבִימֶלֶךְ וּפִיכֹל שַׂר צְבָאוֹ".** (משלי טז, ז) **"בִּרְצוֹת ה' דַּרְכֵי אִישׁ גַּם אוֹיְבָיו יַשְׁלִם אִתּוֹ", [א]רַבִּי יוֹחָנָן אָמַר: זוֹ אִשְׁתּוֹ שֶׁנֶּאֱמַר** (מיכה ז, ו) **"אֹיְבֵי אִישׁ אַנְשֵׁי בֵיתוֹ". מַעֲשֶׂה בְּאִשָּׁה שֶׁקִּבְּלָה עַל בַּעֲלָהּ לַשִּׁלְטוֹן, וְהִתִּיז אֶת רֹאשׁוֹ וְיֵשׁ אוֹמְרִים אַף הִתִּיז אֶת רֹאשָׁהּ. רַבִּי שְׁמוּאֵל אָמַר: זֶה הַנָּחָשׁ. [ב]תָּנָא רַבִּי חֲלַפְתָּא אוֹמֵר: הַנָּחָשׁ הַזֶּה לָהוּט אַחַר הַשּׁוּם, וּמַעֲשֶׂה בְּנָחָשׁ אֶחָד שֶׁיָּרַד מִן הָהָר לַבַּיִת, וּמָצָא קְעָרָה שֶׁל שׁוּם וַאֲכָלָהּ וְהֵקִיא בְּתוֹכָהּ, וְרָאָה נָחָשׁ שֶׁבַּבַּיִת וְלֹא הָיָה יָכוֹל לַעֲמוֹד לוֹ, כֵּיוָן שֶׁיָּצָא אוֹתוֹ הַנָּחָשׁ יָצָא הַנָּחָשׁ שֶׁל בַּיִת וּמִילֵּא אוֹתָהּ עָפָר. רַבִּי יְהוֹשֻׁעַ בֶּן לֵוִי אָמַר: זֶה יֵצֶר הָרָע, בְּנוֹהַג שֶׁבָּעוֹלָם אָדָם גָּדֵל עִם חֲבֵירוֹ שְׁתַּיִם שָׁלֹשׁ שָׁנִים בִּכְרָךְ וְהוּא קוֹשֵׁר לוֹ אַהֲבָה, וְזֶה גָּדֵל עִם אָדָם מִנַּעֲרוּתוֹ וְעַד זִקְנוּתוֹ, [ג]אִם מָצָא בְּתוֹךְ שִׁבְעִים הוּא מַפִּילוֹ, בְּתוֹךְ שְׁמוֹנִים הוּא מַפִּילוֹ, הוּא שֶׁדָּוִד אוֹמֵר** (תהלים לה, י) **"כָּל עַצְמֹתַי תֹּאמַרְנָה ה' מִי כָמוֹךָ מַצִּיל עָנִי מֵחָזָק מִמֶּנּוּ וְעָנִי וְאֶבְיוֹן מִגֹּזְלוֹ". אָמַר רַבִּי אַחָא: וְכִי יֵשׁ גַּזְלָן גָּדוֹל מִזֶּה, וְאָמַר שְׁלֹמֹה** (משלי כה, כא) **"אִם רָעֵב שֹׂנַאֲךָ הַאֲכִלֵהוּ לָחֶם וְאִם צָמֵא הַשְׁקֵהוּ מָיִם", [ד]מִלַּחְמָהּ שֶׁל תּוֹרָה. הֵיךְ מַה דְּאַתְּ אָמַר** (שם ט, ה) **"לְכוּ לַחֲמוּ בְלַחֲמִי", וּמֵימָהּ שֶׁל תּוֹרָה, הֵיךְ מַה דְּאַתְּ אָמַר** (ישעיה נה, א) **"הוֹי כָּל צָמֵא לְכוּ לַמַּיִם".**

רש"י

נד (א) אויבי איש אנשי ביתו זו אשתו. מעשה באשה אחת שקבלה על בעלה לדיין והתיז את ראשו ויש אומרים אף לאחר כן התיז את ראשה ומפרש בפסיקת' לאחר זמן מלא הדיין עילה עליה והרגה לפי שלא חמלה על בעלה: **אמר רבי שמואל בר נחמן.** מעשה בנחש אחד שירד בבית ומלא קערה של שום ואכלה והקיא בתוכה ארס וראה נחש שבבית ולא היה יכול לעמוד בו שאותו שהקיא ארס בקערה נחש חריף היה כמו שמפורש שם בפסיקתא וכיון שילא לו אותו נחש ירד נחש הבית ומילא את הקערה עפר כדי שלא יאכלו ממנו בני הבית ומפורש בפסיקתא ולא איתרגיש לסוף זרק גרמיה לגויה כדי שלא יאכלו הוי ברלות ה' דרכי איש גם אויביו ישלים אתו שאף הנחש מסייע לו בזמן שהוא עת רלון: **בתוך שמונים מפילו.** ומפרש בפסיקתא כדרך שעלה ליוחנן כהן גדול ששמש פ' שנה בכהונה גדולה ולבסוף נעשה לדוקי: **יש לך גזלן גדול מזה.** שנוטל נשמתו של אדם:

עץ יוסף

נד (א) זו אשתו שנאמר אויבי איש אנשי ביתו. פי' אע"פ שטבע האשה לאהוב את בעלה בכל זאת לריך לזה עזר מהש"י שישתוו דעות שניהם. ועל"ל הטוגש גם היא תשוב לאויבו. כדרשתם ז"ל זכה עזר לא זכה כנגדו. ומביא מעשה לזה שהגיע לבעל מחשה רעה. ודרך המדרש לחסר מלת אפי' והכוונה שאפי' לאהבת אשה ואיש לריך עזר מהשי"ת. ועל"ל הטוגש תשוב לאויב לו חלילה. ומכ"ש באנשים זרים שלריך עזר רלון ה' שיאהבו זא"ז. וביותר שישובו אויביו לאוהבים כמו שהיה כאן באבימלך: **אויבי איש אנשי ביתו.** ואין ביתו אלא אשתו כמו שדרשו חז"ל בכ"מ (מת"כ): **אף התיז כו'.** רש"י בשם הפסיקתא לאחר זמן מלא הדיין עילה עליה והרגה לפי שלא חמלה על בעלה: **זה הנחש.** כדכתיב ואיבה אשית וגו': **לעמוד לו.** להתקומם עליו למנעו מהקערה: **ומלא עפר.** כדי שלא יאכל בעל הבית משיורי הקערה ויסתכן בארס הנחש שהקיא בתוכה. והרי כי גם הנחש שהוא אויב קבוע לאדם משעת ימי בראשית השלים לו עם אותו האדם להצילו ממות ברלון ה': **זה יצר הרע.** שהוא ג"כ אויב קבוע תמיד לעולם מיום הולדו עד יום מותו כדמסיק. ואעפ"כ ברלות ה' דרכי איש בהיותו בא לטהר ולהכשיר מעשיו כראוי בתורה ומע"ט מאז גם אויביו זה היצה"ר ישלים אתו. שהבא לטהר מסייעין אותו: **מחזק ממנו.** היינו מיצה"ר שחזק מיצ"ט לפי שקדם לו י"ג שנה. ועוד שכל האברים מסייעין אותו שעי"ז נקרא היצ"ט הילד המסכן והיצה"ר מלך זקן: **וכי יש גזלן גדול מזה.** כי הגזלן לא יגזול רק קניינים המדומים. אבל זה גזלן שגוזל בשלימות הנפש עד בלי השאיר לו תקומה (יפ"ת): **מלחמה של תורה.** שאם בא להתגבר עליך משכהו לבית המדרש ועי"ז יכנע וילמד ליראה את ה': **לכו לחמו בלחמי.** דאיירי בתורה דכתיב התם חכמות בנתה ביתה וגו': **הוי כל צמא לכו למים.** ובתורה מיירי דאל"כ פתח במים וסיים ביין וחלב. אלא היינו תורה שנמשלה לג' משקין הללו כדלקמן ד"ר פ' ז':

פירוש מהרז"ו

נד (א) זו אשתו. כמ"ש לעיל פרשה כ' ר"ס ג' זכה עזר לא זכה כנגדו: **זה יצר הרע.** עיין כל הענין במדרש תהלים מזמור ל"ד: **בתוך שמונים.** וכמ"ש באבות ואל תאמין בעצמך עד יום מותך. ועי' מ"כ בשם רש"י: **ועני ואביון מגוזלו.** במדרש תהלים הגי' א"ר אחא מציל יצה"ט מהיצה"ר: **אם רעב.** ובמ"ת שם אם אם רעב אם עמד עליך יצה"ר האכילהו מלחם התורה שנאמר האכילהו לחם. כי גחלים אתה חותה על ראשו וה' ישלם לך ישלימנו לך:

מתנות כהונה

[א] **אנשי ביתו.** ואין ביתו אלא אשתו כמו שדרשו חז"ל בהרבה מקומות: **אף התיז כו'.** בפי' רש"י כתב בשם פסיקתא לאחר זמן מלא הדיין עילה עליה והרגה לפי שלא חמלה על בעלה: **זה הנחש.** שנקרא אויב שנאמר ואיבה אשית בין זרעך וגו': **ומילא אותו עפר.** כדי שלא יאכלו ממנה בני האדם הרי שגם הנחש עמד לעזרה בעת שהיה עליו הרלון מאת ה' ועיין כל זה בירושל' במסכת תרומות: **בתוך שבעים שנה.** אע"פ שהוא סוף ימיו שנאמר ימי שנותינו בהם שבעים שנה: **בתוך שמונים.** פירש"י בשם פסיקתא שהרי יוחנן שמש בכהונה גדולה שמונים שנה לסוף נעשה לדוקי: **מחזק ממנו.** מילר הרע החזק ממנו: **וכי יש גזלן וכו'.** שגוזל נשמתו של אדם: **שנאך.** זה ילר הרע שהוא רעב להשטין אותך מדרך טובה לדרך רעה: [**ואם צמא** גרסינן]:

אשד הנחלים

[א] **אשתו** אין הכוונה כי היא אויב לבעלה. רק מצד שתכונותיה הפוכות משל אנשי' כי היא מבקשת מותרות ותאוות עולמיות. יכולות להעביר את האדם מדעת קונו כמו שאמר שלמה אשר היא מצודים וחרמי' לבה טוב לפני אלהים ימלט ממנה. אך ברצות ה' דרכי איש שהולך בדרך ה' בטהרת הלב. אז גם אשתו תשלים אתו ותלך אחרי עצתו ותהי' גם היא טובה: **זה הנחש.** אף שהוא בטבע מזיק ומריע בכוונה. עכ"ז השגחה העליונ' נטוי' עליו להצילו. כי גם המזיקים בטבע השלמו אתו: **זה יצה"ר.** שהוא האויב האמיתי עד עולם לאדם ותמיד מסיתו להפילו מדרכו הטוב אך ברצות ה' דרכיו שהרגיל עצמו לילך בדרך טוב מאוד עד שהוא רצוי לפני ה' אז ה' יעזרהו בזה עד שישלימו את כל כחות הרעות הנטועות בלב. וזהו כמ"ש בכל לבבך בשני יצריך ביצה"ר וביצ"ט: **בתוך שבעים כו'.** אף שכחות התאוונית בטלות עכ"ז יש מקום לרע לשלוט ולהסיתו לדבר כי המאוויים רבים בעולם. תאוה. קנאה. כבוד. וכדומה. עד שא"א שלא יפול מהאדם באחת מאלה אף לעת זקנותו: **מלחמה של תורה.** כי א"א לומר שיתן ליצר די שבעו בעוה"ז. כי אדרבא ישמן ויבעט. רק הכוונה על לחמה של תורה שזהו מזון הנפש ולחמה. והכוונה בלחם ובמים. לחם הוא מצוות התור' המעשיים. והמים הוא טהרת הלב. וזיכוך המדות הנובעים ממקור טהרת למוד התורה ומטהר הנפש כמים המטהרים: **היך מה דאת אמר הוי כל צמא.** ושם בודאי מרמז אל התור' כמו

חידושי הרד"ל

(א) והקיא ארס שלו.. ועיין יד"מ בשם פסיקתא. וליתא בפסיקתא. והוא בירושלמי תרומות פ"ח שציין גם המ"כ: **(ב) שתים ושלש שנים בכרך.** פי' בחבורה והתקשרות כלשון בנה כרוך אחריה: **(ג) השקהו מים וגו'.** וה' ישלם לך כל"ל. ור"ל כמ"ש בסוכה (נ"ב.) וה' ישלימנו לך. והוא לראיה שברצות ה' דרכי איש גם אויביו זה יצה"ר ישלים אתו ע"י עסקו בלחמה ומימה של תורה:

חידושי הרש"ש

[א] איש עצתי. עמ"כ ועוד י"ל ע"פ דרשתם לעיל פמ"ג והמה כו' לא הביאו עצתו כו' למה כו' כדי שיבואו ויפלו בידי אברהם. ולכן שפיר יקרא איש עצתו שהשלים עצת המקום. וגם יל"פ עוד ע"פ מה שאמרו בש"ר רפי"ח שעשה עצה עם אברהם לחלוק הלילה שרדף אחרי המלכים ודרשו ע"ז קרא דועצת מלאכיו ישלים:

מסורת המדרש

א ילקוט כאן רמז נ"ה. ילקוט משלי רמז תתקכ"ד: **ב** ירושלמי תרומות פרק ח' הלכה ג'. פסיקתא דרב כהנא פיסקא י': **ג** מדרש תהלים מזמור ל"ד. ילקוט תהלים רמז תשכ"ג: **ד** עיין חגיגה י"ד. סוכה נ"ב:

אם למקרא

בִּרְצוֹת ה' דַּרְכֵי־אִישׁ גַּם־אוֹיְבָיו יַשְׁלִם אִתּוֹ: (משלי טז:ז)

כִּי־בֵן מְנַבֵּל אָב בַּת קָמָה בְאִמָּהּ כַּלָּה בַּחֲמֹתָהּ אֹיְבֵי אִישׁ אַנְשֵׁי בֵיתוֹ: (מיכה ז:ו)

כָּל עַצְמֹתַי תֹּאמַרְנָה ה' מִי כָמוֹךָ מַצִּיל עָנִי מֵחָזָק מִמֶּנּוּ וְעָנִי וְאֶבְיוֹן מִגֹּזְלוֹ: (תהלים לה:י)

אִם־רָעֵב שֹׂנַאֲךָ הַאֲכִלֵהוּ לָחֶם וְאִם־צָמֵא הַשְׁקֵהוּ מָיִם: (משלי כה:כא)

לְכוּ לַחֲמוּ בְלַחֲמִי וּשְׁתוּ בְּיַיִן מָסָכְתִּי: (משלי ט:ה)

הוֹי כָּל־צָמֵא לְכוּ לַמַּיִם וַאֲשֶׁר אֵין־לוֹ כָּסֶף לְכוּ שִׁבְרוּ וֶאֱכֹלוּ וּלְכוּ שִׁבְרוּ בְּלוֹא־כֶסֶף וּבְלוֹא מְחִיר יַיִן וְחָלָב: (ישעיה נה:א)

in the world that when a person grows up together with his friend in a city[11] **for two** or **three years, he develops a bond of love toward him.** וְזֶה גָּדֵל עִם אָדָם מִנַּעֲרוּתוֹ וְעַד זִקְנוּתוֹ — Yet, although **[the evil inclination] "grows" with a person from his** early **youth until his old age,** אִם מָצָא בְּתוֹךְ שִׁבְעִים הוּא מַפִּילוֹ, בְּתוֹךְ שְׁמוֹנִים הוּא מַפִּילוֹ — **if it finds** an opportunity to ensnare the person at any time **within** the **seventy** years that one is expected to live,[12] **it will cause his downfall;**[13] likewise, if he finds such an opportunity **within** the **eighty** years of a person's life,[14] **he will cause his downfall.**[15]

The Midrash brings proof that God's assistance is vital in overcoming one's evil inclination:

הוּא שֶׁדָּוִד אוֹמֵר "כָּל עַצְמֹתַי תֹּאמַרְנָה ה' מִי כָמוֹךְ מַצִּיל עָנִי מֵחָזָק מִמֶּנּוּ וְעָנִי וְאֶבְיוֹן מִגֹּזְלוֹ" — **This is what** King **David said,** ***All my limbs will say, "HASHEM , who is like You? Deliverer of the poor from one mightier than he,***[16] ***of the poor and the destitute from the one who robs him"*** (*Psalms* 35:10).[17] אָמַר רַבִּי אַחָא: וְכִי יֵשׁ גַּזְלָן גָּדוֹל מִזֶּה — **R' Acha said: Is there a greater thief than this?**[18]

The Midrash now brings a proof that *when a man's ways please HASHEM*, particularly through the study of Torah, he will merit that God will *make his enemies* (i.e., his evil inclination) *to be at peace with him* (i.e., not induce him to sin):[19]

וְאָמַר שְׁלֹמֹה "אִם רָעֵב שֹׂנַאֲךָ הַאֲכִלֵהוּ לָחֶם וְאִם צָמֵא הַשְׁקֵהוּ מָיִם" — **Solomon said:** ***If your enemy***[20] ***is hungry, feed him bread; and if he is thirsty, give him water to drink*** (*Proverbs* 25:21).[21] מִלַּחְמָהּ שֶׁל תּוֹרָה, הֵיךְ מָה דְאַתְּ אָמַר "לְכוּ לַחֲמוּ בְלַחֲמִי" — *Feed him bread* — this means **from the bread of Torah, as it is stated,** ***Come, eat of my bread*** (ibid. 9:5);[22] וּמֵימָהּ שֶׁל תּוֹרָה, הֵיךְ מָה דְאַתְּ אָמַר "הוֹי כָּל צָמֵא לְכוּ לַמַּיִם" — **and** *give him water to drink* — this means from **the waters of Torah, as it is stated,** ***Ho, everyone that is thirsty come for water*** (*Isaiah* 55:1).[23]

NOTES

11. According to *Radal*, the word בְּכֶרֶךְ is to be translated "in a state of being bound together [in close friendship]." [It is etymologically related to the word כָּרוּךְ, which means "attached" or "clinging," as in the Talmudic expression, מִי שֶׁבְּנוֹ כָּרוּךְ אַחֲרָיו, "someone whose whose offspring clings to him" (*Chullin* 78b).]

12. As stated in *Psalms* 90:10: יְמֵי שְׁנוֹתֵינוּ בָהֶם שִׁבְעִים שָׁנָה, *The days of our years among them are seventy years* (see *Rashi* ad loc.). The Midrash means that the evil inclination is prepared to cause a person's downfall even at the very end of his life (*Matnos Kehunah*).

13. The evil inclination harbors no love for the person it has "grown" with for 70 years.

14. As the above verse from *Psalms* continues, וְאִם בִּגְבוּרֹת שְׁמוֹנִים שָׁנָה, *and if with strength, eighty years*, which means that a person can merit to live up to 80 years.

15. That is, even if the evil inclination is unsuccessful in causing a person's downfall within the first 70 years of that person's life, it will continue to try to do so until the very end of his (extended) lifetime. A prime example of this is the case of Yochanan the High Priest, who served as the Kohen Gadol for 80 years, only to afterward fall into the clutches of the evil inclination by becoming a Sadducee; see *Berachos* 29a (*Rashi*, followed by *Matnos Kehunah*, based on *Pesikta DeRav Kahana* loc. cit.).

R' Yehoshua ben Levi interprets the verse as stating that God will help subdue the evil inclination of the person whose *ways please HASHEM*. This is similar to the Talmudic principle (*Shabbos* 104a): *One who comes to purify himself, they help him* (*Eitz Yosef*).

16. The *poor* and the *mightier* are interpreted here as referring to one's good and evil inclinations, respectively. King David is thus praising God for His assistance in rescuing his weaker good inclination from the mightier evil inclination. See Insight Ⓐ.

17. Thus, it is apparent from King David's declaration of praise that it is only through Divine assistance that one's good inclination can be saved from the clutches of its more powerful counterpart (*Yefeh To'ar*).

18. I.e., than the evil inclination. For by prodding a person to sin, the evil inclination does not merely steal worldly acquisitions that are of imagined value and can be replaced, but rather he robs that person of the perfected development of his soul — a permanent and immeasurable loss (ibid., *Eitz Yosef*; see also *Rashi*, *Matnos Kehunah*).

19. *Radal*.

20. A reference to the evil inclination, which is always "hungry" to drive a person to sin (*Matnos Kehunah*).

21. The next verse states, כִּי גֶחָלִים אַתָּה חֹתֶה עַל רֹאשׁוֹ וַה' יְשַׁלֶּם לָךְ, *for you will be heaping coals on his head, and HASHEM will reward you.* (*Radal's* version of our Midrash actually includes this verse.)

As interpreted homiletically by the Sages (*Succah* 52a), instead of reading the verse's concluding words as: וַה' יְשַׁלֶּם לָךְ, *and HASHEM will reward you*, read it as: וַה' יַשְׁלִימֶנּוּ לָךְ, *and HASHEM will pacify him [the evil inclination] for you.* Accordingly, the verse is stating that if you supply your hungry enemy, the evil inclination, with *bread* and *water*, God will curtail its propensity to incite you. See *Rashi* ad loc. (s.v. ישלימנו לך). The Midrash will now proceed to identify what the verse means by *bread* and *water*.

22. The *bread* of this verse is a reference to Torah. This is evident from its placement in a chapter that begins, *With all forms of wisdom did she build her house* [and which continues to deal almost exclusively with the merits of Torah wisdom and the fear of Heaven] (*Yefeh To'ar*, *Eitz Yosef*). The phrase *Feed him bread* thus means to involve oneself in Torah study (for the give-and-take of Torah study is compared to the waging of a battle [see *Chagigah* 14a; and it is alluded to by the word לֶחֶם, which can also be read as לָחֵם, *battle*]). See *Rashi* to *Succah* ibid. (s.v. האכילהו לחם). Through Torah study the evil inclination will be subdued and one will learn to fear Hashem (*Eitz Yosef*; see *Succah* 52b). See also 22 §6 above.

23. The verse concludes, *and he who has no money, come buy and eat; come buy wine and milk without money, and without any price*. Now, since the verse begins by directing a person to drink *water* in order to quench his thirst, why does it then switch to directing him to *wine* and *milk*? Perforce we must conclude that it is not to a person's *physical* thirst that the verse is referring, but rather to his *spiritual* thirst; and the prophet is advising him to go and satisfy his thirst with Torah study, which, in the language of Scripture, is often referred to as *water, wine,* or *milk;* see *Devarim Rabbah* 7 §3 (*Yefeh To'ar*, *Eitz Yosef*). Alternatively: That *water* in this verse refers to Torah is evident from the next verse, which states: *Listen well to Me and you will eat well [and your soul will delight in rich food]* (*Eshed HaNechalim*).

Accordingly, it is this *bread* and *water* — i.e. Torah study — that Solomon advises one to *give* to his evil inclination. For through Torah study a person will merit Divine assistance in subduing his perpetually "hungry" evil inclination (*Radal*).

INSIGHTS

Ⓐ **The Two Inclinations** The evil inclination is considered the mightier of the two inclinations, for two reasons: First, it has a thirteen-year head start on influencing the person, because it is resident in a person from birth, while the good inclination is not emplaced until one turns thirteen years old (see *Avos DeRabbi Nassan* 16:2; *Pesikta DeRav Kahana* [Mandelbaum] §3; see Insight to 53 §10, above, for the reason). Second, all of a person's limbs "assist" the evil inclination, for the physical body is readily induced to follow the material desires championed by the evil inclination [as opposed to the more spiritually guided behavior demanded by the good inclination, whose influence is limited to the person's intelligence alone]. Hence, King David's assertion in the verse cited by the Midrash, that his praise of God's salvation from the evil inclination was being uttered specifically by *all [his] limbs.*

Indeed, it is precisely these two factors that prompted King Solomon (*Ecclesiastes* 4:13) to compare the good inclination to a יֶלֶד מִסְכֵּן, a *poor child* (on account of its poor ability to influence the body, and its relative youth), and the evil inclination to a מֶלֶךְ זָקֵן, an *old king* (on account of its powerful influence, and relative maturity) [see *Rashi* ad loc.] (*Yefeh To'ar, Eitz Yosef*).

פרשה נד

א [כא, כב] **"וַיְהִי בָּעֵת הַהִוא וַיֹּאמֶר אֲבִימֶלֶךְ וּפִיכֹל שַׂר צְבָאוֹ".** (משלי טז, ז) **"בִּרְצוֹת ה' דַּרְכֵי אִישׁ גַּם אוֹיְבָיו יַשְׁלִם אִתּוֹ", ארַבִּי יוֹחָנָן אָמַר: זוֹ אִשְׁתּוֹ שֶׁנֶּאֱמַר** (מיכה ז, ו) **"אֹיְבֵי אִישׁ אַנְשֵׁי בֵיתוֹ". מַעֲשֶׂה בְּאִשָּׁה שֶׁקִּבְּלָה עַל בַּעֲלָהּ לַשִּׁלְטוֹן, וְהִתִּיז אֶת רֹאשׁוֹ וְיֵשׁ אוֹמְרִים אַף הִתִּיז אֶת רֹאשָׁהּ. רַבִּי שְׁמוּאֵל אָמַר: זֶה הַנָּחָשׁ. בתָּנָא רַבִּי חֲלַפְתָּא אוֹמֵר: הַנָּחָשׁ הַזֶּה לָהוּט אַחַר הַשּׁוּם, וּמַעֲשֶׂה בְּנָחָשׁ אֶחָד שֶׁיָּרַד מִן הָהָר לַבַּיִת, וּמָצָא קְעָרָה שֶׁל שׁוּם וְאָכְלָהּ וְהֵקִיא בְּתוֹכָהּ, וְרָאָה נָחָשׁ שֶׁבַּבַּיִת וְלֹא הָיָה יָכוֹל לַעֲמוֹד לוֹ, כֵּיוָן שֶׁיָּצָא אוֹתוֹ הַנָּחָשׁ יָצָא הַנָּחָשׁ שֶׁל בַּיִת וּמִילֵּא אוֹתָהּ עָפָר. רַבִּי יְהוֹשֻׁעַ בֶּן לֵוִי אָמַר: זֶה יֵצֶר הָרָע, בְּנוֹהַג שֶׁבָּעוֹלָם אָדָם גָּדֵל עִם חֲבֵירוֹ שְׁתַּיִם שָׁלֹשׁ שָׁנִים בִּכְרַךְ וְהוּא קוֹשֵׁר לוֹ אַהֲבָה, וְזֶה גָּדֵל עִם אָדָם מִנְּעוּרָיו וְעַד זִקְנוּתוֹ, גאִם מָצָא בְּתוֹךְ שִׁבְעִים הוּא מַפִּילוֹ, בְּתוֹךְ שְׁמוֹנִים הוּא מַפִּילוֹ, הוּא שֶׁדָּוִד אוֹמֵר** (תהלים לה, י) **"כָּל עַצְמוֹתַי תֹּאמַרְנָה ה' מִי כָמוֹךָ מַצִּיל עָנִי מֵחָזָק מִמֶּנּוּ וְעָנִי וְאֶבְיוֹן מִגֹּזְלוֹ". אָמַר רַבִּי אַחָא: וְכִי יֵשׁ גַּזְלָן גָּדוֹל מִזֶּה, וְאָמַר שְׁלֹמֹה** (משלי כה, כא) **"אִם רָעֵב שֹׂנַאֲךָ הַאֲכִלֵהוּ לָחֶם וְאִם צָמֵא הַשְׁקֵהוּ מָיִם", דמִלַּחְמָהּ שֶׁל תּוֹרָה. הֵיךְ מַה דְּאַתְּ אָמַר** (שם ט, ה) **"לְכוּ לַחֲמוּ בְלַחֲמִי", וּמֵימָהּ שֶׁל תּוֹרָה, הֵיךְ מַה דְּאַתְּ אָמַר** (ישעיה נה, א) **"הוֹי כָּל צָמֵא לְכוּ לַמַּיִם".**

עץ יוסף

נד (א) זו אשתו שנאמר אויבי איש אנשי ביתו. פי' אע"פ שטבע האשה לאהוב את בעלה בכל זאת לריך לזה עזר מהש"י שישתוו דעות שניהם. וע"ל הטונש גם היא תשוב לאויבו. כדדרשתם ז"ל זכה עזר לא זכה כנגדו. ומביא מעשה לזה שהגיע לבעל מאשה רעה. ודרך המדרש לחסר מלת אפי' והכוונה שאפי' לאהבת אשה ואיש לריך עזר מהשי"ת. וע"ל הטונש תשוב לאויב לו חלילה. ומכ"ש באנשים זרים שלריך עזר רלון ה' שיאהבו זא"ז. וביותר שישובו אויביו לאוהבים כמו שהיה כאן באבימלך: **אויבי איש אנשי ביתו.** ואין ביתו אלא אשתו כמו שדרשו חז"ל בכ"מ (מת"כ): **אף התיז בו'.** רש"י בשם הפסיקתא לאחר זמן מלא הדיין עילה עליה והרגה לפי שלא חמלה על בעלה: **זה הנחש.** כדכתיב ואיבה אשית וגו': **לעמוד לו.** להתקומם עליו למנעו מהקערה: **ומלא עפר.** כדי שלא יאכל בעל הבית משיורי הקערה ויסתכן בארס הנחש שהקיא בתוכה. והרי כי גם הנחש שהוא אויב קבוע לאדם משעת ימי בראשית השלים לו עם אותו האדם להצילו ממות ברלון ה': **זה יצר הרע.** שהוא ג"כ אויב קבוע תמיד לעולם מיום הולדו עד יום מותו כדמסיק. ואעפ"כ ברלות ה' דרכי איש בהיותו בא לטהר ולהכשיר מעשיו כראוי בתורה ומע"ט מאז גם אויביו זה היצה"ר ישלים אתו. שהבא לטהר מסייעין אותו: **מחזק ממנו.** היינו מיצה"ר שחזק מיצ"ט לפי שקדם לו י"ג שנה. ועוד שכל האברים מסייעין אותו שעי"ז נקרא היצ"ט הילד המסכן והיצה"ר מלך זקן: **וכי יש גזלן גדול מזה.** כי הגזלן לא יגזול רק קניינים המדומים. אבל זה גזלן שגוזל בשלימות הנפש עד בלי השאיר לו תקומה (יפ"ת): **מלחמה של תורה.** שאם בא להתגבר עליך משכהו לבית המדרש ועי"ז יכנע וילמד ליראה את ה': **לכו לחמו בלחמי.** דאיירי בתורה דכתיב התם חכמות בנתה ביתה וגו': **הוי כל צמא לכו למים.** ובתורה מיירי דאל"כ פתח במים וסיים ביין וחלב. אלא היינו תורה שנמשלה לג' משקין הללו כדלקמן ד"ר פ' ז':

פירוש מהרז"ו

נד (א) זו אשתו. כמ"ש לעיל פרשה כ' ר"ס ג' זכה עזר לא זכה כנגדו: **זה יצר הרע.** עיין כל הענין במדרש תהלים מזמור ל"ד: **בתוך שמונים.** וכמ"ש באבות ואל תאמין בעלמך עד יום מותך. ועי' מ"כ בשם רש"י: **ועני ואביון מגוזלו.** במדרש תהלים הגי' א"ר אחא מליל ילה"ט מהילה"ר: **אם רעב.** ובמ"ת שם אם רעב אם עמד עליך ילה"ר האכילהו מלחם התורה שנאמר האכילהו לחם. כי גחלים אתה חותה על ראשו וה' ישלם לך ישלימנו לך:

חידושי הרד"ל

(א) והקיא ארס שלו.. ועיין יד"מ בשם פסיקתא. וליתא בפסיקתא. והוא בירושלמי תרומות פ"ח שליין גם המ"כ: **(ב) שתים ושלש שנים בכרך.** פי' בחבורה והתקשרות כלשון בנה כרוך אחריה: **(ג) השקהו מים וגו'.** וה' ישלם לך כצ"ל. ור"ל כמ"ש בסוכה (נ"ב.) וה' ישלימנו לך. והוא לראיה שברלות ה' דרכי איש גם אויביו זה יצה"ר ישלים אתו ע"י עסקו בלחמה ומימה של תורה:

חידושי הרש"ש

[א] איש עצתי. עמ"כ ועוד י"ל ע"פ דרשתם לעיל פמ"ב והמה כו' לא הבינו עלתו כו' למה כו' כדי שיבואו ויפלו בידי אברהם. ולכן שפיר יקרא איש עלתו שהשלים עלת המקום. וגם יל"פ עוד ע"פ מה שאמרו בב"ר רפי"ח שעשה עלה עם אברהם לחלוק הלילה שרדף אחרי המלכים ודרשו ע"ז קרא דועלת מלאכיו ישלים:

מסורת המדרש

א ילקוט כאן רמז נ"ה. ילקוט משלי רמז תתקנ"ד: **ב** ירושלמי תרומות פרק ח' הלכה ג'. פסיקתא דרב כהנא פיסקא י': **ג** מדרש תהלים מזמור ל"ד. ילקוט תהלים רמז תשכ"ג: **ד** עיין חגיגה י"ד. סוכה נ"ב:

אם למקרא

בִּרְצוֹת ה' דַּרְכֵי־אִישׁ גַּם־אוֹיְבָיו יַשְׁלִם אִתּוֹ: (משלי טז:ז)

כִּי־בֵן מְנַבֵּל אָב בַּת קָמָה בְאִמָּהּ כַּלָּה בַּחֲמֹתָהּ אֹיְבֵי אִישׁ אַנְשֵׁי בֵיתוֹ: (מיכה ז:ו)

כָּל עַצְמֹתַי תֹּאמַרְנָה ה' מִי כָמוֹךָ מַצִּיל עָנִי מֵחָזָק מִמֶּנּוּ וְעָנִי וְאֶבְיוֹן מִגֹּזְלוֹ: (תהלים לה:י)

אִם־רָעֵב שֹׂנַאֲךָ הַאֲכִלֵהוּ לָחֶם וְאִם־צָמֵא הַשְׁקֵהוּ מָיִם: (משלי כה:כא)

לְכוּ לַחֲמוּ בְלַחֲמִי וּשְׁתוּ בְּיַיִן מָסָכְתִּי: (משלי ט:ה)

הוֹי כָּל־צָמֵא לְכוּ לַמַּיִם וַאֲשֶׁר אֵין־לוֹ כָּסֶף לְכוּ שִׁבְרוּ וֶאֱכֹלוּ וּלְכוּ שִׁבְרוּ בְּלוֹא־כֶסֶף וּבְלוֹא מְחִיר יַיִן וְחָלָב: (ישעיה נה:א)

רש"י

נד (א) אויבי איש אנשי ביתו זו אשתו. מעשה באשה אחת שקבלה על בעלה לדיין והתיז את ראשו ויש אומרים אף לאחר כן התיז את ראשה ומפרש בפסיקת' לאחר זמן מלא הדיין עילה עליה והרגה לפי שלא חמלה על בעלה: **אמר רבי שמואל בר נחמן.** מעשה בנחש אחד שירד בבית ומלא קערה של שום ואכלה והקיא בתוכה ארס וראה נחש שבבית ולא היה יכול לעמוד בו שאותו שהקיא ארס בקערה נחש חריף היה כמו שמפורש שם בפסיקתא וכיון שילא לו אותו נחש ירד נחש הבית ומילא את הקערה עפר כדי שלא יאכלו ממנו בני הבית ומפורש בפסיקתא ולא איתרגים לסוף זרק גרמיה לגויה כדי שלא יאכלו הוי ברלות ה' דרכי איש גם אויביו ישלים אתו שאף הנחש מסייע לו בזמן שהוא עת רלון: **בתוך שמונים מפילו.** ומפרש בפסיקתא כדרך שעלה ליוחנן כהן גדול ששמש פ' שנה בכהונה גדולה ולבסוף נעשה לדוקי: **יש לך גזלן גדול מזה.** שנוטל נשמתו של אדם:

מתנות כהונה

[א] אנשי ביתו. ואין ביתו אלא אשתו כמו שדרשו חז"ל בהרבה מקומות: **אף התיז בו'.** בפי' רש"י כתב בשם פסיקתא לאחר זמן מלא הדיין עילה עליה והרגה לפי שלא חמלה על בעלה: **זה הנחש.** שנקרא אויב שנאמר ואיבה אשית בין זרעך וגו': **ומילא אותו עפר.** כדי שלא יאכלו ממנה בני האדם הרי שגם הנחש עמד לעזרה בעת שהיה עליו הרלון מאת ה' ועיין כל זה בירושל' במסכת תרומות: **בתוך שבעים שנה.** אע"פ שהוא סוף ימיו שנאמר ימי שנותינו בהם שבעים שנה: **בתוך שמונים.** פירש"י בשם פסיקתא שהרי יוחנן שמש בכהונה גדולה שמונים שנה לסוף נעשה לדוקי: **מחזק ממנו.** מילר הרע החזק ממנו: **וכי יש גזלן וכו'.** שגוזל נשמתו של אדם: **שנאך.** זה ילר הרע שהוא רעב להשטין אותך מדרך טובה לדרך רעה: [**ואם צמא** גרסינן]:

אשד הנחלים

[א] אשתו אין הכוונה כי היא אויב לבעלה. רק מצד שתכונותיה הפוכות משל אנשי' כי היא מבקשת מותרות ותאוות עולמיות. יכולות להעביר את האדם מדעת קונו כמו שאמר שלמה אשר היא מצודים וחרמי' לבה טוב לפני אלהים ימלט ממנה. אך ברצות ה' דרכי איש שהולך בדרך ה' בטהרת הלב. אז גם אשתו תשלים אתו ותלך אחרי עצתו ותהי' גם היא טובה: **זה הנחש.** אף שהוא בטבע מזיק ומריע בכוונה. עכ"ז השגחה העליונ' נטוי' עליו להצילו. כי גם המזיקים בטבע השלמו אתו: **זה יצה"ר.** שהוא האויב האמיתי עד עולם לאדם ותמיד מסיתו להפילו מדרכו הטוב אך ברצות ה' דרכיו שהרגיל עצמו לילך בדרך טוב מאוד עד שהוא רצוי לפני ה' אז ה' יעזרהו בזה עד שישלימו את כל כחות הרעות הנטועות בלב. וזהו כמ"ש בכל לבבך בשני יצריך ביצה"ר וביצ"ט: **בתוך שבעים כו'.** אף שכחות התאוונית בטלות עכ"ז יש מקום לרע לשלוט ולהסיתו לדבר כי המאוויים רבים בעולם. תאוה. קנאה. כבוד. וכדומה. עד שא"א שלא יפול מהאדם באחת מאלה אף לעת זקנותו: **מלחמה של תורה.** כי א"א לומר שיתן ליצר די שבעו בעוה"ז. כי אדרבא ישמן ויבעט. רק הכוונה על לחמה של תורה שזהו מזון הנפש ולחמה. והכוונה בלחם ובמים. לחם הוא מצוות התור' המעשיים. והמים הוא טהרת הלב. וזיכוך המדות הנובעים ממקור טהרת למוד התורה ומטהר הנפש כמים המטהרים: **היך מה דאת אמר הוי כל צמא.** ושם בודאי מרמז אל התור' כמו

The Midrash resumes its analysis of *Proverbs* 16:7 with a fourth interpretation:

אָמַר רַבִּי בֶּרֶכְיָה: "אֹיְבָיו", "גַּם אֹיְבָיו" — **R' Berechyah said:** The above verse in *Proverbs* (16:7) does not simply state ***his enemies***, but rather, ***even** his enemies*; לְרַבּוֹת מַזִּיקֵי בֵיתוֹ כְּגוֹן יַתּוּשִׁים וּפַרְעוֹשִׁים וּזְבוּבִים — **this comes to include household pests, such as gnats, fleas, and flies.**[24]

A fifth and final interpretation of the verse in *Proverbs* (16:7), the one that pertains to our verse:

דָּבָר אַחֵר "בִּרְצוֹת ה' דַּרְכֵי אִישׁ", זֶה אַבְרָהָם שֶׁנִּקְרָא אִישׁ — **Another interpretation:** *When a man's ways please HASHEM* — **this** alludes to **Abraham, who is called a "man,"** דִּכְתִיב בֵּיהּ "מֵאֶרֶץ מֶרְחָק אִישׁ עֲצָתִי" — **for it is written:** ***The man of my counsel from a far land*** (*Isaiah* 46:11);[25] "גַּם אֹיְבָיו", זֶה אֲבִימֶלֶךְ — *He makes **even his enemies** to be at peace with him* — **this** alludes to **Abimelech.**[26]

§2 וַיְהִי בָּעֵת הַהִוא וַיֹּאמֶר אֲבִימֶלֶךְ וּפִיכֹל — *AT THAT TIME, ABIMELECH AND PHICOL, GENERAL OF HIS LEGION, SAID TO ABRAHAM, "GOD IS WITH YOU IN ALL THAT YOU DO."*

The Midrash cites a debate regarding the name Phicol:

רַבִּי יְהוּדָה אָמַר: פִּיכֹל שְׁמוֹ — **R' Yehudah says: Phicol is his** actual **name.** רַבִּי נְחֶמְיָה אָמַר: פֶּה שֶׁכָּל צִבְאוֹתָיו נוֹשְׁקִים לוֹ עַל פִּיו — **R' Nechemyah says:** It is merely a descriptive name, meaning **"the mouth** (פִּי) **that all** (כֹּל) **of his legions kiss."**[27]

The Midrash discusses what prompted Abimelech and Phicol to speak to Abraham as they did:

"אֱלֹהִים עִמְּךָ" — ***God is with you*** *in all that you do* (ibid.). לְפִי שֶׁהָיוּ אוּמּוֹת הָעוֹלָם אוֹמְרִין: אִילּוּ הָיָה צַדִּיק לֹא הָיָה מוֹלִיד, אִתְמְהָא? — Abimelech and Phicol issued this declaration to Abraham **because the nations of the world were saying: If [Abraham] were a** completely **righteous person, would he not have borne children?!**[28] כֵּיוָן שֶׁהוֹלִיד אָמְרוּ לוֹ: "אֱלֹהִים עִמְּךָ" — However, **once he did** in fact **bear children, [Abimelech and Phicol] said to [Abraham],** ***"God is with you."*** וְאִילּוּ הָיָה צַדִּיק לֹא הָיָה שׁוֹמֵעַ לְקוֹל אִשְׁתּוֹ — Afterward, however, the nations of the world suspected that Abraham's special relationship with God might have subsequently soured, for they said: **If [Abraham] were** still **a righteous person he would not have listened to his wife** Sarah![29] וְכֵיוָן שֶׁנֶּאֱמַר לוֹ "כֹּל אֲשֶׁר תֹּאמַר אֵלֶיךָ שָׂרָה שְׁמַע בְּקֹלָהּ", אָמְרוּ לוֹ "אֱלֹהִים עִמְּךָ" — However, **once it was said to him** by God **that "*All that Sarah tells you, heed her voice*"** (above, v. 12), **[Abimelech and Phicol] said to [Abraham],** ***God is with you.*** וְאִילּוּ הָיָה צַדִּיק לֹא הָיָה דוֹחֶה אֶת בְּנוֹ בְּכוֹרוֹ — Yet, the nations of the world continued to question Abraham's level of righteousness, for they reasoned that **if [Abraham] were a** completely **righteous person he would not have driven away his son** from his home.[30] כֵּיוָן שֶׁרָאוּ אֶת מַעֲשָׂיו אָמְרוּ לוֹ: "אֱלֹהִים עִמְּךָ בְּכֹל אֲשֶׁר אַתָּה עֹשֶׂה" — However, once they saw **[Ishmael's]** wicked **ways,**[31] **[Abimelech and Phicol] said to [Abraham],** ***God is with you in all that you do.***

The Midrash presents another interpretation of what prompted Abimelech and Phicol to speak as they did:

דָּבָר אַחֵר — **Another interpretation:** לְפִי שֶׁחָרְבוּ מְקוֹמוֹת שֶׁל סְדוֹם וּפָסְקוּ הָעוֹבְרִים וְהַשָּׁבִים וְלֹא חָסֵר קִילוֹרִין שֶׁלּוֹ כְּלוּם — **Because the areas** in the vicinity **of Sodom were destroyed,** causing **the passersby to cease** and leaving **[Abraham's] storehouses** of food **undiminished,**[32] he decided to move to the land of the Philistines in order to continue doing kindness with passersby. לְפִיכָךְ "אֱלֹהִים עִמְּךָ בְּכֹל אֲשֶׁר אַתָּה עֹשֶׂה" — **Therefore,** upon witnessing such a noble act, Abimelech and Phicol said to him, ***God is with you in all that you do.***[33]

NOTES

24. The verse states, גַּם אוֹיְבָיו יַשְׁלִם אִתּוֹ, *He makes "even" his enemies to be at peace with him.* The word גַּם, *even*, in Scripture always comes to include something (see above, 53 §15). R' Berechyah thus interprets the word גַּם in our verse as teaching that *even* a person's minor "enemies," such as common household insects from whom he suffers only minimally, will also make peace with him if his *ways please HASHEM* (*Eitz Yosef*, from *Yefeh To'ar*).

25. As explained in 15:4 above (*Eitz Yosef*).

26. Abimelech hated Abraham on account of his having being smitten by God for having taken Sarah (see 20:18 above and v. 9 there with *Rashi*), a punishment Abimelech felt could have been avoided had Abraham told him that Sarah was actually his wife (*Yefeh To'ar*; see also *Eitz Yosef*). This hatred is evident in Abimelech's subsequent attempt to drive a wedge between Abraham and Sarah, as taught by Reish Lakish in an earlier Midrash (52 §12 above) (*Maharzav*).

Yet Abimelech went on to have a change of heart, seeking out Abraham on his own in order to arrange a mutual covenant between them, as our present verse (here in *Genesis*) begins to detail. The *Proverbs* verse reveals to us that this sudden change of heart was no mere coincidence, but rather came from God as a reward for Abraham's steadfast adherence to His will.

In fact, the only reason the Torah found it necessary to cite the episode detailing Abimelech's change of heart is precisely to teach us this concept, viz., that a person who behaves virtuously will merit to have peace even with his enemies (*Eitz Yosef*, from *Yefeh To'ar*).

27. R' Nechemyah interprets the name פִּיכֹל as an acronym of the two words פִּי and כֹּל ("mouth" and "all"), alluding to the fact that his was "the *mouth* that *all* of his legions kiss." He was referred to as such because his job as the one who oversaw the country's day-to-day operations earned him the inhabitants' deepest appreciation, leading them to "kiss his mouth," so to speak (*Eitz Yosef*; see also *Matnos Kehunah*). See also *Radal* to 90 §3 below with *Radal* here.

28. [In Rabbinic parlance, the word אתמהא is sometimes used to connote that the preceding sentence was stated in astonishment.]

Now although by this time Abraham *had* already begotten Ishmael, the nations were saying that he should have begotten a child with his *primary* wife, Sarah (see *Eitz Yosef*). Although Abraham was universally recognized for his righteousness, they presumed that his righteousness must somehow be lacking, otherwise he surely would have merited to beget children with Sarah to carry on his legacy (ibid.).

29. To chase away [his own wife Hagar and (*Eitz Yosef*)] his own son Ishmael from his house (see above, v. 10) (*Matnos Kehunah*, based on *Yalkut Shimoni*). [*Radal*, however, understands from the continuation of the Midrash that the Midrash is currently referring to Abraham's giving over of Hagar to Sarah to *do to her as [she] sees fit* (16:6 above).]

30. That is, in a cruel manner, with nothing but some bread and water [see above, v. 14] (see *Eitz Yosef*).

31. They understood that it was forbidden to have mercy on him (ibid.).

32. For there were no longer any wayfarers to feed.

33. *Eitz Yosef*.

Since Abraham was so righteous, they were certain that God would help him to be successful in all his endeavors.

אָמַר רַבִּי בֶּרֶכְיָה: "אֹיְבָיו", "גַּם אֹיְבָיו", לְרַבּוֹת מַזִּיקֵי בֵיתוֹ, כְּגוֹן יַתּוּשִׁים וּפַרְעוֹשִׁים וּזְבוּבִים. דָּבָר אַחֵר (משלי טז, ז) "בִּרְצוֹת ה' דַּרְכֵי אִישׁ", זֶה אַבְרָהָם שֶׁנִּקְרָא אִישׁ, דִּכְתִיב בֵּיהּ (ישעיה מו, יא) "מֵאֶרֶץ מֶרְחָק אִישׁ עֲצָתִי". "גַּם אֹיְבָיו", זֶה אֲבִימֶלֶךְ:

ב "וַיְהִי בָּעֵת הַהִיא וַיֹּאמֶר אֲבִימֶלֶךְ וּפִיכֹל". רַבִּי יְהוּדָה אָמַר: פִּיכֹל שְׁמוֹ. רַבִּי נְחֶמְיָה אָמַר: פֶּה שֶׁכָּל צְבָאוֹתָיו נוֹשְׁקִים לוֹ עַל פִּיו. "אֱלֹהִים עִמְּךָ", לְפִי שֶׁהָיוּ אוּמוֹת הָעוֹלָם אוֹמְרִין: אִילּוּ הָיָה צַדִּיק לֹא הָיָה מוֹלִיד, אִתְמְהָא, כֵּיוָן שֶׁהוֹלִיד אָמְרוּ לוֹ: "אֱלֹהִים עִמְּךָ". וְאִילּוּ הָיָה צַדִּיק לֹא הָיָה שׁוֹמֵעַ לְקוֹל אִשְׁתּוֹ, וְכֵיוָן שֶׁנֶּאֱמַר לוֹ: "כֹּל אֲשֶׁר תֹּאמַר אֵלֶיךָ שָׂרָה שְׁמַע בְּקֹלָהּ", אָמְרוּ לוֹ: "אֱלֹהִים עִמְּךָ". וְאִילּוּ הָיָה צַדִּיק לֹא הָיָה דוֹחֶה אֶת בְּנוֹ בְּכוֹרוֹ, כֵּיוָן שֶׁרָאוּ אֶת מַעֲשָׂיו אָמְרוּ לוֹ "אֱלֹהִים עִמְּךָ בְּכֹל אֲשֶׁר אַתָּה עֹשֶׂה". דָּבָר אַחֵר, לְפִי שֶׁחָרְבוּ מְקוֹמוֹת שֶׁל סְדוֹם וּפָסְקוּ הָעוֹבְרִים וְהַשָּׁבִים וְלֹא חָסֵר קִילוֹרִין שֶׁלּוֹ כְּלוּם, לְפִיכָךְ "אֱלֹהִים עִמְּךָ בְּכֹל אֲשֶׁר אַתָּה עֹשֶׂה",

חידושי הרד"ל

(ד) **[ב] שכל צבאותיו נושקים לו על פיו.** כענין על פיך ישק כל עמי האמור ביוסף דמשמע לקמן פ"צ דאמר פה שלא נשק לעבירה על פיך ישק דמפרש ליה נשיקה על פיו ממש (ועיין רא"ב"ע שם). ועי"ל פס"ד:

(ה) **לא היה שומע לקול אשתו.** כשאמר לה הנה שפחתך בידך עשי לה כטוב בעיניך. ובילקוט כאן הגירסא ג"כ לדחות את בנו. ודחוק לפ"ז דהיינו בתרייתא:

(ו) **שמע בקולה אמרו לו אלהים עמך בכל אשר וגו'.** כצ"ל ובראשונה דרש מלות אלהים עמך. והשתא דרש בכל אשר דיליף לה מן כל אשר תאמר אליך שרה. ובדרש' שלישית דישמעאל דרש אתה עושה. שזה עשה אברהם בעצמו כמ"ש וישכם אברהם בבקר ויקח לחם וגו' שם על שכמה וגו':

(ז) **קלורין שלו כלום.** עיין יד"מ שצ"ל כאן תשלום המאמר כדלעיל פנ"ב. וכ"מ בערוך ערך קלר ב' שהיה כתוב לפניו כאן כן:

עץ יוסף

אויביו גם אויביו. דה"ל למימר אויביו וכתיב גם אויביו לרבות דאתין וגמין רבויין כדלעיל סוף פרשה נ"ג: **כגון יתושין כו'.** שסילקם ה' מעליו שלא יצערוהו אע"פ שמצערם מעט (יפ"ת): **מארץ מרחק.** דמיירי באברהם כדלעיל פרשה ט"ו ע"ש: **זה אבימלך.** שהיה כשונא לאברהם על שנלקה על ידו. ושוב השכים לפתחו לבקש ממנו ברית שלום. ולפיכך נכתב זה בתורה ללמוד ממנו שברצות ה' דרכי איש גם אויביו ישלים אתו (יפ"ת): **(ב) פיכול.** שמו שם העצם: **ר"נ אמר.** שהוא שם התואר ונקרא כן על שם שכל צבאותיו נושקים לו על פיו. והוא ב' מלות פי כל. שעל ידו היתה הנהגת כל המדינה: **האומות אומרים בו'.** שמקודם אע"פ שכבר נתפרסם צדיק בכל מעשיו. מ"מ היו מרננים אחריו ע"י איזה דברים לומר שאינו צדיק גמור. והוא שמתחלה אמרו שאלמלי היה צדיק גמור איך לא הוליד מאשתו שרה הגבירה זרע המתייחס אחריו. וכיון שהוליד הודו ואמרו לו אלהים עמך. ואמנם כששמע אח"כ לקול אשתו. לגרש את הגר וישמעאל עדיין היו מרננים אחריו לומר שמא מעתה החמיץ בשומעו לקול אשתו. וכיון שנא' לו כל אשר תאמר אליך שרה שמע בקולה אמרו אלהים עמך לפי שלא עשה כן אלא במצות ה'. אך עכ"ז היו מרננים עליו. איך דחה בנו מעל פניו לגמרי בעירום ובחוסר כל שזה הוא מנהג אכזריות. אבל כיון שראו את מעשיו הרעים ידעו נאמנה כי היה אסור לחום עליו. וכן אמרו לו אז כי אלהים עמך בכל אשר אתה עושה: **לפי שחרבו בו' קילורין.** פי' אוצר לפיכך נסע משם אברהם להתיישב בארץ פלשתים לגמול חסד עם עוברים ושבים כשראו כך אמרו

פירוש מהרז"ו

מזיקי ביתו. עיין לעיל פר' כ' ס"ס ח' וש"נ ומבואר: **מארץ מרחק.** עיין לעיל פר' ט"ו סימן ד' שדורש על אברהם ושם מבואר: **זה אבימלך.** וכמש"ל פר' כ"ב סימן י"ב ביקש להקנותה בפני בעלה שהי"ל שנאה בלבו על שעשה עמו. וכמ"ש מעשים אשר לא יעשו וגו': **(ב) רבי יהודה אומר פיכול.** טעם פלוגתתן שאצל יצחק נזכר ג"כ אבימלך ופיכול ושם על פסוק תהי נא אלה בינותינו כו' ת"א תתקיים כען מומתא דהוה בין אבהתנא כו' הרי אבימלך שהיה בימי יצחק היה בנו של אבימלך שהיה בימי אברהם. שכל מלכי פלשתים נקראו כן כידוע ובפיכול לר"י פיכול שמו העצם הוא עצמו שהיה בימי אברהם ובימי יצחק שרחוק שיקראו שני שרי צבאות של שני מלכים בשם אחד. ולר"נ אחר היה וסובר שפיכול שם כולל לשרי צבאות. וכמ"ש אצל יוסף שהיה משנה של פרעה ועל פיך ישק כל עמי (יפ"ת) [ומוסיף עוד כי כן מנהג בארץ קדם אשר כל המקבל משרה ושררה מידי השר הממונה לחלק את השררות לעבדי המלך נושק את ידי המלך ועי' לקמן פ"צ]: **לא היה שומע בו'.** הכוונה על טעם הראשון שמסרה בידה ותעניה שרה ותברח מפניה וכמ"ש בפרשת לך וכשנאמר לו בפעם הב' כל אשר תאמר אליך שרה שמע בקולה ידעו שגם בפעם הא' היה הדין עמו. וגירסת הילקוט הובאה במ"כ צ"ע שהרי לא דחה את בנו עד שנאמר לו כל אשר תאמר כו': **לא היה דוחה בנו בבורו.** צ"ע שהרי א"ל השי"ת אל ירע בעיניך על הנער כו' כי ביצחק יקרא לך זרע. ויש ליישב: **שחרבו מקומות של סדום.** עי' לעיל פר' כ"ב סימן ג' מש"ש ותבין כאן:

מסורת המדרש

ה עיין ע"ז י"ט:
ו ילקוט כאן רמז נ"ה כל הענין:

אם למקרא

בִּרְצוֹת יְהֹוָה דַּרְכֵי־אִישׁ גַּם־אוֹיְבָיו יַשְׁלִם אִתּוֹ: (משלי טז:ז)

קֹרֵא מִמִּזְרָח עַיִט מֵאֶרֶץ מֶרְחָק אִישׁ עֲצָתוֹ [עֲצָתִי] אַף־דִּבַּרְתִּי אַף־אֲבִיאֶנָּה יָצַרְתִּי אַף־אֶעֱשֶׂנָּה: (ישעיה מו:יא)

רש"י

דבר אחר ברצות ה' דרכי איש. זה אברהם שנקרא איש דכתיב מארץ מרחק איש עצתי: **גם אויביו ישלים אתו.** זה אבימלך: **(ב) אילו היה צדיק לא היה שומע לקול אשתו.** לדחות את בנו וכיון שנאמר לו כל אשר תאמר אליך שרה שמע בקולה אמרו אלהים עמך בכל אשר אתה עושה ראו שעל פי הדבור הוא עושה הכל: **ולא חסר קילורין שלו.** אוצר שלו: #**שכל צבאותיו נושקין לו על פיו.** שהיה אהוב בעיני עבדי אבימלך: **ע"ב רחמי האב על הבן.** לי ולניני ולנכדי:

מתנות כהונה

אויביו [הי"ל ואמר גם אויביו] לרבות: **איש עצתו.** שבזכותו ובעצתו נברא העולם שנאמר בהבראם קרי ביה באברהם וזהו שאמרו חז"ל נתייען באבות העולם וברא את העולם גם דרשו לעיל פרשה ט"ו אמר אדם באיזה זכות יעלת לבראני בזכות אותו שבא מרחוק: **[ב] פיכול** נוטריקון פה כל כלומר כל הפיות היו נושקין אותו: **לקול אשתו.** לדחות את בנו וה"ג בילקוט בהדיא: **אלהים עמך.** גרסינן כיון שראו את מעשיו של ישמעאל שהיה רשע: **ולא חסר קלרין בו'.** קלרין פירש הערוך אוצר כלומר אע"פ שנתמעטו העוברים והשבים עליו אשר עמהן היה משאו ומתנו ומהם כנס אוצרותיו ועכשיו לא נתמעט אוצרו בשביל כך ראה והבין כי ברכת אלהים בכל אשר יש לו וראיתי פירושים ולא ישרו בעיני:

נחמד למראה

[ב] מה שניתן לאברהם לז' דורות ניתן לאבימלך לשלשה. מכאן קשה למה שפירש מהר"י מטראני בספר צפנת פענח על התורה בסדר תולדות יצחק שאברהם אבינו נשבע לו לשלשה דורות ויצחק בנו נשבע לו לעד לעולם יעוין שם. ואינו כן שיצחק לא נשבע לו אלא קיים מצות אביו לשלשה דורות. ובמקום אחר הארכתי:

אשד הנחלים

שנאמר אח"כ שמעו שמוע אלי ואכלו טוב: **מזיקי ביתו.** אף שהמה מזיקים קטנים שאינם מזיקים ומצערים כ"כ להאדם עכ"ז גם מהם ינצל. ואולי ע"ד מאמרם איש קדוש שלא ראתה זבוב עובר על שולחנו כי ממקום הקדושה מתרחקים גם העופות ושרצים הטמאים בטבעם כי המקום נתקדש בקדושת האדם: **שנקרא איש.** כי שם איש הונח על גדול המעלה וגם אויביו ישלימו אתו. **[ב] אלו הי' צדיק כו' ואלו כו' ואלו כו'.** מפרש הכאוב. בעת ההיא. שמורה דווקא בעת ההיא אמרו והבינו כי אלהים עמו בכל אשר הוא כי בתחיל' דימו אחר שאינו מוליד איך יתכן שאלהים עמו. ואח"כ חרה אפם ששמע לקול אשה לגרש בנו. ודימו כי נפל ממדריגתו ומעלתו. ואחר ששמעו שכן צוהו ה' הסכימו גם לזה. אך עכ"ז היו מתנכלים עליו. איך דחה בנו מעל פניו לגמרי עד שראו מעשיו של ישמעאל. ואז הבינו כי כנים כל מעשיו. ולכן אמרו אז כי אלהים עמך בכ"ל אשר אתה עושה. אין דבר שתעשה נגד היושר וצווי ה'. וכן הוא עומק פשוטו. ועיין במ"כ גרסא אחרת קצת: **ולא חסר קלרין.** עיין במ"כ ויתכן עוד לפי שהי' אברהם אבינו מכניס אורח. אך דימו אולי הוא רק מפני דרך כבוד או לקיום המצוה. אבל לא לרדוף אחרי המצוה. ואחר שראו כיון שחרב סדום הלך אברהם לבקש לו מצוות הכנ"א שזהו הקלורין והרפואה שלו שכל מאוויו הי'

הוֹאִיל וְהָאֱלֹהִים עִמְּךָ, ״וְעַתָּה הִשָּׁבְעָה לִּי בֵאלֹהִים הֵנָּה״ — Furthermore, they said to Abraham, **Since *God is with you*, *"Now swear to me here by God"*** (v. 23).[34]

> וְעַתָּה הִשָּׁבְעָה לִּי בֵאלֹהִים הֵנָּה אִם תִּשְׁקֹר לִי וּלְנִינִי וּלְנֶכְדִּי כַּחֶסֶד אֲשֶׁר עָשִׂיתִי עִמְּךָ תַּעֲשֶׂה עִמָּדִי וְעִם הָאָרֶץ אֲשֶׁר גַּרְתָּה בָּהּ.
>
> *Now swear to me here by God that you will not deal falsely with me nor with my son nor with my grandson; according to the kindness that I have done with you, do with me, and with the land in which you have sojourned"* (21:23).

□ **אִם תִּשְׁקֹר לִי וּלְנִינִי וּלְנֶכְדִּי** — *NOW SWEAR TO ME HERE BY GOD **THAT YOU WILL NOT DEAL FALSELY WITH ME NOR WITH MY SON NOR WITH MY GRANDSON.***

The Midrash discusses the fact that the oath was made to apply for but three generations:

עַד כָּאן רַחֲמֵי הָאָב עַל הַבֵּן — Up to this point the love of the father extends **to the son.**[35] **אָמַר רַבִּי אַבָּא: עַד כָּאן לָאַחִים הַשּׁוּתָּפִין — R' Abba said: Up to this point** is the limit **for brothers who are partners** to remain partners.[36]

The Midrash contrasts the longevity of Abraham's descendants to that of Abimelech's descendants:

אָמַר רַבִּי יוֹסֵי בַּר חֲנִינָא: כְּתִיב ״וְאֹיְבַי חַיִּים עָצֵמוּ״ — R' Yose said: It is written, *But my foes abound with life* (*Psalms* 38:20). **מַה שֶּׁנִּיתַּן לְאַבְרָהָם לְשִׁבְעָה דוֹרוֹת נִיתַּן לַאֲבִימֶלֶךְ לִשְׁלֹשָׁה** — This alludes to the fact that **what was given to Abraham in seven generations was given to** his foe **Abimelech in three** generations.[37]

לָמָּה ״לֹא נָחָם אֱלֹהִים דֶּרֶךְ אֶרֶץ פְּלִשְׁתִּים״ — Proof that this is so: **Why** did God not allow the Israelites to pass through the land of the Philistines upon their departure from Egypt, as it states, ***God did not lead them by way of the land of the Philistines,*** *because it was near*? **שֶׁעֲדַיִין נֶכְדּוֹ קַיָּים — It must be because [Abimelech's] grandson was still alive.**[38]

□ **כַּחֶסֶד אֲשֶׁר עָשִׂיתִי עִמְּךָ** — ***ACCORDING TO THE KINDNESS THAT I HAVE DONE WITH YOU.***

מַה חֶסֶד עָשָׂה לוֹ — Exactly **what kindness did he do for [Abraham]? אֶלָּא שֶׁאָמַר לוֹ ״הִנֵּה אַרְצִי לְפָנֶיךָ״ — Rather,** it refers to that which **[Abimelech] said to [Abraham], *Behold, my land is before you:*** *settle wherever you see fit* (above, 20:15). **וְאַף עַל פִּי כֵן לֹא קִבֵּל עָלָיו — And even so, [Abraham] did not accept upon himself** Abimelech's offer.[39]

> וְהוֹכִחַ אַבְרָהָם אֶת אֲבִימֶלֶךְ עַל אֹדוֹת בְּאֵר הַמַּיִם אֲשֶׁר גָּזְלוּ עַבְדֵי אֲבִימֶלֶךְ.
>
> *Then Abraham rebuked Abimelech regarding the well of water that Abimelech's servants had robbed* (21:25).

§3 **וְהוֹכִחַ אַבְרָהָם אֶת אֲבִימֶלֶךְ וגו׳** — ***THEN ABRAHAM REBUKED ABIMELECH, ETC.***

Why did Abraham rebuke Abimelech? The Midrash explains:

אָמַר רַבִּי יוֹסֵי בַּר חֲנִינָא: הַתּוֹכֵחָה מְבִיאָה לִידֵי אַהֲבָה, שֶׁנֶּאֱמַר ״הוֹכַח לְחָכָם וְיֶאֱהָבֶךָּ״ — R' Yose bar Chanina said: Rebuke leads to love,[40] **as it states, *Rebuke a wise man, and he will love you*** (*Proverbs* 9:8).[41] **הִיא דַעְתֵּיהּ דְּרַבִּי יוֹסֵי בַּר חֲנִינָא דְּאָמַר: כָּל אַהֲבָה**

NOTES

34. Since you are so close to God [that you do His will and He does your will] we are convinced that you will abide by an oath that you make in God's Name (*Maharzu,* from *Yefeh To'ar*).

35. A man feels paternal love toward his son and grandson, while viewing generations beyond that as too distant to feel such a deep affinity. It is for this reason that Abimelech asked Abraham to swear that he will act kindly only toward his son and grandson (*Eitz Yosef,* from *Yefeh To'ar*).

36. Brothers who jointly inherit a house or field from their father become partners in the property automatically until they divide it among themselves. For up to three generations, they may maintain their partnership, for it is presumed that strong familial bonds will persist, enabling them to work out the differences that may arise without being overly meticulous with one another. Past three generations, such affinity cannot be presumed to exist, and therefore their partnership must be dissolved and the estate divided up among the brothers' families. This law is derived from our passage, which teaches that the covenant between Abimelech and Abraham was meant to last for only three generations, because it is only up to that point that the two families would feel enough affinity for each other to be willing to honor so restrictive an agreement (see *Yedei Moshe*; see also *Rashi, Matnos Kehunah, Yedei Moshe*). [For another interpretation, see *Eitz Yosef,* from *Yefeh To'ar.*]

37. That is: Abimelech's offspring lived longer than Abraham's. For there were seven generations between Abraham and his descendants who left Egypt (Abraham, Isaac, Jacob, Levi, Kohath, Amram, and Moses), whereas there were only three generations descended from Abimelech during this same time period, as the Midrash proceeds to show.

[In stating, *But my foes abound with life,* King David means to express his distress to God by pointing out that oftentimes it is the righteous who suffer in this world, whereas the wicked succeed. (Thus his descendants did not live as long as Abimelech's.) A similar expression of distress appears in an earlier verse in the same chapter in *Psalms* (v. 18), where David declares: כִּי אֲנִי לְצֶלַע נָכוֹן, *For I am prone to crippling pain* (*Eitz Yosef*).]

38. Abraham's oath to Abimelech was thus still in effect, prohibiting the Israelites from encroaching on the Philistines' territory on their way out of Egypt. Accordingly, the verse's stated reason for the Israelites' non-passage through the land of Philistine, viz., כִּי קָרוֹב הוּא, *because it was near,* is not referring to the fact that the land of the Philistines was near Egypt (thus making it dangerously easy for the Israelites to return to Egypt by that route, as understood by many commentators), but rather it refers to the fact that the *oath* made by Abraham to Abimelech was *near,* meaning that it was still in effect, as Abimelech's third-generation descendant was still alive (*Eitz Yosef,* from *Yefeh To'ar*).

Now although it was Abraham alone who had made the oath and not his offspring, they were still bound by his oath on account of the verse that states, וְאַל תִּטֹּשׁ תּוֹרַת אִמֶּךָ, *and do not forsake the teaching of your mother* (*Proverbs* 1:8, 6:20), which obligates one to follow the customs and halachic traditions of his ancestors (see *Chullin* 93b), including their oaths. [See similarly *Deuteronomy* 29:14 with *Rashi.*] Moreover, one is *certainly* obligated to fulfill an oath made by a father or grandfather when that oath specifically included his children, as in our case, for a father has the authority to impose obligations upon his son, as evidenced by the fact that we are obligated to observe the Torah that our ancestors accepted at Sinai (*Eitz Yosef,* from *Yefeh To'ar*).

39. Because he regarded the inhabitants of the land of the Philistines as unsuitable neighbors; see below, 61 §1 (*Eitz Yosef*).

Although v. 34 states that Abraham did in fact dwell in the land of the Philistines [for as the Midrash said above, he had decided to move there in order to continue doing kindness with passersby], he rejected Abimelech's offer to dwell *anywhere* in the land of the Philistines by refusing to reside in the royal city of Gerar, instead choosing to reside in the *valley* of Gerar, which was far from the city (see *Rashi* to 26:17 below). That this is so is evidenced by the fact that after Abimelech and Phicol finished visiting with Abraham, Scripture states, *Abimelech then arose, and Phicol his general, and they returned to the land of the Philistines* (v. 32). Given that their conversation took place in the land of the Philistines — for that is where Abraham was at the time — this verse must mean that they returned to the specific city in which they resided (Gerar), while Abraham lived elsewhere in the land of the Philistines [in Beersheba (see v. 31)] (*Eitz Yosef,* from *Yefeh To'ar,* based on *Ramban* to v. 32).

40. It was because Abraham had sworn an oath to Abimelech and was entering into a covenant of love with him that Abraham rebuked him at this time (*Eitz Yosef*), in order to build up the love that they had promised to show each other (see *Eshed HaNechalim*) and to ensure that their covenant would be a lasting one (*Yefeh To'ar*).

41. Rebuking someone who harmed you will lead to love, for he will respond either by explaining his behavior [and you will realize that you in fact misjudged him], or by confessing his offense and apologizing (*Eitz Yosef*).

הוֹאִיל וְהָאֱלֹהִים עִמְּךָ, "וְעַתָּה הִשָּׁבְעָה לִי בֵאלֹהִים הֵנָּה אִם תִּשְׁקֹר לִי וּלְנִינִי וּלְנֶכְדִּי", עַד כָּאן רַחֲמֵי הָאָב עַל הַבֵּן. אָמַר רַבִּי אַבָּא: עַד כָּאן לָאַחִים הַשּׁוּתָּפִין. אָמַר רַבִּי יוֹסֵי בַּר חֲנִינָא: כְּתִיב (תהלים לח, כ) "וְאֹיְבַי חַיִּים עָצֵמוּ", מַה שֶּׁנִּיתַּן לְאַבְרָהָם לְשִׁבְעָה דוֹרוֹת נִיתַּן לַאֲבִימֶלֶךְ לִשְׁלֹשָׁה. לָמָּה (שמות יג, יז) ז"לֹא נָחָם אֱלֹהִים דֶּרֶךְ אֶרֶץ פְּלִשְׁתִּים", שֶׁעֲדַיִין נֶכְדּוֹ קַיָּים. "כַּחֶסֶד אֲשֶׁר עָשִׂיתִי עִמְּךָ", מַה חֶסֶד עָשָׂה לוֹ אֶלָּא שֶׁאָמַר לוֹ "הִנֵּה אַרְצִי לְפָנֶיךָ", וְאַף עַל פִּי כֵן לֹא קִבֵּל עָלָיו:

ג [כא, כה] "וְהוֹכִחַ אַבְרָהָם אֶת אֲבִימֶלֶךְ וְגוֹ'". אָמַר רַבִּי יוֹסֵי בַּר חֲנִינָא: הַתּוֹכֵחָה מְבִיאָה לִידֵי אַהֲבָה, שֶׁנֶּאֱמַר (משלי ט, ח) "הוֹכַח לְחָכָם וְיֶאֱהָבֶךָּ", הִיא דַעְתֵּיהּ דְּרַבִּי יוֹסֵי בַּר חֲנִינָא דְּאָמַר: כָּל אַהֲבָה שֶׁאֵין עִמָּהּ תּוֹכֵחָה אֵינָהּ אַהֲבָה. אָמַר רֵישׁ לָקִישׁ: תּוֹכֵחָה מְבִיאָה לִידֵי שָׁלוֹם, "וְהוֹכִחַ אַבְרָהָם אֶת אֲבִימֶלֶךְ", הִיא דַעְתֵּיהּ דְּאָמַר כָּל שָׁלוֹם שֶׁאֵין עִמּוֹ תּוֹכֵחָה אֵינוֹ שָׁלוֹם. "עַל אוֹדוֹת בְּאֵר הַמַּיִם אֲשֶׁר גָּזְלוּ עַבְדֵי אֲבִימֶלֶךְ", חוְאֵיזֶהוּ גַּזְלָן, בַּר קַפָּרָא אָמַר: זֶה שֶׁהוּא גוֹזֵל בְּפַרְהֶסְיָא, הֵיךְ מַה דְּאַתְּ אָמַר (שופטים ט, כה) "וַיִּגְזְלוּ אֵת כָּל אֲשֶׁר יַעֲבֹר עֲלֵיהֶם בַּדָּרֶךְ", מַה דֶּרֶךְ בְּפַרְהֶסְיָא אַף גַּזְלָן בְּפַרְהֶסְיָא.

רש"י

עד כאן לאחים השותפין. עד ג' דורות יכולין האחין השותפין לעמוד בשותפתן ולא יותר כמו כן דורות שעמדו ישראל בשותפותן עמהן לסוף נתרחקו מהם: **אמר רבי יוסי כתיב ואויבי חיים עצמו וגו'.** וזהו ואויבי חיים עצמו שהאריכו שנים שמה שניתן לאברהם לז' דורות ניתן לאבימלך לד' שכשנכנסו ישראל לארץ כבר עברו ז' דורות מאברהם יצחק ויעקב לוי קהת עמרם ומשה ומזרעו של אבימלך לא עברו אלא ג' דורות שכשיצאו ממצרים לא היו כי אם ג' דורות אבל לא נכנסו עד ארבעה דורות דכתיב ודור רביעי ישובו הנה: **שעל ידי הוכחה שהוכיח אברהם באבימלך בא שלום.** שכרתו ברית בבאר שבע:

עץ יוסף

אלהים עמך ובאו לכרות עמו ברית: **עד כאן רחמי האב על בנו.** כי לא יחוס רק על בנו ובן בנו ומשם ואילך נראה רחוק ממנו ולא ירחם עליו כבן. ולכן לא חש אבימלך לבקש רק על בנו ובן בנו שהוא נכדו (יפ"ת): **לאחים השותפים.** פי' אחים שירשו את אביהם ונשארו שותפים בירושה שלא חלקו דתנן בפרק מי שמת שאם נפל אחד לאומנות (פירוש לעבודת המלך) נפל לאמצע לא ימשך הדין הזה רק לג' דורות וענין זה אי' בירושלמי פרק מי שמת ע"ש (יפ"ת): **לשבע דורות.** שיוצאי מצרים היו דור ז' לאברהם יצחק יעקב לוי קהת עמרם משה. וימי ז' דורות אלו נתנו לאבימלך לג' דורות שמפני נכדו שהיה עדיין קיים לא נחם אלהים דרך ארץ פלשתים. והיינו ואויבי חיים עצמו שהאויבים מאריכים ימים בעולם יותר מישראל. והוא ענין תלונה לדוד כי דרך הצדיקים להיות נדכאים בעוה"ז. והרשעים מצליחים כמש"ה כי אני נצלע נכון וגו': **למה לא נחם אלהים כו'.** שפירוש כי קרוב הוא קרובה השבועה שנשבע אברהם לאבימלך (יפ"ת): **שעדיין נכדו קיים.** ואע"פ שאז לא היה אברהם בעולם רק בניו. מ"מ חייבים לקיים בריתו משום אל תטוש תורת אמך. וכ"ש אם כרת הברית בעדו ובעד בניו שחייבים לקיים מצותו כי יש ביד האב לחייב את זרעו וכקבלת התורה מאבות לבנים (יפ"ת): **ואעפ"ב לא.** קיבל עליו. שאע"פ שנא' אח"כ ויגר אברהם בארץ פלשתים ימים רבים. לא היה יושב רק בנחל גרר לא בגרר שהיא עיר המלוכה. והראיה ממ"ש באבימלך ויקם אבימלך ופיכול שר צבאו וישובו אל ארץ פלשתים. וכ"כ הרמב"ן ז"ל (יפ"ת): **לא קיבל עליו.** מפני שיושבי הארץ לא ישרו בעיניו כדאמר לקמן פ' ס"א: (ג) **התוכחה מביאה לידי אהבה.** לכן לא הוכיחו אלא כאן לאחר השבועה בכריתת ברית אהבה: **הוכח לחכם ויאהבך.** כי כאשר תוכיח אותו יתגלגל לך או ישוב ויתודה על חטאו ותכפר לו: **אמר ר"ל בו'.** נקט לשון דמיירי בתוכחה שבין סתם אנשים שנתעוררה שנאה ביניהם לסיבת איזה דבר שוב באו להשלים יחד. בזה לא יתקיים השלום אלא לאחר תוכחה מפורשת המסיר האיבה והנטירה מן הלב (נזה"ק): [ד] **איזהו גזלן** נקט הכא לפרש הא דכתיב אשר גזלו ולא קאמר גנבו (יפ"ת):

פירוש מהרז"ו

הואיל והאלהים עמך. שהוא קרוב אליך אני בטוח שתקיים שבועתך בשמו (מיפ"ת): **למה לא נחם.** כמ"ש מכילתא ריש בשלח ולא נחם וגו' כי קרוב הוא שקרובה השבועה שנשבע אברהם לאבימלך השבעה לי באלהים: **ואעפ"ב לא קיבל.** וכמ"ש לקמן ר"פ ס"א ובמושב לצים לא ישב וכו' ע"ש מ"כ. ועיין ס"פ זו ול"ט: (ג) **תוכחה.** שהתוכחה תדחה דברי שטנה ותקיים האהבה והשלום: **ע"י מלאך.** לפי מ"ש כאן משמע שבא לרבות מתיבת וגם על המלאך. ועי' מ"כ גי' הילקוט ושם אי' למה לא הגדת לי כו' דרך שאלה למה לא הגדת לי בעצמך. וגם לא שמעתי ע"י מלאך ושליח. ואפשר שפירושו ע"י מלאך ממש. שאם הייתי חוטא לך בזה היה המלאך מעיד בי ומעניש אותי כמו שהיה הענין כשלקח את שרה שמ"ש שם ויבא אלהים פי' ע"י מלאך וכמ"ש בפר"א פר' כ"ו. ובזוהר במקומו:

חידושי הרד"ל

(ח) **ע"ב לאחין השותפין.** ירושלמי ב"ב פ"ט ה"ג ע"ש במפרש בשם הראב"ד והרמב"ן:

(ט) **ואעפ"ב לא קבל עליו.** עמ"כ וע"ל ר"פ ס"א. ואף שכתיב אח"ז ויגר אברהם בארץ פלשתים ימים רבים. לא בגרר עיר המלוכה היה (שעליו כיון אבימלך כשא"ל הנה ארצי לפניך בטוב בעיניך וגו') אלא בבאר שבע וכמ"ש הרמב"ן:

מסורת המדרש

ז שמות רבה פרשה כ'. מכילתא ריש פרשה בשלח. תנחומא בשלח סימן א'. ילקוט סדר בשלח רמז רכ"ו:
ח ערכין דף ט"ז:

אם למקרא

וְאֹיְבַי חַיִּים עָצֵמוּ וְרַבּוּ שֹׂנְאַי שָׁקֶר: (תהלים לח:כ)

וַיְהִי בְּשַׁלַּח פַּרְעֹה אֶת־הָעָם וְלֹא נָחָם אֱלֹהִים דֶּרֶךְ אֶרֶץ פְּלִשְׁתִּים כִּי קָרוֹב הוּא כִּי אָמַר אֱלֹהִים פֶּן־יִנָּחֵם הָעָם בִּרְאֹתָם מִלְחָמָה וְשָׁבוּ מִצְרָיְמָה: (שמות יג:יז)

אַל־תּוֹכַח לֵץ פֶּן־יִשְׂנָאֶךָּ הוֹכַח לְחָכָם וְיֶאֱהָבֶךָּ: (משלי ט:ח)

וַיָּשִׂימוּ לוֹ בַעֲלֵי שְׁכֶם מְאָרְבִים עַל רָאשֵׁי הֶהָרִים וַיִּגְזְלוּ אֵת כָּל־אֲשֶׁר־יַעֲבֹר עֲלֵיהֶם בַּדָּרֶךְ וַיֻּגַּד לַאֲבִימֶלֶךְ: (שופטים ט:כה)

מתנות כהונה

לאחים השותפין. פירש"י עד ג' דורות יכולין האחים לעמוד בשותפות ולא יותר וכן כאן ג' דורות עמדו ישראל בשותפותן ואח"כ נתרחקו מהן: **לשבעה דורות.** שכשנכנסו ישראל לארץ ישראל כבר עברו ז' דורות אברהם יצחק ויעקב לוי קהת עמרם משה ומזרע אבימלך לא עברו ג' ודור רביעי ישוב הנה שהרי בעוד שדור שליש היה קיים לא נחם אלהים דרך ארץ כי הקורבה עדיין קיימת כן פירש"י: **לא קבל עליו.** אברהם והלך לו חוץ לגרר אע"פ שבאר שבע היה בסביבת גרר בראשונה שהרי כתיב בסוף הפרשה ויקם אבימלך ופיכול שר צבאו וישובו אל ארץ פלשתים ופירש הרמב"ן למקומם המיוחד שבארץ פלשתים והיא גרר דכתיב מלך גרר מכלל שאברהם לא היה דר שמה בעת ההיא: [ג] **[מביאה לידי שלום והוכיח כו'.** ועי"ז כרתו ברית שלום. ובילקוט לא גרס והוכיח וכו': **היא דעתיה דר"ל.** איזהו גזלן גרס]: **[מה דרך בפרהסיא.** עי' זה בב"ק בפ' מרובה]:

אשד הנחלים

לקרב האנשים וללמדם דרכי ה' ואמונתו. אז הבינו כי אהבתו בה' גדולה וא"כ אלהים עמו בכל אשר הוא עושה אחר שהוא רודף אחרי כבוד ה': **רחמי האב.** ולכן לא בקשו יותר מזה: **לאחים השותפים.** עיין במ"כ: **לאברהם לז' דורות.** אין זה מצד האהבה לאבימלך כ"א בהיפך. הזרע הטוב מוכרח להצרף תחילה עד יצא כזהב טהור. ולא כן אבימלך נתבשר רק בטוב הגשמי מיד ולא נפסק עד ג' דורות. וא"כ הדבר בהיפך מצד אהבת אברהם נתאחר עד ז' דורות. והבן: **לא קבל עליו.** ועכ"פ אבימלך כיוון לטובה והרשהו לישב בכל אשר יחפוץ: [ג] **מביאה לידי אהבה.** כמו שראינו כאן שטרם שכרתו ברית לא הוכיחו אבל אחר שכרתו ברי' האהב' אז הוכיחו על פניו שידע שיקבל ממנו. וא"כ בהפכו ג"כ התוכחה מביאה לידי אהבה יתירה בין אוהבים: **שאין עמה תוכחה.** וזהו כמאמר החכמים אם תרצה לחבר איש מה. הקניטהו ואחר תחברהו. כי אז יוודע אם הוא ראוי להיות אוהב אמיתי לא מצד התועלת כ"א מצד אהבת האמת: **לידי שלום.** דא"כ לא הי' אברהם מוכיח אותם בעת כרות ברית השלום אם לא ידע כי זהו מוסיף השלום כי כן ראוי להיות השלום להוכיח איש לרעהו על מעשה לא טוב אשר יחזה כי אז האחד עוזר לרעהו במדותיו והנהגותיו וזה אמיתת השלום והאהב' הנאמנה: **שאין עמה תוכחה אין עמה שלום.** הוא כמו שבארנו שגדר השלום להיות נאמן עמו באהבה. וכל זמן שעושה נגד דעתו והוא מחשה לו אז אות כי אין שלום עמו באהבה כי איך יתכן שיעשה דבר שאינו נכון ולא ירע לאוהבו בזה. והכלל שאמיתת השלום הוא שלום הנפש במדותי' וא"כ השלום מבלעדי התוכחה אינו שלום: **איזהו גזלן.** בא להבדיל בין גנב לגזלן כי בסוגם לפי הראות שניהם שוים כי גם הגנב גונב את חפץ זולתו. רק גדרם

שֶׁאֵין עִמָּהּ תּוֹכֵחָה אֵינָהּ אַהֲבָה — **This** exposition **is** based on **R' Yose bar Chanina's** own **opinion, who said: Any love that is not accompanied by rebuke is not** true **love.**[42]Ⓐ אָמַר רֵישׁ לָקִישׁ: תּוֹכֵחָה מְבִיאָה לִידֵי שָׁלוֹם, "וְהוֹכִחַ אַבְרָהָם אֶת אֲבִימֶלֶךְ" — **Reish Lakish said: Rebuke leads to** a lasting **peace** between former enemies.[43] Thus, after ***Abraham rebuked Abimelech,*** the two proceeded to form a lasting covenant together.[44] הִיא דַעְתֵּיהּ דְּאָמַר כָּל שָׁלוֹם שֶׁאֵין עִמּוֹ תּוֹכֵחָה אֵינוֹ שָׁלוֹם — **This** exposition **is** based on **Reish Lakish's** own **opinion that any peace** between former enemies **that is not accompanied by rebuke is not** a lasting **peace.**

עַל אוֹדוֹת בְּאֵר הַמַּיִם אֲשֶׁר גָּזְלוּ עַבְדֵי אֲבִימֶלֶךְ □ — ***REGARDING THE WELL OF WATER THAT ABIMELECH'S SERVANTS HAD ROBBED*** [גָּזְלוּ].

The Midrash discusses the definition of a robber:[45]

וְאֵיזֶהוּ גַּזְלָן, בַּר קַפָּרָא אָמַר: זֶה שֶׁהוּא גוֹזֵל בְּפַרְהֶסְיָא — **Who is a robber? Bar Kappara said: This is one who robs openly,**[46] הֵיךְ מָה דְאַתְּ אָמַר "וַיִּגְזְלוּ אֵת כָּל אֲשֶׁר יַעֲבֹר עֲלֵיהֶם בַּדֶּרֶךְ" — **as it is stated, *and they robbed anyone who would pass them on the road*** (*Judges* 9:25). מָה דֶּרֶךְ בְּפַרְהֶסְיָא אַף גַּזְלָן בְּפַרְהֶסְיָא — The juxtaposition of the word *robber* and the word *road* leads us to expound: **just as a road is public,**[47] **so too a robber** steals **publicly.**[48]

NOTES

42. See *Yefeh To'ar* for analysis of this statement. See Insight Ⓐ

43. Once former enemies decide to make up, they can achieve a lasting peace only if each expresses the cause(s) of his enmity to the other, thus removing the resentment from his heart (*Eitz Yosef*).

44. See verse 27.

45. Our verse uses the expression אֲשֶׁר גָּזְלוּ, *they they had robbed*, not אֲשֶׁר גָּנְבוּ, *they they had stolen*. The Midrash seeks to define exactly what a "robber" is (*Eitz Yosef,* from *Yefeh To'ar*). [See *Bava Kamma* 79b for discussion of the legal differences between a robber and a theif.]

46. Without attempting to hide from anyone, unafraid of being caught.

47. That is, it is open for all to see.

48. I.e., openly. This is in contrast to a גַּנָּב (thief) who steals covertly out of fear of being caught.

INSIGHTS

Ⓐ **A Loving Rebuke** As stated in the Midrash, rebuke bears a close association with love. The mitzvah of offering rebuke contains two facets: *bein adam l'chaveiro* (between man and his fellow) and *bein adam laMakom* (between man and God). The type that is the subject of the Midrash focuses on the interpersonal aspect, wherein the wronged party apprises the offender of his wrongdoing. The other aspect of this mitzvah entails rebuking an individual who has sinned against Hashem, through either the violation of a commandment or a dereliction in observance. Nonetheless, both forms of rebuke share the correlation with love.

Regarding the aspect of offering rebuke over interpersonal matters, *Sefer HaChinuch* (*Mitzvah* 239) demonstrates how this process supplants the development of animosity and malice with a renewed bond of friendship. Absalom the son of David serves as a perfect example of the former. He kept the grievances he bore against his half-brother Amnon to himself, as the verse states: *And Absalom did not speak with Amnon, neither bad or good, for Absalom despised Amnon* (*II Shmuel* 13:22). The unaddressed hatred toward his sibling simmered within, ultimately culminating in his ordering Amnon's murder (ibid. v. 29). By contrast, much harm can be forestalled when the aggrieved party turns gently and lovingly to speak openly with the offender about the issue. Instead of being left to percolate (and eventually boil over), the feelings of the offended party are given expression and provided with a healthy outlet. The offender can explain his actions, offer his apologies, and the air can be cleared. Through a loving rebuke, grudge-holding and vengeance can be avoided, and peaceful coexistence is restored and strengthened.

The other kind of rebuke — pertaining to the effort of preventing one's fellow from sinning to his God — is likewise closely affiliated with love. Rather than a mean-spirited opportunity to lambast someone who has been "caught in the act," reproof should arise out of genuine concern for one's fellow. In fact, *Rambam* (*Hilchos Dei'os,* 6:7) specifically instructs for these sentiments to be communicated at the time of rebuke: "He should notify him [the sinner] that he is relating these words [of rebuke] . . . for his own welfare; [namely,] to afford him Eternal Life." The actual delivery of the reproof must be tinged with love; indeed *Rambam* stresses that the message be transmitted "pleasantly, and with soft speech" (ibid.). A gentle approach toward assisting a sinner in correcting his deeds can go a long way toward fostering a reciprocal feeling of appreciation, especially when undertaken from a genuine love for one's fellow man.

In fact, rebuke of either sort when delivered in the proper fashion, and stemming from pristine motives is a sign of true love, and an effort to preserve harmony and safeguard one's friend's well-being. This is the meaning of R' Yose bar Chaninah's statement: "Any love that is not accompanied by rebuke is not (true) love" (see *Otzros HaMussar,* p. 1019).

הוֹאִיל וְהָאֱלֹהִים עִמְּךָ, "וְעַתָּה הִשָּׁבְעָה לִי בֵאלֹהִים הֵנָּה אִם תִּשְׁקֹר לִי וּלְנִינִי וּלְנֶכְדִּי", עַד כָּאן רַחֲמֵי הָאָב עַל הַבֵּן. אָמַר רַבִּי אַבָּא: עַד כָּאן לָאַחִים הַשּׁוּתָפִין. אָמַר רַבִּי יוֹסֵי בַּר חֲנִינָא: כְּתִיב (תהלים לח, כ) "וְאֹיְבַי חַיִּים עָצֵמוּ", מַה שֶּׁנִּיתַּן לְאַבְרָהָם לְשִׁבְעָה דוֹרוֹת נִיתַּן לַאֲבִימֶלֶךְ לִשְׁלֹשָׁה. לָמָּה (שמות יג, יז) ז"לֹא נָחָם אֱלֹהִים דֶּרֶךְ אֶרֶץ פְּלִשְׁתִּים", שֶׁעֲדַיִין נֶכְדּוֹ קַיָּים. "כַּחֶסֶד אֲשֶׁר עָשִׂיתִי עִמְּךָ", מַה חֶסֶד עָשָׂה לוֹ אֶלָּא שֶׁאָמַר לוֹ "הִנֵּה אַרְצִי לְפָנֶיךָ", וְאַף עַל פִּי כֵן לֹא קִבֵּל עָלָיו:

ג [כא, כה] "וְהוֹכִחַ אַבְרָהָם אֶת אֲבִימֶלֶךְ וְגוֹ'". אָמַר רַבִּי יוֹסֵי בַּר חֲנִינָא: הַתּוֹכֵחָה מְבִיאָה לִידֵי אַהֲבָה, שֶׁנֶּאֱמַר (משלי ט, ח) "הוֹכַח לְחָכָם וְיֶאֱהָבֶךָּ", הִיא דַעְתֵּיהּ דְּרַבִּי יוֹסֵי בַּר חֲנִינָא דְּאָמַר: כָּל אַהֲבָה שֶׁאֵין עִמָּהּ תּוֹכֵחָה אֵינָהּ אַהֲבָה. אָמַר רֵישׁ לָקִישׁ: תּוֹכֵחָה מְבִיאָה לִידֵי שָׁלוֹם, "וְהוֹכִחַ אַבְרָהָם אֶת אֲבִימֶלֶךְ", הִיא דַעְתֵּיהּ דְּאָמַר כָּל שָׁלוֹם שֶׁאֵין עִמּוֹ תּוֹכֵחָה אֵינוֹ שָׁלוֹם. "עַל אוֹדוֹת בְּאֵר הַמַּיִם אֲשֶׁר גָּזְלוּ עַבְדֵי אֲבִימֶלֶךְ", חוְאֵיזֶהוּ גַּזְלָן, בַּר קַפָּרָא אָמַר: זֶה שֶׁהוּא גוֹזֵל בְּפַרְהֶסְיָא, הֵיךְ מַה דְּאַתְּ אָמַר (שופטים ט, כה) "וַיִּגְזְלוּ אֵת כָּל אֲשֶׁר יַעֲבֹר עֲלֵיהֶם בַּדָּרֶךְ", מַה דֶּרֶךְ בְּפַרְהֶסְיָא אַף גַּזְלָן בְּפַרְהֶסְיָא.

רש"י

עד כאן לאחים השותפין. עד ג' דורות יכולין האחין השותפין לעמוד בשותפתן ולא יותר כמו כן דורות שעמדו ישראל בשותפותן עמהן לסוף נתרחקו מהם: **אמר רבי יוסי כתיב ואויבי חיים עצמו וגו'.** וזהו ואויבי חיים עצמו שהאריכו שנים שמה שניתן לאברהם לז' דורות ניתן לאבימלך לד' שכשנכנסו ישראל לארץ כבר עברו ז' דורות מאברהם יצחק ויעקב לוי קהת עמרם ומשה ומזרעו של אבימלך לא עברו אלא ג' דורות שכשיצאו ממצרים לא היו כי אם ג' דורות אבל לא נכנסו עד ארבעה דורות דכתיב ודור רביעי ישובו הנה: **שעל ידי הוכחה שהוכיח אברהם באבימלך בא שלום.** שכרתו ברית בבאר שבע:

עץ יוסף

אלהים עמך ובאו לכרות עמו ברית: **עד כאן רחמי האב על בנו.** כי לא יחוש רק על בנו ובן בנו ומשם ואילך נראה רחוק ממנו ולא ירחם עליו כבן. ולכן לא חש אבימלך לבקש רק על בנו ובן בנו שהוא נכדו (יפ"ת): **לאחים השותפים.** פי' אחים שירשו את אביהם ונשארו שותפים בירושה שלא חלקו דתנן בפרק מי שמת שאם נפל אחד לאומנות (פירוש לעבודת המלך) נפל לאמצע לא ימשך הדין הזה רק לג' דורות וענין זה אי' בירושלמי פרק מי שמת ע"ש (יפ"ת): **לשבע דורות.** שיוצאי מצרים היו דור ז' לאברהם יצחק יעקב לוי קהת עמרם משה. וימי ז' דורות אלו נתנו לאבימלך לג' דורות שמפני נכדו שהיה עדיין קיים לא נחם אלהים דרך ארץ פלשתים. והיינו ואויבי חיים עצמו שהאויבים מאריכים ימים בעולם יותר מישראל. והוא ענין תלונה לדוד כי דרך הצדיקים להיות נדכאים בעוה"ז. והרשעים מצליחים כמש"ה כי אני נצלע נכון וגו': **למה לא נחם אלהים כו'.** שפירוש כי קרוב הוא קרובה השבועה שנשבע אברהם לאבימלך (יפ"ת): **שעדיין נכדו קיים.** ואע"פ שאז לא היה אברהם בעולם רק בניו. מ"מ חייבים לקיים בריתו משום אל תטוש תורת אמך. וכ"ש אם כרת הברית בעדו ובעד בניו שחייבים לקיים מצותו כי יש ביד האב לחייב את זרעו וכקבלת התורה מאבות לבנים (יפ"ת): **ואעפ"ב לא.** קיבל עליו. שאע"פ שנא' אח"כ ויגר אברהם בארץ פלשתים ימים רבים. לא היה יושב רק בנחל גרר לא בגרר שהיא עיר המלוכה. והראיה ממ"ש באבימלך ויקם אבימלך ופיכול שר צבאו וישובו אל ארץ פלשתים. וכ"כ הרמב"ן ז"ל (יפ"ת): **לא קיבל עליו.** מפני שיושבי הארץ לא ישרו בעיניו כדאמר לקמן פ' ס"א: (ג) **התוכחה מביאה לידי אהבה.** לכן לא הוכיחו אלא כאן לאחר השבועה בכריתת ברית אהבה: **הוכח לחכם ויאהבך.** כי כאשר תוכיח אותו יתגלגל לך או ישוב ויתודה על חטאו ותכפר לו: **אמר ר"ל כו'.** נקט לשון דמיירי בתוכחה שבין סתם אנשים שנתעוררה שנאה ביניהם לסיבת איזה דבר שוב באו להשלים יחד. בזה לא יתקיים השלום אלא לאחר תוכחה מפורשת המסיר האיבה והנטירה מן הלב (נזה"ק): [ד] **איזהו גזלן** נקט הכא לפרש הא דכתיב אשר גזלו ולא קאמר גנבו (יפ"ת):

פירוש מהרז"ו

הואיל והאלהים עמך. שהוא קרוב אליך אני בטוח שתקיים שבועתך בשמו (מיפ"ת): **למה לא נחם.** כמ"ש מכילתא ריש בשלח ולא נחם וגו' כי קרוב הוא שקרובה השבועה שנשבע אברהם לאבימלך השבעה לי באלהים: **ואעפ"ב לא קיבל.** וכמ"ש לקמן ר"פ ס"א ובמושב לצים לא ישב וכו' ע"ש מ"כ. ועיין ס"פ זו ול"ע: (ג) **תוכחה.** שהתוכחה תדחה דברי שטנה ותקיים האהבה והשלום: **ע"י מלאך.** לפי מ"ש כאן משמע שבא לרבות מתיבת וגם על המלאך. ועי' מ"כ ג' הילקוט ושם אי' למה לא הגדת לי כו' דרך שאלה למה לא הגדת לי בעצמך. וגם לא שמעתי ע"י מלאך ושליח. ואפשר שפירושו ע"י מלאך ממש. שאם הייתי חוטא לך בזה היה המלאך מעיד בי ומעניש אותי כמו שהיה הענין כשלקח את שרה שמ"ש שם ויבא אלהים פי' ע"י מלאך וכמ"ש בפר"א פר' כ"ו. ובזוהר במקומו:

חידושי הרד"ל

(ח) **ע"כ לאחין השותפין.** ירושלמי ב"ב פ"ט ה"ג ע"ש במפרש בשם הראב"ד והרמב"ן:

(ט) **ואעפ"ב לא קבל עליו.** עמ"כ וע"ל ר"פ ס"א. ואף שכתיב אח"ז ויגר אברהם בארץ פלשתים ימים רבים. לא בגרר עיר המלוכה היה (שעליו כיון אבימלך כשא"ל הנה ארצי לפניך בטוב בעיניך וגו') אלא בבאר שבע וכמ"ש הרמב"ן:

מסורת המדרש

ז שמות רבה פרשה כ' מכילתא ריש פרשה בשלח. תנחומא בשלח סימן א'. ילקוט סדר בשלח רמז רכ"ו:

ח ערכין דף ט"ז:

אם למקרא

וְאֹיְבַי חַיִּים עָצֵמוּ וְרַבּוּ שֹׂנְאַי שָׁקֶר: (תהלים לח:כ)

וַיְהִי בְּשַׁלַּח פַּרְעֹה אֶת־הָעָם וְלֹא נָחָם אֱלֹהִים דֶּרֶךְ אֶרֶץ פְּלִשְׁתִּים כִּי קָרוֹב הוּא כִּי אָמַר אֱלֹהִים פֶּן־יִנָּחֵם הָעָם בִּרְאֹתָם מִלְחָמָה וְשָׁבוּ מִצְרָיְמָה: (שמות יג:יז)

אַל־תּוֹכַח לֵץ פֶּן־יִשְׂנָאֶךָּ הוֹכַח לְחָכָם וְיֶאֱהָבֶךָּ: (משלי ט:ח)

וַיָּשִׂימוּ לוֹ בַעֲלֵי שְׁכֶם מְאָרְבִים עַל רָאשֵׁי הֶהָרִים וַיִּגְזְלוּ אֵת כָּל־אֲשֶׁר־יַעֲבֹר עֲלֵיהֶם בַּדָּרֶךְ וַיֻּגַּד לַאֲבִימֶלֶךְ: (שופטים ט:כה)

מתנות כהונה

לאחים השותפין. פירש"י עד ג' דורות יכולין האחים לעמוד בשותפות ולא יותר וכן כאן ג' דורות עמדו ישראל בשותפותן ואח"כ נתרחקו מהן: **לשבעה דורות.** שכשנכנסו ישראל לארץ ישראל כבר עברו ז' דורות אברהם יצחק ויעקב לוי קהת עמרם משה ומזרע אבימלך לא עברו ג' ודור רביעי ישוב הנה שהרי בעוד שדור שלישי היה קיים לא נחם אלהים דרך ארץ כי הקורבה עדיין קיימת כן פירש"י: **לא קבל עליו.** אברהם והלך לו חוץ לגרר אע"פ שאחר בישיבת גרר בראשונה שהרי כתיב בסוף הפרשה ויקם אבימלך ופיכול שר צבאו וישובו אל ארץ פלשתים ופירש הרמב"ן למקומם המיוחד שבארץ פלשתים והיא גרר דכתיב מלך גרר מכלל שאברהם לא היה דר שמה בעת ההיא: [ג] **[מביאה לידי שלום והוכיח כו'.** ועי"ז כרתו ברית שלום. ובילקוט לא גרס והוכיח וכו': **היא דעתיה דר"ל.** איזהו גזלן גרס]: **[מה דרך בפרהסיא.** עי' זה בב"ק בפ' מרובה]:

אשד הנחלים

לקרב האנשים וללמדם דרכי ה' ואמונתו. אז הבינו כי אהבתו בה' גדולה וא"כ אלהים עמו בכל אשר הוא עושה אחר שהוא רודף אחרי כבוד ה': **רחמי האב.** ולכן לא בקשו יותר מזה: **לאחים השותפים.** עיין במ"כ: **לאברהם לז' דורות.** אין זה מצד האהבה לאבימלך כ"א בהיפך. הזרע הטוב מוכרח להצרף תחילה עד יצא כזהב טהור. ולא כן אבימלך נתבשר רק בטוב הגשמי מיד ולא נפסק עד ג' דורות. וא"כ הדבר בהיפך מצד אהבת אברהם נתאחר עד ז' דורות. והבן: **לא קבל עליו.** ועכ"פ אבימלך כיון לטובה והרשהו לישב בכל אשר יחפוץ: [ג] **מביאה לידי אהבה.** כמו שראינו כאן שטרם שכרתו ברית לא הוכיחו אבל אחר שכרתו ברי' האהב' אז הוכיחו על פניו שידע שיקבל ממנו. וא"כ בהפכו ג"כ התוכחה מביאה לידי אהבה יתירה בין אוהבים: **שאין עמה תוכחה.** וזהו כמאמר החכמים אם תרצה לחבר איש מה. הקניטהו ואחר תחברהו. כי אז יוודע אם הוא ראוי להיות אוהב אמיתי לא מצד התועלת כ"א מצד אהבת האמת: **לידי שלום.** דא"כ לא הי' אברהם מוכיח אותם בעת כרות ברית השלום אם לא ידע כי זהו מוסיף השלום כי כן ראוי להיות השלום להוכיח איש לרעהו על מעשה לא טוב אשר יחזה כי אז האחד עוזר לרעהו במדותיו והנהגותיו וזה אמיתת השלום והאהב' הנאמנה: **שאין עמה תוכחה אין עמה שלום.** הוא כמו שבארנו שגדר השלום להיות נאמן עמו באהבה. וכל זמן שעושה נגד דעתו והוא מחשה לו אז אות כי אין שלום עמו באהבה כי איך יתכן שיעשה דבר שאינו נכון ולא ירע לאוהבו בזה. והכלל שאמיתת השלום הוא שלום הנפש במדותי' וא"כ השלום מבלעדי התוכחה אינו שלום: **איזהו גזלן.** בא להבדיל בין גנב לגזלן כי בסוגם לפי הראות שניהם שוים כי גם הגנב גונב את חפץ זולתו. רק גדרם

רַבִּי שִׁמְעוֹן בֶּן יוֹחָאי מַיְיתֵי לָהּ מֵהָכָא — **R' Shimon ben Yochai brings** a proof to **this from here:** "וַהֲבֵאתֶם גָּזוּל וְאֶת הַפִּסֵּחַ וְאֶת הַחוֹלֶה" — ***You bring the stolen*** (lit., *robbed*) ***and the lame and the sick [animal],*** *and bring [it] as an offering — shall I accept it from your hand? says HASHEM* (*Malachi* 1:13). מַה פִּסֵּחַ וְחוֹלֶה מוּמָן בְּגָלוּי אַף גַּזְלָן בְּגָלוּי — The juxtaposition of the word *robbed* and the words *lame* and *sick* leads us to expound: **Just as** being **lame and sick are blemishes that are revealed, so too a robber is** one whose actions are **revealed.**[49]

The Midrash defines the word "publicly," used above in the definition of a robber:

רַבִּי אַבָּהוּ בְּשֵׁם רֵישׁ לָקִישׁ אָמַר — **R' Abahu said in the name of Reish Lakish:** לִפְנֵי תִּשְׁעָה גַּנָּב וְלִפְנֵי עֲשָׂרָה גַּזְלָן — If a person steals **in front of nine** people, he is considered a גַּנָּב (thief), **but** if he steals **in front of ten** people, then he is considered a גַּזְלָן (robber).[50]

The Midrash presents another definition of the word "robber":

רַבִּי תַּנְחוּמָא בְּשֵׁם רַבִּי הוּנָא — **R' Tanchuma** said **in the name of R' Huna:** לְעוֹלָם אֵינוֹ גַּזְלָן עַד שֶׁיִּגְזְלֶנָּה מִיָּדוֹ — Even if a person steals openly in front of ten people,[51] **he is not classified as a "robber" until he steals** the object directly **from [the owner's] hand,** שֶׁנֶּאֱמַר "וַיִּגְזֹל אֶת הַחֲנִית מִיַּד הַמִּצְרִי" — **as it states,** ***and he robbed the spear from the hand of the Egyptian*** (*II Samuel* 23:21).[52]

וַיֹּאמֶר אֲבִימֶלֶךְ לֹא יָדַעְתִּי מִי עָשָׂה אֶת הַדָּבָר הַזֶּה וְגַם אַתָּה לֹא הִגַּדְתָּ לִּי וְגַם אָנֹכִי לֹא שָׁמַעְתִּי בִּלְתִּי הַיּוֹם.
Abimelech said, "I do not know who did this thing; furthermore, you have never told me, and moreover I myself have not heard [of it] except for today." (21:26).

□ וַיֹּאמֶר אֲבִימֶלֶךְ לֹא יָדַעְתִּי ... וְגַם אַתָּה לֹא הִגַּדְתָּ לִּי — ***ABIMELECH SAID, "I DO NOT KNOW*** *WHO DID THIS THING;* ***FURTHERMORE, YOU HAVE NEVER TOLD ME,*** *ETC."*

How *would* Abimelech have been informed of the stolen wells? The Midrash answers:

עַל יְדֵי מַלְאָךְ — **Through a messenger.**[53]

"וְגַם אָנֹכִי לֹא שָׁמַעְתִּי בִּלְתִּי הַיּוֹם" — Our verse concludes: ***and moreover I myself have not heard [of it] except for today.***[54]

וַיִּקַּח אַבְרָהָם צֹאן וּבָקָר וַיִּתֵּן לַאֲבִימֶלֶךְ וַיִּכְרְתוּ שְׁנֵיהֶם בְּרִית. וַיַּצֵּב אַבְרָהָם אֶת שֶׁבַע כִּבְשֹׂת הַצֹּאן לְבַדְּהֶן. וַיֹּאמֶר אֲבִימֶלֶךְ אֶל אַבְרָהָם מָה הֵנָּה שֶׁבַע כְּבָשֹׂת הָאֵלֶּה אֲשֶׁר הִצַּבְתָּ לְבַדָּנָה.
So Abraham took flocks and cattle and gave them to Abimelech; and the two of them entered into a covenant. Abraham set seven ewes of the flock by themselves. And Abimelech said to Abraham, "What are these seven ewes which you have set by themselves?" (21:27-29).

§4 וַיִּקַּח אַבְרָהָם צֹאן וּבָקָר וַיִּתֵּן לַאֲבִימֶלֶךְ ... וַיֹּאמֶר אֲבִימֶלֶךְ לְאַבְרָהָם מָה הֵנָּה שֶׁבַע כְּבָשֹׂת — ***SO ABRAHAM TOOK FLOCKS AND CATTLE AND GAVE THEM TO ABIMELECH . . . AND ABIMELECH SAID TO ABRAHAM, "WHAT ARE THESE SEVEN EWES . . . "***

The Midrash discusses the consequences of Abraham's gift to Abimelech:

אָמַר לוֹ הַקָּדוֹשׁ בָּרוּךְ הוּא: אַתָּה נָתַתָּ שֶׁבַע כְּבָשׂוֹת — **The Holy One, blessed is He, said to [Abraham], You gave seven ewes** to Abimelech against My wishes;[55] חַיֶּיךָ שֶׁאֲנִי מַשְׁהֶה בְּשִׂמְחַת בָּנֶיךָ שִׁבְעָה דוֹרוֹת — therefore, I swear by **your life that I will delay the happiness of your children**[56] **for seven generations.**[57] אַתָּה נָתַתָּ לוֹ שֶׁבַע כְּבָשׂוֹת — Furthermore, God said to Abraham, **You gave seven ewes** to Abimelech against My wishes; חַיֶּיךָ כְּנֶגֶד כֵּן הֵם הוֹרְגִים מִבָּנֶיךָ שִׁבְעָה צַדִּיקִים וְאֵלּוּ הֵן: חָפְנִי, וּפִנְחָס, וְשִׁמְשׁוֹן, וְשָׁאוּל וּשְׁלֹשֶׁת בָּנָיו — therefore, I swear by **your life that corresponding to this, [Abimelech's descendants]**[58] **will kill from amongst your children seven righteous people.**[59] **And these [seven individuals] are: Hofni and Phinehas,**[60] **Samson,**[61] **and Saul and his three sons.**[62] אַתָּה נָתַתָּ לוֹ שֶׁבַע כְּבָשׂוֹת — Furthermore, God said to Abraham, **You gave seven ewes** to Abimelech; כְּנֶגֶד כֵּן בָּנָיו[63] מַחֲרִיבִין מִבָּנֶיךָ שֶׁבַע מִשְׁכָּנוֹת — therefore, **corresponding to this, they**[64] **will destroy seven sanctuaries of your children.**[65]

NOTES

49. That is: Just as the fact of an animal's being *lame* or *sick* is known to all, for these blemishes are visible, so too the fact of an animal's having been stolen (*robbed*) is known to all, because the definition of "robbery" is that it takes place in the open.

50. For until a person's action is witnessed by ten people, it is not considered that he acted "publicly" (*Eitz Yosef*).

51. *Eitz Yosef.*

52. A person is legally classified as a גַּזְלָן (robber) only if he is so fearless as to confront the owner head-on and take his possessions directly from him. A person who is prepared to steal in the presence of ten people but is fearful of confronting his victim directly is not classified as a גַּזְלָן but as a גַּנָּב (thief).

53. *Eitz Yosef,* from *Nezer HaKodesh*. Alternatively: The word מַלְאָךְ means "angel"; the Patriarchs typically used angels as their agents to convey messages to others (*Rashi*).

54. *Yalkut Shimoni, Vayeira* §95 has the following version of our Midrash: וַיֹּאמֶר אֲבִימֶלֶךְ . . . מִי עָשָׂה אֶת הַדָּבָר הַזֶּה לָמָּה לֹא הִגַּדְתָּ לִי עַל יָדְךָ וְגַם אָנֹכִי לֹא שָׁמַעְתִּי עַל יְדֵי מַלְאָךְ — Our verse states, ***Abimelech said,*** *"I do not know* ***who did this thing; why have you never told me?"*** (meaning, **you yourself** did not tell me), ***"and moreover, I myself have not heard [of it]"*** (meaning, even ***through a messenger***).

55. The Vilna 1887 edition adds here (and similarly several times below): בְּלִי רְצוֹנִי – **against My wishes.** Even if the words are not inserted into the text this is the Midrash's intent. Although it would have been improper for Abraham to push off Abimelech entirely, for Abimelech had attempted to do him kindness (see end of section 2 above) and wished to be at peace with him, he could have sufficed with an oath. But, as stated in *Eliyahu Rabbah* §7 [see also *Exodus* 23:32, cited by *Maharzu*, and *Deuteronomy* 7:2], it was wrong of Abraham to enter into a *covenant* with Abimelech, who was an idolater (*Yefeh To'ar*; see also *Eitz Yosef*).

56. Referring to the Israelites' entry into the land of Israel, which did not take place until seven generations after Abraham, as noted in section 2 above (*Yedei Moshe*).

57. One generation for each ewe wrongly given to Abimelech (*Eitz Yosef*).

58. The Philistines. (As stated in 26:1ff below, Abimelech was king of the Philistines.)

[*Eitz Yosef* has a version of our Midrash that states: הוֹרְגִים בָּנָיו מִבָּנֶיךָ — **[Abimelech's] children will kill your children.]**

59. One righteous person for each ewe wrongly given to Abimelech.

60. The two sons of Eli the High Priest, who were killed by the Philistines in battle (see *I Samuel* 4:11). [Although a verse there seems to indicate that the sons of Eli were not truly righteous (ibid. 4:2), the Sages (*Shabbos* 55b) already taught that one who interprets the verse in this way is mistaken (*Eitz Yosef*).]

61. Whom the Philistines killed in captivity (*Judges* 16:31).

62. Who were killed while waging war against the Philistines (*I Samuel* 31:6).

63. The word בָּנָיו is problematic (see note 65 below), as noted by several commentators (see *Yefeh To'ar, Maharzu*); *Os Emes* and others note that it is indeed missing in the *Yalkut Shimoni* version of this Midrash. [*Eitz Yosef* suggests that the word was inserted (erroneously) into this line because it appears (correctly) in the preceding sentence (according to *Eitz Yosef's* version there; see note 58 above).]

64. I.e., whoever these people will be.

65. Seven different places where God's Presence rested: one sanctuary for every ewe given to Abimelech. See note 71. (Of these seven places, only Shiloh was destroyed by Abimelech's descendants; see note 70. This is why the word בָּנָיו does not belong in our text above; see note 63 above. See *Eitz Yosef.*)

רַבִּי שִׁמְעוֹן בֶּן יוֹחָאי מַיְיתֵי לָהּ מֵהָכָא (מלאכי א, יג) "וַהֲבֵאתֶם גָּזוּל וְאֶת הַפִּסֵּחַ וְאֶת הַחוֹלֶה", מַה פִּסֵּחַ וְחוֹלֶה מוּמָן בְּגָלוּי אַף גַּזְלָן בְּגָלוּי. רַבִּי אַבָּהוּ בְּשֵׁם רֵישׁ לָקִישׁ אָמַר: לִפְנֵי תִּשְׁעָה גַּנָּב וְלִפְנֵי עֲשָׂרָה גַּזְלָן. רַבִּי תַּנְחוּמָא בְּשֵׁם רַבִּי הוּנָא: לְעוֹלָם אֵינוֹ גַּזְלָן עַד שֶׁיִּגְזְלָהּ מִיָּדוֹ שֶׁנֶּאֱמַר (שמואל ב כג, כא) "וַיִּגְזֹל אֶת הַחֲנִית מִיַּד הַמִּצְרִי". [כא, כו] "וַיֹּאמֶר אֲבִימֶלֶךְ לֹא יָדַעְתִּי... וְגַם אַתָּה לֹא הִגַּדְתָּ לִּי", עַל יְדֵי מַלְאָךְ "וְגַם אָנֹכִי לֹא שָׁמַעְתִּי בִּלְתִּי הַיּוֹם":

ד [כא, כז] "וַיִּקַּח אַבְרָהָם צֹאן וּבָקָר וַיִּתֵּן לַאֲבִימֶלֶךְ". [כא, כט] "וַיֹּאמֶר אֲבִימֶלֶךְ לְאַבְרָהָם מָה הֵנָּה שֶׁבַע כְּבָשֹׂת", [ט] אָמַר לוֹ הַקָּדוֹשׁ בָּרוּךְ הוּא: אַתָּה נָתַתָּ שֶׁבַע °כְּבָשׂוֹת, חַיֶּיךָ שֶׁאֲנִי מַשְׁהֶה בְּשִׂמְחַת בָּנֶיךָ שִׁבְעָה דוֹרוֹת. אַתָּה נָתַתָּ לוֹ שֶׁבַע °כְּבָשׂוֹת, חַיֶּיךָ כְּנֶגֶד כֵּן הֵם הוֹרְגִים מִבָּנֶיךָ שִׁבְעָה צַדִּיקִים וְאֵלּוּ הֵן: חָפְנִי, וּפִנְחָס, וְשִׁמְשׁוֹן, וְשָׁאוּל וּשְׁלֹשֶׁת בָּנָיו. אַתָּה נָתַתָּ לוֹ שֶׁבַע כְּבָשׂוֹת, כְּנֶגֶד כֵּן בָּנָיו מַחֲרִיבִין מִבָּנֶיךָ שֶׁבַע מִשְׁכָּנוֹת וְאֵלּוּ הֵן, אֹהֶל מוֹעֵד וְגִלְגָּל, נוֹב, וְגִבְעוֹן, וְשִׁילֹה, וּבֵית עוֹלָמִים תְּרֵין. אַתָּה נָתַתָּ לוֹ שֶׁבַע °כְּבָשׂוֹת, כְּנֶגֶד כֵּן אֲרוֹנִי חוֹזֵר בִּשְׂדֵה פְלִשְׁתִּים שִׁבְעָה חֳדָשִׁים הָדָא הוּא דִכְתִיב (תהלים עח, סא) "וַיִּתֵּן לַשְּׁבִי עֻזּוֹ", זֶה אֲרוֹן בְּרִית, וּכְתִיב (שמואל א ו, א) "וַיְהִי אֲרוֹן ה' בִּשְׂדֵה פְלִשְׁתִּים שִׁבְעָה חֳדָשִׁים". [יא](תהלים שם) "וְתִפְאַרְתּוֹ בְּיַד צָר", אֵלּוּ בִּגְדֵי כְהוּנָּה כְּמָה דְאַתְּ אָמַר (שמות כח, ב) "וְעָשִׂיתָ בִגְדֵי קֹדֶשׁ לְאַהֲרֹן וגו' וּלְתִפְאָרֶת". רַבִּי יִרְמְיָה בְּשֵׁם רַבִּי שְׁמוּאֵל בַּר רַב יִצְחָק בְּשֵׁם רַבִּי אַבָּא: [יב]לָמָּה לָקוּ אַנְשֵׁי בֵּית שֶׁמֶשׁ, עַל יְדֵי שֶׁהָיוּ מַלִּיזִין בָּאָרוֹן,

עץ יוסף

לפני ט' גנב. דלא חשיב ליה פרהסיא אלא בעשרה: **עד שיגזלה מידו.** דאפילו שגזל בפרהסיא כל שלא גזל מידו ממש לא הוה גזלן: **[ה] וגם אתה לא הגדת לי.** ה"ג בילקוט למה לא הגדת לי על ידך וגם אנכי לא שמעתי על ידי מלאך. וה"פ למה לא הגדת לי על ידך ואף אם לא היית אז אצלי בעיר ממלאכתי להגיד לי. מ"מ היה לך להודיענו ע"י מלאך שליח. ובאמת אנכי לא שמעתי מאומה אף על ידי מלאך שליח (נזה"ק): **(ד) שבע כבשות כו'.** שנענש על שכרת ברית עם אבימלך שהיה עכו"ם. ולכן נענש כמספר הכבשות שהציב למען בריתו וכתב בעל אות אמת שמלת בניו הוא ט"ס וצ"ל כנגד כן מחריבין מבניך כו' והמחריבים יהיו מי שיהיו. ומשום דלעיל מיניה אמר בניו הורגים מבניך כו' שהם היו באמת הפלשתים נשתרבב גם כאן בניו. וכן בילקוט ליתא מלת בניו: **שבע דורות.** שמאברהם עד יציאת מצרים ז' דורות כדלעיל סימן ב': **וחפני ופנחס צדיקים הוו.** דכל האומר חטאו אינו אלא טועה כדאי' בפרק במה בהמה: **אהל מועד וגלגל כו'.** אהל מועד המשכן שהיה במדבר מ' שנה וכשעברו את הירדן הוקבע בגלגל י"ד שנה של כבוש וחלוק. ואחר שחלקו הארץ קבעוהו בשילה. וכשמת עלי ונלקח הארון חרבה שילה ובאו לנוב. כשחרבה נוב בימי שאול באו לגבעון עד שבנה שלמה בהמ"ק ובהמ"ק נקרא בית עולמים שקדושתו קדושת עולם: **ובית עולמין תרין.** היינו מקדש ראשון ומקדש שני: **חוזר בשדה פלשתים.** לפי שלא עמד ז' חדשים במקום אחד שבתחלה העמידוהו באשדוד ואח"כ בעקרון לכן אמר חוזר: **[ו] למה לקו אנשי בית שמש כו'.** משום דמיירי בסמוך בארון שנשבה מפרש למה לקו כו': **שהיו מליזין בארון.** פי' קודם שבא הארון היו מליזין לומר שאחר שלא הושיע את עצמו מן

פירוש מהרז"ו

(ד) ז' דורות. כמ"ש בסימן ב' ועי' במדרש שמואל פר' י"ב ילקוט שמואל א' ו': **אתה נתת.** שם במד"ש הגי' ד"א אתה נתת אלא כל אחד: **בלי רצוני.** אבימלך היה ראש אומות הפלשתים ואברהם אב המון גוים. וכריתת ברית שלהם הוא כריתת ברית האומות כנענים עובדי כוכבים עם המאמינים בה' ובאחדותו כי גם פלשתים לכנעני יחשבו כמ"ש יהושע י"ג. וה' לא רצה שיכרתו המאמינים בו ברית עם הכנענים עובדי כוכבים כמ"ש את"ז לא תכרות להם ולאלהיהם ברית. כי גם את בניהם ישרפו באש וכדומה ע"כ נענש אברהם על כרתו ברית על ידי הכבשות שלא ברצון ה': **חפני ופנחס ושמשון.** שם ושם מקדים שמשון לחפני ופנחס כי שמשון היה קודם להם. והיו צדיקים כמו שכתוב במסכת שבת. וכל אלו נהרגו על ידי פלשתים: **שבע משכנות.** מה שכ"ע בזה מצאתי גם ביפ"ת הובא בביאור הרי"פ. וצ"ל בישוב זה שפי' שבניו יראו העתקת השכינה ז' פעמים וכמ"ש ואהיה מתהלך מאהל אל אהל וממשכן וזה נקרא כאן חורבן. ומ"ש חז"ל עשר גליות גלתה שכינה זה היה במראה נבואה. אך ז' אלו ידעו הכל. ומה שחושב שילה אחר גבעון לסמוך לבית עולמים כמ"ש אל המנוחה ואל הנחלה. מנוחה זה שילה. נחלה זו ירושלים: **עוזו זה ארון הברית.** כמ"ש במזמור שתקן דוד לפני הארון דרשו ה' ועוזו. ועי' מדרש תהלים ע"ח. וכמ"ש שם ויתן לשבי עוזו ובפסוק הקודם ויטש משכן שילה ואין עוז אלא תורה כמ"ש ה' עוז לעמו יתן. ומ"ש אלו בגדי כהונה על שנהרגו הכהנים חפני ופנחס ונשבו בגדיהם ועי' שמ"ר פר' ט' סי' ז' וש"נ: **חוזר.** שהלך מעיר לעיר ולא עמד במקום א' בז' החדשים וזהו חוזר (יפ"ת): **מליזין בארון.** עי' במ"ר ס"פ ה' ובסוטה ד' ל"ה ובמד"ש פר' י"ב שאמרו מאן אמריך דאמריית

חידושי הרד"ל

(י) [ג] לא הגדת לי על ידי מלאך. פי' שליח להודיעני לגרר שאני שרוי בה:

(יא) [ד] ז' משכנות ואלו הן אוה"מ כו'. נ"ע שאוה"מ שבמדבר לא חרב כלל. רק כשבאו לארץ קבעוהו בגלגל. גם שארי דחשיב לא ע"י פלשתים חרבו כולם:

חידושי הרש"ש

[ד]{אתה נתת לו כו' כנגד כן בניו מחריבין כו'. בילקוט כאן ליתא תיבת בניו: **(שם) תנא אליהו רומי השיטה.** נ"ל תנא דבי אליהו רוני:}

באור מהרי"פ

ד ז' משכנות כו'. אוה"מ. המשכן שהיה במדבר מ' שנה. וכשעברו את הירדן הוקבע בגלגל י"ד שנה של כבוש וחלוק. ואחר כך קבעוהו בשילה. וכשמת עלי ונלקח הארון לפלשתים חרבה שילה. ובאו לנוב. וכשחרבה נוב בימי שאול באו לגבעון עד שבנה שלמה ביהמ"ק כדאיתא פ' פרת חטאת. וביהמ"ק נקרא בית עולמים שקדושתו קדושת עולם ושוב לא הותרו הבמות כדאיתא התם וביה"ע תרין. היינו מקדש ראשון ומקדש שני. ויש לתמוה מאי בניו מחריבין כו' דאפילו תימא שכשחרב שילה ע"י פלשתים כשנלקח הארון. מ"מ אוה"מ וגלגל לא היה בו חורבן רק העתיקוהו ממקום למקום. וכן גבעון לא נחרב אלא כשבנה שלמה ביהמ"ק נגנז המשכן. ונוב נמי לא נחרב ע"י פלשתים אלא ע"י שאול שהרג את נוב עיר הכהנים ומקדש ראשון נחרב ע"י כשדים. ומקדש ב' ע"י רומיים. ומיהו בהא י"ל דפלשתים הוו בהדייהו כדכתיב פלשת עם יושבי צור אבל באוה"מ וגלגל ונוב וגבעון קשה. ושמא לפי שהארון היה עומד תמיד במקום הראשונים כשנחרב הארון ה"ל כאלו נחרבו שבעתם. והא דחשיב נוב וגבעון קודם שילה. אף ששילה קדם להם כנזכר. אפשר דאסמכינן לביה"ע לפי שעמד שנים רבות שס"ט שנה קרוב לב' בי"ע שהיו

מסורת המדרש

ט בבא קמא דף ע"ט. ילקוט שופטים רמז ס"ו:

י מדרש שמואל פרשה י"ב. תנא דבי אליהו רבא סוף פ' ז'. ילקוט שמואל א' רמז ק"ג. ילקוט כאן רמז נ"ה כל הענין:

יא עי' ירושלמי מגילה פרק א'. מדרש תהלים מזמור ע"ח. ילקוט תהלים רמז תתכ"ב

יב מגילה דף י"ב:

אם למקרא

וַאֲמַרְתֶּם הִנֵּה מַתְּלָאָה וְהִפַּחְתֶּם אוֹתוֹ אָמַר ה' צְבָאוֹת וַהֲבֵאתֶם גָּזוּל וְאֶת־הַפִּסֵּחַ וְאֶת־הַחוֹלֶה וַהֲבֵאתֶם אֶת־הַמִּנְחָה הַאֶרְצֶה אוֹתָהּ מִיֶּדְכֶם אָמַר ה':
(מלאכי א:יג)

וְהוּא הִכָּה אֶת־אִישׁ מִצְרִי אֲשֶׁר [אִישׁ] מַרְאֶה וּבְיַד הַמִּצְרִי חֲנִית וַיֵּרֶד אֵלָיו בַּשָּׁבֶט וַיִּגְזֹל אֶת־הַחֲנִית מִיַּד הַמִּצְרִי וַיַּהַרְגֵהוּ בַּחֲנִיתוֹ:
(שמואל ב כג:כא)

וַיִּתֵּן לַשְּׁבִי עֻזּוֹ וְתִפְאַרְתּוֹ בְיַד־צָר:
(תהלים עח:סא)

וַיְהִי אֲרוֹן־ה' בִּשְׂדֵה פְלִשְׁתִּים שִׁבְעָה חֳדָשִׁים:
(שמואל א ו:א)

וְעָשִׂיתָ בִגְדֵי־קֹדֶשׁ לְאַהֲרֹן אָחִיךָ לְכָבוֹד וּלְתִפְאָרֶת:
(שמות כח:ב)

רש"י

(ג) וגם אתה לא הגדת לי על ידי מלאך. שכן היו האבות רגילים לעשות שליחותן על ידי מלאך:

מתנות כהונה

הכי גרסי' בילקוט לא ידעתי וגם אתה לא הגדת לי על ידך וגם אנכי לא שמעתי ע"י מלאך ובפירש"י גורס כגירסת הספר ופי' שכך היו האבות רגילים לעשות שליחותן ע"י מלאך: **[ד] על שהיו מליזין.** עי' זה בפרק אלו נאמרין ובבמ"ר פרשה ה':

אשד הנחלים

האמת שהגנב מתבייש לעשות מעשיהו בגלוי והגזלן לא יתבייש מפני כל. וזהו שאמר בפני ט' גנב בפני י' גזלן אחר שהוא מעיז ככה והביא זה לפה להורות שהי' עול גדול עד שגזלן בפרהסיא: **שיגזלה מידו.** כי זהו עזות גדולה מאוד. וזהו ההבדל בין הגנב והגזלן: **אנכי לא שמעתי ע"י מלאך.** כצ"ל. וכן הוא גרסת המ"כ בשם הילקוט: **[ד] משהא בשמחת בניך.** בתנא דבי אליהו סוף פל"ב מבואר יותר ושם פרשתי מה שמסיי' אין לך עובדי כוכבים שהית' משעבדת את ישראל אלא בשביל שכרת אברהם ברית. וזה לשוני שם. ולכאורה הלא אמר שכל כוונתו הוא רק מפני דרכי שלום. ועוד שלפי האמת סבת הגליות היה מפני חטאם. ואיך יאמר שרק מפני זה. והנראה שבא לבאר הסבה הפנימית. איך שבאו ישראל לכלל החטאים הגדולים עד שבעבורם נגלו מארצם והוא כי נשתייר זאת בלב בניו להיות כורתים ברית עם עובדי עבודת כוכבים ובבחינתם הקטנה מאברהם יכולים להתערב אתם באהבה וילמדו ממעשיהם. וכן הי' באמת בתחילת עלותם בא"י [בימי יהושע] שהשאירו עובדי כוכבים אשר נצטוו למחותם והם הז' עממין. וזה הי' הסבה הראשונה לחטאות ישראל כי התערבו אתם ולמדו ממעשיהם. אבל אברהם לבד היתה כוונתו. רק מפני דרכי שלום לקרב הרחוקים לאמונתו עכ"ל שם וזהו הכוונה ג"כ פה. וחשב כל העניינים העקרים שסיבב עי"ז סיבב איחור הקץ והריגת הצדיקים הגדולים וחורבן משכנות ה'. וארון ה' ילקח שמה ונשתהה ז' חדשים:

וְאֵלּוּ הֵן: אֹהֶל מוֹעֵד, וְגִלְגָּל, נוֹב, וְגִבְעוֹן, וְשִׁילֹה, וּבֵית עוֹלָמִים תְּרֵין – **These** seven sanctuaries **are: the Tent of Meeting,**[66] the Tabernacle in **Gilgal,**[67] the Tabernacle in **Nob,**[68] the Tabernacle in **Gibeon,**[69] the Tabernacle in **Shiloh,**[70] **and the two Eternal Houses.**[71] **אַתָּה נָתַתָּ לוֹ שֶׁבַע כְּבָשׂוֹת** – Furthermore, God said to Abraham, **You gave seven ewes** to Abimelech against My wishes; **כְּנֶגֶד כֵּן אֲרוֹנִי חוֹזֵר בִּשְׂדֵה פְלִשְׁתִּים שִׁבְעָה חֳדָשִׁים** – therefore, **corresponding to this, My Ark will go around in the land of the Philistines for seven months.**[72] **הָדָא הוּא דִכְתִיב "וַיִּתֵּן לַשְּׁבִי עֻזּוֹ" זֶה אֲרוֹן בְּרִית** – **Thus it is written,** ***He placed His strength into captivity,*** *and His splendor into the oppressor's hand* (*Psalms* 78:61); **[*his strength*]** refers to the **Ark of the Covenant.**[73] **וּכְתִיב "וַיְהִי אֲרוֹן ה' בִּשְׂדֵה פְלִשְׁתִּים שִׁבְעָה חֳדָשִׁים"** – **And** furthermore, **it is written,** ***The Ark of HASHEM had been in the land of the Philistines for seven months*** (*I Samuel* 6:1). **"וְתִפְאַרְתּוֹ בְּיַד צָר", אֵלּוּ בִּגְדֵי כְהוּנָּה** – And when the *Psalms* verse states: ***and his "splendor" into the oppressor's hand,*** it refers to the **priestly garments,**[74] **כְּמָה דְאַתְּ אָמַר "וְעָשִׂיתָ בִגְדֵי קֹדֶשׁ לְאַהֲרֹן וְגוֹ' וּלְתִפְאָרֶת"** – **as it is stated,** ***You shall make garments of sanctity for Aaron*** *your brother, for glory* ***and for splendor*** (*Exodus* 28:2).[75]

After the Philistines released the Ark from captivity by placing it on a wagon and harnessing oxen to it, the oxen traveled miraculously on their own to Beth-shemesh. Scripture states that when they arrived in Beth-shemesh, the inhabitants there were smitten. The Midrash explains why:

רַבִּי יִרְמְיָה בְּשֵׁם רַבִּי שְׁמוּאֵל בַּר רַב יִצְחָק בְּשֵׁם רַבִּי אַבָּא – **R' Yirmiyah** said **in the name of R' Shmuel bar R' Yitzchak,** who in turn said **in the name of R' Abba: לָמָּה לָקוּ אַנְשֵׁי בֵית שֶׁמֶשׁ** – **Why were the inhabitants of Beth-shemesh smitten?**[76] **עַל יְדֵי שֶׁהָיוּ מַלִּיזִין בָּאָרוֹן** – **Because they showed contempt for the Ark.**[77]

NOTES

66. The Tabernacle that Moses erected in the Wilderness, where it accompanied the Israelites for forty years (ibid.). See note 71.

67. Upon leaving the Wilderness and crossing over the Jordan, the Tabernacle was erected in Gilgal, where it stood for 14 years, during which time the land of Israel was captured and apportioned. After these 14 years, the Tabernacle was moved to Shiloh, where it stood for 369 years (see *Eitz Yosef*, based on *Zevachim* 118b). See note 71.

68. After the Philistines captured the Holy Ark and Eli the High Priest died, Shiloh was destroyed (*Eitz Yosef*; see note 70) and the Tabernacle was transferred to Nob (*Eitz Yosef*), where it stood for the next 13 years (*Seder Olam* Ch. 13).

69. Upon the destruction of Nob during the reign of King Saul (see *I Samuel* 22:19), the Tabernacle was moved to Gibeon, where it remained until Solomon built the Temple (*Eitz Yosef*), 44 years later (*Seder Olam* ibid.). At that time it was hidden away (*Maharif,* from *Yefeh To'ar*). See note 71.

70. *I Samuel* 4:3 states that the Philistines conquered Israel and took the Ark from Shiloh. Though not stated explicitly in Scripture, it is plausible that Shiloh in its entirety was destroyed then (*Maharif,* from *Yefeh To'ar*). [As to why the Midrash mentions Shiloh out of chronological order, see various approaches in *Yefeh To'ar* and *Maharzu*.]

71. The First and Second Temples. *Rashi* to *Sotah* 15a (s.v. איסי בן יהודה אומר) explains that the Temple is called the Eternal House because after the First Temple was built the Divine Presence did not rest anywhere else, and it was never again permitted to bring sacrifices on a private altar (known as a *bamah*). [Although there were periods in history when one was permitted to bring sacrifices on a *bamah*, such as before the erection of the Tent of Meeting, as well as during the time the Tabernacle stood in Gilgal, Nob, and Gibeon, once the Temple was built in Jerusalem this practice became forbidden forever. See Mishnah *Zevachim* 14:4-8.]

Now although neither the Tent of Meeting nor Gilgal nor Gibeon were ever actually destroyed, the Midrash nevertheless states that the Israelites will witness the destruction of all seven *locations* of the sanctuaries. This is because the displacement of God's Presence from one sanctuary to another in and of itself was viewed by the Israelites as a form of destruction, as it states (*I Chronicles* 17:5): *For I have not dwelled in a house from the day I brought up Israel to this day; I have moved from tent to tent and from tabernacle [to tabernacle]* (*Maharzu*; for a different approach, see *Maharif,* from *Yefeh To'ar*).

72. After the Philistines captured the Holy Ark in Shiloh, they transferred it to several of their cities before returning it to the Israelites: First they transferred it to Ashdod (*I Samuel* 5:1), then to Gath (ibid. 5:8), and finally to Ekron (ibid. 5:10). The Midrash is saying that the Ark remained in Philistine hands for a total period of seven months, one month for every ewe that Abraham gave to Abimelech.

[The Midrash uses the expression: אֲרוֹנִי "חוֹזֵר" בִּשְׂדֵה פְלִשְׁתִּים – **My Ark will *go around* in the field of the Philistines,** because it did not remain in one specific place for the entire duration of seven months but rather moved from place to place (*Maharzu,* from *Yefeh To'ar*; *Eitz Yosef*).]

73. Which was taken into captivity by the Philistines and which contained the two stone Tablets upon which the Ten Statements were written. For in Scripture, the word *strength* often refers to Torah, as it states: ה' עֹז לְעַמּוֹ יִתֵּן – *HASHEM will give "strength" to His nation* (*Psalms* 29:11), which the Sages (*Zevachim* 116a) interpret as referring to the Torah (*Maharzu*).

74. The garments worn by the Kohanim while performing the Temple service.

75. Thus, the word *splendor* alludes to the priestly garments. For along with capturing the Ark in the battle of Shiloh, the Philistines also took possession of the priestly garments worn by Hofni and Phinehas the Kohanim, who were killed in that battle (*Maharzu*).

76. Scripture states that they were smitten: כִּי רָאוּ בַּאֲרוֹן ה', *because they gazed upon the Ark* (*I Samuel* 6:19). The Midrash gives its interpretation of this sin. [Regarding the Torah's prohibition, *But they shall not come and look as the holy is inserted, lest they die* (*Numbers* 4:20), see Schottenstein edition of *Yoma* 54a, note 33.]

77. That is, while the Ark was still in captivity, the inhabitants of Beth-shemesh showed their disrespect for it by saying that since the Ark did not bother to save itself from captivity, we do not have to bother to make an attempt to save it either. It is for this reason that God smote the inhabitants (*Eitz Yosef*).

Accordingly, the word רָאוּ in the verse from *I Samuel* does not mean *they gazed*. Rather, it is an expression of contempt, as in the verse that states (*Song of Songs* 1:6), אַל תִּרְאוּנִי שֶׁאֲנִי שְׁחַרְחֹרֶת, *Do not view me* [תִּרְאוּנִי] *with contempt because I am swarthy* (*Rashi* to *Sotah* 35a, s.v. קוצרין), or in the verse that states (*Michah* 7:10): עֵינַי תִּרְאֶינָּה בָּהּ, *My eyes will behold* [תִּרְאֶינָּה] *her* (*Eitz Yosef*, Vagshal edition).

Alternatively: The Gemara (*Sotah* 35b) interprets the verse as meaning that the residents of Beth-shemesh spoke disparaging words regarding the Ark *after* it returned, by saying to it, "Who angered you when you were angry, and who (now) approached you that you are appeased." Meaning to say, "Who angered you while you were in captivity, that you did not choose to free yourself then, and who appeased you that you now chose to return on your own?" This view is also cited in *Bamidbar Rabbah* 5 §9.

רַבִּי שִׁמְעוֹן בֶּן יוֹחָאי מַיְיתֵי לָהּ מֵהָכָא (מלאכי א, יג)" וַהֲבֵאתֶם גָּזוּל וְאֶת הַפִּסֵּחַ וְאֶת הַחוֹלֶה", מַה פִּסֵּחַ וְחוֹלֶה מוּמָּן בְּגָלוּי אַף גַּזְלָן בְּגָלוּי. רַבִּי אַבָּהוּ בְּשֵׁם רֵישׁ לָקִישׁ אָמַר: לִפְנֵי תִּשְׁעָה גַּנָּב וְלִפְנֵי עֲשָׂרָה גַּזְלָן. רַבִּי תַּנְחוּמָא בְּשֵׁם רַבִּי הוּנָא: לְעוֹלָם אֵינוֹ גַּזְלָן עַד שֶׁיִּגְזְלָהּ מִיָּדוֹ שֶׁנֶּאֱמַר (שמואל ב כג, כא) "וַיִּגְזֹל אֶת הַחֲנִית מִיַּד הַמִּצְרִי". [כא, כו] "וַיֹּאמֶר אֲבִימֶלֶךְ לֹא יָדַעְתִּי... וְגַם אַתָּה לֹא הִגַּדְתָּ לִּי", עַל יְדֵי מַלְאָךְ "וְגַם אָנֹכִי לֹא שָׁמַעְתִּי בִּלְתִּי הַיּוֹם":

ד [כא, כז] "וַיִּקַּח אַבְרָהָם צֹאן וּבָקָר וַיִּתֵּן לַאֲבִימֶלֶךְ". [כא, כט] "וַיֹּאמֶר אֲבִימֶלֶךְ לְאַבְרָהָם מָה הֵנָּה שֶׁבַע כְּבָשׂוֹת", [ט]אָמַר לוֹ הַקָּדוֹשׁ בָּרוּךְ הוּא: אַתָּה נָתַתָּ שֶׁבַע °כְּבָשׂוֹת, חַיֶּיךָ שֶׁאֲנִי מַשְׁהֶה בְּשִׂמְחַת בָּנֶיךָ שִׁבְעָה דּוֹרוֹת. אַתָּה נָתַתָּ לוֹ שֶׁבַע °כְּבָשׂוֹת, חַיֶּיךָ כְּנֶגֶד כֵּן הֵם הוֹרְגִים מִבָּנֶיךָ שִׁבְעָה צַדִּיקִים וְאֵלּוּ הֵן: חָפְנִי, וּפִנְחָס, וְשִׁמְשׁוֹן, וְשָׁאוּל וּשְׁלֹשֶׁת בָּנָיו. אַתָּה נָתַתָּ לוֹ שֶׁבַע כְּבָשׂוֹת, כְּנֶגֶד כֵּן בָּנָיו מַחֲרִיבִין מִבָּנֶיךָ שֶׁבַע מִשְׁכָּנוֹת וְאֵלּוּ הֵן, אֹהֶל מוֹעֵד וְגִלְגָּל, נוֹב, וְגִבְעוֹן, וְשִׁילֹה, וּבֵית עוֹלָמִים תְּרֵין. אַתָּה נָתַתָּ לוֹ שֶׁבַע °כְּבָשׂוֹת, כְּנֶגֶד כֵּן אֲרוֹנִי חוֹזֵר בִּשְׂדֵה פְלִשְׁתִּים שִׁבְעָה חֳדָשִׁים הָדָא הוּא דִכְתִיב (תהלים עח, סא) "וַיִּתֵּן לַשְּׁבִי עֻזּוֹ", זֶה אֲרוֹן בְּרִית, וּכְתִיב (שמואל א ו, א) "וַיְהִי אֲרוֹן ה' בִּשְׂדֵה פְלִשְׁתִּים שִׁבְעָה חֳדָשִׁים". [יא](תהלים שם) "וְתִפְאַרְתּוֹ בְּיַד צָר", אֵלּוּ בִּגְדֵי כְהוּנָּה כְּמָה דְאַתְּ אָמַר (שמות כח, ב) "וְעָשִׂיתָ בִגְדֵי קֹדֶשׁ לְאַהֲרֹן וגו' וּלְתִפְאָרֶת". רַבִּי יִרְמְיָה בְּשֵׁם רַבִּי שְׁמוּאֵל בַּר רַב יִצְחָק בְּשֵׁם רַבִּי אַבָּא: [יב]לָמָּה לָקוּ אַנְשֵׁי בֵית שֶׁמֶשׁ, עַל יְדֵי שֶׁהָיוּ מַלִּיזִין בָּאָרוֹן,

רש"י

(ג) **וגם אתה לא הגדת לי על ידי מלאך.** שכן היו האבות רגילים לעשות שליחותן על ידי מלאך:

מתנות כהונה

הכי גרסי' בילקוט לא ידעתי וגם אתה לא הגדת לי על ידך וגם אנכי לא שמעתי ע"י מלאך ובפירש"י גורס כגירסת הספר ופי' שכך היו האבות רגילים לעשות שליחותן ע"י מלאך: **[ד] על שהיו מליזין.** עי' זה בפרק אלו נאמרין ובבמ"ר פרשה ה':

אשד הנחלים

האמת שהגנב מתבייש לעשות מעשיהו בגלוי והגזלן לא יתבייש מפני כל. וזהו שאמר בפני ט' גנב בפני י' גזלן אחר שהוא מעיז ככה והביא זה לפה להורות שהי' עול גדול עד שגזלן בפרהסיא: **שיגזלה מידו.** כי זהו עזות גדולה מאוד. וזהו ההבדל בין הגנב והגזלן: **אנכי לא שמעתי ע"י מלאך.** כצ"ל. וכן הוא גרסת המ"כ בשם הילקוט: **[ד] משהא בשמחת בניך.** בתנא דבי אליהו סוף פל"ב מבואר יותר ושם פרשתי מה שמסיי' אין לך עובדי כוכבים שהית' משעבדת את ישראל אלא בשביל שכרת אברהם ברית. וזה לשוני שם. ולכאורה הלא אמר שכל כוונתו הוא רק מפני דרכי שלום. ועוד שלפי האמת סבת הגליות היה מפני חטאם. ואיך יאמר שרק מפני זה. והנראה שבא לבאר הסבה הפנימית. איך שבאו ישראל לכלל החטאים הגדולים עד שבעבורם נגלו מארצם והוא כי נשתייר זאת בלב בניו להיות כורתים ברית עם עובדי עבודת כוכבים ובבחינתם הקטנה מאברהם יכולים להתערב אתם באהבה וילמדו ממעשיהם. וכן הי' באמת בתחילת עלותם בא"י [בימי יהושע] שהשאירו עובדי כוכבים אשר נצטוו למחותם והם הז' עממין. וזה הי' הסבה הראשונה לחטאות ישראל כי התערבו אתם ולמדו ממעשיהם. אבל אברהם לבד היתה כוונתו. רק מפני דרכי שלום לקרב הרחוקים לאמונתו עכ"ל שם וזהו הכוונה ג"כ פה. וחשב כל העניינים העקרים שסיבב עי"ז סיבב איחור הקץ והריגת הצדיקים הגדולים וחורבן משכנות ה'. וארון ה' ילקח שמה ונשתהה ז' חדשים:

עץ יוסף

לפני ט' גנב. דלא חשיב ליה פרהסיא אלא בעשרה: **עד שיגזלה מידו.** דאפילו שגזל בפרהסיא כל שלא גזל מידו ממש לא הוה גזלן: **[ה] וגם אתה לא הגדת לי.** ה"ג בילקוט למה לא הגדת לי על ידך וגם אנכי לא שמעתי על ידי מלאך. וה"פ למה לא הגדת לי על ידך ואף אם לא היית אז אלא בעיר ממלאכתי להגיד לי. מ"מ היה לך להודיענו ע"י מלאך שליח. ובאמת אנכי לא שמעתי מאומה אף על ידי מלאך שליח (נזה"ק): **(ד) שבע כבשות כו'.** שנענש על שכרת ברית עם אבימלך שהיה עכו"ם. ולכן נענש כמספר הכבשות שהציב למען בריתו וכתב בעל אות אמת שמלת בניו הוא ט"ס ונ"ל כנגד כן מחריבין מבניך כו' והמחריבים יהיו מי שיהיו. ומשום דלעיל מיניה אמר בניו הורגים מבניך כו' שהם היו באמת הפלשתים נשתרבב גם כאן בניו. וכן בילקוט ליתא מלת בניו: **שבע דורות.** שמאברהם עד יציאת מצרים ז' דורות כדלעיל סימן ב': **וחפני ופנחס צדיקים הוו.** דכל האומר חטאו אינו אלא טועה כדאי' בפרק במה בהמה: **אהל מועד וגלגל כו'.** אהל מועד המשכן שהיה במדבר מ' שנה וכשעברו את הירדן הוקבע בגלגל י"ד שנה של כבוש וחלוק. ואחר שחלקו הארץ קבעוהו בשילה. וכשמת עלי ונלקח הארון חרבה שילה ובאו לנוב. כשחרבה נוב בימי שאול באו לגבעון עד שבנה שלמה בהמ"ק ובהמ"ק נקרא בית עולמים שקדושתו קדושת עולם: **ובית עולמין תרין.** היינו מקדש ראשון ומקדש שני: **חוזר בשדה פלשתים.** לפי שלא עמד ז' חדשים במקום אחד שבתחלה העמידוהו באשדוד ואח"כ בעקרון לכן אמר חוזר: **[ו] למה לקו אנשי בית שמש כו'.** משום דמיירי בסמוך בארון שנשבה מפרש למה לקו כו': **שהיו מליזין בארון.** פי' קודם שבא הארון היו מליזין לומר שאחר שלא הושיע את עצמו מן

חידושי הרד"ל

(י) [ג] **לא הגדת לי על ידי מלאך.** פי' שליח להודיעני לגרר שאני שרוי בה:

(יא) [ד] **ז' משכנות ואלו הן אוה"מ כו'.** נ"ע שאוה"מ שבמדבר לא חרב כלל. רק כשבאו לארץ קבעוהו בגלגל. גם שארי דחשיב לא ע"י פלשתים חרבו כולם:

חידושי הרש"ש

[ד]{**אתה נתת לו כו' כנגד כן בניו מחריבין כו'.** בילקוט כאן ליתא תיבת בניו: **(שם) תנא אליהו רומי השיטה.** נ"ל תנא דבי אליהו רוני:}

באור מהרי"פ

ד ז' משכנות כו'. אוה"מ. המשכן שהיה במדבר מ' שנה. וכשעברו את הירדן הוקבע בגלגל י"ד שנה של כבוש וחלוק. ואחר כך קבעוהו בשילה. וכשמת עלי ונלקח הארון לפלשתים חרבה שילה. ובאו לנוב. וכשחרבה נוב בימי שאול באו לגבעון עד שבנה שלמה ביהמ"ק כדאיתא פ' פרת חטאת. וביהמ"ק נקרא בית עולמים שקדושתו קדושת עולם ושוב לא הותרו הבמות כדאיתא התם וביה"ע תרין. היינו מקדש ראשון ומקדש שני. ויש לתמוה מאי בניו מחריבין כו' דאפילו תימא שכשחרב שילה ע"י פלשתים כשנלקח הארון. מ"מ אוה"מ וגלגל לא היה בו חורבן רק העתיקוהו ממקום למקום. וכן גבעון לא נחרב אלא כשבנה שלמה ביהמ"ק נגנז המשכן. ונוב נמי לא נחרב ע"י פלשתים אלא ע"י שאול שהרג את נוב עיר הכהנים ומקדש ראשון נחרב ע"י כשדים. ומקדש ב' ע"י רומיים. ומיהו בהא י"ל דפלשתים הוו בהדייהו כדכתיב פלשת עם יושבי צור אבל באוה"מ וגלגל ונוב וגבעון קשה. ושמא לפי שהאחרון היה עומד תמיד במקום הראשונים כשנחרב האחרון ה"ל כאלו נחרבו שבעתם. והא דחשיב נוב וגבעון קודם שילה. אף ששילה קדם להם כנזכר. אפשר דאסמכינן לביה"ע לפי שעמד שנים רבות שס"ט שנה קרוב לב' בי"ע שהיו

פירוש מהרז"ו

(ד) ז' דורות. כמ"ש בסימן ב' ועי' במדרש שמואל פר' י"ב ילקוט שמואל א' ו': **אתה נתת.** שם במד"ש הגי' ד"א אתה נתת אלא כל אחד: **בלי רצוני.** אבימלך היה ראש אומות הפלשתים ואברהם אב המון גוים. וכריתת ברית שלהם הוא כריתת ברית האומות כנענים עובדי כוכבים עם המאמינים בה' ובאחדותו כי גם פלשתים לכנעני יחשבו כמ"ש יהושע י"ג. וה' לא רצה שיכרתו המאמינים בו ברית עם הכנענים עובדי כוכבים כמ"ש אח"ז לא תכרות להם ולאלהיהם ברית. כי גם את בניהם ישרפו באש וכדומה ע"כ נענש אברהם על כרתו ברית על ידי הכבשות שלא ברצון ה': **חפני ופנחס ושמשון.** שם ושם מקדים שמשון לחפני ופנחס כי שמשון היה קודם להם. והיו צדיקים כמו שכתוב במסכת שבת. וכל אלו נהרגו על ידי פלשתים: **שבע משכנות.** מה שנ"ע בזה מצאתי גם ביפ"ת הובא בביאור הרי"פ. ונ"ל בישוב זה שפי' שבניו יראו העתקת השכינה ז' פעמים וכמ"ש ואהיה מתהלך מאהל אל אהל וממשכן וזה נקרא כאן חורבן. ומ"ש חז"ל עשר גליות גלתה שכינה זה היה במראה נבואה. אך ז' אלו ידעו הכל. ומה שחושב שילה אחר גבעון לסמוך לבית עולמים כמ"ש אל המנוחה ואל הנחלה. מנוחה זה שילה. נחלה זו ירושלים: **עוזו זה ארון הברית.** כמ"ש במזמור שתקן דוד לפני הארון דרשו ה' ועוזו. ועי' מדרש תהלים ע"ח. וכמ"ש שם ויתן לשבי עוזו ובפסוק הקודם ויטש משכן שילה ואין עוז אלא תורה כמ"ש ה' עוז לעמו יתן. ומ"ש אלו בגדי כהונה על שנהרגו הכהנים חפני ופנחס ונשבו בגדיהם ועי' שמ"ר פר' ט' סי' ז' וש"נ: **חוזר.** שהלך מעיר לעיר ולא עמד במקום א' בז' החדשים וזהו חוזר (יפ"ת): **מליזין בארון.** עי' במ"ר ס"פ ה' ובסוטה ד' ל"ה ובמד"ש פר' י"ב שאמרו מאן אמריך דאמריית

מסורת המדרש

ט בבא קמא דף ע"ט. ילקוט שופטים רמז ס"ו:

י מדרש שמואל פרשה י"ב. תנא דבי אליהו רבא סוף פ' ז'. ילקוט שמואל א' רמז ק"ג. ילקוט כאן רמז נ"ה כל הענין:

יא עי' ירושלמי מגילה פרק א'. מדרש תהלים מזמור ע"ח. ילקוט תהלים רמז תתכ"ב

יב מגילה דף י"ב:

אם למקרא

וַאֲמַרְתֶּם הִנֵּה מַתְּלָאָה וְהִפַּחְתֶּם אוֹתוֹ אָמַר ה' צְבָאוֹת וַהֲבֵאתֶם גָּזוּל וְאֶת־הַפִּסֵּחַ וְאֶת־הַחוֹלֶה וַהֲבֵאתֶם אֶת־הַמִּנְחָה הַאֶרְצֶה אוֹתָהּ מִיֶּדְכֶם אָמַר ה':
(מלאכי א:יג)

וְהוּא הִכָּה אֶת־אִישׁ מִצְרִי אֲשֶׁר [אִישׁ] מַרְאֶה וּבְיַד הַמִּצְרִי חֲנִית וַיֵּרֶד אֵלָיו בַּשָּׁבֶט וַיִּגְזֹל אֶת־הַחֲנִית מִיַּד הַמִּצְרִי וַיַּהַרְגֵהוּ בַּחֲנִיתוֹ:
(שמואל ב כג:כא)

וַיִּתֵּן לַשְּׁבִי עֻזּוֹ וְתִפְאַרְתּוֹ בְיַד־צָר:
(תהלים עח:סא)

וַיְהִי אֲרוֹן־ה' בִּשְׂדֵה פְלִשְׁתִּים שִׁבְעָה חֳדָשִׁים:
(שמואל א ו:א)

וְעָשִׂיתָ בִגְדֵי־קֹדֶשׁ לְאַהֲרֹן אָחִיךָ לְכָבוֹד וּלְתִפְאָרֶת:
(שמות כח:ב)

אָמַר הַקָּדוֹשׁ בָּרוּךְ הוּא — **The Holy One, blessed is He, said,** אִילּוּ תַּרְנְגוֹלְתּוֹ שֶׁל אֶחָד מֵהֶם אָבְדָה הָיָה מְחַזֵּיר עָלֶיהָ כַּמָּה פְּתָחִים לַהֲבִיאָהּ — **If** even **a single rooster of one of [those inhabitants] had been lost, [the owner] would have gone around** to search **for it** in **many doorways** in order **to recover it;** וַאֲרוֹנִי בִּשְׂדֵה פְלִשְׁתִּים שִׁבְעָה חֳדָשִׁים וְאֵין אַתֶּם מַשְׁגִּיחִים בּוֹ — **yet My Ark** sits **in the land of the Philistines for seven months, and you do not care for it!**[78] אִם אֵין אַתֶּם מַשְׁגִּיחִים עָלָיו אֲנִי אַשְׁגִּיחַ עָלָיו "הוֹשִׁיעָה לוֹ יְמִינוֹ וּזְרוֹעַ קָדְשׁוֹ" — **If you do not care for it,** then **I will care for it,**[79] as it states, *Sing to HASHEM a new song for He has done wonders; **His own right hand and holy arm have helped Him***[80] (*Psalms* 98:1).

The Midrash now proceeds to note that according to one opinion,[81] it is this very song mentioned in the above-cited chapter of *Psalms* that was sung at the time of the Ark's return:

הֲדָא הוּא דִכְתִיב "וַיִּשַּׁרְנָה הַפָּרוֹת בַּדֶּרֶךְ" — **Thus it is written** regarding the cows whom the Philistines harnessed to the wagon carrying the Ark back to the land of Israel: ***The cows set out on the direct road** — on the road to Beth-shemesh — on a single road did they go, lowing as they went, and they did not veer right or left* (*I Samuel* 6:12). מֵהַלְכוֹת בְּיִשְׁרוּת — The verse's expression וַיִּשַּׁרְנָה הַפָּרוֹת means that **[the cows] traveled straight.**[82] הָפְכוּ פְּנֵיהֶם כְּלַפֵּי אָרוֹן וְאָמְרוּ שִׁירָה — Moreover, it also means that **[the cows] turned their heads toward the Ark**[83] **and recited a song** to God.[84] וְהַיְינוּ דִכְתִיב "וַיִּשַּׁרְנָה" אָמְרוּ שִׁירָה נָאָה — **And this is** what is meant by **that which is written: וַיִּשַּׁרְנָה,** meaning that **[the cows] recited a beautiful song** to God.[85] אֵי זוֹ שִׁירָה אָמְרוּ — And **which praise did [the cows] sing?** רַבִּי מֵאִיר אוֹמֵר: שִׁירַת הַיָּם אָמְרוּ, נֶאֱמַר כָּאן "הָלְכוּ הָלֹךְ וְגָעוֹ", וְנֶאֱמַר לְהַלָּן "כִּי גָאֹה גָּאָה" — The Midrash cites five opinions: (i) **R' Meir said: [The cows] sang the Song at the Sea,**[86] for **it states here,** ***lowing*** [גָעוֹ] ***as they went,*** **and it states there,** *I will sing out to HASHEM **for He is exalted above all exaltedness*** [גָאֹה גָּאָה][87] (*Exodus* 15:1). רַבִּי יוֹחָנָן אָמַר: "שִׁירוּ לַה' שִׁיר חָדָשׁ" — (ii) **R' Yochanan said:** The cows recited the Psalm that begins, ***Sing to HASHEM a new song*** (*Psalms* 98:1).[88] רַבִּי אֱלִיעֶזֶר אָמַר: "הוֹדוּ לַה' קִרְאוּ בִשְׁמוֹ" — (iii) **R' Eliezer said:** The cows sang the verses beginning with, ***Give thanks to HASHEM, declare His Name,*** *make His acts known among the peoples* (*Isaiah* 12:4).[89] רַבָּנָן אָמְרֵי: "ה' מָלָךְ תָּגֵל הָאָרֶץ" — (iv) **The Sages said:** The cows sang the Psalm that begins, ***HASHEM has reigned, let the world rejoice*** (*Psalms* 97:1).[90] רַבִּי יִרְמְיָה בְּשֵׁם רַבִּי שְׁמוּאֵל בַּר רַבִּי יִצְחָק אָמַר: תְּלָת, "שִׁירוּ לַה' שִׁיר חָדָשׁ", "שִׁירוּ לַה' כָּל הָאָרֶץ", "ה' מָלָךְ יִרְגְּזוּ עַמִּים" — (v) **R' Yirmiyah said in the name of R' Shmuel bar R' Yitzchak:** The cows sang **three** songs: The first is the Psalm that begins, *A psalm! **Sing to HASHEM a new song** for He has done wonders* (ibid. 98:1); the second is the Psalm that begins, *Sing to HASHEM a new song, **sing to HASHEM, everyone on earth*** (ibid. 96:1);[91] and the third

NOTES

78. If you would do everything possible to retrieve your mundane possessions, how much more so should you do everything possible to retrieve the holy Ark, such as begging the Philistines for its return, or offering to pay a ransom (*Eitz Yosef*).

79. Because of the great desecration of His Name caused by the holy Ark being in the hands of the Philistines, God deemed it necessary to return it to Israel. At the same time, He deemed it necessary to punish the inhabitants of Beth-shemesh for their lackadaisical attitude toward the captivity of the Ark (*Eitz Yosef*).

Although none of the other Israelites outside of Beth-shemesh attempted to secure the Ark's freedom either, God punished only the inhabitants of Beth-shemesh because they were the closest to the land of the Philistines, and thus should have been more involved in securing its release (ibid.). Alternatively, God punished only the inhabitants of Beth-shemesh because in addition to their lackadaisical attitude toward the Ark's captivity, they also actively displayed contempt for the Ark itself, as noted by the Midrash above (*Yefeh To'ar*).

80. To achieve the release of the Ark from its captivity, which God accomplished by striking the Philistines with hemorrhoids; see *I Samuel* 5:6-12 (*Eitz Yosef*).

That the verse describes this anthropomorphically as having been achieved through the use of God's *right* hand, as opposed to His *left* hand, is because it is always God's right hand that is associated with His exacting punishment from the wicked, as it states (*Exodus* 15:6), יְמִינְךָ ה' תִּרְעַץ אוֹיֵב, *Your right hand, HASHEM, crushes the enemy* (ibid.).

81. That of R' Yochanan, the second view presented below.

82. In a direct path toward the land of Israel, without veering right or left. Accordingly, the word וַיִּשַּׁרְנָה is interpreted as etymologically related to the word יָשָׁר, which means *straight* or *direct*.

83. That the cows turned their heads toward the Ark is presumed to be the case because most likely the cows would seek to face God's Presence that hovered over the Ark while they were addressing God (*Yefeh To'ar*).

84. After interpreting the word וַיִּשַּׁרְנָה according to its plain interpretation (i.e., as related to the word יָשָׁר, *straight*), the Midrash then goes on to further interpret it as related to the word שִׁירָה, *song*, as well (*Eitz Yosef*). The reasoning behind this additional meaning is given in the following note.

85. Since the word פָּרוֹת, *cows*, is feminine, the word that *should* have been used to describe the cows' traveling in a straight path is the feminine form וַתִּישַׁרְנָה, and *not* the masculine form וַיִּשַּׁרְנָה. Since Scripture departs from the norm by writing וַיִּשַּׁרְנָה, the Midrash interprets it homiletically as an acronym of the words שִׁירָה נָאָה, *beautiful song*. Thus, the Midrash states that the cows recited a beautiful song to God (*Eitz Yosef; Matnos Kehunah;* cf. *Yefeh To'ar*).

86. The song that the Jewish people sang after crossing the Sea of Reeds, upon their exodus from Egypt (*Exodus* 15:1-19). The reason the cows chose this particular song to recite is because it highlights the fact that God becomes exalted through punishing the wicked, as it states: כִּי גָאֹה גָּאָה, *He is exalted above all exaltedness* (ibid. v. 1). Thus, in the context of our discussion, it alludes to the fact that God also became exalted through striking out at the Philistines and their deity (*Eitz Yosef,* from *Rashi* to *Avodah Zarah* 24b, s.v. וישרנה).

87. For the letters ע (as in the word גָעוֹ) and א (as in the word גָאָה) are interchangeable (*Eitz Yosef*).

88. For it includes the phrase, *His own right hand and holy arm have helped Him*, which (as the Midrash noted above at note 80) refers to God's personally smiting the Philistines. The next verse (98:2) reads: *HASHEM has made known His salvation; in the sight of the nations He revealed His righteousness.*

This song thus describes how after the Israelites were defeated by the Philistines, God performed miracles for them by securing the release of the Ark from captivity, thereby *making known His salvation* to the *nations* of the world, etc. The song concludes by stating that *mountains will exult together before HASHEM for He has arrived* (ibid. v. 8), which is an allusion to the return of the Ark (*Eitz Yosef,* from *Maharsha* to *Avodah Zarah* 24b).

89. For it was through this miracle with the Philistines that God's other miraculous acts became known among the nations, for when the Philistines complained of the troubles that beset them on account of having taken the Ark, they were told by the priests and sorcerers (*I Samuel* 6:6): *"Why do you harden your hearts as Egypt and Pharaoh hardened their hearts? Did it not happen that when He mocked them they had to send [the Israelites] forth, and they left?"* (*Eitz Yosef,* from *Maharsha* ibid.).

90. Because that passage contains the verse: *Fire goes before Him and consumes His enemies all around* (97:3), alluding to God's defeat of the Philistines. Furthermore, it also includes the statements: *The heavens declare His righteousness, and all the peoples saw His glory. Humiliated will be all who worship idols, who pride themselves in worthless gods; bow to Him all you gods* (ibid., vv. 6-7) — statements that were indeed illustrated through this incident involving the Ark, where God exacted humiliating judgment against the Philistines and their deity (see *I Samuel* Ch. 5). See *Eitz Yosef,* from *Yefeh To'ar*.

91. For this Psalm includes the statements: *Relate His glory among the nations . . . awesome is He above all heavenly powers. For all the gods of the peoples are nothings, etc.* (vv. 3-5), all of which are illustrated in the

אָמַר הַקָּדוֹשׁ בָּרוּךְ הוּא: אִילּוּ תַּרְנְגוֹלְתּוֹ שֶׁל אֶחָד מֵהֶם אָבְדָה הָיָה מְחַזֵּיר עָלֶיהָ כַּמָּה פְּתָחִים לַהֲבִיאָהּ, וַאֲרוֹנִי בִּשְׂדֵה פְלִשְׁתִּים שִׁבְעָה חֳדָשִׁים וְאֵין אַתֶּם מַשְׁגִּיחִים בּוֹ, אִם אֵין אַתֶּם מַשְׁגִּיחִים עָלָיו אֲנִי אַשְׁגִּיחַ עָלָיו (תהלים צח, א) "הוֹשִׁיעָה לּוֹ יְמִינוֹ וּזְרוֹעַ קָדְשׁוֹ", הָדָא הוּא דִכְתִיב (שמואל א ו, יב) "וַיִּשַּׁרְנָה הַפָּרוֹת בַּדֶּרֶךְ" מְהַלְּכוֹת בְּיַשְׁרוּת, [יג]הָפְכוּ פְּנֵיהֶם כְּלַפֵּי אָרוֹן וְאָמְרוּ שִׁירָה. וְהַיְינוּ דִכְתִיב "וַיִּשַּׁרְנָה" אָמְרוּ שִׁירָה °נָאָה. אֵי זוֹ שִׁירָה אָמְרוּ, רַבִּי מֵאִיר אוֹמֵר: שִׁירַת הַיָּם אָמְרוּ, נֶאֱמַר כָּאן "הָלְכוּ הָלֹךְ וְגָעוֹ", וְנֶאֱמַר לְהַלָּן (שמות טו, א) "כִּי גָאֹה גָּאָה". רַבִּי יוֹחָנָן אָמַר: (תהלים לג, ג) "שִׁירוּ לַה' שִׁיר חָדָשׁ", רַבִּי אֱלִיעֶזֶר אָמַר: (שם קה, א) "הוֹדוּ לַה' קִרְאוּ בִשְׁמוֹ". רַבָּנָן אַמְרֵי: (שם צט, א) "ה' מָלָךְ תָּגֵל הָאָרֶץ". רַבִּי יִרְמְיָה בְּשֵׁם רַבִּי שְׁמוּאֵל בַּר רַבִּי יִצְחָק אָמַר: תְּלָת, "שִׁירוּ לַה' שִׁיר חָדָשׁ", (שם צו, א) "שִׁירוּ לַה' כָּל הָאָרֶץ", (שם צט, א) "ה' מָלָךְ יִרְגְּזוּ עַמִּים". תָּנֵי אֵלִיָּהוּ: [יד]"רוֹמִי הַשִּׁטָּה הִתְנוֹפְפִי בְּרוֹב הֲדָרֵךְ, הַמְחוּשֶּׁקֶת בְּרִקְמֵי זָהָב, הַמְהוּלָּלָה בִּדְבִיר אַרְמוֹן, הַמְעוּלֶּפֶת מִבֵּין שְׁנֵי כְּרוּבִים. אָמַר רַבִּי שְׁמוּאֵל בַּר נַחְמָן: כַּמָּה °יְגִיעָה יָגַע בּוֹ בֶּן עַמְרָם עַד שֶׁלִּימֵּד שִׁירָה לַלְוִיִּם, וְאַתֶּם אוֹמְרוֹת שִׁירָה מֵאֲלֵיכֶם, יִישַׁר חֵילְכֶם:

רש"י

(ד) **רבי יוחנן אמר.** מה אמרו שירו לה' שיר חדש כי נפלאות עשה הושיעה לו ימינו: **כמה יגע בן עמרם עד שלמד שירה.** ואתם אומרים מעצמכם יישר חילכם: **#רני רני השיטה.** הארון שהיה עשוי מעצי שטים:

עץ יוסף

השביה אין להם להשגיח עליו להשיבו מיד פלשתים ולפיכך נענשו: **אילו תרנגולתו כו'.** ואם בקניינים המדומים כך. עאכ"ו בענין אלהי כמוהו איך לא יאמר לבו לבקש אחריו בפיוסים ובדלי כסף. ולפי שאנשי בית שמש היו יותר קרובים לפלשתים לפיכך נענשו יותר משאר ישראל. ומסיים אני משגיח עליו להשיבו וליפרע מהמתעללים בהשבתו. כי די חילול השם במה שאין הארון במקומו: **הושיעה לו ימינו.** להכניע אויביו על דרך ימינך ה' תרעץ אויב. ואין זה אלא בהגלת ארון ברית ה' מידם במכת הטחורים: **וישרנה הפרות.** דמפרש לשון שירה. ואמר שאמרו הושיעה לו ימינו. והיינו כמ"ד בסמוך שאמרו מזמור שירו ליי' שיר חדש כי נפלאות עשה הושיעה לו ימינו (יפ"ת): **מהלכות בישרות.** דאין מקרא יוצא מידי פשוטו לשון ישרות שהיישירו דרכם. ודריש נו שהפכו פניהם כלפי הארון ואמרו שירה והיינו דכתיב וישרנה ולא ותשרנה משום דרמיז כמי ביה שירה נאה. ודריש ליה נוטריקון: **שירת הים.** דכתיב בה כי גאה גאה. לפי שגאה לשלוח יד בפלשתים ובדגון אלהיהם (רש"י בגמרא): **נאמר כאן הלוך וגעו כו'.** שהעי"ן מתחלפת באל"ף שהם ממוצא אחד: **שירו לה' שיר חדש.** וגו' כי נפלאות עשה הושיעה לו ימינו וגו' שאחר שנפלו ישראל במלחמה היא נפלאות עשה הקב"ה והושיע לו ימינו וגו' להוציא הארון מיד פלשתים ובזה הודיע ה' ישועתו לעיני הגוים וגו' ומסיים שם יחד הרים ירננו לפני ה' כי בא ארון ה' מארץ פלשתים (רש"א): **הודו לה' קראו בשמו. וגו' הודיעו בעמים עלילותיו.** שע"י מעשה זה של פלשתים נתודע לעמים עלילותיו שבמצרים כמפורש בענין שאמרו הכהנים והקוסמים לפלשתים ולמה תכבדו לבבכם כאשר כבדו מצרים וגו' הלא כאשר התעולל בהם וגו' (רש"א): **ה' מלך תגל הארץ.** דכתיב ביה אש לפניו תלך וגו' וגם כתיב ורואו כל העמים כבודו יבושו כל עובדי פסל. וזה נראה בארון שעשה ה' משפט בפלשתים ובאלהיהם (יפ"ת): **שירו לה' כל הארץ.** דכתיב ספרו בגוים וגו' נורא הוא וגו' כי כל אלהי העמים וגו' כנגד מה שעשה בהם שפטים ונוסף על זה מ"ש בו עוז ותפארת במקדשו הבו ליי' כבוד ועוז כנגד הארון דאיקרי עוז (יפ"ת): **ה' מלך ירגזו עמים. וגו' יושב כרובים וגו'.** שע"י הארון שעליו היה יושב הכרובים תנוט ארץ פלשתים. ואמר בו יודו שמך גדול ונורא וגו' שע"י מעשה זה יודו שמך וגו' כמ"ש מי יצילנו מיד האלהים האדירים האלה וגו' המכה מצרים בכל מכה במדבר (רש"א): **רומי השטה.** התרוממי ארון עצי שיטי' כלו' שיתרומם ברוב הדרו שמעשהו מהודר מעשה ידי חרש: **המחושקת ברקמי זהב.** כלו' הקשורה (מלבון ותשוקיהם כסף) שהוא מקושר בזהב המצופה מבית ומחוץ: **בדביר ארמון.** בס"ת של משה המונח בתוכה דדביר היינו ספר כמפורש בפ"ב דעכו"ס: **המעולפת.** פי' המקושטת: **בין שני הכרובים.** וכלו' המקושטת בכתר רוחני של שכינה אשר על גבי הכרובים: **יישר חילכם.** יתחזק כחכם:

פירוש מהרז"ו

ומאן פייסיך דאיפייסת ע"ש. והי"ל לחזור אחרי הארון וליתן נפשם על חזרתו ולא עשו כן וע"כ נענשו (עיין ביפ"ת) וכמ"ש תהלים ע"ח ויך צריו אחור הם הפלשתים ואעפ"כ וימאס באהל יוסף על שהוצרך לעשות מעצמו ולא בהתעוררות ישראל וכן מרומז במ"ש הושיעה לו ימינו וגו': **וישרנה.** שהתיישרו פניהם כלפי הארון. ובמד"ש שם הגי' וישרנה הפרות שרון ואזלין מהלכין ביופי וכו' פי' שהתירו עצמן מקשרי העגלה והפכו עצמן. או מלשון שירה כנ"ל: **רבי אלעזר אמר הודו לה'.** שמזמור זה אמר דוד והלוים לפני הארון וזה ג"כ וישרנה אצל ארון שאמרו שירת הארון דרשו ה' ועוזו. ובמדרש שם הגי' בשינוים ע"ש: **תלת.** ג' מזמורים אמרו שמרמזים על נס זה: **תני אליהו.** תד"א ס"פ י"א. רומי השטה הארון של עצי שטים. התרוממי. התנופפי התגבהי ברוב הדרך. המחושקה ברקמי זהב. מלשון וחשוקיהם כסף. שהיתה חגורה ומסובבת ברקמי זהב. ודביר ארמון הוא ק"ק המעולפת מאוחזת ומסובבת בין שני בדי ארון עיין ברש"י: **יישר חילכם.** שהיל"ל ותשרנה. אך וישרנה ל"ז ול"נ ע"כ דורש יישר כחו. וכ"ז הובא כאן דרך אגב שהזכיר שהיה הארון בשדה פלשתים ז' חדשים:

חידושי הרד"ל

(יב) רבנן אמרי ה' מלך תגל הארץ. עמ"כ שכתב דבמדרש שמואל גרסינן ה' מלך ירגזו. אבל במדרש שמואל שלנו פי"ב הגי' כרבנן כדהכא. רק בדר"א גרסינן שם ה' מלך ירגזו עמים וכ"ה בש"ס בעבודת כוכבים (כ"ד:) משמיה דר"א. ובאמת במזמור תגל הארץ איכא למדרש טפי מענין נס הארון בפלשתים. דכתיב יבשו כל עובדי פסל השתחוו לו כל אלהים. והיינו כדכתיב והנה דגון נופל ארצה לפני ארון ה':

(יג) כמה יגיעות כו' שלמד שירה ללוים לא נמצא זה בכתוב שלימד משה שירה ללוים. ובערכין (יא.) ובמ"ר נשא פ"ו טרחו תנאי ואמוראי למצוא סמך לשירה מן התורה ע"ש (ואולי אפשר לדרש' דהתם מן עבודת עבודה שמעינן שהיא קרויה עבודה. ויגיעה היה בה ללמדה) וכמדומני שצ"ל עד שלימד שירה לישראל. והיינו שירת הים דכתיב אז ישיר משה ובני ישראל. וע' סוף פרק ז' בסוטה ובמכילתא דשירה. ובילקוט ס"פ חוקת בשם ילמדנו שבשירת הים לא הניחם משה שיאמרו לעצמו אלא כשם שרבו של נער אומר עמו פרשתו כך אמר משה עמהם ע"ש:

באור מהרי"פ

ת"י ות"ך. אבל שאחרי המשכנות עמדו ימים מועטים כדאיתא שם. א"נ ששילה דמי טפי לביהמ"ק שהיה בנין אבנים מלמטה ויריעות מלמעלה כדאיתא שם. א"נ לפי ששילה ובי"ע היתה בם יד הפלשתים ממש כדפרישית אסמכינהו אהדדי (יפ"ת):

מסורת המדרש

יג סוטה דף ל"ד. במדבר רבה סוף פרשה ה':

יד מדרש שמואל פרשה י"ב. תנחומא סדר ויקהל סימן ז'. ילקוט שמואל א' רמז ק"ג:

אם למקרא

מִזְמוֹר שִׁירוּ לַה' שִׁיר חָדָשׁ כִּי־נִפְלָאוֹת עָשָׂה הוֹשִׁיעָה־לּוֹ יְמִינוֹ וּזְרוֹעַ קָדְשׁוֹ: (תהלים צח:א)

וַיִּשַּׁרְנָה הַפָּרוֹת בַּדֶּרֶךְ עַל־דֶּרֶךְ בֵּית שֶׁמֶשׁ בִּמְסִלָּה אַחַת הָלְכוּ הָלֹךְ וְגָעוֹ וְלֹא־סָרוּ יָמִין וּשְׂמֹאול וְסַרְנֵי פְלִשְׁתִּים הֹלְכִים אַחֲרֵיהֶם עַד־גְּבוּל בֵּית שָׁמֶשׁ: (שמואל א ו:יב)

אָז יָשִׁיר־מֹשֶׁה וּבְנֵי יִשְׂרָאֵל אֶת־הַשִּׁירָה הַזֹּאת לַה' וַיֹּאמְרוּ לֵאמֹר אָשִׁירָה לַה' כִּי גָאֹה גָּאָה סוּס וְרֹכְבוֹ רָמָה בַיָּם: (שמות טו:א)

הוֹדוּ לַה' קִרְאוּ בִּשְׁמוֹ הוֹדִיעוּ בָעַמִּים עֲלִילוֹתָיו: (תהלים קה:א)

ה' מָלָךְ תָּגֵל הָאָרֶץ יִשְׂמְחוּ אִיִּים רַבִּים: (תהלים צז:א)

שִׁירוּ לַה' שִׁיר חָדָשׁ שִׁירוּ לַה' כָּל־הָאָרֶץ: (תהלים צו:א)

מתנות כהונה

בישרות. בדרך ישר וירצה לכבוד הארון הפכו פניהם: **וישרנה.** נוטריקון שירה נאה: **וגעו כו'.** בחלוף אל"ף בעיי"ן באותיות אחה"ע: **תגל הארץ.** במדרש שמואל גרס ה' מלך ירגזו עמים וכן נראה ודו"ק: **רומי השטה וכו'.** עיין כל זה בפ' אין מעמידין: **המעולפת.** במדר"ש גרס המפואר בין שני הכרובים: **הכי גרסינן ואתם אומרות שירה מאליכם: יישר חילכם.** וישרנה קדריש

אשד הנחלים

אילו תרנגולתו. ואם בקניינים המדומים כך. עאכו"כ בענין אלקי כמוהו איך לא ימר לבו לבקש אחריו. ודרש ואנשי בית שמש ראו. [בעין הלעג והבזיון] בארון אלקים וע"כ לקו כדי שלא יקשה אם כן איך הי' ראוים שישוב הארון למקומו ולזה מסיים אני משגיח עליו. כי די חלול ה' במה שהארון אינו במקומו. ולכן הלכו הפרות מעצמן. ע"ד נס אלקי: **אמרו שירה בפיהם כו'.** עד סופו פרשתי בטוב טעם ודעת בספרי זרע אברהם על מדרש שמואל רבתא. בארוכה. איך שייך בבע"ח הבלתי מבינים מאומה לומר שירה. ובמה נחלקו איזה שירה אמרו. ושמה הארכתי בזה קצת עיי"ש ואין צורך לשנות הנה: **עד שלמד שירה ללוים.** כלומר שלמדם איך יתעוררו לבם מעצמם ע"י ערכי הקולות. וע"י התפעלות עצומה וניתוחי דרכי השיר בזה ואתם עושים זאת מטבעכם לכן יישר כחכם:

חידושי הרש"ש

וישרנה אמרו שירה בפה. מהמ"כ נראה שהיה לפניו הגי' שורה נאה [וכ"ה הגירסא מפורשת במדרש עם היפ"ת]: **ר' יוחנן אמר שירו לה' שיר חדש.** נראה דהיינו מזמור צ"ח דמתחיל במזמור ובתריה כי נפלאות עשה. ובע"ז ק"ל מזמורא יתמא וע"ש. ואולי כוון פה למזמור קמ"ט דכתיב שם לעשות נקמה כו' והוא ע"ש נקמת ה' בפלשתים וכן כל המזמור דעת לבנון נקל להשיבו על ענין הארון. וגם איננו רחוק שיכוון פה על פסוקי דישעיה (מ"ב) (בתוך מזמור דהודו בחלופי מן פסוק יו"ד המתחיל שירו לה' שיר חדש. דאלו מזמור צ"ו אה ק"ל ר"י בשם רשב"י להלן שירו לה' כל הארץ. וטעמא נ"ל משום דמזמור זה כתיב ג"כ בד"ה (א' ט"ז) איזה תיבות) ושמה אין כתיב בראשו שירו לה' שיר חדש. ואולי רק עליו (ר"ל על הכתוב בד"ה) כוון ר"י בשם רשב"י:

רבי אלעזר אומר הודו לה' כו'. בעבודת כוכבים איתא בשם ריו"ח ואמרתם ביום ההוא הודו לה' כו'. הכתוב בישעיה ואולי עליו כיוונו גם כן פה:

is the Psalm that begins, ***When HASHEM will reign nations will tremble*** (ibid. 99:1).[92]

The Midrash now cites a sixth opinion that maintains that the cows did not sing a passage from Scripture, but rather a special song in honor of the Ark:

תָּנֵי אֵלִיָּהוּ: רוֹמִי הַשִּׁיטָּה, הִתְנוֹפְפִי בְּרוֹב הֲדָרֵךְ, הַמְחוּשֶּׁקֶת בְּרִקְמֵי זָהָב, הַמְהוּלָּלָה בִּדְבִיר אַרְמוֹן, הַמְעוּלֶּפֶת מִבֵּין שְׁנֵי כְּרוּבִים — **Eliyahu taught a Baraisa** that states: The cows recited the following song: **Be uplifted, O acacia,**[93] **be exalted in your profound beauty,**[94] [you] **who are girded**[95] **with golden trappings,**[96] **who are glorified through the Book of the Palace,**[97] and **who is adorned between** the **two Cherubim.**[98] **אָמַר רַבִּי שְׁמוּאֵל בַּר נַחְמָן: כַּמָּה יְגִיעוֹת יָגַע בּוֹ בֶּן עַמְרָם עַד שֶׁלִּימֵּד שִׁירָה לַלְוִיִּם, וְאַתֶּם אוֹמְרוֹת שִׁירָה מֵאֲלֵיכֶם, יִישַּׁר חֵילְכֶם** — **R' Shmuel bar Nachman said** regarding these cows: **How many efforts did** Moses **the son of Amram** have to **exert until he taught the** art of **singing to the Levites,**[99] **and you recited a song all on your own! May your strength be firm!**[100]Ⓐ

NOTES

incident of the Ark. In addition, this Psalm was chosen because it contains the verse: *might* [עֹז] *and splendor in His sanctuary* (v. 6), as well as the verse: *render unto HASHEM honor and might* [וָעֹז] (v. 7), both of which allude to the Ark, which is referred to as God's *might* (see *Psalms* 78:61, cited earlier by the Midrash, and note 16 above) (*Eitz Yosef,* from *Yefeh To'ar*).

92. Alluding to the Philistines, who began to tremble when God afflicted them (*Rashi* to *Avodah Zarah* 24b). Moreover, this Psalm was sung at this time because verse 1 continues: *before Him Who is enthroned on Cherubim, let the earth quake* (v. 99:1) — alluding to the Cherubim that bedecked the Ark. And verse 3 there states, *They shall acknowledge Your great and awesome Name* — alluding to the Philistines' cry (*I Samuel* 4:8), *Woe to us! Who will save us from the hand of this mighty God? This is the God Who struck the Egyptians with all kinds of plagues in the wilderness!* (*Maharsha* to *Avodah Zarah* ibid.; see *Eitz Yosef*).

93. Referring to the Ark, which was made of acacia wood [as stated in *Exodus* 25:10] (*Rashi, Maharzu, Eitz Yosef*).

94. For you were made beautifully by an artisan (*Eitz Yosef*).

95. *Maharzu*.

96. For you are covered with gold both inside and out (ibid.).

97. This alludes to the special Torah scroll that Moses wrote and commanded the Levites to place in the Sanctuary with the Ark (see *Deuteronomy* 31:25-26), which was referred to as the Book of the Palace (i.e., the Sanctuary). The Ark was glorified by containing the Torah scroll inside it (*Eitz Yosef*). [See, however, *Bava Basra* 14a for a dispute among the Tannaim as to whether in fact the Torah scroll was actually placed inside the Ark or merely next to it.] The word דְּבִיר means *book* [in Persian], as noted in *Avodah Zarah* 24b (ibid.).

Alternatively: The phrase הַמְהוּלָּלָה בִּדְבִיר אַרְמוֹן is to be translated: *extolled in the inner part of the Palace,* meaning that the Ark was extolled in the Holy of Holies, which is where it was kept (see *Maharzu*).

98. That is, the Ark is adorned by the spiritual crown of God's Presence, which rests on top of the two Cherubim (ibid.).

99. One of the Levites' jobs in the Temple was singing (see *Bamidbar Rabbah* 6 §10; *Arachin* 11a). Although Scripture nowhere states that Moses taught the Levites how to sing, R' Shmuel bar Nachman apparently had a tradition to that effect.

See, however, *Radal*, who suggests emending the Midrash to read that Moses taught *Israel* to sing — referring to Moses' teaching Israel to sing the Song at the Sea (see *Sotah* 30b; *Yalkut Shimoni, Chukas* §764).

100. This phrase is often used as an expression of approval. See Insight Ⓐ.

INSIGHTS

Ⓐ **The Miraculous Song** The Midrash would seem to mean that the cows sang one of these songs in the Hebrew language. Accordingly, this miracle parallels that of Bilam's donkey, which was granted the ability to converse with him like a human being (see *Numbers* 22:28). *Raavad* wonders, however, why the cows' power of speech is not mentioned alongside that of Bilam's donkey in the Mishnah (*Avos* 5:8) that lists the unusual things God created in the final moments of Creation! *Raavad* therefore explains the Midrash to mean that the cows "sang" one of these passages in *their own* language, and their lowing was understood (by people who had the ability to interpret animals' communications; see *I Kings* 5:13 and *Succah* 28a) as expressing one of the songs listed here.

According to *Ritva* (*Avodah Zarah* 24b), however, the Midrash means literally that the cows sang in the Hebrew language. As for the question of why this event is omitted from the Mishnah in *Avos, Ritva* explains as follows: When that Mishnah mentions "the mouth of Bilam's donkey," it referring not only to that specific incident of animal speech. Rather, it means that in the final moments of Creation God made it possible for certain animals to converse, and it lists Bilam's donkey — which is mentioned explicitly in the Torah — as a prototype for *all* the animals that were granted the power of speech, including the cows whose singing is alluded to here.

Maharal takes a different approach and explains the Midrash as speaking allegorically. Thus, the cows did not actually "sing" anything, but their abandoning of their young and traveling on the direct path from Philistia to Eretz Yisrael without being led was *itself* a form of "song" to Hashem [for this was a silent declaration of His omnipotence]. According to this approach, the various opinions as to which song the cows sang actually represent differing views as to what lesson the *people* who witnessed this miracle derived from it.

אָמַר הַקָּדוֹשׁ בָּרוּךְ הוּא: אִילּוּ תַּרְנְגוֹלְתּוֹ שֶׁל אֶחָד מֵהֶם אָבְדָה הָיָה מְחַזֵּיר עָלֶיהָ כַּמָּה פְּתָחִים לַהֲבִיאָהּ, וַאֲרוֹנִי בִּשְׂדֵה פְלִשְׁתִּים שִׁבְעָה חֳדָשִׁים וְאֵין אַתֶּם מַשְׁגִּיחִים בּוֹ, אִם אֵין אַתֶּם מַשְׁגִּיחִים עָלָיו אֲנִי אַשְׁגִּיחַ עָלָיו (תהלים צח, א) "הוֹשִׁיעָה לּוֹ יְמִינוֹ וּזְרוֹעַ קָדְשׁוֹ", הָדָא הוּא דִכְתִיב (שמואל א ו, יב) "וַיִּשַּׁרְנָה הַפָּרוֹת בַּדֶּרֶךְ" מְהַלְּכוֹת בְּיַשְׁרוּת, [יג] הָפְכוּ פְּנֵיהֶם כְּלַפֵּי אָרוֹן וְאָמְרוּ שִׁירָה. וְהַיְינוּ דִכְתִיב "וַיִּשַּׁרְנָה" אָמְרוּ שִׁירָה °נָאָה. אֵי זוֹ שִׁירָה אָמְרוּ, רַבִּי מֵאִיר אוֹמֵר: שִׁירַת הַיָּם אָמְרוּ, נֶאֱמַר כָּאן "הָלְכוּ הָלֹךְ וְגָעוֹ", וְנֶאֱמַר לְהַלָּן (שמות טו, א) "כִּי גָאֹה גָּאָה". רַבִּי יוֹחָנָן אָמַר: (תהלים לג, ג) "שִׁירוּ לַה' שִׁיר חָדָשׁ", רַבִּי אֱלִיעֶזֶר אָמַר: (שם קה, א) "הוֹדוּ לַה' קִרְאוּ בִשְׁמוֹ". רַבָּנָן אַמְרֵי: (שם צט, א) "ה' מָלָךְ תָּגֵל הָאָרֶץ". רַבִּי יִרְמְיָה בְּשֵׁם רַבִּי שְׁמוּאֵל בַּר רַבִּי יִצְחָק אָמַר: תְּלָת, "שִׁירוּ לַה' שִׁיר חָדָשׁ", (שם צו, א) "שִׁירוּ לַה' כָּל הָאָרֶץ", (שם צט, א) "ה' מָלָךְ יִרְגְּזוּ עַמִּים". תָּנֵי אֵלִיָּהוּ: [יד] רוֹמִי הַשִּׁטָּה הִתְנוֹפְפִי בְּרוֹב הֲדָרֵךְ, הַמְחוּשֶּׁקֶת בְּרִקְמֵי זָהָב, הַמְהוּלָּלָה בִּדְבִיר אַרְמוֹן, הַמְעוּלֶּפֶת מִבֵּין שְׁנֵי כְּרוּבִים. אָמַר רַבִּי שְׁמוּאֵל בַּר נַחְמָן: כַּמָּה °יְגִיעָה יָגַע בּוֹ בֶּן עַמְרָם עַד שֶׁלִּימֵּד שִׁירָה לַלְוִיִּם, וְאַתֶּם אוֹמְרוֹת שִׁירָה מֵאֲלֵיכֶם, יִישַׁר חֵילְכֶם:

עץ יוסף

השביה אין להם להשגיח עליו להשיבו מיד פלשתים ולפיכך נענשו: **אילו תרנגולתו כו'.** ואם בקניינים המדומים כך. עאכ"ו בענין אלהי כמוהו איך לא יאמר לבו לבקש אחריו בפיוסים וברצי כסף. ולפי שאנשי בית שמש היו יותר קרובים לפלשתים לפיכך נענשו יותר משאר ישראל. ומסיים אני משגיח עליו להשיבו וליפרע מהמתעללים בהשבתו. כי די חילול השם במה שאין הארון במקומו: **הושיעה לו ימינו.** להכניע אויביו על דרך ימינך ה' תרעץ אויב. ואין זה אלא בהגלת ארון ברית ה' מידם במכת הטחורים: **וישרנה הפרות.** דמפרש לשון שירה. ואמר שאמרו הושיעה לו ימינו. והיינו כמ"ד בסמוך שאמרו מזמור שירו לי"י שיר חדש כי נפלאות עשה הושיעה לו ימינו (יפ"ת): **מהלכות בישרות.** דאין מקרא יוצא מידי פשוטו לשון ישרות שהיישירו דרכם. ודריש תו שהפכו פניהם כלפי הארון ואמרו שירה והיינו דכתיב וישרנה ולא ותשרנה משום דרמיז נמי ביה שירה נאה. ודריש ליה נוטריקון: **שירת הים.** דכתיב בה כי גאה גאה. לפי שגאה לשלוח יד בפלשתים ובדגון אלהיהם (רש"י בגמרא): **נאמר כאן הלוך וגעו כו'.** שהעי"ן מתחלפת באל"ף שהם ממוצא אחד: **שירו לה' שיר חדש.** וגו' כי נפלאות עשה הושיעה לו ימינו וגו' שאחר שנפלו ישראל במלחמה ההיא נפלאות עשה הש"י והושיע לו ימינו וגו' להוציא הארון מיד פלשתים ובזה הודיע ה' ישועתו לעיני הגוים וגו' ומסיים שם יחד הרים ירננו לפני ה' כי בא ארון ה' מארץ פלשתים (רש"א): **הודו לה' קראו בשמו. וגו' הודיעו בעמים עלילותיו.** שע"י מעשה זה של פלשתים נתודע לעמים עלילותיו שבמצרים כמפורש בענין שאמרו הכהנים והקוסמים לפלשתים ולמה תכבדו לבבכם כאשר כבדו מצרים וגו' הלא כאשר התעולל בהם וגו' (רש"א): **ה' מלך תגל הארץ.** דכתיב ביה אש לפניו תלך וגו' וגם כתיב וראו כל העמים כבודו יבושו כל עובדי פסל. וזה נראה בארון שעשה ה' משפט בפלשתים ובאלהיהם (יפ"ת): **שירו לה' כל הארץ.** דכתיב ספרו בגוים וגו' נורא הוא וגו' כי כל אלהי העמים וגו' כנגד מה שעשה בהם שפטים ונוסף על זה מ"ש בו עוז ותפארת במקדשו הבו לי"י כבוד ועוז כנגד הארון דאיקרי עוז (יפ"ת): **ה' מלך ירגזו עמים. וגו' יושב כרובים וגו'.** שע"י הארון שעליו היה יושב הכרובים תנוט ארץ פלשתים. ואמר בו יודו שמך גדול ונורא וגו' שע"י מעשה זה יודו שמך וגו' כמ"ש מי יצילנו מיד האלהים האדירים האלה וגו' המכה מצרים בכל מכה במדבר (רש"א): **רומי השטה.** התרוממי ארון עצי שיטי' כלו' שיתרומם ברוב הדרו שמעשהו מהודר מעשה ידי חרש: **המחושקת ברקמי זהב.** כלו' הקשורה (מלשון וחשוקיהם כסף) שהוא מקושר בזהב המצופה מבית ומחוץ: **בדביר ארמון.** בס"ת של משה המונח בתוכה דדביר הייכו ספר כמפורש בפ"ב דעכו"ם: **המעולפת.** פי' המקושטת: **בין שני הכרובים.** וכלו' המקושטת בכתר רוחני של שכינה אשר על גבי הכרובים: **יישר חילכם.** יתחזק כחכם:

פירוש מהרז"ו

ומאן פייסיך דאיפייסת ע"ש. והי"ל לחזור אחרי הארון וליתן נפשם על חזרתו ולא עשו כן וע"כ נענשו (עיין ביפ"ת) וכמ"ש תהלים ע"ח ויך צריו אחור הם הפלשתים ואעפ"כ וימאס באהל יוסף על שהוצרך לעשות מעצמו ולא בהתעוררות ישראל וכן מרומז במ"ש הושיעה לו ימינו וגו': **וישרנה.** שהתיישרו פניהם כלפי הארון. ובמד"ש שם הגי' וישרנה הפרות שרון ואזלין מהלכין ביופי וכו' פי' שהתירו עצמן מקשרי העגלה והפכו עצמן. או מלשון שירה כנ"ל: **רבי אלעזר אמר הודו לה'.** שמזמור זה אמר דוד והלוים לפני הארון וזה ג"כ וישרנה אצל ארון שאמרו שירת הארון דרשו ה' ועוזו. ובמדרש שם הגי' בשינוים ע"ש: **תלת.** ג' מזמורים אמרו שמרמזים על נס זה: **תני אליהו.** תד"א ס"פ י"ח. רומי השטה הארון של עצי שטים. התרוממי. התנופפי התגבהי ברוב הדרך. המחושקה ברקמי זהב. מלשון וחשוקיהם כסף. שהיתה חגורה ומסובבת ברקמי זהב. ודביר ארמון הוא ק"ק המעולפת מאוחזת ומסובבת בין שני בדי ארון עיין ברש"י: **יישר חילכם.** שהיל"ל ותשרנה. אך וישרנה ל"ז ול"נ ע"כ דורש יישר כחו. וכ"ז הובא כאן דרך אגב שהזכיר שהיה הארון בשדה פלשתים ז' חדשים:

רש"י

(ד) רבי יוחנן אמר. מה אמרו שירו לה' שיר חדש כי נפלאות עשה הושיעה לו ימינו: **כמה יגע בן עמרם עד שלמד שירה.** ואתם אומרים מעצמכם יישר חילכם: #**רני רני השיטה.** הארון שהיה עשוי מעצי שטים:

מתנות כהונה

בישרות. בדרך ישר ויראה לכבוד הארון הפכו פניהם: **וישרנה.** נוטריקון שירה נאה: **וגעו כו'.** בחלוף אל"ף בעיי"ן באותיות אחה"ע: **תגל הארץ.** במדרש שמואל גרס ה' מלך ירגזו עמים וכן נראה ודו"ק: **רומי השטה וכו'.** עיין כל זה בפ' אין מעמידין: **המעולפת.** במדר"ש גרס המפואר בין שני הכרובים: **הכי גרסינן ואתם אומרות שירה מאליכם: יישר חילכם.** וישרנה קדריש

אשד הנחלים

אילו תרנגולתו. ואם בקניינים המדומים כך. עאכו"כ בענין אלקי כמוהו איך לא ימר לבו לבקש אחריו. ודרש ואנשי בית שמש ראו. [בעין הלעג והבזיון] בארון אלקים וע"כ לקו כדי שלא יקשה אם כן איך הי' ראוים שישוב הארון למקומו ולזה מסיים אני משגיח עליו. כי די חלול ה' במה שהארון אינו במקומו. ולכן הלכו הפרות מעצמן. ע"ד נס אלקי: **אמרו שירה בפיהם כו'.** עד סופו פרשתי בטוב טעם ודעת בספרי זרע אברהם על מדרש שמואל רבתא. בארוכה. איך שייך בבע"ח הבלתי מבינים מאומה לומר שירה. ובמה נחלקו איזה שירה אמרו. ושמה הארכתי בזה קצת עיי"ש ואין צורך לשנות הנה: **עד שלמד שירה ללוים.** כלומר שלמדם איך יתעוררו לבם מעצמם ע"י ערכי הקולות. וע"י התפעלות עצומה וניתוחי דרכי השיר בזה ואתם עושים זאת מטבעכם לכן יישר כחכם:

מן פסוק יו"ד המתחיל שירו לה' שיר חדש. דאלו מזמור צ"ו הא ק"ל ר"י בשם רשב"י להלן שירו לה' כל הארץ. וטעמא נ"ל משום דמזמור זה כתיב ג"כ בד"ה (א' ט"ז) (בתוך מזמור הודו בחלופי איזה תיבות) ושמה אין כתיב ברא שו שירו לה' שיר חדש. ואולי רק עליו (ר"ל על הכתוב בד"ה) כוון ר"י בשם רשב"י:

רבי אלעזר אומר הודו לה' כו'. בעבודת כוכבים איתא בשם ריו"ח ואמרתם ביום ההוא הודו לה' כו'. הכתוב בישעיה ואולי עליו כיוונו גם כן פה:

חידושי הרד"ל

(יב) רבנן אמרי ה' מלך תגל הארץ. עמ"כ שכתב דבמדרש שמואל גרסינן ה' מלך ירגזו. אבל במדרש שמואל שלנו פי"ב הגי' כרבנן כדהכא. רק בדר"א גרסינן שם ה' מלך ירגזו עמים וכ"ה בש"ס בעבודת כוכבים (כ"ד:) משמיה דר"א. ובאמת במזמור תגל הארץ איכא למדרש טפי מענין נס הארון בפלשתים. דכתיב יבשו כל עובדי פסל השתחוו לו כל אלהים. והיינו כדכתיב והנה דגון נופל ארצה לפני ארון ה':

(יג) כמה יגיעות בו' שלמד שירה ללוים לא נמצא זה בכתוב שלימד משה שירה ללוים. ובערכין (יא.) ובמ"ר נשא פ"ו טרחו תנאי ואמוראי למצוא סמך לשירה מן התורה ע"ש (ואולי אפשר לדרש' דהתם מן עבודת עבודה שמעינן שהיא קרויה עבודה. ויגיעה היה בה ללמדה) וכמדומני שצ"ל עד שלימד שירה לישראל. והיינו שירת הים דכתיב אז ישיר משה ובני ישראל. וע' סוף פרק ז' בסוטה ובמכילתא דשירה. ובילקוט ס"פ חוקת בשם ילמדנו שבשירת הים לא הניחם משה שיאמרו לעצמו אלא כשם שרבו של נער אומר עמו פרשתו כך אמר משה עמהם ע"ש:

באור מהרי"פ

ת"י ות"ך. אבל שארי המשכנות עמדו ימים מועטים כדאיתא שם. א"כ שילה דמי טפי לביהמ"ק שהיה בנין אבנים מלמטה ויריעות מלמעלה כדאיתא שם. א"כ לפי שילה ובי"ע היתה בם יד הפלשתים ממש כדפרישית אסמכינהו אהדדי (יפ"ת):

מסורת המדרש

יג סוטה דף ל"ד. במדבר רבה סוף פרשה ה':
יד מדרש שמואל פרשה י"ב. תנחומא סדר ויקהל סימן ז'. ילקוט שמואל א' רמז ק"ג:

אם למקרא

מִזְמוֹר שִׁירוּ לַה' שִׁיר חָדָשׁ כִּי־נִפְלָאוֹת עָשָׂה הוֹשִׁיעָה־לּוֹ יְמִינוֹ וּזְרוֹעַ קָדְשׁוֹ: (תהלים צח:א)

וַיִּשַּׁרְנָה הַפָּרוֹת בַּדֶּרֶךְ עַל־דֶּרֶךְ בֵּית שֶׁמֶשׁ בִּמְסִלָּה אַחַת הָלְכוּ הָלֹךְ וְגָעוֹ וְלֹא־סָרוּ יָמִין וּשְׂמֹאול וְסַרְנֵי פְלִשְׁתִּים הֹלְכִים אַחֲרֵיהֶם עַד־גְּבוּל בֵּית שָׁמֶשׁ: (שמואל א ו:יב)

אָז יָשִׁיר־מֹשֶׁה וּבְנֵי יִשְׂרָאֵל אֶת־הַשִּׁירָה הַזֹּאת לַה' וַיֹּאמְרוּ לֵאמֹר אָשִׁירָה לַה' כִּי גָאֹה גָּאָה סוּס וְרֹכְבוֹ רָמָה בַיָּם: (שמות טו:א)

הוֹדוּ לַה' קִרְאוּ בִשְׁמוֹ הוֹדִיעוּ בָעַמִּים עֲלִילוֹתָיו: (תהלים קה:א)

ה' מָלָךְ תָּגֵל הָאָרֶץ יִשְׂמְחוּ אִיִּים רַבִּים: (תהלים צז:א)

שִׁירוּ לַה' שִׁיר חָדָשׁ שִׁירוּ לַה' כָּל־הָאָרֶץ: (תהלים צו:א)

חידושי הרש"ש

וישרנה אמרו שירה בפה. מהמ"כ נראה שהיה לפניו הגי' שורה נאה [וכ"ה הגירסא מפורשת במדרש עם היפ"ת]: **ר' יוחנן אמר שירו לה' שיר חדש.** נראה דהיינו מזמור צ"ח דמתחיל במזמור ובתריה כי נפלאות עשה. ובע"ז ק"ל מזמורא יתמא וע"ש. ואולי כוון פה למזמור קמ"ט דכתיב שם לעשות נקמה כו' והוא ע"ש נקמת ה' בפלשתים וכן כל המזמור דעת לבנון נקל להשיבו על ענין הארון. וגם אינגו רחוק שיכוון פה על פסוקי דישעיה (מ"ב)

וַיֹּאמֶר כִּי אֶת שֶׁבַע כְּבָשֹׂת תִּקַּח מִיָּדִי בַּעֲבוּר תִּהְיֶה לִּי לְעֵדָה כִּי חָפַרְתִּי אֶת הַבְּאֵר הַזֹּאת.

And he said, "Because you are to take these seven ewes from me, that it may serve me as a witness that I dug this well" (21:30).

§5 וַיֹּאמֶר כִּי אֶת שֶׁבַע כְּבָשֹׂת וגו׳ — *AND HE SAID, "BECAUSE YOU ARE TO TAKE* ***THESE SEVEN EWES*** *..."*

How would the seven ewes serve as testimony that the well was Abraham's? The Midrash explains:

רַבָּנָן וְרַבִּי יִצְחָק בֶּן חֲקוֹרָה — **The Sages and R' Yitzchak ben Chakorah** commented on this verse. רַבָּנָן אָמְרֵי: רוֹעָיו שֶׁל אַבְרָהָם הָיוּ מִדַּיְינִים עִם רוֹעָיו שֶׁל אֲבִימֶלֶךְ — **The Sages said: The shepherds of Abraham argued with the shepherds of Abimelech.** רוֹעֵי אַבְרָהָם אוֹמְרִים: לָנוּ הַבְּאֵר וְאֵלּוּ אוֹמְרִים: לָנוּ הַבְּאֵר — **The shepherds of Abraham said, "The well belongs to us," and [the shepherds of Abimelech] said, "The well belongs to us."**[101] אָמְרוּ לָהֶם רוֹעֵי אַבְרָהָם: כָּל מִי שֶׁהַמַּיִם עוֹלִים לְהַשְׁקוֹת אֶת צֹאנוֹ שֶׁלּוֹ הִיא הַבְּאֵר — **The shepherds of Abraham said to [the shepherds of Abimelech], "To whomever the water will rise in order to give his**[102] **sheep to drink, it is his."** וְכֵיוָן שֶׁרָאוּ הַמַּיִם צֹאנוֹ שֶׁל אַבְרָהָם אָבִינוּ, מִיָּד עָלוּ — **And when the water saw the sheep of Abraham our father, it immediately rose.**[103] אָמַר לוֹ הַקָּדוֹשׁ בָּרוּךְ הוּא אַתְּ סִימָן לְבָנֶיךָ — **The Holy One, blessed is He,** then **said to [Abraham], You** shall be **an omen for your children,**[104] מָה אַתְּ כֵּיוָן שֶׁרָאוּ הַמַּיִם אֶת צֹאנְךָ מִיָּד עָלוּ אַף בָּנֶיךָ כֵּיוָן שֶׁהַבְּאֵר רוֹאָה אוֹתָן מִיָּד תְּהֵא עוֹלָה — for **just as** was the case with respect to **yourself,** that **when the water saw your sheep it immediately rose, so too,** with respect to **your children, when the well**[105] **will see them, it will immediately rise.** הֲדָא הוּא דִכְתִיב ״אָז יָשִׁיר יִשְׂרָאֵל אֶת הַשִּׁירָה הַזֹּאת וגו׳ ״ — **Thus it is written:** ***Then Israel sang this song, etc.*** *Come up O well!*[106] *Call out to it! Well that the princes dug* (*Numbers* 21:17-18). אָמַר לָהֶם רַבִּי יִצְחָק בַּר חֲקוֹרָה: עוֹד מִן אַתְרָהּ לֵית הִיא חֲסֵירָה — **R' Yitzchak bar Chakorah said to [the Sages]: From this very place itself**[107] **there is nothing missing** in order to prove this.[108] בַּעֲבוּר הָיְתָה לִי לְעֵדָה אֵין כְּתִיב כָּאן אֶלָּא ״בַּעֲבוּר תִּהְיֶה לִי לְעֵדָה״ — For the words **"that it has served me as a witness"**[109] **are not written** in our verse,[110] **but rather:** ***that it may serve me as a witness.***[111]

וַיִּטַּע אֶשֶׁל בִּבְאֵר שָׁבַע וַיִּקְרָא שָׁם בְּשֵׁם ה׳ אֵל עוֹלָם. וַיָּגָר אַבְרָהָם בְּאֶרֶץ פְּלִשְׁתִּים יָמִים רַבִּים.

He planted an "eshel" in Beer-sheba, and there he proclaimed the Name of HASHEM, God of the Universe. And Abraham sojourned in the land of the Philistines many years (21:33-34).

§6 וַיִּטַּע אֶשֶׁל בִּבְאֵר שָׁבַע וגו׳ — *HE PLANTED AN "ESHEL" IN BEER-SHEBA, ETC.*

What is an אֶשֶׁל? The Midrash presents two explanations:

רַבִּי יְהוּדָה וְרַבִּי נְחֶמְיָה — **R' Yehudah and R' Nechemyah** debated the meaning of the word אֶשֶׁל: רַבִּי יְהוּדָה אָמַר: אֶשֶׁל פַּרְדֵּס — **R' Yehudah said:** אֶשֶׁל means **an orchard.**[112] שְׁאַל מַה תִּשְׁאַל: תְּאֵנִים וַעֲנָבִים וְרִמּוֹנִים — Abraham would say to his guests,[113] **"Ask for anything you would like: figs, grapes, and pomegranates."**[114] רַבִּי נְחֶמְיָה אָמַר: אֶשֶׁל פּוּנְדָק — **R' Nechemyah said:** אֶשֶׁל means **an inn.**[115] שְׁאַל מַה תִּשְׁאַל: עִיגּוּלָא, קוּפָּר, חֲמַר, בֵּיעִין — Abraham would say to his guests, **"Ask for anything you would like: bread, meat, wine, and eggs."**[116]

A third explanation:

רַבִּי עֲזַרְיָה בְּשֵׁם רַבִּי יְהוּדָה בַּר סִימוֹן: אֶשֶׁל סַנְהֶדְרִין — **R' Azaryah in the name of R' Yehudah bar Simon** said: אֶשֶׁל refers to a **Sanhedrin,**[117] הֵיךְ מָה דְאַתְּ אָמַר ״וְשָׁאוּל יוֹשֵׁב בַּגִּבְעָה תַּחַת הָאֶשֶׁל בָּרָמָה״ —

NOTES

101. Each side claimed that it was they who had dug it (*Rashi* to our verse).

102. Either Abraham's or Abimelech's.

103. Thus proving that the well belonged to Abraham.

Although this test had clearly proven Abraham's ownership of the well, the shepherds of Abimelech continued to steal water from it even afterward. This prompted Abraham to give Abimelech these seven ewes to serve as a reminder of what the test had shown (*Eitz Yosef,* from *Yefeh To'ar*).

104. For there is a principle that the things that happened to our forefathers serve as an omen for what will happen to their offspring (*Eitz Yosef*). See above, 40 §6.

105. I.e., the well that accompanied the Israelites in the Wilderness.

106. Implying that the well rose toward them just as the water rose toward Abraham's sheep. It is for this reason that Israel went on to mention: *Well that the princes dug*, for this alludes to the wells that Abraham and Isaac ("princes") dug, as noted in *Pesikta Zutresa* to our verse (*Eitz Yosef*).

107. I.e., from our verse.

108. There is no need to bring an outside verse from *Numbers* to prove this point [i.e., that a well will rise for Israel as it rose for Abraham], for it can be derived from our verse itself (*Rashi, Matnos Kehunah*).

109. In past tense, referring to this well that has just risen for Abraham's sake.

110. If our verse had been written that way, we would have understood it as follows: "Take these seven ewes from me (because it was through the well waters rising for them to drink that Abraham's ownership of the well was proven), because [that rising of the waters] *has served* as witness that the well is mine [and you shall therefore keep the ewes as a reminder]" (*Yefeh To'ar*).

111. In future tense. The phrase *it will serve me as a witness* means that the current rising of the waters serves to "testify" that a well will rise for Israel in the Wilderness. [We have translated the Midrash following *Eshed HaNechalim*, who takes the word לְעֵדָה in the phrase בַּעֲבוּר תִּהְיֶה לִי לְעֵדָה to mean *witness*. *Radal, Maharzu,* and *Eitz Yosef*, however, take the phrase to mean: *[the rising of the water] shall be for me for [the future needs of] "the assembly [of Israel]"*; see *Numbers* 20:8, 11.]

[If the verse had intended to say only (as its plain meaning would suggest) that the *ewes* would serve as witness that the well was Abraham's, it should have used the plural word תִּהְיֶינָה, *"they" shall be*, rather than the singular word תִּהְיֶה, *"it" shall be* (*Yefeh To'ar*).]

112. From which to bring fruits for guests at the meal (*Rashi* to our verse).

R' Yehudah interprets the word *eshel* in this way because in Scripture this word typically refers to a tree (see *I Samuel* 22:6 [cited below] and 31:13). This interpretation is indicated as well by our verse's use of the expression *He "planted"* in describing the *eshel's* creation (*Eitz Yosef*).

113. *Rashi, Matnos Kehunah*.

114. For this orchard contains whatever you would like.

That Abraham said this to them is alluded to in the word אֶשֶׁל because its letters, rearranged, spell the word שְׁאַל, *ask*, suggesting that Abraham encouraged his guests to *ask* regarding the orchard (ibid.).

115. He pitched a tent specifically for guests to lodge in.

According to R' Nechemyah, the verse's expression *He "planted" an eshel* does not prove that an *eshel* is a tree. For we find the word "planting" used regarding tents, as well, as in *Daniel* 11:45: וְיִטַּע אָהֳלֵי אַפַּדְנוֹ, *And he will "plant" the tents of his palace* (*Eitz Yosef,* from *Sotah* 10a).

Rashi to our verse, however, seems to suggest that even according to R' Nechemyah, although the word *eshel* here is defined as an inn, at the same time it also retains its usual definition as a *tree*, in that the inn offered its guests many different types of fruits (*Maharsha* to *Sotah* ibid.).

116. *Matnos Kehunah, Eitz Yosef.*

117. Great rabbis are referred to as אֶשְׁלֵי רַבְרְבֵי, *great trees*, because one may rely on them for halachic judgement. (See *Avodah Zarah* 7b et al.; see also *Pesachim* 112a, where the expression אִילָן גָּדוֹל, *big tree*, is used to mean the same.) According to this interpretation the word *eshel* means *tree*, but it is not meant literally. Rather, it alludes to the fact

מדרש רבה

ה [כא, ל] "וַיֹּאמֶר כִּי אֶת שֶׁבַע כְּבָשׂוֹת וְגוֹ'". רַבָּנָן וְרַבִּי יִצְחָק בֶּן חֲקוֹרָה, רַבָּנָן אָמְרִי: רוֹעָיו שֶׁל אַבְרָהָם הָיוּ מִדַּיְינִים עִם רוֹעָיו שֶׁל אֲבִימֶלֶךְ, רוֹעֵי אַבְרָהָם אוֹמְרִים: לָנוּ הַבְּאֵר וְאֵלּוּ אוֹמְרִים: לָנוּ הַבְּאֵר. אָמְרוּ לָהֶם רוֹעֵי אַבְרָהָם: כָּל מִי שֶׁהַמַּיִם עוֹלִים לְהַשְׁקוֹת אֶת צֹאנוֹ שֶׁלּוֹ הִיא הַבְּאֵר. כֵּיוָן שֶׁרָאוּ הַמַּיִם צֹאנוֹ שֶׁל אַבְרָהָם אָבִינוּ, מִיָּד עָלוּ. אָמַר לוֹ הַקָּדוֹשׁ בָּרוּךְ הוּא: אַתְּ סִימָן לְבָנֶיךָ, מָה אַתְּ כֵּיוָן שֶׁרָאוּ הַמַּיִם אֶת צֹאנְךָ מִיָּד עָלוּ אַף בָּנֶיךָ כֵּיוָן שֶׁהַבְּאֵר רוֹאָה אוֹתָן מִיָּד °יְהֵא עוֹלָה, הָדָא הוּא דִכְתִיב (במדבר כא, יז) "אָז יָשִׁיר יִשְׂרָאֵל אֶת הַשִּׁירָה הַזֹּאת וְגוֹ'". אָמַר לָהֶם רַבִּי יִצְחָק בַּר חֲקוֹרָה: עוֹד מִן אַתְרָהּ לֵית הִיא חֲסֵירָה, "בַּעֲבוּר הָיְתָה לִי לְעֵדָה" אֵין כְּתִיב כָּאן אֶלָּא "בַּעֲבוּר תִּהְיֶה לִי לְעֵדָה":

ו [כא, לג] "וַיִּטַּע אֵשֶׁל בִּבְאֵר שָׁבַע וְגוֹ'". רַבִּי יְהוּדָה וְרַבִּי נְחֶמְיָה, רַבִּי יְהוּדָה אָמַר: אֵשֶׁל [טז]פַּרְדֵּס, שְׁאַל מַה תִּשְׁאַל: תְּאֵנִים וַעֲנָבִים וְרִמּוֹנִים. רַבִּי נְחֶמְיָה אָמַר: אֵשֶׁל פּוּנְדָּק שְׁאַל מַה תִּשְׁאַל: עִיגּוּלָא, קוּפָּר, חֲמַר, בֵּיעִין. רַבִּי עֲזַרְיָה בְּשֵׁם רַבִּי יְהוּדָה בַּר סִימוֹן: אֵשֶׁל סַנְהֶדְרִין, הֵיךְ מַה דְּאַתְּ אָמַר (שמואל א כב, ו) "וְשָׁאוּל יוֹשֵׁב בַּגִּבְעָה תַּחַת הָאֵשֶׁל בָּרָמָה". עַל דַּעְתֵּיהּ דְּרַבִּי נְחֶמְיָה דְּאָמַר אֵשֶׁל פּוּנְדָּק, אַבְרָהָם הָיָה מְקַבֵּל אֶת הָעוֹבְרִים וְאֶת הַשָּׁבִים, וּמִשֶּׁהָיוּ אוֹכְלִין וְשׁוֹתִין אָמַר לוֹן: בָּרִיכוּ, וְהֵן °אוֹמְרִין: מַה °נֵימוֹר, וַאֲמַר לְהוֹן: בָּרוּךְ אֵל עוֹלָם שֶׁאָכַלְנוּ מִשֶּׁלּוֹ. הָדָא הוּא דִכְתִיב (בראשית כא, לג) "וַיִּקְרָא שָׁם בְּשֵׁם ה' אֵל עוֹלָם". [כא, לד] "וַיָּגָר אַבְרָהָם בְּאֶרֶץ פְּלִשְׁתִּים יָמִים רַבִּים", רַבִּים מֵאוֹתָן שֶׁעָשָׂה בְּחֶבְרוֹן, בְּחֶבְרוֹן עָשָׂה עֶשְׂרִים וְחָמֵשׁ שָׁנָה וְכָאן עָשָׂה עֶשְׂרִים וְשֵׁשׁ שָׁנִים:

עץ יוסף

(ה) [ז] **רועיו של אברהם כו'**. שעל ידי זאת נתברר לרועים מתחלה שהבאר של אברהם ועם כל זה לא נמנעו מגזילתם ועכשיו נתינת הכבשות יהיה למזכרת עליו לזכותו בבאר כי יזכרו מה שנתוודע להם בזאת (יפ"ת): **אתה סימן לבניך**. שכל מה שאירע לאבות סימן לבנים: **אז ישיר ישראל**. עלי באר ענו לה דמשמע שעלו המים לקראתם בדוגמת באר של אברהם שעלה לקראת זאת. ועל זה אמר שם באר חפרוה שרים אלו אברהם ויצחק וכדמפורש בפסיקתא: **מן אתרה**. פי' מן מקומה: **בעבור תהי' לי לעדה**. דמשמע לעתיד כלפי עדה הקדושה בדור המדבר כמ"ש בפסיקתא: (ו) [ח] **אשל פרדס**. שאשל בכל מקום אילן. וכדמשמע נמי מלשון ויטע. רמיז ביה נמי לשון שאל בהפוך האותיות כי כל הפירות אשר ישאל השואל נמצא שם ליהנות בו האורחים: **אשל פונדק**. מלון לאורחים. בפ"ק דסוטה פריך א"כ מאי ויטע. ומשני כדכתיב ויטע אהלי אפדנו: **עיגולא**. פת: **קופר**. בשר: **חמר**. יין: **ביעין**. בצים: **אשל סנהדרין**. דהסנהדרין נקראים אשלי רברבי. והכוונה פה שאברהם עשה בית ועד לחכמים כמו אסיפת סנהדרין ללמד עמם תורה וחכמה כדי לפרסם על ידו כבוד שמו יתב'. וע"ז נאמר ויקרא בשם ה' אל עולם (נזה"ק): **ושאול יושב בגבעה כו'**. בפ"ק דברכות וכי מה ענין גבעה לרמה. אלא שאול היה יושב בגבעה בזכות האשל שברמה הוא שמואל שהיה ראש הסנהדרין: **ואמר להם בריכו כו'**. וכשלא היו רוצים בעל כרחם היה עושה כדלעיל פ' מ"ד: [ט] **בחברון עשה כ"ה שנה**. כמו שביאר רש"י בחומש החשבון ע"ש: **וכאן עשה כ"ו שנה**. משום דכאן כתיב ימים רבים מרובים על הראשונים ולא בא לסתום אלא לפרש. ואם היו מרובים על הראשונים ג' שנים או יותר היה מפרש ועכשיו שלא פירש כמה היו מרובים אינם יתירים יותר משנה הרי כ"ו (רש"י):

פירוש מהרז"ו

(ה) **עולים**. שעל הלאן היל"ל תהיינה לי לעדה. ע"כ פי' תהיה על הבאר ועיין לעיל פנ"ג סימן י"ד אתה מעלה לו את הבאר. וכמ"ש פר"א פ"ל וכן באורות של האבות מפורש ג"כ בפר"א כנ"ל. וכן הליב אברהם ז' כבשות הלאן אצל הבאר ואז עלו המים: **את השירה הזאת**. וס"ד באר חפרוה שרים וגו' היינו האבות וכנ"ל בשם הפר"א: **לי לעדה**. פי' לעדת ישראל כי חפרתי להם הבאר כמ"ש חפרוה שרים: (ו) **אשל פרדס**. סוטה דף י' לקמן פנ"ד סימן ד'. ד"ר פי"א סימן ג'. כי ויטע שייך באילנות: **פונדק**. ולשון ויטע כדכתיב ויטע אהלי אפדנו. בגמ' שם: **אשל סנהדרין**. ואולי היה ביתו בית וועד לב"ד של שם ועבר. וכמ"ש ויען דואג האדומי והוא נצב על עבדי שאול ודואג האדומי אביר הרועים אשר לשאול. היינו ראש לסנהדרין א"כ מ"ש נצב על עבדי שאול פי' ג"כ שהיה ראש לסנהדרין. ואשל סנהדרין. ג"כ מטעם שאל ע"ד שאל אביך וגו' ויותר נראה ע"פ מ"ש חז"ל האשל ברמה בזכות שמואל שיושב ברמה ושמואל היה עם ב"ד תמיד. וכמ"ש אצל ניות ברמה אצל הנביאים תלמידיו ושמואל עומד עליהם (וכ"כ היפ"ת): **הדא הוא דכתיב ויקרא בשם ה'**. שהיל"ל ויקרא אל ה'. אלא פי' שהקריא לבני אדם בשם ה' שיברכו (ע' פ"ק דסוטה): **רבים כו'**. עיין רש"י בחומש והנה אבימלך ופיכול שבאו אליו לבאר שבע שהיתה ליהודה שהרי כתוב וישובו אל ארץ פלשתים וכמ"ש לעיל ס"ס ב' וא"כ מ"ש ויגר מקומו קודם מעשה אבימלך הנ"ל ע"פ מדה ל"ב ול"ע. ועי' ברמב"ן שכתב שבאר שבע היתה ג"כ בארץ פלשתים. ומ"ש וישובו אל ארץ פלשתים פי' למקומם הראשון שבארץ פלשתים ושני באר שבע היו כו' וא"כ מ"ש לעיל ס"ס ב' שלא קבל עליו היינו לשבת אתו יחד אך הלך אל עיר אחרת ג"כ בארץ פלשתים. וע"ע בביאור הרש"ד באורך. וע' לקמן פ' ס"ד סימן ח' מש"ש ביתר ביאור:

חידושי הרד"ל

(יד) [ה] **אף בניך כו'**. השירה הזאת עלי באר ענו לה כנ"ל: (טו) **תהיה לי לעדה**. כד"א (במדבר כ') להשקות את העדה וגו' ותשת העדה:

חידושי הרש"ש

[ה] **בעבור היתה לי לעדה אב"כ**. כי באמת כבר היתה לו לעדה במה שעלו לקראתם המים בעודם ברשות אברהם ולזכרון בעלמא נתנם לו עתה. ואנכי שמעתי דבר נאות בזה והוא כי למעלה כתיב ויוכח אברהם את שבע כו' לבדהן ור"ל שהציבם נגד הבאר ועלו המים לקראתם. ואח"ז אמר אברהם לתתם לאבימלך וכאשר לא יעלו המים מעתה לקראתם יהיה מופת ברור שהבאר שייך אליו ולכן אמר שפיר כי את שבע כו' תקח מידי בעבור תהיה לי לעדה:

באור מהרי"פ

ו תחת האשל ברמה. בפ"ק דתענית וכי מה ענין גבעה אצל רמה אלא שאול היה יושב בגבעה בזכות האשל הגדול ברמה והוא שמואל הא ילפינן דאשל סנהדרין מדקרי לשמואל שהוא ראש הסנהדרין אשל (יפ"ת ונזה"ק):

מסורת המדרש

טו עבודת כוכבים דף כ"ד. תנא דבי אליהו רבא רבה פרק י"א:

טז סוטה דף י'. אדר"נ פרק ו'. עי' לעיל פרשה מ"ג ופרשה מ"ט וס"ג. תנחומא סדר לך לך סימן י"ב. ועיין מדרש תהלים מזמור ל"ז ומזמור ק"י:

אם למקרא

אָז יָשִׁיר יִשְׂרָאֵל אֶת־הַשִּׁירָה הַזֹּאת עֲלִי בְאֵר עֱנוּ־לָהּ: (במדבר כא:יז)

וַיִּשְׁמַע שָׁאוּל כִּי נוֹדַע דָּוִד וַאֲנָשִׁים אֲשֶׁר אִתּוֹ וְשָׁאוּל יוֹשֵׁב בַּגִּבְעָה תַּחַת־הָאֵשֶׁל בָּרָמָה וַחֲנִיתוֹ בְיָדוֹ וְכָל־עֲבָדָיו נִצָּבִים עָלָיו: (שמואל א כב:ו)

וַיִּטַּע אֵשֶׁל בִּבְאֵר שָׁבַע וַיִּקְרָא־שָׁם בְּשֵׁם יְהוָה אֵל עוֹלָם: וַיָּגָר אַבְרָהָם בְּאֶרֶץ פְּלִשְׁתִּים יָמִים רַבִּים: (בראשית כא:לג-לד)

רש"י

(ה) **עוד מן אתרה לית היא חסירה**. אין צריך להביא ראיה ממקום אחר שבאותו המקום אינה חסירה הראיה דכתיב בעבור תהיה היתה אין כתיב כאן אלא בעבור תהיה לי לעדה. לעדת ישראל מגיד הבאר כמו כן במדבר: (ו) **שאל מה תשאל**. היה אברהם אומר לאכסנאי מה תרצה תרצה ענבים תאנים ורמונים: **קופר**. בשר צלי:

מתנות כהונה

לשון ברכה להם מעם הקב"ה: [ה] **עוד מן אתרה כו'**. עוד ממקומה עצמה אין חסר כלום והביא ראיה דכתיב תהיה לשון עתיד: [ו] **שאל**. אשל הוא אותיות שאל וכך אמר אברהם לאורחים שאל מה שתרצה ואתן לך: **עיגולא כו'**. לחם: **קופר**. בשר: **חמר**. יין: **ביעין**. ביצים: **עשרים וחמש שנים כו'**. עיין בפירש"י בחומש בסדר זה:

אשד הנחלים

[ה] **עלו המים**. כי כל הטבעים נכנעים לרצון הישר ועושים פעולתם נגד הטבע הנטוע: **את השירה הזאת**. וסופה עלי באר ענו לה מאין לקחו זאת שתעלה הבאר אם לא מאברהם. ודעת ר' יצחק שמרומז פה תהי' לי לעדה בעתיד שתעלה מעצמה לישראל בני: [ו] **שאל מה תשאל**. כלומר שנטע פרדס מכל הפירות וכשבא אורח אמר לו שאל מה שתחפוץ הכל יש בידי. וכל זה כיוון להמשיך לב בני אדם אליו ללמדם אמונה האמיתית: **סנהדרין**. שהנהיג בעירו שיהי' כס המשפט שמה ויתנהגו ע"פ סנהדרי וזקני עירו לעשות צדק ומשפט: **רבים מאותן**. כלומר שלכן כתיב ימים רבים מפני שהיו יותר ממה ששהה בחברון:

as it is stated, *Saul was sitting in Gibeah under the* אֶשֶׁל *in Ramah* (*I Samuel* 22:6).[118]

The Midrash elaborates on the view of R' Nechemyah cited above and explains the continuation of the verse: *and there he proclaimed, etc.*:[119]

עַל דַּעְתֵּיהּ דְּרַבִּי נְחֶמְיָה דְּאָמַר אֵשֶׁל פּוּנְדָּק — **According to the view of R' Nechemyah who said that *eshel*** means **an inn,** אַבְרָהָם הָיָה מְקַבֵּל אֶת הָעוֹבְרִים וְאֶת הַשָּׁבִים, וּמִשֶּׁהָיוּ אוֹכְלִין וְשׁוֹתִין אָמַר לוֹן: בָּרֵיכוּ — **Abraham would greet the passersby** with food and drink, **and after they ate and drank he would say to them, "Bless** God!" וְהֵן אָמְרִין: מַה נֵּימַר? — **They** in turn **would say** to him, **"What shall we say?"** וְאָמַר לְהוֹן: בָּרוּךְ אֵל עוֹלָם שֶׁאָכַלְנוּ מִשֶּׁלּוֹ — **And [Abraham] would say to them,** "Say, **'Blessed is the God of the world for we have eaten from what is His.' "**[120] הָדָא הוּא דִכְתִיב "וַיִּקְרָא שָׁם בְּשֵׁם ה' אֵל עוֹלָם" — **Thus is it written** in our verse, ***and there he proclaimed the Name of HASHEM, God of the Universe.***[121]

☐ וַיָּגָר אַבְרָהָם בְּאֶרֶץ פְּלִשְׁתִּים יָמִים רַבִּים — ***AND ABRAHAM SOJOURNED IN THE LAND OF THE PHILISTINES MANY YEARS.***

The Midrash comments on the phrase *many years*:

רַבִּים מֵאוֹתָן שֶׁעָשָׂה בְּחֶבְרוֹן — This means **more than [the number of years] that he spent in Hebron.** בְּחֶבְרוֹן עָשָׂה עֶשְׂרִים וְחָמֵשׁ שָׁנָה וְכָאן עָשָׂה עֶשְׂרִים וָשֵׁשׁ שָׁנִים — **In Hebron he spent twenty-five years,**[122] **and here** in Beer-sheba[123] **he spent twenty-six years.**[124]

NOTES

that Abraham created a gathering place where he would teach Torah to scholars (a "Sanhedrin") — much like the gathering of the Great Sanhedrin in Jerusalem (the "great trees") — and thereby cause God's honor to spread throughout the world.

It is on account of this that after recording the fact that Abraham planted an *eshel*, the verse concludes: *and there he proclaimed the Name of HASHEM, God of the universe* (see *Eitz Yosef,* from *Nezer HaKodesh*).

118. The word אֶשֶׁל in this verse alludes to the Sanhedrin. For the Gemara (*Taanis* 5b) asks: "What is the relevance of Gibeah [which is in Benjamin's territory (*Rashi* ad loc.)], to Ramah [which is in the mountains of Ephraim (ibid.)]?" The Gemara, as explained by *Maharsha*, concludes that what the verse means is that Saul, whose life God wished to end, had his life extended by 2½ years on account of the merit of the great "tree" Samuel, the Ramathite, who headed the Sanhedrin and who prayed on his behalf (see *Eitz Yosef*). [For why God wished to end Saul's life, see *I Samuel* 10:8, 13:8-14.]

119. Following *Nezer HaKodesh* (cited two notes previously), we have already learned one explanation; the Midrash here presents a second one.

120. This blessing was demanded of them on account of the generous quantities of food and drink with which Abraham provided them at his inn (*Yefeh To'ar*).

Even if his guests did not wish to bless God, Abraham would effectively compel them to do so by threatening that if they would refuse, he would charge them steep prices for their food and drink, as befitting an inn in the middle of the desert (*Eitz Yosef,* from 49 §4 above).

121. As the Gemara (*Sotah* 10a-b) expounds, the word וַיִּקְרָא is not to be read as וַיִּקְרָא meaning *he proclaimed*, but rather as וַיַּקְרִיא, meaning *he caused to call*, referring to the fact that he caused others to call in the Name of God.

The basis for this exposition is that if the verse meant simply that Abraham himself called in the Name of God, why would he necessarily choose to do so at an inn? Therefore the Gemara understands that Abraham must have called others to call in the Name of God through the food and drink that he so graciously provided those lodging at his inn (*Maharsha* to *Sotah* ibid.).

Although our Midrash attributes this exposition to R' Nechemyah, who defines *eshel* as an inn, it is valid according to R' Yehudah, who defines it as an orchard, as well. For even according to him, Abraham would provide the passersby with a full meal of food and drink in addition to fruits of his orchard (as indicated by *Rashi* to our verse), requiring them to bless God afterward. The reason the Midrash ascribes this exposition to R' Nechemyah is simply because according to him the guests' partaking in a multitude of food and drink is more explicit in the verse (since *eshel* means an inn, which typically offers much more than mere fruits) (*Yefeh To'ar*).

122. As calculated by *Rashi* to our verse (*Eitz Yosef*).

123. See verse 31.

124. Although the verse suggests that Abraham lived more years in Beer-sheba than he lived in Hebron, it does not indicate *how many* more years. However, since Scripture does not come to make things vague but rather to clarify, if the difference in years had been two or more the verse would have explicitly stated the number. The fact that Scripture stated no specific number indicates that he spent only one year more in Beer-sheba than he did in Hebron (*Eitz Yosef,* from *Rashi* to our verse).

ה [כא, ל] "**וַיֹּאמֶר כִּי אֶת שֶׁבַע כְּבָשֹׂת וְגוֹ'**". **רַבָּנָן וְרַבִּי יִצְחָק בֶּן חֲקוֹרָה, רַבָּנָן אָמְרִי: רוֹעָיו שֶׁל אַבְרָהָם הָיוּ מְדַיְּינִים עִם רוֹעָיו שֶׁל אֲבִימֶלֶךְ, רוֹעֵי אַבְרָהָם אוֹמְרִים: לָנוּ הַבְּאֵר וְאֵלּוּ אוֹמְרִים: לָנוּ הַבְּאֵר. אָמְרוּ לָהֶם רוֹעֵי אַבְרָהָם: כָּל מִי שֶׁהַמַּיִם עוֹלִים לְהַשְׁקוֹת אֶת צֹאנוֹ שֶׁלּוֹ הִיא הַבְּאֵר. כֵּיוָן שֶׁרָאוּ הַמַּיִם צֹאנוֹ שֶׁל אַבְרָהָם אָבִינוּ, מִיָּד עָלוּ. אָמַר לוֹ הַקָּדוֹשׁ בָּרוּךְ הוּא: אַתְּ סִימָן לְבָנֶיךָ, מָה אַתְּ כֵּיוָן שֶׁרָאוּ הַמַּיִם אֶת צֹאנְךָ מִיָּד עָלוּ אַף בָּנֶיךָ כֵּיוָן שֶׁהַבְּאֵר רוֹאָה אוֹתָן מִיָּד °יְהֵא עוֹלָה, הָדָא הוּא דִכְתִיב** (במדבר כא, יז) "**אָז יָשִׁיר יִשְׂרָאֵל אֶת הַשִּׁירָה הַזֹּאת וְגוֹ'**". **אָמַר לָהֶם רַבִּי יִצְחָק בַּר חֲקוֹרָה: עוֹד מִן אַתְרָהּ לֵית הִיא חֲסֵירָה, "בַּעֲבוּר הָיְתָה לִּי לְעֵדָה" אֵין כְּתִיב כָּאן אֶלָּא "בַּעֲבוּר תִּהְיֶה לִּי לְעֵדָה":**

ו [כא, לג] "**וַיִּטַּע אֶשֶׁל בִּבְאֵר שָׁבַע וְגוֹ'**". **רַבִּי יְהוּדָה וְרַבִּי נְחֶמְיָה, רַבִּי יְהוּדָה אָמַר: אֶשֶׁל °פַּרְדֵּס, שְׁאַל מַה תִּשְׁאַל: תְּאֵנִים וַעֲנָבִים וְרִמּוֹנִים. רַבִּי נְחֶמְיָה אָמַר: אֶשֶׁל פּוּנְדָּק שְׁאַל מַה תִּשְׁאַל: עִיגּוּלָא, קוּפָּר, חֲמַר, בֵּיעִין. רַבִּי עֲזַרְיָה בְּשֵׁם רַבִּי יְהוּדָה בַּר סִימוֹן: אֶשֶׁל סַנְהֶדְרִין, הֵיךְ מַה דְּאַתְּ אָמַר** (שמואל א כב, ו) "**וְשָׁאוּל יוֹשֵׁב בַּגִּבְעָה תַּחַת הָאֶשֶׁל בָּרָמָה**". **עַל דַּעְתֵּיהּ דְּרַבִּי נְחֶמְיָה דְּאָמַר אֶשֶׁל פּוּנְדָּק, אַבְרָהָם הָיָה מְקַבֵּל אֶת הָעוֹבְרִים וְאֶת הַשָּׁבִים, וּמִשֶּׁהָיוּ אוֹכְלִין וְשׁוֹתִין אָמַר לוֹן: בָּרִיכוּ, וְהֵן °אוֹמְרִין: מַה °נֵימוֹר, וַאֲמַר לְהוֹן: בָּרוּךְ אֵל עוֹלָם שֶׁאָכַלְנוּ מִשֶּׁלּוֹ. הָדָא הוּא דִכְתִיב** (בראשית כא, לג) "**וַיִּקְרָא שָׁם בְּשֵׁם ה' אֵל עוֹלָם**". [כא, לד] "**וַיָּגָר אַבְרָהָם בְּאֶרֶץ פְּלִשְׁתִּים יָמִים רַבִּים**", **רַבִּים מֵאוֹתָן שֶׁעָשָׂה בְּחֶבְרוֹן, בְּחֶבְרוֹן עָשָׂה עֶשְׂרִים וְחָמֵשׁ שָׁנָה וְכָאן עָשָׂה עֶשְׂרִים וְשֵׁשׁ שָׁנִים:**

עץ יוסף

(ה) [ז] **רועיו של אברהם כו'**. שעל ידי זאתו נתברר לרועים מתחלה שהבאר של אברהם ועם כל זה לא נמנעו מגזילתם ועכשיו נתינת הכבשות יהיה למזכרת עליו לזכותו בבאר כי יזכרו מה שנתוודע להם בזאן (יפ"ת): **אתה סימן לבניך**. שכל מה שאירע לאבות סימן לבנים: **אז ישיר ישראל**. עלי באר ענו לה דמשמע שעלו המים לקראתם בדוגמת בארו של אברהם שעלה לקראת זאנו. ועל זה אמר שם באר חפרוה שרים אלו אברהם ויצחק וכדמפורש בפסיקתא: **מן אתרה**. פי' מן מקומה: **בעבור תהי' לי לעדה**. דמשמע לעתיד כלפי עדה הקדושה בדור המדבר כמ"ש בפסיקתא: (ו) [ח] **אשל פרדס**. שאשל בכל מקום אילן. וכדמשמע נמי מלשון ויטע. רמיז ביה נמי לשון שאל בהפוך האותיות כי כל הפירות אשר ישאל השואל נמצא שם ליהנות בו האורחים: **אשל פונדק**. מלון לאורחים. בפ"ק דסוטה פריך א"כ מאי ויטע. ומשני כדכתיב ויטע אהלי אפדנו: **עיגולא**. פת: **קופר**. בשר: **חמר**. יין: **ביעין**. בצים: **אשל סנהדרין**. דהסנהדרין נקראים אשלי רברבי. והכוונה פה שאברהם עשה בית ועד לחכמים כמו אסיפת סנהדרין ללמד עמם תורה וחכמה כדי לפרסם על ידו כבוד שמו ית'. וע"ז נאמר ויקרא בשם ה' אל עולם (נזה"ק): **ושאול יושב בגבעה כו'**. בפ"ק דברכות וכי מה ענין גבעה לרמה. אלא שאול היה יושב בגבעה בזכות האשל שברמה הוא שמואל שהיה ראש הסנהדרין: **ואמר להם בריכו כו'**. וכשלא היו רוצים בעל כרחם היה עושה כדלעיל פ' מ"ד: [ט] **בחברון עשה כ"ה שנה**. כמו שביאר רש"י בחומש החשבון ע"ש: **וכאן עשה כ"ו שנה**. משום דכאן כתיב ימים רבים מרובים על הראשונים ולא בא לסתום אלא לפרש. ואם היו מרובים על הראשונים ג' שנים או יותר היה מפרש ועכשיו שלא פירש כמה היו מרובים אינם יתירים יותר משנה הרי כ"ו (רש"י):

פירוש מהרז"ו

(ה) **עולים**. שעל הצאן היל"ל תהיינה לי לעדה. ע"כ פי' תהיה על הבאר ועיין לעיל פל"ג סימן י"ד אתה מעלה לו את הבאר. וכמ"ש פר"א פ"ל וכן בארות של האבות מפורש ג"כ בפר"א כנ"ל. וכן הליב אברהם ז' כבשות הצאן אצל הבאר ואז עלו המים: **את השירה הזאת**. וס"ד באר חפרוה שרים וגו' היינו האבות וכנ"ל בשם הפר"א: **לי לעדה**. פי' לעדת ישראל כי חפרתי להם הבאר כמ"ש חפרוה שרים: (ו) **אשל פרדס**. סוטה דף י' לקמן פנ"ד סימן ד'. ד"ר פי"א סימן ג'. כי ויטע שייך באילנות: **פונדק**. ולשון ויטע כדכתיב ויטע אהלי אפדנו. בגמ' שם: **אשל סנהדרין**. ואולי היה ביתו בית וועד לב"ד של שם ועבר. וכמ"ש ויען דואג האדומי והוא נצב על עבדי שאול ודואג האדומי אביר הרועים אשר לשאול. היינו ראש לסנהדרין א"כ מ"ש נצב על עבדי שאול פי' ג"כ שהיה ראש לסנהדרין. ואשל סנהדרין. ג"כ מטעם שאל ע"ד שאל אביך וגו' ויותר נראה ע"פ מ"ש חז"ל האשל ברמה בזכות שמואל שיושב ברמה ושמואל היה עם ב"ד תמיד. וכמ"ש אצל נוית ברמה אצל הנביאים תלמידיו ושמואל עומד עליהם (וכ"כ היפ"ת): **הדא הוא דכתיב ויקרא בשם ה'**. שהיל"ל ויקרא אל ה'. אלא פי' שהקריא לבני אדם בשם ה' שיברכו (ע' פ"ק דסוטה): **רבים כו'**. עיין רש"י בחומש והנה אבימלך ופיכול שבאו אליו לבאר שבע שהיתה ליהודה שהרי כתוב וישובו אל ארץ פלשתים וכמ"ש לעיל ס"ס ב' וא"כ מ"ש ויגר מקומו קודם מעשה אבימלך הכ"ל ע"פ מדה ל"ב ול"ע. ועי' ברמב"ן שכתב שבאר שבע היתה ג"כ בארץ פלשתים. ומ"ש וישובו אל ארץ פלשתים פי' למקומם הראשון שבארץ פלשתים ושני באר שבע היו כו' וא"כ מ"ש לעיל ס"ס ב' שלא קבל עליו היינו לשבת אתו יחד אך הלך אל עיר אחרת ג"כ בארץ פלשתים. וע"ע בביאור הרש"ד באורך. וע' לקמן פ' ס"ד סימן ח' מש"ש ביתר ביאור:

חידושי הרד"ל

(יד) [ה] **אף בניך בו'**. השירה הזאת עלי באר ענו לה כנ"ל: (טו) **תהיה לי לעדה**. כד"א (במדבר כ') להשקות את העדה וגו' ותשת העדה:

חידושי הרש"ש

[ה] **בעבור היתה לי לעדה אכ"ב**. כי באמת כבר היתה לו לעדה במה שעלו לקראתם המים בעודם ברשות אברהם ולזכרון בעלמא נתנם לו עתה. ואנכי שמעתי דבר נאות בזה והוא כי למעלה כתיב ויצב אברהם את שבע כו' לבדהן ור"ל שהציבם נגד הבאר ועלו המים לקראתם. ואח"ז אמר אברהם לתתם לאבימלך וכאשר לא יעלו המים מעתה לקראתם יהיה מופת ברור שהבאר שייך אליו ולכן אמר שפיר כי את שבע כו' תקח מידי בעבור תהיה לי לעדה:

באור מהרי"פ

ו תחת האשל ברמה. בפ"ק דתענית וכי מה ענין גבעה אצל רמה אלא שאול היה יושב בגבעה בזכות האשל הגדול ברמה והוא שמואל הא ילפינן דאשל סנהדרין מדקרי לשמואל שהוא ראש הסנהדרין אשל (יפ"ת ונזה"ק):

מסורת המדרש

טו עבודת כוכבים דף כ"ד. תנא דבי אליהו רבא רבה פרק י"א:

טז סוטה דף י'. אדר"נ פרק ז'. עי' לעיל פרשה מ"ג ופרשה מ"ט וש"נ. תנחומא סדר לך לך סימן י"ב. ועיין מדרש תהלים מזמור ל"ז ומזמור ק"י:

אם למקרא

אָז יָשִׁיר יִשְׂרָאֵל אֶת־הַשִּׁירָה הַזֹּאת עֲלִי בְאֵר עֱנוּ־לָהּ: (במדבר כא:יז)

וַיִּשְׁמַע שָׁאוּל כִּי נוֹדַע דָּוִד וַאֲנָשִׁים אֲשֶׁר אִתּוֹ וְשָׁאוּל יוֹשֵׁב בַּגִּבְעָה תַּחַת־הָאֶשֶׁל בָּרָמָה וַחֲנִיתוֹ בְיָדוֹ וְכָל־עֲבָדָיו נִצָּבִים עָלָיו: (שמואל א כב:ו)

וַיִּטַּע אֶשֶׁל בִּבְאֵר שָׁבַע וַיִּקְרָא־שָׁם בְּשֵׁם יְהוָה אֵל עוֹלָם: וַיָּגָר אַבְרָהָם בְּאֶרֶץ פְּלִשְׁתִּים יָמִים רַבִּים: (בראשית כא:לג-לד)

רש"י

(ה) **עוד מן אתרה לית היא חסירה**. אין צריך להביא ראיה ממקום אחר שבאותו המקום אינה חסירה הראיה דכתיב בעבור תהיה היתה אין כתיב כאן אלא בעבור תהיה לי לעדה. לעדת ישראל מגיד הבאר כמו כן במדבר: (ו) **שאל מה תשאל**. היה אברהם אומר לאכסנאי מה תרצה תאנים ענבים ורמונים: **קופר**. בשר צלי:

מתנות כהונה

לשון ברכה להם מעם הקב"ה: [ה] **עוד מן אתרה כו'**. עוד ממקומה עצמה אין חסר כלום והביא ראיה דכתיב תהיה לשון עתיד: [ו] **שאל**. אשל הוא אותיות שאל וכך אמר אברהם לאורחים שאל מה שתרצה ואתן לך: **עיגולא כו'**. לחם: **קופר**. בשר: **חמר**. יין: **ביעין**. בילים: **עשרים וחמש שנים כו'**. עיין בפירש"י בחומש בסדר זה:

אשד הנחלים

[ה] **עלו המים**. כי כל הטבעים נכנעים לרצון הישר ועושים פעולתם נגד הטבע הנטוע: **את השירה הזאת**. וסופה עלי באר ענו לה מאין לקחו זאת שתעלה הבאר אם לא מאברהם. ודעת ר' יצחק שמרומז פה תהי' לי לעדה בעתיד שתעלה מעצמה לישראל בני: [ו] **שאל מה תשאל**. כלומר שנטע פרדס מכל הפירות וכשבא אורח אמר לו שאל מה שתחפוץ הכל יש בידי. וכל זה כיוון להמשיך לב בני אדם אליו ללמדם אמונה האמיתית: **סנהדרין**. שהנהיג בעירו שיהי' כס המשפט שמה ויתנהגו ע"פ סנהדרי וזקני עירו לעשות צדק ומשפט: **רבים מאותן**. כלומר שלכן כתיב ימים רבים מפני שהיו יותר ממה ששהה בחברון:

Chapter 55

וַיְהִי אַחַר הַדְּבָרִים הָאֵלֶּה וְהָאֱלֹהִים נִסָּה אֶת אַבְרָהָם וַיֹּאמֶר אֵלָיו אַבְרָהָם וַיֹּאמֶר הִנֵּנִי.

And it happened after these things that God tested Abraham and said to him, "Abraham," and he replied, "Here I am" (22:1).

§1 וַיְהִי אַחַר הַדְּבָרִים הָאֵלֶּה וְהָאֱלֹהִים נִסָּה אֶת אַבְרָהָם – ***AND IT HAPPENED AFTER THESE THINGS THAT GOD TESTED ABRAHAM.***

The Midrash here deals with a fundamental conceptual question: Why did God – Who knows all – have to test Abraham? More generally, why does God test anybody?

כְּתִיב "נָתַתָּה לִּירֵאֶיךָ נֵס לְהִתְנוֹסֵס מִפְּנֵי קֹשֶׁט סֶלָה" – **It is written, *To those who fear You, You gave a banner to be raised on high, for truth's sake, Selah!"*** (*Psalms* 60:6). נִסָּיוֹן אַחַר נִסָּיוֹן – This means that God gives **test after test**[1] וְגִידּוּלִין אַחַר גִּידּוּלִין – **and elevation after elevation**[2] to those who fear Him. בִּשְׁבִיל לְנַסּוֹתָן בָּעוֹלָם "לְהִתְנוֹסֵס", – And why does He do this to them?[3] i.e., **in order to test them** before all the people of **the world**[4] בִּשְׁבִיל לְגַדְּלָן בָּעוֹלָם – and **in order to elevate them amongst** the people of **the world,** כְּנֵס הַזֶּה שֶׁל סְפִינָה – **like the banner** at the top of a mast of a **ship.**[5] וְכָל כָּךְ לָמָּה – **And what is** the purpose of **all this?** "מִפְּנֵי קֹשֶׁט", בִּשְׁבִיל שֶׁתִּתְקַשֵּׁט מִדַּת הַדִּין בָּעוֹלָם – ***For truth's sake*** – i.e., **so that the Attribute of Justice** of God **may become vindicated in the world.** שֶׁאִם יֹאמַר לְךָ אָדָם – **For if a person says to you,** לְמִי שֶׁהוּא רוֹצֶה לְהַעֲשִׁיר מַעֲשִׁיר – "God's treatment of mankind is arbitrary: **Whomever [God] desires to make wealthy He makes wealthy;** לְמִי שֶׁהוּא רוֹצֶה מַעֲנִי – **whomever He desires** to make poor **He makes poor;** וּלְמִי שֶׁהוּא רוֹצֶה הוּא עוֹשֶׂה מֶלֶךְ – **whomever He desires** to be a king **He makes a king.** אַבְרָהָם, כְּשֶׁרָצָה עֲשָׂאוֹ מֶלֶךְ – For instance, **Abraham – when [God] so desired, He made him a king,**[6] כְּשֶׁרָצָה עֲשָׂאוֹ עָשִׁיר – **and when he so desired, He made him wealthy."** יָכוֹל אַתְּ לַהֲשִׁיבוֹ וְלוֹמַר לוֹ – If someone says this to you, **you can answer him and say** this: יָכוֹל אַתְּ לַעֲשׂוֹת כְּמוֹ שֶׁעָשָׂה אַבְרָהָם אָבִינוּ – **"Can you do what our forefather Abraham did?** If you can, you too will be shown such favor by God!" וְהוּא אוֹמֵר מֶה עָשָׂה – **[The other person] will** then **reply, "What did he do?"** וְאַתְּ אוֹמֵר לוֹ – **And you can say** back **to him,** "וְאַבְרָהָם בֶּן מְאַת שָׁנָה בְּהִוָּלֶד לוֹ" – ***"Abraham was a hundred years old when*** *his son Isaac* ***was born to him*** (above, 21:5), וְאַחַר כָּל הַצַּעַר הַזֶּה – **and after all this anguish**[7] of longing for a son, נֶאֱמַר לוֹ "קַח נָא אֶת בִּנְךָ אֶת יְחִידְךָ" – **he was told** by God, ***Please take your son, your only one*** (v. 2); וְלֹא עִיכֵּב – **yet he did not hold back** from fulfilling God's command." הֲרֵי "נָתַתָּה לִּירֵאֶיךָ נֵס לְהִתְנוֹסֵס" – **Thus,** we have explained the meaning of this verse, ***To those who fear You, You gave a banner to be raised high.***[8]Ⓐ

§2 [וַיְהִי אַחַר הַדְּבָרִים הָאֵלֶּה וְהָאֱלֹהִים נִסָּה אֶת אַבְרָהָם] – *AND IT HAPPENED AFTER THESE THINGS THAT GOD TESTED ABRAHAM.*]

The Midrash continues its discussion of Divine tests:

"ה' צַדִּיק יִבְחָן וְרָשָׁע וְאוֹהֵב חָמָס שָׂנְאָה נַפְשׁוֹ" – It is written, ***HASHEM examines the righteous one, but He despises the wicked and the lover of injustice*** (*Psalms* 11:5).[9] אָמַר רַבִּי יוֹנָתָן – **R' Yonasan said:** הַפִּשְׁתָּנִי הַזֶּה כְּשֶׁפִּשְׁתָּנוֹ לוֹקָה אֵינוֹ מַקִּישׁ עָלֶיהָ בְּיוֹתֵר – **The flax maker, when his flax is inferior, does not beat it too much,**[10] מִפְּנֵי שֶׁהִיא פּוֹקַעַת – **because it would break** if he did so. וּכְשֶׁפִּשְׁתָּנוֹ יָפָה הוּא מַקִּישׁ עָלֶיהָ בְּיוֹתֵר – **But when his flax is of superior quality he beats it a great deal.** לָמָּה שֶׁהִיא מִשְׁתַּבַּחַת וְהוֹלֶכֶת – And **why** does he do this? **Because** as he beats it, **it progressively improves** in quality. כָּךְ הַקָּדוֹשׁ בָּרוּךְ

NOTES

1. The word *Selah* at the end of the verse means "forever" or "always." Based on this word the Midrash states that God's giving of a נֵס to those who fear Him is something that happens again and again (*Yefeh To'ar*). As for the meaning of the word נֵס (translated here as "banner"), the Midrash here interprets it to be related to the verb נסה, "to put to a test." Thus, the meaning of the verse is that God constantly subjects those who fear Him to tests.

2. The Midrash assigns a second meaning to נֵס as well, asserting that it is related to the same word (נֵס) in its sense of a flag or banner hoisted on high. Each test passed by a righteous person elevates him a further level in righteousness and spirituality (*Rashi, Matnos Kehunah*).

3. The verb לְהִתְנוֹסֵס, like the noun נֵס, can have two meanings, and the Midrash once again applies them both (perhaps because of the doubling of the letter ס [*Ohr HaSeichel*] or because of the repetitive-sounding נֵס לְהִתְנוֹסֵס [*Eitz Yosef*]). [Regarding these two meanings of נִסָּה, see below, section 6.]

4. I.e., in order to show to the world that the righteous person has passed the test and proven himself (for the purpose discussed later in the Midrash) (*Yefeh To'ar*).

5. As explained above, the expression נֵס לְהִתְנוֹסֵס is interpreted to mean "an elevation, to become elevated," by analogy with a lofty flag (נֵס), such as on a ship's mast.

6. As the Midrash recounts above (42 §5, 43 §5), the nations of the world accepted Abraham as their king (*Eitz Yosef*).

7. Perhaps this is intimated in the words, *And it happened "after these things" that God tested Abraham.*

8. Thus, the answer to the question of why God tested Abraham (or tests any other righteous person) is that through such tests the righteous person's true devotion and piety become known to all, and he is further elevated in stature by such tests. See Insight Ⓐ.

9. This verse states a principle that God tests only the righteous; He does not "bother" to do so with the wicked. The Midrash goes on to explain, through several parables, why this is so.

10. Beating is one of the steps of processing flax into linen.

INSIGHTS

Ⓐ **Elevation After Elevation** According to the simple interpretation cited above, the Midrash uses the two meanings of the word נֵס, *test* and *elevation*, to teach that through the repeated tests of the righteous they are elevated in the eyes of the world, who realize that God favors them because of how they repeatedly pass these tests by placing their full faith in Him.

An alternate perspective on this teaching is offered by *R' Yitzchak Erlanger* in *Ani Maamin* (Essay: *VeEmunah Kol Zos*), where he suggests that "elevation after elevation" refers to a stepwise increase in the level of one's faith and closeness to God that is inextricably linked to one's trials and tribulations. It is precisely in the depths of a trial – when one is surrounded by darkness with no escape in sight, and all he can do is turn to God as his sole means of rescue, garnering strength from his faith that He will ultimately provide the light at the end of the tunnel – that he merits to see true light from God, and becomes elevated in his level of spirituality. As one succeeds in coming closer to God and increasing his love for Him through each of these personal tests, he can ultimately achieve the faith of the truly righteous that is described in *Chovos HaLevovos* (*Shaar Ahavas Hashem*, Ch. 1), whereby even the most extreme level of suffering merely offers him confirmation of God's unlimited abilities, and thus increases his love for and belief in Him.

אם למקרא

נָתַתָּה לִּירֵאֶיךָ נֵּס לְהִתְנוֹסֵס מִפְּנֵי קֹשֶׁט סֶלָה: (תהלים ס:ו)

ה' צַדִּיק יִבְחָן וְרָשָׁע וְאֹהֵב חָמָס שָׂנְאָה נַפְשׁוֹ: (תהלים יא:ה)

וְהָרְשָׁעִים כַּיָּם נִגְרָשׁ כִּי הַשְׁקֵט לֹא יוּכָל וַיִּגְרְשׁוּ מֵימָיו רֶפֶשׁ וָטִיט: (ישעיה נז:ב)

וַיְהִי אַחַר הַדְּבָרִים הָאֵלֶּה וַתִּשָּׂא אֵשֶׁת־אֲדֹנָיו אֶת־עֵינֶיהָ אֶל־יוֹסֵף וַתֹּאמֶר שִׁכְבָה עִמִּי: (בראשית לט:ז)

עץ יוסף

נה (א) כתיב נתת ליראיך נס כו' נסיון כו'. דרשו מלת נס מלשון נסיון. וכן מלשון גדולה שהנסיון היה כדי לגדלן בעולם. ומדכתיב נס להתנוסס אמר נסיון אחר נסיון. וכל כך למה בא לנסותם שהרי הכל גלוי וידוע לפניו ית' מפני קושט בשביל שתתקשט מדה"ד בעולם לפרסם שאינו נושא פנים לשום אדם אלא הכל הוא באמת ותמים (נזה"ק): **לנסותן.** לרומם אותם כנס: **שתתקשט.** שתתאמת תרגום אמת קשוט: **למי שהוא רוצה כו'.** לא לפי הגמול כי אם לפי רצון השם יתברך ואין יתרון לעובד ללא עובד: **בשרצה עשאו מלך.** כדאמר לעיל פרשה מ"ג אל עמק שוה ששם הושוו כל או"ה ואמרו לו מלך אתה עלינו כו': **(ב) ה' צדיק יבחן כו'.** מבואר לעיל פ' ל"ב סימן ג': **אינו מקיש עליו ביותר.** אלא מעט דהא ע"כ צריך להקיש עליה: **והרשעים כים נגרש.** פי' שיטיהו דברים ויבעטו ביסורים: **ותשא אשת אדוניו.** שיוסף נתנסה בה כדלקמן:

פרשה נה

א [כב, א] "וַיְהִי אַחַר הַדְּבָרִים הָאֵלֶּה וְהָאֱלֹהִים נִסָּה אֶת אַבְרָהָם". כְּתִיב (תהלים ס, ו) [א]"נָתַתָּה לִּירֵאֶיךָ נֵּס לְהִתְנוֹסֵס מִפְּנֵי קֹשֶׁט סֶלָה", נִסָּיוֹן אַחַר נִסָּיוֹן וְגִידוּלִין אַחַר גִּידוּלִין בִּשְׁבִיל לְנַסּוֹתָן בָּעוֹלָם, בִּשְׁבִיל לְגַדְּלָן בָּעוֹלָם, כַּנֵּס הַזֶּה שֶׁל סְפִינָה. וְכָל כָּךְ לָמָּה, מִפְּנֵי קֹשֶׁט, בִּשְׁבִיל שֶׁתִּתְקַשֵּׁט מִדַּת הַדִּין בָּעוֹלָם, שֶׁאִם יֹאמַר לְךָ אָדָם: לְמִי שֶׁהוּא רוֹצֶה לְהַעֲשִׁיר מַעֲשִׁיר, לְמִי שֶׁהוּא רוֹצֶה מַעֲנִי, וּלְמִי שֶׁהוּא רוֹצֶה הוּא עוֹשֶׂה מֶלֶךְ. אַבְרָהָם כְּשֶׁרָצָה עֲשָׂאוֹ מֶלֶךְ, כְּשֶׁרָצָה עֲשָׂאוֹ עָשִׁיר, יָכוֹל אַתְּ לַהֲשִׁיבוֹ וְלוֹמַר לוֹ יָכוֹל אַתְּ לַעֲשׂוֹת כְּמוֹ שֶׁעָשָׂה אַבְרָהָם אָבִינוּ, וְהוּא אוֹמֵר: מֶה עָשָׂה, וְאַתְּ אוֹמֵר לוֹ: "וְאַבְרָהָם בֶּן מְאַת שָׁנָה בְּהִוָּלֶד לוֹ", וְאַחַר כָּל הַצַּעַר הַזֶּה נֶאֱמַר לוֹ: "קַח נָא אֶת בִּנְךָ אֶת יְחִידְךָ", וְלֹא עִיכֵּב, הֲרֵי "נָתַתָּ לִּירֵאֶיךָ נֵס לְהִתְנוֹסֵס":

ב (שם יא, ה) "ה' צַדִּיק יִבְחָן וְרָשָׁע וְאוֹהֵב חָמָס שָׂנְאָה נַפְשׁוֹ". [ב]אָמַר רַבִּי יוֹנָתָן: הַפִּשְׁתָּנִי הַזֶּה כְּשֶׁפִּשְׁתָּנוֹ לוֹקָה אֵינוֹ מַקִּישׁ עָלֶיהָ בְּיוֹתֵר מִפְּנֵי שֶׁהִיא פּוֹקַעַת, וּכְשֶׁפִּשְׁתָּנוֹ יָפָה הוּא מַקִּישׁ עָלֶיהָ בְּיוֹתֵר לָמָּה שֶׁהִיא מִשְׁתַּבַּחַת וְהוֹלֶכֶת, כָּךְ הַקָּדוֹשׁ בָּרוּךְ הוּא אֵינוֹ מְנַסֶּה אֶת הָרְשָׁעִים לָמָּה שֶׁאֵין יְכוֹלִין לַעֲמוֹד דִּכְתִיב (ישעיה נז, כ) "וְהָרְשָׁעִים כַּיָּם נִגְרָשׁ", וְאֶת מִי מְנַסֶּה, אֶת הַצַּדִּיקִים שֶׁנֶּאֱמַר (תהלים יא, ה) "ה' צַדִּיק יִבְחָן". (בראשית לט, ז) "וַיְהִי אַחַר הַדְּבָרִים הָאֵלֶּה וַתִּשָּׂא אֵשֶׁת אֲדֹנָיו וגו' ". "וַיְהִי אַחַר הַדְּבָרִים הָאֵלֶּה וְגוֹ' ", [ג]אָמַר רַבִּי יוֹנָתָן: הַיּוֹצֵר הַזֶּה כְּשֶׁהוּא בּוֹדֵק אֶת הַכִּבְשָׁן שֶׁלּוֹ, אֵינוֹ בּוֹדֵק אֶת הַכֵּלִים הַמְרוֹעָעִים, לָמָּה, שֶׁאֵינוֹ מַסְפִּיק לְהַקִּישׁ עָלָיו אַחַת עַד הוּא שׁוֹבְרוֹ.

פירוש מהרז"ו

נה (א) נס להתנוסס. שלכך נסה אותם בנסיונות כדי לגדלם הרבה. ומ"ש כנס הזה של ספינה כן הלשון לקמן סימן ו' ושם פירשתי. ועיין בילקוט תהלים ס' גי' אחרת: **אברהם כו'.** ומ"ש ליראיך זה אברהם כמ"ש עתה ידעתי כי ירא אלהים אתה כמ"ש לעיל ריש פ' מ' וכמ"ש שם למען יחלצון ידידיך היינו אברהם שהוא ידידו ואוהבו כמ"ש זרע אברהם אוהבי וכמ"ש מה לידידי בביתי. וכן פסוק הסמוך אלהים דבר בקדשו כמ"ש לעיל פר' מ"ג סימן ה' עמק סוכות: **עשאו מלך.** כמ"ש לעיל פר' מ"ג סימן ה' מלך את עלינו וש"נ: **(ב) ר' יונתן.** לעיל פל"ב סימן ג' וש"נ ומבואר. ועי' מדרש תהלים מזמור י"א: **כים נגרש.** וס"ד השקט לא יוכל. ועיקר הנסיון להיות שקט וסובל ושותק וממתין וע"כ אין הרשעים יכולים לעמוד בנסיון: **ויהי אחר הדברים.** והאלהים נסה וגו': **את הכבשן.** פי' כשלוקח הכל מן הכבשן בודק איזה נשאר שלם ואיזה נשבר:

מסורת המדרש

א ילקוט כאן רמז נ"ה. ילקוט תהלים רמז תשע"ז:

ב לעיל פרשה ל"ב ופר' ל"ד. שיר רבה סוף פ' ב'. תנחומא כאן סימן כ'. ילקוט כאן רמז נ"ה. ילקוט ישעיה רמז ש"כ. וילקוט תהלים רמז תרכ"ד. ועי' שמ"ר פר' ב'. ובמד"ר פ' ט"ו. ובתנחומא סדר בהעלותך סימן ח':

ג ילקוט ישעיה רמז שמ"ט:

רש"י

נה (א) נתתה ליראיך נס להתנוסס מפני קשט סלה. נסיון אחר נסיון דבר אחר גדולין אחר גדולין מה טעם נתתה ליראיך נס בשביל להתנוסס בעולם דבר אחר להתנוסס לגדלן בעולם שידעו העולם שנתנסו ועמדו בנסיון ומפורש בתנחומא מהרהר יצחק שהיה ישמעאל מתרעם לומר ואני גדול להקדוש ברוך הוא יותר ממך ואני שיורש את העולם שאני בכור לאבי א"ל יצחק אמור מה יש להקדוש ברוך הוא ממך אמר ליה שמלתי עצמי לי"ג שנה והייתי יכול לומר אי אפשי למול מסרתי עצמו וקבלתי עלי אבל אתה לא היה בידך למחות אמר ליה יצחק כל מה שהלוית להקב"ה ג' טיפי דם ואני יודע שאם יבקש הקב"ה אותי לשחוט עכשיו אני בן ל"ז שנה ואיני מעכב אמר ליה הקב"ה למלאכי השרת הרי השעה מיד והאלהים נסה את אברהם מכאן אמרו שהרהורי דברים היו שם:

מתנות כהונה

נה [א] נסיון אחר נסיון כו'. להתנוסס דרש לשון נסיון ולשון גדולה והתרוממות כנס הזה: **לנסותן.** לרומם אותן כנס: **שתתקשט.** שתתאמת תרגום אמת קשוט: **למי שהוא רוצה כו'.** לא לפי הגמול כי אם לפי רצון הש"י ואין יתרון לעובד ללא עובד: **[ב] כפשתני כו'.** נתבאר לעיל פרשה ל"ב ופרשה ל"ד: **ותשא אשת אדוניו וכו'.** הרי שהקב"ה מנסה יוסף בשביל

נחמד למראה

נה [ב] ויהי אחר הדברים האלה אמר רבי יונתן הפשתני הזה וכו' היוצר הזה כשהוא בודק את הכבשן וכו'

אשד הנחלים

נה [א] נסיון אחר נסיון גדולין כו' שתתקשט מדת הדין בעולם. ויבואר הדבר בדרך קצרה. כי הנה הנסיון הוא לצרף הלב והנפש ולזככה יותר ויותר. כי בבוא הנסיון אז יתחזק נפשו ויוציא כחותיו לפועל. ובטרם ידע מהנסיון המה טמונים במעמקי הלב ולכן יצאו לפועל ולא הרגיל הכחות להשתמש בהם ולציירם וכל מה שיתנסו יתגדלו במדותם יותר ויותר. ועי"ז יתעלו תמיד מעלה מעלה וכל מה שיגדלו ה' מעלה אותן יותר. זה נס להתנוסס. פעמים רבות נסיון אחרי נסיון כדי שיצרף עוד יש נסון בעבור הזולת כדי שילמדו בני אדם וידעו עד כמה כח האדם לעשות טוב. ועוד להצדיק הנהגה עליונ' שידעו כי צדקו משפטי ה' במה שמגביה איש אחד. וזהו כדי שתתקשט מדה"ד וידעו כי הכל בצדק. **ואחרי כל הצער כו'.** שלכן כתיב ויהי אחר הדברים. כלומר אחרי שסבל הצער הגדול וזכה לבן ועכ"ז נסהו להעלותו עולה. והוא ממהר ברצון לעשות זאת: **[ב] הפשתני הזה כו'** **היוצר הזה כו' שתי פרות כו'.** הבדל המשלים הוא כמו שפרשתי יש נסיון לטובת עצמו למען יזדכך יותר. ולכן כל מה שפשתנו יותר טוב הוא מקיש ביותר. ויש נסיון לטובת הזולת שידעו האנשים עד כמה כחה של צדיק כמו שהיוצר מקיש בקנקנים לפני הקונים שידעו אם הוא טוב והמשל השלישי הוא ג"כ כמשל הראשון. רק שאחז בפרות שהמה בע"ח וישתנו בכחותם יש טוב ויש רע. והוא טוען המשאוי הגדול' רק על מי שכחה יפה. אך זה ההבדל בין זה למשל הראשון. שבמשל הראשון הצירוף הוא למען יטיב יותר ויוציא כחותיו לפועל יותר ובמשל הזה הוא כפשוטו. כל אדם צריך לעבוד כפי כחותיו. ואם כחו טוב צריך להיות עבודתו יותר גדולה וזהו בחינת הנסיון על צד האהבה לבדה. והבן זה: **והרשעים כים נגרש.** שמחשבותיהם עפות ודאות הנה והנה השקט לא יוכל ואם ינסם לא יוכלו לעמוד כי יחשבו מחשבות תועות מפני רוב עשתנותיהם הרצים בלבבם תמיד:

ב וַיְהִי אַחַר הַדְּבָרִים הָאֵלֶּה וְגוֹ׳ — ***AND IT HAPPENED AFTER THESE THINGS*** *THAT GOD TESTED ABRAHAM.*

The Midrash cites another parable to explain why only the righteous are tested:

אָמַר רַבִּי יוֹנָתָן — **Rabbi Yonasan said:** הַיּוֹצֵר הַזֶּה כְּשֶׁהוּא בּוֹדֵק אֶת הַכִּבְשָׁן שֶׁלּוֹ — **When the potter** who makes vessels of clay **examines** the strength of what is produced by **his kiln,** אֵינוֹ בּוֹדֵק אֶת הַכֵּלִים הַמְרוֹעָעִים — **he does not examine the vessels that are flimsy** looking, by striking them to test their strength. לָמָּה שֶׁאֵינוֹ מַסְפִּיק לְהַקִּישׁ עָלָיו אַחַת עַד הוּא שׁוֹבְרוֹ — And **why** is this so? **Because he would not have a chance to strike it even once without breaking it.** הוּא אֵינוֹ מְנַסֶּה אֶת הָרְשָׁעִים — **So too, the Holy One, blessed is He, does not test the wicked.** לָמָּה שֶׁאֵין יְכוֹלִין לַעֲמוֹד — And **why** is this? **Because He knows that they will not withstand** the test, דִּכְתִיב ״וְהָרְשָׁעִים כַּיָּם נִגְרָשׁ״ — **and it is written,** ***But the wicked are like the driven sea*** *that cannot rest* (*Isaiah* 57:20).[11] וְאֶת מִי מְנַסֶּה? אֶת הַצַּדִּיקִים — **And whom does He test? The righteous,** שֶׁנֶּאֱמַר ״ה׳ צַדִּיק יִבְחָן״ — **as it is written,** ***HASHEM examines the righteous.*** ״וַיְהִי אַחַר הַדְּבָרִים הָאֵלֶּה וַתִּשָּׂא אֵשֶׁת אֲדוֹנָיו וְגוֹ׳״ — Thus we find that God subjected the righteous Joseph to the test of Potiphar's wife, as is written, ***After these things, his master's wife cast*** *her eyes upon Joseph,* ***etc.*** (below, 39:7).

NOTES

11. That is, when the wicked are challenged they thrash about in rebelliousness and anger (*Eitz Yosef*).

פרשה נה

א [כב, א] "וַיְהִי אַחַר הַדְּבָרִים הָאֵלֶּה וְהָאֱלֹהִים נִסָּה אֶת אַבְרָהָם". כְּתִיב (תהלים ס, ו) [א]"נָתַתָּה לִּירֵאֶיךָ נֵס לְהִתְנוֹסֵס מִפְּנֵי קֹשֶׁט סֶלָה", נִסָּיוֹן אַחַר נִסָּיוֹן וְגִידוּלִין אַחַר גִּידוּלִין בִּשְׁבִיל לְנַסּוֹתָן בָּעוֹלָם, בִּשְׁבִיל לְגַדְּלָן בָּעוֹלָם, כַּנֵּס הַזֶּה שֶׁל סְפִינָה. וְכָל כָּךְ לָמָּה, מִפְּנֵי קֹשֶׁט, בִּשְׁבִיל שֶׁתִּתְקַשֵּׁט מִדַּת הַדִּין בָּעוֹלָם, שֶׁאִם יֹאמַר לְךָ אָדָם: לְמִי שֶׁהוּא רוֹצֶה לְהַעֲשִׁיר מַעֲשִׁיר, לְמִי שֶׁהוּא רוֹצֶה מַעֲנִי, וּלְמִי שֶׁהוּא רוֹצֶה הוּא עוֹשֶׂה מֶלֶךְ. אַבְרָהָם כְּשֶׁרָצָה עֲשָׂאוֹ מֶלֶךְ, כְּשֶׁרָצָה עֲשָׂאוֹ עָשִׁיר, יָכוֹל אַתְּ לַהֲשִׁיבוֹ וְלוֹמַר לוֹ יָכוֹל אַתְּ לַעֲשׂוֹת כְּמוֹ שֶׁעָשָׂה אַבְרָהָם אָבִינוּ, וְהוּא אוֹמֵר: מֶה עָשָׂה, וְאַתְּ אוֹמֵר לוֹ: "וְאַבְרָהָם בֶּן מְאַת שָׁנָה בְּהִוָּלֶד לוֹ", וְאַחַר כָּל הַצַּעַר הַזֶּה נֶאֱמַר לוֹ: "קַח נָא אֶת בִּנְךָ אֶת יְחִידְךָ", וְלֹא עִיכֵּב, הֲרֵי "נָתַתָּ לִּירֵאֶיךָ נֵס לְהִתְנוֹסֵס":

ב (שם יא, ה) "ה' צַדִּיק יִבְחָן וְרָשָׁע וְאֹהֵב חָמָס שָׂנְאָה נַפְשׁוֹ". [ב]אָמַר רַבִּי יוֹנָתָן: הַפִּשְׁתָּנִי הַזֶּה כְּשֶׁפִּשְׁתָּנוֹ לוֹקָה אֵינוֹ מַקִּישׁ עָלֶיהָ בְּיוֹתֵר מִפְּנֵי שֶׁהִיא פּוֹקַעַת, וּכְשֶׁפִּשְׁתָּנוֹ יָפָה הוּא מַקִּישׁ עָלֶיהָ בְּיוֹתֵר לָמָּה שֶׁהִיא מִשְׁתַּבַּחַת וְהוֹלֶכֶת, כָּךְ הַקָּדוֹשׁ בָּרוּךְ הוּא אֵינוֹ מְנַסֶּה אֶת הָרְשָׁעִים לָמָּה שֶׁאֵין יְכוֹלִין לַעֲמוֹד דִּכְתִיב (ישעיה נז, כ) "וְהָרְשָׁעִים כַּיָּם נִגְרָשׁ", וְאֶת מִי מְנַסֶּה, אֶת הַצַּדִּיקִים שֶׁנֶּאֱמַר (תהלים יא, ה) "ה' צַדִּיק יִבְחָן". (בראשית לט, ז) "וַיְהִי אַחַר הַדְּבָרִים הָאֵלֶּה וַתִּשָּׂא אֵשֶׁת אֲדֹנָיו וגו'". "וַיְהִי אַחַר הַדְּבָרִים הָאֵלֶּה וְגוֹ'", [ג]אָמַר רַבִּי יוֹנָתָן: הַיּוֹצֵר הַזֶּה כְּשֶׁהוּא בּוֹדֵק אֶת הַכִּבְשָׁן שֶׁלּוֹ, אֵינוֹ בּוֹדֵק אֶת הַכֵּלִים הַמְרוֹעָעִים, לָמָּה, שֶׁאֵינוֹ מַסְפִּיק לְהָקִישׁ עָלָיו אַחַת עַד הוּא שׁוֹבְרוֹ.

עץ יוסף

נה (א) **כתיב נתת ליראיך נס כו' נסיון כו'.** דרשו מלת נס מלשון נסיון. וכן מלשון גדולה שהנסיון היה כדי לגדלן בעולם. ומדכתיב נס להתנוסס אמר נסיון אחר נסיון. וכל כך למה בא לנסותם שהרי הכל גלוי וידוע לפניו ית' מפני קושט בשביל שתתקשט מדה"ד בעולם לפרסם שאינו נושא פנים לשום אדם אלא הכל הוא באמת ותמים (נזה"ק): **לנסותן.** לרומם אותם כנס: **שתתקשט.** שתתאמת תרגום אמת קשוט: **למי שהוא רוצה כו'.** לא לפי הגמול כי אם לפי רצון השם יתברך ואין יתרון לעובד ללא עובד: **כשרצה עשאו מלך.** כדאמר לעיל פרשה מ"ג אל עמק שוה ששם השוו כל או"ה ואמרו לו מלך אתה עלינו כו': (ב) **ה' צדיק יבחן כו'.** מבואר לעיל פ' ל"ב סימן ג': **אינו מקיש עליו ביותר.** אלא מעט דהא ע"כ צריך להקיש עליה: **והרשעים כים נגרש.** פי' שיטיחו דברים ויבעטו ביסורים: **ותשא אשת אדוניו.** שיוסף נתנסה בה כדלקמן:

פירוש מהרז"ו

נה (א) **נס להתנוסס.** שלכך נסה אותם בנסיונות כדי לגדלם הרבה. ומ"ש כנס הזה של ספינה כן הלשון לקמן סימן ו' ושם פירשתי. ועיין בילקוט תהלים ס' ג' אחרת: **אברהם כו'.** ומ"ש ליראיך זה אברהם כמ"ש עתה ידעתי כי ירא אלהים אתה כמ"ש לעיל ריש פ' מ' וכמ"ש שם למען יחלצון ידידיך היינו אברהם שהוא ידידו ואוהבו כמ"ש זרע אברהם אוהבי וכמ"ש מה לידידי בביתי. וכן פסוק הסמוך אלהים דבר בקדשו כמ"ש לעיל פר' מ"ב סימן ה' עמק סוכות: **עשאו מלך.** כמ"ש לעיל פר' מ"ב סימן ה' מלך את עלינו וש"נ: (ב) **ר' יונתן.** לעיל פל"ב סימן ג' וש"נ ומבואר. ועי' מדרש תהלים מזמור י"א: **בים נגרש.** וס"ד השקט לא יוכל. ועיקר הנסיון להיות שקט וסובל ושותק וממתין וע"כ אין הרשעים יכולים לעמוד בנסיון: **ויהי אחר הדברים.** והאלהים נסה וגו': **את הכבשן.** פי' כשלוקח הכל מן הכבשן בודק איזה נשאר שלם ואיזה נשבר:

אם למקרא

נָתַתָּה לִּירֵאֶיךָ נֵּס לְהִתְנוֹסֵס מִפְּנֵי קֹשֶׁט סֶלָה: (תהלים ס:ו)

ה' צַדִּיק יִבְחָן וְרָשָׁע וְאֹהֵב חָמָס שָׂנְאָה נַפְשׁוֹ: (תהלים יא:ה)

וְהָרְשָׁעִים כַּיָּם נִגְרָשׁ כִּי הַשְׁקֵט לֹא יוּכָל וַיִּגְרְשׁוּ מֵימָיו רֶפֶשׁ וָטִיט: (ישעיה נז:ב)

וַיְהִי אַחַר הַדְּבָרִים הָאֵלֶּה וַתִּשָּׂא אֵשֶׁת־אֲדֹנָיו אֶת־עֵינֶיהָ אֶל־יוֹסֵף וַתֹּאמֶר שִׁכְבָה עִמִּי: (בראשית לט:ז)

מסורת המדרש

א ילקוט כאן רמז נ"ה. ילקוט תהלים רמז תשע"ז:

ב לעיל פרשה ל"ב ופר' ל"ד. שיר רבה סוף פ' ב'. תנחומא כאן סימן כ'. ילקוט כאן רמז נ"ה. ילקוט ישעיה רמז ש"כ. וילקוט תהלים רמז תרכ"ד. ועי' שמ"ר פר' ב'. ובמד"ר פ' ט"ו. ובתנחומא סדר בהעלותך סימן ח':

ג ילקוט ישעיה רמז שמ"ט:

רש"י

נה (א) **נתתה ליראיך נס להתנוסס מפני קשט סלה.** נסיון אחר נסיון דבר אחר גדולין אחר גדולין מה טעם נתתה ליראיך נס בשביל להתנוסס בעולם דבר אחר להתנוסס לגדלן בעולם שידעו העולם שנתנסו ועמדו בנסיון ומפורש בתנחומא מהרהר יצחק שהיה ישמעאל מתרעם לומר ואני גדול להקדוש ברוך הוא יותר ממך ואני שיורש את העולם שאני בכור לאבי א"ל יצחק אמור מה יש להקדוש ברוך הוא ממך אמר ליה שמלתי עצמי לי"ג שנה והייתי יכול לומר אי אפשי למול מסרתי עצמו וקבלתי עלי אבל אתה לא היה בידך למחות אמר ליה יצחק כל מה שהלוית להקב"ה ג' טיפי דם ואני יודע שאם יבקש הקב"ה אותי לשחוט עכשיו אני בן ל"ז שנה ואיני מעכב אמר ליה הקב"ה למלאכי השרת הרי השעה מיד והאלהים נסה את אברהם מכאן אמרו שהרהורי דברים היו שם:

מתנות כהונה

נה [א] **נסיון אחר נסיון כו'.** להתנוסס דרש לשון נסיון ולשון גדולה והתרוממות כנס הזה: **לנסותן.** לרומם אותן כנס: **שתתקשט.** שתתאמת תרגום אמת קשוט: **למי שהוא רוצה כו'.** לא לפי הגמול כי אם לפי רצון הש"י ואין יתרון לעובד ללא עובד: [ב] **כפשתני כו'.** נתבאר לעיל פרשה ל"ב ופרשה ל"ד: **ותשא אשת אדוניו וכו'.** הרי שהקב"ה מנסה יוסף בשביל

נחמד למראה

נה [ב] ויהי אחר הדברים האלה אמר רבי יונתן הפשתני הזה וכו' היוצר הזה כשהוא בודק את הכבשן וכו'

אשד הנחלים

נה [א] **נסיון אחר נסיון גדולין כו' שתתקשט מדת הדין בעולם.** ויבואר הדבר בדרך קצרה. כי הנה הנסיון הוא לצרף הלב והנפש ולזככה יותר ויותר. כי בבוא הנסיון אז יתחזק נפשו ויוציא כחותיו לפועל. ובטרם ידע מהנסיון המה טמונים במעמקי הלב ולכן יצאו לפועל ולא הרגיל הכחות להשתמש בהם ולציירם וכל מה שיתנסו יתגדלו במדותם יותר ויותר. ועי"ז יתעלו תמיד מעלה מעלה וכל מה שיגדלו ה' מעלה אותן יותר. זה נס להתנוסס. פעמים רבות נסיון אחרי נסיון כדי שיצרף עוד יש נסון בעבור הזולת כדי שילמדו בני אדם וידעו עד כמה כח האדם לעשות טוב. ועוד להצדיק הנהגה עליונ' שידעו כי צדקו משפטי ה' במה שמגביה איש אחד. וזהו כדי שתתקשט מדה"ד וידעו כי הכל בצדק. **ואחרי כל הצער כו'.** שלכן כתיב ויהי אחר הדברים. כלומר אחרי שסבל הצער הגדול וזכה לבן ועכ"ז נסהו להעלותו עולה. והוא ממהר ברצון לעשות זאת: **[ב] הפשתני הזה כו' היוצר הזה כו' שתי פרות כו'.** הבדל המשלים הוא כמו שפרשתי יש נסיון לטובת עצמו למען יזדכך יותר. ולכן כל מה שפשתנו יותר טוב הוא מקיש ביותר. ויש נסיון לטובת הזולת שידעו האנשים עד כמה כחה של צדיק כמו שהיוצר מקיש בקנקנים לפני הקונים שידעו אם הוא טוב והמשל השלישי הוא ג"כ כמשל הראשון. רק שאחז בפרות שהמה בע"ח וישתנו בכחותם יש טוב ויש רע. והוא טוען המשאוי הגדול' רק על מי שכחה יפה. אך זה ההבדל בין זה למשל הראשון. שבמשל הראשון הצירוף הוא למען יטיב יותר ויוציא כחותיו לפועל יותר ובמשל הזה הוא כפשוטו. כל אדם צריך לעבוד כפי כחותיו. ואם כחו טוב צריך להיות עבודתו יותר גדולה וזהו בחינת הנסיון על צד האהבה לבדה. והבן זה: **והרשעים כים נגרש.** שמחשבותיהם עפות ודאות הנה והנה השקט לא יוכל ואם ינסם לא יוכלו לעמוד כי יחשבו מחשבות תועות מפני רוב עשתנותיהם הרצים בלבבם תמיד:

וּמַה הוּא בוֹדֵק? בְּקַנְקַנִּים בְּרוּרִים – So which of them **does he examine? The flasks that are firm, שֶׁאֲפִילוּ הוּא מַקִּישׁ עָלָיו כַּמָּה פְּעָמִים אֵינוֹ שׁוֹבְרוֹ – for** with such a flask **even if he were to strike it several times he would not break it. כָּךְ אֵין הַקָּדוֹשׁ בָּרוּךְ הוּא מְנַסֶּה אֶת הָרְשָׁעִים אֶלָּא אֶת הַצַּדִּיקִים – So too, the Holy One, blessed is He, does not test the wicked but the righteous, שֶׁנֶּאֱמַר "ה' צַדִּיק יִבְחָן" – as it is written, *HASHEM examines the righteous one,*** *but He despises the wicked and the lover of injustice* (*Psalms* 11:5).

Yet another parable:

אָמַר רַבִּי אֶלְעָזָר – Rabbi Elazar said: לְבַעַל הַבַּיִת שֶׁהָיָה לוֹ שְׁתֵּי פָרוֹת – This can be compared **to the homeowner who has two cows, אַחַת כֹּחָהּ יָפֶה וְאַחַת כֹּחָהּ רָע – one strong and the other one weak. עַל מִי הוּא נוֹתֵן אֶת הָעוֹל – Upon which one would he place the yoke? לֹא עַל אוֹתָהּ שֶׁכֹּחָהּ יָפֶה** – Would he **not** place it **on the one that is strong? כָּךְ אֵין הַקָּדוֹשׁ בָּרוּךְ הוּא מְנַסֶּה אֶלָּא אֶת הַצַּדִּיקִים – So too, the Holy One, blessed is He, tests only the righteous, שֶׁנֶּאֱמַר "ה' צַדִּיק יִבְחָן" – as it is written, *HASHEM examines the righteous one,*** *but He despises the wicked and the lover of injustice* (*Psalms* 11:5).[12]

§3 דָּבָר אַחֵר – Alternatively, "ה' צַדִּיק יִבְחָן" זֶה אַבְרָהָם – *HASHEM examines the righteous one* (*Psalms* 11:5) **– this refers to Abraham,** about whom it is written, **"וַיְהִי אַחַר הַדְּבָרִים הָאֵלֶּה וְהָאֱלֹהִים נִסָּה אֶת אַבְרָהָם" – *And it happened after these things that God tested Abraham.***[13]

□ [וְהָאֱלֹהִים נִסָּה אֶת אַבְרָהָם – *GOD TESTED ABRAHAM.*]

The Midrash contrasts our relationship to God – concerning which we are cautioned (*Deuteronomy* 6:16) never to test Him (i.e., to make our faith conditional on the outcome of His actions) – and His relationship to us, in which He *does* test us:

רַבִּי אָבוּן פָּתַח – R' Avun opened his discourse of this passage by citing the following verse: **"בַּאֲשֶׁר דְּבַר מֶלֶךְ שִׁלְטוֹן וּמִי יֹאמַר לוֹ מַה תַּעֲשֶׂה" – *Whatever the king says is law; who can say to him, "What are you doing?"*** (*Ecclesiastes* 8:4).[14] **אָמַר רַבִּי אָבוּן – Rabbi Avun said: לְרַב שֶׁהָיָה מְצַוֶּה לְתַלְמִידוֹ וְאוֹמֵר לוֹ "לֹא תַטֶּה מִשְׁפָּט"** – This may be understood by means of a parable. It may be compared **to a rabbi who instructs his student and tells him, *"You shall not pervert judgment"*** (*Deuteronomy* 16:19), **וְהוּא מַטֶּה מִשְׁפָּט – but [the teacher]** himself **perverts judgment;**[15] **"לֹא תַכִּיר פָּנִים" וְהוּא מַכִּיר פָּנִים** – he teaches him, ***"You shall not respect someone's presence"*** (ibid.),[16] **but he himself "respects** people's **presence"** by giving preference to one litigant over another;[17] **"לֹא תִקַּח שׁוֹחַד" וְהוּא לוֹקֵחַ שׁוֹחַד** – he teaches him, ***"You shall not accept a bribe"*** (ibid.), **but he** himself **accepts bribes;**[18]

NOTES

12. Several commentators (*Yefeh To'ar, Nechmad LeMareh*, et al.) offer explanations as to why it was necessary for the Midrash to use all three parables to convey what appears to be a single thought. See Insight Ⓐ

13. According to this interpretation, the verse alludes to a particular צַדִּיק, *righteous person* (Abraham), not to צַדִּיקִים, *righteous people*, in general.

14. That is, the king's rules must be followed by his subjects unconditionally. However, if he himself breaks his own rules, no one has the right to criticize him, because the king has the authority to apply the law selectively, depending on the exigencies of the circumstances. In the final analysis, however, all his decisions are undertaken justly (*Eitz Yosef*).

15. That is, he sometimes judges cases in a manner that appears to a casual observer as a perversion of justice; the faithful disciple, however, trusts that his master has appropriate reasons for his decision (*Yefeh To'ar*).

16. I.e., show a preference to one litigant over another.

17. Again, in a situation where such recognition is called for, but which appears to the casual observer as being a violation of the Biblical verse.

18. Again, he accepts a bribe in a permissible manner (e.g., he "takes" the bribe – intending to return it in the end – in order to prevent the litigant from turning to a different judge who would *really* accept the bribe and pervert justice because of it – *Yefeh To'ar*) in a way that appears to a casual observer as if he is accepting a bribe.

INSIGHTS

Ⓐ **Anatomy of a Test** *Netziv* (*Haamek Davar* on *Genesis* 22:1) expains that the Midrash provides three parables to illustrate that God's tests of the righteous come in three different forms. The parable of the potter, who examines his flasks to test the quality of his kiln, represents the plain meaning of God's testing of the righteous – to ascertain the strength and degree of their righteousness. [See *Ramban's* explanation of this "test," below.] However, there are additional purposes of testing as well. The parable of the flax maker, who beats his flax for the purpose of improving it, represents the test in which God seeks to elevate the righteous by putting them through trials and tribulations, because only by turning one's *potential* for righteousness into a *performance* of righteousness can it become fully ingrained as part of his composition. Once ingrained in him, he – and his offspring – are naturally able to maintain this level of devotion in the future, through all generations. Finally, in the parable of the owner of two cows who places the heavy burden on the stronger one, it is not done for the sake of the cow itself – to test its ability or to strengthen it – but rather for the owner's own need to have a cow carry his burden. In this situation, he will increase the burden of the stronger one as much as possible, and then reward it with more food in proportion to its increased load. Similarly, the righteous must often be tested with suffering to atone for the sins of their generation, since God knows that only their extraordinary righteousness and unwavering faith can withstand the test of such suffering, but they are ultimately rewarded in kind for their suffering on behalf of others.

Ramban, in the final chapter of his monumental *Toras HaAdam* (*Shaar HaGemul*), provides a comprehensive analysis of human suffering (*yissurim*) in the context of reward and punishment. He asserts that nearly all afflictions outside the range of normal difficulties that affect all humans in their usual daily routine are for one purpose only: to atone for sins. His primary proof for this view is the story related in *Sanhedrin* 101a, wherein R' Akiva attributed his seemingly baffling laughter at the bedside of the ailing sage R' Eliezer to the realization that his present suffering would surely atone for whatever sins he may have committed in his lifetime, leaving him nothing but reward in the World to Come. Surely, explains *Ramban,* R' Akiva would not have attributed the suffering of his great teacher R' Eliezer to atonement for his sins if any other explanation existed.

However, there are two types of suffering mentioned in the Talmudic and Midrashic literature that are not intended as atonement for sins. One is the sort of minor discomforts and aggravations that affect most human beings in their ordinary daily routines – such as an upset stomach from overeating, or a headache from excessive exposure to the sun – which are considered part of natural life, and affect both sinners and the righteous. Only the absolutely evil, who are destined for eternal *Gehinnom,* may be completely spared even such minor suffering, so that they will be left with no reward in the World To Come.

The other is the category of suffering that is intended for trial purposes, such as the testing of Abraham mentioned here. But as the Midrash teaches here, this type of suffering is reserved solely for the truly righteous. Since God knows with certainty that the righteous are fully committed to serving Him and fulfilling His commandments, and that they will surely pass the test of performing His will in spite of the suffering or difficulties that they must incur to do so, this is not really a "test" from God's perspective, since its outcome is known to Him. Rather, He puts the righteous through these trials for their own sake. A righteous person benefits by passing his "test," because the reward that one will receive for overcoming obstacles or suffering to obey God's commands is far greater than it would have been for merely having been committed to do so in his mind, or for doing so in effortless and pain-free conditions.

וּמַה הוּא בּוֹדֵק, בְּקַנְקַנִּים בְּרוּרִים, שֶׁאֲפִילוּ הוּא מַקִּישׁ עָלָיו כַּמָּה פְּעָמִים אֵינוֹ שׁוֹבְרוֹ. כָּךְ אֵין הַקָּדוֹשׁ בָּרוּךְ הוּא מְנַסֶּה אֶת הָרְשָׁעִים אֶלָּא אֶת הַצַּדִּיקִים שֶׁנֶּאֱמַר "ה' צַדִּיק יִבְחָן". [ד]אָמַר רַבִּי אֶלְעָזָר: לְבַעַל הַבַּיִת שֶׁהָיָה לוֹ שְׁתֵּי פָרוֹת, אַחַת כֹּחָהּ יָפֶה וְאַחַת כֹּחָהּ רַע, עַל מִי הוּא נוֹתֵן אֶת הָעוֹל, לֹא עַל אוֹתָהּ שֶׁכֹּחָהּ יָפֶה. כָּךְ אֵין הַקָּדוֹשׁ בָּרוּךְ הוּא מְנַסֶּה אֶלָּא אֶת הַצַּדִּיקִים שֶׁנֶּאֱמַר "ה' צַדִּיק יִבְחָן":

ג דָּבָר אַחֵר, "ה' צַדִּיק יִבְחָן", זֶה אַבְרָהָם. "וַיְהִי אַחַר הַדְּבָרִים הָאֵלֶּה וְהָאֱלֹהִים נִסָּה אֶת אַבְרָהָם", רַבִּי אָבוּן פָּתַח: (קהלת ח, ד) "בַּאֲשֶׁר דְּבַר מֶלֶךְ שִׁלְטוֹן וּמִי יֹאמַר לוֹ מַה תַּעֲשֶׂה", [ה]אָמַר רַבִּי אָבוּן: לְרַב שֶׁהָיָה מְצַוֶּה לְתַלְמִידוֹ וְאוֹמֵר לוֹ (דברים טז, יט) "לֹא תַטֶּה מִשְׁפָּט", וְהוּא מַטֶּה מִשְׁפָּט, "לֹא תַכִּיר פָּנִים", וְהוּא מַכִּיר פָּנִים, "לֹא תִקַּח שֹׁחַד", וְהוּא לוֹקֵחַ שׁוֹחַד, "לֹא תַלְוֶה בְּרִבִּית", וְהוּא מַלְוֶה בְּרִבִּית. אָמַר לוֹ תַּלְמִידוֹ: רַבִּי אַתָּה אוֹמֵר לִי: לֹא תַלְוֶה בְּרִבִּית וְאַתָּה מַלְוֶה בְּרִבִּית, לָךְ שָׁרֵי וְלִי אָסִיר. אָמַר לוֹ: אֲנִי אוֹמֵר לְךָ אַל תַּלְוֶה בְּרִבִּית לְיִשְׂרָאֵל, אֲבָל תַּלְוֶה בְּרִבִּית לְעוֹבֵד °כּוֹכָבִים דִּכְתִיב (דברים כג, כא) "לַנָּכְרִי תַשִּׁיךְ וּלְאָחִיךָ לֹא תַשִּׁיךְ". כָּךְ אָמְרוּ יִשְׂרָאֵל לִפְנֵי הַקָּדוֹשׁ בָּרוּךְ הוּא: רִבּוֹן הָעוֹלָמִים הִכְתַּבְתָּ בְּתוֹרָתְךָ (ויקרא יט, יח) "לֹא תִקּוֹם וְלֹא תִטּוֹר", וְאַתְּ נוֹקֵם וְנוֹטֵר שֶׁנֶּאֱמַר (נחום א, ב) "נוֹקֵם ה' וּבַעַל חֵימָה, נוֹקֵם (הוּא) [ה'] לְצָרָיו וְנוֹטֵר הוּא לְאוֹיְבָיו". אָמַר לוֹ הַקָּדוֹשׁ בָּרוּךְ הוּא: אֲנִי כָּתַבְתִּי בַּתּוֹרָה "לֹא תִקֹּם וְלֹא תִטֹּר אֶת בְּנֵי עַמֶּךָ" [ו]אֲבָל נוֹקֵם וְנוֹטֵר אֲנִי לְעוֹבְדֵי כוֹכָבִים, (במדבר לא, ב) "נְקֹם נִקְמַת בְּנֵי יִשְׂרָאֵל". °כְּתִיב (דברים ו, טז) "לֹא תְנַסּוּ אֶת ה'", "וְהָאֱלֹהִים נִסָּה אֶת אַבְרָהָם":

עץ יוסף

(ג) **דבר אחר ה' צדיק יבחן זה אברהם כו'.** העיקר כגיר' המדרש חזית דלא גרס ד"א אלא מייתי סתמא קרא דאברהם (נזה"ק): [ג] **באשר דבר מלך שלטון כו'.** אפילו בדבר אשר ירצה דבר מלך שלטון שגוזר על אחרים ולא לו אין מי לאמר לו מה תעשה ויהרהר אחריו כי לפי האמת כל דרכיו משפט. כי דרכו יתב' להביא הצדיקים לידי נסיונות קשים אף בהיותם מוחזקים כבר בכשרות מפני תיקון העולם. כי בהיות הצדיק עומד בנסיון לבטל כל רצונו מפני רצונו יתב'. אף הקב"ה מבטל רצונו מפני רצונו. וזהו דכתיב שם ומי יאמר לו מה תעשה וגו' שומר מצוה לא ידע דבר רע וכדאי' בתנחומא מי יאמר לו מה תעשה שומר מצוה אלו הצדיקים שמשמרים מצותיו של הקב"ה והקב"ה מקיים גזירתן (ועיין ביפ"ת ובנזה"ק): **אמר רבי אבון לרב כו'.** משל לרב כו': **ואת נוקם ונוטר שנא' נקום נקמת בני ישראל וכה"א אל נקמות ה' וגו'.** א"ל כתבת בתורה לא תקום ולא תטור את בני עמך ולא לעכו"ם אף אני לישראל לא אטור דכתיב לא לנצח אריב אבל אני נוקם לצרי שנא' נוקם ה' לצריו ונוטר הוא לאויביו. כצ"ל וכן הוא בס"מ ובק"ר (נזה"ק): **וכתיב לא תנסו כו'.** זהו סיומא דלעיל. ור"ל שאעפ"כ שקשה למה נסה את אברהם כיון שהוא צוה לא תנסו את ה' וכצ"ל. מ"מ באשר דבר מלך שלטון מי יאמר לו מה תעשה. שכיון שאנו רואין תירוץ הגון על דבר אחד שוב אין אנו רשאים להרהר אחריו שבודאי כל דרכיו משפט וכצ"ל:

פירוש מהרז"ו

(ג) **דבר אחר ה' צדיק יבחן.** תחלה דורש על כלל לדיקים ורשעים ואח"כ דרך פרט כדרך המדרש ע"פ מדה י"ז שכל הפסוקים שמדברים בסתימות כוונתם על דבר מפורש בתורה. ומ"ש יבחן פירושו נסיון כמ"ש בחנני ה' ונסני: **לא תטה משפט.** נ"ע שדורש באשר כו' ומי יאמר לו מה תעשה. שהוא עצמו עושה בהיפך ממה שמצוה לאחרים וזה סותר למ"ש ויק"ר פל"ה סי' ד' את חוקותי תשמרו חוקים שאני משמר. וכמ"ש שמ"ר פ' ל' סי' ט' ע"כ נראה שהפסוק הראשון הוא דרך קושיא באשר דבר הקדוש ברוך הוא שלטון על ב"א לעשות. והוא מי יאמר לו מה תעשה ע"ז אמר אחר כך שומר מצוה של הקב"ה לא ידע דבר רע שהוא עצמו אין עושה כן כי לכל מצוה יש עת וחוק ומשפט כפי הזמן והמקום ואין זה נמסר להמון העם רק ועת ומשפט ידע לב חכם. כמ"ש אלל הלואה. נקימה ונטירה. ותופס דברים מפורשים בתורה וה"ה להשאר: **ואת נוטר.** עיין הגי' בקה"ר וכאן חסר ועיקר הדרשה הוא מ"ש בסוף כתיב לא תנסו את ה'. והאלהים נסה. והתירוץ ע"ז שומר מצוה וגו' וכנ"ל שהקב"ה שהוא אל נאמן ואל אמונה אסור לנסותו אך האדם שכתוב בו הן בעבדיו לא יאמין וכמ"ש אל תאמין בעצמך. יש לנסותו. ובתנחומא חסר הרבה: **לרשעים.** אשר מקשים ערפם וזונים תמיד אחרי לבבם הרע:

חידושי הרש"ש

[ג] **ובעל חמה נוקם ה' לצריו כו'.** כצ"ל:

מסורת המדרש

ד ילקוט שיר השירים רמז תתקפ"ו:

ה קהלת רבה פרשה ח'. ילקוט כאן רמז נ"ה:

ו עבודת כוכבים דף ד':

אם למקרא

בַּאֲשֶׁר דְּבַר־מֶלֶךְ שִׁלְטוֹן וּמִי יֹאמַר־לוֹ מַה־תַּעֲשֶׂה: (קהלת ח:ד)

לֹא־תַטֶּה מִשְׁפָּט לֹא תַכִּיר פָּנִים וְלֹא־תִקַּח שֹׁחַד כִּי הַשֹּׁחַד יְעַוֵּר עֵינֵי חֲכָמִים וִיסַלֵּף דִּבְרֵי צַדִּיקִם: (דברים טז:יט)

לַנָּכְרִי תַשִּׁיךְ וּלְאָחִיךָ לֹא תַשִּׁיךְ לְמַעַן יְבָרֶכְךָ ה' אֱלֹהֶיךָ בְּכֹל מִשְׁלַח יָדֶךָ עַל־הָאָרֶץ אֲשֶׁר־אַתָּה בָא־שָׁמָּה לְרִשְׁתָּהּ: (דברים כג:כא)

לֹא־תִקֹּם וְלֹא־תִטֹּר אֶת־בְּנֵי עַמֶּךָ וְאָהַבְתָּ לְרֵעֲךָ כָּמוֹךָ אֲנִי ה': (ויקרא יט:יח)

אֵל קַנּוֹא וְנֹקֵם ה' נֹקֵם ה' וּבַעַל חֵמָה נֹקֵם ה' לְצָרָיו וְנוֹטֵר הוּא לְאֹיְבָיו: (נחום א:ב)

נְקֹם נִקְמַת בְּנֵי יִשְׂרָאֵל מֵאֵת הַמִּדְיָנִים אַחַר תֵּאָסֵף אֶל־עַמֶּיךָ: (במדבר לא:ב)

לֹא תְנַסּוּ אֶת ה' אֱלֹהֵיכֶם כַּאֲשֶׁר נִסִּיתֶם בַּמַּסָּה: (דברים ו:טז)

מתנות כהונה

שהיה לדיק ובילקוט סדר זה ובתהלים לא גרס ליה: [ג] **והוא מטה משפט.** הרב בעצמו: **ולי אסור בתמיה.** ה"ג במדרש קהלת נוקם ובעל חמה אמר להם לישראל לא אטור שנאמר לא לנצח יריב ולא לעולם יטור אבל לעובדי כוכבים נוקם הוא וכו': **לא תנסון** [כו' במדרש קהלת מסיים הוי באשר דבר מלך שלטון]:

נחמד למראה

אמר רבי אלעזר לבעל הבית שהיו לו שתי פרות וכו'. קשה במאי קא מיפלגי זה אומר פשתן וזה אומר כלים וזה פרות. ונראה כי כוונת המאמר הוא כי האחד אמר כי הנסיון הוא לתועלת המנוסה כי השם ית' אינו מנסה לרשעים לפי שכבר יודע שלא יעמדו בנסיון ויהיה סבה אל שיענישם אמנם הוא מנסה לצדיקים לפי שיודע שיעמדו בנסיון כמו הפשתן הטוב שכל מה שמכין אותו הוא טוב וכן הצדיקים. וחד אמר כי הוא ג"כ לתועלת הרואים כמו היוצר הזה שהוא בורר הכלים החזקים לשיראו הלוקחים כך הקב"ה בורר לצדיקים לפי שיודע שיעמדו בנסיונם ויראו שאר העם וילמדו מהם. אמנם ר' אליעזר אומר שהוא ג"כ לתועלת המנסה כמו בעל הפרה שאינו רוצה להשתמש אלא בפרה שיש לה כח. מצאתי כתוב בכתיבת יד ממהרר"י טאיטצק וזה לשונו וצריך אתה לידע שבנוסחא הכתוב במדרש לפנינו א"ר יונתן הפשתני הזה וכו' הוא טעות סופר וצ"ל א"ר יוסי שהרי אח"כ א"ר יונתן היוצר הזה והכי גרסינן בהדיא לעיל בסדר נח פרשה ל"ג אמר רבי יוסי הפשתני הזה וכו':

אשד הנחלים

[ג] **דבר אחר כו' זה אברהם.** תחילה אחז ביוסף וזה מדבר באברהם: **נקימה נטירה.** הענין כי אנחנו בני אדם צריכין אנו להדבק במדותיו. כי כל כוחותינו נטועים בשקל החכמ' העליונ' ונטועים בה הכחות הטוב שבהם מנהיג ה' עולמו. והנה יש מקום לשואל שישאל אם אנו מכנים לה' מדת הנקימה והנטירה. איך יצוונו שלא ניקום ולא ניטור. אך האמת במצות הרבית ביאר זה שלא בכל מקום האיסור ואם כן במדת הנקימה והנטירה גם כן הכוונה כמו כן כמ"ש נוקם הוא לצריו דווקא וכן בענין הנסיון אף שאין אנו מבינים הסבה מתי מותר לנסות. אבל נדע הוא מבחינה אחרת שמה שנצטווינו מבלי לנסות. והענין כמו שבארנו לעיל:

״לֹא תַלְוֶה בְּרִבִּית״ וְהוּא מַלְוֶה בְּרִבִּית — he teaches him, **"Do not lend** money **on interest," but he** himself **lends** money **on interest.** אָמַר לוֹ תַּלְמִידוֹ — After witnessing his master's apparent inconsistency, **the student said to him,** רַבִּי אַתָּה אוֹמֵר לִי לֹא תַלְוֶה בְּרִבִּית — **"My master! You say to me, 'Do not lend** money **on interest,'** וְאַתָּה מַלְוֶה בְּרִבִּית — **yet you** yourself **lend** money **on interest.**[19] לָךְ שְׁרֵי וְלִי אֲסִיר? — **Is it permissible for you and forbidden for me!?"** אָמַר לוֹ — **[The teacher] replied to him,** אֲנִי אוֹמֵר לְךָ אַל תַּלְוֶה בְּרִבִּית לְיִשְׂרָאֵל — **"I say to you not to lend on interest to a Jew,** אֲבָל תַּלְוֶה בְּרִבִּית לְאוּמּוֹת הָעוֹלָם — **but you may lend on interest to** members of **the** other **nations of the world,** דִּכְתִיב ״לַנָּכְרִי תַשִּׁיךְ וּלְאָחִיךָ לֹא תַשִּׁיךְ״ — **as it is written,** ***You may cause a gentile to take interest, but you may not cause your brother to take interest"*** (*Deuteronomy* 23:21). כָּךְ אָמְרוּ יִשְׂרָאֵל לִפְנֵי הַקָּדוֹשׁ בָּרוּךְ הוּא — **Similarly, Israel said**[20] **before the Holy One, blessed is He,** רִבּוֹן הָעוֹלָמִים הִכְתַּבְתָּ בְּתוֹרָתְךָ ״לֹא תִקּוֹם וְלֹא תִטּוֹר״ — **"Master of** all **the worlds! You had it written in Your Torah,** ***You shall not take revenge and you shall not bear hostility*** (*Leviticus* 19:18), וְאַתְּ נוֹקֵם וְנוֹטֵר — **yet You** Yourself **take revenge and bear hostility,** שֶׁנֶּאֱמַר ״נוֹקֵם ה׳ וּבַעַל חֵמָה נוֹקֵם ה׳ לְצָרָיו וְנוֹטֵר הוּא לְאוֹיְבָיו״ — **as it is written,** ***HASHEM is vengeful and full of wrath; HASHEM is vengeful to His adversaries and reserves hostility for His enemies"*** (*Nahum* 1:2)! אָמַר לוֹ הַקָּדוֹשׁ בָּרוּךְ הוּא — **Said the Holy One, blessed is He, to them,** אֲנִי כָּתַבְתִּי בַּתּוֹרָה ״לֹא תִקֹּם וְלֹא תִטֹּר אֶת בְּנֵי עַמֶּךָ״ — **"I wrote in the Torah,** ***You shall not take revenge and you shall not bear a grudge 'against the members of your people'*** (*Leviticus* ibid.), אֲבָל נוֹקֵם וְנוֹטֵר אֲנִי לְעוֹבְדֵי כוֹכָבִים — **but I take revenge and bear hostility toward the idolaters;** ״נְקֹם נִקְמַת בְּנֵי יִשְׂרָאֵל״ — for it is written, ***Take vengeance for the Children of Israel*** *'against the Midianites'* " (*Numbers* 31:2). וּכְתִיב ״לֹא תְנַסּוּ אֶת ה׳״ — **Likewise, it is written,** ***You shall not test HASHEM, your God*** (*Deuteronomy* 6:16), ״וְהָאֱלֹהִים נִסָּה אֶת אַבְרָהָם״ — **but** nevertheless, ***God tested Abraham.***[21]

NOTES

19. Unlike the previous cases, the disciple cannot imagine that there are any external circumstances that could justify his master's violation of this commandment. Thus, he questions his conduct.

20. I.e., they could theoretically say (*Yefeh To'ar*).

21. Here, too, although to a casual observer the two things may seem contradictory — God's command to us not to test Him on the one hand and His testing of Abraham on the other — upon further reflection they are of course not comparable at all, for the reasons given.

וּמַה הוּא בּוֹדֵק, בְּקַנְקַנִּים בְּרוּרִים, שֶׁאֲפִילוּ הוּא מַקִּישׁ עָלָיו כַּמָּה פְּעָמִים אֵינוֹ שׁוֹבְרוֹ. כָּךְ אֵין הַקָּדוֹשׁ בָּרוּךְ הוּא מְנַסֶּה אֶת הָרְשָׁעִים אֶלָּא אֶת הַצַּדִּיקִים שֶׁנֶּאֱמַר "ה' צַדִּיק יִבְחָן". דאָמַר רַבִּי אֶלְעָזָר: לְבַעַל הַבַּיִת שֶׁהָיָה לוֹ שְׁתֵּי פָּרוֹת, אַחַת כֹּחָהּ יָפֶה וְאַחַת כֹּחָהּ רַע, עַל מִי הוּא נוֹתֵן אֶת הָעוֹל, לֹא עַל אוֹתָהּ שֶׁכֹּחָהּ יָפֶה. כָּךְ אֵין הַקָּדוֹשׁ בָּרוּךְ הוּא מְנַסֶּה אֶלָּא אֶת הַצַּדִּיקִים שֶׁנֶּאֱמַר "ה' צַדִּיק יִבְחָן":

ג דָּבָר אַחֵר, "ה' צַדִּיק יִבְחָן", זֶה אַבְרָהָם. "וַיְהִי אַחַר הַדְּבָרִים הָאֵלֶּה וְהָאֱלֹהִים נִסָּה אֶת אַבְרָהָם", רַבִּי אָבוּן פָּתַח: (קהלת ח, ד) "בַּאֲשֶׁר דְּבַר מֶלֶךְ שִׁלְטוֹן וּמִי יֹאמַר לוֹ מַה תַּעֲשֶׂה", האָמַר רַבִּי אָבוּן: לְרַב שֶׁהָיָה מְצַוֶּה לְתַלְמִידוֹ וְאוֹמֵר לוֹ (דברים טז, יט) "לֹא תַטֶּה מִשְׁפָּט", וְהוּא מַטֶּה מִשְׁפָּט, "לֹא תַכִּיר פָּנִים", וְהוּא מַכִּיר פָּנִים, "לֹא תִקַּח שׁוֹחַד", וְהוּא לוֹקֵחַ שׁוֹחַד, "לֹא תַלְוֶה בְּרִבִּית", וְהוּא מַלְוֶה בְּרִבִּית. אָמַר לוֹ תַּלְמִידוֹ: רַבִּי אַתָּה אוֹמֵר לִי: לֹא תַלְוֶה בְּרִבִּית וְאַתָּה מַלְוֶה בְּרִבִּית, לָךְ שְׁרֵי וְלִי אֲסִיר. אָמַר לוֹ: אֲנִי אוֹמֵר לְךָ אַל תַּלְוֶה בְּרִבִּית לְיִשְׂרָאֵל, אֲבָל תַּלְוֶה בְּרִבִּית לְעוֹבֵד °כּוֹכָבִים דִּכְתִיב (דברים כג, כא) "לַנָּכְרִי תַשִּׁיךְ וּלְאָחִיךָ לֹא תַשִּׁיךְ". כָּךְ אָמְרוּ יִשְׂרָאֵל לִפְנֵי הַקָּדוֹשׁ בָּרוּךְ הוּא: רִבּוֹן הָעוֹלָמִים הִכְתַּבְתָּ בְּתוֹרָתְךָ (ויקרא יט, יח) "לֹא תִקּוֹם וְלֹא תִטּוֹר", וְאַתְּ נוֹקֵם וְנוֹטֵר שֶׁנֶּאֱמַר (נחום א, ב) "נוֹקֵם ה' וּבַעַל חֵימָה, נוֹקֵם (הוּא) [ה'] לְצָרָיו וְנוֹטֵר הוּא לְאוֹיְבָיו". אָמַר לוֹ הַקָּדוֹשׁ בָּרוּךְ הוּא: אֲנִי כָּתַבְתִּי בַּתּוֹרָה "לֹא תִקֹּם וְלֹא תִטֹּר אֶת בְּנֵי עַמֶּךָ" יאֲבָל נוֹקֵם וְנוֹטֵר אֲנִי לְעוֹבְדֵי כוֹכָבִים, (במדבר לא, ב) "נְקֹם נִקְמַת בְּנֵי יִשְׂרָאֵל". °כְּתִיב (דברים ו, טז) "לֹא תְנַסּוּ אֶת ה'", "וְהָאֱלֹהִים נִסָּה אֶת אַבְרָהָם":

עץ יוסף

(ג) **דבר אחר ה' צדיק יבחן זה אברהם כו'.** העיקר כגיר' המדרש חזית דלא גרס ד"א אלא מייתי סתמא קרא דאברהם (כזה"ק): [ג] **באשר דבר מלך שלטון כו'.** אפילו בדבר אשר ירצה דבר מלך שלטון שגוזר על אחרים ולא לו אין מי לאמר לו מה תעשה ויהרהר אחריו כי לפי האמת כל דרכיו משפט. כי דרכו יתב' להביא הצדיקים לידי נסיונות קשים אף בהיותם מוחזקים כבר בכשרות מפני תיקון העולם. כי בהיות הצדיק עומד בנסיון לבטל כל רצונו מפני רצונו יתב'. אף הקב"ה מבטל רצונו מפני רצונו. וזהו דכתיב שם ומי יאמר לו מה תעשה וגו' שומר מצוה לא ידע דבר רע וכדאי' בתנחומא מי יאמר לו מה תעשה שומר מצוה אלו הצדיקים שמשמרים מצותיו של הקב"ה והקב"ה מקיים גזירתן (ועיין ביפ"ת ובנזה"ק): **אמר רבי אבון לרב כו'.** משל לרב כו': **ואת נוקם ונוטר** שנא' **נקום נקמת בני ישראל וכה"א אל נקמות ה' וגו'.** א"ל כתבת בתורה לא תקום ולא תטור את בני עמך ולא לעכו"ס אף אני לישראל לא אטור דכתיב לא לנצח אריב אבל אני נוקם לצרי שנא' נוקם ה' לצריו ונוטר הוא לאויביו. כצ"ל וכן הוא בס"מ ובק"ר (נזה"ק): **וכתיב לא תנסו כו'.** זהו סיומא דלעיל. ור"ל שאע"פ שקשה למה נסה את אברהם כיון שהוא צוה לא תנסו את ה' וכצ"ל. מ"מ באשר דבר מלך שלטון מי יאמר לו מה תעשה. שכיון שאנו רואין תירוץ הגון על דבר אחד שוב אין אנו רשאים להרהר אחריו שבודאי כל דרכיו משפט וכצ"ל:

פירוש מהרז"ו

(ג) **דבר אחר ה' צדיק יבחן.** תחלה דורש על כלל צדיקים ורשעים ואח"כ דרך פרט כדרך המדרש ע"פ מדה י"ז שכל הפסוקים שמדברים בסתימות כוונתם על דבר מפורש בתורה. ומ"ש יבחן פירושו נסיון כמ"ש בחנני ה' ונסני: **לא תטה משפט.** נ"ע שדורש באשר כו' ומי יאמר לו מה תעשה. שהוא עצמו עושה בהיפך ממה שמצוה לאחרים וזה סותר למ"ש ויק"ר פל"ה סי' ד' את חוקותי תשמרו חוקים שאני משמר. וכמ"ש שמ"ר פ' ל' סי' ט' ע"כ נראה שהפסוק הראשון הוא דרך קושיא באשר דבר הקדוש ברוך הוא שלטון על ב"א לעשות. והוא מי יאמר לו מה תעשה ע"ז אמר אחר כך שומר מצוה של הקב"ה לא ידע דבר רע שהוא עצמו אין עושה כן כי לכל מצוה יש עת וחוק ומשפט כפי הזמן והמקום ואין זה נמסר להמון העם רק ועת ומשפט ידע לב חכם. כמ"ש אצל הלואה. נקימה ונטירה. ותופס דברים מפורשים בתורה וה"ה להשאר: **ואת נוטר.** עיין הגי' בקה"ר וכאן חסר ועיקר הדרשה הוא מ"ש בסוף כתיב לא תנסו את ה'. והאלהים נסה. והתירוץ ע"ז שומר מצוה וגו' וכנ"ל שהקב"ה שהוא אל נאמן ואל אמונה אסור לנסותו אך האדם שכתוב בו הן בעבדיו לא יאמין וכמ"ש אל תאמין בעצמך. יש לנסותו. ובתנחומא חסר הרבה: **לרשעים.** אשר מקשים ערפם וזונים תמיד אחרי לבבם הרע:

חידושי הרש"ש

[ג] **ובעל חמה נוקם ה' לצריו כו'.** כצ"ל:

מסורת המדרש

ד ילקוט שיר השירים רמז תתקפ"ו:
ה קהלת רבה פרשה ח'. ילקוט כאן רמז צ"ה:
ו עבודת כוכבים דף ד':

אם למקרא

בַּאֲשֶׁר דְּבַר־מֶלֶךְ שִׁלְטוֹן וּמִי יֹאמַר־לוֹ מַה־תַּעֲשֶׂה:
(קהלת ח:ד)

לֹא־תַטֶּה מִשְׁפָּט לֹא תַכִּיר פָּנִים וְלֹא־תִקַּח שֹׁחַד כִּי הַשֹּׁחַד יְעַוֵּר עֵינֵי חֲכָמִים וִיסַלֵּף דִּבְרֵי צַדִּיקִם:
(דברים טז:יט)

לַנָּכְרִי תַשִּׁיךְ וּלְאָחִיךָ לֹא תַשִּׁיךְ לְמַעַן יְבָרֶכְךָ ה' אֱלֹהֶיךָ בְּכֹל מִשְׁלַח יָדֶךָ עַל־הָאָרֶץ אֲשֶׁר־אַתָּה בָא־שָׁמָּה לְרִשְׁתָּהּ:
(דברים כג:כא)

לֹא־תִקֹּם וְלֹא־תִטֹּר אֶת־בְּנֵי עַמֶּךָ וְאָהַבְתָּ לְרֵעֲךָ כָּמוֹךָ אֲנִי ה':
(ויקרא יט:יח)

אֵל קַנּוֹא וְנֹקֵם ה' נֹקֵם ה' וּבַעַל חֵמָה נֹקֵם ה' לְצָרָיו וְנוֹטֵר הוּא לְאֹיְבָיו:
(נחום א:ב)

נְקֹם נִקְמַת בְּנֵי יִשְׂרָאֵל מֵאֵת הַמִּדְיָנִים אַחַר תֵּאָסֵף אֶל־עַמֶּיךָ:
(במדבר לא:ב)

לֹא תְנַסּוּ אֶת ה' אֱלֹהֵיכֶם כַּאֲשֶׁר נִסִּיתֶם בַּמַּסָּה:
(דברים ו:טז)

מתנות כהונה

שהיה צדיק ובילקוט סדר זה ובתהלים לא גרס ליה: [ג] **והוא מטה משפט.** הרב בעצמו: **ולי אסור בתמיה.** ה"ג במדרש קהלת נוקם ובעל חמה אמר להם לישראל לא אטור שנאמר לא לנצח יריב ולא לעולם יטור אבל לעובדי כוכבים נוקם הוא וכו': **לא תנסון** [כו' במדרש קהלת מסיים הוי באשר דבר מלך שלטון]:

נחמד למראה

אמר רבי אלעזר לבעל הבית שהיו לו שתי פרות וכו'. קשה במאי קא מיפלגי זה אומר פשתן וזה אומר כלים וזה פרות. ונראה כי כוונת המאמר הוא כי האחד אמר כי הנסיון הוא לתועלת המנוסה כי השם ית' אינו מנסה לרשעים לפי שכבר יודע שלא יעמדו בנסיון ויהיה סבה אל שיענישם אמנם הוא מנסה לצדיקים לפי שיודע שיעמדו בנסיון כמו הפשתן הטוב שכל מה שמכין אותו הוא טוב וכן הצדיקים. וחד אמר כי הוא ג"כ לתועלת הרואים כמו היוצר הזה שהוא בורר הכלים החזקים לשיראו הלוקחים כך הקב"ה בורר לצדיקים לפי שיודע שיעמדו בנסיונם ויראו שאר העם וילמדו מהם. אמנם ר' אליעזר אומר שהוא ג"כ לתועלת המנסה כמו בעל הפרה שאינו רוצה להשתמש אלא בפרה שיש לה כח. מצאתי כתוב בכתיבת יד ממהרר"י טאיטאק וזה לשונו וצריך אתה לידע שבנוסחא הכתוב במדרש לפנינו א"ר יונתן הפשתני הזה וכו' הוא טעות סופר וצ"ל א"ר יוסי שהרי אח"כ א"ר יונתן היוצר הזה והכי גרסינן בהדיא לעיל בסדר נח פרשה ל"ג אמר רבי יוסי הפשתני הזה וכו':

אשד הנחלים

[ג] **דבר אחר כו' זה אברהם.** תחילה אחז ביוסף וזה מדבר באברהם: **נקימה נטירה.** הענין כי אנחנו בני אדם צריכין אנו להדבק במדותיו. כי כל כוחותינו נטועים בשקל החכמ' העליונ' ונטועים בה הכחות הטוב שבהם מנהיג ה' עולמו. והנה יש מקום לשואל שישאל אם אנו מכנים לה' מדת הנקימה והנטירה. איך יצוונו שלא ניקום ולא ניטור. אך האמת במצות הרבית ביאר זה שלא בכל מקום האיסור ואם כן במדת הנקימה והנטירה גם כן הכוונה כמו כן כמ"ש נוקם הוא לצריו דווקא וכן בענין הנסיון אף שאין אנו מבינים הסבה מתי מותר לנסות. אבל נדע הוא מבחינה אחרת שמה שנצטווינו מבלי לנסות. והענין כמו שבארנו לעיל:

§4 אַחַר הַדְּבָרִים הָאֵלֶּה — *AND IT HAPPENED* ***AFTER THESE THINGS*** (or: *WORDS*) *THAT GOD* (lit., *AND GOD*) *TESTED ABRAHAM.*

What are *these things* (or *words*), and what is the relevance of the fact that they preceded God's test of Abraham?

אַחַר הִרְהוּרֵי דְבָרִים שֶׁהָיוּ שָׁם — This means: **After the words of thought that took place there.** מִי הִרְהֵר — **Who had** these **thoughts?** אַבְרָהָם הִרְהֵר וְאָמַר — **Abraham had these thoughts, and said** to himself: שָׂמַחְתִּי וְשִׂימַּחְתִּי אֶת הַכֹּל — **"I rejoiced and made everyone** around me **rejoice** when Isaac was born (see above, 21:8), וְלֹא הִפְרַשְׁתִּי לְהַקָּדוֹשׁ בָּרוּךְ הוּא — **but I did not set aside for the Holy One, blessed is He,** לֹא פַּר אֶחָד וְלֹא אַיִל אֶחָד — **a single bull nor** even **a single ram** to show my thanks to Him!" אָמַר לוֹ הַקָּדוֹשׁ בָּרוּךְ הוּא — **Said the Holy One, blessed is He, to him,** עַל מְנָת שֶׁאוֹמַר לְךָ שֶׁתַּקְרִיב לִי אֶת בִּנְךָ — "Do not worry. I know that your joy for your son is **based on the understanding that** even **if I** would **tell you to offer up your son to Me** וְלֹא תְעַכֵּב — **you would not refrain** from doing so."[22]

A slightly different version of the above:

עַל דַּעְתֵּיהּ דְּרַבִּי אֶלְעָזָר דְּאָמַר — **According to the opinion of R' Elazar, who said** (above, 51 §2) that אֱלֹהִים "וְהָאֱלֹהִים", הוּא וּבֵית דִּינוֹ — wherever **God** is referred to with the words **"*and* God"** (as here), **it refers to God together with His heavenly court,** our verse means as follows: מַלְאֲכֵי הַשָּׁרֵת אָמְרוּ — **The ministering angels said** before God, אַבְרָהָם זֶה שָׂמַח וְשִׂימַּח אֶת הַכֹּל — **"This Abraham rejoiced and made everyone** around him **rejoice,** וְלֹא הִפְרִישׁ לְהַקָּדוֹשׁ בָּרוּךְ הוּא — **but he did not set aside for the Holy One, blessed is He,** לֹא פַּר אֶחָד וְלֹא אַיִל אֶחָד — **a single bull nor** even **a single ram!"** אָמַר לָהֶן הַקָּדוֹשׁ בָּרוּךְ הוּא — **Said the Holy One, blessed is He, to them,** עַל מְנָת שֶׁנֹּאמַר לוֹ שֶׁיַּקְרִיב אֶת בְּנוֹ וְלֹא יְעַכֵּב — "I know that his joy for his son is **based on the understanding that** even **if we would tell him to offer up his son he would not refrain** from doing so."[23]

A third explanation of the meaning of the phrase, *after these things*:

יִצְחָק וְיִשְׁמָעֵאל הָיוּ מִדַּיְּינִים זֶה עִם זֶה — **Isaac and Ishmael were debating with each other.** זֶה אוֹמֵר אֲנִי חָבִיב מִמְּךָ — **This one** (Ishmael) **said, "I am more beloved** before God **than you,** שֶׁנִּמּוֹלְתִּי לִשְׁלֹשׁ עֶשְׂרֵה שָׁנָה — **for I was circumcised at** the age of **thirteen."** וְזֶה אָמַר חָבִיב אֲנִי מִמְּךָ — **And that one** (Isaac) **said, "I am more beloved than you,** שֶׁנִּמּוֹלְתִּי לִשְׁמוֹנָה יָמִים — **for I was circumcised at** the age of **eight days,** the prescribed time for circumcision." אָמַר לֵיהּ יִשְׁמָעֵאל — **Ishmael elaborated to him,** אֲנִי חָבִיב מִמְּךָ — **"I am** nevertheless **more beloved than you.** לָמָּה שֶׁהָיָה סִיפֵּק בְּיָדִי לִמְחוֹת וְלֹא מִחִיתִי — And **why** do I say this? **Because I had the ability to resist** when told to submit to circumcision, **yet I did not resist,** whereas you were too young to resist." בְּאוֹתָהּ שָׁעָה אָמַר יִצְחָק — **At that moment, Isaac said,** הַלְוַאי הָיָה נִגְלֶה עָלַי הַקָּדוֹשׁ בָּרוּךְ הוּא וְאוֹמֵר לִי שֶׁאֲחַתֵּךְ אֶחָד מֵאֵיבָרַי וְלֹא אֲעַכֵּב — **"If only the Holy One, blessed is He, would reveal Himself to me** now **and tell me to cut one of my limbs** entirely **I would not refrain from doing so!"** מִיַּד "וְהָאֱלֹהִים נִסָּה אֶת אַבְרָהָם" — **Immediately,** *after these words . . . God tested* ***Abraham.***[24] Ⓐ

[נוּסַח אַחֵר — **An alternate version** of this Midrash states: אָמַר לוֹ יִשְׁמָעֵאל — **Ishmael said to [Isaac],** אֲנִי חָבִיב מִמְּךָ — **"I am more beloved than you,** שֶׁנִּמּוֹלְתִּי לִשְׁלֹשׁ עֶשְׂרֵה שָׁנָה — **for I was circumcised at the age of thirteen years,** אֲבָל אַתָּה נִמּוֹלְתָּ בְּקָטְנְךָ וְאִי אֶפְשַׁר לִמְחוֹת — **whereas you were circumcised in your infancy and could not protest."** אָמַר לוֹ יִצְחָק — **Said Isaac to him,** כָּל מַה שֶׁהִלְוִיתָ לְהַקָּדוֹשׁ בָּרוּךְ הוּא — **"All that you extended to the Holy One, blessed is He,** שָׁלֹשׁ טִפִּים דָּם הֵם — **was three drops of blood.** אֶלָּא הֲרֵינִי עַכְשָׁיו בֶּן שְׁלֹשִׁים וָשֶׁבַע שָׁנָה — **Now, I am now thirty-seven years old,** אִילּוּ מְבַקֵּשׁ לִי הַקָּדוֹשׁ בָּרוּךְ הוּא לְהִשָּׁחֵט אֵינִי מְעַכֵּב — and even **if the Holy One, blessed is He, were to ask me to be slaughtered** for His sake **I would not refrain** from doing so!" אָמַר הַקָּדוֹשׁ בָּרוּךְ הוּא הֲרֵי הַשָּׁעָה — In response to this, **the Holy One, blessed is He, said, "Now is the time!"**[25] מִיַּד "וְהָאֱלֹהִים נִסָּה אֶת אַבְרָהָם" — And **thereupon,** ***God tested Abraham.***]

NOTES

22. Thus, it was the "words" in Abraham's mind that led to God's command to him to offer up his son.

23. Thus, it was the "words" spoken by the angels that led to God's command to him to offer up his son, to prove his devotion to Him.

24. Thus, it was the "words" in Isaac's argument that led to God's command to Abraham to offer him up, to prove Isaac's devotion to Him.

25. Now the time has come to test Abraham, for I know that Isaac will not resist (*Matnos Kehunah*).

INSIGHTS

Ⓐ **Isaac and Ishmael** The dialogue between Isaac and Ishmael serves as a study in contrasts. In an attempt to prove himself the more worthy of the two, Ishmael cites the circumstances of his circumcision as evidence of his superior spiritual mettle. In truth, Ishmael's argument of superiority is almost laughable, as Isaac could have pointed to any one of numerous areas in the service of God where he himself excelled and Ishmael was sorely lacking. Ishmael at this point had already compiled a substantial record of transgressions and shortcomings; the very notion that he could claim to have surpassed Isaac's level of piety is at the same time brazen and bordering on the absurd. Isaac's response is equally noteworthy, for while he could have demolished Ishmael's boastful claims by merely setting the record straight, he refrained from issuing any such rejoinder. Rather, Isaac revealed a genuine willingness to exhibit the quality of devotion of which Ishmael spoke. "If only I, too, could be granted the opportunity to show subservience to God in such a manner," he stated.

Here we have a display of two diametrically opposed attitudes toward service of the Almighty, manifested in a most glaring and ironic way. Ishmael, who was obviously the spiritually weaker of the two, should have had the wisdom to at least recognize his status and strive to glean some guidance from the righteous Isaac. Instead, he viewed his brother with unwarranted disdain, choosing to gloss over his own shortcomings, while trumpeting the one area where he could point to achievement. The truly saintly Isaac, on the other hand, exhibited not an ounce of condescension toward his deficient brother. To the contrary, upon hearing Ishmael's one virtue, Isaac seemingly forgot about his own spiritual accomplishments and focused on gaining the positive aspect he saw in his brother.

It appears that Ishmael himself, though, eventually refined his attitude. This is evidenced from our Sages' statement concerning Ishmael's conduct at the time of Abraham's burial. Noting that Ishmael showed deference to the younger Isaac during the burial proceedings of their father, the Gemara (*Bava Basra* 16b) infers that Ishmael had fully repented. This statement seems puzzling: Is the single act of deference at the funeral sufficient proof that Ishmael underwent the total transformation of character that would comprise a complete repentance? The Gemara's inference becomes clearer, though, when viewed through the lens of our Midrash. The Midrash demonstrates that at the core of Ishmael's lack of spiritual development was his scorning of Isaac's saintly qualities. When he showed deference to Isaac, this was sure evidence that he had come full circle. He finally recognized the true greatness in his proximity, and was willing to demonstrate his own subservience in the face of his pious — albeit younger — brother. In light of this new-found submissiveness to those of noble character, it is clear that he was prepared to learn from their ways (see *Chochmas HaMatzpun*, pp. 283-284).

ד "אַחַר הַדְּבָרִים הָאֵלֶּה", אַחַר הִרְהוּרֵי דְבָרִים שֶׁהָיוּ שָׁם. מִי הִרְהֵר, אַבְרָהָם הִרְהֵר וְאָמַר: שָׂמַחְתִּי וְשִׂמַּחְתִּי אֶת הַכֹּל וְלֹא הִפְרַשְׁתִּי לְהַקָּדוֹשׁ בָּרוּךְ הוּא לֹא פַּר אֶחָד וְלֹא אַיִל אֶחָד. אָמַר לוֹ הַקָּדוֹשׁ בָּרוּךְ הוּא: עַל מְנָת שֶׁנֹּאמַר לְךָ שֶׁתַּקְרִיב לִי אֶת בִּנְךָ וְלֹא תְעַכֵּב. עַל דַּעְתֵּיהּ דְּרַבִּי אֶלְעָזָר דְּאָמַר: אֱלֹהִים וְהָאֱלֹהִים, הוּא וּבֵית דִּינוֹ. מַלְאֲכֵי הַשָּׁרֵת אָמְרוּ: [ז]אַבְרָהָם זֶה שָׂמַח וְשִׂמַּח אֶת הַכֹּל וְלֹא הִפְרִישׁ לְהַקָּדוֹשׁ בָּרוּךְ הוּא לֹא פַּר אֶחָד וְלֹא אַיִל אֶחָד. אָמַר לָהֶן הַקָּדוֹשׁ בָּרוּךְ הוּא: עַל מְנָת שֶׁנֹּאמַר לוֹ שֶׁיַּקְרִיב אֶת בְּנוֹ וְלֹא יְעַכֵּב. [ח]יִצְחָק וְיִשְׁמָעֵאל הָיוּ מִדַּיְּינִים זֶה עִם זֶה, זֶה אוֹמֵר: אֲנִי חָבִיב מִמְּךָ שֶׁנִּמַּלְתִּי לְי"ג שָׁנָה, וְזֶה אָמַר: חָבִיב אֲנִי מִמְּךָ שֶׁנִּמַּלְתִּי לְח' יָמִים. אָמַר לֵיהּ יִשְׁמָעֵאל: אֲנִי חָבִיב מִמְּךָ לָמָּה שֶׁהָיָה סִיפֵּק בְּיָדִי לִמְחוֹת וְלֹא מִחִיתִי. בְּאוֹתָהּ שָׁעָה אָמַר יִצְחָק: הַלְוַאי הָיָה נִגְלָה עָלַי הַקָּדוֹשׁ בָּרוּךְ הוּא וְאוֹמֵר לִי שֶׁאֶחְתֹּךְ אֶחָד מֵאֵיבָרַי וְלֹא אֲעַכֵּב. מִיָּד "וְהָאֱלֹהִים נִסָּה אֶת אַבְרָהָם". [נוסח אחר אָמַר לוֹ יִשְׁמָעֵאל: אֲנִי חָבִיב מִמְּךָ שֶׁנִּמַּלְתִּי לְי"ג שָׁנָה אֲבָל אַתָּה נִמַּלְתָּ בְּקָטְנְךָ וְאִי אֶפְשָׁר לִמְחוֹת. אָמַר לוֹ יִצְחָק: כָּל מַה שֶּׁהִלְוֵיתָ לְהַקָּדוֹשׁ בָּרוּךְ הוּא ג' טִפִּים דָּם הֵם, [ט]אֶלָּא הֲרֵינִי עַכְשָׁיו בֶּן ל"ז שָׁנָה, אִילּוּ מְבַקֵּשׁ לִי הַקָּדוֹשׁ בָּרוּךְ הוּא לְהִשָּׁחֵט אֵינִי מְעַכֵּב. אָמַר הַקָּדוֹשׁ בָּרוּךְ הוּא: הֲרֵי הַשָּׁעָה, מִיָּד "וְהָאֱלֹהִים נִסָּה אֶת אַבְרָהָם"]:

ה (מיכה ו, ו-ז) "בַּמָּה אֲקַדֵּם ה' אִכַּף לֵאלֹהֵי מָרוֹם", [י]רַבִּי יְהוֹשֻׁעַ דְּסִכְנִין בְּשֵׁם רַבִּי לֵוִי אָמַר: אַף עַל פִּי שֶׁהַדְּבָרִים אֲמוּרִין בְּמֵישַׁע מֶלֶךְ מוֹאָב שֶׁעָשָׂה מַעֲשֶׂה וְהֶעֱלָה אֶת בְּנוֹ לְעוֹלָה, אֲבָל אֵינוֹ מְדַבֵּר אֶלָּא בְּיִצְחָק שֶׁנֶּאֱמַר "בַּמָּה אֲקַדֵּם ה' אִכַּף לֵאלֹהֵי מָרוֹם וגו'" "הֲיִרְצֶה ה' בְּאַלְפֵי אֵילִים בְּרִבְבוֹת נַחֲלֵי שָׁמֶן הַאֶתֵּן בְּכוֹרִי פִּשְׁעִי פְּרִי בִטְנִי חַטַּאת נַפְשִׁי", בְּיִצְחָק אַף עַל פִּי שֶׁלֹּא נַעֲשָׂה מַעֲשֶׂה קִבְּלוֹ כְּגוֹמֵר מַעֲשֶׂה, וּבְמֵישַׁע לֹא נִתְקַבֵּל לְפָנָיו:

עץ יוסף

(ד) **אברהם הרהר כו'.** שהוא עצמו הרהר לומר שמא פגם בחטא במה שלא הקריב קרבן. ואז בא לנסותו: **על דעתיה דר"א.** פי' לדעת ר"א דקאמר לעיל פ' נ"א וה' הוא ובית דינו דייקינן נמי מדקאמר והאלהים ולא אלהים דהוא ובית דינו (יפ"ת): **מלאכי השרת אמרו כו'.** אף שבאמת לא נחשב זה לחטא בעיני ה' כי הוא יודע תעלומות שכוונתו רצויה לש"ש. אלא דמה"ש קטרגו בזה. ובא להשקיט פיהם בנסיון (נזה"ק): **היו מדיינים.** ס"ל כדאית' בפדר"א דישמעאל בא באותה הלילה ממדבר פארן לראות את אברהם (יפ"ת): **שנמלתי לי"ג שנה.** והיה בידי סיפק למחות ומ"מ לא מחיתי כדאמר בסמוך. ומ"מ אמר יצחק שהוא חביב שנמול לשמונה. כי חביבה מצוה בשעתה. ועם כל זה חזר ישמעאל ונתאמץ בטענתו הראשונה והכריח דהוא עדיפא ממילה בזמנה כי זה אינו זכות ליצחק כי מתנה הוא שנתנה לו ולא יחזיק טובה לעצמו. ואז הודה יצחק בזה ובקש שיאמרו לו לחתוך אחד מאבריו כדי שיהיה לו ג"כ זכות כישמעאל (יפ"ת): **מיד והאלהים נסה.** ואע"פ שיצחק לא התחייב עצמו אלא בחתוך אבר. האלהים נסהו בשחיטה למה שנודע לו ית' כי לא יעכב. ומינה ידע ישמעאל מעלתו עליו שבעתים: **כל מה שהלוית.** אמר לשון הלואה לפי שכל המצות בעולם הזה הלואה אלו יתב' לפרעון לעוה"ב ע"ד מלוה ה' חונן דל: **בן ל"ז שנה.** שהרי ע"י העקידה מתה שרה כדדרשינן מסמיכות וממספר ימיה נודע שהיה אז יצחק בן ל"ז כי בת נ' היתה כשילדתו ובת קכ"ז היתה כשמתה: (ה) **אכף לאלהי מרום. וגו'.** האקדמנו בעולות וגו' האתן בכורי פשעי פרי בטני חטאת נפשי: **אף על פי שהדברים אמורים במישע.** כלו' סיפא דקרא האתן בכורי פשעי רמז על מלך מואב שהקריב בנו בכורו. מ"מ רישא דקרא במה אקדם לה' אכף לאלהי מרום שהזכיר להיות רק נכנע לפניו אינו מדבר אלא ביצחק שבהיותו

פירוש מהרז"ו

(ד) **הרהורי דברים.** לעיל פ' מ"ד ס"ס ה' וש"נ ומבואר. דק"ל שבפר' הקודמת אין שם אומר ודברים השייכים לכאן ע"כ דורש נוטריקון הרהורי דברים כו': ולפ"ז ס"ל שאחר הוא מופלג (ולמ"ד אחר סמוך מצאתי ברשב"ם שעל שכרת אברהם ברית שלא ברצון ה' ע"כ נסהו וכ"מ אח"כ בתד"א ס"פ ז'): **הוא ובי"ד.** ויק"ר פר' כ' ס"ס ב' וש"נ ובי"ד הוא גבריאל וחביריו וכמ"ש לעיל פנ"א סימן ב': **יצחק וישמעאל.** תנחומא כאן: **עכשיו בן ל"ז שנה.** עיין פר"א פל"ב החשבון ע"פ מש"ש. וע' לקמן פר' נ"ז ס"ס ב'. שבשעת עקידה נתבשר על לידת רבקה ונשאה בת ג' שנה והיה בן מ' כשלקחה. ולא כן דעת הס"ע עמ"ש ס"פ נ"ד: (ה) **במה אקדם ה' וגו'.** עד האתן בכורי פשעי וגו'. ודרך זה ארוכה ורחבה במדרשי חז"ל שכל דבר שכתוב סתם כן היה המעשה כבר פ"א ופי' אם אעשה כמו שעשה מלך מואב שהקריב בכורו. וז"ש אע"פ שהדברים מראים שהכתוב כוון על מלך מואב שהרי עשה מעשה אבל מרמז עוד על אברהם ויצחק במ"ש הירצה עי' מ"כ:

חידושי הרד"ל

(א) [ד] **שלשה טפי דם.** אפשר רומז למ"ש בר"מ ותקונים כ"פ מילה ופריעה ואטיפו דדמא:

(ב) [ה] **ביצחק אע"פ שלא נעשה מעשה קבלו כו'.** כי לא רצה ה' רק שיתרצה אברהם לעשותו והעלה עליו כאלו עשאו כדלקמן. ויתפרש כאן מקרא זה הירצה כו' האתן כו'. כלומר באם ירצה שאתן הנני מוכן לעשותו. ומפרש במקרא שלאחריו. מה ה' דורש ממך עשות משפט ואהבת חסד והצנע לכת וגו'. הדברים הללו אני דורש בפועל וקיים אברהם כלם. עשות משפט כד"א למען אשר יצוה וגו' לעשות צדקה ומשפט. וחסד כמה דאת אמר וחסד לאברהם וע"ל פ"ס אפילו אברהם שהחסד מתגלגל בעבורו כו'. והצנע לכת כמ"ש הנה נא ידעתי כי אשה יפ"מ את וכמ"ש רש"י שם בשם אגדה שמתוך צניעותו לא הכיר בה ועיין ב"ב (טז). מכלל דמעיקרא לא הוי ידע). אבל מה שצויתי להעלות את יצחק לא בקשתי ממנו המעשה בפועל:

חידושי הרש"ש

[ד] **על מנת שאומר לך כו'.** כ"ה בילקוט וכצ"ל:

מסורת המדרש

ז סנהדרין דף פ"ט: ח תנחומא כאן סימן י"ח. עיין פרקי דרבי אליעזר ריש פרק ל"א: ט לקמן פ' נ"ו וש"נ: י ילקוט מיכה רמז תקנ"ה:

אם למקרא

בַּמָּה אֲקַדֵּם ה' אִכַּף לֵאלֹהֵי מָרוֹם הַאֲקַדְּמֶנּוּ בְעוֹלוֹת בַּעֲגָלִים בְּנֵי שָׁנָה: הֲיִרְצֶה ה' בְּאַלְפֵי אֵילִים בְּרִבְבוֹת נַחֲלֵי־שָׁמֶן הַאֶתֵּן בְּכוֹרִי פִּשְׁעִי פְּרִי בִטְנִי חַטַּאת נַפְשִׁי: (מיכה ו:ו-ז)

מתנות כהונה

[ד] **אמר אלהים כו'.** כלומר הכתוב היה יכול לומר אלהים נסה ואמר והאלהים נסה הוא ובית דינו כמו שדרשו בכל מקום. וה' הוא ובית דינו. ובילקוט גרס על דעתיה דר"מ דאמר כל מקום שנאמר וה' הוא ובית דינו והאלהים הוא ובית דינו: **שנאמר לו.** הנו"ן בחול"ם כמדבר בעד הרבים כמו נעשה אדם כו': ובילקוט גרס שאומר לו: [ה"ג ד"א **יצחק וישמעאל.** והכי מוכח בפרש"י בחומש: **הרי השעה** עומדת לנסות אברהם ויעמוד בנסיון שהרי יצחק לא יעכב: [ה] **ואף על פי שהדברים אמורים במישע וכו'.** כלומר אף על גב שפשט הכתוב משמע שמדבר באותו שהקריב בנו בפועל כמישע מלך מואב מכל מקום אינו כך שהרי הכתוב אומר במה אקדם ה' ואתרצה לפניו ואם יעשה כמישע לא יתרצה כמו שאמרו חז"ל אשר לא דברתי זה מישע מלך מואב

אשד הנחלים

[ד] **אחר הרהורי דברים.** כלומר הרהור וצער בלבו של אברהם ששמח ושימח רק בני אדם ועסק רק בעניני שבין אדם לחבירו ולא שבינו למקום ואז חשב על ענין הקרבן ולכן היתה ההתגלות בזה הענין. כי גם הנבואה העליונה מראין לאדם מתוך סוגי רעיוני לבו: **ובית דינו.** שכל מקום שנאמר ו' לרבות בית דינו והענין שנמצא קטרוג למעלה משמחת אברהם וא"כ הי' הנסיון מבחינה השניה שהזכרתי לעיל עיי"ש: **יצחק וישמעאל.** מפרש פשט הכתוב ויהי אחר הדברים שמדבר תחילה שגרש את ישמעאל. והנה ישמעאל דימה שהוא גדול מיצחק. וא"כ חרה לו על בחירת אברהם ביצחק ולכן נסהו בזה להראות מעלת יצחק. ומיושב בזה שאלת המפרשים הלא ביצחק הי' יותר נסיון מבאברהם ולמה אמר שניסה את אברהם. אך לפי זה נכונים הדברים כי הנה הנסיון הוא למען אחרים והנה אנשי העולם הרהרו אחרי אברהם שגירש את ישמעאל ובחר ביצחק. ולכן נסהו שידעו כחו של יצחק וא"כ הנסיון למען אברהם: [ה] **כי יצחק נתקבל כו' במישע כו'.** כלומר שהתבונן הנביא על מעשה מישע מה שעשה בפועל הדבר הזה שהוא רע מאוד. רק באברהם נתקבל מפני שלא הי' מעשה בפועל כ"א כוונה רצויה. וכוונת המדרש שהנביא התבונן הדבר ואמר במה איכף הלא לפי הראות אתן בכורי שהוא סימן גדול שאנכי אוהב ה' והראיה

§5 Continuing its discussion of the nature of Divine tests, the Midrash discusses the primacy of one's intentions when faced with a test, as opposed to one's ultimate course of action:

״בַּמָּה אֲקַדֵּם ה׳ אִכַּף לֵאלֹהֵי מָרוֹם״ — ***With what shall I approach HASHEM, humble myself before God on high?*** *Shall I approach Him with burnt-offerings, or with calves in their first year? Will HASHEM be appeased by thousands of rams or with tens of thousands of streams of oil? Shall I give over my firstborn [to atone for] my transgression, or the fruit of my belly [for] the sin of my soul?* (*Micah* 6:6-7).[26] רַבִּי יְהוֹשֻׁעַ דְּסִכְנִין בְּשֵׁם רַבִּי לֵוִי אָמַר — **R' Yehoshua of Sichnin said in the name of R' Levi:** אַף עַל פִּי שֶׁהַדְּבָרִים אֲמוּרִין בְּמֵישַׁע מֶלֶךְ מוֹאָב — **Although these words**[27] seem to **refer to** actual child sacrifice, in the manner of **Meisha king of Moab,** שֶׁעָשָׂה מַעֲשֶׂה וְהֶעֱלָה אֶת בְּנוֹ לְעוֹלָה — **who** actually **performed the act** of human sacrifice **and brought up his son as a burnt-offering,**[28] אֲבָל אֵינוֹ מְדַבֵּר אֶלָּא בְּיִצְחָק — **nevertheless,** the passage **is speaking only of** an incident such as happened with **Isaac, as is written,** שֶׁנֶּאֱמַר ״בַּמָּה אֲקַדֵּם ה׳ אִכַּף לֵאלֹהֵי מָרוֹם וְגוֹ׳ — ***With what shall I approach HASHEM, humble myself before God on high . . . ?*** הֲיִרְצֶה ה׳ בְּאַלְפֵי אֵילִים בְּרִבְבוֹת נַחֲלֵי שָׁמֶן — ***Will HASHEM be appeased by thousands of rams or with tens of thousands of streams of oil?*** הַאֶתֵּן בְּכוֹרִי פִּשְׁעִי פְּרִי בִטְנִי חַטַּאת נַפְשִׁי״ — ***Shall I give over my firstborn [to atone for] my transgression, or the fruit of my belly [for] the sin of my soul?*** (ibid.).[29] בְּיִצְחָק, אַף עַל פִּי שֶׁלֹּא נַעֲשָׂה מַעֲשֶׂה — The verse refers to Abraham's *intended* sacrifice of Isaac, for **concerning Isaac, although the act** of sacrifice **was not** actually **performed,** קִבְּלוֹ כְּגוֹמֵר מַעֲשֶׂה — **[God] accepted him** as an offering, **as though [Abraham] had completed the act;** וּבְמֵישַׁע לֹא נִתְקַבֵּל לְפָנָיו — **but with regard to Meisha,** despite the fact that he did complete the sacrificial act, **it was not accepted before [God].**Ⓐ

NOTES

26. The answer to all these questions is: No, God does not expect you to do any of this, only *to do justice, to love kindness, and to walk humbly with your God* (*Micah* ibid., v. 8).

27. Viz.: *Shall I give over my firstborn [to atone for] my transgression, or the fruit of my belly [for] the sin of my soul?*

28. As described in *II Kings* 3:26-27. That is: It would appear from the simple reading of the verse that one of the things the prophet considers as a possible means to find favor with God is human sacrifice (*Matnos Kehunah*).

29. Since "giving over my firstborn for my transgressions . . . " is juxtaposed to other actions that are theoretically meritorious and pleasing to God — such as "approaching Him with burnt-offerings, or with calves in their first year" and offering "thousands of rams" or "tens of thousands of streams of oil" — it must be referring to an act that was indeed desired by God, and not child sacrifice such as Meisha's, which is an abomination (*Ohr HaSeichel*). It is of course God's will that one follow His commands even when it involves great personal hardship (as with Abraham and Isaac), but actually carrying out a human sacrifice is abhorrent to Him, and such was never His true intention in the *Akeidah* incident.

INSIGHTS

Ⓐ **With What Shall I Approach Hashem** *Chasam Sofer* (*Responsa, Orach Chaim* §208) explains that whereas an animal sacrifice must actually be completed — i.e., it must be slaughtered and then burned upon the Altar — in order to be considered an acceptable "offering," a human "offering" is different. A human being, having the power of intelligent thought, is considered a full-fledged "offering" to God the moment he wholeheartedly consents to sacrifice his life for Him. The only condition is that the sacrifice be genuine, without any expectation of being saved. At that moment, the person has effectively given himself up — or "sacrificed" himself — to God, and he is sanctified as an "offering" whether or not the act is physically carried out. In reality, God does not desire actual physical human offerings. What he desired in the case of the *Akeidah* was that Abraham and Isaac *consent wholeheartedly* to the act, to the point of actually *believing* that God wanted it done and *genuinely intending* to imminently carry it out.

Abraham wholeheartedly intended to slaughter Isaac, as is plainly evident from the passage. And Isaac wholeheartedly consented to be slaughtered, for as the Midrash teaches below (56 §8), he asked Abraham to bind him tightly lest he tremble during the slaughter and render it invalid. From that moment, Isaac was consecrated as a full-fledged "offering," and for this reason his descendants reap the merit of his *Akeidah* to this day.

[On the other hand, Meisha's offering of his son was bereft of any pure intention to fulfill God's will, and was merely a cruel act of child-sacrifice. This is completely undesirable to God (*R' Michel Zilber* in *BeYam Derech*, Vol. 4, pp. 161-162; see there at length).]

ד ״אַחַר הַדְּבָרִים הָאֵלֶּה״, אַחַר הִרְהוּרֵי דְּבָרִים שֶׁהָיוּ שָׁם. מִי הִרְהֵר, אַבְרָהָם הִרְהֵר וְאָמַר: שָׂמַחְתִּי וְשִׂמַּחְתִּי אֶת הַכֹּל וְלֹא הִפְרַשְׁתִּי לְהַקָּדוֹשׁ בָּרוּךְ הוּא לֹא פַּר אֶחָד וְלֹא אַיִל אֶחָד. אָמַר לוֹ הַקָּדוֹשׁ בָּרוּךְ הוּא: עַל מְנָת שֶׁנֹּאמַר לְךָ שֶׁתַּקְרִיב לִי אֶת בִּנְךָ וְלֹא תְעַכֵּב. עַל דַּעְתֵּיהּ דְּרַבִּי אֶלְעָזָר דְּאָמַר: אֱלֹהִים וְהָאֱלֹהִים, הוּא וּבֵית דִּינוֹ. מַלְאֲכֵי הַשָּׁרֵת אָמְרוּ: [ז]אַבְרָהָם זֶה שָׂמַח וְשִׂמַּח אֶת הַכֹּל וְלֹא הִפְרִישׁ לְהַקָּדוֹשׁ בָּרוּךְ הוּא לֹא פַּר אֶחָד וְלֹא אַיִל אֶחָד. אָמַר לָהֶן הַקָּדוֹשׁ בָּרוּךְ הוּא: עַל מְנָת שֶׁנֹּאמַר לוֹ שֶׁיַּקְרִיב אֶת בְּנוֹ וְלֹא יְעַכֵּב. [ח]יִצְחָק וְיִשְׁמָעֵאל הָיוּ מִדַּיְּינִים זֶה עִם זֶה, זֶה אוֹמֵר: אֲנִי חָבִיב מִמְּךָ שֶׁנִּמַּלְתִּי לְי״ג שָׁנָה, וְזֶה אָמַר: חָבִיב אֲנִי מִמְּךָ שֶׁנִּמַּלְתִּי לְח׳ יָמִים. אָמַר לֵיהּ יִשְׁמָעֵאל: אֲנִי חָבִיב מִמְּךָ לָמָּה שֶׁהָיָה סִיפֵּק בְּיָדִי לִמְחוֹת וְלֹא מִחִיתִי. בְּאוֹתָהּ שָׁעָה אָמַר יִצְחָק: הַלְוַאי הָיָה נִגְלֶה עָלַי הַקָּדוֹשׁ בָּרוּךְ הוּא וְאוֹמֵר לִי שֶׁאֲחַתֵּךְ אֶחָד מֵאֵיבָרַי וְלֹא אֲעַכֵּב. מִיָּד ״וְהָאֱלֹהִים נִסָּה אֶת אַבְרָהָם״. [נוסח אחר אָמַר לוֹ יִשְׁמָעֵאל: אֲנִי חָבִיב מִמְּךָ שֶׁנִּמַּלְתִּי לְי״ג שָׁנָה אֲבָל אַתָּה נִמַּלְתָּ בְּקָטְנְךָ וְאִי אֶפְשָׁר לִמְחוֹת. אָמַר לוֹ יִצְחָק: כָּל מַה שֶּׁהִלְוֵיתָ לְהַקָּדוֹשׁ בָּרוּךְ הוּא ג׳ טִפִּים דָּם הֵם, [ט]אֶלָּא הֲרֵינִי עַכְשָׁיו בֶּן ל״ז שָׁנָה, אִילּוּ מְבַקֵּשׁ לִי הַקָּדוֹשׁ בָּרוּךְ הוּא לְהִשָּׁחֵט אֵינִי מְעַכֵּב. אָמַר הַקָּדוֹשׁ בָּרוּךְ הוּא: הֲרֵי הַשָּׁעָה, מִיָּד ״וְהָאֱלֹהִים נִסָּה אֶת אַבְרָהָם״]:

ה (מיכה ו, ו-ז) ״בַּמָּה אֲקַדֵּם ה׳ אִכַּף לֵאלֹהֵי מָרוֹם״, [י]רַבִּי יְהוֹשֻׁעַ דְּסִכְנִין בְּשֵׁם רַבִּי לֵוִי אָמַר: אַף עַל פִּי שֶׁהַדְּבָרִים אֲמוּרִין בְּמֵישַׁע מֶלֶךְ מוֹאָב שֶׁעָשָׂה מַעֲשֶׂה וְהֶעֱלָה אֶת בְּנוֹ לְעוֹלָה, אֲבָל אֵינוֹ מְדַבֵּר אֶלָּא בְּיִצְחָק שֶׁנֶּאֱמַר ״בַּמָּה אֲקַדֵּם ה׳ אִכַּף לֵאלֹהֵי מָרוֹם וגו׳״ ״הֲיִרְצֶה ה׳ בְּאַלְפֵי אֵילִים בְּרִבְבוֹת נַחֲלֵי שֶׁמֶן הַאֶתֵּן בְּכוֹרִי פִּשְׁעִי פְּרִי בִטְנִי חַטַּאת נַפְשִׁי״, בְּיִצְחָק אַף עַל פִּי שֶׁלֹּא נַעֲשָׂה מַעֲשֶׂה קִבְּלוֹ כְּגוֹמֵר מַעֲשֶׂה, וּבְמֵישַׁע לֹא נִתְקַבֵּל לְפָנָיו:

עץ יוסף

(ד) **אברהם הרהר כו׳.** שהוא עצמו הרהר לומר שמא פגם בחטא במה שלא הקריב קרבן. ואז בא לנסותו: **על דעתיה דר״א.** פי׳ לדעת ר״א דקאמר לעיל פ׳ נ״א וה׳ הוא ובית דינו דייקינן נמי מדקאמר והאלהים ולא אלהים דהוא ובית דינו (יפ״ת): **מלאכי השרת אמרו כו׳.** אף שבאמת לא נחשב זה לחטא בעיני ה׳ כי הוא יודע תעלומות שכוונתו רצויה לש״ש. אלא דמה״ש קטרגו בזה. ובא להשקיט פיהם בנסיון (נזה״ק): **היו מדיינים.** ס״ל כדאית׳ בפדר״א דישמעאל בא באותה הלילה ממדבר פארן לראות את אברהם (יפ״ת): **שנמלתי לי״ג שנה.** והיה בידי סיפק למחות ומ״מ לא מחיתי כדאמר בסמוך. ומ״מ אמר יצחק שהוא חביב שנמול לשמונה. כי חביבה מצוה בשעתה. ועם כל זה חזר ישמעאל ונתאמץ בטענתו הראשונה והכריח דהוא עדיפא ממילה בזמנה כי זה אינו זכות ליצחק כי מתנה הוא שנתנה לו ולא יחזיק טובה לעצמו. ואז הודה יצחק בזה ובקש שיאמרו לו לחתוך אחד מאבריו כדי שיהיה לו ג״כ זכות כישמעאל (יפ״ת): **מיד והאלהים נסה.** ואע״פ שיצחק לא התחייב עצמו אלא בחתוך אבר. האלהים נסהו בשחיטה למה שנודע לו ית׳ כי לא יעכב. ומינה ידע ישמעאל מעלתו עליו שבעתים: **כל מה שהלוית.** אמר לשון הלואה לפי שכל המצות בעולם הזה הלואה אצלו יתב׳ לפרעון לעוה״ב ע״ד מלוה ה׳ חונן דל: **בן ל״ז שנה.** שהרי ע״י העקידה מתה שרה כדדרשינן מסמיכות וממספר ימיה נודע שהיה אז יצחק בן ל״ז כי בת צ׳ היתה כשילדתו ובת קכ״ז היתה כשמתה: (ה) **אכף לאלהי מרום. וגו׳.** האקדמנו בעולות וגו׳ האתן בכורי פשעי פרי בטני חטאת נפשי: **אף על פי שהדברים אמורים במישע.** כלו׳ סיפא דקרא האתן בכורי פשעי רמז על מלך מואב שהקריב בנו בכורו. מ״מ רישא דקרא במה אקדם לה׳ אכף לאלהי מרום שהזכיר להיות רק נכנע לפניו אינו מדבר אלא ביצחק שבהיותו

חידושי הרד״ל

(א) [ד] **שלשה טפי דם.** אפשר רומז למ״ש בר״מ ותקונים כ״פ מילה ופריעה ואטיפו דדמא:

(ב) [ה] **ביצחק אע״פ שלא נעשה מעשה קבלו כו׳.** כי לא רצה ה׳ רק שיתרצה אברהם לעשותו והעלה עליו כאלו עשאו כדלקמן. ויתפרש כאן מקרא זה הירצה כו׳ האתן כו׳. כלומר באם ירצה שאתן הנני מוכן לעשותו. ומפרש במקרא שלאחריו. מה ה׳ דורש ממך עשות משפט ואהבת חסד והצנע לכת וגו׳. הדברים הללו אני דורש בפועל (וקיים אברהם כלם. עשות משפט כד״א למען אשר יצוה וגו׳ לעשות צדקה ומשפט. וחסד כמה דאת אמר וחסד לאברהם וע״ל פ״ס אפילו אברהם שהחסד מתגלגל בעבורו כו׳. והצנע לכת כמ״ש הנה נא ידעתי כי אשה יפ״מ את וכמ״ש רש״י שם בשם אגדה שמתוך צניעותו לא הכיר בה ועיין ב״ב (טז). מכלל דמעיקרא לא הוי ידע). אבל מה שצויתי להעלות את יצחק לא בקשתי ממנו המעשה בפועל:

חידושי הרש״ש

[ד] **על מנת שאומר לך כו׳.** כ״ה בילקוט וכצ״ל:

פירוש מהרז״ו

(ד) **הרהורי דברים.** לעיל פ׳ מ״ד ס״ס ה׳ וש״נ ומבואר. דק״ל שבפר׳ הקודמת אין שם אומר ודברים השייכים לכאן ע״כ דורש נוטריקון הרהורי דברים כו׳: ולפ״ז ס״ל שאחר הוא מופלג (ולמ״ד אחר סמוך מצאתי ברשב״ם שעל שכרת אברהם ברית שלא ברצון ה׳ ע״כ נסהו וכ״מ אח״כ בתד״א ס״פ ז׳): **הוא וב״ד.** ויק״ר פר׳ כ׳ ס״ס ב׳ וש״נ וב״ד הוא גבריאל וחביריו וכמ״ש לעיל פנ״א סימן ב׳: **יצחק וישמעאל.** תנחומא כאן: **עכשיו בן ל״ז שנה.** עיין פר״א פל״ב החשבון ע״פ מש״ש. וע׳ לקמן פר׳ נ״ז ס״ס ב׳. שבשעת עקידה נתבשר על לידת רבקה ונשאה בת ג׳ שנה והיה בן מ׳ כשלקחה. ולא כן דעת הס״ע עמ״ש ס״פ נ״ד: (ה) **במה אקדם ה׳ וגו׳.** עד האתן בכורי פשעי וגו׳. ודרך זה ארוכה ורחבה במדרשי חז״ל שכל דבר שכתוב סתם כן היה המעשה כבר פ״א ופי׳ אם אעשה כמו שעשה מלך מואב שהקריב בכורו. וז״ש אע״פ שהדברים מראים שהכתוב כוון על מלך מואב שהרי עשה מעשה אבל מרמז עוד על אברהם ויצחק במ״ש הירצה עי׳ מ״כ:

מסורת המדרש

ז סנהדרין דף פ״ט: ח תנחומא כאן סימן י״ח. עיין פרקי דרבי אליעזר ריש פרק ל״א: ט לקמן פ׳ נ״ו וש״נ: י ילקוט מיכה רמז תקנ״ה:

אם למקרא

בַּמָּה אֲקַדֵּם ה׳ אִכַּף לֵאלֹהֵי מָרוֹם הַאֲקַדְּמֶנּוּ בְעוֹלוֹת בַּעֲגָלִים בְּנֵי שָׁנָה: הֲיִרְצֶה ה׳ בְּאַלְפֵי אֵילִים בְּרִבְבוֹת נַחֲלֵי־שָׁמֶן הַאֶתֵּן בְּכוֹרִי פִּשְׁעִי פְּרִי בִטְנִי חַטַּאת נַפְשִׁי:

(מיכה ו:ו-ז)

מתנות כהונה

[ד] **אמר אלהים כו׳.** כלומר הכתוב היה יכול לומר אלהים נסה ואמר והאלהים נסה הוא ובית דינו כמו שדרשו בכל מקום. וה׳ הוא ובית דינו. ובילקוט גרס על דעתיה דר״מ דאמר כל מקום שנאמר וה׳ הוא ובית דינו והאלהים הוא ובית דינו: **שנאמר לו.** הגו״ן בחול״ם כמדבר בעד הרבים כמו נעשה אדם כו׳: ובילקוט גרס שאומר לו: [ה״ג ד״א **יצחק וישמעאל.** והכי מוכח בפרש״י בחומש: **הרי השעה** עומדת לנסות אברהם ויעמוד בנסיון שהרי יצחק לא יעכב: [ה] **ואף על פי שהדברים אמורים במישע וכו׳.** כלומר אף על גב שפשט הכתוב משמע שמדבר באותו שהקריב בנו בפועל כמישע מלך מואב מכל מקום אינו כך שהרי הכתוב אומר במה אקדם ה׳ ואתרצה לפניו ואם יעשה כמישע לא יתרצה כמו שאמרו חז״ל אשר לא דברתי זה מישע מלך מואב

אשד הנחלים

[ד] **אחר הרהורי דברים.** כלומר הרהור וצער בלבו של אברהם ששמח ושימח רק בני אדם ועסק רק בעניני שבין אדם לחבירו ולא שבינו למקום ואז חשב על ענין הקרבן ולכן היתה ההתגלות בזה הענין. כי גם הנבואה העליונה מראין לאדם מתוך סוגי רעיוני לבו: **ובית דינו.** שכל מקום שנאמר ו׳ לרבות בית דינו והענין שנמצא קטרוג למעלה משמחת אברהם וא״כ הי׳ הנסיון מבחינה השניה שהזכרתי לעיל עיי״ש: **יצחק וישמעאל.** מפרש פשט הכתוב ויהי אחר הדברים שמדבר תחילה שגרש את ישמעאל. והנה ישמעאל דימה שהוא גדול מיצחק. וא״כ חרה לו על בחירת אברהם ביצחק ולכן נסהו בזה להראות מעלת יצחק. ומיושב בזה שאלת המפרשים הלא ביצחק הי׳ יותר נסיון מבאברהם ולמה אמר שניסה את אברהם. אך לפי זה נכונים הדברים כי הנה הנסיון הוא למען אחרים והנה אנשי העולם הרהרו אחרי אברהם שגירש את ישמעאל ובחר ביצחק. ולכן נסהו שידעו כחו של יצחק וא״כ הנסיון למען אברהם: [ה] **כי יצחק נתקבל כו׳ במישע כו׳.** כלומר שהתבונן הנביא על מעשה מישע מה שעשה בפועל הדבר הזה שהוא רע מאוד. רק באברהם נתקבל מפני שלא הי׳ מעשה בפועל כ״א כוונה רצויה. וכוונת המדרש שהנביא התבונן הדבר ואמר במה איכף הלא לפי הראות אתן בכורי שהוא סימן גדול שאנכי אוהב ה׳ והראיה

§6 וְהָאֱלֹהִים נִסָּה אֶת אַבְרָהָם — *GOD TESTED ABRAHAM.*

Why does the Torah have to introduce the story of the *Akeidah* with this statement? It is quite clear from the narrative that God's command to Abraham was a test. In dealing with this issue the Midrash returns to the issue discussed above in §1, namely, the exact meaning of נִסָּה:

רַבִּי יוֹסֵי הַגְּלִילִי אוֹמֵר — **R' Yose HaGelili said:** גִּדְּלוֹ כְּנֵס הַזֶּה שֶׁל סְפִינָה — This means that **[God] elevated [Abraham] like the banner** on the masthead **of a ship.**[30] רַבִּי עֲקִיבָא אוֹמֵר — **R' Akiva says:** נִסָּה אוֹתוֹ בְּוַדַּאי — It means that **[God] tested him in a rigorous manner,**[31] שֶׁלֹּא יִהְיוּ אוֹמְרִין — **so that [people] should not say,** ״הֲמָמוֹ עִרְבְּבוֹ וְלֹא הָיָה יוֹדֵעַ מַה לַּעֲשׂוֹת״ — **"[God] stunned and confused [Abraham] so that he did not know what he was doing."**[32] Ⓐ

□ וַיֹּאמֶר הִנֵּנִי — *GOD TESTED ABRAHAM AND SAID TO HIM, "ABRAHAM," AND HE REPLIED, "HERE I AM."*

The Midrash makes an observation about this word הִנֵּנִי and its overtones:

אָמַר רַבִּי יְהוֹשֻׁעַ בֶּן קָרְחָה — **R' Yehoshua ben Korchah said:** בִּשְׁנֵי מְקוֹמוֹת דִּימָּה מֹשֶׁה עַצְמוֹ לְאַבְרָהָם — **In two instances** we find that **Moses compared himself to Abraham,**[33] אָמַר לוֹ הַקָּדוֹשׁ בָּרוּךְ הוּא — whereupon **the Holy One, blessed is He, said to him,** ״אַל תִּתְהַדַּר לִפְנֵי מֶלֶךְ וּבִמְקוֹם גְּדוֹלִים אַל תַּעֲמוֹד״ — ***"Do not glorify yourself in the presence of the king, and do not stand in the place of the great!"*** (*Proverbs* 25:6). אַבְרָהָם אָמַר ״הִנֵּנִי״ — One of these instances is that **Abraham said *"Here I am,"*** i.e., "I am ready," הִנֵּנִי לִכְהוּנָּה, הִנֵּנִי לְמַלְכוּת — by which he meant, **"I am ready for priesthood; I am ready for royalty."**[34] זָכָה לִכְהוּנָּה, וְזָכָה לְמַלְכוּת — And indeed **he merited** to achieve **priesthood and he merited** to achieve **royalty:** Ⓑ זָכָה לִכְהוּנָּה, ״נִשְׁבַּע ה׳ וְלֹא יִנָּחֵם אַתָּה כֹהֵן לְעוֹלָם״ — **He merited** to achieve **priesthood,** as is written, ***HASHEM has sworn and will not relent, "You shall be a priest forever"***[35] (*Psalms* 110:4); לְמַלְכוּת, ״נְשִׂיא אֱלֹהִים אַתָּה״ — and he merited to achieve **royalty,** as it is written, *And the children of Heth answered Abraham, saying to him, "Hear us, my lord:* ***You are a prince of God*** *in our midst"*[36] (below, 23:6). מֹשֶׁה אָמַר ״הִנֵּנִי״ — **Moses** also **said, *"Here I am"*** (*Exodus* 3:4), הִנֵּנִי לִכְהוּנָּה, הִנֵּנִי לְמַלְכוּת — and he too meant, **"I am ready for priesthood; I am ready for royalty."** אָמַר לוֹ הַקָּדוֹשׁ בָּרוּךְ הוּא — But **the Holy One, blessed is He,** rebuffed him and **said to him,** ״אַל תִּקְרַב הֲלֹם״ — ***"Do not come closer*** [תִּקְרַב] ***to here"*** (ibid., v. 5). אֵין ״קְרַב״ אֶלָּא כְּהוּנָּה — And the expression **"to come close"** (or "to approach") **is** an allusion to the **priesthood,**[37] הֵיךְ מַה דְּאַתְּ אָמַר ״וְהַזָּר הַקָּרֵב יוּמָת״ — **as it is stated,** *You shall appoint Aaron and his sons and they shall safeguard their priesthood;* ***and the alien who approaches*** [קָרֵב] ***will die*** (*Numbers* 3:10); וְאֵין ״הֲלֹם״ אֶלָּא מַלְכוּת — **and** the word הֲלֹם (*to here*) **is** an allusion to **royalty,**[38] הֵיךְ מַה דְּאַתְּ אָמַר ״כִּי הֲבִיאֹתַנִי עַד הֲלֹם״ — **as it is stated,** *King David then came and sat down before HASHEM, and said, "Who am I . . .* ***that You should have brought me to here*** [הֲלֹם] (i.e., to kingship)?" (*II Samuel* 7:18).

NOTES

30. The introductory phrase does not mean that "God tested Abraham," but that "God elevated Abraham" through this incident, for his dedication to God raised his stature as a righteous man in the world.

31. I.e., נִסָּה means "He tested," not "He elevated him." [See above, §1.] As for the necessity of stating these words: The Torah means to say that God tested Abraham in a rigorous manner, so that it would be recognized by all as an authentic test (*Maharzu*; cf. *Yefeh To'ar,* cited in *Eitz Yosef*).

32. *Os Emes* (see also *Matnos Kehunah*) emends the text with this addition: שֶׁנֶּאֱמַר ״וַיֹּאמֶר אֵלָיו אַבְרָהָם״ — **as it is stated,** *God tested Abraham* ***and said to him, "Abraham."***

That is, God did not compel Abraham's acquiescence by giving him a sudden command, but approached him gradually and gently by calling out to him first, "Abraham," to which Abraham replied, "Here I am," i.e., "I am attentive and ready to hear Your words." See Insight Ⓐ.

33. The Midrash will discuss one of these comparisons shortly. The other comparison that Moses made of himself to Abraham was when he addressed God as *My Lord, HASHEM/ELOHIM* (*Deuteronomy* 3:24), echoing Abraham's use (above, 15:2) of the same unique formula (*Ohr HaSeichel, Yefeh To'ar,* et al.). [See further in *Devarim Rabbah* 2 §7.]

34. By saying הִנֵּנִי Abraham expressed his readiness to serve God in any capacity he possibly could, even if it entailed such tremendous responsibility as the positions of king and Kohen Gadol (*Yefeh To'ar*).

The double interpretation of הִנֵּנִי (seen as an allusion to both priesthood and royalty) is based on the appearance of the word twice (here and below in verse 11), or else upon the doubling of the נ in הִנֵּנִי (*Rashi*).

35. The Sages often interpret this verse as a reference to Abraham (*Nedarim* 32b, *Yerushalmi Taanis* 1:1, above, 46 §5, et al.).

36. With these words they were declaring that Abraham was their king, as the Midrash explains below, 58 §6 (see also above, 42 §5 and 43 §5).

37. So that God was telling Moses, in effect, that he would not merit to achieve priesthood. [Moses did indeed serve as a Kohen Gadol — at least for a period of time (see *Zevachim* 102a). However, this honor was not given to him as a permanent hereditary position (*Yefeh To'ar*). As for the reason why Moses was denied the opportunity to be the progenitor of a permanent priestly line, see *Zevachim* ibid.]

38. So that God was telling Moses, in effect, that he would not merit to achieve kingship. [Moses was indeed considered the king of Israel (see *Zevachim* ibid., et al.); however, this honor was not given to him as a permanent hereditary position (*Yefeh To'ar*).]

INSIGHTS

Ⓐ **Tested in a Rigorous Manner** *Rashi* (in his *Chumash* commentary) and *Ramban* suggest that the idea mentioned by R' Akiva may serve to explain why God sent Abraham on a three-day journey to offer his son on Mount Moriah. The three days gave Abraham the time to reflect on the commanded act and its ramifications and thereby proceed to perform it with a sound and settled mind. In that way, no one would be able to argue that he had performed the profound act of sacrifice in a frenzied, disordered state. Indeed, this explanation is stated explicitly in *Midrash Tanchuma* on our *parashah* (§22). This explanation is also stated by the *Rashi* commentary to our Midrash, which also asserts that this is exactly what R' Akiva means here.

Ⓑ **Priesthood and Royalty** The Gemara (*Nedarim* 32b) relates the incident in which the priesthood was bestowed upon Abraham: God originally intended the priesthood to emerge from the descendants of Shem, son of Noah, as it is stated in reference to Shem/Malchitzedek (above, 14:18; see *Rashi* ad loc.): *. . . and he was a priest of God, the most High.* But since Shema blessed Abraham before blessing God (ibid. 14:19-20), God instead caused the priesthood to emerge from Abraham.

A parallel Midrash in *Yalkut Shimoni* (*Vayeira* §100) teaches that not only was the quality of priesthood bestowed upon Abraham, but also the qualities of Kohen Gadol, a High Priest. *Zayis Raanan* (by *R'Avraham Gumbiner,* author of *Magen Avraham* to *Shulchan Aruch*) explains that besides the generic priesthood, which had been bestowed upon Abraham previously, it became necessary at the time of the *Akeidah* to also bestow the High Priesthood upon him, so as to make the test of the *Akeidah* as realistic as possible. For, were Abraham not to have received the status of High Priesthood at this time, he would not have been able to continue the sacrificial service of offering Isaac atop the altar after his son's death, as a generic priest who is an *onein* (i.e., whose dead relative remains unburied) is not allowed to serve in the sacrificial service. Only a High Priest may serve even when he is an *onein.* Accordingly, so that Abraham would not suspect that the *Akeidah* was merely a test that would ultimately be called off, he had to be granted the status of a High Priest, who would be capable of completing the service.

ו [כב, א] **וְהָאֱלֹהִים נִסָּה אֶת אַבְרָהָם",** [יא]**רַבִּי יוֹסֵי הַגְּלִילִי אוֹמֵר: גִּדְּלוֹ כַּנֵּס הַזֶּה שֶׁל סְפִינָה,** [יב]**רַבִּי עֲקִיבָא אוֹמֵר: נִסָּה אוֹתוֹ בְּוַדַּאי שֶׁלֹּא יִהְיוּ אוֹמְרִין: הֱמָמוֹ עִרְבְּבוֹ וְלֹא הָיָה יוֹדֵעַ מַה לַּעֲשׂוֹת. "וַיֹּאמֶר הִנֵּנִי", אָמַר רַבִּי יְהוֹשֻׁעַ בֶּן קָרְחָה:** [יג]**בִּשְׁנֵי מְקוֹמוֹת דִּימָּה מֹשֶׁה עַצְמוֹ לְאַבְרָהָם, אָמַר לוֹ הַקָּדוֹשׁ בָּרוּךְ הוּא:** (משלי כה, ו) **"אַל תִּתְהַדַּר לִפְנֵי מֶלֶךְ וּבִמְקוֹם גְּדוֹלִים אַל תַּעֲמוֹד", אַבְרָהָם אָמַר: "הִנֵּנִי" הִנֵּנִי לִכְהוּנָּה, הִנֵּנִי לְמַלְכוּת, זָכָה לִכְהוּנָּה, וְזָכָה לְמַלְכוּת.** [יד]**זָכָה לִכְהוּנָּה** (תהלים קי, ד) **"נִשְׁבַּע ה' וְלֹא יִנָּחֵם אַתָּה כֹהֵן לְעוֹלָם", לְמַלְכוּת,** (בראשית כג, ו) **"נְשִׂיא אֱלֹהִים אַתָּה". מֹשֶׁה אָמַר:** (שמות ג, ד) **"הִנֵּנִי" הִנֵּנִי לִכְהוּנָּה, הִנֵּנִי לְמַלְכוּת. אָמַר לוֹ הַקָּדוֹשׁ בָּרוּךְ הוּא:** (שם ה) **"אַל תִּקְרַב הֲלֹם", אֵין "קְרַב" אֶלָּא כְּהוּנָּה הֵיךְ מַה דְּאַתְּ אָמַר** (במדבר א, נא) **"וְהַזָּר הַקָּרֵב יוּמָת", וְאֵין "הֲלוֹם" אֶלָּא מַלְכוּת הֵיךְ מַה דְּאַתְּ אָמַר** (שמואל ב ו, יח) **"כִּי הֲבִיאֹתַנִי עַד הֲלֹם":**

רש"י

(ו) רבי עקיבא אומר נסה אותו. ודאי שלא יהיו אומרים הממו ערבבו ולא היה יודע מה לעשות. כלומר בפתע פתאום ובערבוב בא עליו ואמר ליה קח נא ומה היה לו להשיב אלא הנני לכך נאמר נסה שנתן לו זמן כדי לנסותו אם יקיים אם לאו ותדע שלא מטירוף דעת השיבו: **הנני לכהונה הנני למלכות.** שתי פעמים כתיב בפרשה הנני ויש לומר הנני שני נוני"ן דריש שהיה יכול לומר הני כמו והנו נצב על עולתו:

עץ יוסף

כפוף ונכנע לפניו יתב' והיתה כוונתו רצויה לשם שמים עלה לרצון לפניו יתב'. ומזה בא לבאר שאין הדבר הולך אחר המעשה אלא הכל הולך אחר טוב הכוונה. שהרי יצחק אע"פ שלא נעשה בו מעשה עלה לרצון מפני טוב הכוונה. ומישע מלך מואב אע"פ שעשה מעשה לא עלה לרצון מפני שלא היתה כוונתו רצויה לשם שמים (כזה"ק): **(ו) גדלו כנס.** שע"י זה נתגדל בעולם ונודע צדקתו כדלעיל ברish פרקין. וכאן פירש נסה מלשון נסיסה (יפ"ת): **נסה אותו בודאי.** דרש נסה לשון בריחה שמה שהצריכו להיותו נודד לארץ המוריה הוא משום שלא יאמרו שנתערבב מיד בגזירת ה' וקיימו בלא מחשבה. וא"כ לא תודע אז פעולת אברהם כל כך. משא"כ עכשיו שהיה לו זמן לחשוב בדבר ולמצוא טענות ההתנצלות. ועל כל זה לא חזר בו. זה יורה על תכלית אהבתו לשם ית' (יפ"ת): **הממו ערבבו.** שניהם לשון בלבול תרגום עיר הומיה קרתא מערבבתא: **[ו] בשני מקומות דימה בו'.** כה"ג אי' נמי בד"ר פ"ב. ושם נתבאר ענין השני מקומות. האחד במ"ש הנני לכהונה ומלכות והשני במה שאמר אברהם ה' אלהים מה תתן לי אמר לו רבש"ע אם מתבקש לי בדין שיהיה לי בנים תן לי. ואם לאו ברחמים וכו'. ואף משה כך אמר ה' אלהים אתה החילות וגו' אם מתבקש לי בדין שאכנס לא"י אכנס. ואם לאו אכנס ברחמים. א"ל הקב"ה אל תתהדר לפני מלך כו'. ופה הלשון קצר באגדה: **הנני לכהונה הנני למלכות.** שהנני הוא לשון זימון כדפרש"י רמז לשני עבודות גדולות אלו אשר אברהם זכה לזה. ומשה נתבשר ברמז אל תקרב הלום שלא יזכה אליהן (יפ"ת) ועיין עוד לקמן: **זכה לכהונה נשבע ה' כו'.** דמיירי באברהם כדלעיל פרשה מ"ו: **אמר לו הקב"ה אל תקרב כו'.** בודאי מלך היה. אלא לו ולזרעו קאמר וכדאי' בפ"ב דזבחים מיהו בכהונה פלוגתא דתנאי היא בפרק הנזכר אי משה בעצמו היה כהן אם לאו. ועיין בויק"ר פ' י"א ובש"ר פ"ג: **והזר הקרב יומת.** וזה מוכרח שהוא לשון הקרבת קרבן כי על ההגשה בלבד אין חיוב מיתה כלל (ספר ת"ג):

חידושי הרש"ש

[ו] היך מה דאת אמר והזר הקרב יומת. עמש"כ לקמן בפ' ואתחנן:

פירוש מהרז"ו

(ו) כנס של ספינה. כי יש נס של הרים כמ"ש כנשא נס הרים וכמ"ש כתורן בראש ההר וכנס על הגבעה. ויש נס של ספינה כמ"ש שש ברקמה היה מפרשך להיות לך לנס. וכדומה. והנס של הרים אינו אלא לסימן שיתקבצו שם אך נס של ספינה הוא עיקר קיום הספינה שאם ישבר הנס כל הספינה אבודה והעולם כים זועף והרשעים כים נגרש והצדיק עם הנלוים אליו דומים לספינה בלב ים והצדיק של הדור הוא הנס להציל כל אשר בספינה וכמ"ש חז"ל שכשמת אברהם אמרו אוי לספינה שאברהם קברניטה וע"כ לא אמר כנס של הרים: **בוודאי.** פי' כפשוטו לשון נסיון עיין לקמן ס"פ נ"ז ופר' נ"ח סימן ד': **הממו.** בפסיקתא פר' מ"ב סימן ו' ובאג"ב פל"א ובתנחומא וכן ברש"י בחומש שלכך לא גלה לו ביום א' מיד ושהה ג' ימים וע' סנהדרין דף פ"ט. ולגי' הילקוט (עי' מ"כ) דייק ממ"ש ויאמר הנני שהתרצה בדעת מיושבת שלא בבהילות: **אמר רבי יהושע בן קרחה.** שמ"ר ס"פ ב' ד"ר פ"ב סימן ז'. ועי' מש"ש. ומ"ש בשני מקומות לא הביא אלא מה ששייך כאן. ושם המאמר בשלימות: **הנני לכהונה כו'.** נ"ע דהנני הכתוב כאן וכן בפ' י"א צריכין לגופא ומהיכן דורש זה ונ"ל שסומך על מ"ש בפ' י"א אברהם אברהם ואולי דורש בנין אב שכל הקריאות היו ב"פ אברהם. כמ"ש במ"ר פי"ד ס"ס כ"א אצל משה משה ע"ש וע"פ מדה יו"ד שקראו לשני דברים לכהונה ולמלכות. וכמ"ש שמעו כי נגידים אדבר שהקריאה האלהית לאנוש להעלותו אל המעלות היותר גדולות שבארץ היינו כהונה ומלכות. וכמ"ש לעיל פר' ל"ט סימן ו' וש"נ. ע"כ משחך וגו' שמן ששון מחבריך לא דברתי עם אדם אלא עמך ע"ש וכמ"ש במ"ר פר' י"ד סימן י"ג אלה שני בני יצהר זה דוד ואהרן. ועל ב' דברים אלו השיב הנני וכן במשה והבן: **נשבע ה' ולא ינחם.** עי' מדרש תהלים ק"י ובדברים רבה שם ופ' ז' סי' ז' בסוף ועי' לעיל פר' מ"ו סי' ה'. ועיקר הכוונה על מ"ש לעולם לדורותם: **נשיא אלהים.** לעיל פר' מ"ב סימן ה' וש"נ. אך לעצמו גם משה זכה לכהונה שמ"ר פר' ל"ז ס"ס א' ולמלכות כמ"ש ויהי בישורון מלך במ"ר פר' ט"ו סי' י"ג ומבואר בזבחים ק"ב שאברהם זכה לו ולזרעו ולא משה (יפ"ת): **משה אמר הנני הנני.** ט"ס שלא אמר אלא פעם אחת הנני ועל ב' קריאות ככ"ל:

מסורת המדרש

יא ילקוט כאן רמז נ"ו. כל הענין:
יב פסיקתא רבתי פרשה מ"ב. אגדת בראשית פרשה ל"א:
יג זבחים דף ק"ב. שמות רבה סוף פרשה ב'. דברים רבה פרשה ב'. תנחומא סדר שמות סימן י"ט:
יד עי' לעיל פ' מ"ו מש"ש:

אם למקרא

אַל־תִּתְהַדַּר לִפְנֵי־מֶלֶךְ וּבִמְקוֹם גְּדֹלִים אַל־תַּעֲמֹד: (משלי כה:ו)

נִשְׁבַּע ה' וְלֹא יִנָּחֵם אַתָּה־כֹהֵן לְעוֹלָם עַל־דִּבְרָתִי מַלְכִּי־צֶדֶק: (תהלים קי:ד)

שְׁמָעֵנוּ אֲדֹנִי נְשִׂיא אֱלֹהִים אַתָּה בְּתוֹכֵנוּ בְּמִבְחַר קְבָרֵינוּ קְבֹר אֶת־מֵתֶךָ אִישׁ מִמֶּנּוּ אֶת־קִבְרוֹ לֹא־יִכְלֶה מִמְּךָ מִקְּבֹר מֵתֶךָ: (בראשית כג:ו)

וַיַּרְא ה' כִּי סָר לִרְאוֹת וַיִּקְרָא אֵלָיו אֱלֹהִים מִתּוֹךְ הַסְּנֶה וַיֹּאמֶר מֹשֶׁה מֹשֶׁה וַיֹּאמֶר הִנֵּנִי: וַיֹּאמֶר אַל תִּקְרַב הֲלֹם שַׁל־נְעָלֶיךָ מֵעַל רַגְלֶיךָ כִּי הַמָּקוֹם אֲשֶׁר אַתָּה עוֹמֵד עָלָיו אַדְמַת־קֹדֶשׁ הוּא: (שמות ג:ד-ה)

וּבִנְסֹעַ הַמִּשְׁכָּן יוֹרִידוּ אֹתוֹ הַלְוִיִּם וּבַחֲנֹת הַמִּשְׁכָּן יָקִימוּ אֹתוֹ הַלְוִיִּם וְהַזָּר הַקָּרֵב יוּמָת: (במדבר א:נא)

וַיָּבֹא הַמֶּלֶךְ דָּוִד וַיֵּשֶׁב לִפְנֵי ה' וַיֹּאמֶר מִי אָנֹכִי אֲדֹנָי אֱלֹהִים וּמִי בֵיתִי כִּי הֲבִיאֹתַנִי עַד־הֲלֹם: (שמואל ב ז:יח)

מתנות כהונה

הא אינו מדבר אלא במי שנתרצה לאל ונתקבל באהבה זה יצחק ואע"פ שלא נתקרב בפועל הקדוש ברוך הוא מצרף המחשבה למעשה כדמפרש ואזיל: **[ו]נסה אותו בודאי.** פירש"י נתן לו זמן כדי לנסותו אם יקיים אם לאו. [ה"ג הילקוט מה לעשות שנאמר ויאמר אליו אברהם ויאמר הנני וכן מצאתי בפרש"י ז"ל]: **לכהונה ולמלכות.** דייק מדכתיב הנני בשני נוני"ן דהוה ליה למימר הנה כד"א והנה נצב על עולתו וכן מצאתי בפירש"י ז"ל [עד הלום. עיין עוד בש"ר ס"פ ב' ובפר' ואתחנן דף רל"ד ע"ד]:

אשד הנחלים

שכן ניסה ה' לאברהם. אבל אראה מצד אחר שזה חטא עצום והראיה ממישע שלא נתקבל. **[ו] גדלו כנס.** דהוקשה לו מה שייך נסיון אצלו ית' הלא הוא ידע את כל. ולכן מפרש מלשון נס והתרוממות. שה' חפץ להגביה את מעלת אברהם בעיני בני דורו שידעו כמה גדול כחו שזהו בחינת הנסיון כמו שפירש הרב המורה בפרקיו הנכבדים: **נסה אותו בודאי כו'.** פירש המ"כ בשם רש"י שנתן לו זמן. ואיני יודע איפה מרומז במלת נסה שהמשיך לו זמן ואולי דייק מזה שהרחיב ה' בדבור את בנך את יחידך אשר אהבת את יצחק כדי שיעשה בישוב דעת ובמתינות לא במהומה כאיש הירא שנבטל דעתו בפתע פתאום ועושה במהומה ובחפזון. וזהו ניסה שהוציא כחותיו הטובים ופועל מעט מעט כמו שבארתי לעיל בראש הפרשה: **דימה משה לאברהם כו'.** אין הכוונה שלא הי' מעלת משה דומה לאברהם. ח"ו לומר כן. כי בודאי מעלת משה גדולה ממנו בבחינת הנבואה. רק בכח זה שהוא הכהונה לא הית' מעלת משה בזה. והוא סוד מסודות החכמה העליונה השוקלת את כחות האדם. וכל כח מיוחד לדבר מיוחד. וזכה זה ע"י הנסיון הזה. ואברהם הבין מה שיזכה ע"י ז וע"ז אמר הנני מוכן לאלה המעלות לקבלם כי כחותו מוכנים לזה. אך מאין מוכח זה לא ידענו. ובודאי הוא מסודות הגדולים הידועים רק לבעלי החכמה. ואין לחקור בזה:

וַיֹּאמֶר קַח נָא אֶת בִּנְךָ אֶת יְחִידְךָ אֲשֶׁר אָהַבְתָּ אֶת יִצְחָק וְלֶךְ לְךָ אֶל אֶרֶץ הַמֹּרִיָּה וְהַעֲלֵהוּ שָׁם לְעֹלָה עַל אַחַד הֶהָרִים אֲשֶׁר אֹמַר אֵלֶיךָ.

And He said, "Please take your son, your only one, whom you love — Isaac — and go to the land of Moriah; bring him up there as an offering upon one of the mountains which I shall tell you" (22:2).

§7 וַיֹּאמֶר קַח נָא אֶת בִּנְךָ וגו׳ — ***AND HE SAID, "PLEASE TAKE YOUR SON, YOUR ONLY ONE, WHOM YOU LOVE — ISAAC, ETC."***

The Midrash addresses the apparent verbosity of this sentence, explaining the necessity of each phrase:[39]

אָמַר לוֹ בְּבַקָּשָׁה מִמְּךָ, "קַח נָא אֶת בִּנְךָ" — **[God] said to [Abraham], "I ask you as a request, '*Please' take your son.*"**[40] **אָמַר לוֹ תְּרֵין בְּנִין אִית לִי, אֵי זֶה בֵּן?** — **[Abraham] replied to Him, "I have two sons. Which son** are You referring to?" **אָמַר לוֹ "אֶת יְחִידְךָ"** — **He said to him, "...** ***your only one*** **..."** **אָמַר לוֹ זֶה יָחִיד לְאִמּוֹ וְזֶה יָחִיד לְאִמּוֹ** — **[Abraham] replied to Him,** "They are both only sons; **this one is an only son to his mother and the other one is an only son to his mother."** **אָמַר לוֹ "אֲשֶׁר אָהַבְתָּ"** — **[God] said to him: "...** ***whom you love*** **..."** **אָמַר לוֹ אִית תְּחוּמִין בִּמְעַיָּא?** — **[Abraham] replied to Him, "Are there** separate **areas in one's insides?"**[41] **אָמַר לוֹ "אֶת יִצְחָק"** — **He** finally **said to him** explicitly, **"...** ***Isaac."*** **וְלָמָּה לֹא גִלָּה לוֹ מִיָּד** — **And why did He not reveal** it[42] **to [Abraham] immediately?** **כְּדֵי לְחַבְּבוֹ בְּעֵינָיו** — **In order to make it**[43] **more beloved in [Abraham's] eyes,**[44] **וְלִיתֵּן לוֹ שָׂכָר עַל כָּל דִּבּוּר וְדִבּוּר** — **and to give him reward for each and every statement.**[45]

הִיא דַעְתֵּיהּ דְּרַבִּי יוֹחָנָן — **This is** in line with **the opinion** expressed **by R' Yochanan** in a different context (viz., above, on 12:1). **דְּאָמַר רַבִּי יוֹחָנָן** — **For R' Yochanan said** in expounding that verse: **"לֶךְ לְךָ", זוֹ אַפַּרְכְיָה שֶׁלְּךָ** — *HASHEM said to Abram: Go for yourself from "your land"...* — **this means "your province"; "וּמִמּוֹלַדְתְּךָ", זוֹ שְׁכוּנָתְךָ** — **...** ***and from "your birthplace"***... — **this means "your neighborhood"; "מִבֵּית אָבִיךָ", זוֹ בֵּית אָבִיךָ** — **...** ***and from "your father's house"***... — **this,** of course, **refers to "your father's house." "אֶל הָאָרֶץ אֲשֶׁר אַרְאֶךָּ"** — The verse continues: ***to the land that I will show you.*** **וְלָמָּה לֹא גִלָּה לוֹ מִיָּד** — **And why did [God] not reveal** the identity of Abraham's destination **to him immediately?** **כְּדֵי לְחַבְּבָהּ בְּעֵינָיו** — **In order to make it more beloved in his eyes,** **וְלִיתֵּן לוֹ שָׂכָר עַל כָּל דִּבּוּר וְדִבּוּר** — **and in order to give him reward for each and every statement** **וְעַל כָּל פְּסִיעָה וּפְסִיעָה** — **and for each and every step** he would take getting there.[46]

□ [**וְלֶךְ לְךָ אֶל אֶרֶץ הַמֹּרִיָּה**] — *AND GO* (lit., *GO FOR YOURSELF*) *TO THE LAND OF MORIAH.*]

The Midrash compares two similar expressions found in Scripture:

אָמַר רַבִּי לֵוִי בַּר חָיְתָא — **R' Levi bar Chaysa said:** **שְׁנֵי פְעָמִים כְּתִיב "לֶךְ לְךָ"** — **Twice** in all of Scripture **it is written,** ***Go for yourself,***[47] **וְאֵין אָנוּ יוֹדְעִים אֵיזוֹ חֲבִיבָה** — **and** at first glance **we do not know which of the two was more precious**[48] — **אִם הָרִאשׁוֹנָה אִם הַשְּׁנִיָּה** — **whether it is the first,** which describes Abraham's leaving his home, **or the second,** which discusses his offering Isaac. **מִן מַה דִּכְתִיב "וְלֶךְ לְךָ אֶל אֶרֶץ הַמֹּרִיָּה"** — But **from the fact that it is written** in the latter verse, ***and go to the land of Moriah,*** **הֲוֵי שְׁנִיָּה חֲבִיבָה מִן הָרִאשׁוֹנָה** — we can infer that **the second** instance **was more beloved than the first.**[49]

□ **וְלֶךְ לְךָ אֶל אֶרֶץ הַמּוֹרִיָּה** — *AND GO TO THE LAND OF MORIAH.*

Proper names of lands are usually derived from the nations that inhabit them, such as the land of Canaan, the land of Mitzraim (Egypt). There is no known nation called Moriah, and hence the Midrash discusses the meaning of this name (*Yefeh To'ar*):

רַבִּי חִיָּיא רַבָּה וְרַבִּי יַנַּאי — **R' Chiya the Great and R' Yannai** discussed the phrase "to the land of Moriah." **חַד אָמַר: לְמָקוֹם שֶׁהוֹרָאָה יוֹצְאָה לָעוֹלָם** — **One said:** This means **"to the place from where** Torah **instruction** (הוֹרָאָה) **comes forth to the world."**[50] **וְאָחֳרָנָא אָמַר: לְמָקוֹם שֶׁיִּרְאָה יוֹצְאָה לָעוֹלָם** — **And the other [sage] said: "to the place from where awe** (יִרְאָה) **comes forth to the** nations of the **world."**[51]

[On a related topic, the Midrash records other disagreements between these two sages regarding interpretations of words:]

"דְּבִיר" דִּכְוָותָהּ — **Similarly,** regarding the term ***Devir***[52] **רַבִּי חִיָּיא וְרַבִּי יַנַּאי** — there is a disagreement between **R' Chiya and R'**

NOTES

39. This Midrash appears above (39 §9) as well. See ibid.

40. The Midrash here does not elaborate on why God "pleaded" (as it were) with Abraham to follow His command; see *Sanhedrin* 89b, cited in *Rashi* on *Chumash* here.

41. I.e., they both issued forth from inside my body, and I love them both (*Matnos Kehunah*).

42. "It" referring to the identity of the place of sacrifice, which God described at first only vaguely (v. 2): *one of the mountains which I shall tell you* (*Yefeh To'ar* on above, 39 §9). Alternatively: "It" refers to the identity of Isaac: Why did God use so many descriptive phrases before identifying Isaac explicitly? (*Mizrachi* ibid.).

43. "It" referring to God's command to him (*Rashi* on *Chumash;* cf. *Mizrachi*).

44. When one hears a bit of information about something, he naturally develops a keen interest in hearing the rest of the details. Thus, by divulging the location (or the identity of the intended sacrifice — see note 42) piecemeal, God intensified Abraham's desire to hear — and ultimately obey — His command (*Yefeh To'ar* above, on 39 §9).

45. By separating the instructions to Abraham into several "pieces," it was as if God had given — and Abraham obeyed — several commandments rather than just one (ibid.).

46. See above, note 44.

47. I.e., our verse and, *Go for yourself from your land, from your birthplace, and from your father's house* ... (above, 12:1).

48. The expression "Go for yourself" implies that the journey commanded to Abraham was for his own benefit and was thus to be undertaken with enthusiasm. Which one of these journeys was more precious for Abraham — i.e., which one did he undertake with greater enthusiasm? (*Yefeh To'ar*).

49. Because in the second instance Abraham knew the general area of his destination ("the land of Moriah"), he was able to undertake it with more enthusiasm (ibid.). Alternatively, the name "Moriah" indicates that this place had a unique level of sanctity (as the Midrash will soon discuss), and this fact caused Abraham to have greater enthusiasm (ibid.).

Alternatively: The Midrash is not asking which journey was more "precious" in Abraham's eyes, but in God's eyes. And it answers that since in this case God designated the general (though not the specific) destination of the journey — Moriah — this shows that this was the more precious one in His eyes (*Rashi*).

50. The Great Sanhedrin — the ultimate source of Torah instruction — was situated on the grounds of the Temple, which was destined to be built upon Mount Moriah (*Rashi, Matnos Kehunah, Eitz Yosef*). The word מוֹרִיָּה is thus seen as an alternative form of מוֹרָה ("instructor," fem.), so that "the land of Moriah" means "the instructor land."

51. As is written (*Psalms* 68:36), *You are awesome, O God, from Your Sanctuaries* (*Pesikta,* Ch. 40, cited by *Maharzu*). When people see that those who pray there are answered, and when they see that those (like Nadab and Abihu — *Leviticus* Ch. 10) who desecrate its sanctity are punished, they realize that all this is because God's Presence is situated there, and this leads them to honor and fear Him (*Ohr HaSeichel*).

52. In *I Kings* 6:5 the "Holy of Holies" chamber of the Temple is referred to as the *Devir*.

ז [כב, ב] "וַיֹּאמֶר קַח נָא אֶת בִּנְךָ וגו'". אָמַר לוֹ: בְּבַקָּשָׁה מִמְּךָ "קַח נָא אֶת בִּנְךָ", אָמַר לוֹ: תְּרֵין בְּנִין אִית לִי אֵי זֶה בֵּן. אָמַר לוֹ: "אֶת יְחִידְךָ". [טו]אָמַר לוֹ: זֶה יָחִיד לְאִמּוֹ וְזֶה יָחִיד לְאִמּוֹ. אָמַר לוֹ: "אֲשֶׁר אָהַבְתָּ". אָמַר לוֹ: אִית תְּחוּמִין בִּמְעַיָּא. אָמַר לוֹ: "אֶת יִצְחָק". וְלָמָּה לֹא גִּלָּה לוֹ מִיָּד כְּדֵי לְחַבְּבוֹ בְּעֵינָיו וְלִיתֵּן לוֹ שָׂכָר עַל כָּל דִּבּוּר וְדִבּוּר. הִיא דַעְתֵּיהּ דְּרַבִּי יוֹחָנָן דְּאָמַר רַבִּי יוֹחָנָן: "לֶךְ לְךָ" (בראשית יב, א), [טז]זוֹ אַפַּרְכְיָה שֶׁלְּךָ, "וּמִמּוֹלַדְתְּךָ", זוֹ שְׁכוּנָתְךָ, "מִבֵּית אָבִיךָ", זוֹ בֵּית אָבִיךָ, "אֶל הָאָרֶץ אֲשֶׁר אַרְאֶךָּ". וְלָמָּה לֹא גִּלָּה לוֹ מִיָּד, כְּדֵי לְחַבְּבָהּ בְּעֵינָיו וְלִיתֵּן לוֹ שָׂכָר עַל כָּל דִּבּוּר וְדִבּוּר וְעַל כָּל פְּסִיעָה וּפְסִיעָה. אָמַר רַבִּי לֵוִי בַּר חָיְתָא: שְׁנֵי פְּעָמִים כְּתִיב "לֶךְ לְךָ", וְאֵין אָנוּ יוֹדְעִים אֵי זֶה חֲבִיבָה, אִם הָרִאשׁוֹנָה אִם הַשְּׁנִיָּה. מִן מַה דִּכְתִיב "וְלֶךְ לְךָ אֶל אֶרֶץ הַמֹּרִיָּה", הֱוֵי שְׁנִיָּה חֲבִיבָה מִן הָרִאשׁוֹנָה. "וְלֶךְ לְךָ אֶל אֶרֶץ הַמֹּרִיָּה", [יז]רַבִּי חִיָּיא רַבָּה וְרַבִּי יַנַּאי, חַד אָמַר: לַמָּקוֹם שֶׁהוֹרָאָה °יָצְאָה לָעוֹלָם, וְאוֹחֲרָנָא אָמַר: לַמָּקוֹם שֶׁיִּרְאָה °יָצְאָה לָעוֹלָם. דִּכְוָותָהּ "דְּבִיר", רַבִּי חִיָּיא וְרַבִּי יַנַּאי חַד אָמַר: °מִמָּקוֹם שֶׁהַדִּבְּרוֹת יוֹצְאוֹת לָעוֹלָם וְחַד אָמַר: °מִמָּקוֹם שֶׁהַדֶּבֶר יוֹצֵא לָעוֹלָם. דִּכְוָותָהּ "אָרוֹן", רַבִּי חִיָּיא וְרַבִּי יַנַּאי חַד אָמַר: לַמָּקוֹם °שֶׁהוֹרָאָה יוֹצְאָה לָעוֹלָם, וְחַד אָמַר: מָקוֹם שֶׁיִּרְאָה יוֹצְאָה לָעוֹלָם. אָמַר רַבִּי יְהוֹשֻׁעַ בֶּן לֵוִי: שֶׁמִּשָּׁם הַקָּדוֹשׁ בָּרוּךְ הוּא מוֹרֶה לְעוֹבְדֵי כּוֹכָבִים וּמוֹרִידָם לְגֵיהִנֹּם.

רש"י

(ז) **אית תחומים במעיא.** כלומר יש תחום בבני מעים ממקום שזה יולא זה יולא וכל הבנים אהובים בשוה: **ולמה לא גלה לו.** בדיבור ראשון היה מאריך לו את הדברים: **אמר רבי לוי בר חיתא שתי פעמים כתיב לך לך.** בנסיון ראשון ובנסיון אחרון ואין אנו יודעים איזה מהם חביבה אם הראשונה או השנייה ממה דכתיב אל ארץ המוריה אמור מעתה שהיתה חביבה מן הראשונה שפי' לו המקרא מה שלא עשה לו בתחלה אלא אל הארץ אשר אראך ולא פירש לו מקום ובהרכינו מפורש ממה דכתיב בשנייה בי נשבעתי נאם ה' הוי שנייה חביבה: **חד אמר למקום שהאורה יצאה לעולם.** מסנהדרין שיושבין בלשכת הגזית שנאמר כי מציון תלא תורה: #**דכוותה ארון.** חד אמר למקום שהאורה יולאת לעולם תורה אור: **דביר למקום שהדבור יוצא לעולם.** דבור של הקב"ה: שמשם מורה לרשעים ומורידן לגיהנם:

עץ יוסף

(ז) **בבקשה ממך.** דנא הוא לשון בקשה וכדאי' בפרק הנחנקין אמר רשב"א אין נא אלא לשון בקשה משל למלך כו' שעמדו עליו מלחמות הרבה והיה לו גבור אחד ונלחן. לימים עמדה עליו מלחמה חזקה א"ל בבקשה ממך עמוד לי במלחמה זו שלא יאמרו ראשונות אין בהם ממש. אף הקב"ה אמר לאברהם נסיתיך בכמה נסיונות ועמדת בכולן עכשיו עמוד לי בנסיון זה שלא יאמרו אין ממש בראשונים: **תרי בנין אית לי כו'.** עד סוף הסימן פירשתיו לעיל פרשה ל"ט: [ח] **שני פעמים כו'.** לעיל פרשה ל"ט ושם פירשתיו: [ט] **למקום שההוראה יוצאה כו'.** ונקרא הארץ ע"ש מעלת ההר אשר בה. ואע"פ שעדיין לא נתחדש זה. ה' מגיד מראשית אחרית (נזה"ק): **שהוראה יוצאה.** הוראה תורה לישראל. כי מציון תלא תורה. יורו משפטיך ליעקב. ולשכת הגזית שבה עמדו הנביאים המוכיחים לישראל (רש"י): **למקום שיראה יוצא.** שהשומעין גדולתה של ירושלים מתפחדין עליה (רש"י). או פירושו יראת שמים כי שם שער השמים וממנו יולא מקור הקדושה בירא שמים (נזה"ק): **דכוותה דביר כו'.** דר"ח ור' ינאי פליגי נמי בדביר וכן בארון: **דכוותה דביר.** דכתיב (מלכים א') ודביר בתוך הבית מפנימה כו' והוא מקום קדשי קדשים: **חד אמר מקום שהדברות יוצאות לעולם.** כצ"ל ופירושו כי שם היה הארון ומשם היה שומע משה את הקול כדכתיב וישמע את הקול מדבר אליו מבין שני הכרובים. ואע"ג דדביר לא הוה בימי משה. היה היכל לפני שהוא במקום דביר דשלמה. גם בשאר הימים ע"י שהיתה שכינה שם היתה נבואה מצויה בישראל: **וחד אמר במקום שהדבר יוצא לעולם.** כצ"ל וכן הוא בירושלמי ובערוך. ופי' שמשם נענשים אותם שלא קבלו התורה. ודבר פירושו מורא ופחד מענין ידבר עמים תחתינו. או פירוש דבר ממש שנענשו בדבר ממש (יפ"ת): **מקום שהאורה יוצאה לעולם.** כצ"ל ופי' כי התורה בתוכו והיא מאירה לעולם כי נר מצוה ותורה אור (יפ"ת): **שיראה יוצאה לעולם.** שהעכו"ם יאחזמו רעד מנפלאות הארון וכמ"ש פלשתים אוי לנו מי יצילנו מיד האלהים האדירים האלה. ובירו' גרסי' הכא שאורירה יולאה לעולם. והוא יותר נכון למלת ארון. ופירושו שע"י התורה שלא קבלוה יתקללו כדאמר בשבת פ' ר"ע (יפ"ת): **מורה לאומות העולם.** לשון הוראה שיפסוק דינם או לשון יריה. שיורם ויורידם לגיהנם. וגירסת הילקוט שמשם מורה כתן לעכו"ס:

פירוש מהרז"ו

(ז) **אמר לו איזה בן.** לעיל פל"ט סימן ט' ועיין פסיקתא פ"מ סימן ו': **תחומין במעיא.** בתנחומא הגי' אשר אהבת א"ל שניהם אני אוהב א"ל אשר אהבת הרבה א"ל וכי יש גבול במעים: **שתי פעמים.** עיין לעיל שם סימן ח': **הרי השניה חביבה.** שראשונה מאורס לא"י ובשני' מא"י למקום המוריה המקודש ביותר: **רבי חייא ור' ינאי.** ירושלמי ברכות פ' ד' במשנה היה רוכב שי"ר ס"פ כמגדל דויד. פסיקתא פ"מ סימן ח' ובשי"ר שם על מ"ש בדה"י הר המוריה וגם הארץ נקרא ע"ש ההר המובחר הזה: **שיראה יוצאה.** כמ"ש מה נורא המקום הזה. וכמ"ש נורא אלהים ממקדשיך פסיקתא שם: **דביר.** מלכים א' ו' י"ט ודביר בתוך הבית וגו'. את ארון ברית ה'. ועי' מ"כ: **אמר יהושע בן לוי.** עי' הגי' בפסיקתא שם:

חידושי הרש"ש

[ז] **לך לך מארצך זו אפרכיה כו'.** כצ"ל:

באור מהרי"פ

ז **ממקום שהדברות יוצאות.** מ"מ ראשונה ט"ס וכן באידך. וכן למ"ד דלמקום דבסמוך גבי ארון. ואגב שיטפא דלעיל במוריה דקאמר למקום כתבו לה (יפ"ת):

מסורת המדרש

טו סנהדרין דף פ"ט. לעיל פרשה ל"ט. פרקי דרבי אליעזר פרק ל"א. תנחומא כאן סימן כ"ב. מדרש תהלים מזמור כ"ט. פסיקתא רבתי פרשה מ'. ילקוט כאן רמז נ"ו. וילקוט סדר לך לך רמז ס"ב:
טז לעיל פרשה ל"ט:
יז תענית דף ט"ז. ירושלמי ברכות פרק ד'. שה"ש רבה פרשה ד' פסוק ד'. פסיקתא רבתי פ' מ':

אם למקרא

וַיֹּאמֶר יהוה אֶל־אַבְרָם לֶךְ־לְךָ מֵאַרְצְךָ וּמִמּוֹלַדְתְּךָ וּמִבֵּית אָבִיךָ אֶל־הָאָרֶץ אֲשֶׁר אַרְאֶךָּ: (בראשית יב:א)

מתנות כהונה

[ז] **בבקשה ממך.** נא פירושו במקום הזה לשון בקשה וה"ג בילקוט בהדיא ועיין במה"ר אליהו מזרחי וענין הבקשה עיין בפירש"י בחומש: **אית תחומין במעיא.** וכי יש תחומין בבני מעיים שניהם יולאי חלצי הם ושניהם אהובים לפני: [**ולמה לא גלה לו כו'.** עיין כ"ז פל"ט]: **הוראה.** היתה יולאת מלשכת הגזית שהיתה בירושלים כמו שאמרו כי מציון תלא תורה: **שיראה.** מורא הש"י היה יולא משם לעובדי כוכבים: **דכוותה דביר גרסינן.** שהדברות. כלומר דברי תורה: **ה"ג בירושלמי דפרק תפלת השחר וחד אמר מקום שהדבר יולא לעולם ופירש הדבר** [וקנאת ה' לבאות יולא משם כו'] עיין במדרש חזית סוף פסוק כמגדל דויד: **שהאור.** התורה נקראת אור שנאמר ותורה אור: [**ה"ג בירושלמי ובמדרש חזית** חד אמר מקום שהארורה יולאים משם לעולם ופי' ג"כ לאומות העולם]: **מורה.** לשון מורה חצים והכי גרסינן בילקוט מורה כחן כו' ע"ש כדאמרינן פתחו

אשד הנחלים

[ז] **בבקשה** כי אין נא אלא לשון בקשה כמאמרם בברכות פ"ק: **הוי שני' חביבה כו'.** כלומר אחר שפה צוה שילך להר המורי' ששם המקום המקודש ביותר. כי שם צווהו רק לכניסת א"י לבד וכאן למקום המקודש ביותר א"כ השניה חביבה: **שהוראה יוצא.** שמשם יותן התורה העליונה שהיא המעלה הראשונה שאין כמוה במדריגה: **שיראה.** פירש המ"כ מורא הש"י לעובדי כוכבים. ויתכן מורא ישראל שאז השיגו מעלת הנבואה הרמה ופחדו מאוד כמו שאמרו דבר אתה עמנו ואל ידבר עמנו אלהים פן נמות כי אז הגיעו להיראה הגדולה מפני כבוד ה': **שהדברות.** עשרת הדברים שהם עקרי התור' אשר הכל כלולה בה: **שהדיבור.** דיבור הנבואה העליונה [מ"כ פי' לשון דבר]: **שהאורה.** וזהו

Yannai. **חַד אָמַר: מָקוֹם שֶׁהַדִּבְּרוֹת יוֹצְאוֹת לָעוֹלָם** — **One said** that it is called "*Devir*" because it is **the place from where utterances** (דִּבְּרוֹת) of Torah **emanate to** the rest of **the world;**[53] **וְחַד אָמַר: מָקוֹם שֶׁהַדֶּבֶר יוֹצֵא לָעוֹלָם** — **and the other** sage **said** that it is called "*Devir*" because **it is the place from which pestilence**[54] (דֶּבֶר) **goes forth to the world** to the enemies of Israel.

דִּכְוָותָהּ "אָרוֹן" — **Similarly,** regarding the term **"Ark"** (אָרוֹן), the chest in which the Tablets of the Ten Commandments were kept, **רַבִּי חִיָּיא וְרַבִּי יַנַּאי** — there is a disagreement between **R' Chiya and R' Yannai:** **חַד אָמַר: מָקוֹם שֶׁהָאוֹרָה יוֹצְאָה לָעוֹלָם** — **One said:** The Ark is called by this name because it is **the place from which light** (אוֹרָה) **shines forth to the world;**[55] **וְחַד אָמַר: מָקוֹם שֶׁיִּרְאָה יוֹצְאָה לָעוֹלָם** — **and the other said:** It is called this because **it is the place from which dread** (יִרְאָה) **goes forth to the** nations of the **world.**[56]

Having digressed to discuss other terms, the Midrash resumes its discussion of the term *Moriah*:

אָמַר רַבִּי יְהוֹשֻׁעַ בֶּן לֵוִי — **R' Yehoshua ben Levi said:** **שֶׁמִּשָּׁם הַקָּדוֹשׁ בָּרוּךְ הוּא מוֹרֶה לְעוֹבְדֵי כוֹכָבִים וּמוֹרִידָם לְגֵיהִנֹּם** — It is called *Moriah* **because it is from there that the Holy One, blessed is He, directs** (מוֹרֶה) **the idolaters and sends them down to Gehinnom.**[57]

NOTES

53. For it was from the Holy of Holies (of the Tabernacle) that God communicated the laws of the Torah to Moses (*Numbers* 7:89) (*Yefeh To'ar, Eitz Yosef*).

54. Or possibly, "dread" (ibid.).

55. The Ark was the repository of the Torah, which is the light of the world, as it is written (*Proverbs* 6:23) *and the Torah is light* (*Matnos Kehunah, Yefeh To'ar, Eitz Yosef*).

56. The Ark was a source of fear for the nations of the world, as illustrated by the words of the Philistines, who, upon seeing the Ark in their Israelite camp, said (*I Samuel* 4:8): *Woe to us! Who will save us from the hand of this mighty God?* (*Eitz Yosef*). [Another version, preferred by several commentators, has אֲרִירָה ("a curse") instead of יִרְאָה. See *I Samuel* Ch. 5.]

57. For having destroyed the Temple, which is situated at Mount Moriah (*Yefeh To'ar*). Alternatively: The entryway to Gehinnom lies in Jerusalem, near Mount Moriah (*Matnos Kehunah*).

ז [כב, ב] "**וַיֹּאמֶר קַח נָא אֶת בִּנְךָ וגו'**".

אָמַר לוֹ: בְּבַקָּשָׁה מִמְּךָ "קַח נָא אֶת בִּנְךָ", אָמַר לוֹ: תְּרֵין בְּנִין אִית לִי אֵי זֶה בֵּן. אָמַר לוֹ: "אֶת יְחִידְךָ". [טו]אָמַר לוֹ: זֶה יָחִיד לְאִמּוֹ וְזֶה יָחִיד לְאִמּוֹ. אָמַר לוֹ: "אֲשֶׁר אָהַבְתָּ". אָמַר לוֹ: אִית תְּחוּמִין בְּמַעַיָּא. אָמַר לוֹ: "אֶת יִצְחָק". וְלָמָּה לֹא גִּלָּה לוֹ מִיָּד כְּדֵי לְחַבְּבוֹ בְּעֵינָיו וְלִיתֵּן לוֹ שָׂכָר עַל כָּל דִּבּוּר וְדִבּוּר. הִיא דַעְתֵּיהּ דְּרַבִּי יוֹחָנָן דְּאָמַר רַבִּי יוֹחָנָן: (בראשית יב, א) "לֶךְ לְךָ", [טז]זוֹ אִפַּרְכְיָה שֶׁלְּךָ, "וּמִמּוֹלַדְתְּךָ", זוֹ שְׁכוּנָתְךָ, "מִבֵּית אָבִיךָ", זוֹ בֵּית אָבִיךָ, "אֶל הָאָרֶץ אֲשֶׁר אַרְאֶךָּ". וְלָמָּה לֹא גִּלָּה לוֹ מִיָּד, כְּדֵי לְחַבְּבָהּ בְּעֵינָיו וְלִיתֵּן לוֹ שָׂכָר עַל כָּל דִּבּוּר וְדִבּוּר וְעַל כָּל פְּסִיעָה וּפְסִיעָה. אָמַר רַבִּי לֵוִי בַּר חָיְתָא: שְׁנֵי פְּעָמִים כְּתִיב "לֶךְ לְךָ", וְאֵין אָנוּ יוֹדְעִים אֵי זֶה חֲבִיבָה, אִם הָרִאשׁוֹנָה אִם הַשְּׁנִיָּה. מִן מַה דִּכְתִיב "וְלֶךְ לְךָ אֶל אֶרֶץ הַמֹּרִיָּה", הֱוֵי שְׁנִיָּה חֲבִיבָה מִן הָרִאשׁוֹנָה. "וְלֶךְ לְךָ אֶל אֶרֶץ הַמֹּרִיָּה", [יז]רַבִּי חִיָּיא רַבָּה וְרַבִּי יַנַּאי, חַד אָמַר: לַמָּקוֹם שֶׁהוֹרָאָה °יָצְאָה לָעוֹלָם, וְאוּחֲרָנָא אָמַר: לַמָּקוֹם שֶׁיִּרְאָה °יָצְאָה לָעוֹלָם. דִּכְוָותָהּ "דְּבִיר", רַבִּי חִיָּיא וְרַבִּי יַנַּאי חַד אָמַר: °מִמָּקוֹם שֶׁהַדִּבְּרוֹת יוֹצְאוֹת לָעוֹלָם וְחַד אָמַר: °מִמָּקוֹם שֶׁהַדֶּבֶר יוֹצֵא לָעוֹלָם. דִּכְוָותָהּ "אָרוֹן", רַבִּי חִיָּיא וְרַבִּי יַנַּאי חַד אָמַר: לַמָּקוֹם °שֶׁהוֹרָאָה יוֹצְאָה לָעוֹלָם, וְחַד אָמַר: מָקוֹם שֶׁיִּרְאָה יוֹצְאָה לָעוֹלָם. אָמַר רַבִּי יְהוֹשֻׁעַ בֶּן לֵוִי: שֶׁמִּשָּׁם הַקָּדוֹשׁ בָּרוּךְ הוּא מוֹרֶה לְעוֹבְדֵי כוֹכָבִים וּמוֹרִידָם לְגֵיהִנֹּם.

רש"י

(ז) **אית תחומים במעיא.** כלומר יש תחום בבני מעים ממקום שזה יולא זה יולא וכל הבנים אהובים בשוה: **ולמה לא גלה לו.** בדיבור ראשון היה מאריך לו את הדברים: **אמר רבי לוי בר חיתא שתי פעמים כתיב לך לך.** בנסיון ראשון ובנסיון אחרון ואין אנו יודעים איזה מהם חביבה אם הראשונה או השנייה ממה דכתיב אל ארץ המוריה אמור מעתה שהיתה חביבה מן הראשונה שפי' לו המקרא מה שלא עשה לו בתחלה אלא אל הארץ אשר אראך ולא פירש לו מקום והראינו מפורש ממה דכתיב בשנייה בי נשבעתי נאם ה' הוי שנייה חביבה: **חד אמר למקום שהאורה יצאה לעולם.** מסנהדרין שיושבין בלשכת הגזית שנאמר כי מציון תצא תורה: #**דכוותה ארון.** חד אמר למקום שהאורה יוצאת לעולם תורה אור: **דביר למקום שהדבור יוצא לעולם.** דבור של הקב"ה: שמשם מורה לרשעים ומורידן לגיהנם:

עץ יוסף

(ז) **בבקשה ממך.** דנא הוא לשון בקשה וכדאי' בפרק הנחנקין אמר רשב"א אין נא אלא לשון בקשה משל למלך כו' שעמדו עליו מלחמות הרבה והיה לו גבור אחד ונצחן. לימים עמדה עליו מלחמה חזקה א"ל בבקשה ממך עמוד לי במלחמה זו שלא יאמרו ראשונות אין בהם ממש. אף הקב"ה אמר לאברהם נסיתיך בכמה נסיונות ועמדת בכולן עכשיו עמוד לי בנסיון זה שלא יאמרו אין ממש בראשונים: **תרי בנין אית לי כו'.** עד סוף הסימן פירשתיו לעיל פרשה ל"ט: [ח] **שני פעמים כו'.** לעיל פרשה ל"ט ושם פירשתיו: [ט] **למקום שההוראה יוצאה כו'.** ונקרא הארץ ע"ש מעלת ההר אשר בה. ואע"פ שעדיין לא נתחדש זה. ה' מגיד מראשית אחרית (נזה"ק): **שהוראה יוצאה.** הוראה תורה לישראל. כי מציון תצא תורה. יורו משפטיך ליעקב. ולשכת הגזית שבה עמדו הנביאים המוכיחים לישראל (רש"י): **למקום שיראה יוצא.** ששומעין גדולתה של ירושלים מתפחדין עליה (רש"י). או פירושו יראת שמים כי שם שער השמים וממנו יוצא מקור הקדושה ביראת שמים (נזה"ק): **דכוותה דביר כו'.** דר"ח ור' ינאי פליגי נמי בדביר וכן בארון: **דכוותה דביר.** דכתיב (מלכים א') ודביר בתוך הבית מפנימה כו' והוא מקום קדשי קדשים: **חד אמר מקום שהדברות יוצאות לעולם.** כצ"ל ופירושו כי שם היה הארון ומשם היה שומע משה את הקול כדכתיב וישמע את הקול מדבר אליו מבין שני הכרובים. ואע"ג דדביר לא הוה בימי משה. היה היכל לפני שהוא במקום דביר דשלמה. גם בשאר הימים ע"י שהיתה שכינה שם היתה נבואה מצויה בישראל: **וחד אמר במקום שהדבר יוצא לעולם.** כצ"ל וכן הוא בירושלמי ובערוך. ופי' שמשם נענשים אותם שלא קבלו התורה. ודבר פירושו מורא ופחד מענין ידבר עמים תחתינו. או פירוש דבר ממש שנענשו בדבר ממש (יפ"ת): **מקום שהאורה יוצאה לעולם.** כצ"ל ופי' כי התורה בתוכו והיא מאירה לעולם כי נר מצוה ותורה אור (יפ"ת): **שיראה יוצאה לעולם.** שהעכו"ם יאחזמו רעד מנפלאות הארון וכמ"ש פלשתים אוי לנו מי יצילנו מיד האלהים האדירים האלה. ובירו' גרסי' הכא שאורה יוצאה לעולם. והוא יותר נכון למלת ארון. ופירושו שע"י התורה שלא קבלוה יתקללו כדאמר בשבת פ' ר"ע (יפ"ת): **מורה לאומות העולם.** לשון הוראה שיפסוק דינם או לשון יריה. שיורם ויורידם לגיהנם. וגירסת הילקוט שמשם מורה כאן לעכו"ם:

פירוש מהרז"ו

(ז) **אמר לו איזה בן.** לעיל פל"ט סימן ט' ועיין פסיקתא פ"מ סימן ו': **תחומין במעיא.** בתנחומא הגי' אשר אהבת א"ל שניהם אני אוהב א"ל אשר אהבת הרבה א"ל וכי יש גבול במעים: **שתי פעמים.** עיין לעיל שם סימן ח': **הרי השניה חביבה.** שראשונה מאורס לא"י ובשני' מא"י למקום המוריה המקודש ביותר: **רבי חייא ור' ינאי.** ירושלמי ברכות פ' ד' במשנה היה רוכב שי"ר ס"פ כמגדל דויד. פסיקתא פ"מ סימן ח' ובשי"ר שם על מ"ש בדה"י הר המוריה וגם הארץ נקרא ע"ש ההר המובחר הזה: **שיראה יוצאה.** כמ"ש מה נורא המקום הזה. וכמ"ש נורא אלהים ממקדשיך פסיקתא שם: **דביר.** מלכים א' ו' י"ט ודביר בתוך הבית וגו'. את ארון ברית ה'. ועי' מ"כ: **אמר יהושע בן לוי.** עי' הגי' בפסיקתא שם:

חידושי הרש"ש

[ז] **לך לך מארצך זו אפרכיה כו'.** כצ"ל:

באור מהרי"פ

ז ממקום שהדברות יוצאות. מ"מ ראשונה ט"ס וכן באידך. וכן למ"ד דלמקום דבסמוך גבי ארון. ואגב שיטפא דלעיל במוריה דקאמר למקום כתבו לה (יפ"ת):

מסורת המדרש

טו סנהדרין דף פ"ט. לעיל פרשה ל"ט. פרקי דרבי אליעזר פרק ל"א. תנחומא כאן סימן כ"ב. מדרש תהלים מזמור כ"ט. פסיקתא רבתי פרשה מ'. ילקוט כאן רמז צ"ו. וילקוט סדר לך לך רמז ס"ב: **טז** לעיל פרשה ל"ט: **יז** תענית דף ט"ז. ירושלמי ברכות פרק ד'. שה"ש רבה פרשה ד' פסוק ד'. פסיקתא רבתי פ' מ':

אם למקרא

וַיֹּאמֶר יהוה אֶל־אַבְרָם לֶךְ־לְךָ מֵאַרְצְךָ וּמִמּוֹלַדְתְּךָ וּמִבֵּית אָבִיךָ אֶל־הָאָרֶץ אֲשֶׁר אַרְאֶךָּ: (בראשית יב:א)

מתנות כהונה

[ז] **בבקשה ממך.** נא פירושו במקום הזה לשון בקשה וה"ג בילקוט בהדיא ועיין במה"ר אליהו מזרחי וענין הבקשה עיין בפירש"י בחומש: **אית תחומין במעיא.** וכי יש תחומין בבני מעיים שניהם יוצאי חלצי הם ושניהם אהובים לפני: [**ולמה לא גלה לו כו'.** עיין כ"ז פל"ט]: **הוראה.** היתה יוצאת מלשכת הגזית שהיתה בירושלים כמו שאמרו כי מציון תצא תורה: **שיראה.** מורא הש"י היה יוצא משם לעובדי כוכבים: **דכוותה דביר גרסינן.** שהדברות. כלומר דברי תורה: **ה"ג בירושלמי** דפרק תפלת השחר וחד אמר מקום שהדבר יוצא לעולם ופירש הדבר [וקנאת ה' צבאות יוצא משם כו'] עיין במדרש חזית סוף פסוק כמגדל דויד: **שהאור.** התורה נקראת אור שנאמר ותורה אור: [**ה"ג בירושלמי ובמדרש חזית** חד אמר מקום שהארורה יוצאים משם לעולם ופי' ג"כ לאומות העולם]: **מורה.** לשון מורה חצים והכי גרסינן בילקוט מורה כאן כו' ע"ש כדאמרינן פתחו

אשד הנחלים

[ז] **בבקשה** כי אין נא אלא לשון בקשה כמאמרם בברכות פ"ק: **הוי שני' חביבה כו'.** כלומר אחר שפה צוה שילך להר המורי' ששם המקום המקודש ביותר. כי שם צווהו רק לכניסת א"י לבד וכאן למקום המקודש ביותר א"כ השניה חביבה: **שהוראה יוצא.** שמשם יותן התורה העליונה שהיא המעלה הראשונה שאין כמוה במדריגה: **שיראה.** פירש המ"כ מורא הש"י לעובדי כוכבים. ויתכן מורא ישראל שאז השיגו מעלת הנבואה הרמה ופחדו מאוד כמו שאמרו דבר אתה עמנו ואל ידבר עמנו אלהים פן נמות כי אז הגיעו להיראה הגדולה מפני כבוד ה': **שהדברות.** עשרת הדברים שהם עקרי התור' אשר הכל כלולה בה: **שהדיבור.** דיבור הנבואה העליונה [מ"כ פי' לשון דבר]: **שהאורה.** וזהו

לַמָּקוֹם — רַבִּי שִׁמְעוֹן בֶּן יוֹחַאי אָמַר — R' Shimon bar Yochai said: שֶׁהוּא רָאוּי כְּנֶגֶד בֵּית הַמִּקְדָּשׁ שֶׁל מַעְלָה — *To the land of Moriah* means **"to the place that is parallel** (רָאוּי) **to the** supernal **Temple above."**[58] רַבִּי יוּדָן אָמַר — **R' Yudan said:** לַמָּקוֹם שֶׁאֲנִי מַרְאֶה לָךְ — "To the land of Moriah" means, **"to the place that I will show** (מַרְאֶה) **you."** רַבִּי פִּנְחָס אָמַר — **R' Pinchas said:** לַאֲתַר מְרוּתָא דְעָלְמָא — It means, **"to the place of Mastery** (מָרוּתָא) **over the world."**[59] וְרַבָּנָן אָמְרֵי — And, finally, **the** other **Rabbis say:** לַמָּקוֹם שֶׁהַקְּטוֹרֶת קְרֵיבָה — It means, **"to the place where the** daily **incense** — which includes myrrh (מוֹר) — **is offered,"**[60] הֵיךְ מָה דְאַתְּ אָמַר "אֵלֶךְ לִי אֶל הַר הַמּוֹר וְאֶל גִּבְעַת הַלְּבוֹנָה" — **as it is stated,** ***I will go to the mount of myrrh and to the hill of frankincense*** (*Song of Songs* 4:6).[61]

□ וְהַעֲלֵהוּ שָׁם לְעֹלָה — ***BRING HIM UP THERE AS AN OFFERING.***

רַבִּי יוּדָן בַּר סִימוֹן אָמַר — **R' Yudan bar Simon said:** When God told Abraham to bring Isaac up as an offering, implying that Abraham should do it himself, אָמַר לְפָנָיו רִבּוֹן הָעוֹלָמִים — **he said to Him, "Master of the Universe!** יֵשׁ קָרְבָּן בְּלֹא כֹּהֵן — **Can there be a sacrifice without a priest?"** אָמַר לוֹ הַקָּדוֹשׁ בָּרוּךְ הוּא — **Replied the Holy One, blessed is He,** כְּבָר מִנִּיתִיךְ שֶׁתְּהֵא כֹּהֵן — **"I have already appointed you as a priest,"** הֲדָא הוּא דִכְתִיב "אַתָּה כֹהֵן לְעוֹלָם" — **as it is written,** ***You shall be a priest forever*** (*Psalms* 110:4).[62]

□ עַל אַחַד הֶהָרִים אֲשֶׁר אוֹמַר אֵלֶיךָ — ***UPON ONE OF THE MOUNTAINS WHICH I SHALL TELL YOU.***

Why did God not divulge the identity of the place of sacrifice to Abraham immediately?

אָמַר רַבִּי הוּנָא מִשּׁוּם רַבִּי אֱלִיעֶזֶר בְּנוֹ שֶׁל רַבִּי יוֹסֵי הַגְּלִילִי — **R' Huna said in the name of R' Eliezer, the son of R' Yose HaGelili:** הַקָּדוֹשׁ בָּרוּךְ הוּא מַתְהֵא וּמַתְלֶה בְּעֵינֵיהֶם שֶׁל צַדִּיקִים — **The Holy One, blessed is He,** at first **keeps the righteous puzzled and weary** when He gives them a command, וְאַחַר כָּךְ הוּא מְגַלֶּה לָהֶם טַעְמוֹ שֶׁל דָּבָר — **and** only **afterward reveals to them the details of the matter.**[63] "אֶל הָאָרֶץ אֲשֶׁר אַרְאֶךָּ" — And so we find that at first Abraham was told to go *to the land **"that I will show you"*** (above, 12:1). "עַל אַחַד הֶהָרִים וגו׳" — Likewise, in our verse, the instruction was kept vague at first: ***upon one of the mountains "which I shall tell you"*** (here, 22:2).[64] דִּכְוָותָהּ "וּקְרָא אֵלֶיהָ אֶת הַקְּרִיאָה אֲשֶׁר וגו׳" — **Similarly,** the prophet Jonah was told, *Go to Nineveh the great city* ***and call out against it the proclamation "that I will tell you"*** (*Jonah* 3:2). דִּכְוָותָהּ "קוּם צֵא אֶל הַבִּקְעָה וְשָׁם אֲדַבֵּר אִתָּךְ" — **And similarly,** Ezekiel was told: ***Arise and go out to the valley "and there I will speak with you"*** (*Ezekiel* 3:22).

וַיַּשְׁכֵּם אַבְרָהָם בַּבֹּקֶר וַיַּחֲבֹשׁ אֶת חֲמֹרוֹ וַיִּקַּח אֶת שְׁנֵי נְעָרָיו אִתּוֹ וְאֵת יִצְחָק בְּנוֹ וַיְבַקַּע עֲצֵי עֹלָה וַיָּקָם וַיֵּלֶךְ אֶל הַמָּקוֹם אֲשֶׁר אָמַר לוֹ הָאֱלֹהִים.

So Abraham arose early in the morning and he saddled his donkey; he took his two young men with him and Isaac, his son; he split the wood for the offering, and arose and went to the place of which God had spoken to him (22:3).

§8 וַיַּשְׁכֵּם אַבְרָהָם בַּבֹּקֶר וַיַּחֲבֹשׁ אֶת חֲמֹרוֹ — ***SO ABRAHAM WOKE UP EARLY IN THE MORNING AND HE SADDLED HIS DONKEY.***

Why does the Torah find it significant to record the fact that Abraham saddled his donkey? The Midrash explains:

אָמַר רַבִּי שִׁמְעוֹן בֶּן יוֹחַאי — **Said R' Shimon ben Yochai:** אַהֲבָה מְקַלְקֶלֶת אֶת הַשּׁוּרָה — **Love breaks down the protocol** of ordinary conduct, וְשִׂנְאָה מְקַלְקֶלֶת אֶת הַשּׁוּרָה — **and** likewise **hatred ruins the protocol** of ordinary conduct.[65] אַהֲבָה מְקַלְקֶלֶת אֶת הַשּׁוּרָה דִּכְתִיב "וַיַּשְׁכֵּם אַבְרָהָם בַּבֹּקֶר וגו׳" — We learn that **love breaks down the protocol** of ordinary conduct, **for it is written,** ***so Abraham woke up early in the morning*** *and he saddled his donkey.* וְלֹא הָיָה לוֹ כַּמָּה עֲבָדִים — **Now, didn't [Abraham] have numerous servants** who could have saddled the donkey for him? Why did he do it himself? אֶלָּא אַהֲבָה מְקַלְקֶלֶת אֶת הַשּׁוּרָה — **However,** the answer is that **"love breaks down the protocol** of ordinary conduct."[66] וְשִׂנְאָה מְקַלְקֶלֶת אֶת הַשּׁוּרָה — Likewise, we learn that **hatred breaks down the protocol** of ordinary conduct, שֶׁנֶּאֱמַר "וַיָּקָם בִּלְעָם בַּבֹּקֶר וַיַּחֲבֹשׁ אֶת אֲתֹנוֹ" — **for it is written,** ***Balaam arose in the morning and saddled his she-donkey*** (*Numbers* 22:21). וְלֹא הָיָה לוֹ כַּמָּה עֲבָדִים — **Now, didn't [Balaam] have numerous servants** who could have saddled the donkey for him? אֶלָּא שִׂנְאָה מְקַלְקֶלֶת אֶת הַשּׁוּרָה — **However,** the answer is that **hatred breaks down the protocol** of ordinary conduct.

The Midrash continues with two more examples of this principle:

אַהֲבָה מְקַלְקֶלֶת אֶת הַשּׁוּרָה — We see once again that **love breaks down the protocol** of ordinary conduct, שֶׁנֶּאֱמַר "וַיֶּאְסֹר יוֹסֵף מֶרְכַּבְתּוֹ וַיַּעַל לִקְרַאת יִשְׂרָאֵל אָבִיו" — **for it is written,** ***Joseph harnessed his chariot and went up to meet Israel his father*** (below, 46:29). וְכִי לֹא הָיָה לְיוֹסֵף כַּמָּה עֲבָדִים — **Now, didn't Joseph have numerous servants** who could have harnessed his chariot for him? אֶלָּא אַהֲבָה מְקַלְקֶלֶת אֶת הַשּׁוּרָה — **However,** the answer is that **love breaks down the protocol** of ordinary conduct. שִׂנְאָה מְקַלְקֶלֶת אֶת הַשּׁוּרָה— And we see once again that **hatred breaks down the protocol** of ordinary conduct, דִּכְתִיב "וַיֶּאְסֹר אֶת רִכְבּוֹ" — **for it is written,** ***[Pharaoh] harnessed his chariot*** (*Exodus* 14:6). וְלֹא הָיָה לוֹ כַּמָּה עֲבָדִים — **Now, didn't [Pharaoh] have numerous servants** who could have harnessed his chariot for him? אֶלָּא שִׂנְאָה מְקַלְקֶלֶת הַשּׁוּרָה — **However,** the answer is that **hatred breaks down the protocol** of ordinary conduct.

The Midrash now draws a connection between these seemingly unrelated acts of extraordinary behavior:

אָמַר רַבִּי שִׁמְעוֹן בֶּן יוֹחַאי — **R' Shimon ben Yochai said:** תָּבֹא חֲבִשָׁה וְתַעֲמוֹד עַל חֲבִשָׁה — **Let a "saddling" come and counter** another **"saddling."** תָּבוֹא חֲבִשָׁה שֶׁחָבַשׁ אַבְרָהָם אָבִינוּ לֵילֵךְ

NOTES

58. For, as the Sages teach (see *Shir HaShirim Rabbah* on 4:4; *Tanchuma, Vayakhel* §7; see *Rashi* on *Genesis* 28:27 and *Exodus* 23:20), there is a Heavenly Temple opposite the site of the Temple in Jerusalem.

59. For God, the Master of the World, "dwells" (as it were) in Jerusalem (*Yefeh To'ar*).

60. The Temple Mount is called Moriah here because that is where offerings and sacrifices would one day be offered up to God. The incense, of all the various offerings, is singled out because it is the loftiest of all the offerings (*Yefeh To'ar*). And myrrh is singled out because it is the first ingredient listed for the fragrant Anointment Oil of *Exodus* 30:23 (ibid.).

61. The Midrash here (see also *Tanchuma, Vayeira* §3) understands this verse as an allusion to the Temple Mount.

62. The Sages interpret this verse as being addressed to Abraham (see Midrash above, 46 §5, *Nedarim* 32b, et al.).

63. As the Midrash discussed above, section 7. See also Midrash above, 39 §9.

64. In both these verses, God left His directive vague, telling Abraham that only later would he be told the site of his destination.

65. That is, both love and hatred can cause a person to behave in a manner he would never ordinarily consider (*Eitz Yosef*).

66. Because of Abraham's love to God and his desire to fulfill God's will, he defied the ordinary manner of conduct and saddled his donkey personally.

רַבִּי שִׁמְעוֹן בֶּן יוֹחָאי אָמַר: לַמָּקוֹם שֶׁהוּא רָאוּי, כְּנֶגֶד בֵּית הַמִּקְדָּשׁ שֶׁל מַעְלָה. רַבִּי יוּדָן אָמַר: לַמָּקוֹם °שֶׁיְּהֵא מַרְאֶה לָךְ. רַבִּי פִּנְחָס אָמַר: לַאֲתַר מָרוּתָא דְּעָלְמָא. רַבָּנָן אָמְרֵי: לַמָּקוֹם שֶׁהַקְּטוֹרֶת קְרֵיבָה, הֵיךְ מַה דְּאַתְּ אָמַר (שיר ד, ו) **"אֵלֶךְ לִי אֶל הַר הַמּוֹר וְאֶל גִּבְעַת הַלְּבוֹנָה". "וְהַעֲלֵהוּ שָׁם לְעֹלָה", רַבִּי יוּדָן בַּר סִימוֹן אָמַר: אָמַר לְפָנָיו: רִבּוֹן הָעוֹלָמִים יֵשׁ קָרְבָּן בְּלֹא כֹּהֵן, [יח]אָמַר לוֹ הַקָּדוֹשׁ בָּרוּךְ הוּא: כְּבָר מִנִּיתִיךְ שֶׁתְּהֵא כֹּהֵן, הָדָא הוּא דִכְתִיב** (תהלים קי, ד) **"אַתָּה כֹהֵן לְעוֹלָם". "עַל אַחַד הֶהָרִים אֲשֶׁר אוֹמַר אֵלֶיךָ", אָמַר רַבִּי הוּנָא מִשּׁוּם רַבִּי אֱלְעָזָר בְּנוֹ שֶׁל רַבִּי יוֹסֵי הַגְּלִילִי: [יט]הַקָּדוֹשׁ בָּרוּךְ הוּא מַתְהֶא וּמַתְלֶה בְּעֵינֵיהֶם שֶׁל צַדִּיקִים וְאַחַר כָּךְ הוּא מְגַלֶּה לָהֶם טַעֲמוֹ שֶׁל דָּבָר.** (בראשית יב, א) **"אֶל הָאָרֶץ אֲשֶׁר אַרְאֶךָּ", "עַל אַחַד הֶהָרִים וְגוֹ'". דִּכְוָותָהּ** (יונה ג, ב) **"וּקְרָא אֵלֶיהָ אֶת הַקְּרִיאָה אֲשֶׁר וְגוֹ'", דִּכְוָותָהּ** (יחזקאל ג, כב) **"קוּם צֵא אֶל הַבִּקְעָה וְשָׁם אֲדַבֵּר אוֹתָךְ":**

ח [כב, ג] **"וַיַּשְׁכֵּם אַבְרָהָם בַּבּוֹקֶר וַיַּחֲבֹשׁ אֶת חֲמֹרוֹ". אָמַר רַבִּי שִׁמְעוֹן בֶּן יוֹחָאי: [כ]אַהֲבָה מְקַלְקֶלֶת אֶת הַשּׁוּרָה וְשִׂנְאָה מְקַלְקֶלֶת אֶת הַשּׁוּרָה: אַהֲבָה מְקַלְקֶלֶת אֶת הַשּׁוּרָה דִּכְתִיב "וַיַּשְׁכֵּם אַבְרָהָם בַּבֹּקֶר וְגוֹ'", וְלֹא הָיָה לוֹ כַּמָּה עֲבָדִים, אֶלָּא אַהֲבָה מְקַלְקֶלֶת אֶת הַשּׁוּרָה. וְשִׂנְאָה מְקַלְקֶלֶת אֶת הַשּׁוּרָה, שֶׁנֶּאֱמַר** (במדבר כב, כא) **"וַיָּקָם בִּלְעָם בַּבֹּקֶר וַיַּחֲבֹשׁ אֶת אֲתֹנוֹ", וְלֹא הָיָה לוֹ כַּמָּה עֲבָדִים אֶלָּא שִׂנְאָה מְקַלְקֶלֶת אֶת הַשּׁוּרָה. אַהֲבָה מְקַלְקֶלֶת אֶת הַשּׁוּרָה שֶׁנֶּאֱמַר** (בראשית מו, כט) **"וַיֶּאְסֹר יוֹסֵף מֶרְכַּבְתּוֹ וַיַּעַל לִקְרַאת יִשְׂרָאֵל אָבִיו", וְכִי לֹא הָיָה לְיוֹסֵף כַּמָּה עֲבָדִים אֶלָּא אַהֲבָה מְקַלְקֶלֶת אֶת הַשּׁוּרָה. שִׂנְאָה מְקַלְקֶלֶת אֶת הַשּׁוּרָה דִּכְתִיב** (שמות יד, ו) **"וַיֶּאְסֹר אֶת רִכְבּוֹ", וְלֹא הָיָה לוֹ כַּמָּה עֲבָדִים אֶלָּא שִׂנְאָה מְקַלְקֶלֶת הַשּׁוּרָה. אָמַר רַבִּי שִׁמְעוֹן בֶּן יוֹחָאי: תָּבֹא חֲבִשָׁה וְתַעֲמוֹד עַל חֲבִשָׁה. תָּבוֹא חֲבָשָׁה שֶׁחָבַשׁ אַבְרָהָם אָבִינוּ לֵילֵךְ וְלַעֲשׂוֹת רְצוֹנוֹ שֶׁל מָקוֹם° שֶׁל מִי שֶׁאָמַר וְהָיָה הָעוֹלָם שֶׁנֶּאֱמַר** (בראשית כב, י) **"וַיַּחֲבֹשׁ אֶת חֲמֹרוֹ", וְתַעֲמוֹד עַל חֲבָשָׁה שֶׁחָבַשׁ בִּלְעָם לֵילֵךְ וּלְקַלֵּל אֶת יִשְׂרָאֵל. תָּבֹא אֲסָרָה שֶׁאָסַר יוֹסֵף לֵילֵךְ לִקְרַאת אָבִיו וְתַעֲמוֹד עַל אֲסָרָה שֶׁל פַּרְעֹה שֶׁהָיָה הוֹלֵךְ לִרְדּוֹף אֶת יִשְׂרָאֵל.**

עץ יוסף

למקום שהוא ראוי כו'. כלו' שהוא מכוון כנגד מקדש של מעלה. שמפרש מוריה מלשון ראיה: **שהוא מראה לך.** היינו שראה ענן קשור בהר כדלקמן בפרשה נ"ו ומפרש מוריה לשון הוריה: **לאתר מרוותא דעלמא.** הוא לשון מרות ורבנות של מיני שררות וחשיבות שהיה יוצא משם. כי הבית המקדש נקרא גאון עוזם של ישראל כדפרש"י גבי ושברתי גאון עוזכם (נזה"ק) ומפרש מוריה לשון מרות ואדנות: **שהקטורת קריבה.** שנקרא מוריה ע"ש המור דרור שהיה בתוך סימני הקטורת החביבה מכל הקרבנות (נזה"ק): [י] **כבר.** מניתיך וכו'. מאז שבירכו מלכי צדק ניטלה הכהונה ממנו ונתנה לאברהם כדלקמן בויק"ר פ' כ"ב (יפ"ת): **שהקב"ה מתהא בו'.** עד סוף הסימן פירשתי לעיל פ' ל"ט סי' י"ב: (ח) [יא] **מקלקלת השורה בו'.** כלו' מחמת אהבה ושנאה האדם עושה מה שאין דרכו לעשות. כאברהם ובלעם שחבשו חמוריהם בעצמם אע"פ שהיה להם כמה עבדים בהיותם גדולים וחשובים ולא היה דרכם לעשות כן (יפ"ת):

פירוש מהרז"ו

ראוי בנגד. בפסיקתא הגי' מקושטת כנגד כו'. ודורש מוריה מל' מורה באצבע. וגי' ראוי פי' מל' ראיה שמראה למזבח של מעלה: **לאתר מרוותא.** מקום שהארון שם וכמ"ש ארון הברית אדון כל הארץ ומוריה מלשון מרות ואדנות: **שתהא בהן.** לעיל סי' ו' כוונת המאמר כמ"ש בפסיקתא שם ד"א המוריה וכי כו' כהן אני שם כה"ג יצא ויקבל ממני א"ל הקב"ה כשתגיע למקום אני מקדשך ועושה כהן אותך מהו המורי' תמורתו של שם חלופו כד"א ולא ימיר אותו: **מתהא ומתלה.** ע"ל פל"ט סי' ט' והכוונה שיקוו ויחלו להקב"ה. כמ"ש עיני תמיד אל ה' כן עינינו וגו': (ח) **אהבה מקלקלת השורה.** סנהדרין ק"ה ב' בקיצור ועי' מכילתא פסוק ויאסור את רכבו בשנוי:

חידושי הרד"ל

(ג) [ז] **רבי שמעון בר יוחאי אמר למקום שהוא ראוי נגד בית המקדש שלמעלה.** בפסיקתא הגי' בארץ שהיתה מקשטת (פי' מורה חלים חלי אהבת ישראל ועבודתם שם) כנגד מזבח שלמעלה כד"א או ירה יירה. ועיין ילקוט שה"ר: (ד) **רבי יהודה בר רבי סימון כו' כבר מניתיך שתהא בהן.** בפסיקתא דא' מוריה א"ל וכי כשר אני להקריב כהן אני (או יש) שם כה"ג שיצא ויקבלו ממני א"ל הקב"ה כשתגיע לשם אני מקדשך. ועושה אותך כה"ג מהו מוריה תמורתו של שם (כצ"ל וט"ס שם) חליפים כד"א לא יחליפנו ולא ימיר:

ענף יוסף

(י) [ז] **[ויש קרבן בלא כהן]** קשה הא עד שלא הוקם המשכן היה העבודה בבכורות כדאיתא בזבחים. ואברהם היה בכור כדלעיל פ' ל"ח. ואי אמרינן דאגדתין ס"ל כדלקמן בבמדב"ר פ"ד דאברהם לא היה בכור ניחא. אבל אי אגדתין ס"ל כדלעיל פ' ל"ח דהיה בכור קשה. גם קשה דהא כבר כתיב ויבן שם מזבח. וי"ל משבא להר המוריה שהוא מקום הנבחר למקדש לא היה מוכן לעבודת בכורים אלא לעבודת כהונה ממש. ושם באותו מקום לא ניתן הכהונה אלא לשם. ועז"ז ענהו ה' כבר מניתיך כהן גם בירושלים. אבל אי אמרינן דאברהם לא היה בכור קשה הא דכתיב ויבן שם מזבח וי"ל דאפשר שהקריב על ידי בכורים אחרים (ועיין ביפ"ת ובנזה"ק):

מסורת המדרש

יח לעיל פרשה מ"ו וש"נ:
יט לעיל פרשה ל"ט. ילקוט יחזקאל רמז שמ"ג:
כ סנהדרין דף ק"ה. במד"ר פ' כ' וש"נ. מכילתא בשלח פ' א'. עי' תנחומא סדר בלק סימן א':

אם למקרא

עַד שֶׁיָּפוּחַ הַיּוֹם וְנָסוּ הַצְּלָלִים אֵלֶךְ לִי אֶל־הַר הַמּוֹר וְאֶל־גִּבְעַת הַלְּבוֹנָה:
(שיר השירים ד:ו)

נִשְׁבַּע ה' וְלֹא יִנָּחֵם אַתָּה־כֹהֵן לְעוֹלָם עַל־דִּבְרָתִי מַלְכִּי־צֶדֶק:
(תהלים קי:ד)

קוּם לֵךְ אֶל־נִינְוֵה הָעִיר הַגְּדוֹלָה וּקְרָא אֵלֶיהָ אֶת־הַקְּרִיאָה אֲשֶׁר אָנֹכִי דֹּבֵר אֵלֶיךָ:
(יונה ג:ב)

וַתְּהִי עָלַי שָׁם יַד ה' וַיֹּאמֶר אֵלַי קוּם צֵא אֶל־הַבִּקְעָה וְשָׁם אֲדַבֵּר אוֹתָךְ:
(יחזקאל ג:כב)

וַיָּקָם בִּלְעָם בַּבֹּקֶר וַיַּחֲבֹשׁ אֶת־אֲתֹנוֹ וַיֵּלֶךְ עִם־שָׂרֵי מוֹאָב:
(במדבר כב:כא)

וַיֶּאְסֹר יוֹסֵף מֶרְכַּבְתּוֹ וַיַּעַל לִקְרַאת־יִשְׂרָאֵל אָבִיו גֹּשְׁנָה וַיֵּרָא אֵלָיו וַיִּפֹּל עַל־צַוָּארָיו וַיֵּבְךְּ עַל־צַוָּארָיו עוֹד:
(בראשית מו:כט)

וַיֶּאְסֹר אֶת־רִכְבּוֹ וְאֶת־עַמּוֹ לָקַח עִמּוֹ:
(שמות יד:ו)

רש"י

למקום שהוא ראוי כנגד בית המקדש של מעלה. ראוי מכוון כדמתרגמינן נורא אלהים ממקדשיך ומפורש בתנחומא ובפרקי ר"א ויירא ויאמר מה נורא המקום הזה שהוא מכוון כנגד כסא הכבוד של מעלה: **ומתהא.** תוהא: **ומתלה.** כלומר עיף כמה דתימא ותלה שמייגען בדברים ארוכים כדי שיקבלו עליהם שכר: (ח) **אמר רבי אבהו שני בני אדם נהגו כדרך בני הארץ אברהם ושאול.** אברהם דכתיב ויקח את שני נעריו. שאול וילך הוא ושני אנשים עמו:

מתנות כהונה

של גיהנם הוא בירושלים שנאמר אשר אור לו בציון ותנור בירושלים: **ראוי.** כלומר מכוון כמה שאחז"ל בהמ"ק של מטה מכוון נגד ביהמ"ק של מעלה: **שאני מראה לך.** כדלקמן פרשה נ"ו וירא את המקום מרחוק שראה ענן קשור בהר: [ה"ג שאהא מראה והכי מוכח בילקוט]: **מרותא.** לשון מרות ורבנות כל מיני שררות וחשיבות היה יוצא משם כמה שנאמר שרתי במדינות: **שהקטורת קריבה.** מוריה על שם המר דרור שהיה בתוך סמני הקטורת וכד"א אלך לי אל הר המור הרי שירושלים נקראת ע"ש המוריה לבונה: [ח] [ה"ג **ולעשות רצונו** של מי שאמר כו']: **וישלח אברהם בו'.** הרי זה רצונו של הקב"ה ובילקוט לא גרס ליה: **ותעמוד על חבשה בו'.** בזכות העקידה ביטל מחשבות בלעם הרשע:

אשד הנחלים

כמאמרם בפ' בראשית שהאור נברא ממקום בהמ"ק: זהו **בית המקדש שלמעלה.** הגשמי נגד הרוחני מקום השפע המופיע על בהמ"ק למטה. והדברים ארוכים בחכמת האמת: **שהקטורת קריבה.** שהקטורת הוא מבשמים ומור. והקטורת היא היותר גבוה במדריגה והראיה שהיא נקטרת בקדשי קדשים שהוא היותר קדוש מכל המקדש. והוא הר המוריה ששם נקטר הקטורת: **שהקדוש ברוך הוא מתהה.** זהו כמו שמבואר לעיל בד"ה ליתן לו שכר עיי"ש: [ח] **אהבה מקלקלת.** מרוב האהבה להדבר ע"כ נמצא בו זריזות גדולה לחבוש חמורו בעצמו ובהשכמה. וכן השנאה תעורר את האדם לילך בעצמו לקחת נקמתו כי אוהב לנקום נקם. והרי זה מסוג אחד. כי פירושו ע"י השנאה אוהב ללכת בעצמו לחזות זאת בעיניו: **תבוא חבשה.** כלומר ההפך ממדותם הטובות שאהבו לילך בעצמם יבטל כח השנאה שאבו לילך בעצמם. כי כל כח המנגד צריך להיות מכוון למדה הזאת. והבן:

וְלַעֲשׂוֹת רְצוֹנוֹ שֶׁל מִי שֶׁאָמַר וְהָיָה הָעוֹלָם – That is: **Let a saddling come** – i.e., the saddling **that our forefather Abraham did when he went to do the will of the One Who spoke and the world came into being,** שֶׁנֶּאֱמַר "וַיַּחֲבֹשׁ אֶת חֲמֹרוֹ" – **as it is stated,** in our verse: ***and [Abraham] saddled his donkey***[67] – וְתַעֲמוֹד עַל חֲבָשָׁה שֶׁחָבַשׁ בִּלְעָם – **and counter the saddling that Balaam did** לֵילֵךְ וּלְקַלֵּל אֶת יִשְׂרָאֵל – **to go and curse Israel.**[68]

תָּבֹא אֲסָרָה שֶׁאָסַר יוֹסֵף לֵילֵךְ לִקְרַאת אָבִיו – **And** similarly, let a "harnessing" come and counter another "harnessing." **Let the harnessing that Joseph did when he harnessed his chariot in order to go to greet his father come** וְתַעֲמוֹד עַל אֲסָרָה שֶׁל פַּרְעֹה שֶׁהָיָה הוֹלֵךְ לִרְדּוֹף אֶת יִשְׂרָאֵל – **and counter the harnessing that Pharaoh did when he was going to pursue Israel** after they left Egypt.[69]

NOTES

67. Emendation follows Warsaw edition.

68. I.e., the merit of the *Akeidah* was able to neutralize Balaam's powerful curse many years later (*Matnos Kehunah*).

69. I.e., the merit of Joseph's alacrity in honoring his father was able to counter Pharaoh's attack against the Israelites in later times.

חידושי הרד"ל

(ג) [ז] **רבי שמעון בר יוחאי אמר למקום שהוא ראוי נגד בית המקדש שלמעלה.** בפסיקתא הגי' בארץ שהיתה מקשטת (פי' מורה אלים אלי אהבת ישראל ועבודתם שם) כנגד מזבח שלמעלה כד"א או ירה יירה. ועיין ילקוט שה"ר: (ד) **רבי יהודה בר רבי סימון כו' כבר מניתיך שתהא כהן.** בפסיקתא דא' מוריה א"ל וכי כשר אני להקריב כהן אני (או יש) שם כה"ג שיבא ויקבלו ממני א"ל הקב"ה כשתגיע לשם אני מקדשך. ועושה אותך כה"ג מהו מוריה תמורתו של שם (כצ"ל וט"ס שם) חליפים כד"א לא יחליפנו ולא ימיר:

ענף יוסף

(י) [ז] **[יש קרבן בלא כהן]** קשה הא עד שלא הוקם המשכן היה העבודה בבכורות כדאיתא בזבחים. ואברהם היה בכור כדלעיל פ' ל"ח. ואי אמרינן דאגדתין ס"ל כדלקמן בבמדב"ר פ"ד דאברהם לא היה בכור ניחא. אבל אי אגדתין ס"ל כדלעיל פ' ל"ח דהיה בכור קשה. גם קשה דהא כבר כתיב ויבן שם מזבח. וי"ל משבא להר המוריה שהוא מקום הנבחר למקדש לא היה מוכן לעבודת בכורים אלא לעבודת כהונה ממש. ושם באותו מקום לא ניתן הכהונה אלא לשם. ועפ"ז ענהו ה' כבר מניתיך כהן גם בירושלים. אבל אי אמרינן דאברהם לא היה בכור קשה הא דכתיב ויבן שם מזבח וי"ל דאפשר שהקריב על ידי בכורים אחרים (ועיין ביפ"ת ובנזה"ק):

עץ יוסף

למקום שהוא ראוי כו'. כלו' שהוא מכוון כנגד מקדש של מעלה. שמפרש מוריה מלשון ראיה: **שהוא מראה לך.** היינו שראה ענן קשור בהר כדלקמן בפרשה נ"ו ומפרש מוריה לשון הוריה: **לאתר מרוותא דעלמא.** הוא לשון מרות ורבנות של מיני שררות וחשיבות שהיה יוצא משם. כי הבית המקדש נקרא גאון עוזם של ישראל כדפרש"י גבי ושברתי גאון עוזכם (נזה"ק) ומפרש מוריה לשון מרות ואדנות: **שהקטורת קריבה.** שנקרא מוריה ע"ש המור דרור שהיה בתוך סימני הקטורת החביבה מכל הקרבנות (נזה"ק): [י] **כבר.** מניתיך וכו'. מאז שבירכו מלכי צדק ניטלה הכהונה ממנו ונתנה לאברהם כדלקמן בויק"ר פ' כ"ב (יפ"ת): **שהקב"ה מתהא בו'.** עד סוף הסימן פירשתי לעיל פ' ל"ט סי' י"ב: (ח) [יא] **מקלקלת השורה בו'.** כלו' מחמת אהבה ושנאה האדם עושה מה שאין דרכו לעשות. כאברהם ובלעם שחבשו חמוריהם בעצמם אע"פ שהיה להם כמה עבדים בהיותם גדולים וחשובים ולא היה דרכם לעשות כן (יפ"ת):

פירוש מהרז"ו

ראוי בנגד. בפסיקתא הגי' מקושטת כנגד כו'. ודורש מוריה מל' מורה באצבע. וגי' ראוי פי' מל' ראיה שמראה למזבח של מעלה: **לאתר מרוותא.** מקום שהארון שם וכמ"ש ארון הברית אדון כל הארץ ומוריה מלשון מרות ואדנות: **שתהא כהן.** לעיל סי' ו' כוונת המאמר כמ"ש בפסיקתא שם ד"א המוריה וכי כו' כהן אני שם כה"ג יבא ויקבל ממני א"ל הקב"ה כשתגיע למקום אני מקדשך ועושה כהן אותך מהו המורי' תמורתו של שם חלופו כד"א ולא ימיר אותו: **מתהא ומתלה.** ע"ל פל"ט סי' ט' והכוונה שיקוו וייחלו להקב"ה. כמ"ש עיני תמיד אל ה' כן עינינו וגו': (ח) **אהבה מקלקלת השורה.** סנהדרין ק"ה ב' בקיצור ועי' מכילתא פסוק ויאסור את רכבו בשנוי:

רַבִּי שִׁמְעוֹן בֶּן יוֹחָאי אָמַר: לַמָּקוֹם שֶׁהוּא רָאוּי, כְּנֶגֶד בֵּית הַמִּקְדָּשׁ שֶׁל מַעְלָה. רַבִּי יוּדָן אָמַר: לַמָּקוֹם °שֶׁיְּהֵא מַרְאֶה לָךְ. רַבִּי פִּנְחָס אָמַר: לַאֲתַר מָרוּתָא דְּעָלְמָא. רַבָּנָן אָמְרִי: לַמָּקוֹם שֶׁהַקְּטוֹרֶת קְרֵיבָה, הֵיךְ מַה דְּאַתְּ אָמַר (שיר ד, ו) "אֵלֶךְ לִי אֶל הַר הַמּוֹר וְאֶל גִּבְעַת הַלְּבוֹנָה". "וְהַעֲלֵהוּ שָׁם לְעֹלָה", רַבִּי יוּדָן בַּר סִימוֹן אָמַר: אָמַר לְפָנָיו: רִבּוֹן הָעוֹלָמִים יֵשׁ קָרְבָּן בְּלֹא כֹּהֵן, [יח]אָמַר לוֹ הַקָּדוֹשׁ בָּרוּךְ הוּא: כְּבָר מִנִּיתִיךְ שֶׁתְּהֵא כֹּהֵן, הֲדָא הוּא דִכְתִיב (תהלים קי, ד) "אַתָּה כֹהֵן לְעוֹלָם". "עַל אַחַד הֶהָרִים אֲשֶׁר אוֹמַר אֵלֶיךָ", אָמַר רַבִּי הוּנָא מִשּׁוּם רַבִּי אֱלִיעֶזֶר בְּנוֹ שֶׁל רַבִּי יוֹסֵי הַגְּלִילִי: [יט]הַקָּדוֹשׁ בָּרוּךְ הוּא מַתְהֶא וּמַתְלֶה בְּעֵינֵיהֶם שֶׁל צַדִּיקִים וְאַחַר כָּךְ הוּא מְגַלֶּה לָהֶם טַעֲמוֹ שֶׁל דָּבָר. (בראשית יב, א) "אֶל הָאָרֶץ אֲשֶׁר אַרְאֶךָּ", "עַל אַחַד הֶהָרִים וְגוֹ' ". דִּכְוָותָהּ (יונה ג, ב) "וּקְרָא אֵלֶיהָ אֶת הַקְּרִיאָה אֲשֶׁר וְגוֹ' ", דִּכְוָותָהּ (יחזקאל ג, כב) "קוּם צֵא אֶל הַבִּקְעָה וְשָׁם אֲדַבֵּר אוֹתָךְ":

ח [כב, ג] "וַיַּשְׁכֵּם אַבְרָהָם בַּבֹּקֶר וַיַּחֲבֹשׁ אֶת חֲמֹרוֹ". אָמַר רַבִּי שִׁמְעוֹן בֶּן יוֹחָאי: [כ]אַהֲבָה מְקַלְקֶלֶת אֶת הַשּׁוּרָה וְשִׂנְאָה מְקַלְקֶלֶת אֶת הַשּׁוּרָה: אַהֲבָה מְקַלְקֶלֶת אֶת הַשּׁוּרָה דִּכְתִיב "וַיַּשְׁכֵּם אַבְרָהָם בַּבֹּקֶר וְגוֹ' ", וְלֹא הָיָה לוֹ כַּמָּה עֲבָדִים, אֶלָּא אַהֲבָה מְקַלְקֶלֶת אֶת הַשּׁוּרָה. וְשִׂנְאָה מְקַלְקֶלֶת אֶת הַשּׁוּרָה, שֶׁנֶּאֱמַר (במדבר כב, כא) "וַיָּקָם בִּלְעָם בַּבֹּקֶר וַיַּחֲבֹשׁ אֶת אֲתֹנוֹ", וְלֹא הָיָה לוֹ כַּמָּה עֲבָדִים אֶלָּא שִׂנְאָה מְקַלְקֶלֶת אֶת הַשּׁוּרָה. אַהֲבָה מְקַלְקֶלֶת אֶת הַשּׁוּרָה שֶׁנֶּאֱמַר (בראשית מו, כט) "וַיֶּאְסֹר יוֹסֵף מֶרְכַּבְתּוֹ וַיַּעַל לִקְרַאת יִשְׂרָאֵל אָבִיו", וְכִי לֹא הָיָה לְיוֹסֵף כַּמָּה עֲבָדִים אֶלָּא אַהֲבָה מְקַלְקֶלֶת אֶת הַשּׁוּרָה. שִׂנְאָה מְקַלְקֶלֶת אֶת הַשּׁוּרָה דִּכְתִיב (שמות יד, ו) "וַיֶּאְסֹר אֶת רִכְבּוֹ", וְלֹא הָיָה לוֹ כַּמָּה עֲבָדִים אֶלָּא שִׂנְאָה מְקַלְקֶלֶת הַשּׁוּרָה. אָמַר רַבִּי שִׁמְעוֹן בֶּן יוֹחָאי: תָּבֹא חֲבָשָׁה וְתַעֲמוֹד עַל חֲבָשָׁה. תָּבוֹא חֲבָשָׁה שֶׁחָבַשׁ אַבְרָהָם אָבִינוּ לֵילֵךְ וְלַעֲשׂוֹת רְצוֹנוֹ שֶׁל מָקוֹם° שֶׁל מִי שֶׁאָמַר וְהָיָה הָעוֹלָם שֶׁנֶּאֱמַר (בראשית כב, י) "וַיַּחֲבֹשׁ אֶת חֲמֹרוֹ", וְתַעֲמוֹד עַל חֲבָשָׁה שֶׁחָבַשׁ בִּלְעָם לֵילֵךְ וּלְקַלֵּל אֶת יִשְׂרָאֵל. תָּבֹא אֲסָרָה שֶׁאָסַר יוֹסֵף לֵילֵךְ לִקְרַאת אָבִיו וְתַעֲמוֹד עַל אֲסָרָה שֶׁל פַּרְעֹה שֶׁהָיָה הוֹלֵךְ לִרְדּוֹף אֶת יִשְׂרָאֵל.

מסורת המדרש

יח לעיל פרשה מ"ו וש"נ: יט לעיל פרשה ל"ט. ילקוט יחזקאל רמז שמ"ג: כ סנהדרין דף ק"ה. במד"ר פ' כ' וש"נ. מכילתא בשלח פ' א'. עי' תנחומא סדר בלק סימן ח':

אם למקרא

עַד שֶׁיָּפוּחַ הַיּוֹם וְנָסוּ הַצְּלָלִים אֵלֶךְ לִי אֶל־הַר הַמּוֹר וְאֶל־גִּבְעַת הַלְּבוֹנָה: (שיר השירים ד:ו)

נִשְׁבַּע ה' וְלֹא יִנָּחֵם אַתָּה־כֹהֵן לְעוֹלָם עַל־דִּבְרָתִי מַלְכִּי־צֶדֶק: (תהלים קי:ד)

קוּם לֵךְ אֶל־נִינְוֵה הָעִיר הַגְּדוֹלָה וּקְרָא אֵלֶיהָ אֶת־הַקְּרִיאָה אֲשֶׁר אָנֹכִי דֹּבֵר אֵלֶיךָ: (יונה ג:ב)

וַתְּהִי עָלַי שָׁם יַד ה' וַיֹּאמֶר אֵלַי קוּם צֵא אֶל־הַבִּקְעָה וְשָׁם אֲדַבֵּר אוֹתָךְ: (יחזקאל ג:כב)

וַיָּקָם בִּלְעָם בַּבֹּקֶר וַיַּחֲבֹשׁ אֶת־אֲתֹנוֹ וַיֵּלֶךְ עִם־שָׂרֵי מוֹאָב: (במדבר כב:כא)

וַיֶּאְסֹר יוֹסֵף מֶרְכַּבְתּוֹ וַיַּעַל לִקְרַאת־יִשְׂרָאֵל אָבִיו גֹּשְׁנָה וַיֵּרָא אֵלָיו וַיִּפֹּל עַל־צַוָּארָיו וַיֵּבְךְּ עַל־צַוָּארָיו עוֹד: (בראשית מו:כט)

וַיֶּאְסֹר אֶת־רִכְבּוֹ וְאֶת־עַמּוֹ לָקַח עִמּוֹ: (שמות יד:ו)

רש"י

למקום שהוא ראוי כנגד בית המקדש של מעלה. ראוי מכוון כדמתרגמינן נורא אלהים ממקדשיך ומפורש בתנחומא ובפרקי ר"א ויירא ויאמר מה נורא המקום הזה שהוא מכוון כנגד כסא הכבוד של מעלה: **ומתהא.** תוהא: **ומתלה.** כלומר עיף כמה דתימא ותלה שמייגען בדברים ארוכים כדי שיקבלו עליהם שכר: (ח) **אמר רבי אבהו שני בני אדם נהגו כדרך בני הארץ אברהם ושאול.** אברהם דכתיב ויקח את שני נעריו. שאול וילך הוא ושני אנשים עמו:

מתנות כהונה

של גיהנם הוא בירושלים שנאמר אשר אור לו בציון ותנור בירושלים: **ראוי.** כלומר מכוון כמה שאחז"ל בהמ"ק של מטה מכוון נגד ביהמ"ק של מעלה: **שאני מראה לך.** כדלקמן פרשה נ"ו וירא את המקום מרחוק שראה ענן קשור בהר: [**ה"ג** שאהא מראה והכי מוכח בילקוט]: **מרותא.** לשון מרות ורבנות כל מיני שררות וחשיבות היה יוצא משם כמה שנאמר שרתי במדינות: **שהקטורת קריבה.** מוריה על שם המר דרור שהיה בתוך סמני הקטורת וכד"א אלך לי אל הר המור הרי שירושלים נקראת ע"ש המוריה לבונה: [ח] [**ה"ג ולעשות רצונו** של מי שאמר כו']: **וישלח אברהם בו'.** הרי זה רצונו של הקב"ה ובילקוט לא גרס ליה: **ותעמוד על חבשה בו'.** בזכות העקידה ביטל מחשבות בלעם הרשע:

אשד הנחלים

כמאמרם בפ' בראשית שהאור נברא ממקום בהמ"ק: זהו **בית המקדש שלמעלה.** הגשמי נגד הרוחני מקום השפע המופיע על בהמ"ק למטה. והדברים ארוכים בחכמת האמת: **שהקטורת קריבה.** שהקטורת הוא מבשמים ומור. והקטורת היא היותר גבוה במדריגה והראיה שהיא נקטרת בקדשי קדשים שהוא היותר קדוש מכל המקדש. והוא הר המוריה ששם נקטר הקטורת: **שהקדוש ברוך הוא מתהה.** זהו כמו שמבואר לעיל בד"ה ליתן לו שכר עיי"ש: [ח] **אהבה מקלקלת.** מרוב האהבה להדבר ע"כ נמצא בו זריזות גדולה לחבוש חמורו בעצמו ובהשכמה. וכן השנאה תעורר את האדם לילך בעצמו לקחת נקמתו כי אוהב לנקום נקם. והרי זה מסוג אחד. כי פירושו ע"י השנאה אוהב ללכת בעצמו לחזות זאת בעיניו: **תבוא חבשה.** כלומר ההפך ממדותם הטובות שאהבו לילך בעצמם יבטל כח השנאה שאבו לילך בעצמם. כי כל כח המנגד צריך להיות מכוון למדה הזאת. והבן:

The Midrash adduces another example similar to the ones just cited:

תָּנֵי רַבִּי יִשְׁמָעֵאל – **R' Yishmael taught** in a Baraisa: תָּבֹא חֶרֶב יָד שֶׁעָשָׂה אַבְרָהָם אָבִינוּ – **Let the hand-held sword come** – i.e., the hand-held sword **that our forefather Abraham used** – שֶׁנֶּאֱמַר "וַיִּשְׁלַח אַבְרָהָם אֶת יָדוֹ וַיִּקַּח אֶת הַמַּאֲכֶלֶת לִשְׁחֹט אֶת בְּנוֹ" – **as it is written, *Abraham stretched out his hand and took the knife to slaughter his son*** (below, v. 10) – וְתַעֲמוֹד עַל חֶרֶב יָד שֶׁאָמַר פַּרְעֹה "אָרִיק חַרְבִּי" – **and counter the hand-held sword about which Pharaoh said, *"I will unsheathe my sword,*** *my hand will impoverish them"* (*Exodus* 15:9).[70]

☐ וַיִּקַּח אֶת שְׁנֵי נְעָרָיו אִתּוֹ – ***HE TOOK HIS TWO YOUNG MEN WITH HIM.***

The Midrash comments on Abraham's taking escorts on this journey:

אָמַר רַבִּי אַבָּהוּ – **R' Abahu said:** שְׁנֵי בְּנֵי אָדָם נָהֲגוּ בְּדֶרֶךְ אֶרֶץ – **There were two people who behaved with proper conduct** regarding this matter: אַבְרָהָם וְשָׁאוּל – **Abraham and Saul.** אַבְרָהָם, שֶׁנֶּאֱמַר "וַיִּקַּח אֶת שְׁנֵי נְעָרָיו" – **Abraham, as it is stated, *he took his two young men*** *with him;*[71] שָׁאוּל, שֶׁנֶּאֱמַר "וַיֵּלֶךְ הוּא וּשְׁנֵי אֲנָשִׁים עִמּוֹ" – and **Saul, as it is written,** *So Saul disguised himself; he donned different clothing* ***and went, he and two men with him*** (*I Samuel* 28:8).[72]

☐ וַיְבַקַּע עֲצֵי עֹלָה – ***HE SPLIT THE WOOD FOR THE OFFERING.***

Every aspect of Abraham's actions in this test generated merit for his descendants:

רַבִּי חִיָּיא בַּר יוֹסֵי בְּשֵׁם רַבִּי מְיָאשָׁא – **R' Chiya bar Yose said in the name of R' Miasha,** וְתָנֵי לָהּ בְּשֵׁם רַבִּי בְּנָיָה – **and some taught it in the name of R' Benayah:** בִּשְׂכַר שְׁתֵּי בְקִיעוֹת שֶׁבָּקַע אַבְרָהָם אָבִינוּ עֲצֵי עוֹלָה – **In the merit of** just **two acts of splitting** wood[73] **that Abraham performed when he split the wood for the offering,** זָכָה לְהִבָּקַע הַיָּם לִפְנֵי בְּנֵי יִשְׂרָאֵל – **he merited that the Sea** of Reeds **would be split before** his descendants, **the Children of Israel.** שֶׁנֶּאֱמַר "וַיְבַקַּע עֲצֵי עֹלָה" – **For it is stated** here, ***he split the wood for the offering,*** וְנֶאֱמַר לְהַלָּן "וַיִּבָּקְעוּ הַמָּיִם" – **and it is written there**, regarding the splitting of the Sea of Reeds, ***and the water split*** (*Exodus* 14:21).

The Midrash records an objection to R' Benayah's teaching:

אָמַר רַבִּי לֵוִי: דַּיֶּיךָ עַד כֹּה – **R' Levi said** to R' Benayah: **It is sufficient for you** to expound this passage **up to this point,** but no more! אֶלָּא אַבְרָהָם לְפִי כֹחוֹ – **Rather, Abraham** did what he could **in accord with his strength** וְהַקָּדוֹשׁ בָּרוּךְ הוּא לְפִי כֹחוֹ – **and the Holy One, blessed is He,** rewarded him many times over, **according to *His* strength.**[74]

☐ "וַיָּקָם וַיֵּלֶךְ אֶל הַמָּקוֹם" – ***[ABRAHAM] AROSE AND WENT TO THE PLACE OF WHICH GOD HAD SPOKEN TO HIM.***

If Abraham *went to the place* of course he arose first. Why was it necessary to say that he *arose?*

נִיתַּן לוֹ שְׂכַר קִימָה וּשְׂכַר הֲלִיכָה – **[Abraham] was given reward for arising and reward for his walking.**[75]

NOTES

70. I.e., the merit of the *Akeidah* was able to counter Pharaoh's attack against the Israelites in later times.

71. The Sages teach in *Vayikra Rabbah* 26 §7, it is not proper for someone to travel with less than two escorts. In fact, this rule of proper conduct is derived (by the Midrash ibid.) from these two cases of Abraham and Saul. For since Abraham was on his way to slaughter his son we would have expected him to travel alone with Isaac so that no one would witness the act; indeed, Abraham later told his escorts, *"Stay here by yourselves with the donkey, while I and the lad will go yonder."* Nevertheless, he took them along for the journey (*Yefeh To'ar*).

72. See the previous note. Here too, since Saul was on his way to consult with a necromancer (see *I Samuel* Ch. 28), which is prohibited by Torah law, we would have expected him to travel alone, yet he purposely traveled with two escorts (*Yefeh To'ar*).

73. Scripture refers to the wood that Abraham split as עֲצֵי עוֹלָה, using the plural עֲצֵי, implying that there were at least two pieces of wood that were split (*Matnos Kehunah*).

74. That is: You must not carry the parallels between the *Akeidah* and future events so far. "Until this point" – i.e., the parallels drawn above – it was acceptable, for those parallels were between two human acts (saddling a donkey, etc.). However, the splitting of the Sea of Reeds was a miraculous Divine act, and it is improper to draw parallels between events of such different scope (*Matnos Kehunah, Eitz Yosef;* cf. *Radal*).

75. Since the *Akeidah* was such an exceptionally difficult test for Abraham, it is fitting that he be rewarded for every single act involved in his carrying it out (*Yefeh To'ar*). It should be borne in mind that "to arise" does not necessarily mean "to stand up," but can indicate preparing and bestirring oneself to carry out a task, so that the Midrash means that Abraham was rewarded not only for the act of the *Akeidah* itself, but for his enthusiasm (ibid.).

תָּנֵי רַבִּי יִשְׁמָעֵאל: תָּבֹא חֶרֶב יָד שֶׁעָשָׂה אַבְרָהָם אָבִינוּ שֶׁנֶּאֱמַר "וַיִּשְׁלַח אַבְרָהָם אֶת יָדוֹ וַיִּקַּח אֶת הַמַּאֲכֶלֶת לִשְׁחוֹט אֶת בְּנוֹ", וְתַעֲמוֹד עַל חֶרֶב יָד שֶׁאָמַר פַּרְעֹה (שם טו, ט) "אָרִיק חַרְבִּי". "וַיִּקַּח אֶת שְׁנֵי נְעָרָיו אִתּוֹ", [כא]אָמַר רַבִּי אַבָּהוּ: שְׁנֵי בְּנֵי אָדָם נָהֲגוּ בְּדֶרֶךְ אֶרֶץ, אַבְרָהָם, וְשָׁאוּל. אַבְרָהָם, שֶׁנֶּאֱמַר "וַיִּקַּח אֶת שְׁנֵי נְעָרָיו", שָׁאוּל, שֶׁנֶּאֱמַר (שמואל-א כח, ח) "וַיֵּלֶךְ הוּא וּשְׁנֵי אֲנָשִׁים עִמּוֹ". "וַיְבַקַּע עֲצֵי עֹלָה", רַבִּי חִיָּיא בַּר יוֹסֵי בְּשֵׁם רַבִּי מְיָאשָׁא וְתָנֵי לָהּ בְּשֵׁם רַבִּי בְּנָיָה: [כב]בִּשְׂכַר שְׁתֵּי בְקִיעוֹת שֶׁבָּקַע אַבְרָהָם אָבִינוּ עֲצֵי עוֹלָה זָכָה לְהִבָּקַע הַיָּם לִפְנֵי בְּנֵי יִשְׂרָאֵל שֶׁנֶּאֱמַר "וַיְבַקַּע עֲצֵי עֹלָה", וְנֶאֱמַר לְהַלָּן (שם יד, כא) "וַיִּבָּקְעוּ הַמָּיִם". אָמַר רַבִּי לֵוִי: דַּיֶּיךָ עַד כֹּה, אֶלָּא אַבְרָהָם לְפִי כֹחוֹ וְהַקָּדוֹשׁ בָּרוּךְ הוּא לְפִי כֹחוֹ. "וַיָּקָם וַיֵּלֶךְ אֶל הַמָּקוֹם", נִיתַּן לוֹ שְׂכַר קִימָה וּשְׂכַר הֲלִיכָה:

עץ יוסף

תבא חרב יד כו'. זכות החרב שאחז בידו לשחוט את בנו הועיל להציל מחרב יד פרעה שאמר אריק חרבי כו': **[יב] בדרך ארץ** שלא ילא אדם חשוב לדרך בפחות משנים מטעמא דלקמן בויק"ר פ' כ"ו ע"ב דק"ל מ"ט הוליך עמו ב' נעריו אחר שהולך הוא לעקוד את בנו ולא רצה שיראו בו. שהרי אח"כ אמר להם שבו לכם פה עם החמור. וכן בשאול אחר שהלך הוא אצל בעלת האוב בהחבא היה לו למעט באנשים כל שאפשר לזה אמר שנהגו בד"א שאין לפחות משנים (יפ"ת) ועיין מ"ש בבמד"ר פ"ך ובתנחומא סדר אמור: **בשבר שתי בקיעות בו'.** וכה"ג נמי א"ר בניה לקמן ש"ר פ' כ"א שנבקע הים בזכות אברהם אלא דהכא מפרש שהיה בזכות בקיעת העצים מדה כנגד מדה נדרש ויבקע עצי עולה לרמוז לבקיעת הים שבזכות זה נבקע הים (נזה"ק). ודייק ב' בקיעות דכתיב עצי לשון רבים (מת"כ): **דייך עד בה.** פי' די לך לדרוש זה שהיה בקיעת הים כנגד בקיעת העצים. אבל לא לדמות מכל צד כי בקיעת עצי העולה היא בטבע. ובקיעת הים דרך נס. אלא אברהם לפי כחו והקב"ה לפי כחו: **שבר קימה ושבר הליכה.** דאל"כ ויקם וילך למה אלא ללמדך שנתן לו שכר שניהם לחיבת הזריזות של המצוה:

פירוש מהרז"ו

שני בני אדם. ויק"ר פ' כ"ו סימן ג' ועיין במ"ר פר' כ' סימן י"ג אצל בלעם. וא"כ היה לו לחשוב ג' ב"א. ונראה כמ"ש היפ"ת שאברהם לא הי"ל להוליך ב' נערים אחר שהולך לעקוד את בנו ולא רצה שיראו בו כמ"ש שבו לכם פה וגו' ודי הי"ל בנער א' ולשמשו. וכן שאול אחר שהולך אצל בעלת אוב בהחבא הי"ל למעט ודי לו באחד אלא שנהגו בד"א שאין לפחות מב' ולכן לא חשב לבלעם שעשה כהוגן גם אם הי"ל יותר משנים ע"ש: **שתי בקיעות.** שמ"ר פכ"א סי' ח' ודורש מ"ש ויבקע עצי עולה הרי שבקע שני עצים לד' חתיכות וצ"ע למה הזכיר שתי בקיעות שדי במ"ש ויבקע. ואולי אחת לים ואחת לירדן: **דייך עד בה.** פי' שכל הדרשה שדרש תחילה תבא חבשה תבא אסרה וכו' דומה ממש דבר נגד דבר בהשגחה אך בקיעת הים לא ידמה לבקיעת עצים ועכ"ז דרש ע"פ מדת ממעל ומנגד שאברהם עשה לפי כחו וזכה בזה שהקב"ה עשה כנגדו לפי כחו כביכול. ועי' שמ"ר פ' כ"א ס"ס ו' ומכילתא שם איך רחוקים ענין בקיעת הים מבקיעת העצים:

חידושי הרד"ל

(ה) [ח] **חרב יד.** חרב שנלקחה ביד כדכתיב כאן ויקח המאכלת בידו. ושם כתיב אריק חרבי תורישמו ידי:

(ו) **אמר רבי לוי דייך עד בה.** (רבי' בחיי גרס במקום ר' בניי' ר' ברכיה וגרס כאן א"ר לוי דייך ברכיה. אבל באמת הגי' ר' בניי' נכונה. דבמכילתא בשלח פ"ג תנא ליה משמיה דר' בנאה. אבל ר' ברכיה אמורא הוא ואינו נזכר במכילתא). עמ"כ. ובקה"ר פ"י פ"ט נראה דמשום שהיה נבקע לי"ב גזרים לפני י"ב שבטים וכאן רק ב' בקעיות לכן קאמר עד כה ומשני שאברהם לפי כחו והקב"ה לפי כחו עשה לו מרובה מדה טובה:

חידושי הרש"ש

[ח] **אריק חרבי תורישמו ידי.** כצ"ל:

באור מהרי"פ

ח **בשבר שתי בקיעות בו'.** ר' בניה אזדא לטעמי' דדייק בשמ"ר פכ"א מדכתיב מה תצעק אלי וגו'. שאין צריכין להתפלל שבזכות אברהם יבקע הים לפניהם. ודייק שהזכות היה על מה שבקע עצי עולה לבד. מדכתיב התם ויבקעו המים. ולא אמר ויחרבו כמ"ש מקודם וישם את הים לחרבה. אלא שרמז לבקיעה דאברהם. (יפ"ת) וע"ש:

מסורת המדרש

כא ויקרא רבה פרשה כ"ו. מדרש שמואל פרשה כ"ד. תנחומא סדר אמור סימן ב'. ילקוט כאן רמז ל"ז. ילקוט שמואל רמז קל"ט:

כב שמות רבה סוף פרשה כ"א. קהלת רבה פרשה י' פסוק ט':

אם למקרא

אָמַר אוֹיֵב אֶרְדֹּף אַשִּׂיג אֲחַלֵּק שָׁלָל תִּמְלָאֵמוֹ נַפְשִׁי אָרִיק חַרְבִּי תּוֹרִישֵׁמוֹ יָדִי: (שמות טו:ט)

וַיִּתְחַפֵּשׂ שָׁאוּל וַיִּלְבַּשׁ בְּגָדִים אֲחֵרִים וַיֵּלֶךְ הוּא וּשְׁנֵי אֲנָשִׁים עִמּוֹ וַיָּבֹאוּ אֶל־הָאִשָּׁה לָיְלָה וַיֹּאמֶר קָסֳמִי נָא לִי בָּאוֹב וְהַעֲלִי לִי אֵת אֲשֶׁר־אֹמַר אֵלָיִךְ: (שמואל א כח:ח)

וַיֵּט מֹשֶׁה אֶת־יָדוֹ עַל־הַיָּם וַיּוֹלֶךְ ה' אֶת־הַיָּם בְּרוּחַ קָדִים עַזָּה כָּל־הַלַּיְלָה וַיָּשֶׂם אֶת־הַיָּם לֶחָרָבָה וַיִּבָּקְעוּ הַמָּיִם: (שמות יד:כא)

רש"י

בשכר שני בקיעות שבקע אברהם לעצי העולה זכה שיבקע הים פניהם. שנאמר ויבקעו המים: **אמר רבי לוי דייך.** עד כאן מלדרוש לדמות בקיעת אברהם לבקיעת שכינה:

מתנות כהונה

[**בדרך ארץ.** עיין בפירש"י בחומש]: **שתי בקיעות.** דכתיב עצי לשון רבים ומיעוט רבים שנים: **דייך כו'.** פירש"י דיי לך עד כאן מלדרוש לדמות בקיעת אברהם לבקיעת השכינה שתי הבקיעות אין להם דמיון זה לזה: **שבר קימה ושבר הליכה.** דאם לא כן ויקם למה לי:

אשד הנחלים

בדרך ארץ. כלומר אף שהלכו בצווי ה' ולא היו יראים מכל בריה עכ"ז נהגו בדרך ארץ כלומר בדרך הטבע לילך עם אנשים להזהר מפחד בדרך: **דייך כו' לפי כחו והקב"ה לפי כחו כו'.** עיין במ"כ בשם רש"י. ופרושו שלא הי' די בזכות אברהם שיעשה להם נס גדול כזה רק מעט עזר הי' זכות אברהם עומד להם אבל הנשאר הי' כפי כח הקב"ה כביכול כלומר בכח הרחמים של הקב"ה עשה זאת. כן הוא עומק פשוטו למבין: **שבר קימה.** הוא התחלות הזריזות לדבר זה ואח"כ ההליכה בעצמה:

Chapter 56

בַּיּוֹם הַשְּׁלִישִׁי וַיִּשָּׂא אַבְרָהָם אֶת עֵינָיו וַיַּרְא אֶת הַמָּקוֹם מֵרָחֹק. וַיֹּאמֶר אַבְרָהָם אֶל נְעָרָיו שְׁבוּ לָכֶם פֹּה עִם הַחֲמוֹר וַאֲנִי וְהַנַּעַר נֵלְכָה עַד כֹּה וְנִשְׁתַּחֲוֶה וְנָשׁוּבָה אֲלֵיכֶם.

On the third day, Abraham raised his eyes and saw the place from afar. And Abraham said to his young men, "Stay here by yourselves with the donkey, while I and the lad will go yonder; we will prostrate ourselves and we will return to you" (22:4-5).

§1 בַּיּוֹם הַשְּׁלִישִׁי וַיִּשָּׂא אַבְרָהָם אֶת עֵינָיו — *ON THE THIRD DAY, ABRAHAM RAISED HIS EYES AND SAW THE PLACE FROM AFAR.*

Abraham received the command to sacrifice Isaac while he was living in Hebron,[1] which is a short distance from Mount Moriah. Since it took him three days to find ("see") the place, it must be because God did not divulge to him the desired location until that time,[2] leaving him to wander about in the area for three days, not knowing his ultimate destination.[3] The Midrash discusses the significance of this fact:

כְּתִיב "יְחַיֵּנוּ מִיֹּמָיִם בַּיּוֹם הַשְּׁלִישִׁי יְקִמֵנוּ וְנִחְיֶה לְפָנָיו" — **It is written,** ***He will heal us from [an ordeal of] two days; on the third day He will raise us up and we will live before Him*** (*Hosea* 6:2).[4]Ⓐ בַּיּוֹם הַשְּׁלִישִׁי שֶׁל שְׁבָטִים, דִּכְתִיב "וַיֹּאמֶר אֲלֵהֶם יוֹסֵף בַּיּוֹם הַשְּׁלִישִׁי" — An example of salvation ***on the third day*** is the third day **of the** incarceration of the progenitors of the twelve **tribes,** when they were relieved from their ordeal, as **it is written, *Joseph said to them on the third day,*** *"Do this and live . . . go and bring provisions for the hunger of your households* (below, 42:18). בַּיּוֹם הַשְּׁלִישִׁי שֶׁל מְרַגְּלִים, שֶׁנֶּאֱמַר "וְנַחְבֵּתֶם שָׁמָּה שְׁלֹשֶׁת יָמִים" — Another example is ***on the third day*** **of** the danger facing **the spies** sent by Joshua to Jericho,[5] **as it states** in Scripture, ***Conceal yourselves there for three days***[6] (*Joshua* 2:16). בַּיּוֹם הַשְּׁלִישִׁי שֶׁל מַתַּן תּוֹרָה, שֶׁנֶּאֱמַר "וַיְהִי בַיּוֹם הַשְּׁלִישִׁי" — Another example is ***on the third day*** **of** the suffering of the Israelites at Mount Sinai **upon the giving of the Torah,** which was relieved on the third day,[7] **as it is stated, *On the third day*** *when it was morning, there was thunder and lightning and a heavy cloud on the mountain*[8] (*Exodus*

NOTES

1. *Ramban* (on this verse) shows that this is the opinion of the Sages of the Midrash — though he himself disagrees.

2. See *Ramban* ibid.

3. See Midrash above, 55 §7, as to why God chose to wait so long before divulging the identity of the chosen location. See also *Rashi* on *Chumash,* on our verse.

4. The lesson derived from this verse — as the Midrash states explicitly below, 91 §7 — is that God does not allow the righteous to suffer adversity for more than two full days; He always comes to their rescue on the third day.

[The reason for this is that the third day of a bad situation is often the most intense, and God wishes to spare the righteous person from that hardship (*Radal*; see also *Ibn Ezra* and *Radak* on *Hosea* ad loc.).]

The Midrash now proceeds to cite several examples of this principle. See Insight Ⓐ.

5. These spies were in danger of being caught by the king of Jericho and they had to hide for fear of their lives, but three days later the danger passed.

6. I.e., on the third day the danger will pass and you can come out of hiding; the spies' suffering thus lasted two days and they were saved on the third (*Yefeh To'ar* to 91 §9).

7. The "suffering" of the Israelites during this period consisted of the fact that they were not allowed to have conjugal relations during that time. Additionally, they "suffered" from intense anticipation to hear the word of God (*Yefeh To'ar*).

8. Signaling the beginning of the process of the giving of the Torah.

INSIGHTS

Ⓐ **Reward for the *Akeidah*** Our Midrash applies to the *Akeidah* the following verse: יְחַיֵּנוּ מִיֹּמָיִם בַּיּוֹם הַשְּׁלִישִׁי יְקִמֵנוּ וְנִחְיֶה לְפָנָיו, *He will heal us after two days; on the third day He will raise us up and we will live before Him* (*Hosea* 6:2). *Gra* (*Kol Eliyahu* to our verse) and *Dubno Maggid* (*Ohel Yaakov* loc. cit.) give an explanation of how this verse relates to the fact that Abraham traveled for two days before he bound Isaac for slaughter on the third day.

The Sages state (*Kiddushin* 39b): *The reward for [fulfilling] a mitzvah is not [given] in this world.* [The reason, explains *Gra,* is that it is impossible to appropriately reward one who performs even a single mitzvah with anything contained on our finite world! (compare *Pirkei Avos* 4:22).] How, then, are we to understand the many examples we find of the concept of our being sustained in this world by the merits of our great forefathers? *Gra* suggests that while, indeed, we cannot benefit on earth from the actual mitzvos performed by our progenitors, we can reap the benefits of the peripheral embellishments that they added to those mitzvos. These include the zeal and the splendor with which they were fulfilled. The Torah stresses (v. 3; see also the preceding section of the Midrash) Abraham's enthusiastic efforts in preparing to fulfill the mitzvah of the *Akeidah,* because it is only these efforts that provided his descendants with bounty throughout the generations. The gargantuan reward for the actual mitzvah is held in reserve for the World to Come.

These thoughts are echoed by *Dubno Maggid,* who adds that when *Devarim Rabbah* (3 §1) states (based on *Isaiah* 3:10) that one may be rewarded in this world for the *fruits* of his mitzvos, though not for the *principal,* it refers to the reward one earns for what he *adds on* to the minimal requirement, out of a desire to serve his Maker in the purest form possible.

It emerges, say both *Gra* and *Dubno Maggid,* that the reward that we may derive from the *Akeidah* in this world is the result of what Abraham did on the first *two days,* during which he *prepared* to slaughter his beloved son with unfathomable devotion. Reward for the actual fulfillment of God's commandment [that Abraham *bring up* Isaac as an offering] which took place on the *third day,* is set aside for the Next World. Thus does the verse in *Hosea* state, *He will heal us* (lit., *give us life*) *after two days* — meaning that as a result of the events of the first two days, we will be sustained in this world; while *on the third day,* i.e., as a result of what transpired on the third day, *He will raise us up and we will live before Him* — a reference to *life* in the World to Come.

Dubno Maggid also notes that this approach provides a response to the question of why the merit Abraham earned at the *Akeidah* is constantly invoked, whereas what was achieved by the 37-year-old Isaac who willingly extended his neck to be slaughtered, is not. For since Isaac learned of the true purpose of his trip with his father only on its third day, his merit was produced by his performance of the mitzvah itself and is reserved for the Next World.

In closing, *Dubno Maggid* uses this thought to shed light on another Midrash, which appears in the next section. There, the Midrash infers from a verse that Abraham foresaw that the Jews would one day be exiled from Jerusalem. *Dubno Maggid* points also to where the Sages teach (*Yalkut Shimoni* §99; see also section 4 below) that Abraham's journey was lengthened because of the extraordinary efforts made by Satan to prevent him from arriving at the site of the *Akeidah.* He explains that God, who was well aware of the lengthy exile to which Abraham's seed would be exposed, with its attendant tribulations, sought for Abraham to generate as much merit as possible to sustain them during those times. He therefore allowed Satan to challenge Abraham during his approach to the *Akeidah,* in the knowledge that all of Abraham's exertion for that lofty purpose would be richly rewarded in the form of his offspring's protection throughout the ages. With this in mind, the Midrash states that Abraham envisioned the future exile. For Abraham understood what must have been God's purpose in challenging him this way.

פרשה נו

א [כב, ד] "בַּיּוֹם הַשְּׁלִישִׁי וַיִּשָּׂא אַבְרָהָם אֶת עֵינָיו". כְּתִיב (הושע ו, ב) א"יְחַיֵּנוּ מִיֹּמָיִם בַּיּוֹם הַשְּׁלִישִׁי יְקִמֵנוּ וְנִחְיֶה לְפָנָיו", בַּיּוֹם הַשְּׁלִישִׁי שֶׁל שְׁבָטִים דִּכְתִיב (בראשית מב, יח) "וַיֹּאמֶר אֲלֵהֶם יוֹסֵף בַּיּוֹם הַשְּׁלִישִׁי", בַּיּוֹם הַשְּׁלִישִׁי שֶׁל מְרַגְּלִים, שֶׁנֶּאֱמַר (יהושע ב, טז) "וְנַחְבֵּתֶם שָׁמָּה שְׁלשֶׁת יָמִים", בַּיּוֹם הַשְּׁלִישִׁי שֶׁל מַתַּן תּוֹרָה, שֶׁנֶּאֱמַר (שמות יט, טז) "וַיְהִי בַיּוֹם הַשְּׁלִישִׁי", בַּיּוֹם הַשְּׁלִישִׁי שֶׁל יוֹנָה, דִּכְתִיב (יונה ב, א) "וַיְהִי יוֹנָה בִּמְעֵי הַדָּגָה שְׁלשָׁה יָמִים וּשְׁלשָׁה לֵילוֹת", בַּיּוֹם הַשְּׁלִישִׁי שֶׁל עוֹלֵי גוֹלָה דִּכְתִיב (עזרא ח, טו) "וַנַּחֲנֶה שָׁם יָמִים שְׁלשָׁה", בַּיּוֹם הַשְּׁלִישִׁי שֶׁל תְּחִיַּת הַמֵּתִים, דִּכְתִיב "יְחַיֵּנוּ מִיֹּמָיִם בַּיּוֹם הַשְּׁלִישִׁי יְקִמֵנוּ", בַּיּוֹם הַשְּׁלִישִׁי שֶׁל אֶסְתֵּר (אסתר ה, א) "וַיְהִי בַּיּוֹם הַשְּׁלִישִׁי וַתִּלְבַּשׁ אֶסְתֵּר מַלְכוּת", לָבְשָׁה מַלְכוּת בֵּית אָבִיהָ. בְּאֵיזֶה זְכוּת, רַבָּנָן וְרַבִּי לֵוִי רַבָּנָן אָמְרֵי: בִּזְכוּת יוֹם הַשְּׁלִישִׁי שֶׁל מַתַּן תּוֹרָה, שֶׁנֶּאֱמַר (שמות יט, טז) "וַיְהִי בַיּוֹם הַשְּׁלִישִׁי בִּהְיֹת הַבֹּקֶר", רַבִּי לֵוִי אָמַר: בִּזְכוּת שֶׁל יוֹם שְׁלִישִׁי שֶׁל אַבְרָהָם אָבִינוּ שֶׁנֶּאֱמַר "בַּיּוֹם הַשְּׁלִישִׁי וַיַּרְא אֶת הַמָּקוֹם מֵרָחֹק", במָה רָאָה, רָאָה עָנָן קָשׁוּר בָּהָר, אָמַר: דּוֹמֶה שֶׁאוֹתוֹ מָקוֹם שֶׁאָמַר לִי הַקָּדוֹשׁ בָּרוּךְ הוּא לְהַקְרִיב אֶת בְּנִי שָׁם:

ב אָמַר לְיִצְחָק: בְּנִי רוֹאֶה אַתְּ מַה שֶּׁאֲנִי רוֹאֶה. אָמַר לוֹ: הֵין. אָמַר לִשְׁנֵי נְעָרָיו: רוֹאִים אַתֶּם מַה שֶּׁאֲנִי רוֹאֶה, אָמְרוּ לוֹ: לָאו. אָמַר: הוֹאִיל וַחֲמוֹר אֵינוֹ רוֹאֶה וְאַתֶּם אֵין אַתֶּם רוֹאִים ג"שְׁבוּ לָכֶם פֹּה עִם הַחֲמוֹר". וּמִנַּיִן שֶׁעֲבָדִים דּוֹמִין לִבְהֵמָה, מִן הָכָא [כב, ו] "שְׁבוּ לָכֶם פֹּה עִם הַחֲמוֹר". רַבָּנָן מַיְתֵי לֵיהּ מֵהָכָא, מִמַּתַּן תּוֹרָה,

רש"י

(ב) **אמר ליצחק.** מהו מרחוק עתיד המקום לירחק מבעליו משכינה יכול לעולם ת"ל זאת מנוחתי עדי עד פה אשב כי אויתיה. שבו לכם פה עם החמור לכשיבא אותו שכתוב בו עני ורוכב על חמור יחזור המקום לבעליו:

עץ יוסף

נו (א) **יחיינו מיומים כו'.** שתמיד ה' יקימנו ביום השלישי. שאין הקב"ה מניח את ישראל בצרה ג' ימים כדאמר לקמן פרשה צ"א. ולכן הביא ראיה משבטים ומרגלים. וכל אותן שנענו לג' ימים. וכן באברהם לפי שהיה מצטער בבקשת המקום ולקיים מצות ה'. לכן לא האריך יותר מג' ימים להצילו מצערו (יפ"ת): **של מרגלים שנאמר כו'.** אע"ג דרחב קאמרה הכי. כבר אמרו חז"ל שראתה רוה"ק על רחב שישובו לסוף ג' ימים (רש"י ורד"ק) כדאי' בר"ר פ"ב: **ביום השלישי של מתן תורה.** והצער דשם הוא פרישות דרך ארץ. או תאות לבם לשמוע את דבר ה' (יפ"ת): **ביום ג' של עולי גולה.** ויאותם הצרה הוא מה שנתיישבה דעתם מטורח הדרך והשיב לב לדעת להבין בעם שאין שם מבני לוי ושלחו אליהם ובאו: **לבשה מלכות אביה.** שמאז סייעו לה מן השמים להלבישה שבט מושל משפט מלכות בית אביה שאול המלך ונמשך עליה חוט של חסד ודמתה למלכה כשרשה. וזה היה תכלית התשועה שעי"ז מצלה אח"כ באויב (נזה"ק): **לבשה מלכות.** ונופל לשון לבישה בכזה כמליצת הש"ס (ברכות כ"ח) דלבש מדא ילבש מדא: **באיזה זכות כו'.** דכתיב ויהי ביום השלישי וגו'. משמע שע"י יום השלישי קנתה הויה ללבוש מלכות. לכן שאל באיזה זכות של שלישי (נזה"ק). ורבנן ילפי מביום השלישי דמתן תורה דהוי זכות דרבים. ור' לוי יליף מביום השלישי דאברהם דהוי ראשון (יפ"ת): **[ב] מה ראה.** פי' מה ראה בהר שממנו הכיר כי הוא ההר חמד אלהים. והלא לא א"ל רק אשר אומר אליך. ומשני שראה ענן קשור עליו פי' שראה ענן עב מאד כאילו קשור ואחוז בהר שלא כדרך שאר עננים. ומתוך זה הכיר כי ענן כבוד ה' הוא. ובפדר"א אמר בהדיא ראה כבוד השכינה (יפ"ת): **דומה שאותו המקום כו'.** אמר דומה ולפי שעכ"ז לא נתברר לו שזו ההר הנרצה עם היות עליו ענן כי אולי מקרה הוא. ואמנם נתברר לו הדבר ממה שהוא ויצחק ראו ולא עבדיו. נראה שהוא מראה אלהית שאינה נראית אלא לראוים (יפ"ת): **(ב) הואיל וחמור כו'.** דאל"כ למה הקישם לחמור ה"ל

פירוש מהרז"ו

נו (א) **יחיינו מיומים.** דורש מדה י"ז שמ"ש ביום השלישי יקימנו וגו' על המפורש בכמה מקומות שהתשועה באה לצדיקים ביום השלישי לצרתם: **של מתן תורה.** שכל שלשה ימי הכנה היו בפחד מות וביום הג' אמרו היום ראינו כי ידבר וגו' וחי: **ונחנה שם ימים שלשה.** כצ"ל והוא בעזרא ח' ט"ו ואקבצם אל הנהר וגו' ונחנה שם וגו'. (וכ"ה בדפוס פראנקפורט דאדר) והיו בצרה מחיתיתו של דרך וכמ"ש שם פכ"א ואקרא שם צום וגו' לבקש ממנו דרך ישרה וגו' עד ויעתר לנו וס"ל שמ"ש ויעתר היה ביום ג' שע"כ התחילו לנסוע: **מלכות בית אביה.** שהיל"ל ותלבש בגדי מלכות (עיין יפ"ת) ע"כ דורש על שעד כה לא גלתה שהיא מזרע מלוכה ועתה בסעודת היום חשבה לגלות רק שלא הצליחה עד יום ב'. ועז"א שלבשה כו': **באיזה זכות.** השאלה על כל המבואר שנושעו ביום ג'. וגם יום ג' של שבטים לדעה שהיה בזכות יום ג' של מ"ת פי' בזכות שבניהם עתידים לקבל התורה. ועיין פנ"א סס"ז ומש"ש: **את המקום מרחוק.** ויק"ר פר' י"ד סימן ב' ופר' כ' סימן ב'. איכה רבתי פ' זכור ה'. קה"ר פ' לך אכול בשמחה: **שאמר לי הקדוש ברוך הוא.** כמ"ש אשר אומר אליך. פסיקתא פר' מ' סימן ו': **(ב) עם החמור.** עיין ב"ק דף מ"ט קדושין דף ס"ח. ועי' בתנחומא:

חידושי הרד"ל

(א) [א] **ביום השלישי.** עמ"ש שאין הקב"ה מניח צדיקים בצרה יותר מג' ימים. וי"ל מפני שיום השלישי הוא יום גבוליי בכל החליים וכמ"ש הר"ן בשבת (ק"ל) לענין יום ג' למילה. לכן גם לענין צרה קשה יום שלישי. וה' ברחמיו מרויח להם בו: (ב) **לבשה מלכות בית אביה.** מלכות שאול זקינה שנפסקה ממנו. לבשתה עתה. ונופל לשון לבישה כמליצת הש"ס (ברכות כח) דלבש מדא ילבש מדא כו'. ויותר נכון לגרוס מלבוש בית אביה. כלומר שלבוש מלכות אינה חדש לה: (ג) **ראה ענן קשור.** כ"ה גם בקה"ר פ"ט ובויק"ר פ"ך ובפסיקתא. אבל בפר"א פל"א אי' עמוד אש מהארץ עד לשמים: (ד) **שאותו מקום הוא שאמר לי הקב"ה כו'** כצ"ל. וכ"ה בקה"ר פ"ט פ"ד:

ענף יוסף

(א) [א] **כתיב יחיינו מיומים כו'.** בודאי עיקר הכתוב מיירי בתחה"מ. והיינו שהמתים חיים לג' ימים כדאי' באסתר רבתי כלומר משעה שנכנס בהם רוח החיוני עד שיקומו על רגליהם בקימה גמורה יהיה המשך הזמן ג' ימים. אי נמי בשעה שיקומו ליום הדין יהיה גמר דינם לאחר ג' ימים אשר מאז יכתבו אלה לחיי עולם ואלה לחרפות ולדראון עולם. ומ"מ מכיון דחזינן התם שאין הקב"ה מניח את הצדיקים בצער יותר מג' ימים ילפינן מיניה נמי בעלמא שכך הוא המדה תמיד שאין הקב"ה מניח את הצדיקים בצרה יותר מג' ימים כמו כל הני דמסיק ואזיל. ולכך נקט האי דתה"מ לבסוף משום דביה מיירי עיקר קרא. ומ"מ נקט להאי דאסתר טפי לבסוף משום דמאריך בה בפלוגתא דר"ל ורבנן. ומה שבאמת זמן התשועה קבוע דייקא לשלשה ימים יתבאר הטעם לקמן פרשה צ"א סי' ט' ע"ש:

מסורת המדרש

א לקמן פרשה צ"א. אסתר רבה פרשה ט'. ועיין במדרש תהלים מזמור כ"ב. ילקוט כאן צ"ט. עי' ילקוט סדר מקץ רמז קמ"ח. ילקוט יהושע רמז י"ב. ילקוט אסתר רמז אל"ף כ"ו:

ב תנחומא כאן סימן כ"ג:

ג יבמות דף ס"ב. כתובות קי"א. קדושין ס"ח. ב"ק מ"ט. נדה י"ז:

אם למקרא

יְחַיֵּנוּ מִיֹּמָיִם בַּיּוֹם הַשְּׁלִישִׁי יְקִמֵנוּ וְנִחְיֶה לְפָנָיו: (הושע ו:ב)

וַיֹּאמֶר אֲלֵהֶם יוֹסֵף בַּיּוֹם הַשְּׁלִישִׁי זֹאת עֲשׂוּ וִחְיוּ אֶת־הָאֱלֹהִים אֲנִי יָרֵא: (בראשית מב:יח)

וַתֹּאמֶר לָהֶם הָהָרָה לֵּכוּ פֶּן־יִפְגְּעוּ בָכֶם הָרֹדְפִים וְנַחְבֵּתֶם שָׁמָּה שְׁלשֶׁת יָמִים עַד שׁוֹב הָרֹדְפִים וְאַחַר תֵּלְכוּ לְדַרְכְּכֶם: (יהושע ב:טז)

וַיְהִי בַיּוֹם הַשְּׁלִישִׁי בִּהְיֹת הַבֹּקֶר וַיְהִי קֹלֹת וּבְרָקִים וְעָנָן כָּבֵד עַל־הָהָר וְקֹל שֹׁפָר חָזָק מְאֹד וַיֶּחֱרַד כָּל־הָעָם אֲשֶׁר בַּמַּחֲנֶה: (שמות יט:טז)

וַיְמַן ה' דָּג גָּדוֹל לִבְלֹעַ אֶת־יוֹנָה וַיְהִי יוֹנָה בִּמְעֵי הַדָּג שְׁלשָׁה יָמִים וּשְׁלשָׁה לֵילוֹת: (יונה ב:א)

וָאֶקְבְּצֵם אֶל־הַנָּהָר הַבָּא אֶל־אַהֲוָא וַנַּחֲנֶה שָׁם יָמִים שְׁלשָׁה וָאָבִינָה בָעָם וּבַכֹּהֲנִים וּמִבְּנֵי לֵוִי לֹא־מָצָאתִי שָׁם: (עזרא ח:טו)

וַיְהִי בַּיּוֹם הַשְּׁלִישִׁי וַתִּלְבַּשׁ אֶסְתֵּר מַלְכוּת וַתַּעֲמֹד בַּחֲצַר בֵּית־הַמֶּלֶךְ הַפְּנִימִית נֹכַח בֵּית הַמֶּלֶךְ וְהַמֶּלֶךְ יוֹשֵׁב עַל־כִּסֵּא מַלְכוּתוֹ בְּבֵית הַמַּלְכוּת נֹכַח פֶּתַח הַבָּיִת: (אסתר ה:א)

מתנות כהונה

נו [א] **ביום הג' של שבטים.** באת לנו תחייה וקורת רוח וכן כולם והענין שאין הקב"ה מניח הצדיקים בצרה יותר מג' ימים וכל זה הביאו בילקוט אסתר ולקמן בפרשה צ"א: **מלכות בית אביה.** כלומר זכות אבותה עמדה לה: [ב] ה"ג **עם החמור** עם הדומה לחמור וכן הוא בקהלת בפסוק לך אכול בשמחה (ט' ג') ובקדושין בפרק האומר:

אשד הנחלים

נו [א] **ביום השלישי יקימנו גו' ביום השלישי של שבטים כו'.** מביא כל אלה להורות שישועת ה' אינה נמשכת יותר מעד יום השלישי כי כן ראינו כמה פעמים שתיכף ביום השלישי נצמח הישועה וא"כ ממילא נבטח כי הימים הראשונים והיסורים הבאים עלינו מיומים הוא ג"כ למען התחי' והפדות. כי אלה הכנות לקבל אח"כ הטוב. וחשב כמה ענינים שונים: הלב המתגבר באדם מול זולתו לצערו ולהכאיבו אינו נוהגת על הרוב רק עד יום ג' כי הכעס יפוג עד עת ההיא. וזהו ביוסף: ההכנה הראוי' לאדם להתקדש בקדושה הוא ג' ימים. כי אז נעשה הרגל גדול וזהו יום השלישי של מ"ת: ההצלה פתאומית מאת ה' הוא ביום ג' כהצלת נינוה. וכן בהצלת אסתר וכן יהי' אי"ה בתחיית המתים שמתחילה ימותו כולם ואח"כ ביום הג' יקימנו: **מלכות בית אביה.** דאל"כ בגדי מלכות הל"ל ורק הרמז שבעת שהלבישה בגדי מלכות שלה. אז התלבשה עצמה במלכות בית אביה. כלומר הזכות מזה המלכות ממ"ת או מאברהם מה שעשה ביום הג' עמד לה: **מה ראה.** כי לפי דבריהם לעיל העלהו למקום קודשי הקדשים. וא"כ מאין ידע בהר עצמו איפה הוא המקום הלז אם לא שראה בו ענין אלקי שענן קשור ושם שורה ענין אלקי והבין מזה קדושת המקום: **[ב] אמרו לו לאו.** כי בני אדם ההמוניים אינם רואים עניינים אלקיים כי כל זה

בַּיּוֹם הַשְּׁלִישִׁי שֶׁל יוֹנָה, דִּכְתִיב ״וַיְהִי יוֹנָה בִּמְעֵי הַדָּגָה שְׁלשָׁה יָמִים וּשְׁלשָׁה לֵילוֹת״ — Another example is ***on the third day*** of the suffering of **Jonah** after being swallowed by a giant fish, **as it is written,** ***and Jonah remained in the fish's innards for three days and three nights*** (*Jonah* 2:1). בַּיּוֹם הַשְּׁלִישִׁי שֶׁל עוֹלֵי גוֹלָה, דִּכְתִיב ״וַנַּחֲנֶה שָׁם יָמִים שְׁלשָׁה״ — Another example is ***on the third day*** of the suffering **of those coming up** in return to *Eretz Yisrael* **from exile** in Babylonia,[9] **as it is written,** ***and we encamped there for three days*** (*Ezra* 8:15). בַּיּוֹם הַשְּׁלִישִׁי שֶׁל תְּחִיַּית הַמֵּתִים, דִּכְתִיב ״יְחַיֵּנוּ מִיֹּמָיִם בַּיּוֹם הַשְּׁלִישִׁי יְקִמֵנוּ״ — Another example is ***on the third day*** **of the resurrection of the dead,**[10] **as is written** in Scripture, ***He will bring us to life***[11] ***after two days; on the third day He will raise us up*** (*Hosea* 6:2). בַּיּוֹם הַשְּׁלִישִׁי שֶׁל אֶסְתֵּר ״וַיְהִי בַּיּוֹם הַשְּׁלִישִׁי וַתִּלְבַּשׁ אֶסְתֵּר מַלְכוּת״ — Another example is ***on the third day*** of the fast decreed by **Esther,** of which it is written, ***It came to pass on the third day that Esther donned royalty*** *and stood in the inner courtyard of the king's palace* to beseech him to save the Jews from Haman's planned genocide (*Esther* 5:1).[12]

The Midrash digresses to discuss this last-cited verse:

לָבְשָׁה מַלְכוּת בֵּית אָבִיהָ — *Esther donned royalty* means[13] that **she "donned" the royalty of her forefathers.**[14] בְּאֵיזֶה זְכוּת — **In what merit** did Esther come before the king on this day?[15] רַבָּנָן וְרַבִּי לֵוִי — This is a dispute between **the** majority of **Sages and R' Levi.** רַבָּנָן אָמְרֵי: בִּזְכוּת יוֹם הַשְּׁלִישִׁי שֶׁל מַתַּן תּוֹרָה, שֶׁנֶּאֱמַר ״וַיְהִי בַיּוֹם הַשְּׁלִישִׁי בִּהְיֹת הַבֹּקֶר״ — **The** majority of **Sages said:** It was **in the merit of** ***the third day*** that is mentioned **in connection with the giving of the Torah as it is stated,** ***On the third day when it was morning,*** *there was thunder and lightning and a heavy cloud on the mountain* (*Exodus* 19:16).[16] רַבִּי לֵוִי אָמַר: בִּזְכוּת שֶׁל יוֹם שְׁלִישִׁי שֶׁל אַבְרָהָם אָבִינוּ, שֶׁנֶּאֱמַר ״בַּיּוֹם הַשְּׁלִישִׁי״ — And **R' Levi said:** It was **in the merit of** ***the third day*** that is mentioned **regarding our forefather Abraham** at the *Akeidah,* **as it is stated,** ***On the third day,*** *Abraham raised his eyes.*[17] Ⓐ

□ וַיַּרְא אֶת הַמָּקוֹם מֵרָחֹק — ***AND HE SAW THE PLACE FROM AFAR.***

God originally did not divulge the exact mountain upon which the sacrifice was to take place; He said merely, *upon one of the mountains which I shall tell you* (v. 2). How, then, did Abraham identify the desired place at this time?

מָה רָאָה — **What did [Abraham] see** that enabled him to recognize "the place"? רָאָה עָנָן קָשׁוּר בָּהָר — **He saw a cloud affixed to the mountain,**[18] אָמַר: דּוֹמֶה שֶׁאוֹתוֹ מָקוֹם שֶׁאָמַר לִי הַקָּדוֹשׁ בָּרוּךְ הוּא לְהַקְרִיב אֶת בְּנִי שָׁם — **and he said** to himself, **"It appears**[19] **that the place where the Holy One, blessed is He, has 'told' me**[20] **to offer up my son is** over **there."**

§2 אָמַר לְיִצְחָק: בְּנִי, רוֹאֶה אַתְּ מַה שֶּׁאֲנִי רוֹאֶה — So **he said to Isaac, "My son, do you see what I see?"**[21] אָמַר לוֹ: הֵין — **"Yes," replied [Isaac] to him.** אָמַר לִשְׁנֵי נְעָרָיו: רוֹאִים אַתֶּם מַה שֶּׁאֲנִי רוֹאֶה — **[Abraham]** then **said to his two young men** who were accompanying him (see v. 3), **"Do you see what I see?"** אָמְרוּ לוֹ: לָאו —

NOTES

9. When Ezra was about to set out for *Eretz Yisrael* with a party of several tens of thousands of returnees, they first encamped for three days at the Ahavah River (*Ezra* 8:15), where they fasted and prayed that God grant them safe passage on their perilous journey (ibid. v. 21). At the end of the three days God "answered their prayers" (ibid. v. 22), meaning (see *Ibn Ezra* ad loc.) that He gave them some kind of sign that their prayers were accepted (*Yefeh To'ar*).

10. When the dead are resurrected at the End of Days, they will be subjected to a two-day period of judgment, after which some of them will be chosen to be "raised up" for eternal life (ibid.).

11. At this point the Midrash interprets יְחַיֵּנוּ מִיֹּמָיִם more literally as "He will give us life (i.e., resurrect us) for two days," rather than "He will heal us from [an ordeal of] two days."

12. And, of course, Abraham's sight of the designated place of sacrifice after three days is another example of this principle. Abraham's suffering was that he wanted to carry out God's command and was being frustrated in his attempt (ibid.).

13. The implied question is: How does one "don" royalty? If the intention is that she donned royal garb, the verse should have said clearly, "Esther donned her royal attire" (*Yefeh To'ar,* based on *Megillah* 15a).

14. Esther was a descendant of Kish (*Esther* 2:5-7), the father of King Saul (*I Samuel* 9:1-2), and the Sages here assume she was a descendant of Saul himself. At this point Esther "donned" (i.e., took upon herself) the responsibilities of royalty on behalf of her nation, originally held by her ancestor, the first king of Israel.

15. On what basis did Esther choose to come before the king specifically after three days?

16. I.e., she invoked the merit of the acceptance of the Torah at Mount Sinai.

17. I.e., she invoked the merit of the *Akeidah*. See Insight Ⓐ.

18. He saw that there was a cloud "affixed" to this mountain only, and this is how he recognized God's desired mountaintop.

19. Abraham said "it appears" because he was still not quite sure that this was the designated place (*Yefeh To'ar*).

20. God had said that He would "tell" me the desired place (v. 2). Apparently it is through showing me this sign that He is "telling" me the identity of the desired mountain.

21. Since Abraham was not yet sure that the cloud was a sign from God (see note 19), he asked those with him if they saw it; if only the holy individuals (Isaac) would see it, but not the lowly people, this would prove that it was a Divine sign (ibid.).

INSIGHTS

Ⓐ **In What Merit** The Midrash cites a dispute over what merit was responsible for Esther's successful approach of Ahasuerus and the ensuing rescue of the Jews on their *third day* of prayer. *Maharal* explains that while all agree that the salvation was brought about through their attachment to God, the Sages debate what is a greater cause for complete attachment to the Divine. The Sages maintain that clinging intellectually to God through the study of His Torah — symbolized by its giving — is the greatest method to achieve this connection, and it was because the Jews of Esther's generation studied incessantly that they were saved. R' Levi, on the other hand, argues that self-sacrifice — represented by the *Akeidah* — brings more readily to complete attachment to God, and, as a result of the physical privations that the Jews endured for three days, they were considered as having sacrificed themselves to God, thereby meriting salvation (*Ohr Chadash* to *Esther* 4:16).

Another explanation of the views of R' Levi and the Sages is offered by *Shem MiShmuel* (in his *derashah* to *Rosh Hashanah*). He points out that there were two reasons for the decree that nearly brought about the annihilation of the Jewish people at the hands of Haman, and he suggests that each of these is addressed by one of R' Levi's and the Sages' explanations of the merit in which that decree was annulled, as follows: The Gemara (*Megillah* 12a) faults the Jews both for having bowed down to Nebuchadnezzar's image and for having enjoyed Ahasuerus' feast. *Shem MiShmuel* explains that by bowing down to the image, the Jews humbled and nullified themselves before the forces of evil, and by enjoying Ahasuerus' feast, they attached themselves to those forces. The first of those misdeeds was counteracted by the *Akeidah*, in which Abraham completely nullified himself by disregarding all that he knew to be true and accepting the Divine decree that he slaughter his son. And the second was neutralized by the merit the Jews earned at the giving of the Torah, at which time they achieved such attachment to God that their bodies could not contain their souls (see *Shir HaShirim* 5:6 and *Shabbos* 88b). [According to this approach, the explanations of R' Levi and the Sages are complementary, rather than in dispute.]

פרשה נו

א [כב, ד] **"בַּיּוֹם הַשְּׁלִישִׁי וַיִּשָּׂא אַבְרָהָם אֶת עֵינָיו". כְּתִיב** (הושע ו, ב) א**"יְחַיֵּנוּ מִיֹּמָיִם בַּיּוֹם הַשְּׁלִישִׁי יְקִמֵנוּ וְנִחְיֶה לְפָנָיו", בַּיּוֹם הַשְּׁלִישִׁי שֶׁל שְׁבָטִים דִּכְתִיב** (בראשית מב, יח) **"וַיֹּאמֶר אֲלֵהֶם יוֹסֵף בַּיּוֹם הַשְּׁלִישִׁי", בַּיּוֹם הַשְּׁלִישִׁי שֶׁל מְרַגְּלִים, שֶׁנֶּאֱמַר** (יהושע ב, טז) **"וְנַחְבֵּתֶם שָׁמָּה שְׁלֹשֶׁת יָמִים", בַּיּוֹם הַשְּׁלִישִׁי שֶׁל מַתַּן תּוֹרָה, שֶׁנֶּאֱמַר** (שמות יט, טז) **"וַיְהִי בַיּוֹם הַשְּׁלִישִׁי", בַּיּוֹם הַשְּׁלִישִׁי שֶׁל יוֹנָה, דִּכְתִיב** (יונה ב, א) **"וַיְהִי יוֹנָה בִּמְעֵי הַדָּגָה שְׁלֹשָׁה יָמִים וּשְׁלֹשָׁה לֵילוֹת", בַּיּוֹם הַשְּׁלִישִׁי שֶׁל עוֹלֵי גוֹלָה דִּכְתִיב** (עזרא ח, טו) **"וַנַּחֲנֶה שָׁם יָמִים שְׁלֹשָׁה", בַּיּוֹם הַשְּׁלִישִׁי שֶׁל תְּחִיַּית הַמֵּתִים, דִּכְתִיב "יְחַיֵּנוּ מִיֹּמָיִם בַּיּוֹם הַשְּׁלִישִׁי יְקִמֵנוּ", בַּיּוֹם הַשְּׁלִישִׁי שֶׁל אֶסְתֵּר** (אסתר ה, א) **"וַיְהִי בַּיּוֹם הַשְּׁלִישִׁי וַתִּלְבַּשׁ אֶסְתֵּר מַלְכוּת", לָבְשָׁה מַלְכוּת בֵּית אָבִיהָ. בְּאֵיזֶה זְכוּת, רַבָּנָן וְרַבִּי לֵוִי רַבָּנָן אָמְרֵי: בִּזְכוּת יוֹם הַשְּׁלִישִׁי שֶׁל מַתַּן תּוֹרָה, שֶׁנֶּאֱמַר** (שמות יט, טז) **"וַיְהִי בַיּוֹם הַשְּׁלִישִׁי בִּהְיֹת הַבֹּקֶר", רַבִּי לֵוִי אָמַר: בִּזְכוּת שֶׁל יוֹם שְׁלִישִׁי שֶׁל אַבְרָהָם אָבִינוּ שֶׁנֶּאֱמַר "בַּיּוֹם הַשְּׁלִישִׁי וַיַּרְא אֶת הַמָּקוֹם מֵרָחֹק",** ב**מָה רָאָה, רָאָה עָנָן קָשׁוּר בָּהָר, אָמַר: דּוֹמֶה שֶׁאוֹתוֹ מָקוֹם שֶׁאָמַר לִי הַקָּדוֹשׁ בָּרוּךְ הוּא לְהַקְרִיב אֶת בְּנִי שָׁם:**

ב אָמַר לְיִצְחָק: בְּנִי רוֹאֶה אַתְּ מַה שֶּׁאֲנִי רוֹאֶה. אָמַר לוֹ: הֵין. אָמַר לִשְׁנֵי נְעָרָיו: רוֹאִים אַתֶּם מַה שֶּׁאֲנִי רוֹאֶה, אָמְרוּ לוֹ: לָאו. אָמַר: הוֹאִיל וַחֲמוֹר אֵינוֹ רוֹאֶה וְאַתֶּם אֵין אַתֶּם רוֹאִים ג**"שְׁבוּ לָכֶם פֹּה עִם הַחֲמוֹר". וּמִנַּיִן שֶׁעֲבָדִים דּוֹמִין לִבְהֵמָה, מִן הָכָא** [כב, ו] **"שְׁבוּ לָכֶם פֹּה עִם הַחֲמוֹר". רַבָּנָן מַיְיתִי לֵיהּ מֵהָכָא, מִמַּתַּן תּוֹרָה,**

רש"י

(ב) **אמר ליצחק.** מהו מרחוק עתיד המקום לירחק מבעליו משכינה יכול לעולם ת"ל זאת מנוחתי עדי עד פה אשב כי אויתיה. שבו לכם פה עם החמור לכשיבא אותו שכתוב בו עני ורוכב על חמור יחזור המקום לבעליו:

עץ יוסף

נו (א) **יחיינו מיומים כו'.** שתמיד ה' יקימנו ביום השלישי. שאין הקב"ה מניח את ישראל בצרה ג' ימים כדאמר לקמן פרשה צ"א. ולכן הביא ראיה משבטים ומרגלים. וכל אותן שנענו לג' ימים. וכן באברהם לפי שהיה מצטער בבקשת המקום ולקיים מצות ה'. לכן לא האריך יותר מג' ימים להצילו מצערו (יפ"ת): **של מרגלים שנאמר כו'.** אע"ג דרחב קאמרה הכי. כבר אמרו חז"ל שסרתה רוה"ק על רחב שישובו לסוף ג' ימים (רש"י ורד"ק) כדאי' בר"ר פ"ב: **ביום השלישי של מתן תורה.** והצער דשם הוא פרישות דרך ארץ. או תאות לבם לשמוע את דבר ה' (יפ"ת): **ביום ג' של עולי גולה.** ויליאתם מצרה הוא מה שנתיישבה דעתם מטורח הדרך והשיב לב לדעת להבין בעם שאין שם מבני לוי ושלחו אליהם ובאו: **לבשה מלכות אביה.** שמאז סייעו לה מן השמים להלבישה שבט מושל משפט מלכות בית אביה שאול המלך ונמשך עליה חוט של חסד ודמתה למלכה כשרשה. וזה היה תכלית התשועה שעי"ז מצלה אח"כ באויב (נזה"ק): **לבשה מלכות.** ונופל לשון לבישה בכזה כמליצת הש"ס (ברכות כ"ח) דלבש מדא ילבש מדא: **באיזה זכות כו'.** דכתיב ויהי ביום השלישי וגו'. משמע שע"י יום השלישי קנתה הויה ללבוש מלכות. לכן שאל באיזה זכות של שלישי (נזה"ק). ורבנן ילפי מביום השלישי דמתן תורה דהוי זכות דרבים. ור' לוי יליף מביום השלישי דאברהם דהוי ראשון (יפ"ת): [ב] **מה ראה.** פי' מה ראה בהר שממנו הכיר כי הוא ההר חמד אלהים. והלא לא א"ל רק אשר אומר אליך. ומשני שראה ענן קשור עליו פי' שראה ענן עב מאד כאילו קשור ואחוז בהר שלא כדרך שאר עננים. ומתוך זה הכיר כי ענן כבוד ה' הוא. ובפדר"א אמר בהדיא ראה כבוד השכינה (יפ"ת): **דומה שאותו המקום כו'.** אמר דומה ולפי שעכ"ז לא נתברר לו שזו ההר הנרצה עם היות עליו ענן כי אולי מקרה הוא. ואמנם נתברר לו הדבר ממה שהוא וילחק ראו ולא עבדיו. נראה שהוא מראה אלהית שאינה נראית אלא לראוים (יפ"ת): (ב) **הואיל וחמור כו'.** דאל"כ למה הקיש לחמור ה"ל

פירוש מהרז"ו

נו (א) **יחיינו מיומים.** דורש מדה י"ז שמ"ש ביום השלישי יקימנו וגו' על המפורש בכמה מקומות שהתשועה באה לצדיקים ביום השלישי לצרתם: **של מתן תורה.** שכל שלשה ימי ההכנה היו בפחד מות וביום הג' אמרו היום ראינו כי ידבר וגו' וחי: **ונחנה שם ימים שלשה.** כצ"ל והוא בעזרא ח' ט"ו ואקבצם אל הנהר וגו' ונחנה שם וגו'. (וכ"ה בדפוס פראנקפורט דאדר) והיו בצרה מחיתיתו של דרך וכמ"ש שם פכ"א ואקרא שם צום וגו' לבקש ממנו דרך ישרה וגו' עד ויעתר לנו וס"ל שמ"ש ויעתר היה ביום ג' שע"כ התחילו לנסוע: **מלכות בית אביה.** שהיל"ל ותלבש בגדי מלכות (עיין יפ"ת) ע"כ דורש על שעד כה לא גלתה שהיא מזרע מלוכה ועתה בסעודת היום חשבה לגלות רק שלא הצליחה עד יום ב'. ועז"א שלבשה כו': **באיזה זכות.** השאלה על כל המבואר שנושעו ביום ג'. וגם יום ג' של שבטים לדעה שהיה בזכות יום ג' של מ"ת פי' בזכות שבניהם עתידים לקבל התורה. ועיין פצ"א סס"ז ומש"ש: **את המקום מרחוק.** ויק"ר פר' י"ד סימן ב' ופר' כ' סימן ב'. איכה רבתי פ' זכור ה'. קה"ר פ' לך אכול בשמחה: **שאמר לי הקדוש ברוך הוא.** כמ"ש אשר אומר אליך. פסיקתא פר' מ' סימן ו': (ב) **עם החמור.** עיין ב"ק דף מ"ט קדושין דף ס"ח. ועי' בתנחומא:

מתנות כהונה

נו [א] ביום הג' של שבטים. באת לנו תחייה וקורת רוח וכן כולם והענין שאין הקב"ה מניח הצדיקים בצרה יותר מג' ימים וכל זה הביאו בילקוט אסתר ולקמן בפרשה צ"א: **מלכות בית אביה.** כלומר זכות אבותה עמדה לה: **[ב]** ה"ג **עם החמור** עם הדומה לחמור וכן הוא בקהלת בפסוק לך אכול בשמחה (ט' ג') ובקדושין בפרק האומר:

אשד הנחלים

נו [א] ביום השלישי יקימנו גו' ביום השלישי של שבטים כו'. מביא כל אלה להורות שישועת ה' אינה נמשכת יותר מעד יום השלישי כי כן ראינו כמה פעמים שתיכף ביום השלישי נצמח הישועה וא"כ ממילא נבטח כי הימים הראשונים והיסורים הבאים עלינו מיומים הוא ג"כ למען התחי' והפדות. כי אלה הכנות לקבל אח"כ הטוב. וחשב כמה ענינים שונים: הלב המתגבר באדם מול זולתו לצערו ולהכאיבו אינו נוהגת על הרוב רק עד יום ג' כי הכעס יפוג עד עת ההיא. וזהו ביוסף: ההכנה הראוי' לאדם להתקדש בקדושה הוא ג' ימים. כי אז נעשה הרגל גדול וזהו יום השלישי של מ"ת: ההצלה פתאומית מאת ה' הוא ביום ג' כהצלת נינוה. וכן בהצלת אסתר וכן יהי' אי"ה בתחיית המתים שמתחילה ימותו כולם ואח"כ ביום הג' יקימנו: **מלכות בית אביה.** דאל"כ בגדי מלכות הל"ל ורק הרמז שבעת שהלבישה בגדי מלכות שלה. אז התלבשה עצמה במלכות בית אביה. כלומר הזכות מזה המלכות ממ"ת או מאברהם מה שעשה ביום הג' עמד לה: **מה ראה.** כי לפי דבריהם לעיל העלהו למקום קודשי הקדשים. וא"כ מאין ידע בהר עצמו איפה הוא המקום הלז אם לא שראה בו ענין אלקי שענן קשור ושם שורה ענין אלקי והבין מזה קדושת המקום: **[ב] אמרו לו לאו.** כי בני אדם ההמוניים אינם רואים עניינים אלקיים כי כל זה

חידושי הרד"ל

(א) [א] **ביום השלישי.** עמ"כ שאין הקב"ה מניח לדיקים בצרה יותר מג' ימים. וי"ל מפני שיום השלישי הוא יום גבוליי בכל החליים וכמ"ש הר"ן בשבת (ק"ל) לענין יום ג' למילה. לכן גם לענין צרה קשה יום שלישי. וה' ברחמיו מרויח להם בו:

(ב) **לבשה מלכות בית אביה.** מלכות שאול זקינה שנפסקה ממנו. לבשתה עתה. ונופל לשון לבישה כמליצת הש"ס (בברכות כח) דלבש מדא ילבש מדא כו'. ויותר נכון לגרוס מלבוש בית אביה. כלומר שלבוש מלכות אינה חדש לה:

(ג) **ראה ענן קשור.** כ"ה גם בקה"ר פ"ט ובויק"ר פ"ך ובפסיקתא. אבל בפר"א פל"א אי' עמוד אש מהארץ עד לשמים:

(ד) **שאותו מקום הוא שאמר לי הקב"ה כו'** כצ"ל. וכ"ה בקה"ר פ"ט פ"ד:

ענף יוסף

(א) [א] **כתיב יחיינו מיומים כו'.** בודאי עיקר הכתוב מיירי בתחה"מ. והיינו שהמתים חיים לג' ימים כדאי' באסתר רבתי כלומר משעה שנכנס בהם רוח החיוני עד שיקומו על רגליהם בקימה גמורה יהיה המשך הזמן ג' ימים. אי נמי בשעה שיקומו ליום הדין יהיה גמר דינם לאחר ג' ימים אשר מאז יכתבו אלה לחיי עולם ואלה לחרפות ולדראון עולם. ומ"מ מכיון דחזינן התם שאין הקב"ה מניח את הצדיקים בצער יותר מג' ימים ילפינן מיניה נמי בעלמא שכך הוא המדה תמיד שאין הקב"ה מניח את הצדיקים בצרה יותר מג' ימים כמו כל הני דמסיק ואזיל. ולכך נקט הא' דתה"מ לבסוף משום דביה מיירי עיקר קרא. ומ"מ נקט להיא דאסתר טפי לבסוף משום דמאריך בה בפלוגתא דר"ל ורבנן. ומה שבאמת זמן התשועה קבוע דייקא לשלשה ימים יתבאר הטעם לקמן פרשה צ"א סי' ט' ע"ש:

מסורת המדרש

א לקמן פרשה צ"א. אסתר רבה פרשה ט'. ועיין במדרש תהלים מזמור כ"ב. ילקוט כאן צ"ט. עי' ילקוט סדר מקץ רמז קמ"ח. ילקוט יהושע רמז י"ב. ילקוט אסתר רמז תתשנ"ו כ"ו:
ב תנחומא כאן סימן כ"ג:
ג יבמות דף ס"ב. כתובות קי"א. קדושין ס"ח. ב"ק מ"ט. נדה י"ז:

אם למקרא

יְחַיֵּנוּ מִיֹּמָיִם בַּיּוֹם הַשְּׁלִישִׁי יְקִמֵנוּ וְנִחְיֶה לְפָנָיו: (הושע ו:ב)

וַיֹּאמֶר אֲלֵהֶם יוֹסֵף בַּיּוֹם הַשְּׁלִישִׁי זֹאת עֲשׂוּ וִחְיוּ אֶת־הָאֱלֹהִים אֲנִי יָרֵא: (בראשית מב:יח)

וַתֹּאמֶר לָהֶם הָהָרָה לֵּכוּ פֶּן־יִפְגְּעוּ בָכֶם הָרֹדְפִים וְנַחְבֵּתֶם שָׁמָּה שְׁלֹשֶׁת יָמִים עַד שׁוֹב הָרֹדְפִים וְאַחַר תֵּלְכוּ לְדַרְכְּכֶם: (יהושע ב:טז)

וַיְהִי בַיּוֹם הַשְּׁלִישִׁי בִּהְיֹת הַבֹּקֶר וַיְהִי קֹלֹת וּבְרָקִים וְעָנָן כָּבֵד עַל־הָהָר וְקֹל שֹׁפָר חָזָק מְאֹד וַיֶּחֱרַד כָּל־הָעָם אֲשֶׁר בַּמַּחֲנֶה: (שמות יט:טז)

וַיְמַן ה' דָּג גָּדוֹל לִבְלֹעַ אֶת־יוֹנָה וַיְהִי יוֹנָה בִּמְעֵי הַדָּג שְׁלֹשָׁה יָמִים וּשְׁלֹשָׁה לֵילוֹת: (יונה ב:א)

וָאֶקְבְּצֵם אֶל־הַנָּהָר הַבָּא אֶל־אַהֲוָא וַנַּחֲנֶה שָׁם יָמִים שְׁלֹשָׁה וָאָבִינָה בָעָם וּבַכֹּהֲנִים וּמִבְּנֵי לֵוִי לֹא־מָצָאתִי שָׁם: (עזרא ח:טו)

וַיְהִי בַּיּוֹם הַשְּׁלִישִׁי וַתִּלְבַּשׁ אֶסְתֵּר מַלְכוּת וַתַּעֲמֹד בַּחֲצַר בֵּית־הַמֶּלֶךְ הַפְּנִימִית נֹכַח בֵּית הַמֶּלֶךְ וְהַמֶּלֶךְ יוֹשֵׁב עַל־כִּסֵּא מַלְכוּתוֹ בְּבֵית הַמַּלְכוּת נֹכַח פֶּתַח הַבָּיִת: (אסתר ה:א)

And **they told him, "No."**[22] אָמַר: הוֹאִיל וַחֲמוֹר אֵינוֹ רוֹאֶה וְאַתֶּם אֵין אַתֶּם רוֹאִים "שְׁבוּ לָכֶם פֹּה עִם הַחֲמוֹר" – [Abraham] thereupon **said, "Since the donkey does not see** the cloud, **and you** too **do not see** the cloud, ***Stay here by yourselves with the donkey.***"[23]Ⓐ

The Midrash notes a halachic implication of Abraham's statement:

וּמִנַּיִן שֶׁעֲבָדִים דּוֹמִין לִבְהֵמָה – **And from where** in the Torah **is it** derived **that slaves are akin to animals?**[24] מִן הָכָא – **From here,** "שְׁבוּ לָכֶם פֹּה עִם הַחֲמוֹר" – where Abraham said, ***"Stay here by yourselves with the donkey."***[25] רַבָּנָן מַיְיתֵי לֵיהּ מֵהָכָא, מִמַּתַּן תּוֹרָה – But other **Sages deduce [this law] from here – from** a verse spoken at **the giving of the Torah –**

NOTES

22. Abraham then knew for sure that this was the mountain God intended.

23. Since Abraham did not say simply, "Watch the donkey while Isaac and I go off for a while," but said, "Stay here by yourselves with the donkey," this intimated that he meant to compare them in some way to the donkeys (ibid.). See Insight Ⓐ.

24. In various cases slaves have a legal status akin to animals (see *Yevamos* 62a, *Kiddushin* 68a, and *Bava Kamma* 49a).

25. The Midrash is of the opinion that the "young men" who accompanied Abraham (see vv. 3, 5, and 19) were slaves. Thus, the verse insinuates that slaves and donkeys are in the same class. [In the Vilna 1887 edition the words עִם הַחֲמוֹר are added here (see also *Matnos Kehunah*).]

INSIGHTS

Ⓐ **Of Donkeys and Men** In the way we customarily size up people, observes *R' Nosson Tzvi Finkel* (*"the Alter of Slabodka"*) in *Ohr HaTzafun,* the fact that one person is more knowledgeable in Torah than his fellow, or has attained a higher level in his service of God, makes him greater than his fellow. We do not, however, place that person in a different class. By the Torah's standards, though, any small difference in awareness of God not only places people in different classes, but causes them to be regarded as totally different beings, so much so that their relationship to one another is like that of a donkey to a man.

When Abraham asked his attendants whether they saw what he and Isaac did, and they replied in the negative, Abraham's reaction was, "Since you do not see and the donkey does not see, remain here with the donkey," i.e., you are like the donkey.

Now, who were these attendants? They were Ishmael and Eliezer (*Vayikra Rabbah* 26 §7, see *Rashi* here), who, as close disciples of Abraham, had attained high levels of spirituality. As a young teenager, Ishmael had willingly allowed himself to be circumcised for the sake of God (see Midrash above, 55 §4). As for Eliezer, prior to being informed that he would beget a son, Abraham had considered Eliezer his spiritual heir, referring to him as דַּמֶּשֶׂק אֱלִיעֶזֶר, an acronym, our Sages say (*Yoma* 28b), for דּוֹלֶה וּמַשְׁקֶה, *he who draws and gives to drink,* i.e., the disseminator of his master's teachings to the world! Yet because they did not reach the level that Abraham and Isaac did, perceiving through *ruach hakodesh* (Divine inspiration) a cloud hovering over Mount Moriah, they and their descendants were classified — forever — as donkeys.

Regarding achievements in Torah scholarship we find this as well. The Gemara (*Shabbos* 112b) relates that when the Talmudic Amora Chizkiyah once inquired about the *taharah* (ritual purity) status of a certain item, and his student R' Yochanan was able to resolve the difficult inquiry through logical deduction, Chizkiyah exclaimed about R' Yochanan, "This one is not a mortal!," which *Rashi* explains to mean, "Rather, he is an angel." In that context the Gemara cites the teaching of R' Z'eira: "If the earlier ones were like angels, we are like men, and if the earlier ones were like men, we are like donkeys." Although R' Z'eira's generation was great in Torah, since the earlier generations were greater, he regarded them as totally different beings.

פרשה נו

א [כב, ד] "בַּיּוֹם הַשְּׁלִישִׁי וַיִּשָּׂא אַבְרָהָם אֶת עֵינָיו". כְּתִיב (הושע ו, ב) א"יְחַיֵּנוּ מִיֹּמָיִם בַּיּוֹם הַשְּׁלִישִׁי יְקִמֵנוּ וְנִחְיֶה לְפָנָיו", בַּיּוֹם הַשְּׁלִישִׁי שֶׁל שְׁבָטִים דִּכְתִיב (בראשית מב, יח) "וַיֹּאמֶר אֲלֵהֶם יוֹסֵף בַּיּוֹם הַשְּׁלִישִׁי", בַּיּוֹם הַשְּׁלִישִׁי שֶׁל מְרַגְּלִים, שֶׁנֶּאֱמַר (יהושע ב, טז) "וְנַחְבֵּתֶם שָׁמָּה שְׁלֹשֶׁת יָמִים", בַּיּוֹם הַשְּׁלִישִׁי שֶׁל מַתַּן תּוֹרָה, שֶׁנֶּאֱמַר (שמות יט, טז) "וַיְהִי בַיּוֹם הַשְּׁלִישִׁי", בַּיּוֹם הַשְּׁלִישִׁי שֶׁל יוֹנָה, דִּכְתִיב (יונה ב, א) "וַיְהִי יוֹנָה בִּמְעֵי הַדָּגָה שְׁלֹשָׁה יָמִים וּשְׁלֹשָׁה לֵילוֹת", בַּיּוֹם הַשְּׁלִישִׁי שֶׁל עוֹלֵי גוֹלָה דִּכְתִיב (עזרא ח, טו) "וַנַּחֲנֶה שָׁם יָמִים שְׁלֹשָׁה", בַּיּוֹם הַשְּׁלִישִׁי שֶׁל תְּחִיַּת הַמֵּתִים, דִּכְתִיב "יְחַיֵּנוּ מִיֹּמָיִם בַּיּוֹם הַשְּׁלִישִׁי יְקִמֵנוּ", בַּיּוֹם הַשְּׁלִישִׁי שֶׁל אֶסְתֵּר (אסתר ה, א) "וַיְהִי בַּיּוֹם הַשְּׁלִישִׁי וַתִּלְבַּשׁ אֶסְתֵּר מַלְכוּת", לָבְשָׁה מַלְכוּת בֵּית אָבִיהָ. בְּאֵיזֶה זְכוּת, רַבָּנָן וְרַבִּי לֵוִי רַבָּנָן אָמְרֵי: בִּזְכוּת יוֹם הַשְּׁלִישִׁי שֶׁל מַתַּן תּוֹרָה, שֶׁנֶּאֱמַר (שמות יט, טז) "וַיְהִי בַּיּוֹם הַשְּׁלִישִׁי בִּהְיֹת הַבֹּקֶר", רַבִּי לֵוִי אָמַר: בִּזְכוּת שֶׁל יוֹם שְׁלִישִׁי שֶׁל אַבְרָהָם אָבִינוּ שֶׁנֶּאֱמַר "בַּיּוֹם הַשְּׁלִישִׁי וַיַּרְא אֶת הַמָּקוֹם מֵרָחוֹק", במָה רָאָה, רָאָה עָנָן קָשׁוּר בָּהָר, אָמַר: דּוֹמֶה שֶׁאוֹתוֹ מָקוֹם שֶׁאָמַר לִי הַקָּדוֹשׁ בָּרוּךְ הוּא לְהַקְרִיב אֶת בְּנִי שָׁם:

ב אָמַר לְיִצְחָק: בְּנִי רוֹאֶה אַתְּ מַה שֶּׁאֲנִי רוֹאֶה. אָמַר לוֹ: הֵין. אָמַר לִשְׁנֵי נְעָרָיו: רוֹאִים אַתֶּם מַה שֶּׁאֲנִי רוֹאֶה, אָמְרוּ לוֹ: לָאו. אָמַר: הוֹאִיל וַחֲמוֹר אֵינוֹ רוֹאֶה וְאַתֶּם אֵין אַתֶּם רוֹאִים ג"שְׁבוּ לָכֶם פֹּה עִם הַחֲמוֹר". וּמִנַּיִן שֶׁעֲבָדִים דּוֹמִין לִבְהֵמָה, מִן הָכָא [כב, ו] "שְׁבוּ לָכֶם פֹּה עִם הַחֲמוֹר". רַבָּנָן מַיְיתִי לֵיהּ מֵהָכָא, מִמַּתַּן תּוֹרָה,

רש"י

(ב) **אמר ליצחק.** מהו מרחוק עתיד המקום לירחק מבעליו משכינה יכול לעולם ת"ל זאת מנוחתי עדי עד פה אשב כי אויתיה. שבו לכם פה עם החמור לשיבא אותו שכתוב בו עני ורוכב על חמור יחזור המקום לבעליו:

עץ יוסף

נו (א) **יחיינו מיומים כו'.** שתמיד ה' יקימנו ביום השלישי. שאין הקב"ה מניח את ישראל בצרה ג' ימים כדאמר לקמן פרשה צ"א. ולכן הביא ראיה משבטים ומרגלים. וכל אותן שנענו לג' ימים. וכן באברהם לפי שהיה מצטער בבקשת המקום ולקיים מצות ה'. לכן לא האריך יותר מג' ימים להצילו מצערו (יפ"ת): **של מרגלים שנאמר כו'.** אע"ג דרחב קאמרה הכי. כבר אמרו חז"ל שצרתה רוה"ק על רחב שישובו לסוף ג' ימים (רש"י ורד"ק) כדאי' בר"ר פ"ב: **ביום השלישי של מתן תורה.** והצער דשם הוא פרישות דרך ארץ. או תאות לבם לשמוע את דבר ה' (יפ"ת): **ביום ג' של עולי גולה.** ויצאתם מצרה הוא מה שנתיישבה דעתם מטורח הדרך והשיב לב לדעת להבין בעם שאין שם מבני לוי ושלחו אליהם ובאו: **לבשה מלכות אביה.** שמאז סייעו לה מן השמים להלבישה שבט מושל משפט מלכות בית אביה שאול המלך ונמשך עליה חוט של חסד ודמתה למלכה כשרשה. וזה היה תכלית התשועה שע"י מצלה אח"כ באויב (נזה"ק): **לבשה מלכות.** ונופל לשון לבישה בכזה כמליצת הש"ס (ברכות כ"ח) דלבש מדא ילבש מדא: **באיזה זכות כו'.** דכתיב ויהי ביום השלישי וגו'. משמע שע"י יום השלישי קנתה הויה ללבוש מלכות. לכן שאל באיזה זכות של שלישי (נזה"ק). ורבנן ילפי מביום השלישי דמתן תורה דהוי זכות דרבים. ור' לוי יליף מביום השלישי דאברהם דהוי ראשון (יפ"ת): [ב] **מה ראה.** פי' מה ראה בהר שממנו הכיר כי הוא ההר חמד אלהים. והלא לא א"ל רק אשר אומר אליך. ומשני שראה ענן קשור עליו פי' שראה ענן עב מאד כאילו קשור ואחוז בהר שלא כדרך שאר עננים. ומתוך זה הכיר כי ענן כבוד ה' הוא. ובפדר"א אמר בהדיא ראה כבוד השכינה (יפ"ת): **דומה שאותו המקום כו'.** אמר דומה ולפי שעכ"ז לא נתברר לו שזו ההר הנרצה עם היות עליו ענן כי אולי מקרה הוא. ואמנם נתברר לו הדבר ממה שהוא ויצחק ראו ולא עבדיו. נראה שהוא מראה אלהית שאינה נראית אלא לראוים (יפ"ת): (ב) **הואיל וחמור כו'.** דאל"כ למה הקישם לחמור ה"ל

פירוש מהרז"ו

נו (א) **יחיינו מיומים.** דורש מדה י"ז שמ"ש ביום השלישי יקימנו וגו' על המפורש בכמה מקומות שהתשועה באה לצדיקים ביום השלישי לצרתם: **של מתן תורה.** שכל שלשה ימי הכנה היו בפחד מות וביום הג' אמרו היום ראינו כי ידבר וגו' וחי: **ונחנה שם ימים שלשה.** כצ"ל והוא בעזרא ח' ט"ו ואקבצם אל הנהר וגו' ונחנה שם וגו'. (וכ"ה בדפוס פראנקפורט דאדר) והיו בצרה מחיתתו של דרך וכמ"ש שם פכ"א ואקרא שם צום וגו' לבקש ממנו דרך ישרה וגו' עד ויעתר לנו וס"ל שמ"ש ויעתר היה ביום ג' שע"כ התחילו לנסוע: **מלכות בית אביה.** שהיל"ל ותלבש בגדי מלכות (עיין יפ"ת) ע"כ דורש על שעד כה לא גלתה שהיא מזרע מלוכה ועתה בסעודת היום חשבה לגלות רק שלא הצליחה עד יום ב'. ועז"א שלבשה כו': **באיזה זכות.** השאלה על כל המבואר שנושעו ביום ג'. וגם יום ג' של שבטים לדעה שהיה בזכות יום ג' של מ"ת פי' בזכות שבניהם עתידים לקבל התורה. ועיין פנ"ח סס"ז ומש"ש: **את המקום מרחוק.** ויק"ר פר' י"ד סימן ב' ופר' כ' סימן ב'. איכה רבתי פ' זכור ה'. קה"ר פ' לך אכול בשמחה: **שאמר לי הקדוש ברוך הוא.** כמ"ש אשר אומר אליך. פסיקתא פר' מ' סימן ו': (ב) **עם החמור.** עיין ב"ק דף מ"ט קדושין דף ס"ח. ועי' בתנחומא:

מתנות כהונה

נו [א] **ביום הג' של שבטים.** באת לנו תחייה וקורת רוח וכן כולם והענין שאין הקב"ה מניח הצדיקים בצרה יותר מג' ימים וכל זה הביאו בילקוט אסתר ולקמן בפרשה צ"א: **מלכות בית אביה.** כלומר זכות אבותה עמדה לה: [ב] ה"ג **עם החמור** עם הדומה לחמור וכן הוא בקהלת בפסוק לך אכול בשמחה (ט' ג') ובקדושין בפרק האומר:

אשד הנחלים

נו [א] **ביום השלישי יקימנו גו' ביום השלישי של שבטים כו'.** מביא כל אלה להורות שישועת ה' אינה נמשכת יותר מעד יום השלישי כי כן ראינו כמה פעמים שתיכף ביום השלישי נצמח הישועה וא"כ ממילא נבטח כי הימים הראשונים והיסורים הבאים עלינו מיומים הוא ג"כ למען התחי' והפדות. כי אלה הכנות לקבל אח"כ הטוב. וחשב כמה ענינים שונים: הלב המתגבר באדם מול זולתו לצערו ולהכאיבו אינו נוהגת על הרוב רק עד יום ג' כי הכעס יפוג עד עת ההיא. וזהו ביוסף: ההכנה הראוי' לאדם להתקדש בקדושה הוא ג' ימים. כי אז נעשה הרגל גדול וזהו יום השלישי של מ"ת: ההצלה פתאומית מאת ה' הוא ביום ג' כהצלת נינוה. וכן בהצלת אסתר וכן יהי' אי"ה בתחיית המתים שמתחילה ימותו כולם ואח"כ ביום הג' יקימנו: **מלכות בית אביה.** דאל"כ בגדי מלכות הל"ל ורק הרמז שבעת שהלבישה בגדי מלכות שלה. אז התלבשה עצמה במלכות בית אביה. כלומר הזכות מזה המלכות ממ"ת או מאברהם מה שעשה ביום הג' עמד לה: **מה ראה.** כי לפי דבריהם לעיל העלהו למקום קודשי הקדשים. וא"כ מאין ידע בהר עצמו איפה הוא המקום הלז אם לא שראה בו ענין אלקי שענן קשור ושם שורה ענין אלקי והבין מזה קדושת המקום: [ב] **אמרו לו לאו.** כי בני אדם ההמוניים אינם רואים עניינים אלקיים כי כל זה

חידושי הרד"ל

(א) [א] **ביום השלישי.** עמ"כ שאין הקב"ה מניח צדיקים בצרה יותר מג' ימים. וי"ל מפני שיום השלישי הוא יום גבוליי בכל החליים וכמ"ש הר"ן בשבת (ק"ל) לענין יום ג' למילה. לכן גם לענין צרה קשה יום שלישי. וה' ברחמיו מרויח להם בו:

(ב) **לבשה מלכות בית אביה.** מלכות שאול זקינה שנפסקה ממנו. לבשתה עתה. ונופל לשון לבישה כמליצת הש"ס (ברכות כח) דלבש מדא ילבש מדא כו'. ויותר נכון לגרוס מלבוש בית אביה. כלומר שלבוש מלכות אינה חדש לה:

(ג) **ראה ענן קשור.** כ"ה גם בקה"ר פ"ט ובויק"ר פ"ך ובפסיקתא. אבל בפר"א פל"א אי' עמוד אש מהארץ עד לשמים:

(ד) **שאותו מקום הוא שאמר לי הקב"ה כו'** כצ"ל. וכ"ה בקה"ר פ"ט פ"ז:

ענף יוסף

(א) [א] **כתיב יחיינו מיומים כו'.** בודאי עיקר הכתוב איירי בתחה"מ. והיינו שהמתים חיים לג' ימים כדאי' באסתר רבתי כלומר משעה שנכנס בהם רוח החיוני עד שיקומו על רגליהם בקימה גמורה יהיה המשך הזמן ג' ימים. אי נמי בשעה שיקומו ליום הדין יהיה גמר דינם לאחר ג' ימים אשר מאז יכתבו אלה לחיי עולם ואלה לחרפות ולדראון עולם. ומ"מ מכיון דחזינן התם שאין הקב"ה מניח את הצדיקים בצער יותר מג' ימים ילפינן מיניה נמי בעלמא שכך הוא המדה תמיד שאין הקב"ה מניח את הצדיקים בצרה יותר מג' ימים כמו כל הני דמסיק ואזיל. ולכך נקט האי דתה"מ לבסוף משום דביה איירי עיקר קרא. ומ"מ נקט להאי דאסתר טפי לבסוף משום דמאריך בה בפלוגתא דר"ל ורבנן. ומה שבאמת זמן התשועה קבוע דייקא לשלשה ימים יתבאר הטעם לקמן פרשה צ"א סי' ט' ע"ש:

מסורת המדרש

א לקמן פרשה צ"א. אסתר רבה פרשה ט'. ועיין במדרש תהלים מזמור כ"ב. ילקוט כאן צ"ט. עי' ילקוט סדר מקץ רמז קמ"ח. ילקוט יהושע רמז י"ב. ילקוט אסתר רמז אל"ף נ"ו: **ב** תנחומא כאן סימן כ"ג: **ג** יבמות דף ס"ב. כתובות קי"א. קדושין ס"ח. ב"ק מ"ט. נדה י"ז:

אם למקרא

יְחַיֵּנוּ מִיֹּמָיִם בַּיּוֹם הַשְּׁלִישִׁי יְקִמֵנוּ וְנִחְיֶה לְפָנָיו: (הושע ו:ב)

וַיֹּאמֶר אֲלֵהֶם יוֹסֵף בַּיּוֹם הַשְּׁלִישִׁי זֹאת עֲשׂוּ וִחְיוּ אֶת־הָאֱלֹהִים אֲנִי יָרֵא: (בראשית מב:יח)

וַתֹּאמֶר לָהֶם הָהָרָה לֵּכוּ פֶּן־יִפְגְּעוּ בָכֶם הָרֹדְפִים וְנַחְבֵּתֶם שָׁמָּה שְׁלֹשֶׁת יָמִים עַד שׁוֹב הָרֹדְפִים וְאַחַר תֵּלְכוּ לְדַרְכְּכֶם: (יהושע ב:טז)

וַיְהִי בַיּוֹם הַשְּׁלִישִׁי בִּהְיֹת הַבֹּקֶר וַיְהִי קֹלֹת וּבְרָקִים וְעָנָן כָּבֵד עַל־הָהָר וְקֹל שֹׁפָר חָזָק מְאֹד וַיֶּחֱרַד כָּל־הָעָם אֲשֶׁר בַּמַּחֲנֶה: (שמות יט:טז)

וַיְמַן ה' דָּג גָּדוֹל לִבְלֹעַ אֶת־יוֹנָה וַיְהִי יוֹנָה בִּמְעֵי הַדָּג שְׁלֹשָׁה יָמִים וּשְׁלֹשָׁה לֵילוֹת: (יונה ב:א)

וָאֶקְבְּצֵם אֶל־הַנָּהָר הַבָּא אֶל־אַהֲוָא וַנַּחֲנֶה שָׁם יָמִים שְׁלֹשָׁה וָאָבִינָה בָעָם וּבַכֹּהֲנִים וּמִבְּנֵי לֵוִי לֹא־מָצָאתִי שָׁם: (עזרא ח:טו)

וַיְהִי בַּיּוֹם הַשְּׁלִישִׁי וַתִּלְבַּשׁ אֶסְתֵּר מַלְכוּת וַתַּעֲמֹד בַּחֲצַר בֵּית־הַמֶּלֶךְ הַפְּנִימִית נֹכַח בֵּית הַמֶּלֶךְ וְהַמֶּלֶךְ יוֹשֵׁב עַל־כִּסֵּא מַלְכוּתוֹ בְּבֵית הַמַּלְכוּת נֹכַח פֶּתַח הַבָּיִת: (אסתר ה:א)

שֶׁנֶּאֱמַר — where it is stated, "שֵׁשֶׁת יָמִים תַּעֲבֹד וְעָשִׂיתָ כָּל מְלַאכְתֶּךָ וְגוֹ׳ אַתָּה וּבִנְךָ וּבִתֶּךָ עַבְדְּךָ וַאֲמָתְךָ וּבְהֶמְתֶּךָ" — *Six days shall you work and accomplish all your work, etc. you, your son, your daughter, your slave, your maidservant, your animal* (*Exodus* 20:9-10), juxtaposing *slaves* and *maidservants* to *animals*.

□ [וַיַּרְא אֶת הַמָּקוֹם מֵרָחֹק — *AND HE SAW THE PLACE FROM AFAR.*]

The Midrash gives a homiletic interpretation of this phrase:

אָמַר רַבִּי יִצְחָק: עָתִיד הַמָּקוֹם לִירָחֵק מִבְּעָלָיו — **R' Yitzchak said:** *He saw* prophetically that **in the future this place** (Jerusalem) **would become distanced from its owners.**[26] וּלְעוֹלָם — **But** will this situation last **forever?**[27] תַּלְמוּד לוֹמַר "זֹאת מְנוּחָתִי עֲדֵי עַד פֹּה אֵשֵׁב" — To teach us that it will not last forever, **Scripture states** regarding Jerusalem, ***This is My resting place for ever and ever, here*** [פֹּה] ***I will dwell*** (*Psalms* 132:14).[28] לִכְשֶׁיָּבֹא אוֹתוֹ שֶׁכָּתוּב בּוֹ "עָנִי וְרוֹכֵב עַל חֲמוֹר" — That is: I will return[29] **when the one comes concerning whom it is written, *a humble man riding upon a donkey*** (*Zechariah* 9:9).[30]

□ וַאֲנִי וְהַנַּעַר נֵלְכָה עַד כֹּה — ***WHILE I AND THE LAD WILL GO YONDER*** (or: *WILL GO UNTIL "KOH"*[31]).

The Midrash gives a homiletical interpretation of Abraham's words:

אָמַר רַבִּי יְהוֹשֻׁעַ בֶּן לֵוִי: נֵלֵךְ וְנִרְאֶה מַה יִּהְיֶה בְּסוֹפוֹ שֶׁל "כֹּה" — **R' Yehoshua ben Levi said:** By this Abraham meant, **"We will go until we see what will be the end result of *Koh*,** in God's promise to me: *So*[32] (Heb. *Koh*) *shall your offspring be!"* (above, 15:5).[33]

□ וְנִשְׁתַּחֲוֶה וְנָשׁוּבָה אֲלֵיכֶם — ***WE WILL PROSTRATE OURSELVES AND WE WILL RETURN TO YOU.***

Abraham intended to sacrifice Isaac to God. Why, then, did he tell his servants, "*We* (Abraham and Isaac) will return to you"?

בִּשְּׂרוֹ שֶׁהוּא חוֹזֵר מֵהַר הַמּוֹרִיָּה בְּשָׁלוֹם — **[Abraham] informed him**[34] **that he (Isaac) would return from Mount Moriah in peace.**

□ [וְנִשְׁתַּחֲוֶה וְנָשׁוּבָה אֲלֵיכֶם — *WE WILL PROSTRATE OURSELVES AND WE WILL RETURN TO YOU.*]

אָמַר רַבִּי יִצְחָק: הַכֹּל בִּזְכוּת הִשְׁתַּחֲוָיָה — **R' Yitzchak said: Everything**[35] happens **in the merit of prostration** before God:[36] אַבְרָהָם לֹא חָזַר מֵהַר הַמּוֹרִיָּה בְּשָׁלוֹם אֶלָּא בִּזְכוּת הִשְׁתַּחֲוָיָה — **Abraham returned from Mount Moriah in peace** — i.e., with Isaac intact — **only in the merit of prostration,** "וְנִשְׁתַּחֲוֶה וְנָשׁוּבָה אֲלֵיכֶם" — as it is written, ***we will prostrate ourselves and we will return to you.***[37] יִשְׂרָאֵל לֹא נִגְאֲלוּ אֶלָּא בִּזְכוּת הִשְׁתַּחֲוָיָה, שֶׁנֶּאֱמַר "וַיַּאֲמֵן הָעָם וְגוֹ׳ וַיִּקְּדוּ וַיִּשְׁתַּחֲווּ" — **The Israelites were delivered** from Egypt **only in the merit of prostration, as it is stated** regarding their first reaction to Moses' tidings of their imminent deliverance, ***And the people believed ... and they bowed their heads and prostrated themselves*** (*Exodus* 4:31). הַתּוֹרָה לֹא נִתְּנָה אֶלָּא בִּזְכוּת הִשְׁתַּחֲוָיָה, שֶׁנֶּאֱמַר "וְהִשְׁתַּחֲוִיתֶם מֵרָחוֹק" — **The Torah was given only in the merit of prostration, as it is stated** just before the giving of the Torah, ***and you shall prostrate yourselves from a distance*** (ibid. 24:1).[38] חַנָּה לֹא נִפְקְדָה אֶלָּא בִּזְכוּת הִשְׁתַּחֲוָיָה, שֶׁנֶּאֱמַר "וַיִּשְׁתַּחוּ שָׁם לַה׳" — **Hannah was "remembered"** (i.e., she was granted pregnancy and ultimately a child, Samuel) **only in the merit of prostration, as it is stated, *He then prostrated himself to HASHEM*** (*I Samuel* 1:28).[39] הַגָּלֻיּוֹת אֵינָן מִתְכַּנְּסוֹת אֶלָּא בִּזְכוּת הִשְׁתַּחֲוָיָה — **The exiles** of Israel **will be gathered in** to *Eretz Yisrael* **only in the merit of prostration,** שֶׁנֶּאֱמַר "וְהָיָה בַּיּוֹם הַהוּא יִתָּקַע בְּשׁוֹפָר גָּדוֹל ... וְהִשְׁתַּחֲווּ לַה׳ בְּהַר הַקֹּדֶשׁ בִּירוּשָׁלָיִם" — **as it is stated, *It shall be on that day that a great shofar will be blown ... and they will prostrate themselves to HASHEM on the holy mountain in Jerusalem*** (*Isaiah* 27:13).[40] בֵּית הַמִּקְדָּשׁ לֹא

NOTES

26. Jerusalem will become distanced from the Jewish people (its owners), when they are driven into exile (*Matnos Kehunah*). Alternatively: Jerusalem will become distanced from the *Shechinah* (God's Presence), for He will "leave it" due to Israel's sins (*Radal;* see note 28). In any event, the Midrash thus interprets the phrase וַיַּרְא אֶת הַמָּקוֹם מֵרָחֹק as "and he [fore]saw the place as being distant."

27. [*Os Emes,* based on *Yalkut Shimoni,* emends the text: יָכוֹל לְעוֹלָם — **One might think** that this situation will last **forever.**]

28. This verse establishes that the *Shechinah* would never leave Jerusalem permanently, that Jerusalem's sanctity is forever, not subject to (permanent) nullification through exile.

29. *Os Emes* emends the text at this point (again based on *Yalkut Shimoni*) as follows: שְׁבוּ לָכֶם פֹּה עִם הַחֲמוֹר — The allusion of the words פֹּה אֵשֵׁב (*here I will dwell*) can be understood from our verse: ***Stay here*** [פֹּה] ***by yourselves "with the donkey."*** . . . . . . לִכְשֶׁיָּבֹא אוֹתוֹ שֶׁכָּתוּב בּוֹ "עָנִי וְרֹכֵב עַל חֲמוֹר" — I.e., *I will dwell* again *here* [פֹּה] in Jerusalem **when the one comes concerning whom it is written, *a humble man riding upon a donkey*** (*Zechariah* 9:9).

Even if the text is not actually emended, this is how the Midrash is to be understood (*Yefeh To'ar, Matnos Kehunah,* et al.).

30. This refers to the Messiah. God will dwell again in Jerusalem "with the donkey," i.e., when that famous donkey, carrying the Messiah, comes. For just as the word פֹּה in our verse is associated with עִם הַחֲמוֹר, so is the word פֹּה in that verse (פֹּה אֵשֵׁב, *here I will dwell*) to be associated with עִם הַחֲמוֹר.

31. The Hebrew word כֹּה ("this here") is used when referring to and pointing out something clear-cut or clearly visible. Abraham used it to refer to Mount Moriah, which was within sight. The Midrash will associate it with a different use of the word, in a separate incident.

32. God used the word כֹּה to refer to the stars in the heavens, which He had just shown Abraham (see ibid.).

33. Abraham was confounded by the seeming contradiction between God's promise to him of "So shall your offspring be" and the command to slay his "only son" (v. 2), and he wondered what the resolution of this conflict would be (*Yefeh To'ar*).

34. I.e., Isaac. *Os Emes* emends the text (based on *Yalkut Shimoni*) to read: בִּשְּׂרָן — **[Abraham] informed [the servants].**

In any event, the Midrash's point is that Abraham here uttered an unwitting prophecy that Isaac would in fact not be sacrificed, but would return safe and sound.

[Indeed, the *Midrash Tanchuma* version of this Midrash (*Vayeira* §23) states בִּשְּׂרוֹ פִּיו, *His mouth* informed him (i.e., Abraham's mouth informed Abraham); that is, Abraham uttered these words with his mouth, unaware of their prophetic connotation that Isaac would return. *Yefeh To'ar* emends our text to read like this as well.]

35. I.e., many good things.

36. That is, the recognition of His greatness and submission to Him that is demonstrated by prostration (*Yefeh To'ar*).

37. I.e., *we will prostrate, and* then, in that merit, *we will return.* Abraham's prostration symbolized his total submission to God, as embodied in the act of the *Akeidah* (ibid.).

38. See *Rashi* ibid. 24:1, which states that this took place before the giving of the Torah.

39. Even though this prostration (which was done by Elkanah or Samuel; see *Yefeh To'ar*) occurred after Samuel was born, we find that God sometimes determines events in the merit of something that will take place in the future (see *Shemos Rabbah* 3 §4) (*Yefeh To'ar*).

[*Rashash,* however, suggests emending the text to read: חַנָּה לֹא נִפְקְדָה אֶלָּא בִּזְכוּת הִשְׁתַּחֲוָיָה, שֶׁנֶּאֱמַר "וַיִּשְׁתַּחֲווּ לִפְנֵי ה׳" — **Hannah was remembered only in the merit of prostration, as it is stated, *And they*** (Hannah and her husband) ***prostrated themselves before HASHEM*** (*I Samuel* 1:19). The prostration in this verse took place *before* Hannah's pregnancy.]

40. Since the verse mentions only that *they will prostrate themselves to HASHEM* and not other things that they will do after the ingathering, we see that the entire purpose of bringing in the exiles is so that they will prostrate themselves before God (*Yefeh To'ar*).

שֶׁנֶּאֱמַר (שמות כ, ט-י) "שֵׁשֶׁת יָמִים תַּעֲבֹד וְעָשִׂיתָ כָּל מְלַאכְתֶּךָ וְגוֹ', אַתָּה וּבִנְךָ וּבִתֶּךָ עַבְדְּךָ וַאֲמָתְךָ וּבְהֶמְתֶּךָ". אָמַר רַבִּי יִצְחָק: עָתִיד הַמָּקוֹם לִירָחֵק מִבְּעָלָיו, וּלְעוֹלָם, תַּלְמוּד לוֹמַר (תהלים קלב, יד) "זֹאת מְנוּחָתִי עֲדֵי עַד פֹּה אֵשֵׁב °וְגוֹ' ", לִכְשֶׁיָּבֹא אוֹתוֹ שֶׁכָּתוּב בּוֹ (זכריה ט, ט) "עָנִי וְרוֹכֵב עַל חֲמוֹר". "וַאֲנִי וְהַנַּעַר נֵלְכָה עַד כֹּה", אָמַר רַבִּי יְהוֹשֻׁעַ בֶּן לֵוִי: נֵלֵךְ וְנִרְאֶה מַה יִּהְיֶה בְּסוֹפוֹ שֶׁל "כֹּה". "וְנִשְׁתַּחֲוֶה וְנָשׁוּבָה אֲלֵיכֶם", בִּשְּׂרוֹ שֶׁהוּא חוֹזֵר מֵהַר הַמּוֹרִיָּה בְּשָׁלוֹם. אָמַר רַבִּי יִצְחָק: [ז]הַכֹּל בִּזְכוּת הִשְׁתַּחֲוָיָה, אַבְרָהָם לֹא חָזַר מֵהַר הַמּוֹרִיָּה בְּשָׁלוֹם אֶלָּא בִּזְכוּת הִשְׁתַּחֲוָיָה. "וְנִשְׁתַּחֲוֶה וְנָשׁוּבָה אֲלֵיכֶם", יִשְׂרָאֵל לֹא נִגְאֲלוּ אֶלָּא בִּזְכוּת הִשְׁתַּחֲוָיָה, שֶׁנֶּאֱמַר (שמות ד, לא) "וַיַּאֲמֵן הָעָם וְגוֹ' וַיִּקְּדוּ וַיִּשְׁתַּחֲווּ". הַתּוֹרָה לֹא נִתְּנָה אֶלָּא בִּזְכוּת הִשְׁתַּחֲוָיָה, שֶׁנֶּאֱמַר (שם כד, א) "וְהִשְׁתַּחֲוִיתֶם מֵרָחוֹק", חַנָּה לֹא נִפְקְדָה אֶלָּא בִּזְכוּת הִשְׁתַּחֲוָיָה שֶׁנֶּאֱמַר (שמואל-א א יט) "וַיִּשְׁתַּחוּ שָׁם לַה' ". הַגָּלֻיּוֹת אֵינָן מִתְכַּנְּסוֹת אֶלָּא בִּזְכוּת הִשְׁתַּחֲוָיָה שֶׁנֶּאֱמַר (ישעיה כז, יג) "וְהָיָה בַּיּוֹם הַהוּא יִתָּקַע בְּשׁוֹפָר גָּדוֹל ... וְהִשְׁתַּחֲווּ לַה' בְּהַר הַקֹּדֶשׁ בִּירוּשָׁלָיִם". בֵּית הַמִּקְדָּשׁ לֹא נִבְנָה אֶלָּא בִּזְכוּת הִשְׁתַּחֲוָיָה שֶׁנֶּאֱמַר (תהלים צט, ט) "רוֹמְמוּ ה' אֱלֹהֵינוּ וְהִשְׁתַּחֲווּ לְהַר קָדְשׁוֹ". הַמֵּתִים אֵינָן חַיִּין אֶלָּא בִּזְכוּת הִשְׁתַּחֲוָיָה שֶׁנֶּאֱמַר (שם צה, ו) "בֹּאוּ וְנִשְׁתַּחֲוֶה וְנִכְרָעָה נִבְרְכָה לִפְנֵי ה' עֹשֵׂנוּ":

רש"י

בשרו שהוא חוזר מהר המוריה בשלום. אשובה לא נאמר אלא נשובה. הכניס את יצחק בכלל אברהם: **לא חזר את יצחק מהר המוריה אלא בזכות השתחואה.** דכתיב ונשתחוה ונשובה אליכם: **אבותינו לא נגאלו אלא בזכות השתחואה.** שנאמר ויאמן העם וישמעו וגו' ויקדו וישתחוו:

עץ יוסף

למימר שמרו פה החמור. ואגב אורחיה קאמר נמי שעבדים דומים לבהמה דלא תפסי בהו קידושין מדקאמר עם החמור ולא קאמר והחמור: **ואמתך ובהמתך.** הקיש אמה לבהמה. דאל"כ לימא גרך מקמי בהמתך ויסמוך אדם לאדם: **עתיד המקום כו'.** רמז שאפה ברוה"ק שעתיד המקום הזה להיות רחוק מבעליו דהיינו ישראל. שיהיו בגלות וטעם נבואה זו להראות לו שישובו בניס לגבולם בזכות העקידה. ולכן אמר שבו לכם עם החמור כדמפרש ואזיל: **ולעולם.** כלומר וכי תימא לעולם: **תלמוד לומר זאת מנוחתי כו'.** נראה דגרס ת"ל שבו לכם פה כמד"א זאת מנוחתי עדי עד פה אשב לכשיבא אותו שכתוב כו' פי' שהראיה דשבו לכם פה רמז לישיבת ארץ ישראל מדכתיב התם פה אשב. ופי' לכשיבא אותו שכתוב בו עני ורוכב על החמור שהוא משיח תשבו פה (יפ"ת): **מה יהיה בסופו של כה.** יהיה זרעך. שאחר שנתיעד כן והזרע הזה הוא יצחק דכתיב כי ביצחק יקרא לך זרע ועתה מצוה לשוחטו היה בספק אם דרך נסיון נאמר לו. או שחזר בו לאיזו סיבה ולזה אמר עתה יתברר לי מה ענינו (יפ"ת). אבל יותר נראה דה"פ הא דאמר אברהם עד כה ולא אמר עד פה או עד הנה. נגלגה רה"ק בפיו לרמוז על הבטחת כה יהיה זרעך. כאילו אמר נלך ונראה מה יהיה בסופו של כה שבודאי לא יבוטל הבטחה זו. וניבא ולא ידע מה ניבא: **ונשובה אליכם פיו בשרו שהוא חוזר.** כצ"ל וכן הוא בתנחומא. ופירושו שרוח נבואה נוססה בו ונתנבא שישובו שניהם וניבא ולא ידע מה ניבא שהוא נתכוון לומר ואשובה. ויצא מפיו ונשובה (יפ"ת): [ג] **בזכות השתחויה.** שלכן אמר ונשתחוה אז ונשובה. והענין שהשתחויה מורה על גדולת ההכנעה לפניו יתב' מפני יראת רוממותו עד שישתחוה ויפול לפניו מלא קומתו ארצה כאילו הוא אין ונתבטלו כל כחות גופו בעת ההיא עד שיפול באין כח מרוב הציור הזה. ולכן אין מעלה יותר מזה: **אברהם לא חזר.** עם יצחק: **לא נגאלו כו'.** כמו שבארנו. שאז באו לתכלית הכרת חסדי ה' וגדולתו יתברך לכן נגאלו. וכן התורה וקיבוץ הגליות ותחה"מ: **ונברעה כו'.** דבתחה"מ איירי כמו שדרשו חז"ל כי לך תכרע כל ברך זה יום המיתה. ואח"כ כתב נברכה לפני ה' שעומדים בחיים (מת"כ) ור"ל נשתחוה לפי שנכרעה במיתה ושוב נברכה ונקומה לפני ה' עושנו לתחיה בזכות השתחויה זו:

פירוש מהרז"ו

עתיד המקום כו'. שהיל"ל וירא מרחוק את המקום אבל את המקום מרחוק משמע שהמקום הוא מרחוק ומ"ש וירא פי' שראה ברוה"ק בעתיד: **פה אשב.** עי' מ"כ ובילקוט. ועיין לקמן פר' ע"ה סימן ו' וש"נ: **אמר רבי יהושע בן לוי כו'.** בפסיקתא פר' מ' סימן ו' עד פה אינו אומר אלא עד כה אריב"ל כו' ורומז למ"ש כה יהיה זרעך: **בשרו שהוא חוזר.** עיין מ"ק דף י"ח ברית כרותה לשפתים. והראיה מכאן (ובתנחומא פיו בשרו ופי' ברוח נבואה נוססה בו עיין רש"י בחומש יפ"ת): **בזכות השתחויה.** פר"א ס"פ ל"א ילקוט שמואל א' א': **והשתחויתם מרחוק.** כ"כ בסוף משפטים אך מקום הפרשה בסדר יתרו קודם מתן תורה ע"פ מדה ל"ב כמ"ש במכילתא יתרו פרשה ג' וכן הוא ברש"י בחומש: **בשופר גדול.** ובאו האובדים בארץ אשור וגו' והשתחוו לה' וגו' וז"ש מתכנסות: **להר קדשו.** ע"י השתחוואה תזכו להר קדשו: **לפני ה' עושנו.** עי' הגהות מהרש"ש (וכ"ה ביפ"ת) עי' ויק"ר ס"פ כ"ט ועשיתם עולה גו' כאלו היום נעשיתם בריה חדשה וע"ש:

מתנות כהונה

עתיד המקום כו'. המקום הזה ירושלים תהיה מרוחקת מן בעליו אלו ישראל וזה בזמן הגליות: **ולעולם.** בתמיה ודרך שאלה: **פה וגו'.** שבו לכם פה רמז למה שנאמר פה אשב עם החמור רמז לעני ורוכב על החמור: **בסופו של כה.** כלומר שהבטיחני הקב"ה לאמר כה יהיה זרעך: **בשרו כו'.** הנבואה נזרקה בפיו ונשובה שניהו וברית כרותה לשפתים וה"ג בילקוט בהדיא: **אברהם לא חזר.** גרסינן. פירוש לא חזר יצחק עמו וזהו שאמר בשלום: **ונברעה וגו'.** סבירא ליה דבתחיית המתים איירי כמו שדרשו חז"ל כי לי תכרע כל ברך זה יום המיתה ואח"כ כתיב נברכה לפני ה' הרי שעומדים בחיים:

אשד הנחלים

יתראה רק לזכי הראות כאנשי הרוח: **עתיד המקום לירחק.** כלומר שהבין אברהם שהמקום הזה יחרב ויבנה אח"כ בזמן רחוק וזה וירא את המקום מרחוק. אך לא לעולם כי פה המנוחה והשראת השכינה ולא יתכן שיהיה זה לעולם. רק עד עת שיבוא המשיח שהוא עני ורוכב על החמור. וזהו ע"צ הרמז שבו והמתינו לכם פה עם [כמו עד] החמור. עד שיבוא מלך המשיח עם החמור שאז יתעלה המקום עוד הפעם: **הכל בזכות השתחויה.** שלכן אמר ונשתחוה אז ונשובה והענין שהשתחויה מורה על גדולת ההכנעה לפניו ית' מפני יראת רוממותו עד שישתחוה ויפול לפניו מלוא קומתו ארצה כאלו הוא אין ונבטל כל כחות גופו בעת ההיא עד שיפול באין כח מרוב הציור הזה. ולכן אין מעלה להנצל מכל יותר מזה. וכל זה הבין אברהם. כי אין מגמת ה' רק שיבטל עצמו לפניו ית'. שזה יחשב כזביחה ממש ולא זביחה ממש ולכן ישובו עוד. והבן: **לא נגאל אלא כו'.** כמו שבארנו. שאז באו לתכלית הכרה מחסדי ה' וגדולתו ית' נגאלו. וכן התורה וקיבוץ הגליות. ותחיית המתים. כלומר שתכלית תחיית המתים בשביל שיקומו ויכירו כבוד ה' עד שישתחוו לפניו מרוב ההכרה:

חידושי הרד"ל

(ה) [ב] **לירחק מבעליו.** עמ"כ. וי"ל מבעליו משכינה כדמייתי עלה קרא זאת מנוחתי:

(ו) **לכשיבא אותו שכתוב בו עני כו'** לפמ"ש בפר"א שנעריו אלו אליעזר וישמעאל היו. י"ל שרמזו שא"י תהיה ביד ישמעאל עד בא עני ורוכב על החמור. ועיין זוהר וארא (ל"ב) ופר"א ס"פ כ"ח:

(ז) **יתקע בשופר גדול.** ובאו האובדים בארץ אשור והנדחים בארץ מצרים והשתחו וכו' כצ"ל:

(ח) **שנאמר רוממו ה' אלהינו והשתחוו להר קדשו.** במדרש שמואל פ"ג הגי' שנאמר רוממו ה' אלהינו והשתחוו להדום רגליו. וכן עיקר דדרש בשביל השתחויה זו יזכו אח"כ שיבנה בהמ"ק וירוממו לה' והשתחוו לו בהר קדשו שנבנה כבר:

חידושי הרש"ש

[ב] **חנה לא נפקדה אלא בזכות השתחויה שנאמר וישתחוו לפני ה'.** כצ"ל והוא שם בפסוק י"ט: **המתים אינן חיין כו' בואו ונשתחוה כו' עושנו.** עמ"כ. ול"נ דדייק עושנו כמו שדרשו לעיל פל"ט ואעשך משאני עושה אותך בריה חדשה:

מסורת המדרש

ד אגדת שמואל סוף פרשה ג'. ילקוט שמואל רמז פ':

אם למקרא

שֵׁשֶׁת יָמִים תַּעֲבֹד וְעָשִׂיתָ כָּל־מְלַאכְתֶּךָ: וְיוֹם הַשְּׁבִיעִי שַׁבָּת לַה' אֱלֹהֶיךָ לֹא־תַעֲשֶׂה כָל־מְלָאכָה אַתָּה וּבִנְךָ וּבִתֶּךָ עַבְדְּךָ וַאֲמָתְךָ וּבְהֶמְתֶּךָ וְגֵרְךָ אֲשֶׁר בִּשְׁעָרֶיךָ: (שמות כ:ט-י)

זֹאת־מְנוּחָתִי עֲדֵי־עַד פֹּה אֵשֵׁב כִּי אִוִּתִיהָ: (תהלים קלב:יד)

גִּילִי מְאֹד בַּת־צִיּוֹן הָרִיעִי בַּת יְרוּשָׁלַםִ הִנֵּה מַלְכֵּךְ יָבוֹא לָךְ צַדִּיק וְנוֹשָׁע הוּא עָנִי וְרֹכֵב עַל־חֲמוֹר וְעַל־עַיִר בֶּן־אֲתֹנוֹת: (זכריה ט:ט)

וַיַּאֲמֵן הָעָם וַיִּשְׁמְעוּ כִּי־פָקַד ה' אֶת־בְּנֵי יִשְׂרָאֵל וְכִי רָאָה אֶת־עָנְיָם וַיִּקְּדוּ וַיִּשְׁתַּחֲווּ: (שמות ד:לא)

וְאֶל־מֹשֶׁה אָמַר עֲלֵה אֶל־ ה' אַתָּה וְאַהֲרֹן נָדָב וַאֲבִיהוּא וְשִׁבְעִים מִזִּקְנֵי יִשְׂרָאֵל וְהִשְׁתַּחֲוִיתֶם מֵרָחֹק: (שמות כד:א)

וַיַּשְׁכִּמוּ בַבֹּקֶר וַיִּשְׁתַּחֲווּ לִפְנֵי ה' וַיָּשֻׁבוּ וַיָּבֹאוּ אֶל־בֵּיתָם הָרָמָתָה וַיֵּדַע אֶלְקָנָה אֶת־חַנָּה אִשְׁתּוֹ וַיִּזְכְּרֶהָ ה': (שמואל א א:יט)

וְהָיָה בַּיּוֹם הַהוּא יִתָּקַע בְּשׁוֹפָר גָּדוֹל וּבָאוּ הָאֹבְדִים בְּאֶרֶץ אַשּׁוּר וְהַנִּדָּחִים בְּאֶרֶץ מִצְרָיִם וְהִשְׁתַּחֲווּ לַה' בְּהַר הַקֹּדֶשׁ בִּירוּשָׁלָם: (ישעיה כז:יג)

רוֹמְמוּ ה' אֱלֹהֵינוּ וְהִשְׁתַּחֲווּ לְהַר קָדְשׁוֹ כִּי־קָדוֹשׁ ה' אֱלֹהֵינוּ: (תהלים צט:ט)

בֹּאוּ נִשְׁתַּחֲוֶה וְנִכְרָעָה נִבְרְכָה לִפְנֵי־ ה' עֹשֵׂנוּ: (תהלים צה:ו)

נִבְנָה אֶלָּא בִּזְכוּת הִשְׁתַּחֲוָיָה, שֶׁנֶּאֱמַר ״רוֹמְמוּ ה׳ אֱלֹהֵינוּ וְהִשְׁתַּחֲווּ לְהַר קָדְשׁוֹ״ **— The Temple was built only in the merit of prostration, as it is stated,** ***Exalt HASHEM, our God, and prostrate yourselves at His holy mountain*** (*Psalms* 99:9).[41] הַמֵּתִים אֵינָן חַיִּין אֶלָּא בִּזְכוּת הִשְׁתַּחֲוָיָה — And **the dead will be resurrected only in the merit of prostration,** שֶׁנֶּאֱמַר ״בֹּאוּ נִשְׁתַּחֲוֶה וְנִכְרָעָה נִבְרְכָה לִפְנֵי ה׳ עֹשֵׂנוּ״ **— as it is stated,** ***Come, let us prostrate ourselves and bow, let us kneel before HASHEM, our Maker*** (ibid. 95:6).[42]

NOTES

41. The only service of the Temple mentioned is prostration. From here we see that the main objective of the Temple was so that people would prostrate themselves before God (ibid.).

42. The Midrash understands this verse as a reference to the resurrection of the dead, although it is not clear why. *Yefeh To'ar* suggests that it is because the verse refers to God as "our Maker," meaning God Who will make us once again (see also *Rashash*). *Matnos Kehunah* suggests that it is because the word נִכְרָעָה refers (based on *Niddah* 30b) to the day of death. As the verse continues *let us kneel,* it implies that those who have already died are alive again (see also *Yefeh To'ar*).

חידושי הרד"ל

(ה) [ב] **לירחק מבעליו.** עמ"כ. וי"ל מבעליו משכינה כדמייתי עלה קרא זאת מנוחתי:

(ו) **לכשיבא אותו שכתוב בו עני כו'** לפמ"ש בפר"א שנעריו אלו אליעזר וישמעאל היו. י"ל שרמזו שא"י תהיה ביד ישמעאל עד בא עני ורוכב על החמור. ועיין זוהר וארא (ל"ב) ופר"א ס"פ כ"ח:

(ז) **יתקע בשופר גדול.** ובאו האובדים בארץ אשור והנדחים בארץ מצרים והשתחו וכו' כצ"ל:

(ח) **שנאמר רוממו ה' אלהינו והשתחוו להר קדשו.** במדרש שמואל פ"ג הגי' שנאמר רוממו ה' אלהינו והשתחוו להדום רגליו. וכן עיקר דדרש בשביל השתחויה זו יזכו אח"כ שיבנה בהמ"ק וירוממו לה' והשתחוו לו בהר קדשו שנבנה כבר:

חידושי הרש"ש

[ב] **חנה לא נפקדה אלא בזכות השתחויה שנאמר וישתחוו לפני ה'.** כצ"ל והוא שם בפסוק י"ט: **המתים אינן חיין כו' בואו ונשתחוה כו' עושנו.** עמ"כ. ול"נ דדייק עושנו כמו שדרשו לעיל פל"ט ואעשך משאני עושה אותך בריה חדשה:

עץ יוסף

למימר שמרו פה החמור. ואגב אורחיה קאמר נמי שעבדים דומים לבהמה דלא תפסי בהו קידושין מדקאמר עם החמור ולא קאמר והחמור: **ואמתך ובהמתך.** הקיש אמה לבהמה. דאל"כ לימא גרך מקמי בהמתך ויסמוך אדם לאדם: **עתיד המקום כו'.** רמז שלפה ברוה"ק שעתיד המקום הזה להיות רחוק מבעליו דהיינו ישראל. שיהיו בגלות וטעם נבואה זו להראות לו שישובו בניו לגבולם בזכות העקידה. ולכן אמר שבו לכם עם החמור כדמפרש ואזיל: **ולעולם.** כלומר וכי תימא לעולם: **תלמוד לומר זאת מנוחתי כו'.** נראה דגרס ת"ל שבו לכם פה כמד"א זאת מנוחתי עדי עד פה אשב לכשיבא אותו שכתוב כו' פי' שהראיה דשבו לכם פה רמז לישיבת ארץ ישראל מדכתיב התם פה אשב. ופי' לכשיבא אותו שכתוב בו עני ורוכב על החמור שהוא משיח תשבו פה (יפ"ת): **מה יהיה בסופו של כה.** יהיה זרעך. שאחר שנתיעד כן והזרע הזה הוא יצחק דכתיב כי ביצחק יקרא לך זרע ועתה מצוה לשוחטו היה בספק אם דרך נסיון נאמר לו. או שחזר בו לאיזו סיבה ולזה אמר עתה יתברר לי מה ענינו (יפ"ת). אבל יותר נראה דה"פ הא דאמר אברהם עד כה ולא אמר עד פה או עד הנה. נגלגה רה"ק בפיו לרמוז על הבטחת כה יהיה זרעך. כאילו אמר נלך ונראה מה יהיה בסופו של כה שבודאי לא יבוטל הבטחה זו. וניבא ולא ידע מה ניבא: **ונשובה אליכם פיו בשרו שהוא חוזר.** כצ"ל וכן הוא בתנחומא. ופירושו שרוח נבואה נוססה בו ונתנבא שישובו שניהם וניבא ולא ידע מה ניבא שהוא נתכוון לומר ואשובה. ויצא מפיו ונשובה (יפ"ת): [ג] **בזכות השתחויה.** שלכן אמר ונשתחוה אז ונשובה. והענין שהשתחויה מורה על גדולת ההכנעה לפניו יתב' מפני יראת רוממותו עד שישתחוה ויפול לפניו מלא קומתו ארצה כאילו הוא אין ונתבטלו כל כחות גופו בעת ההיא עד שיפול באין כח מרוב הציור הזה. ולכן אין מעלה יותר מזה: **אברהם לא חזר.** עם יצחק: **לא נגאלו כו'.** כמו שבארנו. שאז באו לתכלית הכרת חסדי ה' וגדולתו יתברך לכן נגאלו. וכן התורה וקיבוץ הגליות ותחה"מ: **ונברעה כו'.** דבתחה"מ איירי כמו שדרשו חז"ל כי לך תכרע כל ברך זה יום המיתה. ואח"כ כתב נברכה לפני ה' שעומדים בחיים (מת"כ) ור"ל נשתחוה לפי שנכרעה במיתה ושוב נברכה ונקומה לפני ה' עושנו לתחיה בזכות השתחויה זו:

מדרש

שֶׁנֶּאֱמַר (שמות כ, ט-י) "שֵׁשֶׁת יָמִים תַּעֲבֹד וְעָשִׂיתָ כָּל מְלַאכְתֶּךָ וְגוֹ', אַתָּה וּבִנְךָ וּבִתֶּךָ עַבְדְּךָ וַאֲמָתְךָ וּבְהֶמְתֶּךָ". אָמַר רַבִּי יִצְחָק: עָתִיד הַמָּקוֹם לִירַחֵק מִבְּעָלָיו, וּלְעוֹלָם, תַּלְמוּד לוֹמַר (תהלים קלב, יד) "זֹאת מְנוּחָתִי עֲדֵי עַד פֹּה אֵשֵׁב °וְגוֹ'", לִכְשֶׁיָּבֹא אוֹתוֹ שֶׁכָּתוּב בּוֹ (זכריה ט, ט) "עָנִי וְרוֹכֵב עַל חֲמוֹר". "וַאֲנִי וְהַנַּעַר נֵלְכָה עַד כֹּה", אָמַר רַבִּי יְהוֹשֻׁעַ בֶּן לֵוִי: נֵלֵךְ וְנִרְאֶה מַה יִּהְיֶה בְּסוֹפוֹ שֶׁל "כֹּה". "וְנִשְׁתַּחֲוֶה וְנָשׁוּבָה אֲלֵיכֶם", בִּשְּׂרוֹ שֶׁהוּא חוֹזֵר מֵהַר הַמּוֹרִיָּה בְּשָׁלוֹם. אָמַר רַבִּי יִצְחָק: [ג]הַכֹּל בִּזְכוּת הַשְׁתַּחֲוָיָה, אַבְרָהָם לֹא חָזַר מֵהַר הַמּוֹרִיָּה בְּשָׁלוֹם אֶלָּא בִּזְכוּת הַשְׁתַּחֲוָיָה. "וְנִשְׁתַּחֲוֶה וְנָשׁוּבָה אֲלֵיכֶם", יִשְׂרָאֵל לֹא נִגְאֲלוּ אֶלָּא בִּזְכוּת הַשְׁתַּחֲוָיָה, שֶׁנֶּאֱמַר (שמות ד, לא) "וַיַּאֲמֵן הָעָם וְגוֹ' וַיִּקְּדוּ וַיִּשְׁתַּחֲווּ". הַתּוֹרָה לֹא נִתְּנָה אֶלָּא בִּזְכוּת הַשְׁתַּחֲוָיָה, שֶׁנֶּאֱמַר (שם כד, א) "וְהִשְׁתַּחֲוִיתֶם מֵרָחֹק", חַנָּה לֹא נִפְקְדָה אֶלָּא בִּזְכוּת הַשְׁתַּחֲוָיָה שֶׁנֶּאֱמַר (שמואל-א א יט) "וַיִּשְׁתַּחֲווּ שָׁם לַה'". הַגָּלֻיּוֹת אֵינָן מִתְכַּנְּסוֹת אֶלָּא בִּזְכוּת הַשְׁתַּחֲוָיָה שֶׁנֶּאֱמַר (ישעיה כז, יג) "וְהָיָה בַּיּוֹם הַהוּא יִתָּקַע בְּשׁוֹפָר גָּדוֹל ... וְהִשְׁתַּחֲווּ לַה' בְּהַר הַקֹּדֶשׁ בִּירוּשָׁלִָם". בֵּית הַמִּקְדָּשׁ לֹא נִבְנָה אֶלָּא בִּזְכוּת הַשְׁתַּחֲוָיָה שֶׁנֶּאֱמַר (תהלים צט, ט) "רוֹמְמוּ ה' אֱלֹהֵינוּ וְהִשְׁתַּחֲווּ לְהַר קָדְשׁוֹ". הַמֵּתִים אֵינָן חַיִּין אֶלָּא בִּזְכוּת הַשְׁתַּחֲוָיָה שֶׁנֶּאֱמַר (שם צה, ו) "בֹּאוּ וְנִשְׁתַּחֲוֶה וְנִכְרָעָה נִבְרְכָה לִפְנֵי ה' עֹשֵׂנוּ":

פירוש מהרז"ו

עתיד המקום כו'. שהיל"ל וירא מרחוק את המקום אבל את המקום מרחוק משמע שהמקום הוא מרחוק ומ"ש וירא פי' שראה ברוה"ק בעתיד: **פה אשב.** עי' מ"כ ובילקוט. ועיין לקמן פר' ע"ה סימן ו' וש"נ: **אמר רבי יהושע בן לוי כו'.** בפסיקתא פר' מ' סימן ו' עד פה אינו אומר אלא עד כה אריב"ל כו' ורומז למ"ש כה יהיה זרעך: **בשרו שהוא חוזר.** עיין מ"ק דף י"ח ברית כרותה לשפתים. והראיה מכאן (ובתנחומא פיו בשרו ופי' ברוח נבואה נוססה בו עיין רש"י בחומש יפ"ת): **בזכות השתחויה.** פר"א ס"פ ל"א ילקוט שמואל א' א': **והשתחויתם מרחוק.** כ"כ בסוף משפטים אך מקום הפרשה בסדר יתרו קודם מתן תורה ע"פ מדה ל"ב כמ"ש במכילתא יתרו פרשה ג' וכן הוא ברש"י בחומש: **בשופר גדול.** ובאו האובדים בארץ אשור וגו' והשתחוו לה' וגו' וז"ש מתכנסות: **להר קדשו.** ע"י השתחוואה תזכו להר קדשו: **לפני ה' עושנו.** עי' הגהות מהרש"ש (וכ"ה ביפ"ת) עי' ויק"ר ס"פ כ"ט ועשיתם עולה גו' כאלו היום נעשיתם בריה חדשה וע"ש:

מסורת המדרש

ד אגדת שמואל סוף פרשה ג'. ילקוט שמואל רמז פ':

אם למקרא

שֵׁשֶׁת יָמִים תַּעֲבֹד וְעָשִׂיתָ כָּל־מְלַאכְתֶּךָ: וְיוֹם הַשְּׁבִיעִי שַׁבָּת לַה' אֱלֹהֶיךָ לֹא־תַעֲשֶׂה כָל־מְלָאכָה אַתָּה וּבִנְךָ וּבִתֶּךָ עַבְדְּךָ וַאֲמָתְךָ וּבְהֶמְתֶּךָ וְגֵרְךָ אֲשֶׁר בִּשְׁעָרֶיךָ:
(שמות כ:ט-י)

זֹאת־מְנוּחָתִי עֲדֵי־עַד פֹּה אֵשֵׁב כִּי אִוִּתִיהָ:
(תהלים קלב:יד)

גִּילִי מְאֹד בַּת־צִיּוֹן הָרִיעִי בַּת יְרוּשָׁלִַם הִנֵּה מַלְכֵּךְ יָבוֹא לָךְ צַדִּיק וְנוֹשָׁע הוּא עָנִי וְרֹכֵב עַל־חֲמוֹר וְעַל־עַיִר בֶּן־אֲתֹנוֹת:
(זכריה ט:ט)

וַיַּאֲמֵן הָעָם וַיִּשְׁמְעוּ כִּי־פָקַד ה' אֶת־בְּנֵי יִשְׂרָאֵל וְכִי רָאָה אֶת־עָנְיָם וַיִּקְּדוּ וַיִּשְׁתַּחֲווּ:
(שמות ד:לא)

וְאֶל־מֹשֶׁה אָמַר עֲלֵה אֶל־ה' אַתָּה וְאַהֲרֹן נָדָב וַאֲבִיהוּא וְשִׁבְעִים מִזִּקְנֵי יִשְׂרָאֵל וְהִשְׁתַּחֲוִיתֶם מֵרָחֹק:
(שמות כד:א)

וַיַּשְׁכִּמוּ בַבֹּקֶר וַיִּשְׁתַּחֲווּ לִפְנֵי ה' וַיָּשֻׁבוּ וַיָּבֹאוּ אֶל־בֵּיתָם הָרָמָתָה וַיֵּדַע אֶלְקָנָה אֶת־חַנָּה אִשְׁתּוֹ וַיִּזְכְּרֶהָ ה':
(שמואל א א:יט)

וְהָיָה בַּיּוֹם הַהוּא יִתָּקַע בְּשׁוֹפָר גָּדוֹל וּבָאוּ הָאֹבְדִים בְּאֶרֶץ אַשּׁוּר וְהַנִּדָּחִים בְּאֶרֶץ מִצְרָיִם וְהִשְׁתַּחֲווּ לַה' בְּהַר הַקֹּדֶשׁ בִּירוּשָׁלִָם:
(ישעיה כז:יג)

רוֹמְמוּ ה' אֱלֹהֵינוּ וְהִשְׁתַּחֲווּ לְהַר קָדְשׁוֹ כִּי־קָדוֹשׁ ה' אֱלֹהֵינוּ:
(תהלים צט:ט)

בֹּאוּ נִשְׁתַּחֲוֶה וְנִכְרָעָה נִבְרְכָה לִפְנֵי־ה' עֹשֵׂנוּ:
(תהלים צה:ו)

רש"י

בשרו שהוא חוזר מהר המוריה בשלום. אשובה לא נאמר אלא נשובה. הכניס את יצחק בכלל אברהם: **לא חזר את יצחק מהר המוריה אלא בזכות השתחואה.** דכתיב ונשתחוה ונשובה אליכם: **אבותינו לא נגאלו אלא בזכות השתחואה.** שנאמר ויאמן העם וישמעו וגו' ויקדו וישתחוו:

מתנות כהונה

עתיד המקום כו'. המקום הזה ירושלים תהיה מרוחקת מן בעליו אלו ישראל וזה בזמן הגליות: **ולעולם.** בתמיה ודרך שאלה: **פה וגו'.** שבו לכם פה רמז למה שנאמר פה אשב עם החמור רמז לעני ורוכב על החמור: **בסופו של כה.** כלומר שהבטיחני הקב"ה לאמר כה יהיה זרעך: **בשרו כו'.** הנבואה נזרקה בפיו ונשובה שניהו וברית כרותה לשפתים וה"ג בילקוט בהדיא: **אברהם לא חזר.** גרסינן. פירוש לא חזר יצחק עמו וזהו שאמר בשלום: **ונברעה וגו'.** סבירא ליה דבתחיית המתים איירי כמו שדרשו חז"ל כי לי תכרע כל ברך זה יום המיתה ואח"כ כתיב נברכה לפני ה' הרי שעומדים בחיים:

אשד הנחלים

יתראה רק לזכי הראות כאנשי הרוח: **עתיד המקום לירחק.** כלומר שהבין אברהם שהמקום הזה יחרב ויבנה אח"כ בזמן רחוק וזה וירא את המקום מרחוק. אך לא לעולם כי פה המנוחה והשראת השכינה ולא יתכן שיהיה זה לעולם. רק עד עת שיבוא המשיח שהוא עני ורוכב על החמור. וזהו ע"צ הרמז שבו והמתינו לכם פה עם [כמו עד] החמור. עד שיבוא מלך המשיח עם החמור שאז יתעלה המקום עוד הפעם: **הכל בזכות השתחויה.** שלכן אמר ונשתחוה אז ונשובה והענין שהשתחויה מורה על גדולת ההכנעה לפניו ית' מפני יראת רוממותו עד שישתחוה ויפול לפניו מלוא קומתו ארצה כאלו הוא אין ונבטל כל כחות גופו בעת ההיא עד שיפול באין כח מרוב הציור הזה. ולכן אין מעלה להנצל מכל יותר מזה. וכל זה הבין אברהם. כי אין מגמת ה' רק שיבטל עצמו לפניו ית'. שזה יחשב כזביחה ממש ולא זביחה ממש ולכן ישובו עוד. והבן: **לא נגאל אלא כו'.** כמו שבארנו. שאז באו לתכלית הכרה מחסדי ה' וגדולתו ית' נגאלו. וכן התורה וקיבוץ הגליות. ותחיית המתים. כלומר שתכלית תחיית המתים בשביל שיקומו ויכירו כבוד ה' עד שישתחוו לפניו מרוב ההכרה:

וַיִּקַּח אַבְרָהָם אֶת עֲצֵי הָעֹלָה וַיָּשֶׂם עַל יִצְחָק בְּנוֹ וַיִּקַּח בְּיָדוֹ אֶת הָאֵשׁ וְאֶת הַמַּאֲכֶלֶת וַיֵּלְכוּ שְׁנֵיהֶם יַחְדָּו.

And Abraham took the wood for the offering, and placed it on Isaac, his son. He took in his hand the fire and the knife, and the two of them went together (22:6).

§3 **וַיִּקַּח אַבְרָהָם אֶת עֲצֵי הָעֹלָה וגו׳** — ***AND ABRAHAM TOOK THE WOOD FOR THE OFFERING,*** *AND PLACED IT ON ISAAC, HIS SON.*

Why did Abraham not take the wood by himself, or take the donkey with him to the mountain to carry it?[43] Why did he make a point of making Isaac carry it?

כְּזֶה שֶׁהוּא טוֹעֵן צְלוּבוֹ בִּכְתֵפוֹ — This is **as one who carries his stake** for his own execution **on his shoulder.**[44]

□ **וַיִּקַּח בְּיָדוֹ אֶת הָאֵשׁ וְאֶת הַמַּאֲכֶלֶת** — *HE TOOK IN HIS HAND THE FIRE AND THE KNIFE.*

The word for "knife" used here (מַאֲכֶלֶת) is an unusual one.[45] **אָמַר רַבִּי חֲנִינָא: לָמָּה נִקְרֵאת סַכִּין מַאֲכֶלֶת** — **R' Chanina said: Why is a knife called** מַאֲכֶלֶת here? **לְפִי שֶׁמַּכְשֶׁרֶת אוֹכָלִים** — **Because it makes food fit** to be eaten.[46] **וְרַבָּנָן אָמְרֵי: כָּל אֲכִילוֹת שֶׁיִּשְׂרָאֵל אוֹכְלִים בָּעוֹלָם הַזֶּה אֵינָם אוֹכְלִים אֶלָּא בִּזְכוּת אוֹתָהּ הַמַּאֲכֶלֶת** — **And** the other **Sages said: All of the "eating" that the** people of **Israel eat in this world,**[47] **they eat only in the merit of that knife.**[48]

□ **וַיֵּלְכוּ שְׁנֵיהֶם יַחְדָּו** — *AND THE TWO OF THEM WENT TOGETHER.*

The word יַחְדָּו (*together*) appears to be superfluous. The Midrash explains the significance of this word:

זֶה לַעֲקוֹד וְזֶה לֵיעָקֵד — [Abraham] went **to bind and [Isaac]** went **to be bound;** **זֶה לִשְׁחוֹט וְזֶה לִישָּׁחֵט** — [Abraham] went **to slaughter, and [Isaac]** went **to be slaughtered.**[49]

וַיֹּאמֶר יִצְחָק אֶל אַבְרָהָם אָבִיו וַיֹּאמֶר אָבִי וַיֹּאמֶר הִנֶּנִּי בְנִי וַיֹּאמֶר הִנֵּה הָאֵשׁ וְהָעֵצִים וְאַיֵּה הַשֶּׂה לְעֹלָה. וַיֹּאמֶר אַבְרָהָם אֱלֹהִים יִרְאֶה לּוֹ הַשֶּׂה לְעֹלָה בְּנִי וַיֵּלְכוּ שְׁנֵיהֶם יַחְדָּו.

Then Isaac spoke to Abraham his father and said, "Father!" And he said, "Here I am, my son." And he said, "Here are the fire and the wood, but where is the lamb for the offering?" And Abraham said, "God will seek out for Himself the lamb for the offering, my son." And the two of them went together (22:7-8).

§4 **וַיֹּאמֶר יִצְחָק אֶל אַבְרָהָם אָבִיו וַיֹּאמֶר אָבִי** — ***THEN ISAAC SPOKE TO ABRAHAM HIS FATHER AND SAID, "FATHER!"***

The Midrash addresses the double occurrence of the word "father" in this phrase:

בָּא לוֹ סַמָּאֵל אֵצֶל אָבִינוּ אַבְרָהָם — **Samael** (Satan) **approached our forefather Abraham** **אָמַר לוֹ: סָבָא סָבָא! אוֹבַדְתָּ לִבָּךְ** — and **said to him, "Old man, old man! Have you lost your mind?** **בֵּן שֶׁנִּיתַּן לָךְ לְמֵאָה שָׁנָה אַתָּה הוֹלֵךְ לְשׁוֹחֲטוֹ** — **You are going to slaughter a son that was granted to you** when you were **at** the age of **one hundred years?!"** **אָמַר לוֹ: עַל מְנַת כֵּן** — **[Abraham] said to [Samael], "It is with this understanding** that I go."[50] **אָמַר לוֹ: וְאִם מְנַסֶּה אוֹתָךְ יוֹתֵר מִיכֵּן אַתְּ יָכוֹל לַעֲמוֹד, "הֲנִסָּה דָבָר אֵלֶיךָ תִּלְאֶה"** — **[Samael] said to [Abraham], "And if [God] tests you** even **more** severely **than this, can you stand** it? ***If He tests you with something, will you not become wearied?*"**[51] **אָמַר לוֹ: וְיָתֵר עַל דֵּין** — **[Abraham] said to [Samael], "Even more than this** I will withstand!"[52] **אָמַר לוֹ: לְמָחָר אוֹמֵר לָךְ שׁוֹפֵךְ דָּם, אַתְּ חַיָּיב שֶׁשָּׁפַכְתָּ דָמוֹ שֶׁל בְּנָךְ** — **[Samael]** then **said to him, "Tomorrow [God] will say to you, 'Murderer! You are liable for spilling the blood of your son!'"**[53] **אָמַר לוֹ: עַל מְנַת כֵּן** — **[Abraham] said to [Samael], "It is with this understanding** that I go."[54]

NOTES

43. *Yefeh To'ar.*

44. When the secular courts executed someone (by hanging or crucifixion), they first forced him to carry the stake to the site of execution. So too, Abraham had Isaac carry the very wood that was going to be used to burn him (*Rashi*; *Matnos Kehunah*). *Yefeh To'ar* explains that the purpose of having the condemned person carry his stake to the execution site was in order to make it known that he was heading for execution. Abraham, too, wanted to let Isaac know that he was going to be sacrificed, but he did not wish to tell him directly; he therefore put the wood on Isaac's shoulders so that he would understand that the wood was for him.

45. The word we would have expected would have been סַכִּין or חֶרֶב (*Yefeh To'ar*).

46. That is, it is what causes animal flesh to become permissible to eat, by slaughtering it (*Rashi* on *Chumash, Matnos Kehunah*). מַאֲכֶלֶת literally means "that which provides food." According to this interpretation, any knife can be called מַאֲכֶלֶת.

47. That is, all the benefits they receive from God.

48. So it is called מַאֲכֶלֶת because it provides "food" to future generations. According to this interpretation, it is specifically this knife (see *Rashi* on *Chumash*), which Abraham brought to the *Akeidah*, that is called מַאֲכֶלֶת. Although we find the word used elsewhere as well (*Judges* 19:29), there it is a borrowed term from our verse.

49. So יַחְדָּו (*together*) teaches us that both Abraham and Isaac were of one mind. Both wanted to serve God as He had commanded (*Yefeh To'ar*). (See note 44, which alludes that Isaac knew at this point that he was the intended sacrifice.)

50. I am aware of what you are telling me; I have not "lost my mind." It is precisely for this purpose that I am going.

51. The Midrash poetically puts these words from *Job* 4:2 into Samael's mouth. Satan's point to Abraham was this: "God will keep giving you harder and harder tests, and eventually your resolve will break. You might as well stop now, before you kill your beloved son" (*Ohr HaSeichel*).

52. You are wrong; my resolve in serving God will never break!

53. If God can now "change His mind" about granting you numerous descendants through Isaac, He can also change His mind about the virtuousness of the act you are about to do, and accuse you of murder! For another approach, see Insight Ⓐ.

54. That even if I will not understand why God seems to have changed His mind, I will follow His commands nonetheless.

INSIGHTS

Ⓐ **Satan's Challenge** *R' Tzadok HaKohen* (*Pokeid Akarim* 17b) offers another explanation of how the Satan hoped to convince Abraham to defy the command of God with this argument. He explains that truly righteous people can never be convinced to simply violate God's law or His will. Rather, the Satan attempts to deceive a *tzaddik* into thinking that he will fulfill a greater mitzvah by disregarding what God commanded. In this case, the Satan told Abraham that the proper conduct would be to spare Isaac's life, so as not to violate the prohibition against murder. As to the fact that God had just told him to perform such an act, the Satan added that Abraham's test here was to disregard that command, in order for Isaac and the entire future Jewish nation to survive. Abraham would, of course, be punished and possibly lose all chance of eternal reward for defying God's command. But that would be the ultimate sacrifice: for Abraham to give up his own personal eternity to save the eternity of the Jewish nation! Abraham passed this supreme challenge by following God's command to the letter, and ignoring the urgings of the Satan. [See *R' Tzadok* there for further discussion of this test.]

חידושי הרד"ל

(י) [ג] **שמכשרת את האוכלים.** כ"ה בערוך ע' מאכלת:

עץ יוסף

(ג) [ד] **כזה שהוא טוען צלובו כו'.** כמו שטוענים העץ על הנתלה להלדיב את נפשו. כן עשה אברהם ליצחק לזכותו יותר לכפול שכרו (יפ"ת): **שמכשרת אוכלין.** לשון תקון כמו מכשירי אוכל נפש: **ורבנן אמרי כו'.** ס"ל שהוא ע"ש סכין דיצחק שנקראת מאכלת לפי שאנו אוכלים בזכותה: **זה לעקוד וזה ליעקד.** והיינו דדייק למימר וילכו שניהם יחדיו דייקא ללמד שהושוו בלב אחד לעבודת ה'. ומה ששאל אחר כך איה השה לעולה. זה היה אחר דבריו של שטן שנכנס קצת טינא בלבו כדמסיק. ולכך מאז עשה עצמו כאלו ידע כדי שיתמלא עליו רחמים. ועי"פ תשובת אביו חזר לאיתנו הראשון להשוות דעתו לדעת אביו: (ד) [ה] **סבא אובדת לבך בן כו'.** כלו' שדבר זה רחוק מן הסברא. ואעפ"כ שבא לעשות דבר זה ע"פ הדיבור. אמר כי בהכרח אין זה דבור גמור אלא הוא רק כמראה חלום דמיוני והשיבו אברהם ע"מ כן כלו' אעפ"כ שהוא דבר זר ורחוק איני נמנע מדבר בוודאי נאמנה כי דבר ה' הוא (יפ"ת ונזה"ק): **ואם מנסה אותך.** ר"ל שילוך לפגוע בעצמך וזהו הנסה דבר אליך תלאה. ור"ל כי לא ימלא את ידו עם יצחק שעוד ישוב ויבקש מיתתו. ואז תלטרך למרות דבריו. ולכן טוב לך שתמרה מעכשיו. והשיבו יותר על דין כי אפי' שיוה על עצמו לא יהרהר ויקיים דבריו בלי התגללות (יפ"ת): **ברא דעלובתא.** לפי שידע שלא יחוש יצחק לעצמו. הזכיר עלבון אמו שיכמרו רחמיו עליה מה תעשה ליום פקודתו: **כל אותן הפרגזיות כו'.** פי' אע"כ כל אותן החרדות שעשתה לישמעאל היו לבטלה כי עכשיו יהיה השונא יורש בהכרח. וראוי שתחוס לזה ולכבוד אמך כי לא נעשתה עלתה ולא הועילה טרחתה (יפ"ת) וכן פירש הערוך כעסים. **כד לא תיעול כו'.** פירוש כן יאמרו המושלים על בעלי לשון הרע כי אף שלא ישמע כלו ישמע מקצתו. כי כן יצחק כבר חשש למקצת דבריו. ועל זה אמר אבי ב' פעמים כדי שיתמלא עליו רחמים:

ג [כב, ו] "**וַיִּקַּח אַבְרָהָם אֶת עֲצֵי הָעֹלָה וְגוֹ'**" כְּזֶה שֶׁהוּא טוֹעֵן צְלוּבוֹ בִּכְתֵפוֹ, **וַיִּקַּח בְּיָדוֹ אֶת הָאֵשׁ וְאֶת הַמַּאֲכֶלֶת,** אָמַר רַבִּי חֲנִינָא: לָמָּה נִקְרֵאת סַכִּין מַאֲכֶלֶת לְפִי שֶׁמַּכְשֶׁרֶת אוֹכָלִים, וְרַבָּנָן אָמְרֵי: כָּל אֲכִילוֹת שֶׁיִּשְׂרָאֵל אוֹכְלִים בָּעוֹלָם הַזֶּה אֵינָם אוֹכְלִים אֶלָּא בִּזְכוּת אוֹתָהּ הַמַּאֲכֶלֶת. "**וַיֵּלְכוּ שְׁנֵיהֶם יַחְדָּו**", זֶה לַעֲקוֹד וְזֶה לֵיעָקֵד, זֶה לִשְׁחוֹט וְזֶה לִישָּׁחֵט:

ד [כב, ז] "**וַיֹּאמֶר יִצְחָק אֶל אַבְרָהָם אָבִיו וַיֹּאמֶר אָבִי**". בָּא לוֹ סַמָּאֵל אֵצֶל אָבִינוּ אַבְרָהָם אָמַר לוֹ: סָבָא סָבָא אוֹבַדְתְּ לִבָּךְ, בֵּן שֶׁנִּיתַּן לְךָ לק' שָׁנָה אַתָּה הוֹלֵךְ לְשׁוֹחֲטוֹ. אָמַר לוֹ: עַל מְנָת כֵּן. אָמַר לוֹ וְאִם מְנַסֶּה אוֹתְךָ יוֹתֵר מִיכֵּן אַתְּ יָכוֹל לַעֲמוֹד, (איוב ד, ב) "הֲנִסָּה דָבָר אֵלֶיךָ תִּלְאֶה" אָמַר לוֹ: וְיָתֵר עַל דִּין. אָמַר לוֹ: לְמָחָר אוֹמֵר לְךָ: שׁוֹפֵךְ דָּם אַתְּ חַיָּיב שֶׁשָּׁפַכְתָּ דָמוֹ שֶׁל בִּנְךָ. אָמַר לוֹ: עַל מְנַת כֵּן. וְכֵיוָן שֶׁלֹּא הוֹעִיל מִמֶּנּוּ כְּלוּם בָּא לוֹ אֵצֶל יִצְחָק, אָמַר לוֹ: יְבָרָא דַּעֲלוּבְתָּא הוֹלֵךְ הוּא לְשָׁחְטֵךְ. אָמַר לוֹ עַל מְנַת כֵּן. אָמַר לוֹ: אִם כֵּן, כָּל אוֹתָן הַפַּרְגָּזִיּוֹת שֶׁעָשְׂתָה אִמְּךָ לְיִשְׁמָעֵאל שַׂנְאֵיהּ דְּבֵיתָהּ יְרוּתָא וְאַתָּה אֵינְךָ מַכְנִיס בְּלִבְּךָ. כַּד לָא תֵיעוּל מִילָּא כּוּלָּא תֵיעוּל פַּלְגָּא, הֲדָא הוּא דִכְתִיב "וַיֹּאמֶר יִצְחָק אֶל אַבְרָהָם אָבִיו אָבִי".

פירוש מהרז"ו

(ג) **שמכשרת אוכלים.** ע"פ מדה ט"ז שכאן קורא מאכלת ולא חרב או סכין: **שניהם יחדו.** דיחדו ל"ל אלא פי' בדבר שמיחד את שניהם והיינו זה לעקוד כו': (ד) **הנסה דבר וגו'.** עיין סנהדרין פ"ט שנדרש ג"כ על אברהם הנסה דבר כמ"ש והאלהים נסה את אברהם גז"ש. ואפילו אם תעמוד בנסיון זה ינסה אותך עוד עד שתלאה ואמר עוד הלא יראתך כמ"ש באברהם כי ירא אלהים אתה. כסלתך. וכן מ"ש תקותך ותום דרכיך כמ"ש באברהם והיה תמים וכמ"ש עם גבר תמים תתמם שנדרש על אברהם. ואמר לו הנה אתה יסרת רבים וגו' שאברהם היה מוכיח לבני דורו שהיו עובדים כוכבים ומקריבים להם בניהם וכמ"ש כי גם את בניהם ישרפו באש לאלהיהם ואיך תעשה בעצמך כן וזהו מ"ש למחר אומר לך שופך דם אתה כפי שהיה מוכיח אברהם לבני דורו: **הדא הוא דכתיב ויאמר יצחק.** שהוא מיותר שהרי כתוב ויאמר אבי ע"כ דורש מדה יו"ד שמ"ש ויאמר יצחק וגו'. שא"ל דברי השטן ואח"כ ויאמר אבי לעורר רחמיו. ואח"כ ויאמר הנה האש וגו':

רש"י

(ג) **ויקח אברהם את עצי העולה וישם על יצחק בנו כזה שהוא נושא צליבו על כתיפו.** קורא לתלותו. כך היה טוען עלי מערכתו: (ד) **בא סמאל אצל אברהם אבינו.** אמר ליה מה סבא אובדת לבך כלומר נשתטית וכו' למחר אומר לך שופך דם אתה ששפכת דם אמר לו על מנת כן וכיון שלא הועיל כלום בא לו אצל יצחק אמר ליה אי ברא דעלובתא הוא הולך לשוחטך אמר ליה על מנת כן: **אמר ליה אם כן כל אותן הפרגזיות שעשתה אמך.** כל אותן דברים החמודים שקנתה אמך למי קנתה אותן לישמעאל סנאיה דביתיה ירותא לישמעאל סנו הבית יפלו בירושה: **כד לא תיעול מילה כולא תיעול פלגא.** כשאומרים לו לאדם דבר אחד של לשון הרע אף על פי שאינו מאמין בכולה מאמין בחציה שאם לא יכנס הדבר באזניו כולו יכנס חציו. וממה שיצחק שואל את אביו ואומר איה השה לעולה אנו למד שנכנס מקצת הדבר באזניו:

מתנות כהונה

[ג] **צלובו גרסינן.** פירוש עץ לתלותו עליו כן היה טוען יצחק עצי העולה לישרף כו': **מכשרת את האוכלים.** שבלי שחיטה אסורה באכילה ודייק ממאכלת אחרים משמע: **אלא בזכות כו'.** שהקב"ה מצרף מחשבה טובה כאילו כבר עשויה לישחט ואע"ג ששאל אח"כ איה השה לעולה זה היה אחר דבריו של שטן וכדמפרש ואזיל: [ד] **אובדת לבך.** וכי לבך אובדת שתלך לשחוט את בנך: **ויותר על דין.** ועוד יותר מזה אעמוד בנסיון ולא אהיה לאה ועיף: **שופך דם** את חייב. כלומר דין שופך דם אתה חייב: [ובילקוט גרס למחר יאמר לך שופך דם את א"ל כו']: **ברא דעלובתא.** בן העניה והדלה כך פי' הערוך ועל שרה אמר כן הולך הוא אברהם לשוחטך: **הפרגזיות.** פירש רש"י דברים החמודים ומיני קשוטין ומלאתי בערוך שפירש ענין כעסים ונראה דר"ל עכסים והוא מיני תכשיטים כד"א תפארת העכסים בישעיה סימן ג': **שעשת אמך גרסינן.** כלומר אותן התכשיטין שעשתה לך אמך לישמעאל שנוא הבית יהיו לירושה ואתה איך מכניס את זאת בלבבך ושוב אמר הספר כד לא תיעול מילא כו'. כלומר משל הוא כפי הבריות דבור לשון הרע אע"פ שאינה נכנסת כולה בלב המקבל מ"מ נכנסת החציה ובילקוט גרס כד לא תועיל מלה כולה תיעול פלגא. ולפיכך כתיב מיד ויאמר יצחק אל אברהם כו' הרי שנכנסה הסתת השטן בלבו קצת אע"פ שקודם לזה הולך לישחט בלב שלם:

אשד הנחלים

[ג] **אלא בזכות.** ולכן נקראת מאכלת. שהיא מאכלת לישראל בזכותה: **זה לעקוד.** כלומר יחדיו במחשבה אחת וברצון אחד לעשות המעשה ההוא באמת: [ד] **למחר אומר לך שופך דם.** כי אולי לנסותך בהיפך בא לך זה שתתבונן שלא תעשה זאת שלא תהי' כשופך דם: וכלומר שרצה להכניס ספק בלבו על דברי הנסיון הזה אם לעשות או לחדול. וכן אצל יצחק הכניס ספק בלבו והביא לו ראיות שלא יתכן שיצוה ה' ככה. ולכן שאל עוד הפעם אבי איה השה לעולה. אף שידע תחילה מזה כמ"ש יחדיו שניהם ברצון להשחט ולשחוט. אך עכ"ז הכניס קצת ספק בלבו ע"ז. ואברהם השיב לו בסתימות. אלהים יראה לו השה [אם יראנו השה הרי מוטב] ואם לאו הרי בני כלומר ידעתי כי השטן מסיתך. אבל לא תחוש לדבריו אם יחפוץ יצילך ואם לאו היה מוכן לזה ולכן נאמר אח"כ עוד יחדיו שהלך עוד הפעם ברצון אמת:

מסורת המדרש

ה סנהדרין דף פ"ט. תנחומא כאן סי' כ"ב. ילקוט כאן רמז ק': ו פסיקתא רבתי פיסקא מ':

אם למקרא

הֲנִסָּה דָבָר אֵלֶיךָ תִּלְאֶה וַעְצֹר בְּמִלִּין מִי יוּכָל: (איוב ד:ב)

ענף יוסף

(ה) [ד] **כל אותן הפרגזיות שעשתה אמך לישמעאל כו'** כתב המת"כ הפרגזיות פרש"י דברים החמודים ומיני קישוטין. ומלאתי בערוך שפירש ענין כעסים ונראה דר"ל עכסים. והוא מיני תכשיטין כד"א (ישעיה ג') תפארת העכסים עכ"ל. ול"נ הוא רולה להשוות פי' הערוך (אחר התיקון) עם פרש"י. וז"ל בעל ספר המעריך פרגזיות פי' הערוך ענין כעסים ולא נהירא. והר"ר יהודה גדליה בב"ר פ' נ"ו אמר שט"ס הוא וצ"ל עכסים. וגם זה לא נהירא כו'. ונראה שהוא מענין פרגא שכתבתי בסמוך בערך פרג. ופירושו כל שעשועים והנאה של ראיה עין עכ"ל. וכן כתב בעל א"א בשם פרש"י:

וְכֵיוָן שֶׁלֹּא הוֹעִיל מִמֶּנּוּ כְּלוּם בָּא לוֹ אֵצֶל יִצְחָק – When [Samael] saw that he **had accomplished nothing in** dissuading [Abraham], **he approached Isaac.** אָמַר לוֹ: בְּרָא דַעֲלוּבְתָא! הוֹלֵךְ הוּא לְשָׁחְטָךְ – **He said to him, "Son of a forlorn mother!**[55] **[This man] is going to slaughter you!"** אָמַר לוֹ: "עַל מְנַת כֵּן" – **[Isaac] said to [Samael], "It is with this understanding** that I go."[56] אָמַר לוֹ: אִם כֵּן, כָּל אוֹתָן הַפַּרְגָזְיוֹת שֶׁעָשְׂתָה אִמְּךָ לְיִשְׁמָעֵאל שְׂנְאֵיהּ דְּבֵיתָהּ יְרוּתָא – [Samael] then **said to him, "If so, all those fine garments**[57] **your mother made** for you **will go as inheritance to Ishmael, the hated one of her house** – וְאַתָּה אֵינְךָ מַכְנִיס בְּלִבְּךָ – **and you do not take** all this **to heart?!"** כַּד לָא תֵיעוּל מִילָּא תֵיעוּל פַּלְגָא – Now, **though a spoken word may not enter** one's ears completely, **it enters partially.**[58] הֲדָא הוּא דִכְתִיב "וַיֹּאמֶר יִצְחָק אֶל אַבְרָהָם אָבִיו וַיֹּאמֶר אָבִי" – And **this is** the meaning of **that which is written,** ***Then Isaac spoke to Abraham his father and said, "Father!"***

NOTES

55. Fearing that Isaac would not be dissuaded out of concern for his own life, Samael told him to resist for his mother's sake, so she should not lose her son (*Yefeh To'ar*).

56. Isaac already knew that Abraham intended to sacrifice him (see Midrash above, on the words וַיֵּלְכוּ שְׁנֵיהֶם יַחְדָּו, and notes 44 and 49).

57. The word פַּרְגָזְיוֹת is found only here and is of uncertain meaning. [Additionally, there are two textual versions of the definition given by *Aruch* for this word: כְּעָסִים and עֲכָסִים.] Our translation follows *Rashi* and *Matnos Kehunah;* cf. *Yefeh To'ar*.

58. This is a popular saying (*Matnos Kehunah*): When one presents an argument or a piece of malicious gossip to someone, even when it appears to have fallen on deaf ears, it does make some impression on him. Here too, Samael succeeded in planting seeds of doubt in Isaac's mind.

ג [כב, ו] "**וַיִּקַּח אַבְרָהָם אֶת עֲצֵי הָעֹלָה וגו'** " כְּזֶה שֶׁהוּא טוֹעֵן צְלוּבוֹ בִּכְתֵפוֹ, וַיִּקַּח בְּיָדוֹ אֶת הָאֵשׁ וְאֶת הַמַּאֲכֶלֶת, אָמַר רַבִּי חֲנִינָא: לָמָּה נִקְרֵאת סַכִּין מַאֲכֶלֶת לְפִי שֶׁמַּכְשֶׁרֶת אוֹכָלִים, וְרַבָּנָן אָמְרֵי: כָּל אֲכִילוֹת שֶׁיִּשְׂרָאֵל אוֹכְלִים בָּעוֹלָם הַזֶּה אֵינָם אוֹכְלִים אֶלָּא בִּזְכוּת אוֹתָהּ הַמַּאֲכֶלֶת. "וַיֵּלְכוּ שְׁנֵיהֶם יַחְדָּו", זֶה לַעֲקוֹד וְזֶה לֵיעָקֵד, זֶה לִשְׁחוֹט וְזֶה לִישָּׁחֵט:

ד [כב, ז] "**וַיֹּאמֶר יִצְחָק אֶל אַבְרָהָם אָבִיו וַיֹּאמֶר אָבִי** ". בָּא לוֹ סַמָּאֵל אֵצֶל אָבִינוּ אַבְרָהָם אָמַר לוֹ: סָבָא סָבָא אוֹבַדְתְּ לִבָּךְ, בֵּן שֶׁנִּיתַּן לְךָ לְק' שָׁנָה אַתָּה הוֹלֵךְ לְשׁוֹחֲטוֹ. אָמַר לוֹ: עַל מְנָת כֵּן. אָמַר לוֹ וְאִם מְנַסֶּה אוֹתְךָ יוֹתֵר מִיכֵּן אַתְּ יָכוֹל לַעֲמוֹד, (איוב ד, ב) "הֲנִסָּה דָבָר אֵלֶיךָ תִּלְאֶה" אָמַר לוֹ: וְיָתֵר עַל דֵּין. אָמַר לוֹ: לְמָחָר אוֹמֵר לָךְ: שׁוֹפֵךְ דָּם אַתְּ חַיָּיב שֶׁשָּׁפַכְתָּ דָּמוֹ שֶׁל בְּנָךְ. אָמַר לוֹ: עַל מְנָת כֵּן. וְכֵיוָן שֶׁלֹּא הוֹעִיל מִמֶּנּוּ כְּלוּם בָּא לוֹ אֵצֶל יִצְחָק, אָמַר לוֹ: יְבָרָא דַעֲלוּבְתָּא הוֹלֵךְ הוּא לְשָׁחֳטָךְ. אָמַר לוֹ עַל מְנָת כֵּן. אָמַר לוֹ: אִם כֵּן, כָּל אוֹתָן הַפַּרְגָּזִיּוֹת °שֶׁעָשְׂתָה אִמָּךְ לְיִשְׁמָעֵאל שָׂנְאֵיהּ דְּבֵיתָהּ יְרוּתָא וְאַתָּה אֵינָךְ מַכְנִיס בְּלִבְּךָ. כַּד לָא תֵיעוּל מִילָּא °כּוּלָּא תֵיעוּל פַּלְגָּא, הֲדָא הוּא דִכְתִיב "וַיֹּאמֶר יִצְחָק אֶל אַבְרָהָם אָבִיו ° אָבִי",

רש"י

(ג) **ויקח אברהם את עצי העולה וישם על יצחק בנו כזה שהוא נושא צליבו על כתיפו.** קורא לתלותו. כך היה טוען עלי מערכתו: (ד) **בא סמאל אצל אברהם אבינו.** אמר ליה מה סבא אובדת לבך כלומר נשתטית וכו' למחר אומר לך שופך דם אתה ששפכת דם אמר לו על מנת כן וכיון שלא הועיל כלום בא לו אצל יצחק אמר ליה אי ברא דעלובתא הוא הולך לשוחטך אמר ליה על מנת כן: **אמר ליה אם כן כל אותן הפרגזיות שעשתה אמך.** כל אותן דברים החמודים שקנתה אמך למי קנתה אותן לישמעאל סנאיה דביתיה ירותא לישמעאל סנו הבית יפלו בירושה: **כד לא תיעול מילה כולא תיעול פלגא.** כשאומרים לו לאדם דבר אחד של לשון הרע אף על פי שאינו מאמין בכולה מאמין בחציה שאם לא יכנס הדבר באזניו כולו יכנס חציו. וממה שיצחק שואל את אביו ואומר איה השה לעולה את למד שנכנס מקצת הדבר באזניו:

חידושי הרד"ל

(י) [ג] **שמכשרת את האוכלים.** כ"ה בערוך ע' מאכלת:

עץ יוסף

(ג) [ד] **כזה שהוא טוען צלובו כו'.** כמו שטוענים העץ על הנתלה להאדיב את נפשו. כן עשה אברהם ליצחק לזכותו יותר לכפול שכרו (יפ"ת): **שמכשרת אוכלין.** לשון תקון כמו מכשירי אוכל נפש: **ורבנן אמרי כו'.** ס"ל שהוא ע"ש סכין דיצחק שנקראת מאכלת לפי שאנו אוכלים בזכותה: **זה לעקוד וזה ליעקד.** והיינו דדייק למימר וילכו שניהם יחדיו דייקא ללמד שהושוו בלב אחד לעבודת ה'. ומה ששאל אחר כך איה השה לעולה. זה היה אחר דבריו של שטן שנכנס קצת טינא בלבו כדמסיק. ולכך מאז עשה עצמו כלא ידע כדי שיתמלא עליו רחמים. וע"פ תשובת אביו חזר לאיתנו הראשון להשוות דעתו לדעת אביו: (ד) [ה] **סבא איבדת לבך בן כו'.** כלו' שדבר זה רחוק מן הסברא. ואע"פ שבא לעשות דבר זה ע"פ הדיבור. אמר כי בהכרח אין זה דבור גמור אלא הוא רק כמראה חלום דמיוני והשיבו אברהם ע"מ כן כלו' אע"פ שהוא דבר זר ורחוק איני נמנע מדבר ביודעי נאמנה כי דבר ה' הוא (יפ"ת ונזה"ק): **ואם מנסה אותך.** ר"ל שיוסף לפגוע בעצמך וזהו הנסה דבר אליך תלאה. ור"ל כי לא ימלא את ידו עם יצחק שעוד ישוב ויבקש מיתתו. ואז תצטרך למרות דבריו. ולכן טוב לך שתמרה מעכשיו. והשיבו יותר על דין כי אפי' שיוה על עצמו לא יהרהר ויקיים דבריו בלי התגללות (יפ"ת): **ברא דעלובתא.** לפי שידע שלא יחוש יצחק לעצמו. הזכיר עלבון אמו שיכמרו רחמיו עליה מה תעשה ליום פקודתו: **כל אותן הפרגזיות כו'.** פי' א"כ כל אותן החרדות שעשתה לישמעאל היו לבטלה כי עכשיו יהיה השונא יורש בהכרח. וראוי שתחום לזה ולכבוד אמך כי לא נעשתה עלתה ולא הועילה טרחתה (יפ"ת) וכן פירש הערוך כעסים: **כד לא תיעול כו'.** פירוש כן יאמרו המושלים על בעלי לשון הרע כי אף שלא ישמע כלו ישמע מקצתו. כי כן יצחק כבר חשש למקצת דבריו. ועל זה אמר אבי ב' פעמים כדי שיתמלא עליו רחמים:

פירוש מהרז"ו

(ג) **שמכשרת אוכלים.** ע"פ מדה ט"ז שכאן קורא מאכלת ולא חרב או סכין: **שניהם יחדו.** דיחדו ל"ל אלא פי' בדבר שמיחד את שניהם והיינו זה לעקוד כו': (ד) **הנסה דבר וגו'.** עיין סנהדרין פ"ט שנדרש ג"כ על אברהם הנסה דבר כמ"ש והאלהים נסה את אברהם ג"ש. ואפילו אם תעמוד בנסיון זה יוסיף לנסותך עוד עד שתלאה ואמר עוד הלא יראתך כמ"ש באברהם כי ירא אלהים אתה. כסלתך. וכן מ"ש תקותך ותום דרכיך כמ"ש באברהם והיה תמים וכמ"ש עם גבר תמים תתמם שנדרש על אברהם. ואמר לו הנה אתה יסרת רבים וגו' שאברהם היה מוכיח לבני דורו שהיו עובדים כוכבים ומקריבים להם בניהם וכמ"ש כי גם את בניהם ישרפו באש לאלהיהם ואיך תעשה בעצמך כן וזהו מ"ש למחר אומר לך שופך דם אתה כפי שהיה מוכיח אברהם לבני דורו: **הדא הוא דכתיב ויאמר יצחק.** שהוא מיותר שהרי כתוב ויאמר אבי ע"כ דורש מדה יו"ד שמ"ש ויאמר יצחק וגו'. שא"ל דברי השטן ואח"כ ויאמר אבי לעורר רחמיו. ואח"כ ויאמר הנה האש וגו':

מסורת המדרש

ה סנהדרין דף פ"ט. תנחומא כאן סי' כ"ב. ילקוט כאן רמז ק': ו פסיקתא רבתי פיסקא מ':

אם למקרא

הֲנִסָּה דָבָר אֵלֶיךָ תִּלְאֶה וַעְצֹר בְּמִלִּין מִי יוּכָל: (איוב ד:ב)

ענף יוסף

(ה) [ד] **כל אותן הפרגזיות שעשתה אמך לישמעאל כו'** כתב המת"כ הפרגזיות פרש"י דברים החמודים ומיני קשוטין. ולאחי בערוך שפירש ענין כעסים ונראה דר"ל עכסים. והוא מיני תכשיטין כד"א ושטיה ג' תפארת העכסים עכ"ל. וא"כ הוא רוצה להשוות פי' הערוך (אחר התיקון) עם פרש"י. וז"ל בעל ספר המעריך פרגזיות פי' הערוך ענין כעסים ולא נהירא. והר"ר יהודה גדליה בב"ר פ' נ"ו אמר שמ"ש הוא וז"ל עכסים. וגם זה לא נהירא כו'. ונראה שהוא מענין פרגא שכתבתי בסמוך בערך פרג. ופירושו כל שעשעות והנאה של ראית עין עכ"ל. וכן כתב בעל א"א בשם פרש"י:

מתנות כהונה

[ג] **צלובו גרסינן.** פירוש עץ לתלותו עליו כן היה טוען יצחק עלי העולה לישרף כו': **מכשרת את האוכלים.** שבלי שחיטה אסורה באכילה ודייק ממאכלת אחרים משמע: **אלא בזכות כו'.** שהקב"ה מצרף מחשבה טובה כאילו כבר עשוי לישחט ואע"ג ששאל אח"כ איה השה לעולה זה היה אחר דבריו של שטן וכדמפרש ואזיל: [ד] **אובדת לבך.** וכי לבך אובדת שתלך לשחוט את בנך: **ויותר על דין.** ועוד יותר מזה אעמוד בנסיון ולא אהיה לאה ועיף: **שופך דם את חייב.** כלומר דין שופך דם אתה חייב: [ובילקוט גרס למחר יאמר לך שופך דם את א"ל כו']: **ברא דעלובתא.** בן הענייה והדלה כך פי' הערוך ועל שרה אמר כן הולך הוא אברהם לשוחטך: **הפרגזיות.** פירש רש"י דברים החמודים ומיני קשוטין ומלאתי בערוך שפירש ענין כעסים ונראה דר"ל עכסים והוא מיני תכשיטים כד"א תפארת העכסים בישעיה סימן ג': **שעשת אמך גרסינן.** כלומר אותן התכשיטין שעשתה לך אמך לישמעאל שנוא הבית יהיו לירושה ואתה איך מכניס את זאת בלבבך ושוב אמר הספר כד לא תיעול מילא כו'. כלומר משל הוא כפי הבריות דבור לשון הרע אע"פ שאינה נכנסת כולה בלב המקבל מ"מ נכנסת החציה ובילקוט גרס כד לא תועיל מלה כולה תיעול פלגא. ולפיכך כתיב מיד ויאמר יצחק אל אברהם כו' הרי שנכנסה הסתת השטן בלבו קצת אע"פ שקודם לזה הולך לישחט בלב שלם:

אשד הנחלים

[ג] **אלא בזכות.** ולכן נקראת מאכלת. שהיא מאכלת לישראל בזכותה: **זה לעקוד.** כלומר יחדיו במחשבה אחת וברצון אחד לעשות המעשה ההוא באמת: [ד] **למחר אומר לך שופך דם.** כי אולי לנסותך בהיפך בא לך זה שתתבונן שלא תעשה זאת שלא תהי' כשופך דם: וכלומר שרצה להכניס ספק בלבו על דברי הנסיון הזה אם לעשות או לחדול. וכן אצל יצחק הכניס ספק בלבו והביא לו ראיות שלא יתכן שיצוה ה' ככה. ולכן שאל עוד הפעם אבי איה השה לעולה. אף שידע תחילה מזה כמ"ש יחדיו שניהם ברצון להשחט ולשחוט. אך עכ"ז הכניס קצת ספק בלבו ע"ז. ואברהם השיב לו בסתימות. אלהים יראה לו השה [אם יראנו השה הרי מוטב] ואם לאו הרי בני כלומר ידעתי כי השטן מסיתך. אבל לא תחוש לדבריו אם יחפוץ יצילך ואם לאו היה מוכן לזה ולכן נאמר אח"כ עוד יחדיו שהלך עוד הפעם ברצון אמת:

לָמָּה "אָבִי אָבִי" שְׁנֵי פְּעָמִים — **Why** did he say say **"Father . . . Father," twice?**[59] כְּדֵי שֶׁיִּתְמַלֵּא עָלָיו רַחֲמִים — **In order that [Abraham] should be filled with compassion for him.**[60] וַיֹּאמֶר "הִנֵּה הָאֵשׁ וְהָעֵצִים" — ***And he said*** moreover, ***"Here are the fire and the wood,*** *but where is the lamb for the offering?"*[61] אָמַר לוֹ: יִצֵּף לְהַהוּא גַּבְרָא דִּיגְעַר בֵּיהּ — But Abraham's resolve was not shaken, *And Abraham said, "God will seek out for Himself the lamb for the offering, my son."* With these words **he was saying to him,** "Much **to the dismay of** the one (Satan) who is trying to dissuade us — **that man 'whom [God] rebukes'** (see *Zechariah* 3:2) — מִכָּל מָקוֹם "אֱלֹהִים יִרְאֶה לּוֹ הַשֶּׂה" — **nevertheless, *God will seek out for Himself the lamb.*** וְאִם לָאו "הַשֶּׂה, לְעֹלָה בְּנִי" — **And if** He does **not** provide ***the lamb,*** then ***for the offering, my son*** — you yourself will be the offering."[62]

☐ וַיֵּלְכוּ שְׁנֵיהֶם יַחְדָּו — *AND THE TWO OF THEM WENT TOGETHER.* זֶה לַעֲקוֹד וְזֶה לֵיעָקֵד — **[Abraham]** went **to bind and [Isaac]** went **to be bound;** זֶה לִשְׁחוֹט וְזֶה לִישָּׁחֵט — **[Abraham]** went **to slaughter, and [Isaac]** went **to be slaughtered.**[63]

> וַיָּבֹאוּ אֶל הַמָּקוֹם אֲשֶׁר אָמַר לוֹ הָאֱלֹהִים וַיִּבֶן שָׁם אַבְרָהָם אֶת הַמִּזְבֵּחַ וַיַּעֲרֹךְ אֶת הָעֵצִים וַיַּעֲקֹד אֶת יִצְחָק בְּנוֹ וַיָּשֶׂם אֹתוֹ עַל הַמִּזְבֵּחַ מִמַּעַל לָעֵצִים.
>
> *They arrived at the place of which God had spoken to him; Abraham built the altar there, and arranged the wood; he bound Isaac, his son, and he placed him on the altar atop the wood* (22:9).

§5 וַיָּבֹאוּ אֶל הַמָּקוֹם אֲשֶׁר אָמַר לוֹ הָאֱלֹהִים וַיִּבֶן שָׁם אַבְרָהָם אֶת הַמִּזְבֵּחַ — ***THEY ARRIVED AT THE PLACE OF WHICH GOD HAD SPOKEN TO HIM; ABRAHAM BUILT THE ALTAR THERE,*** *AND ARRANGED THE WOOD.*

אָמַר רַבִּי לֵוִי: נְטָלוֹ וְהִצְנִיעוֹ — וְיִצְחָק הֵיכָן הָיָה — **And where was Isaac?**[64] — **R' Levi said: [Abraham] took him** from the site of the altar **and hid him,** אָמַר "דִּלְמָא יִזְרוֹק הַהוּא דִּיגְעַר בֵּיהּ אֶבֶן וִיפַסְלֶנּוּ מִן הַקָּרְבָּן" — **saying** to himself, "I must take him away **so that 'the one whom [God] rebukes'** (i.e., Satan; see *Zechariah* 3:2) **should not** be able **to throw a stone** at him and blemish him **and** thereby **disqualify him from being** offered as **a sacrifice."**[65]Ⓐ

☐ וַיִּבֶן שָׁם אַבְרָהָם אֶת הַמִּזְבֵּחַ וְגוֹ' וַיַּעֲקֹד אֶת יִצְחָק בְּנוֹ — ***ABRAHAM BUILT THE ALTAR THERE . . . HE BOUND ISAAC, HIS SON.***

The Midrash tells us that there was a celestial parallel to the act of the *Akeidah*:

רַבִּי חָפְנִי בַּר יִצְחָק אָמַר — **R' Chofni bar Yitzchak said:** כָּל מַה שֶׁהָיָה אָבִינוּ אַבְרָהָם עוֹקֵד אֶת יִצְחָק בְּנוֹ מִלְּמַטָּן — **The whole while that our forefather Abraham was binding Isaac down below** on earth, הָיָה הַקָּדוֹשׁ בָּרוּךְ הוּא כּוֹבֵשׁ שָׂרֵיהֶם שֶׁל אוּמּוֹת הָעוֹלָם מִלְמַעְלָן — **the Holy One, blessed is He, was subduing the** celestial **ministers of the nations of the world up above** in Heaven.[66] וְלֹא עָשָׂה — **But [God] did not do** so permanently; אֶלָּא כֵּיוָן שֶׁהִפְלִיגוּ יִשְׂרָאֵל עַצְמָן בִּימֵי יִרְמְיָהוּ — **rather, when** the people of **Israel estranged themselves** from God[67] **in the days of Jeremiah,** אָמַר לָהֶם הַקָּדוֹשׁ בָּרוּךְ הוּא: מָה אַתֶּם סְבוּרִים, דְּאִלֵּין כַּפְתַיָּא קַיְימִין — **the Holy One, blessed is He, said to them, "What do you think, that those bonds** with which I restrained the nations' celestial ministers **still remain?!"**[68] שֶׁנֶּאֱמַר "כִּי עַד סִירִים סְבֻכִים וּכְסָבְאָם סְבוּאִים" — **Thus it is stated, *For while*** [עַד] ***they are still like tangled thorns*** [סִירִים] ***and while they are drunk in their swilling*** (*Nahum* 1:10), which may be interpreted as follows: וְכִי עַד

NOTES

59. The verse states: *Then Isaac spoke to Abraham his father and said, "Father."* The words "his father" could have been omitted. Furthermore, the repetition of "said" is difficult. The Midrash therefore understands that Isaac spoke twice, addressing Abraham as his father both times (*Yefeh To'ar*).

60. One who is in pain cries out, "Woe! Woe!" repeatedly, and Isaac, too, was in distress now, due to Satan's words. Furthermore, he stressed to Abraham that he was his father and should thus exercise compassion as fathers ordinarily do (*Rashi, Yefeh To'ar*).

61. By these words he meant to express his hesitation about being sacrificed (*Matnos Kehunah*): "Father, perhaps we should offer a lamb instead!" (This explains why Isaac did not ask about the lack of a lamb earlier.)

62. Abraham himself was unsure if God would allow the sacrifice to take place (see above, note 33), and therefore he told Isaac that God would perhaps provide a lamb (*Yefeh To'ar;* cf. *Eitz Yosef*).

63. See above, end of §3, with note 49. The verse repeats this here in order to tell us that although Isaac's resolve had been somewhat affected by Samael, after Abraham answered him he accepted it completely and they were once again of the same mind (*Nezer HaKodesh*).

64. If, as we have seen before, both Abraham and Isaac were of the same mind regarding the sacrifice, why did Isaac not assist in the building of the altar and in the arrangement of the wood? (*Eitz Yosef*).

65. Satan does not actually *throw* stones, but Abraham was afraid that Satan would cause Isaac to be hurt by one of the stones out of which he (Abraham) was constructing the altar. He therefore removed Isaac to a place where such a mishap could not occur (*Nezer HaKodesh, Maharzu*). See Insight Ⓐ.

66. Every nation (except Israel) has a representative angel in Heaven (see *Daniel* 10:13; see *Succah* 29a with *Rashi;* see at length *Ramban* on *Leviticus* 18:25). As a reward for Abraham's obedience to God at the *Akeidah,* God subdued the power of these celestial ministers so that their nations would never be able to harm the people of Israel (*Rashi*).

67. Embracing foreign gods instead (see *Jeremiah* 44:15-23).

68. For this was the first time a foreign nation was able to completely overpower the Jewish people, destroying God's Temple and driving them into exile (*Yefeh To'ar*).

INSIGHTS

Ⓐ **Covering the Shofar** *R' David Luria* (*Kadmus Sefer HaZohar, Anaf Sheni,* fn. 2) posits that this Midrash has a halachic ramification. *Eliyahu Rabbah* 588:8 cites *Hagahos Maimoniyos,* who rules that on Rosh Hashanah, at the time that the blessing prior to the blowing of the *shofar* is recited, the *shofar* is covered. [See also *Be'er Heitev* 594:3, who cites this ruling in the name of *Bach,* though this ruling is not found in our versions of *Bach*.] According to *Matteh Efraim,* this means that the *shofar should* be covered with a cloth at the time of the recitation of the blessing. [Note that our versions of *Hagahos Maimoniyos* write that one *may* cover the *shofar,* but not that it is mandated (see *Kadmuas Zohar* ibid.).] This ruling is difficult to comprehend: Usually, whenever a blessing is recited upon an item, halachah dictates that the item be held in the right hand of the one reciting the blessing. This is true both in regard to a blessing recited prior to a pleasurable experience [e.g., when reciting the blessing prior to eating a food or smelling a pleasant-smelling herb, one should be holding it] (*Shulchan Aruch* 206:4), and a blessing recited prior to performing a mitzvah [e.g., when one recites the blessing prior to shaking the four species on Succos, he should be holding them] (see *Mishnah Berurah* ad. loc. §18, citing *Acharonim*). Why, then, does *Hagahos Maimoniyos* rule that the *shofar* should be hidden at the time of the blessing? *R' David Luria* explains that since one of the reasons for the blowing of the *shofar* on Rosh Hashanah is to remind us of the Binding of Isaac, when Abraham sacrificed a ram in lieu of his son, the *shofar* is "hidden" prior to the performance of the mitzvah, just as Abraham hid Isaac, as the Midrash states here, prior to offering him up on the site of the altar. [For other reasons and further elaboration on this topic, see *Responsa Tzitz Eliezer VII* 27:6.]

לָמָּה "אָבִי אָבִי", שְׁנֵי פְּעָמִים, כְּדֵי שֶׁיִּתְמַלֵּא עָלָיו רַחֲמִים. וַיֹּאמֶר: "הִנֵּה הָאֵשׁ וְהָעֵצִים", אָמַר לוֹ: יְצֵף לְהַהוּא גַּבְרָא דִּיגְעַר בֵּיהּ, מִכָּל מָקוֹם "אֱלֹהִים יִרְאֶה לּוֹ הַשֶּׂה °לְעוֹלָה", וְאִם לָאו °אַתָּה הַשֶּׂה "לְעוֹלָה בְּנִי". "וַיֵּלְכוּ שְׁנֵיהֶם יַחְדָּו", זֶה לַעֲקוֹד וְזֶה לֵיעָקֵד, זֶה לִשְׁחוֹט וְזֶה לִישָּׁחֵט:

ה [כב, ט] "וַיָּבֹאוּ אֶל הַמָּקוֹם אֲשֶׁר אָמַר לוֹ הָאֱלֹהִים וַיִּבֶן שָׁם אַבְרָהָם אֶת הַמִּזְבֵּחַ". יְוִיצְחָק הֵיכָן הָיָה, אָמַר רַבִּי לֵוִי: נְטָלוֹ וְהִצְנִיעוֹ, אָמַר: דְּלָא יִזְרוֹק הַהוּא דִּיגְעַר בֵּיהּ אֶבֶן וְיִפְסְלֵנּוּ מִן הַקָּרְבָּן. "וַיִּבֶן שָׁם אַבְרָהָם אֶת הַמִּזְבֵּחַ וְגוֹ', וַיַּעֲקֹד אֶת יִצְחָק בְּנוֹ", רַבִּי חֲפְנִי בַּר יִצְחָק אָמַר: חכָּל מַה שֶּׁהָיָה אָבִינוּ אַבְרָהָם עוֹקֵד אֶת יִצְחָק בְּנוֹ °מִלְּמַטָּה הָיָה הַקָּדוֹשׁ בָּרוּךְ הוּא כּוֹבֵשׁ שָׂרֵיהֶם שֶׁל °עוֹבְדֵי כוֹכָבִים °מִלְמַעְלָה, וְלֹא עָשָׂה, אֶלָּא כֵּיוָן שֶׁהִפְלִיגוּ יִשְׂרָאֵל עַצְמָן בִּימֵי יִרְמְיָהוּ אָמַר לָהֶם הַקָּדוֹשׁ בָּרוּךְ הוּא: מָה אַתֶּם סְבוּרִים דְּאִלֵּין °כְּפוּתַיָּא קַיְּמִין שֶׁנֶּאֱמַר (נחום א, י) "כִּי עַד סִירִים סְבֻכִים וּכְסָבְאָם סְבוּאִים". וְכִי עַד שָׂרִים סְבוּכִים אֶלָּא "כְּסָבְאָם סְבוּאִים" אִשְׁתְּרוֹן יָתְהוֹן °כְּפוּתַיָּא, דִּכְתִיב (שם) "אֻכְּלוּ כְּקַשׁ יָבֵשׁ מָלֵא".

עץ יוסף

למה אבי שני פעמים כו'. שפי' ויאמר יצחק אל אברהם אביו שקרא יצחק לאברהם אבי. ועוד אמר אבי: **שיתמלא עליו רחמים.** כרחם אב על בנים: **יצף להוא גברא דיגער ביה.** פי' אע"פ שידאג ויקשה בעיני אותו רשע המסטין (וקורא לשטן יגער ביה ע"ד שנא' יגער ה' בך השטן) מ"מ אלהים יראה לו השה כו'. ודאג לנו תרגום יונתן ויליף לגא (יפ"ת): **ואם לאו השה לעולה בני** (יפ"ת). ומיתורא דבני הוא דדריש. דבשלמא בקריאה ובעניה שייך לומר אבי אבל בסוף הדברים מה צריך לומר בני ואמר בלשון מסופק כדי להפיס דעתו של יצחק בעבור שאמר שיתמלא עליו רחמים כדבסמוך. ומ"מ לאחר תשובת אברהם מאז גם יצחק שוב קבל עליו הדבר בלב שלם והשוה דעתו לדעת אברהם. ולכך אמר שוב שנית וילכו שניהם יחדיו וכדמפרש זה לעקוד וזה ליעקד כו': (ה) [ו] **ויצחק היכן היה.** כלו' מדוע לא נזכר בבנין ובעריכת העצים כי בהיות שניהם לב אחד במעשה הוה ליה לסייע בבנין: **נטלו והצניעו ממקום בנין המזבח.** לבל יזרוק בו השטן אבן מאבני הבנין להיות נתקל ונכשל שם במקום המזומן למכשול. ובו יתגרה ביותר להטיל בו מום כדי לפוסלו מן הקרבן: **ההוא דיגער ביה.** קורא לשטן יגער ביה ע"ד שנא' יגער ה' בך השטן (מת"כ): **הקדוש ברוך הוא כופת.** פי' קושר דריש מויעקוד את יצחק שריבה שרי מעלה שעקד בזכותו (יפ"ת) פי' החליש כחם שלא ישלטו העכו"ם בישראל: **ולא עשה.** פי' לא עשה ה' כן לעולם. אלא כיון שהפליגו עצמן מעבודתו. התירן: **דאילין כו'.** שאלו קשורים והאגודות עדיין קיימין. בתמיה: **כי עד שרים כו'.** דרש סירים חסר יו"ד. כמו שהיה כתוב שרים. ופי' עד לעד. כלו' לעולם. והוא התמיה וכי השרים יהיו סבוכים וכפותים לעד לא ודאי אלא כסבאם סבואים כי כשהיו ישראל בסאבי יין העבירות ינתקו הקשרים: **אוכלו בקש יבש מלא.** כלו' הקשרים ינתקו וישרפו כשרפת קש יבש (יפ"ת):

פירוש מהרז״ו

יצף בההוא גברא. מלשון והמלפה אשר אמר יצף ה' היינו שיראה ויענש את העובר ופי' אלהים יראה לו היינו להשטן ויגער בו וכמ"ש יגער ה' בך השטן וכן אלהים יראני בשוררי אראה בשונאי מלשון עונש ועי' מ"כ: **מכל מקום כו'.** פי' מ"מ יהיה כאן עולה או שאלהים יראה לו השה או שיהיה לעולה בני וא"כ תיבת בני מיותר: **זה לעקוד וכו'.** עיין ס"ס ג' וכאן אף שנודע לו בבירור הלך בלב שלם: (ה) **דיגער ביה.** וכשיהיה יצחק עוסק בבנין האבנים ימצא לו עילה להכשילו באבן: **כובש שריהם.** וזהו ויעקד את יצחק עם יצחק ועיין פרקי רבי אליעזר פרק כ"ד: **כיון שהפליגו.** כמ"ש לעיל פרשה מ"ד סימן ג' בימי ירמיה בקשו לבוא למדה זו עיין מש"ש: **סירים סבוכים.** תיבת עד אין לה ביאור על כן דורש ע"פ מדה כ' וכ"ח א"ת סירים כו'. ומ"ש עד פי' ע"פ מדה ט' עד כאן. ומ"ש בפסוק הקודם מה תחשבון על ה' שייך גם לפסוק זה ע"פ מדה כ"ב פי' מה אתם סבורים כמ"ש מה תחשבון כי עד כאן הם סבוכים וקשורים לא כן הוא אלא וכסבאם סבואים שכאשר

רש״י

למה אבי אבי שתי פעמים. שיתמלא עליו רחמים. כאדם שהוא מיצר על עצמו ואמר ווי ווי: **ויאמר הנה האש והעצים ואיה השה לעולה.** א"ל יצף לההוא דגער. הקב"ה יגער בו ויצער אותו למי שהזקיק לשאול בדברים הללו: **ומכל מקום אלהים יראה לו השה.** הוא יזמין לידינו השה לעולה. ואם לאו. השה לעולה בני. אתה לעולה. בני בלשון יוני אישי לומר אם לא אמצא שה תעלה אותך במקום שה. ובתנחומא מפרש בא השטן מימינו של יצחק והיה אומר לו אי עלוב ברה של עלובה כמה תעניות נתענית אמך עד שהיה לה בן והזקן משתטה מזקנותו והרי הוא הולך לשוחטך חזר יצחק ואמר לאביו ראה מה אומר אלי זה. אמר ליה הוא בא ליצף לך הקדוש ברוך הוא יציף לו לשון צער ודאגה כמה דתימא ואם לא מדאגה מדבר ומתרגמינן ואם לא מיצפא (יהושע כ"ב) כלומר הוא בא להדאיג אותך הקדוש ברוך הוא ידאיג אותו ויצערנו: (ה) **כל מה שהיה אברהם עוקד את יצחק מלמטה היה הקדוש ברוך הוא כופת שריהם של עובדי כוכבים מלמעלה.** שאם יבא הקדוש ברוך הוא להזכיר עקידתו של יצחק ומבקש להושיע את זרעו מן העובדי כוכבים שלא יהו יכולין שריהם להרשיען: **אלא כיון שהרשיעו ישראל.** עצמן לעבודת כוכבים בימי ירמיהו אמר להם הקב"ה מה אתם סבורים דאינון כפתייא קיימין שנאמר כי עד סירים סבוכים כי עד שרים סבוכין סבורין אתם כי עדיין שרי עובדי כוכבים כפותים מלמעלה אלא וכסבאם סבואים אשתרון יתהון כפתייה דכתיב אוכלו וגו' הותרו אותן הקשרים ואוכלו כקש

מתנות כהונה

ה"ג **רש"י והערוך.** יצף להוא דגער ביה מ"מ אלהים יראה לו השה ואם לאו וכו'. ופירש יצף יגער ויצער לאותו שגער בך והסיתך לשאול בדברים אלה מ"מ אלהים כו' יצף פי' רש"י לשון צער ודאגה כמו שנאמר יהושע כ"ב ואם לא מדאגה ומתרגמין ואם לא מיוצפא: [ה] **ויצחק היכן היה.** שהיה לו לזרז במצוה ולבנות גם הוא את המזבח: **דלא יזרוק ההוא דיגער ביה.** אותו שגער בו והוא השטן וי"ל שקורא לשטן יגער ביה על דרך שנאמר יגער ה' בך השטן: **ולא עשה.** ולא עכב ונשאר כך אלא כו': **שהפליגו עצמן.** הרחיקו עצמן מן הקב"ה לעבוד עבודת כוכבים וה"ג בילקוט בהדיא: **דאלין כו'.** שאלו קישורים והאגודות עדיין קיימין בתמיה: [**סירים סבוכים.** קרי ביה שרים סבוכים וכי סבורין אתם שאותן עובדי כוכבים בזמן אברהם עדיין נאחזים בסבוכים וקישורים אלא כסבאם כו' פרש"י הרי הם כשכור ומשוגע שהותר משלשלת והולך ומזיק לכל אשר ימצא]: **משתרין כו'.** מותרים הם הקישורים: [**אבלו כו'.** נאכלים ונשרפים הקישורים והאגודות]:

אשד הנחלים

[ה] **דלא יזרוק בו אבן.** כלומר בעת התעסקו בבנין המזבח שיהיה ההכנה לשחיטה פן יפול עוד הרהור רע בלבו. שזהו מכונה בשם אבן [ע"ד והסירותי את לב האבן] ולכן הצניעו שלא יראה מה שהוא עושה ויעשה אח"כ בפתאום בלא הכנת זמן כ"כ. ואז לא יהיה לו שעה לשלוט עליו: כי כל מעשי אבות הכנה לבניהם אחריהם באחרית הזמן: וכלומר שביטל פעולתם וגבורתם מלשלוט עליהם: **ולא עשה.** פירש המ"כ ולא עכב ונשאר כך אלא כו'. ואיני מבין פירושו. ולדעתי פירושו ולא עשה אותן כליה לגמרי רק בעת שחטאו ישראל הראה להם שרק

חידושי הרד״ל

(יא) [ד] **אמר לו יצף להוא גברא דיגער ביה** בפסיקתא דבא' לחדש השביעי גרסינן אמר הוא בא ליצר לך הקב"ה יראה לו גם כאן נראה פי' כן. ודיגער ביה הוא השטן כמ"ש המ"כ להלן:

(יב) [ה] **חפני בר יצחק.** נ"ל ר' חנינא בר יצחק. ובילקוט נחום הגי' ר"ח בר פפא:

חידושי הרש״ש

[ה] **וכסבאם** (בצ"ל) **כו' אלא בסבאם כו'.** פי' כשהתחילו (ר"ל ישראל) לעסוק במשתאות (מלשון זולל וסובא) וכפי' המפרשים אז אשתרון כו'. וכדכתיב הוי משכימי בבקר שכר ירדפו וגו' לכן גלה עמי (ישעיה ה') וכתיב השותים במזרקי יין וגו' לכן עתה יגלו (עמוס ו') ועיין לעיל פל"ו בפסוק ויתגל בתוך אהלה (וכפירש"י שם בפיה"ת) ובויק"ר פ"ה ובנשא פ"י:

באור מהרי״פ

נו ה דלא יזרוק כו' אבן כו'. הענין שפחד אברהם פן ישוב השטן ויזרוק בו מום טענה להשיבו מאחרי ה'. (יפ"ת):

מסורת המדרש

ז תנחומא כאן סימן כ"ג. פסיקתא רבתי פיסקא מ'. עי' תדא"ר פרק כ"ז ותדא"ר פרק כ':

ח ילקוט נחום רמז תקס"א:

אם למקרא

כִּי עַד־סִירִים סְבֻכִים וּכְסָבְאָם סְבוּאִים אֻכְּלוּ כְּקַשׁ יָבֵשׁ מָלֵא: (נחום א:י)

ענף יוסף

(**כדי שיתמלא עליו רחמים.**) הנכון כי השטן הסיתו לומר כי אין רצונו של הקב"ה בשחיטתו אלא שאביו טעה בחזיונו. ולזה הוכיח כדבריו מאבוד חייו ועלבון זקנת אמו. וכשלא שמע אליו בא מצד ירושת ישמעאל. ועל טענה זו נפתה לבו של יצחק ואמר לאביו שיתמלא עליו רחמים ולא יהרוס לפגוע בו במחשבה גומרת עד ישוב וישאל באלהים ויתברר לו היד ה' עמו לגמור במעשה. והשיבו אביו שלא יחוש לזה כי נאמן דברו ואין להרהר. וכן משמע בתנחומא (נזה"ק): **כדי שיתמלא עליו רחמים. ויאמר אלהים יראה לו השה אמר ליה יצף להוא גברא דיגער ביה.** (ר"ל שדורש אלהים יראה לו להשטן דמיירי ביה. כלו' שיראה ויביט בעין רעה עליו וירעים עליו בקולו להשתיקו. וזה ע"ד המה יביטו יראו בי. וז"ש דיגער ביה) ד"א אלהים יראה לו השה מ"מ אלהים יראה לו השה לעולה. ואם לאו אסי לעולה בני אתה לעולה בני. בלשון יוני אסי אתה כנ"ל. כלו' אם לא אמצא שה תעלה אותך במקום שה. כן גורס בעל א"א בפנים המדרש בשם ס"י וכ"י:

שָׂרִים סְבוּכִים — **For are the ministers** [שָׂרִים] **entangled forever** [עַד]?[69] אֶלָּא ״כְּסָבְאָם סְבוּאִים״ אִשְׁתְּרוֹן יָתְהוֹן כַּפְּתַיָא — Surely they are not; **rather,** ***when they*** (Israel) ***are drunk in their swilling***[70] **those bonds are untied** and destroyed, דִּכְתִיב ״אֻכְּלוּ כְּקַשׁ יָבֵשׁ מָלֵא״ — **as it is written** immediately afterwards, ***they are consumed like fully grown dried straw*** (ibid.).

NOTES

69. In this homiletical interpretation of the verse, סירים is read as שָׂרִים, for the two letters ס and שׂ are often interchanged, and vowels are often altered (such as the change here from ִ to ָ). Furthermore, the word עַד is taken to mean "forever" (as in לָעַד or עֲדֵי עַד) (ibid.).

70. I.e., when the people of Israel are "drunk" with transgressions (ibid.).

לָמָּה "אָבִי אָבִי", שְׁנֵי פְעָמִים, כְּדֵי שֶׁיִּתְמַלֵּא עָלָיו רַחֲמִים. וַיֹּאמֶר: "הִנֵּה הָאֵשׁ וְהָעֵצִים", אָמַר לוֹ: יְצֵף לְהַהוּא גַּבְרָא דִּיגְעַר בֵּיהּ, מִכָּל מָקוֹם "אֱלֹהִים יִרְאֶה לּוֹ הַשֶּׂה °לְעוֹלָה", וְאִם לָאו °אַתָּה הַשֶּׂה "לְעוֹלָה בְּנִי". "וַיֵּלְכוּ שְׁנֵיהֶם יַחְדָּו", זֶה לַעֲקוֹד וְזֶה לֵיעָקֵד, זֶה לִשְׁחוֹט וְזֶה לִישָּׁחֵט:

ה [כב, ט] "וַיָּבֹאוּ אֶל הַמָּקוֹם אֲשֶׁר אָמַר לוֹ הָאֱלֹהִים וַיִּבֶן שָׁם אַבְרָהָם אֶת הַמִּזְבֵּחַ". [ז]וְיִצְחָק הֵיכָן הָיָה, אָמַר רַבִּי לֵוִי: נְטָלוֹ וְהִצְנִיעוֹ, אָמַר: דְּלָא יִזְרוֹק הַהוּא דִּיגְעַר בֵּיהּ אֶבֶן וְיִפְסְלֵנוּ מִן הַקָּרְבָּן. "וַיִּבֶן שָׁם אַבְרָהָם אֶת הַמִּזְבֵּחַ וְגוֹ', וַיַּעֲקֹד אֶת יִצְחָק בְּנוֹ", רַבִּי חָפְנִי בַּר יִצְחָק אָמַר: [ח]כָּל מַה שֶּׁהָיָה אָבִינוּ אַבְרָהָם עוֹקֵד אֶת יִצְחָק בְּנוֹ °מִלְּמַטָּה הָיָה הַקָּדוֹשׁ בָּרוּךְ הוּא כּוֹבֵשׁ שָׂרֵיהֶם שֶׁל °עוֹבְדֵי כוֹכָבִים °מִלְּמַעְלָה, וְלֹא עָשָׂה, אֶלָּא כֵּיוָן שֶׁהִפְלִיגוּ יִשְׂרָאֵל עַצְמָן בִּימֵי יִרְמְיָהוּ אָמַר לָהֶם הַקָּדוֹשׁ בָּרוּךְ הוּא: מָה אַתֶּם סְבוּרִים דְּאִלֵּין °כְּפוּתַיָּא קַיְּימִין שֶׁנֶּאֱמַר (נחום א, י) "כִּי עַד סִירִים סְבֻכִים וּכְסָבְאָם סְבוּאִים". וְכִי עַד שָׂרִים סְבוּכִים אֶלָּא "כְּסָבְאָם סְבוּאִים" אִשְׁתְּרוֹן יָתְהוֹן °כְּפוּתַיָּא, דִּכְתִיב (שם) "אֻכְּלוּ כְּקַשׁ יָבֵשׁ מָלֵא".

עץ יוסף

למה אבי שני פעמים כו'. שפי' ויאמר יצחק אל אברהם אביו שקרא יצחק לאברהם אבי. ועוד אמר אבי: **שיתמלא עליו רחמים.** כרחם אב על בנים: **יצף להדהוא גברא דיגער ביה.** פי' אע"פ שידאג ויקשה בעיני אותו רשע המסטין (וקורא לשטן יגער ביה ע"ד שנא' יגער ה' בך השטן) מ"מ אלהים יראה לו השה כו'. ודאג לנו תרגום יונתן ויליף לנא (יפ"ת): **ואם לאו השה לעולה בני** (יפ"ת). ומיתורא דבני הוא דדריש. דבשלמא בקריאה ובעניה שייך לומר אבי אבל בסוף הדברים מה לריך לומר בני ואמר בלשון מסופק כדי להפיס דעתו של יצחק בעבור שאמר שיתמלא עליו רחמים כדבסמוך. ומ"מ לאחר תשובת אברהם מאז גם יצחק שוב קבל עליו הדבר בלב שלם והשוה דעתו לדעת אברהם. ולכך אמר שוב שנית וילכו שניהם יחדיו וכדמפרש זה לעקוד וזה ליעקד כו': (ה) [ו] **ויצחק היכן היה.** כלו' מדוע לא נזכר בבנין ובעריכת העלים כי בהיות שניהם לב אחד במעשה הוה ליה לסייע בבנין: **נטלו והצניעו ממקום בנין המזבח.** לבל יזרוק בו השטן אבן מאבני הבנין להיות נתקל ונכשל שם במקום המזומן למכשול. ובו יתגרה ביותר להטיל בו מום כדי לפוסלו מן הקרבן: **ההוא דיגער ביה.** קורא לשטן יגער ביה ע"ד שנא' יגער ה' בך השטן (מת"כ): **הקדוש ברוך הוא כופת.** פי' קושר דרים מויטקוד את יצחק שריבה שרי מעלה שעקד בזכותו (יפ"ת) פי' החליש כחם שלא ישלטו העכו"ם בישראל: **ולא עשה.** פי' לא עשה ה' כן לעולם. אלא כיון שהפליגו עצמן מעבודתו. התיכן: **דאילין כו'.** שאלו קישורים והאגודות עדיין קיימין. בתמיה: **כי עד שרים כו'.** דרש סירים חסר יו"ד. כמו שהיה כתוב שרים. ופי' עד לעד. כלו' לעולם. והוא התמיה וכי השרים יהיו סבוכים וכפותים לעד לא ודאי אלא כסבאם סבואים כי כשהיו ישראל בסאבי יין העבירות ינתקו הקשרים: **אוכלו בקש יבש מלא.** כלו' הקשרים ינתקו וישרפו כשרפת קש יבש (יפ"ת):

פירוש מהרז"ו

יצף בההוא גברא. מלשון והמלפה אשר אמר יצף ה' היינו שיראה ויענים את העוכר ופי' אלהים יראה לו היינו להשטן ויגער בו וכמ"ש יגער ה' בך השטן וכן אלהים יראני בשוררי אראה בשונאי מלשון עונש ועי' מ"כ: **מכל מקום כו'.** פי' מ"מ יהיה כאן עולה או שאלהים יראה לו השה או שיהיה לעולה בני וא"כ תיבת בני מיותר: **זה לעקוד וכו'.** עיין ס"ס ג' וכאן אף שנודע לו בבירור הלך בלב שלם: (ה) **דיגער ביה.** וכשיהיה יצחק עוסק בבנין האבנים ימצא לו עילה להכשילו באבן: **כובש שריהם.** וזהו ויעקד את יצחק עם יצחק ועיין פרקי רבי אליעזר פרק כ"ד: **כיון שהפליגו.** כמ"ש לעיל פרשה מ"ד סימן ב' בימי ירמיה בקשו לבוא למדה זו עיין מש"ש: **סירים סבוכים.** תיבת עד אין לה ביאור על כן דורש ע"פ מדה כ' וכ"ח א"ת סירים כו'. ומ"ש עד פי' ע"פ מדה ט' עד כאן. ומ"ש בפסוק הקודם מה תחשבון על ה' שייך גם לפסוק זה ע"פ מדה כ"ב פי' מה אתם סבורים כמ"ש מה תחשבון כי עד כאן הם סבוכים וקשורים לא כן הוא אלא וכסבאם סבואים שכאשר

חידושי הרד"ל

(יא) [ד] **אמר לו יצף להדהוא גברא דיגער ביה** בפסיקתא דבא' לחדש השביעי גרסינן אמר הוא בא ליצר לך הקב"ה יראה לו גם כאן נראה פי' כן. ודיגער ביה הוא השטן כמ"ש המ"כ להלן:

(יב) [ה] **חפני בר יצחק.** נ"ל ר' חנינא בר יצחק. ובילקוט נחום הגי' ר"ח בר פפא:

חידושי הרש"ש

[ה] **וכסבאם (בצ"ל) כו' אלא כסבאם כו'.** פי' כשהתחילו (ר"ל ישראל) לעסוק במשתאות (מלשון זולל וסובא) וכפי' המפרשים אז אשתרון כו'. וכדכתיב הוי משכימי בבקר שכר ירדופו וגו' לכן גלה עמי (ישעיה ה') וכתיב השותים במזרקי יין וגו' לכן עתה יגלו (עמוס ו') ועיין לעיל פל"ו בפסוק ויתגל בתוך אהלה (וכפירש"י שם בפיה"ת) ובויק"ר פ"ה ובנשא פ"י:

באור מהרי"פ

נו ה דלא יזרוק כו' אבן כו'. הענין שפחד אברהם פן ישוב השטן ויזרוק בו שום טענה להשיבו מאחרי ה'. (יפ"ת):

מסורת המדרש

ז תנחומא כאן סימן כ"ג. פסיקתא רבתי פיסקא מ'. עי' תדא"ר פרק כ"ז ותדא"ר פרק כ':

ח ילקוט נחום רמז תקס"א:

אם למקרא

כִּי עַד־סִירִים סְבֻכִים וּכְסָבְאָם סְבוּאִים אֻכְּלוּ כְּקַשׁ יָבֵשׁ מָלֵא: (נחום א:י)

ענף יוסף

(**כדי שיתמלא עליו רחמים.**) הנכון כי השטן הסיתו לומר כי אין רצונו של הקב"ה בשחיטתו אלא שאביו טעה בחזיונו. ולזה הוכיח כדבריו מאבוד חייו ועלבון זקנת אמו. וכשלא שמע אליו בא מגד ירושת ישמעאל. ועל טענה זו נפתה לבו של יצחק ואמר לאביו שיתמלא עליו רחמים ולא יהרוס לפגוע בו במחשבה גומרת עד ישוב וישאל באלהים ויתברר לו היד ה' עמו לגמור במעשה. והשיבו אביו שלא יחוש לזה כי נאמן דברו ואין להרהר. וכן משמע בתנחומא (נזה"ק): **בדי שיתמלא עליו רחמים. ויאמר אלהים יראה לו השה אמר ליה יצף להדהוא גברא דיגער ביה.** (ר"ל שדורש אלהים יראה לו להשטן דמיירי ביה. כלו' שיראה ויביט בעין רעה עליו וירעים עליו בקולו להשתיקו. וזה ע"ד המה יביטו יראו בי. וז"ש דיגער ביה) ד"א אלהים יראה לו השה מ"מ אלהים יראה לו השה לעולה. ואם לאו אסי לעולה בני אתה לעולה בני. בלשון יוני אסי אתה כנ"ל. כלו' אם לא תמצא שה תעלה אותך במקום שה. כן גורס בעל א"א בפנים המדרש בשם ס"י וכ"י:

רש"י

למה אבי אבי שתי פעמים. שיתמלא עליו רחמים. כאדם שהוא מילר על עלמו ואמר ווי ווי: **ויאמר הנה האש והעצים ואיה השה לעולה.** א"ל יצף להוא דגער. הקב"ה יגער בו וילער אותו למי שהזקיקך לשאול בדברים הללו: **ומכל מקום אלהים יראה לו השה.** הוא יזמין לידינו השה לעולה. ואם לאו. השה לעולה בני. אתה לעולה. בני בלשון יוני אישי לומר אם לא תמצא שה תעלה אותך במקום שה. ובתנחומא מפרש בא השטן מימינו של יצחק והיה אומר לו אי עלוב ברה של עלובה כמה תעניות נתענית אמך עד שהיה לה בן והזקן משתטה מזקנותו והרי הוא הולך לשוחטך חזר יצחק ואמר לאביו ראה מה אומר אלי זה. אמר ליה הוא בא לינף לך הקדוש ברוך הוא יניף לו לשון נער ודאגה כמה דתימא ואם לא מדאגה מדבר ומתרגמינן ואם לא מיניפא (יהושע כ"ב) כלומר הוא בא להדאיג אותך הקדוש ברוך הוא ידאיג אותו וילערנו: (ה) **כל מה שהיה אברהם עוקד את יצחק מלמטה היה הקדוש ברוך הוא כופת שריהם של עובדי כוכבים מלמעלה.** שאם יבא הקדוש ברוך הוא להזכיר עקידתו של יצחק ומבקש להושיע את זרעו מן העובדי כוכבים שלא יהו יכולין שריהם להרשיען: **אלא כיון שהרשיעו ישראל.** עלמן לעבודת כוכבים בימי ירמיהו אמר להם הקב"ה מה אתם סבורים דאינון כפתייא קיימין שנאמר כי עד סירים סבוכים כי עד שרים סבוכין סבורין אתם כי עדיין שרי עובדי כוכבים כפותים מלמעלה אלא וכסבאם סבואים אשתרון יתהון כפתייה דכתיב אוכלו וגו' הותרו אותן הקשרים ואוכלו כקש

מתנות כהונה

ה"ג רש"י והערוך. ינף להוא דגער ביה מ"מ אלהים יראה לו השה ואם לאו וכו'. ופירש ינף יגער וילער לאותו שגער בך והסיתך לשאול בדברים אלה מ"מ אלהים כו' ינף פי' רש"י לשון נער ודאגה כמו שנאמר יהושע כ"ב ואם לא מדאגה ומתרגמין ואם לא מיונפא: [ה] **ויצחק היכן היה.** שהיה לו לזרז במצוה ולבנות גם הוא את המזבח: **דלא יזרוק ההוא דיגער ביה.** אותו שגער בו והוא השטן וי"ל שקורא לשטן יגער ביה על דרך שנאמר יגער ה' בך השטן: **ולא עשה.** ולא עכב ונשאר כך אלא כו': **שהפליגו עצמן.** הרחיקו עצמן מן הקב"ה לעבוד עבודת כוכבים וה"ג בילקוט בהדיא: **דאלין כו'.** שאלו קישורים והאגודות עדיין קיימין בתמיה: [**סירים סבוכים.** קרי ביה שרים סבוכים וכי סבורין אתם שאותן עובדי כוכבים בזמן אברהם עדיין נאחזים בסבוכים וקישורים אלא כסבאם כו' פרש"י הרי הם כשכור ומשוגע שהותר משלשלת והולך ומזיק לכל אשר ימצא]: **משתרין כו'.** מותרים הם הקישורים: [**אבלו כו'.** נאכלים ונשרפים הקישורים והאגודות]:

אשד הנחלים

[ה] **דלא יזרוק בו אבן.** כלומר בעת התעסקו בבנין המזבח שיהיה ההכנה לשחיטה פן יפול עוד הרהור רע בלבו. שזהו מכונה בשם אבן [ע"ד והסירותי את לב האבן] ולכן הצניעו שלא יראה מה שהוא עושה ויעשה אח"כ בפתאום בלא הכנת זמן כ"כ. ואז לא יהיה לו שעה לשלוט עליו: כי כל מעשי אבות הכנה לבניהם אחריהם באחרית הזמן: וכלומר שביטל פעולתם וגבורתם מלשלוט עליהם: **ולא עשה.** פירש המ"כ ולא עכב ונשאר כך אלא כו'. ואיני מבין פירושו. ולדעתי פירושו ולא עשה אותן כליה לגמרי רק בעת שחטאו ישראל הראה להם שרק

□ [מִמַּעַל לָעֵצִים — *ATOP THE WOOD.*]

The Midrash tells us that the angels protested before God when they saw that Abraham was about to sacrifice Isaac:

בְּשָׁעָה שֶׁשָּׁלַח אָבִינוּ אַבְרָהָם אֶת יָדוֹ לִיקַּח הַמַּאֲכֶלֶת לִשְׁחוֹט אֶת בְּנוֹ — **When our forefather Abraham stretched out his hand to take the knife to slaughter his son,** בָּכוּ מַלְאֲכֵי הַשָּׁרֵת — **the ministering angels wept.** הֲדָא הוּא דִכְתִיב "הֵן אֶרְאֶלָּם צָעֲקוּ חוּצָה" — **This is** the meaning of **what is written,** ***Behold, erelam***[71] ***cried out outside*** (*Isaiah* 33:7). מַהוּ "חוּצָה" — **What is** meant by חוּצָה (translated here as *outside*)?[72] רַבִּי עֲזַרְיָה אָמַר: "חוּצָה", חִיצָה הוּא בְּרִיָּה לְמִיכַּס יָת בְּרֵיהּ — **R' Azaryah said:** חוּצָה means "an aberration" [חִיצָה]. The angels cried out, **"It is an aberration for a human being to slaughter his son!"**

Having begun to explain the *Isaiah* passage as a reference to the angels' reaction to the *Akeidah,* the Midrash goes on to explain the subsequent verses in this context:

וּמָה הָיוּ אוֹמְרִים — **And what** else **were [the angels] saying** in this passage? "נָשַׁמּוּ מְסִלּוֹת" — ***Are roads desolate?*** (ibid. v. 8). וְכִי אֵין אַבְרָהָם מְקַבֵּל אֶת הָעוֹבְרִים וְאֶת הַשָּׁבִים — By this they meant: **Does Abraham not take in passersby** on the road, to shower them with hospitality? "שָׁבַת עוֹבֵר אוֹרַח" — ***Has the one who passed on the way terminated?*** הֵיךְ מַה דְּאַתְּ אָמַר "חָדַל לִהְיוֹת לְשָׂרָה אֹרַח וגו׳ " — This is an allusion to Sarah, **as it is stated,** ***the way*** *of women* ***had ceased to be with Sarah***[73] (above, 18:11).

NOTES

71. The *Tanach* commentators explain that *erelam* means מַלְאָכִים, which can mean either "messengers" (as those commentators interpret it there) or "angels" (as our Midrash interprets it here).

72. Since the Midrash translates *erelam* as "angels," it must now explain what חוּצָה means, because "outside" is not applicable to angels (ibid.).

73. That is, Sarah was no longer experiencing "the way of women," so she could no longer have children in the natural manner. However, despite her post-menopausal age, she miraculously became pregnant with Isaac. Isaac thus circumvented the problem of Sarah's lack of "the way of women," and is described as *the one who passed the "way"* (*Yedei Moshe*). The angels were asking, "Should Isaac, *who passed the way, cease* to exist now?! Then the miracle You did to bring him into this world will have been in vain!" (ibid.).

ט בְּשָׁעָה שֶׁשָּׁלַח אָבִינוּ אַבְרָהָם אֶת יָדוֹ לִיקַּח הַמַּאֲכֶלֶת לִשְׁחוֹט אֶת בְּנוֹ, י בָּכוּ מַלְאֲכֵי הַשָּׁרֵת, הָדָא הוּא דִכְתִיב (ישעיה לג, ז) "הֵן אֶרְאֶלָּם צָעֲקוּ חוּצָה", מַהוּ חוּצָה, רַבִּי עֲזַרְיָה אָמַר: חוּצָה, חִיצָּה הוּא בִּרְיָה לְמִיכַּס יָת בְּרֵיהּ, וּמֶה הָיוּ אוֹמְרִים (שם לג, ח) "נָשַׁמּוּ מְסִלּוֹת", וְכִי אֵין אַבְרָהָם מְקַבֵּל אֶת הָעוֹבְרִים וְאֶת הַשָּׁבִים, (שם) "שָׁבַת עוֹבֵר אוֹרַח", הֵיךְ מַה דְּאַתְּ אָמַר "חָדַל לִהְיוֹת לְשָׂרָה אֹרַח וְגוֹ'", (שם)

עץ יוסף

[ז] **בכו מה"ש.** ענין הדמע האמורה בשרפי קודש משוללי בשר. הוא כי הנה גדר דמעה הוא הוצאה לחוץ הוראת היגון הפנימי. וע"כ בעשות מלאך הוראה לחוץ על מה שדואג עליו. דמעה תקרא (אלשיך): **אראלם.** המלאכים: **מהו חוצה כו'.** דריש חוצה בלשון חילה כדמפרש ר' עזריה שצעקו ואמרו חוצה הוא ברייה למכים ית בריה כלו' שהוא ענין חילוני בהיותו דבר זר ורחוק מן השכל הוא ענין הזה. שהאב ישחוט את בנו. וברייה פי' בדותא וענין חוץ מדעת (יפ"ת) ובילקוט גרים בידיה: **ומה היו אומרים.** פי' מה היו טוענין לומר ששחיטת יצחק היה דבר זר: **וכי אין אברהם מקבל כו'.** בתמיה וכי שבת עוברים ושבים במסילות מלבא לבית אברהם שלא עמדה לו זכות זה להציל את יצחק ממות: **חדל להיות לשרה אורח.** יבואר ע"פ הנודע כי זה היה למעלת יצחק להיות נולד לעת זקנותה באשר כבר עבר ממנה אורח כנשים ולא נולד מכח זוהמת דם נדה אלא בקדושה ובטהרה. ועז"א

חידושי הרד"ל

(יג) **חיצה הוא בריה למיכס ית בריה** באיכה רבה פ"א פ"ב הגי' חולה היא גביה דינכסני' פי' דבר חילון וחולין הוא לפני ה' שישחטנו (ועיין בפסיקתא שם דנראה דל"ל ג"כ רק שנשתבשה בדפוס):

פירוש מהרז"ו

נמשכו ישראל אחר היין כמ"ש השותים במזרקי יין וכמ"ש זולל וסובא ות"א זולל בשר וסובא חמר אז אוכלו הקשורים: **בכו מלאכי השרת.** לקמן פר' זו סימן ח' וכמ"ש בס"ד מלאכי שלום מר יבכיון עיין פר"א פר' א' ג"כ כנ"ל: **חוצה היא בריה.** עיין לעיל פר' מ"ט ריש סימן ט' ושם ביארתי. וע"א הוא כי לפי מ"ש בכו מלה"ש פי' צעקו חוצה שבכו בשמים עיין לעיל פמ"ד סימן י"ב. או פי' צעקו על מי שנאמר בו ויוצא אותו החוצה. וכמ"ש באיכה רבתי פסוק בכה תבכה. אר"ז חוצה כתיב (פי' חסר וי"ו) חוצה היא דגבי דנכסיני'. א"ר ברכי' כד"א ויוצא אותו החוצה וכן בפסיקתא פר' מ' סימן ו' ע"ש בא"א א"כ דעת ר' עזריה כאן כר' זעירא שם. ואולי צ"ל בשניהם ר' עזריה או ר"ז. ומ"ש ומה היו אומרים היינו לדעת הראשון שחוצה הוא השמים או כר' ברכיה כי לר' עזריה גם חוצה הוא דברי המלאכים: **היך מה דאת אמר חדל להיות.** דרשה אחרת הוא שבת עובר אורח לרמוז על שרה שתמות ותשבות כשתשמע שנשחט יצחק. ותיבת ברית מדבר ביצחק. ועיין מ"כ בשם רש"י וכן הלשון בפסיקתא שם:

מסורת המדרש

ט פרקי דרבי אליעזר פרק ל"א. פסיקתא רבתי פ' מ'. ילקוט כאן רמז ק"א. וילקוט ישעיה רמז ש"ג.
י איכה רבתי פרשה א' פסוק ב':

אם למקרא

הֵן אֶרְאֶלָּם צָעֲקוּ חֻצָה מַלְאֲכֵי שָׁלוֹם מַר יִבְכָּיוּן: (ישעיה לג:ז)

נָשַׁמּוּ מְסִלּוֹת שָׁבַת עֹבֵר אֹרַח הֵפֵר בְּרִית מָאַס עָרִים לֹא חָשַׁב אֱנוֹשׁ: (ישעיה לג:ח)

רש"י

יבש ומעכשיו הם שולטים בכם כמו שהם סבואים כשכור הזה שהוא משתגע ומזיק את הכל: **צעקו חוצה.** מהו חוצה ר' עזריה אומר חילה כתיב חילה הוא ברייה למיכוס ית בריה. לשון מהירות כמה דאת אמר דבר המלך נחוץ דבר כרות ומופסק כמה דאת אמר מספר חדשיו חוצצו ומה היו אומרים נשמו מסלות וכי אין אברהם מקבל את העוברים והשבים: **שבת עובר אורח.** בתמיה. כדמתרגמינן חדל להיות לשרה אורח כנשים: **הפר ברית.** ואת בריתי אקים את יצחק: **מאס ערים.** לפי שחרבה סדום וחברותיה ופסקו עוברים ושבים מאס מליצב שם

מתנות כהונה

חיצה הוא. דבר חילוני הוא שברי' אחת ישחוט את בנו והכי מוכח בילקוט ישעיהו דגרס חולה הוא לך חילה הוא לאבא למיכס ית בריה. ובילקוט סדר זה גרס חולה הוא בידיה למיכס ית בריה פי' חוץ לטבע האנושי הוא שבידיו ישחט את בנו ובשם פי' רש"י מצאתי חולה חלה כתיב לשון נחילה ומהירות דבר מהיר וכרות ומופסק שישחט איש את בנו: **אם אין אברהם.** גרסינן פירושו אם אברהם לא יקבל העוברים והשבים יהיו שממים וחרבים המסלות והכי גרס בילקוט בהדיא אם אברהם אינו מקבל עוברים ושבים ורש"י פירש בלשון תימה וכי אברהם אינו מקבל וכו': **שבת כו'.** כלומר פירושו פסק כד"א חדל להיות כו' ומתרגמינן פסק וכן שבת תרגומו פסק כלומר שפסק אותו זכות של עוברי אורחים ושוב מצאתי בפירוש רש"י בשם מדרש הרנינו נשמו מסלות היכן הוא מתן שכרן של עוברים ושבים שהיה אברהם מודיעך בעולם שבת עובר אורח בטל מתן שכרן של אורחים שהיו באין מכל מקום לכוין אצל אברהם לאכול ולשתות ולעשות אותם שיברכו לבורא עולם אלא הפר ברית שאמרת לאברהם ואת בריתי אקים

נחמד למראה

(ה) **בכו מלאכי השרת הדא הוא דכתיב הן אראלם צעקו חוצה מהו חוצה ר' עזריה אמר חוצה חוצה וכו'.** יש להקשות אמאי קא בכו מלאכי השרת דמאי איכפת להו. ועוד דקדקו המפרשים דהיינו נשמו מסלות והיינו שבת עובר אורח וכולא מלתא חדא היא. ותו יש להקשות דפתחו בלשון רבים נשמו מסלות דהיינו עוברים ושבים רבים וסיימו בלשון יחיד שבת עובר אורח. ועוד הקשו ממה שדרשו היך מה דאת אמר חדל להיות לשרה אורח וגו' מאי שייטיה דהאי קרא הכא ונדחקו בישובן של דקדוקים הללו. ונ"ל דהכי פירושו שהקדים שני מלאכים שהלכו לסדום הם רפאל וגבריאל נדחו ממחיצתם מפני שאמרו כי משחיתים אנחנו ונשארו למטה בארץ כמאה ושלשים שנה וכשבא יעקב ופגע במקום המקדש ראה מחזה שדי וירא והנה סולם מוצב ארצה וראשו מגיע השמימה והנה מלאכי אלהים עולים ויורדים בו דהיינו עולים תחלה שהם רפאל וגבריאל שנדחו ממחיצתן עלו למעלה בזכות יעקב אבינו וירדו מלאכים אחרים ללות את יעקב כדלקמן בסדר ויצא פרשה ס"ח. והנה אותם המלאכים שנדחו היו בטוחים שכשיעבור יעקב לעבור בבית אל בזכותו יעלו למדרגתם העליונה וא"כ עכשיו שראו שאברהם היה אוחז את המאכלת לשחוט את יצחק בטל סברם ואבדה הבטחתם שאם לא יבא יעקב לעולם יהיו דחויים ממחיצתם לגמרי ומש"ה צעקו ובכו בלב מר ודיקא נמי דכתיב צעקו חוצה מה הלשון אומרת חוצה אלא להורות שהן הן היו המלאכים שהיו חוץ למחיצתם ועל זה התרעמו ואמרו נשמו מסלות דהיינו עוברי דרך רבים. ומה שביותר מר לנו הוא מה ששבת אחד מהם עובר אורח דהיינו יעקב שהיה עתיד יצחק להולידו. ולפי שתיבת שבת משמשת לתרין אנפין חדא לשון מנוחה ועניינו שאותו דבר או האיש ישנו בעולם אבל שבת במקומו. ויש לו פירוש שני כמו וישבות המן ממחרת וגו' שפירושו שאינו בעולם לעולם וכמו שבת משוש לבנו ועניינו חדל כמו חדל להיות לשרה אורח כנשים שלא היה לה כלל אורח בזמן ההוא. ומפני זה מייתי המדרש הך קרא דחדל להיות לשרה אורח כנשים כדי לפרש הך שבת עובר אורח שאינו לשון מנוחה אלא לשון חדל: **ודרך** אגב ראיתי לכתוב כאן מה שמצאתי כתוב לאחד קדוש מדבר ז"ל פירוש נאה בפיוט המתחיל עת שערי רצון להפתח. אשר אנו ספרדים קורין אותו בראש השנה קודם תקיעת שופר. שאמר שם המשורר וידמו כל מלאכי מרכבה. אופן ושרף שואלים בנדבה. מתחננים לכל בעד שר צבא. אנא תנה פדיום וכופר הבה. אל נא יהי עולם בלי ירח. אמר לאברהם אדון שמים. אל תשלח יד אל שליש אורים. שובו לשלום מלאכי מחנים וכו'. שדקדק אומרו בעד שר צבא. שיצחק לא הוליד כי אם שני בנים ולא יתכן לקרותו שר צבא. אבל יעקב שהוליד שנים עשר בנים יקרא בעצם שר צבא. וגם שנלחם מלחמות ה' כדאיתא במדרש ילקוט. גם אומרו אל נא יהי עולם בלי ירח. שיצחק היה מדת הגבורה ולא נמשל לירח. ותו אמרו אל

אשד הנחלים

מעשיהם גורם הגלות. אבל בלא זאת לא יוכלו עשות מאומה: **בבו מה"ש.** הם מלאכי רחמים המלמדים זכות ויודעים שאם לא יהיה יצחק בעולם אז אין יעקב ואין שבטי יה ואין ישראל. ומעתה איה אברהם מכניס אורחיו. כי בודאי לא ירצו בני אדם לילך עוד לביתו אחר המעשה ההוא. וזהו נשמו מסלות וכן שבת עובר השמע מאורח שרה ששבה לנערותה. ומעתה הפר הברית שכרת עם יצחק ולא חשב אצלו האנוש הגדול במעלה זה אברהם ועי"ז מאס ערים אשר ישב בהם. אשר שם נתפרסם כבודו ועתה ימאסו ח"ו. **חוצה.** כאלו דבר חיצוני שמעולם

"הֵפֵר בְּרִית", "וְאֶת בְּרִיתִי אָקִים אֶת יִצְחָק" — The angels continued, ***He*** (God) ***has annulled the covenant!*** (*Isaiah* ibid.). By this they were referring to God's promise to Abraham, ***I will maintain My covenant through Isaac*** (above, 17:21). "מָאַס עָרִים", "וַיֵּשֶׁב בֵּין קָדֵשׁ וגו׳" — The angels continued, ***He despised cities*** (*Isaiah* ibid.), as it is written, ***and [Abraham] settled between Kadesh*** *and Shur* (above, 20:1).[74] — "לֹא חָשַׁב אֱנוֹשׁ", לֹא עָמְדָה זְכוּת לְאַבְרָהָם, אִתְמְהָא — Lastly, the angels said to God, ***He did not take a man into account*** (*Isaiah* ibid.), by which they meant: **Could it be that no merit can** be found to **stand up for Abraham** to prevent this tragedy?!

The Midrash explains the basis of its assertion that the angels protested at the *Akeidah:*

וּמִי יֹאמַר לְךָ שֶׁאֵין הַפָּסוּק מְדַבֵּר אֶלָּא בְּמַלְאֲכֵי הַשָּׁרֵת — **And who will tell you** (i.e., how can you know) **that the verse** we were dealing with here (22:9) **is speaking of the ministering angels?** נֶאֱמַר כָּאן "מִמַּעַל" — It can be learned from a *gezeirah shavah:*[75] **For it is stated here** in our verse, *and he placed him on the altar* ***"atop"*** [מִמַּעַל] *the wood,* וְנֶאֱמַר לְהַלָּן מִמַּעַל "שְׂרָפִים עוֹמְדִים מִמַּעַל לוֹ" — **and it is stated elsewhere "atop",** ***Seraphim-angels were standing on high*** [מִמַּעַל], ***before Him*** (*Isaiah* 6:2).

וַיִּשְׁלַח אַבְרָהָם אֶת יָדוֹ וַיִּקַּח אֶת הַמַּאֲכֶלֶת לִשְׁחֹט אֶת בְּנוֹ.
Abraham stretched out his hand and took the knife to slaughter his son (*Genesis* 22:10).

§6 וַיִּשְׁלַח אַבְרָהָם אֶת יָדוֹ וַיִּקַּח אֶת הַמַּאֲכֶלֶת — ***ABRAHAM STRETCHED OUT HIS HAND AND TOOK THE KNIFE.***

רַב בְּעָא קוֹמֵי רַבִּי חִיָּיא רַבָּה — **Rav** once **asked R' Chiya the Great,** מִנַּיִן לִשְׁחִיטָה שֶׁהִיא בְּדָבָר הַמִּטַּלְטֵל — **From where** in Scripture **is it** that Rebbi learned **concerning *shechitah*** (ritual slaughter of animals), **that it is** necessary to do it **with a movable object** (i.e., an object unattached to the ground)?[76] מִן הָכָא "וַיִּשְׁלַח אַבְרָהָם אֶת יָדוֹ וַיִּקַּח אֶת הַמַּאֲכֶלֶת" — R' Chiya replied, He learned it **from here: *Abraham stretched out his hand and took the knife.***[77] אָמַר לוֹ: אִין מִן הַהַגָּדָה אָמַר לָךְ חָזַר הוּא בֵּיהּ — **[Rav] said to [R' Chiya], If [Rebbi] told you** this law **based on this Aggadic interpretation** alone, it appears that **he** subsequently **retracted** this interpretation.[78] וְאִין מִן אוּלְפָּן אָמַר לָךְ לֵית הוּא חָזַר בֵּיהּ — **But if he told you** this law **based on an established teaching,** perforce **he did not retract it,**[79] which may be explained as follows: דְּתָנֵי לֵוִי — **For Levi taught in a Baraisa:** הָיוּ נְעוּצִים מִתְּחִלָּתָן הֲרֵי אֵלּוּ פְּסוּלִין — If **[items] are attached** to the ground **in their original state,**[80] **they are disqualified** from being used for *shechitah;* תְּלוּשִׁין וּנְעָצָן הֲרֵי אֵלּוּ כְּשֵׁרִים — but if they **were** once **detached** from the ground **and** then re-**attached** into the ground, **they are acceptable** for *shechitah.*[81] דִּתְנַן — Levi taught this Baraisa to account for what is stated in the Mishnah, **for we learned in a Mishnah:** הַשּׁוֹחֵט בְּמַגַּל יָד וּבְצוֹר וּבְקָנֶה — If **one slaughters** an animal **with a hand sickle,**[82] **with** a sharp **flint, or with a** sharp **reed,** שְׁחִיטָתוֹ כְּשֵׁרָה — **his slaughter is valid.**[83]

Having mentioned using reeds for slaughtering, the Midrash digresses to speak in general about the usage of reeds:

אָמַר רַבִּי יוֹסֵי: חֲמִשָּׁה דְבָרִים נֶאֶמְרוּ בִּקְרוּמִיּוֹת שֶׁל קָנֶה — **R' Yose said: Five things were said about the reed stalk:** אֵין שׁוֹחֲטִין בָּהּ — **It may not be used for *shechitah;***[84] וְאֵין מוֹהֲלִין בָּהּ — **it may not be used for circumcision;**[85] וְאֵין חוֹתְכִין בָּהּ בָּשָׂר — **it may not be used for cutting meat;**[85] וְאֵין מְקַנְּחִין בָּהּ — **it may not be used for wiping;**[86] וְלֹא מְחַצִּין בָּהּ אֶת הַשִּׁנַּיִם מִפְּנֵי שֶׁרוּחַ רָעָה שׁוֹכֶנֶת עָלֶיהָ — **and it may not be used for picking the teeth, because an evil spirit rests upon it.**[87]

NOTES

74. Abraham settled along the road between Kadesh and Shur, rather than in the cities themselves — which would surely have been more convenient for him — solely in order to be able to practice his hospitality and outreach (see Midrash above, 52 §1) (*Yefeh To'ar*). The angels' argument was: Should these acts of Abraham not be remembered now, to spare him the pain of sacrificing his son?

75. One of the principal tools of Biblical exegesis, by which two passages are compared to each other on the basis of the same (or similar) word that appears in both contexts.

76. For this is Rebbi's opinion (which R' Chiya himself disagreed with) — as taught in *Chullin* 15b. E.g., one may not (according to Rebbi) slaughter an animal with a sharp blade of a leaf that has not been picked off.

77. The derivation from this verse is not clear (see *Chullin* ibid.). *Rashi* explains that *he stretched out his hand and he took* implies that the slaughtering implement must be something that can be completely taken in the hand. (See *Matnos Kehunah* and *Rashi* to *Chullin* ad loc. ד״ה קרא and *Tosafos* ad loc. ד״ה מנין for other approaches.)

78. For the Mishnah (*Chullin* 1:2) — which was authored by Rebbi — teaches that *shechitah* (ritual slaughter) performed with a reed is valid. Surely, the reed of the Mishnah must be attached to the ground, for otherwise it would be perfectly permissible to use it — and not just "valid" after the fact, as the Mishnah implies (Gemara, *Chullin* 15b). Hence, we see that Rebbi must have retracted his interpretation of our verse invalidating *shechitah* done with an attached object. Now, if Rebbi said this law merely in the course of elaborating the Torah's narrative, it is not surprising that he did not intend it to be a rigorous halachic teaching.

79. If he stated it as a rigorous halachic teaching it must be presumed that Rebbi did not change his mind for no reason. Thus, we must somehow account for the fact that the Mishnah validates *shechitah* done with an attached reed. The Midrash proceeds to do so, through Levi's Baraisa.

80. I.e., they have never been removed from the ground.

81. I.e., Levi introduces a qualification regarding Rebbi's teaching invalidating attached items for *shechitah:* Rebbi's disqualification applies only to items that are attached in their original state; if they had been picked from the ground and then reinserted, *shechitah* performed with them is valid. And it is this latter kind of attached reed that the Mishnah refers to when it validates *shechitah* done with a reed.

82. A kind of sickle that has a blade with no teeth or nicks.

83. The Mishnah might have been taken to imply that *shechitah* done with any kind of attached reed is valid; Levi therefore teaches us that there is a distinction between a reed that is attached in its original state and one that has been detached and reattached, explained above.

84. Because it has numerous splinters that may come loose and invalidate the *shechitah* by perforating the esophagus or trachea (*Rashi* on *Chullin* 16b). When the Mishnah speaks of the validity of slaughtering with a reed it is referring to a kind of reed that has no splinters (Gemara ibid.).

85. Also because of the danger of splinters.

86. The words אֶת הַיָּדַיִם appear in most editions, but *Yefeh To'ar* and *Rashash* delete them, because the Gemara (ibid.) states that the "wiping" refers to wiping off a wound. The reason is as explained above.

87. It is unclear whether the words "because an evil spirit rests upon it" apply to the last case only or to all five cases; in either event it stands in disagreement with the reason given in the Babylonian Talmud (ibid. — as explained in the previous notes), though not necessarily with the version found in the Jerusalem Talmud (*Shabbos* 8:6). *Yefeh To'ar* writes that these words should be deleted altogether.

"הֵפֵר בְּרִית", (בראשית יז, כא) "וְאֶת בְּרִיתִי אָקִים אֶת יִצְחָק", "מָאַס עָרִים", (בראשית כ, א) "וַיֵּשֶׁב בֵּין קָדֵשׁ וגו' ". (ישעיה לג, ח) "לֹא חָשַׁב אֱנוֹשׁ", לֹא עָמְדָה זְכוּת לְאַבְרָהָם, אֶתְמְהָא. וּמִי יֹאמַר לְךָ שֶׁאֵין הַפָּסוּק מְדַבֵּר אֶלָּא בְּמַלְאֲכֵי הַשָּׁרֵת נֶאֱמַר כָּאן "מִמַּעַל", וְנֶאֱמַר לְהַלָּן "מִמַּעַל", (שם ו, ב) "שְׂרָפִים עוֹמְדִים מִמַּעַל לוֹ":

ו [כב, י] "וַיִּשְׁלַח אַבְרָהָם אֶת יָדוֹ וַיִּקַּח אֶת הַמַּאֲכֶלֶת", [יא]רַב בְּעָא קוֹמֵי רַבִּי חִיָּיא רַבָּה: מְנַיִן לִשְׁחִיטָה שֶׁהִיא בְּדָבָר הַמְּטַלְטֵל, מִן הָכָא: וַיִּשְׁלַח אַבְרָהָם אֶת יָדוֹ °". אֲמַר לוֹ: אִין מִן הַהַגָּדָה אֲמַר לָךְ חָזַר הוּא בֵּיהּ, וְאִין מִן אוּלְפָּן אֲמַר לָךְ לֵית הוּא חָזַר בֵּיהּ. דְּתָנֵי לֵוִי הָיוּ נְעוּצִים מִתְּחִלָּתָן הֲרֵי אֵלּוּ פְּסוּלִין, תְּלוּשִׁין וּנְעָצָן הֲרֵי אֵלּוּ כְּשֵׁרִים. דִּתְנַן [יב]הַשּׁוֹחֵט בְּמַגַּל יָד °בְּמַגַּל °קָצִיר וּבְצוֹר וּבְקָנֶה שְׁחִיטָתוֹ כְּשֵׁרָה. אָמַר רַבִּי יוֹסֵי: חֲמִשָּׁה דְבָרִים נֶאֶמְרוּ בִּקְרוּמִיּוֹת שֶׁל קָנֶה, אֵין שׁוֹחֲטִין בָּהּ וְאֵין מוֹהֲלִין בָּהּ, וְאֵין חוֹתְכִין בָּהּ בָּשָׂר וְאֵין מְקַנְחִין בָּהּ °אֶת °הַיָּדַיִם וְלֹא מְחַצִּין בָּהּ אֶת הַשִּׁנַּיִם מִפְּנֵי שֶׁרוּחַ רָעָה שׁוֹכֶנֶת עָלֶיהָ:

(ו) אמר רבי יוסי ה' דברים. בירושלמי ר' יוסי ב"ר בון בשם ר' הונא:

איך יאבד אנוש כזה מן העולם (נזה"ק): וישב בין קדש ובין שור. שנסע שם אברהם כדי להתעסק בהכנסת אורחים כדלעיל פר' נ"ב. והזכירו גם את זה להפליג בזכותו שנעתק ממקומו כדי לחזר אחר אורחים (נזה"ק): לא חשב אנוש כו'. כלו' אם לא עמד זכות לאברהם שוב לא נחשב אדם בעולם עוד כי מי לנו גדול מאברהם (נזה"ק): ומי יאמר לך שאין הפסוק כו'. כלו' דודאי ליכא מידי דלא רמיזא באורייתא ועז"א שהוא נרמז בג"ש בלשון ממעל רמז למה"ש העומדים ממעל לו בכסא הכבוד (נזה"ק): (ו) [ח] מנין לשחיטה כו'. פי' אליבא דרבי בעי דפסיל שחיטה במחובר מעיקרו ומהדר ליה מן הכא כו' כלו' דשמיע ליה מרבי דיליף לה מהכא (יפ"ת): וישלח אברהם את ידו. ויקח את המאכלת. ודייק מדכתיב ויקח משמע שהוא תלוש ולא היה חסר אלא לקיחה (יפ"ת): אין מן ההגדה כו'. פי' אם מתוך דרוש האגדה אמר כן אפשר דחוזר בו לענין הדין דאין למדין הלכה מתוך האגדה דאיכא למדחי דקרא זריזותא דאברהם קמ"ל: אבל אם מן אולפין כו'. כלו' אבל אם אמר כן מתוך ההלכה ולענין הדין אינו חוזר בו. דהשתא נ"ל דהא מילתא בלאו הכי גמרא גמירי לה אלא דאסמכוה אקרא. ומסיק ומייתי ראיה דאינו אלא אסמכתא מדתני לוי אליבא דרבי היו נעוצים מתחלתן הרי אלו פסולים. תלושים ונעוצים הרי אלו כשרים. ואי האי קרא ילפותא גמורה היא אפילו תלושים ונעוצים ליפסלה דהא אברהם לא לקח אלא מאכלת שהוא תלוש ממש אלא ודאי אינו אלא אסמכתא בעלמא. וכדי להחזיק שיטת לוי דמחלק בין מחובר מעיקרו לתלוש ואח"כ חיברו מסיק הא דתנן השוחט במגל יד (במגל קציר ט"ס וצריך למחקה עיין חולין דף ט"ו) ובצור ובקנה שחיטתו כשירה. והשוחט משמע דיעבד אין לכתחילה לא. ואי במחובר גמור מיירי אפילו בדיעבד פסול לרבי ואי בתלוש ממש מיירי אפי' לכתחילה. וכר' חייא לא מצינן לאוקמי ובמחובר דאיהו מכשיר בפ"ק דחולין מחובר ממש אפי' לכתחלה. אלא ע"כ נ"ל דאתי כרבי ומיירי בתלוש ולבסוף חברו וכשיטת לוי (נזה"ק): חמשה דברים נאמרו כו'. איידי דמייתי הכא בצור ובקנה מייתי ליה נמי הא דתניא ה' דברים נאמרו בקרומית של קנה: ואין מקנחין בה את הידים. כתב היפ"ת דל"ג את הידים דבפ"ק דחולין מסיק דקיסמין פי מכה קאמרי'. וכן הא דסיים מפני שרוח רעה שוכנת עליה ל"ג לה דבגמרא משמע דטעמא משום דקסמים ניתזים ממנה ואיכא סכנתא. ואינו מוכרח דבכמה מקומו' פליגי תלמוד ירוש' אתלמוד' דידן ולכך אין צריך להגיה (נזה"ק):

רש"י

והלך לו לדור במקום עוברים ושבים: לא חשב זכות לאברהם אתמהא. ומי יאמר לך שאין הפסוק הזה מדבר אלא במלאכי השרת נאמר כאן ממעל לעצים ונאמר להלן שרפים עומדים ממעל לו ומפרש במדרש הרנינו מה היו צועקים נשמו מסלות היכן הוא מתן שכרן של עוברים ושבים שהיה אברהם מודיעך בעולם שבת עובר אורח בטל מתן שכרן של אורחים שהיו באים מכל מקום ולנין אצל אברהם לאכול ולשתות ולעשות אותם שיברכו לבורא עולם אלא הפר ברית שאמרת לאברהם ואת בריתי אקים את יצחק הרי המאכלת על צוארו עד מתי אתה ממתין: (ו) ומניין לשחיטה שהיא בדבר המטלטל. כמו בסכין ולא בדבר המחובר מהכא וישלח אברהם את ידו ויקח את המאכלת מכלל דתלוש הוה: א"ל אם מן הגדה אמר לך רבי חזר הוא ביה. דאפילו במחובר שרי: ואם מן אולפן. מן הלכה: דתני לוי. דברים ששוחט בהן היו נעוצין מתחלתן הרי הן פסולין תלושין ונעוצין הרי אלו כשרים דתנינן השוחט במגל יד ובצור ובקנה כו':

מתנות כהונה

את יצחק הרי המאכלת על צוארו עד מתי אתה ממתין: [ו] הכי גרסינן וישלח אברהם וגו' ויקח המאכלת. ודייק מדכתיב ויקח משמע שהוא תלוש ולא היה חסר אלא לקיחה. ומוכח בפ"ק דחולין דר' חייא שמעה מרבי וא"ל רב אם מתוך ההגדה אמר לך רבי כן חוזר הוא בו לענין הדין דאפילו במחובר מעיקרו נמי כשר והא דכתיב ויקח זריזותיה דאברהם קא משמע לן כדאיתא בפ"ק דחולין אבל אם אמר לך כן מתוך ההלכה ולענין הדין שמע מיניה דרב כהנא שפיר קאמר משמו שהשוחט במחובר לקרקע רבי פוסל כדאיתא התם בפ"ק דחולין בוודאי לא יחזור בו והא דפוסל במחובר היינו במחובר מעיקרו אבל תלוש ולבסוף חברו כשר: [ה"ג דתנן השוחט במגל יד ובצור. ועיין בפ"ק דחולין]: שחיטתו בשרה. משמע בדיעבד ומוקי לה התם כרבי ורמי עליה בפ"ק דחולין רב כהנא אמר השוחט במחובר לקרקע רבי פוסל אפילו בדיעבד ומשני הא במחובר מעיקרו פוסל אפילו בדיעבד הא בתלוש ולבסוף חברו כשר בדיעבד: [ה' דברים. בירושלמי פרק המוליא יין]: מחצין. חוללין:

נחמד למראה

שליש אורים. שיצחק היה אור שני ויעקב אור שלישי ולמה קרא ליצחק שליש אורים: וישב על פי הדברים הנאמרים לעיל שכל צעקת ובכיות המלאכים שהיו מתחננים שלא ימות יצחק הוא כדי שיצא ממנו יעקב שבזכותו היו מובטחים לעלות למדרגתם והם המלאכים רפאל וגבריאל מלאכי מרכבה שנדחו ממחיצתם היו מתחננים שינצל יצחק כדי שיוליד שר הצבא הוא יעקב. ושלא יהיה העולם בלי ירח דהיינו עקרת בית של יעקב היא רחל. כדכתיב והנה השמש והירח. ולפיכך אמר אל תשלח יד אל שליש אורים דהיינו יעקב אור שלישי. ועל זה השיב להם הקב"ה אל תיראו כי לא ישלח ידו אל הנער לשחוט אותו ויוליד את יעקב ותשובו אתם למדרגה שלכם בזכותו כשתהיו שתי מחנות דהיינו עולים ויורדים בו ודו"ק היטב כי נכון הוא:

אשד הנחלים

לא שמענו ככה: [ו] אם מן ההגדה כו'. כלומר אם רק דעתו מן הוכחת הפסוק הזה אז חזר הוא בו וסובר דשחיטה במחובר כשר. ואם מן הלכה והמקובל בידו: נועצים מתחילתן. כלומר מחובר מעיקרו כמאמרם בחולין י"ז עיי"ש: מפני שרוח רעה. ודעת הבבלי. מפני שקסמים נבדלים ממנה וחותך הבשר וקורע וענין הרוח רעה מבואר במקום אחר באורך. כפי דעת המחקרים וכפי דעת בעלי חכמת האמת:

חידושי הרד"ל

(יד) [ו] רב בעי קומי רבי והוי יתיב קומי ר"ח רבה כו' א"ל מן הכא וישלח כו' (ורבי השיב כן לרב א"ל ר"ח אין מההגדה כו' כצ"ל ע"פ הש"ס דחולין עמ"כ. ומפני שאמרו בירושלמי אין למדין מההגדות. עמש"ל ספ"ח בס"ד (ואפשר ז"ש בחולין שם דא"ל ר"ח וי"ו דכתב אאופתא קאמר ע"ש בפירש"י):

חידושי הרש"ש

ומי יאמר לך שאין הפסוק כו'. כצ"ל: [ו] במגל יד ובצור כו'. כצ"ל ותיבות במגל קציר ט"ס וצריך למחקם עיין חולין (ט"ו ב') במתניתין: ואין מקנחין בה ולא כו'. כצ"ל ותיבות את הידים ט"ס עיין חולין (ט"ז ב') וברש"י שם: שרוח רע שוכנת עליו. עיין שם בגמרא ובפירש"י. ועי' ב"י יו"ד רס"ו בשם בעל העיטור:

מסורת המדרש

יא זבחים דף נ"ז. מנחות פ"ב. חולין ט"ז: יב קדושין כ"ו. ב"ק מ"א. חולין ט"ו ודף ט"ז:

אם למקרא

וְאֶת־בְּרִיתִי אָקִים אֶת־יִצְחָק אֲשֶׁר תֵּלֵד לְךָ שָׂרָה לַמּוֹעֵד הַזֶּה בַּשָּׁנָה הָאַחֶרֶת: (בראשית יז:כא)

וַיִּסַּע מִשָּׁם אַבְרָהָם אַרְצָה הַנֶּגֶב וַיֵּשֶׁב בֵּין־קָדֵשׁ וּבֵין שׁוּר וַיָּגָר בִּגְרָר: (בראשית כ:א)

נָשַׁמּוּ מְסִלּוֹת שָׁבַת עֹבֵר אֹרַח הֵפֵר בְּרִית מָאַס עָרִים לֹא חָשַׁב אֱנוֹשׁ: (ישעיה לג:ח)

שְׂרָפִים עֹמְדִים מִמַּעַל לוֹ שֵׁשׁ כְּנָפַיִם שֵׁשׁ כְּנָפַיִם לְאֶחָד בִּשְׁתַּיִם יְכַסֶּה פָנָיו וּבִשְׁתַּיִם יְכַסֶּה רַגְלָיו וּבִשְׁתַּיִם יְעוֹפֵף: (ישעיה ו:ב)

וַיִּקְרָא אֵלָיו מַלְאַךְ ה׳ מִן הַשָּׁמַיִם וַיֹּאמֶר אַבְרָהָם אַבְרָהָם וַיֹּאמֶר הִנֵּנִי. וַיֹּאמֶר אַל תִּשְׁלַח יָדְךָ אֶל הַנַּעַר וְאַל תַּעַשׂ לוֹ מְאוּמָה כִּי עַתָּה יָדַעְתִּי כִּי יְרֵא אֱלֹהִים אַתָּה וְלֹא חָשַׂכְתָּ אֶת בִּנְךָ אֶת יְחִידְךָ מִמֶּנִּי.

And an angel of HASHEM called to him from heaven, and said, "Abraham! Abraham!" And he said, "Here I am." And he said, "Do not stretch out your hand against the lad nor do anything to him, for now I know that you are a God-fearing man, since you have not withheld your son, your only one, from Me" (22:11-12).

§7 **וַיִּקְרָא אֵלָיו מַלְאַךְ ה׳ מִן הַשָּׁמַיִם וַיֹּאמֶר אַבְרָהָם אַבְרָהָם** — ***AND AN ANGEL OF HASHEM CALLED TO HIM FROM HEAVEN, AND SAID, "ABRAHAM! ABRAHAM!"***

Why did the angel call out Abraham's name twice?

תָּנֵי רַבִּי חִיָּיא: לְשׁוֹן חִיבָּה לְשׁוֹן זֵירוּז — R' Chiya taught in a Baraisa: The doubling of Abraham's name here[88] is **an expression of love**[89] and **an expression of urgency.**[90] **רַבִּי אֱלִיעֶזֶר בֶּן יַעֲקֹב אָמַר: לוֹ וּלְדוֹרוֹת — R' Eliezer ben Yaakov said** a different explanation for the doubling of a name when God calls someone: It means that God was speaking both **to him and to** future **generations,**[91] **אֵין דּוֹר שֶׁאֵין בּוֹ כְּאַבְרָהָם — for there is no generation that does not have** someone **in it like Abraham,**Ⓐ **וְאֵין דּוֹר שֶׁאֵין בּוֹ כְּיַעֲקֹב — there is no generation that does not have** someone **in it like Jacob, וְאֵין דּוֹר שֶׁאֵין בּוֹ כְּמֹשֶׁה — there is no generation that does not have** someone **in it like Moses, וְאֵין דּוֹר שֶׁאֵין בּוֹ כִּשְׁמוּאֵל — and there is no generation that does not have** someone **in it like Samuel.**

□ **וַיֹּאמֶר אַל תִּשְׁלַח יָדְךָ** — ***AND HE SAID, "DO NOT STRETCH OUT YOUR HAND."***

Since Abraham had already taken hold of the knife (v. 10), it would have been more accurate for the angel to have said, "Do not use that knife against Isaac." Why did he instead tell Abraham not to use his hands?

וְסַכִּין הֵיכָן הִיא — And where was the knife?[92] **נָשְׁרוּ שָׁלֹשׁ דְּמָעוֹת מִמַּלְאֲכֵי הַשָּׁרֵת וְשָׁחַת הַסַּכִּין — Three tears**[93] **fell from the ministering angels**[94] **and the knife became ruined. אָמַר לוֹ: אֶחְנְקֶנּוּ** — When Abraham saw this **he said to [the angel],** "Since I cannot slaughter him, **I will strangle him."**[95] **אָמַר לוֹ: "אַל תִּשְׁלַח יָדְךָ אֶל הַנַּעַר" — So [the angel] said to him, *"Do not stretch out your hand against the lad,"*** meaning, "Do not use your hands to kill him either." **אָמַר לוֹ: אוֹצִיא מִמֶּנּוּ טִפַּת דָּם — [Abraham]** then **said to [the angel],** "So **I will** at least **draw a drop of blood from him!"**[96] **אָמַר לוֹ: אַל תַּעַשׂ לוֹ מְאוּמָה, אַל תַּעַשׂ לוֹ מוּמָה —** Thereupon **[the angel] said to [Abraham], "Nor do anything** [מְאוּמָה] **to him,"** which can be read as **"Do not make a blemish** [מוּמָה] **in him."**[97]

□ **כִּי עַתָּה יָדַעְתִּי** — ***FOR NOW I KNOW*** *THAT YOU ARE A GOD-FEARING MAN.*

The Midrash re-interprets this phrase:

הוֹדַעְתִּי לַכֹּל שֶׁאַתְּ אוֹהֲבֵנִי — I have made known[98] **to all that you love Me.**

□ **וְלֹא חָשַׂכְתָּ וגו׳** — ***SINCE YOU HAVE NOT WITHHELD*** *YOUR SON, YOUR ONLY ONE* [יְחִידְךָ], *FROM ME.*

The phrase "your son (אֶת בִּנְךָ), your only one (אֶת יְחִידְךָ)" seem to indicate that God was referring to two separate individuals. The Midrash explains:

שֶׁלֹּא תֹאמַר כָּל הֶחֳלָאִים שֶׁחוּץ לַגּוּף אֵינָן חֳלָאִים — God was saying in effect, "This is so **that you should not say, 'Afflictions that are**

NOTES

88. Actually, R' Chiya's statement addresses the other three instances of doubled names in *Tanach* as well — Jacob (46:2), Moses (*Exodus* 3:4) and Samuel (*I Samuel* 3:10) — as is clear from other sources (*Tosefta, Berachos* 1:15; *Midrash Shmuel* §9) (*Radal*).

89. When one loves someone, this love brings him to say his name twice (*Yefeh To'ar*).

90. When addressing someone in a situation of urgency one repeats his name (ibid.). The urgency of the situation in our case is that Abraham had to be stopped quickly from killing his son.

R' Chiya means to say that the doubling of a name can have *either* of these two connotations, though here in our verse it has both connotations (ibid.).

91. I.e., it alludes to us that not only was there an Abraham (or Jacob, or Moses, or Samuel) at that time, but there would be more people like him throughout the generations, and it was to both the present Abraham (or Jacob, or Moses, or Samuel) and the future ones that God's message was addressed (*Rashi, Eitz Yosef*).

92. Apparently something must have happened to the knife, so that Abraham was no longer able to use it even before the angel called out to him. What was this occurrence?

93. *Yefeh To'ar* suggests that one tear was shed for Abraham, one for Isaac, and one for Sarah.

94. See above, §5, for a discussion of the angels' weeping when they saw the *Akeidah*.

95. And then burn his body as an offering, in accordance with God's command.

96. Abraham now realized that God's original command (as he understood it) to make Isaac into a full-fledged burnt-offering was not expected of him, but he thought that God still desired him to carry out some vestige of sacrificial service with Isaac, such as sprinkling his blood on the altar (*Yefeh To'ar*).

97. See *Job* 31:5 and *Daniel* 1:4, where מום (blemish) is spelled מאום.

98. The Midrash homiletically interprets יָדַעְתִּי (*I know*) as if it were vowelized יִדַּעְתִּי (*I have made known*) (*Matnos Kehunah*). The reason for this is that God, Who is omniscient, did not need this test to "know" about Abraham's devotion to Him. Rather, the verse means that God made this fact — which He knew full well beforehand — known to others as well (*Yefeh To'ar*).

INSIGHTS

Ⓐ **In Every Generation** The Dubno Maggid questions the idea cited in the Midrash here that in each generation there is someone comparable to Abraham. He quotes the statement in *Berachos* 16b: אֵין קוֹרִין אָבוֹת אֶלָּא לִשְׁלֹשָׁה, "Only three (Abraham, Isaac, and Jacob), are referred to as אָבוֹת, Patriarchs," which indicates that no one else since has been comparable to them. He suggests that what was unique about the Patriarchs was that each one individually encapsulated human perfection. Hence, it was sufficient for the existence of the world that there be one individual like Abraham (or like Isaac or like Jacob). Thus, Scripture states, אֶחָד הָיָה אַבְרָהָם, *Abraham was [but] one* (*Ezekiel* 33:24), meaning that although Abraham was only one, he was sufficient. However, as the Gemara in *Berachos* implies, after the Patriarchs no individual personified the perfection of all human traits. Still, each one of the twelve sons of Jacob exhibited some element of perfection, so that taken collectively they represented human perfection. As the generations progressed, their stature continued to decline, but correspondingly the absolute number of the population increased so that as a conglomerate, they were the equivalent of one perfect individual. Accordingly, he understands that when the Midrash here says אֵין דּוֹר שֶׁאֵין בּוֹ כְּאַבְרָהָם, it does not mean that in each generation there is *an individual* who is equivalent to Abraham; rather, it means that each generation taken *collectively* is the equivalent of one Abraham (*Kisvei HaMaggid MiDubna, Parashas Devarim* p. 11; *Asifas Zekeinin* to *Berachos* 16b).

ז [כב, יא] "**וַיִּקְרָא אֵלָיו מַלְאַךְ ה' מִן הַשָּׁמַיִם וַיֹּאמֶר אַבְרָהָם אַבְרָהָם**". [יג]**תָּנֵי רַבִּי חִיָּיא: לְשׁוֹן חִיבָּה לְשׁוֹן זֵירוּז. רַבִּי אֱלִיעֶזֶר בֶּן יַעֲקֹב אָמַר: לוֹ וּלְדוֹרוֹת.** [יד]**אֵין דּוֹר שֶׁאֵין בּוֹ כְּאַבְרָהָם וְאֵין דּוֹר שֶׁאֵין בּוֹ כְּיַעֲקֹב וְאֵין דּוֹר שֶׁאֵין בּוֹ כְּמֹשֶׁה וְאֵין דּוֹר שֶׁאֵין בּוֹ כִּשְׁמוּאֵל. "וַיֹּאמֶר אַל תִּשְׁלַח יָדְךָ", וְסַכִּין הֵיכָן °הָיָה, נָשְׁרוּ שָׁלֹשׁ דְּמָעוֹת מִמַּלְאֲכֵי הַשָּׁרֵת °וְנִשְׁחַת הַסַּכִּין. אָמַר לוֹ: אֶחְנְקֶנּוּ, אָמַר לוֹ: אַל תִּשְׁלַח יָדְךָ אֶל הַנַּעַר. אָמַר לוֹ: אוֹצִיא מִמֶּנּוּ טִפַּת דָּם. אָמַר לוֹ: אַל תַּעַשׂ לוֹ מְאוּמָה, ° מוּמָה. "כִּי עַתָּה יָדַעְתִּי", הוֹדַעְתִּי לַכֹּל שֶׁאַתְּ אוֹהֲבֵנִי "וְלֹא חָשַׂכְתָּ וְגוֹ'", שֶׁלֹּא תֹּאמַר כָּל הֶחֳלָאִים שֶׁחוּץ לַגּוּף אֵינָן חֳלָאִים אֶלָּא מַעֲלֶה אֲנִי עָלֶיךָ כְּאִילּוּ אָמַרְתִּי לְךָ הַקְרֵב עַצְמְךָ לִי וְלֹא עִיכַּבְתָּ:**

ח דָּבָר אַחֵר אָמַר רַבִּי יִצְחָק: [טו]**בְּשָׁעָה שֶׁבִּקֵּשׁ אַבְרָהָם לַעֲקוֹד יִצְחָק בְּנוֹ אָמַר לוֹ: אַבָּא, בָּחוּר אֲנִי וְחוֹשְׁשַׁנִי שֶׁמָּא יִזְדַּעֲזַע גּוּפִי מִפַּחְדָּהּ שֶׁל סַכִּין וַאֲצַעֶרְךָ וְשֶׁמָּא תִּפָּסֵל הַשְּׁחִיטָה וְלֹא תַּעֲלֶה לְךָ לְקָרְבָּן, אֶלָּא כְּפִתֵנִי יָפֶה יָפֶה. מִיָּד "וַיַּעֲקֹד אֶת יִצְחָק",**

עץ יוסף

(ז) [ט] **אברהם אברהם.** יעקב יעקב משה משה שמואל שמואל תני ר"ח לשון חיבה. כצ"ל וכן הוא בת"כ ספ"א ובמד"ש ספ"ט: **לשון חיבה לשון זירוז.** כלומר קריאת השם בכפל הוא ל' חיבה וכן הוא לשון זירוז שלא ימהר לשוחטו: **לו ולדורות.** כלומר כפל השמות חד לגופיה וחד לרמוז כי ימלא עוד דוגמתו לדורות להגין בזכותו על העולם. ועז"א אין לך דור שאין בו כאברהם וכן אין דור שאין בו כיעקב כו' כי כל הד' נכפלו שמותם לרמוז שיהיה בדוגמתן גם לדורות: [י] **וסכין היכן הוא.** דהל"ל אל תשלח את המאכלת. כי עיקר השחיטה נעשית ע"י הסכין. ומשני שנפגם הסכין על ידי דמעות מה"ש. ולכך א"ל אחנקנו. ועל זה אמר אל תשלח ידך אל הנער (נזה"ק): **אחנקנו.** ולא חזר לבקש סכין אחר או להשחיז זה. משום שראה שהיתה סכינו יפה ובלא סיבה נפגם כל כך סבר כי מה' היתה לו שאין רצונו בשחיטה אלא בחנק כדין עולת העוף שהיא במליקה: **אוציא ממנו טפת דם.** שלא תהא ביאתי חנם. ועיין במד"ר פ' י"ז: **אל תעש לו מאומה.** דריש מאומה לשון מום: **ידעתי.** קרי ביה ידעתי היו"ד בחירי"ק. דהא המלאך בשם ה' היה מדבר א"כ מאי עתה ידעתי הלא הכל צפוי לפניו מני קדם. אע"כ שפירושו ידעתי לכל (יפ"ת): **שאת אוהבני.** ולשון הכתוב שאמר ירא אלהים אין זו יראת הפחד כי בזה כבר היה מפורסם בזולת מעשה זה. אבל יראה זו היא מפועל הנפש השכלית מפני הכרת מעלת ה' ומפני יראת הרוממות שבא מאהבה (יפ"ת): **כל החלאים כו'.** פרש"י כלומר הואיל ולא עשית לעצמך אלא לבנך אינו קשה עליך. אלא מעלה אני עליך כאילו אמרתי שתקריב עצמך ולא עכבת. ולכן אמר ולא חשכת את בנך זה יצחק. יחידך זו נפשך שנקראת יחידה. וכדאי' במד"ר פ' י"ז ע"ש מ"ש: (ח) [יא] **אמר רבי יצחק.** בשעה שבקש אברהם לשחוט את יצחק בנו. כצ"ל וכן הוא בס"מ ובתנחומא (נזה"ק). וטעם דרשה זו הוא משום דקשה למה עקדו מאחר שברצון יצחק היתה. לכן אמר שזה היה במצות יצחק כי לא האמין בעצמו כי שמא יתבהל ממראה הסכין בעת השחיטה ויבקש להשמט (יפ"ת): **בחור אני.** והבחור יחוס על חייו יותר ואין לו כ"כ אומץ הלב לסבול את המות: **ואצערך.** כי אף שמובטח אני בעצמי שלא אברח ממצות ה' אעפ"כ שמא אשמיט קצת מידך עד שתצטרך לבוא עלי פעם אחר פעם. עד שיסכך לבי לקבל השחיטה ויהיה לך טורח מזה: **תפסל השחיטה.** שמא ישהה או ידרוס בשחיטתו ע"י שיהיה נשמט מידו:

פירוש מהרז"ו

(ז) **אברהם אברהם.** מדרש שמואל ס"פ ט' במ"ר פרשה י"ד ס"ס כ"א וש"נ: **רבי אליעזר בן יעקב.** לקמן פע"ד סימן ג' שע"ז מורה כופל השם שילאו ממנו עוד כיולא בו: **שלש דמעות.** היינו מג' מה"ש הן אראלם חסר משמע אחד וכמו שדרשו פלגשם חסר היא אחת ומלאכי שלום הם שנים הרי ג' וכמ"ש לעיל בסימן ה' ומר יבכיון מלשון כמר מדלי לשון טיפה ועיין לקמן פר' ה' סימן י' ועיין פסיקתא פר' מ' שאחר שאמר הנני הפך פניו אל המלאך אז א"ל המלאך מה אתה עושה כו' ע"ש: **מאומה.** ע' דניאל א' פסוק ד' ילדים אשר אין בהם כל מאום כו' שפירושו מום וכן דרשו בויק"ר פי"ז סי' ב'. והכוונה שבזה שתוציא ממנו דם לא תועיל כלום ולא יחשב לך לקרבן שהרי יפסל לקרבן: **הודעתי.** דאל"כ מאי עתה ידעתי דמשמע חידוש ידיעה והלא הכל צפוי וגלוי לפניו מני קדם: **ולא חשכת.** את בנך את יחידך והא כאן לא שייך הדרשה דלעיל פ' כ"ה סי' ז' איזה בן כו' ע"כ דורש יחידך על הנשמה כמ"ש לעיל פ' י"ז סי' ט' במ"ר י"ז סי' ב': **חלאים שחוץ לגוף.** כמ"ש איוב ב' וכל אשר לו יתן בעד נפשו: (ח) **בשעה שביקש.** ע' פסיקתא פר' מ' סי' ו' ובתנחומא:

רש"י

(ז) **אברהם אברהם.** רבי אליעזר בן יעקב אומר לו ולדורות שבועה שנשבע לו. לו נשבע ולכל העתידין לבא אחריו ודומין לו וכן לכל הצדיקים שנכפלו שמותן כמותו אברהם אברהם משה משה שמואל שמואל: **אל תשלח ידך אל הנער.** וסכין היכן היא נשרו ג' דמעות ממלאכי השרת עליה: **ונשרית.** ונשחת כמגופת חבית שנשרית והיא נשחתת: **כי עתה ידעתי.** הודעתי לכל שאתה אוהבני ולא חשכת את בנך את יחידך ממני. מעלה אני עליך כאלו נפשך שנקראת יחידה הקרבת לפני שאין יחידך האמור כאן אלא נפשך שלא תאמר כל חוליין כלו' הואיל ולא עשית לעצמך

מתנות כהונה

[ז] **כאברהם כיעקב בשמואל כו'.** כל אלו נכפלו שמותם יעקב יעקב משה משה שמואל שמואל: **נשרו ג' דמעות.** מבכיתן כדאיתא הן אראלם צעקו חוצה מלאכי שלום מר יבכיון: **ושחתה.** נשחתת: **הודעתי.** קרי ביה ידעתי היו"ד בחיר"ק: **כל החלאים וכו'.** כן יאמר אלו א"ל לשחוט את עצמו לא עשה. ועל בנו שהוא חוץ ממנו לא היה חס: **אלא מעלה אני כו'.** פרש"י דהאי יחידך פירש נפשך כדאמרינן בעלמא הנשמה יש לה חמשה שמות נפש רוח נשמה חיה יחידה וכן הוא בבמדבר רבה פרשה י"ז: [ח] **ולא תעלה.** השחיטה וההקרבה לא תעלה לרצון לה':

נחמד למראה

ז כי עתה ידעתי ידעתי לכל שאת אהבני. כתב הרב מתנות כהונה ידעתי. קרי ביה ידעתי היו"ד בחיר"ק עכ"ל. ונכון הוא שר"ל שהוא כעין פועל יוצא. והרב יפה תואר כתב וזה לשונו אין להפלא ממה שדרשו הבנין העומד במקום יוצא כי זה דרכם

אשד הנחלים

[ז] **לשון חיבה ולשון זירוז.** כי מרוב החיבוב נכפל הלשון בפה ולשון זירוז כאדם החופז לעכבו ומרוב החפזון אומר פעמים רבות כדרך הנהוג: **לו ולדורות.** כלומר שהוא צווי לכל הדורות לאנשים צדיקים כאברהם שאל יעשו עוד כדבר הזה. כי אין חפץ לה' בזה כ"א בדרך נסיון: והיד"מ פירש שהשבועה תהיה לו ולדורות. והיפ"ת פי' לדורות ימצא כדוגמתו: **נשרו ג' דמעות ושחת הסכין.** כלומר נעשה נס ע"י תחינת המלאכים ונשחת הסכין. והיה חפץ אף לחנוק אותו ודייק מן אל תשלח ידך שהיה חפץ לחנקו בידים: **טפת דם.** כי א"א שהנבואה תהי' לבטלה ולכן אמרו שאף מאומה לא יעשה לו: **ידעתי לכל.** כי יודע מתחילה שהוא כן רק שהודיע עי"ז לבריות וזהו כמו שפירש הרב המורה ז"ל: שלא יאמרו כצ"ל: **כאלו אמרתי לך.** כי הבן נתח מהאב: [ח] **מיד ויעקוד.** שהניח עצמו לעקוד בכוונה:

חידושי הרד"ל

(טו) [ז] **אברהם אברהם.** יעקב יעקב משה משה שמואל שמואל תני ר"ח לשון חיבה כצ"ל. וכ"ה בת"כ ויקרא ספ"א ובמדרש שמואל ספ"ט:

(טז) **ושחת הסכין.** קהה הברזל ולא היה חותך. ובתנחומא אי' שנדחף ידו ונפל הסכין:

חידושי הרש"ש

[ז] **ידעתי לכל שאת אוהבני.** עיין סוטה ס"פ כשם:

באור מהרי"פ

ח בשעה שבקש אברהם לעקוד כו'. אולי ט"ס הוא וצ"ל לשחוט וכמ"ש בתנחומא (יפ"ת):

מסורת המדרש

יג תו"כ סדר ויקרא פ' א'. שמו"ר פרשה ב'. תוספתא ברכות פרק א'. מדרש שמואל סוף פרשה ט'. ילקוט כאן רמז ק"א. ילקוט סדר שמות רמז ק"ע. ילקוט סדר ויקרא רמז תכ"ט:

יד לקמן פ' ע"ד. במד"ר פ' י'. ילקוט וילא רמז ק"ל:

טו פדר"א פרק ל"א. תנחומא כאן סימן כ"ג. תדא"ר פרק כ"ז ותדא"ז פרק כ':

external to one's **body are not afflictions.'**[99] אֶלָּא מַעֲלֶה אֲנִי עָלֶיךָ כְּאִילּוּ אָמַרְתִּי לְךָ "הַקְרֵב עַצְמְךָ" לִי וְלֹא עִיכַּבְתָּ – **Rather, I regard it for you as if I had told you, 'Sacrifice yourself for Me,' and you did not hold back** from doing so."[100]

§8 [וַיַּעֲקֹד אֶת יִצְחָק בְּנוֹ . . . וַיִּשְׁלַח אַבְרָהָם אֶת יָדוֹ וַיִּקַּח אֶת הַמַּאֲכֶלֶת] – *HE BOUND ISAAC, HIS SON . . . ABRAHAM STRETCHED OUT HIS HAND, AND TOOK THE KNIFE.*]

The Midrash returns to verses 9-10 to discuss them further:

דָּבָר אַחֵר – **Another interpretation:**[101] אָמַר רַבִּי יִצְחָק – **R' Yitzchak said:** בְּשָׁעָה שֶׁבִּקֵּשׁ אַבְרָהָם לַעֲקוֹד יִצְחָק בְּנוֹ אָמַר לוֹ – **When Abraham wanted to bind his son Isaac,**[102] **[Isaac] said to him,** אַבָּא, בָּחוּר אֲנִי – **"Father, I am a youth,**[103] וְחוֹשְׁשַׁנִי שֶׁמָּא יִזְדַּעְזַע גּוּפִי מִפַּחְדָּה שֶׁל סַכִּין – **and I am concerned that my body may tremble from fear of the knife,** וַאֲצַעֶרְךָ – **and I will** thereby **cause you trouble,**[104] וְשֶׁמָּא תִּפָּסֵל הַשְּׁחִיטָה וְלֹא תַעֲלֶה לְךָ לְקָרְבָּן – **and perhaps** even **invalidate the slaughter,**[105] **so that it will not count for you as a sacrifice.** אֶלָּא כָּפְתֵנִי יָפֶה יָפֶה – **Rather,** to avoid this, **bind me very well."** מִיָּד "וַיַּעֲקֹד אֶת יִצְחָק" – **Thereupon,** ***he bound Isaac.***

NOTES

99. This is a saying, meaning that whatever adversity befalls a person, it is not comparable to personal physical suffering. As applied here it means that sacrificing Isaac, difficult as it was psychologically and emotionally, would not compare to Abraham sacrificing or harming *himself* for God's sake.

When the Midrash says "so that *you* should not say" it really means, "so that *one* should not say." Some cynical person might say, when hearing about the *Akeidah,* that Abraham would not have followed God's command if it had involved physical pain for himself (*Yefeh To'ar*). Alternatively: When Abraham found out that the command to sacrifice Isaac was only a test, designed to establish his great devotion to God, he objected (or could have objected): "If so, the test could have been even better; it could have involved a command for me to sacrifice or harm *myself* in some way! That would have established my devotion to You to an even greater extent!" Accordingly, the words "so that *you* should not say" may be taken literally (ibid.). In any event, the response to this objection now follows.

100. The Midrash interprets the words אֶת יְחִידְךָ (translated here as "your only one") to mean "your soul," for יְחִידָה can also mean "soul" (see *Psalms* 22:21, 35:17) (*Rashi*). This interpretation of אֶת יְחִידְךָ of our verse is found explicitly in *Bamidbar Rabbah* 17 §2.

God was telling Abraham that since He knew how much Isaac meant to him, the saying, "Afflictions that are external to one's body are not afflictions," did not apply; it was indeed just as difficult for Abraham to sacrifice Isaac as it would have been for him to kill himself. Thus, God regarded it as if Abraham not only did not withhold his son (אֶת בִּנְךָ), but did not withhold his own soul (אֶת יְחִידְךָ) (*Yefeh To'ar*).

101. The words "Another interpretation" are somewhat difficult, for the Midrash never presented a first interpretation for the words וַיַּעֲקֹד אֶת יִצְחָק (ibid.). Some commentators (*Nezer HaKodesh, Eitz Yosef*) indeed suggest emending the text to remove the words דָּבָר אַחֵר. *Tiferes Tzion,* however, explains that our passage may indeed be considered "another interpretation," relative to above, 56 §5, where the Midrash taught that as Abraham bound Isaac, God bound the ministering angels of the idolatrous nations (see ibid. for explanation). It should be noted that this entire paragraph (up to אָמַר רַבִּי אַחָא) – which is in any event remarkable in its placement here (as opposed to above, in §5) – is omitted altogether in the Midrash manuscripts, and may be a later addition to the Midrash text.

102. The Midrash is bothered by this question: Why was it necessary for Abraham to bind Isaac altogether? We have already seen that Isaac was a willing participant in the sacrifice! The Midrash therefore goes on to supply the background for this course of action (*Yefeh To'ar, Eitz Yosef*). According to this understanding, the phrase here should better be translated: **When Abraham wanted to bind his son Isaac,** *it was because* **[Isaac] said to him . . .**

103. A youth has a stronger desire to live, and does not have as much fortitude to face death (*Eitz Yosef*).

104. Because you will have to exert extra effort to hold me still (ibid.).

105. By moving about during the slaughtering process (ibid.).

חידושי הרד"ל

(טו) [ז] **אברהם אברהם.** יעקב יעקב משה משה שמואל שמואל תני ר"ח לשון חיבה כצ"ל. וכ"ה בת"כ ויקרא ספ"א ובמדרש שמואל ספ"ט:

(טז) **ושחת הסכין.** קהה הברזל ולא היה חותך. ובתנחומא א' שנדחף ידו ונפל הסכין:

חידושי הרש"ש

[ז] **ידעתי לכל שאת אוהבני.** עיין סוטה ס"פ כשם:

באור מהרי"פ

ח **בשעה שבקש אברהם לעקוד בו'.** אולי ט"ס הוא וצ"ל לשחוט וכמ"ש בתנחומא (יפ"ת):

עץ יוסף

(ז) [ט] **אברהם אברהם.** יעקב יעקב משה משה שמואל שמואל תני ר"ח לשון חיבה. כצ"ל וכן הוא בת"כ ספ"א ובמד"ש ספ"ט: **לשון חיבה לשון זירוז.** כלומר קריאת השם בכפל הוא ל' חיבה וכן הוא לשון זירוז שלא ימהר לשוחטו: **לו ולדורות.** כלומר כפל השמות חד לגופיה וחד לרמוז כי ימלא עוד דוגמתו לדורות להגין בזכותו על העולם. ועז"א אין לך דור שאין בו כאברהם וכן אין דור שאין בו כיעקב כו' כי כל הד' נכפלו שמותם לרמוז שיהיה בדוגמתן גם לדורות: [י] **וסכין היכן הוא.** דהל"ל אל תשלח את המאכלת. כי עיקר השחיטה נעשית ע"י הסכין. ומשני שנפגם הסכין על ידי דמעות מה"ש. ולכך א"ל אחנקנו. ועל זה אמר אל תשלח ידך אל הנער (נזה"ק): **אחנקנו.** ולא חזר לבקש סכין אחר או להשחיז זה. משום שראה שהיתה סכינו יפה ובלא סיבה נפגם כל כך סבר כי מה' היתה לו שאין רצונו בשחיטה אלא בחנק כדין עולת העוף שהיא במליקה: **אוציא ממנו טפת דם.** שלא תהא ביאתי חנם. ועיין במד"ר פ' י"ז: **אל תעש לו מאומה.** דריש מאומה לשון מום: **ידעתי.** קרי ביה ידעתי היו"ד בחירי"ק. דהא המלאך בשם ה' היה מדבר א"כ מאי עתה ידעתי הלא הכל צפוי לפניו מני קדם. אע"כ שפירושו ידעתי לכל (יפ"ת): **שאת אוהבני.** ולשון הכתוב שאמר ירא אלהים אין זו יראת הפחד כי בזה כבר היה מפורסם בזולת מעשה זה. אבל יראה זו היא מפועל הנפש השכלית מפני הכרת מעלת ה' ומפני יראת הרוממות שבא מאהבה (יפ"ת): **כל החלאים כו'.** פרש"י כלומר הואיל ולא עשית לעצמך אלא לבנך אינו קשה עליך. אלא מעלה אני עליך כאילו אמרתי שתקריב עצמך ולא עכבת. ולכן אמר ולא חשכת את בנך זה יצחק. יחידך זו נפשך שנקראת יחידה. וכדאי' בבמד"ר פ' י"ז ע"ש מ"ש: (ח) [יא] **אמר רבי יצחק.** בשעה שבקש אברהם לשחוט את יצחק בנו. כצ"ל וכן הוא בס"מ ובתנחומא (נזה"ק). וטעם דרשה זו הוא משום דקשה למה עקדו מאחר שברצון יצחק היתה. לכן אמר שזה היה במצות יצחק כי לא האמין בעצמו כי שמא יתבהל ממראה הסכין בעת השחיטה ויבקש להשמט (יפ"ת): **בחור אני.** והבחור יחוס על חייו יותר ואין לו כ"כ אומץ הלב לסבול את המות: **ואצערך.** כי אף שמובטח אני בעצמי שלא אברח ממצות ה' אעפ"כ שמא אשמיט קצת מידך עד שתצטרך לבוא עלי פעם אחר פעם. עד שיסכך לבי לקבל השחיטה ויהיה לך טורח מזה: **תפסל השחיטה.** שמא ישהה או ידרוס בשחיטתו ע"י שיהיה נשמט מידו:

מדרש

ז [כב, יא] "וַיִּקְרָא אֵלָיו מַלְאַךְ ה' מִן הַשָּׁמַיִם וַיֹּאמֶר אַבְרָהָם אַבְרָהָם". [יג]תָּנֵי רַבִּי חִיָּיא: לְשׁוֹן חִיבָּה לְשׁוֹן זֵירוּז. רַבִּי אֱלִיעֶזֶר בֶּן יַעֲקֹב אָמַר: לוֹ וּלְדוֹרוֹת. [יד]אֵין דּוֹר שֶׁאֵין בּוֹ כְּאַבְרָהָם וְאֵין דּוֹר שֶׁאֵין בּוֹ כְּיַעֲקֹב וְאֵין דּוֹר שֶׁאֵין בּוֹ כְּמֹשֶׁה וְאֵין דּוֹר שֶׁאֵין בּוֹ כִּשְׁמוּאֵל. "וַיֹּאמֶר אַל תִּשְׁלַח יָדְךָ", וְסַכִּין הֵיכָן °הָיָה, נָשְׁרוּ שָׁלֹשׁ דְּמָעוֹת מִמַּלְאֲכֵי הַשָּׁרֵת °וְנִשְׁחֲתָה הַסַּכִּין. אָמַר לוֹ: אֶחְנְקֶנּוּ, אָמַר לוֹ: אַל תִּשְׁלַח יָדְךָ אֶל הַנַּעַר. אָמַר לוֹ: אוֹצִיא מִמֶּנּוּ טִפַּת דָּם. אָמַר לוֹ: אַל תַּעַשׂ לוֹ מְאוּמָה, ° מוּמָה. "כִּי עַתָּה יָדַעְתִּי", הוֹדַעְתִּי לַכֹּל שֶׁאַתְּ אוֹהֲבֵנִי "וְלֹא חָשַׂכְתָּ וְגוֹ'", שֶׁלֹּא תֹּאמַר כָּל הֶחֳלָאִים שֶׁחוּץ לַגּוּף אֵינָן חֳלָאִים אֶלָּא מַעֲלֶה אֲנִי עָלֶיךָ כְּאִילּוּ אָמַרְתִּי לְךָ הַקְרֵב עַצְמְךָ לִי וְלֹא עִיכַּבְתָּ:

ח דָּבָר אַחֵר אָמַר רַבִּי יִצְחָק: [טו]בְּשָׁעָה שֶׁבִּקֵּשׁ אַבְרָהָם לַעֲקוֹד יִצְחָק בְּנוֹ אָמַר לוֹ: אַבָּא, בָּחוּר אֲנִי וְחוֹשְׁשַׁנִי שֶׁמָּא יְזְדַּעְזֵעַ גּוּפִי מִפַּחְדָּהּ שֶׁל סַכִּין וַאֲצַעֶרְךָ וְשֶׁמָּא תִּפָּסֵל הַשְּׁחִיטָה וְלֹא תַּעֲלֶה לְךָ לְקָרְבָּן, אֶלָּא כַּפְּתֵנִי יָפֶה יָפֶה. מִיָּד "וַיַּעֲקֹד אֶת יִצְחָק",

פירוש מהרז"ו

(ז) **אברהם אברהם.** מדרש שמואל ס"פ ט' במ"ר פרשה י"ד ס"ס כ"א וס"כ: **רבי אליעזר בן יעקב.** לקמן פע"ד סימן ג' שע"ז מורה כופל השם שיצאו ממנו עוד כיוצא בו: **שלש דמעות.** היינו מג' מה"ש הן אראלם חסר משמע אחד וכמו שדרשו פלגשם חסר היא אחת ומלאכי שלום הם שנים הרי ג' וכמ"ש לעיל בסימן ה' ומר יבכיון מלשון כמר מדלי לשון טיפה ועיין לקמן פר' ה' סימן י' ועיין פסיקתא פר' מ' שאחר שאמר הנני הפך פניו אל המלאך אז א"ל המלאך מה אתה עושה כו' ע"ש: **מאומה.** ע' דניאל א' פסוק ד' ילדים אשר אין בהם כל מאום כו' שפירושו מום וכן דרשו בויק"ר פי"ז סי' ב'. והכוונה שבזה שתוציא ממנו דם לא תועיל כלום ולא יחשב לך לקרבן שהרי יפסל לקרבן: **הודעתי.** דאל"כ מאי עתה ידעתי דמשמע חידוש ידיעה והלא הכל צפוי וגלוי לפניו מני קדם: **ולא חשכת.** את בנך את יחידך והא כאן לא שייך הדרשה דלעיל פ' כ"ה סי' ז' איזה בן כו' ע"כ דורש יחידך על הנשמה כמ"ש לעיל פ' י"ז סי' ט' במ"ר י"ז סי' ב': **חלאים שחוץ לגוף.** כמ"ש איוב ב' וכל אשר לו יתן בעד נפשו: (ח) **בשעה שביקש.** ע' פסיקתא פר' מ' סי' ו' ובתנחומא:

מסורת המדרש

יג תו"כ סדר ויקרא פ' א'. שמו"ר פרשה ב'. תוספתא ברכות פרק א'. מדרש שמואל סוף פרשה ט'. ילקוט כאן רמז ק"א. ילקוט סדר שמות רמז ק"ע. ילקוט סדר ויקרא רמז תכ"ט:

יד לקמן פ' ע"ד. במד"ר פ' י'. ילקוט וילא רמז ק"ל:

טו פדר"א פרק ל"א. תנחומא כאן סימן כ"ג. תדא"ר פרק כ"ז ותדא"ז פרק כ':

רש"י

(ז) **אברהם אברהם.** רבי אליעזר בן יעקב אומר לו ולדורות שבועה שנשבע לו. לו נשבע ולכל העתידין לבא אחריו ודומין לו וכן לכל הצדיקים שנכפלו שמותן כמותו אברהם משה משה שמואל שמואל: **אל תשלח ידך אל הנער.** וסכין היכן היא נשרו ג' דמעות ממלאכי השרת עליה: **ונשרית.** ונשחת כמגופת חבית שנשרית והיא נשחתת: **כי עתה ידעתי.** הודעתי לכל שאתה אוהבני ולא חשכת את בנך את יחידך ממני. מעלה אני עליך כאלו נפשך שנקראת יחידה הקרבת לפני שאין יחידך האמור כאן אלא נפשך שלא תאמר כל חוליין כלו' הואיל ולא עשית לעצמך

מתנות כהונה

[ז] **באברהם ביעקב בשמואל בו'.** כל אלו נכפלו שמותם יעקב יעקב משה משה שמואל שמואל: **נשרו ג' דמעות.** מבכיתן כדאיתא הן אראלם צעקו חוצה מלאכי שלום מר יבכיון: **ושחתה.** נשחתת: **הודעתי.** קרי ביה ידעתי היו"ד בחיר"ק: **כל החלאים וכו'.** כן יאמר אלו א"ל לשחוט את עצמו לא עשה. ועל בנו שהוא חוץ ממנו לא היה חס: **אלא מעלה אני בו'.** פרש"י דהאי יחידך פירש נפשך כדאמרינן בעלמא הנשמה יש לה חמשה שמות נפש רוח נשמה חיה יחידה וכן הוא בבמדבר רבה פרשה י"ז: [ח] **ולא תעלה.** השחיטה וההקרבה לא תעלה לרצון לה':

נחמד למראה

ז **כי עתה ידעתי ידעתי לכל שאת אהבני.** כתב הרב מתנות כהונה ידעתי. קרי ביה ידעתי היו"ד בחיר"ק עכ"ל. ונכון הוא שר"ל שהוא כעין פועל יוצא. והרב יפה תואר כתב וזה לשונו אין להפלא ממה שדרשו הבנין העומד במקום יוצא כי זה דרכם

אשד הנחלים

[ז] **לשון חיבה ולשון זירוז.** כי מרוב החיבוב נכפל הלשון בפה ולשון זירוז כאדם החופז לעכבו ומרוב החפזון אומר פעמים רבות כדרך הנהוג: **לו ולדורות.** כלומר שהוא צווי לכל הדורות לאנשים צדיקים כאברהם שאל יעשו עוד כדבר הזה. כי אין חפץ לה' בזה כ"א בדרך נסיון: והיד"מ פירש שהשבועה תהיה לו ולדורות. והיפ"ת פי' לדורות ימצא כדוגמתו: **נשרו ג' דמעות ושחת הסכין.** כלומר נעשה נס ע"י תחינת המלאכים ונשחת הסכין. והיה חפץ אף לחנוק אותו ודייק מן אל תשלח ידך שהיה חפץ לחנקו בידים: **טפת דם.** כי א"א שהנבואה תהי' לבטלה ולכן אמרו שאף מאומה לא יעשה לו: **ידעתי לכל.** כי יודע מתחילה שהוא כן רק שהודיע עי"ז לבריות וזהו כמו שפירש הרב המורה ז"ל: שלא יאמרו כצ"ל: **כאלו אמרתי לך.** כי הבן נתח מהאב: [ח] **מיד ויעקוד.** שהניח עצמו לעקוד בכוונה:

כְּלוּם יָכוֹל אָדָם לִכְפּוֹת בֶּן שְׁלֹשִׁים וָשֶׁבַע [נוּסָח אַחֵר: בֶּן עֶשְׂרִים וָשֵׁשׁ שָׁנָה] אֶלָּא לְדַעְתּוֹ — Now, **is it possible for a person to bind a thirty-seven-year-old**[106] **{another version: a twenty-six-year-old**[107]**} unless he consents?**[108]

מִיָּד "וַיִּשְׁלַח אַבְרָהָם אֶת יָדוֹ" — Then, **immediately,**[109] ***Abraham stretched out his hand*** *and took the knife.* הוּא שׁוֹלֵחַ יָד לִיטּוֹל אֶת הַסַּכִּין — As **he was stretching out his hand to take the knife,** וְעֵינָיו מוֹרִידוֹת דְּמָעוֹת — **his eyes were flowing with tears,** וְנוֹפְלוֹת דִּמְעוֹתָיו לְעֵינָיו שֶׁל יִצְחָק — **and his tears were falling into Isaac's eyes,** מֵרַחֲמָנוּתוֹ שֶׁל אַבָּא — **because of the compassion of a father** for his son.[110] וְאַף עַל פִּי כֵן הַלֵּב שָׂמֵחַ לַעֲשׂוֹת רְצוֹן יוֹצְרוֹ — **Nevertheless, his heart was happy to do the will of his Creator.**[111]Ⓐ

וְהָיוּ הַמַּלְאָכִים מִתְקַבְּצִין כִּתּוֹת כִּתּוֹת מִלְמַעְלָן — **And** at that point **the angels were gathering in groups**[112] **On High.**[113] מָה הֱווֹן צָוְוחִין — **What were they saying?** "נָשַׁמּוּ מְסִלּוֹת שָׁבַת עֹבֵר אֹרַח הֵפֵר בְּרִית מָאַס עָרִים" — ***Are roads desolate? Has the one who passed on the way terminated? He*** (God) ***has annulled the covenant,***[114] ***He despised cities*** (*Isaiah* 33:8). וְכִי אֵין רְצוֹנוֹ בִּירוּשָׁלַיִם וּבְבֵית הַמִּקְדָּשׁ שֶׁהָיָה בְּדַעְתּוֹ לְהוֹרִישׁ לְבָנָיו שֶׁל יִצְחָק — By this they meant: **Does [God] not** any longer **desire Jerusalem and the Temple,**[115] **which He had intended to bequeath to the children of Isaac!** "לֹא חָשַׁב אֱנוֹשׁ", לֹא עָמְדָה זְכוּת לְאַבְרָהָם — The angels continued, ***He did not take a man into account*** (ibid.), by which they meant: **Can no merit** be found to **stand up for Abraham** to prevent this tragedy?! לֵית לְכָל בְּרִיָּה חֲשִׁיבוּת קֳדָמוֹי — If so, **no human being has any standing before [God]!**[116]

▫ [וַיִּקְרָא אֵלָיו מַלְאַךְ ה׳ מִן הַשָּׁמַיִם . . . וַיֹּאמֶר אַל תִּשְׁלַח יָדְךָ אֶל הַנַּעַר וְאַל תַּעַשׂ לוֹ מְאוּמָה — *AND AN ANGEL OF HASHEM CALLED TO HIM FROM HEAVEN . . . AND SAID, "DO NOT STRETCH OUT YOUR HAND AGAINST THE LAD NOR DO ANYTHING TO HIM."*]

The Midrash portrays Abraham's state of confusion at this point.

אָמַר רַבִּי אַחָא — **R' Acha said:** הִתְחִיל אַבְרָהָם תָּמֵיהַּ — **Abraham started to wonder,** saying to God, אֵין הַדְּבָרִים הַלָּלוּ אֶלָּא דְּבָרִים שֶׁל תֵּימַהּ — **"These words** that You tell me **are nothing but perplexing words!**[117] אֶתְמוֹל אָמַרְתָּ "כִּי בְיִצְחָק יִקָּרֵא לְךָ זָרַע" — **Yesterday** You said, '. . . ***since through Isaac will offspring be considered yours'*** (above, 21:12). חָזַרְתָּ וְאָמַרְתָּ "קַח נָא אֶת בִּנְךָ" — **Then** You **changed** Your mind **and said, *'Please take your son*** ... *Isaac . . . and bring him up there as an offering'* (above, v. 2). וְעַכְשָׁיו אַתְּ אוֹמֵר לִי "אַל תִּשְׁלַח יָדְךָ אֶל הַנַּעַר" — **And now You say to me, *'Do not stretch out your hand against the lad'*** (v. 12). אֶתְמְהָא — **Can it be?!"** אָמַר לוֹ הַקָּדוֹשׁ בָּרוּךְ הוּא — **The Holy One, blessed is He, said to him** in response, אַבְרָהָם, "לֹא אֲחַלֵּל בְּרִיתִי וּמוֹצָא שְׂפָתַי לֹא אֲשַׁנֶּה" — **"Abraham, *I shall not profane My covenant, and I shall not alter the utterance of My lips*** (*Psalms* 89:35).[118] כְּשֶׁאָמַרְתִּי לְךָ "קַח נָא אֶת בִּנְךָ" — **When I told you, *'Please take your son*** ... *and bring him up there,'* לֹא אָמַרְתִּי לְךָ שְׁחָטֵהוּ אֶלָּא הַעֲלֵהוּ — **I did not say to you, 'Slaughter him,' but** merely ***'Bring him***

NOTES

106. See below, 58 §5, where the Midrash deduces that Sarah died at the time of the *Akeidah.* (This is based on the juxtaposition of the story of the *Akeidah* in Ch. 22 to that of Sarah's death in Ch. 23.) Isaac was born when Sarah was 90 years old (above, 17:17), and Sarah died at the age of 127 (below, 23:1), so that Isaac was 37 years old at the time of the *Akeidah* (*Maharzu*).

107. This "other version" is of the opinion that Sarah did not die at the time of the *Akeidah,* but 11 years afterward. This is based on the juxtaposition of the story of the *Akeidah* (Ch. 22) to the verse *And Abraham sojourned in the land of the Philistines many years* (end of Ch. 21), which the Midrash above (54 §6) calculates to be 26 years, beginning from the birth of Isaac (see *Rashi* on *Chumash* ad loc.). Accordingly, the *Akeidah* took place when Isaac was 26 (*Maharzu*).

108. Surely, then, Abraham's binding of Isaac was done with his full cooperation, as the Midrash has explained.

109. The Midrash is pointing out Abraham's alacrity. Immediately, without delay, Abraham stretched out his hand (*Eitz Yosef*) — for the verse juxtaposes *he bound Isaac, his son, and he placed him on the altar atop the wood* to *Abraham stretched out his hand.*

110. The Midrash derives this from the words *to slaughter "his son"* (as opposed to saying simply, "to slaughter *him*"); this wording indicates that Abraham felt the pain of a father for his son, shedding tears as he prepared to perform the sacrifice (*Eitz Yosef*).

111. I.e., the tears were not tears of bitterness or regret — for he was happy to perform God's command — but of fatherly compassion, as the Midrash has just explained. See Insight Ⓐ.

112. There are different levels of angels. The angels of each level gathered in a different group (ibid.).

113. As it is written, *Behold, erelam* (angels) *cried out outside, angels of peace wept bitterly* (*Isaiah* 33:7). They were voicing their concern for what they assumed was the end of the Abrahamic lineage and ideology (as above, §5).

114. For an explanation of the beginning of the verse, see above, §5. The Midrash here differs from the Midrash above only beginning with the words *He despised cities* (*Eitz Yosef,* citing *Yefeh To'ar*).

115. *Despised cities,* in plural, refers to Jerusalem and the Temple. Even though the Temple is itself in Jerusalem, because of its prominence, it is regarded as a separate city (ibid.).

116. This is what they meant by *He did not take a man* — i.e., any man — *into account.* If Abraham's tremendous merits could not help him, no one in the world has merit that can help him! (*Yefeh To'ar*).

117. Abraham was not criticizing God's ways. Rather, he was saying that he did not understand (*Eitz Yosef,* citing *Yefeh To'ar*).

118. This verse does not refer to Abraham; the Midrash is citing it here poetically (ibid.).

INSIGHTS

Ⓐ **Tears of Fatherly Love** It is difficult not to be moved by the Midrash's poignant description of Abraham's complex emotions at the moment he was about to slaughter his precious son: his fatherly eyes shed tears of love for his beloved Isaac while his loyal heart rejoiced to do the will of his Master. But why indeed did Abraham the servant allow himself to cry as Abraham the father at this supreme moment of devotion? Did he not know with every fiber of his being that this was God's will and thus, ultimately, the highest good that either he or his son could attain? Could he not have suppressed his tears? *Should* he not have done so?

R' Yitzchak Blazer, the famous disciple of *R' Yisrael Salanter* (cited in *Tashuri MeRosh Amanah,* p. 6) explains that God's command to Abraham, *Please take your son, your only one, whom you love — Isaac — and go to the land of Moriah; bring him up there as an offering* (above 22:2), was in fact a list of various *essential conditions* of the offering, no different from the essential conditions that the Torah presents for other offerings throughout the Book of *Leviticus,* such as the *type* and *age* and *condition* of the animal to be offered. He was to offer Isaac *whom he loved* as an offering. Had Abraham suppressed that fatherly love at the time of the offering, he would have negated an essential condition of the sacrifice — the one *"whom he loved"*! God's will was not that Abraham suppress his fatherly compassion at that moment, but that he proceed to do the act of obedience *as a father.* It was this normal human feeling of fatherly love that God wanted Abraham to be prepared to offer to Him together with his son on the altar. His test was to show his devotion as a *human being.* The *Akeidah* was indeed a test that brought into full view the heights of Abraham's *human* perfection (see *Chochmas HaMatzpun,* Vol. 2, pp. 167-168).

כְּלוּם יָכוֹל אָדָם לִכְפּוֹת בֶּן [טז]שְׁלֹשִׁים וָשֶׁבַע [נ"א בֶּן עֶשְׂרִים וְשֵׁשׁ שָׁנָה] אֶלָּא לְדַעְתּוֹ, מִיָּד "וַיִּשְׁלַח אַבְרָהָם אֶת יָדוֹ", [יז]הוּא שׁוֹלֵחַ יָד לִיטּוֹל אֶת הַסַּכִּין וְעֵינָיו מוֹרִידוֹת דְּמָעוֹת וְנוֹפְלוֹת דִּמְעוֹתָיו לְעֵינָיו שֶׁל יִצְחָק מֵרַחֲמָנוּתוֹ שֶׁל אַבָּא, וְאַף עַל פִּי כֵן הַלֵּב שָׂמֵחַ לַעֲשׂוֹת רְצוֹן יוֹצְרוֹ. וְהָיוּ [יח]הַמַּלְאָכִים מִתְקַבְּצִין כִּתּוֹת כִּתּוֹת מִלְמַעְלָן, מָה הֲווֹן צָווְחִין, (ישעיה לג, ח) "נָשַׁמּוּ מְסִלּוֹת שָׁבַת עֹבֵר אֹרַח הֵפֵר בְּרִית מָאַס עָרִים", וְכִי אֵין רְצוֹנוֹ בִּירוּשָׁלַיִם וּבְבֵית הַמִּקְדָּשׁ שֶׁהָיָה בְּדַעְתּוֹ לְהוֹרִישׁ לְבָנָיו שֶׁל יִצְחָק, "לֹא חָשַׁב אֱנוֹשׁ", לֹא עָמְדָה זְכוּת לְאַבְרָהָם לֵית לְכָל בְּרִיָּה חֲשִׁיבוּת קֳדָמוֹי. אָמַר רַבִּי אַחָא: הִתְחִיל אַבְרָהָם תָּמֵהַּ: אֵין הַדְּבָרִים הַלָּלוּ אֶלָּא דְבָרִים שֶׁל תֵּימַהּ, אֶתְמוֹל אָמַרְתָּ: כִּי בְיִצְחָק יִקָּרֵא לְךָ זָרַע, חָזַרְתָּ וְאָמַרְתָּ: קַח נָא אֶת בִּנְךָ וְעַכְשָׁיו אַתְּ אוֹמֵר לִי: אַל תִּשְׁלַח יָדְךָ אֶל הַנַּעַר אֶתְמְהָא. אָמַר לוֹ הַקָּדוֹשׁ בָּרוּךְ הוּא: אַבְרָהָם (תהלים פט, לה) "לֹא אֲחַלֵּל בְּרִיתִי וּמוֹצָא שְׂפָתַי לֹא אֲשַׁנֶּה". [יט]כְּשֶׁאָמַרְתִּי לְךָ "קַח נָא אֶת בִּנְךָ", לֹא אָמַרְתִּי לְךָ "שָׁחְטֵהוּ" אֶלָּא "הַעֲלֵהוּ", לְשֵׁם חִיבָּה אָמַרְתִּי לָךְ, אֲסִיקְתֵּיהּ וְקִיַּמְתָּ דְּבָרַי, וְעַתָּה °אַחֲתִינֵיהּ. [נ"א מָשָׁל לְמֶלֶךְ שֶׁאָמַר לְאוֹהֲבוֹ: הַעֲלֵה אֶת בִּנְךָ עַל שֻׁלְחָנִי, °הֱבִיאוֹ אוֹתוֹ אוֹהֲבוֹ וְסַכִּינוֹ בְּיָדוֹ. אָמַר הַמֶּלֶךְ: וְכִי הַעֲלֵהוּ לְאָכְלוֹ אָמַרְתִּי לָךְ, הַעֲלֵהוּ אָמַרְתִּי לְךָ מִפְּנֵי חִיבָּתוֹ, הָדָא הוּא דִכְתִיב (ירמיה יט, ה) [כ]"וְלֹא עָלְתָה עַל לִבִּי", זֶה יִצְחָק]:

עץ יוסף

בן שלושים ושבע. שבעקידה מתה שרה ואז היה יצחק בן ל"ז: **נוסח אחר.** ס"ל דלא מתה שרה בו בפ'. וקים ליה דבן כ"ו הוה יצחק מדכתיב לעיל ויגר אברהם בארץ פלשתים ימים רבים והיינו כ"ו כדלעיל סוף פ' כ"ד ומכיון דבתר הכי הוה הנסיון כדכתיב ויהי אחר הדברים האלה ע"כ יצחק לפחות הוי בן כ"ו שהרי בשנה ראשונה שבא אברהם ארצה הנגב ויגר בגרר נפקדה שרה שאז היה אברהם בן צ"ט שנה ומל וביום המילה נתבשר על פקידת שרה ולידת' בשנה האחרת (יפ"ת): **מיד וישלח.** זריזותיה דאברהם קמ"ל כי מיד בלי עצלה שלח ידו: **ועיניו יורדות דמעות כו'.** יתורא דבנו קדריש דלשחטו מיבעי ליה. אלא לומר כי נכמרו רחמיו כרחם אב על בנים. וז"ש מרחמנותו של אבא. ואעפ"כ לבו היה לשמים שמח לעשות רצון יוצרו: **כתות כתות.** לפי שבמלאכים מדרגות רבות לכן הם מתקבצים כתות כתות. וקדייק ליה מדכתיב אראלם ומלאכי שלום משמע מדרגות רבות (יפ"ת): **נשמו מסילות כו'.** כדדרש לעיל אין אברהם מקבל כו'. רק במאס ערים מפרש מאס ירושלים ובהמ"ק וקרא לביהמ"ק עיר על שם חשיבותו (יפ"ת): [יב] **אין הדברים הללו כו'.** וקצרה דעתו מהבין (יפ"ת): **לא אחלל בריתי.** לישנא דקרא נקט הנאמר בהבטחת ברית למלכות בית דוד (יפ"ת): **אסיקתיה.** פירוש העליתהו: **אחתיניה.** פי' הורידהו: **ולא עלתה על לבי זה יצחק.** בירמיה י"ט ובנו את במות הבעל לשרוף את בניהם באש עולות לבעל אשר לא צויתי ולא דברתי ולא עלתה על לבי. ומפרש בפ"ק דתענית אשר לא צויתי זה בנו של מישע מלך מואב שנא' ויקח את בנו הבכור אשר ימלוך תחתיו ויעלהו עולה. ולא דברתי זה יפתח. ולא עלתה על לבי זה יצחק

פירוש מהרז"ו

בן ל"ז. כי יצחק נולד כשהיתה שרה בת צ' ונעקד שהיתה בת קכ"ז שסמוך לעקידה כתיב ויהיו חיי שרה וכו' וכמ"ש לקמן פרשה נ"ח סימן ה' בהדיא. ולפי דעת זו היתה רבקה כשנשאה יצחק בת ג' שנה שדורש סמוכין שמיד אחר העקידה כתיב לידת רבקה ומיתת שרה. וכתיב ויהי יצחק בן ארבעים שנה בקחתו את רבקה וכ"ה בפר"א פרק ט"ז ול"ב: **נ"א ב"ו שנה.** היא דעת הס"ע פ"א ודורש ג"כ סמוכין שקודם העקידה כתוב ויגר אברהם בארץ פלשתים ימים רבים משל חברון שהיו כ"ה שנים כמ"ש ואברהם בן שבעים וחמש שנים בצאתו מחרן ודר שם עד שנת צ"ט שנתבשר על לידת יצחק שאז היתה הפיכת סדום ויצא מחברון לפלשתים ודר שם כ"ו שנה וכמפורש לעיל ס"פ כ"ד וסמוך ליה והאלהים נסה את אברהם הרי שהיה אז יצחק כ"ו שנה גם סובר שרבקה נולדה בעת עקידה שמיד אח"ז כתוב ובתואל ילד את רבקה. ואינו דורש הסמוכין של ויהיו חיי שרה שמתה שרה אחר העקידה שהרי הפסיק בלידת רבקה ועי' רש"י בחומש פסוק ויגר אברהם בארץ פלשתים. ואם כן היתה שרה בעת עקידה קי"ו שנה: **מתקבצין.** עי' לעיל סימן ה': **בירושלים ובבית המקדש.** ציון וירושלים כמ"ש ערי קדשך. (ומוהרי"ב העיר שמ"ש מאס ערים כו' על ירושלים ובית המקדש ע"ד שכתוב מ"ב כ"ג כ"ז ומאסתי את העיר הזאת וגו' את ירושלים ואת הבית וגו' וסתם עיר ירושלים וכמ"ש כתובות דף ק"א ב' אין עיר אלא ירושלים כו' ועי' תענית דף ה' א' ולא אבא בעיר כו' בירושלים כו' וכן עוד. ובקה"ר עיר קטנה זה בהכ"נ כו' ובהכ"נ נקרא מקדש מעט. וא"כ י"ל עיר סתם רומז לביהמ"ק וז"ש ערים ירושלים ובית המקדש. ע"כ): **לכל בריה.** שאפילו זכות אברהם לא יחשוב: **לא אחלל בריתי.** כמ"ש ואת בריתי אקים את יצחק וכמ"ש לעיל בסימן ה' הפר ברית. ועי' כ"ז בתג"ב ר"פ ל"א באריכות: **ולא עלתה על לבי.** ר"ד ובנו וגו' לשרוף את בניהם וגו' אשר לא צויתי וגו' ולא עלתה על לבי שאפילו לאותם שעשו כמו מישע ויפתח לא צויתי. וגם לאברהם צויתי אך לא עלתה על לבי. ועי' לעיל פר' כ"ה סימן ה':

חידושי הרד"ל

(יז) [ח] **אין רצונו בירושלים ובהמ"ק.** דרש נשמו מסלות שבת עובר אורח. על המסלות העולים לבית ה' להולכי ארחות עולי רגלים כל אלה יבוטלו כי הפר ברית אשר אמר אקים את יצחק (ועיין אג"ב פל"א) מאס ערים ציון וירושלים ערי קדשו:

חידושי הרש"ש

[ח] **בן כ"ו שנה.** היינו ע"פ דאיתא לעיל ס"פ כ"ד דבארץ פלשתים עשה כ"ו שנים ועי' ברש"י בפיה"ת וכתיב אח"ז ויהי אחר הדברים כו' והאלהים נסה כו' וכמ"ד אחר סמוך לעיל פמ"ד. וזה אתיא כמ"ד דרבקה בת י"ד שנה היתה כשנשאה יצחק וכן סובר המדרש לקמן בסוף סדר ויחי וכמו שהעירותי שם לעיין בתוס' יבמות (ס"א ב'). ולקמן בריש שמות רבה ליתא רק נוסחת שבן ל"ז שנה היה:

באור מהרי"פ

בן ל"ז. תדע שהרי שרה היתה בת צ' כשנולד יצחק ושרה מתה תיכף לאחר העקידה בהיותה קכ"ז שנה: **נ"א בן כ"ו שנה.** ס"ל שלא מתה שרה בו בפרק. ומדכתיב לעיל ויגר כו' ימים רבים והיינו כ"ו שנה כדלעיל ספכ"ד ומכיון דבתר הכי הוה הנסיון כדכתיב ויהי אחרי הדברים האלה ע"כ יצחק היה אז בן כ"ו לפחות שבשנה הראשונה שבא אברהם ארצה הנגב ויגר בגרר נפקדה שרה שאז היה אברהם בן צ"ט שנה ומל א"ע וביום המילה נתבשר על פקידת שרה ולידתה בשנה האחרת (יפ"ת):

מסורת המדרש

טז פדר"א פ' ל"א. לעיל פ' נ"ה. תנחומא סדר שמות סימן א'. תדא"ר פ' כ"ז. ותדא"ר פ' ב'. סע"ר פ' א':
יז ילקוט כאן רמז ק"א:
יח ילקוט ישעיה רמז ש"ג:
יט ילקוט תהלים רמז תת"מ:
כ תענית דף ד'. אגדת בראשית פ' ל"א:

אם למקרא

נָשַׁמּוּ מְסִלּוֹת שָׁבַת עֹבֵר אֹרַח הֵפֵר בְּרִית מָאַס עָרִים לֹא חָשַׁב אֱנוֹשׁ:
(ישעיה לג:ח)

לֹא־אֲחַלֵּל בְּרִיתִי וּמוֹצָא שְׂפָתַי לֹא אֲשַׁנֶּה:
(תהלים פט:לה)

וּבָנוּ אֶת־בָּמוֹת הַבַּעַל לִשְׂרֹף אֶת־בְּנֵיהֶם בָּאֵשׁ עֹלוֹת לַבָּעַל אֲשֶׁר לֹא־צִוִּיתִי וְלֹא דִבַּרְתִּי וְלֹא עָלְתָה עַל־לִבִּי:
(ירמיה יט:ה)

ענף יוסף

(יא) [ח] **[ונופלות דמעותיו לעיניו של יצחק]** לכאורה הדברים מפליאים כי יהיה אברהם ע"ה מוריד דמעות עם עשותו מצות יוצרו. היפך ממ"ש עבדו את ה' בשמחה. ומה גם כי דבריהם בעצמם הם כסותרים זה את זה. במה שסיימו ז"ל ואעפ"כ הלך שמח לעשות רצון יוצרו. כי אם הוא היה שמח וטוב לב. לא היו עיניו מורידות דמעות. אבל הנכון בזה כי רצו ז"ל להבינינו עוצם הפלגת נסיון אברהם ע"ה בדבר העקידה אשר בהעלותו על המזבח לא היה מלדד להמעיט ולהקטין אהבת בנו כדי להמעיט דאבון נפשו. ולומר ללבו שלכן אמר לי הקב"ה קח את יצחק והעלהו כו' כי ה' רואה ללבב. כי לבו לא נכון עמו. או יודע עתידות לו. כי בבואו בימים ישגה בדרכו ח"ו. אלא אברהם לא עשה כן ואדרבא בשלחו את ידו לקחת את המאכלת העיר את רוחו באהבה נפלאה ועזה. וחמלה מאודיית על בנו יחידו יצחק. עד שע"י כן היו עיניו מורידות דמעות כנחל. אבל גבר וכבש האהבה הזאת עם מה

רש"י

כי אם לבנך אינו קשה לך אלא מעלה אני עליך כאילו אמרתי שתקריב עצמך ולא עיכבת: **(ח) אמר ר' אחא.** אמר אברהם כביכול יש לפניך שיחות כבני אדם שמחליפין דבורן אתמול אמרת לי כי ביצחק וגו': **ומוצא שפתי לא אשנה.** וכי אמרתי שחטהו. העלהו אמרתי לך. אסיקתיניה. אחתיניה. העלית אותו. קיימת דברי. עכשיו הורידהו:

מתנות כהונה

כלום יכול כו'. בתמיה אלא ברצונו כפתהו: **מרחמנותו של אבא.** כלומר מצד הרחמנות הטבעי מן האב על בנו: **נשמו מסילות.** כדדריש לעיל בפרשה זו: **אחתיה גרסינן.** פירש הורידהו שלפיכך אמרתי העלהו ליראות לפני מפני האהבה שיש לי עליו: **וסכינו בידו.** שהרי א"ל העלהו על השולחן משמע לאוכלו:

נחמד למראה

וכבר דברנו בהתגלותם לעיל ריש פרשה נ"ב עכ"ל. איברא כפי מה שהתבאר כבר שלפעמים נקראת הפעולה על שם הגורם הפעולה נכון הוא ואין צורך לשום התגלות לגמרי ויהיה המכוון כאן במה שאמר עתה ידעתי כלומר עתה גרמתי שידעו כולם כי ירא אלהים אתה. וזהו שאמר ידעתי לכל שאת אהבני:

אשד הנחלים

[ח] **מרחמנותו של אביו.** כלומר אף שהוא הי' חפץ באהבה לשוחטו. עכ"ז הטבע בעצמו דחקו לבכות ועשתה את שלה שהורידה דמעות ואעפ"כ טבעו לא הגביר על שכלו למנעו מזה: **אין רצונו בירושלים כו'.** כי אחר שיצחק איננו אז אין שבטי יה ואין השראת השכינה וא"כ אין ירושלים ובית המקדש ששם ההשראה: **לכל ברי'.** כי שם אנוש הונח על פחות המעלה ואם אברהם לא חשב בעיניו אף כי אנוש קטון ממנו. וכאלו באו לומר. שא"א שיתקיים הדבר באחרים. כי אם אברהם לא נחשב בעיניו איך יתכן שאחרים יחשבו בעיניו: **התחיל אברהם תמי'.** באו בזה להסביר דברי הכתוב אל תעש לו מאומה. כי הכוונה בזה כי מעולם לא חשבתי שתעשה לו בפועל כ"א העליה לבדה. מפני שהיה אברהם נבוך. תחילה אמר לי כך ואח"כ התנחם. מה שא"א זה בחק השי"ת ולזה השיבו. כי מעולם לא אמרתי זה: **לשם חיבה.** בכדי לנסותו ובכדי להעלותו למעלה רמה מכמו שהיה מתחילה:

up.' לְשֵׁם חִיבָּה אֲמַרְתִּי לָךְ — It was **for the sake of** My **affection** of you[119] that **I told you** to bring him up. אֲסִיקְתֵּיהּ וְקַיֵּימְתְּ דְּבָרַי, וְעַתָּה אַחֲתֵיהּ — **You have 'brought him up'** on top of the altar **and fulfilled My command; now take him down!"**

[נוּסַח אַחֵר: מָשָׁל לְמֶלֶךְ שֶׁאָמַר לְאוֹהֲבוֹ "הַעֲלֵה אֶת בִּנְךָ עַל שֻׁלְחָנִי" — **Another version:**[120] **A parable** was said to illustrate God's response to Abraham, comparing this situation **to a king who told his friend, "Bring your son up to my table."** הֵבִיא אוֹתוֹ אוֹהֲבוֹ וְסַכִּינוֹ בְּיָדוֹ — **His friend brought [his son]** up to the king's table, **while** carrying **his knife in his hand.** אָמַר הַמֶּלֶךְ וְכִי הַעֲלֵהוּ לְאָכְלוֹ אֲמַרְתִּי לָךְ — **The king said, "Did I tell you, 'Bring him up in order to eat him?!'** הַעֲלֵהוּ אֲמַרְתִּי לָךְ מִפְּנֵי חִיבָּתוֹ — **I told you** merely, **'Bring him up,' because of** my **affection for him!"]** הֲדָא הוּא דִכְתִיב "וְלֹא עָלְתָה עַל לִבִּי" — **Thus it is written,** *they built the high places of the Baal, at which to burn their sons as offerings to the Baal — which I never commanded, nor spoke of,* ***nor even considered in My heart*** (*Jeremiah* 19:5); זֶה יִצְחָק — **this refers to Isaac.**[121]]

NOTES

119. To make known to everyone Abraham's great love of God (*Tiferes Tzion*).

120. This "other version" is also not found in the Midrash manuscripts, and is apparently a later addition.

121. God is saying here, "Even though it seems that I commanded Abraham to do something similar to what they are doing for Baal, know that it never was My intention that Abraham should slaughter his son" (*Eitz Yosef*). See *Taanis* 4a.

בן שלושים ושבע. שבעקידה מתה שרה ואז היה יצחק בן ל"ז: **נוסח אחר.** ס"ל דלא מתה שרה בו בפ'. וקים ליה דבן כ"ו הוה יצחק מדכתיב לעיל ויגר אברהם בארץ פלשתים ימים רבים והיינו כ"ו כדלעיל סוף פ' נ"ד ומכיון דבתר הכי הוה הנסיון כדכתיב ויהי אחר הדברים האלה ע"כ יצחק לפחות הוי בן כ"ו שהרי בשנה ראשונה שבא אברהם ארצה הנגב ויגר בגרר נפקדה שרה שאז היה אברהם בן צ"ט שנה ומל וביום המילה נתבשר על פקידת שרה ולידת' בשנה האחרת (יפ"ת): **מיד וישלח.** זריזותיה דאברהם קמ"ל כי מיד בלי עצלה שלח ידו: **ועיניו יורדות דמעות כו'.** יתורא דבנו קדריש דלשחטו מיבעי ליה. אלא לומר כי נכמרו רחמיו כרחם אב על בנים. וז"ש מרחמנותו של אבא. ואעפ"כ לבו היה לשמים שמח לעשות רצון יוצרו: **כתות כתות.** לפי שבמלאכים מדרגות רבות לכן הם מתקבצים כתות כתות. וקדייק ליה מדכתיב אראלם ומלאכי שלום משמע מדרגות רבות (יפ"ת): **נשמו מסילות כו'.** כדדרש לעיל אין אברהם מקבל כו'. רק במאס ערים מפרש מאס הירושלים וביהמ"ק וקרא לביהמ"ק עיר על שם חשיבותו (יפ"ת): **[יב] אין הדברים הללו כו'.** וקאמר דעתו מהבין (יפ"ת): **לא אחלל בריתי.** לישנא דקרא נקט הנאמר בהבטחת ברית למלכות בית דוד (יפ"ת): **אסיקתיה.** פירוש העליתהו: **אחתיניה.** פי' הורידהו: **ולא עלתה על לבי זה יצחק.** בירמיה י"ט ובנו את במות הבעל לשרוף את בניהם באש עולות לבעל אשר לא צויתי ולא דברתי ולא עלתה על לבי. ומפרש בפ"ק דתענית אשר לא צויתי זה בנו של מישע מלך מואב שנא' ויקח את בנו הבכור אשר ימלוך תחתיו ויעלהו עולה. ולא דברתי זה יפתח. ולא עלתה על לבי זה יצחק

בן ל"ז. כי יצחק נולד כשהיתה שרה בת צ' ונעקד שהיתה בת קכ"ז שסמוך לעקידה כתיב ויהיו חיי שרה וכו' וכמ"ש לקמן פרשה נ"ח סימן ה' בהדיא. ולפי דעת זו היתה רבקה כשנשאה יצחק בת ג' שנה שדורש סמוכין שמיד אחר העקידה כתיב לידת רבקה ומיתת שרה. וכתיב ויהי יצחק בן ארבעים שנה בקחתו את רבקה וכ"ה בפר"א פרק ט"ז ול"ב: **נ"א כ"ו שנה.** היא דעת הס"ע פ"א ודורש ג"כ סמוכין שקודם העקידה כתוב ויגר אברהם בארץ פלשתים ימים רבים משל חברון שהיו כ"ה שנים כמ"ש ואברהם בן שבעים וחמש שנים בצאתו מחרן ודר שם עד שנת צ"ט שנתבשר על לידת יצחק שאז היתה הפיכת סדום ויצא מחברון לפלשתים ודר שם כ"ו שנה וכמפורש לעיל ס"פ נ"ד וסמוך ליה והאלהים נסה את אברהם הרי שהיה אז יצחק כ"ו שנה גם סובר שרבקה נולדה בעת עקידה שמיד אח"ז כתוב ובתואל ילד את רבקה. ואינו דורש הסמוכין של ויהיו חיי שרה שמתה שרה אחר העקידה שהרי הפסיק בלידת רבקה וע' רש"י בחומש פסוק ויגר אברהם בארץ פלשתים. ואם כן היתה שרה בעת עקידה קי"ו שנה: **מתקבצין.** עי' לעיל סימן ה': **בירושלים ובבית המקדש.** ציון וירושלים כמ"ש ערי קדשך. (ומוהרי"ב העיר שמ"ש מאס ערים כו' על ירושלים ובית המקדש ע"ד שכתוב מ"ב כ"ג כ"ז ומאסתי את העיר הזאת וגו' את ירושלים ואת הבית וגו' וסתם עיר ירושלים וכמ"ש כתובות דף קי"א ב' אין עיר אלא ירושלים כו' וע' תענית דף ה' א' ולא אבא בעיר כו' בירושלים כו' וכן עוד. ובקה"ר עיר קטנה זה בהכ"נ כו' ובהכ"נ נקרא מקדש מעט. וא"כ י"ל עיר סתם רומז לביהמ"ק וז"ש ערים ירושלים ובית המקדש. ע"כ): **לכל בריה.** שאפילו זכות אברהם לא יחשוב: **לא אחלל בריתי.** כמ"ש ואת בריתי אקים את יצחק וכמ"ש לעיל בסימן ה' הפר ברית. ועי' כ"ז בא"ג ר"פ ל"א באריכות: **ולא עלתה על לבי.** ר"ד ובנו וגו' לשרוף את בניהם וגו' אשר לא צויתי וגו' ולא עלתה על לבי שאפילו לאותם שעשו כמו מישע ויפתח לא צויתי. וגם לאברהם צויתי אך לא עלתה על לבי. ועי' לעיל פר' נ"ה סימן ה':

כְּלוּם יָכוֹל אָדָם לִכְפּוֹת בֶּן [טז] **שְׁלֹשִׁים וָשֶׁבַע** [נ"א **בֶּן עֶשְׂרִים וְשֵׁשׁ שָׁנָה**] **אֶלָּא לְדַעְתּוֹ, מִיָּד "וַיִּשְׁלַח אַבְרָהָם אֶת יָדוֹ",** [יז] **הוּא שׁוֹלֵחַ יָד לִיטּוֹל אֶת הַסַּכִּין וְעֵינָיו מוֹרִידוֹת דְּמָעוֹת וְנוֹפְלוֹת דִּמְעוֹתָיו לְעֵינָיו שֶׁל יִצְחָק מֵרַחֲמָנוּתוֹ שֶׁל אַבָּא, וְאַף עַל פִּי כֵן הַלֵּב שָׂמֵחַ לַעֲשׂוֹת רְצוֹן יוֹצְרוֹ. וְהָיוּ** [יח] **הַמַּלְאָכִים מִתְקַבְּצִין כִּתּוֹת כִּתּוֹת מִלְמַעְלָן, מָה הֲווֹן צָוְוחִין,** (ישעיה לג, ח) **"נָשַׁמּוּ מְסִלּוֹת שָׁבַת עֹבֵר אֹרַח הֵפֵר בְּרִית מָאַס עָרִים", וְכִי אֵין רְצוֹנוֹ בִּירוּשָׁלַיִם וּבְבֵית הַמִּקְדָּשׁ שֶׁהָיָה בְּדַעְתּוֹ לְהוֹרִישׁ לְבָנָיו שֶׁל יִצְחָק, "לֹא חָשַׁב אֱנוֹשׁ", לֹא עָמְדָה זְכוּת לְאַבְרָהָם לֵית לְכָל בְּרִיָּה חֲשִׁיבוּת קֳדָמוֹי. אָמַר רַבִּי אַחָא: הִתְחִיל אַבְרָהָם תָּמֵהַּ: אֵין הַדְּבָרִים הַלָּלוּ אֶלָּא דְּבָרִים שֶׁל תֵּימַהּ, אֶתְמוֹל אָמַרְתָּ: כִּי בְיִצְחָק יִקָּרֵא לְךָ זָרַע, חָזַרְתָּ וְאָמַרְתָּ: קַח נָא אֶת בִּנְךָ וְעַכְשָׁיו אַתְּ אוֹמֵר לִי: אַל תִּשְׁלַח יָדְךָ אֶל הַנַּעַר אֶתְמְהָא. אָמַר לוֹ הַקָּדוֹשׁ בָּרוּךְ הוּא: אַבְרָהָם** (תהלים פט, לה) **"לֹא אֲחַלֵּל בְּרִיתִי וּמוֹצָא שְׂפָתַי לֹא אֲשַׁנֶּה".** [יט] **כְּשֶׁאָמַרְתִּי לְךָ "קַח נָא אֶת בִּנְךָ", לֹא אָמַרְתִּי לְךָ "שָׁחְטֵהוּ" אֶלָּא "הַעֲלֵהוּ", לְשֵׁם חִיבָּה אָמַרְתִּי לָךְ, אֲסִיקְתֵּיהּ וְקִיַּימְתָּ דְּבָרַי, וְעַתָּה °אַחֲתִינֵיהּ.** [נ"א **מָשָׁל לְמֶלֶךְ שֶׁאָמַר לְאוֹהֲבוֹ: הַעֲלֵה אֶת בִּנְךָ עַל שֻׁלְחָנִי, °הֱבִיאוֹ אוֹתוֹ אוֹהֲבוֹ וְסַכִּינוֹ בְּיָדוֹ. אָמַר הַמֶּלֶךְ: וְכִי הַעֲלֵהוּ לְאָכְלוֹ אָמַרְתִּי לָךְ, הַעֲלֵהוּ אָמַרְתִּי לְךָ מִפְּנֵי חִיבָּתוֹ, הָדָא הוּא דִכְתִיב** (ירמיה יט, ה) [כ] **"וְלֹא עָלְתָה עַל לִבִּי", זֶה יִצְחָק**]:

רש"י

כי אם לבנך אינו קשה לך אלא מעלה אני עליך כאילו אמרתי שתקריב עצמך ולא עיכבת: **(ח) אמר ר' אחא.** אמר אברהם כביכול יש לפניך שיחות כבני אדם שמחליפין דבורן אתמול אמרת לי כי ביצחק וגו': **ומוצא שפתי לא אשנה.** וכי אמרתי שחטהו. העלהו אמרתי לך. אסיקתיה. אחתיניה. העלית אותו. קיימת דברי. עכשיו הורידהו:

מתנות כהונה

כלום יכול כו'. בתמיה אלא ברצונו כפתהו: **מרחמנותו של אבא.** כלומר מצד הרחמנות הטבעי מן האב על בנו: **נשמו מסילות.** כדדריש לעיל בפרשה זו: **אחתיה גרסינן.** פירש הורידהו שלפיכך אמרתי העלהו לראות לפני מפני האהבה שיש לי עליו: **וסכינו בידו.** שהרי א"ל העלהו על השולחן משמע לאוכלו:

נחמד למראה

וכבר דברנו בהתגלותם לעיל ריש פרשה נ"ב עכ"ל. אחברא כפי מה שהתבאר כבר שלפעמים נקראת הפעולה על שם הגורם הפעולה נכון הוא ואין צורך לשום התגלות לגמרי ויהיה המכוון כאן במה שאמר עתה ידעתי כלומר עתה גרמתי שידעו כולם כי ירא אלהים אתה. וזהו שאמר ידעתי לכל שאת אהבני:

אשד הנחלים

[ח] מרחמנותו של אביו. כלומר אף שהוא הי' חפץ באהבה לשוחטו. עכ"ז הטבע בעצמו דחקו לבכות ועשתה את שלה שהורידה דמעות ואעפ"כ טבעו לא הגביר על שכלו למנעו מזה: **אין רצונו בירושלים כו'.** כי אחר שיצחק איננו אז אין שבטי יה ואין השראת השכינה וא"כ אין ירושלים ובית המקדש ששם ההשראה: **לכל ברי'.** כי שם אנוש הונח על פחות המעלה ואם אברהם לא חשב בעיניו אף כי אנוש קטון ממנו. וכאלו באו לומר. שא"א שיתקיים הדבר באחרים. כי אם אברהם לא נחשב בעיניו איך יתכן שאחרים יחשבו בעיניו: **התחיל אברהם תמי'.** באו בזה להסביר דברי הכתוב אל תעש לו מאומה. כי הכוונה בזה כי מעולם לא חשבתי שתעשה לו בפועל כ"א העליה לבדה. מפני שהיה אברהם נבוך. תחילה אמר לי כך ואח"כ התנחם. מה שא"א זה בחק השי"ת ולזה השיבו. כי מעולם לא אמרתי זה: **לשם חיבה.** בכדי לנסותו ובכדי להעלותו למעלה רמה מכמו שהיה מתחילה:

חידושי הרד"ל

(יז) [ח] **אין רצונו בירושלים ובהמ"ק.** דרש נשמו מסלות שבת עובר אורח. על המסלות העולים לבית ה' להולכי ארחות עולי רגלים כל אלה יבוטלו כי הפר ברית אשר אמר אקים את יצחק (ועיין אג"ב פל"א) מאס ערים ציון וירושלים ערי קדשו:

חידושי הרש"ש

[ח] בן כ"ו שנה. היינו ע"פ דאיתא לעיל ס"פ נ"ד דבארץ פלשתים עשה כ"ו שנים וע"ש ברש"י בפיה"ת וכתיב אח"ז ויהי אחר הדברים כו' והאלהים נסה כו' וכמ"ד אחר סמוך לעיל פמ"ד. וזה אתיא כמ"ד דרבקה בת י"ד שנה היתה כשנשאה יצחק וכן סובר המדרש לקמן בסוף סדר ויחי וכמו שהעירותי שם לעיין בתוס' יבמות (ס"א ב'). ולקמן בריש שמות רבה ליתא רק נוסחת שבן ל"ז שנה היה:

באור מהרי"פ

בן ל"ז. תדע שהרי שרה היתה בת צ' כשנולד יצחק ושרה מתה תיכף לאחר העקידה בהיותה קכ"ז שנה: **נ"א בן כ"ו שנה.** ס"ל שלא מתה שרה בו בפרק. ומדכתיב לעיל ויגר כו' ימים רבים והיינו כ"ו שנה כדלעיל ספנ"ד ומכיון דבתר הכי הוה הנסיון כדכתיב ויהי אחרי הדברים האלה ע"כ יצחק היה אז בן כ"ו לפחות שבשנה הראשונה שבא אברהם ארצה הנגב ויגר בגרר נפקדה שרה שאז היה אברהם בן צ"ט שנה ומל א"ע וביום המילה נתבשר על פקידת שרה ולידתה בשנה האחרת (יפ"ת):

מסורת המדרש

טז פדר"א פ' ל"א. לעיל פ' נ"ה. תנחומא סדר שמות סימן א'. תדא"ר פ' כ"ז. ותדא"ר פ' ב'. סע"ר פ' א':
יז ילקוט כאן רמז ק"א:
יח ילקוט ישעיה רמז ש"ג:
יט ילקוט תהלים רמז תת"מ:
כ תענית דף ד'. אגדת בראשית פ' ל"א:

אם למקרא

נָשַׁמּוּ מְסִלּוֹת שָׁבַת עֹבֵר אֹרַח הֵפֵר בְּרִית מָאַס עָרִים לֹא חָשַׁב אֱנוֹשׁ: (ישעיה לג:ח)

לֹא־אֲחַלֵּל בְּרִיתִי וּמוֹצָא שְׂפָתַי לֹא אֲשַׁנֶּה: (תהלים פט:לה)

וּבָנוּ אֶת־בָּמוֹת הַבַּעַל לִשְׂרֹף אֶת־בְּנֵיהֶם בָּאֵשׁ עֹלוֹת לַבָּעַל אֲשֶׁר לֹא־צִוִּיתִי וְלֹא דִבַּרְתִּי וְלֹא עָלְתָה עַל־לִבִּי: (ירמיה יט:ה)

ענף יוסף

(יא) [ח] **[ונופלות דמעותיו לעיניו של יצחק]** לכאורה הדברים מפליאים כי יהיה אברהם ע"ה מוריד דמעות עם עשותו מצות יוצרו. היפך ממ"ש עבדו את ה' בשמחה. ומה גם כי דבריהם בעצמם הם כסותרים זה את זה. במה שסיימו ז"ל ואעפ"כ הלך שמח לעשות רצון יוצרו. כי אם הוא היה שמח וטוב לב. לא היו עיניו מורידות דמעות. אבל הנכון בזה כי רצו ז"ל להבינגו עוצם הפלגת נסיון אברהם ע"ה בדבר העקידה אשר בהעלותו על המזבח לא היה מצדד להמעיט ולהקטין אהבת בנו כדי להמעיט דאבון נפשו. ולומר ללבו שלכן אמר לי הקב"ה קח את יצחק והעלהו כו' כי ה' רואה ללבב. כי לבו לא נכון עמו. או יודע עתידות לו. כי בבואו בימים ישגה בדרכו ח"ו. אלא אברהם לא עשה כן והדרבא בשלחו את ידו לקחת את המאכלת העיר את רוחו באהבה נפלאה ועזה. וחמלה מאודיית על בנו יחידו יצחק. עד שעי"ז כן היו עיניו מורידות דמעות כנחל. אבל גבר וכבש האהבה הזאת עם מה

וַיִּשָּׂא אַבְרָהָם אֶת עֵינָיו וַיַּרְא וְהִנֵּה אַיִל אַחַר נֶאֱחַז בַּסְּבַךְ בְּקַרְנָיו וַיֵּלֶךְ אַבְרָהָם וַיִּקַּח אֶת הָאַיִל וַיַּעֲלֵהוּ לְעֹלָה תַּחַת בְּנוֹ.
And Abraham raised his eyes and saw — behold, a ram! — afterwards, caught up in the thicket by its horns; so Abraham went and took the ram and offered it up as an offering in place of his son (22:13).

§9 וַיִּשָּׂא אַבְרָהָם אֶת עֵינָיו וַיַּרְא וְהִנֵּה אַיִל, אַחַר — ***AND ABRAHAM RAISED HIS EYES AND SAW — BEHOLD, A RAM! — AFTERWARDS, CAUGHT UP IN THE THICKET*** [בַּסְּבַךְ] ***BY ITS HORNS.***

The word "afterwards" seems superfluous. It is self-understood that this took place after the events described previously.[122] The Midrash therefore explains the verse homiletically:

מַהוּ "אַחַר" — **What is** meant by ***afterwards?*** אָמַר רַבִּי יוּדָן — **R' Yudan said:** אַחַר כָּל הַמַּעֲשִׂים — *Abraham raised his eyes and saw* prophetically[123] that **"after" all the deeds,**[124] יִשְׂרָאֵל נֶאֱחָזִים בַּעֲבֵירוֹת וּמִסְתַּבְּכִין בְּצָרוֹת — the people of **Israel will become "caught up"** [נֶאֱחָזִים] **in sins and** thereby **become "entangled"** [מִסְתַּבְּכִין][125] **in suffering** to atone for their sins.[126] וְסוֹפָן לִיגָּאֵל בְּקַרְנָיו שֶׁל אַיִל — **And their end,** in Messianic times, **will be to be redeemed "by the horns" of a ram;** הֲדָא הוּא דִכְתִיב "וַה' אֱלֹהִים בַּשּׁוֹפָר יִתְקַע וגו'" — **thus it is stated,** ***and the Lord HASHEM/ELOHIM will blow with a shofar, etc.***[127] (*Zechariah* 9:14).

The Midrash records another, similar interpretation of our verse:

אָמַר רַבִּי יְהוּדָה בַּר סִימוֹן — **R' Yehudah bar Simon said:** אַחַר כָּל הַדּוֹרוֹת — *Abraham raised his eyes and saw* prophetically that **"after" all the generations,** יִשְׂרָאֵל נֶאֱחָזִים בַּעֲבֵירוֹת וּמִסְתַּבְּכִין בְּצָרוֹת — the people of **Israel will become "caught up" in sins and** thereby **become "entangled" by suffering** to atone for their sins. וְסוֹפָן לִיגָּאֵל בְּקַרְנָיו שֶׁל אַיִל — **And their end,** in Messianic times, **will be to be redeemed "by the horns" of a ram.** הֲדָא הוּא דִכְתִיב "וַה' אֱלֹהִים בַּשּׁוֹפָר יִתְקָע" — **Thus it is written,** ***and the Lord HASHEM/ELOHIM will blow with a shofar,*** *etc.* (ibid.).[128]

The Midrash records a third, similar interpretation:

אָמַר רַבִּי חֲנִינָא בַּר רַבִּי יִצְחָק — **R' Chanina son of R' Yitzchak said:** כָּל יְמוֹת הַשָּׁנָה יִשְׂרָאֵל נֶאֱחָזִים בַּעֲבֵירוֹת וּמִסְתַּבְּכִין בְּצָרוֹת — **All the days of the year** the people of **Israel become "caught up" in sins and** thereby **become "entangled" by suffering** to atone for their sins. וּבְרֹאשׁ הַשָּׁנָה הֵן נוֹטְלִין שׁוֹפָר וְתוֹקְעִין בּוֹ — **Then,** "after" this, **on Rosh Hashanah, they take a shofar and blow it** וְנִזְכָּרִים לִפְנֵי הַקָּדוֹשׁ בָּרוּךְ הוּא — **and** through this **they are remembered by the Holy One, blessed is He,** וְהוּא מוֹחֵל לָהֶם — **and He forgives them** in the merit of the horn of this ram. וְסוֹפָן לִיגָּאֵל בְּקַרְנָיו שֶׁל אַיִל — **And** moreover **their end,** in Messianic times, **will be to be redeemed "by the horns" of a ram,** שֶׁנֶּאֱמַר "וַה' אֱלֹהִים בַּשּׁוֹפָר יִתְקָע" — as it is stated, ***and the Lord HASHEM/ELOHIM will blow with a shofar,*** *etc.* (ibid.).[129]

A fourth interpretation:

רַבִּי לֵוִי אָמַר — **R' Levi said:** לְפִי שֶׁהָיָה אַבְרָהָם אָבִינוּ רוֹאֶה אֶת הָאַיִל נִיתּוֹשׁ מִן הַחוֹרֶשׁ הַזֶּה וְהוֹלֵךְ וּמִסְתַּבֵּךְ בְּחוֹרֶשׁ אַחֵר — **Because our forefather Abraham saw the ram disentangle** itself **from one thicket and go and get entangled in another thicket,**[130] אָמַר לוֹ הַקָּדוֹשׁ בָּרוּךְ הוּא — **the Holy One, blessed is He, said to [Abraham],** כָּךְ עֲתִידִין בָּנֶיךָ לְהִסְתַּבֵּךְ לַמַּלְכֻיּוֹת — **"So are your children destined to become entangled among the** four **kingdoms**[131] (plural), מִבָּבֶל לְמָדַי מִן מָדַי לְיָוָן מִיָּוָן לֶאֱדוֹם — going **from** being entangled in **Babylonia to** being entangled in **Media, and from Media to Greece,** and **from Greece to Rome.** וְסוֹפָן לִיגָּאֵל בְּקַרְנָיו שֶׁל אַיִל — **But their end,** in Messianic times, **will be to be redeemed 'by the horns' of a ram."** הֲדָא הוּא דִכְתִיב "וַה' אֱלֹהִים בַּשּׁוֹפָר יִתְקָע" — **Thus it is written,** ***and the Lord HASHEM/ELOHIM will blow with a shofar,*** *etc.* (ibid.).

□ וַיֵּלֶךְ אַבְרָהָם וַיִּקַּח אֶת הָאַיִל וַיַּעֲלֵהוּ לְעוֹלָה תַּחַת בְּנוֹ — ***SO ABRAHAM WENT AND TOOK THE RAM AND OFFERED IT UP AS AN OFFERING IN PLACE OF HIS SON.***

The Midrash expounds on the expression "in place of his son":

רַבִּי בְּנָיָה אָמַר — **R' Benayah said:** אָמַר לְפָנָיו — **[Abraham] said before [God],** רִבּוֹן הָעוֹלָם — **"Master of the Universe!** הֱוֵי רוֹאֶה דָּמוֹ שֶׁל אַיִל זֶה כְּאִילוּ דָּמוֹ שֶׁל יִצְחָק בְּנִי — **Consider the blood of this ram as if** it were **the blood of my son Isaac,** אֵימוּרָיו כְּאִילוּ אֵימוּרָיו דְּיִצְחָק בְּרִי — **and [the ram's] sacrificial parts as if** they were **the sacrificial parts of my son Isaac."** כְּהָדָא דִתְנַן — **It is like that which we learned in a Mishnah:** הֲרֵי זוֹ תַּחַת זוֹ — **If** a person declares regarding an unconsecrated animal, **"This** unconsecrated animal **is hereby in place of this** other animal that has been consecrated to be sacrificed," הֲרֵי זוֹ תְּמוּרַת זוֹ — or if he declares, **"This** unconsecrated animal **is hereby in exchange for this** consecrated animal," הֲרֵי זוֹ חִלּוּפֵי זוֹ — or if he declares, **"This animal is hereby in substitution of this** consecrated animal" — הֲרֵי זוֹ תְּמוּרָה — in all these cases **[the unconsecrated animal] is thereby** made into **a *temurah***[132] (*Temurah* 5:5).

The Midrash presents a second opinion regarding the expression "in place of his son":

רַבִּי פִּנְחָס אָמַר — **R' Pinchas said:** אָמַר לְפָנָיו — **[Abraham] said before [God],** רִבּוֹן הָעוֹלָמִים — **"Master of the Universe!**

NOTES

122. *Yefeh To'ar.*

123. Ibid.

124. The deeds of salvation that God did for the people of Israel. Alternatively: the righteous deeds of the Patriarchs (*Eitz Yosef*).

125. This is alluded to in the verse by the word בַּסְּבַךְ (*in the thicket*), which is of the same root as מִסְתַּבְּכִין (*entangled*) (ibid.).

126. The "caught, entangled ram" of our verse, then, is seen as a metaphor for the people of Israel (the "ram"), who are entangled in troubles due to their sins.

127. And this shofar will announce the onset of Israel's redemption from exile, as it is written (*Isaiah* 27:13), *It shall be on that day that a great shofar will be blown, and those who are lost in the land of Assyria and those cast away in the land of Egypt will come and they will prostrate themselves to HASHEM on the holy mountain in Jerusalem* (see *Maharzu* and *Yefeh To'ar*). The shofar of the Messianic redemption represents the fact that the redemption was made possible by the merit of the *Akeidah* (*Eitz Yosef*); according to *Pirkei DeRabbi Eliezer,* that shofar of redemption will be the actual horn of the ram that Abraham offered (*Yefeh To'ar*).

In summary: The words אַיִל אַחַר נֶאֱחַז בַּסְּבַךְ בְּקַרְנָיו are interpreted homiletically by the Midrash to mean: "Israel, after being caught up in sin and suffering because of it, will be redeemed by God through this ram's horn."

128. The only difference between this interpretation and the previous one is in the understanding of the word "after": According to the first interpretation it means "after all these deeds," and according to the second it means "after all the generations."

129. R' Chanina sees a double symbolism (Rosh Hashanah and the future redemption) in the ram's horns because the verse states that the ram was *caught in the thicket by its "horns,"* in plural (*Eitz Yosef,* citing *Nezer HaKodesh*).

130. This is derived from the fact that Scripture uses the word נֶאֱחַז (lit., "*becoming* caught up") rather than אָחוּז ("caught up"), thus implying continuous entanglement and disentanglement (*Yefeh To'ar*).

131. The "four kingdoms" (foreseen by Daniel in *Daniel* Ch. 2) that will subjugate Israel till the Messianic redemption — viz., Babylonia, Persia (with Media), Greece, and Rome.

132. The Torah (*Leviticus* 27:10) decrees that if a person attempts to exchange a consecrated animal for another (unconsecrated) animal — i.e.,

ט [כב, יג] "וַיִּשָּׂא אַבְרָהָם אֶת עֵינָיו וַיַּרְא וְהִנֵּה אַיִל אַחַר". מַהוּ "אַחַר", אָמַר רַבִּי יוּדָן: [כא]אַחַר כָּל הַמַּעֲשִׂים יִשְׂרָאֵל נֶאֱחָזִים בַּעֲבֵירוֹת וּמִסְתַּבְּכִין בְּצָרוֹת וְסוֹפָן לִיגָּאֵל בְּקַרְנָיו שֶׁל אַיִל שֶׁנֶּאֱמַר (זכריה ט, יד) "וַה' אֱלֹהִים בַּשּׁוֹפָר יִתְקָע וְגוֹ'". אָמַר רַבִּי יְהוּדָה בַּר סִימוֹן: אַחַר כָּל הַדּוֹרוֹת יִשְׂרָאֵל נֶאֱחָזִים בַּעֲבֵירוֹת וּמִסְתַּבְּכִין בְּצָרוֹת וְסוֹפָן לִיגָּאֵל בְּקַרְנָיו שֶׁל אַיִל הָדָא הוּא דִכְתִיב "וַה' אֱלֹהִים בַּשּׁוֹפָר יִתְקָע". אָמַר רַבִּי חֲנִינָא בַּר רַבִּי יִצְחָק: כָּל יְמוֹת הַשָּׁנָה יִשְׂרָאֵל נֶאֱחָזִים בַּעֲבֵירוֹת וּמִסְתַּבְּכִין בְּצָרוֹת וּבְרֹאשׁ הַשָּׁנָה הֵן נוֹטְלִין שׁוֹפָר וְתוֹקְעִין בּוֹ וְנִזְכָּרִים לִפְנֵי הַקָּדוֹשׁ בָּרוּךְ הוּא וְהוּא מוֹחֵל לָהֶם, וְסוֹפָן לִיגָּאֵל בְּקַרְנָיו שֶׁל אַיִל שֶׁנֶּאֱמַר "וַה' אֱלֹהִים בַּשּׁוֹפָר יִתְקָע". רַבִּי לֵוִי אָמַר: לְפִי שֶׁהָיָה אַבְרָהָם אָבִינוּ רוֹאֶה אֶת הָאַיִל נִיתּוֹשׁ מִן הַחוֹרֶשׁ הַזֶּה וְהוֹלֵךְ וּמִסְתַּבֵּךְ בְּחוֹרֶשׁ אַחֵר, אָמַר לוֹ הַקָּדוֹשׁ בָּרוּךְ הוּא: כָּךְ עֲתִידִין בָּנֶיךָ לְהִסְתַּבֵּךְ לַמַּלְכֻיּוֹת מִבָּבֶל לְמָדַי מִן מָדַי לְיָוָן מִיָּוָן לֶאֱדוֹם וְסוֹפָן לִיגָּאֵל בְּקַרְנָיו שֶׁל אַיִל, הָדָא הוּא דִכְתִיב "וַה' אֱלֹהִים בַּשּׁוֹפָר יִתְקָע". "וַיֵּלֶךְ אַבְרָהָם וַיִּקַּח אֶת הָאַיִל וַיַּעֲלֵהוּ לְעוֹלָה תַּחַת בְּנוֹ", רַבִּי בְּנָיָה אָמַר: [כב]אָמַר לְפָנָיו: רִבּוֹן הָעוֹלָם, הֱוֵי רוֹאֶה דָּמוֹ שֶׁל אַיִל זֶה כְּאִילּוּ דָּמוֹ שֶׁל יִצְחָק בְּנִי, אֵימוּרָיו כְּאִילּוּ אֵימוּרָיו דְּיִצְחָק בְּרִי, כְּהָדָא דִתְנַן [כג]הֲרֵי זוֹ תַּחַת זוֹ הֲרֵי זוֹ תְּמוּרַת זוֹ, הֲרֵי זוֹ חִלּוּפֵי זוֹ, הֲרֵי זוֹ תְּמוּרָה. רַבִּי פִּנְחָס אָמַר: אָמַר לְפָנָיו: רִבּוֹן הָעוֹלָמִים הֱוֵי רוֹאֶה כְּאִלּוּ הִקְרַבְתִּי אֶת יִצְחָק בְּנִי תְּחִלָּה וְאַחַר כָּךְ הִקְרַבְתִּי אֶת הָאַיִל הַזֶּה תַּחְתָּיו, הֵיךְ מַה דְּאַתְּ אָמַר (מלכים ב טו, ז) "וַיִּמְלֹךְ יוֹתָם בְּנוֹ תַּחְתָּיו", כְּהָדָא דִתְנַן [כד]כְּאִימְרָא כַּדִּירִים, רַבִּי יוֹחָנָן אָמַר: כְּאִימַּר תְּמִידָא,

רש"י

(ט) **באימרא בדירים.** הרי עלי להביא כמביא מן הדיר של בהמה: ר' יוחנן אמר מהו כאימרא כאימרי תמידא:

פירוש מהרז"ו

(ט) **בשופר יתקע.** עיקר הכוונה על פסוק והיה ביום ההוא יתקע בשופר גדול ובאו האובדים בארץ אשור וגו' והשתחוו לה' בהר הקודש וכ"מ בילקוט ועי' ויק"ר פר' כ"ט סימן יו"ד. ועי' מ"ש להלן בסימן יו"ד: **ליגאל.** בשובם אל ה': **בחורש אחר.** וזהו אחר נאחז בסבך על פי מדה ל"ח כמו נאחז בסבך אחר משמע תחלה בסבך זה ואח"כ נכנס בסבך אחר ורמז הסבך כמ"ש ירמיה ה' על כן הכם אריה מיער וגו' וכמ"ש ויק"ר פר' י"ג סימן ה' סלקא מן חורשא:

עץ יוסף

בן אברהם. ור"ל כי אע"פ שמעשה יצחק היה מתחילה ע"פ הדיבור. מ"מ מעולם לא עלתה הדבר על לבי לשוחטו שלא אמרתי אלא לשם חיבה ולנסיון: (ט) [יג] **מהו אחר.** דריש שבא לרמוז ג"כ על ענין ישראל. והנה איל זה ישראל. אחר היינו אחר כל המעשים שעשה ה' לישראל. או אחר כל המע"ט שעשו אבות העולם: **נאחז.** ישראל נאחזים בעבירות: **בסבך.** ואז הם מסתבכים בצרות בשעבוד לכפר עון: **בקרניו.** פי' שיהיה סופן שיגאלו בזכות קרניו של איל העקידה שיזכור להם על ידו זכות עקידת יצחק בהיותו בא תמורתו (יפ"ת): **אחר כל הדורות.** משום דסתם אחר משמע באחרית הימים. וקרא איירי בקץ הימין (יפ"ת): **א"ר חנינא כו'.** בקרניו לשון רבים רמז לקרן השופר של ר"ה שהוא ג"כ זכר לאילו של יצחק. וכן לגאולה כדלעיל. והא בהא תליא כי לכך מתערבב השטן בשופר ר"ה בהיותו נזכר על ידי זה לשופר העתיד אשר בו יתבטל כחו לעתיד (נזה"ק): **ניתוש.** לשון לנתוש ולנתוץ כלומר נעקר ונפרד: **החורש.** פי' היער: [יד] **רבי בניה אמר.** אמר לפניו רבונו של עולם הוי רואה דמו של איל זה כאילו דמו של יצחק בני. אימוריו כאילו אימוריו של יצחק בני. ר' פנחס אמר אמר לפניו רבונו של עולם הוי רואה כאילו הקרבתי יצחק תחלה ואח"כ הקרבתי את האיל הזה תחתיו המד"א וימלוך יותם בנו תחתיו כהדא דתנן הרי זה תחת זה וכו' הרי זו תמורה. תנן כאימרא כדירים ר"י אמר כאימר תמידא ר"ל אמר כאילו של יצחק כו'. עד סוף הענין. כן הוא בספרים המדוייקים. והענין מבואר עפ"י מה שאמרו בפ"ה דתמורה תחת משכחת לה הוראתו לישנא דחלופי דכתיב תחת הנחושת אביא זהב. ולישנא דאתפוסי דכתיב ואם תחתיה תעמוד הבהרת. פי' לישנא דחלופי היינו פדיון שהא' נפדה בהב' שנכנס במקומו ואז הוא חולין לגמרי. רק שהב' הוא קודש במקומו. כמו תחת הנחושת אביא זהב פירוש בעבור הנחושת שלקחו מישראל בימי גלותם בבבל ומדי ופרס ואדום ישלמו להם אז בימי המשיח זהב. אבל לא הנחושת ג"כ. ולישנא דאתפוסי הוא שקדושת ההקדש במקומה עומד ונתפס עמו גם התמורה במקומה. ר"ל במקום ובמדרגת הקדושה הראשונה נכנסה ונתפסה גם התמורה במדרגה זו ונעשית ג"כ קודש (וכמו תחתיה תעמוד הבהרת. פי' שעומדת במקומה) וכדכתיב הוא ותמורתו יהיה קודש וצריך להקריב שניהם. ובהאי ענינא פליגי תנאי דהכא. דר"ב ס"ל דתחת דהכא הוא לישנא דחלופי ולכן אמר שאמר אברהם הוי רואה דמיו של זה כאילו דמיו של בני להיות לו כופר נפש ופדיון לפוטרו מהקרבה. ור"פ ס"ל שלא הוצרך פדיון וכופר נפש שכבר נצטרף מחשבתו למעשה כאילו כבר הוקרב. ותחת דהכא הוא לישנא דאתפוסי להיות הוא ותמורתו קודש. ולכן אמר הוי רואה כאילו הקרבתי יצחק בני תחילה ואח"כ הקרבתי האיל הזה תחתיו דהיינו אחריו המד"א וימלוך יותם בנו תחתיו דמשמע אחריו. ועז"א כהא דתנן הרי זה תחת זה כו' הרי זה תמורה דהיינו דין תמורה שהוא ותמורתו קודש (נזה"ק): **באימרא בדירים כו'.** בירו' נדרים פ"א הל' ג'. משנה כאימרא כדירים כו' ה"ז נדר בקרבן.

מתנות כהונה

[ט] **[ומסתבבין כו'** כ"ז הוא בירושלמי תעניות פרק כילד]: **הוי רואה כו'.** מדכתיב תחת בנו קדייק הכי: **וימלוך יותם בנו תחתיו.** כמו אחריו שהרי אביו מלך ג"כ: **ה"ג יותם בנו תחתיו** תנינא כאמרא כו'. משנה היא פ"ק דנדרים ופי' האומר הרי עלי נדר כאמרא פירש ככבש או כדירים כזה שמביא מן הדיר של בהמה ופליג ר' יוחנן ור"ל בההוא האומר כאמרא מה יביא ר' יוחנן אמר

אשד הנחלים

[ט] **אחר כל וכו'.** נמשך למה שהעירו לעיל. כי ע"י עקידת יצחק. ואחר שראה כי לא נתקיימה עקידתו ואז הבין כי לא נשלמה עודנה מעלת ישראל על שלימותן [אחר שלשלימותן תלוי בזה]. ולכן קראו לאיל אחר. כי איננו כבנו העומד בתכלית לטובת ישראל כ"א עומד רק על אחרית הזמן ולא בראשיתו. וזה אמר אחר כל המעשים סופם שנאחזים בעבירה כי לא ישלמו עודנה בתכלית השלימות. כ"א בסוף שאז סופם ליגאל ע"י קרניו של איל שהוא השופר. שהוא התגלות האלהי שיתעוררו בתשובה ולהתדבקות ה': **אחר כל הדורות.** הא נמי כדלעיל בשינוי ובתקון לשון מעט. שאין הכוונה מיד יהיו נאחזים בעבירות. כ"א אחר כל הדורות באחרית הזמן שיגלו מרוב חטאם: **כל ימות השנה.** הוא נמי רמז נכון כדלעיל. כי בר"ה נזכר עקידת יצחק ע"י תשובה וע"י השופר משל איל כמאמרם בר"ה למה בשל איל כדי לזכור עקידת יצחק: **ניתוש מן החורש.** [מן האילן]. והוא רמז כי האיל מכפר ואחר שלא אבה להניח לעקוד בעצמו ואות הוא כי עודנו לא נשלמו ישראל וע"כ הם מוכרחים לילך ולהסתבך מגלות לגלות אחר בכדי שיצרפו ע"י יסורים: **הוי רואה.** זהו תחת בנו. כי כללו בזה כל הכוונות כאלו שפך את בנו. כי מסר נפשו לזה ג"כ והצטייר בנפשו כאלו נשחט יצחק בנו: **הרי זו תחת זו.** וא"כ שם תחת כלשון תמורה ממש שנחלף זה בזה ושניהם שוים: **ואח"כ הקרבתי את האיל.** כי אחר שהוא תמורה. ובתמורה שניהם נקרבים ושניהם קדושים: **בנו תחתיו.** ובאורו שם שהיו שניהם מלכים זה אחר זה כן זה יהי' נחשב כאילו את יצחק בני הקרבתי ואח"כ הקרבתי את האיל ג"כ. אחר שחפצי הי' להקריבו ולשוחטו: **כהדא דתנינן כאימרא.** לא ידעתי מה ראי' מביא מזה. ואולי אחר שנקרא אילו של יצחק. א"כ ממילא נחשב כאלו

חידושי הרד"ל

(יח) [ט] **מהו אחר אמר רבי יודן כו' א"ר יודא בר סימון כו'.** והוא הכל מימרא א' ושתי נוסחאות הן דבירושלמי פ"ב דתענית ה"ד בילקוט מביא אחד מהלשונות. וכתבן המעתיק כאן בשני מימרות. ועיין בויק"ר פכ"ט:

(יט) **ניתוש מן החורש כו'.** כ"ה גם בויק"ר שם. אבל בירושלמי שם הגי' ניתר. פי' ניתר ממאסרו בסבך בקרניו:

חידושי הרש"ש

[ט] **באימרא כו'.** עי' מ"כ ופי' תמוה דלמ"ד כולד חטאת מאי יביא אם כוונתו שיביא בן יומו דמסתמא תיכף כשנולד נוטל דלת בפניו והוא מת. הלא מחוסר זמן הוא. אבל באמת הפי' שהתפיס בהם ואמר על הככר וכיוצא ה"ה עלי כאימרא כו' ול"פ אלא בפירושא דמתניתין ועיין בירושלמי שם. אך ק"ק התנן ר"פ ולד חטאת דאין מועלין בו ודעת התוס' שם (י"א ב') ד"ה תורים דאפילו מדרבנן לית בהו מעילה וכ"כ המפרש שם (ג' א') וא"כ איך שייך ביה התפסה. וזה אינו דומה לבעי' דרב"א בנדרים (י"א ב') אי בעקרו קמתפים כו' וניחא דקסבר ולדות קדשים ממעי אמן הן קדושים. דזה דמיא לאומר בפירוש הרי עלי כבשר זבחי שלמים לאחר זריקת דמים דודאי בהתירא קמתפים כדאיתא שם. וצ"ל כיון דמדרבנן לא נהנין לכתחלה הוי כמו דבר האסור ע"י נדר:

מסורת המדרש

בא ירושלמי תענית פרק ב' הלכה ד'. ויק"ר פ' כ"ט. פסיקתא רבתי פ' מ'. פסיקתא דר"כ פ' כ"ג. ילקוט כאן רמז ק"ח. וילקוט סדר אמור רמז תרמ"ה. וסדר פינחס רמז תשפ"ב כל הענין:
בב במד"ר פ' י"ז. תנחומא סדר שלח סימן י"ד:
בג תמורה דף כ"ז:
בד נדרים דף י'. ירושלמי נדרים פ' א':

אם למקרא

וַה' עֲלֵיהֶם יֵרָאֶה וְיָצָא כַבָּרָק חִצּוֹ וַאדֹנָי אֱלֹהִים בַּשּׁוֹפָר יִתְקָע וְהָלַךְ בְּסַעֲרוֹת תֵּימָן: (זכריה ט:יד)

וַיִּשְׁכַּב עֲזַרְיָה עִם־אֲבֹתָיו וַיִּקְבְּרוּ אֹתוֹ עִם־אֲבֹתָיו בְּעִיר דָּוִד וַיִּמְלֹךְ יוֹתָם בְּנוֹ תַּחְתָּיו: (מלכים ב טו:ז)

ענף יוסף

שנתעורר לאהבת ה' ית'. עד שאעפ"כ הלך שמח לעשות רצון יוצרו. וזהו שסדרו לנו ז"ל כמו שכבש אברהם אבינו את רחמיו מבן יחידו כו' הרצון לא שהקטין אהבת בנו והמעיט רחמיו ממנו אלא מאהבת קונו כבש רחמיו מבנו (אהל יעקב):

הֱוֵי רוֹאֶה כְּאִלּוּ הִקְרַבְתִּי אֶת יִצְחָק בְּנִי תְּחִלָּה — Consider it as if I had first offered up my son Isaac וְאַחַר כָּךְ הִקְרַבְתִּי אֶת הָאַיִל הַזֶּה תַּחְתָּיו — and afterward offered this ram 'in place of' him," הֵיךְ מַה דְּאַתְּ אָמַר "וַיִּמְלֹךְ יוֹתָם בְּנוֹ תַּחְתָּיו" — "in place" being used **in the sense of what is stated, *his son Jotham reigned "in his place"*** [תַּחְתָּיו] (*II Kings* 15:7).[133]Ⓐ

☐ וַיֵּלֶךְ אַבְרָהָם וַיִּקַּח אֶת הָאַיִל וַיַּעֲלֵהוּ לְעֹלָה תַּחַת בְּנוֹ] — *SO ABRAHAM WENT AND TOOK THE RAM AND OFFERED IT UP AS AN OFFERING IN PLACE OF HIS SON.*]

The Midrash relates another discussion that pertains to Abraham's ram:

כְּהָדָא דִתְנַן — **Like that which we learned in a Mishnah:** כְּאִימְּרָא כַּדִּירִים — If one takes a vow[134] saying, "Let this object be **like 'the lamb'** to me,"[135] or **"like the animal pens,"**[136] it is prohibited to him (*Nedarim* 1:3). רַבִּי יוֹחָנָן אָמַר: כְּאִימַּר תְּמִידָא — What is meant by "the lamb"? Which sacrificial "lamb" did the person have in mind? **R' Yochanan said:** His intention is, **"like the lamb of the daily offering,"** which consisted of one sheep in the morning and one in the afternoon (see *Numbers* 28:4).

NOTES

he intends that the consecrated animal should become unconsecrated and vice versa — the result is that the first animal remains consecrated, and the second one becomes consecrated as well. The second animal, which now becomes consecrated through this attempted exchange, is called a *temurah* (lit., *exchange*). The Mishnah cited here gives three examples of expressions by which an attempted exchange results in a *temurah* situation of both animals becoming consecrated. One of the three expressions is תַּחַת ("instead of"), the expression used here in our verse. R' Benayah's point is that when Abraham took the ram and offered it "instead of" his son, he did not remove Isaac's status as a consecrated offering, but consecrated the ram *in addition* to him. Thus, in each step of the sacrifice of the ram Abraham asked that God consider it as if he were sacrificing Isaac in addition to the ram.

133. I.e., Jotham reigned *following* him. As opposed to R' Benayah, who viewed תַּחַת ("in place of") as indicating two simultaneous consecrations (Isaac and the ram), R' Pinchas explains it to mean one consecration following another — i.e., a continuation of consecrations rather than concurrent consecrations. Thus, according to R' Pinchas, Abraham asked God to consider it as if Isaac's sacrifice had actually been carried out before the ram was offered up as a continuation. See Insight Ⓐ.

134. A "vow" (נֶדֶר) in the context of this discussion refers to a declaration in which a person takes upon himself a prohibition against deriving benefit from a particular food, person, or other item. Such a vow is often accomplished by comparing the item in question to a consecrated animal or object.

135. I.e., just as the lamb is forbidden to me, so shall this object be forbidden to me. The Midrash will shortly explain which "lamb" it is that is forbidden.

136. Referring to the pens used to hold sacrificial animals (*Rashi, Nedarim* 10b) or to the sacrificial animals in those pens (*Ran* ad loc.).

INSIGHTS

Ⓐ **The Ash of Issac** *R' Yitzchak Zev* Soloveitchick notes that the extent to which the sacrifice of the ram was equivalent to the sacrificing of Isaac can be seen from the Gemara in *Zevachim* (62a). The Gemara there discusses the construction of the Second Temple, and questions how the returnees from the Babylonian exile were able to identify the proper site for the Altar. R' Yitzchak Nafcha answers that they saw the ash of Isaac, which was lying at the exact location of the Altar. [Abraham had built his altar at the site of the future Altar of the Temple (see *Rambam, Hil. Beis HaBechirah* 2:1-2).] Now, Isaac in fact had not been sacrificed, and thus, strictly speaking, there was no "ash of Isaac." Clearly, R' Yitzchak Nafcha was referring to the ash of the ram that had been sacrificed instead of Isaac. Nevertheless, he called it "the ash of Isaac," for in accordance with Abraham's prayer here, the sacrificial service performed with the ram was considered to have been performed with Isaac, with the body of the ram that was burned upon the altar considered equivalent to the body of Isaac (*Pilpula Charifta,* in the name of *Chidushei Maran HaGriz HaLevi*).

[Similarly, according to one opinion in the Gemara (*Taanis* 16a), on certain public fasts ashes were placed on the heads of the assembled in order to raise up the memory of the "ash of Isaac."]

חידושי הרד"ל

(יח) [ט] **מהו אחר אמר רבי יודן כו' א"ר יודא בר סימון כו'.** והוא הכל מימרא א' ושתי נוסחאות הן דבירושלמי פ"ב דתענית ה"ד בילקוט מביא אחד מהלשונות. וכתבן המעתיק כאן בשני מימרות. ועיין בויק"ר פכ"ט:

(יט) **ניתוש מן החורש כו'.** כ"ה גם בויק"ר שם. אבל בירושלמי שם הגי' ניתר. פי' ניתר ממאסרו בסבך בקרניו:

חידושי הרש"ש

[ט] **באימרא כו'.** עי' מ"כ ופי' תמוה דלמ"ד כולד חטאת מאי יביא אם כוונתו שיביא בן יומו דמסתמא תיכף כשנולד נוטל דלת בפניו והוא מת. הלא מחוסר זמן הוא. אבל באמת הפי' שהתפיס בהם ואמר על הככר וכיוצא ה"ה עלי כאימרא כו' ול"פ אלא בפירושא דמתניתין ועיין בירושלמי שם. אך ק"ק התנן ר"פ ולד חטאת דאין מועלין בו ודעת התוס' שם (י"א ב') ד"ה תורים דאפילו מדרבנן לית בהו מעילה וכ"כ המפרש שם (ג' א') וא"כ איך שייך ביה התפסה. וזה אינו דומה לבעי' דרב"ח בנדרים (י"א ב') אי בעקרו קמתפיס כו' וניזמא דקסבר ולדות קדשים ממעי אמן הן קדושים. דזה דמיא לאומר בפירוש הרי עלי כבשר זבחי שלמים לאחר זריקת דמים דודאי בהתירא קמתפיס כדאיתא שם. וצ"ל כיון דמדרבנן לא נהנין לכתחלה הוי כמו דבר האסור ע"י נדר:

עץ יוסף

בן אברהם. ור"ל כי אע"פ שמעשה יצחק היה מתחילה ע"פ הדיבור. מ"מ מעולם לא עלתה הדבר על לבי לשוחטו שלא אמרתי אלא לשם חיבה ולנסיון: (ט) [יג] **מהו אחר.** דריש שבא לרמוז ג"כ על ענין ישראל. והנה איל זה ישראל. אחר היינו אחר כל המעשים שעשה ה' לישראל. או אחר כל המע"ט שעשו אבות העולם: **נאחז.** ישראל נאחזים בעבירות: **בסבך.** ואז הם מסתבכים בצרות בשעבוד לכפר עון: **בקרניו.** פי' שיהיה סופן שיגאלו בזכות קרניו של איל העקידה שיזכור להם על ידו זכות עקידת יצחק בהיותו בא תמורתו (יפ"ת): **אחר כל הדורות.** משום דסתם אחר משמע באחרית הימים. וקרא איירי בקץ הימין (יפ"ת): **א"ר חנינא כו'.** בקרניו לשון רבים רמז לקרן השופר של ר"ה שהוא ג"כ זכר לאילו של יצחק. וכן לגאולה כדלעיל. והא בהא תליא כי לכך מתערבב השטן בשופר ר"ה בהיותו נזכר על ידי זה לשופר העתיד אשר בו יתבטל כחו לעתיד (נזה"ק): **ניתוש.** לשון לנתוש ולנתוץ כלומר נעקר ונפרד: **החורש.** פי' היער: [יד] **רבי בניה אמר.** אמר לפניו רבונו של עולם הוי רואה דמו של איל זה כאילו דמו של יצחק בני. אימוריו כאילו אימוריו של יצחק בני. ר' פנחס אמר אמר לפניו רבונו של עולם הוי רואה כאילו הקרבתי יצחק תחלה ואח"כ הקרבתי את האיל הזה תחתיו המד"א וימלוך יותם בנו תחתיו כהדא דתנן הרי זה תחת זה וכו' הרי זו תמורה. תנן כאימרא כדירים ר"י אמר כאימר תמידא ר"ל אמר כאילו של יצחק כו'. עד סוף הענין. כן הוא בספרים המדוייקים. והענין מבואר עפ"י מה שאמרו בפ"ה דתמורה תחת משכחת לה הוראתו לישנא דחלולי דכתיב תחת הנחושת אביא זהב. ולישנא דאתפוסי דכתיב ואם תחתיה תעמוד הבהרת.

ט [כב, יג] "וַיִּשָּׂא אַבְרָהָם אֶת עֵינָיו וַיַּרְא וְהִנֵּה אַיִל אַחַר". מַהוּ "אַחַר", אָמַר רַבִּי יוּדָן: [כא]אַחַר כָּל הַמַּעֲשִׂים יִשְׂרָאֵל נֶאֱחָזִים בַּעֲבֵירוֹת וּמִסְתַּבְּכִין בְּצָרוֹת וְסוֹפָן לִיגָּאֵל בְּקַרְנָיו שֶׁל אַיִל שֶׁנֶּאֱמַר (זכריה ט, יד) "וַה' אֱלֹהִים בַּשּׁוֹפָר יִתְקָע וְגוֹ'". אָמַר רַבִּי יְהוּדָה בַּר סִימוֹן: אַחַר כָּל הַדּוֹרוֹת יִשְׂרָאֵל נֶאֱחָזִים בַּעֲבֵירוֹת וּמִסְתַּבְּכִין בְּצָרוֹת וְסוֹפָן לִיגָּאֵל בְּקַרְנָיו שֶׁל אַיִל הָדָא הוּא דִכְתִיב "וַה' אֱלֹהִים בַּשּׁוֹפָר יִתְקָע". אָמַר רַבִּי חֲנִינָא בַּר רַבִּי יִצְחָק: כָּל יְמוֹת הַשָּׁנָה יִשְׂרָאֵל נֶאֱחָזִים בַּעֲבֵירוֹת וּמִסְתַּבְּכִין בְּצָרוֹת וּבְרֹאשׁ הַשָּׁנָה הֵן נוֹטְלִין שׁוֹפָר וְתוֹקְעִין בּוֹ וְנִזְכָּרִים לִפְנֵי הַקָּדוֹשׁ בָּרוּךְ הוּא וְהוּא מוֹחֵל לָהֶם, וְסוֹפָן לִיגָּאֵל בְּקַרְנָיו שֶׁל אַיִל שֶׁנֶּאֱמַר "וַה' אֱלֹהִים בַּשּׁוֹפָר יִתְקָע". רַבִּי לֵוִי אָמַר: לְפִי שֶׁהָיָה אַבְרָהָם אָבִינוּ רוֹאֶה אֶת הָאַיִל נִיתּוֹשׁ מִן הַחוֹרֶשׁ הַזֶּה וְהוֹלֵךְ וּמִסְתַּבֵּךְ בְּחוֹרֶשׁ אַחֵר, אָמַר לוֹ הַקָּדוֹשׁ בָּרוּךְ הוּא: כָּךְ עֲתִידִין בָּנֶיךָ לְהִסְתַּבֵּךְ לַמַּלְכֻיּוֹת מִבָּבֶל לְמָדַי מִן מָדַי לְיָוָן מִיָּוָן לֶאֱדוֹם וְסוֹפָן לִיגָּאֵל בְּקַרְנָיו שֶׁל אַיִל, הָדָא הוּא דִכְתִיב "וַה' אֱלֹהִים בַּשּׁוֹפָר יִתְקָע". "וַיֵּלֶךְ אַבְרָהָם וַיִּקַּח אֶת הָאַיִל וַיַּעֲלֵהוּ לְעוֹלָה תַּחַת בְּנוֹ", רַבִּי בְּנָיָה אָמַר: [כב]אָמַר לְפָנָיו: רִבּוֹן הָעוֹלָם, הֱוֵי רוֹאֶה דָּמוֹ שֶׁל אַיִל זֶה כְּאִילוּ דָּמוֹ שֶׁל יִצְחָק בְּנִי, אֵימוּרָיו כְּאִילוּ אֵימוּרָיו דְּיִצְחָק בְּרִי, כְּהָדָא דִתְנַן [כג]הֲרֵי זוֹ תַּחַת זוֹ הֲרֵי זוֹ תְּמוּרַת זוֹ, הֲרֵי זוֹ חִלּוּפֵי זוֹ, הֲרֵי זוֹ תְּמוּרָה. רַבִּי פִּנְחָס אָמַר: אָמַר לְפָנָיו: רִבּוֹן הָעוֹלָמִים הֱוֵי רוֹאֶה כְּאִלּוּ הִקְרַבְתִּי אֶת יִצְחָק בְּנִי תְּחִלָּה וְאַחַר כָּךְ הִקְרַבְתִּי אֶת הָאַיִל הַזֶּה תַּחְתָּיו, הֵיךְ מָה דְּאַתְּ אָמַר (מלכים ב טו, ז) "וַיִּמְלֹךְ יוֹתָם בְּנוֹ תַּחְתָּיו", כְּהָדָא דִתְנַן [כד]כְּאִימְרָא כַּדִּירִים, רַבִּי יוֹחָנָן אָמַר: כְּאִימַּר תְּמִידָא,

פירוש מהרז"ו

(ט) **בשופר יתקע.** עיקר הכוונה על פסוק והיה ביום ההוא יתקע בשופר גדול ובאו האובדים בארץ אשור וגו' והשתחוו לה' בהר הקודש וכ"מ בילקוט ועי' ויק"ר פר' כ"ט סימן יו"ד. ועי' מ"ש להלן בסימן יו"ד: **ליגאל.** בשובם אל ה': **בחורש אחר.** וזהו אחר נאחז בסבך על פי מדה ל"א כמו נאחז בסבך אחר משמע תחלה בסבך זה ואח"כ נכנס בסבך אחר ורמז הסבך כמ"ש ירמיה ה' על כן הכם אריה מיער וגו' וכמ"ש ויק"ר פר' י"ג סימן ה' סלקא מן חורשא:

פי' לישנא דחלולי היינו פדיון שהא' נפדה בהב' שנכנס במקומו ואז הוא חולין לגמרי. רק שהב' הוא קודש במקומו. כמו תחת הנחושת אביא זהב פירוש בעבור הנחושת שלקחו מישראל בימי גלותם בבבל ומדי ופרס וארם ישלמו להם אז בימי המשיח זהב. אבל לא הנחושת ג"כ. ולישנא דאתפוסי הוא שקדושת ההקדש במקומה עומד ונתפס עמו גם התמורה במקומה. ר"ל במקום ובמדרגת הקדושה הראשונה נכנסה ונתפסה גם התמורה במדרגה זו ונעשית ג"כ קודש (וכמו תחתיה תעמוד הבהרת. פי' שעומדת במקומה) וכדכתיב הוא ותמורתו יהיה קודש וצריך להקריב שניהם. ובהאי ענינא פליגי תנאי דהכא. דר"ב ס"ל דתחת דהכא הוא לישנא דחלולי ולכן אמר שאמר אברהם הוי רואה דמיו של זה כאילו דמיו של בני להיות לו כופר נפש ופדיון לפוטרו מהקרבה. ור"פ ס"ל שלא הוצרך פדיון וכופר נפש שכבר נצטרף מחשבתו למעשה כאילו כבר הוקרב. ותחת דהכא הוא לישנא דאתפוסי להיות הוא ותמורתו קודש. ולכן אמר הוי רואה כאילו הקרבתי יצחק בני תחילה ואח"כ הקרבתי האיל הזה תחתיו דהיינו אחריו המד"א וימלוך יותם בנו תחתיו דמשמע אחריו. ועז"א כהא דתנן הרי זה תחת זה כו' הרי זה תמורה דהיינו דין תמורה שהוא ותמורתו קודש (נזה"ק): **באימרא בדירים כו'.** בירו' נדרים פ"א הל' ג'. משנה כאימרא כדירים כו' ה"ז נדר בקרבן.

רש"י

(ט) **באימרא בדירים.** הרי עלי להביא כמביא מן הדיר של בהמה: ר' יוחנן אמר מהו כאימרא כאימרי תמידא:

מסורת המדרש

בא ירושלמי תענית פרק ב' הלכה ד'. ויק"ר פ' כ"ט. פסיקתא רבתי פ' מ'. פסיקתא דר"כ פ' כ"ג. ילקוט כאן רמז ק"א. וילקוט סדר אמור רמז תרמ"ה. וסדר פינחס רמז תשפ"ב כל הענין:

בב במד"ר פ' י"ז. תנחומא סדר שלח סימן י"ד:

בג תמורה דף כ"ז:

בד נדרים דף י'. ירושלמי נדרים פ' א':

אם למקרא

וַה' עֲלֵיהֶם יֵרָאֶה וְיָצָא כַבָּרָק חִצּוֹ וַאדֹנָי אֱלֹהִים בַּשּׁוֹפָר יִתְקָע וְהָלַךְ בְּסַעֲרוֹת תֵּימָן: (זכריה ט:יד)

וַיִּשְׁכַּב עֲזַרְיָה עִם־אֲבֹתָיו וַיִּקְבְּרוּ אֹתוֹ עִם־אֲבֹתָיו בְּעִיר דָּוִד וַיִּמְלֹךְ יוֹתָם בְּנוֹ תַּחְתָּיו: (מלכים ב טו:ז)

ענף יוסף

שנתעורר לאהבת ה' ית'. עד שאעפ"כ הלך שמח לעשות רצון יוצרו. וזהו שסדרו לנו ז"ל כמו שכבש אברהם אבינו את רחמיו מבן יחידו כו' הרצון לא שהקטין אהבת בנו והמעיט רחמיו ממנו אלא מאהבת קונו כבש רחמיו מבנו (אהל יעקב):

מתנות כהונה

[ט] **ומסתבבין בו'** כ"ז הוא בירושלמי תעניות פרק כילד]: **הוי רואה כו'.** מדכתיב תחת בנו קדייק הכי: **וימלוך יותם בנו תחתיו.** כמו אחריו שהרי אביו מלך ג"כ: **ה"ג יותם בנו תחתיו** תנינא כאמרא כו'. משנה היא פ"ק דנדרים ופי' האומר הרי עלי נדר כאמרא פירש ככבש או כדירים כזה שמביא מן הדיר של בהמה ופליג ר' יוחנן ור"ל בההוא האומר כאמרא מה יביא ר' יוחנן אמר

אשד הנחלים

[ט] **אחר כל וכו'.** נמשך למה שהעירו לעיל. כי ע"י עקידת יצחק. ואחר שראה כי לא נתקיימה עקידתו ואז הבין כי לא נשלמה עודנה מעלת ישראל על שלימותן [אחר שלימותן תלוי בזה]. ולכן קראו לאיל אחר. כי איננו כבנו העומד בתכלית לטובת ישראל כ"א עומד רק על אחרית הזמן ולא בראשיתו. וזה אמר אחר כל המעשים סופם שנאחזים בעבירה כי לא ישלמו עודנה בתכלית השלימות. כ"א בסוף שאז סופם ליגאל ע"י קרניו של איל שהוא השופר. שהוא התגלות האלהי שיתעוררו בתשובה ולהתדבקות ה': **אחר כל הדורות.** הא נמי כדלעיל בשינוי ובתקון לשון מעט. שאין הכוונה מיד יהיו נאחזים בעבירות. כ"א אחר כל הדורות באחרית הזמן שיגלו מרוב חטאם: **כל ימות השנה.** הוא נמי רמז נכון כדלעיל. כי בר"ה נזכר עקידת יצחק ע"י תשובה וע"י השופר משל איל כמאמרם בר"ה למה בשל איל כדי לזכור עקידת יצחק: **ניתוש מן החורש.** [מן האילן]. והוא רמז כי האיל מכפר ואחר שלא אבה להניח לעקוד בעצמו ואות הוא כי עודנו לא נשלמו ישראל וע"כ הם מוכרחים לילך ולהסתבך מגלות לגלות אחר בכדי שיצרפו ע"י יסורים: **הוי רואה.** זהו תחת בנו. כי כללו בזה כל הכוונות כאלו שפך את בנו. כי מסר נפשו לזה ג"כ והצטייר בנפשו כאלו נשחט יצחק בנו: **הרי זו תחת זו.** וא"כ שם תחת כלשון תמורה ממש שנחלף זה בזה ושניהם שוים: **ואח"כ הקרבתי את האיל.** כי אחר שהוא תמורה. ובתמורה שניהם נקרבים ושניהם קדושים: **בנו תחתיו.** ובאורו שם שהיו שניהם מלכים זה אחר זה כן זה יהי' נחשב כאילו את יצחק בני הקרבתי ואח"כ הקרבתי את האיל ג"כ. אחר שחפצי הי' להקריבו ולשוחטו: **כהדא דתנינן כאימרא.** לא ידעתי מה ראי' מביא מזה. ואולי אחר שנקרא אילו של יצחק. א"כ ממילא נחשב כאלו

רֵישׁ לָקִישׁ אָמַר: כְּאֵילוּ שֶׁל יִצְחָק — **Reish Lakish said:** His intention is, **"like the ram** offered up in place **of Isaac."**[137] תַּמָּן אָמְרֵי: כְּוָלַד הַחַטָּאת — **Over there** (in Babylonia) **they say:** His intention is, **"like the offspring of a sin-offering."**[138]

The Midrash cites a proof for Reish Lakish:

תָּנֵי בַּר קַפָּרָא: כְּאִימְּר דְּלָא יָנַק מִן יוֹמוֹי — **Bar Kappara taught in a Baraisa:** What is meant by "like the lamb" is **"like a lamb that never suckled in its life."**[139]

וַיִּקְרָא אַבְרָהָם שֵׁם הַמָּקוֹם הַהוּא ה׳ יִרְאֶה אֲשֶׁר יֵאָמֵר הַיּוֹם בְּהַר ה׳ יֵרָאֶה.

And Abraham called the name of that site "HASHEM Yireh," as it is said this day: on the mountain of HASHEM He will be seen (22:14).

§10 וַיִּקְרָא אַבְרָהָם שֵׁם הַמָּקוֹם הַהוּא ה׳ יִרְאֶה — *AND ABRAHAM CALLED THE NAME OF THAT SITE "HASHEM YIREH," AS IT IS SAID THIS DAY: ON THE MOUNTAIN OF HASHEM HE* (or *IT*) *WILL BE SEEN.*

This is a difficult verse. What is meant by "this day"? And what is meant by "on the mountain of Hashem He (or *it*) will be seen"? The Midrash explains:

רַבִּי יוֹחָנָן אָמַר — **R' Yochanan said:** אָמַר לְפָנָיו — **[Abraham] said before [God],** רִבּוֹן הָעוֹלָם — **"Master of the World!** בְּשָׁעָה שֶׁאָמַרְתָּ לִי "קַח נָא אֶת בִּנְךָ אֶת יְחִידְךָ" הָיָה לִי מַה לְהָשִׁיב לְךָ — **At the time that You told me, *'Please take your son, your only one** ... and bring him up there as an offering'* (above, v. 2), **I had** an argument with **which to counter You,** namely: אֶתְמוֹל אָמַרְתָּ "כִּי בְיִצְחָק וְגוֹ׳", וְעַכְשָׁיו "קַח נָא אֶת בִּנְךָ וְגוֹ׳" — **'Yesterday you said** ***since through Isaac*** *will offspring be considered yours,'* (above, 21:12), meaning that I would have descendants through Isaac, **and now** You tell me, ***'Please take your son*** ... *and bring him up there as an offering*?!' וְחַס וְשָׁלוֹם לֹא עָשִׂיתִי כֵן — Nevertheless, **Heaven forbid** that I should say such a thing, and **I did not do so;** אֶלָּא כָּבַשְׁתִּי רַחֲמַי לַעֲשׂוֹת רְצוֹנְךָ — **rather, I suppressed my compassion** for my son **in order to do Your will.** יְהִי רָצוֹן מִלְּפָנֶיךָ ה׳ אֱלֹהֵינוּ — **May it be Your will, HASHEM, our God,** בְּשָׁעָה שֶׁיִּהְיוּ בָּנָיו שֶׁל יִצְחָק בָּאִים לִידֵי עֲבֵירוֹת וּמַעֲשִׂים רָעִים — that **at a time when the descendants of Isaac sin and do bad deeds,** תְּהֵא נִזְכָּר לָהֶם אוֹתָהּ הָעֲקֵדָה — **this binding** of Isaac on the altar **may be remembered for them,** וְתִתְמַלֵּא עֲלֵיהֶם רַחֲמִים — **and** that **You may become filled with compassion for them."**[140]

☐ [וַיִּקְרָא אַבְרָהָם שֵׁם הַמָּקוֹם הַהוּא ה׳ יִרְאֶה — *AND ABRAHAM CALLED THE NAME OF THAT SITE "HASHEM YIREH."*]

This name is not mentioned again elsewhere in *Tanach.* The Midrash tells us what the place was called after Abraham gave it this name, and why the name was changed:

אַבְרָהָם קָרָא אוֹתוֹ יִרְאֶה, שֶׁנֶּאֱמַר "וַיִּקְרָא אַבְרָהָם שֵׁם הַמָּקוֹם הַהוּא ה׳ יִרְאֶה" — **Abraham called [this place] "Yireh," as it is stated, *And Abraham called the name of that site "HASHEM Yireh."*** שֵׁם קָרָא אוֹתוֹ שָׁלֵם שֶׁנֶּאֱמַר "וּמַלְכִּי צֶדֶק מֶלֶךְ שָׁלֵם" — But **Shem,** son of Noah, **called it "Salem," as it is stated, *But Malchizedek,***[141] ***king of Salem*** (above, 14:18). אָמַר הַקָּדוֹשׁ בָּרוּךְ הוּא — **The Holy One, blessed is He, said,** אִם קוֹרֵא אֲנִי אוֹתוֹ יִרְאֶה כְּשֵׁם שֶׁקְּרָא אוֹתוֹ אַבְרָהָם — **"If I call [the place] 'Yireh,' in accordance with the name that Abraham gave it,** שֵׁם, אָדָם צַדִּיק, מִתְרָעֵם — **Shem, a righteous man, would have grounds for complaint.** וְאִם קוֹרֵא אֲנִי אוֹתוֹ "שָׁלֵם" — **And if I call it 'Salem,'** אַבְרָהָם, אָדָם צַדִּיק, מִתְרָעֵם — **Abraham, a righteous man, would have grounds for complaint.** אֶלָּא הֲרֵינִי קוֹרֵא אוֹתוֹ יְרוּשָׁלַיִם — **Rather, I will call it 'Jerusalem,'** כְּמוֹ שֶׁקְּרָאוּ שְׁנֵיהֶם יִרְאֶה, שָׁלֵם, יְרוּשָׁלַיִם — **in accordance with what both of them called it, 'Yireh' and 'Salem,'** calling it **'Jerusalem.'"**[142]

Having mentioned Shem's name for Jerusalem (Salem), the Midrash comments on it:

רַבִּי בֶּרֶכְיָה בְּשֵׁם רַבִּי חֶלְבּוֹ אָמַר — **R' Berechyah said in the name of R' Chelbo:** עַד שֶׁהוּא שָׁלֵם — **While** the site **was** still called **Salem,** i.e., even before the Israelites arrived in *Eretz Yisrael* and built a Temple there, עָשָׂה לוֹ הַקָּדוֹשׁ בָּרוּךְ הוּא סוּכָּה — **the Holy One, blessed is He, made a Tabernacle for Himself** there, וְהָיָה מִתְפַּלֵּל בְּתוֹכָהּ — **and He would pray in it,**[143] שֶׁנֶּאֱמַר "וַיְהִי בְשָׁלֵם סֻכּוֹ וּמְעוֹנָתוֹ בְצִיּוֹן" — **as it is stated, *His Tabernacle was in Salem, and His Dwelling in Zion*** (*Psalms* 76:3).[144]

NOTES

137. The Aramaic word אִימְּרָא can also be used to mean "a ram" (although the usual Aramaic word for ram is דִּיכְרָא), since a ram is also a sheep (*Yefeh To'ar, Eitz Yosef*).

138. A lamb borne by a sin-offering (which is a female sheep) is left to die; it can be neither offered as a sacrifice nor treated as an ordinary, unconsecrated animal (Mishnah, *Temurah* 4:1). The opinion of the Babylonian Sages is thus that if a person says, "This object is forbidden to me like the offspring of a sin-offering," the object becomes forbidden to him, even though this offspring is not a bona fide sacrificial animal (*Yefeh To'ar, Eitz Yosef*).

139. Of course every lamb in the world suckled when it was first born; the reference is thus to a special, miraculously created lamb, which had no mother that bore it — i.e., the ram sacrificed by Abraham at the *Akeidah*. For it is taught in *Avos* 5:6 (and elsewhere) that this ram was created by God Himself at the very end of the six days of Creation (*Matnos Kehunah, Yefeh To'ar*).

140. The Midrash explains that "as it is said on this day" refers to each and every day in the future. And *on the mountain of HASHEM it will be seen* refers to the *Akeidah* that took place on this mountain; it will be seen by God, Who will remember the merit of Abraham's and Isaac's devotion and forgive the sins of their descendants (*Eitz Yosef;* see *Rashi on Chumash*).

141. Malchizedek is identified with Shem, son of Noah; see *Nedarim* 32b and *Midrash Tehillim* §76.

142. The question arises, however: Why is the place called Jeru-salem (Hebrew: Yeru-shalem or Yeru-shalayim) and not Yireh-salem (Hebrew: Yireh-shalem)? *Rashi* notes that Yeru (ירו) and Yireh (יראה) are equal to each other in numerical value (=216).

Even though the name of the place was called Salem (by Shem) before it was called Yireh (by Abraham), in the combined name Yireh precedes Salem because Abraham was more righteous than Shem (*Eitz Yosef,* citing *Yefeh To'ar*).

143. The concept of God praying is mentioned in *Berachos* 7a as well.

144. As the Midrash understands it the verse means: While the site was still called Salem, God's Tabernacle was there, and He was praying in it for the building of *His Dwelling in Zion,* i.e., the Temple (*Eitz Yosef*).

רֵישׁ לָקִישׁ אָמַר: כְּאֵילוֹ שֶׁל יִצְחָק, תַּמָּן אָמְרִי כּוֹלַד הַחַטָּאת. תָּנֵי בַּר קַפָּרָא: כְּאִמָּר דְּלָא יְנַק מִן יוֹמוֹי:

י [כב, יד] "וַיִּקְרָא אַבְרָהָם שֵׁם הַמָּקוֹם הַהוּא ה' יִרְאֶה. רַבִּי יוֹחָנָן אָמַר: [כה]אָמַר לְפָנָיו: רִבּוֹן הָעוֹלָם בְּשָׁעָה שֶׁאָמַרְתָּ לִי "קַח נָא אֶת בִּנְךָ אֶת יְחִידְךָ" הָיָה לִי מַה לְּהָשִׁיב לְךָ: אֶתְמוֹל אָמַרְתָּ "כִּי בְיִצְחָק וְגוֹ' ", וְעַכְשָׁיו "קַח נָא אֶת בִּנְךָ וְגוֹ' ", וְחַס וְשָׁלוֹם לֹא עָשִׂיתִי כֵן אֶלָּא כָּבַשְׁתִּי רַחֲמַי לַעֲשׂוֹת רְצוֹנְךָ. יְהִי רָצוֹן מִלְּפָנֶיךָ ה' אֱלֹהֵינוּ בְּשָׁעָה שֶׁיִּהְיוּ בָּנָיו שֶׁל יִצְחָק בָּאִים לִידֵי עֲבֵירוֹת וּמַעֲשִׂים רָעִים תְּהֵא נִזְכָּר לָהֶם אוֹתָהּ הָעֲקֵדָה וְתִתְמַלֵּא עֲלֵיהֶם רַחֲמִים. [כו]אַבְרָהָם קָרָא אוֹתוֹ "יִרְאֶה", שֶׁנֶּאֱמַר "וַיִּקְרָא אַבְרָהָם שֵׁם הַמָּקוֹם הַהוּא ה' יִרְאֶה", שֵׁם קָרָא אוֹתוֹ "שָׁלֵם", שֶׁנֶּאֱמַר (בראשית יד, יח) "וּמַלְכִּי צֶדֶק מֶלֶךְ שָׁלֵם". אָמַר הַקָּדוֹשׁ בָּרוּךְ הוּא: אִם קוֹרֵא אֲנִי אוֹתוֹ "יִרְאֶה", כְּשֵׁם שֶׁקָּרָא אוֹתוֹ אַבְרָהָם, שֵׁם, אָדָם צַדִּיק, מִתְרָעֵם, וְאִם קוֹרֵא אֲנִי אוֹתוֹ שָׁלֵם, אַבְרָהָם אָדָם צַדִּיק, מִתְרָעֵם, אֶלָּא הֲרֵינִי קוֹרֵא אוֹתוֹ יְרוּשָׁלַיִם כְּמוֹ שֶׁקְּרָאוּ שְׁנֵיהֶם יִרְאֶה שָׁלֵם יְרוּשָׁלַיִם. רַבִּי בֶּרֶכְיָה בְּשֵׁם רַבִּי חֶלְבּוֹ אָמַר: עַד שֶׁהוּא שָׁלֵם עָשָׂה לוֹ הַקָּדוֹשׁ בָּרוּךְ הוּא סוּכָּה וְהָיָה מִתְפַּלֵּל בְּתוֹכָהּ שֶׁנֶּאֱמַר (תהלים עו, ג) "וַיְהִי בְשָׁלֵם סֻכּוֹ וּמְעוֹנָתוֹ בְצִיּוֹן".

רש"י

(י) **הרי אני קורא אותו כמו שקראוהו שניהם.** ירושלם יראה שלם ירו גימטרי' יראה: **והוא שנאמר ויהי בשלם סוכו ומעונתו בציון.** ועל מדרש זה יסד רבי אלעזר הפייט בקרובץ

עץ יוסף

ובגמרא שם. מהו כאימרא (כלומר על מה היתה כוונתו) ר' יוחנן אמר כאימר תמידא. תמן אמרין כוולד חטאת (ופי' שם המפרש תמן בבבל אמרין כוולד חטאת כלומר אע"פ שלא אמר כדבר הקרב על המזבח והיינו לשון כאימרא הנ"ל אלא שאמר הרי עלי כוולד חטאת דלמיתה אזלא הרי זה ג"כ נדר בקרבן) רשב"ל אמר כאילו של יצחק אבינו. תני ר' חייא מסייע לרשב"ל כאימרא דלא יניק מן יומוי וזהו אילו של א"א שנברא בשי"ב ולא היה לו אם שיניק משדיה עכ"ל הש"ס דנדרים ירוש' עם פירוש בעל פ"מ. ואין לו שום שייכות כאן רק בשביל שנזכר שם בירו' מי שאומר שמלת כאימרא בל' הנודר הכוונה על אילו של א"א. וכאן מדבר בענין איל זה לכן הביאו כאן ומכלל העתקת ל' הירושלמי תבין שמאמר תמן אמרין כוולד חטאת הוא שם אחר דברי ר"י לא אחר דברי רשב"ל כמו שהוא כאן: **באילו של יצחק.** ואע"ג דאיל מתרגם דכרא מאחר שגם הוא מין כבשים יקרא אימרא (יפ"ת): (י) [טו] **א"ל רבש"ע כו'.** לפי אגדה זו ה"פ ויקרא אברהם שם המקום ההוא ה' יראה להיות אותו שם לסימן ולזכרון אשר יאמר היום הזה בכל דורות הבאים בהר ה' יראה זכות העקידה ויתמלא עליהם רחמים כפי מה שהתפלל אז אברהם ונעתר לו ה': [טז] **ומלכי צדק.** והיינו שם בן נח כדלעיל פ' מ"ג: **שם אדם צדיק מתרעם.** להיות שמות אלו מורים על צדקתם. ששם קראו שלם על שם שהיה שלם שנולד מהול שע"ז נאמר מלך שלם כדלעיל פ' פ"ג. ואברהם קראו יראה ע"ש העקידה כדלעיל סימן ט"ו. לכן היו רוצים שיזכרו תמיד לדורות שילמדו מהם. וזו סבת בקשת הצדיקים שיכתבו ויזכרו מעשיהם הטובים (יפ"ת): **יראה שלם ירושלים.** ואע"פ ששם שלם קדם לשם יראה מ"מ הקדים בהרכבה יראה דאברהם צדיק טפי משם (יפ"ת): **יראה שלם ירושלים**. יראה גמטריה שלו ירו (מת"כ): **עד שהוא שלם.** פירוש קודם שנבנה ביהמ"ק מאז בעוד שהיה נקרא שם העיר שלם ולא ירושלים: **עשה הקב"ה סוכה.** לפי שקודם בנין ביהמ"ק היתה עיקר שכינה בעליונים. אמר שעכ"ז היתה שכינה בביהמ"ק אלא שהיתה כדירת ערא' כיושב בסוכה (יפ"ת): **ויהי בשלם סוכו.** וה"פ בעוד שהיה שמה שלם היתה סוכו שם ומתפלל בתוכה על מעונתו בציון דהיינו שיראה בבנין ביתו שהוא מעון קדשו:

פירוש מהרז"ו

בולד חטאת. פי' בולד חטאת שמתה ג"כ נדר בקרבן וכ"פ פני משה בירושלמי פ"ק דנדרים. וע"ש: (י) **רבי יוחנן אמר.** ירושלמי תענית פ"ב ה"ד. ויק"ר פר' כ"ט סימן ט'. פסיקתא פ"מ סימן ו'. תנחומא כאן מדרש תהלים ע"ו. ובתנחומא הוא על פסוק בי נשבעתי. וז"ל אתה נשבעת ואני נשבעתי וכו' ע"ש עד חזור לאחוריך מיד וישא אברהם את עיניו וגו' הרי שדורשים שפסוק י"ג מקומו אחר פסוק ט"ז וכ"מ בירושלמי שם שתחלה דורש פסוק י"ז ויקרא אברהם וגו' ה' יראה ואמר שם מה כתיב בתריה וישא אברהם את עיניו וגו' והמעיין במקומות הנ"ל יראה שדברי ר"י שבריש סימן ט' מקומם כאן אחר דברי ר' יוחנן שר' יוחנן דורש על פסוק ה' יראה ור' יודן דורש על פסוק וירא והנה איל ובמדרש כסדר הפסוקים. ונ"ל טעם היפוך שהירושלמי דורש מ"ש אחר שהוא קשה לפי פשוטו שפירושו אחר מ"ש ה' יראה היה ענין מ"ש וישא אברהם שאז הראהו ענין האיל וקרניו וגם מ"ש בתנחומא חזור לאחוריך דורש ג"כ אחר: **נזכר להם כו'.** בשובם אל ה' בכל לבם: **מלך שלם.** במדרש תהלים יליף שהוא שם כמ"ש והוא כהן לאל עליון וכתיב וישכון באהלי שם ששוכן באהלו והיה משמשו. ועי' לעיל פר' מ"ג סי' ו' בא"ח: **עד שהוא שלם.** פי' בעת שהיה שמה שלם לבד קודם שקראה אברהם יראה ובמדרש תהלים מתחילת בריתו של עולם היה לשכינה סוכה כו' עד כדי שלא יחרב ביתי ומקדשי שנאמר ויהי בשלם סוכו ומעונתו בציון כיון שגרם החטא מה כתיב ויחמוס כגן שוכו שיחת מועדו שהיה מתוועד כו':

מתנות כהונה

יביא כבשה כאמרא תמידא ככבש של קרבן תמיד היתה כוונתו. ור"ל אמר יביא איל שכוונתו היתה כאמרא של יצחק ותמן אמרין כוונתו היתה כולד חטאת: [תני ב"ק כו' סיעתא לר"ל והכי איתא בירושלמי בהדיא: **באמר דלא יניק כו'**]. ככבש שלא ינק חלב מימיו וזה אילו של יצחק: [י] **א"ר יוחנן.** גרסינן יהי רצון כו' ה' יראה כלומר יראה ויזכיר את אשר כבשתי רחמי לעשות רצונו בלבב שלם: **יראה שלום.** יראה גימטריא שלו היא ירו: **עד שהיא שלם.** כלומר קודם שבאו ישראל לתוכה ולא נקראת עדיין ירושלים אלא שלם עשה לו בו סוכה של כבוד: [**ומתפלל בו'.** המקובלים ז"ל דברו מענין תפילות מה שיש בו די ועיין במ"ש הרשב"א באגדת

אשד הנחלים

גם יצחק נעקד: **דלא ינק מיומי.** וזהו כאלו של יצחק שלא ינק כי לא היה ככל האילים הטבעיים. כמאמרם שנברא בע"ש בין השמשות. וא"כ אינו בכלל הברואים הטבעיים הצריכים לינק: [י] **יהי רצון כו'.** וזהו ה' יראה. שיראה ה' עקידתו לבניו אחריו לרחם עליהם ולזכותם: **שם. אדם צדיק מתרעם כו'.** ענין הדבר בכלל כי כל אחד השיג במקום הזה מעלה מיוחדת מה שלא השיג חבירו. אברהם השיג שהוא מקום היראוי ומקום הנראה שם שכינת עוזו ית'. ושם השיג שבה כלול כל השלימות כולם ולכן קראה שלם. וה' קראה אותה בשני השמות האלו יחד. כי באמת כלול בה הכל. וגם כל שם נבלעת בחברתה. אם נקראת שלם אז ג"כ נראה בתוכה ה' וכן להיפך אם נראה ה' בתוכה אז היא שלימה בתכלית השלימות. רק שהשם עשה רצון שניהם. שלא ידמו כל אחד כי לא כיוון האמת בשמו הגדרי ע"כ קראה בשם שניהם יחדיו. כן נוכל לתווך המאמר ע"ד הציור הנכון. והבן זה. וע"ד חכמת האמת ירושלים ממדת כל כמדת המלכות אשר ממנו יראה ה' לנביאים בתמונה כנודע אך אין להאריך בתעלומות כאלה כ"א ריש מלין למתבונן. וע' סקל"ח פתחי חכמה להרב אלקי הלוצאטי. ותבין: **עשה לו הקב"ה סוכה והיה מתפלל בתוכו.** הדבר הזה הוא מחכמת הסתרים. כי איך שייך תפלה לפניו ית'. ויש בו סוד דוגמת מאמרם מנין שהקב"ה מתפלל עיי"ש בחידושי אגדות וברשב"א שם ובבאר הגולה להרב הגאון האלקי מהר"ל מפראג והענין בסוכה הוא מקום קדשי קדשים ששם עיקר הופעת השכינה ושם עיקר השפע המופיע על העולם כולו וא"כ שם עיקר התפלה שהקב"ה מתפלל שיבנה ביתו. כי

חידושי הרד"ל

(כ) [י] **כבשתי רחמי ועשיתי כו'.** בירושלמי שם הגי' כבשתי יצרי. והיינו שכבש מחשבתו מלהרהר בלבבו אחר דבר ה' בזה. וז"ש ה' יראה כד"א (שמואל א' ט"ז):

ענף יוסף

(טז) [י] **אברהם קרא אותו יראה כו'.** הכוונה ששם בן נח היה לו לעיקר שלימות המעלות ומדות ומושכלות. אבל אברהם אבינו היה לו עיקר יראתו ואהבתו ית'. ושניהם יחד השיגו שהמקום ההוא מוכן להשגה מאד. ע"כ קרא לו שם בשם שלם שממנו השגת השלימות. ואברהם קראו יראה ששם נקל להשיג מחכמות האלהית המביאה ליראת רוממותו יתברך. והקב"ה קראו בשם שניהם להודיע ששניהם נצרכים לאדם. ומ"מ הקדים שם יראה לשלם מפני שהיראה הוא יסוד הראשון וגם תכלית האחרון. אולם השלימות אינם רק כעין מכונות ועמודים אליה: (**עשה לו הקב"ה סוכה והיה מתפלל בתוכה**) הדבר הזה יש בו סוד דוגמת מאמרם במס' ברכות מנין שהקב"ה מתפלל. ע"ש בחידושי אגדות וברשב"א שם ובבאר הגולה להרב הגאון האלוקי מהר"ל מפראג. והענין בסוכה הוא מקום קדשי קדשים ששם עיקר הופעת השכינה ושם עיקר השפע המופיע על העולם כולו ואם כן שם עיקר התפלה שהקב"ה מתפלל שיבנה ביתו. כי השכינה נוספת להשפיע כמאמרם ז"ל בברכות. וזהו ויהי בשלם סוכו זהו עיקר המקום בית קדשי הקדשים שם עיקר סוכו. ומעונתו בכלל הוא ציון כולו. כי שם ג"כ עיני ה' תמיד כמ"ש בכתוב:

מסורת המדרש

כה ירושלמי תענית פ' ב'. ויק"ר פ' כ"ט. מדרש תהלים מזמור כ"ט ומזמור ע"ז. תנחומא כאן סוף סימן כ"ג. פסיקתא רבתי פ' מ'. ילקוט תהלים רמז תש"ט: **כו** מדרש תהלים מזמור ע"ו. ילקוט תהלים רמז תתי"ד:

אם למקרא

וּמַלְכִּי־צֶדֶק מֶלֶךְ שָׁלֵם הוֹצִיא לֶחֶם וָיָיִן וְהוּא כֹהֵן לְאֵל עֶלְיוֹן:
(בראשית יד:יח)

וַיְהִי בְשָׁלֵם סֻכּוֹ וּמְעוֹנָתוֹ בְצִיּוֹן:
(תהלים עו:ג)

אֶת זַרְעֲךָ כְּכוֹכְבֵי הַשָּׁמַיִם וְכַחוֹל אֲשֶׁר עַל שְׂפַת הַיָּם וְיִרַשׁ זַרְעֲךָ אֵת שַׁעַר אֹיְבָיו.

The angel of HASHEM called to Abraham a second time from heaven. And he said, "By Myself I swear the word of HASHEM that because you have done this thing, and have not withheld your son, your only one, that I shall surely bless you and greatly increase your offspring like the stars of the heavens and like the sand on the seashore; and your offspring shall inherit the gate of its enemies" (22:15-17)

§11 **וַיִּקְרָא מַלְאַךְ ה׳ ... שֵׁנִית ... וַיֹּאמֶר בִּי נִשְׁבַּעְתִּי** — *THE ANGEL OF HASHEM CALLED TO ABRAHAM A SECOND TIME ... AND HE SAID, "BY MYSELF I SWEAR . . . THAT I SHALL SURELY BLESS YOU AND GREATLY INCREASE YOUR OFFSPRING LIKE THE STARS OF THE HEAVENS AND LIKE THE SAND ON THE SEASHORE.*

What did this oath add to what God had already promised Abraham several times (see above 15:5ff, 17:6-8)?[149] The Midrash explains:

מַה צוֹרֶךְ לִשְׁבוּעָה זוֹ — **Why was there a need for this oath?** **אָמַר לוֹ: הִשָּׁבַע לִי שֶׁאֵין אַתָּה מְנַסֶּה אוֹתִי עוֹד מֵעַתָּה וְלֹא אֶת יִצְחָק בְּנִי** — **[Abraham] said to [God], "Swear to me that You will not test me nor my son Isaac anymore."**[150] **מָשָׁל לְאֶחָד שֶׁשָּׁוַור אֶת אֲגִינוּ שִׁבּוֹלֶת נָהָר וְהִקְפִּיץ גַּם בְּנוֹ עִמּוֹ** — This may be illustrated by means of **a parable.** It is comparable **to one who jumped**[151] **the banks of a swiftly flowing river** from one bank to the opposite one, **and jumped his son along with him.**[152]

דָּבָר אַחֵר — **Another interpretation:** **מַה צוֹרֶךְ לִשְׁבוּעָה זוֹ** — **Why was there a need for this oath?** **רַבִּי חָמָא בַּר רַבִּי חֲנִינָא** — **R' Chama bar R' Chanina** said: **אָמַר לוֹ: "הִשָּׁבַע לִי שֶׁאֵין אַתָּה מְנַסֶּה אוֹתִי עוֹד מֵעַתָּה"** — **[Abraham] said to [God], "Swear to me that You will not test me anymore."**[153] **מָשָׁל לְמֶלֶךְ שֶׁהָיָה נָשׂוּי לְמַטְרוֹנָה** — This may be illustrated by means of **a parable.** It is

וּמָה הָיָה אוֹמֵר — **And what would He say** in these prayers? **יְהִי רָצוֹן שֶׁאֶרְאֶה בְּבִנְיַן בֵּיתִי** — **"May it be My will that I should see the building of My Temple!"**

□ [**וַיִּקְרָא אַבְרָהָם שֵׁם הַמָּקוֹם הַהוּא ה׳ יִרְאֶה אֲשֶׁר יֵאָמֵר הַיּוֹם בְּהַר ה׳ יֵרָאֶה** — *AND ABRAHAM CALLED THE NAME OF THAT SITE "HASHEM YIREH," AS IT IS SAID THIS DAY: ON THE MOUNTAIN OF HASHEM HE WILL BE SEEN.*]

The Midrash presents a different interpretation of this verse:

דָּבָר אַחֵר — **Another interpretation:** **מְלַמֵּד שֶׁהֶרְאָה לוֹ הַקָּדוֹשׁ בָּרוּךְ הוּא בֵּית הַמִּקְדָּשׁ חָרֵב וּבָנוּי חָרֵב וּבָנוּי** — [The verse] **teaches that the Holy One, blessed is He, showed [Abraham]** in a prophetic vision **the Temple built, destroyed, and rebuilt.**[145]Ⓐ **שֶׁנֶּאֱמַר "שֵׁם הַמָּקוֹם הַהוּא ה׳ יִרְאֶה"** — **For it is stated,** *Abraham called the name of that site "HASHEM Yireh* [יִרְאֶה]*";* **הֲרֵי בָּנוּי, הֵיךְ מַה דְּאַתְּ אָמַר "שָׁלֹשׁ פְּעָמִים בַּשָּׁנָה יֵרָאֶה וְגוֹ׳"** — **there you see** a reference to the Temple **built, as stated,** ***Three times a year*** *all your males* ***should appear*** [יֵרָאֶה] *before HASHEM, your God, in the place that He will choose* (*Deuteronomy* 16:16).[146] **"אֲשֶׁר יֵאָמֵר הַיּוֹם בְּהַר ה׳"** — The verse continues, ***as it is said this day, on the "mountain" of HASHEM;*** **הֲרֵי חָרֵב, שֶׁנֶּאֱמַר "עַל הַר צִיּוֹן שֶׁשָּׁמֵם"** — **there you see** a reference to the Temple **destroyed, as it states** in Scripture, ***for "Mount" Zion which lies desolate***[147] (*Lamentations* 5:18). **"ה׳ יֵרָאֶה"** — And the verse concludes, ***HASHEM will be seen*** [יֵרָאֶה]; **בָּנוּי וּמְשׁוּכְלָל לֶעָתִיד לָבֹא, כָּעִנְיָן שֶׁנֶּאֱמַר "כִּי בָנָה ה׳ צִיּוֹן נִרְאָה בִּכְבוֹדוֹ"** — there you see a reference to the Temple **rebuilt and perfected in the future** time **to come,** in Messianic times, **as it is written,** ***For HASHEM will have built Zion, He will have appeared*** [נִרְאָה] ***in His glory***[148] (*Psalms* 102:17).

וַיִּקְרָא מַלְאַךְ ה׳ אֶל אַבְרָהָם שֵׁנִית מִן הַשָּׁמָיִם. וַיֹּאמֶר בִּי נִשְׁבַּעְתִּי נְאֻם ה׳ כִּי יַעַן אֲשֶׁר עָשִׂיתָ אֶת הַדָּבָר הַזֶּה וְלֹא חָשַׂכְתָּ אֶת בִּנְךָ אֶת יְחִידֶךָ. כִּי בָרֵךְ אֲבָרֶכְךָ וְהַרְבָּה אַרְבֶּה

NOTES

145. The "rebuilt" Temple is the Third Temple, which will be built in Messianic times. The Second Temple was not shown to him either because it was incomplete in spiritual stature (*Yoma* 31b) or because it was a mere intermediary stage — neither the first nor the final Temple (*Yefeh To'ar*).

146. The Israelite males will appear (יֵרָאֶה) before God when the Temple is standing (*Eitz Yosef*).

147. We see that when the word "mountain" is used it refers to the mountain alone, i.e., when it is desolate (*Eitz Yosef,* citing *Nezer HaKodesh*).

148. In the Third Temple God will appear and be seen in all His glory (*Eitz Yosef,* citing *Nezer HaKodesh*).

149. These promises were confirmed by a covenant, which is equivalent in force to an oath (*Yefeh To'ar*).

150. Abraham was afraid he might not be able to pass another test (*Eitz Yosef*). The Midrash sees an allusion to such an oath in God's response: *because you have done this thing . . . that I shall surely bless you . . .,* the implication being that this test conclusively proved that Abraham was worthy of all these blessings, and no more tests would be necessary (*Maharzu*).

151. We have followed the reading of the first edition (Constantinople, 1512), ששוור, which was miscopied in subsequent editions as ששמר. (See also *Mishnas DeRabbi Eliezer.*)

152. The father, with his great strength, was able to pull his son along with him as he jumped (*Maharzu*). The lesson of the parable is to answer this question: We can understand why God would swear to Abraham that He would test him no more, for after all he had successfully undergone ten tests already. However, the *Akeidah* was Isaac's one and only test; how did he "earn" the right to God's guarantee not to test him anymore? The answer is that Abraham, through his great spiritual strength, was able to pull his son along with him as he "jumped" over the "raging river" of spiritual impediments that man constantly faces in life (ibid.). The Midrash derives this fact (that Abraham asked God for an oath regarding Isaac as well) from the fact that God's response included a blessing for Isaac as well as for Abraham (as in §12) (ibid.). [See *Yefeh To'ar* and *Eitz Yosef* for a different approach.]

153. This interpretation differs from the previous one in that it does not maintain that Abraham asked God to include Isaac in the oath (*Yefeh To'ar*). [See, however, *Yalkut Shimoni* here §102.]

INSIGHTS

Ⓐ **On the Mountain Hashem Will Be Seen** It was natural for Abraham to wonder whether far-off generations of his posterity would still have the qualities of spiritual love, faith, and dedication that would enable them to make supreme sacrifices for God's sake, as Abraham was ready to make when he placed his beloved Isaac on the altar. Such a lofty spiritual level was conceivable when the Temple stood and Jews could feel the Divine Presence openly resting upon it and upon them — and even gentile nations revered Israel for its closeness to God (Taanis 16a). But what would their spiritual level be when the Temple was destroyed?

By showing Abraham visions of the Temple's eminence and degradation, God was indicating that his qualities would always endure in his offspring, because even when the nation as a whole is at its lowest ebb, there are always individuals who remain loyal to the example and mission of Abraham and Isaac. So it has always been. Even when masses of Israel were not equal to the challenge of overcoming spiritual obstacles, there have always been people of stature — the *tzaddikim,* Torah giants, and *seemingly* simple Jews — who remained steadfast and loyal to the heritage of Abraham. Their loyalty served — and serves — as a bridge to the time when *all* of Israel will regain their spiritual stature. Thus, Abraham was shown the Temple built, destroyed, and finally rebuilt again (see *Imrei R' Shefatyah,* pp. 312-313).

חידושי הרד"ל

(כא) [יא] ולא את יצחק בני. אפשר דרש שהשבועה ולשון יען אשר עשית כו' נמשך גם על את בנך את יחידך:

(כב) לאחד ששמר את אגינו. כצ"ל וכ"ה במסכת דר"א ע"ש:

עץ יוסף

[יז] מלמד שהראה כו'. נ"ל מלמד שהראה לו הקב"ה ביהמ"ק בנוי וחרב ובנוי. וכ"ה בילקוט. וכה"ג אי' לקמן פ' ס"ה ופ' ס"ט בילחק (יפ"ת ונזה"ק). ויקרא שם המקום ההוא ה' יראה הרי בנוי. שאז יראה אותם לפניו כדכתיב יראה כל זכורך וגו': **אשר יאמר היום בהר הרי חרב.** פי' שיהיה חרב כהר כדכתיב על הר ציון ששמם וגו'. ה' יראה להיות שוב בנוי ומשוכלל לע"ל כי בנה ה' ציון נראה בכבודו (נזה"ק): **הרי בנוי.** וזה הבית הראשון ולא זכר הבית השני לפי שלא היה בנין שלם שחסרו ממנו ה' דברים: **(יא) [יח] מה צורך לשבועה זו.** פי' כיון דכבר כרת עמו ברית בין הבתרים ובמילה על ברכת הזרע והצלחתו. וברית היינו שבועה. מה צורך לשבועה זו. ומשני דבי נשבעתי אנסיון קאי שהודה לו שלא ינסהו עוד ונשבע לו. וכי יען אשר עשיתי וגו' מילתא באנפי נפשיה. ואע"פ שלא פירש על מה נשבע דרך המקראות לקצר לפעמים וכ"ש הכא דאחר שהיה מדבר אברהם על עסקי הנסיון בהשיבו על דבריו בי נשבעתי מובן הדבר (יפ"ת): **שאין את מנסה אותי.** בבמדב"ר פ' י"ז שאם ח"ו לא הייתי שומע לך אבדתי כל אשר יגעתי מימי. שפחדו היה פן לא יעמוד בנסיונו ולכן בקש זה: **משל לאחד ששטף את אגינו.** כצ"ל וענינו ששבולת הנהר שטף שפתו וקפץ האדם להציל עצמו והקפיץ גם בנו עמו להצילו. ולפי שאין רמז בכתוב שבקש גם על יצחק הביא המשל דודאי יבקש להציל בנו כמו שיציל עצמו (יפ"ת) אבל הנזה"ק גרס משל לאחד שעבר את שבולת הנהר והקפיץ גם בנו עמו. ויש גורסים ששמר את אגינו: **ד"א מה צורך כו'.** לשון דבר אחר קשה. דהא היינו דרשא דלעיל. ובילקוט באמת לא גרס לה דכולא חדא דרשא היא. וכן עיקר (נזה"ק): **נסיון עשירי.** דעשרה נסיונות נתנסה א"א כדאי' בפ"ה דאבות. ונסיון העקידה אחרון לכולם. ועיין בשוח"ט מזמור ל"ה סדר מנין הנסיונות. ובפדר"א ובאדר"נ פ' ל"ג. וברמב"ם בפירוש המשנה. ובפייט מוסף דר"ה. ובפרקי אבות ברש"י וברע"ב: **אבד את הכל.** ור"ל דודאי היה מקבל שכר על נסיונות הראשונות לעוה"ב. רק מה שהבטיח לו להטיב גם לזרעו אחריו שזה לא היה אלא בתורת חסד כענין שנא' ועושה חסד לאלפים לאוהבי. זה לא היה מתקיים לפי שהחטא גורם לבטל הבטחה הבאה בתורת חסד (נזה"ק). ובספר חסידים סי' שנ"ג אי' לא שהיה מאבד הכל לגמרי אלא שזה העון שקול כנגד כל זכיותיו ויכריע כל הזכיות:

מדרש

וּמָה הָיָה אוֹמֵר: יְהִי רָצוֹן שֶׁאֶרְאֶה בְּבִנְיַן בֵּיתִי. דָּבָר אַחֵר [כז]מְלַמֵּד שֶׁהֶרְאָה לוֹ הַקָּדוֹשׁ בָּרוּךְ הוּא בֵּית הַמִּקְדָּשׁ חָרֵב וּבָנוּי, חָרֵב וּבָנוּי, שֶׁנֶּאֱמַר "שֵׁם הַמָּקוֹם הַהוּא ה' יִרְאֶה", הֲרֵי בָּנוּי, הֵיךְ מַה דְּאַתְּ אָמַר (דברים טו, טז) "שָׁלֹשׁ פְּעָמִים בַּשָּׁנָה °יֵרָאֶה". "אֲשֶׁר יֵאָמֵר הַיּוֹם בְּהַר ה'", הֲרֵי חָרֵב, שֶׁנֶּאֱמַר (איכה ה, יח) "עַל הַר צִיּוֹן שֶׁשָּׁמֵם". "ה' °יֵרָאֶה", בָּנוּי וּמְשׁוּכְלָל לֶעָתִיד לָבֹא, כְּעִנְיָן שֶׁנֶּאֱמַר (תהלים קב, יז) "כִּי בָנָה ה' צִיּוֹן נִרְאָה בִּכְבוֹדוֹ:

יא [כב, טו-טז] "וַיִּקְרָא מַלְאַךְ ה'... שֵׁנִית... וַיֹּאמֶר בִּי נִשְׁבַּעְתִּי". מַה צּוֹרֶךְ לִשְׁבוּעָה זוֹ, [כח]אָמַר לוֹ: הִשָּׁבַע לִי שֶׁאֵין אַתָּה מְנַסֶּה אוֹתִי עוֹד מֵעַתָּה וְלֹא אֶת יִצְחָק בְּנִי. מָשָׁל לְאֶחָד °שֶׁשָּׁמַר אֶת אֲגִינוֹ שִׁבּוֹלֶת נָהָר וְהִקְפִּיץ גַּם בְּנוֹ עִמּוֹ, דָּבָר אַחֵר, מַה צּוֹרֶךְ לִשְׁבוּעָה זוֹ, רַבִּי חָמָא בַּר רַבִּי חֲנִינָא: אָמַר לוֹ: הִשָּׁבַע לִי שֶׁאֵין אַתְּ מְנַסֶּה אוֹתִי עוֹד מֵעַתָּה. מָשָׁל לְמֶלֶךְ שֶׁהָיָה נָשׂוּי לְמַטְרוֹנָה, יָלְדָה מִמֶּנּוּ בֵּן רִאשׁוֹן וְגֵרְשָׁהּ, שֵׁנִי וְגֵרְשָׁהּ, שְׁלִישִׁי וְגֵרְשָׁהּ, וְכֵיוָן שֶׁיָּלְדָה מִמֶּנּוּ בֵּן עֲשִׂירִי נִתְכַּנְּסוּ כּוּלָּם וְאָמְרוּ לוֹ: הִשָּׁבַע לָנוּ שֶׁאֵין אַתְּ מְגָרֵשׁ אֶת אִמֵּנוּ מֵעַתָּה. כָּךְ, כֵּיוָן שֶׁנִּתְנַסָּה אַבְרָהָם אָבִינוּ נִסָּיוֹן עֲשִׂירִי אָמַר לוֹ: הִשָּׁבַע לִי שֶׁאֵין אַתָּה מְנַסֶּה אוֹתִי עוֹד מֵעַתָּה. אָמַר רַבִּי חָנִין: "כִּי יַעַן אֲשֶׁר עָשִׂיתָ אֶת הַדָּבָר הַזֶּה", נִסָּיוֹן עֲשִׂירִי הוּא, וְאַתָּה אוֹמֵר כִּי יַעַן אֲשֶׁר עָשִׂיתָ הַדָּבָר הַזֶּה, אֶלָּא זֶה נִסָּיוֹן הָאַחֲרוֹן שֶׁהוּא שָׁקוּל כְּנֶגֶד הַכֹּל, שֶׁאִילוּלֵי לֹא קִבְּלוֹ עָלָיו אִבֵּד אֶת הַכֹּל [נ"א כָּל מַה שֶּׁעָשָׂה]. "כִּי בָרֵךְ אֲבָרֶכְךָ וגו'",

פירוש מהרז"ו

חרב ובנוי. עי' מ"כ וכ"ה בילקוט ובספרי פסוק ברך ה' חילו ולעיל ס"פ ב' ולקמן פר' ס"ט סימן ז': **בהר ה'.** שמ"ר פ"ב סי' ב' מהר קדשו ע"ש: **(יא) מה צורך לשבועה זו.** שלפי פשוטו שהשבועה הוא על מ"ש כי ברך אברכך והרבה ארבה את זרעך והלא כבר נתבשר בברית בין הבתרים וברית היינו שבועה וכן במילה. ע"כ דרש שהשבועה על הנסיון. ומרומז במ"ש בי נשבעתי נאם ה' כי יען אשר עשית את הדבר הזה פי' הנסיון הזה ראוי אתה לכל הברכות ואיני מנסה אותך עוד מעתה. ומ"ש ואת יצחק בני. כי מהתשובה אנו יודעים השאלה ממ"ש ולא חשכת את בנך וכן ברך אברכך לאב ולבן כמ"ש לקמן בס"ס זה: **אגינו שבולת נהר.** פי' שפת נהר מלשון אוגני כליס פי' שהמתין בשיבולת נהר לקפוץ בו וע"י כחו הקפיץ עמו גם את בנו. והנה העולם ומקריו עם היצה"ר דומים כמו שיבולת מים לפני האדם שמעכבים אותו לבוא לתכליתו רק מי שיש בו כח גדול כאברהם שקפץ עליו ונפטר ממנו אחר נסיון עשירי יצחק היה אצלו הנסיון הראשון וע"י הכנת וכח אברהם קפץ גם הוא עמו: **בן ראשון וגרשה.** ובנמשל שענין הנסיון שהשי"ת עוזב את האדם לרצונו ובחירתו ואינו עוזר לו ודומה לענין הגירושין ועי' לקמן פר' ס"א סי' כ' אם יכרת. ומש"ש: **אבד את הכל.** ולכן בשאר נסיונות לא כתב נסה את אברהם רק בעשירי שהכל תלוי בזה: **כי ברך אברכך.** והרבה ארבה ודורש מדה יו"ד ועי' במ"ר פר' ב' סימן ב':

מסורת המדרש

כז עיין ספרי סדר וזאת הברכה פיסקא שנ"ז. ועיין ילקוט סדר וזאת הברכה רמז תתקס"ג:

כח במדבר רבה פרשה י"ז. תנחומא סדר שלח סימן י"ד. ילקוט כאן רמז ק"ב:

אם למקרא

שָׁלוֹשׁ פְּעָמִים בַּשָּׁנָה יֵרָאֶה כָל־זְכוּרְךָ אֶת־פְּנֵי ה' אֱלֹהֶיךָ בַּמָּקוֹם אֲשֶׁר יִבְחָר בְּחַג הַמַּצּוֹת וּבְחַג הַשָּׁבֻעוֹת וּבְחַג הַסֻּכּוֹת וְלֹא יֵרָאֶה אֶת־פְּנֵי ה' רֵיקָם: (דברים טז:טז)

עַל הַר־צִיּוֹן שֶׁשָּׁמֵם שׁוּעָלִים הִלְּכוּ־בוֹ: (איכה ה:יח)

כִּי־בָנָה ה' צִיּוֹן נִרְאָה בִּכְבוֹדוֹ: (תהלים קב:יז)

רש"י

ותן בשלם סוכו: **(יא) אשר עשית את הדבר הזה.** וכי לא נתנסה אלא בדבר זה והלא זה אחרון היה אלא זה נס אחרון שהוא שקול כנגד כולם שאלולי שקבל עליו הנס האחרון אבד כל מה שעשה בתחלה: **כי ברך אברכך.** בלשון כפול ברכה לאב ברכה לבן:

מתנות כהונה

ישמעאל בני ברכני. והביאו הר"י ן' חביב בפי' ע"י ועוד הוסיף וע"ש: **ה"ג שהראה לו הקב"ה** בנוי וחרב ובנוי]: **ה"ג נראה וגו'** וסיפיה דקרא במקום אשר יבחר: **ה"ג יאמר היום בהר** הרי חרב: **[יא] [מלאך ה' וגו'.** גרסינן: **מצאתי** בס' אות אמת שגורס משל לאחד ששטף את אגינו: **אגינו צ"ל לשון גינה]: והקפיץ.** לשון קפילה שהצילו במהירות וקפילה עמו. **[ה"ג וגרשה** וחזר ונשאה שניה. וכ"ה גי' הילקוט]: **שני.** ואח"כ ילדה ממנו בן שני וגרשה:

אשד הנחלים

השכינה כוספה להשפיע כמאמר' ז"ל בברכות. וזהו ויהי בשלם סוכו זהו עיקר המקו' בית קדשי הקדשי' שם עיקר סוכו. ומעונתו בכלל הוא בציון כולו. כי שם ג"כ עיני ה' תמיד כמ"ש בכתוב: **חרב ובנוי.** ולכן קראה תחילה ה' יראה וכי נגלה שם השכינה א"כ הוא בנוי ואח"כ [הר ה'] אשר יאמר היום [בעת הגליות והסתלקות השכינה] רק הר ה' אך לא נראה ה' ואח"כ עוד ה' יראה כו' יגלה עוד בכבודו עוד הפעם: **[יא] שאין אתה מנסה אותי.** כי ירא עוד הפעם פן ינוסה וח"ו לא יוכל לעמוד בנסיון. כי עתה ידע כמה כח חזק צריך לזה ולכן הבטיחו ה' שהרבה ארבה את זרעו את יצחק ושוב לא יתנסה עוד בזה ואחז במשל זה להורות שבכח חזק הציל את בנו וכמו מי שמציל משבולת הנהר את הגינה ובתוכו גם בנו. כן הוכרח אברהם לחזק כחו וגם כח בנו והוא כח גדול מאוד. **וגרשה כו'.** קרא הנסיון בשם גרושין. אחר שהונח זאת לנסות אם ח"ו יתרחק מפניו ית' ואחר שעמד בכל הנסיונות אז בקש שלא יתנסה עוד אחר שעמד בכול' וכדאי לעמוד בו בשביל זה. כמו שהאיש עומד באשתו עבור בניו: **שקול כנגד הכל.** כי עור בעד עור וכל אשר לאיש יתן בעד נפשו. ועוד אם לא הי' עומד בזה אז

comparable **to a king who married a noblewoman.** **יָלְדָה מִמֶּנּוּ בֵּן רִאשׁוֹן וְגֵרְשָׁהּ – She bore him a first son, and then he divorced her.** **שֵׁנִי וְגֵרְשָׁהּ** – He remarried her and she bore him **a second** son, **and he divorced her** again. **שְׁלִישִׁי וְגֵרְשָׁהּ** – He remarried her and she bore him **a third** son, **and he divorced her,** and this pattern continued several more times. **וְכֵיוָן שֶׁיָּלְדָה מִמֶּנּוּ בֵּן עֲשִׂירִי – After she bore him a tenth son,** **נִתְכַּנְּסוּ כּוּלָּם וְאָמְרוּ לוֹ – all [the sons] gathered** together **and said to him,** **הִשָּׁבַע לָנוּ שֶׁאֵין אַתְּ מְגָרֵשׁ אֶת אִמֵּנוּ מֵעַתָּה – "Swear to us that you will not divorce our mother anymore!"**[154] **כָּךְ, כֵּיוָן שֶׁנִּתְנַסָּה אַבְרָהָם אָבִינוּ נִסָּיוֹן עֲשִׂירִי – So too, after Abraham was tested with a tenth test,**[155] **אָמַר לוֹ: הִשָּׁבַע לִי שֶׁאֵין אַתָּה מְנַסֶּה אוֹתִי עוֹד מֵעַתָּה – [Abraham] said to [God], "Swear to me that You will not test me anymore."**[156]

☐ [יַעַן אֲשֶׁר עָשִׂיתָ אֶת הַדָּבָר הַזֶּה ... כִּי בָרֵךְ אֲבָרֶכְךָ וְגוֹ'] – *THAT BECAUSE YOU HAVE DONE THIS THING ... I SHALL SURELY BLESS YOU, ETC.*]

The Midrash comments on the wording of God's statement here: **אָמַר רַבִּי חָנִין – R' Chanin said:** "כִּי יַעַן אֲשֶׁר עָשִׂיתָ אֶת הַדָּבָר הַזֶּה" – The verse states, ***that because you have done this thing ...*** *I shall surely bless you.* **נִסָּיוֹן עֲשִׂירִי הוּא, וְאַתָּה אוֹמֵר "כִּי יַעַן אֲשֶׁר עָשִׂיתָ הַדָּבָר הַזֶּה" – This was the tenth test, and** yet **you say, *that because you have done "this" thing?*** What about the other nine tests? **אֶלָּא זֶה נִסָּיוֹן הָאַחֲרוֹן שֶׁהוּא שָׁקוּל כְּנֶגֶד הַכֹּל – However,** the explanation of this is that **this was the last test, which was equal to all** the rest combined, **שֶׁאִילוּלֵי לֹא קִבְּלוֹ עָלָיו אִבֵּד אֶת הַכֹּל – for had he not accepted [the tenth test] on himself,**[157] **he would have lost everything.**[158] [נוּסַח אַחֵר: כָּל מַה שֶּׁעָשָׂה – **Another version:** he would have lost the credit for **all that he had done** previously.][159]Ⓐ

☐ **כִּי בָרֵךְ אֲבָרֶכְךָ וְגוֹ' – *THAT I SHALL SURELY BLESS YOU*** (lit., *BLESS, I WILL BLESS YOU*), ***ETC.***

NOTES

154. They were concerned that the pattern would go on indefinitely, so they asked the king for an oath that their mother's suffering would come to an end.

155. As *Avos* 5:3 teaches: "Our forefather Abraham was tested with ten trials." There are several differing versions as to how to enumerate these trials; see, e.g., commentators on the Mishnah ibid.; the Sages themselves present different versions in *Midrash Tehillim* 18 §25 (and in some versions 95 §3 as well); *Avos DeRabbi Nosson* Ch. 33; *Pirkei DeRabbi Eliezer* Ch. 26 (*Eitz Yosef*; see *Yefeh To'ar,* who presents a synopsis of all the various opinions).

156. A trial is compared to a divorce, in that God distances Himself and His protection from the individual, and allows him to face adversity and deal with it all by himself (*Maharzu*).

157. I.e., had he not consented to offer up Isaac.

158. I.e., he would have lost the credit due him for passing the first nine trials successfully (*Yefeh To'ar*).

159. I.e., he would have lost the credit due him for all the good deeds he had done throughout his life (ibid.).

The Midrash does not mean that Abraham would have lost the reward earned for these good deeds — for the Sages teach (*Kiddushin* 40b) that reward for a good deed is never canceled, even if the person subsequently sins. Rather, it means that this would have been considered such a grave sin that it would have constituted a counterweight to all his previous good deeds (*Eitz Yosef,* citing *Sefer Chassidim*). See further, Insight Ⓐ.

INSIGHTS

Ⓐ **The Tenth Test** Why would a failure at this tenth test have nullified Abraham's successes at his previous trials? *R' Aharon Kotler* (*Mishnas R' Aharon,* Vol. 1, p. 168) explains that whatever spiritual level a man may reach, his obligation in *avodas Hashem,* service of God, is to continue climbing and to reach the next level. At Abraham's present level, his path to the next, higher spiritual level, lay through the test of being willing to sacrifice his son Isaac for God. Accordingly, had Abraham failed this test, he would have halted his climb upward, and thus, by definition, he would have interrupted his service of God. As such, even if he were to have retained his previous spiritual level and all that he had accomplished prior to this trial, he still would have ceased to be a true servant of God. That inherently would have lowered his spiritual level, nullifying what he had achieved beforehand.

ומה היה אומר: יְהִי רָצוֹן שֶׁאֶרְאֶה בְּבִנְיַן בֵּיתִי. דָּבָר אַחֵר [כז]מְלַמֵּד שֶׁהֶרְאָה לוֹ הַקָּדוֹשׁ בָּרוּךְ הוּא בֵּית הַמִּקְדָּשׁ חָרֵב וּבָנוּי חָרֵב וּבָנוּי, שֶׁנֶּאֱמַר "שֵׁם הַמָּקוֹם הַהוּא ה' יִרְאֶה", הֲרֵי בָּנוּי, הֵיךְ מַה דְּאַתְּ אָמַר (דברים טו, טז) "שָׁלֹשׁ פְּעָמִים בַּשָּׁנָה °יֵרָאֶה". "אֲשֶׁר יֵאָמֵר הַיּוֹם בְּהַר ה' ", הֲרֵי חָרֵב, שֶׁנֶּאֱמַר (איכה ה, יח) "עַל הַר צִיּוֹן שֶׁשָּׁמֵם". "ה' °יֵרָאֶה", בָּנוּי וּמְשׁוּכְלָל לֶעָתִיד לָבֹא, כָּעִנְיָן שֶׁנֶּאֱמַר (תהלים קב, יז) "כִּי בָנָה ה' צִיּוֹן נִרְאָה בִּכְבוֹדוֹ:

יא [כב, טו-טז] "וַיִּקְרָא מַלְאַךְ ה'... שֵׁנִית... וַיֹּאמֶר בִּי נִשְׁבַּעְתִּי". מַה צּוֹרֶךְ לִשְׁבוּעָה זוֹ, [כח]אָמַר לוֹ: הִשָּׁבַע לִי שֶׁאֵין אַתָּה מְנַסֶּה אוֹתִי עוֹד מֵעַתָּה וְלֹא אֶת יִצְחָק בְּנִי. מָשָׁל לְאֶחָד °שֶׁשָּׁמַר אֶת אֲגִינוֹ שִׁבּוֹלֶת נָהָר וְהִקְפִּיץ גַּם בְּנוֹ עִמּוֹ, דָּבָר אַחֵר, מַה צּוֹרֶךְ לִשְׁבוּעָה זוֹ, רַבִּי חָמָא בַּר רַבִּי חֲנִינָא: אָמַר לוֹ: הִשָּׁבַע לִי שֶׁאֵין אַתְּ מְנַסֶּה אוֹתִי עוֹד מֵעַתָּה. מָשָׁל לְמֶלֶךְ שֶׁהָיָה נָשׂוּי לְמַטְרוֹנָה, יָלְדָה מִמֶּנּוּ בֵּן רִאשׁוֹן וְגֵרְשָׁהּ, שֵׁנִי וְגֵרְשָׁהּ, שְׁלִישִׁי וְגֵרְשָׁהּ, וְכֵיוָן שֶׁיָּלְדָה מִמֶּנּוּ בֵּן עֲשִׂירִי נִתְכַּנְּסוּ כּוּלָּם וְאָמְרוּ לוֹ: הִשָּׁבַע לָנוּ שֶׁאֵין אַתְּ מְגָרֵשׁ אֶת אִמֵּנוּ מֵעַתָּה. כָּךְ, כֵּיוָן שֶׁנִּתְנַסָּה אַבְרָהָם אָבִינוּ נִסָּיוֹן עֲשִׂירִי אָמַר לוֹ: הִשָּׁבַע לִי שֶׁאֵין אַתָּה מְנַסֶּה אוֹתִי עוֹד מֵעַתָּה. אָמַר רַבִּי חָנִין: "כִּי יַעַן אֲשֶׁר עָשִׂיתָ אֶת הַדָּבָר הַזֶּה", נִסָּיוֹן עֲשִׂירִי הוּא, וְאַתָּה אוֹמֵר כִּי יַעַן אֲשֶׁר עָשִׂיתָ הַדָּבָר הַזֶּה, אֶלָּא זֶה נִסָּיוֹן הָאַחֲרוֹן שֶׁהוּא שָׁקוּל כְּנֶגֶד הַכֹּל, שֶׁאִילּוּלֵי לֹא קִבְּלוֹ עָלָיו אִבֵּד אֶת הַכֹּל [נ"א כָּל מַה שֶּׁעָשָׂה]. "כִּי בָרֵךְ אֲבָרֶכְךָ וגו' ",

רש"י

ותן בשלם סוכו: (יא) **אשר עשית את הדבר הזה.** וכי לא נתנסה אלא בדבר זה והלא זה אחרון היה אלא זה נס אחרון שהוא שקול כנגד כולם שאלולי שקבל עליו הנס האחרון אבד כל מה שעשה בתחלה: **כי ברך אברכך.** בלשון כפול ברכה לאב ברכה לבן:

עץ יוסף

[יז] **מלמד שהראה כו'.** נ"ל מלמד שהראה לו הקב"ה ביהמ"ק בנוי וחרב ובנוי. וכ"ה בילקוט. וכה"ג אי' לקמן פ' ס"ה ופ' ס"ט בילחק (יפ"ת ונזה"ק). ויקרא שם המקום ההוא ה' יראה הרי בנוי. שאז יראה אותם לפניו כדכתיב יראה כל זכורך וגו': **אשר יאמר היום בהר הרי חרב.** פי' שיהיה חרב כהר כדכתיב על הר ציון ששמם וגו'. ה' יראה להיות שוב בנוי ומשוכלל לע"ל כי בנה ה' ציון נראה בכבודו (נזה"ק): **הרי בנוי.** וזה הבית הראשון ולא זכר הבית השני לפי שלא היה בנין שלם שחסרו ממנו ה' דברים: (יא) [יח] **מה צורך לשבועה זו.** פי' כיון דכבר כרת עמו ברית בין הבתרים ובמילה על ברכת הזרע והצלחתו. וברית היינו שבועה. מה צורך לשבועה זו. ומשני דבי נשבעתי אנסיון קאי שהודה לו שלא ינסהו עוד ונשבע לו. וכי יען אשר עשיתי וגו' מילתא באנפי נפשיה. ואע"פ שלא פירש על מה נשבע דרך המקראות לקצר לפעמים וכ"ש הכא דאחר שהיה מדבר אברהם על עסקי הנסיון בהשיבו על דבריו בי נשבעתי מובן הדבר (יפ"ת): **שאין את מנסה אותי.** בבמדב"ר פ' י"ז שאם ח"ו לא הייתי שומע לך אבדתי כל אשר יגעתי מימי. שפחדו היה פן לא יעמוד בנסיונו ולכן בקש זה: **משל לאחד ששטף את אגינו.** כנ"ל וענינו ששבולת הנהר שטף שפתו וקפץ האדם להציל עצמו והקפיץ גם בנו עמו להצילו. ולפי שאין רמז בכתוב שבקש גם על יצחק הביא המשל דודאי יבקש להציל בנו כמו שיציל עצמו (יפ"ת) אבל הנזה"ק גרס משל לאחד שעבר את שבולת הנהר והקפיץ גם בנו עמו. ויש גורסים ששמר את אגינו: **ד"א מה צורך כו'.** לשון דבר אחר קשה. דהא היינו דרשא דלעיל. ובילקוט באמת לא גרס לה דכולא חדא דרשא היא. וכן עיקר (נזה"ק): **נסיון עשירי.** דעשרה נסיונות נתנסה א"א כדאי' בפ"ה דאבות. ונסיון העקידה אחרון לכולם. ועיין בשוח"ט מזמור נ"ה סדר מנין הנסיונות. ובפדר"א ובאדר"נ פ' ל"ג. וברמב"ם בפירוש המשנה. ובפייט מוסף דר"ה. ובפרקי אבות ברש"י וברע"ב: **אבד את הכל.** ור"ל דודאי היה מקבל שכר על נסיונות הראשונות לעוה"ב. רק מה שהבטיח לו להטיב גם לזרעו אחריו שזה לא היה אלא בתורת חסד כענין שנא' ועושה חסד לאלפים לאוהבי. זה לא היה מתקיים לפי שהחטא גורם לבטל הבטחה הבאה בתורת חסד (נזה"ק). ובספר חסידים סי' שנ"ג אי' לא שהיה מאבד הכל לגמרי אלא שזה העון שקול כנגד כל זכויותיו ויכריע כל הזכיות:

פירוש מהרז"ו

חרב ובנוי. עי' מ"כ וכ"ה בילקוט ובספרי פסוק ברך ה' חילו ולעיל ס"פ ב' ולקמן פר' ס"ט סימן ז': **בהר ה'.** שמ"ר פ"ב סי' ב' מהר קדשו ע"ש: (יא) **מה צורך לשבועה זו.** שלפי פשוטו שהשבועה הוא על מ"ש כי ברך אברכך והרבה ארבה את זרעך והלא כבר נתבשר בברית בין הבתרים וברית היינו שבועה וכן במילה. ע"כ דרש שהשבועה על הנסיון. ומרומז במ"ש בי נשבעתי נאם ה' כי יען אשר עשית את הדבר הזה פי' הנסיון הזה ראוי אתה לכל הברכות ואיני מנסה אותך עוד מעתה. ומ"ש ואת יצחק בני. כי מהתשובה אנו יודעים השאלה ממ"ש ולא חשכת את בנך וכן ברך אברכך לאב ולבן כמ"ש לקמן בס"ס זה: **אגינו שבולת נהר.** פי' שפת נהר מלשון אוגני כלים פי' שהמתין בשיבולת נהר לקפוץ בו וע"י כחו הקפיץ עמו גם את בנו. והנה העולם ומקריו עם היצה"ר דומים כמו שיבולת מים לפני האדם שמעכבים אותו לבוא לתכליתו רק מי שיש בו כח גדול כאברהם שקפץ עליו ונפטר ממנו אחר נסיון עשירי יצחק היה אצלו הנסיון הראשון וע"י הכנת וכח אברהם קפץ גם הוא עמו: **בן ראשון וגרשה.** ובנמשל שענין הנסיון שהשי"ת עוזב את האדם לרצונו ובחירתו ואינו עוזר לו ודומה לענין הגירושין ועי' לקמן פר' ס"א סי' כ' אם יכרת. ומש"ש: **אבד את הכל.** ולכן בשאר נסיונות לא כתב נסה את אברהם רק בעשירי שהכל תלוי בזה: **כי ברך אברכך.** והרבה ארבה ודורש מדה יו"ד ועי' במ"ר פר' ב' סימן ב':

חידושי הרד"ל

(כא) [יא] ולא את יצחק בני. אפשר דרש שהשבועה ולשון יען אשר עשית כו' נמשך גם על את בנך את יחידך:

(כב) לאחד ששמר את אגינו. כנ"ל וכ"ה במשנת דר"א ע"ש:

מסורת המדרש

כז עיין ספרי סדר וזאת הברכה פיסקא שנ"ז. ועיין ילקוט סדר וזאת הברכה רמז תתקס"ג:

כח במדבר רבה פרשה י"ז. תנחומא סדר שלח סימן י"ד. ילקוט כאן רמז ק"ב:

אם למקרא

שָׁלוֹשׁ פְּעָמִים בַּשָּׁנָה יֵרָאֶה כָל־זְכוּרְךָ אֶת־פְּנֵי ה' אֱלֹהֶיךָ בַּמָּקוֹם אֲשֶׁר יִבְחָר בְּחַג הַמַּצּוֹת וּבְחַג הַשָּׁבֻעוֹת וּבְחַג הַסֻּכּוֹת וְלֹא יֵרָאֶה אֶת־פְּנֵי ה' רֵיקָם: (דברים טז:טז)

עַל הַר־צִיּוֹן שֶׁשָּׁמֵם שׁוּעָלִים הִלְּכוּ־בוֹ: (איכה ה:יח)

כִּי־בָנָה ה' צִיּוֹן נִרְאָה בִּכְבוֹדוֹ: (תהלים קב:יז)

מתנות כהונה

ישמעאל בני ברכני. והביאו הר"ן חביב בפי' ע"י ועוד הוסיף וע"ש: **ה"ג שהראה לו הקב"ה** בנוי וחרב ובנוי: **ה"ג נראה וגו'** וסיפיה דקרא במקום אשר יבחר: **ה"ג יאמר היום בהר** הרי חרב: **[יא] [מלאך ה' וגו'.** גרסינן: **מצאתי** בס' אות אמת שגורס משל לאחד ששטף את אגינו: **אגינו צ"ל לשון גינה]:** **והקפיץ.** לשון קפילה שהצילו במהירות וקפילה עמו. **[ה"ג וגרשה** וחזר ונשאה שניה. וכ"ה גי' הילקוט]: **שני.** ואח"כ ילדה ממנו בן שני וגרשה:

אשד הנחלים

השכינה כוספה להשפיע כמאמר' ז"ל בברכות. וזהו ויהי בשלם סוכו זהו עיקר המקו' בית קדשי הקדשי' שם עיקר סוכו. ומעונתו בכלל הוא בציון כולו. כי שם ג"כ עיני ה' תמיד כמ"ש בכתוב: **חרב ובנוי.** ולכן קראה תחילה ה' יראה וכי נגלה שם השכינה א"כ הוא בנוי ואח"כ [הר ה'] אשר יאמר היום [בעת הגליות והסתלקות השכינה] רק הר ה' אך לא נראה ה' ואח"כ עוד ה' יראה כו' יגלה עוד בכבודו עוד הפעם: [יא] **שאין אתה מנסה אותי.** כי ירא עוד הפעם פן ינוסה וח"ו לא יוכל לעמוד בנסיון. כי עתה ידע כמה כח חזק צריך לזה ולכן הבטיחו ה' שהרבה ארבה את זרעו את יצחק ושוב לא יתנסה עוד בזה ואחז במשל זה להורות שבכח חזק הציל את בנו וכמו מי שמציל משבולת הנהר את הגינה ובתוכו גם בנו. כן הוכרח אברהם לחזק כחו וגם כח בנו והוא כח גדול מאוד. **וגרשה כו'.** קרא הנסיון בשם גרושין. אחר שהונח זאת לנסות אם ח"ו יתרחק מפניו ית' ואחר שעמד בכל הנסיונות אז בקש שלא יתנסה עוד אחר שעמד בכול' וכדאי לעמוד בו בשביל זה. כמו שהאיש עומד באשתו עבור בניו: **שקול כנגד הכל.** כי עור בעד עור וכל אשר לאיש יתן בעד נפשו. ועוד אם לא הי' עומד בזה אז

The Midrash explains the dual expression "bless I will bless": בְּרָכָה לָאָב, בְּרָכָה לַבֵּן — Two blessings are alluded to here — **a blessing for the father** (Abraham) and **a blessing for the son** (Isaac).

□ וְהַרְבָּה אַרְבֶּה — *THAT I SHALL SURELY BLESS YOU AND GREATLY INCREASE* (lit., *INCREASE, I WILL INCREASE YOU*). רִבּוּת לָאָב, רִבּוּת לַבֵּן — Two increases are alluded to here — **an increase for the father,** and **an increase for the son.**

□ [160]וְיִירַשׁ זַרְעֲךָ אֶת שַׁעַר אֹיְבָיו — *AND YOUR OFFSPRING SHALL INHERIT THE GATE OF ITS ENEMIES.*

The Midrash identifies which "gate" is meant:

רַבִּי אוֹמֵר: זוֹ תַּדְמוֹר — **Rebbi said: This refers to Tadmor.**[161]

Having mentioned the place Tadmor, the Midrash discusses its infamy:

אַשְׁרֵי כָּל מִי שֶׁהוּא רוֹאֶה בְּמַפַּלְתָּהּ שֶׁל תַּדְמוֹר שֶׁהָיְתָה שׁוּתֶּפֶת בִּשְׁנֵי חֻרְבָּנוֹת — **Fortunate are those who will see the downfall of Tadmor,**[162] the inhabitants of **which participated in the destruction of two** Temples. רַבִּי יוּדָן וְרַבִּי חֲנִינָא — **R' Yudan and R' Chanina** discussed this. **One of them said:** חַד מִנְּהוֹן אָמַר: בְּחֻרְבַּן בַּיִת רִאשׁוֹן הֶעֱמִידָה שְׁמוֹנִים אֶלֶף קַשָּׁתִים [נוסח אחר: קַשְׁטִים] — **At the destruction of the First Temple [Tadmor] supplied eighty thousand bowmen {Another version: shooters**[163]**}** to the attack, וּבְחֻרְבַּן בַּיִת שֵׁנִי הֶעֱמִידָה שְׁמוֹנַת אֲלָפִים קַשָּׁתִים — **and at the destruction of the Second Temple it furnished eight thousand bowmen.**[164]

וַיָּשָׁב אַבְרָהָם אֶל נְעָרָיו וַיָּקֻמוּ וַיֵּלְכוּ יַחְדָּו אֶל בְּאֵר שָׁבַע וַיֵּשֶׁב אַבְרָהָם בִּבְאֵר שָׁבַע.

Abraham returned to his young men, and they stood up and went together to Beer-sheba, and Abraham stayed at Beer-sheba (22:19).

□ וַיָּשָׁב אַבְרָהָם אֶל נְעָרָיו — *ABRAHAM RETURNED TO HIS YOUNG MEN.*

The Midrash notes that Isaac's name is not mentioned in this verse:

וְיִצְחָק הֵיכָן הוּא — **And where was Isaac?** רַבִּי בֶּרֶכְיָה בְּשֵׁם רַבָּנָן דְּתַמָּן — **R' Berechyah said in the name of the Rabbis of "over there"** (Babylonia): שְׁלָחוֹ אֵצֶל שֵׁם לִלְמוֹד מִמֶּנּוּ תוֹרָה — Immediately after the *Akeidah,* **[Abraham] sent [Isaac] to Shem to study Torah under him,** so Isaac did not return home with him. מָשָׁל לְאִשָּׁה שֶׁנִּתְעַשְּׁרָה מִפִּלְכָּהּ — This can be illustrated by means of **a parable.** It may be compared **to a woman who became wealthy through** spinning thread on **her spindle.** אָמְרָה הוֹאִיל וּמִן הַפֶּלֶךְ הַזֶּה הִתְעַשַּׁרְתִּי — **She said, "Inasmuch as I became rich through this spindle,** עוֹד אֵינוֹ זָז מִתַּחַת יָדַי לְעוֹלָם — **it shall not ever leave my possession."**[165] כָּךְ אָמַר אַבְרָהָם: כָּל שֶׁבָּא לְיָדַי אֵינוֹ אֶלָּא בִּשְׁבִיל שֶׁעָסַקְתִּי בַּתּוֹרָה וּבְמִצְוֹת — **So too, Abraham said, "All that has come to be mine is only because I occupied myself with** studying **Torah and** performing **mitzvos.** לְפִיכָךְ אֵינִי רוֹצֶה שֶׁתָּזוּז מִזַּרְעִי לְעוֹלָם — **Therefore, I do not want that these things** (i.e., Torah and mitzvos) **should ever depart from my descendants."**

Another opinion as to why Isaac was not present when Abraham returned from the *Akeidah*:

רַבִּי חֲנִינָא אָמַר: שְׁלָחוֹ בַּלַּיְלָה מִפְּנֵי הָעַיִן — **R' Chanina said: [Abraham] sent [Isaac]** home[166] separately, **at night, because** he was afraid **of** the evil **eye.**[167]

The Midrash cites a similar case of the dangers of the "evil eye" after experiencing a miracle:

שֶׁמִּשָּׁעָה שֶׁעָלוּ חֲנַנְיָה מִישָׁאֵל וַעֲזַרְיָה מִכִּבְשַׁן הָאֵשׁ עוֹד לֹא נִזְכְּרוּ שְׁמוֹתָן — **For** we find that **from the time that Hananiah, Mishael, and Azariah came out** unhurt **from the fiery furnace,**[168] **their names are not mentioned anymore** in Scripture.[169] וּלְהֵיכָן הָלְכוּ — **So where did they go to?**[170] רַבִּי אֱלִיעֶזֶר אָמַר: מֵתוּ בְּרוֹק — **R' Eliezer said: They died through spit.**[171] רַבִּי יוֹסֵי אָמַר: מֵתוּ בְּעַיִן — **R' Yose said: They died through the** evil **eye.**[172] רַבִּי יְהוֹשֻׁעַ בֶּן לֵוִי אָמַר — **R' Yehoshua ben Levi said:** שִׁינּוּ אֶת מְקוֹמָם וְהָלְכוּ לָהֶם אֵצֶל יְהוֹשֻׁעַ בֶּן יְהוֹצָדָק לִלְמוֹד מִמֶּנּוּ תוֹרָה — **They moved away to a different place and went to Joshua son of Jehozadak**[173] **to learn Torah from him.** הֲדָא הוּא דִכְתִיב

NOTES

160. The verse is cited inaccurately in the printed editions.

161. Identified as Palmyra, in Syria. See *I Kings* 9:18, where Tadmor is mentioned among the cities that King Solomon built (*Maharzu*). [Most later Midrash editions have תַּרְמוֹר, *Tarmod,* but *Radal* writes that even so it is the Biblical Tadmor that is meant.] *Radal* explains that Tadmor is called "the gate" because it sits at the entrance of the great desert inhabited by the Arabs (and the "enemy" here is Ishmael). According to *Yefeh To'ar* it is called "gate" because its doors were always open to assist in the destruction of Jerusalem, as the Midrash goes on to relate.

162. When Isaac's offspring will "inherit the gate of his enemies" there.

163. Both words refer to archers (soldiers armed with bows and arrows). קַשָּׁתִים comes from the root meaning "bow"; קַשְׁטִים comes from the root קשט, meaning "to perforate" (*Eitz Yosef*).

164. The opinion of the second sage is not recorded here; both opinions — with different sets of numbers than those cited by our Midrash — are given, however, in *Yalkut Shimoni* here, §102.

165. Although she was now wealthy and could move on to a less arduous occupation, she remained with the tried-and-true trade of spinning.

166. *Matnos Kehunah.*

167. Because of the miracle that happened to Isaac, Abraham was worried that the evil eye of his attendants, who had seen the miracle, might have a malevolent effect on him (*Eitz Yosef,* citing *Nezer HaKodesh*).

168. See *Daniel* Ch. 3. Nebuchadnezzar ordered all his subjects to bow down to a statue that he had erected, under threat of being thrown into a fiery furnace if they did not comply. Hananiah, Mishael, and Azariah refused. They were thrown into the furnace and were miraculously saved.

169. As opposed to their contemporary Daniel, who appears many times again in Scripture.

170. They were prestigious men in Nebuchadnezzar's kingdom. He should have promoted them after this miracle happened, as occurred with Daniel (*Eitz Yosef,* citing *Maharsha*).

171. [The first editions of the Midrash have מֵתוּ בְּדוֹקֵר — **They died from being crushed** by the crowd that had gathered to see the miracle. (See *Yefeh To'ar.*) However, the commentators (*Matnos Kehunah, Yefeh To'ar,* etc.) agree that the text should be emended to בְּרוֹק, and this change is reflected by the text in later editions, including this one.]

Yalkut Shimoni (here, §102) elaborates: Because all the idolaters who heard about the miracle spat at them and said, "You have a God like this (Who can perform such a miracle) and yet you worship idols?!"

The obvious difficulty here is that Hananiah et al. did not worship this idol and in fact risked their lives to avoid doing so! *Rashi* explains that the idolaters assumed that the three men must have worshiped idols before being exiled from *Eretz Yisrael,* and that was the reason for their scorn. Since there was a very great assembly of idolaters there at the time (see *Daniel* 3:3), they drowned in the spit. Alternatively: The idolaters didn't spit at Hananiah et al., but at the other Israelites who *did* bow to the statue. Because they were the source of such embarrassment to their fellow Israelites, God prevented Hananiah et al. from achieving further greatness and that is why they are never heard from again. The Midrash does not mean that they literally "died" from the spit, but that they faded into oblivion (*Yefeh To'ar*).

172. And it is on this opinion of R' Yose that R' Chanina based his explanation that Isaac's absence here was due to Abraham's fear of the evil eye.

173. Who later served as Kohen Gadol upon the reconstruction of the Temple (*Haggai* 1:1, etc.).

[כט]בְּרָכָה לָאָב, בְּרָכָה לַבֵּן. "וְהַרְבָּה אַרְבֶּה", רְבוּת לָאָב, רְבוּת לַבֵּן. "וְיִרַשׁ זַרְעֲךָ אֵת שַׁעַר אֹיְבָיו", רַבִּי אוֹמֵר: זוֹ °תַּרְמוֹד. [ל]אַשְׁרֵי כָּל מִי שֶׁהוּא רוֹאֶה בְּמַפַּלְתָּהּ שֶׁל °תַּרְמוֹד שֶׁהָיְתָה שׁוּתֶּפֶת בִּשְׁנֵי חֻרְבָּנוֹת. רַבִּי יוּדָן וְרַבִּי חֲנִינָא, חַד מִנְּהוֹן אָמַר: [לא]בְּחֻרְבַּן בַּיִת רִאשׁוֹן הֶעֱמִידָה פ׳ אֶלֶף קַשָּׁתִים [נ"א קַשָּׁטִים] וּבְחֻרְבַּן בַּיִת שֵׁנִי הֶעֱמִידָה שְׁמוֹנַת אֲלָפִים קַשָּׁתִים. [כב, יט] "וַיָּשָׁב אַבְרָהָם אֶל נְעָרָיו", וְיִצְחָק הֵיכָן הוּא, רַבִּי בֶּרֶכְיָה בְּשֵׁם רַבָּנָן דְּתַמָּן: שְׁלָחוֹ אֵצֶל שֵׁם לִלְמוֹד מִמֶּנּוּ תּוֹרָה. מָשָׁל לְאִשָּׁה שֶׁנִּתְעַשְּׁרָה מִפִּלְכָּהּ, אָמְרָה: הוֹאִיל וּמִן הַפֶּלֶךְ הַזֶּה הִתְעַשַּׁרְתִּי עוֹד אֵינוֹ זָז מִתַּחַת יָדִי לְעוֹלָם. כָּךְ אָמַר אַבְרָהָם: כָּל שֶׁבָּא לְיָדִי אֵינוֹ אֶלָּא בִּשְׁבִיל שֶׁעָסַקְתִּי בַּתּוֹרָה וּבַמִּצְוֹת, לְפִיכָךְ אֵינִי רוֹצֶה שֶׁתָּזוּז מִזַּרְעִי לְעוֹלָם. רַבִּי חֲנִינָא אָמַר: שְׁלָחוֹ בַּלַּיְלָה מִפְּנֵי הָעַיִן. [לב]שֶׁמִּשָּׁעָה שֶׁעָלוּ חֲנַנְיָה מִישָׁאֵל וַעֲזַרְיָה מִכִּבְשַׁן הָאֵשׁ עוֹד לֹא נִזְכְּרוּ שְׁמוֹתָן, וּלְהֵיכָן הָלְכוּ, רַבִּי אֱלִיעֶזֶר אָמַר: מֵתוּ בְּרוֹק, רַבִּי יוֹסֵי אָמַר: מֵתוּ בְּעַיִן, רַבִּי יְהוֹשֻׁעַ בֶּן לֵוִי אָמַר: שִׁינּוּ אֶת מְקוֹמָם וְהָלְכוּ לָהֶם אֵצֶל יְהוֹשֻׁעַ בֶּן יְהוֹצָדָק לִלְמוֹד מִמֶּנּוּ תּוֹרָה, הָדָא הוּא דִכְתִיב (זכריה ג, ח) "שְׁמַע נָא יְהוֹשֻׁעַ הַכֹּהֵן הַגָּדוֹל אַתָּה וְרֵעֶיךָ הַיּוֹשְׁבִים לְפָנֶיךָ וְגוֹ׳", רַבִּי חֲנִינָא אָמַר: עַל מְנָת כֵּן יָרְדוּ חֲנַנְיָה מִישָׁאֵל וַעֲזַרְיָה לְכִבְשַׁן הָאֵשׁ עַל מְנָת שֶׁיֵּעָשֶׂה בָּהֶם מוֹפֵת:

עץ יוסף

[יט] **ברכה לאב כו׳.** בבמדב"ר פ"ב מבואר דברכות האב ורבויו היינו במדרגת הכוכבים. וברכת הבן ורבויו היינו במדרגת החול שכל אחד הוא מדרגה מיוחד בפני עצמו יוכל אחד נתקיים בעתו וזמנו ע"ש (יפ"ת): **וירש זרעך את שער אויביו.** כצ"ל ודיוקו מדכתיב אויביו ולא קאמר שונאיו כדכתיב בסדר חיי שרה בברכות רבקה. אע"כ דהכא רמז אעיקר אויביו דהיינו תרמוד שנשתתפה בשני חרבנות וידוע שאויב איבתו גדולה משונא כמ"ש בעל נוה שלום (יפ"ת): **אשרי כל מי כו׳.** דישמח לדיך כי חזה נקם: **חד מנהון אמר כו׳.** יש כאן דלוג שלא נזכר רק הסברא האחת. ובילקוט גרס חד מנהון אמר בחורבן א׳ העמידה פ׳ אלף קשתים (ופי׳ רובי קשת) ובשני העמידה מ׳ אלף קשתים. וח"א בחרבן א׳ העמידה ד׳ אלף קשתים. ובשני אלפים קשתים וע׳ באיכה רבתי פ׳ בלע ה׳: **נ"א קשטים.** פי׳ נוקבים כמו קושט כאן דלקמן בבמדב"ר פ׳ י"ב. ובערוך הביא עוד ס"א כשיטים ונראה שפירושו מצליחים במלחמה כלומר גבורי כח. כי אז תשכיל מתרגם ובכן תכשיט (יפ"ת) [כ] **ויצחק היכן הוא.** פי׳ למה לא נזכר בתורה דהו"ל למימר וישובו לכלול את שניהם: **ללמוד תורה.** ואע"ג דאברהם הוה גמיר כל התורה אפשר דשם מחדדין שמעתתיה טפי. או שהיה לו חברים מקשיבים מפי אברהם (יפ"ת): **משל לאשה כו׳.** לפי שדרך האשה בפלך נקט ליה באשה: **מפני העין.** שחשש שלא תשלוט עין הרע על הנס שנעשה לו. וכענין חמו"ע דבסמוך אליבא דר"י וחש לעין הרע של נעריו כי המה עמדו מרחוק וצפו וראו בעקידתו ולפיכך גם הכתוב העלים שילוחו להורות שהסתירו ושלחו בלילה (נזה"ק): **עוד לא נזכרו שמותן.** ר"ל כיון שהיו חשובים למה לא מזכיר להו שוב שהיה ראוי למלך נבוכדנצר אחר המעשה זה להשליטן ולמנותן במינוי יותר חשוב ממה שהיה להם. כמו שמצינו בדניאל (רש"א): **מתו ברוק.** ר"ל שמתו בידי שמים לסיבת הרוק. כי בעודם בחיים כל שעה שראו או"ה בחמו"ע נזכרו לאותו הנס ועי"ז באו בכל שעה לחרף את ישראל ולרוק בהם דרך בזיון. אבל אחר שמתו חמו"ע נשכח ענינם קל מהר ולא באו לחרף עוד את ישראל. ולפיכך מאת ה׳ היתה זאת להמיתם מיד (רש"א): **מתו בעין.** כדאמרי׳ בפרק המקבל צ"ט מתים בעין הרע ואחד בדרך ארץ (רש"א): **שיעשה בהם מופת.** היינו לפי שלא נתחייבו למסור עצמם על זה משום דלא הוי אליל ממש כמ"ש התוס׳ אלא שעשו כן כדי לעשות בהם מופת לקדש שם שמים ברבים (יפ"ת ונזה"ק):

פירוש מהרז"ו

זו תרמוד. שהיה לו לומר את שערי אויביו או שער אויבו ע"כ דרש על תרמוד שהיה שער לעיר אחת ושני אויבים במקדש ראשון ושני. ועי׳ ירושלמי תענית פ"ד ה"ה. ואולי הוא תדמור הנזכר במלכים א׳ ט׳. ובד"ה ב׳ ח׳. אך נמצא בדברי חז"ל שם אומה שנקראת תרמוד כמ"ש שבת דף כ"א ב׳ רגלא דתרמודאי ושם דף ל"א עיניהם של תרמודיים הרי שנקראים תרמוד ולא תדמור. (ומ"מ אחת הם ע"ש בס׳ מנחת שי וע"ד תמנת חרס תמנת סרח וכי"ב): **נ"א קשטים.** כ"ה גם בירושלמי שם והוא ג"כ מלשון ירית אגים ע׳ ערוך ערך קשט ב׳ ובמ"ע שם ראיות לזה: **(יב) שלחו אצל שם.** ע׳ לעיל פר׳ מ"ג סימן ו׳ תורה גלה לו כו׳ ובספר הישר איתא שאברהם אמר לשרה קודם העקדה שרוצה לילך עם יצחק למקום שלומדים שם תורה וחכמה וכשניצל מהעקידה לא רצה לשנות. ועי׳ לקמן פר׳ ס"ז סימן ח׳ שם ועבר יושבים עלי בדין עי׳ מש"ש וכן יעקב למד בבית שם ועבר: **מתו ברוק** סנהדרין דף צ"ג א׳: **שיעשה בהם מופת.** בא לפרש מ"ש כי אנשי מופת המה שהיה כחם יפה ובטחו שיקודש בהם ש"ש ולא ישרפו בכבשן האש כי זה היה אצלם דבר קטן שישרפו באש על קדושת שמו. ועי׳ שמ"ר פ"ט ס"ס א׳ מש"ש:

רש"י

טבעו ברוק. שהיו אומות העולם רוקקים בפניהם ואומרים להם יודעים הייתם שהוא אלהים חיים ויכול לעשות לכם נסים ונפלאות והייתם עובדים עבודת כוכבים בארצכם: **אתה ורעיך היושבים לפניך כי אנשי מופת המה.** אלו חנניה מישאל ועזריה:

מתנות כהונה

שמונים אלף קשתים. פי׳ הערוך מורים בקשת: **ה"ג בילקוט** ובחורבן בית שני העמידה מ׳ אלף קשתים וחד אמר בחורבן ראשון העמידה ארבעה אלף קשתים ובשני אלפים קשתים ועיין מזה באיכה רבתי סוף פסוק בלע ה׳: **שלחו לביתו בלילה.** כדי שלא תשלוט בו עין הרע על שניצל מן המיתה וה"ג בילקוט בהדיא: **לא נזכרו שמותן.** מפני עין הרע ששלט בהם מתו כדברי רבי יוסי לקמן: **ה"ג מתו ברוק.** ברוק מתו שהיו העובדי כוכבים רוקקים בהם ואומרים יש לכם אלוה כזה ואתם עבדתם עבודת כוכבים בארצכם: **היושבים לפניך וגו׳** גרסינן. וסיפיה דקרא כי אנשי מופת המה אנשים שנעשה להם מופת ונסים [ועיין בפ׳ חלק]: **על מנת שיעשה בהם מופת.** פירושו שעל ידם יעשה מופת ויתקדש שם שמים על ידם אם ינצלו או אם לא ינצלו מ"מ הוא קידוש שם שמים ברבים כ"כ נימוקי יוסף בפרק בן סורר ומורה אבל לא אמר על מנת שיעשה להם הקדוש ברוך הוא נס שהרי אחז"ל כל האומר על מנת שיעשה לי נס אין הקב"ה עושה לו נס והם לקדוש שם שמים נתכוונו וחכמתם עמדה להם ועיין מזה במדרש חזית בפסוק זאת קומתך ותמאה נחת:

אשד הנחלים

הסימן כי הנסיונות הראשונות היו רק מאהבתו את עצמו לא מאהבת ה׳ ואחר שאינו מוסר נפשו לה׳. אך אחר שעמד בזה אות הוא על כולם: כי הכל למען ה׳: **ברכה לאב.** כי עוד זכה לבנים אח"כ כמ"ש בכתוב: **שהי׳ שותפות.** ולכן הוא עיקר השער ומבוא להשונאים אחר שהמה עזרו לרעה לכולם: **מתו ברוק.** עיין במ"כ פירושו והוא מליצה הנהוגה. לומר על מעשה קלה אשר נעשה ע"י קיבוץ כולו. כאלו נחשב רק על אחד. כאלו טבעו ברוק: **ללמוד ממנו תורה.** עניינו לפי דעתי כי אחר שקדשו ש"ש אז נתפשטו מן האנושיית לגמרי ולכן לא התעסקו עוד בעניינים אנושים רק הגו בתורה תמיד. וכן ביצחק כמוהו שלכן שלחו אצל שם ללמוד תורה: **ע"מ שיעשה בהם מופת.** וזהו כי אנשי מופת המה. ועיין במ"כ ועיין במדרש קהלת מה שפרשתי שם:

חידושי הרד"ל

(כג) **זו תרמוד.** היא תדמור במדבר בערים שבנה שלמה. והיא על פתחה של מדבר ערב ששורין בו בני ערב וישמעאל. וז"ש עליהן שער אויביו. וכמ"ש בפר"א ס"פ כ"ח ופמ"א אויביו על ישמעאל:

חידושי הרש"ש

[יא] **הדא הוא דכתיב שמע נא כו׳ ורעיך כו׳.** וכ"ה בחלק (צ"ג א׳) וכן דרשו לקמן בש"ר פ"ט על חמו"ע. וק"ל דברים נשא וכן בסוף הוריות דרשו מזה דכה"ג קודם לנביא. ואיכהו לא הוו נביאי:

מסורת המדרש

כט במדבר רבה פרשה ב׳:
ל ירושלמי תענית פרק ד׳ הלכה ה׳. איכה רבתי פרשה ב׳ פסוק ב׳:
לא יבמות דף ט"ז:
לב סנהדרין דף צ"ג: ילקוט זכריה רמז תק"ע: לקוט דניאל רמז אלף ס׳:

אם למקרא

שְׁמַע־נָא יְהוֹשֻׁעַ הַכֹּהֵן הַגָּדוֹל אַתָּה וְרֵעֶיךָ הַיֹּשְׁבִים לְפָנֶיךָ כִּי־אַנְשֵׁי מוֹפֵת הֵמָּה כִּי־הִנְנִי מֵבִיא אֶת־עַבְדִּי צֶמַח:
(זכריה ג:ח)

ענף יוסף

(כ) [יא] **[רבי חנינא אמר על מנת כן ירדו חנניה מישאל ועזריה לכבשן וכו׳]** תימא דר"ח אמר לעיל שלחו מפני העין שמשעה שעלו כו׳. הרי דס"ל שמתו בעין מדמייתי ראיה מהם לירא אברהם בשילוח יצחק. ואיך מפרש השתא האי קרא כי אנשי מופת המה בחמו"ע. א"כ הרי שהלכו ליהושע (יפ"ת). אבל באמת הגירסא דכאן משובש ועי׳ ילקוט כאן הגי׳ מבוררת:

"שְׁמַע נָא יְהוֹשֻׁעַ הַכֹּהֵן הַגָּדוֹל אַתָּה וְרֵעֶיךָ הַיּוֹשְׁבִים לְפָנֶיךָ וגו׳" — **Thus it is written, *Listen, now, O Joshua, the Kohen Gadol: you and your companions who are sitting before you,*** *for they are men of a wonder*[174] (*Zechariah* 3:8).

The Midrash explains what is meant by *for they are men of a wonder:*

רַבִּי חֲנִינָא אָמַר — R' Chanina said: עַל מְנָת כֵּן יָרְדוּ חֲנַנְיָה מִישָׁאֵל וַעֲזַרְיָה לְכִבְשַׁן הָאֵשׁ — They are called "men of a wonder" because **it was with this understanding that Hananiah, Mishael, and Azariah went down into the fiery furnace** — עַל מְנָת שֶׁיֵּעָשֶׂה בָּהֶם מוֹפֵת — **with the understanding that a wonder would be effected through them.**[175]

NOTES

174. *For they are men of a wonder* refers to Hananiah, Mishael, and Azariah, as they were miraculously saved from the fiery furnace (*Sanhedrin* 93a). This verse, then, indicates that these three were "sitting before" Joshua, studying Torah under him.

175. Whether they would die in the furnace or not, a great "wonder" (i.e., spectacle) would be caused by their defiance of Nebuchadnezzar's decree to bow to his idol, leading to a sanctification of God's Name (*Matnos Kehunah*). Alternatively: See *Tosafos, Kesubos* 33b, who write that this statue was not an idolatrous image at all. Therefore, according to halachah Hananiah, Mishael, and Azariah were permitted to bow to it. But they chose not to, so that a wonder (i.e., miracle) would be performed for them and there would thereby be a sanctification of God's Name (*Yefeh To'ar*).

כט בְּרָכָה לָאָב, בְּרָכָה לַבֵּן. "וְהַרְבָּה אַרְבֶּה", רִבּוּת לָאָב, רִבּוּת לַבֵּן. "וְיִרַשׁ זַרְעֲךָ אֵת שַׁעַר אֹיְבָיו", רַבִּי אוֹמֵר: זוֹ °תַּרְמוֹד. ל אַשְׁרֵי כָּל מִי שֶׁהוּא רוֹאֶה בְּמַפַּלְתָּהּ שֶׁל °תַּרְמוֹד שֶׁהָיְתָה שׁוּתֶּפֶת בִּשְׁנֵי חֻרְבָּנוֹת. רַבִּי יוּדָן וְרַבִּי חֲנִינָא, חַד מִנְּהוֹן אָמַר: לא בְּחֻרְבַּן בַּיִת רִאשׁוֹן הֶעֱמִידָה פ' אֶלֶף קַשָּׁתִים [נ"א קַשָּׁטִים] וּבְחֻרְבַּן בַּיִת שֵׁנִי הֶעֱמִידָה שְׁמוֹנַת אֲלָפִים קַשָּׁתִים. [כב, יט] "וַיָּשָׁב אַבְרָהָם אֶל נְעָרָיו", וְיִצְחָק הֵיכָן הוּא, רַבִּי בֶּרֶכְיָה בְּשֵׁם רַבָּנָן דְּתַמָּן: שְׁלָחוֹ אֵצֶל שֵׁם לִלְמוֹד מִמֶּנּוּ תּוֹרָה. מָשָׁל לְאִשָּׁה שֶׁנִּתְעַשְּׁרָה מִפִּלְכָּהּ, אָמְרָה: הוֹאִיל וּמִן הַפֶּלֶךְ הַזֶּה הִתְעַשַּׁרְתִּי עוֹד אֵינוֹ זָז מִתַּחַת יָדַי לְעוֹלָם. כָּךְ אָמַר אַבְרָהָם: כָּל שֶׁבָּא לְיָדַי אֵינוֹ אֶלָּא בִּשְׁבִיל שֶׁעָסַקְתִּי בַּתּוֹרָה וּבַמִּצְוֹת, לְפִיכָךְ אֵינִי רוֹצֶה שֶׁתָּזוּז מִזַּרְעִי לְעוֹלָם. רַבִּי חֲנִינָא אָמַר: שְׁלָחוֹ בַּלַּיְלָה מִפְּנֵי הָעַיִן. לב שֶׁמִּשָּׁעָה שֶׁעָלוּ חֲנַנְיָה מִישָׁאֵל וַעֲזַרְיָה מִכִּבְשַׁן הָאֵשׁ עוֹד לֹא נִזְכְּרוּ שְׁמוֹתָן, וּלְהֵיכָן הָלְכוּ, רַבִּי אֱלִיעֶזֶר אָמַר: מֵתוּ בָּרוֹק, רַבִּי יוֹסֵי אָמַר: מֵתוּ בְּעַיִן, רַבִּי יְהוֹשֻׁעַ בֶּן לֵוִי אָמַר: שִׁינּוּ אֶת מְקוֹמָם וְהָלְכוּ לָהֶם אֵצֶל יְהוֹשֻׁעַ בֶּן יְהוֹצָדָק לִלְמוֹד מִמֶּנּוּ תּוֹרָה, הֲדָא הוּא דִכְתִיב (זכריה ג, ח) "שְׁמַע נָא יְהוֹשֻׁעַ הַכֹּהֵן הַגָּדוֹל אַתָּה וְרֵעֶיךָ הַיּוֹשְׁבִים לְפָנֶיךָ וְגוֹ'", רַבִּי חֲנִינָא אָמַר: עַל מְנָת כֵּן יָרְדוּ חֲנַנְיָה מִישָׁאֵל וַעֲזַרְיָה לְכִבְשַׁן הָאֵשׁ עַל מְנָת שֶׁיֵּעָשֶׂה בָּהֶם מוֹפֵת:

רש"י

טבעו ברוק. שהיו אומות העולם רוקקים בפניהם ואומרים להם יודעים הייתם שהוא אלהים חיים ויכול לעשות לכם נסים ונפלאות והייתם עובדים עבודת כוכבים בארצכם: **אתה ורעיך היושבים לפניך כי אנשי מופת המה.** אלו חנניה מישאל ועזריה:

עץ יוסף

[יט] **ברכה לאב כו'.** בבמדב"ר פ"ב מבואר דברכות האב ורבויו היינו במדרגת הכוכבים. וברכת הבן ורבויו היינו במדרגת החול שכל אחד הוא מדרגה מיוחד בפני עצמו יוכל אחד נתקיים בעתו וזמנו ע"ש (יפ"ת): **וירש זרעך את שער אויביו.** כל"ל ודיוקו מדכתיב אויביו ולא קאמר שונאיו כדכתיב בסדר חיי שרה בברכות רבקה. אע"כ דהכא רמז אעיקר אויביו דהיינו תרמוד שנשתתפה בשני חרבנות וידוע שאויב איבתו גדולה משונא כמ"ש בעל נוה שלום (יפ"ת): **אשרי כל מי כו'.** דישמח לדיק כי חזה נקם: **חד מנהון אמר כו'.** יש כאן דלוג שלא נזכר רק הסברא האחת. ובילקוט גרס חד מנהון אמר בחורבן א' העמידה פ' אלף קשתים (ופי' רובי קשת) ובשני העמידה מ' אלף קשתים. וח"א בחרבן א' העמידה ד' אלף קשתים. ובשני אלפים קשתים וע' באיכה רבתי פ' בלע ה': **נ"א קשטים.** פי' נוקבים כמו קושט כאן דלקמן בבמדב"ר פ' י"ב. ובערוך הביא עוד ס"א כשיטים ונראה שפירושו מצליחים במלחמה כלומר גבורי כח. כי אז תשכיל מתרגם ובכן תכשיט (יפ"ת) [כ] **ויצחק היכן הוא.** פי' למה לא נזכר בתורה דהו"ל למימר וישובו לכלול את שניהם: **ללמוד תורה.** ואע"ג דאברהם הוה גמיר כל התורה אפשר דשם מחדדין שמעתתיה טפי. או שהיה לו חברים מקשיבים מפי אברהם (יפ"ת): **משל לאשה כו'.** לפי שדרך האשה בפלך נקט ליה באשה: **מפני העין.** שחשש שלא תשלוט עין הרע על הנס שנעשה לו. וכענין חמו"ע דבסמוך אליבא דר"י וחש לעין הרע של נעריו כי המה עמדו מרחוק וצפו וראו בעקידתו ולפיכך גם הכתוב העלים שילוחו להורות שהסתירו ושלחו בלילה (נזה"ק): **עוד לא נזכרו שמותן.** ר"ל כיון שהיו חשובים למה לא מזכיר להו שוב שהיה ראוי למלך נבוכדנצר אחר המעשה זה להשליטן ולמנותן במינוי יותר חשוב ממה שהיה להם. כמו שמלינו בדניאל (רש"א): **מתו ברוק.** ר"ל שמתו בידי שמים לסיבת הרוק. כי בעודם בחיים כל שעה שראו או"ה בחמו"ע נזכרו לאותו הנס ועי"ז באו בכל שעה לחרף את ישראל ולרוק בהם דרך בזיון. אבל אחר שמתו חמו"ע נשכח עניינם קל מהר ולא באו לחרף עוד את ישראל. ולפיכך מאת ה' היתה זאת להמיתם מיד (רש"א): **מתו בעין.** כדאמרי' בפרק המקבל צ"ט מתים בעין הרע ואחד בדרך ארץ (רש"א): **שיעשה בהם מופת.** היינו לפי שלא נתחייבו למסור עצמם על זה משום דלא הוי אליל ממש כמ"ש התוס' אלא שעשו כן כדי לעשות בהם מופת לקדש שם שמים ברבים (יפ"ת ונזה"ק):

פירוש מהרז"ו

זו תרמוד. שהיה לו לומר את שערי אויביו או שער אויבו ע"כ דרש על תרמוד שהיה שער לעיר אחת ושני אויבים במקדש ראשון ושני. ועי' ירושלמי תענית פ"ד ה"ה. ואולי הוא תדמור הנזכר במלכים א' ט'. ובד"ה ב' ח'. אך נמצא בדברי חז"ל שם אומה שנקראת תרמוד כמ"ש שבת דף כ"א ב' רגלא דתרמודאי ושם דף ל"א עיניהם של תרמודיים הרי שנקראים תרמוד ולא תדמור. (ומ"מ אחת הם ע"ש בס' מנחת שי וע"ד תמנת חרס תמנת סרח וכי"ב): **נ"א קשטים.** כ"ה גם בירושלמי שם והוא ג"כ מלשון ירית חצים ע' ערוך ערך קשט ב' ובמ"ע שם ראיות לזה: (יב) **שלחו אצל שם.** עי' לעיל פר' מ"ג סימן ו' תורה גלה לו כו' ובספר הישר איתא שאברהם אמר לשרה קודם העקדה שרוצה לילך עם יצחק למקום שלומדים שם תורה וחכמה וכשניצל מהעקידה לא רצה לשנות. ועי' לקמן פר' ס"ג סימן א' שם ועבר יושבים עלי בדין עי' מש"ש וכן יעקב למד בבית שם ועבר: **מתו ברוק** סנהדרין דף צ"ג א': **שיעשה בהם מופת.** בא לפרש מ"ש כי אנשי מופת המה שהיה כאש יפה ובטחו שיקודש בהם ש"ש ולא ישרפו בכבשן האש כי זה היה אלא דבר קטן שישרפו באש על קדושת שמו. ועי' שמ"ר פ"ט ס"ס א' מש"ש:

חידושי הרד"ל

(כג) **זו תרמוד.** היא תדמור במדבר בערים שבנה שלמה. והיא על פתחה של מדבר ערב ששורין בו בני ערב וישמעאל. וז"ש עליהן שער אויביו. וכמ"ש בפר"א ס"פ כ"ח ופמ"ח אויביו על ישמעאל:

חידושי הרש"ש

[יא] **הדא הוא דכתיב שמע נא כו' ורעיך כו'.** וכ"ה בחלק (צ"ג א') וכן דרשו לקמן בש"ר פ"ט על חמו"ע. וק"ל דברים נשא וכן בסוף הוריות דרשו מזה דכה"ג קודם לנביא. ואינהו לא הוו נביאי:

מסורת המדרש

כט במדבר רבה פרשה ב':
ל ירושלמי תענית פרק ד' הלכה ה'. איכה רבתי פרשה ב' פסוק ב':
לא יבמות דף ט"ז:
לב סנהדרין דף צ"ג: ילקוט זכריה רמז תק"ע: לקוט דניאל רמז אלף ס':

אם למקרא

שְׁמַע־נָא יְהוֹשֻׁעַ הַכֹּהֵן הַגָּדוֹל אַתָּה וְרֵעֶיךָ הַיֹּשְׁבִים לְפָנֶיךָ כִּי־אַנְשֵׁי מוֹפֵת הֵמָּה כִּי־הִנְנִי מֵבִיא אֶת־עַבְדִּי צֶמַח: (זכריה ג:ח)

ענף יוסף

(כ) [יא] **[רבי חנינא אמר על מנת כן ירדו חנניה מישאל ועזריה לכבשן וכו']** תימא דר"ח אמר לעיל שלחו מפני העין שמשעה שעלו כו'. הרי דס"ל שמתו בעין מדמייתי ראיה מהם לירא אברהם בשילוח יצחק. ואיך מפרש השתא האי קרא כי אנשי מופת המה בחמו"ע. א"כ הרי שהלכו ליהושע (יפ"ת). אבל באמת הגירסא דכאן משובש ועי' ילקוט כאן הגי' מבוררת:

מתנות כהונה

שמונים אלף קשתים. פי' הערוך מורים בקשת: **ה"ג בילקוט** ובחורבן בית שני העמידה מ' אלף קשתים וחד אמר בחורבן ראשון העמידה ארבעה אלף קשתים ובשני אלפים קשתים ועיין מזה באיכה רבתי סוף פסוק בלע ה': **שלחו לביתו בלילה.** כדי שלא תשלוט בו עין הרע על שניצל מן המיתה וה"ג בילקוט בהדיא: **לא נזכרו שמותן.** מפני עין הרע ששלט בהם מתו כדברי רבי יוסי לקמן: **ה"ג מתו ברוק.** ברוק מתו שהיו העובדי כוכבים רוקקים בהם ואומרים יש לכם אלוה כזה ואתם עבדתם עבודת כוכבים בארצכם: **היושבים לפניך וגו'** גרסינן. וסיפיה דקרא כי אנשי מופת המה אנשים שנעשה להם מופת ונסים [ועיין בפ' חלק]: **על מנת שיעשה בהם מופת.** פירושו שעל ידם יעשה מופת ויתקדש שם שמים על ידם אם ינצלו או אם לא ינצלו מ"מ הוא קידוש שם שמים ברבים כ"כ נימוקי יוסף בפרק בן סורר ומורה אבל לא אמר על מנת שיעשה להם הקדוש ברוך הוא נס שהרי אחז"ל כל האומר על מנת שיעשה לי נס אין הקב"ה עושה לו נס והם לקדוש שם שמים נתכוונו וחכמתם עמדה להם ועיין מזה במדרש חזית בפסוק זאת קומתך ותמלא נחת:

אשד הנחלים

הסימן כי הנסיונות הראשונות היו רק מאהבתו את עצמו לא מאהבת ה' ואחר שאינו מוסר נפשו לה'. אך אחר שעמד בזה אות הוא על כולם: כי הכל למען ה': **ברכה לאב.** כי עוד זכה לבנים אח"כ כמ"ש בכתוב: **שהי' שותפות.** ולכן הוא עיקר השער ומבוא להשונאים אחר שהמה עזרו לרעה לכולם: **מתו ברוק.** עיין במ"כ פירושו והוא מליצה הנהוגה. לומר על מעשה קלה אשר נעשה ע"י קיבוץ כולו. כאלו נחשב רק על אחד. כאלו טבעו ברוק: **ללמוד ממנו תורה.** עניינו לפי דעתי כי אחר שקדשו ש"ש אז נתפשטו מן האנושיית לגמרי ולכן לא התעסקו עוד בעניינים אנושים רק הגו בתורה תמיד. וכן ביצחק כמוהו שלכן שלחו אצל שם ללמוד תורה: **ע"מ שיעשה בהם מופת.** וזהו כי אנשי מופת המה. ועיין במ"כ ועיין במדרש קהלת מה שפרשתי שם:

Chapter 57

וַיְהִי אַחֲרֵי הַדְּבָרִים הָאֵלֶּה וַיֻּגַּד לְאַבְרָהָם לֵאמֹר הִנֵּה יָלְדָה מִלְכָּה גַם הִוא בָּנִים לְנָחוֹר אָחִיךָ.

It came to pass after these things, that Abraham was told, saying: Behold, Milcah too has borne children to Nahor, your brother (22:20).

§1 וַיְהִי אַחֲרֵי הַדְּבָרִים הָאֵלֶּה וַיֻּגַּד לְאַבְרָהָם לֵאמֹר הִנֵּה יָלְדָה מִלְכָּה גַם הִיא — ***IT CAME TO PASS AFTER THESE THINGS, THAT ABRAHAM WAS TOLD, SAYING: BEHOLD, MILCAH TOO HAS BORNE CHILDREN.***

The Midrash expounds two verses in *Proverbs* as connected to our verse:

כְּתִיב ״חַיֵּי בְשָׂרִים לֵב מַרְפֵּא וּרְקַב עֲצָמוֹת קִנְאָה״ — (i) **It is written:** ***A healthy*** (i.e., *good*) ***heart is the life of the flesh*** [בְּשָׂרִים], ***but envy [brings] rotting of the bones*** (*Proverbs* 14:30). שֶׁעַד שֶׁהוּא בְּהַר הַמּוֹרִיָּה — **For while [Abraham] was still at Mount Moriah** for the *Akeidah*, נִתְבַּשֵּׂר שֶׁנּוֹלְדָה זוּגָתוֹ שֶׁל בְּנוֹ — **he was given the news** (בְּשׂוֹרוֹת)[1] **that the** future **mate of his son was born,**[2] שֶׁנֶּאֱמַר ״הִנֵּה יָלְדָה מִלְכָּה״ — **as it states, *Behold, Milcah*** *too* ***has borne*** *children.*[3] ״רִפְאוּת תְּהִי לְשָׁרֶּךָ וְשִׁקּוּי לְעַצְמוֹתֶיךָ״ — (ii) It is written: ***It will be health to your navel and marrow to your bones*** (*Proverbs* 3:8). שֶׁעַד שֶׁהוּא בְּהַר הַמּוֹרִיָּה — **For while [Abraham] was still at Mount Moriah** for the *Akeidah*, נִתְבַּשֵּׂר שֶׁנּוֹלְדָה זוּגָתוֹ שֶׁל בְּנוֹ — **he was given the news that the** future **mate of his son was born,**[4] שֶׁנֶּאֱמַר ״הִנֵּה יָלְדָה מִלְכָּה גַם הִיא בָּנִים״ — **as it states, *Behold, Milcah too has borne children.***

§2 The Midrash quotes a verse from *Proverbs* and proffers two interpretations. The second makes the same point as made in the preceding section:

״מַיִם קָרִים עַל נֶפֶשׁ עֲיֵפָה וּשְׁמוּעָה טוֹבָה מֵאֶרֶץ מֶרְחָק״ — ***Cold water on a weary person, a good tiding from a distant land*** (*Proverbs* 25:25). תַּמָּן תְּנֵינַן — **We learned there** in a Mishnah: עַל הַגְּשָׁמִים וְעַל בְּשׂוֹרוֹת טוֹבוֹת הוּא אוֹמֵר בָּרוּךְ הַטּוֹב וְהַמֵּטִיב — **On rain and on good tidings one says: "Blessed is the One Who is good and does good"** (*Berachos* 54a). מָה רָאוּ לִסְמוֹךְ בְּשׂוֹרוֹת טוֹבוֹת לִירִידַת גְּשָׁמִים — **Why did [the Sages of the Mishnah] see fit to juxtapose good tidings to rainfall?**[5] רַבִּי בֶּרֶכְיָה בְּשֵׁם רַבִּי לֵוִי אָמַר — **R' Berechyah** said **in the name of R' Levi:** עַל שֵׁם ״מַיִם קָרִים עַל נֶפֶשׁ עֲיֵפָה, שְׁמוּעָה טוֹבָה מֵאֶרֶץ מֶרְחָק״ — It is **on account** of the verse: ***Like cold water on a weary person, a good tiding from a distant land*** (*Proverbs* ibid.).[6] מַה שְּׁמוּעָה טוֹבָה בָּרוּךְ הַטּוֹב וְהַמֵּטִיב — **Just as on good news** one says: **"Blessed is the One Who is good and does good,"** אַף מַיִם קָרִים בָּרוּךְ הַטּוֹב וְהַמֵּטִיב — **so too on cold water** one says, **"Blessed is the One Who is good and does good."**

דָּבָר אַחֵר — **Another interpretation** of the verse: ״כְּמַיִם קָרִים עַל נֶפֶשׁ עֲיֵפָה, כֵּן שְׁמוּעָה טוֹבָה מֵאֶרֶץ מֶרְחָק״ זֶה אַבְרָהָם — ***Like cold water on a weary person, a good tiding from a distant land*** — **this** alludes to **Abraham.**[7] שֶׁעַד שֶׁהוּא בְּהַר הַמּוֹרִיָּה נִתְבַּשֵּׂר שֶׁנּוֹלְדָה זוּגָתוֹ שֶׁל בְּנוֹ — **For while he was still at Mount Moriah he was given the news that the** future **spouse of Isaac was born.**[8] הֲדָא הוּא דִכְתִיב ״הִנֵּה יָלְדָה מִלְכָּה וגו׳״ — **This is what is written: *Behold, Milcah*** *too* **has borne** *children, etc.*

§3 וַיְהִי אַחֲרֵי הַדְּבָרִים הָאֵלֶּה — ***IT CAME TO PASS AFTER THESE THINGS.***

What דְּבָרִים, *things*, is the verse alluding to? The Midrash explains:

אַחַר הִרְהוּרֵי דְבָרִים שֶׁהָיוּ שָׁם — The phrase *after these "things"* means **after the thoughts**[9] **that occurred there.** מִי הִרְהֵר אַבְרָהָם הִרְהֵר — **Whose thoughts** is the verse referring to? **Abraham's thoughts.**

NOTES

1. From the fact that the verse uses the word בְּשָׂרִים rather than the more common word בָּשָׂר, the Midrash understands it as an expression of בְּשׂוֹרוֹת, meaning "news" (see *Radal*, *Eitz Yosef*; see, however, *Yefeh To'ar*).

2. Isaac at the time of the *Akeidah* was 37 years old (see above, 55 §4 and 56 §8) and Abraham had not yet found him a spouse, for he specifically wanted someone from his family and no potential spouses had been born. The thought of Isaac's dying without children troubled Abraham especially during the *Akeidah*, since he would be left with no descendants should Isaac be slaughtered. While still at Mount Moriah he was therefore told, and rejoiced to hear, that his niece Milcah had children, for he was sure that he would find a proper spouse for Isaac among them (*Eitz Yosef*, from *Nezer HaKodesh*).

The verse is thus interpreted homiletically as if written, בְּשָׂרִים חַיֵּי לֵב מַרְפֵּא, which would be translated: *good news [brings] life and healing to the [suffering] heart* (see *Yefeh To'ar*, *Radal*). Alternatively, the verse could be translated: *a life with good news brings a healing of the heart.*

3. In *Yalkut Shimoni, Vayeira* §102 the text reads here: "as it states, *And Bethuel begot Rebecca*" (below, v. 23).

4. The navel is the central point of one's innards. The expression *It will be health to your navel* is accordingly to be understood: "It will be a healing for your son [Isaac], who comes from your innards," and refers to the birth of Isaac's future wife (the "cure" for his unmarried state). The continuation of the verse, וְשִׁקּוּי לְעַצְמוֹתֶיךָ, is to be understood as "moistening of your bones" (the root שקה meaning "watering"), meaning that Abraham's bones would be invigorated from the good news (*Eitz Yosef*, from *Nezer HaKodesh*).

Alternatively: The word לְשָׁרֶּךָ in this context is being expounded to read לִשְׁאֵרְךָ, *your relative* (see *Yalkut Shimoni, Mishlei* §932). The word שְׁאֵר refers to a wife (*Yevamos* 22b, et al.) and thus connotes the birth of Rebecca, the future wife of Isaac. [The phrase רִפְאוּת תְּהִי לְשָׁרֶּךָ may accordingly be understood: *It will be a cure, to [find] your wife.*] The word לְעַצְמוֹתֶיךָ in the continuation of the verse similarly connotes a wife, as in the phrase עֶצֶם מֵעֲצָמַי, *bone of my bones*, in 2:23 above (*Yefeh To'ar*).

5. The Midrash's question seems difficult to understand, for since the same blessing is recited for both rain and good tidings, it seems altogether logical that their laws should be taught side by side. *Maharam Chaviv* to *Yerushalmi Berachos* 9:2 explains that the question (which the *Yerushalmi* poses as well) is why the Mishnah singles out rain for special mention from among the many types of good tidings that occasion the recital of this blessing (e.g., inheriting money, finding something valuable, or being blessed with the birth of a son; see *Shulchan Aruch, Orach Chaim* 222:4, 223:1-2).

Alternatively: The Midrash is asking why rain, which after all is a common, natural phenomenon, should occasion the recital of this blessing altogether (*Nezer HaKodesh*).

6. That is, good tidings invigorate a person the way cold water invigorates a weary soul.

The Midrash's answer is that although there are other occasions for this blessing, the Mishnah follows the example of this verse and juxtaposes rain ("cold water") with good tidings (*Maharam Chaviv* loc. cit.).

Alternatively: The Midrash's answer is that rain serves as *cold water on a weary person*, for it is a great blessing [and is necessary for the world to exist] (see above, 13 §3,4,6); additionally, it helps heal the sick (ibid. sec. 16) (*Nezer HaKodesh*).

7. Abraham was weary from the *Akeidah* and from his journey [having traveled three days to arrive at Mount Moriah where the *Akeidah* took place; see above, 22:4] (*Radal*).

8. This good news was to him as cold water to a weary traveler. That the verse in *Proverbs* alludes to the *Akeidah* is evident also in the words מֵאֶרֶץ מֶרְחָק, *from a distant land*, for Mount Moriah is also referred to (above, 22:4) as הַמָּקוֹם מֵרָחֹק, *the place from afar* (ibid.).

9. Lit., *thoughts about things.* [The Midrash, as is its wont, takes the word דְּבָרִים as indicating that certain *words* (דִּבּוּרִים) were spoken or thought.]

פרשה נז

א [כב, כ] **"וַיְהִי אַחֲרֵי הַדְּבָרִים הָאֵלֶּה וַיֻּגַּד לְאַבְרָהָם לֵאמֹר הִנֵּה יָלְדָה מִלְכָּה גַּם הִיא".** [א]**כְּתִיב** (משלי יד, ל) **"חַיֵּי בְשָׂרִים לֵב מַרְפֵּא וּרְקַב עֲצָמוֹת קִנְאָה", שֶׁעַד שֶׁהוּא בְּהַר הַמּוֹרִיָּה נִתְבַּשֵּׂר שֶׁנּוֹלְדָה זוּגָתוֹ שֶׁל בְּנוֹ שֶׁנֶּאֱמַר "הִנֵּה יָלְדָה מִלְכָּה".** (שם ג, ח) **"רִפְאוּת תְּהִי לְשָׁרֶּךָ וְשִׁקּוּי לְעַצְמוֹתֶיךָ", שֶׁעַד שֶׁהוּא בְּהַר הַמּוֹרִיָּה נִתְבַּשֵּׂר שֶׁנּוֹלְדָה זוּגָתוֹ שֶׁל בְּנוֹ, שֶׁנֶּאֱמַר "הִנֵּה יָלְדָה מִלְכָּה גַּם הִיא בָּנִים":**

ב (שם כה, כה) **"מַיִם קָרִים עַל נֶפֶשׁ עֲיֵפָה וּשְׁמוּעָה טוֹבָה מֵאֶרֶץ מֶרְחָק", תַּמָּן תְּנֵינַן:** [ב]**עַל הַגְּשָׁמִים וְעַל בְּשׂוֹרוֹת טוֹבוֹת הוּא אוֹמֵר בָּרוּךְ הַטּוֹב וְהַמֵּטִיב, מָה רָאוּ לִסְמוֹךְ בְּשׂוֹרוֹת טוֹבוֹת לִירִידַת גְּשָׁמִים, רַבִּי בֶּרֶכְיָה בְּשֵׁם רַבִּי לֵוִי אָמַר: עַל שֵׁם "מַיִם קָרִים עַל נֶפֶשׁ עֲיֵפָה, שְׁמוּעָה טוֹבָה מֵאֶרֶץ מֶרְחָק", מַה שְּׁמוּעָה טוֹבָה בָּרוּךְ הַטּוֹב וְהַמֵּטִיב, אַף מַיִם קָרִים בָּרוּךְ הַטּוֹב וְהַמֵּטִיב. דָּבָר אַחֵר, "כְּמַיִם קָרִים עַל נֶפֶשׁ עֲיֵפָה", כֵּן "שְׁמוּעָה טוֹבָה מֵאֶרֶץ מֶרְחָק", זֶה אַבְרָהָם, שֶׁעַד שֶׁהוּא בְּהַר הַמּוֹרִיָּה נִתְבַּשֵּׂר שֶׁנּוֹלְדָה זוּגָתוֹ שֶׁל בְּנוֹ הָדָא הוּא דִכְתִיב "הִנֵּה יָלְדָה מִלְכָּה וְגוֹ'":**

ג "וַיְהִי אַחֲרֵי הַדְּבָרִים הָאֵלֶּה", אַחַר הִרְהוּרֵי דְּבָרִים שֶׁהָיוּ שָׁם. מִי הִרְהֵר, אַבְרָהָם הִרְהֵר. אָמַר: אִילּוּ מֵת בְּהַר הַמּוֹרִיָּה לֹא הָיָה מֵת בְּלֹא בָנִים, עַכְשָׁיו שֶׁנַּעֲשָׂה לוֹ נֵס מָה אֶעֱשֶׂה, אַשִּׂיאֶנּוּ מִבְּנוֹת עָנֵר אֶשְׁכֹּל וּמַמְרֵא שֶׁהֵן צִדְקָנִיּוֹת, וּבִי מָה אִיכְפַּת לִי מְיוּחָסִים.

רש"י

נז [א] **חיי בשרים לב מרפא.** זה אברהם שעד שהוא בהר המוריה נתבשר שנולד זוגתו של בנו: [ב] **מים קרים על נפש עיפה ושמועה טובה מארץ מרחק.** תמן תנינן על הגשמים ועל בשורות טובות הוא אומר ברוך הטוב והמטיב מה ראו לסמוך בשורות טובות לירידת גשמים ר' ברכיה בשם ר' לוי על שם מים קרים על נפש עיפה כשמועה טובה מארץ מרחק מה שמועה טובה הטוב והמטיב כך מים קרים הטוב והמטיב וכמים קרים על נפש עיפה כך שמועה טובה מארץ מרחק: **דבר אחר זה אברהם.** שעד שהוא בהר המוריה וכו': [ג] **אשיאנו.** מבנות ענר אשכול וממרא:

מתנות כהונה

נז [ב] **מה שמועה טובה.** בירושלמי דברכות פרק הרואה: [ג] **הרהורי דברים.** עיין זה במדרש קהלת בפסוק לך אכול בשמחה: **עכשיו** שלא מת שנעשה לו נס וה"ג בילקוט בהדיא: **צדקניות.** ואע"פ שאינם מיוחסים וה"ג בילקוט בהדיא: [מאי

עץ יוסף

נז (א) [א] **חיי בשרים כו'.** (מפרש בשרים לשון בשורה) לפי שעד עתה נצטער על שלא מלא בת זוג לבנו ממשפחת בית אביו אשר רצה להתדבק בהם שעבר זה עדיין לא השיאו אשה. ועל דבר זה נצטער יותר בהר המוריה בשעת העקידה בחושבו שילך אז ערירי וכעין מ"ש באגדה הסמוכה. ולכן מאת ה' היתה זאת שבעוד היותו בהר המוריה בא ה' שוב לחזק לבבו וגופו שם בבשורה טובה המשמחת הלב אשר נתרבה זרע משפחת בית אביו כי ילדה מלכה גם היא בנים רבים לנחור אחיך. ובכן היה לבו בטוח שימצא בהם בת זוגו לבנו מזרע בנים הללו (נזה"ק): **רפאות תהי לשרך.** פי' לטבורך. והטעם כי הטבור הוא קשר כל בני המעיים. והרמז הוא כלפי אברהם לבשר לו ולאמר לו רפאות תהי לבנך היוצא ממעיך שיזדמן לו בת זוגו. ומבשורה טובה זו תהיה שקוי ולחלוח לעצמותיך אשר היו מקודם כיבשים מרוב צער ועתה דשנים ורעננים יהיו בבשורה טובה (נזה"ק): (ב) **זה אברהם.** פשטיה דקרא שכמו שהמים משיבין את הנפש כן שמועה טובה כו' וזה יצדק יפה באברהם שהיתה נפשו עיפה וישמח בזה (יפ"ת): (ג) [ב]**אחר הרהורי דברים.** כתב הנזה"ק שנראה לו עיקר כגירסת הילקוט דגר' בהך מימרא לשון ד"א ויהי אחרי הדברים האלה אחר הרהורי דברים שהיה שם. ודרשה זו קרובה לדרשה הקודמת שטעם הספור הזה הוא להודיע לו שנולדה בת זוגו של בנו לפי שאברהם הרהר בדעתו להשיא את בנו מבנות ענר אשכול וממרא. ולזה הודיעו שכבר נולד בת זוגו של בנו וממשפחתו ובית אביו: #**שנעשה לו נס כו'.** ר"ל שהיה ירא שמא ע"י שבחר בו ה' יתקרב מיתתו ע"ד מה שנא' הן בקדושיו לא יאמין. לכן רצה עתה להשיאו אשה שלא ילך ערירי (יפ"ת): **שהן צדקניות.** שאברהם הכיר בהם שהם צדקניות ולכן רצה להשיאו מהן אע"פ שאינן מיוחסים: **אמר לו הקדוש ברוך הוא כו'.** כלומר רמז לו במה שנתבשר ברבקה הראויה לו. לא שאמר לו כן בפירוש דא"כ לא הוה מספקא ליה מילתא כדקאמר ואם לא יתנו לך (יפ"ת):

פירוש מהרז"ו

נז [א] **חיי בשרים.** שעל בריות לא נמצא בשר בלשון רבים והיל"ל בשר ע"כ פי' מלשון בשורה. וענין הבשורה כמ"ש לקמן סי' ג' שהיה במבוכה ע"ז ועי' לקמן פר' ע' סימן ח'. ומ"ש שעד שהוא כו' דורש סמוכין וכמ"ש סימן ג'. ועי' מ"ש לעיל פר' כ"ו סימן ח': **ילדה מלכה גם היא.** ס"ד ובתואל ילד את רבקה וכ"ה בילקוט: **ושקוי לעצמותיך.** כמ"ש ושמועה טובה תדשן עצם. וזהו שחתם עוד הפעם שהוא וכו' לפרש פסוק ושיקוי וגו': (ב) **תמן תנינן.** עי' לעיל פר' י"ג סימן ט"ו וש"נ: **מה ראו.** חכמי המשנה לסמוך שני דברים אלו יחד. ועיין בדמיון זה שדורשים סמיכות חכמים במשנה בשמ"ר פ"ט סימן ג': **מארץ מרחק זה אברהם.** כמ"ש מארץ מרחק איש עצתי כמ"ש לעיל פר' כ"ד ס"ס א' ועיין לעיל פרשה כ"ה ס"ס ד' בן ל"ז שנה וכן בפר' כ"ו סימן א': (ג) **אחר הרהורי דברים.** עי' לעיל פר' מ"ד סימן ה' ומש"ש ופנ"ה סי' ד' ולקמן פר' פ"ז סימן ד': **מי מהרהר.** נ"ל מי הרהר: **שאינן מיוחסות.** כדכתיב ממרא האמורי אחי אשכול ואחי ענר וזרע כנען מקולל מפי נח וזרע שם הם המבורכים כי שם כהן לאל עליון ומלך שלם. ותרח עשירי לשם. ואנו רואים שאברהם יצחק ויעקב לקחו נשיהם ממשפחתם כי שרה ומלכה אחיות היו בנות הרן כמ"ש לעיל ס"פ ל"ח ויצחק לקח רבקה בת בתואל בן מלכה ונחור אחי אברהם היה בעל מלכה ויעקב לקח בנות לבן בן בתואל בן נחור:

חידושי הרד"ל

(א) [א] **כתיב חיי בשרים.** אפשר דדריש בשרים לשון בשורה. כלומר בשורה טובה והוא חיים ומרפא ללב המצטער כאברהם ויצחק שנצטערו בעקדה ונתרפא לבבם בבשורה טובה שנולדה בת זוגו של יצחק: (ב) **רפאות תהי לשרך.** אפשר דרש כמ"ש בילקוט בשם ילמדנו לשרך כמו לשארך ע"ש. ולומר שבזכות העקדה נתרפאה מלכה שארו של אברהם והולידה זווגו של יצחק: (ג) [ב] **מים קרים על נפש עיפה.** שהיו עייפים מהעקדה והדרך ושמועה טובה זו היה להם כמים קרים. וי"ל מארץ מרחק כד"א ויראו את המקום מרחוק. וז"ש שעד שהוא בהר המוריה:

באור מהרי"פ

[א] **חיי בשרים וגו'.** רפאות תהי לשרך וגו'. אולי בשרים לשון בשורה הוא דורש. או לשון שאר בשרי ושרך גם כן לשון שאריך הוא כמ"ש בילמדנו רפאות תהי לשרך לשארך. אדם זוכה לו ולקרוביו וכו' ועיין יפ"ת:

מסורת המדרש

א ילקוט כאן רמז ק"ב כל הענין. ילקוט משלי רמז תתקנ"א:
ב ברכות דף נ"ד. ירושלמי ברכות פרק ט'. ירושלמי תענית פרק א' הלכה ג'. לעיל פרשה י"ג. ילקוט משלי רמז תתקס"א:

אם למקרא

חַיֵּי בְשָׂרִים לֵב מַרְפֵּא וּרְקַב עֲצָמוֹת קִנְאָה: (משלי יד:ל)

רִפְאוּת תְּהִי לְשָׁרֶּךָ וְשִׁקּוּי לְעַצְמוֹתֶיךָ: (משלי ג:ח)

אשד הנחלים

נז [א]**חיי בשרים כו' נתבשר שנולד כו'.** אחז בכתוב הזה דוגמת המליצה שהאשה נקראת חיי בשרים ע"ש והיו לבשר אחד וע"ש ראה חיים עם האשה אשר אהבת הכתוב בקהלת. וזהו לב מרפא. שריפא ושימח לבב אברהם בשמעו שנולדה זוגתו של יצחק: **לסמוך כו' ע"ש מים קרים.** אחר שהכתוב מדמה אותם יחד זה לזה. א"כ שניהם שוים באיכותם ושניהם ראוים לברכה אחת: [ב] **דבר אחר כו'.** שאברהם הוכרח לזה כי לכאורה שמועה טובה מקרוב יותר טוב מרחוקה. ולזה בא לרמז על אופן המעשה שקרה לאברהם שעד שהוא בהר המוריה ממרחק ביתו שמח בהצלת בנו נזדמן לו עוד שמחה. מה שלא חשב על זה. כי חשב שבנו איננו עוד בעולם והרי זה מארץ מרחק שלא חשב אדם שיהי' כן. [ג] **אלו מת כו'.** כלומר למה אחפש יותר הלא טוב לי איזו אשה שאקח למענו אף שאינה ממיוחסים אך שתהי' עכ"פ צדקניות [כי המה בעלי ברית אברהם] אחר שלא חשבתי עוד שיהי' לי בנים ועתה זכיתי שיהי' עכ"פ בנים ממנו. תהי' איזה שתהי' והוגד לו שנולדה ממשפחתו. לכך אחר הדברים כלומר אחר אשר קרה זאת והוחלט בדעתו להשיאו מאיזה שיזדמן אז ויוגד:

אָמַר אִילּוּ מֵת בְּהַר הַמּוֹרִיָּה לֹא הָיָה מֵת בְּלֹא בָנִים — **He said** to himself: **If [Isaac] had died on Mount Moriah** at the *Akeidah*, **would he** (Abraham) **not have died without children?** עַכְשָׁיו מָה אֶעֱשֶׂה — **Now what should I do?**[10] אֲשִׂיאֶנּוּ מִבְּנוֹת עָנֵר אֶשְׁכֹּל וּמַמְרֵא שֶׁהֵן צִדְקָנִיּוֹת — Perhaps **I should marry him off** to **one of the daughters of Aner, Eshcol, or Mamre, for they are righteous;** וְכִי מָה אִיכְפַּת לִי מְיוּחָסִים — **for what purpose do I need** to find someone **with pedigrees?**[11]

NOTES

10. Having seen that God almost took Isaac's life at the *Akeidah*, Abraham reasoned that it was urgent to find a wife for Isaac at the earliest opportunity, for next time God might actually take it and he (Abraham) would be left with no descendants. See *Eitz Yosef* from *Yefeh To'ar*.

[Some versions have here: עַכְשָׁיו שֶׁנַּעֲשָׂה לוֹ נֵס מָה אֶעֱשֶׂה, **Now that a miracle has been performed for him, what shall I do?**]

11. The daughters of Aner, Eshcol, or Mamre were righteous, and in this regard were worthy to marry Isaac. However, they were regarded as lacking appropriate pedigree, as they descended from Canaan, who was cursed by Noah (see above, 9:25), while Abraham descended from Shem, who was blessed by Noah (ibid., v. 26). [Indeed, Abraham, Isaac, and Jacob all took wives from Terach's (Abraham's father's) family rather than from the women of Canaan.] See *Maharzu*.

פרשה נז

א [כב, כ] "וַיְהִי אַחֲרֵי הַדְּבָרִים הָאֵלֶּה וַיֻּגַּד לְאַבְרָהָם לֵאמֹר הִנֵּה יָלְדָה מִלְכָּה גַּם הִיא". [א]כְּתִיב (משלי יד, ל) "חַיֵּי בְשָׂרִים לֵב מַרְפֵּא וּרְקַב עֲצָמוֹת קִנְאָה", שֶׁעַד שֶׁהוּא בְּהַר הַמּוֹרִיָּה נִתְבַּשֵּׂר שֶׁנּוֹלְדָה זוּגָתוֹ שֶׁל בְּנוֹ שֶׁנֶּאֱמַר "הִנֵּה יָלְדָה מִלְכָּה". (שם ג, ח) "רִפְאוּת תְּהִי לְשָׁרֶּךָ וְשִׁקּוּי לְעַצְמוֹתֶיךָ", שֶׁעַד שֶׁהוּא בְּהַר הַמּוֹרִיָּה נִתְבַּשֵּׂר שֶׁנּוֹלְדָה זוּגָתוֹ שֶׁל בְּנוֹ, שֶׁנֶּאֱמַר "הִנֵּה יָלְדָה מִלְכָּה גַּם הִיא בָּנִים":

ב (שם כה, כה) "מַיִם קָרִים עַל נֶפֶשׁ עֲיֵפָה וּשְׁמוּעָה טוֹבָה מֵאֶרֶץ מֶרְחָק", תַּמָּן תְּנֵינַן: [ב]עַל הַגְּשָׁמִים וְעַל בְּשׂוֹרוֹת טוֹבוֹת הוּא אוֹמֵר בָּרוּךְ הַטּוֹב וְהַמֵּטִיב, מָה רָאוּ לִסְמוֹךְ בְּשׂוֹרוֹת טוֹבוֹת לִירִידַת גְּשָׁמִים, רַבִּי בֶּרֶכְיָה בְּשֵׁם רַבִּי לֵוִי אָמַר: עַל שֵׁם "מַיִם קָרִים עַל נֶפֶשׁ עֲיֵפָה, שְׁמוּעָה טוֹבָה מֵאֶרֶץ מֶרְחָק", מַה שְּׁמוּעָה טוֹבָה בָּרוּךְ הַטּוֹב וְהַמֵּטִיב, אַף מַיִם קָרִים בָּרוּךְ הַטּוֹב וְהַמֵּטִיב. דָּבָר אַחֵר, "כְּמַיִם קָרִים עַל נֶפֶשׁ עֲיֵפָה", כֵּן "שְׁמוּעָה טוֹבָה מֵאֶרֶץ מֶרְחָק", זֶה אַבְרָהָם, שֶׁעַד שֶׁהוּא בְּהַר הַמּוֹרִיָּה נִתְבַּשֵּׂר שֶׁנּוֹלְדָה זוּגָתוֹ שֶׁל בְּנוֹ הָדָא הוּא דִכְתִיב "הִנֵּה יָלְדָה מִלְכָּה וְגוֹ'":

ג "וַיְהִי אַחֲרֵי הַדְּבָרִים הָאֵלֶּה", אַחַר הִרְהוּרֵי דְבָרִים שֶׁהָיוּ שָׁם. מִי הִרְהֵר, אַבְרָהָם הִרְהֵר. אָמַר: אִילּוּ מֵת בְּהַר הַמּוֹרִיָּה לֹא הָיָה מֵת בְּלֹא בָנִים, עַכְשָׁיו שֶׁנַּעֲשָׂה לוֹ נֵס מָה אֶעֱשֶׂה, אַשִּׂיאֶנּוּ מִבְּנוֹת עָנֵר אֶשְׁכֹּל וּמַמְרֵא שֶׁהֵן צַדְקָנִיּוֹת, וְכִי מָה אִיכְפַּת לִי מְיֻחָסִים.

עץ יוסף

נז (א) [א] חיי בשרים כו'. (מפרש בשרים לשון בשורה) לפי שעד עתה נצטער על שלא מצא בת זוג לבנו ממשפחת בית אביו אשר רצה להתדבק בהם שעבר זה עדיין לא השיאו אשה. ועל דבר זה נצטער יותר בהר המוריה בשעת העקידה בחושבו שילך אז ערירי וכעין מ"ש באגדה הסמוכה. ולכן מאת ה' היתה זאת שבעוד היותו בהר המוריה בא ה' שוב לחזק לבבו וגופו עם בבשורה טובה המשמח הלב אשר נתרבה זרע משפחת בית אביו כי ילדה מלכה גם היא בנים רבים לנחור אחיך. ובכן היה לבו בטוח שימצא בהם בת זוגו לבנו מזרע בנים הללו (נזה"ק): **רפאות תהי לשרך.** פי' לטבורך. והטעם כי הטבור הוא קשר כל בני המעיים. והרמז הוא כלפי אברהם לבשר לו ולאמר לו רפאות תהי לבנך היוצא ממעיך שיזדמן לו בת זוגו. ומבשורה טובה זו תהיה שקוי ולחלוח לעצמותיך אשר היו מקודם כיבשים מרוב צער ועתה דשנים ורעננים יהיו בבשורה טובה (נזה"ק): **(ב) זה אברהם.** פשטיה דקרא שכמו שהמים משיבין את הנפש כן שמועה טובה כו' וזה ילדק יפה באברהם שהיתה נפשו עיפה וישמח בזה (יפ"ת): (ג) [ב]**אחר הרהורי דברים.** כתב הנזה"ק שנראה לו עיקר כגירסת הילקוט דגר' בהך מימרא לשון ד"א ויהי אחרי הדברים האלה אחר הרהורי דברים שהיה שם. ודרשה זו קרובה לדרשה הקודמת שטעם הספור הזה הוא להודיע לו שנולדה בת זוגו של בנו לפי שאברהם הרהר בדעתו להשיא את בנו מבנות ענר אשכול וממרא. ולזה הודיעו שכבר נולד בת זוגו של בנו וממשפחתו ובית אביו: #**שנעשה לו נס כו'.** ר"ל שהיה ירא שמא ע"י שבחר בו ה' יתקרב מיתתו ע"ד מה שנא' הן בקדושיו לא יאמין. לכן רצה עתה להשיאו אשה שלא ילך ערירי (יפ"ת): **שהן צדקניות.** שאברהם הכיר בהם שהם צדקניות ולכן רצה להשיאו מהן אע"פ שאינן מיוחסים: **אמר לו הקדוש ברוך הוא כו'.** כלומר רמז לו במה שנתבשר ברבקה הראויה לו. לא שאמר לו כן בפירוש דא"כ לא הוה מספקא ליה מילתא כדקאמר ואם לא יתנו לך (יפ"ת):

פירוש מהרז"ו

נז [א] חיי בשרים. שעל בריות לא נמצא בשר בלשון רבים והיל"ל בשר ע"כ פי' מלשון בשורה. וענין הבשורה כמ"ש לקמן סי' ג' שהיה במבוכה ע"ז ועי' לקמן פר' ע' סימן ח'. ומ"ש שעד שהוא כו' דורש סמוכין וכמ"ש סימן ג'. ועי' מ"ש לעיל פר' כ"ו סימן ח': **ילדה מלכה גם היא.** ס"ד ובתואל ילד את רבקה וכ"ה בילקוט: **ושקוי לעצמותיך.** כמ"ש ושמועה טובה תדשן עצם. וזהו שאמר עוד הפעם שהוא וכו' לפרש פסוק ושיקוי וגו': (ב) **תמן תנינן.** עי' לעיל פר' י"ג סימן ט"ו וש"נ: **מה ראו.** חכמי המשנה לסמוך שני דברים אלו יחד. ועיין בדמיון זה שדורשים סמיכות חכמים במשנה בשמ"ר פ"ט סימן ג': **מארץ מרחק זה אברהם.** כמ"ש מארץ מרחק איש עצתי כמ"ש לעיל פר' כ"ד ס"ס א' ועיין לעיל פרשה כ"ה ס"ס ד' בן ל"ז שנה וכן בפר' כ"ו סימן ח': (ג) **אחר הרהורי דברים.** עי' לעיל פר' מ"ד סימן ה' ומש"ש ופנ"ה סי' ד' ולקמן פר' פ"ז סימן ד': **מי מהרהר.** נ"ל מי הרהר: **שאינן מיוחסות.** כדכתיב ממרא האמורי אחי אשכול ואחי ענר וזרע כנען מקולל מפי נח וזרע שם הם המבורכים כי שם כהן לאל עליון ומלך שלם. ותרח עשירי לשם. ואנו רואים שאברהם יצחק ויעקב לקחו נשיהם ממשפחתם כי שרה ומלכה אחיות היו בנות הרן כמ"ש לעיל ס"פ ל"ח ויצחק לקח רבקה בת בתואל בן מלכה ונחור אחי אברהם היה בעל מלכה ויעקב לקח בנות לבן בן בתואל בן נחור:

חידושי הרד"ל

(א) [א] **כתיב חיי בשרים.** אפשר דדריש בשרים לשון בשורה. כלומר בשורה טובה והוא חיים ומרפא ללב המצטער כאברהם ויצחק שנצטערו בעקדה ונתרפא לבבם בבשורה טובה שנולדה בת זוגו של יצחק: (ב) **רפאות תהי לשרך.** אפשר דרש כמ"ש בילקוט בשם ילמדנו לשרך כמו לשארך ע"ש. ולומר שבזכות העקדה נתרפאה מלכה שארו של אברהם והולידה זווגו של יצחק: (ג) [ב] **מים קרים על נפש עיפה.** שהיו עייפים מהעקדה והדרך ושמועה טובה זו היה להם כמים קרים. וי"ל מארץ מרחק כד"א ויראו את המקום מרחוק. וז"ש שעד שהוא בהר המוריה:

באור מהרי"פ

[א] **חיי בשרים וגו'.** רפאות תהי לשרך וגו'. אולי בשרים לשון בשורה הוא דורש. או לשון שאר בשרי ושרך גם כן לשון שאריך הוא כמ"ש בילמדנו רפאות תהי לשרך לשארך. אדם זוכה לו ולקרוביו וכו' ועיין יפ"ת:

מסורת המדרש

א ילקוט כאן רמז ק"ב כל הענין. ילקוט משלי רמז תתקנ"א:
ב ברכות דף נ"ד. ירושלמי ברכות פרק ט'. ירושלמי תענית פרק א' הלכה ג'. לעיל פרשה י"ג. ילקוט משלי רמז תתקס"א:

אם למקרא

חַיֵּי בְשָׂרִים לֵב מַרְפֵּא וּרְקַב עֲצָמוֹת קִנְאָה: (משלי יד:ל)

רִפְאוּת תְּהִי לְשָׁרֶּךָ וְשִׁקּוּי לְעַצְמוֹתֶיךָ: (משלי ג:ח)

רש"י

נז [א] חיי בשרים לב מרפא. זה אברהם שעד שהוא בהר המוריה נתבשר שנולד זוגתו של בנו: **[ב] מים קרים על נפש עיפה ושמועה טובה מארץ מרחק.** תמן תנינן על הגשמים ועל בשורות טובות הוא אומר ברוך הטוב והמטיב מה ראו לסמוך בשורות טובות לירידת גשמים ר' ברכיה בשם ר' לוי על שם מים קרים על נפש עיפה כשמועה טובה מארץ מרחק מה שמועה טובה הטוב והמטיב כך מים קרים הטוב והמטיב וכמים קרים על נפש עיפה כך שמועה טובה מארץ מרחק: **דבר אחר זה אברהם.** שעד שהוא בהר המוריה וכו': [ג] **אשיאנו.** מבנות ענר אשכול וממרא:

מתנות כהונה

נז [ב] מה שמועה טובה. בירושלמי דברכות פרק הרואה: [ג] **הרהורי דברים.** עיין זה במדרש קהלת בפסוק לך אכול בשמחה: **עכשיו** שלא מת שנעשה לו נס וה"ג בילקוט בהדיא: **צדקניות.** ואע"פ שאינם מיוחסים וה"ג בילקוט בהדיא: [מאי

אשד הנחלים

נז [א]**חיי בשרים כו' נתבשר שנולד כו'.** אחז בכתוב הזה דוגמת המליצה שהאשה נקראת חיי בשרים ע"ש והיו לבשר אחד וע"ש ראה חיים עם האשה אשר אהבת הכתוב בקהלת. וזהו לב מרפא. שריפא ושימח לבב אברהם בשמעו שנולדה זוגתו של יצחק: **לסמוך כו' ע"ש מים קרים.** אחר שהכתוב מדמה אותם יחד זה לזה. א"כ שניהם שוים באיכותם ושניהם ראוים לברכה אחת: **[ב] דבר אחר כו'.** שאברהם הוכרח לזה כי לכאורה שמועה טובה מקרוב יותר טוב מרחוקה. ולזה בא לרמז על אופן המעשה שקרה לאברהם שעד שהוא בהר המוריה ממרחק ביתו שמח בהצלת בנו נזדמן לו עוד שמחה. מה שלא חשב על זה. כי חשב שבנו איננו עוד בעולם והרי זה מארץ מרחק שלא חשב אדם שיהי' כן. [ג] **אלו מת כו'.** כלומר למה אחפש יותר הלא טוב לי איזו אשה שאקח למענו אף שאינה ממיוחסים אך שתהי' עכ"פ צדקניות [כי המה בעלי ברית אברהם] אחר שלא חשבתי עוד שיהי' לי בנים ועתה זכיתי שיהי' עכ"פ בנים ממנו. תהי' איזה שתהי' והוגד לו שנולדה ממשפחתו. לכך אחר הדברים כלומר אחר אשר קרה זאת והוחלט בדעתו להשיאו מאיזה שיזדמן אז ויוגד:

אָמַר לוֹ הַקָּדוֹשׁ בָּרוּךְ הוּא – **The Holy One, blessed is He, said to him,**[12] אֵין אַתָּה צָרִיךְ – **"You do not need** to approach these families for marriage prospects, כְּבָר נוֹלַד זוּגוֹ שֶׁל יִצְחָק – for **Isaac's partner was already born.**Ⓐ

☐ הִנֵּה יָלְדָה מִלְכָּה גַּם הִוא – *BEHOLD MILCAH TOO HAS BORNE CHILDREN.*

The Midrash discusses an apparent superfluity in our verse:

מַה מְהוּ[13] "גַּם הִיא" – Why does our verse state: *she, too?*[14] זוֹ בְּנֵי גְבִירָה שְׁמוֹנָה וּבְנֵי פִילַגְשִׁים אַרְבָּעָה – By writing *she, too* the verse is comparing the descendants of Sarah to the descendants of Milcah:[15] **Just as this one** (Milcah) had **eight descendants from main wives**[16] **and four descendants from concubines,**[17] אַף זוֹ בְּנֵי גְבִירָה שְׁמוֹנָה וּבְנֵי פִילַגְשִׁים אַרְבָּעָה – **so too that one** (Sarah) would have **eight descendants from main wives**[18] **and four descendants from concubines.**[19]

§4 The Midrash brings another interpretation of the דְּבָרִים, *things*, mentioned in our verse:

דָּבָר אַחֵר – **Another interpretation:** נִתְיָרֵא מִן הַיִּסּוּרִין – Abraham was **afraid of painful sufferings.**[20] אָמַר לוֹ הַקָּדוֹשׁ בָּרוּךְ הוּא אֵין אַתָּה צָרִיךְ – **The Holy One, blessed is He, said to him, "You do not need** to be afraid; כְּבָר נוֹלַד מִי שֶׁיְּקַבְּלֵם – **someone has already been born who will bear them** (namely, Job),[21] "אֶת עוּץ בְּכֹרוֹ וְאֶת בּוּז אָחִיו" – for Scripture states: *Uz, his firstborn*[22] *and Buz, his brother"* (below, v. 21). אִיּוֹב אֵימָתַי הָיָה – **When did Job** live? רֵישׁ לָקִישׁ בְּשֵׁם בַּר קַפָּרָא אָמַר: בִּימֵי אַבְרָהָם הָיָה – **Reish Lakish said in the name of Bar Kappara: He** lived **in the time of Abraham,** שֶׁנֶּאֱמַר "אֶת עוּץ בְּכוֹרוֹ" וּכְתִיב "אִישׁ הָיָה בְאֶרֶץ עוּץ" – **for it states** regarding Nahor, ***Uz, his firstborn,***[23] **and it states** regarding Job, ***There was a man who lived in the land of Uz*** *whose name was Job*[24] (*Job* 1:1).

The Midrash cites many other opinions regarding the identity of Job:

רַבִּי אַבָּא בַּר כָּהֲנָא אָמַר: בִּימֵי יַעֲקֹב הָיָה – **R' Abba bar Kahana said: He lived in the time of Jacob.** דְּאָמַר רַבִּי אַבָּא בַּר כָּהֲנָא דִּינָה אִשְׁתּוֹ שֶׁל אִיּוֹב הָיְתָה – **For R' Abba bar Kahana said: Dinah,** Jacob's daughter, **was the wife of Job,** דִּכְתִיב בְּאֵשֶׁת אִיּוֹב "כְּדַבֵּר אַחַת הַנְּבָלוֹת" – **for it is written regarding the wife of Job,** ***You*** *talk* ***as any impious woman*** [הַנְּבָלוֹת] ***might talk*** (*Job* 2:10),[25] וּכְתִיב בְּדִינָה "כִּי נְבָלָה עָשָׂה בְיִשְׂרָאֵל" – **and it is written regarding Dinah:** ***for he had committed an outrage*** [נְבָלָה] ***in Israel*** (below, 34:7).[26]

רַבִּי לֵוִי אָמַר: בִּימֵי שְׁבָטִים הָיָה – **R' Levi said: [Job] lived in the time of the** twelve **tribes.** הֲדָא הוּא דִכְתִיב "אֲשֶׁר חֲכָמִים יַגִּידוּ וְלֹא כִחֲדוּ מֵאֲבוֹתָם" – **This is what is written:** *I will recount what I have seen.* ***That wise men speak and did not withhold from their fathers***

NOTES

12. Our verse prefaces the news that Milcah gave birth with the words וַיֻּגַּד לְאַבְרָהָם, *and it was told to Abraham*. These words connote prophecy. See similarly below, 67 §9, with respect to the words of 27:42, וַיֻּגַּד לְרִבְקָה, *and it was told to Rebecca* (ibid.).

13. Emendation follows *Eitz Yosef,* from *Yefeh To'ar*, based on *Yalkut Shimoni* here (§102).

14. These words seem completely superfluous. See also *Yalkut Shimoni, Balak* §766.

15. *Maharzu*. See, however, *Eitz Yosef,* from *Yefeh To'ar*.

16. As listed in verses 21-22.

17. As listed in verse 24.

18. The Midrash is referring here to Jacob's children, who were Sarah's great-grandchildren. Jacob's main wives were Rachel and Leah. Rachel had two sons (Joseph and Benjamin) and Leah had six (Reuben, Simeon, Levi, Judah, Issachar, and Zebulun), for a total of eight.

19. Jacob's concubines were Bilhah and Zilpah. Bilhah had two sons (Dan and Naphtali) and Zilpah had two (Gad and Asher). See Insights.

[The words of v. 24: וּפִילַגְשׁוֹ וּשְׁמָהּ רְאוּמָה וַתֵּלֶד "גַּם הִוא" וְכוּ', *And his* (Nahor's) *concubine, whose name was Reumah, "she too" bore children, etc.,* may likewise be understood as alluding to the fact that Sarah, too (like Nahor's wife Milcah), had four descendants from concubines (*Maharzu*; *Eitz Yosef,* from *Yefeh To'ar*).]

For a different explanation of the seemingly superfluous words גַּם הִוא, see *Yalkut Shimoni, Balak* §766.

20. In *Bamidbar Rabbah* 17:2 the Midrash states that Abraham was supposed to receive additional tests (besides the ten that culminated in the *Akeidah*) and painful sufferings. God swore to him that he would not undergo further testing (above, 56 §11), but he was still afraid of sufferings (*Maharzu*).

These thoughts are what the word דְּבָרִים, *things*, refers to. See above, note 9 (*Eitz Yosef*).

21. As recounted in the Book of *Job*, Job was struck with many painful sufferings.

22. Uz being another name for Job; see further in the name of Reish Lakish (*Maharzu*).

23. This verse indicates that Uz is the name of a person who lived in the time of Abraham (for Nahor was Abraham's brother).

24. Given that Uz is the name of a person, Reish Lakish understands this verse to mean that Job was another name for Uz (see *Maharzu*; *Eitz Yosef,* from *Yefeh To'ar*).

25. Job was responding to his wife's suggestion that he might as well blaspheme God, even if he dies as a consequence of doing so, because even death was preferable to the agony he was enduring.

26. This verse is referring to Shechem's having violated Dinah.

R' Abba bar Kahana sees an allusion to the fact that Dinah was Job's wife in Scripture's use of the same word (נְבָלָה; pl., נְבָלוֹת) both in the context of Job's wife and in the context of Dinah (see *Eitz Yosef*).

His view is in disagreement with that of R' Huna, cited in 80 §11 below, that Dinah was married to Simeon (ibid.).

INSIGHTS

Ⓐ **Abraham's Thoughts** The *Kotzker Rebbe* suggests a deeper interpretation of the Midrash's description of Abraham's thought process after the *Akeidah*. Abraham was not concerned that he would die without leaving offspring, for Hashem had already promised him the continuity of his lineage through Isaac, as the verse states (21:12): כִּי בְיִצְחָק יִקָּרֵא לְךָ זָרַע, *since through Isaac will offspring be considered yours.* Rather, Abraham was concerned about what he perceived to be his role in preventing the *Akeidah* from reaching its completion. Abraham wondered why he was not allowed to actually slaughter his son Isaac as Hashem had commanded him. Abraham concluded that since Hashem had promised him that his lineage would continue through Isaac, and Isaac had yet to marry and have children, it was *impossible* for Isaac to be slaughtered, as this would effectively negate Hashem's promise. Abraham thought he was responsible, for had he arranged for Isaac to marry (and bear children) prior to the *Akeidah*, he would have been allowed to slaughter Isaac, thereby completing the *Akeidah* act.

Hashem therefore informed Abraham that *only now,* after the *Akeidah*, was Isaac's intended mate, Rebecca, born; it was only through her that the promise of כִּי בְיִצְחָק יִקָּרֵא לְךָ זָרַע, *through Isaac will offspring be considered yours,* could be fulfilled. Thus, Abraham would not have been able to marry off Isaac prior to the *Akeidah* in any case.

[As for Abraham's assumption that the *Akeidah* was left unfulfilled, in truth, this was not the case; for Hashem's command was only to *bring Isaac up,* but not to slaughter him; see Midrash above, 56 §8 and Insight to 55 §5.]

אָמַר לוֹ הַקָּדוֹשׁ בָּרוּךְ הוּא: אֵין אַתָּה צָרִיךְ, כְּבָר נוֹלַד בָּת° זוּגוֹ שֶׁל יִצְחָק. "הִנֵּה יָלְדָה מִלְכָּה גַּם הִיא", הִיא,° גַּם הִיא מַה זוֹ בְּנֵי גְבִירָה שְׁמוֹנָה וּבְנֵי פִילַגְשִׁים אַרְבָּעָה אַף זוֹ בְּנֵי גְבִירָה שְׁמוֹנָה וּבְנֵי פִילַגְשִׁים אַרְבָּעָה:

ד דָּבָר אַחֵר [ג]נִתְיָרֵא מִן הַיִּסּוּרִין, אָמַר לוֹ הַקָּדוֹשׁ בָּרוּךְ הוּא: אֵין אַתָּה צָרִיךְ, כְּבָר נוֹלַד מִי שֶׁיְּקַבְּלֵם, [כב, כא] "אֶת עוּץ בְּכֹרוֹ וְאֶת בּוּז אָחִיו". [ד]אִיּוֹב אֵימָתַי הָיָה, רֵישׁ לָקִישׁ בְּשֵׁם בַּר קַפָּרָא אָמַר: בִּימֵי אַבְרָהָם הָיָה שֶׁנֶּאֱמַר "אֶת עוּץ בְּכוֹרוֹ", וּכְתִיב (איוב א, א) "אִישׁ הָיָה בְאֶרֶץ עוּץ". רַבִּי אַבָּא בַּר כָּהֲנָא אָמַר בִּימֵי יַעֲקֹב הָיָה, דְּאָמַר רַבִּי אַבָּא בַּר כָּהֲנָא דִּינָה אִשְׁתּוֹ שֶׁל אִיּוֹב הָיְתָה דִּכְתִיב בְּאֵשֶׁת אִיּוֹב (שם ב, י) "כְּדַבֵּר אַחַת הַנְּבָלוֹת", וּכְתִיב בְּדִינָה (לקמן לד, ז) "כִּי נְבָלָה עָשָׂה בְיִשְׂרָאֵל". רַבִּי לֵוִי אָמַר: בִּימֵי שְׁבָטִים הָיָה [ה]הָדָא הוּא דִכְתִיב (איוב טו, יח) "אֲשֶׁר חֲכָמִים יַגִּידוּ וְלֹא כִחֲדוּ מֵאֲבוֹתָם", זֶה רְאוּבֵן וִיהוּדָה, וּמַה שָּׂכָר נָטְלוּ עַל כָּךְ לָהֶם לְבַדָּם נִתְּנָה הָאָרֶץ. רַבִּי לֵוִי בְּשֵׁם רַבִּי יוֹסֵי בַּר חֲלַפְתָּא אָמַר: [ו]בִּירִידָתָן לְמִצְרַיִם נוֹלַד וּבַעֲלִיָּיתָן מֵת.

חידושי הרד"ל

(ד) [ג] מה בני גבירה ח' כו'. עמ"כ. ומלשון רבינו בחיי נראה שמפרשו על יעקב (שילא ממנו ובו נתקיים עיקר זרע אברהם) וכמ"ש יעקב אשר פדה את אברהם שבני לאה ורחל הגבירות ח' ובני בלהה וזלפה השפחות ד' וכ"ה בליקוטי תורה פ"א ע"ש:

(ה) [ד] נתיירא מהיסורין. כמ"ש בספרי שהבאתי לעיל שאברהם זכה לקבל יסורים:

חידושי הרש"ש

[ג] מה זו בני גבירה שמונה כו'. עמ"כ. הן לפירושו נקרא ישמעאל בן הגבירה. ולקמן פס"ב בפסוק ויקברו אותו יצחק וישמעאל קאמר המדרש כאן בן האמה חולק כבוד לבן הגבירה וכן הקב"ה אמר וגם את בן האמה לגוי אשימנו ועיין לעיל פרשה מ"ה בפסוק עשי לה הטוב בעיניך דאמר אברהם מאחר שעשינו אותה גבירה אנו עושין אותה שפחה. אך עיין לקמן פרשה ס"א מש"ש סתירה מפורשת לפירושו לכן נראה עיקר כפירש"י בחומש דהכוונה על בני יעקב ע"ש:

עץ יוסף

הנה ילדה מלכה גם היא מהו גם היא. כצ"ל (יפ"ת) וכן הוא בילקוט: מה זו בני גבירה כו'. כלומר כמו שמזרע שרה היו שמונה בני גבירה וארבע בני שפחות שהם י"ב בני יעקב שבטי יה. כן עמדו ממלכה ואע"פ שעדיין לא היה זרע שרה בעולם נתבשר בעתיד. ובזה ניחא מה שנא' בפלגשו ותלד גם היא שיתפרש כדלעיל כלו' כמו שפלגש זו ילדה ד' כן פלגש זו (יפ"ת). ורמז לו הקב"ה כל זה לומר שראוי לו להתדבק בזרע נחור כי בהיותו שוה לו בלידה זה מופת אשר ממקור אחד חוצבו למעלה. ולפיכך הם ראוים להתחבר יחד (נזה"ק): (ד) [ג] נתירא מן היסורין. כלומר והיינו דכתיב אחרי הדברים דמשמע אחרי הרהורי דברים כדלעיל. והיינו לפי שהרהר בירא‍ת היסורין והדבר מבואר בד"ר פ' י"ז שהיה מתירא פן ינסנו ביסורים. וכך היה ראוי הדבר מתחלה. אלא בשעת העקידה בקש אברהם רחמים על הדבר לבל ינסנו עוד ביסורין או בנסיונות אחרים ונתרצה לו וניתן לאיוב היסורין במקומו: זה איוב. כענין שנא' ואתן אדם תחתיך: איש היה בארץ עוץ. ופי' ארץ עוץ מי ששמו עוץ והיינו איוב שנקרא בשני השמות איוב ועוץ (יפ"ת): דינה אשתו של איוב. ופליגא אמ"ד לקמן פרשה פ' ששמעון נשאה: דכתיב בדינה כו'. והיינו כענין ג"ש. ורמיזא בעלמא הוא. ודייק מדכתיב הנבלות בה' הידיעה: בימי שבטים היה. והיינו כמי כר' אבא דאמר בימי יעקב. אלא דר"א דיליף לה מדינה יחסו ליעקב. ור' לוי דיליף משבטים יחסו לשבטים (יפ"ת): זה ראובן ויהודה. דמדכתיב התם זה חזיתי משמע שבימיו היה הדבר: ומה שכר נטלו. פי' בסוטה (גמרא): להם לבדם נתנה הארץ. יהודה זכה למלכות. ראובן נטל חלק תחלה בעבר הירדן (רש"י):

פירוש מהרז"ו

אמר לו הקדוש ברוך הוא וכו' כבר נולד. וזהו ויוגד לאברהם בנבואה כמ"ש לקמן פר' ס' סי' יו"ד מה' יצא הדבר מהר המוריה יצא וכמ"ש פרשה ס"ז סי' ט' פסוק ויוגד לרבקה שהי' בנבואה: מה זו בני גבירה. שמלכה היתה הגבירה אשת נחור וילדה ח' כמפורש כאן מזה נלמוד שגם משרה יצאו ח' בני גבירה היינו מיעקב שרחל ולאה היו הגבירות ילדו ח' ו' מלאה ב' מרחל ופילגש של נחור ילדה ד'. וכתיב ג"כ ופלגשו ושמה ראומה ילדה גם היא את טבח לרבות שגם מפלגש יעקב יצאו ד'. (וכ"כ ביפ"ת): (ד) דבר אחר נתירא. גי' הילקוט מי הרהר. עי' במ"ר פר' י"ז ס"ס ב' שהיה ראוי שיבואו עליו נסיונות ויסורים אחרים ועל נסיונות כבר נשבע לו כמ"ש לעיל פר' נ"ו סימן י"א ונתירא מן היסורים. ומ"ש את עוץ בכורו כמ"ש אח"ז ריש לקיש. ומ"ש ואת בוז אחיו הכוונה על אליהוא בן ברכאל הבוזי: את עוץ בבורו. הרי עוץ שם איש הוא וכן בארץ עוץ איוב שמו שכך היה שמו עוץ איוב: רבי אדא בר כהנא. עיין לעיל ס"פ י"ט. ועי' לקמן ס"פ ע"ו ר"ה בשם ר' אבא כהן ברדלא וכו': אשר חכמים יגידו. סוטה דף ז' ב'. ירושלמי מגילה פ"ד ה"א ובמ"ר פי"ג ר"ס ד'. ומ"ש ולא כיחדו מאבותם הם יצחק ויעקב. ומ"ש במ"ר שם שֵׁם ויעקב ט"ס כי שם כבר מת בשנת נ' ליעקב ועבר מת בשנת ע"ט ליעקב והכוונה על בית דינו של שם ועבר וכמ"ש לקמן פר' פ"ה סימן י"ב ב"ד של שם וכמ"ש שמ"ר פ"ל סימן י"ט יצחק ויעקב וכל אחיו יושבים שם וכו' וזהו ולא כיחדו מאבותם והודו ולפי שכתוב לפני זה וזה חזיתי ואספרה אשר חכמים יגידו וגו' משמע שראה כן בעיניו הרי היה זה בימי השבטים. וכ"כ ביפ"ת: בירידתן נולד ובעליתן מת. וכ"ה לקמן פר' ס"א סימן ד' ובס"ע

מסורת המדרש

ג במדבר רבה פרשה י"ז. תנחומא סדר שלח סוף סימן י"ד:
ד בבא בתרא דף ט"ו כל הענין. ירושלמי סוטה פרק ה'. ילקוט איוב רמז תתכ"ב כל הענין:
ה סוטה דף ז'. ירושלמי מגילה פרק ד'. במדבר רבה פרשה י"ג. ילקוט איוב רמז תתק"ז:
ו סדר עולם רבה פרק ג':

אם למקרא

אִישׁ הָיָה בְאֶרֶץ־עוּץ אִיּוֹב שְׁמוֹ וְהָיָה הָאִישׁ הַהוּא תָּם וְיָשָׁר וִירֵא אֱלֹהִים וְסָר מֵרָע:
(איוב א:א)
וַיֹּאמֶר אֵלֶיהָ כְּדַבֵּר אַחַת הַנְּבָלוֹת תְּדַבֵּרִי גַּם אֶת־הַטּוֹב נְקַבֵּל מֵאֵת הָאֱלֹהִים וְאֶת־הָרָע לֹא נְקַבֵּל בְּכָל־זֹאת לֹא־חָטָא אִיּוֹב בִּשְׂפָתָיו:
(איוב ב:י)
וּבְנֵי יַעֲקֹב בָּאוּ מִן־הַשָּׂדֶה כְּשָׁמְעָם וַיִּתְעַצְּבוּ הָאֲנָשִׁים וַיִּחַר לָהֶם מְאֹד כִּי נְבָלָה עָשָׂה בְיִשְׂרָאֵל לִשְׁכַּב אֶת־בַּת־יַעֲקֹב וְכֵן לֹא יֵעָשֶׂה:
(בראשית לד:ז)
אֲשֶׁר־חֲכָמִים יַגִּידוּ וְלֹא כִחֲדוּ מֵאֲבוֹתָם:
(איוב טו:יח)

רש"י

מה זו בני גבירה. הן בני מלכה דכתיב את עוץ בכורו וגו' עד שמנה ובני פלגשים טבח גחם תחש מעכה: אף זו בני גבירה. הם ח' לפי שכתב ותתן אותה לאברם אישה לו לאשה וכתיב ויוסף אברהם ויקח אשה ושמה קטורה זו הגר לומר שלא נשאה לפלגש אלא לאשה ממש ותלד לו את זמרן ואת יקשן וגו' ויצחק וישמעאל הרי שמנה: ובני הפלגשים ארבעה. לפי שנאמר ולבני הפלגשים אשר לאברהם ואין אנו יודעים כמה היו אלא אנו למדין מכאן מה כאן בני הפלגש ארבעה אף בני הפלגשים של אברהם ד': [ד] דינה אשתו של איוב היתה כדבר אחת הנבלות תדברי וכתיב כי נבלה עשה בישראל. בדינה: זה ראובן ויהודה. ומפרש בתנחומא אימתי לא עבר זר בתוכם כשבא משה לברכן אמר יחי ראובן ואל ימות וזאת ליהודה שלא נתברך אחד מן השבטים ביניהם:

מתנות כהונה

איכפת ליה גרסי': היא גם היא. כלומר היה יכול לכתוב ילדה היא וכתב גם היא לרבות היא כשרה מה שרה בני הגבירות שהן שרה והגר שהרי הגר גבירה היתה ג"כ כדלעיל פרשה מ"ה דכתיב ותתן אותה לאברם אישה לאשה ולא לפילגש וכתיב בסוף פרשת חיי שרה ויוסף אברהם ויקח לו אשה ושמה קטורה. לשם אישות לקחה ולא לשם פילגש ושם כתיב ותלד לו את זמרן ואת יקשן ואת מדן ואת מדין ואת ישבק ואת שוח הא ששה ויצחק וישמעאל הרי שמונה וכתיב ולבני הפילגשים נתן וגו' פלגשים תרתי ובני תרתי לכל פילגש משמע ליה הרי ארבע וכן גבי מלכה עוץ בוז קמואל כשד חזו פלדש ידלף בתואל ופילגשו ושמה ראומה וגו' את טבח גחם תחש מעכה. ובפי' רש"י מצאתי כתוב ולבני הפילגשים. ולא ידענו כמה היו וילפינן ליה מפילגש מלכה מה התם ארבעה כו' ע"כ וא"כ יהיה בא ללמד ונמצא למד: [ד] כבר נולד כו'. מדכתיב הנה קדייק: [את עוץ בבורו. וזה הוא איוב כדמפרש ואזיל: אשתו של איוב כו'. מבואר עוד לעיל פרשה מ"ט ולקמן פרשה ע"ז ובפ"ק דב"ב ובירושלמי דסוטה פרק כשם]: זה ראובן ויהודה. שהגידו סרחונם ולא יתבוששו כדאיתא בפ"ק דסוטה: להם לבדם נתנה הארץ. פי' רש"י בפ"ק דסוטה יהודה זכה למלכות ראובן נטל

אשד הנחלים

בני גבירה. עיין במ"כ: [ד] מן היסורים כו'. כי ירא פן יתנסה עוד בעולם והוגד לו שיצחק יש לו בת זוג ועתה יהי' בפני עצמו ויתחיל עולם אחר ונסיונות אחרות על בנו ולא עליו. כי הוא נפטר באלה. וכלומר זה הי' הרהורי דברים שהיה בלבו: איוב אימתי. לא ידעתי מה שייך המעשה לפה. ואולי הכוונה לפי שאיוב הי' בימיהם ועליו נשתלח יסורים רבים וזהו הכוונה כבר נולד מי שיקבלם כי הוא מארץ עוץ ועוץ מן מלכה וכן הוא האמת: כדבר אחת הנבלות. כלומר אף שאין נבלה כי לא עשית בכוונה אבל מן דבורך נראה שתדבר כאחת הנבלות האמיתית: ולא כחדו. שהודו עלי פשעם ולכן להם לבדם ניתנה הארץ. זהו א"י:

(*Job* 15:17-18) — זֶה רְאוּבֵן וִיהוּדָה — **this** refers to **Reuben and Judah.**[27] וּמַה שָּׂכָר נָטְלוּ עַל כָּךְ — **And what reward did they receive for that?** לָהֶם לְבַדָּם נִתְּנָה הָאָרֶץ — They were rewarded in that ***to them alone the land was given*** (ibid. v. 19).[28]

רַבִּי לֵוִי בְּשֵׁם רַבִּי יוֹסֵי בַּר חֲלַפְתָּא אָמַר: בִּירִידָתָן לְמִצְרַיִם נוֹלַד — **R' Levi said in the name of R' Yose bar Chalafta: [Job] was born when [the Children of Israel] went down to Egypt,** וּבַעֲלִיָּיתָן מֵת — **and when they went up** from Egypt **he died.**

NOTES

27. Both Reuben and Judah spoke up and did not withhold their admissions of wrongdoing. [Reuben and Judah had each committed sins: Reuben moved Jacob's bed from Bilhah's tent to Leah's tent (see above, 35:22, as explained by the Midrash in 98 §4 below), and Judah admitted that he was responsible for Tamar's pregnancy (see below, 38:26). Each admitted his sin (see *Sotah* 7b; see also *Bamidbar Rabbah* 13 §4 in regard to Judah). The *fathers* mentioned in the verse are Isaac and Jacob (*Maharzu*).] Since Job stated, *I will recount what I have seen*, in reference to the actions of Reuben and Judah, it is evident that he lived in their time (ibid.; see also *Imrei Yosher*).

28. *Rashi* to *Sotah* (ibid.) explains: Judah merited to become king as a result of his admission. Reuben merited to be the first to receive a portion in the Land of Israel, which he took on the east side of the Jordan (*Rashi* to *Sotah* 7b, cited by *Eitz Yosef*).

אָמַר לוֹ הַקָּדוֹשׁ בָּרוּךְ הוּא: אֵין אַתָּה צָרִיךְ, כְּבָר נוֹלַד בַּת° זוּגוֹ שֶׁל יִצְחָק. "הִנֵּה יָלְדָה מִלְכָּה גַּם הִיא", הִיא,° גַּם הִיא מַה זוֹ בְּנֵי גְבִירָה שְׁמוֹנָה וּבְנֵי פִּילַגְשִׁים אַרְבָּעָה אַף זוֹ בְּנֵי גְבִירָה שְׁמוֹנָה וּבְנֵי פִּילַגְשִׁים אַרְבָּעָה:

ד דָּבָר אַחֵר [ג]נִתְיָרֵא מִן הַיִּסּוּרִין, אָמַר לוֹ הַקָּדוֹשׁ בָּרוּךְ הוּא: אֵין אַתָּה צָרִיךְ, כְּבָר נוֹלַד מִי שֶׁיְּקַבְּלֵם, [כב, כא] "אֶת עוּץ בְּכֹרוֹ וְאֶת בּוּז אָחִיו". [ד]אִיּוֹב אֵימָתַי הָיָה, רֵישׁ לָקִישׁ בְּשֵׁם בַּר קַפָּרָא אָמַר: בִּימֵי אַבְרָהָם הָיָה שֶׁנֶּאֱמַר "אֶת עוּץ בְּכוֹרוֹ", וּכְתִיב (איוב א, א) "אִישׁ הָיָה בְאֶרֶץ עוּץ". רַבִּי אַבָּא בַּר כָּהֲנָא אָמַר בִּימֵי יַעֲקֹב הָיָה, דְּאָמַר רַבִּי אַבָּא בַּר כָּהֲנָא דִּינָה אִשְׁתּוֹ שֶׁל אִיּוֹב הָיְתָה דִּכְתִיב בְּאֵשֶׁת אִיּוֹב (שם ב, י) "כְּדַבֵּר אַחַת הַנְּבָלוֹת", וּכְתִיב בְּדִינָה (לקמן לד, ז) "כִּי נְבָלָה עָשָׂה בְּיִשְׂרָאֵל". רַבִּי לֵוִי אָמַר: בִּימֵי שְׁבָטִים הָיָה [ה]הָדָא הוּא דִכְתִיב (איוב טו, יח) "אֲשֶׁר חֲכָמִים יַגִּידוּ וְלֹא כִחֲדוּ מֵאֲבוֹתָם", זֶה רְאוּבֵן וִיהוּדָה, וּמַה שָּׂכָר נָטְלוּ עַל כָּךְ לָהֶם לְבַדָּם נִתְּנָה הָאָרֶץ. רַבִּי לֵוִי בְּשֵׁם רַבִּי יוֹסֵי בַּר חֲלַפְתָּא אָמַר: [ו]בִּירִידָתָן לְמִצְרַיִם נוֹלַד וּבַעֲלִיָּיתָן מֵת.

חידושי הרד"ל

(ד) [ג] מה בני גבירה ח' כו'. עמ"כ. ומלשון רבינו בחיי נראה שמפרשו על יעקב (שילא ממנו ובו נתקיים עיקר זרע אברהם) וכמ"ש יעקב אשר פדה את אברהם שבני לאה ורחל הגבירות ח' ובני בלהה וזלפה השפחות ד' וכ"ה בליקוטי תורה פ"א ע"ש:

(ה) [ד] נתיירא מהיסורין. כמ"ש בספרי שהבאתי לעיל שאברהם זכה לקבל יסורים:

חידושי הרש"ש

[ג] מה זו בני גבירה שמונה כו'. עמ"כ. הן לפירושו נקרא ישמעאל בן הגבירה. ולקמן פס"ב בפסוק ויקברו אותו יצחק וישמעאל קאמר המדרש כאן בן האמה חולק כבוד לבן הגבירה וכן הקב"ה אמר וגם את בן האמה לגוי אשימנו ועיין לעיל פרשה מ"ה בפסוק עשי לה הטוב בעיניך דאמר אברהם מאחר שעשינו אותה גבירה אנו עושין אותה שפחה. אך עיין לקמן פרשה ס"א מש"ש סתירה מפורשת לפירושו לכן נראה עיקר כפירש"י בחומש דהכוונה על בני יעקב ע"ש:

עץ יוסף

הנה ילדה מלכה גם היא מהו גם היא. כצ"ל (יפ"ת) וכן הוא בילקוט: מה זו בני גבירה כו'. כלומר כמו שמזרע שרה היו שמונה בני גבירה וארבע בני שפחות שהם י"ב בני יעקב שבטי יה. כן עמדו ממלכה ואע"פ שעדיין לא היה זרע שרה בעולם נתבשר בעתיד. ובזה ניחא מה שנא' בפלגשו ותלד גם היא שיתפרש כדלעיל כלו' כמו שפלגש זו ילדה ד' כן פלגש זו (יפ"ת). ורמז לו הקב"ה כל זה לומר שראוי לו להתדבק בזרע נחור כי בהיותו שוה לו בלידה זה מופת אשר ממקור אחד חוצבו למעלה. ולפיכך הם ראוים להתחבר יחד (נזה"ק): (ד) [ג] נתירא מן היסורין. כלומר והיינו דכתיב אחרי הדברים דמשמע אחרי הרהורי דברים כדלעיל. והיינו לפי שהרהר ביראת היסורין והדבר מבואר בד"ר פ' י"ז שהיה מתירא פן ינסנו ביסורים. וכך היה ראוי הדבר מתחלה. אלא בשעת העקידה בקש אברהם רחמים על הדבר לבל ינסנו עוד ביסורין או בנסיונות אחרים ונתרצה לו וניתן לאיוב היסורין במקומו: זה איוב. כענין שנא' ואתן אדם תחתיך: איש היה בארץ עוץ. ופי' ארץ עוץ מי ששמו עוץ והיינו איוב שנקרא בשני השמות איוב ועוץ (יפ"ת): דינה אשתו של איוב. ופליגא אמ"ד לקמן פרשה פ' ששמעון נשאה: דכתיב בדינה כו'. והיינו כעין ג"ש. ורמיזא בעלמא הוא. ודייק מדכתיב הנבלות בה' הידיעה: בימי שבטים היה. והיינו נמי כר' אבא דאמר בימי יעקב. אלא דר"א דיליף לה מדינה יחסו ליעקב. ור' לוי דיליף משבטים יחסו לשבטים (יפ"ת): זה ראובן ויהודה. דמדכתיב התם זה חזיתי משמע שבימיו היה הדבר: ומה שכר נטלו. פי' בסוה"ז (גמרא): להם לבדם נתנה הארץ. יהודה זכה למלכות. ראובן נטל חלק תחלה בעבר הירדן (רש"י):

פירוש מהרז"ו

אמר לו הקדוש ברוך הוא וכו' כבר נולד. וזהו ויוגד לאברהם בנבואה כמ"ש לקמן פר' ס' סי' יו"ד מה' יצא הדבר מהר המוריה יצא וכמ"ש פרשה ס"ז סי' ט' פסוק ויוגד לרבקה שהי' בנבואה: מה זו בני גבירה. שמלכה היתה הגבירה אשת נחור וילדה ח' כמפורש כאן מזה נלמוד שגם משרה יצאו ח' בני גבירה היינו מיעקב שרחל ולאה היו הגבירות ילדו ח' ו' מלאה ב' מרחל ופילגש של נחור ילדה ד'. וכתיב ג"כ ופלגשו ושמה ראומה ילדה גם היא את טבח לרבות שגם מפלגש יעקב יצאו ד'. (וכ"כ ביפ"ת): (ד) דבר אחר נתירא. ג' הילקוט מי הרהר. עי' במ"ר פר' י"ז ס"ס ב' שהיה ראוי שיבואו עליו נסיונות ויסורים אחרים ועל נסיונות כבר נשבע לו כמ"ש לעיל פר' נ"ו סימן י"א ונתירא מן היסורים. ומ"ש את עוץ בכורו כמ"ש אח"ז ריש לקיש. ומ"ש ואת בוז אחיו הכוונה על אליהוא בן ברכאל הבוזי: את עוץ בכורו. הרי עוץ שם איש הוא וכן בארץ עוץ איוב שמו שכך היה שמו עוץ איוב: רבי אדא בר כהנא. עיין לעיל ס"פ י"ט. ועי' לקמן ס"פ ע"ו ר"ה בשם ר' אבא כהן ברדלא וכו': אשר חכמים יגידו. סוטה דף ז' ב'. ירושלמי מגילה פ"ד ה"א ובמ"ר פי"ג ר"ס ד'. ומ"ש ולא כיחדו מאבותם הם יצחק ויעקב. ומ"ש במ"ר שם שֵם ויעקב ט"ס כי שם כבר מת בשנת נ' ליעקב ועבר מת בשנת ע"ט ליעקב והכוונה על בית דינו של שם ועבר וכמ"ש לקמן פר' פ"ה סימן י"ב ב"ד של שם וכמ"ש שמ"ר פ"ל סימן י"ט יצחק ויעקב וכל אחיו יושבים שם וכו' וזהו ולא כיחדו מאבותם והודו ולפי שכתוב לפני זה וזה חזיתי ואספרה אשר חכמים יגידו וגו' משמע שראה כן בעיניו הרי היה זה בימי השבטים. וכ"כ ביפ"ת: בירידתן נולד ובעליתן מת. וכ"ה לקמן פר' ס"א סימן ד' ובס"ע

מסורת המדרש

ג במדבר רבה פרשה י"ז. תנחומא סדר שלח סוף סימן י"ד:
ד בבא בתרא דף ט"ו כל הענין. ירושלמי סוטה פרק ה'. ילקוט איוב רמז תתנ"ב כל הענין:
ה סוטה דף ז'. ירושלמי מגילה פרק ד'. במדבר רבה פרשה י"ג. ילקוט איוב רמז תתק"ז:
ו סדר עולם רבה פרק ג':

אם למקרא

אִישׁ הָיָה בְאֶרֶץ־עוּץ אִיּוֹב שְׁמוֹ וְהָיָה הָאִישׁ הַהוּא תָּם וְיָשָׁר וִירֵא אֱלֹהִים וְסָר מֵרָע:
(איוב א:א)

וַיֹּאמֶר אֵלֶיהָ כְּדַבֵּר אַחַת הַנְּבָלוֹת תְּדַבֵּרִי גַּם אֶת־הַטּוֹב נְקַבֵּל מֵאֵת הָאֱלֹהִים וְאֶת־הָרָע לֹא נְקַבֵּל בְּכָל־זֹאת לֹא־חָטָא אִיּוֹב בִּשְׂפָתָיו:
(איוב ב:י)

וּבְנֵי יַעֲקֹב בָּאוּ מִן־הַשָּׂדֶה כְּשָׁמְעָם וַיִּתְעַצְּבוּ הָאֲנָשִׁים וַיִּחַר לָהֶם מְאֹד כִּי נְבָלָה עָשָׂה בְיִשְׂרָאֵל לִשְׁכַּב אֶת־בַּת־יַעֲקֹב וְכֵן לֹא יֵעָשֶׂה:
(בראשית לד:ז)

אֲשֶׁר־חֲכָמִים יַגִּידוּ וְלֹא כִחֲדוּ מֵאֲבוֹתָם:
(איוב טו:יח)

רש"י

מה זו בני גבירה. הן בני מלכה דכתיב את עוץ בכורו וגו' עד שמנה ובני פלגשים טבח גחם תחש מעכה: אף זו בני גבירה. הם ח' לפי שכתב ותתן אותה לאברם אישה לו לאשה וכתיב ויוסף אברהם ויקח אשה ושמה קטורה זו הגר לומר שלא נשאה לפלגש אלא לאשה ממש ותלד לו את זמרן ואת יקשן וגו' וילחק וישמעאל הרי שמנה: ובני הפלגשים ארבעה. לפי שנאמר ולבני הפלגשים אשר לאברהם ואין אנו יודעים כמה היו אלא אנו למדין מכאן מה כאן בני הפלגש ארבעה אף בני הפלגשים של אברהם ד': [ד] דינה אשתו של איוב היתה כדבר אחת הנבלות תדברי וכתיב כי נבלה עשה בישראל. בדינה: זה ראובן ויהודה. ומפרש בתנחומא אימתי לא עבר זר בתוכם כשבא משה לברכן אמר יחי ראובן ואל ימות וזאת ליהודה שלא נתברך אחד מן השבטים ביניהם:

מתנות כהונה

איכפת ליה גרסי': היא גם היא. כלומר היה יכול לכתוב ילדה היא וכתב גם היא לרבות היא כשרה מה שרה בני הגבירות שהן שרה והגר שהרי הגר גבירה היתה ג"כ כדלעיל פרשה מ"ה דכתיב ותתן אותה לאברם אישה לאשה ולא לפילגש וכתיב בסוף פרשת חיי שרה ויוסף אברהם ויקח לו אשה ושמה קטורה. לשם אישות לקחה ולא לשם פילגש ושם כתיב ותלד לו את זמרן ואת יקשן ואת מדן ואת מדין ואת ישבק ואת שוח הא ששה וילחק וישמעאל הרי שמונה וכתיב ולבני הפילגשים נתן וגו' פלגשים תרתי ובני תרתי לכל פילגש משמע ליה הרי ארבע וכן גבי מלכה עוץ בוז קמואל כשד חזו פלדש ידלף בתואל ופילגשו ושמה ראומה וגו' את טבח גחם תחש מעכה. ובפי' רש"י מצאתי כתוב ולבני הפילגשים. ולא ידענו כמה היו וילפינן ליה מפילגש מלכה מה התם ארבעה כו' ע"כ וא"כ יהיה בא ללמד ונמצא למד: [ד] כבר נולד כו'. מדכתיב הנה קדייק: [את עוץ בכורו. וזה הוא איוב כדמפרש ואזיל: אשתו של איוב כו'. מבואר עוד לעיל פרשה מ"ט ולקמן פרשה ע"ז ובפ"ק דב"ב ובירושלמי דסוטה פרק כשם]: זה ראובן ויהודה. שהגידו סרחונם ולא יתבוששו כדאיתא בפ"ק דסוטה: להם לבדם נתנה הארץ. פי' רש"י בפ"ק דסוטה יהודה זכה למלכות ראובן נטל

אשד הנחלים

בני גבירה. עיין במ"כ: [ד] מן היסורים כו'. כי ירא פן יתנסה עוד בעולם והוגד לו שיצחק יש לו בת זוג ועתה יהי' בפני עצמו ויתחיל עולם אחר ונסיונות אחרות על בנו ולא עליו. כי הוא נפטר באלה. וכלומר זה הי' הרהורי דברים שהיה בלבו: איוב אימתי. לא ידעתי מה שייך המעשה לפה. ואולי הכוונה לפי שאיוב הי' בימיהם ועליו נשתלח יסורים רבים וזהו הכוונה כבר נולד מי שיקבלם כי הוא מארץ עוץ ועוץ מן מלכה וכן הוא האמת: כדבר אחת הנבלות. כלומר אף שאין נבלה כי לא עשית בכוונה אבל מן דבורך נראה שתדבר כאחת הנבלות האמיתית: ולא כחדו. שהודו עלי פשעם ולכן להם לבדם ניתנה הארץ. זהו א"י:

אַתָּה מוֹצֵא עִיקַּר שְׁנוֹתָיו שֶׁל אִיּוֹב לֹא הָיוּ אֶלָּא מָאתַיִם וְעֶשֶׂר שָׁנִים – For **you find** that although **the allotted years of Job's** life **were but** seventy, another hundred and forty years were added, for a total of **two hundred and ten years,**[29] וְעָשׂוּ יִשְׂרָאֵל בְּמִצְרַיִם מָאתַיִם וְעֶשֶׂר שָׁנִים – **and the Children of Israel spent two hundred and ten years in Egypt.**[30] וּבָא שָׂטָן לְקַטְרֵג וְגֵירָה אוֹתוֹ בְּאִיּוֹב – During that time **Satan came to prosecute,**[31] **and [God] incited him against Job.**[32]

The Midrash brings two analogies to illustrate the above:

רַבִּי חֲנַנְיָא בְּרֵיהּ דְּרַבִּי אַחָא אָמַר: לְרוֹעֶה שֶׁהוּא עוֹמֵד וּמַבִּיט בְּצֹאנוֹ – **R' Chananya the son of R' Acha said:** This can be compared **to a shepherd who was standing and looking after his flock.** בָּא זְאֵב אֶחָד נִזְדַּוֵּוג לוֹ אָמַר תְּנוּ לוֹ תַּיִשׁ אֶחָד שֶׁיִּתְגָּרֶה בּוֹ – When **a wolf came and joined up with him, he said, "Give [the wolf] a goat to fight with him."**[33] וְרַבִּי חָמָא אָמַר: לְמֶלֶךְ שֶׁהָיָה יוֹשֵׁב בִּסְעוּדָה – **R' Chama said:** This can be compared to **a king who was sitting at a meal.** בָּא כֶּלֶב אֶחָד וְנִזְדַּוֵּוג לוֹ – When **a dog came and joined up with him,** אָמַר תְּנוּ לוֹ כִּכָּר אֶחָד שֶׁיִּתְגָּרֶה בּוֹ – **he said, "Give [the dog] a loaf**[34] **to contend with."**[35] כָּךְ בָּא שָׂטָן לְקַטְרֵג גֵּירָה אוֹתוֹ בְּאִיּוֹב – **Similarly, Satan came to prosecute** the Israelites, so God **incited him against Job.**[36] הֲדָא הוּא דִכְתִיב "יַסְגִּירֵנִי אֵל אֶל עֲוִיל וְעַל יְדֵי רְשָׁעִים יִרְטֵנִי" – **This is what is written,** ***God has handed me over to an evildoer,***[37] ***and He pushes me aside because of the wicked*** (*Job* 16:11).[38] וְהַלְוַאי בְּנֵי אָדָם צַדִּיקִים – Job is saying, **"Would that it were** for the sake of **people who are righteous,** אֶלָּא בְּנֵי אָדָם רְשָׁעִים – but it is not that way; **rather it is** for the sake of **people who are wicked."**[39]

רַבִּי יוֹסֵי בַּר רַבִּי יְהוּדָה אוֹמֵר: בִּימֵי שְׁפוֹט הַשּׁוֹפְטִים הָיָה – **R' Yose son of R' Yehudah said: [Job] lived in the time that the Judges judged.**[40] הֲדָא הוּא דִכְתִיב "הֵן אַתֶּם כֻּלְּכֶם חֲזִיתֶם, וְלָמָּה זֶּה הֶבֶל תֶּהְבָּלוּ" – **This is what is written:** ***Behold all of you have seen it, so why is it that you embrace folly?*** (ibid. 27:12).[41]

NOTES

29. Translation follows Midrash below, 61 §4.

Job 42:10 states that after Job's test of sufferings was concluded, God gave him double of everything he had before his suffering. Verse 16 there states that he then lived for another 140 years. He must therefore have lived 70 years *before* his suffering, for a total of 210 years. (The Mishnah, *Eduyos* 2:10, states that Job's sufferings lasted twelve months.) See *Seder Olam Rabbah* Ch. 3.

30. Given that Job lived 210 years and that the Israelites were in Egypt for that exact number of years, R' Yose bar Chalafta suggests that the two 210-year periods in fact coincided.

31. According to *Shemos Rabbah* 1 §8, the Israelites stopped circumcising themselves in Egypt when Joseph died. Our Midrash is saying that at that time Satan came before God to prosecute them for this transgression (*Eitz Yosef*).

Now Joseph died at the age of 110 (below, 50:26), and he was 39 years old when Jacob came to Egypt with his family (see below, 41:46 and 45:6). It follows that when Joseph died, the Israelites had been in Egypt approximately 71 years. It was then that Pharaoh made his plans to enslave the Israelites (see *Exodus* 1:8ff and *Shemos Rabbah* loc. cit.). In light of the fact that Job was born when the Israelites went down to Egypt (as the Midrash just said), Job was approximately 71 years old at that time (*Eitz Yosef*). See next note.

[The actual servitude did not begin until the death of the last tribe, namely Levi, 93 years after the Israelites arrived in Egypt. Nevertheless, it seems that Pharaoh began making his plans immediately upon Joseph's death (ibid.; see *Seder Olam Rabbah* loc. cit.).]

32. *Shemos Rabbah* 1 §9 teaches that Job was one of the advisers whose counsel Pharaoh sought when he was thinking of subjugating the Israelites. Instead of counseling against it, Job remained silent. As his punishment God ruled that he would be subject to painful sufferings. God sent Satan to execute Job's punishment; at the same time he was to be very careful not to let Job die (see *Job* 2:6). Satan would thus be kept occupied and would not be able to prosecute the Israelites (*Eitz Yosef*).

[According to the approach presented here, it is unclear exactly how Satan's occupation with Job (which, as stated in note 29, lasted 12 months) helped the Israelites in Egypt. See Insight below.]

33. According to *Shemos Rabbah* 21 §7, the goat was to be a *large* one [that could not be easily defeated by the wolf]. The wolf would be preoccupied with the goat until the shepherd moved the rest of the herd to safety, at which time the shepherd would return to save the goat (*Shemos Rabbah* ibid.). According to our Midrash, however, it is possible that the goat would be sacrificed to save the flock. (It is also very possible that the goat was *not* to be part of the herd but an "outsider"; see next note.) .

34. I.e., a loaf that was *not* part of the meal (*Yedei Moshe*).

35. That way he would be preoccupied with the loaf and leave the rest of the food alone.

36. So that he would leave the Israelites alone. This statement serves as the conclusion of both analogies presented here. See Insight Ⓐ.

37. I.e., Satan (*Eitz Yosef*).

38. [*Rashi* (here and ad loc.) renders the plain meaning of the phrase differently, as: *and He consoles me through the wicked*, referring to Job's friends, who "console" Job by telling him that he deserves his suffering, thus making him feel all the worse (see *Job* 2:11ff and, in particular, 4:7). The Gemara *Bava Metzia* 58b states that Job's friends were in violation of the Biblical commandment, וְלֹא תוֹנוּ אִישׁ אֶת עֲמִיתוֹ, *Each of you shall not aggrieve his fellow*.]

39. Job laments the fact that he was picked to suffer in order to save the Israelites who were wicked (*Eitz Yosef*, from *Yefeh To'ar*).

40. The Midrash is borrowing this expression from *Ruth* 1:1: וַיְהִי בִּימֵי שְׁפֹט הַשֹּׁפְטִים, *And it happened in the days that the Judges judged.* The reference is to the period between Joshua's death and Saul's ascension to the throne, when the Israelites were led by a succession of judges (as recorded in the Book of *Judges*).

41. The Gemara (*Bava Basra* 15b) quotes this same verse and explains: "Which generation was completely *folly* (i.e., even the best of the generation were not worthy)? A generation that judges its judges (i.e., even the judges themselves were corrupt and deserving of criticism)."

Alternatively: *Maharzu* explains that the word חֲזִיתֶם, *you have seen*, used in this verse is the same root word used by Jethro in recommending to Moses that he set up a court system (in *Exodus* 18:21): וְאַתָּה תֶחֱזֶה, *and you shall discern*. The word חֲזִיתֶם thus refers to judges.

For a third, more elaborate approach, see *Yedei Moshe*.

INSIGHTS

Ⓐ **Two Analogies** The Midrash employs two analogies to illustrate Satan's sudden preoccupation with Job. *Yefeh To'ar* demonstrates how the two complement each other, with each emphasizing a different aspect of the overall objective of the Exodus.

The Exodus had two goals: for the Jewish people to emerge with the God they would serve, and for God to emerge with a nation to serve Him. As the verse states (*Exodus* 6:7): *And I will take you unto me as a nation, and I will be to you as (your) God.*

With Satan directing his attention towards Israel and its flaws, the redemption and its anticipated consequences were threatened. To protect the twin goals of the Exodus, Hashem supplied Satan with a "diversion" — in the form of Job.

It is to these twin purposes of the Exodus that the two analogies refer — each addressing one of the intended goals. The shepherd guarding his flock was invested in their preservation. His effort to ward off the predator with a goat was intended to benefit the flock. The deflection of Satan was a similar endeavor, as God dispatched Job to serve Israel's interests in gaining their connection to God.

The analogy of the feast highlights God's acquisition of a nation (indeed, some versions of the Midrash explicitly mention a "king" at the feast). The attempt to forestall the dog's encroachment was not undertaken principally for the welfare of the food (obviously); rather, it was to preserve the dignity of the king in whose honor the banquet was prepared. In the same sense, Job fulfilled the function of the "loaf" of the parable, which was tendered for the benefit of the king. Through Job, the fulfillment of the King's desire to adopt Israel as His nation was ensured (see also *Be'eros Yitzchak*, pp. 85-86).

אַתָּה מוֹצֵא עִיקַּר שָׁנָיו שֶׁל אִיּוֹב לֹא הָיוּ אֶלָּא מָאתַיִם וְעֶשֶׂר שָׁנִים וְעָשׂוּ יִשְׂרָאֵל בְּמִצְרַיִם מָאתַיִם וְעֶשֶׂר שָׁנִים וּבָא שָׂטָן לְקַטְרֵג וְגֵירָה אוֹתוֹ בְּאִיּוֹב. רַבִּי חֲנַנְיָא בְּרֵיהּ דְּרַבִּי אַחָא אָמַר: [ז]לְרוֹעֶה שֶׁהוּא עוֹמֵד וּמַבִּיט בְּצֹאנוֹ, בָּא זְאֵב אֶחָד נִזְדַּוֵּג לוֹ, אָמַר תְּנוּ לוֹ תַּיִשׁ אֶחָד שֶׁיִּתְגָּרֶה בּוֹ. וְרַבִּי חָמָא אָמַר: לְמֶלֶךְ שֶׁהָיָה יוֹשֵׁב בִּסְעוּדָה, בָּא כֶּלֶב אֶחָד וְנִזְדַּוֵּג לוֹ, אָמַר: תְּנוּ לוֹ כִּכָּר אֶחָד שֶׁיִּתְגָּרֶה בּוֹ. כָּךְ בָּא שָׂטָן לְקַטְרֵג, גֵּירָה אוֹתוֹ בְּאִיּוֹב, הָדָא הוּא דִכְתִיב (איוב טז, יא) **"יַסְגִּירֵנִי אֵל אֶל עֲוִיל וְעַל יְדֵי רְשָׁעִים יִרְטֵנִי", וְהַלְוַאי בְּנֵי אָדָם צַדִּיקִים, אֶלָּא בְּנֵי אָדָם רְשָׁעִים. רַבִּי יוֹסֵי בַּר רַבִּי יְהוּדָה אוֹמֵר: בִּימֵי שְׁפוֹט הַשּׁוֹפְטִים הָיָה, הָדָא הוּא דִכְתִיב** (שם כז, יב) **"הֵן אַתֶּם כֻּלְּכֶם חֲזִיתֶם, וְלָמָּה זֶּה הֶבֶל תֶּהְבָּלוּ". חֲזִיתֶם מַעֲשַׂי וּמַעֲשֵׂי דוֹרִי, חֲזִיתֶם מַעֲשַׂי, מִצְוֹת וּמַעֲשִׂים טוֹבִים, [ח]מַעֲשֵׂה דוֹרִי, שֶׁהֵן מְבַקְּשִׁין לִיתֵּן שָׂכָר לַזּוֹנוֹת מִן הַגְּרָנוֹת, וְאֵין דַּרְכָּן שֶׁל צַדִּיקִים לִהְיוֹת נוֹתְנִין שָׂכָר לַזּוֹנוֹת מִן הַגְּרָנוֹת, הָדָא הוּא דִכְתִיב** (הושע ט, א) **"אָהַבְתָּ אֶתְנָן עַל כָּל גָּרְנוֹת דָּגָן". רַבִּי שְׁמוּאֵל בַּר נַחְמָן אָמַר: [ט]בִּימֵי כַּשְׂדִּים הָיָה שֶׁנֶּאֱמַר** (איוב א, יז) **"כַּשְׂדִּים שָׂמוּ שְׁלֹשָׁה רָאשִׁים". רַבִּי נָתָן אָמַר בִּימֵי מַלְכַּת° שְׁבָא הָיָה שֶׁנֶּאֱמַר** (שם א, טו) **"וַתִּפֹּל שְׁבָא וַתִּקָּחֵם". וְרַבִּי יְהוֹשֻׁעַ בֶּן קָרְחָה אָמַר: בִּימֵי אֲחַשְׁוֵרוֹשׁ הָיָה דִּכְתִיב בֵּיהּ** (אסתר ב, ב) **"יְבַקְשׁוּ לַמֶּלֶךְ נְעָרוֹת בְּתוּלוֹת טוֹבוֹת מַרְאֶה", וּכְתִיב** (איוב מב, טו) **"וְלֹא נִמְצָא נָשִׁים יָפוֹת כִּבְנוֹת אִיּוֹב". רֵישׁ לָקִישׁ אָמַר: אִיּוֹב לֹא הָיָה וְלֹא נִהְיָה.**

עץ יוסף

אלא מאתיים ועשר שנים. דכתיב ויוסף ה' את כל אשר לאיוב למשנה למדנו שאף שנותיו הוכפלו דכתיב ויחי איוב אחרי זאת מאה וארבעים למדנו כשבאו עליו היסורין היה בן ע' שנה כן אי' בסע"ר: **ובא שטן לקטרג.** שכאשר מת יוסף הפרו ישראל ברית מילה כדאיתא בש"ר פ"א ויוסף מת בשנת ע"א לירידתן למצרים שהרי ל"ט היה כשבא יעקב ובניו למצרים. והוא חי ק"י שנה. ואז התחיל השטן לקטרג על ישראל על שהפרו ברית. וגירה אותו באיוב שנולד כשירדו למצרים והיה אז ע"א. ואפשר הטעם שגירה אותו באיוב הוא דאמרינן איוב ששתק נידון ביסורים. ואע"ג דהשעבוד לא התחיל אלא משנת נ"ג לירידתן למצרים כשמת לוי. וא"כ איך נדון בשנת ע"א. יש לומר שהעצה היתה תיכף כשמת יוסף וכדאיתא בש"ר פרשה הנ"ל. וכיון שהפרו ברית הפך הקב"ה האהבה שהיו המצריים אוהבין אותן לשנאה כו' ע"ש: **וגירה אותו באיוב.** ליסרו ביסורים קשים ולשמור את נפשו שלא יצא ממנו כדכתיב (איוב ב') אך את נפשו שמור כדי שיסיר דעתו מישראל שלא יקטרג עליהם: **אל עויל.** היינו השטן: **והלואי ע"י ב"א צדיקים.** כי הלואי היה מתגרה בו השטן ע"י צדיקים כלו' להציל צדיקים. ולא להציל את ישראל שהיו אז רשעים (יפ"ת): **הן אתם כולכם חזיתם כו'.** היינו כדאמרינן בפ"ק דב"ב דבימי שפוט השופטים היה שנא' למה זה הבל תהבלו וגו'. איזה דור שכולו הבל היה הוי אומר זה דורו של שפוט השופטים ששפטו את שופטיהם (כזה"ק): **וכתיב ולא נמצא כו'.** וכדאמר בגמרא איזהו דור שנתבקשו נשים יפות הוי אומר זה דורו של אחשורוש ואימא בימי דוד דכתיב יבקשו לאדוני המלך נערה יפה התם בכל גבול ישראל כתיב: **לא היה ולא נהיה.** וא"ת שמו ושם עירו למה לי הא אשכחן ודרש אין כל כי אם כבשה אחת וכו' ותהי לו לבת. ואינו אלא משל בעלמא (גמ'):

פירוש מהרז"ו

פ"ג ובירושלמי סוטה ספ"ה. וא"כ יקשה מאד מ"ש וגירה אותו באיוב שהרי הגירוי באיוב לא היה בשעה שמת אלא כשהיה בן ע' שנה ובאו עליו היסורים. ואם נאמר שהכוונה שבגליתן ממצרים נתגרה בו אז ומת זה מנין לו. והנה בשמ"ר פר' כ"א סימן ו' מפורש שבעת שישראל היו בים מסרו לאיוב שיתגרה בו עד שיעברו הים ואח"כ יציל את איוב הרי שלא מת אז וא"כ אין ראיה על מספר שניו דו"ק. ומדרשים חלוקים הם וצ"ע. ועי' ב"ב שם בא"א שחיה ר"י שנה כמספר שהיו ישראל במצרים אך לא נולד בירידתם ולא מת בגליתם: **הבל תהבלו.** איזה דור שכולו הבל הוי אומר זה דורו של שפוט השופטים כ"ה בב"ר דף ט"ו. וע' עוד בקה"ר פסוק גם כל ימיו בחושך ילך. וצ"ע איך דרשו מכאן. והאיר ה' עיני בסי"ר פסוק שובי שובי ונחזה בך כו' ואתון איכון מחזייתא דעלמא הה"ד ואתה תחזה מכל העם וגו' וכן כאן למדו שאיוב בימי שפוט השופטים ממ"ש כולכם חזיתם ואין חזיתם אלא שופטים כנ"ל. ומ"ש כאן ליתן שכר כו' מן הגרנות ג"כ ממ"ש חזיתם וכמ"ש ב"ב שם דורו של איוב שטוף בזמה היה שנאמר הן אתם כולכם חזיתם וכתיב שובי וגו' ונחזה בך. ומ"ש שכר מן הגרנות כוונתו למ"ש במדרש רות פסוק ויבא לשכב בקצה הערמה וז"ל ר"י נשיאה כו' א"ל לפי שהיו אותו הדור שטוף בזמה והיו נותנים שכר כו' מן הגרנות הה"ד אל תשמח ישראל וגו' אהבת אתנן על כל גרנות דגן ואין דרכן של צדיקים לעשות כן ולשון אין דרכם של צדיקים כאן לוקח ממדרש רות הנ"ל ע"ש. ובירושלמי הגי' מעשה דורי שהיו נוטלים מעשר מן הגרנות פי' שהשופטים היו נוטלים כו' (עי' יפ"ת): **בימי כשדים.** שהתחילו כשדים למשול בעולם בימי נ"נ: **בימי מלכות שבא.** שהיה בימי שלמה ועי' ב"ב שם: **נשים יפות.** כמ"ש ב"ב שם איזה דור שנתבקשו נשים יפות הוי אומר בימי אחשורוש:

חידושי הרש"ש

[ד] **וגירה אותו באיוב.** היינו בעת מיתתו והא דמביא לקמן פסוק דיסגירני כו' ר"ל דנתנבא על העתיד עיין יפ"מ פרק ה' דסוטה: **מעשה דורי שהן מבקשין כו' לזונות כו'.** וכ"ל עוד סמך שדור הזה היה שטוף בזמה מדכתיב שפוט השופטים וכדדרשו לקמן בש"ר פ"ח ואת יואש עשו שפטים א"ת קורא שפטים אלא שפוטים:

באור מהרי"פ

[ד] **בימי שפוט השופטים כו'.** למה זה הבל תהבלו. וכדאיתא בפ"ק דב"ב איזה דור שכולו הבל הוי אומר זה דורו של שפוט השופטים (יפ"ת):

ענף יוסף

[ד] **לרועה שהוא עומד כו' למלך שהיה יושב כו'** אפשר שר' חנינא אומר שהטעס לדחיית השטן מפני ישראל שיהיו נגולים כמו שהרועה יבקש הצלת הצאן. ור' חמא סבר שהטעם מפני הקב"ה שתשוקתו וחפצו בקיום ישראל לעבודתו. ולמען הקים את השבועה שנשבע לאבות. ולזה אמר למלך שבקש לדחות מעליו הכלב הנובח להזדווג לו (יפ"ת):

מסורת המדרש

ז שמות רבה פרשה כ"א. ילקוט איוב רמז תתנ"ב:
ח ירושלמי סוטה פרק ה'. עיין בבא בתרא דף ט"ו. ובילקוט איוב רמז תתקט"ו:
ט בבא בתרא דף ט"ו. ירושלמי סוטה פרק ה. ילקוט איוב רמז תתנ"ב:

אם למקרא

יַסְגִּירֵנִי אֵל אֶל עֲוִיל וְעַל־יְדֵי רְשָׁעִים יִרְטֵנִי: (איוב טז:יא)

הֵן־אַתֶּם כֻּלְּכֶם חֲזִיתֶם וְלָמָּה־זֶּה הֶבֶל תֶּהְבָּלוּ: (איוב כז:יב)

אַל־תִּשְׂמַח יִשְׂרָאֵל אֶל־גִּיל כָּעַמִּים כִּי זָנִיתָ מֵעַל אֱלֹהֶיךָ אָהַבְתָּ אֶתְנָן עַל כָּל־גָּרְנוֹת דָּגָן: (הושע ט:א)

עוֹד זֶה מְדַבֵּר וְזֶה בָּא וַיֹּאמַר כַּשְׂדִּים שָׂמוּ שְׁלֹשָׁה רָאשִׁים וַיִּפְשְׁטוּ עַל־הַגְּמַלִּים וַיִּקָּחוּם וְאֶת־הַנְּעָרִים הִכּוּ לְפִי־חָרֶב וָאִמָּלְטָה רַק־אֲנִי לְבַדִּי לְהַגִּיד לָךְ: (איוב א:יז)

וַתִּפֹּל שְׁבָא וַתִּקָּחֵם וְאֶת־הַנְּעָרִים הִכּוּ לְפִי־חָרֶב וָאִמָּלְטָה רַק־אֲנִי לְבַדִּי לְהַגִּיד לָךְ: (איוב א:טו)

וַיֹּאמְרוּ נַעֲרֵי־הַמֶּלֶךְ מְשָׁרְתָיו יְבַקְשׁוּ לַמֶּלֶךְ נְעָרוֹת בְּתוּלוֹת טוֹבוֹת מַרְאֶה: (אסתר ב:ב)

וְלֹא נִמְצָא נָשִׁים יָפוֹת כִּבְנוֹת אִיּוֹב בְּכָל־הָאָרֶץ וַיִּתֵּן לָהֶם אֲבִיהֶם נַחֲלָה בְּתוֹךְ אֲחֵיהֶם: (איוב מב:טו)

רש"י

מאתיים ועשר שנים היו ישראל במצרים. ובא שטן לקטרג. שהיה אומר הן עובדי עבודת כוכבים ומגלי עריות ומה ראית לגאלן וגירה אותו באיוב וכו': **ועל ידי רשעים ירטני. והלואי בני אדם צדיקים אלא בני אדם רשעים.** על חבריו היה אומר: **הן אתם כולכם חזיתם.** אמר להם לחביריו חזיתם מעשי ומעשי דורי וכו':

מתנות כהונה

בעבר הירדן תחלה וסוף ע"ש: **מאתיים ועשר שנים.** פירש"י פ"ק דבבא בתרא דכתיב ויוסף ה' את כל אשר לאיוב למשנה למדנו שאף שנותיו הוכפלו וכתיב ויחי איוב אחר זאת מאה וארבעים שנה למדנו כשבאו עליו יסורין היה בן שבעים שנה וכן הוא בסדר עולם בהדיא הביאו בילקוט בפ' לך לך: [ובא שטן לקטרג על ישראל לאמר הללו עובדי עבודת כוכבים והללו עובדי עבודת כוכבים למה אלו ינצלו ואלו יטבעו וה"ג בש"ר פרשה כ"א. ובילקוט איוב בהדיא: **אלא בני אדם רשעים.** שהרי הללו עובדי עבודת כוכבים כמו אלו]. ורש"י ז"ל פירש אלו חביריו: **בימי אחשורוש.** בפ"ק דב"ב: **לא היה ולא נהיה.** אלא משל היה ללמוד סניגוריא

אשד הנחלים

וגירה אותו באיוב. למען ידע מעלת ישראל שהמה יכולים לקבל יסורים מאהבה: **תנו תייש אחד שיתגרה.** המשל הזה הוא ענין אחר. כי השטן אין כוונתו רק להרע. אחר שמוצא למי להרע בעת ההיא נסתלק עכ"פ מאחריהם: **כלב אחד.** אולי ההבדל ביניהם כי הראשון סובר שיסורי איוב היה לטובתו כדי להוסיף לו עוה"ב ודעת השני כדעת מי שאמר כדי לטורדו מעוה"ב. ולכן אחז במשל הכלב שהוא הרע ואינו מסוג הבהמות הבייתיות: **ליתן שכר לזונות מן הגרנות.** אחז בזה מספור המעשה דבועז שהיו בעת ההיא שנתן לרות בגורן בעת שלנה שם בגרנו. ואף שלא עשה בועז מאומה ח"ו אך יתכן שאיוב דימה כן ולכן אמר אין דרכן של צדיקים. דאל"ה מה שייך לקרואתן צדיקים:

חֲזִיתֶם מַעֲשַׂי וּמַעֲשֵׂי דוֹרִי — Job is saying as follows: ***You have seen* my deeds and the deeds of my generation:** **חֲזִיתֶם מַעֲשַׂי, מִצְוֹת וּמַעֲשִׂים טוֹבִים** — **You have seen my deeds — the commandments and good deeds** that I performed; **מַעֲשֵׂה דוֹרִי, שֶׁהֵן מְבַקְּשִׁין לִיתֵּן שָׂכָר לַזּוֹנוֹת מִן הַגְּרָנוֹת** — **the deeds of my generation — they want to give payment to harlots**[42] **from the granaries,**[43] **וְאֵין דַּרְכָּן שֶׁל צַדִּיקִים לִהְיוֹת נוֹתְנִין שָׂכָר לַזּוֹנוֹת מִן הַגְּרָנוֹת** — **and it is not the way of the righteous to give payment to harlots from the granaries.**[44] **הָדָא הוּא דִכְתִיב "אָהַבְתָּ אֶתְנָן עַל כָּל גָּרְנוֹת דָּגָן"** — **This is what is written: *You have loved a harlot's fee on all the threshing floors of grain*** (*Hosea* 9:1).

רַבִּי שְׁמוּאֵל בַּר נַחְמָן אָמַר: בִּימֵי כַּשְׂדִּים הָיָה — **R' Shmuel bar Nachman said: [Job] lived in the time of the Chaldeans,**[45] **שֶׁנֶּאֱמַר "כַּשְׂדִּים שָׂמוּ שְׁלֹשָׁה רָאשִׁים"** — **for it is stated** in a verse in *Job*, ***The Chaldeans formed three divisions*** (*Job* 1:17).

רַבִּי נָתָן אָמַר: בִּימֵי מַלְכוּת שְׁבָא הָיָה — **R' Nassan said: [Job] lived in the time of the kingdom of Sheba,**[46] **שֶׁנֶּאֱמַר "וַתִּפֹּל שְׁבָא וַתִּקָּחֵם"** — **for it is stated** in a verse in *Job*, ***When people of Sheba fell and took them*** (ibid. 1:15).

וְרַבִּי יְהוֹשֻׁעַ בֶּן קָרְחָה אָמַר: בִּימֵי אֲחַשְׁוֵרוֹשׁ הָיָה — **And R' Yehoshua ben Korchah said: [Job] lived in the time of Ahasuerus,** **דִּכְתִיב בֵּיהּ "יְבַקְשׁוּ לַמֶּלֶךְ נְעָרוֹת בְּתוּלוֹת טוֹבוֹת מַרְאֶה"** — **for it is written about him: *Let there be sought for the king young maidens of beautiful appearance*** (*Esther* 2:2), **וּכְתִיב "וְלֹא נִמְצָא נָשִׁים יָפוֹת כִּבְנוֹת אִיּוֹב"** — **and it is written: *There were not found any women as beautiful as the daughters of Job*** (*Job* 42:15).[47]Ⓐ

רֵישׁ לָקִישׁ אָמַר: אִיּוֹב לֹא הָיָה וְלֹא נִהְיָה — **Reish Lakish said: Job never existed at all.**

NOTES

42. As explained in *Bava Basra* loc. cit., the fact that the people of Job's generation were steeped in harlotry may be derived from Scripture's parallel use of the word חֲזִיתֶם, *you have seen*, in the *Job* verse and the words וְנֶחֱזֶה בָּךְ, *and we shall see you*, in *Song of Songs* 7:1. The latter is an expression of harlotry; see *Rashi* ad loc.

43. *Ruth* 3:7 states that Boaz (who lived in the time of the Judges; see *Bava Basra* 91a, which identifies Boaz as Ivtzan, a judge mentioned in *Judges* 12:8) was sleeping in the granary. *Ruth Rabbah* ad loc. (*Parashah* 5 §15) explains that the reason he did so was that the generation was morally corrupt and the workers would use the grain from the granaries to pay the fee to harlots. Boaz did not want his possessions used for that purpose (*Maharzu*, *Yedei Moshe*).

For a different version of the sin committed by Job's generation at the granaries, see *Yerushalmi Sotah* 5:6.

44. See preceding note.

45. The Chaldeans (Babylonians) started ruling in the days of Nebuchadnezzar (*Maharzu*).

46. The kingdom of Sheba existed during the reign of Solomon (ibid.). See *I Kings* Ch. 10.

47. The Gemara (*Bava Basra* 15b) explains that the verse in *Job* indicates that in Job's time a search was conducted for the most beautiful women. [Despite Job's daughters' unsurpassed beauty, it was Esther who was chosen by Ahasuerus — apparently because of her other qualities. (In fact, *Megillah* 13a states that Esther had an unbecoming greenish complexion.)] See Insight Ⓐ.

INSIGHTS

Ⓐ **The Era of Job** In this section of the Midrash and a parallel segment in *Bava Basra* (15a-b), Job is placed in any one of numerous eras by more than a dozen Sages, each of whom seemingly bases his conclusion on a single inference from a particular word or phrase used by Scripture. There are two apparent difficulties with this debate: (a) What is the point of all this dating, i.e., are the lessons to be drawn from this remarkable story in any way affected by the precise era in which its central character lived? (b) Did all these Sages truly base their conclusions solely on the sometimes vague allusions of a single word?

Seemingly influenced by the above questions, *Maharal* (*Chiddushei Aggados* ibid.) suggests that all these Sages were seeking to provide a proper context for the story of Job itself. Specifically, why would Satan be given carte blanche by God to do as he pleased to Job in all his forms — by inciting to sin (as the Evil Inclination), being the Accuser in the Heavenly Court (as Satan), and taking human life (as the Angel of Death)? Their specific answers, while covering a broad spectrum, are all based on a common premise; namely, that Satan wielded such unlimited powers over Job and his family only because of the special circumstances that existed in that era (each Sage according to his own identification of the era). These special eras can belong to one of three general categories. Either the generation of Job was a very unworthy one, so lacking in righteousness and merit that there was no positive counterweight to the negative arguments of Satan; thus, even the rare saint (i.e., Job) might succumb to his unchallenged power. Alternatively, Job lived in a period of resurgent righteousness and holiness; the countervailing powers of evil and impurity led by the Evil Inclination, fearing a loss of control, used every means at their disposal to fight back (see *Tosafos Yom Tov* on *Avos* 5:5). Thus, if Job lived in such an era, Satan's endless attempts to destroy him could also be understood. Finally, Job could have lived in an era in which a unique situation causes the Attribute of Judgment to predominate, giving Satan a freer reign.

It is in this context that each of the Sages identifies a "special-circumstances" era that would fit the Job paradigm, which they then supported by some Scriptural allusion in the text. Thus, explains *Maharal*, R' Yose placed Job in the Judges era, because it was not merely a generation of general folly, but also one that lacked any estimable rulers, and thus had no order or rule of law — as even their judges were corrupt and judged by the people (see *Bava Basra* ibid.). The other views that belong in the negative-generation category are: the Kingdom of Sheba, the Chaldeans (i.e., the era of Nebbuchadnezzar), and the era of Ahasuerus, each of which was epitomized by the utter lack of values of its leadership. On the other hand, in the era of Jacob — who not only reached the highest level of righteousness possible, but also merited to sire twelve righteous sons who formed the basis of the twelve Tribes of Israel — the desperate Satan sought any means he could find to attack this unblemished purity. Hence, when Dinah was born, Satan sought to bring her down through the episode of Shechem, and then sought to bring down Job through his marriage to Dinah. Similarly, in the era of Moses (cited in *Bava Basra* ibid.), the Jewish people had achieved such heights in leaving Egypt under his leadership and accepting the Torah, that Satan was desperate to undermine them.

Maharal's argument can similarly be applied to the era of Abraham, when for the first time in history, thousands of people of all nationalities were flocking to the religion of Abraham and deserting their idols. Finally, in the unique-situation category, the view that Job's life spanned the Jewish years in Egypt is premised on the assumption that due to the Jewish people's suffering in captivity, the Attribute of Judgment ruled the world. A unique circumstance of a different nature occurred during the building of the Second Temple and the return from exile of the Jewish people, when Satan was acting tirelessly to prevent this by arguing that the Jews had been exiled on account of their sins and would not act differently this time. God offered him Job as an alternative target, so that this would distract him from his efforts against the Jewish people as a whole. [Indeed, according to a view in the Midrash itself (*Shemos Rabbah* 21 §7), God similarly sent Job to preoccupy Satan when he sought to argue against rescuing the Jews by parting the Reed Sea, knowing that Job would ultimately be saved.]

In essence, then, each of these views provides us with a different lesson about a specific type of situation, in which we are threatened to a greater extent than usual by the arguments and machinations of Satan and our Evil Inclination. [Unless, of course, we follow the view of Reish Lakish, who concluded that this entire story is a mere parable, in which case the story of Job is a moral lesson that applies equally to every generation and situation.]

אַתָּה מוֹצֵא עִיקַּר שְׁנוֹתָיו שֶׁל אִיּוֹב לֹא הָיוּ אֶלָּא מָאתַיִם וְעֶשֶׂר שָׁנִים וְעָשׂוּ יִשְׂרָאֵל בְּמִצְרַיִם מָאתַיִם וְעֶשֶׂר שָׁנִים וּבָא שָׂטָן לְקַטְרֵג וְגֵירָה אוֹתוֹ בְּאִיּוֹב. רַבִּי חֲנַנְיָא בְּרֵיהּ דְּרַבִּי אַחָא אָמַר: [ז] לְרוֹעֶה שֶׁהוּא עוֹמֵד וּמַבִּיט בְּצֹאנוֹ, בָּא זְאֵב אֶחָד נִזְדַּוֵּג לוֹ, אָמַר תְּנוּ לוֹ תַּיִשׁ אֶחָד שֶׁיִּתְגָּרֶה בּוֹ. וְרַבִּי חָמָא אָמַר: לְמֶלֶךְ שֶׁהָיָה יוֹשֵׁב בִּסְעוּדָה, בָּא כֶּלֶב אֶחָד וְנִזְדַּוֵּג לוֹ, אָמַר: תְּנוּ לוֹ כִּכָּר אֶחָד שֶׁיִּתְגָּרֶה בּוֹ. כָּךְ בָּא שָׂטָן לְקַטְרֵג, גֵּירָה אוֹתוֹ בְּאִיּוֹב, הָדָא הוּא דִכְתִיב (איוב טז, יא) "יַסְגִּירֵנִי אֵל אֶל עֲוִיל וְעַל יְדֵי רְשָׁעִים יִרְטֵנִי", וְהַלְוַאי בְּנֵי אָדָם צַדִּיקִים, אֶלָּא בְּנֵי אָדָם רְשָׁעִים. רַבִּי יוֹסֵי בַּר רַבִּי יְהוּדָה אוֹמֵר: בִּימֵי שְׁפוֹט הַשּׁוֹפְטִים הָיָה, הָדָא הוּא דִכְתִיב (שם כז, יב) "הֵן אַתֶּם כֻּלְּכֶם חֲזִיתֶם, וְלָמָּה זֶּה הֶבֶל תֶּהְבָּלוּ". חֲזִיתֶם מַעֲשַׂי וּמַעֲשֵׂי דוֹרִי, חֲזִיתֶם מַעֲשַׂי, מִצְוֹת וּמַעֲשִׂים טוֹבִים, [ח] מַעֲשֵׂה דוֹרִי, שֶׁהֵן מְבַקְשִׁין לִיתֵּן שָׂכָר לַזּוֹנוֹת מִן הַגְּרָנוֹת, וְאֵין דַּרְכָּן שֶׁל צַדִּיקִים לִהְיוֹת נוֹתְנִין שָׂכָר לַזּוֹנוֹת מִן הַגְּרָנוֹת, הָדָא הוּא דִכְתִיב (הושע ט, א) "אָהַבְתָּ אֶתְנָן עַל כָּל גָּרְנוֹת דָּגָן". רַבִּי שְׁמוּאֵל בַּר נַחְמָן אָמַר: [ט] בִּימֵי כַּשְׂדִּים הָיָה שֶׁנֶּאֱמַר (איוב א, יז) "כַּשְׂדִּים שָׂמוּ שְׁלֹשָׁה רָאשִׁים". רַבִּי נָתָן אָמַר בִּימֵי מַלְכַּת° שְׁבָא הָיָה שֶׁנֶּאֱמַר (שם א, טו) "וַתִּפֹּל שְׁבָא וַתִּקָּחֵם". וְרַבִּי יְהוֹשֻׁעַ בֶּן קָרְחָה אָמַר: בִּימֵי אֲחַשְׁוֵרוֹשׁ הָיָה דִּכְתִיב בֵּיהּ (אסתר ב, ב) "יְבַקְשׁוּ לַמֶּלֶךְ נְעָרוֹת בְּתוּלוֹת טוֹבוֹת מַרְאֶה", וּכְתִיב (איוב מב, טו) "וְלֹא נִמְצָא נָשִׁים יָפוֹת כִּבְנוֹת אִיּוֹב". רֵישׁ לָקִישׁ אָמַר: אִיּוֹב לֹא הָיָה וְלֹא נִהְיָה.

עץ יוסף

אלא מאתיים ועשר שנים. דכתיב ויוסף ה' את כל אשר לאיוב למשנה למדנו שאף שנותיו הוכפלו דכתיב ויחי איוב אחרי זאת מאה וארבעים למדנו כשבאו עליו היסורין היה בן ע' שנה כן אי' בסע"ר: **ובא שטן לקטרג.** שכאשר מת יוסף הפרו ישראל ברית מילה כדאיתא בש"ר פ"א ויוסף מת בשנת ע"א לירידתן למצרים שהרי ל"ט היה כשבא יעקב ובניו למצרים. והוא חי ק"י שנה. ואז התחיל השטן לקטרג על ישראל על שהפרו ברית. וגירה אותו באיוב שנולד כשירדו למצרים והיה אז ע"א. ואפשר הטעם שגירה אותו באיוב הוא דאמרינן איוב ששתק נידון ביסורים. ואע"ג דהשעבוד לא התחיל אלא משנת נ"ג לירידתן למצרים כשמת לוי. וא"כ איך נדון בשנת ע"א. יש לומר שהעצה היתה תיכף כשמת יוסף וכדאיתא בש"ר פרשה הנ"ל. וכיון שהפרו ברית הפך הקב"ה האהבה שהיו המצריים אוהבין אותן לשנאה כו' ע"ש: **וגירה אותו באיוב.** ליסרו ביסורים קשים ולשמור את נפשו שלא יצא ממנו כדכתיב (איוב ב') אך את נפשו שמור כדי שיסיר דעתו מישראל שלא יקטרג עליהם: **אל עויל.** היינו השטן: **והלואי ע"י ב"א צדיקים.** כי הלואי היה מתגרה בו השטן ע"י צדיקים כלו' להציל צדיקים. ולא להציל את ישראל שהיו אז רשעים (יפ"ת): **הן אתם כולכם חזיתם כו'.** היינו כדאמרינן בפ"ק דב"ב דבימי שפוט השופטים היה שנא' למה זה הבל תהבלו וגו'. איזה דור שכולו הבל היה הוי אומר זה דורו של שפוט השופטים ששפטו את שופטיהם (נזה"ק): **וכתיב ולא נמצא כו'.** וכדאמר בגמרא איזהו דור שנתבקשו נשים יפות הוי אומר זה דורו של אחשורוש ואימא בימי דוד דכתיב יבקשו לאדוני המלך נערה יפה התם בכל גבול ישראל כתיב: **לא היה ולא נהיה.** וא"ת שמו ושם עירו למה לי הא אשכחן ודרש אין כל כי אם כבשה אחת וכו' ותהי לו לבת. ואינו אלא משל בעלמא (גמ'):

פירוש מהרז"ו

פ"ג ובירושלמי סוטה ספ"ה. וא"כ יקשה מאד מ"ש וגירה אותו באיוב שהרי הגירוי באיוב לא היה בשעה שמת אלא כשהיה בן ע' שנה ובאו עליו היסורים. ואם נאמר שהכוונה שבעליתן ממצרים נתגרה בו אז ומת זה מנין לו. והנה בשמ"ר פר' כ"א סימן ו' מפורש שבעת שישראל היו בים מסרו לאיוב שיתגרה בו עד שיעברו הים וא"כ יציל את איוב הרי שלא מת אז וא"כ אין ראיה על מספר שניו דו"ק. ומדרשים חלוקים הם וצ"ע. ועי' ב"ב שם בא"א שחיה ר"י שנה כמספר שהיו ישראל במצרים אך לא נולד בירידתם ולא מת בעליתם: **הבל תהבלו.** איזה דור שכולו הבל הוי אומר זה דורו של שפוט השופטים כ"ה בב"ר דף ט"ו. וע' עוד בקה"ר פסוק גם כל ימיו בחושך ילך. וצ"ע איך דרשו מכאן. והאיר ה' עיני בשי"ר פסוק שובי שובי ונחזה בך כו' ואתון איכון מחזייתא דעלמא הה"ד ואתה תחזה מכל העם וגו' וכן כאן למדו שאיוב בימי שפוט השופטים ממ"ש כולכם חזיתם ואין חזיתם אלא שופטים כנ"ל. ומ"ש כאן ליתן שכר כו' מן הגרנות ג"כ ממ"ש חזיתם וכמ"ש ב"ב שם דורו של איוב שטוף בזמה היה שנאמר הן אתם כולכם חזיתם וכתיב שובי וגו' ונחזה בך. ומ"ש שכר מן הגרנות כוונתו למ"ש במדרש רות פסוק ויבא לשכב בקצה הערמה וז"ל ר"י נשיאה כו' א"ל לפי שהיו אותו הדור שטוף בזמה והיו נותנים שכר כו' מן הגרנות הה"ד אל תשמח ישראל וגו' אהבת אתנן על כל גרנות דגן ואין דרכן של צדיקים לעשות כן ולשון אין דרכם של צדיקים כאן לוקח ממדרש רות הנ"ל ע"ש. ובירושלמי הגי' מעשה דורי שהיו נוטלים מעשר מן הגרנות פי' שהשופטים היו נוטלים כו' (עי' יפ"ת): **בימי כשדים.** שהתחילו כשדים למשול בעולם בימי כ"נ: **בימי מלכות שבא.** שהיה בימי שלמה ועי' ב"ב שם: **נשים יפות.** כמ"ש ב"ב שם איזה דור שנתבקשו נשים יפות הוי אומר בימי אחשורוש:

חידושי הרש"ש

[ד] **וגירה אותו באיוב.** היינו בעת מיתתו והא דמביא לקמן פסוק דיסגירני כו' ר"ל דנתנבא על העתיד עיין יפ"מ פרק ה' דסוטה: **מעשה דורי שהן מבקשין כו' לזונות כו'.** וכ"ל עוד סמך שדור הזה היה שטוף בזמה מדכתיב שפוט השופטים וכדדרשו לקמן בש"ר פ"ח ואת יואש עשו שפטים א"ת קורא שפטים אלא שפוטים:

באור מהרי"פ

[ד] **בימי שפוט השופטים כו'.** למה זה הבל תהבלו. וכדאיתא בפ"ק דב"ב איזה דור שכולו הבל הוי אומר זה דורו של שפוט השופטים (יפ"ת):

ענף יוסף

[ד] **לרועה שהוא עומד כו' למלך שהיה יושב כו'** אפשר שר' חנינא אומר שהטעם לדחיית השטן מפני ישראל שיהיו נצולים כמו שהרועה יבקש הצלת הצאן. ור' חמא סבר שהטעם מפני הקב"ה שתשוקתו וחפצו בקיום ישראל לעבודתו. ולמען הקים את השבועה שנשבע לאבות. ולזה אמר למלך שבקש לדחות מעליו הכלב הנובח להזדווג לו (יפ"ת):

מסורת המדרש

ז שמות רבה פרשה כ"א. ילקוט איוב רמז תתל"ב:
ח ירושלמי סוטה פרק ה'. עיין בבא בתרא דף ט"ו. ובילקוט איוב רמז תתקט"ו:
ט בבא בתרא דף ט"ו. ירושלמי סוטה פרק ה. ילקוט איוב רמז תתל"ב:

אם למקרא

יַסְגִּירֵנִי אֵל אֶל עֲוִיל וְעַל־יְדֵי רְשָׁעִים יִרְטֵנִי: (איוב טז:יא)

הֵן־אַתֶּם כֻּלְּכֶם חֲזִיתֶם וְלָמָּה־זֶּה הֶבֶל תֶּהְבָּלוּ: (איוב כז:יב)

אַל־תִּשְׂמַח יִשְׂרָאֵל אֶל־גִּיל כָּעַמִּים כִּי זָנִיתָ מֵעַל אֱלֹהֶיךָ אָהַבְתָּ אֶתְנָן עַל כָּל־גָּרְנוֹת דָּגָן: (הושע ט:א)

עוֹד זֶה מְדַבֵּר וְזֶה בָּא וַיֹּאמַר כַּשְׂדִּים שָׂמוּ שְׁלֹשָׁה רָאשִׁים וַיִּפְשְׁטוּ עַל־הַגְּמַלִּים וַיִּקָּחוּם וְאֶת־הַנְּעָרִים הִכּוּ לְפִי־חָרֶב וָאִמָּלְטָה רַק־אֲנִי לְבַדִּי לְהַגִּיד לָךְ: (איוב א:יז)

וַתִּפֹּל שְׁבָא וַתִּקָּחֵם וְאֶת־הַנְּעָרִים הִכּוּ לְפִי־חָרֶב וָאִמָּלְטָה רַק־אֲנִי לְבַדִּי לְהַגִּיד לָךְ: (איוב א:טו)

וַיֹּאמְרוּ נַעֲרֵי־הַמֶּלֶךְ מְשָׁרְתָיו יְבַקְשׁוּ לַמֶּלֶךְ נְעָרוֹת בְּתוּלוֹת טוֹבוֹת מַרְאֶה: (אסתר ב:ב)

וְלֹא נִמְצָא נָשִׁים יָפוֹת כִּבְנוֹת אִיּוֹב בְּכָל־הָאָרֶץ וַיִּתֵּן לָהֶם אֲבִיהֶם נַחֲלָה בְּתוֹךְ אֲחֵיהֶם: (איוב מב:טו)

רש"י

מאתיים ועשר שנים היו ישראל במצרים. ובא שטן לקטרג. שהיה אומר הן עובדי עבודת כוכבים ומגלי עריות ומה ראית לגאלן וגירה אותו באיוב וכו': **ועל ידי רשעים ירטני. והלואי בני אדם צדיקים אלא בני אדם רשעים.** על חבריו היה אומר: **הן אתם כולכם חזיתם.** אמר להם לחביריו חזיתם מעשי ומעשי דורי וכו':

מתנות כהונה

בעבר הירדן תחלה ושוב ע"ש: **מאתיים ועשר שנים.** פירש"י פ"ק דבבא בתרא דכתיב ויוסף ה' את כל אשר לאיוב למשנה למדנו שאף שנותיו הוכפלו וכתיב ויחי איוב אחר זאת מאה וארבעים שנה למדנו כשבאו עליו יסורין היה בן שבעים שנה וכן הוא בסדר עולם בהדיא הביאו בילקוט בפ' לך לך: [**ובא שטן לקטרג** על ישראל לאמר הללו עובדי עבודת כוכבים והללו עובדי עבודת כוכבים למה אלו יגאלו ואלו יטבעו וה"ג בש"ר פרשה כ"ח. ובילקוט איוב בהדיא: **אלא בני אדם רשעים.** שהרי הללו עובדי עבודת כוכבים כמו אלו]. ורש"י ז"ל פירש אלו חביריו: **בימי אחשורוש.** בפ"ק דב"ב: **לא היה ולא נהיה.** אלא משל היה ללמוד סניגוריא

אשד הנחלים

וגירה אותו באיוב. למען ידע מעלת ישראל שהמה יכולים לקבל יסורים מאהבה: **תנו תייש אחד שיתגרה.** המשל הזה הוא ענין אחר. כי השטן אין כוונתו רק להרע. אחר שמוצא למי להרע בעת ההיא נסתלק עכ"פ מאחריהם: **כלב אחד.** אולי ההבדל ביניהם כי הראשון סובר שיסורי איוב היה לטובתו כדי להוסיף לו עוה"ב ודעת השני כדעת מי שאמר כדי לטורדו מעוה"ב. ולכן אחז במשל הכלב שהוא הרע ואינו מסוג הבהמות הבייתיות: **ליתן שכר לזונות מן הגרנות.** אחז בזה מספור המעשה דבועז שהיו בעת ההיא שנתן לרות בגורן בעת שלנה שם בגרנו. ואף שלא עשה בועז מאומה ח"ו אך יתכן שאיוב דימה כן ולכן אמר אין דרכן של צדיקים. דאל"ה מה שייך לקרואתן צדיקים:

מַחְלְפָא שִׁיטְתֵיהּ דְּרֵישׁ לָקִישׁ — The Midrash asks: **Did Reish Lakish change his opinion?** דְּתַמָּן אָמַר רֵישׁ לָקִישׁ בְּשֵׁם בַּר קַפָּרָא: בִּימֵי אַבְרָהָם הָיָה — **For over there**[48] **Reish Lakish said in the name of Bar Kappara** that **[Job] lived in the time of Abraham,** וְהָכָא אָמַר אִיּוֹב לֹא הָיָה וְלֹא נִהְיָה — **and here he said** that **Job never existed at all?!** מַאי לֹא הָיָה וְלֹא נִהְיָה — The Midrash answers: **What** did Reish Lakish mean by saying that **he never existed at all?** בַּיִּסוּרִים שֶׁנִּכְתְּבוּ עָלָיו — He meant **in** regard to **the painful sufferings that were written about him.** The sufferings did not exist, but Job himself did exist. וְלָמָּה נִכְתְּבוּ עָלָיו — **But** if these sufferings never occurred, **why were they written about him?** אֶלָּא שֶׁאִילוּ בָּאוּ עָלָיו הָיָה יָכוֹל לַעֲמוֹד בָּהֶן — To let us know that **had they come on him he would have been able to stand up** to the test.[49]Ⓐ רַבִּי יוֹחָנָן אָמַר: מֵעוֹלֵי גוֹלָה הָיָה — **R' Yochanan said:** Job was **from those who went up** to Israel **from the** Babylonian **exile,**[50] וְיִשְׂרְאֵלִי הָיָה וּמִדְרָשׁוֹ בִּטְבֶרְיָה — **and he was a Jew, and his study hall was in Tiberias.** לְפִיכָךְ הָיָה לָמֵד מִמֶּנּוּ קְרִיעָה וּבִרְכַּת אֲבֵלִים — And **therefore** (since he was a scholar) various laws **were learned from him,** such as the law of **tearing** one's clothing for a relative that died **and** the law about **the blessing** said by **mourners.**[51] הָדָא הוּא דִכְתִיב "וַיָּקָם אִיּוֹב וַיִּקְרַע אֶת מְעִילוֹ" — **This is what is written: *Job rose and tore his cloak*** (ibid. 1:20) — מִכָּאן שֶׁצָּרִיךְ אָדָם לִקְרוֹעַ מְעוּמָּד — **from here we derive that one must rip one's clothing** while **standing.**[52]

רַבִּי חֲנִינָא אָמַר: גּוֹי הָיָה — **R' Chanina says: [Job] was a gentile.** תָּנֵי רַבִּי חִיָּיא — **R' Chiya taught:** גּוֹי צַדִּיק אֶחָד עָמַד לִי בָּאוּמוֹת — God said: **A righteous gentile stood with me amongst the nations** of the world, וְנָתַתִּי לוֹ שְׂכָרוֹ וּפְטַרְתִּיו — **and I paid him his wages** in this world **and** thereby **dispensed** my obligation toward him. וְאֵיזֶה זֶה אִיּוֹב — **And who was this? This was Job.**[53]

☐ אֶת עוּץ בְּכוֹרוֹ — ***UZ, HIS FIRSTBORN;*** *BUZ, HIS BROTHER; KEMUEL, THE FATHER OF ARAM.*

The Midrash discusses the identity of Kemuel:

רַבִּי יְהוֹשֻׁעַ בֶּן לֵוִי אָמַר: הוּא לָבָן הוּא קְמוּאֵל — **R' Yehoshua ben Levi said: Laban and Kemuel are one and the same** person.[54] וְלָמָּה נִקְרָא שְׁמוֹ קְמוּאֵל — **Why was his name called** קְמוּאֵל**?** שֶׁקָּם כְּנֶגֶד אוּמָּתוֹ שֶׁל אֵל — **Because he rose up** (קָם) **against the nation of God** (אֵל).[55]

☐ וּפִילַגְשׁוֹ וּשְׁמָהּ רְאוּמָה — ***AND HIS CONCUBINE, WHOSE NAME WAS REUMAH,*** *ALSO BORE CHILDREN: TEBAH, GAHAM, TAHASH, AND MAACHAH.*

אָמַר רַבִּי יִצְחָק — **R' Yitzchak said:** כּוּלְּהוֹן [לְשֵׁם מַרְדּוּת הֵן] — **All** the names are **to be understood** as referring to the punishments they all deserve because of **their rebellion** against God: טֶבַח טַבְחוּן — **Tebah** means **slaughter;**[56] גַּחַם גָּמְחוּן — **Gaham** means **belly;**[57] תַּחַשׁ תַּחְשׁוּן — **Tahash** means **silence;**[58] מַעֲכָה מְעָכוּן — and **Maachah** means **crushed.**[59]

NOTES

48. Earlier in this section.

49. [Even though from a simple reading of the text of *Job* it would seem that he did not stand up to the test, the text *can* be interpreted in a more generous light (*Eitz Yosef,* from *Yefeh To'ar*).] See Insight Ⓐ.

50. This may be derived from *Ezekiel* 14:20, which mentions Job's name right after Daniel's. This appears to indicate that Job lived shortly after Daniel. Given that Daniel lived in the time of the Babylonian exile, it follows that Job lived immediately after the exile ended (*Eitz Yosef,* Vagshal edition).

51. There is no reference in the Book of *Job* to this blessing, which is recited in consolation of a mourner (see *Kesubos* 8b). It seems that the Midrash is referring rather to a related blessing, namely the blessing recited upon learning of the death of a relative. We do find that when Job heard that his children died, he said (*Job* 1:21): *HASHEM has given, and HASHEM has taken away, blessed be the Name of HASHEM* (*Eitz Yosef,* from *Yefeh To'ar*).

[Other laws are learned from Job, as well; see *Moed Katan* 28b. Our Midrash just gives a few examples (*Yedei Moshe*).]

52. This is stated as well in *Moed Katan* 21a.

53. The Gemara in *Bava Basra* loc. cit. states that although Job was pious, he had expectations that he would be rewarded in this world for his good deeds. When God brought sufferings upon him, he began to curse and blaspheme; God therefore doubled his reward in this world in order to expel him from the World to Come.

54. Lit., *he is Laban, he is Kemuel.*

Our verse is listing the children of Nahor. According to our Midrash, Kemuel is Laban. It follows that Nahor's other son Bethuel (mentioned in the next verse) is Laban's brother, and Rebecca (Bethuel's daughter, as stated in the verse after that) is Laban's niece.

Although this appears to contradict 24:29 below, which refers to Laban as Rebecca's אָח, it is possible to understand אָח as some relative *other* than a brother (as in 13:8 above). It also seems to contradict 28:5 below, which calls Laban the son of Bethuel. But it is possible that Bethuel, lacking sons, chose his brother Laban as his "son" and heir.

What leads our Midrash to this reinterpretation of Scripture is the fact that Laban is not mentioned along with Rebecca as a child of Bethuel's. [The Midrash considers it unlikely that the reason Laban is not mentioned there is because he was only born later, because in vv. 24:50-51 Bethuel speaks as one who is taking care of Rebecca — a role he would not be playing if he were *younger* than she] (*Anaf Yosef,* from *Yefeh To'ar*).

55. As *Deuteronomy* 26:5 states: *An Aramean tried to destroy my father.* The Sages explain that Laban wanted to uproot the entire Jewish nation (see Passover *Haggadah*).

56. I.e., they all deserve to be slaughtered (*Maharzu*).

57. I.e., they all deserve to be bent over until their stomach is touching the ground (ibid.).

58. I.e., they all deserve to be silenced (ibid.). Alternatively, Tahash means sickness and pains; the Midrash is saying they all deserve to be smitten with sickness and pains (*Eitz Yosef,* from *Yefeh To'ar*).

59. I.e., they all deserve to be crushed.

INSIGHTS

Ⓐ **Job as a Parable** Although the Midrash here maintains that even according to Reish Lakish a person named Job actually existed, there does seem to be a view cited in the Gemara that Job did not exist at all. *Bava Basra* 15a quotes an elderly sage who says: אִיּוֹב לֹא הָיָה וְלֹא נִבְרָא אֶלָּא מָשָׁל הָיָה; Job never existed at all; rather, his story was merely a parable [i.e. to provide arguments against those who question God's justice, and to teach that a person is not held accountable for what he says while under duress (*Rashi* ad loc.)]. *Tosafos* point out there (end of 15a) that this elderly sage is at odds with Reish Lakish.

Interestingly, *Rav Hai Gaon* had a slightly different version of the Gemara that changes its meaning substantially. *Rav Hai Gaon* wrote a responsum (cited in *Derashos Ibn Shuib, Parashas Devarim* ד"ה ובהיות זה) that quotes the line in the Gemara as follows: אִיּוֹב לֹא הָיָה וְלֹא נִבְרָא אֶלָּא לְמָשָׁל, that is to say, Job came into existence only as an object lesson. In other words, in *Rav Hai Gaon's* view, no one denies that Job existed. Rather, the Gemara is teaching us *why* he existed — that we may learn from him and the events of his life to trust in Hashem (see also *Gra* in *Dvar Eliyahu* to *Job,* who explains our version of the Gemara along the same lines). *R' Ibn Shuib* himself brings what he believes to be an irrefutable proof that Job exactly existed: The prophet states in regard to a country being punished for treachery against Hashem (*Ezekiel* 14:14): *Even if these three men would be in their midst — Noah, Daniel, and Job — they, by their righteousness, would save [only] their own selves* (see also *Yefeh To'ar*).

Rambam comments: Whether he existed or not, the theme of his story is the enigma that has occupied all philosophers: Why misfortune befalls the perfectly righteous, and the implications of this for understanding Divine Providence (*Moreh Nevuchim* 3:22).

מוחלפת° שיטתיה דריש לקיש דתמן אמר ריש לקיש בשם בר קפרא: בימי אברהם היה, והכא אמר איוב לא היה ולא נהיה, מאי לא היה ולא נהיה בייסורים שנכתבו עליו. יולמה נכתבו עליו, אלא שאילו באו עליו היה יכול לעמוד בהן. רבי יוחנן אמר: מעולי גולה היה וישראלי היה ומדרשו בטבריה לפיכך למדו ממנו קריעה וברכת אבלים הדא הוא דכתיב (שם א, כ) "ויקם איוב ויקרע את מעילו", מכאן שצריך אדם לקרוע מעומד. יארבי חנינא אמר: נכרי° היה. תני רבי חייא: נכרי° צדיק אחד עמד לי בעובדי כוכבים ונתתי לו שכרו ופטרתיו ואיזה זה איוב. "את עוץ בכורו, "רבי יהושע בן לוי אמר: הוא יבלבן הוא קמואל, ולמה נקרא שמו קמואל שקם כנגד אומתו של אל. [כב, כד] "ופילגשו ושמה ראומה", אמר רבי יצחק: כולהון [לשם] מרדות הן, טבח טבחון, גחם גמחון, תחש תחשון, מעכה מעכון:

עץ יוסף

לא היה ולא נהיה ביסורין כו'. כפל הלשון לא היה ולא נהיה לחזק הענין. כלומ' דלאו דוקא היסורים שנכתבו עליו. אלא מקצתן לא באו עליו (יפ"ת): **היה יכול לעמוד.** ואע"פ שמהסיפור נראה שלא עמד בהם כדאמר בפ"ק דב"ב מ"מ הכי קראי יש לייׁשבה למלמד זכות עליו (יפ"ת): **וברכת אבלים.** לא הבנתי היכא רמיזא. ואולי לישנא קלילא הוא וכלו' הודאה לברך על הרעה וכדיליף בפרק הרואה מדקאמר ה' נתן וה' לקח יהי שם ה' מבורך (יפ"ת ועיין הגירסא בירו'): [ד] **כנגד אומתו של אל.** כדכתיב ארמי אובד אבי דרשו חז"ל שלבן בקש לעקור את הכל: **לשם מרדות.** ענין הכנעה ושברים וכדלעיל פ' כ"ג: **טבח טבחון.** שיהיו נשחטים: **גמחון.** הא' נבלעת ופי' מלשון גוממו עם השופי דפרק גיד הנשה שהוא לשון חתוך (יפ"ת): **מעבון.** שיהיו מעוכין. ובילקוט גרס תחש תחשון. כלו' לשון חולי ומיחוש (יפ"ת):

פירוש מהרז"ו

ברכת אבלים. היינו מ"ש ה' נתן וה' לקח יהי שם ה' מבורך (עי' יפ"ת): **את עוץ בכורו.** ואת בוז אחיו ואת קמואל אבי ארם: **הוא לבן הוא קמואל.** עי' יפ"ת הובא ברי"ף: **שקם כנגד.** היינו כמ"ש בסנהדרין הוא לבן הוא כושן רשעתים שעמד על ישראל: **לשם מרדות.** כלשון זה לעיל פר' כ"ג ריש סימן ב' ופירוש שהיו כולם רשעים ראוים לטביחה וכו' וגמחון לשון גחון שצריך להכניעם ולכוף בטנם לארץ. תחשון מלשון חשאי שראוי לסתום פיהם ולהשתיקם:

חידושי הרד"ל

(ו) **וקריעה וברכת אבלים.** בירושלמי שם ל"ג לה כלל ונראה שצ"ל הלכות אבלים: (ז) **הוא בלעם הוא קמואל.** כ"ה בילקוט וכצ"ל וכן הובא בתוס' על התורה:

באור מהרי"פ

[ה] **הוא לבן הוא קמואל.** לפי שלא נזכר כאן לבן בתולדות נחור ומצינו בכתוב הידעתם את לבן בן נחור הוצרך לומר שלבן הוא קמואל אבי ארם וע"ש שקם כו'. וכמ"ש ארמי אובד אבי. ומה שנקרא אח לרבקה היינו קרוב לא אח ממש ע"ד כי אנשים אחים אנחנו. אך קשה דהכתיב אל לבן בן בתואל הארמי. ושמא לפי שבתואל לא ה"ל בנים לקח את אחיו קמואל להיות בן ביתו יורש אותו ונקרא בשם בנו ופליגא אמ"ד במ"א קמואל זה בלעם כמ"ש בילקוט סימן תשס"ו. וליכא למימר דלבן הוא בלעם דבפרק חלק תנא הוא בעור הוא לבן ולפ"ז א"א גם כן לומר שיהיה קמואל בלעם דהא לבן אבי בלעם ולא נחור (יפ"ת):

מסורת המדרש

י ע' תוספות ב"ב דף ט"ו ד"ה איוב:
יא מ"ק דף כ"א:
יב עי' סנהדרין דף ק"ה. ילקוט סדר בלק סימן כ"ב:

אם למקרא

ויקם איוב ויקרע את־מעלו ויגז את־ראשו ויפל ארצה וישתחו: (איוב א:כ)

ענף יוסף

(ד) **[הוא לבן הוא קמואל]** לפי שלא נזכר כאן לבן בתולדות בתואל ומלאנוהו את לרבקה. הוצרך לומר שהוא אחד מהנזכר כאן ויחסו אל קמואל דמלי דריש שקם כנגד אומתו של אל. ומה שנקרא אח לרבקה היינו קרוב ולא אח ממש. כמו כי אנשים אחים אנחנו. ולא בעי למימר שנולד לבתואל אחרי הבשורה הזו דמדמשגח בעניני רבקה משמע דגדול ממנה. והא דכתיב וילך פדנה ארם אל לבן בן בתואל הארמי. יש לומר לפי שבתואל לא היה לו בנים לקח את אחיו קמואל להיות בן ביתו לירש אותו ונקרא בשם בנו (יפ"ת). ועיין מ"ש בתנחומא סדר וילא סי' ג'. ובילקוט גרים הוא בלעם הוא קמואל:

מתנות כהונה

על המהרהרים ומקנטרים על מדת הדין שאין אדם נתפס על צערו כדאיתא בפרק קמא דמסכת ב"ב: **ולמה נכתבו.** דוקא עליו ולא על אחר: **מרדות.** מכה וקללה כדמפרש ואזיל: **[היו למדין.** בירושלמי סוטה פרק כשם גרס נרכו ללמוד ממנו]: **טבחן.** לשון וטבוח טבח כלומר שחוט אותם: **גמחון.** י"ל מלשון גמם שפירושו כריתה ועיין ערך גם או לשון נימוח ובילקוט גרס גחמן: **תחש.** תחשון לשון כחש ותשות: **מעבון.** לשון מטוך וכרות ושמם מורה על תגמולם וגבי צדיקים זכר צדיק לברכה:

אשד הנחלים

ולא נהיה ביסורים. רק שהי' בדרך וויכוח אם הי' בא עליו יסורין איך הי' דעתו. וזה כדעת הרמב"ם ז"ל בפרקיו: **ממנו קריעה.** כי עשה כתורה וכמצוה. והשאר מבואר ועיין פירושם במ"כ. וכל זה דרך רמז:

חיי שרה
CHAYEI SARAH

Chapter 58

וַיִּהְיוּ חַיֵּי שָׂרָה מֵאָה שָׁנָה וְעֶשְׂרִים שָׁנָה וְשֶׁבַע שָׁנִים שְׁנֵי חַיֵּי שָׂרָה.

Sarah's lifetime was one hundred years, twenty years, and seven years; the years of Sarah's life (23:1).

§1 וַיִּהְיוּ חַיֵּי שָׂרָה מֵאָה שָׁנָה — *SARAH'S LIFETIME WAS ONE HUNDRED YEARS, TWENTY YEARS, AND SEVEN YEARS; THE YEARS OF SARAH'S LIFE.*

Scripture's recording of Sarah's age here is quite wordy; the Midrash expounds on this:[1]

"יוֹדֵעַ ה׳ יְמֵי תְמִימִם וְנַחֲלָתָם לְעוֹלָם תִּהְיֶה" — Scripture states, ***Hashem knows the days of the perfect, their inheritance will be forever*** (*Psalms* 37:18). כְּשֵׁם שֶׁהֵן תְּמִימִים כָּךְ שְׁנוֹתָם תְּמִימִים — This verse is saying that **just as [the righteous]**[2] **are perfect, so are their years perfect.**[3] בַּת כ׳ כְּבַת ז׳ לְנוֹי — When Sarah was **twenty years old** she was **like seven years old with regard to beauty,**[4] בַּת ק׳ כְּבַת עֶשְׂרִים שָׁנָה לְחֵטְא — and when she was **a hundred years old** she was **like twenty years old with respect to sin,** i.e., she was sinless.[5]

A second interpretation of the *Psalms* verse:

דָּבָר אַחֵר — **Another explanation:** "יוֹדֵעַ ה׳ יְמֵי תְמִימִם", זוֹ שָׂרָה שֶׁהָיְתָה תְּמִימָה בְּמַעֲשֶׂיהָ — ***HASHEM knows the days of the perfect*** — **this is** referring **to Sarah, who was perfect**[6] **in her deeds.**[7] אָמַר רַבִּי יוֹחָנָן — **R' Yochanan said:** כְּהָדָא עֶגְלְתָא תְּמִימְתָא — She was **like an unassuming** (תְּמִימָה) **calf.**[8] "וְנַחֲלָתָם לְעוֹלָם תִּהְיֶה" — And the verse concludes, ***their inheritance will be forever,*** meaning that the deeds of the righteous become everlasting. There is an allusion to this in our verse as well.

NOTES

1. According to *Rashi* (in his *Chumash* commentary), the wordiness addressed by the Midrash is the threefold repetition of the word "years." *Ramban* (ad loc.) maintains that the issue is the seemingly superfluous phrase, *the years of Sarah's life,* at the end of the verse.

2. "The righteous" are mentioned in the preceding verse: *the support of the righteous is Hashem* (*Yefeh To'ar*).

3. The plain meaning of the phrase יְמֵי תְמִימִם is "the days of the perfect," but it can also be understood as "perfect days," and the Midrash adopts this latter interpretation. *Radal* explains that the "perfection" of days spoken of here means "in exact correspondence to one another," as in *Exodus* 26:24 (תַּמִּים). As the Midrash goes on to expound, Sarah's days remained constant in perfection throughout her life. See, however, Insight Ⓐ.

4. The implication of this statement is that a 7-year-old girl is more beautiful than a 20-year-old. This is because a 7-year-old's beauty, unlike that of a woman, is intrinsic and needs no adornments to enhance that beauty (*Imrei Yosher*), or because the complexion of a 7-year-old is more perfect than that of a 20-year-old (*Mizrachi*). Alternatively, the Midrash means that the beauty of a 7-year-old is constantly improving, while a 20-year-old is at the height of her beauty; Sarah's beauty, however, continued to improve at the age of 20, like a 7-year-old (*Mei'siach Ilmim; Imrei Yosher*).

5. The implication of this statement is that a 20-year-old is free from sin (see *Rashi* on *Chumash* here). *Matnos Kehunah* explains that prior to the giving of the Torah, people were not considered liable for punishment until they reached the age of 100 (*Radal* emends this to read "age of 20"; see *Rashi* to *Shabbos* 89b ד״ה דל עשרין).

There is another reading in the Midrash, found in *Rashi's* Midrash commentary (see also *Maharzu*), which alleviates the difficulties discussed in this note and the previous one:

בַּת מֵאָה כְּבַת עֶשְׂרִים לְנוֹי — When Sarah was **a hundred years old** she was **like twenty years old with regard to beauty,** . . . . . . בַּת עֶשְׂרִים כְּבַת שֶׁבַע שָׁנָה לְחֵטְא — and when she was **twenty years old** she was **like seven years old with respect to sin.**

6. The Midrash now interprets תְּמִימִים ("perfect") in the sense of "innocent and unassuming"; see below.

7. According to this interpretation, יְמֵי תְמִימִם is understood in its plain sense, "the days of the perfect" (see note 3) — specifically, Sarah.

8. R' Yochanan interprets תְּמִימִים as referring to the trait of being obedient and unassuming, following instructions faithfully, as in *Deuteronomy* 18:13 — just as a calf follows its owner wherever he leads it. Sarah put her faith in Abraham and followed his guidance and direction, as seen particularly in the incidents with Pharaoh (above, 12:11ff) and Abimelech (20:2ff) (*Radal*). See Insight Ⓑ.

INSIGHTS

Ⓐ **Perfect Days** An alternative interpretation is presented by *Eitz Yosef* who explains that the years of Sarah were *perfect* in the sense that they were complete, i.e. she lived out the full number of years originally allotted to her on this world. Although *Rashi* (below, 23:3) states that Sarah died as a result of hearing a report of the *Akeidah* of her only son, Isaac, this merely is the reason given for her death (as every death has an explainable natural cause); in reality, she did not die early, since it was her time to pass on (see also *Yefeh To'ar*).

This being the case, we may ask: Why did Satan go to such lengths (see *Vayikra Rabbah* 20 §2, *Tanchuma* §23) to have Sarah "killed" through her shock over the news of the *Akeidah*? If she was fated to die at this time anyway, could she not have died through a different "cause"?

HaMeor ShebaTorah offers an answer that carries a powerful message. Satan went to great lengths to prevent the *Akeidah* from happening at all (see, for example, Midrash above 56 §4 above), for he knew how great an act it was, and that tremendous merit would accrue to Abraham and his descendants as a result. Although he was unsuccessful in preventing the *Akeidah,* Satan still sought to undermine the quality of Abraham's sacrifice, and thus diminish his reward. To this end, Satan attempted to have Abraham, after the fact, regret his role in the *Akeidah*. Satan "killed" Sarah through the news of the *Akeidah* so that Abraham would think that he, by performing the *Akeidah,* was responsible for Sarah's death. Abraham and Isaac went to the *Akeidah* in a state of pure joy, which is the ultimate way to perform any mitzvah (see *Yalkut* §101); Satan attempted [albeit unsuccessfully] to sully that joy by causing Abraham to be תוהה על הראשונות, *to regret his previous actions* (see *Matnos Kehunah* below 58:6, who proposes a similar idea).

Ⓑ **The Faithful Follower** *Bais HaLevi* (to 17:1 above) elaborates on the idea of תמימות, following instructions faithfully. The highest level of obedience and faithfulness is to obey one's master without questioning why the master has issued a command. This faithfulness is characteristic of the obedience of an animal. When a human fulfills a command of his fellow, it is usually because he has thought through the pros and cons of fulfilling that command and has concluded that it is beneficial for him to comply with his fellow's wishes. Thus, his act is actually "serving" himself just as much as it is serving his fellow. By contrast, an animal has no free will, and thus its compliance to its master's wishes is motivated by pure faithfulness (see also *Yefeh To'ar*).

[This principle is highlighted by a distinction that is found in the laws of קִנְיָנִים, *legal acquisitions.* One of the methods of acquisition is מְשִׁיכָה, *drawing near.* The Gemara (*Kiddushin* 22b) states that if an acquirer calls to an animal and it comes toward him as a result, he has successfully acquired that animal as a form of מְשִׁיכָה. However, if an acquirer calls to a slave and the slave comes towards him, he has *not* acquired the slave. The Gemara explains the distinction: An animal that obeys a command to come is moving by the will of its master, whereas a slave who obeys this command is coming of his own will, and his movement is thus not reflective of full obedience to the prospective acquirer.]

The same principle is applicable to our ultimate service, the service of God. The highest level of serving God is by fulfilling His commandments unquestioningly, as an animal obeys its master. [Although one is clearly permitted to delve into the reasons behind the commandments (see Insight to 44 §1), this is part of the general mitzvah of learning Torah. When one is actually performing a mitzvah, his intent should be that he is doing so for the sole purpose of fulfilling God's will.] The

סֵדֶר חַיֵּי שָׂרָה

פרשה נח

א [כג, א] "**וַיִּהְיוּ חַיֵּי שָׂרָה מֵאָה שָׁנָה**", (תהלים לז, יח) [א]"**יוֹדֵעַ ה' יְמֵי תְמִימִם וְנַחֲלָתָם לְעוֹלָם תִּהְיֶה**", **כְּשֵׁם שֶׁהֵן תְּמִימִים כָּךְ שְׁנוֹתָם תְּמִימִים. בַּת כ' כְּבַת ז' לְנוֹי,** [ב]**בַּת ק' כְּבַת עֶשְׂרִים שָׁנָה לְחֵטְא. דָּבָר אַחֵר "יוֹדֵעַ ה' יְמֵי תְמִימִם", זוֹ שָׂרָה שֶׁהָיְתָה תְּמִימָה בְּמַעֲשֶׂיהָ. אָמַר רַבִּי יוֹחָנָן כְּהָדָא עֶגְלְתָא תְּמִימְתָא. "וְנַחֲלָתָם לְעוֹלָם תִּהְיֶה", שֶׁנֶּאֱמַר "וַיִּהְיוּ חַיֵּי שָׂרָה", מַה צּוֹרֶךְ לוֹמַר שְׁנֵי חַיֵּי שָׂרָה בָּאַחֲרוֹנָה לוֹמַר לְךָ שֶׁחָבִיב חַיֵּיהֶם שֶׁל צַדִּיקִים לִפְנֵי הַמָּקוֹם בָּעוֹלָם הַזֶּה וְלָעוֹלָם הַבָּא:**

ב (קהלת א, ה) "**וְזָרַח הַשֶּׁמֶשׁ וּבָא הַשֶּׁמֶשׁ", אָמַר רַבִּי אַבָּא בַּר כָּהֲנָא** [ג]**וְכִי אֵין אָנוּ יוֹדְעִין שֶׁזָּרַח הַשֶּׁמֶשׁ וּבָא הַשֶּׁמֶשׁ אֶלָּא עַד שֶׁלֹּא יַשְׁקִיעַ הַקָּדוֹשׁ בָּרוּךְ הוּא שִׁמְשׁוֹ שֶׁל צַדִּיק הוּא מַזְרִיחַ שִׁמְשׁוֹ שֶׁל צַדִּיק חֲבֵירוֹ. יוֹם שֶׁמֵּת רַבִּי עֲקִיבָא נוֹלַד רַבֵּינוּ**

חידושי הרד"ל

נח [א] כך שנותן תמימים. כמו תמים יחדו מותאמים ושקולים זל"ז. כדמפ' ובת כ' כו': **כבת ז' לנוי.** עמ"כ. ומ"ש דבז' מתחיל עדנה. ליתא דבנדה (ה'.) מפורש דמשיגיעו ימי הנעורים חשוב הגיע זמנה לראות (גם מ"ש שקודם מ"ת לא היו עונשין עד בן ק'. נראה ע"ש דזה היה קודם המבול כדלעיל פכ"ו. גם באמת כאן דמדמה בת ק' כבת כ' לחטא. א"נ לומר רק שלא היו עונשין קודם מ"ת עד כ' וכמו בב"ד של מעלה בשבת (פ"ט:) ובכ"מ. וכנ"ל במ"כ כ' במקום ק'). והעיקר נראה כגי' רש"י שהביא ביד"מ בת ק' כבת כ' לנוי. ומשום שכ' שנה הוא ימי עיקר של ימות גדול האדם וכדלעיל פר' י"ד באדם וחוה כבני כ' שנה נבראו בשלמותן ע"ש ועיין ר' בחיי כאן. ובת כ' כבת ז' לחטא (ותלה החטא בז'. שמשבע ואילך הוא זמן חינוך קטן למצות. ולא קודם לכן. ובפי' הגר"א ז"ל למגלת אסתר ע"ד הרמז כתוב דבשנת ז' מתחיל יצה"ר להטות האדם ע"ש): **בהדא עגלתא תמימתא.** אפשר פירושו כעגלה הנמשכת בתמימותה אחר רצון בעליה. כן שרה נמשכה אחר רצון אברהם בתמימותה ושמעה לקולו לומר אחותו היא. ואף שכבר לקחה ע"י כן במצרים חזרה לעשות רצונו לומר כן בגרר:

עץ יוסף

נח (א) כשם שהם תמימים. שכוונת הכתוב התמימים על שניהם כשם שהם תמימים כך שנותם תמימים: **כשם שהם** תמימים כך שנותם תמימים. ד"א יודע ה' ימי תמימים זו שרה שהיתה תמימה במעשים בת כ' כבת ז' לנוי בת ק' כבת כ' שנה לחטא א"ר יוחנן כהדא. כנ"ל (יפ"ת) ור"ל שפרש"י בחומש נסמכה מיתת שרה לעקידת יצחק לפי שע"י בשורת העקידה שנזדמן בנה לשחיטה וכמעט שלא נשחט פרחה נשמתה ומתה והוא בפדר"א וא"כ היה אפשר לומר שסרה לא נשלמה שנותיה שמתה קודם הזמן שהוקצב לה. זשה"כ יודע ה' ימי תמימים כשם שהם תמימים כך שנותם תמימים ומתה בזמנה אלא שלכל מיתה צריכה להיות סבה ובה היתה הסיבה העקידה: **בת כ' כבת ז' כו'** עיין בפרש"י בחומש וברא"מ: **כהדא עגלתא** כלו' כלילת יופי בצדקות ובנוי שבכ"מ מכנה השלמת היופי לעגלה כמו עגלה יפיפיה מצרים וכדאיתא בסנהדרין דף כ"א עגלה זו מיכל (יפ"ת). או על שם שהלכה בתמימות אחר אברהם כמו העגל שהולכת בתמימות אחר אמה. וכדאיתא במדרש על פסוק נחית כצאן עמך (ש"ר פ' כ"ד) ע"ש. כן שרה הלכה בתמימות אחר אברהם כדאי' לעיל פ' מ"א (נזה"ק): **ונחלתם לעולם כו'** פי' ונחלתם קאי אימים כי ימי הצדיקים חביבין לפני המקום בעוה"ז ובעוה"ב כדמפרש ואזיל שמדחזר להזכירם הוא ע"כ מחיבה. והכוונה למה שאמר בזוהר שהימים היוצאים בטובה קנו מציאות ממש. ולזה חביבים בעוה"ז ובעוה"ב כי אינם כלים אלא קיימים ונצחיים לעוה"ב כמלאכים: **(ב) וכי אין אנו יודעים כו'**. ומאי קמ"ל קרא בהא: **שמשו של צדיק אחר**. וממילא תמיד אין העולם חסר מצדיקים שמאת הקב"ה בחסדו צדיקים בכל דור ודור כדי לקיים בהם העולם. ואע"פ שיראת שמים אינה בידי שמים. מכל מקום הקב"ה יודע מעשה הצדיקים העתידים קודם לידתן. ואין זה ביטול הבחירה

פירוש מהרז"ו

נח א בת כ' בו' בילקוט תהלים ל"ז הגי' בת ק' כבת כ' לנוי ובת כ' כבת ז' לחטא. וגי' זו עיקר. ויופי האדם בבן כ' כמ"ש לעיל פר' י"ד ר"ס ז' אדם וחוה כבני כ' שנה נבראו. והנה שרה בת צ' נלקחה מאבימלך ומה גם אחרי שחזרה לנערותה. ומ"ש ימי פי' השנים כמו ימים תהיה גאולתו וכדומה. ומ"ש תמימים כמ"ש את מספר ימיך אמלא. ונראה שמ"ש בת כ' כבת ז' כו' נ"ל אחר מ"ש ד"א זו שרה. ותחלה דרש יודע ה' על סתם צדיקים ואח"כ ביחוד על שרה (וכ"כ היפ"ת) ועי' לקמן ריש פר' ס"ב ור"פ ס"ד בא"א: **כהדא עגלתא** כפול לקמן סי' ב'. וכאן אין לו באור וצ"ע: **(ב) וכי אין אנו יודעין** עי' קה"ר פסוק זה. ומד"ש ספ"ח: **של צדיק** וכמ"ש לפני זה דור הולך ודור בא וגו'. ועי' בזוהר ע"פ הנך שוכב עם אבותיך וקם קם לה זיהרא לאחרא וז"ש זורח הוא שם ע"ש: **נולד רבי** רבינו הקדוש:

מסורת המדרש

א ילקוט כאן רמז ק"ב. ילקוט תהלים רמז תר"ל:
ב שבת פ"ט:
ג קהלת רבה פרשה א' פסוק ה'. מדרש שמואל פרשה ח'. יומא דף ל"ח. קידושין דף ע"ב. ילקוט כאן רמז ק"ב. ילקוט שמואל א' רמז ל"ז:

אם למקרא

יוֹדֵעַ ה' יְמֵי תְמִימִם וְנַחֲלָתָם לְעוֹלָם תִּהְיֶה: (תהלים לז:יח)

וְזָרַח הַשֶּׁמֶשׁ וּבָא הַשָּׁמֶשׁ וְאֶל־מְקוֹמוֹ שׁוֹאֵף זוֹרֵחַ הוּא שָׁם: (קהלת א:ה)

רש"י

נח [א] כשם שהם תמימים כן שנותן תמימות. היה לו לומר מאה ועשרים ושבע שנה אלא כך הוא אומר בת מאה כבת עשרים לנוי בת עשרים כבת ז' לחטא: **יודע ה' ימי תמימים.** זו שרה אמר רבי יוחנן כהדא עגלתא תמימתא: **נחלתם לעולם תהיה** שני חיי שרה לאחר שנאמר ויהיו חיי שרה מה צורך לומר שני חיי שרה באחרונה אלא לומר לך שחביב חייהן של צדיקים לפני הקדוש ברוך הוא בעולם הזה ולעולם הבא. ולפיכך הזכיר במקרא שתי פעמים חיי שרה לומר שזכתה לחיי העולם הבא הדא הוא דכתיב יודע ה' ימי תמימים והיו חיי שרה בעולם הזה ונחלתם לעולם תהיה לעולם הבא:

מתנות כהונה

נח [א] עשרים וכו'. דייק מדלא כתיב שבע ועשרים ומאה שנה וכתב שנה בכל כלל וכלל כפי' רש"י בחומש מב"ר בהדיא והרמב"ן פי' בפרשה זו שהוציאו זה משני חיי שרה: **בבת עשרים לחטא.** גרסינן שהרי אינה בת עונשין עדיין שקודם מתן תורה לא היו נענשין עד מאה שנה. בת שבע עדיין לא הוכחש יפיה מחמת דם וסתה: עגלתה תמימה כו'. עגלה תמימה בלי מום אשר לא עלה עליה עול וכל מום לא יהיה בו: **שנאמר ויהיו בו'.** שחשב הקב"ה שנות הצדיקים וכותבם בתורה כדי שיהיו נחלת ימיהם זכורה לעד וכן הוא לקמן ריש פרשה ס"ב: **מה צורך לומר שני חיי שרה.** שהרי כבר אמר חיי שרה אלא רמז לשני מיני החיים חיי

נחמד למראה

נח [א] כשם שהם תמימים כך שנותם תמימים וכו'. יש להקשות במאי קא מיפלגי דחד אמר כשם שהם תמימים כך שנותם תמימים והרנא אמר ימי תמימים שהיתה תמימה במעשים. ונ"ל דהני תנאי כהני תנאי דלקמן בפרשה זו בפסוק ויבא אברהם לספוד לשרה. דר' לוי אמר מקבורתו של תרח וכו' דס"ל דלא מתה שרה מפני עקידת יצחק שא"כ נמצא שחסרה משנותיה שהיתה ראויה לחיות וחלילה לאל שיקצר שנותיה של אותה צדקת כי יראת ה' תוסיף ימים ורבי יוסי סבר שמהר מוריה בא ומתה שרה

אשד הנחלים

נח [א] כשם שהם תמימים כן מעשיהם תמימים. באורו התמים נקרא. מי שמעשיו ופעולותיו עשוים באמת לפי הכוונה הרצויה והתמימה. אך יתכן שהאדם למשל באחרית הזמן ישתלם ויהי' תמים. אכן בראשית ימי חייו פעל רע או לא טוב. לזה אומר שהכתוב מרמז במלת ימ"י תמימים שה' ב"ה אוהב [ע"ד כי יודע ה' דרך צדיקים] שגם הימים יהיו תמימים ראשיתו כאחריתו ואחריתו כראשיתו. ולכן נכתב פרטי המאה לבד והעשירות לבד והאחדים לבד להורות שהם זמנים מתחלקים כפי הטבע. ועכ"ז היו כולם שוים לטובה. ולכן נכתב בסוף בכלל. ששנה בדבר לומר שני חיי שרה. להורות בא. ששינויי השנים האלו המה שני חיי שרה בכלל. וכאחד המה לטובה. והד"א בא לחדש על מלת תמימים. שיתכן לומר שפרושו רק על פעולה אחת. רק שהיא תמימה במחשבת אמת. ויתכן לומר אם יתאחדו כל הפעולות ביחד עד שיהיו מקושרים בקשר נכון כפי שיכון התכלית מהמעשים ההם. אז נקרא תמים. וע"ז הפירוש נוסד דברי ר"י כעגלתא תמימתא שהיא בלי מום באחד מאיבריה. ואז היא על מתכונת התמימות בתכונת כל איבריה בכלל. ולכן נכתב ג"כ ימי תמימים. כי חיבור כל הפעולות הטובות המתאחדים לתכלית אחת נקרא תמים. וביאר ונחלתם. כלומר שיהי' נחלת ימיהם זכורה לעד. ודייק שחביב לו בעוה"ז ובעוה"ב מדכתיב חיי. רומז לשני מיני החיים [מ"כ]. וכלומר שלא ידומה כי חיי העוה"ז ההבל והכלה איננה נחשבת למאומה לפניו ית' להזכיר מטובתו. לזה אומר שלא כן אחר שהיא הכנה לשלימות וכל אריכות ימיהם מרבה רבוי במע"ט: **[ב] שמשו של צדיק.** הוא דרך צחות וסמך במקרא ואחז במליצה זו לפי שהשמש בעצמה מאירה גם בלילה. רק שנשקעת למטה ונסתרת אורה. כן נשמת הצדיק חיה

"שֶׁנֶּאֱמַר "וַיִּהְיוּ חַיֵּי שָׂרָה — **For it is written,** ***Sarah's lifetime was*** *one hundred years, etc.,* מַה צּוֹרֶךְ לוֹמַר "שְׁנֵי חַיֵּי שָׂרָה" בָּאַחֲרוֹנָה — and once this was written **why was it necessary to say** ***the years of Sarah's life*** once again **at the end** of the verse? לוֹמַר לָךְ שֶׁחָבִיב חַיֵּיהֶם שֶׁל צַדִּיקִים לִפְנֵי הַמָּקוֹם — It is **to tell you that the lives of the righteous are beloved before the Omnipresent,** בָּעוֹלָם הַזֶּה וְלָעוֹלָם הַבָּא — both **in This World and in the World to Come.**[9]

§2 [וַיִּהְיוּ חַיֵּי שָׂרָה וְגוֹ׳ — *SARAH'S LIFETIME WAS . . .*]

The Midrash introduces a concept related to Divine Providence, which it ultimately applies to our passage:

"וְזָרַח הַשֶּׁמֶשׁ וּבָא הַשָּׁמֶשׁ" — It is written, ***The sun rises and the sun sets*** (*Ecclesiastes* 1:5). אָמַר רַבִּי אַבָּא בַּר כָּהֲנָא — **R' Abba bar Kahana said:** וְכִי אֵין אָנוּ יוֹדְעִין שֶׁזָּרַח הַשֶּׁמֶשׁ וּבָא הַשָּׁמֶשׁ — **Do we not know that the sun rises and the sun sets?** What point is Scripture trying to make with this obvious fact? אֶלָּא עַד שֶׁלֹּא יַשְׁקִיעַ הַקָּדוֹשׁ בָּרוּךְ הוּא שִׁמְשׁוֹ שֶׁל צַדִּיק — **Rather,** this verse should be understood as a metaphor, saying that **before the Holy One, blessed is He, causes the "sunset" of one** leading **righteous figure,** הוּא מַזְרִיחַ שִׁמְשׁוֹ שֶׁל צַדִּיק חֲבֵירוֹ — **he brings about the "sunrise" of another** leading **righteous figure,** so that no generation is ever left without a righteous leader.[10] יוֹם שֶׁמֵּת רַבִּי עֲקִיבָא נוֹלַד רַבֵּינוּ — Thus, for example, on **the** very **day that R' Akiva died, our master** (Rabbi Yehudah HaNasi) **was born,**

NOTES

9. Scripture mentions *Sarah's life* twice to convey that she was granted two types of life — life in This World and life in the World to Come. Similarly, the verse in *Psalms* expresses these two types of life: *Hashem knows the days of the perfect* — in this world, and *their inheritance will be forever* — in the World to Come (*Rashi*).

10. The verse, then, does not mean that the same sun rises and then sets; rather, it is referring to two separate "suns," the second rising before the first one sets.

INSIGHTS

Gemara (*Chullin* 5b) expounds on the verse אָדָם וּבְהֵמָה תוֹשִׁיעַ ה׳, *You save both man and beast, O HASHEM* (*Psalms* 36:7): This refers to those who are clever people, yet conduct themselves as animals, i.e., such people are worthy of being saved, since they fully subjugate themselves to Hashem's will, obeying Him just as an animal serves its master.

This is the level of service that Hashem expected from Abraham when He commanded him, הִתְהַלֵּךְ לְפָנַי וֶהְיֵה תָמִים, *walk before Me and be perfect* (above, 17:1). This is also the lofty level of obedience to God that Sarah displayed; as such, she is referred to by the complimentary term עֶגְלְתָא תְּמִימְתָּא, *unassuming calf.*

סֵדֶר חַיֵּי שָׂרָה

פרשה נח

א [כג, א] **"וַיִּהְיוּ חַיֵּי שָׂרָה מֵאָה שָׁנָה"**, (תהלים לז, יח) [א]**"יוֹדֵעַ ה' יְמֵי תְמִימִם וְנַחֲלָתָם לְעוֹלָם תִּהְיֶה"**, **כְּשֵׁם שֶׁהֵן תְּמִימִים כָּךְ שְׁנוֹתָם תְּמִימִים. בַּת כ' כְּבַת ז' לְנוֹי, [ב]בַּת ק' כְּבַת עֶשְׂרִים שָׁנָה לְחֵטְא. דָּבָר אַחֵר "יוֹדֵעַ ה' יְמֵי תְמִימִם", זוֹ שָׂרָה שֶׁהָיְתָה תְּמִימָה בְּמַעֲשֶׂיהָ. אָמַר רַבִּי יוֹחָנָן כְּהָדָא עֶגְלְתָא תְּמִימְתָא. "וְנַחֲלָתָם לְעוֹלָם תִּהְיֶה", שֶׁנֶּאֱמַר "וַיִּהְיוּ חַיֵּי שָׂרָה", מַה צּוֹרֶךְ לוֹמַר שְׁנֵי חַיֵּי שָׂרָה בָּאַחֲרוֹנָה לוֹמַר לְךָ שֶׁחָבִיב חַיֵּיהֶם שֶׁל צַדִּיקִים לִפְנֵי הַמָּקוֹם בָּעוֹלָם הַזֶּה וְלָעוֹלָם הַבָּא:**

ב (קהלת א, ה) **"וְזָרַח הַשֶּׁמֶשׁ וּבָא הַשָּׁמֶשׁ", אָמַר רַבִּי אַבָּא בַּר כָּהֲנָא [ג]וְכִי אֵין אָנוּ יוֹדְעִין שֶׁזָּרַח הַשֶּׁמֶשׁ וּבָא הַשָּׁמֶשׁ אֶלָּא עַד שֶׁלֹּא יַשְׁקִיעַ הַקָּדוֹשׁ בָּרוּךְ הוּא שִׁמְשׁוֹ שֶׁל צַדִּיק הוּא מַזְרִיחַ שִׁמְשׁוֹ שֶׁל צַדִּיק חֲבֵירוֹ. יוֹם שֶׁמֵּת רַבִּי עֲקִיבָא נוֹלַד רַבֵּינוּ**

רש"י

נח [א] **כשם שהם תמימים כן שנותן תמימות.** היה לו לומר מאה ועשרים ושבע שנה אלא כך הוא אומר בת מאה כבת עשרים לנוי בת עשרים כבת ז' לחטא: **יודע ה' ימי תמימים.** זו שרה אמר רבי יוחנן כהדא עגלתא תמימתא: **נחלתם לעולם תהיה** שני חיי שרה לאחר שנאמר ויהיו חיי שרה מה צורך לומר שני חיי שרה באחרונה אלא לומר לך שחביב חייהן של צדיקים לפני הקדוש ברוך הוא בעולם הזה ולעולם הבא. ולפיכך הזכיר במקרא שתי פעמים חיי שרה לומר שזכתה לחיי העולם הבא הדא הוא דכתיב יודע ה' ימי תמימים והיו חיי שרה בעולם הזה ונחלתם לעולם תהיה לעולם הבא:

מתנות כהונה

נח [א] **עשרים וכו'.** דייק מדלא כתיב שבע ועשרים ומאה שנה וכתב שנה בכל כלל וכלל כפי' רש"י בחומש מב"ר בהדיא והרמב"ן פי' בפרשה זו שהוציאו זה משני חיי שרה: **כבת עשרים לחטא.** גרסינן שהרי אינה בת עונשין עדיין שקודם מתן תורה לא היו נענשין עד מאה שנה. בת שבע עדיין לא הוכחש יפיה מחמת דם וסתה: עגלתה תמימה כו'. עגלה תמימה בלי מום אשר לא עלה עליה עול וכל מום לא יהיה בו: **שנאמר ויהיו בו'.** שחבב הקב"ה שנות הצדיקים וכותבם בתורה כדי שיהיו נחלת ימיהם זכורה לעד וכן הוא לקמן ריש פרשה ס"ב: **מה צורך לומר שני חיי שרה.** שהרי כבר אמר חיי שרה אלא רמז לשני מיני החיים חיי

נחמד למראה

נח [א] **כשם שהם תמימים כך שנותם תמימים וכו'.** יש להקשות במאי קא מיפלגי דחד אמר כשם שהם תמימים כך שנותם תמימים ואידך אמר ימי תמימים שהיתה תמימה במעשים. וכ"ל דהני תנאי כהני תנאי דלקמן בפרשה זו בפסוק ויבא אברהם לספוד לשרה. דר' לוי אמר מקבורתו של תרח וכו' דס"ל דלא מתה שרה מפני עקידת יצחק שא"כ נמצא שחסרה משנותיה שהיתה ראויס לחיות וחלילה לאל שיקצר שנותיה של אותה צדקת כי יראת ה' תוסיף ימים ורבי יוסי סבר שמהר מוריה בא ומתה שרה

אשד הנחלים

נח [א] **כשם שהם תמימים כן מעשיהם תמימים.** באורו התמים נקרא. מי שמעשיו ופעולותיו עשוים באמת לפי הכוונה הרצויה והתמימה. אך יתכן שהאדם למשל באחרית הזמן ישתלם ויהי' תמים. אכן בראשית ימי חייו פעל רע או לא טוב. לזה אומר שהכתוב מרמז במלת ימ"י תמימים שה' ב"ה אוהב [ע"ד כי יודע ה' דרך צדיקים] שגם הימים יהיו תמימים ראשיתו כאחריתו ואחריתו כראשיתו. ולכן נכתב פרטי המאה לבד והעשירות לבד והאחדים לבד להורות שהם זמנים מתחלקים כפי הטבע. ועכ"ז היו כולם שוים לטובה. ולכן נכתב בסוף בכלל. ששנה בדבר לומר שני חיי שרה. להורות בא. ששינויי השנים האלו המה שני חיי שרה בכלל. וכאחד המה לטובה. והד"א בא לחדש על מלת תמימים. שיתכן לומר שפרושו רק על פעולה אחת. רק שהיא תמימה במחשבת אמת. ויתכן לומר אם יתאחדו כל הפעולות ביחד עד שיהיו מקושרים בקשר נכון כפי שיכון התכלית מהמעשים ההם. אז נקרא תמים. וע"ז הפירוש נוסד דברי ר"י כעגלתא תמימתא שהיא בלי מום באחד מאיבריה. ואז היא על מתכונת התמימות בתכונת כל איבריה בכלל. ולכן נכתב ג"כ ימי תמימים. כי חיבור כל הפעולות הטובות המתאחדים לתכלית אחת נקרא תמים. וביאר ונחלתם. כלומר שיהי' נחלת ימיהם זכורה לעד. ודייק שחביב לו בעוה"ז ובעוה"ב מדכתיב חיי. רומז לשני מיני החיים [מ"כ]. וכלומר שלא ידומה כי חיי העוה"ז ההבל והכלה איננה נחשבת למאומה לפניו ית' להזכיר מטובתו. לזה אומר שלא כן אחר שהיא הכנה לשלימות וכל אריכות ימיהם מרבה רבוי במע"ט: [ב] **שמשו של צדיק.** הוא דרך צחות וסמך במקרא ואחז במליצה זו לפי שהשמש בעצמה מאירה גם בלילה. רק שנשקעת למטה ונסתרת אורה. כן נשמת הצדיק חיה

עץ יוסף

נח (א) **כשם שהם תמימים.** שכוונת הכתוב התמימים על שניהם כשם שהם תמימים כך שנותם תמימים: **כשם שהם** תמימים כך שנותם תמימים. ד"א יודע ה' ימי תמימים זו שרה שהיתה תמימה במעשים בת כ' כבת ז' לנוי בת ק' כבת כ' שנה לחטא א"ר יוחנן כהדא. כנ"ל (יפ"ת) ור"ל שפרש"י בחומש נסמכה מיתת שרה לעקידת יצחק לפי שע"י בשורת העקידה שנזדמן בנה לשחיטה וכמעט שלא נשחט פרחה נשמתה ומתה והוא בפדר"א וא"כ היה אפשר לומר שרה לא נשלמה שנותיה שמתה קודם הזמן שהוקצב לה. זשה"כ יודע ה' ימי תמימים כשם שהם תמימים כך שנותם תמימים ומתה בזמנה אלא שלכל מיתה צריכה להיות סבה ובה היתה הסיבה העקידה: **בת כ' כבת ז' כו'** עיין בפרש"י בחומש וברא"מ: **כהדא עגלתא** כלו' כלילת יופי בצדקות ובנוי שבכ"מ מכנה השלמת היופי לעגלה כמו עגלה יפיפיה מצרים וכדאיתא בסנהדרין דף כ"א עגלה זו מיכל (יפ"ת). או על שם שהלכה בתמימות אחר אברהם כמו העגל שהולכת בתמימות אחר אמה. וכדאיתא במדרש על פסוק נחית כצאן עמך (ש"ר פ' כ"ד) ע"ש. כן שרה הלכה בתמימות אחר אברהם כדאי' לעיל פ' מ"א (נזה"ק): **ונחלתם לעולם כו'** פי' ונחלתם קאי אימים כי ימי הצדיקים חביבין לפני המקום בעוה"ז ובעוה"ב כדמפרש ואזיל שמדחזר להזכירם הוא ע"כ מחיבה. והכוונה למה שאמר בזוהר שהימים היוצאים בטובה קנו מציאות ממש. ולזה חביבים בעוה"ז ובעוה"ב כי אינם כלים אלא קיימים ונצחיים לעוה"ב כמלאכים: (ב) **וכי אין אנו יודעים כו'.** ומאי קמ"ל קרא בהא: **שמשו של צדיק אחר.** וממילא תמיד אין העולם חסר מצדיקים שנתן הקב"ה בחסדו צדיקים בכל דור ודור כדי לקיים בהם העולם. ואע"פ שיראת שמים אינה בידי שמים. מכל מקום הקב"ה יודע מעשה הצדיקים העתידים קודם לידתן. ואין זה ביטול הבחירה

פירוש מהרז"ו

נח א **בת כ' כו'** בילקוט תהלים ל"ז הגי' בת ק' כבת כ' לנוי ובת כ' כבת ז' לחטא. וגי' זו עיקר. ויופי האדם בבן כ' כמ"ש לעיל פר' י"ד ר"ס ז' אדם וחוה כבני כ' שנה נבראו. והנה שרה בת צ' נלקחה מאבימלך ומה גם אחרי שחזרה לנערותה. ומ"ש ימי פי' השנים כמו ימים תהיה גאולתו וכדומה. ומ"ש תמימים כמ"ש את מספר ימיך אמלא. ונראה שמ"ש בת כ' כבת ז' כו' צ"ל אחר מ"ש ד"א זו שרה. ותחלה דרש יודע ה' על סתם צדיקים ואח"כ ביחוד על שרה (וכ"כ היפ"ת) ועי' לקמן ריש פר' ס"ב ור"פ ס"ד בא"א: **כהדא עגלתא** כפול לקמן סי' ב'. וכאן אין לו באור וצ"ע: (ב) **וכי אין אנו יודעין** עי' קה"ר פסוק זה. ומד"ש ספ"ח: **של צדיק** וכמ"ש לפני זה דור הולך ודור בא וגו'. ועי' בזוהר ע"פ הנך שוכב עם אבותיך וקם קם לה זיהרא לאחרא וז"ש זורח הוא שם ע"ש: **נולד רבי** רבינו הקדוש:

חידושי הרד"ל

נח [א] **כך שנותן תמימים.** כמו תמים יחדו מותאמים ושקולים זל"ז. כדמפ' ובת כ' כו': **כבת ז' לנוי.** עמ"כ. ומ"ש דבז' מתחיל עדנה. ליתא דבנדה (ה'.) מפורש דמשיגיעו ימי הנעורים חשוב הגיע זמנה לראות (גם מ"ש שקודם מ"ת לא היו עונשין עד בן ק'. נראה ע"ש דזה היה קודם המבול כדלעיל פכ"ו. גם באמת כאן דמדמה בת ק' כבת כ' לחטא. א"צ לומר רק שלא היו עונשין קודם מ"ת עד כ' וכמו בב"ד של מעלה בשבת (פ"ט:) ובכ"מ. וכנ"ל במ"כ כ' במקום ק'). והעיקר נראה כגי' רש"י שהביא ביד"מ בת ק' כבת כ' לנוי. ומשום שכ' שנה הוא ימי עיקר של ימות גדול האדם וכדלעיל פר' י"ד באדם וחוה כבני כ' שנה נבראו בשלמותן ע"ש ועיין ר' בחיי כאן. ובת כ' כבת ז' לחטא (ותלה החטא בז'. שמשבע ואילך הוא זמן חינוך קטן למצות. ולא קודם לכן. ובפי' הגר"א ז"ל למגלת אסתר ע"ד הרמז כתוב דבשנת ז' מתחיל יצה"ר להטות האדם ע"ש): **בהדא עגלתא תמימתא.** אפשר פירושו כעגלה הנמשכת בתמימותה אחר רצון בעליה. כן שרה נמשכה אחר רצון אברהם בתמימותה ושמעה לקולו לומר אחותו היא. ואף שכבר לקחה ע"י כן במצרים חזרה לעשות רצונו לומר כן בגרר:

מסורת המדרש

א ילקוט כאן רמז ק"ב. ילקוט תהלים רמז תר"ל:
ב שבת פ"ט:
ג קהלת רבה פרשה א' פסוק ה'. מדרש שמואל פרשה א'. יומא דף ל"ח. קידושין דף ע"ב. ילקוט כאן רמז ק"ב. ילקוט שמואל א' רמז ל"ז:

אם למקרא

יוֹדֵעַ ה' יְמֵי תְמִימִם וְנַחֲלָתָם לְעוֹלָם תִּהְיֶה:
(תהלים לז:יח)

וְזָרַח הַשֶּׁמֶשׁ וּבָא הַשָּׁמֶשׁ וְאֶל־מְקוֹמוֹ שׁוֹאֵף זוֹרֵחַ הוּא שָׁם:
(קהלת א:ה)

וְקָרְאוּ עָלָיו "וְזָרַח הַשֶּׁמֶשׁ וּבָא הַשָּׁמֶשׁ" – **and they applied** this verse **to him** – ***And the sun rises and the sun sets.***[11] **יוֹם שֶׁמֵּת רַבֵּינוּ נוֹלַד רַב אָדָא בַּר אַהֲבָה** – **On the day that our Master died, Rav Adda bar Ahavah was born,** **וְקָרְאוּ עָלָיו "וְזָרַח הַשֶּׁמֶשׁ וּבָא הַשָּׁמֶשׁ"** – **and they applied** this verse **to him** – ***And the sun rises and the sun sets.*** **יוֹם שֶׁמֵּת רַב אָדָא בַּר אַהֲבָה נוֹלַד רַבִּי אָבוּן** – **On the day Rav Adda bar Ahavah died, R' Avun**[12] **was born,** **וְקָרְאוּ עָלָיו "וְזָרַח הַשֶּׁמֶשׁ וּבָא הַשָּׁמֶשׁ"** – **and they applied** this verse **to him** – ***And the sun rises and the sun sets.*** **יוֹם שֶׁמֵּת רַבִּי אָבוּן נוֹלַד רַבִּי אָבוּן בְּרֵיהּ** – **On the day R' Avun died, his son, R' Avun** II, **was born.** **יוֹם שֶׁמֵּת רַבִּי אָבוּן נוֹלַד אַבָּא הוֹשַׁעְיָה אִישׁ טְרִיָּא** – **On the day R' Avun** II **died, Abba Hoshaya of Turya was born.** **יוֹם שֶׁמֵּת אַבָּא הוֹשַׁעְיָה נוֹלַד רַבִּי הוֹשַׁעְיָה** – **On the day that Abba Hoshaya died, R' Hoshaya was born,** **וְקָרְאוּ עָלָיו "וְזָרַח הַשֶּׁמֶשׁ וּבָא הַשָּׁמֶשׁ"** – **and they applied** this verse **to him** – ***And the sun rises and the sun sets.***

The Midrash now applies this concept to Biblical personalities. In these examples, unlike the previous ones, the "sunrise" of the next righteous leader occurred during the lifetime – not on the day of death – of his predecessor:

עַד שֶׁלֹּא הִשְׁקִיעַ שִׁמְשׁוֹ שֶׁל מֹשֶׁה הִזְרִיחַ שִׁמְשׁוֹ שֶׁל יְהוֹשֻׁעַ – **Before** the Holy One, blessed is He, **brought about the "sunset" of Moses, He brought about the "sunrise" of Joshua,** **שֶׁנֶּאֱמַר "וַיֹּאמֶר ה' אֶל מֹשֶׁה קַח לְךָ אֶת יְהוֹשֻׁעַ בִּן נוּן"** – **as it is written, *HASHEM said to Moses, "Take to yourself Joshua son of Nun,*** *a man in whom there is spirit, and lean your hand upon him . . . and you shall place some of your majesty upon him"* (*Numbers* 27:18-20).[13] **עַד שֶׁלֹּא שָׁקְעָה שִׁמְשׁוֹ שֶׁל יְהוֹשֻׁעַ זָרְחָה שִׁמְשׁוֹ שֶׁל עָתְנִיאֵל בֶּן קְנַז** – **Before the sunset of Joshua, the sun of Othniel son of Kenaz began to rise,** **שֶׁנֶּאֱמַר "וַיִּלְכְּדָהּ עָתְנִיאֵל בֶּן קְנַז"** – **as it is written, *Othniel son of Kenaz, brother of Caleb, conquered it*** (*Joshua* 15:17).[14]

עַד שֶׁלֹּא שָׁקְעָה שִׁמְשׁוֹ שֶׁל עֵלִי זָרְחָה שִׁמְשׁוֹ שֶׁל שְׁמוּאֵל – **Before the sunset of Eli, the sun of** the prophet **Samuel began to rise,** **שֶׁנֶּאֱמַר "וְנֵר אֱלֹהִים טֶרֶם יִכְבֶּה וּשְׁמוּאֵל שֹׁכֵב בְּהֵיכַל ה'"** – **as it is written, *The lamp of HASHEM had not yet gone out in the Temple of HASHEM, and Samuel was lying*** *. . . and HASHEM called to Samuel* (*I Samuel* 3:3-4).[15] **עַד שֶׁלֹּא הִשְׁקִיעַ הַקָּדוֹשׁ בָּרוּךְ הוּא שִׁמְשָׁהּ שֶׁל שָׂרָה** – And **before the Holy One, blessed is He, brought about the sunset of Sarah,** **הִזְרִיחַ שִׁמְשָׁהּ שֶׁל רִבְקָה** – **He** first **caused the sun of Rebecca to rise,** **בַּתְּחִלָּה "הִנֵּה יָלְדָה מִלְכָּה גַם הִיא בָּנִים"** – for **at first** it is written, *It came to pass after these things, that Abraham was told, saying:* ***Behold, Milcah too has borne children*** *to Nahor, your brother . . . and Bethuel begot Rebecca* (above, 22:20), **וְאַחַר כָּךְ** – and **after that** is it written, **"וַיִּהְיוּ חַיֵּי שָׂרָה מֵאָה שָׁנָה"** – ***Sarah's lifetime was one hundred years*** *. . . and Sarah died.*Ⓐ

§3 [מֵאָה שָׁנָה וְעֶשְׂרִים שָׁנָה וְשֶׁבַע שָׁנִים – *SARAH'S LIFETIME WAS ONE HUNDRED YEARS, TWENTY YEARS, AND SEVEN YEARS.*]

The Midrash records a lesson taught in relation to the years of Sarah's life:

רַבִּי עֲקִיבָא הָיָה יוֹשֵׁב וְדוֹרֵשׁ – **R' Akiva was sitting and expounding** the Torah, **וְהַצִּבּוּר מִתְנַמְנֵם** – **and** he saw that **the audience was dozing off.** **בִּקֵּשׁ לְעוֹרְרָן** – **[R' Akiva] wished to wake them up,**[16] **אָמַר: מָה רָאֲתָה אֶסְתֵּר שֶׁתִּמְלוֹךְ עַל שֶׁבַע וְעֶשְׂרִים וּמֵאָה מְדִינָה** – so **he said: Why was Esther seen fit to rule over one hundred twenty-seven provinces?**[17] What merit did she have? **אֶלָּא, תָּבֹא אֶסְתֵּר שֶׁהָיְתָה בַּת בִּתָּהּ שֶׁל שָׂרָה שֶׁחָיְתָה ק' וְכ' וְז'** – **However,** the answer is this: **Let Esther, who was the descendant of Sarah – who lived for one hundred twenty-seven years – come** **וְתִמְלוֹךְ עַל ק' וְכ' וְז' מְדִינוֹת** – **and rule over one hundred twenty-seven provinces.**[18]Ⓑ

NOTES

11. That is, people applied this verse to him once he grew up and it became obvious that he was a great luminary born to fill the loss of R' Akiva.

12. Called "Ravin" in the Babylonian Talmud.

13. Moses did this in order to give Joshua the power to lead the Jewish people. Thus Joshua's ascent began before Moses passed away.

14. Othniel thus began his career of leadership during the lifetime of Joshua (for this incident took place while Joshua was still alive). Othniel later (after Joshua's death) became the leader of Israel, as it is written (*Judges* 3:9-10), *The Children of Israel cried out to HASHEM, and HASHEM set up a savior for the Children of Israel and he saved them: Othniel son of Kenaz, Caleb's younger brother. The spirit of HASHEM was upon him and he judged Israel* (*Maharzu*).

15. The "lamp of Hashem" is seen as a metaphor for the prophetic power of Eli, the high priest. The verse is saying that before Eli's "lamp" had been "extinguished," Samuel began to experience prophecy, when *HASHEM called to him* (*Yefeh To'ar*).

At this point the printed editions of the Midrash have: **אָמַר רַבִּי יוֹחָנָן** – **R' Yochanan** commented on this and **said:** **כְּהָדָא עֶגְלְתָא תְּמִימְתָא** – Samuel was **like a perfect calf.**

The Midrash commentators (*Matnos Kehunah, Yefeh To'ar, Yedei Moshe,* etc.) call for the deletion of this line, and we have followed their recommendation. [However, see *Maharzu* here and *Netziv* in *Haamek Davar* to 16:6 above, who offer novel interpretations that justify the standard text.]

16. By digressing to a lighter, Aggadic topic.

17. For she was the queen of Ahasuerus, *who reigned from India to Cush, a hundred and twenty-seven provinces* (*Esther* 1:1).

18. She conducted herself with modesty and righteousness like Sarah, so she was granted reward corresponding to Sarah's life span (*Ohr HaSeichel*). See Insight Ⓑ.

INSIGHTS

Ⓐ **The Setting Sun** *R' Yonasan Eibeshutz* (*Yaaros Dvash, Derush* §7) explains why we mourn the loss of a Torah sage, despite the fact that, as we learn here, a "new sun" has risen to take his place. First, there is יְרִידַת הַדּוֹרוֹת, the natural *generational decline,* to consider. Each generation is a step further from Sinai, and from the clarity of thought that existed when the Torah was given to us. As such, Torah concepts once clear as day become muddled; Torah arguments arise concerning laws that were once easily understood. This phenomenon is similar to that which can be observed by examining a growing tree: the further away the fruit is from the tree's roots, the less nourishment and strength it receives. This loss of clarity, resulting from the loss of a Torah sage, is true reason to mourn.

Second, as the Midrash states, when one sage dies, the other *is just born.* While we may take comfort in the fact that we are not left with a permanent vacuum, who is to say what will occur in the interim, until the infant future sage grows into his role as a Torah leader? How many years will it take until the young sage matures into the scholar and leader that he is destined to become? For this reason, we must mourn the tremendous loss of the "setting sun" (see *Yefeh To'ar*).

Ⓑ **A Call to Wakefulness** What message was R' Akiva trying to convey to his dozing audience by quoting this specific Aggadah?

Chidushei HaRim (cited in *Pnei Menachem*) explains that R' Akiva was pointing out that for each one of Sarah's "perfect" years of service to Hashem (see Midrash 58 §1 above), her descendant, Esther, merited to rule over a province. Each day, then, was "worth" a town, and each hour, a district. If such tremendous reward is a direct outgrowth of serving Hashem, how is it possible for one to sleep away precious moments during a Torah discourse? R' Akiva sought to impress upon his audience the importance of every moment of life spent engaged in Torah study and the service of Hashem, for one can not imagine the outstanding reward that one (and one's descendants) will receive for each and every moment involved in Torah study.

R' Tzadok HaKohen (*Pri Tzaddik*) addresses the implied question: how could people doze off while the great R' Akiva was teaching? He

וְקָרְאוּ עָלָיו "וְזָרַח הַשֶּׁמֶשׁ וּבָא הַשָּׁמֶשׁ". יוֹם שֶׁמֵּת רַבֵּינוּ נוֹלַד רַב אָדָא בַּר אַהֲבָה וְקָרְאוּ עָלָיו "וְזָרַח הַשֶּׁמֶשׁ וּבָא הַשָּׁמֶשׁ". יוֹם שֶׁמֵּת רַב אָדָא בַּר אַהֲבָה נוֹלַד רַבִּי אָבוּן וְקָרְאוּ עָלָיו "וְזָרַח הַשֶּׁמֶשׁ וּבָא הַשָּׁמֶשׁ". יוֹם שֶׁמֵּת רַבִּי אָבוּן נוֹלַד רַבִּי אָבוּן בְּרֵיהּ. יוֹם שֶׁמֵּת רַבִּי אָבוּן נוֹלַד אַבָּא הוֹשַׁעְיָה אִישׁ טְרִיָּא. יוֹם שֶׁמֵּת אַבָּא הוֹשַׁעְיָה נוֹלַד רַבִּי הוֹשַׁעְיָה וְקָרְאוּ עָלָיו "וְזָרַח הַשֶּׁמֶשׁ וּבָא הַשָּׁמֶשׁ". עַד שֶׁלֹּא הִשְׁקִיעַ שִׁמְשׁוֹ שֶׁל מֹשֶׁה הִזְרִיחַ שִׁמְשׁוֹ שֶׁל יְהוֹשֻׁעַ שֶׁנֶּאֱמַר (במדבר כז, יח) "וַיֹּאמֶר ה' אֶל מֹשֶׁה קַח לְךָ אֶת יְהוֹשֻׁעַ בִּן נוּן". עַד שֶׁלֹּא שָׁקְעָה שִׁמְשׁוֹ שֶׁל יְהוֹשֻׁעַ זָרְחָה שִׁמְשׁוֹ שֶׁל עָתְנִיאֵל בֶּן קְנַז שֶׁנֶּאֱמַר (יהושע טו, יז) "וַיִּלְכְּדָהּ עָתְנִיאֵל בֶּן קְנַז". עַד שֶׁלֹּא שָׁקְעָה שִׁמְשׁוֹ שֶׁל עֵלִי זָרְחָה שִׁמְשׁוֹ שֶׁל שְׁמוּאֵל שֶׁנֶּאֱמַר (שמואל א ג, ג) "וְנֵר אֱלֹהִים טֶרֶם יִכְבֶּה וּשְׁמוּאֵל שֹׁכֵב בְּהֵיכַל ה'". אָמַר רַבִּי יוֹחָנָן כְּהָדָא עֶגְלְתָא °תְּמִימְתָא, עַד שֶׁלֹּא הִשְׁקִיעַ הַקָּדוֹשׁ בָּרוּךְ הוּא שִׁמְשָׁהּ שֶׁל שָׂרָה הִזְרִיחַ שִׁמְשָׁהּ שֶׁל רִבְקָה, בַּתְּחִלָּה (לעיל כב, כ) "הִנֵּה יָלְדָה מִלְכָּה גַּם הִיא בָּנִים", וְאַחַר כָּךְ: "וַיִּהְיוּ חַיֵּי שָׂרָה מֵאָה שָׁנָה":

ג [י]רַבִּי עֲקִיבָא הָיָה יוֹשֵׁב וְדוֹרֵשׁ וְהַצִּבּוּר מִתְנַמְנֵם, בִּקֵּשׁ לְעוֹרְרָן אָמַר: מָה רָאֲתָה אֶסְתֵּר שֶׁתִּמְלוֹךְ עַל שֶׁבַע וְעֶשְׂרִים וּמֵאָה מְדִינָה, אֶלָּא תָּבֹא אֶסְתֵּר שֶׁהָיְתָה בַּת בִּתָּהּ שֶׁל שָׂרָה שֶׁחָיְתָה ק' וְכ' וְז' וְתִמְלוֹךְ עַל ק' וְכ' וְז' מְדִינוֹת:

רש"י

[ב] **עד שלא שקעה שמשו של יהושע זרחה שמשו של עתניאל בן קנז.** דכתיב וילכדה עתניאל בן קנז ועדיין יהושע קיים וכבר יולא ובא:

מתנות כהונה

עולם הזה וחיי עולם הבא כן פי' רש"י: [ב] **עתניאל כו'.** הוא יעבץ שהיה שופט הדור ורבן תורה בישראל כדאיתא פ' ג' דתמורה: [**בהיכל ה' וגו'.** גרסינן: ה"ג **בהיכל ה' וגו'.** עד שלא השקיע כו']:

נחמד למראה

מאותו נער לפיכך נסמך העקידה לויהיו חיי שרה ובהך פלוגתא נמי פליגי הכא דת"ק סבר כר' לוי שלא מתה מפני עקידת יצחק ונחסרו לה משנותיה חלילה אלא הקב"ה השלים שנותיה מיום אל יום. ולפיכך דריש יודע ה' ימי תמימים כשם שהם תמימים כך שנותם תמימים ר"ל שלא נחסרו לה משנותיה כלום. והדבר אחר ס"ל כר' יוסי שמתה מפני העקידה ונחסרו משנותיה ואל דעות ה' למה. ומשו"ה דריש יודע ה' ימי תמימים שהיתה שרה תמימה במעשיה:

אשד הנחלים

לעולם. רק שנפרדת מאתנו. והקב"ה מסבב שיקום אחר במקומו המגין ומועיל לאנשי תבל. ומה שהביא פה דברי ר' יוחנן. הוא ביאור על ושמואל שוכב שמרוב תמימותו דימה שלא יתכן שה' קורא אליו כי מי הוא שיזכה לזה. והתמימות הזאת הוא בלי מחשבה מאומה. רק כדבר טבעי ועצמי כמו טבע הבע"ח. וזהו מדריגה הגבוה שבתמימות. ויתכן שגם לעיל כיוון ר"י להגדיר שם תמים ככה. ודרש ע"ד צורה. ונר אלהים. היא נשמת שדי אשר בקרב הצדיק [ע"ד הכתוב נר אלהים נשמת אדם] ורומז על הסתלקות עלי שנתבשר ע"י שמואל ומאז נגזר עליו מיתה. אז ה' קרא לשמואל להכינו שיהיה במקומו: **מה ראתה כו' בת בתה.** הוא דרך הרמז. ועל הרוב אנשי ההמון אוהבים רמזים כאלה לפי שהיא השתעשעות הדמיון ונקל להבין באין העמקת השכל. ולכן עוררן ע"ז:

עץ יוסף

שהידיעה של הקב"ה אינה מכרחת: **קוראו עליו וזרח השמש.** ר"ל שקראו עליו כשגדל וניכר בעולם וזרח השמש ובא השמש שנולד תמורת ר"ע: **יום שמת רבינו נולד כו'.** עיין פרק י' יוחסין. ועיין ביפ"ת: **יום שמת רבי אדא בר אהבה נולד רבי אבון.** בקהלת רבה ובאגדת שמואל הגי' נשתנה: **קח לך את יהושע וגומר.** וסמכת את ידך עליו וגו' ונתת מהודך עליו וגו' שנתן בו כח להנהיג את ישראל: **וילכדה עתניאל בן קנז.** וכדאיתא בפרק ב' דתמורה אלף וז' מאות ספיקות של ג"ש ושל קלין וחמורין ושל דקדוקי סופרים נשתכחו בימי אבלו של משה. ואעפ"כ החזירם עתניאל בן קנז בפלפולו שנאמר וילכדה עתניאל בן קנז. וזה היה בחיי יהושע: **ונר אלהים טרם יכבה.** ר"ל קודם שיכבה נרו של עלי (ע"ד נר אלהים נשמת אדם) ושמואל שוכב בהיכל ה' למלאות מקומו. ואע"ג שאין המקרא יוצא מידי פשוטו רמיז ביה נמי לזריחת שמשו של שמואל טרם שקיעת שמשו של עלי: **אר"י כהדא עגלתא תמימתא.** כל זה מיותר (ידי משה ויפ"ת): **בתחלה הנה ילדה כו'** סמיכות הכתובים קדריש שמתחלה כתיב ובתואל ילד את רבקה ואח"כ כתיב ויהיו חיי שרה. לומר שאחר שבאה רבקה בעולם הממלאה מקומה של שרה מתה שרה: (ג) **בקש לעוררן כו'** שדרכם היה לדרש לפעמים במילי דבדיחותא לעורר לב השומעים ויקיצו משנתם שעל הרוב אנשים רבים אוהבים רמזים כאלה לפי שהוא השתעשעות הדמיון ונקל להבין באין העמקת השכל. ועיין באסתר רבתי מ"ש שם:

פירוש מהרז"ו

נולד רבי אבין בקה"ר ומד"ש שם הגירסא ר' המנונא: **רבי אבין בריה** בילקוט ר' הושעיא בריה: **שלא השקיע** אין הכוונה בזה למיתה ולידה אלא לענין גדולה והנהגה כמ"ש כסאו כשמש: **וילכדה עתניאל** עיקר הכוונה כמ"ש שופטים ג' ט' ויקם ה' מושיע וגו' את עתניאל בן קנז והיה שופט מ' שנה אחרי מות יהושע וגם בחייו זרחה שמשו שהתחיל בלכידת עיר. וגם מ"ש (שופטים א') ויהי אחרי מות יהושע וגו' ויאמר ה' יהודה יעלה וגו' ויאמר יהודה לשמעון אחיו וגו' פירש"י שם בשם י"מ שיהודה הוא עתניאל הוא יעבץ שאמרו בתמורה דף ט"ז מה שמו יהודה אחי שמעון שמו כו' ע"ש. ולענין החכמה דרשו בתמורה שם אלף ות"ש ק"ו כו' נשתכחו באבלו של משה והחזירן עתניאל בן קנז מפלפולו שנאמר וילכדה עתניאל וגו' ע"ש (וכ"מ ביפ"ת): **שמשו של עלי** בקה"ר שם סיים וכן בכל דור ודור: **ושמואל שוכב** וס"ד ויקרא ה' אל שמואל ועלי היה קיים: **עגלתא תמימתא** נ"ל שפי' עיגול שלם וכמו שת"י ככף רגל עגל רגלין סגלגלין וכ"פ רש"י שם והוא הגלגל הסובב שכאן הוא שוקע וכאן עולה וז"ש וזרח השמש וגו' הוא גלגל השמש (ופי' זה כמדומה ששמעתי או ראיתי) וכ"מ בילקוט יהושע ושמואל א' ג'. ועי' מד"ש בפ"ט ושם בטעות: **ילדה מלכה** עד ובתואל ילד את רבקה: (ג) **מה ראתה** למה זכתה וכ"ה באסתר: **של שרה** וע"ד מ"ש לעיל פר' ל"ט סימן י"ג לרבנן שהיתה אסתר בת ע"ה שנה דומה לאברהם כשיצא מבית אביו ע"ש:

חידושי הרד"ל

(ד) [ב] **אבא הושעיה איש טריא.** משמע שהיה בימי האמוראים. ולפ"ז נ"ל דאותו שנזכר בתוספתא שלהי ב"ק ישעיה איש טוריא. הוא אחר שהיה תנא:

חידושי הרש"ש

[ב] **זרחה שמשו של עתניאל כו' שנאמר וילכדה כו'.** דדרשו בתמורה (ט"ז א) על ההלכות שהחזיר בפלפולו:

מסורת המדרש

ד אסתר רבה פרשה א'. ילקוט כאן רמז ק"ב. ילקוט אסתר רמז אל"ף מ"ה:

אם למקרא

וַיֹּאמֶר ה' אֶל־מֹשֶׁה קַח־לְךָ אֶת־יְהוֹשֻׁעַ בִּן־נוּן אִישׁ אֲשֶׁר־רוּחַ בּוֹ וְסָמַכְתָּ אֶת־יָדְךָ עָלָיו: (במדבר כז:יח)

וַיִּלְכְּדָהּ עָתְנִיאֵל בֶּן־קְנַז אֲחִי כָלֵב וַיִּתֶּן־לוֹ אֶת־עַכְסָה בִתּוֹ לְאִשָּׁה: (יהושע טו:יז)

וְנֵר אֱלֹהִים טֶרֶם יִכְבֶּה וּשְׁמוּאֵל שֹׁכֵב בְּהֵיכַל ה' אֲשֶׁר־שָׁם אֲרוֹן אֱלֹהִים: (שמואל א ג:ג)

וַיְהִי אַחֲרֵי הַדְּבָרִים הָאֵלֶּה וַיֻּגַּד לְאַבְרָהָם לֵאמֹר הִנֵּה יָלְדָה מִלְכָּה גַם־הִוא בָּנִים לְנָחוֹר אָחִיךָ: (בראשית כב:כ)

וַתָּמָת שָׂרָה בְּקִרְיַת אַרְבַּע הִוא חֶבְרוֹן בְּאֶרֶץ כְּנָעַן וַיָּבֹא אַבְרָהָם לִסְפֹּד לְשָׂרָה וְלִבְכֹּתָהּ.

Sarah died in Kiriath-arba, which is Hebron, in the land of Canaan; and Abraham came to eulogize Sarah and to weep for her (23:2).

§4 וַתָּמָת שָׂרָה בְּקִרְיַת אַרְבַּע — *SARAH DIED IN KIRIATH-ARBA, WHICH IS HEBRON.*

The Midrash discusses the place-name *Kiriath-arba,* lit., *City of Four*:

אַרְבָּעָה שֵׁמוֹת נִקְרְאוּ לָהּ — **[This city] is called by four names:** אֶשְׁכּוֹל, וּמַמְרֵא, קִרְיַת אַרְבַּע, חֶבְרוֹן — **"Eshcol,"**[19] **"Mamre,"**[20] **"Kiriath-arba,"** and **"Hebron."** וְלָמָּה הוּא קוֹרֵא אוֹתָהּ קִרְיַת אַרְבַּע — **And why does [Scripture] call it Kiriath-arba?**[21] שֶׁדָּרוּ בָהּ ד׳ צַדִּיקִים — **Because** of the **four righteous people who lived there** in Abraham's time, עָנֵר אֶשְׁכּוֹל וּמַמְרֵא וְאַבְרָהָם — namely, **Aner, Eshcol, Mamre**[22] **and Abraham;** וּמָלוּ בָהּ ד׳ צַדִּיקִים — **and** because of the **four righteous people** who **were circumcised there,** אַבְרָהָם עָנֵר אֶשְׁכּוֹל וּמַמְרֵא — namely, **Abraham, Aner, Eshcol and Mamre.**[23]

דָּבָר אַחֵר "קִרְיַת אַרְבַּע" — **Another explanation** of the name **Kiriath-arba** שֶׁנִּקְבְּרוּ בָהּ ד׳ צַדִּיקִים אֲבוֹת הָעוֹלָם — is that it is called this **because four righteous people who were the Patriarchs of the world were buried there:** אָדָם הָרִאשׁוֹן אַבְרָהָם יִצְחָק וְיַעֲקֹב — **Adam, the first** man; **Abraham; Isaac; and Jacob.**

דָּבָר אַחֵר — **Another explanation:** שֶׁנִּקְבְּרוּ בָהּ ד׳ אִמָּהוֹת — It was called Kiriath-arba because **four Matriarchs were buried there,** חַוָּה וְשָׂרָה וְרִבְקָה וְלֵאָה — namely, **Eve, Sarah, Rebecca, and Leah;** וְעַל שֵׁם בְּעָלֶיהָ שֶׁהֵן ד׳ — **and because of the four people who** later **owned [that city],** עֲנָק וג׳ בָּנָיו — namely, **Anak** the giant **and his three sons.**[24]

אָמַר רַבִּי עֲזַרְיָה — **R' Azaryah said:** שֶׁמִּשָּׁם יָצָא אָבִינוּ אַבְרָהָם שֶׁרָדַף אַחֲרֵי אַרְבָּעָה מְלָכִים קוֹזְמוֹקְרָטוֹרִין — It was called Kiriath-arba **because it was from there that Abraham set out when he pursued the four kings** who were **world leaders.**[25] וְשֶׁהִיא עוֹלָה בְּקַרְנָסִין שֶׁל ד׳ — **And** alternatively:[26] **Because it was allotted to four** parties in succession: בַּתְּחִלָּה לִיהוּדָה — **at first to** the tribe of **Judah,** וְאַחַר כָּךְ לְכָלֵב — **then to Caleb,** וְאַחַר כָּךְ לַלְוִיִּם — **then to the Levites,** וְאַחַר כָּךְ לַכֹּהֲנִים — **and finally to the Kohanim.**[27] וְהוּא אֶחָד מד׳ מְקוֹמוֹת מְגוּנִּים שֶׁבְּאֶרֶץ יִשְׂרָאֵל — Alternatively: Kiriath-arba is so called because **it is one of the four most inferior places in the Land of Israel.** וְאֵלּוּ הֵן — **And which are these** four inferior cities? רַבִּי יִצְחָק וְרַבָּנָן — **R' Yitzchak and the** other **Sages** disputed this matter. רַבִּי יִצְחָק אָמַר — **R' Yitzchak said** the four are: דּוֹר וְנָפַת דּוֹר תִּמְנַת סֶרַח וְחֶבְרוֹן — **Dor,**[28] **the district of Dor,**[29] **Timnath-serah,**[30] **and Hebron** (Kiriath-arba). וְרַבָּנָן אָמְרֵי — **And the** other **Sages say** that the four are: דַּנָּה וְקִרְיַת סַנָּה וְתִמְנַת סֶרַח וְחֶבְרוֹן — **Dannah and Kiriath-sannah,**[31] **Timnath-serah, and Hebron.**

NOTES

19. In *Numbers* 13:22-24.

20. As in below, 23:19 and 35:27.

21. That is: The reasons for three of these names are known: "Eshcol," as related in *Numbers* 13:22-24; "Mamre," after Mamre, the owner or ruler of that land (*Matnos Kehunah;* see above, 14:13; cf. *Rashi*); and "Hebron" as related in the Midrash below, 84 §13. But what is the reason for the name "City of Four"? (*Matnos Kehunah, Yefeh To'ar*).

22. The Midrash assumes they were righteous because they were parties to a covenant with Abraham (see above, 14:13) (*Yefeh To'ar, Eitz Yosef*).

23. In 14:13 above, Scripture refers to all of them as Abraham's "allies" (בַּעֲלֵי בְּרִית אַבְרָהָם, lit., *parties to Abraham's covenant*), which is seen as an allusion that they entered into Abraham's "covenant" (בְּרִית) of circumcision (*Eitz Yosef,* from *Nezer HaKodesh*).

24. As related in *Joshua* 15:13-14.

25. In honor of Abraham who went forth from that city to defeat *four* kings (as described in *Genesis* Ch. 14), people called it "the City of Four," meaning, "the city of the great one who was the equal of four kings" (*Yefeh To'ar,* from *Eitz Yosef*).

26. *Eitz Yosef.*

27. Hebron is situated in the portion allocated to the tribe of Judah (as listed in *Joshua* 15:54); then it was awarded specifically to Caleb, the Judahite leader, as stated in *Judges* 1:20. However, the city proper was given to the Levites (*I Chronicles* 6:40); only *the fields of the city and its villages were given to Caleb son of Jephunneh* (ibid., v. 41). And, finally, of all the divisions of the tribe of Levi, specifically the Kohanim were given the city, as stated (ibid., v. 42): *The sons of Aaron were given the cities of refuge: Hebron, etc.* (*Rashi*).

28. In the territory of Manasseh (see *Joshua* 17:11).

29. See ibid. 12:23.

30. In Mount Ephraim; see ibid. 19:50.

31. See ibid. 15:49.

INSIGHTS

explains that the audience, in their imperfect spiritual state, felt no connection to the lofty Torah thoughts that R' Akiva was expounding. R' Akiva sought to dispel these negative feelings, for he knew that each and every Jew has the potential to attain the level of the Patriarchs (at least in some aspect) and as such, every person has an obligation to strive towards this goal (*Eichah Rabbah* §25). R' Akiva cited Esther as an example. Esther could have easily been depressed about her situation: forcibly married to the evil King Ahasuerus and separated from her people. Yet she realized that if Hashem placed her in such a state, it was for a purpose; she had faith in the Divine plan. She learned this outlook from Sarah, whose days were *all* perfect: even the days of her youth in Haran's househould, which surely was not as spiritually exalted as the household of Abraham. Yet, Hashem considered all her days "perfect," because she excelled in every situation in which she found herself. R' Akiva explained to his audience that lofty Torah wisdom is attainable regardless of one's current spiritual state. [See also *Michtav MeEliyahu* (Vol. III, pp. 21-23).]

Minchas Aharon explains this Midrash in context of the historical time period in which R' Akiva lived. R' Akiva lived during the Bar Kochba rebellion, subsequent to the destruction of the Second Temple by the Romans. The Romans sought to suppress Jewish spiritual life and imposed many decree upon them, the most infamous of which was the ban on Torah study. R' Akiva ignored the ban and continued teaching Torah to the masses (see *Berachos* 61b). While he was teaching, R' Akiva saw members of his audience "dozing off," i.e. falling into a state of depression and despair from the Roman oppression. R' Akiva sought to encourage them to not despair, but rather to trust fully in Hashem and His salvation. He referenced the days of Esther, when Haman sought to annihilate the entire Jewish people; yet Mordechai and Esther trusted in Hashem, and salvation was quick to arrive. Haman and his sons were hanged, and Esther, in the merit of her ancestor Sarah, ruled over 127 provinces.

ד [כג, ב] **"וַתָּמָת שָׂרָה בְּקִרְיַת אַרְבַּע".** **ד' שֵׁמוֹת נִקְרְאוּ לָהּ, אֶשְׁכּוֹל, וּמַמְרֵא, קִרְיַת אַרְבַּע, חֶבְרוֹן. וְלָמָּה הוּא קוֹרֵא אוֹתָהּ קִרְיַת אַרְבַּע שֶׁדָּרוּ בָהּ ד' צַדִּיקִים עָנֵר, אֶשְׁכּוֹל, וּמַמְרֵא וְאַבְרָהָם, °וְנִמּוֹלוּ בָהּ ד' צַדִּיקִים, אַבְרָהָם, עָנֵר, אֶשְׁכּוֹל וּמַמְרֵא. דָּבָר אַחֵר "קִרְיַת אַרְבַּע" שֶׁנִּקְבְּרוּ בָהּ ד' צַדִּיקִים אֲבוֹת הָעוֹלָם, אָדָם הָרִאשׁוֹן, אַבְרָהָם, יִצְחָק וְיַעֲקֹב. דָּבָר אַחֵר שֶׁנִּקְבְּרוּ בָהּ ד' אִמָּהוֹת, חַוָּה וְשָׂרָה וְרִבְקָה וְלֵאָה. וְעַל שֵׁם בְּעָלֶיהָ שֶׁהֵן ד', עֲנָק וג' בָּנָיו. אָמַר רַבִּי עֲזַרְיָה שֶׁמִּשָּׁם יָצָא אָבִינוּ אַבְרָהָם שֶׁרָדַף אַחֲרֵי אַרְבָּעָה מְלָכִים קוֹזְמוֹקְרָטוֹרִין, וְשֶׁהִיא עוֹלָה בְּקֶרֶנְסִין שֶׁל ד', בַּתְּחִלָּה לִיהוּדָה וְאַחַר כָּךְ לְכָלֵב וְאַחַר כָּךְ לַלְוִיִּם וְאַחַר כָּךְ לַכֹּהֲנִים, וְהוּא אֶחָד מד' מְקוֹמוֹת מְגוּנִּים שֶׁבְּאֶרֶץ יִשְׂרָאֵל וְאֵלּוּ הֵן, רַבִּי יִצְחָק וְרַבָּנָן, רַבִּי יִצְחָק אָמַר דּוֹר וְנָפַת דּוֹר תִּמְנַת סֶרַח וְחֶבְרוֹן, וְרַבָּנָן אָמְרִי: דַּנָּה וְקִרְיַת סַנָּה וְתִמְנַת סֶרַח וְחֶבְרוֹן:**

רש"י

[ד] **ותמת שרה בקרית ארבע ד' שמות נקרא אשכול וממרא קרית ארבע חברון.** אשכול וממרא שניהם על שם מעשה אבל על שם ענר לא נקראת שלא מלינו מעשה וחברון נקראת על שם חבר נאה שדר בה ומלינו באברהם שנקרא חבר דכתיב אהבת לדק ותשנא רשע וגו' שמן ששון מחביריך ואלמלא שהיה חבר היאך יהו נביאים חבירים לו: **אמר רבי עזריה.** לכך נקראת ארבע שמשם ילא אברהם אבינו שרדף ד' מלכים: **קוזמו קולטורון.** קוזמו לשון יון עולם קולטורין שלטון: **שהוא עולה בקינסרון של ארבעה.** קונסרון מזלות הדין קונסרא דשם בן נח: **בתחלה לאברהם ואחר כך לכלב ואחר כך ללוים ואחר כך לכהנים.** לשבט יהודה נפלה בגורל ובחלוקה ונתנוה לכלב דכתיב ויתנו לכלב את חברון כאשר דבר משה. ללוים לערי מקלט ואת שדה העיר ואת חלריה נתנו לכלב בן יפונה באחוזתו. ובעזרא לכהנים: **ד"א שהוא מד' מקומות מגונים שבארץ ישראל.** שהוא מקום טרשים ואלו הן רבי ילחק ורבנן רבי ילחק אמר דור ונפות ותמנת סרח וחברון ורבנן אמרי דנה וקרית סנה ותמנת סרח וחברון:

מתנות כהונה

[ד] **אשכל וממרא כו'.** אשכל נקרא כן על שם המעשה על אודות האשכל אשר כרתו משם בני ישראל. ממרא כי אלוני ממרא היה. מתוך פי' רש"י משמע שנקרא כן על שם המרגלים שהמרו שם את פי ה' כי כרתו משם האשכול להמרות רוח קדשו לאמר כשם שפריה משונה כך עמה משונה: חברון על שם חברות הזוגות שנקברו שם ובפירוש רש"י מלאתי על שם אברהם חבר נאה למקום שהיה דר שם וקרית ארבע לא נתנו טעם: ולמה נקרא וכו': **על שם בעליה.** שרי העיר: **קוזמוקרטרון.** פירש"י קוזמו בלשון יון עולם קורטרין שלטון והערוך פירש תופשי העולם קוזמי עולם קרטרין תופש: **היה עולה.** חברון היה עולה בארבע גורלות כדמפרש ואזיל: **בקרנסין.** לפי הענין פירושו גורלות וכן משמע פירושו בערוך ורש"י גרס בקנסרין ופירש בו מזלות: **בתחלה ליהודה.** נפלו בגורל: **לכלב.** ככתוב בספר יהושע ויתנו לכלב את חברון: **ללוים.** לערי מקלט ואת שדה העיר ואת חלריה נתנו לכלב: [**לכהנים.** בימי עזרא כן פירש"י]: **מגונים.** וחברון היה מקום טרשין כמו שפי' רש"י בפרשת שלח לך:

אשד הנחלים

[ד] **שדרו בה ד' צדיקים ענר אשכול כו' ומלו בה.** חשב צדיקים במדות ודיעות. והמילה להיותה סגולה המיוחדת רק בישראל. ולהיות כי בודאי בימים הראשונים אשר כל אנשי תבל היו נפתים באמונת עבודת כוכבים. ורק אלו הד' נבדלו מהם באמונתם הנקיה. אין מן הפלא כי העיר אשר נמצא שמה אלו האנשים הית' מיוחדת בשמה כאלו היא דבר פליאה. שנמצא בה ד' אנשים שלמים כמוהם. ונתן עוד טעמים. שאולי מפני שנקברו בה אלה הד'. וכאלו נתכנה בתחילה בשם זה להורות על העתיד. ועוד דרש מפני הגבורים הגדולים שהיו בה. ולכן כינוה בתחילה בשם זה. אף טרם היו בה הצדיקים האלו. ולכן לא אמר ד"א שהם ד' ענק. מפני שבאמת מוכרחין אנחנו לטעם זה. מפני שראינו שנקראת הית' מקודם בשם זה. א"ו עיקר הסבה מפני בני ענק ואח"כ נשארת בכנויה מטעם הד' הצדיקים: [ד] **קוזמוקרטורין.** עיין במ"כ. ואולי הכוונה על מפת העולם הנקראת קארט: **מגונים.** לפי שהי' מקום טרשין וארץ לחה מאוד המגונה על יושביה.

עץ יוסף

(ד) **אשכול** כדכתיב ויבואו עד נחל אשכול: **וממרא** דכתיב ממרא קרית הארבע ונקרא ממרא ע"ש ממרא אהובו של אברהם כדאיתא בתנחומא: **קרית ארבע חברון** דכתיב ושם חברון לפנים קרית ארבע. ונקראת קרית ארבע ע"ש שדרו בה ד' לדיקים כדלקמן. וחברון על שם אברהם שהוא חבר נאה כדלקמן פ' ע"ד וחברון הוא נחל אשכול מדכתיב ויעלו בנגב ויבא עד חברון וגו' וכתיב ויבואו עד נחל אשכול וגו' דהיינו חברון שנקראת אשכול ע"ש העתיד על אודות האשכול שעתידין ישראל לכרות ממקומו: **ד' צדיקים ענר** דמכיון שהיו בעלי ברית אברהם לדיקים היו. ואע"ג דענר ואשכול היו מסיבים אותו מאחרי ה' במלות המילה כדלעיל סוף פ' מ"ב כוונתם היה שלא יסתכן אברהם ולא יעלוהו שימרה את דברו אלא שיבקש מה' לוותר לו על הדבר (יפ"ת): **ומלו בה ד' צדיקים כו'.** מדקדק לומר והמה בעלי ברית אברהם בא לרמוז על העתיד שנכנסו במסורת הברית ברית מילה ע"י אברהם (נזה"ק) דלאחר שראו שאברהם לא נסתכן נימולו גם המה אתו: **אדה"ר** דאע"ג דחטא. לדיק הוה כדאיתא בפרק עושין פסין שעשה תשובה: **ועל שם בעליה** הוא כמו ד"א: **שמשם יצא אברהם כו'.** כלו' לפי שנתפרסמה גבורת אברהם ברדיפת ד' מלכים. היו מיחסים הארץ שילא משם אז אליו. וקראוה קרית ארבע כלומר קרית מלך רב כנגד ד' מלכים: **שהיא עולה בקורנסין.** הוא כמו דבר אחר. וקורנסין פירושו גורל כי הגורל היה ד' פעמים שבתחלה עלתה בגורל כלל העיר בכלל גבול בני יהודה. ושוב נתיחד ממנה חלק כלב. ושוב עלה הגורל על הנשאר ממנה ליתנה למקלט ללוים בכל הערים שנתנו לכלל הלוים. ושוב כשבאו לחלק הערים ללוים לבני אהרן ולשאר בני קהת ולבני גרשון ומררי עלתה עיר חברון בחלק הכהנים בני אהרן (יפ"ת): **והוא אחד מן כו'** ופי' קרית

פירוש מהרז"ו

(ד) **ארבע שמות** ילקוט יהושע י"ד סי' ח'. אשכול כמ"ש למקום ההוא קרא נחל אשכול והיינו חברון. וכמ"ש במ"ר פט"ז סימן י"ד על פסוק אם לא הארץ אשר דרכה רגלך בה לך אתננה היא חברון ע"ש. וממרא כמ"ש ממרא קרית הארבע היא חברון: **שדרו בה ארבע צדיקים** כמ"ש והוא שוכן באלוני ממרא האמורי אחי אשכול ואחי ענר ומאחר שהיו אחים מן הסתם דרו יחד. וכתיב שם והם בעלי ברית אברם שמלו אתו שם: **אדם הראשון** כדלקמן סי' ח' ועל אדה"ר אינו מפורש במקרא אך בדברי חז"ל מפורש בפר"א ס"פ כ' ופר' ל"ו. וכן בגמרא איתא שאמוראים ראו לאדה"ר במערה וכ"ה בזוהר ריש פר' חיי שרה [וגם חוה איתא בפרק חזקת הבתים בר' בנאה דהוה מליין מערתא דהיא נקברת שם. יפ"ת]: **בעליה שהן ארבע** כמ"ש ביהושע י"ד וט"ו קרית ארבע אבי הענק היא חברון וגרש משם את שלשה בני ענק: **בקרנסין** פירש במ"ע לשון שררה ומעלה: **בתחלה ליהודה** כמ"ש ביהושע ט"ו כ"ד שחושב שם חברון בנחלת יהודה ואח"כ לכלב כמ"ש שם י"ד י"ג ואח"כ ללוים כמ"ש שם ויתנו בני ישראל ללוים וגו' ושם בפסוק י"א י"ב י"ג מבואר שחברון נתנה לכהנים: **דנה וקרית סנה** מ"ש בזה מלאתי להרד"ל ע"ש:

חידושי הרד"ל

(ה) [ד] **שרדף אחר ד' מלכים.** וזהו קרית ארבע. קרית עוז שגבה מן ד' מלכים (ומ"ש ביהושע (ט"ו) קרית ארבע אבי הענק. י"ל דדרש ליה על אברהם וכמו שדרשו בת"כ קרא דהתם (יד) האדם הגדול בענקים על אברהם):

(ו) **ואחר כך ללוים.** במכות (ו'.) מפרש פרוזדא נתנו לכלב והעיר עיר מקלט ללוים:

(ז) **ואחר כך לכהנים.** כן כתוב (ד"ה א' ו'):

(ח) **ותמנת סרח.** כמ"ש בב"ב (קכ"ב.) שנקראת תמנת חרס שפירותיה כחרס והוא לגנאי. גם פשט לשון חרס שהיתה עפרה מעלה חרסין. וזה סימן לרזון הפירות. כמ"ש בבמ"ר פ' שלח לך אם של חרס היא פירותיה רזין:

(ט) **דנה וקרית סנה.** שם ערים ביהודה (יהושע ט"ו) וכתיב שם הוא דביר. וכתיב (שם ושופטים א') לדביר לפנים יקרא קרית ספר והיא קרית ספר אשר לכדה עתניאל שכתוב בה ארץ הנגב נתתני. הרי שהיתה ארץ נגב בלא מים (ואפשר לכן עשאוה קרית ספר שת"י קרית ארכי אוצר ספריהם. מפני שלא היה ראוי למקום זרע מיבשותו). ומדכתיב דנה וקרית סנה בהדדי דרשי' ששניהם היה שוין לגנאי ובספרי ריש פרשת עקב אמרו פסולת של א"י כו' כ"א אומרת תקרא על שמי מייתי כי"ב ודנה וקרית סנה היא דביר ובמקום אחר הוא אומר ושם דביר לפנים קרית ספר נמלא קרוי' ד' שמות ומה פסולת כו'. ולפ"ז כמדומני שי"ל גם על דור ונפת דור דהכא. דהיינו מ"ש (יהושע י"ז) ואת יושבי דאר ובנותיה ויושבי עין דור וגו' תענך ומגדו ובנותיה שלשת הנפת. דג' נפות הן שלשה פלכי דור כמ"ש בת"י שם. והן עין דאר תענך ומגדו. והוא דור ונפת דור דכאן כלומר ג' נופת שלה (וז"ש בסיסרא (שופטים ו') בתענך על מי מגדו. וכתיב (תהלים פ"ג) נשמדו בעין דאר. שכלם במקום א' נפות של דור היו) והיו במקום אחד ד' מלכים (אף שלא נחשבו בל"א מלכים רק תענך ומגדו ומלך דור לנפת דור) ואף שהיו פסולת א"י. שלכן הודיעו בנביאים ד' שמות של מקומות אלו להורות הדרשא של ספרי דאף על הפסולת היו קורין ד' שמות. ומזה נלמד שהן פסולת מגונים שבא"י:

מסורת המדרש

ה עירובין דף נ"ג. סוטה דף י"ג. פרקי דרבי אליעזר סוף פרק כ':

ו עיין כתובות דף קי"ב. וסוטה דף ל"ד. ובספרי פרשה עקב פיסקא ל"ז:

ענף יוסף

(ד) **שדרו בה ד' צדיקים ענר כו' ומלו בה ד"צ אברהם כו'.** לגבי דירה נקט אברהם לבסוף שלא היה תושב בארץ כאחרים. וגבי מילה שהיה הוא עיקר אקדמיה (יפ"ת):

ד' צדיקים אבות העולם. ואע"ג דאמרי' בפ"ק דברכות אין קורין אבות אלא לשלשה. היינו מאברהם ואילך. אבל אדם שהוא אב לכל העולם מיקרי אב (יפ"ת):

חידושי הרש"ש

[ד] **ענק ושלשה בניו.** כדכתיב ושם אחימן ששי ותלמי ילידי הענק (בפר' שלח) וכתיב ויורש משם כלב את שלשה בני ענק גו' (יהושע ט"ו):

ואחר כך לכהנים. כדכתיב ביהושע כ"א:

תמנת סרח. עיין ב"ב (קכ"ב ב'):

§5 וַיָּבֹא אַבְרָהָם לִסְפֹּד לְשָׂרָה — ***AND ABRAHAM CAME TO EULOGIZE SARAH.***

Where was Abraham coming from? Why was he not with Sarah when she died?

מֵהֵיכָן בָּא — Where did he come from? רַבִּי לֵוִי אָמַר — Rabbi Levi said: מִקְּבוּרָתוֹ שֶׁל תֶּרַח לְשָׂרָה בָּא — [Abraham] came straight **from the burial of** his father **Terah to** that of **Sarah.**[32] **אָמַר לֵיהּ רַבִּי יוֹסֵי — R' Yose said to [R' Levi]: וַהֲלֹא קְבוּרָתוֹ שֶׁל תֶּרַח — But did not Terah's burial קָדְמָה לִקְבוּרָתָהּ שֶׁל שָׂרָה שְׁתֵּי שָׁנִים — precede Sarah's burial by two years!?**[33] **אֶלָּא מֵהֵיכָן בָּא — Rather,** said R' Levi, **where did [Abraham] come from? מֵהַר הַמּוֹרִיָּה — He came from Mount Moriah.**[34] **וּמֵתָה שָׂרָה מֵאוֹתוֹ צַעַר — And** in fact **Sarah died from that distress,**[35] **לְפִיכָךְ נִסְמְכָה עֲקֵידָה לְ״וַיִּהְיוּ חַיֵּי שָׂרָה״ — which is why the** episode of the **Binding** of Isaac **is juxtaposed to** the verse, ***Sarah's lifetime was,*** *etc.*[36] Ⓐ

וַיָּקָם אַבְרָהָם מֵעַל פְּנֵי מֵתוֹ וַיְדַבֵּר אֶל בְּנֵי חֵת לֵאמֹר. גֵּר וְתוֹשָׁב אָנֹכִי עִמָּכֶם תְּנוּ לִי אֲחֻזַּת קֶבֶר עִמָּכֶם וְאֶקְבְּרָה מֵתִי מִלְּפָנָי. וַיַּעֲנוּ בְנֵי חֵת אֶת אַבְרָהָם לֵאמֹר לוֹ. שְׁמָעֵנוּ אֲדֹנִי נְשִׂיא אֱלֹהִים אַתָּה בְּתוֹכֵנוּ בְּמִבְחַר קְבָרֵינוּ קְבֹר אֶת מֵתֶךָ אִישׁ מִמֶּנּוּ אֶת קִבְרוֹ לֹא יִכְלֶה מִמְּךָ מִקְּבֹר מֵתֶךָ וַיָּקָם אַבְרָהָם וַיִּשְׁתַּחוּ לְעַם הָאָרֶץ לִבְנֵי חֵת.

Abraham rose up from the presence of his dead, and spoke to the children of Heth, saying, "I am an alien and a resident among you; grant me an estate for a burial site with you, that I may bury my dead from before me." And the children of Heth answered Abraham, saying to him, "Hear us, my lord: You are a prince of God in our midst; in the choicest of our burial places bury your dead, any of us will not withhold his burial place from you, from burying your dead." Then Abraham rose up and bowed down to the members of the council, to the children of Heth (23:3-7).

§6 וַיָּקָם אַבְרָהָם מֵעַל פְּנֵי מֵתוֹ — ***ABRAHAM ROSE UP FROM THE PRESENCE OF HIS DEAD.***

The Midrash draws a conclusion from the wording of this phrase:

מְלַמֵּד שֶׁהָיָה רוֹאֶה מַלְאַךְ הַמָּוֶת מִתְרִיס כְּנֶגְדּוֹ — This teaches that Abraham saw the Angel of Death taunting him.[37]

The Midrash derives a Talmudic teaching from our verse:

אָמַר רַבִּי יוֹחָנָן — Said R' Yochanan: מִן הֵן תְּנֵינָן — From where in Scripture can we derive **that which we learn in a Mishnah: מִי שֶׁמֵּתוֹ מוּטָל לְפָנָיו — "One whose dead** relative **is lying before him,** prior to burial, **פָּטוּר מִקְּרִיאַת שְׁמַע וּמִן הַתְּפִלָּה וּמִן הַתְּפִילִּין — is exempt from reciting the *Shema*, from prayer, and from** wearing **tefillin, וּמִכָּל מִצְוֹת שֶׁבַּתּוֹרָה — and,** for that matter, **from all the** positive **commandments of the Torah"** (*Berachos* 3:1)?

NOTES

32. Since Sarah's name was just mentioned previously, the verse could have said, "Abraham came to eulogize *her.*" The fact that it mentions Sarah by name intimates that Abraham had just eulogized his father and now *came to eulogize Sarah* as well (*Yefeh To'ar*).

33. Since Abraham was 10 years older than Sarah (see above, 17:17), and she died at the age of 127 (23:1), Abraham was 137 at the time of her death. And Terah died when Abraham was 135 (see above, 11:26,32). R' Yose does not consider it likely that the trip from Haran (where Terah died; see ibid.) to Hebron took two years.

34. I.e., from the *Akeidah* (Binding of Isaac), which took place at Mount Moriah (*Rashi*). [Although Scripture states that Abraham went *to Beer-sheba* from the *Akeidah* (above, 22:19), since he stayed there only a short time the Midrash describes Abraham as coming from Mount Moriah, which had been his primary departure point (*Ramban* on our verse; *Eitz Yosef*).]

35. That is, from the distress of hearing that her beloved son had been taken out to be killed (*Pirkei DeRabbi Eliezer* 32; see *Rashi* on *Chumash* here; *Eitz Yosef*).

36. [Actually the death of Sarah is *not* recorded directly after the narrative of the Binding of Isaac, for verses 22:20-24, describing the family of Nahor, are interposed between them. Nevertheless, those intervening verses are not considered an interruption but a continuation of the *Akeidah* narrative, because, as the Midrash says above, 57 §1, it was then and there at Mount Moriah that Abraham was informed of the offspring of his brother Nahor, of which one would be suitable as a mate for Isaac (*Eitz Yosef*).] See Insight Ⓐ.

37. The Sages teach (see *Moed Katan* 27b) that the sword of the Angel of Death hovers over the mourning relatives of a deceased person during the period after death, when their mourning is most intense. The Angel of Death, having taken Sarah, now "taunted" Abraham as he mourned for her (*Yefeh To'ar*). Alternatively: The Sages teach (ibid.) that if one mourns excessively over his relative, the consequence will be that he will suffer another death of a loved one. Abraham saw the Angel of Death "taunting" him over his mourning for Sarah, and deduced that he might be mourning excessively; he thereupon "rose up from his dead" and approached the children of Heth (*Ohr HaSeichel; Radal*).

The Midrash bases this assertion upon the word מֵתוֹ, *his dead one* (מֵת). Since Sarah was a woman the proper word to use regarding her would have been the feminine: *his* מֵתָה. Because of the irregularity of this word, the Midrash interprets מֵתוֹ as if it were vowelized מוֹתוֹ, *his death,* i.e., his encounter with the Angel of Death (*Yefeh To'ar*).

INSIGHTS

Ⓐ **Where Did He Come From?** *R' Yosef of Slutzk* understands both opinions in the Midrash as seeking to explain why the *chaf* of וְלִבְכֹּתָהּ, *and to bewail her,* is written smaller than the other letters in the *Sefer Torah,* indicating a diminishing of the crying. He explains that there are two potential situations that can cause one's crying to be diminished. If a person is experiencing a situation of intense joy at the time that a personal tragedy strikes, perhaps he will have trouble properly mourning the tragedy while joy is still lingering in his heart, and the crying will be diminished. But this can also occur for another reason: If one is in the midst of deep mourning and sadness at the time that he receives news of a further personal loss, he may have no tears left to cry over the second loss.

These two ideas can be seen in our Midrash. R' Levi states that Abraham came to eulogize Sarah from Terah's burial; Abraham was mourning the loss of his father [Terah repented at the end of his life (38 §12 above)]. As such, his crying for Sarah was diminished. R' Yose, however, states that Abraham came to eulogize Sarah from Mount Moriah, after passing God's test of the *Akeidah.* Abraham rejoiced so after fulfilling God's will, that this joy lingered, and diminished his crying over the loss of Sarah (*Derashos Rabbeinu Yosef MiSlutzk*, p.176).

R' Elazar Menachem Man Shach, homiletically, interprets the two opinions regarding "where Abraham came from" as being the central part of Abraham's eulogy for Sarah. From where did Abraham derive the ability to fight the trend of idolatry so prevalent in his day? How was he able to stand strong as אַבְרָהָם הָעִבְרִי, with the whole world's ideology on one side (עֵבֶר), and him on the other? This strength of character was gleaned from his אֵשֶׁת חַיִל, Sarah. Thus, R' Levi states that Abraham "came from Terah's burial to mourn Sarah." Abraham was aided in "burying" Terah and his idolatrous ideology through the inspiration of his virtuous wife, Sarah. R' Yose also addresses Sarah's righteousness, but in a different context: How was Abraham able to withstand the test of the *Akeidah,* prepared to slaughter his beloved son to fulfill God's will? Furthermore, how was his son Isaac able to unflinchingly permit himself to be offered? This was made possible through Sarah's holiness, which permeated her family and household. The strength of character possessed by Abraham and Isaac was gained through her aid. This is the point of R' Yose who states that Abraham came to Sarah's burial from the *Akeidah* at Mount Moriah (*Pnei Melech* p. 127).

ה "וַיָּבֹא אַבְרָהָם לִסְפֹּד לְשָׂרָה", מֵהֵיכָן בָּא, רַבִּי לֵוִי אָמַר: מִקְּבוּרָתוֹ שֶׁל תֶּרַח לְשָׂרָה בָּא. אָמַר לֵיהּ רַבִּי יוֹסֵי: [ז]וַהֲלֹא קְבוּרָתוֹ שֶׁל תֶּרַח קָדְמָה לִקְבוּרָתָהּ שֶׁל שָׂרָה שְׁתֵּי שָׁנִים, אֶלָּא מֵהֵיכָן בָּא, [ח]מֵהַר הַמּוֹרִיָּה, וּמֵתָה שָׂרָה מֵאוֹתוֹ צַעַר לְפִיכָךְ נִסְמְכָה עֲקֵידָה לְ"וַיִּהְיוּ חַיֵּי שָׂרָה":

ו [כג, ג] "וַיָּקָם אַבְרָהָם מֵעַל פְּנֵי מֵתוֹ", מְלַמֵּד שֶׁהָיָה רוֹאֶה מַלְאַךְ הַמָּוֶת מַתְרִיס כְּנֶגְדּוֹ. אָמַר רַבִּי יוֹחָנָן: מִן הָן תְּנֵינַן [ט]מִי שֶׁמֵּתוֹ מוּטָּל לְפָנָיו פָּטוּר מִקְּרִיאַת שְׁמַע, וּמִן הַתְּפִלָּה, וּמִן הַתְּפִילִּין, וּמִכָּל מִצְוֹת שֶׁבַּתּוֹרָה, מִן הָכָא "וַיָּקָם... וַיְדַבֵּר". [כג, ד] "גֵּר וְתוֹשָׁב", גֵּר דַּיָּיר, תּוֹשָׁב מָארֵי בֵיתָא. אִם רְצִיתֶם גֵּר, וְאִם לָאו מָארֵי בֵיתָא, שֶׁכָּךְ אָמַר לִי הַקָּדוֹשׁ בָּרוּךְ הוּא (לעיל טו, יח): "לְזַרְעֲךָ נָתַתִּי אֶת הָאָרֶץ הַזֹּאת". "תְּנוּ לִי אֲחֻזַּת קֶבֶר עִמָּכֶם וְאֶקְבְּרָה מֵתִי מִלְּפָנָי", אֵינִי מְבַקֵּשׁ מִכֶּם אֶלָּא מֵת אֶחָד

רש״י

[ה] **מהיכן בא ר׳ לוי אמר מקבורתו של תרח.** כלומר אותה שעה קברו אותו: **א״ל רבי יוסי והלא קבורתו של תרח קדמה לקבורתה של שרה שתי שנים.** שהרי היה תרח בן ע׳ שנה כשהוליד את אברהם ואברהם בן ע״ה שנה בצאתו מחרן נמצא תרח בן קמ״ה בצאתו מחרן עדיין נשתיירו משנותיו ס׳ שנה שחיה ר״ה ושרה בצאתה עמו מחרן היתה בת ס״ה שנה שהרי אברהם גדול הימנה י׳ שנה דכתיב הלבן מאה שנה יולד ואם שרה הבת תשעים שנה תלד עדיין נשתיירו משנותיה של שרה ס״ב שנה שהרי חיתה קכ״ז שנה ומשנותיו של תרח לא נשתיירו כי אם ס׳ נמצא שמת קודם שרה שתי שנים: **אלא מהיכן בא מהר המוריה.** מן העקידה ודאי ומתה שרה מאותו צער תדע שכן שהרי בת תשעים שנה ילדה את יצחק ומתה בת קכ״ז נמצא יצחק כשמתה שרה בן ל״ז שנים וקי״ל דבשעת העקידה היה יצחק בן ל״ז שנה: [ו] **אמר רבי יוחנן.** מן הן תנינן מי שמתו מוטל לפניו פטור מן הקריאת שמע ומן התפלה ומן התפילין ומכל מצות האמורות בתורה מהכא ויקם אברהם מעל פני מתו וכי מעל פני מתו קם בכל שעה אלא שכל זמן שמתו מוטל לפניו ועליו לקברו כמוטל לפניו דמי: **גר ותושב אנכי עמכם.** גר. דייר. דרך עראי. ותושב. מארי ביתא אם רציתם הריני כגר עמכם ואם לאו הריני מארי בית בעל כרחכם שכך אמר לי הקב״ה לזרעך נתתי את הארץ: **ואקברה את מתי.** חד. איני מבקש מכם אלא מת אחד:

עץ יוסף

ארבע אחד מארבעה המגוגים: **ונפת דור** תיבת דור כאן מיותר (ידי משה): (ה) **שתי שנים** שהרי אברהם היה בן קל״ז שנה כשמתה שרה. שׁשרה היתה בת קכ״ז כשמתה. ושנות אברהם יתירים על שנות שרה עשרה דכתיב הלבן מאה שנה יולד ואם שרה הבת תשעים שנה תלד. וכשמת תרח היה אברהם בן קל״ה שנה כי ימי תרח ר״ה שנה. ובן ע׳ היה כשהוליד את אברהם. דל ע׳ מר״ה פשו להו קל״ה (יפ״ת): **שתי שנים** ור׳ לוי אמר לך דאין הכי נמי אלא ע״י שהדרך רחוקה מחרן עד חברון נשתהה ב׳ שנים עד שבא. א״נ שלא בא מיד כשנקבר כי ישב שם ימים או עשור עם קרוביו להשתעשע עמהם. וקאמר מקבורתו של תרח כי זה היה עיקר מעשהו שם: **מהר המוריה** דהיינו מבאר שבע ולפי שלא נשתהה אברהם בבאר שבע אלא כאורח נטה ללון קאמר מהר המוריה שהוא עיקר מה שממנו: **מאותו צער** ע״י השטן ששח לה אותה המאורע וא״ל שכבר נשחט יצחק ומתוך החרדה פרחה נשמתה וכדאיתא בפדר״א וע״ז אמר לפיכך נסמכה פרשת עקידה לויהיו חיי שרה. ואע״פ שהפסיק בנתיים בבשורת רבקה. אין זה הפסק. כי גם זה היה באותו הפרק שבעודו בהר המוריה נתבשר שנולד בת זוגו של יצחק כדלעיל ריש פ׳ נ״ז. ולקמן בויק״ר פ״כ אית׳ שיצחק בעצמו סיפר לה שמתה מאותה צער: (ו) **שהיה רואה מלאך המות כו׳.** דייק מדכתיב מעל פני מתו שהוא כמו מלפני מלאך מותו ומה שהיה מלאך המות מתריס (פי׳ מתגרה) כנגדו. היינו דעל ידי שניתן לו רשות בשרה היה מתריס גם כלפי אברהם לפי שהיה מדה״ד מתוחה כנגדו (יפ״ת). או מפני שהיה מתקשה עליה יותר מדאי והיה מתאחר בקבורתה (הא״ז): **מן הן תנינן** כלומר מנין לנו אסמכתא (יפ״ת): **מן הבא** שלא הפסיק בשום דבר לא בק״ש ולא בתפלה אלא ויקם מיד וידבר בצרכי קבורה (אב״א): [ז] **גר דייר** כלו׳ שהוא מתגורר בארץ ואין לו אחוזה בה ותושב הוא שיש לו אחוזה בה. והרי זה כשני הפכים בנושא אחד. אלא כך אמר אם רציתם גר ואם לאו מארי ביתא כתושב שאטלנה בע״כ מן הדין בהיות עיקר הארץ שלי: **שבך אמר לי הקדוש ברוך הוא לזרעך כו׳.** ואע״פ שלא ניתן הארץ אלא לזרעו ולא לו ועדיין היה מתבקש להם זכות הארץ וכדאמר לעיל פרשה ל״ט גבי והכנעני אז בארץ וכה״א ודור רביעי ישובו הנה כי לא שלם עון האמורי עד הנה. היינו בעיקר

פירוש מהרז״ו

(ה) **מקבורתו של תרח** כי ימי תרח ר״ה שנה ובן ע׳ הוליד לאברהם וחיה עוד קל״ה שנה וכשמת תרח היה אברהם בן קל״ה שנה ושרה קכ״ה כי כששרה היתה בת נ׳ היה אברהם בן ק׳ הרי מיתת תרח קודם בשתי שנים: **נסמכה עקדה** עי׳ מ״ש לעיל פר׳ נ״ו ר״ס ח׳:

(ו) **מתריס כנגדו** שהיל״ל מעל מתו ומאי על פני מתו ואולי דורש פני על הכעס ומתו פי׳ מת שלו שהוא גרם לה שתמות. וע״ד מ״ש בפדר״א פל״ב כשבא א״א מהר המוריה חרה אפו של שטן וכו׳ עד בא א״א ומצאה שמתה שנאמר ויבא וגו׳ ושטן הוא מלאך המות כמ״ש ד״ר פר׳ י״א בסימן ג׳ והתריס כנגדו מכעיסו שהוא גרם לה שתמות: **מן הן תנינן** ברכות דף י״ח:

מסורת המדרש

ז סדר עולם פרק א׳: ח ויקרא רבה פרשה כ׳. פדר״א פרק ל״ב: ט ברכות דף י״ז. מסכת שמחות ריש פרק י׳:

ענף יוסף

(ה) **מקבורתו של תרח.** ואע״פ שמת בחרן. אפשר שהלך שם אברהם לראות את בית אביו כשנתבשר בילדי אחיו. או שמאת ה׳ נאמר לו ללכת בעת הזאת לקבור את אביו שיהיה זוכה להקבר על ידו מאחר שעשה תשובה:

אם למקרא

בַּיּוֹם הַהוּא כָּרַת ה׳ אֶת־אַבְרָם בְּרִית לֵאמֹר לְזַרְעֲךָ נָתַתִּי אֶת־הָאָרֶץ הַזֹּאת מִנְּהַר מִצְרַיִם עַד־הַנָּהָר הַגָּדֹל נְהַר־פְּרָת: (בראשית טו:יח)

חידושי הרד״ל

(י) [ו] **מלאך המות מתריס כנגדו.** אפשר הוא כמ״ש שלהי מ״ק המתקשה ע״מ על מת אחר הוא בוכה. ולכן כשהרבה בכי ומספד על שרה ראה מה״מ מתריס כנגדו. ומיד קם מעל פני מתו מלספוד ולבכות:

(יא) **מן הבא ויקם וידבר.** איפשר י״ל מיד שקם עסק בדברי המת וצרכיו בזרוז ולא בד״א:

חידושי הרש״ש

[ה] **בא מהר המוריה ומתה שרה מאותו צער.** עמש״כ בש״ר פט״ו:

מתנות כהונה

[ה] **שתי שנים כו׳.** בפירש״י קחשיב ליה ונלאיתי לכותבו. ואהימנותא דידיה ניקום וניסמך: **ומתה שרה.** עיין זה בקהלת בפ׳ לך אכול: [ו] **מתריס.** פי׳ הערוך התרסה הוא ענין מלחמה והתגרות. והגירוי היה לאמר על ידך מתה שרה אילו לא עקדת בנך לא היתה מתה עדיין וכדי שיתחרט על מעשה העקידה אמר כן ולכך אמר ויקם לשון זירוז או דייק על פני מתו על מלאך המות וק״ל: **מה הן.** מהיכן למדו הא דתנן ויקם וידבר משמע שלא עשה שום דבר רק צורך קבורתה וכל זמן שלא נקבר מוטל לפניו קרינן ליה כיון שמוטל עליו לקברו כדיליף בפרק מי שמתו מואקברה מתי מלפני אטו ההיא שעתא קמיה הויא רמיא והכתיב ויקם אברהם מעל פני מתו אלא מלמד כל זמן שמוטל עליו לקברו כמוטל לפניו דמי: **דייר.** לשון דירת עראי: **מארי ביתא.** אדון הבית וכמו שפי׳ רש״י בחומש: [ה״ג בילקוט **ואקברה מתי.** חד מית ד״א איני מבקש כו׳ ודייק מתי משמע מת אחד]: **אחוזת קבר.** משמע קבר אחד:

נחמד למראה

ו ויקם אברהם מעל פני מתו מלמד שהיה רואה מלאך המות מתריס בנגדו. המדרש הזה קשה להולמו. והמפרשים ז״ל לא הרוו צמאונינו עיין עליהם. ול״נ שיובן היטב עם מאי דאיתא במדרש לקמן סדר וארא פרשה ז׳ שאמר הקב״ה למשה חבל על דאבדין ולא משתכחין. אמרתי לאברהם קום לך בארץ לארכה ולרחבה וגו׳ בקש מקום לקבור את שרה ולא מצאו עד

אשד הנחלים

[ה] **מהיכן בא.** דמשמע שלא הי׳ בשעת מיתתה. ומפרש שעסק בקבורת אביו תרח או מהר המוריה. מפני ששמעה מהקרב׳ בנו ומתה מרוב צער. וכאלו מרמז הכתוב לומר שאברהם בא. כלומר שע״י הלוכו נסתבב שיבוא לספוד לשרה שע״ז מתה: [ו] **מתריס.** עיין במ״כ. ויתכן עוד לפי שלאנשים הקדושים אין למלאך המות שליטה עליהם. ולזה הי׳ מתפאר שהי׳ בכחו להמיתה. ודרש פני על מלה״מ וכלומר הפנים המביא לידי מיתה ע״י התראותו לאדם: **מן הן דתנינן.** כלומר היכא קריא לי׳ מוטל לפניו. אף שאינו לפניו דכן הדין דפטור מכל המצות אף שאינו לפניו מפני טרדת אבלו. דייק מהכא שנאמר ויקם מעל פני מתו ואח״כ כתיב ואקברה מתי מלפני. ועיין בברכות י״ח ע״א. ועיין במ״כ: **אם רציתם גר.** כלומר אם חפצכם ליתן ברצון אז אחשב בעיני כגר וכמקבל בחסד. אכן בחזקה אומר אליכם שתושב אנכי וכל הארץ לי הוא. וכל זה רמז בדברים שיהיו מבינים שיש בכחו ליטול בחזקה אף כי הוא יחיד למולם. כי אתו ה׳ והבטחתו שמורה

מִן הָכָא — It is from here, "וַיָּקָם ... וַיְדַבֵּר" — for it is written, ***Abraham rose up** from the presence of his dead, **and spoke.***[38]

□ גֵּר וְתוֹשָׁב — *I AM **AN ALIEN AND A RESIDENT** AMONG YOU.*

Abraham's statement here appears to be self-contradictory. The Midrash explains:

"גֵּר" דַּיָּיר — **"Alien" refers to a** temporary **dweller** in a house, "תוֹשָׁב" מָארֵי בֵּיתָא — whereas **a "resident" refers to the owner of the house!**[39] אִם רְצִיתֶם גֵּר — Abraham was saying to the children of Heth, in effect, **"If you wish,** I will act as **an alien** who has no rights;[40] וְאִם לָאו מָארֵי בֵּיתָא — **but if not,** I will act as **the 'owner of the house,'** and I will take the land by right, שֶׁכָּךְ אָמַר לִי הַקָּדוֹשׁ בָּרוּךְ הוּא — **for the Holy One, blessed is He, has said to me,** לְזַרְעֲךָ נָתַתִּי אֶת הָאָרֶץ הַזֹּאת — ***'To your offspring I will give this land'*** " (above, 15:18).[41]

□ תְּנוּ לִי אֲחֻזַּת קֶבֶר עִמָּכֶם וְאֶקְבְּרָה מֵתִי מִלְּפָנָי — ***GRANT ME AN ESTATE FOR A BURIAL SITE WITH YOU, THAT I MAY BURY MY DEAD FROM BEFORE ME.***

The Midrash clarifies Abraham's request:

אֵינִי מְבַקֵּשׁ מִכֶּם אֶלָּא מֵת אֶחָד — Abraham said, in effect, **"I am only asking of you** to give me an area for just **one dead person,"**

NOTES

38. The word וַיָּקָם ("he rose up") appears unnecessary; Scripture could have said simply, "Abraham spoke to the children of Heth . . . " The Midrash learns from this that Abraham did not stop to do anything before arranging Sarah's burial; rather, immediately upon "rising up" from his weeping *he spoke with the children of Heth* to procure a burial place. This shows that it is forbidden for a mourner to undertake any other activity — including reciting the *Shema,* praying, etc. — before the burial has been taken care of (*Ohr HaSeichel, Eitz Yosef, Radal*).

39. How could Abraham simultaneously classify himself as belonging to both of these conflicting categories?

40. And I will pay for whatever land you give me.

41. Although according to the Midrash above (41§5) the land did not yet belong to Abraham, that was only with regard to driving out the inhabitants who were there at the time, but nevertheless he did have at least the same rights as a citizen for his own needs (*Eitz Yosef,* from *Nezer HaKodesh*).

ה "וַיָּבֹא אַבְרָהָם לִסְפֹּד לְשָׂרָה", מֵהֵיכָן בָּא, רַבִּי לֵוִי אָמַר: מִקְּבוּרָתוֹ שֶׁל תֶּרַח לְשָׂרָה בָּא. אָמַר לֵיהּ רַבִּי יוֹסֵי: [ז]וַהֲלֹא קְבוּרָתוֹ שֶׁל תֶּרַח קָדְמָה לִקְבוּרָתָהּ שֶׁל שָׂרָה שְׁתֵּי שָׁנִים, אֶלָּא מֵהֵיכָן בָּא, [ח]מֵהַר הַמּוֹרִיָּה, וּמֵתָה שָׂרָה מֵאוֹתוֹ צַעַר לְפִיכָךְ נִסְמְכָה עֲקֵידָה לְ"וַיִּהְיוּ חַיֵּי שָׂרָה":

ו [כג, ג] "וַיָּקָם אַבְרָהָם מֵעַל פְּנֵי מֵתוֹ", מְלַמֵּד שֶׁהָיָה רוֹאֶה מַלְאַךְ הַמָּוֶת מַתְרִיס כְּנֶגְדּוֹ. אָמַר רַבִּי יוֹחָנָן: מִן הָן תְּנֵינַן [ט]מִי שֶׁמֵּתוֹ מוּטָּל לְפָנָיו פָּטוּר מִקְּרִיאַת שְׁמַע, וּמִן הַתְּפִלָּה, וּמִן הַתְּפִילִּין, וּמִכָּל מִצְוֹת שֶׁבַּתּוֹרָה, מִן הָכָא "וַיָּקָם... וַיְדַבֵּר". [כג, ד] "גֵּר וְתוֹשָׁב", גֵּר דַּיָּיר, תּוֹשָׁב מָארֵי בֵּיתָא. אִם רְצִיתֶם גֵּר, וְאִם לָאו מָארֵי בֵּיתָא, שֶׁכָּךְ אָמַר לִי הַקָּדוֹשׁ בָּרוּךְ הוּא (לעיל טו, יח): "לְזַרְעֲךָ נָתַתִּי אֶת הָאָרֶץ הַזֹּאת". "תְּנוּ לִי אֲחֻזַּת קֶבֶר עִמָּכֶם וְאֶקְבְּרָה מֵתִי מִלְּפָנָי", אֵינִי מְבַקֵּשׁ מִכֶּם אֶלָּא מֵת אֶחָד

רש"י

[ה] **מהיכן בא ר' לוי אמר מקבורתו של תרח.** כלומר אותה שעה קברו אותו: **א"ל רבי יוסי והלא קבורתו של תרח קדמה לקבורתה של שרה שתי שנים.** שהרי היה תרח בן ע' שנה כשהוליד את אברהם ואברהם בן ע"ה שנה בצאתו מחרן נמצא תרח בן קמ"ה בצאתו מחרן עדיין נשתיירו משנותיו ס' שנה שחיה ר"ה ושרה בצאתה עמו מחרן היתה בת ס"ה שנה שהרי אברהם גדול הימנה י' שנה דכתיב הלבן מאה שנה יולד ואם שרה הבת תשעים שנה תלד עדיין נשתיירו משנותיה של שרה ס"ב שנה שהרי חיתה קכ"ז שנה ומשנותיו של תרח לא נשתיירו כי אם ס' נמצא שמת קודם שרה שתי שנים: **אלא מהיכן בא מהר המוריה.** מן העקידה ודאי ומתה שרה מאותו צער תדע שכן שהרי בת תשעים שנה ילדה את יצחק ומתה בת קכ"ז נמצא יצחק כשמתה שרה בן ל"ז שנים וקי"ל דבשעת העקידה היה יצחק בן ל"ז שנה: [ו] **אמר רבי יוחנן.** מן הן תנינן מי שמתו מוטל לפניו פטור מן הקריאת שמע ומן התפלה ומן התפילין ומכל מצות האמורות בתורה מהכא ויקם אברהם מעל פני מתו וכי מעל פני מתו קם בכל שעה אלא שכל זמן שמתו מוטל לפניו ועליו לקברו כמוטל לפניו דמי: **גר ותושב אנכי עמכם.** גר. דייר. דרך עראי. ותושב. מארי ביתא אם רציתם הריני כגר עמכם ואם לאו הריני מארי בית בעל כרחכם שכך אמר לי הקב"ה לזרעך נתתי את הארץ: **ואקברה את מתי.** חד. איני מבקש מכם אלא מת אחד:

מתנות כהונה

[ה] **שתי שנים כו'.** בפירש"י קחשיב ליה ונלאיתי לכותבו. והסימנותא דידיה ניקוס ונסמך: **ומתה שרה.** עיין זה בקהלת בפ' לך אכול: [ו] **מתריס.** פי' הערוך התרסה הוא ענין מלחמה והתגרות. והגירוי היה לאמר על ידך מתה שרה אילו לא עקדת בנך לא היתה מתה עדיין וכדי שיתחרט על מעשה העקידה אמר כן ולכך אמר ויקם לשון זירוז או דייק על פני מתו על מלאך המות וק"ל: **מה הן.** מהיכן למדו הא דתנן ויקם וידבר משמע שלא עשה שום דבר רק לורך קבורתה וכל זמן שלא נקבר מוטל לפניו קרינן ליה כיון שמוטל עליו לקברו כדיליף בפרק מי שמתו מואקברה מתי מלפני אטו ההיא שעתא קמיה הויא רמיא והכתיב ויקם אברהם מעל פני מתו אלא מלמד כל זמן שמוטל עליו לקברו כמוטל לפניו דמי: **דייר.** לשון דירת עראי: **מארי ביתא.** אדון הבית וכמו שפי' רש"י בחומש: [ה"ג בילקוט **ואקברה מתי.** חד מית ד"א איני מבקש כו' ודייק מתי משמע מת אחד]: **אחוזת קבר.** משמע קבר אחד:

נחמד למראה

ו ויקם אברהם מעל פני מתו מלמד שהיה רואה מלאך המות מתריס בנגדו. המדרש הזה קשה להולמו. והמפרשים ז"ל לא הרוו למאוֹנינו עיין עליהם. ול"נ שיובן היטב עם מאי דאיתא במדרש לקמן סדר וארא פרשה ז' שאמר הקב"ה למשה חבל על דאבדין ולא משתכחין. אמרתי לאברהם קום לך בארץ לארכה ולרחבה וגו' בקש מקום לקבור את שרה ולא מצאו עד

אשד הנחלים

[ה] **מהיכן בא.** דמשמע שלא הי' בשעת מיתתה. ומפרש שעסק בקבורת אביו תרח או מהר המוריה. מפני ששמעה מהקרב' בנו ומתה מרוב צער. וכאלו מרמז הכתוב לומר שאברהם בא. כלומר שע"י הלוכו נסתבב שיבוא לספוד לשרה שע"ז מתה: [ו] **מתריס.** עיין במ"כ. ויתכן עוד לפי שלאנשים הקדושים אין למלאך המות שליטה עליהם. ולזה הי' מתפאר שהי' בכחו להמיתה. ודרש פני על מלה"מ וכלומר הפנים המביא לידי מיתה ע"י התראותו לאדם: **מן הן דתנינן.** כלומר היכא קריא לי' מוטל לפניו. אף שאינו לפניו דכן הדין דפטור מכל המצות אף שאינו לפניו מפני טרדת אבלו. דייק מהכא שנאמר ויקם מעל פני מתו ואח"כ כתיב ואקברה מתי מלפני. ועיין בברכות י"ח ע"א. ועיין במ"כ: **אם רציתם גר.** כלומר אם חפצכם ליתן ברצון אז אחשב בעיני כגר וכמקבל בחסד. אכן בחזקה אומר אליכם שתושב אנכי וכל הארץ לי הוא. וכל זה רמז בדברים שיהיו מבינים שיש בכחו ליטול בחזקה אף כי הוא יחיד למולם. כי אתו ה' והבטחתו שמורה

עץ יוסף

ארבע אחד מארבעה המגוגים: **ונפת דור** תיבת דור כאן מיותר (ידי משה): (ה) **שתי שנים** שהרי אברהם היה בן קל"ז שנה כשמתה שרה. ששרה היתה בת קכ"ז כשמתה. ושנות אברהם יתירים על שנות שרה עשרה דכתיב הלבן מאה שנה יולד ואם שרה הבת תשעים שנה תלד. וכשמת תרח היה אברהם בן קל"ה שנה כי ימי תרח ר"ה שנה. ובן ע' היה כשהוליד את אברהם. דל ע' מר"ה פשו להו קל"ה (יפ"ת): **שתי שנים** ור' לוי אמר לך דאין הכי נמי אלא ע"י שהדרך רחוקה מחרן עד חברון נשתהה ב' שנים עד שבא. א"נ שלא בא מיד כשנקבר כי ישב שם ימים או עשור עם קרוביו להשתעשע עמהם. וקאמר מקבורתו של תרח כי זה היה עיקר מעשהו שם: **מהר המוריה** דהיינו מבאר שבע ולפי שלא נשתהה אברהם בבאר שבע אלא כאורח נטה ללון קאמר מהר המוריה שהוא עיקר מה שממנו: **מאותו צער** ע"י השטן שסח לה אותה המאורע וא"ל שכבר נשחט יצחק ומתוך החרדה פרחה נשמתה וכדאיתא בפדר"א וע"ז אמר לפיכך נסמכה פרשת עקידה לויהיו חיי שרה. ואע"פ שהפסיק בנתיים בבשורת רבקה. אין זה הפסק. כי גם זה היה באותו הפרק שבעודו בהר המוריה נתבשר שנולד בת זוגו של יצחק כדלעיל ריש פ' נ"ז. ולקמן בויק"ר פ"כ אית' שיצחק בעצמו סיפר לה שמתה מאותה צער: (ו) **שהיה רואה מלאך המות כו'.** דייק מדכתיב מעל פני מתו שהוא כמו מלפני מלאך מותו ומה שהיה מלאך המות מתריס (פי' מתגרה) כנגדו. היינו דעל ידי שניתן לו רשות בשרה היה מתריס גם כלפי אברהם לפי שהיה מדה"ד מתוחה כנגדו (יפ"ת). או מפני שהיה מתקשה עליה יותר מדאי והיה מתאחר בקבורתה (האב"א): **מן הן תנינן** כלומר מנין לנו אסמכתא (יפ"ת): **מן הבא** שלא הפסיק בשום דבר לא בק"ש ולא בתפלה אלא ויקם מיד וידבר בצרכי קבורה (אב"א): [ז] **גר דייר** כלו' שהוא מתגורר בארץ ואין לו אחוזה בה ותושב הוא שיש לו אחוזה בה. והרי זה כשני הפכים בנושא אחד. אלא כך אמר אם רציתם גר ואם לאו מארי ביתא כתושב שאטלנה בע"כ מן הדין בהיות עיקר הארץ שלי: **שכך אמר לי הקדוש ברוך הוא לזרעך כו'.** ואע"פ שלא ניתן הארץ אלא לזרעו ולא לו ועדיין היה מתבקש להם זכות הארץ וכדאמר לעיל פרשה מ"ט גבי והכנעני אז בארץ וכה"א ודור רביעי ישובו הנה כי לא שלם עון האמורי עד הנה. היינו בעיקר

פירוש מהרז"ו

(ה) **מקבורתו של תרח** כי ימי תרח ר"ה שנה ובן ע' הוליד לאברהם וחיה עוד קל"ה שנה וכשמת תרח היה אברהם בן קל"ה שנה ושרה קכ"ה כי כששרה היתה בת נ' היה אברהם בן ק' הרי מיתת תרח קודם בשתי שנים: **נסמכה עקדה** עי' מ"ש לעיל פר' נ"ו ר"ס ח': (ו) **מתריס בנגדו** שהיל"ל מעל מתו ומאי על פני מתו ואולי דורש פני על הכעס ומתו פי' מת שלו שהוא גרס לה שתמות. וע"ד מ"ש בפר"א פל"ב כשבא א"א מהר המוריה חרה אפו של שטן וכו' עד בא א"א ומצאה שמתה שנאמר ויבא וגו' ושטן הוא מלאך המות כמ"ש ד"ר פר' י"א בסימן ג' והתריס כנגדו מכעיסו שהוא גרס לה שתמות: **מן הן תנינן** ברכות דף י"ח:

חידושי הרד"ל

(י) [ו] **מלאך המות מתריס כנגדו.** אפשר הוא כמ"ש שלהי מ"ק המתקשה ע"מ על מת אחר הוא בוכה. ולכן כשהרבה בכי ומספד על שרה ראה מה"מ מתריס כנגדו. ומיד קם מעל פני מתו מלספוד ולבכות:

(יא) **מן הבא ויקם וידבר.** אפשר י"ל מיד שקם עסק בדברי המת וצרכיו בזרוז ולא בד"א:

חידושי הרש"ש

[ה] **בא מהר המוריה ומתה שרה מאותו צער.** עמש"כ בש"ר פט"ו:

מסורת המדרש

ז סדר עולם פרק א': ח ויקרא רבה פרשה כ'. פדר"א פרק ל"ב: ט ברכות דף י"ז. מסכת שמחות ריש פרק י':

ענף יוסף

(ה) **מקבורתו של תרח.** ואע"פ שמת בחרן. אפשר שהלך שם אברהם לראות את בית אביו כשנתבשר בילדי אחיו. או שמאת ה' נאמר לו ללכת בעת הזאת לקבור את אביו שיהיה זוכה להקבר על ידו מאחר שעשה תשובה:

אם למקרא

בַּיּוֹם הַהוּא כָּרַת ה' אֶת־אַבְרָם בְּרִית לֵאמֹר לְזַרְעֲךָ נָתַתִּי אֶת־הָאָרֶץ הַזֹּאת מִנְּהַר מִצְרַיִם עַד־הַנָּהָר הַגָּדֹל נְהַר־פְּרָת: (בראשית טו:יח)

וַיְדַבֵּר אִתָּם לֵאמֹר אִם יֵשׁ אֶת נַפְשְׁכֶם לִקְבֹּר אֶת מֵתִי מִלְּפָנַי שְׁמָעוּנִי וּפִגְעוּ לִי בְּעֶפְרוֹן בֶּן צֹחַר.

He spoke to them saying, "If it is truly your will to bury my dead from before me, heed me, and intercede for me with Ephron son of Zohar" (23:8).

§7 **וַיְדַבֵּר אִתָּם לֵאמֹר אִם יֵשׁ אֶת נַפְשְׁכֶם** — *HE SPOKE TO THEM SAYING, "IF IT IS TRULY YOUR WILL, ETC."*

The word פִּגְעוּ (translated here as "intercede") can have several meanings, and the Midrash applies them all: **פִּגְעוּנִיָּה לִי** — Abraham said to them, in effect, **"Meet with [Ephron] for me** to discuss my procuring his plot;[49] **סַרְסְרוּנִיָּה לִי** — **act as a middleman with him** to make a deal **for me;**[50]Ⓐ **וְאִם לָאו צַלּוֹ לִי עִילָוֵיהּ** — **and if** he is still **not** willing to sell his field to me, **implore him on my behalf."**[51]

וְעֶפְרוֹן יֹשֵׁב בְּתוֹךְ בְּנֵי חֵת וַיַּעַן עֶפְרוֹן הַחִתִּי אֶת אַבְרָהָם בְּאָזְנֵי בְנֵי חֵת לְכֹל בָּאֵי שַׁעַר עִירוֹ לֵאמֹר.

Now, Ephron was sitting in the midst of the children of Heth; and Ephron the Hittite responded to Abraham in the hearing of the children of Heth, for all who enter the gate of his city, saying (23:10).

□ **וְעֶפְרוֹן יֹשֵׁב בְּתוֹךְ בְּנֵי חֵת** — *NOW, EPHRON WAS SITTING IN THE MIDST OF THE CHILDREN OF HETH.*

שֶׁנֶּאֱמַר "תְּנוּ לִי אֲחֻזַּת קֶבֶר" — **as it is written,** ***grant me an estate for a burial site.***[42]

□ **וַיַּעֲנוּ בְנֵי חֵת אֶת אַבְרָהָם וְגוֹ׳ שְׁמָעֵנוּ אֲדֹנִי וְגוֹ׳** — *AND THE CHILDREN OF HETH ANSWERED ABRAHAM . . . "HEAR US, MY LORD: YOU ARE A PRINCE OF GOD IN OUR MIDST."*

מֶלֶךְ אַתְּ עָלֵינוּ — The children of Heth were saying to Abraham, in effect, **"You are a king over us, נָשִׂיא אַתְּ עָלֵינוּ — you are a prince over us, אֱלוֹהַּ אַתְּ עָלֵינוּ — you are a god over us!"**[43] **אָמַר לָהֶם אַל יֶחְסַר הָעוֹלָם מַלְכּוֹ, וְאַל יֶחְסַר הָעוֹלָם אֱלוֹהוֹ** — But **[Abraham] replied to them, "Let the world not lack its** true **King! And let the world not lack its** true **God!"**[44]

□ **בְּמִבְחַר קְבָרֵינוּ** — *IN THE CHOICEST OF OUR BURIAL PLACES BURY YOUR DEAD.*

The Midrash continues to explain the response of the children of Heth:

בְּמִבְחַר שֶׁבִּקְבָרֵינוּ — The children of Heth meant: **"In the choicest among** all **of our burial places**[45] **קְבוֹר אֶת מֵתֶיךָ** — ***bury your dead*** **ones, מֵתִים הַרְבֵּה** — even **many dead."**[46]

□ **וַיִּשְׁתַּחוּ אַבְרָהָם לִפְנֵי עַם הָאָרֶץ** — *THEN ABRAHAM ROSE UP AND BOWED DOWN TO THE MEMBERS OF THE COUNCIL, TO THE CHILDREN OF HETH.*[47]

מִיכָּן שֶׁמּוֹדִים עַל בְּשׂוֹרָה טוֹבָה — **From here we learn that one should give thanks** to God[48] **upon hearing good tidings.**

NOTES

42. The word קֶבֶר, *burial site*, is singular: one grave (*Matnos Kehunah*). Alternatively: The Midrash is not based on the word קֶבֶר, for although it is singular in form, it is plural in meaning (because a burial site can contain many bodies). Rather, the Midrash is based on the conclusion of the verse, וְאֶקְבְּרָה מֵתִי, *and I will bury my dead*, which uses the singular מֵתִי, "my dead person," referring to Sarah (*Rashi, Yefeh To'ar*).

43. The children of Heth used all three titles when they addressed Abraham: *"Hear us, (i) my "lord": You are a (ii) "prince" of (iii) "God"* (23:6). The Midrash apparently understands נְשִׂיא אֱלֹהִים not as *a prince of God* but as "a prince and a god" (*Maharzu* above, 42 §5).

By declaring Abraham as their lord/king, the children of Heth meant, "You have every right to take as much and whichever land you please," for a king has the right to expropriate any property he may need (see *Bava Basra* 100b). Nevertheless, Abraham demurred, as the narrative goes on to relate (*Eitz Yosef,* from *Nezer HaKodesh*).

44. See 42 §5 note 109.

45. I.e., even more than one burial place (see *Matnos Kehunah*).

46. The word מֵתֶיךָ (with the י) is plural: "your dead people" (*Matnos Kehunah*). Although Abraham requested only one burial site, the people magnanimously offered him to take as many burial sites as he wanted.

In the Torah, the word is written without the י (so that it is in fact singular: "your dead person"), but when the Midrash "quotes" the word it writes it *with* the י (so it is in all old Midrash editions, though some newer editions have "corrected" the spelling). This does not mean that the Midrash had a different *Masorah* regarding the spelling of this word (see *Minchas Shai* ad loc.); rather, since the pronunciation of the two words is identical, the Midrash homiletically interprets מֵתְךָ as מֵתֶיךָ (*Yefeh To'ar*). [See *Nezer HaKodesh* and *Eitz Yosef* for another interpretation.]

47. In the printed editions the quote here is from verse 12: וַיִּשְׁתַּחוּ אַבְרָהָם לִפְנֵי עַם הָאָרֶץ, *So Abraham bowed down before the members of the council.* We have followed the emendation of *Rashash* and the version found in the Theodor-Albeck edition, based on manuscripts. [*Yefeh To'ar* and *Nezer HaKodesh* suggest reasons why the Midrash — according to the other version — preferred citing verse 12 over the current verse under discussion (v. 7).]

48. *Eitz Yosef.* For bowing down is a physical expression of thanksgiving; see below, *Genesis* 24:26, *Exodus* 12:27.

Rashi explains that the Midrash here means to say that Abraham did not bow down at all (see *Ibn Ezra* here), and וַיִּשְׁתַּחוּ here is to be translated "he gave thanks" (as in *II Samuel* 16:4; see *Targum* ad loc.).

49. As is the meaning of the verb פגע in the verse, *he encountered* [וַיִּפְגַּע] *the place and spent the night there* (below, 28:11) (*Yefeh To'ar*).

50. Acting as a middleman in a deal is also indicated by the verb פגע, because the middleman must constantly meet (פגע) with the two parties (*Matnos Kehunah*). See Insight Ⓐ.

51. As in, *Do not implore* [תִּפְגַּע] *Me* (*Jeremiah* 7:16) (ibid.).

INSIGHTS

Ⓐ **Act as a Middleman** *Ohr Torah* suggests a clever reason why Abraham asked the Children of Heth to ask as middlemen for him to Ephron: The law is that if a person sells his burial plot to a stranger, his family nevertheless has the right to override the sale and bury the seller there against the wishes of the buyer. [The family must make restitution to the seller — *Bechoros* 52b.] The reason is that [without the family's consent] the sale of a member's burial plot is deemed a slight to the honor of the family (*Bava Basra* 100b). Thus, even if Ephron had agreed to sell his plot, his family among the Children of Heth could reverse the sale at a later date. There is an allusion to this in their reply to Abraham's original request: *And the children of Heth answered Abraham, saying to him, "Hear us, my lord: In the choicest of our burial places bury your dead, any one of us will not withhold his burial place from you.* That is to say, no individual would withhold his burial place from you, but his family may well do so.

Abraham detected the subterfuge and therefore asked the Children of Heth as a whole to act as a middleman on his behalf in negotiating with Ephron. The law is that if a person is signed as a witness to a land sale document between two parties, that witness is thereby disqualified from claiming the land is his. Signing the deed constitutes an admission that he has no claim to the land (*Kesubos* 109a with *Rashi*). Since the Children of Heth were all acting as middlemen, they would henceforth forfeit any right to void the sale (*Ohr Torah* on *Parashas Chayei Sarah*).

שֶׁנֶּאֱמַר "תְּנוּ לִי אֲחֻזַּת קֶבֶר". [כג, ה-ו] "וַיַּעֲנוּ בְנֵי חֵת אֶת אַבְרָהָם וְגוֹ' שְׁמָעֵנוּ אֲדֹנִי וְגוֹ'", °אָמְרוּ לוֹ: 'מֶלֶךְ אַתְּ עָלֵינוּ, נָשִׂיא אַתְּ עָלֵינוּ, אֱלוֹהַּ אַתְּ עָלֵינוּ. אָמַר לָהֶם: אַל יֶחְסַר הָעוֹלָם מַלְכּוֹ, וְאַל יֶחְסַר הָעוֹלָם אֱלוֹהוֹ. "בְּמִבְחַר קְבָרֵינוּ", בְּמִבְחָר שֶׁבִּקְבָרֵינוּ "קְבוֹר אֶת מֵתֶךָ", מֵתִים הַרְבֵּה. "וַיִּשְׁתַּחוּ אַבְרָהָם לִפְנֵי עַם הָאָרֶץ", מִיכָּן שֶׁמּוֹדִים עַל בְּשׂוֹרָה טוֹבָה:

ז [כג, ח] "וַיְדַבֵּר אִתָּם לֵאמֹר אִם יֵשׁ אֶת נַפְשְׁכֶם וְגוֹ'". °פְּגָעוּנִי לִי, °סַרְסְרוּנִי לִי, וְאִם לָאו צַלּוֹ לִי עִילָוֵיהּ. [כג, י] "וְעֶפְרוֹן יֹשֵׁב בְּתוֹךְ בְּנֵי חֵת",

עץ יוסף

הארץ להוריש יושביה. אבל מ"מ כיון שבזכותו ניתן כל הארץ לזרעו לדורות כ"ש שיהיה לו עכ"פ מעכשיו אחוזת נחלה בה במה שהוא לצרכו לבד כפי חפצו ורצונו כתושב ואזרח בארץ (נזה"ק): **מת א' שנאמר תנו לי אחוזת קבר.** ואקברה מתי מלפני אם לא תרצו ליתן לי מקום קבורה למתים הרבה עכ"פ אקברה מתי מלפני דהיינו מת אחד (נזה"ק): **מלך את עלינו כו'.** כלומר ומלך פורץ גדר ואין ממחין בידו. והוא הושיבן דרך מוסר אל יחסר העולם מלכו (וע' לעיל פ' מ"ב סי' ט') כו'. ואמנם הם לפי שיטתן שהחזיקוהו כנשיא וכמלך א"ל במבחר שבקברינו קבור את מתך אפי' מתים הרבה דאת בא לרבות (נזה"ק): **מכאן שמורים כו'** וכאילו כתיב וישתחו אברהם לה' לפני עם הארץ. ולכן דוקא אחר קנין שדה עפרון דקדק לומר לפני עם הארץ. שכיון שזכה למערת המכפלה שהוא מקום קדוש זה ודאי נחשב לו כ"כ לבשורה טובה והשתחווה והודה לה' (נזה"ק): (ז) **[ח] פגעוני לי** כלו' תפגעו ותבקשו לי את עפרון בן צחר להתפשר עמי במכירת שדהו והיינו סרסוני לי. ואם לא ירצה למכור צלו לי עלויה דרך בקשה ותחנונים. ולשון פגיעה משמע גם בקשה ותחינה כמו אל תפגעי בי (יפ"ת):

פירוש מהרז"ו

שמענו אדוני עי' לעיל פמ"ב סימן ה' וש"נ ומבואר. ועיין תד"א בסופו שדורש גז"ש כאן כתיב נשיא אלהים אתה ושם כתיב אשר נשיא מה שם מלך דכתיב ה' אלהיו שאין על גביו אלא ה' אלהיו אף כאן מלך ועי' לקמן פר' כ"ט סימן ד': **במבחר שבקברינו** כי קברים שלהם היו במערות שכל קבר היה כולל הרבה קברים כמ"ש בב"ב מענין הכוכין והיו מכינים המערות לפי המשפחות: **לפני עם הארץ** כאן עומד בפסוק ז' וישתחוו לעם הארץ די"ל להם ממש שהודה על שבשרו אותו שלא ימנעו ממנו חפצו והביא פסוק י"ב וישתחו אברהם לפני עם הארץ ופי' שהשתחוה לה' לפני עם הארץ ולעיניהם. וכמ"ש לקמן פרשה ס' ס"ס ו' ושם ההודאה לה' (יפ"ת). וא"כ מקום דרשה זו לקמן בסימן ז' וצ"ע:

חידושי הרד"ל

(יב) **במבחר שבקברינו.** בני חת שהיו יושבין בשער עירם. היו שופטי העיר ושריהם. והיה להם קברות מכובדים מיוחדים להם לבדם. כעין קברי המלכים. ובהם הוא שא"ל אף במבחר שבקברינו קבור מתך כי נשיא אתה בתוכנו. וראוי לך לקבור מתך בקברי הנשיאים והשרים: (יג) **[ז] שמעוני ופגעו לי סרסוני וא"ל צלו לי עלואי** כצ"ל. ומפרש שמעוני לשון שמעא דרבנן שרתוני לסרסר לי וא"ל פגעו לי צלו כו':

חידושי הרש"ש

[ו] וישתחו לעם הארץ. כצ"ל:

מסורת המדרש

י לעיל פרשה מ"ב ומ"ג. קהלת רבה פרשה ד' פסוק י"ג. ילקוט סדר לך לך רמז ע"ב. ועיין במדבר רבה פרשה ט"ו. ובתנחומא סדר בהעלותך סימן ט':

רש"י

קבור את מתך. אפילו מתים סגי שאת מתך לשון רבים משמע: **וישתחו אברהם.** מכאן שמודים על בשורה טובה שאין וישתחו אלא לשון הודאה כמא דתימא ויאמר ליבא השתחויתי מתרגמינן ואמר ליבא ואודית: **וישתחו אברהם לפני עם הארץ מכאן שמודים על בשורה טובה.** שאין וישתחו האמור כאן אלא לשון הודאה כמו שפירשנו ולפיכך משתחוים בהודאה תחלה וסוף שהודאה היא השתחואה וכן בברכת אבות לפי שהיא כעין ברכת הודאה לפי שכתוב אתה הוא ה' לבדך אתה עשית את השמים שמי השמים וכל צבאם הארץ וגו' וצבא השמים לך משתחוים וכתיב אתה הוא ה' האלהים אשר בחרת באברם ומפורש בספר הזה כל אנכי הזה אינו אלא בשביל אברהם לפיכך נעשה סמוך מעשה אברהם למעשה שמים וארץ לומר שבזכותו נברא העולם ומצינו כתיב שם השתחואה דכתיב וצבא השמים לך משתחוים לפיכך הקדים הקב"ה ברכת אבות לברכת תחיית המתים שדין הוא מי שגרם לבריאות כל בריות הללו האמור בענין הזה שכולן משתחוים לפניו דין הוא שיוקדם ברכת שלו לשלהם והואיל ומצינו בה השתחואה במעשה אבות לפיכך משתחוים בברכת אבות תחלה וסוף: **[ז] וידבר אתם לאמר וגו'.** שמעוני ופגעו לי בעפרון בן צוחר פגעוני לי סרסוני לי ואם לאו צלו לי עלויה אין פגיעה אלא בקשה כמא דתימא ואתה אל תתפלל בעד העם הזה ואל תשא בעדם רנה ותפלה ואל תפגע בי. פגעוניה לי. בקשו עלי ממנו: **סרסוני.** עשו לי שליחות כאדם שנעשה סרסור בסחורה: **ועפרון יושב בתוך בני חת**

מתנות כהונה

אלוה את עלינו. דאם לא כן למה אמרו אלהים וגם על ידי פיסוק הטעמים הוא נחלק לשנים: **[אל יחסר העולם כו'.** נתבאר לעיל פרשה מ"א: **במבחר קברינו.** משמע בקבר אחד המובחר שבכל קברינו ולא המובחר שבכל קבר וקבר]: **מתים הרבה.** דייק מדכתיב מתיך ולא מתך: **[ז] [את נפשכם וגו'** גרסינן]: **פגעוני לי.** בקשו עלי ממנו וכן פירש רש"י ויש לפרשו מלשון כפייה כלומר שיכפו אותו בדברים כד"א פגע בו: **סרסוני לי.** עשו בין שנינו סרסרות כדי שנעמוד שנינו על המקח ולשון פגיעה יש לומר שנופל עליו על שהולך ובא ופוגע בזה ובזה עד שיתפייסו יחד: **צלו לי עילוי.** התפללו לו בשבילי כד"א אל תתפלל בעד העם הזה ואל תשא בעדם רנה ותפלה ואל תפגע בי:

נחמד למראה

שקנה בדמים ולא הרהר אחר מדותי ע"כ. כבר נודע כי הוא שטן הוא יצה"ר הוא מלאך המות ומלאך המות דנקט הכא הוא יצה"ר וכן פירשו מן המפרשים. ובזה נבא אל מכוון המדרש כשמתה שרה ולא היה לו מקום לקבור אותה התחיל היצה"ר להתרים כנגדו היכן הבטחת ה' שהבטיחך קום התהלך בארץ ראה עתה שאין לך אחוזה בארץ אפי' ארבע אמות כדי שאברהם אבינו יהרהר אחר מדותיו של מקום. כיון שראה אברהם כך תיכף קם מעל פני מתו והלך לו לקנות לו אחוזת קבר מאת בני חת ולא הרהר אחר מדותיו יתברך ודו"ק: (ז) **ועפרון יושב בתוך בני חת.** ר' יצחק אמר אותו היום מינו אותו ארכוסטרינוס וכו'. עיין במתנות כהונה שפירש בשם הערוך ארכוסטריגוס גדול שבגליבים. ורש"י בחומש כתב אותו היום מינוהו שוטר עליהם מפני חשיבותו של אברהם שהיה צריך לו עלה לגדולה עכ"ל. ויש לדקדק מנלן שמינוהו שוטר עליהם מדכתיב ועפרון יושב בתוך בני חת. דילמא המכוון בו שהיה יושב בתוכם בשלוה שלא היה לו קטטה ומריבה עם שום אדם. כמו שפירשו המפרשים על פסוק בתוך עמי אנכי יושבת (מ"ב ד') ותו למה אמר כאן שמינוהו שוטר עליהם וגבי לוט אמר שמינוהו שופט עליהם. ועוד מנא ליה דמשום חשיבותיה דאברהם עלה לגדולה. דילמא שמינוהו לשוטר לפי שהיה אהוב אצל הבריות במה שהיה דובר שלום לכל אדם. ואולם ענין אומרו

אשד הנחלים

ולא יכלו לעמוד נגדו. ורמז עוד בדבריו שמבקש מהם רק ליטול דבר קטון למען מת אחד ולכן לא יקפידו על זה: **מלך.** חשב ג' ענינים. מלך בבחינת הגבורה והנצחון. נשיא. ע"י חכמתו שעולה על כולם בחכמה כנשיא על עמו. אך כל זה במדות אנושיות. אבל כאלוה את עלינו. כי כן היו מדרך עובדי כוכבים הקדמונים שבעת שראו איש נעלה מאוד מדרכי אנושיות חשבוהו כאלוה ממש. ולכן עורם אברהם שאל ידמו כן. כ"א ה' מלך העולם הוא הנותן עוז ותעצומות לאדם ומידו בא הנצחון לאדם. והוא האלוה הנצחי. וח"ו לייחס אלה התוארים לאדם. רק נשיא תוכלו לתארו בבחינת החכמ' לקבל לקח מפיהו כנשיא הלומד לעמו. ודייק על מלך מדקראו לו אדוני ונשיא אלהים זהו נשיא ואלוה. ודייק שהשיב להם כן מפני שהשתחוה להם להראות שהוא הנכנע לה' ויש מלך עולם: **שמודים על בשורה טובה.** יש להבין מה שייך כאן בשורה טובה. והל"ל שמודים על מתנה טובה. ויראה לי מפני שבאמת השתחוה אברהם לה' והודה לו על שנתן בלב בני חת שיתנו לו המקום. ולכן נקרא בשורה טובה שע"י בני חת נתבשר לו שיותן לו המקום: **[ז] סרסרוני כו' צלו.** כי כן מורה שם פגיעה או לשון בקשה ותפילה למענו או לשון סרסור שמכניס עצמו לאמצעי לתווך המקח. ולכן נקראת פגיעה שפוגע דבריו של זה לזה עד שעושה

The Midrash addresses the peculiar spelling of יָשַׁב:

רַבִּי יִצְחָק אָמַר – **R' Yitzchak said:** "יָשַׁב" כְּתִיב – The word **[יֹשֵׁב],** *sitting* (present tense), **is written** without a ו,[52] in a way that it could also be read as יָשַׁב, *sat* (in past tense). אוֹתוֹ הַיּוֹם מִינּוּ אוֹתוֹ אַרְכּוֹסְטַרְטִיגוֹס – This spelling alludes that on **that very day they appointed him chief officer** of the city,[53] דְּלָא יְהֵא בַּר נָשׁ רַב זָבִין מִן בַּר נָשׁ זְעִיר – **so that a great person** (Abraham) **should not have to make a purchase from a small,** insignificant **person.**[54]

□ וַיַּעַן עֶפְרוֹן הַחִתִּי אֶת אַבְרָהָם בְּאָזְנֵי בְנֵי חֵת – *AND EPHRON* ***THE HITTITE RESPONDED TO ABRAHAM IN THE HEARING OF THE CHILDREN OF HETH,*** *FOR ALL WHO ENTER THE GATE OF HIS CITY.*

"All who enter the gate of his city" means "all the inhabitants of the city." Why were all the townsfolk gathered there during Abraham's conversation with the Hittite – elders about Ephron's field?

אָמַר רַבִּי פִּנְחָס – **R' Pinchas said:** מְלַמֵּד שֶׁנָּעֲלוּ דַּלְתוֹתֵיהֶן – **This teaches that they** all **locked their doors** to their homes and businesses וְהָלְכוּ לִגְמוֹל חֲסָדִים לְאַבְרָהָם – **and went to bestow kindness upon Abraham.**[55]

לֹא אֲדֹנִי שְׁמָעֵנִי הַשָּׂדֶה נָתַתִּי לָךְ וְהַמְּעָרָה אֲשֶׁר בּוֹ לְךָ נְתַתִּיהָ לְעֵינֵי בְנֵי עַמִּי נְתַתִּיהָ לָּךְ קְבֹר מֵתֶךָ. וַיִּשְׁתַּחוּ אַבְרָהָם לִפְנֵי עַם הָאָרֶץ. וַיְדַבֵּר אֶל עֶפְרוֹן בְּאָזְנֵי עַם הָאָרֶץ לֵאמֹר אַךְ אִם אַתָּה לוּ שְׁמָעֵנִי נָתַתִּי כֶּסֶף הַשָּׂדֶה קַח מִמֶּנִּי וְאֶקְבְּרָה אֶת מֵתִי שָׁמָּה. וַיַּעַן עֶפְרוֹן אֶת אַבְרָהָם לֵאמֹר לוֹ. אֲדֹנִי שְׁמָעֵנִי אֶרֶץ אַרְבַּע מֵאֹת שֶׁקֶל כֶּסֶף בֵּינִי וּבֵינְךָ מַה הִוא וְאֶת מֵתְךָ קְבֹר.

"No, my lord; heed me! I have given you the field, and as for the cave that is in it, I have given it to you; In the view of the children of my people have I given it to you; bury your dead." So Abraham bowed down before the members of the council. He spoke to Ephron in the hearing of the members of the council, saying, "Rather, if only you would heed me! I give the price of the field, accept it from me, that I may bury my dead there." And Ephron replied to Abraham, saying to him, "My lord, heed me! Land worth four hundred silver shekels; between me and you – what is it? Bury your dead" (23:11-15).

□ לֹא אֲדֹנִי שְׁמָעֵנִי הַשָּׂדֶה נָתַתִּי לָךְ וְהַמְּעָרָה וגו׳ אֲדֹנִי שְׁמָעֵנִי אֶרֶץ אַרְבַּע מֵאוֹת שֶׁקֶל כֶּסֶף – ***"NO, MY LORD; HEED ME! I HAVE GIVEN YOU THE FIELD, AND AS FOR THE CAVE," ETC.*** *. . . . AND EPHRON REPLIED TO ABRAHAM, SAYING TO HIM,* ***"MY LORD, HEAR ME! LAND WORTH FOUR HUNDRED SILVER SHEKELS*** *BETWEEN ME AND YOU – WHAT IS IT?"*

The Midrash discusses the monetary units used in the negotiations between Abraham and Ephron:

אָמַר רַבִּי חֲנִינָא – **R' Chanina said:** כָּל שְׁקָלִים הָאֲמוּרִים בַּתּוֹרָה סְלָעִים – **All shekels mentioned in the Torah are** referring to ***selas,***[56] וּבַנְּבִיאִים לִיטְרִין – all shekels mentioned **in the Prophets** are referring to **litrae,**[57] בַּכְּתוּבִים קַנְטְרִין – and all shekels mentioned **in the Writings** refer to **centenaria.**[58] רַבִּי יוּדָן אָמַר – **R' Yudan said:** This rule applies everywhere in the Torah חוּץ מִשִּׁקְלֵי עֶפְרוֹן שֶׁהָיוּ קַנְטְרִין – **except for the** four hundred **shekels of Ephron, which were centenaria.**[59]Ⓐ

וַיִּשְׁמַע אַבְרָהָם אֶל עֶפְרוֹן וַיִּשְׁקֹל אַבְרָהָם לְעֶפְרֹן אֶת הַכֶּסֶף אֲשֶׁר דִּבֶּר בְּאָזְנֵי בְנֵי חֵת אַרְבַּע מֵאוֹת שֶׁקֶל כֶּסֶף עֹבֵר לַסֹּחֵר.

Abraham heeded Ephron, and Abraham weighed out to Ephron the price which he had mentioned in the hearing of the children of Heth, four hundred silver shekels in negotiable currency (23:16).

□ [וַיִּשְׁקֹל אַבְרָהָם לְעֶפְרֹן אֶת הַכֶּסֶף . . . אַרְבַּע מֵאוֹת שֶׁקֶל כֶּסֶף – *AND ABRAHAM WEIGHED OUT TO EPHRON THE PRICE . . . FOUR HUNDRED SILVER SHEKELS.*]

Having described the exorbitant price paid for Ephron's cave, the Midrash expounds on a verse from *Proverbs* that relates to Ephron and his greed:

NOTES

52. See below, 24:3, 24:62, 50:11, etc., where יוֹשֵׁב is written with the ו.

53. Since the word is pronounced יוֹשֵׁב (present tense), yet written יָשַׁב (past tense), it should be interpreted as connoting both meanings (see Midrash above, 48 §7 and 50 §3): Ephron had been "sitting in the midst of the Children of Heth" (i.e., acting as an officer; see below) previously (יָשַׁב), but no longer at the time Abraham came to them. On the other hand, he *was* still sitting (יוֹשֵׁב) and acting as an officer when he came. This is because he had previously been an ordinary officer, and on this day they had promoted him to be chief officer (*Yefeh To'ar*; cf. *Matnos Kehunah* and *Eitz Yosef* above loc. cit.).

The expression "to sit in the midst of the people" alludes that he was acting as an officer, because it evokes the image of one man sitting down with all the townsfolk gathered around him standing (*Yefeh To'ar*).

54. For that would be degrading (*Yedei Moshe*).

55. I.e., by attending the funeral of his wife. [Another version of the Midrash has: ". . . to bestow kindness upon Sarah" – by attending her funeral. See *Rashi* on *Chumash* here and *Matnos Kehunah*.]

56. A *sela* being made up of four dinars. (The "shekel" of Talmudic times was made up of two dinars.)

57. A litra (Greek equivalent of Latin *libra* and Hebrew *maneh*) is made up of 100 dinars (*Rashi* to *Bechoros* 50a), or 25 ordinary Torah shekels; see *Targum Yonasan* to *Jeremiah* 32:9.

58. A centenarium is an extremely large weight, equivalent to 100 litrae (*Rashi* to *Bava Metzia* 87a ד״ה קנטרי; cf. *Rashi* to *Bechoros* 50a ד״ה קינטרין) or 2,500 ordinary Torah shekels.

59. Abraham thus paid a total of one million (400 x 2500) ordinary shekels for the cave. This is derived from the fact that Abraham gave Ephron 400 silver shekalim *in negotiable currency* (v. 16), which, as the Midrash explains below, means "money that is considered a 'shekel' in any place." Since there are some places that use the word "shekel" to refer to centenaria, this means that Abraham gave Ephron centenaria (*Bechoros* 50a). See Insight Ⓐ.

INSIGHTS

Ⓐ **The Loss that Befell Him** Certainly, from a moral perspective, Ephron brought great loss upon himself. He is the paradigm of one who says much, but does nothing (*Avos DeRabbi Nassan* 13:3). He had the opportunity to help the great Abraham in a significant way and earn for himself everlasting merit, and instead he turned it into a quick profit. However, from a business perspective – putting aside such niceties as fair pricing and personal integrity – one might think that Ephron did quite well. After all, he sold a lightly valued piece of land for one million shekels!

Chacham Tzvi asserts that this is not so: Ephron would have been better off financially had he sold the land to Abraham for a *perutah* (the smallest coin denomination). Why? The Gemara teaches that anyone who received a *perutah* from Job, even as payment for an item, would be blessed with prosperity. The same principle holds for Abraham. Elsewhere, however, we learn that he who has a generous, good eye is blessed (*Proverbs* 22:9), implying that he who has a covetous, evil eye is not blessed.

Ephron received a fortune, but fortunes can be quickly squandered. Ephron would have been far better off had he received a single blessed *perutah* rather than a million shekels poisoned by his evil eye. This is the meaning of our verse here: *One overeager for wealth is a person who has an evil eye* – this is Ephron; *He does not know that loss will befall him* – i.e. he does not realize that the riches he has grabbed represent a terrible loss to him (*Chacham Tzvi* in *Shevil HaYashar* §7 [*Divrei Gedolim*]).

רַבִּי יִצְחָק אָמַר: [יא] "יָשַׁב" כְּתִיב, אוֹתוֹ הַיּוֹם מִינּוּ אוֹתוֹ אַרְכּוּסְטַרְטִיגוֹס דְּלָא יְהֵא בַּר נָשׁ רַב זָבֵין מִן בַּר נָשׁ זְעֵיר. "וַיַּעַן עֶפְרוֹן הַחִתִּי אֶת אַבְרָהָם בְּאָזְנֵי בְנֵי חֵת", אָמַר רַבִּי פִּנְחָס: מְלַמֵּד שֶׁנָּעֲלוּ דַּלְתוֹתֵיהֶן וְהָלְכוּ לִגְמוֹל חֲסָדִים לְאַבְרָהָם. [כג, יא] "לֹא אֲדֹנִי שְׁמָעֵנִי הַשָּׂדֶה נָתַתִּי לָךְ וְהַמְּעָרָה וְגוֹ'", [כג, טו] "אֲדֹנִי שְׁמָעֵנִי אֶרֶץ אַרְבַּע מֵאוֹת שֶׁקֶל כֶּסֶף", אָמַר רַבִּי חֲנִינָא: [יב] כָּל שְׁקָלִים הָאֲמוּרִים בַּתּוֹרָה סְלָעִים וּבַנְּבִיאִים לִיטְרִין בַּכְּתוּבִים קֶנְטָרִין. רַבִּי יוּדָן אָמַר חוּץ מִשִּׁקְלֵי עֶפְרוֹן שֶׁהָיוּ קֶנְטָרִין, הָדָא הוּא דִכְתִיב (משלי כח, כב) "נִבְהָל לַהוֹן אִישׁ רַע עָיִן וְלֹא יֵדַע כִּי חֶסֶר יְבֹאֶנּוּ", "נִבְהָל לַהוֹן אִישׁ רַע עָיִן", זֶה עֶפְרוֹן שֶׁהִכְנִיס עַיִן רָע בְּמָמוֹנוֹ שֶׁל צַדִּיק, "וְלֹא יֵדַע כִּי חֶסֶר יְבֹאֶנּוּ", שֶׁחִסְּרַתּוּ הַתּוֹרָה וָא"ו, הָדָא הוּא דִכְתִיב [כג, טז] "וַיִּשְׁמַע אַבְרָהָם אֶל עֶפְרוֹן וַיִּשְׁקֹל אַבְרָהָם לְעֶפְרֹן", "עֶפְרֹן" כְּתִיב חָסֵר וָא"ו. "אַרְבַּע מֵאוֹת שֶׁקֶל כֶּסֶף עֹבֵר לַסֹּחֵר", רַבִּי אַבָּא בַּר בִּיזְנָא אָמַר פְּרַגְמַטְיָא נָפֵיק:

רש"י

ר' יצחק בר אמי אמר ישב כתיב חסר וי"ו אותו היום מינוהו ארכיטרטיגוס. גדול שביניהם דלא יהא בר נש רב זבין מבר נש זעיר הדיוט. **עובר לסוחר רבי אבא בר ביזנא אמר פרגמטיא נפקת.** בסחורה יוצאת ובאה:

חידושי הרד"ל

(יד) באזני בני חת לכל באי שער עירו א"ר פנחס כצ"ל: **(טו) שחסרתו התורה ו'.** עמ"כ. גם עפרן חסר ו' עולה ת' לרמוז על ת' שקלי כסף שלקח:

חידושי הרש"ש

ישב כתיב אותו היום מינו אותו כו'. עמש"כ לעיל פ"נ. ובתוך ב"ח פי' באמצע כמו שתרגם אונקלוס בתוך הגן במציעות גינתא וכ"פ רש"י שם. וכן תרגם על יהי רקיע בתוך המים במציעות מיא וכפירש"י שם. וכ"ה לעיל במדרש (פ"ד) בשעה שאמר כו' בתוך המים כו' האמצעית. ועי"ש בתוך המים ביניים ובנתיים וע"ש במ"כ. וכפירש"י בפר' קרח על בתוך מטותם הניחו באמצע. ויק"ק דבעיר הנדחת כתיב ואת כל שללה תקבוץ אל תוך רחובה נימא נמי דבעינן דוקא באמצע הרחוב וזה לא מצינו לא במשנה ולא בגמרא. רק דמשמע בחלק (קי"ב) דיליף מזה דבעינן שיהיה הרחוב בתוך העיר ולא חוצה לה. ועיין בלח"מ פ"ד מהלכות ע"א הל' ו"ו. ובמנחות (נ"ח ב') אמרינן מכאן שאמצעי משובח וע"ש בתוס'. ובתוספתא דסנהדרין רפ"ח תניא. סנהדרין כו' הנשיא יושב באמצע וזקנים יושבים מימינו ומשמאלו. ובזה מתורץ מה שטען הרמב"ן על רש"י בר"פ ויגא במש"כ בחלום הסולם דאמצע שיפועו היה נגד בהמ"ק. דהאמצע איננו מורה על דבר יותר כו' ע"ש. וגם הרא"ם לא מצא בזה מענה:

עץ יוסף

ישב כתיב ע' מ"ש לעיל פ' מ"ח סי' ו'. ורמז השלטונות בל' ישיבה כי כן דרך המושל לישב והעם עומדים עליו: **אביסטרטיגוס** גדול שבגליבים: **דלא יהא בר נש כו'** שלא יהא בן אדם חשוב קונה מאדם שפל וקטן: **מלמד שנעלו כו'** דכתיב לכל באי שער עירו שבשעה שדבר עפרון עם אברהם מאז כבר כולם נתקבצו ובאו שמה (יפ"ת): **[טו] ובנביאים ליטרון** פרש"י ליטרין מנין דהוא כ"ה סלעים. ובכתובים קינטרין ק' סלעים בכל שקל. והכי גמירי לר"ח (יפ"ת): **חוץ משקל עפרון כו'.** דכתיב שקל כסף עובר לסוחר ואיכא דוכתי דקרו לקנטרא תקלא: **נבהל להון כו'** מילתא בא"כ ואקרא דכתיב וישקול אברהם לעפרון חסר וי"ו קאי. ודריש ליה בעפרון שנתקיים בו מקרא זה נבהל להון כו'. וי"מ רע עין בגימ' ת' וכן עפרן חסר וי"ו בגימ' ת' שבסיבת הת' כסף היה רע עין וחסרו התורה וי"ו (נזה"ק): **עין רעה בממונו.** שחמד ממונו ליקח אותו לו: **שחסרתו התורה וי"ו** להיות עולה בגימטריא רע עין שבזה נתגלה קלונו לדורות. או על פי הנודע שאות הוי"ו משם הקדוש הוא מקור הברכה. ולזה חסרתו התורה וי"ו להורות שעי"ז נחסר ממנו ג"כ ברכת ה' (נזה"ק):

פירוש מהרז"ו

(ז) ישב כתיב עי' לעיל פר' נ' סימן ג' ושם מבואר וכ"ז בשמ"ר פל"א סימן י"ז ושם מבואר: **באזני בני חת** וס"ד לכל באי שער עירו. משמע שהיו שם כל בני העיר שסגרו דלתי ביתם וחנותם ובאו כו': **כל שקלים כו'** כמ"ש מחלית השקל ובבכורות דף נ' א' הגי' כל כסף האמור בתורה סתם סלעים ועי' רש"י שם. והאל המשכן והאל קטורת. והאל ערכין הכל סלעים לבד כאן שכתוב עובר לסוחר. ואיתא שם בבכורות איכא דוכתא דקרי לקנטרי תקלי: **פרקמטיא נפיק** כמו שת"א מתקבל סחורתא בכל מדינתא:

מסורת המדרש

יא שמ"ר פרשה נ"א: יב בבא מציעא דף פ"ז. בכורות דף נ'. ירושלמי קדושין פרק א' ריש הלכה ג'. שמות רבה פרשה ל"א. רות רבה פרשה ז'. תנחומא סדר ויראה סימן ד' הדר בהר סימן א' וסדר ראה סימן י'. פסיקתא רבתי פיסקא א'. פסיקתא דר"כ פ' י"א. ילקוט כאן רמז ק"ב. ילקוט משלי רמז תתקס"ב:

אם למקרא

נִבְהָל לַהוֹן אִישׁ רַע עָיִן וְלֹא־יֵדַע כִּי־חֶסֶר יְבֹאֶנּוּ: (משלי כח:כב)

מתנות כהונה

[**ישב כתיב.** נתבאר לעיל פרשה נ']: **ארכוסטרטיגוס.** פירש הערוך גדול שבגליבים: **דלא יהא כו'.** שלא יהא בן אדם חשוב קונה מאדם שפל וקטן: [**ה"ג בילקוט ובפירש"י בחומש** לגמול חסדים לשרה]: **ה"ג שהכניס עין רעה כו':** [ועיין בשמ"ר פר' ל"א]. חסר וי"ו ונשאר עפרן גימטריא ר"ע עי"ן: **פרגמטיא נפיק.** שקלים המתקבלים בסחורה בכל מקום:

נחמד למראה

ועפרון יושב בתוך בני חת. יתכן לפרש שהיה יושב בתוכם בשלוה כמו שהתבאר. ומדכתיב ישב חסר וא"ו הנה כפי מסורת הכתיב יֻשַׁב קרינן מבנין הכבד שלא נזכר שם פועלו שהמכוון בו שהושב ע"י אחר. ולהיות המקרא הוא שמעצמו היה יושב בשלוה בתוך בני עמו. א"כ הא דכתיב יֻשַׁב שפירושו שע"י אחר הושב צריך לומר שהושב לשוטר עליהם לא לשופט כי השופטים הם הדיינים והשוטרים הם הרודים בעם כמו שכתב רש"י בפרשת שופטים. וכיון שנאמר ועפרון יושב בתוך בני חת. והשופטים אינם יושבים בתוך העם אבל הם יושבי שער. מש"ה גבי לוט דכתיב ולוט יושב בשער סדום. אמר שמינוהו שופט עליהם. וכאן דכתיב ועפרון יושב בתוך בני חת. אמר אותו היום מינוהו שוטר עליהם. ולפי שלא מינוהו קודם לכן לשוטר אלא בו ביום מבואר ג"כ שמפני חשיבותיה דאברהם מינוהו לשוטר עליהם: **ועל** פי זה פירשתי אני המדפים קאשמן בן הר"ר יוסף ברוך ז"ל מה שכתב הרשב"ם על פסוק וישמע אברהם אל עפרון וזה לשונו לחכימא ברמיזא עכ"ל. בודאי רצונו לומר שוישמע האמור כאן הוא לשון הבנה. וטעמו שאין לפרשו לשון שמיעה ממש. דא"כ מאי קמ"ל ששמע אברהם מה שאמר לו עפרון פה אל פה. וגם אין לפרשו ולומר ששר אברהם למשמעתו של עפרון לעשות כמו שאמר עפרון. דא"כ הוה ליה למיכתב וישמע אברהם לקול עפרון כמו שנאמר וישמע אברם לקול שרי אבל מדכתיב וישמע אברהם אל עפרון מוכח שהבין אברהם מה שהיה עפרון רוצה לומר אע"פ שלא אמרו. שהרי כבר מבואר ההפרש שבין למ"ד המשמשת ובין מלת אל. שלמ"ד המשמשת מורה על הקירוב. ומלת אל מורה על הנגיעה והדיבוק. וא"כ מדכתיב וישמע אברהם אל עפרון משמע שהבין אברהם מה שהיה טמון בקירות לבו של עפרון אף שלא הוציאו בשפתיו. אך לכאורה קשה דהו"ל להרשב"ם למימר וישמע לשון הבנה. ומה רמז לנו בזה שאמר לחכימא ברמיזא. אך בודאי רמז בזה לדברי רש"י הנ"ל שעלה לגדולה לפי שאברהם היה צריך לו. כי כבר ידוע שמה שאמרו די לחכימא ברמיזא. הוא שיודע ומבין מה שרומז לו חכם כמותו. אך מי החכם יודע להבין רמזי שוטים זהו בודאי אינו. לפי שאינם במדרגה אחת. וא"כ גם רמזיהם שונים זה מזה. וכמו כן רמזי בן כרך ובן כפר או מלך והדיוט שאף שביניהם חכמים אינם מבינים רמזיהם מזה לזה. וכענין זה אף בני חת רצו שידבר עפרון לאברהם ברמז והם כבר אמרו לאברהם נשיא אלהים אתה בתוכנו. וא"כ כשיהיה עפרון הדיוט וידבר לאברהם ברמיזא. לא ידע ולא יבין אברהם אף שחכם הוא. מ"מ אינו דומה רמזי הדיוט לרמזי נשיא ולפיכך מינוהו שוטר עליהם ועלה לגדולה לפי שאברהם היה צריך לו ועתה יכול להבין רמזיו והוי דומיא דלחכימא ברמיזא ממש.

אשד הנחלים

פשרה ביניהם: **ישב כתיב.** דהוקשה להם מה צריך לומר כלל שעפרון יושב א"ו לרמוז בזה ובמה שנכתב חסר ו' שעתה ישב כי סיבב ה' בכדי שלא יצטרך אברהם לבזות עצמו לפני קטן. וגם מאיש נכבד ושר נקל להשיג חפצו כי יש בו נימוס וד"א: **שנעלו.** מן באזני דייק. שכולם באו לשמוע מעסק אברהם לקבור מתו שזהו גמ"ח: **נבהל להון גו' חסר ו'.** ביאור הכתוב שמי שבהול להון נוכל לתארו באמת. שסבתו מצד שהוא רע עין בהון רעהו ולכן הוא בהול מאוד להשיגו כי מקנא בהון זולתו כי אלולי כן לא הי' אדם מתאוה להון רב לולא הקנאה כמ"ה בקהלת וראיתי אני את כל כשרון המעשה כי היא קנאת איש מאת רעהו. כי רבות ההון מצד עצמו איננו אהבה רק שצומחת מצד קנאת הזולת. על זה רמזה תורה במלת עפרן חסר שעולה בגמטריא רע עין. ודרש ע"ד הצחות. שלא ידע באמת גדרו הנכון שהוא רע עין והוא לא מרגיש שכן רומז בתורה עפרן חסר להורות על זה:

הָדָא הוּא דִכְתִיב – **Thus it is written:** "נִבְהָל לַהוֹן אִישׁ רַע עָיִן וְלֹא יֵדַע כִּי חֶסֶר יְבֹאֶנּוּ" – ***One overeager for wealth is a person who has an evil eye; he does not know that loss will befall him*** (*Proverbs* 28:22). נִבְהָל לַהוֹן אִישׁ רַע עָיִן – ***One overeager for wealth is a person who has an evil eye*** – זֶה עֶפְרוֹן שֶׁהִכְנִיס עַיִן רָע בְּמָמוֹנוֹ שֶׁל צַדִּיק – **this refers to Ephron, who put an evil eye on the money of the righteous person,** Abraham.[60] "וְלֹא יֵדַע כִּי חֶסֶר יְבֹאֶנּוּ" – ***He does not know that loss will befall him*** – שֶׁחִסְּרָתוֹ הַתּוֹרָה וא"ו – **for the Torah deleted** the letter ו from his name. הָדָא הוּא דִכְתִיב "וַיִּשְׁמַע אַבְרָהָם אֶל עֶפְרוֹן וַיִּשְׁקֹל אַבְרָהָם לְעֶפְרֹן" – **Thus it is written,** ***Abraham heeded Ephron, and Abraham weighed out to Ephron*** *the price which he had mentioned* (23:16); "עֶפְרֹן" כְּתִיב חָסֵר וא"ו – the second **"Ephron"** mentioned in this verse **is written without a** ו.[61]

□ אַרְבַּע מֵאוֹת שֶׁקֶל כֶּסֶף עֹבֵר לַסֹּחֵר – ***FOUR HUNDRED SILVER SHEKELS IN NEGOTIABLE CURRENCY.***

The Midrash explains the expression *negotiable currency:*

רַבִּי אַבָּא בַּר בִּיזְנָא אָמַר – **R' Abba bar Bizna said:** פְּרַגְמַטְיָא נָפֵיק – This means that these coins **could be exchanged for merchandise** in all places.[62]

NOTES

60. I.e., he coveted Abraham's wealth (*Eitz Yosef*).

61. Ephron's evil eye caused him the loss of part of his name. [The spelling of Ephron without the ו has a numerical value (400) equal to רַע עַיִן, "evil eye" (*Matnos Kehunah*).]

62. *Matnos Kehunah.* See note 59.

רַבִּי יִצְחָק אָמַר: יא"יָשַׁב" כְּתִיב, אוֹתוֹ הַיּוֹם מִינּוּ אוֹתוֹ אַרְכוֹסְטַרְטִיגוֹס דְּלָא יְהֵא בַּר נָשׁ רַב זָבֵין מִן בַּר נָשׁ זְעִיר. "וַיַּעַן עֶפְרוֹן הַחִתִּי אֶת אַבְרָהָם בְּאָזְנֵי בְנֵי חֵת", אָמַר רַבִּי פִּנְחָס: מְלַמֵּד שֶׁנָּעֲלוּ דַּלְתוֹתֵיהֶן וְהָלְכוּ לִגְמוֹל חֲסָדִים לְאַבְרָהָם. [כג, יא] "לֹא אֲדֹנִי שְׁמָעֵנִי הַשָּׂדֶה נָתַתִּי לָךְ וְהַמְּעָרָה וְגוֹ'", [כג, טו] "אֲדֹנִי שְׁמָעֵנִי אֶרֶץ אַרְבַּע מֵאוֹת שֶׁקֶל כֶּסֶף", אָמַר רַבִּי חֲנִינָא: יבכָּל שְׁקָלִים הָאֲמוּרִים בַּתּוֹרָה סְלָעִים וּבַנְּבִיאִים לִיטְרִין בַּכְּתוּבִים קֶנְטְרִין. רַבִּי יוּדָן אָמַר חוּץ מִשִּׁקְלֵי עֶפְרוֹן שֶׁהָיוּ קֶנְטָרִין, הָדָא הוּא דִכְתִיב (משלי כח, כב) "נִבְהָל לַהוֹן אִישׁ רַע עָיִן וְלֹא יֵדַע כִּי חֶסֶר יְבֹאֶנּוּ", "נִבְהָל לַהוֹן אִישׁ רַע עָיִן", זֶה עֶפְרוֹן שֶׁהִכְנִיס עַיִן רָע בְּמָמוֹנוֹ שֶׁל צַדִּיק, "וְלֹא יֵדַע כִּי חֶסֶר יְבֹאֶנּוּ", שֶׁחִסְּרַתּוֹ הַתּוֹרָה וָא"ו, הָדָא הוּא דִכְתִיב [כג, טז] "וַיִּשְׁמַע אַבְרָהָם אֶל עֶפְרוֹן וַיִּשְׁקֹל אַבְרָהָם לְעֶפְרֹן", "עֶפְרֹן" כְּתִיב חָסֵר וָא"ו. "אַרְבַּע מֵאוֹת שֶׁקֶל כֶּסֶף עֹבֵר לַסֹּחֵר", רַבִּי אַבָּא בַּר בִּיזְנָא אָמַר פְּרַגְמַטְיָא נָפֵיק:

רש"י

ר' יצחק בר אמי אמר ישב כתיב חסר וי"ו אותו היום מינוהו ארכיטרטיגוס. גדול שביניהם דלא יהא בר נש רב זבין מבר נש זעיר הדיוט. **עובר לסוחר רבי אבא בר ביזנא אמר פרגמטיא נפקת.** בסחורה יולאת ובאה:

מתנות כהונה

[**ישב כתיב.** נתבאר לעיל פרשה נ']: **ארכוסטרטיגוס.** פירש הערוך גדול שבגליבים: **דלא יהא כו'.** שלא יהא בן אדם חשוב קונה מאדם שפל וקטן: [ה"ג **בילקוט ובפירש"י בחומש** לגמול חסדים לשרה]: ה"ג **שהכניס עין רעה כו':** [ועיין בשמ"ר פר' ל"א]. חסר וי"ו ונשאר עפרן גימטריא ר"ע עי"ן: **פרגמטיא נפיק.** שקלים המתקבלים בסחורה בכל מקום:

נחמד למראה

ועפרון יושב בתוך בני חת. יתכן לפרש שהיה יושב בתוכם בשלוה כמו שהתבאר. ומדכתיב ישב חסר וא"ו הנה כפי מסורת הכתיב יֻשַּׁב קרינן מבנין הכבד שלא נזכר שם פועלו שהמכוון בו שהושב ע"י אחר. ולהיות המקרא הוא שמעצמו היה יושב בשלוה בתוך בני עמו. א"כ הא דכתיב יֻשַּׁב שפירושו שע"י אחר הושב לריך לומר שהושב לשוטר עליהם לא לשופט כי השופטים הם הדיינים והשוטרים הם הרודים בעם כמו שכתב רש"י בפרשת שופטים. וכיון שנאמר ועפרון יושב בתוך בני חת. והשופטים אינם יושבים בתוך העם אבל הם יושבי שער. מש"ה גבי לוט דכתיב ולוט יושב בשער סדום. אמר שמינוהו שופט עליהם. וכאן דכתיב ועפרון יושב בתוך בני חת. אמר אותו היום מינוהו שוטר עליהם. ולפי שלא מינוהו קודם לכן לשוטר אלא בו ביום מבואר ג"כ שמפני חשיבותיה דאברהם מינוהו לשוטר עליהם: **ועל** פי זה פירשתי אני המדפים קאשמן בן הר"ר יוסף ברוך ז"ל מה שכתב הרשב"ם על פסוק וישמע אברהם אל עפרון וזה לשונו לחכימא ברמיזא עכ"ל. בודאי רצונו לומר שוישמע האמור כאן הוא לשון הבנה. וטעמו שאין לפרשו לשון שמיעה ממש. דא"כ מאי קמ"ל ששמע אברהם מה שאמר לו עפרון פה אל פה. וגם אין לפרשו ולומר ששמע אברהם למשמעתו של עפרון לעשות כמו שאמר עפרון. דא"כ הוה ליה למיכתב וישמע אברהם לקול עפרון כמו שנאמר וישמע אברם לקול שרי אבל מדכתיב וישמע אברהם אל עפרון מוכח שהבין אברהם מה שהיה עפרון רוצה לומר אע"פ שלא אמרו. שהרי כבר מבואר ההפרש שבין למ"ד המשמשת ובין מלת אל. שלמ"ד המשמשת מורה על הקירוב. ומלת אל מורה על הנגיעה והדיבוק. וא"כ מדכתיב וישמע אברהם אל עפרון משמע שהבין אברהם מה שהיה טמון בקירות לבו של עפרון אף שלא הוציאו בשפתיו. אך לכאורה קשה דהו"ל להרשב"ם למימר וישמע לשון הבנה. ומה רמז לנו בזה שאמר לחכימא ברמיזא. אך בודאי רמז בזה לדברי רש"י הנ"ל שעלה לגדולה לפי שאברהם היה לריך לו. כי כבר ידוע שמה שאמרו די לחכימא ברמיזא. הוא שיודע ומבין מה שרומז לו חכם כמותו. אך מי החכם יודע להבין רמזי שוטים זהו בודאי אינו. לפי שאינם במדרגה אחת. וא"כ גם רמזיהם שונים זה מזה. וכמו כן רמזי בן כרך ובן כפר או מלך והדיוט שאף שכיהם חכמים אינם מבינים רמזיהם מזה לזה. וכענין זה אף בני חת רלו שידבר עפרון לאברהם ברמז והם כבר אמרו לאברהם נשיא אלהים אתה בתוכנו. וא"כ כשיהיה עפרון הדיוט וידבר לאברהם ברמיזא. לא ידע ולא יבין אברהם אף שחכם הוא. מ"מ אינו דומה רמזי הדיוט לרמזי נשיא ולפיכך מינוהו שוטר עליהם ועלה לגדולה לפי שאברהם היה לריך לו ועתה יכול להבין רמזיו והוי דומיא דלחכימא ברמיזא ממש.

אשד הנחלים

פשרה ביניהם: **ישב כתיב.** דהוקשה להם מה צריך לומר כלל שעפרון יושב א"ו לרמוז בזה ובמה שנכתב חסר ו' שעתה ישב כי סיבב ה' בכדי שלא יצטרך אברהם לבזות עצמו לפני קטן. וגם מאיש נכבד ושר נקל להשיג חפצו כי יש בו נימוס וד"א: **שנעלו.** מן באזני דייק. שכולם באו לשמוע מעסק אברהם לקבור מתו שזהו גמ"ח: **נבהל להון גו' חסר ו'.** ביאור הכתוב שמי שבהול להון נוכל לתארו באמת. שסבתו מצד שהוא רע עין בהון רעהו ולכן הוא בהול מאוד להשיגו כי מקנא בהון זולתו כי אלולי כן לא הי' אדם מתאוה להון רב לולא הקנאה כמ"ה בקהלת וראיתי אני את כל כשרון המעשה כי היא קנאת איש מאת רעהו. כי רבות ההון מצד עצמו איננו אהבה רק שצומחת מצד קנאת הזולת. על זה רמזה תורה במלת עפרן חסר שעולה בגמטריא רע עין. ודרש ע"ד הצחות. שלא ידע באמת גדרו הנכון שהוא רע עין והוא לא מרגיש שכן רומז בתורה עפרן חסר להורות על זה:

עץ יוסף

ישב כתיב ע' מ"ש לעיל פ' מ"ח סי' ו'. ורמז השלטונות בל' ישיבה כי כן דרך המושל לישב והעם עומדים עליו: **אביסטרטיגוס** גדול שבגליבים: **דלא יהא בר נש כו'** שלא יהא בן אדם חשוב קונה מאדם שפל וקטן: **מלמד שנעלו כו'** דכתיב לכל באי שער עירו שבשעה שדבר עפרון עם אברהם מאז כבר כולם נתקבלו ובאו שמה (יפ"ת): [ט] **ובנביאים ליטרון** פרש"י ליטרין מנין דהוא כ"ה סלעים. ובכתובים קינטרין ק' סלעים בכל שקל. והכי גמירי לר"ח (יפ"ת): **חוץ משקל עפרון כו'.** דכתיב שקל כסף עובר לסוחר ואיכא דוכתי דקרו לקנטרא תקלא: **נבהל להון כו'** מילתא בא"נ ואקרא דכתיב וישקול אברהם לעפרון חסר וי"ו קאי. ודריש ליה בעפרון שנתקיים בו מקרא זה נבהל להון כו'. וי"מ רע עין בגימ' ת' וכן עפרן חסר וי"ו בגימ' ת' שבסיבת הת' כסף היה רע עין וחסרו התורה וי"ו (נזה"ק): **עין רעה בממונו.** שחמד ממונו ליקח אותו לו: **שחסרתו התורה וי"ו** להיות עולה בגימטריא רע עין שבזה נתגלה קלונו לדורות. או על פי הנודע שאות הוי"ו משם הקדוש הוא מקור הברכה. ולזה חסרתו התורה וי"ו להורות שעי"ז נחסר ממנו ג"כ ברכת ה' (נזה"ק):

פירוש מהרז"ו

(ז) **ישב כתיב** עי' לעיל פר' נ' סימן ג' ושם מבואר וכ"ז בשמ"ר פל"א סימן י"ז ושם מבואר: **באזני בני חת** וס"ד לכל באי שער עירו. משמע שהיו שם כל בני העיר שסגרו דלתי ביתם וחנותם ובאו כו': **כל שקלים כו'** כמ"ש מחלית השקל ובבכורות דף נ' א' הגי' כל כסף האמור בתורה סתם סלעים ועי' רש"י שם. ואלל המשכן ואלל קטורת. ואלל ערכין הכל סלעים לבד כאן שכתוב עובר לסוחר. ואיתא שם בבכורות איכא דוכתא דקרי לקנטרי תקלי: **פרקמטיא נפיק** כמו שת"א מתקבל סחורתא בכל מדינתא:

חידושי הרד"ל

(יד) **באזני בני חת לכל באי שער עירו** א"ר פנחס כנ"ל: (טו) **שחסרתו התורה ו'.** עמ"כ. גם עפרן חסר ו' עולה ת' לרמוז על ת' שקלי כסף שלקח:

חידושי הרש"ש

ישב כתיב אותו היום מינו אותו כו'. עמש"כ לעיל פ"נ. ובתוך ב"ח פי' באמלע כמו שתרגם אונקולס בתוך הגן במליעות גינתא וכ"פ רש"י שם. וכן תרגם על יהי רקיע בתוך המים במליעות מיא וכפירש"י שם. וכ"ה לעיל במדרש (פ"ד) בשעה שאמר כו' בתוך המים כו' האמלעית. ועי"ש בתוך המים ביניים ובנתיים וע"ש במ"כ. וכפירש"י בפר' קרח על בתוך מטותם הניחו באמלע. (וק"ק דבעיר הנדחת כתיב ואת כל שללה תקבוץ אל תוך רחובה נימא נמי דבעינן דוקא באמלע הרחוב וזה לא מלינו לא במשנה ולא בגמרא. רק דמשמע בחלק (קי"ב) דיליף מזה דבעינן שיהיה הרחוב בתוך העיר ולא חולה לה. ועיין בלח"מ פ"ד מהלכות ע"א הל' ו"ו). ובמנחות (נ"ח ב') אמרינן מכאן שאמלעי משובח וע"ש בתוס'. ובתוספתא דסנהדרין רפ"ח תניא. סנהדרין כו' הנשיא יושב באמלע וזקנים יושבים מימינו ושמאלו. ובזה מתורץ מה שטען הרמב"ן על רש"י בר"פ וילא במש"כ בחלום הסולם דאמלע שיפועו היה נגד בהמ"ק. דהאמלע אינו מורה על דבר יותר כו' ע"ש. וגם הרא"ם לא מלא בזה מענה:

מסורת המדרש

יא שמ"ר פרשה ל"א: **יב** בבא מליעא דף פ"ז. בכורות דף נ'. ירושלמי קדושין פרק א' ריש הלכה ג'. שמות רבה פרשה ל"א. רות רבה פרשה ז'. תנחומא סדר ויקרא סימן ד' הדר בהר סימן א' וסדר ראה סימן י'. פסיקתא רבתי פיסקא א'. פסיקתא דר"כ פ' י"א. ילקוט כאן רמז ק"ב. ילקוט משלי רמז תתקס"ב:

אם למקרא

נִבְהָל לַהוֹן אִישׁ רַע עָיִן וְלֹא־יֵדַע כִּי־חֶסֶר יְבֹאֶנּוּ: (משלי כח:כב)

וַיָּקָם שְׂדֵה עֶפְרוֹן אֲשֶׁר בַּמַּכְפֵּלָה אֲשֶׁר לִפְנֵי מַמְרֵא הַשָּׂדֶה וְהַמְּעָרָה אֲשֶׁר בּוֹ וְכָל הָעֵץ אֲשֶׁר בַּשָּׂדֶה אֲשֶׁר בְּכָל גְּבֻלוֹ סָבִיב. לְאַבְרָהָם לְמִקְנָה לְעֵינֵי בְנֵי חֵת בְּכֹל בָּאֵי שַׁעַר עִירוֹ.

And Ephron's field, which was in Machpelah, facing Mamre, the field and the cave within it and all the trees in the field, within all its surrounding boundaries, was confirmed as Abraham's as a purchase in the view of the children of Heth, among all who came to the gate of his city (23:17-18).

§8 **וַיָּקָם שְׂדֵה עֶפְרוֹן** — *AND EPHRON'S FIELD . . . WAS CONFIRMED* (lit., *AROSE*) *AS ABRAHAM'S.*

The Midrash explains the word "arose" in this phrase:

דַּהֲוַת נְפִילָא וְקָמַת — The field "arose" in the sense **that it had** previously **been "fallen" and** now it **"rose up":** **דַּהֲוַת דְּבַר אֱינָשׁ זְעִיר, וְאִיתְעֲבִידַת לְבַר נָשׁ רַב** — **for** previously **it had belonged to a small,** insignificant **person** (Ephron) **but** then **became** the field **of a great person** (Abraham).[63] Ⓐ

□ **שְׂדֵה עֶפְרוֹן אֲשֶׁר בַּמַּכְפֵּלָה** — *EPHRON'S FIELD, WHICH WAS IN MACHPELAH.*

The Midrash explains the reason behind the name *Machpelah,* which comes from the root כפל, *double*:

מְלַמֵּד שֶׁנִּכְפְּלָה בְּעֵינֵי כָּל אֶחָד וְאֶחָד — **This teaches that its value became doubled in the eyes of everyone.**[64] **דָּבָר אַחֵר** — **Another interpretation:** **שֶׁכָּל מִי שֶׁהוּא קָבוּר בְּתוֹכָהּ בָּטוּחַ שֶׁשְּׂכָרוֹ כָּפוּל וּמְכוּפָּל** — It was called this **because anyone who is buried inside it is guaranteed that his reward** in the World to Come **is doubled many times over.** **אָמַר רַבִּי אַבָּהוּ** — **R' Abahu said:** **שֶׁכָּפַף הַקָּדוֹשׁ בָּרוּךְ הוּא קוֹמָתוֹ שֶׁל אָדָם הָרִאשׁוֹן וּקְבָרוֹ בְּתוֹכָהּ** — It was called this **because the Holy One, blessed is He, folded over**[65] **the full height of Adam, the first** person,[66] **and buried him in it.**

□ **הַשָּׂדֶה וְהַמְּעָרָה אֲשֶׁר בּוֹ וְגוֹ'** — *THE FIELD AND THE CAVE WITHIN IT AND ALL THE TREES IN THE FIELD, WITHIN ALL ITS SURROUNDING BOUNDARIES.*

The Midrash derives a law from the seeming wordiness of this verse:

אָמַר רַבִּי — **Rebbi said:** **מִנַּיִן תְּנֵינָן** — **From where** is derived the law **that we have learned:**[67] **הַמּוֹכֵר אֶת שָׂדֵהוּ צָרִיךְ לִכְתּוֹב אֶת שָׂדֵהוּ וְאֶת סִימָנֶיהָ** — **"One who sells his field is required to record his field and its identifying features"?** **מֵהָכָא** — **It is from here:** **"הַשָּׂדֶה וְהַמְּעָרָה אֲשֶׁר בּוֹ"** — ***the field and the cave within it*** **"וְכָל הָעֵץ אֲשֶׁר בַּשָּׂדֶה אֲשֶׁר בְּכָל גְּבוּלוֹ סָבִיב"** — ***and all the trees in the field, within all its surrounding boundaries.***

□ **לְאַבְרָהָם לְמִקְנָה לְעֵינֵי בְנֵי חֵת** — *AS ABRAHAM'S AS A PURCHASE IN THE VIEW OF THE CHILDREN OF HETH.*

The Midrash comments on a seeming wordiness in our passage:

אָמַר רַבִּי אֶלְעָזָר — **R' Elazar said:** **כַּמָּה דְּיוֹת מִשְׁתַּפְּכוֹת** — **How much ink is spilled** **כַּמָּה קוּלְמוּסִין מִשְׁתַּבְּרִין** — **and how many quills are broken**[68] **כְּדֵי לִכְתּוֹב "בְּנֵי חֵת"** — **in order to write** in the Torah **"the children of Heth"!**[69] **עֲשָׂרָה פְּעָמִים כְּתִיב "בְּנֵי חֵת", "בְּנֵי חֵת"** — **Ten times [the Torah] writes,** ***the children of Heth, the children of Heth.***[70] Why is it necessary to accord these people such honor? **עֲשָׂרָה כְּנֶגֶד עֲשֶׂרֶת הַדִּבְּרוֹת** — These **ten** mentions **correspond to the Ten Commandments,** **לְלַמֶּדְךָ שֶׁכָּל מִי שֶׁהוּא מְבָרֵר מִקְחוֹ שֶׁל צַדִּיק** — and it comes **to teach you that whoever assists**[71] **in the business dealings of a righteous person,** as the children of Heth did for Abraham,

NOTES

63. As Scripture goes on to say: *the field ... arose "as Abraham's."* The field thus rose in importance by going from Ephron's ownership to Abraham's. [According to *Rashi,* the Midrash here is giving two separate explanations for the term "arose": (i) Since Abraham took an interest in it, it rose in significance in the eyes of the local people. (ii) It rose in status in that it went from ownership by a lowly person to ownership by an important person.] See Insight Ⓐ.

64. After Abraham bought the field it became more important and valuable in the eyes of the local inhabitants, who previously had attached no importance to the field. The idea of this Midrash is thus similar to what was taught in the previous Midrash (*Yefeh To'ar*).

65. And כפל can also mean "to fold over," as in *Exodus* 26:9: *you shall fold* [וְכָפַלְתָּ] *the sixth curtain* (*Maharzu*).

66. For Adam was enormously tall, as described in the Midrash above, 12 §6.

67. The word תְּנֵינָן usually refers to a Mishnah (though it may sometimes be used in reference to a Baraisa). However, there is no Mishnah — nor any known Baraisa — that corresponds to this citation. It is of course possible that this is a Baraisa that is not quoted anywhere else. If we interpret סִימָנֶיהָ ("identifying features") to mean "borders," the general idea of the statement here — that one must specify the borders of a field being sold — corresponds with the laws taught (though not in a Baraisa) in *Bava Basra* 61a-63a (*Yefeh To'ar*). It may also be seen as reflecting a statement by R' Mesharshia (ibid. 69b) that "the concept of borders has a Scriptural basis" based on our verse (*Rashi*), but the main Talmud commentators on *Bava Basra* interpret this "concept of borders" in a completely different sense (*Yefeh To'ar*).

68. From wear and tear.

69. This is a poetic expression to convey the difficulty in seeming redundancies in Scripture and the need to be sensitive to the wording of the Torah, for there are never superfluous words in the Torah (*Eitz Yosef,* from *Yefeh To'ar*).

70. The ten places are: *Genesis* 23:3,5,7,10 (twice),16,18,20; 25:10; 49:32.

71. Literally, *clarifies.* That is, he verifies the sale against any contestation or doubt (*Matnos Kehunah*). The children of Heth, who witnessed the transaction (v. 18), fulfilled this role.

INSIGHTS

Ⓐ **A Field's Elevation** This Midrashic teaching can be utilized to resolve an apparent difficulty in Scripture. After stating here that ownership of the field was transferred from Ephron to Abraham — using the unusual term וַיָּקָם ("and it arose") to do so — Scripture states that Abraham buried Sarah there, and then restates the fact that the field and the cave that was in it were transferred to Abraham, once again using the unusual term ויקם. What additional information is revealed by the restatement of this fact?

The Biblical commentators offer various explanations of this repetition. *Chizkuni* suggests that while the initial transfer did not explicitly allow Abraham to use the field for burial, which required the people's explicit approval, they retroactively recognized this right after he buried Sarah; hence the second verse states it was confirmed *as an estate for a burial site.* According to *Sforno,* the first verse indicates the *actual* ownership transfer in the official property records, while the later verse indicates that it won the approval of the entire population; hence, *it was confirmed . . . from the children of Heth.* And *Ohr Hachaim* writes that while Ephron's ownership of the land ended when Abraham gave him the money, Abraham's ownership did not take effect halachically until he made a physical change to it; namely, by burying Sarah in it.

None of the above interpretations, however, explain why the unusual word וַיָּקָם is used again here. *R' Mordechai Yafe-Schlesinger,* in his *Bigdei Mordechai* (*Hespedim,* p. 388), explains this usage in line with the Midrashic interpretation here. That is, just as the first verse refers to the transfer of ownership as וַיָּקָם so as to indicate that the field "rose" in stature as it passed from the hands of the lowly Ephron into the hands of the great Abraham, so was the field's stature elevated upon the burial therein of the saintly Sarah. Thus, the verse stresses that *the field with the cave that was in it was "elevated" as Abraham's, as an estate for a burial site,* for it was now the burial grounds that contained the remains of the holy matriarch Sarah.

ח [כג, יז] ״**וַיָּקָם שְׂדֵה עֶפְרוֹן**״, דַּהֲוַת °נְפִילָה וְקָמַת, דַּהֲוַת דְּבַר אֱינָשׁ זְעִיר, וְאִתְעֲבִידַת לְבַר נָשׁ רַב. ״שְׂדֵה עֶפְרוֹן אֲשֶׁר בַּמַּכְפֵּלָה״, מְלַמֵּד שֶׁנִּכְפְּלָה בְּעֵינֵי כָּל אֶחָד וְאֶחָד, דָּבָר אַחֵר שֶׁכָּל מִי שֶׁהוּא קָבוּר בְּתוֹכָהּ בָּטוּחַ שֶׁשְּׂכָרוֹ כָּפוּל וּמְכוּפָּל. אָמַר רַבִּי אַבָּהוּ: שֶׁכָּפַף הַקָּדוֹשׁ בָּרוּךְ הוּא קוֹמָתוֹ שֶׁל אָדָם הָרִאשׁוֹן וּקְבָרוֹ בְּתוֹכָהּ. ״הַשָּׂדֶה וְהַמְּעָרָה אֲשֶׁר בּוֹ וְגוֹ׳ ״, אָמַר רַבִּי: מִנַּיִן תְּנֵינַן [יג]הַמּוֹכֵר אֶת שָׂדֵהוּ צָרִיךְ לִכְתּוֹב אֶת שָׂדֵהוּ וְאֶת סִימָנֶיהָ, מֵהָכָא ״הַשָּׂדֶה וְהַמְּעָרָה אֲשֶׁר בּוֹ וְכָל הָעֵץ אֲשֶׁר בַּשָּׂדֶה אֲשֶׁר בְּכָל גְּבוּלוֹ סָבִיב״. [כג, יח] ״לְאַבְרָהָם לְמִקְנָה לְעֵינֵי בְנֵי חֵת״, אָמַר רַבִּי אֶלְעָזָר: [יד]כַּמָּה דְיוֹת מִשְׁתַּפְּכוֹת כַּמָּה קוּלְמוֹסִין מִשְׁתַּבְּרִין כְּדֵי לִכְתּוֹב ״בְּנֵי חֵת״, עֲשָׂרָה פְעָמִים כְּתִיב ״בְּנֵי חֵת, בְּנֵי חֵת״, עֲשָׂרָה כְּנֶגֶד עֲשֶׂרֶת הַדִּבְּרוֹת לְלַמֶּדְךָ שֶׁכָּל מִי שֶׁהוּא מְבָרֵר מִקְחוֹ שֶׁל צַדִּיק, כְּאִילּוּ מְקַיֵּם עֲשֶׂרֶת הַדִּבְּרוֹת. אָמַר רַבִּי יוּדָן חֲמִשָּׁה פְּעָמִים כָּתוּב °״בְּנֵי בַרְזִלַּי״, כְּנֶגֶד חֲמִשָּׁה סִפְרֵי תוֹרָה, לְלַמֶּדְךָ שֶׁכָּל מִי שֶׁהוּא מַאֲבִיל פְּרוּסָה לַצַּדִּיק, כְּאִילּוּ הוּא מְקַיֵּם חֲמִשָּׁה סִפְרֵי תוֹרָה:

עץ יוסף

(ח) [י]**דהות נפילא וקמת.** כלומר שלא היה שמה מפורסם. ועתה נתחדש בה שם גדולה ופרסום שיאמרו חלקת השדה לאברהם. ובשבחיה דאברהם מיירי קרא: **דהות דבר נש זעיר.** שהיתה של אדם שפל ונעשית של אדם חשוב. דאע״ג דנמנה עפרון לארכוסרטיגוס כדלעיל. מ״מ לגבי אברהם הוה ליה עפרון זעיר: **מלמד שנכפלה בו׳** פי׳ כשקמה לאברהם למקנה נתעלתה. שנראה בה מאז עלוי רב בגילוי אור העליון וריח ג״ע כדאיתא בזוהר סדר זו ולכן נכפלה בעיני כל מאשר בתחלה שהכל אמרו שהיא שוה בכפלים: **שכל מי שהוא קבור כו׳.** בהיותו במקום קדוש וטהור כזה כי שם הוא פתח ושער לג״ע כדאיתא בזוהר: **שכפף הקב״ה קומתו** לפי שהיה גבה הקומה שאפילו כשחטא היה ק׳ אמה כדלעיל פ׳ י״ב. ואין זה סותר למה שאמר שכל הקבור שם בטוח ששכרו כפול. שגם אדם לדיק היה שעשה תשובה כדאי׳ בגמרא: **[יא] מנין תנינן כו׳** זו תוספתא היא (ולא מלאתיה) שלריך לכתוב כל מלר השדה לברר המקח כדאמרי׳ בריש המוכר הבית ע״ש (יפ״ת): **[יב] כמה דיות משתפכות** דרך מליצה קאמר. על קושי היתור הבא בכתובים שהיה לחוש ללשון התורה הקדושה שלא יבא בה שפת יתר (יפ״ת): **י׳ פעמים כתיב בני חת.** היינו ח׳ פעמים בבראשית כ״ג. ופעם אחד (שם כ״ה י׳) ופעם אחד (שם מ״ט ל״ב) הרי עשרה פעמים: **בנגד י׳ הדברות** הוא מדרך הרמז לבד והעיקר שהדבר הנזכר הרבה פעמים אות הוא על חביבותו. ומכ״ש אם התורה האלקית הזכירו כמה פעמים. ובאג״ב מפרש שדייקו יו״ד פעמים לרמוז כאילו קיים כל הדברות. שאחר שדבק בטובת הצדיק אות הוא שנפשו אוהבת הצדק. ואחז בבני חת עשרת הדברות שקודם מ״ת לא היו נוהגים כי אם המצות השכליות שזהו מעשרת הדברות. אבל בבני ברזילי שהיו מישראל אמר כאילו קיים כל התורה: **מקחו של צדיק בו׳.** לפי שע״י שמסייעים אותו בקניניו הם סיבה שהוא יעסוק בתורה ובמצות. ושכרו כפול ומכופל מצד לימוד התורה וקיום המצות: **ה׳ פעמים כתיב בני ברזילי.** תיבת בני מיותר וה׳ פעמים אלו בספר שמואל גבי וברזילי הגלעדי ירד מרוגלים וגו׳: **מאביל פרוסה בו׳** כמו שברזילי פרנס את דוד בברחו מפני אבשלום בנו: **מקיים ה׳ חומשי תורה** משום שעל ידי אותו פרוסה מחזיקו לחזור על ה׳ חומשי ספרי תורה נחשב לו כאילו הוא עצמו מקיים:

פירוש מהרז״ו

(ח) **אשר במכפלה** שתחלה כתוב מערת המכפלה אשר לו אשר בקלה שדהו שמערת המכפלה היתה בשדה. וכאן אמר שהשדה היה במכפלה ע״כ דורש שהשדה נתכפלה במקחה בעיני כולם ע״י שנכנסה תחת יד אברהם: **שכפף** מל׳ וכפלת את היריעה עי׳ לעיל סימן ד׳: **מנין תנינן** ב״ב דף ס״ט: **בני ברזילי** צ״ל ברזילי. וכמ״ש במ״כ וכ״ה במד״ש ס״פ כ״ז א״ר יודן חמשה פעמים כתוב ברזילי וברזילי לברזילי כנגד כו׳ והוא בשמואל ב׳ י״ט. וצ״ע שהרי נמצא עוד הפעם שם סוף י״ז ואם בשביל שכתוב בפרשה אחרת הרי יו״ד בני חת כתוב בג׳ פרשיות ואפשר על שם ביחד עם שובי בן נחש ועם מכיר בן עמיאל מלא דבר ע״כ לא חשיב ליה:

רש״י

[ח] **ויקם דהות נפולה וקמת.** עד עכשיו היתה נפולה ולא היתה חשובה בעיניהם משתבעה אברהם נתייקרה בעיניהם **דבר אחר ויקם דהות דבר נש זעיר.** עפרון. ואיתעבידת דבר נש רב אברהם: : **אשר במכפלה.** מלמד שנכפלה לעיני כל אחד ואחד. שכולן היו סבורים שעדיין כפלים היא שוה ממה שנתן בה אברהם **דבר אחר אשר במכפלה.** שכל מי שקבור בה ידוע ששכרו כפול ומכופל לעתיד לבא: **אמר רבי אבהו.** לכך נקראת מכפלה שכפף הקדוש ברוך הוא קומתו של אדם הראשון וקברו בתוכה: **השדה והמערה אשר בו.** אמר רבי מן הן תנינא. המוכר לריך שיכתוב סימנים מן הכא השדה והמערה אשר בו וכל העץ אשר בכל גבולו מלרים שהיו לו מכאן למלרים מן התורה: **ללמדך שבל מי שמברר מקחו של צדיק כאילו קיים עשרת הדברות.** שמשים דעתו ומסייע לקנותו בשוה:

מתנות כהונה

[ח] **דהיתה נפולה.** השדה היתה נפולה ושפלה ועכשיו עמדה וכדמפרש ואזיל שהיתה של אדם שפל ונעשית של בן אדם חשוב וגדול: **מלמד שנכפלה כו׳.** היתה נראית כפולה בשויה ממה שקנאה אברהם: [ה״ג ד״א **שבל מי ובו׳**. וכ״מ שוב גירסת רש״י ז״ל: **ה״ג א״ר**. תמן תנינן: **ה״ג לכתוב בני חת עשרה פעמים.** כנגד עשרה דברות וכ״מ במדרש שמואל: **עשרה פעמים.** ט׳ פעמים בפרשה זו ואחד בסוף הספר]: **מברר בו׳.** מבררו מכל ערעור ופקפוק: **הבי גרסינן חמשה פעמים.** כתיב ברזילי בפרשה אחת והוא הקדיס המלך דוד בלחם ויין ככתוב שם:

אשד הנחלים

[ח] **דהות נפולה וקמה.** כי ענין הקימה לפי הנחתו בלשון. מורה על שקמה בחזקתה הראשון לא שבאת לרשות אחר. ולכן הוכרח לומר שמרמז שהשדה קנתה שם קימה בזה שע״י שנשארה באברהם נשאר זכרה ושמה לעד ע״י מתיה הטמונים בה. ודרש עוד ע״ש מכפלה. להורות על מעלת אנשיה הטמונים בה ששכרם כפול ומכופל. כלומר בעוה״ז ובעוה״ב אשר על הרוב המה מתנגדים זה לזה. איש הזוכה בעושר רחוק מאושר הנצחי וכן להיפך. ע״ד אין אדם זוכה לשתי שולחנות. אכך אנשיה שכרם כפול בעוה״ז תורה וגדולה במקום אחד וגם בעוה״ב מכופל שע״י עושרם וצדקתם בעוה״ז זכו לעוה״ב כפולה. כי גם בעושרם עשו טובה רבה לנפשם ולאושרם הנצחי. כל זה נוכל לומר ע״ד הצחות והציור: **שכפף.** ומזה נראה כמה גדולה מעלת המקום ההוא עד שלא חש לכופפהו בכדי שיקבר שם: **כנגד עשרה דברות.** הוא מדרך הרמז לבד. והעיקר שהדבר הנזכר הרבה פעמים אות הוא על חביבותו. כי דבר החביב הוא רגיל על השפתיים. ומכש״כ אם התורה האלקית הזכירו כמה פעמים. ובאגב מפרש על כמות המספר שדייקו יו״ד פעמים. לרמוז כאלו קיים כל הדברות אחר שדבק בטובת הצדיק. אות הוא שנפשו טובה אוהבת הצדק. ואחז בבני חת שאינו מבני ישראל וקודם מ״ת שלא היו נהוגין כ״א המצוות השכלית שזהו מעשרת הדברות. אבל בבני ברזילי שהיו מישראל לכן אמר שהרי הוא כאלו קיים כל התורה:

חידושי הרד״ל

(טז) [ח] **שבל מי שמברר מקחו של צדיק בו׳** כמ״ש בשמ״ר שם שא״ל בני חת לעפרן אם לא תמכור אנו מעבירין אותך כו׳. גם מ״ש אים ממנו לא יכלה כו׳ הוא לשון פקידה לקיים רלונו:

חידושי הרש״ש

[ח] **שדה עפרון אשר במכפלה מלמד שנכפלה בו׳** (כל״ל) כי המערה היתה נקראת מכפלה מטעמים האמורים בעירובין ר״פ כילד הביאה גם רש״י ז״ל. אבל משום זה לא יתכן לומר על השדה (יען שהמערה בתוכה) אשר במכפלה וכמו שטען הרמב״ן ז״ל לכן הולרך לט״ת:

מסורת המדרש

יג בבא בתרא דף ס״ט:
יד מדרש שמואל סוף פרשה כ״ז. ילקוט כאן רמז ק״ב. ילקוט מלכים רמז ק״ע:

כְּאִילוּ מְקַיֵּים עֲשֶׂרֶת הַדִּבְּרוֹת — **is considered as though he is fulfilling** all **the Ten Commandments.**

The Midrash presents a similar lesson from a different verse: אָמַר רַבִּי יוּדָן — **R' Yudan said:** חֲמִשָּׁה פְּעָמִים כָּתוּב בַּרְזִלַּי — The name of **Barzillai**[72] **is written five times,**[73] כְּנֶגֶד חֲמִשָּׁה סִפְרֵי תוֹרָה — **corresponding to the Five Books of the Torah.** לְלַמֶּדְךָ שֶׁכָּל מִי שֶׁהוּא מַאֲכִיל פְּרוּסָה לַצַּדִּיק — This is **to teach you that whoever gives a slice** of bread **to a righteous person**[74] כְּאִילוּ הוּא מְקַיֵּים חֲמִשָּׁה סִפְרֵי תוֹרָה — **is** considered **as though he is fulfilling the** entire **Five Books of the Torah.**

NOTES

72. We have followed the emendation advocated by *Matnos Kehunah, Yefeh To'ar,* and others; the printed editions all have בְּנֵי בַרְזִלַּי, *the sons of Barzillai.*

73. Barzillai is mentioned five times in succession in *II Samuel*, Ch. 19.

74. As Barzillai of Gilead did for King David when he was in exile during the rebellion of Absalom. See *II Samuel*, Ch. 17.

ח [כג, יז] "**וַיָּקָם שְׂדֵה עֶפְרוֹן**", **דַּהֲוַת °נְפִילָה וְקָמַת, דַּהֲוַת דְּבַר אֱינָשׁ זְעֵיר, וְאִיתְעֲבִידַת לְבַר נָשׁ רַב. "שְׂדֵה עֶפְרוֹן אֲשֶׁר בַּמַּכְפֵּלָה", מְלַמֵּד שֶׁנִּכְפְּלָה בְּעֵינֵי כָּל אֶחָד וְאֶחָד, דָּבָר אַחֵר שֶׁכָּל מִי שֶׁהוּא קָבוּר בְּתוֹכָהּ בָּטוּחַ שֶׁשְּׂכָרוֹ כָּפוּל וּמְכוּפָּל. אָמַר רַבִּי אַבָּהוּ: שֶׁכָּפַף הַקָּדוֹשׁ בָּרוּךְ הוּא קוֹמָתוֹ שֶׁל אָדָם הָרִאשׁוֹן וּקְבָרוֹ בְּתוֹכָהּ.**

"הַשָּׂדֶה וְהַמְּעָרָה אֲשֶׁר בּוֹ וְגוֹ' ", אָמַר רַבִּי: מִנַּיִן תְּנֵינָן [יג] **הַמּוֹכֵר אֶת שָׂדֵהוּ צָרִיךְ לִכְתּוֹב אֶת שָׂדֵהוּ וְאֶת סִימָנֶיהָ, מֵהָכָא "הַשָּׂדֶה וְהַמְּעָרָה אֲשֶׁר בּוֹ וְכָל הָעֵץ אֲשֶׁר בַּשָּׂדֶה אֲשֶׁר בְּכָל גְּבוּלוֹ סָבִיב".** [כג, יח] **"לְאַבְרָהָם לְמִקְנָה לְעֵינֵי בְנֵי חֵת", אָמַר רַבִּי אֶלְעָזָר:** [יד] **כַּמָּה דְּיוֹת מִשְׁתַּפְּכוֹת כַּמָּה קוֹלְמוּסִין מִשְׁתַּבְּרִין כְּדֵי לִכְתּוֹב "בְּנֵי חֵת", עֲשָׂרָה פְּעָמִים כְּתִיב "בְּנֵי חֵת, בְּנֵי חֵת", עֲשָׂרָה כְּנֶגֶד עֲשֶׂרֶת הַדִּבְּרוֹת לְלַמֶּדְךָ שֶׁכָּל מִי שֶׁהוּא מְבָרֵר מִקְחוֹ שֶׁל צַדִּיק, כְּאִילוּ מְקַיֵּים עֲשֶׂרֶת הַדִּבְּרוֹת. אָמַר רַבִּי יוּדָן חֲמִשָּׁה פְּעָמִים כָּתוּב °"בְּנֵי בַרְזִלַּי", כְּנֶגֶד חֲמִשָּׁה סִפְרֵי תוֹרָה, לְלַמֶּדְךָ שֶׁכָּל מִי שֶׁהוּא מַאֲכִיל פְּרוּסָה לַצַּדִּיק, כְּאִילוּ הוּא מְקַיֵּים חֲמִשָּׁה סִפְרֵי תוֹרָה:**

רש"י

[ח] **ויקם דהות נפולה וקמת.** עד עכשיו היתה נפולה ולא היתה חשובה בעיניהם משתבעה אברהם נתייקרה בעיניהם **דבר אחר ויקם דהות דבר נש זעיר.** עפרון. ואיתעבידת דבר נש רב אברהם: : **אשר במכפלה.** מלמד שנכפלה לעיני כל אחד ואחד. שכולן היו סבורים שעדיין כפלים היא שוה ממה שנתן בה אברהם **דבר אחר אשר במכפלה.** שכל מי שקבור בה ידוע ששכרו כפול ומכופל לעתיד לבא: **אמר רבי אבהו.** לכך נקראת מכפלה שכפף הקדוש ברוך הוא קומתו של אדם הראשון וקברו בתוכה: **השדה והמערה אשר בו.** אמר רבי מן הן תנינא. המוכר צריך שיכתוב סימנים מן הכא השדה והמערה אשר בו וכל העץ אשר בכל גבולו מצרים שהיו לו מכאן למצרים מן התורה: **ללמדך שכל מי שמברר מקחו של צדיק כאילו קיים עשרת הדברות.** שמשים דעתו ומסייע לקנותו בשוה:

עץ יוסף

(ח) [י]**דהות נפילא וקמת.** כלומר שלא היה שמה מפורסם. ועתה נתחדש בה שם גדולה ופרסום שיאמרו חלקת השדה לאברהם. ובשבחיה דאברהם מיירי קרא: **דהות דבר נש זעיר.** שהיתה של אדם שפל ונעשית של אדם חשוב. דאע"ג דנמנה עפרון לארכוסרטיגוס כדלעיל. מ"מ לגבי אברהם הוה ליה עפרון זעיר: **מלמד שנכפלה בו'** פי' כשקמה לאברהם למקנה נתעלתה. שנראה בה מאז עלוי רב בגילוי אור העליון וריח ג"ע כדאיתא בזוהר סדר זו ולכן נכפלה בעיני כל מאשר בתחלה שהכל אמרו שהיא שוה בכפלים: **שכל מי שהוא קבור בו'.** בהיותו במקום קדוש וטהור כזה כי שם הוא פתח ושער לג"ע כדאיתא בזוהר: **שכפף הקב"ה קומתו** לפי שהיה גבה הקומה שאפילו כשחטא היה ק' אמה כדלעיל פ' י"ב. ואין זה סותר למה שאמר שכל הקבור שם בטוח ששכרו כפול. שגם אדם לדיק היה שעשה תשובה כדאי' בגמרא: [יא] **מנין תנינן בו'** זו תוספתא היא (ולא מלאתיה) שלריך לכתוב כל מלר השדה לברר המקח כדאמרי' בריש המוכר הבית ע"ש (יפ"ת): [יב] **כמה דיות משתפכות** דרך מליצה קאמר. על קושי היתור הבא בכתובים שהיה לחוש ללשון התורה הקדושה שלא יבא בה שפת יתר (יפ"ת): **י' פעמים כתיב בני חת.** היינו ח' פעמים בבראשית כ"ג. ופעם אחד (שם כ"ה י') ופעם אחד (שם מ"ט ל"ב) הרי עשרה פעמים: **בנגד י' הדברות** הוא מדרך הרמז לבד והעיקר שהדבר הנזכר הרבה פעמים אות הוא על חביבותו. ומכ"ש אם התורה האלקית הזכירו כמה פעמים. ובאג"ב מפרש שדייקו יו"ד פעמים לרמוז כאילו קיים כל הדברות. שאחר שדבק בטובת הלדיק אות הוא שנפשו אוהבת הלדק. ואחז בבני חת עשרת הדברות שקודם מ"ת לא היו נוהגים כי אם המלות השכליות שזהו מעשרת הדברות. אבל בבני ברזילי שהיו מישראל אמר כאילו קיים כל התורה: **מקחו של צדיק בו'.** לפי שע"י שמסייעים אותו בקניניו הם סיבה שהוא יעסוק בתורה ובמלות. ושכרו כפול ומכופל מלד לימוד התורה וקיום המלות: **ה' פעמים כתיב בני ברזילי.** תיבת בני מיותר וה' פעמים אלו בספר שמואל גבי וברזילי הגלעדי ירד מרוגלים וגו': **מאביל פרוסה בו'** כמו שברזילי פרנס את דוד בברחו מפני אבשלום בנו: **מקיים ה' חומשי תורה** משום שעל ידי אותו פרוסה מחזיקו לחזור על ה' חומשי ספרי תורה נחשב לו כאילו הוא עלמו מקיים:

פירוש מהרז"ו

(ח) **אשר במכפלה** שתחלה כתוב מערת המכפלה אשר לו אשר בקלה שדהו שמערת המכפלה היתה בשדה. וכאן אמר שהשדה היה במכפלה ע"כ דורש שהשדה נתכפלה במקחה בעיני כולם ע"י שנכנסה תחת יד אברהם: **שכפף** מל' וכפלת את היריעה עי' לעיל סימן ד': **מנין תנינן** ב"ב דף ס"ט: **בני ברזילי** צ"ל ברזילי. וכמ"ש במ"כ וכ"ה במד"ש ס"פ כ"ז א"ר יודן חמשה פעמים כתוב ברזילי וברזילי לברזילי כנגד כו' והוא בשמואל ב' י"ט. ול"ע שהרי נמלא עוד הפעם שם סוף י"ז ואם בשביל שכתוב בפרשה אחרת הרי יו"ד בני חת כתוב בג' פרשיות ואפשר על שום ביחד עם שובי בן נחש ועם מכיר בן עמיאל מלא דבר ע"כ לא חשיב ליה:

חידושי הרד"ל

(טז) [ח] **שכל מי שמברר מקחו של צדיק** בו' כמ"ש בשמ"ר שם שא"ל בני חת לעפרן אם לא תמכור אנו מעבירין אותך כו'. גם מ"ש איש ממנו לא יכלה כו' הוא לשון פקידה לקיים רלונו:

חידושי הרש"ש

[ח] **שדה עפרון אשר במכפלה מלמד שנכפלה בו'** (כל"ל) כי המערה היתה נקראת מכפלה מטעמים האמורים בעירובין ר"פ כילד הביאה גם רש"י ז"ל. אבל משום זה לא יתכן לומר על השדה (יען שהמערה בתוכה) אשר במכפלה וכמו שטען הרמב"ן ז"ל לכן הולרך לט"ת:

מסורת המדרש

יג בבא בתרא דף ס"ט:

יד מדרש שמואל סוף פרשה כ"ז. ילקוט כאן רמז ק"ב. ילקוט מלכים רמז ק"ע:

מתנות כהונה

[ח] **דהיתה נפולה.** השדה היתה נפולה ושפלה ועכשיו עמדה וכדמפרש ואזיל שהיתה של אדם שפל ונעשית של בן אדם חשוב וגדול: **מלמד שנכפלה בו'.** היתה נראית כפולה בשויה ממה שקנאה אברהם: [ה"ג ד"א **שכל מי וכו'.** וכ"מ שוב גירסת רש"י ז"ל: **ה"ג א"ר.** תמן תנינן: **ה"ג לכתוב בני חת עשרה פעמים.** כנגד עשרה דברות וכ"מ במדרש שמואל: **עשרה פעמים.** ט' פעמים בפרשה זו ואחד בסוף הספר]: **מברר בו'.** מבררו מכל ערעור ופקפוק: **הכי גרסינן חמשה פעמים.** כתיב ברזילי בפרשה אחת והוא הקדיס המלך דוד בלחם ויין ככתוב שם:

אשד הנחלים

[ח] **דהות נפולה וקמה.** כי ענין הקימה לפי הנחתו בלשון. מורה על שקמה בחזקתה הראשון לא שבאת לרשות אחר. ולכן הוכרח לומר שמרמז שהשדה קנתה שם קימה בזה שע"י שנשארה באברהם נשאר זכרה ושמה לעד ע"י מתיה הטמונים בה. ודרש עוד ע"ש מכפלה. להורות על מעלת אנשיה הטמונים בה ששכרם כפול ומכופל. כלומר בעוה"ז ובעוה"ב אשר על הרוב המה מתנגדים זה לזה. איש הזוכה בעושר רחוק מאושר הנצחי וכן להיפך. ע"ד אין אדם זוכה לשתי שולחנות. אכך אנשיה שכרם כפול בעוה"ז תורה וגדולה במקום אחד וגם בעוה"ב מכופל שע"י עושרם וצדקתם בעוה"ז זכו לעוה"ב כפולה. כי גם בעושרם עשו טובה רבה לנפשם ולאושרם הנצחי. כל זה נוכל לומר ע"ד הצחות והציור: **שכפף.** ומזה נראה כמה גדולה מעלת המקום ההוא עד שלא חש לכופפהו בכדי שיקבר שם: **כנגד עשרה דברות.** הוא מדרך הרמז לבד. והעיקר שהדבר הנזכר הרבה פעמים אות הוא על חביבותו. כי דבר החביב הוא רגיל על השפתיים. ומכש"כ אם התורה האלקית הזכירו כמה פעמים. ובאגב מפרש על כמות המספר שדייקו יו"ד פעמים. לרמוז כאלו קיים כל הדברות אחר שדבק בטובת הצדיק. אות הוא שנפשו טובה אוהבת הצדק. ואחז בבני חת שאינו מבני ישראל וקודם מ"ת שלא היו נהוגין כ"א המצוות השכלית שזהו מעשרת הדברות. אבל בבני ברזילי שהיו מישראל לכן אמר שהרי הוא כאלו קיים כל התורה:

וְאַחֲרֵי כֵן קָבַר אַבְרָהָם אֶת שָׂרָה אִשְׁתּוֹ אֶל מְעָרַת שְׂדֵה הַמַּכְפֵּלָה עַל פְּנֵי מַמְרֵא הִוא חֶבְרוֹן בְּאֶרֶץ כְּנָעַן. וַיָּקָם הַשָּׂדֶה וְהַמְּעָרָה אֲשֶׁר בּוֹ לְאַבְרָהָם לַאֲחֻזַּת קָבֶר מֵאֵת בְּנֵי חֵת.

And afterward Abraham buried Sarah his wife in the cave of the field of Machpelah facing Mamre, which is Hebron, in the land of Canaan. Thus, the field with the cave that was in it was confirmed as Abraham's as an estate for a burial site, from the children of Heth (23:19-20).

§9 וְאַחֲרֵי כֵן קָבַר אַבְרָהָם — ***AND AFTERWARD ABRAHAM BURIED** SARAH HIS WIFE . . . AND ABRAHAM WAS OLD, WELL ON IN YEARS.*

The Midrash applies a verse from *Proverbs* to this passage: הֲדָא הוּא דִכְתִיב — **This is** what is alluded to by **what is written,** "רֹדֵף צְדָקָה וָחֶסֶד יִמְצָא חַיִּים צְדָקָה וְכָבוֹד" — ***One who pursues righteousness and kindness will find life, righteousness, and honor*** (*Proverbs* 21:21). "רֹדֵף צְדָקָה" זֶה אַבְרָהָם שֶׁנֶּאֱמַר "וְשָׁמְרוּ דֶּרֶךְ ה׳ לַעֲשׂוֹת צְדָקָה" — ***One who pursues righteousness*** — **this is** referring to **Abraham, of whom it is written,** *For I have loved him, because he commands his children and his household after him **that they keep the way of HASHEM, "doing righteousness"** and justice* (above, 18:19). "וָחֶסֶד" שֶׁגָּמַל חֶסֶד לְשָׂרָה — ***And kindness*** — this, too, applies to Abraham, **for he extended kindness to Sarah** in burying her.[75] "יִמְצָא חַיִּים", וּ"שְׁנֵי חַיֵּי אַבְרָהָם מְאַת שָׁנָה וְשִׁבְעִים שָׁנָה וְחָמֵשׁ שָׁנִים" — ***Will find life*** — as it is written, *Now these are the days of **the years of Abraham's life** which he lived: **a hundred years, seventy years, and five years*** (below, 25:7).[76] "צְדָקָה וְכָבוֹד" — *[He] will find . . . **righteousness and honor:*** אָמַר רַבִּי שְׁמוּאֵל בַּר יִצְחָק — **R' Shmuel bar Yitzchak said:** אָמַר לוֹ הַקָּדוֹשׁ בָּרוּךְ הוּא — **The Holy One, blessed is He, said to [Abraham],** אֲנִי אוּמָּנוּתִי גּוֹמֵל חֲסָדִים — **"My practice is to extend kindness** to others.[77] תָּפַסְתָּ אוּמָּנוּתִי — Since **you have adopted My practice,** בֹּא וּלְבוֹשׁ לְבוּשִׁי — **come clothe yourself in My garment."** "וְאַבְרָהָם זָקֵן בָּא בַּיָּמִים" — Thus it is written: ***Now Abraham was old, well on in years*** (below, 24:1).[78]

NOTES

75. Even though it is to be expected (indeed, required by halachah) for a husband to tend to the burial of his wife, Abraham went far beyond what was required, for he spent a fortune procuring the most appropriate plot of land for her burial place (*Yefeh To'ar*). Alternatively: Abraham *buried Sarah* himself, even though he was elderly and everyone in the city had come to assist in her burial (as mentioned above, section 7) and there were surely others who could have performed the burial for him (*Eitz Yosef*).

76. So Abraham "found life," i.e., longevity.

77. See *Sotah* 14a: "The Torah begins and ends with [a description of God's] acts of kindness."

78. The "honor" in the *Proverbs* verse is interpreted as the august, venerable appearance of a distinguished old man. This is considered the "garment of God" (as it were), as it is written (*Daniel* 7:9): *the One of Ancient Days sat. His garment was white as snow, and the hair of His head like clean wool* (*Rashi;* see also Buber's *Tanchuma, Chayei Sarah* §2).

ט [כג, יט] "וְאַחֲרֵי כֵן קָבַר אַבְרָהָם", טוהָדָא הוּא דִכְתִיב (משלי כא, כא) "רֹדֵף צְדָקָה וָחֶסֶד יִמְצָא חַיִּים צְדָקָה וְכָבוֹד", "רֹדֵף צְדָקָה", זֶה אַבְרָהָם ° (בראשית יח, יט) "וְשָׁמְרוּ דֶּרֶךְ ה' לַעֲשׂוֹת צְדָקָה", "וָחֶסֶד", שֶׁגָּמַל חֶסֶד לְשָׂרָה, יִמְצָא חַיִּים, "וּשְׁנֵי חַיֵּי אַבְרָהָם מְאַת שָׁנָה וְשִׁבְעִים שָׁנָה וְחָמֵשׁ שָׁנִים". "צְדָקָה וְכָבוֹד", אָמַר רַבִּי שְׁמוּאֵל בַּר יִצְחָק אָמַר לוֹ הַקָּדוֹשׁ בָּרוּךְ הוּא: אֲנִי אוּמָּנוּתִי גּוֹמֵל חֲסָדִים, תָּפַסְתָּ אוּמָּנוּתִי, בֹּא וּלְבוֹשׁ לְבוּשִׁי, "וְאַבְרָהָם זָקֵן בָּא בַּיָּמִים":

עץ יוסף

[יג] (ט) **רודף צדקה וחסד כו'.** וכי משום דרודף לדקה ימלא לדקה שיהיה עני ויותן לו לדקה לזה דריש ליה רודף לדקה זה אברהם כו': **שגמל חסד לשרה.** דכתיב קבר אברהם את שרה שהוא בכבודו ובעלמו נתעסק בכל לרכי קבורתה אע"פ שכל אנשי העיר באו לגמול חסד לשרה ומסתמא היו לה קוברים אחרים. אפ"ה נתעסק בכל לרכי קבורתה בכבודו ובעלמו אע"פ שהיה זקן ונשיא: **תפסת אומנותי** להחזיק בעמוד החסד כדכתיב חסד לאברהם: **בא ולבוש לבושי** כי הוא יתב' נקרא עתיק יומין כדכתיב ושער רישיה כעמר נקי וגם אברהם זכה לגוון לבושו יתב' בעטרת תפארת שיבה כתלג חיור. וע"ז נאמר ואברהם זקן וגומר דהיינו שזכה להדרת פנים של זקנה ושיבה:

פירוש מהרז"ו

(ט) **ושמרו דרך ה'** ור"ל כי ידעתיו למען אשר יצוה וגו' אחריו משמע שיעשו אחריו מה שעשה הוא בחייו. ועיין ר"פ הסמוכה: **ושני חיי** ואלה ימי שני חיי אברהם אשר חי וגו' בראשית כ"ה ז': **צדקה וכבוד** לדקה שמביאה לידי כבוד כמ"ש לקמן פס"ה סימן ט' מתוך שאתה מעטרו בזקנה אדם יודע למי מכבד והלובן סימן החסד והרחמים כמ"ש מכילתא יתרו פ' אנכי שנגלה בסיני כזקן מלא רחמים שנאמר כמעשה לבנת הספיר וכן לבושיה כתלג חיור וגו' וז"ש תפסת אומנתי היא הלדקה והרחמים. לבוש לבושי היינו מ"ש לבושיה כתלג חיור:

מסורת המדרש

טו ילקוט משלי רמז תתקנ"ט:

אם למקרא

רֹדֵף צְדָקָה וָחָסֶד יִמְצָא חַיִּים צְדָקָה וְכָבוֹד: (משלי כא:כא)

כִּי יְדַעְתִּיו לְמַעַן אֲשֶׁר יְצַוֶּה אֶת־בָּנָיו וְאֶת־בֵּיתוֹ אַחֲרָיו וְשָׁמְרוּ דֶּרֶךְ ה' לַעֲשׂוֹת צְדָקָה וּמִשְׁפָּט לְמַעַן הָבִיא ה' עַל־אַבְרָהָם אֵת אֲשֶׁר־דִּבֶּר עָלָיו: (בראשית יח:יט)

חידושי הרד"ל

(יז) [ט] **בא לבוש לבושי ואברהם זקן כו'.** זהו וכבוד כמ"ש ונגד זקניו כבוד (ישעיה כ"ד). ואין מפרש כאן מהו ימלא לדקה. ונראה שדרש' דריש פרשה שלאחריה עטרת תפארת שיבה בדרך לדקה תמלא שייך לכאן. ופרשה שניה לריכה להתחיל מדרשא דעוז והדר דלהלן:

(יח) **לבוש לבושי.** מסיים בילקוט דכתיב עתיק יומין יתיב ובתנחומא מסיים בה שער רישי' כעמר נקא. ולפי הלשון דכאן נראה מכוון למקרא דלבושי' כתלג חיור:

חידושי הרש"ש

{**אמר רבי שמואל בר יצחק אמר לו הקדוש ברוך הוא וכו' ואברהם זקן בא בימים.** וס"ד וה' ברך את אברהם בכל. והיינו לדקה שעשה השם עמדו ויתכן ג"כ דזקנה יקרא לדקה על שם הכתוב עטרת תפארת שיבה בדרך לדקה תמלא שמביא לקמן בסמוך:}

רש"י

[ט] **בא ולבוש לבושי.** ועתיק יומין יתיב:

מתנות כהונה

[ט] **לבוש לבושי כו'.** זה הקדוש ברוך הוא נקרא עתיק יומין:

אשד הנחלים

[ט] **רודף צדקה.** בא לתקן בזה קושית התלמוד. וכי משום דרודף צדקה ימצא צדקה שיהיה עני ויותן לו צדקה. וגם מהו הסמיכות כבוד לצדקה. לזה מפרש שימצא מה'. שה' יוסיף ימיו ויתנהג עמו בדרך צדקה. ועי"ז יתרבה כבודו בעולם כמו שמסיים בא לבוש לבושי. והענין לפי שהשם יתברך מתואר בשם עתיק. כלומר הנצחי הבלתי משתנה. והאדם אם הוא צדיק בארץ. אז הזקנה מוסיף לו חכמה וצדק. כי נפשו מתרוממת יותר מצד ביטול התאוות הגופניות. ולא כן בעמי הארץ שאז דעתם מטורפת עליהם. כי כל מגמתם בתאוות הגופניות ולעת הזקנה יבטל כל אלה. ולכן הצדיק בזקנתו מתהדר בלבוש ה'. כלומר שהזקנה אינו משנה אותו ממעמדו הטוב וכל זה בדרך צחות. והבן. ועיין בתנדב"א שאמר בא בימים לא בימיו של אברהם הכתוב מדבר אלא בימים של עוה"ב:

Chapter 59

וְאַבְרָהָם זָקֵן בָּא בַּיָּמִים וַה׳ בֵּרַךְ אֶת אַבְרָהָם בַּכֹּל.
Now Abraham was old, well on in years, and HASHEM had blessed Abraham with everything (24:1).

§1 וְאַבְרָהָם זָקֵן בָּא בַּיָּמִים – *NOW ABRAHAM WAS OLD, WELL ON IN YEARS.*

The Midrash discusses the gift of old age and how it can be attained:

כְּתִיב "עֲטֶרֶת תִּפְאֶרֶת שֵׂיבָה בְּדֶרֶךְ צְדָקָה תִּמָּצֵא" – **It is written,** ***The crown of splendor is old age; it is found in the path of righteousness*** (*Proverbs* 16:31).[1]

The Midrash cites an incident demonstrating that the reward of old age is attained through charitable acts:

רַבִּי מֵאִיר אֲזַל לְמַמְלָא – **R' Meir** once **went to** a place called **Mamla.** רָאָה אוֹתָן כּוּלָּן שְׁחוֹרֵי רֹאשׁ – **He saw that all of [the inhabitants]** there **had black hair.**[2] אָמַר לָהֶם תֹּאמַר מִמִּשְׁפַּחַת בֵּית עֵלִי אַתֶּם, דִּכְתִיב "וְכָל מַרְבִּית בֵּיתְךָ יָמוּתוּ אֲנָשִׁים" – **He said to them, "Are you perhaps from the house of Eli,** regarding whom **it is written:** ***And all those raised in your house will die as [young] men*"** (*I Samuel* 2:33)?[3] אָמְרוּ לֵיהּ: רַבִּי הִתְפַּלֵּל עָלֵינוּ – **They replied to him,** "Indeed it is so! **Rabbi, pray for us!"** אָמַר לָהֶם: לְכוּ וְטַפְּלוּ בִּצְדָקָה, וְאַתֶּם זוֹכִים לְזִקְנָה – **He said to them, "Go and devote yourselves to** giving **charity, and you will merit** to achieve **old age** despite the curse."[4] מַה טַּעְמֵיהּ "עֲטֶרֶת תִּפְאֶרֶת שֵׂיבָה", וְהֵיכָן הִיא מְצוּיָה, "בְּדֶרֶךְ צְדָקָה תִּמָּצֵא" – **And what was [R' Meir's] basis** for saying this? The aforementioned verse in *Proverbs*: ***The crown of splendor is old age.*** **And,** the verse goes on to elaborate, **where is old age** to be **found?** How is it achieved? ***It is found in the path of righteousness.***[5] מִמִּי אַתָּה לָמֵד – **And from whom can you learn this** by personal example? מֵאַבְרָהָם, שֶׁכָּתוּב בּוֹ "וְשָׁמְרוּ דֶּרֶךְ ה׳ לַעֲשׂוֹת צְדָקָה וּמִשְׁפָּט" – **From Abraham, regarding whom it is written,** *he commands his children and his household after him* ***that they keep the way of HASHEM doing charity and justice*** (above, 18:19). זָכָה לְזִקְנָה, "וְאַבְרָהָם זָקֵן בָּא בַּיָּמִים" – And for engaging in charity **he merited** to achieve **old age,** as is written in our verse, ***Now Abraham was old.*** Ⓐ

§2 The Midrash analyzes Abraham's gift of old age further:

""עוֹז וְהָדָר לְבוּשָׁהּ וַתִּשְׂחַק לְיוֹם אַחֲרוֹן" – It is written, ***Strength and honor are her raiment, and she has joy at the last day*** (*Proverbs* 31:25). עוֹז וְהָדָר לְבוּשָׁהּ שֶׁל תּוֹרָה – This means:[6] **Strength and honor are the raiment of the Torah** in this world.[7] "וַתִּשְׂחַק לְיוֹם אַחֲרוֹן", אֵימָתַי הִיא שׂוֹחֶקֶת, מַתַּן שְׂכָרָהּ? לֶעָתִיד לָבֹא – And the end of the verse, ***and she has joy at the last day,*** means: **When does [the Torah] bring joy,** i.e., **reward for [observing] it? In the future time,** i.e., in the Next World.[8] מִמִּי אַתָּה לָמֵד מֵאַבְרָהָם – **And from whom can you learn** this by personal example? **From Abraham.**

NOTES

1. Or "in the path of charity," for צְדָקָה has both meanings. Abraham, too, was blessed with a long life because he engaged in צְדָקָה, as the Midrash goes on to conclude (*Eitz Yosef*).

2. Lit., *black heads.* I.e., there were no old people, with gray hair, living in the town.

3. And that is why there are no old people among you. Scripture relates that because of the various sins committed by Eli's sons (see *I Samuel* 2:12-22) and Eli's insufficient criticism of them, a curse was pronounced on him that none of his descendants would reach old age (ibid. vv. 30-33; see *Rosh Hashanah* 18a).

4. It is not prayer that will help you overcome the curse, but charity (*Eitz Yosef*). [See *Yevamos* 105a and *Yerushalmi Rosh Hashanah* 2:5.]

5. See note 1.

6. The question is: Who is meant by the pronoun "her"?

7. I.e., one who observes the Torah becomes "clothed" with strength and honor [הָדָר] – "honor" here alluding to old age, of which it is written (*Leviticus* 19:32), *You shall honor* [וְהָדַרְתָּ] *the presence of an elder* (*Rashi;* see also *Imrei Yosher*).

8. "The last day" refers to the Next World. Although observance and study of Torah grant one a "raiment" of strength and honor, these are just "extra benefits"; the true reward comes in the Next World, as stated in *Peah* 1:1 (*Rashi, Matnos Kehunah*).

INSIGHTS

Ⓐ **Devotion to Charity** R' Meir taught the citizens of Mamla that they could attain the blessing of longevity — despite their family curse — by following the example of Abraham, whose long life was attributed to the merit of his charity.

Abraham did not merely *give* charity; he *lived* to be charitable, and he forged a legacy of charity that he imparted to his descendants, as evidenced by the verse that the Midrash cites (above 18:19). Furthermore, when describing the nature of Abraham's "legacy of charity," the verse states that Abraham *would command his children and his household after him that they keep* ***the way of HASHEM****, doing charity and justice*. Charity done in "the way of Hashem" denotes *acts* of charity such as consoling the bereaved and visiting the sick, which entail actually going "on the way" in order to meet with, and benefit, those in need. Such acts of charity are known as "charity done with one's body" [which is considered superior to "charity done with one's money"] (see Midrash above, 49 §4, with *Eitz Yosef*). In other words, instead of simply dispensing money to the needy, Abraham would actively involve himself in caring for them. Such acts combine both charity [צְדָקָה], and kindness [חֶסֶד] (see *Rashi* to *Succah* 49b, s.v. אלא לפי גמילות חסדים שבה).

Magen Avraham (in his work, *Shemen Sason*) observes that this quality of charity is evident in R' Meir's carefully worded directive to the residents of Mamla. Instead of instructing them to simply "give charity," R' Meir enjoins them to "*devote* themselves to charity" by personally involving themselves in charitable acts, in keeping with Abraham's legacy.

פרשה נט

א [כד, א] **"וְאַבְרָהָם זָקֵן בָּא בַּיָּמִים", [א]כְּתִיב** (משלי טז, לא) **"עֲטֶרֶת תִּפְאֶרֶת שֵׂיבָה בְּדֶרֶךְ צְדָקָה תִּמָּצֵא", רַבִּי מֵאִיר אֲזַל לְמַמְלָא רָאָה אוֹתָן כּוּלָּן שְׁחוֹרֵי רֹאשׁ. אָמַר לָהֶם: תֹּאמַר מִמִּשְׁפַּחַת בֵּית עֵלִי אַתֶּם, דִּכְתִיב** (שמואל ב א, לג) **"וְכָל מַרְבִּית בֵּיתְךָ יָמוּתוּ אֲנָשִׁים", אָמְרוּ לֵיהּ: רַבִּי הִתְפַּלֵּל עָלֵינוּ, אָמַר לָהֶם: לְכוּ וְטַפְּלוּ, בִּצְדָקָה, וְאַתֶּם זוֹכִים לְזִקְנָה, מַה טַּעֲמֵיהּ** (משלי טז, לא) **"עֲטֶרֶת תִּפְאֶרֶת שֵׂיבָה" [ב]וְהֵיכָן הִיא מְצוּיָה, "בְּדֶרֶךְ צְדָקָה תִּמָּצֵא". מִמִּי אַתָּה לָמֵד מֵאַבְרָהָם שֶׁכָּתוּב בּוֹ** (לעיל יח, יט) **"וְשָׁמְרוּ דֶּרֶךְ ה' לַעֲשׂוֹת צְדָקָה וּמִשְׁפָּט", [ג]זָכָה לְזִקְנָה "וְאַבְרָהָם זָקֵן בָּא בַּיָּמִים":**

ב "עוֹז וְהָדָר לְבוּשָׁהּ וַתִּשְׂחַק לְיוֹם אַחֲרוֹן", (משלי לא, כה) **"עוֹז וְהָדָר", לְבוּשָׁהּ שֶׁל תּוֹרָה, "וַתִּשְׂחַק לְיוֹם אַחֲרוֹן", [ד]אֵימָתַי הִיא שׂוֹחֶקֶת מַתַּן שְׂכָרָהּ לֶעָתִיד לָבֹא, מִמִּי אַתָּה לָמֵד מֵאַבְרָהָם**

רש"י

נט [א] **רבי מאיר אזל לממלא.** שם מקום: **ראה אותם כולם שחורי ראש.** כולם בחורים שלא היה בהם זקן: **עוז והדר לבושה.** של תורה ותשחק ליום אחרון אימתי היא נותנת שכרו לאדם כו': **ממי את למד מאברהם.** כלומר ממי את למד שהיא נותנת עוז והדר בעוה"ז:

עץ יוסף

נט (א) **כתיב עטרת כו'.** וכל זה שזכה אברהם לאריכות ימים בשביל הצדקה שהיה עושה. כי הצדקה מארכת ימיו של אדם: **לממלא.** שם מקום: **שחורי ראש.** שערות ראשם לא הלבינו מזוקן: **מרבית ביתך.** ע"ד אשר טפחתי ורביתי. ימותו אנשים פי' בחורים: **וטפלו בצדקה.** הורה להם כי לא יועיל התפלה אחר גמר דין והגזרה רק יש מצות סגוליות המשביתות הגזירה והענין כי זה הוא שילום מדה כנגד מדה שע"י עשיית הצדקה וחיותו לעניים הוא זוכה ג"כ לחיים. ומדה במדה לא בטלה: **מה טעמיה כו'.** כ"ל מתי ימצא עטרת תפארת שיבה אף שלא כדרך הטבע כמו שהיה בבני עלי הוא רק בדרך צדקה תמצא: **אתה למד מאברהם.** כלומר שדברי שלמה אלה הם נלמדים מאברהם שנמצא בו תפארת שיבה בזכות הצדקה כדכתיב ביה ושמרו דרך ה' לעשות צדקה: (ב) **עוז והדר לבושה כו'.** שעל ידי שגמל חסד לשרה זכה לזקנה. ולפי שע"פ הדברים אלו מתפרש קרא דעוז והדר לבושה מייתי ליה לחזק דבריו כדאמר ממי את למד מאברהם כו' (יפ"ת): **לבושה של תורה.** דכל פר' אשת חיל משתעי בתורה. והענין ע"פ הנודע מחכמי אמת שהתורה יש בה נגלה ונסתר שהיא כולה שמותיו ית'. ומדרגת הנגלה הוא כלבוש לבחינת הנסתר. והעושר והכבוד הבא לצדיקים בעה"ז אינו אלא מכח אור לבושה של תורה. אבל עיקר שכרה בבחינת אור פנימותה אינו מתגלה להם אלא לעוה"ב ועז"א עוז והדר לבושה של תורה כלו' אף גם באור לבושה של תורה עוז והדר שממנה בא לצדיקים עושר וכבוד. דעוז היינו

פירוש מהרז"ו

נט (א) **לממלא.** במדרש שמואל פ"ח לאתר דאקרי ממלא. עיין ילקוט משלי ט"ז ושמואל א' ב': **ושמרו דרך ה'.** כמ"ש לעיל סוף פרשה כ"ח: (ב) **עוז והדר.** בתורה מדבר כמ"ש שם פיה פתחה בחכמה ותורת חסד על לשונה. וז"ש לבושה של תורה [ובמדרש משלי דריש אשת חיל מי ימצא זו היא התורה כו'. וכן בפ' הפועלים דריש היתה כאניות סוחר על לומדי תורה ובויק"ר פי' ותקם בעוד לילה ברנתה של תורה ובפסיקתא ואת עלית על כולנה בתורת משה שנתעלתה על תורת אדם ונח. יפ"ת]. ומ"ש הדר כמ"ש הדר זקנים שיבה:

חידושי הרד"ל

(א) [ב] **שוחקת מתן שכרה.** משפעת שכרה בפנים שוחקות. ועי"ל פס"ב [ובילקוט גרים אימתי משחקת ליום אחרון אימת נותן שכרה לע"ל. יפה תואר]:

מסורת המדרש

א מדרש שמואל פרשה ח'. ילקוט כאן רמז ק"ג. ילוקט שמואל א' רמז נ"ו. ילקוט משלי רמז תתקנ"ו:
ב ילקוט מלכים א' רמז קס"ו:
ג עי' בבא מציעא דף פ"ז:
ד עיין תנחומא כאן סימן ד':

אם למקרא

עֲטֶרֶת תִּפְאֶרֶת שֵׂיבָה בְּדֶרֶךְ צְדָקָה תִּמָּצֵא: (משלי טז:לא)

וְאִישׁ לֹא־אַכְרִית לְךָ מֵעִם מִזְבְּחִי לְכַלּוֹת אֶת־עֵינֶיךָ וְלַאֲדִיב אֶת־נַפְשֶׁךָ וְכָל־מַרְבִּית בֵּיתְךָ יָמוּתוּ אֲנָשִׁים: (שמואל א ב:לג)

עֹז־וְהָדָר לְבוּשָׁהּ וַתִּשְׂחַק לְיוֹם אַחֲרוֹן: (משלי לא:כה)

מתנות כהונה

נט [א] **לממלא.** גרסינן והוא שם מקום: **שחורי ראש.** שערות ראשם שחור ולא הלבינו מזוקן ועיין מזה ביבמות בפרק מצות חליצה: **וטפלו.** דבקו כד"א וטפלו בצלק נטפל אליו פלוני: [ב] **ממי אתה למד מאברהם וכו'.** פי' רש"י שנותנת עוז והדר בעולם הזה הדר זו זקנה כמה דכתיב והדרת פני זקן אבל הקרן קיימת לעולם הבא ועוד יש לומר דדייק סיפיה דקרא וה' ברך

נחמד למראה

נט [א] **ואברהם זקן וכו' רבי מאיר אזל לממלא ראה אותן כולן שחורי ראש אמר להם תאמר ממשפחת בית עלי אתם וכו'.** עיין מה שהאריכו בזה המפרשים ז"ל. ועדיין מקום הניחו לנו לדקדק שני דקדוקים שהם לא הרגישו בהם ואלו הם. אחד במאי דנקט שראה אותם שחורי ראש שפירושו שהיו מתים כולם בחורים כמו ונוח לתשחורת מ"מ למה לא אמר שהיו כולם בחורים. וזאת ב' שאם היה עיר שכולה כהנים וכולם היו מתים בקצרות שנים ולא אחד בהם שהיה מאריך בשנים מלתא דפשיטא היא שהיו ממשפחת בית עלי והיכי קאמר ר"מ בלשון ספק תאמר ממשפחת בית עלי וכו': **ונראה לעניות דעתי** דהכי פירושו דאיתא במפרשים דשני גזירות נגזרו על בית עלי. א' שימותו בחורים ואם יזכו לאריכות ימים ע"י עסק התורה או ע"י גמילות חסדים כי בזבח ומנחה אינו מתכפר אבל מתכפר הוא בתורה או בגמילות חסדים כענין אביי ורבא תרוייהו מדבית עלי קא אתו. אביי שעסק בתורה חיה ארבעין שנין ורבא דעסק בגמילות חסדים חיה שיתין שנין כדאיתא במס' ר"ה. נגזר עליהם עוד גזירה אחרת ולא יהיה זקן וגו' שלא יהיה בהם שער לבן בראשם ובזקנם. ובזה נבא אל הענין שר' מאיר אזל לממלא וראה שהיו בהם בחורים וגם היו בהם אנשים שהיו באים בימים והיו ראוים שיהיו להם שערות לבנות בראשם. וזהו שאמר ראה אותם כולם שחורי ראש כלומר שהיו בחורים וזקנים ושער לבן לא נמצא בם. על כן שאל כמסתפק תאמר ממשפחת בית עלי אתם. ר"ל מצד אחד שיש בהם אריכות ימים ושנים נראה שאינם ממשפחת בית עלי וממה שהיו רובם מתים בקצרות שנים אין ראיה שאפשר שהארץ משכלת. ומצד אחר שראה אותם כולם שחורי ראש מוכח שהם ממשפחת בית עלי. והם השיבו לו דהאמת כן הוא דמדבית עלי קאתו ובטל הגזירה הראשונה דימותו אנשים. אבל עדיין רמיא עלייהו הגזירה השניה דלא יהיה זקן וגו'. על כן בעו מיניה שיתפלל עליהם ואמר להם שילכו ויטפלו עצמם בצדקה ואתם זוכים לזקנה דהיינו לשער לבן ממי אתה לומד מאברהם דעד אברהם לא היה זקנה דהיינו שער לבן ואברהם זכה לזה כדאיתא בבבא בתרא ודו"ק כי נכון הוא:

אשד הנחלים

נט [א] **ימותו אנשים.** עת שיבואו לכלל אנשים שנתגדלו: **לכו וטפלו בצדקה.** הורה להם כי לא יועיל התפלה אחר גמר הדין והגזירה רק יש מצוות סגוליות המשביתות הגזירה. והענין כי זהו שילום מדה במדה שע"י עשית הצדקה וחיותו לענים הוא זוכה ג"כ לחיים. ומדה במדה לא בטלה. וביאר הכתוב מתי ימצא עטרת תפארת השיבה שיתפאר בה שזכה לשיבה אף שלא כדרך הטבע כמו שהיה בבני עלי ולכן עטרת תפארת הוא לו שאינו שיבה טבעית. הוא רק בדרך צדקה תמצא: **ושמרו דרך כו'.** יתכן מפני שכל חפצו של אברהם הי' ללמוד לעם דרכי ה' וצדקה ומשפט. ומדרך הנהוג שדברי הזקן יותר נשמעים לכן זכה לזקנה שעי"ז יתרבה הטובים בעולם ולכן ביקש דוד [כמו שאמר להלן] שעם זקנה יתן לו שיבה שהוא לבנת השער ועי"ז יהיה דבריו נשמעים: [ב] **לבושה של תורה.** כבר ידוע רמזי חז"ל בפרשת אשת חיל שמוסב כולה על התורה. והנה התורה פי שנים באיכותיה. הנגלה. וקראה לבוש התורה כלבוש המכסה פנימיותה. וכן מעשי המצוות נקראים כן. ועל ידיהם תעוז לאדם לשמרו מכל רע ומדה רעה והוא הדרו. אך עיקר פנימיות התורה תתגלה לע"ל. וזהו ותשחק ליום אחרון ודרש בזה באיוב שרוצה לדרוש ג"כ על אברהם ששחק ליום אחרון שזהו בימי הזקנה שישב בשלוה עוסק בעבודת ה'. וכן דרש אורך ימים בימינה.

״עַל יְדֵי שֶׁכָּתוּב בּוֹ ״וְשָׁמְרוּ דֶּרֶךְ ה׳ לַעֲשׂוֹת צְדָקָה — **For as a result of what is written concerning him** — *he commands his children and his household after him* ***that they keep the way of HASHEM doing charity*** (or *righteousness*) *and justice* (above, 18:19) — זָכָה לִזְקְנָה, ״וְאַבְרָהָם זָקֵן בָּא בַּיָּמִים״ — **he merited** to achieve **old age,**[9] as it is written, ***Now Abraham was old, well on in years.***

The Midrash continues its discussion of the merits that led to Abraham's old age:

״אֹרֶךְ יָמִים בִּימִינָהּ בִּשְׂמֹאולָהּ עֹשֶׁר וְכָבוֹד״ — It is written, regarding the Torah, ***Length of days is at its right; at its left, wealth and honor*** (*Proverbs* 3:16). ״אֹרֶךְ יָמִים בִּימִינָהּ״ לֶעָתִיד לָבֹא — ***Length of days is at its right*** refers to the reward that will be given **in the future time,** in the Next World,[10] to one who studies the Torah. ״בִּשְׂמֹאולָהּ עוֹשֶׁר וְכָבוֹד״ בָּעוֹלָם הַזֶּה — And ***at its left, wealth and honor*** refers to the reward granted a person **in this world** for Torah study. אֲפִילוּ שֶׁהוּא בָּא לְהַשְׂמְאִיל לְאָדָם, עוֹשֶׁר וְכָבוֹד — For **even when [God] comes to reward man** for Torah study **in a "left-handed" manner,**[11] He bestows on him **wealth and honor.** מִמִּי אַתָּה לָמֵד — And **from whom can you learn** this by personal example? מֵאַבְרָהָם, עַל יְדֵי שֶׁכָּתוּב בּוֹ ״וְשָׁמְרוּ דֶּרֶךְ ה׳ לַעֲשׂוֹת צְדָקָה וּמִשְׁפָּט״ — **From Abraham, regarding whom it is written, *That they keep the way of HASHEM doing charity*** (or *righteousness*) ***and justice*** (above, 18:19). זָכָה לִזְקְנָה, ״וְאַבְרָהָם זָקֵן״ — And for studying the ways of the Torah and teaching it to others **he merited** to achieve **old age,** as is written in our verse, ***Now Abraham was old, well on in years.***[12]

§3 The Midrash continues its discussion of the merits that led to Abraham's old age:

רַבִּי יִצְחָק פָּתַח — **R' Yitzchak opened** his discourse on our passage with a quote from *Psalms* (71:18): ״וְגַם עַד זִקְנָה וְשֵׂיבָה אֱלֹהִים אַל תַּעַזְבֵנִי״ — ***And even until old age and advanced age, O God, forsake me not.*** אָמַר רַבִּי אַחָא: לֹא הִיא זִקְנָה וְלֹא הִיא שֵׂיבָה — **R' Acha said: Are not "old age" and "advanced age" identical** in meaning? What is the point of the double expression? אֶלָּא שֶׁאִם נָתַתָּ לִי זִקְנָה תֵּן לִי שֵׂיבָה עִמָּהּ — **However,** the explanation is that the Psalmist beseeches God: **If you grant me old age,** please **grant me** also **"advanced age"** to go along with it.[13] מִמִּי אַתָּה לָמֵד מֵאַבְרָהָם — And **from whom can you learn** this by personal example?[14] **From Abraham.** עַל יְדֵי שֶׁכָּתוּב בּוֹ ״וְשָׁמְרוּ דֶּרֶךְ ה׳ לַעֲשׂוֹת צְדָקָה וּמִשְׁפָּט״ — For **as a result of what is written concerning him** — *he commands his children and his household after him* ***that they keep the way of HASHEM doing charity*** (or *righteousness*) *and justice* (above, 18:19) — זָכָה לִזְקְנָה ״וְאַבְרָהָם זָקֵן״ — **he merited** to achieve **old age,** as it is written, ***Now Abraham was old.***[15]

§4 The Midrash continues its discussion of the merits that led to Abraham's old age:

רַבִּי שְׁמוּאֵל בַּר רַב יִצְחָק פָּתַח — **R' Shmuel bar Rav Yitzchak opened** his discourse on our passage by citing this verse: ״רוֹדֵף צְדָקָה וָחֶסֶד וגו׳״ — ***One who pursues righteousness and kindness*** *will find life, righteousness, and honor* (*Proverbs* 21:21).[16] כַּד דְּמָךְ רַבִּי שְׁמוּאֵל בַּר רַב יִצְחָק — **When R' Shmuel bar Rav Yitzchak died** — דַּהֲוָה מְרַקֵּד אַתְּלָת שִׁבְשִׁין — **the one who would dance with three branches** before brides at their wedding[17] — נָפְקִין רוּחִין וְעַלְעוֹלִין וַעֲקָרוּן כָּל אִילָנַיָּא טָבַיָּיא דְּאַרְעָא דְּיִשְׂרָאֵל — **there came forth winds and strong gusts that uprooted all the fine trees of *Eretz Yisrael.*** לָמָּה כֵן — **And why was this so?**[18] דַּהֲוָה לָקִיט מִנְּהוֹן שִׁבְשִׁין וּמְהַלֵּךְ קֳדָם כַּלָּה — **Because he would pick branches from [such trees] and go before brides** and juggle them to entertain them at their weddings. וַהֲווּ רַבָּנִין אָמְרִין: לָמָּה עָבֵיד כְּדֵין, לָמָּה הוּא מְבַזֶּה יָת אוֹרַיְיתָא — **And the Rabbis would say** disapprovingly, **"Why does he act this way? Why does he disgrace the** honor of the **Torah?"**[19] אָמַר רַבִּי זְעֵירָא: שִׁבְקוּתֵיהּ דְּהוּא יָדַע מָה הוּא עָבֵיד — But **R' Z'eira said** to them, **"Leave him alone; he knows what he is doing!"**

NOTES

9. So we learn from Abraham's example that keeping the Torah (the "way of Hashem") bestows upon one a "raiment of strength and honor," i.e., old age, as explained above (*Rashi*). *Matnos Kehunah* adds that perhaps the Midrash derives the second part of its teaching as well from the subsequent words of our verse — *and HASHEM had blessed Abraham with everything* — that Hashem granted Abraham a share in the Next World as well, in reward for his observance of the Torah.

10. "Length of days" does not refer to living to an old age in the ordinary sense, but having a share in the Next World, which lasts forever (as in *Kiddushin* 39b) (*Rashi*).

11. The main reward for good deeds is reserved for the Next World; rewards in this world are ephemeral and of secondary importance, as one's left hand is secondary to his right (*Matnos Kehunah*).

12. For his dedication to Torah Abraham received in this "left-handed" world wealth (as our verse states, *and HASHEM had blessed Abraham with everything*) and honor (the honor of old age; see above, and see *Isaiah* 24:23) (*Matnos Kehunah*).

13. *Rashi* explains that the Hebrew word שֵׂיבָה (which we have translated as "advanced age") connotes a graceful, distinguished appearance (*Yefeh To'ar* specifies the graying of the hair). David prayed that if he should live to an old age he should be granted a distinguished appearance to go along with it.

14. I.e., from where is it derived that it is desirable to have the distinguished appearance of old age? (*Ohr HaSeichel*).

15. And it is also written below (25:8), *And Abraham expired and died at a good advanced age* [שֵׂיבָה]. From the fact that Abraham was granted the distinctive appearance implicit in the word "advanced age" as a reward for commanding his household after him to practice charity and justice, it is evident that this is a positive development worthy of supplication (ibid.).

16. This verse applies to Abraham, who exemplified these traits, and who merited in return *life, righteousness, and honor,* as the Midrash expounded above (58 §9) and repeats below. However, the Midrash interrupts itself at this point to show how the *Proverbs* verse — adduced by R' Shmuel bar Rav Yitzchak — applied to R' Shmuel himself.

17. He would juggle the three branches in order to gladden the bride on her wedding day (*Kesubos* 17a with *Rashi*). [These words appear to be extraneous here, and they do not appear in the first edition.]

18. What special merit was withdrawn by R' Shmuel's death, resulting in this Divinely implemented calamity? (*Yefeh To'ar*).

19. Being that R' Shmuel bar Rav Yitzchak was a respected Torah scholar, the Rabbis felt that his "frivolous" actions constituted a degradation of the honor of the Torah.

עַל יְדֵי שֶׁכָּתוּב בּוֹ "וְשָׁמְרוּ דֶּרֶךְ ה' לַעֲשׂוֹת צְדָקָה", זָכָה לִזְקֵנָה, "וְאַבְרָהָם זָקֵן בָּא בַּיָּמִים". (שם ג, טז) "אֹרֶךְ יָמִים בִּימִינָהּ בִּשְׂמֹאולָהּ עוֹשֶׁר וְכָבוֹד", [ה]"אֹרֶךְ יָמִים בִּימִינָהּ", לֶעָתִיד לָבֹא. "בִּשְׂמֹאולָהּ עוֹשֶׁר וְכָבוֹד", בָּעוֹלָם הַזֶּה. אֲפִילוּ שֶׁהוּא בָּא לְהַשְׂמְאִיל לְאָדָם, עוֹשֶׁר וְכָבוֹד. מִמִּי אַתָּה לָמֵד מֵאַבְרָהָם, עַל יְדֵי שֶׁכָּתוּב בּוֹ "וְשָׁמְרוּ דֶּרֶךְ ה' לַעֲשׂוֹת צְדָקָה וּמִשְׁפָּט", זָכָה לִזְקֵנָה, "וְאַבְרָהָם זָקֵן":

ג רַבִּי יִצְחָק פָּתַח (תהלים עא, יח) "וְגַם עַד זִקְנָה וְשֵׂיבָה אֱלֹהִים אַל תַּעַזְבֵנִי", [ו]אָמַר רַבִּי אַחָא לֹא הִיא זִקְנָה וְלֹא הִיא שֵׂיבָה, אֶלָּא שֶׁאִם נָתַתָּ לִי זִקְנָה תֵּן לִי שֵׂיבָה עִמָּהּ מִמִּי אַתָּה לָמֵד מֵאַבְרָהָם, עַל יְדֵי שֶׁכָּתוּב בּוֹ "וְשָׁמְרוּ דֶּרֶךְ ה' לַעֲשׂוֹת צְדָקָה וּמִשְׁפָּט", [ז]זָכָה לִזְקֵנָה "וְאַבְרָהָם זָקֵן":

ד רַבִּי שְׁמוּאֵל בַּר רַב יִצְחָק פָּתַח (משלי כא, כא) "רוֹדֵף צְדָקָה וָחֶסֶד וְגוֹ' ", [ח]כַּד דְּמָךְ רַבִּי שְׁמוּאֵל בַּר רַב יִצְחָק דַּהֲוָה מְרַקֵּד אַתְּלָת שִׁבְשִׁין, נָפְקִין רוּחִין וְעַלְעוֹלִין [ט]וַעֲקָרוּן כָּל אִילָנַיָּא טָבַיָּיא דְּאַרְעָא דְּיִשְׂרָאֵל, לָמָּה כֵן דַּהֲוָה לָקֵיט מִנְהוֹן שִׁבְשִׁין וּמְהַלֵּךְ קֳדָם כַּלָּה, וַהֲווֹ רַבָּנָן אָמְרִין לָמָּה עָבֵיד כְּדֵין, לָמָּה הוּא מְבַזֶּה יָת אוֹרַיְיתָא, אָמַר רַבִּי זְעֵירָא: שִׁבְקוּתֵיהּ, דְּהוּא יָדַע מָה הוּא עָבֵיד.

עץ יוסף

עושר. והדר היינו כבוד. אבל ותשחק ליום אחרון כלו' היא בעצמה משחקת לצדיקים להראות להם פנים מסבירות ופנים שוחקות בשמחה רוחניות ליום אחרון דהיינו לעוה"ב (נזה"ק): **ממי אתה למד כו'.** כמ"ש בתנחומא הוד והדר לבשת מהודך והדרך הלבשתו לאברהם שנתת לו הדר זקנה כו' והיה לו לכבוד מפורסם שהיא מדרגת הדר. וכן זכה למדרגת עוז שהיא עושר כדכתי' בתריה וה' ברך את אברהם בכל (נזה"ק): **[ג] אורך ימים בימינה כו'.** שע"י גמילות חסדים זכה אברהם לזקנה. ולפי שעל פי זה מתפרש הכתוב יפה נקטיה לחזק דבריו (יפ"ת): **אורך ימים בימינה לע"ל.** שפירש אורך ימים החיים הנצחיים בעוה"ב. ופי' בימינה בעקרה שהשכר העיקרי הנמשך מהתורה חיי העוה"ב (יפ"ת): **בשמאלה כו' בעולם הזה.** פי' שמאלה השכר שאינו עיקר הנמשך ממנה הוא עושר וכבוד שהוא טוב מדומה: **באה להשמאיל כו'.** כי פי' שתתן השכר המקרי. יהיה שכר טוב דהיינו עושר וכבוד. ומ"ש אפילו לפי שעל הרוב שכר מצות בהאי עלמא ליכא אלא כשפעמים באה לתת שכרה בעוה"ז ימשך ממנה עושר וכבוד כאברהם ורבי וחביריו אשר זכו לשתי שולחנות (יפ"ת): **ממי את למד כו'.** פירשתי בסי' הקודם: (ג) **[ד] רבי יצחק פתח כו'.** טעמו כטעם הקודמים ע"ש: **לא היא זקנה ולא היא שיבה.** בתמיה. שהרי גם הזקנה בכלל השיבה אלא דה"ק אם נתת לי זקנה תן לי שיבה עמה כלו' שיהיה לי תואר הזקנה בשיבה דהיינו הלבנת השער שהוא כבוד לאיש: **את למד מאברהם.** ובאשר גם בדוד נאמר ויהי דוד עושה משפט וצדקה לפיכך גם הוא בקש על עטרת תפארת השיבה: (ד) **[ה] רבי שמואל בר רבי יצחק פתח כו' כד דמך כו'.** כיון דר"ש בר רב יצחק הוא מרא דעובדא צ"ל דלא גרסי' בסמוך ד"א אלא סתם רודף צדקה זה אברהם כו'. והוא דרושו של רשב"י אלא דאגב אשמעינן דרשב"י היה נאה דורש ונאה מקיים. שגם הוא היה נזהר מאד במצות ג"ח: **רודף צדקה כו'.** שע"י ג"ח נתכבד אברהם בזקנה ופתח רודף צדקה וגו' ומפרש ליה בכבוד השיבה: **כד דמך.** כשמת: **דהוה. מרקד כו'.** שהיה מרקד לפני הכלה בשלשה בדי הדס כדאי' בכתובות י"ז שהיה זורק אחד ומקבל אחד (רש"י): **נפקין כו'.** היו יוצאים: **ועלעולין.** פי' רוח סערה ועקרו כל אילנות טובות שבכל א"י להודיע שיש צער בעולם על זכות מעשיו שהלך מן העולם (יפ"ת): **שבשין.** שריגים ובדי הדס: **למה עביד בדין.** למה עושה כן שמבזה כבוד התורה: **שבקותיה כו'.** הניחו שהוא יודע מה הוא עושה:

פירוש מהרז"ו

אורך ימים בימינה. דורש שמ"ש זקן ובא בימים שזכה לאורך ימים של ימינה לעוה"ב ושל שמאלה בעוה"ז (עי' מ"כ) ומ"ש זכה לזקנה כו' כמ"ש לקמן בסימן ו' זקן בעוה"ז ובא בימים לעוה"ב ע"ש: (ג) **אל תעזבני.** ס"ד עד אגיד זרועך לדור וגו'. ועל שרוצה לצות לבאים אחריו דרך ה' ע"כ רוצה שיאריך ה' ימיו ויתן לו זקנה ושיבה: **לא היא זקנה.** ובילקוט תהלים ע"א גורס היא זיקנה והיא שיבה שכוונת שניהם ימים ארוכים. תן לי שיבה. היינו לובן השער וכמ"ש והדר זקנים שיבה וכמ"ש אצל ראב"ע. ועי"ז דבריו נשמעים. וכן באברהם שצוה לדורות אחריו זכה לזקנה ושיבה: (ד) **רבי שמואל בר רבי יצחק פתח.** פי' שפתח בפסוק זה לדרוש ענין אברהם כמ"ש בס"פ כ"ח וכמ"ש בס"ס זה ואגב הביא המעשה שהיה אצל ר"ש בעצמו שבו נתקיים:

רש"י

הדר זו זקנה. כמא דתימא והדרת פני זקן מאברהם אבל קרן קיימת לעולם הבא: **אורך ימים בימינה לעתיד לבוא.** בימינה. למיימינים בה כמא דתימא והארכת ימים בעולם שכולו ארוך: **ובשמאלה עושר וכבוד בעולם הזה.** שהוא גרוע כנגד העולם הבא כשמאל כנגד ימין נותנת לו עושר וכבוד: **דבר אחר אפילו כשהיא באה להשמאיל לאדם.** למי שמשמאיל לה. עושר וכבוד: **[ג] אמר ר' אחא.** והיא זקנה והיא שיבה אלא שאם נתת לי זקנה בימים תן לי שיבה בהדרת פנים: **כד דמך רבי שמואל בר רבי יצחק דהוה מרקד אתלת שבשין ומהלך קומי קלייא בלות וכו'**

מתנות כהונה

את אברהם בכל להביא עולם הבא שכלול מכל טוב: **בימינה.** כמו שדרשו חכמים ז"ל למיימינים בה שעוסקים בה לשמה נותנת לו שכר מיומן וטוב לעולם הבא שהיא כנגד עולם הזה כימין נגד השמאל: **שהוא בא להשמאיל לאדם.** ליתן שכרו שלא בעין יפה שכר שאין לו עיקר נותנת לו עושר וכבוד בעולם הזה. ועיקר שכרו שמור לעולם הבא: **זכה לזקנה.** הרי בעולם הזה וכתיב ונגד זקניו כבוד הרי זקנה וכבוד וכתיב וה' ברך את אברהם בכל הרי עושר: [ג] **לא היא שיבה.** פי' רש"י שיבה היא הדרת פנים: **ואברהם זקן.** וכתיב וימת אברהם בשיבה טובה: [ד] **כד דמך.** כלומר כשמת מיתת הצדיקים דומה לאדם הישן בנחת רוח וסימן לדבר ישנתי אז ינוח לי: **דהוה מרקד כו'.** שהיה מרקד לפני הכלה בשלשה בדי הדס כדאיתא בריש פ"ב דמסכת כתובות: **נפקין כו'.** [זהו בירושלמי דעבודת כוכבים פרק כ"ה ובפ"ק דמסכת פאה] היו יוצאין רוחות ועלעולין פירוש רוח סערה ועקרו כל אילנות טובות שבכל ארץ ישראל: **שבישין.** שריגין ובדי הדס: **והוו רבנן כו'.** והיו רבנן אומרים למה עושה כן שמבזה תורתו בכך כדאיתא ריש כתובות קא מיכסף לן האי סבא: **שבקתיה כו'.** הניחו שהוא יודע מה הוא עושה:

אשד הנחלים

שהכוונה על חיים הנצחיים חיי השגה והשכלה ונקראת ימין לפי שהיא העקרי והתכליתי כימין מול השמאל. וגם בעוה"ז זוכה למנוחה ולכל טוב. וזהו מכונה בשם שמאל שהוא רק טפל לימין. כן טובת העוה"ז ומנוחתה. וכל זה ראינו באברהם שגם בענייני העוה"ז זכה בכל טוב: [ג] **תן לי שיבה.** כלומר שיהיה ניכר לבנת השער על זקנו: [ד] **ועקרין כל אילניא.** כי בחייו הי' זכותו למגין על כל רעה שלא תבוא:

חידושי הרד"ל

(ב) **עשר וכבוד.** אפילו בעולם הזה שהוא בא להשמאיל כצ"ל:

(ג) [ג] **לא היא זקנה לא היא שיבה.** עיד"מ. ופשוטו פירושו בכל מקום לשון בתמיה שהכל אחד. ואף על פי ששנינו פ"ה דאבות בן ס' לזקנה בן ע' לשיבה. מ"מ כאן כיון שבקש עד שיבה ל"ל להזכיר זקנה כלל. אלא וודאי דבר אחד הן וא"כ תרתי ל"ל אלא שאם נתת לי כו':

חידושי הרש"ש

[א] **אורך ימים בימינה לעתיד לבא.** כמ"ש בקדושין (ל"ט ב') לעולם שכולו ארוך:

מסורת המדרש

ה ילקוט כאן רמז ק"ג:

ו ילקוט תהלים רמז תת"ד:

ז עיין בבא מציעא דף פ"ז:

ח כתובות דף י"ז. ירושלמי פאה פרק א'. וירושלמי עבודת כוכבים פרק ג':

ט עיין מועד קטן דף כ"ה:

אם למקרא

אֹרֶךְ יָמִים בִּימִינָהּ בִּשְׂמֹאולָהּ עֹשֶׁר וְכָבוֹד: (משלי ג:טז)

וְגַם עַד־זִקְנָה וְשֵׂיבָה אֱלֹהִים אַל־תַּעַזְבֵנִי עַד־אַגִּיד זְרוֹעֲךָ לְדוֹר לְכָל־יָבוֹא גְּבוּרָתֶךָ: (תהלים עא:יח)

רֹדֵף צְדָקָה וָחָסֶד יִמְצָא חַיִּים צְדָקָה וְכָבוֹד: (משלי כא:כא)

כַּד דְּמָךְ נַפְקוּ לְמִיגְמַל לֵיהּ חֶסֶד – **When [R' Shmuel] died, [the people] went out to accord him honor** by taking part in his funeral, וְנָחֲתָה שִׁבְשְׁבָה דְנוּר – **and** they saw that **a fiery branch descended** from heaven; וְאִיתְעֲבִידַת כְּמוֹ שִׁבְשְׁבָה דַּהֲדַס וְאַפְסִיקַת בֵּין עַרְסָא לְצִיבּוּרָא – **it took the form of a myrtle branch**[20] **and made a separation between his bier and the public** who had gathered there. אָמְרִין: חֲמוֹן דְּהָדֵין סָבָא דְּקָאֵי וְלָעֵי דְּקָמַת לֵיהּ שִׁבְשְׁתֵיהּ – Then **they said, "See, this old man who would stand and exert himself** before all those brides – **his branches** now **stand him in good stead!"**[21]Ⓐ

דָּבָר אַחֵר "רוֹדֵף צְדָקָה" זֶה אַבְרָהָם, "וְשָׁמְרוּ דֶּרֶךְ ה' וגו'" – **Alternatively:**[22] ***One who pursues righteousness*** *and kindness will find life, righteousness, and honor* **is** a reference to **Abraham,** of whom it is written, *he commands his children . . . ,* ***that they keep the way of HASHEM,*** *doing charity,*[23] **etc.** (above, 18:19), "וְחֶסֶד" וְכוּ', כִּדְלְעֵיל – ***and kindness*** . . . **etc.** (*Proverbs* ibid.), **as** written **above** (58 §9).[24]

§5 [וַה' בֵּרַךְ אֶת אַבְרָהָם בַּכֹּל – *AND HASHEM HAD BLESSED ABRAHAM WITH EVERYTHING.*]

The Midrash cites a passage from *Psalms* (45:3) and applies it to Abraham:

"יָפְיָפִיתָ מִבְּנֵי אָדָם הוּצַק חֵן וגו'" – It is written, ***You are beautiful beyond other men, charm is poured*** *upon your lips, therefore God has blessed you for eternity.* נִתְיַיפֵּיתָ בָּעֶלְיוֹנִים שֶׁנֶּאֱמַר "הֵן אֶרְאֶלָּם צָעֲקוּ חֻצָה" – This verse is addressed to Abraham: **You have been beautified** (i.e., praised) **in the upper realms,** by the angels, **as it is stated,** ***Behold, the angels cried out outside,*** *etc.* (*Isaiah* 33:7).[25] נִתְיַיפֵּיתָ בַּתַּחְתּוֹנִים שֶׁנֶּאֱמַר "נְשִׂיא אֱלֹהִים אַתָּה בְּתוֹכֵנוּ" – And **you have been beautified** (praised) by men **in the lower realms,** on earth, as it is written that the people of Heth told Abraham: ***You are a prince of God in our midst*** (above, 23:6).[26] "עַל כֵּן בֵּרַכְךָ אֱלֹהִים לְעוֹלָם" – And ***therefore God has blessed you for eternity*** (*Psalms* ibid.), "וַה' בֵּרַךְ אֶת אַבְרָהָם בַּכֹּל" – as it is written, ***and HASHEM blessed Abraham with everything.***[27]Ⓑ

Once again the Midrash cites a passage from *Psalms* (24:3-5) and applies it to Abraham:

"מִי יַעֲלֶה בְּהַר ה'" – Scripture states: ***Who shall ascend the mountain of HASHEM,*** *and who shall stand in the place of His sanctity? One with clean hands and pure heart; who has not taken his life*[28] *in vain, and has not sworn deceitfully. He will receive a blessing from HASHEM and just kindness from the God of his salvation.* זֶה אַבְרָהָם – **This** phrase – *Who shall ascend "the mountain of HASHEM"* – **is** alluding to **Abraham,** שֶׁנֶּאֱמַר "וְלֶךְ לְךָ אֶל אֶרֶץ הַמֹּרִיָּה" – **of whom it is written,** ***and go to the land of Moriah;*** *bring him up there as an offering "upon one of the mountains" which I shall tell you* (above, 22:2).[29] "וּמִי יָקוּם בִּמְקוֹם קָדְשׁוֹ" זֶה אַבְרָהָם – ***And who shall stand in "the place" of His sanctity*** (*Psalms* ibid.) – **this,** too, **is** alluding to **Abraham,** עַל שֵׁם שֶׁנֶּאֱמַר "וַיַּשְׁכֵּם אַבְרָהָם בַּבֹּקֶר אֶל הַמָּקוֹם" – **based on what is stated,** ***Abraham arose early in the morning "to the place"*** (above, 19:27 or 22:3).

NOTES

20. Because he would use myrtle branches for his juggling (*Matnos Kehunah*).

21. Everyone then realized that R' Shmuel's conduct at weddings had been appropriate, and moreover a source of great merit for him – for this honor of having fire descend from heaven at one's funeral happens only once (or perhaps twice) in a generation (*Kesubos* ibid.). See Insight Ⓐ.

22. *Nezer HaKodesh,* followed by *Eitz Yosef,* suggests deleting the words דָּבָר אַחֵר ("Alternatively"), for the Midrash has not told us a first interpretation for רֹדֵף צְדָקָה וָחֶסֶד, that it should now present an alternative interpretation.

23. Or "righteousness" (for צְדָקָה can be translated as either "righteousness" or "charity"; see note 1).

24. See there for the full exposition.

25. When Isaac was about to be slaughtered on the altar, the angels "cried out" on Abraham's behalf, beseeching God that he be spared from having to sacrifice his son because of all his great merits (Midrash above, 56 §5) (*Rashi*).

26. This exposition is based on the fact that the first letters of the word יָפְיָפִיתָ, *you are beautiful,* are doubled. The redundancy indicates that you (Abraham) were doubly acclaimed, both by angels and by men (*Yefeh To'ar, Eitz Yosef*).

27. Because Abraham was so spiritually elevated as to be praised by the angels, and at the same time so upright in his dealings with others as to be admired and praised by men, he was worthy of receiving God's blessing (*Eshed HaNechalim*). See also Insight Ⓑ.

28. The Hebrew word is written (כְּתִיב) as נַפְשׁוֹ ("his soul" or "his life"), and our Midrash interprets it accordingly, but according to tradition it is pronounced (קְרִי) as נַפְשִׁי ("My soul"), and the Biblical commentators interpret the verse according to that reading.

29. We have followed the reading of *Midrash Shocher Tov* in citing 22:2 as the supporting verse. This reading is followed also by *Os Emes;* see also Rashash. Other versions cite 22:12, *for now I know that you are a God-fearing man.* This reading is explained as follows: "Ascending the mountain of Hashem" is a metaphor for great spiritual achievement. That Abraham accomplished this "ascent" is attested to in these words, in which God declares to Abraham, *"now I know that you are God fearing"* (*Matnos Kehunah*). [See *Rashi,* whose text apparently cited 22:14, *"on the mountain" HASHEM will be seen.*]

INSIGHTS

Ⓐ **To Gladden a Heart** The Rabbis disapproved of R' Shmuel's actions as he danced and entertained the brides. R' Shmuel was aware of the criticism that he was drawing, and yet, as R' Z'eira pointed out, his actions were calculated. R' Shmuel was willing to forgo any considerations of personal dignity – and was even willing to shed the formal demeanor of a Torah scholar – to elicit a smile on the face of a young bride!

The question of the propriety of R' Shmuel's dance remained open until R' Shmuel's death. It was then that the trees themselves sent a message: "Our very creation – the creation of all the trees in all of the Land of Israel – was worthwhile if for nothing else than for R' Shmuel to take one branch in hand, to dance with. In the absence of that great man our existence is meaningless; we would rather be uprooted and cease to exist." Such is the value placed on bringing happiness to others!

The myrtle branch of fire that descended at R' Shmuel's funeral made a statement as well: Those who do not properly appreciate the importance of gladdening the heart of a fellow Jew stand on a different plane than one who does (*Bircas Mordechai* [*R' Boruch Mordechai Ezrachi*], *Chayei Sarah*, p. 121).

Ⓑ **A Prince on High** Our Midrash expounds the verse, *You are beautiful beyond other men, charm is poured upon your lips, therefore God has blessed you for eternity* (*Psalms* 45:3).

Be'er Moshe cites *Midrash Tanchuma* (*Ki Sisa* §17) which further expounds this verse, teaching that Abraham was *beautiful beyond other men* **because** *charm [was] poured upon [his] lips.* In other words, Abraham's beauty was due to his skill in being מְלַמֵּד זְכוּת, bringing to light the merits (i.e., "the charm") of those facing Divine wrath, and advocating for their welfare, Abraham employed this skill when he offered his prayerful pleas in defense of the wicked Sodomites (above 18:23-32).

Abraham's advocacy had the power to restrain the Divine Attribute of Justice. This is intimated by the verse: *God [Elokim] has blessed [Abraham]. "Elokim"* is the name of God that represents Divine Justice, and God's "blessing" signifies His concurrence with Abraham's arguments. *Be'er Moshe* notes that the proclamation of the residents of

כַּד דְּמָךְ נְפַקוּ לְמִיגְמַל לֵיהּ חֶסֶד וְנָחֲתָה שִׁבְשְׁבָה דְנוּר, וְאִתְעֲבִידַת כְּמוֹ שִׁבְשְׁבָה דַּהֲדַס וְאַפְסִיקַת בֵּין עַרְסָא לְצִיבּוּרָא. אָמְרִין: חֲמוֹן דְּהָדֵין סָבָא דְּקָאֵי וְלָעֵי דְּקָמַת לֵיהּ שִׁבְשְׁתֵיהּ. דָּבָר אַחֵר "רוֹדֵף צְדָקָה", זֶה אַבְרָהָם "וְשָׁמְרוּ דֶּרֶךְ ה' וָחֶסֶד וְגוֹ'", כִּדְלְעֵיל:

ה (תהלים מה, ג) "יָפְיָפִיתָ מִבְּנֵי אָדָם הוּצַק חֵן וְגוֹ'", נִתְיַיפֵּיתָ בָּעֶלְיוֹנִים שֶׁנֶּאֱמַר (ישעיה לג, ז) "הֵן אֶרְאֶלָּם צָעֲקוּ חֻצָה", נִתְיַיפִּיתָ בַּתַּחְתּוֹנִים שֶׁנֶּאֱמַר [כג, ו] "נְשִׂיא אֱלֹהִים אַתָּה בְּתוֹכֵנוּ". "עַל כֵּן בֵּרַכְךָ אֱלֹהִים לְעוֹלָם", "וַה' בֵּרַךְ אֶת אַבְרָהָם בַּכֹּל". (תהלים כד, ג) "מִי יַעֲלֶה בְּהַר ה'", [יא]זֶה אַבְרָהָם שֶׁנֶּאֱמַר "וְלֶךְ לְךָ אֶל אֶרֶץ הַמֹּרִיָּה", "וּמִי יָקוּם בִּמְקוֹם קָדְשׁוֹ" זֶה אַבְרָהָם, עַל שֵׁם שֶׁנֶּאֱמַר "וַיַּשְׁכֵּם אַבְרָהָם בַּבֹּקֶר אֶל הַמָּקוֹם". "נְקִי כַפַּיִם", "אִם מִחוּט וְעַד שְׂרוֹךְ נַעַל". "וּבַר לֵבָב", "חָלִלָה לְּךָ מֵעֲשׂת כַּדָּבָר הַזֶּה". "אֲשֶׁר לֹא נָשָׂא לַשָּׁוְא נַפְשׁוֹ", זֶה נַפְשׁוֹ שֶׁל נִמְרוֹד. "וְלֹא נִשְׁבַּע לְמִרְמָה", "הֲרִמֹתִי יָדִי אֶל ה' אֵל עֶלְיוֹן". "יִשָּׂא בְרָכָה מֵאֵת ה' וּצְדָקָה", "וְאַבְרָהָם זָקֵן... וַה' בֵּרַךְ אֶת אַבְרָהָם".

רש"י

כד דמך נפקו למגמל עמיה חסדא ונחתת שובשיא דנורא ואיתעבידת כמו שיבשא דהדס ואיפסיק בין ערסי' לצבורא. אמרין חמון דהדין סבא דקאי ולעי טרח לפני הכלות דאהנית ליה שבשתיה: **[ה] נתייפית בעליונים דכתיב הן אראלם צעקו חוצה.** וסמוך ליה כשמו מסלות שבת וגו' המלאכים אומרים מה הועילה זכות שהיה מכניס אורחין שבת אותו זכות: **מי יעלה בהר ה' זה אברהם.** שנאמר בו בהר ה' יראה: **נקי כפים.** שנאמר אם מחוט ועד שרוך נעל: **ובר לבב.** ומלאת את לבבו נאמן: **אשר לא נשא לשוא נפשו זו נפשו של נמרוד.** שלא הרגו בחנם שהוא בקש להרגו תחלה: **ולא נשבע למרמה.** שנאמר הרמותי ידי אל ה':

עץ יוסף

נפקו למיגמל כו'. יצאו כל העם לגמול עמו חסד וירדה שרוג ובד של אש מן השמים ונעשה כמו בדי הדס והיתה מפסקת בין מטתו ובין הצבור. להורות שהוא גדול הדור שאין הצבור ראויס להתקרב לו (יפ"ת): **אמרין חמון כו'.** אמרו ראיתם זקן הזה שהיה עומד ומטריח את עצמו לרקד לפני הכלה. ועכשיו עומדת לו שבשתיה פי' בד של הדס או פירושו שבוש שלו שהיה מרקד דרך שטות: **בדלעיל.** סוף פ' נ"ח ע"ש: (ה) [ו] **יפיפית מבני אדם כו'.** מזמור זה נדרש באברהם כדלעיל פ' ל"ט ויפיפית דריש ביה יופי כפול שנתיפה בעליונים ותחתונים. ומפרש נתיפית בעליונים שנא' הן אראלם צעקו חוצה במעשה עקידה כל מה"ש היו מליצי יושר בעדו להציל את בנו ממות כדלעיל פ' נ"ו סי' ז'. ונתיפה בתחתונים שאמרו לו בני חת נשיא אלהים אתה בתוכנו ולעיל פ' נ"ח שא"ל מלך את עלינו כו' וזה היה לפי שהוצק חן בשפתותיך בדבורו בנחת ודרך ענוה. על כן ברכך אלהים לעולם וה' ברך את אברהם בכל (נזה"ק): **[ז] מי יעלה בהר ה' זה אברהם.** שבאברהם נתקיים כל זה: **זה אברהם.** עתה ידעתי כי ירא אלהים אתה. כן הוא הגי' במדרשים אבל הנזה"ק גרים זה אברהם ע"ה ולך לך אל ארץ המוריה. וכן הוא בשוח"ט. ופי' שהר ה' הוא הר המוריה שעלה בו אברהם: **אל המקום אשר עמד שם את פני ה'.** נראה שהיה מקום קדוש קבוע לעמוד שם את פני ה'. והכוונה שלא בהר ה' בלבד אלא בכ"מ קדוש לא יקום כי אם נקי כפים וגו' (יפ"ת): **ובר לבב חלילה כו'.** שדן אותם לזכות כי אולי יש בהם קצת צדיקים. אבל בשוח"ט גרס ובר לבב ומצאת את לבבו נאמן לפניך. ואומר והאמין בה' (יפ"ת): **נפשו של נמרוד.** שרדף אברהם אחריו והרגו שהרי אמרפל הוא נמרוד שלא בחנם הרגו שהוא ביקש להרגו תחלה והבא להרגך השכם והרגו (רש"י) ובשוח"ט הגירסא נשתנה ע"ש: **ישא ברכה מאת ה' וצדקה ואברהם זקן וה' ברך.** בשוח"ט לא גרס אלא ישא ברכה מאת ה' וה' ברך את אברהם בכל. ונראה דהכא נמי לא גרסינן לה:

פירוש מהרז"ו

בדלעיל. ס"פ נ"ח: (ה) **הוצק חן.** כאן לא פי' ועיין לעיל פמ"א סי' ט' חן בשפתיו. ופמ"ט סימן י' חין ערכו שנדרשו על אברהם על שהתפלל על סדום וכאן סמך עצמו על שמבואר שם. ומזה דרש שהפסוק מדבר באברהם: **נתיפית בעליונים.** שהיל"ל יפית ואמר יפיפית כופל היופי בעליונים. וכמ"ש לעיל פרשה נ"ו סימן ה' וכן בתחתונים כמ"ש לעיל פרשה נ"ח סימן ו' וש"נ ומבואר: **על כן ברכך.** יתכן שפי' על אשר ברכך אלהים לעולם ע"כ נתיפית בעליונים ובתחתונים. וכמו כי ע"כ באו בצל קורתי ע"ש רש"י: **עתה ידעתי.** במדרש תהלים כ"ד וילקוט שם הגי' זה אברהם שכתוב בו ולך לך אל ארץ המוריה וס"ד על אחד ההרים אשר אומר אליך וזהו בהר ה': **אל המקום.** וס"ד אשר עמד שם שקבע שם מקום לתפלתו וזהו מקום קדשו מקדש מעט (יפ"ת וע"ע ברש"ש: **ועד שרוך הנעל.** ואם אקח מכל אשר לך: **ובר לבב חלילה לך.** שלא היה יכול לסבול דבר עול ובמדרש תהלים שם גרס הכא ומצאת את לבבו נאמן לפניך ואומר והאמין בה' (יפ"ת): **נפשו של נמרוד.** עיין מ"כ בשם רש"י. ועיין לעיל פרשה מ"ב סימן ד' שנמרוד הוא אמרפל ושם סי' ג' שעיקר כוונת אמרפל להרוג לאברהם על שעבד את ה': **הרימותי ידי.** וקיים שבועתו ולא היה למרמה. ומ"ש ולדקה מאלהי ישעו כדלעיל ס"פ נ"ח לדקה וכבוד ע"ש:

חידושי הרד"ל

(ד) [ה] **לעולם ואברהם זקן וה' ברך את אברהם בכל.** כלומר לעולם אף בזקנותו ולאחר מיתת שרה ברכו (עיין תנחומא):

(ה) **נפשו של נמרוד.** עמ"כ בשם רש"י. וא"כ הו"ל למנקט אמרפל. ומדנקט נמרוד אפשר ר"ל כדלעיל פל"ח שאלו נמרוד למאן נסגוד כו' ולא נשא אברהם לשוא נפשו של נמרוד להשיבו שוא נתעה רק א"ל אמרי אמת:

חידושי הרש"ש

[ה]**מי יעלה בהר ה' כו' עתה כו'.** בשוח"ט מביא ע"ז קרא דולך לך אל ארץ המוריה. ור"ל דסופי' והעלהו כו' על אחד ההרים:

וישכם כו' (אל המקום) שם ליתא תיבות אל המקום. ונראה דהכוונה על וישכם כו' הכתוב ג"כ בעקידה דסופי' ויקם כו' אל המקום:

ובר לבב חלילה כו'. שם מביא קרא דומצאת את לבבו נאמן לפניך ואומר והאמין בה':

מסורת המדרש

י ילקוט כאן רמז ק"ג כל הענין. ילקוט תהלים רמז תשמ"ט: יא מדרש תהלים מזמור כ"ד. ילקוט תהלים רמז תרל"ז:

אם למקרא

יָפְיָפִיתָ מִבְּנֵי אָדָם הוּצַק חֵן בְּשְׂפְתוֹתֶיךָ עַל־כֵּן בֵּרַכְךָ אֱלֹהִים לְעוֹלָם: (תהלים מה:ג)

הֵן אֶרְאֶלָּם צָעֲקוּ חֻצָה מַלְאֲכֵי שָׁלוֹם מַר יִבְכָּיוּן: (ישעיה לג:ז)

מִי־יַעֲלֶה בְהַר ה' וּמִי־יָקוּם בִּמְקוֹם קָדְשׁוֹ: (תהלים כד:ג)

מתנות כהונה

נפקו למיגמל כו'. יצא כל העם לגמול עמו חסדים וירדה שריג ובד של אש מן השמים ונעשה כמו בדי הדס והיתה מפסקת בין מטתו ובין הצבור אמרו ראיתם זקן הזה שהיה עומד ומטריח את עצמו לרקד לפני הכלה ועכשיו עומדת לו שבשתיה: **שבשתיה.** שבוש שלו שהיה מרקד דרך שטות או פירושו לשון בדי הדס ושתי הלשונות בגמרא בריש כתובות וכלשון אחרון הוא גירסת הירושלמי בפ"ק דמסכת פאה: **[ה] הן אראלם צעקו כו'.** בשעת העקידה ועי' לעיל בפ' נ"ז: **מי יעלה כו'.** משם נתעלה להקרא ירא אלהים: [ה"ג **נקי כפים אם מחוט כו'.**]: **נפשו של נמרוד.** פירש"י שרדף אברהם אחריו והרגו עם שלשה מלכים חבריו ולא שלא כדין עשה שהרי אמרפל הוא נמרוד אמר פול והשלך אברהם לכבשן האש הבא להרגך השכם והרגו:

אשד הנחלים

למגמל. כלומר לכבודו. זהו גמ"ח של מתים. ודרש ימצא הצדקה שעשה כי יהי' לו כבוד מצדקתו שעשה. כי יוכר שכל כבודו מצדקתו: **[ה] בעליונים.** כי בעת העקידה התפלאו המלאכים על יראתו. ולכן צעקו והתפלאו על ככה ושפטו מזה שיפה כחו מאוד באהבת ה' על שכבש רחמיו לעשות ככה. אך יש איש אלקי נעלה מאוד ועכ"ז איננו נעלה במעלות אנושיות מרוב התבודדותו בעניינים אלהיים. אכן באברהם נתייפה גם בתחתונים שכל מלכי עמים נהגו בו כבוד מאוד כנשיא על עמו. וע"כ ברכו ה' בכל. בכל העניינים הן בענייני עוה"ז והן בענייני עוה"ב אחר שהי' איש שהיה כחו טוב בשני העולמים. ולא כן איש אלקי לבד הנבדל מחברת אנושיות. ולאיש כזה יתכן שלא יצליח בעוה"ז אחר שלא יתחבר עי"ז לבני אדם ללמדם חכמה ומוסר. אכן לאיש מדיניי ג"כ. הצלחת העוה"ז לתועלת לו אף שהוא איש אלקי ג"כ ואיננו חפץ בעוה"ז מאומה. עכ"ז הוא לתועלת אחרים שע"י עושרו יתחברו בני אדם אליו ואז יקבלו לקח מפיהו עי"ז. והבן כל זה: **מי יעלה בהר ה'.** דרש הכתוב כולו על אברהם שמצינו שהיה בו כל המדות הכלולות במזמור הזה. ודייק ג"כ שמוסב על האבות מדסיים זה דור דורשיו מבקשי פניך יעקב סלה. והכוונה כי תחילת העליה שהי' מפני היראה לבד שהוא ירא להמיר צווי ה' אבל הקימה

"נְקִי כַפַּיִם" — ***One with clean hands*** *and pure heart* (*Psalms* ibid.) — "אִם מִחוּט וְעַד שְׂרוֹךְ נַעַל" — the phrase, *one with clean hands,* alludes to Abraham, who told the king of Sodom that he would not retain for himself ***so much as a thread or a shoestrap*** (above, 14:23).[30] "וּבַר לֵבָב", "חָלִלָה לְּךָ מֵעֲשֹׂת כַּדָּבָר הַזֶּה" — The phrase ***and pure heart*** (*Psalms* ibid.) also alludes to Abraham, who declared, ***It would be a sacrilege to you to do such a thing*** (above, 18:25).[31] "אֲשֶׁר לֹא נָשָׂא לַשָּׁוְא נַפְשׁוֹ" זֶה נַפְשׁוֹ שֶׁל נִמְרוֹד — ***Who has not taken his life in vain*** (*Psalms* ibid.) — **this is** referring **to the life of Nimrod.**[32] "וְלֹא נִשְׁבַּע לְמִרְמָה", "הֲרִמֹתִי יָדִי אֶל ה׳ אֵל עֶלְיוֹן" — ***And has not sworn deceitfully*** (*Psalms* ibid.) — this, too, refers to Abraham, who declared, ***"I have raised my hand***[33] ***to God, HASHEM, the Most High"*** (above, 14:22). "יִשָּׂא בְרָכָה מֵאֵת ה׳ וּצְדָקָה" — The *Psalms* passage continues (v. 5), ***He will receive a blessing from HASHEM and just kindness.*** "וְאַבְרָהָם זָקֵן ... וַה׳ בֵּרַךְ אֶת אַבְרָהָם" — This, too, alludes to Abraham, as it is written in our verse, ***Now Abraham was old,*** *well on in years,* ***and HASHEM blessed Abraham*** *with everything.*Ⓐ

NOTES

30. Abraham's "clean hands" would not allow him to keep anything that was tainted.

31. This verse is taken from Abraham's petition to God to save the people of Sodom from destruction. Abraham's "pureness of heart" made him predisposed to give everyone the benefit of the doubt, even the Sodomites (*Yefeh To'ar, Eitz Yosef*). [According to *Shocher Tov* and *Rashi,* it is not this verse that is adduced to demonstrate Abraham's purity of heart, but *Nehemiah* 9:8, *You found [Abraham's] heart faithful before You.*]

32. The wicked king Amraphel (see above, 14:1-15), whom the Midrash identifies with Nimrod (42 §4), was slain by Abraham. But this killing was justified, by reason of self-defense, because Nimrod had sought to kill Abraham first (see Midrash above, 38 §13; 42 §3). Thus, the Midrash applies the phrase in *Psalms* to Abraham, *who has not taken his* (Nimrod's) *life in vain* (*Rashi, Eitz Yosef*). [See *Shocher Tov* for another version of this line, and *Yefeh To'ar,* who explains it. See also *Radal.*]

33. In oath (*Rashi* on *Chumash* ad loc.). Abraham swore that he would return all the possessions to the king of Sodom so that he would not be able to boast, "It is I who made Abraham rich" (14:23). Indeed, Abraham kept his oath (he did not "swear deceitfully") and gave back everything (*Maharzu*).

INSIGHTS

Heth, lauding Abraham as a *prince of "Elokim,"* attested not only to his "beauty among men", but also to his majestic force in the Heavenly Court of Justice.

Ⓐ **To Climb and to Stand** The connection drawn by the Midrash between the particular attributes of Psalms Ch. 24 and the verses written regarding Abraham is quite precise and revealing. *Toras Yechiel* (§234) demonstrates how this parallel reflects the supreme levels of spirituality and character refinement attained by Abraham.

The Midrash begins by focusing on the patriarch's astounding spiritual climb. He was the quintessential embodiment of one "who ascended the mountain of Hashem," having reached the peak of spiritual accomplishment. Abraham's unprecedented devotion to Hashem is epitomized by his selfless conduct during the *Akeidah* (Binding of Isaac). As the angel informed him then, "Now I know that you are G-d fearing, as you have not withheld your only son from Me."

A spiritual transformation, however, is sometimes accompanied by the adoption of a certain negative interpersonal attitude. As one's level of observance intensifies, and his spiritual sensitivities are heightened, there may be a tendency to react with disdain toward transgressors of the Law. As the Midrash proceeds to illustrate, however, Abraham served as a model for a more noble approach.

There are few who reached the spiritual plateaus that Abraham did. At the other end of the spectrum stood the Sodomites, who were basically unparalleled in their wickedness. Yet we find that the holy Abraham did not treat the latter with outright rejection; instead, he displayed compassion and concern for their wretched souls. It is to this aspect of Abraham's character that the Midrash now alludes. "Who may *stand* in the place of his sanctity" refers to the righteous individual who — despite his lofty spiritual status — will nevertheless act with restraint toward sinners, resisting any temptation to view them with contempt. Abraham conducted himself in this manner, investing much effort in Sodom's welfare. Even after negotiating with Hashem at length over their future (ibid. 18:23-32), he still did not desist from seeking their betterment. Instead, with a sense of great urgency, he "arose early in the morning" to return once again "to the place" from which he would petition Hashem for mercy on their behalf.

כַּד דְּמָךְ נְפַקוּ לְמִיגְמַל לֵיהּ חֶסֶד וְנָחֲתָה שִׁבְשְׁבָה דְנוּר, וְאִתְעֲבִידַת כְּמוֹ שִׁבְשְׁבָה דַּהֲדַס וְאַפְסִיקַת בֵּין עַרְסָא לְצִיבּוּרָא. אָמְרִין: חֲמוֹן דְּהָדֵין סָבָא דְקָאֵי וְלָעֵי דְּקָמַת לֵיהּ שִׁבְשְׁתֵיהּ. דָּבָר אַחֵר "רוֹדֵף צְדָקָה", זֶה אַבְרָהָם "וְשָׁמְרוּ דֶּרֶךְ ה' וָחֶסֶד וְגוֹ'", כִּדְלְעֵיל:

ה (תהלים מה, ג) "יָפְיָפִיתָ מִבְּנֵי אָדָם הוּצַק חֵן וְגוֹ'", נִתְיַיפֵּיתָ בָּעֶלְיוֹנִים שֶׁנֶּאֱמַר (ישעיה לג, ז) "הֵן אֶרְאֶלָּם צָעֲקוּ חֻצָה", נִתְיַיפֵּיתָ בַּתַּחְתּוֹנִים שֶׁנֶּאֱמַר [כג, ו] "נְשִׂיא אֱלֹהִים אַתָּה בְּתוֹכֵנוּ". "עַל כֵּן בֵּרַכְךָ אֱלֹהִים לְעוֹלָם", "וַה' בֵּרַךְ אֶת אַבְרָהָם בַּכֹּל". (תהלים כד, ג) "מִי יַעֲלֶה בְּהַר ה'", [יא] "זֶה אַבְרָהָם שֶׁנֶּאֱמַר "וְלֶךְ לְךָ אֶל אֶרֶץ הַמֹּרִיָּה", "וּמִי יָקוּם בִּמְקוֹם קָדְשׁוֹ" זֶה אַבְרָהָם, עַל שֵׁם שֶׁנֶּאֱמַר "וַיַּשְׁכֵּם אַבְרָהָם בַּבֹּקֶר אֶל הַמָּקוֹם". "נְקִי כַפַּיִם", "אִם מִחוּט וְעַד שְׂרוֹךְ נַעַל". "וּבַר לֵבָב", "חָלִלָה לְךָ מֵעֲשׂת כַּדָּבָר הַזֶּה". "אֲשֶׁר לֹא נָשָׂא לַשָּׁוְא נַפְשׁוֹ", זֶה נַפְשׁוֹ שֶׁל נִמְרוֹד. "וְלֹא נִשְׁבַּע לְמִרְמָה", "הֲרִמֹתִי יָדִי אֶל ה' אֵל עֶלְיוֹן". "יִשָּׂא בְרָכָה מֵאֵת ה' וּצְדָקָה", "וְאַבְרָהָם זָקֵן... וַה' בֵּרַךְ אֶת אַבְרָהָם".

רש"י

כד דמך נפקו למגמל עמיה חסדא ונחתת שובשיא דנורא ואיתעבידת כמו שיבשא דהדס ואיפסיק בין ערסי' לצבורא. אמרין חמון דהדין סבא דקאי ולעי טרח לפני הכלות דאהנית ליה שבשתיה: [ה] **נתייפית בעליונים דכתיב הן אראלם צעקו חוצה.** וסמוך ליה נשמו מסלות שבת וגו' המלאכים אומרים מה הועילה זכות שהיה מכניס אורחין שבת אותו זכות: **מי יעלה בהר ה' זה אברהם.** שנאמר בו בהר ה' יראה: **נקי כפים.** שנאמר אם מחוט ועד שרוך נעל: **ובר לבב.** ומלאת את לבבו נאמן: **אשר לא נשא לשוא נפשו זו נפשו של נמרוד.** שלא הרגו בחנם שהוא בקש להרגו תחלה: **ולא נשבע למרמה.** שנאמר הרמותי ידי אל ה':

עץ יוסף

נפקו למיגמל כו'. יצאו כל העם לגמול עמו חסד וירדה שרוג ובד של אש מן השמים ונעשה כמו בדי הדס והיתה מפסקת בין מטתו ובין הצבור. להורות שהוא גדול הדור שאין הצבור ראוים להתקרב לו (יפ"ת): **אמרין חמון כו'.** אמרו ראיתם זקן הזה שהיה עומד ומטריח את עצמו לרקד לפני הכלה. ועכשיו עומדת לו שבשתיה פי' בד של הדס או פירושו שבוש שלו שהיה מרקד דרך שטות: **בדלעיל.** סוף פ' נ"ח ע"ש: (ה) [ו] **יפיפית מבני אדם כו'.** מזמור זה נדרש באברהם כדלעיל פ' ל"ט ויפיפית דריש ביה יופי כפול שנתיפה בעליונים ותחתונים. ומפרש נתיפית בעליונים שנא' הן אראלם צעקו חוצה במעשה עקידה כל מה"ש היו מליצי יושר בעדו להציל את בנו ממות כדלעיל פ' נ"ו סי' ז'. ונתיפה בתחתונים שאמרו לו בני חת נשיא אלהים אתה בתוכנו ולעיל פ' נ"ח שא"ל מלך את עלינו כו' וזה היה לפי שהוצק חן בשפתותיך בדבורו בנחת ודרך ענוה. על כן ברכך אלהים לעולם וה' ברך את אברהם בכל (נזה"ק): [ז] **מי יעלה בהר ה' זה אברהם.** שבאברהם נתקיים כל זה: **זה אברהם.** עתה ידעתי כי ירא אלהים אתה. כן הוא הגי' במדרשים אבל הנזה"ק גרים זה אברהם ע"ה ולך לך אל ארץ המוריה. וכן הוא בשוח"ט. ופי' שהר ה' הוא הר המוריה שעלה בו אברהם: **אל המקום אשר עמד שם את פני ה'.** נראה שהיה מקום קדוש קבוע לעמוד שם את פני ה'. והכוונה שלא בהר ה' בלבד אלא בכ"מ קדוש לא יקום כי אם נקי כפים וגו' (יפ"ת): **ובר לבב חלילה כו'.** שדן אותם לזכות כי אולי יש בהם קצת צדיקים. אבל בשוח"ט גרס ובר לבב ומצאת את לבבו נאמן לפניך. ואומר והאמין בה' (יפ"ת): **נפשו של נמרוד.** שרדף אברהם אחריו והרגו שהרי אמרפל הוא נמרוד שלא בחנם הרגו שהוא ביקש להרגו תחלה והבא להרגך השכם והרגו (רש"י) ובשוח"ט הגירסא נשתנה ע"ש: **ישא ברכה מאת ה' וצדקה ואברהם זקן וה' ברך.** בשוח"ט לא גרס אלא ישא ברכה מאת ה' וה' ברך את אברהם בכל. ונראה דהכא נמי לא גרסינן לה:

פירוש מהרז"ו

בדלעיל. ס"פ נ"ח: (ה) **הוצק חן.** כאן לא פי' ועיין לעיל פמ"א סי' ט' חן בשפתיו. ופמ"ט סימן י' חין ערכו שנדרשו על אברהם על שהתפלל על סדום וכאן סמך עצמו על שמבואר שם. ומזה דרש שהפסוק מדבר באברהם: **נתיפית בעליונים.** שהיל"ל יפית ואמר יפיפית כופל היופי בעליונים. וכמ"ש לעיל פרשה נ"ו סימן ה' וכן בתחתונים כמ"ש לעיל פרשה נ"ח סימן ו' וש"נ ומבואר: **על בן ברכך.** יתכן שפי' על אשר ברכך אלהים לעולם ע"כ נתיפית בעליונים ובתחתונים. וכמו כי ע"כ באו בצל קורתי ע"ש רש"י: **עתה ידעתי.** במדרש תהלים כ"ד וילקוט שם הגי' זה אברהם שכתוב בו ולך לך אל ארץ המוריה וס"ד על אחד ההרים אשר אומר אליך וזהו בהר ה': **אל המקום.** וס"ד אשר עמד שם שקבע שם מקום לתפלתו וזהו מקום קדשו מקדש מעט (יפ"ת וע"ע ברש"ש): **ועד שרוך הנעל.** ואם אקח מכל אשר לך: **ובר לבב חלילה לך.** שלא היה יכול לסבול דבר עול ובמדרש תהלים שם גרס הכא ומצאת את לבבו נאמן לפניך ואומר והאמין בה' (יפ"ת): **נפשו של נמרוד.** עיין מ"כ בשם רש"י. ועיין לעיל פרשה מ"ב סימן ד' שנמרוד הוא אמרפל ושם סי' ג' שעיקר כוונת אמרפל להרוג לאברהם על שעבד את ה': **הרימותי ידי.** וקיים שבועתו ולא היה למרמה. ומ"ש ולדקה מאלהי ישעו כדלעיל ס"פ נ"ח לדקה וכבוד ע"ש:

חידושי הרד"ל

(ד) [ה] **לעולם ואברהם זקן וה' ברך את אברהם בכל.** כלומר לעולם אף בזקנותו ולאחר מיתת שרה ברכו (עיין תנחומא):

(ה) **נפשו של נמרוד.** עמ"כ בשם רש"י. וא"כ הו"ל למנקט אמרפל. ומדנקט נמרוד אפשר ר"ל כדלעיל פל"ח שאלו נמרוד למאן נסגוד כו' ולא נשא אברהם לשוא נפשו של נמרוד להשיבו שוא נתעה רק א"ל אמרי אמת:

חידושי הרש"ש

[ה]**מי יעלה בהר ה' כו' עתה כו'.** בשוח"ט מביא ע"ז קרא דולך לך אל ארץ המוריה. ור"ל דסופי' והעלהו כו' על אחד ההרים:

וישכם כו' (אל המקום) שם ליתא תיבות אל המקום. ונראה דהכוונה על וישכם כו' הכתוב ג"כ בעקידה דסופי' ויקם כו' אל המקום:

ובר לבב חלילה כו'. שם מביא קרא דומצאת את לבבו נאמן לפניך ואומר והאמין בה':

מסורת המדרש

י ילקוט כאן רמז ק"ג כל הענין. ילקוט תהלים רמז תשמ"ט:
יא מדרש תהלים מזמור כ"ד. ילקוט תהלים רמז תרל"ז:

אם למקרא

יָפְיָפִיתָ מִבְּנֵי אָדָם הוּצַק חֵן בְּשִׂפְתוֹתֶיךָ עַל־כֵּן בֵּרַכְךָ אֱלֹהִים לְעוֹלָם:
(תהלים מה:ג)

הֵן אֶרְאֶלָּם צָעֲקוּ חֻצָה מַלְאֲכֵי שָׁלוֹם מַר יִבְכָּיוּן:
(ישעיה לג:ז)

מִי־יַעֲלֶה בְהַר ה' וּמִי־יָקוּם בִּמְקוֹם קָדְשׁוֹ:
(תהלים כד:ג)

מתנות כהונה

נפקו למיגמל כו'. יצא כל העם לגמול עמו חסדים וירדה שריג ובד של אש מן השמים ונעשה כמו בדי הדס והיתה מפסקת בין מטתו ובין הצבור אמרו ראיתם זקן הזה שהיה עומד ומטריח את עצמו לרקד לפני הכלה ועכשיו עומדת לו שבשתיה: **שבשתיה.** שבוש שלו שהיה מרקד דרך שטות או פירושו לשון בדי הדס ושתי הלשונות בגמרא בריש כתובות וכלשון אחרון הוא גירסת הירושלמי בפ"ק דמסכת פאה: [ה] **הן אראלם צעקו כו'.** בשעת העקידה ועי' לעיל בפ' נ"ו: **מי יעלה כו'.** משם נתעלה להקרא ירא אלהים: [ה"ג **נקי כפים אם מחוט כו'.**]: **נפשו של נמרוד.** פירש"י שרדף אברהם אחריו והרגו עם שלשה מלכים חבריו ולא שלא כדין עשה שהרי אמרפל הוא נמרוד אמר פול והשלך אברהם לכבשן האש הבא להרגך השכם והרגו:

אשד הנחלים

למגמל. כלומר לכבודו. זהו גמ"ח של מתים. ודרש ימצא הצדקה שעשה כי יהי' לו כבוד מצדקתו שעשה. כי יוכר שכל כבודו מצדקתו: [ה] **בעליונים.** כי בעת העקידה התפלאו המלאכים על יראתו. ולכן צעקו והתפלאו על ככה ושפטו מזה שיפה כחו מאוד באהבת ה' על שכבש רחמיו לעשות ככה. אך יש איש אלקי נעלה מאוד ועכ"ז איננו נעלה במעלות אנושיות מרוב התבודדותו בעניינים אלהיים. אכן באברהם נתייפה גם בתחתונים שכל מלכי עמים נהגו בו כבוד מאוד כנשיא על עמו. וע"כ ברכו ה' בכל. בכל העניינים הן בענייני עוה"ז והן בענייני עוה"ב אחר שהי' איש שהיה כחו טוב בשני העולמים. ולא כן איש אלקי לבד הנבדל מחברת אנושיות. ולאיש כזה יתכן שלא יצליח בעוה"ז אחר שלא יתחבר עי"ז לבני אדם ללמדם חכמה ומוסר. אכן לאיש מדיניי ג"כ. הצלחת העוה"ז לתועלת לו אף שהוא איש אלקי ג"כ ואיננו חפץ בעוה"ז מאומה. עכ"ז הוא לתועלת אחרים שע"י עושרו יתחברו בני אדם אליו ואז יקבלו לקח מפיהו עי"ז. והבן כל זה: **מי יעלה בהר ה'.** דרש הכתוב כולו על אברהם שמצינו שהיה בו כל המדות הכלולות במזמור הזה. ודייק ג"כ שמוסב על האבות מדסיים זה דור דורשיו מבקשי פניך יעקב סלה. והכוונה כי תחילת העליה שהי' מפני היראה לבד שהוא ירא להמיר צווי ה' אבל הקימה

אַבְרָהָם הָיָה מְבָרֵךְ אֶת הַכֹּל, שֶׁנֶּאֱמַר ״וְנִבְרְכוּ בְךָ״ — **Abraham would bring blessing upon everyone,**[34] **as it is written,** ***And through you will be blessed*** *all the families of the world.* מִי בֵּרַךְ אֶת אַבְרָהָם — But **who was it that blessed Abraham** himself?[35] הַקָּדוֹשׁ בָּרוּךְ הוּא מְבָרְכוֹ, ״וַה׳ בֵּרַךְ אֶת אַבְרָהָם בַּכֹּל״ — **The Holy One, blessed is He, blessed him,** as we find in our verse, ***And HASHEM had blessed Abraham with everything.*** מֹשֶׁה נִסָּן שֶׁל יִשְׂרָאֵל — **Moses was Israel's miracle** worker, דִּכְתִיב ״לְכָל הָאוֹתוֹת וְהַמּוֹפְתִים ... אֲשֶׁר עָשָׂה מֹשֶׁה״ — **as it is written,** ***By all the signs and wonders . . . that Moses performed*** (*Deuteronomy* 34:11-12). וּמִי הוּא נִסּוֹ שֶׁל מֹשֶׁה, הַקָּדוֹשׁ בָּרוּךְ הוּא — **And who was** the source of **Moses' miracle?**[36] **The Holy One, blessed is He,** שֶׁנֶּאֱמַר ״וַיִּבֶן מֹשֶׁה מִזְבֵּחַ וַיִּקְרָא שְׁמוֹ ה׳ נִסִּי״ — **as it is stated,** ***Moses built an altar and called its name "HASHEM is my miracle"*** (*Exodus* 17:15). דָּוִד רוֹעָן שֶׁל יִשְׂרָאֵל — **David was the shepherd of Israel,** שֶׁנֶּאֱמַר ״אַתָּה תִרְעֶה אֶת עַמִּי אֶת יִשְׂרָאֵל״ — **as it is stated** that the people told David, *"God has said of you,* ***'You shall shepherd My people Israel'"*** (*II Samuel* 5:2). מִי הוּא רוֹעֶה שֶׁל דָּוִד הַקָּדוֹשׁ בָּרוּךְ הוּא — **And who was David's** own **shepherd? The Holy One, blessed is He,** שֶׁנֶּאֱמַר ״ה׳ רֹעִי לֹא אֶחְסָר״ — **as it is stated,** ***HASHEM is my shepherd, I shall not lack*** (*Psalms* 23:1). יְרוּשָׁלַיִם אוֹרוֹ שֶׁל עוֹלָם — **Jerusalem is the** source of **light for the world,** שֶׁנֶּאֱמַר ״וְהָלְכוּ גוֹיִם לְאוֹרֵךְ״ — **as it is written,** ***Nations will walk by your light*** (*Isaiah* 60:3). וּמִי הוּא אוֹרָהּ שֶׁל יְרוּשָׁלַיִם הַקָּדוֹשׁ בָּרוּךְ הוּא — **And who is the** source of **light for Jerusalem? The Holy One, blessed is He,** דִּכְתִיב ״וְהָיָה לָךְ ה׳ לְאוֹר עוֹלָם״ — **as it is written,** addressing Jerusalem, ***HASHEM will be an eternal light for you*** (ibid. v. 19).

§6 וְאַבְרָהָם זָקֵן — ***NOW ABRAHAM WAS OLD.***

זָקֵן זֶה שֶׁקָּנָה שְׁנֵי עוֹלָמוֹת — The word זָקֵן (*old*) can be seen as an amalgamation of the words זֶה קָנָה ("this one has acquired"), meaning that **this was a** man **who acquired two worlds.**[37]

☐ [זָקֵן, בָּא בַּיָּמִים — *OLD, WELL ON IN YEARS* (lit., *IN DAYS*).]

שְׁלֹשָׁה נִכְתָּרִים בִּזְקֵנָה וּבְיָמִים, וּשְׁלָשְׁתָּן הָיוּ רֹאשׁ לְגַנְסִין — There were **three** people who **were crowned** with both of these titles, **with "old age" and with** being "well on in **days," and all three were founders of** eminent **family lines:**[38]Ⓐ אַבְרָהָם, יְהוֹשֻׁעַ, וְדָוִד — **Abraham** (here), **Joshua** (in *Joshua* 13:1,23:1) **and David** (in *I Kings* 1:1). אַבְרָהָם רֹאשׁ לָאָבוֹת — **Abraham was the founder,** the first one, **of the** three **Patriarchs.** יְהוֹשֻׁעַ רֹאשׁ לַמַּלְכוּת מִשֵּׁבֶט אֶפְרַיִם — **Joshua was the founder of the monarchy from the tribe of Ephraim,**[39] שֶׁנֶּאֱמַר ״מִנִּי אֶפְרַיִם שָׁרְשָׁם בַּעֲמָלֵק״, זֶה יְהוֹשֻׁעַ — **as it is stated,** ***From Ephraim whose root*** (i.e., founder) ***fought against Amalek*** (*Judges* 5:14) — **referring to Joshua,** the Ephraimite who fought Amalek (see *Exodus* 17:9-10, 13). דָּוִד רֹאשׁ לַמַּלְכוּת מִשֵּׁבֶט יְהוּדָה — And **David was the founder of the monarchy from the tribe of Judah.**[40]

☐ [זָקֵן בָּא בַּיָּמִים — *OLD, WELL ON IN YEARS* (lit., *DAYS*).]

This phrase seems to be redundant. Is not every old person "well on in years"? The Midrash explains that in fact these two expressions connote two different things:

אָמַר רַבִּי אַחָא: יֵשׁ לְךָ אָדָם שֶׁהוּא בִּזְקֵנָה וְאֵינוֹ בְּיָמִים, בְּיָמִים וְאֵינוֹ בִּזְקֵנָה — **R' Acha said:** Sometimes **there is a person who has "old age," but does not have** the trait of being "well on in **days,"** or one who has the trait of being "well on in **days," but not "old age."**[41] אֲבָל כָּאן זִקְנָה כְּנֶגֶד יָמִים וְיָמִים כְּנֶגֶד זִקְנָה — **But here,** with regard to Abraham, he had **old age corresponding to** his being **on in days, and** he was **on in days corresponding to** his **old age.**[42]

NOTES

34. I.e., Abraham was the vehicle through which everyone in the world was blessed (*Eitz Yosef*).

35. What was the source of his power of blessing? (*Maharzu*).

36. I.e., who was the force behind Moses' miracles? (ibid.).

37. I.e., he had his full share of both worlds: this world and the World to Come (*Eitz Yosef*).

38. The early Midrash editions had the reading רֹאשׁ לְגַיְיסִין, *heads of troops,* i.e., military leaders (see *Ohr HaSeichel* for a possible explanation). *Yefeh To'ar* suggested that the proper reading should be רֹאשׁ לְגַנְסִין, *founders of the family line* and this suggestion was followed in at least one subsequent edition (Jessnitz, 1719). This reading is favored by *Rashash* and *Eitz Yosef,* among others; we have presented this reading as well. However, most editions, from 1609 to the present, have adopted the difficult reading רֹאשׁ לְנִסָּיוֹן, which has no ready explanation. See Insight Ⓐ.

39. Joshua was accorded the status of a king, and he was the predecessor (though not the ancestor) of the kings who reigned in Ephraim [the Kingdom of the Ten Tribes] many years later (*Yefeh To'ar, Eitz Yosef*).

40. It was King David who established the Davidic dynasty, whose origin was from the tribe of Judah.

41. "Old age" refers to a person's actual age, and "well on in years" refers to one's physical appearance and health. Some people experience physical aging before they have reached the appropriate age for this situation (they are "on in years" but do not have "old age"), and some old people maintain their youthful appearance for some time (they have "old age" but are not "on in years") (*Yefeh To'ar, Eitz Yosef*).

42. Abraham's appearance fit his age precisely. He did not look any older than he actually was, nor did he appear younger (and thus less dignified) than was his actual age (ibid.).

INSIGHTS

Ⓐ **Elders and Archetypes** In order to resolve the reading of רֹאשׁ לְנִסָּיוֹן, *Bnei Yisas'char* in *Agra D'Chalah* presents a homiletic explanation. He suggests that the Midrash here is interpreting the words זָקֵן בָּא בַּיָּמִים, to mean that these three people were "elders" of the "days that were to come"; i.e., these three people served as the archetypes of what should be anticipated from their descendants in the future. Thus, the Midrash refers to them as רֹאשׁ לְנִסָּיוֹן. Although the word נִסָּיוֹן is commonly translated as a *test* or *trial,* it can also be used to refer to a *sample* [i.e., a small amount of an item of merchandise that is given by a seller to a buyer as a "trial" and example of what he would like to sell him in larger amounts]. Thus, Abraham was the "sample" and archetype of the other Patriarchs who would descend from him. Joshua serves as the prototype for Messiah the son of Joseph, who was to descend from his tribe, Efraim. [According to the Sages, Messiah the son of David will be preceded by another Messiah — Messiah, son of Joseph — who will lead Israel to war against its enemies and eventually be killed in battle (see *Succah* 52a; for more information about this Messiah, see Artcroll, *Succah* ibid. note 1). He will descend from Joseph's son, Ephraim (see *Rashi* to *Isaiah* 11:13).] Similarly, King David serves as the archetype for his descendant, Messiah the son of David, who will precipitate the final redemption.

מדרש

אַבְרָהָם הָיָה מְבָרֵךְ אֶת הַכֹּל שֶׁנֶּאֱמַר "וְנִבְרְכוּ בְךָ". מִי בֵּרַךְ אֶת אַבְרָהָם הַקָּדוֹשׁ בָּרוּךְ הוּא מְבָרְכוֹ, "וַה' בֵּרַךְ אֶת אַבְרָהָם בַּכֹּל". מֹשֶׁה נִסָּן שֶׁל יִשְׂרָאֵל דִּכְתִיב (דברים לד, יא) **"לְכָל הָאוֹתוֹת וְהַמּוֹפְתִים אֲשֶׁר עָשָׂה מֹשֶׁה". וּמִי הוּא נִסּוֹ שֶׁל מֹשֶׁה, הַקָּדוֹשׁ בָּרוּךְ הוּא, שֶׁנֶּאֱמַר** (שמות יז, טו) **"וַיִּבֶן מֹשֶׁה מִזְבֵּחַ וַיִּקְרָא שְׁמוֹ ה' נִסִּי". דָּוִד רוֹעָן שֶׁל יִשְׂרָאֵל שֶׁנֶּאֱמַר** (דברי הימים א יא, ב) **"אַתָּה תִרְעֶה אֶת עַמִּי אֶת יִשְׂרָאֵל", מִי הוּא רוֹעֶה שֶׁל דָּוִד, הַקָּדוֹשׁ בָּרוּךְ הוּא שֶׁנֶּאֱמַר** (תהלים כג, א) **"ה' רֹעִי לֹא אֶחְסָר". יְרוּשָׁלַיִם אוֹרוֹ שֶׁל עוֹלָם שֶׁנֶּאֱמַר** (ישעיה ס, ג) **"וְהָלְכוּ גוֹיִם לְאוֹרֵךְ", וּמִי הוּא אוֹרָהּ שֶׁל יְרוּשָׁלַיִם, הַקָּדוֹשׁ בָּרוּךְ הוּא דִּכְתִיב** (שם ס, יט) **"וְהָיָה לָךְ ה' לְאוֹר עוֹלָם":**

ו "וְאַבְרָהָם זָקֵן", [יב] זָקֵן זֶה שֶׁקָּנָה שְׁנֵי עוֹלָמוֹת. שְׁלֹשָׁה נִכְתָּרִים בִּזִקְנָה, וּבְיָמִים, וּשְׁלָשְׁתָּן הָיוּ רֹאשׁ לְנִסָּיוֹן°, אַבְרָהָם, יְהוֹשֻׁעַ, וְדָוִד. אַבְרָהָם רֹאשׁ לָאָבוֹת יְהוֹשֻׁעַ רֹאשׁ לַמַּלְכוּת מִשֵּׁבֶט אֶפְרַיִם שֶׁנֶּאֱמַר (שופטים ה, יד) **"מִנִּי אֶפְרַיִם שָׁרְשָׁם בַּעֲמָלֵק", זֶה יְהוֹשֻׁעַ. דָּוִד רֹאשׁ לַמַּלְכוּת מִשֵּׁבֶט יְהוּדָה. אָמַר רַבִּי אַחָא יֵשׁ לְךָ אָדָם שֶׁהוּא בְּזִקְנָה וְאֵינוֹ בְּיָמִים, בְּיָמִים וְאֵינוֹ בְּזִקְנָה אֲבָל כָּאן זִקְנָה כְּנֶגֶד יָמִים וְיָמִים כְּנֶגֶד זִקְנָה.**

רש"י

ומי הוא רועה של דוד. שנאמר ה' רועי לא אחסר:

עץ יוסף

[ח] **אברהם היה מברך.** כי נתברכו כלם בעבורו מן השמים כדכתיב ונברכו בך כל משפחות האדמה וכדדרשינן מיניה הגשמים והטללים בזכותך. ועז"א ומי בירך את אברהם הקב"ה מברכו וה' ברך את אברהם בכל כלו' הקב"ה בעצמו ברכו בלי שום אמצעי וכה"ג נמי מסיק ממשה ודוד וירושלים כי כל אלו לא קבלו שפע מן האמצעי אלא מן הקב"ה בעצמו ומהם נתפשט אור השפע לכל העולם (נזה"ק): **משה נסן של ישראל.** פי' שהיה נותן להם הכנה ליעשות להם נס בזכותו. והקב"ה נסו של משה בהוצאת הנס לפועל: **לכל האותות והמופתים אשר עשה משה.** שלעיני ישראל משה הוא היה העושה: **ירושלים אורה של עולם.** כדאמרי' שהיה בבהמ"ק חלונות שקופים אטומים שקופים מבחוץ ואטומים מבפנים להורות שהוא מאיר לכל העולם דהיינו אור השפע. והקב"ה האיר בכבודו ובעצמו אור השפע של ירושלים (נזה"ק): (ו) [ט] **זקן זה קנה שני עולמות.** ר"ל שזכה לשתי שולחנות. ואפשר דסמיך אסיפא דקרא בא בימים ודריש זקנה שבא בימים והם שני מיני החיים חיי העוה"ז וחיי העוה"ב וכמ"ד בסמוך בא בדיפלון (יפ"ת): **שלשה נכתרו בזקנה ובימים.** דכתיב בהו זקן בא בימים: **ושלשתן היו ראש לנסיון.** היפ"ת והנזה"ק גרסו ראשי גנסין פי' יחוסי משפחה: **מני אפרים שרשם בעמלק.** זה יהושע שהיה ראשון לרודים בעמלק כדכתיב ויחלוש יהושע ואחריו שאול והיינו אחריך בנימין. ומפרש מני אפרים שרשם דעיקר נשיאות אפרים היה יהושע שהוא ראשון למלכי ישראל שיצאו מאפרים ששרשם היה כלול בו ביהושע (יפ"ת): **יש לך אדם כו'.** דיש אדם שהוא בזקנה ואינו בימים. כי אע"פ שלא בא בימים זקנה קופצת עליו שלא בזמנה. ויש בהיפך שעם שימיהם מרובים יראו בחורים בצורתם. אבל כאן זקנה כנגד ימים שהיתה זקנתו כשיעור ימיו ולא יותר. וכן ימיו היו כפי זקנתו כי זה הוא הנאות לצדיקים (יפ"ת): **בא בדפלון.** פי' שכר בשני עולמים בעוה"ז ובעוה"ב (ערוך). ודייק מדכתיב בא בביאה גמורה וכפולה (מת"כ) והמוסיף כתב בדיופלין בלשון יוני שב וישים: **ר"א אמר.** בא בפילון מפולש לחיי העוה"ב. כצ"ל (יפ"ת ונזה"ק) ור"ל שבא בשער מפולש לאורח ישר לחיי העוה"ב ובימים רמז אחיי עוה"ב שהם הימים הידועים והחשובים: **באותן הימים כו'.** הידועים לזקנה קאמר שהם ימי הרעה. ומ"מ ה' ברכו בכל בדרך נס (יפ"ת) ונתקיים בו מקרא שכתוב עוד ינובון בשיבה דשנים ורעננים יהיו (נזה"ק):

פירוש מהרז"ו

ונברכו בך. כל משפחות האדמה פי' ממך יתברכו. ואמר מי בירך לאברהם הקב"ה ומברכתו מברך לאחרים וכן בכל אלו שחושב: (ו) **זה קנה שני עולמות.** שהרי בא בימים מיותר ע"כ דורש נוטריקון זקן זה קנה שבא בימים שני מיני ימים בעוה"ז ובעוה"ב: **שלשה נכתרו בזקנה.** עיין לקמן פרשה ס"ב ס"ס ב': **יהושע ראש.** וכתוב בו ויהושע זקן בא בימים יהושע י"ג א': **שרשם בעמלק.** פי' שמתחלה נלחם אפרים בעמלק כמ"ש ויחלוש יהושע את עמלק ויהושע בא מאפרים כמ"ש למטה אפרים הושע בן נון. והראי' שהיה מלך ממ"ש אחריך בנימין זה שאול שגם הוא נלחם בעמלק ונלחם והוקש אפרים לבנימין מה זה מלך אף זה מלך. ועמ"ש במ"ר פר' כ' ס"כ ותרועת מלך בו על יהושע. ודוד ראש למלכות יהודה וכתוב בו והמלך דוד זקן בא בימים: **בזקנה ואינו בימים.** כדמיון ראב"ע שנזרקה בו שיבה כשהיה בן י"ח שנה ויש בני אדם שזקנה קופצת עליהם בלא זמנם. אך לאברהם היה הזקנה לפי הימים שהרי היה אז בן קל"ז שנה:

חידושי הרש"ש

{דכתיב (דברים ל"ד) **לכל האותות והמופתים וגו'** אשר עשה כן צריך להיות:} **ראש לנסיון.** בס"א מצאתי הגי' לגנסין ופי' משפחה עיין ערוך [וכן גרס ביפ"ת ובמדרש אשר עם היפ"ת הגירסא לגייסין ופי' שרי הצבא]:

ענף יוסף

(ט) [ו][**יש לך אדם שהוא בזקנה כו'**] יבואר ע"פ מאי דאי' בזוהר ע"פ ויקרבו ימי ישראל למות כשאדם נפטר מהעולם אזי באין כל יומין לחשבון לפני הקב"ה להראות מעלות הצדיק שלא עבר יום אחד משנותיו מתורה ומצות ומע"ט. משא"כ הרשעים ימיהם מתחבאין ובושין להתקרב לפני הקב"ה. וז"ש ויש לך שהוא בזקנה ר"ל זקן אשמאי ואינו בא בימים כי כלו חייו בחטאים ופשעים וימיו מתחבאים מלבא לפני הקב"ה. ויש לך אדם כשר וחסיד ובא ימים שלו לפני הקב"ה להעיד על שלימותו. אבל אינו בא בזקנה כי מת בילדותו. משא"כ אברהם האריך ימים ובא בימיו לפני הקב"ה (בשם הגר"א):

מסורת המדרש

יב עי' קידושין דף ל"ב:

אם למקרא

לְכָל־הָאֹתֹת וְהַמּוֹפְתִים אֲשֶׁר שְׁלָחוֹ ה' לַעֲשׂוֹת בְּאֶרֶץ מִצְרָיִם לְפַרְעֹה וּלְכָל־עֲבָדָיו וּלְכָל־אַרְצוֹ:
(דברים לד:יא)

וַיִּבֶן מֹשֶׁה מִזְבֵּחַ וַיִּקְרָא שְׁמוֹ ה' נִסִּי:
(שמות יז:טו)

גַּם תְּמוֹל גַּם־שִׁלְשׁוֹם גַּם בִּהְיוֹת שָׁאוּל מֶלֶךְ אַתָּה הַמּוֹצִיא וְהַמֵּבִיא אֶת־יִשְׂרָאֵל וַיֹּאמֶר ה' אֱלֹהֶיךָ לְךָ אַתָּה תִרְעֶה אֶת־עַמִּי אֶת־יִשְׂרָאֵל וְאַתָּה תִּהְיֶה נָגִיד עַל עַמִּי יִשְׂרָאֵל:
(דברי הימים א יא:ב)

מִזְמוֹר לְדָוִד ה' רֹעִי לֹא אֶחְסָר:
(תהלים כג:א)

וְהָלְכוּ גוֹיִם לְאוֹרֵךְ וּמְלָכִים לְנֹגַהּ זַרְחֵךְ:
(ישעיה ס:ג)

לֹא־יִהְיֶה־לָּךְ עוֹד הַשֶּׁמֶשׁ לְאוֹר יוֹמָם וּלְנֹגַהּ הַיָּרֵחַ לֹא־יָאִיר לָךְ וְהָיָה־לָךְ ה' לְאוֹר עוֹלָם וֵאלֹהַיִךְ לְתִפְאַרְתֵּךְ:
(ישעיה ס:יט)

מִנִּי אֶפְרַיִם שָׁרְשָׁם בַּעֲמָלֵק אַחֲרֶיךָ בִנְיָמִין בַּעֲמָמֶיךָ מִנִּי מָכִיר יָרְדוּ מְחֹקְקִים וּמִזְּבוּלֻן מֹשְׁכִים בְּשֵׁבֶט סֹפֵר:
(שופטים ה:יד)

מתנות כהונה

ניסן. העושה להם כל הנסים: [ו] **זה קנה.** זקן נוטריקון זה קנה ודוגמת זה דרשו בפ"ק דקדושין והדרת פני זקן זה שקנה חכמה:

אשד הנחלים

וההליכה בזריזות [כי הקימה היא ענין הזריזות לפי שנעשה בקימה] מורה על עשייתו מרוב האהבה. כי דבר הנעשה מיראה ובכפיה נעשה בעצלות. ולכן מביא ראיה על הקימה מן וישכם. וכל זה מדבר מן בין אדם למקום. עתה מדבר מן בין אדם לחבירו ג"כ השתי מדות יראה ואהבה. מהיראה נמשך נקי כפים בפועל. ומאהבה נמשך שהוא בר לבב כי פעולותיו ברצון הלב מאוד. ומהאהבה לה' נמשך האהבה לבני אדם כמו שראינו שביקש בעד הסדומיים ואמר חלילה לך אף שאין זה מדרך ארץ לדבר ככה מול ה' מ"מ היה זאת בבר לבב מצד אהבתו לבני אדם מאוד. ולא נשא לשוא נפשו של נמרוד שהרגו. ולא שלא כדין כן פרש"י. ובאורו שלא נמצא עליו שום נדנוד חטא. ויתכן שחשב מצדקת אברהם שעמד מול נמרד באמונתו אף שהשליכו בכבשן האש. עכ"ז לא נשא לשוא נפש נמרוד להחניפו ולהודות לו בשפתיו על אמונתו. ולא נשבע למרמה. במה שנשבע שלא יקח מחוט ועד שרוך נעל. ויש להבין מה זה רבותא באיש גדול המעלה שלא ישקר בשבועתו. והנראה דעיקר הכוונה על שלא אבה לקחת מאומה משלל המלחמה ואגב מביא שקיים שבועתו. ולכן זכה לברכה אלהית ברכה כוללת. כמו שבארנו לעיל בד"ה בעליונים עיי"ש ותבין: **היה מברך כו' מי ברך כו'.** לכאורה יקשה מי לא ידע בכל אלה כי הכל מיד ה'. וגם מהו המליצה ירושלים אורו של עולם ומי הוא אורה של ירושלים. ובתנא דבי אליהו זוטא בארתי ע"פ ששאלו תלמידי ר"א לר"א אמור לנו באיזה אור אנו שמחים אם באורו של הקב"ה או באורו של ירושלים ע"ש ושם בארתי. והכלל שיש הנהגה ע"י אמצעית. ויש הנהגה מידו של הקב"ה ממש בלי אמצעי. על זה הכוונה מרמז כאן שהברכה הי' רק מידו ית' לא ע"י מלאך ושרף. וכן נסי משה ומלוכת דוד מלך ישראל אשר הוא חי וקים וזהו המשיח שיבוא ב"ב ואורה של ירושלים הוא כינוי להשגחה והופעת השגה גדולה שישפע עלי' לעתיד. וירושלי' כינוי למדה כוללת כנודע והמדה הזאת מקבלת מיד ה' ממש. ועיין בתנדב"א שם ותבין: [ו] **ב' עולמות.** כבר בארתי לעיל אות ב' עיי"ש ותבין. ודייק מדכתיב בא בימים ומפרש בתנדב"א שלא בימיו של אברהם מדבר כלומר מחיי עוה"ז. רק בימיו של עוה"ב. שבכל אריכות ימיו היה רק עסוק בעבודת ה'. וא"כ זקן זה בעוה"ז. בא בימים בימי עוה"ב. **בימים ובזקנה.** כמו שבארתי. ולכן אחר שהיו צדיקים מאוד וגם היו זקנים מאוד ומדרך העם לשמוע בקול הזקנים. לכן היו ראש לנסיון. כי על ידם נתקדש ש"ש: **זקנה כנגד ימים.** כלומר כי יש אדם שחולשתו ורוב צרותיו הסבו לו ימי הזקנה אף טרם בא לכלל שניו. אבל כאן הזקנה הי' כפי הימים ולכן כתיב בא בימים:

☐ בָּא בַּיָּמִים — *WELL ON IN YEARS.*

The Midrash analyzes this expression, which means literally, "having entered into the days":

רַבִּי יְהוּדָה אָמַר: בָּא בִּדִיפְּלוֹן — **R' Yehudah said:** This means that **[Abraham] had entered** life **doubly.**[43]

רַבִּי אַבָּא אָמַר: בָּא בְּפִילוֹן מְפוּלָּשׁ לְחַיֵּי הָעוֹלָם הַבָּא — **R' Abba said:** It means that **he entered a wide-open gateway,** as it were, leading him directly **to life in the World to Come.**[44]

אָמַר רַבִּי יִצְחָק: בְּאוֹתָן הַיָּמִים שֶׁכָּתוּב בָּהֶן "עַד אֲשֶׁר לֹא יָבֹאוּ יְמֵי הָרָעָה" — **R' Yitzchak said**: It means that he had entered **into those days** of old age **of which it is written,** ***Before "the days" of evil come*** (*Ecclesiastes* 12:1).[45]Ⓐ

§7 וַה' בֵּרַךְ אֶת אַבְרָהָם בַּכֹּל — *AND HASHEM HAD BLESSED ABRAHAM WITH EVERYTHING.*

The Midrash discusses what specific blessing is characterized here as "everything":

רַבִּי יוּדָן וְרַבִּי נְחֶמְיָה — **R' Yudan and R' Nechemyah** discussed this expression. רַבִּי יוּדָן אָמַר שֶׁנָּתַן לוֹ נְקֵבָה — **R' Yudan said:** The blessing of "everything" means **that God gave him female** offspring, i.e., a daughter.[46] אָמַר לוֹ רַבִּי נְחֶמְיָה: עִיקַּר בֵּיתוֹ שֶׁל מֶלֶךְ אֵין כָּתוּב בָּהּ בְּרָכָה — **R' Nechemyah said: The foremost member of the king's household does not have** the word **"blessing" written concerning her!**[47] אֶלָּא "וַה' בֵּרַךְ אֶת אַבְרָהָם בַּכֹּל" שֶׁלֹּא נָתַן לוֹ בַּת כָּל עִיקָּר — **Rather,** ***and HASHEM had blessed Abraham with everything*** means **that He did** ***not*** **give him a daughter at all.**[48]Ⓑ

רַבִּי לֵוִי אָמַר: תְּלָת — **R' Levi said:** Being blessed "with everything" here refers to **three** things: בַּכֹּל, שֶׁהִשְׁלִיטוֹ בְּיִצְרוֹ — God blessed him ***with everything*** **in that He made him master over his evil inclination;**[49] בַּכֹּל, שֶׁעָשָׂה יִשְׁמָעֵאל תְּשׁוּבָה בְּחַיָּיו — He blessed him ***with everything*** **in that** he had the pleasure of seeing that **Ishmael repented** from his evil ways **during his lifetime;**[50] בַּכֹּל, שֶׁלֹּא חָסֵר קִילוֹרִין שֶׁלּוֹ כְּלוּם — and He blessed him ***with everything*** **in that his storehouse was never lacking anything.**

רַבִּי לֵוִי בְּשֵׁם רַבִּי חָמָא אָמַר — **R' Levi said in the name of R' Chama:** בַּכֹּל שֶׁלֹּא חָזַר וְנִסָּה אוֹתוֹ — God *blessed Abraham* ***with everything*** **in that He did not put him to any more tests.**[51]

NOTES

43. I.e., he had achieved greatness in two worlds: this world and the World to Come (*Aruch,* cited by *Matnos Kehunah*, et al.). בָּא is taken in its literal sense ("to enter"), and the quality of doubleness is derived from the plural of יָמִים (*days*), indicating two kinds of days, in two different worlds (*Maharzu*).

44. R' Abba interprets בָּא as connoting "accomplishing a complete, unimpeded entry" (*Matnos Kehunah*). And בַּיָּמִים (*in "the" days*) is seen as referring to the best, most significant days of man: his life in the Next World (*Yefeh To'ar, Eitz Yosef*).

45. *"The* days" in our verse is seen as an allusion to "the days" mentioned elsewhere, in *Ecclesiastes*: old age, when one's health and vitality begin to fail. However, in Abraham's case, "Hashem had blessed him with everything," so that he was able to enter his "evil days" in peace and well-being (*Matnos Kehunah, Yefeh To'ar*). See Insight Ⓐ.

46. We have already been told that Abraham was blessed with old age, wealth, prosperity, etc. When the Torah adds that he was blessed with "everything," it must be referring to something else, which is not mentioned elsewhere explicitly. R' Yudan therefore interprets that this "everything" refers to a daughter, for upon being blessed with the birth of a daughter Abraham was now truly blessed with "everything" a person could want (*Ramban* to 24:1; *Yefeh To'ar, Eitz Yosef*). [Furthermore, one fulfills the command to "be fruitful and multiply" only if he has begotten at least one son and one daughter, so that Abraham was now in fulfillment of that commandment (*Yefeh To'ar*).]

47. This is a very difficult line, with many different interpretations suggested (some of which read בִּתּוֹ, *his daughter,* instead of בֵּיתוֹ, *his household*). We will cite two of them: R' Nechemyah asks: Even regarding Isaac – who was surely more prominent in Abraham's house than his anonymous sister – we do not find anywhere that he was considered a blessing of God; why, then would the Torah confer this honor on Abraham's daughter?! (*Ohr HaSeichel;* see *Matnos Kehunah*). Alternatively: Raising a daughter is fraught with much more worry and heartache than raising a son (see *Sanhedrin* 100b) – and this is true even for a king's daughter (בִּתּוֹ שֶׁל מֶלֶךְ), and it is true from the moment the daughter is born (עִיקַּר בִּתּוֹ) – so it would be inappropriate to refer to such an event as a "blessing" (*Yefeh To'ar, Eitz Yosef*).

48. As to why *not* having a daughter would be considered a blessing, see *Yefeh To'ar's* words cited in the previous note. Alternatively: *Ramban* here explains that if Abraham had been granted a daughter, he would have faced great difficulty in marrying her off, for he could not consent to her marrying a Canaanite, and to have her move outside of *Eretz Yisrael* would likewise have been fraught with spiritual danger. See further, Insight Ⓑ.

49. By having his evil inclination subdued, Abraham was assured that he would no longer be tempted to sin and lose his previously acquired blessings. This itself was the greatest blessing for Abraham (*Maharzu*).

50. See Midrash above, 38 §12; *Bava Basra* 16b.

51. This is called being "blessed with everything" because undergoing a test is a difficult experience and this hardship would detract from the completeness of Abraham's blessing and tranquility (*Yefeh To'ar*).

INSIGHTS

Ⓐ **Coming With Days** *Anaf Yosef,* citing the *Vilna Gaon*, offers another interpretation of what it means for a person to "come with days" at the end of his life. The *Zohar* teaches that when a righteous person passes from this world, each one of his days proudly comes along with him to his Heavenly judgment. Each day presents itself before God to be assessed, and to show how its worthy owner spent it properly, in the pursuit of Torah and spiritual endeavors. The days of a wicked person, on the other hand, attempt to hide themselves and avoid any Heavenly scrutiny. Thus, at the end of his long and productive life, the righteous Abraham came to the Heavenly Court, together with all of his days, quite literally.

The *Alter of Novarodok* (cited in *Chayei HaMussar*) expands upon this thought: During a person's life, when he focuses his thoughts on his future with fruitless worries, or with dubious plans, he projects his spiritual essence there, and leaves a small vacuum in the present moment. Abraham never allowed himself to do this, but rather concentrated his full spiritual potential into every moment of his life. Thus, at his passing, every day was fully "Abraham's," having been completely invested with his spiritual essence. Thus, when Abraham came to Heaven, he came with all of his days complete and intact.

Ⓑ **The King's Main Blessing** *Yalkut Yehudah* (vol. 1, pg. 203) suggests another explanation of this cryptic statement. His explanation takes the "blessing" to be the daughter. The Midrash means that the Torah would not mention a major blessing — such as a daughter — merely in a generic way (i.e., *HASHEM "blessed" Abraham with "everything"*); rather, a blessing of such significance would warrant *specific* mention. Now, the Torah never mentions explicitly that Abraham had a daughter, the only passage that might indicate that Abraham enjoyed this fundamental blessing is our verse, where it is mentioned *generally* that he was "blessed with everything." Since this generality cannot be the way the Torah states the blessing of having a daughter, R' Nechemyah concludes that it must be that Abraham, indeed, did *not* have a daughter — something withheld from him for the reasons cited in notes 47 and 48.

בָּא בַּיָּמִים, רַבִּי יְהוּדָה אָמַר [יג]בָּא בְּדִיפְּלוֹן, רַבִּי אַבָּא אָמַר בָּא בִּכְפְלוֹן° מְפוּלָּשׁ לְחַיֵּי הָעוֹלָם הַבָּא. אָמַר רַבִּי יִצְחָק בְּאוֹתָן הַיָּמִים שֶׁכָּתוּב בָּהֶן (קהלת יב, א) "עַד אֲשֶׁר לֹא יָבֹאוּ יְמֵי הָרָעָה":

ז [כד, א] "וַה' בֵּרַךְ אֶת אַבְרָהָם בַּכֹּל". רַבִּי יוּדָן וְרַבִּי נְחֶמְיָה, רַבִּי יוּדָן אָמַר [יד]שֶׁנָּתַן לוֹ נְקֵבָה. אָמַר לוֹ רַבִּי נְחֶמְיָה עִיקַּר בֵּיתוֹ שֶׁל מֶלֶךְ אֵין כָּתוּב בָּהּ בְּרָכָה, אֶלָּא "וַה' בֵּרַךְ אֶת אַבְרָהָם בַּכֹּל" שֶׁלֹּא נָתַן לוֹ בַּת כָּל עִיקָּר. רַבִּי לֵוִי אָמַר תְּלָת, [טו]"בַּכֹּל", שֶׁהִשְׁלִיטוֹ בְּיִצְרוֹ, "בַּכֹּל", שֶׁעָשָׂה יִשְׁמָעֵאל תְּשׁוּבָה בְּחַיָּיו, "בַּכֹּל", שֶׁלֹּא חָסֵר קִילוֹרִין שֶׁלּוֹ כְּלוּם, רַבִּי לֵוִי בְּשֵׁם רַבִּי חָמָא אָמַר "בַּכֹּל", שֶׁלֹּא חָזַר וְנִסָּה אוֹתוֹ:

ח [כד, א] "וַיֹּאמֶר אַבְרָהָם אֶל עַבְדּוֹ זְקַן בֵּיתוֹ", [טז]שֶׁהָיָה זִיו אִיקוֹנִין שֶׁלּוֹ דּוֹמֶה לוֹ. "הַמּוֹשֵׁל בְּכָל אֲשֶׁר לוֹ", שֶׁהָיָה שַׁלִּיט בְּיִצְרוֹ כְּמוֹתוֹ, "שִׂים נָא יָדְךָ תַּחַת יְרֵכִי", אָמַר רַבִּי בֶּרֶכְיָה לְפִי שֶׁנִּתְּנָה לָהֶם בְּצַעַר לְפִיכָךְ הִיא חֲבִיבָה וְאֵין נִשְׁבָּעִין אֶלָּא בָּהּ.

חידושי הרש"ש

[ז] אמר לו רבי נחמיה עיקר ביתו של מלך אין כתוב בה ברכה. פי' לדבריך א"כ היא (ר"ל הבת) עיקר כיון דברך כו' קאי עלה. ומדוע אין כתובה בה ברכה ר"ל שאין כתוב אודותיה שום ספור ברכותי בתורה:

[ט] אמר אולי לא תאבה ואתן לו את בתי. והה"א דההשב כו' הכתוב אחריו הוא לתמיה לא לשאלה:

עץ יוסף

(ז) [י] **שניתן לו נקבה.** דבכ' בכל בא לרבות עוד תוספת ברכה ללמד שנתן לו נקבה ולא נחסר לו דבר בברכתו (יפ"ת): **עיקר ביתו.** רש"י והיפ"ת והנזה"ק גרסו עיקר בתו פי' אפי' בבת שהיא עיקר כלו' חשובה אין כתיב בה כו' ולכן פי' דאדרבה הברכה היתה בלתי היות לו בת. ואע"פ שהבת צורך לקיים פריה ורביה. אונס רחמנא פטריה והקב"ה מצרף מחשבה טובה למעשה (יפ"ת): **ר"ל אמר תלת כו'.** דכיון דכתיב סתמא בכל מוקמינן לה בכל מילי: **שהשליטו ביצרו.** שאחר שראה הקב"ה שהיה דוחק עצמו להתרחק מן החטא סייעו הקב"ה שלא ישלוט בו היצה"ר: **שעשה ישמעאל תשובה בימיו.** שלעת זקנתו עשה ישמעאל תשובה. נמצא מבורך בכל וזהו וה' ברך וגו' (יפ"ת): **שלא חסר קילורין שלו.** שלא חסר מאוצרותיו כלום שהיו מלאים כל טוב בכל מיני מעדנים שבעולם. א"כ ה"ק אעפ"י שלעת הזקנה נחסר הכח לא נפקד לו מאומה בהשגחת השם: (ח) [יא] **זיו איקונין.** דריש זקן נוטריקון זיו איקונין: **דומה לו.** ושווי הפנים מורה ג"כ על שווי תכונת הנפש: **שהיה שליט ביצרו.** ומפרש בכל אשר לו מושל ברוחו. ולפי שכל כחות הגוף יעזרו ליצה"ר אמר בזה כל אשר לו: **שנתנה להם בצער כו'.** כי כמו

פירוש מהרז"ו

בפילון מפולש. עיין מ"כ וכלשון זה בויק"ר פ"ל רס"ב. ופי' במ"ע בל"י אולם קצר וצער. ור"י אמר בדופלון ודו פי' שנים ופילון מקום שער שבא בשני מיני ימים בעוה"ז ובעוה"ב ומ"ש ר"א בכפלון אולי בא לפרש דברי ר"י וכ"מ בילקוט שהביא דברי ר"י בדופלין וכ"ב שם בכפלון ועיין מ"כ: **אמר רבי יצחק.** עיין ויק"ר ר"פ י"ח: (ז) **עיקר ביתו.** ל"ע פירושו ועיין ב"ב דף ט"ז ב': **שהשליטו ביצרו.** שעי"ז ברכתו שלמה שהוא בטוח שלא יחטא עוד ולא יאבד ברכתו וזהו בכל: **ישמעאל.** כי רק זה היה חסר לו שהוא וכל ב"ב צדיקים זולת ישמעאל כמ"ש לעיל פרשה כ"ג סימן י"א וש"כ: **קילורין.** עיין לעיל פרשה כ"ב סימן ג' שהיו אוצרותיו מלאים תמיד בזכות הצדקה שעשה: **שלא חזר ונסה.** כי פן לא יעמוד בנסיון ויאבד ברכותיו עד הנה אבל מעתה הכל שלו וזהו בכל: (ח) **זיו אקונים.** שהיל"ל משק ביתו או גדול רב ונאמן ביתו ע"כ דורש זקן נוטריקון וכמ"ש לקמן פרשה כ' סימן ז'. ואינו דורש זה קנה כדלעיל ר"ס ו'. כי כאן זקן סמוך לתיבת ביתו והיינו ביתו של אברהם ע"כ דורש שהיה מתדמה לאברהם שהיה ג"כ גבור כמוהו וכמ"ש לעיל פרשה מ"ג ס"ב שעמו לבדו רדף המלכים: **שליט ביצרו.** שמאחר שהיה עבדו לא היה מושל. אלא מ"ש אשר לו אין פירושו של אברהם אלא על אליעזר עצמו. וסובר כר' לוי שמ"ש בכל השליטו ביצרו: **בצער.** שמלו שניהם

מסורת המדרש

יג תדא"ר פרק ה'. ילקוט כאן רמז ק"ג:
יד בבא בתרא דף ט"ז. ודף קמ"א. תוספתא קידושין סוף פרק ה':
טו לעיל ריש פרשה ל' ושם נרשם:
טז בבא בתרא דף י"ז. ילקוט כאן רמז ק"ו:

אם למקרא

וּזְכֹר אֶת־בּוֹרְאֶיךָ בִּימֵי בְּחוּרֹתֶיךָ עַד אֲשֶׁר לֹא־יָבֹאוּ יְמֵי הָרָעָה וְהִגִּיעוּ שָׁנִים אֲשֶׁר תֹּאמַר אֵין־לִי בָהֶם חֵפֶץ: (קהלת יב:א)

רש"י

[ז] ברך את אברהם בכל ר' יהודה אומר שנתן לו נקבה. בכל לרבות אפילו בת ובקידושין מפרש בת שמה בכל: **אמר רבי נחמיה והלא עיקר בתו של מלך אין כתיב ברכה.** כלומר בתחלת בריאת האשה שהיתה ראשונה לכל הנשים ועיקר בעולמו של מלך מלכי המלכים הקדוש ברוך הוא לא מצינו שכתוב בה ברכה שלא ייחד לה הקדוש ברוך הוא ברכה בפני עצמה אלא עם אדם נתברכה דכתיב ויאמר להם אלהים פרו ורבו ואת אמר הכא ברך את אברהם בכל בנקבה וכי לא היה לו ברכה אלא בנקבה: **רבי לוי אמר תלת בכל שהשליטו ביצרו בכל שעשה ישמעאל תשובה בחייו בכל שלא חסר קילורין שלו כלום.** קילורין מרתף אוצר שלו דלא חסר כלום: **בבל.** שלא חזר ונסה אותו: **[ח] זקן.** שהיה זיו איקונין שלו דומה לו: **לפי שנתנה להם מילה בצער.** שנימולו גדולים לפיכך לא היו נשבעין אלא בה: לא תקח אשה לבני מבנות הכנעני הזהירו על

מתנות כהונה

בדיופלין. פירש הערוך בלע"ז בכפל פירוש בשני עולמים בעולם הזה ובעולם הבא ודייק מדכתיב בא בביאה גמורה וכפולה: **ה"ג בערוך ר' אבא אמר בא בפילין.** ופי' בו מקום ושער מפולש ואורח ישר: **באותו הימים כו'.** בא לו בשלום וטובה: **[ז] עיקר ביתו של מלך.** שרה שהיתה עיקרת של ביתו ומה' אשה משכלת והוא היה טפל לה בנבואה ונתברך בגללה ולא כתיב בה ברכה ואתה אומר שעל ביתו נכתב ברכה ומצאתי בפירש"י שגרס עקר בתו ופירוש על חוה שלא נאמר בה ברכה כו'. ועוי"ל עיקר ביתו זה יצחק ולא נאמר בו ברכה בחיי אברהם וכן מצאתי שוב באב"א אבל קשה קצת שהרי כתוב כי ברך אברכך ודרשו חז"ל אחת לאב ואחת לבן: **שעשה ישמעאל תשובה.** דאל"כ לא היה מת בשיבה טובה וכתיב תקבר בשיבה טובה: **קלרין.** פי' הערוך אוצרותיו: **[ח] זקן.** נוטריקון זיו איקונין ר"ל קלסתר פנים: **שנתנה להם.** המילה שהיא תחת הירך ואליעזר ג"כ נימול בכלל ילידי ביתו ומקנת כספו:

אשד הנחלים

בדיופלין. פירש המ"כ מדכתיב בא משמע ביאה גמורה וכפולה. ולא ידעתי מנין זה וגם לפ"ז במאי פליגי ר"י ור"א. והנראה דבימים בפתח הוא ב' הידיעה באומר בימים הידועי' והתכלתיים. והענין כי בימי הילדות תענוגי החושים מתגברים על הנפש ומוכרח להתגבר על עצמו. אך בימי הזקנה שאז ישבתו החושים מבקשת התענוגים ואז תתרומם הנפש במדעה. ואז תוכל לתארו באמת שהוא שוכן בשני עולמים חיי העוה"ז כחיי העוה"ב באין מונע מאומה. ודעת ר' אבא אמת שבא בימים הכפולים. אבל העיקר מפולש ומבורר לעוה"ב. ולכן כתיב בפתח הידיעה. והבן: **ימי הרעה.** ודרש הכתוב עד"ז. אף שהי' זקן ובא בימים הנקראים ימי רעה כי הזקנה מחלשת. אכן ה' ברך את אברהם בכל שאף בימי הזקנה לא נחלשו כחותיו: [ז] **בת כו' שלא נתן לו בת.** הבדל מחלוקותם הוא כמאמרם בב"ב שי"א שטובה אם יוליד בת וי"א שאינה טובה. אך יש להבין מדוע אחזו רק בזה. האם אין טובה או רעה אחרת בעולם. אך יש בזה ציור רב למתבונן בחכמת התולדות. אך אין להאריך. ודעת ר"ל שרמז במלת כל הן בעניני עצמו שנתבטל חומרו ותאוותו עוד. והן בענייני בניו שישמעאל עשה תשובה. והן בעניני הונו ומחייתו ואוצרותיו. ובאורו אף שאברהם זקן עכ"ז ברכו בכל. לא כע"ה שדעתם מטורפת עליהם בימי הזקנה. כ"א אדרבא מתוספת. כי תאוותו ויצרו נפסק. וכן הזקנה לא מנעוהו מאוצרותיו כי ברכו בטובות הזמניות. ודעת ר' חמא להורות שלא די שנתבטל יצרו אלא אף גם שנתעלה במעלת נפשו כ"כ עד שלא הי' צריך עוד לנסיון. כי הנסיון הוא להוציא כחות נפשו לפועל עוד. אבל הוא הגיע למדריגתו הגדולה עד שלא היה מוצרך עוד להתנסות: [ח] **זיו איקונים שלו דומה.** וזה סימן שהיו תכונותיו ופעולותיו שוות. כי שווי הפנים מורה ג"כ על שיווי תכונת הנפש כי הרכבת החומר משתנה לפי הנפש כנודע: **המושל כו' שליט ביצרו.** דרש אשר לו מוסב על אליעזר עצמו שהי' מושל על כחותיו הגופנים להכניעם לפני יצרו הטוב. או יאמר שהיה מושל ביצרו כמו אברהם שהי' מושל על עצמו. וזהו יותר נכון: **חביבה.** כי המצוה הבאה ע"י צער ומכאוב הוא שמח בה שזכה לסבול עבורה צער הרבה למען כבוד ה':

וַיֹּאמֶר אַבְרָהָם אֶל עַבְדּוֹ זְקַן בֵּיתוֹ הַמֹּשֵׁל בְּכָל אֲשֶׁר לוֹ שִׂים נָא יָדְךָ תַּחַת יְרֵכִי. וְאַשְׁבִּיעֲךָ בַּה׳ אֱלֹהֵי הַשָּׁמַיִם וֵאלֹהֵי הָאָרֶץ אֲשֶׁר לֹא תִקַּח אִשָּׁה לִבְנִי מִבְּנוֹת הַכְּנַעֲנִי אֲשֶׁר אָנֹכִי יוֹשֵׁב בְּקִרְבּוֹ. כִּי אֶל אַרְצִי וְאֶל מוֹלַדְתִּי תֵּלֵךְ וְלָקַחְתָּ אִשָּׁה לִבְנִי לְיִצְחָק.

And Abraham said to his servant, the elder of his household who controlled all that was his, "Place now your hand under my thigh. And I will have you swear by HASHEM, God of heaven and God of earth, that you not take a wife for my son from the daughters of the Canaanites, among whom I dwell. Rather, to my land and to my kindred shall you go and take a wife for my son for Isaac" (24:2-4).

§8 **וַיֹּאמֶר אַבְרָהָם אֶל עַבְדּוֹ זְקַן בֵּיתוֹ** – ***AND ABRAHAM SAID TO HIS SERVANT, THE ELDER OF HIS HOUSEHOLD.***

In what sense was this servant (identified below, §9 , as Eliezer) the "elder of Abraham's household"?[52]

שֶׁהָיָה זִיו אִיקוּנִין שֶׁלּוֹ דּוֹמֶה לוֹ – This means **that the visage of [Eliezer] resembled [Abraham's]** own.[53]

□ **הַמּוֹשֵׁל בְּכָל אֲשֶׁר לוֹ** – ***WHO CONTROLLED ALL THAT WAS HIS.***

The Midrash interprets this phrase homiletically:[54]

שֶׁהָיָה שַׁלִּיט בְּיִצְרוֹ כְּמוֹתוֹ – This means **that [Eliezer] had** full **mastery over his evil inclination, just like [Abraham].**[55] Ⓐ

□ **שִׂים נָא יָדְךָ תַּחַת יְרֵכִי** – ***PLACE NOW YOUR HAND UNDER MY THIGH.***

What was the reason for this gesture?

אָמַר רַבִּי בֶּרֶכְיָה – **R' Berechyah said:** **לְפִי שֶׁנִּתְּנָה לָהֶם בְּצַעַר לְפִיכָךְ הִיא חֲבִיבָה** – **Since [the precept of circumcision] was given to them**[56] **through pain,**[57] **therefore it was precious [to them],** **וְאֵין נִשְׁבָּעִין אֶלָּא בָּהּ** – **and they swore only by it.**[58]

NOTES

52. If "elder" meant that the servant was literally the oldest of Abraham's household, how would that be relevant to his suitability to the task Abraham was now assigning him?

53. The word זָקֵן (elder) is interpreted as an amalgamation of זִיו אִיקוּנִין (*visage*). One's facial features and expression are frequently a reflection of one's inner qualities of character. According to the Midrash the Torah is thus telling us that Eliezer was of the most exalted character (*Yefeh To'ar, Eitz Yosef*).

54. The verb משל is not generally used to describe one's authority over the property of another. (The proper word for that would be פָּקִיד; see below, 39:4.) This is why the Midrash provides a homiletic approach (*Yefeh To'ar*).

55. As R' Levi said above, §7 (*Maharzu*). According to this interpretation, the pronoun לוֹ in כָּל אֲשֶׁר לוֹ does not refer to Abraham, but to the servant himself; thus, the verb משל is appropriate. See Insight Ⓐ

56. To Abraham and Eliezer (and the other members of his household), who were all circumcised (above, 17:27).

57. Abraham and Eliezer underwent circumcision as adults, so it was a painful procedure for them (*Rashi*).

58. When a person takes an oath he is supposed to take hold of a holy object (such as a Torah scroll or tefillin — *Shevuos* 38b). Since circumcision was a Divine commandment that came to Abraham and Eliezer through particular pain, it was especially precious to them and they chose this ("under the thigh") as their "holy object" to use for their oaths (*Eitz Yosef*).

INSIGHTS

Ⓐ **To Achieve Full Mastery** Although the Midrash notes that Eliezer had full mastery over his evil inclination, just like Abraham, R' Yisroel Salanter (*Even Yisrael, Derush* §9) asserts that there was a fundamental distinction between them in regard to the character of this mastery. He explains that there are two levels of people who are able to overcome their evil inclination. One is a person who is subjected to the urges and desires of his evil inclination, but nevertheless is able to battle and defeat those urges. Although this is obviously a very remarkable level to achieve, such a person runs the risk of, at times, losing a battle, since he has not yet conquered his evil inclination to the point that its cunning, shrewd manipulations do not even present themselves as a valid possibility in his mind. The other is one who has devoted so much time to perfecting his character and conquering his evil inclination that he is automatically focused on doing what is right, to the point that the urges of the evil inclination have no control over him whatsoever. He automatically desires only to do what is correct and proper.

Abraham reached this point of total and complete perfection of character. This is the definition of the above Midrash (46 §4), that quotes Hashem as telling Abraham, *"There is no fault with you except this foreskin, Remove it and thus eliminate the blemish, [and then] walk before Me and be perfect."* Eliezer, great as he was, did not achieve the degree of perfection that Abraham did. Although he was able to *battle and defeat* his evil inclination, he was still subject to its whims and guile. Thus, the Midrash below (59 §9) describes Eliezer as having *scales of deceit in his hand,* because he sat and "weighed" in his mind whether or not his own daughter was fit or unfit to be Isaac's wife, although he knew that this was not proper (see below).

בָּא בַּיָּמִים, רַבִּי יְהוּדָה אָמַר [יג]בָּא בְּדִיפְּלִין, רַבִּי אַבָּא אָמַר בָּא בְּכִפְלוֹן° מְפוּלָּשׁ לְחַיֵּי הָעוֹלָם הַבָּא. אָמַר רַבִּי יִצְחָק בְּאוֹתָן הַיָּמִים שֶׁכָּתוּב בָּהֶן (קהלת יב, א) "עַד אֲשֶׁר לֹא יָבֹאוּ יְמֵי הָרָעָה":

ז [כד, א] "וַה' בֵּרַךְ אֶת אַבְרָהָם בַּכֹּל". רַבִּי יוּדָן וְרַבִּי נְחֶמְיָה, רַבִּי יוּדָן אָמַר [יד]שֶׁנָּתַן לוֹ נְקֵבָה. אָמַר לוֹ רַבִּי נְחֶמְיָה עִיקַּר בֵּיתוֹ שֶׁל מֶלֶךְ אֵין כָּתוּב בָּהּ בְּרָכָה, אֶלָּא "וַה' בֵּרַךְ אֶת אַבְרָהָם בַּכֹּל" שֶׁלֹּא נָתַן לוֹ בַּת כָּל עִיקָּר. רַבִּי לֵוִי אָמַר תְּלָת, [טו]"בַּכֹּל", שֶׁהִשְׁלִיטוֹ בְּיִצְרוֹ, "בַּכֹּל", שֶׁעָשָׂה יִשְׁמָעֵאל תְּשׁוּבָה בְּחַיָּיו, "בַּכֹּל", שֶׁלֹּא חָסֵר קִילוֹרִין שֶׁלּוֹ כְּלוּם, רַבִּי לֵוִי בְּשֵׁם רַבִּי חָמָא אָמַר "בַּכֹּל", שֶׁלֹּא חָזַר וְנִסָּה אוֹתוֹ:

ח [כד, א] "וַיֹּאמֶר אַבְרָהָם אֶל עַבְדּוֹ זְקַן בֵּיתוֹ", [טז]שֶׁהָיָה זִיו אִיקוּנִין שֶׁלּוֹ דּוֹמֶה לוֹ. "הַמּוֹשֵׁל בְּכָל אֲשֶׁר לוֹ", שֶׁהָיָה שַׁלִּיט בְּיִצְרוֹ כְּמוֹתוֹ, "שִׂים נָא יָדְךָ תַּחַת יְרֵכִי", אָמַר רַבִּי בֶּרֶכְיָה לְפִי שֶׁנִּתְּנָה לָהֶם בְּצַעַר לְפִיכָךְ הִיא חֲבִיבָה וְאֵין נִשְׁבָּעִין אֶלָּא בָּהּ.

חידושי הרש"ש

[ז] אמר לו רבי נחמיה עיקר ביתו של מלך אין כתוב בה ברכה. פי' לדבריך א"כ היא (ר"ל הבת) עיקר כיון דברך כו' קאי עלה. ומדוע אין כתובה בה ברכה ר"ל שאין כתוב אודותיה שום ספור ברכותי בתורה: **[ט] אמר אולי לא תאבה ואתן לו את בתי.** וה"א דהשב כו' הכתוב אחריו הוא לתמיה לא לשאלה:

עץ יוסף

(ז) [י] **שניתן לו נקבה.** דבל' בכל בא לרבות עוד תוספת ברכה ללמד שנתן לו נקבה ולא נחסר לו דבר בברכתו (יפ"ת): **עיקר ביתו.** רש"י והיפ"ת והנזה"ק גרסו עיקר בתו פי' אפי' בבת שהיא עיקר כלו' חשובה אין כתיב בה כו' ולכן פי' דאדרבה הברכה היתה בלתי היות לו בת. ואע"פ שהבת צורך לקיים פריה ורביה. אונס רחמנא פטריה והקב"ה מצרף מחשבה טובה למעשה (יפ"ת): **ר"ל אמר תלת כו'.** דכיון דכתיב סתמא בכל מוקמינן לה בכל מילי: **שהשליטו ביצרו.** שאחר שראה הקב"ה שהיה דוחק עצמו להתרחק מן החטא סייעו הקב"ה שלא ישלוט בו היצה"ר: **שעשה ישמעאל תשובה בימיו.** שלעת זקנתו עשה ישמעאל תשובה. נמצא מבורך בכל וזהו וה' ברך וגו' (יפ"ת): **שלא חסר קילורין שלו.** שלא חסר מאוצרותיו כלום שהיו מלאים כל טוב בכל מיני מעדנים שבעולם. א"נ ה"ק אעפ"י שלעת הזקנה נחסר הכח לא נפקד לו מאומה בהשגחת השם: (ח) [יא] **זיו איקונין.** דריש זקן נוטריקון זיו איקונין: **דומה לו.** ושווי הפנים מורה ג"כ על שווי תכונת הנפש: **שהיה שליט ביצרו.** ומפרש בכל אשר לו מושל ברוחו. ולפי שכל כחות הגוף יעזרו ליצה"ר אמר בזה כל אשר לו: **שנתנה להם בצער כו'.** כי כמו

פירוש מהרז"ו

בפילון מפולש. עיין מ"כ וכלשון זה בויק"ר פ"ל רס"ב. ופי' במ"ע בל"י אולם קצר וצר. ור"י אמר בדופלון ודו פי' שנים ופילון מקום שער שבא בשני מיני ימים בעוה"ז ובעוה"ב ומ"ש ר"א בכפלון אולי בא לפרש דברי ר"י וכ"מ בילקוט שהביא דברי ר"י בדופלין וכ"ב שם בכפלון ועיין מ"כ: **אמר רבי יצחק.** עיין ויק"ר ר"פ י"ח: (ז) **עיקר ביתו.** ע"ע פירושו ועיין ב"ב דף ט"ז ב': **שהשליטו ביצרו.** שעי"ז ברכתו שלמה שהוא בטוח שלא יחטא עוד ולא יאבד ברכתו וזהו בכל: **ישמעאל.** כי רק זה היה חסר לו שהוא וכל ב"ב צדיקים זולת ישמעאל כמ"ש לעיל פרשה נ"ג סימן י"א וש"נ: **קילורין.** עיין לעיל פרשה נ"ב סימן ג' שהיו אוצרותיו מלאים תמיד בזכות הצדקה שעשה: **שלא חזר ונסה.** כי פן לא יעמוד בנסיון ויאבד ברכותיו עד הנה אבל מעתה הכל שלו וזהו בכל: (ח) **זיו אקונים.** שהיל"ל משק ביתו או גדול רב ונאמן ביתו ע"כ דורש זקן נוטריקון וכמ"ש לקמן פרשה נ' סימן ז'. ואינו דורש זה קנה כדלעיל ר"ס ו'. כי כאן זקן סמוך לתיבת ביתו והיינו ביתו של אברהם ע"כ דורש שהיה מתדמה לאברהם שהיה ג"כ גבור כמוהו וכמ"ש לעיל פרשה מ"ג ס"ב שעמו לבדו רדף המלכים: **שליט ביצרו.** שמאחר שהיה עבדו לא היה מושל. אלא מ"ש אשר לו אין פירושו של אברהם אלא על אליעזר עצמו. וסובר כר' לוי שמ"ש בכל השליטו ביצרו: **בצער.** שמלו עניהם

מסורת המדרש

יג תדא"ר פרק ה'. ילקוט כאן רמז ק"ג: יד בבא בתרא דף ט"ז. ודף קמ"א. תוספתא קידושין סוף פרק ה': טו לעיל ריש פרשה ל' ושם נרשם: טז בבא בתרא דף י"ז. ילקוט כאן רמז ק"ו:

אם למקרא

וּזְכֹר אֶת־בּוֹרְאֶיךָ בִּימֵי בְּחוּרֹתֶיךָ עַד אֲשֶׁר לֹא־יָבֹאוּ יְמֵי הָרָעָה וְהִגִּיעוּ שָׁנִים אֲשֶׁר תֹּאמַר אֵין־לִי בָהֶם חֵפֶץ: (קהלת יב:א)

רש"י

[ז] ברך את אברהם בכל ר' יהודה אומר שנתן לו נקבה. בכל לרבות אפילו בת ובקידושין מפרש בת שמה בכל: **אמר רבי נחמיה והלא עיקר בתו של מלך אין כתיב ברכה.** כלומר בתחלת בריאת האשה שהיתה ראשונה לכל הנשים ועיקר בעולמו של מלך מלכי המלכים הקדוש ברוך היא לא מצינו שכתוב בה ברכה שלא ייחד לה הקדוש ברוך הוא ברכה בפני עצמה אלא עם אדם נתברכה דכתיב ויאמר להם אלהים פרו ורבו ואת אמר הכא ברך את אברהם בכל בנקבה וכי לא היה לו ברכה אלא בנקבה: **רבי לוי אמר תלת בכל שהשליטו ביצרו בבל שעשה ישמעאל תשובה בחייו בבל שלא חסר קילורין שלו כלום.** קילורין מרתף אוצר שלו דלא חסר כלום: **בבל.** שלא חזר ונסה אותו: **[ח] זקן.** שהיה זיו איקונין שלו דומה לו: **לפי שנתנה להם מילה בצער.** שנימולו גדולים לפיכך לא היו נשבעין אלא בה: לא תקח אשה לבני מבנות הכנעני הזהירו על

מתנות כהונה

בדיופלין. פירש הערוך בלע"ז בכפל פירוש בשני עולמים בעולם הזה ובעולם הבא ודייק מדכתיב בא בביאה גמורה וכפולה: **ה"ג בערוך ר' אבא אמר בא בפילין.** ופי' בו מקום ושער מפולש ואורח ישר: **באותו הימים כו'.** בא לו בשלום וטובה: **[ז] עיקר ביתו של מלך.** שרה שהיתה עיקרת של ביתו ומה' אשה משכלת והוא היה טפל לה בנבואה ונתברך בגללה ולא כתיב בה ברכה ואתה אומר שעל ביתו נכתב ברכה ומצאתי בפירש"י שגרס עקר בתו ופירוש על חוה שלא נאמר בה ברכה כו'. ועוי"ל עיקר ביתו זה יצחק ולא נאמר בו ברכה בחיי אברהם וכן מצאתי שוב באב"א אבל קשה קצת שהרי כתוב כי ברך אברכך ודרשו חז"ל אחת לאב ואחת לבן: **שעשה ישמעאל תשובה.** דאל"כ לא היה מת בשיבה טובה וכתיב תקבר בשיבה טובה: **קלרין.** פי' הערוך אוצרותיו: **[ח] זקן.** נוטריקון זיו איקונין ר"ל קלסתר פניס: **שנתנה להם.** המילה שהיא תחת הירך ואליעזר ג"כ נימול בכלל ילידי ביתו ומקנת כספו:

אשד הנחלים

בדיופלין. פירש המ"כ מדכתיב בא משמע ביאה גמורה וכפולה. ולא ידעתי מנין זה וגם לפ"ז במאי פליגי ר"י ור"א. והנראה דבימים בפתח הוא ב' הידיעה באומר בימים הידועי' והתכלתיים. והענין כי בימי הילדות תענוגי החושים מתגברים על הנפש ומוכרח להתגבר על עצמו. אך בימי הזקנה שאז ישבתו החושים מבקשת התענוגים ואז תתרומם הנפש במדעה. ואז תוכל לתארו באמת שהוא שוכן בשני עולמים חיי העוה"ז כחיי העוה"ב באין מונע מאומה. ודעת ר' אבא אמת שבא בימים הכפולים. אבל העיקר מפולש ומבורר לעוה"ב. ולכן כתיב בפתח הידיעה. והבן: **ימי הרעה.** ודרש הכתוב עד"ז. אף שהי' זקן ובא בימים הנקראים ימי רעה כי הזקנה מחלשת. אכן ה' ברך את אברהם בכל שאף בימי הזקנה לא נחלשו כחותיו: [ז] **בת כו' שלא נתן לו בת.** הבדל מחלוקותם הוא כמאמרם בב"ב שי"א שטובה אם יוליד בת וי"א שאינה טובה. אך יש להבין מדוע אחזו רק בזה. האם אין טובה או רעה אחרת בעולם. אך יש בזה ציור רב למתבונן בחכמת התולדות. אך אין להאריך. ודעת ר"ל שרמז במלת כל הן בעניני עצמו שנתבטל חומרו ותאוותו עוד. והן בענייני בניו שישמעאל עשה תשובה. והן בעניני הונו ומחייתו ואוצרותיו. ובאורו אף שאברהם זקן עכ"ז ברכו בכל. לא כעו"ה שדעתם מטורפת עליהם בימי הזקנה. כ"א אדרבא מתוספת. כי תאוותו ויצרו נפסק. וכן הזקנה לא מנעוהו מאוצרותיו כי ברכו בטובות הזמניות. ודעת ר' חמא להורות שלא די שנתבטל יצרו אלא אף גם שנתעלה במעלת נפשו כ"כ עד שלא הי' צריך עוד לנסיון. כי הנסיון הוא להוציא כחות נפשו לפועל עוד. אבל הוא הגיע למדריגתו הגדולה עד שלא היה מוצרך עוד להתנסות: [ח] **זיו איקונים שלו דומה.** וזה סימן שהיו תכונותיו ופעולותיו שוות. כי שווי הפנים מורה ג"כ על שיווי תכונת הנפש כי הרכבת החומר משתנה לפי הנפש כנודע: **המושל כו' שליט ביצרו.** דרש אשר לו מוסב על אליעזר עצמו שהי' מושל על כחותיו הגופנים להכניעם לפני יצרו הטוב. או יאמר שהיה מושל ביצרו כמו אברהם שהי' מושל על עצמו. וזהו יותר נכון: **חביבה.** כי המצוה הבאה ע"י צער ומכאוב הוא שמח בה שזכה לסבול עבורה צער הרבה למען כבוד ה':

☐ **וְאַשְׁבִּיעֲךָ בַּה׳ אֱלֹהֵי הַשָּׁמַיִם** — ***AND I WILL HAVE YOU SWEAR BY HASHEM, GOD OF HEAVEN*** *AND GOD OF EARTH, ETC.*

Here Abraham refers to Hashem as "God of heaven and God of earth," whereas below (v. 7), he refers to Him only as "God of heaven." The Midrash addresses the discrepancy:

אָמַר רַבִּי פִּינְחָס — **R' Pinchas said:** עַד שֶׁלֹּא הוֹדַעְתִּי אוֹתוֹ לִבְרִיּוֹתָיו אֱלֹהֵי הַשָּׁמַיִם — Abraham said, in effect, **"Before I made Him known to** mankind, **His creations, he was** considered only **'the God of heaven';** וְכֵיוָן שֶׁהוֹדַעְתִּי אוֹתוֹ לִבְרִיּוֹתָיו אֱלֹהֵי הָאָרֶץ — **but now that I have made Him known to** mankind, **His creations, He is** not only God of heaven, but also **'God of the earth.'"**[59]

☐ **אֲשֶׁר לֹא תִקַּח וְגוֹ׳** — ***THAT YOU NOT TAKE A WIFE*** *FOR MY SON FROM THE DAUGHTERS OF THE CANAANITES, AMONG WHOM I DWELL.*

הִזְהִירוֹ שֶׁלֹּא יֵלֵךְ אֶל בְּנוֹת עָנֵר אֶשְׁכֹּל וּמַמְרֵא — **He cautioned him against going to the daughters of Aner, Eshcol, and Mamre** to find a wife for Isaac.[60]

☐ **כִּי אֶל אַרְצִי וְאֶל מוֹלַדְתִּי** — ***RATHER, TO MY LAND AND TO MY KINDRED*** *SHALL YOU GO, ETC.*

Why did Abraham prefer the people of his native land? Were they not just as involved in idolatry and immorality as the Canaanites?

אָמַר רַבִּי יִצְחָק — **R' Yitzchak said:** חִטַּיָּא דְקַרְתָּךְ זוּנִין זְרַע מִנְּהוֹן — There is a saying:[61] Even if **the wheat kernels of your city are** as inferior as **darnel,**[62] **sow with them.**[63]

וַיֹּאמֶר אֵלָיו הָעֶבֶד אוּלַי לֹא תֹאבֶה הָאִשָּׁה לָלֶכֶת אַחֲרַי אֶל הָאָרֶץ הַזֹּאת הֶהָשֵׁב אָשִׁיב אֶת בִּנְךָ אֶל הָאָרֶץ אֲשֶׁר יָצָאתָ מִשָּׁם.

The servant said to him, "Perhaps the woman will not wish to follow me to this land; shall I take your son back to the land from which you departed?" (24:5).

§9 **וַיֹּאמֶר אֵלָיו הָעֶבֶד** — ***THE SERVANT SAID TO HIM,*** *"PERHAPS THE WOMAN WILL NOT WISH TO FOLLOW ME TO THIS LAND, ETC."*

The Midrash explains Eliezer's motive in asking this question:

הֲדָא הוּא דִכְתִיב "כְּנַעַן בְּיָדוֹ מֹאזְנֵי מִרְמָה לַעֲשֹׁק אָהֵב" — **This is** alluded to in **that which is written,** ***a trader*** [כְּנַעַן] ***with scales of deceit in his hand, to exploit the beloved one*** (*Hosea* 12:8). "כְּנַעַן" זֶה אֱלִיעֶזֶר — The word כְּנַעַן (translated here as "trader") **refers to Eliezer.**[64] "בְּיָדוֹ מֹאזְנֵי מִרְמָה", שֶׁהָיָה יוֹשֵׁב וּמַשְׁקִיל אֶת בִּתּוֹ רְאוּיָה הִיא אוֹ אֵינָהּ רְאוּיָה — He is described as being ***with scales of deceit in his hand*** **because he would sit and "weigh"** in his mind **whether or not his** own **daughter was fit or unfit** to be Isaac's wife. "לַעֲשֹׁק אָהֵב", לַעֲשׁוֹק אֲהוּבוֹ שֶׁל עוֹלָם, זֶה יִצְחָק — And he did this ***to exploit the beloved one*** — **to exploit the beloved one of the world, namely, Isaac.**[65] אָמַר: "אוּלַי לֹא תֹאבֶה" וְאֶתֵּן לוֹ אֶת בִּתִּי — Here he was saying to Abraham, ***"Perhaps the woman will not wish*** *to follow me to this land,* **and then I will give [Isaac]** my own **daughter** to marry."[66] אָמַר לוֹ: אַתָּה אָרוּר וּבְנִי בָּרוּךְ וְאֵין אָרוּר מִתְדַּבֵּק בְּבָרוּךְ — But **[Abraham] replied to him, "You,** as a Canaanite, **are accursed,**[67] **and My son is blessed**[68]**; and the accursed cannot adhere to the blessed."**

NOTES

59. In verse 7, where Abraham was describing a situation that preceded his coming to Canaan and teaching people about God, he referred to Hashem as only "God of heaven," because He was not known to people. In our verse, which takes place after Abraham came to Canaan and had been teaching about God for many years, He is called "God of heaven and God of the earth" (*Rashi* to v. 7).

60. Aner, Eshcol, and Mamre were righteous men and colleagues of Abraham (see above, 14:24; see also *Rashi* to 18:1). Their daughters were similarly righteous (see Midrash above, 57 §3). Nevertheless, since they were Canaanites, Abraham warned Eliezer not to select a wife even from among their daughters (*Eitz Yosef*). This exposition is derived from the superfluous words *among whom I dwell* (*Yefeh To'ar, Maharzu*).

61. *Rashi*.

62. An inedible wheatlike plant (see *Kilaim* 1:1 and commentators).

63. The point of the saying is that sometimes it is better to make use of a product from your hometown than to use a superior one brought from a different place. The reason for this is that there is a greater likelihood of being fooled or underinformed when choosing an unfamiliar product from a foreign locale. When it comes to seeking a match as well, it is better to search among people whose roots and characteristics are known (in this case, Abraham's family members) than among people — who may at first glance appear to be equal or superior — who are foreigners and less familiar (in this case, Aner, Eshcol, and Mamre) (*Yefeh To'ar*).

64. Eliezer is described here as "the servant" (or "slave"); thus he is alluded to by the word כְּנַעַן — translated here as "trader," but also "Canaan" — because Canaan was the slave par excellence (see above, 9:25-27). It is also possible that the Midrash means to say that Eliezer was actually identical with Canaan son of Ham (*Maharzu*).

65. Isaac is called the beloved one of the world because even the angels cried out on his behalf when he was about to be sacrificed (as the Midrash teaches above, 56 §5) (*Yefeh To'ar*).

66. The word "perhaps" connotes that the speaker would like the thing he is mentioning to happen. The Midrash therefore sees in Eliezer's question the expression of a hope that his efforts to find a match in Haran would fail, so that Isaac would then consider marrying his daughter. This was considered an exploitation of Isaac because this marriage was in fact inappropriate, as the Midrash goes on to discuss (*Yefeh To'ar*). [See *Rashi* on *Chumash* to v. 39 below (cited by *Maharzu*).]

According to this interpretation, when Eliezer said, *Shall I take your son back to the land from which you departed?* he did not mean this as a serious suggestion (for this would work against his scheme), but rather meant: "Surely you do not want me to take your son back to that land, do you!" (*Rashash*).

67. See above, 9:25.

68. See Midrash above, 47 §5 and 56 §11 (*Maharzu*).

[כד, א] "וְאַשְׁבִּיעֲךָ בַּה' אֱלֹהֵי הַשָּׁמַיִם", אָמַר רַבִּי פִּינְחָס: יזעַד שֶׁלֹּא הוֹדַעְתִּי אוֹתוֹ לִבְרִיּוֹתָיו "אֱלֹהֵי הַשָּׁמַיִם", וְכֵיוָן שֶׁהוֹדַעְתִּי אוֹתוֹ לִבְרִיּוֹתָיו "אֱלֹהֵי הָאָרֶץ", "אֲשֶׁר לֹא תִקַּח",° הִזְהִירוֹ שֶׁלֹּא יֵלֵךְ אֶל בְּנוֹת עָנֵר אֶשְׁכֹּל וּמַמְרֵא, "כִּי אֶל אַרְצִי וְאֶל מוֹלַדְתִּי", אָמַר רַבִּי יִצְחָק: חִטַּיָּא דְּקַרְתָּךְ זוּנִין זְרַע מִנְּהוֹן:

ט [כד, א] "וַיֹּאמֶר אֵלָיו הָעֶבֶד" הָדָא הוּא דִכְתִיב (הושע יב, ח) "כְּנַעַן בְּיָדוֹ מֹאזְנֵי מִרְמָה לַעֲשֹׁק אָהֵב". יח"כְּנַעַן", זֶה אֱלִיעֶזֶר, "בְּיָדוֹ מֹאזְנֵי מִרְמָה", שֶׁהָיָה יוֹשֵׁב וּמַשְׁקִיל אֶת בִּתּוֹ רְאוּיָה הִיא אוֹ אֵינָהּ רְאוּיָה. "לַעֲשֹׁק אָהֵב", לַעֲשׁוֹק אֲהוּבוֹ שֶׁל עוֹלָם זֶה יִצְחָק. אָמַר: אוּלַי לֹא תֹאבֶה וְאֶתֵּן לוֹ אֶת בִּתִּי, אָמַר לוֹ: אַתָּה אָרוּר וּבְנִי בָּרוּךְ וְאֵין אָרוּר מִתְדַּבֵּק בְּבָרוּךְ:

רש"י

בנות ענר אשכול וממרא: **כי אל ארצי ואל מולדתי תלך משל דאמרי בני אדם חיטיא דקרתא זונין זרע מנהון.** חטים שבמקומך רעים אף על פי כן זרע מהן אפשר שיהפכו ויהיו טובים כך אמר אברהם כי אל ארצי ואל מולדתי תלך מוטב אתערב בהן ולא באחרים אפשר יצא מהן בן צדיק ומפרש בתלמוד ירושלמי זונין מין חטין הן אלא שהפירות מזנין משתנין לרעה היך מד"א ולא תזנה הארץ: **[ט] כנען.** זה אליעזר: **בידו מאזני מרמה לעשוק אהב** שהיה יושב ומשקל אם בתו ראויה ליצחק או אינה ראויה אמר ליה אליעזר אולי לא תאבה האשה ללכת אחרי ואתן לו את בתי וכו':

עץ יוסף

שהנשבע נוטל חפץ בידו כגון ספר תורה או תפילין היה אברהם מתפיסו מצות ברית מילה ונתנו טעם שלפי שניתנה להם מצוה זו בצער שכשנמולו היו גדולים ונצטערו בה. לזה לא היו נשבעים אלא בה ולא במצוה אחרת (שהרי אברהם קיים כל התורה) ואע"ג שיעקב היה קטן בשעת מילה ומ"מ השביע ליוסף בה. יש לומר שאחר שאברהם השביע בה יאחז צדיק דרכו (יפ"ת): **עד שלא הודעתי כו'.** דאלהי השמים והארץ מיבעי ליה דאלהי פעם שנית הפסיק הענין. לומר שזמן אחד היה אלהי השמים ולא אלהי הארץ. כלו' שלא ניכר אלהותו בארץ וזה עד שלא הודיעו אברהם: **שלא ילך לבית ענר כו'.** מדכתיב אשר אנכי יושב בארצו דהיינו מבנות ענר אשכול וממרא שהיה אהל דירתו קבוע ביניהם ממש בהיותם צדיקים וכן בנותיהם צדקניות כדלעיל פ' כ"ז ואעפ"כ לא בחר בהם ונקט הני לרבותא וכ"ש אחרים (יפ"ת): **חטיא דקרתך זונין כו'.** משל הדיוט הוא שאף אם חטים שבעירך הם זונין דהיינו חטים גרועין אפ"ה זרע מנהון כי חטים שבארצו אף כשהם חטים גרועין מ"מ הם טובים יותר להצליח בארצו מן החטים שבמקומות אחרים שאינם מטבע הארץ. אף כך בחר אברהם יותר בבני ארצו ומולדתו שהם משרשו וקרובים יותר לטבעו להצליח בהם זרע קודש ולא בחר בשאר אומות אף שאינם מן הז' אומות (נזה"ק): (ט) **[יב] כנען בידו כו'.** עי' רש"י בחומש אלי חסר כתיב דרש ליה כמו אלי שהיה מבקש להסב את יצחק אליו להשיאו בתו (ועיין ביפ"ת): **כנען בידו כו'.** דריש דרמיז בהא אליעזר שהיה מבני כנען כי גם הוא היה אוהב לעשוק אוהבו של עולם הוא יצחק להזדווג אותו עם בתו (נזה"ק): **יושב ומשקל כו'.** משום דאי' לקמן פרשה ס' דאלעזר יצא מכלל ארור לברוך. וזהו דקאמר שהיה יושב ומשקל את בתו אם היא ראויה כו'. דהוה מספקא ליה בבתו אי בתר דידיה השתא אזלינן. או בתר לידתה שנולדה כבר בפסול בהיותו בכלל ארור (נזה"ק): **אתה ארור כו'.** ר"ל דבתו לא יצאה מכלל ארור לפי שנולדה בפיסול בשעה שהיה אליעזר בכלל ארור (נזה"ק):

פירוש מהרז"ו

לעת זקנותם ויעקב שאמר ליוסף למד מאברהם: **ברוך ה' אלהי השמים.** ואלהי הארץ ובפסוק א' כתוב אלהי השמים לבד כב"מ והכריע פסוק אשר לקחני מבית אבי שאז היה עדיין אלהי השמים לבד וזהו עד שלא הודעתי אותו וכו' וכ"ה ברש"י בחומש: **הזהירו שלא ילך.** שמ"ש אשר אנכי יושב בקרבו מיותר ע"כ דורש שהכוונה על ענר אשכול וממרא שאברהם יושב בקרבם כמ"ש לעיל פרשה כ"ח ס"ד וכדי שלא יטעה אליעזר שהם יצאו מכלל כנען על שהיו צדיקים כמ"ש לעיל פרשה כ"ז ס"ג שכן חשב אברהם מתחלה ע"כ צוה לו גם עליהם (וכ"כ ביפ"ת): (ט) **ויאמר אליו העבד.** אולי לא תאבה האשה ללכת אחרי והוקשה לחז"ל שמאחר שקראו כבר בתוארים של כבוד עבדו זקן ביתו המושל וכו' איך קראו אח"כ העבד משמע עבד ככל העבדים ע"כ דרש שהוא כנען כמ"ש ארור כנען עבד עבדים יהיה לאחיו. וזהו העבד הידוע שהתחיל במרמה לטובת עצמו: **כנען זה אליעזר.** הנה בפרשה זאת אינו מפורש מה שמו. אך חז"ל דורשים כן ע"פ מדה י"ז שמ"ש כאן זקן ביתו הוא אליעזר וכמ"ש ובן משק ביתי הוא דמשק אליעזר. וז"ל הפר"א פט"ז זקן ביתו היה עבדו אליעזר וכו' ועמד נמרוד וכתב את עבדו אליעזר לאברהם וכשגמל חסד עם יצחק בנו הוציאו לחפשי והוא עוג מלך הבשן וכ"ה בתענית דף ד' סנהדרין דף נ"ה. ועיין לעיל פמ"ב ס"ח בא"א. ויתכן שהכוונה על כנען בן חם עצמו שחיה עדיין כמו כל היו"ד דורות שמנח עד אברהם כמפורש בתורה שנתארר שיהיה עבד עבדים לאחיו ויתכן שהיה עבד לכוש אחיו הבכור וכוש הוא נמרוד כמ"ש לעיל פמ"ב רס"ד. ונתן אותו נמרוד לאברהם וכמ"ש ג"כ לק' פ"ס ס"ז ע"ש ועי' פר"א: **לעשוק אהב.** ומשמע שלא עשק אלא אוהב לעשוק ע"כ דורש אליעזר שרצה לעשוק האהוב כמ"ש אשר אהבת יזיד מבטן. ומ"ש מאזני מרמה כמ"ש בפר"א שם שרבקה היתה ראויה ליצחק ממעי אמה שנאמר במאזנים לעלות המה מהבל יחד ופי' כמ"ש בירושלמי ביצה פ"ה ה"ב. ובירושלמי ריש כתובות ובויק"ר פכ"ט ס"ח שעד שהן עשוין הבל במעי אמן מזווגן יחד (לבד מ"ש חז"ל בחדש שמזלו מאזנים) וכנען ביקש לעשות המאזנים מרמה שישא בתו. עיין ויק"ר פי"ז ס"ד. ובזוהר פרשת שלח לך שהיה אליעזר מבני כנען ע"ש: **אולי לא תאבה.** הגיר' בילקוט יהושע י"ב. אלי כתיב וכאן כתיב אולי בוי"ו אך לקמן כשספר הענין לפני בתואל ולבן כתוב חסר לרמוז על דרשה זו וכ"ה ברש"י בחומש. ויתכן שלכך רמז בפעם הב' לזרז ללבן אם לא תרצו ליתן את רבקה הרי אני גם לי יש בת: **אתה ארור.** כמ"ש ארור כנען. ובני ברוך כמ"ש לעיל פנ"ו סימן י"א ברכה לבן. ועי' לעיל פמ"ז סימן ה' ברכתי אותו זה יצחק עי' מש"ש:

מתנות כהונה

עד שלא הודעתי כו'. עיין בפירש"י בחומש: **הכי גרסינן אלהי הארץ אשר לא תקח אשה וגו':** **הזהירו כו'.** חטיא דקרתיך זונין כו' פירש הערוך זרעונים שחורים הנמצאים בין החטין אף על פי שכל חטים שבשדה אינן כך לא תזרע אלא מהם כי שאר החטים שמא לא יצליחו כלל וכן עשה אברהם שאמר אל ארצי ואל מולדתי כו' שהם קרובים להצליח לזרע קדש:

אשד הנחלים

וכיון שהודעתי. הענין כי בתחילה לא האמינו בני תבל השגחת ה' בעולם השפל וע"כ הי' באמת הסתרת השגחה כמ"ש ואם תלכו עמי בקרי אף אני אלך עמכם בחמת קרי. אך אחר שהודעתי אמיתת האמונה איך שה' ב"ה משגיח על כל ברואיו. אז באמת נתהוה השגחת ה' כמ"ש בא אברהם והורידה [להשכינה] למטה: **חטיא דקרתך.** דייק שכך כיוון שלכן אמר כ"א אל ארצי ומולדתי כלומר ומזה תשפוט ששמה מקום מוכן למצוא שם זרע קודש: **[ט] שהיה יושב ומשקיל כו'.** לכאורה יקשה מאין מוכח שכיוון אליעזר לכך. ומה חטא בשאלו אם האשה תהיה חפיצה שיצחק ידור במקומ' איכה יעשה. ואולי דייק מדכתיב אולי ולא אם כמו הלואי שמאוד הי' חפץ שתמאן האשה בכדי שיהי' חתנו. ולכן גער בו אברהם שמר לך מאוד מכל אלה. ואגב עוררו כי א"א לדבק זרעו בכנען שהמה ארורים מכבר אשר לכן לקחני מכל אלה והביאני למקום הקודש:

ענף יוסף

(יב) [ט][ואין ארור מתדבק בברוך] ולכאורה איפכא ה"ל לומר אין ברוך מתדבק בארור כיון שהוא לא רצה לתת לו יצחק בנו. אך האמת הוא שאין הארור מדבק בברוך שהוא אינו רוצה. וכל הרע ישנא החלק הטוב (במ"ח):

מסורת המדרש

יז ספרי פרשה האזינו פיסקא שי"ג. ילקוט סדר האזינו רמז תתקמ"ג:
יח ילקוט הושע רמז תקכ"ט:

אם למקרא

כְּנַעַן בְּיָדוֹ מֹאזְנֵי מִרְמָה לַעֲשֹׁק אָהֵב: (הושע יב:ח)

וְאִם לֹא תֹאבֶה הָאִשָּׁה לָלֶכֶת אַחֲרֶיךָ וְנִקִּיתָ מִשְּׁבֻעָתִי זֹאת רַק אֶת בְּנִי לֹא תָשֵׁב שָׁמָּה.
But if the woman will not wish to follow you, you shall then be absolved of this oath of mine, only do not return my son there (24:8).

□ וְאִם לֹא תֹאבֶה הָאִשָּׁה וגו׳ רַק אֶת בְּנִי לֹא תָשֵׁב שָׁמָּה – ***BUT IF THE WOMAN WILL NOT WISH, ETC., TO FOLLOW YOU . . . ONLY DO NOT RETURN MY SON THERE.***

"רַק" מִיעוּט – The word ***only*** (רַק) in the phrase *only . . . my son* **is** always **a** word connoting **limitation;** בְּנִי אֵינוֹ חוֹזֵר, בֶּן בְּנִי חוֹזֵר – the implication here is: ***My son* will not return** there, but **my son's son** (Jacob) **will** one day **return** there.[77]

וַיִּקַּח הָעֶבֶד עֲשָׂרָה גְמַלִּים מִגְּמַלֵּי אֲדֹנָיו וַיֵּלֶךְ וְכָל טוּב אֲדֹנָיו בְּיָדוֹ וַיָּקָם וַיֵּלֶךְ אֶל אֲרַם נַהֲרַיִם אֶל עִיר נָחוֹר.
Then the servant took ten camels of his master's camels and set out with all the bounty of his master in his hand and he arose and went to Aram Naharaim to the city of Nahor (24:10).

§11 וַיִּקַּח הָעֶבֶד עֲשָׂרָה גְמַלִּים מִגְּמַלֵּי אֲדֹנָיו וגו׳ – ***THEN THE SERVANT TOOK TEN CAMELS OF HIS MASTER'S CAMELS, ETC.***

It is obvious that the camels taken by the servant were Abraham's and not his own. Why, then, does Scripture specify "of his master's camels"?[78]

גְּמַלָּיו שֶׁל אַבְרָהָם אָבִינוּ הָיוּ נִיכָּרִים – **The camels of our forefather Abraham were distinct,** בְּכָל מָקוֹם שֶׁהָיוּ יוֹצְאִים זְמוּמִים – **for wherever they went they were muzzled.**[79]

□ וְכָל טוּב אֲדֹנָיו בְּיָדוֹ – ***WITH ALL THE BOUNTY OF HIS MASTER IN HIS HAND.***

How could Eliezer possibly take *all* of Abraham's possessions in his hand?[80]

רַבִּי חֶלְבּוֹ אָמַר: זוֹ דְיָאתִיקִי – **R' Chelbo said: This is** referring to **a document of transfer of property.**[81]

□ וַיָּקָם וַיֵּלֶךְ אֶל אֲרַם נַהֲרַיִם – ***AND HE AROSE AND WENT TO ARAM NAHARAIM.***

The Midrash elaborates on the nature of Eliezer's journey:

רַבִּי יִצְחָק אָמַר: בֶּן יוֹמוֹ – **R' Yitzchak said:** Eliezer came to Aram Naharaim **on the same day** that he left Abraham's house. The ground "contracted" to shorten his journey.[82]

וַיֹּאמֶר אֵלָיו אַבְרָהָם הִשָּׁמֶר לְךָ פֶּן תָּשִׁיב אֶת בְּנִי שָׁמָּה. ה׳ אֱלֹהֵי הַשָּׁמַיִם אֲשֶׁר לְקָחַנִי מִבֵּית אָבִי וּמֵאֶרֶץ מוֹלַדְתִּי וַאֲשֶׁר דִּבֶּר לִי וַאֲשֶׁר נִשְׁבַּע לִי לֵאמֹר לְזַרְעֲךָ אֶתֵּן אֶת הָאָרֶץ הַזֹּאת הוּא יִשְׁלַח מַלְאָכוֹ לְפָנֶיךָ וְלָקַחְתָּ אִשָּׁה לִבְנִי מִשָּׁם.
Abraham said to him, "Beware lest you return my son to there. HASHEM, God of heaven, Who took me from the house of my father and from the land of my family; Who spoke to me, and Who swore to me, saying, 'To your offspring will I give this land,' He will send His angel before you, and you will take a wife for my son from there" (24:6-7).

§10 וַיֹּאמֶר אֵלָיו אַבְרָהָם הִשָּׁמֶר לְךָ וגו׳ ה׳ אֱלֹהֵי הַשָּׁמַיִם אֲשֶׁר לְקָחַנִי מִבֵּית אָבִי – ***ABRAHAM SAID TO HIM, "BEWARE, ETC., LEST YOU RETURN MY SON TO THERE; HASHEM, GOD OF HEAVEN, WHO TOOK ME FROM THE HOUSE OF MY FATHER AND FROM THE LAND OF MY FAMILY."***

What is the difference between "house of my father" and "land of my family"?

זֶה בֵּיתוֹ שֶׁל אָבִיו – *The house of my father* – **this means** literally **his father's house.**

□ וּמֵאֶרֶץ מוֹלַדְתִּי – ***AND FROM THE LAND OF MY FAMILY.***

זוֹ שְׁכוּנָתוֹ – **This** means **his dwelling place,** from which he departed.[69]

□ וַאֲשֶׁר דִּבֶּר לִי – ***AND WHO SPOKE TO ME***[70] ***AND WHO SWORE TO ME, SAYING, "TO YOUR OFFSPRING WILL I GIVE THIS LAND."***

What are these two statements from God – "speaking" and "swearing" – that Abraham referred to?

בְּחָרָן – *Who spoke to me* – **in Haran.**[71]

□ וַאֲשֶׁר נִשְׁבַּע לִי – ***AND WHO SWORE TO ME*** –

בֵּין הַבְּתָרִים – **at the covenant between the parts.**[72]

□ הוּא יִשְׁלַח מַלְאָכוֹ לְפָנֶיךָ – ***HE WILL SEND HIS ANGEL BEFORE YOU.***

There are many angels; why did Abraham say, "His angel"?[73]

רַבִּי דוֹסָא אוֹמֵר: הֲרֵי זֶה מַלְאָךְ מְסוּיָּים – **R' Dosa said: This refers to a specific angel.**[74]

בְּשָׁעָה שֶׁאָמַר אַבְרָהָם אָבִינוּ "הוּא יִשְׁלַח מַלְאָכוֹ לְפָנֶיךָ" זִימֵּן לוֹ הַקָּדוֹשׁ בָּרוּךְ הוּא שְׁנֵי מַלְאָכִים – **When our father Abraham said** to Eliezer, ***"He will send his angel before you,"* the Holy One, blessed is He, assigned *two* angels for him** – אֶחָד לְהוֹצִיא אֶת רִבְקָה וְאֶחָד לְלַוּוֹת אֶת אֱלִיעֶזֶר – **one to bring out Rebecca,**[75] **and another to accompany Eliezer** on the way.[76]

NOTES

69. See Midrash above, 39 §9 and notes there.

70. [We have followed the textual emendation found in *Yefeh To'ar*, etc., which accords with *Rashi's* reading in the Midrash (as implicit in his Midrash commentary as well as in his *Chumash* commentary). The printed texts read: וַאֲשֶׁר נִשְׁבַּע לִי בְּחָרָן וַאֲשֶׁר דִּבֶּר לִי בֵּין הַבְּתָרִים.]

71. When He said to me, *"Go for yourself from your land . . . "* (above, 12:1).

72. When God made a covenant (which is tantamount to an oath), *saying, "To your descendants have I given this land"* (above, 15:18) (*Yefeh To'ar, Eitz Yosef*).

73. Rather than "*an* angel," as in *Exodus* 23:20 and 33:2.

74. Abraham was referring to a specific angel, and that is why he said "*His* angel." The Midrash does not identify the angel, but *Eitz Yosef* cites *Shelah,* who writes that it was the archangel "Metatron"; *Maharzu* identifies the angel as Michael (cf. *Rashash*).

75. I.e., to cause her to go out to the well to draw water upon Eliezer's arrival there (*Matnos Kehunah, Eitz Yosef*).

76. The Midrash derives this from the two descriptions of the angel's task: *He will send His angel "before" you, and you will take a wife for my son from there* (our verse) and *HASHEM . . . will send His angel with you and make your journey successful* (below, v. 40). The first description indicates that the angel would *precede* Eliezer to facilitate his finding a wife for Isaac; the second indicates that the angel would accompany Eliezer on his journey (*Maharzu*). The reason for having two separate angels is due to the rule, established by the Midrash above (50 §2), that one angel cannot perform two separate missions (*Yefeh Toar, Eitz Yosef*).

77. As it is written (below, 28:10), *And Jacob departed from Beer-sheba and went to Haran.*

78. *Yefeh To'ar.*

79. So that they should not graze in fields belonging to others (*Rashi* on *Chumash,* v. 10). This is why Scripture specifies "his master's camels" – because they constituted a distinct type of camel, which everyone immediately recognized as belonging to Abraham (*Matnos Kehunah*).

80. *Eitz Yosef.*

81. I.e., Abraham drafted a document making a gift to Isaac of all of his fortune so that people would be eager to marry him (*Rashi* on *Chumash,* v. 10). Thus, in effect Eliezer was carrying the legal title to *all* Abraham's possessions in his hand.

82. The Midrash derives this from the seemingly repetition of the word וַיֵּלֶךְ, *and he went* (translated here the first time as "set out"): It

י [כד, ו-ז] "וַיֹּאמֶר אֵלָיו אַבְרָהָם הִשָּׁמֶר לְךָ וְגוֹ'". "ה' אֱלֹהֵי הַשָּׁמַיִם אֲשֶׁר לְקָחַנִי מִבֵּית אָבִי", [יט]זֶה בֵּיתוֹ שֶׁל אָבִיו, "וּמֵאֶרֶץ מוֹלַדְתִּי" זֶה שְׁכוּנָתוֹ. "וַאֲשֶׁר נִשְׁבַּע° לִי", בְּחָרָן. "וַאֲשֶׁר דִּבֶּר° לִי", בֵּין הַבְּתָרִים. "הוּא יִשְׁלַח מַלְאָכוֹ לְפָנֶיךָ", רַבִּי דוֹסָא אוֹמֵר הֲרֵי זֶה מַלְאָךְ מְסוּיָּם, בְּשָׁעָה שֶׁאָמַר אַבְרָהָם אָבִינוּ "הוּא יִשְׁלַח מַלְאָכוֹ לְפָנֶיךָ", זִימֵּן לוֹ הַקָּדוֹשׁ בָּרוּךְ הוּא שְׁנֵי מַלְאָכִים אֶחָד לְהוֹצִיא אֶת רִבְקָה וְאֶחָד לְלַוּוֹת אֶת אֱלִיעֶזֶר. "וְאִם לֹא תֹאבֶה הָאִשָּׁה וְגוֹ'", "רַק אֶת בְּנִי לֹא תָשֵׁב שָׁמָּה", רַק מִיעוּט בְּנִי אֵינוֹ חוֹזֵר בֶּן בְּנִי חוֹזֵר:

יא [כד, י] "וַיִּקַּח הָעֶבֶד עֲשָׂרָה גְמַלִּים מִגְּמַלֵּי אֲדֹנָיו וְגוֹ'". גְּמַלָּיו שֶׁל אַבְרָהָם אָבִינוּ הָיוּ נִיכָּרִים בְּכָל מָקוֹם שֶׁהָיוּ יוֹצְאִים, יוֹצְאִים זְמוּמִים. "וְכָל טוּב אֲדֹנָיו בְּיָדוֹ", רַבִּי חֶלְבּוֹ אָמַר [כ]זוֹ דְיָאתִיקֵי. "וַיָּקָם וַיֵּלֶךְ אֶל אֲרַם נַהֲרַיִם", רַבִּי יִצְחָק אָמַר בֶּן יוֹמוֹ, הוּא דַעְתֵּיהּ דְּרַבִּי יִצְחָק "וָאָבֹא הַיּוֹם אֶל הָעָיִן", הַיּוֹם יָצָאתִי וְהַיּוֹם בָּאתִי. (תהלים ס, ד) °"הִרְעַשְׁתָּה אֶרֶץ פְּצַמְתָּהּ רְפָה שְׁבָרֶיהָ כִי מָטָה", "הִרְעַשְׁתָּה אֶרֶץ", בִּימֵי אַבְרָהָם. "פְּצַמְתָּהּ", בִּימֵי אֱלִיעֶזֶר. "רְפָה שְׁבָרֶיהָ", בִּימֵי יַעֲקֹב. "כִּי מָטָה", בִּימֵי יִשְׁבִּי בְּנוֹב, [כא]הָדָא הוּא דִכְתִיב (שמואל ב כב, טז) "יִשְׁבִּי בְּנֹב אֲשֶׁר בִּילִידֵי הָרָפָה", אֲנִיף בְּמְגִינַּיָּא,°

עץ יוסף

(י) [יג] **מולדתו זה שכונתו.** דהיינו הארץ שבו נתגדל בין קרוביו ומיודעיו: **ואשר דבר לי בחרן ואשר נשבע לי בין הבתרים.** כצ"ל (יפ"ת ונזה"ק) וכלו' אשר דיבר לי בחרן לך לך מארצך וממולדתך וגו'. ואשר נשבע בין הבתרים לאמר לזרעך אתן את הארץ הזאת (ועיין נזה"ק): **[יד] זה מלאך מסוים.** מלאכו משמע מלאך מיוחד ומסוים (מת"כ) וכתב השל"ה שזה הוא מטטרון ראש המלאכים אשר בכל מקום שנראה השכינה נראית עמו. וכן משמע לקמן בס"ר פ' ל"ב ע"ש: **בשעה שאמר כו'.** מילתא באנפי נפשיה הוא. שאע"פ שלא בקש אלא אחד. הקב"ה זימן לו ב'. משום שאין מלאך אחד עושה שתי שליחות: **להוציא את רבקה.** לשאוב מים באותה שעה. כי היתה בת גדולים שלא יצאה לשאוב מימיה (יפ"ת): **ללוות את אליעזר.** בהליכה ובחזרה לשומרו בדרך: **רק מיעוט.** ואתי לדיוקא בני שהוא עולה תמימה לא תשב שמה אבל בן בני יעקב חוזר. ואי לאו האי מיעוטא ה"א דנאסר לכל זרעו ללכת לח"ל (יפ"ת): (יא) **גמליו של אברהם אבינו כו'.** שניכרים בכל מקום כי שלו היו: **[טו] זו דייתיקי.** כי לא יתכן שיוליך עמו כל נכסי אדוניו. והיינו כפרש"י בחומש שטר מתנה כתב לו ליצחק על כל אשר לו כדי שיקפצו לשלוח לו בתם. ומ"מ לא הקנה לו אלא מהיום ולאחר מיתה. ולכן היה בידו עוד רשות ליתן מתנות לבני הפילגשים (נזה"ק): **דייתיקי.** שטר מתנה. דא תהא למיקם ולהיות: **בן יומו.** באותו יום שיצא בא לחרן. והיינו ויקם וילך כלו' בקומו מיד הלך שם שקפצה לו הארץ: **היום יצאתי כו'.** וסיפר זה להם לומר שראה שה' הצליח דרכו: **הדא הוא דכתיב הרעשת ארץ.** כצ"ל (מת"כ) ומשום דקאמר דקפצה הארץ לאליעזר מייתי האי קרא דדרשינן לה בקפיצות הארץ (יפ"ת): **הרעשת ארץ כו'.** שלאברהם בעצמו קפצה הארץ כדאי' לעיל פ' מ"ב שכל פסיעה ופסיעה של א"א נעשה ג' מילין. ולפי שהקפיצה חבור שני רחקי הארץ זה אל זה קרי לה רעש: **פצמתה בימי אליעזר.** שקפצה לו כדלעיל. ופצימה לשון שבירה כדפרש"י שהחלק אשר כאן נעתק מכאן ונדבק להלן: **רפה שבריה בימי יעקב.** כרבנן דאמרי וילך חרנה בן יומו כדלקמן: **בימי ישבי בנוב.** שאבישי בא ממקום רחוק כהרף עין לעזרת דוד כדמפרש ואזיל. ועיין בשוח"ט: **אניף במגיניא.** שהניף והריס במגן שבידו ודחה

פירוש מהרז"ו

(י) **אשר נשבע לי בחרן.** ה"ג ואשר דיבר לי בחרן ואשר נשבע לי בין הבתרים כפי סדר הכתוב ואח"כ בה"ב וכ"ה בילקוט וכ"כ ביפ"ת ובריית בה"ב הוא השבועה וכמ"ש פר"א פ' ל"ו: **המסויים.** זה מיכאל וכמ"ש והנה מיכאל אחד השרים הראשונים: **ב' מלאכים** .כי בפסוק ישלח מלאכו לפניך ולקחת אשה וזהו להוציא את רבקה ובפסוק מ' ישלח מלאכו אתך והצליח דרכיך. וזהו ללות את אליעזר. (הערת מוהרל"ל וע"פ מדה יו"ד) ועי' לקמן פר' ע"ה סימן ד' אליעזר נזדווגו לו כמה מלאכים עי' מש"ש. ומ"ש ללות את אליעזר כמ"ש בפר"א פט"ז נשלח מלאך לפני אליעזר ונקפצה לו הדרך כו' וכמ"ש בסימן הסמוך: **רק מיעוט.** מדה ב' ועי' לקמן פס"ד סימן ג': (יא) **יוצאין זמומין.** לעיל פמ"א סימן ה' וש"נ. וכמ"ש לקמן פ"ס ר"ס ח' ויפתח הגמלים התיר זממיהם: **זו דיאתיקי.** כמ"ש פסוק ל"ה ול"ו ויתן לו כל אשר לו והיינו ע"י שטר וכ"ה בפר"א פט"ז וכמ"ש רש"י בחומש שטר מתנה כתב ליצחק על כל אשר לו כדי שיקפצו לשלוח לו בתם: **בן יומו.** כמ"ש בפר"א שם. וז"ל מקרית ארבע עד חרן מהלך י"ז יום. ובג' שעות בא העבד לחרן. והיה תמיה בלבו ואומר היום יצאתי והיום באתי שנאמר ואבא היום אל העין כי תיבת היום מיותר אלא שהיה מתמיה ומתפלא ואבא היום ביום שיצאתי. וכל הענין הובא בילקוט על פסוק וישבי בנוב אחר שהביא גמרא סנהדרין דף צ"ה וז"ל דר' הושעיא עביד פליגא דכתיב הרעשתה ארץ וגו' וכוונת הילקוט דר' הושעיא רבה מחבר המדרש פליג על הגמרא שאינו חושב אלא ג' כי אינו חושב בימי אברהם: **בימי אברהם.** כמ"ש מדרש תהלים ק"י ולעיל פר' מ"ג סימן ג' בימי אליעזר

חידושי הרד"ל

(ו) [י] **אחד להוציא את רבקה.** דרש לפניך. קודם שתבא לשם. כבר ישלח מלאכו שמה. והיינו להוציאה לפניך:

חידושי הרש"ש

[י] **הרי זה מלאך מסויים.** נראה דר"ל שלא תפרש מלאך הכתוב כאן ע"ד השאלה לסבות שיסבב השם שתלך אחריך כמו שפירושו כן במקומות הרבה. אלא מלאך ממש:

מסורת המדרש

יט ילקוט כאן רמז ק"ז:
כ פרקי דרבי אליעזר פרק ט"ז. אגדת בראשית פ' מ"ה:
כא עיין סנהדרין דף צ"ה. ילקוט שמואל ב' רמז קנ"ה וקנ"ו. ילקוט כאן רמז ק"ז כל הענין:

אם למקרא

הִרְעַשְׁתָּה אֶרֶץ פְּצַמְתָּהּ רְפָה שְׁבָרֶיהָ כִי־מָטָה: (תהלים ס:ד)

וְיִשְׁבִּי בְּנֹב אֲשֶׁר בִּילִידֵי הָרָפָה וּמִשְׁקַל קֵינוֹ שְׁלֹשׁ מֵאוֹת מִשְׁקַל נְחֹשֶׁת וְהוּא חָגוּר חֲדָשָׁה וַיֹּאמֶר לְהַכּוֹת אֶת־דָּוִד: (שמואל ב כא:טז)

רש"י

[י] **מארץ מולדתי.** משכונתי: **ואשר דבר לי.** לך לך בחרן: **בני אין חוזר.** יצחק: **בן בני חוזר.** יעקב שחזר לחרן: [יא] **דיאתיקי.** שטר מתנה: **ר' ברכיה אמר בן יומא.** בו ביום שיצא משם בו ביום בא לעין: **הרעשת ארץ בימי אברהם.** כשרדף ארבעה מלכים נקפצה לו הארץ: **פצמתה בימי אליעזר.** שאף לו נקפצה: **רפה שבריה בימי יעקב.** כשהלך לחרן: **כי מטה.** בימי ישבי בנוב: **אניף במגיניה.** הניפו לדוד במגינו:

מתנות כהונה

[י] **מסויים.** מיוחד ומסומן ודייק מדכתיב מלאכו מלאך המיוחד והמסויים: **להוציא את רבקה.** חוץ לעיר על הבאר אשר אליעזר עמד שם: **בן בני כו'.** זה יעקב שהלך ללבן: [יא] **יוצאים זמומים.** דייק מדכתיב מגמלי אדוניו שהיו נכרים לכל שהם גמלי אברהם: **דייתיקי.** שטר מתנה נוטריקון דא תהא קיים למיקם ולהיות: **בן יומו.** שבאותו יום שיצא בא לו לחרן: **ה"ג הה"ד הרעשת ארץ** בימי אברהם. שלאברהם בעצמו קפצה הארץ כדאיתא לעיל פרשה מ"ב שכל פסיעה ופסיעה נעשה שלשה מילין ובילקוט שמואל הגירסא קצת באופן אחר ואין להאריך פה: **בימי יעקב.** שנאמר ויפגע במקום שקפצה לו הארץ כדאיתא בפרק גיד הנשה (דף צ"א): **בימי ישבי.** קפצה לאבישי בן צרויה כדאיתא בפרק חלק (דף צ"ה): **אניף כו'.** הניד והריס במגן שבידו:

אשד הנחלים

[י] **אחד להוציא.** כבר ידוע מאמרם שאין מלאך אחד עושה שתי שליחות ולכן הוצרך לב' מלאכים לב' עניינים שונים ואולי עוד כי המלאך הניתן לאדם לשומרו ולהגין עליו הוא כמו בחינת האדם ומעלתו ואין ב' בני אדם דומין בתכונתם. לכן הי' כפי בחינת אליעזר מלאך מיוחד: [יא] **זמומים.** ולכן אמר מגמלי אדוניו הידועים שהם מורגלים בחסימת פיהם: **בן יומו.** וזה יורה מגדולת הנס שתיכף הקרה ה' לפניו אשה ממשפחתו: **רפה שבריה.** אף שזה ענין בקשה לפי פשוטו. דרש ג"כ מלשון התרפות אחר שלא נכתב רפא בא' כ"א בה'

הוא דַעֲתֵיהּ דְּרַבִּי יִצְחָק: "וָאָבֹא הַיּוֹם אֶל הָעָיִן", הַיּוֹם יָצָאתִי וְהַיּוֹם בָּאתִי – **This is** consistent with **the view of R' Yitzchak** elsewhere, for he similarly explained Eliezer's statement ***I came today to the spring*** (below, 24:42) as meaning that **"Today I embarked, and today I arrived."**[83]

The Midrash mentions others who had experienced such "contraction of the ground" in their journeys:

הָדָא הוּא דִכְתִיב "הִרְעַשְׁתָּה אֶרֶץ פְּצַמְתָּהּ רְפָה שְׁבָרֶיהָ כִי מָטָה" – And **this is** the meaning of **what is written, *You made the land quake, You have cleft it; heal its fragments, for it has tottered***[84] (*Psalms* 60:4). "הִרְעַשְׁתָּה אֶרֶץ" בִּימֵי אַבְרָהָם – ***You made the land quake*** – **in the days of Abraham;**[85] "פְּצַמְתָּהּ" בִּימֵי אֱלִיעֶזֶר – ***You have cleft it*** – **in the days of Eliezer;**[86] "רְפָה שְׁבָרֶיהָ" בִּימֵי יַעֲקֹב – ***heal its fragments*** – from the contraction that occurred **in the days of Jacob;**[87] "כִי מָטָה" בִּימֵי יִשְׁבִּי בְּנוֹב – ***for it has tottered*** – **in the days of** the Philistine warrior **Ishbi-benob.**[88] הָדָא הוּא דִכְתִיב "וְיִשְׁבִּי בְּנֹב אֲשֶׁר בִּילִידֵי הָרָפָה" – **Thus it is written, *Ishbi-benob, who was one of the children of the giant,*** *etc.* (*II Samuel* 21:16).[89] אֲנִיף בִּמְגִינֵיהּ – **He waved his shield** to assault David,

NOTES

is repeated in order to juxtapose it to וַיָּקָם (*he arose*) in order to allude that he "arose" from Abraham's place and "went to Haran" at once, in the same day, although there is a great distance between the two places. Such miraculous shortening of a journey is called "contraction of the ground" (קְפִיצַת הַדֶּרֶךְ).

83. The apparently superfluous word "today" indicates that Eliezer was relating that his journey was miraculously shortened (*Yefeh To'ar*). The reason for this miraculous shortening of Eliezer's journey was in order to expedite Isaac's search for a mate (ibid.). And Eliezer's point in relating this to Rebecca's family was to impress upon them that the match between Isaac and Rebecca was Divinely ordained (*Yefeh To'ar, Eitz Yosef*).

84. The Midrash interprets this verse as referring to four incidents of "contraction of the ground."

85. That is, we find an instance concerning Abraham in which the land "quaked" and contracted, i.e., his journey was miraculously shortened. For the Midrash (above, 43 §3) relates that when Abraham pursued the four kings to rescue Lot (above, 14:14-15), each of his strides miraculously extended three *mil* (*Rashi, Eitz Yosef, Imrei Yosher*).

86. As the Midrash has just explained, that Eliezer's trip was miraculously shortened.

87. When Jacob left Beer-sheba and went to Haran (28:10), the earth contracted for him, making his trip shorter (*Rashi, Matnos Kehunah*, based on *Chullin* 91b).

88. A Philistine giant who fought against David. The Midrash will presently describe the incident with him that involved "contraction of the ground."

89. Scripture there recounts that during a war with the Philistines, Ishbi-benob, a Philistine soldier, declared that he would strike down David. Thereupon Abishai son of Zeruiah came to David's aid and killed Ishbi-benob (see *Sanhedrin* ibid. for the Gemara's full account of this episode).

י [כד, ו-ז] "וַיֹּאמֶר אֵלָיו אַבְרָהָם הִשָּׁמֶר לְךָ וְגוֹ' ". "ה' אֱלֹהֵי הַשָּׁמַיִם אֲשֶׁר לְקָחַנִי מִבֵּית אָבִי", יטזֶה בֵּיתוֹ שֶׁל אָבִיו, "וּמֵאֶרֶץ מוֹלַדְתִּי" זֶה שְׁכוּנָתוֹ. "וַאֲשֶׁר נִשְׁבַּע° לִי", בְּחָרָן. "וַאֲשֶׁר דִּבֶּר° לִי", בֵּין הַבְּתָרִים. "הוּא יִשְׁלַח מַלְאָכוֹ לְפָנֶיךָ", רַבִּי דוֹסָא אוֹמֵר הֲרֵי זֶה מַלְאָךְ מְסוּיָּים, בְּשָׁעָה שֶׁאָמַר אַבְרָהָם אָבִינוּ "הוּא יִשְׁלַח מַלְאָכוֹ לְפָנֶיךָ", זִימֵּן לוֹ הַקָּדוֹשׁ בָּרוּךְ הוּא שְׁנֵי מַלְאָכִים אֶחָד לְהוֹצִיא אֶת רִבְקָה וְאֶחָד לְלַוּוֹת אֶת אֱלִיעֶזֶר. "וְאִם לֹא תֹאבֶה הָאִשָּׁה וְגוֹ' ", "רַק אֶת בְּנִי לֹא תָשֵׁב שָׁמָּה", רַק מִיעוּט בְּנִי אֵינוֹ חוֹזֵר בֶּן בְּנִי חוֹזֵר:

יא [כד, י] "וַיִּקַּח הָעֶבֶד עֲשָׂרָה גְמַלִּים מִגְּמַלֵּי אֲדֹנָיו וְגוֹ' ". גְּמַלָּיו שֶׁל אַבְרָהָם אָבִינוּ הָיוּ נִיכָּרִים בְּכָל מָקוֹם שֶׁהָיוּ יוֹצְאִים, יוֹצְאִים זְמוּמִים. "וְכָל טוּב אֲדֹנָיו בְּיָדוֹ", רַבִּי חֶלְבּוֹ אָמַר כזוֹ דְּיָאתִיקִי. "וַיָּקָם וַיֵּלֶךְ אֶל אֲרַם נַהֲרַיִם", רַבִּי יִצְחָק אָמַר בֶּן יוֹמוֹ, הוּא דַעְתֵּיהּ דְּרַבִּי יִצְחָק "וָאָבֹא הַיּוֹם אֶל הָעָיִן", הַיּוֹם יָצָאתִי וְהַיּוֹם בָּאתִי. (תהלים ס, ד) °"הִרְעַשְׁתָּה אֶרֶץ פְּצַמְתָּהּ רְפָה שְׁבָרֶיהָ כִּי מָטָה", "הִרְעַשְׁתָּה אֶרֶץ", בִּימֵי אַבְרָהָם. "פְּצַמְתָּהּ", בִּימֵי אֱלִיעֶזֶר. "רְפָה שְׁבָרֶיהָ", בִּימֵי יַעֲקֹב. "כִּי מָטָה", בִּימֵי יִשְׁבִּי בְּנוֹב, כאהָדָא הוּא דִכְתִיב (שמואל ב כב, טז) "יִשְׁבִּי בְּנֹב אֲשֶׁר בִּילִידֵי הָרָפָה", אֲנִיף בְּמְגִינַּיָּא,°

רש"י

[י] **מארץ מולדתי.** משכונתי: **ואשר דבר לי.** לך לך בחרן: **בני אין חוזר.** יצחק: **בן בני חוזר.** יעקב שחזר לחרן: [יא] **דיאתיקי.** שטר מתנה: **ר' ברכיה אמר בן יומא.** בו ביום שילא משם בו ביום בא לעין: **הרעשת ארץ בימי אברהם.** כשרדף ארבעה מלכים נקפלה לו הארץ: **פצמתה בימי אליעזר.** שאף לו נקפלה: **רפה שבריה בימי יעקב.** כשהלך לחרן: **כי מטה.** בימי ישבי בנוב: **אניף במגיניה.** הניפו לדוד במגינו:

עץ יוסף

(י) [יג] **מולדתו זה שכונתו.** דהיינו הארץ שבו נתגדל בין קרוביו ומיודעיו: **ואשר דבר לי בחרן ואשר נשבע לי בין הבתרים.** כצ"ל (יפ"ת ונזה"ק) וכלו' אשר דיבר לי בחרן לך לך מארצך וממולדתך וגו'. ואשר נשבע בין הבתרים לאמר לזרעך אתן את הארץ הזאת (ועיין נזה"ק): [יד] **זה מלאך מסוים.** מלאכו משמע מלאך מיוחד ומסוים (מת"כ) וכתב השל"ה שזה הוא מטטרון ראש המלאכים אשר בכל מקום שנראה השכינה נראית עמו. וכן משמע לקמן בש"ר פ' ל"ב ע"ש: **בשעה שאמר כו'.** מילתא באנפי נפשיה הוא. שאע"פ שלא בקש אלא אחד. הקב"ה זימן לו ב'. משום שאין מלאך אחד עושה שתי שליחות: **להוציא את רבקה.** לשאוב מים באותה שעה. כי היתה בת גדולים שלא יצתה לשאוב מימיה (יפ"ת): **ללוות את אליעזר.** בהליכה ובחזרה לשומרו בדרך: **רק מיעוט.** ואתי לדיוקא בני שהוא עולה תמימה לא תשב שמה אבל בן בני יעקב חוזר. ואי לאו האי מיעוטא ה"א דנאסר לכל זרעו לצאת לח"ל (יפ"ת): (יא) **גמליו של אברהם אבינו כו'.** שניכרים בכל מקום כי שלו היו: [טו] **זו דייתיקי.** כי לא יתכן שיוליך עמו כל נכסי אדוניו. והיינו כפרש"י בחומש שטר מתנה כתב לו ליצחק על כל אשר לו כדי שיקפצו לשלוח לו בתם. ומ"מ לא הקנה לו אלא מהיום ולאחר מיתה. ולכן היה בידו עוד רשות ליתן מתנות לבני הפילגשים (נזה"ק): **דייתיקי.** שטר מתנה. דא תהא למיקם ולהיות: **בן יומו.** באותו יום שיצא בא לחרן. והיינו ויקם וילך כלו' בקומו מיד הלך שם שקפצה לו הארץ: **היום יצאתי כו'.** וסיפר זה להם לומר שראה שה' הצליח דרכו: **הדא הוא דכתיב הרעשת ארץ.** כצ"ל (מת"כ) ומשום דקאמר דקפצה הארץ לאליעזר מייתי האי קרא דדרשינן לה בקפיצות הארץ (יפ"ת): **הרעשת ארץ כו'.** שלאברהם בעצמו קפצה הארץ כדאי' לעיל פ' מ"ב שכל פסיעה ופסיעה של א"א נעשה ג' מילין. ולפי שהקפיצה חבור שני רחקי הארץ זה אל זה קרי לה רעש: **פצמתה בימי אליעזר.** שקפצה לו כדלעיל. ופצימה לשון שבירה כדפרש"י שהחלק אשר כאן נעתק מכאן ונדבק להלן: **רפה שבריה בימי יעקב.** כרבנן דאמרי וילך חרנה בן יומו כדלקמן: **בימי ישבי בנוב.** שאבישי בא ממקום רחוק כהרף עין לעזרת דוד כדמפרש ואזיל. ועיין בסוח"ט: **אניף במגיניא.** שהניף והריס במגן שבידו ודחה

פירוש מהרז"ו

(י) **אשר נשבע לי בחרן.** ה"ג ואשר דיבר לי בחרן ואשר נשבע לי בין הבתרים כפי סדר הכתוב ואח"כ בה"ב וכ"ה בילקוט וכ"כ ביפ"ת וברית בה"ב הוא השבועה וכמ"ש פר"א פ' ל"ו: **המסויים.** זה מיכאל וכמ"ש והנה מיכאל אחד השרים הראשונים: **ב' מלאכים.** כי בפסוק ישלח מלאכו לפניך ולקחת אשה וזהו להוציא את רבקה ובפסוק מ' ישלח מלאכו אתך והצליח דרכיך. וזהו ללות את אליעזר. (הערת מוהרל"ל וע"פ מדה יו"ד) ועי' לקמן פר' ע"ה סימן ד' אליעזר נזדווגו לו כמה מלאכים עי' מש"ש. ומ"ש ללות את אליעזר כמ"ש בפר"א פט"ז נשלח מלאך לפני אליעזר ונקפצה לו הדרך כו' וכמ"ש בסימן הסמוך: **רק מיעוט.** מדה ב' ועי' לקמן פס"ד סימן ג': (יא) **יוצאין זמומין.** לעיל פמ"א סימן ה' וש"נ. וכמ"ש לקמן פ"ס ר"ס ח' ויפתח הגמלים התיר זממיהם: **זו דיאתיקי.** כמ"ש פסוק ל"ה ול"ו ויתן לו כל אשר לו והיינו ע"י שטר וכ"ה בפר"א פט"ז וכמ"ש רש"י בחומש שטר מתנה כתב ליצחק על כל אשר לו כדי שיקפצו לשלוח לו בתם: **בן יומו.** כמ"ש בפר"א שם. וז"ל מקרית ארבע עד חרן מהלך י"ז יום. ובג' שעות בא העבד לחרן. והיה תמיה בלבו ואומר היום יצאתי והיום באתי שנאמר ואבא היום אל העין כי תיבת היום מיותר אלא שהיה מתמיה ומתפלא ואבא היום ביום שיצאתי. וכל הענין הובא בילקוט על פסוק וישבי בנוב אחר שהביא גמרא סנהדרין דף נ"ה וז"ל דר' אושעיא עביד פליגא דכתיב הרעשתה ארץ וגו' וכוונת הילקוט דר' אושעיא רבה מחבר המדרש פליג על הגמרא שאינו חושב אלא ג' כי אינו חושב בימי אברהם: **בימי אברהם.** כמ"ש מדרש תהלים ק"י ולעיל פר' מ"ג סימן ג' בימי אליעזר

חידושי הרד"ל

(ו) [י] **אחד להוציא את רבקה.** דרש לפניך. קודם שתבא לשם. כבר ישלח מלאכו שמה. והיינו להוציאה לפניך:

חידושי הרש"ש

[י] **הרי זה מלאך מסויים.** נראה דר"ל שלא תפרש מלאך הכתוב כאן ע"ד השאלה לסבות שיסבב השם שתלך אחריך כמו שפירושו כן במקומות הרבה. אלא מלאך ממש:

מסורת המדרש

יט ילקוט כאן רמז ק"ז:

כ פרקי דרבי אליעזר פרק ט"ז. אגדת בראשית פ' מ"ה:

כא עיין סנהדרין דף נ"ה. ילקוט שמואל ב' רמז קנ"ה וקנ"ו. ילקוט כאן רמז ק"ז כל הענין:

אם למקרא

הִרְעַשְׁתָּה אֶרֶץ פְּצַמְתָּהּ רְפָה שְׁבָרֶיהָ כִי־מָטָה: (תהלים ס:ד)

וְיִשְׁבִּי בְּנֹב אֲשֶׁר בִּילִידֵי הָרָפָה וּמִשְׁקַל קֵינוֹ שְׁלֹשׁ מֵאוֹת מִשְׁקַל נְחֹשֶׁת וְהוּא חָגוּר חֲדָשָׁה וַיֹּאמֶר לְהַכּוֹת אֶת־דָּוִד: (שמואל ב כא:טז)

מתנות כהונה

[י] **מסויים.** מיוחד ומסומן ודייק מדכתיב מלאכו מלאך המיוחד והמסוייס: **להוציא את רבקה.** חוץ לעיר על הבאר אשר אליעזר עמד שם: **בן בני כו'.** זה יעקב שהלך ללבן: [יא] **יוצאים זמומים.** דייק מדכתיב מגמלי אדוניו שהיו נכרים לכל שהם גמלי אברהם: **דייתיקי.** שטר מתנה נוטריקון דא תהא קיים למיקם ולהיות: **בן יומו.** שבאותו יום שיצא בא לו לחרן: **ה"ג הה"ד הרעשת ארץ בימי אברהם.** שלאברהם בעצמו קפצה הארץ כדאיתא לעיל פרשה מ"ב שכל פסיעה ופסיעה נעשה שלשה מילין ובילקוט שמואל הגירסא קצת באופן אחר ואין להאריך פה: **בימי יעקב.** שנאמר ויפגע במקום שקפצה לו הארץ כדאיתא בפרק גיד הנשה (דף צ"א): **בימי ישבי.** קפצה לאבישי בן צרויה כדאיתא בפרק חלק (דף צ"ה): **אניף כו'.** הניד והריס במגן שבידו:

אשד הנחלים

[י] **אחד להוציא.** כבר ידוע מאמרם שאין מלאך אחד עושה שתי שליחות ולכן הוצרך לב' מלאכים לב' עניינים שונים ואולי עוד כי המלאך הניתן לאדם לשומרו ולהגין עליו הוא כמו בחינת האדם ומעלתו ואין ב' בני אדם דומין בתכונתם. לכן הי' כפי בחינת אליעזר מלאך מיוחד: [יא] **זמומים.** ולכן אמר מגמלי אדוניו הידועים שהם מורגלים בחסימת פיהם: **בן יומו.** וזה יורה מגדולת הנס שתיכף הקרה ה' לפניו אשה ממשפחתו: **רפה שבריה.** אף שזה ענין בקשה לפי פשוטו. דרש ג"כ מלשון התרפות אחר שלא נכתב רפא בא' כ"א בה'

וְקָפַץ דָּוִד לַאֲחוֹרָיו תְּמַנְיָא עֲשַׂר אַמִּין – **and David jumped eighteen cubits backward.** זֶה נִתְיָירֵא מִזֶּה, וְזֶה נִתְיָירֵא מִזֶּה – **Each of them was** now **afraid of the other:** זֶה נִתְיָירֵא מִזֶּה לוֹמַר אִם לַאֲחוֹרָיו קָפַץ כְּדֵין לְקַמּוֹי מָה – **[Ishbi-benob] feared [David], saying** to himself, **"If he can jump so far backward, how much** more **can he jump forward!"** וְזֶה נִתְיָירֵא מִזֶּה, לוֹמַר אִין בִּמְגִינָא אֲנִיפִי כְּדֵין אֵיךְ אֲנָא יָכוֹל לְמוֹקְמֵיהּ בֵּיהּ – **And [David] feared [Ishbi-benob], saying** to himself, **"If he can wave his shield around like this, how can I survive against him!"**[90] בְּאוֹתָהּ שָׁעָה אָמַר דָּוִד הַלְוַאי הֲוָה לִי חַד מִן בְּנֵי אַחְתִי דְיֵיתֵי וִיסַיְּיעֵנִי – **At that time David exclaimed, "If only one of my sister's sons would come and assist me!"** מִיָּד "וַיַּעֲזָר לוֹ אֲבִישַׁי בֶּן צְרוּיָה" – **Thereupon,** ***Abishai son of Zeruiah***[91] ***came to his aid*** (ibid. v. 17) and slew Ishbi-benob. לַאֲחוֹרֵי תַּרְעָא הֲוָה קָאִים, אֶתְמְהָא – Now, **was [Abishai] standing** right **behind the door,** that he suddenly appeared at that very moment?[92] **[Can it be?!]** רַבָּנָן אָמְרֵי: אֲפִילּוּ הָיָה בְּסוֹף הָעוֹלָם הֵטִיסוֹ הַקָּדוֹשׁ בָּרוּךְ הוּא וֶהֱבִיאוֹ בְּהֶרֶף עַיִן – **The Sages said** in response to this question: **Even had he been at the** other **end of the world, the Holy One, blessed is He, would have spirited him over and brought him** to David **in the twinkling of an eye,** שֶׁלֹּא יְהֵא אוֹתוֹ צַדִּיק עוֹמֵד וּמִצְטָעֵר – **so that this righteous man** David **should not** have to **stand** there **in distress.**[93] הָדָא הוּא דִכְתִיב "וַיַּעֲזָר לוֹ אֲבִישַׁי בֶּן צְרוּיָה וַיַּךְ אֶת הַפְּלִשְׁתִּי וַיְמִיתֵהוּ אָז נִשְׁבְּעוּ אַנְשֵׁי דָוִד לוֹ לֵאמֹר לֹא תֵצֵא אִתָּנוּ לַמִּלְחָמָה וְלֹא תְכַבֶּה אֶת נֵר יִשְׂרָאֵל" – **And this is** the explanation of **what is written,** ***Abishai son of Zeruiah came to his aid and he struck the Philistine, killing him. Then David's men swore to him, saying, "You shall not go out to war with us any more, so that you not extinguish the lamp of Israel!"***[94] (ibid.).

וַיַּבְרֵךְ הַגְּמַלִּים מִחוּץ לָעִיר אֶל בְּאֵר הַמָּיִם לְעֵת עֶרֶב לְעֵת צֵאת הַשֹּׁאֲבֹת

He made the camels kneel outside the city toward a well of water at evening time, the time when the women who draw water come out (24:1).

□ וַיַּבְרֵךְ הַגְּמַלִּים מִחוּץ לָעִיר – ***HE MADE THE CAMELS KNEEL OUTSIDE THE CITY.***

The Midrash explains the meaning of "he made the camels kneel," by translating it into Aramaic:

אַרְבְּעִינוּן – This means **"he made them crouch down."**[95]

§12 לְעֵת עֶרֶב לְעֵת צֵאת הַשֹּׁאֲבֹת – ***AT EVENING TIME, THE TIME WHEN THE WOMEN WHO DRAW WATER COME OUT.***

אָמַר רַבִּי הוּנָא: בְּשָׁעָה שֶׁאָדָם הוֹלֵךְ לִיקַּח אִשָּׁה – **R' Huna said: When a man goes to take a wife,** וְשָׁמַע קָל כַּלְבַיָּא מְנַבְּחִים – **and he hears dogs barking,** הוּא מְצִית מָה אִינוּן אָמְרִין – **he should listen to what they are "saying."**[96] "לְעֵת עֶרֶב לְעֵת צֵאת הַשּׁוֹאֲבוֹת" – This is the import of ***at evening time, the time when the women who draw water come out.***[97]

NOTES

90. Ishbi-benob's shield was unusually heavy, weighing 300 copper weights (v. 16 ibid.).

91. Zeruiah was David's sister (*I Chronicles* 2:16).

92. *Matnos Kehunah.*

93. Indeed, the Gemara (*Sanhedrin* loc. cit.) relates that Abishai son of Zeruiah was not in David's vicinity at the time he was attacked. From the fact that Abishai nonetheless appeared to rescue David at that very moment, it is evident that Abishai, too, experienced a "contracting of the ground" so that his journey from his previous location was miraculously shortened.

94. [Having seen that their king narrowly escaped death at the hands of Ishbi-benob, David's soldiers determined that he not expose himself to the enemy again (*Metzudas David* ad loc.).]

95. He did not really make the camels kneel; he made them crouch down completely. However, since camels crouch down by going on their knees first, the expression used for causing them to crouch down is "to make them kneel" (*Yefeh To'ar*).

96. *Rashi* explains: Just as Eliezer used a form of divination to decide whom to take for Isaac's bride (i.e., whichever girl would offer to give water to his camel), so may one use different forms of divination — such as analyzing a dog's barking as a positive or negative sign — to help him decide whom to marry. Most commentators (*Yefeh To'ar, Eshed HaNechalim, Eitz Yosef*) however, reject this interpretation, and take the barking dogs of the Midrash as a metaphor: When a person is in search of a wife, he should consider every bit of information that he hears, even if its source is from an otherwise unreliable people (this is what is meant by "listening to dogs barking"). Choosing a wife is one of a person's greatest decisions, and therefore, one must be careful not to dismiss any piece of information.

97. Eliezer wished to gather any information he possibly could regarding a prospective bride for Isaac (see previous note). He therefore went out at the time the women would draw water, in order to pay attention to their conversations (*Yefeh To'ar*, *Eitz Yosef*).

את דוד. וקפץ דוד לאחוריו מכח דחייתו ואין לזה רמז במקרא אלא הכי גמירי לה (יפ"ת): **אם לאחריו כו'.** אם לאחריו הוא קופץ כך לפניו עאכ"ו שיקפוץ עוד יותר: **אין במגיניא כו'.** אם במגן הוא מניף כזה איך אני יכול לקום לפניו: **הלואי היה לי כו'.** מי יתן שיהיה לי אחד מבני אחותי שיבא ויסייעני: **לאחורי תרעא כו'.** בתמיה וכי אחרי הדלת היה עומד. שמיד שנצרך לו דוד נזדמן שמה: **הטיסו.** הפריחו לבא הנה. הרי שקפלה לו הארץ: [טז] **ארבעינון.** הרכילם על ברכם כדי שיוכלו לשתות מן הבאר: **קל בלביא מנבחין כו'.** הוא דרך מליצה על ב"א פחותים אשר אין לסמוך על דבריהם. עכ"ז לשאול על האשה סמכינן עלייהו. כי למיחש מיבעי. ודייק מכאן שהלך לעת צאת השואבות לשמוע מה ידברו אשה אל אחותה:

כמ"ש כאן. בימי יעקב לקמן פס"ח ר"ס ח' רבנן אמרי בן יומו: **ויעזר לו אבישי.** בילקוט גורס שאמר ישבי לאבישי תרי על חד א"ל אנן קטלינן לך טול אימא בקרתא עשרה קטלין לך:

וְקָפַץ דָּוִד לַאֲחוֹרָיו תְּמַנְיָא עֲשַׂר אַמִּין, זֶה נִתְיָירֵא מִזֶּה, וְזֶה נִתְיָירֵא מִזֶּה, זֶה נִתְיָירֵא מִזֶּה לוֹמַר: אִם לַאֲחוֹרָיו קָפַץ כְּדֵין לְקָמוֹי מָה, וְזֶה נִתְיָירֵא מִזֶּה, לוֹמַר אִין °בְּמְגִינַיָּא אֲנִיפֵי כְּדֵין אֵיךְ אֲנָא יָכוֹל לְמוֹקְמֵיהּ בֵּיהּ. בְּאוֹתָהּ שָׁעָה אָמַר דָּוִד: הַלְוַאי הֲוָה לִי חַד מִן בְּנֵי אֲחָתִי דְיֵיתֵי וִיסַיְּיעֵנִי, מִיָּד וַיַּעֲזָר לוֹ אֲבִישַׁי בֶּן צְרוּיָה, לַאֲחוֹרֵי תַּרְעָא הֲוָה קָאֵים, אֶתְמְהָא. רַבָּנָן אָמְרֵי אֲפִילוּ הָיָה בְּסוֹף הָעוֹלָם הֱטִיסוֹ הַקָּדוֹשׁ בָּרוּךְ הוּא וֶהֱבִיאוֹ בְּהֶרֶף עַיִן שֶׁלֹּא יִהְיֶה אוֹתוֹ צַדִּיק עוֹמֵד וּמִצְטָעֵר. הָדָא הוּא דִכְתִיב (שמואל ב כא, יז) "וַיַּעֲזָר לוֹ אֲבִישַׁי בֶּן צְרוּיָה וַיַּךְ אֶת הַפְּלִשְׁתִּי וַיְמִיתֵהוּ אָז נִשְׁבְּעוּ אַנְשֵׁי דָוִד לֵאמֹר לֹא תֵצֵא אִתָּנוּ לַמִּלְחָמָה וְלֹא תְכַבֶּה אֶת נֵר יִשְׂרָאֵל". [כד, יא] "וַיַּבְרֵךְ הַגְּמַלִּים מִחוּץ לָעִיר", אַרְבְּעִינוּן:

יב "לְעֵת עֶרֶב לְעֵת צֵאת הַשֹּׁאֲבֹת", אָמַר רַבִּי הוּנָא: בְּשָׁעָה שֶׁאָדָם הוֹלֵךְ לִיקַּח אִשָּׁה וְשָׁמַע קָל כַּלְבַּיָּא מְנַבְּחִים הוּא מְצִית מָה אִינוּן אָמְרִין "לְעֵת עֶרֶב לְעֵת צֵאת הַשּׁוֹאֲבוֹת":

רש"י

זה נתיירא מזה וזה נתיירא מזה. ישבי מדוד ודוד מישבי אמר ישבי אם לאחורוהי קפץ כדין לקמוהי כמה אם לאחוריו קפץ דוד כל כך לפניו לא כל שכן וזה דוד נתיירא מזה אין במגיניה אניפי כדין היך אנא יכול למיקם ביה באותה שעה אמר דוד הלואי היה לי חד מבני אחותי מסייעני הה"ד ויעזור לו אבשי בן צרויה: **וכי לאחורי תרעא הוי קאים.** כלומר והיכן היה שם שסייענו והלא בירושלים היה אתמהא. רבנן אמרי אפילו היה בסוף העולם הטיסו הקב"ה והביאו כדי שלא יהא אותו צדיק מצטער הא למדת שנקפלה לו הארץ תחתיו ובא לעזרו: **ויברך הגמלים ארבעתהון.** הרבילם: [יב] **לעת ערב לעת צאת השואבות אמר רב הונא בשעה שאדם הולך ליקח אשה ושמע קל כלביא מנבחין הוא צאית מבין מה אינון אמרין.** כלומר אפילו על ידי כלבים יכול אדם לנחש כדרך שהיה אליעזר מנחש בעת נאת השואבות:

מתנות כהונה

אם לאחוריו כו'. אם לאחוריו הוא קופץ כך לפניו על אחת כמה וכמה שיקפוץ יותר ויותר: **אין במגניא כו'.** אם במגן הוא מניף כזה היאך אני יכול לקום לפניו: **אניפי בדין.** גרס הילקוט: **הלואי.** היה לי אחד מבני אחותי שיבא ויסייעני: **לאחורי תרעא כו'.** וכי אחורי הדלת היה עומד אבישי שמיד שנצטרך לו דוד נזדמן שמה ועיין כל זה בפרק חלק: **הטיסו.** הפריחו לבא הנה. הרי שקפלה לו הארץ: **ארבעינון.** הרבילם על ברכם כדי שיוכלו לשתות מן הבאר: [יב] **קל בלביא בו'.** קול הכלבים מנבחים הוא מאזין שאומרים דבר מה ומשם יוכל להבין אם טובה היא אם רעה וזהו דוקא לעת ערב כן פירש"י ז"ל: **אינון אמרין.** גרסינן:

אשד הנחלים

המורה על רפיון: [יב] **קל כלביא.** הוא דרך מליצה ושם לבני אדם המונים ופחותים אשר אין לסמוך על דבריהם עכ"ז לשאול על האשה סמכינן עליהו. כי למיחש מיהו מבעי. ודייק מכאן שהלך לעת צאת השואבת לשמוע מה ידברו אשה על אחותה. זה שמעתי מפי הגאון ר' דובערוש אשכנזי ונוח לי:

חידושי הרד"ל

(ז) [יב] **ושמע קל כלביא מנבחין הוא מצית כו'.** כמדומה לי שצ"ל קל קלתייא שהוא תרגום כד קולתא. ור"ל כששומע קול הכדים ששואבין בהן מים מנבחין במים (ושייך בזה לשון קול כד"א מקול מחצצים בין משאבים). ונבוח הוא כמו נפוח קול הבעבוע שמנפחין הכדים בשעת שאיבה (ועי' בויק"ר פל"ג נפח בקולתא). והכוונה כששומע קול הכדים מנפחים שיוצאות הנערות השואבות לשאוב בהן. הוא מצית מה הנערות השואבות אומרין שמתוך כך הוא עומד על עניניהן. וכמ"ש בכתובות (ס"ב:) בר"ח בן חכינאי אזל יתיב אגודא דנהרא ושמע דאמרי בת חכינאי מלי קולתך. (ועי' בפר"א פרק ל"ו מי שנכנס ומולא נערות יוצאות לפניו דרכו מצלחת מניין מאליעזר כו'):

Chapter 60

וַיֹּאמַר ה׳ אֱלֹהֵי אֲדֹנִי אַבְרָהָם הַקְרֵה נָא לְפָנַי הַיּוֹם וַעֲשֵׂה חֶסֶד עִם אֲדֹנִי אַבְרָהָם.

And he said, "HASHEM, God of my master Abraham, may You so arrange it for me this day that You do kindness with my master Abraham (24:12).

§1 וַיֹּאמַר ה׳ אֱלֹהֵי אַבְרָהָם הַקְרֵה נָא לְפָנַי הַיּוֹם וגו׳ – *AND [ELIEZER] SAID, "HASHEM, GOD OF MY MASTER ABRAHAM, MAY YOU SO ARRANGE IT FOR ME THIS DAY, ETC."*

Eliezer's faith in Hashem and sincere prayer led to the success of his mission. The Midrash relates this to a verse in *Isaiah*:

"מִי בָכֶם יְרֵא ה׳ שֹׁמֵעַ בְּקוֹל עַבְדּוֹ" – A verse states, ***Who among you fears HASHEM, who listens to the voice of His servant?***[1] *Though he may have walked in darkness with no light for himself, let him trust in the Name of HASHEM and rely upon his God* (*Isaiah* 50:10). "מִי בָכֶם יְרֵא ה׳" זֶה אַבְרָהָם[2] – ***Who among you fears HASHEM*** – **This is** an allusion to **Abraham.**[3] "שׁוֹמֵעַ בְּקוֹל עַבְדּוֹ וגו׳" אֲשֶׁר שָׁמַע הַקָּדוֹשׁ בָּרוּךְ הוּא בְּקוֹלוֹ שֶׁל עַבְדּוֹ – ***Who listens to the voice of his servant, etc.*** – this means that **the Holy One, blessed is He, heard the voice of [Abraham's] servant,** Eliezer.[4] And what was the merit of Abraham that caused God to listen to the voice of Abraham's servant? "אֲשֶׁר הָלַךְ חֲשֵׁכִים", שֶׁבָּא מֵמְסֻפּוֹטַמְיָא[5] וּמֵחַבְרוֹתֶיהָ וְלֹא הָיָה יוֹדֵעַ הֵיכָן הוֹלֵךְ – For Abraham was ***the one who walked in darkness,*** **for he came from Mesopotamia and its environs**[6] **without knowing to where he was going,**[7] "וְאֵין נֹגַהּ לוֹ", כְּאָדָם שֶׁהוּא שָׁרוּי בַּחוֹשֶׁךְ – **like a man who dwells in darkness,** ***with no light for himself*** (ibid.).[8] וּמִי הָיָה מֵאִיר לוֹ – **(And who** eventually **provided light for [Abraham]?**[9] הַקָּדוֹשׁ בָּרוּךְ הוּא הָיָה מֵאִיר לוֹ בְּכָל מָקוֹם שֶׁהָיָה הוֹלֵךְ – **The Holy One, blessed is He, would provide light for him in every place that he would go.)** "יִבְטַח בְּשֵׁם ה׳ וְיִשָּׁעֵן בֵּאלֹהָיו" – And nevertheless, ***he*** (Abraham) ***would trust in the Name of HASHEM, and rely upon his God*** (ibid.),[10] "וּמָצָאתָ אֶת לְבָבוֹ נֶאֱמָן לְפָנֶיךָ" – as it is written, ***You*** (God) ***found [Abraham's] heart faithful before You*** (*Nehemiah* 9:8).[11]

A second interpretation of the cited verse from *Isaiah*:

דָּבָר אַחֵר, "מִי בָכֶם יְרֵא ה׳", זֶה אֱלִיעֶזֶר – **Alternatively,** ***Who among you fears HASHEM*** – **this is** an allusion to **Eliezer.**[12] "שֹׁמֵעַ בְּקוֹל עַבְדּוֹ", בְּקוֹל אַבְרָהָם שֶׁהָיָה עֶבֶד לְהַקָּדוֹשׁ בָּרוּךְ הוּא – ***Listening to the voice of His servant*** – this describes Eliezer, who would listen **to the voice of Abraham,**[13] **who was a servant of the Holy One, blessed is He,** שֶׁנֶּאֱמַר "בַּעֲבוּר אַבְרָהָם עַבְדִּי" – as it is written, ***because of Abraham My servant*** (below, 26:24).[14] "אֲשֶׁר הָלַךְ חֲשֵׁכִים", בְּשָׁעָה שֶׁהָלַךְ לְהָבִיא אֶת רִבְקָה – ***The one who walked in darkness*** was realized in Eliezer **at the time that he went to bring Rebecca;**[15]Ⓐ "וְאֵין נֹגַהּ לוֹ" – ***with no light for***

NOTES

1. [According to its simple meaning, this phrase describes one who fears God and listens to the voice of God's servant. The Midrash, however, will expound the verse differently.]

2. The word אמר appears here in the printed editions, but the commentators (*Matnos Kehunah, Yedei Moshe, Eitz Yosef*). agree that it should be deleted from the text.

3. For Abraham is characterized as יְרֵא אֱלֹהִים, *one who fears God*, in 22:12 above (*Eitz Yosef*).

4. According to the Midrash's interpretation, *HASHEM* is the antecedent of *Who*. He listens to the voice of the servant (Eliezer) of the one (Abraham) who fears Him. The reference is to our passage, in which God listened to the prayer of Eliezer, the servant of Abraham.

The Midrash now goes on to expound the remainder of the verse in *Isaiah* as detailing the merits of Abraham, because of which God hearkened to his servant's prayer (*Eitz Yosef*, citing *Nezer HaKodesh*).

5. The printed editions read מאפמיא; our emendation follows *Rashi*, as well as *Eitz Yosef*, who references 44 §3 above.

[The name of this locale derives from the Greek words *meso*, meaning *between*, and *potamia*, meaning *rivers*. Its Scriptural name is אֲרַם נַהֲרַיִם, which has the same meaning. It was referred to this way because it was situated between the Euphrates and Tigris Rivers (*Eitz Yosef*, citing *Rashi*).]

6. A reference to Abraham's journey from *his land and his birthplace* – above, 12:1 (*Eitz Yosef*).

7. When God commanded Abraham (in 12:1) to leave his home, He did not immediately inform him that he was to travel to the land of Canaan (*Eitz Yosef*, citing *Nezer HaKodesh*).

8. Before being informed of his destination, Abraham wandered through strange lands in confusion, like a man who walks in the dark unaided by any light (see *Rashi* and see *Eitz Yosef*, who cites *Nezer HaKodesh*).

9. The Midrash maintains that the words אין לו, *he did not have*, always indicate that, eventually, the subject did have [whatever it is that he did not have previously] (see above, 38 §14). The Midrash therefore asks how it was that Abraham eventually *had light* (*Maharzu*).

10. Thus, as expounded by the Midrash, the verse in *Isaiah* teaches that God received Eliezer's prayer in the merit of the faith demonstrated by Abraham in the face of the difficult wanderings he endured (*Eitz Yosef*, citing *Nezer HaKodesh*).

11. This verse teaches that Abraham's trust in God was perfect (ibid.).

12. That Eliezer feared God is evident from 59 §8 above, where the control Eliezer held over his Evil Inclination is equated with Abraham's (*Maharzu*).

13. I.e., Eliezer faithfully carried out his mission (*Eitz Yosef*, citing *Nezer HaKodesh*).

14. This verse demonstrates that the title *servant* is used by Scripture to portray Abraham.

15. Eliezer's journey to Abraham's birthplace in search of a wife for Isaac required him to go to lands that were new and unfamiliar to him (ibid.; see *Rashi*). See Insight Ⓐ.

INSIGHTS

Ⓐ **Trusting God in All Circumstances** The Midrash describes Eliezer's journey to have been one made in darkness. *R' Eliyahu Dessler* (quoted in *Reshimos MeihaVaad* of *Kollel Michtav MeEliyahu, Kovetz* 10, p. 3) understands this to be a reference to Eliezer's state of mind while undertaking his task. Eliezer considered himself to be embarking upon a mission of great difficulty — a dark path — whose success was by no means assured. *R' Dessler* expresses amazement. Eliezer's task was in fact one of little difficulty. As the agent of his great master Abraham, and the custodian of his considerable wealth, Eliezer was almost certain to meet success in his quest for a wife for Isaac. Indeed, the Sages teach that even the daughters of kings were content to serve as mere handmaidens in the home of Abraham (see *Rashi, Genesis* 16:1). The remotest connection with the household of the great man was desperately sought by the daughters of nobles (see *Rashi* ibid. 36:12). Surely then it should pose no challenge to secure a bride for Isaac, a great man in his own right, and the sole heir to Abraham's extensive estate. Why did Eliezer imagine his path to be one of darkness?

R' Dessler explains that this underlines the difference in approach between an ordinary person and one trained in the household of Abraham. Many people turn to God for aid only when in distress. When beset by difficulties, they beseech God for His assistance. Only then do they recall His existence. When all is well, however, these people rely upon their own devices, and forget that success lies always in the hands of the Almighty. Eliezer, the great disciple of Abraham, learned from Abraham that even when circumstances seem favorable, even

פרשה ס

א [כד, יב] **"וַיֹּאמַר ה' אֱלֹהֵי אַבְרָהָם הַקְרֵה נָא לְפָנַי הַיּוֹם וְגוֹ'".** (ישעיה נ, י) [א]**"מִי בָכֶם יְרֵא ה' שֹׁמֵעַ בְּקוֹל עַבְדּוֹ", אָמַר "מִי בָכֶם יְרֵא ה'" זֶה אַבְרָהָם. "שֹׁמֵעַ בְּקוֹל עַבְדּוֹ" אֲשֶׁר שָׁמַע הַקָּדוֹשׁ בָּרוּךְ הוּא בְּקוֹלוֹ שֶׁל עַבְדּוֹ.** (שם) **"אֲשֶׁר הָלַךְ חֲשֵׁכִים", שֶׁבָּא מֵאַסְפַּמְיָא וּמֵחַבְרוֹתֶיהָ וְלֹא הָיָה יוֹדֵעַ הֵיכָן הוֹלֵךְ, כְּאָדָם שֶׁהוּא שָׁרוּי בַּחוֹשֶׁךְ, "וְאֵין נֹגַהּ לוֹ". וּמִי הָיָה מֵאִיר לוֹ הַקָּדוֹשׁ בָּרוּךְ הוּא הָיָה מֵאִיר לוֹ בְּכָל מָקוֹם שֶׁהָיָה הוֹלֵךְ. "יִבְטַח בְּשֵׁם ה' וְיִשָּׁעֵן בֵּאלֹהָיו",** (נחמיה ט, ח)**"וּמָצָאתָ אֶת לְבָבוֹ נֶאֱמָן לְפָנֶיךָ". דָּבָר אַחֵר, "מִי בָכֶם יְרֵא ה'", זֶה אֱלִיעֶזֶר, "שֹׁמֵעַ בְּקוֹל עַבְדּוֹ", בְּקוֹל אַבְרָהָם שֶׁהָיָה עֶבֶד לְהַקָּדוֹשׁ בָּרוּךְ הוּא שֶׁנֶּאֱמַר** (בראשית כו, כד) **"בַּעֲבוּר אַבְרָהָם עַבְדִּי", "אֲשֶׁר הָלַךְ חֲשֵׁכִים", בְּשָׁעָה שֶׁהָלַךְ לְהָבִיא אֶת רִבְקָה "וְאֵין נֹגַהּ לוֹ", וּמִי הָיָה מֵאִיר לוֹ הַקָּדוֹשׁ בָּרוּךְ הוּא הָיָה מֵאִיר לוֹ בְּזִיקִים וּבִבְרָקִים. "יִבְטַח בְּשֵׁם ה' וְיִשָּׁעֵן בֵּאלֹהָיו", "וַיֹּאמַר ה' אֱלֹהֵי אֲדֹנִי אַבְרָהָם הַקְרֵה נָא לְפָנַי הַיּוֹם":**

ב **כְּתִיב** (משלי יז, ב) **"עֶבֶד מַשְׂכִּיל יִמְשֹׁל בְּבֵן מֵבִישׁ וּבְתוֹךְ אַחִים יַחֲלֹק נַחֲלָה",** [ב]**"עֶבֶד מַשְׂכִּיל", זֶה אֱלִיעֶזֶר. וּמָה הַשְׂכָּלָתוֹ, אָמַר כְּבָר קִלְלָתוֹ שֶׁל אוֹתוֹ הָאִישׁ בְּיָדוֹ שֶׁמָּא יָבוֹא כּוּשִׁי אֶחָד אוֹ בַּרְבַּר אֶחָד וְיִשְׁתַּעְבֵּד בִּי מוּטָב לִי לְהִשְׁתַּעְבֵּד בַּבַּיִת הַזֶּה וְלֹא בְּבַיִת אַחֵר.**

רש"י

ס (א) **אשר הלך חשכים.** שבא מאספמיא ומחברותיה שלא היה יודע כאדם שהולך בחשך: ד"א שומע בקול עבדו בקול אברהם אדונו שהיה עבד להקדוש ברוך הוא שנאמר אברהם עבדי: **והלך חשכים.** שלא היה יודע להיכן הולך בשעה שהלך להביא את רבקה: (ב) **כבר קללתו של אותו האיש בידו.** שנתקלל לעולם בעבד: **שמא יבוא ברברי אחד מן בני ברברא וישתעבד בו מוטב ישתעבד בבית זה לאברהם ולא ישתעבד בבית אחר:**

מתנות כהונה

ס [א] **הקרה נא גרסינן.** ה"ג בקול עבדו מי בכם. אשר שמע הקב"ה בקולו של עבדו של אברהם: [ב] **זה אליעזר בשעה שהלך להביא את רבקה.** שלא ידע להיכן ילך: **כבר קללתו כו'.** שהיה מזרע כנען המקולל לעבדות שנאמר ארור כנען עבד עבדים וגו': **ברבר.** פירש הערוך אומה משוקלת. מעם לועז ת"י ברבריה: **בבית זה.** של אברהם שהוא נשיא אלהים:

עץ יוסף

ס (א) **מי בכם ירא ה' כו'.** דריש מי בכם ירא כו' באברהם שנקרא ירא ה' כדכתיב עתה ידעתי כי ירא אלהים אתה. שומע בקול עבדו כו' זה אליעזר בהיותו מבקש רחמים לפניו יתב' להצליח דרכו ונעתר לו ה' בזכות אברהם אשר בטח בה' לילך מארצו ומולדתו והלך חשכים מאספמיא וחברותיה אשר הוא ארצו ומולדתו לעבור ארצות זרים. וטרם שהראה לו ה' הארץ הנבחרת לא ידע להיכן הולך כמי שהולך חשכים ואין נוגה לו. ואעפ"כ יבטח בשם ה' כדכתיב ומצאת את לבבו נאמן לפניך שהיה לבו שלם לפניו יתב' בבטחונו עליו (נזה"ק): **אמר מי בכם.** תיבת אמר מיותר: **שבא מאספמיא.** נ"ל ממספוטמיא. כדאי' לעיל פ' מ"ד והוראת השם הזה בל"י הוא מורכב משני מלות (מאסא) פי' תוך (פאטו אסיט) נהרות. והוא ארם נהרים ר"ל ארם השוכנת בין שתי הנהרות פרת וחידקל (רש"י): **ירא ה' זה אליעזר כו'.** שהיה שומע בקול עבדו של ה' הוא אברהם להיות נאמן בשליחותו. אשר היה מתחלה כהולך חשכים ואין נוגה לו והיינו בשעה שהלך להביא את רבקה כי אז הלך סתם אל ארצו ואל מולדתו של אברהם במקום אשר לא עבר בה מעולם ובעבור שבטח בשם קדשו יתב' היה הקב"ה מאיר לו בזיקים ובברקים כלו' ברמזים. במופת קפילת הדרך ובמה שנתקיים סימנו ומופתו באשה ההולכת לקראתו להשקות בהמותיו מבאר המים. ואף כי היה זה שאלה שלא כהוגן וכדלקמן בפירקין (נזה"ק): (ב) **עבד משכיל כו' זה אליעזר.** דריש דרמז על ענין אליעזר וכדמסיק ואזיל: **כבר קללתו כו'.** בקללות העבדות כמו שנא' ארור כנען עבד עבדים יהיה לאחיו ולכן אע"פ שעדיין לא נשתעבד אלא שום אדם מ"מ מפחדו שמא תתקיים בו הקללה ואז שמא יבא כושי או ברבר (מעם לועז ת"י מעם ברבראי) וישתעבד בו. לפיכך בראותו מעלת אברהם מסר את נפשו אליו ברצון שלם ונפש חפצה. כי אמר מוטב לי להשתעבד בבית זה ולא בבית אחר (נזה"ק):

פירוש מהרז"ו

ס (א) **זה אברהם.** כמ"ש כי עתה ידעתי כי ירא אלהים אתה. כן הוא מדרש תהלים קי"ב: **ומי היה מאיר לו.** דעת המדרש שכל מקום שכתוב אין לה הוה לה וכמ"ש לעיל ס"פ ל"ח וש"כ וכן כאן ואין נוגה ובהכרח שאח"כ היה לו נוגה ואור וע"ז שואל ומי האיר לו: **זה אליעזר.** כמ"ש פנ"ט רס"ח שמלט בילרו כמותו: **בזיקים וברקים.** עי' ויק"ר ר"פ כ"א אלל דוד בזיקים וברקים: (ב) **עבד משכיל.** עי' ילקוט משלי י"ז: **כבר קללתו.** כמ"ש לעיל פר' כ"ט סימן ט' ועי' מש"ש: **שמא יבוא כושי.** הנה כוש הוא בן חם כמ"ש ובני חם כוש ומלרים פוט וכנען וכתב ארור כנען עבד עבדים יהיה לאחיו ואיתא בפסיקתא ס"פ כ"א ומנין שכל משפחותיו של חם קרויים עבדים שנאמר מארץ מלרים מבית עבדים וגו' לשעבר היו ישראל עבדים לעבדים וכו' א"כ מ"ש עבד עבדים יהיה לאחיו פירש שכנען יהיה עבד לאחיו שהם עבדים ע"פ מדה י"ז שמפורש אלל מלרים שהם עבדים ונידון ע"פ מדה כ"ה דבר שהיה בכלל וכו' שמלרים בכלל בני חם ויצא מן הכלל שקראו עבדים לא על עצמו יצא אלא על הכלל כולו יצא שכולם נקראו עבדים. ועי' מכילתא סוף פסוק אנכי עבדים לשרים ואין זה סותר להנ"ל כי גם אומה כנען היו להם שרים וכן מלרים היו עבדים והיו להם שרים וכמ"ש פר"א פרק

חידושי הרש"ש

[א] **שבא ממיספוטמים** כצ"ל וכדלעיל בפרשה מ"ד. והוראת השם הזה עיין בבאור לפרשה זו פסוק יו"ד:

מסורת המדרש

א ילקוט ישעיה רמז של"ה:

ב ילקוט משלי רמז תתקנ"ו:

אם למקרא

מִי בָכֶם יְרֵא ה' שֹׁמֵעַ בְּקוֹל עַבְדּוֹ אֲשֶׁר הָלַךְ חֲשֵׁכִים וְאֵין נֹגַהּ לוֹ יִבְטַח בְּשֵׁם ה' וְיִשָּׁעֵן בֵּאלֹהָיו: (ישעיה נ:י)

וַיֵּרָא אֵלָיו ה' בַּלַּיְלָה הַהוּא וַיֹּאמֶר אָנֹכִי אֱלֹהֵי אַבְרָהָם אָבִיךָ אַל־תִּירָא כִּי־אִתְּךָ אָנֹכִי וּבֵרַכְתִּיךָ וְהִרְבֵּיתִי אֶת־זַרְעֲךָ בַּעֲבוּר אַבְרָהָם עַבְדִּי: (בראשית כו:כד)

עֶבֶד מַשְׂכִּיל יִמְשֹׁל בְּבֵן מֵבִישׁ וּבְתוֹךְ אַחִים יַחֲלֹק נַחֲלָה: (משלי יז:ב)

אשד הנחלים

ס [א] **מי בכם גו'.** באור הכתוב עד"ז שהנביא מייעץ לאדם הירא באמת את אלהיו וישתוקק מאוד להשיג כבודו אשר הדבר הזה נעלם הידיע' מאוד מעומק המושג וכמעט נטמן הדבר כבחושך לחקור בענינים אלהים הנעלמים ואין למצוא מקום נוגה לו שמאיר האמת בחקירותיו. זולת שיבטח בשם ה' שיאיר לו בדרך נבואה מה שהוא נעלה משכל אנושי. וג"כ יעזרהו בכל מהלכו. ומה נפלא זה המשל על אברהם שהי' משוקע בין עובדי כוכבים. רק הוא התמכר להתבונן באמיתת ה' וה' האיר לו במחזה הנבואה מצד שלבו נאמן בו בתמימות: **ד"א זה אליעזר.** אולי הנביא כיון על חזקיה המלך אשר ירא ופחד מפני סנחרב וע"כ הולכים בחושך הצרות ומייעצם הנביא שיבטחו בשם ה' ולא יפחדו. ולכן דרש בכמוהו על אליעזר. ואמר שהאיר בזיקים ובברקים. הוא מכוון לענין כמו שדימה הרב המורה צדק בספרו הנכבד בהקדמתו שהרוח הקודש הנוצץ באדם הוא כערך הארה מהברק או מגשם זך מול אור האמיתי שהוא הנבואה. כן באליעזר רוה"ק נצצה בו שינסה בשאיבת המים ונזדמן לו חפצו. ודרש באלהיו. הוא כמ"ש אלהי אברהם ולכן נכתב בשם כנוי: [ב] **עבד משכיל גו' זה אליעזר.** הוא מליצה נפלאה כי המשכיל אף שהוא עבד לאחרים עכ"ז ע"י השכלתו נעשה עבד אצל מלכים ושרים ועבד מלך מלך. ולכן עי"ז הוא בעצמו מושל בשפלים אף כי הוא בעצמו עבד. ומה נפלא זה הציור באלעזר. כי הוא היה עבד אברהם שהיה נקרא נשיא. ובודאי נהגו בו כבוד גם באליעזר. ובאגב דרש עוד מביש מפועל יוצא שהוא מבייש לאחרים וכלומר כ"כ גדלה מעלת אליעזר עבדו עד שמסב כל ענייני יצחק בנו עליו כאילו הוא מושל עליו בחפצו: וכ"כ זכה אליעז' עד שנענה בזכו' אברה' כמו בן אברה' עצמו:

himself indicates that eventually Eliezer had light on that journey.[16] וּמִי הָיָה מֵאִיר לוֹ — **And who,** then, **provided light for him?** הַקָּדוֹשׁ בָּרוּךְ הוּא הָיָה מֵאִיר לוֹ בִּזִיקִים וּבִבְרָקִים — **The Holy One, blessed is He, provided light for [Eliezer] with meteors and with lightning.**[17] "יִבְטַח בְּשֵׁם ה׳ וְיִשָּׁעֵן בֵּאלֹהָיו" — ***Let him trust in the Name of HASHEM and rely upon his God*** — this suggests that Eliezer merited that light through the trust he placed in God.[18] "וַיֹּאמַר ה׳ אֱלֹהֵי אֲדֹנִי אַבְרָהָם הַקְרֵה נָא לְפָנַי הַיּוֹם" — And this trust is evidenced by Eliezer's prayer of our verse,[19] ***And he said, "HASHEM, God of my master Abraham, may You so arrange it for me this day that You do kindness with my master Abraham."***

§2 The Midrash relates a verse from *Proverbs* to Eliezer, one phrase at a time:

כְּתִיב "עֶבֶד מַשְׂכִּיל יִמְשֹׁל בְּבֵן מֵבִישׁ וּבְתוֹךְ אַחִים יַחֲלֹק נַחֲלָה" — **It is written,** ***An intelligent servant will rule over a shaming son, and will share the inheritance among the brothers*** (*Proverbs* 17:2). "עֶבֶד מַשְׂכִּיל", זֶה אֱלִיעֶזֶר — ***An intelligent servant*** — **this is** an allusion to **Eliezer.** וּמָה הַשְׂכָּלָתוֹ — The Midrash explains: **And** what demonstrated **his intelligence?** אָמַר כְּבָר קִלְלָתוֹ שֶׁל אוֹתוֹ הָאִישׁ בְּיָדוֹ — **[Eliezer] said, "My curse is already in my hand;**[20] שֶׁמָּא יָבוֹא כּוּשִׁי אֶחָד אוֹ בַּרְבַּר אֶחָד וְיִשְׁתַּעְבֵּד בִּי — **perhaps a Cushite or a barbarian will come and enslave me!**[21] מוּטָב לִי לְהִשְׁתַּעְבֵּד בְּבַיִת הַזֶּה וְלֹא בְּבַיִת אַחֵר — **It is better for me to be enslaved in this** (i.e., Abraham's) **house and not in another house."**[22]

NOTES

16. See above, note 9.

17. The Midrash uses meteors and lightning as metaphors for the indications God gave Eliezer that his trip would meet with success. These indications were the miraculous shortening of the trip (see above, 59 §11) and the fact that Rebecca went out and gave his camels water from the well to drink, exactly as Eliezer had requested (*Nezer HaKodesh*; see *Eitz Yosef*). [God did this in spite of the fact that Eliezer's request is considered by the Midrash below, in §3, to have been improper (*Eitz Yosef*, citing *Nezer HaKodesh*).]

18. See ibid.

19. *Nezer HaKodesh*; see *Eitz Yosef*.

20. Lit., *the curse of that man is in his hand*; this expression means that the subject's being cursed is already an accomplished fact.

21. Eliezer was a scion of Canaan, whom Noah had cursed with the words, אָרוּר כְּנָעַן עֶבֶד עֲבָדִים יִהְיֶה לְאֶחָיו, *Cursed is Canaan; a slave of slaves shall he be to his brothers* (above, 9:24). Therefore, while yet a free man, Eliezer feared that he would be enslaved in an undesirable environment (*Eitz Yosef*, citing *Nezer HaKodesh*).

22. In appreciation of the greatness of Abraham [who was recognized as a *prince of God* (*Matnos Kehunah*, referring to 23:6)], Eliezer volunteered himself as his slave (ibid.; see *Rashi*). This act demonstrated Eliezer's intelligence (see further, *Yefeh To'ar*).

INSIGHTS

when the path is bright and the way clear, we depend entirely upon God's aid. Eliezer was not deluded by apparent ease of his mission. Rather, he acted as though his path was shrouded in darkness, for he knew, having absorbed the lesson from Abraham, that even when success seems assured, it cannot be achieved unless one will *trust in the Name of HASHEM and rely upon his God.*

פרשה ס

א [כד, יב] "וַיֹּאמַר ה' אֱלֹהֵי אַבְרָהָם הַקְרֵה נָא לְפָנַי הַיּוֹם וְגוֹ' ". (ישעיה נ, י) א"מִי בָכֶם יְרֵא ה' שֹׁמֵעַ בְּקוֹל עַבְדּוֹ", אָמַר "מִי בָכֶם יְרֵא ה' " זֶה אַבְרָהָם. "שֹׁמֵעַ בְּקוֹל עַבְדּוֹ" אֲשֶׁר שָׁמַע הַקָּדוֹשׁ בָּרוּךְ הוּא בְּקוֹלוֹ שֶׁל עַבְדּוֹ. (שם) "אֲשֶׁר הָלַךְ חֲשֵׁכִים", שֶׁבָּא מֵאַסְפַּמְיָא וּמֵחַבְרוֹתֶיהָ וְלֹא הָיָה יוֹדֵעַ הֵיכָן הוֹלֵךְ, כְּאָדָם שֶׁהוּא שָׁרוּי בַּחוֹשֶׁךְ, "וְאֵין נֹגַהּ לוֹ". וּמִי הָיָה מֵאִיר לוֹ הַקָּדוֹשׁ בָּרוּךְ הוּא הָיָה מֵאִיר לוֹ בְּכָל מָקוֹם שֶׁהָיָה הוֹלֵךְ. "יִבְטַח בְּשֵׁם ה' וְיִשָּׁעֵן בֵּאלֹהָיו", (נחמיה ט, ח)"וּמָצָאתָ אֶת לְבָבוֹ נֶאֱמָן לְפָנֶיךָ". דָּבָר אַחֵר, "מִי בָכֶם יְרֵא ה' ", זֶה אֱלִיעֶזֶר, "שֹׁמֵעַ בְּקוֹל עַבְדּוֹ", בְּקוֹל אַבְרָהָם שֶׁהָיָה עֶבֶד לְהַקָּדוֹשׁ בָּרוּךְ הוּא שֶׁנֶּאֱמַר (בראשית כו, כד) "בַּעֲבוּר אַבְרָהָם עַבְדִּי", "אֲשֶׁר הָלַךְ חֲשֵׁכִים", בְּשָׁעָה שֶׁהָלַךְ לְהָבִיא אֶת רִבְקָה "וְאֵין נֹגַהּ לוֹ", וּמִי הָיָה מֵאִיר לוֹ הַקָּדוֹשׁ בָּרוּךְ הוּא הָיָה מֵאִיר לוֹ בְּזִיקִים וּבִבְרָקִים. "יִבְטַח בְּשֵׁם ה' וְיִשָּׁעֵן בֵּאלֹהָיו", "וַיֹּאמַר ה' אֱלֹהֵי אֲדֹנִי אַבְרָהָם הַקְרֵה נָא לְפָנַי הַיּוֹם":

ב כְּתִיב (משלי יז, ב) "עֶבֶד מַשְׂכִּיל יִמְשֹׁל בְּבֵן מֵבִישׁ וּבְתוֹךְ אַחִים יַחֲלֹק נַחֲלָה", ב"עֶבֶד מַשְׂכִּיל", זֶה אֱלִיעֶזֶר. וּמָה הַשְׂכָּלָתוֹ, אָמַר כְּבָר קִלְלָתוֹ שֶׁל אוֹתוֹ הָאִישׁ בְּיָדוֹ שֶׁמָּא יָבוֹא כּוּשִׁי אֶחָד אוֹ בַּרְבַּר אֶחָד וְיִשְׁתַּעְבֵּד בִּי מוּטָב לִי לְהִשְׁתַּעְבֵּד בַּבַּיִת הַזֶּה וְלֹא בְּבַיִת אַחֵר.

רש"י

ס (א) **אשר הלך חשכים.** שבא מאספמיא ומחברותיה שלא היה יודע כאדם שהולך בחשך: ד"א שומע בקול עבדו בקול אברהם אדונו שהיה עבד להקדוש ברוך הוא שנאמר אברהם עבדי: **והלך חשכים.** שלא היה יודע להיכן הולך בשעה שהלך להביא את רבקה: (ב) **כבר קללתו של אותו האיש בידו.** שנתקלל לעולם בעבד: **שמא יבוא ברברי אחד מן בני ברברא וישתעבד בו מוטב ישתעבד בבית זה לאברהם ולא ישתעבד בבית אחר:**

עץ יוסף

ס (א) **מי בכם ירא ה' כו'.** דריש מי בכם ירא כו' באברהם שנקרא ירא ה' כדכתיב עתה ידעתי כי ירא אלהים אתה. שומע בקול עבדו כו' זה אליעזר בהיותו מבקש רחמים לפניו יתב' להצליח דרכו ונעתר לו ה' בזכות אברהם אשר בטח בה' לילך מארצו ומולדתו והלך חשכים מאספמיא וחברותיה אשר הוא ארצו ומולדתו לעבור ארצות זרים. וטרם שהראה לו ה' הארץ הנבחרת לא ידע להיכן הולך כמי שהולך חשכים ואין נוגה לו. ואעפ"כ יבטח בשם ה' כדכתיב ומצאת את לבבו נאמן לפניך שהיה לבו שלם לפניו יתב' בבטחונו עליו (נזה"ק): **אמר מי בכם.** תיבת אמר מיותר: **שבא מאספמיא.** נ"ל ממספוטמיא. כדאי' לעיל פ' מ"ד והוראת השם הזה בל"י הוא מורכב משני מלות (מאסא) פי' תוך (פאטאסיט) נהרות. והוא ארם נהרים ר"ל ארם השוכנת בין שתי הנהרות פרת וחידקל (רש"י): **ירא ה' זה אליעזר כו'.** שהיה שומע בקול עבדו של ה' הוא אברהם להיות נאמן בשליחותו. אשר היה מתחלה כהולך חשכים ואין נוגה לו והיינו בשעה שהלך להביא את רבקה כי אז הלך סתם אל ארצו ואל מולדתו של אברהם במקום אשר לא עבר בה מעולם ובעבור שבטח בשם קדשו יתב' היה הקב"ה מאיר לו בזיקים ובברקים כלו' ברמזים. במופת קפילת הדרך ובמה שנתקיים סימנו ומופתו באשה ההולכת לקראתו להשקות בהמותיו מבאר המים. ואף כי היה זה שאלה שלא כהוגן וכדלקמן בפירקין (נזה"ק): (ב) **עבד משכיל כו' זה אליעזר.** דריש דרמז על ענין אליעזר וכדמסיק ואזיל: **כבר קללתו כו'.** בקללות העבדות כמו שנא' ארור כנען עבד עבדים יהיה לאחיו ולכן אע"פ שעדיין לא נשתעבד אצל שום אדם מ"מ מפחדו שמא תתקיים בו הקללה ואז שמא יבא כושי או ברבר (מעם לועז ת"י מעם ברבראי) וישתעבד בו. לפיכך ברצותו מעלת אברהם מסר את נפשו אליו ברצון שלם ונפש חפצה. כי אמר מוטב לי להשתעבד בבית זה ולא בבית אחר (נזה"ק):

פירוש מהרז"ו

ס (א) **זה אברהם.** כמ"ש כי עתה ידעתי כי ירא אלהים אתה. כן הוא מדרש תהלים קי"ב: **ומי היה מאיר לו.** דעת המדרש שכל מקום שכתוב אין לה הוה לה וכמ"ש לעיל ס"פ ל"ח וש"נ וכן כאן ואין נוגה ובהכרח שאח"כ היה לו נוגה ואור ועי"ז שואל ומי האיר לו: **זה אליעזר.** כמ"ש פנ"ט רס"ח ששלט ביצרו כמותו: **בזיקים וברקים.** עי' ויק"ר ר"פ כ"א אצל דוד בזיקים וברקים: (ב) **עבד משכיל.** עי' ילקוט משלי י"ז: **כבר קללתו.** כמ"ש לעיל פר' כ"ט סימן ט' ועי' מש"ש: **שמא יבוא כושי.** הנה כוש הוא בן חם כמ"ש ובני חם כוש ומצרים פוט וכנען וכתב ארור כנען עבד עבדים יהיה לאחיו ואיתא בפסיקתא ס"פ כ"א ומנין שכל משפחותיו של חם קרויים עבדים שנאמר מארץ מצרים מבית עבדים וגו' לשעבר היו ישראל עבדים לעבדים וכו' א"כ מ"ש עבד עבדים יהיה לאחיו פירש שכנען יהיה עבד לאחיו שהם עבדים ע"פ מדה י"ז שמפורש אצל מצרים שהם עבדים ונידון ע"פ מדה כ"ה דבר שהיה בכלל וכו' שמצרים בכלל בני חם ויצא מן הכלל שקראו עבדים לא על עצמו יצא אלא על הכלל כולו יצא שכולם נקראו עבדים. ועי' מכילתא סוף פסוק אנכי עבדים לשרים ואין זה סותר להנ"ל כי גם אומה כנען היו להם שרים וכן מצרים היו עבדים והיו להם שרים וכמ"ש פר"א פרק

חידושי הרש"ש

[א] **שבא ממיספוטמים** כנ"ל וכדלעיל בפרשה מ"ד. והוראת השם הזה עיין בבאור לפרשה זו פסוק י"ד:

מסורת המדרש

א ילקוט ישעיה רמז של"ה:

ב ילקוט משלי רמז תתקנ"ו:

אם למקרא

מִי בָכֶם יְרֵא ה' שֹׁמֵעַ בְּקוֹל עַבְדּוֹ אֲשֶׁר הָלַךְ חֲשֵׁכִים וְאֵין נֹגַהּ לוֹ יִבְטַח בְּשֵׁם ה' וְיִשָּׁעֵן בֵּאלֹהָיו: (ישעיה נ:י)

וַיֵּרָא אֵלָיו ה' בַּלַּיְלָה הַהוּא וַיֹּאמֶר אָנֹכִי אֱלֹהֵי אַבְרָהָם אָבִיךָ אַל־תִּירָא כִּי־אִתְּךָ אָנֹכִי וּבֵרַכְתִּיךָ וְהִרְבֵּיתִי אֶת־זַרְעֲךָ בַּעֲבוּר אַבְרָהָם עַבְדִּי: (בראשית כו:כד)

עֶבֶד מַשְׂכִּיל יִמְשֹׁל בְּבֵן מֵבִישׁ וּבְתוֹךְ אַחִים יַחֲלֹק נַחֲלָה: (משלי יז:ב)

מתנות כהונה

ס [א] **הקרה נא גרסינן.** ה"ג בקול עבדו מי בכם. אשר שמע הקב"ה בקולו של עבדו של אברהם: [ב] **זה אליעזר בשעה שהלך להביא את רבקה.** שלא ידע להיכן ילך: **כבר קללתו כו'.** שהיה מזרע כנען המקולל לעבדות שנאמר ארור כנען עבד עבדים וגו': **ברבר.** פירש הערוך אומה משוקלת. מעם לועז ת"י ברבריה: **בבית זה.** של אברהם שהוא נשיא אלהים:

אשד הנחלים

ס [א] **מי בכם גו'.** באור הכתוב עד"ז שהנביא מייעץ לאדם הירא באמת את אלהיו וישתוקק מאוד להשיג כבודו אשר הדבר הזה נעלם הידיע' מאוד מעומק המושג וכמעט נטמן הדבר כבחושך לחקור בענינים אלהים הנעלמים ואין למצוא מקום נוגה לו שמאיר האמת בחקירותיו. זולת שיבטח בשם ה' שיאיר לו בדרך נבואה מה שהוא נעלה משכל אנושי. וג"כ יעזרהו בכל מהלכו. ומה נפלא זה המשל על אברהם שהי' משוקע בין עובדי כוכבים. רק הוא התמכר להתבונן באמיתת ה' וה' האיר לו במחזה הנבואה מצד שלבו נאמן בו בתמימות: **ד"א זה אליעזר.** אולי הנביא כיון על חזקיה המלך אשר ירא ופחד מפני סנחרב וע"כ הולכים בחושך הצרות ומייעצם הנביא שיבטחו בשם ה' ולא יפחדו. ולכן דרש בכמוהו על אליעזר. ואמר שהאיר בזיקים ובברקים. הוא מכוון לענין כמו שדימה הרב המורה צדק בספרו הנכבד בהקדמתו שהרוח הקודש הנוצץ באדם הוא כערך הארה מהברק או מגשם זך מול אור האמיתי שהוא הנבואה. כן באליעזר רוה"ק נצצה בו שינסה בשאיבת המים ונזדמן לו חפצו. ודרש באלהיו. הוא כמ"ש אלהי אברהם ולכן נכתב בשם כנוי: [ב] **עבד משכיל גו' זה אליעזר.** הוא מליצה נפלאה כי המשכיל אף שהוא עבד לאחרים עכ"ז ע"י השכלתו נעשה עבד אצל מלכים ושרים ועבד מלך מלך. ולכן ע"י הוא בעצמו מושל בשפלים אף כי הוא בעצמו עבד. ומה נפלא זה הציור באלעזר. כי הוא היה עבד אברהם שהיה נקרא נשיא. ובודאי נהגו בו כבוד גם באליעזר. ובאגב דרש עוד מביש מפועל יוצא שהוא מבייש לאחרים וכלומר כ"כ גדלה מעלת אליעזר עבדו עד שמסבב כל ענייני יצחק בנו עליו כאילו הוא מושל עליו בחפצו: וכ"כ זכה אליעז' עד שנענה בזכו' אברה' כמו בן אברה' עצמו:

"וּמָשַׁל בְּבֵן מֵבִישׁ", זֶה יִצְחָק — When the verse then states, ***he will rule over a shaming son,* [*a shaming son*] is an allusion to Isaac,**[23] שֶׁבִּיֵּישׁ אֶת כָּל אוּמוֹת הָעוֹלָם בְּשָׁעָה שֶׁנֶּעֱקַד עַל גַּבֵּי הַמִּזְבֵּחַ — **who embarrassed all nations of the world when he was bound on top of the altar.**[24] "וּבְתוֹךְ אַחִים יַחֲלֹק נַחֲלָה", בְּתוֹךְ יִשְׂרָאֵל — In the verse's conclusion, ***and he will share the inheritance among the brothers,*** *among the brothers* may mean, **among the nation of Israel.**[25] Thus, Eliezer is said to share an *inheritance* with the Jewish people. מָה אֵלּוּ מַזְכִּירִין זְכוּת אָבוֹת אַף זֶה מַזְכִּיר זְכוּת אָבוֹת "וַיֹּאמַר ה' אֱלֹהֵי אֲדֹנִי אַבְרָהָם וגו'" — The Midrash elaborates: **Just as these** (i.e., members of the nation of Israel) **evoke the merit of** their **Patriarchs** when they pray, **so does this one** (i.e., Eliezer) **evoke the merit of Patriarchs** when he prays, as it is written, *And [Eliezer] said, "**HASHEM, God of my master Abraham, etc.**"*[26]

□ הַקְרֵה נָא לְפָנַי הַיּוֹם — ***MAY YOU SO ARRANGE IT FOR ME THIS DAY.***[27]

The Midrash continues to comment on Eliezer's prayer:

הִתְחַלְתָּ גְּמוֹר — Eliezer requested of God, **"You have begun** to assist me today in finding a wife for Isaac, therefore, please **complete** this assistance today."[28] "וַעֲשֵׂה חֶסֶד עִם אֲדֹנִי אַבְרָהָם", רַבִּי חַגַּי בְּשֵׁם רַבִּי יִצְחָק אָמַר — ***And do kindness with my master Abraham,* Chaggai said in the name of R' Yitzchak:** הַכֹּל צְרִיכִין לְחֶסֶד — **Everyone is in need of** God's **kindness.**[29] אֲפִילוּ אַבְרָהָם שֶׁהַחֶסֶד מִתְגַּלְגֵּל בָּעוֹלָם בִּשְׁבִילוֹ נִצְרַךְ לְחֶסֶד — **Even Abraham, for whom kindness happens in the world,**[30] **needed kindness,**[31] שֶׁנֶּאֱמַר "וַעֲשֵׂה חֶסֶד עִם אֲדֹנִי אַבְרָהָם"[32] — **as it is written, *and do kindness with my master Abraham.***

הִנֵּה אָנֹכִי נִצָּב עַל עֵין הַמָּיִם וּבְנוֹת אַנְשֵׁי הָעִיר יֹצְאֹת לִשְׁאֹב מָיִם. וְהָיָה הַנַּעֲרָ אֲשֶׁר אֹמַר אֵלֶיהָ הַטִּי נָא כַדֵּךְ וְאֶשְׁתֶּה וְאָמְרָה שְׁתֵה וְגַם גְּמַלֶּיךָ אַשְׁקֶה אֹתָהּ הֹכַחְתָּ לְעַבְדְּךָ לְיִצְחָק וּבָהּ אֵדַע כִּי עָשִׂיתָ חֶסֶד עִם אֲדֹנִי.

"Behold, I am standing here by the spring of water and the daughters of the townsmen come out to draw water. It shall be that the maiden to whom I shall say, 'Please tip over your jug so I may drink,' and who replies, 'Drink, and I will even water your camels,' her will You have designated for Your servant, for Isaac; and may I know through her that You have done kindness with my master." (24:13-14).

§3 הִנֵּה אָנֹכִי נִצָּב עַל עֵין הַמַּיִם וּבְנוֹת אַנְשֵׁי הָעִיר וגו' וְהָיָה הַנַּעֲרָה אֲשֶׁר אֹמַר אֵלֶיהָ הַטִּי וגו' — ***BEHOLD, I*** (ELIEZER) ***AM STANDING HERE BY THE SPRING OF WATER AND THE DAUGHTERS OF THE TOWNSMEN COME OUT TO DRAW WATER. IT SHALL BE THAT THE MAIDEN TO WHOM I SHALL SAY, "PLEASE TIP OVER, ETC."***

The Midrash compares Eliezer's request to similar ones found elsewhere in Scripture:

ד' הֵן שֶׁתָּבְעוּ שֶׁלֹּא כְּהוֹגֶן — **There were four** individuals (in Scripture) **who made requests**[33] **in an improper manner.** לְג' נִיתַּן כְּהוֹגֶן, לְאֶחָד נִיתַּן שֶׁלֹּא כְּהוֹגֶן — **To three** of these, that which they sought **was** nonetheless **given in a proper manner,** but **to one** of them, what he sought **was given in an improper manner** [as will be explained]. וְאֵלּוּ הֵן: אֱלִיעֶזֶר עֶבֶד אַבְרָהָם, כָּלֵב, שָׁאוּל, יִפְתָּח — **And these are [the four individuals]: Eliezer the servant of Abraham, Caleb,** King **Saul,** and **Jephthah.**

The Midrash will now present each of the four requests and their failings:

אֱלִיעֶזֶר אָמַר "וְהָיָה הַנַּעֲרָה אֲשֶׁר אֹמַר אֵלֶיהָ וגו'" — **Eliezer said, *It shall be that the maiden to whom I shall say, "Please tip over, etc.,*** *her will You have designated for Your servant, for Isaac."* הָא אִלּוּ יָצְאָה אָמָה אַחַת וְהִשְׁקַתּוּ הָיָה מַשִּׂיאָהּ לְבֶן אֲדוֹנוֹ — **This** request was improper because, according to its terms, **if a slave-woman**[34] **would have gone out and given him to drink, [Eliezer] would have married her to his master's son!** אֶתְמְהָא — **Can it be?!** וְזִימֵּן לוֹ הַקָּדוֹשׁ בָּרוּךְ הוּא כְּהוֹגֶן — **But the Holy One, blessed is He,** nonetheless **sent** someone **to him in a proper manner,** as the verse states, "וַיְהִי הוּא טֶרֶם כִּלָּה לְדַבֵּר וְהִנֵּה רִבְקָה יֹצֵאת וגו'" — ***And it was when [Eliezer] had not yet finished speaking that suddenly Rebecca was coming out, etc.*** (v. 15).

NOTES

23. Eliezer, the *intelligent slave*, is said to have *ruled over* Isaac either because he was appointed by Abraham to be Isaac's guardian or because he was empowered with the choosing of Isaac's wife (*Eitz Yosef*).

24. When [the 37-year-old] Isaac allowed himself to be *bound* as a sacrifice (in 22:9), he discredited the idol worshipers, who had previously boasted of the singular devotion they displayed by sacrificing their children (see *Yerushalmi Sotah* 5:6, cited by *Rashi*, with *Pnei Moshe* ad loc.; see *Maharzu* for another approach).

25. The nation of Israel is collectively referred to as *brothers* (*Yefeh To'ar, Eitz Yosef*) in *Psalms* 122:8, due to the unique affection its members have for one another (*Yefeh To'ar*).

26. When Eliezer prayed at the well in our verse, he referred to the merit of Abraham: *And he said, "HASHEM, God of my master Abraham, may You so arrange it for me this day that You do kindness with my master Abraham,"* etc. [And, although he was not descended from the Jewish Patriarchs, Eliezer is said to have evoked the merit of a *patriarch* because] (in 17:4-5) Abraham was referred to as *a father of a multitude of nations* (*Eitz Yosef*; see also *Yedei Moshe*).

27. Most printed editions have a different heading here; our emendation follows *Eitz Yosef*.

28. Elucidation follows *Eitz Yosef* (see preceding note), who explains that the Midrash is taking note of the words *this day,* which were included in Eliezer's request for Divine assistance. Having been charged with finding a wife for Isaac from Abraham's *land and birthplace* (see v. 4), Eliezer prayed that his mission be successfully concluded at his current location, and he not be compelled to scour the entire Trans-Jordan area in search of a suitable woman. Eliezer saw in the fact that he had experienced a miraculously quick journey earlier that day (see above 59 §11), an indication that it was a propitious day for him to be helped by God in this endeavor. He therefore asked of God to *complete* the assistance which He had *begun* that day (see also *Rashi, Matnos Kehunah*).

Alternatively, the Midrash is explaining Eliezer's repeated mention of *my master Abraham*, as well as the words *this day*. According to the Midrash, Eliezer requested of God, "Just as You have always been (i.e., *You have begun*) *God of my master Abraham*, on *this day* as well may You continue (i.e, *complete*) to *do kindness with my master Abraham*" (*Maharzu*; see *Yedei Moshe* for an additional approach).

29. No man is righteous enough to be dealt with by God within a system of absolute justice. Even the greatest among men prosper only as a result of God's kindness (*Yefeh To'ar*; compare *Arachin* 17a; but see *Berachos* 17b).

30. In Abraham's merit God performed kindness with all of mankind (*Nezer HaKodesh*, cited by *Eitz Yosef*; *Eshed HaNechalim*). [Kindness was Abraham's most outstanding quality (*Eshed HaNechalim, Imrei Yosher*, and *Maharzu*, based on *Micah* 7:20).]

31. It would seem reasonable that Abraham would *deserve* to be helped by God and would have no need for Divine *kindness*. If [as will be proven from the cited verse] even Abraham was helped only out of *kindness*, certainly do all others require *kindness* (*Eitz Yosef*, citing *Nezer HaKodesh*).

32. Most editions have here the words התחלת גמור; we have deleted them following *Yedei Moshe and Eitz Yosef*. See *Radal* for an interpretation of the other version.

33. [It is difficult to understand why the Midrash refers to the statements of Caleb, Saul, and Jephthah, which will appear below, as *requests*. There is nothing obvious in their words to indicate that they contained some form of prayer (see *Rif* in *Ein Yaakov* to *Taanis* 4a and *Alshich* to verse).]

34. *Matnos Kehunah*.

"יִמְשֹׁל בְּבֵן מֵבִישׁ", זֶה יִצְחָק שֶׁבִּיֵּשׁ אֶת כָּל אוּמוֹת הָעוֹלָם בְּשָׁעָה שֶׁנֶּעֱקַד עַל גַּבֵּי הַמִּזְבֵּחַ. "וּבְתוֹךְ אַחִים יַחֲלֹק נַחֲלָה", בְּתוֹךְ יִשְׂרָאֵל, מָה אֵלּוּ מַזְכִּירִין זְכוּת אָבוֹת אַף זֶה מַזְכִּיר זְכוּת אָבוֹת. "וַיֹּאמַר ה' אֱלֹהֵי אֲדֹנִי אַבְרָהָם וְגוֹ'", °"וַעֲשֵׂה חֶסֶד עִם אֲדֹנִי אַבְרָהָם", הִתְחַלְתָּ גְּמוֹר. רַבִּי חַגַּי בְּשֵׁם רַבִּי יִצְחָק אָמַר: הַכֹּל צְרִיכִין לְחֶסֶד, [ג]אֲפִילוּ אַבְרָהָם שֶׁהַחֶסֶד מִתְגַּלְגֵּל בָּעוֹלָם בִּשְׁבִילוֹ נִצְרַךְ לְחֶסֶד, שֶׁנֶּאֱמַר "וַעֲשֵׂה חֶסֶד עִם אֲדֹנִי אַבְרָהָם", °הִתְחַלְתָּ °גְּמוֹר:

ג [כד, יג-יד] "הִנֵּה אָנֹכִי נִצָּב עַל עֵין הַמָּיִם וּבְנוֹת אַנְשֵׁי הָעִיר וְגוֹ'", "וְהָיָה הַנַּעֲרָה אֲשֶׁר אֹמַר אֵלֶיהָ הַטִּי וְגוֹ'". [ד]ד' הֵן שֶׁתָּבְעוּ שֶׁלֹּא כְּהוֹגֶן, לְג' נִיתַּן כְּהוֹגֶן, וּלְאֶחָד נִיתַּן שֶׁלֹּא כְּהוֹגֶן, וְאֵלּוּ הֵן. אֱלִיעֶזֶר עֶבֶד אַבְרָהָם, כָּלֵב, שָׁאוּל, יִפְתָּח. אֱלִיעֶזֶר אָמַר "וְהָיָה הַנַּעֲרָה אֲשֶׁר אֹמַר אֵלֶיהָ וְגוֹ'", הָא אִלּוּ יָצְאָה אָמָה אַחַת וְהִשְׁקַתּוּ הָיָה מַשִּׂיאָהּ לְבֶן אֲדוֹנוֹ, אִתְמְהָא, וְזִימֵּן לוֹ הַקָּדוֹשׁ בָּרוּךְ הוּא כְּהוֹגֶן, [כד, טו] "וַיְהִי הוּא טֶרֶם כִּלָּה לְדַבֵּר וְהִנֵּה רִבְקָה יֹצֵאת וְגוֹ'". כָּלֵב אָמַר (שופטים א, יב) "אֲשֶׁר יַכֶּה אֶת קִרְיַת סֵפֶר וּלְכָדָהּ וְנָתַתִּי אֶת עַכְסָה בִתִּי לְאִשָּׁה", אִילּוּ לְכָדָהּ עֶבֶד אֶחָד הָיָה נוֹתֵן לוֹ בִּתּוֹ, וְזִימֵּן לוֹ הַקָּדוֹשׁ בָּרוּךְ הוּא כְּהוֹגֶן שֶׁנֶּאֱמַר (שם) "וַיִּלְכְּדָהּ עָתְנִיאֵל בֶּן קְנַז אֲחִי כָלֵב וַיִּתֶּן לוֹ אֶת עַכְסָה בִתּוֹ לְאִשָּׁה". שָׁאוּל אָמַר (שמואל א יז, כה) "וְהָיָה הָאִישׁ אֲשֶׁר יַכֶּנּוּ יַעְשְׁרֶנּוּ הַמֶּלֶךְ עֹשֶׁר גָּדוֹל וְאֶת בִּתּוֹ יִתֶּן לוֹ לְאִשָּׁה", הָא אִילּוּ יָצָא כּוּשִׁי אֶחָד אוֹ עוֹבֵד כּוֹכָבִים אֶחָד אוֹ עֶבֶד וְהִכָּהוּ הָיָה נוֹתֵן לוֹ בִּתּוֹ,

עץ יוסף

ימשול בבן מביש זה יצחק כו'. שאברהם השליטו אז על יצחק בנו להיות אפוטרופס ליצחק (האב"א). או פירושו שהשליטו על יצחק בנו לענין הזיווג להיות מסור בידו להשיאו ממשפחתו כחפצו ורצונו. ומפרש הטעם למה נקרא יצחק בן מביש לפי שהוא בייש את כל או"ה בשעה שנעקד ע"ג המזבח: **בתוך ישראל.** שנקראו אחים: **אף זה מזכיר זכות אבות שנא' ה' אלהי אדוני אברהם. הקרה נא לפני היום התחלת גמור. ועשה חסד עם אדוני אברהם ר' חגי בשם ר' יצחק אמר הכל צריכין לחסד כו' שנא' ועשה חסד עם אדוני אברהם הנה אנכי.** כצ"ל וכן הוא בילקוט ע"ש. וכל הספרים שלפנינו משובשים ונלקים בחסר ויתיר. ופי' אף זה מזכיר זכות אבות דהיינו שהזכיר זכות אב המון גוים זה אברהם לעשות לו חסד עבורו כדכתיב ויאמר ה' אלהי אדוני אברהם הקרה נא לפני היום כלו' היום מיד כדי שלא אצטרך לטלטל לבקש בכל עבר הנהר ארצו ומולדתו של אברהם אשה הראויה ליצחק בנו. שכיון שהתחלת בתשועה היום הזה שקפצה הארץ לפני שנראה כי היום עת רצון הוא. לכן גמור נא הדבר היום: **אפי' אברהם שהחסד כו'.** שבזכותו היה ה' עושה חסד לכל. וממילא היה ראוי כי מפרי מעלליו יאכל מן הדין. אפ"ה גם הוא נצרך לחסד עליון כדכתיב ועשה חסד עם אדוני אברהם. ק"ו לשאר אנשים (נזה"ק): (ג) **הא אילו יצאת כו'.** ומה שלא אמר ממזרת. מפני שעדיין לא ניתנה התורה ואין ממזר לב"נ (באב"א): **אשר יכה את קרית ספר.** אשר יכבוש את העיר ששמה קרית ספר. וזה יכול להיות אפילו ע"י עבד או ממזר (נזה"ק): **אילו יצא חמור בו'.** דאף דלא אסיק אדעתו שילא איזה אדם. אבל עכ"פ ה"ל לאסוקי אדעתיה שמא תצא בהמה טמאה (ועיין ביפ"ת):

חידושי הרד"ל

[ב] (א) **ועשה חסד התחלת גמור.** איפשר אסיפיה דקרא ובה אדע כי עשית חסד עם אדוני קאי. ומפרש כי בלשון דהא. הואיל וכבר התחלת ועשית חסד עם אדוני גם עתה גמור ועשה חסד:

ענף יוסף

(ג) **ד' הם שתבעו שלא כהוגן כו'.** בבבלי פ"ק דתענית לא גרס אלא שלשה דלא חשיב כלב. ופרש"י משום דס"ל דהאי קרא איירי בהלכות שנשתכחו בימי אבלו של משה ואין לחוש שתשרה רוח הקודש על עבד וממזר כדאמרי' בפ"י יוחסין אין הקב"ה משרה שכינתו אלא על משפחות מיוחסות שבישראל. ולאסוקי שמעתא צריך עזר רוה"ק המתלוה לחכמים בעיון הסוגיא: (**לג' ניתן כהוגן בו'**) ונדרו של יפתח היה להשי"ת והנודר לאביר יעקב צריך לדקדק בדבריו. לזה נענש וענהו שלא כהוגן בתו. אמנם השלשה האחרים אע"פ ששאלו שלא כהוגן היה לענין ב"ו ולכך לא נענשו וענו אותם כהוגן (כלי יקר):

פירוש מהרז"ו

כ"ד שקורא את נמרוד עבד בן עבד שכל בני חם קרוים עבדים. ועי' מ"ש בזה פנ"ט סימן ט'. ודעת הפר"א כפשוטו שכוש הוליד את נמרוד והיה עבד בן עבד שכוש בן חם הוא עבד. ועי' שמ"ר פ"ג סימן י"ד ועי' מכילתא בא פר' י"ב ומ"ש או ברבר אחד ע"כ שהכוונה שהברברים מבני חם כמו כושים. ואף אם נאמר שהיו ברברים מזרע שם ויפת. כבר ידוע שהאומה ברברים גרועים מאד אכזרים ופראים כמ"ש לעיל פר' מ"ב כיון שבאו ברברים ונזדווגו להם: **בשעה שנעקד.** כמ"ש לעיל פנ"ו סי' ה' שבעת שנעקד יצחק בפני הקב"ה כו' ע"ש: **התחלת גמור.** דורש מ"ש ב' פעמים אלהי אדוני אברהם וגו' ועשה חסד עם אדוני אברהם גם מ"ש היום ופי' כמו שמעולם אתה אלהי אברהם ועשית עמו חסד כן גם היום כו' וכ"כ היפ"ת: **בשבילו.** שהחסד הוא מדתו של אברהם וכמ"ש חסד לאברהם: (ג) **ד' הן שתבעו.** ויק"ר ס"פ ל"ז תענית דף ד' ושם אינו חושב רק ג' ולא חשיב כלב עי' תוספות שם: **אלו יצאה אמה אחת.** כן הגירסא גם בילקוט כאן ובגמרא ובילקוט יהושע ע"ו הגירסא יכול אפילו חגרית ואפילו סומא: **שאול אמר.** צ"ע שהרי בפסוק כ"ד וכ"ה מבואר ויאמר איש ישראל. ולא שאול. ועוד דלא ע"י הריגת גלית. נתן בתו לדוד כ"א אח"ז במאה ערלות פלשתים. גם קרא ודוד בן איש אפרתי הוא פסוק י"ב קודם לפסוקים ויאמר איש ישראל. אך הענין בזה שבפ' י"א כתיב וישמע שאול וכל ישראל וגו' ויראו וגו' מאד והוא עצמו מ"ש בפסוק כ"ד וכ"ה עד ויראו מאד וע"פ מדה ל"א מקום הפסוקים אצל פסוק י"א כאשר שאול והעם שמעו ויראו אז אמרו העם כן במצות שאול. כי מ"ש איש ישראל כאלו מפורש שאול ואיש ישראל שבלעדו לא יעשו דבר. אולם דוד לא התרצה לעשות בעבור השכר רק בעבור קנאת ה' צבאות כמ"ש כי מי הפלשתי חרף מערכות אלהים וגו' ה' וגו' הוא יצילני וגו'. ואשר נתן לו שאול בתו ע"י מאה ערלות פלשתים היה זה תחבולה מאתו לקיים דברו במעמד כל ישראל מחירוף גלית. ובצירוף טעם שנתחדש לו להפילו ביד פלשתים. וזהו עומק כוונת המדרש ששאול אמר והיה האיש אשר יכנו יתן לו בתו. וזמן הקב"ה את דוד. דוק בפסוקים ותבין ובכתבי הארכתי:

מסורת המדרש

ג ערכין דף י"ז: ד תענית דף ד'. ויקרא רבה פרשה ל"ז. תנחומא סדר בחקותי סימן ה'. ילקוט כאן רמז ק"ז כל הענין. ילקוט יהושע רמז כ"ה:

אם למקרא

וַיֹּאמֶר כָּלֵב אֲשֶׁר־יַכֶּה אֶת־קִרְיַת־סֵפֶר וּלְכָדָהּ וְנָתַתִּי לוֹ אֶת־עַכְסָה בִתִּי לְאִשָּׁה: וַיִּלְכְּדָהּ עָתְנִיאֵל בֶּן־קְנַז אֲחִי כָלֵב וַיִּתֶּן־לוֹ אֶת־עַכְסָה בִתּוֹ לְאִשָּׁה:
(יהושע טו:טז-יז)

וַיֹּאמֶר אִישׁ יִשְׂרָאֵל הַרְאִיתֶם הָאִישׁ הָעֹלֶה הַזֶּה כִּי לְחָרֵף אֶת־יִשְׂרָאֵל עֹלֶה וְהָיָה הָאִישׁ אֲשֶׁר־יַכֶּנּוּ יַעְשְׁרֶנּוּ הַמֶּלֶךְ עֹשֶׁר גָּדוֹל וְאֶת־בִּתּוֹ יִתֶּן־לוֹ וְאֵת בֵּית אָבִיו יַעֲשֶׂה חָפְשִׁי בְּיִשְׂרָאֵל:
(שמואל א יז:כה)

רש"י

ימשול בבן מביש זה יצחק שבייש את כל העולם בשעה שנעקד על גבי המזבח. ובסוטה ירושלמי שביזה כל בתי עבודת כוכבים: **ובתוך אחים יחלק נחלה.** מה אלו יצחק ויעקב מזכירין זכות אבות אף אליעזר מזכיר זכות אבות: **התחלת גמור.** התחלת לעשות חסד שהיום יצאתי והיום באתי:

מתנות כהונה

התחלת גמור. משל הוא בפי הבריות שאומרים לאחד שהתחיל דבר טוב התחלת אותה עליך לגומרה כך אמר אליעזר לפני הקב"ה רבונו של עולם אתה התחלת לעשות נסים בשביל אברהם שכבר קפצה לו הארץ גמור אותה: [ג] **אמה.** שפחה: **והשקתו.** כדרך כל התנאים שהתנה: **היה נותן לו בתו.** בתמיה:

אשד הנחלים

התחלת גמור. כי מלת עשי' הונח על הגמר וההשלמה האמיתית: **שהחסד מתגלגל.** הוא כמ"ש תתן אמת ליעקב חסד לאברהם. כי מדת אברהם חסד. ועל ידו עשה הקב"ה חסד בעולמו. עכ"ז יש חסדים פשוטים שעושה הקב"ה להחסידים לפנים משורת הדין: [ג] **שלא כהוגן.** כי לולא עזר ה' במעשי אברהם והי' זה ענין מקרי אילו היה קרה לפניו אמה או שפחה אחת מה היה עושה. וחשב ביפתח ששאל

כָּלֵב אָמַר ״אֲשֶׁר יַכֶּה אֶת קִרְיַת סֵפֶר וּלְכָדָהּ וְנָתַתִּי אֶת עַכְסָה בִתִּי לְאִשָּׁה״ — **Caleb said, *"Whoever smites Kiriath-sefer*[35] *and conquers it, I shall give him my daughter Achsah as a wife"*** (*Joshua* 15:16; *Judges* 1:12). אִילוּ לְכָדָהּ עֶבֶד אֶחָד הָיָה נוֹתֵן לוֹ בִתּוֹ — This request was improper because, according to its terms, **if a slave would have captured it, [Caleb] would have given his daughter to him!** וְזִימֵּן לוֹ הַקָּדוֹשׁ בָּרוּךְ הוּא כְּהוֹגֶן — **But the Holy One, blessed is He,** nonetheless **sent** someone **to him in a proper manner,** שֶׁנֶּאֱמַר ״וַיִּלְכְּדָהּ עָתְנִיאֵל בֶּן קְנַז אֲחִי כָלֵב וַיִּתֶּן לוֹ אֶת עַכְסָה בִתּוֹ לְאִשָּׁה״ — **as the verse states, *Othniel son of Kenaz, brother of Caleb, conquered it; so [Caleb] gave him his daughter Achsah as a wife*** (*Joshua* 15:17).

שָׁאוּל אָמַר ״וְהָיָה הָאִישׁ אֲשֶׁר יַכֶּנּוּ יַעְשְׁרֶנּוּ הַמֶּלֶךְ עֹשֶׁר גָּדוֹל וְאֶת בִּתּוֹ יִתֶּן לוֹ לְאִשָּׁה״ — King **Saul said,**[36] ***The king will enrich whoever kills [Goliath] with great wealth and give his daughter to him in marriage*** (*I Samuel* 17:25). הָא אִילוּ יָצָא כּוּשִׁי אֶחָד אוֹ עוֹבֵד כּוֹכָבִים אֶחָד אוֹ עֶבֶד וְהִכָּהוּ הָיָה נוֹתֵן לוֹ בִתּוֹ — **This** request was improper because, according to its terms, **if a Cushite, an idolater,**[37] **or a slave would have gone out, [Saul] would have given him his daughter!**

NOTES

35. [*Kiriath-sefer* was a city in the land of Canaan that was apportioned to Caleb.]

36. [As is self-evident] King Saul did not make this statement himself. Nonetheless, it was made on his orders and accurately depicts a promise that he made (see *Maharzu* at length).

37. [Apparently, a Cushite was less desirable as a marriage partner for Saul's daughter than a pagan of another origin.]

"יִמְשֹׁל בְּבֵן מֵבִישׁ", זֶה יִצְחָק שֶׁבִּיֵּשׁ אֶת כָּל אוּמּוֹת הָעוֹלָם בְּשָׁעָה שֶׁנֶּעֱקַד עַל גַּבֵּי הַמִּזְבֵּחַ. "וּבְתוֹךְ אַחִים יַחֲלֹק נַחֲלָה", בְּתוֹךְ יִשְׂרָאֵל, מָה אֵלּוּ מַזְכִּירִין זְכוּת אָבוֹת אַף זֶה מַזְכִּיר זְכוּת אָבוֹת. "וַיֹּאמַר ה' אֱלֹהֵי אֲדֹנִי אַבְרָהָם וְגוֹ'", °"וַעֲשֵׂה חֶסֶד עִם אֲדֹנִי אַבְרָהָם", הִתְחַלְתָּ גְּמוֹר. רַבִּי חַגַּי בְּשֵׁם רַבִּי יִצְחָק אָמַר: הַכֹּל צְרִיכִין לְחֶסֶד, ג אֲפִילוּ אַבְרָהָם שֶׁהַחֶסֶד מִתְגַּלְגֵּל בָּעוֹלָם בִּשְׁבִילוֹ נִצְרַךְ לְחֶסֶד, שֶׁנֶּאֱמַר "וַעֲשֵׂה חֶסֶד עִם אֲדֹנִי אַבְרָהָם", °הִתְחַלְתָּ° גְּמוֹר:

ג [כד, יג-יד] "הִנֵּה אָנֹכִי נִצָּב עַל עֵין הַמָּיִם וּבְנוֹת אַנְשֵׁי הָעִיר וְגוֹ'", "וְהָיָה הַנַּעֲרָה אֲשֶׁר אֹמַר אֵלֶיהָ הַטִּי וְגוֹ'". ד ד' הֵן שֶׁתָּבְעוּ שֶׁלֹּא כְּהוֹגֶן, לְג' נִיתַּן כְּהוֹגֶן, וּלְאֶחָד נִיתַּן שֶׁלֹּא כְּהוֹגֶן, וְאֵלּוּ הֵן. אֱלִיעֶזֶר עֶבֶד אַבְרָהָם, כָּלֵב, שָׁאוּל, יִפְתָּח. אֱלִיעֶזֶר אָמַר "וְהָיָה הַנַּעֲרָה אֲשֶׁר אֹמַר אֵלֶיהָ וְגוֹ'", הָא אִלּוּ יָצְאָה אָמָה אַחַת וְהִשְׁקַתּוּ הָיָה מַשִּׂיאָהּ לְבֶן אֲדוֹנוֹ, אֶתְמְהָא, וְזִימֵּן לוֹ הַקָּדוֹשׁ בָּרוּךְ הוּא כְּהוֹגֶן, [כד, טו] "וַיְהִי הוּא טֶרֶם כִּלָּה לְדַבֵּר וְהִנֵּה רִבְקָה יֹצֵאת וְגוֹ'". כָּלֵב אָמַר (שופטים א, יב) "אֲשֶׁר יַכֶּה אֶת קִרְיַת סֵפֶר וּלְכָדָהּ וְנָתַתִּי אֶת עַכְסָה בִתִּי לְאִשָּׁה", אִילּוּ לְכָדָהּ עֶבֶד אֶחָד הָיָה נוֹתֵן לוֹ בִּתּוֹ, וְזִימֵּן לוֹ הַקָּדוֹשׁ בָּרוּךְ הוּא כְּהוֹגֶן שֶׁנֶּאֱמַר (שם) "וַיִּלְכְּדָהּ עָתְנִיאֵל בֶּן קְנַז אֲחִי כָלֵב וַיִּתֶּן לוֹ אֶת עַכְסָה בִתּוֹ לְאִשָּׁה". שָׁאוּל אָמַר (שמואל א יז, כה) "וְהָיָה הָאִישׁ אֲשֶׁר יַכֶּנּוּ יַעְשְׁרֶנּוּ הַמֶּלֶךְ עֹשֶׁר גָּדוֹל וְאֶת בִּתּוֹ יִתֶּן לוֹ לְאִשָּׁה", הָא אִילּוּ יָצָא כּוּשִׁי אֶחָד אוֹ עוֹבֵד כּוֹכָבִים אֶחָד אוֹ עֶבֶד וְהִכָּהוּ הָיָה נוֹתֵן לוֹ בִּתּוֹ,

עץ יוסף

ימשול בבן מביש זה יצחק כו'. שאברהם השליטו אז על יצחק בנו להיות אפוטרופס ליצחק (האב"א). או פירושו שהשליטו על יצחק בנו לענין הזיווג להיות מסור בידו להשיאו ממשפחתו כחפצו ורצונו. ומפרש הטעם למה נקרא יצחק בן מביש לפי שהוא בייש את כל או"ה בשעה שנעקד ע"ג המזבח: **בתוך ישראל.** שנקראו אחים: **אף זה מזכיר זכות אבות שנא' ה' אלהי אדוני אברהם. הקרה נא לפני היום התחלת גמור. ועשה חסד עם אדוני אברהם ר' חגי בשם ר' יצחק אמר הכל צריכין לחסד כו' שנא' ועשה חסד עם אדוני אברהם הנה אנכי.** כצ"ל וכן הוא בילקוט ע"ש. וכל הספרים שלפנינו משובשים ונלקים בחסר ויתיר. ופי' אף זה מזכיר זכות אבות דהיינו שהזכיר זכות אב המון גוים זה אברהם לעשות לו חסד עבורו כדכתיב ויאמר ה' אלהי אדוני אברהם הקרה נא לפני היום כלו' היום מיד כדי שלא אצטרך לטלטל לבקש בכל עבר הנהר ארצו ומולדתו של אברהם אשה הראויה ליצחק בנו. שכיון שהתחלת בתשועה היום הזה שקפלה הארץ לפני שנראה כי היום עת רצון הוא. לכן גמור נא הדבר היום: **אפי' אברהם שהחסד כו'.** שבזכותו היה ה' עושה חסד לכל. וממילא היה ראוי כי מפרי מעלליו יאכל מן הדין. אפ"ה גם הוא נצרך לחסד עליון כדכתיב ועשה חסד עם אדוני אברהם. ק"ו לשאר אנשים (נזה"ק): **(ג) הא אילו יצאת כו'.** ומה שלא אמר ממזרת. מפני שעדיין לא ניתנה התורה ואין ממזר לב"נ (בא"ב"א): **אשר יכה את קרית ספר.** אשר יכבוש את העיר ששמה קרית ספר. וזה יכול להיות אפילו ע"י עבד או ממזר (נזה"ק): **אילו יצא חמור כו'.** דאף דלא אסיק אדעתו שילא איזה אדם. אבל עכ"פ ה"ל לאסוקי אדעתיה שמא תלא בהמה טמאה (ועיין ביפ"ת):

חידושי הרד"ל

[ב] (א) ועשה חסד התחלת גמור. איפשר אסיפיה דקרא ובה אדע כי עשית חסד עם אדוני קאי. ומפרש כי בלשון דהא. הואיל וכבר התחלת ועשית חסד עם אדוני גם עתה גמור ועשה חסד:

ענף יוסף

(ג) **ד' הם שתבעו שלא כהוגן בו'.** בבבלי פ"ק דתענית לא גרס אלא שלשה דלא חשיב כלב. ופרש"י משום דס"ל דהאי קרא מיירי בהלכות שנשתכחו בימי אבלו של משה ואין לחוש שתשרה רוח הקודש על עבד וממזר כדאמרי' בפ"י יוחסין אין הקב"ה משרה שכינתו אלא על משפחות מיוחסות שבישראל. ולאסוקי שמעתא צריך עזר רוה"ק המתלוה לחכמים בעיון השגתם: **(לג' ניתן כהוגן בו')** ונדרו של יפתח היה להשי"ת והנודר לאביר יעקב צריך לדקדק בדבריו. לזה נענש ועניהו שלא כהוגן בתו. אמנם השלשה האחרים אע"פ ששאלו שלא כהוגן היה לענין ב"ו ולכך לא נענשו ועני אותם כהוגן (כלי יקר):

פירוש מהרז"ו

כ"ד שקורא את נמרוד עבד בן עבד שכל בני חם קרוים עבדים. ועי' מ"ש בזה פנ"ט סימן ט'. ודעת הפר"א כפשוטו שכוש הוליד את נמרוד והיה עבד בן עבד שכוש בן חם הוא עבד. ועי' שמ"ר פ"ג סימן י"ד ועי' מכילתא בא פר' י"ב ומ"ש או ברבר אחד ע"כ שהכוונה שהברברים מבני חם כמו כושים. ואף אם נאמר שהיו ברברים מזרע שם ויפת. כבר ידוע שהאומה ברבריים גרועים מאד אכזרים ופראים כמ"ש לעיל פר' מ"ב כיון שבאו ברבריים ונזדווגו להם: **בשעה שנעקד.** כמ"ש לעיל פנ"ו סי' ה' שבעת שנעקד יצחק בפני הקב"ה כו' ע"ש: **התחלת גמור.** דורש מ"ש ב' פעמים אלהי אדוני אברהם וגו' ועשה חסד עם אדוני אברהם גם מ"ש היום ופי' כמו שמעולם אתה אלהי אברהם ועשית עמו חסד כן גם היום כו' וכ"כ היפ"ת: **בשבילו.** שהחסד הוא מדתו של אברהם וכמ"ש חסד לאברהם: (ג) **ד' הן שתבעו.** ויק"ר ס"פ ל"ז תענית דף ד' ושם אינו חושב רק ג' ולא חשיב כלב עי' תוספות שם: **אלו יצאה אמה אחת.** כן הגירסא גם בילקוט כאן ובגמרא ובילקוט יהושע ט"ו הגירסא יכול אפילו חגרית ואפילו סומא: **שאול אמר.** צ"ע שהרי בפסוק כ"ד וכ"ה מבואר ויאמר איש ישראל. ולא שאול. ועוד דלא ע"י הריגת גלית. נתן בתו לדוד כ"א אח"ז במאה ערלות פלשתים. גם קרא ודוד בן איש אפרתי הוא פסוק י"ב קודם לפסוקים ויאמר איש ישראל. אך הענין בזה שבפ' י"א כתיב וישמע שאול וכל ישראל וגו' ויראו וגו' מאד והוא עצמו מ"ש בפסוק כ"ד וכ"ה עד ויראו מאד וע"פ מדה ל"א מקום הפסוקים אצל פסוק י"א כאשר שאול והעם שמעו ויראו אז אמרו העם כן במצות שאול. כי מ"ש איש ישראל כאלו מפורש שאול ואיש ישראל שבלעדו לא יעשו דבר. אולם דוד לא התרצה לעשות בעבור השכר רק בעבור קנאת ה' צבאות כמ"ש כי מי הפלשתי חרף מערכות אלהים וגו' ה' וגו' הוא יצילני וגו'. ואשר נתן לו שאול בתו ע"י מאה ערלות פלשתים היה זה תחבולה מאתו לקיים דברו במעמד כל ישראל מחירוף גלית. ובצירוף טעם שנתחדש לו להפילו ביד פלשתים. וזהו עומק כוונת המדרש ששאול אמר והיה האיש אשר יכנו יתן לו בתו. וזמן הקב"ה את דוד. דוק בפסוקים ותבין ובכתבי הארכתי:

מסורת המדרש

ג ערכין דף י"ז: ד תענית דף ד'. ויקרא רבה פרשה ל"ז. תנחומא סדר בחקותי סימן ה'. ילקוט כאן רמז ק"ז כל הענין. ילקוט יהושע רמז כ"ה:

אם למקרא

וַיֹּאמֶר כָּלֵב אֲשֶׁר־יַכֶּה אֶת־קִרְיַת־סֵפֶר וּלְכָדָהּ וְנָתַתִּי לוֹ אֶת־עַכְסָה בִתִּי לְאִשָּׁה: וַיִּלְכְּדָהּ עָתְנִיאֵל בֶּן־קְנַז אֲחִי כָלֵב וַיִּתֶּן־לוֹ אֶת־עַכְסָה בִתּוֹ לְאִשָּׁה:

(יהושע טו:טז-יז)

וַיֹּאמֶר אִישׁ יִשְׂרָאֵל הַרְּאִיתֶם הָאִישׁ הָעֹלֶה הַזֶּה כִּי לְחָרֵף אֶת־יִשְׂרָאֵל עֹלֶה וְהָיָה הָאִישׁ אֲשֶׁר־יַכֶּנּוּ יַעְשְׁרֶנּוּ הַמֶּלֶךְ עֹשֶׁר גָּדוֹל וְאֶת־בִּתּוֹ יִתֶּן־לוֹ וְאֵת בֵּית אָבִיו יַעֲשֶׂה חָפְשִׁי בְּיִשְׂרָאֵל:

(שמואל א יז:כה)

רש"י

ימשול בבן מביש זה יצחק שבייש את כל העולם בשעה שנעקד על גבי המזבח. ובסוטה ירושלמי שביזה כל בתי עבודת כוכבים: **ובתוך אחים יחלק נחלה.** מה אלו יצחק ויעקב מזכירין זכות אבות אף אליעזר מזכיר זכות אבות: **התחלת גמור.** התחלת לעשות חסד שהיום יצאתי והיום באתי:

מתנות כהונה

התחלת גמור. משל הוא כפי הבריות שאומרים לאחד שהתחיל דבר טוב התחלת אותה עליך לגומרה כך אמר אליעזר לפני הקב"ה רבונו של עולם אתה התחלת לעשות נסים בשביל אברהם שכבר קפלה לו הארץ גמור אותה: **[ג] אמה.** שפחה: **והשקתו.** כדרך כל התנאים שהתנה: **היה נותן לו בתו.** בתמיה:

אשד הנחלים

התחלת גמור. כי מלת עשי' הונח על הגמר וההשלמה האמיתית: **שהחסד מתגלגל.** הוא כמ"ש תתן אמת ליעקב חסד לאברהם. כי מדת אברהם חסד. ועל ידו עשה הקב"ה חסד בעולמו. עכ"ז יש חסדים פשוטים שעושה הקב"ה להחסידים לפנים משורת הדין: **[ג] שלא כהוגן.** כי לולא עזר ה' במעשי אברהם והי' זה ענין מקרי אילו היה קרה לפניו אמה או שפחה אחת מה היה עושה. וחשב ביפתח ששאל

וְזִימֵּן לוֹ הַקָּדוֹשׁ בָּרוּךְ הוּא כְּהוֹגֶן – But the Holy One, blessed is He, nonetheless **sent** someone **to him in a proper manner,** דִּכְתִיב "וְדָוִד בֶּן אִישׁ אֶפְרָתִי" – **as it is written,** ***David was the son of a certain Ephrathite*** (*I Samuel* 17:12).[38]

יִפְתָּח[39] "וְהָיָה הַיּוֹצֵא אֲשֶׁר יֵצֵא וְגוֹ' וְהַעֲלִיתִיהוּ עוֹלָה לַה'" – **Jephthah** said, *"If You* (God) *will indeed deliver the Children of Ammon into my hand, then* ***it shall be that whatever emerges – what will emerge*** *from the doors of my house – toward me when I return in peace from the Children of Ammon, it shall belong to HASHEM* ***and I shall offer it up as an olah-offering"*** (*Judges* 11:31). הָא אִילוּ יָצָא חֲמוֹר אוֹ כֶּלֶב אֶחָד אוֹ חָתוּל אַחַת, הָיָה מַעֲלֵהוּ עוֹלָה – **This** request was improper because, according to its terms, **if a donkey, a dog, or a cat would have emerged,**[40] **he would have offered it as an** ***olah*****-offering!** וְזִימֵּן לוֹ הַקָּדוֹשׁ בָּרוּךְ הוּא שֶׁלֹּא כְּהוֹגֶן – **And the Holy One, blessed is He, sent** someone **to him in an improper manner.**[41] הֲדָא הוּא דִכְתִיב "וַיָּבֹא יִפְתָּח הַמִּצְפָּה אֶל בֵּיתוֹ וְהִנֵּה בִתּוֹ יֹצֵאת לִקְרָאתוֹ" – **Thus it is written,** ***Jephthah arrived at Mizpah, to his home, and behold! his daughter was coming out toward him*** (ibid., v. 34).Ⓐ

The Midrash digresses to relate an Amoraic dispute concerning Jephthah's vow:

רַבִּי יוֹחָנָן וְרֵישׁ לָקִישׁ – A debate exists between **R' Yochanan and Reish Lakish** regarding the responsibility Jephthah's vow placed on him in light of his daughter's going out of his house first: רַבִּי יוֹחָנָן אָמַר: הֶקְדֵּשׁ דָּמִים הָיָה חַיָּיב – **R' Yochanan said: [Jephthah] was liable for monetary sanctity.**[42] וְרֵישׁ לָקִישׁ אָמַר: אֲפִילוּ הֶקְדֵּשׁ דָּמִים לֹא הָיָה חַיָּיב – **But Reish Lakish said: He was not even liable for monetary sanctity.** דִּתְנַן אָמַר עַל בְּהֵמָה טְמֵאָה וְעַל בַּעֲלַת מוּם הֲרֵי אֵלּוּ עוֹלָה לֹא אָמַר כְּלוּם – Reish Lakish proceeds to prove his position: **For we learned** in a Mishnah:[43] **If one declared regarding a nonkosher animal or blemished animal, "These are hereby an** ***olah*****," he has not said anything** effective.[44] אָמַר הֲרֵי אֵלּוּ לְעוֹלָה יִמָּכְרוּ וְיָבִיא בִּדְמֵיהֶם עוֹלָה – If, however, he said, **"These are hereby for an** ***olah*****," they are to be sold and he is to bring an** ***olah*** **with their proceeds.**[45]

The Midrash addresses Jephthah's fulfillment of his vow:[46]

NOTES

38. [The ensuing verses tell of how David slew Goliath. See *Maharzu*, who contemplates why the Midrash cited this earlier verse.]

39. [The verse is cited inaccurately in printed editions.]

40. The Midrash does not fault Jephthah for failing to consider the unlikely possibility that a human being would emerge [as, in fact, occurred]. He should have been concerned, however, with the greater likelihood that an impure animal would exit the house first (*Eitz Yosef*; see further, *Yefeh To'ar* and *Eshed HaNechalim*).

41. The wording of the Midrash implies that God specifically caused Jephthah's daughter to emerge as a punishment for his improper vow (*Yefeh To'ar*; see *Tanchuma*, *Bechukosai* §5 and *Eitz Yosef*).

[As we will learn below, the girl's emergence should not have had dire consequences. This was nonetheless a form of punishment because Jephthah would suffer disappointment that his vow was not accepted as he had wanted it to be, and, additionally, (according to R' Yochanan, see below) he would have had to either pay the girl's value or undergo the unpleasantness of annulling his vow (*Yefeh To'ar*).]

42. [The term קְדֻשַּׁת דָּמִים, *monetary sanctity*, describes the sanctity with which sanctified objects that cannot be sacrificed (or otherwise utilized in the Temple) are vested. These objects are never inherently sacred; rather, their sanctity obligates that their value be used to fund Temple needs.]

According to R' Yochanan, Jephthah could have fulfilled his vow by sanctifying an amount of money equal to his daughter's value and then using that money to purchase *olah*-offerings (*Eitz Yosef*).

43. *Temurah* 5:6.

44. If one declares regarding a nonkosher animal or a blemished animal in his possession, "These are hereby an *olah*," his declaration is ineffective because a nonkosher or blemished animal cannot be consecrated as a sacrificial offering.

45. The declaration, "These are hereby *for* an *olah*," creates a requirement for the animals to be sold and an *olah* brought with the proceeds. This is because by using the expression "*for an olah*" as opposed to simply, "an *olah*," the animal's owner demonstrates that he wishes to use this animal to enable an *olah*; that is, he wishes for it to be sold and its proceeds used to buy another animal that will be brought as an actual *olah* (see *Rav* to *Temurah* loc. cit.).

Reish Lakish asserts that Jephthah's vow did not place any obligation on him because he used the words, "וְהַעֲלִיתִיהוּ עוֹלָה, *and I shall offer it up as an olah-offering*," and the cited Mishnah indicates that when such a declaration is made regarding something unfit for a sacrificial offering – such as a human being – the speaker's words are meaningless (see *Rashi*, *Eitz Yosef*). [For defense of R' Yochanan's view, see *Yefeh To'ar* and *Rashash*.]

46. As we have seen, Jephthah promised that the first thing to emerge from his house upon his successful return from battle would belong to God, and the first thing to emerge was his daughter. A later verse states, וַיְהִי כִרְאוֹתוֹ אוֹתָהּ וַיִּקְרַע אֶת בְּגָדָיו וַיֹּאמֶר אֲהָהּ בִּתִּי ... וְאָנֹכִי פָּצִיתִי פִי אֶל ה' וְלֹא אוּכַל לָשׁוּב, *When he saw her, he tore his clothes and said, "Alas, my daughter! . . . I have opened my mouth to HASHEM and I cannot recant!"* (*Judges* 11:35).

[According to most Bible commentators, Jephthah's daughter remained celibate for the rest of her life in fulfillment of his vow (*Radak*, *Ralbag*, *Metsudos*, and *Malbim* to verse; cf. *Ramban* to *Leviticus* 27:29). However, the Sages of the Gemara (*Taanis* loc. cit.) and the Midrash (*Tanchuma* loc. cit.; *Tanna DeVei Eliyahu Rabbah* §11) appear to have understood that Jephthah actually sacrificed his daughter (see *Radak* and *Malbim* loc. cit.). Either way, Jephthah made a serious mistake, for, as we have seen, he was under no such obligation (*Eitz Yosef*; see *Imrei Yosher* as well as *Ramban* loc. cit., who explain the basis for this error).]

INSIGHTS

Ⓐ **The Reward for Good Intentions** The four requests that are listed in the Midrash appear to be identical in terms of their impropriety. Yet, Jephthah's vow evoked God's ire more than the others. *R' Elazar Menachem Man Schach* suggests that God judges a person according to his intentions, and according to the effort he expends in pursuit of a righteous goal. In this respect, Jephthah's efforts were found lacking.

Eliezer, who was charged with selecting a helpmate for the saintly Isaac, acted properly in seeking a kind-hearted girl who would offer him water, for it is of paramount importance that one's wife excel in the trait of kindness and possess sterling character traits. True, he expressed his prayer improperly, for he allowed for the possibility of a slave-woman stepping in and drawing the water. However, because his intentions were good, God did not allow that to happen. God does not expect us to achieve success all on our own; no venture can succeed without His aid. So long as one makes a good faith effort — even one that is slightly flawed — he is rewarded with a positive outcome. Eliezer fulfilled his responsibility by seeking positive character traits and God led him to Rebecca.

The same principle applies with respect to Caleb and Saul. Both recognized the crucial imperative for a military victory and dutifully called for a volunteer to carry out the task. Although the Midrash takes them to task for the phrasing of their requests, their course of action was correct and their intentions pure, so Divine Providence ensured that the right man stepped forward.

Jephthah, on the other hand, acted with less caution when he promised the first to come forth from his house as an offering to God. The selection of an offering is completely within a person's control; Jephthah could just as well have responsibly vowed to offer his most prized animal as a sacrifice. Yet, Jephthah left open the possibility that an impure animal might emerge. Because he did not make the extra effort to ensure that a befitting animal was chosen, the commensurate level of Divine Providence granted to Eliezer, Caleb and Saul was withheld, resulting in the unfortunate turn of events described in the text.

If we act with good intentions and do our best to fulfill our obligations, God will repay us in kind, by ensuring that our efforts do not go awry (*Machasheves Zekeinim*, p. 326).

וְזִימֵּן לוֹ הַקָּדוֹשׁ בָּרוּךְ הוּא כְּהוֹגֶן דִּכְתִיב "וְדָוִד בֶּן אִישׁ אֶפְרָתִי". יִפְתָּח (שופטים יא, לא) "וְהָיָה הַיּוֹצֵא אֲשֶׁר יֵצֵא וְגוֹ'", "וְהַעֲלִיתִיהוּ עוֹלָה לַה'", הָא אִילּוּ יָצָא חֲמוֹר אוֹ כֶּלֶב אֶחָד אוֹ חָתוּל אַחַת, הָיָה מַעֲלֵהוּ עוֹלָה, וְזִימֵּן לוֹ הַקָּדוֹשׁ בָּרוּךְ הוּא שֶׁלֹּא כְּהוֹגֶן, הָדָא הוּא דִכְתִיב (שם) "וַיָּבֹא יִפְתָּח הַמִּצְפָּה אֶל בֵּיתוֹ וְהִנֵּה בִתּוֹ יֹצֵאת לִקְרָאתוֹ". רַבִּי יוֹחָנָן וְרֵישׁ לָקִישׁ, [ז]רַבִּי יוֹחָנָן אָמַר: הֶקְדֵּשׁ דָּמִים הָיָה חַיָּיב וְרֵישׁ לָקִישׁ אָמַר: אֲפִילוּ הֶקְדֵּשׁ דָּמִים לֹא הָיָה חַיָּיב, דִּתְנַן אָמַר עַל בְּהֵמָה טְמֵאָה וְעַל בַּעֲלַת מוּם הֲרֵי אֵלּוּ עוֹלָה לֹא אָמַר כְּלוּם, אָמַר הֲרֵי אֵלּוּ לְעוֹלָה יִמָּכְרוּ וְיָבִיא בִּדְמֵיהֶם עוֹלָה. וְלֹא הָיָה שָׁם פִּנְחָס שֶׁיַּתִּיר לוֹ אֶת נִדְרוֹ, אֶלָּא פִּנְחָס אָמַר: הוּא צָרִיךְ לִי וַאֲנִי אֵלֵךְ אֶצְלוֹ, וְיִפְתָּח אָמַר אֲנִי רֹאשׁ קְצִינֵי יִשְׂרָאֵל וַאֲנִי הוֹלֵךְ אֵצֶל פִּנְחָס, בֵּין דֵּין לְדֵין אָבְדָה הַנַּעֲרָה הַהִיא, הָדָא הוּא דִּבְרַיְיתָא אָמְרֵי: בֵּין חָיְיתָא לִמְחַבַּלְתָּא אֲזַל בְּרָא דַעֲלוּבְתָּא. וּשְׁנֵיהֶם נֶעֶנְשׁוּ בְּדָמֶיהָ שֶׁל הַנַּעֲרָה, יִפְתָּח מֵת בְּנִשִּׁילַת אֵבָרִים, בְּכָל מָקוֹם שֶׁהָיָה הוֹלֵךְ בּוֹ הָיָה אֵבֶר נִישּׁוֹל הֵימֶנּוּ וְהָיוּ קוֹבְרִין אוֹתוֹ שָׁם, הָדָא הוּא דִכְתִיב (שם יב, ז) "וַיָּמָת יִפְתָּח וַיִּקָּבֵר בְּעָרֵי גִלְעָד", בְּעִיר גִּלְעָד לֹא נֶאֱמַר אֶלָּא "בְּעָרֵי גִלְעָד". פִּנְחָס נִטְּלָה מִמֶּנּוּ רוּחַ הַקֹּדֶשׁ, הָדָא הוּא דִכְתִיב (ד"ה א ט, כ) "וּפִנְחָס בֶּן אֶלְעָזָר נָגִיד הָיָה עֲלֵיהֶם", הוּא נָגִיד עֲלֵיהֶם אֵין כְּתִיב כָּאן, אֶלָּא נָגִיד "הָיָה", לְפָנִים ה' עִמּוֹ:

ד [כד, טו] "וַיְהִי הוּא טֶרֶם כִּלָּה לְדַבֵּר וְגוֹ'". [ח]תָּנֵי רַבִּי שִׁמְעוֹן בֶּן יוֹחָאי: ג' הֵם שֶׁנַּעֲנוּ בְּמַעֲנֵה פִיהֶם, אֱלִיעֶזֶר עַבְדּוֹ שֶׁל אַבְרָהָם, וּמֹשֶׁה, וּשְׁלֹמֹה. אֱלִיעֶזֶר, "וַיְהִי הוּא טֶרֶם כִּלָּה לְדַבֵּר וְהִנֵּה רִבְקָה יֹצֵאת וְגוֹ'". מֹשֶׁה, דִּכְתִיב (במדבר טז, לא) "וַיְהִי כְּכַלֹּתוֹ לְדַבֵּר אֵת כָּל הַדְּבָרִים הָאֵלֶּה וַתִּבָּקַע הָאֲדָמָה אֲשֶׁר תַּחְתֵּיהֶם", שְׁלֹמֹה, דִּכְתִיב בֵּיהּ (ד"ה ב ז, א) "וּכְכַלּוֹת שְׁלֹמֹה לְהִתְפַּלֵּל אֶל ה' וְהָאֵשׁ יָרְדָה מִן הַשָּׁמַיִם וְגוֹ'":

עץ יוסף

וזימן לו הקדוש ברוך הוא בתו. שהיה הזמנה מאת הקב"ה ע"ל הטונס: **רבי יוחנן וריש לקיש.** לפי שאמר שמהקב"ה היה הדבר שנזדמן לו בתו ויראה דבר קשה שתהיה כזאת מה' לזה אמר כי לא היה חייב רק דמים. וא"כ לא היה עונשו בזה רק שילטער שלא נתקבל נדרו לרצון ושיצטרך לתת דמים או להתיר נדרו ולהתרפס לפני מורים. אלא שהוא שגה בדבר ואולתו תסלף דרכו (יפ"ת): **הקדש דמים היה חייב.** להקדיש דמים כדמי בתו להביא עולות כאילו אמר הרי היא לעולה. אלא שטעה יפתח: **דתנן אמר כו'.** והכא נמי והעליתיהו עולה קאמר ולא לעולה: **ולא היה שם פנחס.** בתמיה שהרי אפילו בימי שמואל ודוד היה כדכתיב בד"ה ופנחס בן אלעזר נגיד היה עליהם. ולדעת חז"ל הוא פנחס הכהן. עוד אחז"ל כי פנחס הוא אליהו: **שיתיר לו נדרו.** פי' היינו שיאמר לו שהוא פטור בדמים (רד"ק וברבנאל). עוד יש לומר שאע"פ שלא היה ממש בנדרו ולא היה צריך התרה באמת. אך לפי שיפתח לא היה ת"ח לא היה ראוי להתיר לו אלא ע"י שאלה כדאמרינן בפ"ב דנדרים גבי הנודר בתורה וכו' משום דלא ליתי לזלזולי בנדרים (יפ"ת): **ה"ה דברייתא כו'.** כלו' על דרך מה שאומרים הבריות משל בין חייתא היא המילדת ובין המחבלתא היא היולדת הכואבת בחבליה נאבד בן העלובה: **ראש קציני ישראל.** ומלך קודם לכה"ג ונביא כדאי' בפ' כהן משוח. וברכה ריש סדר נשא: **בנשילת אברים.** מדה כנגד מדה כמו שעשאה אברים לקרבן עם היותה יכול להצילה: **הוא נגיד אב"ב.** המדרש דייק משתים. א' מדכתיב היה משמע אבל לא עכשיו. ב' מדכתיב לפנים ה' עמו משמע מתחלה ולא עכשיו: **(ד) ג' הם שנענו כו'.** כלו' דשבח הוא לו שנענה מיד בעוד שהמענה בפיו. מכיון דאשכחן הך מילתא בג' אלא זה לאות על מעלתם הגדולה ובקשתם הנרצה לפני ה' ע"ד והיה טרם יקראו ואני אענה. וחשב ג' ענינים. אחד נס נסתר כמו שהיה באליעזר. הב' נס מפורסם מאד כמו שהיה במשה. הג' בעניני נסי התגלות האלהות כמו שהיה בשלמה המלך ע"ה שרתה שכינה תיכף בכלותו להתפלל: **ובכלות שלמה להתפלל כו'.** שבסוף תפלותיו נענה מיד:

פירוש מהרז"ו

יפתח. עי' ויק"ר ס"פ ל"ז קה"ר פסוק עמל הכסילים ובתד"א פרק י"א: **רבי יוחנן וריש לקיש.** עיין ילקוט שופטים י"א סי' ס"ח: **רוה"ק.** מאתים שנה קה"ר שם והחשבון נ"ע: **(ד) אליעזר כו'.** הנה אלא משה ושלמה כתיב ככלות אך אלא אליעזר כתיב טרס כלה לדבר שאז והנה רבקה יוצאת פי' היינו יציאתה מהבית אך הוא לא ראה אותה עד שבאה וזה היה ככלותו לדבר ובכן כל הג' שוים (וכ"מ ביפ"ת):

חידושי הרד"ל

[ג] (ב) **נטלה ממנו רוה"ק.** כמ"ש בפסחים (ס"ו.) כל המתייהר אם נביא הוא נבואתו מסתלקת ממנו כו':

חידושי הרש"ש

[ג] **רבי יוחנן אמר הקדש דמים היה חייב.** בתנחומא ס"פ בחוקותי מסיים כענין שכתוב בערכין ובזה נראה ליישב המתניתין (דמייתי ר"ל לראיה) אליביה דהחלוק דאדם שאני דמלינו בו קדושת דמים בערכין. או יאמר דדוקא כשיאמר בפירוש על בה"ט או בע"מ. אבל בסתמא כמעשה דיפתח אמרינן דדעתו כל חד למאי דחזי' ליה דחזי לגופיה יקדש גופו. ודל"א לגופיה יקדש לדמי וזה דומה להא דתנן בפ"ד דשקלים מ"ז במקדיש סתם דלר' יהושע זכרים יקרבו עצמן עולות נקבות ימכרו כו' ויביאו בדמיהן עולות וש"כ יפלו לבד"ה. ועוד נ"ל דהא תנן בנדרים (כ"ח א') הרי נטיעות האלו קרבן כו' יש להם פדיון ופי' הרא"ש (וכן הרע"ב אחריו) דהיינו שיביא בדמיהן קרבן. וע"כ צריך לחלק דדוקא בבע"מ ובה"ט דא"ל דטעי וסבר שהן עצמן יקרבו לכן לא אמר כלום אבל נטיעות וטלית דליכא למטעי בהו אמרינן דלדמי קמכוון. ואדם נמי כוותייהו. ועיין בתמורה (ז' א') ובתוס' שם ד"ה אפילו:

מסורת המדרש

הילקוט שופטים רמז ס"ה: ותמורה דף כ"ז: ז קהלת רבה פרשה י' פסוק ט"ו: ח ילקוט כאן רמז ק"ח:

אם למקרא

וְהָיָה הַיּוֹצֵא אֲשֶׁר יֵצֵא מִדַּלְתֵי בֵיתִי לִקְרָאתִי בְּשׁוּבִי בְשָׁלוֹם מִבְּנֵי עַמּוֹן וְהָיָה לַה' וְהַעֲלִיתִהוּ עוֹלָה: (שופטים יא:לא)

וַיָּבֹא יִפְתָּח הַמִּצְפָּה אֶל־בֵּיתוֹ וְהִנֵּה בִתּוֹ יֹצֵאת לִקְרָאתוֹ בְּתֻפִּים וּבִמְחֹלוֹת וְרַק הִיא יְחִידָה אֵין־לוֹ מִמֶּנּוּ בֵּן אוֹ־בַת: (שופטים יא:לד)

וַיִּשְׁפֹּט יִפְתָּח אֶת־יִשְׂרָאֵל שֵׁשׁ שָׁנִים וַיָּמָת יִפְתָּח הַגִּלְעָדִי וַיִּקָּבֵר בְּעָרֵי גִלְעָד: (שופטים יב:ז)

וּפִינְחָס בֶּן־אֶלְעָזָר נָגִיד הָיָה עֲלֵיהֶם לְפָנִים ה' עִמּוֹ: (דברי הימים א ט:כ)

וַיְהִי כְּכַלֹּתוֹ לְדַבֵּר אֵת כָּל־הַדְּבָרִים הָאֵלֶּה וַתִּבָּקַע הָאֲדָמָה אֲשֶׁר תַּחְתֵּיהֶם: (במדבר טז:לא)

וּכְכַלּוֹת שְׁלֹמֹה לְהִתְפַּלֵּל וְהָאֵשׁ יָרְדָה מֵהַשָּׁמַיִם וַתֹּאכַל הָעֹלָה וְהַזְּבָחִים וּכְבוֹד ה' מָלֵא אֶת־הַבָּיִת: (דברי הימים ב ז:א)

ענף יוסף

(יפתח מת בנישול איברים כו' שנאמר ויקבר בערי גלעד כו') קשה שהרי כתיב (ש"ב כ"ח) ושמואל מת ויספדו לו כל ישראל ויקברוהו ברמה ובעירו. ות"י וקברוהי ברמתא וספדו עליו אינש בקרתיה. אף כאן יכולין לומר ויקבר בערי גלעד שהספידוהו בכל ערי הגלעד. וי"ל לפי שידעו חז"ל שיפתח לא היה בן תורה כמ"ש בילקוט שמואל א' י"ח. ולא היה ראוי יפתח שיספדוהו כל ישראל. ולכן פי' ויקבר בערי גלעד שבכל מקום שהולך היה אבר נישל ממנו וקוברין אותו שם (יד יוסף):

רש"י

(ג) אפילו הקדש דמים לא היה חייב דתנינן תמן אמר על בהמה בעלת מום ועל בהמה טמאה לא אמר כלום. אמר הרי אלו לעולה משמע בדמיהם וימכרו ויביא בדמיהם עולה אבל זה שאמר והעליתיהו כמו שאמר על בהמה טמאה הרי זו עולה ולא אמר כלום ואפילו הקדש דמים לא היה חייב הדא היא דברייתא אמרין בין חייתא למחבלתא אזלא ברא דעלובתא. חייתא מילדת מחבלתא יולדת כמה דאת אמר שמה חבלתך אמך: **(ד) במענה פיהם.** בעוד שהמענה בפיהם נענו:

מתנות כהונה

לעולה. משמע לצורך עולה לימכר ויקנו בדמיהם עולות ויפתח אמר והעליתיהו עולה הוא בעצמו ולא אמר כלום: **ואני אלך אצלו.** בתמיה: **הדא היא דברייתא כו'.** זהו שהבריות אומרים בין המילדת שנקראת חיה כדא"א כי חיות הנה ובין היולדת הכואבת בחבליה וכדא"א שמה חבלתך אמך אינה בקיאה לשמור את עצמה נאבד בן העלובה ר"ל היולדת כלומר הבן ההוא שנולד עתה נאבד ומת: **פנחס ניטלה ממנו** גרסינן: **היה נגיד.** משמע כבר היה אבל עכשיו לא היה נגיד] ועי' זה בויק"ר פר' ז' ובקה"ר פ' עמל הכסילים]: **[ד] במענה פיהם.** בעוד שהמענה בפיהם היו נענים:

אשד הנחלים

שלא כהוגן כי אולי יצא דבר טמא ולא חשב בתו כההזדמנות מפני שדבר טמא א"א להקריב בשום אופן: **הקדש דמים.** דעתם שלא עשה שלא כהוגן. כי אף אם הי' מזדמן חמור או כלב הי' משלם דמים עבורו: **הוא צריך לי.** ח"ו לא כיון להתגאות בזה. רק שחשב שהוא בזיון התורה ודימה שיפתח מתגדל למולו ע"כ לא הלך אליו וכן יפתח כמו כן: **הי' לפנים וה' עמו.** כלומר ה' הי' עמו לפנים בנבואה אך אחרי כן נסתלק ממנו: **נענו במענה פיהם.** כלומר תיכף בשעת הוצאת דבורם ובתוך הדבור ממש. וזה לאות על מעלתם הגדולה ובקשתם הנירצה לפני ה'. וחשב ג' ענינים. אחד נס נסתר כמו שהיה באליעזר. שהי' הדבר נגלל ע"ד הטבע מעט. הב' נס מפורסם מאוד כמו שהי' במשה. הג' בעניני נסי התגלות האלקית כמו שהיה בשלמה המלך ע"ה ששרתה השכינה תיכף בכלותו להתפלל:

וְלֹא הָיָה שָׁם פִּנְחָס שֶׁיַּתִּיר לוֹ אֶת נִדְרוֹ — Why did Jephthah feel compelled to keep his vow, **was Phinehas not there**[47] **to annul his vow?**[48] אֶלָּא פִּנְחָס אָמַר: הוּא צָרִיךְ לִי וַאֲנִי אֵלֵךְ אֶצְלוֹ — **But** the answer is that **Phinehas said, "He** (i.e., Jephthah) **needs me, and I should go to him?!"** וְיִפְתָּח אָמַר: אֲנִי רֹאשׁ קְצִינֵי יִשְׂרָאֵל וַאֲנִי הוֹלֵךְ אֵצֶל פִּנְחָס — **And Jephthah said, "I am foremost among the officers of Israel, and I should go to Phinehas?!"**[49] בֵּין דֵּין לְדֵין אָבְדָה הַנַּעֲרָה הַהִיא — **Between this one and that one, that young woman was lost.**[50] הָדָא הוּא דִבְרַיְיתָא אָמְרֵי: בֵּין חָיְיתָא לִמְחַבַּלְתָּא אֲזַל בְּרָא דְעַלּוּבְתָּא — **This** episode illustrates **the popular expression, "Between the midwife and the woman in the throes** of childbirth,[51] **the child of the unfortunate woman was lost."**[52]Ⓐ

An epilogue to this tragic incident:

וּשְׁנֵיהֶם נֶעֶנְשׁוּ בְּדָמֶיהָ שֶׁל הַנַּעֲרָה — **And both [Phinehas and Jephthah] were punished for the blood of the young woman;** יִפְתָּח מֵת בְּנִשִּׁילַת אֵבָרִים — **Jephthah** was punished when he **died through the shedding of his limbs.**[53] בְּכָל מָקוֹם שֶׁהָיָה הוֹלֵךְ בּוֹ הָיָה אֵבֶר נִישּׁוֹל הֵימֶנּוּ וְהָיוּ קוֹבְרִין אוֹתוֹ שָׁם — **Wherever he would go, a limb would fall off of him and they would bury it there.** הָדָא הוּא דִכְתִיב "וַיָּמָת יִפְתָּח וַיִּקָּבֵר בְּעָרֵי גִלְעָד" — **Thus it is written,** ***Jephthah the Gileadite died and was buried in cities of Gilead*** (*Judges* 12:7); בְּעִיר גִּלְעָד לֹא נֶאֱמַר אֶלָּא "בְּעָרֵי גִלְעָד" — **"in the city of Gilead" is not written,** as would be expected, **but rather,** ***in cities of Gilead,*** which indicates that parts of him were buried in a number of different cities. פִּנְחָס נִטְּלָה מִמֶּנּוּ רוּחַ הַקֹּדֶשׁ — **Phinehas** was punished when **the holy spirit**[54] **was taken from him.** הָדָא הוּא דִכְתִיב "וּפִנְחָס בֶּן אֶלְעָזָר נָגִיד הָיָה עֲלֵיהֶם" — **Thus it is written,** ***And Phinehas son of Elazar had been the supervisor over them*** (*I Chronicles* 9:20);[55] הוּא נָגִיד עֲלֵיהֶם אֵין כְּתִיב כָּאן, אֶלָּא "נָגִיד הָיָה" — ***[Phinehas] was the supervisor over them*** **is not written here,** as would have been expected, **but rather,** ***had been the supervisor over them*** is written, which indicates that Phinehas no longer held that position because he was no longer qualified.[56] לְפָנִים ה׳ עִמּוֹ — And furthermore, the verse concludes, ***in former times HASHEM was with him,*** which implies that, in the present, Hashem was not *with* Phinehas.[57]

וַיְהִי הוּא טֶרֶם כִּלָּה לְדַבֵּר וְהִנֵּה רִבְקָה יֹצֵאת אֲשֶׁר יֻלְּדָה לִבְתוּאֵל בֶּן מִלְכָּה אֵשֶׁת נָחוֹר אֲחִי אַבְרָהָם וְכַדָּהּ עַל שִׁכְמָהּ.

And it was when he had not yet finished speaking that suddenly Rebecca was coming out — she who had been born to Bethuel the son of Milcah the wife of Nahor, brother of Abraham — with her jug upon her shoulder (24:15).

§4 וַיְהִי הוּא טֶרֶם כִּלָּה לְדַבֵּר וְגוֹ׳ — ***AND IT WAS WHEN [ELIEZER] HAD NOT YET FINISHED SPEAKING, ETC.***

The Midrash comments on the immediacy with which Eliezer's prayer achieved its desired result:

תָּנֵי רַבִּי שִׁמְעוֹן בֶּן יוֹחָאי — **R' Shimon ben Yochai taught:** ג׳ הֵם שֶׁנַּעֲנוּ בְּמַעֲנֵה פִּיהֶם — **There were three individuals** (in Scripture) **who were answered** by God **when the request was yet in their mouths.**[58] אֱלִיעֶזֶר עַבְדּוֹ שֶׁל אַבְרָהָם, וּמֹשֶׁה, וּשְׁלֹמֹה — They are: **Eliezer the servant of Abraham, Moses, and** King **Solomon.**[59]

NOTES

47. [That Phinehas (the grandson of Aaron the priest) was alive in Jephthah's time and beyond is evident from *Chronicles* 9:20 and according to the view (see *Bava Metzia* 114b with *Rashi* s.v. לאו כהן מר; but see *Bava Basra* 121b with *Rashbam* s.v. אחיה השילוני and *Tosafos*) that maintains that Phinehas and Elijah the prophet were the same person (*Eitz Yosef*).]

48. I.e., why did Jephthah state, "וְלֹא אוּכַל לָשׁוּב, *and I cannot recant,*" (see note 46) if halachah grants a vower the prerogative to have his vow annulled by a sage under certain conditions (see *Tanchuma* loc. cit.).

Jephthah did not actually need Phinehas' annulment, for, as we have seen, his vow obligated him — at most — to redeem his daughter's value onto an animal that could be sacrificed. The Midrash is asking why Phinehas did not inform Jephthah of this fact (*Eitz Yosef*, citing *Radak* and *Abarbanel* to verse). Alternatively, Jephthah did require submission to the annulment process despite the fact that his vow was not binding [in its strictest form], for the Gemara (*Nedarim* 14a) requires this of unlearned people who make ineffectual vows, as a safeguard against their assuming leniencies in this area (*Eitz Yosef*, citing *Yefeh To'ar*; see *Imrei Yosher* for an additional approach; see further *Yalkut Shimoni* to *Shoftim* §11 with *Zayis Raanan*).

49. The Jewish people had accepted Jephthah as their leader when they asked him to lead their defense against the king of Ammon (see *Judges* 11:11). Jephthah therefore maintained that he had the halachic status of a king, and, as taught in *Horayos* 13a and *Bamidbar Rabbah*, 6 §1, the honor of a king is regarded more highly than that of a high priest or a prophet (*Eitz Yosef*, citing *Yefeh To'ar*).

[It should be noted that the disagreement between Phinehas and Jephthah over who should go to whom was not rooted in petty pride. Rather, each of the two believed that it would be an affront to the Torah's honor if he would wrongfully yield (*Eshed HaNechalim*).]

50. I.e., as a result of the insistence of Jephthah and of Phinehas, Jephthah's daughter was doomed.

51. *Rashi, Matnos Kehunah, Eitz Yosef.*

52. I.e., the infant perished at birth (*Matnos Kehunah*).

Apparently, a tragedy had occurred when a midwife and her patient had negligently relied on each other. This expression was then born and used to refer to similar situations (*Yefeh To'ar*). See Insight Ⓐ.

53. [According to the view (see note 46) that Jephthah sacrificed his daughter], this punishment corresponded to Jephthah's misdeed of dissecting his daughter as a sacrificial offering (*Eitz Yosef*).

54. I.e., prophecy (*Radal*, see there further).

55. [In its entirety, this verse reads, וּפִינְחָס בֶּן אֶלְעָזָר נָגִיד הָיָה עֲלֵיהֶם לְפָנִים ה׳ עִמּוֹ, *And Phinehas son of Elazar had been the supervisor over them, in former times HASHEM was with him.*]

56. *Matnos Kehunah; Eitz Yosef.*

57. *Eitz Yosef.*

58. Translation follows *Rashi, Matnos Kehunah,* and *Eitz Yosef.* We shall see below that this does not necessarily mean that the speaker was still praying when he was answered, but rather that his prayer was followed instantly by its fulfillment.

59. The fact that a prayer is answered immediately is indicative of both the greatness of the supplicant and God's satisfaction with the request (*Eitz Yosef*, who references *Isaiah* 65:24; see there further where he comments on the different natures of the three prayers mentioned).

INSIGHTS

Ⓐ **Annulling a Vow In the Absence of the Vower** There are differing views among the early authorities concerning whether or not a sage may annul a vow if the vower does not appear before him personally, but communicates his regret via a messenger or a written statement. One source even allows a sage to annul a vow based merely on his knowledge that the vower is regretful and desires an annulment (see *Tur* and *Beis Yosef, Yoreh De'ah* 228).

Rivash (§370, cited ibid.) infers from our Midrash that Jephthah's vow remained in place only because Phinehas and Jephthah would not travel to meet one another, which indicates that the vower must be present for the vow to be annulled. Otherwise, Jephthah would certainly have sent a messenger or a letter to effect the cancellation of his vow and thereby save his daughter.

In defense of the opposing view, *Teshuvos Chasam Sofer* (at the end of *Yoreh De'ah* §220) offers proof that Jephthah felt that as the Judge and leader of the nation, it was inappropriate for him even to write [or send a messenger] to Phinehas.

[It should be noted that these sources appear to disagree with the position of *Noda BeYehudah* (*Yoreh De'ah* §161) who argues at length that practical halachah may not be deduced from Midrashic sources.]

וְזִימֵּן לוֹ הַקָּדוֹשׁ בָּרוּךְ הוּא כְּהוֹגֶן דִּכְתִיב "וְדָוִד בֶּן אִישׁ אֶפְרָתִי". יִפְתָּח (שופטים יא, לא) "וְהָיָה הַיּוֹצֵא אֲשֶׁר יֵצֵא וְגוֹ'", "וְהַעֲלִיתִיהוּ עוֹלָה לַה'", הָא אִילּוּ יָצָא חֲמוֹר אוֹ כֶּלֶב אֶחָד אוֹ חָתוּל אַחַת, הָיָה מַעֲלֵהוּ עוֹלָה, וְזִימֵּן לוֹ הַקָּדוֹשׁ בָּרוּךְ הוּא שֶׁלֹּא כְּהוֹגֶן, הֲדָא הוּא דִכְתִיב (שם) "וַיָּבֹא יִפְתָּח הַמִּצְפָּה אֶל בֵּיתוֹ וְהִנֵּה בִתּוֹ יֹצֵאת לִקְרָאתוֹ". רַבִּי יוֹחָנָן וְרֵישׁ לָקִישׁ, [ה]רַבִּי יוֹחָנָן אָמַר: הֶקְדֵּשׁ דָּמִים הָיָה חַיָּב וְרֵישׁ לָקִישׁ אָמַר: אֲפִילּוּ הֶקְדֵּשׁ דָּמִים לֹא הָיָה חַיָּב, דִּתְנַן [ו]אָמַר עַל בְּהֵמָה טְמֵאָה וְעַל בַּעֲלַת מוּם הֲרֵי אֵלּוּ עוֹלָה לֹא אָמַר כְּלוּם, אָמַר הֲרֵי אֵלּוּ לְעוֹלָה יִמָּכְרוּ וְיָבִיא בִּדְמֵיהֶם עוֹלָה. וְלֹא הָיָה שָׁם פִּנְחָס שֶׁיַּתִּיר לוֹ אֶת נִדְרוֹ, אֶלָּא פִּנְחָס אָמַר: הוּא צָרִיךְ לִי וַאֲנִי אֵלֵךְ אֶצְלוֹ, וְיִפְתָּח אָמַר אֲנִי רֹאשׁ קְצִינֵי יִשְׂרָאֵל וַאֲנִי הוֹלֵךְ אֵצֶל פִּנְחָס, בֵּין דֵּין לְדֵין אָבְדָה הַנַּעֲרָה הַהִיא, הֲדָא הוּא דִבְרִיָּיתָא אָמְרֵי: בֵּין חָיְיתָא לִמְחַבַּלְתָּא אֲזַל בְּרָא דַעֲלוּבְתָא. וּשְׁנֵיהֶם נֶעֶנְשׁוּ בְּדָמֶיהָ שֶׁל הַנַּעֲרָה, יִפְתָּח מֵת בְּנִשִּׁילַת אֵבָרִים, בְּכָל מָקוֹם שֶׁהָיָה הוֹלֵךְ בּוֹ הָיָה אֵבֶר נִישּׁוֹל הֵימֶנּוּ וְהָיוּ קוֹבְרִין אוֹתוֹ שָׁם, הֲדָא הוּא דִכְתִיב (שם יב, ז) "וַיָּמָת יִפְתָּח וַיִּקָּבֵר בְּעָרֵי גִלְעָד", בְּעִיר גִּלְעָד לֹא נֶאֱמַר אֶלָּא "בְּעָרֵי גִלְעָד". פִּנְחָס נִטְּלָה מִמֶּנּוּ רוּחַ הַקֹּדֶשׁ, הֲדָא הוּא דִכְתִיב (ד"ה א ט, כ) "וּפִנְחָס בֶּן אֶלְעָזָר נָגִיד הָיָה עֲלֵיהֶם", הוּא נָגִיד עֲלֵיהֶם אֵין כְּתִיב כָּאן, אֶלָּא נָגִיד "הָיָה", "לְפָנִים ה' עִמּוֹ":

ד [כד, טו] "וַיְהִי הוּא טֶרֶם כִּלָּה לְדַבֵּר וְגוֹ'". [ח]תָּנֵי רַבִּי שִׁמְעוֹן בֶּן יוֹחַאי: ג' הֵם שֶׁנַּעֲנוּ בְּמַעֲנֵה פִיהֶם, אֱלִיעֶזֶר עַבְדּוֹ שֶׁל אַבְרָהָם, וּמֹשֶׁה, וּשְׁלֹמֹה. אֱלִיעֶזֶר, "וַיְהִי הוּא טֶרֶם כִּלָּה לְדַבֵּר וְהִנֵּה רִבְקָה יֹצֵאת וְגוֹ'". מֹשֶׁה, דִּכְתִיב (במדבר טז, לא) "וַיְהִי כְּכַלֹּתוֹ לְדַבֵּר אֵת כָּל הַדְּבָרִים הָאֵלֶּה וַתִּבָּקַע הָאֲדָמָה אֲשֶׁר תַּחְתֵּיהֶם". שְׁלֹמֹה, דִּכְתִיב בֵּיהּ (ד"ה ב ז, א) "וּכְכַלּוֹת שְׁלֹמֹה לְהִתְפַּלֵּל אֶל ה' וְהָאֵשׁ יָרְדָה מִן הַשָּׁמַיִם וְגוֹ'":

פירוש מהרז"ו

יפתח. עי' ויק"ר ס"פ ל"ז קה"ר פסוק עמל הכסילים ובתד"א פרק י"א: **רבי יוחנן וריש לקיש.** עיין ילקוט שופטים י"א סי' ס"ח: **רוה"ק.** מאתים שנה קה"ר שם והחשבון ל"ע: **(ד) אליעזר כו'.** הנה אצל משה ושלמה כתיב ככלות אך אצל אליעזר כתיב טרם כלה לדבר שאז והנה רבקה יוצאת פי' היינו יציאתה מהבית אך הוא לא ראה אותה עד שבאה וזה היה ככלותו לדבר ובכן כל הג' שוים (וכ"מ ביפ"ת):

רש"י

(ג) **אפילו הקדש דמים לא היה חייב דתנינן תמן אמר על בהמה בעלת מום ועל בהמה טמאה לא אמר כלום.** אמר הרי אלו לעולה משמע בדמיהם וימכרו ויביא בדמיהם עולה אבל זה שאמר והעליתיהו כמו שאמר על בהמה טמאה הרי זו עולה ולא אמר כלום ואפילו הקדש דמים לא היה חייב הדא היא דברייתא אמרין בין חייתא למחבלתא אזלא ברא דעלובתא. חייתא מילדת מחבלתא יולדת כמה דאת אמר שמה חבלתך אמך: **(ד) במענה פיהם.** בעוד שהמענה בפיהם נענו:

עץ יוסף

וזימן לו הקדוש ברוך הוא בתו. שהיה הזמנה מאת הקב"ה ע"ל העונש: **רבי יוחנן וריש לקיש.** לפי שאמר שמהקב"ה היה הדבר שנזדמן לו בתו ויראה דבר קשה שתהיה כזאת מה' לזה אמר כי לא היה חייב רק דמים. וא"כ לא היה עונשו בזה רק שילטער שלא נתקבל נדרו לרצון ושיצטרך לתת דמים או להתיר נדרו ולהתרפס לפני מורים. אלא שהוא שגה בדבר ואולתו תסלף דרכו (יפ"ת): **הקדש דמים היה חייב.** להקדיש דמים כדמי בתו להביא עולות כאילו אמר הרי היא לעולה. אלא שטעה יפתח: **דתנן אמר כו'.** והכא נמי והעליתיהו עולה קאמר ולא לעולה: **ולא היה שם פנחס.** בתמיהא שהרי אפילו בימי שמואל ודוד היה כדכתיב בד"ה ופנחס בן אלעזר נגיד היה עליהם. ולדעת חז"ל הוא פנחס הכהן. עוד אחז"ל כי פנחס הוא אליהו: **שיתיר לו נדרו.** פי' היינו שיאמר לו שהוא פטור בדמים (רד"ק וברבנאל). עוד יש לומר שאע"פ שלא היה ממש בנדרו ולא היה צריך התרה באמת. אך לפי שיפתח לא היה ת"ח לא היה ראוי להתיר לו אלא ע"י שאלה כדאמרינן בפ"ב דנדרים גבי הנודר בתורה וכו' משום דלא ליתי לזלזולי בנדרים (יפ"ת): **ה"ה דברייתא כו'.** כלו' על דרך מה שאומרים הבריות משל בין חייתא היא המילדת ובין המחבלתא היא היולדת הכואבת בחבליה נאבד בן העלובה: **ראש קציני ישראל.** ומלך קודם לכה"ג ונביא כדאי' בפ' כהן משוח. וברבה ריש סדר נשא: **בנשילת אברים.** מדה כנגד מדה כמו שעשאה אברים לקרבן עם היותה יכול להצילה: **הוא נגיד אב"ב.** המדרש דייק משתים. א' מדכתיב היה משמע אבל לא עכשיו. ב' מדכתיב לפנים ה' עמו משמע מתחלה ולא עכשיו: **(ד) ג' הם שנענו כו'.** כלו' דשבח הוא לו שנענה מיד בעוד שהמענה בפיו. מכיון דאשכחן הך מילתא בג' אלה זה לאות על מעלתם הגדולה ובקשתם הנרצה לפני ה' ע"ד והיה טרם יקראו ואני אענה. וחשב ג' ענינים. אחד נס נסתר כמו שהיה באליעזר. הב' נס מפורסם מאד כמו שהיה במשה. הג' בעניני נסי התגלות האלהות כמו שהיה בשלמה המלך ע"ה ששרתה שכינה תיכף בכלותו להתפלל: **ובכלות שלמה להתפלל כו'.** שבסוף תפלותיו נענה מיד:

חידושי הרד"ל

[ג] **(ב) נטלה ממנו רוה"ק.** כמ"ש בפסחים (ס"ו.) כל המתייהר אם נביא הוא נבואתו מסתלקת ממנו כו':

חידושי הרש"ש

[ג] **רבי יוחנן אמר הקדש דמים היה חייב.** בתנחומא ס"פ בחוקותי מסיים כענין שכתוב בערכין ובזה נראה ליישב המתניתין (דמייתי ר"ל לראיה) אליביה דהחלוק דאדם שאני דמלינו בו קדושת דמים בערכין. או יאמר דדוקא כשיאמר בפירוש על בה"ט או בע"מ. אבל בסתמא כמעשה דיפתח אמרינן דדעתו כל חד למאי דחזי' ליה דחזי לגופיה יקדש גופו. ודל"ח לגופיה יקדש לדמי וזה דומה להא דתנן בפ"ד דשקלים מ"ז במקדיש סתם דלר' יהושע זכרים יקרבו עצמן עולות נקבות ימכרו כו' ויביאו בדמיהן עולות וש"נ יפלו לבד"ה. ועוד כ"ל דהא תנן בנדרים (כ"ח א') הרי נטיעות האלו קרבן כו' יש להם פדיון ופי' הרא"ש (וכן הרע"ב אחריו) דהיינו שיביא בדמיהן קרבן. וע"כ צריך לחלק דדוקא בבע"מ ובה"ט דא"ל דטעי וסבר שהן עצמן יקרבו לכן לא אמר כלום אבל נטיעות וטלית דליכא למטעי בהו אמרינן דלדמי קמכוון. ואדם נמי כוותייהו. ועיין בתמורה (ז' א') ובתוס' שם ד"ה אפילו:

מסורת המדרש

ה ילקוט שופטים רמז ס"ה:
ו תמורה דף כ"ז:
ז קהלת רבה פרשה י' פסוק ט"ו:
ח ילקוט כאן רמז ק"ח:

אם למקרא

וְהָיָה הַיּוֹצֵא אֲשֶׁר יֵצֵא מִדַּלְתֵי בֵיתִי לִקְרָאתִי בְּשׁוּבִי בְשָׁלוֹם מִבְּנֵי עַמּוֹן וְהָיָה לַה' וְהַעֲלִיתִהוּ עוֹלָה: (שופטים יא:לא)

וַיָּבֹא יִפְתָּח הַמִּצְפָּה אֶל־בֵּיתוֹ וְהִנֵּה בִתּוֹ יֹצֵאת לִקְרָאתוֹ בְּתֻפִּים וּבִמְחֹלוֹת וְרַק הִיא יְחִידָה אֵין־לוֹ מִמֶּנּוּ בֵּן אוֹ־בַת: (שופטים יא:לד)

וַיִּשְׁפֹּט יִפְתָּח אֶת־יִשְׂרָאֵל שֵׁשׁ שָׁנִים וַיָּמָת יִפְתָּח הַגִּלְעָדִי וַיִּקָּבֵר בְּעָרֵי גִלְעָד: (שופטים יב:ז)

וּפִינְחָס בֶּן־אֶלְעָזָר נָגִיד הָיָה עֲלֵיהֶם לְפָנִים ה' עִמּוֹ: (דברי הימים א ט:כ)

וַיְהִי כְּכַלֹּתוֹ לְדַבֵּר אֵת כָּל־הַדְּבָרִים הָאֵלֶּה וַתִּבָּקַע הָאֲדָמָה אֲשֶׁר תַּחְתֵּיהֶם: (במדבר טז:לא)

וּכְכַלּוֹת שְׁלֹמֹה לְהִתְפַּלֵּל וְהָאֵשׁ יָרְדָה מֵהַשָּׁמַיִם וַתֹּאכַל הָעֹלָה וְהַזְּבָחִים וּכְבוֹד ה' מָלֵא אֶת־הַבָּיִת: (דברי הימים ב ז:א)

ענף יוסף

(ויפתח מת בנישול איברים כו' שנאמר ויקבר בערי גלעד כו') קשה שהרי כתיב (ש"ב כ"ח) ושמואל מת ויספדו לו כל ישראל ויקברוהו ברמה ובעירו. ות"י וקברוהי ברמתא וספדו עלוי אינש בקרתיה. אף כאן יכולין לומר ויקבר בערי גלעד שהספידוהו בכל ערי הגלעד. וי"ל לפי שידעו חז"ל שיפתח לא היה בן תורה כמ"ש בילקוט שמואל א' י"א. ולא היה ראוי שיפתח שיספדוהו כל ישראל. ולכן פי' ויקבר בערי גלעד שבכל מקום שהולך היה אבר ניטל ממנו וקוברין אותו שם (יד יוסף):

מתנות כהונה

לעולה. משמע לצורך עולה לימכר ויקנו בדמיהם עולות ויפתח אמר והעליתיהו עולה הוא בעצמו ולא אמר כלום: **ואני אלך אצלו.** בתמיה: **הדא היא דברייתא כו'.** זהו שהבריות אומרים בין המילדת שנקראת חיה כד"א כי חיות הנה ובין היולדת הכואבת בחבליה וכד"א שמה חבלתך אמך אינה בקיאה לשמור את עצמה נאבד בן העלובה ר"ל היולדת כלומר הבן ההוא שנולד עתה נאבד ומת: **פנחס ניטלה ממנו** גרסינן: **היה נגיד.** משמע כבר היה אבל עכשיו לא היה נגיד] ועי' זה בויק"ר פר' ז' ובקה"ר פ' עמל הכסילים]: **[ד] במענה פיהם.** בעוד שהמענה בפיהם היו נענים:

אשד הנחלים

שלא כהוגן כי אולי יצא דבר טמא ולא חשב בתו כההזדמנות מפני שדבר טמא א"א להקריב בשום אופן: **הקדש דמים.** דעתם שלא עשה שלא כהוגן. כי אף אם הי' מזדמן חמור או כלב הי' משלם דמים עבורו: **הוא צריך לי.** ח"ו לא כיון להתגאות בזה. רק שחשב שהוא בזיון התורה ודימה שיפתח מתגדל למולו ע"כ לא הלך אליו וכן יפתח כמו כן: **הי' לפנים וה' עמו.** כלומר ה' הי' עמו לפנים בנבואה אך אחרי כן נסתלק ממנו: **נענו במענה פיהם.** כלומר תיכף בשעת הוצאת דבורם ובתוך הדבור ממש. וזה לאות על מעלתם הגדולה ובקשתם הנירצה לפני ה'. וחשב ג' ענינים. אחד נס נסתר כמו שהיה באליעזר. שהי' הדבר נגלל ע"ד הטבע מעט. הב' נס מפורסם מאוד כמו שהי' במשה. הג' בעניני נסי התגלות האלקית כמו שהיה בשלמה המלך ע"ה ששרתה השכינה תיכף בכלותו להתפלל:

"אֱלִיעֶזֶר, "וַיְהִי הוּא טֶרֶם כִּלָּה לְדַבֵּר וְהִנֵּה רִבְקָה יֹצֵאת — The Midrash will now provide the source for each of these three: We find that **Eliezer** was answered while still speaking his request, in our verse that states, ***And it was when he had not yet finished speaking that suddenly Rebecca was coming out.*** מֹשֶׁה, דִּכְתִיב "וַיְהִי כְּכַלֹּתוֹ לְדַבֵּר אֵת כָּל הַדְּבָרִים הָאֵלֶּה וַתִּבָּקַע הָאֲדָמָה אֲשֶׁר תַּחְתֵּיהֶם" — We find that **Moses** was answered this way, **for it is written,** ***When [Moses] finished speaking all these words, the ground that was under [Korach and his collaborators] split open*** (*Numbers* 16:31).[60] שְׁלֹמֹה, דִּכְתִיב בֵּיהּ "וּכְכַלּוֹת שְׁלֹמֹה לְהִתְפַּלֵּל אֶל ה' וְהָאֵשׁ יָרְדָה מִן הַשָּׁמַיִם וגו'" — We find that King **Solomon** was answered this way, **for it is written about him,** ***When Solomon finished praying, the fire came down from heaven, etc.*** (*II Chronicles* 7:1).[61]

NOTES

60. [The previous verse told of Moses' request that the ground supernaturally open up and swallow those men, in order to establish that he had indeed been sent by God.]

61. Upon completing his construction of the First Temple, Solomon offered a lengthy prayer in which he asked for God's receptiveness to a variety of supplications that would be directed heavenward via that edifice, and for God to allow His presence to dwell there. The fire that *came down from heaven* served to demonstrate that his prayers had been accepted (see *Yefeh To'ar*). Here, the Midrash notes that the affirmative response came immediately *when Solomon finished praying* (*Eitz Yosef*).

[The verses appear to suggest that, among the three prayers, it was only Eliezer's that was answered *before* he had completed it. However, since the verse states only that *Rebecca was coming out* while Eliezer was yet speaking, it is possible that Eliezer did not see her until immediately after he finished speaking, and thus the three prayers were all answered in a similar fashion (*Maharzu*). Alternatively, Eliezer may have been answered earlier than the others in Abraham's merit (*Imrei Yosher*). For further discussion see *R' Moshe Shimshon Bachrach Moriah, Tammuz* 5768 (pp. 22-23).]

חידושי הרד"ל

[ג] (ב) **נטלה ממנו רוה"ק.** כמ"ש בפסחים (ס"ו.) כל המתייהר אם נביא הוא נבואתו מסתלקת ממנו כו':

חידושי הרש"ש

[ג] **רבי יוחנן אמר הקדש דמים היה חייב.** בתנחומא ס"פ בחוקותי מסיים כענין שכתוב בערכין ובזה נראה ליישב המתניתין (דמייתי ר"ל לראיה) אליביה דהחלוק דאדם שאני דמלינו בו קדושת דמים בערכין. או יאמר דדוקא כשיאמר בפירוש על בה"ט או בע"מ. אבל בסתמא כמעשה דיפתח אמרינן דדעתו כל חד למאי דחזי' ליה דחזי לגופיה יקדש גופו. ודל"ח לגופיה יקדש לדמי וזה דומה להא דתנן בפ"ד דשקלים מ"ז במקדיש סתם דלר' יהושע זכרים יקרבו עצמן עולות נקבות ימכרו כו' ויביאו בדמיהן עולות וש"כ יפלו לבד"ה. ועוד נ"ל דהא תנן בנדרים (כ"ח א') הרי נטיעות האלו קרבן כו' יש להם פדיון ופי' הרא"ש (וכן הרע"ב אחריו) דהיינו שיביא בדמיהן קרבן. וע"כ צריך לחלק דדוקא בבע"מ ובה"ט דא"ל דטעי וסבר שהן עצמן יקרבו לכן לא אמר כלום אבל נטיעות וטלית דליכא למטעי בהו אמרינן דלדמי קמכוון. ואדם נמי כוותייהו. ועיין בתמורה (ז' א') ובתוס' שם ד"ה אפילו:

עץ יוסף

וזימן לו הקדוש ברוך הוא בתו. שהיה הזמנה מאת הקב"ה ע"ל הטועה: **רבי יוחנן וריש לקיש.** לפי שאמר שמהקב"ה היה הדבר שנזדמן לו בתו ויראה דבר קשה שתהיה כזאת מה' לזה אמר כי לא היה חייב רק דמים. וא"כ לא היה עונשו בזה רק שילטער שלא נתקבל נדרו לרצון ושיצטרך לתת דמים או להתיר נדרו ולהתרפס לפני מורים. אלא שהוא שגה בדבר ואולתו תסלף דרכו (יפ"ת): **הקדש דמים היה חייב.** להקדיש דמים כדמי בתו להביא עולות כאילו אמר הרי היא לעולה. אלא שטעה יפתח: **דתנן אמר כו'.** והכא נמי והעליתיהו עולה קאמר ולא לעולה: **ולא היה שם פנחס.** בתמיה שהרי אפילו בימי שמואל ודוד היה כדכתיב בד"ה ופנחס בן אלעזר נגיד היה עליהם. ולדעת חז"ל הוא פנחס הכהן. עוד אחז"ל כי פנחס הוא אליהו: **שיתיר לו נדרו.** פי' היינו שיאמר לו שהוא פטור בדמים (רד"ק וברבנאל). עוד יש לומר שאע"פ שלא היה ממש בנדרו ולא היה צריך התרה באמת. אך לפי שיפתח לא היה ת"ח לא היה ראוי להתיר לו אלא ע"י שאלה כדאמרינן בפ"ב דנדרים גבי הנודר בתורה וכו' משום דלא ליתי לזלזולי בנדרים (יפ"ת): **ה"ה דברייתא כו'.** כלו' על דרך מה שאומרים הבריות משל בין חייתא היא המילדת ובין המחבלתא היא היולדת הכואבת בחבליה נאבד בן העלובה: **ראש קציני ישראל.** ומלך קודם לכה"ג ונביא כדאי' בפ' כהן משוח. וברבה ריש סדר נשא: **בנשילת אברים.** מדה כנגד מדה כמו שעשאה אברים לקרבן עם היותה יכול להצילה: **הוא נגיד אב"ב.** המדרש דייק משתים. א' מדכתיב היה משמע אבל לא עכשיו. ב' מדכתיב לפנים ה' עמו משמע מתחלה ולא עכשיו: (ד) **ג' הם שנענו כו'.** כלו' דשבח הוא לו שנענה מיד בעוד שהמענה בפיו. מכיון דאשכחן הך מילתא בג' אלה זה לאות על מעלתם הגדולה ובקשתם הנרצה לפני ה' ע"ד והיה טרם יקראו ואני אענה. וחשב ג' ענינים. אחד נס נסתר כמו שהיה באליעזר. הב' נס מפורסם מאד כמו שהיה במשה. הג' בעניני נסי התגלות האלהות כמו שהיה בשלמה המלך ע"ה ששרתה שכינה תיכף בכלותו להתפלל: **ובכלות שלמה להתפלל כו'.** שבסוף תפלותיו נענה מיד:

מדרש

וְזִימֵּן לוֹ הַקָּדוֹשׁ בָּרוּךְ הוּא כְּהוֹגֶן דִּכְתִיב "וְדָוִד בֶּן אִישׁ אֶפְרָתִי". יִפְתָּח (שופטים יא, לא) "וְהָיָה הַיּוֹצֵא אֲשֶׁר יֵצֵא וְגוֹ' ", "וְהַעֲלִיתִיהוּ עוֹלָה לַה' ", הָא אִילּוּ יָצָא חֲמוֹר אוֹ כֶלֶב אֶחָד אוֹ חָתוּל אַחַת, הָיָה מַעֲלֵהוּ עוֹלָה, וְזִימֵּן לוֹ הַקָּדוֹשׁ בָּרוּךְ הוּא שֶׁלֹּא כְהוֹגֶן, הָדָא הוּא דִכְתִיב (שם) "וַיָּבֹא יִפְתָּח הַמִּצְפָּה אֶל בֵּיתוֹ וְהִנֵּה בִתּוֹ יֹצֵאת לִקְרָאתוֹ". רַבִּי יוֹחָנָן וְרֵישׁ לָקִישׁ, [ה]רַבִּי יוֹחָנָן אָמַר: הֶקְדֵּשׁ דָּמִים הָיָה חַיָּיב וְרֵישׁ לָקִישׁ אָמַר: אֲפִילּוּ הֶקְדֵּשׁ דָּמִים לֹא הָיָה חַיָּיב, דִּתְנַן [ו]אָמַר עַל בְּהֵמָה טְמֵאָה וְעַל בַּעֲלַת מוּם הֲרֵי אֵלּוּ עוֹלָה לֹא אָמַר כְּלוּם, אָמַר הֲרֵי אֵלּוּ לְעוֹלָה יִמָּכְרוּ וְיָבִיא בִּדְמֵיהֶם עוֹלָה. [ו]וְלֹא הָיָה שָׁם פִּנְחָס שֶׁיַּתִּיר לוֹ אֶת נִדְרוֹ, אֶלָּא פִּנְחָס אָמַר: הוּא צָרִיךְ לִי וַאֲנִי אֵלֵךְ אֶצְלוֹ, וְיִפְתָּח אָמַר אֲנִי רֹאשׁ קְצִינֵי יִשְׂרָאֵל וַאֲנִי הוֹלֵךְ אֵצֶל פִּנְחָס, בֵּין דֵּין לְדֵין אָבְדָה הַנַּעֲרָה הַהִיא, הָדָא הוּא דִבְרִיָּתָא אָמְרִי: בֵּין חָיְיתָא לִמְחַבַּלְתָּא אֲזַל בְּרָא דַעֲלוּבְתָּא. וּשְׁנֵיהֶם נֶעֶנְשׁוּ בְּדָמֶיהָ שֶׁל הַנַּעֲרָה, יִפְתָּח מֵת בִּנְשִׁילַת אֵבָרִים, בְּכָל מָקוֹם שֶׁהָיָה הוֹלֵךְ בּוֹ הָיָה אֵבֶר נִישּׁוֹל הֵימֶנּוּ וְהָיוּ קוֹבְרִין אוֹתוֹ שָׁם, הָדָא הוּא דִכְתִיב (שם יב, ז) "וַיָּמָת יִפְתָּח וַיִּקָּבֵר בְּעָרֵי גִלְעָד", בְּעִיר גִּלְעָד לֹא נֶאֱמַר אֶלָּא "בְּעָרֵי גִלְעָד". פִּנְחָס נִטְלָה מִמֶּנּוּ רוּחַ הַקֹּדֶשׁ, הָדָא הוּא דִכְתִיב (ד"ה א ט, כ) "וּפִנְחָס בֶּן אֶלְעָזָר נָגִיד הָיָה עֲלֵיהֶם", הוּא נָגִיד עֲלֵיהֶם אֵין כְּתִיב כָּאן, אֶלָּא נָגִיד "הָיָה", לְפָנִים ה' עִמּוֹ:

ד [כד, טו] "וַיְהִי הוּא טֶרֶם כִּלָּה לְדַבֵּר וְגוֹ' ". [ח]תָּנֵי רַבִּי שִׁמְעוֹן בֶּן יוֹחָאי: ג' הֵם שֶׁנַּעֲנוּ בְּמַעֲנֵה פִיהֶם, אֱלִיעֶזֶר עַבְדּוֹ שֶׁל אַבְרָהָם, וּמֹשֶׁה, וּשְׁלֹמֹה. אֱלִיעֶזֶר, "וַיְהִי הוּא טֶרֶם כִּלָּה לְדַבֵּר וְהִנֵּה רִבְקָה יֹצֵאת וְגוֹ' ". מֹשֶׁה, דִּכְתִיב (במדבר טז, לא) "וַיְהִי כְּכַלֹּתוֹ לְדַבֵּר אֵת כָּל הַדְּבָרִים הָאֵלֶּה וַתִּבָּקַע הָאֲדָמָה אֲשֶׁר תַּחְתֵּיהֶם", שְׁלֹמֹה, דִּכְתִיב בֵּיהּ (ד"ה ב ז, א) "וּכְכַלּוֹת שְׁלֹמֹה לְהִתְפַּלֵּל אֶל ה' וְהָאֵשׁ יָרְדָה מִן הַשָּׁמַיִם וְגוֹ' ":

פירוש מהרז"ו

יפתח. עי' ויק"ר ס"פ ל"ז קה"ר פסוק עמל הכסילים ובתד"א פרק י"א: **רבי יוחנן וריש לקיש.** עיין ילקוט שופטים י"א סי' ס"ח: **רוה"ק.** מאתים שנה קה"ר שם והחשבון נ"ע: (ד) **אליעזר כו'.** הנה אצל משה ושלמה כתיב ככלות אך אצל אליעזר כתיב טרס כלה לדבר שאז והנה רבקה יוצאת פי' היינו יציאתה מהבית אך הוא לא ראה אותה עד שבאה וזה היה ככלותו לדבר ובכן כל הג' שוים (וכ"מ ביפ"ת):

רש"י

(ג) **אפילו הקדש דמים לא היה חייב דתנינן תמן אמר על בהמה בעלת מום ועל בהמה טמאה לא אמר כלום.** אמר הרי אלו לעולה משמע בדמיהם וימכרו ויביא בדמיהם עולה אבל זה שאמר והעליתיהו כמו שאמר על בהמה טמאה הרי זו עולה ולא אמר כלום ואפילו הקדש דמים לא היה חייב הדא היא דברייתא אמרין בין חייתא למחבלתא אזלא ברא דעלובתא. חייתא מילדת מחבלתא יולדת כמה דאת אמר שמה חבלתך אמך: (ד) **במענה פיהם.** בעוד שהמענה בפיהם נענו:

מתנות כהונה

לעולה. משמע לצורך עולה לימכר ויקנו בדמיהם עולות ויפתח אמר והעליתיהו עולה הוא בעצמו ולא אמר כלום: **ואני אלך אצלו.** בתמיה: **הדא היא דברייתא כו'.** זהו שהבריות אומרים בין המילדת שנקראת חיה כד"א כי חיות הנה ובין היולדת הכואבת בחבליה וכד"א שמה חבלתך אמך אינה בקיאה לשמור את עצמה נאבד בן העלובה ר"ל היולדת כלומר הבן ההוא שנולד עתה נאבד ומת: **פנחס ניטלה ממנו** גרסינן: **היה נגיד.** משמע כבר היה אבל עכשיו לא היה נגיד] ועי' זה בויק"ר פר' ז' ובקה"ר פ' עמל הכסילים]: [ד] **במענה פיהם.** בעוד שהמענה בפיהם היו נענים:

אשד הנחלים

שלא כהוגן כי אולי יצא דבר טמא ולא חשב בתו כההזדמנות מפני שדבר טמא א"א להקריב בשום אופן: **הקדש דמים.** דעתם שלא עשה שלא כהוגן. כי אף אם הי' מזדמן חמור או כלב הי' משלם דמים עבורו: **הוא צריך לי.** ח"ו לא כיון להתגאות בזה. רק שחשב שהוא בזיון התורה ודימה שיפתח מתגדל למולו ע"כ לא הלך אליו וכן יפתח כמו כן: **הי' לפנים וה' עמו.** כלומר ה' הי' עמו לפנים בנבואה אך אחרי כן נסתלק ממנו: **נענו במענה פיהם.** כלומר תיכף בשעת הוצאת דבורם ובתוך הדבור ממש. וזה לאות על מעלתם הגדולה ובקשתם הנירצה לפני ה'. וחשב ג' ענינים. אחד נס נסתר כמו שהיה באליעזר. שהי' הדבר נגלל ע"ד הטבע מעט. הב' נס מפורסם מאוד כמו שהי' במשה. הג' בעניני נסי התגלות האלקית כמו שהיה בשלמה המלך ע"ה ששרתה השכינה תיכף בכלותו להתפלל:

מסורת המדרש

ה ילקוט שופטים רמז ס"ה:
ו ותמורה דף כ"ז:
ז קהלת רבה פרשה י' פסוק ט"ו:
ח ילקוט כאן רמז ק"ח:

אם למקרא

וְהָיָה הַיּוֹצֵא אֲשֶׁר יֵצֵא מִדַּלְתֵי בֵיתִי לִקְרָאתִי בְּשׁוּבִי בְשָׁלוֹם מִבְּנֵי עַמּוֹן וְהָיָה לַה' וְהַעֲלִיתִהוּ עוֹלָה: (שופטים יא:לא)

וַיָּבֹא יִפְתָּח הַמִּצְפָּה אֶל־בֵּיתוֹ וְהִנֵּה בִתּוֹ יֹצֵאת לִקְרָאתוֹ בְּתֻפִּים וּבִמְחֹלוֹת וְרַק הִיא יְחִידָה אֵין־לוֹ מִמֶּנּוּ בֵּן אוֹ־בַת: (שופטים יא:לד)

וַיִּשְׁפֹּט יִפְתָּח אֶת־יִשְׂרָאֵל שֵׁשׁ שָׁנִים וַיָּמָת יִפְתָּח הַגִּלְעָדִי וַיִּקָּבֵר בְּעָרֵי גִלְעָד: (שופטים יב:ז)

וּפִינְחָס בֶּן־אֶלְעָזָר נָגִיד הָיָה עֲלֵיהֶם לְפָנִים ה' עִמּוֹ: (דברי הימים א ט:כ)

וַיְהִי כְּכַלֹּתוֹ לְדַבֵּר אֵת כָּל־הַדְּבָרִים הָאֵלֶּה וַתִּבָּקַע הָאֲדָמָה אֲשֶׁר תַּחְתֵּיהֶם: (במדבר טז:לא)

וּכְכַלּוֹת שְׁלֹמֹה לְהִתְפַּלֵּל וְהָאֵשׁ יָרְדָה מֵהַשָּׁמַיִם וַתֹּאכַל הָעֹלָה וְהַזְּבָחִים וּכְבוֹד ה' מָלֵא אֶת־הַבָּיִת: (דברי הימים ב ז:א)

ענף יוסף

(ויפתח מת בנישול איברים כו' שנאמר ויקבר בערי גלעד כו') קשה שהרי כתיב (ש"ב כ"ח) ושמואל מת ויספדו לו כל ישראל ויקברוהו ברמה ובעירו. ות"י וקברוהי ברמתא וספדו עליו אינש בקרתיה. אף כאן יכולין לומר ויקבר בערי גלעד שהספידוהו בכל ערי הגלעד. וי"ל לפי שידעו חז"ל שיפתח לא היה בן תורה כמ"ש בילקוט שמואל א' י"ח. ולא היה ראוי יפתח שיספדוהו כל ישראל. ולכן פי' ויקבר בערי גלעד שבכל מקום שהולך היה אבר ניטל ממנו וקוברין אותו שם (יד יוסף):

וְהַנַּעֲרָ טֹבַת מַרְאֶה מְאֹד בְּתוּלָה וְאִישׁ לֹא יְדָעָהּ וַתֵּרֶד הָעַיְנָה וַתְּמַלֵּא כַדָּהּ וַתָּעַל.

Now the maiden was very fair to look upon; a virgin whom no man had known. She descended to the spring, filled her jug, and ascended (24:16).

§5 וְהַנַּעֲרָה טוֹבַת מַרְאֶה מְאֹד בְּתוּלָה — ***NOW THE MAIDEN WAS VERY FAIR TO LOOK UPON; A VIRGIN*** *WHOM NO MAN HAD KNOWN.*

The Midrash will teach that a Tannaic dispute has its source in our verse's description of Rebecca.

תְּנֵינַן — **We have learned** in a Mishnah: מוּכַּת עֵץ כְּתוּבָּתָהּ מָאתַיִם, דִּבְרֵי רַבִּי מֵאִיר — **[A woman] injured by a** piece of **wood**[62] — **her *kesubah* is two hundred** *zuz*;[63] these are **the words of R' Meir.** וַחֲכָמִים אוֹמְרִים: מוּכַּת עֵץ כְּתוּבָּתָהּ מָנֶה — **But the Sages say: The *kesubah* of one injured by a** piece of **wood is a *maneh*** (*Kesubos* 11a).[64] רַבִּי חֲנִינָא מִשֵּׁם רַבִּי אֱלִיעֶזֶר — **R' Chanina** said **in the name of R' Eliezer:** טַעְמֵיהּ דְּרַבִּי מֵאִיר "וְאִישׁ לֹא יְדָעָהּ" — **The reason** (i.e., the source) **for R' Meir**'s view is an inference from our verse, which describes Rebecca as a *virgin*, ***whom no man had known.*** הָא אִם נִבְעֲלָה מֵעֵץ בְּתוּלָה — **This** implies that even **if she would have been violated by** a piece of **wood, she could** still **have been** called ***a virgin.***[65] טַעְמַיְיהוּ דְרַבָּנָן בְּתוּלָה הָא אִם נִבְעֲלָה מֵעֵץ אֵינָהּ בְּתוּלָה — And **the reason** (i.e., the source) **for the Sages'** view is a contrary inference from the same verse: The verse states, ***a virgin*; this** implies that **if she would have been violated by** a piece of **wood, she could not have been** called **a virgin.**[66]

Additional interpretations of our verse:

אָמַר רַבִּי יוֹחָנָן — **R' Yochanan said:** לֹא נִבְעֲלָה אִשָּׁה מִמָּהוּל לִשְׁמוֹנָה תְּחִלָּה אֶלָּא רִבְקָה — **No woman before Rebecca had relations with a** man who was **circumcised at eight** days of age.[67] אָמַר רֵישׁ לָקִישׁ — Another insight: **Reish Lakish said:** לְפִי שֶׁבְּנוֹתָן שֶׁל עוֹבְדֵי כוֹכָבִים מְשַׁמְּרוֹת עַצְמָן מִמְּקוֹם עֶרְוָתָן — The verse made two similar statements about Rebecca **because the daughters of the non-Jews would guard themselves from the place of their nakedness,**[68] וּמַפְקִירוֹת עַצְמָן מִמָּקוֹם אַחֵר — **but conduct themselves wantonly from another place.** אֲבָל זֹאת בְּתוּלָה מִמְּקוֹם בְּתוּלִים — The verse therefore wishes to stress — **but this one** (i.e., Rebecca), she was ***a virgin*** **from the place of her hymen,** וְאִישׁ לֹא יְדָעָהּ מִמָּקוֹם אַחֵר — and, additionally, ***no man had known her*** **from another place.** אָמַר רַבִּי יוֹחָנָן — An additional explanation for our verse's apparent repetition: **R' Yochanan**[69] **said:** מִמַּשְׁמַע שֶׁנֶּאֱמַר בְּתוּלָה אֵין אָנוּ יוֹדְעִים שֶׁ"אִישׁ לֹא יְדָעָהּ" — **From the inference of that which it says** that Rebecca was **a virgin, do we not** already **know that *no man had known her*?** אֶלָּא אֲפִילוּ אָדָם לֹא תָבַע בָּהּ — **But** the answer is that the verse teaches that **no man even solicited her,**[70] עַל שֵׁם "לֹא יָנוּחַ שֵׁבֶט הָרֶשַׁע וגו'" — **in fulfillment of,**[71] ***For the rod of wickedness shall not rest,* etc.** *[upon the lot of the righteous]* (*Psalms* 125:3).[72]

❑ וַתֵּרֶד הָעַיְנָה וַתְּמַלֵּא כַדָּהּ וַתָּעַל — ***SHE DESCENDED TO THE SPRING, FILLED HER JUG, AND ASCENDED.***

The Midrash explains the seemingly unnecessary words *she descended to the spring*:[73]

NOTES

62. I.e., a piece of wood [or any other object] penetrated her body in such a way as to rupture her hymen (*Eitz Yosef*).

63. The *kesubah*, the traditional Jewish marriage contract, obligates a man — or his heirs — to pay the woman he is marrying a specific amount of money in the event that the marriage is terminated due to divorce or his death. The Sages set this amount at [a minimum of] 200 *zuz* if the woman is a virgin and 100 *zuz* if she is not (see Tractate *Kesubos* for a full treatment of the subject). In this Mishnah, R' Meir asserts that a woman who has never had relations is entitled to the larger amount even if she has lost her hymen as the result of a violent accident.

64. A *maneh* is the equivalent of 100 *zuz*.

In the view of the Sages, since the accident deprived the woman of the physical characteristics of a virgin, she is not entitled to the *kesubah* of a virgin (see *Kesubos* 11b for further examination of this dispute).

65. Having stated that Rebecca was a *virgin*, it appears repetitious for the verse to then note that *no man had known* her. As understood by R' Meir, the verse is justifying its use of the term בְּתוּלָה, *a virgin*, by stating that *no man had known* her. This leads R' Meir to conclude that as long as a woman has not had relations with a man, she continues to be qualified as a virgin and to receive a larger *kesubah* [whether or not her hymen is in place] (see *Eitz Yosef*). [The reason the verse saw fit to clarify its description of Rebecca as *a virgin* is not because she was injured. She was not. Rather, the verse seizes the opportunity to teach the meaning of that word (*Yefeh To'ar*, second explanation).]

66. The Sages take a different approach in resolving the difficulty of our apparently repetitious verse. They maintain that the verse is making two different statements about Rebecca: first, that she was *a virgin* in terms of the intactness of her hymen, and second, that *no man had known her*. [Had the verse stated only that she was a virgin, one may have assumed it to mean only that she had never had relations. The Torah therefore specified that *no man had known her*, and added to that the fact that she was a *virgin*, i.e., that she had not been injured.] According to this solution, the verse in fact indicates that the term בְּתוּלָה, *a virgin*, is antithetical to a woman who has lost her hymen due to injury, and the Sages therefore rule that such a woman receives the smaller *kesubah* (see *Eitz Yosef*).

[To summarize: According to R' Meir, the second half of the apparently repetitive verse *a virgin whom no man had known*, serves to *explain* the first, and according to the Sages, it forms an independent description. Thus, in the view of R' Meir, any woman who has not had relations is termed a *virgin*, whereas the Sages maintain that that term excludes any woman with a ruptured hymen, regardless of how it became ruptured. And a woman's receipt of a larger *kesubah* hinges on her qualification as a *virgin*.]

67. R' Yochanan [advances a third interpretation of the apparently superfluous words, וְאִישׁ לֹא יְדָעָהּ, *whom no man had known*. He] understands the verse to mean that *no man had* ever *known* any woman the way Isaac *knew* Rebecca. This is because their union represented the first time that a man who had been circumcised at eight days of age ever had relations. Thus, these words are not meant to add to the description of Rebecca as *a virgin*, but rather to make a parallel statement about Isaac (*Matnos Kehunah*, *Eitz Yosef*).

[The Torah tells us that Abraham circumcised the *[servants] born in his household* (17:23). We must either conclude that none of these had the distinction of having been circumcised at eight days of age (*Matnos Kehunah*, also cited by *Eitz Yosef*), or that none of them married before Isaac did (*Rashash*).]

68. I.e., they would ensure that their hymens would stay intact (compare *Rashi* to verse).

69. *Yerushalmi* (*Kesubos* 1:3, cited by *Eitz Yosef*) credits this exposition to R' Yitzchak ben Eliezer. [This would resolve the fact that, above, R' Yochanan took a different approach to our verse (*Yefeh To'ar*, see there for another approach).]

70. According to this view, when the verse states that *no man had known her*, it is not referring to relations, but is rather teaching that no man was even aware of Rebecca's existence (*Yedei Moshe, Eitz Yosef*). Being exceptionally beautiful, Rebecca would certainly have attracted many suitors. Therefore [in order to assure her marriage to Isaac] God arranged that Rebecca never left her house before the episode described by our verse (*Eitz Yosef*).

71. *Eitz Yosef.*

72. Some people would cast lots to determine which among a group of women they would marry. As understood by our Midrash, this verse teaches that a righteous woman will not even be considered for marriage, and therefore entered into such a lottery (*the lot*), by wicked men (*Yedei Moshe*).

Alternatively, it was not because of her concealment that Rebecca was not considered for marriage, but rather because of her righteousness. Among the wicked people of Rebecca's town, there was no one who had an interest in so righteous a marriage partner (*Yefeh To'ar*, first approach).

73. *Maharzu*, *Eitz Yosef*; see below for an alternative approach.

ה [כד, טז] "**וְהַנַּעֲרָה טֹבַת מַרְאֶה מְאֹד בְּתוּלָה**,. [ט]תְּנֵינַן מוּכַּת עֵץ כְּתוּבָּתָהּ מָאתַיִם, דִּבְרֵי רַבִּי מֵאִיר וַחֲכָמִים אוֹמְרִים מוּכַּת עֵץ כְּתוּבָּתָהּ מָנֶה. רַבִּי חֲנִינָא מִשֵּׁם רַבִּי אֱלִיעֶזֶר: טַעְמֵיהּ דְּרַבִּי מֵאִיר וְאִישׁ לֹא יְדָעָהּ, הָא אִם נִבְעֲלָה מֵעֵץ, בְּתוּלָה, טַעֲמַיְיהוּ דְּרַבָּנָן בְּתוּלָה הָא אִם נִבְעֲלָה מֵעֵץ, אֵינָהּ בְּתוּלָה. אָמַר רַבִּי יוֹחָנָן: לֹא נִבְעֲלָה אִשָּׁה מִמָּהוּל לִשְׁמוֹנָה תְּחִלָּה אֶלָּא רִבְקָה, אָמַר רֵישׁ לָקִישׁ: לְפִי שֶׁבְּנוֹתָן שֶׁל עוֹבְדֵי כוֹכָבִים מְשַׁמְּרוֹת עַצְמָן מִמְּקוֹם עֶרְוָתָן וּמַפְקִירוֹת עַצְמָן מִמָּקוֹם אַחֵר, אֲבָל זֹאת בְּתוּלָה מִמְּקוֹם בְּתוּלִים וְאִישׁ לֹא יְדָעָהּ מִמָּקוֹם אַחֵר. [י]אָמַר רַבִּי יוֹחָנָן: מִמַּשְׁמַע שֶׁנֶּאֱמַר בְּתוּלָה אֵין אָנוּ יוֹדְעִים שֶׁאִישׁ לֹא יְדָעָהּ, אֶלָּא אֲפִילוּ אָדָם לֹא תָבַע בָּהּ עַל שֵׁם (תהלים קכה, ג) "לֹא יָנוּחַ שֵׁבֶט הָרֶשַׁע וְגוֹ' ". "וַתֵּרֶד הָעַיְנָה וַתְּמַלֵּא כַדָּהּ וַתָּעַל", כָּל הַנָּשִׁים יוֹרְדוֹת וּמְמַלְּאוֹת מִן הָעַיִן, וְזוֹ כֵּיוָן שֶׁרָאוּ אוֹתָהּ הַמַּיִם מִיָּד עָלוּ. אָמַר לָהּ הַקָּדוֹשׁ בָּרוּךְ הוּא: אַתְּ סִימָן לְבָנַיִךְ, מָה אַתְּ כֵּיוָן שֶׁרָאוּ אוֹתָךְ הַמַּיִם מִיָּד עָלוּ אַף בָּנַיִךְ כֵּיוָן שֶׁהַבְּאֵר רוֹאָה אוֹתָן מִיָּד תְּהֵא עוֹלָה, הָדָא הוּא דִכְתִיב (במדבר כא, יז) "אָז יָשִׁיר יִשְׂרָאֵל אֶת הַשִּׁירָה הַזֹּאת עֲלִי בְאֵר":

ו [כד, יז] "**וַיָּרָץ הָעֶבֶד לִקְרָאתָהּ**", לִקְרַאת מַעֲשֶׂיהָ הַטּוֹבִים. "וַיֹּאמֶר הַגְמִיאִינִי נָא מְעַט מַיִם מִכַּדֵּךְ", [יא]גְּמִיָּיה אַחַת. [כד, כא] "וְהָאִישׁ מִשְׁתָּאֵה לָהּ", רַבִּי יוֹחָנָן דְּצִיפּוֹרִין אָמַר: מְמַצְמֵץ וּמַבִּיט בָּהּ הַהִצְלִיחַ ה' דַּרְכּוֹ. [כד, כב] "וַיְהִי כַּאֲשֶׁר כִּלּוּ הַגְּמַלִּים לִשְׁתּוֹת וַיִּקַּח וְגוֹ' ",

עץ יוסף

(ה) **מוכת עץ**. שנתקע לה עץ באותו מקום ושברו בתוליה: **אם נבעלה מעץ בתולה**. דבתר דכתיב בתולה ואיש לא ידעה למה לי אלא דה"ק בתולה לפי שאיש לא ידעה: **מעץ אינה בתולה**. מפרשי קרא דתרתי קאמר בתולה שלא נבעלה מעץ ואיש לא ידעה כמשמעה. ואי הוה כתיב בתולה לחוד ה"א מאיש. אבל השתא דכתיב נמי ואיש לא ידעה אייתר לשון בתולה לומר אפילו מעץ: **לא נבעלה אשה כו'**. וה"ק איש לא ידע אשה כידיעת רבקה שהיה ממהול לשמונה. ולפ"ז הכתוב בשבח יצחק קא איירי שלא נזקק רק לרבקה וכתב המת"כ וצ"ל שילידי ביתו של אברהם לא היה אחד מהם נימול לשמונה: **אמר רבי יוחנן ממשמע כו'**. בירו' דכתובות גרסי' לה בשם ר' יצחק בן אליעזר: **לא תבע בה**. ר"ל דקמפרש ואיש לא ידעה שלא ידע והכיר בה אדם מעולם כי מאת ה' היתה זאת. כי אילו ידעו ממנה בודאי היו לה הרבה קופצים בהיותה טובת מראה מאד. לכן היה סיבה מאת ה' להעלים ממנה עין הרואים באשר מעולם לא יצאה חוצה. כי אם בפעם הזאת. ובכן נתקיים בה מאמר הכתוב כי לא ינוח שבט הרשע על גורל הצדיקים: [ו] **מיד עלו**. דלא ה"ל למימר אלא ותמלא כדה ותעל אלא לרמוז שגרמה להעלות המים כנגדה: **אתה סימן לבניך**. שכל מעשה אבות סימן לבנים: (ו) **לקראת מעשיה**. הבאר עולה כנגדה שלכך רץ ביחוד דוקא אליה יותר מלנגד שאר נערות מפני שראה והכיר בה שיש בה מעשים טובים במה שעלה הבאר כנגדה (נזה"ק): [ז] **גמיה אחת**. הגמיאני משמע גמיאה אחת. וכהא דתניא חלב כדי גמיעה ומייתי לה מהאי קרא: **ממצמץ ומביט בה**. פי' מלמלם עיניו להביט בה הטיב. כלו' היה משתומם על המראה ומפנה עצמו מכל המחשבות להביט בה ההצליח ה' וגו' (מת"כ):

פירוש מהרז"ו

(ה) **כל הנשים כו'**. ל' קושיא היא כי ותרד העינה וגו' מיותר אלא שזו כו' וכאילו כ' ותרד העינה ותעל ותמלא גו' שהעינה עלה: **את סימן לבניך**. דורש גז"ש ותעל עם עלי באר וע"ל פנ"ד ס"ס ה': (ו) **לקראת מעשיה הטובים**. דבלא"ה אין זה כבודו שירוץ לקראת נערה: **גמיעה אחת**. ע' במ"ר פכ"א סי' כ' וש"נ. ושם הגי' כדי גמיעה כמדת לדיק אוכל לשובע נפשו ע"ש:

חידושי הרש"ש

[ה] {**אמר רבי יוחנן לא נבעלה אשה ממהול לשמונה תחלה אלא רבקה**. עי' מ"כ שכתב וצ"ל שילידי ביתו כו'. אבל מה יעשה לאותן שנולדו לו אח"כ טרם לידת יצחק הלא היה לו ילידי בית שי"ח כפשטיה דקרא (בראשית י"ד) ואיך יתכן שלא יוליד באותה שנה עד שנולד יצחק וילידי ביתו מלו ג"כ לח' כמבואר בשבת (קל"ה ב') אלא ע"כ צ"ל דמ"מ לא נשאו קודם נשואי יצחק:}

[ו] **משתאה לה רבי יוחנן דצפורין אמר ממצמץ ומביט בה**. אולי מפרש משתאה. דהאל"ף במקום עיי"ן בחילוף אחה"ע ושורש שעה עיניו לשון הפנאה שנפנה מכל עסקיו להסתכל בה. ויתכן שלזה כוון אונקלוס שתרגם שהי בה מסתכל. ורש"י בפי' התורה הבין בו כוונה אחרת. וכהבנתו בו מבואר בתרגום יונתן:

מסורת המדרש

ט כתובות דף י"א. ירושלמי כתובות פרק א':

י מדרש תהלים מזמור קכ"ה. ילקוט תהלים רמז תת"פ:

יא במד"ר פ' כ"א. תנחומא סדר פנחס סי' י"ג. מדרש משלי פרשה י"ג. פסיקתא רבתי פסקא ט"ו. ילקוט כאן רמז ק"ט. ילקוט משלי רמז תתק"כ:

אם למקרא

כִּי לֹא יָנוּחַ שֵׁבֶט הָרֶשַׁע עַל גּוֹרַל הַצַּדִּיקִים לְמַעַן לֹא־יִשְׁלְחוּ הַצַּדִּיקִים בְּעַוְלָתָה יְדֵיהֶם: (תהלים קכה:ג)

אָז יָשִׁיר יִשְׂרָאֵל אֶת־הַשִּׁירָה הַזֹּאת עֲלִי בְאֵר עֱנוּ־לָהּ: (במדבר כא:יז)

רש"י

(ה) **בתולה ואיש לא ידעה**. תמן תנינן מוכת עץ כתובתה מאתים טעמא דר"מ ואיש לא ידעה הא אם נבעלה מעץ שהיתה מוכת עץ עדיין היא בתולה: **וכתובתה מאתים**. טעמא דרבנן בתולה הא אם נבעלה מעץ אינה בתולה וכתובתה מאה: **לא נבעלה אשה ממהול לשמונה אלא רבקה**. שנבעלה ליצחק שנימול לשמונה: **מה את כיון שראו אותך המים מיד עלו**. דכתיב ותרד העינה ותמלא שאר נשים היו שואבות מלמטה למעלה וגם ברבקה נאמר אחר כך ותשאב לכל גמליו וכאן נאמר ותמלא כדה ותעל אלא המים עלו לנגדה על שפת הבור ומלאת כאדם שממלא מכלי מלא ואין שם שאיבה: (ו) **ויהי כאשר כלו הגמלים לשתות וגו'**. וכי מה חשיבות היה בנזם הזהב בקע משקלו חצי שקל אלא נזם היה גדול ואבן יקרה בו:

מתנות כהונה

[ה] **הא אם נבעלה מעץ כו'**. כלומר עדיין בתולה נקראת לזה שיהיה כתובתה מאתים: **אינה בתולה**. ואין לה אלא מנה: **אלא רבקה שנבעלה ליצחק שהיה נימול לשמונה ימים**. וצ"ל שילידי ביתו ומקנת כספו של אברהם לא היה אחד מהם פחות משמונה ימים וי"ל דדייק ואיש לא ידעה שבשום איש לא ידע אותה מעולם כמו שנבעלה זו וזהו שנימל לשמונה: **כיון שראו אותה כו'**. פירש"י והרמב"ן ז"ל דאל"כ הוה ליה למימר ותשאב:

[ו] **לקראת מעשיה הטובים**. דאל"כ מהו לקראתה והלא אליעזר על העין היה נצב וכן פירש מהר"ר אליהו מזרחי ז"ל: **גמייה אחת**. דאם לא כן לא היה מספיק לו מעט מים ועוד דאל"כ הוה ליה למימר. הלעיטני כמו גבי עשו והכי מוכח בילקוט: **ממצמץ כו'**. מלמלם עיניו להביט בה היטב כההיא דפרק אע"פ (דף ס') בני מלילי עינא כלומר היה משתומם על המראה ומפנה עצמו מכל מחשבה להביט בה ההצליח ה' וגו':

אשד הנחלים

[ה] **תנינן**. משנה היא בכתובות ושם מפורש ברש"י עיי"ש: **מעץ בתולה**. דבעולה נקראת רק דווקא מאיש. ודעת רבנן לדייק ממלת בתולה שגדרו דבר אטום כמו קרקע בתולה שלא נחרשה ולא נפתח אדמתה לעולם: **ממהול לשמונה תחילה**. אולי דייק כיון דכתיב בתולה למה למכתב ואיש לא ידעה. גם מלת איש מורה על גדול המעלה מאוד והאדם נשלם בברית המילה. וכן שם ידע שהונח על המשגל הונח על תואר טוב לא על פועל המגונה לבד כ"א על התחברות איש לאשה על צד התכלית. ולכן דרש כן. ולכן אמר ממהול כי מלת ידיעה בזה הענין לא תמצא כ"א בגדולי המעלה כמו באדם נאמר. והאדם ידע את חוה אשתו. ואולי הכוונה בתולה בשעה שלקחה אליעזר. ואיש לא ידעה אח"כ: **לא תבע בה**. כי ידעו מרוב צדקתה שבודאי לא תתפתה באחרים. ודייק מהכתוב לא ינוח. כלומר ה' מסבב שלא ינוחו הרשעים אצל הצדיקים שיסיתו אותם לרע ח"ו למען לא ישלחו הצדיקים בעוולתה ידיהם. ולכן ה' ישמרם מן פתוי הרשעים. וזהו ואיש לא ידעה [שתלה הסבה גם כן באיש. מלבד שהיא לא היתה מתפתית] לא החל לפתותה: **מיד עלו**. דאל"כ הל"ל ותשאב. כי מלת שאיבה הונח על דבר המונח בעומק ושואב מלמעלה א"ו שהמים היו עולי' למעלה באין צורך לשאב. וענין הסימן לבניה. הוא לפי שפרטי הנס הם משתנים לפי גדולת האיש ותכונתו. יש איש זוכה לנס זה. וזה לנס אחר כי השתנות הטבעיים תלוי לפי תכונת האיש. כי גם הטבעיים השפלים מקורם למעלה כמו שמכנים חכמי אמת למשל המים בשם חסד. כי הכל נמשך מלמעלה ולפי השתנות מדות האיש כן יקרה לו השתנות הטבע המכוון לזה. והבן זה מאוד: **עלי באר**. וסופו ענו לה. רומז על זכות רבקה שיענה לבניה בזכותה: [ו] **לקראת מעשיה הטובים**. דאל"כ מאין הי' יודע אותה. אם לא שהכיר אותה על פניה. כי אנשים הטובים יוכרו על פניהם כמ"ש תכמת אדם תאיר פניו. ועיין במ"כ: **ממצמץ ומביט בה**. הוא ענין דק ידוע ליודעים כי ההבטה בהתבודדות המחשבה

כָּל הַנָּשִׁים יוֹרְדוֹת וּמְמַלְּאוֹת מִן הָעַיִן, וְזוֹ כֵּיוָן שֶׁרָאוּ אוֹתָהּ הַמַּיִם מִיָּד עָלוּ — **All women descend and fill** their jugs **from the spring, but this one** (i.e., Rebecca), **as soon as the water saw her, it immediately rose.**[74] אָמַר לָהּ הַקָּדוֹשׁ בָּרוּךְ הוּא: אַתְּ סִימָן לְבָנַיִךְ — **The Holy One, blessed is He, said to [Rebecca], "You are a portent for your children.**[75] מָה אַתְּ כֵּיוָן שֶׁרָאוּ אוֹתָךְ הַמַּיִם מִיָּד עָלוּ — **Just as** was the case with **you,** that **as soon as the water saw you, it immediately rose,** אַף בָּנַיִךְ כֵּיוָן שֶׁהַבְּאֵר רוֹאָה אוֹתָן מִיָּד תְּהֵא עוֹלָה — **similarly,** with respect to **your children, as soon as the well** in the Wilderness **will see them, it will immediately rise."** הֲדָא הוּא דִכְתִיב, "אָז יָשִׁיר יִשְׂרָאֵל אֶת הַשִּׁירָה הַזֹּאת עֲלִי בְאֵר" — **Thus it is written,** ***Then Israel sang this song: Come up, O well!*** (*Numbers* 21:17).[76]

וַיָּרָץ הָעֶבֶד לִקְרָאתָהּ וַיֹּאמֶר הַגְמִיאִינִי נָא מְעַט מַיִם מִכַּדֵּךְ.
The servant ran toward her and said, "Let me sip, if you please, a little water from your jug" (24:17).

§6 וַיָּרָץ הָעֶבֶד לִקְרָאתָהּ — *THE SERVANT RAN TOWARD HER.*

The Midrash explains why it was that Eliezer ran specifically toward Rebecca, as opposed to any other of the young women present:[77]

לִקְרַאת מַעֲשֶׂיהָ הַטּוֹבִים — Eliezer ran **toward [Rebecca's] good deeds.**[78]Ⓐ

☐ וַיֹּאמֶר הַגְמִיאִינִי נָא מְעַט מַיִם מִכַּדֵּךְ — *AND HE SAID, "LET ME SIP, IF YOU PLEASE, A LITTLE WATER FROM YOUR JUG."*

The Midrash expounds on Eliezer's request:

גְּמִיָּה אַחַת — *Let me sip* implies **a single swallow.**[79]

וְהָאִישׁ מִשְׁתָּאֵה לָהּ מַחֲרִישׁ לָדַעַת הַהִצְלִיחַ ה׳ דַּרְכּוֹ אִם לֹא.
The man was astonished at her, reflecting silently to know whether Hashem had made his journey successful or not (24:21).

☐ וְהָאִישׁ מִשְׁתָּאֵה לָהּ — *THE MAN WAS ASTONISHED AT HER.*

The Midrash explains the action of Eliezer described in our verse:

רַבִּי יוֹחָנָן דְּצִיפּוֹרִין אָמַר — **R' Yochanan of Tzipporin said:** מְמַצְמֵץ וּמַבִּיט בָּהּ "הַהִצְלִיחַ ה׳ דַּרְכּוֹ" — **[Eliezer] was squinting and looking at [Rebecca]** to determine ***whether HASHEM had made his journey successful*** or not.[80]

וַיְהִי כַּאֲשֶׁר כִּלּוּ הַגְּמַלִּים לִשְׁתּוֹת וַיִּקַּח הָאִישׁ נֶזֶם זָהָב בֶּקַע מִשְׁקָלוֹ וּשְׁנֵי צְמִידִים עַל יָדֶיהָ עֲשָׂרָה זָהָב מִשְׁקָלָם.
And it was, when the camels had finished drinking, the man took a golden nose ring, its weight was a beka, and two bracelets on her arms, ten gold shekels was their weight (24:22).

☐ וַיְהִי כַּאֲשֶׁר כִּלּוּ הַגְּמַלִּים לִשְׁתּוֹת וַיִּקַּח וְגוֹ׳ — *AND IT WAS, WHEN THE CAMELS HAD FINISHED DRINKING, THE MAN TOOK ETC.*

NOTES

74. The Midrash understands the words *she descended to the spring* to indicate that Rebecca's descent to the well caused the water to rise [and enable her to *fill her jug*] (*Eitz Yosef*).

Alternatively, the verse's use of the word וַתְּמַלֵּא, *[Rebecca] filled*, as opposed to וַתִּשְׁאַב, *she drew*, implies that she did not need to draw the water from below the ground, but could rather skim it off the highest point of the well (*Rashi*; *Ramban* to verse; *Matnos Kehunah*; *Imrei Yosher*, first interpretation; see *Maharzu* and *Imrei Yosher* for additional approaches).

75. This is in keeping with the precept of מַעֲשֵׂה אָבוֹת סִימָן לְבָנִים, *the history of the Patriarchs is a portent for their children* (*Eitz Yosef*; see further, *Maharzu*).

76. These words [which are part of the song that was sung by the Jews in the Wilderness to praise God for the miraculous well that provided them with water] indicate to the Midrash that the water *arose* to greet them (*Eitz Yosef* to 54 §5 above).

77. *Eitz Yosef.*

78. Eliezer had witnessed the water rising to greet Rebecca (see the previous section), which indicated to him that Rebecca was a person who performed good deeds [and thus a candidate to be Isaac's bride] (*Eitz Yosef*). See Insight Ⓐ.

79. Elucidation follows *Eitz Yosef*, who references *Shabbos* 76b (see further that Gemara with commentaries ad loc. for a discussion of the amount of liquid referred to as a גְּמִיָּה).

The Midrash is noting that the righteous Eliezer did not indulge himself excessively and asked for only a minute amount of water with which to quench his thirst (compare *Midrash Rabbah, Bamidbar* 21 §20, cited by *Maharzu*). [Alternatively, the Midrash may be highlighting the contrast between what Eliezer asked for and what Rebecca generously provided (compare below).]

80. Elucidation follows *Matnos Kehunah*, also cited by *Eitz Yosef*, who explains that the astonished Eliezer was completely focused on Rebecca as he waited to see if [the scene would play itself out as he had prayed it should, thereby demonstrating that] God had helped him succeed in finding a wife for Isaac (see further *Rashash*).

Alternatively, the Midrash means that Eliezer was *sipping* slowly from the drink Rebecca had given him, because he wished to stall for time as he studied her actions (*Imrei Yosher*).

INSIGHTS

Ⓐ **Rebecca's Deeds** *Rashi* (24:17) writes that Eliezer ran toward Rebecca because he saw the water rise up to meet her. The Midrash here states, however, that he ran toward her because of her good deeds. As *Eitz Yosef* explains, the rising of the water was not, in and of itself, proof of her suitability. Rather, this miracle indicated to Eliezer that she must be one who performs good deeds, and that is why he ran to choose her for his test.

Nachalas Ze'ev offers an additional insight. In note 74, we cited *Ramban,* who writes that the Midrash infers the rising up of the water from the verse's use of the word וַתְּמַלֵּא, *and she filled,* as opposed to וַתִּשְׁאַב, *and she drew. Ramban* observes that in describing Rebecca's *subsequent* trips to the well on behalf of Eliezer, the verse employs the word וַתִּשְׁאַב, *and she drew* (24:20), from which we may deduce that the miracle did not repeat itself on those trips. The water rose only when Rebecca took water for herself. When she watered Eliezer's camels, she was obliged to *draw* the water from the well.

Nachalas Zev explains that the reward for a *mitzvah* is based on the amount of effort one expends in its performance (see *Pirkei Avos* 5:26). It was therefore to Rebecca's benefit that she *not* be spared the difficulty of drawing water for Eliezer's animals. Rebecca understood this, and therefore said to Eliezer: גַּם לִגְמַלֶּיךָ אֶשְׁאָב, *I will "draw" water even for your camels* (v. 19). She knew that where she toiled to perform a mitzvah, there would be no miraculous Divine assistance.

By saying that Eliezer ran *toward [Rebecca's] good deeds,* the Midrash indicates that the miracle he saw performed on Rebecca's behalf was not yet enough to convince Eliezer that she would make a suitable wife for Isaac. What he wished most to see in the woman who would be Isaac's bride was a desire to perform acts of kindness for others. This he witnessed when she laboriously drew water herself, without Divine assistance, for the use of his camels.

ה [כד, טז] "וְהַנַּעֲרָה טֹבַת מַרְאֶה מְאֹד בְּתוּלָה,". [ט] תְּנֵינַן מוּכַּת עֵץ כְּתוּבָּתָהּ מָאתַיִם, דִּבְרֵי רַבִּי מֵאִיר וַחֲכָמִים אוֹמְרִים מוּכַּת עֵץ כְּתוּבָּתָהּ מָנֶה. רַבִּי חֲנִינָא מִשֵּׁם רַבִּי אֱלִיעֶזֶר: טַעְמֵיהּ דְּרַבִּי מֵאִיר וְאִישׁ לֹא יְדָעָהּ, הָא אִם נִבְעֲלָה מֵעֵץ, בְּתוּלָה, טַעְמַיְיהוּ דְּרַבָּנָן בְּתוּלָה הָא אִם נִבְעֲלָה מֵעֵץ, אֵינָהּ בְּתוּלָה. אָמַר רַבִּי יוֹחָנָן: לֹא נִבְעֲלָה אִשָּׁה מִמָּהוּל לִשְׁמוֹנָה תְּחִלָּה אֶלָּא רִבְקָה, אָמַר רֵישׁ לָקִישׁ: לְפִי שֶׁבְּנוֹתָן שֶׁל עוֹבְדֵי כוֹכָבִים מְשַׁמְּרוֹת עַצְמָן מִמְּקוֹם עֶרְוָתָן וּמַפְקִירוֹת עַצְמָן מִמָּקוֹם אַחֵר, אֲבָל זֹאת בְּתוּלָה מִמְּקוֹם בְּתוּלִים וְאִישׁ לֹא יְדָעָהּ מִמָּקוֹם אַחֵר. [י] אָמַר רַבִּי יוֹחָנָן: מִמַּשְׁמַע שֶׁנֶּאֱמַר בְּתוּלָה אֵין אָנוּ יוֹדְעִים שֶׁאִישׁ לֹא יְדָעָהּ, אֶלָּא אֲפִילוּ אָדָם לֹא תָבַע בָּהּ עַל שֵׁם (תהלים קכה, ג) "לֹא יָנוּחַ שֵׁבֶט הָרֶשַׁע וְגוֹ'". "וַתֵּרֶד הָעַיְנָה וַתְּמַלֵּא כַדָּהּ וַתָּעַל", כָּל הַנָּשִׁים יוֹרְדוֹת וּמְמַלְּאוֹת מִן הָעַיִן, וְזוֹ כֵּיוָן שֶׁרָאוּ אוֹתָהּ הַמַּיִם מִיָּד עָלוּ. אָמַר לָהּ הַקָּדוֹשׁ בָּרוּךְ הוּא: אַתְּ סִימָן לְבָנַיִךְ, מָה אַתְּ כֵּיוָן שֶׁרָאוּ אוֹתָךְ הַמַּיִם מִיָּד עָלוּ אַף בָּנַיִךְ כֵּיוָן שֶׁהַבְּאֵר רוֹאָה אוֹתָן מִיָּד תְּהֵא עוֹלָה, הָדָא הוּא דִכְתִיב (במדבר כא, יז) "אָז יָשִׁיר יִשְׂרָאֵל אֶת הַשִּׁירָה הַזֹּאת עֲלִי בְאֵר":

ו [כד, יז] "וַיָּרָץ הָעֶבֶד לִקְרָאתָהּ", לִקְרַאת מַעֲשֶׂיהָ הַטּוֹבִים. "וַיֹּאמֶר הַגְמִיאִינִי נָא מְעַט מַיִם מִכַּדֵּךְ", [יא] גְּמִיָּה אַחַת. [כד, כא] "וְהָאִישׁ מִשְׁתָּאֵה לָהּ", רַבִּי יוֹחָנָן דְּצִיפּוֹרִין אָמַר: מְמַצְמֵץ וּמַבִּיט בָּהּ הַהִצְלִיחַ ה' דַּרְכּוֹ. [כד, כב] "וַיְהִי כַּאֲשֶׁר כִּלּוּ הַגְּמַלִּים לִשְׁתּוֹת וַיִּקַּח וְגוֹ'",

עץ יוסף

(ה) **מוכת עץ.** שנתקע לה עץ באותו מקום ונשרו בתוליה: **אם נבעלה מעץ בתולה.** דבתר דכתיב בתולה ואיש לא ידעה למה לי אלא דה"ק בתולה לפי שאיש לא ידעה: **מעץ אינה בתולה.** מפרשי קרא דתרתי קאמר בתולה שלא נבעלה מעץ ואיש לא ידעה כמשמעה. ואי הוה כתיב בתולה לחוד ה"א מאיש. אבל השתא דכתיב נמי ואיש לא ידעה אייתר לשון בתולה לומר אפילו מעץ: **לא נבעלה אשה כו'.** וה"ק איש לא ידע אשה כידיעת רבקה שהיה ממהול לשמונה. ולפ"ז הכתוב בשבח יצחק קא איירי שלא נזקק רק לרבקה וכתב המת"כ וצ"ל שילידי ביתו של אברהם לא היה אחד מהם נימול לשמונה: **אמר רבי יוחנן ממשמע כו'.** בירו' דכתובות גרסי' לה בשם ר' יצחק בן אליעזר: **לא תבע בה.** ר"ל דקמפרש ואיש לא ידעה שלא ידע והכיר בה אדם מעולם כי מאת ה' היתה זאת. כי אילו ידעו ממנה בודאי היו לה הרבה קופצים בהיותה טובת מראה מאד. לכן היה סיבה מאת ה' להעלים ממנה עין הרואים באשר מעולם לא יצאה חוצה. כי אם בפעם הזאת. ובכן נתקיים בה מאמר הכתוב כי לא ינוח שבט הרשע על גורל הצדיקים: [ו] **מיד עלו.** דלא ה"ל למימר אלא ותמלא כדה ותעל אלא לרמוז שגרמה להעלות המים כנגדה: **אתה סימן לבניך.** שכל מעשה אבות סימן לבנים: (ו) **לקראת מעשיה.** הבאר עולה כנגדה שלכך רץ ביחוד דוקא אליה יותר מלנגד שאר נערות מפני שראה והכיר בה שיש בה מעשים טובים במה שעלה הבאר כנגדה (נזה"ק): [ז] **גמיה אחת.** הגמיאני משמע גמיאה אחת. וכהא דתניא חלב כדי גמיעה ומייתי לה מהאי קרא: **ממצמץ ומביט בה.** פי' מצמצם עיניו להביט בה הטיב. כלו' היה משתומם על המראה ומפנה עצמו מכל המחשבות להביט בה ההצליח ה' וגו' (מת"כ):

פירוש מהרז"ו

(ה) **כל הנשים כו'.** ל' קושיא היא כי ותרד העינה וגו' מיותר אלא שזו כו' וכאילו כ' ותרד העינה ותעל ותמלא גו' שהעינה עלה: **את סימן לבניך.** דורש גז"ש ותעל עם עלי באר וע"ל פנ"ד ס"ס ה': (ו) **לקראת מעשיה הטובים.** דבלא"ה אין זה כבודו שירוץ לקראת נערה: **גמיעה אחת.** ע' במ"ר פכ"א סי' כ' וש"נ. ושם הגי' כדי גמיעה כמדת צדיק אוכל לשובע נפשו ע"ש:

חידושי הרש"ש

[ה] { **אמר רבי יוחנן לא נבעלה אשה ממהול לשמונה תחלה אלא רבקה.** עי' מ"כ שכתב וצ"ל שילידי ביתו כו'. אבל מה יעשה לאותן שנולדו לו אח"כ טרם לידת יצחק הלא היה לו ילידי בית שי"ח כפשטיה דקרא (בראשית י"ד) ואיך יתכן שלא יוליד באותה שנה עד שנולד יצחק וילידי ביתו מלו ג"כ לא' כמבואר בשבת (קל"ה ב') אלא ע"כ צ"ל דמ"מ לא נשאו קודם נשואי יצחק:} [ו] **משתאה לה רבי יוחנן דצפורין אמר ממצמץ ומביט בה.** אולי מפרש משתאה. דהאל"ף במקום עיי"ן בחילוף אחה"ע ושורש שעה עניינו לשון הפנאה שנפנה מכל עסקיו להסתכל בה. ויתכן שלזה כוון אונקלוס שתרגם שהי בה מסתכל. ורש"י בפי' התורה הבין בו כוונה אחרת. וכהבנתו בו מבואר בתרגום יונתן:

רש"י

(ה) **בתולה ואיש לא ידעה.** תמן תנינן מוכת עץ כתובתה מאתים טעמא דר"מ ואיש לא ידעה הא אם נבעלה מעץ שהיתה מוכת עץ עדיין היא בתולה: **וכתובתה מאתים.** טעמא דרבנן בתולה הא אם נבעלה מעץ אינה בתולה וכתובתה מאה: **לא נבעלה אשה ממהול לשמונה אלא רבקה.** שנבעלה ליצחק שנימול לשמונה: **מה את כיון שראו אותך המים מיד עלו.** דכתיב ותרד העינה ותמלא שאר נשים היו שואבות מלמטה למעלה וגם ברבקה נאמר אחר כך ותשאב לכל גמליו וכאן נאמר ותמלא כדה ותעל אלא המים עלו לנגדה על שפת הבור ומלאת כאדם שממלא מכלי מלא ואין שם שאיבה: (ו) **ויהי באשר כלו הגמלים לשתות וגו'.** וכי מה חשיבות היה בנזם הזהב בקע משקלו חצי שקל אלא נזם היה גדול ואבן יקרה בו:

מתנות כהונה

[ה] **הא אם נבעלה מעץ כו'.** כלומר עדיין בתולה נקראת לזה שיהיה כתובתה מאתים: **אינה בתולה.** ואין לה אלא מנה: **אלא רבקה שנבעלה ליצחק שהיה נימול לשמונה ימים.** וצ"ל שילידי ביתו ומקנת כספו של אברהם לא היה אחד מהם פחות משמונה ימים וי"ל דדייק ואיש לא ידעה שום איש לא ידע אותה מעולם כמו שנבעלה זו וזהו שנימל לשמונה: **כיון שראו אותה כו'.** פירש"י והרמב"ן ז"ל דאל"כ הוה ליה למימר ותשאב: [ו] **לקראת מעשיה הטובים.** דאל"כ מהו לקראתה והלא אליעזר על העין היה נצב וכן פירש מהר"ר אליהו מזרחי ז"ל: **גמייה אחת.** דאם לא כן לא היה מספיק לו מעט מים ועוד דאל"כ הוה ליה למימר. הלעיטני כמו גבי עשו והכי מוכח בילקוט: **ממצמץ כו'.** מצמצם עיניו להביט בה היטב כההיא דפרק אע"פ (דף ס') בני מגלי עינא כלומר היה משתומם על המראה ומפנה עצמו מכל מחשבה להביט בה ההצליח ה' וגו':

אשד הנחלים

[ה] **תנינן.** משנה היא בכתובות ושם מפורש ברש"י עיי"ש: **מעץ בתולה.** דבעולה נקראת רק דווקא מאיש. ודעת רבנן לדייק ממלת בתולה שגדרו דבר אטום כמו קרקע בתולה שלא נחרשה ולא נפתח אדמתה לעולם: **ממהול לשמונה תחילה.** אולי דייק כיון דכתיב בתולה למה למכתב ואיש לא ידעה. גם מלת איש מורה על גדול המעלה מאוד והאדם נשלם בברית המילה. וכן שם ידע שהונח על המשגל הונח על תואר טוב לא על פועל המגונה לבד כ"א על התחברות איש לאשה על צד התכלית. ולכן דרש כן. ולכן אמר ממהול כי מלת ידיעה בזה הענין לא תמצא כ"א בגדולי המעלה כמו באדם נאמר. והאדם ידע את חוה אשתו. ואולי הכוונה בתולה בשעה שלקחה אליעזר. ואיש לא ידעה אח"כ: **לא תבע בה.** כי ידעו מרוב צדקתה שבודאי לא תתפתה באחרים. ודייק מהכתוב לא ינוח. כלומר ה' מסבב שלא ינוחו הרשעים אצל הצדיקים שיסיתו אותם לרע ח"ו למען לא ישלחו הצדיקים בעוולתה ידיהם. ולכן ה' ישמרם מן פתוי הרשעים. וזהו ואיש לא ידעה [שתלה הסבה גם כן באיש. מלבד שהיא לא היתה מתפתית] לא החל לפתותה: **מיד עלו.** דאל"כ הל"ל ותשאב. כי מלת שאיבה הונח על דבר המונח בעומק ושואב מלמעלה א"ו שהמים היו עולי' למעלה באין צורך לשאב. וענין הסימן לבניה. הוא לפי שפרטי הנס הם משתנים לפי גדולת האיש ותכונתו. יש איש זוכה לנס זה. וזה לנס אחר כי השתנות הטבעיים תלוי לפי תכונת האיש. כי גם הטבעיים השפלים מקורם למעלה כמו שמכנים חכמי אמת למשל המים בשם חסד. כי הכל נמשך מלמעלה ולפי השתנות מדות האיש כן יקרה לו השתנות הטבע המכוון לזה. והבן זה מאוד: **עלי באר.** וסופו ענו לה. רומז על זכות רבקה שיענה לבניה בזכותה: [ו] **לקראת מעשיה הטובים.** דאל"כ מאין הי' יודע אותה. אם לא שהכיר אותה על פניה. כי אנשים הטובים יוכרו על פניהם כמ"ש תכמת אדם תאיר פניו. ועיין במ"כ: **ממצמץ ומביט בה.** הוא ענין דק ידוע ליודעים כי ההבטה בהתבודדות המחשבה

מסורת המדרש

ט כתובות דף י"א. ירושלמי כתובות פרק א':
י מדרש תהלים מזמור קכ"ה. ילקוט תהלים רמז תת"פ:
יא במד"ר פ' כ"א. תנחומא סדר פנחס סי' י"ג. מדרש משלי פרשה י"ג. פסיקתא רבתי פסקא ט"ו. ילקוט כאן רמז ק"ט. ילקוט משלי רמז תתק"כ:

אם למקרא

כִּי לֹא יָנוּחַ שֵׁבֶט הָרֶשַׁע עַל גּוֹרַל הַצַּדִּיקִים לְמַעַן לֹא־יִשְׁלְחוּ הַצַּדִּיקִים בְּעַוְלָתָה יְדֵיהֶם: (תהלים קכה:ג)

אָז יָשִׁיר יִשְׂרָאֵל אֶת־הַשִּׁירָה הַזֹּאת עֲלִי בְאֵר עֱנוּ־לָהּ: (במדבר כא:יז)

The Midrash explains the verse's description of the nose ring: **רַב הוּנָא בְּשֵׁם רַבִּי יוֹסֵף** — Rav Huna said **in the name of R' Yosef: אֶבֶן יְקָרָה הָיָה בּוֹ וְהָיָה מִשְׁקָלָהּ בֶּקַע** — **There was a precious stone in [the nose ring] and its weight was a *beka*.**[81]

□ **וּשְׁנֵי צְמִידִים עַל יָדֶיהָ** — ***AND TWO BRACELETS ON HER ARMS . . .***

The Midrash explains the significance of these bracelets: **כְּנֶגֶד שְׁנֵי לוּחוֹת**— The two bracelets **corresponded to the two Tablets.**[82]

□ **עֲשָׂרָה זָהָב מִשְׁקָלָם** — ***TEN GOLD SHEKELS WAS THEIR WEIGHT.***

The significance of the bracelets' weight: **כְּנֶגֶד עֲשֶׂרֶת הַדִּבְּרוֹת**— The weight of ten gold shekels **corresponded to the Ten Commandments.**[83]Ⓐ

וַיֹּאמֶר בַּת מִי אַתְּ הַגִּידִי נָא לִי הֲיֵשׁ בֵּית אָבִיךְ מָקוֹם לָנוּ לָלִין.
And he said, "Whose daughter are you? Pray tell me. Is there room in your father's house for us to spend the night?" (24:23).

□ **וַיֹּאמֶר בַּת מִי אַתְּ הַגִּידִי נָא לִי וְגוֹ׳ לָלִין** — ***AND HE SAID, "WHOSE DAUGHTER ARE YOU? PRAY TELL ME, ETC. TO SPEND THE NIGHT"***

The Midrash will contrast Eliezer's inquiry with Rebecca's response: **לִינָה אַחַת**— Eliezer requested **a single lodging.**[84] The verse then states,

וַתֹּאמֶר אֵלָיו בַּת בְּתוּאֵל אָנֹכִי בֶּן מִלְכָּה אֲשֶׁר יָלְדָה לְנָחוֹר. וַתֹּאמֶר אֵלָיו גַּם־תֶּבֶן גַּם מִסְפּוֹא רַב עִמָּנוּ גַּם־מָקוֹם לָלוּן.
She said to him, "I am the daughter of Bethuel the son of Milcah whom she bore to Nahor." And she said to him, "Even straw and feed is plentiful with us as well as place to lodge" (24:24-25).

□ **וַתֹּאמֶר בַּת בְּתוּאֵל אָנֹכִי בֶּן מִלְכָּה וְגוֹ׳ גַּם מָקוֹם לָלוּן** — ***[REBECCA] SAID TO HIM, "I AM THE DAUGHTER OF BETHUEL THE SON OF MILCAH . . . AS WELL AS PLACE TO LODGE."***

לִינוֹת הַרְבֵּה — Rebecca's response included an offer of **many lodgings.**[85]

וַיִּקֹּד הָאִישׁ וַיִּשְׁתַּחוּ לַה׳.
So the man bowed low and prostrated himself to HASHEM (24:26).

□ **וַיִּקֹּד הָאִישׁ וַיִּשְׁתַּחוּ לַה׳** — ***THE MAN BOWED LOW AND PROSTRATED HIMSELF TO HASHEM.***

The Midrash learns a lesson from Eliezer's conduct: **מִכָּאן שֶׁמּוֹדִים עַל בְּשׂוֹרָה טוֹבָה**— **From here**[86] **we may determine that people** should **thank** God **upon** hearing **a good tiding.**[87]

NOTES

81. According to the plain meaning of our verse, the nose ring itself weighed a *beka* [which is the equivalent of a half-shekel (*Rashi*)]. However, it is unlikely that the verse would state that Eliezer, who brought with him the riches of the wealthy Abraham (see v. 10), would have given so small a gift to the young woman he wished to take as Isaac's bride (*Eitz Yosef*, citing *Yefeh To'ar*; see *Rashi* and *Matnos Kehunah*; see *Radal* for an alternative approach). The Midrash therefore interprets the verse to mean that the stone that was set in the nose ring had a weight of one *beka*, while the weight of the ring itself exceeded that amount (*Rashi*).

82. I.e., the two Tablets (*luchos*) that Moses received on Mount Sinai, upon which were written the Ten Commandments (see further below).

83. By giving Rebecca *two* bracelets with a weight of *ten* gold *shekels*, Eliezer was hinting [to Rebecca] that he sought a woman who was worthy of producing a nation that would accept God's Torah, symbolized by the *two* Tablets and the *Ten* Commandments they bore (*Eitz Yosef*, citing *Yefeh To'ar*; see also *Rashi*; see *Mishnas DeRabbi Eliezer* for an alternative approach).

That there is symbolism in the fact that there were *two* bracelets is inferred by the Midrash from the verse's inclusion of the word *two*, which is unnecessary since the plural צְמִידִים, *bracelets*, would have been assumed to connote that number of bracelets (*Eitz Yosef*). And the fact that the verse mentioned the bracelets' weight of *ten* gold shekels, which is not an impressive weight for bracelets, suggests that that number, as well, alludes to something else (*Eitz Yosef*, citing *Mizrachi* [to verse]). See Insight Ⓐ.

84. The Midrash is noting the difference between the words used by Eliezer and Rebecca respectively to refer to lodging. Whereas Eliezer used the noun לִין, *a lodging*, Rebecca used the verb לון, *lodge* (*Rashi* to verse). [And, although the verb form may be used to refer to a single lodging, the fact that different words were used by Eliezer and Rebecca suggests that they had different intentions (*Mizrachi* to verse). According to the alterative approach of *Maharzu*, the difference between Eliezer's request and Rebecca's response lay in the amount of people for whom lodging was being discussed [one group or more groups]. But see *Yefeh To'ar* (here) and *Gur Aryeh* (to verse 54 below) who understand that Eliezer sought a place to stay for a single *night* and Rebecca offered many nights of lodging.]

[The Midrash's examination of Eliezer's and Rebecca's terminology appears to suggest that they conversed using the exact words recorded in the Torah. Alternatively, Moses summarized their conversation and used these words to reflect the difference in what they had said (*Eitz Yosef*, citing *Yefeh To'ar*).]

85. The Midrash appears to be highlighting the kindness of Rebecca, who offered more than had been requested of her.

86. [See *Yefeh To'ar* who wonders why this inference is necessary in light of the one that already appeared above, in 58 §6.]

87. Immediately following Eliezer's prayer, a young woman appeared to him and agreed to give him and his camels a drink, precisely as he had requested. When he then determined that the young woman was Abraham's [great-]niece, he knew that God had seen to the success of his mission. At that point Eliezer gave thanks to God [by *bowing low* and *prostrating himself* before Him] (*Eitz Yosef*, from *Nezer HaKodesh*). The Midrash infers a positive development.

INSIGHTS

Ⓐ **Eliezer's Gifts** *Maharal* explains that in those first few moments when Eliezer realized that Hashem had indeed led him to the bride ordained for Isaac, there were profound messages that he had to convey to her immediately, messages about the meaning of this union and the character of the Jewish people that would emerge from it. And even though Rebecca's conscious mind could not assimilate these messages just yet, her *mazal* could (see *Megillah* 3a).

Thus, he hinted to her by giving her three pieces of jewelry that she would be the mother of a nation distinguished by three pillars upon which the world stands: Torah, *avodah* (i.e. service of God), and performance of kindness. The *beka*, or half-shekel, symbolized *avodah* (i.e., service of God) in the Temple, because of the mitzvah of *shekalim*, [the half-*shekels* donated by the Jewish people for the Temple service]. The two bracelets symbolized Torah and kindness. [Possibly, these were alluded to in the Two Tablets, one containing five commandments pertaining to man's relations with God (בֵּין אָדָם לַמָּקוֹם) and the other containing five commandments pertaining to man's relations with his fellow (בֵּין אָדָם לַחֲבֵירוֹ).]

He was telling her that, since she already possessed one pillar [kindness], she would merit the other two as well. These three elements would be contained within the genes of the Jewish people, inasmuch as Abraham was the paragon of kindness, Isaac, who let himself be sacrificed on an Altar, the paragon of *avodah*, and Jacob, who would sit in the scholars' tents, the paragon of Torah study. Eliezer was hinting to Rebecca that she would be welcome and well-placed in such a family since she was such a wonderfully kind person herself (*Gur Aryeh*, Genesis 24:22; see there for further allusions).

רב הונא בְּשֵׁם רַבִּי יוֹסֵף: אֶבֶן יְקָרָה הָיָה בוֹ וְהָיָה מִשְׁקָלָהּ בֶּקַע. "וּשְׁנֵי צְמִידִים עַל יָדֶיהָ", כְּנֶגֶד שְׁנֵי לוּחוֹת, "עֲשָׂרָה זָהָב מִשְׁקָלָם", כְּנֶגֶד עֲשֶׂרֶת הַדִּבְּרוֹת. [כד, כג] "וַיֹּאמֶר בַּת מִי אַתְּ הַגִּידִי נָא לִי וְגוֹ' לָלִין", לִינָה אַחַת. [כד, כד-כה] "וַתֹּאמֶר בַּת בְּתוּאֵל אָנֹכִי בֶּן מִלְכָּה וְגוֹ', גַּם מָקוֹם לָלוּן", לִינוֹת הַרְבֵּה. [כד, כו] "וַיִּקֹּד הָאִישׁ וַיִּשְׁתַּחוּ לַה'", מִכָּאן שֶׁמּוֹדִים עַל בְּשׂוֹרָה טוֹבָה. [כד, כז] "וַיֹּאמֶר בָּרוּךְ ה' אֱלֹהֵי אֲדֹנִי אַבְרָהָם אֲשֶׁר לֹא עָזַב חַסְדּוֹ וְגוֹ'", מִמַּה [יב]שֶּׁקָּפְצָה הַדֶּרֶךְ לְפָנַי הָיִיתִי יוֹדֵעַ, שֶׁ"בַּדֶּרֶךְ נָחַנִי ה' בֵּית אֲחֵי אֲדֹנִי":

ז [כד, כח] "וַתָּרָץ הַנַּעֲרָה וַתַּגֵּד לְבֵית אִמָּהּ", אָמַר רַבִּי יוֹחָנָן: אֵין הָאִשָּׁה רְגִילָה אֶלָּא לְבֵית אִמָּהּ. אֲתִיבוּן לֵיהּ וְהָכְתִיב "וַתַּגֵּד לְאָבִיהָ", אָמַר לָהֶם: שֶׁמֵּתָה אִמָּהּ וְלֹא הָיָה לָהּ לְהַגִּיד אֶלָּא לְאָבִיהָ. [כד, כט] "וּלְרִבְקָה אָח וּשְׁמוֹ לָבָן", [יג]רַבִּי יִצְחָק אָמַר: לְשֶׁבַח, פַּרְדּוֹכוֹס,

רש"י

עשרה זהב משקלם כנגד עשרה דברות. שהיו בניה עתידין לקבלם: **גם מקום ללון** לינות הרבה: **ויאמר ברוך ה'** אלהי אדוני אברהם משעה שקפלה הארץ לפני הייתי יודע שבדרך נחני ה' וכו': (ז) **אתיבון** ליה והכתיב ברחל ותרץ ותגד לאביה אמר להן שמתה אמה וכו': **ושמו לבן ר' יצחק אמר לשבח פרדוכוס.** לבן דורש שני לדוכוס מושל היה והיה תבע דיקיון על בריות ומלבן מעשיהם ועושה דין בין אדם לחבירו ומלבין את הדין:

חידושי הרד"ל

[ו] (ג) **אבן יקרה כו' והיה משקלה בקע.** מדלא כתיב נזם זהב משקלו בקע. רמז הכתוב שהמשקל לא קאי על הזהב אלא על האבן טובה וע' מדרש שמואל פכ"ז:
[ז] (ד) **רבי יצחק אומר לשבח כו'**

עץ יוסף

אבן יקרה כו'. דאל"כ מאי רבותא דנזם זהב משקלו בקע למי שכל טוב אדוניו בידו לנערה זאת אשר מצא שאלתו וכ"ש שיספר הכתוב זה (יפ"ת): **כנגד שני לוחות.** טעם הדרשה משום דסתם צמידים ב'. ומה ת"ל שני: **כנגד י' הדברות.** טעם דרשה זו מפני שאינו משקל מופלג עד שיודיענו הכתוב שהיה עשרה זהב משקלם. לכן דרשו בו לרמז (מזרחי). וטעם הרמז הזה לרמוז שמבקש אשה הוגנת לפי שממנה יצאו הנגשים אל ה' לקבל התורה וצריך שלא יהיה בהם פסולת (יפ"ת): **לינה אחת.** מדשני וכתב ברישא ללין. ובסיפא ללון. וכתב היפ"ת בשם מפרשים וז"ל שבניהם היו מדברים לשון עברי או משה כתב כוונתם באלו ההוראות: **מכאן שמודים על בשורה טובה.** כי בראותו שנענה בתוך מענה פיו שנזדמן לו מיד אשה שא"ל שתה וגם גמליך אשקה כפי דבריו. ושמע ג"כ כי אשה זאת היא בת אחי אדוניו. ראה וידע באמת כי הצליח ה' דרכו. ולזה נתן תודה לד' (נזה"ק): **שקפצה הדרך כו'.** דרש כן מיתורא דבדרך שע"י קפילת הדרך ראה כי ה' עמו להנחותו פה בדרך הישר אל בית אחי אדוניו: (ז) **אין האשה רגילה כו'.** דאל"ה למה הגידה לבית אמה ולא לבית אביה אשר הוא שליט בבית להכנים האורח כי עבור זה הגידה הדבר (יפ"ת): [ח] **ולרבקה אח ושמו לבן.** דלא ה"ל למימר אלא וירץ לבן אחי רבקה אל האיש החוצה. לכן מתרץ כל אחד לפי שיטתו (נזה"ק): **רבי יצחק אמר לשבח פרדוכוס.** פי' הערוך לבן ביותר שהיה משונה בלובן וגירסתו פרדכסוס. ורש"י ז"ל גרס כמו כאן פרדוכוס. ופי' שני לדוכוס (כי פרא הוא בלשון רומי כמו במקום ותחת. אנשטאט בלשון אשכנזי) ר"ל שהיה מושל והיה תובע דקיון של הבריות ומלבן את הדין ועושה דין בין אדם לחבירו עכ"ל רש"י ז"ל. וזה שבח גדול לו. ושמו העלמי היה קמואל או בלעם כדאי' במדרשות. ובבמדב"ר פ"י וברות רבה פסוק ולנעמי מודע לאישה גורסים פרדוכסוס והיא מילה יונית. ופירושה על דבר נפלא ומשונה

פירוש מהרז"ו

לינה אחת. כמ"ש מקום לנו ללין משמע לנו לבד ולא לאחרים והיא השיבה מקום ללון לא דווקא להם אלא לכל מי שיבא. גם הוא אמר ללין ביו"ד וחיר"ק והיא אמרה בשור"ק ללון שפירושו הרבה לינות ע' רש"י בחומש ובמפרשים: **מכאן שמודים.** לעיל פנ"ח ס"ס ו'. עמש"ש: **אשר לא עזב חסדו.** עד אנכי בדרך נחני ה' בית אחי אדוני. וכי בדרך הוא בית אחי אדוני. והיל"ל בדרך נחני לבית אחי אדוני. ע"כ דורש שעד שהוא בדרך היה לו סימן שדרכו מצלחת שיבא למקום חפצו: (ז) **לשבח פרדוכוס.** ע' במ"ר פרשה יו"ד סי' ה'. וברות פסוק ושמו בועז שאלל לדיקים שמו קודם להם

מסורת המדרש

יב סנהדרין צ"ה. ע' לעיל סוף פ' נ"ט:
יג רו"ר פ' ד':

מתנות כהונה

אבן יקרה כו'. דאל"כ מה מתנה זו של בקע משקלו: **ממה שקפצה כו'.** דאל"כ אנכי למה לי הל"ל נחני אלא ממה שקרה לי בדרך ידעתי וכו': **שבדרך נחני ה' כו'.** דייק מדכתיב בדרך הבי"ת פתוחה המורה על הדרך המבורר והמבוקש: [ז] **ותרץ ותגד לאביה** גבי רחל: **פרדוכוס.** פירש הערוך לבן ביותר וגרס פרדכסוס: **מעייניה ליה.** היה מעיין עליו אולי יוכל להוציא ממון

נחמד למראה

ו הגידי נא לי וגו' לינה אחת. ותאמר וכו' גם מקום ללון. לינות הרבה. ורש"י בחומש כתב וזה לשונו ללין לינה אחת. ללין שם דבר והיא אמרה ללון כמה לינות עכ"ל. והקשה ברא"ם לא שמעתי זה כי לא מצאנו בשום מקום לין שם דבר כו' ללין מקור לא שם דבר כו' ורוצה לתרץ ובסוף דבריו אמר וצ"ע. הן אמת נכון הדבר כי ללין הוא מקור מבנין הפעיל. ללון הוא מקור מבנין הקל. ומבואר כי בנין הקל יורה על קלות הענין ורכות הפעולה. ובנין הפעיל יורה על חוזק הענין וכבדות הפעולה הכל כפי ענין נושא המאמר כאשר התבאר באר היטב בספר צוהר התיבה תיבת הפעלים אות ג' וט' ע"ש. והנה שורש ענין זה רצוני לומר ענין לינה אינו יוצא לגוף אחר בין בבנין הקל בין בבנין הפעיל. וא"כ ראוי להבדיל ביניהם בדבר מן הדברים כדי שלא תדמה הוראת בנין אחד להוראת בנין אחר זולתו כי זה הוא עיקר גודל אצלנו בכל החבורים אשר חברנו. והנה דעת רש"י ז"ל כי ללון שהוא מקור מבנין הקל הוא על דרך קלות הענין. רצוני לומר ללון בלי טורח במקום המוכן לכך. אבל ללין שהוא מקור מבנין הפעיל. הוראתו שצריך להטריח עצמו להכין מלון ללון שם במקום שאינו מוכן לכך. וא"כ יהיה המכוון במלת ללין כאלו אומר לעשות מלון. והנה מבואר שאין אדם נדחק כל כך ללון במקום בלתי מוכן כי אם לילה אחד על פי הדחק. וזהו ג"כ מה שפירש"י לקמן בפרשה וילינו. כל לינה שבמקרא לינת לילה אחד עכ"ל. ומבואר מדרך דקדוק הלשון כי כל פעל מן הפעלים שם הפעל בכחם. רצוני לומר שם דבר הנגזר מן הפעל שהוא חסר הוא מובן מכח ענין הפעל כמו שהתבאר כבר במקום אחר בשם החכם אבן עזרא. וזהו מה שאמר רש"י ללין שם דבר פירוש דבריו כיון שהוראתו לעשות מלון כמו שהתבאר. וא"כ שם דבר הנגזר מן הפעל שהוא חסר מובן מענינו. וזהו כוונת אומרו ללין שם דבר. כלומר ללין מלון שהוא שם דבר הנמשך ממנו. לא שתהיה מלת לין שם דבר. וממילא מבואר שכל הנ"ל הוא כוונת המדרש באומר לינה אחת וכו' גם מקום ללון לינות הרבה והבן זה. ובנוסחאות שלנו טעות סופר הוא מה שנדפס בפירש"י לין שם דבר. וצריך להיות ללין שם דבר כי כן נוהג הרב תמיד במה שהוא חוזר ומזכיר המלה שהיה מפרש כבר כדי לפרשה בתכלית הביאור:

אשד הנחלים

יוכל האדם להבין עי"ז מהות האיש וענינו. וכל זה לאיש בעל רוה"ק באמת לא בדמיון לבד: **בנגד יו"ד הדברות.** הדבר הזה הוא מובן על פי חכמי אמת. שבאמת מעשי האבות הקדושים היתה בכוונה מכוונת לענינים עליונים מכוונים למצוות התורה אשר על דרך זה היה אברהם אבינו מקיים כל התורה כולה כפי כוונתה. וא"כ גם מספר המתנות ההם על דרך זה. בכדי שעי"ז ישרש בלבה זאת כי הפעולות עושים רושם גדול בנפש. כי זהו באמת היסוד ממעשי המצוות כולם. וחשב רק עשרת הדברים להיות שהם מצוות שכליות הנוהגים גם קודם מ"ת. והבן זה: **ממה שקפצה.** וזהו בדרך נחני ה' כלומ' ע"י שראותי שה' נחני בדרך נס אלקי. מזה הבינותי זאת ג"כ: [ז] **לשבח כו'**

וַיֹּאמֶר בָּרוּךְ יהוה אֱלֹהֵי אֲדֹנִי אַבְרָהָם אֲשֶׁר לֹא עָזַב חַסְדּוֹ וַאֲמִתּוֹ מֵעִם אֲדֹנִי אָנֹכִי בַּדֶּרֶךְ נָחַנִי יהוה בֵּית אֲחֵי אֲדֹנִי.
He said, "Blessed is HASHEM, God of my master Abraham, Who has not withheld His kindness and truth from my master. As for me, HASHEM has guided me on the way to the house of my master's brothers" (24:27).

□ וַיֹּאמֶר בָּרוּךְ ה׳ אֱלֹהֵי אֲדֹנִי אַבְרָהָם אֲשֶׁר לֹא עָזַב חַסְדּוֹ וגו׳ — ***AND HE SAID, "BLESSED IS HASHEM, GOD OF MY MASTER ABRAHAM, WHO HAS NOT WITHHELD HIS KINDNESS AND TRUTH ETC."***

The Midrash explains Eliezer's comment:

מִמַּה שֶּׁקָּפְצָה הַדֶּרֶךְ לְפָנַי הָיִיתִי יוֹדֵעַ — Eliezer remarked, **"From that which the road contracted before me,**[88] **I had known שֶׁ"בַּדֶּרֶךְ נָחַנִי ה׳ בֵּית אֲחֵי אֲדֹנִי" — that *HASHEM has guided me on the way to the house of my master's brothers.*"**[89]

וַתָּרָץ הַנַּעֲרָ וַתַּגֵּד לְבֵית אִמָּהּ כַּדְּבָרִים הָאֵלֶּה.
The maiden ran and told her mother's household according to these events (Genesis 24:28).

§7 וַתָּרָץ הַנַּעֲרָה וַתַּגֵּד לְבֵית אִמָּהּ — ***THE MAIDEN*** (Rebecca) ***RAN AND TOLD HER MOTHER'S HOUSEHOLD.***

The Midrash explains why Rebecca ran to *her mother's household:*[90]

אָמַר רַבִּי יוֹחָנָן — R' Yochanan said: אֵין הָאִשָּׁה רְגִילָה אֶלָּא לְבֵית אִמָּהּ — A woman usually spends time in[91] **her mother's house.**[92] **אֲתִיבוּן לֵיהּ וְהָכְתִיב "וַתַּגֵּד לְאָבִיהָ" — They asked [R' Yochanan], "But it is written, *And [Rachel] told her father*** [of her encounter with Jacob]" (below, 29:12). **אָמַר לָהֶם: שֶׁמֵּתָה אִמָּהּ וּלְמִי הָיָה לָהּ לְהַגִּיד לֹא לְאָבִיהָ — [R' Yochanan] said to them, "**[Rachel told her father] **because her mother had died, so to whom should she tell? Not to her father?"**

וּלְרִבְקָה אָח וּשְׁמוֹ לָבָן וַיָּרָץ לָבָן אֶל הָאִישׁ הַחוּצָה אֶל הָעָיִן.
Rebecca had a brother and his name was Laban: Laban ran to the man, outside to the spring (24:29).

□ וּלְרִבְקָה אָח וּשְׁמוֹ לָבָן — ***REBECCA HAD A BROTHER AND HIS NAME WAS LABAN.***

The Midrash examines Laban's name:[93]

רַבִּי יִצְחָק אָמַר: לְשֶׁבַח, פַּרְדּוֹכוֹס — R' Yitzchak said: The name Laban reflects on him **favorably,** for it suggests that Laban was **a subduke.**[94]

NOTES

88. [See above, 59 §11.]

89. The statement of Eliezer contained in this verse could seemingly have been made just as effectively without the word בַּדֶּרֶךְ, *on the way*. This indicates to the Midrash that Eliezer saw from his trip that *HASHEM had guided him to the house of his master's brothers* (*Eitz Yosef*; see *Matnas Kehunah*, *Eshed HaNechalim*, *Ein Chanoch*, *Imrei Yosher*, and *Maharzu* for additional sources for this exposition). The Midrash explains that Eliezer had previously known that God was guiding him to the right destination from the fact that He had miraculously shortened the journey's length (*Rashi*, *Maharzu*, *Eitz Yosef*).

90. It would appear logical for Rebecca to run to tell her father, who was the head of the household, that she had offered lodging to a guest (*Eitz Yosef*, citing *Yefeh To'ar*).

91. *Yefeh To'ar*.

92. In Biblical times, women would have houses for themselves in which they would spend time tending to their work (*Rashi* to verse).

93. The Midrash attaches significance to this name because the verse states, *Rebecca had a brother and his name was Laban. Laban ran to the man*, as opposed to the more simple: *Laban, Rebecca's brother, ran to the man* (*Eitz Yosef*, citing *Nezer HaKodesh*).

[Laban's real name was either Kemuel or Bilam (*Eitz Yosef*, from *Yefeh To'ar*).]

See also *Bamidbar Rabbah* 10 §5.

94. לָבָן means *white*. According to R' Yitzchak, Rebecca's brother was referred to this way because he used a position of authority, which he held, to protect the oppressed and to *whiten* judgments between two disputants by clarifying who was in the right (*Rashi*, *Eitz Yosef*).

[An alternative version reads פַּרְדִּכְסוֹס, which, in Greek, describes something phenomenal and striking. Thus, according to R' Yitzchak, Laban's name derived from the fact that he was exceptionally white skinned (*Matnos Kehunah*, *Eitz Yosef*, and *Maharzu*, from *Aruch*). This is said to be a *favorable* comment about Laban because this coloring gave him a very beautiful appearance (*Eshed HaNechalim*).]

רַב הוּנָא בְּשֵׁם רַבִּי יוֹסֵף: אֶבֶן יְקָרָה הָיָה בוֹ וְהָיָה מִשְׁקָלָהּ בֶּקַע. "וּשְׁנֵי צְמִידִים עַל יָדֶיהָ", כְּנֶגֶד שְׁנֵי לוּחוֹת, "עֲשָׂרָה זָהָב מִשְׁקָלָם", כְּנֶגֶד עֲשֶׂרֶת הַדִּבְּרוֹת. [כד, כג] "וַיֹּאמֶר בַּת מִי אַתְּ הַגִּידִי נָא לִי וְגוֹ' לָלִין", לִינָה אַחַת. [כד, כד-כה] "וַתֹּאמֶר בַּת בְּתוּאֵל אָנֹכִי בֶּן מִלְכָּה וְגוֹ', גַּם מָקוֹם לָלוּן", לִינוֹת הַרְבֵּה. [כד, כו] "וַיִּקֹּד הָאִישׁ וַיִּשְׁתַּחוּ לַה'", מִכָּאן שֶׁמּוֹדִים עַל בְּשׂוֹרָה טוֹבָה. [כד, כז] "וַיֹּאמֶר בָּרוּךְ ה' אֱלֹהֵי אֲדֹנִי אַבְרָהָם אֲשֶׁר לֹא עָזַב חַסְדּוֹ וְגוֹ'", מִמַּה [יב]שֶׁקָּפְצָה הַדֶּרֶךְ לְפָנַי הָיִיתִי יוֹדֵעַ, שֶׁ"בַּדֶּרֶךְ נָחַנִי ה' בֵּית אֲחֵי אֲדֹנִי":

ז [כד, כח] "וַתָּרָץ הַנַּעֲרָה וַתַּגֵּד לְבֵית אִמָּהּ", אָמַר רַבִּי יוֹחָנָן: אֵין הָאִשָּׁה רְגִילָה אֶלָּא לְבֵית אִמָּהּ. אֲתִיבוּן לֵיהּ וְהָכְתִיב "וַתַּגֵּד לְאָבִיהָ", אָמַר לָהֶם: שֶׁמֵּתָה אִמָּהּ וְלֹא הָיָה לָהּ לְהַגִּיד אֶלָּא לְאָבִיהָ. [כד, כט] "וּלְרִבְקָה אָח וּשְׁמוֹ לָבָן", [יג]רַבִּי יִצְחָק אָמַר: לְשֶׁבַח, פַּרְדּוּכוֹס,

רש"י

עשרה זהב משקלם כנגד עשרה דברות. שהיו בניה עתידין לקבלם: **גם מקום ללון** לינות הרבה: **ויאמר** ברוך ה' אלהי אדוני אברהם משעה שקפלה הארץ לפני הייתי יודע שבדרך נחני ה' וכו': (ז) **אתיבון** ליה והכתיב ברחל ותרץ ותגד לאביה אמר להן שמתה אמה וכו': **ושמו לבן ר' יצחק אמר לשבח פרדוכוס.** לבן דורש שני לדוכוס מושל היה והיה תבע דיקיון על בריות ומלבן מעשיהם ועושה דין בין אדם לחבירו ומלבין את הדין:

עץ יוסף

אבן יקרה כו'. דאל"כ מאי רבותא דנזם זהב משקלו בקע למי שכל טוב אדוניו בידו לנערה זאת אשר מצא שאלתו וכ"ש שיספר הכתוב זה (יפ"ת): **בנגד שני לוחות.** טעם הדרשה משום דסתם צמידים ב'. ומה ת"ל שני: **בנגד י' הדברות.** טעם דרשה זו מפני שאינו משקל מופלג עד שיודיענו הכתוב שהיה עשרה זהב משקלם. לכן דרשו בו לרמז (מזרחי). וטעם הרמז הזה לרמוז שמבקש אשה הוגנת לפי שממנה יצאו הנגשים אל ה' לקבל התורה וצריך שלא יהיה בהם פסולת (יפ"ת): **לינה אחת.** מדשני וכתב ברישא ללין. ובסיפא ללון. וכתב היפ"ת בשם מפרשים וצ"ל שבשניהם היו מדברים לשון עברי או משה כתב כוונתם באלו ההוראות: **מכאן שמודים על בשורה טובה.** כי בראותו שנענה בתוך מענה פיו שנזדמן לו מיד אשה שא"ל שתה וגם גמליך אשקה כפי דבריו. ושמע ג"כ כי אשה זאת היא בת אחי אדוניו. ראה וידע באמת כי הצליח ה' דרכו. ולזה נתן תודה לד' (נזה"ק): **שקפצה הדרך כו'.** דרש כן מיתורא דבדרך שע"י קפילת הדרך ראה כי ה' עמו להנחותו פה בדרך הישר אל בית אחי אדוניו: **(ז) אין האשה רגילה כו'.** דאל"ה למה הגידה לבית אמה ולא לבית אביה אשר הוא שליט בבית להכניס האורח כי עבור זה הגידה הדבר (יפ"ת): **[ח] ולרבקה אח ושמו לבן.** דלא ה"ל למימר אלא וירץ לבן אחי רבקה אל האיש החוצה. לכן מתרץ כל אחד לפי שיטתו (נזה"ק): **רבי יצחק אמר לשבח פרדוכוס.** פי' הערוך לבן ביותר שהיה משונה בלובן וגירסתו פרדכסוס. ורש"י ז"ל גרס כמו כאן פרדוכוס. ופי' שני לדוכוס (כי פרא הוא בלשון רומי כמו במקום ותחת. אנשטאט בלשון אשכנזי) ר"ל שהיה מושל והיה תובע דקיון של הבריות ומלבן את הדין ועושה דין בין אדם לחבירו עכ"ל רש"י ז"ל. וזה שבח גדול לו. ושמו העצמי היה קמואל או בלעם כדאי' במדרשות. ובבמדב"ר פ"י וברות רבה פסוק ולנעמי מודע לאישה גורסים פרדוכסום והיא מילה יונית. ופירושה על דבר נפלא ומשונה

פירוש מהרז"ו

לינה אחת. כמ"ש מקום לנו ללין משמע לנו לבד ולא לאחרים והיא השיבה מקום ללון לא דווקא להם אלא לכל מי שיבא. גם הוא אמר ללין ביו"ד וחיר"ק והיא אמרה בשור"ק ללון שפירושו הרבה לינות ע' רש"י בחומש ובמפרשים: **מכאן שמודים.** לעיל פנ"ח ס"ס ו'. עמש"ש: **אשר לא עזב חסדו.** עד אנכי בדרך נחני ה' בית אחי אדוני. וכי בדרך הוא בית אחי אדוני. והיל"ל בדרך נחני לבית אחי אדוני. ע"כ דורש שעד שהוא בדרך היה לו סימן שדרכו מצלחת שיבא למקום חפצו: **(ז) לשבח פרדוכוס.** ע' במ"ר פרשה יו"ד סי' ה'. וברות פסוק ושמו בועז שאצל צדיקים שמו קודם להם

חידושי הרד"ל

[ו] (ג) **אבן יקרה כו' והיה משקלה בקע.** מדלא כתיב נזם זהב משקלו בקע. רמז הכתוב שהמשקל לא קאי על הזהב אלא על האבן טובה וע' מדרש שמואל פכ"ז:
[ז] (ד) **רבי יצחק אומר לשבח כו'**

מסורת המדרש

יב סנהדרין צ"ה. ע' לעיל סוף פ' נ"ט:
יג רו"ר פ' ד':

מתנות כהונה

אבן יקרה כו'. דאל"כ מה מתנה זו של בקע משקלו: **ממה שקפצה כו'.** דאל"כ אנכי למה לי הל"ל נחני אלא ממה שקרה בדרך ידעתי וכו': **שבדרך נחני ה' כו'.** דייק מדכתיב בדרך הבי"ת פתוחה המורה על הדרך המבורר והמבוקש: **[ז] ותרץ ותגד לאביה** גבי רחל: **פרדוכוס.** פירש הערוך לבן ביותר וגרס פרדכסוס: **מעייניה ליה.** היה מעיין עליו אולי יוכל להוציא ממון

נחמד למראה

ו הגידי נא לי וגו' לינה אחת. ותאמר וכו' גם מקום ללון. לינות הרבה. ורש"י בחומש כתב וזה לשונו ללין לינה אחת. ללון שם דבר והיא אמרה ללון כמה לינות עכ"ל. והקשה ברא"ם לא שמעתי זה כי לא מצאנו בשום מקום לין שם דבר כו' ללין מקור לא שם דבר כו' ורוצה לתרץ ובסוף דבריו אמר וצ"ע. הן אמת נכון הדבר כי ללין הוא מקור מבנין הפעיל. ללון הוא מקור מבנין הקל. ומבואר כי בנין הקל יורה על קלות הענין ורכות הפעולה. ובנין הפעיל יורה על חוזק הענין וכבדות הפעולה הכל כפי ענין נושא המאמר כאשר התבאר באר היטב בספר צוהר התיבה תיבת הפעלים אות ג' וט' ע"ש. והנה שורש ענין זה רצוני לומר ענין לינה אינו יוצא לגוף אחר בין בבנין הקל בין בבנין הפעיל. וא"כ ראוי להבדיל ביניהם בדבר מן הדברים כדי שלא תדמה הוראת בנין אחד להוראת בנין אחר זולתו כי זה הוא עיקר גודל אצלנו בכל החבורים אשר חברנו. והנה דעת רש"י ז"ל כי ללון שהוא מקור מבנין הקל הוא על דרך קלות הענין. רצוני לומר ללון בלי טורח במקום המוכן לכך. אבל ללין שהוא מקור מבנין הפעיל. הוראתו שצריך להטריח עצמו להכין מלון ללון שם במקום שאינו מוכן לכך. וא"כ יהיה המכוון במלת ללין כאלו אומר לעשות מלון. והנה מבואר שאין אדם נדחק כל כך ללון במקום בלתי מוכן כי אם לילה אחד על פי הדחק. וזהו ג"כ מה שפירש"י לקמן בפרשה וילינו. כל לינה שבמקרא לינת לילה אחד עכ"ל. ומבואר מדרך דקדוק הלשון כי כל פעל מן הפעלים שם הפעל בכחם. רצוני לומר שם דבר הנגזר מן הפעל שהוא חסר הוא מובן מכח ענין הפעל כמו שהתבאר כבר במקום אחר בשם החכם אבן עזרא. וזהו מה שאמר רש"י ללין שם דבר פירוש דבריו כיון שהוראתו לעשות מלון כמו שהתבאר. וא"כ שם דבר הנגזר מן הפעל שהוא חסר מובן מענינו. וזהו כוונת אומרו ללין שם דבר. כלומר ללין מלון שהוא שם דבר הנמשך ממנו. לא שתהיה מלת לין שם דבר. וממילא מבואר שכל הנ"ל הוא כוונת המדרש באומר לינה אחת וכו' גם מקום ללון לינות הרבה והבן זה. ובנוסחאות שלנו טעות סופר הוא מה שנדפס בפירש"י לין שם דבר. וצריך להיות ללין שם דבר כי כן נוהג הרב תמיד במה שהוא חוזר ומזכיר המלה שהיה מפרש כבר כדי לפרשה בתכלית הביאור:

אשד הנחלים

יוכל האדם להבין עי"ז מהות האיש וענינו. וכל זה לאיש בעל רוה"ק באמת לא בדמיון לבד: **כנגד יו"ד הדברות.** הדבר הזה הוא מובן על פי חכמי אמת. שבאמת מעשי האבות הקדושים היתה בכוונה מכוונת לענינים עליונים מכוונים למצוות התורה אשר על דרך זה היה אברהם אבינו מקיים כל התורה כולה כפי כוונתה. וא"כ גם מספר המתנות ההם על דרך זה. בכדי שעי"ז ישרש בלבה זאת כי הפעולות עושים רושם גדול בנפש. כי זהו באמת היסוד ממעשי המצוות כולם. וחשב רק עשרת הדברים להיות שהם מצות שכליות הנוהגים גם קודם מ"ת. והבן זה: **ממה שקפצה.** וזהו בדרך נחני ה' כלומ' ע"י שראותי שה' נחני בדרך נס אלקי. מזה הבינותי זאת ג"כ: **[ז] לשבח כו'**

רַבִּי בֶּרֶכְיָה אָמַר: לִגְנַאי, מְלוּבָּן בְּרֶשַׁע — But **R' Berachyah said:** The name Laban reflects on him **derogatorily,** for it suggests that Laban was **whitened in his wickedness.**[95]

❑ **וַיָּרָץ לָבָן אֶל הָאִישׁ הַחוּצָה אֶל הָעָיִן** — ***LABAN RAN TO THE MAN, OUTSIDE TO THE SPRING.***

The Midrash interprets the verse's seemingly unnecessary description of Eliezer's location:[96]

מְעַיְּינֵי לֵיהּ — Laban did this in order to **study [Eliezer].**[97]

> וַיְהִי כִּרְאֹת אֶת הַנֶּזֶם וְאֶת הַצְּמִדִים עַל יְדֵי אֲחֹתוֹ וּכְשָׁמְעוֹ אֶת דִּבְרֵי רִבְקָה אֲחֹתוֹ לֵאמֹר כֹּה דִבֶּר אֵלַי הָאִישׁ וַיָּבֹא אֶל הָאִישׁ וְהִנֵּה עֹמֵד עַל הַגְּמַלִּים עַל הָעָיִן.
>
> *For upon seeing the nose ring, and the bracelets on his sister's hands, and upon his hearing his sister Rebecca's words, saying, "Thus has the man spoken to me," he approached the man, who was still standing by the camels by the spring* (24:30).

❑ **עֹמֵד עַל הַגְּמַלִּים עַל הָעָיִן** — *[LABAN] APPROACHED THE MAN* (Eliezer), *WHO WAS STILL* ***STANDING BY THE CAMELS BY THE SPRING.***

Once again, the Midrash takes note of the verse's mention of *the spring*:[98]

מְעַיֵּין גַּרְמֵיהּ — Eliezer stood **studying himself.**[99]

> וַיֹּאמֶר בּוֹא בְּרוּךְ ה׳ לָמָּה תַעֲמֹד בַּחוּץ וְאָנֹכִי פִּנִּיתִי הַבַּיִת וּמָקוֹם לַגְּמַלִּים.
>
> *He said, "Come, O blessed of Hashem! Why should you stand outside when I have cleared the house, and place for the camels?"* (24:31).

❑ **וַיֹּאמֶר בּוֹא בְּרוּךְ ה׳** — ***[LABAN] SAID, "COME, O BLESSED OF HASHEM!"***

The Midrash comments on Laban's use of this title for Eliezer:

שֶׁהָיָה סָבוּר בּוֹ שֶׁהוּא אַבְרָהָם — Laban referred to Eliezer this way **because he thought that [Eliezer] was Abraham,**[100] **שֶׁהָיָה קְלַסְתֵּר פָּנָיו דּוֹמֶה לוֹ** — **since [Eliezer's] visage was similar to [Abraham's].**[101] **אָמַר רַבִּי יוֹסֵי בַּר רַבִּי דוֹסָא: כְּנַעַן הוּא אֱלִיעֶזֶר** — Another insight: **R' Yose ben R' Dosa said: "Canaan" is "Eliezer,"**[102] **וְעַל יְדֵי שֶׁשֵּׁרַת אוֹתוֹ צַדִּיק בֶּאֱמוּנָה יָצָא מִכְּלַל אָרוּר לִכְלַל בָּרוּךְ** — **and through having served that righteous man** (i.e., Abraham) **faithfully, he went from inclusion in *cursed* to inclusion in *blessed*.**[103]

A related remark:

"וַיֹּאמֶר בּוֹא בְּרוּךְ ה׳" — ***[Laban] said, "Come, O blessed of HASHEM!"*** **אָמַר רַבִּי יַעֲקֹב רַבִּי יוֹחָנָן דְּבֵית גוּבְרִין עֲבַד לֵיהּ אַפְטָרָה**[104] — **R' Yaakov said: R' Yochanan of Beis Guvrin made [of this verse]** the following **parting remark:**[105] **וּמָה אִם אֱלִיעֶזֶר עַל יְדֵי שֶׁשֵּׁרַת אֶת הַצַּדִּיק בֶּאֱמוּנָה יָצָא מִכְּלַל אָרוּר לִכְלַל בָּרוּךְ** — **Now, if Eliezer, through having served Abraham faithfully, went from inclusion in *cursed* to inclusion in *blessed*,** **יִשְׂרָאֵל שֶׁעוֹשִׂין חֶסֶד עִם גְּדוֹלֵיהֶם וְעִם קְטַנֵּיהֶם בִּידֵיהֶם וְרַגְלֵיהֶם** — the nation of **Israel, who do kindness with their great and their simple, with their hands and their feet,**[106] **עַל אַחַת כַּמָּה וְכַמָּה** — **how much more so** will they merit blessing![107]

❑ **לָמָּה תַעֲמֹד בַּחוּץ** — *[LABAN] SAID . . .* ***"WHY SHOULD YOU STAND OUTSIDE . . . "***

The Midrash explains Laban's question:

אֵין כְּבוֹדְךָ שֶׁתֵּשֵׁב בַּחוּץ — Laban was saying, **"It is not** commensurate with **your honor that you should tarry outside."**[108]

❑ **וְאָנֹכִי פִּנִּיתִי הַבַּיִת** — ***AND I HAVE CLEARED THE HOUSE.***

The Midrash explains this seemingly unnecessary statement of Laban's:[109]

מִטִּינּוּפֶת שֶׁל עֲבוֹדָה זָרָה — Laban indicated with this statement that the house had been cleansed **of the filth of idol worship.**[110]

NOTES

95. As interpreted by R' Berechyah, Laban's name suggests that his wickedness was bright and obvious to all (*Eitz Yosef*; see *Rashi* and *Maharzu*).

96. *Maharzu*.

97. Laban sought to determine what kind of person the visitor was (*Eitz Yosef*, citing *Nezer HaKodesh*; see further *Maharzu*). His objective in doing do was to ascertain whether or not he would somehow be able to extract money from Eliezer (*Matnos Kehunah*; see also *Rashi* to verse).

The Midrash understands the word עַיִן, which is used by the verse in reference to the *spring*, to mean *eye* (*Rashi*, *Matnos Kehunah*, *Maharzu*).

98. *Maharzu*.

99. Eliezer remained standing at the spring, contemplating whether he should approach the home of Rebecca's father or he should wait for its occupants to come to him, as, in fact, happened shortly (*Eitz Yosef*, citing *Nezer HaKodesh*; *Rashash*).

Alternatively, the Midrash teaches that, after running to study Eliezer's camels and property, *Laban* then *studied* Eliezer *himself* (*Rashi*; *Matnos Kehunah*).

100. *Blessed of HASHEM* would have been a fitting title for Abraham either because Malchizedek, king of Salem, had blessed Abraham (in 14:19 above) with the words, "בָּרוּךְ אַבְרָם לְאֵל עֶלְיוֹן, *Blessed is Abram of God, the Most High*" (*Matnos Kehunah*), or because God had promised (in 12:2 and 22:17) to bless Abraham (*Maharzu*).

101. As a member of his family, Abraham's face was familiar to Laban (*Eitz Yosef*, citing *Yefeh To'ar*).

102. I.e., these two names refer to the same individual. [Compare above, 59 §9 with commentary.]

103. [Canaan was labeled *cursed* in 9:25 above.]

According to R' Yose ben R' Dosa, Laban knowingly called Eliezer *blessed of HASHEM* (*Maharzu*). He did so because Abraham had made it known that Eliezer had risen above his former standing and earned the right to be referred to that way (*Eitz Yosef*).

104. The word בְּשֵׁם appears in the printed editions and in our Hebrew text. It has been deleted here, following *Yedei Moshe*, also cited by *Rashash*.

105. Upon leaving homes where they had stayed as guests, each of the Sages would expound on a particular verse as a way of blessing their hosts (*Yefeh To'ar*, *Maharzu*; see *Eitz Yosef*). Alternatively, R' Yochanan would mention this exposition at the end of his lectures, in parting from his audience (*Rashi*, *Matnos Kehunah*).

106. I.e., those Jews who use *their hands* to assist scholars and their students, and *their feet* to run before them, as slaves would do, in a display of honor (*Eitz Yosef*, citing *Nezer HaKodesh*; see *Eshed HaNechalim* and *Imrei Yosher* for additional approaches).

107. If Eliezer, who had previously been *cursed*, could achieve the status of *blessed* through attending to Abraham, then certainly can Jews, who are already members of a blessed nation, merit God's blessing in their private affairs by performing kindness with Torah scholars (*Eitz Yosef*, citing *Nezer HaKodesh*). Furthermore, Eliezer achieved this result despite the fact that his kindness with Abraham was his responsibility as Abraham's slave (*Imrei Yosher*) and was performed for only one beneficiary (*Eshed HaNechalim*), factors which are absent when Jews act kindly toward *their great and their simple*.

108. Having addressed Eliezer as *blessed of HASHEM*, Laban asserted that it is unbefitting for so great and important a personage to have to be outside (*Eitz Yosef, citing Nezer HaKodesh*).

109. *Eitz Yosef*.

110. It was customary among the idolaters of the period to place idols inside their homes. Knowing that, as a *blessed of HASHEM*, and an associate of Abraham's, Eliezer would distance himself from idols, Laban informed Eliezer that he could enter the house without concern over the presence of an idol. That Abraham had denounced idol worship was well known among the people of that generation (*Eitz Yosef*, citing *Nezer HaKodesh*; also see *Rashi*, who connects this comment to the opinion which held that Laban mistook Eliezer for Abraham).

רַבִּי בֶּרֶכְיָה: אָמַר לִגְנַאי, מְלוּבָּן בְּרֶשַׁע. "וַיָּרָץ לָבָן אֶל הָאִישׁ הַחוּצָה אֶל הָעָיִן", מְעַיְינֵיהּ לֵיהּ, [כד, ל] "עֹמֵד עַל הַגְּמַלִּים עַל הָעָיִן", מְעַיֵּין גַּרְמֵיהּ. [כד, לא] "וַיֹּאמֶר בּוֹא בְּרוּךְ ה' ", שֶׁהָיָה סָבוּר בּוֹ שֶׁהוּא אַבְרָהָם, שֶׁהָיָה קְלַסְתֵּר פָּנָיו דּוֹמֶה לוֹ. אָמַר רַבִּי יוֹסֵי בַּר רַבִּי דוֹסָא: כְּנַעַן הוּא אֱלִיעֶזֶר [יד]וְעַל יְדֵי שֶׁשֵּׁרַת אוֹתוֹ צַדִּיק בֶּאֱמוּנָה יָצָא מִכְּלַל אָרוּר לִכְלַל בָּרוּךְ. "וַיֹּאמֶר בּוֹא בְּרוּךְ ה' ", אָמַר רַבִּי יַעֲקֹב בְּשֵׁם רַבִּי יוֹחָנָן: דְּבֵית גּוּבְרִין: עֲבַד לֵיהּ אַפְטָרָה: וּמָה אִם אֱלִיעֶזֶר עַל יְדֵי שֶׁשֵּׁרַת אֶת הַצַּדִּיק בֶּאֱמוּנָה יָצָא מִכְּלַל אָרוּר לִכְלַל בָּרוּךְ, יִשְׂרָאֵל שֶׁעוֹשִׂין חֶסֶד עִם גְּדוֹלֵיהֶם וְעִם קְטַנֵּיהֶם בִּידֵיהֶם וְרַגְלֵיהֶם עַל אַחַת כַּמָּה וְכַמָּה. "לָמָּה תַעֲמוֹד בַּחוּץ", אֵין כְּבוֹדְךָ שֶׁתֵּשֵׁב בַּחוּץ. [טו]"וְאָנֹכִי פִּנִּיתִי הַבַּיִת", מִטִּינּוֹפֶת שֶׁל עֲבוֹדָה זָרָה:

ח [כד, לב] "וַיָּבֹא הָאִישׁ הַבַּיְתָה וְגוֹ' ". הִתִּיר זְמוֹמֵיהֶם. רַבִּי הוּנָא וְרַבִּי יִרְמְיָה שָׁאַל לְרַבִּי חִיָּיא בַּר רַבָּה: לֹא הָיוּ גְּמַלָּיו שֶׁל אַבְרָהָם אָבִינוּ דּוֹמִים לַחֲמוֹרוֹ שֶׁל רַבִּי פִּנְחָס בֶּן יָאִיר,

רש"י

לגנאי. מלובן ברשעו: **וירץ לבן אל האיש החוצה אל העין מעיין ליה.** מהו אל העין מעיין גרמיה תחלה נסתכל בגמליו בממונו ובעשרו ואח"כ בעצמו היאך הוא דומה חשוב לאדם חשוב: **עבד לה אפטרה.** להפטיר את העם הבאים לדרשה בפסוק זה: **ואני פניתי הבית.** מטינופת עבודת כוכבים שהיה סבור בו שהוא אברהם: **(ח) לא היו גמליו של אברהם אבינו דומין לחמורו של רבי פנחס בן יאיר.** שתימה גדול בדבר זה:

עץ יוסף

מהמורגל. וכן כאן על שם מראה לובן עורו שהיה נפלה נקרא לבן. וכן לדעת ר"ב על גודל רשעתו הגלויה ונודעת לכל כמו מראה הלובן שהוא מבהיק ביותר וניכרת לכל נקרא ע"ש זה לבן והוא גנאי לו: [ט] **מעייניה ליה.** כלו' כדי לתת העין עליו לעיין בו מה מהותו וטיבו. וכה"ג והנה עומד על הגמלים על העין מעיין גרמיה כלו' אליעזר היה מעיין בעצמו כדת מה לעשות אם ללכת לבית אחי אדונו. או ימתין עד שיקרא לו. ונתמלא חפצו אז שקרא לו לבן לבא אל הבית (נזה"ק): **שהיה סבור בו שהוא אברהם.** שהיה ברוך ה' שהיה קלסתר פניו דומה לו. וקלסתר פני אברהם כבר היה נודע ומפורסם בין בני בית אחיו (יפ"ת): **לכלל ברוך.** שזה נשמע מאברהם שנודע (לא) [לו] שילא מכלל ארור ופרסם הדבר ועי' לעיל נ"ט י"ב: **עביד לה אפטרה.** פי' כשהיו החכמים נפטרים מאכסניא שלהם שגמלום חסד היו רגילים לדרוש מקראות הנוגעים לכבודם ועז"א דר"י היה עושה הפטרתו מכאן. שבא ללמוד ק"ו לישראל דבלאו הכי מבורכים דרך כלל שמתברכים גם על דרך הפרט כל יחיד ויחיד בברכה הראויה לו בעשותו חסד עם גדוליהם וקטניהם כלו' עם החכמים ותלמידיהם לעסוק בצרכיהם בידיהם ולרוץ לפניהם ברגליהם כעבד. ולכן ראוי מכ"ש שיבואו לכלל ברוך בברכת ה' (נזה"ק). ורש"י פי' בפירוש המדרש אפטרה להפטיר את העם הבאים לדרשה בפסוק זה: **אין כבודך שתשב בחוץ.** וה"ק לפי שאתה ברוך ה' אדם חשוב וגדול למה תעמוד בחוץ מה שאינו לפי כבודך (נזה"ק): **מעבו"ם.** דהוי סגי דלימא ואנכי פניתי לך מקום ולגמלים. ולזה דרש דה"ק אנכי פניתי הבית מעכו"ם שהיה דרכם לעמוד בבית כי בהיותך ברוך ה' במדרגת אברהם בודאי תתרחק מהם שענין אברהם כבר היה מפורסם ביניהם (נזה"ק): (ח) [י] **התיר זמומיהם.** שבהמותיו של א"א היו יוצאות זמומות שלא ירעו בשדות אחרות כדלעיל פ' נ"ט סימן י"ג: **לא היו גמליו של אברהם אבינו כו'.** בתמיה וכי לא היו גמליו של א"א דומים במעלה לחמורו של ר"פ בן יאיר שנשמרה מן הדברים האסורים. ומ"מ אין זה תמיה קיימת. ולהכי לא חש ר' חייא להשיבו כי יש כמה תשובות בדבר וכמ"ש הרא"ס

פירוש מהרז"ו

כו'. והרשעים הם קודמין לשמן וקשה כאן שהיל"ל לבן שמו ע"כ דרשו ר"י ור"ב שגם לבן הוא תואר על שהיה לבן ביותר (ע' מ"כ). ובמ"ע פי' בל"י ורומי דבר מופלא אשר רואיו ושומעיו תמהו עליו. ולר"ב מלובן ברשע פי' מובחר וברור ברשעתו אבל שמו העצמי היה קמואל או בלעם כמ"ש במ"א (יפ"ת): **על העין וגו'.** דלפשוטו על העין מיותר שהרי כבר כתיב אנכי נצב על עין המים. ע"כ דרש על העיון והמחקר למה בא ואיך בא: **שהיה קלסתר פניו וכו'.** כמ"ש לעיל פרשה נ"ט סי' ח' זקן ביתו. וקראו ברוך ה' משמע שהש"י בעצמו ברך אותו כמ"ש בריש לך לך ואברכך והיה ברכה. ואצל העקדה כי ברך אברכך ולפי זה אמר ברוך ה' בטעות. ודעת ריב"ד שידע שהוא אליעזר ואעפ"כ קראו ברוך ה': **כנען הוא אליעזר.** לעיל פר' נ"ט סי' ט' אמר כן על פסוק כנען בידו מאזני מרמה והוצרך לומר כנען הוא אליעזר אך כאן שמדבר באליעזר היה נ"ל אליעזר הוא כנען וכ"מ אה"ז בויק"ר פי"ז סי' ד' אליעזר הוא כנען אלא שמעתיק הדרשה דלעיל בלשון שנאמר שם ואין תימה שהיה חי עדיין ומכנען עד אברהם ח' דורות שהרי שם בן נח מפורש שחי שש מאות שנה עד שנת נ' ליעקב: **רבי יעקב בשם רבי יוחנן.** עי' לקמן ס"פ ס"ט ופירושו שר' יעקב אומר אשר ר' יוחנן דבית גוברין היה דורש מכאן אפטרה. ואפטרה פירש המ"ע ראיה מופתית. והיינו ראיה מאליעזר על ישראל. ויותר נראה מלשון פטור ונפטר וכמ"ש שי"ר פסוק סמכוני באשישות כשהגיע זמנן להפטר היינו מהאכסניא שלהם שקבלום לכבוד התורה דרשו דרשות כאלו לברך את האכסניא והביא שם גם דרשה זו של אליעזר וכ"פ יפ"ת. וע' במ"ר פ"ד סי' כ' ר' יוסי עביד לה אפטרה וכן כאן ובויק"ר פר' י"ז ס"ד ר' יעקב בשם ר' יהודה בשם רבי נתן דבית גוברין עביד לה הפטרה נטילת רשות וכו' וכ"פ יפ"ת והוא לשון הפסוק. לא פטר יהוידע את המחלקות: (ח) **ויבא האיש.** וס"ד ויפתח הגמלים ואם הכוונה על היתר קישורי המשאות מה מלמדנו ע"כ דורש ולמדנו ששמרם מגזל: **לא היו גמליו.** והתירוץ פשוט שהחמור שהיה א"א רוכב עליו בוודאי היה כחמורו של רפב"י מק"ו אך שאר בהמותיו היה צריך לזממם וכמ"ש בהדיא לעיל פמ"א סי' ה' והמעשה בירושלמי דמאי פרק א':

חידושי הרד"ל

רב"א לגנאי כו'. תרווייהו ליישב הא דשמו קודם לו. אע"ג דבעלמא רשעים הן קודמין לשמן. כן מבואר ברות רבה פ"ד ובמדרש שמואל פי"א:

חידושי הרש"ש

[ז] **על העין מעיין גרמי'.** פי' מחשב בעצמו מה לעשות עתה:

בא ברוך ה' שהיה סבור כו'. ולפי פשוטו קראו ברוך ה' שהיה סבור שהוא מבורך ברוב עושר (ועל שראה שבזבז כל כך לאחותו בעד אשר השקתו מים) על שם ברכת ה' היא תעשיר:

אמר רבי יעקב רבי יוחנן דבית גוברין כו'. כצ"ל ותיבת בשם מחק היד"מ:

מסורת המדרש

יד ויק"ר פ' י"ז: טו אדר"נ פ' ח'. אגדת בראשית פ' ט"ז:

מתנות כהונה

ממנו כד"א ויהי שאול עוין את דוד ודייק מדכתיב אל העין: **מעיין גרמיה.** היה מעיין על עצמו אם הוא חכם או תם אם יכול הוא לרמהו או לא: **היה סבור שהוא אברהם שנקרא ברוך ה' כד"א ברוך אברם לאל עליון.** וזיו איקונין שלו היה דומה לו כדלעיל בפ' נ"ט: **רבי יעקב** גרסינן. **אפטרה.** סיום הדרשה: [ח] **לא היו גמליו כו'.** הרמב"ן ז"ל פירש שהוא תמיה קיימת ובא לסתור דברי מי שאמר שילאו זמומין שא"כ יהיה החסידות יותר גדול בבית רבי פנחס מביתו של אברהם ודעתו שלא היה להם

אשד הנחלים

לגנאי. ענין מחלוקותם לדעתי ע"פ מאמרם במדרש שמואל רבתי פ' א'. שכל מי ששמו קודם הוא צדיק. והקשו מה שנאמר ושמו לבן ותרצו מלובן ברשעו. כלומר ואין זה שם. כ"א שם תואר על רשעו. וזהו ג"כ כוונתם פה. והראשון תירץ שם דלכן נאמר בו לבן לשבח כלומר על ענין לבנינותו שהיה יפה מאד. לא על טובו ומהותו וק"ל ועיי"ש בבאורי ותבין: **מעייני לי'.** עיין ד"ה ממצמץ כו'. וגם כאן הכוונה כן. אלא שהוא באופן ענין הקסם והדמיון. ואין להאריך: **שהוא אברהם.** הוא כמו שאמר להלן שאמר שפנה הבית מעבודת כוכבים ולכן לא ירא מלברך את ה' פה. וא"כ דימה שהוא אברהם שידע כי אברהם לא יכנס בבית עבודת כוכבים ואגב אמר אחר שהכתוב אמר בא ברוך ה' לרמוז לו שיצא מכלל ארור: **ומה אם אליעזר כו'.** כלומר מה אם עשה עם אחד כך. מכש"כ עם הגדולים ועם הקטנים ובטרחא מרובה לא כש"כ: [ח] **לא הי' גמליו.** עיין במ"כ. ועניינו פירש המהרש"א בחולין (דף ז') לפי שסיבב ה' שלא יהי' חטא על רפב"י שאוכל בהמתו בלי מעושר. אבל לא שייך עבירה ומצוה גבי בהמה גופא. ועי"ש מה שתירץ הש"ס כל הלוקח לזרע ולבהמה שפטור שנמלך הי' שבתחילה

וַיָּבֹא הָאִישׁ הַבַּיְתָה וַיְפַתַּח הַגְּמַלִּים וַיִּתֵּן תֶּבֶן וּמִסְפּוֹא לַגְּמַלִּים וּמַיִם לִרְחֹץ רַגְלָיו וְרַגְלֵי הָאֲנָשִׁים אֲשֶׁר אִתּוֹ.

So the man entered the house, and unfastened the camels. He gave straw and feed for the camels, and water to bathe his feet and the feet of the men who were with him (24:32).

§8 **וַיָּבֹא הָאִישׁ הַבַּיְתָה וְגוֹ׳** — ***THE MAN*** **(ELIEZER)** ***ENTERED THE HOUSE ETC.*** *AND (LABAN)*[111] *UNFASTENED*[112] *THE CAMELS.*

The Midrash explains what it was that Laban *unfastened*: **הִתִּיר זְמוּמֵיהֶם** — This means that **he unfastened the [camels'] muzzles.**[113] **רַבִּי הוּנָא וְרַבִּי יִרְמְיָה שָׁאַל לְרַבִּי חִיָּיא בַּר רַבָּה** — The Midrash cites a challenge to this interpretation: **R' Huna and R' Yirmiyah asked of R' Chiya: לֹא הָיוּ גְמַלָּיו שֶׁל אַבְרָהָם אָבִינוּ דּוֹמִים לַחֲמוֹרוֹ שֶׁל רַבִּי פִּנְחָס בֶּן יָאִיר — Were the camels of our patriarch Abraham not similar to the donkey of R' Pinchas ben Yair,** which would not eat that which was forbidden [as we shall see below]?[114]

NOTES

111. *Yefeh To'ar*; *Ramban* and *Abarbanel* to verse.

112. See *Onkelos* to verse and *Rashi* to *Isaiah* 5:27.

113. Since Abraham's camels were muzzled to prevent them from grazing in privately owned fields (compare above, 59 §11), it was necessary to remove their muzzles before they could eat (*Eitz Yosef*; see further *Maharzu*).

114. R' Huna and R' Yirmiyah questioned why there should have been a need for Abraham to muzzle his camels, if even the donkey of R' Pinchas ben Ya'ir would, of its own accord, abstain from eating food that was forbidden. They asked rhetorically, "Were Abraham's camels on a lower spiritual level than R' Pinchas ben Yair's donkey?" (*Eitz Yosef*).

[The Midrash does not record a response to this question. Some commentators maintain that R' Chiya did not feel a need to answer it because he felt that Abraham's situation was clearly different than that of R' Pinchas ben Yair. First, unlike R' Pinchas ben Yair's donkey, Abraham's camels were exposed to an abundance of forbidden food, and they therefore could not be expected to abstain. Second, halachah does not permit a person to put himself into a situation where he will be forced to rely on a miracle [in this case, the camels' abstention] (*Eitz Yosef*, citing *Yefeh To'ar* and *Nezer HaKodesh*, who cite *Mizrachi* [to verse 10 above]; see *Maharzu* for an additional approach). However, *Ramban* (to verse) insists that the Midrash leaves the challenge unanswered because it has no satisfactory answer. *Ramban* therefore feels compelled to explain that Laban *unfastened* the camels' *saddles* [or *reins*] (*Matnos Kehunah, Eitz Yosef*).

רַבִּי בֶּרֶכְיָה: אָמַר לִגְנַאי, מְלוּבֶּן בְּרֶשַׁע. "וַיָּרָץ לָבָן אֶל הָאִישׁ הַחוּצָה אֶל הָעָיִן", מְעַיְינֵיהּ לֵיהּ, [כד, ל] "עֹמֵד עַל הַגְּמַלִּים עַל הָעָיִן", מְעַיֵּין גַּרְמֵיהּ. [כד, לא] "וַיֹּאמֶר בּוֹא בְּרוּךְ ה'", שֶׁהָיָה סָבוּר בּוֹ שֶׁהוּא אַבְרָהָם, שֶׁהָיָה קְלַסְתֵּר פָּנָיו דּוֹמֶה לוֹ. אָמַר רַבִּי יוֹסֵי בַּר רַבִּי דוֹסָא: כְּנַעַן הוּא אֱלִיעֶזֶר [יד] וְעַל יְדֵי שֶׁשֵּׁרַת אוֹתוֹ צַדִּיק בֶּאֱמוּנָה יָצָא מִכְּלַל אָרוּר לִכְלַל בָּרוּךְ. "וַיֹּאמֶר בּוֹא בְּרוּךְ ה'", אָמַר רַבִּי יַעֲקֹב בְּשֵׁם רַבִּי יוֹחָנָן: דְּבֵית גּוּבְרִין: עֲבַד לֵיהּ אַפְטָרָה: וּמָה אִם אֱלִיעֶזֶר עַל יְדֵי שֶׁשֵּׁרַת אֶת הַצַּדִּיק בֶּאֱמוּנָה יָצָא מִכְּלַל אָרוּר לִכְלַל בָּרוּךְ, יִשְׂרָאֵל שֶׁעוֹשִׂין חֶסֶד עִם גְּדוֹלֵיהֶם וְעִם קְטַנֵּיהֶם בִּידֵיהֶם וְרַגְלֵיהֶם עַל אַחַת כַּמָּה וְכַמָּה. "לָמָּה תַעֲמוֹד בַּחוּץ", אֵין כְּבוֹדְךָ שֶׁתֵּשֵׁב בַּחוּץ. [טו] "וְאָנֹכִי פִּנִּיתִי הַבַּיִת", מִטִּינּוּפֶת שֶׁל עֲבוֹדָה זָרָה:

ח [כד, לב] "וַיָּבֹא הָאִישׁ הַבַּיְתָה וְגוֹ'". הִתִּיר זְמוּמֵיהֶם. רַבִּי הוּנָא וְרַבִּי יִרְמְיָה שָׁאַל לְרַבִּי חִיָּיא בַּר רַבָּה: לֹא הָיוּ גְּמַלָּיו שֶׁל אַבְרָהָם אָבִינוּ דּוֹמִים לַחֲמוֹרוֹ שֶׁל רַבִּי פִּנְחָס בֶּן יָאִיר,

רש"י

לגנאי. מלובן ברשעו: **וירץ לבן אל האיש החוצה אל העין מעיין ליה.** מהו אל העין מעיין גרמיה תחלה נסתכל בגמליו בממונו ובעשרו ואח"כ בעצמו היאך הוא דומה חשוב לאדם חשוב: **עבד לה אפטרה.** להפטיר את העם הבאים לדרשה בפסוק זה: **ואני פניתי הבית.** מטינופת עבודת כוכבים שהיה סבור בו שהוא אברהם: (ח) **לא היו גמליו של אברהם אבינו דומין לחמורו של רבי פנחס בן יאיר.** שתימה גדול בדבר זה:

עץ יוסף

מהמורגל. וכן כאן על שם מראה לובן עורו שהיה נפלה נקרא לבן. וכן לדעת ר"ב על גודל רשעתו הגלויה ונודעת לכל כמו מראה הלובן שהוא מבהיק ביותר וניכרת לכל נקרא ע"ש זה לבן והוא גנאי לו: [ט] **מעייניה ליה.** כלו' כדי לתת העין עליו לעיין בו מה מהותו וטיבו. וכה"ג והנה עומד על הגמלים על העין מעיין גרמיה כלו' אליעזר היה מעיין בעצמו כדת מה לעשות אם ללכת לבית אחי אדונו. או ימתין עד שיקרא לו. ונתמלא תפלו אז שקרא לו לבן לבא אל הבית (נזה"ק): **שהיה סבור בו שהוא אברהם.** שהיה ברוך ה' שהיה קלסתר פניו דומה לו. וקלסתר פני אברהם כבר היה נודע ומפורסם בין בני בית אחיו (יפ"ת): **לכלל ברוך.** שזה נשמע מאברהם שנודע (לא) [לו] שילא מכלל ארור ופרסם הדבר ועי' לעיל נ"ט י"ב: **עביד לה אפטרה.** פי' כשהיו החכמים נפטרים מאכסניא שלהם שגמלום חסד היו רגילים לדרוש מקראות הנוגעים לכבודם ועז"א דר"י היה עושה הפטרתו מכאן. שבא ללמוד ק"ו לישראל דבלאו הכי מבורכים דרך כלל שמתברכים גם על דרך הפרט כל יחיד ויחיד בברכה הראויה לו בעשותו חסד עם גדוליהם וקטניהם כלו' עם החכמים ותלמידיהם לעסוק בצרכיהם בידיהם ולרוץ לפניהם ברגליהם כעבד. ולכן ראוי מכ"ש שיבואו לכלל ברוך בברכת ה' (נזה"ק). ורש"י פי' בפירוש המדרש אפטרה להפטיר את העם הבאים לדרשה בפסוק זה: **אין כבודך שתשב בחוץ.** וה"ק לפי שאתה ברוך ה' אדם חשוב וגדול למה תעמוד בחוץ מה שאינו לפי כבודך (נזה"ק): **מעבו"ם.** דהוי סגי דלימא ואנכי פניתי לך מקום ולגמלים. ולזה דרש דה"ק אנכי פניתי הבית מעכו"ם שהיה דרכם לעמוד בבית כי בהיותך ברוך ה' במדרגת אברהם בודאי תתרחק מהם שענין אברהם כבר היה מפורסם ביניהם (נזה"ק): (ח) [י] **התיר זמומיהם.** שבהמותיו של א"א היו יוצאות זמומות שלא ירעו בשדות אחרות כדלעיל פ' כ"ט סימן י"ג: **לא היו גמליו של אברהם אבינו כו'.** בתמיה וכי לא היו גמליו של א"א דומים במעלה לחמורו של ר"פ בן יאיר שנשמרה מן הדברים האסורים. ומ"מ אין זה תמיה קיימת. ולהכי לא תש ר' חייא להשיבו כי יש כמה תשובות בדבר וכמ"ש הרא"ס

פירוש מהרז"ו

כו'. והרשעים הם קודמין לשמן וקשה כאן שהיל"ל לבן שמו ע"כ דרשו ר"י ור"ב שגם לבן הוא תואר על שהיה לבן ביותר (ע' מ"כ). ובמ"ע פי' בל"י ורומי דבר מופלא אשר רואיו ושומעיו תמהו עליו. ולר"ב מלובן ברשע פי' מובחר וברור ברשעתו אבל שמו העצמי היה קמואל או בלעם כמ"ש במ"א (יפ"ת): **על העין וגו'.** דלפשוטו על העין מיותר שהרי כבר כתיב אנכי נצב על עין המים. ע"כ דרש על העיון והמחקר למה בא ואיך בא: **שהיה קלסתר פניו וכו'.** כמ"ש לעיל פרשה נ"ט סי' ח' זקן ביתו. וקראו ברוך ה' משמע שהש"י בעצמו ברך אותו כמ"ש בריש לך לך ואברכך והיה ברכה. ואצל העקדה כי ברך אברכך ולפי זה אמר ברוך ה' בטעות. ודעת ריב"ד שידע שהוא אליעזר ואעפ"כ קראו ברוך ה': **כנען הוא אליעזר.** לעיל פר' נ"ט סי' ט' אמר כן על פסוק כנען בידו מאזני מרמה והוצרך לומר כנען הוא אליעזר אך כאן שמדבר באליעזר היה נ"ל אליעזר הוא כנען וכ"מ אח"ז בויק"ר פי"ז סי' ד' אליעזר הוא כנען אלא שמעתיק הדרשה דלעיל בלשון שנאמר שם ואין תימה שהיה חי עדיין ומכנען עד אברהם ח' דורות שהרי שם בן נח מפורש שחי שש מאות שנה עד שנת נ' ליעקב: **רבי יעקב בשם רבי יוחנן.** עי' לקמן ס"פ ס"ט ופירושו שר' יעקב אומר אשר ר' יוחנן דבית גוברין היה דורש מכאן אפטרה. ואפטרה פירש המ"ע ראיה מופתית. והיינו ראיה מאליעזר על ישראל. ויותר נראה מלשון פטור ונפטר וכמ"ש שי"ר פסוק סמכוני באשישות כשהגיע זמנן להפטר היינו מהאכסניא שלהם שקבלום לכבוד התורה דרשו דרשות כאלו לברך את האכסניא והביא שם גם דרשה זו של אליעזר וכ"פ יפ"ת. וע' במ"ר פ"ד סי' כ' ר' יוסי עביד לה אפטרה וכן כאן ובויק"ר פר' י"ז ס"ד ר' יעקב בשם ר' יהודה בשם רבי נתן דבית גוברין עביד לה הפטרה נטילת רשות וכו' וכ"פ יפ"ת והוא לשון הפסוק. לא פטר יהוידע את המחלקות: (ח) **ויבא האיש.** וס"ד ויפתח הגמלים ואם הכוונה על היתר קישורי המשאות מה מלמדנו ע"כ דורש ולמדנו שנשמרה מגזל: **לא היו גמליו.** והתירוץ פשוט שהחמור שהיה א"א רוכב עליו בוודאי היה כחמורו של רפב"י מק"ו אך שאר בהמותיו היה צריך לזממם וכמ"ש בהדיא לעיל פמ"א סי' ה' והמעשה בירושלמי דמאי פרק א':

חידושי הרד"ל

רב"א לגנאי כו'. תרווייהו ליישב הא דשמו קודם לו. אע"ג דבעלמא רשעים הן קודמין לשמן. כן מבואר ברות רבה פ"ד ובמדרש שמואל פי"א:

חידושי הרש"ש

[ז] **על העין מעיין גרמי'.** פי' מחשב בעצמו מה לעשות עתה:

בא ברוך ה' שהיה סבור כו'. ולפי פשוטו קראו ברוך ה' שהיה סבור שהוא מבורך ברוב עושר (על שראה שבזבז כל כך לאחותו בעד אשר השקתו מים) על שם ברכת ה' היא תעשיר: **אמר רבי יעקב רבי יוחנן דבית גוברין כו'.** כצ"ל ותיבת בשם מחק היד"מ:

מסורת המדרש

יד ויק"ר פ' י"ז:
טו אדר"נ פ' ח'. אגדת בראשית פ' ט"ז:

מתנות כהונה

ממנו כד"א ויהי שאול עוין את דוד ודייק מדכתיב אל העין: **מעיין גרמיה.** היה מעיין על עצמו אם הוא חכם או תם אם יכול הוא לרמהו או לא: **היה סבור שהוא אברהם שנקרא ברוך ה'** כד"א **ברוך אברם לאל עליון.** וזיו איקונין שלו היה דומה לו כדלעיל בפ' נ"ט: **רבי יעקב** גרסינן. **אפטרה.** סיום הדרשה: [ח] **לא היו גמליו כו'.** הרמב"ן ז"ל פירש שהוא תמיה קיימת ובא לסתור דברי מי שאמר שילאו זמומין שא"כ יהיה החסידות יותר גדול בבית רבי פנחס מביתו של אברהם ודעתו שלא היה להם

אשד הנחלים

לגנאי. ענין מחלוקותם לדעתי ע"פ מאמרם במדרש שמואל רבתי פ' א'. שכל מי ששמו קודם הוא צדיק. והקשו מה שנאמר ושמו לבן ותרצו מלובן ברשעו. כלומר ואין זה שם. כ"א שם תואר על רשעו. וזהו ג"כ כוונתם פה. והראשון תירץ שם דלכן נאמר בו לבן לשבח כלומר על ענין לבנינותו שהיה יפה מאד. לא על טובו ומהותו וק"ל ועיי"ש בבאורי ותבין: **מעייני לי'.** עיין ד"ה ממצמץ כו'. וגם כאן הכוונה כן. אלא שהוא באופן ענין הקסם והדמיון. ואין להאריך: **שהוא אברהם.** הוא כמו שאמר להלן שאמר שפנה הבית מעבודת כוכבים ולכן לא ירא מלברך את ה' פה. וא"כ דימה שהוא אברהם שידע כי אברהם לא יכנס בבית עבודת כוכבים ואגב אמר אחר שהכתוב אמר בא ברוך ה' לרמוז לו שיצא מכלל ארור: **ומה אם אליעזר כו'.** כלומר מה אם עשה עם אחד כך. מכש"כ עם הגדולים ועם הקטנים ובטרחא מרובה לא כש"כ: [ח] **לא הי' גמליו.** עיין במ"כ. ועניינו פירש המהרש"א בחולין (דף ז') לפי שסיבב ה' שלא יהי' חטא על רפב"י שאוכל בהמתו בלי מעושר. אבל לא שייך עבירה ומצוה גבי בהמה גופא. ועיי"ש מה שתירץ הש"ס כל הלוקח לזרע ולבהמה שפטור שנמלך הי' שבתחילה

The Midrash will now relate the above-referenced story of R' Pinchas ben Yair's donkey:[115]Ⓐ

חֲמָרְתֵּיהּ דְּרַבִּי פִּנְחָס בֶּן יָאִיר נַסְּבוּהָ לִסְטָאֵי – **The donkey of R' Pinchas ben Yair was** once **taken by bandits.**[116] עֲבַדַת גַּבּוֹן תְּלָתָא יוֹמִין – **It was with them for three days,**[117] וְלָא טָעֲמַת כְּלוּם – **and it did not taste anything.**[118] אָמְרִין: סוֹפָהּ מָיְיתָה וְתַסְרֵי מְעַרְתָּא עֲלֵינוּ – **[The bandits] said, "In the end [the donkey] will die and** its carcass will **cause the cave** in which we live[119] **to have a foul odor.** נִמְסְרָהּ לְרִבּוֹנָהּ – Therefore, **let us turn it over to its owner."** שַׁלְחוּהָ וְעָלַת בְּבֵיתָא דְּמָרָהּ – **They sent off [the donkey] and** it eventually **entered its owner's house.** כֵּיוָן דְּעָלַת נְהָקַת וְחַכִּים קָלָהּ – **As soon as it entered it began to bray and [R' Pinchas ben Yair] recognized**[120] **its voice.** אֲמַר פִּתְחוּ לְאוֹתָהּ הָעֲנִיָּה וִיהֲבוּ לָהּ דְּתֵיכוֹל – **[R' Pinchas ben Yair] said** to his attendants, **"Open up for the poor** creature[121] **and give it** food **so that it will eat,** דְּאִית לָהּ תְּלָתָא יוֹמִין דְּלָא טָעֲמָה מִידֵי – **for it has** endured **three days** during **which it did not taste anything!"**[122] יַהֲבִין לָהּ שְׂעָרִין לָא טָעֲמְתּוֹן – **They gave [the donkey] barley** kernels, but **it did not taste them.** אָמְרִין לֵיהּ: רַבִּי יַהֲבִינַן לָהּ שְׂעָרִין וְלָא טָעֲמְתּוֹן – **They said to [R' Pinchas ben Yair], "Our master, we have given it barley** kernels, **but it did not taste them."** אֲמַר לְהוֹן: תַּקַּנְתּוּהָ, אָמְרוּן לֵיהּ: אִין – **[R' Pinchas ben Yair] said to them, "Did you** first **prepare [the barley]?"**[123] **They said to him, "Yes."** אַפִּיקְתּוּן דְּמַאי – R' Pinchas ben Yair then asked them, **"Did you remove** the tithe that must be separated from ***demai?***"[124] אָמְרוּ לֵיהּ: לָא כֵּן אַלְפִין רַבִּי – **They said to him, "Did you not teach us the following,** our **master:** הַלּוֹקֵחַ זֶרַע לִבְהֵמָה וְקֶמַח לְעוֹרוֹת וְשֶׁמֶן לְנֵר וְשֶׁמֶן לָסוּךְ בּוֹ אֶת הַכֵּלִים – **One who buys** from an *am haaretz*[125] **seed for feeding animals,**[126] **flour for** tanning **hides, oil for a lamp, or oil for greasing utensils,** פְּטוּרִין מִן הַדְּמַאי – **they are exempt from the** tithing requirement of ***demai***" (*Demai* 1:3)?[127] אֲמַר לְהוֹן: מַאי נַעֲבִיד לָהּ וְהִיא מַחְמְרָה עַל גַּרְמָהּ – **He said to them,** "[You are correct but] **what can we do about [the donkey]? It is stringent with itself!"**[128]

A related incident:

רַבִּי יִרְמְיָה שְׁלַח לְרַבִּי זְעִירָא חַד קַרְטֵיל דִּתְאֵינִין – **R' Yirmiyah sent R' Z'eira a basket**[129] **of figs.** רַבִּי יִרְמְיָה אָמַר: אֶפְשָׁר רַבִּי זְעִירָא

NOTES

115. [A similar story appears in *Chullin* 7b.] See Insight Ⓐ.

116. *Eitz Yosef.*

117. *Matnos Kehunah, Eitz Yosef*; see *Rashi.*

118. The donkey refused to eat because it was being offered food that was either untithed or stolen (*Eitz Yosef*; compare below).

119. *Matnos Kehunah, Eitz Yosef.*

120. *Matnos Kehunah.*

121. [In the version of this incident that appears in *Shekalim* 13b, the donkey is said to have arrived at R' Pinchas ben Yair's *gate* before he told his attendants to *open* it, in apparent reference to the gate. Perhaps here, too, what is meant is that the donkey had only entered an antechamber and R' Pinchas ben Yair commanded that it be allowed entrance into the inner rooms of the house.]

122. R' Pinchas ben Yair knew that his donkey would not have eaten of the bandits' food (*Rashi*).

123. I.e., "Did you cleanse it of stones and other waste" (*Eitz Yosef*, citing *Yefeh To'ar*, who cites *Chullin* loc. cit.; *Rashash*). Alternatively, "Did you separate *terumah* and [the first] tithe" (*Matnos Kehunah*; see also *Rashi*; compare below).

124. [*Demai*, lit. *what is this*, is produce of *Eretz Yisrael* that was obtained from an *am haaretz* (see the following note). By Rabbinic enactment, it must be tithed since a doubt exists as to whether its original owner tithed it or not. (For a full treatment of the laws of *demai*, see the tractate with that name.)]

R' Pinchas Ben Yair surmised that the reason his donkey had refrained from eating was that the feed had been bought from an *am haaretz* and had not been tithed properly.

125. [This term connotes a common man who is not completely scrupulous in his observance of halachah and therefore cannot be relied upon to tithe his produce.]

126. [In *Demai* (as well as *Chullin* 7b) this Mishnah begins with the words הַלּוֹקֵחַ לְזֶרַע וְלִבְהֵמָה, *one who buys* [from an *am haaretz,* grain] *for seed or for feeding animals.*]

127. Since the items were not bought with the intention that they would be used as food [and since, to begin with, in the majority of cases, *demai* has already been tithed (see *Rashi* to *Chullin* 7b)] the purchaser is exempt from tithing them.

His attendants were inquiring of R' Pinchas ben Yair why he should ask whether or not the barley had been tithed as *demai*, if, as *demai* that was to be used as animal feed, it was exempt from that requirement, and its consumption was wholly permissible. [Even if the barley was, in fact, untithed, the halachah allowed for the presumption that it came from the majority of *amei haaretz* who do tithe their produce (*Maharsha* to *Chullin* loc. cit.).]

128. [In *Shekalim* 13b, the incident closes with: וַאֲרִימַן דְּמַיַּן וְאָכְלַת, *So they separated the demai tithe, and [the donkey] ate.*] See Insight Ⓑ.

129. *Eitz Yosef*; also see *Rashi.*

INSIGHTS

Ⓐ **Divine Protection from Eating Stolen Foods** The episode of R' Pinchas ben Yair's donkey, which the Midrash will now relate, is illustrative of the dictum, cited in *Chullin* 5b and elsewhere, that *the Holy One, blessed is He, does not bring about a pitfall through [the animals of righteous people] and certainly not through the righteous ones themselves.*

Tosafos (to *Chullin* loc. cit. and elsewhere; cf. *Chidushei HaRan* to *Chullin* 7a) state that this means only that God protects righteous people from *eating food* which is forbidden to them. They are not necessarily protected from all forms of sin. *Tosafos* further assert that even food which is inherently permissible may be inadvertently consumed by a righteous person at a *time* when he may not eat it. For example, a righteous person is not protected against eating *chametz* on Pesach when he does not realize that it is *chametz.* [*Tosafos* explains that it is especially *degrading* for a righteous person to eat (inherently) forbidden food. Perhaps this means that there is particular concern that the righteous person should not eat forbidden matter, since what he ingests becomes part of his being (see the glosses of *Mahari Kash*, at the beginning of *Tur Yoreh De'ah* [cited in *Gilyon Hashas* to *Gittin* 7a]; compare *Bach* to *Orach Chayim* §208 s.v. (וכתב עוד וי"א).]

In his *Kovetz Shiurim* (*Pesachim* §112), R' Elchanan Wasserman discusses whether eating stolen food is equated with eating food that is inherently forbidden (אֲכִילַת אִיסוּר), or if it is different by virtue of the fact that the prohibition is not being transgressed through the *eating* per se, but rather by the prior theft.

Based on the above *Tosafos, R' Elchanan* suggests that this issue may be at the core of our Midrash's uncertainty (above) as to whether or not Abraham's camels would have been Divinely protected from grazing upon stolen feed.

Ⓑ **The Donkey of R' Pinchas Ben Yair** Obviously, R' Pinchas Ben Yair's donkey was not endowed with the prophetic ability to sense that the barley it was offered was untithed. Furthermore, even if it could divine such a thing, donkeys are not prohibited from eating untithed produce!

The donkey abstained from the untithed barley only because God miraculously spared its righteous owner from the slight ignominy he would suffer if his donkey were to eat such food for it is forbidden for a person to *feed* an animal *demai.*

The Midrashic statement that the donkey was *stringent with itself,* it is not meant literally. Rather, What is meant is that God caused the donkey of the righteous R' Pinchas Ben Yair to refrain from eating untithed food even though it was halachically permissible (*Toras Chaim* to *Chullin* 7b, cited in part by *Eitz Yosef;* see also *Yefeh To'ar* as well as *Maharsha* to *Chullin* loc. cit.). The stringent standards to which God caused the donkey to adhere were commensurate with R' Pinchas Ben Yair's own scrupulousness (*Yefeh To'ar*).

חידושי הרד"ל

[ח] (ה) רשב"י אומר טמא כו'. עיין מעילה (י"ז.) ותוס' מנחות (כ"א:) ד"ה שתהא כו' ושו"ת פני אריה סימן כ"ב:

חידושי הרש"ש

אמר להון תקנתיהו כו'. פי' אם תקנתם אותם מן הפסולת עיין בגמרא חולין (ז' ב') ופי' המתנות כהונה תמוה:

עץ יוסף

דהיכא דקביע הזיקא בעוברו בין השדות לא שייך הא. אי נמי אין סומכין על הנס (יפ"ת וזה"ק). אבל המת"כ כתב בשם הרמב"ן שהיא תמיה קיימת ודעת ר' הונא ור"י ויפתח קאי על קשרי האוכף: נסבוה. לקחוה ליסטים: עבדת כו'. פי' עכבוה אצלם ג' ימים ולא טעמה כלום מפני שהיו מאכילין אותה דבר שאינו מתוקן. או שמה שבידם היה הכל מן גזל כי לחמו לחם רשע: אמרין סופה מייתה כו'. אמרו הלסטים סוף שתמות ותסרח עלינו את המערה שהיו דרים בתוכה. נשוב נמסור אותה לבעליה שלחוה ונכנסה בבית אדוניה. כיון שנכנסה היתה צועקת ונוערת כמנהג החמורים ואמר פתחו לה ותנו לה מה שתאכל שיש לה זה ג' ימים שלא טעמה כלום מאכל. נתנו לה שעורים ולא היתה טועמת כלום: תקנתוה. לנקותם מהאבנים ומהפסולת וכדאמרינן בחולין חבטינהו לא אכל נקרינהו לא אכל (יפ"ת): אפיקתון דמאי. הוצאתם מעשר דמאי. שמא אותן שעורים לקחתם מעם הארץ וצריך לעשר אותם מספק. והא פשיטא דהחמור לא נביא הוה. ועוד דלאו בר מצוה הוא שלא יאכל בלתי מעושר. אלא לפי שהיה חמורו של אותו הצדיק נתן הקב"ה טבע לחמור באותה שעה שלא יאכל עד שיעשרו אותן. וכן קאמר דמחמרה על נפשה ר"ל שמנעה הקב"ה שלא תאכל בלתי מעושר מפני שר' פנחס היה צדיק גמור היה ראוי להחמיר שלא להאכיל את בהמתו בלתי מעושר לפנים משורת הדין (תורת חיים): לא בן אולפן. וכי לא כן למדתני: טרקיל. טנא: אפשר ר' זעירא כו'. אפשר שיאכל אותם ר' זעירא ולא יתקן אותם במעשר קודם שיאכלם: בין דין לדין כו'. בין כך ובין כך שהיו נושאים ונותנין בדבר נאכלו התאנים בעוד שהיו טבל: תקנת אילין כו'. דרך שאלה א"ל תקנת אותם תאנים ששלחת לי: אין הוון קדמאין כו'. עכשיו כבר נתמעטו הדורות ואין אנו אפילו כחמורו של ר"פ בן יאיר. ואע"פ שנמצא גם בדורות אחרונים בני אדם גדולים מאד במעלה. מ"מ באשר אין דורם זכאי גם הם יורדים ממדרגתם (נזה"ק): אין הוון כו'. אם היו הדורות הראשונים כמלאכים. אנחנו חשובים כנגדם כבני אדם. ואם היו הראשונים כבני אדם אנחנו חשובים כנגדם כחמורים: יהבון לה שערי כו'. נתנו לה שעורים בעודן בטבל שלא מעושרים ולא אכלה אותם. ואנחנו אכלנו אותם תאנים בעודם טבל:

מדרש

[טז] חֲמָרְתֵיהּ דְּרַבִּי פִּנְחָס בֶּן יָאִיר נַסְבוּהָ לִסְטָאֵי עֲבַדַּת גַּבּוֹן תְּלָתָא יוֹמִין וְלָא טָעֲמַת כְּלוּם, אָמְרִין: סוֹפָהּ מָיְיתָה וְתַסְרֵי מְעַרְתָּא עָלֵינוּ, נִמְסְרָהּ לְרִבּוֹנָהּ. שַׁלְחוּהָ וְעָלְתָה בְּבֵיתָא דְמָרָהּ, כֵּיוָן דְּעָלְתָה נְהַקַת וְחַכִּים קָלָהּ אֲמַר: פִּתְחוּ לְאוֹתָהּ הָעֲנִיָּה וִיהֲבוּ לָהּ דְּתֵיכוֹל, דְּאִית לָהּ תְּלָתָא יוֹמִין דְּלָא טָעֲמָה מִידֵי. [יז] יַהֲבִין לָהּ שְׂעָרִין לָא טְעַמְתּוֹן. אָמְרִין לֵיהּ: רַבִּי יַהֲבִינָן לָהּ שְׂעָרִין וְלָא טְעַמְתּוֹן. אֲמַר לְהוֹן: תַּקַּנְתּוּהָ, אֲמַרוּן לֵיהּ: אֵין. אַפִּיקְתּוֹן דְּמַאי אָמְרוּ לֵיהּ: לָא כֵּן אַלְפִין רַבִּי [יח] הַלּוֹקֵחַ זֶרַע לִבְהֵמָה וְקֶמַח לְעוֹרוֹת וְשֶׁמֶן לְנֵר וְשֶׁמֶן לָסוּךְ בּוֹ אֶת הַכֵּלִים פְּטוּרִין מִן הַדְּמַאי. אֲמַר לְהוֹן: מַאי נַעֲבֵיד לָהּ וְהִיא מַחְמֶרֶת עַל גַּרְמָהּ. רַבִּי יִרְמְיָה שְׁלַח לְרַבִּי זְעֵירָא חַד קַרְטֵיל דִּתְאֵינִין, רַבִּי [יט] יִרְמְיָה אָמַר: אֶפְשָׁר רַבִּי זְעֵירָא אֲכֵילְהוֹן דְּלָא מְתַקְּנָן, רַבִּי זְעֵירָא אָמַר: אֶפְשָׁר לְרַבִּי יִרְמְיָה דְּלָא מְשַׁלַּח לְהוֹן מְתַקְּנָן. בֵּין דֵּין לְדֵין אִיתְאַכְלוּן תְּאֵנִים בְּטִיבְלַיְיהוּ. מָחָר קָם רַבִּי יִרְמְיָה עִם רַבִּי זְעֵירָא אֲמַר לֵיהּ: תַּקַּנְתְּ אִילֵין תְּאֵנַיָּא, אֲמַר לֵיהּ: לָא אֲמַר רַבִּי אַבָּא בַּר יְמִינָא לְרַבִּי זְעֵירָא: [כ] אִין הֲווֹן קַדְמָאֵי מַלְאָכִין אֲנַן בְּנֵי נָשׁ, וְאִין הֲווֹן בְּנֵי נַשׁ אֲנַן חֲמָרִין, וְלֵית אֲנַן כַּחֲמָרְתֵיהּ דְּרַבִּי פִּנְחָס בֶּן יָאִיר, חֲמָרְתֵיהּ דְּרַבִּי פִּנְחָס בֶּן יָאִיר יְהַבוּן לָהּ שְׂעָרֵי דְטִיבְלִי לָא אֲכָלַת יַתְהוֹן וַאֲנַן אַכְלִינַן תְּאֵנַיָּא דְטִבְלִין. "וַיִּתֵּן תֶּבֶן וּמִסְפּוֹא לַגְּמַלִּים",

רש"י

חמרתיה דר' פנחס בן יאיר נסבו יתה לסטאין בליליא: עבדת גביהון. שהא גביהון: תלתא יומין ולא טעמא כלום אמרי סופא מייתא ותסרי מערתא עלינו. תסריח מנבלתא המערה עלינו: שלחו יתה ועלתהן לביתה דמרא מאיליה כיון דעאלת ונהקת חכמין לה הבינו שהיא היתה אמר רבי פנחס פתחין לאותה ענייה ויהבין לה דתיכול דאית לה תלתא יומין דלא טעמת כלום שהיה יודע שלא אכלה משלהם יהבון לה שערין לא טעמתינון אמרין ליה יהבין לה שערין ולא טעמא להון אמר להון תקונתינהון תקנתם אתם שהפרשתם ממנו מעשר אמרין ליה אין: #אמר להון אפיקתון דמאי מעשר דמאי וכו': מה נעבד לה דהיא מחמר' על גרמ'. אבל גמלים של אברהם היו יוצאין זמומין שלא ליהנות מן הגזל אבל לא היו חסידים כחמורו של רבי פנחס בן יאיר שלא רצה לאכול טבלים: קרטיל דתאנים. סל גרסי' התם בפ' הספינה בקרטלותא: אמר ר' ירמיה. אפשר ר' זעירא אכיל להון דלא מתקנין ודאי תקנם בין דין לדין אתאכיל תאינייא בטבלהון מחר קם ר' ירמיה עם ר' זעירא וכו' עד ר' זעירא אכיל דלא מתקנין אמר ליה אף אנא אמרית אפשר ר' ירמיה משדר לי מידי דלא מתקנין: ר' אבא בר ימינא. משום דר' זעירא אמר אין היו קדמאי מלאכים אנן בני נש ואין היו בני נש אנן חמרין אמר רבי אפילו חמרא לית אנן דחמרתיה דר' פנחס בן יאיר יהבין להון שערין טבלין ולא טעמינתון ואנא אכלי תאני בטבליהון:

מסורת המדרש

טז ירושלמי דמאי פ' א'. וירושלמי שקלים פרק ה'. ע' אדר"נ סוף פרק א':
יז חולין ז':
יח דמאי פ' א' משנה ג':
יט ירושלמי דמאי פרק א':
כ שבת דף קי"ב. חולין דף ז'. ירושלמי שקלים פרק ה':

ענף יוסף

(ח) [אמר רבי אבא בר ימינא לרבי זעירא אין הוון קדמאין כו'] ע' שבת ד' י"ב בתוס' ד"ה רבי נתן שיש שם ט"ס וצ"ל שם בשם ר' זעירא. וגם כאן ט"ס וצ"ל א"ר אבא בר זימנא:
(אין הוין קדמאין מלאכי אנן בני נש כו') קשה הא ע"כ צ"ל שהם פחותים מחמורו של ר"פ בן יאיר מהמעשה שהיה. ואיך יכול לומר שאם הראשונים כמלאכים אנו כאנשים. וי"ל שמה שסיים המדרש ולית אנן כחמרתיה דר' פנחס ב"י פירושו בין כך ובין כך כלו' אפי' אם אנו כבני אדם אנו פחותים מחמורו של רפב"י שהיה מדורות הראשונים:

מתנות כהונה

זמם כלל והאי דכתיב ויפתח קאי על קשרי האוכף כדברי ר' אב"ן עזרא: חמרתיה דר' פנחס גרסינן: נסבוה כו'. לקחוה לסטים: ועשתה. כלומר עכבוה אצלם שלשה ימים ולא טעמה כלום אוכל אמרו הלסטים סוף תמות ותסרח עלינו את המערה שהיו דרים בתוכה נשוב ונמסור אותה לבעליה שלחוה ונכנסה בבית אדוניה כיון שנכנסה היתה צועקת ונוערת כמנהג החמורים: והחכים. והכיר ר' פנחס את קולה ואמר פתחו לה ותנו לה מה שתאכל שיש לה זה שלשה ימים שלא טעמה כלום מאכל ונתנו לה שעורים ולא היתה טועמת אותם: תקנתיה. התקנתם אותם בתרומה ומעשר: אפיקתון דמאי. הוצאתם מעשר דמאי שמא אותם שעורים לקחתם מעם הארץ וצריך לעשר אותם מספק: [לא כן אלפין כו'. לא כך למדתנו רבינו ועי' מעשה זה בירושלמי פ"ק דדמאי ובמס' שקלים פר' אלו הן הממונים]: מאי נעביד כו'. מה נעשה לה מאחר שהיא מחמרת' על עצמה: קרטיל. פי' הערוך טנא ובירושלמי [פ"ק דדמאי] גרס טנה: אפשר ר' זעירא כו'. אפשר שיאכל אותם ר' זעירא ולא יתקן אותם במעשר קודם שיאכלם: [ה"ג בילקוט אפשר לר' ירמיה משלח להון דלא מתקנן]: ה"ג בין דין לדין אתאכלון. פירוש בין כך ובין כך שהיו נושאים ונותנים בדבר נאכלו התאנים בעוד שהיו טבל: תקנת אלין כו'. דרך שאלה אמר לו תקנת אותם תאנים ששלחת לי: אין הוו כו'. אם היו הדורות הראשונים שלפנינו כמלאכים אנחנו כנגדם כבני אדם ואם היו הראשונים כבני אדם אנחנו חשובים כנגדם כחמורים ואין אנו אפילו כחמורו של ר' פנחס כו' אלא כחמורים בעלמא שהרי חמרתיה כו'. נתנו לה שעורים בעודן טבל שלא היו מעושרים ולא

אשד הנחלים

הי' דעתו לאדם. ולפי הישוב כאן דמחמר' אגרמי' מוכרחין אנו לומר שכיון דרפב"י בודאי היה מחמיר שלא ליקח לכתחילה דמאי א"כ סיבב ה' שגם הבהמה לא תאכל וק"ל: ולית אינון כחמורתא. פירש לפי דברי מהרש"א לעיל. שראינו שהקב"ה אינו מביא תקלה לצדיקים אפילו ע"י בהמתן. וכאן באה תקלה על ידינו ממש: והמליצ' בהבדל בין הראשונים לבין האחרונים. גדר אותם בשני עניינים שונים. האנשים האלקיים בעלי רוה"ק אשר כל רז לא אנס להם היו כמלאכים. ואחרונים אף כי הם גדולי עולם. רק כבני אינש נעדרי ידיעת הסודות. והאנשים הפשוטים הקדמונים. עכ"פ היה אנשים בתכלית השלימות כחק האנושי השומר ידו מעשות כל רע וכשלון. ואנחנו האנשים

אָכִילְהוֹן דְּלָא מְתַקְּנָן – **R' Yirmiyah** did not tithe them before sending them because he **said, "Is it conceivable that** the righteous **R' Z'eira will eat them in a state of unpreparedness** (i.e., without first removing the appropriate tithes)?" רַבִּי זְעִירָא אָמַר: אֶפְשַׁר לְרַבִּי יִרְמְיָה דְּלָא מְשַׁלַּח לְהוֹן מְתַקְּנָן – **R' Z'eira** assumed the figs to have been tithed because he **said, "Is it conceivable that** the righteous **R' Yirmiyah would not send [the figs]** already having been **prepared** (i.e., tithed)?"[130] בֵּין דֵּין לְדֵין אִיתְאַכְלוּן תְּאֵנִים בְּטִיבְלַיְיהוּ – **Between this one and this one,**[131] **the figs were eaten in their state of** ***tevel.***[132]

מָחָר קָם רַבִּי יִרְמְיָה עִם רַבִּי זְעִירָא – **The next day, R' Yirmiyah met up with R' Z'eira.** אֲמַר לֵיהּ: תַּקַּנְתְּ אִילֵין תְּאֵנַיָּא – **[R' Z'eira] said to [R' Yirmiyah], "Did you prepare,** i.e., tithe, **those figs** [that you sent me]?"[133] אֲמַר לֵיהּ: לָא – **[R' Yirmiyah] said to [R' Z'eira], "No."** אָמַר רַבִּי אַבָּא בַּר יְמִינָא לְרַבִּי זְעִירָא – **R' Abba bar Yamina said to R' Z'eira,** in reflection of this incident,[134] אִין הֲווֹן קַדְמָאֵי מַלְאָכִין אֲנַן בְּנֵי נָשׁ – **"If the early ones** (i.e., the scholars of previous generations) **were angels,** then **we are men.** וְאִין הֲווֹן בְּנֵי נָשׁ אֲנַן חֲמָרִין – **But if** the early ones **were men,** then **we are donkeys.**[135] וְלֵית אֲנַן כַּחֲמָרְתֵּיהּ דְּרַבִּי פִּנְחָס בֶּן יָאִיר – Either way,[136] **we are not** even **like the donkey of R' Pinchas ben Yair!** חֲמָרְתֵּיהּ דְּרַבִּי פִּנְחָס בֶּן יָאִיר יָהֲבוּן לָהּ שְׂעָרֵי דְטִיבְלֵי לָא אָכְלַת יָתְהוֹן – For **the donkey of R' Pinchas ben Yair, they gave it barley** kernels **of** ***tevel***[137] **and it did not eat them,** וַאֲנַן אָכְלִינַן תְּאֵנַיָּא דִּטְבִילִין – **but we ate figs of** ***tevel!***"[138]

❒ וַיִּתֵּן תֶּבֶן וּמִסְפּוֹא לַגְּמַלִּים – ***[LABAN] GAVE STRAW AND FEED FOR THE CAMELS.***

NOTES

130. The version of this exposition that appears in *Yalkut Shimoni* (§109) reads: אֶפְשַׁר לְרַבִּי יִרְמְיָה מְשַׁלַּח לְהוֹן דְּלָא מְתַקְּנָן, *Is it conceivable that the righteous R' Yirmiyah would send [the figs] when they were unprepared* (i.e., untithed)? (*Matnos Kehunah*).

131. I.e., between the various arguments for and against the consumption of the figs (*Matnos Kehunah, Eitz Yosef*).

132. [*Tevel* is produce that must be tithed and has not been. Its (willful) consumption is punishable by death at the hand of Heaven (מיתה בידי שמים).]

133. *Matnos Kehunah, Eitz Yosef.*

134. *Anaf Yosef* emends the text to attribute this comment to R' Abba bar Yamina *in the name of* R' Z'eira (compare *Yerushalmi, Demai* 1:3 and *Shekalim* 13b; *Tosafos* to *Shabbos* 12b s.v. רבי נתן; also see *Rashi*).

135. Invariably, a generation is spiritually smaller than its predecessors (*Yefeh To'ar*). Here, R' Abba bar Yamina remarks that the scholars of earlier generations are categorically greater than those of later ones. Thus, the scholars of later generations may justifiably be referred to as human beings only if the scholars of old are to be termed angels. If those sages are mere humans, then their successors can be considered no more than donkeys! (see *Matnos Kehunah, Eitz Yosef*).

136. *Yefeh To'ar*, second interpretation; *Yedei Moshe*; *Anaf Yosef.*

137. As we have seen, the barley was not actually *tevel* [but rather *demai*]. The Midrash means that tithes had not been properly removed (see *Eitz Yosef*).

138. The elevated spiritual level of the scholars of earlier generations made it impossible for them [and even their animals] to eat something whose permissibility was remotely questionable. The later generations, however, with their lower level of spirituality, were not afforded this Divine protection (see *Eitz Yosef*, citing *Nezer HaKodesh*; *Tosafos* to *Shabbos* 12b [with *Maharshal* and *Maharam* ad loc.] and elsewhere). [Although very great individuals may be found in later generations, they are undermined by the shortcomings of their generation (*Eitz Yosef*, citing *Nezer HaKodesh*).]

חידושי הרד"ל

[ח] (ה) רשב"י אומר טמא בו׳. עיין מעילה (י"ז.) ותוס׳ מנחות (נ"א:) ד"ה שתהא כו׳ ושו"ת פני אריה סימן כ"ב:

חידושי הרש"ש

אמר להון תקנתידהו בו׳. פי׳ אם תקנתם אותם מן הפסולת עיין בגמרא חולין (ז׳ ב׳) ופי׳ המתנות כהונה תמוה:

עץ יוסף

דהיכא דקביע הזיקא בעוברו בין השדות לא שייך הא. אי נמי אין סומכין על הנס (יפ"ת ונזה"ק). אבל המת"כ כתב בשם הרמב"ן שהיא תמיה קיימת ודעת ר׳ הונא ור"י ויפתח קאי על קשרי האוכף: נסבוה. לקחוה ליסטים: עבדת בו׳. פי׳ עכבוה אצלם ג׳ ימים ולא טעמה כלום מפני שהיו מאכילין אותה דבר שאינו מתוקן. או שמה שבידם היה הכל מן גזל כי לחמו לחם רשע: אמרין סופה מייתה בו׳. אמרו הלסטים סוף שתמות ותסרח עלינו את המערה שהיו דרים בתוכה. נשוב נמסור אותה לבעליה שלחוה ונכנסה בבית אדוניה. כיון שנכנסה היתה נועקת ונוערת כמנהג החמורים ואמר פתחו לה ותנו לה מה שתאכל שיש לה זה ג׳ ימים שלא טעמה כלום מאכל. נתנו לה שעורים ולא היתה טועמת כלום: תקנתוה. לנקותם מהאבנים ומהפסולת וכדאמרינן בחולין חבטינהו לא אכל נקרינהו לא אכל (יפ"ת): אפיקתון דמאי. הוצאתם מעשר דמאי. שמא אותן שעורים לקחתם מעם הארץ וצריך לעשר אותם מספק. והא פשיטא דהחמור לא נביא הוה. ועוד דלאו בר מצוה הוא שלא יאכל בלתי מעושר. אלא לפי שהיה חמורו של אותו הצדיק נתן הקב"ה טבע לחמור באותה שעה שלא יאכל עד שיעשרו אותן. וכן קאמר דמחמרה על נפשה ר"ל שמנעה הקב"ה שלא תאכל בלתי מעושר מפני שר׳ פנחס היה צדיק גמור היה ראוי להחמיר שלא להאכיל את בהמתו בלתי מעושר לפנים משורת הדין (תורת חיים): לא בן אולפן. וכי לא כן למדתני: טרקיל. טנא: אפשר ר׳ זעירא בו׳. אפשר שיאכל אותם ר׳ זעירא ולא יתקן אותם במעשר קודם שיאכלם: בין דין לדין בו׳. בין כך ובין כך שהיו נושאים ונותנין בדבר נאכלו התאנים בעוד שהיו טבל: תקנת אילין בו׳. דרך שאלה א"ל תקנת אותם תאנים ששלחת לי: אין הוון קדמאין בו׳. עכשיו כבר נתמעטו הדורות ואין אנו אפילו כחמורו של ר"פ בן יאיר. ואע"פ שנמצא גם בדורות אחרונים בני אדם גדולים מאד במעלה. מ"מ באשר אין דורם זכאי גם הם יורדים ממדרגתם (נזה"ק): אין הוון בו׳. אם היו הדורות הראשונים כמלאכים. אנחנו חשובים כנגדם כבני אדם. ואם היו הראשונים כבני אדם אנחנו חשובים כנגדם כחמורים: יהבון לה שערי בו׳. נתנו לה שעורים בעודן בטבל שלא מעושרים ולא אכלה אותם. ואנחנו אכלנו אותם תאנים בעודם טבל:

[טז] חֲמָרְתֵיהּ דְרַבִּי פִּנְחָס בֶּן יָאִיר נַסְבוּהָ לִסְטָאֵי עֲבַדַּת גַּבּוֹן תְּלָתָא יוֹמִין וְלָא טָעֲמַת כְּלוּם, אָמְרִין: סוֹפָהּ מָיְיתָה וְתַסְרֵי מְעַרְתָּא עָלֵינוּ, נִמְסְרָהּ לְרִבּוֹנָהּ. שְׁלָחוּהָ וְעָלְתָה בְּבֵיתָא דְמָרָהּ, כֵּיוָן דְעָלְתָה נְהַקַת וְחַכִּים קָלָהּ אֲמַר: פִּתְחוּ לְאוֹתָהּ הָעֲנִיָּה וִיהֲבוּ לָהּ דְתֵיכוּל, דְּאִית לָהּ תְּלָתָא יוֹמִין דְּלָא טָעֲמָה מִידֵי. [יז] יַהֲבִין לָהּ שְׂעָרִין לָא טְעַמְתּוֹן. אָמְרִין לֵיהּ: רַבִּי יַהֲבִינָן לָהּ שְׂעָרִין וְלָא טְעַמְתּוֹן. אֲמַר לְהוֹן: תַּקַּנְתּוּהָ, אֲמַרוּן לֵיהּ: אֵין. אַפִּיקְתּוּן דְּמַאי אָמְרוּ לֵיהּ: לָא כֵּן אַלְפִין רַבִּי [יח] הַלּוֹקֵחַ זֶרַע לִבְהֵמָה וְקֶמַח לְעוֹרוֹת וְשֶׁמֶן לְנֵר וְשֶׁמֶן לָסוּךְ בּוֹ אֶת הַכֵּלִים פְּטוּרִין מִן הַדְּמַאי. אֲמַר לְהוֹן: מַאי נַעֲבֵיד לָהּ וְהִיא מַחְמֶרֶת עַל גַּרְמָהּ. רַבִּי יִרְמְיָה שְׁלַח לְרַבִּי זְעֵירָא חַד קַרְטִיל דִּתְאֵינִין, רַבִּי [יט] יִרְמְיָה אָמַר: אֶפְשָׁר רַבִּי זְעֵירָא אָכֵילְהוֹן דְּלָא מְתַקְּנָן, רַבִּי זְעֵירָא אָמַר: אֶפְשָׁר לְרַבִּי יִרְמְיָה דְּלָא מְשַׁלַּח לְהוֹן מְתַקְּנָן. בֵּין דֵּין לְדֵין אִיתְאַכְלוּן תְּאֵנִים בְּטִיבְלַיְיהוּ. מָחָר קָם רַבִּי יִרְמְיָה עִם רַבִּי זְעֵירָא אֲמַר לֵיהּ: תַּקַּנְתְּ אִילֵין תְּאֵנַיָּא, אֲמַר לֵיהּ: לָא אֲמַר רַבִּי אַבָּא בַּר יְמִינָא לְרַבִּי זְעֵירָא: [כ] אִין הֲווֹן קַדְמָאֵי מַלְאָכִין אֲנַן בְּנֵי נָשׁ, וְאִין הֲווֹן בְּנֵי נָשׁ אֲנַן חֲמָרִין, וְלֵית אֲנַן כַּחֲמָרְתֵיהּ דְרַבִּי פִּנְחָס בֶּן יָאִיר, חֲמָרְתֵיהּ דְרַבִּי פִּנְחָס בֶּן יָאִיר יְהַבוּן לָהּ שְׂעָרֵי דְטִיבְלֵי לָא אֲכָלַת יַתְהוֹן וַאֲנַן אַכְלִינַן תְּאֵנַיָּא דְטִבְלִין. "וַיִּתֵּן תֶּבֶן וּמִסְפּוֹא לַגְּמַלִּים",

רש"י

חמרתיה דר׳ פנחס בן יאיר נסבו יתה לסטאין בליליא: עבדת גביהון. שהת גביהון: תלתא יומין ולא טעמא כלום אמרי סופא מייתא ותסרי מערתא עלינו. תסריח מנבלתה המערה עלינו: שלחו יתה ועלתהן לביתה דמרא מאיליה כיון דעאלת ונהקת חכמין לה הבינו שהיא היתה אמר רבי פנחס פתחין לאותה ענייה ויהבין לה דתיכול דאית לה תלתא יומין דלא טעמת כלום שהיה יודע שלא אכלה משלהם יהבון לה שערין לא טעמתינון אמרין ליה יהבין לה שערין ולא טעמא להון אמר להון תקונתינהון תקנתם אתם שהפרשתם ממנו מעשר אמרין ליה אין: #אמר להון אפיקתון דמאי מעשר דמאי וכו׳: מה נעבד לה דהיא מחמר׳ על גרמ׳. אבל גמלים של אברהם היו יוצאין זמומין שלא ליהנות מן הגזל אבל לא היו חסידים כחמורו של רבי פנחס בן יאיר שלא רצה לאכול טבלים: קרטיל דתאנים. סל גרסי׳ התם בפ׳ הספינה בקרטלותא: אמר ר׳ ירמיה. אפשר ר׳ זעירא אכיל להון דלא מתקנין ודאי תקנם בין דין לדין אתאכיל תאינייא בטבלהון מחר קם ר׳ ירמיה עם ר׳ זעירא וכו׳ עד ר׳ זעירא אכיל דלא מתקנין אמר ליה אף אנא אמרית אפשר ר׳ ירמיה משדר לי מידי דלא מתקנין: ר׳ אבא בר ימינא. משום דר׳ זעירא אמר אין היו קדמאי מלאכים אנן בני נש ואין היו בני נש אנן חמרין אמר רבי אפילו חמרא לית אנן דחמרתיה דר׳ פנחס בן יאיר יהבין להון שערין טבלין ולא טעמינתון והנא אכלי תאני בטבליהון:

מסורת המדרש

טז ירושלמי דמאי פ׳ א׳. וירושלמי שקלים פרק ה׳. ע׳ אדר"נ סוף פרק ח׳:
יז חולין ז׳:
יח דמאי פ׳ א׳ משנה ג׳:
יט ירושלמי דמאי פרק א׳:
כ שבת דף קי"ב. חולין דף ז׳. ירושלמי שקלים פרק ה׳:

ענף יוסף

(ח) [אמר רבי אבא בר ימינא לרבי זעירא אין הוון קדמאין בו׳] ע׳ שבת ד׳ י"ב בתוס׳ ד"ה רבי נתן שיש שם ט"ס וצ"ל שם בשם ר׳ זעירא. וגם כאן ט"ס וצ"ל א"ר אבא בר זימנא:
(אין הוין קדמאין מלאכי אנן בני נש בו׳) קשה הא ע"כ צ"ל שהם פחותים מחמורו של ר"פ בן יאיר מהמעשה שהיה. ואיך יכול לומר שאם הראשונים כמלאכים אנו כאנשים. וי"ל שמה שסיים המדרש ולית אנן כחמרתיה דר׳ פנחס ב"י פירושו בין כך ובין כך כלו׳ אפי׳ אם אנו כבני אדם אנו פחותים מחמורו של רפב"י שהיה מדורות הראשונים:

מתנות כהונה

זמם כלל והאי דכתיב ויפתח קאי על קשרי האוכף כדברי ר׳ אב"ן עזרא: חמרתיה דר׳ פנחס גרסינן: נסבוה בו׳. לקחוה לסטים: ועשתה. כלומר עכבוה אצלם שלשה ימים ולא טעמה כלום אוכל אמרו הלסטים סוף תמות ותסרח עלינו את המערה שהיו דרים בתוכה נשוב ונמסור אותה לבעליה שלחוה ונכנסה בבית אדוניה כיון שנכנסה היתה נועקת ונוערת כמנהג החמורים: והחכים. והכיר ר׳ פנחס את קולה ואמר פתחו לה ותנו לה מה שתאכל שיש לה זה שלשה ימים שלא טעמה כלום מאכל ונתנו לה שעורים ולא היתה טועמת אותם: תקנתיה. התקנתם אותם בתרומה ומעשר: אפיקתון דמאי. הוצאתם מעשר דמאי שמא אותם שעורים לקחתם מעם הארץ וצריך לעשר אותם מספק: [לא בן אלפין בו׳. לא כך למדתנו רבינו ועי׳ מעשה זה בירושלמי פ"ק דדמאי ובמס׳ שקלים פר׳ אלו הן הממונים]: מאי נעביד בו׳. מה נעשה לה מאחר שהיא מחמרת׳ על עצמה: קרטיל. פי׳ הערוך טנא ובירושלמי [פ"ק דדמאי] גרס מטנה: אפשר ר׳ זעירא בו׳. אפשר שיאכל אותם ר׳ זעירא ולא יתקן אותם במעשר קודם שיאכלם: [ה"ג בילקוט אפשר לר׳ ירמיה משלח להון דלא מתקנן]: ה"ג בין דין לדין אתאכלון. פירוש בין כך ובין כך שהיו נושאים ונותנים בדבר נאכלו התאנים בעוד שהיו טבל: תקנת אלין בו׳. דרך שאלה אמר לו תקנת אותם תאנים ששלחת לי: אין הוו בו׳. אם היו הדורות הראשונים שלפנינו כמלאכים אנחנו כנגדם כבני אדם ואם היו הראשונים כבני אדם אנחנו חשובים כנגדם כחמורים ואין אנו אפילו כחמורו של ר׳ פנחס כו׳ אלא כחמורים בעלמא שהרי חמרתיה כו׳. נתנו לה שעורים בעודן טבל שלא היו מעושרים ולא

אשד הנחלים

הי׳ דעתו לאדם. ולפי הישוב כאן דמחמר׳ אגרמי׳ מוכרחין אנו לומר שכיון דרפב"י בודאי היה מחמיר שלא ליקח לכתחילה דמאי א"כ סיבב ה׳ שגם הבהמה לא תאכל וק"ל: ולית אינון בחמורתא. פירש לפי דברי מהרש"א לעיל. שראינו שהקב"ה אינו מביא תקלה לצדיקים אפילו ע"י בהמתן. וכאן באה תקלה על ידינו ממש: והמליצ׳ בהבדל בין הראשונים לבין האחרונים. גדר אותם בשני עניינים שונים. האנשים האלקיים בעלי רוה"ק אשר כל רז לא אנס להם היו כמלאכים. ואחרונים אף כי הם גדולי עולם. רק כבני אינש נעדרי ידיעת הסודות. והאנשים הפשוטים הקדמונים. עכ"פ היה אנשים בתכלית השלימות כחק האנושי השומר ידו מעשות כל רע וכשלון. ואנחנו האנשים

The Midrash comments on the Torah's lengthy recording of Eliezer's narrative:[139]

אָמַר רַבִּי אַחָא – **R' Acha said:** יָפָה שִׂיחָתָן שֶׁל עַבְדֵי בָּתֵּי אָבוֹת מִתּוֹרָתָן שֶׁל בָּנִים – **The conversation of the slaves**[140] **of the households of the Patriarchs is more pleasant** to God[141] **than the Torah of** their **sons.**[142] פָּרָשָׁתוֹ שֶׁל אֱלִיעֶזֶר שְׁנַיִם וּשְׁלֹשָׁה דַפִּים הוּא אוֹמְרָהּ וְשׁוֹנָהּ – For **the episode of Eliezer's** quest for a wife for Isaac occupies **two or three columns** and **[God] tells it and** then **repeats it** in His Torah. וְהַשֶּׁרֶץ מִגּוּפֵי תוֹרָה וְאֵין דָּמוֹ מְטַמֵּא כִּבְשָׂרוֹ אֶלָּא מֵרִיבּוּי הַמִּקְרָא – **And,** by contrast, ***sheretz***[143] **is among the essential elements of** the **Torah,**[144] **and** yet the fact that **its blood contaminates as its flesh** does is **based only on a Scriptural extension!**[145]

רַבִּי שִׁמְעוֹן בֶּן יוֹחָאי אוֹמֵר: "טָמֵא הַטָּמֵא" – The Midrash elaborates: **R' Shimon bar Yochai said:** The contamination of a *sheretz's* blood is derived from the Torah's use of the word ***hatamei*** in place of ***tamei.***[146] רַבִּי אֱלִיעֶזֶר בֶּן יוֹסֵי אוֹמֵר "זֶה וְזֶה" – And, alternatively, **R' Eliezer ben Yose said:** From the use of the word ***v'zeh*** in place of ***zeh.***[147]

□ וּמַיִם לִרְחֹץ רַגְלָיו וְרַגְלֵי הָאֲנָשִׁים אֲשֶׁר אִתּוֹ – ***AND WATER TO BATHE HIS FEET AND THE FEET OF THE MEN WHO WERE WITH HIM.***

The Midrash addresses the verse's inclusion of these seemingly unnecessary words:[148]

אָמַר רַבִּי אַחָא – **R' Acha said:** יָפָה רְחִיצַת רַגְלֵי עַבְדֵי בָּתֵּי אָבוֹת מִתּוֹרָתָן שֶׁל בָּנִים – **The washing of the feet of the slaves of the households of the Patriarchs is more pleasant** to God **than the Torah of** their **sons.** שֶׁאֲפִילוּ רְחִיצַת רַגְלַיִם צָרִיךְ לִכְתּוֹב – **For even the washing of the feet** of Eliezer and his entourage, **[God]** felt **compelled,** as it were, **to write** explicitly.[149] וְהַשֶּׁרֶץ מִגּוּפֵי תוֹרָה וְאֵין דָּמוֹ מְטַמֵּא כִּבְשָׂרוֹ אֶלָּא מֵרִיבּוּי הַמִּקְרָא – **And,** by contrast, ***sheretz*** **is among the essential elements of** the **Torah, and** yet the fact that **its blood contaminates as its flesh** does is **based only on a Scriptural extension!** רַבִּי שִׁמְעוֹן בֶּן יוֹחָאי אוֹמֵר טָמֵא הַטָּמֵא – The Midrash elaborates: **R' Shimon bar Yochai said:** The contamination of a *sheretz's* blood is derived from the Torah's use of the word ***hatamei*** in place of ***tamei.*** רַבִּי אֱלִיעֶזֶר אוֹמֵר "זֶה וְזֶה" – And, alternatively, **R' Eliezer said:** From the use of the word ***v'zeh*** in place of ***zeh.***

וַיּוּשַׂם לְפָנָיו לֶאֱכֹל וַיֹּאמֶר לֹא אֹכַל עַד אִם דִּבַּרְתִּי דְּבָרָי וַיֹּאמֶר דַּבֵּר. וַיֹּאמַר עֶבֶד אַבְרָהָם אָנֹכִי.

Food was set before him, but he said, "I will not eat until I have spoken my piece." And he said, "Speak." Then he said, "A servant of Abraham am I" (24:33-34).

§9 וַיּוּשַׂם לְפָנָיו לֶאֱכוֹל ... וַיֹּאמַר עֶבֶד אַבְרָהָם אָנֹכִי – ***FOOD WAS SET BEFORE [ELIEZER] . . . AND HE SAID, "A SERVANT OF ABRAHAM AM I."***

The Midrash comments on the remarks Eliezer made to Rebecca's family:

אָמַר רַבִּי יִצְחָק – **R' Yitzchak said:** מִילְּתָא דְּאִית בָּךְ מִגְנַיָא, קְדִים וְאֱמְרָהּ – We may learn the following lesson from this passage: **That which is shameful about you, hurry to announce it.**[150]

וְעַתָּה אִם יֶשְׁכֶם עֹשִׂים חֶסֶד וֶאֱמֶת אֶת אֲדֹנִי הַגִּידוּ לִי וְאִם לֹא הַגִּידוּ לִי וְאֶפְנֶה עַל יָמִין אוֹ עַל שְׂמֹאל.

And now, if you intend to do kindness and truth with my master, tell me; and if not, tell me, and I will turn to the right or to the left" (24:49).

□ וְעַתָּה אִם יֶשְׁכֶם עֹשִׂים חֶסֶד וֶאֱמֶת אֶת אֲדֹנִי הַגִּידוּ לִי וגו׳ וְאֶפְנֶה עַל יָמִין אוֹ עַל שְׂמֹאל – ***AND NOW, IF YOU INTEND TO DO KINDNESS AND TRUTH WITH MY MASTER, TELL ME;*** *AND IF NOT, TELL ME,* ***AND I WILL TURN TO THE RIGHT OR TO THE LEFT.***

The Midrash explains Eliezer's assertion that, if necessary, he would continue his search for a wife for Isaac by turning *to the right or to the left*:

NOTES

139. [R' Acha's remarks that follow are unrelated to the above verse and would be better placed alongside subsequent verses. They appear here only because of their similarity to the second segment of his remarks that are appropriately positioned on our verse. The reason the first segment precedes the second is because the first segment addresses a greater difficulty in the verses (*Yefeh To'ar*).]

140. In truth, the verse mentions explicitly the conversation, and, in fact, the presence, of only one slave: Eliezer. However, the Midrash assumes that *the men who were with [Eliezer],* that our verse mentions, were also slaves of Abraham or Isaac, and that they, too, participated in the conversation that the verse describes (*Yefeh To'ar*).

141. Translation follows *Yefeh To'ar* (compare *Rashi* to verse 24:42 below), who explains that the Midrash is stating a powerful accolade of the Patriarchs, who were so beloved to God that even events in the lives of their slaves are precious to Him.

142. The Midrash here explains why the Torah [in the verses to follow] records Eliezer's entire recounting of the story that led to his finding Rebecca at the well. Since the Torah already described Eliezer's prayer at the well and his subsequent encounter with Rebecca, the Torah could have simply stated that Eliezer told Bethuel and Laban all that had transpired and it would have been self-evident exactly what he told them. The answer to this question is that that narrative is extremely precious to God because it was told by Abraham's slaves (*Yefeh To'ar*; see also *Eitz Yosef*).

143. [A *sheretz* is one of eight crawling reptiles or rodents listed in *Leviticus* 11:29-30, whose carcasses are Biblical sources of *tumah.*]

144. The Torah is primarily a book of laws, such as this particular detail in *tumah* law (compare *Rashi* to 1:1 above).

145. The fact that a *sheretz's* blood is a source of *tumah,* as its flesh is, is derived from a single, otherwise superfluous, letter in the Torah, as we will see below. The length that the Torah went to in recording Eliezer's narrative, in contrast with this brief source for an important law, proves to the Midrash that Eliezer's conversation is pleasant to God.

146. The Torah introduces its list of creatures that transmit *tumah* contamination as a *sheretz,* with the following words: וְזֶה לָכֶם הַטָּמֵא בַּשֶּׁרֶץ, *These are the contaminated ones among the teeming animals* (*Leviticus* 11:29). The ה at the beginning of the word הַטָּמֵא, *the contaminated ones,* seems unnecessary and is therefore used by R' Shimon bar Yochai as a source to teach that not only is the *sheretz's* carcass *contaminated,* but its blood is as well (*Rashi* et al.).

147. The Torah could have begun the verse cited in the previous note with the word זֶה, *these are.* According to R' Eliezer ben Yose, the placement of a ו at that word's beginning serves to indicate that something other than the actual *sheretz* — specifically, its blood — may contaminate as the *sheretz* itself does (*Rashi* et al.).

148. *Yefeh To'ar*; see also *Eitz Yosef.*

149. The Torah records that Laban washed the feet of Eliezer and his men only because of the affinity that God has for all things related to the Patriarchs (*Yefeh To'ar*; see also *Eitz Yosef*).

[*Rashi's* version of the Midrash reads הוּצְרַךְ לִכְתּוֹב in place of צָרִיךְ לִכְתּוֹב.]

150. Laban had mistaken Eliezer for Abraham (see above, section 7). Eliezer's first comments were aimed at dispelling that mistake and identifying himself as a simple slave of Abraham's (*Eitz Yosef*). R' Yitzchak notes that the Torah is teaching that one who has something negative to say about himself should do so as soon as possible (*Rashi* et al.), before others use that information to ridicule him (*Rashi*).

[The reason this is advisable is that one who is mistakenly held in high esteem will suffer tremendous shame when his true character is exposed. One's immediate disclosure of his faults will bring far less embarrassment (*Maharal, Chidushei Aggados* to *Bava Kamma* 92b).]

כא אָמַר רַבִּי אַחָא: יָפָה שִׂיחָתָן שֶׁל עַבְדֵי בָּתֵּי אָבוֹת מִתּוֹרָתָן שֶׁל בָּנִים, פָּרָשָׁתוֹ שֶׁל אֱלִיעֶזֶר שְׁנַיִם וּשְׁלֹשָׁה דַּפִּים הוּא אוֹמְרָהּ וְשׁוֹנָהּ, וְהַשֶּׁרֶץ מִגּוּפֵי תּוֹרָה וְאֵין דָּמוֹ מְטַמֵּא כִּבְשָׂרוֹ אֶלָּא מֵרִיבּוּי הַמִּקְרָא. רַבִּי שִׁמְעוֹן בֶּן יוֹחָאי אוֹמֵר: טָמֵא הַטָּמֵא רַבִּי אֱלִיעֶזֶר בֶּן יוֹסֵי אוֹמֵר: "זֶה" "וָזֶה", "וּמַיִם לִרְחֹץ רַגְלָיו וְרַגְלֵי הָאֲנָשִׁים אֲשֶׁר אִתּוֹ", אָמַר רַבִּי אַחָא: יָפָה רְחִיצַת רַגְלֵי עַבְדֵי בָּתֵּי אָבוֹת מִתּוֹרָתָן שֶׁל בָּנִים, שֶׁאֲפִילּוּ רְחִיצַת רַגְלַיִם צָרִיךְ לִכְתּוֹב, וְהַשֶּׁרֶץ מִגּוּפֵי תּוֹרָה וְאֵין דָּמוֹ מְטַמֵּא כִּבְשָׂרוֹ אֶלָּא מֵרִיבּוּי הַמִּקְרָא, רַבִּי שִׁמְעוֹן בֶּן יוֹחָאי אוֹמֵר: "טָמֵא הַטָּמֵא", רַבִּי אֶלְעָזָר אוֹמֵר: אָמַר "זֶה" "וְזֶה":

ט [כד, לג-לד] "וַיּוּשַׂם לְפָנָיו לֶאֱכוֹל וַיֹּאמֶר עֶבֶד אַבְרָהָם אָנֹכִי". אָמַר רַבִּי יִצְחָק: כב מִילְּתָא מְגַנְיָא דְּאִית בָּךְ, קְדֵים וְאֵמְרָהּ. [כד, מט] "וְעַתָּה אִם יֶשְׁכֶם עֹשִׂים חֶסֶד וֶאֱמֶת אֶת אֲדֹנִי הַגִּידוּ לִי וְגוֹ' וְאֶפְנֶה עַל יָמִין אוֹ עַל שְׂמֹאל". "עַל יָמִין", זֶה יִשְׁמָעֵאל, "עַל שְׂמֹאל", זֶה לוֹט. הֵיךְ מָה דְאַתְּ אָמַר (בראשית יג, ט) "אִם הַשְּׂמֹאל וְאֵימִינָה וְאִם הַיָּמִין וְאַשְׂמְאִילָה":

י [כד, נ] "וַיַּעַן לָבָן וּבְתוּאֵל וַיֹּאמְרוּ מֵה' יָצָא הַדָּבָר". כג מֵהֵיכָן יָצָא, רַבִּי יְהוֹשֻׁעַ בַּר נְחֶמְיָה בְּשֵׁם רַבִּי חֲנִינָא בַּר יִצְחָק: מֵהַר הַמּוֹרִיָּה יָצָא, וְרַבָּנָן אָמְרֵי: מֵהֵיכָן יָצָא [כד, נא] "וּתְהִי אִשָּׁה לְבֶן אֲדֹנֶיךָ כַּאֲשֶׁר דִּבֶּר ה'":

חידושי הרד"ל

[ט] (ו) על ימין זה ישמעאל. עמ"כ. וי"ל שהיה שרוי במדבר פארן שהוא בדרומה של א"י:

[י] (ז) מכאן יצא. כ"ה בילקוט:

עץ יוסף

[יא] יפה שיחתן כו'. דלא ה"ל למימר אלא ויספר להם העבד את כל הדברים האלה. וכן מאי נ"מ ברחיצת רגליהם דכתבה קרא. אלא שיפה שיחתן: טמא הטמא. דה"ל למימר טמא וכתיב ה' יתירה לרבות דם: זה וזה. דהל"ל זה לכם הטמא וכתיב וי"ו יתירה לרבויי: (ט) מילתא מגניא כו'. שלבן דימה בתחלה שזה אברהם. אך אליעזר הקדים בעצמו להודיע כי הוא רק עבדו. וזה למדך תורה דרך מוסר שאם יש באדם איזה דבר מגונה יקדים ויאמר: על ימין זה ישמעאל כו'. וקרי לישמעאל ימין שהיה טוב בערך אל לוט כימין שהוא העיקר מול שמאל שהוא טפל ואינו עיקר. ומה שגילה אליעזר זה להם כי נתירא פן בשומעם שאברהם מחזר לקחת אשה לבנו ממשפחתו דוקא יבקשו תואנה להרבות להם מוהר ומתן ולפיכך אמר ואפנה על ימין ושמאל ישמעאל ולוט אשר גם הם מבני משפחתו וכשומעם זה יתרצו מיד (נזה"ק): (י) [יב] ומהיכן יצא כו'. כלומר באשר אז באותו הפרק נולדה רבקה וכדאי' פ' נ"ז שאז נתבשר אברהם הנה ילדה מלכה גם היא בנים. והיה לבו בטוח שימצא בהם בת זוג לבנו. אבל משום שמ"מ לא אמר הקב"ה זה מפורש שרבקה זוגו של יצחק. לכן אמרו עוד ותהי אשה לבן אדוניך כאשר דיבר ה' היום להזמין את רבקה לפניך כפי דבריך. שזה לא היה בודאי במקרה שבת גדולים תצא לשאוב מים אלא מאת ה' שפועל כל פעולותיו בעולם בכח הדיבור (נזה"ק): ורבנן אמרי כו'. דסיפא מפרש לרישא וכולא חדא מילתא שהדבר יצא מאת ה' מאשר דיבר ה' היום להזמין את רבקה לאליעזר וכאמור (נזה"ק):

פירוש מהרז"ו

טמא הטמא. ויקרא י"א ט' וזה לכם הטמא בשרץ ובת"כ פסוק זה דורש סתם וזה לכם הטמא בכל השרץ לרבות שדמו בבשרו. ובמס' מעילה דף י"ז מפורש כמו כאן: (ט) על ימין זה ישמעאל. כי ישמעאל היה דר במדבר פארן והוא בדרום של א"י. ומ"ש על שמאל זה לוט דורש גז"ש שאצל לוט כתוב ואשמאילה כמ"ש לעיל פמ"א סי' ו' מכל מקום אנא משמאיל לההוא גברא: (י) מהר המוריה יצא. ע' לעיל פר' נ"ז סי' ג' אמר לו הקב"ה שמ"ש שם ויוגד לאברהם היה בנבואה: כאשר דבר ה'. ע' במכילתא סדר בא שהביא שם כ' מקומות שכתוב בהם כאשר דיבר ה' והיכן דיבר אך פסוק זה לא הביא כלל. אך לפי מ"ש בזה בפר"א פרק ט"ז הזכרתיו לעיל פנ"ט סי' ח' ניחא. והיינו דמ"ש מה' יצא הדבר הכוונה על שמ' יום קודם יצירת הוולד גוזר בת פלוני לפלוני וכ"ה בפר"א שם בהדיא. וכן כוונת המכילתא כמ"ש כאן כאשר דבר ה' ואינו דומה לשאר

מסורת המדרש

כא ילקוט כאן רמז ק"ט:

כב בבא קמא דף נ"ב:

כג עיין מועד קטן דף י"ח:

אם למקרא

הֲלֹא כָל־הָאָרֶץ לְפָנֶיךָ הִפָּרֶד נָא מֵעָלָי אִם־הַשְּׂמֹאל וְאֵימִנָה וְאִם־הַיָּמִין וְאַשְׂמְאִילָה: (בראשית יג:ט)

רש"י

ר' שמעון בן יוחאי אמר טמא הטמא. אפשר לומר וזה לכם טמא הטמא לרבות דמו כבשרו: אפשר לומר זה לכם הטמא ומה וזה לכם לרבות דמו כבשרו: יפה רחיצת רגלי בתי אבות מתורתן של בנים. שאפילו רחיצת רגלים שלו הוצרך לכתוב וכו': (ט) כך דרך ארץ לבני אדם מילתא דאת בהית בהיתה אמור קדמאי. דבר שאתה מתבייש בה הקדם אתה ואמרה בפני אחרים קודם שיקדימוך ויכלימוך כדרך שעשה אליעזר שפתח ואמר עבד אברהם אנכי: מהיכן יצא מהר המוריה יצא. לפי שמצינו שבו בפרק שנעקד יצחק נולדה רבקה לומר שבהר המוריה היתה גזרה שתהא בת זוגתו: ואפנה על ימין. לישמעאל הבא מכח אברהם שנסע הנגבה דקרוי ימין ואקח מבנותיו או על שמאל ואקח מבנותיו של לוט שדחה אותו אברהם לשמאל דכתיב אם השמאל ואימינה ואם הימין ואשמאילה:

מתנות כהונה

אכלה אותם ואנחנו אכלנו אותם תאנים בעודם טבל: טמא. הוה ליה למימר ואמר הטמא לרבות את דמו וכן זה וזה: [ט] דאית בך מגניא. שיש בך והוא מגונה וגנאי לך תקדם אתה ותאמרנה כדאיתא בפ' החובל: זה לוט וכו'. וכדלעיל בפ' מ' תניינא שאמר ליה אברהם בין כך ובין כך תשאר על השמאל: על הימין זה ישמעאל. פירש"י שילא מאברהם שנסע הנגבה שנקרא ימין: [י] מהר המוריה כו'. ששם נגזר הזיווג הזה כדכתיב אחר הדברים האלה ויגד לאברהם לאמר הנה ילדה מלכה וגו' [כדלעיל פנ"ז]:

נחמד למראה

[י] מה' יצא הדבר מהיכן יצא ר' יהושע וכו' מהר המוריה יצא ורבנן אמרי מהיכן יצא מותהי אשה לבן אדוניך כאשר דבר ה'. ואיכא למידק מה זו שאלה מהיכן יצא אימא כדכתיב בקרא דמניחוש אליעזר עבד אברהם מורה דמה' יצא הדבר וכדפירש"י מה' יצא הדבר לפי דבריך שזמנה לך. ועוד יש לדקדק דקדוק קל כפי גירסא זו אמאי חזרו רבנן לומר

אשד הנחלים

הפשוטים אנחנו כבהמות בלי תבונה ושמירה מאומה ואף לא כחמורו של ר"פ שעכ"פ היה בו מעט תבונה לשמור בעליו. ואנחנו גם זאת אין: יפה שיחתן. הענין כי ידוע כי התורה כולה שמותיו של הקב"ה. רק שנרמזה בספורי ועניני המצוות כולם. והית' מחפץ ה' לשנות לפעמים ספורי אבות כמה פעמים בכדי לרמוז הענינים האלקיים בתוכם יותר מלשנות כמה פעמים מצוה ממצוות התורה. כן צריך שיאמין המתבונן באמת על דבריהם ז"ל: [ט]קדים ואמרה. נמשך לפי שטתו לעיל. שלבן דימה בתחילה שזהו אברהם. אך אלעזר הקדים בעצמו להודיע כי הוא רק עבדו כי כן דרך חכם להודיע בעצמו דבר העתיד להגלות: זה ישמעאל. עיין במ"כ. ויתכן עוד שקרא לישמעאל שהיה טוב בערך אל לוט כימין שהוא העיקר מול שמאל שהוא טפל ואינו עיקר: [י] מהיכן יצא כו' מהר המוריה. לא באו לומר שזאת היתה כוונת לבן. כי מאין ידע זאת כי לא בא בסוד ה'. ורק לבן אמר כפשוטו ע"ד לשון בני אדם. והכתוב רמז בזה במה שאמר שיצא הדבר. כאלו יצא בפועל. ר"י אמר

"עַל יָמִין", זֶה יִשְׁמָעֵאל – ***To the right*** **indicates** the family of **Ishmael,**[151] "עַל שְׂמֹאל", זֶה לוֹט – and ***to the left*** **indicates** the family of **Lot,** הֵיךְ מָה דְאַתְּ אָמַר "אִם הַשְּׂמֹאל וְאֵימִנָה וְאִם הַיָּמִין וְאַשְׂמְאִילָה" – **as it is stated,** ***If you*** (Lot) ***go left then I*** (Abraham) ***will go right, and if you go right then I will go left*** (above, 13:9).[152]

וַיַּעַן לָבָן וּבְתוּאֵל וַיֹּאמְרוּ מֵה׳ יָצָא הַדָּבָר לֹא נוּכַל דַּבֵּר אֵלֶיךָ רַע אוֹ טוֹב. הִנֵּה רִבְקָה לְפָנֶיךָ קַח וָלֵךְ וּתְהִי אִשָּׁה לְבֶן אֲדֹנֶיךָ כַּאֲשֶׁר דִּבֶּר ה׳.

Then Laban and Bethuel answered and said, "The matter went out from HASHEM! We can say to you neither bad nor good. Here, Rebecca is before you; take her and go, and let her be a wife to your master's son as Hashem has spoken" (24:50-51).

§10 וַיַּעַן לָבָן וּבְתוּאֵל וַיֹּאמְרוּ מֵה׳ יָצָא הַדָּבָר – ***LABAN AND BETHUEL ANSWERED AND SAID, "THE MATTER WENT OUT FROM HASHEM!"***

The Midrash explains the affirmative response of Bethuel and Laban to Eliezer's request that Rebecca be given to Isaac in marriage: מֵהֵיכָן יָצָא – **From where did [the matter]** ***go out?***[153] רַבִּי יְהוֹשֻׁעַ בַּר נְחֶמְיָה בְּשֵׁם רַבִּי חֲנִינָא בַּר יִצְחָק – **R' Yehoshua bar Nechemyah** said **in the name of R' Chanina bar Yitzchak:** מֵהַר הַמּוֹרִיָּה יָצָא – **It went out from Mount Moriah,** the site of the Binding of Isaac.[154]Ⓐ וְרַבָּנָן אָמְרֵי: מֵהֵיכָן יָצָא – **But the Sages said: From where did it go out?!**[155] It is evident that Bethuel and Laban meant to say that it *went out* from the incident at the spring, from the conclusion of their remarks: "וּתְהִי אִשָּׁה לְבֶן אֲדֹנֶיךָ כַּאֲשֶׁר דִּבֶּר ה׳" – ***and let [Rebecca] be a wife to your master's son as HASHEM has spoken*** (v. 51).[156]

NOTES

151. Ishmael is referred to as *right* because his father, Abraham, had traveled southward (in 12:9) and that direction is called *right* (*Rashi*, *Matnos Kehunah*; compare *Rashi* to 35:18 below, who cites *Psalms* 89:13); alternatively, it is because the right is symbolic of prominence and Ishmael was noble in relation to Lot (*Eitz Yosef*; see *Maharzu* and *Radal* for another approach).

With this interpretation of our verse, the Midrash seeks to explain why Eliezer saw fit to suggest to Rebecca's family that he would seek a wife for Isaac elsewhere (*to the right or to the left*) in the event that they would not allow Rebecca to go with him. Eliezer feared that when Rebecca's family would hear of Abraham's insistence that Isaac's bride be from within Abraham's family (see v. 3), they would demand an exorbitant sum of money in order to allow Rebecca to proceed with the marriage. Eliezer therefore informed them that there were other branches of the family where he could still turn in his pursuit of a suitable girl (*Nezer HaKodesh*; see also *Eitz Yosef*).

152. This Midrash accords with the view of R' Chaninah bar Yitzchak, cited above, 41 §6, who understood from this statement that Abraham would ensure that Lot would dwell to his left (*Rashi*, *Matnos Kehunah*, *Maharzu*).

153. I.e., what was it that so clearly indicated that God had arranged the union of Isaac and Rebecca? (*Yefeh To'ar*).

154. The Torah records Rebecca's birth immediately following its recounting of the *Akeidah* (in 22:20 above). Earlier (in 57 §1-3), the Midrash learned from this that those two events happened around the same time, and that Abraham saw in this a Divine message that Rebecca was destined to be Isaac's wife. Thus, according to R' Yitzchak, Bethuel and Laban told Eliezer that they could not refuse to give Rebecca to Isaac, because God had already decided at Mount Moriah that their marriage would take place (*Eitz Yosef*, citing *Nezer HaKodesh*; see also *Rashi* and *Matnos Kehunah*). [It is possible that Abraham informed Bethuel and his family, by way of a letter, of the omen he perceived at that time (*Yefeh To'ar*).] See Insight Ⓐ.

155. The Sages repeated this question incredulously because they felt its answer to be so obvious (*Yefeh To'ar*).

156. When Bethuel and Laban mentioned, in the second half of their remarks, that God had *spoken* of Isaac's marriage to Rebecca, they were definitely referring to the encounter between Eliezer and Rebecca that took place at the well. The fact that the daughter of so prominent a family would go out to draw water [and would do exactly what Eliezer had prayed that she would do (*Yefeh To'ar*, *Eshed HaNechalim*)] could only be attributed to God's having arranged for her to meet Eliezer in order to promote her marriage to Isaac. [*Pirkei DeRabbi Eliezer* §16 states that this was the first time in Rebecca's life that she had gone out to draw water.] And, although we have no record of God actually *speaking* then, whenever God effects something in this world He is said to have *spoken*, because He causes things to happen through *saying* that they should be so. The Sages assert that this verse makes clear that the preceding one, which stated, מֵה׳ יָצָא הַדָּבָר, *The matter went out from HASHEM*, also alluded to that episode (*Eitz Yosef*, citing *Nezer HaKodesh*).

[While R' Chanina bar Yitzchak acknowledges that the second verse indicates God's arranging Eliezer and Rebecca's unlikely meeting, he maintains that, in the first verse, Bethuel and Laban meant to say that the matter *went out from HASHEM* in an additional way, specifically, *from Mount Moriah* (ibid.).]

INSIGHTS

Ⓐ **It The Match Went Out from Mount Moriah** It has been suggested that Laban and Bethuel wished to anticipate an obvious question. Abraham had sent Eliezer to find a match for Isaac, and Eliezer had met and spoken with Rebecca and then her family, and now wished to conclude the matter. But what about Isaac? The match was for *him*. Perhaps Isaac would be opposed to the entire process! With this possibility in mind, Laban and Bethuel could rightfully deflect Eliezer's approach.

However, Laban and Bethuel conceded openly that this was, in this case, not a valid concern, based on what happened at Mount Moriah. Abraham had told Isaac that God commanded him to offer Isaac as a sacrifice. Isaac agreed willingly to be slaughtered, and even asked to be bound well so that he should not flinch and invalidate the sacrifice. Certainly then, Isaac would acquiesce to his father's choice of a wife for him. Thus, *the matter went out from Mount Moriah* (*Chidushei HaGrashaz* p. 210).

כא אָמַר רַבִּי אַחָא: יָפָה שִׂיחָתָן שֶׁל עַבְדֵי בָּתֵּי אָבוֹת מִתּוֹרָתָן שֶׁל בָּנִים, פָּרָשָׁתוֹ שֶׁל אֱלִיעֶזֶר שְׁנַיִם וּשְׁלֹשָׁה דַּפִּים הוּא אוֹמְרָהּ וְשׁוֹנָהּ, וְהַשֶּׁרֶץ מִגּוּפֵי תּוֹרָה וְאֵין דָּמוֹ מְטַמֵּא כִּבְשָׂרוֹ אֶלָּא מֵרִיבּוּי הַמִּקְרָא. רַבִּי שִׁמְעוֹן בֶּן יוֹחָאי אוֹמֵר: טָמֵא הַטָּמֵא רַבִּי אֱלִיעֶזֶר בֶּן יוֹסֵי אוֹמֵר: ״זֶה״ ״וָזֶה״, ״וּמַיִם לִרְחֹץ רַגְלָיו וְרַגְלֵי הָאֲנָשִׁים אֲשֶׁר אִתּוֹ״, אָמַר רַבִּי אַחָא: יָפָה רְחִיצַת רַגְלֵי עַבְדֵי בָּתֵּי אָבוֹת מִתּוֹרָתָן שֶׁל בָּנִים, שֶׁאֲפִילּוּ רְחִיצַת רַגְלַיִם צָרִיךְ לִכְתּוֹב, וְהַשֶּׁרֶץ מִגּוּפֵי תּוֹרָה וְאֵין דָּמוֹ מְטַמֵּא כִּבְשָׂרוֹ אֶלָּא מֵרִיבּוּי הַמִּקְרָא, רַבִּי שִׁמְעוֹן בֶּן יוֹחָאי אוֹמֵר: ״טָמֵא הַטָּמֵא״, רַבִּי אֶלְעָזָר אוֹמֵר: אָמַר ״זֶה״ ״וְזֶה״:

ט [כד, לג-לד] ״וַיּוּשַׂם לְפָנָיו לֶאֱכוֹל וַיֹּאמֶר עֶבֶד אַבְרָהָם אָנֹכִי״. אָמַר רַבִּי יִצְחָק: כבמִילְּתָא מְגַנְיָא דְּאִית בָּךְ, קְדֵים וְאֵמְרָהּ. [כד, מט] ״וְעַתָּה אִם יֶשְׁכֶם עֹשִׂים חֶסֶד וֶאֱמֶת אֶת אֲדֹנִי הַגִּידוּ לִי וְגוֹ׳ וְאֶפְנֶה עַל יָמִין אוֹ עַל שְׂמֹאל״. ״עַל יָמִין״, זֶה יִשְׁמָעֵאל, ״עַל שְׂמֹאל״, זֶה לוֹט. הֵיךְ מָה דְּאַתְּ אָמַר (בראשית יג, ט) ״אִם הַשְּׂמֹאל וְאֵימִינָה וְאִם הַיָּמִין וְאַשְׂמְאִילָה״:

י [כד, נ] ״וַיַּעַן לָבָן וּבְתוּאֵל וַיֹּאמְרוּ מֵה׳ יָצָא הַדָּבָר״. כגמֵהֵיכָן יָצָא, רַבִּי יְהוֹשֻׁעַ בַּר נְחֶמְיָה בְּשֵׁם רַבִּי חֲנִינָא בַּר יִצְחָק: מֵהַר הַמּוֹרִיָּה יָצָא, וְרַבָּנָן אָמְרִי: מֵהֵיכָן יָצָא [כד, נא] ״וּתְהִי אִשָּׁה לְבֶן אֲדֹנֶיךָ כַּאֲשֶׁר דִּבֶּר ה׳ ״:

עץ יוסף

[יא] **יפה שיחתן כו׳.** דלא ה״ל למימר אלא ויספר להם העבד את כל הדברים האלה. וכן מאי נ״מ ברחיצת רגליהם דכתבה קרא. אלא שיפה שיחתן: **טמא הטמא.** דה״ל למימר טמא וכתיב ה׳ יתירה לרבות דם: **זה וזה.** דהל״ל זה לכם הטמא וכתיב וי״ו יתירה לרבויי: (ט) **מילתא מגניא כו׳.** שלבן דימה בתחלה שזה אברהם. אך אליעזר הקדים בעצמו להודיע כי הוא רק עבדו. וזה למדך תורה דרך מוסר שאם יש באדם איזה דבר מגונה יקדים ויאמר: **על ימין זה ישמעאל כו׳.** וקרי לישמעאל ימין שהיה טוב בערך אל לוט כימין שהוא העיקר מול שמאל שהוא טפל ואינו עיקר. ומה שגילה אליעזר זה להם כי נתירא פן בשומעם שאברהם מחזר לקחת אשה לבנו ממשפחתו דוקא יבקשו תואנה להרבות להם מוהר ומתן ולפיכך אמר ואפנה על ימין ושמאל ישמעאל ולוט אשר גם הם מבני משפחתו וכשומעם זה יתרצו מיד (נזה״ק): (י) [יב] **ומהיכן יצא כו׳.** כלומר באשר אז באותו הפרק נולדה רבקה וכדאי׳ פ׳ נ״ז שאז נתבשר אברהם הנה ילדה מלכה גם היא בנים. והיה לבו בטוח שימצא בהם בת זוג לבנו. אבל משום שמ״מ לא אמר הקב״ה זה מפורש שרבקה זוגו של יצחק. לכן אמרו עוד ותהי אשה לבן אדוניך כאשר דיבר ה׳ היום להזמין את רבקה לפניך כפי דבריך. שזה לא היה בודאי במקרה שבת גדולים תצא לשאוב מים אלא מאת ה׳ שפועל כל פעולותיו בעולם בכח הדיבור (נזה״ק): **ורבנן אמרי בו׳.** דסיפא מפרש לרישא וכולא חדא מילתא שהדבר יצא מאת ה׳ מאשר דיבר ה׳ היום להזמין את רבקה לאליעזר וכאמור (נזה״ק):

פירוש מהרז״ו

טמא הטמא. ויקרא י״א ט׳ וזה לכם הטמא בשרץ ובת״כ פסוק זה דורש סתם וזה לכם הטמא בכל השרץ לרבות שדמו כבשרו. ובמס׳ מעילה דף י״ז מפורש כמו כאן: (ט) **על ימין זה ישמעאל.** כי ישמעאל היה דר במדבר פארן והוא בדרום של א״י. ומ״ש על שמאל זה לוט דורש גז״ש שאלל לוט כתוב ואשמאילה כמ״ש לעיל פמ״א סי׳ ו׳ מכל מקום אנא משמאיל להווא גברא: (י) **מהר המוריה יצא.** ע׳ לעיל פר׳ נ״ז סי׳ ג׳ אמר לו הקב״ה שמ״ש שם ויוגד לאברהם היה בנבואה: **באשר דבר ה׳.** ע׳ במכילתא סדר בא שהביא שם כ׳ מקומות שכתוב בהם כאשר דיבר ה׳ והיכן דיבר אך פסוק זה לא הביא כלל. אך לפי מ״ש בזה בפר״א פרק ט״ז הזכרתיו לעיל פנ״ט סי׳ ח׳ ניחא. והיינו דמ״ש מה׳ יצא הדבר הכוונה על שמ׳ יום קודם יצירת הוולד גוזר בת פלוני לפלוני וכ״ה בפר״א שם בהדיא. וכן כוונת המכילתא כמ״ש כאן כאשר דבר ה׳ ואינו דומה לשאר

חידושי הרד״ל

[ט] (ו) **על ימין זה ישמעאל.** עמ״כ. וי״ל שהיה שרוי במדבר פארן שהוא בדרומה של א״י: [י] (ז) **מכאן יצא.** כ״ה בילקוט:

מסורת המדרש

כא ילקוט כאן רמז ק״ט:
כב בבא קמא דף נ״ב:
כג עיין מועד קטן דף י״ח:

אם למקרא

הֲלֹא כָל־הָאָרֶץ לְפָנֶיךָ הִפָּרֶד נָא מֵעָלָי אִם־הַשְּׂמֹאל וְאֵימִנָה וְאִם־הַיָּמִין וְאַשְׂמְאִילָה: (בראשית יג:ט)

רש״י

ר׳ שמעון בן יוחאי אמר טמא הטמא. אפשר לומר וזה לכם טמא הטמא לרבות דמו כבשרו: אפשר לומר זה לכם הטמא ומה וזה לכם לרבות דמו כבשרו: **יפה רחיצת רגלי בתי אבות מתורתן של בנים.** שאפילו רחילת רגלים שלו הוצרך לכתוב וכו׳: (ט) **כך דרך ארץ לבני אדם מילתא דאת בהית בהיתה אמור קדמאי.** דבר שאתה מתבייש בה הקדם אתה ואמרה בפני אחרים קודם שיקדימוך ויכלימוך כדרך שעשה אליעזר שפתח ואמר עבד אברהם אנכי: **מהיכן יצא מהר המוריה יצא.** לפי שמלינו שבו בפרק שנעקד יצחק נולדה רבקה לומר שבהר המוריה היתה גזרה שתהא בת זוגתו: **ואפנה על ימין.** לישמעאל הבא מכח אברהם שנסע הנגבה דקרוי ימין ואקח מבנותיו או על שמאל ואקח מבנותיו של לוט שדחה אותו אברהם לשמאל דכתיב אם השמאל ואימינה ואם הימין ואשמאילה:

מתנות כהונה

אכלה אותם ואנחנו אכלנו אותם תאנים בעודם טבל: **טמא.** הוה ליה למימר ואמר הטמא לרבות את דמו וכן זה וזה: [ט] **דאית בך מגניא.** שיש בך והוא מגונה וגנאי לך תקדם אתה ותאמרנה כדאיתא בפ׳ החובל: **זה לוט וכו׳.** וכדלעיל בפ׳ מ׳ תנייהא שאמר ליה אברהם בין כך ובין כך תשאר על השמאל: **על הימין זה ישמעאל.** פירש״י שילא מאברהם שנסע הנגבה שנקרא ימין: [י] **מהר המוריה כו׳.** ששם נגזר הזיווג הזה כדכתיב אחר הדברים האלה ויגד לאברהם לאמר הנה ילדה מלכה וגו׳ [כדלעיל פנ״ז]:

נחמד למראה

[י] **מה׳ יצא הדבר מהיכן יצא ר׳ יהושע וכו׳ מהר המוריה יצא ורבנן אמרי מהיכן יצא מותהי אשה לבן אדוניך כאשר דבר ה׳.** ואיכא למידק מה זו שאלה מהיכן יצא אימא כדכתיב בקרא דמניחוש אליעזר עבד אברהם מורה דמה׳ יצא הדבר וכדפירש״י מה׳ יצא הדבר לפי דבריך שזמנה לך. ועוד יש לדקדק דקדוק קל כפי גירסא זו אמאי חזרו רבנן לומר

אשד הנחלים

הפשוטים אנחנו כבהמות בלי תבונה ושמירה מאומה ואף לא כחמורו של ר״פ שעכ״פ היה בו מעט תבונה לשמור בעליו. ואנחנו גם זאת אין: **יפה שיחתן.** הענין כי ידוע כי התורה כולה שמותיו של הקב״ה. רק שנרמזה בספורי ועינייני המצוות כולם. והית׳ מחפץ ה׳ לשנות לפעמים ספורי אבות כמה פעמים בכדי לרמוז הענינים האלקיים בתוכם יותר מלשנות כמה פעמים מצוה ממצוות התורה. כן צריך שיאמין המתבונן באמת על דבריהם ז״ל: [ט]**קדים ואמרה.** נמשך לפי שטתו לעיל. שלבן דימה בתחילה שזהו אברהם. אך אלעזר הקדים בעצמו להודיע כי הוא רק עבדו כי כן דרך חכם להודיע בעצמו דבר העתיד להגלות: **זה ישמעאל.** עיין במ״כ. ויתכן עוד שקרא לישמעאל שהיה טוב בערך אל לוט כימין שהוא העיקר מול שמאל שהוא טפל ואינו עיקר: [י] **מהיכן יצא כו׳ מהר המוריה.** לא באו לומר שזאת היתה כוונת לבן. כי מאין ידע זאת כי לא בא בסוד ה׳. ורק לבן אמר כפשוטו ע״ד לשון בני אדם. והכתוב רמז בזה במה שאמר שיצא הדבר. כאלו יצא בפועל. ר״י אמר

וַיּוֹצֵא הָעֶבֶד כְּלֵי־כֶסֶף וּכְלֵי זָהָב וּבְגָדִים וַיִּתֵּן לְרִבְקָה וּמִגְדָּנֹת נָתַן לְאָחִיהָ וּלְאִמָּהּ.

The servant brought out objects of silver and gold, and garments, and gave them to Rebecca; and fine things he gave to her brother and her mother (24:53).

§11 וַיּוֹצֵא הָעֶבֶד כְּלֵי כֶסֶף — ***THE SERVANT BROUGHT OUT OBJECTS OF SILVER . . .***

The Midrash comments on the gifts that Eliezer gave Rebecca and her family:

רַבִּי הוּנָא אָמַר: קוּנְבֵּי — **R' Huna said:** The *fine things*[157] that Eliezer distributed were ***kunvi.***[158] וְרַבָּנָן אָמְרֵי: קְלָיוֹת וֶאֱגוֹזִים — And **the Sages said:** These items were **toasted grains and walnuts.** וּקְלָיוֹת הָיוּ חֲבִיבִין מִכֹּל — The Midrash challenges this explanation: **And were the toasted grains** and walnuts[159] **more valued than everything** else?![160] אֶלָּא לְלַמֶּדְךָ שֶׁאִם יוֹצֵא אָדָם לַדֶּרֶךְ וְאֵין אִצְטְרָכְיָא עִמּוֹ מִסְתַּגֵּף הוּא — **But** the answer is that this serves **to teach you that if a man sets out on a journey and he does not have what he needs,**[161] **he will suffer.**[162]

Two additional illustrations of this principle:

וְדִכְוָותָהּ "וְשָׁאֲלָה אִשָּׁה מִשְּׁכֶנְתָּהּ וְגוֹ'" — **And similarly,** Scripture states,[163] ***Each woman shall request from her neighbor, etc.*** *and from the one who lives in her house silver vessels, golden vessels, and garments* (*Exodus* 3:22). וּשְׂמָלוֹת הָיוּ חֲבִיבוֹת מִן הַכֹּל — We may question this verse: **Were garments,** which appear at the end of this list, **more valued than everything** else?![164] אֶלָּא לְלַמֶּדְךָ שֶׁאִם יֵצֵא אָדָם לַדֶּרֶךְ וְאֵין כְּסוּתוֹ עִמּוֹ מִסְתַּגֵּף — **But** the answer is that this serves **to teach you that if a man sets out on a journey and he does not have his clothing, he will suffer.** וְדִכְוָותָהּ "וְכָל סְבִיבֹתֵיהֶם חִזְּקוּ בִידֵיהֶם וְגוֹ'" — **And similarly,** Scripture states,[165] ***And all the people around them strengthened their hands, etc.*** *with silver utensils, with gold, with valuables, and with animals and with fine things* (*Ezra* 1:6).[166] Ⓐ

וַיֹּאמֶר אָחִיהָ וְאִמָּהּ תֵּשֵׁב הַנַּעֲרָ אִתָּנוּ יָמִים אוֹ עָשׂוֹר אַחַר תֵּלֵךְ.

[Rebecca's] brother and mother said, "Let the maiden remain with us for some days or ten [months]; then she will go" (24:55).

§12 וַיֹּאמֶר אָחִיהָ וְאִמָּהּ תֵּשֵׁב הַנַּעֲרָה אִתָּנוּ — ***HER BROTHER AND MOTHER SAID, "LET THE MAIDEN REMAIN WITH US . . ."***

The Midrash notes Bethuel's absence at the conclusion of Eliezer's mission:

וּבְתוּאֵל הֵיכָן הוּא — **And where was Bethuel?**[167] בִּיקֵּשׁ לְעַכֵּב וְנִיגּוֹף בַּלַּיְלָה — **He sought to prevent** Rebecca's immediate departure[168] **and he was struck down during the night.** הֲדָא הוּא דִכְתִיב "צִדְקַת תָּמִים תְּיַשֵּׁר דַּרְכּוֹ" — The Midrash relates a verse from *Proverbs*: **Thus it is written,** ***The righteousness of the perfect one straightens his path,*** *but the wicked one shall fall in his wickedness* (*Proverbs* 11:5). "צִדְקַת תָּמִים" זֶה יִצְחָק — *The perfect one*, in the phrase, ***The righteousness of the perfect one,*** **is an allusion to Isaac;**[169]

NOTES

157. Elucidation follows the first approach cited in *Eitz Yosef*, which maintains that R' Huna and the Sages of our Midrash disagreed over what were the מִגְדָּנוֹת, *fine things*, of our verse (see, however, *Matnos Kehunah,* also cited there, who understands R' Huna to be identifying the *silver objects* that Eliezer gave Rebecca). Generally used to connote a choice food, this word may refer to anything of high quality (*Eitz Yosef*, Vagshal ed., who references *II Chronicles* 21:3).

158. While *Ohr HaSeichel* explains that the object named by R' Huna was used to wash one's hands and feet, *Aruch* (s.v. קנבי) associates it with a device used by women to spin thread. Still others assume that R' Huna identifies an edible delicacy (*Eitz Yosef*; see *Rashi* for an additional approach).

159. *Rashi*.

160. As a rule, the last item enumerated in a list is the most valued of the group (אַחֲרוֹן אַחֲרוֹן חָבִיב). The Midrash therefore wonders how it could be that toasted grains and walnuts, which our verse mentions last, could be more valued than the items that preceded them (see *Matnos Kehunah* and *Eitz Yosef*).

161. I.e., a sufficient food supply (*Matnos Kehunah*, *Eitz Yosef*).

162. *Rashi* et al.

In other words, an item's value must be measured relative to a specific time and place, since, under certain conditions, the absence of even an inexpensive item can cause great hardship. Thus, the food items that Eliezer had brought along to sustain him on his journey were more valuable to him than the other gifts (*Eitz Yosef*; see *Matnos Kehunah*).

[This explanation also provides an understanding of why *garments* follows gold and silver objects in this list, for a traveler would have greater need for garments than for expensive utensils (*Maharzu*).]

163. [In this verse, God told Moses that the Jewish people would take riches from the Egyptians as they left Egypt and journeyed into the Wilderness.]

164. That this verse lists goods in ascending order of value is evident [not only based on the rule mentioned in note 160 above, but also] from the fact that it places gold after silver. Thus, garments, the final item in the list, must be the most valuable (*Eitz Yosef*).

165. [This verse describes the sending-off of Jews who were to travel from Babylon to Jerusalem to rebuild the Temple, at the end of the Babylonian exile.]

166. The verse's listing מִגְדָּנוֹת, *fine things*, after *gold, silver, and valuables*, is yet another demonstration of the principle that a traveler values his provisions more than riches (*Matnos Kehunah*, *Eitz Yosef*). See Insight Ⓐ.

167. In the earlier verses [which recorded Eliezer's conversation with Rebecca's family on the day of his arrival] Bethuel's name appeared repeatedly alongside Laban's. The Midrash therefore wonders why the statement of our verse [which was made the next morning] is attributed only to Rebecca's *brother and mother* (see *Imrei Yosher*).

168. Bethuel had already stated (in v. 50) that he was powerless to prevent the union of Isaac and Rebecca. What he sought to forcefully obstruct was its immediate execution (*Eitz Yosef*, citing *Yefeh To'ar*).

169. *Maharzu* references below, 64 §3, where God is quoted as having referred to Isaac as עוֹלָה תְמִימָה, *a perfect elevation-offering*, as a result of his experience during the *Akeidah*.

INSIGHTS

Ⓐ **And Fine Things** The Midrash derives a lesson about the importance of a traveler's supplies from the order in which the verse enumerates Eliezer's gifts. As has been explained in the notes, the Midrash assumes that the gifts are listed is ascending order of value, so that מִגְדָּנוֹת, *fine things*, appears last. However, this gives rise to the question: Our verse first lists three types of gifts which Eliezer gave Rebecca and it then adds that he gave *fine things* to *her brother and her mother*. Why, then, does the Midrash treat *fine things* as the last gift enumerated, if it is actually the *only* item in a new grouping?

The answer may be that our Midrash understands that the words *and fine things* form both the end of the preceding phrase, which listed objects that Eliezer gave Rebecca, *and* the beginning of the next phrase, which states that Eliezer gave something to her family members. Such an interpretation is supported by the wording at the end of the verse, which reads, *The servant brought out objects of silver and gold, and garments, and gave them to Rebecca; and fine things he gave to her brother and her mother*, as opposed to, *and to her brother and her mother he gave fine things*. If so, both Rebecca and her family members received *fine things* and *fine things* are indeed last on the list of Rebecca's gifts. The Midrash's inference is thus justified (*Yefeh To'ar*).

חידושי הרש"ש

[יב] צדקת תמים כו' וברשעתו יפול רשע כצ"ל כי כן הוא סיפיה דהאי קרא. ופסוק דברעתו כו' הוא שם י"ד:

יא [כד, נג] "וַיּוֹצֵא הָעֶבֶד כְּלֵי כֶסֶף". [כד]רַבִּי הוּנָא אָמַר: קוּנַבֵּי, רַבָּנָן אָמְרֵי: קְלָיוֹת וֶאֱגוֹזִים, וּקְלָיוֹת הָיוּ חֲבִיבִין מִכֹּל, אֶלָּא לְלַמֶּדְךָ שֶׁאִם יוֹצֵא אָדָם לַדֶּרֶךְ וְאֵין אִצְטְרַכְיָא עִמּוֹ מִסְתַּגֵּף הוּא, וְדִכְוָותָהּ (שמות ג, כב) "וְשָׁאֲלָה אִשָּׁה מִשְּׁכֶנְתָּהּ וְגוֹ'", וּשְׂמָלוֹת הָיוּ חֲבִיבוֹת מִן הַכֹּל אֶלָּא לְלַמֶּדְךָ שֶׁאִם יֵצֵא אָדָם לַדֶּרֶךְ וְאֵין כְּסוּתוֹ עִמּוֹ מִסְתַּגֵּף, וְדִכְוָותָהּ (עזרא א, ו) "וְכָל סְבִיבֹתֵיהֶם חִזְּקוּ בִידֵיהֶם וְגוֹ'":

יב [כד, נה] "וַיֹּאמֶר אָחִיהָ וְאִמָּהּ תֵּשֵׁב הַנַּעֲרָה אִתָּנוּ". [כה]וּבְתוּאֵל הֵיכָן הוּא, בִּיקֵּשׁ לְעַכֵּב וְנִיגּוֹף בַּלַּיְלָה, הָדָא הוּא דִכְתִיב (משלי יא, ה) "צִדְקַת תָּמִים תְּיַשֵּׁר דַּרְכּוֹ וְגוֹ'", "צִדְקַת תָּמִים", זֶה יִצְחָק.

רש"י

(יא) קונבי. אדרת עבה ודומה לו ותכסהו בשמיכה חפתיה בגונבא וקו"ף וגימ"ל מתחלפות. כלומר מיני בגדים או כלים: **קליות.** ואגוזים היו חביבין מן הכל ללמדך שאם אדם יולא לדרך ואין אלטרכיא עמו אלטרכיא כל מה שהוא לריך: **מסתגף הוא.** מתענה הוא כדמתרגמינן לענות נפש לסגפא נפש:

עץ יוסף

(יא) קונבי. הוא כלי שרוחלים בו ידיו ורגליו (אב"א). והערוך כתב שצ"ל קונכי. ופי' כלי מטווה שטווה בו האשה. וכן כתב המעריך שבשני כתיבת יד גרסינן קונכי. אך הוא פי' שהוא דגים או בשר מלוח כמו לוקניקו ורב הונא ורבנן פליגי בפי' מגדנות. אבל רש"י והערוך פירשו בגדים או כלים קשה בגדים וכלים מפורשים בפסוק עכ"ל: **רבנן אמרי כו'.** ולא פליגי על רב הונא. אלא רב הונא מפרש כלי כסף. ורבנן מפרשי מגדנות (מת"כ): **וקליות היו חבבין כו'.** בתמיה דקא חשיב להו באחרונה ואחרון אחרון חביב (מת"כ ויפ"ת). ומשני דלגבי אליעזר חביבין היו טפי שהיו לדה לדרך: **אצטרביא.** לורך מזונותיו (ערוך): **מסתגף.** לשון עינוי ולער. ור"ל שיש דברים אשר בעלמן אינן חביבות כל כך. רק מלד המקום והזמן הם חביבים בעתה כי העדרם רע. שמגדנות אלו לקח לו אליעזר על הדרך להתפרנס מהם: **ושאלה אשה בו'.** דייק לפי דקאמר שמלות לבסוף שהרי הזכיר הקל קל תחלה באומרו כלי כסף וכלי זהב אלמא שמלות חביבין מכל: **וכל סביבותיהם בו'.** וכל סביבותיהם חזקו בידם בכלי כסף וזהב וגו' והזכיר מגדנות לבסוף אלמא הם חביבים מכל מפני שהם ללורך הדרך לעולי הגולה שבהם איירי קרא. **(יב) ביקש לעכב** ואע"פ שכבר אמר לא נוכל דבר אליך מטוב ועד רע. אפשר דהיינו לעכב הזוג אבל אולי יעכב מלכת מיד אלא שתשב שם ימים או עשור בהכרח (יפ"ת): **הדא הוא דכתיב צדקת תמים תישר דרכו וגו' צדקת תמים זה יצחק**

פירוש מהרז"ו

הפסוקים שהביא שם שלריכים פסוק מפורש וזה איננו לריך וכנ"ל: **(יא) יוצא לדרך.** חושב בגדים בסוף הרי שבגדים חביבים מכלי כסף וזהב ואח"כ אמר עוד ומגדנות נתן לאחיה ולאמה הרי חושב מגדנות בסוף הכל. ונתן הטעם בכל זה בעבור לורכם לדרך ולא מחמת חביבות: **(יב) צדקת תמים זה יצחק.** וס"ד וברעתו יפול רשע וקשה שאין זה דבר והיפוכו שאין יפול היפך תישר אבל יתפרש על פי מ"ש בתורה שמ"ש תמים הכוונה על

מתנות כהונה

ותהי אשה בו'. ואז נגזר הגזרה מאת ה' אשר עד כה היתה בכח ובבחירת הזיווג והאב"א כתב שעכשיו נגזרה הגזרה ולא קודם שאין דרך הזיווג בת שלש שנים לבן ארבעים: **[יא] קונבי.** גרס הערוך ופירש בו כלי שטווין בו הנשים או שרוחלין בו: **רבנן אמרי בו'.** לא פליגי על רב הונא אלא רב הונא מפרש כלי כסף ורבנן מפרשי מגדנות: **וקליות היו חביבין בו'.** בתמיה דקא חשיב להו באחרונה ואחרון אחרון חביב: **אצטרבא.** פי' הערוך לורך מזונותיו [ודוגמתו תמלא בקה"ר בפ' שלח לחמך]: **מסתגף.** לשון עינוי ולער ומגדנות אלו לקח לו לפרנסה על הדרך: **היו חביבין וכו'.** בתמיה: **וכל סביבותיהן וגו'** גרסינן. וסיפיה דקרא ומגדנות חשיב ליה באחרונה מפני שחביב מן הכל:

נחמד למראה

הקושיא מהיכן ילא והלא עלה דר' יהושע קאי דכבר נשאלה שאלה זו בתחלה מהיכן ילא אשר על כן לריך לומר דר' יהושע ורבנן כל חד וחד שואל בענין אחר. ואף שהלשון דנקטו תרווייהו שוה מ"מ שאלתם אינה שוה. והענין הוא שר"י נרגש ממה שיש לדקדק בכתוב שאמרו מה' ילא הדבר לא נוכל דבר אליך רע או טוב בשלמא רע לחיי אלא טוב אמאי לא. אלא דהכא איכא ג' חלוקות בענין רבקה. א' שלא יתנוה ליצחק אף אם יבא הוא בעצמו לגור שם ולהשתקע. ב' שלא יתנוה ללכת למקום אשר שוכן שם יצחק. ג' שאם יבא שם יצחק להשתקע ולשבת בית אביה יתנוה לו כי מי להם גדול כיצחק ובפרט היותו עשיר מופלג שראו השטר מתנה שעשה לו אביו ושאין לו לישמעאל חלק בהם וראו הצמידים והנזם בקע משקלו אבן יקרה א"כ רע נקרא אם לא ירצו לתתה לו מכל וכל וטוב נקרא אם יתנוה לו בתנאי שהוא בעצמו יבא לביתם. ועל כן לא נוכל דבר אליך רע שלא לתתה לו מכל וכל. ולא טוב לומר שיבא יצחק לכאן. א"כ אם כוונת מה' ילא הדבר הוא ע"י ניחוש אליעזר הנה בניחושים אף שיהיו ע"פ חכמת התכונה אמרינן בהו מאשר ולא כל אשר ובפרט שהם היו בקיאים בניחושים ונוסח הניחוש היה והיה הנערה אשר אומר אליה הטי נא כדך ואשתה וגו' אותה הוכחת לעבדך ליצחק ולא נתבאר אם רבקה תלך לבית יצחק או שיצחק יבא לביתה יכולים היו לומר דדברים שבלב אינן דברים ויציבא מלתא שרבקה זיווגו של יצחק אך בתנאי שיבא לשכון כבוד בבית רבקה וימחול אברהם על מה שאמר רק את בני לא תשב שמה כי על כל פנים מה' ילא הדבר שרבקה אשת יצחק והם אינם רוצים לשלוח לרבקה למקום אחר א"כ מוכרח שצריך יצחק לבא שמה ואיך אמרו הנה רבקה לפניך קח ולך ולא נוכל לדבר אליך אפי' טוב דהיינו שיבא יצחק לכאן. כי על כן הוקשה לר"י מהיכן ילא שרבקה תלך אצל יצחק. וע"כ אמר מהר המוריה ילא ששם נתקדש ונעשה עולה תמימה וקי"ל דעולה שיצאה חוץ לקלעים נפסלת כי על כן יצחק אין לו שום צד לבא אצל רבקה אשר על כן בהכרח שאהני הניחוש שתלך רבקה לבית יצחק ודו"ק. ורבנן לא ניחא להו בהך דרשא דר"י דא"כ היה לו לומר מה' היה הדבר שמשום שמהר המוריה נתקדש יצחק אי אפשר שיבא לדור שמה בבית רבקה ואכתי הקושיא במקומה עומדת דנקט קרא לשון ילא וצריך לדעת מהיכן ילא ומש"ה קא דרשי מותהי אשה לבן אדוניך ר"ל ממה שאתו תיכף מודים לך בלי שום צירוף ואומרים ותהי אשה לבן אדוניך זה מורה כי מה' ילא הדבר על דרך סרס המקרא ודרשהו ודו"ק:

אשד הנחלים

מהר המוריה. שמשם נגזר שיהיה ככה כמו שפירש המ"כ. ודעת רבנן שהיתה כוונת לבן. שעתה הוא רואה שכן הוא הגזירה מפי ה' וחשב הניחוש שעשה אליעזר אשר סיבב ה' ב"ה בהשגחתו כאלו דבר ה' הוא. וא"כ זאת היתה כוונת לבן ממש. וק"ל: **[יא] ואין איצטרביא.** לכאורה יקשה. הא עכ"פ לא הי' לו לתת לה ומה חשיבות הוא אצלה. כי לבעבור שצריך זאת לדרכו יחשב לה למתנה. והנראה דמן הסתם נתן מגדנות טובים ומתוקים כדרך הנהוג בדבר העשוי להתכבד. רק עכ"ז אין זה מדרך החשיבות לקחת עמו בכוונה. ולכן מפרש שלקח לצרכו וממילא נשאר בידו ונתן מגדנות להם כדרך הנהוג וק"ל: **מיסתגף.** כלומר שיש דברים אשר בעצמן אין חביבות כ"כ. רק מצד המקום והזמן הם חביבים בעתם. כי העדרם רע: **[יב] צדקת תמים זה יצחק.** כי הנה התם. מחשבותיו בלי רעיון מאומה רק בתמימות. ולאיש כזה לולא עזר ה' יתכן שיפול בשניה אחר שהוא בלי התבוננות כי אינו מתחשב בעשותו מרוב תמימותו ובטחונו האמת. אך ה' יעזרהו ליישר דרכו. כי יכין ה' סבות טובות שימצא מבוקשתו. ומה נפלא זה ביצחק שתמימותו עזרו שלא יכשל שלוחו העושה למענו. רק ה' יישר

מסורת המדרש

כד ילקוט כאן רמז ק"ט כל הענין:
כה ילקוט משלי רמז תתקמ"ז:

אם למקרא

וְשָׁאֲלָה אִשָּׁה מִשְּׁכֶנְתָּהּ וּמִגָּרַת בֵּיתָהּ כְּלֵי־כֶסֶף וּכְלֵי זָהָב וּשְׂמָלֹת וְשַׂמְתֶּם עַל־בְּנֵיכֶם וְעַל־בְּנֹתֵיכֶם וְנִצַּלְתֶּם אֶת־מִצְרָיִם: (שמות ג:כב)

וְכָל־סְבִיבֹתֵיהֶם חִזְּקוּ בִידֵיהֶם בִּכְלֵי־כֶסֶף בַּזָּהָב בָּרְכוּשׁ וּבַבְּהֵמָה וּבַמִּגְדָּנוֹת לְבַד עַל־כָּל־הִתְנַדֵּב: (עזרא א:ו)

צִדְקַת תָּמִים תְּיַשֵּׁר דַּרְכּוֹ וּבְרִשְׁעָתוֹ יִפֹּל רָשָׁע: (משלי יא:ה)

ענף יוסף

[יא] [יפה שיחתן בו'] זה לשון הזוהר במדבר דף ע"ב א"ר שמעון תיפח רוחם של אותם האומרים שהתורה באה לספר ספורים. אינו כן ח"ו. אלא סוד הדבר כשם שהמלאכים הם של אש ומלבושם אש. וכשהם משתלחים לבא לעוה"ז מתלבשים בלבוש גשמי כדי שיוכל הארץ להכילם. ק"ו התורה שהיא למעלה מהם שבה נסתכל הקב"ה וברא העולם שכדי שיוכלו בני הארץ לסבול את התורה הלביש אותה בלבוש גשמי שהם הספורים המובנים להמון עם. אמנם לפי האמת אלו נקראים גופי התורה. אבל נשמות התורה הם סודות עלומות. והא רמז ליין שאינו משתמר אלא בקנקן. וזהו אל תסתכל בקנקן כו' ע"כ:

"וְתִישַׁר דַּרְכּוֹ" שֶׁל אֱלִיעֶזֶר — and *straightens his path* alludes to the path of Eliezer;[170] "וּבְרִשְׁעָתוֹ יִפֹּל רָשָׁע", זֶה בְּתוּאֵל שֶׁנִּיגּוֹף בַּלַּיְלָה — *but the wicked one shall fall in his wickedness* alludes to Bethuel, who was struck down during the night.[171]

❑ תֵּשֵׁב הַנַּעֲרָה אִתָּנוּ יָמִים — *LET THE MAIDEN REMAIN WITH US FOR SOME DAYS . . .*

The Midrash explains this request of Rebecca's family members:

"יָמִים" אֵלּוּ שִׁבְעַת יְמֵי אֶבְלוֹ — The verse states: *Some days.* These represent **the seven-day period of mourning for [Bethuel].**[172]

❑ אוֹ עָשׂוֹר — *OR TEN [MONTHS].*

This alternative request is explained:

אֵלּוּ י"ב חֹדֶשׁ שֶׁנּוֹתְנִין לִבְתוּלָה לְפַרְנֵס אֶת עַצְמָהּ — **These** represent the minimum amount of time during which a bride and her family could accomplish what is usually done during **the twelve months that a virgin is given to provide for herself** in advance of her marriage.[173]

וַיֹּאמְרוּ נִקְרָא לַנַּעֲרָ וְנִשְׁאֲלָה אֶת־פִּיהָ.

And they said, "Let us call the maiden and ask her decision" (24:57).

❑ וַיֹּאמְרוּ נִקְרָא לַנַּעֲרָה — *AND THEY SAID, "LET US CALL THE MAIDEN AND ASK HER DECISION."*

The Midrash derives a law from this comment:

מִכָּאן שֶׁאֵין מַשִּׂיאִין אֶת הַיְתוֹמָה אֶלָּא עַל פִּיהָ — **From here** we may infer **that an orphan may only be married off with her verbal consent.**[174]

וַיִּקְרְאוּ לְרִבְקָה וַיֹּאמְרוּ אֵלֶיהָ הֲתֵלְכִי עִם הָאִישׁ הַזֶּה וַתֹּאמֶר אֵלֵךְ.

They called Rebecca and said to her, "Will you go with this man?" And she said, "I will go" (24:58).

❑ וַיִּקְרְאוּ לְרִבְקָה וַיֹּאמְרוּ לָהּ — *THEY CALLED REBECCA AND SAID TO HER, "WILL YOU GO WITH THIS MAN?"*

The Midrash explains this statement:

רַבִּי יִצְחָק אָמַר — **R' Yitzchak said:** מְרַמְּזִים בָּהּ הֲתֵלְכִי הֲתֵלְכִי — They were **hinting [with these words], "Would you** really **go?! Would you** really **go?!"**[175]

❑ וַתֹּאמֶר אֵלֵךְ — *AND [REBECCA] SAID, "I WILL GO."*

The Midrash interprets Rebecca's response:

הוֹלֶכֶת אֲנִי עַל כָּרְחֲכֶם שֶׁלֹּא בְּטוֹבַתְכֶם — Rebecca said, **"I am going,** even if it will be **against your wishes and without your blessings!"**[176]

וַיְשַׁלְּחוּ אֶת רִבְקָה אֲחֹתָם וְאֶת מֵנִקְתָּהּ וְאֶת עֶבֶד אַבְרָהָם וְאֶת אֲנָשָׁיו. וַיְבָרְכוּ אֶת רִבְקָה וַיֹּאמְרוּ לָהּ אֲחֹתֵנוּ אַתְּ הֲיִי לְאַלְפֵי רְבָבָה וְיִירַשׁ זַרְעֵךְ אֵת שַׁעַר שֹׂנְאָיו.

They escorted Rebecca their sister, and her nurse, as well as Abraham's servant and his men. They blessed Rebecca and said to her, "Our sister, may you come to be chiefs and a myriad, and may your offspring inherit the gate of its foes" (24:59-60).

§13 וַיְשַׁלְּחוּ אֶת רִבְקָה וגו׳ וַיְבָרְכוּ אֶת רִבְקָה — *THEY ESCORTED REBECCA ETC. THEY BLESSED REBECCA AND SAID TO HER, "OUR SISTER,[177] MAY YOU COME TO BE CHIEFS AND A MYRIAD."*[178]

The Midrash examines the blessing given Rebecca by her relatives:

אָמַר רַבִּי אַיְיבוּ — **R' Aivu said:** דְּוֺוִין וּשְׁפוּפִין הָיוּ וְלֹא הָיוּ מַפְרִינִין אֶלָּא בַּפֶּה — **[Rebecca's relatives] were grieved and downtrodden**

NOTES

170. In other words, Eliezer's journey to find a wife for Isaac met with success in the merit of the righteousness of Isaac (*Maharzu*).

[The verse actually ascribes the *path* of which it speaks to *the perfect one*, who has already been identified as Isaac. Indeed, the journey was undertaken on Isaac's behalf. However, since it was Eliezer who actually traveled, the Midrash terms his mission *the path of Eliezer* (*Yefeh To'ar*, cited by *Eitz Yosef*; *Maharzu*).]

171. As understood by the Midrash, the cited verse states that a wicked person will be withdrawn from the world in order to prevent his harming a righteous man. This was realized when Bethuel was felled before he could harm Isaac (*Eitz Yosef*, from *Nezer HaKodesh*).

172. Rebecca's brother and her mother requested of Eliezer that, at the very least, she be allowed to remain with them for seven days to mourn her father who, as we have learned, had just passed away (*Eitz Yosef*).

173. Rebecca's family members had first said that even if Isaac would be prepared to provide Rebecca with all of the clothing she would need for marriage, she should still remain for the week of mourning. They then added that if Eliezer insisted on their supplying these items, Rebecca would have to stay for ten months because, working quickly, assembling those items would take ten months instead of the usual twelve (ibid.). [The time frame of twelve months for the assembly of a young virgin's trousseau is mandated in *Kesubos* 57a.]

Alternatively, the Midrash understands that Rebecca's brother and mother in fact requested twelve months, for the word אוֹ, *or*, which preceded their request for *ten [months]* indicates an addition of two months (*Rashi*; see further *Maharzu*, who emends the Midrash based on *Rashi* to verse; compare *Kesubos* 57b).

174. [The Torah empowers a father to marry off his young daughter (see *Deuteronomy* 22:16 with *Kesubos* 46b) and, in his absence, the Sages enabled an orphan's mother and brothers to effect her marriage (see *Yevamos* 112b).]

While it is obvious that a young orphan cannot be married off against her will [in fact, even after it has taken effect, the law of *mi'un* (מיאון) allows a young girl to annul such a marriage at any point (see *Yevamos*, Ch. 13)], our Midrash derives from this episode involving the newly orphaned Rebecca that the girl must offer *verbal consent* to the marriage. The orphan's silence cannot be interpreted as consent, because she may simply be uncomfortable protesting (*Eitz Yosef*, citing *Nezer HaKodesh*).

[Although Bethuel had stated that he could not and did not oppose the marriage, neither did he actually cause it to take effect before his death (ibid.).]

175. The placement of a ה at the beginning of a word or phrase suggests that a question is being asked. It may, however, be used either when some information is being sought or when the question is being asked merely to express amazement, as though to say, "Could such-and-such really be?!" The verse's introduction of Rebecca's brother's and mother's question with the verb וַיֹּאמְרוּ, *and they said*, as opposed to וַיִּשְׁאֲלוּ, *and they asked*, indicates to the Midrash that they did not seek an answer to their question (*Eitz Yosef*, Vagshal ed., from *Nechmad LeMareh*; *Rashash*). Thus, Rebecca's family members were attempting to provoke Rebecca into refusing to follow Eliezer (*Matnos Kehunah*) by saying, "Would you really do such a thing?!"

176. The Midrash infers from the fact that Rebecca did not simply respond, "Yes," that she informed her brother and her mother that she would go regardless of their feelings on the matter (*Matnos Kehunah*, *Eitz Yosef*).

[Far from being insolent, Rebecca was considerately pointing out to her brother and mother that it was readily apparent, from the encounter at the spring and from Bethuel's sudden death, that God intended for her to marry Isaac, and there was therefore no point in resisting it (*Anaf Yosef*).]

177. [The commentators are troubled by this expression (and similar ones used here), for the previous verses mentioned only one brother of Rebecca's — Laban, as well as her mother and (since deceased) father. See, for example, *Tzeror HaMor*.]

178. [Our translation of the end of this verse is based on the Midrash below, with *Eitz Yosef* and *Nezer HaKodesh*; see further, note 187.]

"תִּישַׁר דַּרְכּוֹ", שֶׁל אֱלִיעֶזֶר. "וּבְרִשְׁעָתוֹ יִפֹּל רָשָׁע", זֶה בְּתוּאֵל שֶׁנִּיגּוֹף בַּלַּיְלָה. "תֵּשֵׁב הַנַּעֲרָה אִתָּנוּ יָמִים אוֹ עָשׂוֹר" "יָמִים", אֵלּוּ שִׁבְעַת יְמֵי אֶבְלוֹ, "אוֹ עָשׂוֹר", אֵלּוּ כויי"ב חֹדֶשׁ שֶׁנּוֹתְנִין לִבְתוּלָה לְפַרְנֵס אֶת עַצְמָהּ. [כד, נח] "וַיֹּאמְרוּ נִקְרָא לַנַּעֲרָה", מִכָּאן שֶׁאֵין מַשִּׂיאִין אֶת הַיְתוֹמָה אֶלָּא עַל פִּיהָ, "וַיִּקְרְאוּ לְרִבְקָה וַיֹּאמְרוּ לָהּ", רַבִּי יִצְחָק: אָמַר מְרַמְּזִים בָּהּ הֲתֵלְכִי הֲתֵלְכִי. "וַתֹּאמֶר אֵלֵךְ", הוֹלֶכֶת אֲנִי עַל כָּרְחֲכֶם שֶׁלֹּא בְּטוֹבַתְכֶם:

יג [כד, נט-ס] "וַיְשַׁלְּחוּ אֶת רִבְקָה וְגוֹ' וַיְבָרְכוּ אֶת רִבְקָה". אָמַר רַבִּי אַיְיבוּ: דְּוּוִין וּשְׁפוּפִין הָיוּ וְלֹא הָיוּ מַפְרִינִין אֶלָּא בַּפֶּה. "אֲחֹתֵנוּ אַתְּ הֲיִי לְאַלְפֵי רְבָבָה", רַבִּי בֶּרֶכְיָה וְרַבִּי לֵוִי בְּשֵׁם רַבִּי חָמָא בַּר חֲנִינָא: כזמִפְּנֵי מָה לֹא נִפְקְדָה רִבְקָה עַד שֶׁהִתְפַּלֵּל עָלֶיהָ יִצְחָק, שֶׁלֹּא יִהְיוּ עוֹבְדֵי כּוֹכָבִים אוֹמְרִים תְּפִלָּתֵנוּ עָשְׂתָה פֵּירוֹת, אֶלָּא "וַיֶּעְתַּר יִצְחָק לַה' לְנֹכַח אִשְׁתּוֹ".

עץ יוסף

תישר דרכו של אליעזר. וברשעתו יפול רשע זה בתואל. כצ"ל: **הישר דרכו של אליעזר.** ואע"פ דודאי דרכו אתמים הנזכר שם קאי לא קשה דדרכו של אליעזר היינו דרכו של תמים הנזכר נמי. כיון דלצורך יצחק קאזיל. אלא שלפי שאליעזר היה בדרך ממש ניחא ליה למנקט אליעזר (יפ"ת): **וברשעתו כו' זה בתואל.** כלו' הרשע נדחה מן העולם כדי שלא יגרום רשע לצדיק וכזה נתקיים פה בבתואל שבא לגרום רעה ליצחק ולפיכך נדחה מן העולם (נזה"ק): **אלו ז' ימי אבילות.** שמת בתואל כצ"ל. והכי קאמרי עכ"פ תשב הנערה אתנו ימים. אלו ז' ימים של אבילות אף אם לא תבקשו מאתנו פרנסת המלבושים אלא שיהיה לה הכל מבית בעלה. או עשור חדשים אם תרצה פרנסת המלבושים מאתנו. כי הוא צריך הכנת י"ב חדש ואנו נמהר לעשות בעשרה חדשים וז"ש אלו י"ב חדש כו' כלו' אלו צרכי הפרנסה שנותנין לבתולה י"ב חדש אנו עושים לה בעשור. אבל עכ"פ פחות מעשור אי אפשר: **אלא מדעתה.** אין ביד האחים לקדשה בע"כ. ואם ממאנה בפירוש פשיטא דמהני אלא אפילו שתיקה לא מהני אלא לדעתה פי' בשאלת פיה. כי שמא היא מתביישת למאן ולכן רבקה שמת אביה ונתקדשה ע"י אחיה הוצרכו לשאול את פיה. שאע"פ שכבר אמר בתואל בחייו מה' יצא הדבר זה לא היה אלא הסכמה בעלמא (נזה"ק): **מרמזים בה התלכי.** ר"ל דהל"ל רצונך לילך. מאי התלכי בלשון בתמיה ע"כ פירושו שהיו מרמזים בה אמרי לא תלך: **ותאמר אלך הולכת כו'.** דמדלא אמרה הן אלא אלך משמע אלך בעצמי אף שלא בטובתכם: (יג) **דווים.** לשון כל לבב דוי: **ושפופין.** שפלים וירודים שהלכה על כרחם: **ולא היו מפרינין אלא בפה.** ולא היו מפייסין לה אלא בפה (ערוך). או פי' לשון שבח וברכה (רמב"ן סדר ויחי). ודייק זה דלא ה"ל למימר אלא ויאמרו אחותינו את היי וגו' ומה ת"ל ויאמרו לה אלא ללמדך שהאמירה לא היתה אלא לה להפטר ממנה בברכה כפי דרך הארץ. אבל לבם בל עמה לפי שעברה על דעתם (נזה"ק): **שלא יהיו אומרים כו'.** כלו' שלא יהיה להם פתחון פה לקבל שכר שתפלתן עשתה פירות (יפ"ת):

פירוש מהרז"ו

יצחק שהוא עולה תמימה וכמ"ש לקמן פס"ד סי' ג' וע' לעיל פר' כ"ו סימן ג' ואל תעש לו מאומה מומה. תישר דרכו זהו הדרך שהלך אליעזר לצרכו שכתוב בו אנכי בדרך נחני ה' וכתוב וה' הצליח דרכי וזה היה בזכות יצחק ולצרכו. גם מרומז בזה בתיבת דרכו דרך אתנים כמ"ש פר"א פרק י"ב ועי' מש"ש. ואז על ידי כן וברעתו יפול רשע אלא שהרשע היה רוצה לעקם דרכו ע"כ נפל וצ"ע למה לא שאל המדרש על הפסוק כ"ג ומגדנות נתן לאחיה ולאמה הנה במדרש אמר וברעתו ידחה רשע והוא במשלי י"ד אבל ס"ד דצדקת תמים וברעתו יפול רשע וכ"ה בילקוט משלי י"א וברעתו יפול רשע זה בתואל: **אלו שבעת ימי אבלות.** ומרומז במ"ש תשב הנערה אתנו שתשב אתם יחד להתאבל ולישב על הארץ כמ"ש ישבו לארץ ידמו וגו' וכן אצל איוב וישבו אתו לארץ שבעת ימים ושבעת ימי אבילות למדו מן התורה.. עיין לקמן פר' ק' סי' ז': **אלו י"ב חודש.** רש"י בחומש כתב ימים אלו י"ב חודש כמ"ש ימים תהיה גאולתו או עשור עשרה חדשים. ובלי ספק שכן היה גירסתו במדרש וכצ"ל תשב הנערה אתנו אלו שבעת ימי אבילות (כמו שכתבתי). ימים אלו י"ב חודש. וי"ב חודש על שתפרנס עצמה כמ"ש במגילת אסתר ששה חדשים בשמן המור וששה חדשים בבשמים ותמרוקי הנשים. ומ"ש או עשור על שאתה ממהר: (יג) **וישלחו וגו'. ויברכו וגו'.** שהיה לו להקדים הברכה להשילוח וכמ"ש יהושע כ"ב ו' ויברכם יהושע וישלחם וכאן ברכו אותה אחר השילוח כשהיתה על הדרך בחוץ וזה מוכיח שלא היה הברכה ברצון טוב גם מקיש הברכה להשילוח כמו שהשילוח היה בעל כרחם ככ"ל כן הברכה ג"כ בע"כ:

רש"י

(יב) **ימים אלו שבעת ימי אבלו.** של בתואל: **או עשור אלו י"ב חדש שנותנין לבתולה לפרנס עצמה:** **עשור.** אלו עשרה חדשים או לרבות ב' חדשים: **הולכת אני ע"ב שלא בטובתכם.** ממשמע שאמרה אלך ולא אמרה אם בדעתכם אלך: (יג) **ויברכו את רבקה.** ויאמרו בשפה רפה ולא בלב: **דוויין ושפופין.** ולא היו מברכין אלא בפה: **שלא יאמרו תפלתנו עשתה פירות.** שאמרו את היי לאלפי רבבה אלא ויעתר יצחק ואחר כך ויעתר לו:

מתנות כהונה

[יב] **זה בתואל שנגוף** גרסינן: **י"ב חדשים.** פירש"י או לרבות עוד ב' חדשים והיינו י"ב שנותנין לבתולה כו'. מיום שתבעה הארוס להכנס כדאיתא בפ' אע"פ: [**ויאמרו לה וגו'** גרסינן]: **התלכי כו'.** בלשון תימה כדי שתאמר לא אלך: **על כרחכם כו'.** דאל"כ ותאמר כן מבעיא ליה: [יג] **דווים.** לשון כל לבב דוי: **ושפופים.** שפלים וירודים שהלכה בעל כרחם: **מפרינין.** לשון נדוניא כמו פורנא

נחמד למראה

[יב] **ותאמר אלך הולכת אני על כרחכם שלא בטובתכם.** אתשוב שדרשו הכי מדשני קרא בדיבוריה דכתיב ויאמרו נקרא לנערה ונשאלה את פיה. ואח"כ נאמר ויקראו ויאמרו אליה התלכי עם האיש הזה. והיה ראוי לכתוב ג"כ וישאלו אותה התלכי וגו' ולזה אמר ר' יצחק מרמזים בה התלכי התלכי. ורצה בזה כי ה"א התלכי תהיה ה"א התימה לא ה"א השאלה ולזה אמר מרמזים בה:

אשד הנחלים

דרכו למצוא מבוקשתו ובת זוגו האמיתית. וכל החושבים רעה אליו כבתואל המה ידחו כי ה' נגפם: **או עשור אלו י"ב חודש.** עיין במ"כ. וברש"י בחומש פירש על ימים שפרושו שנה לא כדברי המדרש דהכא דהוקשה לו וכי מבקשים תחילה על ימים מועטים ואח"כ על משך יותר. ולפי המדרש דהכא יתכן דאמר אם תחפוץ לקחת אותה כאשר היא עכ"פ תמתין ז' ימי אבלה. ואם תחפוץ שאלביש אותה ימתין ערך עשר חדשים למען יכינו לה מלבושיה ותכשיטיה ולא יקשה הלא ההכנה הוא י"ב חודש. כי זהו הזמן הקצוב האחרון וכל הרוצה יקדים וא"כ אין צורך או לרבות: **מרמזים בה.** אף שאמרו תחילה כי מה' יצא הדבר. עכ"ז לא אבו לצוות לה שתלך. כ"א בדרך רמז כשואלים ממנה אם תחפוץ בהליכ' זאת. והיא השיבה אחר שהבינה רמיזתם שהמה בלתי מצוים [כדרך אב ואח לבת ואחות] רק כשואלים אם חפצה בכך. לזה השיבה בודאי רצוני להלוך שמה אף אם לא היה רצונכם בזה אחר שתסמכו עלי ולא תצווני מורה שאין זה מחפצכם לצווני. והבן זה: [יג] **אלא בפה.** דייק. דמדרך הארץ בתחילה מתחילין בברכה. ואח"כ השילוח. אחר הברכה. אבל פה מפני גודל צערם בהליכה עקלו דרכם ושלחוה ואח"כ זכרוה לברכה ואף זאת רק בפה: **מפרינים.** לשון מתנה וברכה כמו הכתובה הנקראת פורנא בשביל זה:

חידושי הרד"ל

[יג] (ח) **דווין ושפופין כו'.** אפשר וישלחו כו' ויברכו וגו' דריש היה להם בשלוח ובברכה וע"ל פע"ד:

חידושי הרש"ש

רבי יצחק אמר מרמזים בה התלבי התלבי. עיד"מ שדבריו תמוהים כי היו"ד הוא סימן לנקבה כידוע למתחילים בחכמת דקדוק הלשון. ול"נ דדריש מדכתיב ויאמרו ולא כתיב וישאלו כמו שאמרו מקודם ונשאלה את פיה ע"כ שהה"א איננה לשאלה רק לתמיהה:

מסורת המדרש

כו כתובות דף כ"ז: **כז** שה"ש רבה פרשה ב' פסוק י"ד:

ענף יוסף

(יב) **[ותאמר אלך הולכת אני על כרחכם שלא בטובתכם]** ולכאורה זה כדברי עזות נגד אמה ואחיה הגדול ממנה. אך באמת אמרה כן בהכנעה וענוה גדולה. הנה אתם רואים שכל הדבר הזה מהקב"ה הוא. ואבי שרצה לעכב המיתו ה'. ועל כן למה לכם לעכב. הלא ודאי סוף הדבר יהיה שהולכת אני על כרחכם שלא בטובתכם. באיזה סבה מה'. ואיך תעמדו בדבר הזה. ואפשר שרמזה להם בדבריה כי גם המה מוכנים למיתה אם יעכבו. ולזה כשמעם עלה טובה שנתנה רבקה להם הנה תיכף וישלחו את רבקה מדעתם ומרצונם בשמחה ויברכו אותה כדרך המשלח בתו לנשואיה בשמחה ובשירים ובברכה (במ"ח):

because Rebecca was leaving against their will,[179] **and they were blessing**[180] her **only with their mouths,** not with their hearts.[181]

□ **אֲחֹתֵנוּ אַתְּ הֲיִי לְאַלְפֵי רְבָבָה** – *THEY BLESSED REBECCA AND SAID TO HER,* ***"OUR SISTER, MAY YOU COME TO BE CHIEFS AND A MYRIAD."***

The Midrash teaches of an interesting effect of this blessing: **רַבִּי בֶּרֶכְיָה וְרַבִּי לֵוִי בְּשֵׁם רַבִּי חָמָא בַּר חֲנִינָא** – **R' Berechyah and R'** Levi said **in the name of R' Chama bar Chaninah: מִפְּנֵי מָה לֹא נִפְקְדָה רִבְקָה עַד שֶׁנִּתְפַּלֵּל עָלֶיהָ יִצְחָק** – **Why was Rebecca not remembered** (i.e., granted a child) **until Isaac prayed for her?**[182] **שֶׁלֹּא יִהְיוּ עוֹבְדֵי כוֹכָבִים אוֹמְרִים תְּפִלָּתֵנוּ עָשְׂתָה פֵּירוֹת** – **So that the idolaters would not say, "Our prayer was productive!"**[183] **אֶלָּא "וַיֶּעְתַּר יִצְחָק לַה' לְנֹכַח אִשְׁתּוֹ"** – **Rather,** as the verse states, ***Isaac entreated HASHEM opposite his wife,*** *because she was barren. HASHEM allowed Himself to be entreated by him, and his wife Rebecca conceived* (below, 25:21).[184]

NOTES

179. *Eitz Yosef.*

180. Translation follows *Rashi,* as well as *Eitz Yosef* from *Ramban* to 49:22. [Alternative explanations are offered by *Aruch,* cited in *Eitz Yosef* and *Matnos Kehunah,* and by *Matnos Kehunah.*]

181. Rebecca's family members did not sincerely wish to bless her because she was defying them by going with Eliezer (*Eitz Yosef,* citing *Nezer HaKodesh*).

The Midrash infers that the blessing was insincere from the words וַיֹּאמְרוּ לָהּ, *they said to her,* which precede it. The implication is that the blessing was no more than an act of civility toward Rebecca (ibid.; see *Maharzu* for additional approaches).

182. [See 25:21, cited below.]

[See *Yefeh To'ar* and *Nezer HaKodesh,* who discuss why the Midrash should be troubled by Rebecca's having to wait before bearing a child if Sarah and Rachel similarly waited. An explanation for all three of these occurrences appeared in 45 §4 above.]

183. I.e., so that they could not claim rights to reward for having aided, through the blessing of our verse, in the proliferation of Rebecca's offspring (*Eitz Yosef,* from *Yefeh To'ar*).

184. Only after Isaac *entreated HASHEM* did *HASHEM allow Himself to be entreated by him,* and cause Rebecca to conceive (*Rashi*). [In this way it was demonstrated that the conception was brought about by Isaac's prayers and not by the blessing of our verse, which had been uttered two decades earlier.]

חידושי הרד"ל

[יג] (ח) **דווין ושפופין כו'.** אפשר וישלחו כו' ויברכו וגו' דריש היה להם בשלוה ובברכה וע"ל פע"ד:

חידושי הרש"ש

רבי יצחק אמר מרמזים בה התלבי התלבי. עיד"מ שדבריו תמוהים כי היו"ד הוא סימן לנקבה כידוע למתחילים בחכמת דקדוק הלשון. ול"נ דדריש מדכתיב ויאמרו ולא כתיב וישאלו כמו שאמרו מקודם ונשאלה את פיה ע"כ שהה"א איננה לשאלה רק לתמיהה:

עץ יוסף

תישר דרכו של אליעזר. וברשעתו יפול רשע זה בתואל. כצ"ל: **הישר דרכו של אליעזר.** ואע"פ דודאי דרכו אתמים הנזכר שם קאי לא קשה דדרכו של אליעזר היינו דרכו של תמים הנזכר נמי. כיון דלצורך יצחק קאזיל. אלא שלפי שאליעזר היה בדרך ממש ניחא ליה למנקט אליעזר (יפ"ת): **וברשעתו כו' זה בתואל.** כלו' הרשע נדחה מן העולם כדי שלא יגרום רשע לצדיק וכזה נתקיים פה בבתואל שבא לגרום רעה ליצחק ולפיכך נדחה מן העולם (נזה"ק): **אלו ז' ימי אבילות.** שמת בתואל כנ"ל. והכי קאמרי עכ"פ תשב הנערה אתנו ימים. אלו ז' ימים של אבילות אף אם לא תבקשו מאתנו פרנסת המלבושים אלא שיהיה לה הכל מבית בעלה. או עשור חדשים אם תרצה פרנסת המלבושים מאתנו. כי הוא צריך הכנת י"ב חדש ואנו נמהר לעשות בעשרה חדשים וז"ש אלו י"ב חדש כו' כלו' אלו צרכי הפרנסה שנותנין לבתולה י"ב חדש אנו עושים לה בעשור. אבל עכ"פ פחות מעשור אי אפשר: **אלא מדעתה.** אין ביד האחים לקדשה בע"כ. ואם ממאנה בפירוש פשיטא דמהני אלא אפילו שתיקה לא מהני אלא לדעתה פי' בשאלת פיה. כי שמא היא מתביישת למאן ולכן רבקה שמת אביה ונתקדשה ע"י אחיה הוצרכו לשאול את פיה. שאע"פ שכבר אמר בתואל בחייו מה' יצא הדבר זה לא היה אלא הסכמה בעלמא (נזה"ק): **מרמזים בה התלבי.** ר"ל דהל"ל רצונך לילך. מאי התלכי בלשון בתמיה ע"כ פירושו שהיו מרמזים בה אמרי לא תלך: **ותאמר אלך הולכת כו'.** דמדלא אמרה הן אלא אלך משמע אלך בעצמי אף שלא בטובתכם: (יג) **דווים.** לשון כל לבב דוי: **ושפופין.** שפלים וירודים שהלכה על כרחם: **ולא היו מפרינין אלא בפה.** ולא היו מפייסין לה אלא בפה (ערוך). או פי' לשון שבח וברכה (רמב"ן סדר ויחי). ודייק זה דלא ה"ל למימר אלא ויאמרו אחותינו את היי וגו' ומה ת"ל ויאמרו לה אלא ללמדך שהאמירה לא היתה אלא לה להפטר ממנה בברכה כפי דרך הארץ. אבל לגם בל עמה לפי שעברה על דעתם (נזה"ק): **שלא יהיו אומרים כו'.** כלו' שלא יהיה להם פתחון פה לקבל שכר שתפלתן עשתה פירות (יפ"ת):

מדרש

״תְּיַשֵּׁר דַּרְכּוֹ״, שֶׁל אֱלִיעֶזֶר. ״וּבְרִשְׁעָתוֹ יִפֹּל רָשָׁע״, זֶה בְּתוּאֵל שֶׁנִּיגּוֹף בַּלַּיְלָה. ״תֵּשֵׁב הַנַּעֲרָה אִתָּנוּ יָמִים אוֹ עָשׂוֹר״ ״יָמִים״, אֵלּוּ שִׁבְעַת יְמֵי אֶבְלוֹ, ״אוֹ עָשׂוֹר״, אֵלּוּ כויי״ב חֹדֶשׁ שֶׁנּוֹתְנִין לִבְתוּלָה לְפַרְנֵס אֶת עַצְמָהּ. [כד, נח] ״וַיֹּאמְרוּ נִקְרָא לַנַּעֲרָה״, מִכָּאן שֶׁאֵין מַשִּׂיאִין אֶת הַיְתוֹמָה אֶלָּא עַל פִּיהָ, ״וַיִּקְרְאוּ לְרִבְקָה וַיֹּאמְרוּ לָהּ״, רַבִּי יִצְחָק: אָמַר מְרַמְּזִים בָּהּ הֲתֵלְכִי הֲתֵלְכִי. ״וַתֹּאמֶר אֵלֵךְ״, הוֹלֶכֶת אֲנִי עַל כָּרְחֲכֶם שֶׁלֹּא בְּטוֹבַתְכֶם:

יג [כד, נט-ס] ״וַיְשַׁלְּחוּ אֶת רִבְקָה וְגוֹ׳ וַיְבָרְכוּ אֶת רִבְקָה״. אָמַר רַבִּי אַיְּיבוּ: דְּוִוין וּשְׁפוּפִין הָיוּ וְלֹא הָיוּ מַפְרִינִין אֶלָּא בַּפֶּה. ״אֲחֹתֵנוּ אַתְּ הֲיִי לְאַלְפֵי רְבָבָה״, רַבִּי בֶּרֶכְיָה וְרַבִּי לֵוִי בְּשֵׁם רַבִּי חָמָא בַּר חֲנִינָא: כזמִפְּנֵי מָה לֹא נִפְקְדָה רִבְקָה עַד שֶׁהִתְפַּלֵּל עָלֶיהָ יִצְחָק, שֶׁלֹּא יִהְיוּ עוֹבְדֵי כּוֹכָבִים אוֹמְרִים תְּפִלָּתֵנוּ עָשְׂתָה פֵּירוֹת, אֶלָּא ״וַיֶּעְתַּר יִצְחָק לַה׳ לְנֹכַח אִשְׁתּוֹ״.

פירוש מהרז"ו

יצחק שהוא עולה תמימה וכמ"ש לקמן פס"ד סי' ג' וע' לעיל פר' נ"ו סימן ג' ואל תעש לו מאומה מומה. תישר דרכו זהו הדרך שהלך אליעזר לצרכו שכתוב בו אנכי בדרך נחני ה' וכתוב וה' הצליח דרכי וזה היה בזכות יצחק ולצרכו. גם מרומז בזה בתיבת דרכו דרך חתנים כמ"ש פר"א פרק י"ב ועי' מש"ש. ואז על ידי כן וברעתו יפול רשע אלא שהרשע היה רוצה לעקם דרכו ע"כ נפל וצ"ע למה לא שאל המדרש על הפסוק כ"ג ומגדנות נתן לאחיה ולאמה הנה במדרש אמר וברעתו ידחה רשע והוא במשלי י"ד אבל ס"ד דצדקת תמים וברעתו יפול רשע וכ"ה בילקוט משלי י"א וברעתו יפול רשע זה בתואל: **אלו שבעת ימי אבלות.** ומרומז במ"ש תשב הנערה אתנו שתשב אתם יחד להתאבל ולישב על הארץ כמ"ש ישבו לארץ ידמו וגו' וכן אצל איוב וישבו אתו לארץ שבעת ימים ושבעת ימי אבילות למדו מן התורה.. עיין לקמן פר' ק' סי' ז': **אלו י"ב חודש.** רש"י בחומש כתב ימים אלו י"ב חודש כמ"ש ימים תהיה גאולתו או עשור עשרה חדשים. ובלי ספק שכן היה גירסתו במדרש וכצ"ל תשב הנערה אתנו אלו שבעת ימי אבילות (כמו שכתבתי). ימים אלו י"ב חודש. וי"ב חודש על שתפרנס עצמה כמ"ש במגילת אסתר ששה חדשים בשמן המור וששה חדשים בבשמים ובתמרוקי הנשים. ומ"ש או עשור על שאתה ממהר: (יג) **וישלחו וגו'. ויברכו וגו'.** שהיה לו להקדים הברכה להשילוח וכמ"ש יהושע כ"ב ו' ויברכם יהושע וישלחם וכאן ברכו אותה אחר השילוח כשהיתה על הדרך בחוץ וזה מוכיח שלא היה הברכה ברצון טוב גם מקיש הברכה להשילוח כמו שהשילוח היה בעל כרחם ככ"ל כן הברכה ג"כ בע"כ:

מסורת המדרש

כו כתובות דף נ"ז: כז שה"ש רבה פרשה ב' פסוק י"ד:

ענף יוסף

(יב) **[ותאמר אלך הולכת אני על כרחכם שלא בטובתכם]** ולכאורה זה כדברי עזות נגד אמה ואחיה הגדול ממנה. אך באמת אמרה כן בהכנעה וענוה גדולה. הנה אתם רואים שכל הדבר הזה מהקב"ה הוא. ואבי שרצה לעכב המיתו ה'. ועל כן למה לכם לעכב. הלא ודאי סוף הדבר יהיה שהולכת אני על כרחכם שלא בטובתכם. באיזה סבה מה'. ואיך תעמדו בדבר הזה. ואפשר שרמזה להם בדבריה כי גם המה מוכנים למיתה אם יעכבו. ולזה כשמעם עלה טובה שנתנה רבקה להם הנה תיכף וישלחו את רבקה מדעתם ומרצונם בשמחה ויברכו אותה כדרך המשלח בתו לנשואיה בשמחה ובשירים ובברכה (במ"ח):

רש"י

(יב) **ימים אלו שבעת ימי אבלו.** של בתואל: **או עשור אלו י"ב חדש שנותנין לבתולה לפרנס עצמה:** **עשור.** אלו עשרה חדשים או לרבות ב' חדשים: **הולכת אני ע"כ שלא בטובתכם.** ממשמע שאמרה אלך ולא אמרה אם בדעתכם אלך: (יג) **ויברכו את רבקה.** ויאמרו בשפה רפה ולא בלב: **דוויין ושפופין.** ולא היו מברכין אלא בפה: **שלא יאמרו תפלתנו עשתה פירות.** שאמרו את היי לאלפי רבבה אלא ויעתר יצחק ואחר כך ויעתר לו:

מתנות כהונה

[יב] **[זה בתואל שנגוף** גרסינן]: **י"ב חדשים.** פירש"י או לרבות עוד ב' חדשים והיינו י"ב שנותנין לבתולה כו'. מיום שתבעה האירוס להנשא כדאיתא בפ' אע"פ: **[ויאמרו לה וגו'** גרסינן]: **התלבי כו'.** בלשון תימה כדי שתאמר לא אלך: **על ברחכם כו'.** דאל"כ ותאמר כן מבעיא ליה: [יג] **דווים.** לשון כל לבב דוי: **ושפופים.** שפלים וירודים שהלכה בעל כרחם: **מפרינין.** לשון נדוניא כמו פורנא

נחמד למראה

[יב] ותאמר אלך הולכת אני על כרחכם שלא בטובתכם. אחשוב שדרשו הכי מדשני קרא בדיבוריה דכתיב ויאמרו נקרא לנערה ונשאלה את פיה. ואח"כ נאמר ויקראו ויאמרו אליה התלכי עם האיש הזה. והיה ראוי לכתוב ג"כ וישאלו אותה התלכי וגו' ולזה אמר ר' יצחק מרמזים בה התלכי התלכי. ורצה בזה כי ה"א התלכי תהיה ה"א התימה לא ה"א השאלה ולזה אמר מרמזים בה:

אשד הנחלים

דרכו למצוא מבוקשתו ובת זוגו האמיתית. וכל החושבים רעה אליו כבתואל המה ידחו כי ה' נגפם: **או עשור אלו י"ב חודש.** עיין במ"כ. וברש"י בחומש פירש על ימים שפרושו שנה לא כדברי המדרש דהכא דהוקשה לו וכי מבקשים תחילה על ימים מועטים ואח"כ על משך יותר. ולפי המדרש דהכא יתכן דאמר אם תחפוץ לקחת אותה כאשר היא עכ"פ תמתין ז' ימי אבלה. ואם תחפוץ שאלביש אותה ימתין ערך עשר חדשים למען יכינו לה מלבושיה ותכשיטיה ולא יקשה הלא ההכנה הוא י"ב חודש. כי זהו הזמן הקצוב האחרון וכל הרוצה יקדים וא"כ אין צורך או לרבות: **מרמזים בה.** אף שאמרו תחילה כי מה' יצא הדבר. עכ"ז לא אבו לצוות לה שתלך. כ"א בדרך רמז כשואלים ממנה אם תחפוץ בהליכ' זאת. והיא השיבה אחר שהבינה רמיזתם שהמה בלתי מצוים [כדרך אב ואח לבת ואחות] רק כשואלים אם חפצה בכך. לזה השיבה בודאי רצוני להלוך שמה אף אם לא היה רצונכם בזה אחר שתסמכו עלי ולא תצווני מורה שאין זה מחפצכם לצווני. והבן זה: **[יג] אלא בפה.** דייק. דמדרך הארץ בתחילה מתחילין בברכה. ואח"כ השילוח. אחר הברכה. אבל פה מפני גודל צערם בהליכה עקלו דרכם ושלחוה ואח"כ זכרוה לברכה ואף זאת רק בפה: **מפרינים.** לשון מתנה וברכה כמו הכתובה הנקראת פורנא בשביל זה:

A verse from *Job* is related to this blessing:

רַבִּי בֶּרֶכְיָה בְּשֵׁם רַבִּי לֵוִי אָמַר – R' Berechyah said in the name of R' Levi: "בִּרְכַּת אֹבֵד עָלַי תָּבֹא" – A verse states, ***The blessings of the destroyer would be upon me*** (*Job* 29:13). "בִּרְכַּת אֹבֵד", **זֶה לָבָן הָאֲרַמִּי** – *The destroyer*, in the phrase, ***The blessings of the destroyer*****, is an allusion to *Laban*, the Aramean,** שֶׁנֶּאֱמַר "אֲרַמִּי אֹבֵד אָבִי" **– as it is written, *An Aramean*** (Laban) ***tried to destroy my forefather*** (Jacob) (*Deuteronomy* 26:5). "עָלַי תָּבֹא", **זוֹ רִבְקָה** – The phrase, ***would be upon me*****, alludes to** the effectiveness[185] of the blessing received by **Rebecca.**[186]

Further discussion of the blessing:

"אֲחֹתֵנוּ אַתְּ הֲיִי לְאַלְפֵי רְבָבָה" – *They blessed Rebecca and said to her,* ***Our sister, may you come to be chiefs and a myriad.*** **וְעָמְדוּ מִמֶּנָּה אַלּוּפִים מֵעֵשָׂו וּרְבָבָה מִיַּעֲקֹב – And,** indeed, **there arose from [Rebecca] *chiefs***[187] **from Esau and a *myriad* from Jacob.**[188] **אַלּוּפִים מֵעֵשָׂו**, "אַלּוּף תֵּימָן ... אַלּוּף קְנַז" – The Midrash supports its statement: That there arose ***chiefs* from Esau** is indicated by the verse, *These are the chiefs of the children of Esau . . .* ***Chief Teman . . . Chief Kenaz*** (below, 36:15). **מִיַּעֲקֹב רְבָבָה, דִּכְתִיב "רְבָבָה כְּצֶמַח הַשָּׂדֶה נְתַתִּיךְ"** – And that **from Jacob** there emerged **a *myriad*** is evident in the verse, ***I made you*** (the Jewish people) ***myriad as the plants of the field*** (*Ezekiel* 16:7). **וְיֵשׁ אוֹמְרִים אַף אֵלּוּ וְאֵלּוּ עָמְדוּ מִיִּשְׂרָאֵל – And some say: Indeed,** both **[chiefs] and [a myriad] arose from** the nation of **Israel,** **דִּכְתִיב "וּבְנֻחֹה יֹאמַר שׁוּבָה ה' רִבְבוֹת אַלְפֵי יִשְׂרָאֵל" – for it is written, *And when [the ark] rested, [Moses] would say, "Reside tranquilly, O, HASHEM, among the myriad and the chiefs of Israel"*** (*Numbers* 10:36).[189]

וַתָּקָם רִבְקָה וְנַעֲרֹתֶיהָ וַתִּרְכַּבְנָה עַל הַגְּמַלִּים וַתֵּלַכְנָה אַחֲרֵי הָאִישׁ וַיִּקַּח הָעֶבֶד אֶת רִבְקָה וַיֵּלַךְ.

And Rebecca arose with her maidens; they rode upon the camels and [Rebecca and her maidens] proceeded after the man; the servant took Rebecca and went (24:61).

§14 **וַתָּקָם רִבְקָה וְנַעֲרֹתֶיהָ וגו'** – ***AND REBECCA AROSE WITH HER MAIDENS, ETC. THEY RODE UPON THE CAMELS . . .***

The Midrash explains why Rebecca was riding a camel:[190]

אָמַר רַבִּי לֵוִי: שֶׁכֵּן דֶּרֶךְ הַגְּמַלִּים גְּדֵלִים בַּמִּזְרָח – R' Levi said: Rebecca traveled by camelback **because it is the way of camels to be bred in the east.**[191] **רַבָּנָן אָמְרֵי: מַה גָּמָל זֶה יֵשׁ בּוֹ סִימָן טוּמְאָה וְסִימָן טָהֳרָה – And the Sages said: Just as the camel has a nonkosher sign and a kosher sign,**[192] **כָּךְ הֶעֱמִידָה רִבְקָה צַדִּיק וְרָשָׁע – so did Rebecca give rise to a righteous person** (Jacob) **and a wicked one** (Esau).[193]

☐ **וַתֵּלַכְנָה אַחֲרֵי הָאִישׁ** – ***AND [REBECCA AND HER MAIDENS] PROCEEDED AFTER THE MAN*** (Eliezer).

The Midrash comments on the formation in which they traveled:[194]

שֶׁכָּעוּר לָאִישׁ לִהְיוֹת מְהַלֵּךְ אַחַר הָאִשָּׁה – Eliezer traveled in front of Rebecca and her maidens **because it is unseemly for a man to be walking behind a woman.**[195]

וְיִצְחָק בָּא מִבּוֹא בְּאֵר לַחַי רֹאִי וְהוּא יוֹשֵׁב בְּאֶרֶץ הַנֶּגֶב.

Now Isaac came from having gone to Beer-lahai-roi, for he dwelt in the south country (24:62).

☐ **וְיִצְחָק בָּא מִבּוֹא** – ***AND ISAAC CAME*** "מבוא."

The Midrash explains from where it was that Isaac had come:

אֲתָא מְמֵיתָא – This may be interpreted to mean that **[Isaac] came from *the bringing*.**[196] **וּלְהֵיכָן הָלַךְ, "בְּאֵר לַחַי רֹאִי"** – **And to where had he gone** to *bring*? The verse continues: ***to*** "בְּאֵר לַחַי רוֹאִי". **הָלַךְ לְהָבִיא אֶת הָגָר אוֹתָהּ שֶׁיָּשְׁבָה עַל הַבְּאֵר וְאָמְרָה לְחֵי הָעוֹלָמִים רְאֵה בְּעֶלְבּוֹנִי** – This suggests that **[Isaac] had gone to bring Hagar,**[197] who was **the one who had sat at the spring** [באר] **and said to the Life-giver** [לחי] **of the world, "See** [ראה] **my distress!"**[198]

וַיֵּצֵא יִצְחָק לָשׂוּחַ בַּשָּׂדֶה לִפְנוֹת עָרֶב וַיִּשָּׂא עֵינָיו וַיַּרְא וְהִנֵּה גְמַלִּים בָּאִים.

Isaac went out to speak in the field toward evening and he raised his eyes and saw, and behold! camels were coming (*Genesis* 24:63).

☐ **וַיֵּצֵא יִצְחָק לָשׂוּחַ בַּשָּׂדֶה לִפְנוֹת עָרֶב** – ***ISAAC WENT OUT TO SPEAK IN THE FIELD TOWARDS EVENING.***

NOTES

185. Unlike the previous one, this exposition maintains that the blessing of our verse did contribute to the birth of Rebecca's children (*Eitz Yosef*).

[*Imrei Yosher* references *Megillah* 15a: אַל תְּהִי בִּרְכַּת הֶדְיוֹט קַלָּה בְּעֵינֶיךָ, *a blessing given by an ordinary person should not be unimportant in your eyes*; also compare *Yerushalmi Berachos*, end of Ch. 8.]

186. The basis for this association is 27:13 below, where Rebecca told Jacob, עָלַי קִלְלָתְךָ בְּנִי, *"Your curse be 'on me,' my son"* (*Rashash*).

187. The words אַלְפֵי רְבָבָה are commonly understood to mean *thousands of myriads* (see *Targum Onkelos* and *Rashi* to verse). In the view of the Midrash, this interpretation yields a redundancy since *myriad* [i.e., 10,000] is inclusive of *thousands*. The Midrash therefore understands the word אַלְפֵי to be suggestive of *chiefs* or *nobles* (*Eitz Yosef*).

188. Thus was the blessing of our verse fulfilled in its entirety (*Eitz Yosef*).

189. Translation follows *Eitz Yosef*.

190. Refined women would not generally travel by camel, but rather seated in a wagon (*Yefeh To'ar*; see also *Maharzu*; see *Matnos Kehunah* for an alternative approach).

191. Rebecca hailed from an eastern country where camels were bred. In those places, the use of camels was widespread among all sectors of the population (*Maharzu*, *Eitz Yosef*).

192. [In *Levitcus* 11:1-3 and *Deuteronomy* 14:4-7, the Torah mandates that an animal is kosher only if it chews its cud and has completely split hooves. The camel, which chews its cud but does not have split hooves, is one of only four animals listed there that possess one of these two signs.]

193. The Sages maintain that Rebecca's travel by camelback [was, in fact, unusual, but it] was brought about to provide a portent for Rebecca's children (*Eitz Yosef*).

194. Ordinarily, a man would travel behind a woman he is escorting so as to be better positioned to protect her. The Midrash therefore feels compelled to explain why Eliezer and Rebecca did not travel that way (*Maharzu*; *Eitz Yosef*).

195. The reason for this is that it may lead to the man having illicit thoughts about the woman (*Matnos Kehunah*, *Eitz Yosef*).

[*Matnos Kehunah* and *Maharzu* cite *Berachos* 61a which adds, in relation to our verse, that it is preferable to travel behind a lion than behind a woman. The prohibition against following a woman is codified in *Shulchan Aruch, Even HaEzer* 21:1.]

196. Translation follows *Eitz Yosef*, who understands the Midrash to associate the word מִבּוֹא with הֲבָאָה, meaning *bringing*. [See *Rashi*, also cited by *Matnos Kehunah*, and *Maharzu* for alternative approaches.]

197. I.e., Isaac had gone to retrieve Hagar so that Abraham would remarry her (*Yefeh To'ar*, who references 61 §4 below).

[*Yefeh To'ar* comments that the time was right for Abraham's remarriage because Sarah had passed away and Isaac was about to marry.]

198. The Midrash understands בְּאֵר to mean *spring*, לַחַי to suggest לְחֵי, meaning *to the Life-giver [of the world]*, a reference to God, and רֹאִי to be the equivalent of רְאֵה, which translates to *see*.

The incident that allows for Hagar to be identified this way appeared in v. 16:7 above (*Yefeh To'ar*; see there, where he addresses the fact that the Torah's account of that episode contains no mention of Hagar having prayed).

רַבִּי בֶּרֶכְיָה בְּשֵׁם רַבִּי לֵוִי אָמַר: (איוב כט, יג) כח"בִּרְכַּת אֹבֵד עָלַי תָּבֹא", "בִּרְכַּת אוֹבֵד", זֶה לָבָן הָאֲרַמִּי שֶׁנֶּאֱמַר (דברים כו, ה) "אֲרַמִּי אֹבֵד אָבִי", "עָלַי תָּבֹא", זוֹ רִבְקָה, "אֲחֹתֵנוּ אַתְּ הֲיִי לְאַלְפֵי רְבָבָה", וְעָמְדוּ מִמֶּנָּה אַלּוּפִים מֵעֵשָׂו וּרְבָבָה מִיַּעֲקֹב. אַלּוּפִים מֵעֵשָׂו, (בראשית לו, טו) "אַלּוּף תֵּימָן אַלּוּף קְנַז", מִיַּעֲקֹב רְבָבָה, דִּכְתִיב (יחזקאל טז, ז) "רְבָבָה כְּצֶמַח הַשָּׂדֶה נְתַתִּיךְ". וְיֵשׁ אוֹמְרִים אַף אֵלּוּ וְאֵלּוּ עָמְדוּ מִיִּשְׂרָאֵל דִּכְתִיב (במדבר י, לו) "וּבְנֻחֹה יֹאמַר שׁוּבָה ה' רִבְבוֹת אַלְפֵי יִשְׂרָאֵל":

יד [כד, סא] "וַתָּקָם רִבְקָה וְנַעֲרֹתֶיהָ". אָמַר רַבִּי לֵוִי: שֶׁכֵּן דֶּרֶךְ הַגְּמַלִּים גְּדֵלִים בַּמִּזְרָח. רַבָּנָן אָמְרִי: מַה גָּמָל זֶה יֵשׁ בּוֹ סִימָן טוּמְאָה וְסִימָן טָהֳרָה כָּךְ הֶעֱמִידָה רִבְקָה צַדִּיק וְרָשָׁע. "וַתֵּלַכְנָה אַחֲרֵי הָאִישׁ", כטשֶׁשָּׁבְעוּר לָאִישׁ לִהְיוֹת מְהַלֵּךְ אַחַר הָאִשָּׁה. [כד, סב] "וְיִצְחָק בָּא מִבּוֹא", אֲתָא מְמֵּיתָא. וּלְהֵיכָן הָלַךְ, "בְּאֵר לַחַי רֹאִי", הָלַךְ לְהָבִיא אֶת הָגָר אוֹתָהּ שֶׁיָּשְׁבָה עַל הַבְּאֵר וְאָמְרָה לְחַי הָעוֹלָמִים רְאֵה בְּעֶלְבּוֹנִי. [כד, סג] "וַיֵּצֵא יִצְחָק לָשׂוּחַ בַּשָּׂדֶה לִפְנוֹת עָרֶב", לאֵין שִׂיחָה אֶלָּא תְּפִלָּה שֶׁנֶּאֱמַר (תהלים קב, א) "תְּפִלָּה לְעָנִי כִי יַעֲטֹף וְלִפְנֵי ה' יִשְׁפֹּךְ שִׂיחוֹ", וְכֵן הוּא אוֹמֵר (שם נה, יח) "עֶרֶב וָבֹקֶר וְצָהֳרַיִם אָשִׂיחָה וְגוֹ'":

טו [כד, סד] "וַתִּשָּׂא רִבְקָה אֶת עֵינֶיהָ וַתֵּרֶא אֶת יִצְחָק", אָמַר רַבִּי הוּנָא: צָפַת שֶׁיָּדוֹ שְׁטוּחָה בִּתְפִלָּה אָמְרָה וַדַּאי אָדָם גָּדוֹל הוּא, לְכָךְ שָׁאֲלָה עָלָיו. "וַתִּפֹּל מֵעַל הַגָּמָל", אִיתְרְכִינַת, הֵיךְ מָה דְּאַתְּ אָמַר (תהלים לז, כד) "כִּי יִפֹּל לֹא יוּטָל". "וַתֹּאמֶר אֶל הָעֶבֶד וְגוֹ'",

עץ יוסף

ברכת אובד זה לבן. וס"ל שתפלתן עשתה פירות: **אלופים מעשו.** דס"ל דאי אלפי כמשמעו בכלל רבבה ניהו אלא אלפי ל' אלופים דהיינו שרים ונגידים. וגם רבבה בריבוי עם. ונתקיים שניהם אלופים מעשו ורבבה מיעקב: **שובה ה' כו'.** דהתם נמי אלפי הוא לשון אלופים: **(יד) שכן דרך הגמלים כו'.** שכן דרך הארץ ההיא שהיא מזרחית והגמלים גדלים שם להשתמש ברכיבתם אנשים ונשים ואין מכלים: **רבנן ראשי כו'.** פי' דרבנן פירשו שכך נזדמן לה להיות סימן למה שעתידה ללדת צדיק ורשע: **שבעור לאיש.** מפני ההרהור ואמר זה משום דק"ל שדרך שומרי הנשים להוליכן לפניהם להשגיח עליהן ואיך זה הניחן אחריו: **אתא ממיתא.** דמבוא הוא לשון הבאה. כלומר שבא מן ההבאה שהביא את הגר וכדמסיק וגי' הילקוט אתא ממילתא: **(טו) [יד] צפת.** פי' ראתה: **שידו שטוחה כו'.** ולפיכך הסתירה פניה ממנו מחמת בושה ושאלה עליו. דאל"כ מ"ט לאשה לשאול על האיש הנראה מי היא (יפ"ת): **איתרכינת.** כלו' שלא נפלה ממנו. אלא שהיטת עצמה לצד הארץ. כמו כי יפול לא יוטל שפי' אם יטה לארץ לא יגיע עד הקרקע וכדפרש"י בחומש:

פירוש מהרז"ו

(יד) דרך הגמלים. שאין דרך האשה לרכוב כמ"ש ריש פסחים אלא על שבמזרח עיקר גידול הגמלים ובהכרח גם לנשים לרכוב מפני גובה הגמלים ולמודים בכך. ורבנן דורשים שזה מיותר אלא שיש בו סימן על בנים שתוליד (וכ"כ היפ"ת): **שבעור לאיש.** שלפי השמירה היה ראוי שילך הוא אחריה. וע' ברכות דף ס"א אחורי הארי ולא אחורי אשה: **אתא ממיתא.** קושיא היא שהיל"ל בא מדרכו. ודורש שבא ללמוד סתום מן המפורש כמו כאן מפורש שבא נגד זיווגו כך הביאה שבא ממנה ג"כ מזיווג של הגר לאברהם וע' לקמן פס"א סי' ד'. וע' לעיל פר' מ"ה סי' יו"ד: **אין שיחה.** ע"א ז' וש"נ: **(טו) לכך שאלה.** דאל"כ וכי דרכה של רבקה לשאול על אנשים. וכמ"ש מדרש שמואל פר' י"ג אצל בנות העיר עם שאול. ומ"ש ידו שטוחה שדורש מ"ש לשוח מענין תפלה וכמ"ש ובפרישכם כפיכם וכדומה: **אתרכינת.** שפי' הטיה לצד ולא נפילה ממש מעל הגמל הגבוה והראיה מפסוק כי יפול לא יוטל שפי' ג"כ שאפילו יטה לפול לא יוטל ויושלך לארץ. כי ה' סומך ידו. והמדרש פי' תחלה למה שאלה עליו ואח"כ על פסוק ותפול שדורש ע"פ מדה ל"א שתחלה שאלה וכשהודיע לה אז נפלה לכבוד יצחק ולא להיפך וכ"ה בהפי' אב"ע ותאמר וכבר אמרה קודם שנפלה:

חידושי הרש"ש

[ג] **עלי תבא זו רבקה.** כדכתיב גבה עלי קללתך בני:

ענף יוסף

(יד) [**אין שיחה אלא תפלה**] ומהכא ילפינן דיצחק תיקן תפלת מנחה. ועיין בפרק ת"ה. ובסוף פרק א"ע גבי הא דאמרינן חציף עלי מאן דמצלי בבקתא כתבו תוס' וא"ת והכתיב ויצא יצחק לשוח בשדה. וי"ל דהתם מיירי בהר המוריה וכדאמרינן בפסחים פרק האשה לא כיצחק שקראו שדה:

(**שנא' תפלה לעני כי יעטוף כו'**) עי' ברכות דף כ"ז תוס' ד"ה אין שיחה. ובעכו"ם דף ז' תוס' ד"ה אין שיחה ולקמן פ' ס"ח:

מסורת המדרש

כח ילקוט איוב רמז תתקי"ז:

כט עיין ברכות ס"א. עירובין י"ח. ילקוט שופטים רמז ס"ח:

ל ברכות כ"ו. עבודת כוכבים ז'. ירושלמי ברכות פ' ד'. פדר"א פרק ט"ז. לקמן פ' ס"ח. במד"ר ריש פרשה ב'. תנחומא כאן סימן ה'. וסדר מקץ סי' ט'. מדרש תהלים מזמור כ"ה ומזמור ק"ב. מדרש משלי פרשה כ"ב. ילקוט וירא רמז פ"ו. ילקוט כאן רמז ק"ט. ילקוט תהלים רמז תשע"ב ותתכ"ה. ילקוט משלי רמז תתק"ס:

אם למקרא

בִּרְכַּת אֹבֵד עָלַי תָּבֹא וְלֵב אַלְמָנָה אַרְנִן: (איוב כט:יג)

וְעָנִיתָ וְאָמַרְתָּ לִפְנֵי ה' אֱלֹהֶיךָ אֲרַמִּי אֹבֵד אָבִי וַיֵּרֶד מִצְרַיְמָה וַיָּגָר שָׁם בִּמְתֵי מְעָט וַיְהִי־שָׁם לְגוֹי גָּדוֹל עָצוּם וָרָב: (דברים כו:ה)

אֵלֶּה אַלּוּפֵי בְנֵי־עֵשָׂו בְּנֵי אֱלִיפַז בְּכוֹר עֵשָׂו אַלּוּף תֵּימָן אַלּוּף אוֹמָר אַלּוּף צְפוֹ אַלּוּף קְנַז: (בראשית לו:טו)

רְבָבָה כְּצֶמַח הַשָּׂדֶה נְתַתִּיךְ וַתִּרְבִּי וַתִּגְדְּלִי וַתָּבֹאִי בַּעֲדִי עֲדָיִים שָׁדַיִם נָכֹנוּ וּשְׂעָרֵךְ צִמֵּחַ וְאַתְּ עֵרֹם וְעֶרְיָה: (יחזקאל טז:ז)

וּבְנֻחֹה יֹאמַר שׁוּבָה ה' רִבְבוֹת אַלְפֵי יִשְׂרָאֵל: (במדבר י:לו)

תְּפִלָּה לְעָנִי כִי־יַעֲטֹף וְלִפְנֵי ה' יִשְׁפֹּךְ שִׂיחוֹ: (תהלים קב:א)

עֶרֶב וָבֹקֶר וְצָהֳרַיִם אָשִׂיחָה וְאֶהֱמֶה וַיִּשְׁמַע קוֹלִי: (תהלים נה:יח)

כִּי־יִפֹּל לֹא־יוּטָל כִּי־ה' סוֹמֵךְ יָדוֹ: (תהלים לז:כד)

רש"י

(יד) **ויצחק בא מבא אתא ממיתי.** ממקום שהלך: (טו) **ותרא את יצחק ותפול.** אמר ר' הונא לפת שידו שטוחה. ראתה ידו שטוחה ונדמה לה כיד אדם הגון והשוב: **ותפול מעל הגמל ואתרכינת.** נשתחוית מעט כדמתרגמינן כי יפול לא יוטל כי ה' וגו' שאינו נופל ממש כך היא לא נפלה אלא בקשה ליפול וסמכה הקב"ה:

מתנות כהונה

כלומר לא היו נותנין לה נדוניא אך דבר שפתים וכ"פ הרמב"ן בפרשת ויחי והערוך פי' לא היו מפייסים אלא בפה ולא בלב: **[יד] [ונערותיה וגו' גרסינן]: שכן דרך הגמלים.** דאל"כ היאך למדה לרכוב על הגמלים: **שבעור כו'.** שילרו של איש גדול ומהרהר כמו שאחז"ל אחר ארי ולא אחר אשה: **אתא מלמיתא** גרס בילקוט. ופי' בא מלהביא את הגר שהלך שם בשביל זה ורש"י גרס ממיתי ופירש ממקום שהלך: **ראה בעלבוני.** לשון תפלה: **[טו] צפת.** הביטה: **איתרכינת.** כך ת"א ופי' נטתה את עלמה לצדדין מדרך המוסר:

אשד הנחלים

ברכת אובד גו' זה לבן. לכאורה מדוע אחז איוב דווקא ברכת לבן. האם לא מצא ברכות אחרות בעולם מאנשים צדיקים יראי אלהים ויתכן שזה לפי דעת האומר שאיוב בימי יעקב הי' ודינה בת יעקב נשא. ולזה התפלא לו יהא שאנכי הגרוע למולם עכ"ז ברכת האובד עכ"פ אלי תבוא. ואם אהיה איך שאהיה עכ"פ נתקיימה ברכתו. הן ביעקב והן בעשו ולמה אגרע הלא אנכי מהם ובהם: **[יד] גדילים במזרח כו' מה גמל.** דקטנה בת שלשה שנים אין מדרך שתוכל בעצמה לרכוב. והראיה שמצינו במשה שקחם והרכיבם על החמור. אבל מפני שהם גדלים שמה והורגלה בכך. ודעת רבנן הוא דרך הרמז. כי כל המקריים והמעשים מאבותינו הי' הכל לרמז על הימים הבאי' כידוע: **ויצחק גו' מלמיתא כו'.** מבאר פי' הפסוק דאין פרושו מבוא באר לחי רואי. דא"כ מאי מבוא הל"ל בא מבאר לחי. א"ו דמבוא פירושו מלהביא הגר וזהו מלמיתא וכגי' הילקו' הנכונה כי הלך לבאר לחי רואי לקחת את הגר מפני שזכר אברהם בקשתה מה' מעלבונה. ולכן כינה פה בשם זה. להורות סבת לקיחתה בחזרה: **אלא תפילה.** כי באה מהכנעה ומשוח הלב והגוף מאד וכן הדיבור היוצא מלב נכנע ונפש שחה. יקרא בשם שיח: **[טו] צפת שידו שטוחה.** כי התפעלה מאוד מרגשת נפשו עד שנטתה בעצמה לצדדין מהחמור וכמעט שנפלה מרוב היראה. ולכן שאלה מי הוא האיש הצדיק הלזה המשתטח ככה. ולכן כתיב הלזה. כאלו דבר מתמיה ראתה בו. ודעת ר"ח דמלת הלזה מורה על התאר מפני שהי' הדר ויפה עד מאד. והראי' שכן על יוסף שהכירו אותו בתואר אמרו בלשון הלזה. כלומר בתוארו הניכר. ודעת רבנן הוא ופלסונו אולי הוא מלשון בגד. שפרושו בגד חשוב כמ"ש ביומא פלוסין של מאה מנה. והנה מוסב על יוסף שאביו עשה לו כתונ' פסי' ואחיו כשראוהו לבוש בכותנתו כדרכו להתגדל בה. נזכרו ואמרו כי חלומותיו עדיין מטעים אותו כי ימשול עלינו. וזה לראיית ר"ח שראתה אותו הדור מאוד ביופיו ובגדיו. וע"ז תמהו מי הוא האיש הלזה. ודרשו עוד אלון זה כי הרואה מרחוק ידמה לפעמים לאילן מה עם ענפיו. כאיש. ולכן אמרה זאת בדרך שאלה.

The Midrash explains Isaac's "speech":

אֵין שִׂיחָה אֶלָּא תְּפִלָּה – **"Speech"** in this verse **connotes nothing other than prayer,**[199] שֶׁנֶּאֱמַר "תְּפִלָּה לְעָנִי כִי יַעֲטֹף וְלִפְנֵי ה' יִשְׁפֹּךְ שִׂיחוֹ" – **as it is written,**[200] ***A prayer of the afflicted man when he swoons, and pours forth his speech before HASHEM*** (*Psalms* 102:1). וְכֵן הוּא אוֹמֵר "עֶרֶב וָבֹקֶר וְצָהֳרַיִם אָשִׂיחָה" וְגוֹ' – **And, similarly, [Scripture] states, *Evening, morning, and noon, I speak, etc.*** *and moan; and [God] has heard my voice* (ibid. 55:18).

וַתִּשָּׂא רִבְקָה אֶת עֵינֶיהָ וַתֵּרֶא אֶת יִצְחָק וַתִּפֹּל מֵעַל הַגָּמָל. וַתֹּאמֶר אֶל הָעֶבֶד מִי הָאִישׁ הַלָּזֶה הַהֹלֵךְ בַּשָּׂדֶה לִקְרָאתֵנוּ וַיֹּאמֶר הָעֶבֶד הוּא אֲדֹנִי וַתִּקַּח הַצָּעִיף וַתִּתְכָּס.

And Rebecca raised her eyes and saw Isaac; [Rebecca] ell from upon the camel. And she said to the servant, "Who is that man walking in the field toward us?" And the servant said, "He is my master." [Rebecca] took the veil and covered herself (24:64-65).

§15 וַתִּשָּׂא רִבְקָה אֶת עֵינֶיהָ וַתֵּרֶא אֶת יִצְחָק – ***AND REBECCA RAISED HER EYES AND SAW ISAAC.***

The Midrash explains why Rebecca inquired about Isaac's identity:[201]

אָמַר רַבִּי הוּנָא: צָפַת שֶׁיָּדוֹ שְׁטוּחָה בִּתְפִלָּה – **R' Huna said:** When **[Rebecca] saw**[202] **that [Isaac's] hand was extended in prayer,**[203] אָמְרָה וַדַּאי אָדָם גָּדוֹל הוּא, לְכָךְ שָׁאֲלָה עָלָיו – **she said** to herself,[204] **"Certainly he is a great man!" Therefore, she asked** Eliezer **about him.**

□ וַתִּפֹּל מֵעַל הַגָּמָל – ***[REBECCA] FELL FROM UPON THE CAMEL.***

The Midrash expounds:

אִיתְרְכִינַת – This means that **[Rebecca] inclined** upon the camel,[205] הֵיךְ מָה דְאַתְּ אָמַר "כִּי יִפֹּל לֹא יוּטָל" – **as it is written, *Should he tilt*** [יפל], ***he will not be cast down,*** *for HASHEM supports his hand* (*Psalms* 37:24).[206]

Alternative reasons for Rebecca's inquiry of this verse:

"וַתֹּאמֶר אֶל הָעֶבֶד וְגוֹ'" – ***And [Rebecca] said to the servant*** (Eliezer), *"Who is that man walking in the field toward us?"*

NOTES

199. Our verse is thus rendered, *Isaac went out to "pray" in the field toward evening*.

[*Anaf Yosef* cites *Berachos* 26b, which teaches that this represented the institution of *Minchah*, the afternoon prayer.]

200. The verse to be cited, as well as the next one, employs the root שִׂיחַ in the context of supplication to God.

201. A [respectable] woman would not ask about a man she saw unless she had reason to do so (*Yefeh To'ar*, cited by *Eitz Yosef*; *Maharzu*).

202. *Rashi* et al.

203. The Midrash here accords with the previous section, which taught that Isaac was engaged in prayer at the time of the events described by these verses (*Maharzu*).

Rebecca made this determination based on the appearance of Isaac's hand, which indicated that he was a person of prominence (*Rashi*, with *Yedei Moshe*). Alternatively, the manner in which Isaac prayed attested to his greatness (*Yefeh To'ar*). See further, Insight Ⓐ.

204. *Yalkut Me'am Loez.*

205. Translation follows *Eitz Yosef*, citing *Rashi* to verse, who explains that Rebecca did not actually fall off of the camel. *Rashi* here adds that Rebecca attempted to throw herself to the ground but, like the righteous person in the verse that will be cited from *Psalms*, she was supported by God.

Rebecca made this gesture [of bowing (*Yefeh To'ar*)] out of respect for [her future husband] Isaac (*Maharzu*). [It emerges that Rebecca first learned of Isaac's identity and *then* inclined on the camel, contrary to the plain implication of these verses (*Maharzu*, citing *Ibn Ezra* to verse; cf. *Yefeh To'ar*).]

206. This verse uses the root נפל to describe *tilting* without actually falling.

INSIGHTS

Ⓐ **Isaac's Prayer** *R' Chaim Ephraim Zaitschik* addresses an apparent difficulty in this Midrash: Surely prayer was not a rare phenomenon. Why, then, was Isaac's prayer perceived by Rebecca to be a sign of unique greatness?

R' Zaitschik suggests that we may understand the special quality of Isaac's prayer on the basis of that which is stated in *Zohar* (to *Parashas Yisro*; vol. 2, 67a), in which R' Chizkiyah expounds the verse (*Exodus* 23:15): וְלֹא יֵרָאוּ פָנַי רֵיקָם, *And you shall not be seen before Me empty-handed.* R' Chizkiyah explains: "This refers to the secret of raising one's hands" – i.e. one must not raise one's hands in "empty" supplication. The lifting of hands and the extending of fingers in prayer should be performed only as a sincere expression of great arousal and intense inner emotion, such as cannot be captured in words. If one's prayer is not sincere and inner-directed, it is inappropriate to lift one's hands.

Thus, the Midrash's focus on Isaac's hand "extended in prayer" is specific and precise. Rebecca recognized, upon seeing Isaac's hands extended in prayer, that this was a sincere expression of deep emotion. She understood that a person whose hands are truly and sincerely extended in prayer is a person whose emotions are bursting forth from his heart so powerfully that they are beyond any possible verbal expression. The entire being of such a person expresses the praise and glorification of God. It was therefore in this particular act that Rebecca perceived Isaac's extraordinary qualities (*Maayanei Chaim*).

חידושי הרש"ש

[ג] עלי תבא זו רבקה. כדכתיב גבה עלי קללתך בני:

ענף יוסף

(יד) [אין שיחה אלא תפלה] ומהכא ילפינן דיצחק תיקן תפלת מנחה. ועיין בפרק ת"ה. ובסוף פרק א"ע גבי הא דאמרינן חציף עלי מאן דמצלי בבקתא כתבו תוס' וא"ת והכתיב ויצא יצחק לשוח בשדה. וי"ל דהתם מיירי בהר המוריה וכדאמרינן בפסחים פרק האשה לא כיצחק שקראו שדה:

(שנא' תפלה לעני כי יעטוף כו') עי' ברכות דף כ"ז תוס' ד"ה אין שיחה. ובעכו"ם דף ז' תוס' ד"ה אין שיחה ולקמן פ' ס"ח:

רַבִּי בֶּרֶכְיָה בְּשֵׁם רַבִּי לֵוִי אָמַר: (איוב כט, יג) כח"בִּרְכַּת אֹבֵד עָלַי תָּבֹא", "בִּרְכַּת אוֹבֵד", זֶה לָבָן הָאֲרַמִּי שֶׁנֶּאֱמַר (דברים כו, ה) "אֲרַמִּי אֹבֵד אָבִי", "עָלַי תָּבֹא", זוֹ רִבְקָה, "אֲחֹתֵנוּ אַתְּ הֲיִי לְאַלְפֵי רְבָבָה", וְעָמְדוּ מִמֶּנָּה אַלּוּפִים מֵעֵשָׂו וּרְבָבָה מִיַּעֲקֹב. אַלּוּפִים מֵעֵשָׂו, (בראשית לו, טו) "אַלּוּף תֵּימָן אַלּוּף קְנַז", מִיַּעֲקֹב רְבָבָה, דִּכְתִיב (יחזקאל טז, ז) "רְבָבָה כְּצֶמַח הַשָּׂדֶה נְתַתִּיךְ". וְיֵשׁ אוֹמְרִים אַף אֵלּוּ וְאֵלּוּ עָמְדוּ מִיִּשְׂרָאֵל דִּכְתִיב (במדבר י, לו) "וּבְנֻחֹה יֹאמַר שׁוּבָה ה' רִבְבוֹת אַלְפֵי יִשְׂרָאֵל":

יד [כד, סא] "וַתָּקָם רִבְקָה וְנַעֲרֹתֶיהָ". אָמַר רַבִּי לֵוִי: שֶׁכֵּן דֶּרֶךְ הַגְּמַלִּים גְּדֵלִים בַּמִּזְרָח. רַבָּנָן אָמְרֵי: מָה גָּמָל זֶה יֵשׁ בּוֹ סִימָן טוּמְאָה וְסִימָן טָהֳרָה כָּךְ הֶעֱמִידָה רִבְקָה צַדִּיק וְרָשָׁע. "וַתֵּלַכְנָה אַחֲרֵי הָאִישׁ", כטשֶׁבָּעוּר לָאִישׁ לִהְיוֹת מְהַלֵּךְ אַחַר הָאִשָּׁה. [כד, סב] "וְיִצְחָק בָּא מִבּוֹא", אֲתָא מִמֵּיתָא. וּלְהֵיכָן הָלַךְ, "בְּאֵר לַחַי רֹאִי", הָלַךְ לְהָבִיא אֶת הָגָר אוֹתָהּ שֶׁיָּשְׁבָה עַל הַבְּאֵר וְאָמְרָה לְחַי הָעוֹלָמִים רְאֵה בְּעֶלְבּוֹנִי. [כד, סג] "וַיֵּצֵא יִצְחָק לָשׂוּחַ בַּשָּׂדֶה לִפְנוֹת עָרֶב", לאֵין שִׂיחָה אֶלָּא תְּפִלָּה שֶׁנֶּאֱמַר (תהלים קב, א) "תְּפִלָּה לְעָנִי כִּי יַעֲטֹף וְלִפְנֵי ה' יִשְׁפֹּךְ שִׂיחוֹ", וְכֵן הוּא אוֹמֵר (שם נה, יח) "עֶרֶב וָבֹקֶר וְצָהֳרַיִם אָשִׂיחָה וְגוֹ'":

טו [כד, סד] "וַתִּשָּׂא רִבְקָה אֶת עֵינֶיהָ וַתֵּרֶא אֶת יִצְחָק", אָמַר רַבִּי הוּנָא: צָפַת שֶׁיָּדוֹ שְׁטוּחָה בִּתְפִלָּה אָמְרָה וַדַּאי אָדָם גָּדוֹל הוּא, לְכָךְ שָׁאֲלָה עָלָיו. "וַתִּפֹּל מֵעַל הַגָּמָל", אִיתְרְכִינַת, הֵיךְ מָה דְּאַתְּ אָמַר (תהלים לז, כד) "כִּי יִפֹּל לֹא יוּטָל". "וַתֹּאמֶר אֶל הָעֶבֶד וְגוֹ'",

עץ יוסף

ברכת אובד זה לבן. וס"ל שתפלתן עשתה פירות: **אלופים מעשו.** דס"ל דאי אלפי כמשמעו בכלל רבבה ניהו אלא אלפי ל' אלופים דהיינו שרים ונגידים. וגם רבבה בריבוי עם. ונתקיים שניהם אלופים מעשו ורבבה מיעקב: **שובה ה' כו'.** דהתם נמי אלפי הוא לשון אלופים: **(יד) שכן דרך הגמלים כו'.** שכן דרך הארץ ההיא שהיא מזרחית והגמלים גדלים שם להשתמש ברכיבתם אנשים ונשים ואין מכלים: **רבנן ראשי כו'.** פי' דרבנן פירשו שכך נזדמן לה להיות סימן למה שעתידה ללדת צדיק ורשע: **שבעור לאיש.** מפני ההרהור ואמר זה משום דק"ל שדרך שומרי הנשים להוליכן לפניהם להשגיח עליהן ואיך זה הניחן אחריו: **אתא ממיתא.** דמבוא הוא לשון הבאה. כלומר שבא מן ההבאה שהביא את הגר וכדמסיק וגי' הילקוט אתא ממילתא: **(טו) [יד] צפת.** פי' ראתה: **שידו שטוחה כו'.** ולפיכך הסתירה פניה ממנו מחמת בושה ושאלה עליו. דאל"כ מ"ט לאשה לשאול על האיש הנראה מי היא (יפ"ת): **איתרכינת.** כלו' שלא נפלה ממנו. אלא שהיטת עצמה לצד הארץ. כמו כי יפול לא יוטל שפי' אם יטה לארץ לא יגיע עד הקרקע וכדפרש"י בחומש:

פירוש מהרז"ו

(יד) דרך הגמלים. שאין דרך האשה לרכוב כמ"ש ריש פסחים אלא על שבמזרח עיקר גידול הגמלים ובהכרח גם לנשים לרכוב מפני גובה הגמלים ולמודים בכך. ורבנן דורשים שזה מיותר אלא שיש בו סימן על בנים שתוליד (וכ"כ היפ"ת): **שבעור לאיש.** שלפי השמירה היה ראוי שילך הוא אחריה. וע' ברכות דף ס"א אחורי הארי ולא אחורי אשה: **אתא ממיתא.** קושיא היא שהיל"ל בא מדרכו. ודורש שבא ללמוד סתום מן המפורש כמו כאן מפורש שבא נגד זיווגו כך הביאה שבא ממנה ג"כ מזיווג של הגר לאברהם וע' לקמן פס"א סי' ד'. וע' לעיל פר' מ"ה סי' יו"ד: **אין שיחה.** ע"א ז' וש"נ: **(טו) לכך שאלה.** דאל"כ וכי דרכה של רבקה לשאול על אנשים. וכמ"ש מדרש שמואל פר' י"ג אצל בנות העיר עם שאול. ומ"ש ידו שטוחה שדורש מ"ש לשוח מענין תפלה וכמ"ש ובפרישכם כפיכם וכדומה: **אתרכינת.** שפי' הטיה לצד ולא נפילה ממש מעל הגמל הגבוה והראיה מפסוק כי יפול לא יוטל שפי' ג"כ שאפילו יטה לפול לא יוטל ויושלך לארץ. כי ה' סומך ידו. והמדרש פי' תחלה למה שאלה עליו ואח"כ על פסוק ותפול שדורש ע"פ מדה ל"א שתחלה שאלה וכשהודיע לה אז נפלה לכבוד יצחק ולא להיפך וכ"ה בהפי' אב"ע ותאמר וכבר אמרה קודם שנפלה:

רש"י

(יד) ויצחק בא מבא אתא ממיתי. ממקום שהלך: **(טו) ותרא את יצחק ותפול.** אמר ר' הונא לפת שידו שטוחה. ראתה ידו שטוחה ונדמה לה כיד אדם הגון וחשוב: **ותפול מעל הגמל ואתרכינת.** נשתחוית מעט כדמתרגמינן כי יפול לא יוטל כי ה' וגו' שאינו נופל ממש כך היא לא נפלה אלא בקשה ליפול וסמכה הקב"ה:

מתנות כהונה

כלומר לא היו נותנין לה נדוניא אך דבר שפתים וכ"פ הרמב"ן בפרשת ויחי והערוך פי' לא היו מפייסים אלא בפה ולא בלב: **[יד] [ונערותיה וגו' גרסינן]: שכן דרך הגמלים.** דאל"כ היאך למדה לרכוב על הגמלים: **שבעור כו'.** שיצרו של איש גדול ומהרהר כמו שאחז"ל אחר ארי ולא אחר אשה: **אתא מלמיתא** גרס בילקוט. ופי' בא מלהביא את הגר שהלך שם בשביל זה ורש"י גרס ממיתי ופירש ממקום שהלך: **ראה בעלבוני.** לשון תפלה: **[טו] צפת.** הביטה: **איתרכינת.** כך ת"א ופי' נטתה את עצמה לצדדין מדרך המוסר:

אשד הנחלים

ברכת אובד גו' זה לבן. לכאורה מדוע אחז איוב דווקא ברכת לבן. האם לא מצא ברכות אחרות בעולם מאנשים צדיקים יראי אלהים ויתכן שזה לפי דעת האומר שאיוב בימי יעקב הי' ודינה בת יעקב נשא. ולזה התפלא לו יהא שאנכי הגרוע למולם עכ"ז ברכת האובד עכ"פ אלי תבוא. ואם אהיה איך שאהיה עכ"פ נתקיימה ברכתו. הן ביעקב והן בעשו ולמה אגרע הלא אנכי מהם ובהם: **[יד] גדילים במזרח כו' מה גמל.** דקטנה בת שלשה שנים אין מדרך שתוכל בעצמה לרכוב. והראיה שמצינו במשה שקחם והרכיבם על החמור. אבל מפני שהם גדלים שמה והורגלה בכך. ודעת רבנן הוא דרך הרמז. כי כל המקריים והמעשים מאבותינו הי' הכל לרמז על הימים הבאי' כידוע: **ויצחק גו' מלמיתא כו'.** מבאר פי' הפסוק דאין פרושו מבוא באר לחי רואי. דא"כ מאי מבוא הל"ל בא מבאר לחי. א"ו דמבוא פירושו מלהביא הגר וזהו מלמיתא וכגי' הילקו' הנכונה כי הלך לבאר לחי רואי לקחת את הגר מפני שזכר אברהם בקשתה מה' מעלבונה. ולכן כינה פה בשם זה. להורות סבת לקיחתה בחזרה: **אלא תפילה.** כי באה מהכנעה ומשוח הלב והגוף מאד וכן הדיבור היוצא מלב נכנע ונפש שחה. יקרא בשם שיח: **[טו] צפת שידו שטוחה.** כי התפעלה מאוד מרגשת נפשו עד שנטתה בעצמה לצדדין מהחמור וכמעט שנפלה מרוב היראה. ולכן שאלה מי הוא האיש הצדיק הלזה המשתטח ככה. ולכן כתיב הלזה. כאלו דבר מתמיה ראתה בו. ודעת ר"ח דמלת הלזה מורה על התאר מפני שהי' הדר ויפה עד מאד. והראי' שכן על יוסף שהכירו אותו בתואר אמרו בלשון הלזה. כלומר בתוארו הניכר. ודעת רבנן הוא ופלסונו אולי הוא מלשון בגד. שפרושו בגד חשוב כמ"ש ביומא פלוסין של מאה מנה. והנה מוסב על יוסף שאביו עשה לו כתונ' פסי' ואחיו כשראוהו לבוש בכותנתו כדרכו להתגדל בה. נזכרו ואמרו כי חלומותיו עדיין מטעים אותו כי ימשול עלינו. וזה לראיית ר"ח שראתה אותו הדור מאוד ביופיו ובגדיו. וע"ז תמהו מי הוא האיש הלזה. ודרשו עוד אלון זה כי הרואה מרחוק ידמה לפעמים לאילן מה עם ענפיו. כאיש. ולכן אמרה זאת בדרך שאלה.

מסורת המדרש

כח ילקוט איוב רמז תתקי"ז:
כט עיין ברכות ס"א. עירובין י"ח. ילקוט שופטים רמז ס"ח:
ל ברכות כ"ו. עבודת כוכבים ז'. ירושלמי ברכות פ' ד'. פדר"א פרק ט"ז. לקמן פ' ס"ח. במד"ר ריש פרשה ב'. תנחומא כאן סימן ה'. וסדר מקץ סי' ט'. מדרש תהלים מזמור כ"ה ומזמור ק"ב. מדרש משלי פרשה כ"ב. ילקוט וירא רמז פ"ו. ילקוט כאן רמז ק"ט. ילקוט תהלים רמז תשע"ב ותתכ"ה. ילקוט משלי רמז תתק"ס:

אם למקרא

בִּרְכַּת אֹבֵד עָלַי תָּבֹא וְלֵב אַלְמָנָה אַרְנִן: (איוב כט:יג)

וְעָנִיתָ וְאָמַרְתָּ לִפְנֵי ה' אֱלֹהֶיךָ אֲרַמִּי אֹבֵד אָבִי וַיֵּרֶד מִצְרַיְמָה וַיָּגָר שָׁם בִּמְתֵי מְעָט וַיְהִי־שָׁם לְגוֹי גָּדוֹל עָצוּם וָרָב: (דברים כו:ה)

אֵלֶּה אַלּוּפֵי בְנֵי־עֵשָׂו בְּנֵי אֱלִיפַז בְּכוֹר עֵשָׂו אַלּוּף תֵּימָן אַלּוּף אוֹמָר אַלּוּף צְפוֹ אַלּוּף קְנַז: (בראשית לו:טו)

רְבָבָה כְּצֶמַח הַשָּׂדֶה נְתַתִּיךְ וַתִּרְבִּי וַתִּגְדְּלִי וַתָּבֹאִי בַּעֲדִי עֲדָיִים שָׁדַיִם נָכֹנוּ וּשְׂעָרֵךְ צִמֵּחַ וְאַתְּ עֵרֹם וְעֶרְיָה: (יחזקאל טז:ז)

וּבְנֻחֹה יֹאמַר שׁוּבָה ה' רִבְבוֹת אַלְפֵי יִשְׂרָאֵל: (במדבר י:לו)

תְּפִלָּה לְעָנִי כִּי־יַעֲטֹף וְלִפְנֵי ה' יִשְׁפֹּךְ שִׂיחוֹ: (תהלים קב:א)

עֶרֶב וָבֹקֶר וְצָהֳרַיִם אָשִׂיחָה וְאֶהֱמֶה וַיִּשְׁמַע קוֹלִי: (תהלים נה:יח)

כִּי־יִפֹּל לֹא־יוּטָל כִּי־ה' סוֹמֵךְ יָדוֹ: (תהלים לז:כד)

רַבִּי חִיָּיא אָמַר: רָאֲתָה אוֹתוֹ הָדוּר וְתוֹהָא מִפָּנָיו — R' Chiya said: [Rebecca] saw that [Isaac] was resplendent and she was astounded by his face,[207] הֵיךְ מָה דְאַתְּ אָמַר "הִנֵּה בַּעַל הַחֲלֹמוֹת הַלָּזֶה בָּא" — as it is written in reference to Joseph, *Look! That dreamer is coming.*[208] רַבָּנָן אָמְרֵי: הוּא וּפַלְסוֹנוֹ — And the Sages said:[209] Rebecca commented about [Isaac] and his guardian angel,[210] הַלָּזֶה, אַלּוֹן זֶה — as is indicated by[211] the word הַלָּזֶה, which may be interpreted to mean this is another one.[212]

□ וַיֹּאמֶר הָעֶבֶד הוּא אֲדֹנִי וְגוֹ'[213] — *AND THE SERVANT SAID, "HE IS MY MASTER," ETC. (REBECCA) TOOK THE VEIL AND COVERED HERSELF.*

The Midrash comments on this act of Rebecca's:

שְׁתַּיִם הֵם שֶׁנִּתְכַּסּוּ בְּצָעִיף וְיָלְדוּ תְאוֹמִים, רִבְקָה וְתָמָר — There were two individuals in Scripture who covered themselves with a veil and later bore twins:[214] Rebecca and Tamar.[215] רִבְקָה, "וַתִּקַּח הַצָּעִיף" — That Rebecca concealed herself behind a veil is stated in our verse, which concludes: ***She took the veil*** *and covered herself.* תָּמָר, "וַתְּכַס בַּצָּעִיף וַתִּתְעַלָּף" — And that Tamar did this is stated in the following verse: ***[Tamar] covered herself with a veil, and wrapped herself up*** (below, 38:14).[216]

וַיְסַפֵּר הָעֶבֶד לְיִצְחָק אֵת כָּל הַדְּבָרִים אֲשֶׁר עָשָׂה.
The servant told Isaac all the things he had done (24:66).

□ וַיְסַפֵּר הָעֶבֶד לְיִצְחָק — *THE SERVANT TOLD ISAAC . . .*

The Midrash elaborates on what Eliezer *told Isaac*:

אָמַר רַבִּי אֶלְעָזָר: כְּלָלֶיהָ שֶׁל תּוֹרָה מְרוּבִּים מִפְּרָטֶיהָ — R' Elazar said: The general statements of the Torah are more encompassing than its specific ones[217] שֶׁאִילוּ בָא לִכְתּוֹב שְׁנַיִם וּשְׁלֹשָׁה דַּפִּין הָיָה כוֹתֵב — for if [the Torah] would write all that Eliezer told Isaac, it would have written two or three columns.[218] וְרַבָּנָן אָמְרֵי דִּבְרֵי שֶׁבַח גִּלָּה לוֹ, מָה שֶׁקָּפְצָה הָאָרֶץ לְפָנָיו — But the Sages said: [Eliezer] revealed to [Isaac] only the positive aspects[219] of his trip, such as the fact that the earth contracted before him.[220]

וַיְבִאֶהָ יִצְחָק הָאֹהֱלָה שָׂרָה אִמּוֹ וַיִּקַּח אֶת־רִבְקָה וַתְּהִי לוֹ לְאִשָּׁה וַיֶּאֱהָבֶהָ וַיִּנָּחֵם יִצְחָק אַחֲרֵי אִמּוֹ.
And Isaac brought her into the tent of Sarah his mother; he married Rebecca, she became his wife, and he loved her; and thus was Isaac consoled after his mother (24:67).

§16 וַיְבִיאֶהָ יִצְחָק הָאֹהֱלָה שָׂרָה אִמּוֹ — *AND ISAAC BROUGHT [REBECCA] INTO THE TENT OF SARAH HIS MOTHER.*

The Midrash deduces from our verse that a number of similarities existed between Sarah and Rebecca:[221]

כָּל יָמִים שֶׁהָיְתָה שָׂרָה קַיֶּימֶת הָיָה עָנָן קָשׁוּר עַל פֶּתַח אָהֳלָהּ — (i) As long as Sarah was alive, there was a cloud secured to the entrance

NOTES

207. According to R' Chiya, Rebecca inquired about Isaac because his face had an unusual splendor (*Eitz Yosef*).

208. R' Chiya supports his assertion that Rebecca was struck by Isaac's appearance from the fact that the word הַלָּזֶה, *that*, used by our verse with respect to Isaac, is also used in reference to Joseph, whom the Torah (in 39:6 below) describes as יְפֵה תֹאַר, *handsome of form* (*Eitz Yosef*, citing *Aggadas Bereishis* §40; also see *Rashi*). [The Midrash is employing the method of exegesis known as *gezeirah shavah* (*Maharzu*).]

209. [It appears from *Eitz Yosef* that the Sages' comments are aimed at presenting an alternative explanation for Rebecca's inquiry. They also provide a new explanation for the verse's usage of the uncommon word הַלָּזֶה, *that*.]

210. Translation follows *Rashi*, also cited by *Matnos Kehunah* and *Eitz Yosef*. [*Eitz Yosef* adds that the word פַּלְסוֹנוֹ comes from the Greek *polsa*, meaning *guard*.]

The Midrash infers that Rebecca saw this angel from the verse's inclusion of the seemingly unnecessary word אֶת before the name יִצְחָק. The Midrash sees in this word an allusion to something secondary to Isaac, which the Midrash assumes to be his guardian angel (*Eitz Yosef*).

211. Elucidation of this line as the source for the one that preceded it follows *Yedei Moshe*; see also *Matnos Kehunah*, also cited by *Eitz Yosef*.

212. Rebecca's question could have been phrased, מִי זֶה, *Who is this?* (*Maharzu*). The fact that the Torah records her question as מִי הָאִישׁ הַלָּזֶה leads the Midrash to suggest that the word הַלָּזֶה is a contraction of אַלּוֹן זֶה, which means *this is another one*, for אַלּוֹן is Greek for *another*. Thus, Rebecca was commenting to Eliezer that Isaac's companion was something other than a human being (*Matnos Kehunah*, also cited by *Eitz Yosef*, based on *Rashi*; see *Mishnas DeRabbi Eliezer* and *Maharzu* for additional inferences for this approach).

213. Many editions do not have וגו'.

214. The self-effacement that each of these women displayed by covering herself was rewarded with each one giving birth to twins (*Eitz Yosef*; see there further where he writes that there are also physical and Kabbalistic reasons to explain the relationship between these occurrences).

215. [The birth of Rebecca's twins is recorded in 25:24-26 below; the account of Tamar's delivery appears in 38:27-30.]

216. [This Midrash may accord with *Sotah* 10b, which sees in the cited verse an indication that Tamar would modestly cover herself in her father-in-law's house.]

217. Translation follows *Rashi* (see also *Eitz Yosef*). As explained by *Yefeh To'ar*, what this means is that whenever the Torah chooses to write something in general terms [as it does here] as opposed to going into detail, the particulars that are encompassed are numerous and, in fact, outnumber the details presented in those instances where the Torah does record specifics. [See *Yefeh To'ar* for a second interpretation.]

218. According to R' Elazar, Eliezer told Isaac all of the details of his journey to bring Rebecca, which included *two or three columns*' worth of information [in *addition* to what appeared in the Torah's original narrative (*Yefeh To'ar*)]. Consequently, the verse's brief statement that he told him *all the things he had done* is an example of a generalized statement in the Torah that encompassed a great number of details (*Yefeh To'ar*, *Yedei Moshe*, *Eitz Yosef*).

219. Translation is based on *Eitz Yosef*.

220. See above, section 6 and 59 §11.

The Sages disagree with R' Elazar over how much of what Eliezer experienced he shared with Isaac (*Yefeh To'ar*, *Yedei Moshe, Eitz Yosef*). According to all accounts, Eliezer related that his mission was successful [and the other miracles that he experienced (*Eitz Yosef*, Vagshal ed.)]. The Sages maintain, however, that he did not tell of Rebecca's family's attempts to forestall the completion of his mission and Bethuel's resultant death (*Eitz Yosef*; see also *Rashi* to verse, *Yefeh To'ar*, and *Maharzu*; cf. *Yedei Moshe*). The Midrash gives "the earth contracted" as only one example of a positive aspect that was told to Isaac (*Yefeh To'ar*). [See further, *Rashbam* to verse, who suggests that Eliezer told Isaac of the miracles he had experienced in order for him to realize that Rebecca was his heavenly ordained mate.]

According to the Sages, our verse cannot be used to establish a rule about the Torah's generalizations, because since the Torah already recorded [twice] all of the details of Eliezer's trip, it would be redundant to repeat those details here (*Yefeh To'ar*).

[Since, in the view of the Sages, Eliezer did not tell Isaac anything that he — Eliezer — had done, the pronoun *He* in the verse *The servant told Isaac all the things He had done*, must serve as a reference to God (*Eitz Yosef*, Vagshal ed., citing *R' Matisyahu Shtrashun*; *Tiferes Tzion*; see *Yefeh To'ar*, *Maharzu* and *Mizrachi* to verse for additional approaches).]

221. The Midrash is addressing the seemingly unnecessary ה at the beginning of the word הָאֹהֱלָה, *into the tent*. The Midrash sees in this an indication that five things (corresponding to the numerical value of ה) had been absent since Sarah's passing and now returned to her tent with the advent of Rebecca. This proved to Isaac that Rebecca was his mother's equal, and caused him to rejoice at having found her. The five occurrences will now be delineated (*Eitz Yosef*, citing *Ohr HaSeichel*).

Alternatively, it is the words הָאֹהֱלָה שָׂרָה אִמּוֹ, lit., *into the tent — Sarah his mother*, which trouble the Midrash, as it would appear that the verse should have said הָאֹהֱלָה "שֶׁל" שָׂרָה אִמּוֹ, *into the tent "of" Sarah, his mother*. The Midrash will therefore explain the verse to mean that when Isaac brought Rebecca *into the tent*, she was — that is, she was similar to — *Sarah his mother* (*Yefeh To'ar*, citing *Onkelos* and *Rashi* to verse; see also *Maharzu*).

רַבִּי חִיָּיא אָמַר: [לא]רָאֲתָה אוֹתוֹ הָדוּר וְתוֹהָא מִפָּנָיו, הֵיךְ מָה דְאַתְּ אָמַר "הִנֵּה בַּעַל הַחֲלֹמוֹת הַלָּזֶה בָּא. רַבָּנָן אָמְרֵי: הוּא וּפִלְסוֹנוֹ, הַלָּזֶה, אַלּוֹן זֶה. "וַיֹּאמֶר הָעֶבֶד הוּא אֲדֹנִי וְגוֹ' ", [לב]שְׁתַּיִם הֵם שֶׁנִּתְכַּסּוּ בַּצָּעִיף וְיָלְדוּ תְּאוֹמִים, רִבְקָה וְתָמָר, רִבְקָה, "וַתִּקַּח הַצָּעִיף", תָּמָר, (בראשית לח, יד) "וַתְּכַס בַּצָּעִיף וַתִּתְעַלָּף". [כד, סו] "וַיְסַפֵּר הָעֶבֶד לְיִצְחָק", אָמַר רַבִּי אֶלְעָזָר: כְּלָלֶיהָ שֶׁל תּוֹרָה מְרוּבִּים מִפְּרָטֶיהָ, שֶׁאִילּוּ בָּא לִכְתּוֹב שְׁנַיִם וּשְׁלֹשָׁה דַּפִּין הָיָה כּוֹתֵב. וְרַבָּנָן אָמְרֵי: דִּבְרֵי שֶׁבַח גִּלָּה לוֹ, [לג]מַה שֶּׁקָּפְצָה הָאָרֶץ לְפָנָיו:

טז [כד, סו] "וַיְבִאֶהָ יִצְחָק הָאֹהֱלָה שָׂרָה אִמּוֹ". כָּל יָמִים שֶׁהָיְתָה שָׂרָה קַיֶּימֶת הָיָה עָנָן קָשׁוּר עַל פֶּתַח אָהֳלָהּ, וְכֵיוָן שֶׁמֵּתָה פָּסַק אוֹתוֹ עָנָן, וְכֵיוָן שֶׁבָּאת רִבְקָה חָזַר אוֹתוֹ עָנָן. כָּל יָמִים שֶׁהָיְתָה שָׂרָה קַיֶּימֶת הָיוּ דְּלָתוֹת פְּתוּחוֹת לִרְוָחָה, וְכֵיוָן שֶׁמֵּתָה שָׂרָה פָּסְקָה אוֹתָהּ הָרְוָחָה, וְכֵיוָן שֶׁבָּאת רִבְקָה חָזְרָה אוֹתָהּ הָרְוָחָה. וְכָל יָמִים שֶׁהָיְתָה שָׂרָה קַיֶּימֶת הָיָה בְּרָכָה מְשׁוּלַּחַת בָּעִיסָּה וְכֵיוָן שֶׁמֵּתָה שָׂרָה פָּסְקָה אוֹתָהּ הַבְּרָכָה, כֵּיוָן שֶׁבָּאת רִבְקָה חָזְרָה. כָּל יָמִים שֶׁהָיְתָה שָׂרָה קַיֶּימֶת הָיָה נֵר דָּלוּק מִלֵּילֵי שַׁבָּת וְעַד לֵילֵי שַׁבָּת וְכֵיוָן שֶׁמֵּתָה פָּסַק אוֹתוֹ הַנֵּר, וְכֵיוָן שֶׁבָּאת רִבְקָה חָזַר. וְכֵיוָן שֶׁרָאָה אוֹתָהּ שֶׁהִיא עוֹשָׂה כְּמַעֲשֵׂה אִמּוֹ קוֹצָה חַלָּתָהּ בְּטָהֳרָה [לד]וְקוֹצָה עִיסָּתָהּ בְּטָהֳרָה, מִיָּד "וַיְבִאֶהָ יִצְחָק הָאֹהֱלָה וְגוֹ' ", אָמַר רַבִּי יוּדָן: [לה]לִימֶּדְתְךָ תּוֹרָה שֶׁאִם יִהְיֶה לָאָדָם בָּנִים גְּדוֹלִים יִהְיֶה מַשִּׂיאָן תְּחִלָּה, וְאַחַר כָּךְ הוּא נוֹשֵׂא לוֹ אִשָּׁה. מִמִּי אַתָּה לָמֵד מֵאַבְרָהָם, בַּתְּחִלָּה "וַיְבִאֶהָ יִצְחָק הָאֹהֱלָה שָׂרָה אִמּוֹ" וְאַחַר כָּךְ "וַיֹּסֶף אַבְרָהָם וַיִּקַּח אִשָּׁה":

עץ יוסף

ר' חייא אמר כו'. מה שמאלה עליו לפי שראתה אותו הדור בהדרת פנים יותר משאר אנשים. ויליף לה מדכתיב הלזה וכתיב גבי יוסף שהיה יפה תואר בעל החלומות הלזה. וכ"ה באגדת בראשית פ' מ': **הוא ופלסונו.** המלאך המלוה אותו ושומרו. מלשון פלס מעגל רגליך (רש"י) ודייקו זה ממלת את הנאמר את יצחק כלו' הטפל ליצחק המלאך שמלוהו (במ"ח): **הלזה אלון זה.** הלזה נוטריקון אלון זה פי' אחר הוא זה שהולך עמו. כלומר אינו מבני אדם כדאמרינן אלון בכות אלון בלשון יון אחר (מת"כ): **וילדו תאומים.** בזה סיבה טבעית גם כן. לפי דברי חכמי הרפואה שהתאומים בא מהתחלקות טיפת הזרע ברחמה אם לא תתעורר לקבלו בפעם אחת. וכל זה אות מהבושה אשר בנפש האשה הטובה. ולכן מפני שהיו ביישנים זכו לתאומים. וע"ד האמת הוא בודאי סוד ידוע ליודעים: **כלליה של תורה מרובים כו'.** ע"כ כלל כל הדברים יחד. וכן כאן סיפר לו העבד ליצחק כל אשר קראהו בדרך אלא שהתורה קצרה וכללה הדברים: **דברי שבח גילה לו.** ס"ל דלא סיפר לו אלא דברים של שבח והיינו מה שקפצה לו הדרך ושהצליח דרכו. אבל מה שלא רצו להסכים ושמת בתואל לא גילה לו: (טז) **[טו] כל ימים כו'.** שלא היה לו לומר אלא אהלה שרה אמו אלא שבא לרמוז בה"א ראשונה שה' דברים שהיו בזמן שרה חזרו כשנכנסה רבקה. ובהם הכיר יצחק שהיתה שקולה כאמו ושמח בה (הא"ב"א) והחמשה דברים הוא. ענן. דלתות פתוחות לרוחה. ברכה בעיסה. נר. קולה חלתה ועיסתה בטהרה: **קוצה.** פי' מפריש: **עיסתה בטהרה.** דבני ביתו של אברהם היו אוכלים חולין בטהרה כדאי' בפ' הפועלים:

פירוש מהרז"ו

הדור. שהיה יפה תואר כיוסף ע"פ גז"ש שכאן כתוב מי האיש הלזה וגו' כמ"ש כאן וע' באג"ב פרק מ' באריכות וכמ"ש מדרש תהלים סוף מזמור נ' והדרך על בניהם זה יצחק ורבקה בשעה שעקדו נגנזה עליו מזיו השכינה וכו': **הלזה אלון זה.** שהיל"ל מי זה ע"כ דורש נוטריקון הלזה ובחילוף ה' בא' באחה"ע כאלו כתוב אל זה פי' לא זה כ"א אחר וכמ"ש מ"כ בשם רש"י. וכמ"ש לקמן סוף פר' פ"א: **דברי שבח.** וזהו אשר עשה אשר תקן ולא גלה לו מה שרצו לעכב ושניגף בתואל וכדומה: **(טז) האוהלה שרה אמו.** וחושב כאן ד' דברים א' ענן קשור ב' נר דלוק וההרוחה שבאהל וברכת העיסה. ותיבת האהלה כמ"ש לשמש שם אהל. וכן עד ירח ולא יאהיל וזה רמז על האור והנר. והענן ע"פ גז"ש שמות ל"ג ט'. עמוד הענן עומד פתח האהל וההרוחה כמ"ש וימהר אברהם האהלה שרה אשתו ויאמר מהרי שלש סאים קמח הרי שהאהל פתוח לרוחה והברכה במעשה ידיה כמ"ש בראשית י"ז פסוק ט"ז וברכתי אותה וברכתיה ומצות העיסה והנר הם מצות שייכים באשה לבד ובה היה הברכה. ועי' לעיל פר' י"א סי' ב' ברכו בנר אך מ"ש שהיה דולק מע"ש לע"ש נ"ע מנין לו. אך מאחר שהיה כן אצל צדיקים שבדורות האחרונים וכנמצא בדברי חז"ל קל וחומר שהיה כן אצל האבות והאמהות: **למדתך תורה.** דורש סמוכין שסמוך לו מיד ויוסף אברהם ויקח אשה:

חידושי הרד"ל

[טו] (ט) **רבנן אמרי.** לא לפלוגי אדר"א קאתי. אלא לדרוש סיפיה דקרא אשר עשה קאתי דעל הנסים שעשה לו הקב"ה קאי:

[טז] (י) **משיאן תחלה כו'.** בתוספתא דבכורות פ"ו תניא הוא לישא אשה ובנו לישא אשה הוא קודם לבנו (וע' קדושין (כ"ט:) דהך בבא ליתא שם) ואפשר לחלק דהתם בשלא קיים עדיין האב פו"ר וודאי מצוה דגופיה עדיף והכא בשקיים דומיא דאברהם שכבר נולדו לו יצחק וישמעאל (ובת אחת למ"ד שהיה לו בת) וכ"מ אחר כך שכתב בס' חסידים מסברא דנפשיה:

חידושי הרש"ש

[טז] **קוצה חלתה בטהרה וקוצה עיסתה בטהרה.** לפי שחלה נפסלת בטבו"י ובשני לטומאה משא"כ עיסת חולין לכן חלקן לשנים:

מסורת המדרש

לא שוח"ט מז' נ': **לב** לקמן פ' פ"ה. ילקוט דה"י רמז אל"ף ע"ה: **לג** סנהדרין נ"ה: **לד** ב"מ פ"ז: **לה** תנחומא כאן סי' ח':

רש"י

מי האיש הלזה. ראתה אותו הדור כמא דאת אמר הנה בעל החלומות הלזה ביוסף שהוא יפה תאר: **ורבנן אמרי הוא ופלסונו.** הוא והמלוה אותו המלאך שהיה מלוה אותו כמה דאת אמר פלס מעגל רגליך: **הלזה אלון זה.** אחר הוא זה שהולך עמו. אלון בלשון יון אחר: **כלליה של תורה מרובין מפרטיה.** כל מקום שבתורה כולל דברים אלו נאמר בא לכתבן היה מרובה מפרטיה ממה שמפורש בה שאילו בא לכתוב ג' דפין היה כותב אלא כללן יחד כל הדברים אשר עשה:

מתנות כהונה

ופלסונו. הערוך הביאו ולא פירשו ורש"י פי' המלאך המלוה אותו כדאמריקן פלס מעגל וגו': **אלון זה.** הלזה נוטריקון אלון זה ופירוש רש"י אחר הוא זה כלומר אינו מבני אדם כדאמריקן אלון בכות אלון בל"י אחר: [**הוא אדוני וגו'** גרסינן]: **היה כותב.** סיפור דברים איך ומה. וכתב בכלל ויספר העבד כו': **[טז] וכיון שבאת רבקה חזר.** וזהו שרה אמו כלומר הרי היא כשרה אמו:

אשד הנחלים

מי הוא האיש הלזה אם הוא איש או אילן. כי הה' תפול לפעמים בענין השאלה כן נוכל לדחוק הדבר והמ"כ פירש אלון. לשון. אחר בלשון (גריכיש). וגם זה דחוק מאוד: **שנתכסו בצעיף וילדו תאומים.** בזה סיבה טבעית ג"כ. לפי דברי חכמי הרפואה. שהתאומים באה מהתחלקות טיפת הזרע ברחמה אם לא תתעורר לקבלה בפעם אחת. וכל זה אות מהבושה הגדולה אשר בנפש האשה הטובה בכמו אלה העניינים אשר באמת חרפה הוא לנו. לולא ההכרח. ולכן מפני שמצינו עליהם שהיו ביישנים מאוד ע"כ זכו לתאומים. וע"ד האמת הוא בודאי סוד. ידוע ליודעים: **כללה של תורה מרובה.** כלומר מדרך התורה יותר לספר בדרך כלל מלספר בדרך פרט. ודעת רבנן שאינו מוסב על המעשים שקרה כ"א על הנס שראו בה. וזה לא היה מחפץ התורה לספר. שהתורה לא תרבה לספר בניסים הרבה: **[טז] ענן קשור** חשב מכמה דברים שהיתה מעלתה דוגמת של שרה. אתד בעניינים אלקיים מענן קשור. ומטובת לבה לבני אדם שהיתה ביתה פתוח לרווחה להאכיל עניים ואביונים. וכן היה ברכה אלקית בביתה. וכן היה נר דלוק תמיד. אולי היו זאת ע"ד נס. או ע"ד הכתוב לא יכבה בלילה נרה. כלומר שלא היתה יושבת בטלה כ"א עוסקת בעניינה תמיד. ומסיים כיון שראה אותה ומעשיה הטהורים א"כ כל הניסים האלו מסבתה ומטוב מעשיה. כי בתחילה חשב אולי חזרו הדברים רק בזכות שרה אבל כיון שראה מעשיה דומין למעשי אמו אז הבין שרק בזכותה המה ולכן הביאה לאהל אמו:

of her tent, וְכֵיוָן שֶׁמֵּתָה פָּסַק אוֹתוֹ עָנָן – but when she died, the presence of that cloud stopped. וְכֵיוָן שֶׁבָּאת רִבְקָה חָזַר אוֹתוֹ עָנָן – And when Rebecca came, that cloud returned. כָּל יָמִים שֶׁהָיְתָה שָׂרָה קַיֶּימֶת הָיוּ דְּלָתוֹת פְּתוּחוֹת לִרְוָחָה – (ii) For as long as Sarah was alive, the doors of her home were open to all directions,[222] וְכֵיוָן שֶׁמֵּתָה שָׂרָה פָּסְקָה אוֹתָהּ הָרְוָחָה – but when Sarah died, that accessibility from all directions stopped.[223] וְכֵיוָן שֶׁבָּאת רִבְקָה חָזְרָה אוֹתָהּ הָרְוָחָה – (iii) And when Rebecca came, that accessibility from all directions returned. וְכָל יָמִים שֶׁהָיְתָה שָׂרָה קַיֶּימֶת הָיָה בְּרָכָה מְשׁוּלַּחַת בָּעִיסָּה – And for as long as Sarah was alive, a blessing was sent into her dough,[224] וְכֵיוָן שֶׁמֵּתָה שָׂרָה פָּסְקָה אוֹתָהּ הַבְּרָכָה – but when Sarah died, that blessing stopped. כֵּיוָן שֶׁבָּאת רִבְקָה חָזְרָה – When Rebecca came, [that blessing] returned. כָּל יָמִים שֶׁהָיְתָה שָׂרָה קַיֶּימֶת הָיָה נֵר דָּלוּק מִלֵּילֵי שַׁבָּת וְעַד לֵילֵי שַׁבָּת – (iv) For as long as Sarah was alive, a lamp would be alight continuously from Friday nights to Friday nights,[225] וְכֵיוָן שֶׁמֵּתָה פָּסַק אוֹתוֹ הַנֵּר – but when she died, that lamp stopped burning. וְכֵיוָן שֶׁבָּאת רִבְקָה חָזַר – And when Rebecca came, [the lamp's miraculous burning] returned.

וְכֵיוָן שֶׁרָאָה אוֹתָהּ שֶׁהִיא עוֹשָׂה כְּמַעֲשֶׂה אִמּוֹ – And when Isaac saw that [Rebecca] was doing the things his mother (Sarah) had done – קוֹצָה חַלָּתָהּ בְּטָהֳרָה וְקוֹצָה עִיסָּתָהּ בְּטָהֳרָה – specifically, she was separating[226] *challah* [227] under conditions of purity and she was even separating her unconsecrated dough under conditions of purity,[228] – מִיַּד "וַיְבִאֶהָ יִצְחָק הָאֹהֱלָה וגו׳" – immediately, *and Isaac brought [Rebecca] into the tent, etc.* was realized.[229]Ⓐ

A lesson is drawn from our verse:

אָמַר רַבִּי יוּדָן: לִמֶּדְתְּךָ תּוֹרָה שֶׁאִם יִהְיֶה לְאָדָם בָּנִים גְּדוֹלִים – R' Yudan said: The Torah taught you that if a man has sons who are mature (i.e., of marriageable age), יִהְיֶה מַשִּׂיאָן תְּחִלָּה, וְאַחַר כָּךְ הוּא נוֹשֵׂא לוֹ אִשָּׁה – he should first marry them off, and afterward he should take a wife for himself. מִמִּי אַתָּה לָמֵד מֵאַבְרָהָם – From whom can you learn this lesson? From Abraham. בַּתְּחִלָּה "וַיְבִאֶהָ יִצְחָק הָאֹהֱלָה שָׂרָה אִמּוֹ" וְאַחַר כָּךְ "וַיֹּסֶף אַבְרָהָם וַיִּקַּח אִשָּׁה" – For the verse initially states, *and Isaac brought [Rebecca] into the tent of Sarah his mother*, and only afterward does it state, *Abraham proceeded and took a wife* (25:1).[230]

NOTES

222. Translation is based on *Rashi* and *Rabbeinu Yonah* (second interpretation) to *Pirkei Avos* 1:5, who note (based on 48 §9 above) that Abraham and Sarah's home had doors on all four sides to best service travelers who could approach from any direction. In an alternative approach, several commentators understand the word לִרְוָחָה to suggest *plenty* (see *Rabbeinu Yonah* loc. cit., second interpretation, *Nezer HaKodesh*, and *Maharzu*, and *Gur Aryeh* to verse).

223. I.e., whenever Abraham had to be away, his home would be inaccessible to those who would seek help there (*Imrei Yosher*). Alternatively, when Sarah died it became impossible [for the members of the household] to provide for the many guests who would visit Abraham's home. That Sarah undertook this impossible task was testimony to her immense righteousness (*Tiferes Tzion*).

224. The Midrash speaks metaphorically. What is meant is that, in Sarah's merit, Abraham's household was blessed financially (*Nezer HaKodesh*, *Tiferes Tzion*). Alternatively, Sarah's dough and whatever else she made was particularly successful (*Maharzu*, who references 17:16 above).

225. I.e., a lamp lit before one Sabbath would miraculously remain lit until just before the next Sabbath, when Sarah would rekindle it (compare *Rashi* to verse).

226. *Eitz Yosef.*

227. [*Challah* is a portion of a dough that is separated and given to a Kohen. It must be kept ritually pure (טָהוֹר) and is to be burned if contaminated. Its laws are the subject of Tractate *Challah*.]

228. [Strictly speaking, only consecrated foods (קֳדָשִׁים) need to be maintained in a state of ritual purity (טָהֳרָה). However, in order to accustom themselves to the procedures this involved, it was the practice of pious individuals to ensure the purity of even unconsecrated food (see, for example, *Chullin* 2b with *Rashi* s.v. שנעשו).] In Abraham's household, all food was eaten under conditions of purity (*Eitz Yosef*, from *Bava Metzia* 87a).

[The Midrash mentioned separately that Rebecca dealt in purity with *challah* and unsanctified foods, because their laws, even for one who adheres to the strict standards mentioned above, vary slightly (see *Rashash*).]

The Midrash has now completed its list of five similarities between Sarah and Rebecca, corresponding to the numerical value of the ה at the beginning of the word הָאֹהֱלָה (see note 221 above): the cloud, the openness, the blessing in the dough, the lamp, and the separation in purity (*Eitz Yosef*). [See *Maharzu* and *Imrei Yosher*, who attempt to find sources for these similarities.]

229. Isaac took Rebecca into the tent of his great mother only after observing the conscientious manner in which she dealt with food. After Rebecca's admission to this hallowed tent, its unique facets returned, as stated above (*Ohr HaSeichel*). See insight Ⓐ.

230. According to R' Yudan, the Torah's juxtaposition of these two verses is designed to teach this lesson (*Maharzu*).

INSIGHTS

Ⓐ **The Four Blessings** *Maharal* (*Gur Aryeh* to *Genesis* 24:67) explains the symbolism of the four characteristics of Sarah's tent: the cloud, the open doors, the blessing in the dough and the lamp. He connects these things to the quadruple promise God made to Abraham when He first called upon him to leave his land and the home of his father. The verse states (*Genesis* 12:2): וְאֶעֶשְׂךָ לְגוֹי גָּדוֹל, *and I will make of you a great nation;* וַאֲבָרֶכְךָ, *and I will bless you;* וַאֲגַדְּלָה שְׁמֶךָ, *and I will make your name great;* וֶהְיֵה בְּרָכָה, *and you shall be a blessing.* Each of the four characteristics of Abraham's and Sarah's home symbolizes the fulfillment of one of these promises.

I will make of you a great nation is identified with the cloud over Sarah's tent. The cloud symbolized the *Shechinah,* God's Divine Presence. Ordinarily, the Divine Presence does not rest upon an individual; it is reserved for Israel, the nation upon which God has placed His Name. Abraham and Sarah, however, from whom Israel would descend, personified the nation, and thus merited the public display of the *Shechinah's* presence in their home. Thus, the cloud represented the fulfillment of the first promise.

I will bless you was fulfilled with in the blessing God placed in the dough.

I will make your name great is identified with the wide-open home. The many guests who benefited from Abraham's hospitality spread word of his greatness throughout the land. His name becoming great was a direct result of his open doors.

You shall be a blessing refers to the passing on of Abraham's blessing to others. This is symbolized by the candle that would burn throughout the week. Just as the candle continued to give illumination from one day to the next without being replenished, so too with regard to Abraham. God's blessing was given into Abraham's hands; he became himself an unlimited reservoir of blessing, which he could then pass on to others (see *Rashi, Genesis* 12:2).

Although these promises were made to Abraham, the symbols of their fulfillment ceased with Sarah's death, to indicate that the partnership with Sarah was essential to Abraham's having merited these blessings.

[Note that *Rashi* (*Genesis* 24:67) omits the characteristic of the wide-open door. See *Maharal* (ibid.) for discussion.]

רַבִּי חִיָּיא אָמַר: [לא]רָאֲתָה אוֹתוֹ הָדוּר וְתוֹהָא מִפָּנָיו, הֵיךְ מָה דְאַתְּ אָמַר "הִנֵּה בַּעַל הַחֲלֹמוֹת הַלָּזֶה בָּא. רַבָּנָן אָמְרֵי: הוּא וּפִלְסוֹנוֹ, הַלָּזֶה, אַלּוֹן זֶה. "וַיֹּאמֶר הָעֶבֶד הוּא אֲדֹנִי וְגוֹ'", [לב]שְׁתַּיִם הֵם שֶׁנִּתְכַּסּוּ בַּצָּעִיף וְיָלְדוּ תְּאוֹמִים, רִבְקָה וְתָמָר, רִבְקָה, "וַתִּקַּח הַצָּעִיף", תָּמָר, (בראשית לח, יד) "וַתְּכַס בַּצָּעִיף וַתִּתְעַלָּף". [כד, סו] "וַיְסַפֵּר הָעֶבֶד לְיִצְחָק", אָמַר רַבִּי אֶלְעָזָר: כְּלָלֶיהָ שֶׁל תּוֹרָה מְרוּבִּים מִפְּרָטֶיהָ, שֶׁאִילּוּ בָא לִכְתּוֹב שְׁנַיִם וּשְׁלֹשָׁה דַפִּין הָיָה כוֹתֵב. וְרַבָּנָן אָמְרֵי: דִּבְרֵי שֶׁבַח גִּלָּה לוֹ, [לג]מָה שֶׁקָּפְצָה הָאָרֶץ לְפָנָיו:

טז [כד, סו] "וַיְבִאֶהָ יִצְחָק הָאֹהֱלָה שָׂרָה אִמּוֹ". כָּל יָמִים שֶׁהָיְתָה שָׂרָה קַיֶּימֶת הָיָה עָנָן קָשׁוּר עַל פֶּתַח אָהֳלָהּ, וְכֵיוָן שֶׁמֵּתָה פָּסַק אוֹתוֹ עָנָן, וְכֵיוָן שֶׁבָּאת רִבְקָה חָזַר אוֹתוֹ עָנָן. כָּל יָמִים שֶׁהָיְתָה שָׂרָה קַיֶּימֶת הָיוּ דְלָתוֹת פְּתוּחוֹת לִרְוָוחָה, וְכֵיוָן שֶׁמֵּתָה שָׂרָה פָּסְקָה אוֹתָהּ הָרְוָחָה, וְכֵיוָן שֶׁבָּאת רִבְקָה חָזְרָה אוֹתָהּ הָרְוָחָה. וְכָל יָמִים שֶׁהָיְתָה שָׂרָה קַיֶּימֶת הָיָה בְרָכָה מְשׁוּלַּחַת בָּעִיסָּה וְכֵיוָן שֶׁמֵּתָה שָׂרָה פָּסְקָה אוֹתָהּ הַבְּרָכָה, כֵּיוָן שֶׁבָּאת רִבְקָה חָזְרָה. כָּל יָמִים שֶׁהָיְתָה שָׂרָה קַיֶּימֶת הָיָה נֵר דָּלוּק מִלֵּילֵי שַׁבָּת וְעַד לֵילֵי שַׁבָּת וְכֵיוָן שֶׁמֵּתָה פָּסַק אוֹתוֹ הַנֵּר, וְכֵיוָן שֶׁבָּאת רִבְקָה חָזַר. וְכֵיוָן שֶׁרָאָה אוֹתָהּ שֶׁהִיא עוֹשָׂה כְּמַעֲשֵׂה אִמּוֹ קוֹצָה חַלָּתָהּ בְּטָהֳרָה [לד]וְקוֹצָה עִיסָּתָהּ בְּטָהֳרָה, מִיָּד "וַיְבִאֶהָ יִצְחָק הָאֹהֱלָה וְגוֹ'", אָמַר רַבִּי יוּדָן: [לה]לִימֶּדְתְךָ תּוֹרָה שֶׁאִם יִהְיֶה לָאָדָם בָּנִים גְּדוֹלִים יִהְיֶה מַשִּׂיאָן תְּחִלָּה, וְאַחַר כָּךְ הוּא נוֹשֵׂא לוֹ אִשָּׁה. מִמִּי אַתָּה לָמֵד מֵאַבְרָהָם, בַּתְּחִלָּה "וַיְבִאֶהָ יִצְחָק הָאֹהֱלָה שָׂרָה אִמּוֹ" וְאַחַר כָּךְ "וַיֹּסֶף אַבְרָהָם וַיִּקַּח אִשָּׁה":

עץ יוסף

ר' חייא אמר כו'. מה ששאלה עליו לפי שראתה אותו הדור בהדרת פנים יותר משאר אנשים. ויליף לה מדכתיב הלזה וכתיב גבי יוסף שהיה יפה תואר בעל החלומות הלזה. וכ"ה באגדת בראשית פ' מ': **הוא ופלסונו.** המלאך המלוה אותו ושומרו. מלשון פלס מעגל רגליך (רש"י) ודייקו זה ממלת את הנאמר את יצחק כלו' הטפל ליצחק המלאך שמלוהו (במ"ח): **הלזה אלון זה.** הלזה נוטריקון אלון זה פי' אחר הוא זה שהולך עמו. כלומר אינו מבני אדם כדאמריקן אלון בכות אלון בלשון יון אחר (מת"כ): **וילדו תאומים.** בזה סיבה טבעית גם כן. לפי דברי חכמי הרפואה שהתאומים בא מהתחלקות טיפת הזרע ברחמה אם לא תתעורר לקבלו בפעם אחת. וכל זה אות מהבושה אשר בנפש האשה הטובה. ולכן מפני שהיו ביישנים זכו לתאומים. וע"ד האמת הוא בודאי סוד ידוע ליודעים: **כלליה של תורה מרובים כו'.** ע"כ כלל כל הדברים יחד. וכן כאן סיפר לו העבד ליצחק כל אשר קראהו בדרך אלא שהתורה קצרה וכללה הדברים: **דברי שבח גילה לו.** ס"ל דלא סיפר לו אלא דברים של שבח והיינו מה שקפצה לו הדרך ושהצליח דרכו. אבל מה שלא רצו להסכים ושמת בתואל לא גילה לו: (טז) [טו] **כל ימים כו'.** שלא היה לו לומר אלא אהלה שרה אמו אלא שבא לרמוז בה"א ראשונה שה' דברים שהיו בזמן שרה חזרו כשנכנסה רבקה. ובהם הכיר יצחק שהיתה שקולה כאמו ושמח בה (האב"א) והחמשה דברים הוא. ענן. דלתות פתוחות לרוחה. ברכה בעיסה. נר. קולה חלתה ועיסתה בטהרה: **קוצה.** פי' מפרים: **עיסתה בטהרה.** דבני ביתו של אברהם היו אוכלים חולין בטהרה כדאי' בפ' הפועלים:

פירוש מהרז"ו

הדור. שהיה יפה תואר כיוסף ע"פ גז"ש שכאן כתוב מי האיש הלזה וגו' כמ"ש כאן וע' באג"ב פרק מ' באריכות וכמ"ש מדרש תהלים סוף מזמור נ' והדרך על בניהם זה יצחק ורבקה בשעה שעקדו נגנלה עליו מזיו השכינה וכו': **הלזה אלון זה.** שהיל"ל מי זה ע"כ דורש נוטריקון הלזה ובחילוף ה' בא' באחה"ע כאלו כתוב אל זה פי' לא זה כ"א אחר וכמ"ש מ"כ בשם רש"י. וכמ"ש לקמן סוף פר' פ"א: **דברי שבח.** וזהו אשר עשה אשר תקן ולא גלה לו מה שרצו לעכב ושניגף בתואל וכדומה: (טז) **האוהלה שרה אמו.** וחושב כאן ד' דברים א' ענן קשור ב' נר דלוק וההרוחה שבאהל וברכת העיסה. ותיבת האהלה כמ"ש לשמש שם אהל. וכן עד ירח ולא יאהיל וזה רמז על האור והנר. והענן ע"פ גז"ש שמות ל"ג ט'. עמוד הענן עומד פתח האהל וההרוחה כמ"ש וימהר אברהם האהלה שרה אשתו ויאמר מהרי שלש סאים קמח הרי שהאהל פתוח לרוחה והברכה במעשה ידיה כמ"ש בראשית י"ז פסוק ט"ז וברכתי אותה וברכתיה ומצות העיסה והנר הם מצות שייכים באשה לבד ובה היה הברכה. ועי' לעיל פר' י"א סי' ב' ברכו בנר אך מ"ש שהיה דולק מע"ש לע"ש נ"ע מנין לו. אך מאחר שהיה כן אצל צדיקים שבדורות האחרונים וכנמצא בדברי חז"ל קל וחומר שהיה כן אצל האבות והאמהות: **למדתך תורה.** דורש סמוכין שסמוך לו מיד ויוסף אברהם ויקח אשה:

חידושי הרד"ל

[טו] (ט) **רבנן אמרי.** לא לפלוגי אדר"א קאתי. אלא לדרוש סיפיה דקרא אשר עשה קאתי דעל הנס שעשה לו הקב"ה קאי:

[טז] (י) **משיאן תחלה כו'.** בתוספתא דבכורות פ"ו תניא הוא לישא אשה ובנו לישא אשה הוא קודם לבנו (וע' קדושין (כ"ט:) דהך בבא ליתא שם) ואפשר לחלק דהתם בשלא קיים עדיין האב פו"ר וודאי מצוה דגופיה עדיף והכא בשקיים דומיא דאברהם שכבר נולדו לו יצחק וישמעאל (ובת אחת למ"ד שהיה לו בת) וכ"מ אחר כך שכתב בס' חסידים מסברא דנפשיה:

חידושי הרש"ש

[טז] **קוצה חלתה בטהרה וקוצה עיסתה בטהרה.** לפי שחלה נפסלת בטבו"י ובשני לטומאה משא"כ עיסת חולין לכן חלקן לשנים:

מסורת המדרש

לא שוח"ט מז' נ':

לב לקמן פ' פ"ה. ילקוט דה"י רמז אל"ף ע"ה:

לג סנהדרין נ"ה:

לד ב"מ פ"ז:

לה תנחומא כאן סי' ח':

רש"י

מי האיש הלזה. ראתה אותו הדור כמא דאת אמר הנה בעל החלומות הלזה ביוסף שהוא יפה תאר: **ורבנן אמרי הוא ופלסונו.** הוא והמלוה אותו המלאך שהיה מלוה אותו כמה דאת אמר פלס מעגל רגליך: **הלזה אלון זה.** אחר הוא זה שהולך עמו. אלון בלשון יון אחר: **כלליה של תורה מרובין מפרטיה.** כל מקום שבתורה כולל דברים אלו נאמר בא לכתבן היה מרובה מפרטיה ממה שמפורש בה שאילו בא לכתוב ג' דפין היה כותב אלא כללן יחד כל הדברים אשר עשה:

מתנות כהונה

ופלסונו. הערוך הביאו ולא פירשו ורש"י פי' המלאך המלוה אותו כדאמרינן פלס מעגל וגו': **אלון זה.** הלזה נוטריקון אלון זה ופירוש רש"י אחר הוא זה כלומר אינו מבני אדם כדאמרינן אלון בכות אלון בל"י אחר: [**הוא אדוני וגו'** גרסינן]: **היה כותב.** סיפור דברים איך ומה. וכתב בכלל ויספר העבד כו': [טז] **וכיון שבאת רבקה חזר.** וזהו שרה אמו כלומר הרי היא כשרה אמו:

אשד הנחלים

מי הוא האיש הלזה אם הוא איש או אילן. כי הה' תפול לפעמים בענין השאלה כן נוכל לדחוק הדבר והמ"כ פירש אלון. לשון. אחר בלשון (גריכיש). וגם זה דחוק מאוד: **שנתכסו בצעיף וילדו תאומים.** בזה סיבה טבעית ג"כ. לפי דברי חכמי הרפואה. שהתאומים באה מהתחלקות טיפת הזרע ברחמה אם לא תתעורר לקבלה בפעם אחת. וכל זה אות מהבושה הגדולה אשר בנפש האשה הטובה בכמו אלה העניינים אשר באמת חרפה הוא לנו. לולא ההכרח. ולכן מפני שמצינו עליהם שהיו ביישנים מאוד ע"כ זכו לתאומים. וע"ד האמת הוא בודאי סוד. ידוע ליודעים: **כללה של תורה מרובה.** כלומר מדרך התורה יותר לספר בדרך כלל מלספר בדרך פרט. ודעת רבנן שאינו מוסב על המעשים שקרה כ"א על הנס שראו בה. וזה לא היה מחפץ התורה לספר. שהתורה לא תרבה לספר בניסים הרבה: **[טז] ענן קשור** חשב מכמה דברים שהיתה מעלתה דוגמת של שרה. אתד בעניינים אלקיים מענן קשור. ומטובת לבה לבני אדם שהיתה ביתה פתוח לרווחה להאכיל עניים ואביונים. וכן היה ברכה אלקית בביתה. וכן היה נר דלוק תמיד. אולי היו זאת ע"ד נס. או ע"ד הכתוב לא יכבה בלילה נרה. כלומר שלא היתה יושבת בטלה כ"א עוסקת בעניינה תמיד. ומסיים כיון שראה אותה ומעשיה הטהורים א"כ כל הניסים האלו מסבתה ומטוב מעשיה. כי בתחילה חשב אולי חזרו הדברים רק בזכות שרה אבל כיון שראה מעשיה דומין למעשי אמו אז הבין שרק בזכותה המה ולכן הביאה לאהל אמו:

Chapter 61

וַיֹּסֶף אַבְרָהָם וַיִּקַּח אִשָּׁה וּשְׁמָהּ קְטוּרָה.
Abraham proceeded and took a wife whose name was Keturah (25:1)

§1 וַיֹּסֶף אַבְרָהָם וַיִּקַּח אִשָּׁה וּשְׁמָהּ קְטוּרָה — *ABRAHAM PROCEEDED AND TOOK A WIFE WHOSE NAME WAS KETURAH.*

The Midrash cites a passage from *Psalms* and applies it phrase by phrase to Abraham. The final phrase will be related to our verse:

כְּתִיב "אַשְׁרֵי הָאִישׁ אֲשֶׁר לֹא הָלַךְ וְגוֹ'" — **It is written:** ***Praiseworthy is the man who walked*** *not in the counsel of the wicked, and stood not in the path of the sinful, and sat not in the company of jesters. But his desire is in the Torah of HASHEM, and in His Torah he mediates day and night. He shall be like a tree deeply rooted alongside brooks of water, that yields its fruit in his season, and whose leaf never withers; and everything that he does will succeed* (*Psalms* 1:1-3).

"אַשְׁרֵי הָאִישׁ" זֶה אַבְרָהָם, שֶׁנֶּאֱמַר "וְעַתָּה הָשֵׁב אֵשֶׁת הָאִישׁ כִּי נָבִיא הוּא" — ***Praiseworthy is "the man"*** [הָאִישׁ] — **this** alludes to **Abraham,** of whom **it is written,** ***But now, return the man's*** [הָאִישׁ] ***wife for he is a prophet*** (above, 20:7).[1] **"אֲשֶׁר לֹא הָלַךְ בַּעֲצַת רְשָׁעִים" זֶה דוֹר הַפַּלָּגָה** — ***Who walked not in the counsel of "the wicked"*** — **this** refers to **the Generation of the Dispersal.**[2] **"וּבְדֶרֶךְ חַטָּאִים לֹא עָמָד", אֵלּוּ אַנְשֵׁי סְדוֹם, שֶׁנֶּאֱמַר "וְאַנְשֵׁי סְדוֹם רָעִים וְחַטָּאִים"** — ***And stood not in the path of "the sinful"*** [חַטָּאִים] — **this** alludes to **the people of Sodom,** of whom **it is stated,** ***Now the people of Sodom were wicked and sinful*** [וְחַטָּאִים] (above, 13:13).[3]Ⓐ **"וּבְמוֹשַׁב לֵצִים לֹא יָשָׁב", זֶה אֲבִימֶלֶךְ שֶׁנֶּאֱמַר "הִנֵּה אַרְצִי לְפָנֶיךָ וְגוֹ'"** — ***And sat not*** [לֹא יָשָׁב] ***in the company of "jesters"*** — **this** alludes to **Abimelech,** of whom **it is stated,** *And Abimelech said,* ***"Behold, my land is before you****: sit* [שֵׁב] (i.e., *settle*) *wherever you see fit"* (above, 20:15).[4] **"כִּי אִם בְּתוֹרַת ה' חֶפְצוֹ", "כִּי יְדַעְתִּיו לְמַעַן אֲשֶׁר יְצַוֶּה וְגוֹ'"** — ***But "his" desire is in the Torah of HASHEM*** — this alludes to Abraham, as well, of whom it states, ***For I have cherished him, because he commands*** *his children after him that they keep the way of HASHEM* (above, 18:19).[5] **"וּבְתוֹרָתוֹ יֶהְגֶּה" אָמַר רַבִּי שִׁמְעוֹן: אָב לֹא לִמְּדוֹ וְרַב לֹא הָיָה לוֹ, וּמֵהֵיכָן לָמַד אֶת הַתּוֹרָה** — ***And in His Torah he mediates*** *day and night* — **R' Shimon said: A father did not teach [Abraham], and a teacher he did not have, so from where did he learn the Torah? אֶלָּא זִימֵּן לוֹ הַקָּדוֹשׁ בָּרוּךְ הוּא שְׁתֵּי כִלְיוֹתָיו כְּמִין שְׁנֵי רַבָּנִים** — **Rather, the Holy One, blessed is He, prepared [Abraham's] two kidneys** to serve **as two teachers, וְהָיוּ נוֹבְעוֹת וּמְלַמְּדוֹת אוֹתוֹ תּוֹרָה וְחָכְמָה** — **and they would flow forth and teach him Torah and wisdom.**

NOTES

1. This sentence is not found in printed Midrash editions; its insertion here follows the version of *Eitz Yosef*, as well as *Rashi*, and is based on *Midrash Shocher Tov* (also known as *Midrash Tehillim*) ad loc.

2. Referring to the generation after the Flood of Noah, who proposed to build a city and a tower and to make a name for themselves. However, God stopped them by dispersing them over the face of the earth (see above, 11:1-9). It is clear from Scripture that the builders' designs were evil; the exact nature of their sin is less clear, with the Sages offering various suggestions (see 38 §6 above and *Sanhedrin* 109a; see also commentators to Scripture ad loc.).

Now the Dispersal took place at the very end of Peleg's life, at which time Abraham was 48 years old (see *Seder Olam Rabbah* Ch. 1 and *Rashi* to 10:25 above and to *Avodah Zarah* 19a). Accordingly, the verse here in *Psalms* is stating that Abraham is deemed praiseworthy for not joining with the rest of the Generation of the Dispersal in their evil ways despite his being present at the time (see *Eitz Yosef*).

3. In this regard, too, Abraham is deemed praiseworthy for not standing with the wicked Sodomites when they initially fought against the four kings, despite the fact that these kings had already captured his nephew Lot (*Maharsha* to *Avodah Zarah* 18b). It was only after the Sodomites were defeated in battle that Abraham himself attacked the four kings in order to save Lot (see above, 14:8-16). See Insight Ⓐ.

4. That the Philistines were *jesters* is evident from *Judges* 16:25, which states, וַיְהִי כְּטוֹב לִבָּם וַיֹּאמְרוּ קִרְאוּ לְשִׁמְשׁוֹן וִישַׂחֶק לָנוּ, *It happened when [the Philistines'] hearts grew merry that they said, "Summon Samson and let him cavort for us."* Although Abimelech offered Abraham to take up residence in Gerar with him, Abraham refused, choosing instead to settle in Beer-sheba, because he did not wish to reside among jesters. It is for this that our Midrash praises him (*Eitz Yosef*).

5. By desiring to teach his children to follow in the ways of God, Abraham is showing his true desire for God's Torah (*Eitz Yosef,* from *Yefeh To'ar*).

INSIGHTS

Ⓐ **Praiseworthy Is Abraham** Our Midrash applies the term רְשָׁעִים, *the wicked,* to *the Generation of the Dispersal* and the epithet חַטָּאִים, *the sinful,* to the people of Sodom. *R' Shlomo Kluger* explains the aptness of these descriptions:

Sinners may be divided into two distinct types. The first is cognizant of the fact that their actions are improper but find their temptations too strong to resist. This category is referred to with relative empathy as חַטָּאִים, *the sinful.* Worse than these are evildoers who deny that there is anything wrong with their behavior. These are רְשָׁעִים, *the wicked.* One gauge by which the classification of a sinner may be determined is whether or not he causes others to act as he does. Since he derives no pleasure from inducing another to sin, one who does so demonstrates a complete disinterest in virtue, and is regarded as wicked.

There is no evidence that the Sodomites encouraged others to sin. This suggests that their wickedness was the product of a failure to resist their human desires, and they are therefore deemed חַטָּאִים, *sinful.* [Although Scripture also refers to their wickedness with the term רָעִים (literally, *bad*), it does not use the more severe term רְשָׁעִים, *wicked.*] The people of the Generation of the Dispersal, on the other hand, proclaimed, הָבָה נִבְנֶה־לָּנוּ עִיר וּמִגְדָּל וְרֹאשׁוֹ בַשָּׁמַיִם, *let us build us a city, and a tower with its top in the heavens* (above 11:4). They induced others to join in their evil designs, so they are appropriately labeled רְשָׁעִים, *wicked.* [*R' Shlomo Kluger* adds that this difference explains why Abraham prayed on behalf of the Sodomites (above, 18:23ff), but not for the Generation of the Dispersal, among whom he lived. For he asserts that while *Berachos* 10a advocates praying that the *sinful* repent, one should not pray for the benefit of the *wicked.*]

As explained in the commentary, it emerges from the next line in our Midrash that it was because the Philistines were *jesters* that Abraham declined Abimelech's offer for to him to reside among them. *R' Shlomo Kluger* uses this thought to shed light on a seemingly unrelated Midrash:

Below, in 64 §6, the Midrash expounds on 26:12, which states, וַיִּזְרַע יִצְחָק בָּאָרֶץ הַהִוא וַיִּמְצָא בַּשָּׁנָה הַהִוא מֵאָה שְׁעָרִים וַיְבָרְכֵהוּ ה', *Isaac sowed in that land* (Gerar), *and in that year he reaped a hundredfold; thus had HASHEM blessed him.* From the apparently superflous words, *"that land"* and *"that year,"* the Midrash infers that neither the land nor the year were conducive to such a nice crop, thus underscoring God's blessing. Now, the fact that the year's general harvest was scanty is indicated by an earlier verse (26:1) which teaches that it was a time of famine. However, there does not seem to be an indication that the *land* was not prosperous. Why, then, does the verse state *in that land,* which suggests that the unproductive nature of the place was already known?

However, in light of our Midrash, which finds a Scriptural indication that Gerar was home to *jesters,* this difficulty may be resolved. For *Avodah Zarah* 18b teaches: *Whoever jests* (i.e., scoffs), *his sustenance* (i.e., income) *diminishes.* It was thus self-evident that Gerar would have been an unlikely place for Isaac to succeed financially (*Avodas Avodah* to *Avodah Zarah* 19a s.v. דף יט גמ').

פרשה סא

א [כה, א] "וַיֹּסֶף אַבְרָהָם וַיִּקַּח אִשָּׁה וּשְׁמָהּ קְטוּרָה". כְּתִיב (תהלים א, א) "אַשְׁרֵי הָאִישׁ אֲשֶׁר לֹא הָלַךְ וְגוֹ'". "אֲשֶׁר לֹא הָלַךְ בַּעֲצַת רְשָׁעִים", [א]זֶה דּוֹר הַפַּלָּגָה, "וּבְדֶרֶךְ חַטָּאִים לֹא עָמָד", אֵלּוּ אַנְשֵׁי סְדוֹם, שֶׁנֶּאֱמַר (בראשית יג, יג) "וְאַנְשֵׁי סְדוֹם רָעִים וְחַטָּאִים", "וּבְמוֹשַׁב לֵצִים לֹא יָשָׁב", זֶה אֲבִימֶלֶךְ שֶׁנֶּאֱמַר (שם כ, טו) "הִנֵּה אַרְצִי לְפָנֶיךָ וְגוֹ'", "כִּי אִם בְּתוֹרַת ה' חֶפְצוֹ", "כִּי יְדַעְתִּיו לְמַעַן אֲשֶׁר יְצַוֶּה וְגוֹ'". "וּבְתוֹרָתוֹ יֶהְגֶּה" אָמַר רַבִּי שִׁמְעוֹן: [ב]אָב לֹא לִמְּדוֹ וְרַב לֹא הָיָה לוֹ, וּמֵהֵיכָן לָמַד אֶת הַתּוֹרָה, אֶלָּא זִימֵּן לוֹ הַקָּדוֹשׁ בָּרוּךְ הוּא שְׁתֵּי כִלְיוֹתָיו כְּמִין שְׁנֵי רַבָּנִים וְהָיוּ נוֹבְעוֹת וּמְלַמְּדוֹת אוֹתוֹ תּוֹרָה וְחָכְמָה, הֲדָא הוּא דִכְתִיב (תהלים טז, ז) "אֲבָרֵךְ אֶת ה' אֲשֶׁר יְעָצָנִי, אַף לֵילוֹת יִסְּרוּנִי כִלְיוֹתָי". (שם א, ג) "וְהָיָה כְּעֵץ שָׁתוּל", שֶׁשְּׁתָלוֹ הַקָּדוֹשׁ בָּרוּךְ הוּא בְּאֶרֶץ יִשְׂרָאֵל. "אֲשֶׁר פִּרְיוֹ יִתֵּן בְּעִתּוֹ", זֶה יִשְׁמָעֵאל "וְעָלֵהוּ לֹא יִבּוֹל זֶה יִצְחָק". "וְכֹל אֲשֶׁר יַעֲשֶׂה יַצְלִיחַ", אֵלּוּ בְּנֵי קְטוּרָה שֶׁנֶּאֱמַר "וַיֹּסֶף אַבְרָהָם וַיִּקַּח אִשָּׁה":

רש"י

סא (א) אשרי האיש אשר לא הלך. זה אברהם דכתיב ביה השב אשת האיש כי נביא הוא:

עץ יוסף

סא (א) אשרי האיש כו'. וכל אשר יעשה יצליח בבני קטורה. והכוונה כי מהשגחת ה' באברהם שיהיה כעץ שתול על פלגי מים כי מריח מים יפריח אף כי יזקין בארץ שרשו. ולכן רצה ה' שכל שיזקין יפרח יותר הפך הטבע. וימלאו פני תבל פרי בטנו. ולזה נשא קטורה ועל פי הדיבור היה כדלקמן (יפ"ת): **כתיב אשרי האיש אשר לא הלך וגו'.** אשרי האיש זה אברהם שנא' (בראשית כ'): **ועתה השב אשת האיש כי נביא הוא. אשר לא הלך.** כצ"ל וכן הוא בשוח"ט: **זה דור הפלגה.** שאברהם אבינו בימי דור הפלגה היה שבסוף ימי פלג נפלגה הארץ כדתניא בסדר עולם. ופלג ראה את אברהם כמה שנים דהא לקפ"א דפלג נולד אברהם (רש"י). ודריש בעצת רשעים על דור הפלגה שהסכימו בעצה לבנות המגדל: **זה אבימלך.** נקט מושב באבימלך שאמר לו הנה ארצי לפניך בטוב בעיניך שב ובשוח"ט מסיים הנה ארצי לפניך וגו' ולא קיבל. ור"ל לא קיבל לישב שם בגרר והלך לבאר שבע והיינו משום שלצים היו כנ"ל: **למען אשר יצוה.** מפרש בתורת ה' חפצו היותו חפץ בהוראה ולמוד דעת את אחרים דהיינו אשר יצוה את בניו (יפ"ת): **שתי כליותיו כו'.** דרש יהגה על המחשבה כדכתיב והגיון לבי והגות לבו וכליות יועצות: **ומלמדות אותו תורה וחכמה.** באדר"נ פרשה ל"ג ובשוח"ט מ"ז אי' הגירסא מלמדות אותו תורה כל הלילה. וכדמייתי מקרא אף לילות יסרוני כליותי: **ששתלו הקדוש ברוך הוא בארץ ישראל.** וקראה פלגי מים ע"ד ארץ נחלי מים. ולפי שא"י מסייעת מאד אל השלימות יחס ישוב א"י אל עץ שתול על פלגי מים אשר מריח מים יפריח לעולם: **אשר פריו יתן בעתו זה יצחק. ועלהו לא יבול זה ישמעאל.** כצ"ל וכן הוא בשוח"ט (מת"כ) כי יצחק הוא עיקר הפרי וישמעאל היה כעלה הטפל לפרי והא דקאמר ביצחק בעתו לפי שאז נמול אברהם הוה ליה עתו הראויה כדאי' לעיל פ' מ"ו משנצרר דמו משבטלה תאותו כו' (יפ"ת). וליישב הגירסא שלפנינו בעתו זה ישמעאל י"ל היינו הכשרים שיש באומה ישמעאל שאותם הזכיר. אבל הפחותים לא הזכיר. אבל אצל יצחק הזכיר ועלהו לא יבול דאצל יצחק אף העלין והן הפחותים לא יבולו כדאמרי' אי לאו עליא לא יתקיימו אתכלי'. שהם מחזיקים ידי לומדי תורה. ולכן גם הם לא יבולו (נתיבות עולם): **אלו בני קטורה.** כלו' שהצליחו וגדלו ועשו פרי רב עד שנעשה מהם כמה אומות בעולם:

פירוש מהרז"ו

סא (א) אשרי האיש. מדרש תהלים א' ובילקוט כאן ושם וה"ג שם אשרי האיש זה אברהם שנאמר ועתה השב את אשת האיש וכמ"ש מארץ מרחק איש עצתי: **זה דור הפלגה.** שם במ"ת הגי' שנאמר הבה נבנה לנו עיר ואין הבה אלא לשון עצה שנאמר הבו לכם דבר ועצה אלא אבשלום: **הנה ארצי לפניך.** בטוב בעיניך שב. ואעפ"כ לא קבל עליו. כן הוא במ"ת שם ועי' לעיל פר' נ"ה סי' ב' איך לא קיבל עליו: **כי ידעתיו למען אשר יצוה.** וסיפא דקרא לעשות צדקה ומשפט. הרי שחפץ בזה: **אב לא למדו.** ומ"ש לעיל פרשה מ"ג סי' ו' תורה גלה לו ששם בן נח למדו תורה. הרי שהיה לו רב. היינו על שבע מצות ב"נ. אך כאן הכוונה על כל התורה כולה כמ"ש במד' תהלים שאפילו עירובי תבשילין היה אברהם יודע וכמש"ל פמ"ט סי' ב' מפסוק וישמור משמרתי וגו' וע"ז לא היה לו רב. ובמ"ת שם דורש פסוקים אלו תחלה על נח על ז' מצות. ואח"כ על אברהם כו' על כל התורה: **אשר יעצני.** פסוקים אלו אברהם אמרם כמ"ש פר"א פכ"ד. שכתוב בתהלים ט"ז בלע ה' פלג לשונם וגו'. שאברהם קלל אנשי ההפלגה כו' ונפל גורלו של הקב"ה על אברהם ע"ש. וזהו ה' מנת חלקי וכוסי אתה תומך גורלי וגו' אברך את ה' אשר יעצני שיעץ אותו ולמדו תורה וחכמה: **זה ישמעאל.** שנולד קודם יצחק לכך דורשו תחלה:

חידושי הרד"ל

[א] (א) **ארצי לפניך בטוב בעיניך שב.** והוא לא רצה לישב עמו בגרר וכמש"ל פנ"ד וז"ש לא ישב (וקראו לצים כמ"ש בע"א (י"ט.) שפלשתים ליצנים הם ע"ש):

(ב) **יהגה יומם ולילה אר"ש כו'.** וכצ"ל וכדמסיים אף לילות יסרוני כו':

(ג) **ומלמדות אותו תורה וחכמה.** באדר"נ פל"ג ובשוח"ט ט"ז איתא הגי' מלמדות אותו תורה כל הלילה וכדמייתי מקרא דאף לילות:

(ד) **בעץ שתול על פלגי מים ששתלו הקדוש ברוך הוא בארץ ישראל** בצ"ל והיינו דכתיב בא"י ארץ נחלי מים עיינות ותהומות וגו' (דברים ח') ובשוח"ט שם ששתלו הקב"ה בג"ע. והיינו נמי כדכתיב ונהר יוצא מעדן:

חידושי הרש"ש

[א] **ועלהו לא יבול זה יצחק.** עמ"כ גי' אחרת. ולגי' שלפנינו י"ל דרך רמז ועלהו ר"ל על שלו (כפי' כשהיה בן ק' שנה בגימט' על וכיוצא בזה כתב הטור או"ח סימן מ"ו בשם ר"ב נטרונאי הוקם על בגימט' ק' והוא מהמדרש לקמן בפ' קרח) לא יבול (מלשון אחרי בלותי) ר"ל שלא נזדקן אז אלא שחזר לנערותו והוליד את יצחק:

מסורת המדרש

א עבודת כוכבים דף י"ט. מדרש תהלים מזמור א'. ילקוט כאן רמז ק"ט כל הענין. ילקוט תהלים רמז תרי"ד:

ב מדרש תהלים מזמור א' ומזמור ט"ז. אבות דרבי נתן פרק ל"ג. תנחומא סדר ויגש סימן י"א. ילקוט תהלים רמז תרי"ג ורמז תרס"ז:

אם למקרא

אַשְׁרֵי־הָאִישׁ אֲשֶׁר לֹא הָלַךְ בַּעֲצַת רְשָׁעִים וּבְדֶרֶךְ חַטָּאִים לֹא עָמָד וּבְמוֹשַׁב לֵצִים לֹא יָשָׁב: (תהלים א:א)

וְאַנְשֵׁי סְדֹם רָעִים וְחַטָּאִים לַה' מְאֹד: (בראשית יג:יג)

וַיֹּאמֶר אֲבִימֶלֶךְ הִנֵּה אַרְצִי לְפָנֶיךָ בַּטּוֹב בְּעֵינֶיךָ שֵׁב: (בראשית כ:טו)

אֲבָרֵךְ אֶת־ה' אֲשֶׁר יְעָצָנִי אַף־לֵילוֹת יִסְּרוּנִי כִלְיוֹתָי: (תהלים טז:ז)

וְהָיָה כְּעֵץ שָׁתוּל עַל־פַּלְגֵי מָיִם אֲשֶׁר פִּרְיוֹ יִתֵּן בְּעִתּוֹ וְעָלֵהוּ לֹא יִבּוֹל וְכֹל אֲשֶׁר־יַעֲשֶׂה יַצְלִיחַ: (תהלים א:ג)

מתנות כהונה

סא [א] [ה"ג בשוחר טוב אשרי האיש זה אברהם וה"ג בילקוט סדר זה ובילקוט תהלים] : **דור הפלגה.** שנאמר הבה נבנה שהוא לשון הזמנה וכתיב בעצת רשעים והכי גרסינן בהדיא במדרש תהלים הנה ארצי לפניך כו' ואברהם לא קבל עליו כדלעיל בפרשה נ"ד ואחר כך אמר לו כחסד אשר עשיתי וזהו ליצנות ועיין לעיל פ"כ ובילקוט תהלים: **שתי כליותיו כו'.** ומעצמו אזן וחקר ועמד על העיקר וזהו לשון יהגה המד"א והגיון לבי: [**שתול** גרסינן] [ה"ג במדרש תהלים ובילקוט סדר זה ובאב"א]: **בעתו זה יצחק. ועלהו לא יבול זה ישמעאל וכל אשר כו'.** וכן הדעת נותנת שהעלים הם כינוי לדבר שאינו עיקר וכמו שדרשו חז"ל ועלהו לא יבול אפי' שיחת חולין של תלמיד חכם צריכים תלמוד [ובילקוט תהלים גרס כמו כאן:

נחמד למראה

[סא] **א אשר פריו יתן בעתו זה ישמעאל ועלהו לא יבול זה יצחק וכו'.** עיין במ"כ וידי משה. ונ"ל דקרא דכתיב פריו יתן בעתו לא קאי ליצחק שהוציא פרי שהוא ישמעאל אלא פריו קאי אישמעאל גופיה שמתחלה היה כעץ יבש ולבסוף נתן פריו שעשה תשובה. אבל יצחק מקטנותו היה צדיק וזהו ועלהו לא יבול ודו"ק:

אשד הנחלים

סא [א] אשרי גו'. עד סוף הענין. קרא לדור הפלגה שהיו רשעים בין אדם למקום כי כחשו בד' בשם רשעים. ואנשי סדום שהיו רעים בין אדם לחבירו כמ"ש ביחזקאל יד עני ואביון לא החזיקו. בשם חטאים. כי שם חוטא הוא בין אדם לחבירו ג"כ. ואבימלך שהיו שטופים בזימה לעין כל. בשם לצים. כי הליצנות מעביר כל בושה וד"א מהאדם מכל וכל. והנה אברהם הי' בכל הדורות בהם ולא פנה לאולתם. כ"א כל חפצו ברצון נפשו [לא מהכרח] הגה בתורת ה' שזהו עשיית צדק ומשפט הנובע מלב המכיר כבוד ה' ומדותיו. ע"ד הדבק במדותיו מה הוא רחום אף אתה הי' רחום. וזהו תורת ה' שאוחז דרכי ה'. ואף כי לא היה לו רב ומורה עכ"ז מעצמו למד [וזהו ובתורתו שהבין מעצמו] כי עזרו ה' למעלה משכל האנושי שישכיל בעניינים אלקיים. ונתן בכליותיו שהם היועצים לאדם שיבינו תורה [זהו תורת ה' למעלה משכל אנושי]. וחכמה זהו חכמה אנושיות. וזהו ובתורתו. חכמת אנושיות. ולכן זה שכרו ששתלו ה' שיהיה מקומו תמיד בלי ידחו ממנו המקום הטוב והמקודש וכמו האילן העומד על פני מים שגדל בטוב מאוד. כן המקום המקודש הזה הוא נחל נובע לאדם השראה האלקית והשגת החכמה. וכן הנולד ממנו כמשל הפירות מהאילן שהפירות המה טובים מאוד וזה יצחק. וגם העלים שהם רק שומרי

הֲדָא הוּא דִכְתִיב ״אֲבָרֵךְ אֶת ה׳ אֲשֶׁר יְעָצָנִי, אַף לֵילוֹת יִסְּרוּנִי כִלְיוֹתָי״ — **Thus it is written, *I bless HASHEM for He has advised me, even at nights my kidneys admonish me*** (*Psalms* 16:7).[6]Ⓐ ״וְהָיָה כְּעֵץ שָׁתוּל״, שֶׁשְּׁתָלוֹ הַקָּדוֹשׁ בָּרוּךְ הוּא בְּאֶרֶץ יִשְׂרָאֵל — ***He shall be like a tree deeply rooted*** *alongside brooks of water* — this means that **the Holy One, blessed is He, planted [Abraham] in the Land of Israel.**[7] ״אֲשֶׁר פִּרְיוֹ יִתֵּן בְּעִתּוֹ״, זֶה יִשְׁמָעֵאל — ***That yields its fruit in its season*** — **this** alludes to **Ishmael;**[8] ״וְעָלֵהוּ לֹא יִבּוֹל״ זֶה יִצְחָק — ***and whose leaf never withers*** — **this** alludes to **Isaac.**[9] ״וְכֹל אֲשֶׁר יַעֲשֶׂה יַצְלִיחַ״, אֵלּוּ בְּנֵי קְטוּרָה שֶׁנֶּאֱמַר ״וַיֹּסֶף אַבְרָהָם וַיִּקַּח אִשָּׁה״ — ***And everything that he does will succeed*** — **this** alludes to **the sons of Keturah,**[10] **for it is stated** in our verse, ***Abraham proceeded and took a wife*** *whose name was Keturah*.

NOTES

6. The Midrash interprets our verse's expression וּבְתוֹרָתוֹ יֶהְגֶּה as referring to thinking in Torah (see *Psalms* 19:15: וְהֶגְיוֹן לִבִּי לְפָנֶיךָ, *and the thoughts of my heart find favor before You*), and is saying that despite his lack of a teacher, Abraham became equipped to meditate in Torah by virtue of the counsel provided by his kidneys, as arranged by God. [See *Rashi* to *Berachos* 61a, s.v. כליות, who states that this verse in *Psalms* serves as the source for the idea, stated often by the Sages, that the kidneys are the part of the body that serve as its source of guidance.] See *Eitz Yosef.* See Insight Ⓐ.

Avos DeRabbi Nassan (Ch. 33) and *Midrash Shocher Tov* (to *Psalms* Ch. 16) have a slightly different version of the exposition presented here (see *Radal* and *Eitz Yosef*).

7. Thus, the verse compares Abraham to a tree that was planted alongside brooks of water on account of the fact that he was planted in the Land of Israel, which is described as אֶרֶץ נַחֲלֵי מָיִם, *a land with streams of water* (*Deuteronomy* 8:7).

Moreover, the verse's comparison of one who dwells in the Land of Israel specifically to a tree that is planted alongside water is meant to highlight the fact that living in the holy land in and of itself greatly assists a person in achieving perfection, much like a tree that is planted alongside water, whose fruits blossom continually from its exposure to a water source (*Eitz Yosef*).

8. Who was born when Abraham was still of an age that (at that time in history) was considered *in its season*, i.e., a normal age, to have children (*Yefeh To'ar*).

9. Who was born when Abraham was already old (ibid.).

One would have expected the Midrash to compare Isaac to the *fruit*, which is more important, and Ishmael to the *leaf*, which is less significant. *Nesivos Olam*, cited by *Eitz Yosef*, therefore suggests a different interpretation of our Midrash: The *fruit* refers only to the *righteous* among the descendants of Ishmael, for only they are worthy of note. But among the descendants of Isaac, even the unlearned masses (the *leaves*) are worthy of note, for the Sages teach (*Chullin* 92a): *if not for the leaves* (i.e., the unlearned masses)*, the clusters [of grapes]* (i.e., the Torah scholars) *would not survive*, for the former grow the food that sustains the latter. Accordingly, the verse teaches that even the *leaves* of Isaac shall never *wither*.

Midrash Shocher Tov (loc. cit.), however, indeed presents our exposition in the opposite manner: *that yields its fruit in its season* alludes to Isaac, while *and whose leaf never withers* alludes to Ishmael. Accordingly, that Isaac was a *fruit* born *in its season* is a reference to his being born at an opportune time in Abraham's life (after Abraham's circumcision and after Abraham's passions had been greatly diminished on account of his old age; see 46 §2 above) (*Eitz Yosef,* from *Yefeh To'ar*). *Matnos Kehunah* and *Radal* emend our Midrash to accord with *Midrash Shocher Tov*, and *Eitz Yosef* prefers this version as well.

10. Who succeeded in rearing large families that eventually *succeeded* in developing into great nations (*Eitz Yosef*).

INSIGHTS

Ⓐ **The Counsel of the Kidneys** The idea that the kidneys provide counsel may be rooted in the physical function of kidneys. The kidneys are the blood's filter, sifting through all the various particles, nutrients, and poisons that enter the bloodstream in its ceaseless circuit through the body. The kidneys remove what is dangerous and alien, and pass through all that is beneficial to the body. So it is with "counsel" and "guidance." The human mind conceives and receives a host of various ideas. True counsel is the ability to filter that vast input, eliminating what is false and misleading, and passing along what is true and right (*R' Mordechai Gifter*).

Abraham's profound powers of counsel, unencumbered by the selfish interest that clouds the judgment of so many, allowed him to see the world — created by God according to the pattern of the Torah — as it really was.

פרשה סא

א [כה, א] **"וַיֹּסֶף אַבְרָהָם וַיִּקַּח אִשָּׁה וּשְׁמָהּ קְטוּרָה". כְּתִיב** (תהלים א, א) **"אַשְׁרֵי הָאִישׁ אֲשֶׁר לֹא הָלַךְ וְגוֹ' ". "אֲשֶׁר לֹא הָלַךְ בַּעֲצַת רְשָׁעִים", [א]זֶה דּוֹר הַפַּלָּגָה, "וּבְדֶרֶךְ חַטָּאִים לֹא עָמָד", אֵלּוּ אַנְשֵׁי סְדוֹם, שֶׁנֶּאֱמַר** (בראשית יג, יג) **"וְאַנְשֵׁי סְדוֹם רָעִים וְחַטָּאִים", "וּבְמוֹשַׁב לֵצִים לֹא יָשָׁב", זֶה אֲבִימֶלֶךְ שֶׁנֶּאֱמַר** (שם כ, טו) **"הִנֵּה אַרְצִי לְפָנֶיךָ וְגוֹ' ", "כִּי אִם בְּתוֹרַת ה' חֶפְצוֹ", "כִּי יְדַעְתִּיו לְמַעַן אֲשֶׁר יְצַוֶּה וְגוֹ' ". "וּבְתוֹרָתוֹ יֶהְגֶּה" אָמַר רַבִּי שִׁמְעוֹן: [ב]אָב לֹא לִמְּדוֹ וְרַב לֹא הָיָה לוֹ, וּמֵהֵיכָן לָמַד אֶת הַתּוֹרָה, אֶלָּא זִימֵּן לוֹ הַקָּדוֹשׁ בָּרוּךְ הוּא שְׁתֵּי כִלְיוֹתָיו כְּמִין שְׁנֵי רַבָּנִים וְהָיוּ נוֹבְעוֹת וּמְלַמְּדוֹת אוֹתוֹ תּוֹרָה וְחָכְמָה, הָדָא הוּא דִכְתִיב** (תהלים טז, ז) **"אֲבָרֵךְ אֶת ה' אֲשֶׁר יְעָצָנִי, אַף לֵילוֹת יִסְּרוּנִי כִלְיוֹתָי".** (שם א, ג) **"וְהָיָה כְּעֵץ שָׁתוּל", שֶׁשְּׁתָלוֹ הַקָּדוֹשׁ בָּרוּךְ הוּא בְּאֶרֶץ יִשְׂרָאֵל. "אֲשֶׁר פִּרְיוֹ יִתֵּן בְּעִתּוֹ", זֶה יִשְׁמָעֵאל "וְעָלֵהוּ לֹא יִבּוֹל זֶה יִצְחָק". "וְכֹל אֲשֶׁר יַעֲשֶׂה יַצְלִיחַ", אֵלּוּ בְּנֵי קְטוּרָה שֶׁנֶּאֱמַר "וַיֹּסֶף אַבְרָהָם וַיִּקַּח אִשָּׁה":**

עץ יוסף

סא (א) **אשרי האיש בו'.** וכל אשר יעשה יצליח בבני קטורה. והכוונה כי מהשגחת ה' באברהם שיהיה כעץ שתול על פלגי מים כי מריח מים יפריח אף כי יזקין בארץ שרשו. ולכן רצה ה' שכל שיזקין יפרח יותר הפך הטבע. וימלאו פני תבל פרי בטנו. ולזה נשא קטורה ועל פי הדיבור היה כדלקמן (יפ"ת): **כתיב אשרי האיש אשר לא הלך וגו'.** אשרי האיש זה אברהם שנא' (בראשית כ'): **ועתה השב אשת האיש כי נביא הוא. אשר לא הלך.** כנ"ל וכן הוא בשוח"ט: **זה דור הפלגה.** שאברהם אבינו בימי דור הפלגה היה שבסוף ימי פלג נפלגה הארץ כדתניא בסדר עולם. ופלג ראה את אברהם כמה שנים דהא לקפ"א דפלג נולד אברהם (רש"י). ודריש בעצת רשעים על דור הפלגה שהסכימו בעצה לבנות המגדל: **זה אבימלך.** נקט מושב באבימלך שאמר לו הנה ארצי לפניך בטוב בעיניך שב ובשוח"ט מסיים הנה ארצי לפניך וגו' ולא קיבל. ור"ל לא קיבל לישב שם בגרר והלך לבאר שבע והיינו משום שלצנים היו כנ"ל: **למען אשר יצוה.** מפרש בתורת ה' חפצו היותו חפץ בהוראה ולמוד דעת את אחרים דהיינו אשר יצוה את בניו (יפ"ת): **שתי כליותיו בו'.** דרש יהגה על המחשבה כדכתיב והגיון לבי והגות לבו וכליות יועצות: **ומלמדות אותו תורה וחכמה.** באדר"נ פרשה ל"ג ובשוח"ט מ"ז אי' הגירסא מלמדות אותו תורה כל הלילה. וכדמייתי מקרא אף לילות יסרוני כליותי: **ששתלו הקדוש ברוך הוא בארץ ישראל.** וקראה פלגי מים ע"ד ארץ נחלי מים. ולפי שא"י מסייעת מאד אל השלימות יחס ישוב א"י אל עץ שתול על פלגי מים אשר מריח מים יפריח לעולם: **אשר פריו יתן בעתו זה יצחק. ועלהו לא יבול זה ישמעאל.** כנ"ל וכן הוא בשוח"ט (מת"כ) כי יצחק הוא עיקר הפרי וישמעאל היה כעלה הטפל לפרי והא דקאמר ביצחק בעתו לפי שאז כמול אברהם הוה ליה עתו הראויה כדאי' לעיל פ' מ"ו משנגרר דמו משבטלה תאותו כו' (יפ"ת). וליישב הגירסא שלפנינו בעתו זה ישמעאל י"ל היינו הכשרים שיש באומה ישמעאל שאותם הזכיר. אבל הפחותים לא הזכיר. אבל אצל יצחק הזכיר ועלהו לא יבול דאצל יצחק אף העלין והן הפחותים לא יבולו כדאמרי' אי לאו עליא לא יתקיימו אתכלי'. שהם מחזיקים ידי לומדי תורה. ולכן גם הם לא יבולו (נתיבות עולם): **אלו בני קטורה.** כלו' שהצליחו וגדלו ועשו פרי רב עד שנבנה מהם כמה אומות בעולם:

פירוש מהרז"ו

סא (א) **אשרי האיש.** מדרש תהלים א' וילקוט כאן ושם וה"ג שם אשרי האיש זה אברהם שנאמר ועתה השב את אשת האיש וכמ"ש מארץ מרחק איש עצתי: **זה דור הפלגה.** שם במ"ת הגי' שנאמר הבה נבנה לנו עיר ואין הבה אלא לשון עצה שנאמר הבו לכם דבר ועצה אלל אבשלום: **הנה ארצי לפניך.** בטוב בעיניך שב. ואעפ"כ לא קבל עליו. כן הוא במ"ת שם ועי' לעיל פר' נ"ה סי' ב' איך לא קיבל עליו: **כי ידעתיו למען אשר יצוה.** וסיפא דקרא לעשות צדקה ומשפט. הרי שחפץ בזה: **אב לא למדו.** ומ"ש לעיל פרשה מ"ג סי' ו' תורה גלה לו ששם בן נח למדו תורה. הרי שהיה לו רב. היינו על שבע מצות ב"נ. אך כאן הכוונה על כל התורה כולה כמ"ש במד' תהלים שאפילו עירובי תבשילין היה אברהם יודע וכמש"ל פמ"ט סי' ב' מפסוק וישמור משמרתי וגו' וע"ז לא היה לו רב. ובמ"ת שם דורש פסוקים אלו תחלה על נח על ז' מצות. ואח"כ על אברהם כו' על כל התורה: **אשר יעצני.** פסוקים אלו אברהם אמרם כמ"ש פר"א פכ"ד. שכתוב בתהלים ט"ז בלע ה' פלג לשונם וגו'. שאברהם קלל אנשי ההפלגה כו' ונפל גורלו של הקב"ה על אברהם ע"ש. וזהו ה' מנת חלקי וכוסי אתה תומך גורלי וגו' אברך את ה' אשר יעצני שיען אותו ולמדו תורה וחכמה: **זה ישמעאל.** שנולד קודם יצחק לכך דורשו תחלה:

רש"י

סא (א) **אשרי האיש אשר לא הלך.** זה אברהם דכתיב ביה השב אשת האיש כי נביא הוא:

חידושי הרד"ל

[א] (א) **ארצי לפניך בטוב בעיניך שב.** והוא לא רצה לישב עמו בגרר וכמש"ל פנ"ד וז"ש לא ישב (וקראו לצים כמ"ש בע"א (י"ט.) שפלשתים ליצנים הם ע"ש): (ב) **יהגה יומם ולילה אר"ש כו'.** וכנ"ל וכדמסיים אף לילות יסרוני כו': (ג) **ומלמדות אותו תורה וחכמה.** באדר"נ פל"ג ובשוח"ט ט"ז איתא הגי' מלמדות אותו תורה כל הלילה וכדמייתי מקרא דאף לילות: (ד) **בעץ שתול על פלגי מים ששתלו הקדוש ברוך הוא בארץ ישראל** בצ"ל והיינו דכתיב בא"י ארץ נחלי מים עיינות ותהומות וגו' (דברים ח') ובשוח"ט שם ששתלו הקב"ה בג"ע. והיינו נמי כדכתיב ונהר יוצא מעדן:

חידושי הרש"ש

[א] **ועלהו לא יבול זה יצחק.** עמ"כ גי' אחרת. ולגי' שלפנינו י"ל דרך רמז ועלהו ר"ל על שלו (כפי' כשהיה בן ק' שנה בגימט' על וכיוצא בזה כתב הטור או"ח סימן מ"ו בשם ר"ב נטרונאי הוקם על בגימט' ק' והוא מהמדרש לקמן בפ' קרח) לא יבול (מלשון אחרי בלותי) ר"ל שלא נזדקן אז אלא שחזר לנערותו והוליד את יצחק:

מסורת המדרש

א עבודת כוכבים דף י"ט. מדרש תהלים מזמור א'. ילקוט כאן רמז ק"ט כל הענין. ילקוט תהלים רמז תרי"ד:

ב מדרש תהלים מזמור א' ומזמור ט"ז. אבות דרבי נתן פרק ל"ג. תנחומא סדר ויגש סימן י"א. ילקוט תהלים רמז תרי"ג ורמז תרמ"ז:

אם למקרא

אַשְׁרֵי־הָאִישׁ אֲשֶׁר לֹא הָלַךְ בַּעֲצַת רְשָׁעִים וּבְדֶרֶךְ חַטָּאִים לֹא עָמָד וּבְמוֹשַׁב לֵצִים לֹא יָשָׁב: (תהלים א:א)

וְאַנְשֵׁי סְדֹם רָעִים וְחַטָּאִים לַה' מְאֹד: (בראשית יג:יג)

וַיֹּאמֶר אֲבִימֶלֶךְ הִנֵּה אַרְצִי לְפָנֶיךָ בַּטּוֹב בְּעֵינֶיךָ שֵׁב: (בראשית כ:טו)

אֲבָרֵךְ אֶת־ה' אֲשֶׁר יְעָצָנִי אַף־לֵילוֹת יִסְּרוּנִי כִלְיוֹתָי: (תהלים טז:ז)

וְהָיָה כְּעֵץ שָׁתוּל עַל־פַּלְגֵי מָיִם אֲשֶׁר פִּרְיוֹ יִתֵּן בְּעִתּוֹ וְעָלֵהוּ לֹא יִבּוֹל וְכֹל אֲשֶׁר־יַעֲשֶׂה יַצְלִיחַ: (תהלים א:ג)

מתנות כהונה

סא **[א]** [**ה"ג** בשוחר טוב אשרי האיש זה אברהם וה"ג בילקוט סדר זה ובילקוט תהלים] **: דור הפלגה.** שנאמר הבה נבנה שהוא לשון הזמנה וכתיב בעצת רשעים והכי גרסינן בהדיא במדרש תהלים הנה ארצי לפניך כו' ואברהם לא קבל עליו כדלעיל בפרשה נ"ד ואחר כך אמר לו כחסד אשר עשיתי וזהו ליצנות ועיין לעיל פ"כ ובילקוט תהלים: **שתי כליותיו בו'.** ומעצמו אזן וחקר ועמד על העיקר וזהו לשון יהגה המד"א והגיון לבי: [**שתול** גרסינן] [ה"ג במדרש תהלים ובילקוט סדר זה ובאבד"א]: **בעתו זה יצחק. ועלהו לא יבול זה ישמעאל וכל אשר בו'.** וכן הדעת נותנת שהעלים הם כינוי לדבר שאינו עיקר וכמו שדרשו חז"ל ועלהו לא יבול אפי' שיחת חולין של תלמיד חכם צריכים תלמוד [ובילקוט תהלים גרס כמו כאן:

נחמד למראה

[סא] **א אשר פריו יתן בעתו זה ישמעאל ועלהו לא יבול זה יצחק וכו'.** עיין במ"כ וידי משה. ונ"ל דקרא דכתיב פריו יתן בעתו לא קאי ליצחק שהוציא פרי שהוא ישמעאל אלא פריו קאי אישמעאל גופיה שמתחלה היה כעץ יבש ולבסוף נתן פריו שעשה תשובה. אבל יצחק מקטנותו היה צדיק וזהו ועלהו לא יבול ודו"ק:

אשד הנחלים

סא [א] **אשרי גו'.** עד סוף הענין. קרא לדור הפלגה שהיו רשעים בין אדם למקום כי כחשו בד' בשם רשעים. ואנשי סדום שהיו רעים בין אדם לחבירו כמ"ש ביחזקאל יד עני ואביון לא החזיקו. בשם חטאים. כי שם חוטא הוא בין אדם לחבירו ג"כ. ואבימלך שהיו שטופים בזימה לעין כל. בשם לצים. כי הליצנות מעביר כל בושה וד"א מהאדם מכל וכל. והנה אברהם הי' בכל הדורות בהם ולא פנה לאוולתם. כ"א כל חפצו ברצון נפשו [לא מהכרח] הגה בתורת ה' שזהו עשיית צדק ומשפט הנובע מלב המכיר כבוד ה' ומדותיו. ע"ד הדבק במדותיו מה הוא רחום אף אתה הי' רחום. וזהו תורת ה' שאוחז דרכי ה'. ואף כי לא היה לו רב ומורה עכ"ז מעצמו למד [וזהו ובתורתו שהבין מעצמו] כי עזרו ה' למעלה משכל האנושי שישכיל בעניינים אלקיים. ונתן בכליותיו שהם היועצים לאדם שיבינו תורה [זהו תורת ה' למעלה משכל אנושי]. וחכמה זהו חכמה אנושיות. וזהו ובתורתו. חכמת אנושיות. ולכן זה שכרו ששתלו ה' שיהיה מקומו תמיד בלי ידח ממנו המקום הטוב והמקודש וכמו האילן העומד על פני מים שגדל בטוב מאוד. כן המקום המקודש הזה הוא נחל נובע לאדם השראה האלקית והשגת החכמה. וכן הנולד ממנו כמשל הפירות מהאילן שהפירות המה טובים מאוד וזה יצחק. וגם העלים שהם רק שומרי

§2 The Midrash cites a passage from *Psalms* and relates it to Abraham:

״שְׁתוּלִים בְּבֵית ה׳ בְּחַצְרוֹת אֱלֹהֵינוּ יַפְרִיחוּ עוֹד יְנוּבוּן בְּשֵׂיבָה״ זֶה אַבְרָהָם אָבִינוּ — Scripture states, ***Planted in the house of HASHEM, in the courtyards of our God they will flourish. They will still be fruitful in old age*** (*Psalms* 92:14-15). **This** alludes to **Abraham our father.**[11] ״דְּשֵׁנִים וְרַעֲנַנִּים יִהְיוּ״, ״וַיֹּסֶף אַבְרָהָם״ — The *Psalms* verse continues: ***vigorous and fresh they will be.*** This alludes to our verse, which states, ***Abraham proceeded*** *and took a wife whose name was Keturah.*[12]

The Midrash cites a passage from *Job* and relates it, phrase by phrase, to Abraham:

״כִּי יֵשׁ לָעֵץ תִּקְוָה״ יֵשׁ לְאַבְרָהָם אָבִינוּ תִּקְוָה — Scripture states, ***For there is hope for a tree*** (*Job* 14:7).[13] This alludes to the fact that **there is hope for Abraham our father.**[14] ״אִם יִכָּרֵת וְעוֹד יַחֲלִיף״, אִם יֹאמַר עָלָיו כְּרוֹת הַבְּרִית וְעוֹד יַחֲלִיף מִצְוֹת וּמַעֲשִׂים טוֹבִים — The verse continues: ***[even] if it is cut*** [יִכָּרֵת] ***it can still renew itself,*** meaning that **if [God]**[15] **were to say to [Abraham], "Seal** (כְּרוֹת) **the covenant** (בְּרִית),"[16] and Abraham would do so,[17] from that point **and on [Abraham] would renew** his energy in the performance of **mitzvos and good deeds.**[18] ״וְיֹנַקְתּוֹ לֹא תֶחְדָּל״, זוֹ לַחֲלוּחוּת שֶׁלוֹ — The verse concludes: ***and its tender branch will not cease.*** **This** alludes to **[Abraham's] vitality** (lit., *moisture*).[19] ״אִם יַזְקִין בָּאָרֶץ שָׁרְשׁוֹ״, ״וְאַבְרָהָם זָקֵן״ — The next verse states, ***Were its roots to become old*** [יַזְקִין] ***in the ground*** (*Job* 14:8). This alludes to Abraham's total loss of vitality, as it states, ***Now Abraham was old*** [זָקֵן] (above, 24:1).[20] ״וּבֶעָפָר יָמוּת גִּזְעוֹ״, ״וַתָּמָת שָׂרָה״ — The verse continues: ***and its trunks to die*** [יָמוּת] ***in the dirt.*** This alludes to that which is written, ***Sarah died*** (above, 23:2).[21] ״מֵרֵיחַ מַיִם יַפְרִיחַ״, מֵרֵיחַ מִצְוֹת וּמַעֲשִׂים טוֹבִים יַפְרִיחַ — Nevertheless, Abraham went on to beget more children, as it states, ***with [but] a whiff of water it would blossom*** (*Job* 14:9), meaning that **[Abraham] will blossom from the scent of mitzvos and good deeds.**[22] ״וְעָשָׂה קָצִיר״ נֶטַע אֵין כְּתִיב כָּאן, אֶלָּא כְּמוֹ נֶטַע — The verse concludes: ***and generate branches*** *like a sapling.* The verse **does not state** the word ״נטע״ alone, **but rather** the words ״כמו נטע״.[23] ״וַיֹּסֶף אַבְרָהָם וגו׳״ ,הַתּוֹסֶפֶת מְרֻבָּה עַל הָעִיקָּר — This teaches that **the "extra" was more than the "basic."**[24] Thus, our verse states, ***Abraham proceeded*** *and took a wife whose name was Keturah.*

§3 The Midrash cites a number of expositions of a verse in *Ecclesiastes*, the last of which pertains to our present verse:

״בַּבֹּקֶר זְרַע אֶת זַרְעֶךָ וְלָעֶרֶב אַל תַּנַּח יָדֶךָ״ — Scripture states, ***In the morning sow your seed and in the evening do not be idle,*** *for you cannot know which will succeed — this or that — or whether both are equally good* (*Ecclesiastes* 11:6). רַבִּי אֱלִיעֶזֶר וְרַבִּי יְהוֹשֻׁעַ — **R' Eliezer and R' Yehoshua** each offered an exposition: רַבִּי אֱלִיעֶזֶר אָמַר: אִם זָרַעְתָּ בְּבָכִיר זְרַע בְּאָפִיל — **R' Eliezer said:** The verse is counseling: **If you planted during the first** rainfall,[25] **plant** again **during the later** rainfall, שֶׁאֵין אַתָּה יוֹדֵעַ אֵיזֶהוּ יִכְשַׁר אִם שֶׁל אָפִיל אִם שֶׁל בָּכִיר, וְאִם שְׁנֵיהֶם כְּאֶחָד טוֹבִים — **because you do not know which** rainfall **will succeed,** if **the later one** or **the first one** or **if both of them together** will be **good.**[26] רַבִּי יְהוֹשֻׁעַ אָמַר: אִם בָּא עָנִי אֶצְלְךָ בְּשַׁחֲרִית תֵּן לוֹ, בְּעַרְבִית תֵּן לוֹ — **R' Yehoshua said:** The verse is counseling: **If a poor person came to you** for charity **in the morning** and you gave him, **give him** again **in the evening,** שֶׁאֵין אַתָּה יוֹדֵעַ אֵיזֶה מֵהֶן הַקָּדוֹשׁ בָּרוּךְ הוּא כּוֹתֵב עָלֶיךָ הֲזֶה אוֹ זֶה, וְאִם שְׁנֵיהֶם כְּאֶחָד טוֹבִים — **because you do not know which [charity] the Holy One, blessed is He, will write down** as a merit **for you, whether this one or that one, or if both of them together will be good.**[27]

NOTES

11. Who, as taught by the Midrash at the end of section 1 above, was planted by God in the Land of Israel, otherwise known as *the house of HASHEM* (*Rashi*, *Eitz Yosef*), and who *flourished* there (in the sense that he was blessed with all that he needed) (*Eitz Yosef*).

12. And proceeded to have six children with her.

The verse's double expression *vigorous and fresh* is seen by the Midrash as alluding to Abraham's renewed vitality in fathering children from Keturah in his old age (as described in our Torah portion), in addition to those that he fathered in his relative youth (*Eitz Yosef,* from *Yefeh To'ar*).

13. That is, a tree that is dried out may regain the ability to bear fruit (see *Eitz Yosef* to *Vayikra Rabbah* 30 §10).

14. Abraham is associated with a tree above in section 1; see also 53 §1 above and *Vayikra Rabbah* 30 §10 (see *Maharzu* and *Eitz Yosef*). The *hope* refers to the fact that he fathered many more children with Keturah (see *Eitz Yosef*; see, however, *Rashi*).

15. *Rashi* (based on *Yalkut Shimoni, Chayei Sarah* §25); see, however, *Eitz Yosef*.

16. I.e., circumcise yourself (*Eitz Yosef*). [The verb כרת (lit., *cut*) is used throughout Scripture for the sealing of a covenant. The is apparently because one of the first covenants in history (the Covenant Between the Parts, recounted in Ch. 15 above) involved the act of cutting (see v. 18 there). In *Exodus* 4:25 the verb כרת is used specifically for the act of cutting done during the rite of circumcision.]

17. *Yalkut Shimoni* loc. cit. (*Eitz Yosef*).

18. For as the *Zohar* teaches, the Torah does not state explicitly that Abraham performed the commandments (below, 26:5) until *after* his circumcision (*Eitz Yosef,* from *Yefeh To'ar*).

19. Of which he retained enough in his old age in order to beget Isaac [see above, 48 §16] (*Eitz Yosef*).

20. This verse alludes to Abraham's loss of ability to beget any further children [see above, loc. cit.], much like the aging roots of a tree that render the tree unable to produce any more fruits (*Eitz Yosef*).

21. Sarah is compared to the *trunk* of Abraham's tree because they both came from the same stock (Sarah was Abraham's niece [see 11:29 above and *Aggadas Bereishis* ad loc.]). It was after Sarah died that Abraham aged to the extent of being unable to beget children (*Eitz Yosef*).

22. [*Water* is generally used as a metaphor for Torah; see above, 54 §1 et al.] It is used here as a metaphor for mitzvos and good deeds (*Eitz Yosef*).

It was in the merit of his mitzvos and good deeds that Abraham was able to blossom and beget children even after his natural ability to procreate had ceased (*Yefeh To'ar*).

23. Had the verse stated קָצִיר נֶטַע, it would have been interpreted as meaning: *branches* (קָצִיר) *[that are eligible to be] replanted* (נֶטַע). However, by stating קָצִיר כְּמוֹ נֶטַע, the verse is interpreted as meaning: *branches* [קָצִיר] *that are [as strong and as big] as that which has [already] been planted* [כְּמוֹ נֶטַע], i.e., as strong as the actual tree itself (*Yefeh To'ar*; see *Eitz Yosef*).

24. Meaning that the six additional children that Abraham begat from Keturah (the "extra") in his old age far outnumbered the one Ishmael (the "basic") that he had from her in his relative youth [the Midrash below, section 4, identifies Keturah with Hagar, Ishmael's mother] (*Eitz Yosef,* from *Nezer HaKodesh*).

25. As taught by the Sages (*Taanis* 6a), there are three rainfalls in the Land of Israel during the winter season, the exact dates of which are subject to dispute. R' Eliezer here refers to the first rainfall as בָּכִיר, similar to the word בְּכוֹר, which means *firstborn,* and to the second rainfall as אָפִיל, like the word אֲפִילוֹת, which the Torah (*Exodus* 9:32) uses to describe *late-ripening grain* (see *Eitz Yosef*).

26. Although both rainfalls occur in the same season, it is nonetheless possible that God will decree that the crops planted at the time of one of these rainfalls will be destroyed by hail or blight, leaving only the crops of the other rainfall intact — as was in fact the case in an incident recorded by the Sages (*Berachos* 18b). Accordingly, the verse is interpreted as advising a person to plant at the time of *each* rainfall, so as to avoid such a scenario (*Eitz Yosef*).

27. R' Yehoshua interprets the verse's mention of *sowing* as a reference to the giving of charity, for the term is used this way in Scripture (see

ב (תהלים צב, יד) ג״**שְׁתוּלִים בְּבֵית ה׳ בְּחַצְרוֹת אֱלֹהֵינוּ יַפְרִיחוּ עוֹד יְנוּבוּן בְּשֵׂיבָה״, זֶה אַבְרָהָם אָבִינוּ. ״דְּשֵׁנִים וְרַעֲנַנִּים יִהְיוּ״, ״וַיֹּסֶף אַבְרָהָם״.** (איוב יד, ז) ד״**כִּי יֵשׁ לָעֵץ תִּקְוָה״ יֵשׁ לְאַבְרָהָם אָבִינוּ תִּקְוָה, ״אִם יִכָּרֵת וְעוֹד יַחֲלִיף״, אִם יֹאמַר עָלָיו כְּרוֹת הַבְּרִית וְעוֹד יַחֲלִיף מִצְוֹת וּמַעֲשִׂים טוֹבִים. ״וְיֹנַקְתּוֹ לֹא תֶחְדָּל״, זוֹ לַחְלוּחוּת שֶׁלּוֹ,** (שם, ח) **״אִם יַזְקִין בָּאָרֶץ שָׁרְשׁוֹ״, ״וְאַבְרָהָם זָקֵן״, ״וּבֶעָפָר יָמוּת גִּזְעוֹ״,** (בראשית כג, ב) **״וַתָּמָת שָׂרָה״.** (שם, י) **״מֵרֵיחַ מַיִם יַפְרִחַ״, מֵרֵיחַ מִצְוֹת וּמַעֲשִׂים טוֹבִים יַפְרִיחַ, ״וְעָשָׂה קָצִיר״, ״נָטַע״ אֵין כְּתִיב כָּאן, אֶלָּא ״כְּמוֹ נָטַע״, הַתּוֹסֶפֶת מְרוּבָּה עַל הָעִיקָּר, ״וַיֹּסֶף אַבְרָהָם וְגוֹ׳ ״:**

ג (קהלת יא, ו) **״בַּבֹּקֶר זְרַע אֶת זַרְעֶךָ וְלָעֶרֶב אַל תַּנַּח יָדֶךָ״, רַבִּי אֱלִיעֶזֶר וְרַבִּי יְהוֹשֻׁעַ,** ה**רַבִּי אֱלִיעֶזֶר אָמַר: אִם זָרַעְתָּ בְּבָכִיר זְרַע בְּאָפִיל שֶׁאֵין אַתָּה יוֹדֵעַ אֵיזֶהוּ יִכְשַׁר אִם שֶׁל אָפִיל אִם שֶׁל בָּכִיר, וְאִם שְׁנֵיהֶם כְּאֶחָד טוֹבִים. רַבִּי יְהוֹשֻׁעַ אָמַר: אִם בָּא עָנִי אֶצְלְךָ בְּשַׁחֲרִית תֵּן לוֹ, בְּעַרְבִית תֵּן לוֹ, שֶׁאֵין אַתָּה יוֹדֵעַ אֵיזֶה מֵהֶן הַקָּדוֹשׁ בָּרוּךְ הוּא כּוֹתֵב עָלֶיךָ הֲזֶה אוֹ זֶה, וְאִם שְׁנֵיהֶם כְּאֶחָד טוֹבִים.**

עץ יוסף

(ב) **זה אברהם.** כבר כתבתי בסי׳ הקודם טעם האגדות האלה לכאן: **זה אברהם אבינו.** ששתלו ה׳ בא״י שזהו בית ה׳ גם עוד ינובון בשיבה פירושו מבואר שהיתה לו זקנה טובה שנתברך בכל: **דשנים כו׳ ויוסף אברהם.** ר״ל כפל דשנים ורעננים היינו מה דכתיב ויוסף אברהם וגו׳ כי בזקנותו הוסיף בהולדותו ולחלוחו על נעוריו (יפ״ת): **יש לאברהם אבינו תקוה.** שהיה דומה לפרי עץ הדר כדלקמן בויק״ר פ״ל. והוא היה לו תקוה לעת זקנתו שנתחדש כנשר נעוריו להוליד בנים הרבה: **אם יאמר עליו כרות הברית והוא כורת ועוד יחליף מצות ומע״ט.** כצ״ל וכ״ה בילקוט. פי׳ אם יאמר לך אדם כרות הברית היינו שימול והוא כורת מאז ועוד יחליף מצות ומע״ט. והכוונה כי כשנתנה לו המילה נקרא תמים בכל דרכיו שקיים כל התורה לאחר המילה כדאי׳ להדי׳ בזוהר ויקרא דף ו׳ וז״ל ת״ח אברהם עד לא אתגזר הא לא איתמר דאיהו נטיר אורייתא כיון דאיתגזר מה כתיב עקב אשר שמע אברהם בקולי וישמור משמרתי מצותי חקותי ותורתי כו׳ (יפ״ת ורש״א): **זו לחלוחית שלו.** שאח״כ הוליד את יצחק: **יזקין בארץ שרשו כו׳.** פי׳ אף שאח״כ הזקין וחדלה לחלוחית שלו כמ״ש לעיל פ׳ מ״ח סי׳ י״ט גבי ואברהם זקן בא בימים. וזה היה כאשר ימות גזעו זו שרה (וקרא לשרה גזעו כי היתה אחותו בת אביו) מ״מ מריח מים אלו מצות ומע״ט הנמשלים למים יפריח ויצץ לחזור לימי נערות בתולדות בנים: **ועשה קציר נטע אין כתיב כאן כו׳.** דקציר כמו נטע פירושו שהענף הגדל חזק כגוף הנטע שהוא האילן בעצמו שכבר נטע ומהכא יליף שהתוספת מרובה על העיקר שבנערותו הוליד מפלגשו רק אחד ועכשיו בזקנותו הוסיף תוספת המרובה על העיקר מפלגשו (נזה״ק): (ג) **בבכיר לשון בכור.** כלו׳ ברביעה ראשונה. זרע באפיל רביעה שניה המאוחרת כד״א כי אפילות הנה. דאע״פ ששניהם הם בשנה אחת מ״מ לפעמים הגזירה משתנה בהם וכדאמרי׳ בפרק מי שמתו דלפעמים נגזר רע על רביעה ראשונה וטוב על רביעה שניה. ופעמים בהיפך: **אם בא עני לידך.** דזרע זרעך בצדקה מיירי. ע״ד זרעו לכם לצדקה: **בשחרית תן לו כו׳.** שמא בבקר לא היה צריך לו וברמאות שאל ממך ובערב צריך לו. או שמא בבקר היה העני רשע ולא נחשב לך לזכות. או שמא בבקר לא היתה כוונתך טובה ורצויה כמו בערב (מת״כ):

פירוש מהרז״ו

(ב) **שתולים בבית ה׳.** ור״ד לדיק כתמר יפרח וגו׳ וכאן חסר ותשלומו בילקוט תהלים ל״ב שתולים בבית ה׳ זה אברהם ששתלו הקב״ה בא״י. בחצרות אלהינו יפריחו זה ישמעאל. עוד ינובון בשיבה זה יצחק. דשנים ורעננים יהיו אלו בני קטורה ויוסף אברהם וגו׳. כל אלה בני קטורה: **כי יש לעץ תקוה.** ילקוט כאן ואיוב י״ד. ואברם נקרא עץ כמ״ש בסי׳ א׳ כעץ שתול. וכן שתולים וכו׳. וע״ל רפנ״ג. וכתיב בצדיקים ותקותך לא תכרת. ולמה אמר כאן אם יכרת. ע״כ דורש על מ״ש כרת ה׳ את אברהם ברית: **מריח מים.** כמ״ש והריחו ביראת ה׳ ומים היא התורה. וזהו מריח מצות ומע״ט וכו׳: **נטע.** שאם היה כתוב כנטע היה משמעו פחות מהנטע כמ״ש באיכה רבתי בפ׳ היה ה׳ כאויב וגו׳. ואם היה כתוב נטע היה משמעו. שהקציר יעשה להנטע העיקר לבד. אך כמו נטע מרבה הרבה קצירים וענפים נוספים על העיקר. וכמ״ש סי׳ ד׳. וע״ל פר׳ כ׳ סי׳ ט׳ ול״ע וי״ל: (ג) **בבקר זרע וגו׳.** קה״ר: **אם בא עני כו׳.** ומ״ש זרע את זרעך מש׳ על הצדקה. כמ״ש וזורע צדקה שכר אמת. עיין ב״ק סוף פ״א ופר״א ר״פ ל״א. וכן לר״י ור״ע על התורה ב״ק שם: **הקב״ה כותב עליך.** כמ״ש מלאכי ג׳ ויכתב ספר זכרון לפניו

רש״י

(ב) **שתולים בבית ה׳.** זה אברהם ששתלו הקב״ה בארץ ישראל: **כי יש לעץ תקוה.** זה אברהם אבינו שהיה סבור שלא יצא ממנו בן צדיק ואף על פי כן היה לו תקוה: **אם יכרת ועוד יחליף.** אם יאמר עליו הקב״ה כרות הברית והוא כורת: **ויונקתו לא תחדל.** זה לחלוחית שבו: **ועשה קציר כנטע אין כתיב כאן אלא כמו נטע.** כנטועה עכשיו מחדש: **ותוספתו של הקב״ה מרובה על העיקר.** יצחק מרובה על ישמעאל: (ג) **כולם מתו בפרק אחד.** בין פסח

מתנות כהונה

[ב] **ה״ג אם יאמר עליו כרות הברית.** והוא כורת כו׳]: **אם יאמר עליו.** הקב״ה כרות הברית: **ה״ג רש״י** ז״ל קציר בנטע אין כתיב: **קציר בנטע.** משמע הקציר שהם הספיחים כמו שפירשו המפרשים שם והל״ל הקציר יהיה כנטיעה עצמו ואמר כמו נטע משמע יותר הרבה מן הנטיעה. [ובילקוט איוב יש הגירסא בא״א ועי״ש. וכן היה ברכת אברהם שהעמיד תולדות מפלגש שלקח בהוספה וטפל יותר מהעיקר שמתחלה לא ילד מפילגש אלא ישמעאל ועכשיו העמיד ששה בנים וכולם עשו משפחות בחייו והכי איתא לקמן בפרשה זו: [ג] **בבכיר.** לשון בכור כלומר ברביעה ראשונה: **באפילה.** ברביעה שניה המאוחרה כד״א כי אפילות הנה: **איזה הקב״ה כותב עליך.** י״ל שמא בבקר לא היה צריך לו וברמאות שאל ממך ובערב צריך לו ובאמת מצאתי בא״ב״א

אשד הנחלים

הפירות וטפלים גם הם לא יבולו. וזהו ישמעאל. וכל אשר יעשה. כלומר כל אשר יגדל מהאילן הזאת אפילו בעת זקנותו מזרעו וזרע זרעו. גם המה יצליחו. ורמזתי שני פרושים בפירוש כ״א בתורת ה׳ גו׳ ובתורתו גו׳ ושניהם נכונים. ודרש ג״כ עוד ינובון בשיבה על אברהם. כלומר עוד הפעם ינובון בימי השיבה מלבד הפעם הראשון. שילד ג״כ בימי שיבתו. ודרש עוד. כי יש לעץ. על אברהם כמו העץ אף אם נכרת. עכ״ז גזעו מחליף עוד הפעם. כן אברהם אף שלפי הראות כבר נכרת ונקצץ הברית שהבטיחו בבנים כי זקן הוא עכ״ז עוד יחליף כחו. ומפרש במה במצוות ומע״ט. שזהו כמשל מריח מים יפריח כמו האילן כן הוא יפריח מסבת מצוותיו ומע״ט שבו. ודרש וינקתו לא תחדל זהו בימי זקנותו קצת מעט. כי אז היה קצת לחלוחית בו ואז נולד ישמעאל ויצחק. ואח״כ אף אם יזקין בארץ כי זקן מאוד וגם גזעו זה אשתו הצדקת אשר זכותה ג״כ עזרו להוליד בן ממנה מתה. עכ״ז מריח מים זו מצוות ומע״ט יפריח עוד הפעם להוליד אף מנשים אחרות. אף שאין זה בזכותן כ״א בזכותו לבד: [ג] **ועשה קציר.** שזהו מושאל על התבואה שהם קטנים בערך נטיעת האילן עכ״ז עשה כמו נטע. כי התוספת מרובה שילד בימי זקנותו מאוד יותר מתחילתו: וקרא הבנים האחרונים שאינם טובים מול יצחק כערך הטפל אל העיקר כי יצחק הוא העיקר: [ג] **בבוקר זרע גו׳ אם זרעתם כו׳.** חשב כמה עניינים אשר ישתדל האדם בהם תמיד ולא יתעצל בהם. וחשב מעסקים הזמנים

חידושי הרד״ל

[ב] (ה) **ינובון בשיבה שתולים בבית ה׳ זה אברהם ששתלו הקב״ה בא״י.** בחצרות אלהינו יפריחו זה ישמעאל עוד ינובון בשיבה זה יצחק. דשנים ורעננים יהיו אלו בני קטורה. ויוסף אברהם כו׳ כצ״ל ע״פ הילקוט תהלים ועי׳ שוח״ט שם:

(ו) **יש לעץ תקוה כו׳ אברהם תקוה.** אע״פ שהיה כעץ יבש כדלעיל פנ״ג יהיה לו תקוה טובה להוליד את ישמעאל וע׳ לעיל פר׳ מ״ח:

(ז) **אם יאמר אליו כו׳.** ע׳ מ״כ וכ״ה בילקוט כאן ורומז שאחר שנימול חליף והוליד יצחק (ואח״כ דרש ועוד יחליף מצות ומע״ט):

(ח) **יפריח ועשה נטע כמו קציר** אב״ב כ״ה בילקוט כאן ובאיוב וכצ״ל ופירש שהקציר שהן כענפים מרובים מן הנטע עצמו:

[ג] (ט) **אם בא עני כו׳.** דרש זריעה על צדקה כדאמר זרעו לכם לצדקה וכמ״ש ספ״ק דב״ק:

מסורת המדרש

ג ילקוט תהלים רמז תתמ״ה:
ד ילקוט איוב רמז תתק״ו:
ה תנחומא כאן סי׳ ו׳. קהלת רבה פרשה י״א כה״ע. אבות דרבי נתן פרק ג׳. מדרש משלי פרשה כ״ח. ילקוט קהלת רמז תתקע״ט:

אם למקרא

שְׁתוּלִים בְּבֵית ה׳ בְּחַצְרוֹת אֱלֹהֵינוּ יַפְרִיחוּ: (תהלים צב:יד)

כִּי יֵשׁ לָעֵץ תִּקְוָה אִם־יִכָּרֵת וְעוֹד יַחֲלִיף וְיֹנַקְתּוֹ לֹא תֶחְדָּל: (איוב יד:ז)

אִם־יַזְקִין בָּאָרֶץ שָׁרְשׁוֹ וּבֶעָפָר יָמוּת גִּזְעוֹ: (איוב יד:ח)

וַתָּמָת שָׂרָה בְּקִרְיַת אַרְבַּע הִוא חֶבְרוֹן בְּאֶרֶץ כְּנָעַן וַיָּבֹא אַבְרָהָם לִסְפֹּד לְשָׂרָה וְלִבְכֹּתָהּ: (בראשית כג, ב)

מֵרֵיחַ מַיִם יַפְרִחַ וְעָשָׂה קָצִיר כְּמוֹ־נָטַע: (איוב יד:ט)

בַּבֹּקֶר זְרַע אֶת־זַרְעֶךָ וְלָעֶרֶב אַל־תַּנַּח יָדֶךָ כִּי אֵינְךָ יוֹדֵעַ אֵי זֶה יִכְשַׁר הֲזֶה אוֹ־זֶה וְאִם־שְׁנֵיהֶם כְּאֶחָד טוֹבִים: (קהלת יא:ו)

רַבִּי יִשְׁמָעֵאל וְרַבִּי עֲקִיבָא – Likewise, **R' Yishmael and R' Akiva** also each expounded this verse in their own way: רַבִּי יִשְׁמָעֵאל אוֹמֵר: אִם לָמַדְתָּ תּוֹרָה בְּנַעֲרוּתֶךָ לְמוֹד תּוֹרָה בְּזִקְנוּתֶךָ – **R' Yishmael said:** The verse is counseling: **If you have already studied Torah in your youth, study** the same **Torah** again **in your old age,** שֶׁאֵין אַתְּ יוֹדֵעַ אֵיזֶה מֵהֶן מִתְקַיֵּים לְךָ הֲזֶה אוֹ זֶה, וְאִם שְׁנֵיהֶם כְּאֶחָד טוֹבִים – **because you do not know which one will remain for you, whether this one or that one, or if both together will be good.**[28] רַבִּי עֲקִיבָא אוֹמֵר: אִם הָיוּ לְךָ תַּלְמִידִים בְּנַעֲרוּתֶךָ עֲשֵׂה לְךָ תַּלְמִידִים בְּזִקְנוּתֶךָ – **R' Akiva said:** The verse is counseling: **If you had disciples in your youth, you should** continue to **make for yourself disciples in your old age,** שֶׁאֵין אַתָּה יוֹדֵעַ אֵיזֶה מֵהֶם מִתְקַיֵּים לְךָ זֶה אוֹ זֶה וְאִם שְׁנֵיהֶם כְּאֶחָד טוֹבִים – **because you do not know which** group **of [disciples] will remain for you,**[29] **whether this one or that one, or whether both will be good.**

The Midrash proceeds to cite an incident that occurred with R' Akiva himself, to demonstrate the veracity of the preceding exposition:[30]

שְׁנֵים עָשָׂר אֶלֶף תַּלְמִידִים הָיוּ לוֹ לְרַבִּי עֲקִיבָא מֵעַכּוֹ וְעַד אַנְטִפַּטְרֶס וְכוּלָּם בְּפֶרֶק אֶחָד מֵתוּ – **R' Akiva had twelve thousand disciples spanning from Acco until Antipatris, and all of them died during one period.**[31] לָמָּה, שֶׁהָיְתָה עֵינֵיהֶם צָרָה אֵלּוּ בָּאֵלּוּ – **Why** did they all die? **Because they were begrudging with one another.**[32]

NOTES

Hosea 10:12, which states, *Sow for yourselves charity;* see Insight to 64 §6).

Now one's potential merit for the act of giving charity can be diminished or even voided in certain circumstances, such as when the recipient is not truly needy, or if he is a wicked person, in which case the donor receives no reward for helping him [though he might be rewarded for his good intention] (see *Bava Kamma* 16b). Moreover, even if the recipient is indeed worthy, if the contributor gives it without the proper attitude, the merit for his mitzvah is diminished.

It is out of concern for one of these possibilities that the verse counsels a person who has already given charity that day to continue giving, even to the same recipient. For it is possible that while his first donation might have been tainted in one of the above ways, his latter donation might not be; for example, at some point after the first donation, the recipient might have become truly needy, or regretted his evil ways, or the donor may have come to the decision to give with a better attitude (*Matnos Kehunah, Eitz Yosef*). See Insight Ⓐ.

28. [That one must continue to study Torah in one's old age is obvious, for the mitzvah of learning Torah applies at all times. Rather,] the verse is advising a person not to issue a halachic ruling in his old age based solely upon the learning he did when he was younger, for he may have erred in his understanding at that time. Rather, he should first review the material again, compare notes to see which understanding is more correct, and rule accordingly. Even if his prior understanding was sufficiently accurate to issue a correct halachic ruling ("if both together will be good"), he still stands to benefit from his review, for oftentimes reviewing one's studies will generate new insights (*Eitz Yosef,* from *Yefeh To'ar*). See Insight Ⓑ.

29. I.e., which disciples will live long enough to disseminate your teachings (see further).

30. *Koheles Rabbah* to *Ecclesiastes* 11:6 cites this incident as being quoted by R' Akiva himself.

31. Between Pesach and Shavuos, from a plague of *askerah* (*Yevamos* 62b), an inflammation of the throat that begins in the digestive tract [commonly identified as diphtheria]. See Schottenstein edition ibid., note 33.

32. They disliked one another, each one begrudging the other's spiritual growth and refusing to benefit him with the sharing of Torah insights (*Eitz Yosef*, based on *Koheles Rabbah* ibid.). See Insight Ⓒ.

INSIGHTS

Ⓐ **Charity Morning and Evening** In a homiletical vein, *R' Yosef Chaim Sonnenfeld* interprets the giving of charity to the pauper who comes in the morning (when it is light) as representing charity performed in public, whereas the giving to the pauper in the evening (when it is dark) alludes to charity given discreetly. Each form of charity has a specific advantage: giving publicly encourages others to follow suit, while giving discreetly prevents one from using his philanthropy as a means of self-aggrandizement and helps assure that his intentions are pure. Accordingly, the Midrash is saying that a person should give charity both ways, for he cannot know which merit will stand him in better stead – the merit of *zikui harabim,* benefiting the public by causing them to act righteously, or the merit of perfecting his own character and attaining purity of intention.

R' Yosef Chaim similarly uses this idea of the two forms of charity and their respective advantages and disadvantages to explain the description of the evil inclination's *modus operandi* as given in *Shabbos* 105b, "One day he instructs a person 'Do this,' and on the morrow he instructs the person 'Do that,' until he tells him 'Perform idolatry!'" *R' Yosef Chaim* interprets this to mean that when the opportunity arises for a person to give charity publicly, the evil inclination discourages him by telling him that it would be better for him to give his charity discreetly, for such a public display of philanthropy could lead him to false pride. However, when he has the chance to give charity without anyone else knowing, the evil inclination argues that it would be better to set a worthy example for others and instructs him to give his charity publicly instead. The end result is that the person refrains from giving charity at all, a sin which the Talmud (*Bava Basra* 10a) describes as comparable to idolatry (*Otzros Chaim, Maaseh HaTzedakah*, pp. 100-101).

Ⓑ **Studying Torah in Youth and Old Age** *R' Baruch Dov Povarsky* (*Bahd Kodesh al HaTorah*, p. 160) interprets R' Yishmael's teaching as meaning that one's Torah study in old age should be *qualitatively* the same as one's Torah study as a youth, with the same curiosity and the same sense of excitement and discovery.

It is easy for a young person to approach his studies with freshness and vigor. However, even an older person, who has been studying Torah all his life, should strive to feel as if this is his first taste of the sweetness of the Torah. The Sages enjoin us to always view the words of the Torah as "new" (see *Rashi* to *Deuteronomy* 26:16). If one does so, one will use his senior years to his full advantage, coupling his familiarity with Torah — the accumulated knowledge of a lifetime of study — with a youthful sense of excitement and discovery.

Ⓒ **R' Akiva's Students** While our Midrash states that R' Akiva's students died because they were begrudging with one another, the Gemara (*Yevamos* 62b) states that it was because they did not treat one another with respect. The Ponevezher Rav, *Rav Yosef Kahaneman* (quoted in *Sifsei Chaim* III p. 45), suggests that these two statements can be reconciled with each other. When the Midrash describes R' Akiva's studens as begrudging, it is not referring to any specific action or behavior on their part but rather to an attitude that they had toward one another. Deep down each one of them felt that any success that his colleague had was at his own expense and detracted from his own standing.

The disrespect they showed one another was the outer manifestation of this inner flaw. Since they resented each other's success, they felt a need to belittle in their own minds the achievements of the others and thus they failed to show others the respect that was in truth their due. Accordingly, while the Gemara in *Yevamos* 62b descibes what they *did* wrong, the Midrash is revealing the underlying character flaw that caused their improper behavior.

Sifsei Chaim writes that this understanding explains why R' Akiva's disciples were punished so severely for what appears to be a relatively minor sin. Their resentment of their colleagues' success in Torah indicated that ultimately, on a certain level, they were not studying Torah for the sake of God but rather for the sake of their own ego. As such they were subject to the principle stated by Hillel, דְּאִשְׁתַּמֵּשׁ בְּתָגָא חֲלָף, "he who exploits the crown [of Torah] shall fade away (*Avos* 1:13)" from which the Mishnah (ibid. 4:5) derives that כָּל הַנֶּהֱנֶה מִדִּבְרֵי תוֹרָה נוֹטֵל חַיָּיו מִן הָעוֹלָם, "Whoever seeks personal benefit from the words of Torah removes his life from the world" [see also *Shaarei Teshuvah* 3:160] (*Sifsei Chaim* III, pp. 44-47).

רַבִּי יִשְׁמָעֵאל וְרַבִּי עֲקִיבָא רַבִּי יִשְׁמָעֵאל אוֹמֵר: ׳אִם לָמַדְתָּ תּוֹרָה בְּנַעֲרוּתֶךָ לְמוֹד תּוֹרָה בְּזִקְנוּתֶךָ שֶׁאֵין אַתְּ יוֹדֵעַ אֵיזֶה מֵהֶן מִתְקַיֵּים לְךָ הֲזֶה אוֹ זֶה, וְאִם שְׁנֵיהֶם כְּאֶחָד טוֹבִים. רַבִּי עֲקִיבָא אוֹמֵר: אִם הָיוּ לְךָ תַּלְמִידִים בְּנַעֲרוּתֶךָ עֲשֵׂה לְךָ תַּלְמִידִים בְּזִקְנוּתֶךָ שֶׁאֵין אַתָּה יוֹדֵעַ אֵיזֶה מֵהֶם מִתְקַיֵּים לְךָ זֶה אוֹ זֶה וְאִם שְׁנֵיהֶם כְּאֶחָד טוֹבִים. שְׁנֵים עָשָׂר אֶלֶף תַּלְמִידִים הָיוּ לוֹ לְרַבִּי עֲקִיבָא מֵעַכּוֹ וְעַד אַנְטִפְּרַס וְכוּלָּם בְּפֶרֶק אֶחָד מֵתוּ, לָמָּה, שֶׁהָיְתָה עֵינֵיהֶם צָרָה אֵלּוּ בְּאֵלּוּ וּבַסּוֹף הֶעֱמִיד שִׁבְעָה, רַבִּי מֵאִיר, וְרַבִּי יְהוּדָה, רַבִּי יוֹסֵי, וְרַבִּי שִׁמְעוֹן, וְרַבִּי אֶלְעָזָר בֶּן שַׁמּוּעַ, וְרַבִּי יוֹחָנָן הַסַּנְדְּלָר, וְרַבִּי אֱלִיעֶזֶר בֶּן יַעֲקֹב. וְאִית דְּאָמְרֵי רַבִּי יְהוּדָה, וְרַבִּי נְחֶמְיָה, וְרַבִּי מֵאִיר, רַבִּי יוֹסֵי, וְרַבִּי שִׁמְעוֹן בֶּן יוֹחָאי, וְרַבִּי חֲנִינָא בֶּן חֲכִינָאי, וְרַבִּי יוֹחָנָן הַסַּנְדְּלָר. אָמַר לָהֶם בָּנַי: הָרִאשׁוֹנִים לֹא מֵתוּ אֶלָּא שֶׁהָיְתָה עֵינֵיהֶם צָרָה אֵלּוּ לְאֵלּוּ, תְּנוּ דַעְתְּכֶם שֶׁלֹּא תַעֲשׂוּ כְּמַעֲשֵׂיהֶם, עָמְדוּ וּמִלְּאוּ כָּל אֶרֶץ יִשְׂרָאֵל תּוֹרָה. רַבִּי דּוֹסְתָּאִי בְּשֵׁם רַבִּי שְׁמוּאֵל בַּר נַחְמָן אָמַר: אִם הָיוּ לְךָ בָּנִים בְּנַעֲרוּתֶךָ קַח לְךָ אִשָּׁה בְּזִקְנוּתֶךָ, וְהַעֲמֵד בָּנִים, וּמִמִּי אַתָּה לָמֵד מֵאַבְרָהָם שֶׁהָיָה לוֹ בָּנִים בְּנַעֲרוּתוֹ וְלָקַח אִשָּׁה בְּזִקְנוּתוֹ וְהֶעֱמִיד בָּנִים, הָדָא הוּא דִכְתִיב "וַיֹּסֶף אַבְרָהָם וְגוֹ'":

ד "וּשְׁמָהּ קְטוּרָה", ׳רַבִּי יְהוּדָה אָמַר: זוֹ הָגָר, אֲמַר לֵיהּ רַבִּי נְחֶמְיָה: וְהָכְתִיב "וַיּוֹסֶף", אָמַר לוֹ: עַל פִּי הַדִּבּוּר נְשָׂאָהּ, הֵיךְ מָה דְּאַתְּ אָמַר (ישעיה ח, ה) "וַיּוֹסֶף ה' דַּבֵּר אֵלַי עוֹד". אָמַר לוֹ: וְהָכְתִיב "וּשְׁמָהּ קְטוּרָה", אָמַר לוֹ: ׳שֶׁמְּקוּטֶּרֶת מִצְוֹת וּמַעֲשִׂים טוֹבִים. אָמַר לוֹ: וְהָכְתִיב "וְלִבְנֵי הַפִּילַגְשִׁים אֲשֶׁר לְאַבְרָהָם", אָמַר לוֹ: פִּלַגְשָׁם כְּתִיב. "בְּעוֹדֶנּוּ חַי", אוֹתָהּ שֶׁיָּשְׁבָה עַל הַבְּאֵר וְאָמְרָה לְחַי הָעוֹלָמִים רְאֵה בְּעֶלְבּוֹנִי. אָמַר רַבִּי בֶּרֶכְיָה: אַף עַל גַּב דְּאַתְּ אָמַר "וַתֵּלֶךְ וַתֵּתַע בְּמִדְבַּר וְגוֹ'", תֹּאמַר שֶׁנֶּחְשַׁד עָלֶיהָ בְּרִיָּה תַּלְמוּד לוֹמַר "וּשְׁמָהּ קְטוּרָה", מִן קֶטֶר, כָּזֶה שֶׁהוּא חוֹתֵם גַּנְזַכָּה וּמוֹצִיאָהּ בְּחוֹתְמָהּ קְשׁוּרָה וַחֲתוּמָה.

עץ יוסף

למדת תורה בנערותך כו'. ר"ל כי מה שעיין האדם בו בנערותו אם טוב בא מעשה על ידו בזקנותו לא יסמוך לחתוך הדין ע"פ עיונו הקודם אלא יחזור ויעיין. שלפעמים ימלא שטעה בעיונו בנערותו. ופעמים יהיה עיון הנערות יותר מכוון. ואז יחבר ב' העיונים ויבחר. ופעמים ששניהם כאחד טובים שעיון הנערות נאה וזקנה יוסיף בו חידוש מה (יפ"ת): **בזקנותך.** פי' תוסיף ותחדש תלמידים בזקנותך על הראשונים שיש לך: **בפרק אחד מתו.** בין פסח לעצרת: **עיניהם צרה.** כלו' שהיו שונאים. לזה ולא היו רוצין להשוות זה לזה בלמוד. ולכן האחרונים שהוזהרו אמר שמלאו כל א"י תורה. ובפ' החולץ אמרו מפני שלא נהגו כבוד זה לזה: **(ד) והא כתיב ויוסף.** משמע שאחרת היתה: **על פי הדיבור נשאה.** ור"ל שהוסיף אברהם ברוה"ק וע"י זה לקחה דכי היכי דבריאה ע"פ הדבור נשאה כדדריש לעיל בפר' מ"ה וישמע אברהם לקול שרי לקול רוה"ק. ה"נ השתא (יפ"ת). והביא סמך לזה ממ"ש ויוסף ה' דבר אלי עוד: **שמקוטרת כו'.** שמאז הוסיפה עוד מצות ומע"ט יותר מבראשונה. ועבור שינוי מעשיה נשתנה גם שמה למוטב. ורמז לזה פה לומר שבעבור כך זכתה להינשא שוב לצדיק זה (נזה"ק): **פלגשם כתיב אותה שישבה על הבאר א"ר ברכיה.** כצ"ל ור"ל שדרש פלגשם לשתי תיבות פלג שם מלשון פלגי מים. ושפיר מרומז הבאר שראתה שם. וכן מצאתי בפירוש מהר"י אבוהב הנדפס יחד עם פי' רמב"ן על התורה שפי' פלגשם כתיב פלג שם מלשון פלג אלהים מלא מים אותה שישבה על הבאר. והנה מ"ש כאן ואמרה לחי העולמים ראה בעלבוני נכתב פה בטעות. ומאמר זה בשלמותו לעיל פ' ס' וז"ל באר לחי רואי הלך להביא את הגר אותה שישבה על הבאר ואמרה לחי העולמים ראה בעלבוני וכאן הוא שלא במקומו ועיין בנזה"ק: **א"ל פלגשם כתיב.** בכל הספרים שלנו מלת הפילגשים מלא בשני יודי"ן וכבר האריך בזה בעל אור תורה ומנחת שי שאין לסמוך על המדרשים בענין מלא וחסר כשיחלקו על מציאות הספרים והמסורות וע"ש:
אף על גב דאת אמר כו'. דקטורה זו הגר ונקראת קטורה מענין קשירה שקשרה עצמה. אע"פ שהיתה נודדת אנה ואנה במר נפש לא הפקירה עצמה. והא דרמיז להא מילתא הכא. היינו לומר שמתוך כך הוכשרה לחזור לאברהם (נזה"ק):

פירוש מהרז"ו

וכמ"ש במשנה וכל מעסיק בספר נכתבים. ועמ"ש ויק"ר פל"ד ס"ס ח': (ד) **ורב אמר.** בתנחומא הגירסא רבי אומר ובילקוט ר' יהודה אומר. ור"ל בר פלוגתיה דר' יהודה וע"ל פ"ס סי' י"ד מנין לו: **מקוטרת מצות ומע"ט.** כמ"ש סי' ב' מריח מים: **בעודנו חי.** וכמ"ש פ"ס ס"ס י"ד. שעיקר ראיות ר' יהודה ממ"ש וילחק בא מבא באר לחי. וכן רמוז כאן במ"ש בעודנו חי ע"פ גז"ש מן לחי רואי: **חותם גנזכה.** ע' לשון התנחומא ורמוז לעיל פכ"ג סי' י"ד נודי ספרת:

רש"י

לעצרת: (ד) **רבי יהודה אומר קטורה זו הגר.** א"ל רבי נחמיה והכתיב ויוסף אברהם לומר אחרת היתה ומשיבו לכך נאמר ויוסף לומר ע"פ הדבור נשאה כמא דאת אמר ויוסף ה' דבר אלי עוד לאמר: **מצות ומעשים טובים א"ל והכתיב ולבני הפלגשים אשר לאברהם.** אחרת משמע אמר ליה פלגשם כתיב: **בעודנו חי אותה שישבה על הבאר ואמרה; לחי העולמים ראה בעלבוני.** בעודנו חי דריש: **תאמר שנחשד עליה שום בריה.** לפי שנאמר ותתע. ת"ל קטורה: **קטורה וחתומה.** כזה שחותם גנזכה ומוציאה בחותמה שלא נבעלה לשום אדם:

חידושי הרד"ל

[ד] (י) **ויוסף ה' דבר אל אחז.** (ישעיה ז) אמר ליה והכתיב כו' כצ"ל:
(יא) **בעודנו חי אותה שישבה כו'.** איידי דמייתי קרא דולבני הפלגשים. מפרש ליה לומר דמסיפיה בעודנו חי איכא לסיועי לר"י דאמר היא הגר. ובתנחומא מביא כאן קרא דבא מבא באר לחי רואי ודרש ליה כדלעיל פ"ס שהלך להחזיר אותה שאמרה כו':
(יב) **אף על גב דאת אמר ותלך ותתע כו'** דדרשינן ליה בפר"א פ"ל וז"ח רות (ס"ד א') שתעת אחרי גלולים (וי"ל על זנות ג"כ כד"א (הושע ד) רוח זנונים התעה) מ"מ לא נחשדה:
(יג) **ושמה קטורה. כזה שהוא חותם** בצ"ל. ותיבת מן קטר הוא פי' איזו מפרש:

חידושי הרש"ש

[ד] **והכתיב ולבני הפילגשים כו'.** הן לפי' המ"כ לעיל פרשה כ"ז גבי דרשה דהיא גם היא מה זו כו' ובני הפילגשים ארבעה לא הוה מקשה כאן מידי. ובזוהר כאן איתא כדברי המ"כ דשם דהיה לאברהם תרי פלגשים לבד מקטורה שהיא הגר ע"ש:
אמר לו פלגשם כתיב אותה שישבה על הבאר כו'. כ"ה גי' המזרחי ול"ג בינתיים הבי"ת בעודנו חי שבס' שלפנינו ופי' דדריש פלגשם בשתי תיבות פלגש שם ע"ש:

מסורת המדרש

ו יבמות דף ס"ב כל הענין:
ז ילקוט כאן רמז ק"ט. ילקוט דה"י רמז אל"ף ע"ד:
ח פדר"א פרק ו'. תנחומא כאן סימן ח':

אם למקרא

וַיֹּסֶף ה' דַּבֵּר אֵלַי עוֹד לֵאמֹר: (ישעיה ח:ה)

מתנות כהונה

שפירש שמא בבקר היה העני רשע ולא נחשב לך לזכות וכמה שאמר הכתוב יהיו מוכשלים לפניך ודרשו חז"ל הכשילם בבני אדם שאינם מהוגנים כדי שלא יקבלו עליהם שכר או י"ל שמא בבקר לא היתה כוונתך טובה ורצויה כמו בערב: **בפרק אחד.** בין פסח לעצרת [ועי' במדרש קהלת בפ' בבקר זרע את זרעך]: [ד] ה"ג **רבי יהודה אמר זו הגר: והכתיב ויוסף.** משמע שאחרת היתה: **ע"פ הדבור וכו'.** ולכן כתיב ויוסף: **שמקוטרת גרסינן.** הפילגשים. משמע רבים ומיעוט רבים שנים הרי אחרת לבד מהגר: **פלגשם.** חסר. ור"ל הגר לבדה: **ראה בעלבוני.** דרך תפלה אמרה כך על שנעלבה מפני שרה גבירתה ששלחה מעל פניה: **שנחשד עליה כו'.** בזנות: **מן קטר.** כלומר מלשון קטר פירוש קשר: **גנזכה** גרסינן. פירוש אוצר גנוז וחתום:

אשד הנחלים

כזריעה. וכן בעסקים הנפשיים כתורה ולא ידמה כי למד בילדותו. וכן בהולדת הבנים: **[ד] על פי הדבור.** ולכן נקרא הוספה שניתוסף לו רוה"ק בלבו שיקחנה עוד הפעם. ולכן מביא שמצינו מלת הוספה על רוה"ק ונבואה אף שלא היה הוספת הנבואה במעלה יותר. כ"א רק הוספה עוד הפעם: **שמקוטרת מצות.** מצינו כי במליצת הכתוב שמכנה אשה נאה שמקוטרת מור ולבונה שריחה הטוב נודף לכל רואה. וכן מכנה המצוות ומ"ט שעי"ז יהי' ריחה הטוב נודף ומתקבל: **בעודנו חי אותה שישבה.** דאין לומר שמוסב על אברהם. דודאי פשוטו שהי' בעודנו חי. ולכן דרשו שהכוונה שלכן נתן להם מתנות כל זה מחמת שבעודנו זכר את הגר שאמרה לחי רואי. שידע עלבונה.

וּבְסוֹף הֶעֱמִיד שִׁבְעָה רַבִּי מֵאִיר, וְרַבִּי יְהוּדָה, רַבִּי יוֹסֵי, וְרַבִּי שִׁמְעוֹן, וְרַבִּי אֶלְעָזָר בֶּן שַׁמּוּעַ, וְרַבִּי יוֹחָנָן הַסַּנְדְּלָר, וְרַבִּי אֱלִיעֶזֶר בֶּן יַעֲקֹב — However, **in the end he produced seven** new disciples; namely, **R' Meir, R' Yehudah, R' Yose, R' Shimon, R' Elazar ben Shamua, R' Yochanan HaSandlar, and R' Eliezer ben Yaakov.** וְאִית דְּאָמְרֵי רַבִּי יְהוּדָה, וְרַבִּי נְחֶמְיָה, וְרַבִּי מֵאִיר רַבִּי יוֹסֵי, וְרַבִּי שִׁמְעוֹן בֶּן יוֹחַאי, וְרַבִּי חֲנִינָא בֶּן חֲכִינַאי, וְרַבִּי יוֹחָנָן הַסַּנְדְּלָר — **Others,** however, **say** that the seven disciples were: **R' Yehudah, R' Nechemyah, R' Meir, R' Yose, R' Shimon ben Yochai, R' Chanina ben Chachinai, and R' Yochanan HaSandlar.** אָמַר לָהֶם: בָּנַיי הָרִאשׁוֹנִים לֹא מֵתוּ אֶלָּא שֶׁהָיְתָה עֵינֵיהֶם צָרָה אֵלּוּ לְאֵלּוּ — **[R' Akiva] said to them, "My first children**[33] **died only because they were stingy with one another;** תְּנוּ דַעְתְּכֶם שֶׁלֹּא תַעֲשׂוּ כְּמַעֲשֵׂיהֶם — **take heed that you do not do as they did."** עָמְדוּ וּמִלְּאוּ כָּל אֶרֶץ יִשְׂרָאֵל תּוֹרָה — **[These disciples]** then **stood up and** proceeded to **fill the entire Land of Israel with** the teachings of **Torah.**[34]

The Midrash cites its final exposition of the *Ecclesiastes* verse, the one that pertains to our present verse:

רַבִּי דוֹסְתָּאי בְּשֵׁם רַבִּי שְׁמוּאֵל בַּר נַחְמָן אָמַר: אִם הָיוּ לְךָ בָּנִים בְּנַעֲרוּתֶךָ קַח לְךָ אִשָּׁה בְּזִקְנוּתֶךָ, וְהַעֲמֵד בָּנִים — **R' Dustai in the name of R' Shmuel bar Nachman said:** The verse is counseling: **If you had children in your youth, take for yourself a wife in your old age and produce children** also with her.[35] וּמִמִּי אַתָּה לָמֵד — **And from whom do you learn** this? מֵאַבְרָהָם שֶׁהָיוּ לוֹ בָּנִים בְּנַעֲרוּתוֹ וְלָקַח אִשָּׁה בְּזִקְנוּתוֹ וְהֶעֱמִיד בָּנִים — **From Abraham, who had children in his youth and** yet still proceeded to **take a wife in his old age, and produced children** with her. הֲדָא הוּא דִכְתִיב "וַיֹּסֶף אַבְרָהָם וְגוֹ'" — **Thus it is written** in our verse, ***Abraham proceeded*** *and took a wife whose name was Keturah,* ***etc.***

§4 **וּשְׁמָהּ קְטוּרָה** — *ABRAHAM PROCEEDED AND TOOK A WIFE* ***WHOSE NAME WAS KETURAH.***

רַבִּי יְהוּדָה אָמַר: זוֹ הָגָר — **R' Yehudah said: This** woman **is** actually **Hagar.**[36] אָמַר לֵיהּ רַבִּי נְחֶמְיָה: וְהָכְתִיב "וַיּוֹסֶף" — **R' Nechemyah said to [R' Yehudah], "But it is written** in our verse: *Abraham proceeded* (lit., *added*)!"[37] אָמַר לוֹ: עַל פִּי הַדִּבּוּר נְשָׂאָהּ — **[R' Yehudah] said to [R' Nechemyah], "It was by the word** of God **that [Abraham] married her** now,[38] הֵיךְ מָה דְאַתְּ אָמַר "וַיּוֹסֶף ה' דַּבֵּר אֵלַי עוֹד" — **as it is stated,**[39] ***HASHEM spoke further to me, saying"*** (*Isaiah* 8:5).[40]Ⓐ אָמַר לוֹ: וְהָכְתִיב "וּשְׁמָהּ קְטוּרָה" — **[R' Nechemyah] said to [R' Yehudah], "But it is written, *and her name was Keturah*** — not Hagar!" אָמַר לֵיהּ: שֶׁמְּקוּטֶּרֶת מִצְוֹת וּמַעֲשִׂים טוֹבִים — **[R' Yehudah] said to [R' Nechemyah],** "The name Keturah was given to Hagar because **she was scented with mitzvos and good deeds."**[41] אָמַר לוֹ: וְהָכְתִיב "וְלִבְנֵי הַפִּילַגְשִׁים אֲשֶׁר לְאַבְרָהָם" — **[R' Nechemyah] said to [R' Yehudah], "But it is written, *But to the children of the concubines,***[42] *who were Abraham's*" (below, 25:6)! אָמַר לוֹ: פִּלַגְשָׁם כְּתִיב — **[R' Yehudah] said to [R' Nechemyah],** "The word **is written** **פִּילַגְשָׁם."**[43] "בְּעוֹדֶנּוּ חַי" — A proof to R' Yehudah's latest rebuttal:[44] The above verse continues: *Abraham gave gifts; then he sent them away from Isaac his son,* ***while he was still alive.***

NOTES

33. I.e., my earlier disciples. (The Torah, too, refers to one's disciples as *children*; see *Sifrei, Deuteronomy* §34.)

34. Unlike R' Akiva's previous disciples who were stingy with regard to disseminating Torah, these seven disciples made a concerted effort to spread Torah to all (*Eitz Yosef*).

This incident thus bolsters R' Akiva's above exposition that one should never cease to produce disciples, because there is no guarantee that one's past disciples will merit to disseminate your teachings.

35. See also *Midrash Tanchuma, Chayei Sarah* §8.

36. Sarah's maidservant, whom Abraham took as a concubine (above, vv. 16:1-3). See Insights.

37. The word וַיֹּסֶף, lit., *and he added*, implies that Keturah was taken by Abraham in *addition* to any wife (or concubine) he had before (*Eitz Yosef*).

38. What Abraham *added* was not another wife, but rather another Divine communication (through *ruach hakodesh*). For just as Abraham heeded the Divine Spirit within Sarah (as 16:2 above is explained by the Midrash, 45 §2) by originally taking Hagar as his concubine, so too his retaking her now was also the result of his obedience to the Divine Spirit (*Eitz Yosef*).

39. When quoting the following verse.

40. Hence, we find the Scriptural term וַיֹּסֶף associated with an increase in God's communication with man. See Insight Ⓐ.

41. After Abraham took Hagar as his concubine, she accepted upon herself to increase her observance of mitzvos and good deeds, thereby meriting her new name Keturah, which comes from the word קְטֹרֶת, *incense*. For just as the incense on the Altar in the Temple emits a sweet smell, so too Hagar radiated a sweet smell with her increased mitzvos and good deeds.

Moreover, by referring to her by this new name now, the Torah is alluding to the fact that she merited being *retaken* by the righteous Abraham only because of her increased spiritual status (*Eitz Yosef*, from *Nezer HaKodesh*).

42. The plural *concubines* indicates that Abraham had two separate concubines. Perforce, then, Hagar and Keturah must be two different people (*Matnos Kehunah*).

43. Without the second *yud* after the *shin* (ibid.). The fact that the plural word הַפִּילַגְשִׁם is spelled *chasser* ("defectively") is interpreted by R' Yehudah as alluding to the fact that in reality Abraham had only a single concubine, but that she was considered like two concubines in the sense that she was initially divorced from him and subsequently retaken (*Yefeh To'ar*; see also Insight below).

44. *Yefeh To'ar, Eshed HaNechalim, Radal.*

INSIGHTS

Ⓐ **Abraham Added** The exchange between R' Yehudah and R' Nechemyah recorded here is extremely obscure. First, why does R' Nechemyah feel that the verse's introduction of Abraham's marriage to Keturah with the word וַיֹּסֶף, *he proceeded* (lit., *added*), is irreconcilable with R' Yehudah's view that Keturah was actually Hagar? And moreover, R' Yehudah's response — that Abraham went through with that marriage based on the word of God — demands illumination. *R' Yosef Shaul Natanson* offers an ingenious explanation:

The Torah (*Deuteronomy* 23:8,9) forbids Jews from marrying Egyptian proselytes until the third generation. How, then, could Abraham, who kept the entire Torah (see below, 64 §4), have married Hagar, who is repeatedly referred to as מִצְרִית, *an Egyptian*? *Peirush HaTur* explains that Abraham did so on the basis of a specific directive from God. For when Sarah told Abraham to take Hagar as a wife (in 16:2 above), she was relaying a prophetic message from God.

Now, when a prophet is instructed by God to perform an act that is generally forbidden, he may not repeat that act unless he is specifically commanded to do so. Thus, R' Yehudah's assertion that our verse describes Abraham's remarriage to Hagar the Egyptian is difficult to understand. However, if we could assume that Abraham had never divorced her, the difficulty would disappear, for Abraham was merely resuming the marital relationship he had been commanded to enter years before.

R' Nechemyah challenges R' Yehudah with the wording of our verse, which states, וַיֹּסֶף, *[Abraham] proceeded* (lit., *added*) *and took a wife*, because this terminology suggests that Keturah represented an *addition* in Abraham's life, which could only mean that she was not yet married to him. If so, R' Yehudah's view is disproven since Abraham would not have married an Egyptian woman!

To this R' Yehudah responded, *It was by the word of God that [Abraham] married her now*. In other words, God now told Abraham for the *second* time that he should overlook the prohibition against marrying an Egyptian. Thus, despite our verse's implication that Hagar had indeed been divorced from Abraham, it may still be supposed that Keturah was actually Hagar (*Yad Shaul* to the verse).

רַבִּי יִשְׁמָעֵאל וְרַבִּי עֲקִיבָא רַבִּי יִשְׁמָעֵאל אוֹמֵר: [ו]אִם לָמַדְתָּ תּוֹרָה בְּנַעֲרוּתֶךָ לְמוֹד תּוֹרָה בְּזִקְנוּתֶךָ שֶׁאֵין אַתְּ יוֹדֵעַ אֵיזֶה מֵהֶן מִתְקַיֵּים לְךָ הֲזֶה אוֹ זֶה, וְאִם שְׁנֵיהֶם כְּאֶחָד טוֹבִים. רַבִּי עֲקִיבָא אוֹמֵר: אִם הָיוּ לְךָ תַּלְמִידִים בְּנַעֲרוּתֶךָ עֲשֵׂה לְךָ תַּלְמִידִים בְּזִקְנוּתֶךָ שֶׁאֵין אַתָּה יוֹדֵעַ אֵיזֶה מֵהֶם מִתְקַיֵּים לְךָ זֶה אוֹ זֶה וְאִם שְׁנֵיהֶם כְּאֶחָד טוֹבִים. שְׁנֵים עָשָׂר אֶלֶף תַּלְמִידִים הָיוּ לוֹ לְרַבִּי עֲקִיבָא מֵעַכּוֹ וְעַד אַנְטִפְּרַס וְכוּלָּם בְּפֶרֶק אֶחָד מֵתוּ, לָמָּה, שֶׁהָיְתָה עֵינֵיהֶם צָרָה אֵלּוּ בְּאֵלּוּ וּבַסּוֹף הֶעֱמִיד שִׁבְעָה, רַבִּי מֵאִיר, וְרַבִּי יְהוּדָה, רַבִּי יוֹסֵי, וְרַבִּי שִׁמְעוֹן, וְרַבִּי אֶלְעָזָר בֶּן שַׁמּוּעַ, וְרַבִּי יוֹחָנָן הַסַּנְדְּלָר, וְרַבִּי אֱלִיעֶזֶר בֶּן יַעֲקֹב. וְאִית דְּאָמְרֵי רַבִּי יְהוּדָה, וְרַבִּי נְחֶמְיָה, וְרַבִּי מֵאִיר, רַבִּי יוֹסֵי, וְרַבִּי שִׁמְעוֹן בֶּן יוֹחָאי, וְרַבִּי חֲנִינָא בֶּן חֲכִינָאי, וְרַבִּי יוֹחָנָן הַסַּנְדְּלָר. אָמַר לָהֶם בָּנַי: הָרִאשׁוֹנִים לֹא מֵתוּ אֶלָּא שֶׁהָיְתָה עֵינֵיהֶם צָרָה אֵלּוּ לְאֵלּוּ, תְּנוּ דַּעְתְּכֶם שֶׁלֹּא תַעֲשׂוּ כְּמַעֲשֵׂיהֶם, עָמְדוּ וּמִלְּאוּ כָּל אֶרֶץ יִשְׂרָאֵל תּוֹרָה. רַבִּי דּוֹסְתָּאִי בְּשֵׁם רַבִּי שְׁמוּאֵל בַּר נַחְמָן אָמַר: אִם הָיוּ לְךָ בָּנִים בְּנַעֲרוּתֶךָ קַח לְךָ אִשָּׁה בְּזִקְנוּתֶךָ, וְהַעֲמֵד בָּנִים, וּמִמִּי אַתָּה לָמֵד מֵאַבְרָהָם שֶׁהָיָה לוֹ בָּנִים בְּנַעֲרוּתוֹ וְלָקַח אִשָּׁה בְּזִקְנוּתוֹ וְהֶעֱמִיד בָּנִים, הָדָא הוּא דִכְתִיב "וַיֹּסֶף אַבְרָהָם וְגוֹ'":

ד "וּשְׁמָהּ קְטוּרָה", [ז]רַבִּי יְהוּדָה אָמַר: זוֹ הָגָר, אֲמַר לֵיהּ רַבִּי נְחֶמְיָה: וְהָכְתִיב "וַיּוֹסֶף", אָמַר לוֹ: עַל פִּי הַדִּבּוּר נְשָׂאָהּ, הֵיךְ מָה דְּאַתְּ אָמַר (ישעיה ח, ה) "וַיּוֹסֶף ה' דַּבֵּר אֵלַי עוֹד". אָמַר לוֹ: וְהָכְתִיב "וּשְׁמָהּ קְטוּרָה", אָמַר לוֹ: [ח]שֶׁמְּקוּטֶּרֶת מִצְוֹת וּמַעֲשִׂים טוֹבִים. אָמַר לוֹ: וְהָכְתִיב "וְלִבְנֵי הַפִּילַגְשִׁים אֲשֶׁר לְאַבְרָהָם", אָמַר לוֹ: פִּלַגְשָׁם כְּתִיב. "בְּעוֹדֶנּוּ חַי", אוֹתָהּ שֶׁיָּשְׁבָה עַל הַבְּאֵר וְאָמְרָה לְחַי הָעוֹלָמִים רְאֵה בְּעֶלְבּוֹנִי. אָמַר רַבִּי בֶּרֶכְיָה: אַף עַל גַּב דְּאַתְּ אָמַר "וַתֵּלֶךְ וַתֵּתַע בְּמִדְבַּר וְגוֹ'", תֹּאמַר שֶׁנֶּחְשַׁד עָלֶיהָ בְּרִיָּה תַּלְמוּד לוֹמַר "וּשְׁמָהּ קְטוּרָה", מִן קֶטֶר, כָּזֶה שֶׁהוּא חוֹתֵם גַּנְזַכָּה וּמוֹצִיאָהּ בְּחוֹתְמָהּ קְשׁוּרָה וַחֲתוּמָה.

עץ יוסף

למדת תורה בנערותך כו'. ר"ל כי מה שעיין האדם בו בנערותו אם שוב בא מעשה על ידו בזקנותו לא יסמוך לחתוך הדין ע"פ עיונו הקודם אלא יחזור ויעיין. שלפעמים ימצא שטעה בעיונו בנערותו. ופעמים יהיה עיון הנערות יותר מכוון. ואז יחבר ב' העיונים ויבחר. ופעמים ששניהם כאחד טובים שעיון הנערות נאה ובזקנה יוסיף בו חידוש מה (יפ"ת): **בזקנותך.** פי' תוסיף ותחדש תלמידים בזקנותך על הראשונים שיש לך: **בפרק אחד מתו.** בין פסח לעצרת: **עיניהם צרה.** כלו' שהיו שונאים. לזה ולא היו רוצין להנות זה לזה בלמוד. ולכן האחרונים שהוזהרו אמר שמלאו כל א"י תורה. ובפ' החולץ אמרו מפני שלא נהגו כבוד זה לזה: **(ד) והא כתיב ויוסף.** משמע שאחרת היתה: **על פי הדיבור נשאה.** ור"ל שהוסיף אברהם ברוה"ק וע"י זה לקחה דכי היכי דבריטא ע"פ הדבור נשאה כדדריש לעיל בפר' מ"ה וישמע אברהם לקול שרי לקול רוה"ק. ה"נ השתא (יפ"ת). והביא סמך לזה ממ"ש ויוסף ה' דבר אלי עוד: **שמקוטרת כו'.** שמאז הוסיפה עוד מצות ומע"ט יותר מבראשונה. ועבור שינוי מעשיה נשתנה גם שמה למוטב. ורמז לזה פה לומר שבעבור כך זכתה להינשא שוב לצדיק זה (נזה"ק): **פלגשם כתיב אותה שישבה על הבאר א"ר ברכיה.** כצ"ל ור"ל שדרש פלגשם לשתי תיבות פלג שם מלשון פלגי מים. ושפיר מרומז הבאר שראתה שם. וכן מצאתי בפירוש מהר"י אבוהב הנדפס יחד עם פי' רמב"ן על התורה שפי' פלגשם כתיב פלג שם מלשון פלג אלהים מלא מים אותה שישבה על הבאר. והנה מ"ש כאן ואמרה לחי העולמים ראה בעלבוני נכתב פה בטעות. ומאמר זה בשלמותו לעיל פ' ס' וז"ל באר לחי רואי הלך להביא את הגר אותה שישבה על הבאר ואמרה לחי העולמים ראה בעלבוני וכאן הוא שלא במקומו ועיין בנזה"ק: **א"ל פלגשם כתיב.** בכל הספרים שלנו מלת הפילגשים מלא בשני יודי"ן וכבר האריך בזה בעל אור תורה ומנחת שי שאין לסמוך על המדרשים בענין מלא וחסר כשיחלקו על מציאות הספרים והמסורות וע"ש: **אף על גב דאת אמר כו'.** דקטורה זו הגר ונקראת קטורה מענין קשירה שקשרה עצמה. אע"פ שהיתה נודדת אנה ואנה במדבר כפש לא הפקירה עצמה. והא דרמיז להא מילתא הכא. היינו לומר שמתוך כך הוכשרה לחזור לאברהם (נזה"ק):

פירוש מהרז"ו

וכמ"ש במשנה וכל מעשיך בספר נכתבים. ועמ"ש ויק"ר פל"ד ס"ס ח': **(ד) ורב אמר.** בתנחומא הגירסא רבי אומר ובילקוט ר' יהודה אומר. ור"ל בר פלוגתיה דר' יהודה וע"ל פ"ס סי' י"ד מנין לו: **מקוטרת מצות ומע"ט.** כמ"ש סי' ב' מריח מים: **בעודנו חי.** וכמ"ש פ"ס ס"ס י"ד. שעיקר ראיות ר' יהודה ממ"ש ויצחק בא מבא באר לחי. וכן רמוז כאן במ"ש בעודנו חי ע"פ גז"ש מן לחי רואי: **חותם גנזכה.** ע' לשון התנחומא ורמוז לעיל פכ"ג סי' י"ד נודי ספרת:

רש"י

לעצרת: **(ד) רבי יהודה אומר קטורה זו הגר.** א"ל רבי נחמיה והכתיב ויוסף אברהם לומר אחרת היתה ומשיבו לכך נאמר ויוסף לומר ע"פ הדבור נשאה כמא דאת אמר ויוסף ה' דבר אלי עוד לאמר: **מצות ומעשים טובים א"ל והכתיב ולבני הפלגשים אשר לאברהם.** אחרת משמע אמר ליה פלגשם כתיב: **בעודנו חי אותה שישבה על הבאר ואמרה; לחי העולמים ראה בעלבוני.** בעודנו חי דריש: **תאמר שנחשד עליה שום בריה.** לפי שנאמר ותתע. ת"ל קטורה: **קטורה וחתומה.** כזה שחותם גנזכה ומוציאה בחותמה שלא נבעלה לשום אדם:

מתנות כהונה

שפירש שמא בבקר היה העני רשע ולא נחשב לך לזכות וכמה שאמר הכתוב יהיו מוכשלים לפניך ודרשו חז"ל הכשילם בבני אדם שאינם מהוגנים כדי שלא יקבלו עליהם שכר או י"ל שמא בבקר לא היתה כוונתך טובה ורצויה כמו בערב: **בפרק אחד.** בין פסח לעצרת [ועי' במדרש קהלת בפ' בבקר זרע את זרעך]: **[ד] ה"ג רבי יהודה אמר זו הגר: והכתיב ויוסף.** משמע שאחרת היתה: **ע"פ הדבור וכו'.** ולכן כתיב ויוסף: **שמקוטרת גרסינן.** הפילגשים. משמע רבים ומיעוט רבים שנים הרי אחרת לבד מהגר: **פלגשם.** חסר. ור"ל הגר לבדה: **ראה בעלבוני.** דרך תפלה אמרה כך על שנעלבה מפני שרה גבירתה ששלחה מעל פניה: **שנחשד עליה כו'.** בזנות: **מן קטר.** כלומר מלשון קטר פירוש קשר: **גנזכה** גרסינן. פירוש אוצר גנוז וחתום:

אשד הנחלים

כזריעה. וכן בעסקים הנפשיים כתורה ולא ידמה כי למד בילדותו. וכן בהולדת הבנים: **[ד] על פי הדבור.** ולכן נקרא הוספה שניתוסף לו רוה"ק בלבו שיקחנה עוד הפעם. ולכן מביא שמצינו מלת הוספה על רוה"ק ונבואה אף שלא היה הוספת הנבואה במעלה יותר. כ"א רק הוספה עוד הפעם: **שמקוטרת מצוות.** מצינו כי במליצת הכתוב שמכנה אשה נאה שמקוטרת מור ולבונה שריחה הטוב נודף לכל רואה. וכן מכנה המצוות ומ"ט שעי"ז יהי' ריחה הטוב נודף ומתקבל: **בעודנו חי אותה שישבה.** דאין לומר שמוסב על אברהם. דודאי פשוטו שהי' בעודנו חי. ולכן דרשו שהכוונה שלכן נתן להם מתנות כל זה מחמת שבעודנו זכר את הגר שאמרה לחי רואי. שידע עלבונה.

חידושי הרד"ל

[ד] (י) **ויוסף ה' דבר אל אחז.** (ישעיה ז) אמר ליה והכתיב כו' כצ"ל:

(יא) **בעודנו חי אותה שישבה כו'.** איידי דמייתי קרא דולבני הפלגשים. מפרש ליה לומר דמסיפיה בעודנו חי איכא לסיועי לר"י דאמר היא הגר. ובתנחומא מביא כאן קרא דבא מבא באר לחי רואי ודרש ליה כדלעיל פ"ס שהלך להחזיר אותה שאמרה כו':

(יב) **אף על גב דאת אמר ותלך ותתע כו'** דדרשינן ליה בפר"א פ"ל וז"ח רות (ס"ד א') שתעת אחרי גלולים (וי"ל על זנות ג"כ כד"א (הושע ד) רוח זנונים התעה) מ"מ לא נחשדה:

(יג) **ושמה קטורה. כזה שהוא חותם** בצ"ל. ותיבת מן קטר הוא פי' איזו מפרש:

חידושי הרש"ש

[ד] **והכתיב ולבני הפילגשים כו'.** הן לפי' המ"כ לעיל פרשה כ"ז גבי דרשה דהיא גם היא מה זו כו' ובני הפילגשים ארבעה לא הוי מקשה כאן מידי. ובזוהר כאן איתא כדברי המ"כ דשם דהיה לאברהם תרי פלגשים לבד מקטורה שהיא הגר ע"ש: **אמר לו פלגשם כתיב אותה שישבה על הבאר כו'.** כ"ה ג' המזרחי ול"ג בינתיים הבי"ת בעודנו חי שבס' שלפנינו ופי' דדריש פלגשם בשתי תיבות פלגש שם ע"ש:

מסורת המדרש

ו יבמות דף ס"ב כל הענין:
ז ילקוט כאן רמז ק"ט. ילקוט דה"י רמז אל"ף ע"ד:
ח פדר"א פרק ו'. תנחומא כאן סימן ח':

אם למקרא

וַיֹּסֶף ה' דַּבֵּר אֵלַי עוֹד לֵאמֹר: (ישעיה ח:ה)

אוֹתָהּ שֶׁיָּשְׁבָה עַל הַבְּאֵר וְאָמְרָה לְחַי הָעוֹלָמִים רְאֵה בְּעֶלְבּוֹנִי — The word חַי here alludes to **[the woman]**, i.e., Hagar, **who sat by the well and said to the One Who gives life** (לְחַי) **to the world, "Look at my suffering!"**[45]

The Midrash cites other Sages who concur with Rav that Hagar and Keturah are the same person:

אָמַר רַבִּי בֶּרֶכְיָה — **R' Berechyah said:** אַף עַל גַּב דְּאַתְּ אָמַר — **Although it is stated,** "וַתֵּלֶךְ וַתֵּתַע בְּמִדְבַּר וְגוֹ׳" — ***And she went and strayed in the desert, etc.,*** תֹּאמַר שֶׁנֶּחְשַׁד עָלֶיהָ בְּרִיָּה — and perhaps you **will say that there is a suspicion regarding her,**[46] תַּלְמוּד לוֹמַר "וּשְׁמָהּ קְטוּרָה" — **[the verse]** therefore **states,** ***whose name was*** קְטוּרָה, מִן קֶטֶר, כְּזֶה שֶׁהוּא חוֹתֵם גַּנְזַכָּה — which comes **from** the root קטר,[47] that she was **like one who seals up a treasure-house**[48] וּמוֹצִיאָהּ בְּחוֹתְמָהּ קְשׁוּרָה וַחֲתוּמָה — and later **finds it** still **with its seal, tied and knotted.**[49]

NOTES

45. Thus we see that this verse, which begins with the plural word פִּילַגְשִׁם, is in fact referring to Hagar alone, as R' Yehudah said.

That Abraham was still alive is obvious from Scripture even without the phrase בְּעוֹדֶנּוּ חַי. The Midrash therefore interprets it as an allusion to Hagar, as follows: בְּעוֹדֶנּוּ, *as long as he* (Abraham) *was in existence* (i.e., alive), *[he remembered the woman who used a form of the word]* חַי, namely לחי, when she complained to God about her suffering at the hands of Sarah [as expounded in 60 §14 above] (*Eshed HaNechalim*).

[We have interpreted the Midrash based on the version quoted in our text, which is also the version quoted in *Yalkut Shimoni* here. See, however, *Eitz Yosef* and *Yefeh To'ar*, who quote a different version of our Midrash, with each one offering his own interpretation of this version. See also *Rashash*, who follows *Yefeh To'ar*.]

46. Lit., *that someone was to be suspected in connection with her.*

Given that Hagar was wandering aimlessly, presumably in a depressed state, one might suspect that she had come to sin with someone (*Yefeh To'ar, Eitz Yosef*). Indeed, this could be understood to be implied by the word וַתֵּתַע, *she strayed* (*Rashi*). [*Aggadas Bereishis* to our verse states that Hagar did, in fact, *stray* after idols at this time (see *Yefeh To'ar*, second interpretation).]

47. Which means *tie* (*Matnos Kehunah*).

48. Ibid.

49. The name Keturah thus alludes to the fact that Hagar managed to retain her morality throughout her ordeal in the desert (*Rashi, Eitz Yosef*).

Although Hagar's successful ordeal concluded long before Abraham retook her, the Torah chose to introduce her new name Keturah only now, in order to teach us that it was because she had retained her morality that she was worthy of being retaken by Abraham (*Eitz Yosef,* from *Nezer HaKodesh*).

R' Berechyah thus agrees with R' Yehudah that Hagar and Keturah are the same person. However, they disagree as to the etymology, and corresponding significance, of her new name; see note 41 (*Yefeh To'ar*).

רַבִּי יִשְׁמָעֵאל וְרַבִּי עֲקִיבָא רַבִּי יִשְׁמָעֵאל אוֹמֵר: יאִם לָמַדְתָּ תּוֹרָה בְּנַעֲרוּתְךָ לְמוֹד תּוֹרָה בְּזִקְנוּתְךָ שֶׁאֵין אַתְּ יוֹדֵעַ אֵיזֶה מֵהֶן מִתְקַיֵּים לְךָ הֲזֶה אוֹ זֶה, וְאִם שְׁנֵיהֶם כְּאֶחָד טוֹבִים. רַבִּי עֲקִיבָא אוֹמֵר: אִם הָיוּ לְךָ תַּלְמִידִים בְּנַעֲרוּתְךָ עֲשֵׂה לְךָ תַּלְמִידִים בְּזִקְנוּתְךָ שֶׁאֵין אַתָּה יוֹדֵעַ אֵיזֶה מֵהֶם מִתְקַיֵּים לְךָ זֶה אוֹ זֶה וְאִם שְׁנֵיהֶם כְּאֶחָד טוֹבִים. שְׁנֵים עָשָׂר אֶלֶף תַּלְמִידִים הָיוּ לוֹ לְרַבִּי עֲקִיבָא מֵעַכּוֹ וְעַד אַנְטִפְּרַס וְכוּלָּם בְּפֶרֶק אֶחָד מֵתוּ, לָמָּה, שֶׁהָיְתָה עֵינֵיהֶם צָרָה אֵלּוּ בְּאֵלּוּ וּבַסּוֹף הֶעֱמִיד שִׁבְעָה, רַבִּי מֵאִיר, וְרַבִּי יְהוּדָה, רַבִּי יוֹסֵי, וְרַבִּי שִׁמְעוֹן, וְרַבִּי אֶלְעָזָר בֶּן שַׁמּוּעַ, וְרַבִּי יוֹחָנָן הַסַּנְדְּלָר, וְרַבִּי אֱלִיעֶזֶר בֶּן יַעֲקֹב. וְאִית דְּאָמְרֵי רַבִּי יְהוּדָה, וְרַבִּי נְחֶמְיָה, וְרַבִּי מֵאִיר, רַבִּי יוֹסֵי, וְרַבִּי שִׁמְעוֹן בֶּן יוֹחָאי, וְרַבִּי חֲנִינָא בֶּן חֲכִינָאי, וְרַבִּי יוֹחָנָן הַסַּנְדְּלָר. אָמַר לָהֶם בָּנַי: הָרִאשׁוֹנִים לֹא מֵתוּ אֶלָּא שֶׁהָיְתָה עֵינֵיהֶם צָרָה אֵלּוּ לְאֵלּוּ, תְּנוּ דַּעְתְּכֶם שֶׁלֹּא תַעֲשׂוּ כְּמַעֲשֵׂיהֶם, עָמְדוּ וּמִלְּאוּ כָּל אֶרֶץ יִשְׂרָאֵל תּוֹרָה. רַבִּי דּוֹסְתָּאי בְּשֵׁם רַבִּי שְׁמוּאֵל בַּר נַחְמָן אָמַר: אִם הָיוּ לְךָ בָּנִים בְּנַעֲרוּתְךָ קַח לְךָ אִשָּׁה בְּזִקְנוּתְךָ, וְהַעֲמֵד בָּנִים, וּמִמִּי אַתָּה לָמֵד מֵאַבְרָהָם שֶׁהָיָה לוֹ בָּנִים בְּנַעֲרוּתוֹ וְלָקַח אִשָּׁה בְּזִקְנוּתוֹ וְהֶעֱמִיד בָּנִים, הָדָא הוּא דִכְתִיב "וַיֹּסֶף אַבְרָהָם וְגוֹ'":

ד "וּשְׁמָהּ קְטוּרָה", זרַבִּי יְהוּדָה אָמַר: זוֹ הָגָר, אֲמַר לֵיהּ רַבִּי נְחֶמְיָה: וְהָכְתִיב "וַיּוֹסֶף", אָמַר לוֹ: עַל פִּי הַדִּבּוּר נְשָׂאָהּ, הֵיךְ מָה דְּאַתְּ אָמַר (ישעיה ח, ה) "וַיּוֹסֶף ה' דַּבֵּר אֵלַי עוֹד". אָמַר לוֹ: וְהָכְתִיב "וּשְׁמָהּ קְטוּרָה", אָמַר לוֹ: חשֶׁמְקוּטֶּרֶת מִצְוֹת וּמַעֲשִׂים טוֹבִים. אָמַר לוֹ: וְהָכְתִיב "וְלִבְנֵי הַפִּילַגְשִׁים אֲשֶׁר לְאַבְרָהָם", אָמַר לוֹ: פִּלַגְשָׁם כְּתִיב. "בְּעוֹדֶנּוּ חַי", אוֹתָהּ שֶׁיָּשְׁבָה עַל הַבְּאֵר וְאָמְרָה לְחַי הָעוֹלָמִים רְאֵה בְּעֶלְבּוֹנִי. אָמַר רַבִּי בֶּרֶכְיָה: אַף עַל גַּב דְּאַתְּ אָמַר "וַתֵּלֶךְ וַתֵּתַע בְּמִדְבַּר וְגוֹ'", תֹּאמַר שֶׁנֶּחְשַׁד עָלֶיהָ בְּרִיָּה תַּלְמוּד לוֹמַר "וּשְׁמָהּ קְטוּרָה", מִן קֶטֶר, כָּזֶה שֶׁהוּא חוֹתֵם גַּנְזַכָּה וּמוֹצִיאָהּ בְּחוֹתְמָהּ קְשׁוּרָה וַחֲתוּמָה.

עץ יוסף

למדת תורה בנערותך כו'. ר"ל כי מה שעיין האדם בו בנערותו אם שוב בא מעשה על ידו בזקנותו לא יסמוך לחתוך הדין ע"פ עיונו הקודם אלא יחזור ויעיין. שלפעמים ימצא שטעה בעיונו בנערותו. ופעמים יהיה עיון הנערות יותר מכוון. ואז יחבר ב' העיונים ויבחר. ופעמים ששניהם כאחד טובים שעיון הנערות נאה ובזקנה יוסיף בו חידוש מה (יפ"ת): **בזקנותך.** פי' תוסיף ותחדש תלמידים בזקנותך על הראשונים שיש לך: **בפרק אחד מתו.** בין פסח לעצרת: **עיניהם צרה.** כלו' שהיו שונאים. לזה ולא היו רוצין להכות זה לזה בלמוד. ולכן האחרונים שהוזהרו אמר שמלאו כל א"י תורה. ובפ' החולץ אמרו מפני שלא נהגו כבוד זה לזה: **(ד) והא כתיב ויוסף.** משמע שאחרת היתה: **על פי הדיבור נשאה.** ור"ל שהוסיף אברהם ברוה"ק וע"י זה לקחה דכי היכי דברישא ע"פ הדבור נשאה כדדריש לעיל בפר' מ"ה וישמע אברהם לקול שרי לקול רוה"ק. ה"נ השתא (יפ"ת). והביא סמך לזה ממ"ש ויוסף ה' דבר אלי עוד: **שמקוטרת כו'.** שמאז הוסיפה עוד מצות ומע"ט יותר מבראשונה. ועבור שינוי מעשיה נשתנה גם שמה למוטב. ורמז לזה פה לומר שבעבור כך זכתה להינשא שוב לצדיק זה (כזה"ק): **פלגשם כתיב אותה שישבה על הבאר א"ר ברכיה.** כצ"ל ור"ל שדרש פלגשם לשתי תיבות פלג שם מלשון פלגי מים. ושפיר מרומז הבאר שראתה שם. וכן מצאתי בפירוש מהר"י אבוהב הנדפס יחד עם פי' רמב"ן על התורה שפי' פלגשם כתיב פלג שם מלשון פלג אלהים מלא מים אותה שישבה על הבאר. והנה מ"ש כאן ואמרה לחי העולמים ראה בעלבוני נכתב פה בטעות. ומאמר זה בשלמותו לעיל פ' ס' וז"ל באר לחי רואי הלך להביא את הגר אותה שישבה על הבאר ואמרה לחי העולמים ראה בעלבוני וכאן הוא שלא במקומו ועיין בנזה"ק: **א"ל פלגשם כתיב.** בכל הספרים שלנו מלת הפילגשים מלא בשני יודי"ן וכבר האריך בזה בעל אור תורה ומנחת שי שאין לסמוך על המדרשים בענין מלא וחסר כשיחלקו על מציאות הספרים והמסורות וע"ש: **אף על גב דאת אמר כו'.** דקטורה זו הגר ונקראת קטורה מענין קשירה שקשרה עצמה. אע"פ שהיתה נודדת אנה ואנה במר נפש לא הפקירה עצמה. והא דרמיז להא מילתא הכא. היינו לומר שמתוך כך הוכשרה לחזור לאברהם (כזה"ק):

פירוש מהרז"ו

וכמ"ש במשנה וכל מעשיך בספר נכתבים. ועמ"ש ויק"ר פל"ד ס"ס ח': **(ד) ורב אמר.** בתנחומא הגירסא רבי אומר ובילקוט ר' יהודה אומר. ור"ל בר פלוגתיה דר' יהודה וע"ל פ"ס סי' י"ד מכין לו: **מקוטרת מצות ומע"ט.** כמ"ש סי' ב' מריח מים: **בעודנו חי.** וכמ"ש פ"ס ס"ס י"ד. שעיקר ראיות ר' יהודה ממ"ש ויצחק בא מבא באר לחי. וכן רמוז כאן במ"ש בעודנו חי ע"פ גז"ש מן לחי רואי: **חותם גנזכה.** ע' לשון התנחומא ורמוז לעיל פכ"ג סי' י"ד נודי ספרת:

רש"י

לעצרת: **(ד) רבי יהודה אומר קטורה זו הגר.** א"ל רבי נחמיה והכתיב ויוסף אברהם לומר אחרת היתה ומשיבו לכך נאמר ויוסף לומר ע"פ הדבור נשאה כמא דאת אמר ויוסף ה' דבר אלי עוד לאמר: **מצות ומעשים טובים א"ל והכתיב ולבני הפלגשים אשר לאברהם.** אחרת משמע אמר ליה פלגשם כתיב: **בעודנו חי אותה שישבה על הבאר ואמרה; לחי העולמים ראה בעלבוני.** בעודנו חי דריש: **תאמר שנחשד עליה שום בריה.** לפי שנאמר ותתע. ת"ל קטורה: **קטורה וחתומה.** כזה שחותם גנזכה ומוציאה בחותמה שלא נבעלה לשום אדם:

מתנות כהונה

שפירש שמא בבקר היה העני רשע ולא נחשב לך לזכות וכמה שאמר הכתוב יהיו מוכשלים לפניך ודרשו חז"ל הכשילם בבני אדם שאינם מהוגנים כדי שלא יקבלו עליהם שכר או י"ל שמא בבקר לא היתה כוונתך טובה ורצויה כמו בערב: **בפרק אחד.** בין פסח לעצרת [ועי' במדרש קהלת בפ' בבקר זרע את זרעך]: **[ד] ה"ג רבי יהודה אמר זו הגר: והכתיב ויוסף.** משמע שאחרת היתה: **ע"פ הדבור וכו'.** ולכן כתיב ויוסף: **שמקוטרת גרסינן. הפילגשים.** משמע רבים ומיעוט רבים שנים הרי אחרת לבד מהגר: **פלגשם.** חסר. ור"ל הגר לבדה: **ראה בעלבוני.** דרך תפלה אמרה כך על שנעלבה מפני שרה גבירתה ששלחה מעל פניה: **שנחשד עליה כו'.** בזנות: **מן קטר.** כלומר מלשון קטר פירוש קשר: **גנזכה** גרסינן. פירוש אוצר גנוז וחתום:

אשד הנחלים

כזריעה. וכן בעסקים הנפשיים כתורה ולא ידמה כי למד בילדותו. וכן בהולדת הבנים: **[ד] על פי הדבור.** ולכן נקרא הוספה שניתוסף לו רוה"ק בלבו שיקחנה עוד הפעם. ולכן מביא שמצינו מלת הוספה על רוה"ק ונבואה אף שלא היה הוספת הנבואה במעלה יותר. כ"א רק הוספה עוד הפעם: **שמקוטרת מצוות.** מצינו כי במליצת הכתוב שמכנה אשה נאה שמקוטרת מור ולבונה שריחה הטוב נודף לכל רואה. וכן מכנה המצוות ומ"ט שעי"ז יהי' ריחה הטוב נודף ומתקבל: **בעודנו חי אותה שישבה.** דאין לומר שמוסב על אברהם. דודאי פשוטו שהי' בעודנו חי. ולכן דרשו שהכוונה שלכן נתן להם מתנות כל זה מחמת שבעודנו זכר את הגר שאמרה לחי רואי. שידע עלבונה.

חידושי הרד"ל

[ד] (י) **ויוסף ה' דבר אל אחז.** (ישעיה ז) אמר ליה והכתיב כו' כצ"ל: (יא) **בעודנו חי אותה שישבה כו'.** איידי דמייתי קרא דולבני הפלגשים. מפרש ליה לומר דמסיפיה בעודנו חי איכא לסיועי לר"י דאמר היא הגר. ובתנחומא מביא כאן קרא דבא מבא באר לחי רואי ודרש ליה כדלעיל פ"ס שהלך להחזיר אותה שאמרה כו': (יב) **אף על גב דאת אמר ותלך ותתע כו'** דדרשינן ליה בפדר"א פ"ל וז"ח רות (ס"ד א') שתעת אחרי גלולים (וי"ל על זנות ג"כ כד"א (הושע ד) רוח זנונים התעה) מ"מ לא נחשדה: (יג) **ושמה קטורה. כזה שהוא חותם בצ"ל.** ותיבת מן קטר הוא פי' איזו מפרש:

חידושי הרש"ש

[ד] והכתיב ולבני הפילגשים כו'. הן לפי' המ"כ לעיל פרשה כ"ז גבי דרשה דהיא גם היא מה זו כו' ובני הפילגשים ארבעה לא הוה מקשה כאן מידי. ובזוהר כאן איתא כדברי המ"כ דשם דהיה לאברהם תרי פלגשים לבד מקטורה שהיא הגר ע"ש: **אמר לו פלגשם כתיב אותה שישבה על הבאר כו'.** כ"ה גי' המזרחי ול"ג בינתיים הבי"ת בעודנו חי שבספ' שלפנינו ופי' דדריש פלגשם בשתי תיבות פלגש שם ע"ש:

מסורת המדרש

ו יבמות דף ס"ב כל הענין:
ז ילקוט כאן רמז ק"ט. ילקוט דה"י רמז אל"ף ע"ד:
ח פדר"א פרק ו'. תנחומא כאן סימן ח':

אם למקרא

וַיֹּסֶף ה' דַּבֵּר אֵלַי עוֹד לֵאמֹר: (ישעיה ח:ה)

בַּר קַפָּרָא אָמַר: תּוֹסַפְתּוֹ שֶׁל הַקָּדוֹשׁ בָּרוּךְ הוּא מְרוּבָּה עַל הָעִיקָּר — **Bar Kappara said: God's "addition" is** even **greater than the main thing** He gives.[50]

Bar Kappara now cites six examples that illustrate his principle:

קַיִן עִיקָּר וְהֶבֶל עַל יְדֵי שֶׁהוּא תּוֹסֶפֶת דִּכְתִיב "וַתֹּסֶף לָלֶדֶת", נוֹלַד הוּא וּשְׁתֵּי תְּאוֹמוֹתָיו — (i) **Cain** was Adam and Eve's **main** son,[51] yet he was born together with but a single twin sister;[52] **however, Abel,**[53] **since he was the "added"** son — **as it is written,** ***And she added,*** *giving birth to his brother Abel* (above, 4:2) — **was born** along with ***two*** **twin sisters.**[54] יוֹסֵף עִיקָּר, וּבִנְיָמִין עַל יְדֵי שֶׁכָּתוּב בּוֹ תּוֹסֶפֶת הוּא מַעֲמִיד עֲשָׂרָה, דִּכְתִיב "וּבְנֵי בִנְיָמִין בֶּלַע וָבֶכֶר וְגוֹ׳" — (ii) **Joseph was** Rachel's **main** son,[55] yet he produced only two sons;[56] **however, Benjamin, since it is written about him** that he was the **"added"** son,[57] proceeded to **produce ten** sons, **as it is written,** ***Benjamin's sons: Bela, and Becher, etc.*** (below, 46:21).[58] עֵר עִיקָּר, וְשֵׁלָה עַל יְדֵי שֶׁהוּא לְשׁוֹן תּוֹסֶפֶת הוּא מַעֲמִיד עֲשָׂרָה בָּתֵּי דִינִים — (iii) **Er** was Judah's **main** son,[59] yet he died childless;[60] **however, Shelah, since he is** described in Scripture with **an expression of** being **"added,"**[61] proceeded to **produce** ten families with **ten courts of law.**[62] הָדָא הוּא דִכְתִיב בְּדִבְרֵי הַיָּמִים "בְּנֵי שֵׁלָה בֶן יְהוּדָה עֵר אֲבִי לֵכָה וְלַעְדָּה אֲבִי מָרֵשָׁה וּמִשְׁפְּחוֹת בֵּית עֲבֹדַת הַבֻּץ לְבֵית אַשְׁבֵּעַ וְגוֹ׳" — **Thus it is written in** ***Chronicles, The sons of Shelah son of Judah: Er, the father of Lecah,***[63] ***and Ladah, the father of Mareshah, the families of the linen factory of the house of Ashbea.*** *And Jokim, and the men of Kozeba, and Joash, and Saraph . . . and Jashubi-Lehem,* ***etc.*** (*I Chronicles* 4:21-22).[64] עִיקַּר שָׁנָיו שֶׁל אִיּוֹב לֹא הָיוּ אֶלָּא שִׁבְעִים שָׁנָה — (iv) The **main years of Job were but seventy;**[65] וְנִיתּוֹסַף לוֹ מֵאָה וְאַרְבָּעִים שָׁנָה, דִּכְתִיב "וַיְחִי אִיּוֹב אַחֲרֵי זֹאת מֵאָה וְאַרְבָּעִים שָׁנָה" — however, another **one hundred and forty years were "added" to his** life, **as it is written,** ***After this, Job lived a hundred and forty years*** (*Job* 40:16).[66] עִיקַּר מַלְכוּתוֹ שֶׁל יְחִזְקִיָּהוּ לֹא הָיוּ אֶלָּא אַרְבַּע עֶשְׂרֵה שָׁנָה — (v) The **main** years of **Hezekiah's kingship were but fourteen years;**[67] וְנִיתּוֹסַף לוֹ חֲמֵשׁ עֶשְׂרֵה שָׁנָה שֶׁנֶּאֱמַר "הִנְנִי מוֹסִיף עַל יָמֶיךָ חֲמֵשׁ עֶשְׂרֵה שָׁנָה" — **however, fifteen years were "added" to his** reign, **as it is stated,** ***Behold, I am going to add fifteen years to your days*** (*Isaiah* 38:5).[68] יִשְׁמָעֵאל עִיקָּר וּבְנֵי קְטוּרָה עַל יְדֵי שֶׁהֵן לְשׁוֹן תּוֹסֶפֶת "וַתֵּלֶד לוֹ אֶת זִמְרָן וְגוֹ׳" — (vi) **Ishmael** was the **main** son of Hagar born to Abraham.[69] **However, the children of Keturah,**[70] **since they** were born as a result of that which Scripture describes with **an expression of** being **"added,"**[71] Scripture states, ***She bore him Zimram, Jokshan, Medan, Midian, Ishbak, and Shuah*** (v. 2).[72]

וַתֵּלֶד לוֹ אֶת זִמְרָן וְאֶת יָקְשָׁן וְאֶת מְדָן וְאֶת מִדְיָן וְאֶת יִשְׁבָּק וְאֶת שׁוּחַ. וְיָקְשָׁן יָלַד אֶת שְׁבָא וְאֶת דְּדָן וּבְנֵי דְדָן הָיוּ אַשּׁוּרִם וּלְטוּשִׁם וּלְאֻמִּים.

She bore him Zimran, Jokshan, Medan, Midian, Ishbak, and Shuah. Jokshan begot Sheba and Dedan, and the children of Dedan were Asshurim, Letushim, and Leummim (25:2-3).

§5 The following Midrash cites a dispute as to the nature of the names of Keturah's first two sons:

רָמִי בַּר יְחֶזְקֵאל אָמַר: "זִמְרָן", שֶׁהָיוּ מְזַמְּרִין בָּעוֹלָם — **Rami bar Yechezkel said:** The first of Keturah's sons was called **Zimran** (v. 2) **because [Keturah's sons]**[73] **would remove** the inhabitants

NOTES

50. Bar Kappara, too, agrees that Hagar and Keturah are the same person. He is saying that God is more generous than a human being: When someone buys meat from a merchant and asks him to throw in a little extra for free, the merchant will add a small percentage (see *Devarim Rabbah* 1 §13). By contrast,when God granted Abraham more children through Hagar/Keturah in his old age (see above, section 2), He gave him more children than He had given him before, for Abraham had just one child with Hagar, namely Ishmael; now, with Hagar/Keturah, he had six more; see v. 2. See *Nezer HaKodesh, Eitz Yosef.*

Bar Kappara thus answers R' Nechemyah's challenge from Scripture's use of the word וַיֹּסֶף, lit., *and he added* (see above, note 37), by explaining that it alludes to this aspect of God's beneficence (*Eitz Yosef,* from *Yefeh To'ar*).

51. Because he was their firstborn.

52. As expounded in 22 §2 above (*Eitz Yosef*).

53. Their second son.

54. Ibid. See *Matnos Kehunah.*

We see, then, that when God gives an "additional" gift (Abel), He gives more than He gives with His initial gift (Cain).

55. Joseph was Rachel's firstborn and thus her "main" gift from God.

56. Manasseh and Ephraim (below, 46:20).

57. For at the time of Joseph's birth, Rachel prayed: יֹסֵף ה׳ לִי בֵּן אַחֵר, *May HASHEM add on for me another son* (below, 30:24), which turned out to be Benjamin (*Eitz Yosef*).

58. Proving once again that God displays even greater kindness when He gives an "additional" gift than when He gives the initial one.

59. Since he was Judah's firstborn and thus his "main" gift from God.

60. See below, 38:7-8.

61. As it states, וַתֹּסֶף עוֹד וַתֵּלֶד בֵּן וַתִּקְרָא אֶת שְׁמוֹ שֵׁלָה, *And she added and bore a son; and she called his name Shelah* (below, 38:5) (*Matnos Kehunah, Eitz Yosef*).

62. *Nezer HaKodesh* changes our Midrash's text, which reads "ten" courts of law, to read "seven." For there are only seven heads of courts listed in the verse cited in *Chronicles* that the Midrash proceeds to quote (*Eitz Yosef*).

63. As expounded in *Ruth Rabbah* 2 §1, the expression *the father of* in this verse is a reference to the head of the court of law of that particular family (*Eitz Yosef*). All the people mentioned in this verse are therefore likewise to be understood as being the heads of the courts of law of their respective families.

64. This too illustrates Bar Kappara's principle that God displays greater kindness when adding than He does when initially granting. For Shelah's birth, which, following the birth of Er, was merely an added kindness, resulted in more offspring for Judah than the birth of Er did.

65. I.e., he was originally allotted only 70 years.

66. An earlier verse (ibid. v. 10) states that after Job's test of sufferings was concluded, God gave him double of everything he had before his suffering. Verse 16, cited here, states that he lived an additional 140 years. It follows that he must have lived 70 years *before* his suffering (the Mishnah, *Eduyos* 2:10, states that Job's sufferings lasted twelve months), and that his total lifespan was 210 years (*Eitz Yosef*). See *Seder Olam Rabbah* Ch. 3.

The Midrash is saying that God's "additional" gift (140 years of life) was greater than His initial gift (70 years of life).

67. I.e., he was originally allotted only 14 years to serve as king. See *Vayikra Rabbah* 10 §5.

68. Indicating once again that God's additions are even greater than His initial gifts, for God's "additional" gift (15 years of rule) was greater than His initial gift (14 years of rule).

69. This was because he was Abraham's very first child, born when he was most desirous of having offspring. Moreover, we find that Abraham displayed an exceptional affinity for Ishmael, going so far as to downplay the need for God to give him a second child, as he said to God, *"O that Ishmael might live before You!"* (*Eitz Yosef,* from *Yefeh To'ar*).

70. I.e., Hagar. See above.

71. As our verse states, וַיֹּסֶף אַבְרָהָם, *Abraham proceeded* (lit., *added*). [See, however, *Yefeh To'ar*, followed by *Eitz Yosef; Nezer HaKodesh.*]

72. That is, she bore Abraham six children after Abraham retook her, while she had borne him only one (Ishmael) the first time she was Abraham's concubine (when she was still called Hagar). Once again, we see that God's "additional" gift (six children) was greater than His initial gift (one child).

73. Although only one of her sons was given this name, it represented a characteristic shared by all of her sons.

בַּר קַפָּרָא אָמַר: תּוֹסַפְתּוֹ שֶׁל הַקָּדוֹשׁ בָּרוּךְ הוּא מְרוּבָּה עַל הָעִיקָּר, קַיִן עִיקָּר וְהֶבֶל עַל יְדֵי שֶׁהוּא תּוֹסֶפֶת דִּכְתִיב (בראשית ד, ב) "וַתֹּסֶף לָלֶדֶת", [ט]נוֹלַד הוּא וּשְׁתֵּי תְאוֹמוֹתָיו. יוֹסֵף עִיקָּר, וּבִנְיָמִין עַל יְדֵי שֶׁכָּתוּב בּוֹ תּוֹסֶפֶת הוּא מַעֲמִיד עֲשָׂרָה, דִּכְתִיב (שם מו, כא) "וּבְנֵי בִנְיָמִן בֶּלַע וָבֶכֶר וְגוֹ' ". עֵר עִיקָּר, וְשֵׁלָה עַל יְדֵי שֶׁהוּא לְשׁוֹן תּוֹסֶפֶת הוּא מַעֲמִיד [י]עֲשָׂרָה בָּתֵּי דִינִים, הָדָא הוּא דִכְתִיב בְּדִבְרֵי הַיָּמִים (ד"ה א ד, כא) "בְּנֵי שֵׁלָה בֶן יְהוּדָה עֵר אֲבִי לֵכָה וְלַעְדָּה אֲבִי מָרֵשָׁה וּמִשְׁפְּחוֹת בֵּית עֲבֹדַת הַבֻּץ לְבֵית אַשְׁבֵּעַ וְגוֹ' ". עִיקַּר שְׁנוֹתָיו שֶׁל אִיּוֹב לֹא הָיוּ אֶלָּא שִׁבְעִים שָׁנָה, וְנִיתּוֹסַף לוֹ מֵאָה וְאַרְבָּעִים שָׁנָה, דִּכְתִיב (איוב מב, טז) "וַיְחִי אִיּוֹב אַחֲרֵי זֹאת מֵאָה וְאַרְבָּעִים שָׁנָה". עִיקַּר מַלְכוּתוֹ שֶׁל יְחִזְקִיָּהוּ לֹא הָיוּ אֶלָּא אַרְבַּע עֶשְׂרֵה שָׁנָה וְנִיתּוֹסַף לוֹ חֲמֵשׁ עֶשְׂרֵה שָׁנָה שֶׁנֶּאֱמַר (ישעיה לח, ה) "הִנְנִי מוֹסִיף עַל יָמֶיךָ חֲמֵשׁ עֶשְׂרֵה שָׁנָה". יִשְׁמָעֵאל עִיקָּר וּבְנֵי קְטוּרָה עַל יְדֵי שֶׁהֵן לְשׁוֹן תּוֹסֶפֶת "וַתֵּלֶד לוֹ אֶת זִמְרָן וְגוֹ' ":

ה רָמִי בַּר יְחֶזְקֵאל אָמַר: [יא]"זִמְרָן", שֶׁהָיוּ מְזַמְּרִין בָּעוֹלָם, "יָקְשָׁן", שֶׁהֵן מִתְקַשִּׁין בָּעוֹלָם, וְרַבָּנָן אָמְרֵי: "זִמְרָן", שֶׁהָיוּ מְזַמְּרִין לַעֲבוֹדָה זָרָה, "יָקְשָׁן", שֶׁהָיוּ מַקִּישִׁין בַּתּוֹף לַעֲבוֹדָה זָרָה. "וְיָקְשָׁן יָלַד אֶת שְׁבָא וְאֶת דְּדָן", רַבִּי שְׁמוּאֵל בַּר נַחְמָן אָמַר: אַף עַל גַּב דְּאִינוּן מְתוּרְגְּמִין וְאוֹמְרִים תַּגְּרִין לוּפָּרִין וְרָאשֵׁי אוּמִּין, כּוּלְּהוֹן רָאשֵׁי אוּמּוֹת הֵן:

ו [כה, ה] "וַיִּתֵּן אַבְרָהָם אֶת כָּל אֲשֶׁר לוֹ לְיִצְחָק". [יב]רַבִּי יְהוּדָה, וְרַבִּי נְחֶמְיָה, וְרַבָּנָן, רַבִּי יְהוּדָה אָמַר: בְּכוֹרָה, רַבִּי נְחֶמְיָה אָמַר: בְּרָכָה,

רש"י

והבל על ידי שהוא תוספת דכתיב ותוסף ללדת את אחיו את הבל נולד הוא ושתי תאומותיו כמו שפירש בסדר בראשית: **ער אבי לכה.** אב ב"ד של לכה: **אבי מרשה.** אב ב"ד של מרשה ומשפחות בית עבודת הבוץ לבית אשבע וגו' ומונה עד עשרה: **שנותיו של איוב.** היו ר"י שנים ועיקר שנותיו לא היו אלא ע' שנה דכתיב ויוסף ה' את כל אשר לאיוב למשנה ונתוספו לו ק"מ שנה דכתיב ויחי איוב אחרי זאת מאה וארבעים שנה מכלל שקודם ע' שנה היה עיקרו: (ה) **שהיו מתקשין בעולם.** שהיו מוחזקין בעולם ובשוחר טוב מפרש שהיו בני אדם קשים: אע"ג **דאינון מתרגמין עברין ולופרין תגרין ולופרין אומנין ורישי אומין.** ולא אותם הנזכרים למעלה. כולם ראשי אומות הן. בתרגום ירושלמי מפרש בני דדן היו אשורים ולטושים ולאומים. אשורים. מאושרים היו בדרכים. לטושים. לוטשי נחושת ובני דדן היו תגרים ואומנין ורישי אומין ואנן מתרגמינן אשורים. משירייתא חיילות. לטושים כמו נטושים כמא דאת אמר וינטשו בעמק רפאים. ולשכונין שוכנין באהלים:

עץ יוסף

בר קפרא אמר. דקטורה זו הגר. ומאי דאיקשי ר' נחמיה הא כתיב ויוסף. משני משום דתוספת של הקב"ה מרובה על העיקר (יפ"ת). שלא כדרך בשר ודם שלא יוסיפו כשיבאו לוותר על המידה אלא מעט. אבל הקב"ה ותרנותו גדולה עד שהתוספת מרובה על העיקר: **ושתי תאומותיו.** ועם קין לא נולדה רק אחת כדלעיל פרשה כ"ב ע"ש: **ובנימין על ידי שכתוב בו תוספת.** דכתי' יוסף ה' לי בן אחר. כן הוא בפרשה דברים בהדיא: **ושלה ע"י שהוא לשון תוספת.** דכתיב ותוסף עוד ותלד בן ותקרא את שמו שלה: **י' בתי דינים.** נראה דגרסינן הכא ז' בתי דינים. דוק ותשכח הכי בקרא (נזה"ק): **ער אבי לכה.** אב"ד של לכה. ועיין ברות רבה פ"ב: **שבעים שנה.** דכתיב ויוסף ה' את כל אשר לאיוב למשנה. וכתיב ויחי איוב אחרי זאת מאה וארבעים שנה מכלל שקודם זה היה בן ע' שנה ושנותיו ר"י שנים: **לא היו י"ד.** כדיליף לקמן שויק"ר פרשה י': **ישמעאל עיקר.** לבני הגר. שנולד בעת תאותו לבנים ועליו התפלל לו ישמעאל יחיה לפניך ובני קטורה אינו אלא לשון תוספת כי לא הולידם אלא על צד היותר טוב משום בבקר זרע זרעך וגו' כדלעיל (יפ"ת): (ה) **שהיו מזמרין.** לשון לא תזמור. כלו' שהורגין ומאבדין לאנשים: **שמתקשין בעולם.** שהם מקשין ומזיקין לכל העולם: **דאינון מתרגמין כו'.** היינו תרגום ירושלמי דמפרש אשורים מלשון ותמו אשורנו כלו' סוחרים הולכין אורח. ולטושים לופרין היינו אומנין מלשון לוטש ברזל. ולאומים ראשי אומים ר"ל שיצאו ממנו מלכים וראשים על העמים. ולפ"ז לא היו של בני דדן ראשי אומות אלא מהם תגרין ומהם אומנים ומהן ראשי אומות. מ"מ כולם אינם אלא ראשי אומות: (ו) [ה] **רבי יהודה ורבי נחמיה ורבנן.** מה שלא פירשו ממון כפשוטו. משום דמכיון דשלח לבני הפלגשים מעל יצחק בנו מה צורך להחזיקו בממון הרי אין זר אתו (יפ"ת): **בבורה.** לענין העבודה. ולכך גרסי' לקמן ד"ר פכ"א ר"י אמר בכורה בענין שנא' דמכור את בכורתו ליעקב כלו' דהיינו כענין בכורת יעקב שהיתה לענין העבודה (נזה"ק). ועיין במד"ר פ"ד: **ברכה.** שבירך את יצחק בברכה שהיתה לו

פירוש מהרז"ו

בר קפרא. ע' ד"ר פ"א סי' י"ג. ומ"ש ושתי תאומותיו. לעיל פכ"ב סי' ב' וש"נ: **ער עיקר.** שהיה בכור. ומת בלא בנים: **עשרה בתי דינים.** נ"ע מנ"ל על עשרה ב"ד ובכתוב יש ראיה על ב' ב"ד כמ"ש ער אבי לכה ולעדן אבי מרשה. ודרשו ברות רפ"ב אב"ד של לכה ואב"ד של מרשה. וע' מש"ש: (ה) **מזמרין בעולם.** מגליאין ושמחין בזמרה: **ואת דדן.** וס"ד ובני דדן היו אשורים וגו': **דאנן מתרגמינן.** בתרגום ירושלמי. תגרן ואמכון וביב"ע ואמפורן וריסי אומין וע"ש ביאור רש"ד: **כולהון כו'.** וכמ"ש בתנחומא ג"כ בשם רשב"ן שבעת הפלגה הניף הים ל' משפחות מב"כ ונתמלאו מזרע אברהם. וע"ל ס"ס יו"ד שר' לוי דורש כן וע' במ"ר פי"ד סי' יו"ד שגים המה מלכות שחושב מהם ט"ז בני קטורה ועמש"ל ס"פ כ"א שכל מי שנולד בימי אברהם ממשפחתו כולם היו ראשי אומות וראשי משפחות בארץ ועיין רמב"ן: (ו) **בבורה וכו'.** עי' פר"א פ"ח שהבכורה והכהונה ועבור שנים

חידושי הרד"ל

(יד) **עשרה בתי דינין.** מכאן נראה כפי' הגר"א ז"ל בד"ה שם בקרא דהמה היוצרים יושבי נטעים וגדרה שפי' דנטעים וגדרה הן עירים בפני עצמן ולפ"ז תמצא שם עשרה משפחות ע"ש. אבל לפי המפרש המיוחס לרש"י והרד"ק דיושבי נטעים וגדרה קאי ג"כ על אותן שחושב תחלה שהן היו נוטעים וגודרים במלאכת המלך שא"כ לא תמצא רק שמונה משפחות:

[ה] (טו) **לופרין.** הרמב"ן גורס לופדין בדל"ת ע"ש אבל אין לו ענין למלת לטושים לכן גי' שלנו לופרין נכונה ע"ע ערך לפר:

[ו] (טז) **רבי יהודה אמר בכורה.** בדב"ר שם כמד"א וימכור את בכורתו ליעקב וע"ש במ"כ שנדחק. ויותר נראה דל"ל כד"א נתנה בכורתו ליוסף (ד"ה א' ה'):

חידושי הרש"ש

עשרה בתי דינין כו' ומשפחות כו' לבית אשבע וגו'. נראה דפי' ומשפחות ל' מיעוט רבים שנים והלמ"ד דלבית אשבע יתירה כמו שפירש"י על לכל חיל פרעה (שמות י"ד) וע"ש ברא"ס שפי' לשיטתו שהוא כמו וכל חיל פרעה. וכן הכא הוה ג"כ כמו ובית אשבע ויהיה מכוון עשרה:

מסורת המדרש

ט לעיל פרשה כ"ב. ילקוט בראשית רמז ל"ה. וע' סנהדרין ל"ח:
י עיין רות רבה פ' ב'. ובילקוט דה"י רמז אל"ף ע"ה:
יא ילקוט דה"י רמז אל"ף ע"ד:
יב דברים רבה פרשה י"א. מדרש תהלים מזמור א'. ילקוט כאן רמז ק"י. ילקוט תהלים רמז תרי"ב:

אם למקרא

וַתֹּסֶף לָלֶדֶת אֶת־אָחִיו אֶת־הָבֶל וַיְהִי־הֶבֶל רֹעֵה צֹאן וְקַיִן הָיָה עֹבֵד אֲדָמָה: (בראשית ד:ב)

וּבְנֵי בִנְיָמִן בֶּלַע וָבֶכֶר וְאַשְׁבֵּל גֵּרָא וְנַעֲמָן אֵחִי וָרֹאשׁ מֻפִּים וְחֻפִּים וָאָרְדְּ: (בראשית מו:כא)

בְּנֵי שֵׁלָה בֶן־יְהוּדָה עֵר אֲבִי לֵכָה וְלַעְדָּה אֲבִי מָרֵשָׁה וּמִשְׁפְּחוֹת בֵּית־עֲבֹדַת הַבֻּץ לְבֵית אַשְׁבֵּעַ: (דברי הימים א ד:כא)

וַיְחִי אִיּוֹב אַחֲרֵי־זֹאת מֵאָה וְאַרְבָּעִים שָׁנָה וַיַּרְא אֶת־בָּנָיו וְאֶת־בְּנֵי בָנָיו אַרְבָּעָה דֹּרוֹת: (איוב מב:טז)

הָלוֹךְ וְאָמַרְתָּ אֶל־חִזְקִיָּהוּ כֹּה־אָמַר ה' אֱלֹהֵי דָּוִד אָבִיךָ שָׁמַעְתִּי אֶת־תְּפִלָּתֶךָ רָאִיתִי אֶת־דִּמְעָתֶךָ הִנְנִי יוֹסֵף עַל־יָמֶיךָ חֲמֵשׁ עֶשְׂרֵה שָׁנָה: (ישעיה לח:ה)

מתנות כהונה

ושתי תאומותיו. לעיל פרשה כ"ב דייק כן מדכתיב את אחיו את הבל: **בבנימין כתיב תוספת.** יוסף לי ה' בן אחר וכן הוא בפרשת דברים בהדיא: **בשלה.** כתיב ותוסף עוד ותלד בן: **אבי לכה.** אב בית דין של לכה [ועי' במדרש רות רפ"ב]: **שבעים שנה.** דכתיב ויוסף ה' את כל אשר לאיוב למשנה וכתיב ויחי איוב אחרי זאת מאה וארבעים שנה מכלל שקודם זה היה בן שבעים שנה וכל שנותיו שתי מאות ועשר שנים: [ה] **מתקשין.** פירש רש"י שהיו חזקים ובשוחר טוב מפרש בני אדם קשים: **דאינון מתורגמינן אומרים.** גרסינן ופירש הרמב"ן ז"ל אף על גב שהמתרגמין מפרשין אשורים מלשון ותמו אשורינו כלומר סוחרים הולכי אורח ולטושים מלשון לוטשי ברזל. מ"מ אינן אלא ראשי אומות: [ו] **בבורה.** להיות בכור לנחלה אף על פי שישמעאל היה ראשית אונו: **ברכה.** שהיו הברכות נתונות בידו לברך מי שירצה ועיין ריש פרשת הברכה דילפי להו מויתן. וגבי קבורה נמי כתיב נתתי כסף השדה:

אשד הנחלים

תוספתו של הקב"ה מרובה. הורו בזה שהנס אלקיי הנעלה מהטבע המיוסד. אם יתברך בה אז. יתברך ברבוי. כי אין כילות למעלה. ולא תדמה שהשגחה הנסיית היא כדמות הטבעית במתכונתה: [ה] **ראשי אומות הן.** באו להורות שזכות אברהם מסייעתן עכ"פ בהצלחות

of the world;[74] "יָקְשָׁן", שֶׁהֵן מִתְקַשִּׁין בָּעוֹלָם – the second son was called **Jokshan because [Keturah's sons] would strike out against the world.**[75] וְרַבָּנָן אָמְרִי "זִמְרָן" שֶׁהָיוּ מְזַמְּרִין לַעֲבוֹדָה זָרָה – **The Sages,** however, **said** that the name **Zimran** alludes to the fact **that [Keturah's sons] sang to idols,**[76] יָקְשָׁן שֶׁהָיוּ מַקִּישִׁין בַּתּוֹף לַעֲבוֹדָה זָרָה – whereas the name **Jokshan** alludes to the fact that **[Keturah's sons] would bang on a drum to idols.**[77]

□ וְיָקְשָׁן יָלַד אֶת שְׁבָא וְאֶת דְּדָן – ***JOKSHAN BEGOT SHEBA AND DEDAN,*** *AND THE CHILDREN OF DEDAN WERE ASSHURIM, LETUSHIM, AND LEUMMIM.*

The Midrash explains the names of Dedan's children:

רַבִּי שְׁמוּאֵל בַּר נַחְמָן אָמַר – **R' Shmuel bar Nachman said:** אַף עַל גַּב דְּאִינּוּן מְתוּרְגְּמָנִין אוֹמְרִים[78] תַּגָּרִין לוּפְּרִין וְרָאשֵׁי אוּמִּין, – **Although the translators**[79] **say** that the name *Asshurim* means **traveling merchants,**[80] and the name *Letushim* means **craftsmen,**[81] **and** the name *Leummim* means **heads of nations,**[82] כּוּלְּהוֹן רָאשֵׁי אוּמּוֹת הֵן – **they are** in fact **all heads of nations.**[83]

וַיִּתֵּן אַבְרָהָם אֶת כָּל אֲשֶׁר לוֹ לְיִצְחָק.
Abraham gave all that he had to Isaac (25:5).

§6 וַיִּתֵּן אַבְרָהָם אֶת כָּל אֲשֶׁר לוֹ לְיִצְחָק – ***ABRAHAM GAVE ALL THAT HE HAD TO ISAAC.***

The Midrash quotes varying opinions regarding what it was that Abraham gave Isaac:[84]

רַבִּי יְהוּדָה, וְרַבִּי נְחֶמְיָה, וְרַבָּנָן – **R' Yehudah and R' Nechemyah and the Sages** debated this issue: רַבִּי יְהוּדָה אָמַר: בְּכוֹרָה – **R' Yehudah said:** Abraham gave Isaac the **birthright.**[85] רַבִּי נְחֶמְיָה אָמַר: בְּרָכָה – **R' Nechemyah said:** Abraham gave Isaac **blessings.**[86]

NOTES

74. The Midrash interprets the name זִמְרָן as related to the root זמר, which means *pruning* (as in the phrase in *Leviticus* 25:4: וְכַרְמְךָ לֹא תִזְמֹר, *your vineyard you shall not prune*). It thus alludes to the fact that Keturah's children killed and destroyed people (*Eitz Yosef*).

75. The Midrash interprets the name יָקְשָׁן as related to the word מַקִּישׁ, which means *knock* or *strike against*. It thus alludes to the fact that Keturah's children caused damage and destruction (*Eitz Yosef*).

76. The Sages understand the name זִמְרָן as related to the word זֶמֶר, which means *song*.

77. While the Sages, like Rami bar Yechezkel, interpret the word יָקְשָׁן as related to the word מַקִּישׁ, they contend that it refers to knocking on drums for purposes of idolatry.

78. Emendation follows *Matnos Kehunah*.

79. Such as *Targum Yonasan* (see *Eitz Yosef*).

80. For the word אַשּׁוּרִם is related to the word אשור, which means *moving on* or *wandering*, as in the verse: וַתֵּט אֲשֻׁרֵינוּ מִנִּי אָרְחֶךָ, *nor have our footsteps wandered from Your path* (*Psalms* 44:19). A traveling merchant wanders from place to place selling his wares (*Eitz Yosef*).

81. For the word לְטוּשִׁם is related to the word לוֹטֵשׁ, which means *one who sharpens*, as in the verse: לֹטֵשׁ כָּל חֹרֵשׁ נְחֹשֶׁת וּבַרְזֶל, *sharpener of all cutting implements of copper and iron* (above, 4:22). It thus refers to craftsmen who sharpen metals (ibid.).

82. For the word לְאֻמִּים means *nations* (as in v. 23 below). The name לְאֻמִּים thus connotes that his descendants would be kings and rulers (ibid.).

The interpretation of "the translators" implies that of the three sons of Dedan, only *Leummim* was a *head of nations* (ibid.). See further.

83. That is: *Asshurim* and *Letushim* were *heads of nations*, too.

Nezer HaKodesh writes that this does not mean that the interpretation of "the translators" is not correct, as well. These two sons, besides being heads of nations, were *also* involved in other activities. See Insights for another approach.

84. Although the simplest interpretation of the verse would seem to be that Abraham gave all his wealth to Isaac, the Midrash does not believe that interpretation to be correct: Given that Abraham sent away all his other sons [with some gifts] (see v. 6), it is obvious that Isaac would receive Abraham's wealth (*Eitz Yosef*, from *Yefeh To'ar*).

85. I.e., the right to perform the sacrificial service associated with the birthright; see *Devarim Rabbah* 11 §1 (*Eitz Yosef*, from *Nezer HaKodesh*).

Alternatively: The Midrash means that Abraham gave Isaac the legal status of the firstborn such that he, rather than Ishmael, would inherit a double portion of Abraham's estate upon his death (*Matnos Kehunah*).

86. Abraham blessed Isaac with the blessing that God had bestowed upon Abraham when He said to him (above, 12:2): *and you will be a blessing* (*Eitz Yosef*, from *Yefeh To'ar*).

Alternatively: God's statement to Abraham, *and you will be a blessing*, means: "You, Abraham, will have the power to bless others." It is this power that Abraham now gave over to Isaac (ibid., *Matnos Kehunah*).

בַּר קַפָּרָא אָמַר: תּוֹסַפְתּוֹ שֶׁל הַקָּדוֹשׁ בָּרוּךְ הוּא מְרוּבָּה עַל הָעִיקָּר, קַיִן עִיקָּר וְהֶבֶל עַל יְדֵי שֶׁהוּא תּוֹסֶפֶת דִּכְתִיב (בראשית ד, ב) **"וַתֹּסֶף לָלֶדֶת", [ט]נוֹלַד הוּא וּשְׁתֵּי תְּאוֹמוֹתָיו. יוֹסֵף עִיקָּר, וּבִנְיָמִין עַל יְדֵי שֶׁכָּתוּב בּוֹ תּוֹסֶפֶת הוּא מַעֲמִיד עֲשָׂרָה, דִּכְתִיב** (שם מו, כא) **"וּבְנֵי בִנְיָמִין בֶּלַע וָבֶכֶר וְגוֹ'". עֵר עִיקָּר, וְשֵׁלָה עַל יְדֵי שֶׁהוּא לְשׁוֹן תּוֹסֶפֶת הוּא מַעֲמִיד [י]עֲשָׂרָה בָּתֵּי דִינִים, הָדָא הוּא דִכְתִיב בְּדִבְרֵי הַיָּמִים** (ד"ה א ד, כא) **"בְּנֵי שֵׁלָה בֶן יְהוּדָה עֵר אֲבִי לֵכָה וְלַעְדָּה אֲבִי מָרֵשָׁה וּמִשְׁפְּחוֹת בֵּית עֲבוֹדַת הַבּוּץ לְבֵית אַשְׁבֵּעַ וְגוֹ'". עִיקַּר שָׁנָיו שֶׁל אִיּוֹב לֹא הָיוּ אֶלָּא שִׁבְעִים שָׁנָה, וְנִיתּוֹסַף לוֹ מֵאָה וְאַרְבָּעִים שָׁנָה, דִּכְתִיב** (איוב מב, טז) **"וַיְחִי אִיּוֹב אַחֲרֵי זֹאת מֵאָה וְאַרְבָּעִים שָׁנָה". עִיקַּר מַלְכוּתוֹ שֶׁל יְחִזְקִיָּהוּ לֹא הָיוּ אֶלָּא אַרְבַּע עֶשְׂרֵה שָׁנָה וְנִיתּוֹסַף לוֹ חֲמֵשׁ עֶשְׂרֵה שָׁנָה שֶׁנֶּאֱמַר** (ישעיה לח, ה) **"הִנְנִי מוֹסִיף עַל יָמֶיךָ חֲמֵשׁ עֶשְׂרֵה שָׁנָה". יִשְׁמָעֵאל עִיקָּר וּבְנֵי קְטוּרָה עַל יְדֵי שֶׁהֵן לְשׁוֹן תּוֹסֶפֶת "וַתֵּלֶד לוֹ אֶת זִמְרָן וְגוֹ'":**

ה רָמֵי בַּר יְחֶזְקֵאל אָמַר: [יא]"זִמְרָן", שֶׁהָיוּ מְזַמְּרִין בָּעוֹלָם, "יָקְשָׁן", שֶׁהֵן מִתְקַשִּׁין בָּעוֹלָם, וְרַבָּנָן אָמְרֵי: "זִמְרָן", שֶׁהָיוּ מְזַמְּרִין לַעֲבוֹדָה זָרָה, "יָקְשָׁן", שֶׁהָיוּ מַקִּישִׁין בַּתּוֹף לַעֲבוֹדָה זָרָה. "וְיָקְשָׁן יָלַד אֶת שְׁבָא וְאֶת דְּדָן", רַבִּי שְׁמוּאֵל בַּר נַחְמָן אָמַר: אַף עַל גַּב דְּאִינּוּן מְתוּרְגָּמִין וְאוּמְרִים תַּגְּרִין לוּפָּרִין וְרָאשֵׁי אוּמִּין, כּוּלְּהוֹן רָאשֵׁי אוּמּוֹת הֵן:

ו [כה, ה] **"וַיִּתֵּן אַבְרָהָם אֶת כָּל אֲשֶׁר לוֹ לְיִצְחָק". [יב]רַבִּי יְהוּדָה, וְרַבִּי נְחֶמְיָה, וְרַבָּנָן, רַבִּי יְהוּדָה אָמַר: בְּכוֹרָה, רַבִּי נְחֶמְיָה אָמַר: בְּרָכָה,**

רש"י

והבל על ידי שהוא תוספת דכתיב ותוסף ללדת את אחיו את הבל נולד הוא ושתי תאומותיו כמו שפירש בסדר בראשית: **ער אבי לכה.** אב ב"ד של לכה: **אבי מרשה.** אב ב"ד של מרשה ומשפחות בית עבודת הבוץ לבית אשבע וגו' ומונה עד עשרה: **שנותיו של איוב.** היו ר"י שנים ועיקר שנותיו לא היו אלא ע' שנה דכתיב ויוסף ה' את כל אשר לאיוב למשנה ונתוספו לו ק"מ שנה דכתיב ויחי איוב אחרי זאת מאה וארבעים שנה מכלל שקודם ע' שנה היה עיקרו: (ה) **שהיו מתקשין בעולם.** שהיו מוחזקין בעולם ובשוחר טוב מפרש שהיו בני אדם קשים: **אע"ג דאינון מתרגמין עברין ולופרין עברין תגרין ולופרין אומנין ורישי אומין.** ולא אותם הנזכרים למעלה. כולם ראשי אומות הן. בתרגום ירושלמי מפרש בני דדן היו אשורים ולטושים ולאומים. אשורים. מאושרים היו בדרכים. לטושים. לוטשי נחושת ובני דדן היו תגרים ואומנין ורישי אומין ואנן מתרגמינן אשורים. משירייתא חיילות. לטושים כמו נטושים כמא דאת אמר וינטשו בעמק רפאים. ולשכונין שוכנין באהלים:

עץ יוסף

בר קפרא אמר. דקטורה זו הגר. ומאי דאיקשי ר' נחמיה הא כתיב ויוסף. משני משום דתוספת של הקב"ה מרובה על העיקר (יפ"ת). שלא כדרך בשר ודם שלא יוסיפו כשיבאו לוותר על המידה אלא מעט. אבל הקב"ה ותרנותו גדולה עד שהתוספת מרובה על העיקר: **ושתי תאומותיו.** ועם קין לא נולדה רק אחת כדלעיל פרשה כ"ב ע"ש: **ובנימין על ידי שכתוב בו תוספת.** דכתי' יוסף ה' לי בן אחר. כן הוא בפרשה דברים בהדיא: **ושלה ע"י שהוא לשון תוספת.** דכתיב ותוסף עוד ותלד בן ותקרא את שמו שלה: **י' בתי דינים.** נראה דגרסינן הכא ז' בתי דינים. דוק ותשכח הכי בקרא (נזה"ק): **ער אבי לכה.** אב"ד של לכה. ועיין ברות רבה פ"ב: **שבעים שנה.** דכתיב ויוסף ה' את כל אשר לאיוב למשנה. וכתיב ויחי איוב אחרי זאת מאה וארבעים שנה מכלל שקודם זה היה בן ע' שנה ושנותיו ר"י שנים: **לא היו י"ד.** כדיליף לקמן שויק"ר פרשה י': **ישמעאל עיקר.** לבני הגר. שנולד בעת תאותו לבנים ועליו התפלל לו ישמעאל יחיה לפניך ובני קטורה אינו אלא לשון תוספת כי לא הולידם אלא על צד היותר טוב משום בבקר זרע זרעך וגו' כדלעיל (יפ"ת): (ה) **שהיו מזמרין.** לשון לא תזמור. כלו' שהורגין ומאבדין לאנשים: **שמתקשין בעולם.** שהם מקשין ומזיקין לכל העולם: **דאינון מתרגמין כו'.** היינו תרגום ירושלמי דמפרש אשורים מלשון ותמו אשורנו כלו' סוחרים הולכין אורח. ולטושים לופרין היינו אומנין מלשון לוטש ברזל. ולאומים ראשי אומים ר"ל שיצאו ממנו מלכים וראשים על העמים. ולפ"ז לא היו של בני דדן ראשי אומות אלא מהם תגרין ומהם אומנים ומהן ראשי אומות. מ"מ כולם אינם אלא ראשי אומות: (ו) [ה] **רבי יהודה ורבי נחמיה ורבנן.** מה שלא פירשו ממון כפשוטו. משום דמכיון דשלח לבני הפלגשים מעל יצחק בנו מה צורך להחזיקו בממון הרי אין זר אתו (יפ"ת): **בבורה.** לענין העבודה. ולכך גרסי' לקמן ד"ר פכ"א ר"י אמר בכורה בענין שנא' דמכור את בכורתו ליעקב כלו' דהיינו כענין בכורת יעקב שהיתה לענין העבודה (נזה"ק). ועיין במד"ר פ"ד: **ברכה.** שבירך את יצחק בברכה שהיתה לו

פירוש מהרז"ו

בר קפרא. ע' ד"ר פ"א סי' י"ג. ומ"ש ושתי תאומותיו. לעיל פכ"ב סי' ב' וש"נ: **ער עיקר.** שהיה בכור. ומת בלא בנים: **עשרה בתי דינים.** נ"ע מנ"ל על עשרה ב"ד ובכתוב יש ראיה על ב' ב"ד כמ"ש ער אבי לכה ולעדן אבי מרשה. ודרשו ברות רפ"ב אב"ד של לכה ואב"ד של מרשה. וע' מש"ש: (ה) **מזמרין בעולם.** מלליאין ושמחין בזמרה: **ואת דדן.** וס"ד ובני דדן היו אשורים וגו': **דאנן מתרגמינן.** בתרגום ירושלמי. תגרן ואמנון וביב"ע ואמפורן ורישי אומין וע"ש ביאור רש"ד: **כולהון בו'.** וכמ"ש בתנחומא ג"כ בשם רשב"ן שבעת הפלגה הקיף הים ל' משפחות מב"נ ונתמלאו מזרע אברהם. וע"ל ס"ס יו"ד שר' לוי דורש כן וע' במ"ר פי"ד סי' יו"ד שאיש המה מלכות שחושב מהם ע"ז בני קטורה ועמש"ל ס"פ נ"א שכל מי שנולד בימי אברהם ממשפחתו כולם היו ראשי אומות וראשי משפחות בארץ ועיין רמב"ן: (ו) **בבורה וכו'.** עי' פר"א פ"ח שהבכורה והכהונה ועבור שנים

מתנות כהונה

ושתי תאומותיו. לעיל פרשה כ"ב דייק כן מדכתיב את אחיו את הבל: **בבנימין כתיב תוספת.** יוסף לי ה' בן אחר וכן הוא בפרשת דברים בהדיא: **בשלה.** כתיב ותוסף עוד ותלד בן: **אבי לכה.** אב בית דין של לכה [ועי' במדרש רות רפ"ב]: **שבעים שנה.** דכתיב ויוסף ה' את כל אשר לאיוב למשנה וכתיב ויחי איוב אחרי זאת מאה וארבעים שנה מכלל שקודם זה היה בן שבעים שנה וכל שנותיו שתי מאות ועשר שנים: [ה] **מתקשין.** פירש רש"י שהיו חזקים ובשוחר טוב מפרש בני אדם קשים: **דאינון מתורגמינן אומרים.** גרסינן ופירש הרמב"ן ז"ל אף על גב שהמתרגמין מפרשין אשורים מלשון ותט אשורינו כלומר סוחרים הולכי אורח ולטושים מלשון לוטשי ברזל. מ"מ אינן אלא ראשי אומות: [ו] **בבורה.** להיות בכור לנחלה אף על פי שישמעאל היה ראשית אונו: **ברכה.** שהיו הברכות נתונות בידו לברך מי שירצה ועיין ריש פרשת הברכה דילפי להו מויתן. וגבי קבורה נמי כתיב נתתי כסף השדה:

אשד הנחלים

תוספתו של הקב"ה מרובה. הורו בזה שהנס אלקיי הנעלה מהטבע המיוסד. אם יתברך בה אז. יתברך ברבוי. כי אין כילות למעלה. ולא תדמה שהשגחה הנסיית היא כדמות הטבעית במתכונתה: [ה] **ראשי אומות הן.** באו להורות שזכות אברהם מסייעתן עכ"פ בהצלחות

חידושי הרד"ל

(יד) **עשרה בתי דינין.** מכאן נראה כפי' הגר"א ז"ל בד"ה שם בקרא דהמה היוצרים יושבי נטעים וגדרה שפי' דנטעים וגדרה הן ערים בפני עצמן ולפ"ז תמצא שם עשרה משפחות ע"ש. אבל לפי המפרש המיוחס לרש"י והרד"ק דיושבי נטעים וגדרה קאי ג"כ על אותן שחושב תחלה שהן היו נוטעים וגודרים במלאכת המלך שא"כ לא תמצא רק שמונה משפחות:

[ה] (טו) **לופרין.** הרמב"ן גורס לופדין בדל"ת ע"ש אבל אין לו ענין למלת לטושים לכן גי' שלנו לופרין נכונה ע"ע ערך לפר:

[ו] (טז) **רבי יהודה אמר בכורה.** בדב"ר שם כמד"א וימכור את בכורתו ליעקב וע"ש במ"כ שנדחק. ויותר נראה דצ"ל כד"א נתנה בכורתו ליוסף (ד"ה א' ה'):

חידושי הרש"ש

עשרה בתי דינין כו' ומשפחות כו' לבית אשבע וגו'. נראה דפי' ומשפחות ל' מיעוט רבים שנים והלמ"ד דלבית אשבע יתירה כמו שפירש"י על לכל חיל פרעה (שמות י"ד) וע"ש ברא"ס שפי' לשיטתו שהוא כמו וכל חיל פרעה. וכן הכא הוה ג"כ כמו ובית אשבע ויהיה מכוון עשרה:

מסורת המדרש

ט לעיל פרשה כ"ב. ילקוט בראשית רמז ל"ה. וע' סנהדרין ל"ח:
י עיין רות רבה פ' ב'. ובילקוט דה"י רמז אל"ף ע"ה:
יא ילקוט דה"י רמז אל"ף ע"ד:
יב דברים רבה פרשה י"א. מדרש תהלים מזמור א'. ילקוט כאן רמז ק"י. ילקוט תהלים רמז תרי"ב:

אם למקרא

וַתֹּסֶף לָלֶדֶת אֶת־אָחִיו אֶת־הָבֶל וַיְהִי־הֶבֶל רֹעֵה צֹאן וְקַיִן הָיָה עֹבֵד אֲדָמָה:
(בראשית ד:ב)

וּבְנֵי בִנְיָמִן בֶּלַע וָבֶכֶר וְאַשְׁבֵּל גֵּרָא וְנַעֲמָן אֵחִי וָרֹאשׁ מֻפִּים וְחֻפִּים וָאָרְדְּ:
(בראשית מו:כא)

בְּנֵי שֵׁלָה בֶן־יְהוּדָה עֵר אֲבִי לֵכָה וְלַעְדָּה אֲבִי מָרֵשָׁה וּמִשְׁפְּחוֹת בֵּית־עֲבֹדַת הַבֻּץ לְבֵית אַשְׁבֵּעַ:
(דברי הימים א ד:כא)

וַיְחִי אִיּוֹב אַחֲרֵי־זֹאת מֵאָה וְאַרְבָּעִים שָׁנָה וַיַּרְא אֶת־בָּנָיו וְאֶת־בְּנֵי בָנָיו אַרְבָּעָה דֹּרוֹת:
(איוב מב:טז)

הָלוֹךְ וְאָמַרְתָּ אֶל־חִזְקִיָּהוּ כֹּה־אָמַר ה' אֱלֹהֵי דָּוִד אָבִיךָ שָׁמַעְתִּי אֶת־תְּפִלָּתֶךָ רָאִיתִי אֶת־דִּמְעָתֶךָ הִנְנִי יוֹסִף עַל־יָמֶיךָ חֲמֵשׁ עֶשְׂרֵה שָׁנָה:
(ישעיה לח:ה)

וְרַבָּנָן אָמְרֵי קְבוּרָה וְדָאתִיקִי — **The Sages say:** Abraham gave Isaac the gift of **burial**[87] **and a contract.**[88]

רַבִּי חָמָא אָמַר: לֹא בְּרָכוֹת אֶלָּא מַתָּנוֹת נָתַן לוֹ — **R' Chama said: It was not blessings** that Abraham gave Isaac, **but** rather, it was **gifts**[89] **that he gave him.**[90] מָשָׁל לְמֶלֶךְ שֶׁהָיָה לוֹ פַּרְדֵּס, מְסָרוֹ לְאָרִיס — R' Chama uses an analogy to explain why Abraham could not have given blessings to Isaac: This is **comparable to a king who had an orchard, and he handed it over to a sharecropper** to maintain; וְהָיָה בּוֹ שְׁתֵּי אִילָנוֹת כְּרוּכִים זֶה לָזֶה בִּכְרָךְ אֶחָד — **and there were in it two trees** whose roots were **intertwined with each other in one intertwining;** אֶחָד שֶׁל סַם חַיִּים וְאֶחָד שֶׁל סַם הַמָּוֶת — **one** tree whose fruits **were a life-giving elixir, and one** tree whose fruits **were poisonous.** אָמַר אוֹתוֹ אָרִיס: אִם מַשְׁקֶה אֲנִי זֶה שֶׁל סַם חַיִּים זֶה שֶׁל סַם הַמָּוֶת שׁוֹתֶה עִמּוֹ — **[The sharecropper] said** to himself, **"If I water [the tree]** whose fruits **are a life-giving elixir,** then **[the tree]** whose fruits **are poisonous will drink up** the water **with it;** וְאִם אֵינִי מַשְׁקֶה זֶה שֶׁל סַם הַמָּוֶת הֵיאַךְ זֶה שֶׁל סַם חַיִּים חַי — **but if I do not water [the tree]** whose fruits **are poisonous, then how will [the tree]** whose fruits **are a life-giving elixir survive?"** חָזַר וְאָמַר: אֲנָא אָרִיס עֲבֵיד אֲנָא אֲרִיסוּתִי וּמַאי דְּאָהֲנֵי לְמָארֵיהּ דְּפַרְדֵּיסָא לְמֶיעֱבַד יַעֲבֵיד לֵיהּ — **He** considered the matter and **then said** to himself, **"I am** just **a sharecropper** in this orchard. **I will do my sharecropper duties** by tending to the rest of the trees, **and whatever the owner of the orchard regards as beneficial to do** with these two trees, **he will do!"**[91] כָּךְ אָמַר אַבְרָהָם: אִם מְבָרֵךְ אֲנִי אֶת יִצְחָק עַכְשָׁיו בְּנֵי יִשְׁמָעֵאל וּבְנֵי קְטוּרָה בִּכְלָל — **So** too **did Abraham say,**[92] **"If I bless Isaac,** then **the children of Ishmael**[93] **and the children of Keturah** will also **now** demand to **be included;**[94] וְאִם אֵין אֲנִי מְבָרֵךְ בְּנֵי יִשְׁמָעֵאל וּבְנֵי קְטוּרָה, הֵיךְ אֲנִי מְבָרֵךְ אֶת יִצְחָק — **but if I do not bless the children of Ishmael and the children of Keturah,** then **how will I bless Isaac?"**[95] חָזַר וְאָמַר בָּשָׂר וָדָם אֲנִי, אֲנִי הַיּוֹם כָּאן וּמָחָר בַּקֶּבֶר — Abraham considered the matter and **then said** to himself, **"I am** but **flesh and blood; today I am here and tomorrow** I will be **in the grave.** כְּבַר עֲבִיד אֲנָא דִּידִי, מִכָּאן וְאֵילָךְ מַה שֶׁהַקָּדוֹשׁ בָּרוּךְ הוּא רוֹצֶה לַעֲשׂוֹת בְּעוֹלָמוֹ יַעֲשֶׂה — **I have** already **done** all that is incumbent upon **me** to do;[96] **from here on, what the Holy One, blessed is He, wants to do in His world, He will do!"**[97] כֵּיוָן שֶׁמֵּת אַבְרָהָם אָבִינוּ גִּלָּה הַקָּדוֹשׁ בָּרוּךְ הוּא עַל יִצְחָק וּבֵרְכוֹ — **Upon Abraham's death, the Holy One, blessed is He, revealed Himself to Isaac and blessed him.**[98] הֲדָא הוּא דִכְתִיב "וַיְהִי אַחֲרֵי מוֹת אַבְרָהָם וַיְבָרֶךְ אֱלֹהִים אֶת יִצְחָק בְּנוֹ" — **Thus it is written,** ***And it was after the death of Abraham that God blessed Isaac his son*** (25:11).

וְלִבְנֵי הַפִּילַגְשִׁים אֲשֶׁר לְאַבְרָהָם נָתַן אַבְרָהָם מַתָּנֹת וַיְשַׁלְּחֵם מֵעַל יִצְחָק בְּנוֹ בְּעוֹדֶנּוּ חַי קֵדְמָה אֶל אֶרֶץ קֶדֶם.

But to the children of the concubines, who were Abraham's, Abraham gave gifts; then he sent them away from Isaac his son, while he was still alive, eastward to the land of the east (25:6).

§7 וְלִבְנֵי הַפִּלַגְשִׁים וגו׳ — ***BUT TO THE CHILDREN OF THE CONCUBINES, ETC.***

Our passage states that God gave all he had to Isaac — obviously including the Land of Israel — while excluding the children of his concubines. The Midrash recounts various challenges posed to Israel, centuries later, by other groups claiming rights in the land:

בִּימֵי אֲלֶכְּסַנְדְּרוֹס מוֹקְדוֹן בָּאוּ בְּנֵי יִשְׁמָעֵאל לְעוֹרֵר עַל יִשְׂרָאֵל עַל הַבְּכוֹרָה — **In the days of Alexander the Macedonian,**[99] **the children of Ishmael came to challenge Israel regarding the birthright,**[100] וּבָאוּ עִמָּהֶם שְׁתֵּי מִשְׁפָּחוֹת רָעוֹת, כְּנַעֲנִים וּמִצְרִים — **and along with them came two wicked families,**[101] one a family of **Canaanites** and the other a family of **Egyptians.**

NOTES

87. That is, he gave him (rather than Ishmael) the right to be buried in the Cave of Machpelah along with him (*Matnos Kehunah, Eitz Yosef*).

88. Stating that all his property would go to Isaac upon his death. The Sages maintain that although it would seem unnecessary for Isaac to need such a contract (see above, note 84), Abraham gave it to him anyway out of concern that Keturah's sons might still somehow contest Isaac's exclusive rights to his property (*Eitz Yosef,* from *Yefeh To'ar*).

89. That is, either the birthright, or burial in the Cave of Machpelah, or a contract giving him all his property (*Eitz Yosef*).

90. R' Chama is coming to prove that R' Nechemyah cannot be correct; see further.

91. *Nezer HaKodesh* writes that if the sharecropper were going to care for the orchard for the long term, he certainly would have seen it as his responsibility to figure out a solution so that the life-giving tree should not die. However, he was working the orchard for only one year (see similarly *Matnos Kehunah*). As such, he didn't have to solve all the orchard's problems; the owner would resume caring for the trees in due time, and he would resolve the issue.

92. Abraham is the caretaker ("sharecropper") of the world ("the orchard"), the "owner" of which is God (*Bamidbar Rabbah* 11 §2).

93. The Midrash is apparently referring to Ishmael himself. Indeed, in *Bamidbar Rabbah* loc. cit., the text reads just "Ishmael."

94. Ibid.

Although *Bamidbar Rabbah* mentions only Ishmael, not Keturah's children, this is because it is he who has the greater claim to be blessed along with Isaac; after all, Ishmael was Abraham's firstborn child. However, Keturah's children would also demand a blessing, since they perceive themselves as being Isaac's equals in that both they and Isaac are non-firstborn children (*Eitz Yosef,* from *Nezer HaKodesh*).

Simply refusing the other children's request to be blessed was not an option, for that would cause jealousy between Isaac and them (*Eitz Yosef,* from *Targum Yonasan* to v. 11). Indeed, the Talmud (*Shabbos* 10b) teaches that a father is not supposed to treat any of his children preferentially, for this very reason (*Nezer HaKodesh*). [He adds that Isaac was nevertheless not wrong, years later, when he wanted to bless Esau and not Jacob, for Esau was the firstborn and thus deserving of greater honor. By contrast, here it was Isaac, the younger son, who would be treated preferentially.]

The question remains to be asked: Why could Abraham not simply bless Isaac in secret? *Nezer HaKodesh* answers that the other children were bound to find out, for the blessing would cause Isaac to prosper noticeably in all his enterprises.

95. That is: How will I be able to give Isaac *all* the blessings, as I wish to do, if I give some of the blessings to the other children? (*Matnos Kehunah*). [See below, 27:33ff, where it is evident that blessings that have been given to one child can no longer be given to another.]

96. Lit., *I have already done mine. Rashi* writes that Abraham is referring to his having fathered all his children.

97. R' Chama has shown, via his parable, why Abraham could not give blessings to Isaac. But he *could* give him gifts, and he did so (see note 89) — for Abraham did not mind giving gifts to his other children also (as stated in verse 6). See *Yefeh To'ar.*

98. Isaac received his blessings from God, not from Abraham. His brothers could not complain about preferential treatment, for obviously one cannot question God (*Nezer HaKodesh*).

99. Also known as Alexander the Great.

100. To demand a double portion of the Land of Israel, which God gave to Abraham, as it states, *To your descendants have I given this land* (above, 15:18). For since Ishmael, their ancestor, was Abraham's firstborn, he should be legally entitled to a double portion of Abraham's estate (*Eitz Yosef*).

According to the Gemara (*Sanhedrin* 91a), the descendants of Keturah came also [to demand a single portion of the land], for they too were descendants of Abraham.

101. Each to present its own grievance against the Jews.

וְרַבָּנָן אָמְרֵי: קְבוּרָה. וְדָאתִיקִי. רַבִּי חָמָא אָמַר: לֹא בְּרָכוֹת אֶלָּא מַתָּנוֹת נָתַן לוֹ. [יג] מָשָׁל לְמֶלֶךְ שֶׁהָיָה לוֹ פַּרְדֵּס, וּמְסָרוֹ לְאָרִיס, וְהָיָה בּוֹ שְׁתֵּי אִילָנוֹת כְּרוּכִים זֶה לָזֶה בְּבְרַךְ אֶחָד, אֶחָד שֶׁל סַם חַיִּים וְאֶחָד שֶׁל סַם הַמָּוֶת. אָמַר אוֹתוֹ אָרִיס: אִם מַשְׁקֶה אֲנִי זֶה שֶׁל סַם חַיִּים זֶה שֶׁל סַם הַמָּוֶת שׁוֹתֶה עִמּוֹ, וְאִם אֵינִי מַשְׁקֶה זֶה שֶׁל סַם הַמָּוֶת הֵיאַךְ זֶה שֶׁל סַם חַיִּים חַי, חָזַר וְאָמַר: אֲנָא אָרִיס עָבֵיד אֲנָא אֲרִיסוּתִי וּמַאי דַּאֲהַנֵּי לְמָארֵיהּ דְּפַרְדֵּיסָא לְמֶיעֱבַד יַעֲבֵיד לֵיהּ. כָּךְ אָמַר אַבְרָהָם: אִם מְבָרֵךְ אֲנִי אֶת יִצְחָק, עַכְשָׁיו בְּנֵי יִשְׁמָעֵאל וּבְנֵי קְטוּרָה בִּכְלַל, וְאִם אֵין אֲנִי מְבָרֵךְ בְּנֵי יִשְׁמָעֵאל וּבְנֵי קְטוּרָה, הֵיךְ אֲנִי מְבָרֵךְ אֶת יִצְחָק חָזַר וְאָמַר: בָּשָׂר וָדָם אֲנִי, אֲנִי הַיּוֹם כָּאן וּמָחָר בַּקֶּבֶר כְּבָר עֲבֵידַת אֲנָא דִּידִי, מִכָּאן וָאֵילָךְ מַה שֶּׁהַקָּדוֹשׁ בָּרוּךְ הוּא רוֹצֶה לַעֲשׂוֹת בְּעוֹלָמוֹ יַעֲשֶׂה. כֵּיוָן שֶׁמֵּת אַבְרָהָם אָבִינוּ גִּלָּה הַקָּדוֹשׁ בָּרוּךְ הוּא עַל יִצְחָק וּבֵרְכוֹ, הָדָא הוּא דִכְתִיב (בראשית כה, יא) "וַיְהִי אַחֲרֵי מוֹת אַבְרָהָם וַיְבָרֶךְ אֱלֹהִים אֶת יִצְחָק בְּנוֹ":

ז [כה, ו] "וְלִבְנֵי הַפִּלַגְשִׁים וְגוֹ'". [יד] בִּימֵי אֲלַכְּסַנְדְּרוֹס מוֹקְדָן בָּאוּ בְּנֵי יִשְׁמָעֵאל לְעוֹרֵר עַל יִשְׂרָאֵל עַל הַבְּכוֹרָה וּבָאוּ עִמָּהֶם שְׁתֵּי מִשְׁפָּחוֹת רָעוֹת, כְּנַעֲנִים וּמִצְרִים. אָמְרוּ: מִי הוֹלֵךְ וְדָן עִמָּהֶם. אָמַר גְּבִיעָה בֶּן קוֹסֵם: אֲנִי הוֹלֵךְ וְדָן עִמָּהֶם. אָמְרוּ לוֹ: הִזָּהֵר שֶׁלֹּא תַּחְלִיט לָהֶם אֶת הָאָרֶץ. אָמַר: אֲנִי הוֹלֵךְ וְדָן עִמָּהֶם,

רש"י

(ו) **אם אברך אני את יצחק בני.** עכשיו ישמעאל ובני קטורה בכלל שאף הם יבקשו ממני שאברכם היאך אני יכול לברך אחד ולהניח אותם חזר ואמר אני בשר ודם היום כאן ומחר בקבר כבר אנא עבד דידי כלומר כבר הולדתים מה שהקדוש ברוך הוא רוצה לעשות בעולם יעשה: (ז) **גביעא בן קיסם.** חכם היה והיה בעל חטוטרות ובתלמוד שלנו גביהא בן קיסם לפי שהיה גבוה מאחריו כמו גבן ובתלמוד ירושלמי בחטרתו במגבעתיה. ודבשת גמלים תרגומו חטרת גמלין: **הזהר שלא תחליט להן את ארץ ישראל.** מחמת שאין אתה יודע להשיב להם תשובה:

עץ יוסף

כמ"ש והיה ברכה. אי נמי הכח שהיה לו לאברהם לברך לכל העולם כמ"ש ז"ל והיה ברכה הברכות מסורות בידך מסר אותו ליצחק (יפ"ת): **קבורה.** במערת המכפלה המיוחד לו לקבורה כדי שלא יחד ישמעאל אתו בקבורה: **ודייתיקי.** שטר מתנה על כל נכסיו. ואע"ג דשלח בני הפילגשים מעל יצחק בנו. ס"ל לרבנן דעבד הכי שמא יבאו עליו. ומ"מ שלחם מעליו כדי להרחיקו ממחלוקת על צד היותר טוב (יפ"ת): **לא ברכות כו' משל כו'.** כלו' מטעם משל הנ"ל לא נתן לו אלא מתנות היינו בכורה או קבורה או דייתיקי. אבל לא ברכות מפני ישמעאל ובני קטורה כדמסיק: **אמר אותו אריס כו'.** באשר הפרדס אינו מסור לי כי אם לפי שעה. לא עלי המלאכה לגמור. ואשלים אריסותי בשנה זו בשאר אילנות ואח"כ יראה בעל הפרדס בעצמו כדת מה לעשות. וכן אמר אברהם לא עלי המלאכה לגמור לעשות בברכה פירוד בין הצדיקים בין יצחק ואחיו. אלא הקב"ה שמקור הברכות הוא שלו מה שהוא רוצה לעשות בעולמו יעשה כחפצו ורצונו לברך את מי שיהיה נבחר בעיניו (נזה"ק): **עכשיו ישמעאל כו'.** שגם המה יבקשו ממנו ברכה כדאי' בהדיא במד"ר פ' י"א. ואם יאמר להם שהם אינם ראוים לברכה כמו יצחק. יהיה קנאה יתירה בין הבנים כדאי' בתרגום יונתן להדיא. ועיין עוד מ"ש בבמד"ר פ' י"א: **ובני קטורה בכלל.** שגם הם יבקשו שיברכם. ובבמד"ר פרשה הנ"ל לא נקט אלא ישמעאל. בהיות לו תלונה ביותר שהוא הבכור וראשית אונו של אברהם. אבל באמת גם בני קטורה יבקשו שיברכם בהיותם עכ"פ דומים לו ליצחק שגם יצחק פשוט (נזה"ק): (ז) [ו] **על הבכורה.** ליטול פי שנים בא"י שהקב"ה אמר לאברהם לזרעך נתתי את הארץ וישמעאל בכורו: **בן קוסם.** בחלק אי' בן פסיסא: **שלא תחליט כו'.** כי אף שלא ימצא תשובה כנגדם לא יודה להם בחלק הארץ. אבל יאמר עוד יש לי טענות. או יבקש זמן להשיב כדי שיהיה מקום לחכמי ישראל להשיב על תוכחתם:

פירוש מהרז"ו

וברכה הכל ענין א' והיה תחילה הכל ביד שם והוא מסר לאברהם ואברהם ליצחק וכו' וכ"ה במ"ר פ"ד סי' ח' ועמש"ש וע"ל פמ"ג סי' ו' כהונה גדולה מסר לו: **קבורה.** כמ"ש בראשית ל"ה שיצחק לבדו נקבר במערה. הרי שנתן לו והוא ליעקב: **ודייתיקי.** ע"ל פנ"ט סימן י"א ע"פ וכל טוב וגו' שנתן לו דייתיקי והעבד אמר להם ויתן לו את כל אשר לו ופירש"י בחומש שטר מתנה הראה להם. וא"כ מ"ש כאן ויתן כל אשר לו ליצחק אין מקומו כאן אלא כבר נתן קודם שנשא את קטורה. וכן כל הדברים שחושב כאן היה הכל אז ע"פ מדה ל"ב. ומוסב הכל על מ"ש בעודנו חי שדרשו לעיל סי' ד' על אותו הזמן עמש"ש: **משל כו'.** מדרש תהלים מז' א' במ"ר פר' י"א ס"ס ב' תנחומא לך לך סי' ד' ובריש ברכה: (ז) **בימי אלכסנדרוס.** סנהדרין צ"א באופן אחר:

חידושי הרד"ל

(יז) **חזר ואמר אנא אריס כו'.** בתנחומא לך לך מסיים אניח אותם עד שיבא בעל הפרדס. וצ"ל לענין המשל בשב ואל תעשה עדיף ליה ולכן עשה כן. ולא חשש שאם אינו משקה האיך של סם חיים מתקיים כמו שאמר תחלה:

מסורת המדרש

יג תנחומא סדר לך לך סימן ד'. וסדר וזאת הברכה סי' א'. פסיקתא דר"כ פסקא ל"א. במדבר רבה פרשה י"א:
יד סנהדרין דף צ"א. מגילת תענית פרק ג'. ילקוט כאן רמז ק"י:

אם למקרא

וַיְהִי אַחֲרֵי מוֹת אַבְרָהָם וַיְבָרֶךְ אֱלֹהִים אֶת־יִצְחָק בְּנוֹ וַיֵּשֶׁב יִצְחָק עִם־בְּאֵר לַחַי רֹאִי: (בראשית כה:יא)

מתנות כהונה

קבורה. שהוא יקבר במערת המכפלה ולא ישמעאל: **דאיתיקי.** שטר מתנה על כל אשר לו: **אלא מתנות.** אבל לא ברכות משל כו'. ובשוחר טוב גורס בהדיא ולמה לא ברכו משל כו': **אנא אריס כו'.** כלומר אין אני בתוכו אלא אריס אשלים אני מלאכת אריסות בשנה זו ושוב מה שהנאה וטוב בעיני בעל הפרדס לעשות יעשה אח"כ ועי' כל זה במ"ר פרשה י"א: ה"ג **עכשיו ישמעאל כו'.** ופירש רש"י שגם המה יבקשו ממני שאברכם היאך אני יכול לברך אחד ולהניח אחד: **חזר ואמר כו'.** עכ"ל: [ובפי' רש"י בחומש גרס לפי שצפה את עשו יוצא ממנו. במדרש שוחר טוב גרס כמו כאן ובבמדבר רבה גרס ישמעאל מבקש להתברך והיא ממש כפירוש רש"י]: **היאך אני מברך את יצחק.** כלומר היאך אברכנו בכל הברכות כרצוני אם תחלה אברך קצתם לישמעאל ובני קטורה: **כבר עבידית כו'.** כבר עשיתי מה שעלי לעשות ופי' רש"י שכבר הולדתים: (ז) **גביעה בן קוסם.** חכם גדול בישראל היה ובעל חטוטרות היה כפירוש רש"י בפרק חלק ומצאתי בספר יוחסין שמחמת זקנה נתעקם מגבו: **שלא תחליט כו'.** כלומר שלא ינצחוך וישאר

אשד הנחלים

הזמניות להיותן ראשי אומות: [ו] **ויתן גו' בבורה כו' קבורה ודאתיקי כו'.** יש להבין מהו ענין פלוגתתם. ומה הסבירו לנו במשל. איך שייך בברכה שחפץ לברך את יצחק שיתברך גם ישמעאל עמו. גם יש לחקור. הלא המקבל הברכה צריך להיות כדאי לכך. ומה יועיל לישמעאל אחרי שאינו כדאי. וזה המחקר דשו בו רבי'. הבעה"ק והאברבנל והרלב"ג ויתר המפרשי' איש איש כדרכו. גם יקשה מאוד אם הי' זה ברכה. מפ"מ אינו מפורש בו שברכו רק לשון נתינה מה שלא מצאנו בכל האבות ושארי צדיקים כל אחד לבניו אשר ע"כ נראה לי. דהכוונה בברכה שמסר ליצחק בסתרי סודות אלקית. אשר בהם ובידיעתם ובכוונתם יוכל להוריק שפע ברכה מלמעלה. כמו שנתן לישמעאל שם טומאה שהוא היפך הקדושה שיפעול ע"י מה שהוא לטובתו המדומה כמאמרם. והנה עשה אברהם זאת בכוונה ולא ברכו לבד כי אלולי הי' ברכו כלומר שיעמוד זכות אברהם שיהיה מתברך עי"ז. א"כ יהי נכלל גם ישמעאל אתו כי גם זכותו עומד לו והי' מקום למדת הדין לקטרג לומר מה נשתנה זה מזה. ולכן הניח הדבר בסתם רק שלמד ליצחק אופני הדברים שבהם יתברך. וענין הבכורה הוא כפי הידוע שארץ הקדושה שייך רק להבכורים שהם קדושים והארץ קדושה ועי"ז יתקדשו בקדושת הנפש ואין להאריך בזה. כי זה מבואר

אָמְרוּ: מִי הוֹלֵךְ וְדָן עִמָּהֶם – [The Sages] said, "Who will go and contend with them?"[102] **אָמַר גְּבִיעָה בֶּן קוֹסֵם: אֲנִי הוֹלֵךְ וְדָן עִמָּהֶם – Gebiah ben Koseim**[103] **said, "I will go and contend with them!"** **אָמְרוּ לוֹ: הִזָּהֵר שֶׁלֹּא תַּחְלִיט לָהֶם אֶת הָאָרֶץ – [The Sages] said to him, "Be careful not to forfeit the land to them!"**[104] **אָמַר: אֲנִי הוֹלֵךְ וְדָן עִמָּהֶם – He said** to them, "There is no cause for concern, because **I will go and contend with them** as a private individual and not as a representative of the community.[105]

NOTES

102. In the presence of Alexander the Macedonian (based on Gemara ibid. and Midrash below).

103. The above Gemara cites this individual as being Gebiha ben Pesisa.

104. By not having adequate answers to their arguments and thus losing the debate (*Rashi, Matnos Kehunah*).

Alternatively, the Sages cautioned him not to concede the land just because he is unable to successfully refute their arguments. Rather, he should simply say to them that he has a valid counter-argument that he has not yet had a chance to present to them. Or he should ask for more time to formulate a response, and in the interim he should consult with the Sages on how to best respond to their arguments (*Eitz Yosef*).

105. *Eitz Yosef,* from *Yefeh To'ar*.

וְרַבָּנָן אָמְרֵי: קְבוּרָה. וְדָאתִיקִי. רַבִּי חָמָא אָמַר: לֹא בְּרָכוֹת אֶלָּא מַתָּנוֹת נָתַן לוֹ. [יג] מָשָׁל לְמֶלֶךְ שֶׁהָיָה לוֹ פַּרְדֵּס, וּמְסָרוֹ לְאָרִיס, וְהָיָה בּוֹ שְׁתֵּי אִילָנוֹת כְּרוּכִים זֶה לָזֶה בְּבֶרֶךְ אֶחָד, אֶחָד שֶׁל סַם חַיִּים וְאֶחָד שֶׁל סַם הַמָּוֶת. אָמַר אוֹתוֹ אָרִיס: אִם מַשְׁקֶה אֲנִי זֶה שֶׁל סַם חַיִּים זֶה שֶׁל סַם הַמָּוֶת שׁוֹתֶה עִמּוֹ, וְאִם אֵינִי מַשְׁקֶה זֶה שֶׁל סַם הַמָּוֶת הֵיאַךְ זֶה שֶׁל סַם חַיִּים חַי, חָזַר וְאָמַר: אֲנָא אָרִיס עָבֵיד אֲנָא אֲרִיסוּתִי וּמַאי דְּאַהֲנֵי לְמָארֵיהּ דְּפַרְדֵּיסָא לְמֶיעֱבַד יַעֲבֵיד לֵיהּ. כָּךְ אָמַר אַבְרָהָם: אִם מְבָרֵךְ אֲנִי אֶת יִצְחָק, עַכְשָׁיו בְּנֵי יִשְׁמָעֵאל וּבְנֵי קְטוּרָה בִּכְלָל, וְאִם אֵין אֲנִי מְבָרֵךְ בְּנֵי יִשְׁמָעֵאל וּבְנֵי קְטוּרָה, הֵיךְ אֲנִי מְבָרֵךְ אֶת יִצְחָק חָזַר וְאָמַר: בָּשָׂר וָדָם אֲנִי, אֲנִי הַיּוֹם כָּאן וּמָחָר בַּקֶּבֶר כְּבָר עֲבֵידַת אֲנָא דִּידִי, מִכָּאן וְאֵילָךְ מַה שֶּׁהַקָּדוֹשׁ בָּרוּךְ הוּא רוֹצֶה לַעֲשׂוֹת בְּעוֹלָמוֹ יַעֲשֶׂה. כֵּיוָן שֶׁמֵּת אַבְרָהָם אָבִינוּ גִּלָּה הַקָּדוֹשׁ בָּרוּךְ הוּא עַל יִצְחָק וּבֵרְכוֹ, הָדָא הוּא דִכְתִיב (בראשית כה, יא) "וַיְהִי אַחֲרֵי מוֹת אַבְרָהָם וַיְבָרֶךְ אֱלֹהִים אֶת יִצְחָק בְּנוֹ":

ז [כה, ו] "וְלִבְנֵי הַפִּלַגְשִׁים וְגוֹ'". [יד] בִּימֵי אֲלֶכְּסַנְדְּרוֹס מוֹקְדָן בָּאוּ בְּנֵי יִשְׁמָעֵאל לְעוֹרֵר עַל יִשְׂרָאֵל עַל הַבְּכוֹרָה וּבָאוּ עִמָּהֶם שְׁתֵּי מִשְׁפָּחוֹת רָעוֹת, כְּנַעֲנִים וּמִצְרִים. אָמְרוּ: מִי הוֹלֵךְ וְדָן עִמָּהֶם. אָמַר גְּבִיעָה בֶּן קוֹסֵם: אֲנִי הוֹלֵךְ וְדָן עִמָּהֶם. אָמְרוּ לוֹ: הִזָּהֵר שֶׁלֹּא תַּחְלִיט לָהֶם אֶת הָאָרֶץ. אָמַר: אֲנִי הוֹלֵךְ וְדָן עִמָּהֶם,

רש"י

(ו) **אם אברך אני את יצחק בני.** עכשיו ישמעאל ובני קטורה בכלל שאף הם יבקשו ממני שאברכם היאך אני יכול לברך אחד ולהניח אותם חזר ואמר אני בשר ודם היום כאן ומחר בקבר כבר אנא עבד דידי כלומר כבר הולדתים מה שהקדוש ברוך הוא רוצה לעשות בעולם יעשה: (ז) **גביעא בן קיסם.** חכם היה והיה בעל חטוטרות ובתלמוד שלנו גביהא בן קיסם לפי שהיה גבוה מאחריו כמו גבן ובתלמוד ירושלמי בחטרתו במגבעתיה. ודבשת גמלים תרגומו חטרת גמלין: **הזהר שלא תחליט להן את ארץ ישראל.** מחמת שאין אתה יודע להשיב להם תשובה:

עץ יוסף

כמ"ש והיה ברכה. אי נמי הכח שהיה לו לאברהם לברך לכל העולם כמ"ש ז"ל והיה ברכה הברכות מסורות בידך מסר אותו ליצחק (יפ"ת): **קבורה.** במערת המכפלה המיוחד לו לקבורה כדי שלא יחד ישמעאל אתו בקבורה: **ודייתיקי.** שטר מתנה על כל נכסיו. ואע"ג דשלח בני הפילגשים מעל יצחק בנו. ס"ל לרבנן דעבד הכי שמא יבאו עליו. ומ"מ שלחם מעליו כדי להרחיקו ממחלוקת על לד היותר טוב (יפ"ת): **לא ברכות כו' משל כו'.** כלו' מטעם משל הנ"ל לא נתן לו אלא מתנות היינו בכורה או קבורה או דייתיקי. אבל לא ברכות מפני ישמעאל ובני קטורה כדמסיק: **אמר אותו אריס כו'.** באשר הפרדס אינו מסור לי כי אם לפי שעה. לא עלי המלאכה לגמור. ואשלים אריסותי בשנה זו בשאר אילנות ואח"כ יראה בעל הפרדס בעצמו כדת מה לעשות. וכן אמר אברהם לא עלי המלאכה לגמור לעשות בברכה פירוד בין הדביקים בין יצחק ואחיו. אלא הקב"ה שמקור הברכות הוא שלו מה שהוא רוצה לעשות בעולמו יעשה כחפצו ורצונו לברך את מי שיהיה נבחר בעיניו (נזה"ק): **עכשיו ישמעאל כו'.** שגם המה יבקשו ממנו ברכה כדאי' בהדיא במד"ר פ' י"א. ואם יאמר להם שהם אינם ראוים לברכה כמו יצחק. יהיה קנאה יתירה בין הבנים כדאי' בתרגום יונתן להדיא. ועיין עוד מ"ש בבמד"ר פ' י"א: **ובני קטורה בכלל.** שגם הם יבקשו שיברכם. ובבמד"ר פרשה הנ"ל לא נקט אלא ישמעאל. בהיות לו תלונה ביותר שהוא הבכור וראשית אונו של אברהם. אבל באמת גם בני קטורה יבקשו שיברכם בהיותם עכ"פ דומים לו ליצחק שגם יצחק פשוט (נזה"ק): (ז) [ו] **על הבכורה.** ליטול פי שנים בא"י שהקב"ה אמר לאברהם לזרעך נתתי את הארץ וישמעאל בכורו: **בן קוסם.** בחלק אי' בן פסיסא: **שלא תחליט כו'.** כי אף שלא ימצא תשובה כנגדם לא יודה להם בחלק הארץ. אבל יאמר עוד יש לי טענות. או יבקש זמן להשיב כדי שיהיה מקום לחכמי ישראל להשיב על תוכחתם:

חידושי הרד"ל

(יז) **חזר ואמר אנא אריס כו'.** בתנחומא לך לך מסיים אניח אותם עד שיבא בעל הפרדס. ונ"ל לענין המשל בשב ואל תעשה עדיף ליה ולכן עשה כן. ולא חשש שאם אינו משקה האיך של סם חיים מתקיים כמו שאמר תחלה:

פירוש מהרז"ו

וברכה הכל ענין א' והיה תחילה הכל ביד שם והוא מסר לאברהם ואברהם ליצחק וכו' וכ"ה במ"ר פ"ד סי' ח' ועמש"ש וע"ל פמ"ג סי' ו' כהונה גדולה מסר לו: **קבורה.** כמ"ש ברא שית ל"ה שיצחק לבדו נקבר במערה. הרי שנתן לו והוא ליעקב: **ודייתיקי.** ע"ל פנ"ט סימן י"א ע"פ וכל טוב וגו' שנתן לו דייתיקי והעבד אמר להם ויתן לו את כל אשר לו ופירש"י בחומש שטר מתנה הראה להם. וא"כ מ"ש כאן ויתן כל אשר לו ליצחק אין מקומו כאן אלא כבר נתן קודם שנשא את קטורה. וכן כל הדברים שחושב כאן היה הכל אז ע"פ מדה ל"ב. ומוסב הכל על מ"ש בעודנו חי שדרשו לעיל סי' ד' על אותו הזמן עמש"ש: **משל כו'.** מדרש תהלים מז' א' במ"ר פר' י"א ס"ס ב' תנחומא לך לך סי' ד' וברים ברכה: (ז) **בימי אלכסנדרוס.** סנהדרין צ"א באופן אחר:

מסורת המדרש

יג תנחומא סדר לך לך סימן ד'. וסדר וזאת הברכה סי' א'. פסיקתא דר"כ פסקא ל"א. במדבר רבה פרשה י"א:

יד סנהדרין דף צ"א. מגילת תענית פרק ג'. ילקוט כאן רמז ק"י:

אם למקרא

וַיְהִי אַחֲרֵי מוֹת אַבְרָהָם וַיְבָרֶךְ אֱלֹהִים אֶת־יִצְחָק בְּנוֹ וַיֵּשֶׁב יִצְחָק עִם־בְּאֵר לַחַי רֹאִי: (בראשית כה:יא)

מתנות כהונה

קבורה. שהוא יקבר במערת המכפלה ולא ישמעאל: **דאיתיקי.** שטר מתנה על כל אשר לו: **אלא מתנות.** אבל לא ברכות משל כו'. ובשוחר טוב גורס בהדיא ולמה לא ברכו משל כו': **אנא אריס כו'.** כלומר אין אני בתוכו אלא אריס אשלים אני מלאכת אריסות בשנה זו ושוב מה שהנאה וטוב בעיני בעל הפרדס לעשות יעשה אח"כ ועי' כל זה במ"ר פרשה י"א: ה"ג **עכשיו ישמעאל כו'.** ופירש רש"י שגם המה יבקשו ממני שאברכם היאך אני יכול לברך אחד ולהניח אחד: **חזר ואמר כו'.** עכ"ל: [ובפי' רש"י בחומש גרס לפי שצפה את עשו יוצא ממנו. במדרש שוחר טוב גרס כמו כאן ובבמדבר רבה גרס ישמעאל מבקש להתברך והיא ממש כפירוש רש"י]: **היאך אני מברך את יצחק.** כלומר היאך אברכנו בכל הברכות כרצוני אם תחלה אברך קצתם לישמעאל ובני קטורה: **כבר עבידית כו'.** כבר עשיתי מה שעלי לעשות ופי' רש"י שכבר הולדתים: (ז) **גביעה בן קוסם.** חכם גדול בישראל היה ובעל חטוטרות היה כפירוש רש"י בפרק חלק ומצאתי בספר יוחסין שמחמת זקנה נתעקם מגבו: **שלא תחליט כו'.** כלומר שלא ינצחוך וישאר

אשד הנחלים

הזמניות להיותן ראשי אומות: [ו] **ויתן גו' בכורה כו' קבורה ודאתיקי כו'.** יש להבין מהו ענין פלוגתתם. ומה הסבירו לנו במשל. איך שייך בברכה שחפץ לברך את יצחק שיתברך גם ישמעאל עמו. גם יש לחקור. הלא המקבל הברכה צריך להיות כדאי לכך. ומה יועיל לישמעאל אחרי שאינו כדאי. וזה המחקר דשו בו רבי'. הבעה"ק והאברבנל והרלב"ג ויתר המפרשי' איש איש כדרכו. גם יקשה מאוד אם הי' זה ברכה. מפ"מ אינו מפורש בו שברכו רק לשון נתינה מה שלא מצאנו בכל האבות ושארי צדיקים כל אחד לבניו אשר ע"כ נראה לי. דהכוונה בברכה שמסר ליצחק בסתרי סודות אלקית. אשר בהם ובידיעתם ובכוונתם יוכל להוריק שפע ברכה מלמעלה. כמו שנתן לישמעאל שם טומאה שהוא היפך הקדושה שיפעול ע"י מה שהוא לטובתו המדומה כמאמרם. והנה עשה אברהם זאת בכוונה ולא ברכו לבד כי אלולי הי' ברכו כלומר שיעמוד זכות אברהם שיהיה מתברך עי"ז. א"כ יהי נכלל גם ישמעאל אתו כי גם זכותו עומד לו והי' מקום למדת הדין לקטרג לומר מה נשתנה זה מזה. ולכן הניח הדבר בסתם רק שלמד ליצחק אופני הדברים שבהם יתברך. וענין הבכורה הוא כפי הידוע שארץ הקדושה שייך רק להבכורים שהם קדושים והארץ קדושה ועי"ז יתקדשו בקדושת הנפש ואין להאריך בזה. כי זה מבואר

אם אַנְצֵחַ אוֹתָם הֲרֵי מוּטָב, וְאִם לָאו אַתֶּם אוֹמְרִים: מָה הַגָּרוּעַ הַזֶּה שֶׁיְעִיר עָלֵינוּ – Thus, **if I defeat them, then fine, and if not, you can** simply **say, 'Who is this inferior** person **who is undermining us?'** "[106] הָלַךְ וְדָן עִמָּהֶם – **He went and contended with them.**[107] אָמַר לָהֶם אֲלֶכְּסַנְדְּרוֹס מוֹקְדָן: מִי תוֹבֵעַ מִיַּד מִי – **Alexander the Macedonian said to them, "Who is claiming from whom?"**[108] אָמְרוּ יִשְׁמְעֵאלִים: אָנוּ תוֹבְעִים מִיָּדָן – **The Ishmaelites said,** "It is **we** who **are claiming from [the Jews],**[109] וּמִתּוֹרָתָן אָנוּ בָּאִים עֲלֵיהֶם – **and** it is **from** what is written in **their** own **Torah that we are coming** to make our claim **against them.** כְּתִיב "כִּי אֶת הַבְּכֹר בֶּן הַשְּׂנוּאָה יַכִּיר וגו'", וְיִשְׁמָעֵאל בְּדִין שֶׁיִּטּוֹל פִּי שְׁנַיִם – For **it is written,** ***Rather, he must recognize the firstborn, the son of the hated one,*** *to give him the double portion in all that is found with him* (*Deuteronomy* 21:17), **and** as such **it is Ishmael,** as Abraham's firstborn, **who should legally** be entitled to **take a double portion** in the Land of Israel!"[110] אָמַר לוֹ גְּבִיעָה בֶּן קוֹסֵם: אֲדוֹנִי הַמֶּלֶךְ – **[Gebiah ben Koseim] said to [Alexander], "My master, the king!** אֵין אָדָם עוֹשֶׂה מַה שֶּׁהוּא רוֹצֶה לְבָנָיו – **Does a person not do what he wants with** regard to **his children?"** אָמַר לוֹ: הֵין – **[Alexander] said to him, "Yes."** וְאָמַר לוֹ: וְהַכְּתִיב "וַיִּתֵּן אַבְרָהָם אֶת כָּל אֲשֶׁר לוֹ לְיִצְחָק" – **So he said to [Alexander], "Behold it is written:** ***Abraham gave all that he had to Isaac"*** (v. 5)![111] אָמְרוּ לוֹ: וְהֵיכָן שְׁטַר שִׁילּוּחַ שֶׁחִילֵּק בֵּין בָּנָיו – **[The children of Ishmael]** then **said to [Gebiah ben Koseim], "But where is the written contract** that states that Abraham **sent away** all of the rest of his children, which would prove **that he distinguished between his children** and gave the Land exclusively to Isaac?"[112] אָמַר לָהֶם כְּתִיב: "וְלִבְנֵי הַפִּילַגְשִׁים אֲשֶׁר לְאַבְרָהָם נָתַן אַבְרָהָם מַתָּנוֹת" – **[Gebiah ben Koseim] said to them,** "Indeed **it is written** clearly: ***But to the children of the concubines, who were Abraham's, Abraham gave gifts;*** *then he sent them away from Isaac his son*!"[113] וְנִסְתַּלְּקוּ מִשָּׁם בְּבוּשֶׁת פָּנִים – Upon realizing that they had been bested in their debate, **[the children of Ishmael] departed from there with embarrassed faces.**

It was then the turn of the Canaanites to present their claim against the Jews:

אָמְרוּ כְּנַעֲנִים: מִתּוֹרָתָן אָנוּ בָּאִים עֲלֵיהֶם – **The Canaanites said,** "It is **from** that which it states in **[the Jews']** own **Torah that we are coming** to contest **against them.** בְּכָל מָקוֹם כְּתִיב "אַרְצָה כְּנַעַן" "אֶרֶץ כְּנַעַן", יִתְּנוּ לָנוּ אֶת אַרְצֵנוּ – For it is **written throughout**[114] the Torah, ***To the land of Canaan*** (11:31 above, et al.), and ***the land of Canaan*** (17:8 above, et al.). So **they should give us** back **our land!"** אָמַר לוֹ גְּבִיעָה בֶּן קוֹסֵם: אֲדוֹנִי הַמֶּלֶךְ – **Gebiah ben Koseim** then **said to [Alexander], "My master, the king!** אֵין אָדָם עוֹשֶׂה לְעַבְדּוֹ מַה שֶּׁהוּא רוֹצֶה – **Does not a man do what he wants with** regard to **his own servant?"**[115] אָמַר לוֹ: הֵין – **[Alexander] said to him, "Yes."** אָמַר: מַה כְּתִיב "אָרוּר כְּנָעַן עֶבֶד עֲבָדִים וגו'" – **[Gebiah ben Koseim] said,** "Well, then, let us see **what it written,**[116] ***Cursed is Canaan; a slave shall he be to his brothers*** (above, 9:25).[117] הֲרֵי הָאָרֶץ שֶׁלָּנוּ וְהֵם עֲבָדִים לַאדוֹנִי הַמֶּלֶךְ – **Thus, the land** of Israel **is** really **ours,**[118] **and [the Canaanites] are** merely **slaves to my master the king!"**[119] וְנִסְתַּלְּקוּ מִשָּׁם בְּבוּשֶׁת פָּנִים – Upon realizing that they had been bested in their debate, the Canaanites **departed from there with embarrassed faces.**

Then it was the turn of the Egyptians to present *their* claim against the Jews:

אָמְרוּ מִצְרִים: מִתּוֹרָתָן אָנוּ בָּאִים עֲלֵיהֶם – **The Egyptians said,** "It is **from** that which it states in **[the Jews']** own **Torah that we are coming** to contest **against them:** שִׁשִּׁים רִבּוֹא יָצְאוּ מֵאֶצְלֵנוּ טְעוּנִים כְּלֵי כֶסֶף וּכְלֵי זָהָב דִּכְתִיב "וַיְנַצְּלוּ אֶת מִצְרָיִם" – **Six hundred thousand** Israelites **departed from us carrying silver utensils and gold utensils, as it is written,** ***so they emptied Egypt*** (*Exodus* 12:36). יִתְּנוּ לָנוּ אֶת כַּסְפֵּנוּ וְאֶת זְהָבֵינוּ – **They should give us** back **our silver and gold!"** אָמַר לוֹ גְּבִיעָה בֶּן קוֹסֵם: אֲדוֹנִי הַמֶּלֶךְ – **[Gebiah ben Koseim] said to [Alexander], "My master, the king!** שִׁשִּׁים רִיבּוֹא בְּנֵי אָדָם עָשׂוּ אֶצְלָם רד"ו שָׁנִים – **Six hundred thousand people performed** work **for them** for **two hundred and ten years.**[120] מֵהֶם כַּסָּפִים – **Among them** there were **silversmiths**

NOTES

106. He has no authority to concede the land, for he was never appointed as our representative (ibid.).

107. Upon the consent of the Sages (Gemara ibid.).

108. I.e., who is the plaintiff? For it is the plaintiff who must present his argument first.

109. Lit., *from their hand.*

110. Although it is this same Torah that states numerous times that the Land of Israel was given by God exclusively to the Jewish people, i.e., the descendants of Isaac (see e.g., *Exodus* 6:4, *Leviticus* 25:38), the Ishmaelites countered that God's gift was conditional upon the Jewish people's observing the Torah, as the Torah in fact states many times (e.g., in *Leviticus* 20:22). Since over the course of time the Jews *did* sin — indeed, at the current time, in the Greek era, they were being punished for their sins by being subject to Greek dominion — their only claim to the Land was that they inherited it from their forefather Abraham. The Ishmaelites therefore argued that they too had [at least] an equal claim, for they too were descendants of Abraham (*Maharsha* to *Sanhedrin* ibid.; see *Eitz Yosef*). [*Maharsha* is commenting on the Gemara's version of this story; according to our Midrash, the Ishmaelites laid claim to a portion *twice* the size of what Israel's would be.]

111. Thereby stripping Ishmael of any rights to the Land of Israel.

Although legally, a father cannot deny a firstborn his rights to a double portion of his estate upon his death [and he certainly cannot deny him his rights to a *single* portion], that is only if he stipulates that his firstborn should not *inherit* him. However, if he stipulates that a different son should be *gifted* his estate upon his death, the stipulation is valid, and the firstborn, as well as the rest of the sons, inherit nothing (see Mishnah *Bava Basra* 8:5). All the more so is the gift valid in this case, where Abraham gifted his estate to Isaac even before he died (*Eitz Yosef*).

112. For without such a contract, we would argue that Isaac was not given Abraham's estate to *keep*, but rather to be its custodian (ibid., from *Yefeh To'ar*).

113. Indicating that Abraham's transfer of his estate to Isaac was meant as a permanent gift. [The verse cited here serves to counter the claims of Keturah's descendants as well as of Ishmael's. See above, note 100.]

114. Lit., *in every place.*

115. Including taking all that his slave acquires (see *Sanhedrin* 91a).

116. In this very same Torah on which they claim to base their argument.

117. That is, to the brothers of his father Ham (Shem and Japheth). See above, 36 §7, cited by *Rashi* ad loc.

118. Since the Canaanites are our slaves.

119. For since the Canaanites were decreed to be slaves to Shem and Japheth, it emerges that they are also slaves to Alexander the Macedonian, because he was a descendent of Japheth. (As stated above, 10:2, Yavan was a son of Japheth; and the Midrash above, 37 §1, identifies Yavan with Macedonia; see *Eitz Yosef* there.)

Gebiah ben Koseim made this statement to Alexander out of humility [for in fact the Canaanites were subservient not only to Alexander but to *all* the descendants of Japheth, and to the descendants of Shem as well, including the Jews] (*Eitz Yosef*).

The Gemara (*Sanhedrin* 91a) adds that in addition to Gebiah ben Koseim's present rebuttal, he also demanded of the Canaanites compensation for all the years of servitude that they failed to work for the Jewish people.

120. Which were the number of years the Israelites sojourned in Egypt. The *gematria* of רד"ו is 210 (200+4+6).

אִם אֲנַצֵּחַ אוֹתָם הֲרֵי מוּטָּב, וְאִם לָאו אַתֶּם אוֹמְרִים: מָה הַגָּרוּעַ הַזֶּה שֶׁיָּעִיר עָלֵינוּ. הָלַךְ וְדָן עִמָּהֶם, אָמַר לָהֶם אֲלֶכְּסַנְדְּרוֹס מוֹקְדָן: מִי תּוֹבֵעַ מִיַּד מִי, אָמְרוּ יִשְׁמְעֵאלִים: אָנוּ תּוֹבְעִים מִיָּדָן, וּמִתּוֹרָתָן אָנוּ בָּאִים עֲלֵיהֶם. כְּתִיב (דברים כא, יז) "כִּי אֶת הַבְּכֹר בֶּן הַשְּׂנוּאָה יַכִּיר וְגוֹ׳ ", וְיִשְׁמָעֵאל בְּדִין שֶׁיִּטּוֹל פִּי שְׁנַיִם. אָמַר לוֹ גְּבִיעָה בֶּן קוֹסֵם: אֲדֹנִי הַמֶּלֶךְ, אֵין אָדָם עוֹשֶׂה מַה שֶּׁהוּא רוֹצֶה לְבָנָיו. אָמַר לוֹ: הֵין. וְאָמַר לוֹ: וְהָכְתִיב "וַיִּתֵּן אַבְרָהָם אֶת כָּל אֲשֶׁר לוֹ לְיִצְחָק". אָמְרוּ לוֹ: וְהֵיכָן שְׁטַר שִׁילּוּחַ שֶׁחִילֵּק בֵּין בָּנָיו. אָמַר לָהֶם כְּתִיב: "וְלִבְנֵי הַפִּילַגְשִׁים אֲשֶׁר לְאַבְרָהָם נָתַן אַבְרָהָם מַתָּנוֹת", וְנִסְתַּלְּקוּ מִשָּׁם בְּבוֹשֶׁת פָּנִים. אָמְרוּ כְּנַעֲנִיִּים: מִתּוֹרָתָן אָנוּ בָּאִים עֲלֵיהֶם. בְּכָל מָקוֹם כְּתִיב "אַרְצָה כְּנַעַן", "אֶרֶץ כְּנַעַן", יִתְּנוּ לָנוּ אֶת אַרְצֵנוּ. אָמַר לוֹ גְּבִיעָה בֶּן קוֹסֵם: אֲדוֹנִי הַמֶּלֶךְ, אֵין אָדָם עוֹשֶׂה לְעַבְדּוֹ מַה שֶּׁהוּא רוֹצֶה. אָמַר לוֹ: הֵין. אָמַר: מַה כְּתִיב (בראשית ט, כה) "אָרוּר כְּנָעַן עֶבֶד עֲבָדִים וְגוֹ׳ ". הֲרֵי הָאָרֶץ שֶׁלָּנוּ וְהֵם עֲבָדִים לַאדוֹנִי הַמֶּלֶךְ, וְנִסְתַּלְּקוּ מִשָּׁם בְּבוֹשֶׁת פָּנִים. אָמְרוּ מִצְרִים: מִתּוֹרָתָן אָנוּ בָּאִים עֲלֵיהֶם. שִׁשִּׁים רִבּוֹא יָצְאוּ מֵאֶצְלֵנוּ טְעוּנִים כְּלֵי כֶסֶף וּכְלֵי זָהָב דִּכְתִיב (שמות יב, לו) "וַיְנַצְּלוּ אֶת מִצְרָיִם", יִתְּנוּ לָנוּ אֶת כַּסְפֵּנוּ וְאֶת זְהָבֵנוּ. אָמַר לוֹ גְּבִיעָה בֶּן קוֹסֵם: אֲדוֹנִי הַמֶּלֶךְ שִׁשִּׁים רִיבּוֹא בְּנֵי אָדָם עָשׂוּ אֶצְלָם רד״ו שָׁנִים, מֵהֶם כַּסָּפִים וּמֵהֶם זֶהָבִים שֶׁנּוֹטְלִים בִּשְׂכָרָן דִּינָר לַיּוֹם, יָשְׁבוּ פִילוֹסוֹפִים וְחִשְּׁבוּ וְלֹא הִגִּיעוּ לְמֵאָה שָׁנָה עַד שֶׁנִּמְצֵאת אֶרֶץ מִצְרַיִם לְטִימְיוֹן, וְנִסְתַּלְּקוּ מִשָּׁם בְּבוֹשֶׁת פָּנִים. בִּקֵּשׁ לַעֲלוֹת לִירוּשָׁלַיִם, אֲזַלוּן כּוּתָאֵי וְאָמְרוּ לֵיהּ הִזָּהֵר שֶׁאֵינָן מַנִּיחִין אוֹתְךָ לְהִיכָּנֵס לְבֵית קֹדֶשׁ הַקֳּדָשִׁים שֶׁלָּהֶם. וְכֵיוָן שֶׁהִרְגִּישׁ גְּבִיעָה בֶּן קוֹסֵם, הָלַךְ וְעָשָׂה לוֹ שְׁתֵּי אַנְפִּלָאוֹת וְנָתַן בָּהֶם שְׁתֵּי אֲבָנִים טוֹבוֹת שָׁווֹת שְׁתֵּי רִבֹּאוֹת שֶׁל כֶּסֶף וְכֵיוָן שֶׁהִגִּיעַ לְהַר הַבַּיִת אָמַר לוֹ: אֲדוֹנִי הַמֶּלֶךְ, שְׁלוֹף מִנְעָלֶךָ וּנְעוֹל לָךְ שְׁתֵּי אַנְפִּלָאוֹת שֶׁהָרִצְפָּה חֲלָקָה שֶׁלֹּא תַּחְלִיק רַגְלֶיךָ. וְכֵיוָן שֶׁהִגִּיעַ לְבֵית קֹדֶשׁ הַקֳּדָשִׁים אָמְרוּ לוֹ: עַד כָּאן יֵשׁ לָנוּ רְשׁוּת לִיכָּנֵס מִכָּאן וָאֵילָךְ אֵין לָנוּ רְשׁוּת לִיכָּנֵס. אָמַר לוֹ: לִכְשֶׁאֵצֵא אֲנִי מַשְׁוֶה לְךָ פַּדַּחְתְּךָ [נ״א גְּבִיעָתְךָ].

שלוף מנעליך. שאסור לכנס להר הבית במנעלו. ובאנפילאות מותר. ולפיים אותו באנפילאות

רש״י

מה בן גביעה זה. שיעיד עלינו. שידון עלינו: **אדוני המלך אין אדם עושה מה שהוא רוצה בין בניו.** א״ל הין. והא כתיב ויתן אברהם את כל אשר לו ליצחק א״ל והיכן הוא שילוח שחלק בין בניו א״ל ולבני הפלגשים אשר לאברהם נתן אברהם מתנות: **מהם כספים מהם זהבים.** שנותנין בשכרן דינר ליום: **ונתן בהם ב׳ אבנים טובות שוות ב׳ רבבות כסף.** שהיה ירא לומר לו שלוף נעלך ולא תכנס במנעליך שאם היה אומר לו כן היה מטיל עליהם ואומר לא הניחו לי ליכנס כמו שהלשינו כותיים: **כיון שהגיע להר הבית אמרו לו שלוף מנעליך.** שהר הבית חלקה שלא תחליק את רגליך ונעול ב׳ אנפלאות הללו: **כיון שהגיע לבית קדשי הקדשים א״ל ע״כ יש לנו רשות ליכנס מכאן ואילך אין לנו רשות ליכנס א״ל לכשאצא אני משוה גבעתך.** גבהותך שכעס עליו. התחיל גביעא בן קיסם מחליקן בדברים.

פירוש מהרז״ו

אם אנצח אותם כו׳. שהשיב להם שאין פחד מזה. כי הוא הולך ודן עמהם. כלו׳ שלא ידין עמהם בתורת שליחות כל ישראל אלא כאילו מעצמו נכנס בתוך זה. ולזה אם לא יכלא עדיין יש להם לומר ומה הגרוע הזה שידון עבורינו כי אינו שלוחנו ואין ממש בטענותיו והודאותיו (יפ״ת): **שיעיר אלינו.** כלו׳ מתעורר עלינו בעדנו להשיב. ע״ד מתעורר להחזיק בך. ורש״י גרס שיעור פי׳ שידון: **שיטול פי שנים.** דאע״ג דפירוש כתוב בתורה דארץ כנען נתנה לבני ישראל כמה זימני. הם אמרו שכל זה על התנאי אם תזכו בזכות קיום התורה והמצות כמו שנזכר כמה פעמים בתורה. אבל אחר שחטאתם ואין אתם באים להאחז בארץ אלא ע״י הירושה לאב הראשון אברהם גם אנו בני ישמעאל יש לנו זכות בה (רש״א): **אין אדם עושה כו׳.** דאע״ג דאם משוה הבכור לפשוט אין ממש בדבריו. ה״מ בלשון ירושה. אבל בלשון מתנה מהני כדתנן בית נוחלין. וכ״ש כשמסר המתנה בחייו שיעשה כרצונו: **היכן שטר שילוח.** פי׳ שיפרש בכתב שלא שאר הבנים מעליו. דאל״כ אף שנתן כל אשר לו ליצחק אפשר דרך פקדון היה ואין לבן חזקה בנכסי האב (יפ״ת): **והם עבדים כו׳.** דרך ענוה אמר כן: **יצאו מאצלנו כו׳.** ואע״ג שהקב״ה צוה להם שישאלו איש מאת רעהו ואשה מאת רעותה כלי כסף וכלי זהב. הם אמרו שהקב״ה צוה להם שישאלו אבל יחזירו שוב השאלה כדין כל שואל (רש״א): **רד״ו שנה.** כך הוא חשבון שני השעבוד ולפי שנרמז במה שאה״כ רדו ושברו לנו כמ״ש ז״ל נקט הכא רד״ו: **כספים כו׳ זהבים.** פי׳ אומנים עושי מלאכה של כסף וזהב שראוי שיהיו נוטלין בשכרן לפחות דינר ליום. וכן שאר אומניות. אלא מפני שאמרו כספנו וזהבנו הזכיר לשון כסף וזהב: **פילוסופים** חכמים: **לטמיון.** פי׳ לאוצר כלו׳ לאוצר שכר העבדות: **בקש לעלות אלכסנדרוס מוקדון.** ואיידי דמשתעי הכא מחכמת גביעה ב״ק בויכוח חכמתו נגד שונאינו נקט נמי האי עובדא. לומר שגם בזה חכמתו עמדה לו: **שלוף מנעליך כו׳.** משום דקי״ל דאסור ליכנס להר הבית במנעל. וכדאיתא בפרק הרואה. והוא נתירא לומר למלך שאין לו רשות ליכנס שמה במנעליו. לפיכך תיקן הדבר בחכמה לומר לו שלוף מנעליך לטובתך לפי שהרצפה חלקה שלא תחליק רגליך. אלא נעול לך שני אנפילאות. ונתן בהם שתי אבנים טובות להיות מתוקנים לו לפי כבודו: **עד כאן יש לנו רשות ליכנס.** בזה נמי התחכם שלא א״ל אין לך רשות ליכנס. אלא הוא תלה הדבר רק בנו דהיינו בישראל. כלו׳ אנו מוזהרים כך מפי הקב״ה שלא ליכנס שמה. ולכן א״א לנו ללכת עוד עמך מכאן והלאה. ומ״מ מזה ממילא יבין וישכיל מדרך מוסר שגם הוא לא יכנוס. והמלך בחכמתו הבין זה ולכך א״ל לכשאצא אני משוה לך פדחתך כלומר עקמנותך לפי שהיו חטוטרות עולה

מתנות כהונה

ארץ בידם לחלוטין מן הדין: **שיעיד עלינו** גרסינן והכי גרס רש״י ז״ל וגירסת הספר יש לקיים ולפרשו שיתקוטט בעדינו ויריב ריבנו כמא דאת אמר שילא עליו עוררין ואם תעירו ואם תעוררו: [**יכיר וגו׳** גרסינן]: **שטר שילוח כו׳.** כלומר שחלק גם כן לבני קטורה הרי הכל נתן ליצחק ולא שייר במתנתו כלום ואין המתנה מתנה והכי מוכח גירסת הילקוט דגרס והיכן הוא נותן לבני קטורה: **כספים זהבים.** אומנים עושי מלאכה של כסף וזהב: **פילוסופיא.** חכמים: **לטמיון.** פי׳ הערוך לאוצר כלומר לאוצר שכר העבדות: ביקש לעלות אלכסנדרוס מוקדון: **אזלן כו׳.** שלוף מנעלך שהיה מתיירא לומר לו שלא יכנוס שם יחף שמיד יאמר אמת אמרו הכותיים שלא יניחוני לילך: **גביעתך.** כמו גבהותך וה״ג בילקוט ובמגילת תענית פרק שלישי ועל שם כך נקרא גביהא על

חידושי הרד״ל

[[ז] (יח) **אנפליאות.** של בגד שאין בהם משום מנעל ומפני שאסור בנעילת הסנדל בהר הבית (אלא של״ע כיון שאיסור זה משום מורא מקדש הוא. ואין הכנענים מצווין ע״כ. א״כ לכאורה לא היו חייבין ישראל למנעו מזה):

(יט) **ע״ב יש לנו רשות ליכנס.** משמע שבהיכל היה לו רשות לכנוס. ובאמת אף שגביעה כהן היה וכדאי׳ במג״ת שם. מ״מ ביאה ריקנית להיכל בלא עבודה אסור. וצ״ע:

אם למקרא

כִּי אֶת־הַבְּכֹר בֶּן־הַשְּׂנוּאָה יַכִּיר לָתֶת לוֹ פִּי שְׁנַיִם בְּכֹל אֲשֶׁר־יִמָּצֵא לוֹ כִּי־הוּא רֵאשִׁית אֹנוֹ לוֹ מִשְׁפַּט הַבְּכֹרָה: (דברים כא:יז)

וַיֹּאמֶר אָרוּר כְּנָעַן עֶבֶד עֲבָדִים יִהְיֶה לְאֶחָיו: (בראשית ט:כה)

וַה׳ נָתַן אֶת־חֵן הָעָם בְּעֵינֵי מִצְרַיִם וַיַּשְׁאִלוּם וַיְנַצְּלוּ אֶת־מִצְרָיִם: (שמות יב:לו)

וּמֵהֶם זָהָבִים שֶׁנּוֹטְלִים בְּשִׂכְרָן דִּינָר לַיּוֹם — **and among them** there were **goldsmiths, who** deserve to **take** at least **a dinar per day!"**[121] Ⓐ יָשְׁבוּ פִילוֹסוֹפִים וְחִשְּׁבוּ — To determine the legitimacy of this rebuttal, **the philosophers**[122] **sat and calculated** the amount the Egyptians owed the Jews for their slavery, וְלֹא הִגִּיעוּ לְמֵאָה שָׁנָה עַד שֶׁנִּמְצֵאת אֶרֶץ מִצְרַיִם לְטִימְיוֹן — **and they did not** even **reach one hundred years** of slavery **before it was determined** that **the** entire **land of Egypt** should become **the warehouse** of the Jews.[123] וְנִסְתַּלְּקוּ מִשָּׁם בְּבוֹשֶׁת פָּנִים — Upon realizing that they had been bested in their debate, **[the Egyptians] departed from there with embarrassed faces.**

The Midrash now proceeds to recount an unrelated incident that further highlights Gebiah ben Koseim's wisdom:[124]

בִּקֵּשׁ לַעֲלוֹת לִירוּשָׁלַיִם — Once, Alexander the Macedonian **wanted to go up to Jerusalem.** אֲזַלוּן כּוּתָאֵי וְאָמְרוּ לֵיהּ הִזָּהֵר שֶׁאֵינָן מַנִּיחִין אוֹתְךָ לְהִיכָּנֵס לְבֵית קֹדֶשׁ הַקֳּדָשִׁים שֶׁלָּהֶם — Upon hearing of his plans, some **Cutheans went** to him **and said to him, "Take heed! For [the Jews] will not let you enter into their Holy of Holies!"** וְכֵיוָן שֶׁהִרְגִּישׁ גְּבִיעָה בֶּן קוֹסֵם, הָלַךְ וְעָשָׂה לוֹ שְׁתֵּי אַנְפִּלָאוֹת — **When Gebiah ben Koseim got wind** of the king's visit, **he went and made two socks** וְנָתַן בָּהֶם שְׁתֵּי אֲבָנִים טוֹבוֹת שָׁווֹת שְׁתֵּי רִבּאוֹת שֶׁל כֶּסֶף — **and placed two precious stones in them worth two myriads of silver,** וְכֵיוָן שֶׁהִגִּיעַ לְהַר הַבַּיִת אָמַר לוֹ: אֲדוֹנִי הַמֶּלֶךְ — **and when [Alexander] reached the Temple Mount, [Gebiah ben Koseim] said to him, "My master, the king!** שְׁלוֹף מִנְעָלֶךְ וּנְעוֹל לָךְ שְׁתֵּי אַנְפִּלָאוֹת שֶׁהָרִצְפָּה חֲלָקָה שֶׁלֹּא תַחְלִיק רַגְלֶיךָ — **Remove your shoes and wear** these **two socks because the floor is slippery, lest your feet slip."**[125] Ⓑ וְכֵיוָן שֶׁהִגִּיעַ לְבֵית קֹדֶשׁ הַקֳּדָשִׁים אָמְרוּ לוֹ: עַד כָּאן יֵשׁ לָנוּ רְשׁוּת לִיכָּנֵס מִכָּאן וְאֵילָךְ אֵין לָנוּ רְשׁוּת לִיכָּנֵס — **When they reached the Holy of Holies, [Gebiah ben Koseim] said to him, "Until here we have permission to enter, but from here on we do not have permission to enter."**[126] אָמַר לוֹ: לִכְשֶׁאֵצֵא אֲנִי מַשְׁוֶה לָךְ פַּדַּחְתֶּךָ [נ״א גְּבִיהָתֶךָ] — **[Alexander] said to him, "When I emerge** from the Holy of Holies **I shall straighten out your forehead**[127] **[another version: your high point]."**[128]

NOTES

121. The amount of money owed to the Israelites in compensation for their labor therefore more than offsets the amount of silver and gold they took from Egypt upon their departure, as calculated below. See Insight Ⓐ.

There were many craftsmen among the Israelites besides silversmiths and goldsmiths. Gebiah ben Koseim mentioned only these two because it was silver and gold utensils that the Egyptians mentioned in their demands (*Eitz Yosef*).

122. The wise people (*Matnos Kehunah*, citing *Aruch*; *Eitz Yosef*). [Philosophy and mathematics were regarded as related disciplines, as both are rooted in logic.]

123. That is: The whole country would have to become one huge warehouse in order to hold all the money that was owed the Israelites as compensation for their slavery (*Matnos Kehunah, Eitz Yosef*).

124. *Eitz Yosef.*

125. One is not allowed to enter the Temple wearing shoes (*Berachos* 54b). However, rather than risk offending the king by simply telling him to remove his shoes [for the king would take this as indicating, as the Cutheans had told him, that the Jews don't want him to enter the Temple altogether (*Rashi*)], Gebiah ben Koseim, in his wisdom, gave the king a practical reason why he should not wear them. In their place he gave him socks that were specially adorned with precious stones befitting a king (*Eitz Yosef*; see also *Maharzu*, who writes that the socks [and stones] were valuable, designed to appease Alexander in case he felt slighted by being told to remove his shoes). See next note; see also Insight Ⓑ.

126. [Only the Kohen Gadol is permitted to enter the Holy of Holies, and only on Yom Kippur.]

Here too, Gebiah ben Koseim's wisdom was apparent in that he did not tell Alexander outright that he may not enter the Holy of Holies; he mentioned only that *Jews* may not enter. However, he expected that Alexander would understand that he was really hinting to him that it would not be proper (from the perspective of ethics and proper etiquette) for him to proceed any further. Alexander indeed got the hint, and took offense (see further) (ibid.).

Alternatively: Gebiah ben Koseim indicated quite clearly to Alexander that he was not to enter the Holy of Holies, and he fully expected Alexander to take offense. For this reason he first gave him a gift designed to appease him for the upcoming affront to his honor: two precious stones. The whole "story" about the possibility of slipping in the Temple served merely as a pretext to give Alexander the socks containing the gift. And the gift worked, at least up to a point: Alexander did not immediately kill Gebiah ben Koseim for his impertinence (*Yefeh To'ar*). [According to this approach, it seems that Gebiah ben Koseim did not concern himself with the prohibition against wearing shoes in the Temple.]

127. I.e., your hump. Gebiah ben Koseim had a humped back; Alexander was saying that he would straighten it out. (The forehead protrudes from the head, and could thus allude to a hump, which protrudes from the body.) See further.

128. The word גְּבִיהָתֶךָ is to be understood as if written גְּבִיהָתֶךָ, *your high point* [as *ayin* and *hei* are interchangeable] (*Matnos Kehunah*). [According to this version, Alexander referred to Gebiah's hump more directly.]

Yefeh To'ar interprets Alexander's statement, "I shall straighten your hump," to mean simply that he intended to kill him.

Eitz Yosef, however, explains that Alexander latched onto Gebiah ben Koseim's crooked back to use it as a metaphor: a metaphor for his crooked and brazen character. Alexander thus told Gebiah ben Koseim that his character was in need of "straightening out" just as was his back, and that he (Alexander) intended to see that this occurs (*Eitz Yosef*).

INSIGHTS

Ⓐ **Payment for Their Services** One might question the justice of this argument. The Israelites were enslaved by and worked for primarily Pharaoh, the Egyptian king, as it states, *So they appointed taskmasters over [the Israelite people] in order to afflict it with their burdens; it built storage cities "for Pharaoh," Pithom and Raamses* (*Exodus* 1:11). The gold and silver that they took, however, was from the Egyptian *people.* Why should the Egyptian people be liable to pay the debt of their royal house? The simple answer, though, is that Pharaoh had long before, in Joseph's time, acquired the entire Egyptian people as his slaves, as stated below in 47:23. Thus, the Egyptian people and all that they owned belonged to their master, the Egyptian king, in keeping with the principle of law that what a slave owns his master owns. The possessions of the Egyptian people, then, were indeed encumbered by the debt of their master, and were justly taken by the Israelites in payment for the services they had rendered to Pharaoh (*Meshech Chochmah* on 47:23 below).

Ⓑ **Remove Your Shoes** Although one is not allowed to enter the Temple wearing shoes (for the Biblical source of this prohibition see *Berachos* 62b; *Chagigah* 4b, *Tos.* s.v. כי; *Rashi, Yevamos* 102b s.v. ואין צריך לומר; *Ramban, Rashba, Ritva, Rashash,* and *Aruch LaNer* to *Yevamos* ibid.), one is permitted to enter wearing socks, since a sock is not legally defined as a shoe. *R' Yitzchok Yaakov Weiss* (*Teshuvos Minchas Yitzchak* Vol. 3, 19:4) explains that the legal definition of "shoes" regarding the prohibition of entering the Temple is synonymous with the legal definition of "shoes" regarding *chalitzah.* Anything worn on the foot but not defined as a shoe in regard to *chalitzah* may be worn in the Temple (see *Shabbos* 66b and *Minchas Chinuch* 19:4). Now, *chalitzah* performed with a sock is invalid (Mishnah, *Yevamos* 12:1) [because the Torah's definition of a shoe is footwear that protects the foot from the elements (*Rashi, Yevamos* 101a s.v. פסולה)]. Since socks are not legally defined as shoes in regard to *chalitzah,* they may be worn in the Temple. [See also *Yevamos* 102b s.v. באנפליא and *Rashi* there s.v. ואין צריך לומר.]

אם אנצח אותם כו'. שהשיב להם שאין פחד מזה. כי הוא הולך ודן עמהם. כלו' שלא ידין עמהם בתורת שליחות כל ישראל אלא כאילו מעצמו נכנס בתוך זה. ולזה אם לא ינצח עדיין יש להם לומר ומה הגרוע הזה שידון עבורינו כי אינו שלוחנו ואין ממש בטענותיו והודאותיו (יפ"ת): **שיעיר אלינו.** כלו' מתעורר עלינו בעדנו להשיב. ע"ד מתעורר להחזיק בך. ורש"י גרס שיעור פי' שידון: **שיטול פי שנים.** דאע"ג דבפירוש כתוב בתורה דארץ כנען נתנה לבני ישראל כמה זימני. הם אמרו שכל זה על התנאי אם תזכו בזכות קיום התורה והמצות כמו שנזכר כמה פעמים בתורה. אבל אחר שחטאתם ואין אתם באים להאחז בארץ אלא ע"י הירושה לאב הראשון אברהם גם אנו בני ישמעאל יש לנו זכות בה (רש"א): **אין אדם עושה כו'.** דאע"ג דאם משוה הבכור לפשוט אין ממש בדבריו. ה"מ בלשון ירושה. אבל בלשון מתנה מהני כדתנן ביש נוחלין. וכ"ש כשמסר המתנה בחייו שיעשה כרצונו: **היכן שטר שילוח.** פי' שיפרש בכתב ששלח שאר הבנים מעליו. דאל"כ אף שנתן כל אשר לו ליצחק אפשר דרך פקדון היה ואין לבן חזקה בנכסי האב (יפ"ת): **והם עבדים כו'.** דרך ענוה אמר כן: **יצאו מאצלנו כו'.** ואע"ג שהקב"ה צוה להם שישאלו איש מאת רעהו ואשה מאת רעותה כלי כסף וכלי זהב. הם אמרו שהקב"ה צוה להם שישאלו אבל יחזירו שוב השאלה כדין כל שואל (רש"א): **רד"ו שנה.** כך הוא חשבון שני השעבוד ולפי שנרמז במה שאה"כ רדו ושברו לנו כמ"ש ז"ל נקט הכא רד"ו: **בספים כו' זהבים.** פי' אומנים עושי מלאכה של כסף וזהב שראוי שיהיו נוטלין בשכרן לפחות דינר ליום. וכן שאר אומניות. אלא מפני שאמרו כספנו וזהבנו הזכיר לשון כסף וזהב: **פילוסופים** חכמים: **לטמיון.** פי' לאוצר כלו' לאוצר שכר העבדות: **בקש לעלות אלכסנדרוס מוקדון.** ואיידי דמשתעי הכא מחכמת גביעה ב"ק בויכוח חכמתו נגד שונאינו נקט נמי האי עובדא. לומר שגם בזה חכמתו עמדה לו: **שלוף מנעליך כו'.** משום דקי"ל דאסור ליכנס להר הבית במנעל. וכדאיתא בפרק הרואה. והוא נתירא לומר למלך שאין לו רשות ליכנס שמה במנעליו. לפיכך תיקן הדבר בחכמה לומר לו שלוף מנעליך לטובתך לפי שהרצפה חלקה שלא תחליק רגליך. אלא נטול לך שני אנפילאות. ונתן בהם שתי אבנים טובות להיות מתוקנים לו לפי כבודו: **עד כאן יש לנו רשות ליכנס.** בזה נמי התחכם שלא א"ל אין לך רשות ליכנס. אלא הוא תלה הדבר רק בנו דהיינו בישראל. כלו' אנו מוזהרים כך מפי הקב"ה שלא ליכנס שמה. ולכן א"א לנו ללכת עוד עמך מכאן והלאה. ומ"מ מזה ממילא יבין וישכיל מדרך מוסר שגם הוא לא יכנוס. והמלך בחכמתו הבין זה ולכך א"ל לכשאצא אני משוה לך פדחתך כלומר עקמנותך לפי שהיו חטוטרות עולה

חידושי הרד"ל

[ז] (יח) **אנפליאות.** של בגד שאין בהם משום מנעל ומפני שאסור בנעילת הסנדל בהר הבית אלא שצ"ע כיון שאיסור זה משום מורא מקדש הוא. ואין הכנענים מצווין ע"כ. א"כ לכאורה לא היו חייבין ישראל למנעו מזה:

(יט) **ע"ב יש לנו רשות ליכנס.** משמע שבהיכל היה לו רשות לכנוס. ובאמת אף שגביעה כהן היה וכדאי' במג"ת שם. מ"מ ביאה ריקנית להיכל בלא עבודה אסור. וצ"ע:

אִם אֲנַצֵּחַ אוֹתָם הֲרֵי מוּטָב, וְאִם לָאו אַתֶּם אוֹמְרִים: מָה הַגָּרוּעַ הַזֶּה שֶׁיָּעִיר עָלֵינוּ. הָלַךְ וְדָן עִמָּהֶם, אָמַר לָהֶם אֲלַכְּסַנְדְּרוֹס מוֹקְדָן: מִי תּוֹבֵעַ מִיַּד מִי, אָמְרוּ יִשְׁמְעֵאלִים: אָנוּ תּוֹבְעִים מִיָּדָן, וּמִתּוֹרָתָן אָנוּ בָּאִים עֲלֵיהֶם. כְּתִיב (דברים כא, יז) **"כִּי אֶת הַבְּכֹר בֶּן הַשְּׂנוּאָה יַכִּיר וְגוֹ'", וְיִשְׁמָעֵאל בְּדִין שֶׁיִּטּוֹל פִּי שְׁנַיִם. אָמַר לוֹ גְּבִיעָה בֶּן קוֹסֵם: אֲדֹנִי הַמֶּלֶךְ, אֵין אָדָם עוֹשֶׂה מַה שֶּׁהוּא רוֹצֶה לְבָנָיו. אָמַר לוֹ: הֵין. וְאָמַר לוֹ: וְהָכְתִיב "וַיִּתֵּן אַבְרָהָם אֶת כָּל אֲשֶׁר לוֹ לְיִצְחָק". אָמְרוּ לוֹ: וְהֵיכָן שְׁטַר שִׁילוּחַ שֶׁחִילֵּק בֵּין בָּנָיו. אָמַר לָהֶם כְּתִיב: "וְלִבְנֵי הַפִּילַגְשִׁים אֲשֶׁר לְאַבְרָהָם נָתַן אַבְרָהָם מַתָּנוֹת", וְנִסְתַּלְּקוּ מִשָּׁם בְּבוֹשֶׁת פָּנִים. אָמְרוּ כְּנַעֲנִיִּים: מִתּוֹרָתָן אָנוּ בָּאִים עֲלֵיהֶם. בְּכָל מָקוֹם כְּתִיב "אַרְצָה כְּנַעַן", "אֶרֶץ כְּנַעַן", יִתְּנוּ לָנוּ אֶת אַרְצֵנוּ. אָמַר לוֹ גְּבִיעָה בֶּן קוֹסֵם: אֲדוֹנִי הַמֶּלֶךְ, אֵין אָדָם עוֹשֶׂה לְעַבְדּוֹ מַה שֶּׁהוּא רוֹצֶה. אָמַר לוֹ: הֵין. אָמַר: מַה כְּתִיב** (בראשית ט, כה) **"אָרוּר כְּנָעַן עֶבֶד עֲבָדִים וְגוֹ'". הֲרֵי הָאָרֶץ שֶׁלָּנוּ וְהֵם עֲבָדִים לַאדוֹנִי הַמֶּלֶךְ, וְנִסְתַּלְּקוּ מִשָּׁם בְּבוֹשֶׁת פָּנִים. אָמְרוּ מִצְרִים: מִתּוֹרָתָן אָנוּ בָּאִים עֲלֵיהֶם. שִׁשִּׁים רִבּוֹא יָצְאוּ מֵאֶצְלֵנוּ טְעוּנִים כְּלֵי כֶסֶף וּכְלֵי זָהָב דִּכְתִיב** (שמות יב, לו) **"וַיְנַצְּלוּ אֶת מִצְרָיִם", יִתְּנוּ לָנוּ אֶת כַּסְפֵּנוּ וְאֶת זְהָבֵנוּ. אָמַר לוֹ גְּבִיעָה בֶּן קוֹסֵם: אֲדוֹנִי הַמֶּלֶךְ שִׁשִּׁים רִיבּוֹא בְּנֵי אָדָם עָשׂוּ אֶצְלָם רד"ו שָׁנִים, מֵהֶם כַּסָּפִים וּמֵהֶם זֶהָבִים שֶׁנּוֹטְלִים בִּשְׂכָרָן דִּינָר לַיּוֹם, יָשְׁבוּ פִּילוֹסוֹפִים וְחִשְּׁבוּ וְלֹא הִגִּיעוּ לְמֵאָה שָׁנָה עַד שֶׁנִּמְצֵאת אֶרֶץ מִצְרַיִם לְטִימְיוֹן, וְנִסְתַּלְּקוּ מִשָּׁם בְּבוֹשֶׁת פָּנִים. בִּקֵּשׁ לַעֲלוֹת לִירוּשָׁלַיִם, אֲזַלוּן כּוּתָאֵי וְאָמְרוּ לֵיהּ הִזָּהֵר שֶׁאֵינָן מַנִּיחִין אוֹתְךָ לְהִכָּנֵס לְבֵית קֹדֶשׁ הַקֳּדָשִׁים שֶׁלָּהֶם. וְכֵיוָן שֶׁהִרְגִּישׁ גְּבִיעָה בֶּן קוֹסֵם, הָלַךְ וְעָשָׂה לוֹ שְׁתֵּי אַנְפְּלָאוֹת וְנָתַן בָּהֶם שְׁתֵּי אֲבָנִים טוֹבוֹת שָׁווֹת שְׁתֵּי רִבְּאוֹת שֶׁל כֶּסֶף וְכֵיוָן שֶׁהִגִּיעַ לְהַר הַבַּיִת אָמַר לוֹ: אֲדוֹנִי הַמֶּלֶךְ, שְׁלוֹף מִנְעָלְךָ וּנְעוֹל לְךָ שְׁתֵּי אַנְפְּלָאוֹת שֶׁהָרִצְפָּה חֲלַקָּה שֶׁלֹּא תַּחְלִיק רַגְלֶיךָ. וְכֵיוָן שֶׁהִגִּיעַ לְבֵית קֹדֶשׁ הַקֳּדָשִׁים אָמְרוּ לוֹ: עַד כָּאן יֵשׁ לָנוּ רְשׁוּת לִיכָּנֵס מִכָּאן וְאֵילָךְ אֵין לָנוּ רְשׁוּת לִיכָּנֵס. אָמַר לוֹ: לִכְשֶׁאֵצֵא אֲנִי מַשְׁוֶה לְךָ פַּדַּחְתְּךָ** [נ"א **גְּבִיעָתְךָ**].

שלוף מנעליך. שאסור לכנס להר הבית במנעלו. ובאנפילאות מותר. ולפיים אותו באנפילאות

רש"י

מה בן גביעה זה. שיעיד עלינו. שידון עלינו: **אדוני המלך אין אדם עושה מה שהוא רוצה בין בניו.** א"ל הין. והא כתיב ויתן אברהם את כל אשר לו ליצחק א"ל והיכן הוא שילוח שחלק בין בניו א"ל ולבני הפלגשים אשר לאברהם נתן אברהם מתנות: **מהם כספים מהם זהבים.** שנותנין בשכרן דינר ליום: **ונתן בהם ב' אבנים טובות שוות ב' רבבות כסף.** שהיה ירא לומר לו שלוף נעלך ולא תכנס במנעליך שאם היה אומר לו כן היה מטיל עליהם ואומר לא הניחו לי ליכנס כמו שהלשינו כותיים: **כיון שהגיע להר הבית אמרו לו שלוף מנעליך.** שהר הבית חלקה שלא תחליק את רגליך ונעול ב' אנפלאות הללו: **כיון שהגיע לבית קדשי הקדשים א"ל ע"כ יש לנו רשות ליכנס מכאן ואילך אין לנו רשות ליכנס א"ל לכשאצא אני משוה גבעתך.** גבהותך שכעס עליו. התחיל גביעא בן קיסם מחליקן בדברים.

אם למקרא

כִּי אֶת־הַבְּכֹר בֶּן־הַשְּׂנוּאָה יַכִּיר לָתֶת לוֹ פִּי שְׁנַיִם בְּכֹל אֲשֶׁר־יִמָּצֵא לוֹ כִּי־הוּא רֵאשִׁית אֹנוֹ לוֹ מִשְׁפַּט הַבְּכֹרָה: (דברים כא:יז)

וַיֹּאמֶר אָרוּר כְּנָעַן עֶבֶד עֲבָדִים יִהְיֶה לְאֶחָיו: (בראשית ט:כה)

וַה' נָתַן אֶת־חֵן הָעָם בְּעֵינֵי מִצְרַיִם וַיַּשְׁאִלוּם וַיְנַצְּלוּ אֶת־מִצְרָיִם: (שמות יב:לו)

מתנות כהונה

ארץ בידם לחלוטין מן הדין: **שיעיד עלינו** גרסינן והכי גרס רש"י ז"ל וגירסת הספר יש לקיים ולפרשו שיתקוטט בעדינו ויריב ריבנו כמא דאת אמר שילא עליו עוררין ואם תעירו ואם תעוררו: [**יכיר וגו'** גרסינן]: **שטר שילוח כו'.** כלומר שחלק גם כן לבני קטורה הרי הכל נתן ליצחק ולא שייר במתנתו כלום ואין המתנה מתנה והכי מוכח גירסת הילקוט דגרס והיכן הוא נותן לבני קטורה: **בספים זהבים.** אומנים עושי מלאכה של כסף וזהב: **פילוסופיא.** חכמים: **לטמיון.** פי' הערוך לאוצר כלומר לאוצר שכר העבדות: ביקש לעלות אלכסנדרוס מוקדון: **אזלן כו'.** שלוף מנעלך שהיה מתיירא לומר לו שלא יכנוס שם יחף שמיד יאמר אמת אמרו הכותיים שלא יניחוני לילך: **גביעתך.** כמו גבהותך וה"ג בילקוט ובמגילת תענית פרק שלישי ועל שם כך נקרא גביהא על

אָמַר לוֹ: אִם כֹּה תַּעֲשֶׂה רוֹפֵא אוּמָן תִּקָּרֵא וְשָׂכָר הַרְבֵּה תִּטּוֹל — [Gebiah ben Koseim] said to him, **"If you can do that,**[129] **you will be called an expert doctor and you will be able to extract a high fee** for your services!"[130]

□ וַיְשַׁלְּחֵם מֵעַל יִצְחָק בְּנוֹ — *THEN HE SENT THEM AWAY FROM ISAAC HIS SON, WHILE HE WAS STILL ALIVE, EASTWARD TO THE LAND OF THE EAST.*

The words *to the land of the east* appear superfluous. The Midrash explains:

אָמַר לָהֶם: כָּל מַה שֶּׁאַתֶּם יְכוֹלִים לְהַזְרִיחַ תַּזְרִיחוּ[131] — **[Abraham] said to [Keturah's children], As far east as you are able to go you should go,**[132] שֶׁלֹּא תִּכָּווּ בְּגַחַלְתּוֹ שֶׁל יִצְחָק — **in order that you do not get burnt from Isaac's coals.** אֲבָל עֵשָׂו עַל יְדֵי שֶׁבָּא וְנִזְדַּוֵּוג לְיַעֲקֹב נָטַל אֶת שֶׁלּוֹ מִתַּחַת יָדוֹ — **But Esau, because he came and engaged in confrontation with Jacob,**[133] **he received** his punishment **at the hand of [Jacob].**[134] הֲדָא הוּא דִכְתִיב "הֲזֹאת לָכֶם עַלִּיזָה מִימֵי קֶדֶם קַדְמָתָהּ יֹבִלוּהָ רַגְלֶיהָ מֵרָחוֹק לָגוּר — **Thus it is written,** ***Is this happening to you, O exultant one, whose origins were in ancient days, but whose legs lead her to dwell in far-off [exile].*** "מִי יָעַץ זֹאת עַל צֹר הַמַּעֲטִירָה וְגוֹ' — ***Who devised this against Tyre*** [צֹר], ***the magnificent,*** *whose merchants were princes and whose traders were the elite of the land* (*Isaiah* 23:7-8).[135] אָמַר רַבִּי אֶלְעָזָר: כָּל צוֹר שֶׁכָּתוּב בַּמִּקְרָא מָלֵא, בְּצוֹר מְדִינָה הַכָּתוּב מְדַבֵּר — **R' Elazar said: Every time the word Tzor appears in Scripture in its complete** (plenary) **form** (צוֹר),[136] **the verse is referring to the city of Tzor,**[137] חָסֵר בְּרוֹמִי הַכָּתוּב מְדַבֵּר — but if it appears in its **incomplete** (defective) form (צֹר),[138] the verse is referring to **Rome.**[139] "הַמַּעֲטִירָה" — And what is the import of the verse's description of Rome as ***the magnificent*** (lit., *the one who is crowned*)?[140] רַבִּי אַבָּא אָמַר: הַקִּיפוּהָ בַּעֲטָרָה — **R' Abba said:** It means that **[Rome]** was **surrounded like**[141] **a crown.**[142] וְרַבִּי יַנַּאי אָמַר בְּשֵׁם רַבִּי שִׁמְעוֹן בְּרֵיהּ דְּרַבִּי יַנַּאי: הַקִּיפוּהָ כּוּבִין — **R' Yannai said in the name of R' Shimon the son of Yannai:** It means that **[Rome]** was **surrounded with thorns.**[143]

NOTES

129. If you are truly able to fix my back.

130. Gebiah ben Koseim, hoping to change Alexander's mood, responded as if he had not understood the threat. Pretending to take Alexander's words literally, he joked that if Alexander could actually straighten out his back, he would be able to pursue a lucrative career as a physician (*Rashi*, *Matnos Kehunah*, *Eitz Yosef*). The joke worked; impressed with Gebiah's cleverness and sense of humor, Alexander left him alone (*Yefeh To'ar*; *Eitz Yosef*, from *Nezer HaKodesh*).

131. The word זרח, *shine*, is used here to describe the east, for that is where the sun begins to shine in the morning. The Midrash interprets the words *eastword to the land of the east* to mean that not only should they travel east, but they should travel as far east as possible (*Eitz Yosef*, from *Yefeh To'ar*).

132. The farther they dwell from Isaac, the less chance that the typical neighborly feud would erupt between them and Isaac, or between them and Isaac's children (*Eitz Yosef*). By moving far from Isaac they will be protected from the harm that befalls those who harm or offend the righteous (see *Avos* 2:10).

Alternatively: The farther they dwell from Isaac, the less likely they would be regarded as wicked in comparison to him (see above, 50 §11). By moving far from him they will be protected from Divine punishment for their relative wickedness (*Yefeh To'ar*).

133. The Romans, Esau's descendants, destroyed the Second Temple (*Eitz Yosef*).

134. The Midrash has just said that coming "too close" (i.e., in an offending manner) to the righteous will cause one to get harmed. Esau (the Romans) fell into this category.

135. According to its plain meaning, this passage expresses wonder at how such a magnificent city as Tyre, with deep historical roots, is now being attacked by the enemy, its inhabitants forced to flee. Our Midrash, however, will expound it differently.

136. With a *vav*.

137. I.e., Tyre.

138. Without a *vav*, as in the current verse.

139. For the word צר can be read as צָר, which means enemy; see *Numbers* 10:9, *Esther* 7:6 (see *Eitz Yosef*). In the context of the verse in *Isaiah*, it refers to Rome, the descendants of Esau, who destroyed the Temple and constantly oppressed the Jews.

According to R' Elazar, then, the verse is interpreted as follows: *Will you* (Rome) *rejoice* like *those of ancient days* (the children of Keturah) *whose legs led her to dwell far off* (i.e., far from Isaac), and were thus spared punishment? See note 132 (*Eitz Yosef*). The verse then continues rhetorically: *Who devised this against Rome, etc.*, meaning: No one told Rome to act this way. To the contrary, God's advice to Esau, from the very beginning, was to stay far from Jacob, as did the children of Keturah [that is, they were supposed to learn from the advice given to Keturah's children] (see *Matnos Kehunah*).

The verse in *Isaiah* thus alludes to what the Midrash stated earlier, that Keturah's children were advised to live as far as possible from Isaac to avoid any punishment, while the children of Esau were to suffer a great punishment for the harm they caused the Jews when they did not act likewise.

140. Since only a *person* wears a crown, it must be explained why this term is used to describe the city of Rome. The Midrash will offer two explanations, both of which take the word *crown* in the borrowed sense of "something that surrounds" (as a crown "surrounds" a person's head) (*Eitz Yosef*, from *Yefeh To'ar*).

141. Translation follows version of *Radal* and *Eitz Yosef*, who replace the word בַּעֲטָרָה ("with a crown") with the word כַּעֲטָרָה ("like a crown").

142. That is, in peaceful times, Rome was "surrounded" by merchants and princes whose presence adorned the city (*Eitz Yosef*, from *Yefeh To'ar*).

143. That is, after its destruction, it will be "surrounded" (grown over) with thorns (ibid.).

עץ יוסף

בגבו. ואמר כך דרך חידה שאומר עקמונתו בגופו הוא אות ומופת גם על ערמותו בעקמות הדעת: **א"ל אם כן תעשה כו'.** עשה עצמו כאינו מבין. וא"ל דרך נחות ונחוק אם תעשה להשוות פדחתי רופא אומן תקרא. וכראות המלך איך דבריו המה מתוקנים ומסודרים בחכמה. נהפך אצלו הדבר לצחוק. ובכן נתפיים ממנו ולא עשה לו מאומה (נזה"ק): [ז] **יכולים להזריח כו'.** כלו' כל מה שאתם יכולים להרחיק עצמכם יותר לקצה המזרח תרחיקו. ולכן אמר קדמה אל ארץ קדם כלו' היותר מזרחית באותו המחוז (יפ"ת): **בגחלתו של יצחק.** כי כל מה שאתם תהיו קרובים לגבול יצחק תעמדו בסכנה פן תבואו עמו או עם זרעו לידי איזה קטטה ומריבה כדרך השכנים שכיני הארצות ואז תכוו בגחלתו: **ונזדווג ליעקב.** דהיינו תולדות זרעם בחורבן ביה"מ: **הזאת לכם עליזה.** כלו' וכי זאת לכם להיות עליזה כאותם שמימי קדם יובילוה רגליה מרחוק לגור דהיינו אותם שהורחקו מעל יצחק: **חסר.** שהוא לשון צר ואויב: **הקיפוה בעטרה.** לפי שאין העטרה דבר נופל אלא באדם הולכך לומר שהוא לשון מושאל על ההיקף ע"ד כלינה רצון תעטרנו. וההיקף הזה יתכן שהוא למעלה והיינו בשלותה שהיתה מוקפת סוחרים ושרים (יפ"ת): **הקיפוה כובין.** פי' קוצים. והיינו בחורבנה שעלתה כולה קמשונים:

מדרש

אָמַר לוֹ: אִם כֹּה תַּעֲשֶׂה רוֹפֵא אוּמָּן תִּקָּרֵא וְשָׂכָר הַרְבֵּה תִּטּוֹל. "וַיְשַׁלְּחֵם מֵעַל יִצְחָק בְּנוֹ". אָמַר לָהֶם: כָּל מַה שֶּׁאַתֶּם יְכוֹלִים לְהַזְרִיחַ תַּזְרִיחוּ שֶׁלֹּא תִּכָּווּ בְּגַחַלְתּוֹ שֶׁל יִצְחָק, אֲבָל עֵשָׂו עַל יְדֵי שֶׁבָּא וְנִזְדַּוֵּוג לְיַעֲקֹב נָטַל אֶת שֶׁלּוֹ מִתַּחַת יָדוֹ, הָדָא הוּא דִכְתִיב (ישעיה כג, ז-ח) "הֲזֹאת לָכֶם עַלִּיזָה מִימֵי קֶדֶם קַדְמָתָהּ יוֹבִילוּהָ רַגְלֶיהָ מֵרָחוֹק לָגוּר, מִי יָעַץ זֹאת עַל צֹר הַמַּעֲטִירָה וְגוֹ'". [טו]אָמַר רַבִּי אֶלְעָזָר: כָּל "צוֹר" שֶׁכָּתוּב בַּמִּקְרָא מָלֵא, בְּצוֹר מְדִינָה הַכָּתוּב מְדַבֵּר, חָסֵר, בְּרוֹמִי הַכָּתוּב מְדַבֵּר. "הַמַּעֲטִירָה", רַבִּי אַבָּא אָמַר: הִקִּיפוּהָ בַּעֲטָרָה, וְרַבִּי יַנַּאי אָמַר בְּשֵׁם רַבִּי שִׁמְעוֹן בְּרֵיהּ דְּרַבִּי יַנַּאי: הִקִּיפוּהָ כּוּבִין:

פירוש מהרז"ו

חשובים: **מעל יצחק בנו.** קדמה אל ארץ קדם וכפול הלשון ע"כ דורש להתרחק הרבה לצד מזרח של ארץ קדם (יפ"ת): **כל צור כו'.** יחזקאל כ"ז וכדומה ע' שמ"ר ספ"ט וכאן כתיב חסר:

רש"י

א"ל אם אתה עושה כן רופא תקרא ושכר הרבה תטול: **הקיפוה כמו כובין.** שהקיפוה יישוב כאדם שמסבב כרמו בקוצים:

חידושי הרד"ל

(כ) **ושכר הרבה תטול.** במג"ת שם מסיים לא זזו משם עד שהכישו נחש. (ואף שמבואר ביוסיפון ושארי חיבורים שהלך משם להלן ומת בהודו. י"ל שנתרפא מן הנשיכה שהרי לא קאמר ומת):

(כא) **מעל יצחק בנו קדמה אל ארץ קדם.** א"ל כל מה שאתם יכולים כו' כצ"ל ודרש קדמה אל ארץ קדם. דהיינו שברוח מזרחית עצמה יבחרו להם המזרח שבה וקרוב הדבר לומר שהן יושבי ארץ חיג"א שיושבין במזרחו ש"ע ולכן חשבו הקדמונים התחלת היום משם כמ"ש בעל המאור פרק ב' דראש השנה וזה שאמר בשלהי מסכתא סופרים שאברהם הכניס בני קטורה בכרך גדול מוקף חומת ברזל. שהיא החומה שסביב מדינת חיג"א:

(כב) **הקיפוה בעטרה** כצ"ל. ורצה לומר הקיפוה במגור סביב סביב כעטרה לכבשה. ולשון כעטרה הוא ככתר המקיף הראש. ומזה לשון המקרא כתרו את בנימן. ועיין אסתר רבה פרשה א' פ' ב':

(כג) **הקיפוה כובין.** כמדומני דדרש מעטירה ברי"ש כמו מעטידה בדל"ת לשון אטדין (בחילוף ע' בא') שהן קוצים:

מסורת המדרש

טו שמות רבה סוף פרשה ט'. תנחומא סדר בא סימן ד'. ילקוט ישעיה רמז רל"א:

אם למקרא

הֲזֹאת לָכֶם עַלִּיזָה מִימֵי־קֶדֶם קַדְמָתָהּ יֹבִלוּהָ רַגְלֶיהָ מֵרָחוֹק לָגוּר: מִי יָעַץ זֹאת עַל־צֹר הַמַּעֲטִירָה אֲשֶׁר סֹחֲרֶיהָ שָׂרִים כִּנְעָנֶיהָ נִכְבַּדֵּי־אָרֶץ:
(ישעיה כג:ז-ח)

מתנות כהונה

שם החטוטרות שהיתה על גבו ובלשון ירושלמי רגיל הוא לבא עי"ן תחת ה"א: **אם כה תעשה כו'.** גביהא קבל דבר המלך בסבר פנים לאמר מי יתן שיעשה אדוני המלך ככה להשוות עקמימותי ולהניח רוגז המלך אמר כן וכן מצאתי בפי' רש"י ובמגילת תענית מסיים אמרו לא זזו משם עד שהכישו נחש: **להזריח תזריחו.** כלומר להרחיק לצד מזרח הרחיקו שצלחם לארץ קדם ובילקוט גרס להרחיק הרחיקו: **מי יעץ כו'.** כלומר הקב"ה יעץ לך מימי קדם שלא תזדווג ליעקב ונבואה זו נאמרה על אדום כדמפרש ואזיל: [**צר המעטירה** גרסינן. וכ"כ צר חסר בכל אותה פרשה (ישעיה כ"ג)]: **בעטרה.** כפשט הכתוב על מעלתה וגדולתה: **כובין.** קוצים ועל מפלתם המעותדת אמר כן ורש"י גרס כמו כובין ופירוש שהקיפוה יישוב כאדם שמסבב כרמו בקוצים:

אשד הנחלים

בכל הספרים. הן בביאור והן ברמז. ודי בזה: [ז] **תזריחו שלא תכוו כו'.** דייק מדכתיב כפל קדמה אל ארץ קדם מפני שקדמה מורה על מקום המזרח וארץ קדם הוא המקום המזרח ממש. והיא רחוקה ממערב כרחוק ראש המזרח מראש המערב. וייעצם שלא יתקרבו ליצחק כי בודאי לא יעצרו עצמן להריע לפעמים לו מפני השנאה. וסוף שיענשו וילקו עי"ז. כמו שקרה לכל העובדי כוכבים אח"כ בעת שהריעו לישראל. וזהו ע"ד מליצה שאמר על צור הזאת לכם קרי' עליזה [שישבתם אצל ישראל להריע להם] כי הלא יותר טוב שיובילוה רגלי' מרחוק לגור הרחק ממקום ישראל ואז לא היה מפלתכם. כמו שיעצתי לבני הפלגשים שידורו רחוק מהם שלוים ושקטים: **כובים כו'** כאלו מדבר ע"ד הלעג את צור המעטירה עתה בקוצים וצרות ומצוקות רבים החופף ומעטר אותך מכל צד:

Chapter 62

וְאֵלֶּה יְמֵי שְׁנֵי חַיֵּי אַבְרָהָם אֲשֶׁר חָי מְאַת שָׁנָה וְשִׁבְעִים שָׁנָה וְחָמֵשׁ שָׁנִים. וַיִּגְוַע וַיָּמָת אַבְרָהָם בְּשֵׂיבָה טוֹבָה זָקֵן וְשָׂבֵעַ וַיֵּאָסֶף אֶל עַמָּיו.

Now these are the days of the years of Abraham's life which he lived: a hundred years, seventy years, and five years. And Abraham expired and died at a good old age, mature and content, and he was gathered to his people (25:7-8).

§1 **וְאֵלֶּה יְמֵי שְׁנֵי חַיֵּי אַבְרָהָם** — ***NOW THESE ARE THE DAYS OF THE YEARS OF ABRAHAM'S LIFE.***

The Midrash relates a verse in *Psalms* to our verse:

כְּתִיב "יוֹדֵעַ ה׳ יְמֵי תְמִימִים וְנַחֲלָתָם לְעוֹלָם תִּהְיֶה" — **It is written: *HASHEM knows the days of the perfect, their inheritance will be forever*** (*Psalms* 37:18). **"יוֹדֵעַ ה׳ יְמֵי תְמִימִים" זֶה אַבְרָהָם** — The phrase ***HASHEM knows the days of the perfect*** [תְּמִימִים], **this** alludes to **Abraham, שֶׁנֶּאֱמַר "וֶהְיֵה תָמִים"** — **for it is stated** in connection with Abraham: ***and be perfect*** [תָמִים] (above, 17:1);[1] **"וְנַחֲלָתָם לְעוֹלָם תִּהְיֶה", "וְאֵלֶּה יְמֵי שְׁנֵי חַיֵּי אַבְרָהָם"** — the next part of the verse in *Psalms, **their inheritance will be forever,*** parallels our verse, which states: ***Now these are the days of the years of Abraham's life.*** **שֶׁחִבֵּב הַקָּדוֹשׁ בָּרוּךְ הוּא שְׁנוֹתָן שֶׁל צַדִּיקִים** — **For the Holy One, blessed is He, cherishes the years of the righteous, וּכְתָבָם בַּתּוֹרָה כְּדֵי שֶׁתְּהֵא נַחֲלַת יְמֵיהֶם זְכוּרָה לְעוֹלָם** — **and He recorded them in the Torah, so that the inheritance of their lives will be remembered forever.**[2]

§2 **וַיִּגְוַע... בְּשֵׂיבָה טוֹבָה זָקֵן וְשָׂבֵעַ** — ***AND ABRAHAM EXPIRED ... AT A GOOD OLD AGE, MATURE AND CONTENT ...***[3]

The Midrash explains what is alluded to by the word וַיִּגְוַע, *and he expired:*[4]

"וַיִּגְוַע" אָמַר רַבִּי יְהוּדָה בַּר אִלְעָאי — **R' Yehudah bar I'lai said: הַחֲסִידִים הָרִאשׁוֹנִים הָיוּ מִתְיַיסְּרִין בְּחוֹלִי מֵעַיִם בַּעֲשָׂרָה וְעֶשְׂרִים יוֹם** — **The pious people of old would suffer for ten or twenty days with stomach ailments** before dying,[5] **לֵאמֹר שֶׁהַחוֹלִי מְמָרֵק** — which **teaches** you **that** ailments **cleanse** a person of his sins.[6] **רַבִּי יְהוּדָה אָמַר: כָּל מִי שֶׁנֶּאֱמַר בּוֹ גְּוִיעָה מֵת בְּחוֹלִי מֵעַיִם** — For **R' Yehudah said: Anyone regarding whom** the term **"expiring" is stated died of stomach ailments.**[7] Ⓐ

NOTES

1. "Knows" is to be understood as "is mindful of" — i.e., God's providence supervises *the days* — every day — of a *tzaddik's* life. An allusion to this is found in our verse, which states: *these are "the days of" the years of Abraham's life* (*Yefeh To'ar*).

The Midrash speaks of "the righteous" (rather than of Abraham specifically) because this verse in *Psalms* indeed applies to *all* the righteous, not just to Abraham. The reason the Midrash first stated that "this [alludes to] Abraham" is only because we find the verse's expression "the perfect" written *explicitly* with regard to Abraham; however, the Midrash does not mean that the verse in *Psalms* refers to Abraham exclusively (*Yefeh To'ar*).

2. This is the Midrash's explanation of the second part of the verse in *Psalms — their inheritance will be forever.* The years of the righteous person's life — the *inheritance* he has been granted in This World — are recorded for eternity in the Torah, so that all generations will read about their lives, contemplate their legacy, and remember them (see *Ohr HaSeichel*). This is a sign that God indeed loves the life of that righteous person (*Yefeh To'ar*).

[Elsewhere, the Midrash expounds this verse in *Psalms* with reference to the life of Sarah (see above, 58 §1) and to events in the life of Isaac (see below, 64 §1). The commentators discuss whether these various expositions are meant to be complementary or are in dispute.]

3. In some editions, the words בְּשֵׂיבָה טוֹבָה זָקֵן וְשָׂבֵעַ appear at the end of the *preceding* comment of the Midrash, and our section begins simply with וַיִּגְוַע; however, those words would seem to have no connection to the Midrash's previous comments.

4. *Tiferes Tzion* explains that the Midrash here is bothered by the following question: Since the Torah uses both the term וַיִּגְוַע and the term וַיָּמָת when describing Abraham's death, obviously וַיִּגְוַע refers not simply to dying (as it does concerning Jacob [*Genesis* 43:33], where only the term וַיִּגְוַע is used), but to the wasting away caused by old age. If so, asks the Midrash, how can the verse state that Abraham died at a good old age, implying that his death was peaceful, and yet also state וַיִּגְוַע, implying that he wasted away?

5. Similarly, the Talmud (*Shabbos* 118b, *Kesubos* 103b) states that the majority of most righteous people die of stomach ailments.

6. I.e., the suffering involved provides atonement (*Matnos Kehunah; Rashi* to *Shabbos* ibid. ד״ה ממתי). Alternatively: These ailments physically purge his body of residual [partially] digested food (*Tosafos* ibid.). *Eitz Yosef* (citing *Yefeh To'ar*) explains that the *reason* pious people experience these ailments is that they weaken the body, making the separation of body and soul at death less painful.

Since dying in this manner cause one's sins to be expiated, it is actually of tremendous benefit to the righteous. Hence, there is no contradiction between the Torah's use of the word וַיִּגְוַע and the fact that Abraham died *at a good old age* (*Tiferes Tzion*).

7. For, as explained, the term גְּוִיעָה connotes a process of gradual wasting away (see *Ramban* to *Genesis* 25:17). This is the basis for R' Yehudah bar I'lai's earlier statement (R' Yehudah and R' Yehudah bar I'lai are one and the same person): Since the Torah uses this expression of גְּוִיעָה concerning Abraham (in our verse), Ishmael (ibid. 25:17), Isaac (ibid. 35:29), and Jacob (ibid. 49:33), and since R' Yehudah associates this term with intestinal disease, it follows that "the pious people of old (including the Patriarchs) would suffer ... with stomach ailments before dying" (*Maadanei Melech*). See Insight Ⓐ.

INSIGHTS

Ⓐ **The Death of the Righteous** While *Ramban* (cited in note 7) maintains that according to our Midrash וַיִּגְוַע refers to a gradual wasting away, *Ramban* himself states that the Gemara (*Bava Basra* 16b) understands it as referring to an abrupt death not preceded by painful illness or suffering. *Yefeh To'ar,* however, suggests that even according to our Midrash וַיִּגְוַע means a quick death. However, in trying to reconcile this term of death for the righteous with the fact that many of them died from this painful and fatal ailment, R' Yehudah explains that the severity of this disease (as indicated in *Eruvin* 41b) allows the sins of the righteous to be expiated in a mere ten or twenty days. Hence, whereas ordinary people may suffer and waste away for months or years, the righteous may, like Abraham, live to a *content old age*, yet die quickly after their sins are atoned for in a painful but short illness.

Abarabanel and *Akeidas Yitzchak,* rather than focusing solely on the term וַיִּגְוַע, examine the trio of terms mentioned in this verse (and in connection with the deaths of other righteous people — וַיִּגְוַע, וַיָּמָת, וַיֵּאָסֶף אֶל עַמָּיו, *he expired, he died, he was gathered to his people.* They explain that these terms refer to the three different stages of death: (a) the gradual ceasing of the body's physical functions, (b) the actual death in which the person's mental, spiritual and emotional abilities depart, and (c) the return of the soul to its source. Now, whereas the first aspect is clearly visible in one who dies naturally of old age, wherein the power and abilities of his youth gradually weaken as his body withers away, it is obviated when one is killed or dies early due to an illness. Thus, in describing the death of the righteous, who merited to die a natural death in old age rather than having their lives abbreviated due to sins, Scripture specifies וַיִּגְוַע וַיָּמָת, *he expired, he died*; i.e., the actual death followed a natural depletion of their bodies due to old age. Finally, by living their lives wisely and righteously, they merited having their souls return immediately to their original milieu, i.e., to be among the holy and

פרשה סב

א [כה, ז] "וְאֵלֶּה יְמֵי שְׁנֵי חַיֵּי אַבְרָהָם", [א]כְּתִיב (תהלים לז, יח) "יוֹדֵעַ ה' יְמֵי תְמִימִים וְנַחֲלָתָם לְעוֹלָם תִּהְיֶה", "יוֹדֵעַ ה' יְמֵי תְמִימִים", זֶה אַבְרָהָם, שֶׁנֶּאֱמַר (לעיל יז, א) "וֶהְיֵה תָמִים", "וְנַחֲלָתָם לְעוֹלָם תִּהְיֶה", "וְאֵלֶּה יְמֵי שְׁנֵי חַיֵּי אַבְרָהָם", שֶׁחִבֵּב הַקָּדוֹשׁ בָּרוּךְ הוּא שְׁנוֹתָן שֶׁל צַדִּיקִים וּכְתָבָם בַּתּוֹרָה כְּדֵי שֶׁתְּהֵא נַחֲלַת יְמֵיהֶם זְכוּרָה לְעוֹלָם, °בְּשֵׂיבָה טוֹבָה זָקֵן וְשָׂבֵעַ:

ב [כה, ח] "וַיִּגְוַע", אָמַר רַבִּי יְהוּדָה בַּר אִלְעָאי: [ב]הַחֲסִידִים הָרִאשׁוֹנִים הָיוּ מִתְיַסְּרִין בְּחוֹלִי מֵעַיִם בַּעֲשָׂרָה וְעֶשְׂרִים יוֹם לֵאמֹר שֶׁהַחוֹלִי מְמָרֵק. רַבִּי יְהוּדָה אָמַר כָּל מִי שֶׁנֶּאֱמַר בּוֹ גְּוִיעָה מֵת בְּחוֹלִי מֵעַיִם. כְּתִיב (משלי לא, כה) "עוֹז וְהָדָר לְבוּשָׁהּ °", [ג]כָּל מַתַּן שְׂכָרָן שֶׁל צַדִּיקִים מְתוּקָּן לָהֶם לֶעָתִיד לָבֹא וּמַרְאֶה לָהֶם הַקָּדוֹשׁ בָּרוּךְ הוּא עַד שֶׁהֵם בָּעוֹלָם הַזֶּה מַתַּן שְׂכָרָן שֶׁהוּא עָתִיד לִיתֵּן לָהֶם לֶעָתִיד לָבֹא וְנַפְשָׁן שְׂבֵעָה וְהֵם יְשֵׁנִים. אָמַר רַבִּי אֶלְעָזָר: מָשָׁל לִסְעוּדָה שֶׁעָשָׂה אוֹתָהּ הַמֶּלֶךְ וְזִימֵּן אֶת הָאוֹרְחִים וְהֶרְאָה לָהֶם מַה שֶּׁהֵם אוֹכְלִים וְשׁוֹתִין וְשָׂבְעָה נַפְשָׁן וְיָשְׁנוּ לָהֶם, כָּךְ הַקָּדוֹשׁ בָּרוּךְ הוּא מַרְאֶה לָהֶם לַצַּדִּיקִים עַד שֶׁהֵם בָּעוֹלָם הַזֶּה מַתַּן שְׂכָרָן ° שֶׁהוּא עָתִיד לִיתֵּן לָהֶם לֶעָתִיד לָבֹא וְהֵם יְשֵׁנִים שֶׁנֶּאֱמַר (איוב ג, יג) "כִּי עַתָּה שָׁכַבְתִּי וְאֶשְׁקוֹט", הֱוֵי בִּשְׁעַת סִילּוּקָן שֶׁל צַדִּיקִים הַקָּדוֹשׁ בָּרוּךְ הוּא מַרְאֶה לָהֶם מַתַּן שְׂכָרָן. כַּד דְּמָךְ רַבִּי אַבָּהוּ אַחֲזוּ לֵיהּ [ד]תְּלַת עֶשְׂרֵי נַהֲרֵי אֲפַרְסְמוֹן.

רש"י

סב [א] **יודע ה' ימי תמימים זה אברהם.** שנאמר בו התהלך לפני והיה תמים ונחלתם לעולם תהיה שחיבב הקב"ה שנותיהן של צדיקים שכתבם בתורה כדי שתהא נחלת ימיהם זכורה לעולם:

מתנות כהונה

סב [ב] **[בעשרה ועשרים גרסינן]: ממרק.** עונות. ה"ג בילקוט בחולי מעיים ושבע הה"ד עוז כו': **לבושה וגו'** גר' וסיפיה דקרא ותשחק ליום אחרון: **ונפשם שבעה.** בשבע רצון ונחת רוח מקבלים הפירוד מעולם הזה: **מה שהם אוכלים כו'.** כלומר מה שיאכלו וישתו לעת הסעודה: **כד דמך.** ר"ל כשמת ומיתת הצדיקים נוחה להם וכישן נדמה: **אחזו ליה.** הראו לו מן השמים: **אלין דמן.** כל אלו של מי הם: **אלין דאבהו.** בלשון תמיה וכו' אלו להיות לי ואני וכו': **תלתיהון כו'.** שלשתן אמרו פסוקים אלו

נחמד למראה

סב [א] **ואלה ימי שני חיי אברהם וכו' יודע ה' ימי תמימים זה אברהם וכו'.** נראה דאתא לאשמועינן שימי אברהם היו שלמים ולא נחסרו שהקב"ה יושב וממלא שנותיהם של צדיקים מיום ליום כדאיתא בפ"ק דקדושין. לאפוקי ממאן דאמר שנחסרו משנותיו של אברהם חמש שנים כדי שלא יראה את עשו עושה עבירות כדאיתא לקמן בפרשה ס"ג: [ב] **כד דמך רבי אבהו אחוי ליה תלת עשר נהרי דאפרסמון וכו'.** מדרש הזה תמוה מאד והוא פלא שאיך חשב שיגע לריק ולבהלה. מפרשי המדרש האריכו בזה ונדחקו הרבה. ואני שמעתי מפה קדוש גאון ישראל זלה"ה שהיה דורשו כמין חומר בהקדים מה שאמרו רז"ל והובא בספר ראשית חכמה בפרק הדייני מעשה בר' אבהו שבא להסתלק מן העולם נכנסו חכמי ישראל אצלו מצאוהו שהיה בוכה

אשד הנחלים

סב [א] **ואלה גו' יודע ה' ימי תמימים זה אברהם כו'.** עיין לעיל בריש סדרא ובביאורי. ודרש יודע מלשון חביבות שחביבים בעיניו. כי כל ימיהם היו רק בעבודתו ית'. ולכן כתוב זאת בתורה כדי שיהי' לעד ולמזכרת כי טוב לעבוד ה'. כי עי"ז יזכו לשיבה טובה. לא כמדמים בעיניהם שהפונה עצמו מעסק עבודת הזמן. לעבוד ה' יכלה כחותיו ח"ו במהרה: [ב] **שהחולי ממרק כו' גויעה מת בחולי מעיים.** הענין כי הגוף שהוא משכן לנפש השכלי בעודו בחיים גם אחרי גויעתו. עודנה יש קצת קשור ביניהם כמפורסם בדברי ח"א בענין הבלא דגרמי ולכן האיש הנעלה מאוד בהתפרדו נפשו מעלה. אז צריך גם הגוף קצת זיכוך מזוהמתו וחלאתו כדי שיתמרק יותר [ע"ד ומורק ושוטף במים]. וזהו התועלת מחולי מעיים שיתנקה מזוהמתו. וג"כ כל עוד שיתמשך חוליו כי חולי מעיים על הרוב חולי ארוך. אז תעוז הנפש ותגבר בענינה ובהשכלותי' כי היא מרומים תשכון עת ינטו תגבורות תענוגי הגוף והרגשותיו ואז מיתתו איננה מיתה רק גויעה שנגווע כחותיו מעט מעט ויתדבק מעלה ברום שמימה. וזהו על צד המליצה עוז [לנפש] והדר כי יתהדר משכן הגוף שהוא לבושה של הנפש. אז ותשחק ליום אחרון בעת שיאיר באור החיים. והבן זה באמת: ודרש עוד על מתן שכר העתיד המתראה לו בעודו בחיים חיותו טרם התפרדו מגיוו. כי אז נבטלו כמעט כחותיו הגופנים עד שאין לו מונע לנפש לחזות ממראות העליונות כי רק החומר הוא המחיצה. ומתוך אותו שהם זוכים להשיגה בעת ההיא. הנפש הולכת ומתפרדת מהגוף להתדבק בעליוני' וזהו הכוונה שהם ישנים. כי עי"ז ניתק ההרכבת הנפש מהגוף והגוף נתיישן מרוב התדבקות הנפשי. וכל זה רק בצדיקים הדבקים בה' והבן גם זה: **כד דמך רבי אבהו כו'**

עץ יוסף

סב (א) **כתיב יודע ה' ימי תמימים.** שה' מביט ומשגיח בימי הצדיקים. דל"ד בכלל חייהם ושנותיהם. אלא בכל יום ויום. וזה מהשגחה פרטית עליהם תמיד (יפ"ת): **זה אברהם כו'.** דאשכחינן דאברהם איקרי תמים בהדיא (יפ"ת): [ב] **בשיבה טובה זקן ושבע ויגוע.** הגי' מוטעת וצ"ל ויגוע וימת אברהם בשיבה טובה זקן ושבע. ויגוע אר"י בר אלעאי החסידים כו' עד בחולי מעים: **ושבע.** הה"ד עוז והדר לבושה כו' עד ונפשו שבעה. וכן הוא בילקוט מפורש כאן: (ב) **לאמר שהחולה ממרק.** קרוב להיות שצריך להגיה תיבת למה במקום תיבת לאמר (יפ"ת) ופירושו חולי מעיים ממרק ומנקה הבני מעים. כמ"ש גבי ז' דפרישת משה כדי למרק אכילה שבמעיו (משדר"א): [ג] **כתיב עוז והדר.** דשבעת ימים מיבעי ליה להכי מייתי הך דרשא שהקב"ה מראה לצדיקים מתן שכרן קודם מותם ונפשם שבעה: **כתיב עוז והדר לבושה.** וכתיב בתריה ותשחק ליום אחרון וקמפרש ליה במה שרואין מתן שכרן ביום המיתה. וקרא באשת חיל איירי דאפי' אשה זוכה לזה כשהיא כשרה (יפ"ת): **ומראה להם הקדוש ברוך הוא כו'.** ז"ל התנחומא בסדר ויחי. קשה לפני הקב"ה לגזור מיתה על הצדיקים שנא' יקר בעיני ה' המותה לחסידיו. מה הקב"ה עושה מראה להם מתן שכרן כדי שיתבעו מיתה בפיהם עד כאן. הרי מבואר הטעם שמראה להם מתן שכרן כדי שיתבעו מיתה בפיהם וז"ש כאן ונפשם שבעה בשבע רצון ונחת רוח מקבלים הפירוד מעולם הזה: **והם ישנים.** פירוש מתים בלא צער. והיינו ותשחק ליום אחרון: **תלת עשרה נהרי.** עיין מ"ש בתנחומא סדר בראשית סי' א': **אחוו ליה.** הראו לו מן השמים:

פירוש מהרז"ו

סב [א] **זה אברהם.** ע"ל ר"פ נ"ח וכשם שהם תמימים כך שנותיהם תמימים וכן כאן שכתוב ג"כ ג"פ שנה שממלא שנותיהם שלא יחסרו ומחשבם וכמ"ש רש"י בחומש בן ק' כבן ע' ובן ע' כבן ה' לחטא: (ב) **שהחולי ממרק.** פי' ממרק אכילה ושתיה מן הגוף להיות קדוש ונקי: **עוז והדר לבושה.** וס"ד ותשחק ליום אחרון. וכמ"ש לעיל פנ"ב סי' ב' שהשמחה של השכר היא לעוה"ב: **ונפשם שבעה.** וזהו מ"ש כאן זקן ושבע כמש"ל פנ"ט זקן זה קנה ב' עולמות: **שכבתי ואשקוט.** ישנתי אז ינוח לי פי' שע"כ אני ישן בהשקט ושביעה כי אז ינוח לי לעוה"ב והשינה משל על המיתה כמ"ש ורבים מישיני אדמת עפר יקיצו והמנוחה היא בעוה"ב כמ"ש ושם ינוחו יגיעי כח: **רבי אבהו.** שמ"ר פנ"ב סי' ג' עמש"ש וע"ל פנ"ב סי' א':

חידושי הרד"ל

(א) **זכורה לעולם ויגוע אמר רבי יהודה בר אלעי כו'.** מת בחולי מעיים בשיבה טובה זקן ושבע כתיב עוז והדר כו' כצ"ל:

(ב) **אמר רבי יהודה בר אלעי החסידים כו'.** שמחות פ"ג. וכמ"ש בשבת (קי"ח:) ובכתובות (ק"ג:) שרובן של צדיקים מתים בחולי מעיים: **בעשרה ובעשרים יום.** כ"ה הגירסא גם בפירוש להרמב"ן וגם בתורת האדם להרמב"ן שער הפטירה ט"ו ע"ד. והגר"א בשמחות שם הגיה בשנים ושלשה ימים. ועי' בפירש"י פ"ק דיומא דמרוק אכילה שבמעיו די לה ששה ימים וע' מש"ל בס"ד: **לומר שהחולי ממרק.** פירש"י בשבת שם ממרק עונות וכ"מ בשמחות שם דמסיים כדי שיהיו זכאין לע"ל שנאמר מצרף לכסף וגו' (ומפני שחולי מעיים קשה ביותר כמ"ש בשבת (יא.) כל חולי ולא חולי מעיים וכ"ה פי' לשון החולי ממרק בירושלמי ברכות פ"ב לענין תפילין שמביא קרא דהרופא לכל תחלואיכי הסולח לכל עונכי (אלא ששם נאמר חולי סתם ולא פרט חולי מעיים והתוס' בשבת שם פי' בשם המדרש למרק אכילה שבמעיו) וכהוא דיומא שהבאתי לעיל: **כל מי שנאמר בו גויעה כו'.** פי' הרמב"ן שהיא מיתה בלי חולי ומכאוב כגבר יחלש וימות. ולכן אמרו כאן בחולי מעיים שאמרו ברפ"ד דערובין שמתים כשהם מספרים: **והם ישנים.** כאדם שהוא שבע ומתוך כך המאכל מביא את השינה לגוף כן הם שבעים בראיית הטוב והצפון ונפשם שבעה וישנה במנוחה. ועי' רמב"ן. וזהו שמכנים בב"ר ובירושלמי מיתת צדיקים בשם דמך שהוא שינה וע' פר"א פל"ד: **שכבתי ואשקוט.** ישנתי אז ינוח לי הוי בשעת סילוקן כו' כצ"ל:

מסורת המדרש

א לעיל פרשה נ"ח: ב עיין שבת דף קי"ח: ג ירושלמי עבודת כוכבים פרק ג'. שמ"ר פרשה נ"ב. תנחומא סדר בראשית סי' א' וסדר ויחי סימן ד'. ילקוט כאן רמז ק"י. ילקוט ישעיה רמז ש"ל. ילקוט תהלים רמז תשי"ט: ד עיין תענית דף כ"ה:

אם למקרא

יוֹדֵעַ ה' יְמֵי תְמִימִם וְנַחֲלָתָם לְעוֹלָם תִּהְיֶה: (תהלים לז:יח)

עוֹז־וְהָדָר לְבוּשָׁהּ וַתִּשְׂחַק לְיוֹם אַחֲרוֹן: (משלי לא:כה)

כִּי־עַתָּה שָׁכַבְתִּי וְאֶשְׁקוֹט יָשַׁנְתִּי אָז יָנוּחַ לִי: (איוב ג:יג)

ח [בְּשֵׂיבָה טוֹבָה זָקֵן וְשָׂבֵעַ] — *AT A GOOD OLD AGE, MATURE AND CONTENT.*]

The Midrash explains the source of Abraham's "contentment": כְּתִיב "עוֹז וְהָדָר לְבוּשָׁהּ וגו׳" — **It is written** (*Proverbs* 31:25): ***Strength and majesty are her raiment*** *and she has joy on "the last day"*:[8] כָּל מַתַּן שְׂכָרָן שֶׁל צַדִּיקִים מְתוּקָּן לָהֶם לֶעָתִיד לָבֹא — **The entire reward of the righteous is readied for them in the World to Come;**[9] וּמַרְאֶה לָהֶם הַקָּדוֹשׁ בָּרוּךְ הוּא עַד שֶׁהֵם בָּעוֹלָם הַזֶּה מַתַּן שְׂכָרָן שֶׁהוּא עָתִיד לִיתֵּן לָהֶם לֶעָתִיד לָבֹא — **and the Holy One, blessed is He, shows them, while they are still in this world,** when they are about to die, **the reward that He is going to give them in the World to Come,**[10] וְנַפְשָׁן שְׂבֵעָה וְהֵם יְשֵׁנִים — and as a result **their souls become satisfied, and** then **they** willingly **go to** their eternal **sleep** in peace. אָמַר רַבִּי אֶלְעָזָר: מָשָׁל לִסְעוּדָה שֶׁעָשָׂה אוֹתָהּ הַמֶּלֶךְ — **R' Elazar said: This is comparable to a feast that was prepared by a king.** וְזִימֵּן אֶת הָאוֹרְחִים וְהֶרְאָה לָהֶם מַה שֶּׁהֵם אוֹכְלִים וְשׁוֹתִין וְשָׂבְעָה נַפְשָׁן וְיָשְׁנוּ לָהֶם — **He invited** his **guests and showed them what they would be eating and drinking** the next day, **and their souls became satisfied** by this, **and they** willingly **went off to sleep.** כָּךְ הַקָּדוֹשׁ בָּרוּךְ הוּא מַרְאֶה לָהֶם לַצַּדִּיקִים עַד שֶׁהֵם בָּעוֹלָם הַזֶּה מַתַּן שְׂכָרָן — **Similarly, the Holy One, blessed is He, shows the righteous, while they are still in This World,** מַה שֶּׁהוּא עָתִיד לִיתֵּן לָהֶם לֶעָתִיד לָבֹא — **the reward that He will give them in the Next World,** וְהֵם יְשֵׁנִים — **and they** then willingly **"go to sleep"** (i.e., they die), שֶׁנֶּאֱמַר "כִּי עַתָּה שָׁכַבְתִּי וְאֶשְׁקוֹט" — **as it is stated** (*Job* 3:13): ***So now I would be lying calmly,*** *I would be asleep; then it will be peaceful for me.*[11] הֱוֵי בִּשְׁעַת סִילּוּקָן שֶׁל צַדִּיקִים הַקָּדוֹשׁ בָּרוּךְ הוּא מַרְאֶה לָהֶם מַתַּן שְׂכָרָן — Thus **it is** established that **at the time of righteous peoples' departure** from This World, **the Holy One, blessed is He, shows them their reward** in the World to Come.

The Midrash cites a related incident:

כַּד דְּמָךְ רַבִּי אַבָּהוּ אַחֲזוּ לֵיהּ תְּלַת עֶשְׂרֵי נַהֲרֵי אֲפַרְסְמוֹן — **Before R' Abahu "went to sleep"** (i.e., died), **he was shown,** in a vision from heaven, **thirteen rivers of balsam oil.**

NOTES

8. The Midrash understands that "she" in this verse refers to a righteous woman or man (*Yefeh To'ar*). Her reward for her good deeds is represented by "a raiment of strength and majesty," and this reward brings her joy on "the last day" — concepts that the Midrash goes on to elaborate.

9. For they do not receive reward for good deeds in this world; all is deferred to the World to Come (*Yefeh To'ar*). [This refers to the *principal* reward. The Mishnah in *Peah* (1:1) teaches, however, that while the principal reward is reserved fully for the World to Come, one eats (i.e., reaps) the *fruits* of Torah study in this world.]

10. The phrase *she has joy on "the last day"* thus refers to the day of death (*Eitz Yosef;* cf. *Maharzu*), for the souls of the righteous rejoice before they die, when they are shown their Heavenly reward.

11. That is: I will now be able to "sleep" (die) calmly, with the knowledge that [as the verse continues] "then (in the World to Come) it will be peaceful for me" (*Maharzu*).

INSIGHTS

righteous in *Gan Eden;* hence, וַיֵּאָסֶף אֶל עַמָּיו, *and he was gathered to his people.* Furthermore, this interpretation explains why, in describing the death of Moses, Scripture mentions the latter two terms, but not וַיִּגְוַע. For while he too merited to die naturally at the age of 120, he had the unique miracle of dying while his body was as strong and as fresh as in its youthful days, as Scripture attests (*Deuteronomy* 34:7): לֹא כָהֲתָה עֵינוֹ וְלֹא נָס לֵחֹה, *his eye had not dimmed and his vigor had not diminished.*

It is important to note, however, that the death by intestinal disorder mentioned in this Midrash, which *Ramban* understood to mean a death by severe illness, was understood quite differently by these latter commentators. The death by this disease is defined by both as being emblematic of the natural death that occurs in old age after the gradual deterioration of the body. Apparently, then, they understood the Midrash as referring to the more common stomach ailments that inevitably occur in the weakening bodies of the elderly, as their stomachs slowly lose their functional abilities. Hence, in their view, the term וַיִּגְוַע describes precisely those who seemingly died naturally after living their life to its maximum length.

פרשה סב

א [כה, ז] **"וְאֵלֶּה יְמֵי שְׁנֵי חַיֵּי אַבְרָהָם", אכְּתִיב** (תהלים לז, יח) **"יוֹדֵעַ ה' יְמֵי תְמִימִים וְנַחֲלָתָם לְעוֹלָם תִּהְיֶה", "יוֹדֵעַ ה' יְמֵי תְמִימִים", זֶה אַבְרָהָם, שֶׁנֶּאֱמַר** (לעיל יז, א) **"וֶהְיֵה תָמִים", "וְנַחֲלָתָם לְעוֹלָם תִּהְיֶה", "וְאֵלֶּה יְמֵי שְׁנֵי חַיֵּי אַבְרָהָם", שֶׁחִבֵּב הַקָּדוֹשׁ בָּרוּךְ הוּא שְׁנוֹתָן שֶׁל צַדִּיקִים וּכְתָבָם בַּתּוֹרָה כְּדֵי שֶׁתְּהֵא נַחֲלַת יְמֵיהֶם זְכוּרָה לְעוֹלָם, °בְּשֵׂיבָה טוֹבָה זָקֵן וְשָׂבֵעַ:**

ב [כה, ח] **"וַיִּגְוַע", אָמַר רַבִּי יְהוּדָה בַּר אִלְעָאי: בהַחֲסִידִים הָרִאשׁוֹנִים הָיוּ מִתְיַיסְּרִין בְּחוֹלִי מֵעַיִים בַּעֲשָׂרָה וְעֶשְׂרִים יוֹם לֵאמֹר שֶׁהַחוֹלִי מְמָרֵק. רַבִּי יְהוּדָה אָמַר כָּל מִי שֶׁנֶּאֱמַר בּוֹ גְּוִיעָה מֵת בְּחוֹלִי מֵעַיִים. כְּתִיב** (משלי לא, כה) **"עוֹז וְהָדָר לְבוּשָׁהּ °", גכָּל מַתַּן שְׂכָרָן שֶׁל צַדִּיקִים מְתוּקָּן לָהֶם לֶעָתִיד לָבֹא וּמַרְאֶה לָהֶם הַקָּדוֹשׁ בָּרוּךְ הוּא עַד שֶׁהֵם בָּעוֹלָם הַזֶּה מַתַּן שְׂכָרָן שֶׁהוּא עָתִיד לִיתֵּן לָהֶם לֶעָתִיד לָבֹא וְנַפְשָׁן שְׂבֵעָה וְהֵם יְשֵׁנִים. אָמַר רַבִּי אֶלְעָזָר: מָשָׁל לִסְעוּדָה שֶׁעָשָׂה אוֹתָהּ הַמֶּלֶךְ וְזִימֵּן אֶת הָאוֹרְחִים וְהֶרְאָה לָהֶם מַה שֶּׁהֵם אוֹכְלִים וְשׁוֹתִין וְשָׂבְעָה נַפְשָׁן וְיָשְׁנוּ לָהֶם, כָּךְ הַקָּדוֹשׁ בָּרוּךְ הוּא מַרְאֶה לָהֶם לַצַּדִּיקִים עַד שֶׁהֵם בָּעוֹלָם הַזֶּה מַתַּן שְׂכָרָן ° שֶׁהוּא עָתִיד לִיתֵּן לָהֶם לֶעָתִיד לָבֹא וְהֵם יְשֵׁנִים שֶׁנֶּאֱמַר** (איוב ג, יג) **"כִּי עַתָּה שָׁכַבְתִּי וְאֶשְׁקוֹט", הֱוֵי בִּשְׁעַת סִילּוּקָן שֶׁל צַדִּיקִים הַקָּדוֹשׁ בָּרוּךְ הוּא מַרְאֶה לָהֶם מַתַּן שְׂכָרָן. כַּד דְּמָךְ רַבִּי אַבָּהוּ אַחֲזוּ לֵיהּ דתְּלַת עֶשְׂרֵי נַהֲרֵי אֲפַרְסְמוֹן.**

רש"י

סב [א] **יודע ה' ימי תמימים זה אברהם.** שנאמר בו התהלך לפני והיה תמים ונחלתם לעולם תהיה שחיבב הקב"ה שנותיהן של צדיקים שכתבם בתורה כדי שתהא נחלת ימיהם זכורה לעולם:

עץ יוסף

סב (א) **כתיב יודע ה' ימי תמימים.** שה' מביט ומשגיח בימי הצדיקים. דל"ד בכלל חייהם ושנותיהם. אלא בכל יום ויום. וזה מהשגחה פרטית עליהם תמיד (יפ"ת): **זה אברהם כו'.** דאשכחינן דאברהם איקרי תמים בהדיא (יפ"ת): [ב] **בשיבה טובה זקן ושבע ויגוע.** הגי' מוטעת וצ"ל ויגוע וימת אברהם בשיבה טובה זקן ושבע. ויגוע אר"י בר אלעאי החסידים כו' עד בחולי מעים: **ושבע.** הה"ד עוז והדר לבושה כו' עד ונפשן שבעה. וכן הוא בילקוט מפורש כאן: (ב) **לאמר שהחולה ממרק.** קרוב להיות שצריך להגיה תיבת למה במקום תיבת לאמר (יפ"ת) ופירושו חולי מעיים ממרק ומנקה הבני מעים. כמ"ש גבי ז' דפרישת משה כדי למרק אכילה שבמעיו (מנדר"א): [ג] **כתיב עוז והדר.** דשבעת ימים מיבעי ליה להכי מייתי הך דרשא שהקב"ה מראה לצדיקים מתן שכרן קודם מותם ונפשם שבעה: **כתיב עוז והדר לבושה.** וכתיב בתריה ותשחק ליום אחרון וקמפרש ליה במה שרואין מתן שכרן ביום המיתה. וקרא באשת חיל מיירי דאפי' אשה זוכה לזה כשהיא כשרה (יפ"ת): **ומראה להם הקדוש ברוך הוא כו'.** ז"ל התנחומא בסדר ויחי. קשה לפני הקב"ה לגזור מיתה על הצדיקים שנא' יקר בעיני ה' המותה לחסידיו. מה הקב"ה עושה מראה להם מתן שכרן כדי שיתבעו מיתה בפיהם עד כאן. הרי מבואר הטעם שמראה להם מתן שכרן כדי שיתבעו מיתה בפיהם וז"ש כאן ונפשם שבעה בשבע רצון ונחת רוח מקבלים הפירוד מעולם הזה: **והם ישנים.** פירוש מתים בלא צער. והיינו ותשחק ליום אחרון: **תלת עשרה נהרי.** עיין מ"ש בתנחומא סדר בראשית סי' א': **אחוו ליה.** הראו לו מן השמים:

פירוש מהרז"ו

סב [א] **זה אברהם.** ע"ל ר"פ נ"ח וכשם שהם תמימים כך שנותיהם תמימים וכן כאן שכתוב ג"כ ג"פ שנה שממלא שנותיהם שלא יחסרו ומחשבם וכמ"ש רש"י בחומש בן ק' כבן ע' ובן ע' כבן ה' לחטא: (ב) **שהחולי ממרק.** פי' ממרק אכילה ושתיה מן הגוף להיות קדוש ונקי: **עוז והדר לבושה.** וס"ד ותשחק ליום אחרון. וכמ"ש לעיל פנ"ב סי' ב' שהשמחה של השכר היא לעוה"ב: **ונפשם שבעה.** וזהו מ"ש כאן זקן ושבע כמש"ל פנ"ט זקן זה קנה ב' עולמות: **שכבתי ואשקוט.** ישנתי אז ינוח לי פי' שע"כ אני ישן בהשקט ושביעה כי אז ינוח לי לעוה"ב והשינה משל על המיתה כמ"ש ורבים מישיני אדמת עפר יקיצו והמנוחה היא בעוה"ב כמ"ש ושם ינוחו יגיעי כח: **רבי אבהו.** שמ"ר פנ"ב סי' ג' עמש"ש וע"ל פנ"ב סי' א':

חידושי הרד"ל

(א) **זכורה לעולם ויגוע אמר רבי יהודה בר אלעי כו'.** מת בחולי מעיים בשיבה טובה זקן ושבע כתיב עוז והדר כו' כצ"ל:

(ב) **אמר רבי יהודה בר אלעי החסידים כו'.** שמחות פ"ג. וכמ"ש בשבת (קי"ז:) ובכתובות (ק"ג:) שרובן של צדיקים מתים בחולי מעיים: **בעשרה ובעשרים יום.** כ"ה הגירסא גם בפירוש להרמב"ן וגם בתורת האדם להרמב"ן שער הפטירה ט"ו ע"ד. והגר"א בשמחות שם הגיה כשנים ושלשה ימים. ועי' בפירש"י פ"ק דיומא דמרוק אכילה שבמעיו די לה ששה ימים וע' מש"ל בס"ד: **לומר שהחולי ממרק.** פירש"י בשבת שם ממרק עונות וכ"מ בשמחות שם דמסיים כדי שיהיו זכאין לע"ל שנאמר מצרף לכסף וגו' (ומפני שחולי מעיים קשה ביותר כמ"ש בשבת (יא.) כל חולי ולא חולי מעיים וכ"ה פי' לשון החולי ממרק בירושלמי ברכות פ"ב לענין תפילין שמביא קרא דהרופא לכל תחלואיכי הסולח לכל עונכי (אלא ששם נאמר חולי סתם ולא פרט חולי מעיים והתוס' בשבת שם פי' בשם המדרש למרק אכילה שבמעיו) וכהוא דיומא שהבאתי לעיל: **כל מי שנאמר בו גויעה כו'.** פי' הרמב"ן שהיא מיתה בלי חולי ומכאוב כגבר יחלש וימות. ולכן אמרו כאן בחולי מעיים שאמרו ברפ"ד דערובין שמתים כשהם מספרים: **והם ישנים.** כאדם שהוא שבע ומתוך כך המאכל מביא את השינה לגוף כן הם שבעים בראיית הטוב והצפון ונפשם שבעה וישנה במנוחה. ועי' רמב"ן. וזהו שמכנים בב"ר ובירושלמי מיתת צדיקים בשם דמך שהוא שינה וע' פר"א פל"ד: **שבבתי ואשקוט.** ישבתי אז ינוח לי הוי בשעת סילוקן כו' כצ"ל:

מסורת המדרש

א לעיל פרשה נ"ח: ב עיין שבת דף קי"ח: ג ירושלמי עבודת כוכבים פרק ג'. שמ"ר פרשה נ"ב. תנחומא סדר בראשית סי' א' וסדר ויחי סימן ד'. ילקוט כאן רמז ק"י. ילקוט ישעיה רמז ש"ל. ילקוט תהלים רמז תשי"ט: ד עיין תענית דף כ"ה:

אם למקרא

יוֹדֵעַ ה' יְמֵי תְמִימִם וְנַחֲלָתָם לְעוֹלָם תִּהְיֶה: (תהלים לז:יח)

עֹז־וְהָדָר לְבוּשָׁהּ וַתִּשְׂחַק לְיוֹם אַחֲרוֹן: (משלי לא:כה)

כִּי־עַתָּה שָׁכַבְתִּי וְאֶשְׁקוֹט יָשַׁנְתִּי אָז יָנוּחַ לִי: (איוב ג:יג)

מתנות כהונה

סב [ב] [**בעשרה ועשרים** גרסינן]: **ממרק.** עונות. ה"ג בילקוט בחולי מעיים ושבע הה"ד עוז כו': **לבושה וגו'** גר' וסיפיה דקרא ותשחק ליום אחרון: **ונפשם שבעה.** בשבע רצון ונחת רוח מקבלים הפירוד מעולם הזה: **מה שהם אוכלים כו'.** כלומר מה שיאכלו וישתו לעת הסעודה: **כד דמך.** ר"ל כשמת ומיתת הצדיקים נוחה להם וכישן נדמה: **אחזו ליה.** הראו לו מן השמים: אלין דמך. כל אלו של מי הם: **אלין דאבהו.** בלשון תמיה וכו' אלו להיות לי ואני וכו': **תלתיהון כו'.** שלשתן אמרו פסוקים אלו

נחמד למראה

סב [א] **ואלה ימי שני חיי אברהם וכו' יודע ה' ימי תמימים זה אברהם וכו'.** נראה דאתא לאשמועינן שימי אברהם היו שלמים ולא נחסרו שהקב"ה יושב וממלא שנותיהם של צדיקים מיום ליום כדאיתא בפ"ק דקדושין. לאפוקי ממאן דאמר שנחסרו משנותיו של אברהם חמש שנים כדי שלא יראה את עשו עושה עבירות כדאיתא לקמן בפרשה ס"ג: [ב] **כד דמך רבי אבהו אחוי ליה תלת עשר נהרי דאפרסמון וכו'.** מדרש הזה תמוה מאד והוא פלא שאיך חשב שיגע לריק ולבהלה. מפרשי המדרש האריכו בזה ונדחקו הרבה. ואני שמעתי מפה קדוש גאון ישראל זלה"ה שהיה דורשו כמין חומר בהקדים מה שאמרו רז"ל והובא בספר ראשית חכמה בפרק הדיינין מעשה בר' אבהו שבא להסתלק מן העולם נכנסו חכמי ישראל אצלו מצאוהו שהיה בוכה

אשד הנחלים

סב [א] **ואלה גו' יודע ה' ימי תמימים זה אברהם כו'.** עיין לעיל בריש סדרא ובביאורי. ודרש יודע מלשון חביבות שחביבים בעיניו. כי כל ימיהם היו רק בעבודתו ית'. ולכן כתוב זאת בתורה כדי שיהי' לעד ולמזכרת כי טוב לעבוד ה'. כי עי"ז יזכו לשיבה טובה. לא כמדמים בעיניהם שהפונה עצמו מעסק עבודת הזמן. לעבוד ה' יכלה כחותיו ח"ו במהרה: [ב] **שהחולי ממרק כו' גויעה מת בחולי מעיים.** הענין כי הגוף שהוא משכן לנפש השכלי בעודו בחיים גם אחרי גויעתו. עודנה יש קצת קשור ביניהם כמפורסם בדברי ח"א בענין הבלא דגרמי ולכן האיש הנעלה מאוד בהתפרדו נפשו מעלה. אז צריך גם הגוף קצת זיכוך מזוהמתו וחלאתו כדי שיתמרק יותר [ע"ד ומורק ושוטף במים]. וזהו התועלת מחולי מעיים שיתנקה מזוהמתו. וג"כ כל עוד שיתמשך חוליו כי חולי מעיים על הרוב חולי ארוך. אז תעוז הנפש ותגבר בענינה ובהשכלותי' כי היא מרומים תשכון עת ינטו תגבורת תענוגי הגוף והרגשותיו ואז מיתתו איננה מיתה רק גויעה שנגווע כחותיו מעט מעט ויתדבק מעלה ברום שמימה. וזהו על צד המליצה עוז [לנפש] והדר כי יתהדר משכן הגוף שהוא לבושה של הנפש. אז ותשחק ליום אחרון בעת שיאיר באור החיים. והבן זה באמת: ודרש עוד על מתן שכר העתיד המתראה לו בעודו בחיים חיותו טרם התפרדו מגיוו. כי אז נבטלו כמעט כחותיו הגופנים עד שאין לו מונע לנפש לחזות ממראות העליונות כי רק החומר הוא המחיצה. ומתוך אותו שהם זוכים להשיגה בעת ההיא. הנפש הולכת ומתפרדת מהגוף להתדבק בעליוני' וזהו הכוונה שהם ישינים. כי עי"ז ניתק ההרכבת הנפש מהגוף והגוף נתיישן מרוב התדבקות הנפשי. וכל זה רק בצדיקים הדבקים בה' והבן גם זה: **כד דמך רבי אבהו כו'**

אֲמַר לְהוֹן אִלֵּין דְּמַאן – **He said to [the angels]** who were showing him this vision, **"Whose are these?"** אָמְרוּ לֵיהּ דִּידָךְ – **They said to him,** "They are **yours!"** אֲמַר אִלֵּין דְּאַבָּהוּ – **He said, "These are Abahu's?!"** "וַאֲנִי אָמַרְתִּי לְרִיק יָגַעְתִּי לְתֹהוּ וְהֶבֶל כֹּחִי כִּלֵּיתִי אָכֵן מִשְׁפָּטִי אֶת ה׳ וגו׳" – And he applied this verse (*Isaiah* 49:4) to himself: ***And I said: I have toiled in vain and used up my strength for nothingness and naught;***[12]Ⓐ *however, my* ***judgment is with HASHEM*** *and [the reward for] my accomplishment is with My God.*[13]

Apropos of its assertion that the righteous, upon their death, are shown their future reward, the Midrash recounts that other Sages were shown their Heavenly reward before their deaths:

זַבְדִּי בֶּן לֵוִי וְרַבִּי יְהוֹשֻׁעַ בֶּן לֵוִי וְרַבִּי יוֹסֵי בֶּן פַּרְטָא תְּלָתֵיהוֹן אָמְרִין אִלֵּין קְרָיָיה כַּד דְּמִיכֵי – **Zavdi ben Levi, R' Yehoshua ben Levi, and R' Yose ben Parta all three of them said** one of **the following verses before they died:**[14] חַד מִנְּהוֹן אֲמַר: "עַל זֹאת יִתְפַּלֵּל כָּל חָסִיד אֵלֶיךָ לְעֵת מְצֹא", "כִּי בוֹ יִשְׂמַח לִבֵּנוּ וגו׳" – **One of them said:** ***For this***[15] ***let every devout person pray to You at the time of finding***[16] (*Psalms* 32:6), and also cited the verse (ibid. 33:21): ***for in it***[17] ***will our hearts be glad.*** וְאוֹחֲרָנָא אֲמַר: "תַּעֲרֹךְ לְפָנַי שֻׁלְחָן נֶגֶד צֹרְרָי", "וְיִשְׂמְחוּ כָל חוֹסֵי בָךְ" – **Another one** of them **said** (ibid. 23:5): ***You prepare a table before me***[18] ***in front of my tormentors;*** *You anointed my head with oil, my cup overflows,* and also cited the verse (ibid. 5:12): ***but all who take refuge in You will rejoice.*** וְאוֹחֲרָנָא אֲמַר: "כִּי טוֹב יוֹם בַּחֲצֵרֶיךָ מֵאָלֶף" – **And another one** of them **said** (ibid. 84:11): ***For one day in Your courtyards is better than a thousand*** elsewhere.[19] וְרַבָּנָן אָמְרֵי: "מָה רַב טוּבְךָ אֲשֶׁר צָפַנְתָּ לִירֵאֶיךָ" – **But** other **Sages said** that the last sage cited did not quote that verse (84:11), but this one (ibid. 31:20):[20] ***How abundant is Your goodness that You have stored away*** (in the World to Come) ***for those who fear You.*** הֱוֵי בִּשְׁעַת סִילּוּקָן שֶׁל צַדִּיקִים מֵהָעוֹלָם – Thus, **it is** established that **at the time of righteous people's departure from the world,** הַקָּדוֹשׁ בָּרוּךְ הוּא מַרְאֶה לָהֶן מַתַּן שְׂכָרָן – **the Holy One, blessed is He, shows them their reward** in the World to Come, and they rejoice and their souls depart willingly.

The Midrash supports this idea further:

בֶּן עַזַּאי אוֹמֵר: "יָקָר בְּעֵינֵי ה׳ הַמָּוְתָה לַחֲסִידָיו" – **Ben Azzai said:** It is written, ***Precious in the eyes of HASHEM, the death of His devout ones*** (ibid. 116:15). אֵימָתַי הַקָּדוֹשׁ בָּרוּךְ הוּא מַרְאֶה לָהֶם שְׂכָרָן שֶׁהוּא מְתוּקָּן לָהֶם סָמוּךְ לְמִיתָתָן – This means: **When does the Holy One, blessed is He, show [the righteous] the reward that is prepared for them? Near their death.**[21] הָדָא הוּא דִכְתִיב "הַמָּוְתָה לַחֲסִידָיו" – And **this is** the meaning of **what is written,** ***the death*** [הַמָּוְתָה] ***of His devout ones.***[22]

The Midrash concludes by citing the end of the verse it cited to open its teaching:

לְפִיכָךְ "וַתִּשְׂחַק לְיוֹם אַחֲרוֹן" – And **therefore,** because God shows the righteous the reward that awaits them after they die, it is written, ***and she has joy at the last day*** (*Proverbs* 31:25).[23]

□ [בְּשֵׂיבָה טוֹבָה זָקֵן וְשָׂבֵעַ – *AT A GOOD OLD AGE, MATURE AND CONTENT.*]

The Midrash notes the significance of this phrase, contrasting death in old age to death at a young age:

NOTES

12. That is: I had always thought that I would not be found worthy of such great reward!

Eitz Yosef notes that R' Abahu was not being disingenuous; he honestly believed that he was not deserving of such reward. He suggests that because R' Abahu was such a righteous person, he felt that his service of Hashem did not amount to anything in light of his true duty. Alternatively, citing *Alshich*, he suggests that since R' Abahu was a wealthy man who was held in great esteem by the non-Jewish monarchy, he was afraid that the privileges afforded to him by his status had diminished his merits, so he did not deserve abundant Heavenly reward. See also Insight Ⓐ.

13. I now see that I have been judged favorably by God after all.

14. [Technically, R' Yehoshua ben Levi did not "die"; he entered the World to Come alive, as the Gemara records in *Kesubos* (77b). The Midrash uses the term loosely with regard to R' Yehoshua, as he is mentioned here along with two other Sages who *did* "die"; it refers to the time when he left this world (*Eitz Yosef,* citing *Yefeh To'ar*).

15. That is, this great reward in the World to Come that I have now been shown (*Eitz Yosef*).

16. Or: *at the time of going out,* i.e., at the time of death. [This is how the phrase לְעֵת מְצוֹא is interpreted elsewhere by the Sages; see *Tanchuma, Mikeitz* §10.] I.e., let every man wish to see such things when he dies. [This indicates that the sage had been shown his eternal reward before death, in line with the previous teaching of the Midrash.]

17. I.e., in this great reward [that I have been shown] (*Eitz Yosef*).

18. This too is understood as a reference to the reward in the World to Come that was shown to him.

19. That is: *One day in Your courtyards* (referring to the reward shown to him in the World to Come) is worth more *than a thousand* days of enjoyment in this world (*Eitz Yosef*).

20. See *Eitz Yosef*, citing *Matnos Kehunah* and *Yefeh To'ar*.

21. The Midrash interprets the verse to mean, "That which is precious in the eyes of *HASHEM* (i.e., the pleasures of the World to Come) [He shows] to His devout ones before they are going to die (*Yefeh To'ar, Eitz Yosef*).

22. The word הַמָּוְתָה, as opposed to the usual form הַמָּוֶת, is apparently interpreted to mean "on the way to death," as חָרָנָה means "on the way to Haran" (*Maadanei Melech*).

23. See above, note 10.

INSIGHTS

Ⓐ **Unanticipated Reward** R' Abahu's reaction to seeing the reward seems strange. How could he think that his life spent in the study of Torah and the observance of the commandments could be, as he put it, vain toil and strength used up for nothingness and naught? Who knew better than he the infinite worth of a Jew's service of God?

Sdeh Tzofim (to *Kesubos* 17a) cites the explanation of *Yismach Moshe* (on our *Sidra*). R' Abahu was one the great Amoraim, but he was also an eloquent spokesman for the Jewish people and was often called upon to represent the nation before the Roman rulers of the land (see *Kesubos* 17a). Though he was respected in the imperial court, this aspect of his life gave him little personal satisfaction. The high regard of caesars and governors was not his goal in life. His community service took him away from his studies and students. Though this did not deter him from devoting himself to the service of his people, he sensed that he was not fully devoted to his true calling, Torah study. When he spoke of vain toil and strength wasted on nothingness, he referred to his missions to the Romans. Important though these missions were, he lamented that they paled in comparison to the holy work that he had been forced to set aside.

His heavenly vision showed him otherwise. Service of Klal Yisrael offers enormous spiritual benefits. R' Abahu's efforts had created "thirteen rivers of balsam oil" in heaven (see aslo *Yefeh To'ar* at length).

Rabbi Yaakov Kamenetsky commented on a rosh yeshivah who, in addition to his learning and shiurim, spent day and night mobilizing support for his yeshivah and extending himself to an extraordinary extent for the welfare of *Klal Yisrael* and the many individuals who sought his help. R' Yaakov said, "The world speaks of his strenuous efforts as *'mesiras nefesh.'* That is a mistake. Jeopardizing health by giving up rest, sleep, nutrition, and family time is *mesiras haguf,* or physical sacrifice. What he is sacrificing is his *nefesh,* his very soul. He is a brilliant Torah scholar who sacrifices his growth in Torah knowledge and time with his students in order to enable the yeshivah to grow and Klal Yisrael to thrive."

אֲמַר לְהוֹן אִלֵּין דְּמַאן, אֲמָרוּ לֵיהּ: דִּידָךְ, אֲמַר: אִלֵּין דְּאַבָּהוּ, (ישעיה מט, ד) "וַאֲנִי אָמַרְתִּי לְרִיק יָגַעְתִּי לְתֹהוּ וְהֶבֶל כֹּחִי כִלֵּיתִי אָכֵן מִשְׁפָּטִי אֶת ה' וְגוֹ'". ה זַבְדִּי בֶּן לֵוִי וְרַבִּי יְהוֹשֻׁעַ בֶּן לֵוִי וְרַבִּי יוֹסֵי בֶּן פַּרְטָא תְּלָתֵיהוֹן אָמְרִין אִלֵּין קְרָיָה כַּד דְּמִיכֵי, חַד מִנְּהוֹן אֲמַר (תהלים לב, ו) "עַל זֹאת יִתְפַּלֵּל כָּל חָסִיד אֵלֶיךָ לְעֵת מְצֹא", (שם לג, כא) "כִּי בוֹ יִשְׂמַח לִבֵּנוּ וְגוֹ'". וְאוּחֲרָנָא אֲמַר (שם כג, ה) "תַּעֲרוֹךְ לְפָנַי שֻׁלְחָן נֶגֶד צֹרְרָי", (שם ה, יב) "וְיִשְׂמְחוּ כָל חוֹסֵי בָךְ", וְאוּחֲרָנָא אֲמַר (שם פד, יא) "כִּי טוֹב יוֹם בַּחֲצֵרֶיךָ מֵאָלֶף". וְרַבָּנָן אָמְרֵי: (שם לא, כ) "מָה רַב טוּבְךָ אֲשֶׁר צָפַנְתָּ לִירֵאֶיךָ", הֱוֵי בִּשְׁעַת סִילּוּקָן שֶׁל צַדִּיקִים מֵהָעוֹלָם הַקָּדוֹשׁ בָּרוּךְ הוּא מַרְאֶה לָהֶן מַתַּן שְׂכָרָן. בֶּן עַזַּאי אוֹמֵר (שם קטז, טו) "יָקָר בְּעֵינֵי ה' הַמָּוְתָה לַחֲסִידָיו", °וְאֵימָתַי הַקָּדוֹשׁ בָּרוּךְ הוּא מַרְאֶה לָהֶם שְׂכָרָן שֶׁהוּא מְתוּקָּן לָהֶם סָמוּךְ לְמִיתָתָן. הָדָא הוּא דִכְתִיב "הַמָּוְתָה לַחֲסִידָיו", לְפִיכָךְ (משלי לא, כה) "וַתִּשְׂחַק לְיוֹם אַחֲרוֹן". מַה בֵּין מִיתַת נְעָרִים לְמִיתַת זְקֵנִים רַבִּי יְהוּדָה אוֹמֵר: ו הַנֵּר הַזֶּה בְּשָׁעָה שֶׁהוּא כָּבֶה מֵאֵלָיו יָפֶה לוֹ וְיָפֶה לַפְּתִילָה, וּבְשָׁעָה שֶׁאֵינוֹ כָּבֶה מֵאֵלָיו רַע לוֹ וְרַע לַפְּתִילָה.

לריק יגעתי. כמ"ש באבות אל תאמין בעצמך עד יום מותך שמא יגרום החטא. אכן משפטי את ה' ופעולתי את אלהי. ופעולה היא השכר כמ"ש פעולת שכיר. וכן ברעהו יעבוד חנם ופועלו לא יתן לו: **זבדי בן לוי.** מדרש תהלים מז' ה':

אלין דמאן. כל אלו של מי הם: **אלין דאבוה.** בלשון תימא אלו להיות לו ואני כו': **לריק יגעתי.** בוודאי לא בשפתי מרמה דבר זה כי אם באמת. כי נגד גודל האהבה המחייבת אותו בעבודת הבורא יתב' כאפס וכאין נחשב בעיניו מעשה עבודתו. והאלשיך כתב אפשר כי למה שהיה עשיר ועגוג מאד כאשר הפליגו בגמרא. ואשר היה גדול בבני קיסר היה דואג בלבו אולי ניכה בהנאת גופו כל זכיותיו. וזהו אמרתי לריק יגעתי כו' אכן משפטי את ה' בעל הרחמים שאינו מקפח שכר כל בריה. ועיין בתנחומא הנ"ל: **[ד] ורבי יוסי בן פרטא.** נ"ל בן פטרוס וכן הוא בש"ר (סדה"ד). ומייתי ראיה מאלו החכמים למה שאמר לעיל שהצדיקים רואים מתן שכרן ביום המיתה. כי הא כל אחד מאלו ראה שכרו והראה עליו באצבעו. כמו שאכתוב לקמן בסמוך: **כד דמיכי.** כשמתו. ואע"ג דריב"ל נכנס חי לג"ע כדאי' בפרק המדיר מ"מ לא קשה מ"ש כאן כד דמיכי. דמשום רובא דהיינו זבדי בן לוי ור' יוסי דשייך בהו האי לישנא נקטה ולא חש למיעוטא (יפ"ת): **חד מנהון אמר.** על זאת דייקא כלו' על זה השכר ותענוג נפשי שאני רואה. יתפלל כל חסיד אליך לעת מצוא זו מיתה כדאי' בברכות כי בו בשכר כזה ישמח לבנו. והשני אמר תערוך לפני שלחן וגו'. והשלישי אמר כי טוב יום כזה שאני רואה אותו כעת בחצריך. והוא בחצרי ג"ע ששם הקב"ה מטייל עם הצדיקים. מאלף ר"ל מאלף ימים שהייתי בתענוגי עוה"ז. וכמאמרם ז"ל יפה שעה אחת של קורת רוח בעוה"ב מכל חיי עוה"ז: **ורבנן אמרי מה רב טובך.** פי' רבנן אמרי שזה האחרון לא אמר כי טוב יום בחצרך. אלא מה רב טובך. והכי מוכח לקמן פ' נ"ב (מת"כ ויפ"ת): **בן עזאי כו' אימתי הקב"ה מראה כו'.** כצ"ל אימתי בלא וי"ו. וכן הוא בילקוט כאן. וגם הוא בא לדרוש כתוב זה לראיה שהקב"ה מראה לצדיקים מתן שכרן קודם מותם כמש"ל בשם התנחומא. ופי' הכתוב מה שהוא יקר מאד בעיני ה' והוא תענוגי העוה"ב הוא מראה אותן לחסידיו בעת המיתה. ומסיים המדרש לפיכך ותשחק ליום אחרון והוא הדבר שפתח בו לעיל: **ושבע.** הה"ד עוז והדר לבושה וכמש"ל: **[ה] מה בין מיתת נערים כו'.** דק"ל למה אמר זקן הרי כבר נא' בשיבה טובה. וכן מה ת"ל ושבע. לכך אמר דה"ק שבהיותו זקן היה שבע מן החיים ולא נצטער במיתתו: **הנר הזה.** כלו' כלי שמן הדולק הנקרא נר. בשעה שהוא כבה מאליו בכלות לחלוחית שמנו. אז יפה לנר ויפה לפתילה שאינם נמאסין משמן. ובשעה שאינו כבה מאליו רע לו ורע לפתילה שהם נמאסים משמן והם נשחתים ונפסדים. וכן הפתילה

חידושי הרד"ל

אמר כל אלין דאבהו. כ"ה בשמ"ר פנ"ב וכצ"ל: **משפטי את ה'.** ופעולתי את אלהי כצ"ל: **ור' יוסי בן פטרוס** בצ"ל. וכ"ה בשמ"ר וע"ש נ"א בפסוקים אלו: **שכרן.** בשמ"ר שם הלשון היקר שהוא מתוקן להם וכלשון המקרא יקר כו': **יפה לפתילה כו'**

מסורת המדרש

ה ירושלמי עבודת כוכבים פרק ג'. לקמן פרשה נ"ב. שמות רבה פרשה נ"ב. מדרש תהלים סוף מזמור ה'. ילקוט כאן רמז ק"י. ילקוט ישעיה רמז ש"ל. ילקוט תהלים רמז תשי"ט:

ו ירושלמי ברכות פ' ב'. שה"ש רבה פרשה ו' פסוק ב'. קה"ר פ' ה' פסוק י"א:

אם למקרא

וַאֲנִי אָמַרְתִּי לְרִיק יָגַעְתִּי לְתֹהוּ וְהֶבֶל כֹּחִי כִלֵּיתִי אָכֵן מִשְׁפָּטִי אֶת ה' וּפְעֻלָּתִי אֶת־אֱלֹהָי: (ישעיה מט:ד)

עַל־זֹאת יִתְפַּלֵּל כָּל־חָסִיד אֵלֶיךָ לְעֵת מְצֹא רַק לְשֵׁטֶף מַיִם רַבִּים אֵלָיו לֹא יַגִּיעוּ: (תהלים לב:ו)

תַּעֲרֹךְ לְפָנַי שֻׁלְחָן נֶגֶד צֹרְרָי דִּשַּׁנְתָּ בַשֶּׁמֶן רֹאשִׁי כּוֹסִי רְוָיָה: (תהלים כג:ה)

כִּי טוֹב־יוֹם בַּחֲצֵרֶיךָ מֵאָלֶף בָּחַרְתִּי הִסְתּוֹפֵף בְּבֵית אֱלֹהַי מִדּוּר בְּאָהֳלֵי־רֶשַׁע: (תהלים פד:יא)

מָה רַב טוּבְךָ אֲשֶׁר־צָפַנְתָּ לִּירֵאֶיךָ פָּעַלְתָּ לַחוֹסִים בָּךְ נֶגֶד בְּנֵי אָדָם: (תהלים לא:כ)

יָקָר בְּעֵינֵי ה' הַמָּוְתָה לַחֲסִידָיו: (תהלים קטז:טו)

מתנות כהונה

כשמתו כלומר בשעת מיתתן קודם לאת נשמתן ראו שכרן המוכן להם לעוה"ב: **ורבנן אמרו.** שזה האחרון אמר פסוק זה מה רב טובך והכי מוכח לקמן פרשה נ"ב [ועי' בשמ"ר פנ"ב: **אימתי הקב"ה** גרסי': ה"ג **הדא הוא דכתיב יקר בעיני ה' המותה כו'**]: **שהוא כבה מאליו כו'.** וכן הוא הזקנים שמתים בזמנם ונוח להם:

נחמד למראה

אמרו לו למה אתה בוכה הלא כל ימיך יגעת בתורה וכל כך תלמידים העמדת ולא עוד אלא שמדה יתירה בך שלא נתעסקת בדינים אמר להם עליה אני בוכה שלא נשאתי במשאם של ישראל וקיימתי מה שנאמר ואיש תרומות יהרסנה ע"כ. נמצא שר' אבהו לפני מותו היה מתאונן על מה שלא נשא במשאם של ישראל והוא היה חושב שכל צדקותיו אשר עשה לא תזכרנה כיון שקיים בעצמו ואיש תרומות יהרסנה והרס את העולם ולכך תיכף הראו לו באותו פרק כי ח"ו אינו כן והנה שכרו אתו תלת עשר נהרי דאפרסמון ועל זה תמה ואמר כל אילין דאבהו ואני אמרתי לריק יגעתי וכו' שהייתי אומר כיון שלא נשאתי במשאם ודינם של ישראל לא מועיל התורה שלי אכן משפטי את ה' ופעולתי פעולת התורה את אלהי. ושפתים ישק ודו"ק:

אשד הנחלים

ואני אמרתי לריק גו'. רבים תמהו בספריהם. האם ח"ו ר"א לא האמין בשכר שדימה כי לריק יגע בתורתו. אך אין זה קושי'. כי כל צדיק המרגיש באמת כבוד ה' ואמתתו בלבו יקטן בעיניו עבודתו ומעשיהו. ומדמה בנפשו כי כל פעולותיו המה כאין וריק מול גדלו ית'. וכמעט שלא יזכה לשכר עדי' כי מה עשה. וזה מתכונת הכנעה האמיתית לאל איום ונורא וענין הי"ג נהרו' אפרסמון מבואר בדברי החכמים בספריהם. והכלל שהדבר מרמז לעניני השגות מה שמשיג הצדיק וזוכה להשכיל. והנהר שם לשפע ההשגה ע"ד כי מלאה הארץ דעה כמים לים מכסים. ואפרסמון הוא שם לריח הנודף מאוד והושאל ג"כ להשגה הגדולה הנודף לנפשו מהדר כבוד ה' ע"ד הכתוב והריחו ביראת ה' זהו בדרך כלל והפרטים עיין דבריהם אם תרצה: **על זאת גו' תערוך גו' כי טוב גו'.** ענין הפסוקים הללו אחר התבוננות היטב הוא כמו שהאריכו המחקרים וחכמי אמת בספריהם. האדם בעת הסתלקותו מעולמו צריך שיכין את נפשו לעולם שהוא הולך להתבונן עדי' ולהתדבק בה. [וע' ביוסיפין חלק ו' במענה אם יוסף בן גוריון במה שהשיבה להפריצים מענין זה בארוכה] והנה יש שני אופנים מניעות שח"ו לא יזכה לזה. אחד מרוב טרדות הגוף ומכאוביו אשר כשטף מים רבים יהמו רעיוניו ויתבלבל שכל בעת ההיא וזהו בקשת הראשון על זאת גו' לעת מצוא [זו מיתה] רק לשטף מים רבים אליו לא יגיעו שלא יתבלבלו רעיוני לבו. והב' מפני עוונותיו אשר נבראו מלאכי משחית להסיתו לאדם לרעה כידוע. וזהו צוררי האדם ומחטיאיו ובפרט בעת המיתה ח"ו. וזהו בקשת השני. וכל אחד סיים בדרך טוב במה שהשיגו סמוך לגוויעתו. הראשון אמר כי בו ישמח לבנו כי זהו כל תשוקתו רק להתדבק בה' וזהו מאויינו אשר עתה אנו זוכים לזה. והשני אמר וישמחו כל חוסי בך. כי אשרי האדם אשר כל בטחונו והתדבקותו לה' בעודו בחייו [ואז] לעולם ירננו כלומר יזכו לתענוג נצחי. והשלישי לא דיבר מבקשה הזאת מאומה. רק בהשגתו אשר נתרבה בעת ההיא שהנפש בעת שמתפרדת מהגוף אז מרגשת בנועם הדביקות. ואז תאמר מנפשה כי טוב יום בחצריך וגו' ודי בזה. **בן עזאי אומר יקר גו'.** כי בן עזאי הציץ במעשי מרכבה. ועי"כ נתדבק נפשו למעלה מאוד עד שלא היה יכול להיות בהרכבת גופו מרוב התבודדותו והנה לחסיד כזה מה יקר ונכבד אליו המותה. כי אז ישיג מה שבכחו והבן זה: **הנר הזה כו' ויפה לפתילה.** לכאורה מורה שהכוונה שכבה מאליה היינו שנכבה הנר עד תומו כבנמשל

מַה בֵּין מִיתַת נְעָרִים לְמִיתַת זְקֵנִים — **What is the difference between the death of young people and the death of old people?** רַבִּי יְהוּדָה אוֹמֵר: הַנֵּר הַזֶּה בְּשָׁעָה שֶׁהוּא כָּבֶה מֵאֵלָיו יָפֶה לוֹ וְיָפֶה לַפְּתִילָה — **R' Yehudah said: An oil-lamp, when it** runs out of oil and **becomes extinguished on its own, it is good for [the lamp] and good for the wick;**[24] וּבְשָׁעָה שֶׁאֵינוֹ כָּבֶה מֵאֵלָיו רַע לוֹ וְרַע לַפְּתִילָה — **but when it does not become extinguished on its own,** but due to some outside interference, **it is bad for [the lamp] and bad for the wick.**[25]

NOTES

24. They are both free of residue and can be easily used again.

25. In such an instance, the oily residue makes it difficult to use them again; they may even become ruined.

The lamp represents the body, and the wick, the soul (*Yefeh To'ar, Eitz Yosef*). When one dies of old age, it is good for his body, for he does not suffer much, as his body simply shuts down; it is also good for his soul, as he has had the opportunity to fulfill his spiritual potential. But if one dies young, the separation of body and soul is difficult, and the cause of so much suffering (see above, note 6); furthermore, death at a young age cuts short one's opportunity to attain spiritual accomplishments. This is the intent of Scripture's statement here that Abraham died "*mature* and *content* (lit., *sated*)"; i.e., his body and soul were both replete.

אֲמַר לְהוֹן אִלֵּין דְּמַאן, אֲמָרוּ לֵיהּ: דִּידָךְ, אֲמַר: אִלֵּין דְּאַבָּהוּ, (ישעיה מט, ד) "וַאֲנִי אָמַרְתִּי לְרִיק יָגַעְתִּי לְתֹהוּ וְהֶבֶל כֹּחִי כִלֵּיתִי אָכֵן מִשְׁפָּטִי אֶת ה' וְגוֹ'". [ה] זַבְדִּי בֶּן לֵוִי וְרַבִּי יְהוֹשֻׁעַ בֶּן לֵוִי וְרַבִּי יוֹסֵי בֶּן פַּרְטָא תְּלָתֵיהוֹן אָמְרִין אִלֵּין קְרָיָה כַּד דְּמִיכֵי, חַד מִנְּהוֹן אֲמַר (תהלים לב, ו) "עַל זֹאת יִתְפַּלֵּל כָּל חָסִיד אֵלֶיךָ לְעֵת מְצֹא", (שם לג, כא) "כִּי בוֹ יִשְׂמַח לִבֵּנוּ וְגוֹ'". וְאוֹחֲרָנָא אֲמַר (שם כג, ה) "תַּעֲרוֹךְ לְפָנַי שֻׁלְחָן נֶגֶד צֹרְרָי", (שם ה, יב) "וְיִשְׂמְחוּ כָל חוֹסֵי בָךְ", וְאוֹחֲרָנָא אֲמַר (שם פד, יא) "כִּי טוֹב יוֹם בַּחֲצֵרֶיךָ מֵאָלֶף". וְרַבָּנָן אָמְרֵי: (שם לא, כ) "מָה רַב טוּבְךָ אֲשֶׁר צָפַנְתָּ לִּירֵאֶיךָ", הֱוֵי בִּשְׁעַת סִילּוּקָן שֶׁל צַדִּיקִים מֵהָעוֹלָם הַקָּדוֹשׁ בָּרוּךְ הוּא מַרְאֶה לָהֶן מַתַּן שְׂכָרָן. בֶּן עַזַּאי אוֹמֵר (שם קטז, טו) "יָקָר בְּעֵינֵי ה' הַמָּוְתָה לַחֲסִידָיו", °וְאֵימָתַי הַקָּדוֹשׁ בָּרוּךְ הוּא מַרְאֶה לָהֶם שְׂכָרָן שֶׁהוּא מְתוּקָּן לָהֶם סָמוּךְ לְמִיתָתָן. הָדָא הוּא דִכְתִיב "הַמָּוְתָה לַחֲסִידָיו", לְפִיכָךְ (משלי לא, כה) "וַתִּשְׂחַק לְיוֹם אַחֲרוֹן". מַה בֵּין מִיתַת נְעָרִים לְמִיתַת זְקֵנִים רַבִּי יְהוּדָה אוֹמֵר: [ו] הַנֵּר הַזֶּה בְּשָׁעָה שֶׁהוּא כָּבֶה מֵאֵלָיו יָפֶה לוֹ וְיָפֶה לַפְּתִילָה, וּבְשָׁעָה שֶׁאֵינוֹ כָּבֶה מֵאֵלָיו רַע לוֹ וְרַע לַפְּתִילָה.

עץ יוסף

אלין דמאן. כל אלו של מי הם: **אלין דאבוה.** בלשון תימה אלו להיות לו ואני כו': **לריק יגעתי.** בוודאי לא בשפתי מרמה דבר זה כי אם באמת. כי נגד גודל האהבה המחייבת אותו בעבודת הבורא ית' כאפס וכאין נחשב בעיניו מעשה עבודתו. והאלשיך כתב אפשר כי למה שהיה עשיר ועגוג מאד כאשר הפליגו בגמרא. ואשר היה גדול בבי קיסר היה דואג בלבו אולי ניכה בהנאת גופו כל זכיותיו. וזהו אמרתי לריק יגעתי כו' אכן משפטי את ה' בעל הרחמים שאינו מקפח שכר כל בריה. ועיין בתנחומא הנ"ל: [ד] **ורבי יוסי בן פרטא.** נ"ל בן פטרוס וכן הוא בש"ר (סדה"ד). ומייתי ראיה מאלו החכמים למה שאמר לעיל שהצדיקים רואים מתן שכרן ביום המיתה. כי הנא כל אחד מאלו ראה שכרו והראה עליו באצבעו. כמו שאכתוב לקמן בסמוך: **כד דמיכי.** כשמתו. ואע"ג דריב"ל נכנס חי לג"ע כדאי' בפרק המדיר מ"מ לא קשה מ"ש כאן כד דמיכי. דמשום רובא דהיינו זבדי בן לוי ור' יוסי דשייך בהו האי לישנא נקטה ולא חש למיעוטא (יפ"ת): **חד מנהון אמר.** על זאת דייקא כלו' על זה השכר ותענוג נפשי שאני רואה. יתפלל כל חסיד אליך לעת מצוא זו מיתה כדאי' בברכות כי בו בשכר כזה ישמח לבנו. והשני אמר תערוך לפני שלחן וגו'. והשלישי אמר כי טוב יום כזה שאני רואה אותו כעת בחצריך. והוא בחצרי ג"ע ששם הקב"ה מטייל עם הצדיקים. מאלף ר"ל מאלף ימים שהייתי בתענוגי עוה"ז. וכמאמרם ז"ל יפה שעה אחת של קורת רוח בעוה"ב מכל חיי עוה"ז: **ורבנן אמרי מה רב טובך.** פי' רבנן אמרי שזה האחרון לא אמר כי טוב יום בחצרך. אלא מה רב טובך. והכי מוכח לקמן פ' נ"ב (מת"כ ויפ"ת): **בן עזאי כו' אימתי הקב"ה מראה כו'.** כצ"ל אימתי בלא וי"ו. וכן הוא בילקוט כאן. וגם הוא בא לדרוש כתוב זה לראיה שהקב"ה מראה לצדיקים מתן שכרן קודם מותם כמש"ל בשם התנחומא. ופי' הכתוב מה שהוא יקר מאד בעיני ה' והוא תענוגי העוה"ב הוא מראה אותן לחסידיו בעת המיתה. ומסיים המדרש לפיכך ותשחק ליום אחרון והוא הדבר שפתח בו לעיל: **ושבע.** הה"ד עוז והדר לבושה וכמש"ל: [ה] **מה בין מיתת נערים כו'.** דק"ל למה אמר זקן הרי כבר נא' בשיבה טובה. וכן מה ת"ל ושבע. לכך אמר דה"ק שבהיותו זקן היה שבע מן החיים ולא נצטער במיתתו: **הנר הזה.** כלו' כלי שמן הדולק הנקרא נר. בשעה שהוא כבה מאליו בכלות לחלוחית שמנו. אז יפה לנר ויפה לפתילה שאינם נמאסין משמן. ובשעה שאינו כבה מאליו רע לו ורע לפתילה שהם נמאסים משמן והם נשחתים ונפסדים. וכן הפתילה

פירוש מהרז"ו

לריק יגעתי. כמ"ש באבות אל תאמין בעצמך עד יום מותך שמא יגרום החטא. אכן משפטי את ה' ופעולתי את אלהי. ופעולה היא השכר כמ"ש פעולת שכיר. וכן ברעהו יעבוד חנם ופועלו לא יתן לו: **זבדי בן לוי.** מדרש תהלים מז' ה':

חידושי הרד"ל

אמר כל אלין דאבהו. כ"ה בשמ"ר פנ"ב וכצ"ל:

משפטי את ה'. ופעולתי את אלהי כצ"ל:

ור' יוסי בן פטרוס בצ"ל. וכ"ה בשמ"ר וע"ש כ"א בפסוקים אלו:

שכרן. בשמ"ר שם הלשון היקר שהוא מתוקן להם וכלשון המקרא יקר כו': **יפה לפתילה כו'**

מסורת המדרש

ה ירושלמי עבודת כוכבים פרק ג'. לקמן פרשה נ"ב. שמות רבה פרשה נ"ב. מדרש תהלים סוף מזמור ה'. ילקוט כאן רמז ק"י. ילקוט ישעיה רמז ש"ל. ילקוט תהלים רמז תשי"ט:

ו ירושלמי ברכות פ' ב'. שה"ש רבה פרשה ו' פסוק ב'. קה"ר פ' ה' פסוק י"א:

אם למקרא

וַאֲנִי אָמַרְתִּי לְרִיק יָגַעְתִּי לְתֹהוּ וְהֶבֶל כֹּחִי כִלֵּיתִי אָכֵן מִשְׁפָּטִי אֶת ה' וּפְעֻלָּתִי אֶת־אֱלֹהָי: (ישעיה מט:ד)

עַל־זֹאת יִתְפַּלֵּל כָּל־חָסִיד אֵלֶיךָ לְעֵת מְצֹא רַק לְשֵׁטֶף מַיִם רַבִּים אֵלָיו לֹא יַגִּיעוּ: (תהלים לב:ו)

תַּעֲרֹךְ לְפָנַי שֻׁלְחָן נֶגֶד צֹרְרָי דִּשַּׁנְתָּ בַשֶּׁמֶן רֹאשִׁי כּוֹסִי רְוָיָה: (תהלים כג:ה)

כִּי טוֹב־יוֹם בַּחֲצֵרֶיךָ מֵאָלֶף בָּחַרְתִּי הִסְתּוֹפֵף בְּבֵית אֱלֹהַי מִדּוּר בְּאָהֳלֵי־רֶשַׁע: (תהלים פד:יא)

מָה רַב טוּבְךָ אֲשֶׁר־צָפַנְתָּ לִּירֵאֶיךָ פָּעַלְתָּ לַחוֹסִים בָּךְ נֶגֶד בְּנֵי אָדָם: (תהלים לא:כ)

יָקָר בְּעֵינֵי ה' הַמָּוְתָה לַחֲסִידָיו: (תהלים קטז:טו)

מתנות כהונה

כשמתו כלומר בשעת מיתתן קודם לאת נשמתן ראו שכרן המוכן להם לעוה"ב: **ורבנן אמרו.** שזה האחרון אמר פסוק זה מה רב טובך והכי מוכח לקמן פרשה נ"ב [ועי' בשמ"ר פנ"ב: **אימתי** הקב"ה גרסי': ה"ג הדא הוא דכתיב יקר בעיני ה' המותה כו']: **שהוא כבה מאליו כו'.** וכן הוא הזקנים שמתים בזמנם ונוח להם:

נחמד למראה

אמרו לו למה אתה בוכה הלא כל ימיך יגעת בתורה וכל כך תלמידים העמדת ולא עוד אלא שמדה יתירה בך שלא נתעסקת בדינים אמר להם עליה אני בוכה שלא נשאתי במשאם של ישראל וקיימתי מה שנאמר ואיש תרומות יהרסנה ע"כ. נמצא שר' אבהו לפני מותו היה מתאונן על מה שלא נשא במשאם של ישראל והוא היה חושב שכל צדקותיו אשר עשה לא תזכרנה כיון שקיים בעצמו ואיש תרומות יהרסנה והרס את העולם ולכך תיכף הראו לו באותו פרק כי ח"ו איננו כן והנה שכרו אתו תלת עשר נהרי דאפרסמון ועל זה תמה ואמר כל אילין דאבהו ואני אמרתי לריק יגעתי וכו' שהייתי אומר כיון שלא נשאתי במשאם ודינם של ישראל לא מועיל התורה שלי אכן משפטי את ה' ופעולתי פעולת התורה את אלהי. ושפתים ישק ודו"ק:

אשד הנחלים

ואני אמרתי לריק גו'. רבים תמהו בספריהם. האם ח"ו ר"א לא האמין בשכר שדימה כי לריק יגע בתורתו. אך אין זה קושי'. כי כל צדיק המרגיש באמת כבוד ה' ואמתתו בלבו יקטן בעיניו עבודתו ומעשיהו. ומדמה בנפשו כי כל פעולותיו המה כאין וריק מול גדלו ית'. וכמעט שלא יזכה לשכר עדי' כי מה עשה. וזה מתכונת הכנעה האמיתית לאל איום ונורא וענין הי"ג נהרו' אפרסמון מבואר בדברי החכמים בספריהם. והכלל שהדבר מרמז לעניני השגות מה שמשיג הצדיק וזוכה להשכיל. והנהר שם לשפע ההשגה ע"ד כי מלאה הארץ דעה כמים לים מכסים. ואפרסמון הוא שם לריח הנודף מאוד והושאל ג"כ להשגה הגדולה הנודף לנפשו מהדר כבוד ה' ע"ד הכתוב והריחו ביראת ה' זהו בדרך כלל והפרטים עיין דבריהם אם תרצה: **על זאת גו' תערוך גו' כי טוב גו'.** ענין הפסוקים הללו אחר התבוננות היטב הוא כמו שהאריכו המחקרים וחכמי אמת בספריהם. ההאדם בעת הסתלקותו מעולמו צריך שיכין את נפשו לעולם שהוא הולך להתבונן עדי' ולהתדבק בה. [וע' ביוסיפין חלק ו' במענה אם יוסף בן גוריון במה שהשיבה להפריצים מענין זה בארוכה] והנה יש שני אופנים מניעות שח"ו לא יזכה לזה. אחד מרוב טרדות הגוף ומכאוביו אשר כשטף מים רבים יהמו רעיוניו ויתבלבל שכל בעת ההיא וזהו בקשת הראשון על זאת גו' לעת מצוא [זו מיתה] רק לשטף מים רבים אליו לא יגיעו שלא יתבלבלו רעיוני לבו. והב' מפני עוונותיו אשר נבראו מלאכי משחית להסיתו לאדם לרעה כידוע. וזהו צוררי האדם ומחטיאיו ובפרט בעת המיתה ח"ו. וזהו בקשת השני. וכל אחד סיים בדרך טוב במה שהשיגו סמוך לגוויעתו. הראשון אמר כי בו ישמח לבנו כי זהו כל תשוקתו רק להתדבק בה' וזהו מאויינו אשר עתה אנו זוכים לזה. והשני אמר וישמחו כל חוסי בך. כי אשרי האדם אשר כל בטחונו והתדבקותו לה' בעודו בחייו [ואז] לעולם ירננו כלומר יזכו לתענוג נצחי. והשלישי לא דיבר מבקשה הזאת מאומה. רק בהשגתו אשר נתרבה בעת ההיא שהנפש בעת שמתפרדת מהגוף אז מרגשת בנועם הדביקות. ואז תאמר מנפשה כי טוב יום בחצריך וגו' ודי בזה. **בן עזאי אומר יקר גו'.** כי בן עזאי הציץ במעשי מרכבה. ועי"כ נתדבק נפשו למעלה מאוד עד שלא היה יכול להיות בהרכבת גופו מרוב התבודדותו והנה לחסיד כזה מה יקר ונכבד אליו המותה. כי אז ישיג מה שבכחו והבן זה: **הנר הזה כו' ויפה לפתילה.** לכאורה מורה שהכוונה שכבה מאליה היינו שנכבה הנר עד תומו כבנמשל

A second parable to illustrate this point:

רַבִּי אַבָּהוּ אָמַר: הַתְּאֵינָה הַזּוֹ בְּשָׁעָה שֶׁהִיא נִלְקֶטֶת בְּעוֹנָתָהּ יָפֶה לָהּ וְיָפֶה לַתְּאֵינָה – **R' Abahu said: A fig, when it is picked in its** proper **time,** i.e., when it is fully ripe, **it is good for [the fig] and good for the fig tree;**[26] וּבְשָׁעָה שֶׁהִיא מִתְלַקֶּטֶת שֶׁלֹּא בְּעוֹנָתָהּ רַע לָהּ וְרַע לַתְּאֵינָה – **but when it is picked when not in its** proper **time,** before it ripens, **it is bad for [the fig] and bad for the fig tree.**[27]

The Midrash stated that it is a bad thing when a person dies in his youth. Yet, it sometimes happens that a righteous individual does die at a young age. The Midrash relates the following story to explain how we are to view this phenomenon:[28]

רַבִּי חִיָּיא רַבָּה וְתַלְמִידָיו, וְאִית דְּאָמְרֵי רַבִּי עֲקִיבָא וְתַלְמִידָיו, וְאִית דְּאָמְרֵי רַבִּי יוֹסֵי בַּר חֲלַפְתָּא וְתַלְמִידָיו – **R' Chiya the Great and his students – others say** it was **R' Akiva and his students, and** yet **others say** it was **R' Yose bar Chalafta and his students** – הָיוּ לְמוּדִים לִהְיוֹת מַשְׁכִּימִין וְיוֹשְׁבִין וְשׁוֹנִין תַּחַת תְּאֵינָה אַחַת – **were in the habit of arising early, and sitting and learning under a certain fig tree.** וְהָיָה בַּעַל הַתְּאֵינָה מַשְׁכִּים וְלוֹקְטָהּ – **The owner of the fig tree would** always **arise early and pick** figs **from it** as they were sitting there. אָמְרוּ שֶׁמָּא הוּא חוֹשְׁדֵינוּ – **[The sage and his students] said, "Perhaps** the reason he always comes to pick his fruit when we are here is that **he is suspicious of us,** and is concerned that we might help ourselves to some of his figs!" מֶה עָבְדוּן – **What did they do?** חַלְפוּן אַתְרוֹן – **They changed their place** of early morning learning. אֲזַל לְגַבַּיְיהוּ וַאֲמַר לְהוֹן רִבּוֹתַי חֲדָא מִצְוָה דַּהֲוֵיתוּן נְהִיגִין זָכַיִין בִּי – **[The owner]** of the fig tree **went to them** in their new location **and said to them, "Gentlemen! The one mitzvah** through which **you used to supply merit for me** – יוֹשְׁבִין וְשׁוֹנִין תַּחַת תְּאֵינָתִי – namely, **sitting and learning under my fig tree** – בִּיטַּלְתּוּהָ – **you have** now **discontinued!"** אָמְרוּ לֵיהּ – **They said to him,** אָמַרְנוּ שֶׁמָּא אַתְּ חוֹשְׁדֵינוּ – **"We thought** that **perhaps you suspected us** of stealing." פִּייְסָן וְחָזְרוּ לִמְקוֹמָן – **He spoke words of appeasement to them,**[29] **and they returned to their** original **place** to learn. מֶה עָשָׂה – **What did he do** to prove his explanation true? הִשְׁכִּים בְּשַׁחֲרִית וְלֹא לִיקְּטָהּ – **He arose early the next morning but did not pick** any figs **from [his tree]** at the usual time. וְזָרְחָה עָלֶיהָ הַחַמָּה וְהִתְלִיעוּ – **The sun shone upon [the tree] and [the figs] rotted.**[30] אָמְרוּ: בַּעַל הַתְּאֵינָה יוֹדֵעַ אֵימָתַי הִיא עוֹנָתָהּ שֶׁל תְּאֵינָה לִלְקוֹט וְלוֹקְטָהּ – When the sage and his students saw this, they derived a lesson from this incident, and **they said: "The owner of the fig tree knows** exactly **when is the** right **time to pick** his figs, **and** that is when **he picks** them from **[the tree].**[31] כָּךְ הַקָּדוֹשׁ בָּרוּךְ הוּא יוֹדֵעַ אֵימָתַי הִיא עוֹנָתָן שֶׁל צַדִּיקִים לְהִסְתַּלֵּק מִן הָעוֹלָם – **So too, the Holy One, blessed is He,** **knows** exactly when **it is the** right **time for the righteous to depart from the world,** וּמְסַלְּקָן – **and He takes them** at that time. הֲדָא הוּא דִכְתִיב ״דּוֹדִי יָרַד לְגַנּוֹ לַעֲרֻגוֹת הַבֹּשֶׂם״ – **This is** the meaning of **what is written** (*Song of Songs* 6:2): ***My Beloved has descended to His garden, to the garden-bed of spices.***[32]

□ בְּשֵׂיבָה טוֹבָה – *AT A GOOD OLD AGE.*

The Midrash compares Abraham with others who died *at a good old age*:

ג׳ הֵם שֶׁנֶּאֱמַר בָּהֶם ״שֵׂיבָה״ אָמַר רֵישׁ לָקִישׁ – **R' Shimon ben Lakish said:** **There are three** people **concerning whom it is stated** in Scripture that they died ***at a good old age:*** אַבְרָהָם וְשָׁוֶה לוֹ – **Abraham, and it was worthwhile for him;** דָּוִד וְשָׁוֶה לוֹ – **David** (*I Chronicles* 29:28), **and it was worthwhile for him** too; גִּדְעוֹן וְלֹא שָׁוֶה לוֹ – and **Gideon** (*Judges* 8:32), **but it was not worthwhile for him.**[33] לָמָּה ״וַיַּעַשׂ אוֹתוֹ גִדְעוֹן לְאֵפוֹד״ לַעֲבוֹדָה זָרָה – And **why** do we say that it was not beneficial for Gideon to reach old age? For it is written (*Judges* 8:27): ***Gideon made it*** (the golden rings donated by the warriors of Israel) ***into an ephod*** *and hung it in his city in Ophrah. All Israel strayed after it there, and it became a snare for Gideon and his household.* That is, the *ephod* he made was ultimately used **for idolatrous purposes.**[34]Ⓐ

NOTES

26. In this parable, the tree represents the body and the fig represents the soul (*Yefeh To'ar*; see note 23).

27. Early harvest is bad for the fig, for it is bitter and perhaps even inedible; and its being harvested prematurely has a deleterious effect on the tree as well, since it is unable to expend its nutrients properly by causing the fig to ripen. Similarly, when one dies young, the body has not finished its work together with the soul; this is bad for both of them (*Eitz Yosef*; see also *Tiferes Tzion*).

28. *Yefeh To'ar, Eitz Yosef.*

29. He assured them that he did not suspect them; rather, he explained, the time for picking figs just happened to coincide with their learning session, as he proceeded to demonstrate (see below).

30. He purposely let that day's figs rot in the sun, to prove to the Sages that it was necessary to pick the figs early in the morning. He thus substantiated his explanation for his daily presence during their morning learning session (*Eitz Yosef*, citing *Matnos Kehunah*).

31. Although a casual observer will not be aware of the reason for the owner's picking the fruit at this particular time, and may wonder why the owner does not leave it on the tree a bit longer, the owner of the tree knows the optimal time for harvesting it.

32. That is: The Master of the garden knows best when to harvest His crops. Although a casual observer of His action does not understand why He does not leave the righteous in this world longer, Hashem, in His infinite wisdom, knows that if the righteous person in question would have lived longer something bad would happen [e.g., he would succumb to sin – see *Eitz Yosef*], and He therefore removes him from this world.

33. The Midrash is making the point that the expression "in a good old age" does not necessarily indicate that the person's old age was beneficial to him.

34. And, since he did not speak out against this evil development, he bore some responsibility for it (*Yefeh To'ar*; see also *Metzudas David* ad loc., who writes that Gideon's sons were killed as a result of this sin). Hence, it would have been better for Gideon to have died a bit earlier and avoided this unfortunate situation. Abraham, however, benefited from his advanced age, as he remained fully righteous until his death.

[It is noteworthy that while our Midrash apparently maintains that Gideon's *ephod* was worshiped during his lifetime (which is why he would have been better off dying earlier), many commentators (see *Rashi, Radak,* et al. to *Judges* ad loc.) maintain that this took place only after Gideon's death. Nevertheless, the verse describes the *ephod* as a "snare" for him because he was the one who made it.] See Insight Ⓐ.

INSIGHTS

Ⓐ **An Unfortunate Outcome** *Alshich* points out that Gideon's choice of an *ephod* as his memorial to the victory over the Midianites was intended to foster stronger faith in God. The *ephod* worn by the Kohen Gadol atoned for the sin of idol worship (as the Gemara proves in *Arachin* 16a), and Gideon wanted to show the Jews that God had forgiven their sin of idolatry, which had been the cause of their subjugation by Midian (see *Judges* 6:25-32). Despite his lofty motive, however, the plan backfired. Tragically, the very *ephod* that Gideon fashioned to symbolize the end of idolatry became, itself, an object of forbidden worship.

חידושי הרד"ל

יפה לתאנה כו' ובדרוש הספד פרשתי שהנמשל על בני דורו. שהן חיבור לחכם הדור כפתילה עם הנר (ופי' נר הוא נר ממש לא כהיד"מ) וכתאנה עם הפירות. רבי חייא רבה ותלמידו כו': **[ג] כאן בן האמה חולק כבוד כו'.** אפשר היינו כמ"ש בב"ב (ט"ז:) שעשה ישמעאל תשובה מדאדבריה ליצחק ברישא:

עץ יוסף

עושה פחם. כך נר אלהים נשמת אדם כשהיא נכבית מאליה לעת זקנות הגוף אחרי תום כח לחות השרשי שבו אז יפה לו לגוף שהוא כדמיון הכלי נושא הנפש שנפרדה ממנו בלא צער. ויפה לנפש נפש החיוני שהוא בדמיון הפתילה אשר בו נאחז אור הנשמה הוא נפש המשכלת העליונה באשר כבר השלים חקו וזמנו. אבל אם מת בנערותו שעדיין קיים כח לחות השרשי שבגוף אז רע לו לגוף ולנפש שנפרדים זה מזה בצער (נזה"ק): **ויפה לתאינה.** לאילן התאנה: **שלא בעונתה רע לה.** משום לפי שעדיין לא נתבשלה כראוי ורע לאילן התאנה שכחו נחלש לפי שלא הוציא כחו אל הפועל בבשול התאנה ונשאר בו כמותרות הטבע ומזיקו ומכחיש כחו. וכן הגוף הוא במדרגת אילן התאנה. והנפש הוא במדרגת הפרי הנלקט ממנו. וכשהוא מת בנערותו רע לגוף ולנפש שנפרדים זה מזה בצער כי עדיין לא נשלמו חקם כראוי: **ר' חייא רבה כו'.** משום דקשה ליה כיון דמיתת נערים קשה לגוף ולנפש מפני מה מצינו לפעמים לדיקים מתים בנערותם וכדי לתרוצי הא מייתי הכא האי עובדא ומסיק עלה בעל התאנה יודע כו': **למודים.** רגילים: **חושדנו.** חושד אותנו שנקח כלום מתאינתו ולפיכך הוא משכים כל כך ומלקטן: **מה עבדון.** מה עשו החליפו ושינו מקומם והלכו משם למקום אחר: **והויתון נהיגין זכיין כו'.** כצ"ל ופי' שהייתם נוהגים לזכות עמדי שהייתם יושבים תחת תאנתי ולשנות בטלתיהו ממני: **פייסן.** היה מפייס אותם בדברים. ואמר להם שעשה כן בשביל שהם מתליעים בזריחת השמש עליהן (מת"כ): **השכים ולא לקטה.** עשה כן כדי שיראו שכן הוא כדבריו: **כך הקב"ה יודע אימתי כו'.** כלומר לפעמים רואה ה' כי כבר הגיע עונתן הראוי בנערותם בראותו כי עתה הוא עומד בתומו ועתיד הוא להחמיץ שאז טוב מותו בתומו מחייו: **דודי ירד לגנו כו'.** דקרא נמי המשילו ללקיטת פרי. ובמדרש חזית מפורש עיקר דרשה זו ע"ש: **[ו] ג' הם שנאמר בהם שיבה טובה.** כצ"ל. (יפ"ת): **(ג) בן האמה חולק כו'.** דאע"ג דמתחילה היה מתנשא עליו כדלעיל פ' כ"ג פרש' כ"ה. הנה עתה חלק כבוד לבן הגבירה. והיינו טעמא שעשה תשובה וכדאמר בפ"ק דב"ב ע"ש: **הלא מקבורתה בו'.** כלו' כיון שכבר נקברה שרה שמה משנים קדמוניות מה ראה להזכיר שוב שנית פה מקבורתה. אלא ללמדך שכל מי שגמל חסד וכו' שזכו להאריך ימים בזכות ג"ח:

רַבִּי אַבָּהוּ אָמַר: הַתְּאֵינָה הַזּוֹ בְּשָׁעָה שֶׁהִיא נִלְקֶטֶת בְּעוֹנָתָהּ יָפֶה לָהּ וְיָפֶה לַתְּאֵינָה, וּבְשָׁעָה שֶׁהִיא מִתְלַקֶּטֶת שֶׁלֹּא בְּעוֹנָתָהּ רַע לָהּ וְרַע לַתְּאֵינָה. רַבִּי חִיָּיא רַבָּה וְתַלְמִידָיו, וְאִית דְּאָמְרִי רַבִּי עֲקִיבָא וְתַלְמִידָיו, וְאִית דְּאָמְרִי רַבִּי יוֹסֵי בַּר חֲלַפְתָּא וְתַלְמִידָיו הָיוּ לְמוּדִים לִהְיוֹת מַשְׁכִּימִין וְיוֹשְׁבִין וְשׁוֹנִין תַּחַת תְּאֵינָה אַחַת, וְהָיָה בַּעַל הַתְּאֵינָה מַשְׁכִּים וְלוֹקְטָהּ. אָמְרוּ: שֶׁמָּא הוּא חוֹשְׁדֵינוּ. מָה עֲבָדוּן חַלְפוּן אַתְרוֹן. אֲזַל לְגַבַּיְיהוּ וַאֲמַר לְהוֹן: רַבּוֹתַי חֲדָא מִצְוָה דַּהֲוֵיתוּן °יָתְבִין זַכָּיִין בִּי יוֹשְׁבִין וְשׁוֹנִין תַּחַת תְּאֵינָתִי בִּיטַּלְתּוּהָ, אָמְרוּ לֵיהּ: אָמַרְנוּ שֶׁמָּא אַתְּ חוֹשְׁדֵינוּ פַּיְּסָן וְחָזְרוּ לִמְקוֹמָן. מֶה עָשָׂה הִשְׁכִּים בְּשַׁחֲרִית וְלֹא לִיקְּטָהּ וְזָרְחָה עָלֶיהָ הַחַמָּה וְהִתְלִיעוּ. אָמְרוּ: בַּעַל הַתְּאֵינָה יוֹדֵעַ אֵימָתַי הִיא עוֹנָתָהּ שֶׁל תְּאֵינָה לִלְקוֹט וְלוֹקְטָהּ, כָּךְ הַקָּדוֹשׁ בָּרוּךְ הוּא יוֹדֵעַ אֵימָתַי הִיא עוֹנָתָן שֶׁל צַדִּיקִים לְהִסְתַּלֵּק מִן הָעוֹלָם וּמְסַלְּקָן, הֲדָא הוּא דִכְתִיב (שיר ו, ב) "דּוֹדִי יָרַד לְגַנּוֹ לַעֲרוּגוֹת הַבֹּשֶׂם". "בְּשֵׂיבָה טוֹבָה", אָמַר [רֵישׁ לָקִישׁ] ג' הֵם שֶׁנֶּאֱמַר בָּהֶם "שֵׂיבָה", אַבְרָהָם וְשָׁוֶה לוֹ, דָּוִד וְשָׁוֶה לוֹ, גִּדְעוֹן וְלֹא שָׁוֶה לוֹ, לָמָּה (שופטים ח, כז) "וַיַּעַשׂ אוֹתוֹ גִדְעוֹן לְאֵפוֹד" לַעֲבוֹדָה זָרָה:

ג [כה, ט] "וַיִּקְבְּרוּ אוֹתוֹ יִצְחָק וְיִשְׁמָעֵאל אֶל מְעָרַת הַמַּכְפֵּלָה", כָּאן בֶּן הָאָמָה חוֹלֵק כָּבוֹד לְבֶן הַגְּבִירָה. [כה, י] "הַשָּׂדֶה אֲשֶׁר קָנָה אַבְרָהָם", אָמַר רַבִּי תַנְחוּמָא: וַהֲלֹא מִקְּבוּרָתָהּ שֶׁל שָׂרָה לִקְבוּרָתוֹ שֶׁל אַבְרָהָם ל"ח שָׁנָה, וְהָכָא אַתְּ אָמַר "שָׁמָּה קֻבַּר אַבְרָהָם וְשָׂרָה אִשְׁתּוֹ", אֶלָּא בָּא לְלַמֶּדְךָ שֶׁכָּל מִי שֶׁגָּמַל חֶסֶד לְשָׂרָה זָכָה לִגְמוֹל חֶסֶד לְאַבְרָהָם.

פירוש מהרז"ו

יפה לה ויפה לתאנה. טוב לפרי שנגמר וטוב לאילן שלא נשחת יבולו. ובנמשל יפה לגוף ויפה לנפשו: **דודי ירד לגנו וגו'.** וללקוט שושנים. כי כמו שהענין בתאנים כן הענין בשושנים וכאן קיצר. ובשי"ר פסוק זה ובירושלמי מאריך בזה וע"ל פמ"ד סי' כ'. ופמ"ט סי' ו' ומש"ש: **(ג) כאן בן האמה.** כמ"ש ב"ב ט"ז שמכאן שעשה ישמעאל תשובה וכמש"ל פ"ל סי' ד' וכמ"ש רש"י בחומש כאן אבל ביצחק כתוב ויקברו אותו עשו ויעקב בניו. גם יתכן לומר שסובר שלא עשה ישמעאל תשובה וכמש"ל ר"ס ה' שקוראו רשע. אך ישמעאל שהיה בן האמה חלק כבוד לבן הגבירה. ועשו שהיה ג"כ בן הגבירה לא חלק לו כבוד: **ל"ח שנה** עמ"ש בזה לעיל פמ"ה ס"ס ה' בירור החשבון ואיך

רש"י

[ב] **הקדוש ברוך הוא יודע עונתן של צדיקים ומסלקם.** מה טעם דודי ירד לגנו וללקוט שושנים אלו לדיקים שנפטרין בזמנם לרעות בג"ע. בירושלמי במסכת ברכות פרק ב': [ג] **בן האמה חולק כבוד לבן הגבירה.** שמזכיר יצחק תחלה אע"פ שישמעאל גדול ממנו: **והלא מקבורתו של שרה לקבורתו של אברהם ל"ח שנה.** שהיה אברהם גדול משרה י' שנים וכשנפטרה שרה בת קכ"ז שנים היה אברהם קל"ז עד קע"ה שחיה אברהם תמלא ל"ח והכא את אמר שמה קובר אברהם ושרה אשתו לומר שנקברו ביחד:

מתנות כהונה

למודים. רגילים: **חושדינו.** חושד אותנו שנקח כלום מתאינתו ולפיכך הוא משכים כל כך ומלקטן: **מה עבדו כו'.** מה עשו החליפו ושינו מקומם והלכו משם למקום אחר: [אתריהון גרסינן]: **ה"ג דהויתן נהיגין זכיין כו':** [וה"מ בירושלמי פ' היה קורא ובמדרש חזית פ' דודי ירד לגנו]. ופירושו שהייתם נוהגים לזכות עמדי שהייתם יושבים תחת תאנתי ולשנות ביטלתוה ממני: **פייסן.** היה מפייס אותם בדברים ואמר להם שעשה כן בשביל שהם מתליעים בזריחת השמש עליהם: **השכים ולא לקטה כו'.** עשה כן כדי שיראו שכן הוא כדבריו והכי איתא בירושלמי בהדיא: **ושוה לו.** השיבה היתה עגונה וראויה לו: [ג] **בן האמה.** ישמעאל היה נוהג כבוד בבן הגבירה זה יצחק שהיה מוליכו לפניו אף על פי שהיה גדול ממנו: **שמה קובר אברהם ושרה** גרסינן. דמשמע

אשד הנחלים

שהצדיק משלים ימיו. וא"כ מה זה יפה לפתילה שנשרף בשלימות ומהו הסבירו לנו בזה. ועיין ביפ"מ וביפ"ת. שם הרבה לדבר בזה. וגם אני הארכתי בזה במקום אחר. והכלל שקשור הנפש והגוף בעודם מיוסדים על הקיום יחד. וכל עוד שיתאחדו ישתלמו שניהם הגוף והנפש יחד. הנפש בהשכלתה הגוף בזיכוכו ובעשיית מצוותיו ית' וא"כ בעונו גרם להסתלק קודם זמנו וקיצר ובהשלמ' הנפש [שהוא במשל האור] והגוף [שזהו הפתילה] וכן במשל התאנ' ואין להאריך: ועניין שהוא יפה לפתילה. הוא שהוא סי' שהפתילה היא טובה אבל כשנכבה בעצמה. אז סי' שאינה טובה: **אימת היא עונתן כו'.** אם שיודע כי אם יחיה יתחרטו מטובם ויחטאו. או כי נשלמו והגיעו לגבול צדקתם עד תכליתם כפי יכולתם: **גדעון ולא שוה לו.** זהו דרך מוסרי אשר נבעו מהתבוננות חז"ל להורות שלא לכולם הזקנה טובה כי יש אחרית טוב ויש ח"ו רעה. וזהו כמ"ש לעיל יודע בעל התאנה אימת היא עונתה: [ג] **כאן בן האמה.** לפי שעשה תשובה ואז הבין מעלת

מסורת המדרש

ז לעיל פרשה מ"ד וש"נ:

אם למקרא

דּוֹדִי יָרַד לְגַנּוֹ לַעֲרוּגוֹת הַבֹּשֶׂם לִרְעוֹת בַּגַּנִּים וְלִלְקֹט שׁוֹשַׁנִּים: (שיר השירים ו:ב)

וַיַּעַשׂ אוֹתוֹ גִדְעוֹן לְאֵפוֹד וַיַּצֵּג אוֹתוֹ בְעִירוֹ בְּעָפְרָה וַיִּזְנוּ כָל־יִשְׂרָאֵל אַחֲרָיו שָׁם וַיְהִי לְגִדְעוֹן וּלְבֵיתוֹ לְמוֹקֵשׁ: (שופטים ח:כז)

ענף יוסף

סב (ה) [ב] **רבי אבהו אמר (תחלה) [התאינה] כו'.** הנה דרך בעל התאנה לעבוד עבודתו ולשמור משמרתו לילה ויום ינצרהו. אם יראה פריו כי טוב ויעצור כח לעמוד באילן עד עת מלאות הביכור. יסתירהו בצל סוכתו מזרם וממטר. וישים עינו ולבו בל יעלה הכורת עליו עד עת הבציר ואז מציניס יקחהו ולפני גדולים יתיצב פריו למאכל ועלהו לתרופה. ואם יראה כי לא יעצור כח הזרוע לעמוד עד אותו העת או אף אם יום או יומים יעמוד ישחת מראהו ולא ימצא בו שום חפץ. יפרוש כנפיו ויקחהו תיכף בעוד ימצא בו קצת תועלת טרם ישחת לגמרי. כמו כן הצדיק נמשל לתאנה. והוא מושגח מהקב"ה יום ולילה ואם רואה הקב"ה אשר כחו למלאות ימי צבאו ומספר שניו אשר קצב לו תורה ומצות וכל תבל לא ישתכח בו. אותו יבחר לעמוד לשרת בשמו כל ימי חלדו ולבא בכלא אלי קבר במלאות ימיו אשר הוקצב לו בעת הבראו. אבל כאשר רואה הקב"ה שעתיד לבלע ולהשחית קדושת נפשו חלילה. אותו יבחר לקחתו אל ביתו למען ימות זכאי ולא תרד נפשו לשאולה. כמ"ש בחנוך ואיננו כי לקח אותו אלהים קודם זמנו כדי שלא יחטא וז"ש התאנה הזו בשעה שהיא נלקטת בעונתה הוא סימן שכחה חזק ויפה. ואם נלקטת שלא בעונתה הוא

וַיִּקְבְּרוּ אֹתוֹ יִצְחָק וְיִשְׁמָעֵאל בָּנָיו אֶל מְעָרַת הַמַּכְפֵּלָה אֶל שְׂדֵה עֶפְרֹן בֶּן צֹחַר הַחִתִּי אֲשֶׁר עַל פְּנֵי מַמְרֵא. הַשָּׂדֶה אֲשֶׁר קָנָה אַבְרָהָם מֵאֵת בְּנֵי חֵת שָׁמָּה קֻבַּר אַבְרָהָם וְשָׂרָה אִשְׁתּוֹ. *His sons Isaac and Ishmael buried him in the cave of Machpelah, in the field of Ephron the son of Zohar the Hittite, facing Mamre. The field that Abraham had bought from the children of Heth, there Abraham was buried, and Sarah his wife* (25:9-10).

§3 **וַיִּקְבְּרוּ אוֹתוֹ יִצְחָק וְיִשְׁמָעֵאל אֶל מְעָרַת הַמַּכְפֵּלָה** – ***HIS SONS ISAAC AND ISHMAEL BURIED HIM IN THE CAVE OF MACHPELAH.***

Ishmael was fourteen years older than Isaac,[35] yet Isaac is mentioned first in our verse. The Midrash explains:

כָּאן בֶּן הָאָמָה חוֹלֵק כָּבוֹד לְבֶן הַגְּבִירָה – Here, the son of the maidservant accorded deference to the son of the mistress.[36]

□ **הַשָּׂדֶה אֲשֶׁר קָנָה אַבְרָהָם** – ***THE FIELD THAT ABRAHAM HAD BOUGHT** FROM THE CHILDREN OF HETH, THERE ABRAHAM WAS BURIED, AND SARAH HIS WIFE.*

The Midrash discusses why Sarah is mentioned here:

אָמַר רַבִּי תַּנְחוּמָא – R' Tanchuma said: וַהֲלֹא מִקְּבוּרָתָהּ שֶׁל שָׂרָה לִקְבוּרָתוֹ שֶׁל אַבְרָהָם ל״ח שָׁנָה – Were there not thirty-eight years between the burial of Sarah and the burial of Abraham?[37] **וְהָכָא אַתְּ אָמַר ״שָׁמָּה קֻבַּר אַבְרָהָם וְשָׂרָה אִשְׁתּוֹ״ – Yet here you state: *there Abraham was buried, and Sarah his wife?***[38] **אֶלָּא בָּא לְלַמֶּדְךָ שֶׁכָּל מִי שֶׁגָּמַל חֶסֶד לְשָׂרָה זָכָה לִגְמוֹל חֶסֶד לְאַבְרָהָם – Rather, this comes to teach you that everyone who had done kindness to Sarah** by attending her funeral **merited** also **to do** this **kindness to Abraham.**[39]

NOTES

35. This is evident from *Genesis* 16:16 and 21:5 (see *Megillah* 17a).

36. Isaac and Ishmael were both Abraham's sons. Isaac was the son of the mistress of the house, Sarah, while Ishmael was the son of the maidservant Hagar. In the past, Ishmael had regarded himself as superior to Isaac (see Midrash above, 53 §11 and 55 §4). But at Abraham's burial Ishmael showed honor to Isaac [by letting him precede him in the burial procession (*Rashi* ad loc.)].

The Gemara (*Bava Basra* 16b) proves from our verse that Ishmael ultimately repented of his sins [see also Midrash above, 30 §4 and 59 §7] (*Eitz Yosef*).

37. Abraham was ten years older than Sarah (see *Genesis* 17:17). Sarah had died at the age of 127 (ibid. 23:1), when Abraham was 137 years old. Abraham at his death was 175 (ibid. verse 7); thus, 38 years elapsed between the death of Sarah and that of Abraham (*Rashi*).

38. Sarah's burial was recounted earlier in Scripture (see above, verses 23:1-20). Why is it mentioned again here (*Eitz Yosef*), in a way that gives the impression that she was buried at the same time as Abraham (*Rashi, Matnos Kehunah*)?

39. The Midrash explains that the verse mentions Abraham and Sarah's burials together because the same people were present at both funerals (so that it *seemed* that they were buried at the same time). This is because all the people who had performed the kindness of participating in Sarah's funeral were rewarded with long life, so that they were all present at Abraham's funeral as well.

[The idea that one who performs acts of kindness will merit to live a long life is based on *Proverbs* 21:21 (*Imrei Yosher*); see also *Rosh Hashanah* 18a.]

רַבִּי אַבָּהוּ אָמַר: הַתְּאֵינָה הַזּוֹ בְּשָׁעָה שֶׁהִיא נִלְקֶטֶת בְּעוֹנָתָהּ יָפֶה לָהּ וְיָפֶה לַתְּאֵינָה, וּבְשָׁעָה שֶׁהִיא מִתְלַקֶּטֶת שֶׁלֹּא בְּעוֹנָתָהּ רַע לָהּ וְרַע לַתְּאֵינָה. רַבִּי חִיָּיא רַבָּה וְתַלְמִידוֹי, וְאִית דְּאָמְרִי רַבִּי עֲקִיבָא וְתַלְמִידוֹי, וְאִית דְּאָמְרִי רַבִּי יוֹסֵי בַּר חֲלַפְתָּא וְתַלְמִידוֹי הָיוּ לְמוּדִים לִהְיוֹת מַשְׁכִּימִין וְיוֹשְׁבִין וְשׁוֹנִין תַּחַת תְּאֵינָה אַחַת, וְהָיָה בַּעַל הַתְּאֵינָה מַשְׁכִּים וְלוֹקְטָהּ. אָמְרוּ: שֶׁמָּא הוּא חוֹשְׁדֵינוּ. מָה עֲבָדוּן חֲלָפוּן אַתְרוֹן. אֲזַל לְגַבַּיְיהוּ וַאֲמַר לְהוֹן: רַבּוֹתַי חֲדָא מִצְוָה דַּהֲוֵיתוּן °יָתְבִין זָכַיִין בִּי יוֹשְׁבִין וְשׁוֹנִין תַּחַת תְּאֵינָתִי בִּיטַּלְתּוּהָ, אֲמָרוּ לֵיהּ: אָמַרְנוּ שֶׁמָּא אַתְּ חוֹשְׁדֵינוּ פִּיְּיסָן וְחָזְרוּ לִמְקוֹמָן. מֶה עָשָׂה הִשְׁכִּים בְּשַׁחֲרִית וְלֹא לִיקְטָהּ וְזָרְחָה עָלֶיהָ הַחַמָּה וְהִתְלִיעוּ. אָמְרוּ: בַּעַל הַתְּאֵינָה יוֹדֵעַ אֵימָתַי הִיא עוֹנָתָהּ שֶׁל תְּאֵינָה לִלְקוֹט וְלוֹקְטָהּ, כָּךְ הַקָּדוֹשׁ בָּרוּךְ הוּא יוֹדֵעַ אֵימָתַי הִיא עוֹנָתָן שֶׁל צַדִּיקִים לְהִסְתַּלֵּק מִן הָעוֹלָם וּמְסַלְּקָן, הֲדָא הוּא דִכְתִיב (שיר ו, ב) "דּוֹדִי יָרַד לְגַנּוֹ לַעֲרֻגוֹת הַבֹּשֶׂם". "בְּשֵׂיבָה טוֹבָה", יֹאמַר [רֵישׁ לָקִישׁ] ג' הֵם שֶׁנֶּאֱמַר בָּהֶם "שֵׂיבָה", אַבְרָהָם וְשָׁוֶה לוֹ, דָּוִד וְשָׁוֶה לוֹ, גִּדְעוֹן וְלֹא שָׁוֶה לוֹ, לָמָּה (שופטים ח, כז) "וַיַּעַשׂ אוֹתוֹ גִּדְעוֹן לְאֵפוֹד" לַעֲבוֹדָה זָרָה:

ג [כה, ט] "וַיִּקְבְּרוּ אוֹתוֹ יִצְחָק וְיִשְׁמָעֵאל אֶל מְעָרַת הַמַּכְפֵּלָה", כָּאן בֶּן הָאָמָה חוֹלֵק כָּבוֹד לְבֶן הַגְּבִירָה. [כה, י] "הַשָּׂדֶה אֲשֶׁר קָנָה אַבְרָהָם", אָמַר רַבִּי תַּנְחוּמָא: וַהֲלֹא מִקְּבוּרָתָהּ שֶׁל שָׂרָה לִקְבוּרָתוֹ שֶׁל אַבְרָהָם ל"ח שָׁנָה, וְהָכָא אַתְּ אָמַר "שָׁמָּה קֻבַּר אַבְרָהָם וְשָׂרָה אִשְׁתּוֹ", אֶלָּא בָּא לְלַמֶּדְךָ שֶׁכָּל מִי שֶׁגָּמַל חֶסֶד לְשָׂרָה זָכָה לִגְמוֹל חֶסֶד לְאַבְרָהָם.

רש"י

[ב] **הקדוש ברוך הוא יודע עונתן של צדיקים ומסלקם.** מה טעם דודי ירד לגנו וללקוט שושנים אלו צדיקים שנפטרין בזמנם לרעות בג"ע. בירושלמי במסכת ברכות פרק ב': [ג] **בן האמה חולק כבוד לבן הגבירה.** שמזכיר יצחק תחלה אע"פ שישמעאל גדול ממנו: **והלא מקבורתו של שרה לקבורתו של אברהם ל"ח שנה.** שהיה אברהם גדול משרה י' שנים וכשנפטרה שרה בת קכ"ז שנים היה אברהם קל"ז עד קע"ה שחיה אברהם תמצא ל"ח והכא את אמר שמה קובר אברהם ושרה אשתו לומר שנקברו ביחד:

פירוש מהרז"ו

יפה לה ויפה לתאנה. טוב לפרי שנגמר וטוב לאילן שלא נשחת יבולו. ובנמשל יפה לגוף ויפה לנפשו: **דודי ירד לגנו וגו'.** וללקוט שושנים. כי כמו שהענין בתאנים כן הענין בשושנים וכאן קיצר. ובשי"ר פסוק זה ובירושלמי מאריך בזה וע"ל פמ"ד סי' כ'. ופמ"ט סי' ו' ומש"ש: (ג) **כאן בן האמה.** כמ"ש ב"ב ט"ז שמכאן שעשה ישמעאל תשובה וכמש"ל פ"ל סי' ד' וכמ"ש רש"י בחומש כאן אבל ביצחק כתוב ויקברו אותו עשו ויעקב בניו. גם יתכן לומר שסובר שלא עשה ישמעאל תשובה וכמש"ל ר"ס ה' שקוראו רשע. אך ישמעאל שהיה בן האמה חלק כבוד לבן הגבירה. ועשו שהיה ג"כ בן הגבירה לא חלק לו כבוד: **ל"ח שנה** עמ"ש בזה לעיל פמ"ה ס"ס ה' בירור החשבון ואיך

עץ יוסף

עושה פחס. כך נר אלהים נשמת אדם כשהיא נכבית מאליה לעת זקנות הגוף אחרי תום כח לחות השרשי שבו אז יפה לו לגוף שהוא כדמיון הכלי נושא הנפש שנפרדה ממנו בלא צער. ויפה לנפש נפש החיוני שהוא בדמיון הפתילה אשר בו נאחז אור הנשמה הוא נפש המשכלת העליונה באשר כבר השלים חקו וזמנו. אבל אם מת בנערותו שעדיין קיים כח לחות השרשי שבגוף אז רע לו לגוף ולנפש שנפרדים זה מזה בצער (נזה"ק): **ויפה לתאינה.** לאילן התאנה: **שלא בעונתה רע לה.** משום לפי שעדיין לא נתבשלה כראוי ורע לאילן התאנה שכחו נחלש לפי שלא הוציא כחו אל הפועל בבשול התאנה ונשאר בו כמותרות הטבע ומזיקו ומכחיש כחו. וכן הגוף הוא במדרגת אילן התאנה. והנפש הוא במדרגת הפרי הנלקט ממנו. וכשהוא מת בנערותו רע לגוף ולנפש שנפרדים זה מזה בצער כי עדיין לא נשלמו חקם כראוי: **ר' חייא רבה בו'.** משום דקשה ליה כיון דמיתת נערים קשה לגוף ולנפש מפני מה מצינו לפעמים צדיקים מתים בנערותם וכדי לתרוצי הא מייתי הכא האי עובדא ומסיק עלה בעל התאנה יודע כו': **למודים.** רגילים: **חושדנו.** חושד אותנו שנקח כלום מתאינתו ולפיכך הוא משכים כל כך ומלקטן: **מה עבדון.** מה עשו החליפו ושינו מקומם והלכו משם למקום אחר: **והויתון נהיגין זביין בו'.** כצ"ל ופי' שהייתם נוהגים לזכות עמדי שהייתם יושבים תחת תאנתי ולשנות בטלתיהו ממני: **פייסן.** היה מפייס אותם בדברים. ואמר להם שעשה כן בשביל שהם מתליעים בזריחת השמש עליהן (מת"כ): **השכים ולא לקטה.** עשה כן כדי שיראו שכן הוא כדבריו: **כך הקב"ה יודע אימתי בו'.** כלומר לפעמים רואה ה' כי כבר הגיע עונתן הראוי בנערותם בראותו כי עתה הוא עומד בתומו ועתיד הוא להחמיץ שאז טוב מותו בתומו מחייו: **דודי ירד לגנו בו'.** דקרא נמי המשילו ללקיטת פרי. ובמדרש חזית מפורש עיקר דרשה זו ע"ש: [ו] **ג' הם שנאמר בהם שיבה טובה.** כצ"ל. (יפ"ת): (ג) **בן האמה חולק בו'.** דאע"ג דמתחילה היה מתגשא עליו כדלעיל פ' נ"ג פרש' נ"ה. הנה עתה חלק כבוד לבן הגבירה. והיינו טעמא שעשה תשובה וכדאמר בפ"ק דב"ב ע"ש: **הלא מקבורתה בו'.** כלו' כיון שכבר נקברה שרה שמה משנים קדמוניות מה ראה להזכיר שוב שנית פה מקבורתה. אלא ללמדך שכל מי שגמל חסד וכו' שזכו להאריך ימים בזכות ג"ח:

חידושי הרד"ל

יפה לתאנה בו' ובדרוש הספד פרשתי שהנמשל על בני דורו. שהן חיבור לאכס הדור כפתילה עם הנר (ופי' נר הוא נר ממש לא כהיד"מ) וכתאנה עם הפירות. רבי חייא רבה ותלמידוי כו':

[ג] **כאן בן האמה חולק כבוד בו'.** אפשר היינו כמ"ש בב"ב (ט"ז:) שעשה ישמעאל תשובה מדאדבריה ליצחק ברישא:

מסורת המדרש

ז לעיל פרשה מ"ד וש"נ:

אם למקרא

דּוֹדִי יָרַד לְגַנּוֹ לַעֲרוּגוֹת הַבֹּשֶׂם לִרְעוֹת בַּגַּנִּים וְלִלְקֹט שׁוֹשַׁנִּים:
(שיר השירים ו:ב)

וַיַּעַשׂ אוֹתוֹ גִדְעוֹן לְאֵפוֹד וַיַּצֵּג אוֹתוֹ בְעִירוֹ בְּעָפְרָה וַיִּזְנוּ כָל־יִשְׂרָאֵל אַחֲרָיו שָׁם וַיְהִי לְגִדְעוֹן וּלְבֵיתוֹ לְמוֹקֵשׁ:
(שופטים ח:כז)

ענף יוסף

סב (ה) [ב] **רבי אבהו אמר (תחלה) [התאינה] בו'.** הנה דרך בעל התאנה לעבוד עבודתו ולשמור משמרתו לילה ויום ינצרהו. אם יראה פריו כי טוב ויעצור כח לעמוד באילן עד עת מלאות הביכור. יסתירהו בצל סוכתו מזרם וממטר. וישים עינו ולבו בל יעלה הכורת עליו עד עת הבציר ואז מניניס יקחהו ולפני גדולים יתיצב פריו למאכל ועלהו לתרופה. ואם יראה כי לא יעצור כח הזרוע לעמוד עד אותו העת או אף אם יום או יומים יעמוד ישחת מראהו ולא ימצא בו שום חפץ. יפרוש כנפיו ויקחהו תיכף בעוד ימצא בו קצת תועלת טרם ישחת לגמרי. כמו כן הצדיק נמשל לתאנה. והוא מושגח מהקב"ה יום ולילה ואם רואה הקב"ה אשר כחו למלאות ימי צבאו ומספר שניו אשר קצב לו תורה ומצות וכל תבל לא ישתכח בו. אותו יבחר לעמוד לשרת בשמו כל ימי חלדו ולבא בכלח אלי קבר במלאות ימיו אשר הוקצב לו בעת הבראו. אבל כאשר רואה הקב"ה שעתיד לבלע ולהשחית קדושת נפשו חלילה. אותו יבחר לקחתו אל ביתו למען ימות זכאי ולא תרד נפשו לשאולה. כמ"ש בחנוך ואיננו כי לקח אותו אלהים קודם זמנו כדי שלא יחטא וז"ש התאנה הזו בשעה שהיא נלקטת בעונתה הוא סימן שכחה חזק ויפה. ואם נלקטת שלא בעונתה הוא

מתנות כהונה

למודים. רגילים: **חושדינו.** חושד אותנו שנקח כלום מתאינתו ולפיכך הוא משכים כל כך ומלקטן: **מה עבדו בו'.** מה עשו החליפו ושינו מקומם והלכו משם למקום אחר: [אתריהון גרסינן]: **ה"ג דהויתן נהיגין זביין בו':** [וה"מ בירושלמי פ' היה קורא ובמדרש חזית פ' דודי ירד לגנו]. ופירושו שהייתם נוהגים לזכות עמדי שהייתם יושבים תחת תאנתי ולשנות ביטלתוה ממני: **פייסן.** היה מפייס אותם בדברים ואמר להם שעשה כן בשביל שהם מתליעים בזריחת השמש עליהם: **השכים ולא לקטה בו'.** עשה כן כדי שיראו שכן הוא כדבריו והכי איתא בירושלמי בהדיא: **ושוה לו.** השיבה היתה עגונה וראויה לו: [ג] **בן האמה.** ישמעאל היה נוהג כבוד בבן הגבירה זה יצחק שהיה מוליכו לפניו אף על פי שהיה גדול ממנו: **שמה קובר אברהם ושרה** גרסינן. דמשמע

אשד הנחלים

שהצדיק משלים ימיו. וא"כ מה זה יפה לפתילה שנשרף בשלימות ומהו הסבירו לנו בזה. ועיין ביפ"מ וביפ"ת. שם הרבה לדבר בזה. וגם אני הארכתי בזה במקום אחר. והכלל שקשור הנפש והגוף בעודם מיוסדים על הקיום יחד. וכל עוד שיתאחדו ישתלמו שניהם הגוף והנפש יחד. הנפש בהשכלתה הגוף בזיכוכו ובעשיית מצוותיו ית' וא"כ בעונו גרם להסתלק קודם זמנו וקיצר ובהשלמ' הנפש [שהוא במשל האור] והגוף [שזהו הפתילה] וכן במשל התאנ' ואין להאריך: וענין שהוא יפה לפתילה. הוא שהוא סי' שהפתילה היא טובה אבל כשנכבה בעצמה. אז סי' שאינה טובה: **אימת היא עונתן בו'.** אם שיודע כי אם יחיה יתחרטו מטובם ויחטאו. או כי נשלמו והגיעו לגבול צדקתם עד תכליתם כפי יכולתם: **גדעון ולא שוה לו.** זהו דרך מוסרי אשר נבעו מהתבוננות חז"ל להורות שלא לכולם הזקנה טובה כי יש אחרית טוב ויש ח"ו רעה. וזהו כמ"ש לעיל יודע בעל התאנה אימת היא עונתה: [ג] **כאן בן האמה.** לפי שעשה תשובה ואז הבין מעלת

The Midrash gives another reason for the mention of Sarah here:

אָמַר רַבִּי שְׁמוּאֵל בַּר נַחְמָן — R' Shmuel bar Nachman said: שֵׁם וְעֵבֶר הָיוּ מְהַלְּכִין לִפְנֵי מִטָּתוֹ — Shem and Eber were walking before [Abraham's] coffin,[40] **וְרָאוּ גַּבָּהּ מָקוֹם מוּפְנֶה לְאָבִינוּ אַבְרָהָם — and saw an open space near [Sarah] for our father Abraham, וְקָבְרוּ אוֹתוֹ בִּדְיוֹטְרִין שֶׁלּוֹ — and they buried him in his place בַּמָּקוֹם הַמּוּכָן וּמְזוּמָּן לוֹ — that was ready and prepared for him.**[41]

וַיְהִי אַחֲרֵי מוֹת אַבְרָהָם וַיְבָרֶךְ אֱלֹהִים אֶת יִצְחָק בְּנוֹ וַיֵּשֶׁב יִצְחָק עִם בְּאֵר לַחַי רֹאִי

And it was after the death of Abraham that God blessed Isaac his son, and Isaac settled near Beer-lahai-roi (25:11).

§4 **וַיְהִי אַחֲרֵי מוֹת אַבְרָהָם וַיְבָרֶךְ אֱלֹהִים אֶת יִצְחָק בְּנוֹ** — ***AND IT WAS AFTER THE DEATH OF ABRAHAM THAT GOD BLESSED ISAAC HIS SON.***

The Midrash comments on the language of our verse and compares it to similar language found in four other places in Scripture:

אָמַר רַבִּי סִימוֹן — R' Simon said: בְּכָל מָקוֹם שֶׁנֶּאֱמַר — In every place that it is stated "וַיְהִי אַחֲרֵי מוֹת"[42] **— *and it was after the death of,* חָזַר הָעוֹלָם לַאֲחוֹרָיו — the world turned backward** (לַאֲחוֹרָיו):[43]

The Midrash cites the verses in question:

"וַיְהִי אַחֲרֵי מוֹת אַבְרָהָם" מִיָּד "וְכָל הַבְּאֵרֹת וגו' וַיְסַתְּמוּם פְּלִשְׁתִּים אַחֲרֵי מוֹת אַבְרָהָם" — Our verse (25:11) states: ***And it was after the death of*** [וַיְהִי אַחֲרֵי מוֹת] ***Abraham.*** **Immediately** after his death, misfortune struck, as the verses (ibid. 26:15-18) state: ***And all the wells that his father's servants had dug,*** *the Philistines stopped up, and filled them with earth,* ***etc., and the Philistines had stopped them up after Abraham's death.***[44]

The second verse:

"וַיְהִי אַחֲרֵי מוֹת מֹשֶׁה עֶבֶד ה'" מִיָּד פָּסַק הַבְּאֵר, וַעֲנָנֵי כָּבוֹד, וְהַמָּן — Scripture states (*Joshua* 1:1): ***And it happened after the death of*** [וַיְהִי אַחֲרֵי מוֹת] ***Moses, servant of HASHEM.*** This verse too was a harbinger of misfortune as **immediately** after Moses' death, **the well,**[45] **the Clouds of Glory,**[46] **and the manna all ceased.**[47]

The third verse:

"וַיְהִי אַחֲרֵי מוֹת יְהוֹשֻׁעַ" מִיָּד נִתְגָּרוּ בָּהֶן יְתֵידוֹת הָאָרֶץ — Scripture states (*Judges* 1:1): ***And it happened after the death of*** [וַיְהִי אַחֲרֵי מוֹת] ***Joshua.*** **Immediately** after this, **the "pegs" of the earth provoked them.**[48]

The fourth verse:

"וַיְהִי אַחֲרֵי מוֹת שָׁאוּל" "וּפְלִשְׁתִּים נִלְחָמִים בְּיִשְׂרָאֵל" — Scripture states (*II Samuel* 1:1): ***It happened after the death of Saul.*** Immediately after this, ***the Philistines were battling with Israel,*** *and the men of Israel ran from before the Philistines* (*I Samuel* 31:1).[49]

The Midrash poses and resolves a difficulty with R' Simon's thesis:

מְתִיבִין חַבְרַיָּיא לְרַבִּי סִימוֹן — The colleagues objected to R' Simon: וְהָכְתִיב "וְאַחֲרֵי מוֹת יְהוֹיָדָע הַכֹּהֵן בָּאוּ שָׂרֵי יְהוּדָה וַיִּשְׁתַּחֲווּ לַמֶּלֶךְ" — Is it not written: *After Jehoiada died* [וְאַחֲרֵי מוֹת יְהוֹיָדָע], *the leaders of Judah came and prostrated themselves to the king* (*II Chronicles* 24:17)?[50] **אָמַר רַבִּי תַּנְחוּמָא: לָא אֲתָא רַבִּי סִימוֹן לְמֵימַר אֶלָּא "וַיְהִי אַחֲרֵי" — R' Tanchuma said: R' Simon put forth** his principle **only** regarding verses that contain the words וַיְהִי אַחֲרֵי, *And it was after . . .*, while in this verse the word וַיְהִי does not appear.

The Midrash cites a dissenting opinion, and addresses the four verses cited above in light of this view:

אָמַר רַבִּי יוּדָן — R' Yudan said: In each of the four instances mentioned by R' Simon, **אִילוּלֵא שֶׁהֶעֱמִיד הַקָּדוֹשׁ בָּרוּךְ הוּא אֲחֵרִים**

NOTES

40. Shem (Noah's son) and his great-grandson Eber (see above, verses 10:21-24), who both outlived Abraham, were the religious leaders of the generation and Abraham's teachers; it stands to reason that they attended Abraham's funeral to accord him honor (*Maharzu*).

41. This is why Sarah is mentioned here: to tell us that when she was buried, a place was left for Abraham to be buried at her side (*Radal, Imrei Yosher*; see also *Matnos Kehunah*).

According to the version of the text favored here by *Eitz Yosef*, Shem and Eber were attending Sarah's funeral (his text reads מִטָּתָהּ rather than מִטָּתוֹ), and they perceived Hashem's Presence resting upon the spot where Abraham would be buried in the future. They therefore buried Sarah (his text reads אוֹתָהּ rather than אוֹתוֹ) in the plot next to Abraham's [*Eitz Yosef* translates דְּיוֹטְרִין as a Greek word meaning *second position*]. Thus, Sarah's burial is mentioned here because the location of Sarah's grave had been predicated upon the location of Abraham's.

42. Emendation follows *Eitz Yosef*, from *Yalkut Shimoni, Joshua* §1.

43. I.e., something bad happened; the world "took a step back," as it were, when the protective merit of the righteous person was lost (see below). [This exposition is based on the similarity of the word לַאֲחוֹרָיו, which means *backward*, to the word אַחֲרֵי.]

44. The wells symbolized the tribes of the Jewish nation, as well as the Torah (as the Midrash discusses below, 64 §8); their being "filled with earth" by the Philistines, as described by the verse, thus also refers to far more than a simple physical act of damage to sources of water (see *Eitz Yosef*). [It is evident from the Midrash below (see note 51) that the fact that various wells were filled with earth would not, in and of itself, qualify as a catastrophe worthy of the description "turning the world backward."]

45. This is a reference to the well that accompanied the Israelites throughout their 40 years in the Wilderness, providing them with water.

46. That protected and sheltered them throughout their time in the Wilderness.

47. The well accompanied the Israelites in the merit of Miriam, the Clouds of Glory in the merit of Aaron, and the manna in the merit of Moses. When Moses' siblings died, the well and Clouds, along with the manna, continued to accompany the Israelites in the merit of Moses. When he died, all three immediately ceased. See *Bamidbar Rabbah* 1 §2.

48. That is, the Caanaanite nations whom Joshua had not conquered began hostilities against Israel.

[*Eitz Yosef,* citing *Matnos Kehunah,* explains our Midrash's use of the term "pegs of the earth": *Numbers* 33:55 states, *But if you do not drive out the inhabitants of the Land before you, those of them whom you leave shall be "pins" in your eyes and thorns in your sides, and they will harass you upon the Land in which you dwell.* The word "pegs" in our Midrash is a reference to the *pins* mentioned in this verse. Alternatively, he suggests emending the word יְתֵדוֹת, *pegs*, to read יְתֵירוֹת, *those [Canaanite nations] who were left over* (meaning that they were left over rather than destroyed, as described in the aforementioned verse). See also *Eitz Yosef*.]

49. [It seems problematic that the Midrash states that the events of *I Samuel* 31:1 occurred after those recorded in *II Samuel* 1:1. *Maharzu* resolves the difficulty by explaining that the Midrash is actually referring to the passage that *begins* in *I Samuel* 31:1. Verse 7 there states: *When the men of Israel, who were on the other side of the valley and on the other side of the Jordan, saw that the men of Israel had fled and that Saul and his sons had died, they abandoned their cities and fled, and the Philistines came and settled in them.* This passage indicates clearly that the Philistines succeeded in defeating Israel after the death of Saul. (*Eitz Yosef* actually emends our text as quoting that verse, rather than verse 1.)]

50. Here, despite the appearance of the words אַחֲרֵי מוֹת, we do *not* find something bad happening immediately thereafter (*Rashi*).

[The fact that *the leaders of Judah came and prostrated themselves to the king* — which *Shemos Rabbah* 8 §2 interprets to mean that they worshiped the king [Joash] as a god — does not constitute an example of "the world turning backward" as per R' Simon's statement, for while this action indeed constituted a grave sin, it was not something that affected the entire Jewish people adversely (see *Eitz Yosef*).]

אָמַר רַבִּי שְׁמוּאֵל בַּר נַחְמָן שֵׁם וְעֵבֶר הָיוּ מְהַלְּכִין לִפְנֵי °מִטָּתָהּ וְרָאוּ גַּבָּהּ מָקוֹם מוּפְנֶה לְאָבִינוּ אַבְרָהָם וְקָבְרוּ אוֹתוֹ בְּדְיוֹטְרִין שֶׁלּוֹ, בַּמָּקוֹם הַמּוּכָן וּמְזוּמָּן לוֹ:

ד [כה, יא] "וַיְהִי אַחֲרֵי מוֹת אַבְרָהָם וַיְבָרֶךְ אֱלֹהִים אֶת יִצְחָק בְּנוֹ", [ח]אָמַר רַבִּי סִימוֹן: בְּכָל מָקוֹם שֶׁנֶּאֱמַר "וַיְהִי אַחֲרֵי", חָזַר הָעוֹלָם לַאֲחוֹרָיו. "וַיְהִי אַחֲרֵי מוֹת אַבְרָהָם". מִיָּד (לקמן כו, טו-יח) "וְכָל הַבְּאֵרוֹת וְגוֹ', וַיְסַתְּמוּם פְּלִשְׁתִּים אַחֲרֵי מוֹת אַבְרָהָם". (יהושע א, א) "וַיְהִי אַחֲרֵי מוֹת מֹשֶׁה עֶבֶד ה'", [ט]מִיָּד פָּסַק הַבְּאֵר, וְעַנְנֵי כָּבוֹד, וְהַמָּן. (שופטים א, א) "וַיְהִי אַחֲרֵי מוֹת יְהוֹשֻׁעַ", מִיָּד נִתְגָּרוּ בָּהֶן יְתֵידוֹת הָאָרֶץ. (שמואל-ב א, א) "וַיְהִי אַחֲרֵי מוֹת שָׁאוּל, וּפְלִשְׁתִּים נִלְחָמִים בְּיִשְׂרָאֵל". מְתִיבִין חַבְרַיָּיא לְרַבִּי סִימוֹן וְהָכְתִיב (דברי הימים-ב כד, יז) "וְאַחֲרֵי מוֹת יְהוֹיָדָע הַכֹּהֵן בָּאוּ שָׂרֵי יְהוּדָה וַיִּשְׁתַּחֲווּ לַמֶּלֶךְ", אָמַר רַבִּי תַּנְחוּמָא לָא אֲתָא רַבִּי סִימוֹן לְמֵימַר אֶלָּא "וַיְהִי אַחֲרֵי". אָמַר רַבִּי יוּדָן אִילוּלֵא שֶׁהֶעֱמִיד הַקָּדוֹשׁ בָּרוּךְ הוּא אֲחֵרִים תַּחְתֵּיהֶם כְּבָר חָזַר הָעוֹלָם לַאֲחוֹרָיו דִּכְתִיב "וַיְהִי אַחֲרֵי מוֹת אַבְרָהָם", וּכְתִיב (לקמן כו, יח) "וַיֵּשֶׁב יִצְחָק וַיַּחְפֹּר". (יהושע א, א) "וַיְהִי אַחֲרֵי מוֹת מֹשֶׁה עֶבֶד ה' וַיֹּאמֶר ה' אֶל יְהוֹשֻׁעַ בִּן נוּן מְשָׁרֵת מֹשֶׁה לֵאמֹר", וּכְתִיב (שופטים א, א-ב) "וַיְהִי אַחֲרֵי מוֹת יְהוֹשֻׁעַ, וַיֹּאמֶר ה' יְהוּדָה יַעֲלֶה". כְּתִיב (שמואל ב א, א) "וַיְהִי אַחֲרֵי מוֹת שָׁאוּל, וְדָוִד שָׁב מֵהַכּוֹת אֶת הָעֲמָלֵקִי וַיֵּשֶׁב דָּוִד בְּצִקְלָג יָמִים וְגוֹ'",

רש"י

[ד] **נתגרו בהן יושבי הארץ**. שהיו יתד תקועה לישראל. דבר אחר יתירות. שהותירו מהן: #**מתיבין חברייא לרבי סימון והכתיב ואחרי מות יהוידע באו שרי יהודה וישתחו למלך** ולא חזר העולם לאחוריו: **אמר רבי תנחומא לא אתא רבי סימון למימר אלא ויהי אחרי**. וכאן כתיב ואחרי מות יהוידע:

עץ יוסף

אמר רבי שמואל בר נחמן כו'. בא לתרץ ג"כ מה שהזכיר פה שוב קבורת שרה ואמר שם ועבר היו מהלכין לפני מטתה ופירושו לפני מטת שרה. וכ"ה בילקוט שם ועבר היו מהלכין לפני מטתה וראו איזה מקום מופנה לאברהם אבינו וקברו אותה בדיוטרין שלו כו' כלו' שם ועבר צפו וראו מקום המוכן ומזומן לו לקבורה בראותם שם כבוד ענן השכינה. ובכן קברו אותה שם סמוך למקום זה להיותם סמוכים יחד בקבורה: **בדיוטרין**. בל"י מקום שני וסמוך לראשון (מוסף הערוך): (ד) [ז] **אמר רבי סימון בכל מקום שנאמר ויהי אחרי מות חזר העולם**. כצ"ל כי בלא מלת מות מצינו ויהי אחרי טובא שלא היה שם שום חזרת העולם. וכ"ה בריש ילקוט יהושע ע"ש: **מיד וכל הבארות וגו' ויסתמום פלשתים אחרי מות אברהם**. נ"ל מיד וכל הבארות וגו' סתמום פלשתים ומלות אחרי מות אברהם מיותר והוא בפסוק י"ח: **וכל הבארות כו'**. מה שיחשוב סתימת הבארות החזרת העולם לאחוריו לפי שדרשו לקמן פ' ס"ד מסגולת אלו הבארות שהיו כנגד הדגלים וחומשי תורה וענינים רבים שאמרו חכמי האמת (יפ"ת ונזה"ק): **פסק הבאר כו'**. שאע"פ שבמות מרים פסק הבאר וענני כבוד במות אהרן חזרו בזכות משה. ובמותו נסתלקו שלשתן כדלקמן ריש במדב"ר: **יתידות הארץ**. האומות שהניח ה' לנסות בם את ישראל ויהיו לשכים בעיניהם והיינו יתידות (מת"כ). ויש גורסין יתירות שהותירו מהם וכן הוא ביפ"ת: **ויהי אחרי מות שאול ופלשתים נלחמים בישראל**. נראה שהוא ט"ס כי זה נאמר קודם מותו וצ"ל ויעזבו את הערים וינוסו ויבאו פלשתים וישבו בהן (שם פסוק ז'): **והכתיב ואחרי מות יהוידע**. ואע"ג שהיתה שם תקלה שעשו את המלך אלוה כדלקמן ש"ר פ"ח. לא חשיב חזרת העולם לאחוריו אלא בנזק המפורסם בעולם לא לענין חטא. ומה שעלה עליו ארם לתקופת השנה לא הוה אחרי מות יהוידע דהיינו תיכף: **ויאמר ה' אל יהושע**. ואע"ג דלא חזר הבאר והמן וענני כבוד ניתנה לו א"י ומעתה אין צורך להן:

חידושי הרד"ל

(יד) **וראו גבה מקום מופנה**. וז"ש אברהם ושרה. לומר שבשעת מיתת שרה הניחו מקום מופנה לאברהם והערוך ע' הומר וע' שית גרס איזו שית (פי' חפירה וכוך כמו שיתין.) מופנה לאברהם:

[ד] **יתידות הארץ**. עמ"כ והוא כענין יתידות הדרכים ששנינו בפ"ט דמקואות שהן גבשושיות עפר קשים כיתידות להלך עליהם וכן הנשארים בארץ היו קשין להם כיתידות:

חידושי הרש"ש

[ד] **ויהי אחרי מות שאול ופלשתים נלחמים בישראל**. נקיט לישנא דקרא (שם א' ל"א):

לא אתא ר"ס למימר אלא ויהי אחרי. דויהי משמע שנהיה דבר אחרי כו' וכיו"ב דרשו בגשא פי"ב על ויהי ביום כלות משה דבר שלא היה כו' נעשה באותו היום כו' לכך נאמר ויהי דבר. חדוש הוא וגם ל' אחרי מצינו דמשמש לפעמים במקום בעבור כמו אחרי אשר בא אדוני המלך גו' (ש"ב י"ט):

פירוש מהרז"ו

הקדיש כאן אברהם לשרה. ותירץ שהיו שם כל האנשים שנמצאו בקבורת שרה והיה בעיניהם כאלו קברום יחד. והקדימו אברהם לשרה: **שם ועבר**. כי שם חי עד שהיה יעקב בן נ' שנה. ועבר חי עד ע"ט ליעקב לפי חשבון שנותיהם וכ"ה בס"ע ספ"א ורפ"ב והם היו נביאים וצדיקי הדור ואברהם למד אצלם כמש"ל ס"פ ס"א עמש"ש והדעת נותנת שהיו בקבורת אברהם ונהגו בו כבוד: (ד) **חזר העולם לאחוריו**. היינו כשכתוב אחרי אצל מות שהיל"ל ובמות אברהם וגו' ע"כ דורש לשון אחרי שחזר העולם לאחוריו כי קודם שבא אברהם היו בני אדם חושבים כי העולם מתנהג ע"פ הטבע כי לא הכירו ההשפעה העליונה ההשגחה הפרטית. ואברהם הוריד השכינה לארץ כמש"ל פי"ט סי' ז' שהראה לכל ענין ההשגחה העליונה והשפעת החסד. וע"ז רמז ענין הבארות וכשמת נסתרה השגחה העליונה ונסתמו הבארות ומקורות השפע העליונה. וחזרו בזכות יצחק ודורש כן ע"פ מדה י"ז שכאן כתיב אחרי מות אברהם ובפ' תולדות כתיב וכל הבארות וגו' וישב יצחק ויחפור וגו' אחרי מות אברהם. וכאלו כתוב כאן ויהי אחרי מות אברהם ויסתמו פלשתים את הבארות וגו': **יתידות הארץ**. כן הלשון לקמן פרשה נ"ח סי' י"ב הניחו יתידות ע"ש וכמ"ש בשופטים מפ' א' עד ט"ז: **ופלשתים נלחמו בישראל**. זה כתוב קודם ויהי אחרי מות שאול אלא הכוונה על שבפרשה ופלשתים נלחמים בישראל כתיב ג"כ ויראו אנשי ישראל כו' וכי מתו שאול ובניו ויעזבו את הערים וינוסו ויבאו פלשתים וישבו בהם עיין יפ"ת: **יהודה יעלה**. עמש"ל פר' נ"ח סי' ב': **ודוד שב**. דורש שגם כאן רמז על תשועת כלל ישראל שמיד אחרי מיתת שאול עמד דוד והושיע אותם ולא חזר העולם לאחוריו. ומ"ש וכתיב למעלה ודוד בן וגו'. יתבאר יותר ע"פ מ"ש לעיל פ"ס ריש סי' ג'

מסורת המדרש

ח ילקוט כאן רמז ק"י. ילקוט יהושע רמז א':

ט תענית דף ט'. ילקוט זכריה רמז תקע"ט:

אם למקרא

וַיְהִי אַחֲרֵי מוֹת מֹשֶׁה עֶבֶד ה' וַיֹּאמֶר ה' אֶל־יְהוֹשֻׁעַ בִּן־נוּן מְשָׁרֵת מֹשֶׁה לֵאמֹר: (יהושע א:א)

וַיְהִי אַחֲרֵי מוֹת יְהוֹשֻׁעַ וַיִּשְׁאֲלוּ בְּנֵי יִשְׂרָאֵל בַּה' לֵאמֹר מִי־יַעֲלֶה־לָּנוּ אֶל־הַכְּנַעֲנִי בַּתְּחִלָּה לְהִלָּחֶם בּוֹ: וַיֹּאמֶר ה' יְהוּדָה יַעֲלֶה הִנֵּה נָתַתִּי אֶת־הָאָרֶץ בְּיָדוֹ: (שופטים א:א-ב)

וַיְהִי אַחֲרֵי מוֹת שָׁאוּל וְדָוִד שָׁב מֵהַכּוֹת אֶת־הָעֲמָלֵק וַיֵּשֶׁב דָּוִד בְּצִקְלָג יָמִים שְׁנָיִם: (שמואל ב א:א)

וּפְלִשְׁתִּים נִלְחָמִים בְּיִשְׂרָאֵל וַיָּנֻסוּ אַנְשֵׁי יִשְׂרָאֵל מִפְּנֵי פְלִשְׁתִּים וַיִּפְּלוּ חֲלָלִים בְּהַר הַגִּלְבֹּעַ: (שמואל א לא:א)

וְאַחֲרֵי מוֹת יְהוֹיָדָע בָּאוּ שָׂרֵי יְהוּדָה וַיִּשְׁתַּחֲווּ לַמֶּלֶךְ אָז שָׁמַע הַמֶּלֶךְ אֲלֵיהֶם: (דברי הימים ב כד:יז)

ענף יוסף

סימן שרע לה ורע לתאנה כלומר בלי ספק יש גריעותא ותשש כח או באילן או בתאנה או בשתיהן. והקב"ה יודע אימת עונתן של צדיקים להסתלק מן העולם ומסלקן:

מתנות כהונה

שניהם נקברו כאחד: ה"ג בילקוט **שם ועבר היו מהלכין לפני מטתו וראו איזה מקום מופנה לאבינו אברהם וקברו אותו בו'**. ואם היה ראוי לו המקום אשר שרה שוכבת עליו היו מפנין אותה ממקומה ואולי שכן עשו ולפיכך נחשבו כאלו נקברו שניהם בפעם אחת: **בדיוטרון**. הערוך הביאו ולא פירשו ומה שכתב בספר מקום מוכן ומזומן נכתב כן לביאור כפי הענין: [ד] **יתידות הארץ**. העובדי כוכבים שהניח הקב"ה לנסות בהם את ישראל ויהיו לשיכים בעיניהם והיינו יתידות [ולקמן (במ"א) גרס יתירות ע"ש הנותר מן האמורי כד"א כי אם מיתר האמורי]:

אשד הנחלים

יצחק שהוא נעלה ונישא ממנו במדריגתו. ולכן דייקו בלשונם כאן: **וראו גובה מקום**. עיין במ"כ. ואין צורך לזה כי לכן נכתב שמה קובר אברהם ושרה. להורות כי שמה המקום הראוי והמזומן להם והראיה שהמקום גבה לפניהם ע"ד נס להורות מקומו המוכן לו וי"מ גבה אצל שרה: [ד] **חזר העולם לאחוריו כו'** כי מלת אחר מורה שאינו אותו שלפניו כ"א ענין אחר והיפך המוקדם. שהצדיקים המה יסודי העולם ומחזיקיה ואחרי מותם כמעט הי' חוזר העולם לתוהו. כי אין מקים ליסודותיה לולא ה' הכין צדיקים אחרים שיעמוד בזכותם. ומה שחשב חפירת הבארות. מפני שהי' זה לענין וכוונה. וכמ"ש במקום אחר שכולם לא נענו אלא על הבאר ואין להאריך:

תַּחְתֵּיהֶם — **if the Holy One, blessed is He, had not placed others in their stead,**[51] כְּבָר חָזַר הָעוֹלָם לַאֲחוֹרָיו — *then* **the world would** indeed **have turned backward.**

The Midrash now illustrates that the loss mentioned in each of the four cases cited by R' Simon was in fact "repaired" by Hashem. דִּכְתִיב "וַיְהִי אַחֲרֵי מוֹת אַבְרָהָם" — **For** while **it is written:** ***And it was after the death of Abraham,*** and the wells were stopped up by the Philistine after his death, וּכְתִיב "וַיָּשָׁב יִצְחָק וַיַּחְפֹּר" — **it is also written:** ***And Isaac dug anew*** *the wells of water that they had dug in the days of Abraham* (below, 26:18).[52] "וַיְהִי אַחֲרֵי מוֹת מֹשֶׁה עֶבֶד ה׳" — Similarly, while the second verse states: ***It happened after the death of Moses, servant of HASHEM,*** וַיֹּאמֶר ה׳ אֶל יְהוֹשֻׁעַ בִּן נוּן מְשָׁרֵת מֹשֶׁה לֵאמֹר" — that very verse continues: ***HASHEM said to Joshua son of Nun, Moses' attendant, saying,*** *"Moses My servant has died. Now, arise, cross this Jordan, you and this entire people, to the land that I give to them, to the Children of Israel"* (*Joshua* 1:1-2). This served to "fix" the losses caused by Moses' death.[53] וּכְתִיב "וַיְהִי אַחֲרֵי מוֹת יְהוֹשֻׁעַ — And although the verse states that ***It happened after the death of Joshua*** *that the Children of Israel inquired of HASHEM, saying, "Who should go up for us first against the Canaanite, to wage war against him?,"* indicating that war followed Joshua's death, the very next verse states (*Judges* 1:2): וַיֹּאמֶר ה׳ יְהוּדָה יַעֲלֶה" — ***HASHEM said, "Judah should go up."*** Thus, Hashem provided a worthy successor to Joshua.[54] כְּתִיב "וַיְהִי אַחֲרֵי מוֹת שָׁאוּל וְדָוִד שָׁב מֵהַכּוֹת אֶת הָעֲמָלֵקִי וַיֵּשֶׁב דָּוִד בְּצִקְלַג יָמִים וְגוֹ׳" — And regarding the fourth verse, **it is written:** ***It happened after the death of Saul, when David had returned from striking Amalek, and David had been living in Ziklag for*** *two* ***days, etc.*** (*II Samuel* 1:1). Thus, David was already on the scene to succeed Saul.

NOTES

51. R' Yudan agrees: Had God not "replaced" that which had been lost (the wells in the first example above, and the various people mentioned in the second through fourth examples), then indeed there would have been severe consequences. But R' Yudan maintains that, in point of fact, God *did* replace that which had been lost in each case, as the Midrash goes on to explain.

52. Thus we see that the wells that were closed up by the Philistines upon the death of Abraham were "replaced" by Isaac (see above, note 44).

53. The well, Clouds of Glory, and manna did not return under Joshua. But the Midrash is saying that since Joshua brought the Israelites into the Land of Israel, they would not *need* those things any more (*Eitz Yosef*).

54. The "Judah" mentioned here is Othniel son of Kenaz, who became the leader of Israel upon the death of Joshua (see *Judges* 3:9); see *Rashi* to ibid. 1:2 (second interpretation) and *Maharzu* to 58 §2 above. Joshua was thus replaced by Othniel. [That Othniel was a worthy successor to Joshua was known to Israel from his previous accomplishments; see *Joshua* 1:13, which describes a major military success, and *Temurah* 16a, which interprets that verse as referring to a major accomplishment in Torah.]

[According to the plain meaning of the verse, the phrase *Judah should go up* refers not to Joshua's successor, but to the *tribe* of Judah, who were first to claim their portion in the Land (see *Rashi* ad loc.).]

אָמַר רַבִּי שְׁמוּאֵל בַּר נַחְמָן שֵׁם וְעֵבֶר הָיוּ מְהַלְּכִין לִפְנֵי °מִטָּתָהּ וְרָאוּ גַּבָּהּ מָקוֹם מוּפְנֶה לְאָבִינוּ אַבְרָהָם וְקָבְרוּ אוֹתוֹ בִּדְיוֹטְרִין שֶׁלּוֹ, בַּמָּקוֹם הַמּוּכָן וּמְזוּמָּן לוֹ:

ד [כה, יא] **"וַיְהִי אַחֲרֵי מוֹת אַבְרָהָם וַיְבָרֶךְ אֱלֹהִים אֶת יִצְחָק בְּנוֹ", חאָמַר רַבִּי סִימוֹן: בְּכָל מָקוֹם שֶׁנֶּאֱמַר "וַיְהִי אַחֲרֵי", חָזַר הָעוֹלָם לַאֲחוֹרָיו. "וַיְהִי אַחֲרֵי מוֹת אַבְרָהָם". מִיָּד** (לקמן כו, טו-יח) **"וְכָל הַבְּאֵרוֹת וְגוֹ', וַיְסַתְּמוּם פְּלִשְׁתִּים אַחֲרֵי מוֹת אַבְרָהָם".** (יהושע א, א) **"וַיְהִי אַחֲרֵי מוֹת מֹשֶׁה עֶבֶד ה'", טמִיָּד פָּסַק הַבְּאֵר, וְעַנְנֵי כָּבוֹד, וְהַמָּן.** (שופטים א, א) **"וַיְהִי אַחֲרֵי מוֹת יְהוֹשֻׁעַ", מִיָּד נִתְגָּרוּ בָּהֶן יְתֵידוֹת הָאָרֶץ.** (שמואל-ב א, א) **"וַיְהִי אַחֲרֵי מוֹת שָׁאוּל, וּפְלִשְׁתִּים נִלְחָמִים בְּיִשְׂרָאֵל". מְתִיבִין חַבְרַיָּיא לְרַבִּי סִימוֹן וְהָכְתִיב** (דברי הימים-ב כד, יז) **"וְאַחֲרֵי מוֹת יְהוֹיָדָע הַכֹּהֵן בָּאוּ שָׂרֵי יְהוּדָה וַיִּשְׁתַּחֲווּ לַמֶּלֶךְ", אָמַר רַבִּי תַּנְחוּמָא לָא אֲתָא רַבִּי סִימוֹן לְמֵימַר אֶלָּא "וַיְהִי אַחֲרֵי". אָמַר רַבִּי יוּדָן אִילּוּלֵא שֶׁהֶעֱמִיד הַקָּדוֹשׁ בָּרוּךְ הוּא אֲחֵרִים תַּחְתֵּיהֶם כְּבָר חָזַר הָעוֹלָם לַאֲחוֹרָיו דִּכְתִיב "וַיְהִי אַחֲרֵי מוֹת אַבְרָהָם", וּכְתִיב** (לקמן כו, יח) **"וַיָּשָׁב יִצְחָק וַיַּחְפֹּר".** (יהושע א, א) **"וַיְהִי אַחֲרֵי מוֹת מֹשֶׁה עֶבֶד ה' וַיֹּאמֶר ה' אֶל יְהוֹשֻׁעַ בִּן נוּן מְשָׁרֵת מֹשֶׁה לֵאמֹר", וּכְתִיב** (שופטים א, א-ב) **"וַיְהִי אַחֲרֵי מוֹת יְהוֹשֻׁעַ, וַיֹּאמֶר ה' יְהוּדָה יַעֲלֶה". כְּתִיב** (שמואל ב א, א) **"וַיְהִי אַחֲרֵי מוֹת שָׁאוּל, וְדָוִד שָׁב מֵהַכּוֹת אֶת הָעֲמָלֵקִי וַיֵּשֶׁב דָּוִד בְּצִקְלָג יָמִים וְגוֹ'",**

עץ יוסף

אמר רבי שמואל בר נחמן כו'. בא לתרץ ג"כ מה שהזכיר פה שוב קבורת שרה ואמר שם ועבר היו מהלכין לפני מטתה ופירושו לפני מטת שרה. וכ"ה בילקוט שם ועבר היו מהלכין לפני מטתה וראו איזה מקום מופנה לאברהם אבינו וקברו אותה בדיוטרין שלו כו' כלו' שם ועבר לפו וראו מקום המוכן ומזומן לו לקבורה בראותם שם כבוד ענן השכינה. ובכן קברו אותה שם סמוך למקום זה להיותם סמוכים יחד בקבורה: **בדיוטרין.** בל"י מקום שני וסמוך לראשון (מוסף הערוך): (ד) [ז] **אמר רבי סימון בכל מקום שנאמר ויהי אחרי מות חזר העולם.** כצ"ל כי בלא מלת מות מצינו ויהי אחרי טובה שלא היה שם שום חזרת העולם. וכ"ה בריש ילקוט יהושע ע"ש: **מיד וכל הבארות וגו' ויסתמום פלשתים אחרי מות אברהם.** נ"ל מיד וכל הבארות וגו' סתמום פלשתים ומלות אחרי מות אברהם מיותר והוא בפסוק י"ח: **וכל הבארות כו'.** מה שיחשוב סתימת הבארות החזרת העולם לאחוריו לפי שדרשו לקמן פ' ס"ד מסגולת אלו הבארות שהיו כנגד הדגלים וחומשי תורה ועניינים רבים שאמרו חכמי האמת (יפ"ת ונזה"ק): **פסק הבאר כו'.** שאע"פ שבמות מרים פסק הבאר וענני כבוד במות אהרן חזרו בזכות משה. ובמותו נסתלקו שלשתן כדלקמן ריש במדב"ר: **יתידות הארץ.** האומות שהניח ה' לנסות בם את ישראל ויהיו לשכים בעיניהם והיינו יתידות (מת"כ). ויש גורסין יתירות שהותירו מהם וכן הוא ביפ"ת: **ויהי אחרי מות שאול ופלשתים נלחמים בישראל.** נראה שהוא ט"ס כי זה נאמר קודם מותו וצ"ל ויעזבו את הערים וינוסו ויבאו פלשתים וישבו בהן (שם פסוק ז'): **והכתיב ואחרי מות יהוידע.** ואע"ג שהיתה שם תקלה שעשו את המלך אלוה כדלקמן ש"ר פ"ח. לא חשיב חזרת העולם לאחוריו אלא בנזק המפורסם בעולם לא לענין חטא. ומה שעלה עליו אחרים לתקופת השנה לא הוה אחרי מות יהוידע דהיינו תיכף: **ויאמר ה' אל יהושע.** ואע"ג דלא חזר הבאר והמן וענני כבוד ניתנה לו א"י ומעתה אין צורך להן:

פירוש מהרז"ו

הקדיס כאן אברהם לשרה. ותירץ שהיו שם כל האנשים שנמצאו בקבורת שרה והיה בעיניהם כאלו קברום יחד. והקדימו אברהם לשרה: **שם ועבר.** כי שם חי עד שהיה יעקב בן נ' שנה. ועבר חי עד ע"ט ליעקב לפי חשבון שנותיהם וכ"ה בס"ע ספ"א ורפ"ב והם היו נביאים וצדיקי הדור ואברהם למד אצלם כמש"ל ס"פ ס"א עמש"ש והדעת נותנת שהיו בקבורת אברהם ונהגו בו כבוד: (ד) **חזר העולם לאחוריו.** היינו כשכתוב אחרי אצל מות שהיל"ל ובמות אברהם וגו' ע"כ דורש לשון אחרי שחזר העולם לאחוריו כי קודם שבא אברהם היו בני אדם חושבים כי העולם מתנהג ע"פ הטבע כי לא הכירו ההשפעה העליונה ההשגחה הפרטית. ואברהם הוריד השכינה לארץ כמש"ל פי"ט סי' ז' שהראה לכל ענין ההשגחה העליונה והשפעת החסד. וע"ז רמז ענין הבארות וכשמת נסתרה השגחה העליונה ונסתמו הבארות ומקורות השפע העליונה. וחזרו בזכות יצחק ודורש כן ע"פ מדה י"ז שכאן כתיב אחרי מות אברהם ובפ' תולדות כתיב וכל הבארות וגו' וישב יצחק ויחפור וגו' אחרי מות אברהם. וכאלו כתוב כאן ויהי אחרי מות אברהם ויסתמו פלשתים את הבארות וגו': **יתידות הארץ.** כן הלשון לקמן פרשה נ"ח סי' י"ב הניחו יתידות ע"ש וכמ"ש בשופטים מפ' ח' עד ט"ז: **ופלשתים נלחמו בישראל.** זה כתוב קודם ויהי אחרי מות שאול אלא הכוונה על שבפרשה ופלשתים נלחמים בישראל כתיב ג"כ ויראו אנשי ישראל כו' וכי מתו שאול ובניו ויעזבו את הערים וינוסו ויבאו פלשתים וישבו בהם עיין יפ"ת: **יהודה יעלה.** עמש"ל פר' נ"ח סי' ב': **ודוד שב.** דורש שגם כאן רמז על תשועת כלל ישראל שמיד אחרי מיתת שאול עמד דוד והושיע אותם ולא חזר העולם לאחוריו. ומ"ש וכתיב למעלה ודוד בן וגו'. יתבאר יותר ע"פ מ"ש לעיל פ"ס ריש סי' ג'

רש"י

[ד] **נתגרו בהן יושבי הארץ.** שהיו יתד תקועה לישראל. דבר אחר יתירות. שהותירו מהן: #**מתיבין חברייא לרבי סימון והכתיב ואחרי מות יהוידע באו שרי יהודה וישתחו למלך** ולא חזר העולם לאחוריו: **אמר רבי תנחומא לא אתא רבי סימון למימר אלא ויהי אחרי.** וכאן כתיב ואחרי מות יהוידע:

חידושי הרד"ל

(יד) **וראו גבה מקום מופנה.** וז"ש אברהם ושרה. לומר שבשעת מיתת שרה הניחו מקום מופנה לאברהם והערוך ע' הומר וע' שית גרס איזו שית (פי' חפירה וכוך כמו שיתין.) מופנה לאברהם:

[ד] **יתידות הארץ.** עמ"כ והוא כענין יתידות הדרכים ששנינו בפ"ט דמקוואות שהן גבשושיות עפר קשים כיתידות להלך עליהם וכן הנשארים בארץ היו קשין להם כיתידות:

חידושי הרש"ש

[ד] **ויהי אחרי מות שאול ופלשתים נלחמים בישראל.** נקיט לישנא דקרא (שם א' ל"א):

לא אתא ר"ס למימר אלא ויהי אחרי. דויהי משמע שנהיה דבר אחרי כו' וכיו"ב דרשו בגנא פי"ב על ויהי ביום כלות משה דבר שלא היה כו' נעשה באותו היום כו' לכך נאמר ויהי דבר. חדוש הוא וגם ל' אחרי מצינו דמשמש לפעמים במקום בעבור כמו אחרי אשר בא אדוני המלך גו' (ש"ב י"ט):

מסורת המדרש

ח ילקוט כאן רמז ק"י. ילקוט יהושע רמז א':

ט תענית דף ט'. ילקוט זכריה רמז תקע"ט:

אם למקרא

וַיְהִי אַחֲרֵי מוֹת מֹשֶׁה עֶבֶד ה' וַיֹּאמֶר ה' אֶל־יְהוֹשֻׁעַ בִּן־נוּן מְשָׁרֵת מֹשֶׁה לֵאמֹר: (יהושע א:א)

וַיְהִי אַחֲרֵי מוֹת יְהוֹשֻׁעַ וַיִּשְׁאֲלוּ בְּנֵי יִשְׂרָאֵל בַּה' לֵאמֹר מִי־יַעֲלֶה־לָּנוּ אֶל־הַכְּנַעֲנִי בַּתְּחִלָּה לְהִלָּחֶם בּוֹ: וַיֹּאמֶר ה' יְהוּדָה יַעֲלֶה הִנֵּה נָתַתִּי אֶת־הָאָרֶץ בְּיָדוֹ: (שופטים א:א-ב)

וַיְהִי אַחֲרֵי מוֹת שָׁאוּל וְדָוִד שָׁב מֵהַכּוֹת אֶת־הָעֲמָלֵק וַיֵּשֶׁב דָּוִד בְּצִקְלָג יָמִים שְׁנָיִם: (שמואל ב א:א)

וּפְלִשְׁתִּים נִלְחָמִים בְּיִשְׂרָאֵל וַיָּנֻסוּ אַנְשֵׁי יִשְׂרָאֵל מִפְּנֵי פְלִשְׁתִּים וַיִּפְּלוּ חֲלָלִים בְּהַר הַגִּלְבֹּעַ: (שמואל א לא:א)

וְאַחֲרֵי מוֹת יְהוֹיָדָע בָּאוּ שָׂרֵי יְהוּדָה וַיִּשְׁתַּחֲווּ לַמֶּלֶךְ אָז שָׁמַע הַמֶּלֶךְ אֲלֵיהֶם: (דברי הימים ב כד:יז)

ענף יוסף

סימן שרע לה ורע לתאנה כלומר בלי ספק יש גריעותא ותשש כח או באילן או בתאנה או בשתיהן. והקב"ה יודע אימת טונתן של צדיקים להסתלק מן העולם ומסלקן:

מתנות כהונה

שניהם נקברו כאחד: ה"ג בילקוט **שם ועבר היו מהלכין לפני מטתו וראו איזה מקום מופנה לאבינו אברהם וקברו אותו כו'.** ואם היה ראוי לו המקום אשר שרה שוכבת עליו היו מפנין אותה ממקומה ואולי שכן עשו ולפיכך נחשבו כאלו נקברו שניהם בפעם אחת: **בדיוטרון.** הערוך הביאו ולא פירשו ומה שכתב בספר מקום מוכן ומזומן נכתב כן לביאור כפי הענין: [ד] **יתידות הארץ.** העובדי כוכבים שהניח הקב"ה לנסות בהם את ישראל ויהיו לשיכים בעיניהם והיינו יתידות [ולקמן (במ"א) גרס יתירות ע"ש הנותר מן האמורי כדא"כ כי אם מיתר האמורי]:

אשד הנחלים

יצחק שהוא נעלה ונישא ממנו במדריגתו. ולכן דייקו בלשונם כאן: **וראו גובה מקום.** עיין במ"כ. ואין צורך לזה כי לכן נכתב שמה קובר אברהם ושרה. להורות כי שמה המקום הראוי והמזומן להם והראיה שהמקום גבה לפניהם ע"ד נס להורות מקומו המוכן לו וי"מ גבה אצל שרה: [ד] **חזר העולם לאחוריו כו'** כי מלת אחר מורה שאינו אותו שלפניו כ"א ענין אחר והיפך המוקדם. שהצדיקים המה יסודי העולם ומחזיקיה ואחרי מותם כמעט הי' חוזר העולם לתוהו. כי אין מקים ליסודותיה לולא ה' הכין צדיקים אחרים שיעמוד בזכותם. ומה שחשב חפירת הבארות. מפני שהי' זה לענין וכוונה. וכמ"ש במקום אחר שכולם לא נענו אלא על הבאר ואין להאריך:

וּכְתִיב לְמַעְלָה מִן הָעִנְיָן קוֹדֶם מִיתַת שְׁמוּאֵל — **And** furthermore, **it is written in an earlier passage,**[55] **before the death of Samuel:**[56] "וְדָוִד בֶּן אִישׁ אֶפְרָתִי" — *David was the son of a certain Ephrathite man from Bethlehem [in] Judah; his name was Jesse, etc.* (*I Samuel* 17:12ff). This passage indicates David's stature.[57]

Thus, R' Yudan concludes, in fact there were no lasting negative consequences foretold by the verses cited by R' Simon.Ⓐ

וְאֵלֶּה תֹּלְדֹת יִשְׁמָעֵאל בֶּן אַבְרָהָם אֲשֶׁר יָלְדָה הָגָר הַמִּצְרִית שִׁפְחַת שָׂרָה לְאַבְרָהָם.

These are the descendants of Ishmael, Abraham's son, whom Hagar the Egyptian, Sarah's maidservant, bore to Abraham (25:12).

§5 וְאֵלֶּה תֹּלְדֹת יִשְׁמָעֵאל בֶּן אַבְרָהָם — ***THESE ARE THE DESCENDANTS OF ISHMAEL, ABRAHAM'S SON, ETC.***

The Midrash discusses the relevance of this passage:

רַבִּי חָמָא בַּר עוּקְבָא וְרַבָּנָן הֲווֹ יָתְבִין וּמִתְקַשִּׁין — **R' Chama bar Ukva and the Sages were sitting and asking:** מַה רָאָה הַכָּתוּב לְיַיחֵס תּוֹלְדוֹתָיו שֶׁל רָשָׁע כָּאן — **Why did Scripture see fit to relate here the descendants of** this **wicked person** (Ishmael)?[58]Ⓑ עָבַר רַבִּי לֵוִי, אָמְרִין הָא אֲתָא מָרֵהּ דִּשְׁמַעְתָּא נִשְׁאֲלִינֵיהּ — **R' Levi passed by. The Sages said, "Here comes the master of** Torah **teachings; let us ask him!"** אָמַר רַבִּי לֵוִי בְּשֵׁם רַבִּי חָמָא לְהוֹדִיעָךְ בֶּן כַּמָּה שָׁנִין נִתְבָּרֵךְ זְקֵנָךְ — **R' Levi said** to R' Chama bar Ukva[59] **in the name of R' Chama:**[60] **"To inform you how old your grandfather** (i.e., ancestor) Jacob **was when he was blessed** by Isaac."[61]Ⓒ

NOTES

55. Lit., *above the matter.*

56. *Eitz Yosef* emends שְׁמוּאֵל, Samuel, to שָׁאוּל, Saul.

57. *I Samuel* 17:12ff describes David's defeat of Goliath. David was thus already known to be a worthy successor to Saul (*Eitz Yosef*).

58. Although, as the Midrash itself states in several places, Ishmael repented before his death, it is puzzling that the Torah would record his lineage and the years that he lived, for he was originally wicked [and such treatment is generally reserved for those who were righteous throughout their lives] (*Eitz Yosef*, citing *Maharsha* to *Megillah* 17a). Alternatively, this Midrash disputes those others, and maintains that Ishmael did not repent (*Maharzu*, citing *Yefeh To'ar*). See also below, note 63. See also Insight Ⓑ.

59. *Yedei Moshe, Eitz Yosef.*

60. *Yalkut Shimoni, Chayei Sarah* §110 identifies the R' Chama cited by R' Levi as R' Chama bar Chanina.

61. *Yedei Moshe; Eitz Yosef.*

The Gemara (*Megillah* 17a) explains that knowing how long Ishmael lived enables us to know how old Jacob was when he received the blessings from Isaac: The Gemara derives (from *Genesis* 28:6,9) that Ishmael died when Isaac blessed Jacob. Now, Isaac was 60 when Jacob was born (ibid. 25:26), and Ishmael was 14 years older than Isaac (see ibid., 16:16 and 21:5), making him 74 when Jacob was born. It follows that when Ishmael died at the age of 137, as stated in our verse, Jacob was 63. See Insight Ⓒ.

INSIGHTS

Ⓐ **A Different World** R' Simon's teaching and Rabbi Yudan's response illustrate two major principles in the Jewish perspective on history. Great people have an effect on their generation, even though it may not always be perceptible. Abraham's greatness was acknowledged even by the idolaters of Canaan. When he came to purchase the Cave of Machpelah, the Hittites addressed him as "a prince of God" (above, 23:5). The effect of Moses on human history is incalculable. And so on, as R' Simon illustrates with reference to the deaths of Joshua and Samuel. With regard to all four, Scripture implies that their loss was keenly felt when they died.

In modern times, this concept was eloquently expressed by R' Yitzchak Ze'ev Soloveitchik, the Rav of Brisk. When informed of the passing of R' Avraham Yeshayah Karelitz, the *Chazon Ish*, the *Brisker Rav* said, "Until now it was a world with the *Chazon Ish*. Now it is a world without the *Chazon Ish*." Throughout history, one can find countless instances where the holiness, scholarship, and leadership of a single person shaped his generation to the extent that his passing left a void that was not easily – and sometimes never – filled. Thus, when R' Simon elucidates the implication of the phrase "*and it was after the death of . . . ,*" he enunciates a concept that should inspire people to appreciate the presence of great people. All too often, it is only after they are gone that people look back and regret that they failed to take advantage of the greatness that was once among them.

On the other hand, R' Yudan offers a perspective on God's mercy and His providential guidance of Jewish history. It is true that the loss of extraordinary people leaves a void. Nevertheless, history shows that often others emerge to take their place. Sometimes it is a great individual, like King David, who succeeded King Saul. Sometimes it is a multitude, as the *Sfas Emes* expressed it when the Chassidim of Gur prevailed upon him to become their leader in place of his departed grandfather, the *Chidushei HaRim*. At his first gathering as the new Gerrer Rebbe, the *Sfas Emes* said, "No one can take the place of my grandfather, but all of us working together can fill the vacuum." Sometimes God's providence provides a new leader; sometimes He orchestrates a renaissance of Torah scholarship and service of God among multitudes of the Jewish people.

Ⓑ **Yishmael: Righteous or Wicked?** Some commentators contend that it seem implausible that the Sages of the present Midrash, who are quoted as asking why the Torah would enumerate the descendants and years of Ishmael, disagree with the previous Midrashim (and Gemara in *Bava Basra* 16a) and maintain that Ishmael did not repent. Indeed, one of the prominent Tannaim of the Mishnah was named R' Ishmael, and the Gemara (*Yoma* 38b) states that we do not name children after wicked people (*Toras Chaim* to *Sanhedrin* 104a s.v. ואין).

Chida (*Pesach Einayim, Megillah* 17a) suggests that Ishmael's repentance was incomplete, and so, even after his repentance, he is still considered a sinful person, as the Midrash implies. See also *Maharsha* (to *Megillah* ibid.).

Tos. Yeshanim (*Yoma* 38b), however, take as axiomatic that the statement recorded in the previous Midrashim and in *Bava Basra* that Ishmael repented is in fact *not* unanimously held. As evidence, they cite the Gemara's statement elsewhere (*Sanhedrin* 104a) that a father's merits cannot save his wicked son from retribution in the World to Come, which the Gemara illustrates by saying that Abraham's merits were unable to save Ishmael from *Gehinnom*. Obviously, that Gemara maintains that Ishmael did *not* repent. Our Midrash may be of that same opinion (*Yefeh To'ar*). As for how R' Ishmael's father could have given him the name of a wicked man, *Tos. Yeshanim* answer that the name Ishmael is an exception to the rule, because God Himself was the One who gave Ishmael this name (see above, 16:11). Alternatively, R' Ishmael's father, who gave him that name, was of the opinion that Ishmael did repent (*Pnei Shlomo* to *Bava Basra* ibid.).

Ⓒ **To Inform You . . .** It appears puzzling that our Midrash cites this discussion here in connection with verse 25:12 (which makes no mention of Ishmael's age but merely introduces his descendents) and not in its discussion of verse 25:17 which follows (that verse tells us Ishmael's age). In fact, some commentators suggest that this line of the Midrash actually belongs in the discussion of v. 17, and that the corresponding line there which praises Ishmael [ע"י שבא מקדקדה של מדבר לגמול חסד לאביו] belongs to the discussion of our verse. This would be a fitting response to the Midrash's question, "Why did Scripture see fit to relate here the descendants of this wicked person?" (*Yefeh To'ar*, cited by *Maharzu*; *Imrei Yosher* quotes our text likewise).

Maharzu, however, notes that *Yalkut Shimoni* (25 §110) has the text as is written here. Accordingly, he explains that the fact that Ishmael died at the time that Isaac blessed Jacob is derived from 28:9 — specifically, from its mention of Nebaioth, who was Ishmael's oldest son, as stated in our passage in 25:13. [As the Gemara states (*Megillah* 17a), Nebaioth is mentioned there in connection with his sister's marriage to Esau because Ishmael died and Nebaioth, as the eldest son, married her off.] Our Midrash discusses all this in connection with 25:12 because it is that verse which introduces the passage that includes the critical information about Nebaioth (in 25:13). [Of course, 25:17 is central to the point as well, but the Midrash preferred to record this discussion on the earlier verse.]

וּכְתִיב לְמַעְלָה מִן הָעִנְיָן קוֹדֶם מִיתַת שְׁמוּאֵל (שמואל א יז, יב), "וְדָוִד בֶּן אִישׁ אֶפְרָתִי":

ה [כה, יב] "וְאֵלֶּה תֹּלְדֹת יִשְׁמָעֵאל בֶּן אַבְרָהָם", רַבִּי חָמָא בַּר עוּקְבָּא וְרַבָּנָן הֲווֹ יָתְבִין וּמִתְקַשִּׁין: מַה רָאָה הַכָּתוּב לְיַיחֵס תּוֹלְדוֹתָיו שֶׁל רָשָׁע כָּאן, עָבַר רַבִּי לֵוִי, אָמְרִין: הָא אֲתָא מָרֵה דִּשְׁמַעְתָּא נִשְׁאֲלִינֵיהּ, אָמַר רַבִּי לֵוִי בְּשֵׁם רַבִּי חָמָא: [י]לְהוֹדִיעֲךָ בֶּן כַּמָּה שָׁנִין נִתְבָּרֵךְ זְקֵנֶךָ. [כה, יז] "וְאֵלֶּה שְׁנֵי חַיֵּי יִשְׁמָעֵאל", [יא]מָה רָאָה הַכָּתוּב לְיַיחֵס שָׁנָיו שֶׁל רָשָׁע כָּאן, עַל יְדֵי שֶׁבָּא מְקַדְקְדָהּ שֶׁל מִדְבָּר לִגְמוֹל חֶסֶד לְאָבִיו. [כה, יח] "וַיִּשְׁכְּנוּ מֵחֲוִילָה וְגוֹ'", הָכָא אַתְּ אָמַר "נָפָל" וּלְעֵיל (טז, יב) אַתְּ אָמַר "יִשְׁכּוֹן", אֶלָּא [יב]כָּל יָמִים שֶׁהָיָה אָבִינוּ אַבְרָהָם קַיָּים "יִשְׁכּוֹן", כֵּיוָן שֶׁמֵּת אָבִינוּ אַבְרָהָם "נָפָל", עַד שֶׁלֹּא פָּשַׁט יָדוֹ בְּבֵית הַמִּקְדָּשׁ "יִשְׁכּוֹן", כֵּיוָן שֶׁפָּשַׁט בּוֹ יָדוֹ "נָפָל", בָּעוֹלָם הַזֶּה "יִשְׁכּוֹן", אֲבָל לֶעָתִיד לָבֹא "נָפָל":

עץ יוסף

וכתיב למעלה מן הענין קודם מיתת שאול ודוד בן איש אפרתי. כצ"ל. כלומר דאע"ג דלא פירש בתר מיתת שאול תיקון הנזק הנמשך במותו ע"י דוד מ"מ במה שהזכיר את דוד אחר מות שאול גילה בזה תיקון נזק מיתת שאול כי כבר נודע טיבו בהיותו מושיע ורב במה שאמר לעיל ודוד בן איש אפרתי (שמואל א' י"ז י"ב. יפ"ת): (ה) [ח] **ומתקשין**. היו מקשין ושואלין: **תולדותיו של רשע**. ואע"ג דישמעאל עשה תשובה כדלעיל פ"ל מ"מ כיון שהיה רשע מעיקרא לא היה ראוי למנות תולדותיו בתורה. וכן שניו. (רש"א): **הא אתא מרא כו'**. הרי בא בעל ההלכה כלומר רב מובהק ונשאלנו: **אמר רבי לוי בשם רבי חמא על ידי שבא מקדקדו של מדבר לגמול חסד לאביו**. כצ"ל. ובסמוך גבי שאלת מה ראה לייחס שניו גרסי' להודיעך בן כמה שנים נתברך (יפ"ת): **מקדקדו**. כלו' מעיקרו שאף שהיה רחוק מאד הטריח עצמו לבא לגמול חסד עם אביו: **בן כמה שנים נתברך זקנך**. ר"ל כך א"ר לוי לרב חמא בר עוקבא. ואמר זקנך לפי שהיה מדבר עמו. ופירושו שמשנותיו של ישמעאל אנו למדים בן כמה שנים היה יעקב כשקיבל את הברכות מאביו כדאי' בפ"ק דמגילה. וברש"י בחומש סוף פרשה תולדות ע"ש: **הבא את אמר כו'**. פירשתיו בפ' מ"ה:

חידושי הרד"ל

(טז) [ה] **מקדקדה של מדבר**. מפני שכתוב בו וישב במדבר פארן ומדבר פארן גדול הוא וכולל חלק מדרום א"י כמ"ש הרמב"ן בפי' התורה והיינו סבורים לומר שהיה סמוך מקומו למקום מיתת אברהם. לכן אמר שבא מקדקדה וראשו במזרחית דרומית של א"י (ואפשר העיר גדגד שבמסעות שהיא סמוכה לעציון גבר וארץ אדום שבמזרחית דרומית א"י נקראת כן ע"ש שהיא בקדקד המדבר בחילוף ג' בקו"ף ומצאתי בס' ברית מנוחה שכתב גדגדה הוא הראש ע"ש ואולי ירמוז ג"כ ללשון המקרא (תהלים סח) אלהים ימחץ ראש אויביו קדקד שער מתהלך באשמיו. דאויביו הוא ישמעאל כמש"ל פנ"ו בהגהותי בס"ד בשם הפר"א) למקום מיתת אברהם בבאר שבע לכן נחשב לו גמילות חסד:

חידושי הרש"ש

וכתיב כו' קודם מיתת שמואל כו'. אולי צ"ל שאול. וכיוונו בהבאת פסוק זה שכתוב בהאי עניינא דמפלת פלשתים על ידו:

פירוש מהרז"ו

שמ"ש ודוד בן איש אפרתי חוזר למ"ש תחלה לענין שאול וכן כאן מ"ש ודוד שב וגו': (ה) **תולדותיו**. לא ס"ל שישמעאל עשה תשובה יפ"ת ועמש"ל ר"ס ג': **בן כמה שנים נתברך**. במגילה ספ"א מבואר החשבון מפסוק י"ז ואלה שני חיי ישמעאל אך אין שייך התולדות לזה. והיפ"ת מהפך הגירסא כאן שעל פסוק ואלה תולדות ישמעאל. אר"ל בשם ר"ח על שבא לגמול חסד כו'. ופסוק ואלה שני חיי ישמעאל להודיעך החשבון כמ"ש בגמ' הנ"ל. וי"ל הגירסא שלפנינו שכ"ה גם בילקוט והענין שעיקר החשבון הוא מפסוק ואלה שני חיי ישמעאל אך מאחר שעיקר ההוכחה ממ"ש אחות נביות. וע"כ קודם פ' ואלה וגו' הוצרך להקדים. שהיה לו בן שמו נביות. ואגב הזכיר לכל בני ישמעאל. וכמ"ש בפסוק ושם הוא אבי כנען. ועל פסוק ואנשי סדום רעים וחטאים וכדומה ומ"ש מה ראה לייחס שניו אף שעיקר הכתוב בשביל החשבון. אך למה נכתבו כאן במקום זה הי"ל אצל ברכת יעקב שם ע"ז תירץ שסמך למיתת אברהם שזכה לזה ע"י שגמל חסד לאברהם. וע"ש ברש"י במגילה ובח"א ובטו"א שם וצ"ע: **מקדקדו של מדבר**. כמ"ש וישב במדבר פארן ודורש סמוכים: [ו] **הבא את אמר נפל**. ע"ל פמ"ה סי' ט' וש"נ ומבואר:

מסורת המדרש

י עיין מגילה דף י"ז:
יא ילקוט דה"י רמז אל"ף ע"ג:
יב לעיל פרשה מ"ה:

אם למקרא

וְדָוִד בֶּן־אִישׁ אֶפְרָתִי הַזֶּה מִבֵּית לֶחֶם יְהוּדָה וּשְׁמוֹ יִשַׁי וְלוֹ שְׁמֹנָה בָנִים וְהָאִישׁ בִּימֵי שָׁאוּל זָקֵן בָּא בַאֲנָשִׁים:
(שמואל א יז:יב)

רש"י

[ה] **מה ראה הכתוב לייחס תולדותיו של ישמעאל כאן להודיעך בן כמה שנים נתברך זקנך**. ובמסכת מגילה מפורש למה נמנו שנותיו של ישמעאל לייחס בהן שנותיו של יעקב: **מקדקדו של מדבר**. ממקום רחוק בא כדי לכבדו:

מתנות כהונה

[ה] [**ישמעאל בן אברהם** גרסינן]: **ומתקשיין**. היו מקשין ושואלין: **הא אתא מרא כו'**. הרי בא בעל ההלכה כלומר רב מובהק ונשאלנו: **נתברך זקנך**. יעקב כדאיתא סוף פ"ק דמגילה: **מקדקדה**. כלומר מעיקר המדבר ככתוב וישב במדבר הבי"ת פתוחה מורה על העקרית והידוע. ולעיל בפרשת לך לך אמר ישכון ולעתיד לבא נפל וישראל ישכנו לבטח דכתיב סומך ה' לכל הנופלים וכי"ר:

אשד הנחלים

[ה] **כיון שפשט ידו נפל**. כלומר בניו והוא הי' מצליח בימי אברהם לבדו:

וְאֵלֶּה שְׁנֵי חַיֵּי יִשְׁמָעֵאל מְאַת שָׁנָה וּשְׁלֹשִׁים שָׁנָה וְשֶׁבַע שָׁנִים וַיִּגְוַע וַיָּמָת וַיֵּאָסֶף אֶל עַמָּיו.

These were the years of Ishmael's life: a hundred and thirty-seven years, when he expired and died, and was gathered to his people (25:17).

□ **וְאֵלֶּה שְׁנֵי חַיֵּי יִשְׁמָעֵאל** – *THESE WERE THE YEARS OF ISHMAEL'S LIFE, ETC.*

The Midrash asks and answers a question about this verse:

מָה רָאָה הַכָּתוּב לְיַיחֵס שְׁנָיו שֶׁל רָשָׁע כָּאן – **Why did Scripture see** fit **to relate here the years of** this **wicked person** (Ishmael)?[62] **עַל יְדֵי שֶׁבָּא מִקָּדְקֳדָהּ שֶׁל מִדְבָּר לִגְמוֹל חֶסֶד לְאָבִיו** – The answer is: **Because he came from the highest point of the desert**[63] **to bestow kindness upon his father.**[64]

וַיִּשְׁכְּנוּ מֵחֲוִילָה עַד שׁוּר אֲשֶׁר עַל פְּנֵי מִצְרַיִם בֹּאֲכָה אַשּׁוּרָה עַל פְּנֵי כָל אֶחָיו נָפָל.

They dwelt from Havilah to Shur – which is near Egypt – toward Assyria; over all his brothers he dwelt (25:18).

□ **וַיִּשְׁכְּנוּ מֵחֲוִילָה וְגוֹ'** – *THEY DWELT FROM HAVILAH, ETC., OVER ALL HIS BROTHERS HE DWELT* (נָפָל).

The Midrash notes a discrepancy between the language Scripture uses to describe Ishmael's manner of dwelling here and its language to describe it elsewhere:

הָכָא אַתְּ אָמַר "נָפָל" – **Here, it is stated** that Ishmael ***dwelt*** (literally, *fell*) ***over all his brothers;*** **וּלְעֵיל אַתְּ אָמַר "יִשְׁכּוֹן"** – **whereas earlier** (above, 16:12) **it is stated:** *over all his brothers he will* ***dwell,*** using the verb **יִשְׁכֹּן**.[65]

The Midrash presents three answers to this question:

אֶלָּא כָּל יָמִים שֶׁהָיָה אָבִינוּ אַבְרָהָם קַיָּים "יִשְׁכּוֹן" – **Rather,** the explanation for this is that **as long as our forefather Abraham** was alive, ***[Ishmael] will dwell*** *in peace and harmony,* **כֵּיוָן שֶׁמֵּת אָבִינוּ אַבְרָהָם "נָפָל"** – **but when Abraham died, *he fell.***[66] **עַד שֶׁלֹּא פָּשַׁט יָדוֹ בְּבֵית הַמִּקְדָּשׁ "יִשְׁכּוֹן"** – Concerning his descendants as well, both terms apply: **Before he stretched forth his hand against the Holy Temple, *he will dwell,*** **כֵּיוָן שֶׁפָּשַׁט בּוֹ יָדוֹ "נָפָל"** – but **once he stretched forth his hand against it,**[67] ***he fell.*** **בָּעוֹלָם הַזֶּה "יִשְׁכּוֹן"** – Finally, **in this world *he will dwell,*** **אֲבָל לֶעָתִיד לָבֹא "נָפָל"** – **but regarding the future** days **to come,** i.e., his portion in the Next World, ***he fell.***[68]

NOTES

62. I.e., why did Ishmael merit this honor? (See above, note 58.)

Although the Midrash above stated that we derive information about Jacob from Ishmael's mention here, Scripture could have chosen another way to teach us about Isaac's age; it must have had a specific reason to mention Ishmael (see also below, note 64).

63. As *Genesis* 21:21 records, Ishmael resided in the desert of Paran (*Maharzu*).

Alternatively: The term קָדְקֹד, lit., *head*, refers to the easternmost part of the desert – which was far from Beer-sheba (which was in the south), where Abraham died [see 22:19] (*Radal*; see there for further discussion).

64. I.e., to attend to his funeral and burial.

Eitz Yosef switches the answers in the two comments of Midrash here. According to his version, Scripture relates Ishmael's *descendants* to accord him honor, and his *years* so that the years of Jacob can be reckoned through them.

65. Why does Scripture in our verse (which describes Ishmael at the time of his death) use the verb נפל – which nearly always means "to fall" – in the sense of "to dwell," whereas in the previous verse, where the angel is foretelling Ishmael's birth, it uses the ordinary verb (שכן) for "to dwell"?

66. I.e., while Abraham was living, Ishmael was afforded Divine protection in the merit of his father; once Abraham died, Ishmael "fell" from that secure position (*Yefeh To'ar, Nezer HaKodesh, Eitz Yosef* to 45:9).

67. The commentators ask: Where do we find that Ishmael destroyed or attacked the Temple? *Yefeh To'ar* writes that the Ishmaelites joined the Roman general Titus when he destroyed the Second Temple. (See *Eichah Rabbah* 1:31, where it is written that one of the generals in charge of tearing down the walls of the Temple was of Ishmaelite descent.) *Maharzu* points to *Psalms* 83, in which many nations – including Ishmael (v. 7) – ally to "conquer for themselves the pleasant habitations of God" (v. 13), referring to the Temple (see Rashi ad loc. and *Midrash Tehillim* on v. 3). [Although the Ishmaelites (and the others) were unsuccessful in their bid, the mere attempt constitutes "stretching out their hand against the Holy Temple."]

68. I.e., Ishmael (and his descendants) are destined for ultimate downfall during the World to Come.

וּכְתִיב לְמַעְלָה מִן הָעִנְיָן קוֹדֶם מִיתַת שְׁמוּאֵל (שמואל א יז, יב), "וְדָוִד בֶּן אִישׁ אֶפְרָתִי":

ה [כה, יב] "וְאֵלֶּה תֹּלְדֹת יִשְׁמָעֵאל בֶּן אַבְרָהָם", רַבִּי חָמָא בַּר עוּקְבָא וְרַבָּנָן הֲווֹ יָתְבִין וּמִתְקַשְׁיָן: מַה רָאָה הַכָּתוּב לְיַיחֵס תּוֹלְדוֹתָיו שֶׁל רָשָׁע כָּאן, עָבַר רַבִּי לֵוִי, אָמְרִין: הָא אֲתָא מָרָה דִּשְׁמַעְתָּא נִשְׁאֲלִינֵיהּ, אָמַר רַבִּי לֵוִי בְּשֵׁם רַבִּי חָמָא: [י]לְהוֹדִיעֲךָ בֶּן כַּמָּה שָׁנִין נִתְבָּרֵךְ זְקֵנֶךָ. [כה, יז] "וְאֵלֶּה שְׁנֵי חַיֵּי יִשְׁמָעֵאל", [יא]מָה רָאָה הַכָּתוּב לְיַיחֵס שָׁנָיו שֶׁל רָשָׁע כָּאן, עַל יְדֵי שֶׁבָּא מְקַדְקְדָהּ שֶׁל מִדְבָּר לִגְמוֹל חֶסֶד לְאָבִיו. [כה, יח] "וַיִּשְׁכְּנוּ מֵחֲוִילָה וְגוֹ'", הָכָא אַתְּ אָמַר "נָפָל" וּלְעֵיל (טז, יב) אַתְּ אָמַר "יִשְׁכּוֹן", אֶלָּא [יב]כָּל יָמִים שֶׁהָיָה אָבִינוּ אַבְרָהָם קַיָּים "יִשְׁכּוֹן", כֵּיוָן שֶׁמֵּת אָבִינוּ אַבְרָהָם "נָפָל", עַד שֶׁלֹּא פָּשַׁט יָדוֹ בְּבֵית הַמִּקְדָּשׁ "יִשְׁכּוֹן", כֵּיוָן שֶׁפָּשַׁט בּוֹ יָדוֹ "נָפָל", בָּעוֹלָם הַזֶּה "יִשְׁכּוֹן", אֲבָל לֶעָתִיד לָבֹא "נָפָל":

רש"י

[ה] **מה ראה הכתוב לייחס תולדותיו של ישמעאל כאן להודיעך בן כמה שנים נתברך זקנך.** ובמסכת מגילה מפורש למה נמנו שנותיו של ישמעאל לייחס בהן שנותיו של יעקב: **מקדקדו של מדבר.** ממקום רחוק בא כדי לכבדו:

מתנות כהונה

[ה] [**ישמעאל בן אברהם** גרסינן]: **ומתקשיין.** היו מקשין ושואלין: **הא אתא מרא כו'.** הרי בא בעל ההלכה כלומר רב מובהק ונשאלנו: **נתברך זקנך.** יעקב כדאיתא סוף פ"ק דמגילה: **מקדקדה.** כלומר מעיקר המדבר ככתוב וישב במדבר הבי"ת פתוחה מורה על העקרית והידוע. ולעיל בפרשת לך לך אמר ישכון ולעתיד לבא נפל וישראל ישכנו לבטח דכתיב סומך ה' לכל הנופלים וכי"ר:

אשד הנחלים

[ה] **כיון שפשט ידו נפל.** כלומר בניו והוא הי' מצליח בימי אברהם לבדו:

עץ יוסף

וכתיב למעלה מן הענין קודם מיתת שאול ודוד בן איש אפרתי. כצ"ל. כלומר דאע"ג דלא פירש בתר מיתת שאול תיקון הנזק הנמשך במותו ע"י דוד מ"מ במה שהזכיר את דוד אחר מות שאול גילה בזה תיקון נזק מיתת שאול כי כבר נודע טיבו בהיותו מושיע ורב במה שאמר לעיל ודוד בן איש אפרתי (שמואל א' י"ז י"ב. יפ"ת): (ה) [ח] **ומתקשין.** היו מקשין ושואלין: **תולדותיו של רשע.** ואע"ג דישמעאל עשה תשובה כדלעיל פ"ל מ"מ כיון שהיה רשע מעיקרא לא היה ראוי למנות תולדותיו בתורה. וכן שניו. (רש"א): **הא אתא מרא כו'.** הרי בא בעל ההלכה כלומר רב מובהק ונשאלנו: **אמר רבי לוי בשם רבי חמא על ידי שבא מקדקדו של מדבר לגמול חסד לאביו.** כצ"ל. ובסמוך גבי שאלת מה ראה לייחס שניו גרסי' להודיעך בן כמה שנים נתברך (יפ"ת): **מקדקדו.** כלו' מעיקרו שאף שהיה רחוק מאד הטריח עצמו לבא לגמול חסד עם אביו: **בן כמה שנים נתברך זקנך.** ר"ל כך א"ר לוי לרב חמא בר עוקבא. ואמר זקנך לפי שהיה מדבר עמו. ופירושו שמשנותיו של ישמעאל אנו למדים בן כמה שנים היה יעקב כשקיבל את הברכות מאביו כדאי' בפ"ק דמגילה. וברש"י בחומש סוף פרשה תולדות ע"ש: **הבא את אמר כו'.** פירשתיו בפ' מ"ה:

פירוש מהרז"ו

שמ"ש ודוד בן איש אפרתי חוזר למ"ש תחלה לענין שאול וכן כאן מ"ש ודוד שב וגו': (ה) **תולדותיו.** לא ס"ל שישמעאל עשה תשובה יפ"ת ועמש"ל ר"ס ג': **בן כמה שנים נתברך.** במגילה ספ"א מבואר החשבון מפסוק י"ז ואלה שני חיי ישמעאל אך אין שייך התולדות לזה. והיפ"ת מהפך הגירסא כאן שעל פסוק ואלה תולדות ישמעאל. אר"ל בשם ר"ח על שבא לגמול חסד כו'. ופסוק ואלה שני חיי ישמעאל להודיעך החשבון כמ"ש בגמ' הנ"ל. וי"ל הגירסא שלפנינו שכ"ה גם בילקוט והענין שעיקר החשבון הוא מפסוק ואלה שני חיי ישמעאל אך מאחר שעיקר ההוכחה ממ"ש אחות נביות. וע"כ קודם פ' ואלה וגו' הוצרך להקדים. שהיה לו בן שמו נביות. ואגב הזכיר לכל בני ישמעאל. וכמ"ש בפסוק ואם הוא אבי כנען. ועל פסוק ואנשי סדום רעים וחטאים וכדומה ומ"ש מה ראה לייחס שניו אף שעיקר הכתוב בשביל החשבון. אך למה נכתבו כאן במקום זה היל"ל אצל ברכת יעקב שם ע"ז תירץ שסמך למיתת אברהם שזכה לזה ע"י שגמל חסד לאברהם. וע"ש ברש"י במגילה ובח"א ובטו"א שם ול"ע: **מקדקדו של מדבר.** כמ"ש וישב במדבר פארן ודורש סמוכים: [ו] **הבא את אמר נפל.** ע"ל פמ"ה סי' ט' וש"כ ומבואר:

חידושי הרד"ל

(טז) [ה] **מקדקדה של מדבר.** מפני שכתוב בו וישב במדבר פארן ומדבר פארן גדול הוא וכולל חלק מדרום א"י כמ"ש הרמב"ן בפי' התורה והיינו סבורים לומר שהיה סמוך מקומו למקום מיתת אברהם. לכן אמר שבא מקדקדה וראשו במזרחית דרומית של א"י (ואפשר העיר גדגד שבמסעות שהיא סמוכה לעציון גבר וארץ אדום שבמזרחית דרומית א"י נקראת כן ע"ש שהיא בקדקד המדבר בחילוף ג' בקו"ף ומצאתי בס' ברית מנוחה שכתב גדגדה הוא הראש ע"ש ואולי ירמוז ג"כ ללשון המקרא (תהלים סח) אלהים ימחץ ראש אויביו קדקד שער מתהלך באשמיו. דאויביו הוא ישמעאל כמש"ל פנ"ו בהגהותי בס"ד בשם הפר"א) למקום מיתת אברהם בבאר שבע לכן נחשב לו גמילות חסד:

חידושי הרש"ש

וכתיב כו' קודם מיתת שמואל כו'. אולי צ"ל שאול. וכיוונו בהבאת פסוק זה שכתוב בהאי ענינא דמפלת פלשתים על ידו:

מסורת המדרש

י עיין מגילה דף י"ז:
יא ילקוט דה"י רמז אל"ף ע"ג:
יב לעיל פרשה מ"ה:

אם למקרא

וְדָוִד בֶּן־אִישׁ אֶפְרָתִי הַזֶּה מִבֵּית לֶחֶם יְהוּדָה וּשְׁמוֹ יִשַׁי וְלוֹ שְׁמֹנָה בָנִים וְהָאִישׁ בִּימֵי שָׁאוּל זָקֵן בָּא בַאֲנָשִׁים:
(שמואל א יז:יב)

תולדות
TOLDOS

Chapter 63

וְאֵלֶּה תּוֹלְדֹת יִצְחָק בֶּן אַבְרָהָם אַבְרָהָם הוֹלִיד אֶת יִצְחָק.
And these are the offspring of Isaac son of Abraham Abraham begot Isaac (25:19).

§1 וְאֵלֶּה תּוֹלְדֹת יִצְחָק בֶּן אַבְרָהָם — ***AND THESE ARE THE OFFSPRING OF ISAAC SON OF ABRAHAM.***

The verse's concluding words, *Abraham begot Isaac*, appear to be redundant, for the verse already stated that *Isaac* was the *son of Abraham*. The Midrash expounds a verse from *Proverbs* to resolve this difficulty:

"גִּיל יָגִיל אֲבִי צַדִּיק וְיוֹלֵד חָכָם יִשְׂמַח בּוֹ" — Scripture states: ***The father of the righteous will greatly rejoice; and he that begets a wise child will find happiness in him*** (*Proverbs* 23:24). גִּילָה אַחַר גִּילָה, בִּזְמַן שֶׁהַצַּדִּיק נוֹלָד — The double expression גִּיל יָגִיל teaches that **there is a double joy**[1] **when a righteous person is born** to a righteous parent.[2]

The Midrash expounds a verse in *Isaiah* to teach what can happen in the contrasting situation, when a righteous person begets an *evil* child:[3]

"וַיְהִי בִּימֵי אָחָז וגו'" — ***And it came to pass in the days of Ahaz,*** *son of Jotham, son of Uzziah, etc.* (*Isaiah* 7:1).[4] אָמַר רַבִּי הוֹשַׁעְיָא: אָמְרוּ מַלְאֲכֵי הַשָּׁרֵת לִפְנֵי הַקָּדוֹשׁ בָּרוּךְ הוּא: רִבּוֹן כָּל הָעוֹלָמִים וַוי שֶׁמָּלַךְ אָחָז — **R' Hoshaya said: The ministering angels said to the Holy One, blessed is He: "Woe that Ahaz became king!"**[5] אָמַר לָהֶן: בֶּן יוֹתָם הוּא וְאָבִיו צַדִּיק וְאֵינִי יָכוֹל לִפְשׁוֹט אֶת יָדִי בּוֹ — **[God] said to them, "[Ahaz] is the son of Jotham, and his father** (Jotham) **is a righteous person, and** therefore I feel that **I cannot stretch My hand out against him."**[6]

The Midrash resumes its exposition of the verse in *Proverbs* (23:24) cited above:

"וְיוֹלֵד חָכָם יִשְׂמַח בּוֹ" — ***And he that begets a wise child will find happiness in him.*** רַבִּי לֵוִי אָמַר: מִנַּיִן אַתָּה אוֹמֵר שֶׁכָּל מִי שֶׁיֵּשׁ לוֹ בֵּן יָגֵעַ בַּתּוֹרָה, שֶׁהוּא מִתְמַלֵּא עָלָיו רַחֲמִים — **R' Levi said: From where do you know that anyone who has a son who toils in Torah** study **is filled with happiness**[7] **toward him?** תַּלְמוּד לוֹמַר "בְּנִי אִם חָכַם לִבֶּךָ יִשְׂמַח לִבִּי גַם אָנִי" — **[The verse]** therefore **states** (ibid. v. 15)**:** ***My son, if your heart is wise*** from Torah study, ***my heart will be glad, even mine.***[8]

רַבִּי שִׁמְעוֹן בֶּן מְנַסְיָא אוֹמֵר: אֵין לִי אֶלָּא לֵב אָבִיו שֶׁל בָּשָׂר וָדָם — **R' Shimon ben Menasia says:** From here **I** learn **only** that this is so with regard to the **heart of a father who is flesh and blood;**[9] מִנַּיִן שֶׁאֲפִילּוּ הַקָּדוֹשׁ בָּרוּךְ הוּא מִתְמַלֵּא רַחֲמִים עָלָיו בְּשָׁעָה שֶׁהוּא יָגֵעַ בַּתּוֹרָה — but **from where** do I know **that even the Holy One, blessed is He,**[10] **is full of happiness toward him at the time that he toils in Torah study?**[11] תַּלְמוּד לוֹמַר "יִשְׂמַח לִבִּי גַם אָנִי" — **[The verse]** therefore **states:** ***my heart will be glad, even Mine.***[12]

The Midrash uses another interpretation of *Proverbs* 23:15 to verify its interpretation above of *Proverbs* 23:24:[13]

גִּיל יָגִיל, גִּילָה אַחַר גִּילָה בִּזְמַן שֶׁהוּא צַדִּיק בֶּן צַדִּיק — The words גִּיל יָגִיל in *Proverbs* 23:24 teach that **there is a double joy when [the child] is a righteous person, the son of a righteous person.**[14] "וְאֵלֶּה תּוֹלְדֹת יִצְחָק בֶּן אַבְרָהָם" — Therefore our verse states: ***And these are the offspring of Isaac son of Abraham,*** *Abraham begot Isaac*.[15]

NOTES

1. Lit., *joy after joy*.

2. Interpretation follows text of *Yalkut Shimoni, Toldos* §110 (see also end of this section); *Eitz Yosef* emends our text accordingly. The Midrash is saying that upon informing us that Isaac was Abraham's son, the verse repeats the fact that *Abraham begot Isaac* in order to emphasize that this was no ordinary joy, but rather the double joy of one righteous person (Abraham) fathering yet another righteous person (Isaac) (*Eitz Yosef;* see *Yefeh To'ar*).

3. *Eitz Yosef.*

4. Ahaz was a wicked king who, as the subsequent verses relate, was in the midst of waging a war against other kings who were far more righteous than he. However, his father Jotham was a righteous person.

5. Because of his wickedness, the angels argued that God should orchestrate Ahaz's defeat in battle.

6. Thus, we learn that when a righteous parent has an *evil* child, the parent's righteousness can serve to protect that child.

[Since Ahaz was wicked, whereas his father Jotham — and grandfather Uzziah, as well — were righteous, it seems inappropriate for the verse to have unnecessarily associated him with them by stating, *Ahaz, son of Jotham, son of Uzziah*. It is for this reason that R' Hoshaya interprets the words *son of Jotham, etc.,* not simply as a recital of Ahaz's lineage but rather as an allusion to a separate statement, viz., God's response to the angels' argument that He should intentionally cause Ahaz's defeat in battle (*Eitz Yosef*, citing *Yefeh To'ar*).]

7. The word רַחֲמִים, generally translated "mercy," can also be used to mean "happiness." See similarly *Radak* to *II Samuel* 21:1, in reference to the word וַיַּחְמֹל (which, like the word רַחֲמִים, is generally translated as connoting mercy) that appears in verse 7 there (*Yefeh To'ar*, second interpretation).

[Alternatively, the word רַחֲמִים here means "love"; see *Psalms* 18:2 (*Yefeh To'ar*, first interpretation; *Eitz Yosef*, Vagshal edition). Compare also the Aramaic root רחם. However, the continuation of our Midrash appears to comport better with the first interpretation.]

Although it is true that every father has an inherent feeling of happiness and joy toward his son, regardless of whether the son is wise or not — as the verse states: כְּרַחֵם אָב עַל בָּנִים, *Like a father's joy* (lit., *mercy*) *with his sons* (*Psalms* 103:13) — it is only with a wise son that a father's happiness is truly complete (*Eitz Yosef*).

8. Thus, a son wise in Torah elicits the ultimate love of his father. This then is also the meaning of the previously cited verse in *Proverbs* (23:24): One who begets a wise child merits true and complete happiness.

9. Who naturally feels pleasure when his own son has taken upon himself to lead such a noble lifestyle, steeped in Torah.

10. Of whom it cannot be said that He gets pleasure from the intellectual achievements of a human being, for after all, all wisdom comes from Him (*Yefeh To'ar*).

11. That is, God gets pleasure in the fact that a human being spent *time* toiling in Torah — not in the Torah knowledge attained (ibid.).

12. The seemingly superfluous words גַם אָנִי are interpreted as referring to *God's* happiness with one who toils in Torah study. That this is understood as a reference to God is indicated from the use of the word אָנִי, which we find elsewhere to be a Name of God, as in the Talmudic phrase אֲנִי וָהוֹ הוֹשִׁיעָה נָּא (*Succah* 45a; see *Rashi* ad loc.) (*Eitz Yosef*).

13. *Eitz Yosef.* This interpretation translates the verse's concluding words *even mine* as connected to the beginning of the verse: *My son, if your heart is wise . . . even mine [is wise].* [The verse's middle phrase, *my heart will be glad*, represents what the *result* will be: if both the son and the father are wise and righteous, then] the father's joy will be complete (*Eitz Yosef*). See next note.

14. The above interpretation of *Proverbs* 23:15 (see preceding note) reinforces the Midrash's earlier exposition (in the beginning of this section) of the words גִּיל יָגִיל as an expression of double joy when both a father and a son are righteous. Without this interpretation of 23:15, we would not necessarily have known to interpret גִּיל יָגִיל this way, for there is nothing in that verse which indicates that the father of the righteous child is also a righteous person (*Eitz Yosef*).

15. As explained above, the apparently redundant phrase *Abraham begot Isaac* is intended to highlight the double joy of one righteous person [Abraham] fathering another [Isaac] (ibid.).

סֵדֶר תּוֹלְדוֹת יִצְחָק

פרשה סג

א [כה, יט] ״**וְאֵלֶּה תּוֹלְדֹת יִצְחָק בֶּן אַבְרָהָם**״. (משלי כג, כד) [א]״**גִּיל יָגִיל אֲבִי צַדִּיק וְיוֹלֵד חָכָם יִשְׂמַח בּוֹ**״, **גִּילָה אַחַר גִּילָה, בִּזְמַן שֶׁהַצַּדִּיק נוֹלָד**. (ישעיה ז, א) ״**וַיְהִי בִּימֵי אָחָז וְגוֹ׳** ״, [ב]**אָמַר רַבִּי הוֹשַׁעְיָא: אָמְרוּ מַלְאֲכֵי הַשָּׁרֵת לִפְנֵי הַקָּדוֹשׁ בָּרוּךְ הוּא: רִבּוֹן כָּל הָעוֹלָמִים וַוי שֶׁמָּלַךְ אָחָז, אָמַר לָהֶן: בֶּן יוֹתָם הוּא וְאָבִיו צַדִּיק וְאֵינִי יָכוֹל לִפְשׁוֹט אֶת יָדִי בּוֹ.** ״**וְיוֹלֵד חָכָם יִשְׂמַח בּוֹ**״, [ג]**רַבִּי לֵוִי אָמַר: מִנַּיִן אַתָּה אוֹמֵר שֶׁכָּל מִי שֶׁיֵּשׁ לוֹ בֵּן יָגֵעַ בַּתּוֹרָה שֶׁהוּא מִתְמַלֵּא עָלָיו רַחֲמִים, תַּלְמוּד לוֹמַר** (משלי כג, טו) ״**בְּנִי אִם חָכַם לִבֶּךָ יִשְׂמַח לִבִּי גַם אָנִי**״. **רַבִּי שִׁמְעוֹן בֶּן מְנַסְיָא אוֹמֵר: אֵין לִי אֶלָּא לֵב אָבִיו שֶׁל בָּשָׂר וָדָם, מִנַּיִן שֶׁאֲפִילוּ הַקָּדוֹשׁ בָּרוּךְ הוּא מִתְמַלֵּא רַחֲמִים עָלָיו בְּשָׁעָה שֶׁהוּא יָגֵעַ בַּתּוֹרָה, תַּלְמוּד לוֹמַר** ״**יִשְׂמַח לִבִּי גַם אָנִי**״, **גִּילָה אַחַר גִּילָה בִּזְמַן שֶׁהוּא צַדִּיק בֶּן צַדִּיק,** ״**וְאֵלֶּה תּוֹלְדֹת יִצְחָק בֶּן אַבְרָהָם**״:

עץ יוסף

סג (א) **גיל יגיל כו׳**. דלהכי כתיב אברהם הוליד את יצחק למימר שהיה צדיק בן צדיק שגילה אחר גילה בזמן שהוא צדיק בן צדיק: **גילה אחר גילה בזמן שצדיק בן צדיק נולד**. כן הוא בילקוט. ודייק זה מדכתיב גיל יגיל בלשון כפול (נזה״ק) ול״ד בזמן שנולד אלא כלו׳ בזמן קטנותו ע״ד בוצין מקטפי ידיע (יפ״ת): **ויהי בימי אחז כו׳**. מייתי הא דאחז לראיה דאב הצדיק מהני אפילו לרשעים: **אמרו מה״ש כו׳**. דמה ראה ליחס כאן את אחז הרשע אחר יותם ועוזיה שהיו צדיקים לכך דרשו שמאמר בן יותם היא תשובה למקטריגים על אחז (יפ״ת): **ואיני יכול לפשוט את ידי בו**. באותו המלחמה שהיה באותו הפרק כמפורש שם (נזה״ק): **מתמלא עליו רחמים**. דאע״ג דכתיב שמחה כרחם אב על בנים מ״מ אינו מתמלא רחמים גמורים אלא בבן יגע בתורה (יפ״ת): **תלמוד לומר בני אם חכם כו׳**. והושאל לשון רחמים על השמחה דשניהם לשונות נרדפים (יפ״ת): **שאפילו הקדוש ברוך הוא כו׳ גם אני**. ר״ל שיתורא דגם אני בא לרבות הקב״ה הנקרא אני. ע״ד אני והו הושיעה נא: **שהוא צדיק בן צדיק**. דריש גם אני חכם כמותך ואז השמחה שלימה וקרא דגיל יגיל אינו מפורש שגם אביו צדיק לכן הביא קרא זה שמרבינן מגם אני שגם אביו צדיק. ולהכי כתיב כאן יצחק בן אברהם אברהם הוליד את יצחק למימר ששניהם היו צדיקים וגילה אחר גילה ושמחה שלימה היא:

פירוש מהרז״ו

סג (א) **גילה אחר גילה**. דורש גיל יגיל ע״פ מדה יו״ד גילה כפולה וס״ד ויולד חכם ישמח בו שמחה אחת היינו כשהבן לבדו חכם וצדיק. ואם גם האב חכם וצדיק הרי גילה כפולה. ואמר ברישא צדיק וה״ה חכם ובסיפא חכם וה״ה צדיק ע״פ מדה י״ט שאם איננו צדיק אין שמחה. וכ״ה בילקוט משלי כ״ג גילה בזמן שהצדיק נולד גילה אחר גילה בזמן שהוא צדיק בן צדיק. ותיקון לשון המדרש גילה בזמן שהצדיק נולד וכשהרשע נולד וי שנאמר ויהי בימי וגו׳ עד סוף המאמר גילה אחר גילה בזמן שהוא צדיק ב״צ ואלה תולדות יצחק בן אברהם שמ״ש בן אברהם מיותר אלא לרמוז שכאן היתה שמחה כפולה. והשמחה נרמזה בתיבת ואלה כמ״ש ר״פ י״ב בוראן משבחן מי מגנן כו׳ שנאמר אלה תולדות השמים. וכן כאן ואלה. וכוונת השמחה כמ״ש בתנחומא שבשעה שנולד יצחק היו הכל שמחים שאלמלא לא נולד לא נתקיים העולם כו׳ כמש״ל פר׳ כ״ג סי׳ ח׳: **ויהי בימי אחז** וס״ד בן יותם בן עוזיהו ודרשו לעיל פמ״ב סי׳ ג׳ וי וכו׳ ועיין ויק״ר פי״א סי׳ ג׳ ומש״ש. וא״כ מ״ש בן יותם וגו׳ שהיו צדיקים וקשה למה זכרם כאן. ודורש שמ״ש ויהי בימי שמשמעו צרה אמרו כן המלאכים המקטרגים והש״י השיב בן יותם וגו׳. והוא המבואר בפרשה שם שבאו עליו ארם ואפרים להלחם ואז קטרגו ב״ד של מעלה וכמ״ש פמ״ב שם ויהי בימי ומה צרה היתה שם ארם מקדם כו׳ ועכ״ז ניצל בזכות אבותיו כמ״ש השמר והשקט: **רחמים**. אפשר שפי׳ אהבה וכמ״ש ארחמך ה׳. רחם ארחמנו שפי׳ אהבה וע׳ שמ״ר פ״א סי׳ א׳. ונ״ע שהתחיל בפ׳ ויולד חכם וגו׳ ומביא ע״ז פסוק אחר. ע״כ נ״ל שכצ״ל מנין כו׳ רחמים ת״ל ויולד חכם וגו׳ רשב״מ אומר מניין שאפילו הקב״ה וכו׳ ת״ל בני אם חכם לבך וגו׳ וכ״ה בילקוט והיינו שרוה״ק אומר כן שהקב״ה ישמח בו ורמוז במ״ש גם אני על הקב״ה ע״ד אני והו הושיעה נא:

חידושי הרד״ל

(א) [א] **ישמח בו.** גילה בזמן שהצדיק נולד גילה אחר גילה בזמן שהוא צדיק בן צדיק ויהי בימי אחז כו׳ כצ״ל וכעין זה בילקוט משלי:

(ב) **שהוא מתמלא עליו רחמים.** ת״ל ויולד חכם ישמח בו ר״ש בן מנסיא כו׳ כ״ה בילקוט כאן וכצ״ל:

(ג) **שאפילו הקדוש ברוך הוא כו׳ ת״ל ישמח לבי גם אני.** ורוה״ק היא המדברת כן. ועיין זוהר במדבר (קי״ט):

מסורת המדרש

א תנחומא כאן סי׳ ב׳. ילקוט כאן רמז ק״י:

ב ילקוט ישעיה רמז ע״ו:

ג ילקוט משלי רמז תתקנ״ט:

אם למקרא

גִּיל יָגִיל אֲבִי צַדִּיק וְיוֹלֵד חָכָם יִשְׂמַח בּוֹ: (משלי כג:כד)

וַיְהִי בִּימֵי אָחָז בֶּן־יוֹתָם בֶּן־עֻזִּיָּהוּ מֶלֶךְ יְהוּדָה עָלָה רְצִין מֶלֶךְ־אֲרָם וּפֶקַח בֶּן־רְמַלְיָהוּ מֶלֶךְ־יִשְׂרָאֵל יְרוּשָׁלַםִ לַמִּלְחָמָה עָלֶיהָ וְלֹא יָכֹל לְהִלָּחֵם עָלֶיהָ: (ישעיה ז:א)

בְּנִי אִם־חָכַם לִבֶּךָ יִשְׂמַח לִבִּי גַם־אָנִי: (משלי כג:טו)

מתנות כהונה

סג [א] **גם אני**. לרבות אביו שבשמים: **צדיק בן צדיק**. ולהכי כ׳ בן אברהם:

נחמד למראה

(א) **ואלה תולדות יצחק בן אברהם**. גיל יגיל אבי צדיק וגו׳. גילה אחר גילה בזמן שהצדיק נולד כו׳. תימא בהולדו במה יודע אם יהיה צדיק שישמחו בו גילה כפולה בעת הלידה. ונראה דהסימן הוא שאם אבי הנולד ששון ושמחה ישיג כפולה בעת אשר נולד לו בן. זאת אות שעתיד הבן להיות צדיק. ואם ישיג יגון והצר לו בהולד לו בן. זאת אות שיהיה רשע וזהו שנתן בהם סימן המדרש הלזה גילה אחר גילה בזמן שהצדיק נולד כענין אע״ג דאיהו לא חזי מזליה חזי. ולהיפך אם יהיה עצב זו היא סימן שיהיה רשע ועל זה מייתי ויהי בימי אחז שבזמן שנולד אחז היה וי שנעצב אביו עליו ודו״ק: **אמר רבי לוי מנין שכל מי שיש לו בן יגע בתורה שאביו מתמלא עליו רחמים וכו׳**. קשה טובא דפשיטא דמי שיש לו בן יגע בתורה אביו אהבו אהבה רבה אבל במה שיגע בתורה חוטא הוא כדי שצריך שיתמלא עליו אביו רחמים. ותו מה שאמרו מנין שאפילו הקב״ה וכו׳ קשה להולמו. ונראה בהקדים מאי דאיתא בזוהר הקדוש דף רכ״ט ע״ב בסדר פינחס ברעיא מהימנא וז״ל ודא סלע דאתמר ביה ודברתם אל הסלע ונתן מימיו אלין דמשתדלין בה לשמה נפיק לון מיא דאורייתא מתיקן ואתמר בהון ותשת העדה ובעירם. ואילין דלא משתדלין בה לשמה נפיק לון מים מרירן דאתמר בהון וימררו את חייהם. בעבודה קשה דא קושיא. בחומר דא קל וחומר. ובלבנים בלבון הלכה ע״כ. ועיין בתיקונים דף מ״ג בארך. וכתבו המקובלים דעוד היום מי שלומד תורה לשמה זוכה בלא טורח להוציא מים מתוקים מן התורה. ולהיפך מי שלומד שלא לשמה צריך יגיעה רבה כדי להוציא לאור חידושי תורה. ועל פי זה יבא אל נכון כוונת ר׳ לוי מנין שכל מי שיש לו בן יגע בתורה שזהו סימן שלומד שלא לשמה והיה מקום שאביו יחרה אפו בו ומנין שמתמלא עליו רחמים כלומר שאומר מתוך שלא לשמה בא לשמה. תלמוד לומר בני אם חכם לבך. אין לי אלא לב אביו של בשר ודם מפני שאינו יודע מה בלב בנו וסובר שאפשר

אשד הנחלים

סג [א] **גילה אחר גילה בזמן שהצדיק נולד**. לכאורה מי יודע אם יהיה צדיק באחריתו ואיך יגילו בעת שנולד. והנראה שזה כמו שאמר להלן שמה״ש אמרו ווי שמלך אחז. ובהיפך עת כי יולד בן שיהי׳ באחריתו צדיק. יגילו העליונים וישמחו וישתוקקו בעבודת האדם לאלהיו. והם יודעים אחריתו מראשיתו. והוא אחר גילה מלבד שמחת בני אדם ושמחת אב ואם עליו. שזהו שמחה סתמית וטבעית עוד יגילו העליונים. או באורו כי הצדיק בן רשע גיל. וצדיק בן צדיק גילה אחר גילה כי אז צדקתו בודאי יהיה מרובין וגדולים כי תכונתו טובה מאוד ממזג הוריו הצדיקים. ולכן כתיב כאן אלה תולדות יצחק בן אברהם אברהם הוליד את יצחק כלומר אלה מקוראיו שהיה צדיק בן צדיק ובודאי כדאי לכתוב תולדותיו. ודרש גיל יגיל אבי צדיק בזמן שאביו ג״כ צדיק: **שהוא מתמלא עליו רחמים**. כי השמחה שאנו מכנים אליו ית׳ הוא על צד הכנוי שמשמח אחרים כי באור פניו זהו הרחמים והחסד הוא שמחה כי הכל מקבלים טובו וחסדו. ואביו מקבל

§2 In the preceding section the Midrash addressed the fact that our verse's concluding words, *Abraham begot Isaac,* appear to be redundant. The Midrash now presents a different resolution to that difficulty:

"עֲטֶרֶת זְקֵנִים בְּנֵי בָנִים" — Scripture states: ***Children's children are the crown of elders,*** *and the glory of children are their fathers* (*Proverbs* 17:6).[16] הָאָבוֹת עֲטָרָה לַבָּנִים, וְהַבָּנִים עֲטֶרֶת לָאָבוֹת — It emerges from this verse that **the fathers are the crown of [their] children, and the children are the crown of [their] fathers:** הָאָבוֹת עֲטָרָה לַבָּנִים, שֶׁנֶּאֱמַר "וְתִפְאֶרֶת בָּנִים אֲבוֹתָם" — That **the fathers are the crown of [their] children** is derived from that which **it states:** ***and the glory of children are their fathers;***[17] הַבָּנִים עֲטָרָה לָאָבוֹת, דִּכְתִיב "עֲטֶרֶת זְקֵנִים בְּנֵי בָנִים" — that **the children** are the **crown of [their] fathers** is derived from that which it **is written:** ***Children's children are the crown of their fathers.***[18]Ⓐ

The Midrash brings an example of a grandson (*"children's children"*) serving as the crown and glory of a grandfather:

רַבִּי שְׁמוּאֵל בַּר רַב יִצְחָק אָמַר: אַבְרָהָם לֹא נִיצֹּל מִכִּבְשַׁן הָאֵשׁ אֶלָּא בִּזְכוּתוֹ שֶׁל יַעֲקֹב — **R' Shmuel the son of R' Yitzchak said: Abraham was saved from the fiery furnace** of King Nimrod[19] **only because of the merit of** his grandson **Jacob.**[20]Ⓑ

מָשָׁל לְאֶחָד שֶׁהָיָה לוֹ דִּין לִפְנֵי הַשִּׁלְטוֹן וְיָצָא דִינוֹ מִלִּפְנֵי הַשִּׁלְטוֹן לִישָּׂרֵף — **This is similar to one who stood trial before a ruler and was sentenced before the ruler to be burned** to death. וְצָפָה אוֹתוֹ הַשִּׁלְטוֹן בְּאַסְטְרוֹלוֹגְיָא שֶׁלּוֹ שֶׁהוּא עָתִיד לְהוֹלִיד בַּת וְהִיא נִשֵּׂאת לַמֶּלֶךְ — **But the ruler foresaw through his astrological speculation that [the defendant] was destined to beget a daughter who would**

NOTES

16. Grandchildren [and certainly children (*Eitz Yosef*)] who follow the proper Torah path are the pride of their grandfathers [and fathers]. Likewise, a righteous person is the pride of his children (*Rashi* ad loc.).

17. Thus, our verse begins by stating, *And these are the offspring of Isaac "son of Abraham,"* in order to highlight the fact that Isaac's glory was that he was a son of his righteous father Abraham (*Eitz Yosef*, citing *Yefeh To'ar*).

18. This accounts for the apparently redundant statement in our verse: *Abraham begot Isaac*, for this clause highlights the fact that it was his righteous son Isaac who was Abraham's glory (ibid.). See Insight Ⓐ.

19. Nimrod cast Abraham into a fiery furnace for refusing to worship idols. See above, 38 §13.

20. That is, so that Jacob would come to be born. There is no greater glory for a grandfather to have through his grandson than to be saved by the grandson's merit.

[According to R' Shmuel bar Yitzchak, our verse may be understood as follows: *These are the offspring of Isaac son of Abraham* — referring to Isaac's son Jacob — *[who is the one that brought it about that] Abraham begot Isaac*, for it was Jacob's merit that saved Abraham from death (*Yedei Moshe*).] See also Insight Ⓑ.

INSIGHTS

Ⓐ **Father-Son Relationships** Distinguished lineage is no small virtue, but lineage is of value only if it is mutual; we have a right to take pride in our lineage only if we conduct ourselves in such a way that our ancestors would be proud of us. *R' Moshe Cheifetz* (*Meleches Machsheves*) illustrated this with a parable: Two people were engaged in a heated dispute. One was a *meyuchas,* the descendant of great people. The other was an ordinary layman. The *meyuchas* declared indignantly, "You dare to dispute me? Don't you know who my father was? And my grandfather and great-grandfathers throughout the generations?" His opponent parried his thrust, saying, "True you are the heir of nobility, but your family's lineage ended with you. My lineage will begin with me!"

Thus, Moses is told at the beginning of *Numbers* (1:4) that in counting the nation, he shall be joined by people who are רֹאשׁ לְבֵית אֲבֹתָיו — the "heads" of their extended families. Homiletically, this means that those people were the heads — the beginnings — of distinguished family lines.

Our verse seeks to emphasize that the finest expression of lineage is reciprocal; the offspring are exalted by their ancestry, and the ancestors by their progeny. Thus, after identifying Isaac as the *son of Abraham*, Scripture notes that this proud heritage was deservedly borne by Isaac, for Abraham just as proudly identified himself as the father who *begot Isaac,* since they were both remarkably similar in their righteousness and holiness, and in the radiance they spread on their surroundings (*Hegyonos El Ami*, Vol. 2, pp. 131-132; *HaDerash VeHaIyun*).

While the above interpretation of our Midrash sees the verse in *Proverbs* as primarily referring to the *pride* that parents and children take in each other, *Rabbeinu Bachya* (here, and to 11:32 above) sees it as indicating the *merits* each one can enjoy from the righteous behavior of the other. This, he explains, is why King Solomon describes the children (or grandchildren) as the "crown" of their fathers, while describing the fathers as the "glory" of their children — which implies a less significant benefit than the former. The Talmud teaches (*Sanhedrin* 104a) that a father can be aided and saved by the merits of his son, but not vice versa. That is, a father is given significant credit for siring and raising a righteous son — so much so, that even a lifelong idolater like Terah could merit a share in the World to Come for having a son like Abraham. Thus, the son is the father's "crown." By contrast, a wayward son benefits not at all from having a righteous father. If anything, he stands to be embarrassed and hurt by this fact, since he cannot blame his faulty behavior on a weak background. If a son *does* follow in his father's righteous path, he can take pride and "glory" in being identified together with his father as forming one continuous line of righteousness.

Ⓑ **In the Merit of Jacob** On the surface, this is a puzzling Midrash. Is it conceivable that Abraham did not have enough merit of his own to be saved? And, if not, how was the merit of Jacob any different? Several approaches have been suggested by the commentators. *Anaf Yosef* explains that while there is no doubt that Abraham had enough merit on his own to warrant being saved, God might nevertheless have allowed him to be killed, because his death would have generated a sanctification of God's Name. Moreover, this allowance would have been justified even from Abraham's point of view, because a death that induces a sanctification of God's Name greatly increases one's merit in the World to Come. The reason God saved him, in spite of this calculation, was so that Jacob and the twelve tribes of Israel would be born (see also *Yefeh To'ar*).

Another solution is proposed by *Parashas Derachim* (*Derush Rishon*), who relates the comment of the Midrash here to the question of whether the Patriarchs and the Children of Israel who lived prior to the giving of the Torah had the status of full-fledged Jews, or Noahites (see Insight above, to 39 §3). While non-Jews are obligated to keep the seven Noahide commandments, they are not obligated to forfeit their lives for the sanctification of God's Name. The author of our Midrash apparently is of the opinion that the Patriarchs had the status of Noahites; therefore Abraham was not obligated — indeed, not allowed — to give up his life to sanctify God's Name. And since he was not allowed to give up his life, he did not have the merit to be miraculously saved from the furnace. However, for the sake of Jacob and all his descendants who were destined to come from Abraham, God miraculously protected him from the flames and kept him alive.

A third resolution is offered by *Mussar HaTorah.* He suggests that only Jacob's merits were deemed sufficient because he was the only one of the Patriarchs whose children *all* followed in the ways of God. By contrast, Abraham had Ishmael and Isaac had Esau, who were not righteous. Thus, the Gemara in *Pesachim* (88a) states that it was Jacob who built an everlasting "house" for God in this world. Abraham taught the world about faith in God, and Isaac developed the concept of complete devotion to God (*mesiras nefesh*), but it was Jacob who made their accomplishments permanent, by establishing a family *congregation* that served God (see *Ramban* to 12:8 above). Thus, "Abraham was saved in the merit of Jacob" — Abraham was saved for the sake of the one who would make the knowledge of God's presence in the world permanent.

ב (משלי יז, ו) "עֲטֶרֶת זְקֵנִים בְּנֵי בָנִים", "הָאָבוֹת עֲטָרָה לַבָּנִים, וְהַבָּנִים עֲטֶרֶת לָאָבוֹת. הָאָבוֹת עֲטָרָה לַבָּנִים, שֶׁנֶּאֱמַר (שם) "וְתִפְאֶרֶת בָּנִים אֲבוֹתָם", הַבָּנִים עֲטָרָה לָאָבוֹת, דִּכְתִיב "עֲטֶרֶת זְקֵנִים בְּנֵי בָנִים". רַבִּי שְׁמוּאֵל בַּר רַב יִצְחָק אָמַר: הּאַבְרָהָם לֹא נִיצַּל מִכִּבְשַׁן הָאֵשׁ אֶלָּא בִּזְכוּתוֹ שֶׁל יַעֲקֹב. מָשָׁל לְאֶחָד שֶׁהָיָה לוֹ דִּין לִפְנֵי הַשִּׁלְטוֹן וְיָצָא דִינוֹ מִלִּפְנֵי הַשִּׁלְטוֹן לִישָּׂרֵף וְצָפָה אוֹתוֹ הַשִּׁלְטוֹן בְּאַסְטְרוֹלוֹגְיָא שֶׁלּוֹ שֶׁהוּא עָתִיד לְהוֹלִיד בַּת וְהִיא נִשֵּׂאת לַמֶּלֶךְ, אָמַר: כְּדַאי הוּא לְהִנָּצֵל בִּזְכוּת בִּתּוֹ שֶׁהוּא עָתִיד לְהוֹלִיד, וְהִיא נִשֵּׂאת לַמֶּלֶךְ. כָּךְ אַבְרָהָם יָצָא דִינוֹ מִלִּפְנֵי נִמְרוֹד לִישָּׂרֵף, וְצָפָה הַקָּדוֹשׁ בָּרוּךְ הוּא שֶׁיַּעֲקֹב עָתִיד לַעֲמוֹד מִמֶּנּוּ, אָמַר: כְּדַאי הוּא אַבְרָהָם לְהִנָּצֵל בִּזְכוּתוֹ שֶׁל יַעֲקֹב הֲדָא הוּא דִכְתִיב (ישעיה כט, כב) "לָכֵן כֹּה אָמַר ה' אֶל בֵּית יַעֲקֹב אֲשֶׁר פָּדָה אֶת אַבְרָהָם", יַעֲקֹב פָּדָה אֶת אַבְרָהָם.

ג דָּבָר אַחֵר "עֲטֶרֶת זְקֵנִים בְּנֵי בָנִים", "וְאֵלֶּה תּוֹלְדֹת יִצְחָק בֶּן אַבְרָהָם", ואַבְרָם נִקְרָא אַבְרָהָם, יִצְחָק נִקְרָא אַבְרָהָם, דִּכְתִיב (בראשית כה, יט) "וְאֵלֶּה תּוֹלְדֹת יִצְחָק בֶּן אַבְרָהָם, אַבְרָהָם", יַעֲקֹב נִקְרָא שְׁמוֹ יִשְׂרָאֵל דִּכְתִיב (שם לב, כט) "לֹא יַעֲקֹב יֵאָמֵר עוֹד שִׁמְךָ כִּי אִם יִשְׂרָאֵל". יִצְחָק נִקְרָא שְׁמוֹ יִשְׂרָאֵל, דִּכְתִיב (שמות א, א) "וְאֵלֶּה שְׁמוֹת בְּנֵי יִשְׂרָאֵל הַבָּאִים מִצְרַיְמָה אֵת יַעֲקֹב". אַבְרָהָם נִקְרָא יִשְׂרָאֵל, רַבִּי נָתָן אָמַר: מִילְּתָא עֲמִיקְתָּא הִיא

עץ יוסף

(ב) **עטרת זקנים כו'.** והיינו דקאמר יצחק בן אברהם שיצחק נתכבד באברהם ואמר אברהם הוליד את יצחק שאברהם נתכבד ביצחק (יפ"ת): **בני בנים.** ומכ"ש בנים: **לכן כה אמר ה' כו'.** דהול"ל כה אמר ה' אשר פדה את אברהם אל בית יעקב ומדהפך הסדר דרשו שיעקב פדה את אברהם (כלי פז): (ג) **דבר אחר עטרת זקנים כו'.** שהאב מתכבד בבן והבן מתכבד באב כנ"ל אלא שמוסיף שהבן נקרא בשם האב ממש כמו שיצחק נקרא אברהם והזקן נקרא בשם הבן ובן הבן כמו שנקראו אברהם ויצחק בשם ישראל (יפ"ת): [ג] **אברם נקרא אברהם.** שנא' אברם הוא אברהם (מת"כ): **יצחק בן אברהם אברהם.** רמיז דיצחק נקרא ג"כ אברהם: **את יעקב.** דלא קאמר את ישראל כרישיה דקרא דריש דישראל הנזכר פה הוא יצחק וכ"א מצאתי דמייתי קרא דסדר ויגש (מ"ו פסוק ח') ואלה שמות בני ישראל הבאים מצרימה יעקב ובניו דמדכייל ליעקב בכלל בני ישראל צריך לומר דישראל היינו יצחק (יפ"ת): **מילתא עמיקתא.** דבר עמוק וסוד מוסד הוא זה שבזה נתיישב קושיא חזקה דכתיב ומושב בני ישראל אשר ישבו במצרים ת"ל שנה. וישראל לא שהו במצרים אלא רד"ו שנה אלא ע"כ שחשב משעה שנדבר הקב"ה עם אברהם בין הבתרים שהיה אברהם אז בן ע' שנה. ולפי שאז נגזר על אברהם שיוליד הפך מערכת השמים והעלה אותו למעלה מכיפת הרקיע והכניע המזל תחתיו מאז נחשב כאילו כבר נולד יצחק והיה גר בארץ. ומאז עד שיצאו ישראל ממצרים היה ת"ל שנה. ומדקא חשיב מאברהם וקרי ליה ישראל כדכתיב ומושב בני ישראל

פירוש מהרז"ו

(ב) **עטרת זקנים.** ע' אג"ב פל"ז באורך. וכאן דורש כפל לשון יצחק בן אברהם אברהם הוליד וגו' ששניהם מתעטרים זה בזה. יצחק במה שהוא בן אברהם ואברהם במה שהוליד את יצחק. ומ"ש בני בנים. ק"ו לבנים. ופשט הכתוב עטרת וה"ה תפארת ובסיפא תפארת וה"ה לעטרת ע"פ מדה י"ט ע"כ אמר בשניהם עטרת. גם עטרת ותפארת ענין אחד הם כמ"ש עטרת תפארת תמגנך. והפארים ת"י כליליא וכן ופארך חבוש עליך: **יעקב פדה.** דאם מ"ש פדה מוסב על ה' היל"ל ה' אשר פדה את אברהם ע"כ דורש כי פדה מוסב על יעקב. ובויק"ר פל"ו סי' ד' איתא ורבנן אמרי אברהם עצמו לא נברא אלא בזכותו של יעקב: (ג) **נקרא אברהם.** ע' מ"כ וכ"ה בילקוט והוא פסוק בדה"א א' ופי' שאפי' מה שנעשה לאברם אנו אומרים לאברהם לפי שאברם הוא אברהם: **מלתא עמיקתא היא.** דבר שנקראת עמיקא כמש"ל פר' פ"ד ס"ס י"ג מעמק חברון מעצה עמוקה וכו' ובתנחומא וישב ס"ס ג' מאד עמקו מחשבותיך מחשבה

חידושי הרד"ל

(ד) [ג] **אברם נקרא אברהם.** אס הגי' מדוקדקת דגרס תחלה אברם. נראה וודאי שכיון לקרא דריש ד"ה אברם הוא אברהם וגו' וכיוצא דסיפא דיעקב נקרא ישראל:

חידושי הרש"ש

[ג] **הבאים מצרימה (את יעקב).** בס' ל"ח פרשת ויחי העתיק יעקב ובניו והוא בויגש והיא גי' נכונה מאד [וכ"כ היפ"ת]:

מסורת המדרש

ד תנחומא כאן סימן ד'. ילקוט כאן רמז ק"י:
ה סנהדרין דף י"ט. ויקרא רבה פרשה ל"ו. תנחומא כאן סימן ד'. וסדר שמות סימן ד'. אגדת בראשית פרק ל"ז ופרק ס"ד:
ו ילקוט כאן רמז ק"י:

אם למקרא

עֲטֶרֶת זְקֵנִים בְּנֵי בָנִים וְתִפְאֶרֶת בָּנִים אֲבוֹתָם: (משלי יז:ו)

לָכֵן כֹּה־אָמַר ה' אֶל־בֵּית יַעֲקֹב אֲשֶׁר פָּדָה אֶת־אַבְרָהָם לֹא־עַתָּה יֵבוֹשׁ יַעֲקֹב וְלֹא עַתָּה פָּנָיו יֶחֱוָרוּ: (ישעיה כט:כב)

וְאֵלֶּה תּוֹלְדֹת יִצְחָק בֶּן־אַבְרָהָם אַבְרָהָם הוֹלִיד אֶת־יִצְחָק: (בראשית כה:יט)

וַיֹּאמֶר לֹא יַעֲקֹב יֵאָמֵר עוֹד שִׁמְךָ כִּי אִם־יִשְׂרָאֵל כִּי־שָׂרִיתָ עִם־אֱלֹהִים וְעִם־אֲנָשִׁים וַתּוּכָל: (בראשית לב:כט)

וְאֵלֶּה שְׁמוֹת בְּנֵי יִשְׂרָאֵל הַבָּאִים מִצְרָיְמָה אֵת יַעֲקֹב אִישׁ וּבֵיתוֹ בָּאוּ: (שמות א:א)

ענף יוסף

[ב] **אברהם לא ניצול כו'.** לכאורה קשה וכי אברהם בעצמו לא היה כדאי להנצל בזכותו. וגם מה צריך למשל מהשלטון. והנראה דהכוונה בזה שהיה בדין שאברהם שרף כדי שיתקדש ש"ש ואין זה עול בחקו יתברך אחר שזה לטובת אברהם. כמו שאין עול בחק השלטון לדון לאדם דין מה. אך מפני שצפה ה' שממנו יצא זרע שבטי יה והוא יעקב ובניו. ולכן העמידו והצילו:

רש"י

(ג) **מילתא עמיקתא.** עמוק הוא טעם זה ומושב בני ישראל אשר ישבו במצרים ובארץ כנען ובארץ גושן שהיאך אפשר לומר שבארץ מצרים ישבו כל אותן השנים כולן אלא מאברהם אבינו חשב משעה שנדבר עמו בין הבתרים שהיה אברהם בן ע' שנה בין הבתרים. ואומר בעצם היום הזה אותו היום שנגאלו ישראל ממצרים כבר היה להם שלשים שנה וארבע מאות שנה שנגזר עליהם גלות זה שנגאלו ממנו עכשיו ומדקא חשיב מאברהם וקרי ליה ישראל אלמא אברהם נקרא ישראל:

מתנות כהונה

[ב] **ה"ג האבות עטרה לבנים שנא' ותפארת בנים אבותם: באיסטרולוגיא.** בחכמת החוזים בכוכבים: **הכי גרסינן והיא נשאת למלך אמר כדאי הוא להנצל בזכות בתו שהוא עתיד להוליד והיא נשאת כו':** [ב] **ה"ג אברהם נקרא אברהם שנאמר אברם הוא אברהם: יצחק כו' שמו ישראל** גרסי': **את יעקב.** משמע יעקב גם הוא אחד מבני ישראל הרי שיצחק ע"כ נקרא ישראל: **מלתא עמיקתא.** דבר עמוק וסוד מוסד הוא שבזה נתיישב קושיא חזקה דכתיב ומושב בני ישראל וגו'. וישראל לא שהו במצרים אלא מאתים ועשר שנים ומשנולד יצחק הוא ארבע מאות שנה שמע מיניה שאברהם נקרא

נחמד למראה

שלומד לשמה אבל מפני שהוא טיפש צריך שיגע בתורה. מנין שאפי' הקב"ה שהוא בוחן לבות וכליות ויודע שלומד שלא לשמה ועונשו הוא שתורתו נעשית לו סם המות מנין שמתמלא עליו רחמים מהטעם האמור תלמוד לומר ישמח לבי גם אני ודו"ק:

אשד הנחלים

טוב מה' בעד בנו בי ברא מזכי אבא: [ב] **עטרת לבנים.** הוא כמו שמסיים להלן שלפעמים הבן ניצל בזכות האב ולפעמים האב בזכות הבן שיהיה אחריו. וכלומר שניצול האב מפני בנים טובים שעתידים לעמוד ממנו. וכמ"ש שאברהם לא ניצל אלא בזכות יעקב. אך לכאורה יקשה וכי אברהם בעצמו לא היה כדאי להנצל בזכותו וגם מה צריך למשל מהשלטון. והנראה דהכוונה בזה שהיה בדין שאברהם ישרף כדי שיתקדש ש"ש ואין זה עול בחוקו ית' אחר שזה לטובת אברהם כמו שאין עול בחק השלטון לדון לאדם דין מה אך מפני שצפה ה' שממנו ישתלמו זרע שבטי יה והוא יעקב ובניו. ולכן העמידו והצילו. [ג] **יצחק נקרא אברהם.** לכאורה יקשה מאי נפק"מ במה שיקראו בשם זה כזה. והנראה דבאמת כל אחד שמו מורה על מהותו ותכונתו ותיקונו. כמו שמכנים בספרי החכמים שמדת אברהם מכונה בשם חסד ויצחק פחד ויעקב אמת וכל אחד תיקן כפי מדתו. ושמו מסתמא מורה על מדתו. והראיה שנשתנה אח"כ שמם. אברם הוא אברהם ומסתמא מפני שמורה על ענין מה. שנשתנה אח"כ. כמו שדרשו חז"ל. ולזה הסבירו לנו חז"ל שאף שמדותיהם היו נפרדות. עכ"ז היו ג"כ ממוזגים מה שהי' בזה הי' בזה ורק שבזה התגבר המדה הזאת יותר מהאחרת. ובזה האחרת. וזהו בדרך כלל. ולכן אמר הכתוב אברהם הוליד את

eventually **marry the king.** אָמַר כְּדַאי הוּא לְהִנָּצֵל בִּזְכוּת בִּתּוֹ שֶׁהוּא עָתִיד לְהוֹלִיד, וְהִיא נִשֵּׂאת לַמֶּלֶךְ – **[The ruler]** therefore **said: [The defendant] is worthy of being saved in the merit of his daughter that he is destined to beget** because **she will** eventually **marry the king!** כָּךְ אַבְרָהָם יָצָא דִינוֹ מִלִּפְנֵי נִמְרוֹד לִישָּׂרֵף – **Similarly, Abraham was sentenced before Nimrod to be burned** to death. וְצָפָה הַקָּדוֹשׁ בָּרוּךְ הוּא שֶׁיַּעֲקֹב עָתִיד לַעֲמוֹד מִמֶּנּוּ – **But the Holy One, blessed is He, foresaw that Jacob was destined to emerge from [Abraham];** אָמַר: כְּדַאי הוּא אַבְרָהָם לְהִנָּצֵל בִּזְכוּתוֹ שֶׁל יַעֲקֹב – **He** therefore **said: Abraham is worthy of being saved in the merit of Jacob.**

The Midrash brings support to R' Shmuel bar Yitzchak's teaching:

הָדָא הוּא דִכְתִיב ״לָכֵן כֹּה אָמַר ה׳ אֶל בֵּית יַעֲקֹב אֲשֶׁר פָּדָה אֶת אַבְרָהָם״, יַעֲקֹב פָּדָה אֶת אַבְרָהָם – **Thus it is written:** ***Thus says HASHEM to the house of Jacob, who had redeemed Abraham*** (*Isaiah* 29:22): it was **Jacob** who **redeemed Abraham.**[21]

§3 In the preceding section the Midrash interpreted *Proverbs* 17:6 as teaching that "fathers are the crown of their children, and children are the crown of their fathers," each deriving honor and pride from the other. Our Midrash adds a new dimension to that teaching:[22]

דָּבָר אַחֵר ״עֲטֶרֶת זְקֵנִים בְּנֵי בָנִים״ – **Another interpretation:** Scripture states: ***Children's children are the crown of elders,*** *and the glory of children are their fathers* (*Proverbs* 17:6). ״וְאֵלֶּה תּוֹלְדֹת יִצְחָק בֶּן אַבְרָהָם״ – Our verse states: ***And these are the offspring of Isaac son of Abraham*** – *Abraham begot Isaac.* אַבְרָם נִקְרָא אַבְרָהָם, יִצְחָק נִקְרָא אַבְרָהָם, דִּכְתִיב ״וְאֵלֶּה תּוֹלְדֹת יִצְחָק בֶּן אַבְרָהָם, אַבְרָהָם״ – **Abram is called** by the name **Abraham;**[23] and **Isaac,** because of the pride he had in his father Abraham, **is** also **called** by the name **Abraham, as it is written:** ***And these are the offspring of Isaac son of Abraham, Abraham.***[24] יַעֲקֹב נִקְרָא שְׁמוֹ יִשְׂרָאֵל דִּכְתִיב ״לֹא יַעֲקֹב יֵאָמֵר עוֹד שִׁמְךָ כִּי אִם יִשְׂרָאֵל״ – Furthermore: **Jacob is called by the name Israel, as it is written:** ***No longer will it be said that your name is Jacob, but Israel*** (below, 32:29); יִצְחָק נִקְרָא שְׁמוֹ יִשְׂרָאֵל, דִּכְתִיב ״וְאֵלֶּה שְׁמוֹת בְּנֵי יִשְׂרָאֵל הַבָּאִים מִצְרָיְמָה אֶת יַעֲקֹב״ – and **Isaac,** on account of the pride he had in his son Jacob, **is** also **called by the name Israel, as it is written:** ***And these are the names of the children of Israel who came to Egypt, with Jacob*** (*Exodus* 1:1).[25] אַבְרָהָם נִקְרָא יִשְׂרָאֵל – Moreover, even **Abraham,** on account of the pride he had in his grandson Jacob, **is called** by the name **Israel.**[26]Ⓐ

The Midrash utilizes the idea just developed to resolve a difficulty:

רַבִּי נָתָן אָמַר: מִילְּתָא עֲמִיקְתָא הִיא – **R' Nassan said: [The above interpretation] is a profound teaching,** for it enables us to resolve a difficulty associated with the following verse:

NOTES

21. The verse in *Isaiah* is written in seemingly incorrect order, for it should state: *Thus says HASHEM, who redeemed Abraham* (i.e., from the hand of Nimrod), *to the house of Jacob*. By placing the words *to the house of Jacob* immediately before the words *who had redeemed Abraham*, the verse indicates that it was Jacob's merit that actually saved Abraham — as taught by R' Shmuel bar Yitzchak (*Eitz Yosef*, citing *Kli Paz*).

22. *Eitz Yosef*, from *Yefeh To'ar*.

23. As it states (*I Chronicles* 1:27): אַבְרָם הוּא אַבְרָהָם, *Abram is Abraham* (*Matnos Kehunah*, cited also by *Eitz Yosef*).

[The import of this is that after Abraham's name was changed by God from "Abram" to "Abraham" (above, 17:5), anything that occurred to him prior to his name change is now described as having occurred to "Abraham" (*Maharzu*).]

24. The verse could have stated more concisely: וְאֵלֶּה תּוֹלְדֹת יִצְחָק בֶּן אַבְרָהָם הַמּוֹלִיד אֶת יִצְחָק, *And these are the offspring of Isaac son of Abraham who begot Isaac*. The repetition of the name *Abraham* prompts the Midrash to interpret that name as connected not only to the following words in the verse but also to the preceding ones. Hence, the first half of the verse is to be understood as if written: *And these are the offspring of Isaac son of Abraham, Abraham*; the verse thus describes Isaac as the *son of Abraham*, and it *also* describes him as *Abraham* — indicating that Isaac was called by the name Abraham (*Yefeh To'ar*).

It thus emerges that a son's pride in his righteous father is so intense as to even associate the son with his father's name (ibid., *Eitz Yosef*).

25. The name *Israel* in this verse cannot refer to Jacob (who was also called Israel) because if it did, Scripture would continue to use the name Israel at the end of the verse instead of switching to the name Jacob (in the phrase, *with Jacob*), or it would say simply *with him*. Given, then, that it cannot refer to Jacob, the Midrash expounds it as referring to Isaac, Jacob's father (*Yefeh To'ar*, *Eitz Yosef*, first explanation).

Matnos Kehunah explains differently: The words אֶת יַעֲקֹב may be translated simply as *Jacob* (the word אֶת being an untranslatable literary flourish) rather than *with Jacob* (which takes אֶת to mean *with*). The verse thus lists Jacob himself among *the names of the children of Israel who came to Egypt*. This perforce means that *Israel* here is not Jacob but rather Jacob's father, Isaac. (See also *Yefeh To'ar* and *Eitz Yosef*, who cite another version of our Midrash that cites 46:8 below — a verse identical to *Exodus* 1:1 but without the word אֶת. The exposition is accordingly exactly as *Matnos Kehunah* explained.)

At any rate, the fact that the verse calls Isaac by the name Israel illustrates that a father's pride in his righteous son leads to him sharing even the name of that son.

26. That this is so is evident from the verse cited in the continuation of the Midrash.

We see then that a grandfather's pride in his righteous grandson causes him to share even the name of that grandson. See also Insight Ⓐ.

INSIGHTS

Ⓐ **The Same Name** The Midrash's enigmatic statement, *"Isaac is also called by the name Abraham,"* begs explanation. When and by whom was Isaac ever called "Abraham"? Likewise, in what way were Abraham and Isaac called by the name "Israel"?

Perhaps the key to this Midrash lies in the true meaning of a name. Biblical names are not merely tags for labeling people; they represent the essence of the person. Thus, Abram became *Abraham* when his essence changed at the time of his circumcision (see above, 17:5, and Insight above to 44 §3); and Jacob became *Israel* when he overcame the angel (below, 32:29).

Our Midrash is describing the roots or the effects of the righteousness of each of the Patriarchs. Some righteous people are self-made. They are who they are not so much because of the influences that others had on them, but due to their own insights, diligence, and hard work. But some righteous people became who they are due — in large part — to the influence of their righteous parents. If a righteous person is "self-made," his name is "his own." But if he was greatly influenced by his righteous father, then he has much of his father in him, and thus he "shares" his father's name, i.e., essence.

The meaning of our Midrash is now clear: *"Abram is called by the name Abraham"* — *Abram* made *himself* into a new being called *Abraham*, but *"Isaac is called by the name Abraham"* — Isaac was greatly influenced by his father Abraham, so he had much of "Abraham" in him. On the other hand, *"Jacob is called by the name Israel"* — he transformed *himself* into a unique and superior *tzaddik*, and thereby gained a new name-essence for himself. Now, despite the fact that Abraham and Isaac were the progenitors of Jacob/Israel, *"Isaac is called by the name Israel"* and *"Abraham is called by the name Israel."* That is, there was a portion of "Israel" in Abraham and Isaac, for it was Israel who made their accomplishments permanent, and it was in his merit that Abraham was saved from Nimrod's furnace, as explained in the previous Insight (see *Toras Yaakov, Vayishlach*, pp. 43-44; see also *Yefeh To'ar*.)

ב (משלי יז, ו) "**עֲטֶרֶת זְקֵנִים בְּנֵי בָנִים**", [ד]**הָאָבוֹת עֲטָרָה לַבָּנִים, וְהַבָּנִים עֲטֶרֶת לָאָבוֹת. הָאָבוֹת עֲטָרָה לַבָּנִים, שֶׁנֶּאֱמַר** (שם) "**וְתִפְאֶרֶת בָּנִים אֲבוֹתָם**", **הַבָּנִים עֲטָרָה לָאָבוֹת, דִּכְתִיב** "**עֲטֶרֶת זְקֵנִים בְּנֵי בָנִים**". **רַבִּי שְׁמוּאֵל בַּר רַב יִצְחָק אָמַר:** [ה]**אַבְרָהָם לֹא נִיצַּל מִכִּבְשַׁן הָאֵשׁ אֶלָּא בִּזְכוּתוֹ שֶׁל יַעֲקֹב. מָשָׁל לְאֶחָד שֶׁהָיָה לוֹ דִּין לִפְנֵי הַשִּׁלְטוֹן וְיָצָא דִּינוֹ מִלִּפְנֵי הַשִּׁלְטוֹן לִישָּׂרֵף וְצָפָה אוֹתוֹ הַשִּׁלְטוֹן בְּאַסְטְרוֹלוֹגְיָא שֶׁלּוֹ שֶׁהוּא עָתִיד לְהוֹלִיד בַּת וְהִיא נִשֵּׂאת לַמֶּלֶךְ, אָמַר: כְּדַאי הוּא לְהִנָּצֵל בִּזְכוּת בִּתּוֹ שֶׁהוּא עָתִיד לְהוֹלִיד, וְהִיא נִשֵּׂאת לַמֶּלֶךְ. כָּךְ אַבְרָהָם יָצָא דִּינוֹ מִלִּפְנֵי נִמְרוֹד לִישָּׂרֵף, וְצָפָה הַקָּדוֹשׁ בָּרוּךְ הוּא שֶׁיַּעֲקֹב עָתִיד לַעֲמוֹד מִמֶּנּוּ, אָמַר: כְּדַאי הוּא אַבְרָהָם לְהִנָּצֵל בִּזְכוּתוֹ שֶׁל יַעֲקֹב הָדָא הוּא דִכְתִיב** (ישעיה כט, כב) "**לָכֵן כֹּה אָמַר ה' אֶל בֵּית יַעֲקֹב אֲשֶׁר פָּדָה אֶת אַבְרָהָם**", **יַעֲקֹב פָּדָה אֶת אַבְרָהָם.**

ג דָּבָר אַחֵר "**עֲטֶרֶת זְקֵנִים בְּנֵי בָנִים**", "**וְאֵלֶּה תּוֹלְדֹת יִצְחָק בֶּן אַבְרָהָם**", [ו]**אַבְרָם נִקְרָא אַבְרָהָם, יִצְחָק נִקְרָא אַבְרָהָם, דִּכְתִיב** (בראשית כה, יט) "**וְאֵלֶּה תּוֹלְדֹת יִצְחָק בֶּן אַבְרָהָם, אַבְרָהָם**", **יַעֲקֹב נִקְרָא שְׁמוֹ יִשְׂרָאֵל דִּכְתִיב** (שם לב, כט) "**לֹא יַעֲקֹב יֵאָמֵר עוֹד שִׁמְךָ כִּי אִם יִשְׂרָאֵל**". **יִצְחָק נִקְרָא שְׁמוֹ יִשְׂרָאֵל, דִּכְתִיב** (שמות א, א) "**וְאֵלֶּה שְׁמוֹת בְּנֵי יִשְׂרָאֵל הַבָּאִים מִצְרַיְמָה אֵת יַעֲקֹב**". **אַבְרָהָם נִקְרָא יִשְׂרָאֵל, רַבִּי נָתָן אָמַר: מִילְּתָא עֲמִיקְתָּא הִיא**

עץ יוסף

(ב) עטרת זקנים כו'. והיינו דקאמר יצחק בן אברהם שיצחק נתכבד באברהם ואמר אברהם הוליד את יצחק שאברהם נתכבד ביצחק (יפ"ת): **בני בנים.** ומכ"ש בנים: **לכן כה אמר ה' כו'.** דהול"ל כה אמר ה' אשר פדה את אברהם אל בית יעקב ומדהפך הסדר דרשו שיעקב פדה את אברהם (כלי פז): **(ג) דבר אחר עטרת זקנים כו'.** שהאב מתכבד בבן והבן מתכבד באב כנ"ל אלא שמוסיף שהבן נקרא בשם האב ממש כמו שיצחק נקרא אברהם והזקן נקרא בשם הבן ובן הבן כמו שנקראו אברהם ויצחק בשם ישראל (יפ"ת): **[ג] אברם נקרא אברהם.** שנא' אברם הוא אברהם (מת"כ): **יצחק בן אברהם אברהם.** רמיז דיצחק נקרא ג"כ אברהם: **את יעקב.** דלא קאמר את ישראל כרישיה דקרא דריש דישראל הנזכר פה הוא יצחק וכ"א מצאתי דמייתי קרא דסדר ויגש (מ"ו פסוק ח') ואלה שמות בני ישראל הבאים מצרימה יעקב ובניו דמדכייל ליעקב בכלל בני ישראל צריך לומר דישראל היינו יצחק (יפ"ת): **מילתא עמיקתא.** דבר עמוק וסוד מוסד הוא זה שבזה נתיישב קושיא חזקה דכתיב ומושב בני ישראל אשר ישבו במצרים ת"ל שנה. וישראל לא שהו במצרים אלא רד"ו שנה אלא ע"כ שחשב משעה שנדבר הקב"ה עם אברהם בין הבתרים שהיה אברהם אז בן ע' שנה. ולפי שאז נגזר על אברהם שיוליד הפך מערכת השמים והעלה אותו למעלה מכיפת הרקיע והכניע המזל תחתיו מאז נחשב כאילו כבר נולד יצחק והיה גר בארץ. ומאז עד שיצאו ישראל ממצרים היה ת"ל שנה. ומדקא חשיב מאברהם וקרי ליה ישראל כדכתיב ומושב בני ישראל

פירוש מהרז"ו

(ב) עטרת זקנים. ע' אג"ב פל"ז באורך. וכאן דורש כפל לשון יצחק בן אברהם אברהם הוליד וגו' ששניהם מתעטרים זה בזה. יצחק במה שהוא בן אברהם ואברהם במה שהוליד את יצחק. ומ"ש בני בנים. ק"ו לבנים. ופשט הכתוב עטרת וה"ה תפארת ובסיפא תפארת וה"ה לעטרת ע"פ מדה י"ט ע"כ אמר בשניהם עטרת. גם עטרת ותפארת ענין אחד הם כמ"ש עטרת תפארת תמגנך. והפארים ת"י כליליא וכן ופארך חבוש עליך: **יעקב פדה.** דאם מ"ש פדה מוסב על ה' היל"ל ה' אשר פדה את אברהם ע"כ דורש כי פדה מוסב על יעקב. ובויק"ר פל"ו סי' ד' איתא ורבנן אמרי אברהם עצמו לא נברא אלא בזכותו של יעקב: **(ג) נקרא אברהם.** ע' מ"כ וכ"ה בילקוט והוא פסוק בדה"א א' ופי' שאפי' מה שנעשה לאברם אנו אומרים לאברהם לפי שאברם הוא אברהם: **מלתא עמיקתא היא.** דבר שנקראת עמיקא כמש"ל פר' פ"ד ס"ס י"ג מעמק חברון מעלה עמוקה וכו' ובתנחומא וישב ס"ס ג' מאד עמקו מחשבותיך מחשבה

חידושי הרד"ל

(ד) **[ג] אברם נקרא אברהם.** אם הגי' מדוקדקת דגרס תחלה אברם. נראה וודאי שכיון לקרא דריש ד"ה אברם הוא אברהם וגו' (וכיוצא דסיפא דיעקב נקרא ישראל):

חידושי הרש"ש

[ג] הבאים מצרימה (את יעקב). בס' ל"ח פרשת ויחי העתיק יעקב ובניו והוא בויגש והיא גי' נכונה מאד [וכ"כ היפ"ת]:

מסורת המדרש

ד תנחומא כאן סימן ד'. ילקוט כאן רמז ק"י:
ה סנהדרין דף י"ט. ויקרא רבה פרשה ל"ו. תנחומא כאן סימן ד'. וסדר שמות סימן ד'. אגדת בראשית פרק ל"ז ופרק ס"ד:
ו ילקוט כאן רמז ק"י:

אם למקרא

עֲטֶרֶת זְקֵנִים בְּנֵי בָנִים וְתִפְאֶרֶת בָּנִים אֲבוֹתָם: (משלי יז:ו)

לָכֵן כֹּה־אָמַר ה' אֶל־בֵּית יַעֲקֹב אֲשֶׁר פָּדָה אֶת־אַבְרָהָם לֹא־עַתָּה יֵבוֹשׁ יַעֲקֹב וְלֹא עַתָּה פָּנָיו יֶחֱוָרוּ: (ישעיה כט:כב)

וְאֵלֶּה תּוֹלְדֹת יִצְחָק בֶּן־אַבְרָהָם אַבְרָהָם הוֹלִיד אֶת־יִצְחָק: (בראשית כה:יט)

וַיֹּאמֶר לֹא יַעֲקֹב יֵאָמֵר עוֹד שִׁמְךָ כִּי אִם־יִשְׂרָאֵל כִּי־שָׂרִיתָ עִם־אֱלֹהִים וְעִם־אֲנָשִׁים וַתּוּכָל: (בראשית לב:כט)

וְאֵלֶּה שְׁמוֹת בְּנֵי יִשְׂרָאֵל הַבָּאִים מִצְרָיְמָה אֵת יַעֲקֹב אִישׁ וּבֵיתוֹ בָּאוּ: (שמות א:א)

ענף יוסף

[ב] אברהם לא ניצול כו'. לכאורה קשה וכי אברהם בעצמו לא היה כדאי להנצל בזכותו. וגם מה צריך למשל מהשלטון. והנראה דהכוונה בזה שהיה בדין שאברהם שרף כדי שיתקדש ש"ש ואין זה עול בחקו יתברך אחר שזה לטובת אברהם. כמו שאין עול בחק השלטון לדון לאדם דין מה. אך מפני שצפה ה' שממנו יצא זרע שבטי יה והוא יעקב ובניו. ולכן העמידו והצילו:

רש"י

(ג) מילתא עמיקתא. עמוק הוא טעם זה ומושב בני ישראל אשר ישבו במצרים ובארץ כנען ובארץ גושן שהיאך אפשר לומר שבארץ מצרים ישבו כל אותן השנים כולן אלא מאברהם אבינו חשב משעה שנדבר עמו בין הבתרים שהיה אברהם בן ע' שנה בין הבתרים. ואומר בעצם היום הזה אותו היום שנגאלו ישראל ממצרים כבר היה להם שלשים שנה וארבע מאות שנה שנגזר עליהם גלות זה שנגאלו ממנו עכשיו ומדקא חשיב מאברהם וקרי ליה ישראל אלמא אברהם נקרא ישראל:

מתנות כהונה

[ב] ה"ג האבות עטרה לבנים שנא' ותפארת בנים אבותם: באיסטרולוגיא. בחכמת החוזים בכוכבים: **הכי גרסינן והיא נשאת למלך אמר כדאי הוא להנצל בזכות בתו שהוא עתיד להוליד והיא נשאת כו': [ב] ה"ג אברהם נקרא אברהם שנאמר אברם הוא אברהם: יצחק כו' שמו ישראל** גרסי': **את יעקב.** משמע יעקב גם הוא אחד מבני ישראל הרי שיצחק ע"כ נקרא ישראל: **מלתא עמיקתא.** דבר עמוק וסוד מוסד הוא שבזה נתיישב קושיא חזקה דכתיב ומושב בני ישראל וגו'. וישראל לא שהו במצרים אלא מאתים ועשר שנים ומשנולד יצחק הוא ארבע מאות שנה שמע מיניה שאברהם נקרא

נחמד למראה

שלומד לשמה אבל מפני שהוא טיפש צריך שיגע בתורה. מנין שאפי' הקב"ה שהוא בוחן לבות וכליות ויודע שלומד שלא לשמה ועונשו הוא שתורתו נעשית לו סם המות מנין שמתמלא עליו רחמים מהטעם האמור תלמוד לומר ישמח לבי גם אני ודו"ק:

אשד הנחלים

טוב מה' בעד בנו בי ברא מזכי אבא: **[ב] עטרת לבנים.** הוא כמו שמסיים להלן שלפעמים הבן ניצל בזכות האב ולפעמים האב בזכות הבן שיהיה אחריו. וכלומר שניצול האב מפני בנים טובים שעתידים לעמוד ממנו. וכמ"ש שאברהם לא ניצל אלא בזכות יעקב. אך לכאורה יקשה וכי אברהם בעצמו לא היה כדאי להנצל בזכותו וגם מה צריך למשל מהשלטון. והנראה דהכוונה בזה שהיה בדין שאברהם ישרף כדי שיתקדש ש"ש ואין זה עול בחוקו ית' אחר שזה לטובת אברהם כמו שאין עול בחק השלטון לדון לאדם דין מה אך מפני שצפה ה' שממנו ישתלמו זרע שבטי יה והוא יעקב ובניו. ולכן העמידו והצילו. **[ג] יצחק נקרא אברהם.** לכאורה יקשה מאי נפק"מ במה שיקראו בשם זה כזה. והנראה דבאמת כל אחד שמו מורה על מהותו ותכונתו ותיקונו. כמו שמכנים בספרי החכמים שמדת אברהם מכונה בשם חסד ויצחק פחד ויעקב אמת וכל אחד תיקן כפי מדתו. ושמו מסתמא מורה על מדתו. והראיה שנשתנה אח"כ שמם. אברם הוא אברהם ומסתמא מפני שמורה על ענין מה. שנשתנה אח"כ. כמו שדרשו חז"ל. ולזה הסבירו לנו חז"ל שאף שמדותיהם היו נפרדות. עכ"ז היו ג"כ ממוזגים מה שהי' בזה הי' בזה ורק שבזה התגבר המדה הזאת יותר מהאחרת. ובזה האחרת. וזהו בדרך כלל. ולכן אמר הכתוב אברהם הוליד את

"ומושב בני ישראל אשר ישבו במצרים" ובארץ כנען ובארץ גושן "שלשים שנה וארבע מאות שנה" — *The habitation of the children of Israel during which they dwelled in Egypt,* **and in the land of Canaan and in the land of Goshen,**[27] *was four hundred and thirty years* (*Exodus* 12:40).[28]

> וַיְהִי יִצְחָק בֶּן אַרְבָּעִים שָׁנָה בְּקַחְתּוֹ אֶת רִבְקָה בַּת בְּתוּאֵל הָאֲרַמִּי מִפַּדַּן אֲרָם אֲחוֹת לָבָן הָאֲרַמִּי לוֹ לְאִשָּׁה.
> *Isaac was forty years old when he took Rebecca, daughter of Bethuel the Aramean from Paddan-aram, sister of Laban the Aramean, as a wife for himself* (25:20).

§4 וַיְהִי יִצְחָק בֶּן אַרְבָּעִים שָׁנָה וגו׳ — *ISAAC WAS FORTY YEARS OLD, ETC.*

The Midrash discusses why the verse here states that Bethuel and Laban were "Aramean":

אָמַר רַבִּי יִצְחָק: אִם לְלַמֵּד שֶׁהִיא מֵאֲרַם נַהֲרַיִם וַהֲלֹא כְּבָר נֶאֱמַר מִפַּדַּן אֲרָם — **R' Yitzchak said: If** the verse mentions that Bethuel and Laban were Aramean **to teach** us **that [Rebecca] was from Aram-naharaim,**[29] **why, [the verse] already states** that by noting that she was *from Paddan-aram.*[30] מה תַּלְמוּד לוֹמַר "אֲרַמִּי" "בַּת בְּתוּאֵל הָאֲרַמִּי" — **What** then **is [the verse] teaching** us by stating that Bethuel was an **Aramean,** as it states: *daughter of Bethuel the Aramean,* [וּ]מַה[31] תַּלְמוּד לוֹמַר "אֲחוֹת לָבָן הָאֲרַמִּי" — **and what is [the verse] teaching** us by stating: *sister of Laban the Aramean?*[32] אֶלָּא בָּא לְלַמֶּדְךָ אָבִיהָ רַמַּאי וְאָחִיהָ רַמַּאי וְאַף אַנְשֵׁי מְקוֹמָהּ כֵּן — **Rather, it comes to teach** that **[Rebecca's] father** Bethuel **was deceitful, and her brother** Laban **was deceitful,**[33] **and also the people of her place were deceitful.**[34] וְהַצַּדֶּקֶת הַזּוֹ שֶׁהִיא יוֹצְאָה מִבֵּינֵיהֶם לְמָה הִיא דּוֹמָה — **And this righteous woman who,** despite **emerging from among them,** did not follow their ways,[35] **to what is she compared?** לְשׁוֹשַׁנָּה בֵּין הַחוֹחִים — **To a rose among the thorns.**[36]

The Midrash cites a similar exposition of a different verse:

רַבִּי פִּנְחָס אָמַר כְּתִיב "וַיֵּלֶךְ פַּדֶּנָה אֲרָם", מַה תַּלְמוּד לוֹמַר "אֶל לָבָן הָאֲרַמִּי" — **R' Pinchas said: It is written:** *And Isaac sent off Jacob;* ***and he went toward Paddan-aram*** *to Laban the son of Bethuel the Aramean* (below, 28:5). Having already stated that Jacob went to Paddan-aram,[37] **what is [the verse] teaching us** further by stating: ***to Laban the son of Bethuel the Aramean?***[38] מְלַמֵּד שֶׁכּוּלָּן כֻּלָּן בְּרַמָּאוּת — **[The word *Aramean*] teaches** us **that all [the residents of Paddan-aram] were involved in deceit.**[39]

> וַיֶּעְתַּר יִצְחָק לַה׳ לְנֹכַח אִשְׁתּוֹ כִּי עֲקָרָה הִוא וַיֵּעָתֶר לוֹ ה׳ וַתַּהַר רִבְקָה אִשְׁתּוֹ.
> *Isaac entreated HASHEM opposite his wife, because she was barren. HASHEM allowed himself to be entreated by him, and his wife Rebecca conceived* (25:21).

§5 וַיֶּעְתַּר יִצְחָק לַה׳ לְנֹכַח אִשְׁתּוֹ — *ISAAC ENTREATED HASHEM OPPOSITE HIS WIFE.* [וַיֶּעְתַּר]

The Midrash brings a debate regarding the etymology of the word וַיֶּעְתַּר:

רַבִּי יוֹחָנָן וְרֵישׁ לָקִישׁ — **R' Yochanan and Reish Lakish** debated: רַבִּי יוֹחָנָן אָמַר: שֶׁשָּׁפַךְ תְּפִלּוֹת בְּעוֹשֶׁר — **R' Yochanan said:** It means that **[Isaac] poured forth a wealth of prayers.**[40]Ⓐ

NOTES

27. Since the land of Goshen was actually a part of Egypt, *Yefeh To'ar* (cited by *Eitz Yosef*) emends the text to read: "the land of Gerar." (Gerar belonged to the Philistines, and Isaac lived there when there was a famine in Canaan; see below, 26:6.) *Megillah* 9a states simply that the Israelites dwelled "in Egypt and in other lands."

28. The difficulty with this verse is that in point of fact the Israelites were in Egypt for only 210 years (see 57 §4 above; *Seder Olam Rabbah* Ch. 3; *Nedarim* 32a). R' Nassan is saying that by accepting the Midrash's premise that Abraham was called by his grandson's name, Israel, we can resolve this dilemma: The phrase *the children of Israel* in this verse actually refers to the children of *Abraham*; the exile actually commenced during the days of Isaac, long before their descent into Egypt (see Insights). [Perforce, then, the verse's reference to Egypt alone (*which they dwelled in "Egypt"*) is intended to represent only the final stage of this exile, which was also its main part (*Matnos Kehunah*).]

29. Aram-naharaim (lit., *Aram of the two rivers*) was so called because it was situated between the Tigris and Euphrates Rivers (see *Rashi* to 24:10 above), the area known as Mesopotamia.

30. Padan-aram consisted of two Arams: Aram-naharaim and Aram Zoba. It was called Paddan-aram because the word *paddan* means "a pair" in Aramaic (see *Rashi* to our verse). Of these two Arams, it is evident that Rebecca was from Aram-naharaim, for the verse above (24:10) states that Abraham's servant traveled to Aram-naharaim to seek a wife for Isaac.

31. Emendation follows *Matnos Kehunah.*

32. The words *Bethuel "the Aramean"* and *Laban "the Aramean"* seem to be superfluous, for we already know that Rebecca was from Aram.

33. The words *Bethuel "the Aramean"* and *Laban "the Aramean"* are not superfluous, for they teach us that Bethuel and Laban were deceitful. [The letters of the word הָאֲרַמִּי, *the Aramean,* are rearranged to read הָרַמַּאי, which means "the deceitful one" (*Matnos Kehunah* to *Vayikra Rabbah* 23 §1).]

34. This is derived from the words *from Paddan-"aram."* Although these words are *not* superfluous (see above, note 32), once the other appearances of the words *the Aramean* have been interpreted to connote deceitfulness, the word *Paddan-aram* is interpreted in the same vein (*Yefeh To'ar*, first approach).

35. *Eitz Yosef.*

36. See *Song of Songs* 2:2. In contrast to a rose that grows among other roses, a rose that grows among thorns is a marvel by virtue of the fact that it is somehow able to grow in an area that is apparently not conducive to growing roses. Rebecca was similarly unique in that she was able to overcome her adverse surroundings and attain righteousness (*Eitz Yosef* to *Vayikra Rabbah* 23 §1).

37. To take a wife from Laban's household, as stated in verse 2 there.

38. If Laban lived in Paddan-aram, then obviously he was an Aramean. Why then does the verse need to state this fact outright?

39. As in the previous exposition, R' Pinchas interprets the word הָאֲרַמִּי here as meaning "the deceitful one." Furthermore, he maintains that the verse's single use of this term is meant to apply not only to Laban alone but to all the inhabitants of Paddan-aram (*Rashi*; see, however, *Imrei Yosher*, who says that it applies to Laban and Bethuel; for a completely different understanding see *Yedei Moshe*).

Moreover, just as our verse above made use of this term for the purpose of highlighting *Rebecca's* greatness in fending off the negative influences of Paddan-aram, so too the present verse uses it to highlight *Jacob's* greatness in fending off these very same influences there (*Eitz Yosef*).

40. In Aramaic, the word עתר is the equivalent of the Hebrew word עֹשֶׁר, *wealth*. According to R' Yochanan, the verse is describing Isaac as beseeching God through an abundance ("wealth") of prayers (*Rashi*, *Matnos Kehunah*, *Eitz Yosef*). See Insight Ⓐ.

INSIGHTS

Ⓐ **Prayer in Abundance** *R' Simchah Zissel of Kelm* (*Chochmah U'Mussar,* Vol. 2 §1) offers a novel interpretation of the Midrash's words שֶׁשָּׁפַךְ תְּפִלּוֹת בְּעוֹשֶׁר.

The Mishnah in *Avos* (2:18) teaches: *When you pray, make not your prayer a set routine, rather [an entreaty for] compassion and a supplication before the Omnipresent.* This well-known dictum seems to contradict our Sages' characterization of prayer as עֲבוֹדָה, *service* of God [similar to the Kohen's service in the Temple] (*Taanis* 2a). How can one who prays be "serving" God when he is asking for his own needs? Surely he is serving only himself! To answer this, says *R' Simchah Zissel,*

(שם יב, מ) "וּמוֹשַׁב בְּנֵי יִשְׂרָאֵל אֲשֶׁר יָשְׁבוּ בְּמִצְרָיִם", וּבְאֶרֶץ כְּנַעַן וּבְאֶרֶץ גּוֹשֶׁן "שְׁלֹשִׁים שָׁנָה וְאַרְבַּע מֵאוֹת שָׁנָה":

ד [כה, כ] "וַיְהִי יִצְחָק בֶּן אַרְבָּעִים שָׁנָה וְגוֹ' ", אָמַר רַבִּי יִצְחָק אִם לְלַמֵּד שֶׁהִיא מֵאֲרַם נַהֲרַיִם וַהֲלֹא כְּבָר נֶאֱמַר "מִפַּדַּן אֲרָם", מַה תַּלְמוּד לוֹמַר "אֲרַמִּי", "בַּת בְּתוּאֵל הָאֲרַמִּי", מַה תַּלְמוּד לוֹמַר "אֲחוֹת לָבָן הָאֲרַמִּי", אֶלָּא בָּא לְלַמֶּדְךָ אָבִיהָ רַמַּאי וְאָחִיהָ רַמַּאי וְאַף אַנְשֵׁי מְקוֹמָהּ כֵּן, וְהַצַּדֶּקֶת הַזּוֹ שֶׁהִיא יוֹצְאָה מִבֵּינֵיהֶם לְמָה הִיא דוֹמָה, לְשׁוֹשַׁנָּה בֵּין הַחוֹחִים. רַבִּי פִּנְחָס אָמַר כְּתִיב (לקמן כח, ה) "וַיֵּלֶךְ פַּדֶּנָה אֲרָם", מַה תַּלְמוּד לוֹמַר "אֶל לָבָן הָאֲרַמִּי", מְלַמֵּד שֶׁכּוּלָּן כְּלָלָן בְּרַמָּאוּת:

ה [כה, כא] "וַיֶּעְתַּר יִצְחָק לַה' לְנֹכַח אִשְׁתּוֹ", רַבִּי יוֹחָנָן וְרֵישׁ לָקִישׁ, רַבִּי יוֹחָנָן אָמַר: שֶׁשָּׁפַךְ תְּפִלּוֹת בְּעוֹשֶׁר. רֵישׁ לָקִישׁ אָמַר: [ז]שֶׁהִיפֵּךְ אֶת הַגְּזֵירָה וּלְפוּם כֵּן קָרְיִין לֵיהּ עַתְרָא דְּאַפֵּיךְ אִידְרָא. "לְנֹכַח אִשְׁתּוֹ", [ח]מְלַמֵּד שֶׁהָיָה יִצְחָק שָׁטוּחַ כָּאן וְהִיא שְׁטוּחָה כָּאן וְאוֹמֵר: רִבּוֹנוֹ שֶׁל עוֹלָם כָּל בָּנִים שֶׁאַתָּה נוֹתֵן לִי יִהְיוּ מִן הַצַּדֶּקֶת הַזּוֹ. אַף הִיא אָמְרָה כֵּן: כָּל בָּנִים שֶׁאַתְּ עָתִיד לִיתֵּן לִי יִהְיוּ מִן הַצַּדִּיק הַזֶּה. "כִּי עֲקָרָה הִיא", רַבִּי יוּדָן בְּשֵׁם רַבִּי לָקִישׁ: [ט]עִיקַּר מִטְרִין לָא הֲוָה לָהּ וְגָלַף לָהּ הַקָּדוֹשׁ בָּרוּךְ הוּא עִיקַּר מִטְרִין. "וַיֵּעָתֶר לוֹ ה' ", רַבִּי לֵוִי אָמַר: מָשָׁל לְבֶן מְלָכִים שֶׁהָיָה חוֹתֵר עַל אָבִיו לִיטּוֹל לִיטְרָא שֶׁל זָהָב וְהָיָה זֶה חוֹתֵר מִבִּפְנִים וְזֶה חוֹתֵר מִבַּחוּץ, שֶׁכֵּן בַּעֲרַבְיָא קוֹרִין לַחֲתִירְתָּא עֲתִירְתָּא:

חידושי הרד"ל

(ה) [ד] **מה תלמוד לומר.** ארמי ארמי בת בתואל הארמי אחות לבן הארמי כצ"ל לפי נוסחא דהכא ובויק"ר פל"ו ושה"ר פ"ב וילקוט כאן הגי' בע"א ע"כ:

(ו) **אביה רמאי.** עמ"כ בויק"ר ר"פ כ"ג שפי' דארמי דרש רמאי בהפוך אתוון:

באור מהרי"פ

[ד] **מלמד שבולן בללן.** ולבן הארמי הוא כמו פרט היוצא מן הכלל וללמד על הכלל כלו יצא שהם כולם רמאים:

עץ יוסף

וגו' הרי שאברהם נקרא ישראל (הא"ב"א): **בארץ גושן.** הוא ט"ס וצ"ל ובארץ גרר והיא ארץ פלשתים שישב שם יצחק (יפ"ת): (ד) **שהיא יוצאת מביניהם כו'.** כלו' שתולדתה יצאה מביניהם ולא נמשכה אחר שרשם הרע והיא דומה לשושנה בין החוחים: **שבולן בללן ברמאות.** ולשבח יעקב הוא דאתא שלא למד ממעשיהם הרעים: (ה) **ששפך תפילות בעושר.** כלו' בריבוי מופלג. שהרבה להתפלל ע"ד הכתוב נעתרות כלו' רבוי הפצרות. ובילקוט גרס בעותר וכזון: **שהיפך את הגזירה.** שנגזר עליה להיות עקרה בטבע: **ולפום כן קריין ליה עתרא.** כלו' לכן קורין לרחת עתרא משום דאפיך אידרא פי' משום שמהפך התבואה בגורן. ור"ל שביקש בתפלתו שיתהפך הטבע בקרבה: **מלמד שהיה יצחק שטוח כו'.** והיינו לנוכח אשתו שהתפללו זה לעומת זה שיהיה פקידתם זה מזה ולא לאחרים לפיכך כיונו להתפלל יחד בזמן אחד ובמצב אחד שאם יזכה אחד מהם להיות תפלתו עולה לרצון למעלה אז יעלה לרצון עמו גם תפלת חבירו: **אף היא אמרה כו'.** בגמרא פריך א"כ ויעתר להם מיבעי ליה ומשני לפי שאינו דומה תפלת צדיק בן צדיק לתפלת צדיק בן רשע: **עיקר מטרון לא היה לה.** דעקרה היא משמע בתולדתה היתה עקרה (מת"כ): **וגלף לה.** וחקק לה: **משל לבן מלכים.** וכן הש"ת כי מידו הכל בודאי שאין כילות אצלו מהפיק רצון המבקש שהוא ראוי להעתר: **זה חותר מבפנים.** לסייעו כי רצון אביו לתת לו הממון המבוקש. וכן ה' היה רצונו ג"כ לענות את הצדיק וסמך ידו בתפלתו: **קורין לחתירתא עתירתא.** כלו' והכי נמי דרשי' ויעתר מלשון ויחתר שהעי"ן והחי"ת מתחלפין. ור"ל שחתר הקב"ה לקבל תפלתם מפני קטרוג מדת הדין שלא לעשות לה נס מפני עשו שעתיד לצאת ממנה (נזה"ק):

פירוש מהרז"ו

עמוקה נטלת עם אברהם בין הבתרים כמו שא"ל ידוע תדע כי גר יהיה זרעך וכמ"ש ס"ע רפ"א. ובמכילתא בא ובמגילה ט' ובשמ"ר פי"ח שמברית בין הבתרים שהיה אז אברהם בן ע' שנה אז א"ל ידוע תדע ומאז עד שיצאו ישראל ממצרים ת"ל שנה ואמר ומושב בני ישראל הרי שאברהם ויצחק נקראו ג"כ ישראל: (ד) **ויהי יצחק.** וס"ד בת בתואל הארמי מפדן ארם אחות לבן הארמי. וע' ויק"ר ר"פ כ"ג כשושנה בין החוחים וש"נ ומבואר. ובסוף סדר זה כתוב וילך פדנה ארם אל לבן ב"ב הארמי ותיבת הארמי חוזר על לבן ובתואל וכמ"ש בריש תולדות לבן הארמי. וכאן ללמד על רבקה כשושנה וכו' ושם לכלול כלם ברמאות: (ה) **ויעתר.** היל"ל ויחל או ויתפלל וכדומה: **לנכח אשתו.** היל"ל על אשתו. ולנכח פירש שכוונת תפלתם היה זה בעד זו וזו בעד זה: **עיקר מטרין.** ע"ל פנ"ג סימן ה' ג"כ ר"י בשם ר"ל ועיקר הדרשה שם על מ"ש ותהי שרי עקרה אין לה ולד. וכאן אצל רבקה אולי דורש גז"ש מעקרה ועי' יפ"ת: **משל לבן כו'.** ע' ויק"ר פ"ל סי' ג' וש"נ. ודורש שהיל"ל וישמע ה' תפלתו ואמר ויעתר מלשון חתירה וכן ויעתר יצחק גם כן מלשון חתירה שהתפלל שיעשה לו נס למעלה מדרך הטבע. וכדמיון חתירה לבא לבית שלא בדרך הפתח וכן ענה לו הש"י דרך נס:

מסורת המדרש

ז עיין סוכה דף י"ד. וביבמות דף ס"ד:

ח רות רבה סוף פרשה ז'. אגדת שמואל פרשה ו'. ילקוט כאן רמז ק"י. ילקוט שמואל א' רמז פ"ז. ילקוט רות רמז תר"ח:

ט לעיל פרשה כ"ג וש"נ.

אם למקרא

וּמוֹשַׁב בְּנֵי יִשְׂרָאֵל אֲשֶׁר יָשְׁבוּ בְּמִצְרָיִם שְׁלֹשִׁים שָׁנָה וְאַרְבַּע מֵאוֹת שָׁנָה:
(שמות יב:מ)

וַיִּשְׁלַח יִצְחָק אֶת־יַעֲקֹב וַיֵּלֶךְ פַּדֶּנָה אֲרָם אֶל־לָבָן בֶּן־בְּתוּאֵל הָאֲרַמִּי אֲחִי רִבְקָה אֵם יַעֲקֹב וְעֵשָׂו:
(בראשית כח:ה)

רש"י

(ד) **וישלח יצחק את יעקב וילך פדנה ארם אל לבן בן בתואל הארמי.** לאחר שנאמר וילך פדנה ארם מה ת"ל אל לבן בן בתואל הארמי אלא ללמד שכלל כולן ברמאות. לבן ואנשי מקומו: (ה) **ששפך תפלות בעושר.** ויעתר דורש כלומר תפלות הרבה. עותר עושר: **ולפום כן קריין ליה עותרא דמהפך אודרא.** עתרא כלי שמהפכין בו: **מטרין.** רחם בלשון ערב ולכן נקרא אם בתלמוד: **ויעתר יצחק.** ויעתר לו לבן מלכים שהיה חותר וכו' בערביא קורין לחתירתא עתירתא:

מתנות כהונה

בשם ישראל והאי דכתיב אשר ישבו בארץ מצרים הלך אחר החיתום ועיקר הגרות והגלות היה במצרים ושאר ארצות כנען וארץ גושן וארם נהרים הכל בכלל וכמו ששינו לתלמי המלך כדאיתא בפ"ק דמגילה: [ד] **ומה תלמוד לומר אחות** גרסינן: [ה] **בעושר.** בלשון ארמי העושר קורין עותרא והכי גרסינן בילקוט בעותר ור"ל בשפע ובמלוי: **ולפום כן כו'.** ולפיכך קורין התפלה עתר כעתר זה שקורין פאל"א שמהפכין בו התבואה בקשיה בגורן כן התפלה מהפכת את הגזירה כדאיתא בפ"ק דמסכת סוכה: **עקרה היא.** משמע בתולדתה היתה עקרה ונעקר בית רחמה: **עיקר מטרין.** פירש הערוך אם ורחם מקום שנקלט לה זרע להיות ולד ובלשון יון קורין לאם מטריא: **ליטול ליטרא כו'.** וגם אביו חפץ ליתנו והיה חותר כנגדו כדי שימהר לקחתו: **לחתירתא.** למחתרת:

אשד הנחלים

יצחק להורות שתכונתו כתכונת אברהם: **ומושב בני ישראל.** כלומר והיתה התחלת השעבוד מברית בין הבתרים אברהם: [ד] **והצדקת הזו כו'** העיר בזה מפני שבא לספר שהיתה עקרה בטבעה. ועכ"ז נפקדה. לזה סיפר בתחילה שבחה. מפני שהיתה צדקת גדולה שדרה בין אנשים רשעים כהמה וגם אנשי המקום רעים ועכ"ז נפקד' לזה מספר בתחילה שבחה וטובה ודי בזה זכות להפקד בבנים: [ה] **בעושר.** וזהו ע"ד הכתוב נעתרות. כלומר רבוי הפצרות. ולדעת ר"ל הוא לשון הפוך שביקש שיתהפך הטבע בקרבה. וכן הי' שנעתרה. **משל כו' עתירתא חתירתא.** משום דמלת עתירה מורה על רבוי הפצרה. והנה מצאנו בש"ס בבלי דוגמת מליצה הזאת מלמד שחתר לו חתירה מתחת כה"כ לקבל תשובתו. ועניינו בכל מקום אשר אין שורת הדין לקבלו ועכ"ז מקבל הקב"ה על צד החסד נקראת זאת בדרך מליצה בשם חתירה. והאיש הפועל בתפלתו זאת בשם מעתיר. והוא מלשון עתר שהנחתו על מי שחותר בכלי הנקרא עתר ועיין בשפתי חכמים בפרשה הזאת:

רֵישׁ לָקִישׁ אָמַר: שֶׁהֵיפֵךְ אֶת הַגְּזֵירָה — **Reish Lakish said:** It means **that he overturned** through his prayers **the decree** of God that prevented Rebecca from having children;[41] וּלְפוּם כֵּן קָרֵיין לֵיהּ עֶתְרָא דְּאַפֵּיךְ אִידְּרָא — **and therefore, [a winnowing shovel] is referred to as an** עתרא, from the same root as the word וַיֶּעְתַּר, **for it overturns the grain in the threshing place.**[42]Ⓐ

The Midrash explains an unusual expression in our verse:

"לְנֹכַח אִשְׁתּוֹ" — And what is the import of the verse's next words: *opposite his wife?*[43] ... מְלַמֵּד שֶׁהָיָה יִצְחָק שָׁטוּחַ כָּאן וְהִיא שְׁטוּחָה כָּאן — **This teaches that Isaac was prostrated** in prayer **here**[44] **and [Rebecca] was prostrated** in prayer **there.**[45]

The Midrash records the text of Isaac's and Rebecca's prayers:

וְאוֹמֵר: רִבּוֹנוֹ שֶׁל עוֹלָם כָּל בָּנִים שֶׁאַתָּה נוֹתֵן לִי יְהִיוּ מִן הַצַּדֶּקֶת הַזּוֹ — **And [Isaac] said** in his supplication: **"Master of the Universe! [May] all of the children that You will give to me be from this righteous woman** (Rebecca)." אַף הִיא אָמְרָה כֵּן כָּל בָּנִים שֶׁאַתְּ עָתִיד לִיתֵּן לִי יְהִיוּ מִן הַצַּדִּיק הַזֶּה — **[Rebecca], too, said thus: "May all of the children that You will give to me in the future be from this righteous man** (Isaac)."[46]

☐ כִּי עֲקָרָה הִוא — *BECAUSE SHE WAS BARREN.*

The Midrash describes the cause of Rebecca's barrenness:

רַבִּי יוּדָן בְּשֵׁם רַבִּי לָקִישׁ: עִיקַּר מִטְרִין לָא הֲוָה לָהּ — **R' Yudan** said **in the name of R' Lakish:** This means that **she did not possess a womb;**[47] וְגָלַף לָהּ הַקָּדוֹשׁ בָּרוּךְ הוּא עִיקַּר מִטְרִין — **but the Holy One, blessed is He, carved**[48] out of her body **a womb for her.**

☐ וַיֵּעָתֶר לוֹ ה׳ — *HASHEM ALLOWED HIMSELF TO BE ENTREATED BY HIM.*

The Midrash presents a parable to explain God's actions here:

רַבִּי לֵוִי אָמַר מָשָׁל לְבֶן מְלָכִים שֶׁהָיָה חוֹתֵר עַל אָבִיו לִיטּוֹל לִיטְרָא שֶׁל זָהָב — **R' Levi said: This is comparable to the son of a king who was tunneling into [the property] of his father to take a** ***litra*** **of gold;**[49] וְהָיָה זֶה חוֹתֵר מִבִּפְנִים וְזֶה חוֹתֵר מִבַּחוּץ — **and [the king] was tunneling from within and [the son] was tunneling from without.**[50] שֶׁכֵּן בַּעֲרַבְיָא קוֹרִין לַחֲתִירְתָא עֲתִירְתָא — **For indeed, in Arabia they pronounce** חֲתִירְתָא (lit., the act of *breaching* or *tunneling*), עֲתִירְתָא (lit., *entreating*).[51]Ⓑ

NOTES

41. Namely, the decree that she was physically unable to have children [see below, s.v. כי עקרה היא] (*Eitz Yosef*).

42. The root עתר means "turn over." A shovel (עתרא) "turns over" the grain in the threshing place from place to place. Likewise the term וַיֶּעְתַּר is used in our verse because it indicates Isaac's attempt through prayer to "overturn" God's decree rendering Rebecca barren (*Eitz Yosef*). See also Insight Ⓐ.

43. Why didn't the verse simply state that Isaac prayed עַל אִשְׁתּוֹ, *regarding* (or: *for*) *his wife*, instead of לְנֹכַח אִשְׁתּוֹ, *opposite his wife*?

44. In one corner of the room (*Rashi* to our verse).

45. In the opposite corner of the room (ibid.). Hence, the two prayed "opposite" each other (*Eitz Yosef*).

46. Isaac and Rebecca prayed in the same location simultaneously in order to increase the possibility that *both* their prayers would be accepted; for by praying in this manner, even if only *one* of their prayers would actually be deemed worthy of acceptance, the other's would likely be accepted as well (*Eitz Yosef*).

In addition: Since each one prayed for the other, they were careful to pray in each other's presence. Seeing the person for whom one is praying greatly increases the petitioner's concentration and focus, thereby enhancing the quality of his prayer. (It is for this reason that the Kohanim face the people while bestowing the Priestly Blessing) (*Yefeh To'ar*).

47. For the word עֲקָרָה implies that she was barren from birth (*Matnos Kehunah, Eitz Yosef*). [The literal translation of the phrase עִקַּר מִטְרִין appears to be **"the essential** organ necessary for **motherhood"** (the Latin word for "mother" is "mater").]

48. *Eitz Yosef*; see also *Matnos Kehunah* to 47 §2 above.

49. It is evident from the continuation of the parable that the king wanted the son to succeed in this quest.

50. Because of his desire that his son should acquire the wealth that he sought, the king himself helped him to accomplish his task (*Matnos Kehunah, Eitz Yosef*). Similarly, God (the King) wishes to accede to the prayers of the righteous person [and to give him whatever he seeks], and will even assist him in presenting a supplication worthy of acceptance (*Eitz Yosef*).

According to R' Levi, then, when our verse states that God allowed Himself to be entreated by Isaac, it means that He helped Isaac offer an effective prayer.

51. By exchanging the ח with an ע (these two letters are regarded as interchangeable), the word חֲתִירְתָא becomes עֲתִירְתָא. We are thus able to expound the word וַיֵּעָתֶר as if written וַיֵּחָתֵר (*Eitz Yosef*, from *Nezer HaKodesh*). See Insight Ⓑ.

INSIGHTS

we must first address a fundamental question regarding the entire concept of prayer. It is axiomatic that God has much more compassion for a person than the person has for himself. The proof is that man's natural feeling of compassion and caring for himself is but an instinct implanted in him by God. That being so, we may ask: If God, Who is the Master of compassion, has seen fit to make a person ill or poor, He must know that that is what is best for him. What place, then, is there for a person to entreat God to "improve" his situation?

One answer is that prayer is really an exercise we perform to strengthen our *emunah*. We believe that it is God Who manages man's affairs. But because He makes everything occur through cause and effect, gaining a true awareness that it is really God Who is managing everything is difficult. Praying is our attempt to do that. We are therefore instructed to importune God for our needs, literally like a poor man begging at the door (*Shulchan Aruch, Orach Chaim* 98:2), in order to impress upon ourselves that we are in God's hands. But at the same time that we beseech God for this or that salvation, we realize that ultimately we do not know what is good for us. We trust that God will do whatever is best (see *Nefesh HaChaim* 2:10-11). We are like David, who, despite the many prayers he poured out to be rescued from his troubles, declared that his relationship with God was like that of *a suckling child upon its mother* (*Psalms* 131:2). Just as the nursing infant relies totally on its mother, so did David not doubt that his difficulties (and David had many) were for his benefit. His numerous impassioned pleas with which *Psalms* is replete were but a means of internalizing the awareness that he was in God's hands. To one who prays in this manner, it does not matter per se whether his prayers are answered the way he would like. His prayers are truly a form of עֲבוֹדָה, *service* of God.

This is the Midrash's intent when it says that Isaac poured forth his prayers in wealth, because what truly defines wealth is the feeling of security that it imparts to its owner. The wealthy man does not consider the possibility that he will not have what he needs. He is secure in his situation. Our forefather Isaac prayed in this manner. Even if his prayers would not be answered, he knew that it would be because God knew what was best for him. Thus, שֶׁשָּׁפַךְ תְּפִלּוֹת בְּעוֹשֶׁר means: *he poured forth prayers in wealth* — not in poverty.

Ⓐ **The Winnowing Prayer** The Midrash echoes the Talmud (*Yevamos* 64a): "Just as a winnowing shovel overturns the grain [and moves it from] place to place, so too the prayer of the righteous overturns the attributes of the Holy One, blessed is He, from the Attribute of Anger, i.e., strict justice, to the Attribute of Mercy."

Maharsha (ibid) explains the comparison of a shovel to prayer. By overturning and tossing the sheaves of wheat from place to place, a winnowing shovel separates the useless chaff from the valuable and desirable grain. So too, the prayer of the righteous has the power to overturn the Attribute of Justice and transform it to Mercy, so that people will be spared from the suffering that they may deserve, but hope to discard, and instead enjoy only the benefits of God's goodness.

Ⓑ **Surmounting the Impenetrable Wall** The Midrash describes Rebecca's inability to conceive in very strong terms, to emphasize that it was an absolute impossibility for her to bear children. For Isaac's prayers

חידושי הרד"ל

(ה) [ד] **מה תלמוד לומר.** ארמי ארמי בת בתואל הארמי אחות לבן הארמי כצ"ל לפי נוסחא דהכא וביק"ר פל"ו ושה"ר פ"ב וילקוט כאן הגי' בע"א ע"כ:

(ו) **אביה רמאי.** עמ"כ בויק"ר ר"פ כ"ג שפי' דארמי דרש רמאי בהפוך אתוון:

באור מהרי"פ

[ד] **מלמד שכולן כללן.** ולבן הארמי הוא כמו פרט היוצא מן הכלל וללמד על הכלל כלו יצא שהם כולם רמאים:

עץ יוסף

וגו' הרי שאברהם נקרא ישראל (הא"ח): **בארץ גושן.** הוא ט"ס וצ"ל ובארץ גרר והיא ארץ פלשתים שישב שם יצחק (יפ"ת): (ד) **שהיא יוצאת מביניהם כו'.** כלו' שתולדתה יצאה מביניהם ולא נמשכה אחר שרשם הרע והיא דומה לשושנה בין החוחים: **שכולן כללן ברמאות.** ולשבח יעקב הוא דאתא שלא למד ממעשיהם הרעים: (ה) **ששפך תפילות בעושר.** כלו' בריבוי מופלג. שהרבה להתפלל ע"ד הכתוב נעתרות כלו' רבוי הפצרות. ובילקוט גרס בעותר וכנון: **שהיפך את הגזירה.** שנגזר עליה להיות עקרה בטבע: **ולפום כן קריין ליה עתרא.** כלו' לכן קורין לרחת עתרא משום דאפיך אידרא פי' משום שמהפך התבואה בגורן. ור"ל שביקש בתפלתו שיתהפך הטבע בקרבה: **מלמד שהיה יצחק שטוח כו'.** והיינו לנוכח אשתו שהתפללו זה לעומת זה שיהיה פקידתם זה מזה ולא לאחרים לפיכך כיונו להתפלל יחד בזמן אחד ובמצב אחד שאם יזכה אחד מהם להיות תפלתו עולה לרצון למעלה אז יעלה לרצון עמו גם תפלת חבירו: **אף היא אמרה כו'.** בגמרא פריך א"כ ויעתר להם מיבעי ליה ומשני לפי שאינו דומה תפלת צדיק בן צדיק לתפלת צדיק בן רשע: **עיקר מטרון לא היה לה.** דעקרה היא משמע בתולדתה היתה עקרה (מת"כ): **וגלף לה.** וחקק לה: **משל לבן מלכים.** וכן השי"ת כי מידו הכל בודאי שאין כילות אצלו מהפיק רצון המבקש שהוא ראוי להעתר: **זה חותר מבפנים.** לסייעו כי רצון אביו לתת לו הממון המבוקש. וכן ה' היה רצונו ג"כ לענות את הצדיק וסמך ידו בתפלתו: **קורין לחתירתא עתירתא.** כלו' והכי נמי דרשי' ויעתר מלשון ויחתר שהעי"ן והחי"ת מתחלפין. ור"ל שחתר הקב"ה לקבל תפלתם מפני קטרוג מדת הדין שלא לעשות לה נס מפני עשו שעתיד לצאת ממנה (נזה"ק):

(שם יב, מ) "וּמוֹשַׁב בְּנֵי יִשְׂרָאֵל אֲשֶׁר יָשְׁבוּ בְּמִצְרָיִם", וּבְאֶרֶץ כְּנַעַן וּבְאֶרֶץ גּוֹשֶׁן "שְׁלֹשִׁים שָׁנָה וְאַרְבַּע מֵאוֹת שָׁנָה":

ד [כה, כ] "וַיְהִי יִצְחָק בֶּן אַרְבָּעִים שָׁנָה וְגוֹ'", אָמַר רַבִּי יִצְחָק אִם לְלַמֵּד שֶׁהִיא מֵאֲרַם נַהֲרַיִם וַהֲלֹא כְּבָר נֶאֱמַר "מִפַּדַּן אֲרָם", מַה תַּלְמוּד לוֹמַר "אֲרַמִּי", "בַּת בְּתוּאֵל הָאֲרַמִּי", מַה תַּלְמוּד לוֹמַר "אֲחוֹת לָבָן הָאֲרַמִּי", אֶלָּא בָּא לְלַמֶּדְךָ אָבִיהָ רַמַּאי וְאָחִיהָ רַמַּאי וְאַף אַנְשֵׁי מְקוֹמָהּ כֵּן, וְהַצַּדֶּקֶת הַזּוֹ שֶׁהִיא יוֹצְאָה מִבֵּינֵיהֶם לְמָה הִיא דּוֹמָה, לְשׁוֹשַׁנָּה בֵּין הַחוֹחִים. רַבִּי פִּנְחָס אָמַר כְּתִיב (לקמן כח, ה) "וַיֵּלֶךְ פַּדֶּנָה אֲרָם", מַה תַּלְמוּד לוֹמַר "אֶל לָבָן הָאֲרַמִּי", מְלַמֵּד שֶׁכּוּלָּן כְּלָלָן בְּרַמָּאוּת:

ה [כה, כא] "וַיֶּעְתַּר יִצְחָק לַה' לְנֹכַח אִשְׁתּוֹ", רַבִּי יוֹחָנָן וְרֵישׁ לָקִישׁ, רַבִּי יוֹחָנָן אָמַר: שֶׁשָּׁפַךְ תְּפִלּוֹת בְּעוֹשֶׁר. רֵישׁ לָקִישׁ אָמַר: [ז]שֶׁהִיפֵּךְ אֶת הַגְּזֵירָה וּלְפוּם כֵּן קָרְיִין לֵיהּ עַתְרָא דְּאַפֵּיךְ אִידְּרָא. "לְנֹכַח אִשְׁתּוֹ", [ח]מְלַמֵּד שֶׁהָיָה יִצְחָק שָׁטוּחַ כָּאן וְהִיא שְׁטוּחָה כָּאן וְאוֹמֵר: רִבּוֹנוֹ שֶׁל עוֹלָם כָּל בָּנִים שֶׁאַתָּה נוֹתֵן לִי יִהְיוּ מִן הַצַּדֶּקֶת הַזּוֹ. אַף הִיא אָמְרָה כֵּן: כָּל בָּנִים שֶׁאַתְּ עָתִיד לִיתֵּן לִי יִהְיוּ מִן הַצַּדִּיק הַזֶּה. "כִּי עֲקָרָה הִיא", רַבִּי יוּדָן בְּשֵׁם רַבִּי לָקִישׁ: [ט]עִיקַּר מִטְרִין לָא הֲוָה לָהּ וְגָלַף לָהּ הַקָּדוֹשׁ בָּרוּךְ הוּא עִיקַּר מִטְרִין. "וַיֵּעָתֶר לוֹ ה'", רַבִּי לֵוִי אָמַר: מָשָׁל לְבֶן מְלָכִים שֶׁהָיָה חוֹתֵר עַל אָבִיו לִיטּוֹל לִיטְרָא שֶׁל זָהָב וְהָיָה זֶה חוֹתֵר מִבִּפְנִים וְזֶה חוֹתֵר מִבַּחוּץ, שֶׁכֵּן בַּעֲרַבְיָא קוֹרִין לַחֲתִירְתָּא עֲתִירְתָּא:

פירוש מהרז"ו

עמוקה נטלת עם אברהם בין הבתרים כמו שא"ל ידוע תדע כי גר יהיה זרעך וכמ"ש ס"ע רפ"א. ובמכילתא בא ובמגילה ט' ובשמ"ר פי"ח שמברית בין הבתרים שהיה אז אברהם בן ע' שנה אז א"ל ידוע תדע ומאז עד שילאו ישראל ממלרים ת"ל שנה ואמר ומושב בני ישראל הרי שאברהם וילחק נקראו ג"כ ישראל: (ד) **ויהי ילחק.** וס"ד בת בתואל הארמי מפדן ארם אחות לבן הארמי. וע' ויק"ר ר"פ כ"ג כשושנה בין החוחים וש"נ ומבואר. ובסוף סדר זה כתוב וילך פדנה ארם אל לבן ב"ב הארמי ותיבת הארמי חוזר על לבן ובתואל וכמ"ש בריש תולדות לבן הארמי. וכאן ללמד על רבקה כשושנה וכו' ושם לכלול כלם ברמאות: (ה) **ויעתר.** היל"ל ויחל או ויתפלל וכדומה: **לנכח אשתו.** היל"ל על אשתו. ולנכח פירש שכוונת תפלתם היה זה בעד זו וזו בעד זה: **עיקר מטרין.** ע"ל פנ"ג סימן ה' ג"כ ר"י בשם ר"ל ועיקר הדרשה שם על מ"ש ותהי שרי עקרה אין לה ולד. וכאן אצל רבקה אולי דורש גז"ש משרה ועי' יפ"ת: **משל לבן כו'.** ע' ויק"ר פ"ל סי' ג' וש"נ. ודורש שהיל"ל וישמע ה' תפלתו ואמר ויעתר מלשון חתירה וכן ויעתר ילחק גם כן מלשון חתירה שהתפלל שיעשה לו נס למעלה מדרך הטבע. וכדמיון חתירה לבא לבית שלא בדרך הפתח וכן ענה לו הש"י דרך נס:

מסורת המדרש

ז עיין סוכה דף י"ד. וביבמות דף ס"ד: ח רות רבה סוף פרשה ז'. אגדת שמואל פרשה ו'. ילקוט כאן רמז ק"י. ילקוט שמואל א' רמז פ"ז. ילקוט רות רמז תר"ח: ט לעיל פרשה נ"ג וש"נ.

אם למקרא

וּמוֹשַׁב בְּנֵי יִשְׂרָאֵל אֲשֶׁר יָשְׁבוּ בְּמִצְרָיִם שְׁלֹשִׁים שָׁנָה וְאַרְבַּע מֵאוֹת שָׁנָה: (שמות יב:מ)

וַיִּשְׁלַח יִצְחָק אֶת־יַעֲקֹב וַיֵּלֶךְ פַּדֶּנָה אֲרָם אֶל־לָבָן בֶּן־בְּתוּאֵל הָאֲרַמִּי אֲחִי רִבְקָה אֵם יַעֲקֹב וְעֵשָׂו: (בראשית כח:ה)

רש"י

(ד) **וישלח יצחק את יעקב וילך פדנה ארם אל לבן בן בתואל הארמי.** לאחר שנאמר וילך פדנה ארם מה ת"ל אל לבן בן בתואל הארמי אלא ללמד שכלל כולן ברמאות. לבן ואנשי מקומו: (ה) **ששפך תפלות בעושר.** ויעתר דורש כלומר תפלות הרבה. עותר עושר: **ולפום כן קריין ליה עותרא דמהפך אודרא.** עתרא כלי שמהפכין בו: **מטרין.** רחם בלשון ערב ולכן נקרא אם בתלמוד: **ויעתר יצחק.** ויעתר לו לבן מלכים שהיה חותר וכו' בערביא קורין לחתירתא עתירתא:

מתנות כהונה

בשם ישראל והאי דכתיב אשר ישבו בארץ מצרים הלך אחר החיתום ועיקר הגרות והגלות היה במצרים ושאר ארצות כנען וארץ גושן וארם נהרים הכל בכלל וכמו ששינו לתלמי המלך כדאיתא בפ"ק דמגילה: [ד] **ומה תלמוד לומר אחות** גרסינן: [ה] **בעושר.** בלשון ארמי העושר קורין עותרא והכי גרסינן בילקוט בעותר ור"ל בשפע ובמלוי: **ולפום כן כו'.** ולפיכך קורין התפלה עתר כעתר זה שקורין פאל"א שמהפכין בו התבואה בקשיה בגורן כן התפלה מהפכת את הגזירה כדאיתא בפ"ק דמסכת סוכה: **עקרה היא.** משמע בתולדתה היתה עקרה ונעקר בית רחמה: **עיקר מטרין.** פירש הערוך אם ורחם מקום שנקלט לה זרע להיות ולד ובלשון יון קורין לאם מטריא: **ליטול ליטרא כו'.** וגם אביו חפץ ליתנו והיה חותר כנגדו כדי שימהר לקחתו: **לחתירתא.** למחתרת:

אשד הנחלים

יצחק להורות שתכונתו כתכונת אברהם: **ומושב בני ישראל.** כלומר והיתה התחלת השעבוד מברית בין הבתרים אברהם: [ד] **והצדקת הזו כו'** העיר בזה מפני שבא לספר שהיתה עקרה בטבעה. ועכ"ז נפקדה. לזה סיפר בתחילה שבחה. מפני שהיתה צדקת גדולה שדרה בין אנשים רשעים כהמה וגם אנשי המקום רעים ועכ"ז נפקד' לזה מספר בתחילה שבחה וטובה ודי בזה זכות להפקד בבנים: [ה] **בעושר.** וזהו ע"ד הכתוב נעתרות. כלומר רבוי הפצרות. ולדעת ר"ל הוא לשון הפוך שביקש שיתהפך הטבע בקרבה. וכן הי' שנעתרה. **משל כו' עתירתא חתירתא.** משום דמלת עתירה מורה על רבוי הפצרה. והנה מצאנו בש"ס בבלי דוגמת מליצה הזאת מלמד שחתר לו חתירה מתחת כה"כ לקבל תשובתו. ועניינו בכל מקום אשר אין שורת הדין לקבלו ועכ"ז מקבל הקב"ה על צד החסד נקראת זאת בדרך מליצה בשם חתירה. והאיש הפועל בתפלתו זאת בשם מעתיר. והוא מלשון עתר שהנחתו על מי שחותר בכלי הנקרא עתר ועיין בשפתי חכמים בפרשה הזאת:

וַיִּתְרֹצְצוּ הַבָּנִים בְּקִרְבָּהּ וַתֹּאמֶר אִם כֵּן לָמָּה זֶּה אָנֹכִי וַתֵּלֶךְ לִדְרֹשׁ אֶת ה׳.

The children crushed within her, and she said, "If so, why am I thus?" And she went to inquire of HASHEM (25:22).

§6 **וַיִּתְרֹצְצוּ הַבָּנִים בְּקִרְבָּהּ** — ***AND THE CHILDREN CRUSHED*** [וַיִּתְרֹצְצוּ] ***WITHIN HER.***

The Midrash cites a debate regarding the meaning of our verse:[52]

רַבִּי יוֹחָנָן וְרֵישׁ לָקִישׁ — **R' Yochanan and Reish Lakish** gave different interpretations: **רַבִּי יוֹחָנָן אָמַר: זֶה רָץ לַהֲרוֹג אֶת זֶה וְזֶה רָץ לַהֲרוֹג אֶת זֶה** — **R' Yochanan said:** It means that **this one pressed** (lit., *ran*) **to kill that one and that one pressed** (lit., *ran*) **to kill this one.**[53] **רֵישׁ לָקִישׁ אָמַר: זֶה מַתִּיר צִיוּוּיוֹ שֶׁל זֶה וְזֶה מַתִּיר צִיוּוּיוֹ שֶׁל זֶה** — **Reish Lakish said:** It means that it is as if **this one disregarded**[54] **the commands of that one, and that one disregarded the commands of this one.**[55] **רַבִּי בֶּרֶכְיָה בְּשֵׁם רַבִּי לֵוִי: שֶׁלֹּא תֹאמַר מִשֶּׁיָּצָא מִמְּעֵי אִמּוֹ נִזְדַּוֵּוג לוֹ** — **R' Berechyah in the name of R' Levi** gave a third opinion:[56] The verse is coming to teach us **that you should not say that** only **after [Esau] left his mother's womb did he join** in struggle[57] **with [Jacob];** **אֶלָּא עַד שֶׁהוּא בִּמְעֵי אִמּוֹ זִירְתֵיהּ מְתוּחָה לְקִבְלֵיהּ** — **rather, while [Esau] was still in his mother's womb his fist**[58] **was already directed against [Jacob].**[59] **הֲדָא הוּא דִכְתִיב "זֹרוּ רְשָׁעִים מֵרָחֶם"** — **Thus it is written:** ***From the womb are the wicked estranged*** (*Psalms* 58:4).[60]

The Midrash presents yet another interpretation:[61]

"וַיִּתְרֹצְצוּ הַבָּנִים בְּקִרְבָּהּ" — ***And the children crushed within her.*** **בְּשָׁעָה שֶׁהָיְתָה עוֹמֶדֶת עַל בָּתֵּי כְנֵסִיּוֹת וּבָתֵּי מִדְרָשׁוֹת יַעֲקֹב מְפַרְכֵּס לָצֵאת** — **When [Rebecca] would stand in front of houses of worship and houses of study,**[62] **Jacob would** run and **toss about to go out** of his mother's womb. **הֲדָא הוּא דִכְתִיב "בְּטֶרֶם אֶצָּרְךָ בַבֶּטֶן יְדַעְתִּיךָ"** — **Thus it is written:** ***Before I formed you in the womb I knew you,*** *before you left the womb I sanctified you* (*Jeremiah* 1:5).[63] **וּבְשָׁעָה שֶׁהִיא עוֹבֶרֶת עַל בָּתֵּי עֲבוֹדָה זָרָה עֵשָׂו רָץ וּמְפַרְכֵּס לָצֵאת. הֲדָא הוּא דִכְתִיב "זֹרוּ רְשָׁעִים מֵרָחֶם"** — **And when [Rebecca] would pass by houses of idol worship, Esau would run and agitate to go out. Thus it is written:** ***From the womb are the wicked estranged*** (*Psalms* 58:4).[64]

□ **וַתֹּאמֶר אִם כֵּן לָמָּה זֶּה אָנֹכִי** — ***AND [REBECCA] SAID: "IF SO, WHY IS IT THAT I AM?"***[65]

By beginning her question with the words, *"If so,"* Rebecca appears to be responding to something that she had heard. The Midrash explains what exactly that was:

רַבִּי יִצְחָק אָמַר: מְלַמֵּד שֶׁהָיְתָה אִמֵּנוּ רִבְקָה מְחַזֶּרֶת עַל פִּתְחֵיהֶן שֶׁל נָשִׁים וְאוֹמֶרֶת לָהֶן: הִגִּיעַ לָכֶם הַצַּעַר הַזֶּה בִּימֵיכֶם — **R' Yitzchak said: This teaches** us **that Rebecca our matriarch would go around to all the doorways** of the homes **of the women and say to them,**

NOTES

52. The term cannot refer only to the types of sensations normally associated with pregnancy, for if so Rebecca would not have asked below, *"Why is it that I am [desiring and praying for pregnancy]?"* (*Eitz Yosef,* from *Mizrachi*; see, however, *Yefeh To'ar*).

53. יִתְרֹצְצוּ is interpreted as incorporating both the word רץ (*running*) and the word רצוץ (*pressing* or *crushing*) (*Radal*).

54. Lit., *permitted*.

55. Reish Lakish interprets the word וַיִּתְרֹצְצוּ as being an acronym of the words הֶיתֵּר (permission) and צִווּי (command). Accordingly, the verse means to say that the two fetuses provoked and angered each other, much like a person angers his friend by disregarding his commands (*Eitz Yosef,* from *Yefeh To'ar*).

56. See below, note 59.

57. *Yedei Moshe.*

58. *Matnos Kehunah,* from *Aruch*; *Eitz Yosef.*

59. Unlike Reish Lakish and R' Yochanan, R' Levi is of the opinion that while both Jacob and Esau *crushed* against each other in the womb, it was Esau alone who was the aggressor (*Yefeh To'ar*).

60. That is: Do not be astonished that one fetus should act aggressively toward another in the womb, for Scripture informs us that the wicked are inclined to act wickedly while still in their mother's womb (ibid.).

61. This interpretation will differ from the preceding ones, which all interpreted the word וַיִּתְרֹצְצוּ as indicating hostility between the two fetuses.

62. [As noted in our Midrash below, there were no established houses of worship or study in those days (with the lone exception being the study hall of Eber). Rather,] "houses of worship" here refers to those places where the public would gather to perform some sort of mitzvah, or to seek wise counsel. And "houses of study" here refers to those places where the teachings that emerged from the study hall of Eber were disseminated (*Eitz Yosef,* from *Yefeh To'ar*).

63. This verse alludes to Jacob, who demonstrated holy behavior while yet in his mother's womb.

64. This verse alludes to Esau, who demonstrated wicked behavior while yet in his mother's womb.

According to this interpretation, the word וַיִּתְרֹצְצוּ in our verse is interpreted [simply] as "running" (contrast to note 53), meaning that both Jacob and Esau "ran" toward their respective cravings (*Rashi* to our verse).

65. Why is it that I am desiring and praying for pregnancy? (ibid.).

INSIGHTS

to be successful, God had to miraculously alter her body, like someone tunneling under an impenetrable wall. Hence the Midrash concludes with the parable of a king and a prince tunneling through the earth to meet each other so that the father could give his son his longed-for pot of gold. *Nesivos Shalom* explains that the Midrash is teaching that prayer can overcome the most insurmountable obstacles, because God wants our prayers and finds ways to accept them, even if the normal channels of nature do not allow for it.

There was probably no one so undeserving of Divine mercy as Menasheh, king of Judah. He was totally wicked, an idolater who virtually extinguished the spark of Torah from his people. After suffering the punishment he richly deserved, he beseeched God for mercy (see *II Kings* Ch. 33). Mercy? For Menasheh, the man of surpassing wickedness? The Talmud (*Sanhedrin* 103a) says that the Attribute of Justice protested that Menasheh's suffering should continue. Talmud Yerushalmi (*Sanhedrin* 10:2) describes, in physical metaphor, what transpired. When the angels "prevented" his prayers from reaching God, as it were, God "undercut" the protests of His spiritual retinue by creating a "tunnel," so to speak, and reaching out to accept Menasheh's repentance. This teaches the power of sincere prayer, even if it comes from totally evil people. Menasheh's prayer penetrated the sturdiest possible barriers.

The Midrash likens it to a prince who wanted a pot of gold to which he was not entitled. The courtiers would never have permitted him to put his hands on the treasure — but he wanted it so much that he was tunneling into the palace to outmaneuver the guardians of the treasury. The king knew what his son was up to. He, too, wanted to bypass normal channels, so he began digging to meet his son and give him the gold. The point of the parable is that prayer has the power to overcome everything. When the repentance and the prayer are sincere enough, God sweeps away every natural barrier that stands in the way.

It was impossible for Rebecca to give birth — but she did. It was impossible for Sarah to give birth — but she did. God made the Matriarchs infertile so that the Jewish people would know from our very origin that *it was impossible for us to come into existence* — but that nothing could stand in the way of His will. The very fact that there is a Jewish nation is the clearest evidence that the "impossible" is overcome by the divine (see *Yefeh To'ar*).

ו [כה, כב] "וַיִּתְרֹצְצוּ הַבָּנִים בְּקִרְבָּהּ", רַבִּי יוֹחָנָן וְרֵישׁ לָקִישׁ, רַבִּי יוֹחָנָן אָמַר: זֶה רָץ לַהֲרוֹג אֶת זֶה וְזֶה רָץ לַהֲרוֹג אֶת זֶה, רֵישׁ לָקִישׁ אָמַר: זֶה מַתִּיר צִיוּוּיוֹ שֶׁל זֶה וְזֶה מַתִּיר צִיוּוּיוֹ שֶׁל זֶה. רַבִּי בֶּרֶכְיָה בְּשֵׁם רַבִּי לֵוִי: שֶׁלֹּא תֹאמַר מִשֶּׁיָּצָא מִמְּעֵי אִמּוֹ נִזְדַּוֵּג לוֹ, [י]אֶלָּא עַד שֶׁהוּא בִּמְעֵי אִמּוֹ זִירְתֵיהּ מְתוּחָה לְקִבְלֵיהּ, הָדָא הוּא דִכְתִיב (תהלים נח, ד) "זֹרוּ רְשָׁעִים מֵרָחֶם". "וַיִּתְרֹצְצוּ הַבָּנִים בְּקִרְבָּהּ", בְּשָׁעָה שֶׁהָיְתָה עוֹמֶדֶת עַל בָּתֵּי כְנֵסִיּוֹת וּבָתֵּי מִדְרָשׁוֹת יַעֲקֹב מְפַרְכֵּס לָצֵאת הָדָא הוּא דִכְתִיב (ירמיה א, ה) "בְּטֶרֶם אֶצָּרְךָ בַבֶּטֶן יְדַעְתִּיךָ", וּבְשָׁעָה שֶׁהִיא עוֹבֶרֶת עַל בָּתֵּי עֲבוֹדָה זָרָה עֵשָׂו רָץ וּמְפַרְכֵּס לָצֵאת הָדָא הוּא דִכְתִיב "זֹרוּ רְשָׁעִים מֵרָחֶם". "וַתֹּאמֶר אִם כֵּן לָמָּה זֶּה אָנֹכִי", רַבִּי יִצְחָק אָמַר: מְלַמֵּד שֶׁהָיְתָה אִמֵּנוּ רִבְקָה מְחַזֶּרֶת עַל פִּתְחֵיהֶן שֶׁל נָשִׁים וְאוֹמֶרֶת לָהֶן: הִגִּיעַ לָכֶם הַצַּעַר הַזֶּה בִּימֵיכֶם אִם כָּךְ הוּא צַעֲרָן שֶׁל בָּנִים הַלְוַאי לֹא עִבַּרְתִּי. רַבִּי הוּנָא אָמַר: אִם כָּךְ אֲנִי עֲתִידָה לְהַעֲמִיד שְׁנֵים עָשָׂר שְׁבָטִים הַלְוַאי לֹא עִבַּרְתִּי, מִנְיַן זֶ"ה. תָּנֵי בְּשֵׁם רַבִּי נְחֶמְיָה: [יא]רְאוּיָה הָיְתָה רִבְקָה שֶׁיַּעַמְדוּ מִמֶּנָּה י"ב שְׁבָטִים, הָדָא הוּא דִכְתִיב [כה, כג] "וַיֹּאמֶר ה' לָהּ שְׁנֵי גוֹיִם בְּבִטְנֵךְ", הָא תְּרֵין, "וּשְׁנֵי לְאֻמִּים", הָא אַרְבְּעָה, "וּלְאֹם מִלְאֹם יֶאֱמָץ", הָא שִׁיתָּא, "וְרַב יַעֲבֹד צָעִיר", הָא תְּמַנְיָא, "וַיִּמְלְאוּ יָמֶיהָ לָלֶדֶת", הָא עֲשָׂרָה, "וַיֵּצֵא הָרִאשׁוֹן אַדְמוֹנִי", הָא חַד עֲשַׂר, "וְאַחֲרֵי כֵן יָצָא אָחִיו", הָא תְּרֵין עֲשַׂר. וְאִית דְּמַיְיתִין לֵיהּ מִן הָדֵין קְרָא, "וַתֹּאמֶר אִם כֵּן לָמָּה זֶּה אָנֹכִי", זַיִי"ן שִׁבְעָה הֵ"א חֲמִשָּׁה הָא תְּרֵין עֲשַׂר, מִנְיַן זֶ"ה. "וַתֵּלֶךְ לִדְרֹשׁ אֶת ה'",

עץ יוסף

(ו) **זה רץ להרוג את זה.** שאילו היתה כרגילה הנהוגה למעוברת לא היתה אומרת א"כ למה זה אנכי. לכך פירש ויתרוצצו מענין משונה שזה רץ להרוג את זה וכו' (הרא"מ): **זה מתיר ציויו כו'.** דריש ויתרוצצו מלה מורכבת והיתר וצווי. והכוונה שכ"א היה ממרה רוחו של חבירו ומכעיסו (יפ"ת): **שלא תאמר כו'.** שלא היה עשו שונא ליעקב אלא משנולד. אלא אפילו במעי אמו זריתיה מתוחה לקבליה. פי' אגרופו משוך כנגדו: **זורו רשעים מרחם.** דרך הרשעים להרשיע אפי' במעי אמו. וקרא ברודפי דוד מיירי (יפ"ת): **על בתי כנסיות כו'.** בתי כנסיות היינו מקום שרבים מלויים לאיזה מלוה ועלה טובה ובתי מדרשות להודיע איזה דבר הנשמע ממדרשו של עבר (יפ"ת): **שהיתה אמנו רבקה כו'.** ר"ל דא"כ משמע שהיא תשובה שרבקה שאלה לנשים אם אירע להם ככה ותאמרנה לא. ותאמר א"כ הוא אלי נערן של בנים הלואי לא עיברתי: **להעמיד י"ב שבטים.** כלומר אפילו שיולדו ממני הי"ב שבטים שזהו התכלית העקרי אינו כדאי לצער העיבור כזה. דזה בגימטריא י"ב (כזה"ק): [ז] **ראויה היתה רבקה כו'.** ולפי שאמרה כן ניתנו ליעקב אי נמי לפי שעשו שיחת רחמה כמו שאחז"ל על פסוק ושיחת רחמיו: **שני גוים בבטנך הא תרין.** דרמיז לשני שבטים שאיקרו גוים כאומר גוי וקהל גוים יהיה ממך: **ושני לאומים הא ארבע.** דהו"ל לומר ולאומים: **ולאום מלאום יאמץ. הא שיתא.** דהו"ל וזה מזה יאמץ: **ורב יעבוד צעיר הא תמנין.** דרב ולעיר תרין: **והנה תומים בבטנה.** שמעינן עוד תרין: **ויצא הראשון.** מרבה אחד: **יצא אחיו.** מרבה אחד:

פירוש מהרז"ו

(ו) **נזדווג.** לשון זה רגיל במדרש על המתחבר להרע: **עומדת על בתי כנסיות ובתי מדרשות.** אבל ב"כ וב"מ אמר עומדת משמע שעשתה כן תמיד שזה היה עיקר פעולתה לעבוד ה' ואבל בתי אלילים אמר עוברת שעברה דרך הילוכה במרולה. והנה אז היה העולם מלא מבתי אלילים אבל ב"כ וב"מ לא היה אז וכמ"ש בסוף הסי' וכי ב"כ וב"מ היה אז. אך הענין כמ"ש חז"ל שמעולם לא פסקה ישיבה מאבותינו ובבית אברהם ויצחק היה בית קבוע לעבודת הש"י ולהתפלל וגם האמהות היו עומדות שם תמיד. וזולת האבות לא היה אז בעולם רק בית שם ועבר. וכתיב ותלך לדרוש את ה' משמע למקום אחר וע"ז אמר וכי ב"כ וב"מ כו' והלא לא הלכה כו': **מחזרת.** מדאמרה למה זה אנכי משמע ולא אבל אחרות ואיך ידעה אלא ששאלה והגידו לה שאלנן לא כן. וזה ע"פ דרך קצרה: **מנין זה.** כי תיבת זה מיותר ע"כ דורש ע"פ גימטריא וכמ"ש בסמוך וכמש"ל פכ"ד סי' ה' זה ספר. שהיה ראוי אדם להעמיד י"ב שבטים ע"ש. וע' שמ"ר פל"ח סי' ח' וזה הדבר: **שני גוים.** ע"פ מדה יו"ד שכפל הלשונות מורה על כפל הבנים. ומ"ש וימלאו ימיה כוונתו לס"ד והנה תומים בבטנה הא עשרה. והטעם שלא העמידה אולי שהפסידה במ"ש למה זה אנכי מנין זה. וה' אמר לה שני גוים שהיתה ראויה להעמיד י"ב אי לא היתה אומרת למה זה. ואח"כ האיר ה' עיני בתנחומא תלא סי' ד' רי"א וכו' על רדפו בחרב אחיו ושחת רחמיו רחמו כתיב. רכ"א גרס לה שלא תעמיד י"ב שבטים דאר"ה ראויה היתה רבקה שתעמיד י"ב כו' הרי מבואר דעת ר"ה ור"נ וכ"ה ביפ"ת:

חידושי הרד"ל

(ז) [ו] **זה רץ להרוג כו'.** דרש לשון רץ ולשון רצוץ. ועיין זוהר (קל"ז):

חידושי הרש"ש

[ו] **וימלאו ימיה ללדת והנה תומים וגו' הא עשרה.** כנ"ל:

מסורת המדרש

י מדרש תהלים מזמור נ"ח. תנחומא סדר תצא סימן ד'. ילקוט כאן רמז ק"י. ילקוט תהלים רמז תשע"ו:

יא פסיקתא פרשה זכור. תנחומא סדר ויחי סימן ט"ו. וסדר תצא סי' ד'. ילקוט כאן רמז ק"י. ילקוט תהלים רמז תתס"ת. ועיין אגדת בראשית פרק ע"ב:

אם למקרא

זֹרוּ רְשָׁעִים מֵרָחֶם תָּעוּ מִבֶּטֶן דֹּבְרֵי כָזָב: (תהלים נח:ד)

בְּטֶרֶם אֶצָּרְךָ בַבֶּטֶן יְדַעְתִּיךָ וּבְטֶרֶם תֵּצֵא מֵרֶחֶם הִקְדַּשְׁתִּיךָ נָבִיא לַגּוֹיִם נְתַתִּיךָ: (ירמיה א:ה)

ענף יוסף

[ו] **[זה דן להרוג כו']** אף שעודנה לא היה בהם דעת. מ"מ הטבע מהנפש פועלת על לד הטבע הנטוע בכחות החיוני הפועלים מעלמם כפי טבעם. וחשב שני דברים אחד בענין הגופניות הנטוע בם. והשני בעניינים הנפשיים. שכל אחד היה לו תכונה נפרדת מזולתו. וכן בעת שהיתה עוברת על בת"כ נתעורר הטבע של יעקב מעלמו יקרת הנפש שהיה בו:

רש"י

(ו) **זה מתיר צווי של זה וזה מתיר צווי של זה.** ויתרוצצו דרש:

מתנות כהונה

[ו] **זה מתיר כו'.** מה שנאסר לישראל מותר לאומות העולם וחקותיהם שנאסרו להם מותרים לישראל ודריש ויתרוצצו נוטריקון ויתור ליווי: **זירתיה כו'.** פי' הערוך אגרופו משוך כנגדו: **זורו.** דרש מלשון זרת שפירושו אגרוף: **הכי גרסינן ויתרוצצו הבנים בקרבה בשעה שהיתה כו'.** זורו לשון זרות והסרה: **מנין זה.** זה שאמרה למה זה אנכי רומזת לשנים עשר שבטים מנין ז"ה: **דמייתין לה כו'.** שמביאין ראיה ודורשין אותו ממקרא זה ור' נחמיה בעצמו אמר כן: **ואית דמייתי כו'.** והוא רבי הונא דלעיל ובילקוט לא גרס מנין זה לעיל בדברי רבי הונא:

אשד הנחלים

[ו] **זה רץ.** אף שעודנה אין בהם דעת מ"מ הטבע מהנפש פועלת על צד הטבע הנטוע בכחות החיוני הפועלים מעצמם כפי טבעם. וחשב שני דברים. אחד בענין השנאה הגופניות הנטוע בם. והשני בענינים הנפשיים. שהמה היו נפרדים בעצם. וכל אחד היה לו תכונה נפרדת מזולתו. וזה בנימוסים טבעים וזה בנימוסיים אלקיים אשר המה הפכיים. וכן בעת שהיתה עוברת על ב"כ נתעורר הטבע של יעקב מעצמו יקרת הנפש שהיה בו. לכן מביא ראיה מהכתוב בטרם אצרך המורה שהיה בהם תכונה טבעית הנוטה לזה בתחילה: **ותאמר גו' של נשים.** מאנכי דייק כלומר מדוע נשתניתי מכל הנשים ולמה זה לי אם אצטער ככה: **י"ב שבטים.** כלומר אפי' שיוולדו ממני הי"ב שבטים שזהו התכלית העקרי אינו כדאי צער העבור בזה: ויתכן עוד אם כל בני שאלד יהיה ככה בצער. ועוד אסבול צרות ומכאובות כאלה יותר טוב שלא אתעבר: **ראויה כו'.** כי היתה בכחה וכפי צדקתה היתה ראויה שיעמדו ממנה אלו הי"ב. ורבקה בהבינה זאת ברוח קדשה רמזה זאת במלת ז"ה. ויש לבקש טעם נכון על אלו הי"ב שבטים מדוע לאלה תיאר בשם גוים ולאלה בשם לאומים ולאלה בשם אחר. אך

"Have you in your lives ever experienced during any of your pregnancies **this level of suffering** that I am experiencing in my pregnancy?" **אִם כָּךְ הוּא צַעֲרָן שֶׁל בָּנִים הַלְוַאי לֹא עִיבַּרְתִּי** — Upon receiving a negative response from them, she said: **"If so,** that **this is the level of suffering** that I alone must experience when having **children,**[66] then **oh! that I would not have become pregnant!"**[67] **רַבִּי הוּנָא אָמַר אִם כָּךְ אֲנִי עֲתִידָה לְהַעֲמִיד שְׁנֵים עָשָׂר שְׁבָטִים, הַלְוַאי לֹא עִיבַּרְתִּי, מִנְיַן ז״ה** — **R' Huna said:** Rebecca responded even more forcefully, by saying: "Even **if the twelve tribes are destined to be born from me,**[68] **oh! that I would not become pregnant** twelve times, **the numerical value of** the word זֶה."[69] **תָּנֵי בְּשֵׁם רַבִּי נְחֶמְיָה: רְאוּיָה הָיְתָה רִבְקָה שֶׁיַּעַמְדוּ מִמֶּנָּה י״ב שְׁבָטִים** — **A Barasia teaches in the name of R' Nechemyah: Rebecca was worthy that the twelve tribes should emerge from her.**[70] **הֲדָא הוּא דִכְתִיב** "וַיֹּאמֶר ה׳ לָהּ שְׁנֵי גוֹיִם בְּבִטְנֵךְ", **הָא תְּרֵין** — **Thus it is written:**[71] ***And HASHEM said to her, "Two nations are in your womb"*** (25:23) — **this is** an allusion to **two** tribes;[72] "וּשְׁנֵי לְאֻמִּים" **הָא אַרְבָּעָה** — ***and two regimes** from your insides shall be separated* (ibid.) — **this is** an allusion to two more tribes for a total of **four** tribes;[73] "וּלְאֹם מִלְאֹם יֶאֱמָץ" **הָא שִׁיתָא** — ***and one regime shall become strong from the other regime*** (ibid.) — **this is** an allusion to two additional tribes for a total of **six** tribes;[74] "וְרַב יַעֲבֹד צָעִיר" **הָא תְּמַנְיָא** — ***and the elder shall serve the younger*** (ibid.) — **this is** an allusion to yet two more tribes, for a total of **eight** tribes.[75] "וַיִּמְלְאוּ יָמֶיהָ לָלֶדֶת" **הָא עַשְׂרָה** — ***When her term to bear grew full,** then behold! there were twins in her womb* (ibid. v. 24) — **this is** a further allusion to two more tribes for a total of total of **ten** tribes;[76] "וַיֵּצֵא הָרִאשׁוֹן אַדְמוֹנִי" **הָא חַד עֲשַׂר** — ***The first one emerged red*** (ibid. v. 25) — **this is** an allusion to an additional tribe for a total of **eleven** tribes; "וְאַחֲרֵי כֵן יָצָא אָחִיו" **הָא תְּרֵין עֲשַׂר** — and finally: ***And after that his brother emerged*** (ibid. v. 26) — **this is** an allusion to one more tribe for a grand total of **twelve** tribes.

וְאִית דְּמַיְיתִין לֵיהּ מִן הָדֵין קְרָא — **There are others who derive [R' Nechemyah's assertion] from the following verse:** "וַתֹּאמֶר אִם כֵּן לָמָּה זֶה אָנֹכִי", **זַיִי"ן שִׁבְעָה הֵ"א חֲמִשָּׁה הָא תְּרֵין עֲשַׂר, מִנְיַן ז״ה** — ***And she said: "If so, why is it** [זֶה] **that I am?"*** The letter ז equals **seven,** and the letter ה equals **five; this** then **is** a total combined **count of twelve, the numerical value** of the word זֶה.[77]

□ **וַתֵּלֶךְ לִדְרֹשׁ אֶת ה׳** — *AND SHE WENT TO INQUIRE OF HASHEM.*

The verse implies that Rebecca went to a place that was known to be used for the purpose of inquiring of God, such as a house of worship or Torah study.[78] The Midrash wonders:

NOTES

66. Had Rebecca been informed by the other women that her level of suffering was not unusual, she would have accepted it without qualms (*Mizrachi*, cited by *Yefeh To'ar*; see, however, *Yefeh To'ar* himself).

67. Thus, Rebecca's words *"If so . . ."* were a reaction to the response she received from the other women.

68. Which would represent the ultimate accomplishment (*Eitz Yosef*, from *Nezer HaKodesh*).

In fact, according to R' Huna, Rebecca was indeed destined to bear the twelve tribes, as noted in our Midrash below.

69. [In *gematria*, ז = 7 and ה = 5, for a total of 12.] R' Huna takes Rebecca's words לָמָּה "זֶה" אָנֹכִי to mean: *"Why [do] I [need to suffer] twelve [pregnancies]?"* Rebecca is saying that even for the sake of such an accomplishment, it is not worth the pain and suffering (see ibid.).

70. That is, directly from her, rather than from Jacob, her son. However, because she was prepared to give up the honor of bearing them in order to avoid the suffering of pregnancy (as noted by R' Huna above), the merit was instead given to her son, Jacob (*Eitz Yosef*, first interpretation).

Alternatively, she would have indeed given birth to the twelve tribes, but was prevented from doing so by Esau, who intentionally destroyed her womb upon being born; see *Midrash Tanchuma, Ki Seitzei* §6 (ibid., second interpretation).

71. R' Nechemyah will now show how Scripture alludes to the idea that Rebecca was destined to bear the twelve tribes.

72. These *two "nations"* in her womb alludes to two tribes that she was destined to bear. See 35:11 below, where the word *nation* is used in reference to a tribe; see *Rashi* ad loc. from *Bereishis Rabbah* 82 §2 (*Eitz Yosef*).

73. By stating, *and "two" regimes* (instead of simply stating, *and regimes*), the verse is alluding to an additional two tribes that she was destined to bear (ibid.).

74. Having already stated that two regimes will emerge from her, the verse could simply have stated: *and one shall become strong from the other,* without the double repetition of the word *regime*. The two extra appearances of the word *regime* serve as an allusion to two more tribes (ibid.).

75. For the words *elder* and *younger* each allude to an additional tribe (ibid.). [This is perhaps because the verse does not say, וְהָרַב יַעֲבֹד אֶת הַצָּעִיר, which means *and the elder shall serve the younger*, but וְרַב יַעֲבֹד צָעִיר, which literally means *and "an" older shall serve "a" younger* — alluding to *different* sons.]

76. The term *twins* alludes to yet an additional two tribes (*Radal*; ibid.). [This is perhaps because the phrase וְהִנֵּה תוֹמִם בְּבִטְנָהּ, *then behold! there were twins in her womb*, is seemingly superfluous.]

77. This exposition follows the earlier exposition of R' Huna, cited above, who interpreted Rebecca's use of the word זֶה as alluding to the fact that she would even be willing to give up bearing the twelve tribes in order to avoid her suffering (*Matnos Kehunah*).

78. This is implied by the verse's use of the word וַתֵּלֶךְ, *she went* (*Eitz Yosef*), for otherwise the verse should have stated more concisely: וַתִּדְרֹשׁ אֶת ה׳, *she inquired of HASHEM* (*Matnos Kehunah*).

ו [כה, כב] "וַיִּתְרֹצְצוּ הַבָּנִים בְּקִרְבָּהּ", רַבִּי יוֹחָנָן וְרֵישׁ לָקִישׁ, רַבִּי יוֹחָנָן אָמַר: זֶה רָץ לַהֲרוֹג אֶת זֶה וְזֶה רָץ לַהֲרוֹג אֶת זֶה, רֵישׁ לָקִישׁ אָמַר: זֶה מַתִּיר צִיוּוּיוֹ שֶׁל זֶה וְזֶה מַתִּיר צִיוּוּיוֹ שֶׁל זֶה. רַבִּי בֶּרֶכְיָה בְּשֵׁם רַבִּי לֵוִי: שֶׁלֹּא תֹאמַר מִשֶּׁיָּצָא מִמְּעֵי אִמּוֹ נִזְדַּוֵּג לוֹ, [י]אֶלָּא עַד שֶׁהוּא בִּמְעֵי אִמּוֹ זִירְתֵיהּ מְתוּחָה לְקִבְלֵיהּ, הָדָא הוּא דִכְתִיב (תהלים נח, ד) "זֹרוּ רְשָׁעִים מֵרָחֶם". "וַיִּתְרֹצְצוּ הַבָּנִים בְּקִרְבָּהּ", בְּשָׁעָה שֶׁהָיְתָה עוֹמֶדֶת עַל בָּתֵּי כְנֵסִיּוֹת וּבָתֵּי מִדְרָשׁוֹת יַעֲקֹב מְפַרְכֵּס לָצֵאת הָדָא הוּא דִכְתִיב (ירמיה א, ה) "בְּטֶרֶם אֶצָּרְךָ בַבֶּטֶן יְדַעְתִּיךָ", וּבְשָׁעָה שֶׁהִיא עוֹבֶרֶת עַל בָּתֵּי עֲבוֹדָה זָרָה עֵשָׂו רָץ וּמְפַרְכֵּס לָצֵאת הָדָא הוּא דִכְתִיב "זֹרוּ רְשָׁעִים מֵרָחֶם". "וַתֹּאמֶר אִם כֵּן לָמָּה זֶּה אָנֹכִי", רַבִּי יִצְחָק אָמַר: מְלַמֵּד שֶׁהָיְתָה אִמֵּנוּ רִבְקָה מְחַזֶּרֶת עַל פִּתְחֵיהֶן שֶׁל נָשִׁים וְאוֹמֶרֶת לָהֶן: הִגִּיעַ לָכֶם הַצַּעַר הַזֶּה בִּימֵיכֶם אִם כָּךְ הוּא צַעֲרָן שֶׁל בָּנִים הַלְוַאי לֹא עִבַּרְתִּי. רַבִּי הוּנָא אָמַר: אִם כָּךְ אֲנִי עֲתִידָה לְהַעֲמִיד שְׁנֵים עָשָׂר שְׁבָטִים הַלְוַאי לֹא עִבַּרְתִּי, מִנְיַן זֶ"ה. תָּנֵי בְּשֵׁם רַבִּי נְחֶמְיָה: [יא]רְאוּיָה הָיְתָה רִבְקָה שֶׁיַּעַמְדוּ מִמֶּנָּה י"ב שְׁבָטִים, הָדָא הוּא דִכְתִיב [כה, כג] "וַיֹּאמֶר ה' לָהּ שְׁנֵי גוֹיִם בְּבִטְנֵךְ", הָא תְּרֵין, "וּשְׁנֵי לְאֻמִּים", הָא אַרְבָּעָה, "וּלְאֹם מִלְאֹם יֶאֱמָץ", הָא שִׁיתָּא, "וְרַב יַעֲבֹד צָעִיר", הָא תְּמָנְיָא, "וַיִּמְלְאוּ יָמֶיהָ לָלֶדֶת", הָא עֲשָׂרָה, "וַיֵּצֵא הָרִאשׁוֹן אַדְמוֹנִי", הָא חַד עֲשַׂר, "וְאַחֲרֵי כֵן יָצָא אָחִיו", הָא תְּרֵין עֲשַׂר. וְאִית דִּמַיְיתִין לֵיהּ מִן הָדֵין קְרָא, "וַתֹּאמֶר אִם כֵּן לָמָּה זֶּה אָנֹכִי", זַיי"ן שִׁבְעָה הֵ"א חֲמִשָּׁה הָא תְּרֵין עֲשַׂר, מִנְיַן זֶ"ה. "וַתֵּלֶךְ לִדְרֹשׁ אֶת ה'",

עץ יוסף

(ו) **זה רץ להרוג את זה.** שאילו היתה כרגילה הנהוגה למעוברת לא היתה אומרת א"כ למה זה אנכי. לכך פירש ויתרוצצו מענין משונה שזה רץ להרוג את זה וכו' (הרא"מ): **זה מתיר ציויו כו'.** דריש ויתרוצצו מלה מורכבת והיתר וצווי. והכוונה שכ"א היה ממרה רוחו של חבירו ומכעיסו (יפ"ת): **שלא תאמר כו'.** שלא היה עשו שונא ליעקב אלא משנולד. אלא אפילו במעי אמו זריתיה מתוחה לקבליה. פי' אגרופו משוך כנגדו: **זורו רשעים מרחם.** דרך הרשעים להרשיע אפי' במעי אמו. וקרא ברודפי דוד איירי (יפ"ת): **על בתי כנסיות כו'.** בתי כנסיות היינו מקום שרבים מצויים לאיזה מצוה ועלה טובה ובתי מדרשות להודיע איזה דבר הנשמע ממדרשו של עבר (יפ"ת): **שהיתה אמנו רבקה כו'.** ר"ל דא"כ משמע שהיא תשובה שרבקה שאלה לנשים אם אירע להם ככה ותאמרנה לא. ותאמר א"כ הוא אלוי לצערן של בנים הלואי לא עיברתי: **להעמיד י"ב שבטים.** כלומר אפילו שיולדו ממני הי"ב שבטים שזהו התכלית העקרי אינו כדאי לצער העיבור כזה. דזה בגימטריא י"ב (נזה"ק): [ז] **ראויה היתה רבקה כו'.** ולפי שאמרה כן ניתנו ליעקב אי נמי לפי שעשו שיחת רחמה כמו שאחז"ל על פסוק ושיחת רחמיו: **שני גוים בבטנך הא תרין.** דרמיז לשני שבטים שאיקרו גוים כאומר גוי וקהל גוים יהיה ממך: **ושני לאומים הא ארבע.** דהו"ל לומר ולאומים: **ולאום מלאום יאמץ. הא שיתא.** דהו"ל וזה מזה יאמץ: **ורב יעבוד צעיר הא תמנין.** דרב וצעיר תרין: **והנה תומים בבטנה.** שמעינן עוד תרין: **ויצא הראשון.** מרבה אחד: **יצא אחיו.** מרבה אחד:

פירוש מהרז"ו

(ו) **נזדווג.** לשון זה רגיל במדרש על המתחבר להרע: **עומדת על בתי כנסיות ובתי מדרשות.** אלא ב"כ וב"מ אמר עומדת משמע שעשתה כן תמיד שזה היה עיקר פעולתה לעבוד ה' ואצל בתי אלילים אמר עוברת שעברה דרך הילוכה במרוצה. והנה אז היה העולם מלא מבתי אלילים אבל ב"כ וב"מ לא היה אז וכמ"ש בסוף הסי' וכי ב"כ וב"מ היה אז. אך הענין כמ"ש חז"ל שמעולם לא פסקה ישיבה מאבותינו ובבית אברהם ויצחק היה בית קבוע לעבודת הש"י ולהתפלל וגם האמהות היו עומדות שם תמיד. וזולת האבות לא היה אז בעולם רק בית שם ועבר. וכתיב ותלך לדרוש את ה' משמע למקום אחר וע"ז אמר וכי ב"כ וב"מ כו' והלא לא הלכה כו': **מחזרת.** מדאמרה למה זה אנכי משמע ולא אצל אחרות ואיך ידעה אלא ששאלה והגידו לה שאצלן לא כן. וזה ע"פ דרך קצרה: **מנין זה.** כי תיבת זה מיותר ע"כ דורש ע"פ גימטריא וכמ"ש בסמוך וכמש"ל פכ"ד סי' ה' זה ספר. שהיה ראוי אדם להעמיד י"ב שבטים ע"ש. וע' שמ"ר פל"ח סי' ח' וזה הדבר: **שני גוים.** ע"פ מדה יו"ד שכפל הלשונות מורה על כפל הבנים. ומ"ש וימלאו ימיה כוונתו לס"ד והנה תומים בבטנה הא עשרה. והטעם שלא העמידה אולי שהפסידה במ"ש למה זה אנכי מנין זה. וה' אמר לה שני גוים שהיתה ראויה להעמיד י"ב אי לא היתה אומרת למה זה. ואח"כ האיר ה' עיני בתנחומא תלא סי' ד' רי"א וכו' על רדפו בחרב אחיו ושחת רחמיו רחמו כתיב. רנ"א גרס לה שלא תעמיד י"ב שבטים דאר"ה ראויה היתה רבקה שתעמיד י"ב כו' הרי מבואר דעת ר"ה ור"נ וכ"ה ביפ"ת:

חידושי הרד"ל

(ז) [ו] **זה רץ להרוג כו'.** דרש לשון רץ ולשון רצוץ. ועיין זוהר (קל"ז:):

חידושי הרש"ש

[ו] **וימלאו ימיה ללדת והנה תומים וגו' הא עשרה.** כצ"ל:

מסורת המדרש

י מדרש תהלים מזמור נ"ח. תנחומא סדר תצא סימן ד'. ילקוט כאן רמז ק"י. ילקוט תהלים רמז תשע"ו: **יא** פסיקתא פרשה זכור. תנחומא סדר ויחי סימן ט"ו. וסדר תצא סי' ד'. ילקוט כאן רמז ק"י. ילקוט תהלים רמז תתמ"ח. ועיין אגדת בראשית פרק ע"ב:

אם למקרא

זֹרוּ רְשָׁעִים מֵרָחֶם תָּעוּ מִבֶּטֶן דֹּבְרֵי כָזָב: (תהלים נח:ד)

בְּטֶרֶם אֶצָּרְךָ בַבֶּטֶן יְדַעְתִּיךָ וּבְטֶרֶם תֵּצֵא מֵרֶחֶם הִקְדַּשְׁתִּיךָ נָבִיא לַגּוֹיִם נְתַתִּיךָ: (ירמיה א:ה)

ענף יוסף

[ו] **[זה דן להרוג כו']** אף שעודנה לא היה בהם דעת. מ"מ הטבע מהנפש פועלת על צד הטבע הנטוע בכחות החיוני הפועלים מעצמם כפי טבעם. וחשב שני דברים אחד בענין הגופניות הנטוע בם. והשני בעניינים הנפשיים. שכל אחד היה לו תכונה נפרדת מזולתו. וכן בעת שהיתה עוברת על בת"כ נתעורר הטבע של יעקב מעצמו יקרת הנפש שהיה בו:

רש"י

(ו) **זה מתיר צווי של זה וזה מתיר צווי של זה.** ויתרוצצו דרש:

מתנות כהונה

[ו] **זה מתיר כו'.** מה שנאסר לישראל מותר לאומות העולם וחקותיהם שנאסרו להם מותרים לישראל ודריש ויתרוצצו נוטריקון ויתור ציווי: **זירתיה כו'.** פי' הערוך אגרופו משוך כנגדו: **זורו.** דרש מלשון זרת שפירושו אגרוף: **הכי גרסינן ויתרוצצו הבנים בקרבה בשעה שהיתה כו'.** זורו לשון זרות והסרה: **מנין זה.** זה שאמרה למה זה אנכי רומזת לשנים עשר שבטים מנין ז"ה: **דמייתין לה כו'.** שמביאין ראיה ודורשין אותו ממקרא זה ור' נחמיה בעצמו אמר כן: **ואית דמייתי כו'.** והוא רבי הונא דלעיל ובילקוט לא גרס מנין זה לעיל בדברי רבי הונא:

אשד הנחלים

[ו] **זה רץ.** אף שעודנה אין בהם דעת מ"מ הטבע מהנפש פועלת על צד הטבע הנטוע בכחות החיוני הפועלים מעצמם כפי טבעם. וחשב שני דברים. אחד בענין השנאה הגופניות הנטוע בם. והשני בענינים הנפשיים. שהמה היו נפרדים בעצם. וכל אחד היה לו תכונה נפרדת מזולתו. וזה בנימוסים טבעים וזה בנימוסיים אלקיים אשר המה הפכיים. וכן בעת שהיתה עוברת על ב"כ נתעורר הטבע של יעקב מעצמו יקרת הנפש שהיה בו. לכן מביא ראיה מהכתוב בטרם אצרך המורה שהיה בהם תכונה טבעית הנוטה לזה בתחילה: **ותאמר גו' של נשים.** מאנכי דייק כלומר מדוע נשתניתי מכל הנשים ולמה זה לי אם אצטער ככה: **י"ב שבטים.** כלומר אפי' שיוולדו ממני הי"ב שבטים שזהו התכלית העקרי אינו כדאי צער העבור בזה: ויתכן עוד אם כל בני שאלד יהיה ככה בצער. ועוד אסבול צרות ומכאובות כאלה יותר טוב שלא אתעבר: **ראויה כו'.** כי היתה בכחה וכפי צדקתה היתה ראויה שיעמדו ממנה אלו הי"ב. ורבקה בהבינה זאת ברוח קדשה רמזה זאת במלת ז"ה. ויש לבקש טעם נכון על אלו הי"ב שבטים מדוע לאלה תיאר בשם גוים ולאלה בשם לאומים ולאלה בשם אחר. אך

וְכִי בָּתֵּי כְנֵסִיּוֹת וּבָתֵּי מִדְרָשׁוֹת הָיוּ בְּאוֹתָן הַיָּמִים — **Were there houses of Divine worship and houses of Torah study in those days?** אֶלָּא[79] לֹא הָלְכָה אֶלָּא לְמִדְרָשׁ שֶׁל שֵׁם וְעֵבֶר — **Rather, she went specifically to the study hall of Shem and Eber.**[80] לִלְמֶדְךָ[81] שֶׁכָּל מִי שֶׁהוּא מְקַבֵּל פְּנֵי זָקֵן כִּמְקַבֵּל פְּנֵי שְׁכִינָה — Although she went to speak to a human being, the phrase *to inquire of "HASHEM"* is used in order **to teach you that anyone who greets a** righteous **elder is as if he greets the Divine Presence.**[82]

וַיֹּאמֶר ה׳ לָהּ שְׁנֵי גֹיִים [גוֹיִם] בְּבִטְנֵךְ וּשְׁנֵי לְאֻמִּים מִמֵּעַיִךְ יִפָּרֵדוּ וּלְאֹם מִלְאֹם יֶאֱמָץ וְרַב יַעֲבֹד צָעִיר.
And HASHEM said to her: "Two nations are in your womb, and two regimes from your insides shall be separated; and one regime shall become strong from the other regime, and the elder shall serve the younger" (25:23).

§7 וַיֹּאמֶר ה׳ לָהּ — *AND HASHEM SAID TO HER.*

The Midrash discusses God's communications to women:

רַבִּי יְהוּדָה בַּר סִימוֹן וְרַבִּי יוֹחָנָן בְּשֵׁם רַבִּי אֱלִיעֶזֶר בַּר רַבִּי שִׁמְעוֹן — **R' Yehudah bar Simon and R' Yochanan in the name of R' Elazar bar R' Shimon** said: מֵעוֹלָם לֹא נִזְקַק הַקָּדוֹשׁ בָּרוּךְ הוּא לְהָשִׂיחַ עִם אִשָּׁה אֶלָּא עִם אוֹתָהּ הַצַּדֶּקֶת — **The Holy One, blessed is He, never engaged in conversation with a woman save with that righteous woman,** i.e., Sarah,[83] וְאַף הִיא עַל יְדֵי עִילָּה — **and even this was for a** specific **reason.**[84] רַבִּי אַבָּא בַּר כָּהֲנָא אָמַר: כַּמָּה כִּרְכּוּרִין כִּרְכֵּר בִּשְׁבִיל לְהָשִׂיחַ עִמָּהּ שֶׁנֶּאֱמַר "וַיֹּאמֶר לֹא כִּי צָחָקְתְּ" — **R' Abba bar Kahana,** however, **said: How many circuitous turns did [God] make**[85] **in order to converse with her, as it states:** *No, you laughed indeed* (above, 18:15).[86] וְהָכְתִיב "וַתִּקְרָא שֵׁם ה׳ הַדֹּבֵר אֵלֶיהָ" — **But is it not written** with regard to Hagar: ***And she called the Name of HASHEM Who spoke to her*** (above, 16:13)?[87] רַבִּי יְהוֹשֻׁעַ בַּר רַבִּי נְחֶמְיָה בְּשֵׁם רַבִּי אִידִי אָמַר: עַל יְדֵי מַלְאָךְ — **R' Yehoshua bar R' Nechemyah said in the name of R' Idi:** God spoke to her **through the agency of an angel,** not directly.[88] וְהָכְתִיב "וַיֹּאמֶר ה׳ לָהּ" — **But is it not written** in our verse, ***And HASHEM spoke to her?*** רַבִּי לֵוִי בְּשֵׁם רַבִּי חָמָא בַּר רַבִּי חֲנִינָא אָמַר: עַל יְדֵי מַלְאָךְ — **R' Levi in the name of R' Chama bar R' Chanina said:** God spoke to her **through the agency of an angel,** not directly.[89] רַבִּי אֶלְעָזָר אָמַר: עַל יְדֵי שֵׁם בֶּן נֹחַ — **R' Elazar said:** God spoke to Rebecca **through the agency of Shem, the son of Noah.**[90]

□ שְׁנֵי גוֹיִם בְּבִטְנֵךְ — *TWO NATIONS ARE IN YOUR WOMB.*

The Midrash presents different interpretations of this phrase:

שְׁנֵי גֵיאֵי גוֹיִם בְּבִטְנֵךְ — This means there are **two proud**[91] **nations in your womb;** זֶה מִתְגָּאֶה בְּעוֹלָמוֹ וְזֶה מִתְגָּאֶה בְּמַלְכוּתוֹ — **[Jacob] takes pride in his world and [Esau] takes pride in his kingship.**[92]Ⓐ

NOTES

79. Emendation (changing וַהֲלֹא to אֶלָּא) follows *Yalkut Shimoni* to our verse, cited by *Matnos Kehunah* and *Eitz Yosef.*

80. Which was the only existing house of study in those days.

81. Most editions have אֶלָּא לְלַמֶּדְךָ. Our emendation follows Yalkut Shimoni; see note 79.

82. The Divine Presence rests upon righteous elders (see *Numbers* 11:17). As such, greeting an elder is like greeting the Divine Presence (*Eitz Yosef*).

83. *Rashi, Matnos Kehunah.* [The Midrash is evidently referring to God's statement to Sarah, *"No, you laughed indeed"* (above, 18:15), for this is the only place in the Torah where God speaks directly to Sarah. See further.]

84. I.e., to admonish her for doubting the possibility of the miracle (*Eitz Yosef*; see, however, *Maharzu* ד״ה כמה, who translates the word עילה as "denial," a reference to Sarah's denying that she had laughed). God found it necessary to speak to Sarah because when Abraham criticized her for laughing (above, 18:13), she denied it, because she thought Abraham was voicing his own view, not that of God. God therefore spoke to Sarah Himself so that she would know that Abraham's accusation stemmed from Him (*Eitz Yosef*, citing *Nezer HaKodesh*).

Regarding the statement that God never engaged another woman in conversation, see Insight to 48 §20.

85. [כִּרְכֵּר literally refers to the whorl of the spindle upon which the woof is rolled around to be eventually woven together with the warp (*Rashi* to 20 §6 above, as cited by *Matnos Kehunah* and *Eitz Yosef* there; see, however, *Eitz Yosef's* own understanding there of the word's etymology).]

86. See above, 45 §10, note 113.

87. This verse appears to indicate that God spoke to Hagar directly. (Indeed, this communication concerned Hagar's personal issues; see Insights.)

[Although the verses prior to this one (16:7-12) state that it was an angel who conversed with her, the Midrash at this point assumes that Scripture used the word "angel" merely as a metaphor for the word of God, and that it was actually God Who spoke directly to her (*Eitz Yosef* loc. cit.).]

88. The preceding two phrases are missing in most editions. Our emendation follows *Eitz Yosef and Rashash*, based on 20 §6 above.

89. But God Himself did not speak directly to her. Accordingly, when the verse here states: "... *HASHEM Who spoke to her,*" it is referring to the One Whose message was being conveyed (God), not to the one who actually did the speaking (an angel).

90. Who was a prophet (*Eitz Yosef* to 20 §6 above).

91. The Hebrew word that means "nations" is typically spelled גוים. However, in our verse it is spelled גיים, which can also be read גֵּיִים, meaning "proud ones." This is how the Midrash translates the word homiletically.

92. A righteous person understands that this world is merely a vehicle through which one can merit the ultimate reward in the World to Come, whereas a wicked person views this world as the final goal. Thus, Jacob will take pride in this world because he will recognize that it was created for him, as a means to earn a share in the World to Come. Esau, on the other hand, will take pride in the earthly dominion that will be his (*Yefeh To'ar, Nezer HaKodesh, Eitz Yosef*). Alternatively: The Midrash is saying that Jacob takes pride in his share in the World to Come, while Esau takes pride in his share (his dominion) in this world; see *Yalkut Shimoni, Toldos* §111 (cited below in note 220). See also Insight Ⓐ.

INSIGHTS

Ⓐ **Two Forms of Domination** Two proud — indeed, two dominant — nations were competing for dominion while they were still in Rebecca's womb. This struggle has been the paramount theme of history, and will remain so until the coming of Messiah and the fulfillment of the prophecy, *"The saviors will ascend Mount Zion to judge Esau's mountain, and the kingdom will be HASHEM's"* (Obadiah 1:21).

It is noteworthy that the Midrash speaks of Jacob's pride in "his *world,*" while Esau takes pride in "his *kingdom.*" Jacob has a world; Esau has a kingdom. This illustrates the difference between the two nations: two sets of values, two goals in life. Esau's aspiration was to conquer the world, as epitomized by his descendants, the Roman Empire. Rome conquered and plundered. Its armies were invincible. It enslaved its captives and found pleasure in the bloodthirsty "entertainments" of the coliseums.

Not so Jacob. Israel does not take pride in kingdom, but in the spiritual world, because Torah and service of God is the true world; wealth and grandeur are resources and trappings, not essence. Jacob takes pride in loyalty to God that remains undaunted even in the face of hatred and persecution.

Isaac characterized the difference between his sons when he said: *"The hands are the hands of Esau, but the voice is the voice of Jacob."* Commentators explain that Esau's power is symbolized by the brute strength of his powerful hands, hands that subdue and strangle

מדרש רבה

וְכִי בָּתֵּי כְנֵסִיּוֹת וּבָתֵּי מִדְרָשׁוֹת הָיוּ בְּאוֹתָן הַיָּמִים, וַהֲלֹא ° לֹא הָלְכָה אֶלָּא לְמִדְרָשׁ שֶׁל שֵׁם וְעֵבֶר, אֶלָּא °לְלַמֶּדְךָ שֶׁכָּל מִי שֶׁהוּא מְקַבֵּיל פְּנֵי זָקֵן כִּמְקַבֵּיל פְּנֵי שְׁכִינָה:

ז **"וַיֹּאמֶר ה' לָהּ", רַבִּי יְהוּדָה בַּר סִימוֹן וְרַבִּי יוֹחָנָן בְּשֵׁם רַבִּי אֱלִיעֶזֶר בַּר רַבִּי שִׁמְעוֹן: [יב]מֵעוֹלָם לֹא נִזְקַק הַקָּדוֹשׁ בָּרוּךְ הוּא לְהָשִׂיחַ עִם אִשָּׁה אֶלָּא עִם אוֹתָהּ הַצַּדֶּקֶת וְאַף הִיא עַל יְדֵי עִילָּה. רַבִּי אַבָּא בַּר כָּהֲנָא אָמַר: כַּמָּה כִּרְכּוּרִין כִּרְכֵּר בִּשְׁבִיל לְהָשִׂיחַ עִמָּהּ שֶׁנֶּאֱמַר "וַיֹּאמֶר לֹא כִּי צָחָקְתְּ". וְהָכְתִיב** (בראשית טז, יג) **"וַתִּקְרָא שֵׁם ה' הַדֹּבֵר אֵלֶיהָ" °, רַבִּי לֵוִי בְּשֵׁם רַבִּי חָמָא בַּר רַבִּי חֲנִינָא אָמַר: עַל יְדֵי מַלְאָךְ, רַבִּי אֶלְעָזָר אָמַר: [יג]עַל יְדֵי שֵׁם בֶּן נֹחַ. "שְׁנֵי גוֹיִם בְּבִטְנֵךְ", שְׁנֵי גֵיאֵי גוֹיִם בְּבִטְנֵךְ, זֶה מִתְגָּאֶה בְּעוֹלָמוֹ וְזֶה מִתְגָּאֶה בְּמַלְכוּתוֹ. [יד]שְׁנֵי גֵיאֵי גוֹיִם בְּבִטְנֵךְ אַדְרִיָּאנוּס בָּאוּמוֹת, שְׁלֹמֹה בְּיִשְׂרָאֵל. דָּבָר אַחֵר שְׁנֵי שְׂנוּאֵי גוֹיִם בְּבִטְנֵךְ, כָּל הָאוּמוֹת, שׂוֹנְאִים אֶת עֵשָׂו, וְכָל הָאוּמוֹת שׂוֹנְאִים אֶת יִשְׂרָאֵל, סַנְאֵיהוֹן דִּבְנַיָּא ° בְּמֵעַיִךְ דִּכְתִיב** (מלאכי א, ג) **"וְאֶת עֵשָׂו שָׂנֵאתִי". "וּשְׁנֵי לְאֻמִּים מִמֵּעַיִךְ יִפָּרֵדוּ", אָמַר רַבִּי בֶּרֶכְיָה מִכָּאן שֶׁנּוֹלַד מָהוּל.**

רש"י

(ז) **אלא עם אותה צדקת.** שרה: **אף היא ע"י עילה.** שאמר לה למה זה לחקה שרה:

עץ יוסף

בתי כנסיות כו'. דותלך משמע שהלכה אל מקום מיוחד וידוע לדרוש את ה' בו כגון בתי כנסיות וב"מ: **והלא לא הלכה אלא למדרשו של שם ועבר אלא ללמדך.** גי' הילקוט אלא לא הלכה אלא למדרשו של שם ועבר ללמדך. שכל מי כו'. ולפ"ז תרתי מילי נינהו. ובריצא מתרץ דהא איכא מדרשו של שם ועבר. והדר קאמר דמהכא ילפינן המקביל פני זקן כו': **שכל מי שמקביל פני זקן כו'.** כי שכינתו יתברך מופיעה על הצדיק. ובהתקרבתו לצדיק יתדבק גם בו רוח הקדושה קצת ע"ד ואצלתי מן הרוח: (ז) [ח] **מעולם לא נזקק כו'.** כי על הרוב אין בכח האשה להשיג השגות נביאיות. כי אין כחה לזה. רק הצדקת הזאת מרוב צדקתה זכתה לזה: **על ידי עילה.** פי' סיבה: **כמה כרכורים כרכר.** פי' כמה גלגולים גלגל בשביל לדבר עמה: **והכתיב ותקרא שם ה' הדובר אליה.** ר' יהושע בר נחמיה בשם ר' אידי אמר ע"י מלאך והכתיב ויאמר ה' לה ר' לוי בשם ר' חמא כו'. כצ"ל וכן הוא לעיל פ"ך ופרשה מ"ח. ע"ש מ"ש: [ט] **שני גיאי גוים.** דמכיון דגיים כתיב חסר וא"ו דרשי' גאים: **זה מתגאה בעולמו.** פי' יעקב מתגאה בעולמו כי העולם נברא בשבילו וזוכה לעוה"ב. ועשו מתגאה במלכותו בעה"ז (יפ"ת): **אדריאנוס כו'.** שהיה מושל אדיר וכן שלמה: **שני שנואי גוים.** דריש שני כמו שנואי (מת"כ) וטעם הודעה זו לרבקה הוא דרך נחמה לה. שילאו ממנה חשובים בעולם עד שיהיו שנואים מצד קנאת העולם בהם: **סנאיהון דברייך במעיך.** כצ"ל פי' שונאו של הקב"ה והוא עשו. ולכך נאמר גיים חסר (כזה"ק): **ושני לאומים ממעיך יפרדו אמר רבי ברכיה מכאן שנולד יעקב מהול.** ר' הלבו אמר עד כאן קריין סבתא ורעמה וסבתכה ממך יקומון יהודאין וארמאין ואוס מלאוס יאמץ ורב יעבוד לעיר א"ר הונא. כצ"ל: **שנולד מהול.** ממעיך יפרדו משמע דמלידה ומבטן הם נפרדים ומתחלפים:

פירוש מהרז"ו

וכי בתי כנסיות כו'. פי' אלו היה ב"כ וב"מ שמתקבצים שם עשרה וכל בי עשרה שכינתא שריא ושייך לדרוש את ה'. אבל כיון שלא היה אז רק בית האבות ובית שם ועבר וממ"ש ותלך משמע למקום אחר. הרי מה שהלכה לבית שם ועבר כאלו אל ה' וכמ"ש באליהו חי ה' אשר עמדתי לפניו על שעמד לפני אחיה השילוני. ועי' לקמן סימן יו"ד כי שם חי עד שהיה יעקב בן כ' שנה. ועבר עד ע"ט ליעקב. וכמש"ל פס"ג ס"ס ג' בשם ס"ע. ועי' לעיל ס"פ מ"ח בשם תד"א כי שם בן נח נתנבא ת' שנה (ויתכן שחשבון ת' שנה מהמבול עד שהיה אברהם בן ק' שנה ונימול ונעשה כה"ג תחת שם. ע' לעיל פמ"ו סי' ה'. כי מהמבול עד הפלגה ש"מ שנה אותיות שם כמפורש במדרש שם. ואז היה אברהם בן מ"ח שנה ועוד נ"ב שנה עד שמל וזהו ערך ת' שנה) ולעיל פל"ז סי' ז' נביא גדול היה עבר ע"כ הלכה לדרוש מהם: (ז) **סנאיהון.** ד"א הוא. ועי' מ"כ: **שנולד מהול.** וזהו ממעיך יפרדו שמיד שנולד ויצא ממעי אמו נפרד מאחיו וניכר ע' ילקוט בראשית סי' ע"ז בשם אדר"ן. ובתנחומא נח סי' ה' ובמדרש תהלים ט' ממ"ש ממעיך יפרדו מכאן אנו לומדים שנולד יעקב מהול חד גזיר וחד לא גזיר. עוד שם מפסוק ויעקב איש תם. ועוד שם ממ"ש יעקב יעקב שכל מי שנכפל שמו נולד מהול:

חידושי הרד"ל

(ח) [ז] **זה מתגאה בעולמו.** פירש בעוה"ב (ויש לסמכו ללשון המקרא ישעיה ס') ושמתיך לגאון עולם):

חידושי הרש"ש

[ז] **והכתיב ותקרא שם ה' כו'.** כאן חסר ועיין לעיל פרשה כ' וסוף פרשה מ"ה ומ"ח. בשלימות:

מסורת המדרש

יב לעיל פרשה כ' ופרשה מ"ה ומ"ח. ירושלמי סוטה פ' ז'. מדרש תהלים מזמור ט'. ילוקט סדר לך לך רמז פ' וסדר וירא סימן י"ח:

יג אגדת בראשית פרק ע"ב:

יד ע' ברכות נ"ז:

אם למקרא

וַתִּקְרָא שֵׁם־ה' הַדֹּבֵר אֵלֶיהָ אַתָּה אֵל רֳאִי כִּי אָמְרָה הֲגַם הֲלֹם רָאִיתִי אַחֲרֵי רֹאִי: (בראשית טז:יג)

וְאֶת־עֵשָׂו שָׂנֵאתִי וָאָשִׂים אֶת־הָרָיו שְׁמָמָה וְאֶת־נַחֲלָתוֹ לְתַנּוֹת מִדְבָּר: (מלאכי א:ג)

מתנות כהונה

וכי בתי כנסיות שנאמר וגו'. והוה ליה למימר ותדרוש את ה': **הכי גרסינן בילקוט** אלא לא הלכה אלא למדרשו של שם ועבר ולמדך כו': [ז] **עם אותה צדקת.** ר"ל עם שרה ועיין לעיל פרשה כ' ופרשה מ"ז ומ"ח: **ה"ג על ידי מלאך** והכתיב ויאמר ה' לה רבי לוי אמר על ידי מלאך ר"א בשם רבי יוסי בן זמרא אמר על ידי שם כו': **גיאי גוים.** גיים כתיב דרש ביה לשון גאוה: **ה"ג שני גוים שנואי גוים.** ודרש שני כמו שנואי: **הכי גרסינן סנאי דברייהון במעיך.** פי' שונאו של הקב"ה במעייך וזה עשו וכדמפרש ואזיל ופירוש הכתוב הגוי השנוי הוא במעייך ובמדרש תהלים במזמור ט' משמע דגרסינן דבנייך ופירוש שביניהם שונאים זה את זה ולפי זה לא גרסינן דכתיב ואת עשו כו' וגם בשוחר טוב לא גרס ליה: **שנולד מהול.** יעקב אבינו ומיד בלאתו מן הבטן היה ניכר שהוא

נחמד למראה

[ז] **ורב יעבוד צעיר אמר רב הונא אם זכה יעבוד ואם לאו יעבד.** כבר אמרו המדקדקים כי פעל עבד הנקשר עם מלת את פירושו עובד לזולתו כמו ואת אחיך תעבוד (בראשית כ"ז) ואם הוא נקשר עם בי"ת המשמשת פירושו משעבד לזולתו כמו לא תעבוד בו עבודת עבד (ויקרא כ"ה) והנה כאן נאמר ורב יעבוד צעיר שאינו נקשר לא עם מלת את ולא עם בי"ת המשמשת וא"כ בזכייה תליא מלתא וזהו שאמר רב הונא זכה יעבוד לא זכה יעבד:

אשד הנחלים

אין כאן מקומו להרחיב בזה: **במקבל פני השכינה.** כי שכינתו ית' מופיעה על הצדיק. ובהתקרבותו לצדיק יתדבק גם בו רוח הקדושה קצת ע"ד ואצלתי מן הרוח: [ז] **להשיח עם אשה.** כי על הרוב אין בכח אשה להשיג השגות נבואיות. כי אין כחה לזה. רק עם הצדקת הזו שמרוב צדקתה זכתה לזה: **על ידי מלאך.** יש בזה מקום עיון מאד. כי לפי המבואר בחזית. שע"י מלאך זהו נבואה סתמית. ומה שהוא נעלה מע"י מלאך זהו דיבור פא"פ. שזה מעלת משה. לפי המבואר בכאן משמע שבכל הנביאים אינו על ידי מלאך ובה נשתנו שהיה ע"י מלאך וצ"ע. ואולי אין כל המלאכים שוין כי יש מדרגות קטנות שיוכלו לקבל זאת: **גאי גוים.** מדכתיב גיים חסר כן פירש המ"כ. ואחז באנדריאנוס מפני שהוא ההיפך והניגוד אשר החריב בית מקדשינו: **שני שונאי.** המ"כ פירש שני כמו שנואי ואולי דייק ג"כ מן גיים חסר שהוא מלשון גי שהונח על דבר השפל ע"ד כל גי ינשא וכל שנאוי הוא שפל:

שְׁנֵי גֵיאֵי גוֹיִם בְּבִטְנֵךְ, אַדְרִיאָנוּס בָּאוּמּוֹת שְׁלֹמֹה בְּיִשְׂרָאֵל – Alternatively, the verse means: **Two rulers of nations are in your womb,** namely **Andrianos among the** idolatrous **nations** and King **Solomon among the Jews.**[93]Ⓐ דָּבָר אַחֵר שְׁנֵי שְׂנוּאֵי גוֹיִם בְּבִטְנֵךְ – **Alternatively:** The verse means that there are **two** people **hated by nations**[94] **in your womb,** כָּל הָאוּמּוֹת שׂוֹנְאִים אֶת עֵשָׂו, וְכָל הָאוּמּוֹת שׂוֹנְאִים אֶת יִשְׂרָאֵל – meaning that **all the** idolatrous **nations** will **hate Esau and all the** idolatrous **nations** will **hate the Jews.**[95] סַנְאֵיהוֹן דְּבָרְיָיךְ[96] בִּמְעַיִךְ דִּכְתִיב ״וְאֶת עֵשָׂו שָׂנֵאתִי״ – Alternatively: The verse means that **the enemy of your Creator is in your womb, as it is written:** ***But Esau I hated*** (*Malachi* 1:3).

□ וּשְׁנֵי לְאֻמִּים מִמֵּעַיִךְ יִפָּרֵדוּ – ***AND TWO REGIMES FROM YOUR INSIDES SHALL BE SEPARATED.***

אָמַר רַבִּי בֶּרֶכְיָה מִכָּאן שֶׁנּוֹלַד מָהוּל – **R' Berechyah said: From here** we learn **that [Jacob]**[97] **was born circumcised.**[98]

NOTES

93. Both Adrianos (Hadrian), who emerged from Esau, and King Solomon, who emerged from Jacob, were mighty rulers of their respective peoples (ibid.). See Insight Ⓐ.

94. The word שְׁנֵי here is interpreted homiletically as if it were written שְׂנוּאֵי, *hated*, and alludes to the fact that the two nations (שְׁנֵי גוֹיִם) in her womb will be hated by all the other nations (*Matnos Kehunah*, cited also by *Eitz Yosef*).

95. God notified her of this not to add to her already great suffering, but rather as a consolation: She is poised to give birth to two nations that will be so envied by the other nations as to be hated by them (*Eitz Yosef*).

96. Emendation follows *Eitz Yosef*. See similarly *Matnos Kehunah*. [Most editions have דבניא in place of דברייך.]

97. *Matnos Kehunah*.

98. The phrase *two regimes from your insides shall be separated* indicates that the two nations would be recognized as *separate*, i.e., different (spiritually), from the moment their founders emerged from the womb. Jacob's being born circumcised indicated that the nation of Israel was holy from its inception (*Eitz Yosef*; see also *Matnos Kehunah*).

INSIGHTS

everything in their path. Jacob's power is in his voice, the voice of Torah and prayer (*Divrei Shaarei Chaim*).

In the words of *R' S. R. Hirsch* (to this verse), "One [of the nations to be born to Rebecca] would build up its greatness on spirit and morals, on the humane in humans; the other would seek its greatness in cunning and strength. Spirit and brute strength, morality and violence oppose each other . . . The whole of history is nothing else than a struggle as to whether spirit or sword, or as our Sages put it, whether Caesarea or Jerusalem is to have the upper hand.

Ⓐ **Whose Blessing Is It?** The Midrash states that Rebecca was told that two future great men were in her womb, one who would be righteous and one who would not, and it gives examples of such diametrically opposed people. In his commentary to the Chumash, *Rashi* cites the Gemara's similar interpretation, that the verse alludes to the Roman emperor Antoninus and R' Yehudah HaNasi (known as "Rebbi"), the redactor of the Mishnah (*Avodah Zarah* 11a). The Gemara relates that these men were good friends, and that Antoninus acknowledged the primacy of Rebbi.

Rebecca was told that *the elder will serve the younger* (25:23). Simply understood, this means that if Jacob's descendants are worthy, they will be superior to Esau's. Accordingly, this is a blessing to Jacob.

R' Gedalyah Schorr (*Ohr Gedalyahu, Toldos*) offers a different interpretation. In reality, it is a blessing to Esau that he will subservient to the righteous Jacob. Esau's ultimate mission in life is to conquer the evil within himself and be dedicated to the Divine goodness, which is exemplified by Jacob. When evil people are triumphant, they are truly failures. Only when they subordinate themselves to those who represent God's wishes have they truly succeeded. This is what will happen in Messianic times when those who lead Israel out of exile will ascend Mount Zion and judge the mountain of Esau, and kingship will belong only to Hashem (*Obadiah* 1:21). This concept was exemplified by Antoninus and Rebbi, when the emperor recognized the superiority of the rabbi, and the powerful ruler subordinated himself to the exemplar of Torah.

וְכִי בָּתֵּי כְנֵסִיּוֹת וּבָתֵּי מִדְרָשׁוֹת הָיוּ בְּאוֹתָן הַיָּמִים, וַהֲלֹא ° לֹא הָלְכָה אֶלָּא לַמִּדְרָשׁ שֶׁל שֵׁם וְעֵבֶר, אֶלָּא °לְלַמֶּדְךָ שֶׁכָּל מִי שֶׁהוּא מַקְבִּיל פְּנֵי זָקֵן כִּמְקַבִּיל פְּנֵי שְׁכִינָה:

ז "וַיֹּאמֶר ה' לָהּ", רַבִּי יְהוּדָה בַּר סִימוֹן וְרַבִּי יוֹחָנָן בְּשֵׁם רַבִּי אֱלִיעֶזֶר בַּר רַבִּי שִׁמְעוֹן: [יב]מֵעוֹלָם לֹא נִזְקַק הַקָּדוֹשׁ בָּרוּךְ הוּא לְהָשִׂיחַ עִם אִשָּׁה אֶלָּא עִם אוֹתָהּ הַצַּדֶּקֶת וְאַף הִיא עַל יְדֵי עִילָּה. רַבִּי אַבָּא בַּר כָּהֲנָא אָמַר: כַּמָּה כִּרְכּוּרִין כִּרְכֵּר בִּשְׁבִיל לְהָשִׂיחַ עִמָּהּ שֶׁנֶּאֱמַר "וַיֹּאמֶר לֹא כִּי צָחָקְתְּ". וְהָכְתִיב (בראשית טז, יג) "וַתִּקְרָא שֵׁם ה' הַדֹּבֵר אֵלֶיהָ" °, רַבִּי לֵוִי בְּשֵׁם רַבִּי חָמָא בַּר רַבִּי חֲנִינָא אָמַר: עַל יְדֵי מַלְאָךְ, רַבִּי אֶלְעָזָר אָמַר: [יג]עַל יְדֵי שֵׁם בֶּן נֹחַ. "שְׁנֵי גוֹיִם בְּבִטְנֵךְ", שְׁנֵי גֵיאֵי גוֹיִם בְּבִטְנֵךְ, זֶה מִתְגָּאֶה בְּעוֹלָמוֹ וְזֶה מִתְגָּאֶה בְּמַלְכוּתוֹ. [יד]שְׁנֵי גֵיאֵי גוֹיִם בְּבִטְנֵךְ אַדְרִיָּאנוּס בָּאוּמוֹת, שְׁלֹמֹה בְּיִשְׂרָאֵל. דָּבָר אַחֵר שְׁנֵי שְׂנוּאֵי גוֹיִם בְּבִטְנֵךְ, כָּל הָאוּמוֹת, שׂוֹנְאִים אֶת עֵשָׂו, וְכָל הָאוּמוֹת שׂוֹנְאִים אֶת יִשְׂרָאֵל, סַנְאֵיהוֹן דִּבְנַיָּא ° בְּמֵעַיִךְ דִּכְתִיב (מלאכי א, ג) "וְאֶת עֵשָׂו שָׂנֵאתִי". "וּשְׁנֵי לְאֻמִּים מִמֵּעַיִךְ יִפָּרֵדוּ", אָמַר רַבִּי בֶּרֶכְיָה מִכָּאן שֶׁנּוֹלַד מָהוּל.

רש"י

(ז) אלא עם אותה צדקת. שרה: **אף היא ע"י עילה.** שאמר לה למה זה לחקה שרה:

עץ יוסף

בתי כנסיות כו'. דותלך משמע שהלכה אל מקום מיוחד וידוע לדרוש את ה' בו כגון בתי כנסיות וב"מ: **והלא לא הלכה אלא למדרשו של שם ועבר אלא ללמדך.** ג' הילקוט אלא לא הלכה אלא למדרשו של שם ועבר ללמדך. שכל מי כו'. ולפ"ז תרתי מילי נינהו. ובריש מתרץ דהא איכא מדרשו של שם ועבר. והדר קאמר דמהכא ילפינן המקביל פני זקן כו': **שכל מי שמקביל פני זקן כו'.** כי שכינתו יתברך מופיעה על הצדיק. ובהתקרבתו לצדיק יתדבק גם בו רוח הקדושה קצת ע"ד ואצלתי מן הרוח: (ז) **[ח] מעולם לא נזקק כו'.** כי על הרוב אין בכח האשה להשיג השגות נביאיות. כי אין כחה לזה. רק הצדקת הזאת מרוב צדקתה זכתה לזה: **על ידי עילה.** פי' סיבה: **כמה כרכורים כרכר.** פי' כמה גלגולים גלגל בשביל לדבר עמה: **והכתיב ותקרא שם ה' הדובר אליה.** ר' יהושע בר נחמיה בשם ר' אידי אמר ע"י מלאך והכתיב ויאמר ה' לה ר' לוי בשם ר' חמא כו'. כצ"ל וכן הוא לעיל פ"ך ופרשה מ"ח. ע"ש מ"ש: **[ט] שני גיאי גוים.** דמכיון דגיים כתיב חסר וא"ו דרשי' גאים: **זה מתגאה בעולמו.** פי' יעקב מתגאה בעולמו כי העולם נברא בשבילו וזוכה לעוה"ב. ועשו מתגאה במלכותו בעה"ז (יפ"ת): **אדריאנוס כו'.** שהיה מושל אדיר וכן שלמה: **שני שנואי גוים.** דריש שני כמו שנואי (מת"כ) וטעם הודעה זו לרבקה הוא דרך נחמה לה. שילאו ממנה חשובים בעולם עד שיהיו שנואים מלד קנאת העולם בהם: **סנאיהון דברייך במעיך.** כצ"ל פי' שונאו של הקב"ה והוא עשו. ולכך נאמר גיים חסר (נזה"ק): **ושני לאומים ממעיך יפרדו אמר רבי ברכיה מכאן שנולד יעקב מהול.** ר' חלבו אמר עד כאן קריין סבתא ורעמה וסבתכה ממך יקומון יהודאין וארמאין ולאום מלאום יאמץ ורב יעבוד לציר א"ר הונא. כצ"ל: **שנולד מהול.** ממעיך יפרדו משמע דמלידה ומבטן הם נפרדים ומתחלפים:

פירוש מהרז"ו

וכי בתי כנסיות כו'. פי' אלו היה ב"כ וב"מ שמתקבלים שם עשרה וכל בי עשרה שכינתא שריא ושייך לדרוש את ה'. אבל כיון שלא היה אז רק בית האבות ובית שם ועבר וממ"ש ותלך משמע למקום אחר. הרי מה שהלכה לבית שם ועבר כאלו אל ה' וכמ"ש באליהו חי ה' אשר עמדתי לפניו על שעמד לפני אחיה השילוני. ועי' לקמן סימן יו"ד כי שם חי עד שהיה יעקב בן נ' שנה. ועבר עד ע"ט ליעקב. וכמש"ל פס"ב ס"ס ג' בשם ס"ע. ועי' לעיל ס"פ מ"ח בשם תד"א כי שם בן נח נתנבא ת' שנה (ויתכן שחשבון ת' שנה מהמבול עד שהיה אברהם בן ק' שנה ונימול ונעשה כה"ג תחת שם. ע' לעיל פמ"ו סי' ה'. כי מהמבול עד הפלגה ש"מ שנה אותיות שם כמפורש במדרש שם. ואז היה אברהם בן מ"ח שנה ועוד כ"ב שנה עד שמל וזהו ערך ת' שנה) ולעיל פל"ז סי' ז' נביא גדול היה עבר ע"כ הלכה לדרוש מהם: (ז) **סנאיהון.** ד"א הוא. ועי' מ"כ: **שנולד מהול.** וזהו ממעיך יפרדו שמיד שנולד ויצא ממעי אמו נפרד מאחיו וניכר ע' ילקוט בראשית סי' ט"ז בשם אדר"ן. ובתנחומא נח סי' ה' ובמדרש תהלים ע' ממ"ש ממעיך יפרדו מכאן אנו לומדים שנולד יעקב מהול חד גזיר וחד לא גזיר. עוד שם מפסוק ויעקב איש תם. ועוד שם ממ"ש יעקב יעקב שכל מי שנכפל שמו נולד מהול:

חידושי הרד"ל

(ח) **[ז] זה מתגאה בעולמו.** פירש בעוה"ב (ויש לסמכו ללשון המקרא ישעיה ס') ושמתיך לגאון עולם):

חידושי הרש"ש

[ז] והכתיב ותקרא שם ה' כו'. כאן חסר ועיין לעיל פרשה כ' וסוף פרשה מ"ה ומ"ח. בשלימות:

מסורת המדרש

יב לעיל פרשה כ' ופרשה מ"ה ומ"ח. ירושלמי סוטה פ' ז'. מדרש תהלים מזמור ט'. ילוקט סדר לך לך רמז פ' וסדר וירא סימן י"ח:
יג אגדת בראשית פרק ע"ב:
יד ע' ברכות כ"ז:

אם למקרא

וַתִּקְרָא שֵׁם־ה' הַדֹּבֵר אֵלֶיהָ אַתָּה אֵל רֳאִי כִּי אָמְרָה הֲגַם הֲלֹם רָאִיתִי אַחֲרֵי רֹאִי: (בראשית טז:יג)

וְאֶת־עֵשָׂו שָׂנֵאתִי וָאָשִׂים אֶת־הָרָיו שְׁמָמָה וְאֶת־נַחֲלָתוֹ לְתַנּוֹת מִדְבָּר: (מלאכי א:ג)

מתנות כהונה

וכי בתי כנסיות שנאמר וגו'. והוה ליה למימר ותדרוש את ה': **הכי גרסינן בילקוט** אלא לא הלכה אלא למדרשו של שם ועבר ולמדך כו': **[ז] עם אותה צדקת.** ר"ל עם שרה ועיין לעיל פרשה כ' ופרשה מ"ז ומ"ח: **ה"ג על ידי מלאך** והכתיב ויאמר ה' לה רבי לוי אמר על ידי מלאך ר"א בשם רבי יוסי בן זמרא אמר על ידי שם כו': **גיאי גוים.** גיים כתיב דרש ביה לשון גאוה: **ה"ג שני גוים שנואי גוים.** ודרש שני כמו שנואי: **הכי גרסינן סנאי דברייהון במעיך.** פי' שונאו של הקב"ה במעייך וזה עשו וכדמפרש ואזיל ופירוש הכתוב הגוי השנוי הוא במעייך ובמדרש תהלים במזמור ט' משמע דגרסינן דבנייך ופירוש ששניהם שונאים זה את זה ולפי זה לא גרסינן דכתיב ואת עשו כו' וגם בשוחר טוב לא גרס ליה: **שנולד מהול.** יעקב אבינו ומיד בצאתו מן הבטן היה ניכר שהוא

נחמד למראה

[ז] ורב יעבוד צעיר אמר רב הונא אם זכה יעבוד ואם לאו יעבד. כבר אמרו המדקדקים כי פעל עבד הנקשר עם מלת את פירושו עובד לזולתו כמו ואת אחיך תעבוד (בראשית כ"ו) ואם הוא נקשר עם בי"ת המשמשת פירושו משעבד לזולתו כמו לא תעבוד בו עבודת עבד (ויקרא כ"ה) והנה כאן נאמר ורב יעבוד לציר שאינו נקשר לא עם מלת את ולא עם בי"ת המשמשת וא"כ בזכייה תליא מלתא וזהו שאמר רב הונא זכה יעבוד לא זכה יעבד:

אשד הנחלים

אין כאן מקומו להרחיב בזה: **כמקבל פני השכינה.** כי שכינתו ית' מופיעה על הצדיק. ובהתקרבותו לצדיק יתדבק גם בו רוח הקדושה קצת ע"ד ואצלתי מן הרוח: **[ז] להשיח עם אשה.** כי על הרוב אין בכח אשה להשיג השגות נבואיות. כי אין כחה לזה. רק עם הצדקת הזו שמרוב צדקתה זכתה לזה: **על ידי מלאך.** יש בזה מקום עיון מאד. כי לפי המבואר בחזית. שע"י מלאך זהו נבואה סתמית. ומה שהוא נעלה מע"י מלאך זהו דיבור פא"פ. שזה מעלת משה. לפי המבואר בכאן משמע שבכל הנביאים אינו על ידי מלאך ובה נשתנו שהיה ע"י מלאך וצ"ע. ואולי אין כל המלאכים שוין כי יש מדרגות קטנות שיוכלו לקבל זאת: **גאי גוים.** מדכתיב גיים חסר כן פירש המ"כ. ואחז באנדריאנוס מפני שהוא ההיפך והניגוד אשר החריב בית מקדשינו: **שני שונאי.** המ"כ פירש שני כמו שנואי ואולי דייק ג"כ מן גיים חסר שהוא מלשון גי שהונח על דבר השפל ע"ד כל גי ינשא וכל שנאוי הוא שפל:

☐ וּלְאֹם מִלְאֹם יֶאֱמָץ — *AND ONE REGIME SHALL BECOME STRONG FROM THE OTHER REGIME.*

רַבִּי חֶלְבּוֹ אָמַר: עַד כָּאן קָרַיִין "סַבְתָּה וְרַעְמָה וְסַבְתְּכָא" — **R' Chelbo said:** God was saying to her that **up until this point** in history, people who were born **were called** names like **Sabtah, Raamah, and Sabteca** (above, 10:7); מִינָּךְ יְקוּמוּן יְהוּדָאִין וְאַרְמָאִין — however, **from you will emerge the Jews and the Romans.**[99]

☐ וְרַב יַעֲבֹד צָעִיר — *AND THE ELDER SHALL SERVE THE YOUNGER.*

אָמַר רַבִּי הוּנָא אִם זָכָה יַעֲבוֹד וְאִם לָאו יֵיעָבֵד — **R' Huna said:** This means that **if [Jacob] is fortunate, [his elder brother Esau] will serve him, but if he is not** fortunate, **he will be worked** by Esau.[100]

וַיִּמְלְאוּ יָמֶיהָ לָלֶדֶת וְהִנֵּה תוֹמִם בְּבִטְנָהּ.
When her term to bear grew full, then behold! There were twins in her womb (25:24).

§8 וַיִּמְלְאוּ יָמֶיהָ לָלֶדֶת — ***WHEN HER TERM TO BEAR GREW FULL.***

The Midrash contrasts Rebecca's birth of twins with that of Tamar:

לְהַלָּן חֲסֵרִים וְכָאן מְלֵאִים — **Below,** in the case of Tamar (below, 38:27), the pregnancy lasted a **diminished number** of months,[101] **but here,** in the case of Rebecca, the pregnancy lasted a **full number** of months.[102] לְהַלָּן כְּתִיב "תְאוֹמִים", פֶּרֶץ וְזֶרַח שְׁנֵיהֶם צַדִּיקִים — A further distinction between the two: **Below,** in the case of Tamar, the word for *twins* is written "תאומים". This is because her twins, **Peretz and Zorach,**[103] **were both righteous.** וְכָאן תוֹמִים יַעֲקֹב צַדִּיק וְעֵשָׂו רָשָׁע — However **here,** in the case of Rebecca, the word for *twins* is written "תוֹמִם". This is because only **Jacob** was **righteous,** whereas **Esau** was **wicked.**[104]

וַיֵּצֵא הָרִאשׁוֹן אַדְמוֹנִי כֻּלּוֹ כְּאַדֶּרֶת שֵׂעָר וַיִּקְרְאוּ שְׁמוֹ עֵשָׂו.
The first one emerged red, entirely like a hairy mantle; so they named him Esau (25:25).

☐ וַיֵּצֵא הָרִאשׁוֹן אַדְמוֹנִי — *THE FIRST ONE EMERGED RED.*

The Midrash takes the word *first* that appears in *Leviticus* 23:40 and relates it to four other contexts (including ours) where the word appears:

אָמַר רַבִּי חַגַּי בְּשֵׁם רַבִּי יִצְחָק: בִּזְכוּת "וּלְקַחְתֶּם לָכֶם בַּיּוֹם הָרִאשׁוֹן" אֲנִי נִגְלֶה לָכֶם רִאשׁוֹן שֶׁנֶּאֱמַר "אֲנִי רִאשׁוֹן וַאֲנִי אַחֲרוֹן" — **R' Chaggai said in the name of R' Yitzchak:** God said: **In the merit of** fulfilling the command of ***You shall take for yourselves on the first day***[105] (*Leviticus* 23:40), **I,** who am referred to as ***first*****, will appear to you.**[106] That God is referred to as *first* is **as it states: *I am the first and I am the last*** (*Isaiah* 44:6). וּפוֹרֵעַ לָכֶם מִן הָרִאשׁוֹן, זֶה עֵשָׂו דִּכְתִיב "וַיֵּצֵא הָרִאשׁוֹן אַדְמוֹנִי" — **And** furthermore, I will **exact retribution from the** one who is called ***first*** **— this being Esau, as it is written** (in our present verse): ***The first one emerged red.***[107] וּבוֹנֶה לָכֶם רִאשׁוֹן, זֶה בֵּית הַמִּקְדָּשׁ דִּכְתִיב בֵּיהּ "כִּסֵּא כָבוֹד מָרוֹם מֵרִאשׁוֹן וְגוֹ'" — Moreover, I will **build for you the** building that is called ***first*** **— this being the Holy Temple, regarding which it is written: *Like the Throne of Glory, exalted from the first,*** *is the place of our sanctuary* (*Jeremiah* 17:12). וְאָבִיא לָכֶם רִאשׁוֹן, זֶה מֶלֶךְ הַמָּשִׁיחַ דִּכְתִיב בֵּיהּ "רִאשׁוֹן לְצִיּוֹן הִנֵּה הִנָּם" — **And** furthermore, **I will bring to you** the one who is called ***first*** **— this being the King Messiah, regarding whom it is written: *The first to come to Zion,***[108] ***behold! They are here!*** (*Isaiah* 41:27).Ⓐ

NOTES

99. That is, people who were born earlier resembled the likes of Sabtah, Raamah, and Sabteca, who founded only individual families or small nations. However, Rebecca was destined to produce great nations, namely, the Jews (through Jacob) and the Romans (through Esau) (see *Eitz Yosef,* from *Ohr HaSeichel*; *Imrei Yosher*).

[The Midrash appears to be saying that *one regime shall become strong from the other regime* is to be homiletically interpreted: "each of the regimes that descends from Rebecca shall be stronger than any of the regimes that descended from people who lived previously." See, however, *Imrei Yosher*, who writes that our Midrash is in fact expounding the verse's *preceding* phrase, *and two regimes from your insides shall be separated*, the two regimes referring to the Jewish and Roman nations. *Imrei Yosher* may not have had the same text as ours.]

100. Had the verse stated וְרַב יַעֲבֹד אֶת הַצָּעִיר, it could only have meant *the elder shall serve the younger* (for the word אֶת always appears between a verb and its definite direct object). However, since the verse omits the word אֶת, it is unclear who is the subject and who is the object, i.e., who is serving whom. R' Huna thus suggests that (homiletically speaking) both are indeed potential scenarios, depending on Jacob's degree of merit (*Eitz Yosef,* from *Abarbanel*).

Alternatively: The phrase וְרַב יַעֲבֹד צָעִיר clearly means *the elder shall serve the younger.* However, in the Torah there are no vowels, and the word יעבד can also be read יֵעָבֵד, which means *shall be served*. It is thus unclear who is serving whom, and R' Huna is suggesting that (homiletically speaking) both are possible, as above (*Matnos Kehunah*).

101. Tamar's pregnancy was not full term. The commentators debate if she gave birth after seven months (*Rashi* ad loc.), in her seventh month (*Eitz Yosef*), or in her ninth month (*Rashash*).

102. Rebecca's pregnancy was full term, lasting a complete nine months.

The Midrash's basis for the distinction between Tamar and Rebecca is the language used by Scripture to describe the two births: In connection with Rebecca's birth, our verse states that her term *grew full*; in connection with Tamar's birth, 38:27 states simply: *And it came to pass at the time she gave birth, etc.* (*Eitz Yosef*).

103. Below, 38:29-30.

104. That Tamar's twins are referred to with the expanded spelling, תְּאוֹמִים, is reflective of their mutual righteousness. Rebecca's twins, however, who were not both mutually righteous, are referred to with the abbreviated spelling, תוֹמִם (without an *aleph* [and without a *yud*]), which alludes to the fact that only one of them (i.e., Jacob) was righteous (תָּמִים) (*Matnos Kehunah, Eitz Yosef*).

105. The verse is referring to the taking of the Four Species on Succos.

106. By fulfilling the commandment of the Four Species, that is referred to with the use of the word *first*, the Jewish people will merit the revelation of God, Who is likewise called *first*.

107. Retribution from Esau (called *first*) and his descendants for all the suffering they caused the Jewish people throughout history is yet another benefit the Jewish people will reap for fulfilling that commandment.

108. As interpreted by our Midrash, this verse refers to the Messiah as the *first* in [the rebuilt] Zion (for the Messiah will be the king and ruler there). See Insight Ⓐ.

INSIGHTS

Ⓐ **First for First** R' Azariah Figo (*Bina LeIttim, Derush* §15) explains the connection between the taking of the Four Species on Succos and the four subsequent rewards mentioned by the Midrash: (1) God's revelation; (2) retribution from our enemies; (3) the Rebuilding of the Holy Temple; and (4) the arrival of the Messiah:

God imbued the Jewish people with the potential for dominion over all other creations, including not only the animal and plant kingdoms, but even the angels living in the upper realms as well [see below, 65 §21]. The Four Species symbolize this dominion of Israel over all life forms in creation. The *lulav,* through the height of its growth, is symbolic of all plant life. The *hadas,* whose leaf appears similar to an eye (see *Vayikra Rabbah* 30 §14), symbolizes the animal kingdom with its five senses, the most significant of which is the gift of sight. The *aravah,* whose leaf is similar in appearance to lips (ibid.), represents humanity, which is distinguished from other creations by its ability to speak. These three species represent the gamut of living creatures in the lower realms, and therefore, on Succos they are all bound together. The fourth of the species is the *esrog*; its spherical shape is representative of the angels,

״וּלְאֹם מִלְאֹם יֶאֱמָץ״, רַבִּי חֶלְבּוֹ אָמַר: עַד כָּאן קְרָיָין (בראשית י, ז) ״סַבְתָּה וְרַעְמָה וְסַבְתְּכָא״, מִינָּךְ יְקוּמוּן יְהוּדָאִין וְאַרְמָאִין. ״וְרַב יַעֲבֹד צָעִיר״, אָמַר רַבִּי הוּנָא: אִם זָכָה יַעֲבוֹד וְאִם לָאו יֵיעָבֵד:

ח [כה, כד] ״וַיִּמְלְאוּ יָמֶיהָ לָלֶדֶת״, לְהַלָּן חֲסֵרִים וְכָאן מְלֵאִים, לְהַלָּן כְּתִיב (לקמן לח, כז) ״תְאוֹמִים״, פֶּרֶץ וְזֶרַח שְׁנֵיהֶם צַדִּיקִים, וְכָאן תוֹמִים יַעֲקֹב צַדִּיק וְעֵשָׂו רָשָׁע. [כה, כה] ״וַיֵּצֵא הָרִאשׁוֹן אַדְמוֹנִי״, אָמַר רַבִּי חַגַּי בְּשֵׁם רַבִּי יִצְחָק: [טו]בִּזְכוּת (ויקרא כג, מ) ״וּלְקַחְתֶּם לָכֶם בַּיּוֹם הָרִאשׁוֹן״, אֲנִי נִגְלֶה לָכֶם רִאשׁוֹן שֶׁנֶּאֱמַר (ישעיה מד, ו) ״אֲנִי רִאשׁוֹן וַאֲנִי אַחֲרוֹן״, וּפוֹרֵעַ לָכֶם מִן הָרִאשׁוֹן זֶה עֵשָׂו דִּכְתִיב ״וַיֵּצֵא הָרִאשׁוֹן אַדְמוֹנִי״, וּבוֹנֶה לָכֶם רִאשׁוֹן, זֶה בֵּית הַמִּקְדָּשׁ דִּכְתִיב בֵּיהּ (ירמיה יז, יב) ״כִּסֵּא כָבוֹד מָרוֹם מֵרִאשׁוֹן וְגוֹ׳״, וְאָבִיא לָכֶם רִאשׁוֹן, זֶה מֶלֶךְ הַמָּשִׁיחַ דִּכְתִיב בֵּיהּ (ישעיה מא, כז) ״רִאשׁוֹן לְצִיּוֹן הִנֵּה הִנָּם״. [טז]דָּבָר אַחֵר ״וַיֵּצֵא הָרִאשׁוֹן אַדְמוֹנִי״, לָמָּה יָצָא עֵשָׂו תְּחִלָּה כְּדֵי שֶׁיֵּצֵא הוּא וְתֵצֵא סַרְיוּתוֹ עִמּוֹ. אָמַר רַבִּי אַבָּהוּ: כְּהָדֵין פָּרָבִיטָא שֶׁהוּא מְשַׁטֵּף אֶת בֵּית הַמֶּרְחָץ וְאַחַר כָּךְ מַרְחִיץ בְּנוֹ שֶׁל מֶלֶךְ, כָּךְ לָמָּה יָצָא עֵשָׂו תְּחִלָּה כְּדֵי שֶׁיֵּצֵא הוּא וְתֵצֵא סַרְיוּתוֹ עִמּוֹ. מַטְרוֹנָא שָׁאֲלָה אֶת רַבִּי יוֹסֵי בֶּן חֲלַפְתָּא אָמְרָה לֵיהּ: לָמָּה יָצָא עֵשָׂו תְּחִלָּה, אָמַר לָהּ טִיפָּה רִאשׁוֹנָה שֶׁל יַעֲקֹב הָיְתָה. אָמַר לָהּ: מָשָׁל אִם תַּנִּיחִי שְׁתֵּי מַרְגָּלִיּוֹת בִּשְׁפוֹפֶרֶת אַחַת לֹא זוֹ שֶׁאַתְּ נוֹתְנָהּ רִאשׁוֹנָה יוֹצְאָה אַחֲרוֹנָה, כָּךְ טִיפָּה רִאשׁוֹנָה שֶׁל יַעֲקֹב הָיְתָה. ״אַדְמוֹנִי״, אָמַר רַבִּי אַבָּא בַּר כַּהֲנָא: כְּאִלּוּ שׁוֹפֵךְ דָּמִים. [יז]וְכֵיוָן שֶׁרָאָה שְׁמוּאֵל אֶת דָּוִד אַדְמוֹנִי דִּכְתִיב (שמואל-א טז, יב) ״וַיִּשְׁלַח וַיְבִיאֵהוּ וְהוּא אַדְמוֹנִי״, נִתְיָרֵא וְאָמַר אַף זֶה שׁוֹפֵךְ דָּמִים כְּעֵשָׂו, אָמַר לוֹ הַקָּדוֹשׁ בָּרוּךְ הוּא: ״עִם יְפֵה עֵינַיִם״, עֵשָׂו מִדַּעַת עַצְמוֹ הוּא הוֹרֵג אֲבָל זֶה מִדַּעַת סַנְהֶדְרִין הוּא הוֹרֵג.

חידושי הרד"ל

(ט) סבתא ורעמה כו׳. עמ"ש בהגהותיי ריש רות רבה בס"ד בזה:

באור מהרי"פ

[ח] פרביטא. בערוך גרס פרכיטא (וכל"ל במ"כ) ופירש בלן. ורב"מ פי׳ בל"י שמש הבלן הזורק מים על הגרחלים: עם מטעמי. בת"י כי בא השמש טמעת שמשא. ערוך:

עץ יוסף

עד כאן קריין כו׳. שאותן לא היו נחלקות אלא למשפחות והיו אומות קטנות. אבל אלו יהיו נחלקות לשני אומות גדולות שיתמלא העולם מהם (הא"ב"א): **אם זכה יעבוד כו׳.** ר"ל מפני שלא נאמר את צעיר או בצעיר. ולפיכך תלוי בבחירתו מפני שמלת את מורה על הנפעל: (ח) **להלן חסרים כו׳.** כלו׳ מה ששינה הכתוב דהכא כתיב וימלאו ימיה ללדת. ואילו בתמר כתיב ויהי בעת לדתה. היינו משום דלהלן לא מלאו חדשי העבור כי לששה חדשים וששה ימים ילדה כדפרש"י וכאן היו מלאים: **תאומים.** מלא. רמז ששניהם תמימים. וכאן חסר דכתיב תומים רמז שאין תמים אלא אחד: [י] **ויצא הראשון כו׳.** הראשון בה׳ הידיעה לומר כאן יצא הראשון הידוע: **ראשון לציון.** היינו משיח: [יא] **למה יצא עשו תחלה.** דכיון דיעקב בכור שהוא מטיפה ראשונה כדבסמוך למה יצא עשו תחילה: **ותצא סרייתו עמו.** כי בפטר רחם הדם והסריות ניגר והיוצא ראשונה יתלכלך בהם: **כהדין פרביטא.** הוא שמש הבלן זורק מים על הגרחלים (מוסף הערוך): **אמר לה טיפה ראשונה של יעקב היתה משל אם תניח כו׳.** כל"ל ומלת אמר לה השני מיותר ונמחק (יפ"ת) ור"ל דודאי לגבי בכור לנחלה בפטר רחם תלה רחמנא היוצא תחילה באויר עוה"ז. אבל קדימת היצירה הוא תועלת יותר בשלימות הנפש: **אדמוני כאילו שופך דמים.** אמר כאילו מפני שאז לא היה עדיין שופך דמים: **מדעת סנהדרין.** והיינו יפה עינים דסנהדרין איקרו עינים כמד"א

פירוש מהרז"ו

קריין סבתא ורעמה. ע׳ שמ"ר פמ"ז סס"ג וברש רות ופי׳ שהן מן ע׳ בני נח הכתובים בסוף סדר נח אחר המבול שנעשו לאומות מיוחדות בעולם. והנולדים מהם נחשבו ע"ש אבותיהם. וממך יצאו שני גוים שלא יחשבו ע"ש ב"כ כ"א גוים בפ"ע. וכ"מ במדרש תהלים ט׳ מנח העמדתי ע׳ אומות ואת שני גוים וע"ל פל"ח ס"ס יו"ד וש"נ ובהפלגה נחסרו מן ע׳ ב"כ ל׳ משפחות ונתמלאו מאברהם י"ב מישמעאל ט"ז מקטורה וב׳ מרבקה. וצ"ע למה מבני קטורה חושב בני בנים וברבקה לא חשיב רק בנים ולא י"ב שבטים ואלופי עשו וזה ראיה למש"ל ס"פ כ"א שכל מי שנולד ממשפחת אברהם בחייו נעשו לאומות מיוחדות וע"כ בני לוט ונחור נעשו אומות. רק שבמספר ע׳ אומות לא נחשבו רק זרע אברהם לבד שנולדו בחייו לא כן השבטים ואלופי עשו שנולדו אחר מותו. שהרי מת כשהיו יעקב ועשו בני ט"ו שנה. כי אברהם לבדו הוא אב המון גוים ובני לוט ונחור אינם זרע אברהם ע"כ אינם מחשבון הע׳ כן נ"ל: (ח) **להלן.** אצל תמר לא כתיב וימלאו ימיה שלא מלאו ט׳ חדשים וכאן וימלאו ט׳ שלמים ע"פ מדה ט"ז וע׳ לקמן פר׳ פ"ה סי׳ י"ג: **בזכות ולקחתם.** עיין ויקרא רבה סוף פ"ל וש"נ: **מרום מראשון.** וס"ד מקום מקדשנו:

מסורת המדרש

טו פסחים ה׳. שמ"ר פרשה ט"ו. ויק"ר פ׳ ל׳. פסיקתא דר"כ פ׳ כ"ח. ילקוט כאן רמז ק"י. ילקוט ירמיה רמז רצ"ח:
טז ילקוט כאן רמז ק"י:
יז ילקוט שמואל א׳ רמז קכ"ד:

אם למקרא

וּבְנֵי כוּשׁ סְבָא וַחֲוִילָה וְסַבְתָּה וְרַעְמָה וְסַבְתְּכָא וּבְנֵי רַעְמָה שְׁבָא וּדְדָן: (בראשית י:ז)

וַיְהִי בְּעֵת לִדְתָּהּ וְהִנֵּה תְאוֹמִים בְּבִטְנָהּ: (בראשית לח:כז)

וּלְקַחְתֶּם לָכֶם בַּיּוֹם הָרִאשׁוֹן פְּרִי עֵץ הָדָר כַּפֹּת תְּמָרִים וַעֲנַף עֵץ־עָבֹת וְעַרְבֵי־נָחַל וּשְׂמַחְתֶּם לִפְנֵי ה׳ אֱלֹהֵיכֶם שִׁבְעַת יָמִים: (ויקרא כג:מ)

כֹּה־אָמַר ה׳ מֶלֶךְ־יִשְׂרָאֵל וְגֹאֲלוֹ ה׳ צְבָאוֹת אֲנִי רִאשׁוֹן וַאֲנִי אַחֲרוֹן וּמִבַּלְעָדַי אֵין אֱלֹהִים: (ישעיה מד:ו)

כִּסֵּא כָבוֹד מָרוֹם מֵרִאשׁוֹן מְקוֹם מִקְדָּשֵׁנוּ: (ירמיה יז:יב)

רִאשׁוֹן לְצִיּוֹן הִנֵּה הִנָּם וְלִירוּשָׁלַ͏ִם מְבַשֵּׂר אֶתֵּן: (ישעיה מא:כז)

וַיִּשְׁלַח וַיְבִיאֵהוּ וְהוּא אַדְמוֹנִי עִם־יְפֵה עֵינַיִם וְטוֹב רֹאִי וַיֹּאמֶר ה׳ קוּם מְשָׁחֵהוּ כִּי־זֶה הוּא: (שמואל א טז:יב)

רש"י

(ח) **כהדין פרביטא.** בלן:

מתנות כהונה

קדוש לה׳: **סבתא כו׳.** כולם אינם אלא שם משפחות וממך יעמדו אומות שלימות חלוקות כל העולם לצד א׳ ארמאין ויהודאין לצד אחד נפרדים באמונתם: **יעבד.** חסר וי"ו כתיב קרי ביה יעבד ועיין סוף סדר זה: [ח] **להלן.** גבי תמר: **תומים.** חסר אל"ף: **הכי גרסינן ביום הראשון** נגלה כו׳: **סריותו.** הסרחון ודם של לידה וכן פירש החזקוני ובערוך גרס סרכתו: **פרביטא כו׳.** בעל המרחץ ובערוך גרס פרפוטא של יעקב ולפיכך יצא באחרונה כמפורש ואזיל: **ה"ג של יעקב היתה משל אם תניחו שתי כו׳: שאת נותנת** גרסינן: **מדעת סנהדרין.** שנקראו עינים כמא דאת אמר עיניך כיונים:

אשד הנחלים

עד כאן. עיין במ"כ וזה לאומים אומה שלימה לא משפחה לבד: **אם זכה יעבוד.** ולכן לא כתיב בסימן הפעול את הצעיר כדי שיובן ג"כ ההיפך של רב יעבד הצעיר אם לא יזכה. וזהו בשאין עושין רצונו של מקום: [ח] **להלן מלאים** כצ"ל: **וכאן תאומים.** כן צ"ל: **אני נגלה לכם ראשון.** נ"ל דהכוונה על מדריגת הנבואה הראשונה במעלה שיזכו בני ישראל לע"ל בזה. וזהו אני ראשון ואני אחרון. כי יש השגה המכונה בראשון והוא המעלה העליונה. ויש השגה אחרונה קטנה. וכולם מאת ה׳ וחשב כמה ענינים שנקראים מהם ראשון והם המעלה הראשונה. הן בקדושת הזמן כמועד. והן בקדושת המקום. כמקדש שהוא הראשון במעלה ובמקום. והן הראשון בהשגה. וזהו אני ראשון והגאולה ע"י הראשון במעלה ובמדריגת הנבואה וזה מלך המשיח: **סרייתו עמו.** ודם הלידה כי הדמים הללו הם פועלי במזג הוולד בעת צאתו לעולם לרע. כנודע בטבעיות: **טיפה ראשונה.** קושייתו היתה אם יעקב הי׳ במעלה ממנו מדוע לא נולד ראשון. כי הבכור הוא במעלה. כי הוא כחו וראשית אונו. ולזה השיבה שאדרבא נהפוך הוא שמזה מוכח שטיפה ראשונה היתה של יעקב וא"כ היא ראשית אונו ואין להקשות לפ"ז א"כ בתאומים הבכור איננו במעלה כ"א השני. ויש ליישב דכאן מוכרח לומר דיעקב היה תחילה כיון שידו אוחזת בעקב עשו ודוחק עצמו לצאת ראשונה מזה מוכח כי ראשית אונו וכחו הוא ולכן התחזק ראשונ׳ לצאת: **כאלו שופך דמים.** מלת כאלו אין לו הסבר ואולי לא גרסינן: **מדעת סנהדרין.** שהם עיני העדה. ולכן כתיב מלת עם שכפי פשוטו הל"ל ויפי עינים א"ו שבא

The Midrash offers another exposition of our verse:

דָּבָר אַחֵר "וַיֵּצֵא הָרִאשׁוֹן אַדְמוֹנִי" — Another interpretation: ***The first one emerged red.*** **לָמָּה יָצָא עֵשָׂו תְּחִלָּה — Why did Esau emerge first?**[109] **כְּדֵי שֶׁיֵּצֵא הוּא וְתֵצֵא סַרְיוּתוֹ עִמּוֹ — So that he and his stench should emerge with him** first.[110] **אָמַר רַבִּי אַבָּהוּ כְּהָדֵין פָּרְבִיטָא שֶׁהוּא מְשַׁטֵּף אֶת בֵּית הַמֶּרְחָץ וְאַחַר כָּךְ מַרְחִיץ בְּנוֹ שֶׁל מֶלֶךְ — R' Abahu said:** This is **analogous to this bathing attendant who first washes out the bathhouse and** only **then washes the king's son. כָּךְ לָמָּה יָצָא עֵשָׂו תְּחִלָּה כְּדֵי שֶׁיֵּצֵא הוּא וְתֵצֵא סַרְיוּתוֹ עִמּוֹ — Similarly, why did Esau emerge first? In order that he and his stench emerge with him** first.Ⓐ

The Midrash relates a story where a practical explanation is given for how Esau came to be born first:

מַטְרוֹנָא שָׁאֲלָה אֶת רַבִּי יוֹסֵי בֶּן חֲלַפְתָּא אָמְרָה לֵיהּ: לָמָּה יָצָא עֵשָׂו תְּחִלָּה — A matron asked R' Yose ben Chalafta a question. **She said to him: Why did Esau emerge first? אָמַר לָהּ: טִיפָּה רִאשׁוֹנָה שֶׁל יַעֲקֹב הָיְתָה — He said to her: The first drop** of semen **was Jacob's.**[111] **אָמַר לָהּ**[112] **— He said to her** further, in explanation: **מָשָׁל אִם תַּנִּיחִי שְׁתֵּי מַרְגָּלִיּוֹת בִּשְׁפוֹפֶרֶת אַחַת לֹא זוֹ שֶׁאַתְּ נוֹתְנָהּ רִאשׁוֹנָה יוֹצְאָה אַחֲרוֹנָה —** This bears **an analogy: If you were to place two pearls in a tube** whose opening is narrow, **is it not the one that you placed** in it **first** that **emerges last? כָּךְ טִיפָּה רִאשׁוֹנָה שֶׁל יַעֲקֹב הָיְתָה — So** too, **the first drop was Jacob's.**[113]

❒ **אַדְמוֹנִי** — ***RED.***

What is the significance of the fact that Esau emerged *red*? The Midrash explains:

אָמַר רַבִּי אַבָּא בַּר כָּהֲנָא כְּאִלּוּ שׁוֹפֵךְ דָּמִים — R' Abba bar Kahana said: It is as if he was a spiller of blood.[114] **וְכֵיוָן שֶׁרָאָה שְׁמוּאֵל אֶת דָּוִד אַדְמוֹנִי דִּכְתִיב "וַיִּשְׁלַח וַיְבִיאֵהוּ וְהוּא אַדְמוֹנִי" —** And it was for this reason that **when Samuel saw that** King **David was red, as it is written:** ***And he sent and brought him in, he was ruddy*** *with fair eyes and a pleasing appearance* (*Samuel* 16:12), **נִתְיָירֵא וְאָמַר אַף זֶה שׁוֹפֵךְ דָּמִים כְּעֵשָׂו — he became afraid, and he said: He too will be a spiller of blood like Esau! אָמַר לוֹ הַקָּדוֹשׁ בָּרוּךְ הוּא "עִם יְפֵה עֵינַיִם" — The Holy One, blessed is He, said to [Samuel]:** ***with fair eyes*** (ibid.);[115] **עֵשָׂו מִדַּעַת עַצְמוֹ הוּא הוֹרֵג אֲבָל זֶה מִדַּעַת סַנְהֶדְרִין הוּא הוֹרֵג — Esau killed on his own volition, but [King David] killed based on the knowledge** and consent **of the Sanhedrin.**[116]

NOTES

109. Given that Jacob was formed from the first drop of semen and Esau from the second, as the Midrash will say below, why did Esau emerge first (*Eitz Yosef*) and thus make it necessary for Jacob to have to go to the trouble of purchasing the birthright? (*Yefeh To'ar*).

110. Typically, blood and other putrid material emerge along with the firstborn child. So that the righteous Jacob would not have to be exposed to these, God arranged that he emerge second (*Eitz Yosef*).

111. Jacob emerged after Esau because Jacob was formed from the first drop of semen that he, as R' Yose ben Chalafta proceeds to explain.

112. Some commentators omit these words, deeming them superfluous (*Eitz Yosef,* from *Yefeh To'ar*).

113. Since the drop that entered first was the one that formed Jacob, he emerged second; Esau, who was formed second, emerged first.

Although the twin that exits his mother's womb first has the legal status of firstborn with regard to the laws of inheritance (even though he was formed second), it was still advantageous for Jacob to be formed first (and exit the womb last) because it is the twin who is formed first who has the greater inherent potential to attain spiritual perfection (*Eitz Yosef*).

114. His redness was an indication of his murderous character. [Although Esau did in fact go on to become a murderer, the Midrash here uses the phrase "as if" because at this point he had not yet committed any acts of murder (ibid.).]

115. The words *with fair eyes* are interpreted by the Midrash as a response by God to Samuel's concern upon seeing David's redness. See further.

116. E.g., when the Sanhedrin gave him permission to go to war (see

INSIGHTS

who dwell in the upper "spheres." It is not bound together with the other species, just as the upper spheres are a separate entity from the lower world. On Succos, we take all Four Species together and wave them; we have full control of how the species move, in the same way that Israel has the ability to exhibit full control over all creations.

The holiday of Succos has another major mitzvah: dwelling in the *succah*. The *succah* represents our subservience to God — we leave the comfort and security of our homes and dwell in simple huts with no worldly distractions, where it is clear that God is our only Protector. These two concepts (dominance over creation and subservience to God) are not mutually exclusive; in fact they complement each other. The dominion over all creation, represented by the Four Species, can be achieved only through our subservience to God, symbolized by the *succah*.

Unfortunately, during our nation's long exile, this dominance seems non-existent. If anything, the opposite seems true: the nations of the world have been able to subjugate and constantly dominate us. The Midrash gives hope to the Jewish people: if we continue to fulfill the commandment of the Four Species, God will soon reveal Himself to us and restore us to our status of ascendency over all of creation (see also *Yefeh To'ar* at length).

Ⓐ **First and Foremost** *Beis HaLevi* explains the thrust of the Midrash's question (Why did Esau emerge first?), as well as the point of R' Abahu's parable (of the bathhouse attendant), in the following manner. As a rule, what comes first is the root, or basis, for that which follows afterward. Additionally, what comes first generally ranks higher in importance than what comes second (for example: a firstborn son). However, not every time Scripture uses the word רִאשׁוֹן is the translation "first." The Gemara (*Pesachim* 5a) distinguishes between where Scripture refers to something as רִאשׁוֹן and where it refers to it as הָרִאשׁוֹן. The word רִאשׁוֹן, without a *hei,* means first. What follows that first thing is thus secondary to it. The first day of a long Yom Tov, for example, is primary, while the days that follow it are secondary. But where the Torah writes הָרִאשׁוֹן, with a *hei,* the meaning is not the *first,* but rather the *preceding*. The Gemara (there) interprets the phrase בַּיּוֹם הָרִאשׁוֹן in the verse אַךְ בַּיּוֹם הָרִאשׁוֹן תַּשְׁבִּיתוּ שְּׂאֹר מִבָּתֵּיכֶם (*Exodus* 12:15) as referring to the day *preceding* Pesach (i.e., Erev Yom Tov), rather than the first day of Pesach. (The verse thus means: *but on the* ***preceding*** *day you shall eliminate leaven from your homes.*) One would not say that Erev Yom Tov is *first* and Yom Tov second. Rather, he would say that Erev Yom Tov *precedes* the first day of Yom Tov.

Beis HaLevi offers an illustration: When the king walks down the boulevard with his deputies and ministers behind him, we say that the king walks first. Though it is well known that ahead of the king come servants to clear a path for him and criers to proclaim his arrival, no one would say that they walk first and the king second. The servants and criers *precede* the king, but they are not *first.* They are called הָרִאשׁוֹנִים, with a *hei,* whereas the king, who walks after them, is רִאשׁוֹן.

The Torah does not call Esau רִאשׁוֹן, *first*. Rather, it calls him הָרִאשׁוֹן, with a *hei,* meaning the *preceding* one. Similarly, the Torah does not state וְאַחֲרָיו יָצָא אָחִיו which would mean: after *him* (Esau) *emerged his brother* (Jacob). Rather, it states, וְאַחֲרֵי כֵן יָצָא אָחִיו, *and afterward emerged his brother,* implying: after this preparation and the benefit it wrought, Jacob emerged.

This is the point of the Midrash's question. What was the benefit that emerged from Esau's prior birth, to which the verse alludes when it calls him *the preceding one*? The Midrash answers that the benefit was that Esau prepared the way for Jacob by taking the filth of childbirth along with him. R' Abahu brings out this point with the parable of the bathhouse attendant who enters to hose down the bathhouse before the prince bathes. No one would say that the prince is secondary to the bathhouse attendant. Rather, after the bathhouse attendant's preparatory act of cleansing the bathhouse, the prince bathes.

Already at their births the prophecy told to Rebecca, *the elder shall serve the younger* (above, 25:23), was fulfilled, because with his birth Esau performed an act of servitude for his younger brother.

חידושי הרד"ל

(ט) **סבתא ורעמה** **כו'.** עמ"ש בהגהותיי ריש רות רבה בס"ד בזה:

באור מהרי"פ

[ח] **פרביטא.** בערוך גרס פרכיטא (וכנ"ל במ"כ) ופירש בלן. ורב"מ פי' בל"י שמש הבלן הזורק מים על הגרחלים: **עם מטעמי.** בת"י כי בא השמש טמעת שמשא. ערוך:

עץ יוסף

עד כאן קריין כו'. שאותן לא היו נחלקות אלא למשפחות והיו אומות קטנות. אבל אלו יהיו נחלקות לשני אומות גדולות שיתמלא העולם מהם (הא"ב"א): **אם זכה יעבוד כו'.** ר"ל מפני שלא נאמר את לעיר או בלעיר. ולפיכך תלוי בבחירתו מפני שמלת את מורה על הנפעל: (ח) **להלן חסרים כו'.** כלו' מה ששינה הכתוב דהכא כתיב וימלאו ימיה ללדת. ואילו בתמר כתיב ויהי בעת לדתה. היינו משום דלהלן לא מלאו חדשי העבור כי לששה חדשים וששה ימים ילדה כדפרש"י וכאן היו מלאים: **תאומים.** מלא. רמז ששניהם תמימים. וכאן חסר דכתיב תומים רמז שאין תמים אלא אחד: [י] **ויצא הראשון כו'.** הראשון בה' הידיעה לומר כאן יצא הראשון הידוע: **ראשון לציון.** היינו משיח: [יא] **למה יצא עשו תחלה.** דכיון דיעקב בכור שהוא מטיפה ראשונה כדבסמוך למה יצא עשו תחילה: **ותצא סרייתו עמו.** כי בפטר רחם הדם והסריות ניגר והיוצא ראשונה יתלכלך בהם: **כהדין פרביטא.** הוא שמש הבלן זורק מים על הגרחלים (מוסף הערוך): **אמר לה טיפה ראשונה של יעקב היתה משל אם תניח כו'.** כנ"ל ומלת אמר לה השני מיותר ונמחק (יפ"ת) ור"ל דודאי לגבי בכור לנחלה בפטר רחם תלה רחמנא היוצא תחילה באויר עוה"ז. אבל קדימת הילירה הוא תועלת יותר בשלימות הנפש: **אדמוני כאילו שופך דמים.** אמר כאילו מפני שאז לא היה עדיין שופך דמים: **מדעת סנהדרין.** והיינו יפה עינים דסנהדרין איקרו עינים כמד"א

מדרש

"וּלְאֹם מִלְאֹם יֶאֱמָץ", רַבִּי חֶלְבּוֹ אָמַר: עַד כָּאן קְרָיָין (בראשית י, ז) "סַבְתָּה וְרַעְמָה וְסַבְתְּכָא", מִינָּךְ יְקוּמוּן יְהוּדָאִין וְאַרְמָאִין. "וְרַב יַעֲבֹד צָעִיר", אָמַר רַבִּי הוּנָא: אִם זָכָה יַעֲבוֹד וְאִם לָאו יֵיעָבֵד:

ח [כה, כד] "וַיִּמְלְאוּ יָמֶיהָ לָלֶדֶת", לְהַלָּן חֲסֵרִים וְכָאן מְלֵאִים, לְהַלָּן כְּתִיב (לקמן לח, כז) "תְאוֹמִים", פֶּרֶץ וְזֶרַח שְׁנֵיהֶם צַדִּיקִים, וְכָאן תוֹמִים יַעֲקֹב צַדִּיק וְעֵשָׂו רָשָׁע. [כה, כה] "וַיֵּצֵא הָרִאשׁוֹן אַדְמוֹנִי", אָמַר רַבִּי חַגַּי בְּשֵׁם רַבִּי יִצְחָק: [טו] בִּזְכוּת (ויקרא כג, מ) "וּלְקַחְתֶּם לָכֶם בַּיּוֹם הָרִאשׁוֹן", אֲנִי נִגְלֶה לָכֶם רִאשׁוֹן שֶׁנֶּאֱמַר (ישעיה מד, ו) "אֲנִי רִאשׁוֹן וַאֲנִי אַחֲרוֹן", וּפוֹרֵעַ לָכֶם מִן הָרִאשׁוֹן זֶה עֵשָׂו דִּכְתִיב "וַיֵּצֵא הָרִאשׁוֹן אַדְמוֹנִי", וּבוֹנֶה לָכֶם רִאשׁוֹן, זֶה בֵּית הַמִּקְדָּשׁ דִּכְתִיב בֵּיהּ (ירמיה יז, יב) "כִּסֵּא כָבוֹד מָרוֹם מֵרִאשׁוֹן וְגוֹ'", וְאָבִיא לָכֶם רִאשׁוֹן, זֶה מֶלֶךְ הַמָּשִׁיחַ דִּכְתִיב בֵּיהּ (ישעיה מא, כז) "רִאשׁוֹן לְצִיּוֹן הִנֵּה הִנָּם". [טז] דָּבָר אַחֵר "וַיֵּצֵא הָרִאשׁוֹן אַדְמוֹנִי", לָמָּה יָצָא עֵשָׂו תְּחִלָּה כְּדֵי שֶׁיֵּצֵא הוּא וְתֵצֵא סַרְיוּתוֹ עִמּוֹ. אָמַר רַבִּי אַבָּהוּ: כְּהָדֵין פָּרָבִיטָא שֶׁהוּא מְשַׁטֵּף אֶת בֵּית הַמֶּרְחָץ וְאַחַר כָּךְ מַרְחִיץ בְּנוֹ שֶׁל מֶלֶךְ, כָּךְ לָמָּה יָצָא עֵשָׂו תְּחִלָּה כְּדֵי שֶׁיֵּצֵא הוּא וְתֵצֵא סַרְיוּתוֹ עִמּוֹ. מַטְרוֹנָא שָׁאֲלָה אֶת רַבִּי יוֹסֵי בֶּן חֲלַפְתָּא אָמְרָה לֵיהּ: לָמָּה יָצָא עֵשָׂו תְּחִלָּה, אָמַר לָהּ טִיפָּה רִאשׁוֹנָה שֶׁל יַעֲקֹב הָיְתָה. אָמַר לָהּ: מָשָׁל אִם תָּנִיחִי שְׁתֵּי מַרְגָּלִיּוֹת בִּשְׁפוֹפֶרֶת אַחַת לֹא זוֹ שֶׁאַתְּ נוֹתְנָהּ רִאשׁוֹנָה יוֹצְאָה אַחֲרוֹנָה, כָּךְ טִיפָּה רִאשׁוֹנָה שֶׁל יַעֲקֹב הָיְתָה. "אַדְמוֹנִי", אָמַר רַבִּי אַבָּא בַּר כָּהֲנָא: כְּאִלּוּ שׁוֹפֵךְ דָּמִים. [יז] וְכֵיוָן שֶׁרָאָה שְׁמוּאֵל אֶת דָּוִד אַדְמוֹנִי דִּכְתִיב (שמואל-א טז, יב) "וַיִּשְׁלַח וַיְבִיאֵהוּ וְהוּא אַדְמוֹנִי", נִתְיָירֵא וְאָמַר אַף זֶה שׁוֹפֵךְ דָּמִים כְּעֵשָׂו, אָמַר לוֹ הַקָּדוֹשׁ בָּרוּךְ הוּא: "עִם יְפֵה עֵינַיִם", עֵשָׂו מִדַּעַת עַצְמוֹ הוּא הוֹרֵג אֲבָל זֶה מִדַּעַת סַנְהֶדְרִין הוּא הוֹרֵג.

פירוש מהרז"ו

קריין סבתא ורעמה. ע' שמ"ר פמ"ז סס"ג ובריש רות ופי' שהן מן ע' בני נח הכתובים בסוף סדר נח אחר המבול שנעשו לאומות מיוחדות בעולם. והנולדים מהם נחשבו ע"ש אבותיהם. וממך יצאו שני גוים שלא יחשבו ע"ש ב"כ כ"א גוים בפ"ע. וכ"מ במדרש תהלים ע' מנח העמדתי ע' אומות ואת שני גוים וע"ל פל"ח ס"ס יו"ד וס"כ ובהפלגה נחסרו מן ע' ב"כ ל' משפחות ונתמלאו מאברהם י"ב מישמעאל ט"ז מקטורה וב' מרבקה. וצ"ע למה מבני קטורה חושב בני בנים וברבקה לא חשיב רק בנים ולא י"ב שבטים ואלופי עשו וזה ראיה למש"ל ס"פ כ"א שכל מי שנולד ממשפחת אברהם בחייו נעשו לאומות מיוחדות וע"כ בני לוט ונחור נעשו אומות. רק שבמספר ע' אומות לא נחשבו רק זרע אברהם לבד שנולדו בחייו לא כן השבטים ואלופי עשו שנולדו אחר מותו. שהרי מת כשהיו יעקב ועשו בני ט"ו שנה. כי אברהם לבדו הוא אב המון גוים ובני לוט ונחור אינם זרע אברהם ע"כ אינם מחשבון הע' כן נ"ל: (ח) **להלן.** אצל תמר לא כתיב וימלאו ימיה שלא מלאו ט' חדשים וכאן וימלאו ט' שלמים ע"פ מדה ט"ז וע' לקמן פר' פ"ה סי' י"ג: **בזכות ולקחתם.** עיין ויקרא רבה סוף פ"ל וש"נ: **מרום מראשון.** וס"ד מקום מקדשנו:

מסורת המדרש

טו פסחים ה'. שמ"ר פרשה ט"ו. ויק"ר פ' ל'. פסיקתא דר"כ פ' כ"ח. ילקוט כאן רמז ק"י. ילקוט ירמיה רמז רנ"ח:

טז ילקוט כאן רמז ק"י:

יז ילקוט שמואל א' רמז קכ"ד:

אם למקרא

וּבְנֵי כוּשׁ סְבָא וַחֲוִילָה וְסַבְתָּה וְרַעְמָה וְסַבְתְּכָא וּבְנֵי רַעְמָה שְׁבָא וּדְדָן: (בראשית י:ז)

וַיְהִי בְּעֵת לִדְתָּהּ וְהִנֵּה תְאוֹמִים בְּבִטְנָהּ: (בראשית לח:כז)

וּלְקַחְתֶּם לָכֶם בַּיּוֹם הָרִאשׁוֹן פְּרִי עֵץ הָדָר כַּפֹּת תְּמָרִים וַעֲנַף עֵץ־עָבֹת וְעַרְבֵי־נָחַל וּשְׂמַחְתֶּם לִפְנֵי ה' אֱלֹהֵיכֶם שִׁבְעַת יָמִים: (ויקרא כג:מ)

כֹּה־אָמַר ה' מֶלֶךְ־יִשְׂרָאֵל וְגֹאֲלוֹ ה' צְבָאוֹת אֲנִי רִאשׁוֹן וַאֲנִי אַחֲרוֹן וּמִבַּלְעָדַי אֵין אֱלֹהִים: (ישעיה מד:ו)

כִּסֵּא כָבוֹד מָרוֹם מֵרִאשׁוֹן מְקוֹם מִקְדָּשֵׁנוּ: (ירמיה יז:יב)

רִאשׁוֹן לְצִיּוֹן הִנֵּה הִנָּם וְלִירוּשָׁלַם מְבַשֵּׂר אֶתֵּן: (ישעיה מא:כז)

וַיִּשְׁלַח וַיְבִיאֵהוּ וְהוּא אַדְמוֹנִי עִם־יְפֵה עֵינַיִם וְטוֹב רֹאִי וַיֹּאמֶר ה' קוּם מְשָׁחֵהוּ כִּי־זֶה הוּא: (שמואל א טז:יב)

רש"י

(ח) **כהדין פרביטא.** בלן:

מתנות כהונה

קדוש לה': **סבתא כו'.** כולם אינם אלא שם משפחות וממך יעמדו אומות שלימות חלוקות כל העולם לגד א' ארמאין ויהודאין לגד אחד נפרדים באמונתם: **יעבד.** חסר וי"ו כתיב קרי ביה יעבד ועיין סוף סדר זה: [ח] **להלן.** גבי תמר: **תומים.** חסר אל"ף: **הכי גרסינן ביום הראשון** נגלה כו': **סריותו.** הסרחון ודם של לידה וכן פירש החזקוני ובערוך גרס סרכתו: **פרביטא כו'.** בעל המרחץ ובערוך גרס פרפוטא של יעקב ולפיכך יצא באחרונה כמפורש ואזיל: **ה"ג** של יעקב היתה משל אם תניחו שתי כו': **שאת נותנת** גרסינן: **מדעת סנהדרין.** שנקראו עינים כמא דאת אמר עיניך כיונים:

אשד הנחלים

עד כאן. עיין במ"כ וזה לאומים אומה שלימה לא משפחה לבד: **אם זכה יעבוד.** ולכן לא כתיב בסימן הפעול את הצעיר כדי שיובן ג"כ ההיפך של רב יעבד הצעיר אם לא יזכה. וזהו בשאין עושין רצונו של מקום: [ח] **להלן מלאים** כצ"ל: **וכאן תאומים.** כן צ"ל: **אני נגלה לכם ראשון.** נ"ל דהכוונה על מדריגת הנבואה הראשונה במעלה שיזכו בני ישראל לע"ל בזה. וזהו אני ראשון ואני אחרון. כי יש השגה המכונה בראשון והוא המעלה העליונה. ויש השגה אחרונה קטנה. וכולם מאת ה' וחשב כמה ענינים שנקראים מהם ראשון והם המעלה הראשונה. הן בקדושת הזמן כמועד. והן בקדושת המקום. כמקדש שהוא הראשון במעלה ובמקום. והן הראשון בהשגה. וזהו אני ראשון והגאולה ע"י הראשון במעלה ובמדריגת הנבואה וזה מלך המשיח: **סרייתו עמו.** ודם הלידה כי הדמים הללו הם פועלי במזג הוולד בעת צאתו לעולם לרע. כנודע בטבעיות: **טיפה ראשונה.** קושייתו היתה אם יעקב הי' במעלה ממנו מדוע לא נולד ראשון. כי הבכור הוא במעלה. כי הוא כחו וראשית אונו. ולזה השיבה שאדרבא נהפוך הוא שמזה מוכח שטיפה ראשונה היתה של יעקב וא"כ היא ראשית אונו ואין להקשות לפ"ז א"כ בתאומים הבכור איננו במעלה כ"א השני. ויש ליישב דכאן מוכרח לומר דיעקב היה תחילה כיון שידו אוחזת בעקב עשו ודוחק עצמו לצאת ראשונה מזה מוכח כי ראשית אונו וכחו הוא ולכן התחזק ראשונ' לצאת: **כאלו שופך דמים.** מלת כאלו אין לו הסבר ואולי לא גרסינן: **מדעת סנהדרין.** שהם עיני העדה. ולכן כתיב מלת עם שכפי פשוטו הל"ל ויפי עינים א"ו שבא

❐ The Midrash now relates an incident that serves as a lengthy introduction to the exposition that will follow:[117]

דִּקְלִיטְיָנוּס מַלְכָּא הֲוָה רָעֵי חֲזִירִין בַּהֲדָא טְבֶרְיָה – **King Diklityanus** (Diocletian) **was** originally **a herder of pigs near the city of Tiberias,**[118] וְכֵיוָן דַּהֲוָה מָטֵי סִדְרֵיהּ דְּרַבִּי הֲווֹ מֵינוֹקָא נָפְקִין וּמָחֲיִין לֵיהּ – **and when he would pass by the house of study of Rebbi,**[119] **some of the young children would emerge** from the house of study **and hit him.**[120] לְבָתַר יוֹמִין אִיתְעֲבֵיד מֶלֶךְ – **Some time later he became king** and decided to seek revenge against the Jews for their earlier humiliation of him.[121] נְחַת וִיתֵיב לֵיהּ בַּהֲדָא פַּנְיָיס, [נוּסָח אַחֵר: פַּמְיָיס] – **He descended and sat himself next to** the city **Panyas [some have the version "Pamyas"],**[122] וּשְׁלַח כְּתָבִים לִטְבֶרְיָא מִפְּנֵי רַמְשָׁא דַעֲרוּבְתָא, אֲמַר – **and sent a letter to Tiberias toward the evening of the eve of the Sabbath,**[123] in which **he said:** אֲנָא יָהֵיב קִילְוָון דְּיֶהֱווֹן רַבְרְבָנֵי דִּיהוּדָאֵי קָיְימִין קוֹדָמִי בְּצַפְרָא דְחַד בְּשַׁבָּא – **"I am issuing a decree that all the great men of the Jews**[124] **must appear before me on Sunday morning."**[125] פַּקְדֵיהּ לִשְׁלִיחָא אֲמַר לֵיהּ: לָא תִתֵּן יָתְהוֹן לְהוֹן אֶלָּא עִם מַטְעֲמֵי יוֹמָא דַעֲרוּבְתָא – **He commanded his messenger** and **said to him, "Do not give [the letter] to them until close to sundown of the eve** of the Sabbath."[126] נְחַת רַבִּי שְׁמוּאֵל בַּר נַחְמָן לְמִיסְחֵי – **R' Shmuel bar Nachman went down to the river** on that Friday afternoon close to sundown **to bathe,**[127] חָמֵי לְרַבִּי דַּהֲוָה קָאֵים קוֹמֵי סִדְרָא רַבָּה – **and** on his way **he saw Rebbi standing in front of the great house of study,** רָאָה פָּנָיו חוֹלָנִיּוֹת – **and [R' Shmuel bar Nachman] saw that [Rebbi's] face looked sickly.** אָמַר לוֹ: לָמָּה פָּנֶיךָ חוֹלָנִיּוֹת – **[R' Shmuel bar Nachman] said** to Rebbi, **"Why** does **your face** appear **sickly?"** אָמַר: כֵּן וְכֵן אִשְׁתַּדַּר לִי כְּתָבִין מִן מַלְכוּתָא – **[Rebbi] said** to him, **"Such and such was sent to me in a letter from the king."**[128] אֲמַר לֵיהּ אִיתָא סְחֵי דְּבָרְיָיךְ עָבֵיד לָנָא נִסִּין – **[R' Shmuel bar Nachman] said to him, "Come** with me **and bathe,**[129] **and your Creator will perform for us miracles."** עֲלוֹן לְמִסְחֵי וַאֲתָא הָדֵין אַרְגִּינִיטוֹן מְגַחֵיךְ וּמְרַקֵּד קֳדָמֵיהוֹן – So **they went down** together **to** the river **to bathe, and the demon of the bathhouse**[130] **came** and began to **laugh and dance in front of them.** בְּעָא רַבִּי דְּיִזְעוֹף בֵּיהּ – Upon seeing this **Rebbe wanted to rebuke [the demon],** אֲמַר לֵיהּ רַבִּי שְׁמוּאֵל בַּר נַחְמָן: רַבִּי שַׁבְקֵיהּ דִּזְמְנִין עַל נִסִּין הוּא מִתְחֲמָא – however, **R' Shmuel bar Nachman said to him, "Rebbi! Leave him be because sometimes he appears for the purpose of** performing **miracles."**[131] אֲמַר לֵיהּ מָרָיךְ בְּעָקָא וְאַתְּ קָאֵים גָּחֵיךְ וּמְרַקֵּד – **[R' Shmuel bar Nachman] said to [the demon], "Your master**[132] **is suffering, and you stand there and laugh and dance?"** אֲמַר לְהוֹן אֲזָלוֹן וְאַכְלוֹן וּשְׁתוֹן וְעַבְדוֹן שַׁבָּא טָבָא דְּמָרֵיכוֹן עָבֵיד לְכוֹן נִסִּין – **[The demon] said to them, "Go and eat and drink,**[133] **and make for yourselves a good Shabbos because your Master**[134] **will perform miracles for you,** וַאֲנָא מְקִים לְכוֹן קוֹדָמוֹי בְּצַפְרָא דְחַד בְּשַׁבְּתָא – **and I will present you before the king on Sunday morning."** בַּאֲפוּקֵי שַׁבְּתָא בָּתַר סִידְרָא נְסַבוֹן וַאֲקִימוֹן קֳדָם פִּיילֵי דְפַנְיָיס – **On Saturday night,**[135] **after the** conclusion of the **order** of *Kedushah*,[136] **[the demon] took them**[137] **and placed them in front of the gate**[138] **of** the king's courtyard[139] in **Panyas.**

NOTES

Mishnah *Sanhedrin* 2a), or perhaps to put evildoers to death.

The Midrash takes the phrase *fair eyes* as an allusion to the Sanhedrin, who are referred to as the *eyes* of the nation (see *Numbers* 15:24 with *Horayos* 5b, et al.). Thus, God relieves Samuel of his apprehension by telling him that while redness is indeed an indication of murderous character, in the case of David this is not a cause for concern, for David will not kill indiscriminately like Esau did, but rather only upon the instruction of the Sanhedrin (he would express his being *red* only *with* the permission of those with *fair eyes*) (*Eitz Yosef*).

[That the phrase *with fair eyes* is a response by God (and not merely a further description of David) is indicated by the fact that the verse states *he was ruddy "with" fair eyes* instead of *he was ruddy "and had" fair eyes* (as in the verse's continuation: *"and" a pleasing appearance*) (ibid.).]

117. *Yefeh To'ar*.

118. Before he became a king (*Matnos Kehunah*). [This story parallels the account in *Yerushalmi Terumos*, end of Ch. 8, and refers to the emperor Diocletian.]

119. Lit., *the lines of Rebbi.* A house of study is called "lines" because typically students in a house of study sat in rows, resembling lines; see *Chullin* 137b (*Rashi, Matnos Kehunah, Eitz Yosef*). These rows faced the teacher, with the more knowledgeable students sitting in the front rows and the less knowledgeable ones further back; see *Bava Kamma* 117a.

120. *Rashi's* version of our Midrash reads: וּבַזְיִין לֵיהּ, *they disgraced him.*

121. *Matnos Kehunah, Eitz Yosef.*

122. A city far from Tiberias, where Rebbi lived (*Pnei Moshe* to *Yerushalmi Terumos* 8:4). The significance of this will become evident momentarily.

According to *Aruch*, Panyas (or Pamyas) does not refer to a city but rather to a cave that was located near the source of the Jordan River (*Eitz Yosef*).

123. Friday is considered the "eve" of the Sabbath. Thus, he sent it out at the approach of Thursday evening (the "eve" of the "eve" of the Sabbath) (ibid.).

124. I.e., the rabbis and leaders (*Matnos Kehunah, Eitz Yosef*).

Although it was not the Sages who acted with hostility toward him while he was a shepherd, but rather their students, the king held a grudge against them nonetheless because they failed at the time to object to their students' actions (*Matnos Kehunah* below).

125. According to *Yerushalmi Terumos* 8:4, the decree stated that they were to come before him immediately after the end of the Sabbath, i.e., Saturday night.

126. By delaying handing them the letter until right before the beginning of the Sabbath, the king was in effect making it impossible for Rebbi and his colleagues to fulfill his decree that they appear before him on Sunday morning. For there would be no time for them to begin the journey to Panyas on Friday before the Sabbath, whereas Saturday night (after the Sabbath) alone did not leave them sufficient time to make the entire trip. In this way, the king guaranteed their non-compliance with his decree, setting them up for severe repercussions (*Matnos Kehunah, Eitz Yosef*).

[Actually, since the letter was first to be handed over on late Friday afternoon, the king could have sent out his messenger on Friday morning, or late Thursday night, instead of late Thursday afternoon. However, he did not do so because he wanted to forestall a legitimate excuse on the part of the Sages: Had he sent out the messenger later than he did, it would have been obvious to all that the Sages could not possibly have arrived in time on Sunday morning, because they would have received the letter too late in the day on Friday. By sending him out late Thursday afternoon, however (and instructing the messenger to delay his delivery until later in the day on Friday, and not to reveal the delay to anyone else), the king would be able to claim that they received the letter early enough on Friday so that they could still make the trip, but that they decided rather to flaunt his decree (*Yefeh To'ar*).]

127. In honor of the Sabbath (*Matnos Kehunah, Eitz Yosef*).

128. Rebbi informed him of the king's decree that had just been handed to him.

129. In honor of the Sabbath.

130. *Matnos Kehunah,* from *Aruch*; *Eitz Yosef.*

131. Maybe his appearance here is in order to somehow save the Jews from the wrath of the king!

132. Referring to Rebbi (*Matnos Kehunah, Eitz Yosef*).

133. In good spirits (ibid.).

134. God (*Rashi*; ibid.).

135. The Aramaic expression בְּאַפּוּקֵי שַׁבְּתָא is equivalent to the Hebrew בְּמוֹצָאֵי שַׁבָּת, lit., *upon the exit of Shabbos.*

136. This is a reference to the prayer וְאַתָּה קָדוֹשׁ וְכוּ׳, *and You are Holy, etc.*, that is recited at the end of the *Maariv* service at the conclusion of Shabbos.

137. *Yerushalmi Terumos* 8:4 relates that the demon carried them through the air (*Matnos Kehunah, Eitz Yosef*).

138. *Matnos Kehunah,* from *Aruch*; *Eitz Yosef.*

139. *Matnos Kehunah, Eitz Yosef.*

יחדִּקְלִיטְיָנוּס מַלְכָּא הֲוָה רָעֵי חֲזִירִין בַּהֲדָא טְבֶרְיָה וְכֵיוָן דַּהֲוָה מָטֵי סִדְרֵיהּ דְּרַבִּי הֲווֹ מֵינוּקָא נָפְקִין וּמָחְיִין לֵיהּ לְבָתַר יוֹמִין אִיתְעֲבֵיד מֶלֶךְ נְחַת וִיתֵיב לֵיהּ בַּהֲדָא פַּנְיָיס, [נ"א פַּמְיָיס], וּשְׁלַח כְּתָבִים לִטְבֶרְיָא מִפְּנֵי רַמְשָׁא דַּעֲרוּבְתָא. אֲמַר: אֲנָא יָהֵיב קִילְוָון דְּיֶהֱווֹן רַבְרְבָנֵי דִּיהוּדָאֵי קָיְימִין קוֹדָמִי בְּצַפְרָא דְּחַד בְּשַׁבָּא, פַּקְדֵיהּ לִשְׁלִיחָא אֲמַר לֵיהּ: לָא תִתֵּן יָתְהוֹן לְהוֹן אֶלָּא עִם מַטְעֲמֵי יוֹמָא דַּעֲרוּבְתָא, נְחַת רַבִּי שְׁמוּאֵל בַּר נַחְמָן לְמִיסְחֵי, חָמֵי לְרַבִּי דַּהֲוָה קָאֵים קוֹמֵי סִדְרָא רַבָּה רָאָה פָּנָיו חוֹלָנִיּוֹת אֲמַר לוֹ: לָמָּה פָּנֶיךָ חוֹלָנִיּוֹת, אֲמַר: כֵּן וְכֵן אִשְׁתַּדַּר לִי כְּתָבִין מִן מַלְכוּתָא אֲמַר לֵיהּ אִיתָא סְחֵי דִּבְרָיָיךְ עָבֵיד לָנָא נִסִּין, עֲלוֹן לְמִסְחֵי וַאֲתָא הָדֵין אַרְגִּינִיטוֹן מְגַחֵיךְ וּמְרַקֵּד קֳדָמֵיהוֹן, בְּעָא רַבִּי דְּיִזְעוֹף בֵּיהּ אֲמַר לֵיהּ רַבִּי שְׁמוּאֵל בַּר נַחְמָן: רַבִּי, שַׁבְקֵיהּ דִּזְמְנִין עַל נִסִּין הוּא מִתְחֲמָא אֲמַר לֵיהּ מָרָיךְ בְּעָקָא וְאַתְּ קָאֵים גָּחֵיךְ וּמְרַקֵּד, אֲמַר לְהוֹן: אֲזַלוּן וְאַכְלוּן וּשְׁתוֹן וְעַבְדוּן שַׁבָּא טָבָא דְּמָרֵיכוֹן עָבֵיד לְכוֹן נִסִּין וַאֲנָא מְקִים לְכוֹן קוֹדָמוֹי בְּצַפְרָא דְּחַד בְּשַׁבְּתָא, בַּאֲפוּקֵי שַׁבְּתָא בָּתַר סִידְרָא נְסַבוֹן וַאֲקִימוֹן קֳדָם פְּיָילֵי דְּפַנְיָיס,

דקליטיינוס. ירושלמי תרומות ס"פ ח': ארגיניטון. פי' בעל מ"ע בל"י ורומי מלאך או רוח העוזר להולכים באניות ובאמת אלהי הרוחות הוא העוזר ועושה מלאכיו רוחות:

מטיני העדה נעשתה בשגגה. מדלא קאמר ויפה עינים אלא עם יפה עינים כלומר לא ישתמש באדמימותו אלא בעצת יפה עינים: [יב] **דקליטיינוס בו'.** ענין ספור זה כאן דרך אגב למה שמסיים בסוף הענין כולו כאדרת שער שמלכות אדום ראוי כולו להוד מלכות מקטן ועד גדול. ואדרת שם כינוי למלוכה כמו אדרת ממלכה בפייט לזה מביא מעשה זו כאן דרועה נעשה מלך שלא לבזות אחד מהם ואפילו הפחות והנבזה שבהם: **הוה רעי בו'.** היה רועה: **בהדא טבריא.** קרוב לעיר טבריא: **וכיון דהוה מטי סדריה דר' בו'.** כיון שהגיע דקליטיינוס למקום בית מדרשו של רבי ששם היו עומדים שורות שורות (עיין חולין דף קל"ז) הלכו התלמידים קטנים והכו אותו: **לבתר יומין בו'.** לאחר ימים נעשה מלך וזכר את אשר הכו אותו התלמידי' וירד וישב לו אצל מקום פמיים. והערוך פירש מערה הוא בראש הירדן. ויש גורסין פניים: **שלח כתבים בו'.** ושלח כתב לעיר טבריא לפנות ערב של ערב שבת ר"ל שמחרתו יום ששי: **אמר אנא יהיב קילוון בו'.** אנכי נותן גזרה שיהיו הרבנים של היהודים וגדוליהם עומדין לפני בבקר של אחד בשבת: **פקדיה לשלוחא בו'.** וצוה לשליח שלא יתן האיגרות ליד היהודים אלא עם הערב שמש של ערב שבת כדי שלא יוכלו לבא קודם שבת וגם במו"ש לא יוכלו לבא בלילה אחת ויעליל עליהם: **נחת בו'.** ירד ר' שמואל ב"נ אל היאור לרחוץ לכבוד שבת וראה את רבי שהיה עומד לפני ביהמ"ד הגדול וראה אותו בפנים זועפים וחולנית: **אשתדר לי.** נשלח לי מאת המלך: **איתי סחי בו'.** בא ורחץ לכבוד שבת ובוראך יעשה לך נסים: **עלון למסחי בו'.** ירדו לרחוץ ובא אותו ארגניטון פי' שד של בית המרחץ: **מגחיך בו'.** היה צוחק ומרקד לפניהם. ורצה רבי לגעור בו. וא"ל רבי שמואל הנח אותו שלפעמים נתגלה על נס שיעשה על ידו. וא"ל רבי שמואל לאותו השד אדוניך ר' יהודה הנשיא הוא שרוי בצערו ואתה עומד וצוחק ומרקד. אמר לכו אכלו ושתו בטוב לב ועשו לכם שבת טוב שאדוניכם הקב"ה יעשה לכם נסים: **ואנא מקים בו'.** ואני מעמיד אתכם לפני המלך בבקר של יום א'. ובירושלמי מפרש שהיה נושא אותם באויר עד חצר המלך: **באפוקי שבתא בו'.** במו"ש אחר שהשלימו סדר קדושה לקח אותם אותו הארגינטין ונשא אותם והעמידם לפני שער חצר המלך שבמקום פמיים: **פיילי.** פי' שער:

רש"י

דקלטיאנוס מלכא הוה רעי חזירים בהדא טבריה וכיון דהוה מטי סדרא דרבי. מקום בית המדרש מקום שהיו עומדין שם שורות שורות: **הוון מינקייא נפקין ובזיין ליה לבתר יומין איתעביד מלך ויתיב ליה בהדא פמייס ושלח כתבין לטבריה בעת רמשא ואמר ליה לא תתן כתבין להון אלא מטמועי יומא דערובתא.** כדי שלא יהו מספיקין לבא ויהא עילה ואהרוג אותם: **נחת.** רבי שמואל בר נחמן למסחי חזייה לרבי דקאים קומי סדרא רבה. לפני בית המדרש הגדול ופניו חולניות: **אמר לו למה פניך חולניות אמר כך וכך אישתדור לי כתבין מן מלכותא אמר ליה איתא סחי דברייך עביד לך נסין עיילין למסחי ואתא הדין ארגינטין מגחיך ומרקיד קומיהון.** מגחיך. משחק: **בעי רבי דיזעוף.** ליגער בו ולנזף ביה: **אמר רבי שמואל בר נחמן** שבקיה דזמנין על נסין מתחמי אמר ליה מריך בעקא ואת מגחיך ומרקיד אמר לון אזלון אכלון ושתון ועבדון שבא טבא דברייכון עביד לכון נסין ואנא מוקים לכון קדמוהי בחד בשבא בצפרא: **באפוקי שבתא בתר סדרא.** לאחר שהשלימו סדר היום שהבדילו: **נסבתון ואוקמינון קדם פילי דפמייס.** לפני שער פמיים מקום שהמלך עומד:

מתנות כהונה

דיקליטיינוס בו'. פירושו דיקליטייגוס היה רועה חזירים קודם שמלך: **בהדא טבריא** גרסינן. פירוש קרוב לעיר טבריא וכיון שהגיע זמן הדרשה של רבי או זמן בית המדרש הלכו התלמידים הקטנים והכו אותו: **פרקיה דר'.** הוא ר' יהודה הנשיא והכי איתא בירושל' דמסכת תרומות: **לבתר בו'.** לאחר ימים נעשה מלך וזכר אשר הכו אותו התלמידים וירד וישב לו אצל מקום פמיים ובירושלמי גרס בהדיא נחית ליה פמיים והערוך פירש מערה היא בראש הירדן ושלח כתבים לעיר טבריא לפנות ערב של ערב שבת שהערב פנה לבא: **אנא בו'.** אנכי נותן גזירות שיהו הרבנים של היהודים וגדוליהם עומדים לפני בבוקר של אחד בשבת: **קילוון.** גזירה וצווי: **פקדיה בו'.** צוה לשליח שלא ליתן האיגרת ליד היהודים אלא עם הערב שמש של ערב שבת כדי שלא יוכלו לבא קודם שבת וגם במוצאי שבת לא יוכלו לבא בלילה אחת ויעליל עליהם לאמר לא השגחתם על גזרתי: **נחת בו'.** ירד ר' שמואל בר נחמן אל היאור לרחוץ לכבוד שבת וראה את רבי שהיה עומד לפני בית המדרש הגדול וראה אותו בפנים זועפים וחולניות: **אשתדר לי.** נשתלח לי מאת המלך: **איתא סחי בו'.** בא ורחץ לכבוד שבת ובוראך יעשה לנו נסים: **עלון למסחי** גרסינן. ירדו לרחוץ ובא אותו ארגיניטון פירש הערוך שד של בית המרחץ ובירושלמי גרס אנגיסטרים: **מגחיך בו'.** היה צוחק ומרקד לפניהם ורצה רבי לגעור בו ואמר לו רבי שמואל הנח אותו שלפעמים נתגלה על נס שיעשה על ידו ואמר לו ר' שמואל לאותו שד אדוניך ר' יהודה נשיא הוא שרוי בצער ואתה עומד ושוחק ומרקד אמר לו לכו אכלו ושתו בטוב לב ועשו לכם שבת טוב שאדוניכם הקב"ה יעשה לכם נסים: **ושתון** גרסינן. ובירושלמי מפרש ששאל להם מהו הצער ואמרו לו ואמר לא תייראו שאני מעמיד אתכם כו': **ואני מקים בו'.** אני מעמיד אתכם לפני המלך בבוקר של יום ראשון ובירושלמי מפרש שהיה נושא אותם באויר עד חצר המלך: **באפוקי שבתא בו'.** במוצאי שבת אחר שהשלימו סדר קדושה לקח אותם אותו הארגיניטון ונשא אותם והעמידם לפני שער חצר המלך שבמקום פניים: **פיילי.** פירש הערוך שער:

אשד הנחלים

לרמוז גם על זה כלומר אף שמטבעו הי' בהול לשפוך דם. אבל רק ביושר וע"פ דעת סנהדרין שאינו מוחל למי שראוי ליהרג ע"פ דת: **דיקלטנוס.** איני יודע מה שייך המעשה לפה. ואולי מביא זאת על הפסוק ורב יעבוד צעיר. שלכן לא יקלו בכבוד הצעיר כיוון שיתכן שיוקם על ודוחק: הגליות ואיך עמל מאוד אולי ישלוט גם בראשיתו:

מסורת המדרש

יח ירושלמי תרומות פרק ח':

עָלוֹן וְאָמְרִין לֵיהּ הָא קַיְימִין קֳדָם פִּילֵי – **[The king's servants] went up** to the palace **and said to [the king], "[The Jews] are standing in front of the gate!"** אֲמַר: סַגְרוּן פִּילֵי – **[The king] said** to them, **"Close the gate!"**[140] נַסְבָהוֹן וְאַקְמוֹן עַל מִטַּבְסָא דִּמְדִינְתָּא – **[The demon]** then **carried them and placed them in the center of the province.**[141] עָלוֹן וְאָמְרִין לֵיהּ – **[The king's servants]** then **went up and told him** what had occurred. אֲמַר: אֲנָא קָלְוֹון אֲנָא דִּיתְּתוּן בֵּי בָנֵי תְּלָתָא יוֹמֵי וְיֵעֲלוּן וְיִסְחוּן וְיֵאֲתוּן לְגַבָּאי – **[The king]** then **said, "I decree and command**[142] **that the bathhouse** water **be heated for three days** straight, after which time **they should go up and bathe themselves, and** then **come to me."**[143] אֲזַלוּן וְאַתְּזוּן בֵּי בָנֵי תְּלָתָא יוֹמִין – **They went and heated up the** water of the **bathhouse for three days,** וְעָאל חַד אַרְגִינִיטוֹן וּמְזָגֵהּ קֳדָמֵיהוֹן וְעָלוּ וּסְחוּן וַאֲתוּן לְגַבֵּיהּ – **and** then **a demon went up and poured** cold water into it **before they** arrived to bathe,[144] **and** afterward **[the Sages] came up and bathed, and went to [the king].** אֲמַר לְהוֹן: בְּגִין דְּאַתּוּן יָדְעִין דֶּאֱלָהֵיכוֹן עָבֵיד לְכוֹן נִסִּין אַתּוּן מְקִילִין לְמַלְכָּא – Upon their arrival **[the king] said to them,** "Just **because you know that your God performs miracles for you,** does that give **you** the right to **treat the king lightly?"**[145]

אָמְרִין לֵיהּ: לְדִיקְלִיטְיָינוּס רָעֵי חֲזִירִין אֲקִילִינַן בְּרַם לְדִיקְלִיטְיָינוּס מַלְכָּא אֲנַן מְשׁוּעְבָּדִים – **[The Sages] said to him, "To Diocletian the herder of pigs we acted lightly, but to Diocletian the king we are subjugated!"**[146] אֲמַר לְהוֹן אֲפִילּוּ כֵּן לָא תִבְזוּן לָא בְּרוֹמִי זְעֵיר וְלָא בְּגוּלְיָיר זְעֵיר – **[The king] said to them, "Even so, you should not mock** even **a young Roman,**[147] **nor** should you mock even **a young servant** of the king."[148]Ⓐ

Having concluded this introductory story, the Midrash now expounds the continuation of our verse:

"כֻּלּוֹ כְּאַדֶּרֶת שֵׂעָר" – ***All of him*** (Esau) ***was like a hairy mantle*** [אַדֶּרֶת]. אָמַר רַבִּי חֲנִינָא: כּוּלּוֹ רָאוּי לְאַדֶּרֶת – **R' Chanina said:** This means that **every one of [the Roman people]**[149] **is fit to wear an officer's mantle.**[150]

The Midrash cites another interpretation of our verse:

רַבָּנָן דְּרוֹמָאֵי בְּשֵׁם רַבִּי אֲלֶכְּסַנְדְּרִי וְרַחֲבָה בְּשֵׁם רַבִּי אַבָּא בַּר כָּהֲנָא אָמַר – **The Sages of the South in the name of R' Alexandri and Rachbah in the name of R' Abba bar Kahana said:** יָצָא כּוּלּוֹ מְפוּזָּר וּמְפוֹרָד כְּאַדֶּרֶת לִזְרוֹתוֹ כְּמוֹץ וּכְקַשׁ מֵאִדְרָא – This means that Esau **emerged** from the womb, **all of him,** destined to be **scattered and dispersed like** the *hair* of **an** אַדֶּרֶת, i.e., God is

NOTES

140. And do not let them in until *after* the time of the scheduled meeting passes. The king thus intended to claim that they failed to show up on time. Even if the rabbis and leaders would protest that they had been there but the gate had been locked, their word would not be believed against that of the king (ibid.).

141. I.e., in the middle of the public thoroughfare, so that everyone could see that they arrived in the city on time for their meeting with the king. The king would thus be unable to accuse them falsely of ignoring his decree (*Eitz Yosef*).

142. *Matnos Kehunah*.

143. The king intended for the rabbis and leaders to perish from the combination of the heat of the bathhouse and the scalding water. (Although the rabbis were scheduled to meet with the king the next morning, the king delayed the meeting, citing the need for the Sages to first wash themselves well before appearing before him) (*Eitz Yosef*).

144. Thereby cooling off the bathhouse water and saving their lives (*Matnos Kehunah, Eitz Yosef*).

145. Although the king sought revenge from the abuse he suffered at the hands of the Sages' young students prior to his ascension to royalty, he realized that it would appear inappropriate for someone with his present stature to castigate the Sages for what had occurred to him back when he was just a lowly shepherd. So instead, he conjured up a false accusation against the Sages, claiming to have heard that they had mocked him *after* he became a king.

The Sages in their wisdom, however, recognized that the king's ire was really the result of the hostile actions of their students toward him prior to his becoming a king. As such they crafted a careful response, so as not to seem disrespectful to the king (*Eitz Yosef,* from *Yefeh To'ar*; see, however, *Matnos Kehunah*).

146. The Sages played along with the king's assertion that they had mocked someone named "Diocletian" after the king had already become king. However, they responded that it was not *King* Diocletian that they had recently mocked ("to Diocletian the king we are subjugated"), but rather, a simple shepherd of pigs whose name also happened to be Diocletian; those who had reported the students' mockery to the king had misunderstood to whom they had been referring.

By responding in this manner, the Sages intended both to hint to the king that it was inappropriate for someone of his stature to seek revenge for a past grievance that had occurred back when he was just a simple shepherd, and at the same time to show respect to the king by not challenging his false accusation outright (*Yefeh To'ar*, cited in part by *Eitz Yosef*; see, however, *Matnos Kehunah*).

147. *Yefeh To'ar*, *Maharzu*, *Eitz Yosef* (see, however, *Matnos Kehunah*).

148. Having understood the Sages' subtle response, and realizing that it would be unbefitting for him as a king to punish them severely for their past actions, the king decided just to chastise them. Thus, he said to them that even if it were true (as they maintained) that the students had mocked Diocletian the shepherd and not Diocletian the king, it was nonetheless wrong to do so, because even the young among the Roman people and among the king's servants were potentially destined for greatness and were worthy of honor (*Yefeh To'ar*, *Eitz Yosef*). [See also *Pesachim* 113a, which states that one should not provoke a young idolater, because he will grow up and take revenge.] See Insight Ⓐ.

149. The Romans descended from Esau.

150. Translation follows *Maharzu*. (See Insights). The Midrash is saying that our verse alludes to the idea that every Roman has the potential to rise to power. This is evidenced by the preceding incident in which a simple shepherd rose to become king (*Eitz Yosef,* from *Yefeh To'ar*).

INSIGHTS

Ⓐ **Fit for the Mantle** The episode of Diklityanus is a practical lesson for everyone and every time. It is natural — and easy — to assume that a downtrodden person is harmless and can therefore be treated with disdain. So what if he is resentful and craves revenge? He will always be a pauper, a shepherd of swine, an insignificant, servile creature who will never be able to defend his dignity. Lest we think that the incident of Diklityanus is nothing more than a Midrashic parable with no practical application, the Sages teach us otherwise. Ben Azzai taught (*Avos* 4:3), "Do not be scornful of any person and do not be disdainful of anything, for you have no person without his hour and no thing without its place."

The abusive students could perhaps have been forgiven for thinking that they had nothing to fear — even though one may wonder why they did not realize it was wrong to humiliate someone who had done them no harm — but the unfolding saga proved how mistaken they were. As Ben Azzai taught, one never knows when the swineherder can become a powerful official, with the ability to avenge himself against his abusers. Had the Rabbis not mollified the newly powerful Diklityanus, who knows how much suffering he would have inflicted on them. The Sages taught (*Tamid* 32a): *Who is wise? One who foresees what will come about.* Diklityanus accepted the Rabbis' apology and their promise to mend their ways, but most vindictive, vengeful people are not so forgiving (*Magen Avos*).

Conversely, those who are considerate of others will often reap rich reward. There are people who were saved from the Holocaust because they or their dear ones had been considerate and kind to young employees who later rose in the ranks of the SS.

As Ben Azzai said, everyone has his hour in the sun, and people ignore that eventuality at their potential peril. But those who act with foresight will reap the benefit.

עָלוֹן וְאָמְרִין לֵיהּ: הָא קָיְמִין קֳדָם פְּיָלֵי, אֲמַר: סִגְרוּן פְּיָלִי, נְסַבוּהוֹן° וְאַקְמוּן עַל מְטַכְּסָא דִּמְדִינְתָּא, עָלוּן וְאָמְרִין לֵיהּ אֲמַר אֲנָא קִלְוָון אֲנָא דְּיִתְּזוּן בֵּי בַּנֵּי תְּלָתָא יוֹמֵי וְיַעֲלוּן וְיִסְחוּן וְיֵאֱתוּן לְגַבָּאי אֲזַלוּן וְאִתְזוּן בֵּי בַּנֵּי תְּלָתָא יוֹמִין וְאָעֵל °חַד אַרְגִּינִיטוֹן וּמְזָגָהּ קֳדָמֵיהוֹן וְעָלוּ וּסְחוּן וַאֲתוֹן לְגַבֵּיהּ, אֲמַר לְהוֹן: בְּגִין דְּאַתּוּן יָדְעִין דֵּאלָהֵיכוֹן עָבֵיד לְכוֹן נִסִּין אַתּוּן מְקִילִין לְמַלְכָּא. אָמְרִין לֵיהּ: לְדִיקְלִיטְיָינוּס רָעֵי חֲזִירִין אֲקֵילִינַן, בְּרַם לְדִיקְלִיטְיָינוּס מַלְכָּא אֲנַן מְשׁוּעְבָּדִים, אֲמַר לְהוֹן אֲפִילוּ כֵּן יטלָא תִבְזוּן לָא בְּרוֹמִי זְעִיר וְלָא בְּגוּלְיָיר זְעִיר. "כֻּלּוֹ כְּאַדֶּרֶת שֵׂעָר", אָמַר רַבִּי חֲנִינָא: כּוּלּוֹ רָאוּי לְאַדֶּרֶת, רַבָּנָן דְּרוֹמָאֵי בְּשֵׁם רַבִּי אֲלֶכְּסַנְדְּרִי וְרַחֲבָה בְּשֵׁם רַבִּי אַבָּא בַּר כָּהֲנָא אָמַר: יָצָא כּוּלּוֹ מְפוּזָּר וּמְפוֹרָד כְּאַדֶּרֶת לִזְרוֹתוֹ כְּמוֹץ וּכְקַשׁ מֵאִדְּרָא, הָדָא הוּא דִכְתִיב (דניאל ב, לה) "בֵּאדַיִן דָּקוּ כַּחֲדָא פַּרְזְלָא וְגוֹ' וַהֲווֹ כְּעוּר מִן אִדְּרֵי קַיִט", רַבִּי חֲנִינָא בַּר יִצְחָק אָמַר: מִי גָרַם [לָהֶם] לְהֵעָשׂוֹת כְּעוּר מִן אִדְּרֵי קַיִט עַל שֶׁפָּשְׁטוּ יְדֵיהֶם בָּאַדִּירִים. כ"וַיִּקְרְאוּ שְׁמוֹ עֵשָׂו", הֵא שָׁוְא שֶׁבָּרָאתִי בְּעוֹלָמִי, אָמַר רַבִּי יִצְחָק אַתּוּן קְרֵיתוּן לַחֲזִירַתְכוֹן שֵׁם אַף אֲנָא קוֹרֵא לִבְנִי בְּכוֹרִי שֵׁם, (שמות ד, כב) "כֹּה אָמַר ה' בְּנִי בְּכוֹרִי יִשְׂרָאֵל":

רש"י

עלון השומרים ואמרו ליה למלכא הא קיימין יהודאי קדם פילי אמר סגרון פילי ונסבתהון שידה ואוקמינון על מיטכסא דמדינתא. ברחוב העיר: עאלין ואמרון ליה אמר אנא יהיבי קלוון דיתזון בי בני תלתא יומין ויעלון ויסחון וייתון לגבאי. שיחמו מרחץ כל שלשה ימים ולאחר כן יכנסו לתוכו עד שהוא חם וירחצו ויבאו לפני שהיה רוצה שישרפו שם מחמת חמימות המרחץ: אזלון ואתזון בי בני תלתא יומין. ונכנסו לתוכו בגזירת המלך בעוד שהוא חם: ועל ארגינטין מזגא קודמיהון. ומזג מים קרים ולכן אותם: ועאלון וסחון ואתו לגביה אמר להון בגין דאתון ידעין דאלהכון עביד לכון נסין אתון מקילין למלכא. מבזין את המלך: אמרין ליה לדקלטיאנוס רעי חזירים אקילינן לדקלטיאנוס מלכא אנן משתעבדין אמר להון אפי' כן לא תבזו ברומי זעיר ולא בגולייר זעיר. לא במשרת קטן ולא בגדול. ובירושלמי כתוב בחבר זעיר בפרסי קטן: מי גרם להן להעשות בעור מן אדרי קיט. כמוץ יסוער מגורן פסולת התבואה הדשין בגורן:

פירוש מהרז"ו

לא ברומי זעיר. לא באיש קטן מאנשי רומי וגולייר פירש במ"ע משרת אנשי המלחמה. והובאה המעשה כאן לפרש מ"ש כולו כאדרת שער שכולם היו ראוים ברומי להיות מלובשים אדרת פירש בגדי שרים וזאת היתה לרעה נגד פניהם כמ"ש אדר היקר: באדרא. ודורש כאדרת מלשון אדרא פי' תבואה ומ"ש שער מלשון סער ורוח וכמ"ש כמוץ יסוער מגורן. כמוץ אשר תדפנו רוח וכמ"ש חזרס ורוח תשאם וקילר כאן תיבת מוץ שנזרה ומובן ע"פ מדה י"ז וזהו כוונת דניאל והנה כעור מן אדרי קיט ונשא המון רוחא וע"ל ס"פ פ"ג: אתון קריתון ע' ויק"ר פי"ג. וע"ל ר"פ ס"ה ובמדרש תהלים פ': אני קורא וזהו מ"ש ויקרא שמו יעקב פירוש הקב"ה קרא שמו:

עץ יוסף

עלון כו'. נכנסו משרתי המלך ואמרו לו הרי היהודים עומדים לפני השער: אמר סגרון פיילי. סגרו השער כדי שלא יכנסו עד עבור השעה הקבוע להם. וכשיבאו אח"כ דאמרו שלכך לא נכנסו מפני שהדלתות היו נעולות יתנכר להם ויאמר כי שקר דוברים אבל כשבאו למטכסא דמדינתא דהיינו ברחוב העיר אז לא יוכל להכחיש כי כל הארץ רואים אותן: נסביהון כו'. לקח אותם השד של מרחץ והעמידן באמצע של עיר פמיים: עלון כו'. נכנסו משרתיו ואמרו למלך שעומדים באמצע העיר: אמר אנא קלוון אנא כו'. אמר אני גוזר ומצוה שיחמו המרחץ שלשה ימים ואח"כ יכנסו שמה. וכוונתו היה שישרפו מחום המרחץ ורתיחת המים. והראה פנים בזה לומר שראוי שיהיו רחוצים קודם שיראו פני המלך: תלתא יומין. ובירוש' גרס שהמרחץ היו מחממים ז' ימים: ועאל חד כו'. ונכנס חד הארגיניטין והיה מוזג מים קרים ומקרר המרחץ. ונכנסו והרחיצו ובאו לפניו: אמר להם בגין כו'. אמר להם וכי בשביל שאתם יודעים שאלהיכם עושה לכם נסים אתם מקילין בכבוד המלך. והמה בחכמתם למה שידעו כי איבה נושנת הוא מעורר עליהם השיבו כמדומה שנשמע שבזינו לדקליטייאנוס וחשבו שעל המלך הדבר ואינו כן כי דקליטייאנוס אחר הוא שבזינו. והוא אחד שהיה רועה חזרים. וטעה השומע בין דקליטייאנוס לדקליטייאנוס והשיב המלך כמתנכר כי אף שהוא כדבריכם מ"מ לא הותר לכם זה אלא לא תבזו לא ברומי זעיר ולא בגולייר זעיר פי' לא באדם גדול ולא בחלוש כי כולם מוכנים למעלה וכבוד (יפ"ת): לא ברומי זעיר. פי' בבן עיר רומי אפי' שהוא קטן ולא בגולייר זעיר שמשרת ממשרתי המלך אע"פ שהוא קטן שאחר שהוא ממשרתי המלך הוא מוכן לגדולה: כלו ראוי לאדרת. לחוזק וגדולה כעובדא דדקליטייאנוס שעלה מרועה לגדולה ודרש אדרת מל' אדירים (יפ"ת): מפוזר כו'. דרש כאדרת מלשון אדרא פי' גורן שיהיה מפורד ונפזר לעתיד כמוץ מגורן (יפ"ת): בעור מן אדרי קיט. כמוץ מגרנות הקיץ (רש"י) לפי שפשטו ידיהם באדירים ולכן יהיו כמוץ שהוא דבר חלוש מאד ואדרי מלשון אדירים: באדירים. בישראל שנקראו אדירים שנאמר ואדירי כל חפצי בם: הא שוא. דרש עשו נוטריקון הא שוא בחילוף עי"ן בה"א באותיות אחה"ע: אתון קריתון כו'. פי' שקראתם שמו עשו על שם עושה רצון עושיו כדאי' בתנחומא. ובאמת אף שמו נאה מעשיו כעורים אף אני קורא כו' ישראל ע"ש שררה. לא יעקב יאמר שמו ע"ש (י)עקב (מסדר"א):

מתנות כהונה

עלון כו'. נכנסו משרתי המלך ואמרו לו הרי היהודים עומדים לפני השער: קודם פיילי גרסינן: סגרין פיילי. סגרו השער כדי שלא יכנסו מעצמם ואמר כן שאחר כך יעליל עליהם לאמר הלא לא באתם בבוקר כאשר צויתי ואף אם יאמרו היינו לפני השער בבוקר והשער היה סגור יכחישם ומי ידין עם שהתקיף ממנו: נסביהון כו'. לקח אותם הארגניטין והעמידם באמצע של עיר פניים: מטבסא. לפי הענין פירושו באמצע והערוך הביאו ולא פירשו: עלון כו'. נכנסו משרתיו ואמרו למלך שעומדים באמצע העיר אמר אני גוזר ומצוה אני שיחממו המרחץ שלשה ימים ואחר כך יכנסו וירחצו שמה ואחר כך יבואו לפני וכוונתו היתה שישרפו מחומו ובירושלמי גרס שהמרחץ היה מחומם שבעה ימים: הכי גרסינן קלוון אנא דיתזון בי בני. והכי גרס רש"י ז"ל והערוך ערך שבעה והכי מוכח בירושלמי דגרס מזייה שבעה יומין: עאל חד כו'. נכנס שמה הארגיניטין והיה מוזג מים קרים ומקרר המרחץ ונכנסו והרחיצו ובאו לפניו אמר להם וכי בשביל שאתם יודעים שאלהיכם עושה לכם נסים אתם מקילין בכבוד המלך ועל שהכו אותו התלמידים אמר כן והם לא מיחו בידם וא"ל בעוד שהיית רועה חזירים לא השגחנו בידם אבל עכשיו שהגעת למלכות אין אנו מקילין בכבודך: וא"ל אפילו כן לא תהיו בוזים לאדם חשוב אפילו בעוד שהוא קטן ולא באדם שפל שמא יעלה לגדולה: רומי. פי' הערוך לשון התרוממות כלומר אדם חשוב: וגולייר. אדם חלש ושפל ובירושלמי גרס ולא בחבר זעיר ופירש"י בפרסי קטן: ראוי לאדרת. כלומר להפשיט עורו מעליו לעשות ממנו אדרת ועל סופו שהיה רשע אמר כן והערוך יש לו גירסא אחרת: מפוזר כו'. דרש כאדרת מלשון אדרא פירוש גורן וכדמפרש ואזיל: אידרי קיט גרסינן: באדירים. ישראל שנקראו אדירים שנאמר ואדירי כל חפצי בם ודרש אדירי לשון אדירים: הא שוא. דרש עשו נוטריקון הא שוא בחילוף עי"ן בה"א באותיות אחה"ע: [לחזירתכון כו'. עשו נקרא חזיר מיער]:

חידושי הרד"ל

(י) [ח] לא תבזון לא ברומי זעיר ולא בגולייר זעיר. רומי הוא מילדי עיר רומי שהיו חשובין אצלם להתמנות מהן שרים אף שלא היו מחיל המלחמה וגולייר הוא איש מלחמה אף שאינו מבני רומי יוכל לעלות למלוכה וכדקלטיאנוס דמייתי וע' בפסחים קי"ג:

(יא) כולו ראוי לאדרת. נ"ל עיקר הפי' שכולן ראוין לגדולה ואדלעיל דלא תבזון ברומי זעיר קאי. וכמה שכתב בפסחים דאחורי אודנא קיימא. וגם מפני שלא היו מעמידין כו' כדאיתא פ"ק (דעבודת כוכבים י') ואדרת הוא אדרת שרים כמ"ש במלך נינוה (יונה א) ויעבר אדרתו מעליו:

(יב) רבנן דרומאי כו'. ילא כלו כאדרת שער לזרותו כמוץ וקש מאדרא כנ"ל לפי גיר' ערוך ערך סער. ומשמע שם דדרש אדרת שער כמו סער בסמ"ך וכד"א (הושע יג) כמוץ יסוער מגורן. ומ"ש בספרים מפוזר ומפורד הוא פי' בגליון:

חידושי הרש"ש

[ח] להלן חסרים. רש"י בפי' התורה פי' דהכוונה דילדה לזיי"ן. אמנם בנדה (ח' ב') משמע דילדה לט' דאל"כ ראיה גדולה היא ע"ש לכן נלע"ד שהכוונה דילדה לט' מקוטעין:

מרום מראשון מקום מקדשינו. כנ"ל ועיין בויק"ר ספ"ל:

באור מהרי"פ

מטבסא. גי' הערוך טכסא ופי' רב"מ בל"י קיר וחל וחומת עיר. ובנוסחתנו מטכסא ופי' בל"י תוך ואמצע:

מסורת המדרש

יט עיין פסחים דף קי"ג:

כ ילקוט דה"י רמז אל"ף ע"ג. ילקוט כאן רמז ק"י:

אם למקרא

בֵּאדַיִן דָּקוּ כַחֲדָה פַּרְזְלָא חַסְפָּא נְחָשָׁא כַּסְפָּא וְדַהֲבָא וַהֲווֹ כְּעוּר מִן־אִדְּרֵי־קַיִט וּנְשָׂא הִמּוֹן רוּחָא וְכָל־אֲתַר לָא־הִשְׁתְּכַח לְהוֹן וְאַבְנָא דִּי־מְחָת לְצַלְמָא הֲוָת לְטוּר רַב וּמְלָת כָּל־אַרְעָא: (דניאל ב:לה)

וְאָמַרְתָּ אֶל־פַּרְעֹה כֹּה אָמַר יְהֹוָה בְּנִי בְכֹרִי יִשְׂרָאֵל: (שמות ד:כב)

ענף יוסף

(יב) [ח] כולו ראוי לאדרת. הערוך גריס כולו כאדרת שער כולו אדרי (פי' כשער אדרי. והוא המוץ שבגורן הה"ד באדין דקו כו'):

(אמר רבי חנינא בר יצחק כו') עכ"ל ומאמר רבנן דרומאי עד הה"ד אינו גורס הערוך כלל. ונראה שמלות לזרותו כמוץ וכקש מאדרי אינו ל' המד' רק שהיה כתוב כולו כאדרת כולו אדרי הה"ד באדין כו' ופי' מי על הגליון ראוי לזרותו כמוץ וכקש מאדרי. והכניס אח"כ בפנים המד':

going **to scatter [Rome] like the chaff and the straw from the threshing floor.**[151] הָדָא הוּא דִכְתִיב ״בֵּאדַיִן דָּקוּ כַּחֲדָא פַּרְזְלָא וְגוֹ׳ וַהֲווֹ כְּעוּר מִן אִדְּרֵי קַיִט״ — **Thus it is written:** ***Then they crumbled together: the iron, etc. They became like chaff from the summer threshing floors*** (*Daniel* 2:35). רַבִּי חֲנִינָא בַּר יִצְחָק אָמַר: מִי גָרַם לָהֶם לְהֵעָשׂוֹת כְּעוּר מִן אִדְּרֵי קַיִט — **R' Chanina bar Yitzchak said: Who caused them**[152] **to become** ***like chaff from the summer threshing floor?*** עַל שֶׁפָּשְׁטוּ יְדֵיהֶם בָּאַדִּירִים — It is **because they stretched out their hands against the mighty ones.**[153]

□ וַיִּקְרְאוּ שְׁמוֹ עֵשָׂו — ***SO THEY CALLED HIS NAME ESAU.***

The Midrash expounds the name עֵשָׂו:

הֵא שָׁוְא שֶׁבָּרָאתִי בְּעוֹלָמִי — His name means: **Here is vanity that I created in my world.**[154] אָמַר רַבִּי יִצְחָק אַתּוּן קְרֵיתוּן לַחֲזִירַתְכוֹן שֵׁם אַף אֲנָא קוֹרֵא לִבְנִי בְכוֹרִי שֵׁם — **R' Yitzchak said:** God said: **You called your boar**[155] by a laudable **name,**[156] **so too I will call my firstborn** by a laudable **name.** ״כֹּה אָמַר ה׳ בְּנִי בְכוֹרִי יִשְׂרָאֵל״ — As it is written: ***So said HASHEM, My firstborn son is Israel***[157] (*Exodus* 4:22).

NOTES

151. This exposition interprets the word אַדֶּרֶת as etymologically related to the word אִדְּרָא, which means "the threshing floor." The verse is intimating that Esau's descendants (the Romans) will ultimately be scattered about like the chaff from a threshing floor (*Eitz Yosef*).

152. The Romans.

153. I.e., the Jews, about whom Scripture states (*Psalms* 16:3): לִקְדוֹשִׁים אֲשֶׁר בָּאָרֶץ הֵמָּה וְאַדִּירֵי כָּל חֶפְצִי בָם, *for the sake of the holy ones who are interred in the earth, and for the "mighty" — all my desires are fulfilled because of them* (*Matnos Kehunah, Eitz Yosef*).

The nature of Edom's punishment is in keeping with the general rule of מִדָּה כְּנֶגֶד מִדָּה, which means that God's punishment parallels the offense. Since they stretched out their hand against the *mighty* Jews, seeking to weaken them, their punishment will be that they will be rendered weak and frail, like chaff that blows easily in the wind (*Eitz Yosef*).

154. The Midrash expounds the word עֵשָׂו as an acronym for the words עוֹלָם שָׁוְא, *a worthless world* (*Eitz Yosef*). Alternatively, it expounds the word by rearranging its letters and interchanging the ע with an א, to spell the word שָׁוְא (*Matnos Kehunah*).

Esau's name thus alludes to the fact that Esau's entire existence, from a very young age (see below, section 10), was one of vanity.

155. Esau is referred to as a boar, as it states (*Psalms* 80:14): יְכַרְסְמֶנָּה חֲזִיר מִיָּעַר, *The boar of the forest* (Edom) *ravages it* (Israel) (*Matnos Kehunah*).

156. According to this exposition, the name עֵשָׂו was given to Esau with the fervent hope that he would some day be one who is עוֹשֶׂה רְצוֹן עוֹשָׂיו *does the will of his Maker;* see *Midrash Tanchuma, Shelach* §6). Sadly, however, he did not live up to his name (*Eitz Yosef*).

157. Although Jacob had two names, Jacob and Israel, God chose to call the Jewish people by the name Israel because it, like the name Esau, is a laudable name. For while the name Jacob is associated with deceitfulness (see below, 27:36) — albeit practiced justifiably — the name Israel represents authority and rulership (see below, 32:29) (*Eitz Yosef*).

עָלוֹן וְאָמְרִין לֵיהּ: הָא קָיְימִין קֳדָם פְּיָלֵי, אֲמַר: סִגְרוּן פְּיָלִי, נְסַבוּהוֹן° וְאַקְמוֹן עַל מְטַבְּסָא דִמְדִינְתָּא, עָלוֹן וְאָמְרִין לֵיהּ אֲמַר אֲנָא קַלְוָון אֲנָא דְיִתְזוּן בֵּי בַּנֵּי תְּלָתָא יוֹמֵי וְיַעֲלוּן וְיִסְחוּן וְיֶאֱתוּן לְגַבָּאי אֲזַלוּן וְאִתְזוּן בֵּי בַּנֵּי תְּלָתָא יוֹמִין וְאָעֵל °חַד אַרְגִּינִיטוֹן וּמְזָגָהּ קֳדָמֵיהוֹן וְעָלוּ וּסְחוֹן וַאֲתוֹן לְגַבֵּיהּ, אֲמַר לְהוֹן: בְּגִין דְּאַתּוּן יָדְעִין דֶּאֱלָהֵיכוֹן עָבֵיד לְכוֹן נִסִּין אַתּוּן מְקִילִין לְמַלְכָּא. אָמְרִין לֵיהּ: לְדִיקְלִיטְיָינוּס רָעֵי חֲזִירִין אֲקֵילִינַן, בְּרַם לְדִיקְלִיטְיָינוּס מַלְכָּא אֲנַן מְשׁוּעְבָּדִים, אֲמַר לְהוֹן אֲפִילוּ כֵּן [יט]לָא תִבְזוּן לָא בְּרוֹמִי זְעֵיר וְלָא בְּגוּלְיָיר זְעֵיר. "כֻּלּוֹ כְּאַדֶּרֶת שֵׂעָר", אָמַר רַבִּי חֲנִינָא: כּוּלּוֹ רָאוּי לְאַדֶּרֶת, רַבָּנָן דָּרוֹמָאֵי בְּשֵׁם רַבִּי אֲלֶכְּסַנְדְּרִי וְרַחֲבָה בְּשֵׁם רַבִּי אַבָּא בַּר כָּהֲנָא אָמַר: יָצָא כּוּלּוֹ מְפוּזָּר וּמְפוֹרָד כְּאַדֶּרֶת לְזָרוֹתוֹ כְּמוֹץ וּכְקַשׁ מֵאִדְּרָא, הָדָא הוּא דִכְתִיב (דניאל ב, לה) "בֵּאדַיִן דָּקוּ כַּחֲדָא פַּרְזְלָא וְגוֹ' וַהֲווֹ כְּעוּר מִן אִדְּרֵי קַיִט", רַבִּי חֲנִינָא בַּר יִצְחָק אָמַר: מִי גָרַם [לָהֶם] לְהֵעָשׂוֹת כְּעוּר מִן אִדְּרֵי קַיִט עַל שֶׁפָּשְׁטוּ יְדֵיהֶם בָּאַדִּירִים. [כ]"וַיִּקְרְאוּ שְׁמוֹ עֵשָׂו", הֵא שָׁוְא שֶׁבָּרָאתִי בְּעוֹלָמִי, אָמַר רַבִּי יִצְחָק אַתּוּן קְרֵיתוּן לַחֲזִירַתְכוֹן שֵׁם אַף אֲנָא קוֹרֵא לִבְנִי בְּכוֹרִי שֵׁם, (שמות ד, כב) "כֹּה אָמַר ה' בְּנִי בְּכוֹרִי יִשְׂרָאֵל":

רש"י

עלון השומרים ואמרו ליה למלכא הא קיימין יהודאי קדם פילי אמר סגרון פילי ונסבתהון שידה ואוקמינון על מיטבסא דמדינתא. ברחוב העיר: עאלין ואמרון ליה אמר אנא יהיבי קלוון דיתזון בי בני תלתא יומין ויעלון ויסחון וייתון לגבאי. שיחמו מרחץ כל שלשה ימים ולאחר כן יכנסו לתוכו עד שהוא חם וירחצו ויבאו לפני שהיה רוצה שישרפו שם מחמת חמימות המרחץ: אזלון ואתזון בי בני תלתא יומין. ונכנסו לתוכו בגזירת המלך בעוד שהוא חם: ועל ארגינטין מזגא קודמיהון. ומזג מים קרים ולכן אותם: ועאלון וסחון ואתו לגביה אמר להון בגין דאתון ידעין דאלהכון עביד לכון נסין אתון מקילין למלכא. מבזין את המלך: אמרין ליה לדקלטיאנוס רעי חזירים אקילינן לדקלטיאנוס מלכא אנן משתעבדין אמר להון אפי' כן לא תבזו ברומי זעיר ולא בגולייר זעיר. לא במשרת קטן ולא בגדול. ובירושלמי כתוב בחבר זעיר בפרסי קטן: מי גרם להן להעשות בעור מן אדרי קיט. כמוץ יסוער מגורן פסולת התבואה הדשין בגורן:

מתנות כהונה

עלון בו'. נכנסו משרתי המלך ואמרו לו הרי היהודים עומדים לפני השער: קודם פיילי גרסינן: סגרין פיילי. סגרו השער כדי שלא יכנסו מעצמם ואמר כן שאחר כך יעליל עליהם לאמר הלא לא באתם בבוקר כאשר צויתי ואף אם יאמרו היינו לפני השער בבוקר והשער היה סגור יכחישם ומי ידין עם שהתקיף ממנו: נסביהון בו'. לקח אותם הארגיטין והעמידם באמצע של עיר פניים: מטבסא. לפי הענין פירושו באמצע והערוך הביאו ולא פירשו: עלון בו'. נכנסו משרתיו ואמרו למלך שעומדים באמצע העיר אמר אני גוזר ומצוה אני שיחממו המרחץ שלשה ימים ואחר כך יכנסו וירחצו שמה ואחר כך יבואו לפני וכוונתו היתה שישרפו מחומו ובירושלמי גרס שהמרחץ היה מחומם שבעה ימים: הכי גרסינן קלוון אנא דיתזון בי בני. והכי גרס רש"י ז"ל והערוך ערך שבעה והכי מוכח בירושלמי דגרס מזייה שבעה יומין: עאל חד בו'. נכנס שמה הארגיניטין והיה מוזג מים קרים ומקרר המרחץ ונכנסו והרחיצו ובאו לפניו אמר להם וכי בשביל שאתם יודעים שאלהיכם עושה לכם נסים אתם מקילין בכבוד המלך ועל שהכו אותו התלמידים אמר כן והם לא מיחו בידם וא"ל בעוד שהיית רועה חזירים לא השגחנו בידם אבל עכשיו שהגעת למלכות אין אנו מקילין בכבודך: וא"ל אפילו כן לא תהיו בוזים לאדם חשוב אפילו בעוד שהוא קטן ולא באדם שפל שמא יעלה לגדולה: רומי. פי' הערוך לשון התרוממות כלומר אדם חשוב: וגולייר. אדם הלש ושפל ובירושלמי גרס ולא בחבר זעיר ופירש"י בפרסי קטן: ראוי לאדרת. כלומר להפשיט עורו מעליו לעשות ממנו אדרת ועל סופו שהיה רשע אמר כן והערוך יש לו גירסא אחרת: מפוזר בו'. דרש כאדרת מלשון אדרא פירוש גורן וכדמפרש ואזיל: אידרי קיט גרסינן: באדירים. ישראל שנקראו אדירים שנאמר ואדירי כל חפצי בם ודרש אדירי לשון אדירים: הא שוא. דרש עשו נוטריקון הא שוא בחילוף עי"ן בה"א באותיות אחה"ע: [לחזירתכון בו'. עשו נקרא חזיר מיער]:

עץ יוסף

עלון בו'. נכנסו משרתי המלך ואמרו לו הרי היהודים עומדים לפני השער: אמר סגרון פיילי. סגרו השער כדי שלא יכנסו עד עבור השעה הקבוע להם. וכשיבאו אח"כ דאמרו שלכך לא נכנסו מפני שהדלתות היו נעולות יתנכר להם ויאמר כי שקר דוברים אבל כשבאו למטכסא דמדינתא דהיינו ברחוב העיר אז לא יוכל להכחיש כי כל הארץ רואים אותן: נסביהון בו'. לקח אותם השד של מרחץ והעמידן באמצע של עיר פמיים: עלון בו'. נכנסו משרתיו ואמרו למלך שעומדים באמצע העיר: אמר אנא קלוון אנא בו'. אמר אני גוזר ומצוה שיוחמו המרחץ שלשה ימים ואח"כ יכנסו שמה. וכוונתו היה שישרפו מחום המרחץ ורתיחת המים. והראה פנים בזה לומר שראוי שיהיו רחוצים קודם שיראו פני המלך: תלתא יומין. ובירוש' גרס שהמרחץ היו מחממים ז' ימים: ועאל חד בו'. ונכנס חד הארגניטין והיה מוזג מים קרים ומקרר המרחץ. ונכנסו והרחיצו ובאו לפניו: אמר להם בגין בו'. אמר להם וכי בשביל שאתם יודעים שאלהיכם עושה לכם נסים אתם מקילין בכבוד המלך. והמה בחכמתם למה שידעו כי איבה נושנת הוא מעורר עליהם השיבו כמדומה שנשמע שבזינו לדקליטיינוס וחשבו שעל המלך הדבר ואינו כן כי דקליטיינוס אחר הוא שבזינו. והוא אחד שהיה רועה חזרים. וטעה השומע בין דקליטיינוס לדקליטיינוס והשיב המלך כמתנכר כי אף שהוא כדבריכם מ"מ לא הותר לכם זה אלא לא תבזו לא ברומי זעיר ולא בגולייר זעיר פי' לא באדם גדול ולא בחלוש כי כולם מוכנים למעלה וכבוד (יפ"ת): לא ברומי זעיר. פי' בבן עיר רומי אפי' שהוא קטן ולא בגולייר זעיר שמשרת ממשרתי המלך אע"פ שהוא קטן שאחר שהוא ממשרתי המלך הוא מוכן לגדולה: כלו ראוי לאדרת. לחוזק וגדולה כעובדא דדקליטיינוס שעלה מרועה לגדולה ודרש אדרת מל' אדירים (יפ"ת):
מפוזר בו'. דרש כאדרת מלשון אדרא פי' גורן שיהיה מפורד ונפזר לעתיד כמוץ מגורן (יפ"ת): בעור מן אדרי קיט. כמוץ מגרנות הקיץ (רש"י) לפי שפשטו ידיהם באדירים ולכן יהיו כמוץ שהוא דבר חלוש מאד ואדרי מלשון אדירים: באדירים. בישראל שנקראו אדירים שנאמר ואדירי כל חפצי בם: הא שוא. דרש עשו נוטריקון הא שוא בחילוף עי"ן בה"א באותיות אחה"ע: אתון קריתון בו'. פי' שקראתם שמו עשו על שם עושה רצון עושיו כדאי' בתנחומא. ובאמת אף ששמו נאה מעשיו כעורים אף אני קורא כו' ישראל ע"ש שררה. לא יעקב יאמר שמו ע"ש (י)עקב (מסדר"א):

פירוש מהרז"ו

לא ברומי זעיר. לא באיש קטן מאנשי רומי וגולייר פירש במ"ע משרת אנשי המלחמה. והובאה המעשה כאן לפרש מ"ש כולו כאדרת שער שכולם היו ראוים ברומי להיות מלובשים אדרת פירש בגדי שרים וזאת היתה לרעה נגד פניהם כמ"ש אדר היקר: באדרא. ודורש כאדרת מלשון אדרא פי' תבואה ומ"ש שער מלשון סער ורוח וכמ"ש כמוץ יסוער מגורן. כמוץ אשר תדפנו רוח וכמ"ש תזרם ורוח תשאם וקילר כאן תיבת מוץ שנזרה ומובן ע"פ מדה י"ז וזהו כוונת דניאל והנה כעור מן אדרי קיט ונשא המון רוחא וע"ל ס"פ פ"ג: אתון קריתון ע' ויק"ר פי"ג. וע"ל ר"פ ס"ה ובמדרש תהלים פ': אני קורא וזהו מ"ש ויקרא שמו יעקב פירוש הקב"ה קרא שמו:

חידושי הרד"ל

(י) [ח] לא תבזון לא ברומי זעיר ולא בגולייר זעיר. רומי הוא מילדי עיר רומי שהיו חשובין אצלם להתמנות מהן שרים אף שלא היו מאיל המלחמה וגולייר הוא איש מלחמה אף שאינו מבני רומי יוכל לעלות למלוכה וכדקלטיאנוס דמייתי וע' בפסחים קי"ג:

(יא) כולו ראוי לאדרת. נ"ל עיקר הפי' שכולן ראוין לגדולה ואדלעיל דלא תבזון ברומי זעיר קאי. וכמה שכתב בפסחים דאחורי אודנא קיימא. וגם מפני שלא היו מעמידין כו' כדאיתא פ"ק (דעבודת כוכבים י') ואדרת הוא אדרת שרים כמ"ש במלך נינוה (יונה א) ויעבר אדרתו מעליו:

(יב) רבנן דרומאי בו'. ילא כלו כאדרת שער לזרותו כמוץ וקש מאדרא כצ"ל לפי גיר' ערוך ערך סער. ומשמע שם דדרש אדרת שער כמו סער בסמ"ך וכד"א (הושע יג) כמוץ יסוער מגורן. ומ"ש בספרים מפוזר ומפורד הוא פי' בגליון:

חידושי הרש"ש

[ח] להלן חסרים. רש"י בפי' התורה פי' דהכוונה דילדה לזיי"ן. אמנם בנדה (ח' ב') משמע דילדה לט' דאל"כ ראיה גדולה היא ע"ש לכן נלע"ד שהכוונה דילדה לט' מקוטעין:

מרום מראשון מקום מקדשינו. כנ"ל ועיין בויק"ר ספ"ל:

באור מהרי"פ

מטבסא. גי' הערוך טכסא ופי' רב"מ בל"י קיר וחל וחומת עיר. ובנוסחתנו מטכסא ופי' בל"י תוך ואמצע:

מסורת המדרש

יט עיין פסחים דף קי"ג:
כ ילקוט דה"י רמז אל"ף ע"ג. ילקוט כאן רמז ק"י:

אם למקרא

בֵּאדַיִן דָּקוּ כַחֲדָה פַּרְזְלָא חַסְפָּא נְחָשָׁא כַּסְפָּא וְדַהֲבָא וַהֲווֹ כְּעוּר מִן־אִדְּרֵי־קַיִט וּנְשָׂא הִמּוֹן רוּחָא וְכָל־אֲתַר לָא־הִשְׁתְּכַח לְהוֹן וְאַבְנָא דִּי־מְחָת לְצַלְמָא הֲוָת לְטוּר רַב וּמְלָת כָּל־אַרְעָא: (דניאל ב:לה)

וְאָמַרְתָּ אֶל־פַּרְעֹה כֹּה אָמַר יְהוָה בְּנִי בְכֹרִי יִשְׂרָאֵל: (שמות ד:כב)

ענף יוסף

(יב) [ח] כולו ראוי לאדרת. הערוך גרים כולו כאדרת שער כולו אדרי (פי' כשער אדרי. והוא המוץ שבגורן הה"ד באדין דקו כו'):

(אמר רבי חנינא בר יצחק כו') עכ"ל ומאמר רבנן דרומאי עד הה"ד אינו גורם הערוך כלל. ונראה שמלות לזרותו כמוץ וכקש מאדרי אינו ל' המד' רק שהיה כתוב כולו כאדרת כולו אדרי הה"ד באדין כו' ופי' מי על הגליון ראוי לזרותו כמוץ וכקש מאדרי. והכניס אח"כ בפנים המד':

וַיִּגְדְּלוּ הַנְּעָרִים וַיְהִי עֵשָׂו אִישׁ יֹדֵעַ צַיִד אִישׁ שָׂדֶה וְיַעֲקֹב אִישׁ תָּם יֹשֵׁב אֹהָלִים.

The lads grew up and Esau became one who knows hunting, a man of the field; but Jacob was a wholesome man, abiding in tents (25:27).

וְאַחֲרֵי כֵן יָצָא אָחִיו וְיָדוֹ אֹחֶזֶת בַּעֲקֵב עֵשָׂו וַיִּקְרָא שְׁמוֹ יַעֲקֹב וְיִצְחָק בֶּן־שִׁשִּׁים שָׁנָה בְּלֶדֶת אֹתָם.

After that his brother emerged with his hand grasping onto the heel of Esau, so he called his name Jacob; Isaac was sixty years old when she bore them (25:26).

§9 וְאַחֲרֵי כֵן יָצָא אָחִיו — ***AFTER THAT HIS BROTHER EMERGED.***

The Midrash tells us what Jacob's action portends:

הֶגְמוֹן אֶחָד שָׁאַל לְחַד מִן אִילֵּין דְּבֵית סַלּוּנִי — **A** Roman **general asked** a question **of one of those** elders[158] **from the house of Saluni.** אָמַר לוֹ: מִי תּוֹפֵס הַמַּלְכוּת אַחֲרֵינוּ — **He said to him, "Who will take hold of the kingship after us?"**[159] הֵבִיא נְיָיר חָלָק וְנָטַל קוּלְמוּס וְכָתַב עָלָיו "וְאַחֲרֵי כֵן יָצָא אָחִיו וְיָדוֹ אוֹחֶזֶת בַּעֲקֵב" — In response, **[the Salunite] brought a blank sheet of paper and took a pen, and wrote on it** our verse, which states: ***After that his brother emerged with his hand grasping onto the heel*** *of Esau.*[160] אָמְרוּ: רָאוּ דְּבָרִים יְשָׁנִים מִפִּי זָקֵן חָדָשׁ — **They**[161] **said: See that old things** appear **new** through **the mouth of** this **elder.**[162] לְהוֹדִיעֲךָ כַּמָּה צַעַר נִצְטַעֵר אוֹתוֹ צַדִּיק — This **informs you how much this righteous person**[163] **suffered.**[164]Ⓐ

§10 וַיִּגְדְּלוּ הַנְּעָרִים — ***THE LADS GREW UP.***

The Midrash uses an analogy to explain why it was only after Esau and Jacob *grew up* that the differences between them manifested themselves:

רַבִּי לֵוִי אָמַר: מָשָׁל לַהֲדַס וְעִצְבוֹנִית שֶׁהָיוּ גְּדֵלִים זֶה עַל גַּבֵּי זֶה — **R' Levi said:** This is **comparable to a myrtle branch and a thornbush**[165] **growing side by side;**[166] וְכֵיוָן שֶׁהִגְדִּילוּ וְהִפְרִיחוּ זֶה נוֹתֵן רֵיחוֹ וְזֶה חוֹחוֹ — it is only **after they grow and blossom** that **[the myrtle branch] emits its** pleasant **smell, and [the wild rosebush]** issues **its thorns.** כָּךְ כָּל י״ג שָׁנָה שְׁנֵיהֶם הוֹלְכִים לְבֵית הַסֵּפֶר וּשְׁנֵיהֶם בָּאִים מִבֵּית הַסֵּפֶר — **Similarly, for thirteen years both** (i.e., Esau and Jacob) **went to school and both returned from school.** לְאַחַר י״ג שָׁנָה זֶה הוֹלֵךְ לְבָתֵּי מִדְרָשׁוֹת וְזֶה הוֹלֵךְ לְבָתֵּי עֲבוֹדָה זָרָה — It was only **after thirteen years** that their differences became apparent to all, in that **[Jacob] would go to the houses of study, and [Esau] would go to the houses of idol worship.**[167]

NOTES

158. See below. [*Matnos Kehunah* and *Yedei Moshe* mention other versions of this Midrash which state that the general asked R' Meir or Rabban Gamliel.]

159. Knowing that the Roman Empire would eventually come to an end — as all great kingdoms do (*Yefeh To'ar*) — he inquired of this Salunite if he knew who would rule the world afterward (*Eitz Yosef*).

160. Alluding to the fact that Jacob will some day replace Esau's kingdom with his own. The heel represents the end of something (*Eitz Yosef*).

That this must be what is being suggested by Scripture here is evident from the fact that Jacob emerged grasping Esau's heel, for under normal circumstances, a fetus lacks the physical strength to do so (ibid.).

[*Yedei Moshe* notes that it is evident that this elder must have been a great *tzaddik* to have answered the Roman general so boldly instead of pleading ignorance, for the general could certainly have killed him with impunity.]

161. The general and those with him.

162. Having recognized the truthfulness of the elder Salunite's inference, his interlocutors declared that although the answer to the general's inquiry had always been present in the words of our verse, it appeared as if the Salunite had come up with a new answer because until he revealed it, no one had known about it (*Rashi*, *Matnos Kehunah*, *Eitz Yosef*).

163. Jacob (*Matnos Kehunah*, *Eitz Yosef*; see, however, *Yedei Moshe's* approach to the last two sentences of our Midrash).

164. Based on the above exposition, it is clear that Jacob's emerging from his mother's womb grasping Esau's heel indicated that he was already aware at birth of the bitter exile that his descendants would have to endure at the hands of Esau and his descendants before rulership would be transferred to the Jewish people (*Matnos Kehunah*; *Eitz Yosef*).

Knowing what he knew, Jacob had to grasp Esau's heel in order for the Jewish people to be able to seize rulership from Esau's descendants in the future and hold onto it. This is based on the teaching of the Sages (see above, 40 §6 with Insight; *Midrash Tanchuma, Toldos* §9) that מַעֲשֵׂה אָבוֹת סִימָן לְבָנִים — the actions that occur to the Patriarchs are a portent of what will happen to their children (*Eitz Yosef*; see also *Matnos Kehunah*). See Insight Ⓐ.

165. Translation follows *Rashi*, *Matnos Kehunah,* and *Eitz Yosef.*

166. That is, when they first begin to grow, it is difficult to tell them apart; see further.

167. The statement: וַיִּגְדְּלוּ הַנְּעָרִים וְכוּ׳, *The lads grew up, etc.*, implies that Jacob's and Esau's true natures were not evident until the age of 13,

INSIGHTS

Ⓐ **A Sage's Reply** In what he proposes as a homiletic interpretation of our Midrash, *R' Elazar Fleckles* accounts for various details of the Midrash's account of the Salunite elder's reply to the Roman general. Why does the Midrash emphasize that the sage took a *blank* piece of paper? Furthermore, why does the Midrash speak of old *things,* plural, when only *one* thing was taught by the elder? Finally, what is the point of the Midrash's concluding statement, "This informs you how much this righteous person suffered"?

The law is that when writing a verse in כְּתָב אַשּׁוּרִי (the type of lettering used in Torah scrolls), one must first rule the paper with lines (*Gittin* 6b). This ensures that the verse will be written in a straight line, and will be neat and easy to read. Nevertheless, *Tosafos* (ibid.) state that where the verse is written merely for literary effect rather than to interpret the verse or for a legal teaching, no lines are needed. Now understandably, there was a real concern that the Roman general could grow angry when he heard the sage's interpretation of the verse. So the sage cleverly took a *blank* piece of paper, because the law is that if there is even one sentence of lined writing at the top of the paper, a verse may be written below it without etching new lines (see *Tosafos* ibid.), since the upper line of writing serves as a guide to write any subsequent lines straight. The sage then proceeded to write the verse *After that his brother emerges,* etc., without ruling lines. This way, if the general should become angry, the sage could explain that he had not meant to offer an authoritative interpretation of the verse, the proof being that he wrote the verse onto a blank, unlined sheet of paper. Had he intended to actually interpret the verse, Jewish law would have required him to first line the paper, or else use a sheet that had some earlier writing on it. [Rather, his response was made in mere lighthearted jest.]

The Jews who were with the sage at the time of this incident said: See the *things* (plural) that can be derived from the sage's conduct! (1) Who will in fact take over rulership of the world in the end; (2) lines are not required on a paper when a verse is written for literary effect; (3) if there already is writing on the top of a paper one may write a verse below it without scoring new lines; and (4) how to tactfully avoid incurring the wrath of hostile government officials.

And the Midrash concludes: This comes to teach you to what pains that righteous man — meaning the Salunite sage — went to comply with the laws of writing Scriptural verses and at the same time avoid antagonizing the general (*Teshuvah MeAhavah* 1:67).

[*Tosefes Berachah* (on our verse) suggests that the sage used "blank" (i.e., fresh, unerased) paper based on the teaching in *Avos* (4:20) that something written on fresh paper leaves an indelible mark. He thus alluded to the fact that while the fulfillment of this prophecy might be long in coming, it has been indelibly inscribed by the Torah and will surely come to pass (see also *Yefeh To'ar*).]

ט [כה, כו] "וְאַחֲרֵי כֵן יָצָא אָחִיו". הֶגְמוֹן אֶחָד שָׁאַל לְחַד מִן אִילֵּין דְּבֵית סִלּוֹנִי אָמַר לוֹ: מִי תּוֹפֵס הַמַּלְכוּת אַחֲרֵינוּ הֵבִיא נְיָיר חָלָק וְנָטַל קוּלְמוֹס וְכָתַב עָלָיו "וְאַחֲרֵי כֵן יָצָא אָחִיו וְיָדוֹ אוֹחֶזֶת בַּעֲקֵב". אָמְרוּ: רְאוּ דְּבָרִים יְשָׁנִים מִפִּי זָקֵן חָדָשׁ, לְהוֹדִיעֲךָ כַּמָּה צַעַר נִצְטָעֵר אוֹתוֹ צַדִּיק:

י [כה, כז] "וַיִּגְדְּלוּ הַנְּעָרִים", רַבִּי לֵוִי אָמַר [כא]מָשָׁל לַהֲדַס וְעִצְבוֹנִית שֶׁהָיוּ גְּדֵילִים זֶה עַל גַּבֵּי זֶה וְכֵיוָן שֶׁהִגְדִּילוּ וְהִפְרִיחוּ זֶה נוֹתֵן רֵיחוֹ וְזֶה חוֹחוֹ, כָּךְ כָּל י"ג שָׁנָה שְׁנֵיהֶם הוֹלְכִים לְבֵית הַסֵּפֶר וּשְׁנֵיהֶם בָּאִים מִבֵּית הַסֵּפֶר, לְאַחַר י"ג שָׁנָה זֶה הוֹלֵךְ לְבָתֵּי מִדְרָשׁוֹת וְזֶה הוֹלֵךְ לְבָתֵּי עֲבוֹדָה זָרָה: אָמַר רַבִּי אֶלְעָזָר צָרִיךְ אָדָם לְהִטַּפֵּל בִּבְנוֹ עַד י"ג שָׁנָה מִיכָּן וָאֵילָךְ צָרִיךְ שֶׁיֹּאמַר: בָּרוּךְ שֶׁפְּטָרַנִי מֵעוֹנְשׁוֹ שֶׁל זֶה. "וַיְהִי עֵשָׂו אִישׁ יוֹדֵעַ צַיִד", [כב]צָד אֶת הַבְּרִיּוֹת בְּפִיו, לָא גְּנַבְתְּ מַאן גָּנֵיב עִמָּךְ, וְלָא קְטַלִית מַאן קָטֵיל עִמָּךְ, אָמַר רַבִּי אַבָּהוּ: שׁוֹדָנִי, צַיְדָנִי, צָד בַּבַּיִת, צָד בַּשָּׂדֶה. בַּבַּיִת הֵיךְ מְתַקְּנִין מִילְחָא, בַּשָּׂדֶה הֵיךְ מְתַקְּנִין תִּבְנָא. רַבִּי חִיָּיא אָמַר: הִפְקִיר עַצְמוֹ כַּשָּׂדֶה.

עץ יוסף

(ט) [יג] **מי תופס המלכות אחרינו.** כי ידע שיש סוף למלכותם ושאל להחכם ההוא אם יודע מאיזה עם יהיה מי שיקח המלכות והממשלה מהם. והוכיח לו מהכתוב כי ישראל יקבלו המלכות מידם כמ"ש וידו אוחזת בעקב עשו כי אין דבר זה במקרה כי העובר חלוש הכח מאד איך תאחז ידו בעקב אחיו. אלא שבא לרמוז שבסוף מלכות אחיו יתפוש הוא (היינו יעקב שבא) מלכות כי העקב רמז לסוף הדבר ואחריתו: **אמר ראו כו'.** כי נתן אותו הגמון אל לבו עתה שזו היא אמתת כוונת הכתוב וא"כ ידיעה זו (כשנית) [נושנת] היא בתורה. ועתה נראית חדוש מפי הזקן הלז. ופי' חדש שהדבר הזה נראה עתה חדש: **אותו צדיק.** יעקב. שמיד בלאתו מרחם אמו נודע לו משעבוד בניו והוכרח לעשות פועל הדמיוני הזה כדי שע"י זה יתקיים תפיסת המלכות לבניו לבסוף כי כל מעשה אבות סימן לבנים: (י) [יד] **משל להדס כו'.** דויגדלו הנערים וגו' משמע כשגדלו הוא שנודע טיבם ולא מתחילה וכמשל ההדס ועצבונית הוא מין קוצים שלא נודע חלופם עד אשר יגדלו. והענין כמו הפרי כ"ז שלא נגמרה בשלימותה. אז גם הטוב אינו נותן ריחו כן הנפש הטובה בראשיתה היא טמונה בכח מבלי ירגיש האדם בטובה. וכן בהיפוך הרע המזג עודנו לא נגמל הרע לפועל עד שיגדל ואז ניכר: **לאחר י"ג שנה כו'.** דכתיב ויגדלו הנערים וגו'. וקודם י"ג אינו נקרא גדול: **להטפל בבנו.** ליזקק להוכיחו. לפי שיקבל מוסרו ואם לא יוכיחנו ויחטא ואשם אביו נענש עליו דאפשר בידו למחות: **שפטרני מעונשו של זה.** כי עד י"ג עודנו כחותיו טמונים וצריך לעמול לגלותם וא"כ אין החטא על הילד כי אם על אביו שאינו מחנכו למוסר. וכשנעשה בן י"ג ואז יש לו בחירה בעצמו ואז נפטר האב מתוכחתו ואינו נענש עליו: [טו] **צד את הבריות.** נתבאר לעיל פרשה ל"ז וע"ש: **שודני צודני.** דיודע ציד איש שדה כל אחד מילתא באנפי נפשה. דאיש שדה פירושו שודני ר"ל בטלן ומטייל בשדות. ויודע ציד צידני שהיה צד עופות וחיות: **צד בבית צד בשדה.** הוא ד"א ודריש שהצידה רמז לרמאות. שלפ"ז יתפרש איש שדה ג"כ בענין הציד (יפ"ת): **היך מתקנין מלחא.** שהיה מרמה את אביו בענין הבית ששאל ממנו היאך מתקנין ומעשרין את המלח ומזה היה חושב יצחק שהוא מדקדק במצות ובענין השדה רימה את אביו במה שהיה שואל ממנו איך מתקנין ומעשרין את התבן והמלח והתבן אינן חייבין מעשר אפי' מדרבנן. ועם כל זה היה שואל היתך יעשרם והיה נראה שהיה מחמיר להוציא מעשר אפי' מאלו: **הפקיר עצמו בשדה.** פרש"י כשדה זה שהכל זורעין בתוכו כך הפקיר עצמו להזנות עם הכל וכד"א אם בשדה מצאה (מת"כ):

פירוש מהרז"ו

(י) **ויגדלו הנערים.** ויהי עשו איש יודע ציד ויעקב איש תם וגו': **י"ג שנה.** כמ"ש איש יודע ציד ויעקב איש תם וכמ"ש חז"ל איש פרט לקטן. וכמש"ל פנ"ג ויגדל הילד וגו' שנגמל מיצרו והיינו בן י"ג שנה וכן לקמן פר' פ' סי' י' איש חרבו בני י"ג שנה ע' מש"ש ובתנחומא תצא סי' ד' סובר שהיו בני ט"ו שנה שסמוך לו ויזד יעקב נזיד על אבל אברהם שמת אז כמ"ש פר' ז סי' י"א: **לבתי מדרשות.** כמ"ש בסמוך לאהלים של שם ועבר וכמש"ל סי' ו': **שפטרני מעונשו.** שעד עתה קטן ועומד ברשות אביו ונענש על מעשיו וכשנעשה י"ג שנה בר חיוב במצות יצא לרשות עצמו: **צד כו' בפיו.** ממ"ש בסמוך כי ציד בפיו ע' ד"ר פ"א סי' י"ז ביתר באור וע' לקמן פס"ו סי' ה':

רש"י

(ט)**נטל קולמוס וכתב עליו ואחרי כן יצא אחיו וידו אוחזת בעקב עשו.** ידו של יעקב אוחזת מלכות בעקב עשו: **ראו דברים ישנים מפי זקן חדש.** הדברים ישנים הם מיום שנאמר המקרא הזה וידו אוחזת נותן הטעם הזה עמו אבל עכשיו חדש הוא שלא ידעו אדם עד עכשיו שאמרו זה: (י) **עצבונית.** קוצים: **צריך אדם ליטפל בבנו.** ללמדו תורה ומצות: #**צד את הבריות** בפיהם אמר ליה גנבת והוא אומר לא גנבתי ומשיבו א"כ מאן גנב עמך קטלת והוא אומר לא קטלית אם כן מאן קטל עמך: **רבי אבהו אמר צדני שדני צד בבית צד בשדה: הפקיר עצמו בשדה.** שכל מי שרוצה לזרוע בו זורע כמה דאת אמר כי בשדה מצאה אמר הקדוש ברוך הוא הואיל והפקיר עצמו לכך אף אני בו בלשון אני נפרע ממנו הדא הוא דכתיב והיה

מתנות כהונה

[ט] **לחד מן אלין כו'.** לאחד מן החכמים שבבית סלוא ובעל העקידה גרס שאל לר' מאיר בבית סלוא ובילקוט גרס רבי גמליאל: **בעקב עשו גרסינן.** ורמז שישראל יעמדו לעתיד ויקחו המלכות מתחת ידי עשו כמו שדרשו חז"ל ולאום מלאום יאמץ: **מפי זקן חדש.** פירש"י אע"פ שמקרא זה הוא ישן נושן לא ידעו אדם עד שגילהו זקן זה: **אותו צדיק.** שמיד בלאתו מרחם אמו הרגיש בלער הגלות שלא יעמוד שררתו עד שיקחנו מיד עשו: [י] **עיצבונות.** פי' הערוך מין קוצים: **כך כל שלש עשרה שנים.** דכתיב ויגדלו וקודם שלש עשרה שנה לא נקרא גדול וכדמפרש ואזיל: **להטפל כו'.** לטפל עמו ללמדו תורה ומצות: **לא גנבת כו'.** נתבאר לעיל פר' ל"ז: **שודני.** סיפא דקרא איש שדה קדריש שדני כלומר בקי בשדה ודרש צדני בחילוף אותיות זשס"ץ לדני כלומר רמאי ונודה סתם אף בקי ברמאות בבית ומפרש והולך היאך: **היך מתקנין כו'.** היך מתקנין במעשר וכדי לרמאות אביו אמר כן שיחשוב שהוא מדקדק במצות שהמלח פטור ממעשר וכדפי' רש"י בחומש וכן התבן פטור: **בשדה.** פירש"י כשדה זה שהכל זורעין בתוכו כך הפקיר עצמו להזנות עם הכל וכד"א אם בשדה מצאה:

אשד הנחלים

[י] **משל להדס.** הענין כמו הפרי כל זמן שלא נגמרה בשלימותה. אז גם הטוב אינו נותן ריחה הטמון בה ולכן אינה ניכרת מבין פירות שהם מבלי ריח כן הנפש הטובה בראשיתה היא טמונה בכח מבלי ירגיש האדם בטובה. וכן בהיפוך הרע המזג עודנו לא נגמל הרע לפועל עד שיגדל ואז ניכר: **ברוך שפטרני.** כי עד י"ג עודנו כחותיו טמונים וצריך לעמול לגלותם וא"כ אין החטא על הילד. כ"א על אביו שאינו מחנכו למוסר וכשנעשה בן י"ג ואז יש לו בחירה בעצמו. ואז נפטר האב מתוכחתו: **מאן גניב.** המדרש אומר בדרך לעג. כלומר שהאמת אם אתה לא גנבת מי הוא שגנב עמך ואיפה ימצא גנב כמוהו. והוא דרך מליצה. ויתכן עוד שכל זה להוודע האמת הוא חוקרים ודורשים האמת שלא גנבת אתה אבל. מאן גניב עמך ומתוך דבריו ילמדו האמת כדרך הנהוג בכל המשפטים:

חידושי הרד"ל

(יג) [י] **צריך אדם להטפל בבנו כו' ברוך שפטרני כו'.** משמע דווקא בנו אבל בתו לא. ולפ"ז אין הטעם בשביל שעד עתה היה אביו נענש על מה שעובר הקטן כאשר חשבו האחרונים ז"ל. שא"כ גם בבתו כן. אלא עיקר הכוונה על חייב ללמד תורה לבנו. ובארתי בס"ד בארוכה בדרוש לבר מצוה של בני המנוח החריף ירא וחרד מוהר"ר חיים יונה לוריא ז"ל אחרון של פסח תקנ"ו:

חידושי הרש"ש

[י] **יודע ציד צד אה"ב בפיו.** דריש כן להיות תם דיעקב נגד יודע ציד דעשו כמו דיושב אהלים מתנגד לאיש שדה [וכ"כ הרא"ס]:

מסורת המדרש

כא תנחומא סדר כי תצא סימן ד':
כב לעיל פ' ל"ז. דברים רבה פ"א. רות רבה פרשה א'. ילקוט משלי רמז תתקל"ט:

The Midrash cites a practical application of the above:

אָמַר רַבִּי אֶלְעָזָר צָרִיךְ אָדָם לְהִטַּפֵּל בִּבְנוֹ עַד י״ג שָׁנָה — **R' Elazar said: A person is obligated to attend to his son until the age of thirteen;**[168] מִיכָּן וְאֵילָךְ צָרִיךְ שֶׁיֹּאמַר: בָּרוּךְ שֶׁפְּטָרַנִי מֵעוֹנְשׁוֹ שֶׁל זֶה — **from then on he must say: Blessed** is He **Who freed me from this one's punishments.**[169]

□ וַיְהִי עֵשָׂו אִישׁ יוֹדֵעַ צַיִד — *AND ESAU BECAME A MAN WHO KNOWS TRAPPING, A MAN OF THE FIELD; BUT JACOB WAS A WHOLESOME MAN, ABIDING IN TENTS.*

The Midrash gives various interpretations as to what it means that Esau was *a man who knows trapping, a man of the field*:

צָד אֶת הַבְּרִיּוֹת בְּפִיו — Esau would **ensnare people through** the use of **his mouth**[170] by saying to them: לָא גְנַבְתְּ מַאן גָּנֵיב עִמָּךְ — **Did you not steal? Who stole with you?** לָא קְטַלִית מַאן קָטֵיל עִמָּךְ — Or he would say to them: **Did you not kill? Who killed with you?**[171]

אָמַר רַבִּי אַבָּהוּ: שׂוֹדְנִי, צֵיְדָנִי — **R' Abahu said:** The verse is describing **[Esau]** as an expert in **matters of the field,** and as **a trapper** of beasts and birds.[172] צָד בַּבַּיִת, צָד בַּשָּׂדֶה — Alternatively, אִישׁ יֹדֵעַ צַיִד means that Esau was **deceitful** regarding matters **in the house,** and אִישׁ שָׂדֶה means he was **deceitful** regarding matters **in the field:**[173] בַּבַּיִת הֵיךְ מְתַקְּנִין מִילְחָא, בַּשָּׂדֶה הֵיךְ מְתַקְּנִין תִּבְנָא — With regard to matters **inside the home,** he would ask his father, **"How do we tithe**[174] **salt?"** And with regard to matters **in the field,** he would ask his father, **"How do we [tithe] straw?"**[175]

רַבִּי חִיָּיא אָמַר: הִפְקִיר עַצְמוֹ כַּשָּׂדֶה — **R' Chiya said:** The description of Esau as *a man of the field* alludes to the fact that **he made himself ownerless like a field.**[176]

NOTES

the time at which a boy becomes a גָּדוֹל, an adult in Jewish law (*Matnos Kehunah, Eitz Yosef*). It is at that age that a boy's latent spiritual nature emerges and becomes actual, whether for good or for evil. The Midrash compares this to the physical qualities of a myrtle branch and a thorn bush, which exist in potential even when these plants are first beginning to grow, but are discernible in actuality only after they grow further (*Eitz Yosef*).

168. To rebuke him for any wrong that he does. For until the age of 13, a boy is open to accepting his father's admonitions and correcting his ways. Since it is the father's responsibility to reprimand his son, should he fail to do so it is he who would be subject to the punishments associated with his son's misdeeds (*Eitz Yosef*).

169. After the age of 13 [a father's rebuke is no longer effective, and] a boy's spiritual faculties are sufficiently developed for him to be held responsible for his own misdeeds (ibid.).

170. That is, the verse is not referring merely to Esau's ability to trap beasts and birds. This is indicated by the verse's juxtaposition of Esau's two characteristics with Jacob's two characteristics, for the juxtaposition suggests that there is a parallel between the two characteristics mentioned *first* just as there is a parallel between the two characteristics mentioned *second*: Esau's being *a man of the field* clearly parallels Jacob's *abiding in tents* (for each phrase describes the place frequented by that brother). Similarly, *a man who knows trapping* parallels *a wholesome man*; since *a wholesome man* refers to one who is not sharp in deceiving others (see *Rashi* to our verse), *a man who knows trapping* must refer to one who *does* deceive and ensnare others (*Rashash,* from *Rosh*; see, however, *Eitz Yosef* in Vagshal edition).

171. A person accused of a crime would deny it. Esau would then ask the accused rhetorically: "Didn't you steal/kill? [We know you did. Just tell us:] Who stole/killed with you (i.e., who was your accomplice)?" This technique of assuming the accused's guilt would serve to intimidate and confuse the defendant, leading him to admit to a crime that he did not commit (*Eitz Yosef* to 37 §2 above, from *Yefeh To'ar*, first interpretation).

Alternatively, Esau said to the accused: "We know that *you* did not steal/kill. But just tell us, who was with you at the crime that *did* steal or kill?" Through this technique, Esau got the accused to reveal the identity of the perpetrator in hopes of being let go himself (ibid., second interpretation).

172. That is, the phrase אִישׁ יֹדֵעַ צַיִד אִישׁ שָׂדֶה, *a man who knows trapping, a man of the field*, is to be understood as describing two separate characteristics (*Eitz Yosef*). Cf. R' Abahu's alternative interpretation that follows.

173. Accordingly, the verse is referring to two manifestations of the same characteristic (*Eitz Yosef,* from *Yefeh To'ar*).

174. Lit., *fix*.

175. Tithes are taken only from fruits of the earth, not from salt or straw.

By asking these questions, Esau meant to deceive his father by presenting himself as one who is extremely diligent in his fulfillment of the commandments, to the point that he was eager to tithe even items like salt and straw (*Matnos Kehunah, Eitz Yosef*).

176. That is, he would have carnal relations indiscriminately, with anyone at all, even other men. The simile *like a field* means: Just as an unprotected field is open for anyone to come in and plant, similarly Esau was prepared to act licentiously with all. [We find elsewhere, as well, that a *field* is associated with immoral activity, as in the verse that states (*Deuteronomy* 22:25): *But if it is in the field that the man will find the bethrothed girl, etc.* (*Rashi, Matnos Kehunah, Eitz Yosef*).]

ט [כה, כו] "**וְאַחֲרֵי כֵן יָצָא אָחִיו**". **הֶגְמוֹן אֶחָד שָׁאַל לְחַד מִן אִילֵּין דְּבֵית סִלּוּנִי אָמַר לוֹ: מִי תּוֹפֵס הַמַּלְכוּת אַחֲרֵינוּ הֵבִיא נְיָיר חָלָק וְנָטַל קוֹלְמוֹס וְכָתַב עָלָיו "וְאַחֲרֵי כֵן יָצָא אָחִיו וְיָדוֹ אוֹחֶזֶת בַּעֲקֵב". אָמְרוּ: רְאוּ דְּבָרִים יְשָׁנִים מִפִּי זָקֵן חָדָשׁ, לְהוֹדִיעֲךָ כַּמָּה צַעַר נִצְטָעֵר אוֹתוֹ צַדִּיק:**

י [כה, כז] "**וַיִּגְדְּלוּ הַנְּעָרִים**", **רַבִּי לֵוִי אָמַר** [כא]**מָשָׁל לַהֲדַס וְעִצְבוֹנִית שֶׁהָיוּ גְּדֵילִים זֶה עַל גַּבֵּי זֶה וְכֵיוָן שֶׁהִגְדִּילוּ וְהִפְרִיחוּ זֶה נוֹתֵן רֵיחוֹ וְזֶה חוֹחוֹ, כָּךְ כָּל י"ג שָׁנָה שְׁנֵיהֶם הוֹלְכִים לְבֵית הַסֵּפֶר וּשְׁנֵיהֶם בָּאִים מִבֵּית הַסֵּפֶר, לְאַחַר י"ג שָׁנָה זֶה הוֹלֵךְ לְבָתֵּי מִדְרָשׁוֹת וְזֶה הוֹלֵךְ לְבָתֵּי עֲבוֹדָה זָרָה: אָמַר רַבִּי אֶלְעָזָר צָרִיךְ אָדָם לְהִטַּפֵּל בִּבְנוֹ עַד י"ג שָׁנָה מִיכָּן וְאֵילָךְ צָרִיךְ שֶׁיֹּאמַר: בָּרוּךְ שֶׁפְּטָרַנִי מֵעוֹנְשׁוֹ שֶׁל זֶה. "וַיְהִי עֵשָׂו אִישׁ יוֹדֵעַ צַיִד",** [כב]**צָד אֶת הַבְּרִיּוֹת בְּפִיו, לָא גְנַבְתְּ מַאן גָּנֵיב עִמָּךְ, וְלָא קְטַלִית מַאן קָטֵיל עִמָּךְ, אָמַר רַבִּי אַבָּהוּ: שׁוֹדָנִי, צַיְדָנִי, צָד בַּבַּיִת, צָד בַּשָּׂדֶה. בַּבַּיִת הֵיךְ מְתַקְּנִין מִילְחָא, בַּשָּׂדֶה הֵיךְ מְתַקְּנִין תִּבְנָא. רַבִּי חִיָּיא אָמַר: הִפְקִיר עַצְמוֹ כַּשָּׂדֶה.**

פירוש מהרז"ו

(י) **ויגדלו הנערים.** ויהי עשו איש יודע ציד ויעקב איש תם וגו': י"ג שנה. כמ"ש איש יודע ציד ויעקב איש תם וכמ"ש חז"ל איש פרט לקטן. וכמש"ל פנ"ג ויגדל הילד וגו' שנגמל מיצרו והיינו בן י"ג שנה וכן לקמן פר' פ' סי' י' איש חרבו בני י"ג שנה ע' מש"ש ובתנחומא תצא סי' ד' סובר שהיו בני ט"ו שנה שסמוך לו ויזד יעקב נזיד על אבל אברהם שמת אז כמ"ש פר' זו סי' י"א: **לבתי מדרשות.** כמ"ש בסמוך לאהלים של שם ועבר וכמש"ל סי' ו': **שפטרני מעונשו.** שעד עתה קטן ועומד ברשות אביו ונענש על מעשיו וכשנעשה י"ג שנה בר חיוב במצות יצא לרשות עצמו: **צד כו' בפיו.** ממ"ש בסמוך כי ציד בפיו ע' ד"ר פ"א סי' י"ז ביתר באור וע' לקמן פס"ו סי' ה':

עץ יוסף

(ט) [יג] **מי תופס המלכות אחרינו.** כי ידע שיש סוף למלכותם ושאל להחכם ההוא אם יודע מאיזה עם יהיה מי שיקח המלכות והממשלה מהם. והוכיח לו מהכתוב כי ישראל יקבלו המלכות מידם כמ"ש וידו אוחזת בעקב עשו כי אין דבר זה במקרה כי העובר חלוש הכח מאד איך תאחז ידו בעקב אחיו. אלא שבא לרמוז שבסוף מלכות אחיו יתפוש הוא (היינו יעקב סבא) מלכות כי העקב רמז לסוף הדבר ואחריתו: **אמר ראו כו'.** כי נתן אותו הגמון אל לבו עתה שזו היא אמתת כוונת הכתוב וא"כ ידיעה זו (נשנית) [נושנת] היא בתורה. ועתה נראית חדוש מפי הזקן הלז. ופי' חדש שהדבר הזה נראה עתה חדש: **אותו צדיק.** יעקב. שמיד בצאתו מרחם אמו נודע לו משעבוד בניו והוכרח לעשות פועל הדמיוני הזה כדי שע"י זה יתקיים תפיסת המלכות לבניו לבסוף כי כל מעשה אבות סימן לבנים: (י) [יד] **משל להדס כו'.** דויגדלו הנערים וגו' משמע כשגדלו הוא שנודע טיבם ולא מתחילה וכמשל ההדס ועצבונית הוא מין קוצים שלא נודע חלופם עד אשר יגדלו. והענין כמו הפרי כ"ז שלא נגמרה בשלימותה. אז גם הטוב אינו נותן ריחו כן הנפש הטובה בראשיתה היא טמונה בכח מבלי ירגיש האדם בטובה. וכן בהיפוך הרע המזג עודנו לא נגמל הרע לפועל עד שיגדל ואז ניכר: **לאחר י"ג שנה כו'.** דכתיב ויגדלו הנערים וגו'. וקודם י"ג אינו נקרא גדול: **להטפל בבנו.** ליזקק להוכיחו. לפי שיקבל מוסרו ואם לא יוכיחנו ויחטא ואם אביו נענש עליו דאפשר בידו למחות: **שפטרני מעונשו של זה.** כי עד י"ג עודנו כחותיו טמונים וצריך לעמול לגלותם וא"כ אין החטא על הילד כי אם על אביו שאינו מחנכו למוסר. וכשנעשה בן י"ג ואז יש לו בחירה בעצמו ואז נפטר האב מתוכחתו ואינו נענש עליו: [טו] **צד את הבריות.** נתבאר לעיל פרשה ל"ז וע"ש: **שודני צודני.** דיודע ציד איש שדה כל אחד מילתא באנפי נפשה. דאיש שדה פירושו שודני ר"ל בטלן ומטייל בשדות. ויודע ציד לידני שהיה צד עופות וחיות: **צד בבית צד בשדה.** הוא ד"א ודריש שהצידה רמז לרמאות. שלפ"ז יתפרש איש שדה ג"כ בענין הציד (יפ"ת): **היך מתקנין מלחא.** שהיה מרמה את אביו בענין הבית ששאל ממנו היאך מתקנין ומעשרין את המלח ומזה היה חושב יצחק שהוא מדקדק במצות ובענין השדה רימה את אביו במה שהיה שואל ממנו איך מתקנין ומעשרין את התבן והמלח והתבן אינן חייבין מעשר אפי' מדרבנן. ועם כל זה היה שואל היתך יעשרם והיה נראה שהיה מחמיר להוציא מעשר אפי' מאלו: **הפקיר עצמו בשדה.** פרש"י כשדה זה שהכל זורעין בתוכו כך הפקיר עצמו להזנות עם הכל וכד"א אם בשדה מצאה (מת"כ):

רש"י

(ט)**נטל קולמוס וכתב עליו ואחרי כן יצא אחיו וידו אוחזת בעקב עשו.** ידו של יעקב אוחזת מלכות בעקב עשו: **ראו דברים ישנים מפי זקן חדש.** הדברים ישנים הם מיום שנאמר המקרא הזה וידו אוחזת נותן הטעם הזה עמו אבל עכשיו חדש הוא שלא ידעו אדם עד עכשיו שאמרו זה: (י) **עצבונית.** קוצים: **צריך אדם ליטפל בבנו.** ללמדו תורה ומצות: #**צד את הבריות** בפיהם אמר ליה גנבת והוא אומר לא גנבתי ומשיבו א"כ מאן גנב עמך קטלת והוא אומר לא קטלית אם כן מאן קטל עמך: **רבי אבהו אמר צדני שדני צד בבית צד בשדה: הפקיר עצמו בשדה.** שכל מי שרוצה לזרוע בו זורע כמה דאת אמר כי בשדה מצאה אמר הקדוש ברוך הוא הואיל והפקיר עצמו לכך אף אני בו בלשון אני נפרע ממנו הדא הוא דכתיב והיה

חידושי הרד"ל

(יג) [י] **צריך אדם להטפל בבנו כו' ברוך שפטרני כו'.** משמע דווקא בנו אבל בתו לא. ולפ"ז אין הטעם בשביל שעד עתה היה אביו נענש על מה שעובר הקטן כאשר חשבו האחרונים ז"ל. שא"כ גם בבתו כן. אלא עיקר הכוונה על חייב ללמד תורה לבנו. ובארתי בס"ד בארוכה בדרוש לבר מצוה של בני המנוח החריף ירא וחרד מוהר"ר חיים יונה לוריא ז"ל אחרון של פסח תקנ"ו:

חידושי הרש"ש

[י] **יודע ציד צד אה"ב בפיו.** דריש כן להיות תם דיעקב נגד יודע ציד דעשו כמו דיושב אהלים מתנגד לאיש שדה [וכ"כ הרא"ס]:

מסורת המדרש

כא תנחומא סדר כי תצא סימן ד':

כב לעיל פ' ל"ז. דברים רבה פ"א. רות רבה פרשה א'. ילקוט משלי רמז תתקל"ט:

מתנות כהונה

[ט] **לחד מן אלין כו'.** לאחד מן החכמים שבבית סלוא ובעל העקידה גרס שאל לר' מאיר בבית סלוא ובילקוט גרס רבי גמליאל: **בעקב עשו גרסינן.** ורמז שישראל יעמדו לעתיד ויקחו המלכות מתחת ידי עשו כמו שדרשו חז"ל ולאום מלאום יאמץ: **מפי זקן חדש.** פירש"י אע"פ שמקרא זה הוא ישן נושן לא ידעו אדם עד שגילהו זקן זה: **אותו צדיק.** שמיד בצאתו מרחם אמו הרגיש בצער הגלות שלא יעמוד שררתו עד שיקחנו מיד עשו: [י] **עיצבונות.** פי' הערוך מין קוצים: **כך כל שלש עשרה שנים.** דכתיב ויגדלו וקודם שלש עשרה שנה לא נקרא גדול וכדמפרש ואזיל: **להטפל בו'.** לטפל עמו ללמדו תורה ומצות: **לא גנבת כו'.** נתבאר לעיל פר' ל"ז: **שודני.** סיפא דקרא איש שדה קדריש שדני כלומר בקי בשדה ודרש צדני בחילוף אותיות זסשר"ץ צדני כלומר רמאי וצודה סתם אף בקי ברמאות בבית ומפרש והולך היאך: **היך מתקנין כו'.** היך מתקנין במעשר וכדי לרמאות אביו אמר כן שיחשוב שהוא מדקדק במצות שהמלח פטור ממעשר וכדפי' רש"י בחומש וכן התבן פטור: **בשדה.** פירש"י כשדה זה שהכל זורעין בתוכו כך הפקיר עצמו להזנות עם הכל וכד"א אם בשדה מצאה:

אשד הנחלים

[י] **משל להדס.** הענין כמו הפרי כל זמן שלא נגמרה בשלימותה. אז גם הטוב אינו נותן ריחה הטמון בה ולכן אינה ניכרת מבין פירות שהם מבלי ריח כן הנפש הטובה בראשיתה היא טמונה בכח מבלי ירגיש האדם בטובה. וכן בהיפוך הרע המזג עודנו לא נגמל הרע לפועל עד שיגדל ואז ניכר: **ברוך שפטרני.** כי עד י"ג עודנו כחותיו טמונים וצריך לעמול לגלותם וא"כ אין החטא על הילד. כ"א על אביו שאינו מחנכו למוסר וכשנעשה בן י"ג ואז יש לו בחירה בעצמו. ואז נפטר האב מתוכחתו: **מאן גניב.** המדרש אומר בדרך לעג. כלומר שהאמת אם אתה לא גנבת מי הוא שגנב עמך ואיפה ימצא גנב כמוהו. והוא דרך מליצה. ויתכן עוד שכל זה להוודע האמת הוא חוקרים ודורשים האמת שלא גנבת אתה אבל. מאן גניב עמך ומתוך דבריו ילמדו האמת כדרך הנהוג בכל המשפטים:

אָמְרוּ יִשְׂרָאֵל לִפְנֵי הַקָּדוֹשׁ בָּרוּךְ הוּא — **Israel said to the Holy One, blessed is He:** רִבּוֹן כָּל הָעוֹלָמִים לֹא דַיֵּינוּ שֶׁנִּשְׁתַּעְבַּדְנוּ לְשִׁבְעִים אוּמּוֹת אֶלָּא אַף לֹא זוֹ שֶׁנִּבְעֶלֶת כַּנָּשִׁים — **Master of all the worlds! It is not enough that we are subservient to the seventy nations? Must we also** be subservient **to this one that has relations like women?**[177] אָמַר לָהֶם הַקָּדוֹשׁ בָּרוּךְ הוּא אַף אֲנִי בּוֹ בַּלָּשׁוֹן אֲנִי פּוֹרֵעַ הַיְמֶנָּה — **The Holy One, blessed is He, said to them: I, too, will exact retribution from it with the same** form of **expression** that you used.[178] הֲדָא הוּא דִכְתִיב "וְהָיָה לֵב גִּבּוֹרֵי אֱדוֹם בַּיּוֹם הַהוּא כְּלֵב אִשָּׁה מְצֵרָה" — **Thus it is written:** ***on that day the hearts of Edom warriors will be like the heart of a woman in childbirth*** (*Jeremiah* 49:22).[179]

□ וְיַעֲקֹב אִישׁ תָּם יֹשֵׁב אֹהָלִים — ***BUT JACOB WAS A WHOLESOME MAN, ABIDING IN TENTS.***

The Midrash explains the allusion of the plural word *tents*:

שְׁנֵי אֹהָלִים, בֵּית מִדְרָשׁוֹ שֶׁל שֵׁם וּבֵית מִדְרָשׁוֹ שֶׁל עֵבֶר — There were **two tents;** namely, the **house of study of Shem, and the house of study of Eber.**[180]

וַיֶּאֱהַב יִצְחָק אֶת עֵשָׂו כִּי צַיִד בְּפִיו וְרִבְקָה אֹהֶבֶת אֶת יַעֲקֹב.
Isaac loved Esau for trapping was in his mouth; but Rebecca loved Jacob (25:28).

□ וַיֶּאֱהַב יִצְחָק אֶת עֵשָׂו כִּי צַיִד בְּפִיו — ***ISAAC LOVED ESAU FOR TRAPPING WAS IN HIS MOUTH.***

The Midrash explains why Isaac loved Esau:

קוּפְּרָא טָבָא לְפוּמֵיהּ, וְכַסָּא טָבָא לְפוּמֵיהּ — Esau would provide **a good piece of meat for [Isaac's] mouth,**[181] **and a good cup of wine for [Isaac's] mouth.**[182]

□ וְרִבְקָה אֹהֶבֶת אֶת יַעֲקֹב — ***BUT REBECCA LOVED*** (lit., *LOVES*) ***JACOB.***

כָּל שֶׁהָיְתָה שׁוֹמַעַת קוֹלוֹ הָיְתָה מוֹסֶפֶת לוֹ אַהֲבָה עַל אַהֲבָתוֹ — **Whenever she heard [Jacob's] voice** learning Torah,[183] **her love for him would constantly increase.**[184]

וַיָּזֶד יַעֲקֹב נָזִיד וַיָּבֹא עֵשָׂו מִן הַשָּׂדֶה וְהוּא עָיֵף.
Jacob boiled a stew, and Esau came in from the field, and he was exhausted (25:29).

§11 וַיָּזֶד יַעֲקֹב נָזִיד — ***JACOB BOILED A STEW.***

The Midrash discusses the purpose of this stew:

אָמַר לוֹ: מַה טִּיבוֹ שֶׁל נָזִיד זֶה — **[Esau] said to [Jacob], "What is the nature of this stew?"** אָמַר לוֹ: שֶׁמֵּת אוֹתוֹ זָקֵן — **[Jacob] said to him,** "It is to provide food for Isaac because **that elder** (i.e., Abraham) **died."**[185] אָמַר: בְּאוֹתוֹ הַזָּקֵן פָּגְעָה מִדַּת הַדִּין — **[Esau] said** to Jacob, "Has even **this elder** (Abraham)[186] **encountered the Attribute of Justice?"**[187] אָמַר לוֹ: הֵין — **[Jacob] said to him, "Yes."** אָמַר: אִם כֵּן לֹא מַתַּן שָׂכָר וְלֹא תְּחִיַּית הַמֵּתִים — **[Esau] said** to Jacob, "But **if so,** there is surely **no reward** or punishment,[188] **nor** will there be any **Revivification of the Dead."**[189] וְרוּחַ הַקֹּדֶשׁ צוֹוַחַת — **But the Holy Spirit** responded by **crying out** the truth,[190] stating: "אַל תִּבְכּוּ לְמֵת וְאַל תָּנֻדוּ לוֹ", זֶה אַבְרָהָם — ***Do not weep for a dead man, and do not shake your head for him*** (*Jeremiah* 22:10) — **this** refers to **Abraham;**[191] "בָּכוֹ בָכוֹ לַהֹלֵךְ" זֶה עֵשָׂו — ***weep rather for the one who went away*** (ibid.) — **this** refers to **Esau.**[192]

§12 וַיָּבֹא עֵשָׂו מִן הַשָּׂדֶה — ***AND ESAU CAME IN FROM THE FIELD, AND HE WAS EXHAUSTED.***

The Midrash discusses the cause of Esau's exhaustion and the effect of his behavior on Abraham's longevity:

רַבִּי יוּדָן בְּשֵׁם רַבִּי אֵיבוּ וְרַבִּי פִּנְחָס בְּשֵׁם רַבִּי לֵוִי וְרַבָּנָן בְּשֵׁם רַבִּי סִימוֹן — **R' Yudin in the name of R' Aivu, and R' Pinchas in the name of R' Levi, and the Sages in the name of R' Simon** all said: אַתְּ מוֹצֵא אַבְרָהָם חָיָה קע"ה שָׁנָה, וְיִצְחָק ק"פ — **You find that Abraham lived** only **175 years, and** yet **Isaac lived 180 years.** Why should this be?[193] אֶלָּא אוֹתָן ה' שָׁנִים שֶׁמָּנַע הַקָּדוֹשׁ בָּרוּךְ הוּא מֵחַיָּיו מִפְּנֵי שֶׁעָבַר עֵשָׂו שְׁתֵּי עֲבֵירוֹת — **Rather,** we must say that **those five years that the Holy One, blessed is He, withheld from [Abraham's] life**[194] **were on account of the two** serious **sins**[195] **that Esau committed** on the day Abraham died:[196]

NOTES

177. How could God reward such an immoral nation such as Edom with the ability to rule over the Jewish people? (*Eitz Yosef,* from *Yefeh To'ar*).

178. I.e., whose men engage in acts of sodomy.

179. God consoles the Jewish people by assuring them that He will eventually impose serious punishment on Edom for their immoral acts (ibid.).

180. See similarly *Onkelos*. Other examples of this meaning of the word *tent* in Scripture include *Exodus* 33:9 (וְהָיָה כְּבֹא מֹשֶׁה הָאֹהֱלָה, *And it would be when Moses would arrive at the Tent*, i.e., at the place designated to receive God's teachings) and ibid. v. 11 (לֹא יָמִישׁ מִתּוֹךְ הָאֹהֶל, *[Joshua] would not depart from within the Tent*, i.e., the place where he was taught Torah by Moses) (*Eitz Yosef*).

181. Whenever Esau came across a good piece of meat, he would save it to give to his father (*Matnos Kehunah, Eitz Yosef*).

182. Thus, the word צַיִד refers to the quality food and drink that Esau provided for his father. The word בְּפִיו, *in "his" mouth*, in our verse refers to *Isaac's* mouth.

183. *Eitz Yosef.*

184. That Rebecca's love for Jacob constantly increased is indicated by the fact that our verse describes her love in the present tense (אֹהֶבֶת). This is in contrast to Isaac's love for Esau, which our verse earlier described in the past tense (וַיֶּאֱהַב) (*Matnos Kehunah, Eitz Yosef*).

185. The stew consisted of lentils (see v. 34), a food typically served to mourners because of their round shape — which alludes to the fact that mourning "rolls" around the world, affecting everyone; and because of their lack of any openings [as opposed to other legumes that have fissures] — which alludes to the fact that a mourner has no "mouth" but rather sits silently (*Eitz Yosef,* from *Bava Basra* 16b; see also below, section 14).

186. Who was such a righteous prophet.

187. Because Abraham died at a relatively young age as compared with people of previous generations such as Adam and Noah, Esau surmised that his premature death must have been a result of God's Attribute of Justice. Knowing of Abraham's great righteousness, however, he could not fathom why this would happen (*Eitz Yosef*).

188. In the wicked Esau's mind, there exists only this world, and no World to Come. As such, Esau reasoned that if there is truly reward and punishment for a person's actions, then a righteous person would merit a long and pleasant life here in this world, whereas a wicked person would be smitten with a short and unpleasant life here. As such, the righteous Abraham's premature death proved to Esau that reward and punishment do not exist altogether (*Eitz Yosef*).

189. For in his mind, there is none other than the present world.

190. That indeed there is a World to Come, which is the ultimate place for reward and punishment, and that the "rewards" experienced in this world are in fact vanity. Moreover, life in this world is in fact a liability, for it hinders the soul from accomplishing its aims [by placing a myriad of obstacles in man's way that he must overcome in order to merit the World to Come] (see *Eitz Yosef*).

191. Who has gone on to receive his richly deserved reward in the next world.

192. Who went on a spiritually downward path, going from bad to worse, and thus lost his share in the World to Come (ibid.).

193. In general, it was always the earlier generations who lived longer than the later generations, and not the reverse! (*Eitz Yosef*).

194. Which would have allowed him at least to live the same number of years as his son, Isaac.

195. The Gemara (*Bava Basra* 16b) actually lists five sins that he committed that day (*Eitz Yosef*).

196. God foresaw that Abraham would have a grandson who would

אָמְרוּ יִשְׂרָאֵל לִפְנֵי הַקָּדוֹשׁ בָּרוּךְ הוּא: רִבּוֹן כָּל הָעוֹלָמִים לֹא דַיֵּינוּ שֶׁנִּשְׁתַּעְבַּדְנוּ לְשִׁבְעִים אוּמוֹת אֶלָּא אַף לֹא זוֹ שֶׁנִּבְעֶלֶת כַּנָּשִׁים, אָמַר לָהֶם הַקָּדוֹשׁ בָּרוּךְ הוּא: אַף אֲנִי בּוֹ בַּלָּשׁוֹן אֲנִי פּוֹרֵעַ הֵימֶנָּה, הָדָא הוּא דִכְתִיב (ירמיה מח, מא) "וְהָיָה לֵב גִּבּוֹרֵי אֱדוֹם בַּיּוֹם הַהוּא כְּלֵב אִשָּׁה מְצֵרָה". "וְיַעֲקֹב אִישׁ תָּם יֹשֵׁב אֹהָלִים", שְׁנֵי אֹהָלִים בֵּית מִדְרָשׁוֹ שֶׁל שֵׁם וּבֵית מִדְרָשׁוֹ שֶׁל עֵבֶר. [כה, כח] "וַיֶּאֱהַב יִצְחָק אֶת עֵשָׂו כִּי צַיִד בְּפִיו", קוּפְדָא טָבָא לְפוּמֵיהּ, וְכַסָּא טָבָא לְפוּמֵיהּ "וְרִבְקָה אֹהֶבֶת אֶת יַעֲקֹב", כָּל שֶׁהָיְתָה שׁוֹמַעַת קוֹלוֹ הָיְתָה מוֹסֶפֶת לוֹ אַהֲבָה עַל אַהֲבָתוֹ:

יא [כה, כח] "וַיָּזֶד יַעֲקֹב נָזִיד", אָמַר לוֹ: [כג]מָה טִיבוֹ שֶׁל נָזִיד זֶה, אָמַר לוֹ: שֶׁמֵּת אוֹתוֹ זָקֵן. אָמַר: בְּאוֹתוֹ הַזָּקֵן פָּגְעָה מִדַּת הַדִּין, אָמַר לוֹ: הֵין, אָמַר: אִם כֵּן לֹא מַתַּן שָׂכָר וְלֹא תְחִיַּית הַמֵּתִים. וְרוּחַ הַקֹּדֶשׁ צוֹוַחַת (ירמיה כב, י) "אַל תִּבְכּוּ לְמֵת וְאַל תָּנֻדוּ לוֹ", זֶה אַבְרָהָם, "בְּכוּ בָכוֹ לַהֹלֵךְ" זֶה עֵשָׂו:

יב "וַיָּבֹא עֵשָׂו מִן הַשָּׂדֶה", רַבִּי יוּדָן בְּשֵׁם רַבִּי אַיְבוּ וְרַבִּי פִּנְחָס בְּשֵׁם רַבִּי לֵוִי וְרַבָּנָן בְּשֵׁם רַבִּי סִימוֹן: [כד]אַתְּ מוֹצֵא אַבְרָהָם חָיָה קע"ה שָׁנָה, וְיִצְחָק ק"פ, אֶלָּא אוֹתָן ה' שָׁנִים שֶׁמָּנַע הַקָּדוֹשׁ בָּרוּךְ הוּא מֵחַיָּיו מִפְּנֵי שֶׁעָבַר עֵשָׂו [כה]שְׁתֵּי עֲבֵירוֹת, שֶׁבָּא עַל נַעֲרָה מְאוֹרָסָה שֶׁנֶּאֱמַר (דברים כב, כז) "כִּי בַשָּׂדֶה מְצָאָהּ", "וְהוּא עָיֵף", שֶׁהָרַג אֶת הַנֶּפֶשׁ, הֵיךְ מָה דְּאַתְּ אָמַר (ירמיה ד, לא) "כִּי עָיְפָה נַפְשִׁי לְהֹרְגִים".

רש"י

לב גבורי מואב ביום ההוא כלב אשה מצרה (ירמיה מח) שנבעלה והרתה: **(יא) מה טיבו של תבשיל זה א"ל שמת אותו זקן.** ותבשיל אבל היה: **בכו בכה להולך לעשו.** שכתוב בו

עץ יוסף

שנבעלת כנשים. ואיך יתאפק ה' לתת להם שכרם ולשעבד ישראל תחתם והשיבם ה' כי למועד שמור פרעון עונם הקשה (יפ"ת): **שני אהלים כו'.** יושב אהלים פירושו כתרגומו בית אולפנא דסתם אהל היינו מדרש כמו בנאת משה האהלה לא ימיש מתוך האהל וא"כ יושב אהל מ"ל להכי קאמר דעל ב"מ של שם ועבר קאמר אהלים: **קופדא טבא לפומיה.** שציד עשו היה נותן בפיו של יצחק שכשנזדמן לי בשר טוב מאכילו לאביו וי"ג קופרא וגם הוא לשון שומן: **וכסא טבא לפומיה.** וכוס טוב של משקה לפיו של יצחק: **כל שהיתה שומעת כו'.** דכתיב אוהבת בלשון בינוני דריש כי לעולם היתה מוספת באהבתו כל שהיתה שומעת קולו בלמודו: **(יא) [טז] אותו זקן.** אברהם. ולפיכך בשלתו עדשים להברות את האבל יצחק אבינו שהבראת האבל בעדשים מה עדשה זו אין לה פה כך האבל אין לו פה. ומה עדשה מגולגלת כך האבילות גלגל הוא שחוזר בעולם וכדאי' בפ"ק דב"ב: **באותו זקן פגעה מדת הדין.** פי' אף באותו זקן אברהם פגעה מה"ד שהיה נביא וצדיק ולא האריך ימים כאדם ונח והדורות הראשונים כי הרשע הזה דימה שתכלית ההצלחה הוא נעימות העוה"ז ואריכת ימים הרבה: **ורה"ק צווחת.** בלב מרגישי האמת שלא כן הוא כי העיקר העוה"ב ששם תענוג הנפש ושוא הצלחת העוה"ז. ואדרבה העוה"ז מחשיך לנפש מהשגותיה ולכן אל תבכו למת זה אברהם כי הוא הולך למנוחה ואין לבכות עליו אלא בכו בכו להולך זה עשו ההולך בעוה"ז ממדרגה רעה למדרגה רעה והוא נאבד והולך מעולמו: **(יב) ויצחק מאה שמונים.** וזה תימא שהרי הראשונים היו חיים בטבע יותר מהבאים אחריהם: **אותן חמש שנים כו'.** מפני שצפה הקב"ה שעתיד לצאת ממנו עשו לזה לא נגזר לו חיים אלא קע"ה שנה (ש"ך על התורה): **שעבר שתי עבירות.** ובספ"ק דב"ב אי' חמש עבירות עבר. וכן איתא בתנחומא שמות ע"ש: **שבא על נערה מאורסה.** אע"פ שלא נלטוו ב"נ ע"ז מ"מ מכוער הדבר: **כי בשדה מצאה.** וכתיב הכא ויבא עשו מן השדה:

פירוש מהרז"ו

לב גבורי מואב. נ"ל פסוק של ירמיה מ"ט כ"ב ע"ש: **שני אהלים.** כמ"ש וישכון באהלי שם היינו של שם ושל עבר נכדו: **(יא) שמת אותו זקן.** ע' כ"ז ב"ב ז' ב' פסיקתא פי"ב סי' ה' פר"א פל"ה וע"ש שהמנהג לאכול עדשים בעת אבל היה מעולם אצל אדם וחוה וכל גדולי ארץ ע"ש: **להולך כו'.** כמ"ש כאן הנה אנכי הולך. וע"ל סי' י"ג וי"ד: **(יב) אתה מוצא אברהם.** ע' כ"ז תנחומא תצא סי' ד' ופסיקתא שם: **ויצחק חי ק"פ.** פי' שהדורות היו פוחתים והולכים מנח עד האבות ולמה נתקצרו שנות אברהם משנות יצחק: **שתי עבירות.** ע' שמ"ר רפ"א ה' עבירות ויתורץ בדברי התנחומא שאעתיק בסמוך:

חידושי הרש"ש

הדא הוא דכתיב והיה לב גבורי כו'. כצ"ל והוא בירמיה (מ"ט כ"ב) וכן במ"כ ע"ש:

{(בחדושי אות ז) **והיה לב גבורי כו'** כצ"ל והוא בירמיה (מ"ט כ"ב). נ"ל והיה לב גבורי אדום כו':}

ענף יוסף

(טז) [יא] [מה טיבו של נזיד זה כו' א"כ לא מתן שכר כו'] הדבר צריך ביאור מה ענין זה לאכילת עדשים. וכי לא ידע שמת אברהם עד אכילת עדשים. אבל ודאי ידע עשו שימות. רק חשב לא ע"י מדת הדין רק יקר בעיני ה' המותה לחסידיו ברב יקר והסתלקות קדושתו למעלה. רק עכשיו שנתן לו עדשים מה עדשים אין להם פה אף אבל אין לו פה. והטעם כי מבואר בזוהר כאשר מדת הדין מתוח מיבעי ליה לבר נש למעט במלים ודבורים לבל יאחוז בהם מדת הדין כי ברוב דברים לא יחדל פשע ויש בדד וידום. מזה שפט עשו שגם אברהם מת במדת הדין. ומדת הדין מתוח. וזהו שאמר אף באותו זקן פגע מדה"ד דייקא אמר אם כן אין דין אמת וכפר בשכר ועונש (יערות הדבש).

מסורת המדרש

כג עיין בבא בתרא דף ט"ז. פסיקתא רבתי פסקא י"ב. ועיין פדר"א פרק ל"ה:
כד אגדת בראשית פרק מ'. ילקוט סדר תצא רמז תתקל"ח:
כה עי' בבא בתרא דף ט"ז. שמ"ר פ' א' תנחומא סדר שמות סי' א' וסדר תצא סימן ד'. מדרש תהלים מזמור ט'. פסיקתא רבתי פ' י"ב:

אם למקרא

נִלְכְּדָה הַקְּרִיּוֹת וְהַמְּצָדוֹת נִתְפָּשָׂה וְהָיָה לֵב גִּבּוֹרֵי מוֹאָב בַּיּוֹם הַהוּא כְּלֵב אִשָּׁה מְצֵרָה: (ירמיה מח:מא)

אַל־תִּבְכּוּ לְמֵת וְאַל־תָּנֻדוּ לוֹ בְּכוּ בָכוֹ לַהֹלֵךְ כִּי לֹא יָשׁוּב עוֹד וְרָאָה אֶת־אֶרֶץ מוֹלַדְתּוֹ: (ירמיה כב:י)

כִּי בַשָּׂדֶה מְצָאָהּ צָעֲקָה הַנַּעֲרָ הַמְאֹרָשָׂה וְאֵין מוֹשִׁיעַ לָהּ: (דברים כב:כז)

כִּי קוֹל כְּחוֹלָה שָׁמַעְתִּי צָרָה כְּמַבְכִּירָה קוֹל בַּת־צִיּוֹן תִּתְיַפֵּחַ תְּפָרֵשׂ כַּפֶּיהָ אוֹי־נָא לִי כִּי־עָיְפָה נַפְשִׁי לְהֹרְגִים: (ירמיה ד:לא)

מתנות כהונה

הכי גרסינן לב גבורי מואב ביום ההוא (ירמיה מ"ח): **קופדא.** בלשון ירושלמי בשר ויס"ג קופרא וגם הוא לשון שומן ועיין בערוך ערך קפרן: **קופדא כו'.** אם היה מוצא בשר טוב היה ממציאו לאביו: **וכסא.** כוס של משקה טוב: **כל שהיתה כו'.** י"ל דדייק אוהבת בלשון בינוני ולא אמר ותאהב כמ"ש ויאהב יצחק משמע שתמיד היתה מוספת אהבה על אהבתה הקדומה: **[יא] אותו זקן.** אברהם ולפיכך בישלתי עדשים להברות את האבל אמר עשו באותו זקן פגעה כו' בתמיה: **להולך.** יש לבכות לאותו שהלך שנאמר ולך ויבז: **[יב] קע"ה שנה.** והיה ראוי שיחיה ק"פ שנה כמו יצחק: **מפני שעבר כו'.** ואם יראה אברהם כך בבן בנו יצטער הרבה וימות בלי שיבה טובה: **שתי עבירות.** גירסת הספר היא אות באות בתנחומא בפ' כי תצא ובפ"ק דב"ב ובילקוט וריש שמות רבה תמצא גירסא אחרת ומאמרים חלוקים הם ורבי יהושע בן שועב מביא גם הוא עוד גירסות שונות וכתב גם כן שגירסות חלוקות הן ועיין שם: **כי בשדה וגו'.** וכתיב ויבא עשו מן השדה:

נחמד למראה

[י] ורבקה אוהבת את יעקב כל שהיתה שומעת קולה וכו'. כתב הרב ידי משה לפי שקשה למדרש למה נתן הכתוב טעם לסבת אהבת עשו ואמר כי ציד בפיו ולאהבת יעקב לא נתנה התורה טעם. לזה אמר שהטעם הכתוב כי ציד בפיו מספיק גם לאהבת יעקב שכל שהיתה שומעת בקולו ר"ל בקולו של עשו שאמר בכל פעם לאביו קופרא טבה וכו' ע"ש. אך קשה דסבת אהבת יעקב היא גלויה ומפורסמת בכתוב ויעקב איש תם וגו' לכן נ"ל שהעיקר כפירוש המתנות כהונה. עיין שם:

אשד הנחלים

בו בלשון אני פורע. הוא שילום מדה כנגד מדה ע"י שעשו עצמן כנשים להיות נבעלות במשכ"ז לכן מזה יחלשו ויהיה טבען כנשים כי הדבר הזה באמת מחליש הכח מאוד יותר מן העריות: **היתה מוספת** דייק מדכתיב בלשון בינוני ולא אמר ותאהב כן פירש המ"כ: **[יא] אם כן לא מתן שכר.** כי הרשע הזה דימה שתכלית ההצלחה הוא נעימת העוה"ז. וכן דימה שזהו עצם השכר וימות המשיח בתענוגים הגופנים ואריכת ימים הרבה. ורוה"ק צווחת בלב מרגישי האמת שלא כן היא כי העיקר הוא העוה"ב ששם תענוגי הנפש. ושוא הצלחת העוה"ז. ואדרבא העוה"ז הוא מקום חושך מחשיך לנפש מהשגותיה. ולכן אל תבכו למת כי הולך לשלימותו ואדרבא בכו בכו להולך בעולם הזה ממדריגה רעה למדריגה שאחריה ואז לא ישוב עוד לארץ מולדתו היא ארץ החיי' הצפון אשר משם לוקחה הנפש:

שֶׁבָּא עַל נַעֲרָה מְאוֹרָסָה שֶׁנֶּאֱמַר ״כִּי בַשָּׂדֶה מְצָאָהּ״ – first, **that he had relations with a betrothed maiden** without her consent, **as it states:** ***for he found her in the field*** (*Deuteronomy* 22:27);[197] ״וְהוּא עָיֵף״ שֶׁהָרַג אֶת הַנֶּפֶשׁ – and second – as alluded in our verse's concluding words ***and he was exhausted*** – **that he killed a person,** הֵיךְ מָה דְאַתְּ אָמַר ״כִּי עָיְפָה נַפְשִׁי לְהוֹרְגִים״ – **as it is stated:** ***for my soul has been wearied by the killers*** (*Jeremiah* 4:31).[198]

NOTES

commit these two transgressions at a certain time. As the Midrash goes on to explain, God decreed at the time of Abraham's birth that he would live only until that time, so that he would not suffer the anguish of learning of his grandson's misdeeds (*Eitz Yosef*, from *Shach*).

197. Just as the word בַּשָּׂדֶה there is associated with one who has forcible relations with a betrothed maiden, so too the word הַשָּׂדֶה in our verse alludes to Esau's having committed the same transgression (*Eitz Yosef*). Although Esau lived prior to the giving of the Torah, and as such had the legal status of a gentile, for whom this act is not technically prohibited, nevertheless, he should not have committed it on account of its obscene nature (ibid.).

198. Just as "tiredness" there is associated with murder, so too in our verse, Esau's tiredness is interpreted as being a result of his having committed murder.

חידושי הרש"ש

הדא הוא דכתיב והיה לב גבורי כו'. כצ"ל והוא בירמיה (מ"ט כ"ב) וכן במ"כ ע"ש:

{(בחדושי אות ז) **והיה לב גבורי כו'** כצ"ל והוא בירמיה (מ"ט כ"ב). נ"ל והיה לב גבורי אדום כו':}

ענף יוסף

(טז) [יא] **[מה טיבו של נזיד זה כו' א"ב לא מתן שכר כו']** הדבר לריך ביאור מה ענין זה לאכילת עדשים. וכי לא ידע שמת אברהם עד אכילת עדשים. אבל ודאי ידע עשו שימות. רק חשב לא ע"י מדת הדין רק יקר בעיני ה' המותה לחסידיו ברב יקר והסתלקות קדושתו למעלה. רק עכשיו שנתן לו עדשים מה עדשים אין להם פה אף אבל אין לו פה. והטעם כי מבואר בזוהר כאשר מדת הדין מתוח מיבעי ליה לבר נש למעט במלים ודבורים לבל יאחוז בהם מדת הדין כי ברוב דברים לא יחדל פשע ויבא בדד וידום. מזה שפט עשו שגם אברהם מת במדת הדין. ומדת הדין מתוח. וזהו שאמר אף באותו זקן פגע מדה"ד דייקא אמר אם כן אין דין אמת וכפר בשכר ועונש (יערות הדבש).

עץ יוסף

שנבעלת בנשים. ואיך יתאפק ה' לתת להם שכרם ולשעבד ישראל תחתם והשיבם ה' כי למועד שמור פרעון עונש הקשה (יפ"ת): **שני אהלים כו'.** יושב אהלים פירושו כתרגומו בית אולפנא דשתם אהל היינו מדרש כמו בלאת משה האהלה לא ימיש מתוך האהל וא"כ יושב אהל מ"ל להכי קאמר דעל ב"מ של שם ועבר קאמר אהלים: **קופדא טבא לפומיה.** שציד עשו היה נותן בפיו של יצחק שכשנזדמן לי בשר טוב מאכילו לאביו וי"ג קופרא וגם הוא לשון שומן: **וכסא טבא לפומיה.** וכוס טוב של משקה לפיו של יצחק: **כל שהיתה שומעת כו'.** דכתיב אוהבת בלשון בינוני דריש כי לעולם היתה מוספת באהבתו כל שהיתה שומעת קולו בלמודו: (יא) [טז] **אותו זקן.** אברהם. ולפיכך בשלתו עדשים להברות את האבל יצחק אביו שהבראת האבל בעדשים מה עדשה זו אין לה פה כך האבל אין לו פה. ומה עדשה מגולגלת כך האבילות גלגל הוא שחוזר בעולם וכדאי' בפ"ק דב"ב: **באותו זקן פגעה מדת הדין.** פי' אף באותו זקן אברהם פגעה מה"ד שהיה נביא וצדיק ולא האריך ימים כאדם ונח והדורות הראשונים כי הרשע הזה דימה שתכלית ההצלחה הוא נעימות העה"ז ואריכת ימים הרבה: **ורה"ק צווחת.** בלב מרגישי האמת שלא כן הוא כי העיקר העוה"ב ששם תענוג הנפש ושוא הצלחת העוה"ז. ואדרבה העוה"ז מחשיך לנפש מהשגותיה ולכן אל תבכו למת זה אברהם כי הוא הולך למנוחה ואין לבכות עליו אלא בכו בכו להולך זה עשו ההולך בעוה"ז ממדרגה רעה למדרגה רעה והוא נאבד והולך מעולמו: (יב) **ויצחק מאה שמונים.** וזה תימא שהרי הראשונים היו חיים בטבע יותר מהבאים אחריהם: **אותן חמש שנים כו'.** מפני שצפה הקב"ה שעתיד לצאת ממנו עשו לזה לא נגזר לו חיים אלא קע"ה שנה (ש"ך על התורה): **שעבר שתי עבירות.** ובספ"ק דב"ב אי' חמש עבירות עבר. וכן איתא בתנחומא שמות ע"ש: **שבא על נערה מאורסה.** אע"פ שלא נצטוו ב"נ ע"ז מ"מ מכוער הדבר: **כי בשדה מצאה.** וכתיב הכא ויבא עשו מן השדה:

מדרש

אָמְרוּ יִשְׂרָאֵל לִפְנֵי הַקָּדוֹשׁ בָּרוּךְ הוּא: רִבּוֹן כָּל הָעוֹלָמִים לֹא דַיֵּינוּ שֶׁנִּשְׁתַּעְבַּדְנוּ לְשִׁבְעִים אוּמּוֹת אֶלָּא אַף לֹא זוֹ שֶׁנִּבְעֶלֶת כַּנָּשִׁים, אָמַר לָהֶם הַקָּדוֹשׁ בָּרוּךְ הוּא: אַף אֲנִי בּוֹ בַּלָּשׁוֹן אֲנִי פּוֹרֵעַ הֵימֶנָּה, הָדָא הוּא דִכְתִיב (ירמיה מח, מא) "וְהָיָה לֵב גִּבּוֹרֵי אֱדוֹם בַּיּוֹם הַהוּא כְּלֵב אִשָּׁה מְצֵרָה". "וְיַעֲקֹב אִישׁ תָּם יֹשֵׁב אֹהָלִים", שְׁנֵי אֹהָלִים בֵּית מִדְרָשׁוֹ שֶׁל שֵׁם וּבֵית מִדְרָשׁוֹ שֶׁל עֵבֶר. [כה, כח] "וַיֶּאֱהַב יִצְחָק אֶת עֵשָׂו כִּי צַיִד בְּפִיו", קוּפְרָא טָבָא לְפוּמֵיהּ, וְכַסָּא טָבָא לְפוּמֵיהּ "וְרִבְקָה אֹהֶבֶת אֶת יַעֲקֹב", כָּל שֶׁהָיְתָה שׁוֹמַעַת קוֹלוֹ הָיְתָה מוֹסֶפֶת לוֹ אַהֲבָה עַל אַהֲבָתוֹ:

יא [כה, כח] "וַיָּזֶד יַעֲקֹב נָזִיד", אָמַר לוֹ: [כג]מַה טִּיבוֹ שֶׁל נָזִיד זֶה, אָמַר לוֹ: שֶׁמֵּת אוֹתוֹ זָקֵן. אָמַר: בְּאוֹתוֹ הַזָּקֵן פָּגְעָה מִדַּת הַדִּין, אָמַר לוֹ: הֵין, אָמַר: אִם כֵּן לֹא מַתַּן שָׂכָר וְלֹא תְּחִיַּית הַמֵּתִים. וְרוּחַ הַקֹּדֶשׁ צוֹוַחַת (ירמיה כב, י) "אַל תִּבְכּוּ לְמֵת וְאַל תָּנֻדוּ לוֹ", זֶה אַבְרָהָם, "בְּכוּ בָכוֹ לַהֹלֵךְ" זֶה עֵשָׂו:

יב "וַיָּבֹא עֵשָׂו מִן הַשָּׂדֶה", רַבִּי יוּדָן בְּשֵׁם רַבִּי אֵייְבוֹ וְרַבִּי פִּנְחָס בְּשֵׁם רַבִּי לֵוִי וְרַבָּנָן בְּשֵׁם רַבִּי סִימוֹן: [כד]אַתְּ מוֹצֵא אַבְרָהָם חָיָה קע"ה שָׁנָה, וְיִצְחָק ק"פ, אֶלָּא אוֹתָן ה' שָׁנִים שֶׁמָּנַע הַקָּדוֹשׁ בָּרוּךְ הוּא מֵחַיָּיו מִפְּנֵי שֶׁעָבַר עֵשָׂו [כה]שְׁתֵּי עֲבֵירוֹת, שֶׁבָּא עַל נַעֲרָה מְאוֹרָסָה שֶׁנֶּאֱמַר (דברים כב, כז) "כִּי בַשָּׂדֶה מְצָאָהּ", "וְהוּא עָיֵף", שֶׁהָרַג אֶת הַנֶּפֶשׁ, הֵיךְ מָה דְּאַתְּ אָמַר (ירמיה ד, לא) "כִּי עָיְפָה נַפְשִׁי לְהֹרְגִים".

פירוש מהרז"ו

לב גבורי מואב. נ"ל פסוק של ירמיה מ"ט כ"ב ע"ש: **שני אהלים.** כמ"ש וישכון באהלי שם היינו של שם ושל עבר נכדו: (יא) **שמת אותו זקן.** ע' כ"ז ב"ב ז' ב' פסיקתא פי"ב סי' ה' פר"א פל"ה וע"ש שהמנהג לאכול עדשים בעת אבל היה מעולם אצל אדם וחוה וכל גדולי ארץ ע"ש: **להולך כו'.** כמ"ש כאן הנה אנכי הולך. וע"ל סי' י"ג וי"ד: (יב) **אתה מוצא אברהם.** ע' כ"ז תנחומא תצא סי' ד' ופסיקתא שם: **ויצחק חי ק"פ.** פי' שהדורות היו פוחתים והולכים מנח עד האבות ולמה נתקצרו שנות אברהם משנות יצחק: **שתי עבירות.** ע' שמ"ר רפ"א ה' עבירות ויתורץ בדברי התנחומא שאעתיק בסמוך:

מסורת המדרש

כג עיין בבא בתרא דף ט"ז. פסיקתא רבתי פסקא י"ב. ועיין פדר"א פרק ל"ה: **כד** אגדת בראשית פרק מ'. ילקוט סדר תצא רמז תתקל"ח: **כה** עי' בבא בתרא דף ט"ז. שמ"ר פ' א' תנחומא סדר שמות סי' א' וסדר תצא סימן ד'. מדרש תהלים מזמור ט'. פסיקתא רבתי פ' י"ב:

אם למקרא

נִלְכְּדָה הַקְּרִיּוֹת וְהַמְּצָדוֹת נִתְפָּשָׂה וְהָיָה לֵב גִּבּוֹרֵי מוֹאָב בַּיּוֹם הַהוּא כְּלֵב אִשָּׁה מְצֵרָה: (ירמיה מח:מא)

אַל־תִּבְכּוּ לְמֵת וְאַל־תָּנֻדוּ לוֹ בְּכוּ בָכוֹ לַהֹלֵךְ כִּי לֹא יָשׁוּב עוֹד וְרָאָה אֶת־אֶרֶץ מוֹלַדְתּוֹ: (ירמיה כב:י)

כִּי בַשָּׂדֶה מְצָאָהּ צָעֲקָה הַנַּעֲרָ הַמְאֹרָשָׂה וְאֵין מוֹשִׁיעַ לָהּ: (דברים כב:כז)

כִּי קוֹל כְּחוֹלָה שָׁמַעְתִּי צָרָה כְּמַבְכִּירָה קוֹל בַּת־צִיּוֹן תִּתְיַפֵּחַ תְּפָרֵשׂ כַּפֶּיהָ אוֹי־נָא לִי כִּי־עָיְפָה נַפְשִׁי לְהֹרְגִים: (ירמיה ד:לא)

רש"י

לב גבורי מואב ביום ההוא כלב אשה מצרה (ירמיה מח) שנבעלה והרתה: (יא) **מה טיבו של תבשיל זה א"ל שמת אותו זקן.** ותבשיל אבל היא: **בכו בכה להולך לעשו.** שכתוב בו

מתנות כהונה

הכי גרסינן לב גבורי מואב ביום ההוא (ירמיה מ"ח): **קופדא.** בלשון ירושלמי בשר ויס"ג קופרא וגם הוא לשון שומן ועיין בערוך ערך קפרן: **קופדא כו'.** אם היה מוצא בשר טוב היה ממציאו לאביו: **וכסא.** כוס של משקה טוב: **כל שהיתה כו'.** י"ל דדייק אוהבת בלשון בינוני ולא אמר ותאהב כמ"ש ויאהב יצחק משמע שתמיד היתה מוספת אהבה על אהבתה הקדומה: [יא] **אותו זקן.** אברהם ולפיכך בישלתי עדשים להברות את האבל אמר עשו באותו זקן פגעה כו' בתמיה: **להולך.** יש לבכות לאותו שהלך שנאמר וילך ויבז: [יב] **קע"ה שנה.** והיה ראוי שיחיה ק"פ שנה כמו יצחק: **מפני שעבר כו'.** ואם יראה אברהם כך בבנו יצטער הרבה וימות בלי שיבה טובה: **שתי עבירות.** גירסת הספר היא אות באות בתנחומא בפ' כי תצא ובפ"ק דב"ב ובילקוט וריש שמות רבה תמצא גירסא אחרת ומאמרים חלוקים הם ורבי יהושע בן שועב מביא גם הוא עוד גירסות שונות וכתב גם כן שגירסות חלוקות הן ועיין שם: **כי בשדה וגו'.** וכתיב ויבא עשו מן השדה:

נחמד למראה

[י] **ורבקה אוהבת את יעקב כל שהיתה שומעת קולה וכו'.** כתב הרב ידי משה לפי שקשה למדרש למה נתן הכתוב טעם לסבת אהבת עשו ואמר כי ציד בפיו ולאהבת יעקב לא נתנה התורה טעם. לזה אמר שהטעם הכתוב כי ציד בפיו מספיק גם לאהבת יעקב שכל שהיתה שומעת בקולו ר"ל בקולו של עשו שאמר בכל פעם לאביו קופרא טבה וכו' ע"ש. אך קשה דסבת אהבת יעקב היא גלויה ומפורסמת בכתוב ויעקב איש תם וגו' לכן נ"ל שהעיקר כפירוש המתנות כהונה. עיין שם:

אשד הנחלים

בו בלשון אני פורע. הוא שילום מדה כנגד מדה ע"י שעשו עצמן כנשים להיות נבעלות במשכ"ז לכן מזה יחלשו ויהיה טבען כנשים כי הדבר הזה באמת מחליש הכח מאוד יותר מן העריות: **היתה מוספת** דייק מדכתיב בלשון בינוני ולא אמר ותאהב כן פירש המ"כ: **[יא] אם כן לא מתן שכר.** כי הרשע הזה דימה שתכלית ההצלחה הוא נעימת העוה"ז. וכן דימה שזהו עצם השכר וימות המשיח בתענוגים הגופנים ואריכת ימים הרבה. ורוה"ק צווחת בלב מרגישי האמת שלא כן היא כי העיקר הוא העוה"ב ששם תענוגי הנפש. ושוא הצלחת העוה"ז. ואדרבא העוה"ז הוא מקום חושך מחשיך לנפש מהשגותיה. ולכן אל תבכו למת כי הולך לשלימותו ואדרבא בכו בכו להולך בעולם הזה ממדריגה רעה למדריגה שאחריה ואז לא ישוב עוד לארץ מולדתו היא ארץ החיי' הצפון אשר משם לוקחה הנפש:

רַבִּי אָמַר: אַף גָּנַב, הֵיךְ מָה דְאַתְּ אָמַר "אִם גַּנָּבִים בָּאוּ לְךָ אִם שׁוֹדְדֵי לַיְלָה" — **Rebbi said:** Esau **also stole, as it is stated:** ***If thieves had come upon you, if plunderers of the night.***[199] אָמַר הַקָּדוֹשׁ בָּרוּךְ הוּא: כָּךְ הִבְטַחְתִּי אֶת אַבְרָהָם וְאָמַרְתִּי לוֹ "וְאַתָּה תָּבֹא אֶל אֲבוֹתֶיךָ בְּשָׁלוֹם" — **The Holy One, blessed is He, said, "So I promised Abraham, and I said to him,** ***And you shall come to your ancestors in peace;*** *you shall be buried in good old age* (above, 15:15). זוֹ הִיא שֵׂיבָה טוֹבָה וְהוּא רוֹאֶה לְבֶן בְּנוֹ עוֹבֵד עֲבוֹדָה זָרָה וּמְגַלֶּה עֲרָיוֹת וְשׁוֹפֵךְ דָּמִים — **Is this the good old age** that I promised him, **that he should see his grandson worship idols,**[200] **be sexually immoral, and be a spiller of blood?!** מוּטָב לוֹ שֶׁיִּפָּטֵר בְּשָׁלוֹם, וְזֶה הוּא שֶׁכָּתוּב "כִּי טוֹב חַסְדְּךָ מֵחַיִּים" — **It is better that he should depart** this world **in peace."**[201] **And thus it is written:** ***For Your kindness is better than life*** (*Psalms* 63:4).[202]

וַיֹּאמֶר עֵשָׂו אֶל יַעֲקֹב הַלְעִיטֵנִי נָא מִן הָאָדֹם הָאָדֹם הַזֶּה כִּי עָיֵף אָנֹכִי עַל כֵּן קָרָא שְׁמוֹ אֱדוֹם.

Esau said to Jacob, "Pour into me, now, some of that very red stuff for I am exhausted." (He therefore called his name Edom) (25:30).

❒ וַיֹּאמֶר עֵשָׂו הַלְעִיטֵנִי נָא מִן הָאָדֹם — *ESAU SAID TO JACOB, "POUR INTO ME* [הַלְעִיטֵנִי], *NOW, SOME OF THAT VERY RED STUFF."*

The Midrash explains the connotation of the word הַלְעִיטֵנִי:

אָמַר רַבִּי זְעִירָא: פָּעַר פִּיו אוֹתוֹ הָרָשָׁע כְּגָמָל — **R' Z'eira said: [Esau] opened his mouth wide like a camel.** אֲמַר לֵיהּ: אֲנָא פָּתַח פּוּמִי וְאַתְּ תְּהֵי מִשְׁתַּדֵּר וְאָזִיל — **He said to [Jacob], "I will open my mouth, and you should keep on throwing in** food."[203] כְּהָדָא דִתְנֵינַן: אֵין אוֹבְסִין אֶת הַגָּמָל וְלֹא דוֹרְסִין אֲבָל מַלְעִיטִין — Esau's use of the word הַלְעִיטֵנִי is **like that which we learned in a Mishnah:** On the Sabbath **one may not stuff a camel,**[204] **nor may one cram it,**[205] **but one may pour food into its mouth** (מלעיטין)[206] (*Shabbos* 155b).

❒ מִן הָאָדֹם הָאָדֹם הַזֶּה — *FROM THAT VERY RED STUFF.*

Our verse refers to the lentil stew mentioned in verse 34 as הָאָדֹם הָאָדֹם. The Midrash cites two opinions regarding the meaning of this double expression:

רַבִּי יוֹחָנָן וְרֵישׁ לָקִישׁ — **R' Yochanan and Reish Lakish** gave different interpretations: רַבִּי יוֹחָנָן אָמַר מִינֵּיהּ וּמִן פַּטְרוֹנֵיהּ — **R' Yochanan said:** Esau wished to consume, i.e., benefit **from,** both **[the lentil stew] and its patron.**[207] רֵישׁ לָקִישׁ אָמַר: מִינֵּיהּ וּמִן דִּכְוָותֵיהּ — **Reish Lakish said:** Esau wished to consume part **of [the lentils] and** to benefit also **from** all else **that was red like it.**[208] הוּא אָדוֹם וְתַבְשִׁילוֹ אָדוֹם — We find that Esau is identified with the color red in a number of ways:[209] **He was born red; his stew** that he so desired **was red;** אַרְצוֹ אֲדוּמָה, גִּבּוֹרָיו אֲדוּמִּים, לְבוּשָׁיו אֲדוּמִּים — **his land is red;** the shields[210] of **his warriors are red; his** soldiers'[211] **clothing** is **red;** פּוֹרֵעַ מִמֶּנּוּ אָדוֹם, בִּלְבוּשׁ אָדוֹם — and ultimately, **revenge will be exacted from him by** one who is **red** with vengeance,[212] who will be girded in **clothes** that will be **red.**[213] הוּא אָדוֹם, "וַיֵּצֵא הָרִאשׁוֹן אַדְמוֹנִי" — That **he was red** is indicated by that which it states: ***The first one emerged red*** (above, v. 25). תַּבְשִׁילוֹ אָדוֹם, "הַלְעִיטֵנִי נָא מִן הָאָדֹם" — And that his desired **stew was red** is indicated by that which it states: ***Pour into me, now, some of that*** *very* ***red*** (our verse). אַרְצוֹ אֲדוּמָה, "אַרְצָה שֵׂעִיר שְׂדֵה אֱדוֹם" — And that **his land is red** is indicated by that which it states: ***to the land of Seir, the field of Edom*** (below, 32:4).[214] גִּבּוֹרָיו אֲדוּמִּים, "מָגֵן גִּבֹּרֵיהוּ מְאָדָּם" — That the shields of **his warriors are red** is indicated by that which it states: ***The shields of his warriors are reddened***[215] (*Nahum* 2:4).

NOTES

199. Just as the word בָּאוּ, *come*, in that verse is associated with thievery, so too, the word וַיָּבֹא, *he came*, in our verse alludes to Esau coming back from an act of robbery (*Eitz Yosef*; cf. *Rashash*).

[Although the Midrash has cited three verses to bolster its assertion that Esau committed the above three transgressions, in reality these verses are meant only as a form of Scriptural support (אַסְמַכְתָּא). That Esau did indeed commit these three transgressions, however, is based solely on a tradition that these Sages had received (*Eitz Yosef*, from *Yefeh To'ar*).]

200. As noted in the Midrash above (section 10), Esau had already turned to idol worship at the age of 13. See next note.

201. Without the anguish of knowing that his grandson committed these terrible sins.

Although Esau committed idolatry much before he committed the other two sins, God did not feel the need to arrange for Abraham's premature death at that time. This is because typically, the sin of idolatry is committed privately, and thus, Abraham was not likely to find out about it. The other two sins, however, were committed in public, and Abraham would surely have heard about them had he lived (*Eitz Yosef*). Indeed, once he would hear about these two public transgressions, it is likely that in the ensuing uproar he would become aware of Esau's idolatry, as well. [Therefore, God states that Abraham premature death was in order to spare him the anguish of learning of all *three* of Esau's transgressions.] (*Yefeh To'ar*).

202. That is, at times it is a greater act of kindness to cause a person to die than to allow him to live. Such as in our case, for example, where it was preferable for Abraham to die, rather than to witness his own grandson commit cardinal sins (*Eitz Yosef*).

203. This is indicated by Esau's use of the word הַלְעִיטֵנִי, *pour into me*, which implies that Esau requested that Jacob pour a large amount of his lentil stew (see v. 34) down his throat. In fact, it is Esau whom the prophet had in mind when he stated: *the stomach of the wicked will [always] lack* (*Proverbs* 13:25) [*Eitz Yosef*, from *Pesikta Rabbasi* §16].

204. By forcing a huge quantity of food down its throat.

205. This is essentially the same as force-feeding, albeit with a smaller amount of food (*Rashi* ad loc.). These are prohibited because of excessive toil on the Sabbath (*Meiri* ad loc.).

206. When the camel accepts the food willingly. Esau requested that Jacob pour food down his throat, just like one does to a camel.

207. I.e., the patron angel who oversees this type of food. (See above, 10 §6, which states that everything in the world, even the individual blade of grass, has an angel that oversees its growth and development.) The patron angel to which Esau is referring is associated with the planet Mars (מַאְדִּים in Hebrew, which literally means "makes red" or "becomes red"); it is the patron of all red things and represents the Attribute of Strict Justice (*Matnos Kehunah*, *Nezer HaKodesh*, *Eitz Yosef*). Esau benefited from this angel because he himself was of ruddy complexion, as stated in verse 25 (*Imrei Yosher*). Esau wished to benefit from ("consume") both the lentil stew itself and its patron angel. [For more on the connection between Esau and Mars, see *Ramban* to *Leviticus* 16:8.]

208. All of Esau's possessions and interests were associated with the color red; see further (*Matnos Kehunah*).

209. The Midrash will first list these ways, and will then go back to prove them, in order, from various verses in Scripture.

210. See below, from *Nahum* 2:4.

211. See below, from ibid.

212. God. See below, note 217.

213. From the blood of His enemies; see below, note 218. See, however, *Eitz Yosef*.

214. Since the verse has already identified the land as belonging to Seir (which is Edom), the subsequent phrase שְׂדֵה אֱדוֹם, *the field of Edom*, appears superfluous. The Midrash therefore interprets the phrase to mean "the field that is red" [as if it were vowelized: שָׂדֶה אָדוֹם] (*Eitz Yosef*).

215. From the blood of their enemies.

רַבִּי אָמַר: אַף גָּנָב, הֵיךְ מָה דְאַתְּ אָמַר (עובדיה א, ה) "אִם גַּנָּבִים בָּאוּ לְךָ אִם שׁוֹדְדֵי לַיְלָה". אָמַר הַקָּדוֹשׁ בָּרוּךְ הוּא: כָּךְ הִבְטַחְתִּי אֶת אַבְרָהָם וְאָמַרְתִּי לוֹ (לעיל טו, טו) "וְאַתָּה תָּבֹא אֶל אֲבוֹתֶיךָ בְּשָׁלוֹם", זוֹ הִיא שֵׂיבָה טוֹבָה וְהוּא רוֹאֶה לָבָן בְּנוֹ עוֹבֵד עֲבוֹדָה זָרָה וּמְגַלֶּה עֲרָיוֹת וְשׁוֹפֵךְ דָּמִים, מוּטָב לוֹ שֶׁיִּפָּטֵר בְּשָׁלוֹם, וְזֶה הוּא שֶׁכָּתוּב (תהלים סג, ד) "כִּי טוֹב חַסְדְּךָ מֵחַיִּים". [כה, ל] "וַיֹּאמֶר עֵשָׂו הַלְעִיטֵנִי נָא מִן הָאָדֹם", אָמַר רַבִּי זְעִירָא: כופָּעַר פִּיו אוֹתוֹ הָרָשָׁע כְּגָמָל, אָמַר לֵיהּ: אֲנָא פָּתַח פּוּמִי וְאַתְּ תְּהֵי מְשַׁתַּדַּר וְאָזֵיל, כְּהָדָא דִתְנֵינַן כזאֵין אוֹבְסִין אֶת הַגָּמָל וְלֹא דוֹרְסִין אֲבָל מַלְעִיטִין. "מִן הָאָדֹם הָאָדֹם", רַבִּי יוֹחָנָן וְרֵישׁ לָקִישׁ, רַבִּי יוֹחָנָן אָמַר: מִינֵּיהּ וּמִן פַּטְרוֹנֵיהּ, רֵישׁ לָקִישׁ אָמַר: מִינֵּיהּ וּמִן דִּכְוָותֵיהּ, כחהוּא אָדוֹם וְתַבְשִׁילוֹ אָדוֹם, אַרְצוֹ אֲדוּמָּה, גִּבּוֹרָיו אֲדוּמִּים, לְבוּשָׁיו אֲדוּמִּים, פּוֹרֵעַ מִמֶּנּוּ אָדוֹם, בִּלְבוּשׁ אָדוֹם. הוּא אָדוֹם, "וַיֵּצֵא הָרִאשׁוֹן אַדְמוֹנִי", תַּבְשִׁילוֹ אָדוֹם, "הַלְעִיטֵנִי נָא מִן הָאָדֹם", אַרְצוֹ אֲדוּמָּה, (לקמן לב, ד) "אַרְצָה שֵׂעִיר שְׂדֵה אֱדוֹם", גִּבּוֹרָיו אֲדוּמִּים, (נחום ב, ד) "מָגֵן גִּבֹּרֵיהוּ מְאָדָּם", לְבוּשָׁיו אֲדוּמִּים, שֶׁנֶּאֱמַר (שם) "אַנְשֵׁי חַיִל מְתֻלָּעִים", פּוֹרֵעַ מִמֶּנּוּ אָדוֹם, (שיר ה, י) "דּוֹדִי צַח וְאָדוֹם", בִּלְבוּשׁ אָדוֹם, (ישעיה סג, ב) "מַדּוּעַ אָדֹם לִלְבוּשֶׁךָ":

יג [כה, לא] "וַיֹּאמֶר יַעֲקֹב מִכְרָה כַיּוֹם", אָמַר לוֹ: זַבֵּין לִי חַד יוֹם מִן דִּידָךְ. אָמַר רַבִּי אַחָא: כָּל מִי שֶׁהוּא יוֹדֵעַ לְחַשֵּׁב יְמֵי הַגָּלוּת יִמְצָא שֶׁיּוֹם אֶחָד יָשַׁב יַעֲקֹב בְּשַׁלְוָה בְּצִלּוֹ שֶׁל עֵשָׂו. [כה, לב] "וַיֹּאמֶר עֵשָׂו הִנֵּה אָנֹכִי הוֹלֵךְ לָמוּת", רֵישׁ לָקִישׁ אָמַר: הִתְחִיל מְחָרֵף וּמְגַדֵּף. לָמָּה לִי אֵין כְּתִיב כָּאן אֶלָּא "לָמָּה זֶה לִי" כטמְלַמֵּד שֶׁכָּפַר בְּ"זֶה אֵלִי" (שמות טו, ב).

עץ יוסף

אם גנבים באו לך. וכתיב ויבא עשו וכל אלה אסמכתות נינהו והענין היה מקובל בידם (יפ"ת): **עובד ע"ז.** כי כשהיה בן י"ג פירש לעכו"ם אך לפי שהיה בצנעה ולא נודע לאברהם לכן לא מת אברהם אז. אבל השתא עשה בפרהסיא: **כי טוב חסדך מחיים.** כי פעמים עושה ה' חסד עם האדם במיתה יותר מבחייס כשטוב לו שימות: **אנא פתח פומי כו'.** דהלעיטני משמע להלעיטו אכילה גסה להשליך אל פיו. וכה"ג איתא בפסיקתא ובטן רשעים תחסר זה עשו שאמר ליעקב הלעיטני וגו': **משתדר.** פי' שופך ומשלח מאכל הרבה לתוכו: [יז] **מיניה ומן פטרוניה.** מפטרון ואדון של התבשיל כלו' מכח מאדים ומדה"ד האדומה שהוא פטרון על כל דבר אדום. ולכן כפל ואמר האדום האדום (מת"כ ונזה"ק): **מיניה ומן דכוותיה.** שכל עניניו וקניניו היו אדומים (שם). אבל רש"י ז"ל היה לו גי' אחרת מיניה ומן פטרוניה כלו' (הלעיטני נא ממה שאתה אדון עליו מממון שלך. ומן פטרוניה כלו' הלעיטני מן האדום שהוא של אדוניך היינו משל שכינה כגון נוב ושילה ובית עולמים. לכך כתיב ב' פעמים האדום) הה"ד כי אכל את יעקב ואת נוהו השמו (תהלים ע"ט) וכן היה כתוב במדרש של רש"י ז"ל. והוא ע"ד אסמכתא לדרשה זו. ור"ל אמר מינך ומן דכוותך צדיקים כמותך (כמו עשרה הרוגי מלכות האדום לשון דומה. כמו בדומים) עכ"ל רש"י כפי מ"ש לשונו בעל יפ"ת ובעל א"ת. והמוסגר הוא פי' רש"י. אבל במדרש עם פרש"י דפוס וויניצי' איתא מינך ומן דכוותך צדיקים שכמותך כגון ר' ישמעאל וחבריו הרוגי מלכות. האדום עושה לשון דומה. כלו' בדומין לך עכ"ל רש"י שם: **בלבוש אדום.** כלומר בתוקף מדה"ד הקשה שהוא מבחינת גוון האדום. ולא יתנהג עמו ברחמים כלל: **שדה אדום.** שפירש שדה האדום. שאם פירושו שדה של אדום. כבר קאמר ארצה שעיר: **מגן גבורהו מאדם.** ומסיפא דכתיב אנשי חיל מתולעים יליף ללבושו אדום (שהתולע הוא צבע אדום כמו אם יאדימו כתולע. (ישעיה א') ולא קאמר לה שהוא פשוט. או שיש דילוג סופר כאן ובס"א איתא (יפ"ת): (יג) [יח] **זבין לי חד יום מן דידך.** יבואר ע"פ מה דאיתא בפד"א שיעקב ועשו בבטן (אמר) [אמס] עשו חלוקה. שיעקב נטל עוה"ב ועשו עוה"ז ע"ש. וז"ש לו יעקב זבין לי חד יום מן דידך כלומר יום אחד מיומו של הקב"ה שהוא אלף שנה. וזה היה מזמן יציאתם ממצרים בכבוש ראשון עד זמן התחלת שעבוד בני עשו בישראל בימי בית שני וזהו מדידך פי' מן חלקך שעוה"ז הוא חלקו כו': **שהוא יודע בו'.** פי' כל היודע על נכון היטב התחלת זמן שיעבוד ימצא שיום אחד מיומו של הקב"ה ישב יעקב בשלוה בצלו של עשו ר"ל בזמן שליטת עשו בעולם. והיינו מזמן יציאתם ממצרים עד זמן התחלת השעבוד בישראל בימי בית שני. וזה היה עבור תנאי אותו המכירה (נזה"ק): **שכפר בזה אלי.** ע"י שהיה רעב

פירוש מהרז"ו

אם גנבים וגו'. וס"ד איך נדמתה פי' שדימוהו לגנבים שגנב כמוהם. וז"ל התנחומא תלא ובתוך ה' שנים אלו שנמנעו מחיי אברהם עבר ב' עבירות קשות כו' ע"ש. ובפסיקתא פמ"ב סי' ד' איתא שביום שעבר מת אברהם ע"ש: **בשלום.** תקבר בשיבה טובה ע"ל פ"ל סי' ד' בישרו שישמעאל יעשה תשובה וז"ש כאן זהו שיבה טובה והוא רואה לבן בנו כו'. אבל יצחק ורבקה לא הובטחו בזה. ומ"ש עובד כוכבים כמש"ל סי' יו"ד וזה הולך לבתי עבודת כוכבים: **כי טוב חסדך מחיים.** כמ"ש רבקה קצתי בחיי וגו' למה לי חיים. והיינו החסד שימות ולא יראה ברעה וע' תנחומא. וע"ל פס"ה סי' יו"ד ותכהין עיניו: **פער פיו.** במד"ר פס"א סי' כ' ופסיקתא פט"ז ובתנחומא פינחס סי' י"ג ושם הגי' ר' יצחק בר זעירא: **אין אובסין.** שבת קנ"ה דהלעטה שייך בגמל ולא בצ"א: **מיניה ומן פטרוניה.** שמ"ר פט"ו וש"נ: (יג) **מכרה ביום.** תיבת כיום מיותר ע"כ דרש מכור בכורתך כשם שאתה מוכר לי יום והרי יום בא ללמד על מכירת הבכורה ונמצא למד ממנו שביקש שימכור לו יום משלו:

רש"י

הנה אנכי הולך למות: (יב) **מיניה ומן פטרוניה.** ממה שאתה אדון ממה שהיא שלך ומן פטרוניה כלומר הלעיטני נא מן האדום ממה שהיא של אדוך משל שכינה כגון נוב ושילה ובית עולמים לכך כתיב האדום האדום ב' פעמים הה"ד כי אכל את יעקב ואת נוהו השמו: **מנך ומן דכוותך.** לדיקים שכמותך כגון ר' ישמעאל וחביריו הרוגי מלכות. האדום עושה לשון דומה כלומר בדומין לך: (יג) **התחיל מחרף ומגדף למה זה לי** זה אלי ואנוהו:

מתנות כהונה

אם גנבים באו לך. וכתיב ויבא עשו מן השדה: **משתדר.** כלומר שופך ומשלח מאכל הרבה לתוכו: **ומן פטרוניה.** מפטרון ואדון על התבשיל כלומר מכח מאדים ומדת הדין האדומה שהוא פטרון על כל דבר אדום ולכן כפל ואמר האדום האדום וכן משמע בספר רבינו בחיי ובפירש"י ז"ל משמע שכינוי פטרוניה חוזר אל יעקב כלומר שגם מחלק פטרון של יעקב מחלקו של שכינה כגון נוב וגבעון ובית עולמים: **ומן דכוותיה.** שכל עניו וקניניו היו אדומים וכדמפרש ואזיל: [ה"ג **גבוריהו מאדם** לבושיה אדומים שנאמר אנשי חיל מתולעים והכי גרסינן בילקוט ובדרקנ"ט ובבחיי: [יג] **לחשוב** גרסינן: **למות וגו'** גרסינן:

אשד הנחלים

[יב] **חסדיך מחיים.** יותר טוב החסד שעשית עמדי שלא אראה ברעתן מהחיים אשר אם היתי חי ואראה ברעתו:

חידושי הרד"ל

(יד) [יב] **מיניה ומן פטרוניה.** אפשר פירושו כוס ע' ערוך פטר החמישי. ור"ל מנת כוס של פורעניות יין חמר מלא מסך:

(טו) [יג] **רבי שמואל בר נחמן אמר. זה בכורה ודם הקרבנות.** כצ"ל לגי' ספרים דהכא. ובילקוט הגי' זה דם הקרבנות וע' תדא"ר פכ"ד:

חידושי הרש"ש

[יב] **אף גנב כו' אם שודדי לילה.** כ"ל דדריש שדה מלשון שודד עיין רד"ק ישעיה (כ"ח כ"ד) על תיבת וישדד: **והוא רואה לבן בנו עובד כוכבים ומזלות.** כדלעיל וזה הולך לבתי עבודת כוכבים. ולקמן למה זה לי שכפר בזה אלי: **לבושיו אדומים כו' מתולעים.** כי תולע הוא צבע אדום כדכתיב אם יאדימו כתולע:

מסורת המדרש

כו במדבר רבה פרשה כ"א. תנחומא סדר פינחס סימן י"ג. פסיקתא רבתי פיסקא ט"ז. מדרש משלי פרשה י"ג. ילקוט משלי רמז תתק"כ:
כז שבת דף קנ"ה:
כח לקמן פרשה ע"ה. ילקוט ישעיה רמז שס"ז. ילקוט נחום רמז תקס"א:
כט בבא בתרא דף ט"ז:

אם למקרא

אִם־גַּנָּבִים בָּאוּ לְךָ אִם־שׁוֹדְדֵי לַיְלָה אֵיךְ נִדְמֵיתָה הֲלוֹא יִגְנְבוּ דַּיָּם אִם־בֹּצְרִים בָּאוּ לָךְ הֲלוֹא יַשְׁאִירוּ עֹלֵלוֹת:
(עובדיה א:ה)

וְאַתָּה תָּבוֹא אֶל־אֲבֹתֶיךָ בְּשָׁלוֹם תִּקָּבֵר בְּשֵׂיבָה טוֹבָה:
(בראשית טו:טו)

כִּי־טוֹב חַסְדְּךָ מֵחַיִּים שְׂפָתַי יְשַׁבְּחוּנְךָ:
(תהלים סג:ד)

וַיִּשְׁלַח יַעֲקֹב מַלְאָכִים לְפָנָיו אֶל־עֵשָׂו אָחִיו אַרְצָה שֵׂעִיר שְׂדֵה אֱדוֹם:
(בראשית לב:ד)

מָגֵן גִּבֹּרֵיהוּ מְאָדָּם אַנְשֵׁי־חַיִל מְתֻלָּעִים בְּאֵשׁ־פְּלָדֹת הָרֶכֶב בְּיוֹם הֲכִינוֹ וְהַבְּרֹשִׁים הָרְעָלוּ:
(נחום ב:ד)

דּוֹדִי צַח וְאָדוֹם דָּגוּל מֵרְבָבָה:
(שיר השירים ה:י)

מַדּוּעַ אָדֹם לִלְבוּשֶׁךָ וּבְגָדֶיךָ כְּדֹרֵךְ בְּגַת:
(ישעיה סג:ב)

עָזִּי וְזִמְרָת יָהּ וַיְהִי־לִי לִישׁוּעָה זֶה אֵלִי וְאַנְוֵהוּ אֱלֹהֵי אָבִי וַאֲרֹמְמֶנְהוּ:
(שמות טו:ב)

לְבוּשָׁיו אֲדוּמִים, שֶׁנֶּאֱמַר ״אַנְשֵׁי חַיִל מְתֻלָּעִים״ — And that **his** soldiers' **clothing is red** is indicated by that which it states: ***his soldiers are colored scarlet*** [מְתֻלָּעִים][216] (ibid.). פּוֹרֵעַ מִמֶּנּוּ אָדוֹם, ״דּוֹדִי צַח וְאָדוֹם״ — That the **one who will extract revenge from him is red** is indicated by that which it states: ***My Beloved*** (God) ***is pure and purifies sin, and is ruddy with vengeance to punish betrayers*** (*Song of Songs* 5:10).[217] בִּלְבוּשׁ אָדוֹם, ״מַדּוּעַ אָדֹם לִלְבוּשֶׁךָ״ — And that the one who extracts revenge from him will also be **clothed in red** is indicated from that which it states: ***Why is there red on your raiment*** (*Isaiah* 63:2).[218]

וַיֹּאמֶר יַעֲקֹב מִכְרָה כַיּוֹם אֶת בְּכֹרָתְךָ לִי.
Jacob said, "Sell, as this day, your birthright to me" (25:31).

§13 וַיֹּאמֶר יַעֲקֹב מִכְרָה כַיּוֹם — ***JACOB SAID, "SELL, AS THIS DAY . . . "***

The seemingly superfluous word כַיּוֹם, *as this day*, prompts the Midrash to suggest the following exposition:[219]

אָמַר לוֹ: זַבֵּין לִי חַד יוֹם מִן דִּידָךְ — **[Jacob] said to [Esau]: Sell me one of your days.**[220] אָמַר רַבִּי אַחָא: כָּל מִי שֶׁהוּא יוֹדֵעַ לְחַשֵּׁב יְמֵי הַגָּלוּת יִמְצָא שֶׁיּוֹם אֶחָד יָשַׁב יַעֲקֹב בְּשַׁלְוָה בְּצִלּוֹ שֶׁל עֵשָׂו — **R' Acha said: Anyone who knows how to calculate the years of** Jewish **exile will find that** for **one** of God's **days Jacob sat in peace** despite being **in the shadow of Esau.**[221]

וַיֹּאמֶר עֵשָׂו הִנֵּה אָנֹכִי הוֹלֵךְ לָמוּת וְלָמָּה זֶּה לִי בְּכֹרָה.
And Esau said, "Look, I am going to die, so of what use is this to me, a birthright?" (25:32).

□ וַיֹּאמֶר עֵשָׂו הִנֵּה אָנֹכִי הוֹלֵךְ לָמוּת — ***AND ESAU SAID, "LOOK, I AM GOING TO DIE,*** *SO OF WHAT USE IS THIS TO ME, A BIRTHRIGHT?"*

The word *this* appears to be superfluous. The Midrash expounds:

רֵישׁ לָקִישׁ אָמַר: הִתְחִיל מְחָרֵף וּמְגַדֵּף — **Reish Lakish said: [Esau] began to blaspheme and revile** God. לָמָּה לִי אֵין כְּתִיב כָּאן אֶלָּא ״לָמָּה זֶּה לִי״ מְלַמֵּד שֶׁכָּפַר בְּ״זֶה אֵלִי״ — This is indicated by the fact that the words ***what use to me*** *is a birthright* **are not written here, but rather,** ***what use is "this"*** [זֶּה] ***to me,*** *a birthright,* **which teaches us that** Esau **denied** the existence of God, of Whom it states: ***"This"*** [זֶה] ***is my God*** (*Exodus* 15:2).[222]

NOTES

216. *Eitz Yosef* notes that we see that the unusual root תלע (as in מְתֻלָּעִים) means *red* (or *scarlet*) in the verse: אִם יַאְדִּימוּ כַתּוֹלָע, *if they will be red like scarlet* [תּוֹלָע] (*Isaiah* 1:18).

217. God is described anthropomorphically in this verse as being red (*ruddy*) with vengeance.

218. This verse, written in the context of the future destruction of Edom, refers to God (Who will be the One Who exacts vengeance on Edom) metaphorically as a brave soldier whose clothes are red from his enemies' blood (*Radak* ad loc.).

219. *Maharzu.*

220. As taught in *Yalkut Shimoni, Toldos* §111, Jacob and Esau made a deal, while still in their mother's womb, that Esau would inherit this world, and Jacob would inherit the World to Come. In our verse, Jacob is asking Esau to sell him "one day" of this world, in which Jacob would be free of Esau's oppression. The "one day" actually refers to a thousand years, for God's "day" equals a thousand years [as taught by the Midrash above, 8 §2, et al.] (*Eitz Yosef*, from *Nezer HaKodesh*).

221. This refers to the roughly 1,000-year period between the Exodus from Egypt and the time that Israel began to be subjugated by Esau's descendants during the Second Temple period. That the Jews were able to live in tranquility throughout that time in a gentile-dominated world was a result of Jacob's having purchased from Esau one of his "days" (ibid.). [There were 1,380 years between the Exodus and the Destruction of the Second Temple. However, there were periods within those years that Israel was under the dominion of gentile nations (first Babylonia, and then Greece and Rome). The Midrash apparently means to exclude those periods.]

222. The apparently superfluous word *this* in our verse is meant to allude to the fact that Esau denied the existence of God, Who is referred to elsewhere with the word *this*. [*Eitz Yosef* writes that Esau blasphemed God because of his extreme hunger (see similarly *Isaiah* 8:21). It would seem that when things did not go well for him, he reacted by speaking against God and even denying His existence.]

רַבִּי אָמַר: אַף גַּנָּב, הֵיךְ מָה דְאַתְּ אָמַר (עובדיה א, ה) "אִם גַּנָּבִים בָּאוּ לְךָ אִם שׁוֹדְדֵי לַיְלָה". אָמַר הַקָּדוֹשׁ בָּרוּךְ הוּא: כָּךְ הִבְטַחְתִּי אֶת אַבְרָהָם וְאָמַרְתִּי לוֹ (לעיל טו, טו) "וְאַתָּה תָּבֹא אֶל אֲבֹתֶיךָ בְּשָׁלוֹם", זוֹ הִיא שֵׂיבָה טוֹבָה וְהוּא רוֹאֶה לָבָן בְּנוֹ עוֹבֵד עֲבוֹדָה זָרָה וּמְגַלֶּה עֲרָיוֹת וְשׁוֹפֵךְ דָּמִים, מוּטָב לוֹ שֶׁיִּפָּטֵר בְּשָׁלוֹם, וְזֶה הוּא שֶׁכָּתוּב (תהלים סג, ד) "כִּי טוֹב חַסְדְּךָ מֵחַיִּים". [כה, ל] "וַיֹּאמֶר עֵשָׂו הַלְעִיטֵנִי נָא מִן הָאָדֹם", אָמַר רַבִּי זְעֵירָא: [כו]פָּעַר פִּיו אוֹתוֹ הָרָשָׁע כְּגָמָל, אָמַר לֵיהּ: אֲנָא פָּתַח פּוּמִי וְאַתְּ תְּהֵי מְשַׁתֵּדַר וְאָזֵיל, כְּהָדָא דִּתְנֵינַן [כז]אֵין אוֹבְסִין אֶת הַגָּמָל וְלֹא דוֹרְסִין אֲבָל מַלְעִיטִין. "מִן הָאָדֹם הָאָדֹם", רַבִּי יוֹחָנָן וְרֵישׁ לָקִישׁ, רַבִּי יוֹחָנָן אָמַר: מִינֵיהּ וּמִן פַּטְרוֹנֵיהּ, רֵישׁ לָקִישׁ אָמַר: מִינֵיהּ וּמִן דִּכְוָותֵיהּ, [כח]הוּא אָדוֹם וְתַבְשִׁילוֹ אָדוֹם, אַרְצוֹ אֲדוּמָּה, גִּבּוֹרָיו אֲדוּמִּים, לְבוּשָׁיו אֲדוּמִּים, פּוֹרֵעַ מִמֶּנּוּ אָדוֹם, בִּלְבוּשׁ אָדוֹם. הוּא אָדוֹם, "וַיֵּצֵא הָרִאשׁוֹן אַדְמוֹנִי", תַּבְשִׁילוֹ אָדוֹם, "הַלְעִיטֵנִי נָא מִן הָאָדֹם", אַרְצוֹ אֲדוּמָּה, (לקמן לב, ד) "אַרְצָה שֵׂעִיר שְׂדֵה אֱדוֹם", גִּבּוֹרָיו אֲדוּמִּים, (נחום ב, ד) "מָגֵן גִּבֹּרֵיהוּ מְאָדָּם", לְבוּשָׁיו אֲדוּמִּים, שֶׁנֶּאֱמַר (שם) "אַנְשֵׁי חַיִל מְתֻלָּעִים", פּוֹרֵעַ מִמֶּנּוּ אָדוֹם, (שיר ה, י) "דּוֹדִי צַח וְאָדוֹם", בִּלְבוּשׁ אָדוֹם, (ישעיה סג, ב) "מַדּוּעַ אָדֹם לִלְבוּשֶׁךָ":

יג [כה, לא] "וַיֹּאמֶר יַעֲקֹב מִכְרָה כַיּוֹם", אָמַר לוֹ: זַבֵּין לִי חַד יוֹם מִן דִּידָךְ. אָמַר רַבִּי אַחָא: כָּל מִי שֶׁהוּא יוֹדֵעַ לַחֲשֹׁב יְמֵי הַגָּלוּת יִמְצָא שֶׁיּוֹם אֶחָד יָשַׁב יַעֲקֹב בְּשַׁלְוָה בְּצִלּוֹ שֶׁל עֵשָׂו. [כה, לב] "וַיֹּאמֶר עֵשָׂו הִנֵּה אָנֹכִי הוֹלֵךְ לָמוּת", רֵישׁ לָקִישׁ אָמַר: הִתְחִיל מְחָרֵף וּמְגַדֵּף. לָמָּה לִי אֵין כְּתִיב כָּאן אֶלָּא "לָמָּה זֶה לִי" [כט]מְלַמֵּד שֶׁכָּפַר בְּ"זֶה אֵלִי" (שמות טו, ב).

רש"י

הנה אנכי הולך למות: **(יב) מיניה ומן פטרוניה.** ממה שאתה אדון ממה שהיא שלך ומן פטרוניה כלומר הלעיטני נא מן האדום ממה שהיא של אדונך משל שכינה כגון נוב ושילה ובית עולמים לכך כתיב האדום האדום ב' פעמים הה"ד כי אכל את יעקב ואת נוהו השמו: **מנך ומן דכוותך.** לדיקים שכמותך כגון ר' ישמעאל וחביריו הרוגי מלכות. האדום עושה לשון דומה כלומר בדומין לך: (יג) **התחיל מחרף ומגדף למה זה לי** זה אלי ואנוהו:

עץ יוסף

אם גנבים באו לך. וכתיב ויבא עשו וכל אלה אסמכתות נינהו והענין היה מקובל בידם (יפ"ת): **עובד ע"ז.** כי כשהיה בן י"ג פירש לעכו"ם אך לפי שהיה בצנעה ולא נודע לאברהם לכן לא מת אברהם אז. אבל השתא עשה בפרהסיא: **כי טוב חסדך מחיים.** כי פעמים עושה ה' חסד עם האדם במיתה יותר מבחיים כשטוב לו שימות: **אנא פתח פומי כו'.** דהלעיטני משמע להלעיטו אכילה גסה להשליך אל פיו. וכה"ג איתא בפסיקתא ובטן רשעים תחסר זה עשו שאמר ליעקב הלעיטני וגו': **משתדר.** פי' שופך ומשלח מאכל הרבה לתוכו: **[יז] מיניה ומן פטרוניה.** מפטרון ואדון של התבשיל כלו' מכח מאדים ומדה"ד האדומה שהוא פטרון על כל דבר אדום. ולכן כפל ואמר האדום האדום (מת"כ ונזה"ק): **מיניה ומן דכוותיה.** שכל עניניו וקניניו היו אדומים (שם). אבל רש"י ז"ל היה לו גי' אחרת מיניה ומן פטרוניה כלו' (הלעיטני נא ממה שאתה אדון עליו מממון שלך. ומן פטרוניה כלו' הלעיטני מן האדום שהוא של אדוניך היינו משל שכינה כגון נוב ושילה ובית עולמים. לכך כתיב ב' פעמים האדום) הה"ד כי אכל את יעקב ואת נוהו השמו (תהלים ע"ט) וכן היה כתוב במדרש של רש"י ז"ל. והוא ע"ד אסמכתא לדרשה זו. ור"ל אמר מינך ומן דכוותך לדיקים כמותך (כמו עשרה הרוגי מלכות האדום לשון דומה. כמו בדומים) עכ"ל רש"י כפי מ"ש לשונו בעל יפ"ת ובעל א"ת. והמוסגר הוא פי' רש"י. אבל במדרש עם פרש"י דפוס ווינציא' איתא מינך ומן דכוותך לדיקים שכמותך כגון ר' ישמעאל וחבריו הרוגי מלכות. האדום עושה לשון דומה. כלו' בדומין לך עכ"ל רש"י שם: **בלבוש אדום.** כלומר בתוקף מדה"ד הקשה שהוא מבחינת גוון האדום. ולא יתנהג עמו ברחמים כלל: **שדה אדום.** שפירש שדה האדום. שאם פירושו שדה של אדום. כבר קאמר ארצה שעיר: **מגן גבורהו מאדם.** ומסיפא דכתיב אנשי חיל מתולעים יליף ללבושו אדום (שהתולע הוא לבע אדום כמו אם יאדימו כתולע. (ישעיה א') ולא קאמר לה שהוא פשוט. או שיש דילוג סופר כאן ובס"א איתא (יפ"ת): (יג) **[יח] זבין לי חד יום מן דידך.** יבואר ע"פ מה דאיתא בפד"א שיעקב ועשו בבטן (אמר) [אמס] עשו חלוקה. שיעקב נטל עוה"ב ועשו עוה"ז ע"ש. וז"ש לו יעקב זבין לי חד יום מן דידך כלומר יום אחד מיומו של הקב"ה שהוא אלף שנה. וזה היה מזמן יציאתם ממצרים בכבוש ראשון עד זמן התחלת שעבוד בני עשו בישראל בימי בית שני וזהו מדידך פי' מן חלקך שעוה"ז הוא חלקו כו': **שהוא יודע כו'.** פי' כל היודע על נכון היטב התחלת זמן שיעבוד ימצא שיום אחד מיומו של הקב"ה ישב יעקב בשלוה בצלו של עשו ר"ל בזמן שליטת עשו בעולם. והיינו מזמן יציאתם ממצרים עד זמן התחלת השעבוד בישראל בימי בית שני. וזה היה עבור תנאי אותו המכירה (נזה"ק): **שכפר בזה אלי.** ע"י שהיה רעב

פירוש מהרז"ו

אם גנבים וגו'. וס"ד איך נדמתה פי' שדימוהו לגנבים שגנב כמוהם. וז"ל התנחומא תלא ובתוך ה' שנים אלו שנמנעו מחיי אברהם עבר ב' עבירות קשות כו' ע"ש. ובפסיקתא פמ"ב סי' ד' איתא שביום שעבר מת אברהם ע"ש: **בשלום.** תקבר בשיבה טובה ע"ל פ"ל סי' ד' בישרו שישמעאל יעשה תשובה וז"ש כאן זהו שיבה טובה והוא רואה לבן בנו כו'. אבל יצחק ורבקה לא הובטחו בזה. ומ"ש עובד כוכבים כמש"ל סי' יו"ד וזה הולך לבתי עבודת כוכבים: **כי טוב חסדך מחיים.** כמ"ש רבקה קצתי בחיי וגו' למה לי חיים. והיינו החסד שימות ולא יראה ברעה וע' תנחומא. וע"ל פס"ה סי' יו"ד ותכהין עיניו: **פער פיו.** במד"ר פס"א סי' כ' ופסיקתא פט"ז ובתנחומא פינחס סי' י"ג ושם הגי' ר' יצחק בר זעירא: **אין אובסין.** שבת קנ"ה דהלעטה שייך בגמל ולא בב"א: **מיניה ומן פטרוניה.** שמ"ר פט"ו וש"נ: **(יג) מכרה כיום.** תיבת כיום מיותר ע"כ דרש מכור בכורתך כשם שאתה מוכר לי יום והרי יום בא ללמד על מכירת הבכורה ונמצא למד ממנו שביקש שימכור לו יום משלו:

חידושי הרד"ל

(יד) **[יב] מיניה ומן פטרוניה.** אפשר פירושו כוס ע' ערוך פטר החמישי. ור"ל מנת כוס של פורעניות יין חמר מלא מסך:

(טו) **[יג] רבי שמואל בר נחמן אמר. זה בכורה ודם הקרבנות.** כצ"ל לגי' ספרים דהכא. ובילקוט הגי' זה דם הקרבנות וע' תדא"ר פכ"ד:

חידושי הרש"ש

[יב] אף גנב כו' אם שודדי לילה. נ"ל דדריש שדה מלשון שודד עיין רד"ק ישעיה (כ"ח כ"ד) על תיבת וישדד: **והוא רואה לבן בנו עובד כוכבים ומזלות.** כדלעיל וזה הולך לבתי עבודת כוכבים. ולקמן למה זה לי שכפר בזה אלי: **לבושיו אדומים כו' מתולעים.** כי תולע הוא צבע אדום כדכתיב אם יאדימו כתולע:

מסורת המדרש

כו במדבר רבה פרשה כ"א. תנחומא סדר פינחס סימן י"ג. פסיקתא רבתי פיסקא ט"ז. מדרש משלי פרשה י"ג. ילקוט משלי רמז תתקי"ג:
כז שבת דף קנ"ה:
כח לקמן פרשה ע"ה. ילקוט ישעיה רמז שס"ז. ילקוט נחום רמז תקס"א:
כט בבא בתרא דף ט"ז:

אם למקרא

אִם־גַּנָּבִים בָּאוּ לְךָ אִם־שׁוֹדְדֵי לַיְלָה אֵיךְ נִדְמֵיתָה הֲלוֹא יִגְנְבוּ דַּיָּם אִם־בֹּצְרִים בָּאוּ לָךְ הֲלוֹא יַשְׁאִירוּ עֹלֵלוֹת: (עובדיה א:ה)

וְאַתָּה תָּבוֹא אֶל־אֲבֹתֶיךָ בְּשָׁלוֹם תִּקָּבֵר בְּשֵׂיבָה טוֹבָה: (בראשית טו:טו)

כִּי־טוֹב חַסְדְּךָ מֵחַיִּים שְׂפָתַי יְשַׁבְּחוּנְךָ: (תהלים סג:ד)

וַיִּשְׁלַח יַעֲקֹב מַלְאָכִים לְפָנָיו אֶל־עֵשָׂו אָחִיו אַרְצָה שֵׂעִיר שְׂדֵה אֱדוֹם: (בראשית לב:ד)

מָגֵן גִּבֹּרֵיהוּ מְאָדָּם אַנְשֵׁי־חַיִל מְתֻלָּעִים בְּאֵשׁ־פְּלָדֹת הָרֶכֶב בְּיוֹם הֲכִינוֹ וְהַבְּרֹשִׁים הָרְעָלוּ: (נחום ב:ד)

דּוֹדִי צַח וְאָדוֹם דָּגוּל מֵרְבָבָה: (שיר השירים ה:י)

מַדּוּעַ אָדֹם לִלְבוּשֶׁךָ וּבְגָדֶיךָ כְּדֹרֵךְ בְּגַת: (ישעיה סג:ב)

עָזִּי וְזִמְרָת יָהּ וַיְהִי־לִי לִישׁוּעָה זֶה אֵלִי וְאַנְוֵהוּ אֱלֹהֵי אָבִי וַאֲרֹמְמֶנְהוּ: (שמות טו:ב)

מתנות כהונה

אם גנבים באו לך. וכתיב ויבא עשו מן השדה: **משתדר.** כלומר שופך ומשלח מאכל הרבה לתוכו: **ומן פטרוניה.** מפטרון ואדון על התבשיל כלומר מכח מאדים ומדת הדין האדומה שהוא פטרון על כל דבר אדום ולכן כפל ואמר האדום האדום וכן משמע בספר רבינו בחיי ובפירש"י ז"ל משמע שכינוי פטרוניה חוזר אל יעקב כלומר שגם מחלק פטרון של יעקב מחלקו של שכינה כגון נוב וגבעון ובית עולמים: **ומן דכוותיה.** שכל עניני וקניניו היו אדומים וכדמפרש ואזיל: [ה"ג **גבוריהו מאדם** לבושיה אדומים שנאמר אנשי חיל מתולעים והכי גרסינן בילקוט וברקנ"ט ובבחיי: **[יג] לחשוב** גרסינן: **למות וגו'** גרסינן:

אשד הנחלים

[יב] חסדיך מחיים. יותר טוב החסד שעשית עמדי שלא אראה ברעתן מהחיים אשר אם הייתי חי ואראה ברעתו:

The Midrash explains why Esau said he was *going to die*:

דָּבָר אַחֵר "הִנֵּה אָנֹכִי הוֹלֵךְ לָמוּת", שֶׁהָיָה נִמְרוֹד מְבַקֵּשׁ לְהָמִית אוֹתוֹ בִּשְׁבִיל אוֹתוֹ הַבֶּגֶד שֶׁהָיָה לְאָדָם הָרִאשׁוֹן — **Another exposition:** Esau uttered the words, ***"Look, I am going to die,"*** because King **Nimrod was seeking to kill him on account of Adam the first man's garment.**[223] שֶׁבְּשָׁעָה שֶׁהָיָה עֵשָׂו לוֹבְשׁוֹ וְיוֹצֵא לַשָּׂדֶה הָיוּ בָּאִים כָּל חַיָּה וְעוֹף שֶׁבָּעוֹלָם וּמִתְקַבְּצִין אֶצְלוֹ — This garment was very special, **for when Esau would wear it and go out into the field, all the beasts and birds in the world would gather around him.**[224]Ⓐ

וַיֹּאמֶר יַעֲקֹב הִשָּׁבְעָה לִּי כַּיּוֹם וַיִּשָּׁבַע לוֹ וַיִּמְכֹּר אֶת בְּכֹרָתוֹ לְיַעֲקֹב.

Jacob said, "Swear to me as this day"; he swore to him and sold his birthright to Jacob (25:33).

□ וַיֹּאמֶר הִשָּׁבְעָה לִּי — *JACOB* ***SAID, "SWEAR TO ME*** *AS THIS DAY."*

The Midrash discusses why Jacob sought the birthright so assiduously:[225]

מָה רָאָה אָבִינוּ יַעֲקֹב שֶׁנָּתַן נַפְשׁוֹ עַל הַבְּכוֹרָה — **What** exactly **did our father Jacob see that** prompted him to **extend himself** so much **with regard to the birthright?**[226] דִּתְנֵינַן: עַד שֶׁלֹּא הוּקַם הַמִּשְׁכָּן הָיוּ הַבָּמוֹת מוּתָּרוֹת וַעֲבוֹדָה בַּבְּכוֹרוֹת — Jacob was aware of that which **we learn in a Mishnah: Until the Tabernacle was erected,** ***bamos***[227] **were permitted and the service was performed by the firstborn;** מִשֶּׁהוּקַם הַמִּשְׁכָּן נֶאֶסְרוּ הַבָּמוֹת וַעֲבוֹדָה בַּכֹּהֲנִים — **once the Tabernacle was erected,** ***bamos*** **became forbidden and the service was performed by Kohanim** (*Zevachim* 112b). אָמַר: יְהֵא רָשָׁע זֶה עוֹמֵד וּמַקְרִיב — Thus, **[Jacob] said: This wicked person should stand and bring** sacrifices?![228] לְפִיכָךְ נָתַן נַפְשׁוֹ עַל הַבְּכוֹרָה — **Therefore, [Jacob] extended himself** so greatly **with regard to the birthright.**[229]

The Midrash cites and explains a verse as suggestive of the fact that Jacob initiated the purchase of the birthright on account of Esau's disqualification to perform the sacrificial service:

הֲדָא הוּא דִכְתִיב, "כִּי לְדָם אֶעֶשְׂךָ וְדָם יִרְדֳּפֶךָּ אִם לֹא דָם שָׂנֵאתָ וְדָם יִרְדֳּפֶךָּ" — **Thus it is written,**[230] ***[I swear] that I will turn you to blood, and blood will pursue you. Surely, though you have hated bloodshed, bloodshed will pursue you*** (*Ezekiel* 35:6). וְעֵשָׂו הוּא שׂוֹנֵא אֶת הַדָּם — The Midrash analyzes this verse: **Does Esau hate bloodshed??**[231] רַבִּי שְׁמוּאֵל בַּר נַחְמָן אָמַר: זֶה דַּם בְּכוֹרָה וְקָרְבָּנוֹת — **R' Shmuel bar Nachman said:** We must say, then, that **[the** ***bloodshed*** **mentioned here] is the blood** spilled by the hand **of the firstborn in** offering **the sacrifices.**[232]

The Midrash cites other opinions regarding the *bloodshed* of the verse in *Ezekiel*:

רַבִּי לֵוִי אָמַר זֶה דַּם שֶׁל מִילָה — **R' Levi said: It** refers to **the blood of circumcision.**[233] רַבָּנָן אָמְרֵי: שָׂנֵאתָ דָּמוֹ שֶׁל אָדָם בְּגוּפוֹ — **The Sages said:** The prophet is saying to the descendants of Esau: **You hated the blood of a** live **person** while it was still **in his body.**[234]

The Midrash now cites another verse which, according to one interpretation, serves to support its assertion (above) that Jacob's pursued the birthright because he felt Esau was unfit to perform the sacrificial service:

הֲדָא הוּא דִכְתִיב "וַיֶּאֱהַב קְלָלָה וַתְּבוֹאֵהוּ" — **Thus it is written** with regard to Esau: ***He loved the curse,***[235] ***so it came upon him;*** *and he desired not blessing, so it has stayed far from him* (*Psalms* 109:17).

NOTES

223. God had made a garment for Adam (as well as for Eve), as stated in 3:21 above, and it was currently in Esau's possession. Nimrod sought to kill him in order to take it for himself.

224. The images of all the animals and birds in the world were woven onto this garment; this attracted all the animals and birds to come join their "friends" (*Matnos Kehunah*). Alternatively, the images of the various foods that birds like to eat were woven there, and this attracted all the birds (*Eitz Yosef*, Vagshal edition; he adds that it was *Matnos Kehunah* who interpolated animals into the text of the Midrash). Nimrod wanted this garment, with its special power, for himself.

According to *Tiferes Tzion*, the garment gave its wearer the power to command the animal kingdom — a power Adam needed after he had fallen, through the sin of the Tree of Knowledge (for as the Midrash states above, 15 §7, even the trees were inhospitable to Adam after his sin and did not let him take their fruit). The garment was made from animal skin (as stated in 3:21), all the beasts and birds in the world would gather around him. See Insight Ⓐ.

225. As evidenced by the fact that Jacob insisted that Esau swear an oath to him that the birthright would indeed be his.

226. Jacob was prepared to live the rest of his life with the hatred of Esau that would no doubt be generated by this affair (*Eitz Yosef*). [It is obvious to the Midrash that Jacob did not seek the birthright in order to receive the double portion of inheritance that belongs to the firstborn. The Midrash therefore inquires: What *was* Jacob's reason? (ibid.).]

227. Private altars.

228. As taught by the Mishnah just cited, sacrifices were permitted to be brought on *bamos* in the time of the forefathers. As the firstborn, it would be Esau who would perform the sacrificial service.

229. Jacob extended himself to prevent Esau from performing the service because he felt that Esau was not worthy. He reasoned as follows: The firstborn became disqualified from service in the Temple when they sinned along with most of Israel in the incident of the Golden Calf. The tribe of Levi, however, did not sin, and therefore the Kohanim, who are descendants of Levi, merited to replace the firstborn. Jacob reasoned that just as the firstborn would lose their eligibility to perform God's service because of their sin, Esau, who was already a wicked person, should be disqualified even now (*Eitz Yosef*).

230. Regarding Ezekiel's prophecy of God's eventual vengeance against Esau's descendants, the Edomites.

231. Why, Esau [and his descendants] were responsible for the deaths of many righteous people! See *Bamidbar Rabbah* 4 §8 (*Eitz Yosef*; see also *Matnos Kehunah*).

232. That is, Esau expressed his hatred for the sacrificial service by selling his birthright.

This verse, then, lends credence to the Midrash's contention that Jacob's primary purpose in purchasing the birthright was in order to prevent Esau from performing the sacrificial service (*Eitz Yosef*).

233. Which Esau belittled by commanding that his children and descendants not circumcise themselves (see *Tanna DeVei Eliyahu* §22) and by "undoing" his own circumcision (see *Aggadas Bereishis* [Buber] §59) by stretching the skin of his circumcised member to cover the corona (*Ohr HaSeichel*; *Eitz Yosef* in Vagshal edition).

234. As evidenced by the fact that you were always so quick to spill it (*Matnos Kehunah*).

235. Of God, Whose existence he denied (*Rashi* to this verse).

INSIGHTS

Ⓐ **Esau's Garments** The unique powers which the Midrash ascribes to these garments derived from the exceptional holiness with which God endowed them when He made them. Indeed, the Torah states (above, 3:21) that these garments were made for Adam by ה' אֱלֹקִים, *HASHEM God*, using both of the most common names for God (שֵׁם מָלֵא). The Torah refers to God in the same way in describing His creation of the world (ibid. 2:4). This suggests that Adam's garments, which would eventually fall into the hands of Nimrod and Esau, incorporated the same potential for blessings as the entire world did at the time of Creation.

This insight also explains why (as taught below, 65 §16) Rebecca labored to arrange that Jacob be wearing these garments at the time that he was to be blessed by Isaac. In fact, it appears that God caused the garments to come into Esau's possession in the first place only so that Jacob would be wearing them for that historic moment (*Nezer HaKodesh* ibid., s.v. *HaChamudos*).

דָּבָר אַחֵר "הִנֵּה אָנֹכִי הוֹלֵךְ לָמוּת", שֶׁהָיָה נִמְרוֹד מְבַקֵּשׁ לְהָמִית אוֹתוֹ בִּשְׁבִיל אוֹתוֹ הַבֶּגֶד שֶׁהָיָה לְאָדָם הָרִאשׁוֹן. שֶׁבְּשָׁעָה שֶׁהָיָה עֵשָׂו לוֹבְשׁוֹ וְיוֹצֵא לַשָּׂדֶה הָיוּ בָּאִים כָּל חַיָּה וָעוֹף שֶׁבָּעוֹלָם וּמִתְקַבְּצִין אֶצְלוֹ. [כה, לג] "וַיֹּאמֶר הִשָּׁבְעָה לִי", מָה רָאָה אָבִינוּ יַעֲקֹב שֶׁנָּתַן נַפְשׁוֹ עַל הַבְּכוֹרָה, [ל]דִּתְנֵינַן עַד שֶׁלֹּא הוּקַם הַמִּשְׁכָּן הָיוּ הַבָּמוֹת מוּתָּרוֹת וַעֲבוֹדָה בַּבְּכוֹרוֹת, מִשֶּׁהוּקַם הַמִּשְׁכָּן נֶאֶסְרוּ הַבָּמוֹת וַעֲבוֹדָה בַּכֹּהֲנִים. אָמַר: יִהְיֶה רָשָׁע זֶה עוֹמֵד וּמַקְרִיב, לְפִיכָךְ נָתַן נַפְשׁוֹ עַל הַבְּכוֹרָה. הָדָא הוּא דִכְתִיב, (יחזקאל לה, ו) "כִּי לְדָם אֶעֶשְׂךָ וְדָם יִרְדֳּפֶךָּ אִם לֹא דָם שָׂנֵאתָ וְדָם יִרְדֳּפֶךָּ". וְעֵשָׂו הוּא שׂוֹנֵא אֶת הַדָּם, רַבִּי שְׁמוּאֵל בַּר נַחְמָן אָמַר: זֶה דַּם בְּכוֹרָה וְקָרְבָּנוֹת, רַבִּי לֵוִי אָמַר: זֶה דַּם שֶׁל מִילָה. רַבָּנָן אָמְרֵי: שָׂנֵאתָ דָּמוֹ שֶׁל אָדָם בְּגוּפוֹ הָדָא הוּא דִכְתִיב (תהלים קט, יז) "וַיֶּאֱהַב קְלָלָה וַתְּבוֹאֵהוּ". רַבִּי לֵוִי בְּשֵׁם רַבִּי חָמָא אָמַר (שם) "וְלֹא חָפֵץ בִּבְרָכָה", וְלֹא חָפֵץ בְּכוֹרָה. רַבִּי הוּנָא אָמַר: זֶה דַּם הַקָּרְבָּנוֹת שֶׁהוּא קָרוּי בְּרָכָה, הֵיךְ מָה דְאַתְּ אָמַר (שמות כ, כא) "מִזְבַּח אֲדָמָה תַּעֲשֶׂה לִי וְגוֹ'":

יד [כה, לד] "וְיַעֲקֹב נָתַן לְעֵשָׂו לֶחֶם וּנְזִיד עֲדָשִׁים", [לא]מָה עֲדָשָׁה זוֹ עֲשׂוּיָה כְּגַלְגַּל כָּךְ הָעוֹלָם עָשׂוּי כְּגַלְגַּל, מָה עֲדָשָׁה זוֹ אֵין לָהּ פֶּה כָּךְ אָבֵל אָסוּר לוֹ לְדַבֵּר, מָה עֲדָשָׁה זוֹ יֵשׁ בָּהּ אֵבֶל וְיֵשׁ בָּהּ שִׂמְחָה כָּךְ אֵבֶל, שֶׁמֵּת אָבִינוּ אַבְרָהָם, שִׂמְחָה, שֶׁנָּטַל יַעֲקֹב אֶת הַבְּכוֹרָה. "וַיֹּאכַל וַיֵּשְׁתְּ וְגוֹ'", [לב]הִכְנִיס עִמּוֹ כַּת שֶׁל פָּרִיצִים אָמְרִין נֵיכוֹל דִּידֵיהּ וְנֵיחוּךְ עָלָיו, וְרוּחַ הַקֹּדֶשׁ אוֹמֶרֶת (ישעיה כא, ה) [לג]"עָרֹךְ הַשֻּׁלְחָן", סַדֵּר פָּתוֹרָא. (שם) "צָפֹה הַצָּפִית", סַדֵּר מְנַרְתָּא,

רש"י

(יד) **מה עדשה זו עשויה כגלגל כך כל העולם עשוי כגלגל.** שאבילות מתגלגלת על כל באי עולם במועד קטן: **מה עדשה זו יש בה אבל ויש בה שמחה.** שאוכלין אותה במשתה ושמחה ואוכלין אותה באבילות כך מפורש בתנחומא אף אותה היינו שאכל אבל ושמחה:

עץ יוסף

ע"ד והיה כי ירעב והתקצף וקלל במלכו ובאלהיו: **ומתקבצין כו'.** שהיו מצויירים על אותו הבגד כל דמות חיה ועוף שבעולם. וכאו"א בא לשכון אצל חבירו (מת"כ): **מה ראה כו'.** הא ידע שע"י זה יטור לו עשו שנאה. ובודאי לא יתכן דמשום ירושת פי שנים ימסור נפשו: **נאסרו הבמות ועבודה בכהנים.** והטעם מפני שהבכורים טעו בעגל ובני לוי עמדו באמונתן וכדלקמן במד"ר פ"ד. וממילא גם עשו שהיה רשע נפסל מן העבודה. לפיכך השתדל יעקב לקנות ממנו הבכורה כדי שיסלק אותו מעבודת המקדש. (מפרשים): **הדא הוא דכתיב כי לדם אעשך כו'.** כלו' זו ראיה שטעם הבכורה מפני הקרבנות ממ"ש לו דם שנאת דהיינו הקרבנות במה שבזה את הבכורה מפני הקרבנות וכן מה שהביא ולא חפץ בברכה סייעת לה כפי פי' רב הונא שאמר זה דם הקרבנות: **ועשו הוא שונא את הדם.** בתמיה הרי כמה לדיקים וחסידים הרג כדאי' לקמן במדב"ר פ"ד: **דם בכורה בקרבנות.** כלו' שהיה מבזה את הבכורה שתלוי בה עבודת הקודש של הקרבנות: **דם מילה.** שמשך לו ערלתו וכל זרעו אינם נמולים ועי' ברות רבה פ"א סי' ג' מ"ש שם: **ולא חפץ בבורה.** דרש ולא חפץ בכורה בהיפך אותיות. או כפשוטו שהבכור לעולם מיומן ומזומן לברכה: **מזבח אדמה.** סיפא דקרא אבוא אליך וברכתיך: (יד) [יט] **מה עדשה כו'.** לפי שהנזיד היה הבראה על מיתת אברהם קאמר דטעמא דעדשים בהבראת האבל משום דמה עדשה עשויה כגלגל כך העולם והכוונה דגלגל הוא שחוזר בעולם וכמ"ש בפ"ק דב"ב: **ויש בה שמחה.** פרש"י בשם התנחומא שהיה דרכם לאוכלו גם במשתה ושמחה כמו באבלות. אפשר הטעם בזה כדי לזכור ביום המיתה: **שנטל יעקב את הבכורה.** שמחת ה' היתה זאת להזמין תבשיל זה לידו עבור שיקח הבכורה. דאי משום הבראה גרידא הוה סגי אף בביעי (כזה"ק): **ניבול כו'.** נאכל של יעקב ונשחק בו ונקנטר אותו שהוציא ממונו בלא הועיל כי מה בלע בבכורה וכמ"ש ויבז עשו את הבכורה: **ערוך השלחן.** ר"ל במה שישב אח"כ לאכול ולשתות בנחת בערוך השולחן וסדר המנורה בזה גמר והקנה כי אין בזה אונס וזה שאמר בר קפרא ולפי שהיו כמשחקים כו'. והא"א כתב שנ"ל לגרוס ואעפ"י שהיו משחקים:

פירוש מהרז"ו

הבגד שהיה לאדה"ר. בפר"א פרק כ"ד איתא שהרג לנמרוד ולקח ממנו הבגדים והכתונת של אדה"ר וכ"ה לקמן פס"ה ריש סי' ט"ז ועי' ספר הישר ומדרשים חלוקים הם: **תנינן.** ע' במ"ר פר' ד' סי' ח' וש"נ: **דם בכורה וקרבנות.** שהבכור היה מקריב קרבנות ושופך דם בהמות ועי' שמ"ר ר"פ כ"ז. ביטל קרבנות: **דם של מילה.** שביטל מבניו פר"א פכ"ט שהרי הוא נימול לשמונה: **ויאהב קללה.** וס"ד ולא חפץ בברכה וכמ"ש לפני זה. יזכר עון אבותיו ודרשו בפסיקתא פי"ב סי' ד' על שחטא לאבותיו וכ"ה בתנחומא תצא סי' ד' וע"ז אמר ויאהב קללה כו' וזה שייך לדרשת רשב"ן הנ"ל: (יד) **מה עדשה.** ב"ב ט"ז ב' וע' פר"א פל"ה: **ויש בה שמחה.** ע' פר"א פל"ה ול"ע. ועמ"כ בשם רש"י וע' ספ"א דגילה של בית ר"ג שהיו מביאים דלי מלא עדשים בי"ט: **אמרין ניכול דידיה כו'.** נרמז במ"ש בעובדיה עד הגבול שלחוך כל אנשי בריתך (כמש"ל מטולמו ילא וזהו עד הגבול) השיאוך יכלו לך וגו' לחמך ישימו מזור. ופסוק זה סמוך לפסוק אם גנבים כמ"ש לעיל סימן י"ב: **ערוך השולחן.** עי' גירסת הילקוט ישעיה כ"א ודורש גז"ש ויאכל וישת ושם כתיב לפה הלפית אכול שתה:

חידושי הרד"ל

(טז) [יד] **ויש בה שמחה.** עמ"כ בשם רש"י. ובפר"א פל"ד אית' שהוא מאכל ברה. ואפשר מפני שאמרו בברכות (מ"ו) שהרגיל בו א' לשלשים יום מונע אסכרה מביתו לכן קוראו מאכל שמחה ג"כ. וקצת משמע ממ"ש בפסחים (ג:) דהול"ל עדשים נעשים יפות. שאינן מיוחד למאכל ברה דווקא:

(יז) **השרים זה**

חידושי הרש"ש

[יג] **דם בכורה וקרבנות.** ילקוט יחזקאל הגי' בקרבנות ור"ל שבזה את הבכורה אשר ע"י זורקים דם בקרבנות:

מסורת המדרש

ל זבחים דף קי"ב. בכורות דף ד'. במדבר רבה פרשה ד'. אגדת בראשית פ' מ"ב:

לא בבא בתרא דף ט"ז:

לב ילקוט ישעיה רמז רפ"ח:

לג שיר השירים רבה פרשה ג':

אם למקרא

לָכֵן חַי־אָנִי נְאֻם אֲדֹנָי אֱלֹהִים כִּי־לְדָם אֶעֶשְׂךָ וְדָם יִרְדֲּפֶךָ אִם־לֹא דָם שָׂנֵאתָ וְדָם יִרְדֲּפֶךָ: (יחזקאל לה:ו)

וַיֶּאֱהַב קְלָלָה וַתְּבוֹאֵהוּ וְלֹא־חָפֵץ בִּבְרָכָה וַתִּרְחַק מִמֶּנּוּ: (תהלים קט:יז)

מִזְבַּח אֲדָמָה תַּעֲשֶׂה־לִּי וְזָבַחְתָּ עָלָיו אֶת־עֹלֹתֶיךָ וְאֶת־שְׁלָמֶיךָ אֶת־צֹאנְךָ וְאֶת־בְּקָרֶךָ בְּכָל־הַמָּקוֹם אֲשֶׁר אַזְכִּיר אֶת־שְׁמִי אָבוֹא אֵלֶיךָ וּבֵרַכְתִּיךָ: (שמות כ:כא)

עָרֹךְ הַשֻּׁלְחָן צָפֹה הַצָּפִית אָכוֹל שָׁתֹה קוּמוּ הַשָּׂרִים מִשְׁחוּ מָגֵן: (ישעיה כא:ה)

ענף יוסף

(יח) [יג] **[מה ראה אבינו יעקב שמסר נפשו על הבכורה כו']** הכוונה דבספר מעשה ה' כתב טעם למה מכר עשו הבכורה ליעקב משום שנאמר לרבקה בנבואה ורב יעבוד צעיר לפיכך מכר לו הבכורה וישתעבד הוא ביעקב. וזהו שמקשה המדרש מה ראה אבינו יעקב שנתן נפשו על הבכורה שלכאורה אין זו קושיא הא לא קנה אותה בהרבה כסף וזהב רק בלחם ונזיד עדשים. אך לפי הנ"ל מקשה שפיר מה ראה שמסר עלמו על הבכורה שילטרך לעבוד לעשו. ומשני תמן תנינן כו' כדי שלא יהא עשו עומד ומקריב. ולכן מסר נפשו על הבכורה (גבולות בנימין):

מתנות כהונה

#**מבקש להמית** גרסינן: **הכי גרסינן באים כל חיה ועוף]:**

אשד הנחלים

[יג] **היו באים כל עוף.** אולי היה נעשה הבגד בחכמה שהיה מצוייר בו כל דמות צבע דוגמת צבעם של כל העופות וע"פ הגוונים הללו נדבקו בטבע כל מין הדומה לו. ואולי זה מחכמת תעלומות הטבע הנעלמות מאתנו: **שנתן נפשו.** שכ"כ השתדל בזה עד שביקש וחפץ להשביעו כדי שיודע לו בברור גמור ששלו הוא. ומפרש מפני שעיקר עבודת בהמ"ק היה בבכורים: **קרוי ברכה.** כי ע"י הקרבנות יתוסף ברכה עליונה וההשפעה הטוב' בעולם: **[יד] עשוי כגלגל.** שאיננה עומדת על מתכונת אחת כ"א בתנועה הנה והנה כי אין להם תכונה קיימת. וחפץ היה יעקב לרמוז על תשוקת העוה"ז כי הבל הנה ואין לרדוף אחריה. והיותר נכון שמצד שיעקב התאבל על אברהם אכל עדשים כמו שאמר שרמז בעדשים שאין לה פה וכן העולם הזה עשוי כגלגל ע"ד דור הולך ודור בא: **של פריצים כו' ורוח הקודש כו'.** כלומר הנביאים בעלי רוה"ק אומרים בנבואתם ע"ד לעג שהרשעים בעוד שיושבים שמחים ולועגים על דבר אמת אז מהר יבוא מפלתם כמ"ש קומו שרים משחו מגן. וכאומר שכל עיקר לעגם בא מרבוי המנוחה ורבוי אכילה ושתי'. ודרש המקרא ע"ד מליצה שמוסב על יעקב. וקרא למיכאל וגבריאל שהם שני שרי מעלה מיכאל רחמים וגבריאל גבורה והן שורש הדין והרחמים. שניהם הסכימו למשוח הגדולה ליעקב שיהי' הבכורה בידו להגין עליו. וענין שהקב"ה הסכים עמהם כלומר יתקיים כמו שחשבו שרי מעלה:

רַבִּי לֵוִי בְּשֵׁם רַבִּי חָמָא אָמַר: "וְלֹא חָפֵץ בִּבְרָכָה", וְלֹא חָפֵץ בִּבְכוֹרָה – **R' Levi said in the name of R' Chama:** ***And he desired not blessing*** means "**and he desired not the birthright.**"[236] רַבִּי הוּנָא אָמַר: זֶה דַּם הַקָּרְבָּנוֹת שֶׁהוּא קָרוּי בְּרָכָה – **R' Huna said:** The "blessing" that Esau disavowed refers to the blessing associated with the **blood of the sacrifices, which is called** a **"blessing,"**[237] הֵיךְ מָה דְאַתְּ אָמַר "מִזְבַּח אֲדָמָה תַּעֲשֶׂה לִּי וְגוֹ'" – **as it is stated:** ***An Altar of earth shall you make for Me***. . . *I shall come to you and bless you* (*Exodus* 20:21).[238]

וְיַעֲקֹב נָתַן לְעֵשָׂו לֶחֶם וּנְזִיד עֲדָשִׁים וַיֹּאכַל וַיֵּשְׁתְּ וַיָּקָם וַיֵּלַךְ וַיִּבֶז עֵשָׂו אֶת הַבְּכֹרָה.

Jacob gave Esau bread and lentil stew, and he ate and drank, got up and left; and Esau belittled the birthright (25:34).

§14 **וְיַעֲקֹב נָתַן לְעֵשָׂו לֶחֶם וּנְזִיד עֲדָשִׁים** – ***JACOB GAVE ESAU BREAD AND LENTIL STEW.***

As noted in the Midrash above (section 11), Jacob prepared lentil stew as a food of mourning for Isaac, whose father Abraham had died that day. The Midrash will now give several reasons for the selection of this particular dish:

מָה עֲדָשָׁה זוֹ עֲשׂוּיָה כְּגַלְגַּל כָּךְ הָעוֹלָם עָשׂוּי כְּגַלְגַּל – **Just as a lentil is round,**[239] **so too, the world is round;**[240] מָה עֲדָשָׁה זוֹ אֵין לָהּ פֶּה כָּךְ אָבֵל אָסוּר לוֹ לְדַבֵּר – in addition, **just as a lentil has no "mouth,"**[241] **similarly a mourner is forbidden to speak.**[242] מָה עֲדָשָׁה זוֹ יֵשׁ בָּהּ אֵבֶל וְיֵשׁ בָּהּ שִׂמְחָה – Moreover, the use of lentils is particularly apt in the context of our passage, for **just as a lentil has** an element of **mourning**[243] **and** an element of **joy,**[244] כָּךְ אֵבֶל, שֶׁמֵּת אָבִינוּ אַבְרָהָם, שִׂמְחָה, שֶׁנָּטַל יַעֲקֹב אֶת הַבְּכוֹרָה – **so too the mourning that accompanied our father Abraham** had an element of **joy because** through it,[245] **Jacob took the birthright** from Esau.[246]

□ **וַיֹּאכַל וַיֵּשְׁתְּ וְגוֹ'** – ***AND HE ATE AND DRANK, ETC.***

The Midrash discusses Esau's meal and the related sale of the birthright:

הִכְנִיס עִמּוֹ כַּת שֶׁל פְּרִיצִים – Esau **brought with him a group of licentious people** to join him in his feasting. אָמְרִין: נֵיכוֹל דִּידֵיהּ וְנֵיחוּךְ עָלָיו – **They said: Let us eat of [Jacob's]** food, **and let us laugh at him.**[247] וְרוּחַ הַקּוֹדֶשׁ אוֹמֶרֶת "עָרֹךְ הַשֻּׁלְחָן", סַדַּר פָּתוֹרָא – In regard to this, **the Holy Spirit says** (*Isaiah* 21:5):[248] עָרֹךְ הַשֻּׁלְחָן, which means *set up the table;*[249] "צָפֹה הַצָּפִית", סַדַּר מְנַרְתָּא – צָפֹה הַצָּפִית, which means ***set up the candelabrum,*** and, the verse continues, *eat and drink.*[250]

NOTES

236. By rearranging the letters of בְּרָכָה to בְּכֹרָה, R' Levi infers from the verse that Esau wanted neither בְּרָכָה (blessing) nor בְּכֹרָה (the birthright). Alternatively, the very fact that he *desired not blessing* proves that he has no desire for the birthright either, because a [true] firstborn would be inherently predisposed to [receiving] blessings (*Matnos Kehunah*, *Eitz Yosef*).

237. By selling the birthright, Esau willingly forfeited the blessings that are associated with the performance of the sacrificial service.

R' Huna's exposition, then, serves to suggest yet again that Jacob's pursuit of the birthright was associated with its accompanying performance of the sacrificial service and with Esau's disavowal thereof (see *Maharzu*).

238. Thus, sacrifices brought on the Altar generate blessing from God (*Matnos Kehunah*, *Eitz Yosef*).

239. Lit., *made like a wheel.*

240. This means that the various types of unfortunate events that occur in the world, such as mourning, go around like a wheel, one day striking one person, the next day striking another (*Rashi*, *Matnos Kehunah*).

241. I.e., it has no openings, for it is not fissured like other legumes.

242. See *Shulchan Aruch, Yorah Deah* 385.

243. For it is eaten in a house of mourning (*Rashi* from *Tanchuma* [Buber], *Toldos* §3; *Eitz Yosef*). Alternatively, the Midrash means that its roundness and its having no openings comprise signs of mourning, as explained above (*Matnos Kehunah*).

244. For it was traditionally eaten at happy occasions (*Rashi* from *Tanchuma* [Buber], *Toldos* §3, cited also by *Eitz Yosef*). [The reason for this is perhaps in order to limit a person's joy by reminding him that he shall one day die (*Eitz Yosef*).] Alternatively: The Midrash describes it as having an element of joy because it is a filling food (*Matnos Kehunah*).

245. That is, through the lentils that were served there.

246. God orchestrated events so that Jacob would have lentil stew ready and waiting when Esau arrived, which he (Jacob) would be able to use to purchase the birthright (*Eitz Yosef*, from *Nezer HaKodesh*).

247. Let us ridicule him for wasting his money (i.e., his bread and his lentil stew) on a worthless birthright (*Matnos Kehunah*, *Eitz Yosef*).

248. The Midrash expounds this verse as connected to Esau's actions upon selling the birthright. See also *Yalkut Shimoni* ad loc. (*Yefeh To'ar* offers a suggestion as to how the Midrash is able to do this, in light of the fact that the context of the verse appears to be completely unrelated to our passage.)

249. I.e., with [fine] linens, in preparation for a [special] meal (*Eitz Yosef*, Vagshal edition).

250. That is, after selling his birthright Esau calmly sat down to a merry meal. This made it clear that he had not been forced into the sale on account of his hunger (in which case he could legally claim afterward that he is not obligated to pay such a high price; see *Bava Kamma* 116a), but rather, sold it readily and without reservations (*Yefeh To'ar*; see also *Eitz Yosef*). [This does not mean that Esau was not very hungry; he was. But he considered the birthright worthless and was all too happy to exchange it for a good meal (see *Yefeh To'ar* below, s.v. ההי"ד).]

דָּבָר אַחֵר "הִנֵּה אָנֹכִי הוֹלֵךְ לָמוּת", שֶׁהָיָה נִמְרוֹד מְבַקֵּשׁ לְהָמִית אוֹתוֹ בִּשְׁבִיל אוֹתוֹ הַבֶּגֶד שֶׁהָיָה לְאָדָם הָרִאשׁוֹן. שֶׁבְּשָׁעָה שֶׁהָיָה עֵשָׂו לוֹבְשׁוֹ וְיוֹצֵא לַשָּׂדֶה הָיוּ בָּאִים כָּל חַיָּה וָעוֹף שֶׁבָּעוֹלָם וּמִתְקַבְּצִין אֶצְלוֹ. [כה, לג] "וַיֹּאמֶר הִשָּׁבְעָה לִי", מָה רָאָה אָבִינוּ יַעֲקֹב שֶׁנָּתַן נַפְשׁוֹ עַל הַבְּכוֹרָה, [ל]דִּתְנֵינַן עַד שֶׁלֹּא הוּקַם הַמִּשְׁכָּן הָיוּ הַבָּמוֹת מוּתָּרוֹת וַעֲבוֹדָה בַּבְּכוֹרוֹת, מִשֶּׁהוּקַם הַמִּשְׁכָּן נֶאֶסְרוּ הַבָּמוֹת וַעֲבוֹדָה בַּכֹּהֲנִים. אָמַר: יִהְיֶה רָשָׁע זֶה עוֹמֵד וּמַקְרִיב, לְפִיכָךְ נָתַן נַפְשׁוֹ עַל הַבְּכוֹרָה. הָדָא הוּא דִכְתִיב, (יחזקאל לה, ו) "כִּי לְדָם אֶעֶשְׂךָ וְדָם יִרְדֳּפֶךָ אִם לֹא דָם שָׂנֵאתָ וְדָם יִרְדֳּפֶךָ". וְעֵשָׂו הוּא שׂוֹנֵא אֶת הַדָּם, רַבִּי שְׁמוּאֵל בַּר נַחְמָן אָמַר: זֶה דַּם בְּכוֹרָה וְקָרְבָּנוֹת, רַבִּי לֵוִי אָמַר: זֶה דַּם שֶׁל מִילָה. רַבָּנָן אָמְרִי: שָׂנֵאתָ דָּמוֹ שֶׁל אָדָם בְּגוּפוֹ הָדָא הוּא דִכְתִיב (תהלים קט, יז) "וַיֶּאֱהַב קְלָלָה וַתְּבוֹאֵהוּ". רַבִּי לֵוִי בְּשֵׁם רַבִּי חָמָא אָמַר (שם) "וְלֹא חָפֵץ בִּבְרָכָה", וְלֹא חָפֵץ בְּכוֹרָה. רַבִּי הוּנָא אָמַר: זֶה דַּם הַקָּרְבָּנוֹת שֶׁהוּא קָרוּי בְּרָכָה, הֵיךְ מָה דְאַתְּ אָמַר (שמות כ, כא) "מִזְבַּח אֲדָמָה תַּעֲשֶׂה לִי וְגוֹ'":

יד [כה, לד] "וְיַעֲקֹב נָתַן לְעֵשָׂו לֶחֶם וּנְזִיד עֲדָשִׁים", [לא]מָה עֲדָשָׁה זוֹ עֲשׂוּיָה כְּגַלְגַּל כָּךְ הָעוֹלָם עָשׂוּי כְּגַלְגַּל, מָה עֲדָשָׁה זוֹ אֵין לָהּ פֶּה כָּךְ אָבֵל אָסוּר לוֹ לְדַבֵּר, מָה עֲדָשָׁה זוֹ יֵשׁ בָּהּ אֵבֶל וְיֵשׁ בָּהּ שִׂמְחָה כָּךְ אֵבֶל, שֶׁמֵּת אָבִינוּ אַבְרָהָם, שִׂמְחָה, שֶׁנָּטַל יַעֲקֹב אֶת הַבְּכוֹרָה. "וַיֹּאכַל וַיֵּשְׁתְּ וְגוֹ'", [לב]הִכְנִיס עִמּוֹ כַּת שֶׁל פָּרִיצִים אָמְרִין נֵיכוֹל דִּידֵיהּ וְנֵיחוּךְ עֲלָיו, וְרוּחַ הַקֹּדֶשׁ אוֹמֶרֶת (ישעיה כא, ה) [לג]"עָרֹךְ הַשֻּׁלְחָן", סַדַּר פָּתוֹרָא. (שם) "צָפֹה הַצָּפִית", סַדַּר מְנַרְתָּא,

רש"י

(יד) **מה עדשה זו עשויה כגלגל כך כל העולם עשוי כגלגל**. שאבילות מתגלגלת על כל באי עולם במועד קטן: **מה עדשה זו יש בה אבל ויש בה שמחה**. שאוכלין אותה במשתה ושמחה ואוכלין אותה באבילות כך מפורש בתנחומא אף אותה היינו שאכל אבל ושמחה:

עץ יוסף

ע"ד והיה כי ירעב והתקצף וקלל במלכו ובאלהיו: **ומתקבצין כו'**. שהיו מצויירים על אותו הבגד כל דמות חיה ועוף שבעולם. וכאו"א בא לשכון אצל חבירו (מת"כ): **מה ראה כו'**. הא ידע שע"י זה יטור לו עשו שנאה. ובודאי לא יתכן דמשום ירושת פי שנים ימסור נפשו: **נאסרו הבמות ועבודה בכהנים**. והטעם מפני שהבכורים טעו בעגל ובני לוי עמדו באמונתן וכדלקמן במד"ר פ"ד. וממילא גם עשו שהיה רשע נפסל מן העבודה. לפיכך השתדל יעקב לקנות ממנו הבכורה כדי שיסלק אותו מעבודת המקדש. (מפרשים): **הדא הוא דכתיב כי לדם אעשך כו'**. כלו' זו ראיה שטעם הבכורה מפני הקרבנות ממ"ש לו דם שנאת דהיינו הקרבנות במה שבזה את הבכורה מפני הקרבנות וכן מה שהביא ולא חפץ בברכה סייעתא לה כפי פי' רב הונא שאמר זה דם הקרבנות: **ועשו הוא שונא את הדם**. בתמיה הרי כמה צדיקים וחסידים הרג כדאי' לקמן במדב"ר פ"ד: **דם בכורה בקרבנות**. כלו' שהיה מבזה את הבכורה שתלוי בה עבודת הקודש של הקרבנות: **דם מילה**. שמשך לו ערלתו וכל זרעו אינם נמולים ועי' ברות רבה פ"א סי' ג' מ"ש שם: **ולא חפץ בבורה**. דרש ולא חפץ בכורה בהיפך אותיות. או כפשוטו שהבכור לעולם מיומן ומזומן לברכה: **מזבח אדמה**. סיפא דקרא אבוא אליך וברכתיך: (יד) [יט] **מה עדשה כו'**. לפי שהנזיד היה הבראה על מיתת אברהם קאמר דטעמא דעדשים בהבראת האבל משום דמה עדשה עשויה כגלגל כך העולם והכוונה דגלגל הוא שחוזר בעולם וכמ"ש בפ"ק דב"ב: **ויש בה שמחה**. פרש"י בשם התנחומא שהיה דרכם לאוכלו גם במשתה ושמחה כמו באבלות. אפשר הטעם בזה כדי לזכור ביום המיתה: **שנטל יעקב את הבכורה**. שמאת ה' היתה זאת להזמין תבשיל זה לידו עבור שיקח הבכורה. דאי משום הבראה גרידא הוה סגי אף בביעי (כזה"ק): **ניבול כו'**. נאכל של יעקב ונשחק בו ונקנטר אותו שהוציא ממונו בלא הועיל כי מה בלע בבכורה וכמ"ש ויבז עשו את הבכורה: **ערוך השלחן**. ר"ל במה שישב אח"כ לאכול ולשתות בנחת בערוך השולחן וסדר המנורה בזה גמר והקנה כי אין בזה אונס וזה שאמר בר קפרא ולפי שהיו כמשחקים כו'. והא"א כתב שנ"ל לגרוס ואעפ"י שהיו משחקים:

פירוש מהרז"ו

הבגד שהיה לאדה"ר. בפר"א פרק כ"ד איתא שהרג לנמרוד ולקח ממנו הבגדים והכתונת של אדה"ר וכ"ה לקמן פס"ה ריש סי' ט"ז ועי' ספר הישר ומדרשים חלוקים הם: **תנינן**. ע' במ"ר פר' ד' סי' ח' וש"נ: **דם בכורה וקרבנות**. שהבכור היה מקריב קרבנות ושופך דם בהמות ועי' שמ"ר ר"פ כ"ז. ביטל קרבנות: **דם של מילה**. שביטל מבניו פר"א פכ"ט שהרי הוא נימול לשמונה: **ויאהב קללה**. וס"ד ולא חפץ בברכה וכמ"ש לפני זה. יזכר עון אבותיו ודרשו בפסיקתא פי"ב סי' ד' על שחטא לאבותיו וכ"ה בתנחומא תצא סי' ד' וע"ז אמר ויאהב קללה כו' וזה שייך לדרשת רשב"ן הנ"ל: (יד) **מה עדשה**. ב"ב ט"ז ב' ועי' פר"א פל"ה: **ויש בה שמחה**. ע' פר"א פל"ה ול"ע. ועמ"כ בשם רש"י ועי' ספ"א דבילה של בית ר"ג שהיו מביאים דלי מלא עדשים בי"ט: **אמרין ניבל דידיה כו'**. נרמז במ"ש בעובדיה עד הגבול שלחוך כל אנשי בריתך (כמש"ל מעולמו יצא וזהו עד הגבול) השיאוך יכלו לך וגו' לחמך ישימו מזור. ופסוק זה סמוך לפסוק אם גנבים כמ"ש לעיל סימן י"ב: **ערוך השולחן**. עי' גירסת הילקוט ישעיה כ"א ודורש גז"ש ויאכל וישת ושם כתיב צפה הצפית אכול שתה:

מתנות כהונה

#**מבקש להמית** גרסינן: **הכי גרסינן באים כל חיה ועוף**]:

אשד הנחלים

[יג] **היו באים כל עוף**. אולי היה נעשה הבגד בחכמה שהיה מצוייר בו כל דמות צבע דוגמת צבעם של כל העופות וע"פ הגוונים הללו נדבקו בטבע כל מין הדומה לו. ואולי זה מחכמת תעלומות הטבע הנעלמות מאתנו: **שנתן נפשו**. שכ"כ השתדל בזה עד שביקש וחפץ להשביעו כדי שיוודע לו בברור גמור ששלו הוא. ומפרש מפני שעיקר עבודת בהמ"ק היה בבכורים: **קרוי ברכה**. כי ע"י הקרבנות יתוסף ברכה עליונה וההשפעה הטוב' בעולם: [יד] **עשוי כגלגל**. שאיננה עומדת על מתכונת אחת כ"א בתנועה הנה והנה כי אין להם תכונה קיימת. וחפץ היה יעקב לרמוז על תשוקת העוה"ז כי הבל הנה ואין לרדוף אחריה. והיותר נכון שמצד שיעקב התאבל על אברהם אכל עדשים כמו שאמר שרמז בעדשים שאין לה פה וכן העולם הזה עשוי כגלגל ע"ד דור הולך ודור בא: **של פריצים כו' ורוח הקודש כו'**. כלומר הנביאים בעלי רוה"ק אומרים בנבואתם ע"ד לעג שהרשעים בעוד שיושבים שמחים ולועגים על דבר אמת אז מהר יבוא מפלתם כמ"ש קומו שרים משחו מגן. וכאומר שכל עיקר לעגם בא מרבוי המנוחה ורבוי אכילה ושתי'. ודרש המקרא ע"ד מליצה שמוסב על יעקב. וקרא למיכאל וגבריאל שהם שני שרי מעלה מיכאל רחמים וגבריאל גבורה והן שורש הדין והרחמים. שניהם הסכימו למשוח הגדולה ליעקב שיהי' הבכורה בידו להגין עליו. וענין שהקב"ה הסכים עמהם כלומר יתקיים כמו שחשבו שרי מעלה:

חידושי הרד"ל

(טז) [יד] **ויש בה שמחה**. עמ"כ בשם רש"י. ובפר"א פל"ד אית' שהוא מאכל צרה. ואפשר מפני שאמרו בברכות (מ"ו) שהרגיל בו א' לשלשים יום מונע אסכרה מביתו לכן קוראו מאכל שמחה ג"כ. וקצת משמע ממ"ש בפסחים (ג:) דהול"ל עדשים נעשים יפות. שאינן מיוחד למאכל צרה דווקא:

(יז) **השרים זה**

חידושי הרש"ש

[יג] **דם בכורה וקרבנות**. ילקוט יחזקאל הגי' בקרבנות ור"ל שמנא את הבכורה אשר ע"י זורקים דם בקרבנות:

מסורת המדרש

ל זבחים דף קי"ב. בכורות דף ד'. במדבר רבה פרשה ד'. אגדת בראשית פ' מ"ב:

לא בבא בתרא דף ט"ז:

לב ילקוט ישעיה רמז רפ"ח:

לג שיר השירים רבה פרשה ג':

אם למקרא

לָכֵן חַי־אָנִי נְאֻם אֲדֹנָי אֱלֹהִים כִּי־לְדָם אֶעֶשְׂךָ וְדָם יִרְדֲּפֶךָ אִם־לֹא דָם שָׂנֵאתָ וְדָם יִרְדֲּפֶךָ: (יחזקאל לה:ו)

וַיֶּאֱהַב קְלָלָה וַתְּבוֹאֵהוּ וְלֹא־חָפֵץ בִּבְרָכָה וַתִּרְחַק מִמֶּנּוּ: (תהלים קט:יז)

מִזְבַּח אֲדָמָה תַּעֲשֶׂה־לִּי וְזָבַחְתָּ עָלָיו אֶת־עֹלֹתֶיךָ וְאֶת־שְׁלָמֶיךָ אֶת־צֹאנְךָ וְאֶת־בְּקָרֶךָ בְּכָל־הַמָּקוֹם אֲשֶׁר אַזְכִּיר אֶת־שְׁמִי אָבוֹא אֵלֶיךָ וּבֵרַכְתִּיךָ: (שמות כ:כא)

עָרֹךְ הַשֻּׁלְחָן צָפֹה הַצָּפִית אָכוֹל שָׁתֹה קוּמוּ הַשָּׂרִים מִשְׁחוּ מָגֵן: (ישעיה כא:ה)

ענף יוסף

(יח) [יג] **[מה ראה אבינו יעקב שמסר נפשו על הבכורה כו']** הכוונה דבספר מעשה ה' כתב טעם למה מכר עשו הבכורה ליעקב משום שנאמר לרבקה בנבואה ורב יעבוד צעיר לפיכך מכר לו הבכורה וישתעבד הוא ביעקב. וזהו שמקשה המדרש מה ראה אבינו יעקב שנתן נפשו על הבכורה שלכאורה אין זו קושיא הא לא קנה אותה בהרבה כסף וזהב רק בלחם ונזיד עדשים. אך לפי הנ"ל מקשה שפיר מה ראה שמסר עצמו על הבכורה שיצטרך לעבוד לעשו. ומשני תמן תנינן כו' כדי שלא יהא עשו עומד ומקריב. ולכן מסר נפשו על הבכורה (גבולות בנימין):

אָמַר רַבִּי אַבָּא בַּר כָּהֲנָא אִית אַתְרָא דְּקָרֵין לִמְנַרְתָּא צְפִיתָא — **R' Abba bar Kahana said: There is a place where a candelabrum is called צְפִיתָא.**[251] "קוּמוּ הַשָּׂרִים" זֶה מִיכָאֵל וְגַבְרִיאֵל — Therefore,[252] the verse continues, ***Arise, O officers*** — **this refers to** the angels **Michael and Gabriel;**[253] "מִשְׁחוּ מָגֵן", כִּתְבוּ שֶׁהַבְּכוֹרָה לְיַעֲקֹב — ***anoint the shield*** — this means that **you should write down that the birthright** belongs **to Jacob.**[254]

תָּנֵי בַּר קַפָּרָא: וּלְפִי שֶׁהָיוּ כִּמְשַׂחֲקִים הַסְּכִּים הַקָּדוֹשׁ בָּרוּךְ הוּא וְשָׂחַק עִמָּהֶם וְקִיֵּים הַבְּכוֹרָה לְיַעֲקֹב — **Bar Kappara taught** a related Baraisa: It was **because [Esau and his invited friends] appeared to be making fun**[255] that **the Holy One, blessed is He, agreed** to the sale of the birthright **and laughed at them**[256] **and established** that **the birthright** belongs **to Jacob.**[257] מִנַּיִן דִּכְתִיב "כֹּה אָמַר ה' בְּנִי בְכֹרִי יִשְׂרָאֵל" — **From where** do we know that God agreed to the sale of the birthright? **Because it is written: *So said HASHEM, My firstborn son is Israel*** (*Exodus* 4:22).[258]

□ **וַיָּקָם וַיֵּלַךְ** — ***GOT UP AND LEFT.***

רַבִּי לֵוִי אָמַר: מֵעוֹלָמוֹ יָצָא — **R' Levi said:** This means that **he left from his world.**[259]

□ **וַיִּבֶז עֵשָׂו אֶת הַבְּכֹרָה** — ***AND ESAU BELITTLED THE BIRTHRIGHT.***

The word אֶת comes to include something in addition to what is written explicitly.[260] The Midrash accordingly asks:

וּמָה בִּזָּה עִמָּהּ — **What** else **did [Esau] belittle along with [the birthright]?** אָמַר רַבִּי לֵוִי: תְּחִיַּית הַמֵּתִים בִּזָּה עִמָּהּ — **R' Levi said: The Revivification of the Dead** is what **he belittled along with it.**[261] הָדָא הוּא דִכְתִיב "בְּבוֹא רָשָׁע בָּא גַם בּוּז" — **Thus it is written: *With the arrival of an evildoer, scorn arrives*** (*Proverbs* 18:3). "בְּבוֹא רָשָׁע" זֶה עֵשָׂו, שֶׁנֶּאֱמַר "וְקָרְאוּ לָהֶם גְּבוּל רִשְׁעָה" — ***With the arrival of an evildoer*** — **this** alludes to **Esau,**[262] **as it states: *They***[263] ***will be called "the boundary of wickedness"*** (*Malachi* 1:4);[264] "בָּא גַם בּוּז", שֶׁבָּא בִזְיוֹנוֹ עִמּוֹ — ***scorn arrives*** — this alludes to the fact **that [Esau's] derision**[265] **accompanied him.** "וְעִם קָלוֹן חֶרְפָּה", שֶׁנִּתְלַוָּה לוֹ קְלוֹנוֹ[266] שֶׁל רָעָב — Furthermore, the verse in *Proverbs* concludes: ***and with [the kind of] shame [known as]*** חֶרְפָּה[267] — this teaches **that the shame of hunger accompanied [Esau],**[268] וְאֵין חֶרְפָּה אֶלָּא רָעָב הֵיךְ מָה דְּאַתְּ אָמַר "אֲשֶׁר לֹא תִקְחוּ עוֹד חֶרְפַּת רָעָב בַּגּוֹיִם" — for the word חרפה **refers only to hunger, as it is stated:** *I will increase the fruit of the tree and the produce of the field,* ***so that you will no longer be subject to the shame of hunger*** [חֶרְפַּת רָעָב] ***among the nations*** (*Ezekiel* 36:30).

NOTES

251. The root צפה means *see*. A candelabrum is called צפיתא because it gives light, enabling people to see.

252. Since Esau sold the birthright willingly.

253. These angels, unlike others, serve on a permanent basis, as noted in the Midrash below (78 §1). Michael is the angel of mercy; Gabriel is the angel of strict justice (*Eitz Yosef*).

254. Just as anointing a shield increases its utility, so too, the writing down that the birthright now belongs to Jacob solidifies its sale and strengthens Jacob's position (see *Maharzu*).

The Midrash takes the word מָגֵן, *shield*, as an allusion to Jacob. This can be understood based on the Midrash above (44 §5), which interprets God's promise to Abram, *I am your "shield"* (above, 15:1), to mean that Abram's righteous descendants (obviously including Jacob) would serve as *shields* to protect their contemporaries (ibid.).

See also *Yefeh To'ar*, who writes that the word מָגֵן alludes to the birthright because it connotes rulership.

255. At the merry meal described above in note 250, they were making fun of Jacob and of the birthright (see note 247). See *Eitz Yosef* above, s.v. ניכול and ורוח הקדש; see also *Rashi*.

That the Baraisa describes them only as "appearing" to be making fun is due to the fact that these people actually denied the existence of God altogether [and were making fun of God as well], and such people [perhaps for fear that others might harm them] tend not to express their mockery outright (*Eitz Yosef*, from *Yefeh To'ar*).

256. God, as it were, responded to their irreverent laughter (see preceding note) by saying to them, in effect, "I can laugh, too — at you! This sale *will* be valid" (see next note).

257. It was because Esau indicated (by making fun of it) that he didn't consider the birthright valuable that God endorsed the sale; else He would not have done so [see note 250] (ibid.).

258. In this verse God states that Israel (Jacob) is the *firstborn* — not Esau.

259. I.e., from the World to Come. The verse notes that Esau *got up and left*, but it does not inform us where he went, as would be expected if the verse were simply referring to Esau's physical act of leaving. Rather, R' Levi says, our verse alludes to the fact that after he sold his birthright, Esau embarked on a path of completely wicked behavior and *left* (i.e., forfeited) his share in the World to Come (*Eitz Yosef*, from *Yefeh To'ar*). See above, section 11.

260. *Matnos Kehunah*, *Eitz Yosef*. See *Pesachim* 22b. (Indeed, the word אֶת often means "with.")

261. This is evident from Esau's statement, *Look, I am going to die, so of what use to me is a birthright?* (25:32). For even if it were true that Esau was going to die imminently (from hunger), he should still have wanted to hold onto his birthright so that he would have it during the era of the Revivification (see *Eitz Yosef*). Indeed, the Midrash above, section 11, states that he denied the Revivification altogether.

262. Who immediately upon his *arrival* from the field proceeded to belittle the idea of Revivification of the Dead (*Eitz Yosef*, from *Nezer HaKodesh*).

263. Esau's descendants, the Edomites. (The opening verses of *Malachi* state explicitly that they are addressed to Esau and the Edomites.)

264. The fact that Esau's descendants are described as *the boundary of wickedness* [רִשְׁעָה] proves that the *evildoer* [רָשָׁע] mentioned previously alludes to Esau.

265. That is, his derision for the idea of Revivification and for the birthright.

That the "scorn" (בּוּז) mentioned in this verse refers to Esau's sale of the birthright is indicated by the fact that our verse uses a similar term (וַיִּבֶז) in describing this sale (*Eitz Yosef*, Vagshal edition).

266. [The Midrash's use of the word קְלוֹנוֹ is puzzling; the word חֶרְפָּתוֹ would seem to be more apt; see further (*Yefeh To'ar*).]

267. Translation of verse follows *Nezer HaKodesh*, cited by *Eitz Yosef*. See, however, *Eshed HaNechalim*.

268. And this hunger led Esau to sell his birthright in order to get food (ibid.). As explained above (note 250), however, Esau's sale of the birthright was not "forced" upon him because of his hunger. The hunger was just his "excuse" to sell it in exchange for something he regarded as more valuable, namely, a good meal (*Yefeh To'ar*; see note 263).

אָמַר רַבִּי אַבָּא בַּר כָּהֲנָא: אִית אַתְרָא דְּקָרְיָן לִמְנַרְתָּא צָפִיתָא. (שם) "קוּמוּ הַשָּׂרִים" זֶה מִיכָאֵל וְגַבְרִיאֵל, (שם) "מִשְׁחוּ מָגֵן", כִּתְבוּ שֶׁהַבְּכוֹרָה לְיַעֲקֹב. תָּנֵי בַּר קַפָּרָא: וּלְפִי שֶׁהָיוּ כִּמְשַׂחֲקִים הִסְכִּים הַקָּדוֹשׁ בָּרוּךְ הוּא וְשָׂחַק עִמָּהֶם וְקִיֵּים הַבְּכוֹרָה לְיַעֲקֹב. מִנַּיִן דִּכְתִיב (שמות ד, כב) "כֹּה אָמַר ה' בְּנִי בְכֹרִי יִשְׂרָאֵל". "וַיָּקָם וַיֵּלַךְ", רַבִּי לֵוִי אָמַר מֵעוֹלָמוֹ יָצָא. "וַיִּבֶז עֵשָׂו אֶת הַבְּכֹרָה" וּמַה בִּזָּה עִמָּהּ, אָמַר רַבִּי לֵוִי תְּחִיַּת הַמֵּתִים בִּזָּה עִמָּהּ, הָדָא הוּא דִכְתִיב (משלי יח, ג) "בְּבוֹא רָשָׁע בָּא גַם בּוּז", "בְּבוֹא רָשָׁע", זֶה עֵשָׂו, שֶׁנֶּאֱמַר (מלאכי א, ד) "וְקָרְאוּ לָהֶם גְּבוּל רִשְׁעָה". "בָּא גַם בּוּז", שֶׁבָּא בִּזְיוֹנוֹ עִמּוֹ. (שם) "וְעִם קָלוֹן חֶרְפָּה", שֶׁנִּתְלָה לוֹ קְלוֹנוֹ שֶׁל רָעָב, וְאֵין חֶרְפָּה אֶלָּא רָעָב הֵיךְ מָה דְאַתְּ אָמַר (יחזקאל לו, ל) "אֲשֶׁר לֹא תִקְחוּ עוֹד חֶרְפַּת רָעָב בַּגּוֹיִם":

עץ יוסף

מיכאל וגבריאל. שכל המלאכים מתחלפין והם קיימין כדלקמן פ' ע"ח. מיכאל רחמים גבריאל דין גבורה ושניהם הסכימו שיהיה הבכורה בידו להגין עליו: **ולפי שהיו במשחקים כו'.** לולא שהיו כמשחקים לא היה הקב"ה מסכים כדלעיל. ומ"ש כמשחקים לפי שהיו כופרים בעיקר. ודרך הכופרים שלא לפרש דבריהם ומטיקים דבריהם כמתלהלה היורה זיקים (יפ"ת): [כ] **מעולמו יצא.** כלומר שילא לתרבות רעה לגמרי ואבד את עולמו. או לפי שקיום כל הנבראים בהיותם מצויירים בציור האלהי הנכבד ואבודם בהיותם נסתרים ממנו. לכן הרשע נא' עליו שילא מעולמו (יפ"ת): **ומה ביזה עמה דכתיב את.** ואתין וגמין רבויין הם: **תחיית המתים בזה עמה.** דביזה הבכורה מפני שהולך למות אמר כי אין לחוש עליה בזמן התחיה כי גם זה אינו נחשב בעיניו: **בא גם בוז בזיונו עמו.** ר"ל מיד בבואו מן השדה בא לבזות תה"מ והיינו כדדרשי' לעיל שאמר ליעקב מה טיבו של נזיד זה כו' א"כ לא מתן שכר ולא תה"מ הרי מיד בא לבזות תה"מ ומזה בא אח"כ לידי מכירת הבכורה והאי מסיק עם קלון חרפה שנתלוה לו קלון הנקרא חרפה והיינו רעב כמד"א וחרפת רעב ולכן בקש מיעקב לחם ונזיד עדשים ובא לידי מכירת הבכורה (נזה"ק):

פירוש מהרז"ו

השרים זה מיכאל. כמ"ש והנה מיכאל אחד השרים. ושני לו גבריאל שגם הוא נזכר בדניאל ולא אחר: **משחו מגן.** פירוש שימשחו ויחזקו מ"ש אנכי מגן לך כמש"ל פמ"ד ממך אני מעמיד מגינים ולדיקים. וע"כ ראוי לו הבכורה ליעקב. וענין המשיחה דוגמת הכ"ג שנמשח להקריב קרבנות וכן הבכור שמקריב קרבנות כמש"ל: **מעולמו יצא.** כמש"ל סי' י"א בכו בכה להולך וכמ"ש ר"ל בויק"ר פל"ב סי' ג' ע"ש: **קלונו של רעב.** כמ"ש והוא עיף כו' הלעיטני שאחזתו בולמס ורעב וגרס שנתקלל גם העולם ברעב ודורש סמוכין ויבז את הבכורה ויהי רעב (יפ"ת):

חידושי הרד"ל

מיכאל וגבריאל. שרים של המלאכים וכדדרש עליה שלהי שה"ר מלכי לבאות מלכהון דמלאכיא: **(יח) במשחקים.** מניין שהסכים הקדוש ברוך הוא כו' ליעקב דכתיב כה אמר כו' כן הוא בילקוט וכצ"ל: **(יט) מעולמו יצא.** עי' פי' המ"כ. וכן מתפרש מלתיה דרבי לוי גופיה בויק"ר פל"ב ע"ש:

מסורת המדרש

לד פסיקתא רבתי פסקא י"ב:

אם למקרא

וְאָמַרְתָּ אֶל־פַּרְעֹה כֹּה אָמַר ה' בְּנִי בְכֹרִי יִשְׂרָאֵל: (שמות ד:כב)

בְּבוֹא־רָשָׁע בָּא גַם־בּוּז וְעִם־קָלוֹן חֶרְפָּה: (משלי יח:ג)

כִּי־תֹאמַר אֱדוֹם רֻשַּׁשְׁנוּ וְנָשׁוּב וְנִבְנֶה חֳרָבוֹת כֹּה אָמַר ה' צְבָאוֹת הֵמָּה יִבְנוּ וַאֲנִי אֶהֱרוֹס וְקָרְאוּ לָהֶם גְּבוּל רִשְׁעָה וְהָעָם אֲשֶׁר־זָעַם ה' עַד־עוֹלָם: (מלאכי א:ד)

וְהִרְבֵּיתִי אֶת־פְּרִי הָעֵץ וּתְנוּבַת הַשָּׂדֶה לְמַעַן אֲשֶׁר לֹא תִקְחוּ עוֹד חֶרְפַּת רָעָב בַּגּוֹיִם: (יחזקאל לו:ל)

רש"י

לפי שהיו במשחקין. שהיו סבורים לעשות שחוק ביעקב: **השכים הקדוש ברוך הוא ושחק בהם וקיים הבכורה ביעקב.** לפי שכתוב בני בכורי ישראל:

מתנות כהונה

ומתקבצין כו'. שהיו מצויירים על אותו בגד כל דמות חיה ועוף שבעולם וכל א' וא' בא לשכון אצל חבירו: **דתנינן.** בפרק בתרא דמסכת זבחים: **ועשו הוא שונא כו'.** בתמיה: **דמו של אדם בגופו.** הוא שונא דם האדם שהוא בגוף האדם בחיים והוא ממהר לשופכו: **בברכה.** בהיפוך אותיות בכורה או כפשוטו שהבכור לעולם מיומן ומזומן לברכה: **תעשה לי וגו'** גרסינן. וסיפיה דקרא אבא אליך וברכתיך: [יד] **העולם עשוי כגלגל.** פגעי העולם מתגלגלים היום על זה ומחר על אחר וכן פירש"י ז"ל: **יש בה אבל.** סימני אבל במה שהיא עשויה כגלגל ואין לה פה: **ויש בה שמחה.** שמשביע הרעב ובפירש"י מצאתי שמחה שאוכלין אותה במשתה ושמחה ואבל שאוכלין אותה בסעודת האבל: **ניבול כו'.** נאכל את של יעקב ונשחוק בו ונקנטר אותו על הבכורה שקנה שבעיניו לא נחשבה כלום: **מעולמו יצא.** שכפר בעיקר כדלעיל או במה שכפר בתחיית המתים ואבד עולמו לעתיד וכדמפרש ואזיל: **בילקוט גרס בני בכורי ישראל ויקם וילך:** [**יצא הוא** ובזיונו עמו ויקם וילך ר' לוי כו']: **ומה בזה עמה.** דכתיב ויבז עשו את הבכורה את לרבות בא:

אשד הנחלים

שנתלוה לו. כי ההבדל בין קלון לחרפה. קלון הוא קלון הנפש ונגזר מגזירת קל. וחרפה הוא על בזיון הגוף או על רעתו וצרתו. ולזאת ביאר הכתוב ועם קלון [זהו קלון הנפש] יקדם לו החרפה שהוא חרפת רעב שעי"ז יסובב לו קלונו ואבדן הנפש

Chapter 64

וַיְהִי רָעָב בָּאָרֶץ מִלְּבַד הָרָעָב הָרִאשׁוֹן אֲשֶׁר הָיָה בִּימֵי אַבְרָהָם וַיֵּלֶךְ יִצְחָק אֶל אֲבִימֶלֶךְ מֶלֶךְ פְּלִשְׁתִּים גְּרָרָה.
There was a famine in the land, aside from the first famine that was in the days of Abraham; and Isaac went to Abimelech king of the Philistines, to Gerar (26:1).

§1 וַיְהִי רָעָב בָּאָרֶץ — *THERE WAS A FAMINE IN THE LAND.*

The Midrash interprets a passage in *Psalms* as alluding to Isaac and his experiences during this famine:

"יוֹדֵעַ ה׳ יְמֵי תְמִימִם" — The Psalmist says, ***HASHEM knows the days of the "perfect"*** (*Psalms* 37:18),[1] — זֶה יִצְחָק — **this is** an allusion to **Isaac.**[2] "וְנַחֲלָתָם לְעוֹלָם תִּהְיֶה" — The verse there continues, ***their inheritance will be forever,*** i.e., they shall always remain within *their inheritance*, the Land of Israel, "גּוּר בָּאָרֶץ הַזֹּאת" — as Scripture says here, ***Sojourn in this land*** (below, v. 3).[3] "לֹא יֵבֹשׁוּ בְּעֵת רָעָה" — ***They will not be shamed in the time of wickedness*** (*Psalms* ibid., v. 19), בְּרָעָתוֹ שֶׁל אֲבִימֶלֶךְ — meaning, **in** the time of **Abimelech's wickedness;**[4] "וּבִימֵי רְעָבוֹן יִשְׂבָּעוּ" — ***and in the days of famine they will be satisfied*** (ibid.), "וַיְהִי רָעָב בָּאָרֶץ" — alluding to our passage, ***There was a famine in the land,*** *etc.*[5]Ⓐ

§2 This section continues with the subject of famines. It begins by interpreting yet another verse from Writings as alluding to the famine in Isaac's days:

"לֹא יַרְעִיב ה׳ נֶפֶשׁ צַדִּיק" — ***HASHEM will not bring hunger upon the souls of the righteous*** (*Proverbs* 10:3) — זֶה יִצְחָק — **this is** an allusion to **Isaac,** as Scripture says, "גּוּר בָּאָרֶץ הַזֹּאת" — ***Sojourn in this land*** *and I will be with you and bless you* (v. 3).[6] "וְהַוַּת רְשָׁעִים יֶהְדֹּף" — The verse in *Proverbs* continues, ***but the destructiveness of the wicked will batter them*** — זֶה אֲבִימֶלֶךְ — **this is** an allusion to **Abimelech.**[7]

The Midrash now cites a discourse concerning the phenomenon of famine throughout the history of the world:[8]

עֲשָׂרָה רְעָבוֹן "וַיְהִי רָעָב" — ***There was a famine*** *in the land, etc.* בָּאוּ לָעוֹלָם — **There were ten famines that occurred in the** history of the **world:** אֶחָד בִּימֵי אָדָם הָרִאשׁוֹן "אֲרוּרָה הָאֲדָמָה בַּעֲבוּרֶךָ" — (i) **One in the days of Adam, the first** man, as indicated by the verse, ***Accursed is the ground because of you*** (above, 3:17).[9] אֶחָד בִּימֵי לֶמֶךְ "מִן הָאֲדָמָה אֲשֶׁר אֵרְרָהּ ה׳" — (ii) **One in the days of Lemech** the father of Noah, as indicated by the verse, *This one will bring us rest . . .* ***from the ground which HASHEM had cursed*** (above, 5:29).[10] אֶחָד בִּימֵי אַבְרָהָם "וַיְהִי רָעָב בָּאָרֶץ וַיֵּרֶד אַבְרָם מִצְרַיְמָה" — (iii) **One in the days of Abraham,** mentioned in the verse, ***There was a famine in the land, and Abram descended to Egypt*** (above, 12:10). וְאֶחָד בִּימֵי יִצְחָק "וַיְהִי רָעָב בָּאָרֶץ" — (iv) **One in the days of Isaac,** mentioned here, ***There was a famine in the land.*** וְאֶחָד בִּימֵי יַעֲקֹב "כִּי זֶה שְׁנָתַיִם הָרָעָב" — (v) **One in the days of Jacob,** mentioned in the verse, ***For this has been two of the famine years*** (below, 45:6). וְאֶחָד בִּימֵי שְׁפוֹט הַשּׁוֹפְטִים שֶׁנֶּאֱמַר "וַיְהִי בִּימֵי שְׁפֹט הַשֹּׁפְטִים וַיְהִי רָעָב בָּאָרֶץ" — (vi) **One in the days when the judges judged, as is stated** in the verse, ***And it happened in the days when the judges judged, that there was a famine in the land*** (*Ruth* 1:1). וְאֶחָד בִּימֵי דָוִד "וַיְהִי רָעָב בִּימֵי דָוִד" — (vii) **One in the days of** King **David,** mentioned in the verse, ***In the days of David there was [once] a famine for three years*** (*II Samuel* 21:1). וְאֶחָד בִּימֵי אֵלִיָּהוּ "חַי ה׳ אֱלֹהִים וְגוֹ׳" — (viii) **One in the days of Elijah,** as indicated by the verse, ***As HASHEM, God*** *of Israel,* ***lives*** *. . . there will*

NOTES

1. That is, God holds dear, and looks after, *the days of the perfect* (*Eitz Yosef,* from *Nezer HaKodesh*; see *Radak* ad loc.).

2. *Perfect* (תְּמִימִים) refers to Isaac, whom the Midrash below, section 3, describes as an עוֹלָה תְמִימָה, a perfect, unblemished, elevation-offering (*Matnos Kehunah, Eitz Yosef*).

3. God ordered Isaac to sojourn in Gerar within the land and not to travel to Egypt on account of the famine. As the Midrash below explains, it was because of Isaac's status as an עוֹלָה תְמִימָה, a perfect *olah*-offering, that he was not to go out of the land (*Eitz Yosef*; for an alternative explanation see *Yefeh To'ar*).

4. That is, when Abimelech the king of Gerar was jealous of Isaac's success (see below, vv. 14-16). Despite his jealousy, he did not harm Isaac; in fact, he warned his people (below, 26:11), *Whoever touches this man or his wife shall surely be put to death* (*Eitz Yosef,* from *Yefeh To'ar*; see *Matnos Kehunah* for a different explanation).

5. That is: Despite the general famine, Isaac was blessed with material prosperity, as Scripture relates below (vv. 12-14). See Insight Ⓐ.

6. See *Maharzu*. I.e., God was promising to provide for Isaac despite the surrounding conditions of famine.

7. For Isaac's wealth and success came at the expense of Abimelech (*Ohr HaSeichel*).

8. The entire forthcoming section, with some minor variations, is found in 25 §3 above and, in a slightly abridged form, in 40 §3 above. See also *Ruth Rabbah* 1 §4. For the most part, the commentators discussed this passage in 25 §3; the citations of the commentators in the notes that follow refer to their remarks there.

9. I.e., the ground will not produce sufficient produce (see *Yefeh To'ar*).

[*Yefeh To'ar* suggests that this discourse is repeated here so that the verse's reference to *the first famine that was in the days of Abraham* does not create the mistaken impression that the famine in the time of Abraham was the first famine in history.]

10. Implying that there had been a second curse, i.e., a second famine, in the time of Lemech.

INSIGHTS

Ⓐ **Resident or Sojourner?** The *Dubno Maggid* explains that the Midrash here means to resolve a seeming contradiction regarding the status of the Land of Israel. God had already entered into a covenant with Abraham, and promised him the Land. Indeed, the Torah implies that this promise was so absolute that it was tantamount to already having taken place. Based on this, Abraham told the children of Heth when purchasing Sarah's burial plot (23:4): גֵּר וְתוֹשָׁב אָנֹכִי עִמָּכֶם, *I am an alien and a resident among you,* as though to say, if you wish (to negotiate a sale) I am an alien, and if not, I will be a citizen and demand the land by right (*Rashi* ad loc.). Why, then, did God tell Isaac גּוּר בָּאָרֶץ הַזֹּאת, *Sojourn in this land,* implying that he was there only temporarily?

The Maggid compares this to an innkeeper who has two guests, one who is rushing to leave and the other who is staying for a while. While they must both be served, the innkeeper will quickly tend to the needs of the wayfarer who is leaving, so that he might go on his way, and then properly cater to the guest who is staying.

The answer of the Midrash, explains the Maggid, is that God certainly guarantees the gift of the Land of Israel to Isaac (and his progeny). Nevertheless, He does not hasten to settle him there, but will wait for the most appropriate time, for וְנַחֲלָתָם לְעוֹלָם תִּהְיֶה, *their heritage will be forever.* The due of the other nations is paid quickly, in a short time span, after which they are to be permanently removed from the land.

It was therefore fitting that, for the present, Isaac be told to merely *sojourn* in the Land. As a visitor, rather than a resident, he would be spared the decree of famine.

פרשה סד

א [כו, א] **"וַיְהִי רָעָב בָּאָרֶץ"**.(תהלים לז, יח) א**"יוֹדֵעַ ה' יְמֵי תְמִימִם", זֶה יִצְחָק, "וְנַחֲלָתָם לְעוֹלָם תִּהְיֶה", "גּוּר בָּאָרֶץ הַזֹּאת", "לֹא יֵבֹשׁוּ בְּעֵת רָעָה", בְּרָעָתוֹ שֶׁל אֲבִימֶלֶךְ, "וּבִימֵי רְעָבוֹן יִשְׂבָּעוּ", "וַיְהִי רָעָב בָּאָרֶץ":**

ב (משלי י, ג) ב**"לֹא יַרְעִיב ה' נֶפֶשׁ צַדִּיק", זֶה יִצְחָק, "גּוּר בָּאָרֶץ הַזֹּאת", "וְהַוַּת רְשָׁעִים יֶהְדֹּף", זֶה אֲבִימֶלֶךְ. "וַיְהִי רָעָב". עֲשָׂרָה רְעָבוֹן בָּאוּ לָעוֹלָם. אֶחָד בִּימֵי אָדָם הָרִאשׁוֹן** (בראשית ג, יז) ג**"אֲרוּרָה הָאֲדָמָה בַּעֲבוּרֶךָ", אֶחָד בִּימֵי לֶמֶךְ** (שם ה, כט) **"מִן הָאֲדָמָה אֲשֶׁר אֵרְרָהּ ה' ", אֶחָד בִּימֵי אַבְרָהָם** (שם יב, י) **"וַיְהִי רָעָב בָּאָרֶץ וַיֵּרֶד אַבְרָם מִצְרַיְמָה", וְאֶחָד בִּימֵי יִצְחָק, "וַיְהִי רָעָב בָּאָרֶץ", וְאֶחָד בִּימֵי יַעֲקֹב** (שם מה, ו) **"כִּי זֶה שְׁנָתַיִם הָרָעָב", וְאֶחָד בִּימֵי שְׁפוֹט הַשּׁוֹפְטִים שֶׁנֶּאֱמַר** (רות א, א) **"וַיְהִי בִּימֵי שְׁפֹט הַשֹּׁפְטִים וַיְהִי רָעָב בָּאָרֶץ", וְאֶחָד בִּימֵי דָוִד** (ש"ב כא, א) **"וַיְהִי רָעָב בִּימֵי דָוִד", וְאֶחָד בִּימֵי אֵלִיָּהוּ** (מלכים א יז, א) **"חַי ה' אֱלֹהִים וגו' ", וְאֶחָד בִּימֵי אֱלִישָׁע** (מלכים ב ו, כה) **"וַיְהִי רָעָב גָּדוֹל בְּשׁוֹמְרוֹן", וְאֶחָד שֶׁהוּא מִתְגַּלְגֵּל וּבָא לָעוֹלָם וְאֶחָד לֶעָתִיד שֶׁנֶּאֱמַר** (עמוס ח, יא) **"וְהִשְׁלַחְתִּי רָעָב בָּאָרֶץ לֹא רָעָב לַלֶּחֶם וְלֹא צָמָא לַמַּיִם וגו' ". רַבִּי שְׁמוּאֵל בַּר נַחְמָן אָמַר: עִיקַּר אַוְותֶּנְטְיָאה שֶׁלּוֹ הָיָה בִּימֵי דָוִד וְלֹא הָיָה רָאוּי לָבֹא אֶלָּא בִּימֵי שָׁאוּל, אֶלָּא עַל יְדֵי שֶׁהָיָה שָׁאוּל גְּרוֹפִית שֶׁל שִׁקְמָה גִּילְגְּלוֹ הַקָּדוֹשׁ בָּרוּךְ הוּא וֶהֱבִיאוֹ בִּימֵי דָוִד. שִׁילֹא חָטָא וְיוֹחָנָא מִשְׁתַּלְּמָא,**

עץ יוסף

(א) יודע ה' ימי תמימים כו'. לשון חיבוב והשגחה. ור"ל שחיבב ה' והשגיח על כל ימי התמים שגם בימי רעבון ישבעו וכדמסיק ולפי שילחק נקרא עולה תמימה לפיכך ונחלתם לעולם תהיה שנא' גור בארץ הזאת שלא הורשה לצאת לחולה לארץ לפי שהיה עולה תמימה (נזה"ק): **ברעתו של אבימלך.** שאע"פ שקנאו בו. היו נזהרים לו כמה שאמר כל הנוגע באיש הזה וגו' (יפ"ת): **(ב) עשרה רעבון באו לעולם.** כבר נתבאר מאמר זה כל הלורך לעיל פ' כ"ה סימן ג' וברות רבה ע"ש: **ואחד שהוא מתגלגל ובא לעולם בע"ל.** כנ"ל (א"א): **אוותנטיאה.** ענין גדולה (מעריך): **בימי שאול.** שבעבור חטאו בא רעב זה כדכתיב אל שאול ואל בית הדמים: **גרופית של שקמה.** נטיעה קטנה נקראת גרופה (מעריך): **שילא חטא ויוחנא משתלמא.** מעשה אירע שקלקל שילא ונתפס יוחנא כגנב בשבילו. ע"ד טוביה חטא וזיגוד מינגד והיה למשל לכל לוקה בשביל אחר:

פירוש מהרז"ו

סד (א) ונחלתם לעולם תהיה. ע"ל ר"פ כ"ח שדרש שנחלת ימיהם לעוה"ב ובר"פ ס"ב שנחלת ימיהם זכורה בתורה וב' אלו שייכים ג"כ אצל יצחק. וכאן דרש עוד על נחלתם בעוה"ז שא"ל גור בארץ הזאת היינו בארץ פלשתים שהיא ג"כ מא"י כמ"ש יהושע י"ג. זאת הארץ הנשארת כל גלילות הפלשתי וכמש"ל פ"א סי' ב' ומ"ש תמימים זה יצחק כמש"ל סי' ג' עולה תמימה וכמש"ל פר' ס' סי' י"ב לדקת תמים: **בארץ הזאת.** ואהיה עמך ואברכך:

רש"י

סד (ב) גרופית של שקמה. כלומר דורו לא היו חזקים לסבול כגרופית של שקמה שנכנעת מפני הרוח והביאו בימי דוד שנמשל לארז שהוא קשה: **שילא חטא ויוחנא משתלמא.** מושלים בני אדם משל ואומרים זה חוטא וזה לוקה שאול חטא ודוד מה טיבו:

מתנות כהונה

סד [א] זה יצחק. שעלה לעולה תמימה להקב"ה: **ברעתו של אבימלך.** שבאו עליו לסטים כדלקמן: **[עשרה רעבון כו'.** נתבאר לעיל בפרשת בראשית ולך לך]: **[ב]** [ה"ג ובא לעולם לעתיד]: **שילא.** שם אדם וכן יוחנא ומשל היה בפיהם לאמר

נחמד למראה

סד [א] ויהי רעב בארץ הדא הוא דכתיב יודע ה' ימי תמימים וגו' לא יבושו בעת רעה ברעתו של אבימלך. קשה לי אומרו ברעתו של אבימלך מה רעה היתה לו. ותו דמהיכא תיתי שיבושו ברעתו של אבימלך. ובעל מתנות כהונה פירש ברעתו של אבימלך שנכנסו לסטים בביתו והיו מקרקרים כל הלילה כמו שאמרו רז"ל ע"ש. ועדיין אינו מתיישב דהתחת זאת יבושו בושת תמימי דרך. ונ"ל בהקדים מה שחקר מהרימ"ט זלה"ה בספר לפנת פענח בסדר זה דשבועה זו שנשבע יצחק לאבימלך מה טיבה שהרי כבר מושבע ועומד בשבועת האלה שנשבע לו אברהם אביו אם תשקור לי ולניני ולנכדי ואלה עליו ועל זרעו עד תם נין ונכד לאבימלך. ועוד נראה דמגרעות נתן שהרי שבועת אברהם היתה לעשות עמהם חסד וזאת שנית לא נזכר כי אם מניעת הרעה דה"ק אם תעשה עמנו רעה ועוד דשבועת אברהם לא היתה כי אם לשלשה דורות. אמנם שבועת יצחק היתה לעולם ע"ש. ומש"ה הוצרך שבני אבימלך יפרצו את הגדר תחלה כמו שאמרו בסוטה והוא יחל להושיע את ישראל מיד פלשתים הוחלה שבועתו של אבימלך וכו' כלומר שעברו על השבועה כדכתיב ובעת ההיא פלשתים מושלים בישראל וכיון שכן הותר גם לישראל להומם ולאבדם כדין שנים שנתקשרו בשבועה זה עם זה שכיון שעבר האחד על השבועה הותר השני יעוין שם: **אמור** מעתה שבעל המאמר הוקשה לו הדבר דלמה זה בא יצחק לגור בארץ פלשתים ולא חשש שישביעהו אבימלך שבועה עולמית כמה שחשש יעקב לזה כמש"ל. ותו יש להפליא שהסכים הקב"ה עמו ואמר לו גור בארץ הזאת כי לך ולזרעך אתן את כל הארצות האל. דאדרבא איפכא מסתברא דהיא הנותנת שלא יוכל לרשת את ארצו מכח השבועה ולזה אמר דע וראה כי יודע ה' ימי תמימים זה יצחק כלומר שהיה עולה תמימה ולא היה יכול לצאת לח"ל ונחלתם לעולם תהיה אעפ"כ ינחלו את ארצם. וכי תימא ואיך יהיה זה והלא אם יעברו על השבועה חרפה וכלימה היא להם לזה השיב לא יבושו בעת שיעשו עמהם רעה ויקחו את ארצם מידם מפני רעתו של אבימלך שהם יפרצו את הגדר תחלה ויחללו את השבועה וימשלו בם וכי תימא ההעדר טוב לזה אמר וההכרח לא יגונה ובימי רעבון ישבעו שהרי הוכרחו לבא שמה מפני כי ויהי רעב בארץ. כל זה הוא לפי שיטת מהרימ"ט זלה"ה שהניח בהנחה סוברת ששבועת יצחק היתה לעולם:

אשד הנחלים

סד [א] יודע ה' גו' זה יצחק כו'. כבר בארנו מכבר שפי' תמים. שגדרו איש השלם בלי מחשב ורעיון אחר מאומה ובלי שום חכמה וערמימות. וזהו מדריגת יצחק כשתבחן עניינו ודרכיו ומנהגיו שהיו הכל בתמימות. וה' יודע ואוהב ימיהם ונחלתם אשר הבטיח להם והיא הארץ הקדושה. וזה שאמר גור בארץ הזאת. כלומר לע"ע אמת שתהי' כגר בארץ הזאת עכ"ז גור בה. כי היא ארץ נבחרת ולך נאה הארץ הזאת. ואף כי נגזרה עליו שני רעבון עכ"ז המה לא יבושו בה. כי השגחת ה' עליהם לטובה. וגם העתים המתעוררים לפעמים לרעה. והמה רעות פרטים מקרים עכ"ז לא יבשו. כי אלולי הית' נתפסת רבקה מאבימלך הי' בזה חרפה ובזיון כי חסד הוא וכן דרש הכתוב לא ירעיב גו' הות רשעים גו' קרא למחשבות תאותיהם ובצעיהם בשם הוות. לפי שבאים משברון רוחות ורעיונים מבוהלים. והמה יהדוף אותם ממצבם ולכן דרש על יצחק שלפ"ז יצדק הסמיכות כי מסבת הרעב נסתבב שנלקחה בית אבימלך: **[ב] ואחד לעתיד גו' כי לא רעב.** הדבר הזה

אם למקרא

יוֹדֵעַ ה' יְמֵי תְמִימִם וְנַחֲלָתָם לְעוֹלָם תִּהְיֶה: (תהלים לז:יח)

לֹא־יַרְעִיב ה' נֶפֶשׁ צַדִּיק וְהַוַּת רְשָׁעִים יֶהְדֹּף: (משלי י:ג)

וּלְאָדָם אָמַר כִּי שָׁמַעְתָּ לְקוֹל אִשְׁתֶּךָ וַתֹּאכַל מִן־הָעֵץ אֲשֶׁר צִוִּיתִיךָ לֵאמֹר לֹא תֹאכַל מִמֶּנּוּ אֲרוּרָה הָאֲדָמָה בַּעֲבוּרֶךָ בְּעִצָּבוֹן תֹּאכְלֶנָּה כֹּל יְמֵי חַיֶּיךָ: (בראשית ג:יז)

וַיִּקְרָא אֶת־שְׁמוֹ נֹחַ לֵאמֹר זֶה יְנַחֲמֵנוּ מִמַּעֲשֵׂנוּ וּמֵעִצְּבוֹן יָדֵינוּ מִן־הָאֲדָמָה אֲשֶׁר אֵרְרָהּ ה': (בראשית ה:כט)

וַיְהִי רָעָב בָּאָרֶץ וַיֵּרֶד אַבְרָם מִצְרַיְמָה לָגוּר שָׁם כִּי־כָבֵד הָרָעָב בָּאָרֶץ: (בראשית יב:י)

כִּי־זֶה שְׁנָתַיִם הָרָעָב בְּקֶרֶב הָאָרֶץ וְעוֹד חָמֵשׁ שָׁנִים אֲשֶׁר אֵין־חָרִישׁ וְקָצִיר: (בראשית מה:ו)

וַיְהִי בִּימֵי שְׁפֹט הַשֹּׁפְטִים וַיְהִי רָעָב בָּאָרֶץ וַיֵּלֶךְ אִישׁ מִבֵּית לֶחֶם יְהוּדָה לָגוּר בִּשְׂדֵי מוֹאָב הוּא וְאִשְׁתּוֹ וּשְׁנֵי בָנָיו: (רות א:א)

וַיְהִי רָעָב בִּימֵי דָוִד שָׁלֹשׁ שָׁנִים שָׁנָה אַחֲרֵי שָׁנָה וַיְבַקֵּשׁ דָּוִד אֶת־פְּנֵי ה': (שמואל ב כא:א)

וַיֹּאמֶר אֵלִיָּהוּ הַתִּשְׁבִּי מִתֹּשָׁבֵי גִלְעָד אֶל־אַחְאָב חַי־ה' אֱלֹהֵי יִשְׂרָאֵל אֲשֶׁר עָמַדְתִּי לְפָנָיו אִם־יִהְיֶה הַשָּׁנִים הָאֵלֶּה טַל וּמָטָר כִּי אִם־לְפִי דְבָרִי: (מלכים א יז:א)

וַיְהִי רָעָב גָּדוֹל בְּשֹׁמְרוֹן וְהִנֵּה צָרִים עָלֶיהָ עַד הֱיוֹת רֹאשׁ־חֲמוֹר בִּשְׁמֹנִים כֶּסֶף וְרֹבַע הַקַּב חִרְייוֹנִים [דִּבְיוֹנִים] בַּחֲמִשָּׁה־כָסֶף: (מלכים ב ו:כה)

הִנֵּה יָמִים בָּאִים נְאֻם אֲדֹנָי אֱלֹהִים וְהִשְׁלַחְתִּי רָעָב בָּאָרֶץ לֹא־רָעָב לַלֶּחֶם וְלֹא־צָמָא לַמַּיִם כִּי אִם־לִשְׁמֹעַ אֵת דִּבְרֵי ה': (עמוס ח:יא)

מסורת המדרש

א ילקוט תהלים רמז תש"ל:

ב ילקוט משלי רמז תתקמ"ה:

ג לעיל פרשה כ"ה פרשה מ'. רות רבה פרשה א'. אגדת שמואל פרשה כ"ח. כל הענין:

not be dew nor rain during these years (*I Kings* 17:1). וְאֶחָד בִּימֵי אֱלִישָׁע ״וַיְהִי רָעָב גָּדוֹל בְּשׁוֹמְרוֹן״ — (ix) **One in the days of Elisha,** mentioned in the verse, ***There was a great famine in Samaria*** (*II Kings* 6:25). וְאֶחָד שֶׁהוּא מִתְגַּלְגֵּל וּבָא לָעוֹלָם — (x) **And one that comes about** at different times **to** different locations throughout **the world.**[11] וְאֶחָד לֶעָתִיד שֶׁנֶּאֱמַר ״וְהִשְׁלַחְתִּי רָעָב בָּאָרֶץ לֹא רָעָב לַלֶּחֶם וְלֹא צָמָא לַמַּיִם וגו׳״ — **And one that will occur in the future** as a prelude to the Messianic era, **as is stated** in the verse (*Amos* 8:11), *Behold, days are coming . . .* ***when I will send hunger into the land; not a hunger for bread nor a thirst for water,*** *but to hear the words of HASHEM.*[12]Ⓐ

The Midrash makes an observation concerning the famine that took place in the era of King David and extrapolates from that famine to all famines in general:[13]

רַבִּי שְׁמוּאֵל בַּר נַחְמָן אָמַר — **R' Shmuel bar Nachman said:** עִיקַּר אֲוותֶנְטִיָּאָה שֶׁלּוֹ הָיָה בִּימֵי דָוִד — **The actuality of [the famine] occurred in the days of David,** וְלֹא הָיָה רָאוּי לָבֹא אֶלָּא בִּימֵי שָׁאוּל — **but the** truly **appropriate** time for it **to have occurred was in the days of Saul.** אֶלָּא עַל יְדֵי שֶׁהָיָה שָׁאוּל גְּרוֹפִית שֶׁל שִׁקְמָה גִּילְגְּלוֹ הַקָּדוֹשׁ בָּרוּךְ הוּא וֶהֱבִיאוֹ בִּימֵי דָוִד — **However, because Saul was like a sapling of a sycamore, the Holy One, blessed is He, brought it about** instead **in the days of David.** שִׁילֹא חָטָא וְיוֹחָנָא מִשְׁתַּלְמָא — As the saying goes: **Shilo sinned but Yochana gets punished?!**

NOTES

11. That is, although there have been many famines in many places since the time of Elisha, in reality they all constitute one continuous famine that has constantly existed, affecting different areas at different times.

12. For Torah knowledge will decrease in the course of history, until in the pre-Messianic era it will be nearly forgotten (*Eitz Yosef,* from *Nezer HaKodesh*). This final famine is not included in the count of ten because it has not yet occurred (*Radal*), or perhaps because it is not a physical famine but a famine for knowledge (*Imrei Yosher*). However, *Eitz Yosef,* following *Matnos Kehunah,* suggests emending the text to: וְאֶחָד שֶׁהוּא מִתְגַּלְגֵּל וּבָא לָעוֹלָם לֶעָתִיד — **And one that is coming about to the world in the (pre-Messianic) future.** Accordingly, the count of ten would include all of the famines throughout history that are mentioned in Scripture. [*Anaf Yosef* suggests that the pre-Messianic forgetting of the Torah will bring in its wake an actual physical famine.] See Insight A.

13. From here until the end of the section appears virtually verbatim in 40 §3 above. See notes and Insights there.

INSIGHTS

Ⓐ **Hunger for the Word of Hashem** The simple understanding of the pre-Messianic era Torah "famine" is that there will be a severe decline in the overall level of profound Torah knowledge and understanding, so that the true "Word of Hashem" will not be readily available and easy to find (see note 12). Like an ordinary famine, this final spiritual famine will be a curse.

The Ponovezher Rav offered an alternate perspective on this Midrash. He asked: Is it not a great blessing, rather than a curse, that all the people will be *thirsty for the Word of Hashem*? He explains that one effect of a severe famine is that people are forced to be satisfied with whatever ingestible morsels they can find. Starving people are not particular about the taste or cleanliness of their food, and are happy to eat things they would not even touch during normal times. Likewise, when faced with a dearth of true Torah scholarship, there is a serious danger that the people will cease demanding only the highest standard and purity of Torah knowledge, and will be satisfied instead with mediocrity. This is the curse of the Torah famine alluded to in this Midrash.

It was related to this writer that *R' Shimon Schwab* took this concept even further, suggesting that people will even embrace falsehoods to slake their spiritual craving. He remarks that the phenomenon of cults, which are widespread in recent times, is a result of this *famine for the Word of Hashem,* as people are searching for anything that seems "spiritual" to satisfy their hunger.

פרשה סד

א [כו, א] **"וַיְהִי רָעָב בָּאָרֶץ".** (תהלים לז, יח) א**"יוֹדֵעַ ה' יְמֵי תְמִימִם", זֶה יִצְחָק, "וְנַחֲלָתָם לְעוֹלָם תִּהְיֶה", "גּוּר בָּאָרֶץ הַזֹּאת", "לֹא יֵבשׁוּ בְּעֵת רָעָה", בְּרָעָתוֹ שֶׁל אֲבִימֶלֶךְ, "וּבִימֵי רְעָבוֹן יִשְׂבָּעוּ", "וַיְהִי רָעָב בָּאָרֶץ":**

ב (משלי י, ג) ב**"לֹא יַרְעִיב ה' נֶפֶשׁ צַדִּיק", זֶה יִצְחָק, "גּוּר בָּאָרֶץ הַזֹּאת", "וְהַוַּת רְשָׁעִים יֶהְדֹּף", זֶה אֲבִימֶלֶךְ. "וַיְהִי רָעָב". עֲשָׂרָה רְעָבוֹן בָּאוּ לָעוֹלָם. אֶחָד בִּימֵי אָדָם הָרִאשׁוֹן** (בראשית ג, יז) ג**"אֲרוּרָה הָאֲדָמָה בַּעֲבוּרֶךָ", אֶחָד בִּימֵי לֶמֶךְ** (שם ה, כט) **"מִן הָאֲדָמָה אֲשֶׁר אֵרְרָהּ ה' ", אֶחָד בִּימֵי אַבְרָהָם** (שם יב, י) **"וַיְהִי רָעָב בָּאָרֶץ וַיֵּרֶד אַבְרָם מִצְרַיְמָה", וְאֶחָד בִּימֵי יִצְחָק, "וַיְהִי רָעָב בָּאָרֶץ", וְאֶחָד בִּימֵי יַעֲקֹב** (שם מה, ו) **"כִּי זֶה שְׁנָתַיִם הָרָעָב", וְאֶחָד בִּימֵי שְׁפוֹט הַשּׁוֹפְטִים שֶׁנֶּאֱמַר** (רות א, א) **"וַיְהִי בִּימֵי שְׁפֹט הַשֹּׁפְטִים וַיְהִי רָעָב בָּאָרֶץ", וְאֶחָד בִּימֵי דָוִד** (ש"ב כא, א) **"וַיְהִי רָעָב בִּימֵי דָוִד", וְאֶחָד בִּימֵי אֵלִיָּהוּ** (מלכים א יז, א) **"חַי ה' אֱלֹהִים וְגוֹ' ", וְאֶחָד בִּימֵי אֱלִישָׁע** (מלכים ב ו, כה) **"וַיְהִי רָעָב גָּדוֹל בְּשׁוֹמְרוֹן", וְאֶחָד שֶׁהוּא מִתְגַּלְגֵּל וּבָא לָעוֹלָם וְאֶחָד לֶעָתִיד שֶׁנֶּאֱמַר** (עמוס ח, יא) **"וְהִשְׁלַחְתִּי רָעָב בָּאָרֶץ לֹא רָעָב לַלֶּחֶם וְלֹא צָמָא לַמַּיִם וְגוֹ' ". רַבִּי שְׁמוּאֵל בַּר נַחְמָן אָמַר: עִיקַּר אַוּוּתֶנְטְיָאָה שֶׁלּוֹ הָיָה בִּימֵי דָוִד וְלֹא הָיָה רָאוּי לָבֹא אֶלָּא בִּימֵי שָׁאוּל, אֶלָּא עַל יְדֵי שֶׁהָיָה שָׁאוּל גְּרוֹפִית שֶׁל שִׁקְמָה גִּילְגְּלוֹ הַקָּדוֹשׁ בָּרוּךְ הוּא וֶהֱבִיאוֹ בִּימֵי דָוִד. שִׁילָא חָטָא וְיוֹחָנָא מִשְׁתַּלְמָא,**

עץ יוסף

(א) **יודע ה' ימי תמימים כו'.** לשון חיבוב והשגחה. ור"ל שחיבב ה' והשגיח על כל ימי התמים שגם בימי רעבון ישבעו וכדמסיק ולפי שיצחק נקרא עולה תמימה לפיכך ונחלתם לעולם תהיה שנא' גור בארץ הזאת שלא הורשה לצאת לחוצה לארץ לפי שהיה עולה תמימה (נזה"ק): **ברעתו של אבימלך.** שאע"פ שקנאו בו. היו נזהרים לו כמה שאמר כל הנוגע באיש הזה וגו' (יפ"ת): **(ב) עשרה רעבון באו לעולם.** כבר נתבאר מאמר זה כל הצורך לעיל פ' כ"ה סימן ג' וברות רבה ע"ש: **ואחד שהוא מתגלגל ובא לעולם בע"ל.** כצ"ל (א"א): **אוותנטיאה.** ענין גדולה (מעריך): **בימי שאול.** שבעבור חטאו בא רעב זה כדכתיב אל שאול ואל בית הדמים: **גרופית של שקמה.** נטיעה קטנה נקראת גרופה (מעריך): **שילא חטא ויוחנא משתלמא.** מעשה אירע שקלקל שילא ונתפס יוחנא כגנב בשבילו. ע"ד טוביה חטא וזיגוד מינגד והיה למשל לכל לוקה בשביל אחר:

פירוש מהרז"ו

סד (א) **ונחלתם לעולם תהיה.** ע"ל ר"פ כ"ח שדרש שנחלת ימיהם לעוה"ב ובר"פ ס"ב שנחלת ימיהם זכורה בתורה וכ' אלו שייכים ג"כ אל יצחק. וכאן דרש עוד על נחלתם בעוה"ז שא"ל גור בארץ הזאת היינו בארץ פלשתים שהיא ג"כ מא"י כמ"ש יהושע י"ג. זאת הארץ הנשארת כל גלילות הפלשתי וכמש"ל פ"א סי' ב' ומ"ש תמימים זה יצחק כמש"ל סי' ג' עולה תמימה וכמש"ל פר' ס' סי' י"ב לדקת תמים: **בארץ הזאת.** ואהיה עמך ואברכך:

אם למקרא

יוֹדֵעַ ה' יְמֵי תְמִימִם וְנַחֲלָתָם לְעוֹלָם תִּהְיֶה: (תהלים לז:יח)

לֹא־יַרְעִיב ה' נֶפֶשׁ צַדִּיק וְהַוַּת רְשָׁעִים יֶהְדֹּף: (משלי י:ג)

וּלְאָדָם אָמַר כִּי שָׁמַעְתָּ לְקוֹל אִשְׁתֶּךָ וַתֹּאכַל מִן־הָעֵץ אֲשֶׁר צִוִּיתִיךָ לֵאמֹר לֹא תֹאכַל מִמֶּנּוּ אֲרוּרָה הָאֲדָמָה בַּעֲבוּרֶךָ בְּעִצָּבוֹן תֹּאכֲלֶנָּה כֹּל יְמֵי חַיֶּיךָ: (בראשית ג:יז)

וַיִּקְרָא אֶת־שְׁמוֹ נֹחַ לֵאמֹר זֶה יְנַחֲמֵנוּ מִמַּעֲשֵׂנוּ וּמֵעִצְּבוֹן יָדֵינוּ מִן־הָאֲדָמָה אֲשֶׁר אֵרְרָהּ ה': (בראשית ה:כט)

וַיְהִי רָעָב בָּאָרֶץ וַיֵּרֶד אַבְרָם מִצְרַיְמָה לָגוּר שָׁם כִּי־כָבֵד הָרָעָב בָּאָרֶץ: (בראשית יב:י)

כִּי־זֶה שְׁנָתַיִם הָרָעָב בְּקֶרֶב הָאָרֶץ וְעוֹד חָמֵשׁ שָׁנִים אֲשֶׁר אֵין־חָרִישׁ וְקָצִיר: (בראשית מה:ו)

וַיְהִי בִּימֵי שְׁפֹט הַשֹּׁפְטִים וַיְהִי רָעָב בָּאָרֶץ וַיֵּלֶךְ אִישׁ מִבֵּית לֶחֶם יְהוּדָה לָגוּר בִּשְׂדֵי מוֹאָב הוּא וְאִשְׁתּוֹ וּשְׁנֵי בָנָיו: (רות א:א)

וַיְהִי רָעָב בִּימֵי דָוִד שָׁלֹשׁ שָׁנִים שָׁנָה אַחֲרֵי שָׁנָה וַיְבַקֵּשׁ דָּוִד אֶת־פְּנֵי ה': (שמואל ב כא:א)

וַיֹּאמֶר אֵלִיָּהוּ הַתִּשְׁבִּי מִתֹּשָׁבֵי גִלְעָד אֶל־אַחְאָב חַי־ה' אֱלֹהֵי יִשְׂרָאֵל אֲשֶׁר עָמַדְתִּי לְפָנָיו אִם־יִהְיֶה הַשָּׁנִים הָאֵלֶּה טַל וּמָטָר כִּי אִם־לְפִי דְבָרִי: (מלכים א יז:א)

וַיְהִי רָעָב גָּדוֹל בְּשֹׁמְרוֹן וְהִנֵּה צָרִים עָלֶיהָ עַד הֱיוֹת רֹאשׁ־חֲמוֹר בִּשְׁמֹנִים כֶּסֶף וְרֹבַע הַקַּב חריוֹנים [דִּבְיוֹנִים] בַּחֲמִשָּׁה־כָסֶף: (מלכים ב ו:כה)

הִנֵּה יָמִים בָּאִים נְאֻם אֲדֹנָי אֱלֹהִים וְהִשְׁלַחְתִּי רָעָב בָּאָרֶץ לֹא־רָעָב לַלֶּחֶם וְלֹא־צָמָא לַמַּיִם כִּי אִם־לִשְׁמֹעַ אֵת דִּבְרֵי ה': (עמוס ח:יא)

מסורת המדרש

א ילקוט תהלים רמז תש"ל:

ב ילקוט משלי רמז תתקמ"ה:

ג לעיל פרשה כ"ה פרשה מ'. רות רבה פרשה א'. אגדת שמואל פרשה כ"ח. כל הענין:

רש"י

סד (ב) **גרופית של שקמה.** כלומר דורו לא היו חזקים לסבול כגרופית של שקמה שנכנעת מפני הרוח והביאו בימי דוד שנמשל לארז שהוא קשה: **שילא חטא ויוחנא משתלמא.** מושלים בני אדם משל ואומרים זה חוטא וזה לוקה שאול חטא ודוד מה טיבו:

מתנות כהונה

סד [א] **זה יצחק.** שעלה לעולה תמימה להקב"ה: **ברעתו של אבימלך.** שבאו עליו לסטים כדלקמן: [**עשרה רעבון כו'.** נתבאר לעיל בפרשת בראשית ולך לך]: **[ב]** [ה"ג ובא לעולם לעתיד]: **שילא.** שם אדם וכן יוחנא ומשל היה בפיהם לאמר

נחמד למראה

סד [א] **ויהי רעב בארץ הדא הוא דכתיב יודע ה' ימי תמימים וגו' לא יבושו בעת רעה ברעתו של אבימלך.** קשה לי אומרו ברעתו של אבימלך מה רעה היתה לו. ותו דמהיכא תיתי שיבושו ברעתו של אבימלך. ובעל מתנות כהונה פירש ברעתו של אבימלך שנכנסו לסטים בביתו והיו מקרקרים כל הלילה כמו שאמרו רז"ל ע"ש. ועדיין אינו מתיישב דהתחת זאת יבושו בושת תמימי דרך. ונ"ל בהקדים מה שחקר מהרימ"ט זלה"ה בספר לפנת פענח בסדר זה דשבועה זו שנשבע יצחק לאבימלך מה טיבה שהרי כבר מושבע ועומד בשבועת האלה שנשבע לו אברהם אביו אם תשקור לי ולניני ולנכדי ואלה עליו ועל זרעו עד תם נין ונכד לאבימלך. ועוד נראה דמגרעות נתן שהרי שבועת אברהם היתה לעשות עמהם חסד וזאת שנית לא נזכר כי אם מניעת הרעה דה"ק אם תעשה עמנו רעה ועוד דשבועת אברהם לא היתה כי אם לשלשה דורות. אמנם שבועת יצחק היתה לעולם ע"ש. ומש"ה הוצרך שבני אבימלך יפרצו את הגדר תחלה כמו שאמרו בסוטה והוא יחל להושיע את ישראל מיד פלשתים הוחלה שבועתו של אבימלך וכו' כלומר שעברו על השבועה כדכתיב ובעת ההיא פלשתים מושלים בישראל וכיון שכן הותר גם לישראל להומם ולאבדם כדין שנים שנתקשרו בשבועה זה עם זה שכיון שעבר האחד על השבועה הותר השני יעוין שם: **אמור** מעתה שבעל המאמר הוקשה לו הדבר דלמה זה בא יצחק לגור בארץ פלשתים ולא חשש שישביעהו אבימלך שבועה עולמית כמה שחשש יעקב לזה כמש"ל. ותו יש להפליא שהסכים הקב"ה עמו ואמר לו גור בארץ הזאת כי לך ולזרעך אתן את כל הארצות האל. דאדרבא איפכא מסתברא דהיא הנותנת שלא יוכל לרשת את ארצו מכח השבועה ולזה אמר דע וראה כי יודע ה' ימי תמימים זה יצחק כלומר שהיה עולה תמימה ולא היה יכול לצאת לח"ל ונחלתם לעולם תהיה אעפ"כ ינחלו את ארצם. וכי תימא ואיך יהיה זה והלא אם יעברו על השבועה חרפה וכלימה היא להם לזה השיב לא יבושו בעת שיעשו עמהם רעה ויקחו את ארצם מידם מפני רעתו של אבימלך שהם יפרצו את הגדר תחלה ויחללו את השבועה וימשלו בם וכי תימא ההעדר טוב לזה אמר וההכרח לא יגונה ובימי רעבון ישבעו שהרי הוכרחו לבא שמה מפני כי ויהי רעב בארץ. כל זה הוא לפי שיטת מהרימ"ט זלה"ה שהניח בהנחה סוברת ששבועת יצחק היתה לעולם:

אשד הנחלים

סד [א] **יודע ה' גו' זה יצחק כו'.** כבר בארנו מכבר שפי' תמים. שגדרו איש השלם בלי מחשב ורעיון אחר מאומה ובלי שום חכמה וערמימות. וזהו מדריגת יצחק כשתבחן עניינו ודרכיו ומנהגיו שהיו הכל בתמימות. וה' יודע ואוהב ימיהם ונחלתם אשר הבטיח להם והיא הארץ הקדושה. וזה שאמר גור בארץ הזאת. כלומר לע"ע אמת שתהי' כגר בארץ הזאת עכ"ז גור בה. כי היא ארץ נבחרת ולך נאה הארץ הזאת. ואף כי נגזרה עליו שני רעבון עכ"ז המה לא יבושו בה. כי השגחת ה' עליהם לטובה. וגם העתים המתעוררים לפעמים לרעה. והמה רעות פרטים מקרים עכ"ז לא יבשו. כי אלולי הית' נתפסת רבקה מאבימלך הי' בזה חרפה ובזיון כי חסד הוא וכן דרש הכתוב לא ירעיב גו' הות רשעים גו' קרא למחשבות תאוותיהם ובצעיהם בשם הוות. לפי שבאים משברון רוחות ורעיונים מבוהלים. והמה יהדוף אותם ממצבם ולכן דרש על יצחק שלפ"ז יצדק הסמיכות כי מסבת הרעב נסתבב שנלקחה בית אבימלך: **[ב] ואחד לעתיד גו' כי לא רעב.** הדבר הזה

אָמַר רַבִּי חִיָּיא רַבָּה – R' Chiya the Great said: מָשָׁל לְזַגָּג שֶׁהָיָה בְּיָדוֹ קוּפָּה מְלֵיאָה כּוֹסוֹת וּדְיָיטְרוֹטִין – This can be illustrated by a parable; it may be compared to a glazier who had in his hand a box full of cups and fine glassware. וּבְשָׁעָה שֶׁמְּבַקֵּשׁ לִתְלוֹת אֶת קוּפָּתוֹ הָיָה מֵבִיא יָתֵד וְתוֹקְעָהּ – And at the time when he wished to hang up his box he brought a peg and drove it into the wall, וְנִתְלָה בָהּ וְאַחַר כָּךְ הָיָה תּוֹלֶה אֶת קוּפָּתוֹ – and he first tested the firmness of the peg and suspended himself from it, and only after that he hung up his box on it. לְפִיכָךְ כּוּלָּם לֹא בָאוּ בִּימֵי בְּנֵי אָדָם שְׁפוּפִים – Therefore, i.e., for the same reason, all of [these famines] did not occur in the days of meek people, אֶלָּא בִּימֵי בְּנֵי אָדָם גִּבּוֹרִים שֶׁיְּכוֹלִים לַעֲמוֹד – but only in the days of strong people who were able to endure them. רַבִּי בֶּרֶכְיָה הֲוָה קָרֵי עֲלֵיהֶן "נוֹתֵן לַיָּעֵף כֹּחַ" – R' Berechyah applied this verse concerning them: *He gives strength to the weary* (*Isaiah* 40:29).

The Midrash records a dispute concerning the reckoning of the ten famines:

רַבִּי חֶלְבּוֹ אָמַר: שְׁנַיִם בָּאוּ בִּימֵי אַבְרָהָם – R' Chelbo said: Two famines occurred in the days of Abraham, rather than only one as listed above. רַבִּי אַחָא אָמַר: אֶחָד בִּימֵי אַבְרָהָם וְאֶחָד בִּימֵי לֶמֶךְ – R' Acha said there was only one famine in the days of Abraham and there was one in the days of Lemech.

The Midrash compares and contrasts the nature and severity of several of the famines:

וְרָעָב שֶׁבָּא בִּימֵי אֵלִיָּהוּ רָעָב שֶׁל בַּצּוֹרֶת הָיָה – The famine that occurred in the days of Elijah was a famine of drought, which was intermittent – שָׁנָה עָבְדָא וְשָׁנָה לֹא עָבְדָא – one year [the land] produced a crop and one year it did not produce. רָעָב שֶׁבָּא בִּימֵי אֱלִישָׁע רָעָב שֶׁל מְהוּמָה הָיָה – The famine that occurred in the days of Elisha was a famine of violent cataclysm, as recounted in Scripture: "עַד הֱיוֹת רֹאשׁ חֲמוֹר בִּשְׁמֹנִים כֶּסֶף" – *There was a great famine in Samaria, and – behold! – they were besieging it, until a donkey's head cost eighty silver pieces* (*II Kings* 6:25). רָעָב שֶׁבָּא בִּימֵי שְׁפוֹט הַשּׁוֹפְטִים – Concerning the famine that occurred *in the days when the judges judged,* רַבִּי הוּנָא בְּשֵׁם רַבִּי אַחָא אָמַר – R' Huna said in the name of R' Acha: מ״ב סְאִין הָיוּ וְנַעֲשִׂים מ״א – A certain amount of [coins] had been the price of forty-two *se'ah* of wheat and as a result of the famine [those coins] became the price of forty-one. וְהָא תָּנֵי לֹא יֵצֵא אָדָם לְחוּץ לָאָרֶץ אֶלָּא אִם כֵּן הָיוּ סָאתַיִם שֶׁל חִטִּים הוֹלְכִים בְּסֶלַע – And so it is taught in a Baraisa: A person may not leave the Land of Israel for a destination outside the Land unless two *se'ah* of wheat go for a *sela.* אָמַר רַבִּי שִׁמְעוֹן אֵימָתַי – R' Shimon said: When is this so? בִּזְמַן שֶׁאֵינוֹ מוֹצֵא לִיקַּח – Only in a time when he cannot find wheat to purchase at all; אֲבָל מוֹצֵא לִיקַּח – but if he is able to find wheat to purchase, אֲפִילּוּ סְאָה בְּסֶלַע לֹא יֵצֵא לְחוּץ לָאָרֶץ – even if the price rose to one *se'ah* for a *sela,* he may not go out of the Land of Israel. וּלְפִי שֶׁיָּצָא אֱלִימֶלֶךְ לְחוּץ לָאָרֶץ נֶעֱנַשׁ – And since Elimelech went out of the Land of Israel because of the famine, he was punished, שֶׁמֵּת הוּא וּבָנָיו – in that both he and his two sons died, as stated in *Ruth* 1:3,5 (*Tosefta, Avodah Zarah* 5:2).

§3 וַיֵּלֶךְ יִצְחָק אֶל אֲבִימֶלֶךְ ... גְּרָרָה – *AND ISAAC WENT TO ABIMELECH KING OF THE PHILISTINES TO GERAR.*

The Midrash identifies Gerar:

לִגְרַדִּיקֵי – That is, he went to Geradikei.[14]

The Midrash quotes a halachic discussion concerning this region:

רַבִּי דּוֹסְתָּאִי בְּשֵׁם רַבִּי שְׁמוּאֵל בַּר נַחְמָן – R' Dostai said in the name of R' Shmuel son of Nachman: מִפְּנֵי מָה גָּזְרוּ עַל הַנָּוֶה שֶׁבִּגְרַדִּיקֵי – For what [reason] did [the Sages] decree contamination on the habitation in Geradikei?[15] מִפְּנֵי שֶׁהוּא נָוֶה רַע – It is because it is a bad, unhealthy habitation.[16] וְעַד הֵיכָן – And how far does this contaminated region extend? רַבִּי חָנִין אָמַר: עַד נַחַל מִצְרַיִם – R' Chanin said: Until the Brook of Egypt.[17]

> וַיֵּרָא אֵלָיו ה׳ וַיֹּאמֶר אַל תֵּרֵד מִצְרָיְמָה שְׁכֹן בָּאָרֶץ אֲשֶׁר אֹמַר אֵלֶיךָ
>
> *HASHEM appeared to him and said, "Do not descend to Egypt; dwell in the land that I shall indicate to you"* (26:2).

□ וַיֵּרָא אֵלָיו ה׳ וַיֹּאמֶר אַל תֵּרֵד מִצְרַיְמָה שְׁכוֹן בָּאָרֶץ – *HASHEM APPEARED TO HIM AND SAID, "DO NOT DESCEND TO EGYPT; DWELL IN THE LAND . . . "*

The Midrash discusses the connotation of God's command, שְׁכֹן בָּאָרֶץ, *Dwell in the land:*[18]

עֲשֵׂה שְׁכוּנָה בְּאֶרֶץ יִשְׂרָאֵל – God was instructing Isaac to establish dwelling in the Land of Israel,[19] הֱוֵי נוֹטֵעַ הֱוֵי זוֹרֵעַ הֱוֵי נָצִיב – meaning that he should plant trees, sow seeds, and set saplings.[20] דָּבָר אַחֵר – Another interpretation: "שְׁכוֹן בָּאָרֶץ" שַׁכֵּן אֶת הַשְּׁכִינָה בָּאָרֶץ – *Dwell* (שְׁכֹן) *in the land* means, cause the *Shechinah,* the Divine Presence, to dwell[21] in the land.[22]

NOTES

14. The Greek name for Gerar. See above, 52 §4, note 34.

15. The Sages decreed that all lands outside of the Land of Israel be considered contaminated out of concern that one may unknowingly come into contact with a corpse there (since the non-Jewish inhabitants of those lands do not necessarily mark their graves); see *Shabbos* 14b and *Rashi* ad loc. (s.v. על ארץ העמים). However, since it is clear from verses 2-4 below that Gerar/Geradikei is within the Land of Israel, the Midrash is asking why it was nevertheless included under that decree (*Maharzu*; see also *Matnos Kehunah*).

16. The Sages therefore decreed that it is contaminated so that no one would live there (*Maharzu*).

17. Which is the boundary of the Land of Israel; see *Numbers* 34:5. R' Saadiah Gaon (ad loc.) identifies it as Wadi El-Arish, and his position is accepted by *Kaftor VaFerach* and other authorities. According to some authorities it refers to the easternmost channel in the Nile Delta.

We have explained this passage in accordance with the text of the Midrash as we have it. However, a parallel passage in *Yerushalmi Sheviis* 6:1 reads: מפני מה לא גזרו – Why did they *not* decree, etc.? *Eitz Yosef,* following *Yefeh To'ar* (first explanation), emends the text here to conform with the *Yerushalmi,* and explains that the Midrash is asking that since Geradikei is adjacent to the border, it should have been included under the decree of contamination for foreign lands. The answer given is that it is נָוֶה רַע, *a bad habitation,* i.e., an infertile area with a very arid climate, such that nobody would want to live there anyway, and hence such a decree was unnecessary. [The Midrash concludes that the uncontaminated area extends till the Brook of Egypt, the actual border of the Land of Israel.] Accordingly, the relevance of this discussion here is to stress the miracle involved with Isaac's agricultural success (see below, v. 12) despite the adverse conditions. (See also below, section 6.)

18. As opposed to the wording used in the next verse: גּוּר בָּאָרֶץ הַזֹּאת, *Reside in this land* (*Yefeh To'ar*).

19. I.e., make the land more suitable for human settlement; see below.

20. Uproot saplings that are growing in an unfavorable environment and replant them in a better location (*Yefeh To'ar;* cf. *Radal*). Alternatively, הֱוֵי נָצִיב means to graft trees (*Matnos Kehunah,* first explanation).

Such cultivation of the land will increase the human settlement thereof (*Eitz Yosef*).

21. Interpreting the word שְׁכֹן (*dwell*) as if it were vowelized שַׁכֵּן, meaning *cause to dwell* (*Matnos Kehunah*), for it is spelled here without a *vav,* i.e., שְׁכֹן rather than שְׁכוֹן, (*Rashash*).

22. I.e., do not require the *Shechinah* to depart the land and follow you to Egypt, for when the Jewish nation (personified here by Isaac) is in exile,

אָמַר רַבִּי חִיָּיא רַבָּה: מָשָׁל לְזַגָּג שֶׁהָיָה בְּיָדוֹ קוּפָּה מְלֵיאָה כּוֹסוֹת וּדְיַיטֵרוֹטִין וּבְשָׁעָה שֶׁמְּבַקֵּשׁ לִתְלוֹת אֶת קוּפָּתוֹ הָיָה מֵבִיא יָתֵד וְתוֹקְעָהּ וְנִתְלָה בָּהּ וְאַחַר כָּךְ הָיָה תּוֹלֶה אֶת קוּפָּתוֹ, לְפִיכָךְ כּוּלָּם לֹא בָאוּ בִּימֵי בְּנֵי אָדָם שְׁפוּפִים אֶלָּא בִּימֵי בְּנֵי אָדָם גִּבּוֹרִים שֶׁיְּכוֹלִים לַעֲמוֹד. רַבִּי בֶּרֶכְיָה הֲוָה קָרֵי עֲלֵיהֶן (ישעיה מ, כט) "נוֹתֵן לַיָּעֵף כֹּחַ". רַבִּי חֶלְבּוֹ אָמַר: שְׁנַיִם בָּאוּ בִּימֵי אַבְרָהָם. רַבִּי אַחָא אָמַר: אֶחָד בִּימֵי אַבְרָהָם, וְאֶחָד בִּימֵי לֶמֶךְ, וְרָעָב שֶׁבָּא בִּימֵי אֵלִיָּהוּ רָעָב שֶׁל בַּצּוֹרֶת הָיָה שָׁנָה עָבְדָא וְשָׁנָה לֹא עָבְדָא. רָעָב שֶׁבָּא בִּימֵי אֱלִישָׁע רָעָב שֶׁל מְהוּמָה הָיָה (מלכים ב ו, כה) "עַד הֱיוֹת רֹאשׁ חֲמוֹר בִּשְׁמוֹנִים כֶּסֶף". רָעָב שֶׁבָּא בִּימֵי שְׁפוֹט הַשּׁוֹפְטִים, רַבִּי הוּנָא בְּשֵׁם רַבִּי אַחָא אָמַר: מ"ב סְאִין הָיוּ וְנַעֲשִׂים מ"א. וְהָא דְּתָנֵי לֹא יֵצֵא אָדָם לְחוּץ לָאָרֶץ אֶלָּא אִם כֵּן הָיוּ סָאתַיִם שֶׁל חִטִּים הוֹלְכִים בְּסֶלַע, אָמַר רַבִּי שִׁמְעוֹן: אֵימָתַי בִּזְמַן שֶׁאֵינוֹ מוֹצֵא לִיקַּח, אֲבָל מוֹצֵא לִיקַּח אֲפִילּוּ סְאָה בְּסֶלַע לֹא יֵצֵא לְחוּץ לָאָרֶץ, וּלְפִי שֶׁיָּצָא אֱלִימֶלֶךְ לְחוּץ לָאָרֶץ, נֶעֱנַשׁ שֶׁמֵּת הוּא וּבָנָיו:

ג וַיֵּלֶךְ יִצְחָק אֶל אֲבִימֶלֶךְ גְּרָרָה, לְגַרְדִּיקִי. רַבִּי דּוֹסְתָּאִי בְּשֵׁם רַבִּי שְׁמוּאֵל בַּר נַחְמָן: מִפְּנֵי מָה גָּזְרוּ עַל הַנָּוֶה שֶׁבִּגְרְדִיקִי, מִפְּנֵי שֶׁהוּא נָוֶה רָע. וְעַד הֵיכָן, רַבִּי חָנִין אָמַר: עַד נַחַל מִצְרָיִם. [כה, ב] "וַיֵּרָא אֵלָיו ה' וַיֹּאמֶר אַל תֵּרֵד מִצְרָיְמָה שְׁכֹן בָּאָרֶץ", עֲשֵׂה שְׁכוּנָה בְּאֶרֶץ יִשְׂרָאֵל, הֱוֵי נוֹטֵעַ הֱוֵי זוֹרֵעַ הֱוֵי נָצִיב. דָּבָר אַחֵר, "שְׁכוֹן בָּאָרֶץ" שַׁכֵּן אֶת הַשְּׁכִינָה בָּאָרֶץ. [כה, ג] "גּוּר בָּאָרֶץ הַזֹּאת", אָמַר רַבִּי הוֹשַׁעְיָה: אַתְּ עוֹלָה תְּמִימָה, מָה עוֹלָה אִם יָצְאת חוּץ לַקְּלָעִים הִיא נִפְסֶלֶת אַף אַתְּ אִם יָצָאתָ חוּץ לָאָרֶץ נִפְסַלְתָּ. "כִּי לְךָ וּלְזַרְעֲךָ אֶתֵּן אֶת כָּל הָאֲרָצוֹת הָאֵל" קָשׁוֹת כְּמָה דְּאַתְּ אָמַר (יחזקאל יז, יג) "וְאֶת אֵילֵי הָאָרֶץ לָקָח".

חידושי הרד"ל

(א) [ג] **מפני מה לא גזרו על הנוה שבגרדיקי** מפני שנוה רע כ"ה בירושלמי פרק ו' דשביעית ופי' המפרש שלכן לא הוצרכו לגזור טומאה עליו שבלא"ה לא ידורו שם:

(ב) **הוי נציב.** היינו נוטע דקאמר תחלה. ובילקוט ל"ג ליה. ואפשר נ"ל הוי אגוב פי' אוגב בורות:

חידושי הרש"ש

[ג] **דבר אחר שכון בארץ שכן את השכינה בארץ.** דשכן א"ו כתיב:

עץ יוסף

לזגג. אומן העושה כלי זכוכית: **שפופים.** פי' שפלים וחלשים בלי כח: **שנים באו בימי אברהם.** מדכתיב ביצחק מלבד הרעב הראשון אשר היה בימי אברהם. דמדכתיב הראשון מכלל דהוו שנים בימי אברהם. וקרא לזה השני רעב הראשון לגבי יצחק (יפ"ת): **אחד בימי אברהם.** והא דכתיב הרעב הראשון אשר היה בימי אברהם מכלל דאיכא אחר שלא היה בימי אברהם. והיינו זה של למך. ועיין מ"ש ברות רבה פרשה א': **בצורת.** גשמים מועטים: **שנה עבדא.** פי' שנה עשתה פירות: **של מהומה.** פרש"י נפלה המיתה בבהמות ונתיקר השער עד שהיו מוכרחים ליתן בעד ראש חמור שמונים כסף: **רבי אחא אמר משתים סאות היה ונעשה מאחת.** כצ"ל (זרע אברהם): (ג) **לגרדיקי.** אשמועינן שעם היותו נוה רע כדסמוך בירכו ה' שם: **מפני מה לא גזרו כו'.** כצ"ל וכן הוא בירו'. ור"ל מפני מה לא גזרו עליה טומאה כיון שהיא לנד ח"ל ומשני מפני שהוא נוה רע ואין דרך ב"א לדור שם לכן לא חששו לגזור על יושביה. ומביא זה לאשמועי' שעם היות גרר מקום רע לזרעים ברכו ה' ליצחק בזריעתו ומצא בה מאה שערים וכדדריש לקמן פ' זו ויזרע יצחק בארץ ההיא הארץ קשה כו' (יפ"ת): **עשה שכונה בא"י.** דשכון מורה על מעשה הישוב במה שיזרע ויטע כי בזה מרבה הישוב והשכונה מהאנשים: **הוי נציב.** נטעי נעמנים מתרגמי' נציבא בחירא (יפ"ת): **עשה את השכינה בארץ.** ולא תצטרך לצאת חו"ל על ידך שבכ"מ שגלו ישראל שכינה עמהם: **את עולה תמימה כו'.** דאל"כ מ"ט אל תרד מצרימה משא"כ באברהם: **עולה תמימה.** שהיא קודש קדשים ואין ק"ק יוצא חוץ לעזרה: **האל קשות.** כאומר אשר אבניה ברזל. ור"ל אף הארצות האלה אשר יושביהם עזים וקשים. ואבניה ברזל. וע"פ טבע א"א לכבשם עכ"ז לך אתננה כי אני אכבשם לפניך:

פירוש מהרז"ו

(ג) **מפני מה גזרו.** בירושל' שביעית פ"ו הגי' מ"מ לא גזרו. וי"ל דמ"ש כאן שגזרו היינו לענין הטומאה ומ"ש שם לא גזרו היינו על המעשרות ועל השביעית. ולפי דעת המדרש ארץ פלשתים היא מא"י כנ"ל ע"כ גזרו בה שתתחייב במעשרות. ולמה גזרו עליה על הטומאה. מפני שהיא נוה רעה כדי שלא יגור אדם שם. ולגי' הירושלמי הוא מחמת שהוא נוה רעה ולא שכיחי לגור שם ע"כ לא גזרו עליה על המעשרות ושביעית ועיין יפ"ת: **שכון בארץ.** ואח"כ אמר גור דמשמע דירת ארעי. ע"כ דורש שבארץ שיאמר לו שידור שם ישכון דרך קביעות זורע ונוטע ונציב תרגום ויטע ונצב. אך בארץ פלשתים אינו רק דירת ארעי לשעה יפ"ת [אבל היפ"ת באר יותר בדבריו שכתבנו בביאורו]: **את השכינה.** כמ"ש פי"ט סימן ז' לדיקים ישכנו ארץ ישכינו השכינה בארץ עי' מש"ש: **קשות.** פי' שהיו ערים בצורות ויושביה גבורים:

מסורת המדרש

ד בבא בתרא דף נ"א:

אם למקרא

נֹתֵן לַיָּעֵף כֹּחַ וּלְאֵין אוֹנִים עָצְמָה יַרְבֶּה: (ישעיה מ:כט)

וַיִּקַּח מִזֶּרַע הַמְּלוּכָה וַיִּכְרֹת אִתּוֹ בְּרִית וַיָּבֵא אֹתוֹ בְּאָלָה וְאֶת־אֵילֵי הָאָרֶץ לָקָח: (יחזקאל יז:יג)

רש"י

שפופים. חלשים: **שנת בצורת.** שלא היו יורדין גשמים: **שנה עבדת ושנה לא עבדת.** שנה זו היתה עושה תבואה ושנה זו לא היתה עושה תבואה: **רעב של מהומה.** אוכלין ואינן שבעין: (ג) **שכון בארץ תעשה שכונה בארץ הוי זורע והוי נוטע דבר אחר שכון בארץ שכן שכינה בארץ.** בזכותך: **כי לך ולזרעך אתן את כל הארצות האל הקשות.** כמה דאת אמר ואת אילי הארץ לקח:

מתנות כהונה

שילא חטא ויוחנא משלם תשלומי החטאת כענין טוביה חטא וזיגוד מנגיד: [**הכי גרסינן** ולמה יצא אלימלך לחוץ לארץ לכך נענש כו'. ועיין לעיל פר' לך לך וריש מגילת רות]: [ג] **גרדיקי.** פי' הערוך ת"י גררה גרדקי וגזרו טומאה עליו שיהיה כארץ העמים: **נציב.** אילנות בהרכבה או עקרן במקום זה ושתלן במקום אחר: **שכן.** שכון קרי ביה שכן:

אשד הנחלים

בארתי היטב בהקדמתי לתנד"בא עיין שם: **משל לזגג כו'.** אחז דווקא בכלי זכוכית לפי שהם נוחים להשתבר בנפילה קלה כן הרעב משבר את רעיוני האדם עד שמביאו ח"ו להרהר אחרי ה' ע"ד והיה כי ירעב והתקצף גו'. לכן הביאם בבני אדם גבורים אבירי לב אשר יוכלו לחזק נפשם בה' אף בימי רעבון: **נותן ליעף כח.** כי הוא עזר אלקי שיכול להיות מיושב בדעתו בימי רעבון הגדול ולא יעצרהו מעבודת ה' באהבה: [ג] **עשה שכונה כו' כו'.** כי שכן נגזר מן משכן שהוא אוהל ומצב קיים. לא בדרך ארעי ולכן דרש שיעשה שכונה כמו שהוא קיים בה שיטע ויזרע כדרך האדם העושה בתוך שלו. ודרש עוד על הופעת השכינה שיכוון בתקונו להוריד השכינה למקום הזה. ע"ד. בא אברהם והורידה כו'. כי כל אחד כפי כחו ומעשיו עשו מדריגה להשכנת השכינה עד שבא משה והשלים עד שירדה שכינה למטה לארץ: **נפסלת.** כי חוץ לארץ לא יתכן דביקות הנבואה בתוכה ואחר כי יצחק אחר העקידה נשלם בשלימותו ובדביקותו לה' בתכלית. ולא הי' יכול לזוז מא"י. כי הנבואה הי' חופף עליו כמעט בתמידות ולכן אמר גור בארץ הזא"ת דייקא כי מיוחדת היא לך: **האל קשות.** כלומר אף הארצות האלה אשר יושביהם עזים וקשים מאוד. אשר מדרך הטבע קשה לכבוש אותם עכ"ז לך אתננה כי אני אכבשם לפניך: **מקצתן.**

גּוּר בָּאָרֶץ הַזֹּאת וְאֶהְיֶה עִמְּךָ וַאֲבָרְכֶךָּ כִּי לְךָ וּלְזַרְעֲךָ אֶתֵּן אֶת כָּל הָאֲרָצֹת הָאֵל וַהֲקִמֹתִי אֶת הַשְּׁבֻעָה אֲשֶׁר נִשְׁבַּעְתִּי לְאַבְרָהָם אָבִיךָ.

Reside in this land and I will be with you and bless you; for to you and to your offspring I will give all these lands, and establish the oath that I swore to Abraham your father (26:3).

☐ **גּוּר בָּאָרֶץ הַזֹּאת** — ***RESIDE IN THIS LAND.***

When Abraham faced famine, God did not prevent him from leaving the land temporarily for Egypt; see above, 12:10. Why was Isaac's situation different?[23] The Midrash explains:

אָמַר רַבִּי הוֹשַׁעְיָה — R' Hoshayah said: **אַתְּ עוֹלָה תְמִימָה** — God was telling Isaac, **"You are** considered **a perfect,** i.e., unblemished, ***olah*-offering.**[24] **מָה עוֹלָה אִם יָצָאת חוּץ לַקְּלָעִים הִיא נִפְסֶלֶת — Just as an *olah*-offering,** which is among the most-holy offerings, **becomes unfit,** its sanctity defiled, **if it exits out of the "curtains,"**[25] **אַף אַתְּ אִם יָצָאת חוּץ לָאָרֶץ נִפְסַלְתָּ — so you will become unfit if you go out of the Land** of Israel."[26]

☐ **כִּי לְךָ וּלְזַרְעֲךָ אֶתֵּן אֶת כָּל הָאֲרָצוֹת הָאֵל** — . . . *AND I WILL BE WITH YOU AND BLESS YOU,* ***FOR TO YOU AND TO YOUR OFFSPRING I WILL GIVE ALL THESE*** [הָאֵל] ***LANDS.***

Scripture here uses הָאֵל, a truncated version of הָאֵלֶּה (the Hebrew word for *these*). The Midrash discusses the significance of this word-form in the context of our verse:

קָשׁוֹת — The implication of the term הָאֵל is that they are **strong** lands,[27] **כְּמָה דְאַתְּ אָמַר "וְאֶת אֵילֵי הָאָרֶץ לָקָח" — as it is stated** (*Ezekiel* 17:13), ***and he took away the might*** [אֵילֵי] ***of the land.***[28]

NOTES

it is accompanied by the *Shechinah* (*Eitz Yosef*). See, however, Insight Ⓐ.

23. *Eitz Yosef.*

24. As a result of the עֲקֵדָה, "the binding of Isaac" by your father Abraham, as an offering to God (see above, 22:1-10).

25. The partition enclosing the Temple Courtyard. (In the Temple, this partition was actually a stone wall; the term קְלָעִים, *curtains*, is taken from the corresponding enclosure of the Tabernacle Courtyard in the Wilderness.)

26. For vis-a-vis Isaac, the entire Land of Israel was analogous to the Temple Courtyard for the *olah*-offering. See *Mizrachi*, cited by *Yefeh To'ar.*

[*Yefeh To'ar* discusses why the Midrash raises this issue here rather than in regard to the previous verse where God told Isaac, *Do not descend to Egypt.* He explains that that verse could have been understood as enjoining Isaac specifically from going to Egypt, since the people there were especially wicked. It is clear though from this verse, *Reside in this land . . . for to you and to your offspring I will give all these lands,* that God was prohibiting him from leaving the Land of Israel for any destination.]

27. For the word אֵל means *strong.* The Midrash is saying that the inhabitants of the lands are fierce and strong, yet God is promising that He shall give the lands to Isaac and his descendants, for He will supernaturally assist in their conquest (*Eitz Yosef*; see also *Maharzu*; for an alternative explanation see *Yefeh To'ar*).

28. Indicating that אֵל denotes strength and might.

INSIGHTS

Ⓐ **The Dwelling of the *Shechinah*** According to the understanding of *Eitz Yosef* that we have followed (see note 22), the meaning of, "Cause the *Shechinah* to dwell in the Land," is: "Remain here in Israel, so that the *Shechinah* can continue to reside in the Land of Israel as well." *Maharzu* and *Eshed HaNechalim*, however, see this statement as being related to the Midrashic teaching above (19 §7) that the sins of mankind from Adam until the contemporaries of Abraham caused the *Shechinah* to depart from the lower realms where it had resided originally, and to ascend, level by level, to the seventh, uppermost heaven. The deeds of seven righteous men — Abraham, Isaac, Jacob, Levi, Kehath, Amram, and Moses — then brought the *Shechinah* back again, level-by-level, until it once again resided in this world. Thus, although the *Shechinah* would complete its return to earth only in the days of Moses, each of the seven great men had a role to fulfill in that process by bringing the *Shechinah* down one more level through their abilities and deeds. Accordingly, in telling Isaac, "Cause the *Shechinah* to dwell in the Land," God is telling him, "It is your responsibility to do your part in causing the *Shechinah* to dwell on earth."

אָמַר רַבִּי חִיָּיא רַבָּה: מָשָׁל לְזַגָּג שֶׁהָיָה בְּיָדוֹ קוּפָּה מְלֵיאָה כּוֹסוֹת וּדְיַיטְרוֹטִין וּבְשָׁעָה שֶׁמְּבַקֵּשׁ לִתְלוֹת אֶת קוּפָּתוֹ הָיָה מֵבִיא יָתֵד וְתוֹקְעָהּ וְנִתְלָה בָּהּ וְאַחַר כָּךְ הָיָה תּוֹלֶה אֶת קוּפָּתוֹ, לְפִיכָךְ כּוּלָּם לֹא בָאוּ בִּימֵי בְּנֵי אָדָם שְׁפוּפִים אֶלָּא בִּימֵי בְּנֵי אָדָם גִּבּוֹרִים שֶׁיְּכוֹלִים לַעֲמוֹד. רַבִּי בֶּרֶכְיָה הֲוָה קָרֵי עֲלֵיהֶן (ישעיה מ, כט) "נוֹתֵן לַיָּעֵף כֹּחַ". רַבִּי חֶלְבּוֹ אָמַר: שְׁנַיִם בָּאוּ בִּימֵי אַבְרָהָם. רַבִּי אַחָא אָמַר: אֶחָד בִּימֵי אַבְרָהָם, וְאֶחָד בִּימֵי לֶמֶךְ, וְרָעָב שֶׁבָּא בִּימֵי אֵלִיָּהוּ רָעָב שֶׁל בַּצּוֹרֶת הָיָה שָׁנָה עָבְדָא וְשָׁנָה לֹא עָבְדָא. רָעָב שֶׁבָּא בִּימֵי אֱלִישָׁע רָעָב שֶׁל מְהוּמָה הָיָה (מלכים ב ו, כה) "עַד הֱיוֹת רֹאשׁ חֲמוֹר בִּשְׁמוֹנִים כֶּסֶף". רָעָב שֶׁבָּא בִּימֵי שְׁפוֹט הַשּׁוֹפְטִים, רַבִּי הוּנָא בְּשֵׁם רַבִּי אַחָא אָמַר: מ"ב סְאִין הָיוּ וְנַעֲשִׂים מ"א. וְהָא תָּנֵי לֹא יֵצֵא אָדָם לְחוּץ לָאָרֶץ אֶלָּא אִם כֵּן הָיוּ סָאתַיִם שֶׁל חִטִּים הוֹלְכִים בְּסֶלַע, אָמַר רַבִּי שִׁמְעוֹן: אֵימָתַי בִּזְמַן שֶׁאֵינוֹ מוֹצֵא לִיקַּח, אֲבָל מוֹצֵא לִיקַּח אֲפִילוּ סְאָה בְּסֶלַע לֹא יֵצֵא לְחוּץ לָאָרֶץ, וּלְפִי שֶׁיָּצָא אֱלִימֶלֶךְ לְחוּץ לָאָרֶץ, נֶעֱנַשׁ שֶׁמֵּת הוּא וּבָנָיו:

ג וַיֵּלֶךְ יִצְחָק אֶל אֲבִימֶלֶךְ גְּרָרָה, לִגַרְדִּיקִי. רַבִּי דּוֹסְתָּאי בְּשֵׁם רַבִּי שְׁמוּאֵל בַּר נַחְמָן: מִפְּנֵי מָה גָּזְרוּ עַל הַנָּוֶה שֶׁבִּגַרְדִּיקִי, מִפְּנֵי שֶׁהוּא נָוֶה רָע. וְעַד הֵיכָן, רַבִּי חָנִין אָמַר: עַד נַחַל מִצְרָיִם. [כה, ב] "וַיֵּרָא אֵלָיו ה' וַיֹּאמֶר אַל תֵּרֵד מִצְרָיְמָה שְׁכוֹן בָּאָרֶץ", עֲשֵׂה שְׁכוּנָה בְּאֶרֶץ יִשְׂרָאֵל, הֱוֵי נוֹטֵעַ הֱוֵי זוֹרֵעַ הֱוֵי נָצִיב. דָּבָר אַחֵר, "שְׁכוֹן בָּאָרֶץ" שַׁכֵּן אֶת הַשְּׁכִינָה בָּאָרֶץ. [כה, ג] "גּוּר בָּאָרֶץ הַזֹּאת", אָמַר רַבִּי הוֹשַׁעְיָה: אַתְּ עוֹלָה תְּמִימָה, מָה עוֹלָה אִם יָצָאת חוּץ לַקְּלָעִים הִיא נִפְסֶלֶת אַף אַתְּ אִם יָצָאת חוּץ לָאָרֶץ נִפְסַלְתָּ. "כִּי לְךָ וּלְזַרְעֲךָ אֶתֵּן אֶת כָּל הָאֲרָצוֹת הָאֵל" קָשׁוֹת כְּמָה דְאַתְּ אָמַר (יחזקאל יז, יג) "וְאֶת אֵילֵי הָאָרֶץ לָקָח".

עץ יוסף

לזגג. אומן העושה כלי זכוכית: **שפופים.** פי' שפלים וחלשים בלי כח: **שנים באו בימי אברהם.** מדכתיב בילחק מלבד הרעב הראשון אשר היה בימי אברהם. דמדכתיב הראשון מכלל דהוו שנים בימי אברהם. וקרא לזה השני רעב הראשון לגבי ילחק (יפ"ת): **אחד בימי אברהם.** והא דכתיב הרעב הראשון אשר היה בימי אברהם מכלל דאיכא אחר שלא היה בימי אברהם. והיינו זה של למך. ועיין מ"ש ברות רבה פרשה א': **בצורת.** גשמים מועטים: **שנה עבדא.** פי' שנה עשתה פירות: **של מהומה.** פרש"י נפלה המיתה בבהמות ונתיקר השער עד שהיו מוכרחים ליתן בעד ראש חמור שמונים כסף: **רבי אחא אמר משתים סאות היה ונעשה מאחת.** כצ"ל (זרע אברהם): (ג) **לגרדיקי.** אשמועינן שעם היותו נוה רע כדסמוך בירכו ה' שם: **מפני מה לא גזרו כו'.** כצ"ל וכן הוא בירו'. ור"ל מפני מה לא גזרו עליה טומאה כיון שהיא לגד ח"ל ומשני מפני שהוא נוה רע ואין דרך ב"א לדור שם לכן לא חששו לגזור על יושביה. ומביא זה לאשמועי' שעם היות גרר מקום רע לזרעים ברכו ה' ליצחק בזריעתו ומצא בה מאה שערים וכדדריש לקמן פ' זו ויזרע יצחק בארץ ההיא הארץ קשה כו' (יפ"ת): **עשה שכונה בא"י.** דשכון מורה על מעשה הישוב במה שיזרע ויטע כי בזה מרבה הישוב והשכונה מהאנשים: **הוי נציב.** נטעי נעמנים מתרגמי' נציבא בחירא (יפ"ת): **עשה את השכינה בארץ.** ולא תצטרך לצאת חו"ל על ידך שבכ"מ שגלו ישראל שכינה עמהם: **את עולה תמימה כו'.** דאל"כ מ"ט אל תרד מצרימה משא"כ באברהם: **עולה תמימה.** שהיא קודש קדשים ואין ק"ק יוצא חוץ לעזרה: **האל קשות.** כאומר אשר אבניה ברזל. ור"ל אף הארצות האלה אשר יושביהם עזים וקשים. ואבניה ברזל. וע"פ טבע א"א לכבשם עכ"ז לך אתננה כי אני אכבשם לפניך:

פירוש מהרז"ו

(ג) **מפני מה גזרו.** בירושל' שביעית פ"ו הגי' מ"מ לא גזרו. וי"ל דמ"ש כאן שגזרו היינו לענין הטומאה ומ"ש שם לא גזרו היינו על המעשרות ועל השביעית. ולפי דעת המדרש ארץ פלשתים היא מא"י ככ"ל ע"כ גזרו בה שתתחייב במעשרות. ולמה גזרו עליה על הטומאה. מפני שהיא נוה רעה כדי שלא יגור אדם שם. ולגי' הירושלמי הוא מחמת שהוא נוה רעה ולא שכיחי לגור שם ע"כ לא גזרו עליה על המעשרות ושביעית ועיין יפ"ת: **שכון בארץ.** ואח"כ אמר גור דמשמע דירת ארעי. ע"כ דורש שבארץ שיאמר לו שידור שם ישכון דרך קביעות זורע ונוטע ונציב תרגום ויטע ונצב. אך בארץ פלשתים אינו רק דירת ארעי לשעה יפ"ת [אבל היפ"ת בחר יותר בדבריו שכתבנו בביאורו]: **את השכינה.** כמ"ש פי"ט סימן ז' לדיקים ישכנו ארץ ישכינו השכינה בארץ עי' מש"ש: **קשות.** פי' שהיו ערים בצורות ויושביה גבורים:

חידושי הרד"ל

(א) [ג] **מפני מה לא גזרו על הנוה שבגרדיקי** מפני שנוה רע כ"ה בירושלמי פרק ו' דשביעית ופי' המפרש שלכן לא הוצרכו לגזור טומאה עליו שבלא"ה לא ידורו שם:

(ב) **הוי נציב.** היינו נוטע דקאמר תחלה. ובילקוט ל"ג ליה. ואפשר צ"ל הוי חוצב פי' חוצב בורות:

חידושי הרש"ש

[ג] **דבר אחר שכון בארץ שכן את השכינה בארץ.** דשכן א"ו כתיב:

מסורת המדרש

ד בבא בתרא דף צ"א:

אם למקרא

נֹתֵן לַיָּעֵף כֹּחַ וּלְאֵין אוֹנִים עָצְמָה יַרְבֶּה: (ישעיה מ:כט)

וַיִּקַּח מִזֶּרַע הַמְּלוּכָה וַיִּכְרֹת אִתּוֹ בְּרִית וַיָּבֵא אֹתוֹ בְּאָלָה וְאֶת־אֵילֵי הָאָרֶץ לָקָח: (יחזקאל יז:יג)

רש"י

שפופים. חלשים: **שנת בצורת.** שלא היו יורדין גשמים: **שנה עבדת ושנה לא עבדת.** שנה זו היתה עושה תבואה ושנה זו לא היתה עושה תבואה: **רעב של מהומה.** אוכלין ואינן שבעין: (ג) **שכון בארץ תעשה שכונה בארץ הוי זורע והוי נוטע דבר אחר שכון בארץ שכן שכינה בארץ.** בזכותך: **כי לך ולזרעך אתן את כל הארצות האל הקשות.** כמה דאת אמר ואת אילי הארץ לקח:

מתנות כהונה

שילא חטא ויוחנא משלם תשלומי החטאת כענין טוביה חטא וזיגוד מנגיד: [**הכי גרסינן** ולמה יצא אלימלך לחוץ לארץ לכך נענש כו'. ועיין לעיל פר' לך לך וריש מגילת רות]: [ג] **גרדיקי.** פי' הערוך ת"י גררה גרדקי וגזרו טומאה עליו שיהיה כארץ העמים: **נציב.** אילנות בהרכבה או עקרן במקום זה ושתלן במקום אחר: **שכן.** שכון קרי ביה שכן:

אשד הנחלים

בארתי היטב בהקדמתי לתנד"בא עיין שם: **משל לזגג כו'.** אחז דווקא בכלי זכוכית לפי שהם נוחים להשתבר בנפילה קלה כן הרעב משבר את רעיוני האדם עד שמביאו ח"ו להרהר אחרי ה' ע"ד והיה כי ירעב והתקצף גו'. לכן הביאם בבני אדם גבורים אבירי לב אשר יוכלו לחזק נפשם בה' אף בימי רעבון: **נותן ליעף כח.** כי הוא עזר אלקי שיכול להיות מיושב בדעתו בימי רעבון הגדול ולא יעצרהו מעבודת ה' באהבה: [ג] **עשה שכונה כו' כו'.** כי שכן נגזר מן משכן שהוא אוהל ומצב קיים. לא בדרך ארעי ולכן דרש שיעשה שכונה כמו שהוא קיים בה שיטע ויזרע כדרך האדם העושה בתוך שלו. ודרש עוד על הופעת השכינה שיכוון בתקונו להוריד השכינה למקום הזה. ע"ד. בא אברהם והורידה כו'. כי כל אחד כפי כחו ומעשיו עשו מדריגה להשכנת השכינה עד שבא משה והשלים עד שירדה שכינה למטה לארץ: **נפסלת.** כי חוץ לארץ לא יתכן דביקות הנבואה בתוכה ואחר כי יצחק אחר העקידה נשלם בשלימותו ובדביקותו לה' בתכלית. ולא הי' יכול לזוז מא"י. כי הנבואה הי' חופף עליו כמעט בתמידות ולכן אמר גור בארץ הזא"ת דייקא כי מיוחדת היא לך: **האל קשות.** כלומר אף הארצות האלה אשר יושביהם עזים וקשים מאוד. אשר מדרך הטבע קשה לכבוש אותם עכ"ז לך אתננה כי אני אכבשם לפניך: **מקצתן.**

דָּבָר אַחֵר — **Another exposition:** לָמָּה לֹא נֶאֱמַר הָאֵלֶּה אֶלָּא "הָאֵל" — **Why does [the verse] not state** the word *these* in its full form הָאֵלֶּה, **but** instead uses the truncated form, הָאֵל?[29] לוֹמַר מִקְצָתָן אֲנִי נוֹתֵן לָךְ — It is **to say: I am giving to you** only **a portion of [these lands].**[30] וְאֵימָתַי אֲנִי נוֹתֵן אֶת הַשְּׁאָר — **And when will I give the remainder?**[31] לֶעָתִיד לָבֹא — **In the** Messianic **future,** yet **to come.**

עֵקֶב אֲשֶׁר שָׁמַע אַבְרָהָם בְּקֹלִי וַיִּשְׁמֹר מִשְׁמַרְתִּי מִצְוֹתַי חֻקּוֹתַי וְתוֹרֹתָי.

Because Abraham obeyed My voice, and observed My safeguards, My commandments, My decrees, and My Torahs (26:5).

§4 עֵקֶב אֲשֶׁר שָׁמַע אַבְרָהָם בְּקֹלִי — ***BECAUSE*** (עֵקֶב) ***ABRAHAM OBEYED MY VOICE, ETC.***

The Midrash finds an allusion in this verse to the age at which Abraham began worshiping God:

רַבִּי יוֹחָנָן וְרַבִּי חֲנִינָא תַּרְוֵיהוֹן אָמְרִין: בֶּן אַרְבָּעִים וּשְׁמוֹנָה שָׁנָה הִכִּיר אַבְרָהָם אֶת בּוֹרְאוֹ — **R' Yochanan and R' Chanina both say that at the age of forty-eight years, Abraham became cognizant of his Creator.**[32] רֵישׁ לָקִישׁ אָמַר: בֶּן שָׁלֹשׁ שָׁנִים הִכִּיר אַבְרָהָם אֶת בּוֹרְאוֹ — **Reish Lakish says that** already **at the age of three years, Abraham became cognizant of his Creator,** מִנְיַן עֵקֶ"ב שָׁמַע אַבְרָהָם בְּקוֹל בּוֹרְאוֹ — for the connotation of the verse is that for **the numerical value of** the word עֵקֶב, i.e., 172[33] (years), **Abraham heeded the voice of his Creator.**[34]Ⓐ

☐ וַיִּשְׁמֹר מִשְׁמַרְתִּי מִצְוֹתַי חֻקּוֹתַי וְתוֹרֹתָי — ***AND OBSERVED MY SAFEGUARDS, MY COMMANDMENTS, MY DECREES, AND MY TORAHS.***

The verse indicates that Abraham observed God's commandments centuries before the giving of the Torah at Sinai. The Midrash discusses the extent of that observance:

רַבִּי יוֹנָתָן מִשֵּׁם רַבִּי יוֹחָנָן אָמַר: אֲפִילוּ הִלְכוֹת עֵירוּבֵי חֲצֵרוֹת הָיָה אַבְרָהָם יוֹדֵעַ — **R' Yonasan said in the name of R' Yochanan: Abraham knew** and observed[35] **even the laws of** the **courtyard** ***eruv.***[36] "תּוֹרוֹתָי", שְׁתֵּי תּוֹרוֹת שֶׁקִּיֵּים אֲפִילוּ מִצְוָה קַלָּה שֶׁבְּבַעַל פֶּה — ***My Torahs,*** in the plural, means **two Torahs,** the Written Torah and the Oral Torah, indicating **that [Abraham] observed even a minor commandment of the Oral Torah.**[37]

The Midrash offers another example of Abraham's foreknowledge:

רַבִּי סִימוֹן אָמַר: אֲפִילוּ שֵׁם חָדָשׁ שֶׁעָתִיד הַקָּדוֹשׁ בָּרוּךְ הוּא לִקְרוֹא לִירוּשָׁלַיִם הָיָה אַבְרָהָם יוֹדֵעַ — **R' Simon said: Abraham had knowledge even of the new name that the Holy One, blessed is He, will in the future give to Jerusalem.**[38] דִּכְתִיב "וַיִּקְרָא ... שֵׁם הַמָּקוֹם הַהוּא ה' יִרְאֶה" — **For it is written,** *[Abraham] called the name*

NOTES

29. Implying a limitation on *these lands*. [This question lay behind the first exposition as well; see *Yefeh To'ar.*]

30. That is, of the ten nations whose territory had been promised to Abraham at the Covenant Between the Parts in 15:19-21 above, the Israelites would take possession of only the lands of seven nations (*Rashi, Matnos Kehunah, Eitz Yosef*). The shortened form הָאֵל indicates that God will be giving only *some* of *these lands* (*Rashi, Eitz Yosef*).

31. That is, the lands of the Kennites, Kenizzites, and Kadmonites (*Rashi*). See also above, 44 §23.

32. Abraham was 48 years old at the time of the construction of the tower of Babel (above, 11:1-9). [Abraham was born in the year 1948 after Creation, while the construction of the tower and the ensuing dispersion occurred in the year 1996.] Since Abraham did not participate in that iniquitous project (see 61 §1 above and note 2 there), it is clear that he was already aware of God (*Eitz Yosef*; see *Rashi* for an alternative derivation).

33. ע = 70, ק = 100, ב =2.

34.Since Abraham lived for a total of 175 years (above, 25:7), and was cognizant of his Creator for 172 of those years, he obviously became aware of God's existence at the age of 3 (*Ran* to *Nedarim* 32a; see also *Eitz Yosef*). [This dispute is also mentioned above, 30 §8, and below, 95 §3, et al. The numerical exposition of the word עֵקֶב to arrive at the age of 3 is also found in *Nedarim* 32a.] See Insight Ⓐ.

35. See *Yefeh To'ar.*

36. As a safeguard against violating the Torah prohibition against carrying articles on the Sabbath from a private domain to a public domain (or vice versa), the Sages prohibited carrying from one domain to another within the same courtyard, although the courtyard is in its entirety a private domain. They permitted such carrying only if the inhabitants of the courtyard established an *eruv,* contributing food to be held in common, thus symbolically linking together all the inhabitants of the courtyard. [The complex laws of the courtyard *eruv* are discussed in depth in Tractate *Eruvin*, particularly in Chs. 3 and 6-9.] The Midrash is interpreting וַיִּשְׁמֹר מִשְׁמַרְתִּי, *and (he) observed My safeguards,* as indicating that not only did Abraham fulfill the actual Torah before it had been given at Sinai, but he even observed the Rabbinically ordained safeguards such as the concept of the courtyard *eruv* (*Eitz Yosef*). See also above, 49 §2.

37. The Talmud interprets תּוֹרֹתָי as a reference to עֵירוּב תַּבְשִׁילִין, *the eruv of cooked dishes*, Rabbinically required so as to permit cooking on a festival for the sake of the Sabbath that follows immediately thereafter (*Yoma* 28b; see also 95 §3 below). Accordingly, the mention here of "a minor commandment of the Oral Torah" likewise refers to עֵירוּב תַּבְשִׁילִין (*Yefeh To'ar*; see, however, *Maharzu*).

The idea that Abraham (and the other Patriarchs) observed the Torah prior to the Revelation at Sinai is a common theme in the words of the Sages; see, e.g., *Kiddushin* 82a. The source of Abraham's foreknowledge of the Torah is discussed in greater detail below, 95 §3.

38. Since Abraham had prophetic foreknowledge of Jerusalem's future name, it is not at all surprising that he had foreknowledge of the Torah's future commandments (*Eitz Yosef*).

This entire passage, till the end of section 4, is also found above, 49 §2.

INSIGHTS

Ⓐ **Abraham Became Cognizant of His Creator** The position of Reish Lakish and that of R' Yochanan and R' Chanina seem to be diametrically opposed, with the former having Abraham reach his awareness of God as a very young child, and the latter stating that this did not occur until he was a mature adult. However, R' Shimon ben Tzemach Duran (*Tashbeitz*) suggests that these two positions do not actually disagree; rather, each is referring to a different stage in Abraham's intellectual journey toward knowledge of God. Reish Lakish does not mean to suggest that Abraham had complete, mature knowledge of God by the age of 3; he merely means that he began to question the idolatrous beliefs of his surroundings at that age, realizing that they could not account for the complex and perfectly functioning world that he observed. R' Yochanan and R' Chanina, on the other hand, are referring to the time when he achieved full cognizance of God as the sole Creator and Master of the universe (see above 39 §1 and notes and insights there), and this did not occur until he was 48, at the time of the Dispersion

According to the understanding of *Ramach* cited in *Hagahos Maimoniyos* (*Hilchos Avodah Zarah* 1:3), this is also the view of *Rambam* there. For *Rambam* writes: *Once this mighty one* [*Abraham*] *was weaned, he began to wander with his intellect, and* [*though*] *he was yet young, he began to think day and night and wondered how it was possible for this sphere to operate constantly if there is no one to lead it . . . and he knew that there is one God . . . And Abraham was 40 years old when he became cognizant of his Creator.* (*Tashbatz* and *Kesef Mishneh* suggest that *Rambam's* version of the Midrash stated "40" rather than "48," whereas *Hagahos Maimoniyos* and others amend the text of *Rambam* to 48.) Thus, while Abraham began questioning the paganistic world-view and recognizing that there is a Creator at a very young age, it was not until he was a mature adult that his questioning and analysis brought him to the full realization of God's existence and His control over the Universe.

דָּבָר אַחֵר, לָמָּה לֹא נֶאֱמַר "הָאֵלֶּה" אֶלָּא "הָאֵל", לוֹמַר מִקְצָתָן אֲנִי נוֹתֵן לָךְ וְאֵימָתַי אֲנִי נוֹתֵן אֶת הַשְּׁאָר לֶעָתִיד לָבֹא:

ד [כו, ה] "עֵקֶב אֲשֶׁר שָׁמַע אַבְרָהָם בְּקֹלִי". [ה]רַבִּי יוֹחָנָן וְרַבִּי חֲנִינָא תַּרְוֵיהוֹן אָמְרִין: בֶּן אַרְבָּעִים וּשְׁמוֹנָה שָׁנָה הִכִּיר אַבְרָהָם אֶת בּוֹרְאוֹ. רֵישׁ לָקִישׁ אָמַר: בֶּן שָׁלֹשׁ שָׁנִים הִכִּיר אַבְרָהָם אֶת בּוֹרְאוֹ, מִנַּיִן עֵקֶ"ב שָׁמַע אַבְרָהָם בְּקוֹל בּוֹרְאוֹ. "וַיִּשְׁמֹר מִשְׁמַרְתִּי מִצְוֹתַי חֻקּוֹתַי וְתוֹרֹתָי", רַבִּי יוֹנָתָן מִשֵּׁם רַבִּי יוֹחָנָן אָמַר: [ו]אֲפִילּוּ הִלְכוֹת עֵירוּבֵי חֲצֵרוֹת הָיָה אַבְרָהָם יוֹדֵעַ. [ז]"תּוֹרֹתָי", שְׁתֵּי תוֹרוֹת שֶׁקִּיֵּם אֲפִילּוּ מִצְוָה קַלָּה שֶׁבְּעַל פֶּה. רַבִּי סִימוֹן אָמַר: אֲפִילּוּ שֵׁם חָדָשׁ שֶׁעָתִיד הַקָּדוֹשׁ בָּרוּךְ הוּא לִקְרוֹא לִירוּשָׁלַיִם הָיָה אַבְרָהָם יוֹדֵעַ, דִּכְתִיב (בראשית כב, יד) "וַיִּקְרָא... שֵׁם הַמָּקוֹם הַהוּא ה' יִרְאֶה", וּכְתִיב (יחזקאל מח, לה) "וְשֵׁם הָעִיר מִיּוֹם ה' שָׁמָּה", וּכְתִיב (ירמיה ג, יז) "(ביום ההוא) [בָּעֵת הַהִיא] יִקְרְאוּ לִירוּשָׁלַיִם כִּסֵּא ה'". רַבִּי בֶּרֶכְיָה אָמַר בְּשֵׁם רַבִּי יְהוּדָה: אֵין כָּל יוֹם וָיוֹם שֶׁאֵין הַקָּדוֹשׁ בָּרוּךְ הוּא מְחַדֵּשׁ הֲלָכָה בְּבֵית דִּין שֶׁל מַעְלָה, מַאי טַעְמֵיהּ (איוב לז, ב) "שִׁמְעוּ שָׁמוֹעַ בְּרֹגֶז קֹלוֹ וְהֶגֶה מִפִּיו יֵצֵא", וְאֵין הֶגֶה אֶלָּא תוֹרָה כָּעִנְיָן שֶׁנֶּאֱמַר (יהושע א, ח) "וְהָגִיתָ בּוֹ יוֹמָם וָלַיְלָה":

ה [כו, ח] "וַיְהִי כִּי אָרְכוּ לוֹ שָׁם הַיָּמִים". אָמַר רַבִּי יוֹחָנָן: חֲלוֹם קָשֶׁה וּנְבוּאָה קָשָׁה אֲבָל שׁוֹטֶה אֲרִיכוּת יָמִים מְבַטֶּלֶת.

עץ יוסף

מקצתן אני נותן לך. ולכן נכתב חסר ה' להורות על המיעוט. דעלה במחשבה להנחיל עשרה עממין את ישראל. ושוב לא הנחיל אלא ז'. והג' ינחילם לימות משיחנו כדלעיל ס"פ מ"ד: (ד) **מנין.** עקב ששנותיו של אברהם. קע"ה וכיון דבן ג' הכיר את ה' נמצא ששמע בקולו מנין עקב. ומ"ד בן מ"ח ס"ל משום שבדור הפלגה היה אברהם בן מ"ח ולא נשתתף עמהם. הרי שבן מ"ח הכיר. ונראה דמודו דכשהתחיל לדבר הכיר את ה' כדאיתא בתד"א ול"פ אלא בגמר ההכרה באמיתת השם: **אפי' הלכות ע"ח.** שהם נקראו משמרת שהם סייגים ותקנות ע"ד עשו משמרת למשמרתי. ובתנחומא סדר לך ובסדר בהר אי' אפילו עירובי תבשילין. וכן אי' ביומא דף כ"ח ובאג"ב פרק כ"ג: **אפילו שם חדש.** כלו' אל תתמה מאברהם שידע בנבואה כל התורה כי גם שם ירושלים החדש ידע: **ושם העיר מיום ה' שמה.** והיינו ה' יראה שהכוונה שה' משגיח שם והא דכתיב ושם העיר מיום ה' שמה ה"פ כבר מיום העקדה ה' שמה ע"י אברהם שקראה אז כן ע"ש העתיד (נזה"ק): **אין לך יום.** ויום שאין הקב"ה מחדש הלכה בב"ד של מעלה ואותן הלכות ידע אברהם. כנ"ל (א"א ויפ"ת): (ה) **חלום קשה כו'.** פי' חלום קשה וכן נבואה קשה כשמתאחרת לבא סבורין בני אדם שאריכות ימים מבטלתן. ואינו כן. וכן אבל שוטה פי' גרוע (כמו הדם שוטה) והיינו אבילות של אב שאין הלב דוה עליו (כמו אבילות האב על הבן שהוא דוה מאד) שוכח אותו במהרה. כמו יצחק ששכח אבל אביו: **מיד**

חידושי הרד"ל

(ג) [ד] **וכתיב ושם העיר מיום ה' שמה** ודרשינן (ב"ב ע"ה) שיהיה שמה כשם ה' וזה שקראה אברהם ה' יראה:
(ד) **מאי טעמיה שמעו שמוע ברגז קולו והגה כו'** וכתיב כאן אשר שמע אברהם בקולי והיינו קול זה:
(ה) [ה] **אבל שוטה.** נראה דצ"ל שומם. ור"ל אבל המאריך באבלו יותר על מה שהוא חייב וכמ"ש בפר"א פל"ב שג' שנים נתאבל יצחק על אמו. ולשון שומם רומז לקרא אל תהי צדיק הרבה וגו' למה תשומם ואמר כאן אף יצחק שהאריך באבל שומם עכ"ז אח"כ כי ארכו לו הימים נשכח אבלה מלבו וינחם אחרי אמו. או אפשר צ"ל אבל שוהה פירש מתעכב הרבה באבלו. (ולגי' הס' שוטה אפשר פי' כמו הדם שוטה בכור שוטה. שאינו בעיקר הדין. כן כאן היה האבילות יתירה שלא מן הדין):

פירוש מהרז"ו

מקצתן כו' והשאר לע"ל. יתכן שדורש כן ממ"ש עוד בפ' הסמוך ונתתי לזרעך את כל הארצות האל וע"פ מדה יו"ד שתי נתינות וע"ל פמ"ד סי' כ"ג איזה שלא נתן: (ד) **רבי יוחנן ורבי חנינא.** לעיל פ"ל סי' ח' וש"נ ומבואר: **ריש לקיש.** ע' במ"ר פי"ח סי' כ"א: **רבי יונתן.** לעיל פמ"ט סי' ב' וש"נ ומבואר: **אפילו מצוה קלה.** קורא לע"ח מצוה קלה. כי במקום שתופי מבואות א"ל ע"ח: **שם חדש.** כוונתו על מ"ש ישעיה ס"ב ב' וקורא לך שם חדש אשר פי ה' יקבנו. ור"ל אשר פי יקבנו ה'. שיהיה שמה ה' ע"פ מדה ל"א. וממ"ש ושם העיר מיום ה' שמה. הרי שנקראת כן. גם דורש א"ת שָׁמָּה אלא שְׁמָהּ: **שנאמר והגית.** ע"ל פמ"ט ס"ב ושם באתי: (ה) **חלום קשה וכו'.** אם לא נתקיימו מהרה יתכן שיתבטלו על ידי תשובה ותפלה שכל מה שהקב"ה גוזר לרעה חוזר בו כמש"ל פנ"ג ס"ד וש"נ:

מסורת המדרש

ה נדרים דף ל"ב. לעיל פ' ל'. לקמן פרשה נ"ה. במד"ר פ' י"ח. אסתר רבה פרשה ו'. שיר רבה סוף פרשה ה' ופרשה ז' פסוק י'. פסיקתא רבתי פיסקא כ"ח. תנחומא סדר לך לך סימן ג'. וסדר בהר סימן א'. ילקוט נח רמז מ"ח. ילקוט כאן רמז קי"א:
ו לעיל פ' מ"ט. וש"נ:
ז יומא דף כ"ח. קדושין דף פ"ב:

אם למקרא

וַיִּקְרָא אַבְרָהָם שֵׁם־הַמָּקוֹם הַהוּא ה' יִרְאֶה אֲשֶׁר יֵאָמֵר הַיּוֹם בְּהַר ה' יֵרָאֶה: (בראשית כב:יד)

סָבִיב שְׁמֹנָה עָשָׂר אָלֶף וְשֵׁם־הָעִיר מִיּוֹם ה' שָׁמָּה: (יחזקאל מח:לה)

שִׁמְעוּ שָׁמוֹעַ בְּרֹגֶז קֹלוֹ וְהֶגֶה מִפִּיו יֵצֵא: (איוב לז:ב)

לֹא־יָמוּשׁ סֵפֶר הַתּוֹרָה הַזֶּה מִפִּיךָ וְהָגִיתָ בּוֹ יוֹמָם וָלַיְלָה לְמַעַן תִּשְׁמֹר לַעֲשׂוֹת כְּכָל־הַכָּתוּב בּוֹ כִּי־אָז תַּצְלִיחַ אֶת־דְּרָכֶךָ וְאָז תַּשְׂכִּיל: (יהושע א:ח)

רש"י

דבר אחר למה לא נאמר האלה אלא האל לומר מקצתן. איני נותן לזרעך כל הארצות של עשרה עממין שהבטחתי לאברהם אביך מיד אלא ארץ של שבעה עממין: **אימתי אני נותן לך את השאר.** קיני וקנזי וקדמוני לעתיד לבא: (ד) **בן ארבעים ושמונה שנה הכיר אברהם את בוראו צא וחשוב אותיות פסוק עקב אתה מוצא מ"ה הוסיף עליהם ג' הברית מצותי חוקותי ותורותי הרי מ"ח.** לישנא אחרינא שהרי בדור הפלגה היה אברהם בן מ"ח ולא מצינו שנשתתף בעצתם: **רבי לוי בשם ריש לקיש בן שלש שנים מנין עק"ב אשר שמע אברהם בקול בוראו.** שהרי אברהם חיה קע"ה שנה לא מהם ג' למפרע נשתיירו קע"ב: **תורותי.** שתי תורות קיים אפילו מצוה קלה שבעל פה: **אפילו שם חדש שעתיד הקדוש ברוך הוא לקרוא לירושלים היה אברהם יודע דכתיב ויקרא אברהם את שם המקום ההוא ה' יראה.** לומר עתיד הקב"ה לקרות המקום הזה ה' שנאמר ושם העיר מיום ה' שמה וסמך מכאן ג' יודין יתרין דמצותי חוקותי ותורותי הוא השם שעתיד לחדש: (ה) **חלום קשה ונבואה שהיא קשה.** ומאחרין לבא סבורים בני אדם שאריכות ימים מבטלתן ואינו כן. וכן אבל שוטה ששוכח מתו במהרה סבור הוא שאריכות ימים מבטלין:

מתנות כהונה

מקצתן כו'. שהרי עשרה עממין ניתנו לאברהם וישראל לא כבשו אלא שבעה עממין: [ד] **בן ארבעים ושמונה.** מצאתי בפירש"י ז"ל חשוב אותיות פסוק עקב ותמצא מ"ה אותיות וג' הברית מצותי חקותי ותורותי הרי מ"ח ל"א שבדור הפלגה היה אברהם בן מ"ח ולא נשתתף בעצתם: [**עירובי חצירות כו'.** ע' לעיל פר' מ"ט ולקמן פ' נ"ה]: **תורתי.** ת"ו בתרא קמוצה כינוי לרבים: **מיום.** משמע מימים קדמוניות: **מחדש הלכה כו'.** ואפילו אותן הלכות היה יודע שנאמר תורתי מדבר בעדו אותן שאני בעצמי מחדש ולעיל פרשה מ"ט מסיים בהדיא אפילו אותן הלכות היה יודע: [ה] **חלום קשה כו'.** נראה אבל שאין בו ממש כההיא דיצחק שפירש מאשתו על לא דבר כמנהג האבלים ובסוף הימים נשכח מלבו דכתיב כי ארכו וגו': **חלום קשה.** מיוסף ששר המשקה שכח

אשד הנחלים

ולכן נכתב חסר ה' להורות על המעוט: [ד] **בן מ"ח שנה.** אף שידוע המעשה מאברהם שהתחיל לדבר בעת לידתו ובמשך זמן מעט התחיל וההביל את אמונת עצבים כמבואר המעשה בתנדב"א. עכ"ז כי חשב ההכרה באמיתת הי' אז בהיותו מ"ח שנה שאז נשתלם בידיעתו באחדות ה' ור"ל חשב תחילת ההכרה אף שעדיין לא בא לתכלית ההכרה. ותרווייהו לא פליגו אלא בפירושי דקרא. ועיין במ"כ: **מנין עקב.** כי כל שניו היו קע"ה וכל קע"ב שנה היה מכיר בוראו א"כ כשהיה בן ג' התחיל להכיר: **חצירות.** שהם נקראו משמרת שהם סייגים ותקנות ע"ד עשו משמרת למשמרתי: **שם חדש.** כי הכתוב אומר וארא אל אברהם באל שדי ושמי ה' לא נודעתי להם. כפירש המפרשים שהתנהג עמם לא בהיפוך הטבע מכל וכל. ולכן היו מעוטפים עודנה בגירות הרבה אכן לע"ל יבטל מדה"ד מהעולם מכל וכל כי יתגלה שם ה' על ירושלים. וזה היה אברהם יודע שבאחרית ישתלמו בזה ולכן נקרא להמקום הזה בשם ה' לומר כי המקום מוכן באחרית לזה ההנהגה. וזהו כסא ה' והבן: **מחדש ההלכה.** ידוע שהתורה העליונה הוא כפי מערכת הנהגת העולם כולו. ועל זה היסוד אמרו שהקב"ה עוסק בתורה. כי הוא צורך ההנהגה שהוא כפי התורה. ואחר שמחדש בכל יום מעשי בראשית ואין הנהגת יום דומה ליום אחר מוכרחין אנו לומר שלכל יום מתחדש ההלכה שהוא לעומת ההנהגה ההיא. ואברהם היה יודע כל התור' בשלימות. א"כ הי' יודע כל אף ענייני ההנהגות אף עניני ההנהגות שיהי' לע"ל וזה אמרו אפילו שם שלע"ל. והבן זה. ובפרשת וירא הארכתי בזה בקצת ציור: [ה] **שוטה א"י מבטלתן.** כלומר

of that site[39] ***"HASHEM Will See"*** (above, 22:14), וּכְתִיב "וְשֵׁם הָעִיר מִיּוֹם ה' שָׁמָּה" – **and it is written,** ***And the name of the city from that day shall be "HASHEM-Is-There"***[40] (*Ezekiel* 48:35), וּכְתִיב "בָּעֵת הַהִיא יִקְרְאוּ לִירוּשָׁלַיִם כִּסֵּא ה'" – **and it is written,** ***At that time people will call Jerusalem "The Throne of HASHEM"*** (*Jeremiah* 3:17).[41]

The Midrash returns to its discussion concerning halachic innovations:

רַבִּי בֶּרֶכְיָה אָמַר בְּשֵׁם רַבִּי יְהוּדָה: אֵין כָּל יוֹם וָיוֹם שֶׁאֵין הַקָּדוֹשׁ בָּרוּךְ הוּא מְחַדֵּשׁ הֲלָכָה בְּבֵית דִּין שֶׁל מַעְלָה – **R' Berachyah said in the name of R' Yehudah: There is never a day in which the Holy One, blessed is He, does not innovate a new** halachic **ruling in the Heavenly court.**[42] מַאי טַעְמֵיהּ "שִׁמְעוּ שָׁמוֹעַ בְּרֹגֶז קֹולוֹ וְהֶגֶה מִפִּיו יֵצֵא" – **What is [R' Yehudah's] reasoning?** He derives it from the verse, ***Listen well as, in fury, He gives voice, speech emanates from His mouth*** (*Job* 37:2), וְאֵין הֶגֶה אֶלָּא תוֹרָה כְּעִנְיָן שֶׁנֶּאֱמַר "וְהָגִיתָ בּוֹ יוֹמָם וָלַיְלָה" – **and** ***speech*** (הֶגֶה) **refers to Torah, as in the matter that is stated** in Scripture, *This Book of the Torah shall not depart from your mouth;* ***rather you should speak*** (וְהָגִיתָ) ***of it day and night*** (*Joshua* 1:8).[43]

וַיְהִי כִּי אָרְכוּ לוֹ שָׁם הַיָּמִים וַיַּשְׁקֵף אֲבִימֶלֶךְ מֶלֶךְ פְּלִשְׁתִּים בְּעַד הַחַלּוֹן וַיַּרְא וְהִנֵּה יִצְחָק מְצַחֵק אֵת רִבְקָה אִשְׁתּוֹ.

And it came to pass, as his days there lengthened, that Abimelech king of the Philistines gazed down through the window and saw – behold! Isaac was jesting with his wife Rebecca (26:8).

§5 וַיְהִי כִּי אָרְכוּ לוֹ שָׁם הַיָּמִים – *AND IT CAME TO PASS, AS HIS DAYS THERE WERE LENGTHENED.*

The verse stresses that these events occurred after considerable time has elapsed. The Midrash elaborates the significance of that fact:

אָמַר רַבִּי יוֹחָנָן: חֲלוֹם קָשֶׁה וּנְבוּאָה קָשָׁה אֵבֶל שׁוֹטֶה אֲרִיכוּת יָמִים מְבַטֶּלֶת – **R' Yochanan said: A distressing dream, a distressing prophecy, and counterfeit mourning are voided by the lengthening of the days,** i.e., after an extended period of time.[44]

NOTES

39. The site of "the binding of Isaac," which the Midrash had identified as Jerusalem (56 §10 above).

40. Meaning that God providentially supervises the affairs of the city. This is also the connotation of *HASHEM Will See*; the two names are thus in fact identical (*Eitz Yosef,* from *Nezer HaKodesh*). Accordingly, Abraham's "naming" of the site was a prophetic reference to the name that God will give to Jerusalem in the Messianic era (*Yefeh To'ar*).

41. The fact that Jerusalem will be called *The Throne of HASHEM* indicates that the name *HASHEM-Is-There* is not to be taken literally. Hence, it must be understood as a reference to God's Providence, and is thus essentially the same as *HASHEM Will See ,* as explained in the preceding note (*Yefeh To'ar*).

42. Through further analysis of the Torah, so to speak.

43. Accordingly, the verse in *Job* is indicating that God is constantly uttering new words of Torah (see *Yefeh To'ar*), i.e., His new rulings. The parallel text above, 49 §2, concludes: אֲפִילוּ אוֹתָן הֲלָכוֹת הָיָה אַבְרָהָם יוֹדֵעַ, "Abraham even had knowledge of these laws." *Eitz Yosef,* following *Yefeh To'ar*, emends the text here accordingly (see also *Matnos Kehunah*).

44. That is, when a distressing dream or prophecy does not materialize after an extended period, people cease to be concerned by it, for they believe (wrongly) that it has become void through the passage of time (*Rashi, Eitz Yosef*; see, however, *Maharzu*). Similarly, "counterfeit" or mild grief, such as the mourning of a child for a parent, will pass with time; "genuine" or severe grief, such as the mourning of a parent for a child, does not (*Eitz Yosef*; however, see *Rashi*). [The term אֵבֶל שׁוֹטֶה is comparable to the term הֲדַס שׁוֹטֶה, *counterfeit myrtle*, a myrtle that has only two leaves growing together rather than the requisite three, and that is therefore invalid for use with the Four Species on Succos. See *Succah* 32b (*Eitz Yosef*).]

דָּבָר אַחֵר, לָמָּה לֹא נֶאֱמַר "הָאֵלֶּה" אֶלָּא "הָאֵל", לוֹמַר מִקְצָתָן אֲנִי נוֹתֵן לָךְ וְאֵימָתַי אֲנִי נוֹתֵן אֶת הַשְּׁאָר לֶעָתִיד לָבֹא:

ד [כו, ה] "עֵקֶב אֲשֶׁר שָׁמַע אַבְרָהָם בְּקוֹלִי". הרַבִּי יוֹחָנָן וְרַבִּי חֲנִינָא תַּרְוֵיהוֹן אָמְרִין: בֶּן אַרְבָּעִים וּשְׁמוֹנָה שָׁנָה הִכִּיר אַבְרָהָם אֶת בּוֹרְאוֹ. רֵישׁ לָקִישׁ אָמַר: בֶּן שָׁלֹשׁ שָׁנִים הִכִּיר אַבְרָהָם אֶת בּוֹרְאוֹ, מִנַּיִן עֵקֶ"ב שָׁמַע אַבְרָהָם בְּקוֹל בּוֹרְאוֹ. "וַיִּשְׁמֹר מִשְׁמַרְתִּי מִצְוֹתַי חֻקּוֹתַי וְתוֹרֹתָי", רַבִּי יוֹנָתָן מִשֵּׁם רַבִּי יוֹחָנָן אָמַר: ואֲפִילּוּ הִלְכוֹת עֵירוּבֵי חֲצֵרוֹת הָיָה אַבְרָהָם יוֹדֵעַ. ז"תּוֹרֹתָי", שְׁתֵּי תוֹרוֹת שֶׁקִּיֵּים אֲפִילּוּ מִצְוָה קַלָּה שֶׁבְּבַעַל פֶּה. רַבִּי סִימוֹן אָמַר: אֲפִילּוּ שֵׁם חָדָשׁ שֶׁעָתִיד הַקָּדוֹשׁ בָּרוּךְ הוּא לִקְרוֹא לִירוּשָׁלַיִם הָיָה אַבְרָהָם יוֹדֵעַ, דִּכְתִיב (בראשית כב, יד) "וַיִּקְרָא... שֵׁם הַמָּקוֹם הַהוּא ה' יִרְאֶה", וּכְתִיב (יחזקאל מח, לה) "וְשֵׁם הָעִיר מִיּוֹם ה' שָׁמָּה", וּכְתִיב (ירמיה ג, יז) "(ביום ההוא) [בָּעֵת הַהִיא] יִקְרְאוּ לִירוּשָׁלַיִם כִּסֵּא ה'". רַבִּי בֶּרֶכְיָה אָמַר בְּשֵׁם רַבִּי יְהוּדָה: אֵין כָּל יוֹם וָיוֹם שֶׁאֵין הַקָּדוֹשׁ בָּרוּךְ הוּא מְחַדֵּשׁ הֲלָכָה בְּבֵית דִּין שֶׁל מַעְלָה, מַאי טַעְמֵיהּ (איוב לז, ב) "שִׁמְעוּ שָׁמוֹעַ בְּרֹגֶז קֹלוֹ וְהֶגֶה מִפִּיו יֵצֵא", וְאֵין הֶגֶה אֶלָּא תּוֹרָה כָּעִנְיָן שֶׁנֶּאֱמַר (יהושע א, ח) "וְהָגִיתָ בּוֹ יוֹמָם וָלַיְלָה":

ה [כו, ח] "וַיְהִי כִּי אָרְכוּ לוֹ שָׁם הַיָּמִים". אָמַר רַבִּי יוֹחָנָן: חֲלוֹם קָשֶׁה וּנְבוּאָה קָשָׁה אֲבָל שׁוֹטָה אֲרִיכוּת יָמִים מְבַטֶּלֶת.

רש"י

דבר אחר למה לא נאמר האלה אלא האל לומר מקצתן. איני נותן לזרעך כל הארצות של עשרה עממין שהבטחתי לאברהם אביך מיד אלא ארץ של שבעה עממין: **אימתי אני נותן לך את השאר.** קיני וקנזי וקדמוני לעתיד לבא: **(ד) בן ארבעים ושמונה שנה הכיר אברהם את בוראו צא וחשוב אותיות פסוק עקב אתה מוצא מ"ה הוסיף עליהם ג' הברית מצותי חוקותי ותורותי הרי מ"ח.** לישנא אחרינא שהרי בדור הפלגה היה אברהם בן מ"ח ולא מצינו שנשתתף בעצתם: **רבי לוי בשם ריש לקיש בן שלש שנים מנין עק"ב אשר שמע אברהם בקול בוראו.** שהרי אברהם חיה קע"ה שנה לא מהם ג' למפרע נשתיירו קע"ב: **תורותי.** שתי תורות קיים אפילו מצוה קלה שבעל פה: **אפילו שם חדש שעתיד הקדוש ברוך הוא לקרוא לירושלים היה אברהם יודע דכתיב ויקרא אברהם את שם המקום ההוא ה' יראה.** לומר עתיד הקב"ה לקרות המקום הזה ה' שנאמר ושם העיר מיום ה' שמה וסמך מכאן ג' יודין יתרין דמצותי חוקותי ותורותי הוא השם שעתיד לחדש: **(ה) חלום קשה ונבואה שהיא קשה.** ומאחרין לבא סבורים בני אדם שאריכות ימים מבטלתן ואינו כן. וכן אבל שוטה ששוכח מתו במהרה סבור הוא שאריכות ימים מבטלין:

מתנות כהונה

מקצתן כו'. שהרי עשרה עממין ניתנו לאברהם וישראל לא כבשו אלא שבעה עממין: **[ד] בן ארבעים ושמונה.** מצאתי בפירש"י ז"ל חשוב אותיות פסוק עקב ותמצא מ"ה אותיות וג' הברית מצותי חקותי ותורותי הרי מ"ח ל"א שבדור הפלגה היה אברהם בן מ"ח ולא נשתתף בעצתם: **[עירובי חצירות כו'.** עי' לעיל פר' מ"ט ולקמן פ' נ"ה]: **תורתי.** תי"ו בתרא קמוצה כינוי לרבים: **מיום.** משמע מימים קדמוניות: **מחדש הלכה כו'.** ואפילו אותן הלכות היה יודע שנאמר תורתי מדבר בעדו אותן שאני בעצמי מחדש ולעיל פרשה מ"ט מסיים בהדיא אפילו אותן הלכות היה יודע: **[ה] חלום קשה כו'.** נראה אבל שאין בו ממש כההיא דיצחק שפירש מאשתו על לא דבר כמנהג האבלים ובסוף הימים נשכח מלבו דכתיב כי ארכו וגו': **חלום קשה.** מיוסף שסר המשקה שכח

עץ יוסף

מקצתן אני נותן לך. ולכן נכתב חסר ה' להורות על המיעוט. דעלה במחשבה להנחיל עשרה עממין את ישראל. ושוב לא הנחיל אלא ז'. והג' ינחילם לימות משיחנו כדלעיל ס"פ מ"ד: **(ד) מנין.** עקב ששנותיו של אברהם. קע"ה וכיון דבן ג' הכיר את ה' נמצא ששמע בקולו מנין עקב. ומ"ד בן מ"ח ס"ל משום שבדור הפלגה היה אברהם בן מ"ח ולא נשתתף עמהם. הרי שבן מ"ח הכיר. ונראה דמודו דכשהתחיל לדבר הכיר את ה' כדאיתא בתד"א ול"פ אלא בגמר ההכרה באמיתת השם: **אפי' הלכות ע"ח.** שהם נקראו משמרת שהם סייגים ותקנות ע"ד עשו משמרת למשמרתי. ובתנחומא סדר לך ובסדר בהר אי' אפילו עירובי תבשילין. וכן אי' ביומא דף כ"ח ובאג"ב פרק כ"ג: **אפילו שם חדש.** כלו' אל תתמה מאברהם שידע בנבואה כל התורה כי גם שם ירושלים החדש ידע: **ושם העיר מיום ה' שמה.** והיינו ה' יראה שהכוונה שה' משגיח שם והא דכתיב ושם העיר מיום ה' שמה ה"פ כבר מיום העקדה ה' שמה ע"י אברהם שקראה אז כן ע"ש העתיד (נזה"ק): **אין לך יום.** ויום שאין הקב"ה מחדש הלכה בב"ד של מעלה ואותן הלכות ידע אברהם. כצ"ל (א"א ויפ"ת): **(ה) חלום קשה כו'.** פי' חלום קשה וכן נבואה קשה כשמתאחרת לבא סבורין בני אדם שאריכות ימים מבטלתן. ואינו כן. וכן אבל שוטה פי' גרוע (כמו הדם שוטה) והיינו אבילות של אב שאין הלב דוה עליו (כמו אבילות האב על הבן שהוא דוה מאד) שוכח אותו במהרה. כמו יצחק ששכח אבל אביו: **מיד**

פירוש מהרז"ו

מקצתן כו' והשאר לע"ל. יתכן שדורש כן ממ"ש עוד בפ' הסמוך ונתתי לזרעך את כל הארצות האל וע"פ מדה יו"ד שתי נתינות וע"ל פמ"ד סי' כ"ג איזה שלא נתן: **(ד) רבי יוחנן ורבי חנינא.** לעיל פ"ל סי' ח' וש"נ ומבואר: **ריש לקיש.** ע' במ"ר פי"ח סי' כ"ח: **רבי יונתן.** לעיל פמ"ט סי' ב' וש"נ ומבואר: **אפילו מצוה קלה.** קורא לע"ח מצוה קלה. כי במקום שתופי מבואות א"צ ע"ח: **שם חדש.** כוונתו על מ"ש ישעיה ס"ב ב' וקורא לך שם חדש אשר פי ה' יקבנו. ור"ל אשר פי יקבנו ה'. שיהיה שמה ה' ע"פ מדה ל"א. וממ"ש ושם העיר מיום ה' שמה. הרי שנקראת כן. גם דורש א"ת שָׁמָּה אלא שְׁמָהּ: **שנאמר והגית.** ע"ל פמ"ט ס"ב ושם באתרי: **(ה) חלום קשה ובו'.** אם לא נתקיימו מהרה יתכן שיתבטלו על ידי תשובה ותפלה שכל מה שהקב"ה גוזר לרעה חוזר בו כמש"ל פנ"ג ס"ד וש"נ:

חידושי הרד"ל

(ג) [ד] וכתיב ושם העיר מיום ה' שמה ודרשינן (ב"ב ע"ה) שיהיה שמה כשם ה' וזה שקראה אברהם ה' יראה: **(ד) מאי טעמיה שמעו שמוע ברגז קולו והגה בו'** וכתיב כאן אשר שמע אברהם בקולי והיינו קול זה: **(ה) [ה] אבל שוטה.** נראה דצ"ל שומם. ור"ל אבל המאריך באבלו יותר על מה שהוא חייב וכמ"ש בפר"א פל"ב שג' שנים נתאבל יצחק על אמו. ולשון שומם רומז לקרא אל תהי צדיק הרבה וגו' למה תשומם ואמר כאן אף יצחק שהאריך באבל שומם עכ"ז אח"כ כי ארכו לו הימים נשכח אבלה מלבו וינחם אחרי אמו. או אפשר צ"ל אבל שוהה פירש מתעכב הרבה באבלו. (ולגי' הס' שוטה אפשר פי' כמו הדם שוטה בכור שוטה. שאינו בעיקר הדין. כן כאן היה האבילות יתירה שלא מן הדין):

מסורת המדרש

ה נדרים דף ל"ב. לעיל פ' ל'. לקמן פרשה נ"ה. במד"ר פ' י"ח. אסתר רבה פרשה ו'. שיר רבה סוף פרשה ה' ופרשה ז' פסוק י'. פסיקתא רבתי פיסקא כ"א. תנחומא סדר לך לך סימן ג'. וסדר בהר סימן א'. ילקוט נח רמז מ"א. ילקוט כאן רמז קי"א:
ו לעיל פ' מ"ט. וש"נ:
ז יומא דף כ"ח. קדושין דף פ"ב:

אם למקרא

וַיִּקְרָא אַבְרָהָם שֵׁם־הַמָּקוֹם הַהוּא ה' יִרְאֶה אֲשֶׁר יֵאָמֵר הַיּוֹם בְּהַר ה' יֵרָאֶה: (בראשית כב:יד)

סָבִיב שְׁמֹנָה עָשָׂר אָלֶף וְשֵׁם־הָעִיר מִיּוֹם ה' שָׁמָּה: (יחזקאל מח:לה)

שִׁמְעוּ שָׁמוֹעַ בְּרֹגֶז קֹלוֹ וְהֶגֶה מִפִּיו יֵצֵא: (איוב לז:ב)

לֹא־יָמוּשׁ סֵפֶר הַתּוֹרָה הַזֶּה מִפִּיךָ וְהָגִיתָ בּוֹ יוֹמָם וָלַיְלָה לְמַעַן תִּשְׁמֹר לַעֲשׂוֹת כְּכָל־הַכָּתוּב בּוֹ כִּי־אָז תַּצְלִיחַ אֶת־דְּרָכֶךָ וְאָז תַּשְׂכִּיל: (יהושע א:ח)

אשד הנחלים

ולכן נכתב חסר ה' להורות על המעוט: **[ד] בן מ"ח שנה.** אף שידוע המעשה מאברהם שהתחיל לדבר בעת לידתו ובמשך זמן מעט התחיל וההביל את אמונת עצבים כמבואר המעשה בתנדב"א. עכ"ז כי חשב ההכרה באמיתת הי' אז בהיותו מ"ח שנה שאז נשתלם בידיעתו באחדות ה' ור"ל חשב תחילת ההכרה אף שעדיין לא בא לתכלית ההכרה. ותרווייהו לא פליגו אלא בפירושי דקרא. ועיין במ"כ: **מנין עקב.** כי כל שניו היו קע"ה וכל קע"ב שנה היה מכיר בוראו א"כ כשהיה בן ג' התחיל להכיר: **חצירות.** שהם נקראו משמרת שהם סייגים ותקנות ע"ד עשו משמרת למשמרתי: **שם חדש.** כי הכתוב אומר וארא אל אברהם באל שדי ושמי ה' לא נודעתי להם. כפירש המפרשים שהתנהג עמם לא בהיפוך הטבע מכל וכל. ולכן היו מעוטפים עודנה בגירות הרבה אכן לע"ל יבטל מדה"ד מהעולם מכל וכל כי יתגלה שם ה' על ירושלים. וזה היה אברהם יודע שבאחרית ישתלמו בזה ולכן נקרא להמקום הזה בשם ה' לומר כי המקום מוכן באחרית לזה ההנהגה. וזהו כסא ה' והבן: **מחדש ההלכה.** ידוע שהתורה העליונה הוא כפי מערכת הנהגת העולם כולו. ועל זה היסוד אמרו שהקב"ה עוסק בתורה. כי הוא צורך ההנהגה שהוא כפי התורה. ואחר שמחדש בכל יום מעשי בראשית ואין הנהגת יום דומה ליום אחר מוכרחין אנו לומר שלכל יום מתחדש ההלכה שהוא לעומת ההנהגה ההיא. ואברהם היה יודע כל התור' בשלימות. א"כ הי' יודע כל אף ענייני ההנהגות אף עניני ההנהגות שיהי' לע"ל וזה אמרו אפילו שם שלע"ל. והבן זה. ובפרשת וירא הארכתי בזה בקצת ציור: **[ה] שוטה א"י מבטלתן.** כלומר

נְבוּאָה קָשָׁה מִנַּיִן — Regarding a distressing prophecy, from where in Scripture may this be derived? שֶׁכָּךְ הָיוּ יִשְׂרָאֵל אוֹמְרִים לַנָּבִיא ״יַאַרְכוּ הַיָּמִים וְאָבַד כָּל חָזוֹן״ — The Midrash answers: For thus would the people of Israel say to the prophet Ezekiel, *"The days will lengthen and all the visions will become null"* (*Ezekiel* 12:22).[45] אֲבָל שׁוֹטָה אֲרִיכוּת יָמִים מְבַטֶּלֶת, מִיִּצְחָק — That counterfeit mourning is voided by the lengthening of days can be derived from the behavior of Isaac, דִּכְתִיב ״וַיְהִי כִּי אָרְכוּ לוֹ שָׁם הַיָּמִים״ מִיָּד, ״וְהִנֵּה יִצְחָק מְצַחֵק״ — for it is written, *And it came to pass, as his days were lengthened . . .,* and presently, *behold! Isaac was jesting with his wife Rebecca.*[46]

The Midrash offers another interpretation of Scripture's emphasis on the lengthiness of Isaac's stay:

רַבִּי חִיָּא בַּר אַבָּא אָמַר — R Chiya bar Abba said: The wording of the verse is implicitly critical of Isaac, as if to say: בִּשְׁבִיל שֶׁהֶעֱלוּ לְךָ יָמִים רַבִּים הָיִיתָ עוֹשֶׂה אֶת הַדָּבָר הַזֶּה — Since it has been many days that you have been in Gerar,[47] you have allowed yourself to engage in this matter![48] לֹא כָּךְ אָמַר רַבִּי יוֹחָנָן: הַמְשַׁמֵּשׁ מִטָּתוֹ בַּיּוֹם הֲרֵי זֶה מְגוּנֶּה — Did not R' Yochanan say that one who engages in marital relations by day is disgraceful? דְּאָמַר רַבִּי יוֹחָנָן: אֵין תַּשְׁמִישׁ הַמִּטָּה אֶלָּא בַּלַּיְלָה שֶׁנֶּאֱמַר ״בָּעֶרֶב הִיא בָאָה וּבַבֹּקֶר הִיא שָׁבָה״ — For R' Yochanan said: Marital relations are proper only at night, as [Scripture] states, *In the evening she would come, and in the morning she would return to the second harem* (*Esther* 2:14).[49] אִיּוֹב מְקַלֵּל יוֹם לֵידָתוֹ וְלֵיל עִיבּוּרוֹ — Furthermore, Job had cursed the *day* he was born, but the *night* in which he was conceived. הֲדָא הוּא דִכְתִיב ״יֹאבַד יוֹם אִוָּלֶד בּוֹ וְהַלַּיְלָה אָמַר וְגוֹ׳״ — Thus it is written, *Lost be the day I was born, and the night [that] said, "A man has impregnated"* (*Job* 3:2).[50]

Since a night cannot speak, what is the sense of the phrase וְהַלַּיְלָה אָמַר, *and the night said*? The Midrash explains:[51] אָמַר רַבִּי מְרִינוּס בַּר הוֹשַׁעְיָה: אָמַר אִיּוֹב — R' Merinus bar Hoshayah said: Job was saying, הַלְוַאי הָיְתָה אִמִּי נִדָּה בְּשָׁעָה שֶׁבָּא לְהִזָּקֵק לָהּ שֶׁתֹּאמַר לוֹ — "If only my mother would have been a menstruant when [my father] initiated conjugal relations with her, so that she would have said to him, ״הוֹרָה גָבֶר״ — *'A man has impregnated,'* אֵין עַכְשָׁיו עֵת הֵרָיוֹן מִגֶּבֶר — meaning, this is not the time for me to become pregnant from a man!"[52]

The Midrash discusses a contrasting example from Scripture, where the day of conception is cursed:

יִרְמְיָה מְקַלֵּל יוֹם לֵידָתוֹ וְיוֹם עִיבּוּרוֹ שֶׁנֶּאֱמַר — Jeremiah had cursed the day of his birth, and the day of his conception, as is written [in Scripture], ״אָרוּר הַיּוֹם אֲשֶׁר יֻלַּדְתִּי בּוֹ״, זֶה יוֹם לֵידָה — *Cursed be the day on which I was born* (*Jeremiah* 20:14) — this is referring to the day of his birth; ״יוֹם אֲשֶׁר יְלָדַתְנִי אִמִּי״, זֶה יוֹם הָעִיבּוּר — *may the day on which my mother bore me be not blessed* (ibid.) — this is referring to the day of his conception.[53] אֶפְשָׁר חִלְקִיָּהוּ אָדָם צַדִּיק וְהָיָה מְשַׁמֵּשׁ מִטָּתוֹ בַּיּוֹם — The Midrash questions: Is is possible that the righteous Hilkiah[54] would violate the prohibition mentioned above and engage in marital relations during the day? אֶלָּא לְפִי שֶׁהָיְתָה אִיזֶבֶל הוֹרֶגֶת בַּנְּבִיאִים בָּא וְשִׁמֵּשׁ מִטָּתוֹ בַּיּוֹם וּבָרַח — But rather, since Jezebel, the wicked wife of King Ahab, was massacring the prophets of God,[55] [Hilkiah] initiated relations with his wife by day[56] and then fled.

וַיְצַו אֲבִימֶלֶךְ אֶת כָּל הָעָם לֵאמֹר הַנֹּגֵעַ בָּאִישׁ הַזֶּה וּבְאִשְׁתּוֹ מוֹת יוּמָת. וַיִּזְרַע יִצְחָק בָּאָרֶץ הַהִוא וַיִּמְצָא בַּשָּׁנָה הַהִוא מֵאָה שְׁעָרִים וַיְבָרְכֵהוּ ה׳.

Abimelech then warned all the people saying, "Whoever touches this man or his wife shall surely be put to death." Isaac sowed in that land, and in that year he reaped a hundredfold; thus had HASHEM *blessed him* (26:11-12).

§6 וַיִּזְרַע יִצְחָק בָּאָרֶץ הַהִוא — *ISAAC SOWED IN THAT LAND, AND IN THAT YEAR HE REAPED A HUNDREDFOLD.*[57]

NOTES

45. That is, the prophecies about exile were stated with regard to the distant future and in the course of time they will be voided and remain unfulfilled (*Radak* ad loc.).

46. *Jesting* is a euphemism for marital relations; see below. Isaac did not engage in such relations while mourning for his father Abraham, but as time passed the grief over his father's death receded and the mourning was lessened (*Rashi, Eitz Yosef*).

Alternatively, אבל שוטה, *counterfeit mourning*, refers to one who adopts the practices of a mourner when not really in mourning. Isaac separated himself from his wife, as a mourner does, but he did so not out of mourning but rather to maintain the appearance that they were brother and sister (*Matnos Kehunah*).

There is no need for the Midrash to provide a source specifically regarding a חלום קשה, *a distressing dream*, since a dream is in essence similar to a prophecy, as the Gemara says (*Berachos* 57b): a dream is a sixtieth of a prophecy (*Matnos Kehunah*).

47. And therefore you are no longer concerned that anyone would try to take Rebecca by force (*Yefeh To'ar,* from *Rashi* to the verse).

48. I.e., to conduct marital relations by day. Although the Philistines no longer posed a threat, Isaac should nevertheless have refrained from this, for it is inherently improper (*Yefeh To'ar; Eitz Yosef*).

49. Indicating that even Ahasuerus engaged in relations with his concubines only at night (see *Megillah* 13a).

50. That is, the night my father impregnated my mother, the night that I was conceived. Since Job refers to the day of his birth but specifies that his conception was at night, it is clear that the proper time for conception (i.e., marital relations) is night (*Eitz Yosef*). In *Niddah* 16b, R. Yochanan gives this verse as the source for the prohibition of marital relations by day. [See *Yefeh To'ar* for a discussion as to why R' Yochanan here needs both verses.]

51. *Yefeh To'ar.*

52. *"A man has impregnated"* is meant rhetorically. I.e., is it proper for a man to impregnate a menstruating woman like myself (*Rashi*)? *"The night said"* is thus a reference to what Job's mother said, or should have said, that night. R' Merinus' interpretation is cited here so as to provide a complete exposition of the verse (*Eitz Yosef*).

53. The second part of the verse would be redundant if it were referring to the day of Jeremiah's actual birth. The Midrash therefore takes it to refer to the day of his conception.

However, the commentators prefer the version of the text found in *Yalkut Shimoni* here (§111): אָרוּר הַיּוֹם אֲשֶׁר יֻלַּדְתִּי בּוֹ זֶה יוֹם הָעִבּוּר, יוֹם אֲשֶׁר יְלָדַתְנִי אִמִּי זֶה יוֹם הַלֵּידָה. Accordingly, the verse should be translated: אָרוּר הַיּוֹם אֲשֶׁר יֻלַּדְתִּי בּוֹ, *Cursed be the day on which I was sired*, referring to the day of his conception (for the word יֻלַּדְתִּי encompasses the father's role in procreation as well as the mother's); יוֹם אֲשֶׁר יְלָדַתְנִי אִמִּי זֶה יוֹם הַלֵּידָה, *may the day on which my mother bore me be not blessed*, meaning his actual birth, in which only his mother played a role (*Metzudas David* ad loc.).

54. The father of Jeremiah (see *Jeremiah* 1:1). The Talmud states that wherever a prophet's name is mentioned together with that of his father, it is evident that the father was also a prophet. Since Jeremiah is described as יִרְמְיָהוּ בֶּן חִלְקִיָּהוּ, *Jeremiah son of Hilkiah* (loc. cit.), his father Hilkiah was also a prophet and thus clearly a righteous man (*Eitz Yosef*).

55. See *I Kings* 18:4.

56. For a husband is obligated to fulfill his conjugal responsibilities before departing from his wife on a journey (*Yevamos* 62b). Hence, by force of circumstance Hilkiah engaged in marital relations by day, although under normal conditions it would have been forbidden (*Eitz Yosef*).

[It should be noted that *Rashi* to *Jeremiah* ad loc. writes that the massacre from which Hilkiah was fleeing was conducted by Manasseh, king of Judah. See *Maharzu*.]

57. The Midrash returns to verse 11 in section 7, below; see note 67 there.

נְבוּאָה קָשָׁה מִנַּיִן, שֶׁכָּךְ הָיוּ יִשְׂרָאֵל אוֹמְרִים לַנָּבִיא (יחזקאל יב, כב) "יַאַרְכוּ הַיָּמִים וְאָבַד כָּל חָזוֹן". אֲבָל שׁוֹטֶה אֲרִיכוּת יָמִים מְבַטֶּלֶת, מִיִּצְחָק, דִּכְתִיב "וַיְהִי כִּי אָרְכוּ לוֹ שָׁם הַיָּמִים" מִיָּד, "וְהִנֵּה יִצְחָק מְצַחֵק". רַבִּי חִיָּיא בַּר אַבָּא אָמַר: בִּשְׁבִיל שֶׁהֶעֱלוּ לְךָ יָמִים רַבִּים הָיִיתָ עוֹשֶׂה אֶת הַדָּבָר הַזֶּה, לֹא כָּךְ אָמַר רַבִּי יוֹחָנָן: הַמְשַׁמֵּשׁ מִטָּתוֹ בַּיּוֹם הֲרֵי זֶה מְגוּנֶּה, [ח]דְּאָמַר רַבִּי יוֹחָנָן: אֵין תַּשְׁמִישׁ הַמִּטָּה אֶלָּא בַּלַּיְלָה, שֶׁנֶּאֱמַר (אסתר ב, יד) "בָּעֶרֶב הִיא בָאָה וּבַבֹּקֶר הִיא שָׁבָה". אִיּוֹב מְקַלֵּל יוֹם לֵידָתוֹ וְלֵיל עִיבּוּרוֹ הָדָא הוּא דִכְתִיב (איוב ג, ג) "יֹאבַד יוֹם אִוָּלֶד בּוֹ וְהַלַּיְלָה אָמַר וגו' ". אָמַר רַבִּי מָרִינוּס בַּר הוֹשַׁעְיָה: אָמַר אִיּוֹב: הַלְוַאי הָיְתָה אִמִּי נִדָּה בְּשָׁעָה שֶׁבָּא לְהִזְדַּקֵּק לָהּ שֶׁתֹּאמַר לוֹ "הוֹרָה גָבֶר", אֵין עַכְשָׁיו עֵת הֵרָיוֹן מִגֶּבֶר. יִרְמְיָה מְקַלֵּל יוֹם לֵידָתוֹ וְיוֹם עִיבּוּרוֹ שֶׁנֶּאֱמַר (ירמיה כ, יד) "אָרוּר הַיּוֹם אֲשֶׁר יֻלַּדְתִּי בּוֹ", זֶה יוֹם לֵידָה, (שם) "יוֹם אֲשֶׁר יְלָדַתְנִי אִמִּי", זֶה יוֹם הָעִיבּוּר. אֶפְשָׁר חִלְקִיָּהוּ אָדָם צַדִּיק וְהָיָה מְשַׁמֵּשׁ מִטָּתוֹ בַּיּוֹם, אֶלָּא לְפִי שֶׁהָיְתָה אִיזֶבֶל הוֹרֶגֶת בַּנְּבִיאִים בָּא וְשִׁמֵּשׁ מִטָּתוֹ בַּיּוֹם וּבָרַח:

ו [כו, יב] "וַיִּזְרַע יִצְחָק בָּאָרֶץ הַהִיא". אָמַר רַבִּי חֶלְבּוֹ: "בָּאָרֶץ הַהִיא", "בַּשָּׁנָה הַהִיא", הָאָרֶץ קָשָׁה וְהַשָּׁנָה קָשָׁה,

עץ יוסף

והנה יצחק מצחק. ושכח אבל אביו: **שהעלו לך ימים כו'.** פי' דקרא אתמוהי קא מתמה כי למען שארכו הימים ולא חששת בשביל פלשתים לא היה לך להמנע מעשות יומם לגנות הענין בעצמו (יפ"ת): **היית עושה הדבר הזה.** דפי' מלחק תשמיש: **בערב היא באה.** במסכת מגלה מתוך גנותו ספר שבחו שלא שמש מטתו ביום: **יום לידתו וליל עבורו.** מכלל שאין דרך עיבור אלא בלילה: **אמר רבי מרינוס כו'.** איידי דמייתי האי קרא מפרש ליה כוליה: **יום אשר ילדתני אמי זה יום העבור.** הנכון כנוסחת הילקוט אשר יולדתי בו זה יום העבור. יום אשר ילדתני אמי זה יום הלידה (א"א ויפ"ת): **חלקיהו אדם צדיק.** כדאמר בפ"ק דמגילה כל שמו ושם אביו מפורש בנביאים בידוע שהוא נביא בן נביא כו': **ושמש מטתו ביום.** דחייב אדם לפקוד את אשתו בשעה שיוצא לדרך כמ"ש בפ' הבע"י: (ו) **ויזרע יצחק בארץ ההיא אמר רבי חלבו כו'.** ויגו אבימלך את כל העם א"ר אייבו כו'. הנה בתורה כתיב קודם הפסוק ויגו אבימלך את כל העם וגו' ואחר כך כתיב ויזרע יצחק וגו' והמדרש מהפך ודורש. ובמדרש שעם היפ"ת גורס ויגו אבימלך את כל העם וגו' ויזרע יצחק בארץ ההיא א"ר חלבו כו': **הארץ קשה כו'.** דק"ל מה ת"ל בארץ ההיא בשנה ההיא דמנ"מ בה: **הארץ קשה.** שהיתה ארץ יבשה ומאון אשר אין בה מים עד שהיה בעיניהם חדוש גדול כשהיו אומרים מצאנו מים (בחיי). עוד י"ל שסמכו על מה שאמר לעיל שגרדיקי הוא נוה רע: **והשנה קשה.** כמפורש בפסוק שהיה אז שנות הרעב:

פירוש מהרז"ו

יארכו הימים. והנביא השיב קרבו הימים ודבר כל חזון אבל אם יארכו הימים אפשר שיתבטלו: **אבל שוטה.** פי' אבילות תלושה כמו אבילות שעל הזקן. ופירושו כמו אדם שוטה. ודורש סמיכות הפרשיות נזיד עדשים שהיא אבילות אברהם כמש"ל פס"ג סי' י"א וסמוך לו ויהי רעב בארץ וירד יצחק לגרר והיו אלו ימים של צער וכמ"ש כי ירא לאמר אשתי ושכח בעבור זה אבל אברהם שהיה מקרוב. וזהו מ"ש כי ארכו לו שם הימים שאלו נחשבו ימים רבים וארוכים ע"ש שהיו של צער וכמ"ש ויק"ר פי"ט סס"ג ע"ש. וכ"מ בס' הישר שבשנת מות אברהם היה שנת הרעב וישב יצחק בגרר כו' ומ"ש כי ארכו לו כו' היו ג' חדשים ואחר עבור שנת אבל אברהם נראה ה' אל יצחק וצוהו לשוב לארץ כנען. וא"כ נ"ל שמ"ש ארכו לו כו' הם ג' חדשים וארכו לו ולא לאחרים: **אמר רבי יוחנן.** נדה ט"ז ב': **והלילה אמר הורה גבר.** וכי זכר יש לו הריון ע"כ דורש והלילה אמר נוטריקון והלואי אמרה שגורע אות ה' מוהלילה ומוסיף על אמר וכאלו כתיב אמרה. וע"פ דרך קצרה אמרה אמי ובתיבת והלילה יש אותיות הלוי. ומ"ש הורה גבר הוא בתמיה: **חלקיהו אדם צדיק.** כמ"ש ירמיהו בן חלקיהו וכל נביא שהוזכר שמו ושם אביו היה נביא בן נביא כמ"ש רות רבה רפ"ב: **שהיתה איזבל.** לע"ג הרי איזבל היתה בימי יהושפט. וירמיה היה בימי צדקיה דור י"א ליהושפט וא"כ חי ירמיה י"א דורות ונצטרך לומר שלא התחיל להתנבאות עד סוף ימיו בימי יאשיה בן אמון וכמ"ש ריש ירמיה ושם כתיב לא ידעתי דבר כי נער אנכי. והראני המופלג מהרל"ל ברש"י בירמיה פסוק זה שגורס בהרוג מנשה בנביאי ה' ויתכן שכאשר הרג מנשה את ישעיה הרג גם שאר הנביאים ועדיין צ"ע שהרי מנשה מלך נ"ה שנה ובן ל"ד עשה תשובה כ"ב למלכותו. נשאר ל"ג שנה ואחריו אמון ב' שנה וי"ג ליאשיה שאז התחיל להתנבאות הרי מ"ח שנה ואיך אמר נער אנכי. אך דוגמא לזה מצאנו בדה"ב י"ג ורחבעם היה נער כו' ורחבעם היה במלכו בן מ"ב שנה. וביהושע ו' ויבואו הנערים המרגלים כו' ואמרו חז"ל שהיה פנחס וכלב וכלב היה אז בן פ' שנה. עכ"ז אינו דומה למ"ש לא ידעתי דבר כי נער אנכי משמע שהיה נער בשנים ממש וצ"ע: (ו) **הארץ קשה.** כמש"ל ס"ג שגרדיקי היא נוה רעה והשנה קשה שנת רעב:

רש"י

נבואה קשה מניין. שכך היו ישראל אומרים יארכו הימים ואבד כל חזון: **אבל שוטה מיצחק דכתיב ויהי כי ארכו לו שם הימים מיד והנה יצחק מצחק.** ושכח אבל אביו: **בשביל שהעלו לך הימים ארוכים היית עושה הדבר הזה.** בתמיה לא כן אמר רבי יוחנן וכו' ויצחק היה משחק משמש מטתו ביום: **הלואי אימא היתה נדה בשעה שבא אבא ליזקק לה שתאמר לו הורה גבר בתמיה לומר אין עכשיו עת הריון מגבר.** כלומר וכי אשה נדה כמותי גורמין לה הריון מגבר בעוד שהיא נדה ואבא היה פורש ממנה ולא נתעברה: **ירמיהו מקלל יום לידתו ויום עיבורו.** דכתיב ארור היום אשר יולדתי בו זה יום העיבור יום אשר ילדתני אמי אל יהי ברוך זה יום הלידה אפשר חלקיהו אדם צדיק היה עושה הדבר הזה שהיה משמש מטתו ביום אלא לפי שהיתה איזבל הורגת וכו': (ו) **ויזרע יצחק בארץ ההיא וגו'.** הארץ שזרע בה יצחק

מתנות כהונה

חלומו אשר בעבורו נתקשה ופניו היו זועפים או מנבוכדנצר או י"ל חלום הוא בכלל נבואה כמו שאמרו חז"ל חלום א' מס' בנבואה ומצאתי בפירש"י ז"ל חלום קשה וכן נבואה שהיא קשה ומאחרין לבא סבורין בני אדם שהאריכת ימים מבטלתן ואינו כן וכן אבל של שוטה ששוכח מתו במהרה סבור הוא שאריכת ימים מבטלת אותה וכן עשה יצחק ששכח אבל אביו ושמש מטתו ביום עד כאן מצאתי בפירש"י: [**הכי גרסינן רבי חייא בר אבא** שמר הקב"ה בשביל כו': **אמה נדה גרסינן**]: **שתאמר לו הורה גבר.** פירש"י בלשון תימה וכי עכשיו עת לקבל הריון מגבר והלא נדה אנכי: **הכי גרס רש"י ז"ל וילקוט איוב.** יולדתי בו זה יום העיבור. יום אשר ילדתני וגו'. זה יום הלידה: **חלקיהו.** אביו של ירמיהו: **בא ושמש מטתו ביום כו'.** שחייב אדם לפקוד את אשתו ביום שיוצא לדרך: [ו] **הארץ קשה.** שלא היתה יפה כשאר חלוקי אדמה במלכות ההיא:

אשד הנחלים

אצל מי שאינו מתבונן תמיד על אחריתו נבטל מלבו ושוכחו. לכן ויהי כי ארכו הימים ופג האבל מלבו ואז צחק עם רבקה: [ו] **הארץ קשה.** ולכן כתיב בארץ ההיא. כלומר אף בארץ ההיא הקשה שאינה מוציאה פירות. עכ"ז מצא למדי:

חידושי הרש"ש

[ה] **הנביאים.** וחלקיהו היה נביא כדאיתא במגילה (י"ד ב'):

מסורת המדרש

ח שבת פ"ו. כתובות דף ס"ח. נדה ט"ז:

אם למקרא

בֶּן־אָדָם מָה־הַמָּשָׁל הַזֶּה לָכֶם עַל־אַדְמַת יִשְׂרָאֵל לֵאמֹר יַאַרְכוּ הַיָּמִים וְאָבַד כָּל־חָזוֹן: (יחזקאל יב:כב)

בָּעֶרֶב הִיא בָאָה וּבַבֹּקֶר הִיא שָׁבָה אֶל־בֵּית הַנָּשִׁים שֵׁנִי אֶל־יַד שַׁעֲשְׁגַז סְרִיס הַמֶּלֶךְ שֹׁמֵר הַפִּילַגְשִׁים לֹא־תָבוֹא עוֹד אֶל־הַמֶּלֶךְ כִּי אִם־חָפֵץ בָּהּ הַמֶּלֶךְ וְנִקְרְאָה בְשֵׁם: (אסתר ב:יד)

יֹאבַד יוֹם אִוָּלֶד בּוֹ וְהַלַּיְלָה אָמַר הֹרָה גָבֶר: (איוב ג:ג)

אָרוּר הַיּוֹם אֲשֶׁר יֻלַּדְתִּי בּוֹ יוֹם אֲשֶׁר־יְלָדַתְנִי אִמִּי אַל־יְהִי בָרוּךְ: (ירמיה כ:יד)

ענף יוסף

(ה) **[המשמש מטתו ביום הרי זה מגונה]** ומיירי אפי' בבית אפל או במאפיל בטליתו. דאל"ה מה מגונה דקאמר הא אפי' איסורא איכא. אלא ודאי מיירי אפי' ככה"ג דליכא איסורא מ"מ מגונה מיהא מיקרי. ולכן אף שבודאי יצחק אבינו האפיל בטליתו מ"מ קרא אתמוהי קא מתמה על מה ששמש ביום:

Scripture stresses that Isaac's success occurred particularly there and then. The Midrash explains:
אָמַר רַבִּי חֶלְבּוֹ – **R' Chelbo said:** "בָּאָרֶץ הַהִיא", "בַּשָּׁנָה הַהִיא" – *In that land, in that year.* הָאָרֶץ קָשָׁה וְהַשָּׁנָה קָשָׁה – The verse is stressing that Isaac reaped this bounty even though **the land was harsh**[58] **and the year was harsh;**[59]

NOTES

58. The region of Gerar was very arid with few sources of water, as evidenced by the excitement among the servants of Isaac upon striking water; see below, v. 32 (*Eitz Yosef*, from *Rabbeinu Bachya*). Furthermore, in section 3 above the Midrash referred to the region as נָוֶה רַע, *a bad habitation*; see note 17 there (*Eitz Yosef*; see also *Rashi* to the verse).

59. I.e, it was a time of famine; see above, v. 1 (*Eitz Yosef*).

נְבוּאָה קָשָׁה מִנַּיִן, שֶׁכָּךְ הָיוּ יִשְׂרָאֵל אוֹמְרִים לַנָּבִיא (יחזקאל יב, כב) "יַאַרְכוּ הַיָּמִים וְאָבַד כָּל חָזוֹן". אֲבָל שׁוֹטֶה אֲרִיכוּת יָמִים מְבַטֶּלֶת, מִיִּצְחָק, דִּכְתִיב "וַיְהִי כִּי אָרְכוּ לוֹ שָׁם הַיָּמִים" מִיָּד, "וְהִנֵּה יִצְחָק מְצַחֵק". רַבִּי חִיָּיא בַּר אַבָּא אָמַר: בִּשְׁבִיל שֶׁהֶעֱלוּ לְךָ יָמִים רַבִּים הָיִיתָ עוֹשֶׂה אֶת הַדָּבָר הַזֶּה, לֹא כָּךְ אָמַר רַבִּי יוֹחָנָן: הַמְשַׁמֵּשׁ מִטָּתוֹ בַּיּוֹם הֲרֵי זֶה מְגוּנֶּה, [ח] דְּאָמַר רַבִּי יוֹחָנָן: אֵין תַּשְׁמִישׁ הַמִּטָּה אֶלָּא בַּלַּיְלָה, שֶׁנֶּאֱמַר (אסתר ב, יד) "בָּעֶרֶב הִיא בָאָה וּבַבֹּקֶר הִיא שָׁבָה". אִיּוֹב מְקַלֵּל יוֹם לֵידָתוֹ וְלֵיל עִיבּוּרוֹ הֲדָא הוּא דִכְתִיב (איוב ג, ג) "יֹאבַד יוֹם אִוָּלֶד בּוֹ וְהַלַּיְלָה אָמַר וגו'". אָמַר רַבִּי מָרִינוּס בַּר הוֹשַׁעְיָה: אָמַר אִיּוֹב: הַלְוַאי הָיְתָה אִמִּי נִדָּה בְּשָׁעָה שֶׁבָּא לְהִזְדַּקֵּק לָהּ שֶׁתֹּאמַר לוֹ "הוֹרָה גָבֶר", אֵין עַכְשָׁיו עֵת הֵרָיוֹן מִגָּבֶר. יִרְמְיָה מְקַלֵּל יוֹם לֵידָתוֹ וְיוֹם עִיבּוּרוֹ שֶׁנֶּאֱמַר (ירמיה כ, יד) "אָרוּר הַיּוֹם אֲשֶׁר יֻלַּדְתִּי בּוֹ", זֶה יוֹם לֵידָה, (שם) "יוֹם אֲשֶׁר יְלָדַתְנִי אִמִּי", זֶה יוֹם הָעִיבּוּר. אֶפְשָׁר חִלְקִיָּהוּ אָדָם צַדִּיק וְהָיָה מְשַׁמֵּשׁ מִטָּתוֹ בַּיּוֹם, אֶלָּא לְפִי שֶׁהָיְתָה אִיזֶבֶל הוֹרֶגֶת בַּנְּבִיאִים בָּא וְשִׁמֵּשׁ מִטָּתוֹ בַּיּוֹם וּבָרַח:

ו [כו, יב] "וַיִּזְרַע יִצְחָק בָּאָרֶץ הַהִיא". אָמַר רַבִּי חֶלְבּוֹ: "בָּאָרֶץ הַהִיא", "בַּשָּׁנָה הַהִיא", הָאָרֶץ קָשָׁה וְהַשָּׁנָה קָשָׁה,

חידושי הרש"ש

[ה] **הנביאים.** וחלקיהו היה נביא כדאיתא במגילה (י"ד ב'):

עץ יוסף

והנה יצחק מצחק. ושכח אבל אביו: **שהעלו לך ימים כו'.** פי' דקרא אתמוהי קא מתמה כי למען שארכו הימים ולא השגת בשביל פלשתים לא היה לך להמנע מעשות יומם לגנות הענין בעצמו (יפ"ת): **היית עושה הדבר הזה.** דפי' מצחק תשמיש: **בערב היא באה.** במסכת מגלה מתוך גנותו ספר שבחו שלא שמש מטתו ביום: **יום לידתו וליל עבורו.** מכלל שאין דרך עיבור אלא בלילה: **אמר רבי מרינוס כו'.** איידי דמייתי האי קרא מפרש ליה כוליה: **יום אשר ילדתני אמי זה יום העבור.** הנכון כנוסחת הילקוט אשר יולדתי בו זה יום העבור. יום אשר ילדתני אמי זה יום הלידה (א"א ויפ"ת): **חלקיהו אדם צדיק.** כדאמר בפ"ק דמגילה כל שזכר שמו ושם אביו מפורש בנביאים בידוע שהוא נביא בן נביא כו': **ושמש מטתו ביום.** דחייב אדם לפקוד את אשתו בשעה שיוצא לדרך כמ"ש בפ' הבע"י: (ו) **ויזרע יצחק בארץ ההיא אמר רבי חלבו כו'.** ויצו אבימלך את כל העם א"ר אייבו כו'. הנה בתורה כתיב קודם הפסוק ויצו אבימלך את כל העם וגו' ואחר כך כתיב ויזרע יצחק וגו' והמדרש מהפך ודורש. ובמדרש שעם היפ"ת גורס ויצו אבימלך את כל העם וגו' ויזרע יצחק בארץ ההיא א"ר חלבו כו': **הארץ קשה כו'.** דק"ל מה ת"ל בארץ ההיא בשנה ההיא דמנ"מ בה: **הארץ קשה.** שהיתה ארץ יבשה ומאון אשר אין בה מים עד שהיה בעיניהם חדוש גדול כשהיו אומרים מצאנו מים (בחיי). עוד י"ל שסמכו על מה שאמר לעיל שגרדיקי הוא נוה רע: **והשנה קשה.** כמפורש בפסוק שהיה אז שנות הרעב:

פירוש מהרז"ו

יארכו הימים. והנביא השיב קרבו הימים ודבר כל חזון אבל אם יארכו הימים אפשר שיתבטלו: **אבל שוטה.** פי' אבילות חלושה כמו אבילות שעל הזקן. ופירושו כמו הדם שוטה. ודורש סמיכות הפרשיות נזיד עדשים שהיא אבילות אברהם כמש"ל פס"ג סי' י"א וסמוך לו ויהי רעב בארץ וירד יצחק לגרר והיו אלו ימים של צער וכמ"ש כי ירא לאמר אשתי ושכח בעבור זה אבל אברהם שהיה מקרוב. וזהו מ"ש כי ארכו לו שם הימים שאלו נחשבו ימים רבים וארוכים ע"ש שהיו של צער וכמ"ש ויק"ר פי"ט סס"ג ע"ש. וכ"מ בס' הישר שבשנת מות אברהם היה שנת הרעב וישב יצחק בגרר כו' ומ"ש כי ארכו לו כו' היו ג' חדשים ואחר עבור שנת אבל אברהם נראה ה' אל יצחק וצוהו לשוב לארץ כנען. וא"כ נ"ל שמ"ש ארכו לו כו' הם ג' חדשים וארכו לו ולא לאחרים: **אמר רבי יוחנן.** נדה ט"ז ב': **והלילה אמר הורה גבר.** וכי זכר יש לו הריון ע"כ דורש והלילה אמר נוטריקון והלואי אמרה שגורע אות ה' מוהלילה ומוסיף על אמר וכאלו כתיב אמרה. וע"פ דרך קלרה אמרה אמי ובתיבת והלילה יש אותיות הלוי. ומ"ש הורה גבר הוא בתמיה: **חלקיהו אדם צדיק.** כמ"ש ירמיהו בן חלקיהו וכל נביא שהוזכר שמו ושם אביו היה נביא בן נביא כמ"ש רות רבה רפ"ב: **שהיתה איזבל.** לע"ג הרי איזבל היתה בימי יהושפט. וירמיה היה בימי צדקיה דור י"א ליהושפט וא"כ חי ירמיה י"א דורות ונצטרך לומר שלא התחיל להתנבאות עד סוף ימיו בימי יאשיה בן אמון וכמ"ש ריש ירמיה ושם כתיב לא ידעתי דבר כי נער אנכי. והראני המופלג מהרל"ל ברש"י בירמיה פסוק זה שגורס בהרוג מנשה בנביאי ה' ויתכן שכאשר הרג מנשה את ישעיה הרג גם שאר הנביאים ועדיין נ"ע שהרי מנשה מלך נ"ה שנה ובן ל"ד עשה תשובה כ"ב למלכותו. נשאר ל"ג שנה ואחריו אמון ב' שנה וי"ג ליאשיה שאז התחיל להתנבאות הרי מ"ח שנה ואיך אמר נער אנכי. אך דוגמא לזה מצאנו בדה"ב י"ג ורחבעם היה נער כו' ורחבעם היה במלכו בן מ"ב שנה. וביהושע ו' ויבואו הנערים המרגלים כו' ואמרו חז"ל שהיה פנחס וכלב וכלב היה אז בן פ' שנה. עכ"ז אינו דומה למ"ש לא ידעתי דבר כי נער אנכי משמע שהיה נער בשנים ממש ול"ע: (ו) **הארץ קשה.** כמש"ל ס"ג שגרדיקי היא נוה רעה והשנה קשה שנת רעב:

מסורת המדרש

ח שבת פ"ו. כתובות דף ס"ח. נדה ט"ז:

אם למקרא

בֶּן־אָדָם מָה־הַמָּשָׁל הַזֶּה לָכֶם עַל־אַדְמַת יִשְׂרָאֵל לֵאמֹר יַאַרְכוּ הַיָּמִים וְאָבַד כָּל־חָזוֹן: (יחזקאל יב:כב)

בָּעֶרֶב הִיא בָאָה וּבַבֹּקֶר הִיא שָׁבָה אֶל־בֵּית הַנָּשִׁים שֵׁנִי אֶל־יַד שַׁעַשְׁגַז סְרִיס הַמֶּלֶךְ שֹׁמֵר הַפִּילַגְשִׁים לֹא־תָבוֹא עוֹד אֶל־הַמֶּלֶךְ כִּי אִם־חָפֵץ בָּהּ הַמֶּלֶךְ וְנִקְרְאָה בְשֵׁם: (אסתר ב:יד)

יֹאבַד יוֹם אִוָּלֶד בּוֹ וְהַלַּיְלָה אָמַר הֹרָה גָבֶר: (איוב ג:ג)

אָרוּר הַיּוֹם אֲשֶׁר יֻלַּדְתִּי בּוֹ יוֹם אֲשֶׁר־יְלָדַתְנִי אִמִּי אַל־יְהִי בָרוּךְ: (ירמיה כ:יד)

ענף יוסף

(ה) **[המשמש מטתו ביום הרי זה מגונה]** ומיירי אפי' בבית אפל או במאפיל בטליתו. דאל"ה מה מגונה דקאמר הא אפי' איסורא איכא. אלא ודאי מיירי אפי' ככה"ג דליכא איסורא מ"מ מגונה מיהת מיקרי. ולכן אף שבודאי יצחק אבינו האפיל בטליתו מ"מ קרא אתמוהי קא מתמה על מה ששמש ביום:

רש"י

נבואה קשה מניין. שכך היו ישראל אומרים יארכו הימים ואבד כל חזון: **אבל שוטה מיצחק דכתיב ויהי כי ארכו לו שם הימים מיד והנה יצחק מצחק.** ושכח אבל אביו: **בשביל שהעלו לך הימים ארוכים היית עושה הדבר הזה.** בתמיה לא כן אמר רבי יוחנן וכו' ויצחק היה משחק משמש מטתו ביום: **הלואי אימא היתה נדה בשעה שבא אבא ליזקק לה שתאמר לו הורה גבר בתמיה לומר אין עכשיו עת הריון מגבר.** כלומר וכי אשה נדה כמותי גורמין לה הריון מגבר בעוד שהיא נדה ואבא היה פורש ממנה ולא נתעברה: **ירמיהו מקלל יום לידתו ויום עיבורו.** דכתיב ארור היום אשר יולדתי בו זה יום העיבור יום אשר ילדתני אמי אל יהי ברוך זה יום הלידה אפשר חלקיהו אדם צדיק היה עושה הדבר הזה שהיה משמש מטתו ביום אלא לפי שהיתה איזבל הורגת וכו': (ו) **ויזרע יצחק בארץ ההיא וגו'.** הארץ שזרע בה יצחק

מתנות כהונה

חלומו אשר בעבורו נתקשה ופניו היו זועפים או מנבוכדנצר או י"ל חלום הוא בכלל נבואה כמו שאמרו חז"ל חלום א' מס' בנבואה ומצאתי בפירש"י ז"ל חלום קשה וכן נבואה שהיא קשה ומאחרין לבא סבורין בני אדם שהאריכת ימים מבטלתן ואינו כן וכן אבל של שוטה ששוכח מתו במהרה סבור הוא שאריכת ימים מבטלת אותה וכן עשה יצחק ששכח אבל אביו ושמש מטתו ביום עד כאן מצאתי בפירש"י: **[הכי גרסינן רבי חייא בר אבא** שמר הקב"ה בשביל כו': **אמה נדה גרסינן]: שתאמר לו הורה גבר.** פירש"י בלשון תימה וכי עכשיו עת לקבל הריון מגבר והלא נדה אנכי: **הכי גרס רש"י ז"ל וילקוט איוב.** יולדתי בו זה יום העיבור. יום אשר ילדתני וגו'. זה יום הלידה: **חלקיהו.** אביו של ירמיהו: **בא ושמש מטתו ביום כו'.** שחייב אדם לפקוד את אשתו ביום שיצא לדרך: [ו] **הארץ קשה.** שלא היתה יפה כשאר חלוקי אדמה במלכות ההיא:

אשד הנחלים

אצל מי שאינו מתבונן תמיד על אחריתו נבטל מלבו ושוכחו. לכן ויהי כי ארכו הימים ופג האבל מלבו ואז צחק עם רבקה: [ו] **הארץ קשה.** ולכן כתיב בארץ ההיא. כלומר אף בארץ ההיא הקשה שאינה מוציאה פירות. עכ"ז מצא למדי:

וְאִילּוּ הָיְתָה יָפָה עַל אַחַת כַּמָּה וְכַמָּה – **and were it** to have been under **favorable** conditions, **all the more so** would he have reaped bountifully![60]

According to our verse Isaac *reaped a hundredfold*, but the verse does not tell us a hundredfold of what. The Midrash offers several possibilities:

"וַיִּמְצָא בַּשָּׁנָה הַהוּא מֵאָה שְׁעָרִים" – ***And in that year he reaped a hundredfold,*** מֵאָה כּוֹרִים – that is, **a hundred** ***kor***;[61] "מֵאָה שְׁעָרִים" מֵאָה מִנְיָנִים – alternatively, ***a hundredfold*** means **a hundred amounts;**[62] "מֵאָה שְׁעָרִים", מְלַמֵּד שֶׁאֲמָדוּהָ אוֹתָהּ וְעָשְׂתָה מֵאָה כַּמָּה שֶׁאֲמָדוּהָ – alternatively, ***a hundredfold*** **indicates that [Isaac's servants] had estimated** the expected yield of **[the field] and it produced a hundred times their estimation.**[63]

The implication of the verse is that Isaac measured his crop and determined that it was *a hundredfold.* The Midrash questions why he would have done that:

וַהֲלֹא אֵין הַבְּרָכָה שׁוֹרָה עַל דָּבָר שֶׁהוּא בְּמִשְׁקָל וּבְמִדָּה וּבְמִנְיָן – **But is it not** the case **that** Divine **blessing does not take effect upon something** whose quantity has already been ascertained **by weight, by measure, or by number?**[64] וּמִפְּנֵי מָה מָדַד אוֹתָהּ – **For what [reason], then, did [Isaac] measure [his harvest],** thereby precluding any chance of further blessing?[65] מִפְּנֵי הַמַּעַשְׂרוֹת – The Midrash answers: **On account of the tithes.**[66]Ⓐ

§7 וַיְצַו אֲבִימֶלֶךְ אֶת כָּל הָעָם – ***ABIMELECH THEN WARNED ALL THE PEOPLE*** *SAYING, "WHOEVER TOUCHES THIS MAN OR HIS WIFE SHALL SURELY BE PUT TO DEATH."*[67]

Abimelech used the word נוֹגֵעַ, *touches,* in his proclamation, a word that has a fairly benign connotation. The Midrash explains its significance:

אָמַר רַבִּי אַיְבוּ: אֲפִילּוּ צְרוֹר אַל יִזְרוֹק בָּהֶם אָדָם – **R' Aivu said:** Abimelech was saying, **"No man should even** so much as **throw a pebble at them."**[68] הָדָא הוּא דִכְתִיב "יָגוּרוּ יִצְפֹּנוּ הֵמָּה עֲקֵבַי יִשְׁמֹרוּ כַּאֲשֶׁר קִוּוּ נַפְשִׁי" – **Thus it is written,** ***They assemble, they lie in ambush, they watch my every step, as they anticipate my life*** (*Psalms* 56:7).[69]

וַיִּגְדַּל הָאִישׁ וַיֵּלֶךְ הָלוֹךְ וְגָדֵל עַד כִּי גָדַל מְאֹד.
The man became great and kept becoming greater until he was very great (26:13).

□ וַיִּגְדַּל הָאִישׁ וַיֵּלֶךְ הָלוֹךְ וְגָדֵל – ***THE MAN BECAME GREAT AND KEPT BECOMING GREATER*** *UNTIL HE WAS VERY GREAT.*

NOTES

60. The verse then is stressing the providential nature of Isaac's success. See section 1 above and note 5 there. (See also *Tiferes Tzion.*)

61. A *kor* is a large measure of volume, the equivalent of 30 *se'ah* (contemporary authorities place it between 249 and 432 liters).

62. That is, a hundred times the amount of seed that Isaac had planted (*Rashi, Eitz Yosef*; see, however, *Matnos Kehunah*).

63. *Eitz Yosef*, citing *Yefeh To'ar*, suggests that these three possibilities represent three alternative understandings of the connotation of the word שְׁעָרִים: (i) The first interpretation, that מֵאָה שְׁעָרִים means a hundred *kor*, takes שְׁעָרִים in the sense of שַׁעַר, which means *price*, for the price of grain is often given in terms of *kor.* The verse is saying that Isaac's profits were a hundred times the price of a *kor* (the unit price for grain), for this was how much grain he produced. (ii) The second interpretation understands שְׁעָרִים as derived from שִׁיעוּר, which means *measure* or *amount*, such that the verse is saying that Isaac's field produced a hundredfold of the amount of grain with which it had been planted. (iii) The final interpretation understands שְׁעָרִים in the sense of הַשְׁעָרָה, which means *estimation* or *assessment*. Hence the verse is saying that the field's ultimate output was a hundredfold of what had originally been expected.

64. I.e., God does not send His blessing in such a manner as to miraculously increase an already fixed and measured quantity. [The Talmud derives this concept homiletically from *Deuteronomy* 28:8 (*Taanis* 8b and *Bava Metzia* 42a).]

65. *Eitz Yosef* writes that the Midrash is asking this question specifically according to the second interpretation of מֵאָה שְׁעָרִים, which takes it to mean "a hundredfold of the amount," for it is only that interpretation that indicates that both the input and the output of the field were precisely measured.

66. That is, so that he would be able to designate precisely a tenth of the crop as the tithe (*maaser*). The *maaser* tithe is supposed to be exactly a tenth, no more and no less; see *Avos* 1:16 and *Rambam, Hil. Maaser* 1:14. *Eitz Yosef* explains that such tithing would counterbalance the loss of blessing incurred by the measuring of the crop, for the Sages promise wealth to one who is meticulous about tithing, interpreting the verse עַשֵּׂר תְּעַשֵּׂר, *you shall surely tithe* (*Deuteronomy* 14:22) as עַשֵּׂר בִּשְׁבִיל שֶׁתִּתְעַשֵּׁר, "tithe so that you shall become wealthy" (*Shabbos* 119a, *Taanis* 9a). See Insight Ⓐ.

[We have explained the Midrash according to the text as we have it. However, the parallel text in *Yalkut Shimoni* here (§111) reads: מִפְּנֵי מָה אֲמָדוּ אוֹתָהּ – **Why did they estimate it?** Accordingly, the Midrash is asking this question according to the *third* interpretation of מֵאָה שְׁעָרִים, seeking to understand why Isaac would have estimated his expected crop, in light of the fact that even a pre-estimation of one's crop prevents any further blessing. *Rashi*, both here and on the verse, follows this version of the text. (See Sapirstein edition of *Rashi*, note 6, for explanation of the Midrash's answer according to this version.)]

67. *Yefeh To'ar* notes that the Midrash expounds verse 11 *after* verse 12. He suggests that the Midrash understands that v. 12 in fact occurred first, and that Abimelech's warning in v. 11 was *not* given out of fear that some of his people may try to harm Isaac in order to take Rebecca (as would appear from the order of the verses), but rather out of fear that they may do so out of envy of his success. Scripture placed v. 11 before v. 12 so as not to interrupt its description, in vv. 12-14, of Isaac's success.

For an alternative approach see *Maharzu*.

68. I.e., even if it does not cause injury. The Midrash infers this from the fact that Abimelech did not say *whoever "injures" this man . . . shall be put to death* but rather *whoever "touches" this man, etc.* (*Eitz Yosef*). *Yefeh To'ar* suggests that the Philistines may have wished to throw pebbles at Isaac as a way of demeaning him (because of their envy; see preceding note).

69. David uttered this verse in reference to his Philistine enemies (see v. 1 there), who surreptitiously laid an ambush for him and tried to kill him. The Midrash applies it to Isaac, seeing a parallel in his situation to that of David, in accordance with the principle (see above, 40 §6) that the events in the lives of the patriarchs serve as a portent for their descendants (*Eitz Yosef*). *Yefeh To'ar* suggests that Abimelech's warning was designed to prevent the Philistines from trying to kill Isaac through ways that would *appear* innocent, such as by throwing a carefully aimed pebble.

INSIGHTS

Ⓐ **Isaac's Blessing** *Imrei Yosher* explains the Midrash to mean that the expression וַיִּזְרַע יִצְחָק alludes to the giving of charity — as in the verse (*Hosea* 10:12): זִרְעוּ לָכֶם לִצְדָקָה, *sow for yourself charity* — and this charity was the source of his blessing. As to why charity is symbolized by sowing, *Pardes Yosef* suggests that when one sows a field, not all of the seed develops into grain; some of it spoils or is otherwise ineffective. Despite this, one continues to fully sow his field in order to yield crops from those seeds that do germinate. The same can be said of charity. It may be that some of those who accept charity are unworthy, and the money given to them has gone to waste, like seeds that fail to sprout. One should not refrain from giving charity because of this, for — like the crops that grow — the great reward for giving to those who are worthy far outweighs that loss. [See also above, 61 note 27.]

Regarding the blessing that Isaac received, *Yedei Moshe* cites a *Zohar*, which states that God's blessing is at least a thousandfold. Why, then, did Isaac only receive a hundredfold? He answers that, in fact, it was a thousandfold, and the expression used by the Midrash here, מָדַד אוֹתָהּ לְמַעַשְׂרוֹת means that what Isaac counted — the hundred measures — was only the *maaser* portion, so that the total harvest was actually a thousand measure (see similarly, *Tiferes Yonasan*).

וְאִילוּ הָיְתָה יָפָה עַל אַחַת כַּמָּה וְכַמָּה. "וַיִּמְצָא בַּשָּׁנָה הַהִוא מֵאָה שְׁעָרִים", מֵאָה כּוֹרִים מֵאָה שְׁעָרִים מֵאָה מִנְיָנִים. "מֵאָה שְׁעָרִים", מְלַמֵּד שֶׁהֶאֱמִידוּ אוֹתָהּ וְעָשָׂת מֵאָה כַּמָּה שֶׁהֶאֱמִידוּהָ. [ט]וַהֲלֹא אֵין הַבְּרָכָה שׁוֹרָה עַל דָּבָר שֶׁהוּא בְּמִשְׁקָל וּבְמִדָּה וּבְמִנְיָן, וּמִפְּנֵי מָה מָדַד אוֹתָהּ, מִפְּנֵי הַמַּעַשְׂרוֹת:

ז [כו, יא] "וַיְצַו אֲבִימֶלֶךְ אֶת כָּל הָעָם". אָמַר רַבִּי אַיְּבוּ: אֲפִילוּ צְרוֹר אַל יִזְרוֹק בָּהֶם אָדָם. הָדָא הוּא דִכְתִיב (תהלים נו, ז) "יָגוּרוּ יִצְפּוֹנוּ הֵמָּה עֲקֵבַי יִשְׁמוֹרוּ כַּאֲשֶׁר קִוּוּ נַפְשִׁי". [כו, יג] "וַיִּגְדַּל הָאִישׁ וַיֵּלֶךְ הָלוֹךְ וְגָדֵל", [י]אָמַר רַבִּי חָנִין: עַד שֶׁהָיוּ אוֹמְרִים זֶבֶל פִּרְדוֹתָיו שֶׁל יִצְחָק וְלֹא כַּסְפּוֹ וּזְהָבוֹ שֶׁל אֲבִימֶלֶךְ. [כו, יד] "וַיְהִי לוֹ מִקְנֵה צֹאן וּמִקְנֵה בָקָר וַעֲבֻדָּה רַבָּה", דָּנִיֵּאל חַיָּיטָא אָמַר: וַעֲבָדָה כְּתִיב, [יא]אִם אֵין אָדָם עוֹשֶׂה עַצְמוֹ כְּמוֹ עֶבֶד לְעַבְדּוֹ אֵינוֹ קוֹנֶה אוֹתוֹ כְּעִנְיָן שֶׁנֶּאֱמַר (משלי יב, ט) "טוֹב נִקְלֶה וְעֶבֶד לוֹ". בְּנוֹהַג שֶׁבָּעוֹלָם אָדָם צָרִיךְ לִטְרוֹחַ וּלְבַקֵּשׁ יְצִיאוֹת בֵּיתוֹ וְהֵם יוֹשְׁבִים בְּבֵיתוֹ. "וַיֹּאמֶר אֲבִימֶלֶךְ אֶל יִצְחָק לֵךְ מֵעִמָּנוּ כִּי עָצַמְתָּ מִמֶּנּוּ", אָמַר לוֹ כָּל אוֹתָן עֲצָמוֹת שֶׁעָצַמְתָּ לֹא מִמֶּנּוּ הָיָה לָךְ, לְשֶׁעָבַר הֲוָה לָךְ חֲדָא קְוּוּקַיָּא וְכַדּוּן אִית לָךְ קְוּוּקַיָּא סַגִּין:

ח [כו, יח] "וַיָּשָׁב יִצְחָק וַיַּחְפֹּר וגו'". כַּמָּה בְּאֵרוֹת חָפַר אָבִינוּ יִצְחָק בִּבְאֵר שָׁבַע, רַבִּי יְהוּדָה אָמַר: אַרְבָּעָה, כְּנֶגֶד כֵּן נַעֲשׂוּ בָנָיו אַרְבָּעָה דְּגָלִים בַּמִּדְבָּר, וְרַבָּנָן אָמְרֵי: חָמֵשׁ, כְּנֶגֶד חֲמִשָּׁה סִפְרֵי תוֹרָה.

רש"י

קשה שנאמר בה בארץ ההיא והשנה קשה שהיתה שנת רעב שנאמר בשנה ההיא ואילו היתה ארץ יפה והשנה טובה על אחת כמה וכמה: **וימצא בשנה ההיא מאה שערים כו' מאה מנינים**. כנגד מדה אחת שזרע מצא מאה מדות: **מאה כורים**. מאה כרי. מאה שערים. מאה שעורים. מלמד שהאמידו אותה ששיערו אותה ועשתה מאה חלקים יותר ממה שהאמידו אותה: **והלא אין הברכה שורה בדבר שבמשקל ובמנין ובמדה מפני מה אמדו אותה מפני מעשרותיו**. ליתן ממאה ב' ומעשר א': (ז) **הדא הוא דכתיב** יגורו יצפונו המה עקבי ישמורו:

עץ יוסף

מאה כורים כו'. משום דמספקא ליה פירוש מאה שערים להכי קאמר בשלשה אנפי. האחד מלשון שער שבשוק ולכן פי' מאה כורים ר"ל מאה מדות הנמכרות בשער וסתם מדה הנמכרת בשער בתבואות כור שהיא גדולה שבמדות השער. והשני מלשון שיעור ולכן פירש מאה מניינים ר"ל שמצא מאה מהזרע שהוציא לתבואה. והשלישי מלשון השערה ואומדן דעת. ולכן פי' מלמד שהאמידו כו' (יפ"ת). : **אין הברכה שורה כו'**. משום דמפרש מאה שערים מאה מניינים דהיינו מנין ממש. לכך פריך והלא אין הברכה שורה על דבר שהוא במשקל ובמדה ובמנין. ומ"מ מדד אותה. ומתרץ מפני המעשרות והיינו כדתנן אל תרבה לעשר אומדות פי' מאומד הדעת מחשש שמא יתן יותר מחלק עשירית ויהיו מעשרותיו מקולקלים. ובזכות מעשר אדרבה מתברך כדאית' בפ"ק דתעניות עשר בשביל שתתעשר: **[ז] אפילו צרור כו'**. מדלא קאמר כל המזיקו וקאמר כל הנוגע בו משמע אפילו זריקת צרור בעלמא: **יגורו יצפונו כו'**. שאמר כן על פלשתים שעשו עליו מארב בלינעה להכותו במרמה וענין יצחק היה רמז לדוד שכל מה שאירע לאבות סימן לבנים: **זבל פרדותיו כו'**. דכתיב עד כי גדל מאד לומר שבכל נכסיו גדל עד מאד מאבימלך. ולפי שלפי האמת לא יתכן שזבול פרדותיו יהיה יותר מנכסי אבימלך דקדק לומר שהיו אומרים כו' כלומר ע"ד גוזמא היו אומרים כן ואפשר כוונתם היה כדי להטיל עליו קנאה ואיבה: **ועבדה כתיב**. חסר ו' קרי ועבדה שיעבוד אותה. והיינו שאם אינו משגיח על פועליו ואינו יושב עמהם אינו קונה הנכסים ואינו רואה בהם סימן ברכה כמו שאחז"ל בבבא מציעא דף כ"ט מי שהניח לו אביו מעות ומבקש לאבדן ישכור פועלים ולא ישב עמהם (מת"כ): **והם**. העבדים יושבים בביתו. וא"כ הוא עבד לעבדיו: **לא ממנו היה לך**. שאתה מרויח מה שהיו אנחנו מרויח אם לא היית אצלנו. וכל תוקף ועצמיות שיש לך ממני הוא: **קווקיא**. פי' עדר שית לבך לעדרים תרגומו שוי לבך על קווקין: **ובדון**. ועכשיו יש לך עדרים רבים: (ז) [ח] **רבי יהודה אומר ארבע**. שאף השלשה הראשונות היו סמוכין לגבול באר שבע שהיתה המטרפולין וכל גבולותיה סביב יקראו ע"ש העיר (יפ"ת): **נעשו בניו ארבעה דגלים**. מפני שכתיבת ענין אלו בארות בתורה נראה דבר בלי צורך. לזה קאמר ר"י שיש בהם סימן ורמז כנגד הדגלים: **חמשה ספרי תורה**. ובזה יש רמז קצת לבאר כי התורה

פירוש מהרז"ו

שמדדם לעשרם. במ"ר פי"ב ס"ס י"א וכ"ה בפר"א ר"פ ל"ג ויזרע יצחק שזרע לצדקה ועשר כל ממונו וכמ"ש באברהם יתן לו מעשר וביעקב עשר אעשרנו לך: (ז) **ויצו אבימלך**. פסוק זה קודם לפסוק ויזרע יצחק והמדרש היפך הפסוקים לפי שמעתיק ממדרשים אחרים הקודמים מכה וכה וע' יפ"ת: **שעצמת לא ממנו**. ומ"ש ממנו אין פירושו יותר ממנו אלא מאשר לנו ובתוכנו עצמת וכאשר שלחוהו ולא נחסר השפע ממנו אז הודו לו שגם לשעבר היה ברכת ה' עליו. ולא משלהם. וז"ש ראו ראינו כי היה ה' עמך לשעבר עתה אתה ברוך ה': **קווקיא**. שית לבך לעדרים משלי כ"ז ת"י לקווקיא ועי' במ"ע: (ח) **ארבע**. שד' פעמים נזכר חפירה בפרשה. א' בפ' י"ט עשק. ב' בפ' כ"א שטנה. ג' בפ' כ"ב רחובות. ד' בפ' ל"ב. ורומזים לבארה של מרים שנמשכו מימיו לד' דגלים כמ"ש בפר"א פל"ה שבארות האבות היא בארה של מרים. וזהו באר חפרוה שרים כו' הם האבות: **חמש**. שאלל באר עשק כתיב ב"פ באר. כי הול"ל ויקרא שמה עשק כמו

חידושי הרד"ל

(ו) [ז] **זבל פרדותיו**. אפשר דרש ויהי לו מקנה וגו' ויקנאו אותו לומר שע"ד המקנה קנאוהו. וכתיב ועבודה רבה כלומר עבודה בשדה שהיתה ע"י המקנה ע"י זבל המקנה היה הצלחת עבודה בשדה ולזה קנאוהו:

מסורת המדרש

ט תענית דף ח'. בבא מציעא דף מ"ב. ילקוט סדר תבא רמז תתקל"ח. במדבר רבה פרשה י"ב. פסיקתא רבתי פיסקא כ"ה:

י עיין תוספות בבא מציעא דף פ"ה ד"ה הוה:

יא סנהדרין דף כ"ח. ילקוט משלי רמז תתקמ"ח:

אם למקרא

יָגוּרוּ יִצְפּוֹנוּ הֵמָּה עֲקֵבַי יִשְׁמֹרוּ כַּאֲשֶׁר קִוּוּ נַפְשִׁי: (תהלים נו:ז)

טוֹב נִקְלֶה וְעֶבֶד לוֹ מִמִּתְכַּבֵּד וַחֲסַר־לָחֶם: (משלי יב:ט)

מתנות כהונה

מאה מניינים. פי' שבכל עיר ועיר יש להם מנין ידוע שמונין בה התבואה כגון ביש מקומות עשר עמרים קורין אחת. ועשרים עמרים שנים כו'. וביש מקומות ס' עמרין קורין לו אחת ודייק שערים מלשון שיעור ומנין: **שהאמידו כו'**. דרש שערים לשון שיעור ואומדנא: **מפני המעשרות**. שלא יעשר באומד: [ז] [**כל העם וגו'** גרסינן]: **אפילו צרור כו'**. כך הכריז אבימלך: [**עד שהיו אומרים** גרסינן]: **זבל פרדותיו כו'**. כך היו הבריות אומרים רוצה אני בזבל פרדותיו כו': **כמו עבד לעבדו כו'**. אינו קונה הנכסים ואינו רואה בהם סימן ברכה וכמו שאמרו חז"ל בפ' אלו מציאות דף כ"ט מי שהניח לו אביו מעות ומבקש לאבדם ישכור פועלים ולא ישב עמהם ודייק מדכתיב ועבדה חסר קרי ביה ואבדה: **והם**. העבדים יושבים בביתו: **קווקיא**. פי' הערוך עדר: **ובדון**. ועכשיו יש לך עדרים רבים:

אשד הנחלים

ועשת מאה. דאם פירושו מאה מדות סתם א"כ לא ידעינן הברכה. אולי היה ארץ רחבה א"ו מאה פעמים ממה שהיא ראויה לתת: **מפני המעשרות**. ואז אין חשש שהוא דבר המדוד כי מצות מעשר מגין שיתעשר כמ"ש עשר בשביל שתתעשר. [ז] **צרור**. וזהו כל הנוגע באיש הזה. והביא הפסוק יגורו. אף שדוד אמר זאת על צרותיו ומשנאיו אמר זאת ע"ד אסמכתא ומליצה להיפך שהמה יגורו ויפחדו. ולכן המה עקבי והלוכי ישמורו לבלתי נגע בי שום בן אדם: **זבל פרדותיו**. שכ"כ הי' (שמי) [שמו] גדול בעיני הבריות. ואולי כל המקבל פרוטה מיצחק היה מתברך ולכן היו דוחקין עצמן אף לקחת מזבלו יותר מזהבו של אבימלך: **ועבדה כתיב**. חסר ו' להורות שיהיה הוא בעצמו עבד לעבדיו. וזהו טוב נקלה והוא עבד לו לעצמו או פירושו שהוא נקלה בעיני עצמו אף כי יש לו עבד. הוא יותר טוב ממתכבד. וחסר להם: **והם יושבים**. וא"כ הוא עבד לעבדיו: **לא ממנו**. כלומר מסבתינו. כי אנחנו הסבנו לך כל הכבודה הזאת: [ח] **ד' דגלים**. כבר ידוע כי כל

How wealthy was Isaac? The Midrash quotes an aphorism that was commonly used to describe Isaac's wealth:

אָמַר רַבִּי חָנִין – **R' Chanin said:** עַד שֶׁהָיוּ אוֹמְרִים זֶבֶל פִּרְדוֹתָיו שֶׁל יִצְחָק וְלֹא כַּסְפּוֹ וּזְהָבוֹ שֶׁל אֲבִימֶלֶךְ – *Until he was very great* means that Isaac's wealth accumulated **to the extent that [people] would say,** "We would prefer to have **the dung of Isaac's mules and not the silver and gold of Abimelech."**[70]

וַיְהִי לוֹ מִקְנֵה צֹאן וּמִקְנֵה בָקָר וַעֲבֻדָּה רַבָּה וַיְקַנְאוּ אֹתוֹ פְּלִשְׁתִּים.

He had acquired flocks and herds and a large force of servants;[71] *and the Philistines envied him* (26:14).

☐ וַיְהִי לוֹ מִקְנֵה צֹאן וּמִקְנֵה בָקָר וַעֲבֻדָּה רַבָּה – ***HE HAD ACQUIRED FLOCKS AND HERDS AND A LARGE FORCE OF SERVANTS.***

The Midrash finds an allusion in this verse to a common paradoxical situation:

דָּנִיאֵל חַיָּיטָא אָמַר: וַעֲבָדָה כְּתִיב – **Daniel the tailor**[72] **said:** The word is written וַעֲבָדָה, meaning *he served it*,[73] אִם אֵין אָדָם עוֹשֶׂה עַצְמוֹ כְּמוֹ עֶבֶד לְעַבְדּוֹ אֵינוֹ קוֹנֶה אוֹתוֹ – indicating that **if a person does not make himself like a slave to his** own **slave, he does not** truly **acquire [his property].**[74] כְּעִנְיָן שֶׁנֶּאֱמַר – Our verse then is **like the idea that [Scripture] states,** "טוֹב נִקְלֶה וְעֶבֶד לוֹ" – ***Better off is the lowly one who has a slave for himself*** *than the honored one who lacks bread* (Proverbs 12:9). בְּנוֹהַג שֶׁבָּעוֹלָם אָדָם צָרִיךְ לִטְרוֹחַ וּלְבַקֵּשׁ יְצִיאוֹת בֵּיתוֹ וְהֵם יוֹשְׁבִים בְּבֵיתוֹ – For **in the manner of the world, a person must toil and** actively **pursue** the wherewithal **of his household expenses, while [his slaves]** peacefully **dwell in his house.**[75]

וַיֹּאמֶר אֲבִימֶלֶךְ אֶל יִצְחָק לֵךְ מֵעִמָּנוּ כִּי עָצַמְתָּ מִמֶּנּוּ מְאֹד.

And Abimelech said to Isaac, "Go away from us for you have been enriched from us!" (26:16).

☐ וַיֹּאמֶר אֲבִימֶלֶךְ אֶל יִצְחָק לֵךְ מֵעִמָּנוּ כִּי עָצַמְתָּ מִמֶּנּוּ – ***AND ABIMELECH SAID TO ISAAC, "GO AWAY FROM US, FOR YOU HAVE BEEN ENRICHED FROM US."***

The Midrash elaborates Abimelech's complaint against Isaac:

אָמַר לוֹ כָּל אוֹתָן עֲצָמוֹת שֶׁעָצַמְתָּ לֹא מִמֶּנּוּ הָיָה לָךְ – **[Abimelech] was saying to him, "All those riches that you enriched [yourself] with, did they not [accrue] to you from us?!**[76]Ⓐ לְשֶׁעָבַר הֲוָה לָךְ חֲדָא קְווּקְיָא – For **in the past,** before you came to Gerar, **you had** just **one flock,** וְכַדּוּן אִית לָךְ קְווּקְיָא סַגִּין – **and now you have many flocks!"**[77]

וַיָּשָׁב יִצְחָק וַיַּחְפֹּר אֶת בְּאֵרֹת הַמַּיִם אֲשֶׁר חָפְרוּ בִּימֵי אַבְרָהָם אָבִיו וַיְסַתְּמוּם פְּלִשְׁתִּים אַחֲרֵי מוֹת אַבְרָהָם וַיִּקְרָא לָהֶן שֵׁמוֹת כַּשֵּׁמֹת אֲשֶׁר קָרָא לָהֶן אָבִיו.

And Isaac dug anew the wells of water which they had dug in the days of Abraham his father and the Philistines had stopped them up after Abraham's death; and he called them by the same names that his father had called them (26:18).

§8 וַיָּשָׁב יִצְחָק וַיַּחְפֹּר וגו׳ – ***AND ISAAC DUG ANEW ETC.***

Scripture deals extensively with the wells dug by Isaac and his servants (vv. 17-25, 32-33).[78] The Midrash begins its discussion of these passages by asking a basic question:

NOTES

70. That is, the combined value of all of Isaac's dung is greater than that of Abimelech's gold and silver (even though per unit, dung is obviously of much less value); the implication of *very great* is that in each of his possessions, Isaac was wealthier than Abimelech. The Midrash is not stating that this was the reality (that Isaac's dung was worth more than the king's gold) but rather that people would say this, i.e., that they would make such exaggerated remarks to describe Isaac's great wealth (*Eitz Yosef*). [*Eitz Yosef* goes on to suggest that their motive in making such remarks was to arouse Abimelech's jealousy of Isaac.]

71. Our translation follows the interpretation of *Ibn Ezra* and *Ramban*, which is how the Midrash understands the plain sense of the verse.

72. That is, the sage named Daniel who was a tailor by profession.

73. The word is vowelized עֲבֻדָּה, which means a staff of servants. However, since it is written without a *vav*, it could be read עֲבָדָהּ, *he served it* (*Eitz Yosef*; for an alternative explanation see *Matnos Kehunah* [end of ד״ה ועבדה כתיב]).

74. If the master does not work hard to supervise his workers, they will be negligent and as a result the master's property will be ruined; see *Bava Metzia* 29b (*Eitz Yosef*, from *Matnos Kehunah*).

75. Although the slave may perform the hard physical labor, the responsibility for the upkeep of the household, including that of the slave himself, rests with the master. This then is the meaning of the verse in *Proverbs*: the lowly slave has a slave working for him, i.e., the master who must provide him with food, while the honored master *lacks bread*, for there is nobody who provides him with food. The implication of the reading: וַעֲבָדָהּ, *and he served it*, in our verse is similar, namely that despite the many slaves a person has working for him, the ultimate responsibility for success lies with the master.

76. I.e., at our expense, for your wealth was derived from local resources, and had you not been here, *we* would have used them and *we* would have accumulated the wealth that you accumulated in our stead (*Eitz Yosef*). Alternatively, the king was saying to Isaac, "Your success is from us," i.e., from our resources and by virtue of the fact that you have been among us (*Maharzu*, see also *Imrei Yosher*). Either way, the implication remains the same.

77. Abimelech's reading of the situation was faulty, for in reality Isaac's riches came as a result of Divine blessing; see above, v. 3 (see also above, section 1). See Insight Ⓐ.

78. The Midrash will proceed to explain the significance of these wells.

INSIGHTS

Ⓐ **Isaac's Success** The commentators explain that the basic understanding of עָצַמְתָּ מִמֶּנּוּ is *you have become mightier* ***than we***, but the Midrash understands it as *you have became mightier* ***from us***, i.e. **at our expense.** *Ohel Yaakov* elaborates on this idea, postulating that there are two types of success that one can attain. The first is a natural, slow progression, from step to step, while the second is a miraculous, sudden ascent, from a low rung of the ladder to the top. The difference between the two is that, in general, when people see the first type, they believe that this person's success could have been theirs, had had they engaged in a similar venture. When they witness a meteoric rise to success, however, they attribute this to the person's good fortune.

In the case of Isaac, his success was gradual and steady, as indicated by the verse (26:13): וַיֵּלֶךְ הָלוֹךְ וְגָדֵל עַד כִּי־גָדַל מְאֹד, *The man became great, and kept becoming greater, until he was very great.* This is what prompted the Philistines to argue that Isaac's success was rooted in their land. They reasoned that by sending him away, they would then be the beneficiaries of the same succes. But after sending him away, they realized that their presumption had been incorrect, for Isaac had continued success, while their lot remained unchanged. The verses that follow highlight this new recognition. When Isaac asked Abimelech and Phicol (26:27): *"Why have you come to me . . . you drove me away from you!,"* they answered: *"We have indeed seen that Hashem has been with you."* That is, we see from your present success, in a completely different place, that even your original success had nothing to do with us or our location, but was ordained by Hashem (see *Maharzu* and *Imrei Yosher*). We therefore have no reason to be jealous of you, and wish to establish a mutual peace treaty. [See Insight to §10 for another approach.]

וְאִילוּ הָיְתָה יָפָה עַל אַחַת כַּמָּה וְכַמָּה. "וַיִּמְצָא בַּשָּׁנָה הַהִוא מֵאָה שְׁעָרִים", מֵאָה כּוֹרִים מֵאָה שְׁעָרִים מֵאָה מְנָיָנִים. "מֵאָה שְׁעָרִים", מְלַמֵּד שֶׁהֶאֱמִידוּ אוֹתָהּ וְעָשְׂת מֵאָה כַּמָּה שֶׁהֶאֱמִידוּהָ. [ט] וַהֲלֹא אֵין הַבְּרָכָה שׁוֹרָה עַל דָּבָר שֶׁהוּא בְּמִשְׁקָל וּבְמִדָּה וּבְמִנְיָן, וּמִפְּנֵי מָה מָדַד אוֹתָהּ, מִפְּנֵי הַמַּעַשְׂרוֹת:

ז [כו, יא] "וַיְצַו אֲבִימֶלֶךְ אֶת כָּל הָעָם". אָמַר רַבִּי אַיְּבוּ: אֲפִילוּ צְרוֹר אַל יִזְרוֹק בָּהֶם אָדָם. הָדָא הוּא דִכְתִיב (תהלים נו, ז) "יָגוּרוּ יִצְפּוֹנוּ הֵמָּה עֲקֵבַי יִשְׁמוֹרוּ כַּאֲשֶׁר קִוּוּ נַפְשִׁי". [כו, יג] "וַיִּגְדַּל הָאִישׁ וַיֵּלֶךְ הָלוֹךְ וְגָדֵל", [י] אָמַר רַבִּי חָנִין: עַד שֶׁהָיוּ אוֹמְרִים זֶבֶל פִּרְדוֹתָיו שֶׁל יִצְחָק וְלֹא כַּסְפּוֹ וּזְהָבוֹ שֶׁל אֲבִימֶלֶךְ. [כו, יד] "וַיְהִי לוֹ מִקְנֵה צֹאן וּמִקְנֵה בָקָר וַעֲבוּדָּה רַבָּה", דָּנִיאֵל חַיָּיטָא אָמַר: וַעֲבָדָה כְּתִיב, [יא] אִם אֵין אָדָם עוֹשֶׂה עַצְמוֹ כְּמוֹ עֶבֶד לְעַבְדּוֹ אֵינוֹ קוֹנֶה אוֹתוֹ כְּעִנְיַן שֶׁנֶּאֱמַר (משלי יב, ט) "טוֹב נִקְלֶה וְעֶבֶד לוֹ". בְּנוֹהַג שֶׁבָּעוֹלָם אָדָם צָרִיךְ לִטְרוֹחַ וּלְבַקֵּשׁ יְצִיאוֹת בֵּיתוֹ וְהֵם יוֹשְׁבִים בְּבֵיתוֹ. "וַיֹּאמֶר אֲבִימֶלֶךְ אֶל יִצְחָק לֵךְ מֵעִמָּנוּ כִּי עָצַמְתָּ מִמֶּנּוּ", אָמַר לוֹ כָּל אוֹתָן עֲצָמוֹת שֶׁעָצַמְתָּ לֹא מִמֶּנּוּ הָיָה לָךְ, לְשֶׁעָבַר הֲוָה לָךְ חֲדָא קֻוַוקְיָא וְכַדּוּן אִית לָךְ קֻוַוקְיָא סַגִּין:

ח [כו, יח] "וַיָּשָׁב יִצְחָק וַיַּחְפּוֹר וגו' ". כַּמָּה בְּאֵרוֹת חָפַר אָבִינוּ יִצְחָק בִּבְאֵר שָׁבַע, רַבִּי יְהוּדָה אָמַר: אַרְבָּעָה, כְּנֶגֶד כֵּן נַעֲשׂוּ בָנָיו אַרְבָּעָה דְגָלִים בַּמִּדְבָּר, וְרַבָּנָן אָמְרֵי: חָמֵשׁ, כְּנֶגֶד חֲמִשָּׁה סִפְרֵי תוֹרָה.

רש"י

קשה שנאמר בה בארץ ההיא והשנה קשה שהיתה שנת רעב שנאמר בשנה ההיא ואילו היתה ארץ יפה והשנה טובה על אחת כמה וכמה: **וימצא בשנה ההיא מאה שערים כו' מאה מנינים**. כנגד מדה אחת שזרע מלא מאה מדות: **מאה כורים**. מאה כרי. מאה שעורים. מלמד שהאמידו אותה שבשיעורו אותה ועשתה מאה חלקים יותר ממה שהאמידו אותה: **והלא אין הברכה שורה בדבר שבמשקל ובמנין ובמדה מפני מה אמדו אותה מפני מעשרותיו**. ליתן ממאה ב' ומעשר א': (ז) **הדא הוא דכתיב** יגורו יצפונו המה עקבי ישמורו:

חידושי הרד"ל

(ו) [ז] **זבל פרדותיו**. אפשר דרש ויהי לו מקנה וגו' ויקנאו אותו לומר שע"ד המקנה קנאוהו. וכתיב ועבודה רבה כלומר עבודה בשדה שהיתה ע"י המקנה ע"י זבל המקנה היה הצלחת עבודה בשדה ולזה קנאוהו:

עץ יוסף

מאה כורים כו'. משום דמספקא ליה פירוש מאה שערים להכי קאמר בשלשה אנפי. האחד מלשון שער שבשוק ולכן פי' מאה כורים ר"ל מאה מדות הנמכרות בשער ושם מדה הנמכרת בשער בתבואות כור שהיא גדולה שבמדות השער. והשני מלשון שיעור ולכן פירש מאה מניינים ר"ל שמלא מאה מהזרע שהוציא לתבואה. והשלישי מלשון השערה ואומדן דעת. ולכן פי' מלמד שהאמידו כו' (יפ"ת). : **אין הברכה שורה כו'**. משום דמפרש מאה שערים מאה מניינים דהיינו מנין ממש. לכך פריך והלא אין הברכה שורה על דבר שהוא במשקל ובמדה ובמנין. ומ"מ מדד אותה. ומתרץ מפני המעשרות והיינו כדתנן אל תרבה לעשר אומדות פי' מאומד הדעת מחשש שמא יתן יותר מחלק עשירית ויהיו מעשרותיו מקולקלים. ובזכות מעשר אדרבה מתברך כדאית' בפ"ק דתעניות עשר בשביל שתתעשר: [ז] **אפילו צרור כו'**. מדלא קאמר כל המזיקו וקאמר כל הנוגע בו משמע אפילו זריקת צרור בעלמא: **יגורו יצפונו כו'**. שאמר כן על פלשתים שעשו עליו מארב בכינעה להכותו במרמה וענין יצחק היה רמז לדוד שכל מה שאירע לאבות סימן לבנים: **זבל פרדותיו כו'**. דכתיב עד כי גדל מאד לומר שבכל נכסיו גדל עד מאד מאבימלך. ולפי שלפי האמת לא יתכן שזבול פרדותיו יהיה יותר מנכסי אבימלך דקדק לומר שהיו אומרים כו' כלומר ע"ד גוזמא היו אומרים כן ואפשר כוונתם היה כדי להטיל עליו קנאה ואיבה: **ועבדה כתיב**. חסר ו' קרי ועבדה שיעבוד אותה. והיינו שאם אינו משגיח על פועליו ואינו יושב עמהם אינו קונה הנכסים ואינו רואה בהם סימן ברכה כמו שאחז"ל בבבא מציעא דף כ"ט מי שהניח לו אביו מעות ומבקש לאבדן ישכור פועלים ולא ישב עמהם (מת"כ): **והם**. העבדים יושבים בביתו. וא"כ הוא עבד לעבדיו: **לא ממנו היה לך**. שאתה מרויח מה שהיו אנחנו מרויח אם לא היית אצלנו. וכל תוקף ועצמיות שיש לך ממני הוא: **קווקיא**. פי' עדר שית לבך לעדרים תרגומו שוי לבך על קווקין: **וכדון**. ועכשיו יש לך עדרים רבים: (ז) [ח] **רבי יהודה אומר ארבע**. שאף השלשה הראשונות היו סמוכין לגבול באר שבע שהיתה המטרפולין וכל גבולותיה סביב יקראו ע"ש העיר (יפ"ת): **נעשו בניו ארבעה דגלים**. מפני שכתיבת ענין אלו בארות בתורה נראה דבר בלי צורך. לזה קאמר ר"י שיש בהם סימן ורמז כנגד הדגלים: **חמשה ספרי תורה**. ובזה יש רמז קלת לבאר כי התורה

פירוש מהרז"ו

שמדדם לעשרם. במ"ר פי"ב ס"ס י"א וכ"ה בפר"א ר"פ ל"ג ויזרע יצחק שזרע לצדקה ועשר כל ממונו וכמ"ש באברהם יתן לו מעשר וביעקב עשר אעשרנו לך: (ז) **ויצו אבימלך**. פסוק זה קודם לפסוק ויזרע יצחק והמדרש היפך הפסוקים לפי שמעתיק ממדרשים אחרים הקודמים מכה וכה וע' יפ"ת: **שעצמת לא ממנו**. ומ"ש ממנו אין פירושו יותר ממנו אלא מאשר לנו ובתוכנו עצמת וכאשר שלחוהו ולא נחסר השפע ממנו אז הודו לו שגם לשעבר היה ברכת ה' עליו. ולא משלהם. וז"ש ראו ראינו כי היה ה' עמך לשעבר עתה אתה ברוך ה': **קווקיא**. שית לבך לעדרים משלי כ"ז ת"י לקווקיא ועי' במ"ע: (ח) **ארבע**. שד' פעמים נזכר חפירה בפרשה. א' בפ' י"ט עשק. ב' בפ' כ"א שטנה. ג' בפ' כ"ב רחובות. ד' בפ' ל"ב. ורומזים לבארה של מרים שנמשכו מימיו לד' דגלים כמ"ש בפר"א פל"ה שבארות האבות היא בארה של מרים. וזהו באר חפרוה שרים כו' הם האבות: **חמש**. שאלל באר עשק כתיב ב"פ באר. כי הול"ל ויקרא שמה עשק כמו

מסורת המדרש

ט תענית דף ח'. בבא מציעא דף מ"ב. ילקוט סדר תבא רמז תתקל"ח. במדבר רבה פרשה י"ב. פסיקתא רבתי פיסקא כ"ה:
י עיין תוספות בבא מציעא דף פ"ה ד"ה הוה:
יא סנהדרין דף כ"ח. ילקוט משלי רמז תתקמ"ח:

אם למקרא

יָגוּרוּ יִצְפּוֹנוּ הֵמָּה עֲקֵבַי יִשְׁמֹרוּ כַּאֲשֶׁר קִוּוּ נַפְשִׁי: (תהלים נו:ז)

טוֹב נִקְלֶה וְעֶבֶד לוֹ מִמִּתְכַּבֵּד וַחֲסַר־לָחֶם: (משלי יב:ט)

מתנות כהונה

מאה מניינים. פי' שבכל עיר ועיר יש להם מנין ידוע שמונין בה התבואה כגון ביש מקומות עשר עמרים קורין אחת. ועשרים עמרים שנים כו'. וביש מקומות ס' עמרין קורין לו אחת ודייק שערים מלשון שיעור ומנין: **שהאמידו כו'**. דרש שערים לשון שיעור ואומדנא: **מפני המעשרות**. שלא יעשר באומד: [ז] [**כל העם וגו'** גרסינן]: **אפילו צרור כו'**. כך הכריז אבימלך: [**עד שהיו אומרים** גרסינן]: **זבל פררותיו כו'**. כך היו הבריות אומרים רוצה אני בזבל פרדותיו כו': **כמו עבד לעבדו כו'**. אינו קונה הנכסים ואינו רואה בהם סימן ברכה וכמו שאמרו חז"ל בפ' אלו מציאות דף כ"ט מי שהניח לו אביו מעות ומבקש לאבדם ישכור פועלים ולא ישב עמהם ודייק מדכתיב ועבדה חסר קרי ביה ואבדה: **והם**. העבדים יושבים בביתו: **קווקיא**. פי' הערוך עדר: **וכדון**. ועכשיו יש לך עדרים רבים:

אשד הנחלים

ועשת מאה. דאם פירושו מאה מדות סתם א"כ לא ידעינן הברכה. אולי היה ארץ רחבה א"ו מאה פעמים ממה שהיא ראויה לתת: **מפני המעשרות**. ואז אין חשש שהוא דבר המדוד כי מצוות מעשר מגין שיתעשר כמ"ש עשר בשביל שתתעשר. [ז] **צרור**. וזהו כל הנוגע באיש הזה. והביא הפסוק יגורו. אף שדוד אמר זאת על צרותיו ומשנאיו אמר זאת ע"ד אסמכתא ומליצה להיפך שהמה יגורו ויפחדו. ולכן המה עקבי והלוכי ישמורו לבלתי נגע בי שום בן אדם: **זבל פרדותיו**. שכ"כ הי' (שמי) [שמו] גדול בעיני הבריות. ואולי כל המקבל פרוטה מיצחק היה מתברך ולכן היו דוחקין עצמן אף לקחת מזבלו יותר מזהבו של אבימלך: **ועבדה כתיב**. חסר ו' להורות שיהיה הוא בעצמו עבד לעבדיו. וזהו טוב נקלה והוא עבד לו לעצמו או פירושו שהוא נקלה בעיני עצמו אף כי יש לו עבד. הוא יותר טוב ממתכבד. וחסר להם: **והם יושבים**. וא"כ הוא עבד לעבדיו: **לא ממנו**. כלומר מסבתינו. כי אנחנו הסבנו לך כל הכבודה הזאת: [ח] **ד' דגלים**. כבר ידוע כי כל

כַּמָּה בְּאֵרוֹת חָפַר אָבִינוּ יִצְחָק בִּבְאֵר שָׁבַע — **How many wells did our forefather Isaac dig in** the vicinity of **Beer-sheba?**[79] רַבִּי יְהוּדָה אָמַר: אַרְבָּעָה — **R' Yehudah said: Four,**[80] כְּנֶגֶד כֵּן נַעֲשׂוּ בָנָיו אַרְבָּעָה דְגָלִים בַּמִּדְבָּר — **corresponding to those** four wells, the Israelites, **[Isaac's] descendants, formed four banner** encampments **in the Wilderness.**[81] וְרַבָּנָן אָמְרֵי: חָמֵשׁ — **And the Sages said: Five,**[82] כְּנֶגֶד חֲמִשָּׁה סִפְרֵי תוֹרָה — **corresponding to the five books of the Torah** (the Pentateuch).[83]

NOTES

79. The valley of Gerar, where Isaac dug most of these wells, was in the general proximity of Beer-sheba, which was the major metropolis of the area. Accordingly, the Midrash here refers to the entire region as "Beer-sheba" (*Eitz Yosef*, from *Yefeh To'ar*).

80. The passage lists three wells that Isaac's servants dug in the valley of Gerar: Esek (v. 19), Sitnah (v. 21) and Rehoboth (v. 22). In addition there was the well of Shibah, which they dug after coming to Beer-sheba (vv. 25, 32).

81. When the Jews left Egypt and traveled through the Wilderness, the twelve tribes were grouped under four banners, with three tribes under each banner. Each tribe had its own specific position in the encampment, and each banner was on one of the four sides of the Tabernacle (see *Numbers* Ch. 2). There was clearly no need for Scripture to discuss the digging of these wells unless there was some lasting significance to them. Hence R' Yehudah takes these wells as alluding to the banner encampments of the Wilderness (*Eitz Yosef*). This is an example of the principle that what befell the patriarchs is a portent for their descendants (*Yefeh To'ar*). [*Yefeh To'ar* suggests that it was in allusion to this principle that the Midrash stressed in its question that these wells were dug by "our forefather Isaac."]

In line with this approach, *Maharzu* explains the wells as an allusion to the Well of Miriam, which accompanied the Israelites through the Wilderness (see *Taanis* 9a) and whose waters flowed to all four of the banner encampments. See also *Pirkei DeRabbi Eliezer* Ch. 35. *Yefei Tohar* notes that the Midrash implies that God ordained that the tribes be divided under fours banners to correspond to the number of wells dug by Isaac. He suggests that the arrangement of the encampments was related to the wells in that they represented a system of hierarchy. Just as wells make underground waters accessible to all those on land, the arrangement of the encampments would allow for the entire nation to draw from the deep wisdom and understanding of its Torah giants.

For a different analysis of how Isaac's wells served as a portent for the future, see *Ramban* on v. 20 below.

82. The word בְּאֵר, *well*, is written twice in the narrative that seemingly concerns the well, Esek: both in verse 19, וַיִּמְצְאוּ שָׁם בְּאֵר מַיִם חַיִּים, *[they] found there a well of fresh water*, and again in verse 20, וַיִּקְרָא שֵׁם הַבְּאֵר עֵשֶׂק, *so he called the name of the well Esek*. If verse 20 were referring to the same well mentioned in the previous verse, it should have said, "he called its name Esek." The Rabbis therefore understand that there were in fact two distinct wells (*Maharzu*; see below).

83. For the Torah is frequently compared in Scripture to water and to a well; see e.g., *Proverbs* 5:16, 20:5 (*Eitz Yosef*; see other commentators for other examples).

וְאִילּוּ הָיְתָה יָפָה עַל אַחַת כַּמָּה וְכַמָּה. "וַיִּמְצָא בַּשָּׁנָה הַהִוא מֵאָה שְׁעָרִים", מֵאָה כּוֹרִים מֵאָה שְׁעָרִים מֵאָה מִנְיָנִים. "מֵאָה שְׁעָרִים", מְלַמֵּד שֶׁהֶאֱמִידוּ אוֹתָהּ וְעָשָׂת מֵאָה כַּמָּה שֶׁהֶאֱמִידוּהָ. [ט]וַהֲלֹא אֵין הַבְּרָכָה שׁוֹרָה עַל דָּבָר שֶׁהוּא בְּמִשְׁקָל וּבְמִדָּה וּבְמִנְיָן, וּמִפְּנֵי מָה מָדַד אוֹתָהּ, מִפְּנֵי הַמַּעַשְׂרוֹת:

ז [כו, יא] "וַיְצַו אֲבִימֶלֶךְ אֶת כָּל הָעָם". אָמַר רַבִּי אֵייבוּ: אֲפִילּוּ צְרוֹר אַל יִזְרוֹק בָּהֶם אָדָם. הָדָא הוּא דִכְתִיב (תהלים נו, ז) "יָגוּרוּ יִצְפּוֹנוּ הֵמָּה עֲקֵבַי יִשְׁמוֹרוּ כַּאֲשֶׁר קִוּוּ נַפְשִׁי". [כו, יג] "וַיִּגְדַּל הָאִישׁ וַיֵּלֶךְ הָלוֹךְ וְגָדֵל", [י]אָמַר רַבִּי חָנִין: עַד שֶׁהָיוּ אוֹמְרִים זֶבֶל פִּרְדוֹתָיו שֶׁל יִצְחָק וְלֹא כַסְפּוֹ וּזְהָבוֹ שֶׁל אֲבִימֶלֶךְ. [כו, יד] "וַיְהִי לוֹ מִקְנֵה צֹאן וּמִקְנֵה בָקָר וַעֲבוּדָּה רַבָּה", דָּנִיאל חַיָּיטָא אָמַר: וַעֲבָדָּה כְּתִיב, [יא]אִם אֵין אָדָם עוֹשֶׂה עַצְמוֹ כְּמוֹ עֶבֶד לְעַבְדּוֹ אֵינוֹ קוֹנֶה אוֹתוֹ כְּעִנְיַן שֶׁנֶּאֱמַר (משלי יב, ט) "טוֹב נִקְלֶה וְעֶבֶד לוֹ". בְּנוֹהַג שֶׁבָּעוֹלָם אָדָם צָרִיךְ לִטְרוֹחַ וּלְבַקֵּשׁ יְצִיאוֹת בֵּיתוֹ וְהֵם יוֹשְׁבִים בְּבֵיתוֹ. "וַיֹּאמֶר אֲבִימֶלֶךְ אֶל יִצְחָק לֵךְ מֵעִמָּנוּ כִּי עָצַמְתָּ מִמֶּנּוּ", אָמַר לוֹ כָּל אוֹתָן עֲצָמוֹת שֶׁעָצַמְתָּ לֹא מִמֶּנּוּ הָיָה לָךְ, לְשֶׁעָבַר הֲוָה לָךְ חֲדָא קֻווּקַיָא וְכַדּוּן אִית לָךְ קֻוַוקַיָא סַגִּין:

ח [כו, יח] "וַיָּשָׁב יִצְחָק וַיַּחְפּוֹר וגו'". כַּמָּה בְּאֵרוֹת חָפַר אָבִינוּ יִצְחָק בִּבְאֵר שָׁבַע, רַבִּי יְהוּדָה אָמַר: אַרְבָּעָה, כְּנֶגֶד כֵּן נַעֲשׂוּ בָנָיו אַרְבָּעָה דְּגָלִים בַּמִּדְבָּר, וְרַבָּנָן אָמְרִי: חָמֵשׁ, כְּנֶגֶד חֲמִשָּׁה סִפְרֵי תוֹרָה.

חידושי הרד"ל

(ו) [ז] **זבל פרדותיו.** אפשר דרש ויהי לו מקנה וגו' ויקנאו אותו לומר שע"ד המקנה קנאוהו. וכתיב ועבודה רבה כלומר עבודה בשדה שהיתה ע"י המקנה ע"י זבל המקנה היה הצלחת עבודה בשדה ולזה קנאוהו:

עץ יוסף

מאה כורים כו'. משום דמספקא ליה פירוש מאה שערים להכי קאמר בשלשה אנפי. האחד מלשון שער שבשוק ולכן פי' מאה כורים ר"ל מאה מדות הנמכרות בשער וסתם מדה הנמכרת בשער בתבואות כור שהיא גדולה שבמדות השער. והשני מלשון שיעור ולכן פירש מאה מניינים ר"ל שמאה מאה מהזרע שהוציא לתבואה. והשלישי מלשון השערה ואומדן דעת. ולכן פי' מלמד שהאמידו כו' (יפ"ת). : **אין הברכה שורה כו'.** משום דמפרש מאה שערים מאה מניינים דהיינו מנין ממש. לכך פריך והלא אין הברכה שורה על דבר שהוא במשקל ובמדה ובמנין. ומ"מ מדד אותה. ומתרץ מפני המעשרות והיינו כדתנן אל תרבה לעשר אומדות פי' מאומד הדעת מחשש שמא יתן יותר מחלק עשירית ויהיו מעשרותיו מקולקלים. ובזכות מעשר אדרבה מתברך כדאית' בפ"ק דתעניות עשר בשביל שתתעשר: [ז] **אפילו צרור כו'.** מדלא קאמר כל המזיקו וקאמר כל הנוגע בו משמע אפילו זריקת צרור בעלמא: **יגורו יצפונו כו'.** שאמר כן על פלשתים שעשו עליו מארב בגינעה להכותו במרמה וענין יצחק היה רמז לדוד שכל מה שאירע לאבות סימן לבנים: **זבל פרדותיו כו'.** דכתיב עד כי גדל מאד לומר שבכל נכסיו גדל עד מאד מאבימלך. ולפי שלפי האמת לא יתכן שזבול פרדותיו יהיה יותר מנכסי אבימלך דקדק לומר שהיו אומרים כו' כלומר ע"ד גוזמא היו אומרים כן ואפשר כוונתם היה כדי להטיל עליו קנאה ואיבה: **ועבדה כתיב.** חסר ו' קרי ועבדה שיעבוד אותה. והיינו שאם אינו משגיח על פועליו ואינו יושב עמהם אינו קונה הנכסים ואינו רואה בהם סימן ברכה כמו שאחז"ל בבבא מציעא דף כ"ט מי שהניח לו אביו מעות ומבקש לאבדן ישכור פועלים ולא ישב עמהם (מת"כ): **והם.** העבדים יושבים בביתו. וא"כ הוא עבד לעבדיו: **לא ממנו היה לך.** שאתה מרויח מה שהיו אנחנו מרויח אם לא היית אצלנו. וכל תוקף ועצמיות שיש לך ממני הוא: **קווקיא.** פי' עדר שית לבך לעדרים תרגומו שוי לבך על קווקין: **וכדון.** ועכשיו יש לך עדרים רבים: (ז) [ח] **רבי יהודה אומר ארבע.** שאף השלשה הראשונות היו סמוכין לגבול באר שבע שהיתה המטרפולין וכל גבולותיה סביב יקראו ע"ש העיר (יפ"ת): **נעשו בניו ארבעה דגלים.** מפני שכתיבת ענין אלו בארות בתורה נראה דבר בלי צורך. לזה קאמר ר"י שיש בהם סימן ורמז כנגד הדגלים: **חמשה ספרי תורה.** ובזה יש רמז קצת לבאר כי התורה

פירוש מהרז"ו

שמדדם לעשרם. במ"ר פי"ב ס"ס י"א וכ"ה בפר"א ר"פ ל"ג ויזרע יצחק שזרע לצדקה ועשר כל ממונו וכמ"ש באברהם יתן לו מעשר וביעקב עשר אעשרנו לך: (ז) **ויצו אבימלך.** פסוק זה קודם לפסוק ויזרע יצחק והמדרש היפך הפסוקים לפי שמעתיק ממדרשים אחרים הקודמים מכה וכה וע' יפ"ת: **שעצמת לא ממנו.** ומ"ש ממנו אין פירושו יותר ממנו אלא מאשר לנו ובתוכנו עצמת וכאשר שלחוהו ולא נחסר השפע ממנו אז הודו לו שגם לשעבר היה ברכת ה' עליו. ולא משלהם. וז"ש ראו ראינו כי היה ה' עמך לשעבר עתה אתה ברוך ה': **קווקיא.** שית לבך לעדרים משלי כ"ז ת"י לקווקיא וע' במ"ע: (ח) **ארבע.** שד' פעמים נזכר חפירה בפרשה. א' בפ' י"ט עשק. ב' בפ' כ"א שטנה. ג' בפ' כ"ב רחובות. ד' בפ' ל"ב. ורומזים לבארה של מרים שנמשכו מימיו לד' דגלים כמ"ש בפר"א פל"ה שבארות האבות היא בארה של מרים. וזהו באר חפרוה שרים כו' הם האבות: **חמש.** שאלל באר עשק כתיב ב"פ באר. כי הול"ל ויקרא שמה עשק כמו

מסורת המדרש

ט תענית דף ח'. בבא מציעא דף מ"ב. ילקוט סדר תבא רמז תתקל"א. במדבר רבה פרשה י"ב. פסיקתא רבתי פיסקא כ"ה:

י עיין תוספות בבא מציעא דף פ"ה ד"ה הוה:

יא סנהדרין דף כ"ח. ילקוט משלי רמז תתקמ"א:

אם למקרא

יָגוּרוּ יִצְפּוֹנוּ הֵמָּה עֲקֵבַי יִשְׁמֹרוּ כַּאֲשֶׁר קִוּוּ נַפְשִׁי: (תהלים נו:ז)

טוֹב נִקְלֶה וְעֶבֶד לוֹ מִמִּתְכַּבֵּד וַחֲסַר־לָחֶם: (משלי יב:ט)

רש"י

קשה שנאמר בה בארץ ההיא והשנה קשה שהיתה שנת רעב שנאמר בשנה ההיא ואילו היתה ארץ יפה והשנה טובה על אחת כמה וכמה: **וימצא בשנה ההיא מאה שערים כו' מאה מנינים.** כנגד מדה אחת שזרע מלא מאה מדות: **מאה כורים.** מאה כרי. מאה שעורים. מלמד שהאמידו אותה שציערו אותה ועשתה מאה חלקים יותר ממה שהאמידו אותה: **והלא אין הברכה שורה בדבר שבמשקל ובמנין ובמדה מפני מה אמדו אותה מפני מעשרותיו.** ליתן ממאה ב' ומעשר א': (ז) **הדא הוא דכתיב** יגורו יצפונו המה עקבי ישמורו:

מתנות כהונה

מאה מניינים. פי' שבכל עיר ועיר יש להם מנין ידוע שמוכין בה התבואה כגון ביש מקומות עשר עמרים קורין אחת. ועשרים עמרים שנים כו'. וביש מקומות ס' עמרין קורין לו אחת ודייק שערים מלשון שיעור ומנין: **שהאמידו כו'.** דרש שערים לשון שיעור ואומדנא: **מפני המעשרות.** שלא יעשר באומד: [ז] [**כל העם וגו'** גרסינן]: **אפילו צרור כו'.** כך הכריז אבימלך: [**עד שהיו אומרים** גרסינן]: **זבל פרדותיו כו'.** כך היו הבריות אומרים רוצה אני בזבל פרדותיו כו': **כמו עבד לעבדו כו'.** אינו קונה הנכסים ואינו רואה בהם סימן ברכה וכמו שאמרו חז"ל בפ' אלו מציאות דף כ"ט מי שהניח לו אביו מעות ומבקש לאבדם ישכור פועלים ולא ישב עמהם ודייק מדכתיב ועבדה חסר קרי ביה ואבדה: **והם.** העבדים יושבים בביתו: **קווקיא.** פי' הערוך עדר: **וכדון.** ועכשיו יש לך עדרים רבים:

אשד הנחלים

ועשת מאה. דאם פירושו מאה מדות סתם א"כ לא ידעינן הברכה. אולי היה ארץ רחבה א"ו מאה פעמים ממה שהיא ראויה לתת: **מפני המעשרות.** ואז אין חשש שהוא דבר המדוד כי מצוות מעשר מגין שיתעשר כמ"ש עשר בשביל שתתעשר. [ז] **צרור.** וזהו כל הנוגע באיש הזה. והביא הפסוק יגורו. אף שדוד אמר זאת על צרותיו ומשנאיו אמר זאת ע"ד אסמכתא ומליצה להיפך שהמה יגורו ויפחדו. ולכן המה עקבי והלוכי ישמורו לבלתי נגע בי שום בן אדם: **זבל פרדותיו.** שכ"כ הי' (שמי) [שמו] גדול בעיני הבריות. ואולי כל המקבל פרוטה מיצחק היה מתברך ולכן היו דוחקין עצמן אף לקחת מזבלו יותר מזהבו של אבימלך: **ועבדה כתיב.** חסר ו' להורות שיהיה הוא בעצמו עבד לעבדיו. וזהו טוב נקלה והוא עבד לו לעצמו או פירושו שהוא נקלה בעיני עצמו אף כי יש לו עבד. הוא יותר טוב ממתכבד. וחסר להם: **והם יושבים.** וא"כ הוא עבד לעבדיו: **לא ממנו.** כלומר מסבתינו. כי אנחנו הסבנו לך כל הכבודה הזאת: [ח] **ד' דגלים.** כבר ידוע כי כל

The Midrash elaborates the parallel between the five wells and the five books of the Torah:

"וַיִּקְרָא שֵׁם הַבְּאֵר עֵשֶׂק" – ***So he called the name of the well Esek*** (below, v. 20). כְּנֶגֶד סֵפֶר בְּרֵאשִׁית, שֶׁבּוֹ נִתְעַסֵּק הַקָּדוֹשׁ בָּרוּךְ הוּא וּבָרָא אֶת הָעוֹלָם – That, the first well named, **corresponds to the Book of *Genesis*, in which** it is recounted that **the Holy One, blessed is He, occupied** (נִתְעַסֵּק) **Himself and created the world.**[84] "וַיִּקְרָא שְׁמָהּ שִׂטְנָה" – ***So he called its name Sitnah*** (abuse) (below, v. 21). כְּנֶגֶד סֵפֶר וְאֵלֶּה שְׁמוֹת עַל שֵׁם "וַיְמָרְרוּ אֶת חַיֵּיהֶם בַּעֲבוֹדָה קָשָׁה" – That well **corresponds to the Book of *Exodus*, on account of** the events described there, i.e., ***They embittered their lives with hard work*** (*Exodus* 1:14).[85] "וַיִּמְצְאוּ שָׁם בְּאֵר מַיִם חַיִּים", כְּנֶגֶד סֵפֶר וַיִּקְרָא – ***And they found there a well of fresh water*** (below, v. 19).[86] The well mentioned in that verse **corresponds to the Book of *Leviticus*,** שֶׁהוּא מָלֵא הֲלָכוֹת רַבּוֹת – **which is filled with a multiplicity of laws.**[87] "וַיִּקְרָא אוֹתָהּ שִׁבְעָה" – ***And he named it Shibah*** (below, v. 33). כְּנֶגֶד סֵפֶר וַיְדַבֵּר, שֶׁהוּא מַשְׁלִים שִׁבְעָה סִפְרֵי תוֹרָה – This well **corresponds to the Book of *Numbers*,**[88] **for it completes the seven** (שִׁבְעָה) **books of the Torah.**[89]

An objection is raised:

וַהֲלֹא חֲמִשָּׁה הֵן – **But there are** only **five** books of the Torah![90]

The Midrash explains:

אֶלָּא בֶּן קַפָּרָא עָבֵיד "וַיְדַבֵּר" תְּלָתָא סְפָרִים – **Rather, Ben Kappara makes three "books" out of the Book of *Numbers*,**[91] מִן "וַיְדַבֵּר" עַד "וַיְהִי בִּנְסֹעַ הָאָרֹן" סֵפֶר בִּפְנֵי עַצְמוֹ – considering **from** the opening of the book, ***[HASHEM] spoke*** (*Numbers* 1:1), **until** the verse, ***When the Ark would journey*** (ibid. 10:35) as **a book unto itself,**[92] מִן "וַיְהִי בִּנְסֹעַ" וּדְבַתְרֵיהּ סֵפֶר בִּפְנֵי עַצְמוֹ – **from *When the Ark would journey* and** [**the verse**] **that follows it as a book unto itself,**[93] – וּמִן סֵיפֵיהּ דְּפִסְקָא וְעַד סוֹפֵיהּ דְּסִפְרָא סֵפֶר בִּפְנֵי עַצְמוֹ **and from the end of the** following **verse** (10:36) **until the end of the Book** of *Numbers* as **a book unto itself.**[94]

The Midrash completes the parallel between the wells and the books of the Pentateuch:

"וַיִּקְרָא שְׁמָהּ רְחוֹבוֹת" – ***So he called its name Rehoboth*** (below, v. 22). כְּנֶגֶד מִשְׁנֵה תוֹרָה, עַל שֵׁם "כִּי יַרְחִיב" – This well **corresponds to *Deuteronomy*, on account of** the verse (*Deuteronomy* 12:20), ***When HASHEM, your God, will broaden*** [יַרְחִיב] *your boundary,*[95] "כִּי עַתָּה הִרְחִיב ה' לָנוּ וּפָרִינוּ בָאָרֶץ" – as Isaac exclaimed here, ***"For now HASHEM has granted us breadth, and we can be fruitful in the land"*** (below, v. 22).[96]

וַאֲבִימֶלֶךְ הָלַךְ אֵלָיו מִגְּרָר וַאֲחֻזַּת מֵרֵעֵהוּ וּפִיכֹל שַׂר צְבָאוֹ.
Abimelech went to him from Gerar with a group of his friends and Phicol, general of his legion (26:26).

§9 וַאֲבִימֶלֶךְ הָלַךְ אֵלָיו מִגְּרָר – ***ABIMELECH WENT TO HIM FROM GERAR*** (מִגְּרָר).

There is no reason for Scripture to mention here that Abimelech was coming from Gerar, since it has already been established that that was his residence and, in any event, his point of origin has no bearing on this narrative.[97] The Midrash offers several alternatives as to the connotation of the word מִגְּרָר in this verse:

מְגוֹרָר – The word מִגְּרָר should be read as if vowelized **מְגוֹרָר,** meaning "attacked,"[98] מְלַמֵּד שֶׁנִּכְנְסוּ לִסְטִים לְתוֹךְ בֵּיתוֹ וְהָיוּ מְקַרְקְרִים בּוֹ כָּל הַלַּיְלָה – **indicating that bandits entered [Abimelech's] house and they were revelling in it all night.**[99] דָּבָר אַחֵר – **Another interpretation:** "מִגְּרָר", מְגוֹרָר – The word מִגְּרָר should be read as if vowelized **מְגוֹרָר,** meaning "scratched,"[100] מְלַמֵּד שֶׁעָלוּ בּוֹ צְמָחִים – **indicating that boils**[101] **erupted on**

NOTES

84. The creation of the world *ex nihilo* represents God's first "act." See also above, 3 §5.

85. That is, the account in *Exodus* of the Egyptian persecution and enslavement of the Israelites.

86. As noted above, according to the Sages this well is not the same as the well Esek mentioned in verse 20. (For a somewhat different interpretation, see *Rashash.*)

Although listed here third, this well was in fact the first well mentioned in the passage, for the Midrash is enumerating the wells in the order of the corresponding books of the Pentateuch (*Maharzu*).

87. It consists almost entirely of laws and commandments with very little narrative, in contrast to the other books (*Yefeh To'ar*; see also 3 §5 above). *A well of fresh water* means a well of flowing spring water, which is constantly full.

88. The Book of *Numbers* is often called בְּמִדְבַּר (lit., *in the Wilderness*), after the fifth word in the first verse of the book. In this passage the Midrash calls it וַיְדַבֵּר (*He spoke*), which is the opening word of the book.

89. As will be explained below, the idea of there being seven books of the Torah is derived from viewing the Book of *Numbers* as an amalgam of three distinct books (see *Eitz Yosef*).

90. And in fact the Sages (quoted above) said that the five wells correspond to those *five* books.

91. That is, he subdivided *Numbers* into three separate books.

92. In the Torah Scroll there is a mark, the shape of an inverted letter *nun,* placed before the start of this verse. According to Ben Kappara this mark signifies the end of one book and the beginning of another; see following note.

93. I.e., Ben Kappara considers *Numbers* 10:35, which begins וַיְהִי בִּנְסֹעַ הָאָרֹן, *When the ark would journey*, together with the following verse, as constituting a separate book. At the end of that verse (verse 36) there is another inverted *nun* mark, again signifying for Ben Kappara the completion of a book and the beginning of a new one. Ben Kappara is thus following the position of Rebbi (quoted in a Baraisa, *Shabbos* 115b-116a) that the marks surrounding this passage (vv. 35-36) indicate that it forms an independent book.

94. That is, the rest of *Numbers*, beginning with 11:1, constitutes a separate, third book. These three books taken together with the other four books of the Pentateuch give a total of seven. According to *Shabbos* 116a and *Vayikra Rabbah* 11 §3, the verse חָצְבָה עַמּוּדֶיהָ שִׁבְעָה, *she carved out its seven pillars* (*Proverbs* 9:1), is an allusion to the seven books of the Torah.

Although Ben Kappara considers these three sections of *Numbers* to be three distinct books, he acknowledges that it is also legitimate for them to be counted together as one book. In contrast to the other books in the Torah Scroll that have five empty lines in between them, these three "books" are divided only by inverse *nun* marks. Hence, there were only five wells, corresponding to the five clearly separate books (*Eitz Yosef*).

95. Giving you the territory of the seven nations of Canaan; see *Ramban* ad loc. *Yefeh To'ar* notes that in a sense this verse epitomizes the Book of *Deuteronomy*, which largely concerns the commandments involved with the conquest and possession of the land (see *Ramban's* introduction to the book).

96. This quotation indicates that the connotation of the name *Rehoboth* (broadenings) is the possession of the land, comparable to the verse in *Deuteronomy,* and not the respite from the quarrels with the Philistines, as one might have thought (*Yefeh To'ar*; however, see *Radal*).

[The statement cited here is the continuation of the verse quoted above, *so he called its name Rehoboth.* Accordingly, *Eitz Yosef* argues therefore that the text should be emended to read: וַיִּקְרָא שְׁמָהּ רְחֹבוֹת כִּי עַתָּה הִרְחִיב ה' לָנוּ וּפָרִינוּ בָאָרֶץ, כְּנֶגֶד מִשְׁנֵה תוֹרָה, עַל שֵׁם כִּי יַרְחִיב, placing the entire verse together, before the explanation of the correspondence to *Deuteronomy.]*

97. *Yefeh To'ar*; see also *Eitz Yosef* and *Tiferes Tzion.*

98. Similar to the word תִּתְגָּר in the verse (*Deuteronomy* 2:19): אַל תִּתְגָּר בָּם, *you shall not attack them* (*Eitz Yosef*).

99. I.e., they looted and ransacked the house throughout the night. This incident caused Abimelech to realize that he had sinned by expelling Isaac, which inspired him to set out to Beer-sheba on this mission of appeasement (*Yefeh To'ar*; see also *Tiferes Tzion*). The sense of the verse *Abimelech went to him* "מִגְּרָר" is that Abimelech went to Isaac because he was attacked.

100. See note 103.

101. *Matnos Kehunah.* See, however, *Yefeh To'ar*.

[כו, כ] "וַיִּקְרָא שֵׁם הַבְּאֵר עֵשֶׂק", כְּנֶגֶד סֵפֶר בְּרֵאשִׁית, שֶׁבּוֹ נִתְעַסֵּק הַקָּדוֹשׁ בָּרוּךְ הוּא וּבָרָא אֶת הָעוֹלָם. [כו, כא] "וַיִּקְרָא שְׁמָהּ שִׂטְנָה", כְּנֶגֶד סֵפֶר וְאֵלֶּה שְׁמוֹת עַל שֵׁם "וַיְמָרֲרוּ אֶת חַיֵּיהֶם בַּעֲבוֹדָה קָשָׁה". [כו, יט] "וַיִּמְצְאוּ שָׁם בְּאֵר מַיִם חַיִּים", כְּנֶגֶד סֵפֶר וַיִּקְרָא, שֶׁהוּא מָלֵא הֲלָכוֹת רַבּוֹת. [כו, לג] "וַיִּקְרָא אוֹתָהּ שִׁבְעָה", כְּנֶגֶד סֵפֶר וַיְדַבֵּר, [יב] שֶׁהוּא מַשְׁלִים שִׁבְעָה סִפְרֵי תוֹרָה, וַהֲלֹא חֲמִשָּׁה הֵן, אֶלָּא °בַּר קַפָּרָא עָבֵיד "וַיְדַבֵּר" תְּלָתָא סְפָרִים, מִן "וַיְדַבֵּר" עַד "וַיְהִי בִּנְסֹעַ הָאָרוֹן" סֵפֶר בִּפְנֵי עַצְמוֹ, מִן "וַיְהִי בִּנְסֹעַ" וּדְבַתְרֵיהּ סֵפֶר בִּפְנֵי עַצְמוֹ, וּמִן סֵיפֵיהּ דְּפִסְקָא וְעַד סוֹפֵיהּ דְּסִפְרָא סֵפֶר בִּפְנֵי עַצְמוֹ. [כו, כב] "וַיִּקְרָא שְׁמָהּ רְחוֹבוֹת", כְּנֶגֶד מִשְׁנֵה תוֹרָה, עַל שֵׁם (דברים יב, כ) "כִּי יַרְחִיב", "כִּי עַתָּה הִרְחִיב ה' לָנוּ וּפָרִינוּ בָאָרֶץ":

ט [כו, כו] "וַאֲבִימֶלֶךְ הָלַךְ אֵלָיו מִגְּרָר". מְגוֹרָר, [יג] מְלַמֵּד שֶׁנִּכְנְסוּ לִסְטִים לְתוֹךְ בֵּיתוֹ וְהָיוּ מְקַרְקְרִים בּוֹ כָּל הַלַּיְלָה. דָּבָר אַחֵר "מִגְּרָר", מְגוֹרָר, מְלַמֵּד שֶׁעָלוּ בּוֹ צְמָחִים, כְּמָה דְאַתְּ אָמַר (איוב ב, ח) "לְהִתְגָּרֵד בּוֹ". "וַאֲחֻזַּת מֵרֵעֵהוּ", רַבִּי יְהוּדָה אָמַר: אֲחֻזַּת מֵרֵעֵהוּ הָיָה שְׁמוֹ, רַבִּי נְחֶמְיָה אָמַר: סִיעַת מְרַחֲמוֹהִי. "וּפִיכֹל שַׂר צְבָאוֹ", רַבִּי יְהוּדָה וְרַבִּי נְחֶמְיָה, רַבִּי יְהוּדָה אָמַר: פִּיכוֹל שְׁמוֹ, רַבִּי נְחֶמְיָה אָמַר: פֶּה שֶׁכָּל צִבְאוֹתָיו נוֹשְׁקִים לוֹ עַל פִּיו:

י [כו, כו] "וַיֹּאמְרוּ רָאֹה רָאִינוּ". רָאִינוּ מַעֲשֶׂיךָ וּמַעֲשֵׂה אֲבוֹתֶיךָ. [כו, כח-כט] "וַנֹּאמֶר תְּהִי נָא אָלָה וגו' אִם תַּעֲשֵׂה עִמָּנוּ וגו'". "רַק" מִיעוּט, שֶׁלֹּא עָשׂוּ עִמּוֹ טוֹבָה שְׁלֵימָה. בִּימֵי רַבִּי יְהוֹשֻׁעַ בֶּן חֲנַנְיָה גָּזְרָה מַלְכוּת הָרְשָׁעָה שֶׁיִּבָּנֶה בֵּית הַמִּקְדָּשׁ. הוֹשִׁיבוּ פַּפּוּס וְלוּלְיָאנוּס טְרַפִּיזִין מֵעַכּוֹ עַד אַנְטוֹכְיָא וְהָיוּ מְסַפְּקִין לְעוֹלֵי גוֹלָה כֶּסֶף וְזָהָב וְכָל צָרְכָּם.

רש"י

(ט) **ואבימלך הלך אליו מגרר מלמד שנכנסו לסטים לתוך ביתו והיו מקרקרים בו כל הלילה.** שלא הלך כדרך מלך אלא כגר מגורר: **ד"א מגרר מגורר מלמד שעלו בו צמחים.** שפרחו בו נמחים כד"א להתגרד בו: **רבי נחמיה אמר סיעת מן רחמוהי.** מן אוהביו: **כל צבאותיו.** של אבימלך היו פוסקין על פיו של פיכול: (י) **ראה ראינו.** כך פי' ראינו מעשיך ומעשי אבותיך. כאשר עשינו עמך. רק טוב מיעוט שלא עשו טובה שלימה שאמרו לו לך מעמנו: **טרפיזות.** שולחנות בלשון יון והיו מספקים לבני גולה כסף וזהב וכל צרכן. מטבעות.

עץ יוסף

והחכמה נמשלה לבאר ע"ד שתה מים מבורך. מים עמוקים עלה וגו': **שבו נתעסק הקדוש ברוך הוא.** פירשתיו לעיל פ"ג: **שהוא משלים ז'.** שהוא נתחלק לג' ספרים כדי להשלים המנין ז' כנגד חכמה עמודיה שבעה וכדאיתא בפרק כל כתבי חכמה עמודיה שבעה כנגד ז' ס"ת: **שבעה ספרי תורה.** ואפ"ה הבארות היו ה' לבד כנגד ה' ס"ת הנבדלים בהדיא. אבל הבדל ספר במדבר לג' ספרים אינו בהפרש מבואר בה' שיטין חלק כאשר בין כל חלק וחלק מהחמשה. אלא בסימניות אשר בפסוק ויהי בנסוע הארון מלמעלה ולמטה כדאי' בפרק כל כתבי: **ויקרא שמה רחובות כי עתה הרחיב ה' לנו ופרינו בארץ כנגד משנה תורה על שם כי ירחיב. ואבימלך הלך אליו מגרר.** כצ"ל: (ח) [ט] **מגורר.** מגרר דריש כמו מגורר שנכנסו ליסטים לתוך ביתו וכו' והוא מלשון אל תתגר בם: **שעלו בו צמחים.** מיני נגעים כמד"א באיוב להתגרד בו עבור הגרעת והטעם שהנגעים באים על לשון הרע והוא דיבר לשון הרע על יצחק לפיכך נענש בנגעים ומזה הרגיש שחטא ביצחק ודריש ד' במקום ר': **אחוזת מרעהו היה שמו.** יתכן שהוא המשנה למלך שהוא כריע המלך במדינה. ופיכול שר צבאו הוא הראש במלחמה (כזה"ק): **סיעת מרחמוהי.** ולפ"ז מה שפירש פיכול שר צבאו ביחוד. הטעם כי הוא היה עולה על כולם. ופירש סיעת כת מרחמוהו מאוהביו: **פיכול שמו.** שם העצם: **פה שכל צבאותיו כו'.** שנקרא כן על שם שכל צבאותיו נושקים לו על פיו. והוא ב' מלות פי כל שעל ידו היה הנהגת כל המדינה: [י] **ראינו מעשיך ומעשה אבותיך.** וזהו ראה ראינו וה"ק ממה שראינו באביך נסים מפורסמים בהיות ה' עמו. ידענו גם במעשיך כי היה ה' עמך שהצלחתך מאת ה' דוגמת אביך: **רק מיעוט שלא עשו בו'.** דרשו שבאמת היה כאן טובות בפועל. אך זה גופא הוא הטובה הגדולה ששלחוהו בשלום ומלת ונשלח בשלום הוא פירושיה דרך טוב. ומייתי על זה סיפור ר"י בן חנניא הדומה לזה שהעדר הרעה לטובה יחשב כמו שמסיים בסוף הענין דייני שנכנסנו בשלום ויצאנו בשלום. וזהו טעם סיפור זה כאן: **פפוס ולוליאנוס.** שני אחים היו והן הן הרוגי לוד שמסרו נפשם בשביל כל ישראל כדאי' בפסחים: **טרפיזין.** שולחנות:

פירוש מהרז"ו

ויקרא שמה שטנה. וע"פ מדה יו"ד פירושו שני בארות הרי חמש כנגד ה' חומשי תורה שנמשלו לבאר מים חיים כמ"ש ונוזלים מן בארך. יפוצו מעינותיך חוצה וכו' וכמ"ש במ"ר פי"ט סי' כ"ו שבאר מרים רומז על התורה: **שבו נתעסק.** עי' שמ"ר פ"ו סי"ב כי העוסק כו': **כנגד ספר ואלה שמות.** ע"ל פ"ג ס"ה: **ויקרא אותה שבעה.** היינו הבאר של פסוק ל"ב הנ"ל והוא כולל ג' ספרים: **משלים כו'.** כמ"ש ויק"ר פי"א ס"א חכמה עמודיה שבעה: **כנגד משנה תורה.** שכשיקיים את התורה ירחיב ה' את גבולו. והנה המדרש חשב הפסוקים כסדר ה' ח"ת ולא כסדר שכתובים כאן: (ט) **ופיכול שר צבאו.** לעיל פנ"ד סי' ב' וש"נ וע' רמב"ן ע"פ וילך יצחק אל אבימלך: (י) **ראו ראינו.** כופל הראיות ע"פ מדה יו"ד:

חידושי הרד"ל

(ז) [ח] **אלא כדבר קפרא. דבר קפרא עביד בו'** כצ"ל והא דב"ק הוא בויק"ר ר"פ י"א וע' שבת קט"ז: (ח) **כי עתה הרחיב וכו'.** ג"ז נדרש נגד מ"ת שנאמר בערבות מואב שכבר כבשו עבר הירדן והרחיב ה' להם (וכד"א ברוך מרחיב גד שהיה בעבר הירדן) והיו סמוכים ליכנס לארץ: (ט) [ט] **דבר אחר מגרר בו' להתגרד בו** כצ"ל. ודרש ד' במקום ר' על שקרובים בתמונה וכמש"ל ס"פ ס"א ע"ש בהגהותי בס"ד:

חידושי הרש"ש

[ח] **באר מים חיים.** לכאורה תמוה הלא הוא הבאר עשק שכבר חשבו. אבל לפי' הרמב"ן יבוא על נכון. כי אמר ויחפרו כו' בנחל היינו כדי להמשיך מי הנחל לתוכו. ואשר ע"כ אמרו מריבו לנו המים כי מי תמצית הנחל הם אך הכתוב אומר שמצאו שם באר מים חיים לבד מי הנחל אשר ג"כ נתמצו שם. ולכן שפיר חשבו המדרש לשנים ע"ש מי הנחל. ובאר מים חיים: [ט] **מגורר מלמד כו' והיו מקרקרים בו'.** כי קרקר הוא משרש קרר כמו שיאמר מן גלל גלגל ומן חלל ותתחלחל והג' מן מגרר הוא במקום ק' בחלוף גיכ"ק:

מסורת המדרש

יב שבת דף קט"ז. ויקרא רבה פרשה י"א. אבות דרבי נתן פרק ל"ד. מסכת סופרים פרק ו': יג ילקוט כאן רמז קי"א:

אם למקרא

כִּי־יַרְחִיב ה' אֱלֹהֶיךָ אֶת־גְּבֻלְךָ כַּאֲשֶׁר דִּבֶּר־לָךְ וְאָמַרְתָּ אֹכְלָה בָשָׂר כִּי־תְאַוֶּה נַפְשְׁךָ לֶאֱכֹל בָּשָׂר בְּכָל־אַוַּת נַפְשְׁךָ תֹּאכַל בָּשָׂר: (דברים יב:כ)

וַיִּקַּח־לוֹ חֶרֶשׂ לְהִתְגָּרֵד בּוֹ וְהוּא יֹשֵׁב בְּתוֹךְ־הָאֵפֶר: (איוב ב:ח)

מתנות כהונה

[ח] **ודבתריה.** ופסוק של אחריו: **סיפיה דפסקא.** סוף פרשת ויהי בנסוע: [ט] **מגורר בו'.** דאל"כ מגרר ל"ל: **צמחים.** של שחין: **להתגרד בו.** איוב ב': **סיעת מרחמוהי.** כ"ת אונקלוס: **פה שכל בו'.** פיכל נוטריקון פה כל: [י] **פפוס ולוליאנוס.** שני אחים היו והן הן הרוגי לוד שמסרו נפשם בשביל כל ישראל כדאיתא בפסחים פ' אלו עוברין דף נ' ובערוך ערך הרג מביא המעשה: **טרפיזין.** פי' הערוך

אשד הנחלים

פעולת אבותינו היה הכל על צד הכוונה והתיקון לבניהם אחריהם. ובקריאת שמותם רמזו לנו מהותם ורמיזתם על מה יסבו. וקרא לספר בראשית המדבר מהבריאה. עסק. שבריאתה ע"י עסק התורה וכפי מערכתה. ושמות. המדבר רק מאיבת ב"י וצרותיהם. שטנה: ויקרא. שהוא מלא מהלכות הנובעים מבאר חכמה עליונה. באר מים חיים: **משלים ז'.** כמו שאמרו. ויהי בנסוע הוא ספר בפני עצמו. ומשנה תורה שהוא הרחבה. שנתרחב התורה לשנותה עוד הפעם. והנה לפ"ז מה שנאמר שרבו עליו הוא רומז על המקטרג דעומד לשטן מול ישראל. ויצחק בכוונתו הגביר עליהם בכחו: [ט] **שנכנסו לסטים.** כלומר שמסבת הליסטים אשר התעללו בו. בא כמתגורר ונדוד מארצו: **צמחים.** של שחין והוא דרך דרש וסמך. ופירושו כי עודנה נגרד עליו השחין מתחילתו ולא נירפא עודנה בשלימות. ולכן הלך אליו. והוכרחו לומר כן דהלא מתחילה בקשו שילך מאתם ומדוע הלכו אליו עוד הפעם. אם לא שסיבה רעה אלצם ודחקם לבוא ולבקש עזרתו: **שהכל מנשקים.** ר"ל שהוא פה של הכל. ועל פיו ינהגו ע"ד על פיך ישק כל עמי: [י] **אבותיך.** וזה שתי ראיות מעשיך ומעשי אבותיך: **רק מיעוט.** ובאור הכתוב וכאשר עשינו עמך כלומר שלא עשינו עמך רעה רק אמת ג"כ. טוב לא עשינו לך אבל עכ"פ ברעה לא נגענוך:

[Abimelech],[102] which he then scratched, כְּמָה דְּאַתְּ אָמַר "לְהִתְגָּרֵד בּוֹ" – **as it is stated**: *He took a potsherd* **to scratch** [לְהִתְגָּרֵד] ***himself with*** (*Job* 2:8).[103]

The Midrash proceeds to discuss Abimelech's entourage:

"וַאֲחֻזַּת מֵרֵעֵהוּ" – ***And "Achuzas" his friend.***[104] רַבִּי יְהוּדָה אָמַר: אֲחוּזַּת מֵרֵעֵהוּ הָיָה שְׁמוֹ – **R' Yehudah said** that this was an individual person and that **"Achuzas, his friend" was [the person's] name.**[105] רַבִּי נְחֶמְיָה אָמַר: סִיעַת מְרַחֲמוֹהִי – **R' Nechemyah said** that אֲחֻזַּת מֵרֵעֵהוּ means ***a group of his friends.***[106] "וּפִיכֹל שַׂר צְבָאוֹ" – ***And Phicol, general of his legion.*** רַבִּי יְהוּדָה וְרַבִּי נְחֶמְיָה – Here too, there is a disagreement between **R' Yehudah and R' Nechemyah.** רַבִּי יְהוּדָה אָמַר: פִּיכוֹל שְׁמוֹ – **R' Yehudah said** that **Phicol was [the general's]** personal **name.** רַבִּי נְחֶמְיָה אָמַר: פֶּה שֶׁכָּל – **R' Nechemyah said** that Phicol (פִּיכֹל) is a contraction of פֶּה (*mouth*) and שֶׁכָּל (*that all*), צִבְאוֹתָיו נוֹשְׁקִים לוֹ עַל פִּיו – meaning that all **his legions kiss him on his mouth.**[107]

וַיֹּאמְרוּ רָאוֹ רָאִינוּ כִּי הָיָה ה׳ עִמָּךְ וַנֹּאמֶר תְּהִי נָא אָלָה בֵּינוֹתֵינוּ בֵּינֵינוּ וּבֵינֶךָ וְנִכְרְתָה בְרִית עִמָּךְ. אִם תַּעֲשֵׂה עִמָּנוּ רָעָה כַּאֲשֶׁר לֹא נְגַעֲנוּךָ וְכַאֲשֶׁר עָשִׂינוּ עִמְּךָ רַק טוֹב וַנְּשַׁלֵּחֲךָ בְּשָׁלוֹם אַתָּה עַתָּה בְּרוּךְ ה׳.

And they said, "We have indeed seen that HASHEM has been with you, so we said, 'Let the oath between ourselves now be between us and you, and let us make a covenant with you. If you do evil with us . . . ! Just as we have not molested you, and just as we have done with you only good, and sent you away in peace now, you, O blessed of HASHEM!'" (26:28-29).

§10 וַיֹּאמְרוּ רָאֹה רָאִינוּ – ***AND THEY SAID, "WE HAVE INDEED SEEN."***

The Midrash explains the significance of the double wording רָאוֹ רָאִינוּ (*we have indeed seen*):

רָאִינוּ מַעֲשֶׂיךָ וּמַעֲשֵׂה אֲבוֹתֶיךָ – This double expression connotes: **"We have seen** through **your doings and** through **the doings of your fathers** *that HASHEM has been with you.*"[108] Ⓐ

□ וַנֹּאמֶר תְּהִי נָא אָלָה וְגוֹ׳ אִם תַּעֲשֶׂה עִמָּנוּ וְגוֹ׳ – ***"SO WE SAID, 'LET THE OATH BETWEEN OURSELVES NOW BE ETC. IF YOU DO EVIL WITH US . . . ! JUST AS WE HAVE NOT TOUCHED YOU, AND JUST AS WE HAVE DONE WITH YOU ONLY GOOD, ETC.'"***

NOTES

102. These boils were a skin affliction comparable to *tzaraas*, which is the punishment for improper speech (*Arachin* 15b). Abimelech thus realized that he had spoken improperly to Isaac (*Eitz Yosef*). The sense of the verse *Abimelech went to him* "מִגְּרָר" is that Abimelech went to Isaac because of the boils from which he suffered and which caused him to scratch himself.

103. [Job too had been afflicted with boils (see preceding verse there), and he was scratching himself with the potsherd to relieve his discomfort.] The Midrash is interpreting מִגְּרָר as if the final *reish* were a *dalet* (based on their similarity in appearance), thus reading it as מְגָרֵד (scratched), from לְהִתְגָּרֵד (*to scratch himself*) in the verse in *Job* (*Eitz Yosef*; see also *Radal*).

104. The word אֲחֻזַּת (translated above as *group*) is unusual in this context. The Midrash presently cites a dispute as to its meaning here.

105. That is, his name was Achuzas and his description or title was מֵרֵעֵהוּ, "[the King's] friend" (מֵרֵעֵהוּ comes from רֵעַ, which means *friend* or *comrade*). *Eitz Yosef*, citing *Nezer HaKodesh*, suggests that this designation indicates that Achuzas was Abimelech's viceroy, the friend par excellence of the king. See also *Radak* to this verse.

106. That is, אֲחֻזַּת means *group (of)* or *company (of)*. סִיעַת מְרַחֲמוֹהִי is the Aramaic translation given by *Onkelos* for אֲחֻזַּת מֵרֵעֵהוּ; see also *Rashi* and *Rashbam* to this verse. [According to this interpretation, *Phicol, general of his legion*, was singled out by name rather than being subsumed within the *group of his friends* due to his superior rank and stature (*Eitz Yosef*).]

107. Indicating that he is in charge of all the affairs of state (*Eitz Yosef*). Accordingly, "Phicol" is not a name but a title, which would have been used by all the "generals of the legion" of Gerar.

This dispute between R' Yehudah and R' Nechemyah is also found above, 54 §2, with respect to the "Phicol, general of the legion" of Abraham's day (see above, 21:22). See there for further discussion of their respective positions.

108. I.e., the double expression refers to what they saw of Isaac's successes and to what they had seen concerning Abraham. *Eitz Yosef* explains that they were saying that from having observed openly miraculous acts performed for Abraham they realized that Isaac's success, although seemingly more natural, was also a result of Divine favor. See Insight Ⓐ.

INSIGHTS

Ⓐ **Righteous by Comparison** Abimelech's conduct appears perplexing. In reaction to Isaac's successful ventures that incurred the envy of the Philistines, Abimelech expels the Patriarch. Later Abimelech visits Isaac, and, in a conciliatory tone, expresses a desire to forge a covenant. Abimelech's explanation for this changed attitude is expounded by our Midrash, wherein he invokes the doings of Isaac's predecessors. What is the significance of this reference, and why did Abimelech make it at this point?

HaDerash Vehalyun perceives a fundamental idea emerging from this narrative, one that reveals how to judge a person's character. He begins by citing *Ohel Yaakov* to an earlier statement of Abimelech. When banishing Isaac, Abimelech said, *Go away from us, for you have been enriched from us* (26:16). According to *Ohel Yaakov*, Abimelech's comment reflected his opinion of Isaac's spiritual stature.

There are two ways a person can be considered to be righteous, one external, the other inherent. Someone may be mediocre, but when compared with his surroundings, he appears pious in comparison to his corrupt neighbors, like a rose among the thorns. A person who is truly righteous is unequivocally pious. He is outstandingly righteous regardless of the company he is with; he need not rely on an unsavory environment to highlight his stature.

How can one discern if a person is truly righteous?

Noah offers the classic illustration. The Torah refers to him as *a righteous man . . . in his generations* (above, 6:9). The Gemara (*Sanhedrin* 108b) records a well-known dispute: According to one opinion, Noah's credentials were impeccable; if he was righteous even while living among thoroughly corrupt people, he would certainly have attained even more virtue had he lived in a worthier generation. Others take a more negative approach. He only *appeared* worthy in comparison to *his* generation, but had he lived among people like Abraham, he would have been considered ordinary. The key to determining the nature of a person's righteousness is to compare him with people whose stature is beyond question. Only if his piety is recognized even in such august company is his righteousness truly unassailable.

In dealing with Isaac, Abimelech questioned the true level of Isaac's piety. Abimelech realized that Isaac was favored by God, but he was also aware of the low character of his countrymen, and he suspected that perhaps Isaac's righteousness was only relative. Thus he told Isaac when he sent him away, "You have been enriched *from us*," i.e., on account of us, as if to say, "The Philistines were partially responsible for your blessing, for our wickedness made you appear virtuous." Had Isaac been placed in different surroundings, Abimelech contended, he might not have been so highly regarded.

Subsequently, Abimelech subjected Isaac to the ultimate test, comparing him to Abraham. Our Midrash reports the results of this examination. *We have seen your deeds and the deeds of your fathers*, i.e., we have compared you to your saintly progenitors — and your righteousness matched theirs. Our original appraisal, then, was mistaken, and your wealth must have been bestowed in your own merit, not merely because you stood out as saintly in a bad environment. As such, it would be wise to enter into a covenant with you (*HaDerash VeHalyun*, p. 155.) [See Insight to §7 above for another approach.]

[כו, כ] ״וַיִּקְרָא שֵׁם הַבְּאֵר עֵשֶׂק״, כְּנֶגֶד סֵפֶר בְּרֵאשִׁית, שֶׁבּוֹ נִתְעַסֵּק הַקָּדוֹשׁ בָּרוּךְ הוּא וּבָרָא אֶת הָעוֹלָם. [כו, כא] ״וַיִּקְרָא שְׁמָהּ שִׂטְנָה״, כְּנֶגֶד סֵפֶר וְאֵלֶּה שְׁמוֹת עַל שֵׁם ״וַיְמָרְרוּ אֶת חַיֵּיהֶם בַּעֲבוֹדָה קָשָׁה״. [כו, יט] ״וַיִּמְצְאוּ שָׁם בְּאֵר מַיִם חַיִּים״, כְּנֶגֶד סֵפֶר וַיִּקְרָא, שֶׁהוּא מָלֵא הֲלָכוֹת רַבּוֹת. [כו, לג] ״וַיִּקְרָא אֹתָהּ שִׁבְעָה״, כְּנֶגֶד סֵפֶר וַיְדַבֵּר, [יב]שֶׁהוּא מַשְׁלִים שִׁבְעָה סִפְרֵי תוֹרָה, וַהֲלֹא חֲמִשָּׁה הֵן, אֶלָּא °בַּר קַפָּרָא עָבֵיד ״וַיְדַבֵּר״ תְּלָתָא סְפָרִים, מִן ״וַיְדַבֵּר״ עַד ״וַיְהִי בִּנְסֹעַ הָאָרֹן״ סֵפֶר בִּפְנֵי עַצְמוֹ, מִן ״וַיְהִי בִּנְסֹעַ״ וּדְבַתְרֵיהּ סֵפֶר בִּפְנֵי עַצְמוֹ, וּמִן סֵיפֵיהּ דְּפִסְקָא וְעַד סוֹפֵיהּ דְּסִפְרָא סֵפֶר בִּפְנֵי עַצְמוֹ. [כו, כב] ״וַיִּקְרָא שְׁמָהּ רְחוֹבוֹת״, כְּנֶגֶד מִשְׁנֵה תוֹרָה, עַל שֵׁם (דברים יב, כ) ״כִּי יַרְחִיב״, ״כִּי עַתָּה הִרְחִיב ה׳ לָנוּ וּפָרִינוּ בָאָרֶץ״:

ט [כו, כו] ״וַאֲבִימֶלֶךְ הָלַךְ אֵלָיו מִגְּרָר״. מְגוֹרָר, [יג]מְלַמֵּד שֶׁנִּכְנְסוּ לִסְטִים לְתוֹךְ בֵּיתוֹ וְהָיוּ מְקַרְקְרִים בּוֹ כָּל הַלַּיְלָה. דָּבָר אַחֵר ״מִגְּרָר״, מְגוֹרָר, מְלַמֵּד שֶׁעָלוּ בּוֹ צְמָחִים, כְּמָה דְּאַתְּ אָמַר (איוב ב, ח) ״לְהִתְגָּרֵד בּוֹ״. ״וַאֲחֻזַּת מֵרֵעֵהוּ״, רַבִּי יְהוּדָה אָמַר: אֲחוּזַּת מֵרֵעֵהוּ הָיָה שְׁמוֹ, רַבִּי נְחֶמְיָה אָמַר: סִיעַת מְרַחֲמוֹהִי. ״וּפִיכֹל שַׂר צְבָאוֹ״, רַבִּי יְהוּדָה וְרַבִּי נְחֶמְיָה, רַבִּי יְהוּדָה אָמַר: פִּיכוֹל שְׁמוֹ, רַבִּי נְחֶמְיָה אָמַר: פֶּה שֶׁכָּל צִבְאוֹתָיו נוֹשְׁקִים לוֹ עַל פִּיו:

י [כו, כו] ״וַיֹּאמְרוּ רָאֹה רָאִינוּ״. רָאִינוּ מַעֲשֶׂיךָ וּמַעֲשֵׂה אֲבוֹתֶיךָ. [כו, כח-כט] ״וַנֹּאמֶר תְּהִי נָא אָלָה וְגוֹ׳ אִם תַּעֲשֵׂה עִמָּנוּ וְגוֹ׳״. ״רַק״ מִיעוּט, שֶׁלֹּא עָשׂוּ עִמּוֹ טוֹבָה שְׁלֵימָה. בִּימֵי רַבִּי יְהוֹשֻׁעַ בֶּן חֲנַנְיָה גָּזְרָה מַלְכוּת הָרְשָׁעָה שֶׁיִּבָּנֶה בֵּית הַמִּקְדָּשׁ. הוֹשִׁיבוּ פַּפּוּס וְלוּלְיָאנוּס טְרַפִּיזִין מֵעַכּוֹ עַד אַנְטוֹכְיָא וְהָיוּ מְסַפְּקִין לְעוֹלֵי גוֹלָה כֶּסֶף וְזָהָב וְכָל צָרְכָּם.

רש״י

(ט) ואבימלך הלך אליו מגרר מלמד שנכנסו לסטים לתוך ביתו והיו מקרקרים בו כל הלילה. שלא הלך כדרך מלך אלא כגר מגורר: ד״א מגרר מגורר מלמד שעלו בו צמחים. שפרחו בו נמחים כד״א להתגרד בו: רבי נחמיה אמר סיעת מן רחמוהי. מן אוהביו: כל צבאותיו. של אבימלך היו פוסקין על פיו של פיכול: (י) ראה ראינו. כך פי׳ ראינו מעשיך ומעשי אבותיך. כאשר עשינו עמך. רק טוב מיעוט שלא עשו טובה שלימה שאמרו לו לך מעמנו: טרפיזות. שולחנות בלשון יון והיו מספקים לבני גולה כסף וזהב וכל צרכן. מטבעות.

עץ יוסף

והחכמה נמשלה לבאר ע״ד שתה מים מבורך. מים עמוקים עצה וגו׳: שבו נתעסק הקדוש ברוך הוא. פירשתיו לעיל פ״ג: שהוא משלים ז׳. שהוא נתחלק לג׳ ספרים כדי להשלים המנין ז׳ כנגד חכמה עמודיה שבעה וכדאיתא בפרק כל כתבי חכמה עמודיה שבעה כנגד ז׳ ס״ת: שבעה ספרי תורה. ואפ״ה הבארות היו ה׳ לבד כנגד ה׳ ס״ת הנבדלים בהדיא. אבל הבדל ספר במדבר לג׳ ספרים אינו בהפרש מבואר בה׳ שיטין חלק כאשר בין כל חלק וחלק מהחמשה. אלא בסימניות אשר בפסוק ויהי בנסוע הארון מלמעלה ולמטה כדאי׳ בפרק כל כתבי: ויקרא שמה רחובות כי עתה הרחיב ה׳ לנו ופרינו בארץ כנגד משנה תורה על שם כי ירחיב. ואבימלך הלך אליו מגרר. כצ״ל: (ח) [ט] מגורר. מגרר דריש כמו מגורר שנכנסו ליסטים לתוך ביתו וכו׳ והוא מלשון אל תתגר בם: שעלו בו צמחים. מיני נגעים כמד״א באיוב להתגרד בו עבור הגרעת והטעם שהנגעים באים על לשון הרע והוא דיבר לשון הרע על יצחק לפיכך נענש בנגעים ומזה הרגיש שחטא ביצחק ודריש ד׳ במקום ר׳: אחוזת מרעהו היה שמו. יתכן שהוא המשנה למלך שהוא כריע המלך במדינה. ופיכול שר צבאו הוא הראש במלחמה (כזה״ק): סיעת מרחמוהי. ולפ״ז מה שפירש פיכול שר צבאו ביחוד. הטעם כי הוא היה עולה על כולם. ופירש סיעת כת מרחמוהו מאוהביו: פיכול שמו. שם העצם: פה שכל צבאותיו כו׳. שנקרא כן על שם שכל צבאותיו נושקים לו על פיו. והוא ב׳ מלות פי כל שעל ידו היה הנהגת כל המדינה: [י] ראינו מעשיך ומעשה אבותיך. וזהו ראה ראינו וה״ק ממה שראינו באביך נסים מפורסמים בהיות ה׳ עמו. ידענו גם במעשיך כי היה ה׳ עמך שהצלחתך מאת ה׳ דוגמת אביך: רק מיעוט שלא עשו כו׳. דרשו שבאמת היה כאן טובות בפועל. אך זה גופא הוא הטובה הגדולה ששלחוהו בשלום ומלת ונשלח בשלום הוא פירושיה דרך טוב. ומייתי על זה סיפור ר״י בן חנניא הדומה לזה שהעדר הרעה לטובה יחשב כמו שמסיים בסוף הענין דייני שנכנסנו בשלום ויצאנו בשלום. וזהו טעם סיפור זה כאן: פפוס ולוליאנוס. שני אחים היו והן הן הרוגי לוד שמסרו נפשם בשביל כל ישראל כדאי׳ בפסחים: טרפיזין. שולחנות:

פירוש מהרז״ו

ויקרא שמה שטנה. וע״פ מדה יו״ד פירושו שני בארות הרי חמש כנגד ה׳ חומשי תורה שנמשלו לבאר מים חיים כמ״ש ונוזלים מן בארך. יפוצו מעינותיך חוצה וכו׳ וכמ״ש במ״ר פי״ט סי׳ כ״ו שבאר מרים רומז על התורה: שבו נתעסק. עי׳ שמ״ר פ״ו סי״ב כי העוסק כו׳: כנגד ספר ואלה שמות. ע״ל פ״ג ס״ה: ויקרא אותה שבעה. היינו הבאר של פסוק ל״ג הנ״ל והוא כולל ג׳ ספרים: משלים כו׳. כמ״ש ויק״ר פי״א ס״א חכמה עמודיה שבעה: כנגד משנה תורה. שכשיקיים את התורה ירחיב ה׳ את גבולו. והנה המדרש חשב הפסוקים כסדר ה׳ ח״ת ולא כסדר שכתובים כאן: (ט) ופיכול שר צבאו. לעיל פנ״ד סי׳ ב׳ וש״נ וע׳ רמב״ן ע״פ וילך יצחק אל אבימלך: (י) ראו ראינו. כופל הראיות ע״פ מדה יו״ד:

חידושי הרד״ל

(ז) [ח] אלא כדבר קפרא. דבר קפרא עביד בו׳ כצ״ל והא דב״ק הוא בויק״ר ר״פ י״א וע׳ שבת קט״ז:

(ח) כי עתה הרחיב וכו׳. ג״ז נדרש נגד מ״ת שנאמר בערבות מואב שכבר כבשו עבר הירדן והרחיב ה׳ להם (וכד״א ברוך מרחיב גד שהיה בעבר הירדן) והיו סמוכים ליכנס לארץ:

(ט) [ט] דבר אחר מגרר כו׳ להתגרד בו כצ״ל. ודרש ד׳ במקום ר׳ על שקרובים בתמונה וכמש״ל ס״פ ס״א ע״ש בהגהותי בס״ד:

חידושי הרש״ש

[ח] באר מים חיים. לכאורה תמוה הלא הוא הבאר עשק שכבר חשבו. אבל לפי׳ הרמב״ן יבוא על נכון. כי אמר ויחפרו כו׳ בנחל היינו כדי להמשיך מי הנחל לתוכו. ואשר ע״כ אמרו מריביו לנו המים כי מי תמצית הנחל הם אך הכתוב אומר שמצאו שם באר מים חיים לבד מי הנחל אשר ג״כ נתמצו שם. ולכן שפיר חשבו המדרש לשנים ע״ש מי הנחל. ובאר מים חיים:

[ט] מגורר מלמד כו׳ והיו מקרקרים בו׳. כי קרקר הוא משרש קרר כמו שיאמר מן גלל גלגל ומן חלל ותחלחל והג׳ מן מגרר הוא במקום ק׳ בחלוף גיכ״ק:

מסורת המדרש

יב שבת דף קט״ז. ויקרא רבה פרשה י״א. אבות דרבי נתן פרק ל״ד. מסכת סופרים פרק ו׳:

יג ילקוט כאן רמז קי״א:

אם למקרא

כִּי־יַרְחִיב ה׳ אֱלֹהֶיךָ אֶת־גְּבֻלְךָ כַּאֲשֶׁר דִּבֶּר־לָךְ וְאָמַרְתָּ אֹכְלָה בָשָׂר כִּי־תְאַוֶּה נַפְשְׁךָ לֶאֱכֹל בָּשָׂר בְּכָל־אַוַּת נַפְשְׁךָ תֹּאכַל בָּשָׂר: (דברים יב:כ)

וַיִּקַּח־לוֹ חֶרֶשׂ לְהִתְגָּרֵד בּוֹ וְהוּא יֹשֵׁב בְּתוֹךְ־הָאֵפֶר: (איוב ב:ח)

מתנות כהונה

[ח] ודבתריה. ופסוק של אחריו: סיפיה דפסקא. סוף פרשת ויהי בנסוע: [ט] מגורר כו׳. דאל״כ מגרר ל״ל: צמחים. של שחין: להתגרד בו. איוב ב׳: סיעת מרחמוהי. כ״ת אונקלוס: פה שכל כו׳. פיכל נוטריקון פה כל: [י] פפוס ולוליאנוס. שני אחים היו והן הן הרוגי לוד שמסרו נפשם בשביל כל ישראל כדאיתא בפסחים פ׳ אלו עוברין דף נ׳ ובערוך ערך הרג מביא המעשה: טרפיזין. פי׳ הערוך

אשד הנחלים

פעולת אבותינו היה הכל על צד הכוונה והתיקון לבניהם אחריהם. ובקריאת שמותם רמזו לנו מהותם ורמיזתם על מה יסבו. וקרא לספר בראשית המדבר מהבריאה. עסק. שבריאתה ע״י עסק התורה וכפי מערכתה. ושמות. המדבר רק מאיבת ב״י וצרותיהם. שטנה: ויקרא. שהוא מלא מהלכות הנובעים מבאר חכמה עליונה. באר מים חיים: משלים ז׳. כמו שאמרו. ויהי בנסוע הוא ספר בפני עצמו. ומשנה תורה שהוא הרחבה. שנתרחב התורה לשנותה עוד הפעם. והנה לפ״ז מה שנאמר שרבו עליו הוא רומז על המקטרג דעומד לשטן מול ישראל. ויצחק בכוונתו הגביר עליהם בכחו: [ט] שנכנסו לסטים. כלומר שמסבת הליסטים אשר התעללו בו. בא כמתגורר ונדוד מארצו: צמחים. של שחין והוא דרך דרש וסמך. ופירושו כי עודנה נגרד עליו השחין מתחילתו ולא נירפא עודנה בשלימות. ולכן הלך אליו. והוכרחו לומר כן דהלא מתחילה בקשו שילך מאתם ומדוע הלכו אליו עוד הפעם. אם לא שסיבה רעה אלצם ודחקם לבוא ולבקש עזרתו: שהכל מנשקים. ר״ל שהוא פה של הכל. ועל פיו ינהגו ע״ד על פיך ישק כל עמי: [י] אבותיך. וזה שתי ראיות מעשיך ומעשי אבותיך: רק מיעוט. ובאור הכתוב וכאשר עשינו עמך כלומר שלא עשינו עמך רעה רק אמת ג״כ. טוב לא עשינו לך אבל עכ״פ ברעה לא נגענוך:

Given that they had expelled Isaac from Gerar,[109] the Philistine claim to have treated him well appears to be gross impudence. The Midrash argues that in fact they spoke the truth:

״רַק״ מִיעוּט, שֶׁלֹּא עָשׂוּ עִמּוֹ טוֹבָה שְׁלֵימָה — The word ***only*** **is a limitation** indicating **that [the Philistines] did not do perfect good with [Isaac].**[110]

The Midrash uses a historical incident to illustrate the nature of the "good" that the Philistines did for Isaac:

בִּימֵי רַבִּי יְהוֹשֻׁעַ בֶּן חֲנַנְיָה — **In the days of R' Yehoshua ben Chananyah**[111] גָּזְרָה מַלְכוּת הָרְשָׁעָה שֶׁיִּבָּנֶה בֵּית הַמִּקְדָּשׁ — **the evil kingdom,** i.e., Rome, **decreed that the Holy Temple should be rebuilt.**[112] הוֹשִׁיבוּ פַּפּוּס וְלוּלְיָאנוּס טְרַפִּיזִין מֵעַכּוֹ עַד אַנְטוֹכְיָא — **Pappus and Lulianus,** two wealthy brothers,[113] **placed tables** all along the road **from Acco until Antioch,**[114] וְהָיוּ מְסַפְּקִין לְעוֹלֵי גוֹלָה כֶּסֶף וְזָהָב וְכָל צָרְכָּם — **and they supplied those who came up from the exile with silver and gold and all their needs.**[115]

NOTES

109. Above, v. 16. See also above, section 7.

110. *Only* should be understood in the sense of merely; the Philistines did mere "good" with Isaac, not "perfect good." The Midrash proceeds to explain how their expulsion of Isaac qualified as a "good."

111. A Tanna who lived at the time of the destruction of the Second Temple and in the decades immediately thereafter.

112. That is, they issued a decree permitting the Jews to rebuild the Temple.

113. These two brothers were ultimately executed by the Romans; see *Taanis* 18b. According to *Rashi* ad loc., they admitted responsibility for a crime they had not committed in order to spare the rest of the Jews from being massacred by the Romans. See also *Pesachim* 50a and *Bava Basra* 10b (*Matnos Kehunah, Eitz Yosef*).

114. Which is the route that the Jews of the Diaspora would take to return to Jerusalem and participate in the rebuilding of the Temple.

115. That is, they set the tables with gold and silver and the various goods that the Diaspora Jews would need during their stay in Jerusalem. Antioch and Acco are approximately 200 miles apart. Thus, the fact that Pappus and Lulianus placed tables all along this road indicates the vast number of Jews who came to participate in the rebuilding of the Temple. See *Yefeh To'ar.*

אֲזַלִּין אִילֵּין כּוּתָאֵי וְאָמְרִין (עזרא ד, יג) "יְדִיעַ לֶהֱוֵי לְמַלְכָּא דְּהָדֵין קִרְיְתָא מָרָדְתָּא תִּתְבְּנֵא וְשׁוּרַיָּא יִשְׁתַּכְלְלוּן מִנְדָּה בְלוֹ וַהֲלָךְ לָא יִתְנוּן". יד"מִנְדָּה", זוֹ מִדַּת הָאָרֶץ, "בְּלוֹ", זוֹ פְּרוֹבָגִירוֹן, "וַהֲלָךְ", אַנְגְּרוֹטִינָה. וַאֲמַר לְהוֹן מַה נַעֲבֵיד וּגְזֵירִית, אָמְרִין לֵיהּ שְׁלַח וַאֲמַר לְהוֹן אוֹ יְשַׁנּוּן יָתֵיהּ מֵאַתְרֵיהּ אוֹ יוֹסְפוּן עֲלֵיהּ חֲמֵשׁ אַמִּין אוֹ יִבְצְרוּן מִינֵּיהּ חֲמֵשׁ אַמִּין, וּמִן גַּרְמֵיהוֹן אִנּוּן חָזְרִין בְּהוֹן. וַהֲוֹן קְהָלַיָּא מְצַתִּין בַּהֲדָא בִּקְעָתָא דְבֵית רִמּוֹן, כֵּיוָן דַּאֲתוֹן כְּתִיבָא שְׁרוֹן בָּכְיִין. בָּעַיִין לְמִמְרַד עַל מַלְכוּתָא, אָמְרִין יֵעוֹל חַד בַּר נָשׁ חַכִּימָא וִישַׁדֵּךְ צִבּוּרָא. אָמְרִין יֵעוֹל רַבִּי יְהוֹשֻׁעַ בֶּן חֲנַנְיָא דְּהוּא אַסְכּוֹלוֹסְטִקְיָא דְאוֹרַיְיתָא, עָאל וְדָרַשׁ: אֲרִי טָרַף טֶרֶף וְעָמַד עֶצֶם בִּגְרוֹנוֹ, אֲמַר כָּל דְּאָתֵי מַפֵּיק לֵיהּ אֲנָא יְהֵיב לֵיהּ אַגְרֵיהּ, אֲתָא הָדֵין קוֹרֵא מִיצְרָאָה דְּמַקּוֹרֵיהּ אָרִיךְ, יְהֵיב מַקּוֹרֵיהּ וְאַפְקֵיהּ. אֲמַר לֵיהּ הַב לִי אַגְרִי, אֲמַר לוּזִיל תְּהֵא מְלַגְלֵג וְאוֹמֵר דְּעֵילַת לְפוּמָא דְאַרְיֵה בִּשְׁלָם וּנְפַקְתְּ בִּשְׁלָם. כָּךְ דַּיֵּינוּ שֶׁנִּכְנַסְנוּ לְאוּמָּה זוֹ בְּשָׁלוֹם וְיָצָאנוּ בְּשָׁלוֹם. [כו, לב] "וַיָּבוֹאוּ עַבְדֵי יִצְחָק וגו' ", אֵין אָנוּ יוֹדְעִים אִם מָצְאוּ אִם לֹא מָצָאוּ, מִן מַה דִּכְתִיב "וַיִּמְצְאוּ שָׁם בְּאֵר מַיִם חַיִּים" הֱוֵי שֶׁמָּצְאוּ מַיִם חַיִּים:

עץ יוסף

אזלין כו'. כל אלו הפסוקים הם בספר עזרא ד': **זו מדת הארץ.** איידי דמייתי קרא מפרש ליה. מדת הארץ הוא מס הניתן מהקרקעות כורמים ויוגבים ובעלי בתים: **פרובגירון.** פרש"י כסף גולגולת: **אנגרוטינה.** הוא ארנונא דהיינו עישור תבואה ובהמה (יפ"ת): **או ישנון יתיה כו'.** או שישנו בהמ"ק ממקומו הראשון או יוסיפו עליו ה' אמות או יפחתו ממנו ה' אמות. ומעצמם הם יחזרו מהם: **והוון קהליא כו'.** והיה כל הקהל ישראל מחוברים ומקובצים בזאת הבקעה של בית רימון. וכיון שבאו הכתבים מאת המלך התחילו בוכים ורצו למרוד במלך ולבנותו בלא רשותו: **אמרין יעול כו'.** אמרו חכמי ישראל ילך חכם אחד וישקיט הצבור ואמרו ילך ר' יהושע: **דהוא.** ארכלוסטיקיא. פי' דהוא אדון של בית המדרש ובקי לסדר אגדה המתיישבים על לב יודעיהם. בית המדרש יקרא בלשון יוני סכולא. והמוסיף כתב ארכלוסטונא בלשון יוני ורומי למדן ושקוד בבהמ"ד: **עאל ודרש כו'.** נכנס ודרש מעשה היה בארי שטרף בהמה או חיה. ועמד לו עלם בגרונו אמר הארי כל מי שיבא ויוציא אותו העלם מתוך גרוני אנכי נותן לו שכרו. בא אותו קורא מצראי מין עוף דמוקוריה ארוך פי' הערוך שצוארו ארוך: **יהיב מוקריה.** נתן צוארו בתוך פיו של ארי והוציאו לעלם ההוא. ואמר לו העוף אל הארי תן לי שכרי ואמר ליה לך לך ותהא מספר ומשתבח ואמור שנכנסת לפי הארי בשלום ויצאת משם בשלום ג"כ: **ויצאנו בשלום.** ולא נתגרה בהם לעשות מאומה נגד רצונם: **אין אנו יודעים כו'.** ר"ל דכתיב כאן ויבואו עבדי יצחק ויגידו לו על אודות הבאר אשר חפרו ויאמרו לו מצאנו מים ואין אנו יודעים אי הוה מציאה טובה דהיינו מים חיים אי הוה מים דעלמא דלא מיקרי מציאה. אבל מדכתיב וימצא באר מים חיים ילפינן דהך מציאה נמי מים חיים (יפ"ת):

פירוש מהרז"ו

אינון חזרין בהון. וכמ"ש הכל בכתב גו' כל מלאכת התבנית: **ויצאנו בשלום.** ואף שלא עשו טובה עכ"פ לא עשו רעה שהיה בידם לעשות. וכן באבימלך היה יכול לעשות רעה ולא עשה:

חידושי הרד"ל

(י) [י] **מה נעבוד וגזרית.** כצ"ל פי' כבר גזרתי:

(יא) **והוון קהליא מצמתין בהדא כו'** כצ"ל:

(יב) **ויצאנו בשלום.** כמו בילחק שלא עשו לו טובה שלמה וכל טובתו היה שלא נגעו בו ושלחוהו בשלום:

(יג) **א"א יודעין כו'.** כי בבאר הראשון שאמרו לנו המים היינו שאמרו שהמים אינן נובעין מים חיים אלא שבאין מתמצית נחל גרר ולא רבו עליה מפני הברית והשבועה. או כיון שכתוב מצאנו מים הוא מציא' של הפקר מים חיים לכן דרש לה בגז"ש מציאה מציאה מהתם של' מציאה הוא מים חיים ולכן לא רבו עליה. אבל אלמלי היו תמצית מי נחל גרר לא היו חוששין על השבועה והיו מריבין ואף בראשונה כשחפרו בנחל מעיד הכתוב שהיה באר מים חיים ולא תמצית נחל גרר ובעלילה רבו עליה):

חידושי הרש"ש

[י] **אין אנו יודעין אם מצאו אם לא מצאו.** נ"ל פירושו דפעמים לו בוי"ו משמש במקום לא בלא"ף עי' סוטה ס"פ כשם ועי' לקמן פע"ג מה שדרשו בפסוק ויאמר לבן הן לו כו' ובמ"כ. ועי"ע פר' פ"ב בפסוק ויהי בשכון כו' במ"כ בשם רש"י ובפי' הרמב"ם שם. ולכן היה אפשר לפרש כאן ויאמרו לו מצאנו מים כמו לא מצאנו מים בלא"ף:

מסורת המדרש

יד נדרים דף ס"ב. בבא בתרא דף ח'. אסתר רבה פתיחתא ה':

אם למקרא

כְּעַן יְדִיעַ לֶהֱוֵא לְמַלְכָּא דִּי הֵן קִרְיְתָא דָךְ תִּתְבְּנֵא וְשׁוּרַיָּא יִשְׁתַּכְלְלוּן מִנְדָּה בְלוֹ וַהֲלָךְ לָא יִנְתְּנוּן וְאַפְּתֹם מַלְכִים תְּהַנְזִק: (עזרא ד:יג)

רש"י

לחלוף. ומזונות למכור: **מנדה זו מדת הארץ.** מס של בתים: **בלו זו פרובגירון.** כסף גולגולת: **או ישנוניה מן אתריה.** ישנו העיר ממקומה או יוסיפון עליה חמש אמין או יבצרון מיניה חמש אמין ומן גרמיהון איכון חוזרים מיניהון: **הוו קהליא** מלמתין מקובצים בהדה בקעתא דבית רמון כיון דאתו כתבייא שחזר בו שריין בכיין: **בעיין ממרוד.** על מלכותא: **אמרין יעול בר נש חכים וישדל צבורא.** ישדל יפתה: **אמרין ייעול רבי יהושע בן חנינא דהוא אסקולוסטיקא דאורייתא.** מקבץ התורה בלשון יון: **עאל ודרש ארי טרף טרף ועלה עצם.** בגרונו ואמר כל דאתי אפיק ליה אנא יהב ליה אגרא אתא הדין קורא מצראה דמוקריה אריך ויהיב מוקריה ואפקיה ראשו וחרטומו של אותו עוף ארוך א"ל הב לי אגרי א"ל זיל תהא מגלג משתבח. ואמר דעאלית לפומיה דאריה לשלם ונפקית לשלם ואין לך שכר גדול מזה כך אולי נשכון ביניהם בשלום ואין אנו רוצים מאומה מהם:

מתנות כהונה

שולחנות בלשון יון: **אזלין כו'.** הלכו הכותים ואמרו למלך ידיע להוי כו' כל אלו פסוקים הם בספר עזרא: **מדת הארץ.** הכי גרסינן ג"כ בערוך ופי' בו מדה ושיעור מס מן הקרקע: **פרוביגירון.** ה"ג רש"י ופי' בו כסף גולגולת. **אנגרוטינא.** ג"כ מין מס הוא: **ואמר להם.** או שישנו ב"ה ממקומו הראשון או יוסיפו כו': **ומן גרמיהון כו'.** ומעצמם הם יחזרו בם והיה כל הקהל ישראל מחוברים ומקובצים בזאת הבקעה של בית רימון כיון שבאו הכתבים מאת המלך התחילו בוכים ורצו למרוד במלך ולבנותו בלא רשותו אמרו חכמי ישראל ילך חכם אחד וישקיט הצבור ואמרו ילך ר' יהושע: **דהוא אבבלוסטקיא.** פירוש אדון של בית המדרש ובקי לסדר דברי אגדה המתישבים על לב יודעיהם. בית המדרש נקרא בלשון יון סכולא כ"פ הערוך: **עאל כו'.** נכנס ודרש מעשה היה בארי שטרף בהמה או חיה אמר הארי כל מי שיבא ויוציא אותו העלם מתוך גרוני אנכי נותן לו שכרו בא אותו קורא מצראי מין עוף דמוקריה ארוך פי' הערוך שצוארו ארוך: **יהב מוקריה.** פי' הערוך צוארו ופיו שמנקר בו ובילקוט גרס קונניה ופי' ג"כ צוארו: **ואפקיה.** והוציאו לעלם ההוא וא"ל הטוף אל הארי תן לי שכרי וא"ל לך תהא מספר ומשתבח ואומר שנכנסת לפי הארי בשלום ויצאת בשלום ג"כ: **דעלית** גרסינן: **ויצאנו בשלום.** ולא נתגרה בהם לעשות מאומה נגד רצונם: **אין אנו יודעים כו'.** יש לפרש מה שכתוב ויגידו לו על אודות הבאר הוא הבאר שכתוב בראש הפרשה ויכרו שם עבדי יצחק באר כמו שפירש הרמב"ן ז"ל ושם לא כתיב מים ויש לומר ששם לא מצאו מים שבכל הפרשה לא מצינו הבאר בלא מים כתוב בצדו והאי דכתיב מצאנו מים ע"כ באר אחרת היא וא"כ יקשה עלינו למה כתב לנו ויכרו שם עבדי יצחק כו' או מה שהגידו לו מלאכתם הבטלה כיון שהיתה מלאכה בטלה וע"כ אמר דיליף בג"ש באר מבאר מוימצאו שם באר מים חיים או מצאנו מוימצאו דלעיל ללמד על הבאר ההיא שהיתה גם כן מים חיים או באם אינו ענין לגופו שהרי כתיב מצאנו מים:

אשד הנחלים

כך דיינו. מביא המעשה לפה על באור הכתוב ונשלחך בשלום. כאומר רב טוב זכית שיצאת בשלום ולא עשה עמך שום אדם רעה. כי דרכם רק להזיק: **אם לא מצאו.** עיין במ"כ פירושו:

Chapter 65

וַיְהִי עֵשָׂו בֶּן אַרְבָּעִים שָׁנָה וַיִּקַּח אִשָּׁה אֶת יְהוּדִית בַּת־בְּאֵרִי הַחִתִּי וְאֶת בָּשְׂמַת בַּת אֵילֹן הַחִתִּי.

And Esau was a forty-year-old, and he took as a wife Judith, daughter of Beeri the Hittite, and Basemath, daughter of Elon the Hittite (26:34).

§1 וַיְהִי עֵשָׂו[1] בֶּן אַרְבָּעִים שָׁנָה — ***AND ESAU WAS A FORTY-YEAR-OLD**, ETC.*

In explaining the fact that Esau married at forty, the Midrash discusses the nature of Esau and his seed:

הֲדָא הוּא דִכְתִיב "יְכַרְסְמֶנָּה חֲזִיר מִיָּעַר" — **Thus it is written,** with respect to the descendants of Esau, ***A pig of the forest ravages** [the vine]* (*Psalms* 80:14).[2] רַבִּי פִּנְחָס בְּשֵׁם רַבִּי סִימוֹן אָמַר — **R' Pinchas said in the name of R' Simon:** מִכָּל הַנְּבִיאִים לֹא פִירְסְמוּהָ אֶלָּא שְׁנַיִם, מֹשֶׁה וְאָסָף — **Of all the prophets, none publicized [the deceptive nature of the Romans]**[3] **except two: Moses and Asaph.**[4] מֹשֶׁה אָמַר "וְאֶת הַחֲזִיר כִּי מַפְרִיס פַּרְסָה הוּא" — **For Moses said,** *But this shall you not eat . . .* ***and the pig, for it has a split hoof,*** *but not the cud* (*Deuteronomy* 14:7-8).[5] אָסָף אָמַר "יְכַרְסְמֶנָּה חֲזִיר מִיָּעַר" — And **Asaph**[6] **said, *The pig of the forest ravages it.***[7] לָמָּה הוּא מוֹשְׁלָהּ בַּחֲזִיר — The Midrash explains: And **why does [Scripture] compare [the Roman nation] to a pig?** אֶלָּא מָה חֲזִיר הַזֶּה בְּשָׁעָה שֶׁהוּא רוֹבֵץ הוּא מְפַשֵּׁיט אֶת טְלָפָיו כְּלוֹמַר שֶׁאֲנִי טָהוֹר — **Because just as when the pig lies down, it spreads forth its hooves as if to say, "I am kosher,"**[8] כָּךְ מַלְכוּת הָרְשָׁעָה הַזֹּאת גּוֹזֶלֶת וְחוֹמֶסֶת — **so too, the wicked** Roman **government steals and robs,**[9] נִרְאֵת כְּאִלּוּ מַצַּעַת אֶת הַבִּימָה — and yet it **appears as though it spreads a sheet over the table.**[10](A)

כָּךְ עֵשָׂו — **Similarly,** with **Esau,** progenitor of the Roman nation — כָּל אַרְבָּעִים שָׁנָה צָד נְשֵׁי אֲנָשִׁים וּמְעַנֶּה אוֹתָם — **throughout** his first **forty years,** Esau would **ensnare married women and violate them,**[11] וְכֵיוָן שֶׁהִגִּיעַ לְאַרְבָּעִים שָׁנָה דִּימָּה עַצְמוֹ לְאָבִיו — **but when he reached the age of forty, he made himself similar to his father,** Isaac. אָמַר: מָה אַבָּא נָשָׂא אִשָּׁה בֶּן אַרְבָּעִים שָׁנָה אַף אֲנִי נוֹשֵׂא אִשָּׁה בֶּן אַרְבָּעִים שָׁנָה — **He said, "Just as father married a woman** as **a forty-year-old,**[12] **I too, am marrying a woman** as **a forty-year-old."**[13] הֲדָא הוּא דִכְתִיב "וַיְהִי עֵשָׂו בֶּן אַרְבָּעִים שָׁנָה" — **Thus it is written, *And Esau was a forty-year-old,*** *and he took as a wife Judith, daughter of Beeri the Hittite, and Basemath, daughter of Elon the Hittite.*[14]

NOTES

1. In the Vilna edition, the word עֵשָׂו is erroneously omitted.

2. Psalm 80 metaphorically refers to the Jewish people as a *grapevine.* [This metaphor is similarly used in *Isaiah* 5:1-7 and *Ezekiel* Ch. 15. It is explained in *Shemos Rabbah* 44 §1 and *Vayikra Rabbah* 36 §2.] This Midrash understands the *pig of the forest* that would *ravage* the Jewish people, to represent the Roman descendants of Esau, and it notes that our verse illustrates the similarity between Esau and a pig, as will be explained below.

3. *Matnos Kehunah*, *Eitz Yosef*.

4. While many prophets made reference to the Roman nation, only these two clearly noted that people's duplicity [through their associating the Romans with a pig] (*Eitz Yosef*).

5. [The preceding verse taught that for an animal to be considered kosher, it must have completely split hooves and chew its cud. Here, the Torah lists the pig as the last of four animals that possess one kosher sign but not the other.]

This Midrash accords with *Vayikra Rabbah* 13 §5, which teaches that each of the four animals named in this verse represents another of the nations under whom the Jewish people suffered exile, and the *pig* alludes to the Romans. Thus, Moses hinted to that nation's deceptive character when he made this allusion, as will be explained below.

6. In its opening verse, Psalm 80 identifies Asaph as its author. [He is listed in *Bava Basra* 14b among several contributing authors of the Book of *Psalms*. See *Tosafos* to *Bava Basra* 15a ד״ה ועל regarding his identity.]

7. As we have noted above, this verse describes Roman persecution of the Jews.

8. [In the context of the laws of *kashrus,* the word טָהוֹר, *clean*, is often used to connote an item's status as permitted to be eaten.]

[Unlike other hooved animals that lie down with their legs folded under them] the pig deceptively displays its lone kosher sign, as if to give the impression that it may be consumed (see *Midrash Shocher Tov* to *Psalms* loc. cit.).

9. [According to *Bava Kamma* 62a, *gezeilah* refers to simple theft, whereas *chamas* connotes forcefully taking an item but compensating its owner for it. According to the alternative explanation of the Midrash (above, 31 §5), the first term suggests theft of something valued at a *perutah* or more, and the second indicates theft of a smaller amount. It should be noted, though, that the terms are often used interchangeably (see *Tosafos* to *Bava Kamma* ad loc. ד״ה חמסן; see also *Rashi* to 6:11 above ד״ה ותמלא, with *Mizrachi* ד״ה חמס and *Sifsei Chachamim* ד״ה גזל).]

10. [Despite their own thievery] the Romans prosecute thieves in a cunning attempt to give the impression that they distance themselves from such behavior (*Eitz Yosef*). Their deceptive show of righteousness and commitment to justice are described by the Midrash as *appearing to* perform the righteous act of *spreading* beautiful *sheets over the table* upon which the Torah is placed to be read (*Matnos Kehunah*; but see *Matnos Kehunah* to *Vayikra Rabbah* 13 §5 who considers emending the Midrash so that it refers to a *judicial platform*; see also *Rashash* and *Eitz Yosef*).

Thus, just as the nonkosher pig prominently displays its split hooves, so does the thieving Roman government make a show of its virtue. See Insight (A).

11. I.e., [the treacherous Esau] would trick and seduce them (*Eitz Yosef*).

12. [See above, 25:20.]

13. Esau thus pretended to be like his righteous father while he was, in fact, very distant from such virtue. In doing so, Esau, like his descendants after him, behaved like the pig.

14. The Midrash is explaining that it is to teach of Esau's fraudulence

INSIGHTS

(A) **The Danger of False Virtue** Our Midrash, which compares the duplicitous Esau to a pig that extends its feet in order to give an appearance of being kosher, provides *Kli Yakar* (to *Leviticus* 11:4) with a penetrating insight into the Torah's description of the four animals that possess only one kosher sign. The Torah lists each of them and states that since it possesses one kosher sign but not the other, it may not be consumed. For example, the verse (ibid.) states, אֶת הַגָּמָל כִּי מַעֲלֵה גֵרָה הוּא וּפַרְסָה אֵינֶנּוּ מַפְרִיס טָמֵא הוּא לָכֶם, *the camel, for it brings up its cud, but its hoof is not split — it is unclean to you.* This format is repeated in the ensuing verses for each of the three other animals.

Kli Yakar notes that one would have expected these verses, which are explaining the impermissibility of these species, to first present the animals' lack of one of the required signs, and only then mention that they do possess the other sign. Why would the verse state, for example, that the camel is prohibited *for it brings up its cud*, etc.?

Kli Yakar explains that a wicked person who promotes himself as righteous, and may thereby be able to exert influence on others, is more dangerous than one who makes no attempt to hide his wickedness (see *Rashi* to 37:4 below). This lesson applies to the teaching of our Midrash. The fact that a pig's hooves are split gives it the appearance of being kosher and enables it to to mislead people who would otherwise distance themselves from it, just as Esau used his false piety to lead people to believe that he was righteous.

The verse first mentions the one kosher sign of each of these animals, for this proves them a greater danger, and is an added reason for their impurity.

חידושי הרש"ש

[א] **מצעת כו'.** עיין במ"כ ויק"ר ספי"ג. וכן יש לפרש הא דתנן בעבודת כוכבים (ע"ז א') אין בונים כו' ובימה. כמו דתנן שם גרדום ופירש"י לדון ד"כ כמו שנים שעלו לגרדום. ורש"י פי' שם בימה בענין אחר. ולשון מצעות כו' היינו נמי כמו שנהגו היום שמציעין בגד נמר על השולחן אשר ישבו השופטים סביביו למשפט:

עץ יוסף

סה (א) **הדא הוא דכתיב יכרסמנה כו'.** דייק איך יתכן שעשו לדק נפשו מיעקב ליקח אשה בן מ' ויעקב שהה טפי טובא. להכי קאמר דזה היה זייפנותיה שהיה מראה עצמו כשר: **לא פרסמוה.** שכל הנביאי' שהזכירו מנהג מלכות זו לא הזכירו בפרסום זיופה אלא שנים: **באילו מצעת את הבימה.** לדון את הגזלנים ולהרחיק הטול. שהיא מתחכמת להראות לעולם שהיא פרושה מהגזל: **צד נשי אנשים.** כלומר מרמה ומפתה אותן: (ב) [ה] **פתח אלהים כו'.** שהכתוב בא להורות שמאת ה' היתה זאת שתזדמן לו נשים אלו לפי שמדת ה' לזווג זיווגים דהיינו מושיב יחידים ביתה כדלקמן פ' ס"ח. ואפילו בזוג של פחותים כגון ממזר לממזרת. שהכוונה לזווג כל אחד בדומה לו: **היא דעתיה כו'.** הא דלקמן היא דעתו של ר"י: **אפילו ממזר כו'.** יחידים משמע ממזרים שהם יחידים שאסורים לבא בקהל: **החתי והאמורי וכתיב ולא יהיה שריד וגו' ייתי הדין מחיק שמיה.** כצ"ל (מת"כ): (ג) **זרזיר.** מין עוף: **אתון כו'.** באו והביאו אצל ר' חייא וא"ל מהו שנאכל אותו טהור הוא או לא: **אמר להון כו'.** אמר להם לכו ותנו אותו על הגג וכל עוף שיבא וישכון אצלו הוא מין שלו: **עורבא מצראה.** עוף טמא הוא: **מסאב.** תרגום של טמא מסאב: (ד) **למה ליצחק תחלה.** דהוה ליה למימר ליצחק ורבקה וקאמר ולרבקה משמע לרבקה אחר זמן: **לא היתה מקפדת כו'.** לאו למימרא שלא היתה מקפדת כלל ח"ו אלא כגון נחוש ועוננות כי בהיותה רגילה בבית אביה בעכו"ם לא שמה לבה לענינים קלים כאלו כל כך כמו יצחק שיצחק שלא נסה באלה כלל היה מרגיש אפילו בענינים קלים כאלו: **תלוי בה כו'.** שע"י שהיה מבטנה היה האחד רשע בטבע משפחתה דאל"כ בבטנך

פירוש מהרז"ו

סה (א) **רבי פנחס.** לעיל פר' ס"ג סס"ח. מדרש תהלים ס"פ פ': **מה אבא.** שלא מצאנו בתורה שמפורש אלא אחרים כמה היו כשנשאו נשים רק אנלם לדרשה: (ג) **כי החרם וגו'.** עמ"כ ויותר מפורש בישעיה ל"ה רותה בשמים חרבי וגו'. וכן בסי' הקודם ג"כ מתיבת חרמי: (ד) **למה ליצחק תחלה.** נ"ע שהרי מן הדין להקדים האיש להאשה והאב להאם. ויתכן שבקלקלה מתחילין מן הקטן כמש"ל פ"כ סי' ג' וגם היל"ל לאבותיו או להוריו:

פרשה סה

א [כו, לד] "וַיְהִי עֵשָׂו בֶּן אַרְבָּעִים שָׁנָה", הָדָא הוּא דִכְתִיב (תהלים פ, יד) "יְכַרְסְמֶנָּה חֲזִיר מִיָּעַר", רַבִּי פִּנְחָס בְּשֵׁם רַבִּי סִימוֹן אָמַר: [א]מִכָּל הַנְּבִיאִים לֹא פִירְסְמוּהָ אֶלָּא שְׁנַיִם, מֹשֶׁה וְאָסָף. מֹשֶׁה אָמַר (דברים יד, ח) "וְאֶת הַחֲזִיר כִּי מַפְרִיס פַּרְסָה הוּא". אָסָף אָמַר "יְכַרְסְמֶנָּה חֲזִיר מִיָּעַר". לָמָּה הוּא מוֹשְׁלָהּ בַּחֲזִיר, אֶלָּא [ב]מָה חֲזִיר הַזֶּה בְּשָׁעָה שֶׁהוּא רוֹבֵץ הוּא מַפְשִׁיט אֶת טְלָפָיו כְּלוֹמַר שֶׁאֲנִי טָהוֹר, כָּךְ מַלְכוּת הָרְשָׁעָה הַזֹּאת גּוֹזֶלֶת וְחוֹמֶסֶת נִרְאֵת כְּאִלּוּ מַצַּעַת אֶת הַבִּימָה. כָּךְ עֵשָׂו כָּל אַרְבָּעִים שָׁנָה צָד נְשֵׁי אֲנָשִׁים וּמְעַנֶּה אוֹתָם וְכֵיוָן שֶׁהִגִּיעַ לְאַרְבָּעִים שָׁנָה דִּימָּה עַצְמוֹ לְאָבִיו. אָמַר: מָה אַבָּא נָשָׂא אִשָּׁה בֶּן אַרְבָּעִים שָׁנָה אַף אֲנִי נוֹשֵׂא אִשָּׁה בֶּן אַרְבָּעִים שָׁנָה. הָדָא הוּא דִכְתִיב "וַיְהִי עֵשָׂו בֶּן אַרְבָּעִים שָׁנָה":

ב [כו, לד] "וַיִּקַּח אִשָּׁה אֶת יְהוּדִית", רַבִּי יוּדָן פָּתַח: (תהלים סח, ז) "אֱלֹהִים מוֹשִׁיב יְחִידִים בַּיְתָה וְגוֹ'", הִיא דַעְתֵּיהּ דְּרַבִּי יְהוּדָה דְּאָמַר רַבִּי יְהוּדָה: [ג]אֲפִילּוּ מַמְזֵר אֶחָד בְּסוֹף הָעוֹלָם וּמַמְזֶרֶת אַחַת בְּסוֹף הָעוֹלָם הַקָּדוֹשׁ בָּרוּךְ הוּא מְבִיאָן וּמְזַוְּוגָן זֶה לָזֶה. מַאי טַעֲמֵיהּ, "אֱלֹהִים מוֹשִׁיב יְחִידִים בַּיְתָה". כָּךְ לְפִי שֶׁכָּתוּב (דברים כ, יז) "הַחֲרֵם תַּחֲרִימֵם הַחִתִּי וְהָאֱמֹרִי", יֵיתֵי הָדֵין מְחִיק שְׁמָא וְיִסַּב לְהָדָא מְחִיקַת שְׁמָא:

ג "וַיְהִי עֵשָׂו בֶּן אַרְבָּעִים שָׁנָה וַיִּקַּח וְגוֹ'". (ויקרא יא, טו) "אֵת כָּל עֹרֵב לְמִינוֹ", בִּימֵי רַבִּי חִיָּיא רַבָּה עָלָה זַרְזִיר אֶחָד לְאֶרֶץ יִשְׂרָאֵל אָתוֹן טְעִינִין לֵיהּ לְגַבֵּיהּ. אֲמָרוּ לֵיהּ: מַהוּ דְּנֵיכְלִינֵיהּ, אֲמַר לוֹן: אֲזִלוּן יַהֲבוּ יָתֵיהּ עַל אִיגָּרָא וְכָל עוֹף דְּשָׁכֵן עַל גַּבֵּיהּ מִן מִינֵיהּ הוּא. אֲזַלִין יַהֲבוּ יָתֵיהּ עַל אִיגָּרָא וַאֲתָא הָדֵין עוֹרְבָא מִיצְרָאָה שָׁכֵן עַל גַּבֵּיהּ, אֲמַר: מְסָאַב הוּא דְּמִן מִינֵיהּ הוּא, דִּכְתִיב "וְאֵת כָּל עֹרֵב לְמִינוֹ". [ד]אָמְרוּ: לֹא הָלַךְ עוֹרֵב אֵצֶל זַרְזִיר אֶלָּא שֶׁהוּא מִינוֹ, כָּךְ לְפִי שֶׁכָּתוּב בּוֹ (דברים כ, יז) "כִּי הַחֲרֵם תַּחֲרִימֵם" יֵיתֵי הָדֵין מְחִיק שְׁמָא, וְיִסַּב לְהָדָא מְחִיקַת שְׁמָא, "וַיְהִי עֵשָׂו בֶּן אַרְבָּעִים שָׁנָה וְגוֹ'":

ד [כו, לה] "וַתִּהְיֶינָה מֹרַת רוּחַ". לָמָּה לְיִצְחָק תְּחִלָּה, אֶלָּא עַל יְדֵי שֶׁהָיְתָה רִבְקָה בַּת כּוֹמָרִים לֹא הָיְתָה מַקְפֶּדֶת עַל טִנּוֹפֶת עֲבוֹדָה זָרָה, וְזֶה עַל יְדֵי שֶׁהָיָה בֶּן קְדוֹשִׁים הָיָה מַקְפִּיד עַל טִנּוֹפֶת עֲבוֹדָה זָרָה לְפִיכָךְ לְיִצְחָק תְּחִלָּה. דָּבָר אַחֵר לָמָּה לְיִצְחָק תְּחִלָּה אֶלָּא לְפִי שֶׁהַדָּבָר תָּלוּי בָּהּ, שֶׁנֶּאֱמַר "וַיֹּאמֶר ה' לָהּ שְׁנֵי גוֹיִם בְּבִטְנֵךְ",

מסורת המדרש

א ויקרא רבה פרשה י"ג. מדרש תהלים מזמור פ'. ילקוט כאן רמז קי"ב. ילקוט תהלים רמז תת"ל:
ב אבות דרבי נתן פרק ל"ד:
ג ירושלמי קדושין פרק ג'. ילקוט כאן רמז קי"ב. ילקוט תהלים רמז תשל"ד:
ד בבא קמא דף נ"ב. חולין דף ס"ה:

אם למקרא

יְכַרְסְמֶנָּה חֲזִיר מִיָּעַר וְזִיז שָׂדַי יִרְעֶנָּה: (תהלים פ:יד)

וְאֶת־הַחֲזִיר כִּי־מַפְרִיס פַּרְסָה הוּא וְלֹא גֵרָה טָמֵא הוּא לָכֶם מִבְּשָׂרָם לֹא תֹאכֵלוּ וּבְנִבְלָתָם לֹא תִגָּעוּ: (דברים יד:ח)

אֱלֹהִים מוֹשִׁיב יְחִידִים בַּיְתָה מוֹצִיא אֲסִירִים בַּכּוֹשָׁרוֹת אַךְ־סוֹרְרִים שָׁכְנוּ צְחִיחָה: (תהלים סח:ז)

כִּי־הַחֲרֵם תַּחֲרִימֵם הַחִתִּי וְהָאֱמֹרִי הַכְּנַעֲנִי וְהַפְּרִזִּי הַחִוִּי וְהַיְבוּסִי כַּאֲשֶׁר צִוְּךָ ה' אֱלֹהֶיךָ: (דברים כ:יז)

אֵת כָּל־עֹרֵב לְמִינוֹ: (ויקרא יא:טו)

מתנות כהונה

סה [א]**לא פירסמוה.** מנהג מלכות הרביעית הזאת: **מצעת את הבימה.** עשתה עצמה כאילו היא לדקה עשתה והלדיקה את הדין לאמתו ועשה מלעות נאות על בימה שבב"ה [ועיין זה בויקרא רבה פי"ג]: **הה"ד כו'.** דאל"כ מה בא הכתוב להשמיענו: [ב] **היא דעתיה כו'.** הא דלקמן היא דעתו של ר"י: **אפילו ממזר כו'.** יחידים משמע ממזרים שהם יחידים בלא אח ואחות וחבר ואסורים לבא בקהל: **ה"ג החתי והאמורי** וכתיב ולא יהיה שריד **וגו':** **ייתי כו'.** יבא זה ימח שמו שמו כתוב לימח ויקח את זאת שמה כתוב לימח: [ג]**זרזיר.** מין עוף: **אתון כו'.** באו והביאו אצל ר' חייא וא"ל מהו שנאכל אותו טהור הוא או לא: **אמר לון** גרסינן. אמר להו לכו ותנו אותו על הגג וכל עוף שיבא וישכון אצלו הוא מין שלו: **עורבא מצראית.** עוף טמא הוא: **מסאב.** תרגומו של טמא מסאב: **ה"ג** תחרימם כתיב: **לא יהיה שריד וגו'** ייתי הדין כו': [ד] **תלוי בה כו'.** דכתיב בבטנה משמע שהיא

אשד הנחלים

סה [א] **יכרסמנה דוד.** הי' מקונן על בית המקדש. איך יחרב ע"י אנשים קטנים ופחותי ערך כמוהו: **שאני טהור.** ע"ד הטבע. הוא להיות כי המינים הטהורים הם בני תרבות וטבעם טוב. והטמאים הם על הרוב הדורסים וטורפי אדם. וא"כ פריסת הפרסה הוא מורה על טבעה אחר שהמה סימנים למיני הטהרה והטומאה. והנה גם מטבע הבע"ח להיות מוצאים בנפשם צד התנשאות וגאון והתפארות כידוע. ולכן מטבעה הוא פושט טלפיו להראות טוב מזגה. כן הוא התראה מול אביו לאיש טוב וצנוע: [ב] **יתי הדין מחיק שמא.** כי הטבע מחבר מין למינו. ואחר שה' ב"ה צוה למחות את שתיהם. אות הוא כי שניהם רעים בעצם: ואין טוב יוצא מהם מאומה. ולכן מטבע הם מתחברים. ומביא המעשה לפה. שגם בבע"ח הטבע כן. שכל מין למינו ישכון. והלך הוא לקחת את בת בארי החתי: [ד] **למה ליצחק.** כלומר כי באמת ליצחק הי' עשו מרמה שידמה כי הוא צדיק. אך רבקה הית' יודעת אותו וא"כ היתה צריכה רבקה להרגיש תחילה. ומפרש ג'

§2 וַיִּקַּח אִשָּׁה אֶת יְהוּדִית — *AND [ESAU] TOOK AS A WIFE JUDITH, DAUGHTER OF BEERI THE HITTITE, AND BASEMATH, DAUGHTER OF ELON THE HITTITE.*

The Midrash addresses the significance of the fact that Esau took Hittite women as wives:[15]

רַבִּי יוּדָן פָּתַח — **R' Yudan opened** his discourse on our passage with the following verse: "אֱלֹהִים מוֹשִׁיב יְחִידִים בַּיְתָה וגו׳" — ***God settles the solitary into a family, etc.*** (*Psalms* 68:7).[16] הִיא דַעְתֵּיהּ דְרַבִּי יְהוּדָה — **[What follows]**[17] **is** in accordance with **the opinion of R' Yehudah,** דְּאָמַר רַבִּי יְהוּדָה — **for R' Yehudah said:** אֲפִילוּ מַמְזֵר אֶחָד בְּסוֹף הָעוֹלָם וּמַמְזֶרֶת אַחַת בְּסוֹף הָעוֹלָם — **Even** if there is **one** ***mamzer***[18] **at** one **end of the world and one** ***mamzeres*** **at the** other **end of the world,** הַקָּדוֹשׁ בָּרוּךְ הוּא מְבִיאָן וּמְזַוְּוגָן זֶה לָזֶה — **the Holy One, blessed is He, brings them** together **and joins them with each other** in marriage.[19] מַאי טַעֲמֵיהּ, "אֱלֹהִים מוֹשִׁיב יְחִידִים בַּיְתָה" — **What is the reason for this?** Because it is written, ***God settles the solitary into a family.***[20] כָּךְ לְפִי שֶׁכָּתוּב "הַחֲרֵם תַּחֲרִימֵם הַחִתִּי וְהָאֱמֹרִי" — **Similarly, because it is written** in the Torah, ***You shall utterly destroy them: the Hittite and the Amorite*** (*Deuteronomy* 20:17),[21] יֵיתֵי הָדֵין מְחִיק שְׁמָא וְיִסַּב לְהָדָא מְחִיקַת שְׁמָא — therefore, God said, **"Let this man whose name is** destined **to be erased,**[22] **come and marry this woman whose name is** destined **to be erased."**[23] Ⓐ

NOTES

that the Torah informs us of his age at the time of his marriage (*Matnos Kehunah*). This information is not generally presented about Biblical personalities (*Maharzu*). Alternatively, this Midrash explains why it was that the wicked Esau married so much earlier than the righteous Jacob [who married at 84 years of age (see below, 70 §18)] (*Eitz Yosef*).

15. *Yefeh To'ar*.

16. Below, in 68 §4 [as in *Sotah* 2a], the Midrash derives from this verse that God Himself arranges suitable matches between unmarried (*solitary*) men and women (*Eitz Yosef*).

17. *Matnos Kehunah*, *Eitz Yosef*; see further below.

18. [A *mamzer* (pl. *mamzeirim*) is a child born of a man and a woman whose illicit union is punishable by death or *kares* and who cannot halachically be considered husband and wife (see *Kiddushin* 66b and *Shulchan Aruch*, *Even HaEzer* 4:13). A *mamzeres* is a female child of such a union. The Torah (see *Deuteronomy* 23:3 with *Yevamos* 78b and *Shulchan Aruch* ibid. 4:1) forbids a *mamzer* or *mamzeres* to marry an ordinary Jewess or Jew. A *mamzer* and a *mamzeres* may, however, marry each other (*Kiddushin* 74a; *Shulchan Aruch* ibid. 4:24).]

19. R' Yehudah teaches that God arranges all matches, including those between people of lowly status, for it is His intention that everyone should find a suitable mate (*Eitz Yosef*). To accomplish this, He causes two individuals who share an uncommon characteristic to find each other.

20. According to R' Yehudah, the word *solitary* describes *mamzeirim* who are isolated from other Jews by virtue of their inability to marry them (*Matnos Kehunah*, *Eitz Yosef*). Alternatively, יְחִידִים connotes *mamzeirim* because it suggests people who are *distinctive*, albeit in a negative sense (*Imrei Yosher*, second approach; see there for another explanation).

21. [This verse commands that the seven nations that occupied Canaan be completely wiped out by the Jewish people following their entry into that land.]

22. *Ovadiah* 1:18 states that the house of Esau will eventually be destroyed and there will be no survivors. [*Matnos Kehunah*, also cited by *Eitz Yosef*, actually inserts that verse into the text of the Midrash, and it, in fact, appears that way in the parallel version presented in *Yalkut Shimoni* §112.] *Maharzu* (to the next segment) points out that *Isaiah* 34 speaks in graphic detail about the future obliteration of Edom, descendants of Esau.

23. The Midrash refers to each of Esau's wives this way because, as Hittites, they belonged to a nation that was destined to be destroyed.

Thus, R' Yudan taught that since, as it is interpreted by R' Yehudah, the cited verse from *Psalms* instructs that God arranges all marriages, it may be used to explain our verse's suggestion that Esau and his wives were suited for each other (*Yefeh To'ar*).

[*Yefeh To'ar* points out that Esau's marriage to unworthy wives was a result of his own free will and this Midrash does not mean to suggest that it was forced upon him by God.] See Insight Ⓐ.

INSIGHTS

Ⓐ **Heaven and Marriage** The verse in *Psalms* as interpreted by our Midrash is one of the sources for referring to a person's mate as his or her *"bashert," predestined one*, for it is predetermined by God Himself. Another source is the statement of the Gemara (*Sotah* 2a, *Sanhedrin* 22a): *Forty days before the formation of an embryo* [i.e., at the time of conception (see *Toras Chaim*, *Sanhedrin* ad loc.; *Teshuvos Tashbetz* II:1)], *a Heavenly voice* [בַּת קוֹל] *issues forth and proclaims: "The daughter of So-and-so [is destined] for So-and-so."* It seems clear from the aforementioned Gemara that God actually predetermines a person's destined mate at the time that he is conceived (see *Rashi*, *Sotah* 2a s.v. איני). There is extensive discussion among the commentators concerning this topic, and a thorough analysis of the various viewpoints is beyond the scope of this work. Nevertheless, we present a *sampling* of how some of the commentators understand this topic:

The Gemara in several places notes that there are exceptions to the rule that one's mate is predetermined. In one instance (*Sotah* 2a, *Sanhedrin* 22a), the Gemara distinguishes between a first union [זִיווּג רִאשׁוֹן] and a second union [זִיווּג שֵׁנִי]. Whereas one's first union is predetermined at the time of conception, his or her second union is in accordance with his deeds [e.g., a modest woman is paired with a righteous man, and an immodest woman is paired with a wicked man (*Rashi* ad loc.)]. The commentators debate the meaning of "first union" and "second union." Some explain that a "first union" refers to a first marriage for *either* spouse; such a marriage is predetermined. A "second union" refers to where *both* the man and woman were previously married; their marriage is not predetermined, but in accordance with their deeds (*Tos. Shantz*, *Tos. HaRosh* to *Sotah* ibid.; see also *Pischei Teshuvah*, *Even HaEzer* 119:2). Other commentators assert that the "first union" refers only to a union that takes place when a couple is still very young and not yet subject to reward and punishment. The marriage of older people is considered a "second union" and is determined by the parties' deeds (*Meiri*, *Sotah* ibid.).

Yet another approach is that at the time of conception an ideal mate is *designated* for each male. This is what is referred to as his "first union." When he attains marriageable age, Heaven judges him. If he is deserving, he will be given his ideal mate. If not, she will be given to someone more deserving, and she will be the other man's "second union" — i.e., in accordance with his conduct (see *Be'er Sheva*, citing *Chachmei HaEmes*; see also *Hagahos Yaavetz* to *Sotah* ibid. and *Responsa Chasam Sofer* 7:34). Similarly, a woman will merit her "first union" only if she is deserving. According to this approach, it stands to reason that many people do not merit to marry their ideal mate (see *Teshuvos VeHanhagos I*, *Even HaEzer* §729, citing *Ari HaKadosh* and other Kabbalistic scholars).

Rambam (*Teshuvos HaRambam* to *Ovadyah HaGer*, Freiman ed. §345; see also *Shemonah Perakim*, Chapter 8 and Comm. to *Avos* 3:15) also points out that the determination at the time of conception is by no means absolute; if it were, a person would not be punished for marrying a woman who was forbidden to him [e.g., if a Kohen married a divorcee, he would not be responsible for the transgression]. Rather, *Rambam* states that the Gemara in *Sotah* refers to "the ways of reward and punishments": If the man and the woman each perform a mitzvah for which it is fitting that they receive the reward of a suitable spouse, God brings them together. On the other hand, if it is fitting that they be punished [for their transgressions] by suffering in a contentious marriage, God arranges such a marriage. *Rambam* writes that this is the intent of our Midrash, which states that God takes one *mamzer* at one end of the world and one *mamzeres* at the other end of the world, and joins them with each other in marriage. Thus, Esau's marriage to unworthy wives was, at the same time, a result of his own free will *and* predetermined.

The *Steipler Gaon* (*Peninei Kehillos Yaakov* I, p. 34) was likewise quoted as saying that the predetermination of one's spouse is not absolute. He noted that it was clear to him through observation that the Heavenly voice announces only that it would be *proper* for So-and-so to marry the daughter of So-and-so. Should he be worthy, God will cause the forces

פרשה סה

א [כו, לד] "וַיְהִי עֵשָׂו בֶּן אַרְבָּעִים שָׁנָה", הָדָא הוּא דִכְתִיב (תהלים פ, יד) "יְכַרְסְמֶנָּה חֲזִיר מִיָּעַר", רַבִּי פִּנְחָס בְּשֵׁם רַבִּי סִימוֹן אָמַר: [א]מִכָּל הַנְּבִיאִים לֹא פִּירְסְמוּהָ אֶלָּא שְׁנַיִם, מֹשֶׁה וְאָסָף. מֹשֶׁה אָמַר (דברים יד, ח) "וְאֶת הַחֲזִיר כִּי מַפְרִיס פַּרְסָה הוּא". אָסָף אָמַר "יְכַרְסְמֶנָּה חֲזִיר מִיָּעַר". לָמָּה הוּא מוֹשְׁלָהּ בַּחֲזִיר, אֶלָּא [ב]מָה חֲזִיר הַזֶּה בְּשָׁעָה שֶׁהוּא רוֹבֵץ הוּא מַפְשִׁיט אֶת טְלָפָיו כְּלוֹמַר שֶׁאֲנִי טָהוֹר, כָּךְ מַלְכוּת הָרְשָׁעָה הַזֹּאת גּוֹזֶלֶת וְחוֹמֶסֶת נִרְאֵת כְּאִלּוּ מַצַּעַת אֶת הַבִּימָה. כָּךְ עֵשָׂו כָּל אַרְבָּעִים שָׁנָה צָד נְשֵׁי אֲנָשִׁים וּמְעַנֶּה אוֹתָם וְכֵיוָן שֶׁהִגִּיעַ לְאַרְבָּעִים שָׁנָה דִּימָּה עַצְמוֹ לְאָבִיו. אָמַר: מָה אַבָּא נָשָׂא אִשָּׁה בֶּן אַרְבָּעִים שָׁנָה אַף אֲנִי נוֹשֵׂא אִשָּׁה בֶּן אַרְבָּעִים שָׁנָה. הָדָא הוּא דִכְתִיב "וַיְהִי עֵשָׂו בֶּן אַרְבָּעִים שָׁנָה":

ב [כו, לד] "וַיִּקַּח אִשָּׁה אֶת יְהוּדִית", רַבִּי יוּדָן פָּתַח: (תהלים סח, ז) "אֱלֹהִים מוֹשִׁיב יְחִידִים בַּיְתָה וְגוֹ'", הִיא דַעְתֵּיהּ דְּרַבִּי יְהוּדָה דְּאָמַר רַבִּי יְהוּדָה: [ג]אֲפִילּוּ מַמְזֵר אֶחָד בְּסוֹף הָעוֹלָם וּמַמְזֶרֶת אַחַת בְּסוֹף הָעוֹלָם הַקָּדוֹשׁ בָּרוּךְ הוּא מְבִיאָן וּמְזַוְּוגָן זֶה לָזֶה. מַאי טַעֲמֵיהּ, "אֱלֹהִים מוֹשִׁיב יְחִידִים בַּיְתָה". כָּךְ לְפִי שֶׁכָּתוּב (דברים כ, יז) "הַחֲרֵם תַּחֲרִימֵם הַחִתִּי וְהָאֱמֹרִי", יֵיתֵי הָדֵין מְחִיק שְׁמָא וְיִסַּב לַהֲדָא מְחִיקַת שְׁמָא:

ג "וַיְהִי עֵשָׂו בֶּן אַרְבָּעִים שָׁנָה וַיִּקַּח וְגוֹ'". (ויקרא יא, טו) "אֵת כָּל עֹרֵב לְמִינוֹ", בִּימֵי רַבִּי חִיָּיא רַבָּה עָלָה זַרְזִיר אֶחָד לְאֶרֶץ יִשְׂרָאֵל אֲתוֹן טְעִינִין לֵיהּ לְגַבֵּיהּ. אֲמָרוּ לֵיהּ: מַהוּ דְּנֵיכְלִינֵיהּ, אֲמַר לוֹן: אַזְלוּן יַהֲבוּ יָתֵיהּ עַל אִיגָּרָא וְכָל עוֹף דְּשָׁכַן עַל גַּבֵּיהּ מִן מִינֵיהּ הוּא. אֲזַלִין יַהֲבוּ יָתֵיהּ עַל אִיגָּרָא וַאֲתָא הָדֵין עוֹרְבָא מִיצְרָאָה שְׁכַן עַל גַּבֵּיהּ, אֲמַר: מְסָאַב הוּא דְּמִן מִינֵיהּ הוּא, דִּכְתִיב "וְאֵת כָּל עֹרֵב לְמִינוֹ". [ד]אָמְרוּ: לֹא הָלַךְ עוֹרֵב אֵצֶל זַרְזִיר אֶלָּא שֶׁהוּא מִינוֹ, כָּךְ לְפִי שֶׁכָּתוּב בּוֹ (דברים כ, יז) "כִּי הַחֲרֵם תַּחֲרִימֵם" יֵיתֵי הָדֵין מְחִיק שְׁמָא, וְיִסַּב לַהֲדָא מְחִיקַת שְׁמָא, "וַיְהִי עֵשָׂו בֶּן אַרְבָּעִים שָׁנָה וְגוֹ'":

ד [כו, לה] "וַתִּהְיֶינָה מֹרַת רוּחַ". לָמָּה לְיִצְחָק תְּחִלָּה, אֶלָּא עַל יְדֵי שֶׁהָיְתָה רִבְקָה בַּת כּוֹמָרִים לֹא הָיְתָה מַקְפֶּדֶת עַל טִנּוֹפֶת עֲבוֹדָה זָרָה, וְזֶה עַל יְדֵי שֶׁהָיָה בֶּן קְדוֹשִׁים הָיָה מַקְפִּיד עַל טִנּוֹפֶת עֲבוֹדָה זָרָה לְפִיכָךְ לְיִצְחָק תְּחִלָּה. דָּבָר אַחֵר לָמָּה לְיִצְחָק תְּחִלָּה אֶלָּא לְפִי שֶׁהַדָּבָר תָּלוּי בָּהּ, שֶׁנֶּאֱמַר "וַיֹּאמֶר ה' לָהּ שְׁנֵי גוֹיִם בְּבִטְנֵךְ",

חידושי הרש"ש

[א] **מצעת כו'.** עיין במ"כ ויק"ר ספי"ג. וכן יש לפרש הא דתנן בעבודת כוכבים (ע"ז א') אין בונים כו' ובימה. כמו דתנן שם גרדום ופירש"י לדון ד"כ כמו שנים שעלו לגרדום. ורש"י פי' שם בימה בענין אחר. ולשון מלעות כו' היינו נמי כמו שנהגו היום שמליעין בגד נאה על השולחן אשר ישבו השופטים סביביו למשפט:

עץ יוסף

סה (א) **הדא הוא דכתיב יכרסמנה כו'.** דייק איך יתכן שעשו לדק נפשו מיעקב לישא אשה בן מ' ויעקב שהה טפי טובא. להכי קאמר דזה היה זייפנותיה שהיה מראה עצמו כשר: **לא פרסמוה.** שכל הנביאי' שהזכירו מנהג מלכות זו לא הזכירו בפרסום זיופה אלא שנים: **באילו מצעת את הבימה.** לדון את הגזלנים ולהרחיק העול. שהיא מתחכמת להראות לעולם שהיא פרושה מהגזל: **צד נשי אנשים.** כלומר מרמה ומפתה אותן: (ב) [ה] **פתח אלהים כו'.** שהכתוב בא להורות שמאת ה' היתה זאת שתזדמן לו נשים אלו לפי שמדת ה' לזווג זיווגים דהיינו מושיב יחידים ביתה כדלקמן פ' ס"ח. ואפילו בזוג של פחותים כגון ממזר לממזרת. שהכוונה לזווג כל אחד בדומה לו: **היא דעתיה כו'.** האי דלקמן היא דעתו של ר"י: **אפילו ממזר כו'.** יחידים משמע ממזרים שהם יחידים שאסורים לבא בקהל: **החתי והאמורי וכתיב ולא יהיה שריד וגו' ייתי הדין מחיק שמיה.** כצ"ל (מת"כ): (ג) **זרזיר.** מין עוף: **אתון כו'.** באו והביאו אצל ר' חייא וא"ל מהו שנאכל אותו טהור הוא או לא: **אמר להון כו'.** אמר להם לכו ותנו אותו על הגג וכל עוף שיבא וישכון אצלו הוא מין שלו: **עורבא מצראה.** עוף טמא הוא: **מסאב.** תרגום של טמא מסאב: (ד) **למה ליצחק תחלה.** דהוה ליה למימר ליצחק ורבקה וקאמר ולרבקה משמע לרבקה אחר זמן: **לא היתה מקפדת כו'.** לאו למימרא שלא היתה מקפדת כלל ח"ו אלא כגון נחוש ועוננות כי בהיותה רגילה בבית אביה בעכו"ם לא שמה לבה לענינים קלים כאלו כל כך כמו יצחק שיצחק שלא נסה באלה כלל היה מרגיש אפילו בענינים קלים כאלו: **תלוי בה כו'.** שע"י שהיה מבטנה היה האחד רשע בטבע משפחתה דאל"כ בבטנך

פירוש מהרז"ו

סה (א) **רבי פנחס.** לעיל פר' ס"ג סס"ח. מדרש תהלים ס"פ פ': **מה אבא.** שלא מלאנו בתורה שמפורש אלל אחרים כמה היו כשנשאו נשים רק אצלם לדרשה: (ג) **כי החרם וגו'.** עמ"כ ויותר מפורש בישעיה ל"ה רותה בשמים חרבי וגו'. וכן בסי' הקודם ג"כ מתיבת חרמי: (ד) **למה ליצחק תחלה.** נ"ע שהרי מן הדין להקדים האיש להאשה והאב להאם. ויתכן שבקלקלה מתחילין מן הקטן כמש"ל פ"כ סי' ג' וגם היל"ל לאבותיו או להוריו:

מסורת המדרש

א ויקרא רבה פרשה י"ג. מדרש תהלים מזמור פ'. ילקוט כאן רמז קי"ב. ילקוט תהלים רמז תת"ל:
ב אבות דרבי נתן פרק ל"ד:
ג ירושלמי קדושין פרק ג'. ילקוט כאן רמז קי"ב. ילקוט תהלים רמז תשנ"ד:
ד בבא קמא דף נ"ב. חולין דף ס"ה:

אם למקרא

יְכַרְסְמֶנָּה חֲזִיר מִיָּעַר וְזִיז שָׂדַי יִרְעֶנָּה:
(תהלים פ:יד)

וְאֶת־הַחֲזִיר כִּי־מַפְרִיס פַּרְסָה הוּא וְלֹא גֵרָה טָמֵא הוּא לָכֶם מִבְּשָׂרָם לֹא תֹאכֵלוּ וּבְנִבְלָתָם לֹא תִגָּעוּ:
(דברים יד:ח)

אֱלֹהִים מוֹשִׁיב יְחִידִים בַּיְתָה מוֹצִיא אֲסִירִים בַּכּוֹשָׁרוֹת אַךְ־סוֹרְרִים שָׁכְנוּ צְחִיחָה:
(תהלים סח:ז)

כִּי־הַחֲרֵם תַּחֲרִימֵם הַחִתִּי וְהָאֱמֹרִי הַכְּנַעֲנִי וְהַפְּרִזִּי הַחִוִּי וְהַיְבוּסִי כַּאֲשֶׁר צִוְּךָ ה' אֱלֹהֶיךָ:
(דברים כ:יז)

אֵת כָּל־עֹרֵב לְמִינוֹ:
(ויקרא יא:טו)

מתנות כהונה

סה [א]**לא פירסמוה.** מנהג מלכות הרביעית הזאת: **מצעת את הבימה.** עשתה עצמה כאילו היא לדקה עשתה והלדיקה את הדין לאמתו ועשה מלעות נאות על בימה שבב"ה [ועיין זה בויקרא רבה פי"ג]: **הה"ד כו'.** דאל"כ מה בא הכתוב להשמיענו: [ב] **היא דעתיה כו'.** האי דלקמן היא דעתו של ר"י: **אפילו ממזר כו'.** יחידים משמע ממזרים שהם יחידים בלא אח ואחות וחבר ואסורים לבא בקהל: **ה"ג החתי והאמורי** וכתיב ולא יהיה שריד וגו': **ייתי כו'.** יבא זה ימח שמו שכתוב לימח ויקח את זאת שמה כתוב לימח: [ג]**זרזיר.** מין עוף: **אתון כו'.** באו והביאו אצל ר' חייא וא"ל מהו שנאכל אותו טהור הוא או לא: **אמר לון** גרסינן. אמר להו לכו ותנו אותו על הגג וכל עוף שיבא וישכון אצלו הוא מין שלו: **עורבא מצראית.** עוף טמא הוא: **מסאב.** תרגומו של טמא מסאב: **ה"ג** תחרימם כתיב: **לא יהיה שריד וגו'** ייתי הדין כו': [ד] **תלוי בה כו'.** דכתיב בבטנה משמע שהיא

אשד הנחלים

סה [א] **יכרסמנה דוד.** הי' מקונן על בית המקדש. איך יחרב ע"י אנשים קטנים ופחותי ערך כמוהו: **שאני טהור.** ע"ד הטבע. הוא להיות כי המינים הטהורים הם בני תרבות וטבעם טוב. והטמאים הם על הרוב הדורסים וטורפי אדם. וא"כ פריסת הפרסה הוא מורה על טבעה אחר שהמה סימנים למיני הטהרה והטומאה. והנה גם מטבע הבע"ח להיות מוצאים בנפשם צד התנשאות וגאון והתפארות כידוע. ולכן מטבעה הוא פושט טלפיו להראות טוב מזגה. כן הוא התראה מול אביו לאיש טוב וצנוע: [ב] **יתי הדין מחיק שמא.** כי הטבע מחבר מין למינו. ואחר שה' ב"ה צוה למחות את שתיהם. אות הוא כי שניהם רעים בעצם: ואין טוב יוצא מהם מאומה. ולכן מטבע הם מתחברים. ומביא המעשה לפה. שגם בבע"ח הטבע כן. שכל מין למינו ישכון. והלך הוא לקחת את בת בארי החתי: [ד] **למה ליצחק.** כלומר כי באמת ליצחק הי' עשו מרמה שידמה כי הוא צדיק. אך רבקה הית' יודעת אותו וא"כ היתה צריכה רבקה להרגיש תחילה. ומפרש ג'

§3 וַיְהִי עֵשָׂו בֶּן אַרְבָּעִים שָׁנָה וַיִּקַּח וגו׳ — *AND ESAU WAS A FORTY-YEAR-OLD, AND HE TOOK AS A WIFE JUDITH, DAUGHTER OF BEERI THE HITTITE, AND BASEMATH, DAUGHTER OF ELON THE HITTITE.*

The Midrash continues to comment on the suitability of Esau's wives to him:

"אֵת כָּל עֹרֵב לְמִינוֹ" — A verse states, *These shall you abominate from among the birds, they may not be eaten . . .* ***every "oreiv"***[24] ***according to its kind*** (*Leviticus* 11:13,15). בִּימֵי רַבִּי חִיָּיא רַבָּה עָלָה זַרְזִיר אֶחָד לְאֶרֶץ יִשְׂרָאֵל — A story is presented to develop a thought that relates to this verse: **In the days of R' Chiya Rabbah, a lone *zarzir***[25] **came up to the Land of Israel.** אַתְוֹן טְעִינִין לֵיהּ לְגַבֵּיהּ, אָמְרוּ לֵיהּ: מַהוּ דְנֵיכְלִינֵיהּ — **They came and brought [the *zarzir*] before [R' Chiya],** and **they said to him, "May we eat [this bird]?"** I.e., is it kosher?[26] אָמַר לוֹן: אַזְלוֹן יַהֲבוּ יָתֵיהּ עַל אִיגָּרָא וְכָל עוֹף דְּשָׁכֵן עַל גַּבֵּיהּ מִן מִינֵיהּ הוּא — **[R' Chiya] said to them, "Go place it on the roof, and** observe it, for **any bird that** comes and **rests alongside it is** certainly **of its kind."**[27] אַזְלִין יַהֲבוּ יָתֵיהּ עַל אִיגָּרָא וַאֲתָא הַדֵין עוֹרְבָא מִיצְרָאָה שָׁכַן עַל גַּבֵּיהּ — **They went and placed [the *zarzir*] on the roof, and a** (nonkosher)[28] **Egyptian *oreiv*** came and **rested alongside it.** אָמַר: מְסָאֵב הוּא דְּמִן מִינֵיהּ הוּא — **[R' Chiya] said, "[The *zarzir*] is not kosher,**[29] **as it is of [the Egyptian *oreiv's*] kind.** דִּכְתִיב "וְאֵת כָּל עֹרֵב לְמִינוֹ" — **For it is written,** *These shall you abominate from among the birds, they may not be eaten . . .* ***every 'oreiv' according to its kind*** (*Leviticus* 11:13,15)."[30] אָמְרוּ לֹא הָלַךְ עוֹרֵב אֵצֶל זַרְזִיר אֶלָּא שֶׁהוּא מִינוֹ — **They said** in summation, **"The *oreiv* went next to the *zarzir* only because it is its kind."**[31] כָּךְ לְפִי שֶׁכָּתוּב בּוֹ "כִּי הַחֲרֵם תַּחֲרִימֵם" — **Similarly, because it is written** in the Torah **concerning [the Hittite nation],** ***You shall utterly destroy them,*** *the Hittite and the Amorite* (*Deuteronomy* 20:17), יֵיתֵי הָדֵין מְחִיק שְׁמָא, וְיִסַּב לְהָדָא מְחִיקַת שְׁמָא — therefore, God said, **"Let this man whose name is** destined **to be erased come and marry this woman whose name is** destined **to be erased."**[32] "וַיְהִי עֵשָׂו בֶּן אַרְבָּעִים שָׁנָה וגו׳" — Thus does the Torah state, ***And Esau was a forty-year-old,*** *and he took as a wife Judith, daughter of Beeri the Hittite, and Basemath, daughter of Elon the Hittite.*[33]

וַתִּהְיֶיןָ מֹרַת רוּחַ לְיִצְחָק וּלְרִבְקָה.

And they were a provocation of the spirit to Isaac and to Rebecca (26:35).

§4 וַתִּהְיֶיןָ מֹרַת רוּחַ — *AND THEY WERE A PROVOCATION OF THE SPIRIT TO ISAAC AND TO REBECCA.*

The Midrash comments on the order of Isaac and Rebecca's names in this verse:

לָמָּה לְיִצְחָק תְּחִלָּה — **Why** does the verse mention ***to Isaac*** **first?**[34] אֶלָּא עַל יְדֵי שֶׁהָיְתָה רִבְקָה בַּת כּוֹמָרִים לֹא הָיְתָה מַקְפֶּדֶת עַל טִנּוּפֶת עֲבוֹדָה זָרָה — **Because since Rebecca was the daughter of idolatrous priests,**[35] **she was not particular about the filth of idolatry.**[36] וְזֶה עַל יְדֵי שֶׁהָיָה בֶּן קְדוֹשִׁים הָיָה מַקְפִּיד עַל טִנּוּפֶת עֲבוֹדָה זָרָה — **But this one** (Isaac), **since he was the son of holy people, he was** indeed **particular about the filth of idolatry.**[37] לְפִיכָךְ לְיִצְחָק תְּחִלָּה — **Therefore *to Isaac*** appears **first.**[38] דָּבָר אַחֵר לָמָּה לְיִצְחָק תְּחִלָּה — **An alternative explanation: Why** does the verse mention ***to Isaac*** **first?** אֶלָּא לְפִי שֶׁהַדָּבָר תָּלוּי בָּהּ, שֶׁנֶּאֱמַר "וַיֹּאמֶר ה׳ לָהּ שְׁנֵי גוֹיִם בְּבִטְנֵךְ" — **Because since the matter derived from her,**[39] **as it is written, *And HASHEM said to [Rebecca], "Two nations are in your womb"*** (above, 25:23),[40]

NOTES

24. [The *oreiv* is generally assumed to be the *raven*, a member of the crow family. Objections to this translation, however, emerge from the discussions of the Gemara in *Chullin* 62a (see *Tosafos* ad loc. s.v. מפני) and 62b (see *Tosafos* ad loc. s.v. מאי). The term may refer generically to any of several birds in the crow family (see *Chizkuni* to *Leviticus* 11:15).]

25. The *zarzir* is a bird that resembles the *oreiv* (*Eitz Yosef*; see also *Chullin* 62a). *Rashi* (to *Chullin* 62a ד״ה הזרזיר and to *Bava Kamma* 92b ד״ה זרזיר) identifies it as the *starling* (cf. *Chidushei HaRan* to *Chullin* loc. cit.).

26. *Matnos Kehunah*, *Eitz Yosef*.

27. Ibid.

In this way R' Chiya sought to determine whether or not the *zarzir* belongs to a species of bird that may not be eaten (see below).

28. *Matnos Kehunah*, *Eitz Yosef*.

29. Ibid.

30. With the words *according to its kind*, the Torah indicates that there exist subspecies of the *oreiv* that differ from it in appearance or name, and these too are prohibited (see *Chullin* 62a and 63a, and *Toras Kohanim* to *Parashas Shemini*, 5 §3-5, paraphrased by *Rashi* to *Leviticus* 11:13). R' Chiya asserted that the prohibition introduced by these words applies to the *zarzir*, whose kinship with the *oreiv* had been proven by the fact that that bird had settled near it (compare *Chullin* 62a with *Rashi* ad loc. s.v. מפני שיש לו and *Lev Aryeh* to *Chullin* 65a s.v. בגמ׳ אחרים אומרים).

31. Apparently, the Midrash wishes to highlight this thought before applying it to our verse.

32. [Commentary to these lines, as well as a suggested emendation, appears in the preceding section, in notes 21-23.]

33. Just as the nonkosher birds of kindred species are drawn toward each other, so was Esau drawn toward his wives by virtue of their common destiny.

[In the previous section, the Midrash explained that Esau's marriage to these women was the result of their being suited for each other, and here the Midrash suggests, alternatively, that it was because kindred species are drawn together.]

34. By stating *to Isaac and to Rebecca*, instead of simply *to Isaac and Rebecca*, the verse implies that initially only Isaac was impacted by Esau's wives, and at a later time, Rebecca was similarly affected. The Midrash asks why this was so (*Yefeh To'ar*, *Eitz Yosef*; see *Maharzu* and *Imrei Yosher* for additional explanations).

35. Although *Yalkut Shimoni* (§109) describes Rebecca's father Besuel as a man of prominence, and the Midrash (above, 60 §7) indicates that he worshiped idols, *Yefeh To'ar* is at a loss to find a corroborating source for the fact that Rebecca was from the stock of idolatrous priests.

36. This is not to say that, Heaven forbid, Rebecca was not troubled by idol worship. The Midrash specifically refers to the *filth of idolatry*, which suggests matters that, while not actual idol worship, are related to it, such as astrology and the reading of omens. After her extensive exposure to actual idolatry, Rebecca was not provoked when Esau's wives engaged in these practices (*Yefeh To'ar*; see *Eitz Yosef*).

37. Having been sheltered his whole life from anything that smacked of idolatry, Isaac was sensitive even to practices of Esau's wives that only bordered on that sin (ibid.).

38. While Isaac suffered as soon as Esau's wives became involved in the *filth of idolatry*, Rebecca became disturbed only when they graduated to full-fledged idol worship (*Yefeh To'ar*).

39. Lit., *hung on her*.

The evil that emerged in Esau's personality [and by extension, his choice of marriage partners (*Nezer HaKodesh*)] was a product of his descent from Rebecca's wicked family (*Eitz Yosef*).

40. [These words were spoken to Rebecca by the prophet through whom

INSIGHTS

of Providence to arrange for him to merit this match. However, one still has the free will to act improperly, which will cause him to forfeit marrying his predestined mate. [For further references on this topic, see *Yismach Lev*, Chs. 31-32.]

[For other limitations to the statement that one's spouse is predetermined, see *Moed Katan* 18b with *Rashi* s.v. או איהו, and *Ran*, *Nimukei Yosef*, *Ri MiLunel*, and *Ritva* ad loc. as well as *Yerushalmi Taanis* 4:6; see also *Tashbetz* loc. cit.]

פרשה סה

א [כו, לד] "וַיְהִי עֵשָׂו בֶּן אַרְבָּעִים שָׁנָה", הָדָא הוּא דִכְתִיב (תהלים פ, יד) "יְכַרְסְמֶנָּה חֲזִיר מִיָּעַר", רַבִּי פִּנְחָס בְּשֵׁם רַבִּי סִימוֹן אָמַר: [א]מִכָּל הַנְּבִיאִים לֹא פִּירְסְמוּהָ אֶלָּא שְׁנַיִם, מֹשֶׁה וְאָסָף. מֹשֶׁה אָמַר (דברים יד, ח) "וְאֶת הַחֲזִיר כִּי מַפְרִיס פַּרְסָה הוּא". אָסָף אָמַר "יְכַרְסְמֶנָּה חֲזִיר מִיָּעַר". לָמָּה הוּא מוֹשְׁלָהּ בַּחֲזִיר, אֶלָּא [ב]מָה חֲזִיר הַזֶּה בְּשָׁעָה שֶׁהוּא רוֹבֵץ הוּא מַפְשִׁיט אֶת טְלָפָיו כְּלוֹמַר שֶׁאֲנִי טָהוֹר, כָּךְ מַלְכוּת הָרְשָׁעָה הַזֹּאת גּוֹזֶלֶת וְחוֹמֶסֶת נִרְאֵת כְּאִלּוּ מַצַּעַת אֶת הַבִּימָה. כָּךְ עֵשָׂו כָּל אַרְבָּעִים שָׁנָה צָד נְשֵׁי אֲנָשִׁים וּמְעַנֶּה אוֹתָם וְכֵיוָן שֶׁהִגִּיעַ לְאַרְבָּעִים שָׁנָה דִּימָּה עַצְמוֹ לְאָבִיו. אָמַר: מָה אַבָּא נָשָׂא אִשָּׁה בֶּן אַרְבָּעִים שָׁנָה אַף אֲנִי נוֹשֵׂא אִשָּׁה בֶּן אַרְבָּעִים שָׁנָה. הָדָא הוּא דִכְתִיב "וַיְהִי עֵשָׂו בֶּן אַרְבָּעִים שָׁנָה":

ב [כו, לד] "וַיִּקַּח אִשָּׁה אֶת יְהוּדִית", רַבִּי יוּדָן פָּתַח: (תהלים סח, ז) "אֱלֹהִים מוֹשִׁיב יְחִידִים בַּיְתָה וְגוֹ'", הִיא דַעְתֵּיהּ דְּרַבִּי יְהוּדָה דְּאָמַר רַבִּי יְהוּדָה: [ג]אֲפִילּוּ מַמְזֵר אֶחָד בְּסוֹף הָעוֹלָם וּמַמְזֶרֶת אַחַת בְּסוֹף הָעוֹלָם הַקָּדוֹשׁ בָּרוּךְ הוּא מְבִיאָן וּמְזַוְּוגָן זֶה לָזֶה. מַאי טַעְמֵיהּ, "אֱלֹהִים מוֹשִׁיב יְחִידִים בַּיְתָה". כָּךְ לְפִי שֶׁכָּתוּב (דברים כ, יז) "הַחֲרֵם תַּחֲרִימֵם הַחִתִּי וְהָאֱמֹרִי", יֵיתֵי הָדֵין מְחֵיק שְׁמָא וְיִסַּב לַהֲדָא מְחִיקַת שְׁמָא:

ג "וַיְהִי עֵשָׂו בֶּן אַרְבָּעִים שָׁנָה וַיִּקַּח וְגוֹ'". (ויקרא יא, טו) "אֵת כָּל עֹרֵב לְמִינוֹ", בִּימֵי רַבִּי חִיָּיא רַבָּה עָלָה זַרְזִיר אֶחָד לְאֶרֶץ יִשְׂרָאֵל אֲתוֹן טְעִינִין לֵיהּ לְגַבֵּיהּ. אֲמָרוּ לֵיהּ: מַהוּ דְּנֵיכְלִינֵיהּ, אֲמַר לוֹן: אַזְלוּן יַהֲבוּ יָתֵיהּ עַל אִיגָּרָא וְכָל עוֹף דְּשָׁכַן עַל גַּבֵּיהּ מִן מִינֵיהּ הוּא. אֲזַלִין יַהֲבוּ יָתֵיהּ עַל אִיגָּרָא וַאֲתָא הָדֵין עוֹרְבָא מִיצְרָאָה שְׁכַן עַל גַּבֵּיהּ, אֲמַר: מְסָאַב הוּא דְּמִן מִינֵיהּ הוּא, דִּכְתִיב "וְאֵת כָּל עֹרֵב לְמִינוֹ". [ד]אָמְרוּ: לֹא הָלַךְ עוֹרֵב אֵצֶל זַרְזִיר אֶלָּא שֶׁהוּא מִינוֹ, כָּךְ לְפִי שֶׁכָּתוּב בּוֹ (דברים כ, יז) "כִּי הַחֲרֵם תַּחֲרִימֵם" יֵיתֵי הָדֵין מְחִיק שְׁמָא, וְיִסַּב לַהֲדָא מְחִיקַת שְׁמָא, "וַיְהִי עֵשָׂו בֶּן אַרְבָּעִים שָׁנָה וְגוֹ'":

ד [כו, לה] "וַתִּהְיֶינָה מֹרַת רוּחַ". לָמָּה לְיִצְחָק תְּחִלָּה, אֶלָּא עַל יְדֵי שֶׁהָיְתָה רִבְקָה בַּת כּוֹמָרִים לֹא הָיְתָה מַקְפֶּדֶת עַל טִנּוֹפֶת עֲבוֹדָה זָרָה, וְזֶה עַל יְדֵי שֶׁהָיָה בֶּן קְדוֹשִׁים הָיָה מַקְפִּיד עַל טִנּוֹפֶת עֲבוֹדָה זָרָה לְפִיכָךְ לְיִצְחָק תְּחִלָּה. דָּבָר אַחֵר לָמָּה לְיִצְחָק תְּחִלָּה אֶלָּא לְפִי שֶׁהַדָּבָר תָּלוּי בָּהּ, שֶׁנֶּאֱמַר "וַיֹּאמֶר ה' לָהּ שְׁנֵי גוֹיִם בְּבִטְנֵךְ",

חידושי הרש"ש

[א] **מצעת כו'.** עיין במ"כ ויק"ר ספי"ג. וכן יש לפרש הא דתנן בעבודת כוכבים (ט"ז א') אין בונים כו' ובימה. כמו דתנן שם גרדום ופירש"י לדון ד"נ כמו שנים שעלו לגרדום. ורש"י פי' שם בימה בענין אחר. ולשון מלעות כו' היינו נמי כמו שנהגו היום שמליעין בגד נמר על השולחן אשר ישבו השופטים סביביו למשפט:

עץ יוסף

סה (א) **הדא הוא דכתיב יכרסמנה כו'.** דייק איך יתכן שעשו לדק נפשו מיעקב לישא אשה בן מ' ויעקב שהה טפי טובא. להכי קאמר דזה היה זייפנותיה שהיה מראה עלמו כשר: **לא פרסמוה.** שכל הנביאי' שהזכירו מנהג מלכות זו לא הזכירו בפרסום זיופה אלא שנים: **כאילו מצעת את הבימה.** לדון את הגזלנים ולהרחיק העול. שהיא מתחכמת להראות לעולם שהיא פרושה מהגזל: **צד נשי אנשים.** כלומר מרמה ומפתה אותן: (ב) [ה] **פתח אלהים כו'.** שהכתוב בא להורות שמאת ה' היתה זאת שתזדמן לו נשים אלו לפי שמדת ה' לזווג זיווגים דהיינו מושיב יחידים ביתה כדלקמן פ' ס"ח. ואפילו בזוג של פחותים כגון ממזר לממזרת. שהכוונה לזווג כל אחד בדומה לו: **היא דעתיה כו'.** הא' דלקמן היא דעתו של ר"י: **אפילו ממזר כו'.** יחידים משמע ממזרים שהם יחידים שאסורים לבא בקהל: **החתי והאמורי וכתיב ולא יהיה שריד וגו' ייתי הדין מחיק שמיה.** כצ"ל (מת"כ): (ג) **זרזיר.** מין עוף: **אתון כו'.** באו והביאו אצל ר' חייא וא"ל מהו שנאכל אותו טהור הוא או לא: **אמר להון כו'.** אמר להם לכו ותנו אותו על הגג וכל עוף שיבא וישכון אצלו הוא מין שלו: **עורבא מצראה.** עוף טמא הוא: **מסאב.** תרגום של טמא מסאב: (ד) **למה ליצחק תחלה.** דהוה ליה למימר ליצחק ורבקה וקאמר ולרבקה משמע לרבקה אחר זמן: **לא היתה מקפדת כו'.** לאו למימרא שלא היתה מקפדת כלל ח"ו אלא כגון נחוש ועוננות כי בהיותה רגילה בבית אביה בעכו"ם לא שמה לבה לענינים קלים כאלו כל כך כמו יצחק שיצחק שלא נסה בהלה כלל היה מרגיש אפילו בענינים קלים כאלו: **תלוי בה כו'.** שע"י שהיה מבטנה היה האחד רשע בטבע משפחתה דהל"כ בבטנך

פירוש מהרז"ו

סה (א) **רבי פנחס.** לעיל פר' ס"ג סס"ח. מדרש תהלים ס"פ פ': **מה אבא.** שלא מלאנו בתורה שמפורש אלל אחרים כמה היו כשנשאו נשים רק אצלם לדרשה: (ג) **כי החרם וגו'.** עמ"כ ויותר מפורש בישעיה ל"ה רותה בשמים חרבי וגו'. וכן בסי' הקודם ג"כ מתיבת חרמי: (ד) **למה ליצחק תחלה.** נ"ע שהרי מן הדין להקדים האיש להאשה והאב להאם. ויתכן שבקלקלה מתחילין מן הקטן כמש"ל פ"כ סי' ג' וגם היל"ל לאבותיו או להוריו:

מסורת המדרש

א ויקרא רבה פרשה י"ג. מדרש תהלים מזמור פ'. ילקוט כאן רמז קי"ב. ילקוט תהלים רמז תת"ל:
ב אבות דרבי נתן פרק ל"ד:
ג ירושלמי קדושין פרק ג'. ילקוט כאן רמז קי"ב. ילקוט תהלים רמז תשל"ד:
ד בבא קמא דף נ"ב. חולין דף ס"ה:

אם למקרא

יְכַרְסְמֶנָּה חֲזִיר מִיָּעַר וְזִיז שָׂדַי יִרְעֶנָּה: (תהלים פ:יד)

וְאֶת־הַחֲזִיר כִּי־מַפְרִיס פַּרְסָה הוּא וְלֹא גֵרָה טָמֵא הוּא לָכֶם מִבְּשָׂרָם לֹא תֹאכֵלוּ וּבְנִבְלָתָם לֹא תִגָּעוּ: (דברים יד:ח)

אֱלֹהִים מוֹשִׁיב יְחִידִים בַּיְתָה מוֹצִיא אֲסִירִים בַּכּוֹשָׁרוֹת אַךְ־סוֹרְרִים שָׁכְנוּ צְחִיחָה: (תהלים סח:ז)

כִּי־הַחֲרֵם תַּחֲרִימֵם הַחִתִּי וְהָאֱמֹרִי הַכְּנַעֲנִי וְהַפְּרִזִּי הַחִוִּי וְהַיְבוּסִי כַּאֲשֶׁר צִוְּךָ ה' אֱלֹהֶיךָ: (דברים כ:יז)

אֵת כָּל־עֹרֵב לְמִינוֹ: (ויקרא יא:טו)

מתנות כהונה

סה [א] **לא פירסמוה.** מנהג מלכות הרביעית הזאת: **מצעת את הבימה.** עשתה עלמה כאילו היא לדקה עשתה והלדיקה את הדין לאמתו ועשה מלעות נאות על בימה שבב"ה [ועיין זה בויקרא רבה פי"ג]: **הה"ד כו'.** דאל"כ מה בא הכתוב להשמיענו: [ב] **היא דעתיה כו'.** האי דלקמן היא דעתו של ר"י: **אפילו ממזר כו'.** יחידים משמע ממזרים שהם יחידים בלא אח ואחות וחבר ואסורים לבא בקהל: **ה"ג החתי והאמורי** וכתיב ולא יהיה שריד וגו': **ייתי כו'.** יבא זה ימח שמו שסמו כתוב לימח ויקח את זאת ששמה כתוב לימח: [ג] **זרזיר.** מין עוף: **אתון כו'.** באו והביאו אצל ר' חייא וא"ל מהו שנאכל אותו טהור הוא או לא: **אמר לון** גרסינן. אמר להו לכו ותנו אותו על הגג וכל עוף שיבא וישכון אצלו הוא מין שלו: **עורבא מצראית.** עוף טמא הוא: **מסאב.** תרגומו של טמא מסאב: **ה"ג תחרימם כתיב: לא יהיה שריד וגו'** ייתי הדין כו': [ד] **תלוי בה כו'.** דכתיב בבטנה משמע שהיא

אשד הנחלים

סה [א] **יכרסמנה דוד.** הי' מקונן על בית המקדש. איך יחרב ע"י אנשים קטנים ופחותי ערך כמוהו: **שאני טהור.** ע"ד הטבע. הוא להיות כי המינים הטהורים הם בני תרבות וטבעם טוב. והטמאים הם על הרוב הדורסים וטורפי אדם. וא"כ פריסת הפרסה הוא מורה על טבעה אחר שהמה סימנים למיני הטהרה והטומאה. והנה גם מטבע הבע"ח להיות מוצאים בנפשם צד התנשאות וגאון והתפארות כידוע. ולכן מטבעה הוא פושט טלפיו להראות טוב מזגה. כן הוא התראה מול אביו לאיש טוב וצנוע: [ב] **יתי הדין מחיק שמא.** כי הטבע מחבר מין למינו. ואחר שה' ב"ה צוה למחות את שתיהם. אות הוא כי שניהם רעים בעצם: ואין טוב יוצא מהם מאומה. ולכן מטבע הם מתחברים. ומביא המעשה לפה. שגם בבע"ח הטבע כן. שכל מין למינו ישכון. והלך הוא לקחת את בת בארי החתי: [ד] **למה ליצחק.** כלומר כי באמת ליצחק הי' עשו מרמה שידמה כי הוא צדיק. אך רבקה הית' יודעת אותו וא"כ היתה צריכה רבקה להרגיש תחילה. ומפרש ג'

לְפִיכָךְ לְיִצְחָק תְּחִלָּה – therefore *to Isaac* appears first.[41] דָּבָר אַחֵר לָמָּה לְיִצְחָק תְּחִלָּה – **An alternative explanation: Why** does the verse mention *to Isaac* **first?** אֶלָּא דַּרְכָּהּ שֶׁל אִשָּׁה לִהְיוֹת יוֹשֶׁבֶת בְּתוֹךְ בֵּיתָהּ – **Because the way of a woman is to sit inside her house,** וְדַרְכּוֹ שֶׁל אִישׁ לִהְיוֹת יוֹצֵא לַדֶּרֶךְ וְלָמֵד בִּינָה מִבְּנֵי אָדָם – **and the way of a man is to go out to the street, and to learn insight from** other **people.**[42] וְזֶה עַל יְדֵי שֶׁכָּהוּ בְּעֵינָיו וְהוּא יוֹשֵׁב בְּתוֹךְ הַבַּיִת – **And this one** (Isaac), **since his eyes were dimmed,**[43] **and,** as a result, **he would stay inside the house,** לְפִיכָךְ לְיִצְחָק תְּחִלָּה – **therefore,** ***to Isaac*** appears **first.**[44] אָמַר רַבִּי יְהוֹשֻׁעַ בֶּן לֵוִי – A final explanation:[45] **R' Yehoshua ben Levi said:** גָּרַם לְהוֹרוֹ לְסַלֵּק מִמֶּנּוּ רוּחַ הַקֹּדֶשׁ – **[Esau] caused the Holy Spirit to depart from his parent** (i.e., from Isaac).[46]

וַיְהִי כִּי־זָקֵן יִצְחָק וַתִּכְהֶיןָ עֵינָיו מֵרְאֹת וַיִּקְרָא אֶת־עֵשָׂו בְּנוֹ הַגָּדֹל וַיֹּאמֶר אֵלָיו בְּנִי וַיֹּאמֶר אֵלָיו הִנֵּנִי.

And it was when Isaac had become old, his eyes dimmed from seeing. [Isaac] summoned Esau, his great son, and said to him, "My son." And he said to him, "Here I am" (27:1).

§5 וַיְהִי כִּי זָקֵן יִצְחָק – *AND IT WAS WHEN ISAAC HAD BECOME OLD, HIS EYES DIMMED FROM SEEING.*

The Midrash relates a verse from *Isaiah* to the dimming of Isaac's eyes:

רַבִּי יִצְחָק פָּתַח – **R' Yitzchak opened** his discourse on our passage with the following verse: "מַצְדִּיקֵי רָשָׁע עֵקֶב שֹׁחַד" – ***They acquit the wicked one because of a bribe*** (*Isaiah* 5:23). כָּל מִי שֶׁנּוֹטֵל שׁוֹחַד וּמַצְדִּיק אֶת הָרָשָׁע – R' Yitzchak interpreted the verse homiletically and related it to Isaac: **Whoever takes a bribe and acquits a wicked person** – בְּעֵקֶב "וְצִדְקַת צַדִּיקִים יָסִירוּ מִמֶּנּוּ" – **in the end** of his lifetime,[47] he will experience the fulfillment of the second part of the verse, which states, "וְצִדְקַת צַדִּיקִים יָסִירוּ מִמֶּנּוּ" "וְצִדְקַת צַדִּיקִים" זֶה מֹשֶׁה – The Midrash explains: The term וְצִדְקַת צַדִּיקִים **is** a reference to the reward earned by **Moses.**[48] "יָסִירוּ מִמֶּנּוּ" זֶה יִצְחָק עַל יְדֵי שֶׁהִצְדִּיק אֶת הָרָשָׁע כָּהוּ עֵינָיו – And the phrase "יָסִירוּ מִמֶּנּוּ" **is a reference to Isaac. For since he acquitted the wicked person** (Esau), **his eyes dimmed.**[49] "וַיְהִי כִּי זָקֵן יִצְחָק וַתִּכְהֶיןָ עֵינָיו מֵרְאֹת" – The verse thus states, ***And it was when Isaac had become old, his eyes dimmed from seeing.***[50]

§6 The Midrash relates a verse in *Proverbs* to the events of our passages:

"מַצְדִּיק רָשָׁע וּמַרְשִׁיעַ צַדִּיק תּוֹעֲבַת ה' גַּם שְׁנֵיהֶם" – A verse states, ***Acquitting a wicked person and condemning a righteous person, both are abominations of HASHEM*** (*Proverbs* 17:15). אָמַר רַבִּי יְהוֹשֻׁעַ בֶּן לֵוִי – **R' Yehoshua ben Levi said:** לֹא מִמַּה שֶׁהָיְתָה רִבְקָה אוֹהֶבֶת אֶת יַעֲקֹב יָתֵיר מֵעֵשָׂו עָשְׂתָה אֶת הַדָּבָר הַזֶּה – **It was not because Rebecca loved Jacob more than Esau that she did this thing,**[51] אֶלָּא אָמְרָה: לָא יֵעוֹל וִיטְעֵי לְהַהוּא סָבָא – but **rather** because **she said, "Let him** (Esau) **not go in and deceive this old man** (Isaac)."[52] עַל שֵׁם "תּוֹעֲבַת ה' גַּם שְׁנֵיהֶם" – Rebecca's conviction was **based on** the statement of the above-cited verse, ***both are abominations of HASHEM.***[53] וְעַל יְדֵי שֶׁהִצְדִּיק אֶת הָרָשָׁע כָּהוּ עֵינָיו – **And since he** (Isaac) **acquitted the wicked person** (Esau), **his eyes dimmed,**[54] as the verse states, "וַיְהִי כִּי זָקֵן יִצְחָק

NOTES

she sought guidance from God when she was encountering difficulties during her pregnancy with Jacob and Esau. God informed her that she was carrying twins who were of very different natures, one wicked and one righteous; see above, 63 §7, as well as *Rashi* to 25:23 above ד"ה ממעיך.]

The Midrash understands the seemingly unnecessary בְּבִטְנֵךְ, *in your womb*, to indicate that the fact that one of the unborn children was destined to become wicked was traceable to the *womb* in which he developed (*Matnos Kehunah*, citing *Ohr HaSeichel*; *Eitz Yosef*).

41. See *Ohr HaSeichel*.

42. Even a man who does not venture out to interact with others commercially, such as Isaac, who was involved in agriculture and Divinely blessed with wealth, will leave his house to observe and gain insight from the practices of others (*Matnos Kehunah*).

43. I.e., he could not see well; see below, 27:1.

44. As a woman, who generally remains in the home, Rebecca was more accustomed to bickering and other such unsettling events that are typical of a household, than was Isaac, who spent his time out of the house. Therefore, when Isaac was compelled to be in the house and exposed to the *provocation* of Esau's wives, his reaction came more quickly than his wife's (*Matnos Kehunah* [who emends the Midrash slightly]; see *Eitz Yosef*; see *Yefeh To'ar* for other explanations).

45. [In *Yalkut Shimoni* (§113, cited by *Matnos Kehunah*) this exposition is introduced with the words "דָּבָר אַחֵר, *an alternative explanation.*"]

46. The Midrash interprets the word מוֹרַת to mean *they removed* and רוּחַ to refer to *the holy spirit*. Thus, Esau is said to have caused, through his marriage to women who engaged in idol worship in Isaac's home, the *holy spirit to depart from Isaac*. This explains why Isaac's name appears first in the verse, for he quickly became aware of the cause for the departure of the holy spirit (see *Yefeh To'ar*, cited by *Eitz Yosef*, and *Matnos Kehunah*).

[*Maharzu* notes that the very next verse, which speaks of Isaac's eyes being dimmed from *seeing*, alludes to his inability to see with this spirit.]

47. *Radal*, *Eitz Yosef*. [This interpretation apparently understands the word עֵקֶב to mean *heel*, which is the *end* of the body.] See also the alternative version of *Matnos Kehunah* and *Maharzu*, also cited by *Eitz Yosef*.

48. Moses' eyes never grew dim (*Deuteronomy* 34:7). The Midrash interprets the words וְצִדְקַת צַדִּיקִים, *the righteousness of the righteous ones*, to indicate the reward that was generated by *the righteousness of the righteous* Moses [and other such individuals (*Nezer HaKodesh*)] (*Yefeh Anaf*; *Eitz Yosef*, Vagshal ed., citing *Kli Paz*; see also *Maharzu* and *Radal*, who cites *Rabbeinu Bachya*).

49. [יָסִירוּ מִמֶּנּוּ means *they removed from him*.] As it is understood by this Midrash, the cited verse states that Isaac had *removed from him* (i.e., he lost) the reward that Moses enjoyed. For as a consequence of having allowed himself to believe that the wicked Esau was righteous (see above, 25:28, with *Rashi* ad loc.), Isaac did not merit to have the faculty of eyesight in his old age (*Radal*, *Eitz Yosef*, Vagshal ed., citing *Kli Paz*).

[That Moses, who merited the retention of his sight, was not guilty of *acquitting a wicked person*, emerges from *Exodus* 2:13. There the verse implies that when Moses came across a Jew who was hitting another, his admonishment of the fellow was appropriately addressed to a רָשָׁע, *a wicked one* (see *Matnos Kehunah*).]

50. The Midrash concludes by stating that this exposition explains why it was that Isaac's eyes dimmed (see *Yefeh To'ar* and *Eitz Yosef*; see *Imrei Yosher* for another approach), for events in the lives of the great Patriarchs always had specific [and discernible] causes (*Yefeh To'ar*).

51. The Midrash refers to Rebecca's efforts (detailed in vv. 5 and on) to ensure that Isaac would bless Jacob and not Esau (*Matnos Kehunah*, *Eitz Yosef*). [If only for the fact that Rebecca loved Jacob more than she loved Esau, she would not have deprived Esau of his blessing but would rather have arranged for Jacob to be blessed in addition to Esau (*Eitz Yosef*, citing *Yefeh To'ar*).]

52. In preparation for the blessings, Isaac asked Esau to bring him food (v. 3) and gave him specific instructions to ensure that the food's preparation was in keeping with halachic requirements (see section 13 below). Rebecca feared that Esau would not follow those directives, but would deceive Isaac into thinking that he had (*Eitz Yosef*, citing *Yefeh To'ar*).

53. If Esau would have succeeded in convincing Isaac that he had fulfilled the halachic duties he had been charged with, Isaac would have, Heaven forbid, committed the offense of *acquitting a wicked person* [*and condemning a righteous person* (see below)], which this verse describes in very severe terms. It was to avoid this that Rebecca went to such lengths to arrange that Jacob should impersonate Esau (see *Matnos Kehunah*; see also *Eitz Yosef*, citing *Yefeh To'ar*).

54. [See the previous section of the Midrash with commentary.]

לְפִיכָךְ לְיִצְחָק תְּחִלָּה. דָּבָר אַחֵר לָמָּה לְיִצְחָק תְּחִלָּה, אֶלָּא דַּרְכָּהּ שֶׁל אִשָּׁה לִהְיוֹת יוֹשֶׁבֶת בְּתוֹךְ בֵּיתָהּ וְדַרְכּוֹ שֶׁל אִישׁ לִהְיוֹת יוֹצֵא לַדֶּרֶךְ וְלָמֵד בִּינָה מִבְּנֵי אָדָם, וְזֶה עַל יְדֵי שֶׁכָּהוּ בְּעֵינָיו וְהוּא יוֹשֵׁב בְּתוֹךְ הַבַּיִת, לְפִיכָךְ לְיִצְחָק תְּחִלָּה. אָמַר רַבִּי יְהוֹשֻׁעַ בֶּן לֵוִי גָּרַם לְהוֹרוֹ לְסַלֵּק מִמֶּנּוּ רוּחַ הַקֹּדֶשׁ:

ה [כו, לה] "וַיְהִי כִּי זָקֵן יִצְחָק". רַבִּי יִצְחָק פָּתַח: (ישעיה ה, כג) "מַצְדִּיקֵי רָשָׁע עֵקֶב שֹׁחַד", [ה] כָּל מִי שֶׁנּוֹטֵל שׁוֹחַד וּמַצְדִּיק אֶת הָרָשָׁע, בְּעֵקֶב, "וְצִדְקַת צַדִּיקִים יָסִירוּ מִמֶּנּוּ". "וְצִדְקַת צַדִּיקִים", זֶה מֹשֶׁה, "יָסִירוּ מִמֶּנּוּ" זֶה יִצְחָק עַל יְדֵי שֶׁהִצְדִּיק אֶת הָרָשָׁע כָּהוּ עֵינָיו, "וַיְהִי כִּי זָקֵן יִצְחָק וַתִּכְהֶיןָ עֵינָיו מֵרְאֹת":

ו (משלי יז, טו) "מַצְדִּיק רָשָׁע וּמַרְשִׁיעַ צַדִּיק תּוֹעֲבַת ה' גַּם שְׁנֵיהֶם". אָמַר רַבִּי יְהוֹשֻׁעַ בֶּן לֵוִי: לֹא מִמַּה שֶּׁהָיְתָה רִבְקָה אוֹהֶבֶת אֶת יַעֲקֹב יָתֵיר מֵעֵשָׂו עָשְׂתָה אֶת הַדָּבָר הַזֶּה, אֶלָּא אָמְרָה: לָא יֵעוֹל וְיִטְעֵי °בְּהַהוּא סָבָא עַל שֵׁם "תּוֹעֲבַת ה' גַּם שְׁנֵיהֶם", וְעַל יְדֵי שֶׁהִצְדִּיק אֶת הָרָשָׁע כָּהוּ עֵינָיו, "וַיְהִי כִּי זָקֵן יִצְחָק וַתִּכְהֶיןָ עֵינָיו":

ז רַבִּי יִצְחָק פָּתַח: (שמות כג, ח) "וְשֹׁחַד לֹא תִקָּח וגו'", אָמַר רַבִּי יִצְחָק: וּמָה אִם מִי שֶׁנָּטַל שׁוֹחַד מִמִּי שֶׁהָיָה חַיָּיב לוֹ כָּהוּ עֵינָיו, הַלּוֹקֵחַ שׁוֹחַד מִמִּי שֶׁאֵינוֹ חַיָּיב לוֹ עַל אַחַת כַּמָּה וְכַמָּה, "וַיְהִי כִּי זָקֵן יִצְחָק וגו'":

ח רַבִּי חֲנִינָא בַּר פַּפָּא פָּתַח: (תהלים מ, ו) "רַבּוֹת עָשִׂיתָ אַתָּה ה' אֱלֹהַי נִפְלְאֹתֶיךָ וְגוֹ'". אָמַר רַבִּי חֲנִינָא: [ו] כָּל פְּעוּלוֹת וּמַחְשָׁבוֹת שֶׁפָּעַלְתָּ "אֵלֵינוּ", בִּשְׁבִילֵנוּ, לָמָּה כָּהוּ עֵינָיו שֶׁל יִצְחָק כְּדֵי שֶׁיָּבֹא יַעֲקֹב וְיִטּוֹל אֶת הַבְּרָכוֹת, "וַיְהִי כִּי זָקֵן יִצְחָק":

עץ יוסף

למה לי דידוע שהיו מבטן. אע"כ לומר שבטנך גורם להיות שני גוים היינו שיהיה אחד רשע בטבע משפחתה לפיכך היתה סובלת: **יושבת בתוך ביתה.** היא רגילה בקטטות ובדברים העלובים לה כמנהג בני בית. אבל דרכו של איש להיות יוצא לדרך כו' שרגיל לצאת ולישא וליתן בחברת האנשים ילטער מאד בהיותו בבית. ולכן כל שנוי וצער אשר ירגיש בבית ילטער מאד משא"כ באשה שדרכה להיות בבית תמיד (יפ"ת ומת"כ): **גרם** עשו: **להורו.** לאביו: **לסלק ממנו רוה"ק.** היינו בשביל עבודת אלילים של נשיו נסתלקה רוה"ק מיצחק ולפיכך הרגיש הוא תחלה. ודריש מורת רוח מרימות ומסלקות רוה"ק (יפ"ת): **(ה) [ג] ר' יצחק פתח כו'.** דריש מ"ט כהו עיני יצחק לפי שהצדיק את עשו הרשע שחשבו לצדיק ע"י שהיה מאכילו מצדו כאומר כי ציד בפיו: **בעקב וצדקת כו'.** בעקב פי' בסוף השוחד שצדקת צדיקים יסירו ממנו וכדמסיק צדקת צדיקים זה משה. יסירו ממנו זה יצחק ר"ל סגולת משה שלא כהתה עינו יסירו מיצחק וכהו עיניו בזקנותו. והמת"כ גרם בעקב נדרש כו'. וכוונתו לגירסת הילקוט ישעיה רמז רע"א שגורם ומצדיק את הרשע בעקב נרמס. וזהו כוונת המת"כ אלא שנתחלף בדפוס מלת נדרס על מלת נדרש בטעות. אבל הגירסא דכאן היא עיקר: **(ו) שהיתה רבקה אוהבת כו'.** כלו' לא שבעבור זה מסיבת אהבתה את יעקב עשתה שיקבל הברכות. כי מ"מ לא תרע עינה בעשו שתעריס לקחת ברכותיו. אלא היתה מבקשת ג"כ ברכה ליעקב. אלא מפני יצחק עשתה שלא יהיה מוטעה בהצדיקו לרשע. וצדק בו תועבת ה' ח"ו (יפ"ת): **ויטעי לההוא סבא.** שיאמר לו שקיים כל מה שאמר לו שלא תאכלני גזלות נבלות וחמסים כדלקמן (יפ"ת): **(ז) ומה אם מי שנטל כו'.** אע"ג דבהדיא כתיב כי השוחד יעור. היינו עורון הדעת להטות מדין. לה"ק דאף עורון עינים ממש איכא כדהכא: **ממי שהוא חייב לו.** דהיינו יצחק מעשו שהיה בנו החייב בכבודו ולכלכל את שיבתו: **(ח) [ד] רבי חנינא בר פפא כו'.** שהכל היה לתועלת ישראל: **רבות עשית כו' למה כהו כו'.** כלו' שכל מעשה ה'

פירוש מהרז"ו

לסלק ממנו רוח הקודש. כמ"ש בפ' הסמוך ויהי כי זקן יצחק ותכהין עיניו מראות פי' ברוה"ק. וע' פסיקתא פר"ג סי' ד' והעתקתי לשונו לעיל פס"ד סי' ה': **(ה) בעקב וצדקת צדיקים.** עמ"כ וה"ג בילקוט ישעיה ה' ודברי חז"ל סמוכים על המפורש במ"ר רפי"ד וש"נ. וז"ל אשליך נעלי מה אני עושה שולף מנעלי ורומסן בעקיבי וכ"ה בד"ר פ"ג סי' ב' וש"נ. וכאן דורש מ"ש עקב שוחד על מי שסוף עונשו שיהיה נרמס בעקב וע"כ המצדיקו עונשו כמוהו והוא מדה כנגד מדה. שכתוב בו כשהיה בן ק"כ שנה לא כהתה עינו. ויצחק היה עתה בן קכ"ג שנה ואפשר שכהו עיניו איזה שנים קודם הברכה. ומ"ש וצדקת כמו זכות כי תרגומו זכו שזכות משה ניטל מיצחק: **(ח) רבות עשית.** וס"ד נפלאותיך ומחשבותיך אלינו וז"ש כל פעולות

חידושי הרד"ל

(א) [ד] **להיות יוצא לדרך ולמד בינה כו'.** נקט ל' זה משום שהמאמר שנוי לעיל פי"ח לענין ויבן בינה יתירה כו' ע"ש. שכהו עיניו והוא יושב בתוך הבית כו' כדלקמן דרא"ב"ע יהא יוצא לשוק כו' אלא הריני מכהה כו':

(ב) [ה] **וצדקת צדיקים זה משה.** שנאמר בו לא כהתה עינו וכ"מ ברבינו בחיי:

(ג) **יסורו ממנו זה יצחק כו' כהו עיניו** שלא זכה לצדקה זו של משה וכהו עיניו בזקנותו וזהו בעקב ר"ל בסוף ימיו:

חידושי הרש"ש

[ה]{וצדקת צדיקים זה משה יסירו ממנו זה יצחק כצ"ל:}

[ז]{אר"י ומה אם מי שנטל שוחד ממי שהי' חייב לו כו' ממי שאינו חייב לו כו'. דקיי"ל (קדושין ל"ב) דכבוד משל אב לכן שפיר נקרא שוחד במה שנתן לו עשו משלו והא דקאמר שהיה חייב לו היינו לכבדו בגופו אפילו במקום ביטול מלאכה כדאיתא שם:}

מסורת המדרש

ה ילקוט ישעיה רמז רע"א:

ו ילקוט תהלים רמז תשל"ז:

אם למקרא

מַצְדִּיקֵי רָשָׁע עֵקֶב שֹׁחַד וְצִדְקַת צַדִּיקִים יָסִירוּ מִמֶּנּוּ: (ישעיה ה:כג)

מַצְדִּיק רָשָׁע וּמַרְשִׁיעַ צַדִּיק תּוֹעֲבַת ה' גַּם־שְׁנֵיהֶם: (משלי יז:טו)

וְשֹׁחַד לֹא תִקָּח כִּי הַשֹּׁחַד יְעַוֵּר פִּקְחִים וִיסַלֵּף דִּבְרֵי צַדִּיקִים: (שמות כג:ח)

רַבּוֹת עָשִׂיתָ אַתָּה ה' אֱלֹהַי נִפְלְאֹתֶיךָ וּמַחְשְׁבֹתֶיךָ אֵלֵינוּ אֵין עֲרֹךְ אֵלֶיךָ אַגִּידָה וַאֲדַבֵּרָה עָצְמוּ מִסַּפֵּר: (תהלים מ:ו)

מתנות כהונה

גרמה שהיתה בת רשעים דאל"כ בבטנך למה לי בידוע שהיו בבטן לפיכך היתה סובלת וכ"מ שוב בא"ב"א: **להיות יושבת בתוך ביתה.** והיא רגילה בקטטות ובדברים העליבים לה כמנהג בבני בית: **ולמד בינה כו'.** כלומר אעפ"י שאינו יוצא להרויח כיצחק שהיה עובד אדמה וגם נתברך בברכת ה' ית' ולא היה צריך לצאת ולסחור הארץ מ"מ דרך האיש לצאת חוצה בין בני אדם לראות מנהגם ולהבין בינה בכל עניניהם: **שבהו עיניו יושב** גרסינן: **יושב בתוך הבית.** ולפיכך הרגיש בהמרותם ראשונה כי לא הורגל: **גרם.** עשו: **להורו.** לאביו וזהו מורת רוח שהעביר והמרה ממנו רוח קדשו ולפיכך ליצחק תחלה משמע מגירסת הילקוט שגרס וז"ל ד"א לפי שגרם לסלק רוח הקדש ממנו: **[ה] ה"ג בעקב.** נדרש וצדקת כו': **זה משה.** שלא הצדיק הרשע שנאמר רשע למה תכה רעך: **[ו]הדבר הזה.** שסבבה הברכות ליעקב: **לא יעול כו'.** לא יכנס עשו ויהי מטעה את אביו ויהיה יצחק נקרא תועבה על שם וגו': **[ז] ומה אם מי** גרסינן: **ממי שהוא חייב לו.** כיצחק שלקח מעשו בנו שחייב לכלכל את שיבתו:

אשד הנחלים

טעמים. שרבקה הורגלה באנשי עובדי כוכבים בבית אביה. וההרגל מביא לסבלנות שתהא יכולה לסבול ולראות זאת אכן ליצחק הי' זאת גודל שברון לב. ועוד על כי הי' בן בטנה. וכאלו הסבה נמשכת ממנה כי היתה בת רשעים. ומזה הי' ליצחק צער גדול. כי אולי זה הסבה לו כל אלה. ועוד כי היא הורגלה תמיד לראות מעשי עשו ולא היה זאת חדש בעיניה. אבל יצחק התחיל פעם ראשון לראות זאת. ולכן הי' מורת רוח ליצחק ודרש עוד שהמרה והחליף רוח קדשו ממנו. כי עי"ז נסתלק רוה"ק מלבו וכן יצחק הרגיש תחילה יותר. מרבקה שלא היתה מדובקת ברוה"ק כיצחק: **[ה] זה משה.** באור הכתוב מצדיקי רשע למען שוחד המטעה לבם ושוכחים צדקת הצדיקים האמיתיים כמשה. שאותו לא הסיר לבו כל שוחד מאומה ואמר בפה מלא למה תכה רעך. וכלומר שאינם נוהגים בדרך משה מבלי לפחוד או להחניף שום איש: **[ו] מצדיק גו' לא ממה כו'.** מבאר בזה מלת גם הנאמר בכתוב להורות שלא ידומה. כי עכ"פ הוא יותר טוב להצדיק הרשע [שזה בא מטוב לב] מלהרשיע הצדיק הבא מרוע לבב להכאיב לאיש צדיק. לזה אמר הכתוב כי שניהם דומים זה לזה. ששניהם נקראו תועבה. וא"כ רבקה שהיתה צדקת בודאי היתה כל כונתה שלא יעבור יצחק על תועבת ה'. דזאת היתה יודעת רבקה שבודאי יברך גם ליעקב ומה פחדה אם לא בשביל זה: **[ז] כהו עיניו.** כלומר כדי שלא יצדיקנו ויברכנו. וע"י כהית עיניו בא יעקב בדמות עשו ולקח ברכתו: **ממי שהוא חייב.** כלומר אחר שהיה בזה היתר ליהנות מעשו עכ"ז צידו הטתו ונתפתה אחריו מכש"כ שלוקח ממי שאין חייב לו שבוודאי יטהו מהאמת: **[ח] בשבילו.** המחשבה נקראת בערך העשיה כהתחלת הענין. שמכוון במחשבתו לעשות פעולות שע"י יגמר התכלית הנרצה המכונה

"וַתִּכְהֶיןָ עֵינָיו" — ***And it was when Isaac had become old, his eyes dimmed** from seeing.*[55]

§7 The Midrash continues to comment on Isaac's loss of eyesight as a consequence of his misjudgment of Esau:

רַבִּי יִצְחָק פָּתַח — **R' Yitzchak opened** his discourse on our passage with the following verse: "וְשֹׁחַד לֹא תִקָּח וגו'" — ***Do not accept a bribe,*** etc. (*Exodus* 23:8). אָמַר רַבִּי יִצְחָק — **R' Yitzchak said** a comment about the severity of this prohibition, which he derived from our passage: וּמָה אִם מִי שֶׁנָּטַל שׁוֹחַד מִמִּי שֶׁהָיָה חַיָּיב לוֹ כָּהוּ עֵינָיו — **Now, if one who accepted a bribe from someone who was obligated to give** it to **him,** had **his eyes dimmed,**[56] הַלּוֹקֵחַ שׁוֹחַד מִמִּי שֶׁאֵינוֹ חַיָּיב לוֹ עַל אַחַת כַּמָּה וְכַמָּה — **how much more so** will **one who accepts a bribe from someone who is not obligated to give him** anything, have his eyes dimmed.[57] "וַיְהִי כִּי זָקֵן יִצְחָק" — The verse thus states, ***And it was when Isaac had become old,*** *his eyes dimmed from seeing.*[58]

§8 The Midrash suggests an alternative reason for the loss of Isaac's sight:

רַבִּי חֲנִינָא בַּר פַּפָּא פָּתַח — **R' Chanina bar Pappa opened** his discourse on our passage with the following verse: "רַבּוֹת עָשִׂיתָ אַתָּה ה' אֱלֹהַי נִפְלְאֹתֶיךָ וגו'" — ***Much have You done, O You HASHEM, my God, Your wonders, etc.,*** *and Your thoughts are for us* (*Psalms* 40:6). אָמַר רַבִּי חֲנִינָא — **R' Chanina said** in interpretation of this verse: כָּל פְּעוּלוֹת וּמַחְשָׁבוֹת שֶׁפָּעַלְתָּ אֵלֵינוּ, בִּשְׁבִילֵנוּ — **All deeds and thoughts that You** (God) **have performed**[59] were done ***for us,*** that is, **for our sake,** i.e., for the benefit of the people of Israel.[60] לָמָּה כָּהוּ עֵינָיו שֶׁל יִצְחָק — The Midrash illustrates this concept with an example:[61] **Why did the eyes of Isaac dim?** כְּדֵי שֶׁיָּבֹא יַעֲקֹב וְיִטּוֹל אֶת הַבְּרָכוֹת — **So that Jacob would come and take the blessings** from him.[62] "וַיְהִי כִּי זָקֵן יִצְחָק" — The verse thus states, ***And it was when Isaac had become old,*** *his eyes dimmed from seeing.*[63]

NOTES

55. With its final words, the Midrash is completing its justification for Rebecca's insistence on arranging that Jacob receive Isaac's blessing in place of Esau. If even before the episode of the blessings Isaac had endured the loss of his vision because he had misjudged the wicked Esau, then he certainly would have committed a severe offense by giving the wicked Esau the blessing which by rights should have gone to the righteous Jacob. For with that act, Isaac would have simultaneously been complicit in both *acquitting a wicked person* and *condemning a righteous person* (*Ohr HaSeichel*, second approach; see also *Yefeh To'ar*; see both of these sources for further discussion).

56. The Midrash is referring to Isaac, who was fed by his son Esau, who was obligated to provide for the needs of his aged father (*Matnos Kehunah, Eitz Yosef*). Although Esau was obligated to provide these needs, they were viewed as a "bribe" of sorts. When the "bribe" led to Isaac's wrongful acceptance of Esau as righteous, Isaac suffered the loss of his eyesight.

[This Midrash is compatible even with the view (accepted as halachah in *Kiddushin* 32a) that holds that expenses incurred by a child in the course of honoring his parent must be borne by the parent. For even if Esau were not obligated to assume expenses to feed his father, he was required to perform the tasks of preparing and serving the food (*Yefeh To'ar*; see also *Rashash*). *Yefeh To'ar* points to *Kesubos* 105b for additional discussion of a judge's acceptance of a "bribe" that was rightfully his.]

57. The cited verse from *Exodus* clearly states that bribe-taking will effect *blindness* of the intellect by hampering one's ability to judge rationally. Here, the Midrash proves that it will also result in physical blindness (*Eitz Yosef*).

58. R' Yitzchak asserts that it is in order to teach this lesson about the severity of bribe-taking that our passage notes the dimming of Isaac's eyes (*Yefeh To'ar*).

59. God is said to *perform thoughts* because His *deeds* and His *thoughts* are one and the same, for (as stated in *Psalms* 33:9) what He merely says should be, is (*Yefeh To'ar*).

60. See *Yefeh To'ar* et al.

[This Midrash parallels the words of the Sages (see *Shir HaShirim Rabbah* 2 §3 s.v. רבי עזריה, *Rashi* to above, 1:1): כָּל הָעוֹלָם לֹא נִבְרָא אֶלָּא בִּשְׁבִיל יִשְׂרָאֵל, *The entire world was created only for the nation of Israel* (*Yefeh To'ar*).]

61. See *Eitz Yosef*.

62. Isaac's inability to see properly allowed for him to bless Jacob while thinking he was Esau [as described in the ensuing verses] (*Midrash Tanchuma* to *Parashas Toldos* §8, *Aggadas Bereishis* 34 §2).

63. I.e., that is why this passage opens by stating that Isaac's sight had dimmed (see *Aggadas Bereishis* loc. cit.).

לְפִיכָךְ לְיִצְחָק תְּחִלָּה. דָּבָר אַחֵר לָמָּה לְיִצְחָק תְּחִלָּה, אֶלָּא דַּרְכָּהּ שֶׁל אִשָּׁה לִהְיוֹת יוֹשֶׁבֶת בְּתוֹךְ בֵּיתָהּ וְדַרְכּוֹ שֶׁל אִישׁ לִהְיוֹת יוֹצֵא לַדֶּרֶךְ וְלָמֵד בִּינָה מִבְּנֵי אָדָם, וְזֶה עַל יְדֵי שֶׁכָּהוּ בְּעֵינָיו וְהוּא יוֹשֵׁב בְּתוֹךְ הַבַּיִת, לְפִיכָךְ לְיִצְחָק תְּחִלָּה. אָמַר רַבִּי יְהוֹשֻׁעַ בֶּן לֵוִי גָּרַם לְהוֹרוֹ לְסַלֵּק מִמֶּנּוּ רוּחַ הַקֹּדֶשׁ:

ה [כו, לה] "וַיְהִי כִּי זָקֵן יִצְחָק". רַבִּי יִצְחָק פָּתַח: (ישעיה ה, כג) "מַצְדִּיקֵי רָשָׁע עֵקֶב שֹׁחַד", [ה] כָּל מִי שֶׁנּוֹטֵל שׁוֹחַד וּמַצְדִּיק אֶת הָרָשָׁע, בְּעֵקֶב, "וְצִדְקַת צַדִּיקִים יָסִירוּ מִמֶּנּוּ". "וְצִדְקַת צַדִּיקִים", זֶה מֹשֶׁה, "יָסִירוּ מִמֶּנּוּ" זֶה יִצְחָק עַל יְדֵי שֶׁהִצְדִּיק אֶת הָרָשָׁע כָּהוּ עֵינָיו, "וַיְהִי כִּי זָקֵן יִצְחָק וַתִּכְהֶיןָ עֵינָיו מֵרְאֹת":

ו (משלי יז, טו) "מַצְדִּיק רָשָׁע וּמַרְשִׁיעַ צַדִּיק תּוֹעֲבַת ה' גַּם שְׁנֵיהֶם". אָמַר רַבִּי יְהוֹשֻׁעַ בֶּן לֵוִי: לֹא מִמַּה שֶּׁהָיְתָה רִבְקָה אוֹהֶבֶת אֶת יַעֲקֹב יָתֵיר מֵעֵשָׂו עָשְׂתָה אֶת הַדָּבָר הַזֶּה, אֶלָּא אָמְרָה: לָא יֵעוֹל וְיִטְעֵי °בְּהַהוּא סָבָא עַל שֵׁם "תּוֹעֲבַת ה' גַּם שְׁנֵיהֶם", וְעַל יְדֵי שֶׁהִצְדִּיק אֶת הָרָשָׁע כָּהוּ עֵינָיו, "וַיְהִי כִּי זָקֵן יִצְחָק וַתִּכְהֶיןָ עֵינָיו":

ז רַבִּי יִצְחָק פָּתַח: (שמות כג, ח) "וְשֹׁחַד לֹא תִקָּח וגו'", אָמַר רַבִּי יִצְחָק: וּמָה אִם מִי שֶׁנָּטַל שׁוֹחַד מִמִּי שֶׁהָיָה חַיָּב לוֹ כָּהוּ עֵינָיו, הַלּוֹקֵחַ שׁוֹחַד מִמִּי שֶׁאֵינוֹ חַיָּב לוֹ עַל אַחַת כַּמָּה וְכַמָּה, "וַיְהִי כִּי זָקֵן יִצְחָק וגו'":

ח רַבִּי חֲנִינָא בַּר פַּפָּא פָּתַח: (תהלים מ, ו) "רַבּוֹת עָשִׂיתָ אַתָּה ה' אֱלֹהַי נִפְלְאֹתֶיךָ וְגוֹ'". אָמַר רַבִּי חֲנִינָא: [ו] כָּל פְּעוּלוֹת וּמַחְשָׁבוֹת שֶׁפָּעַלְתָּ "אֵלֵינוּ", בִּשְׁבִילֵנוּ, לָמָּה כָּהוּ עֵינָיו שֶׁל יִצְחָק כְּדֵי שֶׁיָּבֹא יַעֲקֹב וְיִטּוֹל אֶת הַבְּרָכוֹת, "וַיְהִי כִּי זָקֵן יִצְחָק":

עץ יוסף

למה לי דידוע שהיו מבטן. אע"כ לומר שבטנך גורם להיות שני גוים היינו שיהיה אחד רשע בטבע משפחתה לפיכך היתה סובלת: **יושבת בתוך ביתה**. היא רגילה בקטטות ובדברים העלבים לה כמנהג בני בית. אבל דרכו של איש להיות יוצא לדרך כו' שרגיל לצאת ולישא וליתן בחברת האנשים ילטער מאד בהיותו בבית. ולכן כל שנוי וצער אשר ירגיש בבית ילטער מאד משא"כ באשה שדרכה להיות בבית תמיד (יפ"ת ומת"כ): **גרם** עשו: **להורו**. לאביו: **לסלק ממנו רוה"ק**. היינו בשביל עבודת אלילים של נשיו נסתלקה רוה"ק מילחק ולפיכך הרגיש הוא תחלה. ודריש מורת רוח מרימות ומסלקות רוה"ק (יפ"ת): (ה) [ג] **ר' יצחק פתח כו'**. דריש מ"ט כהו עיני ילחק לפי שהלדיק את עשו הרשע שחשבו ללדיק ע"י שהיה מאכילו מלדו כאומר כי ליד בפיו: **בעקב וצדקת כו'**. בעקב פי' בסוף השוחד שלדקת לדיקים יסירו ממנו וכדמסיק לדקת לדיקים זה משה. יסירו ממנו זה ילחק ר"ל סגולת משה שלא כהתה עינו יסירו מילחק וכהו עיניו בזקנותו. והמת"כ גרס בעקב נדרש כו'. וכוונתו לגירסת הילקוט ישעיה רמז רע"א שגורם ומלדיק את הרשע בעקב נרמס. וזהו כוונת המת"כ אלא שנתחלף בדפוס מלת נדרס על מלת נדרש בטעות. אבל הגירסא דכאן היא עיקר: (ו) **שהיתה רבקה אוהבת כו'**. כלו' לא שבעבור זה מסיבת אהבתה את יעקב עשתה שיקבל הברכות. כי מ"מ לא תרע עינה בעשו שתעריס לקחת ברכותיו. אלא היתה מבקשת ג"כ ברכה ליעקב. אלא מפני ילחק עשתה שלא יהיה מוטעה בהלדיקו לרשע. וילדק בו תועבת ה' ח"ו (יפ"ת): **ויטעי להוא סבא**. שיאמר לו שקיים כל מה שאמר לו שלא תאכלני גזלות נבלות וחמסים כדלקמן (יפ"ת): (ז) **ומה אם מי שנטל כו'**. אע"ג דבהדיא כתיב כי השוחד יעור. היינו עורון הדעת להטות מדין. קמ"ל דאף עורון עינים ממש איכא כדהכא: **ממי שהוא חייב לו**. דהיינו ילחק מעשו שהיה בנו החייב בכבודו ולכלכל את שיבתו: (ח) [ד] **רבי חנינא בר פפא כו'**. שהכל היה לתועלת ישראל: **רבות עשית כו' למה כהו כו'**. כלו' שכל מעשה ה'

פירוש מהרז"ו

לסלק ממנו רוח הקודש. כמ"ש בפ' הסמוך ויהי כי זקן ילחק ותכהין עיניו מראות פי' ברוה"ק. וע' פסיקתא פר"ג סי' ד' והעתקתי לשונו לעיל פס"ד סי' ה': (ה) **בעקב וצדקת צדיקים**. עמ"כ וה"ג בילקוט ישעיה ה' ודברי חז"ל סמוכים על המפורש במ"ר רפי"ד וש"נ. וז"ל אשליך נעלי מה אני עושה שולף מנעלי ורומסן בעקיבי וכ"ה בד"ר פ"ג סי' ב' וש"נ. וכאן דורש מ"ש עקב שוחד על מי שסוף עונשו שיהיה נרמס בעקב וע"כ המלדיקו עונשו כמוהו והוא מדה כנגד מדה. שכתוב בו כשהיה בן ק"כ שנה לא כהתה עינו. וילחק היה עתה בן קכ"ג שנה ואפשר שכהו עיניו איזה שנים קודם הברכה. ומ"ש ולדקת כמו זכות כי תרגומו זכו שזכות משה ניטל מילחק: (ח) **רבות עשית**. וס"ד נפלאותיך ומחשבותיך אלינו וז"ש כל פעולות

חידושי הרד"ל

(א) [ד] **להיות יוצא לדרך ולמד בינה כו'**. נקט ל' זה משום שהמאמר שנוי לעיל פי"ח לענין ויבן בינה יתירה כו' ע"ש. שכהו עיניו והוא יושב בתוך הבית כו' כדלקמן דראב"ע יהא יולא לשוק כו' אלא הריני מכהה כו':

(ב) [ה] **וצדקת צדיקים זה משה**. שנאמר בו לא כהתה עינו וכ"מ ברבינו בחיי:

(ג) **יסורו ממנו זה יצחק כו' כהו עיניו** שלא זכה ללדקה זו של משה וכהו עיניו בזקנותו וזהו בעקב ר"ל בסוף ימיו:

חידושי הרש"ש

[ה]{וצדקת צדיקים זה משה יסירו ממנו זה יצחק כל"ל:}

[ז]{אר"י ומה אם מי שנטל שוחד ממי שהי' חייב לו כו' ממי שאינו חייב לו כו'. דקיי"ל (קדושין ל"ב) דכבוד מאב לכן שפיר נקרא שוחד במה שנתן לו עשו משלו והא דקאמר שהיה חייב לו היינו לכבדו בגופו אפילו במקום ביטול מלאכה כדאיתא שם:}

מסורת המדרש

ה ילקוט ישעיה רמז רע"א:

ו ילקוט תהלים רמז תשל"ז:

אם למקרא

מַצְדִּיקֵי רָשָׁע עֵקֶב שֹׁחַד וְצִדְקַת צַדִּיקִים יָסִירוּ מִמֶּנּוּ: (ישעיה ה:כג)

מַצְדִּיק רָשָׁע וּמַרְשִׁיעַ צַדִּיק תּוֹעֲבַת ה' גַּם־שְׁנֵיהֶם: (משלי יז:טו)

וְשֹׁחַד לֹא תִקָּח כִּי הַשֹּׁחַד יְעַוֵּר פִּקְחִים וִיסַלֵּף דִּבְרֵי צַדִּיקִים: (שמות כג:ח)

רַבּוֹת עָשִׂיתָ אַתָּה ה' אֱלֹהַי נִפְלְאֹתֶיךָ וּמַחְשְׁבֹתֶיךָ אֵלֵינוּ אֵין עֲרֹךְ אֵלֶיךָ אַגִּידָה וַאֲדַבֵּרָה עָצְמוּ מִסַּפֵּר: (תהלים מ:ו)

מתנות כהונה

גרמה שהיתה בת רשעים דאל"כ בבטנך למה לי בידוע שהיו בבטן לפיכך היתה סובלת וכ"מ שוב באב"א: **להיות יושבת בתוך ביתה**. והיא רגילה בקטטות ובדברים העליבים לה כמנהג בבני בית: **ולמד בינה כו'**. כלומר אעפ"י שאינו יולא להרויח כילחק שהיה עובד אדמה וגם נתברך בברכת ה' ית' ולא היה לריך ללאת ולסחור הארץ מ"מ דרך האיש ללאת חולה בין בני אדם לראות מנהגם ולהבין בינה בכל עניניהם: **שכהו עיניו יושב** גרסינן: **יושב בתוך הבית**. ולפיכך הרגיש בהמרותם ראשונה כי לא הורגל: **גרם**. עשו: **להורו**. לאביו וזהו מורת רוח שהעביר והמרה ממנו רוח קדשו ולפיכך ליצחק תחלה משמע מגירסת הילקוט שגרס וז"ל ד"א לפי שגרם לסלק רוח הקדש ממנו: [ה] **ה"ג בעקב**. נדרש ולדקת כו': **זה משה**. שלא הלדיק הרשע שנאמר רשע למה תכה רעך: [ו]**הדבר הזה**. שסבבה הברכות ליעקב: **לא יעול כו'**. לא יכנס עשו ויהי מטעה את אביו ויהיה ילחק נקרא תועבה על שם וגו': [ז] **ומה אם מי** גרסינן: **ממי שהוא חייב לו**. כילחק שלקח מעשו בנו שחייב לכלכל את שיבתו:

אשד הנחלים

טעמים. שרבקה הורגלה באנשי עובדי כוכבים בבית אביה. וההרגל מביא לסבלנות שתהא יכולה לסבול ולראות זאת אכן ליצחק הי' זאת גודל שברון לב. ועוד על כי הי' בן בטנה. וכאלו הסבה נמשכת ממנה כי היתה בת רשעים. ומזה הי' ליצחק צער גדול. כי אולי זה הסבה לו כל אלה. ועוד כי היא הורגלה תמיד לראות מעשי עשו ולא היה זאת חדש בעיניה. אבל יצחק התחיל פעם ראשון לראות זאת. ולכן הי' מורת רוח ליצחק ודרש עוד שהמרה והחליף רוח קדשו ממנו. כי ע"ז נסתלק רוה"ק מלבו וכן יצחק הרגיש תחילה יותר. מרבקה שלא היתה מדובקת ברוה"ק כיצחק: [ה] **זה משה**. באור הכתוב מצדיקי רשע למען שוחד המטעה לבם ושוכחים צדקת הצדיקים האמיתיים כמשה. שאותו לא הסיר לבו כל שוחד מאומה ואמר בפה מלא למה תכה רעך. וכלומר שאינם נוהגים בדרך משה מבלי לפחוד או להחניף שום איש: [ו] **מצדיק גו' לא ממה כו'**. מבאר בזה מלת גם הנאמר בכתוב להורות שלא ידומה. כי עכ"פ הוא יותר טוב להצדיק הרשע [שזה בא מטוב לב] מלהרשיע הצדיק הבא מרוע לבב להכאיב לאיש צדיק. לזה אמר הכתוב כי שניהם דומים זה לזה. ששניהם נקראו תועבה. וא"כ רבקה שהיתה צדקת בודאי היתה כל כונתה שלא יעבור יצחק על תועבת ה'. דזאת היתה יודעת רבקה שבודאי יברך גם ליעקב ומה פחדה אם לא בשביל זה: [ז] **כהו עיניו**. כלומר כדי שלא יצדיקנו ויברכנו. וע"י כהית עיניו בא יעקב בדמות עשו ולקח ברכתו: **ממי שהוא חייב**. כלומר אחר שהיה בזה היתר ליהנות מעשו עכ"ז צידו הטתו ונתפתה אחריו מכש"כ שלוקח ממי שאין חייב לו שבוודאי יטהו מהאמת: [ח] **בשבילו**. המחשבה נקראת בערך העשיה כהתחלת הענין. שמכוון במחשבתו לעשות פעולות שע"י יגמר התכלית הנרצה המכונה

§9 In the coming section, the Midrash will ascribe Isaac's blindness to a request that he himself made, and will relate several similar requests made by prominent Biblical figures.[64] The Midrash begins by recounting a request of Abraham's: אָמַר רַבִּי יְהוּדָה בַּר סִימוֹן — **R' Yehudah bar Simon said:** אַבְרָהָם תָּבַע זִקְנָה — **Abraham requested** the physical signs of **old age.** אָמַר לְפָנָיו: רִבּוֹן הָעוֹלָמִים — The Midrash elaborates: **[Abraham] said before [God], "Master of the worlds,** אָדָם וּבְנוֹ נִכְנָסִין לְמָקוֹם וְאֵין אָדָם יוֹדֵעַ לְמִי מְכַבֵּד — at present, **a man and his son** can **enter into a place and nobody** there **will know to whom to show** greater **honor.**[65] מִתּוֹךְ שֶׁאַתָּה מְעַטְּרוֹ בְּזִקְנָה אָדָם יוֹדֵעַ לְמִי מְכַבֵּד — However, **as a result of Your crowning [the father] with** the physical signs of **old age,**[66] **a man will know to whom he should show** greater **honor."** אָמַר לוֹ הַקָּדוֹשׁ בָּרוּךְ הוּא: חַיֶּיךָ דָּבָר טוֹב תָּבַעְתָּ וּמִמְּךָ הוּא מַתְחִיל — **The Holy One, blessed is He, said to [Abraham], "By your life! You have requested a good thing.** I will therefore grant your request, **and [this practice] will start from you."**[67] מִתְּחִלַּת הַסֵּפֶר וְעַד כָּאן אֵין כְּתִיב זִקְנָה — The Midrash proves that Abraham was the first person to show signs of old age: **From the beginning of the Torah until here,**[68] **old age is not written** about anyone, וְכֵיוָן שֶׁעָמַד אַבְרָהָם נָתַן לוֹ זִקְנָה — **but when Abraham arose** and grew elderly, **[God] gave him** the physical signs of **old age,** שֶׁנֶּאֱמַר "וְאַבְרָהָם זָקֵן בָּא בַּיָּמִים" — **as it is stated,** ***Now Abraham was old, well on in years*** (above, 24:1).[69]

The Midrash tells of the request of Isaac that relates to our passage: יִצְחָק תָּבַע יִסּוּרִין — **Isaac requested** physical **afflictions.** אָמַר לְפָנָיו: רִבּוֹן הָעוֹלָמִים — The Midrash elaborates: **[Isaac] said to [God], "Master of the worlds,** אָדָם מֵת בְּלֹא יִסּוּרִים מִדַּת הַדִּין מְתוּחָה כְּנֶגְדּוֹ — at present, **a man dies without** having experienced **afflictions,** and, consequently, **the** Divine **Attribute of Justice is stretched against him** following his death.[70] מִתּוֹךְ שֶׁאַתָּה מֵבִיא עָלָיו יִסּוּרִים אֵין מִדַּת הַדִּין מְתוּחָה כְּנֶגְדּוֹ — However, **as a result of Your bringing afflictions upon him** during his lifetime, **the** Divine **Attribute of Justice will not be stretched against him** following his death."[71] אָמַר לוֹ הַקָּדוֹשׁ בָּרוּךְ הוּא: חַיֶּיךָ דָּבָר טוֹב תָּבַעְתָּ וּמִמְּךָ אֲנִי מַתְחִיל — **The Holy One, blessed is He, said to [Isaac], "By your life! You have requested a good thing.** I will therefore grant your request, **and I will begin** this practice **from you."**Ⓐ מִתְּחִלַּת הַסֵּפֶר וְעַד כָּאן אֵין כְּתִיב יִסּוּרִין — The Midrash proves that Isaac was the first person to suffer afflictions: **From the beginning of the Torah until here, afflictions are not written** about anyone,[72] וְכֵיוָן שֶׁעָמַד יִצְחָק נָתַן לוֹ יִסּוּרִים — **but when Isaac arose** and grew elderly, **[God] gave him afflictions,**[73] "וַיְהִי כִּי זָקֵן יִצְחָק וַתִּכְהֶיןָ" — as our verse states, ***And it was when Isaac had become old, his eyes dimmed*** *from seeing.*

NOTES

64. *Yefeh To'ar.*

65. In the absence of the physical changes brought on by advanced age, it is impossible to discern young people from older ones.

[While the possibility of honoring the wrong person existed whenever *any* two people of disparate ages *entered into a place*, the disrespect shown to the older of the two would pose a significant problem only in the case of *a man and his son* (*Eitz Yosef*).]

66. [*Proverbs* 16:31 refers to old age as *the crown of splendor*.]

67. *Midrash Tanchuma* (*Chayei Sarah* §1) adds that on the morning that followed this conversation, Abraham awoke to find that the hairs of his head and his beard had turned white.

68. I.e., until [the Torah's description of] Abraham (*Maharzu*).

69. Abraham had already been described as *old* in 18:11-12 above. This second such reference is therefore understood to mean that he bore the physical characteristics that are the result of old age (*Maharsha, Chidushei Aggados* to *Bava Metzia* 87a ד״ה והוה זקנה; *Yefeh To'ar*, second explanation; *Eitz Yosef*; see *Yefeh To'ar* and *Maharzu*, as well as *Torah Temimah* to this verse and *Margaliyos HaYam* to *Sanhedrin* 107b §17, for additional approaches to this inference).

70. *Eitz Yosef.*

71. The suffering one endures in this world has the effect of purging many of his sins (*Matnos Kehunah, Eitz Yosef*). [He will therefore be spared punishment for them in the next world.]

72. The reference here is to prolonged physical afflictions, as opposed to suffering that passes relatively quickly (*Yefeh To'ar*, who points to 12:17 above; but see *Nezer HaKodesh*, who offers alternative approaches).

73. Although Isaac was righteous in the extreme, he did require a small degree of expiation. Even the most righteous among men commits some small misdeeds, for which he is only barely culpable (see *Ecclesiastes* 7:20). And the Midrash has already taught that Isaac was committed such a "sin" with his *acquittal* of *the wicked* Esau (*Eitz Yosef*, citing *Nezer HaKodesh*).

INSIGHTS

Ⓐ **Isaac Requested Afflictions** It might seem reasonable to infer from this Midrashic teaching that were it not for the request of Isaac, mankind would not have to suffer afflictions. But if they are indeed essential to mankind, as Isaac contended, why were they not instituted as part of Creation? *R' Tzadok HaKohen* (*Pokeid Akarim* 15) explains that Isaac's request was not voluntary, as the Midrash might seem to imply. From God's compassionate perspective, if a sinner merely repents, he deserves to be forgiven. However, the pure justice of the Torah requires that a sinner must bring a sacrifice as well (see *Yalkut Shimoni, Tehillim* §462). If one suffers afflictions, it serves the same purpose as an offering — especially if one willingly accepts the afflictions that God sends his way, in which case it is as if he is offering himself as a sacrifice. Thus, Isaac's request for afflictions was the result of his study of the Torah, which requires sacrifices/suffering as an essential component of forgiveness.

R' Tzadok further connects Isaac's request to his being the first to undergo circumcision at the age of eight days. By willfully and happily inflicting a wound and pain on a newborn son whom he loves in order to bring him closer to God, a father is essentially bringing an offering to God. Indeed, the Gemara teaches (*Eruvin* 19a) that through the circumcision that he introduced into the Jewish nation, Abraham saved all his descendants, including the sinners, from *Gehinnom*. For in doing so, he forever stamped the Jewish people as being willing to accept upon themselves suffering, in order to bring them closer to God. Hence, even the sinners of Israel who cannot overcome the powerful temptations of their evil inclinations are forever recognized as having in them the potential to abandon their temptations at any moment, and accept human afflictions to gain forgiveness of their sins and return to God. Thus, it was no coincidence that Isaac, the very first Jew to be conceived and born in holiness and circumcised as an infant, was the one who "requested afflictions" — i.e., who publicly acknowledged the need of human afflictions for forgiveness, and indicated his absolute readiness to happily accept whatever afflictions God would send his way.

This understanding is also reflected in a letter of encouragement sent by the Alter of Kelm, *R' Simchah Zissel Ziv*, to a person who was undergoing severe suffering. The Alter wrote that, upon studying this Midrash, he was suffused with joy "nearly as much as if he had found a huge treasure." He goes on to explain that if our great and holy patriarch Isaac, who literally offered his life as a sacrifice to God, feared that the divine Attribute of Justice would be stretched out against him if he did not suffer afflictions to expiate his sins, then how thankful must we be when God offers us this opportunity! (*Ohr RaSaz* §134.)

R' Eliyahu Dessler, however, suggests that Isaac's request was only for the truly righteous to suffer affliction. He explains that to the extent that one merits to be judged under the Divine Attribute of absolute Justice, he comes closer to the ultimate level of Divine service, which is not to benefit from any special favors from God. Thus, rather than fearing afflictions and hardships, the righteous person actually welcomes them, because they enable him to achieve ever greater heights in Divine service (*Michtav MeEliyahu*, Vol. 2, pp. 208-210; Vol. 5, p. 59; see also the following Insight).

חידושי הרד"ל

(ד) [ט] חזקיהו חידש חולה שיתרפא. כ"ה גם בפר"א פנ"ב ובזוהר תרומה קע"ד. אבל בב"מ ובחלק אמר עד אלישע. וע' תוס' ספ"ק דב"ב ט"ז. ובביאורי לפר"א שם בארתי:

(ה) שיתרפא. אמר לא טוב לאדם שהעמדת אותו עד יום מותי כו'. כ"ה בילקוט חיי שרה רמז ק"ה וכצ"ל. ור"ל שאז בשעת מותו פעמים אין בו כח לשוב עוד בתשובה שלימה לעשות לשמור ולקיים בפועל המצות אחרי התשובה:

עץ יוסף

ונפלאותיו לתועלתינו. וחדא מינייהו כהות עיני יצחק: **(ט) אדם ובנו נכנסים כו'.** דאיכפי דעלמא אין קפידא כל כך אף אם אחד זקן מחבירו. אבל באב ובן לעולם ראוי להיות הבן טפל לאביו בכבוד. ולפיכך תבע זקנה. ונעתר לו שנא' ואברהם זקן בא בימים וכבר נאמר ואברהם ושרה זקנים וגו' אלא ודאי זה נאמר על עטרת שיבה: **יצחק תבע יסורין.** לבל יהיה מדת הדין מתוח כלפי האדם במותו: **אין מדה"ד מתוחה.** שנמחלו רבים מעונותיו ע"י יסורין הממרקין עון: **וממך אני מתחיל.** שאף בהיותו צדיק גמור כבר נא' אין צדיק בארץ אשר יעשה טוב ולא יחטא דהיינו בחטא הקרוב לשוגג. וכן כזה נכשל יצחק במה שהצדיק רשע בשוגג שלכך כהו עיניו (נזה"ק): **תבע את החולי.** שהיה צריך לקרוא לכל בניו להוכיחם ולברכם אשר כל זה אינו ראוי להיות אלא סמוך למותו (ועיין ברש"י ריש דברים): **א"ל הקב"ה חייך כו' וממך כו'.** ביעקב לא מסיים המדרש מתחלת הספר ע"כ א"כ חולי כו' כמו באברהם לענין זקנה וביצחק לענין יסורים. משמע שביעקב מוכח זה מפסוק הנה אביך חולה: **ואינו מיישב.** אינו יכול לצוות אותם ולסדר וליישב ענין ירושתם: **חידש חולה שיתרפא.** פי' כשיבאו חלאים לאנשים שיתרפאו מהם זולת החולי אשר ימותו בו. וזה נתחדש ע"י חזקיהו אחר שנתרפא מחליו: **העמדת אותו עד יום מותו.** בתמיה וכי טוב להיות בריא עד יום מותו והלא לא יתן אל לבו לשוב (יפ"ת). וגירסת הנזה"ק אם העמדת אותו עד יום מותו איך יעשה תשובה. ור"ל שאז בשעת מותו פעמים אין בו כח לשוב עוד בתשובה שלמה: **בין חולי לחולי כו'.** פי' בין חולי זה שנתרפא ממנו עכשיו ובין חולי אשר מת בו היה חולי אחר כבד משניהם ודייק לה מיתורא דויחי הוה סגי. מאי מחליו. אלא דרמיז ארפואת חליו השני. וכן פרש"י ומדכתיב מחליו בכנוי משמע שזהו חליו העקרי והכבד (יפ"ת):

ט אָמַר רַבִּי יְהוּדָה בַּר סִימוֹן: אַבְרָהָם תָּבַע זִקְנָה, אָמַר לְפָנָיו: רִבּוֹן הָעוֹלָמִים, אָדָם וּבְנוֹ נִכְנָסִין לְמָקוֹם וְאֵין אָדָם יוֹדֵעַ לְמִי מְכַבֵּד. מִתּוֹךְ שֶׁאַתָּה מְעַטְּרוֹ בְּזִקְנָה אָדָם יוֹדֵעַ לְמִי מְכַבֵּד. אָמַר לוֹ הַקָּדוֹשׁ בָּרוּךְ הוּא: חַיֶּיךָ דָּבָר טוֹב תָּבַעְתָּ וּמִמְּךָ הוּא מַתְחִיל, מִתְּחִלַּת הַסֵּפֶר וְעַד כָּאן אֵין כְּתִיב זִקְנָה וְכֵיוָן שֶׁעָמַד אַבְרָהָם נָתַן לוֹ זִקְנָה שֶׁנֶּאֱמַר "וְאַבְרָהָם זָקֵן בָּא בַּיָּמִים". יִצְחָק תָּבַע יִסּוּרִין, אָמַר לְפָנָיו: רִבּוֹן הָעוֹלָמִים אָדָם מֵת בְּלֹא יִסּוּרִים מִדַּת הַדִּין מְתוּחָה כְּנֶגְדּוֹ, מִתּוֹךְ שֶׁאַתָּה מֵבִיא עָלָיו יִסּוּרִים אֵין מִדַּת הַדִּין מְתוּחָה כְּנֶגְדּוֹ. אָמַר לוֹ הַקָּדוֹשׁ בָּרוּךְ הוּא: חַיֶּיךָ דָּבָר טוֹב תָּבַעְתָּ וּמִמְּךָ אֲנִי מַתְחִיל. מִתְּחִלַּת הַסֵּפֶר וְעַד כָּאן אֵין כְּתִיב יִסּוּרִין וְכֵיוָן שֶׁעָמַד יִצְחָק נָתַן לוֹ יִסּוּרִים "וַיְהִי כִּי זָקֵן יִצְחָק וַתִּכְהֶיןָ". יַעֲקֹב תָּבַע אֶת הַחוֹלִי. אָמַר לְפָנָיו: רִבּוֹן הָעוֹלָמִים אָדָם מֵת בְּלֹא חוֹלִי אֵינוֹ מְיַישֵּׁב בֵּין בָּנָיו, מִתּוֹךְ שֶׁהוּא חוֹלֶה שְׁנַיִם אוֹ שְׁלֹשָׁה יָמִים הוּא מְיַישֵּׁב בֵּין בָּנָיו. אָמַר לוֹ הַקָּדוֹשׁ בָּרוּךְ הוּא: חַיֶּיךָ דָּבָר טוֹב תָּבַעְתָּ וּמִמְּךָ הוּא מַתְחִיל (בראשית מח, א) **"וַיֹּאמֶר לְיוֹסֵף הִנֵּה אָבִיךָ חֹלֶה". אָמַר רַבִּי לֵוִי: אַבְרָהָם חִידֵּשׁ זִקְנָה, יִצְחָק חִידֵּשׁ יִסּוּרִים, יַעֲקֹב חִידֵּשׁ חוֹלִי, חִזְקִיָּהוּ חִידֵּשׁ חוֹלִי שֶׁיִּתְרַפֵּא. אָמַר לוֹ: הֶעֱמַדְתָּ אוֹתוֹ עַד יוֹם מוֹתוֹ, אֶלָּא מִתּוֹךְ שֶׁאָדָם חוֹלֶה וְעוֹמֵד חוֹלֶה וְעוֹמֵד הוּא עוֹשֶׂה תְּשׁוּבָה, אָמַר לוֹ הַקָּדוֹשׁ בָּרוּךְ הוּא: חַיֶּיךָ דָּבָר טוֹב תָּבַעְתָּ וּמִמְּךָ אֲנִי מַתְחִיל, הָדָא הוּא דִכְתִיב** (ישעיה לח, ט) **"מִכְתָּב לְחִזְקִיָּהוּ מֶלֶךְ יְהוּדָה בַּחֲלֹתוֹ וַיְחִי מֵחָלְיוֹ". אָמַר רַבִּי שְׁמוּאֵל בַּר נַחְמָן: מִכָּאן שֶׁהָיָה בֵּין חוֹלִי לְחוֹלִי חוֹלִי כָּבֵד מִשְּׁנֵיהֶם:**

פירוש מהרז"ו

כמ"ש עשית. ומחשבות כמ"ש ומחשבותיך. ותיבת אלינו נמשך גם לרישא. וע"ל פכ"ב סי' ה' כסות עינים כו' וזהו בשבילנו וע' מדרש תהלים מ' שדורש הפסוק על אברהם: **(ט) אברהם תבע זקנה.** ע"ל ס"פ נ"ח ור"פ נ"ט. והוא ע"פ מדה ע"ז שמיוחד במקומו שכאן התחילה הזקנה. ומ"ש עד כאן פי' עד אברהם וכמ"ש ואברהם ושרה זקנים ואדוני זקן ואברהם זקן. וכ"ה בפר"א פנ"ב ע"ש כל הענין באורך: **חולה שיתרפא.** ומ"ש חז"ל על אלישע שחלה ג' חולאים ואלישע היה הרבה שנים קודם חזקיהו נ"ל שאלישע לא חידש שיהיה המנהג בעולם כן עד חזקיה. וצ"ע מנין לחז"ל כזה:

מסורת המדרש

ז בבא מציעא דף פ"ז. סנהדרין דף ק"ז. תנחומא כאן סי' ו' וסדר חיי שרה סי' א' ילקוט סדר חיי רמז ק"ה:

אם למקרא

וַיְהִי אַחֲרֵי הַדְּבָרִים הָאֵלֶּה וַיֹּאמֶר לְיוֹסֵף הִנֵּה אָבִיךָ חֹלֶה וַיִּקַּח אֶת־שְׁנֵי בָנָיו עִמּוֹ אֶת־מְנַשֶּׁה וְאֶת־אֶפְרָיִם: (בראשית מח:א)

מִכְתָּב לְחִזְקִיָּהוּ מֶלֶךְ יְהוּדָה בַּחֲלֹתוֹ וַיְחִי מֵחָלְיוֹ: (ישעיה לח:ט)

ענף יוסף

(ד) [ט] **יעקב חידש חולי. חזקיהו חידש חולי שיתרפא.** כתבו התוס' בפ"ק דב"ב בשם ר"ת דעד יעקב לא היה מי שחלה חולי של מיתה מכאן ואילך הוה דאיתליש חולי של מיתה ולא נתרפא עד אלישע ע"כ. וכתב היפ"ת מ"ש ר"ת חולי של מיתה פי' חולי מסוכן. וה"ק דעד יעקב לא היה חולי גדול דמיתה אלא חולאים קלים כגון מיחוש אברים וכיוצא והיו מתרפאים. וביעקב נתחדש חולי גדול דמיתה ולא היו מתרפאים ממנו עד אלישע. ולעולם היו חולאים קלים נמצאים ג"כ מיעקב עד אלישע ומתרפאים ממנו עכ"ל. וא"כ הא דאברהם התפלל על החולים ונתרפאו. מיירי בחולי סתם ולא בחולי מסוכן. אלא דאגדתין ע"כ פליג על הגמרא וס"ל דאלישע נתרפא דרך נס אבל אחרים לא נתרפאו עד חזקיהו שחידש שיתרפא חולי כמנהגו של עולם מבלי מעשה נס:

רש"י

(ט) אדם מת בלא חולי אינו מיישב בין בניו. שאינו מחלק להם נכסיו ומיישבן כראוי: **בחלותו ויחי מחליו השני מכאן שהיה בין חולי לחולי חולי כבד משניהם.** אפשר לומר בחלותו ויחי מהו ויחי מחליו לומר שחוליו שני היה כבד מראשון ומשני שמת בו:

מתנות כהונה

[ט] אין מדת הדין מתוחה כו'. שהיסורין ממרקין עונותיו: **ואינו מיישב.** אינו יכול לצוות אותם ולסדר וליישב ענין ירושתם: **אמר לו.** חזקיה לפני הקב"ה העמדת האדם על בוריו כל ימיו עד צאת נפשו ואינו זוכר לשוב בתשובה אלא כו': **בין חולי לחולי כו'.** דייק מדאמר ויחי ולא אמר ויקם משמע שכבר בא עד שערי מות ויחי דרך פלא ונס גדול ואחר כך כתיב עוד מחליו משמע עוד חולי ג':

אשד הנחלים

בעשיה. ויהי' א"כ באורו רבות עשית וגמרת עניננו וחפצינו כי כל מחשבותיך והתחלות פעולותיך רק אלינו ולמענינו. ולזה אחז המדרש הדבר העקרי והראשי שזהו המחשבה תחילה במה שכהה מאור יצחק כדי שיטול יעקב הברכות ועי"ז יזכה לכל טוב: **[ט] תבע זקנה.** הנה כל כוונתם היה למען ימצא דבר שע"י ישתלמו בני אדם ויעבדו את ה'. והנה מדרך הילדים שהם נמשכים אחר הזקנים מהם. כי הזקנים יודעים התבל כי רוב שנים יודיעו חכמה. ולכן ביקש אברהם שיהי' דבר שע"י יוכר הזקנה ואז ימצא הד"א בעולם והקטון ילמד מן הגדול. אך יצחק ראה כי בלא יסורים א"א לאדם להשתלם. כי רק ע"י צער ומכאוב יכנע לב האדם. ואם לא כן מדה"ד מתוחה נגדו. להחטיאו ולהענישו ולכן על ביקש היסורים. ויעקב ראה שאלולי החולי טרם המיתה לא הי' אדם מצוה לבניו גם לא מת מתוך ישוב. כי הרגל החולי יוכל להביאנו לידי ישוב דעת בחליו ולכן ביקש גם על זה: **חולה שיתרפא.** כלומר אפילו חולה המעותד למות בטבע יתרפא ע"י ישועת ה' בשדוד הטבע: **העמדת אותו כו'.** שיעמוד בחליו עד יום מותו בלי רפואה. ואז מרוב כאבו לא יוכל לעבוד ה' באהבה כי יאמר נואש אחרי שאין רפואה למכתו. ביקש על הרפואה. אבל דברי המ"כ אינם מובנים דהרי יעקב ביקש על החולי לבד:

The Midrash tells of a request made by Jacob:

אָמַר לְפָנָיו: יַעֲקֹב תָּבַע אֶת הַחוֹלִי — **Jacob requested illness.**[74] רִבּוֹן הָעוֹלָמִים אָדָם מֵת בְּלֹא חוֹלִי אֵינוֹ מְיַישֵּׁב בֵּין בָּנָיו — **[Jacob] said to [God], "Master of the worlds,** at present, **a man dies without** first experiencing **illness,** and consequently, **he does not settle matters between his children** before he dies.[75] מִתּוֹךְ שֶׁהוּא חוֹלֶה שְׁנַיִם אוֹ שְׁלֹשָׁה יָמִים הוּא מְיַישֵּׁב בֵּין בָּנָיו — However, **as a result of his being ill** for **two or three days** before he dies, **he will settle matters between his children** then." אָמַר לוֹ הַקָּדוֹשׁ בָּרוּךְ הוּא: חַיֶּיךָ דָּבָר טוֹב תָּבַעְתָּ וּמִמְּךָ הוּא מַתְחִיל — **[God] said to [Jacob], "By your life! You have requested a good thing.** I will therefore grant your request, **and [this practice] will begin from you."** "וַיֹּאמֶר לְיוֹסֵף הִנֵּה אָבִיךָ חֹלֶה" — The Midrash proves that Jacob was the first person to take ill before his death from the following verse: ***Someone said to Joseph, "Behold! — your father*** (Jacob) ***is ill"*** (below, 48:1).[76]Ⓐ

The Midrash discusses a final request, that of King Hezekiah:

אָמַר רַבִּי לֵוִי: אַבְרָהָם חִידֵּשׁ זִקְנָה, יִצְחָק חִידֵּשׁ יִסּוּרִים, יַעֲקֹב חִידֵּשׁ חוֹלִי — **R' Levi said: Abraham introduced** the physical signs of **old age, Isaac introduced afflictions,** and **Jacob introduced illness,** all as described above, חִזְקִיָּהוּ חִידֵּשׁ חוֹלִי שֶׁיִּתְרַפֵּא — and King **Hezekiah introduced illness that would be healed.**[77]Ⓑ אָמַר לוֹ — The Midrash elaborates: **[Hezekiah] said to [God],** הֶעֱמַדְתָּ אוֹתוֹ עַד יוֹם מוֹתוֹ — "Is it good for a person if **You will have preserved him** in good health **until the day of his death?**[78] אֶלָּא מִתּוֹךְ שֶׁאָדָם חוֹלֶה וְעוֹמֵד חוֹלֶה וְעוֹמֵד הוּא עוֹשֶׂה תְּשׁוּבָה — **Rather, as result of a man's being ill and recovering** and once again **being ill and recovering, he will repent."**[79] אָמַר לוֹ הַקָּדוֹשׁ

NOTES

74. While general illness existed previously (see *Bava Basra* 16b), Jacob's request specifically related to terminal illness (*Tosafos* ad loc. ד"ה שכל, second approach, cited by *Anaf Yosef*).

[*Pirkei DeRabbi Eliezer* §52 (cited by *Gilyon HaShas* to *Berachos* 53a) explains further: Until Jacob's time, a man could be walking on the road or in the marketplace, when he would sneeze and his soul would exit via his nostrils. *Pirkei DeRabbi Eliezer* adds that this is the origin of the custom to respond "Life!" when someone sneezes (the equivalent of our "Gesundheit" or "God bless you").]

75. [A man who dies without forewarning] is unable to offer his children his final instruction or to arrange the inheritance of his estate (*Matnos Kehunah*, *Eitz Yosef*; also see *Rashi*).

76. Unlike the inferences regarding the requests of Abraham and Isaac, this inference is not related to the fact that it is the first mention of its kind, but is rather based entirely on the wording of the cited verse (*Eitz Yosef*). *Margaliyos HaYam* (to *Sanhedrin* 107b) suggests that the inference derives from the word *behold*, which (as taught by *Rashbam* to 25:24 above) indicates something new or surprising; see *Maharsha*, *Chidushei Aggados* to *Bava Metzia* 87a s.v. אתא יעקב for an alternative interpretation.

[Jacob had a particular need for an opportunity to discuss matters with his sons, as the Torah records (in Ch. 49) the lengthy rebuke and blessings he gave them on his deathbed, which, as explained by *Rashi* to *Deuteronomy* 1:3, Jacob could not have delivered before his final days (*Eitz Yosef*).] See Insight Ⓐ.

77. King Hezekiah was the first person in history to suffer an illness and recover from it (*Eitz Yosef*). [As it did above (see note 74)] the Midrash refers specifically to life-threatening illness (*Nezer HaKodesh*, citing *Tosafos* loc. cit.; see further discussion there and in *Yefeh To'ar*).

[According to *Bava Metzia* 87a, Elisha, who predated Hezekiah by many years, was the first person to be healed from serious illness. Attempts to reconcile the two accounts appear in *Yefeh To'ar*, *Nezer HaKodesh*, *Maharzu*, *Radal* to *Pirkei DeRabbi Eliezer* §52, and *Anaf Yosef*.] See Insight Ⓑ.

78. Elucidation follows *Eitz Yosef*, citing *Yefeh To'ar* (see also *Matnos Kehunah*), who explains that if a man enjoyed perfect health until his death he would not repent. [Alternative versions cited in *Rada* and *Eitz Yosef* follow a similar vein.]

79. In other words, a man who falls ill will be moved to repent before his time to die has come, and the possibility will exist for the process to repeat itself as many times as may be necessary.

[Although repentance is accepted even if it takes place during a man's dying moments (see *Psalms* 90:3), such repentance is not as beneficial as spending one's lifetime in a state of penitence (*Yefeh To'ar*). Furthermore, immediately before he dies, a man will often lack the strength he needs to achieve complete repentance (*Radal*, *Eitz Yosef*).]

INSIGHTS

Ⓐ **Tools for Divine Service** *R' Eliyahu Dessler* explains the special request of each of the Patriarchs, as outlined by the Midrash here, as attempts to obtain new tools for their Divine service. Each of the Patriarchs had a different approach to Divine Service, and their individual requests reflected their needs in those areas.

Abraham was the pillar of benevolence, dispensing kindness to all. To ensure that he — and those who follow in his path of kindness — would accord every person his due respect, he asked that the seniority of the elderly be evident, so that he and his followers could honor them appropriately. And God was so committed to assist the righteous Abraham in His sincere effort to elevate his area of Divine service that He agreed to introduce the concept of visible aging into the world.

Isaac's Divine service was based on the Attribute of Strict Judgment (i.e., the attitude that one should be judged strictly by the merits of his deeds, without any special kindness from God), and he saw afflictions as necessary to encourage human penitence, by reminding them of the afflictions of *Gehinnom* if they fail to repent — and God granted his wish as well.

Finally, the Divine Service of Jacob sought to synthesize the benevolence of Abraham and the strict judgment of Isaac. This service of synthesis, in which variant attributes are combined in the wholesome service of God, required achieving unity and understanding between the twelve tribes, each of whom had his own particular attribute and strength, so they would complement one another to achieve perfection. Though he guided them throughout their lives, he would need to highlight their roles and offer them direction before his passing, which would be impossible if he would die without warning, as people did until that time. Jacob therefore requested that he be warned of his impending passing by first falling ill, a wish that God granted as well (*Michtav MeEliyahu*, Vol. 3, p. 188).

Whereas Rav Dessler sees the Patriarchs as having sought these tools primarily to improve their *own* areas of Divine service, *Eshed HaNechalim* suggests that the Patriarchs were concerned generally about the benefit of mankind, seeking tools that would help man perfect himself and serve God. Given the wisdom attained over the years by the elderly, Abraham felt that making them distinguishable would give the youth the opportunity to honor and learn from them. Isaac requested human afflictions because he was convinced that man could never perfect himself without their humbling effect. And Jacob, realizing the value of man having the opportunity to provide final instructions to his family, requested that, as a rule, death be preceded by illness.

Ⓑ **Illness That Would Be Healed** *R' Tzadok HaKohen* (*Divrei Sofrim* 11) takes this a step further. He first establishes the principle that sicknesses are generally the result of a spiritual imperfection caused by sin. Hence, a routine sickness emerges from minor violations for which it is easy to repent. Such ailments could always be cured. But some transgressions strike at the core of one's soul, leaving him with a fatal illness. It is such an ailment that Hezekiah requested should also be healed to give the person one final opportunity to repent.

R' Tzadok adds another possible innovation of Hezekiah. God grants every person a certain amount of years for his life's work. When that time is up, the person dies without any possibility of being cured of his final disease. Hezekiah requested that a person be granted extra years to serve God. God thus replied to Hezekiah through the prophet Isaiah (*Isaiah* 38:5): *I am going to add fifteen years "to your days."* That is, the cure would add fifteen years to what should have been the total amount of days that Hezekiah was to live.

חידושי הרד"ל

(ד) [ט] **חזקיהו חידש חולה שיתרפא.** כ"ה גם בפר"א פנ"ב ובזוהר תרומה קע"ד. אבל בב"מ ובחלק אמר עד אלישע. וע' תוס' ספ"ק דב"ב ט"ז. ובביאורי לפר"א שם בארתי:

(ה) **שיתרפא.** אמר לא טוב לאדם שהעמדת אותו עד יום מותי כו'. כ"ה בילקוט חיי שרה רמז ק"ה וכנ"ל. ור"ל שאז בשעת מותו פעמים אין בו כח לשוב עוד בתשובה שלימה לעשות לשמור ולקיים בפועל המצות אחרי התשובה:

עץ יוסף

ונפלאותיו לתועלתינו. וחדא מינייהו כהות עיני יצחק: (ט) **אדם ובנו נכנסים כו'.** דבאינשי דעלמא אין קפידא כל כך אף אם אחד זקן מחבירו. אבל באב ובן לעולם ראוי להיות הבן טפל לאביו בכבוד. ולפיכך תבע זקנה. ונעתר לו שנא' ואברהם זקן בא בימים וכבר נאמר ואברהם ושרה זקנים וגו' אלא ודאי זה נאמר על עטרת שיבה: **יצחק תבע יסורין.** לבל יהיה מדת הדין מתוח כלפי האדם במותו: **אין מדה"ד מתוחה.** שנמחלו רבים מעונותיו ע"י יסורין הממרקין עון: **וממך אני מתחיל.** שאף בהיותו צדיק גמור כבר נא' אין צדיק בארץ אשר יעשה טוב ולא יחטא דהיינו בחטא הקרוב לשוגג. וכן כזה נכשל יצחק במה שהצדיק רשע בשוגג שלכך כהו עיניו (נזה"ק): **תבע את החולי.** שהיה צריך לקרוא לכל בניו להוכיחם ולברכם אשר כל זה אינו ראוי להיות אלא סמוך למותו (ועיין ברש"י ריש דברים): **א"ל הקב"ה חייך כו' וממך כו'.** ביעקב לא מסיים המדרש מתחלת הספר ע"כ א"כ חולי כו' כמו באברהם לענין זקנה וביצחק לענין יסורים. משמע שביעקב מוכח זה מפסוק הנה אביך חולה: **ואינו מיישב.** אינו יכול לצוות אותם ולסדר וליישב ענין ירושתם: **חידש חולה שיתרפא.** פי' כשיבאו חלאים לאנשים שיתרפאו מהם זולת החולי אשר ימותו בו. וזה נתחדש ע"י חזקיהו אחר שנתרפא מחליו: **העמדת אותו עד יום מותו.** בתמיה וכי טוב להיות בריא עד יום מותו והלא לא יתן אל לבו לשוב (יפ"ת). וגירסת הנזה"ק אם העמדת אותו עד יום מותו איך יעשה תשובה. ור"ל שאז בשעת מותו פעמים אין בו כח לשוב עוד בתשובה שלמה: **בין חולי לחולי כו'.** פי' בין חולי זה שנתרפא ממנו עכשיו ובין חולי אשר מת בו היה חולי אחר כבד משניהם ודייק לה מיתורא דויחי הוה סגי. מאי מחליו. אלא דרמיז ארפואת חליו השני. וכן פרש"י ומדכתיב מחליו בכנוי משמע שזהו חליו העקרי והכבד (יפ"ת):

ט **אָמַר רַבִּי יְהוּדָה בַּר סִימוֹן: "אַבְרָהָם תָּבַע זִקְנָה, אָמַר לְפָנָיו: רִבּוֹן הָעוֹלָמִים, אָדָם וּבְנוֹ נִכְנָסִין לְמָקוֹם וְאֵין אָדָם יוֹדֵעַ לְמִי מְכַבֵּד. מִתּוֹךְ שֶׁאַתָּה מְעַטְּרוֹ בְּזִקְנָה אָדָם יוֹדֵעַ לְמִי מְכַבֵּד. אָמַר לוֹ הַקָּדוֹשׁ בָּרוּךְ הוּא: חַיֶּיךָ דָּבָר טוֹב תָּבַעְתָּ וּמִמְּךָ הוּא מַתְחִיל, מִתְּחִלַּת הַסֵּפֶר וְעַד כָּאן אֵין כְּתִיב זִקְנָה וְכֵיוָן שֶׁעָמַד אַבְרָהָם נָתַן לוֹ זִקְנָה שֶׁנֶּאֱמַר "וְאַבְרָהָם זָקֵן בָּא בַּיָּמִים". יִצְחָק תָּבַע יִסּוּרִין, אָמַר לְפָנָיו: רִבּוֹן הָעוֹלָמִים אָדָם מֵת בְּלֹא יִסּוּרִים מִדַּת הַדִּין מְתוּחָה כְּנֶגְדּוֹ, מִתּוֹךְ שֶׁאַתָּה מֵבִיא עָלָיו יִסּוּרִים אֵין מִדַּת הַדִּין מְתוּחָה כְּנֶגְדּוֹ. אָמַר לוֹ הַקָּדוֹשׁ בָּרוּךְ הוּא: חַיֶּיךָ דָּבָר טוֹב תָּבַעְתָּ וּמִמְּךָ אֲנִי מַתְחִיל. מִתְּחִלַּת הַסֵּפֶר וְעַד כָּאן אֵין כְּתִיב יִסּוּרִין וְכֵיוָן שֶׁעָמַד יִצְחָק נָתַן לוֹ יִסּוּרִים "וַיְהִי כִּי זָקֵן יִצְחָק וַתִּכְהֶיןָ". יַעֲקֹב תָּבַע אֶת הַחוֹלִי. אָמַר לְפָנָיו: רִבּוֹן הָעוֹלָמִים אָדָם מֵת בְּלֹא חוֹלִי אֵינוֹ מְיַשֵּׁב בֵּין בָּנָיו, מִתּוֹךְ שֶׁהוּא חוֹלֶה שְׁנַיִם אוֹ שְׁלֹשָׁה יָמִים הוּא מְיַשֵּׁב בֵּין בָּנָיו. אָמַר לוֹ הַקָּדוֹשׁ בָּרוּךְ הוּא: חַיֶּיךָ דָּבָר טוֹב תָּבַעְתָּ וּמִמְּךָ הוּא מַתְחִיל** (בראשית מח, א) **"וַיֹּאמֶר לְיוֹסֵף הִנֵּה אָבִיךָ חֹלֶה". אָמַר רַבִּי לֵוִי: אַבְרָהָם חִידֵּשׁ זִקְנָה, יִצְחָק חִידֵּשׁ יִסּוּרִים, יַעֲקֹב חִידֵּשׁ חוֹלִי, חִזְקִיָּהוּ חִידֵּשׁ חוֹלִי שֶׁיִּתְרַפֵּא. אָמַר לוֹ: הֶעֱמַדְתָּ אוֹתוֹ עַד יוֹם מוֹתוֹ, אֶלָּא מִתּוֹךְ שֶׁאָדָם חוֹלֶה וְעוֹמֵד חוֹלֶה וְעוֹמֵד הוּא עוֹשֶׂה תְּשׁוּבָה, אָמַר לוֹ הַקָּדוֹשׁ בָּרוּךְ הוּא: חַיֶּיךָ דָּבָר טוֹב תָּבַעְתָּ וּמִמְּךָ אֲנִי מַתְחִיל, הֲדָא הוּא דִכְתִיב** (ישעיה לח, ט) **"מִכְתָּב לְחִזְקִיָּהוּ מֶלֶךְ יְהוּדָה בַּחֲלֹתוֹ וַיְחִי מֵחָלְיוֹ". אָמַר רַבִּי שְׁמוּאֵל בַּר נַחְמָן: מִכָּאן שֶׁהָיָה בֵּין חוֹלִי לְחוֹלִי חוֹלִי כָּבֵד מִשְּׁנֵיהֶם:**

פירוש מהרז"ו

כמ"ש עשית. ומחשבות כמ"ש ומחשבותיך. ותיבת אלינו נמשך גם לרישא. וע"ל פנ"ב סי' ה' כסות עינים כו' וזהו בשבילנו וע' מדרש תהלים מ' שדורש הפסוק על אברהם: (ט) **אברהם תבע זקנה.** ע"ל ס"פ נ"ח ור"פ נ"ט. והוא ע"פ מדה ט"ז שמיוחד במקומו שכאן התחילה הזקנה. ומ"ש עד כאן פי' עד אברהם וכמ"ש ואברהם ושרה זקנים ואדוני זקן ואברהם זקן. וכ"ה בפר"א פנ"ב ע"ש כל הענין באורך: **חולה שיתרפא.** ומ"ש חז"ל על אלישע שחלה ג' חולאים ואלישע היה הרבה שנים קודם חזקיהו נ"ל שאלישע לא חידש שיהיה המנהג בעולם כן עד חזקיה. ול"ע מנין לחז"ל כזה:

מסורת המדרש

ז בבא מציעא דף פ"ז. סנהדרין דף ק"ז. תנחומא כאן סי' ו' וסדר חיי שרה סי' א' ילקוט סדר חיי רמז ק"ה:

אם למקרא

וַיְהִי אַחֲרֵי הַדְּבָרִים הָאֵלֶּה וַיֹּאמֶר לְיוֹסֵף הִנֵּה אָבִיךָ חֹלֶה וַיִּקַּח אֶת־שְׁנֵי בָנָיו עִמּוֹ אֶת־מְנַשֶּׁה וְאֶת־אֶפְרָיִם: (בראשית מח:א)

מִכְתָּב לְחִזְקִיָּהוּ מֶלֶךְ יְהוּדָה בַּחֲלֹתוֹ וַיְחִי מֵחָלְיוֹ: (ישעיה לח:ט)

ענף יוסף

(ד) [ט] **יעקב חידש חולי. חזקיהו חידש חולי שיתרפא.** כתבו התוס' בפ"ק דב"ב בשם ר"ת דעד יעקב לא היה מי שחלה חולי של מיתה מכאן ואילך הוה דאיחליש חולי של מיתה ולא נתרפא עד אלישע ע"כ. וכתב היפ"ת מ"ש ר"ת חולי של מיתה פי' חולי מסוכן. וה"ק דעד יעקב לא היה חולי גדול דמיתה אלא חולאים קלים כגון מיחוש אברים וכיוצא והיו מתרפאים. וביעקב נתחדש חולי גדול דמיתה ולא היו מתרפאים ממנו עד אלישע. ולעולם היו חולאים קלים נמצאים ג"כ מיעקב עד אלישע ומתרפאים ממנו עכ"ל. וא"כ הא דאברהם התפלל על החולים ונתרפאו. מיירי בחולי סתם ולא בחולי מסוכן. אלא דאגדתין ע"כ פליג על הגמרא וס"ל דאלישע נתרפא דרך נס אבל אחרים לא נתרפאו עד חזקיהו שחידש שיתרפא חולי כמנהגו של עולם מבלי מעשה נס:

רש"י

(ט) **אדם מת בלא חולי אינו מיישב בין בניו.** שאינו מחלק להם נכסיו ומיישבן כראוי: **בחלותו ויחי מחליו השני מכאן שהיה בין חולי לחולי חולי כבד משניהם.** אפשר לומר בחלותו ויחי מהו ויחי מחליו לומר שחוליו שני היה כבד מראשון ומשני שמת בו:

מתנות כהונה

[ט] **אין מדת הדין מתוחה כו'.** שהיסורין ממרקין עונותיו: **ואינו מיישב.** אינו יכול לצוות אותם ולסדר וליישב ענין ירושתם: **אמר לו.** חזקיה לפני הקב"ה העמדת האדם על בוריו כל ימיו עד צאת נפשו ואינו זוכר לשוב בתשובה אלא כו': **בין חולי לחולי כו'.** דייק מדאמר ויחי ולא אמר ויקם משמע שכבר בא עד שערי מות ויחי דרך פלא ונס גדול ואחר כך כתיב עוד מחליו משמע עוד חולי ג':

אשד הנחלים

בעשיה. ויהי' א"כ באורו רבות עשית וגמרת ענינינו וחפצינו כי כל מחשבותיך והתחלות פעולותיך רק אלינו ולמענינו. ולזה אחז המדרש הדבר העקרי והראשי שזהו המחשבה תחילה במה שכהה מאור יצחק כדי שיטול יעקב הברכות ועי"ז יזכה לכל טוב: **[ט] תבע זקנה.** הנה כל כוונתם היה למען ימצא דבר שע"י ישתלמו בני אדם ויעבדו את ה'. והנה מדרך הילדים שהם נמשכים אחר הזקנים מהם. כי הזקנים יודעים התבל כי רוב שנים יודיעו חכמה. ולכן ביקש אברהם שיהי' דבר שע"י יוכר הזקנה ואז ימצא הד"א בעולם והקטון ילמד מן הגדול. אך יצחק ראה כי בלא יסורים א"א לאדם להשתלם. כי רק ע"י צער ומכאוב יכנע לב האדם. ואם לא כן מדה"ד מתוחה נגדו. להחטיאו ולהענישו ולכן על ביקש היסורים. ויעקב ראה שאלולי החולי טרם המיתה לא הי' אדם מצוה לבניו גם לא מת מתוך ישוב. כי הרגל החולי יוכל להביאנו לידי ישוב דעת בחליו ולכן ביקש גם על זה: **חולה שיתרפא.** כלומר אפילו חולה המעותד למות בטבע יתרפא ע"י ישועת ה' בשדוד הטבע: **העמדת אותו כו'.** שיעמוד בחליו עד יום מותו בלי רפואה. ואז מרוב כאבו לא יוכל לעבוד ה' באהבה כי יאמר נואש אחרי שאין רפואה למכתו. ביקש על הרפואה. אבל דברי המ"כ אינם מובנים דהרי יעקב ביקש על החולי לבד:

בָּרוּךְ הוּא — **The Holy One, blessed is He, said to [Hezekiah],** חַיֶּיךָ דָּבָר טוֹב תָּבַעְתָּ וּמִמְּךָ אֲנִי מַתְחִיל — **"By your life! You have requested a good thing.** I will therefore grant your request **and I will start** this practice **with you."** הָדָא הוּא דִכְתִיב "מִכְתָּב לְחִזְקִיָּהוּ מֶלֶךְ יְהוּדָה בַּחֲלֹתוֹ וַיְחִי מֵחָלְיוֹ" — **Thus it is written, *A composition written by Hezekiah, the king of Judah, when he fell ill and recuperated from his illness*** (*Isaiah* 38:9), אָמַר רַבִּי שְׁמוּאֵל בַּר נַחְמָן — and **R' Shmuel bar Nachman said,** in explanation of this verse: מִכָּאן שֶׁהָיָה בֵּין חוֹלִי לְחוֹלִי חוֹלִי כָּבֵד מִשְּׁנֵיהֶם — **From here** we may infer **that between** Hezekiah's one **illness and** his other **illness there was** a third **illness,** which was **more severe than either of the two.**[80]

NOTES

80. This verse speaks explicitly of one illness from which Hezekiah had recovered, and he would later die of a second illness. The seemingly repetitious word מֵחָלְיוֹ, *from his illness* (the verse could have simply stated, *when he was ill and recuperated*), suggests that Hezekiah had contracted and recovered from a third illness (*Rashi*, also cited by *Eitz Yosef*; see also *Matnos Kehunah*). And since that intermediate illness is described plainly as *his illness*, we may further derive that it was the most significant of all of his illnesses (*Eitz Yosef*, citing *Yefeh To'ar*; see *Matnos Kehunah* for a different explanation). [That this represented an historical first was perhaps deduced by the Midrash from the verse's implication that it was a novelty.]

[Were it only for Hezekiah's recovery from his first illness, the Midrash would not be able to prove the innovation of recovery from life-threatening illness, as it is possible that he was healed before his condition deteriorated to that point (*Nezer HaKodesh*, first approach; see there and *Yefeh To'ar* for alternative approaches).]

ט אָמַר רַבִּי יְהוּדָה בַּר סִימוֹן: [ז]אַבְרָהָם תָּבַע זִקְנָה, אָמַר לְפָנָיו: רִבּוֹן הָעוֹלָמִים, אָדָם וּבְנוֹ נִכְנָסִין לְמָקוֹם וְאֵין אָדָם יוֹדֵעַ לְמִי מְכַבֵּד. מִתּוֹךְ שֶׁאַתָּה מְעַטְּרוֹ בְּזִקְנָה אָדָם יוֹדֵעַ לְמִי מְכַבֵּד. אָמַר לוֹ הַקָּדוֹשׁ בָּרוּךְ הוּא: חַיֶּיךָ דָּבָר טוֹב תָּבַעְתָּ וּמִמְּךָ הוּא מַתְחִיל, מִתְּחִלַּת הַסֵּפֶר וְעַד כָּאן אֵין כְּתִיב זִקְנָה וְכֵיוָן שֶׁעָמַד אַבְרָהָם נָתַן לוֹ זִקְנָה שֶׁנֶּאֱמַר "וְאַבְרָהָם זָקֵן בָּא בַּיָּמִים". יִצְחָק תָּבַע יִסּוּרִין, אָמַר לְפָנָיו: רִבּוֹן הָעוֹלָמִים אָדָם מֵת בְּלֹא יִסּוּרִים מִדַּת הַדִּין מְתוּחָה כְּנֶגְדּוֹ, מִתּוֹךְ שֶׁאַתָּה מֵבִיא עָלָיו יִסּוּרִים אֵין מִדַּת הַדִּין מְתוּחָה כְּנֶגְדּוֹ. אָמַר לוֹ הַקָּדוֹשׁ בָּרוּךְ הוּא: חַיֶּיךָ דָּבָר טוֹב תָּבַעְתָּ וּמִמְּךָ אֲנִי מַתְחִיל. מִתְּחִלַּת הַסֵּפֶר וְעַד כָּאן אֵין כְּתִיב יִסּוּרִין וְכֵיוָן שֶׁעָמַד יִצְחָק נָתַן לוֹ יִסּוּרִים "וַיְהִי כִּי זָקֵן יִצְחָק וַתִּכְהֶיןָ". יַעֲקֹב תָּבַע אֶת הַחוֹלִי. אָמַר לְפָנָיו: רִבּוֹן הָעוֹלָמִים אָדָם מֵת בְּלֹא חוֹלִי אֵינוֹ מְיַשֵּׁב בֵּין בָּנָיו, מִתּוֹךְ שֶׁהוּא חוֹלֶה שְׁנַיִם אוֹ שְׁלֹשָׁה יָמִים הוּא מְיַשֵּׁב בֵּין בָּנָיו. אָמַר לוֹ הַקָּדוֹשׁ בָּרוּךְ הוּא: חַיֶּיךָ דָּבָר טוֹב תָּבַעְתָּ וּמִמְּךָ הוּא מַתְחִיל (בראשית מח, א) "וַיֹּאמֶר לְיוֹסֵף הִנֵּה אָבִיךָ חֹלֶה". אָמַר רַבִּי לֵוִי: אַבְרָהָם חִידֵּשׁ זִקְנָה, יִצְחָק חִידֵּשׁ יִסּוּרִים, יַעֲקֹב חִידֵּשׁ חוֹלִי, חִזְקִיָּהוּ חִידֵּשׁ חוֹלִי שֶׁיִּתְרַפֵּא. אָמַר לוֹ: הֶעֱמַדְתָּ אוֹתוֹ עַד יוֹם מוֹתוֹ, אֶלָּא מִתּוֹךְ שֶׁאָדָם חוֹלֶה וְעוֹמֵד חוֹלֶה וְעוֹמֵד הוּא עוֹשֶׂה תְּשׁוּבָה, אָמַר לוֹ הַקָּדוֹשׁ בָּרוּךְ הוּא: חַיֶּיךָ דָּבָר טוֹב תָּבַעְתָּ וּמִמְּךָ אֲנִי מַתְחִיל, הֲדָא הוּא דִכְתִיב (ישעיה לח, ט) "מִכְתָּב לְחִזְקִיָּהוּ מֶלֶךְ יְהוּדָה בַּחֲלֹתוֹ וַיְחִי מֵחָלְיוֹ". אָמַר רַבִּי שְׁמוּאֵל בַּר נַחְמָן: מִכָּאן שֶׁהָיָה בֵּין חוֹלִי לְחוֹלִי חוֹלִי כָּבֵד מִשְּׁנֵיהֶם:

עץ יוסף

ונפלאותיו לתועלתינו. וחדא מינייהו כהות עיני יצחק: **(ט) אדם ובנו נכנסים כו'.** דבאינשי דעלמא אין קפידא כל כך אף אם אחד זקן מחבירו. אבל באב ובן לעולם ראוי להיות הבן טפל לאביו בכבוד. ולפיכך תבע זקנה. ונעתר לו שנא' ואברהם זקן בא בימים וכבר נאמר ואברהם ושרה זקנים וגו' אלא ודאי זה נאמר על עטרת שיבה: **יצחק תבע יסורין.** לבל יהיה מדת הדין מתוח כלפי האדם במותו: **אין מדה"ד מתוחה.** שנמחלו רבים מעונותיו ע"י יסורין הממרקין עון: **וממך אני מתחיל.** שאף בהיותו צדיק גמור כבר נא' אין צדיק בארץ אשר יעשה טוב ולא יחטא דהיינו בחטא הקרוב לשוגג. וכן כזה נכשל יצחק במה שהצדיק רשע בשוגג שלכך כהו עיניו (נזה"ק): **תבע את החולי.** שהיה צריך לקרוא לכל בניו להוכיחם ולברכם אשר כל זה אינו ראוי להיות אלא סמוך למותו (ועיין ברש"י ריש דברים): **א"ל הקב"ה חייך כו' וממך כו'.** ביעקב לא מסיים המדרש מתחלת הספר ע"כ א"כ חולי כו' כמו באברהם לענין זקנה וביצחק לענין יסורים. משמע שביעקב מוכח זה מפסוק הנה אביך חולה: **ואינו מיישב.** אינו יכול לצוות אותם ולסדר וליישב ענין ירושתם: **חידש חולה שיתרפא.** פי' כשיבאו חלאים לאנשים שיתרפאו מהם זולת החולי אשר ימותו בו. וזה נתחדש ע"י חזקיהו אחר שנתרפא מחליו: **העמדת אותו עד יום מותו.** בתמיה וכי טוב להיות בריא עד יום מותו והלא לא יתן אל לבו לשוב (יפ"ת). וגירסת הנזה"ק אם העמדת אותו עד יום מותו איך יעשה תשובה. ור"ל שאז בשעת מותו פעמים אין בו כח לשוב עוד בתשובה שלמה: **בין חולי לחולי כו'.** פי' בין חולי זה שנתרפא ממנו עכשיו ובין חולי אשר מת בו היה חולי אחר כבד משניהם ודייק לה מיתורא דויחי הוה סגי. מאי מחליו. אלא דרמיז ארפואת חליו השני. וכן פרש"י ומדכתיב מחליו בכנוי משמע שזהו חליו העקרי והכבד (יפ"ת):

פירוש מהרז"ו

כמ"ש עשית. ומחשבות כמ"ש ומחשבותיך. ותיבת אלינו נמשך גם לרישא. ועי' פנ"ב סי' ה' כסות עינים כו' וזהו בשבילנו ועי' מדרש תהלים מ' שדורש הפסוק על אברהם: **(ט) אברהם תבע זקנה.** ע"ל ס"פ נ"ח ור"פ נ"ט. והוא ע"פ מדה ט"ז שמיוחד במקומו שכאן התחילה הזקנה. ומ"ש עד כאן פי' עד אברהם וכמ"ש ואברהם ושרה זקנים ואדוני זקן ואברהם זקן. וכ"ה בפר"א פנ"ב ע"ש כל הענין באורך: **חולה שיתרפא.** ומ"ש חז"ל על אלישע שחלה ג' חולאים ואלישע היה הרבה שנים קודם חזקיהו נ"ל שאלישע לא חידש שיהיה המנהג בעולם כן עד חזקיה. וצ"ע מנין לחז"ל כזה:

חידושי הרד"ל

(ד) [ט] חזקיהו חידש חולה שיתרפא. כ"ה גם בפר"א פנ"ב ובזוהר תרומה קע"ד. אבל בב"מ ובחלק אמר עד אלישע. ועי' תוס' ספ"ק דב"ב ט"ז. ובביאורי לפר"א שם בארתי:

(ה) שיתרפא. אמר לא טוב לאדם שהעמדת אותו עד יום מותי כו'. כ"ה בילקוט חיי שרה רמז ק"ה וכנ"ל. ור"ל שאז בשעת מותו פעמים אין בו כח לשוב עוד בתשובה שלימה לעשות לשמור ולקיים בפועל המצות אחרי התשובה:

מסורת המדרש

ז בבא מציעא דף פ"ז. סנהדרין דף ק"ז. תנחומא כאן סי' ו' וסדר חיי שרה סי' א' ילקוט סדר חיי רמז ק"ה:

אם למקרא

וַיְהִי אַחֲרֵי הַדְּבָרִים הָאֵלֶּה וַיֹּאמֶר לְיוֹסֵף הִנֵּה אָבִיךָ חֹלֶה וַיִּקַּח אֶת־שְׁנֵי בָנָיו עִמּוֹ אֶת־מְנַשֶּׁה וְאֶת־אֶפְרָיִם: (בראשית מח:א)

מִכְתָּב לְחִזְקִיָּהוּ מֶלֶךְ יְהוּדָה בַּחֲלֹתוֹ וַיְחִי מֵחָלְיוֹ: (ישעיה לח:ט)

ענף יוסף

(ד) [ט] יעקב חידש חולי. חזקיהו חידש חולי שיתרפא. כתבו התוס' בפ"ק דב"ב בשם ר"ת דעד יעקב לא היה מי שחלה חולי של מיתה מכאן ואילך הוה דאיחליש חולי של מיתה ולא נתרפא עד אלישע ע"כ. וכתב היפ"ת מ"ש ר"ת חולי של מיתה פי' חולי מסוכן. וה"ק דעד יעקב לא היה חולי גדול דמיתה אלא חולאים קלים כגון מיחוש אברים וכיוצא והיו מתרפאים. וביעקב נתחדש חולי גדול דמיתה ולא היו מתרפאים ממנו עד אלישע. ולעולם היו חולאים קלים נמצאים ג"כ מיעקב עד אלישע ומתרפאים ממנו עכ"ל. וא"כ הא דאברהם התפלל על החולים ונתרפאו. איירי בחולי סתם ולא בחולי מסוכן. אלא דאגדתין ע"כ פליג על הגמרא וס"ל דאלישע נתרפא דרך נס אבל אחרים לא נתרפאו עד חזקיהו שחידש שיתרפא חולי כמנהגו של עולם מבלי מעשה נס:

רש"י

(ט) אדם מת בלא חולי אינו מיישב בין בניו. שאינו מחלק להם נכסיו ומיישבן כראוי: **בחלותו ויחי מחליו השני מכאן שהיה בין חולי לחולי חולי כבד משניהם.** אפשר לומר בחלותו ויחי מהו ויחי מחליו לומר שחוליו שני היה כבד מראשון ומשני שמת בו:

מתנות כהונה

[ט] אין מדת הדין מתוחה כו'. שהיסורין ממרקין עונותיו: **ואינו מיישב.** אינו יכול לצוות אותם ולסדר וליישב ענין ירושתם: **אמר לו.** חזקיה לפני הקב"ה העמדת האדם על בוריו כל ימיו עד צאת נפשו ואינו זוכר לשוב בתשובה אלא כו': **בין חולי לחולי כו'.** דייק מדאמר ויחי ולא אמר ויקם משמע שכבר בא עד שערי מות ויחי דרך פלא ונס גדול ואחר כך כתיב עוד מחליו משמע עוד חולי ג':

אשד הנחלים

בעשיה. ויהי' א"כ באורו רבות עשית וגמרת ענינינו וחפצינו כי כל מחשבותיך והתחלות פעולותיך רק אלינו ולמענינו. ולזה אחז המדרש הדבר העקרי והראשי שזהו המחשבה תחילה במה שכהה מאור יצחק כדי שיטול יעקב הברכות ועי"ז יזכה לכל טוב: **[ט] תבע זקנה.** הנה כל כוונתם היה למען ימצא דבר שע"י ישתלמו בני אדם ויעבדו את ה'. והנה מדרך הילדים שהם נמשכים אחר הזקנים מהם. כי הזקנים יודעים התבל כי רוב שנים יודיעו חכמה. ולכן ביקש אברהם שיהי' דבר שע"י יוכר הזקנה ואז ימצא הד"א בעולם והקטון ילמד מן הגדול. אך יצחק ראה כי בלא יסורים א"א לאדם להשתלם. כי רק ע"י צער ומכאוב יכנע לב האדם. ואם לא כן מדה"ד מתוחה נגדו. להחטיאו ולהענישו ולכן על ביקש היסורים. ויעקב ראה שאלולי החולי טרם המיתה לא הי' אדם מצוה לבניו גם לא מת מתוך ישוב. כי הרגל החולי יוכל להביאנו לידי ישוב דעת בחליו ולכן ביקש גם על זה: **חולה שיתרפא.** כלומר אפילו חולה המעותד למות בטבע יתרפא ע"י ישועת ה' בשדוד הטבע: **העמדת אותו כו'.** שיעמוד בחליו עד יום מותו בלי רפואה. ואז מרוב כאבו לא יוכל לעבוד ה' באהבה כי יאמר נואש אחרי שאין רפואה למכתו. ביקש על הרפואה. אבל דברי המ"כ אינם מובנים דהרי יעקב ביקש על החולי לבד:

§10 **וַתִּכְהֶיןָ עֵינָיו מֵרְאֹת** — *AND IT WAS WHEN ISAAC HAD BECOME OLD, **HIS EYES DIMMED FROM SEEING.***

The Midrash presents an additional reason for Isaac's loss of sight:

אָמַר רַבִּי אֶלְעָזָר בֶּן עֲזַרְיָה — **R' Elazar ben Azaryah said** in explanation of our verse: **מֵרְאוֹת בְּרָע, מֵרְאוֹת בְּרָעָתוֹ שֶׁל רָשָׁע** — Isaac's eyes dimmed to prevent him ***from seeing evil*** (*Habakkuk* 1:13/ *Isaiah* 33:15), that is, **from seeing the evil of the wicked one** (Esau).[81] **אָמַר הַקָּדוֹשׁ בָּרוּךְ הוּא: יְהִי יִצְחָק יוֹצֵא לַשּׁוּק וִיהוֹן בְּרִיָּיתָא אָמְרִין דֵּין אֲבוּהּ דְּהַהוּא רַשִׁיעָא** — The Midrash elaborates: **The Holy One, blessed is He, said, "Isaac will go out to the marketplace and people will say** about him, **'This is the father of that wicked person** (Esau).' **אֶלָּא הֲרֵינִי מַכְהֶה אֶת עֵינָיו וְהוּא יוֹשֵׁב בְּתוֹךְ בֵּיתוֹ** — **Rather,** to avoid this, **I will dim his eyes and he will** be compelled to **sit inside his home."**[82] **הֲדָא הוּא דִכְתִיב "בְּקוּם רְשָׁעִים יִסָּתֵר אָדָם"** — **Thus it is written,** ***When the wicked rise, men hide*** (*Proverbs* 28:28).[83] **מִכָּאן אָמְרוּ: כָּל הַמַּעֲמִיד בֵּן רָשָׁע אוֹ תַּלְמִיד רָשָׁע סוֹף שֶׁעֵינָיו כֵּהוֹת** — **From here [the Sages] said: One who raises a wicked child or a wicked student — eventually his eyes will be dimmed.**[84] **תַּלְמִיד רָשָׁע מֵאֲחִיָּה הַשִּׁילוֹנִי "וַאֲחִיָּהוּ לֹא יָכֹל לִרְאוֹת כִּי קָמוּ עֵינָיו מִשֵּׂיבוֹ"** — The Midrash provides sources for the above statement: The fact that the eyes of one who raises **a wicked student** are dimmed is derived **from** what happened to **Ahijah the Shilonite.** For a verse states, ***Now Ahijah could not see, for his eyes had stopped*** [functioning] ***because of his old age*** (*I Kings* 14:4). **שֶׁהֶעֱמִיד אֶת יָרָבְעָם תַּלְמִיד רָשָׁע** — And the reason for this was **because he raised Jeroboam, a wicked student.**[85] **בֵּן רָשָׁע מִיִּצְחָק, "וַיְהִי כִּי זָקֵן יִצְחָק וַתִּכְהֶיןָ עֵינָיו"** — The fact that the eyes of one who raises **a wicked child** are dimmed is derived **from** what happened to **Isaac.** For our verse states, ***And it was when Isaac had become old, his eyes dimmed*** *from seeing.*

Yet another approach to explain Isaac's loss of sight:

דָּבָר אַחֵר "מֵרְאֹת", מִכֹּחַ אוֹתָהּ רְאִיָּה — **An alternative explanation:** The word "**מֵרְאֹת**"[86] may be interpreted to mean that Isaac's eyes dimmed **as a result of a particular sight.** **שֶׁבְּשָׁעָה שֶׁעָקַד אַבְרָהָם אָבִינוּ אֶת בְּנוֹ עַל גַּבֵּי הַמִּזְבֵּחַ בָּכוּ מַלְאֲכֵי הַשָּׁרֵת** — The Midrash explains: **For at the time that our patriarch Abraham bound his son** (Isaac) **atop the altar,**[87] **the ministering angels wept,** **הֲדָא הוּא דִכְתִיב "הֵן אֶרְאֶלָּם צָעֲקוּ חֻצָה וגו'"** — and **thus it is written,** ***Behold, their herald cried out outside,*** etc. (*Isaiah* 33:7).[88] **וְנָשְׁרוּ דְּמָעוֹת מֵעֵינֵיהֶם לְתוֹךְ עֵינָיו וְהָיוּ רְשׁוּמוֹת בְּתוֹךְ עֵינָיו, וְכֵיוָן שֶׁהִזְקִין כָּהוּ עֵינָיו** — **And tears dripped from their eyes into [Isaac's] eyes and were imprinted upon his eyes,**[89] so that **when he became old his eyes dimmed.**[90] **הֲדָא הוּא דִכְתִיב "וַיְהִי כִּי זָקֵן יִצְחָק וגו'"** — **Thus it is written, *And it was when Isaac had become old, etc.,*** *his eyes dimmed from seeing.*[91]

A final explanation for Isaac's loss of sight:[92]

דָּבָר אַחֵר "מֵרְאֹת", מִכֹּחַ אוֹתָהּ הָרְאִיָּה — **An alternative explanation:** The word "**מֵרְאוֹת**" may be interpreted to mean that Isaac's eyes dimmed **as a result of a particular sight.** **שֶׁבְּשָׁעָה שֶׁעָקַד אַבְרָהָם אָבִינוּ אֶת יִצְחָק בְּנוֹ עַל גַּבֵּי הַמִּזְבֵּחַ** — The Midrash explains: **For at the time that our patriarch Abraham bound his son** (Isaac) **atop the altar,** **תָּלָה עֵינָיו בַּמָּרוֹם וְהִבִּיט בַּשְּׁכִינָה** — **[Isaac] raised his eyes upward and gazed at the Divine Presence** that was above Abraham.[93] **מוֹשְׁלִים אוֹתוֹ מָשָׁל לְמָה הַדָּבָר דּוֹמֶה** — **[The Sages] explain it allegorically,** saying, **to what parable**

NOTES

81. The Midrash is bothered by the verse's inclusion of the seemingly unnecessary word מֵרְאוֹת, *from seeing* (*Yefeh To'ar, Matnos Kehunah*). The Midrash therefore infers that this word does not simply refer to the ability to see, but rather, it mirrors the *seeing* mentioned in *Habakkuk* 1:13, *seeing evil* [מֵרְאוֹת בְּרָע]. Thus, the Midrash interprets our verse to mean that Isaac's eyes were dimmed to prevent him *from seeing* the *evil* behavior of Esau (*Eitz Yosef*, citing *Yefeh To'ar*; see also *Matnos Kehunah*).

82. If Isaac would venture out of his house, the unsavory descriptions of Esau with which he would be confronted would apprise him of Esau's true nature. To protect Isaac from *seeing*, i.e., from becoming aware of, the *evil* of Esau, God arranged that he should become homebound (*Yefeh To'ar*).

[Although (as is evident from 63 §12 above) Esau had been wicked for many years before Isaac became old and blind (*Yefeh To'ar*), it was only after Isaac *had become old* that Esau's wickedness escalated to the point that people would murmur about Isaac if he appeared in public (*Yefeh To'ar, Eitz Yosef*).]

83. [In its plain meaning, this verse states that people hide in fear when the wicked are ascendant (see *Metzudas David* and *Malbim* to verse).] As it is interpreted here, the verse alludes to the fact that Isaac was secluded in his house when the wicked Esau became active.

84. Based on the above exposition, Isaac's loss of sight provides a source for the fact that *one who raises a wicked child* will have his eyes dimmed (*Eitz Yosef*, citing *Yefeh To'ar*; see below).

God causes the righteous father or teacher of a wicked man to suffer a loss of sight for his own benefit — in order to spare him from the ignominy he would suffer as a result of leaving his home and being identified as father or teacher of the wicked man (see *Yefeh To'ar*, first approach; *Nezer HaKodesh* and *Eitz Yosef*). [See *Yefeh To'ar* and *Nezer HaKodesh,* who discuss several examples of righteous Biblical figures to whom this rule did not apply.]

85. Ahijah the Shilonite was eminently righteous. The Midrash asserts that the only possible explanation for the fact that he did not experience the pleasant old age of which *Psalms* 92:15 assures the righteous, is his having mentored the wicked Jeroboam (*Eitz Yosef*, citing *Nezer HaKodesh*; see *Maharzu*, citing *Midrash Tanchuma, Ki Seitzei* §4, for another approach). That Ahijah taught Jeroboam Torah emerges from an exposition cited in *Sanhedrin* 102a (*Eitz Yosef*).

86. Presumably, this exposition is based on the fact that this word seems extraneous (see above, note 81 and below, note 89).

87. See above, 22:9-10.

88. The Midrash interprets the end of this verse, which reads מַלְאֲכֵי שָׁלוֹם מַר יִבְכָּיוּן, *angels of peace wept bitterly,* to describe the crying of the angels at the time of the *Akeidah* (see *Matnos Kehunah* et al.). [This exposition of the verse in *Isaiah* also appears in 56 §5 above, and is discussed in our commentary there.]

89. Our verse's use of the word מֵרְאוֹת provides an allusion to this exposition. For this word may be understood as a contraction of מַר, which can mean *a drop* (see *Isaiah* 40:15) and אוֹת, which means *a sign* or *an imprint* (*Maharzu*).

90. The immediate damage caused by the introduction of the angels' tears into Isaac's eyes was marginal. However, when Isaac's advanced age brought about the natural degeneration of his eyes, that *imprint* had the effect of completely blinding him (*Eitz Yosef*, citing *Nezer HaKodesh*).

91. The Midrash draws support for the above exposition from the word מֵרְאוֹת, which appears at the end of this verse, and, as above, may be interpreted to mean *as a result of a particular sight* (*Ohr HaSeichel*; also see *Matnos Kehunah*; see *Yefeh To'ar* for an alternative approach). Although the Midrash does not specifically mention any *sight*, it does contain an implied reference to the fact that Isaac's eyes were lifted heavenward at the time of the *Akeidah* (see below). For it was only because Isaac's eyes were in that position that the tears that emanated from the eyes of the angels, who were intently observing the drama below, found their way into his (*Nezer HaKodesh*; for additional insight into the fact that the angels' tears fell into Isaac's eyes, see *Ohr HaSeichel*, *Yefeh To'ar*, *Eshed HaNechalim*, and *Zera Avraham*).

92. [It should be noted that additional explanations appear in *Tanchuma* §8, cited by *Rashi* to our verse, and in *Megillah* 28a. Furthermore, each of these explanations represents only one of two causes for Isaac's blindness, with the other being Abimelech's curse discussed in (*Megillah* loc. cit. and) 52 §12 above (*Yefeh To'ar* and *Maharzu*, both s.v. בן רשע, based on *Megillah* loc. cit.; see further *Nechmad LeMareh*).]

93. *Eitz Yosef*.

Isaac should not have gazed at the Divine Presence, but should rather have closed his eyes, as Moses in fact did (see *Exodus* 3:6), to avoid this forbidden sight. This offense is generally punishable by death (see ibid. 33:20) and the Midrash will now use a parable to explain why in Isaac's case, it resulted only in loss of sight (*Eitz Yosef*; see also *Matnos Kehunah*).

י "וַתִּכְהֶיןָ עֵינָיו מֵרְאֹת", [ח]אָמַר רַבִּי אֶלְעָזָר בֶּן עֲזַרְיָה: מֵרְאוֹת בְּרָע, מֵרְאוֹת בְּרָעָתוֹ שֶׁל רָשָׁע. אָמַר הַקָּדוֹשׁ בָּרוּךְ הוּא: יְהֵא יִצְחָק יוֹצֵא לַשּׁוּק וִיהוֹן בִּרְיָּיתָא אָמְרִין דֵּין אֲבוּהּ דְּהַהוּא רַשִׁיעָא, אֶלָּא הֲרֵינִי מַכְהֶה אֶת עֵינָיו וְהוּא יוֹשֵׁב בְּתוֹךְ בֵּיתוֹ. הָדָא הוּא דִכְתִיב (משלי כח, כח) "בְּקוּם רְשָׁעִים יִסָּתֵר אָדָם". מִכָּאן אָמְרוּ: [ט]כָּל הַמַּעֲמִיד בֵּן רָשָׁע אוֹ תַּלְמִיד רָשָׁע סוֹף שֶׁעֵינָיו כֵּהוֹת. תַּלְמִיד רָשָׁע מֵאֲחִיָּה הַשִּׁילוֹנִי (מלכים א יד, ד) "וַאֲחִיָּהֻ לֹא יָכוֹל לִרְאוֹת כִּי קָמוּ עֵינָיו מִשֵּׂיבוֹ", שֶׁהֶעֱמִיד אֶת יָרָבְעָם תַּלְמִיד רָשָׁע. בֵּן רָשָׁע מִיִּצְחָק, "וַיְהִי כִּי זָקֵן יִצְחָק וַתִּכְהֶיןָ עֵינָיו". דָּבָר אַחֵר "מֵרְאֹת", מִכֹּחַ אוֹתָהּ רְאִיָּה, [י]שֶׁבְּשָׁעָה שֶׁעָקַד אַבְרָהָם אָבִינוּ אֶת בְּנוֹ עַל גַּבֵּי הַמִּזְבֵּחַ בָּכוּ מַלְאֲכֵי הַשָּׁרֵת, הָדָא הוּא דִכְתִיב (ישעיה לג, ז) "הֵן אֶרְאֶלָּם צָעֲקוּ חֻצָה וגו' ", וְנָשְׁרוּ דְּמָעוֹת מֵעֵינֵיהֶם לְתוֹךְ עֵינָיו וְהָיוּ רְשׁוּמוֹת בְּתוֹךְ עֵינָיו, וְכֵיוָן שֶׁהִזְקִין כָּהוּ עֵינָיו הָדָא הוּא דִכְתִיב "וַיְהִי כִּי זָקֵן יִצְחָק °וְגוֹ' ". דָּבָר אַחֵר "מֵרְאֹת", מִכֹּחַ אוֹתָהּ הָרְאִיָּה [יא]שֶׁבְּשָׁעָה שֶׁעָקַד אַבְרָהָם אָבִינוּ אֶת יִצְחָק בְּנוֹ עַל גַּבֵּי הַמִּזְבֵּחַ תָּלָה עֵינָיו לַמָּרוֹם וְהִבִּיט בַּשְּׁכִינָה. מוֹשְׁלִים אוֹתוֹ מָשָׁל לְמָה הַדָּבָר דּוֹמֶה לְמֶלֶךְ שֶׁהָיָה מְטַיֵּיל בְּפֶתַח פַּלָטִין שֶׁלּוֹ וְתָלָה עֵינָיו וְרָאָה בְּנוֹ שֶׁל אוֹהֲבוֹ מֵצִיץ עָלָיו בְּעַד הַחַלּוֹן, אָמַר אִם הוֹרְגוֹ אֲנִי עַכְשָׁיו מַכְרִיעַ אֲנִי אֶת אוֹהֲבִי אֶלָּא גּוֹזְרַנִי שֶׁיִּסָּתְמוּ חַלּוֹנוֹתָיו, כָּךְ בְּשָׁעָה °שֶׁעָקַד אַבְרָהָם אָבִינוּ אֶת בְּנוֹ עַל גַּבֵּי הַמִּזְבֵּחַ תָּלָה עֵינָיו וְהִבִּיט בַּשְּׁכִינָה, אָמַר הַקָּדוֹשׁ בָּרוּךְ הוּא אִם הוֹרְגוֹ אֲנִי עַכְשָׁיו אֲנִי מַכְרִיעַ אֶת אַבְרָהָם אוֹהֲבִי, אֶלָּא גּוֹזֵר אֲנִי שֶׁיִּכְהוּ עֵינָיו, וְכֵיוָן שֶׁהִזְקִין כָּהוּ עֵינָיו, "וַיְהִי כִּי זָקֵן יִצְחָק וְגוֹ' ":

עץ יוסף

(י) [ה] **מראות ברע.** דריש ג"ש כא' כאן מראות וכא' טהור עינים מראות ברע מה להלן מראות רע הכא נמי מראות ברעתו של עשו (יפ"ת): **יהי יצחק יוצא לשוק כו'.** שלעת זקנתו של יצחק גבר רשעו מאד: **כל המעמיד כו'.** דמכאן ילפינן להמעמיד בן רשע מיהת (יפ"ת): **סוף שעיניו כהות.** לטובתו שלא יצטער בראותו ברעת בנו או תלמידו: **כי קמו עיניו משיבו.** הרי שכהו עיניו. וכיון דהוי צדיק גמור איך לא נתקיים בו עוד ינובון בשיבה דשנים ורעננים יהיו. אע"כ בעבור שהעמיד תלמיד רשע (נזה"ק): **ירבעם תלמיד.** כדאמר בפ' חלק והוא מתכסה בשלמה חדשה שחדשו דברים שלא שמען אוזן מעולם כו': **מכח אותה ראיה.** בשעת העקידה מ"מ לא כהו עיניו מיד רק שעשו בו רושם קצת נזק. וכיון שהזקין אשר אז נחלש בטבע לעת הזקנה מאז יצא אותו הרושם אל הפועל שכהו עיניו לגמרי (נזה"ק): **והביט בשכינה.** שהיתה למעלה מאברהם. והיה ראוי לו להסתיר פניו כמשה שהסתיר פניו. ולכן היה ראוי שימות כדכתיב לא יראני האדם וחי. ולא המיתו כדי שלא להכריע דעת אברהם אוהבו להחליש דעתו בצער מיתת בנו. ומ"מ לא כהו עיניו מיד מפני כבוד אברהם לבל להצטער על בנו שנעשה סומא החשוב כמת ולכן מאז לא נעשה בו אלא רושם כדלעיל (נזה"ק):

פירוש מהרז"ו

(י) **כל המעמיד תלמיד.** תנחומא תצא סי' ד' שפסוק ואחיה לא יוכל לראות כתיב בתוך ענין של ירבעם ולמוד מענינו שע"כ כהו עיניו: **בן רשע מיצחק.** ומש"ל פנ"ב סי' י"ב הבן שיעמידו יהיה כסוי עינים וכ"א במגילה הא והא גרמו ליה: **הן אראלם.** וס"ד מלאכי שלום מר יבכיון וכמש"ל פנ"ו סי' ה' וש"נ ודורש נוטריקון מראות מר אות. ומר פי' טיפה כמ"ש מר מדלי ואות הוא רושם. וז"ש נשרו דמעות והיו רשומות כו':

חידושי הרד"ל

(ו) [י] **צעקו חוצה וגו'.** מר יבכיון. ונשרו דמעות כנ"ל:

מסורת המדרש

ח תנחומא סדר תצא סי' ד'. ילקוט כאן רמז קי"ד:
ט סנהדרין ק"ב. תנחומא כי תצא סי' ד'. אגדת שמואל פ' ח'. ילקוט מלכים רמז ר"ב:
י לעיל פר' נ"ו. ילקוט ישעיה רמז ש"ג:
יא דברים רבה פרשה י"א. ילקוט כאן רמז קי"ד:

אם למקרא

בְּקוּם רְשָׁעִים יִסָּתֵר אָדָם וּבְאָבְדָם יִרְבּוּ צַדִּיקִים: (משלי כח:כח)

וַתַּעַשׂ כֵּן אֵשֶׁת יָרָבְעָם וַתָּקָם וַתֵּלֶךְ שִׁלֹה וַתָּבֹא בֵּית אֲחִיָּה וַאֲחִיָּהוּ לֹא־יָכֹל לִרְאוֹת כִּי קָמוּ עֵינָיו מִשֵּׂיבוֹ: (מלכים א יד:ד)

הֵן אֶרְאֶלָּם צָעֲקוּ חֻצָה מַלְאֲכֵי שָׁלוֹם מַר יִבְכָּיוּן: (ישעיה לג:ז)

ענף יוסף

(ה) [י] **[בכו מה"ש]** אל יבהלוך רעיונך כלפי חז"ל לומר איך יצוייר הורדת דמעה במלאכים הפשוטים ונבדלים מגשמיות. ודע נאמנה שכל זה. נאמר ע"ד דוגמא ומשל כי אין שום דבר למטה בתחתונים אשר אין בדוגמתו למעלה גבוה מעל גבוה בתכלית הרוחניות. וע"י רבוי המדריגות בכח השתלשלות עד למטה הוא מתקיים למטה בדוגמא התחתונה ואין להאריך בזה כי הדברים עתיקין (נזה"ק):

מתנות כהונה

[י] **הכי גרסינן בילקוט** מראות מראות ברעתו כו' דאם לא כן מראות למה לי אלא על דרך שאמר הכתוב עוצם עיניו מראות ברע. ופירושו כדי שלא יראה ברשעתו של אותו רשע: **ויהון ברייתא כו'.** ויהיו הבריות אומרים זהו אביו של אותו רשע: **צעקו חוצה וגו'** גרסינן: **כי זקן יצחק וגו'** גרסינן: **מציץ עליו.** בן אוהב מציץ על המלך דרך גאוה בלי יראה: **מכריע את אוהבי.** מכריע אותו חוץ מדעתו ומצערו וכהות עיני יצחק עמדו לו במקום מיתה שנאמר כי לא יראני האדם וחי:

נחמד למראה

[י] **בקום רשעים יסתר אדם מכאן אמרו כל המעמיד בן רשע וכו'.** יש לדקדק דהא אמרו בגמ' לעולם אל תהי קללת הדיוט קלה בעיניך שהרי אבימלך קלל את שרה הנה הוא לך כסות עינים ונתקיים בזרעה ויהי כי זקן יצחק וגו'. וראיתי בגמ' הקשו קושיא זו ותירצו הא והא גרמא ליה וכו' אבל איני יודע אי הא והא גרמא ליה היכי יליף הכא משום שהעמיד לעשו דמשמע דהא לבד גרמה ליה. ונראה לעניות דעתי לתרץ במה שכתב הרב מהרש"א במה שאמרו בגמ' לוי אחוי קידה וכו' ותירצו הא והא גרמא ליה כתב ז"ל דהכונה שהאחת היתה סבה לאחרת שנכשל בקידה ואיטלע ע"ש בספר רצוף אהבה. א"כ ה"נ נאמר בו דלעולם הסבה שהעמיד בן רשע היה חייב יצחק עונש אבל היה אפשר שיהיה עונש אחר על דרך ארבעה חשובים כמת. אבל מה שנתחייב יצחק בעונש סמיות' עינים היה סבת קללת אבימלך. זהו הכוונה הא והא גרמא ליה כלומר הסבה שהעמיד בן רשע היה הסבה קללת אבימלך שסמיית עיניו הוא בשביל קללת הדיוט דהנה הוא לך כסות עינים וק"ל ונכון ע"כ מצאתי כתוב: **בן רשע מיצחק ויהי כי זקן יצחק וגו'.** כתב הרב יפ"ת ז"ל דהוה מצי למימר מעלי אלא שאינו צריך ועוד דאיכא למידחי שאני התם דהוי תרי עכ"ל. ותימה על הרב דבמס' שבת מסיק כל האומר בני עלי חטאו אינו אלא טועה דכתיב ושם שני בני עלי חפני ופנחס סבר לה כרב דאמר פנחס לא חטא מקיש חפני לפנחס מה פנחס לא חטא אף חפני לא חטא ומסיק בגמ' במסקנא מתוך שהיה לפנחס למחות בחפני ולא מיחה מעלה עליו הכתוב כאלו חטא. נמצא דאליבא דכ"ע פנחס לא חטא א"כ הוה מצי לאתויי ראיה מעלי כך שמעתי מקשין: **ול"נ** דלא נעלם מעיני הרב יפ"ת ז"ל סוגיא זו. אמנם מה שכתב הוא לפי פשטן של כתובים המורים דתרווייהו חטאו ומשו"ה לא הוה מצי לאתויי מעלי:

אשד הנחלים

[י] **מראות ברעתו כו'.** כלומר מסבת ראות המלאכים כי מעיניהם ירדו דמעה לעיניו וע"כ כהו בימי הזקנה. והדבר בעצמו צריך ביאור. איך יצוייר דמעה במלאכי' עליונים רוחניים. ומדוע דווקא נזלו לתוך עינו דווקא. והנראה בזה. דהנה יצחק בעצמו מרוב אהבתו את ה' לא פחד לבו ולא נמצא בלבו רחמים על עצמו. אבל מעצם נפשו אשר היא אדוקה במלאכים הקדושים הן מעצמה והן בעזר מלאכיה הטיפו דמעות עליו. וזהו המליצה שנזלו מעיניהם לעיניו. והבן זה מאוד: **והביט בשכינה כו' תלה עיניו.** ענין פנימי לוטה בה דהנה יצחק מרוב דביקותו והתבודדותו עד שכמעט נפרדה נפשו מגיוו בעת עקידתו כי דיבק עצמו בשכינה וכמעט אינו בעולם. אך ה' ריחם על אברהם והחי' ליצחק. ומפני שדרכו להביט למעלה בשכינה ואז א"א לו החיים כמ"ש כי לא יראני האדם וחי לכך סתם את עיניו שהמה החלונות בכדי שלא יביט יותר מדאי ולא יתפרד נפשו מרוב הבטתו. והבן זה מאוד:

may this[94] be compared? לְמֶלֶךְ שֶׁהָיָה מְטַיֵּיל בְּפֶתַח פַּלְטִין שֶׁלּוֹ – To a king who was relaxing by the entrance to his palace, וְתָלָה עֵינָיו וְרָאָה בְּנוֹ שֶׁל אוֹהֲבוֹ מֵצִיץ עָלָיו בְּעַד הַחַלּוֹן – and he raised his eyes and saw the son of his friend inappropriately staring at him through the window.[95] אָמַר אִם הוֹרְגוֹ אֲנִי עַכְשָׁיו מַכְרִיעַ אֲנִי אֶת אוֹהֲבִי – [The king] said, "If I execute him for this act of disrespect, I will now[96] cause my friend to become broken.[97] אֶלָּא גּוֹזְרַנִי שֶׁיִּסָּתְמוּ חַלּוֹנוֹתָיו – Rather, I hereby decree that his windows shall be sealed up."[98] כָּךְ בְּשָׁעָה שֶׁהֶעֱקִיד אַבְרָהָם אָבִינוּ אֶת בְּנוֹ עַל גַּבֵּי הַמִּזְבֵּחַ – So too, at the time that our patriarch Abraham bound his son (Isaac) atop the altar, תָּלָה עֵינָיו וְהִבִּיט בַּשְּׁכִינָה – [Isaac] raised his eyes and gazed at the Divine Presence. אָמַר הַקָּדוֹשׁ בָּרוּךְ הוּא אִם הוֹרְגוֹ אֲנִי עַכְשָׁיו אֲנִי מַכְרִיעַ אֶת אַבְרָהָם אוֹהֲבִי – The Holy One, blessed is He, said, "If I execute him for this act of disrespect, I will now cause anguish to Abraham, My beloved one. אֶלָּא גּוֹזֵר אֲנִי שֶׁיִּכְהוּ עֵינָיו – Rather, I hereby decree that his eyes shall dim."[99] וְכֵיוָן שֶׁהִזְקִין כָּהוּ עֵינָיו, "וַיְהִי כִּי זָקֵן יִצְחָק וְגוֹ'" – And when he became old his eyes indeed dimmed,[100] as our verse states, ***And it was when Isaac had become old, etc.,*** *his eyes dimmed from seeing.*[101]

NOTES

94. I.e., Isaac's improper act and his resultant blindness.

95. It is inappropriate to observe a king when he is in a position that could diminish the respect he commands (*Yefeh To'ar*). Alternatively, the son was staring at the king in a haughty and irreverent manner (*Matnos Kehunah*).

96. Elucidation follows *Yedei Moshe*.

97. Translation follows *Eitz Yosef*, Vagshal ed., citing *Radal*, who references *Judges* 11:35; see *Matnos Kehunah* for an alternative explanation.

98. Not wanting to punish the offensive behavior, the king took measures to ensure that it could not be repeated (*Yefeh To'ar*).

99. As noted above (note 93), by rights, Isaac should have been killed for having *gazed at the Divine Presence*. God commuted Isaac's punishment to blindness, since, [according to *Nedarim* 64b] a *blind man is considered as dead* (*Matnos Kehunah*, citing *Pirkei DeRabbi Eliezer* §32; *Eitz Yosef*, citing *Nezer HaKodesh*; see further, *Nezer HaKodesh*, who notes that the analogy is not completely equivalent to the episode with Isaac). Alternatively, Isaac was not punished at all; his blindness was simply a method of ensuring that he not gaze improperly a second time (*Yefeh To'ar*, *Eshed HaNechalim*).

100. That God's decree was not carried out immediately after the offense was another manifestation of God's love for Abraham, to spare Abraham the distress that Isaac's blindness would have caused him (*Eitz Yosef*, citing *Nezer HaKodesh*; see also *Yefeh To'ar*.

101. Apparently, the Midrash wishes to highlight the word מֵרְאוֹת at the end of this verse, and, as we have seen, provides the basis for the above exposition.

י "וַתִּכְהֶיןָ עֵינָיו מֵרְאֹת", חאָמַר רַבִּי אֶלְעָזָר בֶּן עֲזַרְיָה: מֵרְאוֹת בְּרָע, מֵרְאוֹת בְּרָעָתוֹ שֶׁל רָשָׁע. אָמַר הַקָּדוֹשׁ בָּרוּךְ הוּא: יְהֵא יִצְחָק יוֹצֵא לַשּׁוּק וִיהוֹן בִּרְיָּיתָא אָמְרִין דֵּין אֲבוּהּ דְּהַהוּא רַשִׁיעָא, אֶלָּא הֲרֵינִי מַכְהֶה אֶת עֵינָיו וְהוּא יוֹשֵׁב בְּתוֹךְ בֵּיתוֹ. הָדָא הוּא דִכְתִיב (משלי כח, כח) "בְּקוּם רְשָׁעִים יִסָּתֵר אָדָם". מִכָּאן אָמְרוּ: טכָּל הַמַּעֲמִיד בֵּן רָשָׁע אוֹ תַּלְמִיד רָשָׁע סוֹף שֶׁעֵינָיו כֵּהוֹת. תַּלְמִיד רָשָׁע מֵאֲחִיָּה הַשִּׁילוֹנִי (מלכים א יד, ד) "וַאֲחִיָּהוּ לֹא יָכוֹל לִרְאוֹת כִּי קָמוּ עֵינָיו מִשֵּׂיבוֹ", שֶׁהֶעֱמִיד אֶת יָרָבְעָם תַּלְמִיד רָשָׁע. בֵּן רָשָׁע מִיִּצְחָק, "וַיְהִי כִּי זָקֵן יִצְחָק וַתִּכְהֶיןָ עֵינָיו". דָּבָר אַחֵר "מֵרְאֹת", מִכֹּחַ אוֹתָהּ רְאִיָּה, ישֶׁבְּשָׁעָה שֶׁעָקַד אַבְרָהָם אָבִינוּ אֶת בְּנוֹ עַל גַּבֵּי הַמִּזְבֵּחַ בָּכוּ מַלְאֲכֵי הַשָּׁרֵת, הָדָא הוּא דִכְתִיב (ישעיה לג, ז) "הֵן אֶרְאֶלָּם צָעֲקוּ חֻצָה וגו' ", וְנָשְׁרוּ דְּמָעוֹת מֵעֵינֵיהֶם לְתוֹךְ עֵינָיו וְהָיוּ רְשׁוּמוֹת בְּתוֹךְ עֵינָיו, וְכֵיוָן שֶׁהִזְקִין כָּהוּ עֵינָיו הָדָא הוּא דִכְתִיב "וַיְהִי כִּי זָקֵן יִצְחָק °וְגוֹ' ". דָּבָר אַחֵר "מֵרְאֹת", מִכֹּחַ אוֹתָהּ הָרְאִיָּה יאשֶׁבְּשָׁעָה שֶׁעָקַד אַבְרָהָם אָבִינוּ אֶת יִצְחָק בְּנוֹ עַל גַּבֵּי הַמִּזְבֵּחַ תָּלָה עֵינָיו לַמָּרוֹם וְהִבִּיט בַּשְּׁכִינָה. מוֹשְׁלִים אוֹתוֹ מָשָׁל לְמָה הַדָּבָר דּוֹמֶה לְמֶלֶךְ שֶׁהָיָה מְטַיֵּיל בְּפֶתַח פָּלָטִין שֶׁלּוֹ וְתָלָה עֵינָיו וְרָאָה בְּנוֹ שֶׁל אוֹהֲבוֹ מֵצִיץ עָלָיו בְּעַד הַחַלּוֹן, אָמַר אִם הוֹרְגוֹ אֲנִי עַכְשָׁיו מַכְרִיעַ אֲנִי אֶת אוֹהֲבִי אֶלָּא גּוֹזְרַנִי שֶׁיִּסָּתְמוּ חַלּוֹנוֹתָיו, כָּךְ בְּשָׁעָה °שֶׁעָקַד אַבְרָהָם אָבִינוּ אֶת בְּנוֹ עַל גַּבֵּי הַמִּזְבֵּחַ תָּלָה עֵינָיו וְהִבִּיט בַּשְּׁכִינָה, אָמַר הַקָּדוֹשׁ בָּרוּךְ הוּא אִם הוֹרְגוֹ אֲנִי עַכְשָׁיו אֲנִי מַכְרִיעַ אֶת אַבְרָהָם אוֹהֲבִי, אֶלָּא גּוֹזֵר אֲנִי שֶׁיִּכְהוּ עֵינָיו, וְכֵיוָן שֶׁהִזְקִין כָּהוּ עֵינָיו, "וַיְהִי כִּי זָקֵן יִצְחָק וְגוֹ' ":

עץ יוסף

(י) [ה] **מראות ברע.** דריש ג"ש נא' כאן מראות ונא' טהור עינים מראות ברע מה להלן מראות רע הכא נמי מראות ברשעו של עשו (יפ"ת): **יהי יצחק יוצא לשוק כו'.** שלטה זקנתו של יצחק גבר רשעו מאד: **כל המעמיד כו'.** דמכאן ילפינן להמעמיד בן רשע מיהת (יפ"ת): **סוף שעיניו כהות.** לטובתו שלא יצטער בראותו ברשעת בנו או תלמידו: **כי קמו עיניו משיבו.** הרי שכהו עיניו. וכיון דהוי צדיק גמור איך לא נתקיים בו עוד ינובון בשיבה דשנים ורעננים יהיו. אע"כ בעבור שהעמיד תלמיד רשע (נזה"ק): **ירבעם תלמיד.** כדאמר בפ' חלק והוא מתכסה בשלמה חדשה שחדשו דברים שלא שמען אוזן מעולם כו': **מכח אותה ראיה.** בשעת העקידה מ"מ לא כהו עיניו מיד רק שעשו בו רושם קצת נזק. וכיון שהזקין אשר אז נחלש בטבע לעת הזקנה מאז יצא אותו הרושם אל הפועל שכהו עיניו לגמרי (נזה"ק): **והביט בשכינה.** שהיתה למעלה מאברהם. והיה ראוי לו להסתיר פניו כמשה שהסתיר פניו. ולכן היה ראוי שימות כדכתיב לא יראני האדם וחי. ולא המיתו כדי שלא להכריע דעת אברהם אוהבו להחליש דעתו בצער מיתת בנו. ומ"מ לא כהו עיניו מיד מפני כבוד אברהם לבל להצטער על בנו שנעשה סומא החשוב כמת ולכן מאז לא נעשה בו אלא רושם כדלעיל (נזה"ק):

פירוש מהרז"ו

(י) **כל המעמיד תלמיד.** תנחומא תצא סי' ד' שפסוק ואחיה לא יוכל לראות כתיב בתוך ענין של ירבעם ולמוד מענינו שע"כ כהו עיניו: **בן רשע מיצחק.** ומש"ל פנ"ב סי' י"ב הבן שיעמידו יהיה כסוי עינים וכ"א במגילה הא והא גרמו ליה: **הן אראלם.** וס"ד מלאכי שלום מר יבכיון וכמש"ל פנ"ו סי' ה' וש"נ ודורש נוטריקון מראות מר אות. ומר פי' טיפה כמ"ש מר מדלי ואות הוא רושם. וז"ש נשרו דמעות והיו רשומות כו':

חידושי הרד"ל

(ו) [י] **צעקו חוצה וגו'.** מר יבכיון. ונשרו דמעות כצ"ל:

מסורת המדרש

ח תנחומא סדר תצא סי' ד'. ילקוט כאן רמז קי"ד:
ט סנהדרין ק"ב. תנחומא כי תצא סי' ד'. אגדת שמואל פ' ח'. ילקוט מלכים רמז ר"ב:
י לעיל פר' נ"ו. ילקוט ישעיה רמז ש"ג:
יא דברים רבה פרשה י"א. ילקוט כאן רמז קי"ד:

אם למקרא

בְּקוּם רְשָׁעִים יִסָּתֵר אָדָם וּבְאָבְדָם יִרְבּוּ צַדִּיקִים: (משלי כח:כח)

וַתַּעַשׂ כֵּן אֵשֶׁת יָרָבְעָם וַתָּקָם וַתֵּלֶךְ שִׁלֹה וַתָּבֹא בֵּית אֲחִיָּה וַאֲחִיָּהוּ לֹא־יָכֹל לִרְאוֹת כִּי קָמוּ עֵינָיו מִשֵּׂיבוֹ: (מלכים א יד:ד)

הֵן אֶרְאֶלָּם צָעֲקוּ חֻצָה מַלְאֲכֵי שָׁלוֹם מַר יִבְכָּיוּן: (ישעיה לג:ז)

ענף יוסף

(ה) [י] **[בכו מה"ש]** אל יבהלוך רעיונך כלפי חז"ל לומר איך יצוייר הורדת דמעה במלאכים הפשוטים ונבדלים מגשמיות. ודע נאמנה שכל זה נאמר ע"ד דוגמא ומשל כי אין שום דבר למטה בתחתונים אשר אין בדוגמתו למעלה גבוה מעל גבוה בתכלית הרוחניות. וע"י רבוי המדריגות בכח השתלשלות עד למטה הוא מתקיים למטה בדוגמא התחתונה ואין להאריך בזה כי הדברים עתיקין (נזה"ק):

מתנות כהונה

[י] **הכי גרסינן בילקוט** מראות מראות ברעתו כו' דאם לא כן מראות למה לי אלא על דרך שאמר הכתוב עוצם עיניו מראות ברע. ופירושו כדי שלא יראה ברשעתו של אותו רשע: **ויהון ברייתא כו'.** ויהיו הבריות אומרים זהו אביו של אותו רשע: **צעקו חוצה וגו'** גרסינן: **כי זקן יצחק וגו'** גרסינן: **מציץ עליו.** בן אוהב מציץ על המלך דרך גאוה בלי יראה: **מכריע את אוהבי.** מכריע אותו חוץ מדעתו ומצערו וכהות עיני יצחק עמדו לו במקום מיתה שנאמר כי לא יראני האדם וחי:

נחמד למראה

[י] **בקום רשעים יסתר אדם מכאן אמרו כל המעמיד בן רשע וכו'.** יש לדקדק דהא אמרו בגמ' לעולם אל תהי קללת הדיוט קלה בעיניך שהרי אבימלך קלל את שרה הנה הוא לך כסות עינים ונתקיים בזרעה ויהי כי זקן יצחק וגו'. וראיתי בגמ' הקשו קושיא זו ותירצו הא והא גרמא ליה וכו' אבל איני יודע אי הא והא גרמא ליה היכי יליף הכא משום שהעמיד לעשו דמשמע דהא לבד גרמה ליה. ונראה לעניות דעתי לתרץ במה שכתב הרב מהרש"א במה שאמרו בגמ' לוי אחוי קידה וכו' ותירצו הא והא גרמא ליה כתב ז"ל דהכוונה שהאחת היתה סבה לאחרת שנכשל בקידה ואיטלע ע"ש בספר רצוף אהבה. א"כ ה"נ נאמר בו דלעולם הסבה שהעמיד בן רשע היה חייב יצחק עונש אבל היה אפשר שיהיה עונש אחר על דרך ארבעה חשובים כמת. אבל מה שנתחייב יצחק בעונש סמיות' עינים היה סבת קללת אבימלך. זהו הכוונה הא והא גרמא ליה כלומר הסבה שהעמיד בן רשע היה הסבה קללת אבימלך שסמיית עיניו הוא בשביל קללת הדיוט דהנה הוא לך כסות עינים וק"ל ונכון ע"כ מצאתי כתוב: **בן רשע מיצחק ויהי כי זקן יצחק וגו'.** כתב הרב יפ"ת ז"ל דהוה מצי למימר מעלי אלא שאינו צריך ועוד דאיכא למידחי שאני התם דהוי תרי עכ"ל. ותימה על הרב דבמס' שבת מסיק כל האומר בני עלי חטאו אינו אלא טועה דכתיב ושם שני בני עלי חפני ופנחס סבר לה כרב דאמר פנחס לא חטא מקיש חפני לפנחס מה פנחס לא חטא אף חפני לא חטא ומסיק בגמ' במסקנא מתוך שהיה לפנחס למחות בחפני ולא מיחה מעלה עליו הכתוב כאלו חטא. נמצא דאליבא דכ"ע פנחס לא חטא א"כ הוה מצי לאתויי ראיה מעלי כך שמעתי מקשין: **ול"נ** דלא נעלם מעיני הרב יפ"ת ז"ל סוגיא זו. אמנם מה שכתב הוא לפי פשטן של כתובים המורים דתרווייהו חטאו ומשו"ה לא הוה מצי לאתויי מעלי:

אשד הנחלים

[י] **מראות ברעתו כו'.** כלומר מסבת ראות המלאכים כי מעיניהם ירדו דמעה לעיניו וע"כ כהו בימי הזקנה. והדבר בעצמו צריך ביאור. איך יצוייר דמעה במלאכי' עליונים רוחניים. ומדוע דווקא נזלו לתוך עינו דווקא. והנראה בזה. דהנה יצחק בעצמו מרוב אהבתו את ה' לא פחד לבו ולא נמצא בלבו רחמים על עצמו. אבל מעצם נפשו אשר היא אדוקה במלאכים הקדושים הן מעצמה והן בעזר מלאכיה הטיפו דמעות עליו. וזהו המליצה שנזלו מעיניהם לעיניו. והבן זה מאוד: **והביט בשכינה כו' תלה עיניו.** ענין פנימי לוטה בה דהנה יצחק מרוב דביקותו והתבודדותו עד שכמעט נפרדה נפשו מגיוו בעת עקידתו כי דיבק עצמו בשכינה וכמעט אינו בעולם. אך ה' ריחם על אברהם והחי' ליצחק. ומפני שדרכו להביט למעלה בשכינה ואז א"א לו החיים כמ"ש כי לא יראני האדם וחי לכך סתם את עיניו שהמה החלונות בכדי שלא יביט יותר מדאי ולא יתפרד נפשו מרוב הבטתו. והבן זה מאוד:

§11 וַיִּקְרָא אֶת עֵשָׂו בְּנוֹ הַגָּדֹל – *[JACOB] SUMMONED ESAU, HIS "GREAT" SON.*

The Midrash comments on this passage's reference to Esau as בְּנוֹ הַגָּדֹל, which it understands to mean *his great son:*[102]

אָמַר רַבִּי אֶלְעָזָר בַּר שִׁמְעוֹן – **R' Elazar bar Shimon said:** לִמְדִינָה שֶׁהָיְתָה מַכְתֶּבֶת עֲנָקְמוֹן לַמֶּלֶךְ – A comparison may be drawn **to a country that was enlisting men of great strength**[103] **for the king.**[104] וְהָיְתָה שָׁם אִשָּׁה אַחַת וְהָיָה לָהּ בֵּן נַנָּס – **There was a woman there and she had a son** who was **a dwarf,** וְהָיְתָה קוֹרְאָה אוֹתוֹ מַקְרוֹא לַפְּרוֹס – **but she would call him** ***tall and swift.***[105] אָמְרָה: בְּנִי מַקְרוֹא לַפְּרוֹס אֵין אַתֶּם מַכְתִּיבִין אוֹתוֹ – **She said** to the recruiters, **"My son is tall and swift! Are you not enlisting him?!"** אָמְרוּ: אִם בְּעֵינַיִךְ מַקְרוֹא לַפְּרוֹס בְּעֵינֵינוּ הוּא נַנָּס שֶׁבַּנַּנָּסִים – **They said** to her in response, "Even **if in your eyes he is tall and swift, in our eyes he is a dwarf among dwarfs** and thus completely unsuitable for our group."[106] כָּךְ אָבִיו קוֹרֵא אוֹתוֹ גָּדוֹל "וַיִּקְרָא אֶת עֵשָׂו בְּנוֹ הַגָּדֹל" – **So too** regarding Esau: **His father** (Isaac) **calls him great,** as our verse states, ***[Isaac] summoned Esau, his great son,***[107] אִמּוֹ קָרְאַת אוֹתוֹ גָּדוֹל "וַתִּקַּח רִבְקָה אֶת בִּגְדֵי עֵשָׂו בְּנָהּ הַגָּדֹל הַחֲמֻדֹת" – and **his mother calls him "great,"**[108] as the verse states, ***Rebecca took the clean garments of her "great" son***[109] ***Esau*** (below, 27:15). אָמַר לָהֶם הַקָּדוֹשׁ בָּרוּךְ הוּא: אִם בְּעֵינֵיכֶם הוּא גָּדוֹל בְּעֵינַי הוּא קָטָן – But **the Holy One, blessed is He, said to them,** "Even **if in your eyes he is great, in My eyes he is small,"** "הִנֵּה קָטֹן נְתַתִּיךָ בַּגּוֹיִם בָּזוּי אַתָּה מְאֹד" – as the verse quotes God in an address to the nation of Edom, the seed of Esau: ***Behold! I*** (God) ***have made you small among the nations; you are exceedingly despised*** (*Obadiah* 1:2).[110]

Another comment on this description of Esau:

אָמַר רַבִּי בֶּרֶכְיָה – **R' Berechyah said:** לְקָבֵל תּוֹרָא טַבָּחָא – **Commensurate with** the size of **the ox** is **the** size of the **slaughterer.**[111] הֲדָא הוּא דִכְתִיב "כִּי זֶבַח לַה' בְּבָצְרָה וְטֶבַח גָּדוֹל בְּאֶרֶץ אֱדוֹם" – **Thus it is written,** ***For HASHEM is making a sacrifice at Bozrah and a great slaughter in the land of Edom*** (*Isaiah* 34:6).[112]

☐ וַיֹּאמֶר אֵלָיו בְּנִי וַיֹּאמֶר אֵלָיו הִנֵּנִי – *AND [ISAAC] SAID TO [ESAU], "MY SON." AND HE SAID TO HIM, "HERE I AM."*

The Midrash relates a verse from *Proverbs* to Esau's response:[113]

הֲדָא הוּא דִכְתִיב "כִּי יְחַנֵּן קוֹלוֹ אַל תַּאֲמֶן בּוֹ וגו'" – **Thus it is written:** ***Though his voice is ingratiating, do not trust him,*** **etc.** (*Proverbs* 26:25).[114] חִזְקִיָּהוּ תּוּרְגְּמִינָא אָמַר: "כִּי שֶׁבַע תּוֹעֵבוֹת בְּלִבּוֹ" – **Chizkiyahu the interpreter**[115] **said,** regarding the conclusion of the above verse, which reads, ***for there are seven abominations in his heart:*** אַתְּ מוֹצֵא תּוֹעֵבָה אַחַת כְּתִיב בַּתּוֹרָה וְכָתוּב בָּהּ עֶשֶׂר – **You find one** ***abomination*** **written in the Torah and ten** practices **are written** as included **in it.**[116] "לֹא יִמָּצֵא בְךָ מַעֲבִיר בְּנוֹ וּבִתּוֹ בָּאֵשׁ וגו'" וְחֹבֵר חָבֶר וְשֹׁאֵל אוֹב וְיִדְּעֹנִי וגו'" – The Midrash explains: the Torah states, ***There shall not be found among you one who causes his son or daughter to pass through the fire,*** *one who practices divinations, an astrologer, one who reads omens, a sorcerer* ***or an animal charmer, one who inquires of Ov or Yidoni,*** *or one who consults the dead. For anyone who does these is an abomination of HASHEM* (*Deuteronomy* 18:10-12).[117] כָּאן שֶׁכָּתוּב שֶׁבַע עַל אַחַת כַּמָּה וְכַמָּה, הֱוֵי כִּי "שֶׁבַע תּוֹעֵבוֹת", כִּי שִׁבְעִים תּוֹעֵבוֹת בְּלִבּוֹ – **Here** then (in the verse from *Proverbs*), **where** ***seven*** *abominations* **is written, how much more so** does this phrase connote an abundance of abominable acts. **Thus,** when the verse states, ***for there are seven abominations*** *in his heart,* it really means **for there are** ***seventy*** **abominations** in his heart.[118]

NOTES

102. The adjective הַגָּדוֹל may also mean *the older one*, and, at first glance, appears to be the word's meaning here. The Midrash understands, however, that it would be unnecessary for the verse to identify Esau as *the older one* (*Yefeh To'ar*).

103. Translation of the word ענקמון as *men of great strength* follows *Matnos Kehunah* and *Eitz Yosef*. *Eitz Yosef* adds that the word literally means *giants*, and *Maharzu*, citing *Mussaf HeAruch* associates it with a Greek term that connotes a strong and robust person.

104. I.e., suitable candidates were being sought to serve as the king's personal guard (*Radal*).

105. Translation follows *Rashi*, with *Matnos Kehunah* and *Eitz Yosef*.

106. This parable illustrates that a parent's love for his or her child can prevent the parent from recognizing even the most obvious of flaws. The Midrash will now apply this concept to Isaac's and Rebecca's perception of their firstborn son Esau (*Yefeh To'ar*).

107. In truth, the verse does not contain a direct quote in which Isaac referred to Esau as *great*. Perhaps the fact that this description is appended to Esau's name in our verse, which speaks of Isaac having called him, indicates that this adjective portrays the way Isaac referred to him.

108. Although, as evident from 25:28 above, and the events described below, Rebecca held Jacob in higher esteem than she held Esau, this Midrash maintains that she believed Esau to be worthy, albeit less so than Jacob (*Yefeh To'ar*).

109. [See notes 102 and 106 above.]

110. I.e., although Esau's parents may consider him "great," Hashem, whose measure of Esau is the determinative one, considers him to be "small" and "exceedingly despised" (see *Aggadas Bereishis*).

111. Thus, the *great* Esau will be dealt with by a *great* slaughterer [as will now be explained] (*Matnos Kehunah, Eitz Yosef*).

Shir HaShirim Rabbah (to v. 2:15, as explained by *Matnos Kehunah* and *Eitz Yosef* ad loc.) states that this remark assumes the premise that Isaac and Rebecca were correct in their portrayal of Esau. *Pesikta Rabbasi* (end of Ch. 15) teaches that God made this statement *as a result* of the portrayal of Isaac and Rebecca.

112. This verse teaches that the *greatest* of all, God Himself, will bring slaughter upon Esau's progeny.

This serves to illustrate the magnitude of Esau's future downfall, which, in turn, is indicative of the extent of his wickedness (see *Yefeh To'ar*).

113. The Midrash is troubled by the fact that the verse's inclusion of Esau's response seems to serve no purpose other than to cast a positive light on that evil character (*Yefeh To'ar*; see below).

114. In responding "*Here I am*," Esau appears to have admirably stated his readiness to do his father's bidding (*Eitz Yosef*; see also *Matnos Kehunah* and *Maharzu*, who references 55 §6 above and 84 §13 below). The Midrash teaches that this response was but another of Esau's sly attempts to deceive his father. For, like the person described by the cited verse from *Proverbs*, Esau spoke impressively, but insincerely (*Eitz Yosef*). [See further, *Yefeh To'ar,* who argues that, according to this Midrash, the *foe* that the verse from *Proverbs* is depicting is none other than Esau himself.]

115. This title identifies a man who would assist a sage in delivering a Torah discourse to the community. Typically, the sage would sit and speak a sentence, softly and in Hebrew, to the *interpreter*. The *interpreter* would then amplify his words to the assembled listeners, while translating them into the vernacular (see *Rashi* to *Yoma* 20b s.v. לא היה אמורא and to *Pesachim* 50b s.v. מתורגמנין).

116. The Torah (in *Deuteronomy* 18:12, cited below) refers to one who is involved in any of ten different practices related to idol-worship, as *an abomination of HASHEM*. This single term thus connotes ten different abominable acts (see *Maharzu* and *Eitz Yosef*).

117. The Midrash reckons the forbidden activities as follows: (1) causing one's son (2) or daughter to pass through fire; (3) divination; (4) astrology; (5) reading omens; (6) sorcery; (7) animal charming; (8) inquiring of Ov (9) or Yidoni; (10) consulting the dead (*Maharzu*). Alternatively, causing one's son or daughter to pass through fire are both included in a single prohibition, and the Midrash rounds the verse's *nine* prohibitions to *ten* (*Yefeh To'ar*, see also *Eitz Yosef*).

118. The Midrash is applying the formula of *ten* abominations being represented by each one Scripture mentions (*Matnos Kehunah, Yedei*

יא "וַיִּקְרָא אֶת עֵשָׂו בְּנוֹ הַגָּדוֹל". [יב]אָמַר רַבִּי אֶלְעָזָר בַּר שִׁמְעוֹן: לִמְדִינָה שֶׁהָיְתָה מַכְתֶּבֶת עֲנָקְמוֹן לַמֶּלֶךְ וְהָיְתָה שָׁם אִשָּׁה אַחַת וְהָיָה לָהּ בֵּן נַנָּס וְהָיְתָה קוֹרְאָה אוֹתוֹ מַקְרוֹא לַפְּרוֹס. אָמְרָה: בְּנִי מַקְרוֹא לַפְּרוֹס אֵין אַתֶּם מַכְתִּיבִין אוֹתוֹ, אָמְרוּ: אִם בְּעֵינַיִךְ מַקְרוֹא לַפְּרוֹס בְּעֵינֵינוּ הוּא נַנָּס שֶׁבַּנַּנָּסִים, כָּךְ אָבִיו קוֹרֵא אוֹתוֹ גָּדוֹל, "וַיִּקְרָא אֶת עֵשָׂו בְּנוֹ הַגָּדֹל", אִמּוֹ קָרְאַת אוֹתוֹ גָּדוֹל, "וַתִּקַּח רִבְקָה אֶת בִּגְדֵי עֵשָׂו בְּנָהּ הַגָּדֹל הַחֲמֻדֹת", אָמַר לָהֶם הַקָּדוֹשׁ בָּרוּךְ הוּא: אִם בְּעֵינֵיכֶם הוּא גָּדוֹל בְּעֵינַי הוּא קָטָן (עובדיה א, ב) "הִנֵּה קָטֹן נְתַתִּיךָ בַּגּוֹיִם בָּזוּי אַתָּה מְאֹד". [יג]אָמַר רַבִּי בֶּרֶכְיָה: לָקֳבֵל תּוֹרָא טַבָּחָא, הָדָא הוּא דִכְתִיב (ישעיה לד, ו) "כִּי זֶבַח לַה' בְּבָצְרָה וְטֶבַח גָּדוֹל בְּאֶרֶץ אֱדוֹם". "וַיֹּאמֶר אֵלָיו בְּנִי וַיֹּאמֶר אֵלָיו הִנֵּנִי", הָדָא הוּא דִכְתִיב (משלי כו, כה) "כִּי יְחַנֵּן קוֹלוֹ אַל תַּאֲמֶן בּוֹ וְגוֹ'", [יד]חִזְקִיָּהוּ תּוּרְגְּמִינָא אֲמַר: (שם) "כִּי שֶׁבַע תּוֹעֵבוֹת בְּלִבּוֹ", אַתְּ מוֹצֵא תּוֹעֵבָה אַחַת כְּתִיב בַּתּוֹרָה וְכָתוּב בָּהּ עֶשֶׂר (דברים יח, י-יא) "לֹא יִמָּצֵא בְךָ מַעֲבִיר בְּנוֹ וּבִתּוֹ בָּאֵשׁ וְגוֹ' וְחֹבֵר חָבֶר וְשֹׁאֵל אוֹב וְיִדְּעֹנִי וְגוֹ'". כָּאן שֶׁכָּתוּב שֶׁבַע עַל אַחַת כַּמָּה וְכַמָּה, הֱוֵי כִּי "שֶׁבַע תּוֹעֵבוֹת", כִּי שִׁבְעִים תּוֹעֵבוֹת בְּלִבּוֹ, "וַיֹּאמֶר אֵלָיו הִנֵּנִי":

יב אָמַר רַבִּי יְהוֹשֻׁעַ בֶּן קָרְחָה: הִגִּיעַ אָדָם לְפֶרֶק אֲבוֹתָיו קוֹדֶם לה' שָׁנִים וּלְאַחַר חָמֵשׁ שָׁנִים יִדְאַג מִן הַמִּיתָה, שֶׁכֵּן יִצְחָק אָמַר: אִם לִשְׁנָיו שֶׁל אַבָּא אֲנִי מַגִּיעַ עַד עַכְשָׁיו מִתְבַּקֵּשׁ לִי אִם לַשָּׁנִים שֶׁל אִמִּי אֲנִי מַגִּיעַ. [כז, ב] "הִנֵּה נָא זָקַנְתִּי לֹא יָדַעְתִּי יוֹם מוֹתִי". [טו]תָּנֵי שִׁבְעָה דְּבָרִים מְכוּסִים מִבְּנֵי אָדָם וְאֵלּוּ הֵן,

עץ יוסף

(יא) [ו] ענקמון. ענקים. ר"ל גדולים ובעלי כח: ננס. קטן: מקרוא לפרוס. ארוך וקל (רש"י). כלו' גדול בקומה וקל ברגליו: לקבל תורא וכו'. כנגד גודל השור צריך טבח גדול. כן הוא נקרא גדול ולכן טבחו גדול: כי יחנן קולו כו'. דקרא משמע דבשבח עשו דבר הכתוב כי מיד נענה לו לומר הנני מוכן לעבודתך. לזה אמר שאין כוונת הכתוב אלא לספר בגנותו כי ציד בפיו. ובפיו היה מראה עצמו זריז ולבו בל עמו כענין כי יחנן קולו אל תאמן בו וגו': תועבה אחת כתיב בתורה. כי תועבת ה' כל עושה אלה: עשר לא ימצא כו'. עשר לאו דוקא דתשעה קרי להו עשר: כאן שכתוב ז' עאכ"ו. דיותר טוב לפרש שבע על שבעים מתועבה על עשר. דשבע לשון מושאל על הרבוי שבע כחטאתכם וכדומה. ועוד דאפשר לפרש שבע עשיריות דהיינו שבעים (יפ"ת): כי שבעים תועבות. מבואר ע"פ הנודע ליודעי חן שיש בחילונים שבע מדרגות וכל אחד כלול מעשרה הרי שבעים (נזה"ק): (יב) [ז] הגיע אדם כו'. דק"ל שהרי עכשיו לא היה אלא בן קכ"ג שנה ומאחר שעוד חי כ"ז שנה לא תשש כחו עתה שירגיש במיתתו. ומלא ידעתי יום מותי משמע שחשב שהגיע קיצו. לכך אמר שמפני שהמגיע לפרק אבותיו כו' לפי שהגיע לפרק אמו קרוב לה' שנה שחיי שרה קכ"ז (יפ"ת): ולאחר ה' שנים. פי' עד לאחר ה' שנים מפרק אבותיו נמי ידאג. אבל לאחר מכאן לא ידאג כי כבר נתברר שנתחלף טבעו מטבע האבות שאילו היה כטבעם לא ישתנה רק ה' שנים קודם או אחר: עדיין מתבקש לי. עדיין יבוקש לי שני חיים ואלפה לחיות עוד. אבל אם לפרק אמי לא ידעתי יום מותי: שבעה דברים מכוסים כו'. וטעם ההעלם הוא לצורך העולם כמו שאבאר:

פירוש מהרז"ו

(יא) ענקמון. בערוך ע' אנקמון וכתב המ"ע בל"י איש חזק ובריא: אמר רבי ברכיה. לקמן פ' פ"ב סי' ג' פסיקתא ס"פ ט"ו: כי יחנן קולו. כי תיבת הנני מורה שהוא מוכן לעשות רצונו תמיד כמ"ש באברהם ומשה וכמש"ל פנ"ח ולקמן פ' פ"ד סי' י"ג אצל יוסף שתיבת הנני נותן חן ורצון: וכתוב בה עשר. מעביר בנו ובתו באש הרי ב'. קוסם קסמים ג'. מעונן ומנחש ומכשף הרי ו'. חובר חבר ז'. אוב וידעוני ט'. ודורש אל המתים הרי יו"ד וכתיב אחריו כי תועבת ה' כל עושה אלה הרי תועבה אחת וכולל עשרה עבירות ואכאן שכתוב שבע תועבות וכל תועבה כולל עשרה עבירות. ועי' תהלים מזמור י"ד אמר נבל בלבו כו'. וע"ע בתנחומא: (יב) תני ז' דברים. קה"ר פסוק כי אינך יודע וע' פסחים פרק מ"ש:

חידושי הרד"ל

(ז) [יא] ענקמון. בשה"ר פ"ב פי"ג הגירסא אספתרון. פי' בעלי חרבות והיו בוחרין גדוד שומרי ראש המלך גבורים ענקים אחוזי חרב ע' מו"ע ע' אספטי: (ח) [יב] של אמי אני מגיע הנה נא זקנתי לא ידעתי. כצ"ל:

מסורת המדרש

יב שי"ר פ"ב. אגדת בראשית פ"מ. ילקוט כאן רמז קי"ד. וילקוט ירמיה רמז של"ב: **יג** פסיקתא רבתי פרשה י"ד ופ' ט"ו: **יד** ילקוט כאן רמז קי"ד. וילקוט משלי רמז תתקס"א: **טו** פסחים דף נ"ד. קהלת רבה פי"א. מכילתא בשלח פ"ו. ילקוט כאן. ילקוט ירמיה רמז רל"ז:

אם למקרא

הִנֵּה קָטֹן נְתַתִּיךָ בַּגּוֹיִם בָּזוּי אַתָּה מְאֹד: (עובדיה א:ב)

חֶרֶב לַה' מָלְאָה דָם הֻדַּשְׁנָה מֵחֵלֶב מִדַּם כָּרִים וְעַתּוּדִים מֵחֵלֶב כִּלְיוֹת אֵילִים כִּי זֶבַח לַה' בְּבָצְרָה וְטֶבַח גָּדוֹל בְּאֶרֶץ אֱדוֹם: (ישעיה לד:ו)

כִּי־יְחַנֵּן קוֹלוֹ אַל־תַּאֲמֶן־בּוֹ כִּי שֶׁבַע תּוֹעֵבוֹת בְּלִבּוֹ: (משלי כו:כה)

לֹא־יִמָּצֵא בְךָ מַעֲבִיר בְּנוֹ־וּבִתּוֹ בָּאֵשׁ קֹסֵם קְסָמִים מְעוֹנֵן וּמְנַחֵשׁ וּמְכַשֵּׁף: וְחֹבֵר חָבֶר וְשֹׁאֵל אוֹב וְיִדְּעֹנִי וְדֹרֵשׁ אֶל־הַמֵּתִים: (דברים יח:י־יא)

רש"י

(יא) למדינה שהיתה מכתבת ענקמין למלך. כמה תוליא למלך: מקרו לפרוס. ארוך וקל בלשון יון: (יב) אמר רבי יהושע בן קרחה. הגיע אדם לפרק אבותיו קודם ה' שנים או לאחר ה' שנים ידאג מן המיתה שכן אמר יצחק הנה נא זקנתי: אם לשנים של אבא אני מגיע. שגזרו עלי שאחיה כשנים שחיה אבא עד עכשיו מתבקש לי עדיין יש לי שנים הרבה לחיות שלא הגעתי לשנותיו: ואם לשנות אמי אני מגיע. הנה נא זקנתי שיצחק היה באותו הפרק פחות מאמו ה' שנים שכן מצינו שאותה שעה שנטל יעקב את הברכות היה בן ס"ג שנים וכתיב ויצחק בן ששים שנה בלדת אותם הא למדנו שהיה יצחק אותה שעה בן קכ"ב שנה ושרה חייתה קכ"ז הא למדנו שהגיע לימי אמו קרוב ה' שנים:

מתנות כהונה

וכמו שאמרו חכמינו ז"ל הסומא חשוב כמת וכן מצאתי בפירקי ר"א: [יא] ענקמון. לפי הענין פירושו אנשים גבורים בני חיל כענקים: מקרוא לפרוס. פירש"י והערוך בלשון יון הוא ארוך וקל כלומר אדם גדול הקומה וקל ברגליו: לקבל תורא כו'. כנגד גדול השור צריך טבח גדול כן עשו נקרא גדול ולכן טבחו גדול: כי יחנן קולו. כעשו שענה את אביו דרך ענוה וזריזות הנני כמו שפירש"י בפרשת וישב: וידעוני וגו' גרס'. וקחשיב ואזיל עד עשרה: עאכ"ו. שלפי רוב התועבות הכתובים יהיו הרשעים כלולים בתוכם לפי ערך מניינם ויעלו השבע לשבעים: [יב] ה"ג ויאמר אליו הנה נא לא ידעתי וגו': מתבקש לי. עדיין יבוקשו לי שני חיים ואלפה לחיות עוד אבל אם לפרק אמי לא ידעתי כו' שהרי יצחק באותו פרק היה בן קכ"ג ושרה היתה בת קכ"ז:

אשד הנחלים

[יא] וכתוב בה עשר וכו' כי שבעים כו'. כי שם במשנה תורה חשב עשר ענינים מעניני אמונת עבודת כוכבים והמה בכלל כולם נקראו תועבה אחת וכאן כתיב שבע תועבות וא"כ המה שבעה פעמים עשרה שהם שבעים. והכונה כי רעותיו ורשעותיו רבים על אחת שבע ממנהגותיו ומעשיו שהיו רעים למאוד. וסמך על מלת הנני שאמר בלשון ענוה מאוד. ובלשון שקר רמהו כי תועבה בלבו ובאמת איננו הולך בדרך אביו: [יב] קודם לה' שנים. כי על הרוב מזגו וטבעו קרוב לטבע אבותיו ובריאותו. אם לא שוה ממש עכ"פ קרוב לטבע אביו הנהו. ולכן ערך ה' שנים קודם זמן מיתת אביו או אחריו ידאג מן המיתה. כי אולי גבול טבעו הוא: מכוסים מב"א. כלומר אף שניתנה נבואה בלבות הזוכים לה. עכ"ז זה מנמנעות הידיעה אף בדרך רוה"ק כי סתם ה' בכוונה את יום המיתה שלא יהיה מוכרח במעשיהו ויום הנחמה הוא זמן הקץ שלא נתגלה לשום נביא. ועומק הדין. הוא ענין הכולל הן במשפט ההנהגה העליונה משפטי ה' המשתנה לפי פרטי מעשי אנוש ואין אדם דומה במעשיהו. וכל אחד מושגח כפי מעשיהו ופרטי מחשבותיו. ועוד מוסב על משפט שבין אדם לחבירו המשתנה

"וַיֹּאמֶר אֵלָיו הִנֵּנִי" — And yet, our verse states, ***And [Esau] said to [Isaac], "Here I am."***[119]

וַיֹּאמֶר הִנֵּה נָא זָקַנְתִּי לֹא יָדַעְתִּי יוֹם מוֹתִי.

And he said, "See, now, I have aged; I know not the day of my death" (27:2).

§12 [וַיֹּאמֶר הִנֵּה נָא זָקַנְתִּי לֹא יָדַעְתִּי יוֹם מוֹתִי — *AND [JACOB] SAID, "SEE, NOW, I HAVE AGED; I KNOW NOT THE DAY OF MY DEATH."*]

The Midrash will explain why Isaac feared that he might be near death:[120]

אָמַר רַבִּי יְהוֹשֻׁעַ בֶּן קָרְחָה — R' Yehoshua ben Korchah said: **הִגִּיעַ אָדָם לְפֶרֶק אֲבוֹתָיו קוֹדֶם לה׳ שָׁנִים וּלְאַחַר חָמֵשׁ שָׁנִים יִדְאַג מִן הַמִּיתָה — If a person approaches**[121] **the age of** one of **his parents** (i.e., the age at which they died), then **for the five years before** that age **and the five years after** it, **he should be concerned about death.**[122] **שֶׁכֵּן יִצְחָק אָמַר: אִם לְשָׁנָיו שֶׁל אַבָּא אֲנִי מַגִּיעַ עַד עַכְשָׁיו מִתְבַּקֵּשׁ לִי** — The Midrash proves this point from our verse: **For Isaac said, "If I am to reach the years of my father,** then **at this point,** many more years **will** still **be sought for me.**[123] **אִם לְשָׁנִים שֶׁל אִמִּי אֲנִי מַגִּיעַ** — But **if I am to reach the years of my mother,** then I must be concerned for the imminency of my death."[124] **"הִנֵּה נָא זָקַנְתִּי**[125] **לֹא יָדַעְתִּי יוֹם מוֹתִי"** — Thus, our verse states, ***And [Isaac] said, "See, now, I have aged; I know not the day of my death."***[126]

The Midrash explains that the *day of a man's death* is one of several things that are hidden from mankind:[127]

תָּנֵי שִׁבְעָה דְּבָרִים מְכוּסִים מִבְּנֵי אָדָם וְאֵלּוּ הֵן — It was taught in a Baraisa: Seven things are concealed from people,[128] **and these are they:**

NOTES

Moshe, Maharzu). The Midrash asserts that if *one abomination* connotes *ten* then *certainly* do *seven* suggest *seventy*, because the number *seven* is often used in a nonliteral sense to suggest multiplicity. Additionally, the verse's mention of *seven abominations* cab be explained to mean *seven sets of ten abominations* (*Eitz Yosef*, citing *Yefeh To'ar*; see further, where *Eitz Yosef* cites *Nezer HaKodesh*'s Kabbalistic approach to the *seventy abominations* and their representation as *seven*).

119. The Midrash is noting the deception practiced by the wicked Esau. Despite the magnitude of the *abominations* that lurked in his heart, he presented himself as a humble servant of his righteous father by responding, *"Here I am"* (see *Eshed HaNechalim*).

120. At the time of the events of this passage, Isaac was 123 years old (see *Megillah* 17a, cited by *Imrei Yosher*) and he would eventually live for another 57 years (see below, 35:28-29). The Midrash therefore wonders what should have compelled him to say, *I know not the day of my death*, which suggests that he feared his approaching death (*Eitz Yosef*, citing *Yefeh To'ar*).

[See *Matnos Kehunah,* who emends the Midrash so that the verse on which it comments appears at the beginning of this section.]

121. Lit., *reached.*

122. Similarity between a man's nature and the nature of one of his parents may cause him to die at an age that is within five years of the age at which that parent died. If that time frame passes safely, then he need no longer worry, as his nature clearly differs from his parent's (*Eitz Yosef*).

The Midrash advises that one *be concerned* about the possibility of his imminent death, so that he will be moved to pray [for a longer lifetime] and to strengthen himself in repentance and good deeds, and so that he may give instruction to his family (*Yefeh To'ar*).

123. I.e., I may anticipate many additional years of life (*Rashi* et al.). For (as noted) Isaac was 123 years old, and (as stated in 25:7 above) his father Abraham lived to the age of 175.

124. Isaac's mother Sarah lived to the age of 127 (see above, 23:1) and Isaac was now 123 years old, less than five years away from his mother's age when she died (*Rashi, Matnos Kehunah*).

125. In some editions the words וַיֹּאמֶר אֵלָיו appear at the beginning of this phrase.

126. The Midrash has now proven from our verse that a *man should be concerned about death* within five years of the age at which his parent passed away. In doing so, the Midrash has succeeded in explaining Isaac's concern that he would soon die, which is implicit in the verse.

127. The Midrash seeks to explain why it was that Isaac did not know prophetically when he would die. It will state that such information, like other pieces of knowledge that will be mentioned, is specifically withheld from mankind by the Creator, Who does not allow anyone to access it through any means (*Yefeh To'ar*). [In truth, there are a great many things that are hidden from mankind. The Midrash mentions only those that are concealed even from prophets and scholars (ibid.).]

128. The concealment of each of these matters benefits mankind, as will be explained (*Eitz Yosef*).

יא "וַיִּקְרָא אֶת עֵשָׂו בְּנוֹ הַגָּדֹל". [יא]אָמַר רַבִּי אֶלְעָזָר בַּר שִׁמְעוֹן: לִמְדִינָה שֶׁהָיְתָה מַכְתֶּבֶת עֲנַקְמוֹן לַמֶּלֶךְ וְהָיְתָה שָׁם אִשָּׁה אַחַת וְהָיָה לָהּ בֵּן נַנָּס וְהָיְתָה קוֹרְאָה אוֹתוֹ מַקְרוֹא לִפְרוֹס. אָמְרָה: בְּנִי מַקְרוֹא לִפְרוֹס אֵין אַתֶּם מַכְתִּיבִין אוֹתוֹ, אָמְרוּ: אִם בְּעֵינַיִךְ מַקְרוֹא לִפְרוֹס בְּעֵינֵינוּ הוּא נַנָּס שֶׁבְּנַנָּסִים, כָּךְ אָבִיו קוֹרֵא אוֹתוֹ גָּדוֹל, "וַיִּקְרָא אֶת עֵשָׂו בְּנוֹ הַגָּדֹל", אִמּוֹ קָרְאַת אוֹתוֹ גָּדוֹל, "וַתִּקַּח רִבְקָה אֶת בִּגְדֵי עֵשָׂו בְּנָהּ הַגָּדֹל הַחֲמֻדֹת", אָמַר לָהֶם הַקָּדוֹשׁ בָּרוּךְ הוּא: אִם בְּעֵינֵיכֶם הוּא גָּדוֹל בְּעֵינַי הוּא קָטָן (עובדיה א, ב) "הִנֵּה קָטֹן נְתַתִּיךָ בַּגּוֹיִם בָּזוּי אַתָּה מְאֹד". [יא]אָמַר רַבִּי בֶּרֶכְיָה: לְקַבֵּל תּוֹרָא טַבָּחָא, הֲדָא הוּא דִכְתִיב (ישעיה לד, ו) "כִּי זֶבַח לַה' בְּבָצְרָה וְטֶבַח גָּדוֹל בְּאֶרֶץ אֱדוֹם". "וַיֹּאמֶר אֵלָיו בְּנִי וַיֹּאמֶר אֵלָיו הִנֵּנִי", הֲדָא הוּא דִכְתִיב (משלי כו, כה) "כִּי יְחַנֵּן קוֹלוֹ אַל תַּאֲמֶן בּוֹ וְגוֹ'", [יד]חִזְקִיָּהוּ תּוּרְגְּמִינָא אָמַר: (שם) "כִּי שֶׁבַע תּוֹעֵבוֹת בְּלִבּוֹ", אַתְּ מוֹצֵא תּוֹעֵבָה אַחַת כְּתִיב בַּתּוֹרָה וְכָתוּב בָּהּ עֶשֶׂר (דברים יח, י-יא) "לֹא יִמָּצֵא בְךָ מַעֲבִיר בְּנוֹ וּבִתּוֹ בָּאֵשׁ וְגוֹ' וְחֹבֵר חָבֶר וְשֹׁאֵל אוֹב וְיִדְּעֹנִי וְגוֹ'". כָּאן שֶׁכָּתוּב שֶׁבַע עַל אַחַת כַּמָּה וְכַמָּה, הֱוֵי כִּי "שֶׁבַע תּוֹעֵבוֹת", כִּי שִׁבְעִים תּוֹעֵבוֹת בְּלִבּוֹ, "וַיֹּאמֶר אֵלָיו הִנֵּנִי":

יב אָמַר רַבִּי יְהוֹשֻׁעַ בֶּן קָרְחָה: הִגִּיעַ אָדָם לְפֶרֶק אֲבוֹתָיו קוֹדֶם לָהּ' שָׁנִים וּלְאַחַר חָמֵשׁ שָׁנִים יִדְאַג מִן הַמִּיתָה, שֶׁכֵּן יִצְחָק אָמַר: אִם לִשְׁנָיו שֶׁל אַבָּא אֲנִי מַגִּיעַ עַד עַכְשָׁיו מִתְבַּקֵּשׁ לִי אִם לִשְׁנִים שֶׁל אִמִּי אֲנִי מַגִּיעַ. [כז, ב] "הִנֵּה נָא זָקַנְתִּי לֹא יָדַעְתִּי יוֹם מוֹתִי". [טו]תָּנֵי שִׁבְעָה דְּבָרִים מְכוּסִים מִבְּנֵי אָדָם וְאֵלּוּ הֵן,

עץ יוסף

(יא) [ו] ענקמון. ענקים. ר"ל גדולים ובעלי כח: ננס. קטן: מקרוא לפרוס. ארוך וקל (רש"י). כלו' גדול בקומה וקל ברגליו: לקבל תורא וכו'. כנגד גודל השור לריך טבח גדול. כן הוא נקרא גדול ולכן טבחו גדול: כי יחנן קולו כו'. דקרא משמע דבשבת עשו דבר הכתוב כי מיד נענה לו לומר הנני מוכן לעבודתך. לזה אמר שאין כוונת הכתוב אלא לספר בגנותו כי ליד בפיו. ובפיו היה מראה עצמו זריז ולבו בל עמו כענין כי יחנן קולו אל תאמן בו וגו': תועבה אחת כתיב בתורה. כי תועבת ה' כל עושה אלה: עשר לא ימצא כו'. עשר לאו דוקא דתשעה קרי להו עשר: כאן שכתוב ז' עאכ"ו. דיותר טוב לפרש שבע על שבעים מתועבה על עשר. דשבע לשון מושאל על הרבוי שבע כחטאתכם וכדומה. ועוד דאפשר לפרש שבע עבירות דהיינו שבעים (יפ"ת): כי שבעים תועבות. מבואר ע"פ הנודע ליודעי חן שיש בחילוקים שבע מדרגות וכל אחד כלול מעשרה הרי שבעים (נזה"ק): (יב) [ז] הגיע אדם כו'. דק"ל שהרי עכשיו לא היה אלא בן קכ"ג שנה ומאחר שעוד חי כ"ז שנה לא חשש כחו עתה שירגיש במיתתו. ומלא ידעתי יום מותי משמע שחשב שהגיע קיצו. לכך אמר שמפני שהמגיע לפרק אבותיו כו' לפי שהגיע לפרק אמו קרוב לה' שנה שחיי שרה קכ"ז (יפ"ת): ולאחר ה' שנים. פי' עד לאחר ה' שנים מפרק אבותיו נמי ידאג. אבל לאחר מכאן לא ידאג כי כבר נתברר שנתחלף טבעו מטבע האבות שאילו היה כטבעם לא ישתנה רק ה' שנים קודם או אחר: עדיין מתבקש לי. עדיין יבוקש לי שני חיים ואפשר לחיות עוד. אבל אם לפרק אמי לא ידעתי יום מותי: שבעה דברים מכוסים כו'. וטעם ההעלם הוא לצורך העולם כמו שאבאר:

פירוש מהרז"ו

(יא) ענקמון. בערוך ע' אנקמון וכתב המ"ע בל"י איש חזק ובריא: אמר רבי ברכיה. לקמן פ' פ"ב סי' ג' פסיקתא ס"פ ט"ו: כי יחנן קולו. כי תיבת הנני מורה שהוא מוכן לעשות רצונו תמיד כמ"ש באברהם ומשה וכמש"ל פנ"ח ולקמן פ' פ"ד סי' י"ג אלא יוסף שתיבת הנני נותן חן ורצון: וכתוב בה עשר. מעביר בנו ובתו באש הרי ב'. קוסם קסמים ג'. מעונן ומנחש ומכשף הרי ו'. חובר חבר ז'. אוב וידעוני ט'. ודורש אל המתים הרי יו"ד וכתיב אחריו כי תועבת ה' כל עושה אלה הרי תועבה אחת וכולל עשרה עבירות וכאן שכתוב שבע תועבות וכל תועבה כולל עשרה עבירות. ועי' תהלים מזמור י"ד אמר נבל בלבו כו'. וע"ע בתנחומא: (יב) תני ז' דברים. קה"ר פסוק כי אינך יודע וע' פסחים פרק מ"ש:

חידושי הרד"ל

(ז) [יא] ענקמון. בשה"ר פ"ב פי"ג הגירסא אספתרון. פי' בעלי חרבות והיו בוחרין גדוד שומרי ראש המלך גבורים ענקים אחוזי חרב ע' מו"ע ע' אספטי: (ח) [יב] של אמי אני מגיע הנה נא זקנתי לא ידעתי. כצ"ל:

מסורת המדרש

יב שי"ר פ"ב. אגדת בראשית פ"מ. ילקוט כאן רמז קי"ד. ולקוט ירמיה רמז של"ב: יג פסיקתא רבתי פרשה י"ד ופ' ט"ו: יד ילקוט כאן רמז קי"ד. ילקוט משלי רמז תתקס"א: טו פסחים דף נ"ד. קהלת רבה פי"א. מכילתא בשלח פ"א. ילקוט כאן. ילקוט ירמיה רמז רנ"ו:

אם למקרא

הִנֵּה קָטֹן נְתַתִּיךָ בַּגּוֹיִם בָּזוּי אַתָּה מְאֹד: (עובדיה א:ב)

חֶרֶב לַה' מָלְאָה דָם הֻדַּשְּׁנָה מֵחֵלֶב מִדַּם כָּרִים וְעַתּוּדִים מֵחֵלֶב כִּלְיוֹת אֵילִים כִּי זֶבַח לַה' בְּבָצְרָה וְטֶבַח גָּדוֹל בְּאֶרֶץ אֱדוֹם: (ישעיה לד:ו)

כִּי־יְחַנֵּן קוֹלוֹ אַל־תַּאֲמֶן־בּוֹ כִּי שֶׁבַע תּוֹעֵבוֹת בְּלִבּוֹ: (משלי כו:כה)

לֹא־יִמָּצֵא בְךָ מַעֲבִיר בְּנוֹ־וּבִתּוֹ בָּאֵשׁ קֹסֵם קְסָמִים מְעוֹנֵן וּמְנַחֵשׁ וּמְכַשֵּׁף: וְחֹבֵר חָבֶר וְשֹׁאֵל אוֹב וְיִדְּעֹנִי וְדֹרֵשׁ אֶל־הַמֵּתִים: (דברים יח:י־יא)

רש"י

(יא) למדינה שהיתה מכתבת ענקמין למלך. כמה תולים למלך: מקרו לפרוס. ארוך וקל בלשון יון: (יב) אמר רבי יהושע בן קרחה. הגיע אדם לפרק אבותיו קודם ה' שנים או לאחר ה' שנים ידאג מן המיתה שכן אמר יצחק הנה נא זקנתי: אם לשנים של אבא אני מגיע. שגזרו עלי שאחיה כשנים שחיה אבא עד עכשיו מתבקש לי עדיין יש לי שנים הרבה לחיות שלא הגעתי לשנותיו: ואם לשנות אמי אני מגיע. הנה לא זקנתי שיצחק היה באותו הפרק פחות מאמו ה' שנים שכן מצינו שאותה שעה שנטל יעקב את הברכות היה בן ס"ג שנים וכתיב ויצחק בן ששים שנה בלדת אותם הא למדנו שהיה יצחק אותה שעה בן קכ"ב שנה ושרה חייתה קכ"ז הא למדנו שהגיע לימי אמו קרוב ה' שנים:

מתנות כהונה

וכמו שאמרו חכמינו ז"ל הסומא חשוב כמת וכן מצאתי בפירקי ר"א: [יא] ענקמון. לפי הענין פירושו אנשים גבורים בני חיל כענקים: מקרוא לפרוס. פירש"י והערוך בלשון יון הוא ארוך וקל כלומר אדם גדול הקומה וקל ברגליו: לקבל תורא כו'. כנגד גדול השור צריך טבח גדול כן עשו נקרא גדול ולכן טבחו גדול: כי יחנן קולו. כעשו שענה את אביו דרך ענוה וזריזות הנני כמו שפירש"י בפרשת וישב: וידעוני וגו' גרס. וקחשיב ואזיל עד עשרה: עאכ"ו. שלפי רוב התועבות הכתובים יהיו הרשעים כלולים בתוכם לפי ערך מנייגם ויטלו השבע לשבעים: [יב] ה"ג ויאמר אליו הנה נא לא ידעתי וגו': מתבקש לי. עדיין יבוקשו לי שני חיים ואפשר לחיות עוד אבל אם לפרק אמי לא ידעתי כו' שהרי יצחק באותו פרק היה בן קכ"ב ושרה היתה בת קכ"ז:

אשד הנחלים

[יא] וכתוב בה עשר וכו' כי שבעים כו'. כי שם במשנה תורה חשב עשר ענינים מעניני אמונת עבודת כוכבים והמה בכלל כולם נקראו תועבה אחת וכאן כתיב שבע תועבות וא"כ המה שבעה פעמים עשרה שהם שבעים. והכונה כי רעותיו ורשעותיו רבים על אחת שבע ממנהגותיו ומעשיו שהיו רעים למאוד. וסמך על מלת הנני שאמר בלשון ענוה מאוד. ובלשון שקר רמזו כי תועבה בלבו ובאמת איננו הולך בדרך אביו: [יב] קודם לה' שנים. כי על הרוב מזגו וטבעו קרוב לטבע אבותיו ובריאותו. אם לא שוה ממש עכ"פ קרוב לטבע אביו הנהו. ולכן ערך ה' שנים קודם זמן מיתת אביו או אחריו ידאג מן המיתה. כי אולי גבול טבעו הוא: מכוסים מב"א. כלומר אף שניתנה נבואה בלבות הזוכים לה. עכ"ז זה מנמנעות הידיעה אף בדרך רוה"ק כי סתם ה' בכוונה את יום המיתה שלא יהיה מוכרח במעשיהו ויום הנחמה הוא זמן הקץ שלא נתגלה לשום נביא. ועומק הדין. הוא ענין הכולל הן במשפט ההנהגה העליונה משפטי ה' המשתנה לפי פרטי מעשי אנוש ואין אדם דומה במעשיהו. וכל אחד מושגח כפי מעשיהו ופרטי מחשבותיו. ועוד מוסב על משפט שבין אדם לחבירו המשתנה

יוֹם הַמִּיתָה, וְיוֹם הַנֶּחָמָה, וְעוֹמֶק הַדִּין – (1) **the day of** a person's **death,**[129] **and** (2) **the day of the consolation,**[130] **and** (3) **the depth of judgment;**[131]Ⓐ וְאֵין אָדָם יוֹדֵעַ בַּמֶּה הוּא מִשְׂתַּכֵּר – **and** (4) **a person does not know with what** business venture **he will profit,**[132] וְאֵין אָדָם יוֹדֵעַ מַה בְּלִבּוֹ שֶׁל חֲבֵירוֹ – **and** (5) **a person does not know what is in his fellow's mind,**[133] וְאֵין אָדָם יוֹדֵעַ מַה בְּעִיבּוּרָהּ שֶׁל אִשָּׁה – **and** (6) **a person does not know what is in the pregnancy of a woman;**[134] וּמַלְכוּת הָרְשָׁעָה הַזֹּאת אֵימָתַי נוֹפֶלֶת – (7) **and a** person does not know **when this wicked monarchy**[135] **will fall.**[136] יוֹם הַמִּיתָה מִנַּיִן, דִּכְתִיב "כִּי גַם לֹא יֵדַע הָאָדָם אֶת עִתּוֹ" – The Midrash will now provide sources for the fact that each of these things is concealed from man: **From where** do we know that **the day of** a person's **death** is concealed? **For it is written,** ***For man does not even know his hour*** (*Ecclesiastes* 9:12).

NOTES

129. If a person would have foreknowledge that he was to die on a certain date, he would suffer terrible anxiety in advance of that day. Additionally, he would not bother to repent until the approach of that day. Finally, the knowledge that he would soon die would keep a man from contributing to society, which is contrary to the Divine will that the world constantly be improved upon (*Eitz Yosef*, citing *Yefeh To'ar*).

130. I.e., the day of salvation and redemption (i.e., the day of the Messiah's coming) when the world will be consoled (*Yefeh To'ar*, cited by *Eitz Yosef*; see also *Matnos Kehunah*; but see *Rashi* to *Pesachim* 54b and *Yefeh To'ar*). Foreknowledge of this date would cause many people to abandon the Jewish community when they would realize that they would not live to see that time (*Yefeh To'ar*).

131. Although the Torah empowered judges to render judgments, in truth no human being is independently capable of achieving justice. For a judge's decision is based on the information he has received and there is always a possibility that he has been lied to (*Eitz Yosef*, citing *Yefeh To'ar*; see the alternative approaches of *Rashi* to *Pesachim* loc. cit., but see the objections raised by *Yefeh To'ar*).

The fact that a person cannot arrive at the *depth of judgment* forces him to labor in his efforts to determine what is indeed the correct law (*Yefeh To'ar*). See Insight Ⓐ.

132. If people would know precisely which activities were profitable, they wouldn't engage in any other business endeavors. This would cripple the world's system of commerce (*Eitz Yosef*, citing *Yefeh To'ar*). Additionally, if people knew which commodities could be sold at a profit, the merchants' demand for them would cause prices to skyrocket (*Maharsha* to *Pesachim* 54b s.v. ואין אדם).

133. This knowledge would generate a great amount of hatred and jealously in the world, because people would learn of others' plans to harm them. In addition, world commerce would suffer (*Eitz Yosef*, citing *Yefeh To'ar*; see *Maharsha* loc. cit. for another approach).

134. While *Eitz Yosef* does not clearly state exactly what detail of a woman's pregnancy is concealed from human knowledge, *Yefeh To'ar* asserts that the Midrash refers to the baby's gender.

If a wicked person would learn that the baby his wife was carrying was not as he wanted it to be, he may seek means to cause the pregnancy's abortion (*Eitz Yosef*, citing *Yefeh To'ar*). Furthermore, if the gender of the child was known and it was indeed as the parents had hoped, their joy at the moment of its birth — which compensates for the suffering the woman endured during labor — would not be as great (*Yefeh To'ar*).

[It should be noted that *Pesachim* 54b quotes another Baraisa which, like this one, lists *seven things* that *are concealed from people*. However, that Baraisa omits the details of a pregnancy, and, in its place, lists *when the Davidic monarchy will return*. See *Yefeh To'ar*, who suggests why it is that the two Baraisos differ. See *Chochmas Shlomo* to Pesachim ad loc.]

135. This is a reference to the kingdom of Rome (see *Rashi* to *Pesachim* 54b s.v. מלכות, who references *Malachi* 1:4).

136. The Midrash refers to the time at which our current 2000-year-old subjugation to Rome and her heirs will end. If people were to discover that this time is far off, many of them would abandon the Jewish community (*Eitz Yosef*).

INSIGHTS

Ⓐ **The Heavenly Judgment** One of *Rashi's* explanations is that the reference here is to the judgment in the World to Come. In a classic exposition of this approach, *R' Aharon Kotler* (*Mishnas R' Aharon*, Vol. 2, pp. 243-245) cautions against the misconception that the depth of the judgment that we will all eventually undergo upon reaching the World to Come is a form of retribution — or even a form of punishment, in the term's simplistic sense.

In fact, we perceive that inevitable judgment as "deep" only because we do not appreciate the profound significance of our actions in this world. We tend to regard our activities and interactions in the world as petty, and as of little significance. This outlook is gravely mistaken. *God founded the Earth with wisdom; He established the heaven with understanding* (*Proverbs* 3:19). It is impossible for us to grasp the wisdom that is inherent in even the smallest grain of sand (as modern physics indeed demonstrates, in its analysis of molecules and atoms). Even more so, the "unnatural" interface of our material world with its spiritual source is a matter of the greatest complexity (see *Rama, Orach Chaim* 6:1 on the blessing of *Who heals all flesh and acts wondrously*). When the Midrash (*Bereishis Rabbah* 10 §7) tells us that each blade of grass has a spiritual force that smites it and compels it to grow, there is a literal aspect to the Midrash: There is an interface between the material world and its spiritual counterpart, from which it emanates — which we call an angel.

If so much complexity is inherent in a blade of grass, how much more so in every aspect of a human — in a person's consciousness and intellect, in his soul, and even more so in man's crowning trait, which sets him apart from the rest of creation, the gift of free will, of which it is written (above, 9:6): *For in the image of God He made man*. Man's proper exercise of free choice is the purpose of creation. Thus, even the most apparently "insignificant" of our actions define whether God's creations are being used for their proper purposes — bringing both the mundane and the spiritual realms to realize their potential — or if they are being used inappropriately, wreaking damage upon both realms (as explained in *Nefesh HaChaim* 4:22).

The "depth" of the judgment of our actions, therefore, reflects all the many cosmic implications of our choices and deeds.

There is an additional aspect to the "depth" of judgment in the World to Come: the scrutiny of the ramifications of our actions in this world.

This aspect of how we are judged is manifest in the language in which we confess our sins: *For indeed we and our forefathers have sinned*. This language, in turn, is based on the verse (*Leviticus* 26:40): *They will confess their sin, and the sin of their forefathers*.

Why do we confess "on behalf" of our forefathers? Because our sins may sometimes reflect choices, decisions, and actions made in the past, by those who preceded us. Our forefathers may thus bear some responsibility for sins that we, their descendants, performed, and we therefore include our ancestors in our supplication for atonement.

In the verse (*Deuteronomy* 29:17), . . . *perhaps there is among you a root flourishing with gall and wormwood*, the Torah alludes at the potential of even "small" deviations to lead to catastrophic aberrations, just as a single kernel of wheat can be cultivated into tens of thousands of kernels (see *Chovos HaLevavos* 2:5). Such ramifications tend to become even more magnified over time. Moreover, the influence one person has upon another is not limited to forefathers upon descendants. The ripple effect of any person's influence over any other individual or number of people, whether positive or negative, is an integral part of the account that the person must render when he is judged.

The cumulative effects of all of the impacts that a person has had upon others cannot be gauged during his lifetime, nor even immediately after his death. The assessment of a person's influence cannot be made until this cycle of the world's existence comes to its end. This assessment, explains R' Aharon, is the purpose of the great and terrible Judgment Day alluded to in *Malachi* 3:23 and mentioned in *Rosh Hashanah* 16b. Until that day, the righteous people of the world, such as the Patriarchs, or a great commentator such as *Rashi*, or a person who raised a righteous family, continue to accrue merit; while the wicked, whose evil impact on the world echoes down through the generations, continue to accrue guilt.

It may be to the deph of this extraordinarily complex assessment, on the eve of this world's transition to the World to Come, that *Rashi* refers here.

יוֹם הַנֶּחָמָה מִנַּיִן, דִּכְתִיב "אֲנִי ה׳ בְּעִתָּהּ אֲחִישֶׁנָּה" — From where do we know that **the day of the consolation** is concealed? **For it is written, *I am HASHEM, in its time I will hasten it*** (*Isaiah* 60:22).[137] וְאֵין אָדָם יוֹדֵעַ מַה בְּעוֹמְקוֹ שֶׁל דִּין, שֶׁנֶּאֱמַר "כִּי הַמִּשְׁפָּט לֵאלֹהִים הוּא" — And we know that **a person does not know the depth of judgment, for it is written, *For the judgment is God's*** (*Deuteronomy* 1:17).[138] וְאֵין אָדָם יוֹדֵעַ בַּמֶּה הוּא מִשְׂתַּכֵּר, דִּכְתִיב "מַתַּת אֱלֹהִים הִיא" — And we know that **a person does not know with what** business venture **he will profit, for it is written,** *Indeed every man who eats and drinks and finds satisfaction in all his labor* — ***this is a gift of God*** (*Ecclesiastes* 3:13).[139] וְאֵין אָדָם יוֹדֵעַ מַה בְּלִבּוֹ שֶׁל חֲבֵרוֹ, דִּכְתִיב "אֲנִי ה׳ חוֹקֵר לֵב" — And we know that **a person does not know what is in his fellow's mind, for it is written, *I, HASHEM, plumb the feelings.*** וְאֵין אָדָם יוֹדֵעַ מַה בְּעִיבּוּרָהּ שֶׁל אִשָּׁה, דִּכְתִיב "כַּעֲצָמִים בְּבֶטֶן הַמְּלֵאָה" — And we know that **a person does not know what is in a woman's pregnancy, for it is written**: *Just as you do not know . . .* ***the nature of the embryo in a pregnant stomach*** (*Ecclesiastes* 11:5). וּמַלְכוּת הָרְשָׁעָה אֵימָתַי הִיא נוֹפֶלֶת, דִּכְתִיב "כִּי יוֹם נָקָם בְּלִבִּי" — And we know that a person does not know **when the wicked government will fall, for it is written, *For the day of vengeance is in My heart*** (*Isaiah* 63:4).[140]

וְעַתָּה שָׂא נָא כֵלֶיךָ תֶּלְיְךָ וְקַשְׁתֶּךָ וְצֵא הַשָּׂדֶה וְצוּדָה לִּי צָיִד.
Now sharpen, if you please, your gear — your sword and your bow — and go out to the field and hunt game for me (27:3).

§13 וְעַתָּה שָׂא נָא כֵלֶיךָ — ***AND NOW SHARPEN, IF YOU PLEASE, YOUR GEAR.***

The Midrash will explain Isaac's request of Esau:[141]

שְׁחוֹז מָאנֵי זֵינָךְ שֶׁלֹּא תַאֲכִילֵנִי נְבֵילוֹת וּטְרֵיפוֹת — Isaac said, **"Sharpen**[142] **your weapons,**[143] **so that you will not feed me** the meat of ***neveilos* or *treifos*."**[144] סַב מָאנֵי זֵינָךְ שֶׁלֹּא תַאֲכִילֵנִי גְּזֵילוֹת וַחֲמָסִים — Alternatively, Isaac said, **"Take**[145] **your weapons, so that you will not feed me** the meat of **stolen [animals] or purloined [animals]."**[146] "תֶּלְיְךָ", אָמַר לוֹ: הֲרֵי הַבְּרָכוֹת תְּלוּיוֹת, לְמַאן דְּחָמֵי[147] לֵיהּ לְמִתְבָּרְכָא הוּא מִתְבָּרֵיךְ — When Isaac then told Esau תֶּלְיְךָ,[148] **he indicated to him, "Blessings are held in abeyance** [תְּלוּיוֹת]; **the one who deserves to be blessed — only he will be blessed."**[149] דָּבָר אַחֵר "שָׂא נָא כֵלֶיךָ", זוֹ בָּבֶל "וְאֶת הַכֵּלִים הֵבִיא בֵּית אוֹצַר אֱלֹהָיו" — **An alternative explanation:**[150] When our verse states שָׂא נָא כֵלֶיךָ, **this is** a reference to **Babylonia,** for it is written, ***and the vessels*** [הַכֵּלִים] (of the holy Temple) **[*Nebuchadnezzar*] *brought into the treasure-house of his god*** (*Daniel* 1:2). "תֶּלְיְךָ" זוֹ מָדַי "וַיִּתְלוּ אֶת הָמָן עַל הָעֵץ" — When our verse states **תֶּלְיְךָ, this is** a reference to **Media,** for it is written, ***And they hanged*** [וַיִּתְלוּ] ***Haman on the gallows*** (*Esther* 7:10).[151] "קַשְׁתֶּךָ" זוֹ יָוָן, שֶׁנֶּאֱמַר "כִּי דָרַכְתִּי לִי יְהוּדָה קֶשֶׁת" — When our verse states קַשְׁתֶּךָ, **this is** a reference to **Greece, for it is written, *For I will bend Judah as a bow*** [קֶשֶׁת] ***for Me . . .*** *against your children, O Greece* (*Zechariah* 9:13).[152] "וְצֵא הַשָּׂדֶה", זוֹ אֱדוֹם, "אַרְצָה שֵׂעִיר שְׂדֵה אֱדוֹם" — And when our verse states, **וְצֵא הַשָּׂדֶה, this is** a reference to **Edom** (i.e., Rome, the descendants of Esau), for it is written, ***to the land of Seir, the field*** [שְׂדֵה] ***of Edom*** (below, 32:4).

NOTES

137. This verse [which refers to the ultimate redemption of the nation of Israel (see *Ibn Ezra* et al. ad loc.)] indicates that God alone possesses knowledge of when *its time* and when its occurrence would be *hastened* (*Eitz Yosef*, citing *Yefeh To'ar*; see also *Matnos Kehunah*).

138. I.e., only to God is the depth of judgment revealed, not to others (*Eitz Yosef*).

139. The implication of this verse is that a man will be satisfied with [the success of] his toil only through the grace of God, Who allows him to succeed and guides him toward the enterprise with which he will achieve success (*Eitz Yosef*; see also *Maharzu*).

140. This verse suggests that the day when God will bring ruin upon the oppressors of the Jewish people is guarded and hidden within His heart (*Eitz Yosef*, see *Sanhedrin* 99a).

141. It is clear that Isaac intended for something other than to provide Esau with hunting instructions (*Yefeh To'ar*).

142. Translation follows *Rashi* et al., who reference *Beitzah* 28a.

143. It appears from the end of our verse that the weapons referred to here are Esau's *sword and* his *bow*, i.e., his arrows. And although this Midrash maintains that Isaac's admonition related to the animal's slaughter, and one does not generally slaughter with *arrows*, an expert marksman may, in fact, do so (*Yefeh To'ar*, referencing *Chullin* 30b; see also *Eitz Yosef* and *Radal*).

144. [*Neveilos* (sing., *neveilah*) are animals (or birds) of kosher species that died in any manner other than through halachically acceptable slaughter. *Treifos* (sing. *treifah*) are animals (or birds) of kosher species that possess one (or more) of the life-threatening physical defects enumerated by the Mishnah in *Chullin* 42a. The Torah forbids the consumption of the meat of these animals (see *Deuteronomy* 14:21 regarding *neveilah,* and *Exodus* 22:30 regarding *treifah*).]

Isaac cautioned Esau to ensure that the instrument with which he performed the slaughter would be sharp and free of any nicks (פְּגִימוֹת) because the halachah is (see *Chullin* 15b with *Rashi*) that if an animal is slaughtered with a blade that has a nick, the slaughter is invalid and the animal is rendered a *neveilah* (see *Matnos Kehunah*, *Yefeh To'ar*, and *Eitz Yosef*). Additionally, Isaac feared that if Esau would not sharpen his weapons, he would find it difficult to slaughter a fleeing animal with them and he would strike the animal in a way that would render it a *treifah* (*Yefeh To'ar*; see *Nezer HaKodesh* for an alternative approach).

145. This approach understands the word שָׂא to mean *take* (*Matnos Kehunah*, who references *Numbers* 4:1 and 4:22; *Eitz Yosef*).

146. *Gezeilah* refers to simple theft, whereas *chamas* connotes forcefully taking an item but compensating its owner for it (*Eitz Yosef*, from *Bava Kamma* 62a; see further, note 9 above).

Thus, Isaac instructed Esau to use his hunting implements to secure an animal, as opposed to merely seizing one that had already been captured and possessed by another (see *Yefeh Toar*).

147. Some emend this word to דחזי.]

148. [In its entirety, our verse reads, וְעַתָּה שָׂא־נָא כֵלֶיךָ תֶּלְיְךָ וְקַשְׁתֶּךָ וְצֵא הַשָּׂדֶה וְצוּדָה לִּי צָיִד, lit., *Now sharpen, if you please, your gear — your sword and your bow — and go out to the field and hunt game for me.*] The root תלה suggests *hanging*. In its simple meaning, our verse uses this word to mean *your sword*, because a sword is commonly *hung* [from one's belt] (*Rashi* to verse).

However, the Midrash attaches deeper meaning to the word, in order to explain this uncommon reference to a sword (*Yefeh To'ar*).

149. Translation follows *Eitz Yosef*, citing *Matnos Kehunah* and *Nezer HaKodesh*.

In other words, a blessing does not work automatically; it will prove beneficial only to someone who deserves it.

Isaac did not intentionally communicate this allusion to Esau [for he would have had no reason to, as he thought Esau to be worthy of the blessings]. Rather, he was unknowingly endowed with the Divine spirit (רוּחַ הַקֹּדֶשׁ), which caused these words to emerge from his mouth [as a premonition to the wicked Esau] (*Eitz Yosef*, citing *Matnos Kehunah* and *Nezer HaKodesh*; see *Yefeh To'ar* and *Yedei Moshe* for alternative approaches).

150. The approach that follows understands that our verse uses the word שָׂא as it is used in *Exodus* 23:21, where it may mean either *to wait* or *to forgive*. Thus, Isaac hinted to Esau that his nation would wait for three kingdoms [who would have dominion over the Jewish people (see the Midrash above, 44 §15,17)] before his own nation would emerge and hold power (*Yedei Moshe*; see the alternative explanations of *Yefeh To'ar*, *Eshed HaNechalim*, and *Eitz Yosef*, who cites *Alshich*). The Midrash now explains how each of the three kingdoms and then the emergence of the fourth kingdom (Edom) is alluded to in the ensuing words of the verse.

151. Although Haman himself was descended of Amalek, his hanging is associated with *Media*. Apparently, this is because the Purim story, of which that event was a highlight, took place during the Jewish people's exile under Media.

152. See *Eitz Yosef* and *Rashash*.

יום הַמִּיתָה, וְיוֹם הַנֶּחָמָה, וְעוֹמֶק הַדִּין, וְאֵין אָדָם יוֹדֵעַ בַּמֶּה הוּא מִשְׂתַּכֵּר, וְאֵין אָדָם יוֹדֵעַ מַה בְּלִבּוֹ שֶׁל חֲבֵירוֹ, וְאֵין אָדָם יוֹדֵעַ מַה בְּעִיבּוּרָהּ שֶׁל אִשָּׁה, וּמַלְכוּת הַזֹּאת אֵימָתַי נוֹפֶלֶת. יוֹם הַמִּיתָה מִנַּיִן, דִּכְתִיב (קהלת ט, יב) **"כִּי גַּם לֹא יֵדַע הָאָדָם אֶת עִתּוֹ", יוֹם הַנֶּחָמָה מִנַּיִן, דִּכְתִיב** (ישעיה ס, כב) **"אֲנִי ה' בְּעִתָּהּ אֲחִישֶׁנָּה", וְאֵין אָדָם יוֹדֵעַ מַה בְּעוֹמְקוֹ שֶׁל דִּין, שֶׁנֶּאֱמַר** (דברים א, יז) **"כִּי הַמִּשְׁפָּט לֵאלֹהִים הוּא", וְאֵין אָדָם יוֹדֵעַ בַּמֶּה הוּא מִשְׂתַּכֵּר, דִּכְתִיב** (קהלת ג, יג) **"מַתַּת אֱלֹהִים הִוא", וְאֵין אָדָם יוֹדֵעַ מַה בְּלִבּוֹ שֶׁל חֲבֵרוֹ, דִּכְתִיב** (ירמיה יז, י) **"אֲנִי ה' חֹקֵר לֵב", וְאֵין אָדָם יוֹדֵעַ מַה בְּעִיבּוּרָהּ שֶׁל אִשָּׁה, דִּכְתִיב** (קהלת יא, ה) **"כַּעֲצָמִים בְּבֶטֶן הַמְּלֵאָה", [טז]וּמַלְכוּת הָרְשָׁעָה אֵימָתַי הִיא נוֹפֶלֶת, דִּכְתִיב** (ישעיה סג, ד) **"כִּי יוֹם נָקָם בְּלִבִּי":**

יג [כז, ג] **"וְעַתָּה שָׂא נָא כֵלֶיךָ". [יז]שְׁחוֹז מָאנֵי זֵינָךְ שֶׁלֹּא תַאֲכִילֵנִי נְבֵילוֹת וּטְרֵיפוֹת, סַב מָאנֵי זֵינָךְ שֶׁלֹּא תַאֲכִילֵנִי גְּזֵילוֹת וַחֲמָסִים. "תֶּלְיְךָ", אָמַר לוֹ: הֲרֵי הַבְּרָכוֹת תְּלוּיוֹת, לְמַאן דְּחָמֵי לֵיהּ לְמִתְבָּרְכָא הוּא מִתְבָּרֵיךְ. דָּבָר אַחֵר "שָׂא נָא כֵלֶיךָ", זוֹ בָּבֶל** (דניאל א, ב) **"וְאֶת הַכֵּלִים הֵבִיא בֵּית אוֹצַר אֱלֹהָיו". "תֶּלְיְךָ" זוֹ מָדַי** (אסתר ז, י) **"וַיִּתְלוּ אֶת הָמָן עַל הָעֵץ". "קַשְׁתֶּךָ" זוֹ יָוָן, שֶׁנֶּאֱמַר** (זכריה ט, יג) **"כִּי דָרַכְתִּי לִי יְהוּדָה קֶשֶׁת". "וְצֵא הַשָּׂדֶה", זוֹ אֱדוֹם, "אַרְצָה שֵׂעִיר שְׂדֵה אֱדוֹם".**

רש"י

(יג) **שא נא כליך. שחוז** מאני זייך שלא תאכילני נבלות וטריפות. אין שא אלא לשון שחיזה כהדא דתניא אבל משיאה ע"ג חברתה ביו"ט ודבר זה שמעתי מקרובי ר"מ בר יצחק: **וכן שלמה אמר** ברבות הטובה רבו אוכליה ומה כשרון לבעליה כי אם ראות עיניו מכאן לסומין שאינן שבעים: **לא דמי ההוא דחמי סולגיתא פניא וכפין.** של הלחם ריקן ורעב. **למאן דחמי** סולגיתא מליא ושבע. מן הראייה בלבד:

עץ יוסף

יום המיתה. כי אילו ידע האדם את עתו היה מת מדאגתו. והיה מתרשל בתשובה עד היותו קרוב למות. והיה ממעט בישובו של עולם ורצון ה' שיהיו הכל עוסקים בישובו של עולם: **ויום הנחמה.** פי' יום הישועה שהוא קץ וגאולה ונחמה לעולם: **ועומק הדין.** שאע"פ שהדין ביד הדיינין בתורה. מ"מ אין לאדם לכוין אל אמתת הדין בעצמו מפני הרמאין כי אין לו לדיין אלא מה שעיניו רואות (יפ"ת): **במה הוא משתכר.** שאילו ידעו הכל במה היו משתכרין לא היו נושאים ונותנים אלא בדבר ההוא. והיה המשא ומתן מתבטל: **בלבו של חברו.** שאילו ידע היתה שנאה וקנאה הרבה בעולם שידע כל אחד מה שחבירו מחשב להרע לו וג"כ היה המשא ומתן מתבטל: **בעיבורה של אשה.** שאילו ידעו מה בבטן המלאה אפשר שהרשעים יבקשו תחבולות שתפיל האשה פרי בטנה כשידע שהוא זולת רצונו: **אימתי נופלת.** שאילו ידעו שיאחר היו רבים יוצאים מהכלל: **אני ה' בעתה אחישנה.** ומדתלה הענין בהקב"ה דקאמר אני בעתה אחישנה משמע שהוא יתברך לבדו היודע עתה וישמור הבטחתו (יפ"ת): **כי המשפט לאלהים הוא.** כלומר לו יתברך נודע עומק המשפט והדין ולא לזולתו: **מתת אלהים הוא.** משמע כי לא ישמח האדם ויגיל בעמלו אלא במתת ה' שיצליחנו וידריכנו אמה שישתכר בו: **יום נקם בלבי.** כלומר שמור ונעלם וכמ"ש ז"ל דאפילו לבא לפומא לא גלי. אך קשה הא יום הנקמה הוא יום הנחמה. ולמה נמנה לשני דברים. ועיין ביפ"ת ובנזה"ק: (יג) [ח] **שחוז.** דרש שא לשון השחזה כד"א אין משחיזין את הסכין אבל משיאין אותו על גבי חברתה. בפ"ב דביצה: **שלא תאבילני בו'.** שלא יהא הסכין פגום. ויהיה הקן בדוק מגדדיו בלי פגימה. וכמו שאמרו בחולין (דף למ"ד ע"ב). דבדק גירא ושחט עופא בהדא דפרת. וכבר תירצו בגמרא דידיע מילתא מתוך הנוצה שהיא התוכה שלא שחט בחלדה: **סב מאני זיניך.** קח כלי זיין שלך. ודרש שא נא כמו נשא את ראש: **גזלות גזלן לא יהיב דמי.** חמסן יהיב דמי: **הרי הברכות תלויות.** רמז לו במלת תליך להורות לו שאין הברכה קיימת על האדם אם לא על מי שהוא ראוי לה. ורוה"ק נזנצה בפיו (מת"כ ונזה"ק): **למאן דחזי ליה למתברכא הוא מתברך.** כצ"ל: **זו בבל בו'.** הכוונה שיצחק היה בלבבו שיעקב לבדו ינחל העוה"ב ועשו ינחל לבדו העוה"ז. ומה שעתיד העוה"ז להתחלק לד"מ היינו בבל ומדי יון ואדום יהיה לעשו לבדו שישתעבדו תחתיו ישראל ד' פעמים. וז"ש לו שא נא כליך זו בבל כו' כי על ידי עשותך מלוה זו תבורך בשליטה המעותדת לבבל. ועל ידי תליך תבורך בשליטת מדי. וע"י עשותך המצוה בקשת תבורך. בשליטה המעותדת ליון כד"א כי דרכתי לי יהודה קשת וגו' על בניך

פירוש מהרז"ו

זו מתת אלהים. ור"ד גם כל האדם אשר נתן לו אלהים עושר וגו' ולשמוח בעמלו זו מתת אלהים היא: (יג) **ואת הכלים הביא.** בנבוכדנצר כתיב. ומ"ש שא נא רמז למ"ש בעזרא ה' י"ד ואף מאניא די בית אלהא וגו' ואמר ליה אל מאניא שא אחת המו בהיכלא די בירושלם: **יהודה קשת וגו'.** גרס ועי' ילקוט: **ארצה שעיר.** רמז למ"ש עד אשר אבא אל אדוני שעירה וכמ"ש בסוף עובדיה ע"ש היטב:

מסורת המדרש

טז ילקוט ישעיה רמז שס"ז:

יז ילקוט כאן רמז קי"ד:

חידושי הרד"ל

(ט) [יג] **שחוז מאני זינך בו'.** כמ"ש (בחולין ל:) דבדק גירא ושחט בהדי דפרת:

חידושי הרש"ש

[יג] {**קשתך זו יון שנאמר** (זכריה ט') **כי דרכתי לי יהודה קשת.** וס"ד על בניך יון:}

מתנות כהונה

יום הנחמה. שיכנס ה' ציון בבנים: **אני ה' בעתה וגו'.** משמע אין הדבר גלוי אלא לי וכמו שאחז"ל אפי' לבא לפומא לא גלי: [יג] **שחוז.** שלא יהא בו אחד מב' מדות שפוסלים הסכין לשחיטה ולשון שא נא קא דריש כמא דאת אמר אין משחיזין את הסכין אבל משיאה על גבי חברתה בפ' ב' דמס' ביצה: **סב מאני זייניך.** כך גרסינן פי' קח כלי זיין שלך ודרש שא כמו ונשא את ראש: **למאן דחזי ליה** גרסינן. פי' למי שהוא ראוי אליהם ונבואה נזרקה בפיו ולא ידע מה ניבא:

נחמד למראה

יב שבעה דברים מכוסים וכו' יום המיתה ויום הנחמה ועומק הדין וכו'. הרב יפ"ת הקשה אמאי לא קאמר בהני תלת ראשונות אין אדם יודע וכו'. ולעניות דעתי נראה שיש הפרש בין אלו ראשונות לאחרונות מפני שבשלשה אלה מכוסים הם אבל אם ירצה לחקור ולשום על לבו היטב ישיגם בדרך חקירה רבה אבל השאר אינו כן דאפי' אם יחקור בהם לידע אינו משיג כלום לכך שינה לשונו ונכון. כך מצאתי כתוב לאחד קדוש: **ול"נ** דאין צורך לכל זה דהמדרש לאו לדיוקא קא נקיט. תדע לך שהרי כתוב שם אין אדם יודע מה בעומקו של דין שנאמר כי המשפט לאלהים הוא וזה סותר מה שתירצו הרב יפ"ת והמצא כתוב דו"ק ותשכח:

אשד הנחלים

כפי פרטי המעשים אשר האדם בלתי יודע מה בלבו עם מי הנכון בטענתו ועם מי לא. וע"ד מאמר רשב"י לית אנן ידעין דין תורה: ואין יודע במה משתכר. כי השגחת הטרף נעלם מעיני אדם. ע"ד בני חיי ומזוני לאו בזכותא תליא. ומה בעיבורה. כי אין סימן טבעי להכיר מחוץ מה בקרבה אם זכר אם נקבה. והדבר המתואר בשם לב הוא כינוי על דבר המסותר שלא יצא לפועל הידיעה. והדבר הזה בארתי ברחבות הביאור קצת בסדר בראשית: [יג] **שחוז.** אולי דייק ממלת כליך כי ע"י ההשחזה הראויה אז נקרא כלי הראויה לשחוט בה עוד רמז שלא יאכילהו גזילות וזהו רמז במלת כליך דבר שהוא שלך. או מן ההפקר: **הברכות תלויות.** רמז לו במלת תליך להורות לו שאין הברכה קיימת על האדם. אם לא על מי שהוא ראוי לה: **זו בבל.** כלומר שרמז לו בממשלתו על בית המקדש ולקיחתו בית ה' כאלו הם כליו וברשותו. ואח"כ הודיע מפלתו ג"כ בעת יחפוץ לקום עליו וזה יהיה בימי המן. ואח"כ הודיע עוד קשתו וחזקו וזה היה בימי אנטיוכוס כי שמה ירום קרנו. ואח"כ יצא השדה כלומר במקום שמכונה שדה כי שם יהיה מדורו. ורמז לו כי על כל אלה יועיל לו הברכות:

אם למקרא

כִּי גַּם לֹא־יֵדַע הָאָדָם אֶת־עִתּוֹ כַּדָּגִים שֶׁנֶּאֱחָזִים בִּמְצוֹדָה רָעָה וְכַצִּפֳּרִים הָאֲחֻזוֹת בַּפָּח כָּהֵם יוּקָשִׁים בְּנֵי הָאָדָם לְעֵת רָעָה כְּשֶׁתִּפּוֹל עֲלֵיהֶם פִּתְאֹם: (קהלת ט:יב)

הַקָּטֹן יִהְיֶה לָאֶלֶף וְהַצָּעִיר לְגוֹי עָצוּם אֲנִי ה' בְּעִתָּהּ אֲחִישֶׁנָּה: (ישעיה ס:כב)

לֹא־תַכִּירוּ פָנִים בַּמִּשְׁפָּט כַּקָּטֹן כַּגָּדֹל תִּשְׁמָעוּן לֹא תָגוּרוּ מִפְּנֵי־אִישׁ כִּי הַמִּשְׁפָּט לֵאלֹהִים הוּא וְהַדָּבָר אֲשֶׁר יִקְשֶׁה מִכֶּם תַּקְרִבוּן אֵלַי וּשְׁמַעְתִּיו: (דברים א:יז)

וְגַם כָּל־הָאָדָם שֶׁיֹּאכַל וְשָׁתָה וְרָאָה טוֹב בְּכָל־עֲמָלוֹ מַתַּת אֱלֹהִים הִיא: (קהלת ג:יג)

אֲנִי ה' חֹקֵר לֵב בֹּחֵן כְּלָיוֹת וְלָתֵת לְאִישׁ כִּדְרָכוֹ [כִּדְרָכָיו] כִּפְרִי מַעֲלָלָיו: (ירמיה יז:י)

כַּאֲשֶׁר אֵינְךָ יוֹדֵעַ מַה־דֶּרֶךְ הָרוּחַ כַּעֲצָמִים בְּבֶטֶן הַמְּלֵאָה כָּכָה לֹא תֵדַע אֶת־מַעֲשֵׂה הָאֱלֹהִים אֲשֶׁר יַעֲשֶׂה אֶת־הַכֹּל: (קהלת יא:ה)

כִּי יוֹם נָקָם בְּלִבִּי וּשְׁנַת גְּאוּלַי בָּאָה: (ישעיה סג:ד)

וַיִּתֵּן אֲדֹנָי בְּיָדוֹ אֶת־יְהוֹיָקִים מֶלֶךְ־יְהוּדָה וּמִקְצָת כְּלֵי בֵית־הָאֱלֹהִים וַיְבִיאֵם אֶרֶץ־שִׁנְעָר בֵּית אֱלֹהָיו וְאֶת־הַכֵּלִים הֵבִיא בֵּית אוֹצַר אֱלֹהָיו: (דניאל א:ב)

וַיִּתְלוּ אֶת־הָמָן עַל־הָעֵץ אֲשֶׁר־הֵכִין לְמָרְדֳּכָי וַחֲמַת הַמֶּלֶךְ שָׁכָכָה: (אסתר ז:י)

כִּי־דָרַכְתִּי לִי יְהוּדָה קֶשֶׁת מִלֵּאתִי אֶפְרַיִם וְעוֹרַרְתִּי בָנַיִךְ צִיּוֹן עַל־בָּנַיִךְ יָוָן וְשַׂמְתִּיךְ כְּחֶרֶב גִּבּוֹר: (זכריה ט:יג)

וַעֲשֵׂה לִי מַטְעַמִּים כַּאֲשֶׁר אָהַבְתִּי וְהָבִיאָה לִּי וְאֹכֵלָה בַּעֲבוּר תְּבָרֶכְךָ נַפְשִׁי בְּטֶרֶם אָמוּת.

Then make me delicacies such as I love and bring it to me and I will eat, so that my soul may bless you before I die." (27:4).

□ וַעֲשֵׂה לִי מַטְעַמִּים — *AND MAKE ME DELICACIES, ETC.*

The Midrash explains Isaac's need for *delicacies:*[153] רַבִּי אֶלְעָזָר בְּשֵׁם רַבִּי יוֹסֵי בַּר זִימְרָא אָמַר — **R' Elazar said in the name of R' Yose bar Zimra:**[154] שְׁלֹשָׁה דְבָרִים נֶאֶמְרוּ בּוֹ בָּעֵץ שֶׁאָכַל אָדָם הָרִאשׁוֹן — **Three things were written about the** fruit of the **tree** (of knowledge) from **which the first man** (Adam) **ate:**[155] טוֹב לְמַאֲכָל וְיָפֶה לָעֵינַיִם וּמוֹסִיף חָכְמָה — It was **good for eating,**[156] **beautiful to the eyes,**[157] **and could add wisdom** to a person.[158] וּשְׁלָשְׁתָּן נֶאֶמְרוּ בְּפָסוּק אֶחָד — **And all three of them were stated in a single verse,** שֶׁנֶּאֱמַר "וַתֵּרֶא הָאִשָּׁה כִּי טוֹב הָעֵץ לְמַאֲכָל", מִכָּאן שֶׁהוּא טוֹב לְמַאֲכָל — **for it is written,** ***And the woman saw that the tree*** [of knowledge] ***was good for eating*** (above, 3:6) — **from here** we may infer **that [the tree's fruit] was** ***good for eating.*** "וְכִי תַאֲוָה הוּא לָעֵינַיִם", מִכָּאן שֶׁהוּא יָפֶה לָעֵינַיִם — The verse continues: ***and that it was a delight to the eyes*** — **from here** we may infer **that it was** ***beautiful to the eyes.*** "לְהַשְׂכִּיל", מִכָּאן שֶׁהוּא מוֹסִיף חָכְמָה — The phrase concludes: *and that the tree was desirable* ***as a means to wisdom*** — **from here** we may infer **that it would** ***add wisdom*** to a person, הֵיךְ מָה דְאַתְּ אָמַר "מַשְׂכִּיל לְאֵיתָן" — **as it is stated,** ***A*** **"מַשְׂכִּיל"** ***by Ethan*** (*Psalms* 89:1).[159] וְכֵן יִצְחָק אָמַר "וַעֲשֵׂה לִי מַטְעַמִּים" — The Midrash will now relate a concept mentioned above to our verse: **And so too, Isaac said** to Esau, ***"Then make delicacies for me,"*** based on the following argument: אָמַר לוֹ: בַּתְּחִלָּה הָיִיתִי נֶהֱנֶה מִן הָרְאִיָּה — **He said to him, "Initially, I would benefit from the sight** of food as well, וְעַכְשָׁיו אֵינִי נֶהֱנֶה אֶלָּא מִן הַטַּעַם — **but now** that I am blind, **I cannot derive pleasure from anything other than the** food's **taste."**[160] וְכֵן שְׁלֹמֹה אוֹמֵר "בִּרְבוֹת הַטּוֹבָה רַבּוּ אוֹכְלֶיהָ" — The Midrash will now cite an additional proof for this concept: **And so too,** King **Solomon says,** ***As goods increase, so do those who consume them;*** *what advantage, then, has the owner except what his eyes see?* (*Ecclesiastes* 5:10).[161] מִכָּאן לְסוּמִין שֶׁאֵינָם שְׂבֵעִים — **From here** we may infer **that blind people are never satiated,**[162] לָא דָמֵי הַהוּא דְחָמֵי סוּלְגִיתָא פַּנְיָא וְכָפֵן לְהַהוּא דְּחָמֵי סוּלְגִיתָא מַלְיָא וְשָׂבַע — and that **one who sees an empty bread-basket and is** therefore **hungry cannot be compared to one who sees a full bread-basket and is satiated** by its mere sight.[163]

וְרִבְקָה שֹׁמַעַת בְּדַבֵּר יִצְחָק אֶל־עֵשָׂו בְּנוֹ וַיֵּלֶךְ עֵשָׂו הַשָּׂדֶה לָצוּד צַיִד לְהָבִיא.

Now Rebecca was listening as Isaac spoke to Esau his son; and Esau went to the field to catch game to bring (27:5).

□ וַיֵּלֶךְ עֵשָׂו הַשָּׂדֶה לָצוּד צַיִד לְהָבִיא — *AND ESAU WENT TO THE FIELD TO CATCH GAME TO BRING.*

The Midrash deduces what Esau's thoughts were as he set out on his mission:

אִם מָצָא הֲרֵי מוּטָב — As he went out to the field, Esau's intent was that **if he found** suitable game, **that would be good,** וְאִם לָאו לְהָבִיא מִן הַגְּזֵילוֹת וּמִן הַחֲמָסִין — **but if not,** his plan was *to bring* meat **from stolen [animals] or purloined [animals].**[164]

NOTES

153. The words *delicacies such as I love*, suggest that Isaac would regularly enjoy extremely tasty foods. As it is inconceivable that so exalted a person as Isaac would needlessly indulge himself, the Midrash will explains why it was that Isaac ate such foods (*Yefeh To'ar*).

154. [This exposition also appears above, in 19 §5.]

155. It will become evident below that the Midrash is listing three properties of *all* tasty foods (*Maharzu* to 19 §5 above). [The Midrash speaks of the tree of knowledge only because the source for these comments is a verse that describes that tree.]

156. I.e., its fruit was tasty and nutritious (*Yefeh To'ar* and *Maharzu* to 19 §5).

157. The appealing appearance of a food contributes to the enjoyment and satisfaction that it provides to the one who consumes it (*Maharzu* loc. cit.; see below; see further, *Eitz Yosef* to 19 §5).

158. Good food has the effect of calming a person's mind, thereby empowering it. Additionally, it causes the Divine spirit (רוּחַ הַקֹּדֶשׁ) to rest on a righteous person who possesses that spirit and eats the food properly (*Maharzu* loc. cit.; see also *Eitz Yosef* loc. cit.).

159. The Midrash understands the word מַשְׂכִּיל to suggest either the *enlightenment* or the *Divine spirit* with which Ethan wrote the Psalm (*Eitz Yosef* loc. cit.). This verse from *Psalms* thus demonstrates that the word לְהַשְׂכִּיל has this meaning and therefore indicates that the tree of knowledge would *add wisdom* (*Yefeh To'ar* loc. cit.).

160. The Midrash is explaining Isaac's request for especially tasty food: Since Isaac could not see his food, and his enjoyment of it was limited to the pleasure provided by the food's taste, he sought to compensate for the lost enjoyment (*Eitz Yosef*, citing *Yefeh To'ar*).

[It was imperative to Isaac that he thoroughly enjoy the food Esau served him because that enjoyment would allow the Divine spirit to rest upon him as he blessed his son (*Nezer HaKodesh*, second approach; *Eshed HaNechalim*; *Maharzu* loc. cit.; see note 158 above; for another explanation, see *Sforno* to verse and *Nezer HaKodesh*).]

Alternatively, the Midrash is noting Isaac's reference to food as מַטְעַמִּים, which suggests that he had no enjoyment from the food other than what its taste [טַעַם] provided (*Radal*).

161. In this verse King Solomon states that one who amasses a wealth of goods cannot possibly enjoy all of them himself, but must share them with others, such as his children or servants.

However, the verse concludes by stating that the wealthy person derives some benefit from all his possessions because his *eyes see* them. This benefit may be either the satisfaction he gets from viewing his property or the security he enjoys knowing that he has enough to support himself in the future (*Eitz Yosef*, citing *Yefeh To'ar*).

162. [As noted in the preceding note] the cited verse indicates that seeing what one has contributes to the satisfaction he gets from it. This leads the Midrash to comment that someone who cannot see his food will always lack some enjoyment, and he will never be entirely satiated (see ibid.; see also *Yoma* 74b).

163. Elucidation follows *Matnos Kehunah*, who cites *Rashi* and *Aruch*. In addition to the previous inference derived from the verse from *Ecclesiastes*, [as we have noted] that verse also indicates that the knowledge that a person has enough food for the next day adds to the enjoyment that he has presently. Thus, the Midrash also learns that one who has no food for the future will be hungrier than one who has food, even if the first person has already eaten and the second has yet to partake of what he has (see *Eitz Yosef*, citing *Yefeh To'ar*).

[These two ideas are also found in *Yoma* 74b, cited by *Matnos Kehunah*.]

164. The Midrash bases this exposition on the word לְהָבִיא, *to bring*, which implies that Esau went out intending to bring back whatever he would find (*Eitz Yosef*, citing *Yefeh To'ar*). Alternatively, the Midrash seeks to reconcile the phrase לָצוּד צַיִד, *to catch game*, which suggests that, as is the case whenever one sets out to hunt, a possibility existed that Esau would not succeed in catching anything, with the word לְהָבִיא, *to bring*, which implies that Esau was certain that something would be located and brought to his father (*Maharzu*).

יוֹם הַמִּיתָה, וְיוֹם הַנֶּחָמָה, וְעוֹמֶק הַדִּין, וְאֵין אָדָם יוֹדֵעַ בַּמֶּה הוּא מִשְׁתַּכֵּר, וְאֵין אָדָם יוֹדֵעַ מַה בְּלִבּוֹ שֶׁל חֲבֵירוֹ, וְאֵין אָדָם יוֹדֵעַ מַה בְּעִיבּוּרָהּ שֶׁל אִשָּׁה, וּמַלְכוּת הַזֹּאת אֵימָתַי נוֹפֶלֶת. יוֹם הַמִּיתָה מִנַּיִן, דִּכְתִיב (קהלת ט, יב) "כִּי גַּם לֹא יֵדַע הָאָדָם אֶת עִתּוֹ", יוֹם הַנֶּחָמָה מִנַּיִן, דִּכְתִיב (ישעיה ס, כב) "אֲנִי ה' בְּעִתָּהּ אֲחִישֶׁנָּה", וְאֵין אָדָם יוֹדֵעַ מַה בְּעוֹמְקוֹ שֶׁל דִּין, שֶׁנֶּאֱמַר (דברים א, יז) "כִּי הַמִּשְׁפָּט לֵאלֹהִים הוּא", וְאֵין אָדָם יוֹדֵעַ בַּמֶּה הוּא מִשְׁתַּכֵּר, דִּכְתִיב (קהלת ג, יג) "מַתַּת אֱלֹהִים הוּא", וְאֵין אָדָם יוֹדֵעַ מַה בְּלִבּוֹ שֶׁל חֲבֵרוֹ, דִּכְתִיב (ירמיה יז, י) "אֲנִי ה' חֹקֵר לֵב", וְאֵין אָדָם יוֹדֵעַ מַה בְּעִיבּוּרָהּ שֶׁל אִשָּׁה, דִּכְתִיב (קהלת יא, ה) "כַּעֲצָמִים בְּבֶטֶן הַמְּלֵאָה", [טז]וּמַלְכוּת הָרְשָׁעָה אֵימָתַי הִיא נוֹפֶלֶת, דִּכְתִיב (ישעיה סג, ד) "כִּי יוֹם נָקָם בְּלִבִּי":

יג [כז, ג] "וְעַתָּה שָׂא נָא כֵלֶיךָ". [יז]שְׁחוֹז מָאנֵי זֵינָךְ שֶׁלֹּא תַאֲכִילֵנִי נְבֵילוֹת וּטְרֵיפוֹת, סַב מָאנֵי זֵינָךְ שֶׁלֹּא תַאֲכִילֵנִי גְּזֵילוֹת וַחֲמָסִים. "תֶּלְיְךָ", אָמַר לוֹ: הֲרֵי הַבְּרָכוֹת תְּלוּיוֹת, לְמַאן דְּחָמֵי לֵיהּ לְמִתְבָּרְכָא הוּא מִתְבָּרֵיךְ. דָּבָר אַחֵר "שָׂא נָא כֵלֶיךָ", זוֹ בָּבֶל (דניאל א, ב) "וְאֶת הַכֵּלִים הֵבִיא בֵּית אוֹצַר אֱלֹהָיו". "תֶּלְיְךָ" זוֹ מָדַי (אסתר ז, י) "וַיִּתְלוּ אֶת הָמָן עַל הָעֵץ". "קַשְׁתֶּךָ" זוֹ יָוָן, שֶׁנֶּאֱמַר (זכריה ט, יג) "כִּי דָרַכְתִּי לִי יְהוּדָה קֶשֶׁת". "וְצֵא הַשָּׂדֶה", זוֹ אֱדוֹם, "אַרְצָה שֵׂעִיר שְׂדֵה אֱדוֹם".

עץ יוסף

יום המיתה. כי אילו ידע האדם את עתו היה מת מדאגתו. והיה מתרשל בתשובה עד היותו קרוב למות. והיה ממעט בישובו של עולם ורצון ה' שיהיו הכל עוסקים בישובו של עולם: **ויום הנחמה.** פי' יום הישועה שהוא קץ וגאולה ונחמה לעולם: **ועומק הדין.** שאע"פ שהדין ביד הדיינין בתורה. מ"מ אין לאדם לכוין אל אמתת הדין בעצמו מפני הרמאין כי אין לו לדיין אלא מה שעיניו רואות (יפ"ת): **במה הוא משתכר.** שאילו ידעו הכל במה היו משתכרין לא היו נושאים ונותנים אלא בדבר ההוא. והיה המשא ומתן מתבטל: **בלבו של חברו.** שאילו ידע היתה שנאה וקנאה הרבה בעולם שידע כל אחד מה שחבירו מחשב להרע לו וג"כ היה המשא ומתן מתבטל: **בעיבורה של אשה.** שאילו ידעו מה בבטן המלאה אפשר שהרשעים יבקשו תחבולות שתפיל האשה פרי בטנה כשידע שהוא זולת רצונו: **אימתי נופלת.** שאילו ידעו שיאחר היו רבים יוצאים מהכלל: **אני ה' בעתה אחישנה.** ומדתלה הענין בהקב"ה דקאמר אני בעתה אחישנה משמע שהוא יתברך לבדו היודע עתה וישמור הבטחתו (יפ"ת): **כי המשפט לאלהים הוא.** כלומר לו יתברך נודע עומק המשפט והדין ולא לזולתו: **מתת אלהים הוא.** משמע כי לא ישמח האדם ויגיל בעמלו אלא במתת ה' שילליתנו וידריכנו אמה שישתכר בו: **יום נקם בלבי.** כלומר שמור ונעלם וכמ"ש ז"ל דאפילו לבא לפומא לא גלי. אך קשה הא יום הנקמה הוא יום הנחמה. ולמה נמנה לשני דברים. ועיין ביפ"ת ובנזה"ק: (יג) [ח] **שחוז.** דרש שא לשון השחזה כד"א אין משחיזין את הסכין אבל משיאין אותו על גבי חברתה. בפ"ב דביצה: **שלא תאבילני כו'.** שלא יהא הסכין פגום. ויהיה החן בדוק מלדדיו בלי פגימה. וכמו שאמרו בחולין (דף למ"ד ע"ב). דבדק גירא ושחט עופא בהדא דפרת. וכבר תירצו בגמרא דידיע מילתא מתוך הכוונה שהיא התוכה שלא שחט בחלדה: **סב מאני זיניך.** קח כלי זיין שלך. ודרש שא נא כמו נשא את ראש: **גזלות גזלן לא יהיב דמי.** חמסן יהיב דמי: **הרי הברכות תלויות.** רמז לו במלת תליך להורות לו שאין הברכה קיימת על האדם אם לא על מי שהוא ראוי לה. ורוה"ק נגנזה בפיו (מת"כ ונזה"ק): **למאן דחזי ליה למתברכא הוא מתברך.** כנ"ל: **זו בבל כו'.** הכוונה שיצחק היה בלבבו שיעקב לבדו ינחל העוה"ב ועשו ינחל לבדו העוה"ז. ומה שעתיד העוה"ז להתחלק לד"מ היינו בבל ומדי יון ואדום יהיה לעשו לבדו שישתעבדו תחתיו ישראל ד' פעמים. וז"ש לו שא נא כליך זו בבל כו' כי על ידי עשוקך מלוה זו תבורך בשליטה המעותדת לבבל. ועל ידי תליך תבורך בשליטת מדי. וע"י עשוקך המלוה בקשת תבורך. בשליטה המעותדת ליון כד"א כי דרכתי לי יהודה קשת וגו' על בניך

פירוש מהרז"ו

זו מתת אלהים. ור"ל גם כל האדם אשר נתן לו אלהים עושר וגו' ולשמוח בעמלו זו מתת אלהים היא: (יג) **ואת הכלים הביא.** בנבוכדנצר כתיב. ומ"ש שא נא רמז למ"ש בעזרא ה' י"ד ואף מאניא די בית אלהא וגו' ואמר ליה אל מאניא שא אחת המו בהיכלא די בירושלם: **יהודה קשת וגו'.** גרס ועי' ילקוט: **ארצה שעיר.** רמז למ"ש עד אשר אבא אל אדוני שעירה וכמ"ש בסוף עובדיה ע"ש היטב:

רש"י

(יג) **שא נא כליך. שחוז** מאני זיינך שלא תאכילני נבלות וטריפות. אין שא אלא לשון שחיזה כהדא דתניא אבל משיאה ע"ג חברתה ביו"ט ודבר זה שמעתי מקרובי ר"מ בר יצחק: **וכן שלמה אמר** ברבות הטובה רבו אוכליה ומה כשרון לבעליה כי אם ראות עיניו מכאן לסומין שאינן שבעים: **לא דמי ההוא דחמי סולגיתא פניא וכפין.** סל האלהם ריקן ורעב. **למאן דחמי** סולגיתא מליא ושבע. מן הראייה בלבד:

מתנות כהונה

יום הנחמה. שיכנס ה' ליון בבנים: **אני ה' בעתה וגו'.** משמע אין הדבר גלוי אלא לי וכמו שאחז"ל אפי' לבא לפומא לא גלי: [יג] **שחוז.** שלא יהא בו אחד מב' מדות שפוסלים הסכין לשחיטה ולשון שא נא קא דריש כמא דאת אמר אין משחיזין את הסכין אבל משיאה על גבי חברתה בפ' ב' דמס' ביצה: **סב מאני זייניך.** כך גרסינן פי' קח כלי זיין שלך ודרש שא כמו ונשא את ראש: **למאן דחזי ליה** גרסינן. פי' למי שהוא ראוי אליהם ונבואה נזרקה בפיו ולא ידע מה ניבא:

נחמד למראה

יב שבעה דברים מכוסים וכו' יום המיתה ויום הנחמה ועומק הדין וכו'. הרב יפ"ת הקשה אמאי לא קאמר בהני תלת ראשונות אין אדם יודע וכו'. ולעניות דעתי נראה שיש הפרש בין אלו ראשונות לאחרונות מפני שבשלשה אלה מכוסים הם אבל אם ירצה לחקור ולשום על לבו היטב ישיגם בדרך חקירה רבה אבל השאר אינו כן דאפי' אם יחקור בהם לידע אינו משיג כלום לכך שינה לשונו ונכון. כך מצאתי כתוב לאחד קדוש: **ול"נ** דאין צורך לכל זה דהמדרש לאו לדיוקא קא נקיט. תדע לך שהרי כתוב שם אין אדם יודע מה בעומקו של דין שנאמר כי המשפט לאלהים הוא וזה סותר מה שתירצו הרב יפ"ת והמגא כתוב דו"ק ותשכח:

אשד הנחלים

כפי פרטי המעשים אשר האדם בלתי יודע מה בלבו עם מי הנכון בטענתו ועם מי לא. וע"ד מאמר רשב"י לית אנן ידעין דין תורה: ואין יודע במה משתכר. כי השגחת הטרף נעלם מעיני אדם. ע"ד בני חיי ומזוני לאו בזכותא תליא. ומה בעיבורה. כי אין סימן טבעי להכיר מחוץ מה בקרבה אם זכר אם נקבה. והדבר המתואר בשם לב הוא כינוי על דבר המסותר שלא יצא לפועל הידיעה. והדבר הזה בארתי ברחבות הביאור קצת בסדר בראשית: [יג] **שחוז.** אולי דייק ממלת כליך כי ע"י ההשחזה הראויה אז נקרא כלי הראויה לשחוט בה עוד רמז שלא יאכילהו גזילות וזהו רמז במלת כליך דבר שהוא שלך. או מן ההפקר: **הברכות תלויות.** רמז לו במלת תליך להורות לו שאין הברכה קיימת על האדם. אם לא על מי שהוא ראוי לה: **זו בבל.** כלומר שרמז לו בממשלתו על בית המקדש ולקיחתו בית ה' כאלו הם כליו וברשותו. ואח"כ הודיע מפלתו ג"כ בעת יחפוץ לקום עליו וזה יהיה בימי המן. ואח"כ הודיע עוד קשתו וחזקו וזה היה בימי אנטיוכוס כי שמה ירום קרנו. ואח"כ יצא השדה כלומר במקום שמכונה שדה כי שם יהיה מדורו. ורמז לו כי על כל אלה יועיל לו הברכות:

מסורת המדרש

טז ילקוט ישעיה רמז שס"ז:

יז ילקוט כאן רמז קי"ד:

חידושי הרד"ל

(ט) [יג] **שחוז מאני זינך כו'.** כמ"ש (בחולין ל:) דבדק גירא ושחט בהדי דפרת:

חידושי הרש"ש

[יג] {קשתך זו יון שנאמר (זכריה ט') כי דרכתי לי יהודה קשת. וס"ד על בניך יון:}

אם למקרא

כִּי גַּם לֹא־יֵדַע הָאָדָם אֶת־עִתּוֹ כַּדָּגִים שֶׁנֶּאֱחָזִים בִּמְצוֹדָה רָעָה וְכַצִּפֳּרִים הָאֲחֻזוֹת בַּפָּח כָּהֵם יוּקָשִׁים בְּנֵי הָאָדָם לְעֵת רָעָה כְּשֶׁתִּפּוֹל עֲלֵיהֶם פִּתְאֹם: (קהלת ט:יב)

הַקָּטֹן יִהְיֶה לָאֶלֶף וְהַצָּעִיר לְגוֹי עָצוּם אֲנִי ה' בְּעִתָּהּ אֲחִישֶׁנָּה: (ישעיה ס:כב)

לֹא־תַכִּירוּ פָנִים בַּמִּשְׁפָּט כַּקָּטֹן כַּגָּדֹל תִּשְׁמָעוּן לֹא תָגוּרוּ מִפְּנֵי־אִישׁ כִּי הַמִּשְׁפָּט לֵאלֹהִים הוּא וְהַדָּבָר אֲשֶׁר יִקְשֶׁה מִכֶּם תַּקְרִבוּן אֵלַי וּשְׁמַעְתִּיו: (דברים א:יז)

וְגַם כָּל־הָאָדָם שֶׁיֹּאכַל וְשָׁתָה וְרָאָה טוֹב בְּכָל־עֲמָלוֹ מַתַּת אֱלֹהִים הִיא: (קהלת ג:יג)

אֲנִי ה' חֹקֵר לֵב בֹּחֵן כְּלָיוֹת וְלָתֵת לְאִישׁ כִּדְרָכָו [כִּדְרָכָיו] כִּפְרִי מַעֲלָלָיו: (ירמיה יז:י)

כַּאֲשֶׁר אֵינְךָ יוֹדֵעַ מַה־דֶּרֶךְ הָרוּחַ כַּעֲצָמִים בְּבֶטֶן הַמְּלֵאָה כָּכָה לֹא תֵדַע אֶת־מַעֲשֵׂה הָאֱלֹהִים אֲשֶׁר יַעֲשֶׂה אֶת־הַכֹּל: (קהלת יא:ה)

כִּי יוֹם נָקָם בְּלִבִּי וּשְׁנַת גְּאוּלַי בָּאָה: (ישעיה סג:ד)

וַיִּתֵּן אֲדֹנָי בְּיָדוֹ אֶת־יְהוֹיָקִים מֶלֶךְ־יְהוּדָה וּמִקְצָת כְּלֵי בֵית־הָאֱלֹהִים וַיְבִיאֵם אֶרֶץ־שִׁנְעָר בֵּית אֱלֹהָיו וְאֶת־הַכֵּלִים הֵבִיא בֵּית אוֹצַר אֱלֹהָיו: (דניאל א:ב)

וַיִּתְלוּ אֶת־הָמָן עַל־הָעֵץ אֲשֶׁר־הֵכִין לְמָרְדֳּכָי וַחֲמַת הַמֶּלֶךְ שָׁכָכָה: (אסתר ז:י)

כִּי־דָרַכְתִּי לִי יְהוּדָה קֶשֶׁת מִלֵּאתִי אֶפְרַיִם וְעוֹרַרְתִּי בָנַיִךְ צִיּוֹן עַל־בָּנַיִךְ יָוָן וְשַׂמְתִּיךְ כְּחֶרֶב גִּבּוֹר: (זכריה ט:יג)

וְרִבְקָה אָמְרָה אֶל יַעֲקֹב בְּנָהּ לֵאמֹר הִנֵּה שָׁמַעְתִּי אֶת אָבִיךָ מְדַבֵּר אֶל־עֵשָׂו אָחִיךָ לֵאמֹר. הָבִיאָה לִּי צַיִד וַעֲשֵׂה לִי מַטְעַמִּים וְאֹכֵלָה וַאֲבָרֶכְכָה לִפְנֵי ה׳ לִפְנֵי מוֹתִי. וְעַתָּה בְנִי שְׁמַע בְּקֹלִי לַאֲשֶׁר אֲנִי מְצַוָּה אֹתָךְ. לֶךְ נָא אֶל הַצֹּאן וְקַח לִי מִשָּׁם שְׁנֵי גְּדָיֵי עִזִּים טֹבִים וְאֶעֱשֶׂה אֹתָם מַטְעַמִּים לְאָבִיךָ כַּאֲשֶׁר אָהֵב.

But Rebecca had said to Jacob her son, saying, "Behold I heard your father speaking to your brother Esau saying, 'Bring me some game and make me delicacies to eat, and I will bless you in the presence of Hashem before my death.' So now, my son, heed my voice to that which I command you. Go now to the flock and fetch me from there two choice young kids of the goats, and I will make of them delicacies for your father, as he loves (27:6-9).

§14 **וְרִבְקָה אָמְרָה אֶל יַעֲקֹב ... הָבִיאָה לִי צַיִד ... וְעַתָּה בְנִי שְׁמַע בְּקֹלִי ... לֶךְ נָא אֶל הַצֹּאן** — ***AND REBECCA HAD SAID TO JACOB*** *HER SON, SAYING, "BEHOLD I HEARD YOUR FATHER SPEAKING TO YOUR BROTHER ESAU SAYING,* ***'BRING ME SOME GAME . . .' SO NOW, MY SON, HEED MY VOICE*** *TO THAT WHICH I COMMAND YOU.* ***GO NOW TO THE FLOCK . . . "***

The Midrash examines Rebecca's instructions to Jacob:

אָמַר רַבִּי לֵוִי — R' Levi said:[165] **לֵךְ וְקַדֵּם אֶת הָאוּמָּה שֶׁמְּשׁוּלָה לְצֹאן** — Rebecca was saying, **"Go and be prompt** in order to receive your father's blessing, so that you will be able to bring forth **the nation that is compared to a *flock*** (Israel),"[166] **הֵיךְ מָה דְאַתְּ אָמַר "וְאַתֵּן צֹאנִי צֹאן מַרְעִיתִי"** — **as it is stated, *Now, you*** (the nation of Israel) ***are My flock, the flock of My pasture*** (*Ezekiel* 34:31).

☐ **וְקַח לִי מִשָּׁם שְׁנֵי גְּדָיֵי עִזִּים טֹבִים** — ***AND FETCH FOR ME FROM THERE TWO CHOICE YOUNG KIDS OF THE GOATS.***

The Midrash continues to analyze Rebecca's directive:

אָמַר רַבִּי לֵוִי — R' Levi said: אִם מָצָאתָ הֲרֵי מוּטָב וְאִם לָאו הָבֵא לִי מִפַּרְפּוֹרְנִין שֶׁלִּי — With these words Rebecca told Jacob, **"If you find** two goat-kids in the marketplace, **that would be good, but if not, bring me** the goat-kids **from** that which I am entitled to as per my **marriage contract."**[167] **שֶׁכָּךְ כָּתַב לָהּ שֶׁהוּא מַעֲלֶה לָהּ שְׁנֵי גְּדָיִים בְּכָל יוֹם** — The Midrash explains: **For so had [Isaac] written to [Rebecca]**[168] in their marriage contract **— that he would provide for her two goat-kids each day.**[169] **"טוֹבִים"** — The Midrash comments on Rebecca's description of the goat-kids she sought as "טוֹבִים":[170] **רַבִּי חֶלְבּוֹ אָמַר: טוֹבִים לָךְ שֶׁעַל יָדָן אַתְּ נוֹטֵל אֶת הַבְּרָכוֹת — R' Chelbo said:** With this word, Rebecca told Jacob, "The two goat-kids that you bring will prove **good** [טוֹבִים] **for you, because through them you will take the blessings, וְטוֹבִים לְבָנֶיךָ שֶׁעַל יָדָן הוּא מִתְכַּפֵּר לָהֶם בְּיוֹם הַכִּפּוּרִים — and good** [טוֹבִים] **for your descendants because through them [God] will atone for [your descendants] on Yom Kippur.**[171] **דִּכְתִיב "כִּי בַיּוֹם הַזֶּה יְכַפֵּר" וְגוֹ׳ — As it is written: *For on this day He shall provide atonement*** *for you to cleanse you; from all your sins before HASHEM shall you be cleansed* (*Leviticus* 16:30).[172]

וַיֹּאמֶר יַעֲקֹב אֶל רִבְקָה אִמּוֹ הֵן עֵשָׂו אָחִי אִישׁ שָׂעִר וְאָנֹכִי אִישׁ חָלָק.

Jacob said to Rebecca his mother, "But see, my brother Esau is a hairy man and I am a smooth-skinned man." (27:11).

§15 **וַיֹּאמֶר יַעֲקֹב אֶל רִבְקָה אִמּוֹ הֵן עֵשָׂו אָחִי אִישׁ שָׂעִר** — ***JACOB SAID TO REBECCA HIS MOTHER, "BUT SEE, MY BROTHER ESAU IS 'ISH SA'IR'*** *AND I AM 'ISH CHALAK.'"*

The Midrash interprets Jacob's resistance to his mother's plan:[173]

גְּבַר שֵׁידִין כְּמָה דְאַתְּ אָמַר "וּשְׂעִירִים יְרַקְּדוּ שָׁם" — When Jacob referred to Esau as *ish sa'ir*, he was describing his brother as **a demonic man,**[174] **as it is stated, *and demons*** [שְׂעִירִים] ***will dance there*** (*Isaiah* 13:21).[175]

NOTES

165. R' Levi seeks to explain what Rebecca meant when she told her son, "*Go now to the flock.*" For where else would Jacob go in search of goats? (*Yefeh To'ar, Maharzu*).

166. Elucidation follows *Matnos Kehunah*. According to *Eitz Yosef*, Rebecca encouraged Jacob to receive the blessings *in order to benefit the nation that is compared to a flock.*

167. Elucidation follows *Matnos Kehunah*, who cites *Aruch*, and *Eitz Yosef*, who explain that the phrase *to the flock* suggests the place where goats would be sold, whereas *fetch for me* implies that Jacob would merely retrieve goats that belonged to Rebecca.

Alternatively, the word "קַח, *fetch*" carries the connotation of a monetary transaction (see *Kiddushin* 2a and *Vayikra Rabbah* 30 §6), and "לִי, *for me*," implies taking what belongs to the speaker (see *Vayikra Rabbah* ibid.). The Midrash therefore teaches that Rebecca mentioned both possibilities (*Maharzu*).

[Rebecca did not tell Jacob to immediately take the two of Isaac's goats to which she was entitled because she did not wish to deplete his flock unnecessarily (*Yefeh To'ar*; see *Eshed HaNechalim* for another explanation).]

168. *Matnos Kehunah, Eitz Yosef.*

169. Ordinarily, a wife would not have had her own goats, since a woman's acquisitions belong to her husband (מה שקנתה אשה קנה בעלה). The Midrash therefore explains that Isaac had obligated himself to Rebecca (*Maharzu*).

170. The Midrash is dissatisfied with the plain meaning of the verse, according to which Rebecca instructed Jacob to bring *choice* goat-kids, because there would have been no need for her to do so, as Jacob would obviously have honored his father with the choicest meat he could find (*Nezer HaKodesh*).

171. Since the fact that the goat-kids would enable Jacob to get the blessings is actually stated explicitly in the very next verse (v. 10), R' Chelbo asserts that Rebecca alluded to something *good* that would come to Jacob's descendants through the goat-kids. He therefore explains that the fact that Jacob would derive benefit from two goats would serve as a portent for his progeny, who would achieve atonement through the two goats which (as taught in *Leviticus* 16:5) were a highlight of the Yom Kippur Temple service (*Eitz Yosef*, citing *Nezer HaKodesh*).

172. The Midrash cites this verse as proof that Yom Kippur brings about atonement (*Yefeh To'ar*; see there where he questions why a citation should be necessary).

173. According to our passage's plain meaning, Jacob protested that since Esau was *a hairy man* and he, Jacob, was *a smooth-skinned man*, Isaac would be quick to catch on if Jacob posed as Esau. The Midrash nevertheless expounds the verse because if only for this meaning, the verse could have omitted the word אִישׁ, *a man* (*Yefeh To'ar*).

174. I.e., he is prone to anger and destructive, and his behavior is characteristic of demons (*Yefeh To'ar*).

175. This verse proves that the word שָׂעִיר (שְׂעִירִים in plural) refers to demons (see *Matnos Kehunah* and *Eitz Yosef*).

According to this approach, Jacob pointed out that Esau was a dangerous man to provoke (*Yefeh To'ar*).

חידושי הרד"ל

(י) וכן יצחק אמר. ועשה לי מטעמים כאשר אהבתי וקרא כאן המאכלים בשם מטעמים דרך לער שעכשיו אינו נהנה אלא מן הטעם: **(יא) רבו אוכליה בו'.** כי אם ראות עיניו כל"ל:

עץ יוסף

יון וגו'. ועל ידי לאת השדה תזכה למלכות שלך (אלשי"ך): **[ט] רבי אליעזר בו'.** פי' ועשה לי מטעמים כאשר אני נהנה עתה מחוש הטעם ולא מחוש הראות. ולכן לריך להוסיף בהנאת חוש הטעם וכדקאמר וכן ילחק כו' אמר לו מתחלה כו'. והאי מייתי מ"ש ר"א ג' דברים נאמרו בו בעץ כו'. ולכן מי שנפקד ממנו חוש הראות לא תשבע נפשו כל כך מהמאכל ולריך להוסיף בטעם. והביא ראיה ממ"ש ברבות הטובה וגו' דילפינן מיניה דסומין אינם שבעים (יפ"ת): **מכאן שהוא מוסיף חכמה.** עיין לעיל פ' י"ט: **ברבות הטובה בו'.** והכי פירושו דקרא כי מה הנאה לעשיר אחר שרבות בטובתו לא יאכלנו לבדו רק רבו אוכליה. אם בנים או עבדים הנלוים אליו. אם לא ראות עיניו שיראה ממון רב בידו ועל ידי זה תשבע עינו. ועוד שאין דואג למחר. וא"כ ילפינן מיניה תרתי שהסומין אינן שבעים לפי שאין נפשם שבעה מהראייה. וגם כן שמי שאין לו פת בסלו אינו שבע שאינו רואה בידו הלריך לו למחר (יפ"ת): **[י] להביא מן הגזלות.** דלהביא משמע מן הבא בידו (יפ"ת): **(יד) לך וקדם את האומה בו'.** ר"ל שתקבל הברכות להטיב לאו"ה הנקראת לאן: **אם מצאת הרי מוטב.** אם תמלא ליקח מן השוק הרי טוב. ואם לאו קח משלי מפרפורנין פי' מכתובתי שכך כתב לה ילחק לרבקה שהוא מעלה שני גדיים בכל יום. ודייק זה מדכתיב לך נא אל הלאן משמע היכן שמלויים לימכר. או קח לי משלי (מת"כ): **טובים לך בו'.** דריש טובים לך ולבניך. דאי טוב לו לחוד דהיינו לקבל הברכות. הא כבר כתיב בעבור אשר יברכך לפני מותו. אלא טובים גם לבניך כלו' בהיותם טובים לך יהיו ג"כ טובים לבניך. כי אתה סימן לבניך לדורות שיזכו בכפרת השני גדיים ביה"כ (נזה"ק): **(טו) גבר שיידין בו'.** דריש שכך אמר יעקב לאמו למה זה תכניסני בדבר הזה הלא עשו אחי גבר שיידן מכח הטומאה והשדים ואליו יאות טוב הטוה"ז. ואנכי איש חלק כי חלק ה' עמו יעקב ולהיות ה' חלקי מה בלע לחמוד טוב הטוה"ז. וטוב טוב יעמוד כל אחד בשלו (אלשי"ך): **שעירים.** היינו שדים:

"וַעֲשֵׂה לִי מַטְעַמִּים", רַבִּי אֶלְעָזָר בְּשֵׁם רַבִּי יוֹסֵי בַּר זִימְרָא אָמַר: [יח]שְׁלֹשָׁה דְבָרִים נֶאֶמְרוּ בּוֹ בָּעֵץ שֶׁאָכַל אָדָם הָרִאשׁוֹן, טוֹב לְמַאֲכָל וְיָפֶה לָעֵינַיִם וּמוֹסִיף חָכְמָה, וּשְׁלָשְׁתָּן נֶאֶמְרוּ בְּפָסוּק אֶחָד שֶׁנֶּאֱמַר (בראשית ג, ו) "וַתֵּרֶא הָאִשָּׁה כִּי טוֹב הָעֵץ לְמַאֲכָל", מִכָּאן שֶׁהוּא טוֹב לְמַאֲכָל, "וְכִי תַאֲוָה הוּא לָעֵינַיִם", מִכָּאן שֶׁהוּא יָפֶה לָעֵינַיִם, "לְהַשְׂכִּיל", מִכָּאן שֶׁהוּא מוֹסִיף חָכְמָה. הֵיךְ מָה דְאַתְּ אָמַר (תהלים פט, א) "מַשְׂכִּיל לְאֵיתָן". [יט]וְכֵן יִצְחָק אָמַר "וַעֲשֵׂה לִי מַטְעַמִּים", אָמַר לוֹ: בַּתְּחִלָּה הָיִיתִי נֶהֱנֶה מִן הָרְאִיָּיה וְעַכְשָׁיו אֵינִי נֶהֱנָה אֶלָּא מִן הַטַּעַם, וְכֵן שְׁלֹמֹה אוֹמֵר (קהלת ה, י) "בִּרְבוֹת הַטּוֹבָה רַבּוּ אוֹכְלֶיהָ", [כ]מִכָּאן לְסוּמִין שֶׁאֵינָם שְׂבֵעִים, לֹא דָמֵי הַהוּא דְחָמֵי סוּלְגִיתָא פַּנְיָא וְכָפֵן לְהַהוּא דְחָמֵי סוּלְגִיתָא מַלְיָא וְשָׂבַע. [כז, ה] "וַיֵּלֶךְ עֵשָׂו הַשָּׂדֶה לָצוּד צַיִד לְהָבִיא". [כא]אִם מָצָא הֲרֵי מוּטָב וְאִם לָאו לְהָבִיא מִן הַגְּזֵילוֹת וּמִן הַחֲמָסִין:

יד [כז, ו-ט] "וְרִבְקָה אָמְרָה אֶל יַעֲקֹב... הָבִיאָה לִי צַיִד... וְעַתָּה בְנִי שְׁמַע בְּקוֹלִי לֶךְ נָא אֶל הַצֹּאן". אָמַר רַבִּי לֵוִי: לֵךְ וְקַדֵּם אֶת הָאוּמָּה שֶׁמְּשׁוּלָה לְצֹאן, הֵיךְ מָה דְאַתְּ אָמַר (יחזקאל לד, לא) "וְאַתֵּן צֹאנִי צֹאן מַרְעִיתִי". "וְקַח לִי מִשָּׁם שְׁנֵי גְּדָיֵי עִזִּים טוֹבִים", אָמַר רַבִּי לֵוִי: [כב]אִם מָצָאתָ הֲרֵי מוּטָב וְאִם לָאו הָבֵא לִי מִפְּרָפּוֹרְנִין שֶׁלִּי, שֶׁכָּךְ כָּתַב לָהּ שֶׁהוּא מַעֲלֶה לָהּ שְׁנֵי גְדָיִים בְּכָל יוֹם. "טוֹבִים", רַבִּי חֶלְבּוֹ אָמַר: [כג]טוֹבִים לְךָ שֶׁעַל יָדָן אַתְּ נוֹטֵל אֶת הַבְּרָכוֹת, וְטוֹבִים לְבָנֶיךָ שֶׁעַל יָדָן הוּא מִתְכַּפֵּר לָהֶם בְּיוֹם הַכִּפּוּרִים, דִּכְתִיב (ויקרא טז, ל) "כִּי בַיּוֹם הַזֶּה יְכַפֵּר וגו' ":

טו [כז, יא] "וַיֹּאמֶר יַעֲקֹב אֶל רִבְקָה אִמּוֹ הֵן עֵשָׂו אָחִי אִישׁ שָׂעִר", גְּבַר שֵׁידִין כְּמָה דְאַתְּ אָמַר (ישעיה יג, כא) "וּשְׂעִירִים יְרַקְּדוּ שָׁם".

פירוש מהרז"ו

ג' דברים. ע"ל פי"ט סי' ה' וש"נ ומבואר. ומ"ש ומוסיף חכמה פי' רוה"ק: **לצוד ציד.** משמע כדרך הלודים פעם משיגים ופעם אין משיגים. ולהביא משמע הבאה וודאית והם ב"כ מכחישים. וע"ל פ' ל"ח סי' ד': **(יד) לך נא אל הצאן.** והוא מיותר ואלא היכן ילך לקחת שני גדיי עזים. ע"כ דורש שהוא משל. וע"ל פע"ח סי' י"ג: **וקח לי משם.** קח משמעו שיקנה בכסף מאחרים כמ"ש ולקחתם לכם ודרשו בויק"ר פכ"ט במקח ולא בגזל וכמ"ש ריש קדושין אין קיחה אלא בכסף ולי משמע משלי כמ"ש בויק"ר שם לכם משלכם עשה לך משלך. ע"כ הכריעו אם ימלא ליקח טוב וא"ל יקח משלה מכתובתה. כי בל"ז מה שקנתה אשה קנה בעלה:

רש"י

(יד) הביאה לי ציד. וילך עשו השדה לצוד ציד להביא מלא טוב ואם לאו להביא מן הגזל ומן החמס: **לך נא אל הצאן לך וקדם אותה כמא דאת אמר ואתן צאני צאן מרעיתי.** עשה דבר שעתיד להיות לתקנה כדמפרש: **טובים לך.** טובים לבניך אם מלאת מוטב ואם לאו הבא לי מפרא פורנין מתוספת כתובה שכך כתב לה בכתובה שהוא מעלה לה כך בכל יום:

מסורת המדרש

יח ב"ר פרשה י"ט. קה"ר פ' ה' פסוק ברבות הטובה. ילקוט בראשית רמז כ"ז: **יט** ילקוט קהלת רמז תתקע"ב. ילקוט כאן רמז קט"ו: **כ** יומא ע"ד. **כא** לקמן פ' ל"ח. ילקוט כאן רמז קט"ו: **כב** לקמן פ' ל"ח: **כג** ויקרא רבה פרשה כ"א ופר' כ"ז. פסיקתא רבתי פיסקא מ"ז תנחומא כאן סי' י' וסדר אמור סימן י"ב. ילקוט כאן רמז קי"ד ועי' תורת כהנים סדר אמור סימן קכ"ה:

אם למקרא

וַתֵּרֶא הָאִשָּׁה כִּי טוֹב הָעֵץ לְמַאֲכָל וְכִי תַאֲוָה־הוּא לָעֵינַיִם וְנֶחְמָד הָעֵץ לְהַשְׂכִּיל וַתִּקַּח מִפִּרְיוֹ וַתֹּאכַל וַתִּתֵּן גַּם־לְאִישָׁהּ עִמָּהּ וַיֹּאכַל: (בראשית ג:ו)

מַשְׂכִּיל לְאֵיתָן הָאֶזְרָחִי: (תהלים פט:א)

בִּרְבוֹת הַטּוֹבָה רַבּוּ אוֹכְלֶיהָ וּמַה־כִּשְׁרוֹן לִבְעָלֶיהָ כִּי אִם ראות עֵינָיו: (קהלת ה:י)

וְאַתֵּן צֹאנִי צֹאן מַרְעִיתִי אָדָם אַתֶּם אֲנִי אֱלֹהֵיכֶם נְאֻם אֲדֹנָי אֱלֹהִים: (יחזקאל לד:לא)

כִּי־בַיּוֹם הַזֶּה יְכַפֵּר עֲלֵיכֶם לְטַהֵר אֶתְכֶם מִכֹּל חַטֹּאתֵיכֶם לִפְנֵי ה' תִּטְהָרוּ: (ויקרא טז:ל)

וְרָבְצוּ־שָׁם צִיִּים וּמָלְאוּ בָתֵּיהֶם אֹחִים וְשָׁכְנוּ שָׁם בְּנוֹת יַעֲנָה וּשְׂעִירִים יְרַקְּדוּ־שָׁם: (ישעיה יג:כא)

מתנות כהונה

נאמרו בו גרסינן. ופי' בעץ שאכל ממנו אדם הראשון ועיין לעיל פר' בראשית ובקהלת בפסוק ברבות הטובה: **וכן יצחק בו'.** כשם שהקפידה הוה על טוב טעם כך הקפיד ילחק: **רבו אוכליה** וגו' גרסינן. וסיפיה דקרא ומה כשרון לבעליו כ"א ראות עיניו: **לא דמי בו'.** פירש"י והערוך אינו דומה מי שרואה לפניו סל והוא ריק מלאס ולפיכך נשאר רעב למי שרואה סל מלא פת אע"פ שאינו אוכל ממנו נעשה שבע וע"ד שאמרו חז"ל בפ' יום הכפורים אינו דומה למי שיש לו פת בסלו כו': **[יד] וקדם את האומה בו'.** כלומר תקדם אתה לקבל הברכות כדי שתלא ממך אותו אומה כו': **אם מצאת.** לקנות מן השוק ואם לא קח משלי מכתובה שלי וזהו לך נא אל הלאן היכן שמלויין למכור או קח משלי: **מפרפורין.** פירש הערוך לשון מוהר ומתן וגרסינן מפרא פורנין: **שכך כתב לה.** ילחק לרבקה: **[טו] ה"ג איש שעיר גבר שידין.** שעיר היינו שד כד"א ושעירים ירקדו שם:

אשד הנחלים

אלא מן המטעמים. הביא מעץ הדעת שראינו מזה שיש אכילה גשמית אשר הוא טוב להוסיף חכמה. וכן גם כאן כוון יצחק שישרה עליו רוה"ק באכילתו. לא אכילה פשוטה. והענין כבר פרשוהו המחברים מתועלת הטעימה מן המתברך. כדי שעי"ז יברכהו. ומתחילה היה פועל זאת בראיה לבד והבן: **ברבות.** וסופו ומה כשרון לבעליה כ"א ראות עיניו ראינו מזה שראיית העינים משביע לאדם: **[יד] שמשולה לצאן בו'.** כבר ביארתי לעיל שיצחק כוון בברכתו ובמטעמיו. לברך את עשו בעת שליטתו על יעקב. ורבקה בידעה ברוח קדשה זאת. הפכה הדבר בכוונות ידועות לה ושככה חמת רעת אחיו על יעקב וצוהו ליעקב שיכוון כל אלה בהביאו הנה לאביו המטעמים האלו. והנה קראה ליעקב בשם צאן אשר הוא תמים כצאן. וכלומר לך נא והתבונן איך להציל הצאן. ובמה בשני גדיי עזים. ורמזה על שני גדיים המכפרים ביום הכפורים שעמדו למליץ טוב בעדינו לכפר העוונות. ואמרה תחילה כי יקח מחוץ ואם לאו יקח משלה. כי אולי יותר חל הברכה אם לוקח מאחרים. והראיה מיצחק שאמר לעשו שיצוד לו ולא צוהו שיקח משלו:

"וַעֲשֵׂה לִי מַטְעַמִּים", רַבִּי אֶלְעָזָר בְּשֵׁם רַבִּי יוֹסֵי בַּר זִימְרָא אָמַר: [יח]שְׁלֹשָׁה דְּבָרִים נֶאֶמְרוּ בּוֹ בָּעֵץ שֶׁאָכַל אָדָם הָרִאשׁוֹן, טוֹב לְמַאֲכָל וְיָפֶה לָעֵינַיִם וּמוֹסִיף חָכְמָה, וּשְׁלָשְׁתָּן נֶאֶמְרוּ בְּפָסוּק אֶחָד שֶׁנֶּאֱמַר (בראשית ג, ו) "וַתֵּרֶא הָאִשָּׁה כִּי טוֹב הָעֵץ לְמַאֲכָל", מִכָּאן שֶׁהוּא טוֹב לְמַאֲכָל, "וְכִי תַאֲוָה הוּא לָעֵינַיִם", מִכָּאן שֶׁהוּא יָפֶה לָעֵינַיִם, "לְהַשְׂכִּיל", מִכָּאן שֶׁהוּא מוֹסִיף חָכְמָה. הֵיךְ מָה דְאַתְּ אָמַר (תהלים פט, א) "מַשְׂכִּיל לְאֵיתָן". [יט]וְכֵן יִצְחָק אָמַר "וַעֲשֵׂה לִי מַטְעַמִּים", אָמַר לוֹ: בַּתְּחִלָּה הָיִיתִי נֶהֱנֶה מִן הָרְאִיָּיה וְעַכְשָׁיו אֵינִי נֶהֱנֶה אֶלָּא מִן הַטַּעַם, וְכֵן שְׁלֹמֹה אוֹמֵר (קהלת ה, י) "בִּרְבוֹת הַטּוֹבָה רַבּוּ אוֹכְלֶיהָ", [כ]מִכָּאן לְסוּמִין שֶׁאֵינָם שְׂבֵעִים, לֹא דָמֵי הַהוּא דְּחָמֵי סוּלְגִיתָא פַּנְיָא וְכָפֵן לְהַהוּא דְּחָמֵי סוּלְגִיתָא מַלְיָא וְשָׂבַע. [כז, ה] "וַיֵּלֶךְ עֵשָׂו הַשָּׂדֶה לָצוּד צַיִד לְהָבִיא". [כא]אִם מָצָא הֲרֵי מוּטָב וְאִם לָאו לְהָבִיא מִן הַגְּזֵילוֹת וּמִן הַחֲמָסִין:

יד [כז, ו-ט] "וְרִבְקָה אָמְרָה אֶל יַעֲקֹב... הָבִיאָה לִי צַיִד... וְעַתָּה בְנִי שְׁמַע בְּקוֹלִי לֶךְ נָא אֶל הַצֹּאן". אָמַר רַבִּי לֵוִי: לֵךְ וְקַדֵּם אֶת הָאוּמָּה שֶׁמְּשׁוּלָה לְצֹאן, הֵיךְ מָה דְאַתְּ אָמַר (יחזקאל לד, לא) "וְאַתֵּן צֹאנִי צֹאן מַרְעִיתִי". "וְקַח לִי מִשָּׁם שְׁנֵי גְּדָיֵי עִזִּים טֹבִים", אָמַר רַבִּי לֵוִי: [כב]אִם מָצָאתָ הֲרֵי מוּטָב וְאִם לָאו הָבֵא לִי מִפְּרָפּוֹרְנִין שֶׁלִּי, שֶׁכָּךְ כָּתַב לָהּ שֶׁהוּא מַעֲלֶה לָהּ שְׁנֵי גְּדָיִים בְּכָל יוֹם. "טֹבִים", רַבִּי חֶלְבּוֹ אָמַר: [כג]טוֹבִים לְךָ שֶׁעַל יָדָן אַתְּ נוֹטֵל אֶת הַבְּרָכוֹת, וְטוֹבִים לְבָנֶיךָ שֶׁעַל יָדָן הוּא מִתְכַּפֵּר לָהֶם בְּיוֹם הַכִּפּוּרִים, דִּכְתִיב (ויקרא טז, ל) "כִּי בַיּוֹם הַזֶּה יְכַפֵּר וגו' ":

טו [כז, יא] "וַיֹּאמֶר יַעֲקֹב אֶל רִבְקָה אִמּוֹ הֵן עֵשָׂו אָחִי אִישׁ שָׂעִר", גְּבַר שֵׁידִין כְּמָה דְאַתְּ אָמַר (ישעיה יג, כא) "וּשְׂעִירִים יְרַקְּדוּ שָׁם".

רש"י

(יד) **הביאה לי ציד.** וילך עשו השדה לצוד ציד להביא מצא טוב ואם לאו להביא מן הגזל ומן החמס: **לך נא אל הצאן לך וקדם אותה כמא דאת אמר ואתן צאני צאן מרעיתי.** עשה דבר שעתיד להיות לתקנה כדמפרש: **טובים לך.** טובים לבניך אם מצאת מוטב ואם לאו הבא לי מפרא פורנין מתוספת כתובה שכך כתב לה בכתובה שהוא מעלה לה כך בכל יום:

עץ יוסף

יון וגו'. ועל ידי נאת השדה תזכה למלכות שלך (אלשי"ך): [ט] **רבי אליעזר כו'.** פי' ועשה לי מטעמים כאשר אני נהנה עתה מחוש הטעם ולא מחוש הראות. ולכן צריך להוסיף בהנאת חוש הטעם וכדקאמר וכן יצחק כו' אמר לו מתחלה כו'. והא מייתי מ"ש ר"א ג' דברים נאמרו בו בעץ כו'. ולכן מי שנפקד ממנו חוש הראות לא תשבע נפשו כל כך מהמאכל וצריך להוסיף בטעם. והביא ראיה ממ"ש ברבות הטובה וגו' דילפינן מיניה דסומין אינם שבעים (יפ"ת): **מכאן שהוא מוסיף חכמה.** עיין לעיל פ' י"ט: **ברבות הטובה כו'.** והכי פירושו דקרא כי מה הנאה לעשיר אחר שרבות בטובתו לא יאכלנו לבדו רק רבו אוכליה. אם בנים או עבדים הנלוים אליו. אם לא ראות עיניו שיראה ממון רב בידו ועל ידי זה תשבע עינו. ועוד שאין דואג למחר. וא"כ ילפינן מיניה תרתי שהסומין אינן שבעים לפי שאין נפשם שבעה מהראייה. וגם כן שמי שאין לו פת בסלו אינו שבע שאינו רואה בידו הצריך לו למחר (יפ"ת): [י] **להביא מן הגזלות.** דלהביא משמע מן הבא בידו (יפ"ת): (יד) **לך וקדם את האומה כו'.** ר"ל שתקבל הברכות להטיב לאו"ה הנקראת צאן: **אם מצאת הרי מוטב.** אם תמצא ליקח מן השוק הרי טוב. ואם לאו קח משלי מפרפורנין פי' מכתובתי שכך כתב לה יצחק לרבקה שהוא מעלה שני גדיים בכל יום. ודייק זה מדכתיב לך נא אל הצאן משמע היכן שמצויים לימכר. או קח לי משלי (מת"כ): **טובים לך כו'.** דריש טובים לך ולבניך. דאי טוב לו לחוד דהיינו לקבל הברכות. הא כבר כתיב בעבור אשר יברכך לפני מותו. אלא טובים גם לבניך כלו' בהיותם טובים לך יהיו ג"כ טובים לבניך. כי אתה סימן לבניך לדורות שיזכו בכפרת השני גדיים ביה"כ (נזה"ק): (טו) **גבר שיידין כו'.** דריש שכך אמר יעקב לאמו למה זה תכניסני בדבר הזה הלא עשו אחי גבר שיידן מכח הטומאה והשדים ואליו יאות טוב הטוה"ז. ואנכי איש חלק כי חלק ה' עמו יעקב ולהיות ה' חלקי מה בלע לחמוד טוב הטוה"ז. וטוב טוב יעמוד כל אחד בשלו (אלשי"ך): **שעירים.** היינו שדים:

פירוש מהרז"ו

ג' דברים. ע"ל פי"ט סי' ה' וש"נ ומבואר. ומ"ש ומוסיף חכמה פי' רוה"ק: **לצוד ציד.** משמע כדרך הצודים פעם משיגים ופעם אין משיגים. ולהביא משמע הבאה וודאית והם ב"כ מכחישים. וע"ל פ' נ"ח סי' ד': (יד) **לך נא אל הצאן.** והוא מיותר ואלא היכן ילך לקחת שני גדיי עזים. ע"כ דורש שהוא משל. וע"ל פע"ח סי' י"ג: **וקח לי משם.** קח משמעו שיקנה בכסף מאחרים כמ"ש ולקחתם לכם ודרשו בויק"ר פכ"ט במקח ולא בגזל וכמ"ש ריש קדושין אין קיחה אלא בכסף ולי משמע משלי כמ"ש בויק"ר שם לכם משלכם עשה לך משלך. ע"כ הכריעו אם ימצא ליקח טוב וא"ל יקח משלה מכתובתה. כי בל"ז מה שקנתה אשה קנה בעלה:

חידושי הרד"ל

(י) **וכן יצחק אמר.** ועשה לי מטעמים כאשר אהבתי וקרא כאן המאכלים בשם מטעמים דרך צער שעכשיו אינו נהנה אלא מן הטעם: (יא) **רבו אוכליה כו'.** כי אם ראות עיניו כצ"ל:

מסורת המדרש

יח ב"ר פרשה י"ט. קה"ר פ' ה' פסוק ברבות הטובה. ילקוט בראשית רמז כ"ז:
יט ילקוט קהלת רמז תתקע"ב. ילקוט כאן רמז קט"ו:
כ יומא ע"ד.
כא לקמן פ' נ"ח. ילקוט כאן רמז קט"ו:
כב לקמן פ' נ"ח:
כג ויקרא רבה פרשה כ"א ופר' כ"ז. פסיקתא רבתי פיסקא מ"ז תנחומא כאן סי' י' וסדר אמור סימן י"ב. ילקוט כאן רמז קי"ד ועי' תורת כהנים סדר אמור סימן קכ"ה:

אם למקרא

וַתֵּרֶא הָאִשָּׁה כִּי טוֹב הָעֵץ לְמַאֲכָל וְכִי תַאֲוָה־הוּא לָעֵינַיִם וְנֶחְמָד הָעֵץ לְהַשְׂכִּיל וַתִּקַּח מִפִּרְיוֹ וַתֹּאכַל וַתִּתֵּן גַּם־לְאִישָׁהּ עִמָּהּ וַיֹּאכַל: (בראשית ג:ו)

מַשְׂכִּיל לְאֵיתָן הָאֶזְרָחִי: (תהלים פט:א)

בִּרְבוֹת הַטּוֹבָה רַבּוּ אוֹכְלֶיהָ וּמַה־כִּשְׁרוֹן לִבְעָלֶיהָ כִּי אִם רְאוּת עֵינָיו: (קהלת ה:י)

וְאַתֵּן צֹאנִי צֹאן מַרְעִיתִי אָדָם אַתֶּם אֲנִי אֱלֹהֵיכֶם נְאֻם אֲדֹנָי אֱלֹהִים: (יחזקאל לד:לא)

כִּי־בַיּוֹם הַזֶּה יְכַפֵּר עֲלֵיכֶם לְטַהֵר אֶתְכֶם מִכֹּל חַטֹּאתֵיכֶם לִפְנֵי ה' תִּטְהָרוּ: (ויקרא טז:ל)

וְרָבְצוּ־שָׁם צִיִּים וּמָלְאוּ בָתֵּיהֶם אֹחִים וְשָׁכְנוּ שָׁם בְּנוֹת יַעֲנָה וּשְׂעִירִים יְרַקְּדוּ־שָׁם: (ישעיה יג:כא)

מתנות כהונה

נאמרו בו גרסינן. ופי' בעץ שאכל ממנו אדם הראשון ועיין לעיל פר' בראשית ובקהלת בפסוק ברבות הטובה: **וכן יצחק כו'.** כשם שהקפידה הוה על טוב טעם כך הקפיד יצחק: **רבו אוכליה** וגו' גרסינן. וסיפיה דקרא ומה כשרון לבעליו כ"א ראות עיניו: **לא דמי כו'.** פירש"י והערוך אינו דומה מי שרואה לפניו סל והוא ריק מלחם ולפיכך נשאר רעב למי שרואה סל מלא פת אע"פ שאינו אוכל ממנו נעשה שבע וע"ד שאמרו חז"ל בפ' יום הכפורים אינו דומה למי שיש לו פת בסלו כו': [יד] **וקדם את האומה כו'.** כלומר תקדם אתה לקבל הברכות כדי שתגלא ממך אותו אומה כו': **אם מצאת.** לקנות מן השוק ואם לא קח משלי מכתובה שלי וזהו לך נא אל הצאן היכן שמצויין למכור או קח משלי: **מפרפורין.** פירש הערוך לשון מוהר ומתן וגרסינן מפרא פורנין: **שכך כתב לה.** יצחק לרבקה: [טו] **ה"ג איש שעיר גבר שידין.** שעיר היינו שד כד"א ושעירים ירקדו שם:

אשד הנחלים

אלא מן המטעמים. הביא מעץ הדעת שראינו מזה שיש אכילה גשמית אשר הוא טוב להוסיף חכמה. וכן גם כאן כוון יצחק שישרה עליו רוה"ק באכילתו. לא אכילה פשוטה. והענין כבר פרשוהו המחברים מתועלת הטעימה מן המתברך. כדי שעי"ז יברכהו. ומתחילה היה פועל זאת בראיה לבד והבן: **ברבות.** וסופו ומה כשרון לבעליה כ"א ראות עיניו ראינו מזה שראיית העינים משביע לאדם: [יד] **שמשולה לצאן כו'.** כבר ביארתי לעיל שיצחק כוון בברכתו ובמטעמיו. לברך את עשו בעת שליטתו על יעקב. ורבקה בידעה ברוח קדשה זאת. הפכה הדבר בכוונות ידועות לה ושככה חמת רעת אחיו על יעקב וצוהו ליעקב שיכוון כל אלה בהביאו הנה לאביו המטעמים האלו. והנה קראה ליעקב בשם צאן אשר הוא תמים כצאן. וכלומר לך נא והתבונן איך להציל הצאן. ובמה בשני גדיי עזים. ורמזה על שני גדיים המכפרים ביום הכפורים שעמדו למליץ טוב בעדינו לכפר העוונות. ואמרה תחילה כי יקח מחוץ ואם לאו יקח משלה. כי אולי יותר חל הברכה אם לוקח מאחרים. והראיה מיצחק שאמר לעשו שיצוד לו ולא צוהו שיקח משלו:

"וְאָנֹכִי אִישׁ חָלָק", כְּמָה דְאַתְּ אָמַר "כִּי חֵלֶק ה' עַמּוֹ" — And when Jacob said about himself, ***"and I am 'ish chalak,'"*** he was saying that he is a devout person who belongs to the portion of God,[176] **as it is stated, *For HASHEM's portion* [חֵלֶק] *is His people;*** *Jacob is the measure of His inheritance* (*Deuteronomy* 32:9).[177]

The Midrash illustrates our passage with a parable:

רַבִּי לֵוִי אָמַר — **R' Levi said:**[178] מָשָׁל לִקְוּוֹץ וְקֵרֵחַ שֶׁהָיוּ עוֹמְדִין עַל שְׂפַת הַגּוֹרֶן — **A parable** may be drawn **to a long-haired person**[179] **and a bald person who were standing at the edge of the threshing floor.** וְעָלָה הַמּוֹץ בַּקְּוּוֹץ וְנִסְתַּבֵּךְ בִּשְׂעָרוֹ — When **the chaff**[180] **flew up at the long-haired person, it became entangled in his hair,** עָלָה הַמּוֹץ בַּקֵּרֵחַ וְנָתַן יָדוֹ עַל רֹאשׁוֹ וְהֶעֱבִירוֹ — but when **the chaff flew up at the bald person, he** simply **placed his hand on his head and removed it.** כָּךְ עֵשָׂו הָרָשָׁע מִתְלַכְלֵךְ בַּעֲוֹנוֹת כָּל יְמוֹת הַשָּׁנָה וְאֵין לוֹ בַּמֶּה יְכַפֵּר — **So too, the wicked Esau becomes soiled in sins** throughout **all the days of the year, and he has nothing through which to achieve atonement,** אֲבָל יַעֲקֹב מִתְלַכְלֵךְ בַּעֲוֹנוֹת כָּל יְמוֹת הַשָּׁנָה וּבָא יוֹם הַכִּפּוּרִים וְיֵשׁ לוֹ בַּמֶּה יְכַפֵּר — **but Jacob becomes soiled in sins** throughout **all the days of the year, and** then **Yom Kippur comes, and he has** that day **through which to achieve atonement,** שֶׁנֶּאֱמַר "כִּי בַיּוֹם הַזֶּה יְכַפֵּר וגו'" — **as it is written, *For on this day*** (Yom Kippur) ***He shall provide atonement*** *for you to cleanse you; from all your sins before HASHEM shall you be cleansed* (*Leviticus* 16:30).[181] רַבִּי יִצְחָק אָמַר — The Midrash continues this discussion: **R' Yitzchak said:** לֹא שְׁאִיל הוּא לָהּ וְלֹא שְׁאִילָה הִיא לֵיהּ — **[The above parable] is not** merely **"borrowed" for [the above thought] and [the above thought] is not** merely **"borrowed" for [the above parable].**[182] אֶלָּא "וְנָשָׂא הַשָּׂעִיר עָלָיו", זֶה עֵשָׂו שֶׁנֶּאֱמַר "הֵן עֵשָׂו אָחִי אִישׁ שָׂעִיר" — **Rather,** the verse states, regarding the *he-goat* that was used in the Yom Kippur service:[183] ***The "שָׂעִיר" will bear upon himself*** *all their iniquities* (*Leviticus* 16:22), and **this is** an allusion to **Esau, as it is written** (in our verse), ***But see, my brother Esau is a hairy*** [שָׂעִיר] ***man.***[184] "אֶת כָּל עֲוֹנֹתָם", עֲוֹנוֹת תָּם, שֶׁנֶּאֱמַר "וְיַעֲקֹב אִישׁ תָּם" — When the cited verse regarding the Yom Kippur service then states: ***all* "עֲוֹנֹתָם"**, it may be understood to refer to **the iniquities of the *wholesome* one** (Jacob), **as it is written, *but Jacob was a wholesome* [תָּם] *man*** (above, 25:27).[185]

אוּלַי יְמֻשֵּׁנִי אָבִי וְהָיִיתִי בְעֵינָיו כִּמְתַעְתֵּעַ וְהֵבֵאתִי עָלַי קְלָלָה וְלֹא בְרָכָה.

Perhaps my father will touch me and I shall be in his eyes as a mocker; I will thus bring upon myself a curse rather than a blessing (27:12).

□ אוּלַי יְמֻשֵּׁנִי אָבִי וְהָיִיתִי בְעֵינָיו כִּמְתַעְתֵּעַ — ***PERHAPS MY FATHER WILL TOUCH ME AND I SHALL BE IN HIS EYES "KEMESATEI'A".***

The Midrash interprets the uncommon word *"kemesatei'a"*:[186] כְּמֵת וּכְתוֹעֶה וּכְעוֹבֵד עֲבוֹדָה זָרָה — With this phrase, Jacob was saying that if he would be touched by his father, he would be viewed by him **as a corpse, as one who blunders, and as one who engages in idolatry.**[187]

NOTES

176. Elucidation follows *Yefeh To'ar*, who adds (in his first explanation) that with this Jacob was arguing that the subterfuge that Rebecca's plan involved was inappropriate for a man such as himself.

Alternatively, Jacob was saying that his privileged status as *the portion of HASHEM* assured him that God would care for him even if he did not make any efforts on his own behalf (*Imrei Yosher*; see *Yefeh To'ar* and Insight for additional approaches).

177. [This verse uses the term חֵלֶק to describe the righteous Jewish people as God's *portion* and] the Midrash associates the word חָלָק of our verse with חֵלֶק (*Matnos Kehunah, Eitz Yosef*).

178. R' Levi interprets our verse to mean plainly that whereas Esau had an abnormal *hairy mantle* on his body (see above, 25:25), Jacob was *smooth-skinned* and free of hair (see *Maharzu* and *Eitz Yosef*). As it is unnatural for a pair of twins to have such diametrical physical characteristics, R' Levi seeks to explain why God created them this way (*Eitz Yosef*).

179. Translation follows *Rashi* et al., who references *Shir HaShirim* 5:10.

180. [Chaff consists of seed coverings and other undesirable matter that become separated from the edible grain during threshing.]

181. Thus, the *hairy* Esau is likened to the *long-haired* man who could not cleanse himself of the chaff, i.e., his *sins*, and the *smooth-skinned* Jacob is compared to the *bald* man who was able to wipe it away (*Ohr HaSeichel, Yefeh To'ar*).

[*Ohr HaSeichel* notes that the parable indicates a difference between (the descendants of) Jacob and Esau apart from the fact that only Jacob has access to the atonement of Yom Kippur. For, while both men in the parable became covered with chaff, the chaff did not cleave to the bald man's head in the way it became entangled in the other man's mane. This is suggestive of the fact that while Jacob and Esau both *become soiled in sin throughout the year*, many of Jacob's sins "fall off" even before he is exposed to the all-encompassing atonement of Yom Kippur, because his sins are not committed with rebellious intent, and he repents or brings sacrifices immediately after sinning. Esau, on the other hand, is left with an inextricable mass of deliberate sins.]

182. Translation follows *Rashi*, quoted as well by *Matnos Kehunah* and *Eitz Yosef*. *Rashi* explains that oftentimes parables hint at the thought they are being used to illustrate, but do not represent an accurate portrayal of that message. Here, R' Yitzchak asserts that the parable of the hairy and bald men, and the lesson of the effect Yom Kippur has on Jacob and Esau respectively, are entirely suited for each other, as will now be explained. [See the commentators for a variety of additional approaches.]

183. [See above, note 171.]

184. Although, according to this verse's plain meaning, the word הַשָּׂעִיר means *the he-goat*, the Midrash derives from the introductory letter ה, which means *the*, that the reference is to a "שָׂעִיר" that is familiar to the reader, namely the *hairy* Esau (*Eitz Yosef*, citing *Alshich*).

185. The Midrash understands the word עֲוֹנֹתָם, simply translated as *their iniquities*, as a contraction of the two words, עֲוֹנוֹת תָּם, and explains that this phrase describes Jacob's sins. *Eitz Yosef*, citing *Yefeh To'ar*, explains that the word lends itself to Midrashic interpretation because the verse had spoken earlier of עונות, *iniquities*, as well as פְּשָׁעִים, *rebellious sins*, but, surprisingly, only mentions *iniquities* in its conclusion.

As it has been interpreted here, the verse regarding the Yom Kippur service teaches that *the hairy* Esau will *bear upon himself all* of the *iniquities of the wholesome* Jacob [in addition to his own sins] (*Yefeh To'ar*; see discussion there). This accords precisely with the parable taught above. [Apparently, the *long-haired man* discussed there became covered with the other's chaff, as well as his own. The reason Esau is punished for sins he did not commit may be that he is in some way responsible for Jacob's sins.]

186. According to its plain meaning, this word means *as a mocker* (see *Targum Onkelos* to verse). The Midrash, however, is troubled with this, because Jacob could more accurately be accused of deceiving his father than of *mocking* him (*Yefeh To'ar*).

187. The Midrash sees the word מְתַעְתֵּעַ as a contraction of three words: מֵת, *a corpse*; תּוֹעֶה, *one who blunders*; and מְתַעְתֵּעַ, *an idolater* (*Matnos Kehunah*, who, based on *Sanhedrin* 92a and *Yalkut Shimoni* §115, points to *Jeremiah* 10:15/51:18 as a source for this word's association with idolatry; see also *Eitz Yosef*). Thus, Jacob described how Isaac would view him upon discovering that he had impersonated Esau in order to take the blessings: as a *corpse*, because a wicked person is deemed dead even during his lifetime (see *Berachos* 18b); as one who has *strayed*, because by desiring the blessings for material prosperity that were intended for Esau, it would appear that Jacob subscribed to the misguided belief that this world is of primary importance; as an *idolater*, because since people generally do not merit both this world and the next (see *Berachos* 5b), his attempts to attain the benefits of this world would, Heaven forbid, indicate disdain for, or disbelief in, the World to Come. According to the Midrash, Jacob was concerned that he would give Isaac this negative — and erroneous — opinion of himself. As the ensuing verse states, *I will thus bring upon myself a curse and not a blessing* (*Eitz Yosef*).

From *Sanhedrin* 92a it appears that Jacob was concerned about being

"וְאָנֹכִי אִישׁ חָלָק", כְּמָה דְאַתְּ אָמַר (דברים לב, ט) "כִּי חֵלֶק ה' עַמּוֹ". רַבִּי לֵוִי אָמַר: מָשָׁל לְקַוָּוץ וְקֵרֵחַ שֶׁהָיוּ עוֹמְדִין עַל שְׂפַת הַגּוֹרֶן וְעָלָה הַמּוֹץ בְּקַוָּוץ וְנִסְתַּבֵּךְ בִּשְׂעָרוֹ, עָלָה הַמּוֹץ בְּקֵרֵחַ וְנָתַן יָדוֹ עַל רֹאשׁוֹ וְהֶעֱבִירוֹ, כָּךְ עֵשָׂו הָרָשָׁע מִתְלַכְלֵךְ בַּעֲוֹנוֹת כָּל יְמוֹת הַשָּׁנָה וְאֵין לוֹ בַּמֶּה יְכַפֵּר אֲבָל יַעֲקֹב מִתְלַכְלֵךְ בַּעֲוֹנוֹת כָּל יְמוֹת הַשָּׁנָה וּבָא יוֹם הַכִּפּוּרִים וְיֵשׁ לוֹ בַּמֶּה יְכַפֵּר, שֶׁנֶּאֱמַר (ויקרא טז, ל) "כִּי בַיּוֹם הַזֶּה יְכַפֵּר וְגוֹ'". רַבִּי יִצְחָק אָמַר: לֹא שְׁאִיל הוּא לָהּ וְלֹא שְׁאִילָה הִיא לֵיהּ [כד] אֶלָּא "וְנָשָׂא הַשָּׂעִיר עָלָיו", זֶה עֵשָׂו שֶׁנֶּאֱמַר "הֵן עֵשָׂו אָחִי אִישׁ שָׂעִיר", "אֶת כָּל עֲוֹנֹתָם", עֲוֹנוֹת תָּם, שֶׁנֶּאֱמַר (שם כה, כז) "וְיַעֲקֹב אִישׁ תָּם", [כז, יב] "אוּלַי יְמֻשֵּׁנִי אָבִי [כה] וְהָיִיתִי בְעֵינָיו כִּמְתַעְתֵּעַ", כְּמֵת וּכְתוֹעֶה וּכְעוֹבֵד עֲבוֹדָה זָרָה, "וְהֵבֵאתִי עָלַי קְלָלָה וְגוֹ'", אֲפִילוּ בְּרָכָה אַחַת שֶׁהוּא עָתִיד לִיתֵּן בַּסּוֹף אֵינוֹ נוֹתְנָהּ לִי. [כז, יג] "וַתֹּאמֶר לוֹ אִמּוֹ עָלַי קִלְלָתְךָ בְּנִי", רַבִּי אַבָּא בַּר כַּהֲנָא אָמַר: אָדָם שֶׁחָטָא לֹא אִמּוֹ נִתְקַלְּלָה, שֶׁנֶּאֱמַר (בראשית ג, יז) "אֲרוּרָה הָאֲדָמָה בַּעֲבוּרֶךָ", אַף אַתָּה עָלַי קִלְלָתְךָ בְּנִי. אָמַר רַבִּי יִצְחָק: עָלַי לִיכָּנֵס וְלוֹמַר לְאָבִיךָ יַעֲקֹב צַדִּיק וְעֵשָׂו רָשָׁע. [כז, יד] "וַיֵּלֶךְ וַיִּקַּח וַיָּבֵא לְאִמּוֹ", אָנוּס וְכָפוּף וּבוֹכֶה:

טז [כז, טו] "וַתִּקַּח רִבְקָה אֶת בִּגְדֵי עֵשָׂו בְּנָהּ הַגָּדֹל הַחֲמֻדֹת". [כו] מַה שֶּׁחָמַד מִנִּמְרוֹד וַהֲרָגוֹ וּנְטָלָן, הָדָא הוּא דִכְתִיב (משלי יב, יב) "חָמַד רָשָׁע מְצוֹד רָעִים", אֲשֶׁר אִתָּהּ בַּבָּיִת, שֶׁבָּהֶן הָיָה מְשַׁמֵּשׁ אֶת אָבִיו.

רש"י

(טו) **לקווץ**. בעל שער כמא דאת אמר קווצותיו תלתלים: **אמר רבי יצחק לא שאיל הוא לה ולא שאילה היא לו**. לא המשל הזה שאול הוא לדבר הזה ולא דבר זה שאול הוא למשל לפי שהרבה משלות הן שאינן אלא זכר לדבר ולא עיקר הדבר אבל זה עיקר הדבר הוא שהרי מצינו מעשה ביום הכפורים מעניינו של דבר דכתיב ונשא השעיר עליו את כל עונותם וגו': **ואין תם**. אלא יעקב: **אנוס וכפוף ובוכה**. בעל כרחו אלא שלא רצה לעבור על דעת אמו: (טז) **ותקח רבקה את בגדי עשו וגו'**. והלא כמה נשים היו לו לעשו. ולא נתן להם בגדיו להצניע

עץ יוסף

כי חלק בו'. חלק קרי ביה חלק: **רבי לוי אמר משל כו'**. בא לתת טעם בחילוף עיקר יצירתם. שעשו כלו כאדרת שער שהוא דבר זר בטבע האנשים ויעקב חלק שהוא דבר היוצא ממורגל המציאות שיהיו שני אחים תאומים מתחלפי הטבע מן הקצה אל הקצה. ולזה נתן טעם כי מאת ה' היתה זאת להיות לאות ולרמז לנקיות יעקב מעון ולכלוך עשו: **לקווץ וקרח בו'**. קווץ הוא בעל שער וכד"א קווצותיו תלתלים וקרח הוא מי שאין לו שער: **לא שאיל בו'**. פרש"י לא המשל הזה שאול לדבר הזה. ולא הדבר הזה שאול הוא למשל. שלפי שהרבה משלים הם שאינם אלא זכר לדבר. ולא עיקר הדבר. לכן קאמר ר"י שמשל זה אינו כשאר משלים שהם רק בשאלה לזכר בעלמא ולא לעיקר. אלא משל זה הוא לעיקר הדבר שהרי מצינו מפורש במעשה יוהכ"פ מעניינו של דבר דכתיב ונשא השעיר עליו ואין שעיר אלא עשו ואין תם אלא יעקב: **ונשא השעיר עליו זה עשו**. הוא השעיר הידוע הוא איש שעיר (אלשי"ך): **עונותם עונות תם**. אחר שאמר והתודה עליו את כל עונות בני ישראל ואת כל פשעיהם לכל חטאתם טוב שיאמר ונשא השעיר אותם עליו ויכלול עון ופשע וחטאה. אלא דרמיז עונות תם (יפ"ת): **[יא] כמת וכתועה בו'**. דרשו נוטריקון כמת שהוא השלש אותיות ראשונות. וכתועה. ומתעתע לשון עבודת אלילים כד"א הבל המה מעשה תעתועים. והענין כי אמר אולי ימושני אבי ויכיר כי יעקב אני והיה בעיניו כמת פי' כרשע אשר בחייו קרוי מת. שנית יחשבני לתועה בעשותי עיקר מטובות העוה"ז שחמדתים מעשו. שלישית כי הלא לא כל אדם זוכה לשתי שולחנות נמצאתי כבוחר בעוה"ז וכמואס בעוה"ב או כופר בו חלילה וזה דומה לעובד כרם כנודע. ועל כן מטעם דברים אלו והבאתי עלי קללה: **אפילו ברכה אחת בו'**. שאע"פ שיברך את עשו לבסוף ישאיר לי איזה ברכה וכמ"ש עשו הלא אצלת לי ברכה ונמצאתי מפסיד אף זו: **אדם שחטא בו'**. כך השיבה לו דע בני כי לא יחשדך אביך רע כמו שתדמה. רק בודאי יתלה העון בי כי אנכי הסיתיך. כי אביך כל מה שיוכל להצדיק נפשך בוודאי יצדיקך כי כן טבע אנשים צדיקים שנמשכים אחרי מדות הקב"ה והנהגתו. כי כן מצאנו אצל אדה"ר אף שהוא חטא בבחירתו עכ"ז קילל ה' את האדמה שהיא אמו (כמ"ש ערום יצאתי מבטן אמי וערום אשוב שמה והיא עיקר הסיבה לחטאת האדם): **עלי ליבנס**. ופירש הכתוב עלי להסיר קללתך: **ויבא לאמו אנוס בו'**. דייק מדלא כתיב וירץ כמ"ש ואל הבקר רץ אברהם. ויעקב היה ג"כ זריז במצות. אלא ע"כ שהיה אנוס: **(טז) [יב] מה שחמד בו'**. החמודות דרשו שחמדן מנמרוד. וגם קרא זה מסייעו דכתיב חמד רשע מצוד רעים שפי' שחמד מצודו של נמרוד הרשע: **והרגו ונטלן**. זה פליגי אדלאמר לעיל הנה אנכי הולך למות שהיה נמרוד מבקש להרגו בשביל אותו הבגד. שנראה שבחיי נמרוד היה לו הבגד הזה: **שבהן היה משמש בו'**. דאל"כ מה עניינם בבית רבקה אחר שהיו לו כמה נשים. אלא להיות שם מוכנים לעת שימושו את אביו:

פירוש מהרז"ו

(טו) **משל לקווץ וקרח**. ושעיר וחלק כפשוטו בעל שער וחלק משער: **ואפי' ברכה אחת**. אותה ברכה הראויה לי שיתן לי עכ"פ בסוף היינו מ"ש כשהלך אצל לבן ואל שדי גו' ויתן לך את ברכת אברהם. שברכות הראשונות בעוה"ז והאחרונות לעוה"ב כמ"ש בפר"א פ' ל"ה והנה השכים יצחק שברכת אברהם יהיו שייכים ליעקב היינו התורה והעוה"ב. אך ברכת דגן וטל רצה ליתן לאחיו וז"ש אם אקח ברכת העוה"ז חוששני שבסוף לא יתן לי כלום גם אותה ברכה שהאציל לי: **אדם שחטא**. ע"ל פ"ם ס"ס י"ג ברכת אובד עלי תבוא: **עלי ליבנס**. עלי להסיר קללתך ובאיזה אופן אלא שתכנס ליצחק להודיעו שיעקב ראוי לברכה ע' פס"ג ס' יו"ד: (טז) **מצוד רעים**. היינו מצודו של נמרוד שנקרא גבור ציד כמש"ל פ' ל"ז

מתנות כהונה

חלק. קרי ביה חלק חלק ה' ונחלתו: **לקווץ**. בעל שער כד"א קווצותיו תלתלים: **ביום הזה יכפר**. לשון קיוח כד"א אכפרה פניו בעי לכפוריה ידיה דפ' הניזקין: **לא שאיל ובו'**. כלומר אין הנדון דומה לראיה ולא שאילה ליה וכן אין הראיה דומה לנדון אלא מכאן אני למד בפירוש ומצאתי בפירש"י אין הדבר הזה שאול ליה דרך משל ורמז אלא בהדיא כתיב: **במתעתע**. דרשו נוטריקון ג' מלות מת ותועה ועיי"ן יתירה עובד עבודת כוכבים הבל המה מעשה תעתועים ובילקוט לא גרס כמת: **אפילו ברכה אחת בו'**. דאל"כ ולא ברכה למה לי: **אדם הראשון שחטא בו' אמו**. האדמה היא אמו כי משם לוקח: **אנוס בו'**. דייק מדכתיב לאמו משמע שאם לא מפני מורא לא היה עושה: **[טז] הדא הוא דכתיב אשר אתה בבית**. הרי שלא יצא בהם לדרך וכתיב החמודות שהיו יפים ונחמדים:

אשד הנחלים

[טו] **לא אמו נתקללה בו'. האדמה** לפי דעתינו בברכת יצחק השיבה לו דע בני כי לא יחשדך אביך רע כמו שתדמה רק בוודאי יתלה העון בי. כי אנכי הסיתיך כי אביך כל מה שיוכל להצדיק נפשך בוודאי יצדיקך כי כך טבע אנשים צדיקים הנמשכים אחרי מידות ה' והנהגתו. כי כן מצאנו אצל חטא אדה"ר אף שהוא חטא בבחירתו עכ"ז קלל ה' האדמ' שהיא עיקר הסיבה לחטאת האדם וקללה שלא תוסיף כח שמן שעי"ז לא ירבה חטאת בני אדם ע"ד וישמן ויבעט. והבן זה:

חידושי הרד"ל

(יב) [טו] **אמו נתקללה**. שנאמר ארורה האדמה כו' שהאדמה נקראת אמו שהיא החומר המקבלת הצורה מן השמים כמ"ש ערום יצאתי מבטן אמי וערום אשוב שמה (הגר"א בפי' אבות פרק א' משנה י"ג): (יג) **אנוס וכפוף ובוכה**. אפשר דרש וילך ויקח ויבא ג"פ ו' על ג' דברים אלו:

חידושי הרש"ש

[טז] **מצוד רעים**. שעל ידי הבגדים היה צד בנקל כדאיתא לעיל פ' ס"ג שהיו מתקבצין אצלו כל עוף שבעולם: **דיפרא סופא**. בערוך ערך פרספא הגירסא דיפרוסופא מלה חדא:

מסורת המדרש

כד תדא"ז פרק י"ט. ילקוט כאן רמז קט"ו כל הענין: **כה** עיין סנהדרין דף נ"ב ע"א ובמסכת כלה: **כו** פדר"א פרק כ"ד. ילקוט משלי רמז תתקמ"ח:

אם למקרא

כִּי חֵלֶק ה' עַמּוֹ יַעֲקֹב חֶבֶל נַחֲלָתוֹ: (דברים לב:ט)

כִּי־בַיּוֹם הַזֶּה יְכַפֵּר עֲלֵיכֶם לְטַהֵר אֶתְכֶם מִכֹּל חַטֹּאתֵיכֶם לִפְנֵי ה' תִּטְהָרוּ: (ויקרא טז:ל)

וַיִּגְדְּלוּ הַנְּעָרִים וַיְהִי עֵשָׂו אִישׁ יֹדֵעַ צַיִד אִישׁ שָׂדֶה וְיַעֲקֹב אִישׁ תָּם יֹשֵׁב אֹהָלִים: (בראשית כה:כז)

וּלְאָדָם אָמַר כִּי שָׁמַעְתָּ לְקוֹל אִשְׁתֶּךָ וַתֹּאכַל מִן־הָעֵץ אֲשֶׁר צִוִּיתִיךָ לֵאמֹר לֹא תֹאכַל מִמֶּנּוּ אֲרוּרָה הָאֲדָמָה בַּעֲבוּרֶךָ בְּעִצָּבוֹן תֹּאכֲלֶנָּה כֹּל יְמֵי חַיֶּיךָ: (בראשית ג:יז)

חָמַד רָשָׁע מְצוֹד רָעִים וְשֹׁרֶשׁ צַדִּיקִים יִתֵּן: (משלי יב:יב)

ענף יוסף

(י) [טו] **[לא שאיל הוא לה ולא שאילה בו']** הכוונה ע"ד שאחז"ל המודה ביוה"כ יוה"כ מכפר. ומי שאינו מודה ביוה"כ אין יוה"כ מכפר עליו. וזהו שאמר לא שא"ל הוא לה להודות ביוה"כ. ולא שאילה הוא היום כפור לו לכפר עליו. ולא די שאינו מכפר אלא ונשא השעיר עליו כו' היינו שמוסיפין עליו עונות תם (מהרי"מ):

□ וְהֵבֵאתִי עָלַי קְלָלָה וגו׳ – ***AND I WILL THUS BRING UPON MYSELF A CURSE*** *AND NOT A BLESSING.*

The Midrash explains the seemingly superfluous words *and not a blessing:*[188]

אֲפִילוּ בְּרָכָה אַחַת שֶׁהוּא עָתִיד לִיתֵּן בְּסוֹף אֵינוֹ נוֹתְנָהּ לִי – With these words Jacob was saying, **"Even the one blessing that [my father] will eventually give me at the conclusion** of his blessings, **he will not give me** if I am caught impersonating Esau."[189]

וַתֹּאמֶר לוֹ אִמּוֹ עָלַי קִלְלָתְךָ בְּנִי אַךְ שְׁמַע בְּקֹלִי וְלֵךְ קַח לִי.
But his mother said to him, "Your curse be on me, my son; only heed my voice and go fetch them for me" (27:13).

□ וַתֹּאמֶר לוֹ אִמּוֹ עָלַי קִלְלָתְךָ בְּנִי – ***AND HIS MOTHER SAID TO HIM, "YOUR CURSE BE ON ME, MY SON."***

The Midrash explains Rebecca's response:[190]

רַבִּי אַבָּא בַּר כַּהֲנָא אָמַר – **R' Abba bar Kahana said:** אָדָם שֶׁחָטָא לֹא אִמּוֹ נִתְקַלְּלָה, שֶׁנֶּאֱמַר ״אֲרוּרָה הָאֲדָמָה בַּעֲבוּרֶךָ״ – Rebecca countered by saying, "When it was **Adam who sinned, was not his 'mother' cursed, as it is written, *accursed is the ground because of you*** (above, 3:17)?[191] אַף אַתָּה ״עָלַי קִלְלָתְךָ בְּנִי״ – **So too** with **you,** Jacob, ***your curse*** [will] ***be on me, my son."***[192] רַבִּי יִצְחָק אָמַר: עָלַי לִיכָּנֵס וְלוֹמַר לְאָבִיךָ יַעֲקֹב צַדִּיק וְעֵשָׂו רָשָׁע – **R' Yitzchak said** an alternative explanation: With these words Rebecca told Jacob, **"It is incumbent upon me to go in and tell your father** that **Jacob is righteous and Esau is wicked."**[193]

וַיֵּלֶךְ וַיִּקַּח וַיָּבֵא לְאִמּוֹ וַתַּעַשׂ אִמּוֹ מַטְעַמִּים כַּאֲשֶׁר אָהֵב אָבִיו.
So he went, fetched, and brought to his mother, and his mother made delicacies as his father loved (27:14).

□ וַיֵּלֶךְ וַיִּקַּח וַיָּבֵא לְאִמּוֹ – ***[JACOB] WENT, FETCHED, AND BROUGHT*** (the goat-kids) ***TO HIS MOTHER.***

The Midrash infers from our passage in what condition Jacob performed these tasks:[194]

אָנוּס וְכָפוּף וּבוֹכֶה – Jacob went about his mission **having been forced, bent over and weeping.**[195]

וַתִּקַּח רִבְקָה אֶת בִּגְדֵי עֵשָׂו בְּנָהּ הַגָּדֹל הַחֲמֻדֹת אֲשֶׁר אִתָּהּ בַּבָּיִת וַתַּלְבֵּשׁ אֶת־יַעֲקֹב בְּנָהּ הַקָּטָן.
Rebecca then took her older son Esau's coveted garments, which were with her in the house, and clothed Jacob her young son (27:15).

§16 וַתִּקַּח רִבְקָה אֶת בִּגְדֵי עֵשָׂו בְּנָהּ הַגָּדֹל הַחֲמֻדֹת – ***REBECCA THEN TOOK HER OLDER SON ESAU'S COVETED GARMENTS,*** *WHICH WERE WITH HER IN THE HOUSE.*

The Midrash will explain our passage's description of Esau's garments as *coveted:*[196]

מַה שֶּׁחָמַד מִנִּמְרוֹד וַהֲרָגוֹ וּנְטָלָן – The verse describes **that** clothing **which [Esau] coveted from Nimrod.**[197] For **[Esau] had killed [Nimrod] and taken [these garments].**[198] הֲדָא הוּא דִכְתִיב ״חָמַד רָשָׁע מְצוֹד רָעִים״ – **Thus it is written, *A wicked person coveted spoils of evildoers*** (*Proverbs* 12:12).[199]

The Midrash comments on the fact that these garments were in the home of Isaac and Rebecca:[200]

״אֲשֶׁר אִתָּהּ בַּבָּיִת״ – Our verse states, *Esau's coveted garments . . .* ***which were with [Rebecca] in the house.*** שֶׁבָּהֶן הָיָה מְשַׁמֵּשׁ אֶת אָבִיו – The garments were in Rebecca's house **because with them [Esau] would attend to his father.**[201]

NOTES

branded an *idolater* because this epithet is applied to anyone who lies. *Yefeh To'ar* explains (comparing *Bava Kamma* 79b) that one who lies acts as though God is, Heaven forfend, unaware of his deviation from the truth. [See *Maharsha* to *Sanhedrin* loc. cit. for an alternative explanation of that Gemara.]

188. *Matnos Kehunah.*

189. Jacob understood that if Isaac would bestow his first blessings upon Esau, he would then give Jacob some other blessing (compare Esau's request of v. 36 below). Therefore, Jacob argued against his mother's plan by stating that if he failed in his attempt to receive the blessings intended for Esau, he would lose even the blessing that he was to receive and would end up with nothing (*Eitz Yosef*).

[*Maharzu* explains that the blessing that Isaac always intended to give Jacob was the one which he in fact gave him in 28:4 below. Unlike the first blessings, which related to bounty in this world, those blessings sought for Jacob to inherit the Torah and the bounty of the World to Come with which God had blessed Abraham.]

190. The Midrash finds it improbable that Rebecca assured Jacob that she would absorb any curse that Isaac might wish upon him, because there appears to be no reason that such a proposal would spare Jacob from a curse that specified him as its subject (*Yefeh To'ar*).

191. The Midrash refers to the ground as Adam's *mother* because (as taught in 2:4 and 3:19 above) he was formed of dust from the ground (*Matnos Kehunah*).

192. Rebecca argued that even if Isaac were to become angered by Jacob's attempt to take the blessings, in keeping with the precedent set by God Isaac would not blame Jacob, but would rather blame his mother, Rebecca, for having incited him (*Eitz Yosef*; see further, *Yefeh To'ar* and *Eshed HaNechalim*).

[The Midrash finds support for this explanation in the verse's references to Rebecca as *his mother* and to Jacob as *my son*. The notion of a mother being cursed as a result of her son's shortcomings appeared in 5 §9 above (*Yefeh To'ar*).]

193. Thus, the verse quotes Rebecca's telling Jacob that she took it *upon herself* to protect him from his father's curse, and the Midrash explains that she intended to accomplish this by informing Isaac that only Jacob was deserving of the blessings (*Maharzu*; see *Eitz Yosef*).

194. The Midrash is noting the verse's inclusion of the word לְאִמּוֹ, *to his mother* (*Matnos Kehunah*). Alternatively, the Midrash wishes to explain why it is that the verse does not describe Jacob as having *run* to perform this mitzvah, as his grandfather, Abraham, had run in 18:7 above (*Eitz Yosef*; see *Yefeh To'ar*, *Mishnas DeRabbi Eliezer*, and *Radal* for other approaches).

195. Jacob's efforts to attain the blessings by posing as Esau were made against his own will, and in deference to his mother's (*Rashi*; see also *Matnos Kehunah*).

196. *Eitz Yosef.*

197. See 63 §13 above (cited by *Maharzu* and *Rashash*) with commentary, where the history of these garments is discussed along with the unique powers that they gave the person who wore them.

[Although the Midrash above (loc. cit.) taught that these garment were used by Esau to hunt, here he had gone hunting without them because Isaac had specifically requested (in v. 3) that, on this expedition, he utilize his weapons and *not* these garments (*Nezer HaKodesh*, *Maharzu*; see further, *Yefeh To'ar*).]

198. [Apparently, this Midrash is in disagreement with 63 §13, which states that Nimrod lived to pursue Esau after he had taken his garment (*Yefeh To'ar*, *Eitz Yosef*). Alternatively, Esau took Nimrod's life only after being pursued by him for having taken his garment (*Nezer HaKodesh*).]

199. The Midrash sees in the words מְצוֹד רָעִים, *spoils of evildoers*, a reference to Nimrod, who was identified in 10:9 above as גִּבֹּר צַיִד, *a mighty hunter* (*Maharzu*). The Midrash therefore interprets the verse to mean that the *wicked* Esau had *coveted* something that Nimrod the *evildoer* had taken as a *spoil* (*Eitz Yosef*).

200. The Midrash wonders why Esau chose to keep his garments in the home of his mother as opposed to entrusting them to one of his many wives (*Eitz Yosef*; see further below).

Alternatively, the [seemingly superfluous] word בַּבָּיִת, *in the house*, indicates to the Midrash that it was in Rebecca's home that Esau would make use of these unique garments, and the Midrash seeks to explain why that was (*Nezer HaKodesh*; see *Matnos Kehunah*).

201. Esau kept his cherished clothing in his parents' home so that it would be available for him to use there whenever he would attend to his father (*Eitz Yosef*).

"וְאָנֹכִי אִישׁ חָלָק", כְּמָה דְאַתְּ אָמַר (דברים לב, ט) "כִּי חֵלֶק ה' עַמּוֹ". רַבִּי לֵוִי אָמַר: מָשָׁל לְקַוָּוץ וְקֵרֵחַ שֶׁהָיוּ עוֹמְדִין עַל שְׂפַת הַגּוֹרֶן וְעָלָה הַמּוֹץ בַּקַּוָּוץ וְנִסְתַּבֵּךְ בִּשְׂעָרוֹ, עָלָה הַמּוֹץ בַּקֵּרֵחַ וְנָתַן יָדוֹ עַל רֹאשׁוֹ וְהֶעֱבִירוֹ, כָּךְ עֵשָׂו הָרָשָׁע מִתְלַכְלֵךְ בַּעֲוֹנוֹת כָּל יְמוֹת הַשָּׁנָה וְאֵין לוֹ בַּמֶּה יְכַפֵּר אֲבָל יַעֲקֹב מִתְלַכְלֵךְ בַּעֲוֹנוֹת כָּל יְמוֹת הַשָּׁנָה וּבָא יוֹם הַכִּפּוּרִים וְיֵשׁ לוֹ בַּמֶּה יְכַפֵּר, שֶׁנֶּאֱמַר (ויקרא טז, ל) "כִּי בַיּוֹם הַזֶּה יְכַפֵּר וְגוֹ'". רַבִּי יִצְחָק אָמַר: לֹא שְׁאִיל הוּא לָהּ וְלֹא שְׁאִילָה הִיא לֵיהּ [כד] אֶלָּא "וְנָשָׂא הַשָּׂעִיר עָלָיו", זֶה עֵשָׂו שֶׁנֶּאֱמַר "הֵן עֵשָׂו אָחִי אִישׁ שָׂעִיר", "אֶת כָּל עֲוֹנֹתָם", עֲוֹנוֹת תָּם, שֶׁנֶּאֱמַר (שם כה, כז) "וְיַעֲקֹב אִישׁ תָּם", [כז, יב] "אוּלַי יְמֻשֵּׁנִי אָבִי [כה] וְהָיִיתִי בְעֵינָיו כִּמְתַעְתֵּעַ", כְּמֵת וּכְתוֹעֶה וּכְעוֹבֵד עֲבוֹדָה זָרָה, "וְהֵבֵאתִי עָלַי קְלָלָה וְגוֹ'", אֲפִילּוּ בְּרָכָה אַחַת שֶׁהוּא עָתִיד לִיתֵּן בַּסּוֹף אֵינוֹ נוֹתְנָהּ לִי. [כז, יג] "וַתֹּאמֶר לוֹ אִמּוֹ עָלַי קִלְלָתְךָ בְּנִי", רַבִּי אַבָּא בַּר כַּהֲנָא אָמַר: אָדָם שֶׁחָטָא לֹא אִמּוֹ נִתְקַלְּלָה, שֶׁנֶּאֱמַר (בראשית ג, יז) "אֲרוּרָה הָאֲדָמָה בַּעֲבוּרֶךָ", אַף אַתָּה עָלַי קִלְלָתְךָ בְּנִי. אָמַר רַבִּי יִצְחָק: עָלַי לִיכָּנֵס וְלוֹמַר לְאָבִיךָ יַעֲקֹב צַדִּיק וְעֵשָׂו רָשָׁע. [כז, יד] "וַיֵּלֶךְ וַיִּקַּח וַיָּבֵא לְאִמּוֹ", אָנוּס וְכָפוּף וּבוֹכֶה:

טז [כז, טו] "וַתִּקַּח רִבְקָה אֶת בִּגְדֵי עֵשָׂו בְּנָהּ הַגָּדֹל הַחֲמֻדֹת". [כו] מַה שֶּׁחָמַד מִנִּמְרוֹד וַהֲרָגוֹ וּנְטָלָן, הָדָא הוּא דִכְתִיב (משלי יב, יב) "חָמַד רָשָׁע מְצוֹד רָעִים", אֲשֶׁר אִתָּהּ בַּבָּיִת, שֶׁבָּהֶן הָיָה מְשַׁמֵּשׁ אֶת אָבִיו.

עץ יוסף

כי חלק כו'. חלק קרי ביה חלק: **רבי לוי אמר משל כו'**. בא לתת טעם בחילוף עיקר יצירתם. שעשו כלו כאדרת שער שהוא דבר זר בטבע האנשים ויעקב חלק שהוא דבר היוצא ממורגל המציאות שיהיו שני אחים תאומים מתחלפי הטבע מן הקצה אל הקצה. ולזה נתן טעם כי מאת ה' היתה זאת להיות לאות ולרמז לנקיות יעקב מעון ולכלוך עשו: **לקווץ וקרח כו'**. קווץ הוא בעל שער וכד"א קווצותיו תלתלים וקרח הוא מי שאין לו שער: **לא שאיל כו'**. פרש"י לא המשל הזה שאול לדבר הזה. ולא הדבר הזה שאול הוא למשל. שלפי שהרבה משלים הם שאינם אלא זכר לדבר. ולא עיקר הדבר. לכן קאמר ר"י שמשל זה אינו כשאר משלים שהם רק בשאלה לזכר בעלמא ולא לעיקר. אלא משל זה הוא לעיקר הדבר שהרי מצינו מפורש במעשה יוהכ"פ מעניינו של דבר דכתיב ונשא השעיר עליו ואין שעיר אלא עשו ואין תם אלא יעקב: **ונשא השעיר עליו זה עשו**. הוא השעיר הידוע הוא איש שעיר (אלשי"ך): **עונותם עונות תם**. אחר שאמר והתודה עליו את כל עונות בני ישראל ואת כל פשעיהם לכל חטאתם טוב שיאמר ונשא השעיר אותם עליו ויכלול עון ופשע וחטאה. אלא דרמיז עונות תם (יפ"ת): **[יא] כמת וכתועה כו'**. דרשו נוטריקון כמת שהוא השלש אותיות ראשונות. וכתועה. ומתעתע לשון עבודת אלילים כד"א הבל המה מעשה תעתועים. והענין כי אמר אולי ימושני אבי ויכיר כי יעקב אני ואהיה בעיניו כמת פי' כרשע אשר בחייו קרוי מת. שנית יחשבני לתועה בעשותי עיקר מטובות העוה"ז שחמדתים מעשו. שלישית כי הלא לא כל אדם זוכה לשתי שולחנות נמצאתי כבוחר בעוה"ז וכמואס בעוה"ב או כופר בו חלילה וזה דומה לעובד כרס כנודע. ועל כן מטעם דברים אלו והבאתי עלי קללה: **אפילו ברכה אחת כו'**. שאע"פ שיברך את עשו לבסוף ישאיר לי איזה ברכה וכמ"ש עשו הלא אצלת לי ברכה ונמצאתי מפסיד אף זו: **אדם שחטא כו'**. כך השיבה לו דע בני כי לא יחשדך אביך רע כמו שתדמה. רק בוודאי יתלה העון בי כי אנכי הסיתיך. כי אביך כל מה שיוכל להצדיק נפשך בוודאי יצדיקך כי כן טבע אנשים צדיקים שנמשכים אחרי מדות הקב"ה והנהגתו. כי כן מצאנו אצל אדה"ר אף שהוא חטא בבחירתו עכ"ז קילל ה' את האדמה שהיא אמו (כמ"ש ערום יצאתי מבטן אמי וערום אשוב שמה והיא עיקר הסיבה לחטאת האדם): **עלי ליכנס**. ופירש הכתוב עלי להסיר קללתך: **ויבא לאמו אנוס כו'**. דייק מדלא כתיב וירץ כמ"ש ואל הבקר רץ אברהם. ויעקב היה ג"כ זריז במצות. אלא ע"כ שהיה אנוס: **(טז) [יב] מה שחמד כו'**. החמודות דרשו שחמדן מנמרוד. וגם קרא זה מסייעו דכתיב חמד רשע מצוד רעים שפי' שחמד מצידו של נמרוד הרשע: **והרגו ונטלן**. זה פליגי אדאמר לעיל הנה אנכי הולך למות שהיה נמרוד מבקש להרגו בשביל אותו הבגד. שנראה שבחיי נמרוד היה לו הבגד הזה: **שבהן היה משמש כו'**. דאל"כ מה ענינם בבית רבקה אחר שהיו לו כמה נשים. אלא להיות שם מוכנים לעת שימושו את אביו:

פירוש מהרז"ו

(טו) משל לקווץ וקרח. ושעיר וחלק כפשוטו בעל שער וחלק משער: **ואפי' ברכה אחת**. אותה ברכה הראויה לי שיתן לי עכ"פ בסוף היינו מ"ש כשהלך אצל לבן ואל שדי גו' ויתן לך את ברכת אברהם. שברכות הראשונות בעוה"ז והאחרונות לעוה"ב כמ"ש בפר"א פ' ל"ה והנה הסכים יצחק שברכת אברהם יהיו שייכים ליעקב היינו התורה והעוה"ב. אך ברכת דגן וטל רצה ליתן לאחיו וז"ש אם אקח ברכת העוה"ז חוששני שבסוף לא יתן לי כלום גם אותה ברכה שהאציל לי: **אדם שחטא**. ע"ל פ"ט ס"ס י"ג ברכת אובד עלי תבוא: **עלי ליכנס**. עלי להסיר קללתך ובאיזה אופן אלא שתכנס ליצחק להודיעו שיעקב ראוי לברכה ע' פס"ג ס' יו"ד: **(טז) מצוד רעים**. היינו מצודו של נמרוד שנקרא גבור ציד כמש"ל פ' ל"ז

רש"י

(טו) לקווץ. בעל שער כמא דאת אמר קווצותיו תלתלים: **אמר רבי יצחק לא שאיל הוא לה ולא שאילה היא לו**. לא המשל הזה שאול הוא לדבר הזה ולא דבר זה שאול הוא למשל לפי שהרבה משלות הן שאינן אלא זכר לדבר ולא עיקר הדבר אבל זה עיקר הדבר הוא שהרי מצינו מעשה ביום הכפורים מענינו של דבר דכתיב ונשא השעיר עליו את כל עונותם וגו': **ואין תם**. אלא יעקב: **אנוס וכפוף ובוכה**. בעל כרחו אלא שלא רצה לעבור על דעת אמו: **(טז) ותקח רבקה את בגדי עשו וגו'**. והלא כמה נשים היו לו לעשו. ולא נתן להם בגדיו להצניע

מתנות כהונה

חלק. קרי ביה חלק חלק ה' ונחלתו: **לקווץ**. בעל שער כד"א קווצותיו תלתלים: **ביום הזה יכפר**. לשון קינוח כד"א אכפרה פניו בעי לכפוריה ידיה דפ' הניזקין: **לא שאיל וכו'**. כלומר אין הנדון דומה לראיה ולא שאילה ליה וכן אין הראיה דומה לנדון אלא מכאן אני למד בפירוש ומצאתי בפירש"י אין הדבר הזה שאול ליה דרך משל ורמז אלא בהדיא כתיב: **במתעתע**. דרשו נוטריקון ג' מלות מת ותועה ועיי"ן יתירה עובד עבודת כוכבים הבל המה מעשה תעתועים ובילקוט לא גרס כמת: **אפילו ברכה אחת כו'**. דאל"כ ולא ברכה למה לי: **אדם הראשון שחטא כו' אמו**. האדמה היא אמו כי משם לוקח: **אנוס כו'**. דייק מדכתיב לאמו משמע שאם לא מפני מורא לא היה עושה: **[טז] הדא הוא דכתיב אשר אתה בבית**. הרי שלא יצא בהם לדרך וכתיב החמודות שהיו יפים ונחמדים:

אשד הנחלים

[טו] **לא אמו נתקללה כו'. האדמה** לפי דעתינו בברכת יצחק השיבה לו דע בני כי לא יחשדך אביך רע כמו שתדמה רק בוודאי יתלה העון בי. כי אנכי הסיתיך כי אביך כל מה שיוכל להצדיק נפשך בוודאי יצדיקך כי כך טבע אנשים צדיקים הנמשכים אחרי מידות ה' והנהגתו. כי כן מצאנו אצל חטא אדה"ר אף שהוא חטא בבחירתו עכ"ז קלל ה' האדמ' שהיא עיקר הסיבה לחטאת האדם וקללה שלא תוסיף כח שמן שעי"ז לא ירבה חטאת בני אדם ע"ד וישמן ויבעט. והבן זה:

חידושי הרד"ל

(יב) [טו] אמו נתקללה. שנאמר ארורה האדמה כו' שהאדמה נקראת אמו שהיא החומר המקבלת הצורה מן השמים כמ"ש ערום יצאתי מבטן אמי וערום אשוב שמה (הגר"א בפי' אבות פרק א' משנה י"ג): **(יג) אנוס וכפוף ובוכה**. אפשר דרש וילך ויקח ויבא ג"פ וי' על ג' דברים אלו:

חידושי הרש"ש

[טז] מצוד רעים. שעל ידי הבגדים היה צד בנקל כדאיתא לעיל פ' ס"ג שהיו מתקבצין אצלו כל עוף שבעולם: **דיפרא סופא**. בערוך ערך פרספא הגירסא דיפרוסופא מלה חדא:

מסורת המדרש

כד תדא"ז פרק י"ט. ילקוט כאן רמז קט"ו כל הענין:
כה עיין סנהדרין דף נ"ב ע"א ובמסכת כלה:
כו פדר"א פרק כ"ד. ילקוט משלי רמז תתקמ"ח:

אם למקרא

כִּי חֵלֶק ה' עַמּוֹ יַעֲקֹב חֶבֶל נַחֲלָתוֹ: (דברים לב:ט)

כִּי־בַיּוֹם הַזֶּה יְכַפֵּר עֲלֵיכֶם לְטַהֵר אֶתְכֶם מִכֹּל חַטֹּאתֵיכֶם לִפְנֵי ה' תִּטְהָרוּ: (ויקרא טז:ל)

וַיִּגְדְּלוּ הַנְּעָרִים וַיְהִי עֵשָׂו אִישׁ יֹדֵעַ צַיִד אִישׁ שָׂדֶה וְיַעֲקֹב אִישׁ תָּם יֹשֵׁב אֹהָלִים: (בראשית כה:כז)

וּלְאָדָם אָמַר כִּי שָׁמַעְתָּ לְקוֹל אִשְׁתֶּךָ וַתֹּאכַל מִן־הָעֵץ אֲשֶׁר צִוִּיתִיךָ לֵאמֹר לֹא תֹאכַל מִמֶּנּוּ אֲרוּרָה הָאֲדָמָה בַּעֲבוּרֶךָ בְּעִצָּבוֹן תֹּאכֲלֶנָּה כֹּל יְמֵי חַיֶּיךָ: (בראשית ג:יז)

חָמַד רָשָׁע מְצוֹד רָעִים וְשֹׁרֶשׁ צַדִּיקִים יִתֵּן: (משלי יב:יב)

ענף יוסף

(י) [טו] **[לא שאיל הוא לה ולא שאילה כו']** הכוונה ע"ד שאחז"ל המודה ביוה"כ יוה"כ מכפר. ומי שאינו מודה ביוה"כ אין יוה"כ מכפר עליו. וזהו שאמר לא שא"ל הוא לה להודות ביוה"כ. ולא שאילה הוא היום כפור לו לכפר עליו. ולא די שאינו מכפר אלא ונשא השעיר עליו כו' היינו שמוסיפין עליו עונות תם (מהרי"מ):

אָמַר רַבִּי שִׁמְעוֹן בֶּן גַּמְלִיאֵל — The Midrash elaborates: **R' Shimon ben Gamliel said:** כָּל יָמַי הָיִיתִי מְשַׁמֵּשׁ אֶת אַבָּא וְלֹא שִׁמַּשְׁתִּי אוֹתוֹ אֶחָד מִמֵּאָה שֶׁשִּׁמֵּשׁ עֵשָׂו אֶת אָבִיו — **All my days I would attend to my father,**[202] **and** yet **I did not attend to him** even **one hundredth of** the quality of service with **which Esau attended to his father.** אֲנִי בְּשָׁעָה שֶׁהָיִיתִי מְשַׁמֵּשׁ אֶת אַבָּא הָיִיתִי מְשַׁמְּשׁוֹ בִּבְגָדִים מְלוּכְלָכִין — R' Shimon ben Gamliel explains himself: **Myself — when I would attend to my father, I would attend to him with filthy garments,**[203] וּבְשָׁעָה שֶׁהָיִיתִי יוֹצֵא לַדֶּרֶךְ הָיִיתִי יוֹצֵא בִּבְגָדִים נְקִיִּים — **and when I would go out to the street** (i.e., in public) **I would do so with clean garments.** אֲבָל עֵשָׂו בְּשָׁעָה שֶׁהָיָה מְשַׁמֵּשׁ אֶת אָבִיו לֹא הָיָה מְשַׁמְּשׁוֹ אֶלָּא בְּבִגְדֵי מַלְכוּת — **But Esau — when he would attend to his father, he would only do so with regal garments.**[204] אָמַר אֵין כְּבוֹדוֹ שֶׁל אַבָּא לִהְיוֹת מְשַׁמְּשׁוֹ אֶלָּא בְּבִגְדֵי מַלְכוּת — For **he said, "It is not** in keeping with **my father's honor that** I **should atend to him** clothed in any way **other than in regal garments!"** הֲדָא הוּא דִכְתִיב "אֲשֶׁר אִתָּהּ בַּבָּיִת" — **Thus it is written,** ***which were with her in the house.***

The Midrash offers a different explanation for the fact that Esau's garments were in Rebecca's care:[205]

כַּמָּה נָשִׁים הָיוּ לוֹ וְאַתְּ אָמַרְתְּ "אֲשֶׁר אִתָּהּ בַּבָּיִת" — **[Esau] had many wives**[206] with whom he could have left his garments **and** yet **you say** (i.e., the verse states) ***which were with [Rebecca] in the house?*** אֶלָּא דַּהֲוָה יָדַע מַאי עוֹבָדֵיהוֹן — **But** the explanation is **that [Esau] knew what [his wives'] deeds were.**[207]

An incident is related that parallels Esau's trusting Rebecca more than his wives:[208]

אָמַר רַבִּי אַבָּא בַּר כָּהֲנָא: עוֹבָדָא הֲוָה בַּחֲדָא סִיעָא דִּפְרִיצִין בַּהֲדָה כְּפַר חַטְיָאה — **R' Abba bar Kahana said: There was an incident involving a group of men of low moral character,**[209] who resided **in a sinful village,** דַּהֲווֹן נְהִיגִין אָכְלִין וְשָׁתִין בִּכְנִישְׁתָּא כָּל פַּתֵּי רַמְשָׁא דְּשַׁבָּא — who **were accustomed to eat and drink in the synagogue every Friday night.**[210] מִן דַּהֲווֹ אָכְלִין הֲווֹ נָסְבִין גַּרְמַיָּא וּמְסַלְּקִין[211] יַתְהוֹן עַל סָפְרָא — **Once they were eating, they would take bones** (left over from their food) **and fling them at the sexton.**[212] חַד מִנְּהוֹן דְּמַךְ — It happened that **one of [the group] died.**[213] אֲמַרוּ לֵיהּ לְמַאן אַתְּ מַפְקִיד עַל בְּנָךְ לְשָׁמְרוֹ, אֲמַר לְהוֹן לְסָפְרָא — As he was dying, **[his friends]**[214] **said to him, "Whom do you instruct to serve as a guardian for your son?" He replied to them, "The sexton."** וַהֲלֹא כַּמָּה רְחִימִין הָיוּ לוֹ וְהוּא אוֹמֵר לְסָפְרָא — The Midrash questions this response:[215] **Didn't this man have many friends? And** yet **he said** to entrust his son **to the sexton** whom he disliked and mistreated! אֶלָּא דַּהֲוָה יָדַע מָה עוֹבָדֵיהוֹן וּדְסָפְרָא הֵיךְ מִנְּהוֹן טָב — **But** the explanation is **that** the man **knew what [his friends'] deeds were and** what **the sexton's** deeds were, and he knew **whose** deeds **were superior.**[216] כָּךְ כַּמָּה נָשִׁים הָיוּ לוֹ וְאַתְּ אָמַרְתְּ "אֲשֶׁר אִתָּהּ בַּבָּיִת" — **So too** with respect to Esau: **He had many wives** with whom he could have left his garments **and** yet **you say** (i.e., the verse states) ***which were with [Rebecca] in the house?*** אֶלָּא דַּהֲוָה יָדַע מָה עוֹבָדֵיהוֹן — **But** the explanation is **that [Esau] knew what [his wives'] deeds were,** and he knew that those of Rebecca were superior.

NOTES

202. R' Shimon ben Gamliel would, in fact, *attend to his father* with exceptional diligence (see *Devarim Rabbah* 1 §15, cited by *Maharzu*).

203. That is, R' Shimon ben Gamliel would not ensure the cleanliness of the garments he wore while attending to his father (see, however, the alternative approach of *Maharzu* to *Devarim Rabbah* loc. cit.).

204. The Midrash uses this term for the garments that Esau stole from Nimrod, because their original owner, Adam, used them to rule over all living creatures, who were subdued by these garments (*Eitz Yosef*, citing *Nezer HaKodesh*, who references *Pirkei DeRabbi Eliezer* Ch. 24; compare also 63 §13 above). See Insight Ⓐ.

205. *Yefeh To'ar*. [See further, *Nezer HaKodesh*.]

206. Although verse 26:34 (cited above) indicates that Esau had only two wives [at this point (see further, 28:9)], it is possible that he had numerous concubines and it is to them that this Midrash refers (*Yefeh To'ar*).

207. Esau recognized the evil and sinful nature of his wives and therefore did not trust them with his precious garments (*Matnos Kehunah*, *Eitz Yosef*).

208. It emerges from the above exposition that Esau trusted his righteous mother Rebecca, whose love for him was incomplete (see above, 25:28), more than he trusted his loving, but sinful, wives. The Midrash will now relate a story to this unique situation (*Eitz Yosef*).

209. *Rashi* et al.

210. *Matnos Kehunah*, *Eitz Yosef*.

These men would also sleep in the synagogue. It was customary to recite *Kiddush* [and provide food] in synagogues on Friday nights due to the common occurrence of wayfarers sleeping there (*Matnos Kehunah*; see *Pesachim* 101a).

211. Although *Rashi* defends our version of the Midrash, see *Matnos Kehunah* and *Eitz Yosef* who emend this word.

212. Translation of סָפְרָא as *sexton* follows *Eitz Yosef*. Alternatively, the term identifies a Torah teacher of children (*Rashi*) or a scholar (*Matnos Kehunah*). This man resided in the synagogue (*Matnos Kehunah*).

213. *Rashi* et al.

214. *Matnos Kehunah*, *Eitz Yosef*.

215. Ibid.

216. Ibid.

In other words, the dying man knew, based on their respective behavior, that the righteous sexton was more worthy of his trust than his lowly friends were (see *Eitz Yosef*).

INSIGHTS

Ⓐ **In Regal Garments** *R' Yaakov Moshe Lesin*, in *HaMaor SheBaTorah* (Vol. 4, p. 272) asks: Since Rabban Shimon ben Gamliel recognized and appreciated Esau's exalted fulfillment of the mitzvah of honoring one's parents, why did he not follow Esau's example and also serve *his* father while wearing regal garments? This question is even more compelling in light of the slightly enhanced version of this Midrash recorded in *Devarim Rabbah* 1 §15, wherein Rabban Shimon ben Gamliel is recorded as declaring that no person ever honored his parents more than he did, with the exception of Esau, who would don regal garments when he served his father. If Rabban Shimon was so zealous about fulfilling this mitzvah, he should have adopted Esau's custom!

R' Lesin answers as follows: It is well known that an important aspect of mitzvah fulfillment is understanding the mitzvah and valuing it, and exerting oneself to fulfill it with as much purity of heart as possible. The more one understands the essence of the mitzvah, the better his performance. But although one should endeavor to perform the mitzvah in the best possible manner, in regard to the enhancements (*hiddurim*) one must be vigilant that there not be any contradiction between his level of understanding of the mitzvah and the way he performs it in practice. The two must correspond. To enhance the mitzvah in a manner beyond one's actual appreciation of the mitzvah is dishonest.

Rabban Shimon ben Gamliel recognized that Esau appreciated the mitzvah to its fullest and thus served his father while wearing regal garments. As for Rabban Shimon ben Gamliel himself, despite all the effort he put into the mitzvah, he felt that he had not reached the same level of appreciation, and donning such garments would have been dishonest. Therefore, though he praised the exalted manner in which Esau performed the mitzvah, he did not imitate it.

Liklutei Yehudah (*Deuteronomy* p. 17) quotes the *Imei Emes* of Gur as having asked the very same question and offering a similar resolution. In his classic terse, pithy style the Rebbe explained, "Evidently, imitating is nothing."

בגדי מלכות. היינו מפני שבכח הבגדים הללו מלך אדה"ר על כל הברואים ונכנעו לפניו כדאי' בפדר"א. ואין זה אלא לפי שהיה בהם קדושה יתירה שנבראו בשם מלא שנאמר ויעש ה' אלהים לאדם ולאשתו כתנות עור וילבישם וכמו שנבראה העולם בשם מלא. וממילא נכלל בהם ברכת כל העולם. ולפיכך השתדלה רבקה להלביש את יעקב בגדי החמודות הללו בשעת ברכה (נזה"ק). וכדאיתא בפדר"א דנמרוד לקח את הכתנות שעשה ה' לאדם ולאשתו. ועשו נטל ממנו: **מה עובדיהם.** מה מעשים יש בידן שהם רעים וחטאים. לכן לא היה מאמינם לשמור הבגדים האלו אעפ"י שהיו אוהבות אותו והיה מאמין יותר באמו הצדקת אע"פ שאינה אוהבת אותו. וכעובדא דפריצים דמייתי. דיותר האמין הפריץ באויבו הצדיק מבאוהביו הפריצים: **עובדא הוה כו'.** מעשה היה בכת אחת של פריצים שהיו רגילים לאכול בבית הכנסת כל ליל ערב שבת ומשהיו אוכלין היו נוטלים העצמות והיו משליכין על השמש: **ומסלקי.** צריך להיות מטלקי: **ספרא.** שמש וכדאי' באיכה רבתי פסוק גדר בעדי האי ספרא דמגדלא הוה מסדר קנדילא כו' ע"ש: **דמך.** פי' מת. ומזה נסתר מה שפי' המת"כ בסדר חיי שרה ובסדר מקץ שלשון דמך שייך דוקא בצדיקים: **אמרי ליה כו'.** אמרו לו חבריו הפריצים למי אתה מצוה על בניך שישמור אותם: **והלא כמה כו'.** דברי הספר הם והלא כמה אוהבים היו לו ולא היה מצוה על בניו אלא הסופר הוא השמש. אלא בשביל שידע מה מעשיהם ומעשה הסופר איזה מהם טוב: **ודספרא הידין מנהון.** כצ"ל ופי' איזה מהם טוב: (יז) [יג] **תרין אדרעין כו'.** כלומר שני זרועותיו של יעקב היו גדולים כשני עמודי שיש וצריך לומר דהכי גמירי להו: **חייטתהון.** תופרת היתה א' אל אחד עד שהספיקו על ידיו: **רבי הונא בשם ר' יוסף כו'.** בא לומר שעזי א"י גדולים משל ח"ל ולכן היו העורות האלו גדולים מאד עד שהספיקו לכסות ידי יעקב בלי תפירה: **מקריבין בחג.** שלכבוד החג לקחו הכבשים היותר גדולים ואירע הדבר פעם אחת שהיו מרכיבין

ענף יוסף

(יג) [יז] [תרין אדרעין דאבונן יעקב כתרין עמודין דיפרא סופא] כן כתוב בכל הספרים בשני מילות. ופי' המת"כ והיפ"ת בשם הערוך עמודי שיש. ורש"י ז"ל גרס דפרלופא מלה אחת. ופירשו שהוא שם מקום ידוע להם בימיהם. וכן פי' האב"א. והביא דוגמא ממדרש אסתר שאמר שם מעשה בפרלופא באשה אחת כו'. ויש עוד ראיה לגירסא זו ופירושה ממדרש תנחומא סדר ויחי ויתמוך יד אביו להסיר אותה כו' א"ל יעקב ידי את מבקש להסירה כו' א"ר יוחנן כשני עמודים שבתוך דימוסין (פירוש בניינים) שבטבריא כך היו זרועותיו של יעקב אבינו. הרי שבשני מקומות אלו האומר הוא ר' יוחנן. ורק החילוף שביניהם הוא בשם מקום מציאות העמודים. שבכאן פרלופא שמו ושם טבריא. אבל ודאי שבשניהם מסמן המקום. ואפשר שפרלופא היא בשכונת טבריא. והכל חד הוא:

כזאָמַר רַבִּי שִׁמְעוֹן בֶּן גַּמְלִיאֵל: כָּל יָמַי הָיִיתִי מְשַׁמֵּשׁ אֶת אַבָּא וְלֹא שִׁמַּשְׁתִּי אוֹתוֹ אֶחָד מִמֵּאָה שֶׁשִּׁמֵּשׁ עֵשָׂו אֶת אָבִיו. אֲנִי בְּשָׁעָה שֶׁהָיִיתִי מְשַׁמֵּשׁ אֶת אַבָּא הָיִיתִי מְשַׁמְּשׁוֹ בִּבְגָדִים מְלוּכְלָכִין, וּבְשָׁעָה שֶׁהָיִיתִי יוֹצֵא לַדֶּרֶךְ הָיִיתִי יוֹצֵא בִּבְגָדִים נְקִיִּים, אֲבָל עֵשָׂו בְּשָׁעָה שֶׁהָיָה מְשַׁמֵּשׁ אֶת אָבִיו לֹא הָיָה מְשַׁמְּשׁוֹ אֶלָּא בְּבִגְדֵי מַלְכוּת, אָמַר אֵין כְּבוֹדוֹ שֶׁל אַבָּא לִהְיוֹת מְשַׁמְּשׁוֹ אֶלָּא בְּבִגְדֵי מַלְכוּת, הָדָא הוּא דִכְתִיב "אֲשֶׁר אִתָּהּ בַּבָּיִת", כַּמָּה נָשִׁים הָיוּ לוֹ וְאַתְּ אֲמַרְתְּ "אֲשֶׁר אִתָּהּ בַּבָּיִת", אֶלָּא דַּהֲוָה יָדַע מַאי עוֹבָדֵיהוֹן. אָמַר רַבִּי אַבָּא בַּר כָּהֲנָא: עוֹבָדָא הֲוָה בַּחֲדָא סִיעָא דִּפְרִיצִין בַּהֲדָה כְּפַר חַטְיָאָה דַּהֲווֹ נְהִיגִין אָכְלִין וְשָׁתִין בִּכְנִישְׁתָּא כָּל פַּתֵּי רַמְשָׁא דְּשַׁבָּא מִן דַּהֲווֹן אָכְלִין הֲווֹ נָסְבִין גַּרְמַיָּא וּמְסַלְּקִין יַתְהוֹן עַל סָפְרָא. חַד מִנְּהוֹן דְּמַךְ אֲמַרוּ לֵיהּ לְמַאן אַתְּ מַפְקִיד עַל בְּנָךְ לְשָׁמְרוֹ, אֲמַר לְהוֹן לְסָפְרָא, וַהֲלֹא כַּמָּה רְחִימִין הָיוּ לוֹ וְהוּא אוֹמֵר לְסָפְרָא, אֶלָּא דַּהֲוָה יָדַע מָה עוֹבָדֵיהוֹן וּדְסָפְרָא הֵיךְ מִנְּהוֹן טָב, כָּךְ כַּמָּה נָשִׁים הָיוּ לוֹ וְאַתְּ אֲמַרְתְּ "אֲשֶׁר אִתָּהּ בַּבָּיִת", אֶלָּא דַּהֲוָה יָדַע מָה עוֹבָדֵיהוֹן:

יז [כז, טו] "וְאֵת עֹרֹת גְּדָיֵי הָעִזִּים", אָמַר רַבִּי יוֹחָנָן: תְּרֵי אֶדְרָעִין דַּאֲבוּנַן יַעֲקֹב כִּתְרֵין עַמּוּדִין דִּיפְרָא סוֹפָא וְאַתְּ אֲמַרְתְּ הִלְבִּישָׁה עַל יָדָיו, אֶלָּא חַיְיטַתְהוֹן. רַבִּי הוּנָא בְּשֵׁם רַבִּי יוֹסֵף אָמַר: כחשְׁנֵי תְמִידִים שֶׁהָיוּ יִשְׂרָאֵל מַקְרִיבִין בֶּחָג הָיוּ מַרְכִּיבִין אוֹתָן עַל שְׁנֵי הוּגְנִין וְהָיוּ רַגְלֵיהֶם שְׁפוּפוֹת בָּאָרֶץ.

פירוש מהרז"ו

סי' ב' כנמרוד גבור ציד. וכמ"ש בפר"א פכ"ד וז"ל ר"י אומר הכתונת שעשה הקב"ה לאדם ולאשתו היתה עמהם בתיבה וכשיצאו מן התיבה לקחה חם והוציאה עמו והנחילה לנמרוד. ובשעה שהיה לובש אותם היה כל בהמה חיה ועוף באים ונופלים לפניו. ובסוף הפרק ר' אומר כו' ומנין שהיו חמודות בעיניו שנאמר החמודות וכשלובש אותם נעשה ג"כ גבור שנאמר איש יודע ציד. וע"ל פס"ג מעט בשינוי ומדרשים חלוקים הם (יפ"ת) ומה שלא לבשם עתה אפשר שזהו שאוהו יצחק כליך תליך וקשתך ולא הבגדים: **אר"ש ב"ג.** עיין ד"ר פ"א סי' ט"ו בארוכות. שמ"ר פמ"ו סי' ד'. פסיקתא ס"פ כ"ג: **אלא דהוה ידע מה עובדיהון.** ובאג"ב פמ"ב איתא שיצחק מסר הבגדים לעשו וכשראה יצחק שנשיו עובדות כוכבים מסרם לרבקה והיא ליעקב:

מסורת המדרש

כז דברים רבה פר' א' וש"כ:

כח ירושלמי פאה פרק ז'.

רש"י

אלא לאמו לבדה ואת אמר אשר אתה בבית אלא דהוה ידע מה עבידתיהון מה מעשיהן של נשיו ושל רבקה איזה מהן יפין: **עובדא הוה.** בחדא סיעא דפריצין. בכת אחת של פריצים: **בהדא** כפר חטייא והוו נהיגין אכלין בבי כנישתא כל פתי רמשא דשבא מן דהוו אכלין נסבין גרמייא ומקלקין יתהון על ספרא מקלקין ומטלקין לשון אחד בירושל' כך היו נוהגין בשעה שהיו אוכלין היו נוטלין העצמות ומשליכין אותן על הסופר מלמד תינוקות אחד והיו מכין אותו בהן. והשליך אל תוך שריפת הפרה ויקלוק לגו יוקדת תורתא. בתרגום ירושלמי: **חד מנהון דמך.** אחד מן הפריצים מת אמרין ליה למאן את מפקד על ברך לשמרו: **אמר להון לספרא והלא כמה רחימין.** אוהבים היו לו והוא אמר לספרא אלא דהוה ידע מה עובדיהון ודספרא הידין מנהון טב: **(יז) ואת עורות גדיי העזים וגו' תרין אדרעייא דאבונא יעקב כתרין עמודין.** דיאפר שם מקום: ואת אמרת הלבישה על ידיו אלא חייטתינון: **היו מרכיבין אותן על ב' הוגנין והיו רגליהם שפופות בארץ.** כל כך היו גדולים: **הוגנין.** גמלים בחורים. בכרי מדין ועיפה

מתנות כהונה

מאי עובדיהון. מה מעשיהם רעים וחטאים והיו חשודות בעיניו: **עובדא הוה כו'.** מעשה היה בכת אחת של פריצים שהיו רגילין לאכול בב"ה כל ליל ערב שבת כי כן היה מנהגם ללון בב"ה ולכן מקדשין בליל שבת בב"ה בשביל האורחין שלנין שם ומשהיו אוכלין היו לוקחין העצמות והיו משליכין ומשברים אותם על ראש הסופר החכם שהיה דר בבהכ"נ: **הכי גרסינן ומקלקלי יתהון.** בת"י משליכין: **חד מנהון כו'.** אחד מהן מן הפריצים מת אמרו לו חביריו הפריצים למי אתה מצוה על בניך שישמור אותם: **והלא כמה כו'.** דברי הספר הם והלא כמה אוהבים היו לו ולא היה מצוה על בניו אלא הסופר אלא בשביל שידע מה מעשיהם ומעשה הסופר איזה מהם טוב: **הכי גרס רש"י ודספרא הידין מנהון כו'.** פי' איזה מהם: **[יז] תרין אדרעין כו'.** שני זרעותיו של יעקב אבינו כשני עמודי שיש: **עמודין דיפרא סופא.** ופי' הערוך עמודי שיש ורש"י פי' שם מקום ובתנחומא פר' ויחי בפסוק ויתמוך יד אביו גרס כשני עמודין שבתוך דימוסין שבטבריא: **חייטיתנון.** היתה תופרת אחד אל אחד עד שהספיקו על ידיו: **הוגנין.** עיירים קטנים כדאמרינן בפרק ד' מיתות נפישי גמלי סבי דטעינן משכא דהוגנין ובילקוט פרשת פינחס גרס על שני גמלים: **והיו רגליהם שפופות.** נגררים על הארץ מרוב גדלם ולכן היו עורות העזים מספיקים לכסות ידי יעקב:

אשד הנחלים

[טז] **כמה נשים כו'.** ומדוע הפקיד הבגדים אצל אמו ולא אצל נשיו. ומפרש שהוא ידע באמת רעתם. ומביא מהמשל אף שבחייו היו מתחברין בחברתו עכ"ז העיקר ידע כי הסופר הוא מהימן לא הם:

וְאֵת עֹרֹת גְּדָיֵי הָעִזִּים הִלְבִּישָׁה עַל יָדָיו וְעַל חֶלְקַת צַוָּארָיו.
With the skins of the goat-kids she covered his arms and his smooth-skinned neck (27:16).

§17 וְאֵת עֹרֹת גְּדָיֵי הָעִזִּים – ***WITH THE SKINS OF THE GOAT-KIDS, ETC.***

The Midrash questions and then explains our passage:

אָמַר רַבִּי יוֹחָנָן – R' Yochanan said: **תְּרֵי אֶדְרָעִין דַּאֲבוּנַן יַעֲקֹב כִּתְרֵין עַמּוּדִין דִּיפָּרָא סוֹפָא וְאַתְּ אֲמַרְתְּ הִלְבִּישָׁה עַל יָדָיו – The two arms of our patriarch Jacob were** as large **as two pillars of marble**[217] **and** yet **you say** (i.e., the verse states) ***[Rebecca] covered [Jacob's] arms?!***[218] **אֶלָּא חַיְּיטַתְהוֹן – But** the explanation is that **she sewed [goat-kid skins]** together until there was enough material to cover his arms.[219] **רַבִּי הוּנָא בְּשֵׁם רַבִּי יוֹסֵף אָמַר – R' Huna said** an alternative answer **in the name of R' Yosef:** **שְׁנֵי תְּמִידִים שֶׁהָיוּ יִשְׂרָאֵל מַקְרִיבִין בְּחָג הָיוּ מַרְכִּיבִין אוֹתָן עַל שְׁנֵי הוֹגְנִין וְהָיוּ רַגְלֵיהֶם שְׁפוּפוֹת בָּאָרֶץ** – The goat-kids that Jacob brought may have been huge, like the animals in the following anecdote: It happened once that **the** two lambs used for the ***tamid* sacrifices**[220] **that the Jewish people offered on the holiday of Succos,**[221] **were mounted onto** the backs of **two young camels,**[222] **and [the lambs'] feet were dragging on the ground!**[223]

NOTES

217. *Matnos Kehunah*, citing *Aruch*; *Eitz Yosef*.

Alternatively, the Midrash identifies pillars found in a specific place (*Rashi*, *Ohr HaSeichel*).

The Midrash's knowledge of the immensity of Jacob's arms must be based on oral tradition [as no Scriptural source is apparent] (*Eitz Yosef*).

218. Verse 9 taught that Jacob brought two goat-kids to his mother Rebecca. Here, the Midrash assumes that those were the only skins used by Rebecca in our verse to cover Jacob's arms. Consequently, the Midrash questions how the skins of only two goat-kids could have sufficed to cover Jacob's enormous arms (See *Nezer HaKodesh*, *Imrei Yosher*).

219. Using skins from other goat-kids to supplement the two skins Jacob had provided, Rebecca sewed together enough material to fully cover his arms (*Nezer HaKodesh*, *Imrei Yosher*).

220. [The *tamid* was a daily communal offering of one lamb in the morning and another in the afternoon.]

221. Although the *tamid* sacrifice was brought every day, the largest lambs were brought in honor of the holiday, and it was then that this story took place (*Eitz Yosef*, from *Nezer HaKodesh*).

222. Translation of הוֹגְנִין as *young camels* follows *Rashi*. *Eitz Yosef*, citing *Nezer HaKodesh*, says the term may refer to either tall he-donkeys or camels; see further *Matnos Kehunah*.

223. Elucidation follows *Nezer HaKodesh*, cited by *Eitz Yosef*, and *Matnos Kehunah*.

This story attests to the fact that animals in the land of *Eretz Yisrael* of old could be extraordinarily large. It is therefore possible that the skins of only two goat-kids would have covered Jacob's arms (*Rashi*; *Nezer HaKodesh*, cited by *Eitz Yosef*; *Matnos Kehunah*).

כזאָמַר רַבִּי שִׁמְעוֹן בֶּן גַּמְלִיאֵל: כָּל יָמַי הָיִיתִי מְשַׁמֵּשׁ אֶת אַבָּא וְלֹא שִׁמַּשְׁתִּי אוֹתוֹ אֶחָד מִמֵּאָה שֶׁשִּׁמֵּשׁ עֵשָׂו אֶת אָבִיו. אֲנִי בְּשָׁעָה שֶׁהָיִיתִי מְשַׁמֵּשׁ אֶת אַבָּא הָיִיתִי מְשַׁמְּשׁוֹ בִּבְגָדִים מְלוּכְלָכִין, וּבְשָׁעָה שֶׁהָיִיתִי יוֹצֵא לַדֶּרֶךְ הָיִיתִי יוֹצֵא בִּבְגָדִים נְקִיִּים, אֲבָל עֵשָׂו בְּשָׁעָה שֶׁהָיָה מְשַׁמֵּשׁ אֶת אָבִיו לֹא הָיָה מְשַׁמְּשׁוֹ אֶלָּא בְּבִגְדֵי מַלְכוּת, אָמַר אֵין כְּבוֹדוֹ שֶׁל אַבָּא לִהְיוֹת מְשַׁמְּשׁוֹ אֶלָּא בְּבִגְדֵי מַלְכוּת, הָדָא הוּא דִכְתִיב "אֲשֶׁר אִתָּהּ בַּבָּיִת", כַּמָּה נָשִׁים הָיוּ לוֹ וְאַתְּ אֲמַרְתְּ "אֲשֶׁר אִתָּהּ בַּבָּיִת", אֶלָּא דַּהֲוָה יָדַע מַאי עוֹבָדֵיהוֹן. אָמַר רַבִּי אַבָּא בַּר כָּהֲנָא: עוֹבָדָא הֲוָה בַּחֲדָא סִיעָא דִפְרִיצִין בְּהָדָה כְּפַר חַטְיָאָה דַּהֲווֹ נְהִיגִין אָכְלִין וְשָׁתִין בִּכְנִישְׁתָּא כָּל פַּתֵּי רַמְשָׁא דְשַׁבָּא מִן דַּהֲווֹן אָכְלִין הֲווֹ נָסְבִין גַּרְמַיָּא וּמְסַלְּקִין יַתְהוֹן עַל סָפְרָא. חַד מִנְּהוֹן דְּמַךְ אֲמַרוּ לֵיהּ לְמַאן אַתְּ מַפְקִיד עַל בְּנָךְ לְשָׁמְרוֹ, אֲמַר לְהוֹן לְסָפְרָא, וַהֲלֹא כַּמָּה רְחִימִין הָיוּ לוֹ וְהוּא אוֹמֵר לְסָפְרָא, אֶלָּא דַּהֲוָה יָדַע מָה עוֹבָדֵיהוֹן וּדְסָפְרָא הֵיךְ מִנְהוֹן טָב, כָּךְ כַּמָּה נָשִׁים הָיוּ לוֹ וְאַתְּ אֲמַרְתְּ "אֲשֶׁר אִתָּהּ בַּבָּיִת", אֶלָּא דַּהֲוָה יָדַע מָה עוֹבָדֵיהוֹן:

יז [כז, טו] "וְאֵת עֹרֹת גְּדָיֵי הָעִזִּים", אָמַר רַבִּי יוֹחָנָן: תְּרֵי אֶדְרָעִין דַּאֲבוּנָן יַעֲקֹב כִּתְרֵין עַמּוּדִין דִּיפָרָא סוּפָא וְאַתְּ אֲמַרְתְּ הִלְבִּישָׁה עַל יָדָיו, אֶלָּא חַיְיטַתְהוֹן. רַבִּי הוּנָא בְּשֵׁם רַבִּי יוֹסֵף אָמַר: כחשְׁנֵי תְמִידִים שֶׁהָיוּ יִשְׂרָאֵל מַקְרִיבִין בֶּחָג הָיוּ מַרְכִּיבִין אוֹתָן עַל שְׁנֵי הוּגְנִין וְהָיוּ רַגְלֵיהֶם שְׁפוּפוֹת בָּאָרֶץ.

רש"י

אלא לאמו לבדה ואת אמר אשר אתה בבית אלא דהוה ידע מה עבידתיהון מה מעשיהן של נשיו ושל רבקה איזה מהן יפין: **עובדא הוה.** בחדא סיעא דפריצין. בכת אחת של פריצים: **בהדא** כפר חטייא והוו נהיגין אכלין בבי כנישתא כל פתי רמשא דשבא מן דהוו אכלין נסבין גרמייא ומקלקין יתהון על ספרא מקלקין ומטלקין לשון אחד בירושל' כך היו נוהגין בשעה שהיו אוכלין היו נוטלין העצמות ומשליכין אותן על הסופר מלמד תינוקות אחד והיו מכין אותו בהן. והשליך אל תוך שריפת הפרה ויקלוק לגו יוקדת תורתא. בתרגום ירושלמי: **חד מנהון דמך.** אחד מן הפריצים מת אמרין ליה למאן את מפקד על ברך לשמרו: **אמר להון לספרא והלא כמה רחימין.** אוהבים היו לו והוא אמר לספרא אלא דהוה ידע מה עובדיהון ודספרא הידין מנהון טב: **(יז) ואת עורות גדיי העזים וגו' תרין אדרעייא דאבונא יעקב כתרין עמודין.** דיאפר שם מקום: ואת אמרת הלבישה על ידיו אלא חייטתינון: **היו מרכיבין אותן על ב' הוגנין והיו רגליהם שפופות בארץ.** כל כך היו גדולים: **הוגנין.** גמלים בחורים. בכרי מדין ועיפה

עץ יוסף

בגדי מלכות. היינו מפני שבכח הבגדים הללו מלך אדה"ר על כל הברואים ונכנעו לפניו כדאי' בפדר"א. ואין זה אלא לפי שהיה בהם קדושה יתירה שנבראו בשם מלא שנאמר ויעש ה' אלהים לאדם ולאשתו כתנות עור וילבישם וכמו שנברא העולם בשם מלא. וממילא נכלל בהם ברכת כל העולם. ולפיכך השתדלה רבקה להלביש את יעקב בגדי החמודות הללו בשעת ברכה (כזה"ק). וכדאיתא בפדר"א דנמרוד לקח את הכתנות שעשה ה' לאדם ולאשתו. ועשו נטל ממנו: **מה עובדיהם.** מה מעשים יש בידן שהם רעים וחטאים. לכן לא היה מאמינם לשמור הבגדים האלו אעפ"י שהיו אוהבות אותו והיה מאמין יותר באמו הצדקת אע"פ שאינה אוהבת אותו. וכעובדא דפריצים דמייתי. דיותר האמין הפריץ באויבו הצדיק מבאוהביו הפריצים: **עובדא הוה כו'.** מעשה היה בכת אחת של פריצים שהיו רגילים לאכול בבית הכנסת כל ליל ערב שבת ומשהיו אוכלין היו נוטלים העצמות והיו משליכין על השמש: **ומסלקי.** צריך להיות מטלקי: **ספרא.** שמש וכדאי' באיכה רבתי פסוק גדר בעדי האי ספרא דמגדלא הוה מסדר קנדילא כו' ע"ש: **דמך.** פי' מת. ומזה נסתר מה שפי' המת"כ בסדר חיי שרה ובסדר מקץ שלשון דמך שייך דוקא בצדיקים: **אמרי ליה כו'.** אמרו לו חבריו הפריצים למי אתה מנוה על בניך שישמור אותם: **והלא כמה כו'.** דברי הספר הם והלא כמה אוהבים היו לו ולא היה מנוה על בניו אלא הסופר הוא השמש. אלא בשביל שידע מה מעשיהם ומעשה הסופר איזה מהם טוב: **ודספרא הידין מנהון.** כצ"ל ופי' איזה מהם טוב: **(יז) [יג] תרין אדרעין כו'.** כלומר שני זרועותיו של יעקב היו גדולים כשני עמודי שיש וצריך לומר דהכי גמירי להו: **חייטתהון.** תופרת היתה א' אל אחד עד שהספיקו על ידיו: **רבי הונא בשם ר' יוסף כו'.** בא לומר שעזי א"י גדולים משל ח"ל ולכן היו העורות האלו גדולים מאד עד שהספיקו לכסות ידי יעקב בלי תפירה: **מקריבין בחג.** שלכבוד החג לקחו הכבשים היותר גדולים ואירע הדבר פעם אחת שהיו מרכיבין

ענף יוסף

(יג) [יז] [תרין אדרעין דאבונן יעקב כתרין עמודין דיפרא סופא] כן כתוב בכל הספרים בשני מילות. ופי' המת"כ והיפ"ת בשם הערוך עמודי שיש. ורש"י ז"ל גרס דפרלופא מלה אחת. ופירשו שהוא שם מקום ידוע להם בימיהם. וכן פי' האב"א. והביא דוגמא ממדרש אסתר שאמר שם מעשה בפרלופא באשה אחת כו'. ויש עוד ראיה לגירסא זו ופירושה ממדרש תנחומא סדר ויחי ויתמוך יד אביו להסיר אותה כו' א"ל יעקב ידי את מבקש להסירה כו' א"ר יוחנן כשני עמודים שבתוך דימוסין (פירוש בניינים) שבטבריא כך היו זרועותיו של יעקב אבינו. הרי שבשני מקומות אלו האומר הוא ר' יוחנן. ורק החילוף שביניהם הוא בשם מקום מציאות העמודים. שבכאן פרלופא שמו ושם טבריא. אבל ודאי שבשניהם מסמן המקום. ואפשר שפרלופא היא בשכונת טבריא. והכל חד הוא:

פירוש מהרז"ו

סי' ב' כנמרוד גבור ציד. וכמ"ש בפר"א פכ"ד וז"ל ר"י אומר הכתונת שעשה הקב"ה לאדם ולאשתו היתה עמהם בתיבה וכשיצאו מן התיבה לקחה חם והוציאה עמו והנחילה לנמרוד. ובשעה שהיה לובש אותם היה כל בהמה חיה ועוף באים ונופלים לפניו. ובסוף הפרק ר' אומר כו' ומנין שהיו חמודות בעיניו שנאמר החמודות וכשלובש אותם נעשה ג"כ גבור שנאמר איש יודע ציד. וע"ל פס"ג מעט בשינוי ומדרשים חלוקים הם (יפ"ת) ומה שלא לבשם עתה אפשר שזהו שאוהו יצחק כליך תליך וקשתך ולא הבגדים: **אר"ש ב"ג.** עיין ד"ר פ"א סי' ט"ו באריכות. שמ"ר פמ"ו סי' ד'. פסיקתא ס"פ כ"ג: **אלא דהוה ידע מה עובדיהון.** ובאג"ב פמ"ב איתא שיצחק מסר הבגדים לעשו וכשראה יצחק שנשיו עובדות כוכבים מסרם לרבקה והיא ליעקב:

מסורת המדרש

כז דברים רבה פר' א' וש"נ:
כח ירושלמי פאה פרק ז'.

מתנות כהונה

מאי עובדיהון. מה מעשיהם רעים וחטאים והיו חשודות בעיניו: **עובדא הוה כו'.** מעשה היה בכת אחת של פריצים שהיו רגילין לאכול בב"ה כל ליל ערב שבת כי כן היה מנהגם ללון בב"ה ולכן מקדשין בליל שבת בב"ה בשביל האורחין שלנין שם ומשהיו אוכלין היו לוקחין העצמות והיו משליכין ומשברים אותם על ראש הסופר החכם שהיה דר בבהכ"נ: **הכי גרסינן ומקלקלי יתהון.** בת"י משליכין: **חד מנהון כו'.** אחד מהן מן הפריצים מת אמרו לו חביריו הפריצים למי אתה מנוה על בניך שישמור אותם: **והלא כמה כו'.** דברי הספר הם והלא כמה אוהבים היו לו ולא היה מנוה על בניו אלא הסופר אלא בשביל שידע מה מעשיהם ומעשה הסופר איזה מהם טוב: **הכי גרס רש"י ודספרא הידין מנהון כו'.** פי' איזה מהם: **[יז] תרין אדרעין כו'.** שני זרעותיו של יעקב אבינו כשני עמודי שיש: **עמודין דיפרא סופא.** ופי' הערוך עמודי שיש ורש"י פי' שם מקום ובתנחומא פר' ויחי בפסוק ויתמוך יד אביו גרס כשני עמודין שבתוך דימוסין שבטבריא: **חייטיתנון.** היתה תופרת אחד אל אחד עד שהספיקו על ידיו: **הוגנין.** עיירים קטנים כדאמרינן בפרק ד' מיתות נפישי גמלי סבי דטעינן משכא דהוגנין ובילקוט פרשת פינחס גרס על שני גמלים: **והיו רגליהם שפופות.** נגררים על הארץ מרוב גדלם ולכן היו עורות העזים מספיקים לכסות ידי יעקב:

אשד הנחלים

[טז] **כמה נשים כו'.** ומדוע הפקיד הבגדים אצל אמו ולא אצל נשיו. ומפרש שהוא ידע באמת רעתם. ומביא מהמשל אף שבחייו היו מתחברין בחברתו עכ"ז העיקר ידע כי הסופר הוא מהימן לא הם:

רַבִּי הוּנָא בְּשֵׁם רַבִּי יוֹסֵי אָמַר — Similarly, **R' Huna said in the name of R' Yose:** קִינָּמוֹן הַזֶּה הָיָה גָּדוֹל בְּאֶרֶץ יִשְׂרָאֵל וְהָיוּ עִזִּים וּצְבָיִים מַגִּיעִים לְרֹאשׁוֹ שֶׁל אִילָן וְאוֹכְלִים מִמֶּנּוּ — **A certain cinnamon tree grew in *Eretz Yisrael*, and goats and deer would reach the top of the tree and eat from it!**[224] אָמַר רַבִּי חֲנִינָא — **R' Chaninah said** an alternative answer to the original question: וַהֲלֹא עֲגָלִים נִשְׁחָטִים בְּאֶרֶץ יִשְׂרָאֵל וְזֵיתִים נִקְצָצִים וְעָפָר שֶׁבֶּהָרִים מַעֲשֵׂה נִסִּים הֵם — **Were not calves slaughtered in *Eretz Yisrael*?**[225] **And** were not **olive trees chopped down** there?[226] **And** was not fertile **soil** found **on the mountains** of that land?[227] Clearly, **these were** all **miraculous phenomena.**[228] אָמַר רַבִּי מוֹנָא: הַכֹּל מַעֲשֵׂי נִסִּים — **R' Muna said: Everything** relating to *Eretz Yisrael* **is miraculous phenomena.**[229]

וַתִּתֵּן אֶת הַמַּטְעַמִּים וְאֶת הַלֶּחֶם אֲשֶׁר עָשָׂתָה בְּיַד יַעֲקֹב בְּנָהּ. וַיָּבֹא אֶל אָבִיו וַיֹּאמֶר אָבִי וַיֹּאמֶר הִנֶּנִּי מִי אַתָּה בְּנִי.

She placed the delicacies and the bread which she had made into the hand of her son Jacob. And he came to his father and said, "Father," and he said, "Here I am; who are you, my son?" (27:17-18).

□ וַתִּתֵּן אֶת הַמַּטְעַמִּים וְאֶת הַלֶּחֶם וְגוֹ׳ — ***[REBECCA] PLACED THE DELICACIES AND THE BREAD, ETC.***

The Midrash elaborates on Rebecca's behavior:

לִוְּתָה אוֹתוֹ עַד הַפֶּתַח אָמְרָה עַד כָּאן הָיִיתִי חַיֶּיבֶת לָךְ, מִכָּאן וְאֵילָךְ בָּרְיָיךְ יְקוּם לָךְ — **[Rebecca] escorted [Jacob] until the entranceway** of Isaac's room.[230] **She said** to him, **"Until this point I was obligated** to assist **you,**[231] **from here and on your Creator will stand up for you** and assist you."[232]

וַיָּבֹא אֶל אָבִיו וַיֹּאמֶר אָבִי וַיֹּאמֶר הִנֶּנִּי מִי אַתָּה בְּנִי. וַיֹּאמֶר יַעֲקֹב אֶל אָבִיו אָנֹכִי עֵשָׂו בְּכֹרֶךָ עָשִׂיתִי כַּאֲשֶׁר דִּבַּרְתָּ אֵלָי קוּם נָא שְׁבָה וְאָכְלָה מִצֵּידִי בַּעֲבוּר תְּבָרְכַנִּי נַפְשֶׁךָ.

And he came to his father and said, "Father," and he said, "Here I am; who are you, my son?" Jacob said to his father, "It is I, Esau your firstborn; I have done as you told me; rise up, please, sit and eat of my game that your soul may bless me." (27:18-19).

§18 וַיָּבֹא אֶל אָבִיו וַיֹּאמֶר אָבִיו וְגוֹ׳ אָנֹכִי עֵשָׂו בְּכוֹרֶךָ — ***AND [JACOB] CAME TO HIS FATHER AND SAID, "FATHER," ETC.*** *JACOB SAID TO HIS FATHER,* ***"IT IS I, ESAU YOUR FIRSTBORN."***

The Midrash expounds upon Jacob's remarks:[233]

אָמַר רַבִּי לֵוִי: אָנֹכִי עָתִיד לְקַבֵּל עֲשֶׂרֶת הַדִּבְּרוֹת אֲבָל עֵשָׂו בְּכוֹרֶךָ — **R' Levi said:** What Jacob meant was, **"*I am* destined to receive the Ten Commandments, but *Esau is your firstborn.*"**[234]

□ קוּם נָא שְׁבָה — ***RISE UP, PLEASE, SIT*** *AND EAT OF MY GAME, THAT YOUR SOUL MAY BLESS ME.*

The Midrash contrasts the effect of this statement of Jacob's with that of a similar statement made by Esau in a later verse:[235]

אָמַר לוֹ הַקָּדוֹשׁ בָּרוּךְ הוּא לְיַעֲקֹב: אַתָּה אָמַרְתָּ "קוּם נָא שְׁבָה" — **The Holy One, Blessed is He, said to Jacob, "You said '*Rise up* [קוּם], *please, sit.*'**[236] חַיֶּיךָ בּוֹ בַּלָּשׁוֹן אֲנִי פּוֹרֵעַ לְךָ, שֶׁנֶּאֱמַר "קוּמָה ה׳ וְיָפֻצוּ אוֹיְבֶיךָ" — I swear by **your life! With that** same **expression will I repay you!" As it is written, *Arise* [קוּמָה], *HASHEM, and let your foes be scattered*** (*Numbers* 10:35).[237]

NOTES

224. The cinnamon is a tall tree (*Eitz Yosef*). Animals capable of eating from the top of such a tree while standing on the ground would have to be much larger than normal ones. Once again, the Midrash seeks to demonstrate that our verse may be explained without having to say that Rebecca attached multiple skins together (*Rashi* et al.).

225. A calf is naturally larger than a lamb. If so, the calves of *Eretz Yisrael* would have been considerably larger than the huge lambs described above. How then could a person have managed to slaughter one? (*Rashi*, first explanation, also cited by *Matnos Kehunah* and *Eitz Yosef*).

226. The olive trees of *Eretz Yisrael* were especially strong. And yet, amazingly, they were chopped down regularly (ibid.).

227. The soil found on mountains is usually completely unfit for planting. But the mountains of *Eretz Yisrael* bore soil of sufficient quality and quantity and were in fact cultivated (*Eitz Yosef*; see also *Rashi*, first explanation, and *Matnos Kehunah*).

228. R' Chaninah proves from the three things he mentioned that miraculous phenomena were commonplace in the *Eretz Yisrael* of old. Consequently, with respect to Rebecca's covering of Jacob's arms with two goat-kid skins, R' Chaninah is undermining the very question of how this should have occurred, by arguing that there is no reason to assume that these skins functioned within the standard framework of nature (*Rashi*, *Matnos Kehunah*).

229. R' Muna comments that what has been mentioned is but a sampling of the miracles of *Eretz Yisrael*, for, in fact all of the affairs of that land are above the laws of nature (*Eitz Yosef*).

The reason wondrous things take place in *Eretz Yisrael* is because it merits greater Divine supervision than any other place in the world (ibid.; compare *Deuteronomy* 11:12).

230. If Rebecca would have handed Jacob the food at some distance away from Isaac's room, the verse would have stated *and he went and came to his father*. The omission of a description of Jacob's walking toward the place where his father was implies that Jacob entered his father's room immediately after receiving the food from his mother. The Midrash therefore states that *Rebecca escorted Jacob* until that room, and there presented him with Isaac's meal (*Eitz Yosef*, citing *Matnos Kehunah* and *Yefeh To'ar*).

231. I.e., my love for you compelled me to act on your behalf (*Yefeh To'ar*).

232. By walking with Jacob for as long as she could, Rebecca was implicitly communicating to him that she wished to do all that that was in her power to assist him in obtaining Isaac's blessings. But when she could go no further, as her entrance into Isaac's room would arouse his suspicion and could foil her efforts to secure the blessings for Jacob, Rebecca withdrew, entrusting her son to the care of God (*Yefeh To'ar*, cited in part by *Eitz Yosef*).

233. The Midrash will explain that Jacob did not speak an untruth. For although Isaac understood him to be identifying himself as Esau, Isaac's firstborn, Jacob intended something else (*Eitz Yosef*). It is impossible to conceive that Jacob [who excelled in truthfulness (see *Micah* 7:20, cited in Insight)] should have uttered a lie (*Yefeh To'ar*, *Maharzu*). See Insight above, to 44 §3, for discussion of Jacob's actions here.

234. R' Levi interprets Jacob's statement אָנֹכִי עֵשָׂו בְּכֹרֶךָ, as two distinct phrases. Thus, Jacob first said, אָנֹכִי, *I am*, and then added, עֵשָׂו בְּכֹרֶךָ, *[but] Esau is your firstborn*. R' Levi explains that when Jacob said אָנֹכִי, *I am*, he was identifying himself as the one who was destined to receive the Ten Commandments, which begin with the phrase אָנֹכִי ה׳ אֱלֹהֶיךָ, *I am HASHEM, your God* (*Eitz Yosef*). This allusion is supported by the fact that Jacob referred to himself with the word אָנֹכִי, as opposed to its synonym אֲנִי, used by Esau in v. 24 below (*Matnos Kehunah*).

235. The Midrash seeks to explain why the verse tells of the seemingly insignificant exhortations for their father to stand, that were made by Jacob and Esau (*Nezer HaKodesh*).

236. Jacob was commended for having politely requested of his father to stand (*Ohr HaSeichel*; see *Eitz Yosef* as well as *Midrash Tanchuma*, *Toldos* §11). His respectfulness is especially noteworthy in consideration of the fact that he wished for Isaac to eat quickly, before Esau would return (*Ohr HaSeichel*).

237. Our Midrash, which sees this verse as a reward for Jacob, may accord with *Rashi* ad loc., who explains that the *foes* of God are those who seek to harm Jacob's descendants, the Jewish people. [See further, *Midrash Tanchuma* loc. cit. and *Ohr HaSeichel*.]

רַבִּי הוּנָא בְּשֵׁם רַבִּי יוֹסֵי אָמַר: כטקִינָּמוֹן הַזֶּה הָיָה גָּדוֹל בְּאֶרֶץ יִשְׂרָאֵל וְהָיוּ עִזִּים וּצְבָיִים מַגִּיעִים לְרֹאשׁוֹ שֶׁל אִילָן וְאוֹכְלִים מִמֶּנּוּ, אָמַר רַבִּי חֲנִינָא: וַהֲלֹא עֲגָלִים נִשְׁחָטִים בְּאֶרֶץ יִשְׂרָאֵל וְזֵיתִים נִקְצָצִים וְעָפָר שֶׁבֶּהָרִים מַעֲשֵׂה נִסִּים הֵם. אָמַר רַבִּי מוֹנָא: הַכֹּל מַעֲשֵׂי נִסִּים. [כז, יז] ״וַתִּתֵּן אֶת הַמַּטְעַמִּים וְאֶת הַלֶּחֶם וְגוֹ׳ ״, לִוְתָה אוֹתוֹ עַד הַפֶּתַח אָמְרָה עַד כַּאן הָיִיתִי חַיֶּיבֶת לְךָ, מִכָּאן וָאֵילָךְ בָּרְיָיךְ יְקוּם לָךְ:

יח [כז, יח-יט] ״וַיָּבֹא אֶל אָבִיו וַיֹּאמֶר אָבִי וגו׳ ״אָנֹכִי עֵשָׂו בְּכֹרֶךָ״. לאָמַר רַבִּי לֵוִי: אָנֹכִי עָתִיד לְקַבֵּל עֲשֶׂרֶת הַדִּבְּרוֹת, אֲבָל עֵשָׂו בְּכוֹרֶךָ. ״קוּם נָא שְׁבָה״, אָמַר לוֹ הַקָּדוֹשׁ בָּרוּךְ הוּא לְיַעֲקֹב: אַתָּה אָמַרְתָּ ״קוּם נָא שְׁבָה״, חַיֶּיךָ בּוֹ בַּלָּשׁוֹן אֲנִי פּוֹרֵעַ לְךָ, שֶׁנֶּאֱמַר (במדבר י, לה) ״קוּמָה ה׳ וְיָפֻצוּ אוֹיְבֶיךָ״.

עץ יוסף

אותן על שני הוגנין הם העיירים והגמלים הגבוהים ואעפ״כ היו רגליהם שפוכות פי׳ נגררות בארץ בהיותם גדולים מאד כשיעור הזה (נזה״ק): **ר׳ הונא בשם ר׳ יוסי כו׳.** בא ג״כ להפליג מגודל הבהמות שבא״י בדורות הקודמין. ועז״א קינמון היה גדל בא״י שהוא פרי עץ גבוה והעזים מרוב גודהן בהליכתן היו מגיעין לראשו של אילן לאכלו ממנו: **עגלים נשחטין כו׳.** פרש״י מאחר שהעזים היו כ״כ גדולים העגלים לא כ״ש שעגלים בטבע יותר גדולים מעזים. אעפ״כ היו נשחטין. וכן הזיתים היו נקללים אע״פ שהיו קשים ביותר. ועפר היה נמצא בהרים שהיו זורעים שם הפך שאר ארצות שהעפר שבהרים מעט וקשים שהוא טרשים. אלא שכל זה מעשה נסים שה׳ משגיח בעניני א״י מזולתה: **הכל מעשה נסים.** פי׳ כל עניני א״י זולת אלו הנזכר ג״כ מעשה נסים: **לוותה אותו עד הפתח.** דמדלא קאמר וילך ויבא אל אביו משמע שלא חסר אחר נתינת המטעמים ביד רק הביאה שלוותה אותו עד הפתח ושם קבל המטעמים מידה. וזה כאילו אמרה ע״כ הייתי חייבת לך. מכאן ואילך שאיני יכול לילך עוד עמך שאם אכנוס עמך תזיק לך שירגיש בי אביך ויתן אל לבו שאני מערמת בענין לכן בוראך יקום לך ויעזרך ויושיעך (מת״כ ויפ״ת): **(יח) [יד] אנכי עתיד כו׳.** פי׳ דאנכי מתפרש לעצמו. אנכי שאקבל עשרת הדברות שתחלתן אנכי ה׳ אלהיך. ואע״פ שיצחק הבין אנכי דבק לעשו בכורך. מ״מ אין יעקב מוצא שקר מפיו: **קום נא שבה.** שהוא לשון פיוס ותחנוני׳: **קומה ה׳ ויפוצו אויביך.** (משלי י״ג):

פירוש מהרז״ו

(יז) והיו עזים וצבאים. עי׳ ירושלמי פיאה פ״ז: **עגלים נשחטים.** הם כמו התמידים הנ״ל. וזיתים נקללים כמובא בירושלמי שם אחד חרוב והיה הדבש זב ממנו וכן היה אצל זיתים זב שמן. ועפר שבהרים נ״ל דהיינו זכוכית לבנה כמ״ש בזבולן ושפוני טמוני חול זו זכוכית לבנה שנגנז בחורבן הבית. ושם נרמזו ב׳ דברים אלו אילים נשחטים ועפר שבהרים. כמ״ש כי שם יזבחו זבחי צדק כו׳ ושפוני טמוני חול: **(יח) עשרת הדברות.** דקשה איך הוציא שקר מפיו. ע״כ דרש שרמז במלת אנכי מה שעתידין בניו לקבל י׳ דברות. ועוד שהיה סבור בעצמו לקבל התורה כמש״ל פכ״ד שהיה אדה״ר ראוי לקבלה וכמ״ש שמ״ר פל״ד העתקתיו לעיל פל״ב ר״ס ה׳ שגם לדור המבול רצה ליתן התורה היינו ע״י נח. וכן לאבות. וכמ״ש בפיוט יום א׳ לשבועות וביום ב׳ לולי נער גדול בנים וטיפולם ע״ש. וזה מ״ש המדרש אנכי עתיד לקבל י׳ הדברות היינו הוא בעצמו וכוון בזה שהוא ראוי עי״ז להברכות: **קום נא שבה.** עי׳ לשון התנחומא:

חידושי הרד״ל

(יד) [יז] קינמון כו׳. והיו עזים וצבאים כו׳ לראשו של אילן. והוא אילן גבוה וכיון שהיו מגיעים לראשו הרי שהיו גבוהים וגדולים מאד. ואין זו פלא שהיו מספיקין עורות גדיי העזים לידיו של יעקב:

(טו) והלא עגלים נשחטים בא״י. ועזים וצבאים ועפר שבהרים מעשה נסים כנ״ל. כלומר והלא גם עתה יום יום נשחטים טלאים ואין אצלנו גדולים ככבשי התמידים וגם עזים וצבאים אין נמצאים גדולים כ״כ עד שיגיעו לראשי האילנות ועפר שבהרים קיים ואין מצמיח כעת עצי קנמון (וכדאי׳ בשבת ס״ג שנגנזו משחרבה ירושלים) אלא מעשה נסים היה כשהיה ביהמ״ק קיים:

(טז) ואת הלחם ביד יעקב בנה. ויבא אל אביו וליוותה אותו כנ״ל. ומדלא כתיב וילך ויבא אל אביו. משמע שנתנה לו תיכף לביאתו והיינו שלוותה אותו עד הפתח ושם נתנה לו:

מסורת המדרש

כט אסתר רבה פרשה ג׳. פתיחתא י׳ דאיכה רבתי. שיר השירים רבה פרשה ד׳ פסוק י״ד. ילקוט ישעיה רמז ש״ח:

ל ילקוט כאן רמז קט״ו כל הענין:

אם למקרא

וַיְהִי בִּנְסֹעַ הָאָרֹן וַיֹּאמֶר מֹשֶׁה קוּמָה ה׳ וְיָפֻצוּ אֹיְבֶיךָ וְיָנֻסוּ מְשַׂנְאֶיךָ מִפָּנֶיךָ: (במדבר י:לה)

חידושי הרש״ש

[יח] שנאמר קומה ה׳ כו׳. ובקרא דבתריה כתיב שובה ה׳:

רש״י

מתרגמינן הוגני מדין וחוולד. ומאחר שהיו הבהמות שבא״י גדולות מה צורך לומר שתפרתן והלא אפשר שהיו מחזיקות ידיו אף על פי שהיו ידיו גדולות כשני עמודים אף העזים היו גדולות כנגדן: **קנמון היה גדל בארץ ישראל.** והיו עזים וצבאים גדולים כל כך שהיו מגיעין לראשו של אילן ואוכלין ממנו אף אתה אל תתמה אם היו מחזיקין עורות גדיי העזים ידיו של יעקב שבהמות של ארץ ישראל גדולות היו משאר בהמות: **אמר רבי חנינא.** ומה אתה תמה והלא עגלים נשחטים בארץ ישראל וזיתים נקללין שהן קשין משאר אילנות ועפר שבהרים הגבוהים מכל אלא מעשה נסים היו אף כאן ביעקב מעשה נסים וכאן עלה בדעתו של רבי חנינא לומר עד שאתה תמה על דבר זה היאך הלבישה רבקה ליעקב עורות גדיי עזים לפי שהיו ידיו גדולות למה לא יפלא ממך דבר זה איך היו עגלים נשחטים בארץ ישראל שאם היו עזים כל כך גדולות כשמרכיבין אותן על ב׳ הוגנין היו רגליהם נוגעות בארץ עגלים לא כל שכן שהיו גדולים יותר ויותר והיאך היו נשחטין וכמו כן זיתים היאך היו נקללים שהן קשין יותר משאר אילנות ועפר שבהרים שבארץ ישראל היאך מצוי שם עפר והיאך היו נזרעים והלא ארץ ישראל גבוה מכל הארצות וכולה הרים דכתיב ארץ הרים ובקעות והיאך היה אדם יכול לזרוע שם ועוד פליאה אחרת איך נמצא שם עפר בהר גבוה אלא מעשה נסים היו אף אתה אל תתמה ביעקב שהיו עורות גדיי העזים מחזיקות ידיו שמעשה נסים היו ויש גמגום בדבר זה אלא שכך קבלתי. אבל יש לפי דעתי לפי שלמעלה בענין מספר בשבחה של ארץ ישראל לפיכך הולך ומספר בשבחה. עגלים נשחטין וזיתים נקללין. שהיו מוציאין זיתים בתוך מעיהם וכן בעפר שבהרים לקיים מה שנאמר ארץ זית שמן ודבש: **אמר רבי מונא.** מעשה נסים היו שכל כך היתה ברכה משתלחת בה שאפילו בהמות היו אוכלים זיתים כדי שבען. אלא רבי לא פירש כן: **(יח) אמר רבי לוי אנכי.** אני עתיד לקבל י׳ הדברות אבל עשו הוא בכורך: **אתה אמרת. קום נא שבה.** חייך בו בלשון אני פורע לך ממנו שנאמר קומה ה׳ ויפוצו אויביך:

מתנות כהונה

ואוכלים ממנו. הרי העזים היו גדולים הרבה ולכן היו מספיקים עורותיהם לכסות ידי יעקב ואי אתה צריך לומר שתפרם: **והלא עגלים נשחטין כו׳.** פירש״י בשם רבו מאחר שהעזים כל כך גדולים העגלים לא כ״ש ואף על פי כן היו נשחטין וכן הזיתים היו נקללים אף על פי שהיו קשים ביותר ועפר היה נמצא בהרים שהיו זורעים שם אף על פי שראשם בשמים ומה אתה מתמה על אלו גדיי עזים שהיו מספיקים לכסות ידי יעקב שכשם שכל אלו היו מעשה נסים גם אלו עזים היו מעשה נסים ואין אתה צ״ל שתפרה אותם: **לותה אותה כו׳.** דייק כן מדכתיב ותתן את המטעמים וגו׳. ויבא וגו׳. משמע שלא היה מן נתינת המטעמים עד ההבאה של יעקב שהייה כלום וזהו משום שלותה אותו עד הפתח: **[יח] עשרת הדברות כו׳.** דייק מדלא כתיב אני כדכתיב גבי עשו לקמן רמוזי קרמז

אשד הנחלים

[יז] לותה אותו עד הפתח. דאל״כ למה כתוב שנתנה ביד בנה. כי לא יכול לקחת בעצמו. וגם אין זה מד״א. אם לא מצד שבעצמו מיאן בהלוכו וכי פחד פן יכירנו. ולכן התעסקה עצמה בדבר. כי היה כמעט בעל כרחו. ואח״כ ויבוא אל אביו בעצמו כי חיזקה נפשו שיתאמץ בבטחון בוראו: **אנכי עתיד לקבל.** דאל״כ וכי יצא דבר שקר מפיו אם לא שכיון לענין אחר. וכאומר אמת שעשו הוא בכורך. אבל אין מעלתו כמוני כי ממני יצאו בנים שישמעו דיבור אנכי שהוא אמונת מציאות ה׳ והשגחתו: **[יח] פורע לך כו׳ קומה ה׳.** שם קימה הונח על הזריזות והתייצבות. וכאומר בלב טוב ומבקש שיהנה ממאכלו כי חפץ מאוד בזה. ולכן בו בלשון אני פורע לך שאקום בזריזות להפיץ האויבים המתקוממים למולך ואף שעשו אמר ג״כ בלשון קימה הוא אמר בלשון נא שהוא לשון בקשה מאוד כי מאוד נפשי חפיצה בזה. ואחז בהכתוב הזה להיות כי יעקב כוון בקימה זו שעי״ז יפוצו אויביו. זהו מחשבות המתקוממים עליו. ולכן הבטיחו ה׳ בלשון זה והראיה שכן אנחנו מבקשים מאת ה׳ שיקום להפיץ אויביו. אות הוא שכן הבטיחנו ע״י כוונת יעקב:

"וְיֵשׁ נִסְפֶּה בְּלֹא מִשְׁפָּט", זֶה עֵשָׂו — The Midrash will now introduce Esau's comparable comment of v. 31: A verse states, ***And one may be swept away*** "בְּלֹא מִשְׁפָּט" (*Proverbs* 13:23). **This is** a reference to **Esau.**[238] אָמַר הַקָּדוֹשׁ בָּרוּךְ הוּא לְעֵשָׂו: אַתָּה אָמַרְתָּ "יָקוּם אָבִי", גַּדָּא דַּעֲבוֹדָה זָרָה דְּאַתְּ קָאִים — **The Holy One, Blessed is He, said to Esau, "You said '*Rise, my father*** [יָקֻם אָבִי]**'** (v. 31). Is your father like **an idolatrous force that you raise up?!**[239] חַיֶּיךָ אַף אֲנִי בּוֹ בְּלָשׁוֹן אֲנִי פּוֹרֵעַ לְךָ "יָקוּם אֱלֹהִים יָפוּצוּ אוֹיְבָיו" — I swear by **your life** that **I** will do **the same! With that** same **expression will I repay you!"** As it is written, ***May God arise*** [יָקוּם], ***let His enemies be scattered*** (*Psalms* 68:2).[240]

וַיֹּאמֶר יִצְחָק אֶל בְּנוֹ מַה זֶּה מִהַרְתָּ לִמְצֹא בְּנִי וַיֹּאמֶר כִּי הִקְרָה ה' אֱלֹהֶיךָ לְפָנָי. וַיֹּאמֶר יִצְחָק אֶל יַעֲקֹב גְּשָׁה נָּא וַאֲמֻשְׁךָ בְּנִי הַאַתָּה זֶה בְּנִי עֵשָׂו אִם לֹא.

Isaac said to his son, "How is it that you were so quick to find, my son?" And he said, "Because Hashem, your God, arranged it for me." And Isaac said to Jacob, "Come close, if you please, so I can feel you, my son; are you, indeed, my son Esau or not?" (27:20-21).

§19 **וַיֹּאמֶר יִצְחָק אֶל בְּנוֹ מַה זֶּה מִהַרְתָּ לִמְצֹא בְּנִי** — ***ISAAC SAID TO HIS SON, "HOW IS IT THAT YOU WERE SO QUICK TO FIND, MY SON?"***

The Midrash interprets Isaac's remark to Jacob:[241]

מִהַרְתָּ לִמְצֹא אֶת הַבְּרָכָה בְּנִי — Isaac was saying to Jacob, ***"You were quick to find*** **the blessing,** ***my son;*** אָבִיךְ נִתְבָּרֵךְ בֶּן שִׁבְעִים וְחָמֵשׁ שָׁנִים וְאַתָּה בֶּן שִׁשִּׁים וְשָׁלֹשׁ שָׁנִים — for **your father** (i.e., myself) **was blessed as a 75-year-old**[242] **and you are** about to be blessed as **a 63-year-old."**[243]

☐ **וַיֹּאמֶר כִּי הִקְרָה ה' אֱלֹהֶיךָ לְפָנָי** — ***AND [JACOB] SAID, "BECAUSE HASHEM YOUR GOD ARRANGED IT FOR ME."***

The Midrash cites an Amoraic debate over the reason Jacob referred to God as *HASHEM "your" God:*[244]

רַבִּי יוֹחָנָן וְרֵישׁ לָקִישׁ חַד מִנְּהוֹן אָמַר — **R' Yochanan and Reish Lakish** offered different explanations of our verse:[245] **One of [these sages] said:** אִם לְקָרְבָּנְךָ הַמְצִיא לְךָ הַקָּדוֹשׁ בָּרוּךְ הוּא שֶׁנֶּאֱמַר "וַיִּשָּׂא אַבְרָהָם אֶת עֵינָיו וַיַּרְא וְהִנֵּה אַיִל" — With these words, Jacob was responding, **"If for your sacrifice the Holy One, blessed is He, caused** an animal **to be found for you," as it is written, *And Abraham raised his eyes and saw — behold, a ram!*** . . . *so Abraham went and took the ram and offered it up as an offering instead of his son* (above, 22:13),[246] לְמַאֲכָלְךָ עַל אַחַת כַּמָּה וְכַמָּה — "then **how much more so** would He arrange **for your food** to be found!"[247] וְאוֹחֲרָנָא אָמַר — **And the other** sage **said:** אִם לְזִוּוּגְךָ הַמְצִיא לְךָ דִּכְתִיב "הַקְרֵה נָא לְפָנַי הַיּוֹם", וּכְתִיב "וַיַּרְא וְהִנֵּה גְמַלִּים בָּאִים" — Jacob was responding, **"If for your mate** the Holy One, Blessed is He, **caused** an appropriate woman **to be found for you," as it is written,** *HASHEM, God of my master Abraham,* ***may You so arrange it for me this day*** (above, 24:12),[248] **and it is written: *and [Isaac] saw, and behold camels were coming*** (ibid. v. 63),[249] לְמַאֲכָלְךָ עַל אַחַת כַּמָּה וְכַמָּה — "then **how much more so** would He arrange **for your food** to be found!"[250]

NOTES

238. The Midrash may understand מִשְׁפָּט to connote honoring one's parents (compare *Mechilta, Vayisa* §1 s.v. שם שם לו חק ומשפט). It thus finds in the cited verse from *Proverbs* an allusion to Esau, who was *swept away*, i.e., punished (see below), *for the lack of paternal honor* with which he spoke in the verse that will now be cited (*Eitz Yosef*, Vagshal ed., citing *Torah Temimah*; see the commentators for a variety of additional approaches).

239. Elucidation follows *Rashi* with *Yefeh To'ar* (see also *Ohr HaSeichel*). The word אָבִי is used (in *Jeremiah* 2:27) to connote an idol (*Rashi* et al.) and גדא refers to a spiritual force (see *Rashi* here and to *Chullin* 40a).

Esau was censured for the disrespectful manner in which he commanded his father to stand (*Yefeh To'ar*).

240. Although this verse does not mention Esau by name, the Midrash assumes that it refers to his descendants, as they represent the foremost enemies of the Jewish people (*Yefeh To'ar*) [and, by extension, of God (see note 237 above)].

241. If the verse referred only to Jacob's speedy delivery of the meat, it would have said, *you were so quick to "hunt"* or *to "bring."* The phrase מִהַרְתָּ לִמְצֹא, *you were so quick to find*, indicates to the Midrash that Isaac simultaneously made a reference to something else that was *found* without effort earlier than expected (*Matnos Kehunah*; *Eitz Yosef*, citing *Nezer HaKodesh*; see *Imrei Yosher*'s alternative approach).

242. Verse 25:11 states: *And it was after the death of Abraham that God blessed Isaac his son.* Since Abraham lived to 175 and fathered Isaac at the age of 100, Isaac would have been 75 at the time he was blessed by God (*Rashi* et al.).

243. That Isaac and Esau were 63 at the time they were blessed is proven in *Megillah* 17a (cited by *Rashi* to 28:9 above; see also above, 62 §5, with commentary).

244. *Yefeh To'ar, Imrei Yosher* (see there further), *Radal*.

245. Both of these sages maintain that when Jacob justified the speed with which the food was brought by stating, כִּי הִקְרָה ה', *because HASHEM arranged*, he was alluding to another time that God had *arranged* something for Isaac (*Matnos Kehunah, Eitz Yosef, Radal*). For this reason, Jacob used the words "*HASHEM 'your' God*," because he was telling Isaac that God had providentially arranged for *his* (i.e., Isaac's) meat to be found quickly, just as God had done for *him* in the past (*Radal*), and Isaac's merits could be credited for both of these occurrences (see *Yefeh To'ar*).

246. [This verse appears in the episode of *Akeidas Yitzchak*, immediately after Abraham was instructed not to slaughter Isaac.] It teaches that at that moment God provided Abraham with a ram that could be used as a sacrifice in place of Isaac (see *Matnos Kehunah*). [See *Pirkei Avos* 5:8, where one view asserts that the ram had been specially prepared for this purpose at the very end of the six days of creation.]

247. This Midrash understands that Isaac questioned his son's quick return because it might indicate that Esau had failed to take time to properly sharpen the implement with which he slaughtered (section 13 above taught that Isaac cautioned Esau against doing just that). Realizing what it was that his father feared, Jacob sought to assure Isaac that the food was kosher. He therefore told Isaac that if God had supplied him with an animal when he was in need of one for a sacrifice, then he could be certain that God would ensure that his food was kosher. For (as taught by *Tosafos* to *Chullin* 5b s.v. צדיקים עצמן; compare above, 60 §8) God protects righteous people from eating non-kosher food (*Eitz Yosef*, citing *Yedei Moshe*; *Zera Avraham*, citing *R' Naftali Kat"z*).

Alternatively, Jacob asserted that if God had provided Isaac with that that he did not necessarily need, He would definitely give him the food that he required to sustain himself (see *Matnos Kehunah* and *Imrei Yosher*, first approach; cf. *Yefeh To'ar*).

This approach maintains that when Jacob said, כִּי הִקְרָה ה' אֱלֹהֶיךָ, *because HASHEM your God arranged it,* he made a reference to God's having *arranged* an animal to take Isaac's place on the altar that Abraham had built. Accordingly, the word לְפָנָי, which appeared at the end of that sentence, suggests *before my time* (compare 30:30 above), as Jacob was referring to an event that had taken place years before his birth (*Eitz Yosef*).

248. [These words were spoken by Eliezer after his arrival at the outskirts of Aram Naharayim in search of a bride for Isaac. Immediately upon the end of this prayer, Rebecca emerged in fulfillment of it.]

249. [This verse tells of Isaac's sighting the camels of Eliezer who had returned with Isaac's future wife, Rebecca.] The word וְהִנֵּה, *and behold*, indicates to the Midrash that God arranged for Rebecca to be brought forth unexpectedly (*Matnos Kehunah*).

250. [Compare note 247 regarding this derivation.]

According to this interpretation, Isaac's statement, כִּי הִקְרָה ה' אֱלֹהֶיךָ לְפָנָי, contained a reference to that which Eliezer had said, הַקְרֵה נָא לְפָנַי, *may You so arrange it for me this day* (*Eitz Yosef*).

(משלי יג, כג) "וְיֵשׁ נִסְפֶּה בְּלֹא מִשְׁפָּט", זֶה עֵשָׂו. אָמַר הַקָּדוֹשׁ בָּרוּךְ הוּא לְעֵשָׂו: אַתָּה אָמַרְתָּ "יָקוּם אָבִי", [לא]גַּדָּא דַּעֲבוֹדָה זָרָה דְּאַתְּ קָאֵים, חַיֶּיךָ אַף אֲנִי בּוֹ בַּלָּשׁוֹן אֲנִי פּוֹרֵעַ לְךָ (תהלים סח, ב) "יָקוּם אֱלֹהִים יָפוּצוּ אוֹיְבָיו":

יט [כז, כ] "וַיֹּאמֶר יִצְחָק אֶל בְּנוֹ מַה זֶּה מִהַרְתָּ לִמְצֹא בְּנִי". "מִהַרְתָּ לִמְצֹא", אֶת הַבְּרָכָה בְּנִי, אָבִיךָ נִתְבָּרֵךְ בֶּן שִׁבְעִים וְחָמֵשׁ שָׁנִים וְאַתָּה בֶּן שִׁשִּׁים וְשָׁלֹשׁ שָׁנִים. "וַיֹּאמֶר כִּי הִקְרָה ה' אֱלֹהֶיךָ לְפָנָי", רַבִּי יוֹחָנָן וְרֵישׁ לָקִישׁ חַד מִנְּהוֹן אֲמַר: אִם לְקָרְבָּנְךָ הִמְצִיא לְךָ הַקָּדוֹשׁ בָּרוּךְ הוּא שֶׁנֶּאֱמַר (בראשית כב, יג) "וַיִּשָּׂא אַבְרָהָם אֶת עֵינָיו וַיַּרְא וְהִנֵּה אַיִל", לְמַאֲכָלְךָ עַל אַחַת כַּמָּה וְכַמָּה, וְאוֹחֲרָנָא אֲמַר: אִם לְזִוּוּגְךָ הִמְצִיא לְךָ דִּכְתִיב (שם כד, יב) "הַקְרֵה נָא לְפָנַי הַיּוֹם", וּכְתִיב (שם, סג) "וַיַּרְא וְהִנֵּה גְמַלִּים בָּאִים", לְמַאֲכָלְךָ עַל אַחַת כַּמָּה וְכַמָּה. "כִּי הִקְרָה ה' אֱלֹהֶיךָ לְפָנָי. רַבִּי יוֹחָנָן אָמַר: לְעוֹרְבָא דְּאַיְיתֵי נוּרָא עַל קִנֵּיהּ, בְּשָׁעָה שֶׁאָמַר "כִּי הִקְרָה ה' אֱלֹהֶיךָ לְפָנָי", אָמַר יִצְחָק: יוֹדֵעַ אֲנִי שֶׁאֵין עֵשָׂו מַזְכִּיר שְׁמוֹ שֶׁל הַקָּדוֹשׁ בָּרוּךְ הוּא וְזֶה מַזְכִּיר, אֵין זֶה עֵשָׂו אֶלָּא יַעֲקֹב,

עץ יוסף

ויש נספה בלא משפט זה עשו אמר הקב"ה לעשו. נראה שמקרא זה הוא בטעות וצ"ל פסוק (משלי י"ח). בבוא רשע בא גם בוז זה עשו אמר הקב"ה לעשו. וכבר נדרש מקרא זה עליו לעיל סוף פרשה ס"ג וז"ל בבוא רשע בא גם בוז זה עשו שבא בזיונו עמו וכו'. וכאן יהיה הכוונה שבבוא עשו אצל אביו מגידו בא גם בזיונו עמו והיינו כמו שמפרש תיכף יקום אבי גדא דעבודת אלילים דאת קאים כפירוש המת"כ האומרים לעץ אבי אתה. וכדי בזיון הוא בהזכיר שמה. וכן מביא בענין זה במדרש תנחומא כתוב דבבוא רשע וכו' רק שמפרש הבזיון בענין אחר ע"ש (מהמופלג מוה"ר משה חייקילס מווילנא): (יט) [טו] **מהרת למצא את הברכה.** דהל"ל מהרת לצוד או להביא ואמר למצא כמוצא מציאה שלא בזמנו והיא הברכה. ובודאי אין מקרא יוצא מידי פשוטו. אך משינוי לשון דרשינן שנגלגה רוה"ק בפיו לרמוז גם על מהירות הברכה. וגם התשובה כי הקרה ה' אלהיך לפני יתישב על דרך זה כי ענה לומר שבזכותו נתברך קודם זמנו. וכן יתפרש ג"כ כמשמעו (נזה"ק): **בן ע"ה.** דכתיב ויהי אחרי מות אברהם ויברך אלהים את יצחק בנו. ואברהם מת בן קע"ה דאברהם בן מאה בהולד לו יצחק: **ואתה בן ס"ג.** כדאי' לעיל סוף פרשה ס"ב: **אם לקרבנך.** ומפרשים כי כמו דהא. ומר מפרש דהא כבר הקרה ה' לפני שתיבת לפני רמז על מה שהיה לפניו שהקרה ה' האיל. ומר מפרש דהא כבר הקרה ה' לפני היינו הזווג דכתיב שם הקרה נא לפני היום: **למאבלך עאב"ו.** הכוונה דמ"ש הכא מדוע מהרת שנתיירא יצחק שמכח שמיהר עלמו לא היה נזהר לשחוט כראוי. ואי' במסכת חולין בתוס' דבדבר איסור של מאכל אין הקב"ה מביא תקלה לצדיק וזהו שאמר למאכלך עאכו"כ שאין הקב"ה מביא תקלה בדבר מאכל של איסור. שהוא מגונה שיאכל צדיק דבר איסור (ידי משה): **לעורבא דאייתי נורא אקיניה.** משל היה ביניהם על כל מי שמזיק את עצמו במעשיו או בדבורו שהוא כעורב שהביא פעם אחד אש על קינו בבלי דעת להתחמם בו וקנו נשרף. וכן יעקב אבינו הזכיר שם שמים מפני יראת שמים ונכוה בו. שבעבור זאת חשב יצחק כי אינו עשו: **שאין עשו מזכיר שם שמים.** לא מפני רשעתו כי צדיק היה בעיניו. אלא חשב שהיה נזהר שלא להוציא ש"ש מפיו לבטלה ובמקום הטנופת (יפ"ת):

פירוש מהרז"ו

ויש נספה בלא משפט. ור"ד רב אוכל ניר רשים וכמ"ש במדרש משלי אמר רשב"י העשיר אוכל את העני בעוה"ז אבל לעוה"ב הקב"ה תובע ממנו שנאמר משוד עניים וגו' עתה אקום וגו' ריה"ג אומר לא כי אע"פ שאדם גוזל וחומס בעוה"ז אינו יוצא מעולמו עד שאחרים בוזזין להן ממנו ומהיכן אנו לומדים מסוף הפסוק ויש נספה בלא משפט כך עושים לו בלא משפט עכ"ל פי' שכשם שעשה בלא משפט כך יעשו לו בלא משפט וכן הכוונה כאן:

חידושי הרד"ל

(יז) [יט] **אם לקורבניך המציא כו'.** מדכתיב ה' אלהיך ולא כתיב אלהינו או אלהים סתם דרש ליה ע"ד מקרה שהזמין לו בשבילו בהשגחה פרטית כמו האיל והאשה:

חידושי הרש"ש

[יט] **ואתה בן ששים ושלש.** כדאיתא בספ"ק דמגילה ולקמן פס"ח: **ויאמר כי הקרה כו' ר"י ור"ל כו'.** טעם דרשות אלו כדי להרחיק דבר שקר מאבינו יעקב וכמו שדרשו למעלה באנכי עשו בכורך (ועי' ברש"י בפי' החומש):

מסורת המדרש

לא עיין יבמות דף מ"ח:

אם למקרא

רָב־אֹכֶל נִיר רָאשִׁים וְיֵשׁ נִסְפֶּה בְּלֹא מִשְׁפָּט: (משלי יג:כג)

יָקוּם אֱלֹהִים יָפוּצוּ אוֹיְבָיו וְיָנוּסוּ מְשַׂנְאָיו מִפָּנָיו: (תהלים סח:ב)

וַיִּשָּׂא אַבְרָהָם אֶת־עֵינָיו וַיַּרְא וְהִנֵּה־אַיִל אַחַר נֶאֱחַז בַּסְּבַךְ בְּקַרְנָיו וַיֵּלֶךְ אַבְרָהָם וַיִּקַּח אֶת־הָאַיִל וַיַּעֲלֵהוּ לְעֹלָה תַּחַת בְּנוֹ: (בראשית כב:יג)

וַיֹּאמַר ה' אֱלֹהֵי אֲדֹנִי אַבְרָהָם הַקְרֵה־נָא לְפָנַי הַיּוֹם וַעֲשֵׂה־חֶסֶד עִם אֲדֹנִי אַבְרָהָם: (בראשית כד:יב)

וַיֵּצֵא יִצְחָק לָשׂוּחַ בַּשָּׂדֶה לִפְנוֹת עָרֶב וַיִּשָּׂא עֵינָיו וַיַּרְא וְהִנֵּה גְמַלִּים בָּאִים: (בראשית כד:סג)

רש"י

יש נספה בלא משפט זה עשו. שנתכוין לכבוד ואחר כך לא עלה בידו כלום: **אמר הקב"ה אתה אמרת יקום אבי גדא דעבודת כוכבים דאת קאים.** מזל של עבודת כוכבים שאתה מעמיד אומרים לעץ אבי אף אני בו בלשון אני פורע לך דכתיב יקום אלהים יפוצו אויביו: (יט) **מה זה מהרת למצא ברכה בני.** אביך נתברך בן ע"ה שנה שכן היה כשנפטר אברהם אבינו שחיה קע"ה וכתיב ואברהם בן מאת שנה בהולד לו את יצחק בנו נמצא בן ע"ה שנים כשנפטר אברהם דכתיב ויהי אחרי מות אברהם ויברך אלהים את יצחק בנו ואתה בן ס"ג מפורש בהרבה מקומות: **לעורבא דאייתי נורא על קיניה.** משל לעורב שמביא האש לשרוף את קינו כך יעקב תפס והביא לשון שנתפס בו שכיון שאמר כי הקרה ה' אלהיך לפני אמר יצחק אני יודע שאין

מתנות כהונה

ליה עשרת הדברות שהתחיל בהם אנכי: **בלא משפט.** שיעקב הקדימו בברכה: **גדא דעבודת כוכבים כו'.** פירש הערוך מזל וכן פירש"י תפסת בלשונך שם עבודת כוכבים שאתה מעמיד חייך כו': **אבי.** כנוי לעבודת כוכבים כד"א האומר לעץ אבי אתה: [יט] **למצוא את הברכה.** דייק כן מדלא אמר מהרת לצוד או להביא כמו שאמר לו ברחשונה וצודה לי ציד ואמר לצוד ציד להביא ואמר למצוא כזה שמוצא מציאה שלא בזמנו שלא כיון אליו ובנואה נזרקה בפיו: **בן ע"ה כו'.** כן היה יצחק כשמת אברהם שהרי בן קע"ה שנה מת ובן ק' הוליד ליצחק: **ה' אלהיך** גרסינן: **לקורבניך כו'.** דייק לשון הקרה רמז לאותו איל שבא במקרה ובהזדמן כמ"ש והנה איל והכי מוכח לקמן: **למאבלך.** שבו תלוי קיום גוף ונפש על אחת כמה וכמה: **והנה איל.** והנה גמלים לשון מקרה והזדמן הוא: **לעורבא כו'.** משל לעורב שהביא אור על קנו כדי להתחמם בו וקנו נשרף בו כן יעקב אבינו הזכיר שם שמים מפני יראת שמים

נחמד למראה

יט כי הקרה ה' אלהיך וכו' אם לקרבנך המציא לך וכו' אם לזיווגך המציא לך וכו'. הדקדוקים מבוארים: **ונראה** בהקדים מאי דאיתא במדרש ילקוט איל שנברא בין השמשות היה רץ ובא להתקרב תחת יצחק וס"מ היה מסטינו לבטלו ונאחז בשני קרנותיו בין האילנות והביט אחריו אברהם וירא והנה איל יעויין שם. עוד והנה אחר שאמר לו יצחק מה זה מהרת לצוד ציד להביא דהאיך אפשר לומר דתיכף שאלתיך לצוד מיד בא לידך לזה אמר בזכותיה למאן דאמר לקרבנך המציא לך שאותו איל לא היה שם בהר המוריה והוא רץ לבוא תחתיך. והגם כי ס"מ לא היה מניחו. עם כל זאת ה' המציא שנאמר והנה איל אחר נאחז וע"י שהיה נאחז העלהו לעולה. למאכלך על אחת כמה וכמה ר"ל דהחיה עצמה אשר לדתי היא מעצמה היתה רץ ובא. ובהיפך אמרו על עשו דכל מה שהיה צודה המלאך מתירו. ולמ"ד אם לזיווגך המציא לך ר"ל שהיה מקום שלא להמציא לך מפני שאליעזר שאל שלא כהוגן דיכול אפי' חיגרת או סומא וכתבו התוס' מאי דלא נקט שפחה או ממזרת משום שעדיין לא ניתנה תורה ואין איסור ממזרות אבל מהרש"א כתב שאעפ"כ אברהם אבינו קיים כל התורה והוה מצי למימר ממזרת עיין פ"ק דתענית ואעפ"כ נזדמן לו רבקה וא"כ אתה דן ק"ו מעצמך אם לזיווגך שאל אליעזר שלא כהוגן מן השמים סייעוך והזמינו לך אשה הגונה מכל שכן למאכלך שאין הקב"ה מכשיל את הצדיקים על אחת כמה וכמה ודו"ק:

❑ כִּי הִקְרָה ה׳ אֱלֹהֶיךָ לְפָנָי — *AND [JACOB] SAID, "**BECAUSE HASHEM YOUR GOD ARRANGED IT FOR ME.**" AND ISAAC SAID TO JACOB, "COME CLOSE, IF YOU PLEASE, SO I CAN FEEL YOU, MY SON; ARE YOU, INDEED, MY SON ESAU OR NOT?"*

The Midrash discusses this dialogue between Isaac and Jacob:

רַבִּי יוֹחָנָן אָמַר: לְעוֹרְבָא דְּאַיְיתֵי נוּרָא עַל קִנֵּיהּ — **R' Yochanan said:** A parable may be drawn **to a raven that brought fire to its nest.**[251] בְּשָׁעָה שֶׁאָמַר "כִּי הִקְרָה ה׳ אֱלֹהֶיךָ לְפָנָי" — For, **at the moment that [Jacob] said, "*Because HASHEM your God arranged it for me,*"** אָמַר יִצְחָק: יוֹדֵעַ אֲנִי שֶׁאֵין עֵשָׂו מַזְכִּיר שְׁמוֹ שֶׁל הַקָּדוֹשׁ בָּרוּךְ הוּא וְזֶה מַזְכִּיר, אֵין זֶה עֵשָׂו אֶלָּא יַעֲקֹב — **Isaac said** to himself, **"I know that Esau does not** regularly **mention the Name of the Holy One, blessed is He, and** yet **this** person **mentions** it! **This is not Esau, but Jacob!"**[252]Ⓐ

NOTES

251. R' Yochanan cites a parable that was commonly applied to people who do things [ostensibly in their own self-interest] that have harmful consequences for themselves (*Eitz Yosef*). The parable describes a raven that burned its own nest with fire which it had brought there to warm itself (*Matnos Kehunah*, *Eitz Yosef*; also see *Rashi*).

252. The Midrash infers this from the succeeding verse (cited below) in which Isaac indicated a suspicion that Jacob was posing as Esau (see *Rashi*). If that misgiving would have been based simply on the sound of Jacob's voice, Isaac should have raised it earlier, when Jacob first spoke (*Yefeh To'ar*).

Thus, Jacob, who mentioned God's Name out of fear of Heaven, was "burned" by his own remark when it caused his father to question his identity. In this way, he resembled the proverbial raven (*Matnos Kehunah*, *Eitz Yosef*; also see *Rashi*). See Insight Ⓐ.

INSIGHTS

Ⓐ **Mentioning the Name** The Midrash's assertion that Isaac saw Esau's mention of the Divine Name as incongruous can be explained in light of what we have learned (in 63 §10 above) that Isaac believed Esau to be virtuous.

Isaac may have believed that Esau's refraining from uttering God's Name was actually a manifestation of his piety. For, since Esau was a man who spent time physically and mentally absorbed in hunting, he would have reason to fear that he might come to utter God's Name without concentrating, or in an unclean place (*Ramban* to verse; see also *Eitz Yosef*, citing *Yefeh To'ar*, and *Imrei Yosher*). Isaac would have accepted this speculation in order to judge Esau favorably (*Gur Aryeh* to verse).

This explanation also serves to justify why, in Isaac's mind, the righteous Jacob *would* have mentioned the Divine name regularly. Since Jacob was *one who abided in tents* [of Torah] (see above, 25:27 with Midrash ibid.), he would not have had the cause for concern that his brother did (*Sifsei Chachamim* to verse; see *Gur Aryeh* loc. cit. for another approach).

"וְיֵשׁ נִסְפֶּה בְּלֹא מִשְׁפָּט" (משלי יג, כג), זֶה עֵשָׂו. אָמַר הַקָּדוֹשׁ בָּרוּךְ הוּא לְעֵשָׂו: אַתָּה אָמַרְתָּ "יָקוּם אָבִי", [לא] גַּדָּא דַּעֲבוֹדָה זָרָה דְּאַתְּ קָאֵים, חַיֶּיךָ אַף אֲנִי בּוֹ בַּלָּשׁוֹן אֲנִי פּוֹרֵעַ לְךָ (תהלים סח, ב) "יָקוּם אֱלֹהִים יָפוּצוּ אוֹיְבָיו":

יט [כז, כ] "וַיֹּאמֶר יִצְחָק אֶל בְּנוֹ מַה זֶּה מִהַרְתָּ לִמְצֹא בְּנִי". "מִהַרְתָּ לִמְצֹא", אֶת הַבְּרָכָה בְּנִי, אָבִיךָ נִתְבָּרֵךְ בֶּן שִׁבְעִים וְחָמֵשׁ שָׁנִים וְאַתָּה בֶּן שִׁשִּׁים וְשָׁלֹשׁ שָׁנִים. "וַיֹּאמֶר כִּי הִקְרָה ה' אֱלֹהֶיךָ לְפָנָי", רַבִּי יוֹחָנָן וְרֵישׁ לָקִישׁ חַד מִנְּהוֹן אֲמַר: אִם לְקָרְבָּנְךָ הַמְּצִיא לְךָ הַקָּדוֹשׁ בָּרוּךְ הוּא שֶׁנֶּאֱמַר (בראשית כב, יג) "וַיִּשָּׂא אַבְרָהָם אֶת עֵינָיו וַיַּרְא וְהִנֵּה אַיִל", לְמַאֲכָלְךָ עַל אַחַת כַּמָּה וְכַמָּה, וְאוּחֲרָנָא אֲמַר: אִם לְזִוּוּגְךָ הִמְצִיא לְךָ דִּכְתִיב (שם כד, יב) "הַקְרֵה נָא לְפָנַי הַיּוֹם", וּכְתִיב (שם, סג) "וַיַּרְא וְהִנֵּה גְמַלִּים בָּאִים", לְמַאֲכָלְךָ עַל אַחַת כַּמָּה וְכַמָּה. "כִּי הִקְרָה ה' אֱלֹהֶיךָ לְפָנָי". רַבִּי יוֹחָנָן אָמַר: לְעוֹרְבָא דְּאַיְיתֵי נוּרָא עַל קִנֵּיהּ, בְּשָׁעָה שֶׁאָמַר "כִּי הִקְרָה ה' אֱלֹהֶיךָ לְפָנָי", אָמַר יִצְחָק: יוֹדֵעַ אֲנִי שֶׁאֵין עֵשָׂו מַזְכִּיר שְׁמוֹ שֶׁל הַקָּדוֹשׁ בָּרוּךְ הוּא וְזֶה מַזְכִּיר, אֵין זֶה עֵשָׂו אֶלָּא יַעֲקֹב,

רש"י

יש נספה בלא משפט זה עשו. שנתכוין לכבוד ואחר כך לא עלה בידו כלום: **אמר הקב"ה אתה אמרת יקום אבי גדא דעבודת כוכבים דאת קאים.** מזל של עבודת כוכבים שאתה מעמיד אומרים לען אבי אף אני בו בלשון אני פורע לך דכתיב יקום אלהים יפוצו אויביו: **(יט) מה זה מהרת למצא ברכה בני.** אביך נתברך בן ע"ה שנה שכן היה כשנפטר אברהם אבינו שחיה קע"ה וכתיב ואברהם בן מאת שנה בהולד לו את יצחק בנו נמצא בן ע"ה שנים כשנפטר אברהם דכתיב ויהי אחרי מות אברהם ויברך אלהים את יצחק בנו ואתה בן ס"ג מפורש בהרבה מקומות: **לעורבא דאייתי נורא על קיניה.** משל לעורב שמביא האש לשרוף את קינו כך יעקב תפס והביא לשון שנתפס בו שכיון שאמר כי הקרה ה' אלהיך לפני אמר יצחק אני יודע שאין

עץ יוסף

ויש נספה בלא משפט זה עשו אמר הקב"ה לעשו. נראה שמקרא זה הוא בטעות וצ"ל פסוק (משלי י"ח). בבוא רשע בא גם בוז זה עשו אמר הקב"ה לעשו. וכבר נדרש מקרא זה עליו לעיל סוף פרשה ס"ג וז"ל בבוא רשע בא גם בוז זה עשו שבא בזיונו עמו וכו'. וכאן יהיה הכוונה שבבוא עשו אצל אביו מצידו בא גם בזיונו עמו והיינו כמו שמפרש תיכף יקום אבי גדא דעבודת אלילים דאת קאים כפירוש המת"כ האומרים לען אבי אתה. וכדי בזיון הוא בהזכיר שמה. וכן מביא בענין זה במדרש תנחומא כתוב דבבוא רשע וכו' רק שמפרש הבזיון בענין אחר ע"ש (מהמופלג מוה"ר משה חייקילס מווילנא): **(יט) [טו] מהרת למצא את הברכה.** דהל"ל מהרת לצוד או להביא ואמר למצא כמוצא מציאה שלא בזמנו והיא הברכה. ובודאי אין מקרא יוצא מידי פשוטו. אך משינוי לשון דרשינן שנגנזה רוה"ק בפיו לרמוז גם על מהירות הברכה. וגם התשובה כי הקרה ה' אלהיך לפני יתישב על דרך זה כי ענה לומר שבזכותו נתברך קודם זמנו. וכן יתפרש ג"כ כמשמעו (נזה"ק): **בן ע"ה.** דכתיב ויהי אחרי מות אברהם ויברך אלהים את יצחק בנו. ואברהם מת בן קע"ה דאברהם בן מאה בהולד לו יצחק: **ואתה בן ס"ג.** כדאי' לעיל סוף פרשה ס"ב: **אם לקרבנך.** ומפרשים כי כמו דהא. ומר מפרש דהא כבר הקרה ה' לפני שתיבת לפני רמז על מה שהיה לפניו שהקרה ה' האיל. ומר מפרש דהא כבר הקרה ה' לפני היינו הזווג דכתיב שם הקרה נא לפני היום: **למאכלך עאכ"ו.** הכוונה דמ"ש הכא מדוע מהרת שנתיירא יצחק שמכח שמיהר עצמו לא היה נזהר לשחוט כראוי. ואי' במסכת חולין בתוס' דבדבר איסור של מאכל אין הקב"ה מביא תקלה לצדיק וזהו שאמר למאכלך עאכו"כ שאין הקב"ה מביא תקלה בדבר מאכל של איסור. שהוא מגונה שיאכל צדיק דבר איסור (ידי משה): **לעורבא דאייתי נורא אקיניה.** משל היה ביניהם על כל מי שמזיק את עצמו במעשיו או בדבורו שהוא כעורב שהביא פעם אחד אש על קינו בבלי דעת להתחמם בו וקנו נשרף. וכן יעקב אבינו הזכיר שם שמים מפני יראת שמים ונכוה בו. שבעבור זאת חשב יצחק כי אינו עשו: **שאין עשו מזכיר שם שמים.** לא מפני רשעתו כי צדיק היה בעיניו. אלא חשב שהיה נזהר שלא להוציא ש"ש מפיו לבטלה ובמקום הטנופת (יפ"ת):

פירוש מהרז"ו

ויש נספה בלא משפט. ור"ד רב אוכל ניר רשים וכמ"ש במדרש משלי אמר רשב"י העשיר אוכל את העני בעוה"ז אבל לעוה"ב הקב"ה תובע ממנו שנאמר משוד עניים וגו' עתה אקום וגו' ריה"ג אומר לא כי אע"פ שאדם גוזל וחומס בעוה"ז אינו יוצא מעולמו עד שאחרים בוזזין להן ממנו ומהיכן אנו לומדים מסוף הפסוק ויש נספה בלא משפט כך עושים לו בלא משפט עכ"ל פי' שכשם שעשה בלא משפט כך יעשו לו בלא משפט וכן הכוונה כאן:

חידושי הרד"ל

(יז) [יט] אם לקורבניך המציא בו'. מדכתיב ה' אלהיך ולא כתיב אלהינו או אלהים סתם דרש ליה ע"ד מקרה שהזמין לו בשבילו בהשגחה פרטית כמו האיל והאשה:

חידושי הרש"ש

[יט] ואתה בן ששים ושלש. כדאיתא בספ"ק דמגילה ולקמן פס"ח: **ויאמר כי הקרה בו' ר"י ור"ל בו'.** טעם דרשות אלו כדי להרחיק דבר שקר מאבינו יעקב וכמו שדרשו למעלה באנכי עשו בכורך (ועי' ברש"י בפי' החומש):

מסורת המדרש

לא עיין יבמות דף מ"ח:

אם למקרא

רָב־אֹכֶל נִיר רָאשִׁים וְיֵשׁ נִסְפֶּה בְּלֹא מִשְׁפָּט: (משלי יג:כג)

יָקוּם אֱלֹהִים יָפוּצוּ אוֹיְבָיו וְיָנוּסוּ מְשַׂנְאָיו מִפָּנָיו: (תהלים סח:ב)

וַיִּשָּׂא אַבְרָהָם אֶת־עֵינָיו וַיַּרְא וְהִנֵּה־אַיִל אַחַר נֶאֱחַז בַּסְּבַךְ בְּקַרְנָיו וַיֵּלֶךְ אַבְרָהָם וַיִּקַּח אֶת־הָאַיִל וַיַּעֲלֵהוּ לְעֹלָה תַּחַת בְּנוֹ: (בראשית כב:יג)

וַיֹּאמַר ה' אֱלֹהֵי אֲדֹנִי אַבְרָהָם הַקְרֵה־נָא לְפָנַי הַיּוֹם וַעֲשֵׂה־חֶסֶד עִם אֲדֹנִי אַבְרָהָם: (בראשית כד:יב)

וַיֵּצֵא יִצְחָק לָשׂוּחַ בַּשָּׂדֶה לִפְנוֹת עָרֶב וַיִּשָּׂא עֵינָיו וַיַּרְא וְהִנֵּה גְמַלִּים בָּאִים: (בראשית כד:סג)

מתנות כהונה

ליה עשרת הדברות שהתחיל בהם אנכי: **בלא משפט.** שיעקב הקדימו בברכה: **גדא דעבודת כוכבים בו'.** פירש הערוך מזל וכן פירש"י תפסת בלשונך שם עבודת כוכבים שאתה מעמיד חייך כו': **אבי.** כנוי לעבודת כוכבים כד"א האומר לעץ אבי אתה: **[יט] למצוא את הברכה.** דייק כן מדלא אמר מהרת לצוד או להביא כמו שאמר לו בראשונה וצודה לי ציד ואמר לצוד ציד להביא ואמר למצוא כזה שמוצא מציאה שלא בזמנו שלא כיון אליו ונבואה נזרקה בפיו: **בן ע"ה בו'.** כן היה יצחק כשמת אברהם שהרי בן קע"ה שנה מת ובן ק' הוליד ליצחק: **ה' אלהיך** גרסינן: **לקורבניך בו'.** דייק לשון הקרה רמז לאותו איל שבא במקרה ובהזדמן כמ"ש והנה איל והכי מוכח לקמן: **למאכלך.** שבו תלוי קיום גוף ונפש על אחת כמה וכמה: **והנה איל.** והנה גמלים לשון מקרה והזדמן הוא: **לעורבא בו'.** משל לעורב שהביא אור על קנו כדי להתחמם בו וקנו נשרף בו כן יעקב אבינו הזכיר שם שמים מפני יראת שמים

נחמד למראה

יט כי הקרה ה' אלהיך וכו' אם לקרבנך המציא לך וכו' אם לזיווגך המציא לך וכו'. הדקדוקים מבוארים: **ונראה** בהקדים מאי דאיתא במדרש ילקוט איל שנברא בין השמשות היה רץ ובא להתקרב תחת יצחק וס"מ היה מסטינו לבטלו ונאחז בשני קרנותיו בין האילנות והביט אחריו אברהם וירא והנה איל יעויין שם. עוד והנה אחר שאמר לו יצחק מה זה מהרת לצוד ציד להביא דהאיך אפשר לומר דתיכף שלחתיך לצוד מיד בא לידך לזה אמר בזכותיה למאן דאמר לקרבנך המציא לך שאותו איל לא היה שם בהר המוריה והוא רץ לבוא תחתיך. והגם כי ס"מ לא היה מניחו. עם כל זאת ה' המציא שנאמר והנה איל אחר נאחז וע"י שהיה נאחז העלהו לעולה. למאכלך על אחת כמה וכמה ר"ל דהחיה עצמה אשר צדתי היא מעצמה היתה רץ ובא. ובהיפך אמרו על עשו דכל מה שהיה צודה המלאך מתירו. ולמ"ד אם לזיווגך המציא לך ר"ל שהיה מקום שלא להמציא לך מפני שאליעזר שאל שלא כהוגן דיכול אפי' חיגרת או סומא וכתבו התוס' מאי דלא נקט ספחה או ממזרת משום שעדיין לא ניתנה תורה ואין איסור ממזרות אבל מהרש"א כתב שאעפ"כ אברהם אבינו קיים כל התורה והוה מצי למימר ממזרת עיין פ"ק דתענית ואעפ"כ נזדמן לו רבקה וא"כ אתה דן ק"ו מעצמך אם לזיווגך שאל אליעזר שלא כהוגן מן השמים סייעוך והזמינו לך אשה הגונה מכל שכן למאכלך שאין הקב"ה מכשיל את הצדיקים על אחת כמה וכמה ודו"ק:

וְכֵיוָן שֶׁאָמַר יִצְחָק לְיַעֲקֹב: "גְּשָׁה נָּא וַאֲמֻשְׁךָ בְּנִי" — Once Isaac then said to Jacob, *"Come close, if you please, so I can feel you, my son"* (v. 21), נִשְׁפְּכוּ מַיִם עַל שׁוֹקָיו וְהָיָה לִבּוֹ רָפֶה כַּשַּׁעֲוָה — **liquid poured on [Jacob's] thighs,**[253] **and his heart became weak like wax.**[254] וְזִימֵּן לוֹ הַקָּדוֹשׁ בָּרוּךְ הוּא שְׁנֵי מַלְאָכִים אֶחָד מִימִינוֹ וְאֶחָד מִשְּׂמֹאלוֹ — And so **the Holy One, blessed is He, provided two angels for him, one to his right and one to his left,** וְהָיוּ אוֹחֲזִין אוֹתוֹ בְּמַרְפְּקוֹ כְּדֵי שֶׁלֹּא יִפּוֹל — and they were **holding him by his elbows,**[255] **so that he would not fall.** הָדָא הוּא דִכְתִיב "אַל תִּשְׁתָּע כִּי אֲנִי אֱלֹהֶיךָ", אַל תִּשְׁתָּע — **This is what is written,** *But you, O Israel, My servant, Jacob . . .* ***be not dismayed*** [אל תשתע], *for I am your God; I have strengthened you, even helped you, and even sustained you with My righteous right hand* (*Isaiah* 41:8,10). The words "אל תשתע" may be interpreted to mean, ***do not become like wax*** [אל תשוע].[256]

וַיִּגַּשׁ יַעֲקֹב אֶל יִצְחָק אָבִיו וַיְמֻשֵּׁהוּ וַיֹּאמֶר הַקֹּל קוֹל יַעֲקֹב וְהַיָּדַיִם יְדֵי עֵשָׂו.

So Jacob drew close to Isaac his father who felt him and said, "The voice is Jacob's voice, but the hands are Esau's hands" (27:22).

§20 וַיִּגַּשׁ יַעֲקֹב אֶל יִצְחָק וְגוֹ׳ הַקֹּל קוֹל יַעֲקֹב — ***SO JACOB DREW CLOSE TO ISAAC ETC. HIS FATHER, WHO FELT HIM AND SAID, "THE VOICE IS JACOB'S VOICE, BUT THE HANDS ARE ESAU'S HANDS."***

The Midrash will present a number of interpretations of Isaac's statement:[257]

הָא קוֹל דְּקָל חַכִּים וְיָדֵיהּ דִּמְשַׁלְּחִין מִיתִין — These words may be explained to mean, **the voice is a voice of wisdom, but the hands strip dead bodies.**[258] דָּבָר אַחֵר "הַקֹּל קוֹל יַעֲקֹב", אֵין יַעֲקֹב שׁוֹלֵט אֶלָּא בְּקוֹלוֹ — **Another interpretation:** ***The voice is the voice of Jacob*** means that **Jacob**[259] **dominates only with his voice.**[260] "הַקֹּל קוֹל יַעֲקֹב וְהַיָּדַיִם יְדֵי עֵשָׂו", אֵין עֵשָׂו שׁוֹלֵט אֶלָּא בַּיָּדַיִם — By contrast, ***The voice is Jacob's voice, but the hands are Esau's hands,*** suggests that **Esau dominates only with his hands.**[261] דָּבָר אַחֵר "הַקֹּל קוֹל יַעֲקֹב", אָמַר רַבִּי פִּנְחָס: קוֹלוֹ שֶׁל יַעֲקֹב מַכְנִיס — **Another interpretation: "**הקל**"** ***the voice of Jacob;*** **R' Pinchas said:** When **Jacob gathers in his voice,**[262] "וְהַיָּדַיִם יְדֵי עֵשָׂו" מְרַמֵּיז לֵיהּ וְהוּא אָתֵי — then ***the hands are Esau's hands,*** meaning, **[God] signals to [Esau] and he comes** immediately to antagonize the Jewish people.[263] דָּבָר אַחֵר "הַקֹּל קוֹל יַעֲקֹב", אָמַר רַבִּי בֶּרֶכְיָה: בְּשָׁעָה שֶׁיַּעֲקֹב מַרְכִּין בְּקוֹלוֹ יְדֵי עֵשָׂו שׁוֹלְטוֹת — **Another interpretation: "**הקל**"** ***the voice of Jacob*** and *the hands are Esau's hands;* **R' Berechyah said: When Jacob speaks disrespectfully,**[264] **the hands of Esau**

NOTES

253. See above, 44 §3, note 25.

254. I.e., Jacob's heart melted from fear as wax melts from heat (*Maharzu*). Jacob was terrified that he would be discovered and cursed by his father (*Eitz Yosef* to 44 §3 above). [See Insight.]

255. This follows *Tosafos* to *Shabbos* 92; cf. *Rashi* ibid., and *Matnos Kehunah* and *Eitz Yosef* here, who understand that מַרְפֵּק identifies the armpit. According to their view, the angels held Jacob beneath his armpits.

256. I.e., your heart should not be weak like wax (*Matnos Kehunah* and *Eitz Yosef,* who cite *Yalkut Shimoni, Isaiah* §449).

[*Yalkut Shimoni* (loc. cit., cited by *Maharzu*) adds that the phrase *I have strengthened you,* alludes to God's having sent the angel Gabriel to stand at Jacob's right, and the words *even helped you,* refer to the presence of the angel Michael, who stood at his left. *Eitz Yosef* (to Ch. 44 ibid., citing *Yefeh To'ar*) notes that these angels are regularly sent to provide protection for the righteous.] See Insight Ⓐ.

257. According to this passage's plain meaning, Isaac wondered how he might reconcile the fact that the person who stood before him spoke as Jacob spoke and yet felt like Esau. The Midrash, however, will offer a number of insights into Isaac's statement, to which he himself did not intend to allude. Apparently, the Midrash infers that the verse contains a deeper meaning from the fact that it did not more simply state, קוֹל יַעֲקֹב וִידֵי עֵשָׂו, *the voice of Jacob and the hands of Esau* (*Yefeh To'ar*; see also *Mishnas DeRabbi Eliezer*).

258. Translation follows *Rashi* et al.

The Midrash is citing an expression that was commonly used to describe a person whose speech attested to his virtue, but whose actions were repugnant. The Midrash is commenting that our verse contains an allusion to such a concept when it describes a man whose *voice* is similar to that of the righteous Jacob, but whose *hands,* i.e., whose deeds, resemble those of the wicked Esau (*Eitz Yosef,* citing *Yefeh To'ar*; see also *Radal*; see *Matnos Kehunah* and *Yedei Moshe* for alternative approaches). [Perhaps, according to the Midrash, our verse seeks to caution against being taken in by such fraudsters.]

259. [Note that this interpretation, and all of the ones to follow, see the names Jacob and Esau of our verse as referring to their *descendants,* the peoples of Israel and Edom respectively.]

260. Military conquests of the Jewish people are not to be attributed to their skilled use of weaponry, but rather to the Torah study and prayer of their *voices* (*Eitz Yosef*).

261. In v. 40 below, Isaac blessed Esau with the words, *and by your sword you shall live* (*Eitz Yosef*).

262. Elucidation follows *Eitz Yosef,* citing *Yefeh To'ar,* who explains that the Midrash refers to a time when Jacob's prayer and Torah study would be quieted (see also *Matnos Kehunah*; see *Rashi,* cited and explained by *Eitz Yosef,* citing *Yefeh To'ar,* for an alternative version of the Midrash).

This exposition notes the fact that the word קוֹל, *voice,* is spelled קל in our verse. This leads the Midrash to interpret that word as קַל (without a *vav*) meaning *light.* The phrase is thus rendered [if] *the voice of Jacob "is light,"* and understood to suggest what should happen if the Jewish people should lower their voices [in prayer and Torah] (*Matnos Kehunah,* citing *Ri Ben Chaviv*; compare *Rashi* immediately below).

263. *Matnos Kehunah*; *Eitz Yosef,* who cites *Yefeh To'ar.* [The wording of the Midrash suggests that Esau is ready to come at a moment's notice, and a mere *signal* from God suffices to bring him (*Matnos Kehunah,* citing *Ri Ben Chaviv*).]

264. Translation follows *Eitz Yosef,* citing *Yefeh To'ar,* who states that the term מַרְכִּין בְּקוֹלוֹ literally means *stretches out with his voice* (compare *Ezekiel* 1:22). He adds that [like the preceding one] this exposition focuses on the unique spelling of the word קל, and interprets it to suggest a lowering of esteem (compare 16:4 above; see the similar approach of *Maharzu*). [It appears that the Midrash refers to speech that lacks the proper respect for God or His emissary.]

Alternatively, מַרְכִּין בְּקוֹלוֹ may mean *lowers his voice,* and indicates the speaking of evil speech (לְשׁוֹן הָרַע), which is usually done in whispers. [As above] the word קל suggests *light* or quiet (*Rashi* with *Matnos Kehunah*).

[Although Esau actually lost that battle with the Jewish people, the Midrash's comments may be justified because they did so only after special Divine intervention.]

INSIGHTS

Ⓐ **Perhaps My Father Will Feel Me ...** Earlier (in vv. 11-13), Jacob had expressed reservations about his mother's plan for him to attain the blessings through impersonating Esau, by stating, *"Perhaps my father will feel me ..."* In preparation for this possibility, Rebecca had covered Jacob's arms and neck with goat skins (see v. 16), and it appears as though Jacob's fears had been calmed by this disguise. Why, then, should he have become so fearful of being detected when his father wished to feel him?

Yefeh To'ar (to 44 §3, cited by *Eitz Yosef* loc. cit.) suggests that Jacob had never considered what was to happen at this point. For, as taught by *Ramban* (to 27:12), Jacob originally feared only that his father would inadvertently feel the texture of his skin while drawing him near to kiss him. Jacob was then placated with the knowledge that the goat skins would provide some degree of camouflage. However, when Isaac stated that he wished to feel Jacob specifically in order to determine his identity, Jacob was fearful that the skins would not withstand that scrutiny.

וְכֵיוָן שֶׁאָמַר יִצְחָק לְיַעֲקֹב: "גְּשָׁה נָּא וַאֲמֻשְׁךָ בְּנִי" [לב]נִשְׁפְּכוּ מַיִם עַל שׁוֹקָיו וְהָיָה לִבּוֹ רָפֶה כַּשַּׁעֲוָה וְזִימֵּן לוֹ הַקָּדוֹשׁ בָּרוּךְ הוּא שְׁנֵי מַלְאָכִים אֶחָד מִימִינוֹ וְאֶחָד מִשְּׂמֹאלוֹ וְהָיוּ אוֹחֲזִין אוֹתוֹ בְּמַרְפֵּקוֹ כְּדֵי שֶׁלֹּא יִפּוֹל, הָדָא הוּא דִכְתִיב (ישעיה מא, י) "אַל תִּשְׁתָּע כִּי אֲנִי אֱלֹהֶיךָ, אַל תִּשְׁוָע":

ב [כז, כב] "וַיִּגַּשׁ יַעֲקֹב אֶל יִצְחָק וְגוֹ'", "הַקֹּל קוֹל יַעֲקֹב". הָא קוֹל דְּקָל חַכִּים וְיָדַיָּה דְּמְשַׁלְּחִין מִיתִין. דָּבָר אַחֵר "הַקֹּל קוֹל יַעֲקֹב", אֵין יַעֲקֹב שׁוֹלֵט אֶלָּא בְּקוֹלוֹ, "הַקֹּל קוֹל יַעֲקֹב וְהַיָּדַיִם יְדֵי עֵשָׂו", אֵין עֵשָׂו שׁוֹלֵט אֶלָּא בַּיָּדָיִם. דָּבָר אַחֵר "הַקֹּל קוֹל יַעֲקֹב", אָמַר רַבִּי פִּנְחָס: קוֹלוֹ שֶׁל יַעֲקֹב מַכְנִיס, "וְהַיָּדַיִם יְדֵי עֵשָׂו" מְרַמֵּיז לֵיהּ וְהוּא אָתֵי. דָּבָר אַחֵר "הַקֹּל קוֹל יַעֲקֹב", אָמַר רַבִּי בֶּרֶכְיָה: בְּשָׁעָה שֶׁיַּעֲקֹב מַרְכִּין בְּקוֹלוֹ יְדֵי עֵשָׂו שׁוֹלְטוֹת, דִּכְתִיב (שמות טז, ב) °"וַיִּלּוֹנוּ כָּל הָעֵדָה", (שם יז, ח) "וַיָּבֹא עֲמָלֵק", וּבְשָׁעָה שֶׁהוּא מְצַפְצֵף בְּקוֹלוֹ אֵין "הַיָּדַיִם יְדֵי עֵשָׂו", אֵין יְדֵי עֵשָׂו שׁוֹלְטוֹת. [לג]אָמַר רַבִּי אַבָּא בַּר כָּהֲנָא: לֹא עָמְדוּ פִילוֹסוֹפִין בָּעוֹלָם כְּבִלְעָם בֶּן בְּעוֹר וּכְאַבְנִימוֹס הַגַּרְדִּי, נִתְכַּנְסוּ כָּל אוּמוֹת הָעוֹלָם אֶצְלוֹ, אָמְרוּ לוֹ: תֹּאמַר שֶׁאָנוּ יְכוֹלִים לִיזְדַּוֵּוג לְאוּמָּה זוֹ,

רש"י

בני מזכיר שמו של הקב"ה וזה מזכיר שמו של הקב"ה אין זה אלא יעקב מיד אמר ליה גשה נא ואמושך בני: **והיו אוחזין אותו במפרקיו.** אלילי ידיו מפרקי ידוהי: **אל תשתע.** אל יהי לבך עליך כשעוה: **(ב) הא קל דחכים וידיא משלחין מתין.** מפשיטין מתים: **אין שולט אלא בידיו.** דכתיב והידים ידי עשו: **מרמיז ליה והוא אתי.** בשעה שהנביאים מוליאין קול על יעקב ומתנבאין עליהם פורענות להביא עליהם אומות מיד והידים ידי עשו מוכנין לשעבד בהן: **בשעה שיעקב מרכין בקולו ידי עשו שולטות.** הקל חסר הוא אם יעקב הקל קולו מיד הידים ידי עשו: **פילוסופין.** חכמים: **כבלעם בן בעור ובאבטימוס הגרדי.** אבטימוס זה נכנסו אללו כל אומות העולם וכו' וכן בשעת מתן תורה נתכנסו כל האומות אלל בלעם שהיו אומרים ה' למבול ישב ומחזיר את העולם וכו' והחזיר להם תשובה:

עץ יוסף

נשפכה מים כו'. כלומר נבהל ונרעד כאילו היו מים נשפכים על שוקיו ודרך המתפחדים שמעיהם מתרפים. וכבר נתבאר אגדה זו לעיל פ' מ"ד סימן ד' ע"ש: **במרפקו.** פי' תחת אלילי ידיו אלל הגוף: **אל תשוע.** לשון שעוה ובילקוט מסיים ביה אל תהי לבך כשעוה: **(ב) [טז] דקול חכים.** משל היה בימים ההם על האיש הלבוע שאומרים שקולו קול חכם. וידיו מפשיטות מתים. כלו' שבפיו ושפתיו מורה שהוא ירא חטא ומעשיו מכוערים. וסמיך ליה אהכא הקול קול יעקב כי הקול דומה ליעקב ובידיו ובמעשיו דומה לעשו. דמשלחין פי' דמפשיטין (יפ"ת): **שולט אלא בקולו.** כי לא בחרבם ירשו ארץ אלא בקול תפלה וד"ת. ואין עשו שולט אלא ע"י חרב כאומרו ועל חרבך תחיה: **קולו של יעקב מבניס.** ורש"י גרס הקול קול יעקב מכריז ליה והידים כו' פי' בשעה שישראל אינם עושים רלונו של מקום אין די להם לעוררם בתשובה ברמז בלבד. אבל הנביאים לריכים ללעוק עליהם בקולם כמי שמכריז איזה דבר שלריך להרים קולו להשמיע לעם הכרזתו כי ברמז בעלמא לא יבינו ולא יועיל וע"ד שכתוב קרא בגרון אל תחשוך כשופר הרם קולך. אבל הבאת העונש עליהם ח"ו ע"י שונאים לזה אין לריך קול ההכרזה להם כי ברמז ביד לחוד תיכף יבואו עליהם להפרע מהם בחטאם וז"ש והידים ידי עשו מרמיז ליה והוא אתי. כלו' ההתעוררות לבוא עליהם הוא רק בקלות והיינו ברמז היד הם באים עליהם. ולפי גירסתינו קולו של יעקב מכנים ר"ל כשיעקב מכנים הקול של תורה ותפלה ואינו מוליאו ע"ד שנאמר לא תגורו שפי' אל תכנים דבריך ורלה לומר ששותק מתפלה ודברי תורה אז והידים ידי עשו. ומה שכתב מרמיז ליה ר"ל שהקב"ה מרמז מיד לעשו שיבוא על ישראל (יפ"ת): **מרבין בקולו.** נטוי על ראשיהם מתרגמינן מרכין על ראשיהון. ופי' שנוטה בקולו כלומר שמטיח דברים. ודרש זה מפני שתיבת הקול חסרה וי"ו. להכי דרש לענין חרוף ובזיון כמו ותקל גבירתה (יפ"ת): **דכתיב וילן העם על משה.** (שמות י"ז): **ויבא עמלק.** כצ"ל (יפ"ת): **פילסופין.** חכמים: **נתכנסו כל או"ה אצלם.** כצ"ל (כזה"ק). ולגירסתנו השאלה ליחיד אללו. אמרו לו. אמר להם. כי שאלה זו להם לא היה כי אם לאבנימוס. ולא הזכיר בלעם רק שגם הוא חכם גדול היה וגם אללו באו לשאול בשעת מתן תורה שהיה קולות וברקים כדאי' במדרשות. אמנם בפתיחתא דאיכה רבתי מביא ענין זה בלשון רבים

פירוש מהרז"ו

(יט) כיון שאמר יצחק כו'. לעיל פמ"ד סי' ג' ועי' בויק"ר פ"א סימן י"א מש"ש במ"ש ונתרזים. ומ"ש והיה לבו רפה כשעוה פי' שלבו נמס מפחד כשעוה הנמס מחמת האור: **אל תשתע כו'.** אמלתיך אף עזרתיך בימין לדקי. וביעקב מדבר שם כמ"ש ואתה ישראל עבדי יעקב גו' ואיתא שם בילקוט אמלתיך במיכאל עזרתיך בגבריאל והוא בעלמו אומר לו אל תירא וגו' עכ"ל היינו מש"ש בפר' הסמוך כי אני ה' אלהיך מחזיק ימינך האומר לך אל תירא. וז"ש כאן זימן לו ב' מלאכים כו': **(ב) אלא בקולו.** עיין בשמ"ר ר"פ כ"א ומכילתא ובאיכה רבתי בפתיחתא ג': **קולו של יעקב מבניס.** לשון תפלה הוא כמש"ל ר"פ פ"ד כנוסו וכנוס בניו ע' מש"ש ומ"ש מרמיז ליה ע' מ"ש בשי"ר פ' שובי שובי השולמית: **מרבין בקולו.** שמנמיך ומשפיל בקולו תרגום ותפול מעל הגמל ואיתרכינת. וזהו קול שאינו של תורה ותפלה אלא של תלונה וחטא. וע' בפתיחה ג' דאיכה רבתי: **וילונו כל העדה.** צ"ל וילן העם על משה כו' ויבא עמלק וכ"כ יפ"ת או כוונתו ע"פ וילונו כל עדת בני ישראל וחושב התלונה הראשונה ואח"כ תלונת המים וילן העם על משה וסמיך ליה ויבא עמלק: **לא עמדו פילוסופים.** איכה רבתי פתיחתא ג' ומ"ש וכאבנימוס הגרדי עי' שמ"ר ר"פ י"ג. רות רבה פסוק אשה לבית אמה:

חידושי הרד"ל

(יח) נשפכו מים כו'. עמש"ל פמ"ד אות ו':

(יט) [ב] הא קל דחכים כו'. היה זה למשל על ת"ח העוסק בתורה בקולו ואין מעשה ידיו משובחים:

חידושי הרש"ש

נשפכו מים על שוקיו. הוא ע"ד הכתוב וכל ברכים תלכנה מים (יחזקאל ז' כ"א) וע"ש בפירש"י:

מסורת המדרש

לב לעיל פרשה מ"ד. ילקוט ישעיה רמז ש"ג:

לג פתיחא ב' דאיכה רבתי. וילקוט כאן רמז קט"ו:

אם למקרא

אַל־תִּירָא כִּי עִמְּךָ־אָנִי אַל־תִּשְׁתָּע כִּי־אֲנִי אֱלֹהֶיךָ אִמַּצְתִּיךָ אַף־עֲזַרְתִּיךָ אַף־תְּמַכְתִּיךָ בִּימִין צִדְקִי: (ישעיה מא:י)

וַיִּלּוֹנוּ כָּל־עֲדַת בְּנֵי־יִשְׂרָאֵל עַל־מֹשֶׁה וְעַל־אַהֲרֹן בַּמִּדְבָּר: (שמות טז:ב)

וַיָּבֹא עֲמָלֵק וַיִּלָּחֶם עִם־יִשְׂרָאֵל בִּרְפִידִם: (שמות יז:ח)

מתנות כהונה

ונכווה בו שבעבור זאת חשב ילחק כי איננו עשו: **נשפכה מים בו'.** כלומר נבהל ואזלא סומקא כאילו מים קרים נשפכו על שוקיו ונרעד כשברון מתנים: **במרפקו.** תחת אלילי ידיו אלל הגוף: **אל תשוע.** לשון שעוה ובילקוט מסיים ביה אל תהא לבך כשעוה: **[ב] הא קול בו'.** הרי זה קול של עקיבה ומרמה שהערים לשנות קולו לקול עשו וכמ"ש בעל העקידה בפר' זו ודרש יעקב מלשון עקיבה ורמיה וז"ש חכים והידים המשולחים ללוד ליד יבואו במהרה ונבואה נזרקה בפיו ודרש עשו כמו עשו במלאפו"ס כלומר הידים המשולחין ללוד כבר עשו מה שעליהם לעשות או פירוש וידים שהפשיטו עורות עזים והלבישו עליהם הם באים לפני ודרשו עשו מלשון עשייה כלומר עשויות הם מעורות עזים ובפירש"י מלאתי הגירסא וז"ל הא קול דחכים וידיא משלחין מתים מפשיטים מתים איננו שולט אלא בידיו דכתיב והידים ידי עשו עכ"ל: **ה"ג** אלא בקולו שנאמר הקול וגו': **מבנים.** שמכנים ואוסף את קולו מלעסוק בתורה ותפלה מרמז הקב"ה לעשו ומיד הוא בא ופי' הר"י בן חביב בפירוש עין יעקב כשיעקב מיקל וממיך קולו בתורה ותפלה הרי כבר הידים מוכנים ברמז בעלמא שרמז ליה הקב"ה ודריש הקול חסר כתיב הקל לשון קלות כלומר אם קל ונמוך הוא קולו של יעקב הרי הידים כו'. ורש"י ז"ל היתה לפניו גירסא אחרת: **מרבין.** משפיל ולוחש בלשון הרע שדרכו לספרה נמוך כדי שלא ישמע לבעליהם ודרש הקול חסר לשון קלות פירש"י: **פילוסופין.** חכמים: **ואם לאו הידים בו'.** פי' שהקול ניתן ליעקב ואם ישלטו עליו ידי עשו מה יועיל קול הרי שא"א לו לשלוט עליו כ"א כשאינו משמיע קולו ופי' הר"י בן חביב בספר עין יעקב איתא דדייק הקל חסר לשון קלות:

dominate him. דִּכְתִיב ״וַיָּלֶן הָעָם עַל מֹשֶׁה ... וַיָּבֹא עֲמָלֵק וְגוֹ׳״[265] – The Midrash provides a Scriptural source for this rule: **For it is written,** ***and the people complained against Moses . . . And Amalek***[266] ***came*** *and battled Israel* (*Exodus* 17:3,8). וּבְשָׁעָה שֶׁהוּא מְצַפְצֵף בְּקוֹלוֹ אֵין הַיָּדַיִם יְדֵי עֵשָׂו אֵין יְדֵי עֵשָׂו שׁוֹלְטוֹת – **But when [Jacob] chatters with his voice,**[267] **there is no** validity to ***the hands are the hands of Esau,*** meaning, **the hands of Esau do not dominate** Jacob.[268]

The Midrash relates an incident to the above discussion:
אָמַר רַבִּי אַבָּא בַּר כַּהֲנָא: לֹא עָמְדוּ פִּילוֹסוֹפִין בָּעוֹלָם כְּבִלְעָם בֶּן בְּעוֹר וּכְאַבְנִימוֹס הַגַּרְדִּי – **R' Abba bar Kahana said: There have never arisen** other **wise men**[269] **in the** non-Jewish **world**[270] **like Balaam the son of Beor and Avnimus HaGardi.**[271] נִתְכַּנְסוּ כָּל אוּמּוֹת הָעוֹלָם אֶצְלוֹ אָמְרוּ לוֹ תֹּאמַר שֶׁאָנוּ יְכוֹלִים לִיזָדַוֵּוג לְאוּמָּה זוֹ – **All of the nations of the world gathered to him.**[272] **They asked him,**[273] **"Tell** us – **will we be successful in engaging**[274] **this nation** (Israel)?"

NOTES

265. The printed editions have here וַיִּלּוֹנוּ כָּל הָעֵדָה; our emendation follows *Eitz Yosef,* citing *Yefeh To'ar,* and *Maharzu.*

266. [Amalek descended from Esau (see below, 36:12).]

267. This term refers to Torah study, and specifically to Torah study of children (see *Yefeh To'ar* and below).

268. This interpretation understands the conjunctive ו of our verse (הַקֹּל קוֹל יַעֲקֹב ״וְ״הַיָּדַיִם יְדֵי עֵשָׂו) to mean *or* (compare *Leviticus* 19:3 with *Bava Metzia* 94b). The verse thus states that *either* Jacob's voice will *chatter* or Esau's hands will dominate, but the two will not coincide (*Yefeh To'ar*; compare *Eitz Yosef* s.v. אין הידים; see also *Kli Yakar* on this verse).

269. *Rashi* et al.

270. See *Yefeh To'ar.*

271. Avnimus HaGardi was an acquaintance of the Tanna, R' Meir (see *Rus Rabbah* 2 §13; see also *Chagigah* 15b). He has been associated with Oenomaus of Gadara, a Greek philosopher of the second century C.E.

272. I.e., to Avnimus (*Rashi, Eitz Yosef*; see *Yalkut Shimoni* §115). [The Midrash mentions Balaam here only because he too was a very wise man and, in an unrelated episode (described in *Mechilta,* at the beginning of *Parashas Yisro*), he was similarly approached for advice (*Rashi* with *Yefeh To'ar, Eitz Yosef*).]

[*Eitz Yosef* cites *Nezer HaKodesh,* whose alternative version of the Midrash reads אֶצְלָם, *to them,* so that it was both Balaam and Avnimus who were approached in this story. *Eitz Yosef* notes that this version is supported by *Eichah Rabbasi, Pesichta* 1:2.]

273. *Matnos Kehunah* and *Eitz Yosef* to *Eichah Rabbasi* loc. cit.

274. I.e., in harming them (*Matnos Kehunah* and *Eitz Yosef* to *Eichah Rabbasi* loc. cit.).

וְכֵיוָן שֶׁאָמַר יִצְחָק לְיַעֲקֹב: "גְּשָׁה נָּא וַאֲמֻשְׁךָ בְּנִי" [לב]נִשְׁפְּכוּ מַיִם עַל שׁוֹקָיו וְהָיָה לִבּוֹ רָפֶה כַּשַּׁעֲוָה וְזִימֵּן לוֹ הַקָּדוֹשׁ בָּרוּךְ הוּא שְׁנֵי מַלְאָכִים אֶחָד מִימִינוֹ וְאֶחָד מִשְּׂמֹאלוֹ וְהָיוּ אוֹחֲזִין אוֹתוֹ בְּמַרְפְּקוֹ כְּדֵי שֶׁלֹּא יִפּוֹל, הָדָא הוּא דִכְתִיב (ישעיה מא, י) "אַל תִּשְׁתָּע כִּי אֲנִי אֱלֹהֶיךָ, אַל תִּשְׁתָּע":

ב [כז, כב] "וַיִּגַּשׁ יַעֲקֹב אֶל יִצְחָק וְגוֹ'", "הַקֹּל קוֹל יַעֲקֹב". הָא קוֹל דְּקָל חַכִּים וְיָדַיָּה דְּמִשְׁלַחִין מִיתִין. דָּבָר אַחֵר "הַקֹּל קוֹל יַעֲקֹב", אֵין יַעֲקֹב שׁוֹלֵט אֶלָּא בְּקוֹלוֹ, "הַקֹּל קוֹל יַעֲקֹב וְהַיָּדַיִם יְדֵי עֵשָׂו", אֵין עֵשָׂו שׁוֹלֵט אֶלָּא בַּיָּדָיִם. דָּבָר אַחֵר "הַקֹּל קוֹל יַעֲקֹב", אָמַר רַבִּי פִּנְחָס: קוֹלוֹ שֶׁל יַעֲקֹב מַכְנִיס, "וְהַיָּדַיִם יְדֵי עֵשָׂו" מְרַמֵּיז לֵיהּ וְהוּא אָתֵי. דָּבָר אַחֵר "הַקֹּל קוֹל יַעֲקֹב", אָמַר רַבִּי בֶּרֶכְיָה: בְּשָׁעָה שֶׁיַּעֲקֹב מַרְכִּין בְּקוֹלוֹ יְדֵי עֵשָׂו שׁוֹלְטוֹת, דִּכְתִיב (שמות טז, ב) °"וַיִּלּוֹנוּ כָּל הָעֵדָה", (שם יז, ח) "וַיָּבֹא עֲמָלֵק", וּבְשָׁעָה שֶׁהוּא מְצַפְצֵף בְּקוֹלוֹ אֵין "הַיָּדַיִם יְדֵי עֵשָׂו", אֵין יְדֵי עֵשָׂו שׁוֹלְטוֹת. [לג]אָמַר רַבִּי אַבָּא בַּר כָּהֲנָא: לֹא עָמְדוּ פִּילוֹסוֹפִין בָּעוֹלָם כְּבִלְעָם בֶּן בְּעוֹר וּכְאַבְנִימוֹס הַגַּרְדִּי, נִתְכַּנְּסוּ כָּל אוּמּוֹת הָעוֹלָם אֶצְלוֹ, אָמְרוּ לוֹ: תֹּאמַר שֶׁאָנוּ יְכוֹלִים לְיִזְדַּוֵּוג לְאוּמָּה זוֹ,

רש"י

בני מזכיר שמו של הקב"ה וזה מזכיר שמו של הקב"ה אין זה אלא יעקב מיד אמר ליה גשה נא ואמושך בני: **והיו אוחזין אותו במפרקיו**. אצילי ידיו מפרקי ידוהי: **אל תשתע**. אל יהי לבך עליך כשעוה: **(ב) הא קל דחכים ודיא משלחין מתין**. מפשיטין מתים: **אין שולט אלא בידיו**. דכתיב והידים ידי עשו: **מרמיז ליה והוא אתי**. בשעה שהנביאים מוציאין קול על יעקב ומתנבאין עליהם פורענות להביא עליהם אומות מיד והידים ידי עשו מוכנין לשעבד בהן: **בשעה שיעקב מרכין בקולו ידי עשו שולטות**. הקל חסר הוא אם יעקב הקל קולו מיד הידים ידי עשו: **פילוסופין**. חכמים: **כבלעם בן בעור וכאבטימוס הגרדי**. אבטימוס זה נכנסו אצלו כל אומות העולם וכו' וכן בשעת מתן תורה נתכנסו כל האומות אצל בלעם שהיו אומרים ה' למבול ישב ומחזיר את העולם וכו' והחזיר להם תשובה:

עץ יוסף

נשפכה מים כו'. כלומר נבהל ונרעד כאילו היו מים נשפכים על שוקיו ודרך המתפחדים שמעיהם מתרפים. וכבר נתבאר אגדה זו לעיל פ' מ"ד סימן ד' ע"ש: **במרפקו**. פי' תחת אצילי ידיו אצל הגוף: **אל תשוע**. לשון שעוה ובילקוט מסיים ביה אל תהי לבך כשעוה: (ב) [טז] **דקול חכים**. משל היה בימים ההם על האיש הגבוע שאומרים שקולו קול חכם. וידיו מפשיטות מתים. כלו' שבפיו ושפתיו מורה שהוא ירא חטא ומעשיו מכוערים. וסמיך ליה אהכא הקול קול יעקב כי הקול דומה ליעקב ובידיו ובמעשיו דומה לעשו. דמשלחין פי' דמפשיטין (יפ"ת): **שולט אלא בקולו**. כי לא בחרבם ירשו ארץ אלא בקול תפלה וד"ת. ואין עשו שולט אלא ע"י חרב כאומרו ועל חרבך תחיה: **קולו של יעקב מכניס**. ורש"י גרס הקול קול יעקב מכריז ליה והידים כו' פי' בשעה שישראל אינם עושים רצונו של מקום אין די להם לעוררם בתשובה ברמז בלבד. אבל הנביאים צריכים לצעוק עליהם בקולם כמי שמכריז איזה דבר שצריך להרים קולו להשמיע לעם הכרזתו כי ברמז בעלמא לא יבינו ולא יועיל וע"ד שכתוב קרא בגרון אל תחשוך כשופר הרם קולך. אבל הבאת העונש עליהם ח"ו ע"י שונאים לזה אין צריך קול ההכרזה להם כי ברמז ביד לחוד תיכף יבואו עליהם להפרע מהם בחטאם וז"ש והידים ידי עשו מרמיז ליה והוא אתי. כלו' ההתעוררות לבוא עליהם הוא רק בקלות והיינו ברמז היד הם באים עליהם. ולפי גירסתינו קולו של יעקב מכנים ר"ל כשיעקב מכנים הקול של תורה ותפלה ואינו מוציאו ע"ד שנאמר לא תגורו שפי' אל תכנים דבריך ורצה לומר ששותק מתפלה ודברי תורה אז והידים ידי עשו. ומה שכתב מרמיז ליה ר"ל שהקב"ה מרמז מיד לעשו שיבוא על ישראל (יפ"ת): **מרכין בקולו**. נטוי על ראשיהם מתרגמינן מרכין על ראשיהון. ופי' שנוטה בקולו כלומר שמטיח דברים. ודרש זה מפני שתיבת הקול חסרה וי"ו. להכי דרש לענין חרוף ובזיון כמו ותקל גבירתה (יפ"ת): **דכתיב וילן העם על משה**. (שמות י"ז): **ויבא עמלק**. כצ"ל (יפ"ת): **פילוסופין**. חכמים: **נתכנסו כל או"ה אצלם**. כצ"ל (כזה"ק). ולגירסתנו השאלה ליחיד אצלו. אמרו לו. אמר להם. כי שאלה זו להם לא היה כי אם לאבנימוס. ולא הזכיר בלעם רק שגם הוא חכם גדול היה וגם אצלו באו לשאול בשעת מתן תורה שהיה קולות וברקים כדאי' במדרשות. אמנם בפתיחתא דאיכה רבתי מביא ענין זה בלשון רבים

פירוש מהרז"ו

(יט) **כיון שאמר יצחק כו'**. לעיל פמ"ד סי' ג' ועי' בויק"ר פ"א סימן י"א מש"ש במ"ש ונתרזים. ומ"ש והיה לבו רפה כשעוה פי' שלבו נמס מפחד כשעוה הנמס מחמת האור: **אל תשתע כו'**. אמצתיך אף עזרתיך בימין צדקי. וביעקב מדבר שם כמ"ש ואתה ישראל עבדי יעקב גו' ואיתא שם בילקוט אמצתיך במיכאל עזרתיך בגבריאל והוא בעצמו אומר לו אל תירא וגו' עכ"ל היינו מש"ש בפר' הסמוך כי אני ה' אלהיך מחזיק ימינך האומר לך אל תירא. וז"ש כאן זימן לו ב' מלאכים כו': (ב) **אלא בקולו**. עיין בשמ"ר ר"פ כ"א ומכילתא ובאיכה רבתי בפתיחתא ג': **קולו של יעקב מכניס**. לשון תפלה הוא כמש"ל ר"פ פ"ד כנוסו וכנום בניו ע' מש"ש ומ"ש מרמיז ליה ע' מ"ש בשי"ר פ' שובי שובי השולמית: **מרכין בקולו**. שמנמיך ומשפיל בקולו תרגום ותפול מעל הגמל ואיתרכינת. וזהו קול שאינו של תורה ותפלה אלא של תלונה וחטא. וע' בפתיחה ג' דאיכה רבתי: **וילונו כל העדה**. נ"ל וילן העם על משה כו' ויבא עמלק וכ"כ יפ"ת או כוונתו ע"פ וילונו כל עדת בני ישראל וחושב התלונה הראשונה ואח"כ תלונת המים וילן העם על משה וסמיך ליה ויבא עמלק: **לא עמדו פילוסופים**. איכה רבתי פתיחתא ג' ומ"ש וכאבנימוס הגרדי עי' שמ"ר ר"פ י"ג. רות רבה פסוק אשה לבית אמה:

מתנות כהונה

ונכווה בו שבעבור זאת חשב יצחק כי איננו עשו: **נשפכה מים בו'**. כלומר נבהל ואזלא סומקא כאילו מים קרים נשפכו על שוקיו ונרעד בשברון מתנים: **במרפקו**. תחת אצילי ידיו אצל הגוף: **אל תשוע**. לשון שעוה ובילקוט מסיים ביה אל תהא לבך כשעוה: [ב] **הא קול בו'**. הרי זה קול של עקיבה ומרמה שהערים לשנות קולו לקול עשו וכמ"ש בעל העקידה בפר' זו ודרש יעקב מלשון עקיבה ורמיה וז"ש חכים והידים המשולחים לגזל ליד יבואו במהרה וכבואה נזרקה בפיו ודרש עשו כמו עשו במלאפו"ס כלומר הידים המשולחין לגזל כבר עשו מה שעליהם לעשות או פירוש וידים שהפשיטו עורות עזים והלבישו עליהם הם באים לפני ודרשו עשו מלשון עשייה כלומר עשויות הם מעורות עזים ובפירש"י מצאתי הגירסא וז"ל הא קול דחכים וידיא משלחין מתים מפשיטים מתים איננו שולט אלא בידיו דכתיב והידים ידי עשו עכ"ל: **ה"ג אלא בקולו** שנאמר הקול וגו': **מכניס**. שמכנים ואוסף את קולו מלעסוק בתורה ותפלה מרמז הקב"ה לעשו ומיד הוא בא ופי' הר"י בן חביב בפירוש עין יעקב כשיעקב מיקל וממיך קולו בתורה ותפלה הרי כבר הידים מוכנים ברמז בעלמא שרמז ליה הקב"ה ודריש הקול חסר כתיב הקל לשון קלות כלומר אם קל ונמוך הוא קולו של יעקב הרי הידים כו'. ורש"י ז"ל היתה לפניו גירסא אחרת: **מרכין**. משפיל ולוחש בלשון הרע שדרכו לספרה נמוך כדי שלא ישמע לבעליהם ודרש הקול חסר לשון קלות פירש"י: **פילוסופין**. חכמים: **ואם לאו הידים בו'**. פי' שהקול ניתן ליעקב ואם ישלטו עליו ידי עשו מה יועיל קול הרי שא"א לו לשלוט עליו כ"א כשאינו משמיע קולו ופי' הר"י בן חביב בספר עין יעקב איתא דדייק הקל חסר לשון קלות:

חידושי הרד"ל

(יח) **נשפכו מים בו'**. עמש"ל פמ"ד אות ו':

(יט) **[ב] הא קל דחכים בו'**. היה זה למשל על ת"ח העוסק בתורה בקולו ואין מעשה ידיו משובחים:

חידושי הרש"ש

נשפכו מים על שוקיו. הוא ע"ד הכתוב וכל ברכים תלכנה מים (יחזקאל ז' כ"א) וע"ש בפירש"י:

מסורת המדרש

לב לעיל פרשה מ"ד. ילקוט ישעיה רמז ש"ג:

לג פתיחא ב' דאיכה רבתי. וילקוט כאן רמז קט"ו:

אם למקרא

אַל־תִּירָא כִּי עִמְּךָ־אָנִי אַל־תִּשְׁתָּע כִּי־אֲנִי אֱלֹהֶיךָ אִמַּצְתִּיךָ אַף־עֲזַרְתִּיךָ אַף־תְּמַכְתִּיךָ בִּימִין צִדְקִי: (ישעיה מא:י)

וַיִּלּוֹנוּ כָּל־עֲדַת בְּנֵי־יִשְׂרָאֵל עַל־מֹשֶׁה וְעַל־אַהֲרֹן בַּמִּדְבָּר: (שמות טז:ב)

וַיָּבֹא עֲמָלֵק וַיִּלָּחֶם עִם־יִשְׂרָאֵל בִּרְפִידִם: (שמות יז:ח)

אָמַר: לְכוּ וְחִזְרוּ עַל בָּתֵּי כְנֵסִיּוֹת וְעַל בָּתֵּי מִדְרָשׁוֹת שֶׁלָּהֶן – **He said** to them, **"Go around to their synagogues and their study halls.** וְאִם מְצָאתֶם שָׁם תִּינוֹקוֹת מְצַפְצְפִין בְּקוֹלָן אֵין אַתֶּם יְכוֹלִים לְהִזְדַּוֵּג לָהֶם **If there you found children vocally chirping** in Torah study,[275] then **you will be unable to engage them.**[276] שֶׁכָּךְ הִבְטִיחָן אֲבִיהֶן וְאָמַר לָהֶם "הַקֹּל קוֹל יַעֲקֹב", בִּזְמַן שֶׁקּוֹלוֹ שֶׁל יַעֲקֹב מָצוּי בְּבָתֵּי כְנֵסִיּוֹת אֵין "הַיָּדַיִם יְדֵי עֵשָׂו" – **For thus did their patriarch** (Isaac) **assure them; he said, '*The voice is the voice of Jacob,*' meaning, when the voice of Jacob is found in the synagogues,** then **there is no** validity to ***the hands are the hands of Esau.*** וְאִם לָאו "הַיָּדַיִם יְדֵי עֵשָׂו", אַתֶּם יְכוֹלִים לָהֶם – **But if** you did **not** find children studying Torah, then ***the hands are the hands of Esau,*** meaning, **you will be able to** overcome **them."**[277]

Additional interpretations of our verse:

"הַקּוֹל קוֹל יַעֲקֹב" בְּפִילֶגֶשׁ בַּגִּבְעָה, "אָרוּר נֹתֵן אִשָּׁה לְבִנְיָמִן" – ***The voice is the voice of Jacob*** and the hands are the hands of Esau; this verse alludes to the incident **with the concubine at Giveah,**[278] regarding which the verse states, ***Cursed be whoever gives a woman to Benjamin*** (*Judges* 21:18).[279] "הַקֹּל קוֹל יַעֲקֹב", בִּימֵי יָרָבְעָם קוֹל בְּכִי שֶׁהָרְגוּ מֵהֶם חֲמֵשׁ מֵאוֹת אֶלֶף – Alternatively, ***The voice is the voice of Jacob*** and the hands are the hands of Esau; this verse alludes to what took place **in the days of Jeroboam:** There was a **voice of wailing** within the Jewish people, because **[the men of the kingdom of Judah] killed 500,000 of them.**[280] הָדָא הוּא דִכְתִיב "וְלֹא עָצַר כֹּחַ יָרָבְעָם וגו'" – **Thus it is written,** ***Jeroboam did not again muster strength*** *in the days of Abijah;* HASHEM *struck him and he died* (*II Chronicles* 13:20).[281]

The Midrash analyzes the verse from *Chronicles*:

אָמַר רַבִּי שְׁמוּאֵל בַּר נַחְמָן: מָה אַתְּ סָבוּר שֶׁיָּרָבְעָם נִיגַּף, וַהֲלֹא לֹא נִיגַּף אֶלָּא אֲבִיָּה – **R' Shmuel bar Nachman said: What do you think** this verse means? **That Jeroboam was stricken?**[282] **Why, it was only Abijah who was stricken** by God in the aftermath of his battle with Jeroboam.[283] וְלָמָּה נִיגַּף – **And why was he stricken** by God?[284] רַבִּי אַבָּא בַּר כָּהֲנָא אָמַר: עַל יְדֵי שֶׁהֶעֱבִיר הַכָּרַת פָּנִים שֶׁל יִשְׂרָאֵל דִּכְתִיב "הַכָּרַת פְּנֵיהֶם עָנְתָה בָּם" The Midrash will cite numerous answers to this question: **R' Abba bar Kahana said: Because he removed the *identifiable countenance*** (i.e., he cut off the noses)[285] **of** the fallen soldiers of the kingdom of **Israel.**[286] **As it is written,**[287] ***Their identifiable countenance testifies against them*** (*Isaiah* 3:9). וְרַבִּי לֵוִי אָמַר: עַל יְדֵי שֶׁהֶעֱמִיד עֲלֵיהֶם שׁוֹמְרִים שְׁלֹשָׁה יָמִים עַד שֶׁנִּתְקַלְקְלָה צוּרָתָן – **And R' Levi said: Because he posted guards over [the corpses] for three days, until their forms became distorted.**[288] דִּתְנַן אֵין מְעִידִין אֶלָּא עַל פַּרְצוּף פָּנִים עִם הַחוֹטֶם אַף עַל פִּי שֶׁיֵּשׁ סִימָנִין בְּגוּפוֹ וּבְכֵלָיו – **For we learned in a Mishnah:**[289] **They may not testify** to the identity of a dead man, so as to permit his wife to remarry, **except upon** seeing **the form of the** dead man's **face with the nose.** Lacking such observation, they may not testify **even though there are identifying marks on [the dead man's] body and on his garments . . .** וְאֵין מְעִידִים אֶלָּא עַד שְׁלֹשָׁה יָמִים – **And they may not testify** to a

NOTES

275. See *Yefeh To'ar* above, s.v. ובשעה שהוא מצפצף. See also *Eichah Rabbasi* loc. cit.

The study of children is likened to the chirping of birds in consideration of the children's deficient understanding. Such study is hinted at by our verse, which describes *the voice of Jacob*, perhaps because the word הַקּוֹל, *the voice,* suggests even a *voice* that is deficient (*Eitz Yosef*).

276. See *Shabbos* 119b: *The world continues to exist only in the merit of the breath of* (i.e., the words of Torah uttered by) *schoolchildren* (*Eitz Yosef*). [*Yefeh To'ar* notes that even Avnimus was cognizant of the power of the Torah study of children.]

277. See note 268 above. [See *Matnos Kehunah* for additional approaches.]

278. [This tragic story is told in *Judges* Chs. 19-21. It began when a concubine was attacked by residents of the city of Gibeah, who belonged to the tribe of Benjamin. Outraged, the other tribes initiated a war with Benjamin and forbade all men to give their daughters in marriage to members of that tribe. However, when concern developed that the dwindled tribe would vanish, the elders instructed the 200 remaining men of Benjamin to wait in hiding near Shiloh and grab girls who emerged from that city to take home as wives. In this way, women would not have been *given* to members of Benjamin, but rather *taken* by them.]

279. Here the Midrash understands our verse to mean [when] *the voice of Jacob was a voice*, i.e., when something that Jews said had a powerful impact, [then *his*] *hands were the hands of Esau* (*Eitz Yosef*). Alternatively, the Midrash interprets the irregularly spelled קֹל to mean *curse* [קְלָלָה], so that the verse reads, [When] *the voice of Jacob cursed, the hands were the hands of Esau* (*Matnos Kehunah*).

The Midrash applies this to the curse of the cited verse [which was part of the incident of the concubine], and the subsequent Esau-like acts of seizing wives, which (as explained in the preceding note) that curse made necessary (*Eitz Yosef*).

280. [The reference is to the painful episode (related in *II Chronicles* Ch. 13) in which a war was waged between the kingdom of Judah (which consisted of the tribes of Judah and Benjamin), led by Abijah, and the kingdom of Israel (the other 10 tribes), under the wicked Jeroboam. 500,000 of Jeroboam's soldiers were killed in a stunning defeat. (Note that אֲבִיָּה, who was the son of Rehoboam and the grandson of King Solomon, is referred to in *I Kings* Chs. 14 and 15 as אֲבִיָּם.)]

The verse thus refers to the *wailing voice of Jacob* that was heard when *Jacob* acted with *the hands of Esau* in killing so many of its own people (*Eitz Yosef*).

281. The Midrash cites this verse [which appears immediately after Scripture's narrative of Jeroboam's defeat at the hands of Abijah] to justify its having referred to the slaughter of Jeroboam's soldiers as an act worthy of Esau's hands. For, in truth, Ahijah acted properly in fighting that battle against the wicked Jeroboam and his supporters, and he did so only after his efforts to avoid a war were rebuffed. However, as the Midrash will explain, the cited verse insinuates that Abijah's army acted cruelly and in imitation of Esau (*Yefeh To'ar*).

282. The cited verse appears to describe Jeroboam's being *struck* by God immediately after his defeat by Abijah. However, the verse cannot mean that because it is chronologically inaccurate (*Matnos Kehunah, Yefeh To'ar*; cf. *Eitz Yosef*). [Jeroboam's rule spanned 22 years (*I Kings* 14:20) and Abijah ascended his throne in its 18th year (*II Chronicles* 13:1). Abijah died after only three years (see ibid. vv. 1,23) whereupon his son Asa inherited his kingdom during Jeroboam's rule (*I Kings* 15:9). Thus, Jeroboam outlived Abijah and he could not have died immediately after their war, while Abijah still lived (*Rashi* with *Matnos Kehunah; Yefeh To'ar*).]

283. See *Eitz Yosef.*

284. Although *I Kings* 15:3 states that Abijah *went in [the ways of] all the sins of his father*, the verse in *Chronicles* implies that his execution was somehow linked to his interaction with Jeroboam [which, as observed in note 281 above, appears laudable] (*Yefeh To'ar*).

285. See *Yerushalmi Yevamos* 16:3, cited by *Matnos Kehunah* and *Eitz Yosef.*

286. That Abijah's army did this is derived in *Yerushalmi* ibid. from that which is written: *Abijah and his people inflicted "a very great blow"* (מַכָּה רַבָּה) *against [the army of Israel]* (*I Chronicles* 13:17).

Abijah's army wished for it to be impossible to testify to the fallen soldiers' deaths (see the Mishnah cited just below), so that their wives would be perpetually unable to remarry (*Eitz Yosef;* see further, *Chidushei Chasam Sofer* to *Yerushalmi* ad loc.).

287. This verse is offered as proof that a man may be recognized and identified only through his facial features. The nose is the most prominent of these (*Eitz Yosef*).

288. According to R' Levi, Abijah did not actually mutilate the slain soldiers, but rather prevented their burial for three days, until their faces had become distorted beyond recognition (*Maharzu* to *Vayikra Rabbah* 33 §5).

289. The Midrash will prove from a Mishnah that the passage of three days would have had the effect of making it impossible to testify to the deaths of the soldiers.

אָמַר: לְכוּ וְחִזְרוּ עַל בָּתֵּי כְנֵסִיּוֹת וְעַל בָּתֵּי מִדְרָשׁוֹת שֶׁלָּהֶן וְאִם מְצָאתֶם שָׁם תִּינוֹקוֹת מְצַפְצְפִין בְּקוֹלָן אֵין אַתֶּם יְכוֹלִים לְהִזְדַּוֵּוג לָהֶם שֶׁכָּךְ הִבְטִיחָן אֲבִיהֶן וְאָמַר לָהֶם "הַקֹּל קוֹל יַעֲקֹב", בִּזְמַן שֶׁקּוֹלוֹ שֶׁל יַעֲקֹב מָצוּי בְּבָתֵּי כְנֵסִיּוֹת אֵין "הַיָּדַיִם יְדֵי עֵשָׂו", וְאִם לָאו "הַיָּדַיִם יְדֵי עֵשָׂו", אַתֶּם יְכוֹלִים לָהֶם. "הַקֹּל קוֹל יַעֲקֹב" בְּפִילֶגֶשׁ בַּגִּבְעָה, (שופטים כא, יח) "אָרוּר נֹתֵן אִשָּׁה לְבִנְיָמִין". "הַקֹּל קוֹל יַעֲקֹב", בִּימֵי יָרָבְעָם קוֹל בְּכִי שֶׁהָרְגוּ מֵהֶם חֲמֵשׁ מֵאוֹת אֶלֶף, הָדָא הוּא דִכְתִיב (ד"ה ב יג, כ) "וְלֹא עָצַר כֹּחַ יָרָבְעָם וְגוֹ'". [לד]אָמַר רַבִּי שְׁמוּאֵל בַּר נַחְמָן: מָה אַתְּ סָבוּר שֶׁיָּרָבְעָם נִיגַּף, וַהֲלֹא לֹא נִיגַּף אֶלָּא אֲבִיָּה, וְלָמָּה נִיגַּף רַבִּי אַבָּא בַּר כָּהֲנָא אָמַר: עַל יְדֵי שֶׁהֶעֱבִיר הַכָּרַת פָּנִים שֶׁל יִשְׂרָאֵל דִּכְתִיב (ישעיה ג, ט) "הַכָּרַת פְּנֵיהֶם עָנְתָה בָּם". וְרַבִּי לֵוִי אָמַר: עַל יְדֵי שֶׁהֶעֱמִיד עֲלֵיהֶם שׁוֹמְרִים שְׁלֹשָׁה יָמִים עַד שֶׁנִּתְקַלְקְלָה צוּרָתָן דִּתְנַן [לה]אֵין מְעִידִין אֶלָּא עַל פַּרְצוּף פָּנִים עִם הַחוֹטֶם אַף עַל פִּי שֶׁיֵּשׁ סִימָנִין בְּגוּפוֹ וּבְכֵלָיו, וְאֵין מְעִידִים אֶלָּא עַד שְׁלֹשָׁה יָמִים, עֲלֵיהֶם הוּא אוֹמֵר (ירמיה טו, ח) "עָצְמוּ לִי אַלְמְנוֹתָיו מֵחוֹל יַמִּים". רַבִּי יוֹחָנָן וְרֵישׁ לָקִישׁ וְרַבָּנָן, רַבִּי יוֹחָנָן אָמַר: עַל שֶׁבִּזָּה לַאֲחִיָּה הַשִּׁילוֹנִי, שֶׁנֶּאֱמַר "וְעִמָּכֶם אֲנָשִׁים בְּנֵי בְלִיַּעַל", קָרָא לַאֲחִיָּה הַשִּׁילוֹנִי "בְּלִיַּעַל". רֵישׁ לָקִישׁ אָמַר: עַל שֶׁחִסְּדָם בָּרַבִּים, שֶׁנֶּאֱמַר (ד"ה ב יג, ח) "וְאַתֶּם הָמוֹן רָב וְעִמָּכֶם עֶגְלֵי זָהָב". וְרַבָּנָן אָמְרֵי: עַל שֶׁבָּאת עֲבוֹדָה זָרָה לְיָדוֹ וְלֹא בִטְּלָהּ, שֶׁנֶּאֱמַר (שם, יט) "וַיִּרְדֹּף אֲבִיָּה אַחֲרֵי יָרָבְעָם" וּכְתִיב "וַיִּלְכֹּד מִמֶּנּוּ עָרִים אֶת בֵּית אֵל וְאֶת בְּנוֹתֶיהָ", וּכְתִיב "וַיָּשֶׂם אֶת הָאֶחָד בְּבֵית אֵל", וַהֲרֵי דְבָרִים קַל וָחוֹמֶר וּמָה אִם מֶלֶךְ עַל יְדֵי שֶׁהוֹנָה מֶלֶךְ כָּמוֹהוּ עֲנָשׁוֹ הַכָּתוּב וְנִיגּוֹף, הֶדְיוֹט שֶׁהוּא מוֹנֶה הֶדְיוֹט עַל אַחַת כַּמָּה וְכַמָּה:

רש"י

הקול קול יעקב. בימי ירבעם קול בכי שהרגו מהן ת"ק אלף הדא הוא דכתיב ולא עצר כח ירבעם בימי אביה ויגפהו ה' וימת: **את סבור שירבעם ניגף והלא לא ניגף אלא אביה.** וכן בחשבון המלכים מלינו שאביה היה ולמה ניגף על שביזה לאחיה השילוני שנאמר ועמכם אנשים ריקים בני בליעל והכנים לאחיה השלוני בכללן: **על שחשדם ברבים.** שחרפו ברבים: **על ידי שבאת עבודת כוכבים לידו ולא ביטלה דכתיב וירדוף אביה אחרי ירבעם וילכוד ממנו את בית אל ואת בנותיה.** וכיון שכבשה היה לו לבטל עבודת כוכבים שבה: **קל וחומר.** אם אביה שהיה מלך על שהונה מלך כמוהו ענשו הקב"ה שניגף כו':

עץ יוסף

ומשם משמע שהשאלה היתה לשניהם: **תינוקות מצפצפים.** שאע"פ שאין בהם בתינוקות תבונה ר"ק כלפלוף עופות. מ"מ לא יהיו שולטין בהם הידים של עשו. שהעולם מתקיים בהבל פיהם. ודייק לה מלשון הקול דמשמע קול בעלמא: **אין הידים ידי עשו כו'.** דריש וא"ו של והידים לשון או כוא"ו ומכה אביו ואמו שפירושו או אמו. ופי' הקול קול יעקב או הידים ידי עשו. ועיין מ"ש ע"ז באיכה רבתי: **בפילגש בגבעה ארור נותן אשה כו'.** כלו' שעשו רושם בקולם קול ארור נותן וגו' ומאז הוצרכו לעשות מעשה ידי עשו בגזילה לחטוף ולגזול בנות שילה בצאתם לחול במחולות: **קול בכי.** של זרע יעקב בימי ירבעם בהיות אז הידים ידי יעקב כידי עשו בש"ד הרבה בקרב ישראל: **הה"ד ולא עצר כו'.** איידי דמייתי קרא מפרש ליה (נזה"ק): **שירבעם ניגף כו'.** מדהזכיר מיתתו כאן שלא כסדר הזמנים צריך לומר דרמיז נמי שאביה שמת באותו הפרק בעון אותו המעשה שמבואר לקמן בסמוך: **שהעביר הכרת פנים.** ש"י. כדי שלא יעידו עליהם ויתעגנו נשותיהן: **הכרת פניהם כו'.** זה מביא לראיה שהכרת האדם היא בפנים לא זולת. ועיין בויק"ר פ' ל"ג שלמד שם שקילקל צורת הפנים מדכתיב ויכו בהם אביה ועמו מכה רבה. ובירו' פ' בתרא דיבמות מפרש שהעבירו מהם החוטם שהוא עיקר הכרת פנים: **עצמו לי אלמנותיו.** ואע"פ שהמקרא כתוב בירמיה ה"ק שבני יהודה נידונו מדה כנגד מדה. כי כמו שגרמו ענין אלמנות בני ישראל בימי ירבעם כך אירע להם (נזה"ק): **עצמו לי אלמנותיו.** רעות האלמנות. כלומר שרע בעיניו. כי השארות עגונות קשה כמות: **קרא לאחיה השלוני בליעל.** שאמר ויקבצו עליו בני בליעל ואחיה השילוני היה מחזיק את ירבעם ראשונה: **שחסדם ברבים.** שבזה וחרף את הרבים. וכן פי' רש"י והוא מלשון חסד הוא. והחטא בזה דלעולם צריך להיות אימת צבור. וי"ג שחשדן ברבים ופירושו שלא הכל היו נוטים אחר הבעלים. והוא אמר ואתם המון רב ועמכם עגלי זהב: **ערים את בית אל כו'.** בנבואת הושע כתיב לעגלות בית און יגורו שכן שומרון דהיינו עגל של בית אל שנקרא בית און. הרי נראה שעדיין היה קיים: **ומה אם מלך כו'.** ר"ל שהוא כמותו ואיש ריבו ונפקא ליה טובא מהונאה ועל כל זה ויגפהו ה' לאביה. הדיוט כו' עאכ"ו שהרי הוא חמור שחוטא בהונאת חבירו על דברי הבל (כלי יקר על כ"ר):

(כא) **[יז] הא קולו משתק כו'.** כלו' שקולו עושה רושם להשתיק את העליונים ואת התחתונים כלו' מה"ש שבעולם העליון ועולם התחתון

פירוש מהרז"ו

ג' **ימים.** ע"ל פ"ק סי' ז' בתר ג' ימים דאשתני זיוא דאפוהי: **ויקבצו עליו אנשים ריקים וגו'.** משמע שעיקר ממשלתו ע"י בני בליעל ובאמת היתה ע"י אחיה השלוני והיו בדבריו כפירה בדברי הנביא אחיה: **בבית אל.** שהרי מפורש בהושע יו"ד לעגלות בית און גו' גם אותו לאשור יובל ובית און הוא בית אל ומפורש עוד במלכים ב' רק חטאי ירבעם גו' עגלי הזהב אשר בבית אל ואשר בדן הרי שלא בערם: **והרי דברים קל וחומר.** עיקר מאמר זה שייך בויק"ר פל"ג שדורש כן ע"פ ולא תונו והק"ו הוא לפ"ד ר"ל וכאן הוא דרך אגב:

מתנות כהונה

בפלגש בגבעה. דרש הקל מלשון קללה כדאמרינן בירושלמי דמסכת תענית דאלי ומיקל פירוש מקלל: **את סבור שירבעם כו'.** ע"כ א"א לומר שניגוף אלא אביה שהרי אביה לא מלך רק ג' שנים ומלך בשנת י"ח לירבעם ואסא בן אביה מלך בשנת כ' לירבעם נמצא כשמת אביה ומלך בנו אסא עדיין ירבעם קיים וכ"כ רש"י ז"ל שלפי חשבון המלכים מלינו שאביה ניגוף: **ע"י שהעביר הכרת פניהם.** איתא בירושלמי פר' בתרא דיבמות ובויקרא רבה פרשה ל"ג דיליף ליה מדכתיב ויכו בהם אביה ועמו מכה רבה ומפרש בירושלמי שהעבירו מהם החוטם שהוא עיקר הכרת פנים וכל זה הוא לקמן פרשה ע"ג ובמדרש רות פ' ז': **ור' לוי.** פליג כדמפרש ואזיל: **עצמו לי אלמנותיו.** וזהו דכתיב מכה רבה כי רבה ועצום חדא מילתא היא. על שחסדם הכי גרס רש"י ז"ל ופי' שחרפום ברבים כן הוא

אשד הנחלים

[כ] **בפלגש בגבעה ארור.** עיין במ"כ ולי נראה משום דשם נאמר ואיש ישראל נשבע גו' ויבא גו' וישאו קולם ויבכו בכי גדול. ונראה בזה תכונת רוחם הטובה אף כי המה ברוב כעסם נשבעו לבלי תת להם אשה. עכ"ז לא שמחו על מפלתם. אדרבא בכו וצעקו לה' כי נגדע כהיום שבט מישראל. וז"א על צד הרמז. הקול קול יעקב שמקולו הנמוך והרך ניכר שהוא יעקב. וכן בימי ירבעם אף שהיה רשע. עכ"ז מהר עת הציקוהו צרתו עד מאוד. אז נשא קולו בבכי. כי באמת אף הרע שברעים. תכונתם בעצם טובה מאוד. ומפרש חטאו

חידושי הרד"ל

(כ) **ענתה בם.** העידה בם. וע"י שהעביר הכרת פניו לא היו יכולין להעיד עליהם. עצמו לי אלמנותיו. שנשארו עגונות:

חידושי הרש"ש

[כ] **שנאמר ויקבצו עליו אנשים רקים בני כו'** (כצ"ל והוא בד"ה שם) קרא לאחיה השילוני בליעל. נ"ל משום דטעה ותפס לירבעם למפלה עבודת כוכבים כדאי' בחלק ד' ק"ב:

מסורת המדרש

לד ירושלמי יבמות פרק ט"ו. לקמן פר' ע"ג. ויקרא רבה פרשה ל"ג. רות רבה פ' ז'. סדר עולם פרק י"ז. מדרש שמואל פרשה י"ח. ילקוט מלכים רמז ר"ה:

לה יבמות דף ק"כ וש"נ:

לו חגיגה ד' ט"ו. ירושלמי ברכות פ' א'. שמות רבה פ' מ"ג. רות רבה ריש פ' א'. מדרש תהלים מזמור א'. תנחומא קדושים סי' ו'. ילקוט כאן רמז קט"ו. ילקוט יחזקאל רמז ש"מ:

אם למקרא

וַאֲנַחְנוּ לֹא נוּכַל לָתֵת־לָהֶם נָשִׁים מִבְּנוֹתֵינוּ כִּי־נִשְׁבְּעוּ בְנֵי־יִשְׂרָאֵל לֵאמֹר אָרוּר נֹתֵן אִשָּׁה לְבִנְיָמִן:
(שופטים כא:יח)

וְלֹא־עָצַר כֹּחַ־יָרָבְעָם עוֹד בִּימֵי אֲבִיָּהוּ וַיִּגְּפֵהוּ ה' וַיָּמֹת:
(דברי הימים ב יג:כ)

הַכָּרַת פְּנֵיהֶם עָנְתָה בָּם וְחַטָּאתָם כִּסְדֹם הִגִּידוּ לֹא כִחֵדוּ אוֹי לְנַפְשָׁם כִּי־גָמְלוּ לָהֶם רָעָה:
(ישעיה ג:ט)

עָצְמוּ־לִי אַלְמְנוֹתָיו מֵחוֹל יַמִּים הֵבֵאתִי לָהֶם עַל־אֵם בָּחוּר שֹׁדֵד בַּצָּהֳרָיִם הִפַּלְתִּי עָלֶיהָ פִּתְאֹם עִיר וּבֶהָלוֹת:
(ירמיה טו:ח)

וְעַתָּה אַתֶּם אֹמְרִים לְהִתְחַזֵּק לִפְנֵי מַמְלֶכֶת ה' בְּיַד בְּנֵי דָוִיד וְאַתֶּם הָמוֹן רָב וְעִמָּכֶם עֶגְלֵי זָהָב אֲשֶׁר עָשָׂה לָכֶם יָרָבְעָם לֵאלֹהִים:
(דברי הימים ב יג:ח)

וַיִּרְדֹּף אֲבִיָּה אַחֲרֵי יָרָבְעָם וַיִּלְכֹּד מִמֶּנּוּ עָרִים אֶת־בֵּית־אֵל וְאֶת־בְּנוֹתֶיהָ וְאֶת־יְשָׁנָה וְאֶת־בְּנוֹתֶיהָ וְאֶת עֶפְרַיִן וּבְנֹתֶיהָ:
(דברי הימים ב יג:יט)

dead man's identity on the basis of recognition **unless** they saw the corpse **within three days** of the man's death (*Yevamos* 120a). עֲלֵיהֶם הוּא אוֹמֵר ״עָצְמוּ לִי אַלְמְנוֹתָו מֵחוֹל יַמִּים״ – **Concerning [Abijah and his warriors] a verse states,** ***Their widows were more numerous before Me than the sand of the seas*** (*Jeremiah* 15:8).[290]

Three additional opinions regarding Abijah's crime:

רַבִּי יוֹחָנָן וְרֵישׁ לָקִישׁ וְרַבָּנָן – **R' Yochanan, Reish Lakish, and the** other **Sages** debated why Abijah was punished: רַבִּי יוֹחָנָן אָמַר: עַל שֶׁבִּזָּה לַאֲחִיָּה הַשִּׁילוֹנִי, שֶׁנֶּאֱמַר ״וַיִּקָּבְצוּ עָלָיו אֲנָשִׁים רֵקִים בְּנֵי בְלִיַּעַל״[291], קָרָא לַאֲחִיָּה הַשִּׁילוֹנִי ״בְּלִיַּעַל״ – **R' Yochanan said: Because he disgraced Ahijah HaShiloni,**[292] **as it is written,** ***Worthless, lawless people gathered around [Jeroboam]*** (*II Chronicles* 13:7).[293] In this statement of Abijah's, **he called Ahijah HaShiloni** ***lawless.***[294] רֵישׁ לָקִישׁ אָמַר: עַל שֶׁחִסְדָם בָּרַבִּים, שֶׁנֶּאֱמַר ״וְאַתֶּם הָמוֹן רָב וְעִמָּכֶם עֶגְלֵי זָהָב״ – **Reish Lakish said: Because he degraded the masses**[295] (i.e., Jeroboam's men), **as it is written,** ***You are a great multitude, and with you are the golden calves*** *that Jeroboam has made for you as gods* (*II Chronicles* 13:8).[296] וְרַבָּנָן אָמְרֵי: עַל שֶׁבָּאת עֲבוֹדָה זָרָה לְיָדוֹ וְלֹא בִטְּלָהּ – **And the** other **Sages said: Because idolatry came into [Abijah's] hands and he did not destroy it.** שֶׁנֶּאֱמַר ״וַיִּרְדֹּף אֲבִיָּה אַחֲרֵי יָרָבְעָם״ וּכְתִיב[297] ״וַיִּלְכֹּד מִמֶּנּוּ עָרִים אֶת בֵּית אֵל וְאֶת בְּנוֹתֶיהָ״, וּכְתִיב ״וַיָּשֶׂם אֶת הָאֶחָד בְּבֵית אֵל״ – **For it is written,** ***Abijah pursued Jeroboam and captured several cities from him – Beth-el and its villages . . .*** (ibid. v. 19) **and it is written:** ***[Jeroboam] placed the one*** [golden calf] ***in Beth-el*** (*I Kings* 12:29).[298]

The Midrash extracts a lesson from Abijah's punishment:

וַהֲרֵי דְּבָרִים קַל וָחוֹמֶר וּמָה אִם מֶלֶךְ עַל יְדֵי שֶׁהוֹנָה מֶלֶךְ כָּמוֹהוּ עֲנָשׁוֹ הַכָּתוּב וְנִיגּוֹף – **The matter is a** ***kal vachomer*****: If a king** (Abijah) **was punished by Scripture and stricken because he taunted a fellow king** (Jeroboam), הֶדְיוֹט שֶׁהוּא מוֹנֶה הֶדְיוֹט עַל אַחַת כַּמָּה וְכַמָּה – **a commoner who taunts a** fellow **commoner, how much more so** will he be punished![299] Ⓐ

NOTES

290. The Midrash understands the word עָצְמוּ as suggestive of a very difficult situation, because perpetual widowhood is as difficult as death (*Eitz Yosef*; see *Matnos Kehunah* for an alternative approach).

In truth, the verse describes suffering that was visited upon the people of Judah many years after Abijah's reign. However, the Midrash maintains that they were punished this way fittingly (מִדָּה כְּנֶגֶד מִדָּה) for the crime of having made it impossible for the wives of Jeroboam's soldiers to remarry (*Eitz Yosef*).

291. The text has been emended following *Rashash* and *Eitz Yosef.* (What appears in the standard texts is not a Scriptural verse.)

292. [Ahijah was a righteous prophet who had originally encouraged Jeroboam (see *I Kings* 11:29ff).]

293. [This statement (as well as the one that will be quoted momentarily by Reish Lakish) was made by Abijah in a plea to Jeroboam's soldiers to abandon their leader, immediately before war broke out between the two kings.]

294. For Ahijah was among Jeroboam's original followers, whom Abijah collectively labeled *lawless* (*Rashi*).

[In fact, Ahijah had prophesied to Jeroboam (in *I Kings* 11:31) that his revolt against the king would be successful.]

295. *Eitz Yosef*, citing *Rashi* (see also *Matnos Kehunah*) and referencing *Leviticus* 20:17.

296. [Although Abijah's criticisms were accurate, he erred in speaking the way he did to so large a gathering of Jews.] One must always deal respectfully with the public (*Eitz Yosef*).

[*Eitz Yosef* cites and explains an alternative version, according to which Abijah was censured for *suspecting all* of Jeroboam's men of idolatrous practice, when, in truth, only some were culpable.]

297. [The word וּכְתִיב, which interrupts the quote of the verse, is omitted in some editions of the Midrash.]

298. The cited verses prove that Jeroboam had placed an idolatrous calf in Beth-el, and that Beth-el fell under Abijah's control (see *Rashi*). That Abijah failed to destroy the golden calf is known to the Midrash from another, unrelated verse, which indicates that it was in existence at a later date (see *Yefeh To'ar*, and *Eitz Yosef*, Vagshal ed., who cites *Ramash*).

299. When a king is at war, he must do whatever he needs to do to ensure the success of his campaign. If Abijah was punished so severely for disparaging remarks he made about Jeroboam in an attempt to gain the support of Jeroboam's men, then certainly will punishment be meted out to one who inexcusably causes another person to suffer (*Or HaSeichel*; see also *Yefeh To'ar* and *Eitz Yosef*, who cites *Kli Yakar* to *Chronicles* ad loc.). See Insight Ⓐ.

INSIGHTS

Ⓐ **Abijah's Crime** The Midrash's comments concerning Abijah at the end of this section appear to be at odds with what it said on the subject until that point. After having cited five different explanations of Abijah's crime, the Midrash concludes with an intimation that Abijah was punished for taunting the wicked Jeroboam, which is unlike any of the previous approaches?!

To answer this question, *Ohr HaSeichel* introduces a second difficulty: Just above, the Midrash had said that Abijah was punished for his failure to destroy the idolatrous calf located in Beth-El. Now, how could it be that Jeroboam, who had *erected* the calf, should have outlived Abijah, who merely left it in place?

To resolve both difficulties, *Ohr HaSeichel* suggests that the final lines of the section are in agreement with the suggestion which preceded them, that Abijah was punished after failing to eradicate Jeroboam's calf. For, in truth, the Sages did not mean to say that Abijah was punished for the evil that that misdeed actually involved, but rather, because that act caused him to be culpable for his having publicly berated Jeroboam earlier.

He explains that Abijah's reprimand of Jeroboam was not inherently criminal, as the rebuke would have been warranted had it been made for the sake of Heaven. However, when Abijah later failed to eradicate the very idols about which he had criticized Jeroboam, this proved that his criticism had been merely to *taunt* Jeroboam. It was at that point that Abijah became deserving of being stricken by God for the comments he had made earlier. Thus, the Midrash states that if King Abijah was stricken for having *taunted a "fellow" king*, i.e., a king whose faults he shared, then certainly will a *commoner* who taunts an equal be punished. [See *Yefeh To'ar* and *Maharzu* for alternative approaches.]

אָמַר: לְכוּ וְחִזְרוּ עַל בָּתֵּי כְנֵסִיּוֹת וְעַל בָּתֵּי מִדְרָשׁוֹת שֶׁלָּהֶן וְאִם מְצָאתֶם שָׁם תִּינוֹקוֹת מְצַפְצְפִין בְּקוֹלָן אֵין אַתֶּם יְכוֹלִים לְהִזְדַּוֵּוג לָהֶם שֶׁכָּךְ הִבְטִיחָן אֲבִיהֶן וְאָמַר לָהֶם "הַקֹּל קוֹל יַעֲקֹב", בִּזְמַן שֶׁקּוֹלוֹ שֶׁל יַעֲקֹב מָצוּי בְּבָתֵּי כְנֵסִיּוֹת אֵין "הַיָּדַיִם יְדֵי עֵשָׂו", וְאִם לָאו "הַיָּדַיִם יְדֵי עֵשָׂו", אַתֶּם יְכוֹלִים לָהֶם. "הַקֹּל קוֹל יַעֲקֹב" בְּפִילֶגֶשׁ בַּגִּבְעָה, (שופטים כא, יח) "אָרוּר נֹתֵן אִשָּׁה לְבִנְיָמִין". "הַקֹּל קוֹל יַעֲקֹב", בִּימֵי יָרָבְעָם קוֹל בְּכִי שֶׁהָרְגוּ מֵהֶם חֲמֵשׁ מֵאוֹת אֶלֶף, הָדָא הוּא דִכְתִיב (ד"ה ב יג, כ) "וְלֹא עָצַר כֹּחַ יָרָבְעָם וְגוֹ'". [לד]אָמַר רַבִּי שְׁמוּאֵל בַּר נַחְמָן: מָה אַתְּ סָבוּר שֶׁיָּרָבְעָם נִיגַּף, וַהֲלֹא לֹא נִיגַּף אֶלָּא אֲבִיָּה, וְלָמָּה נִיגַּף רַבִּי אַבָּא בַּר כָּהֲנָא אָמַר: עַל יְדֵי שֶׁהֶעֱבִיר הַכָּרַת פָּנִים שֶׁל יִשְׂרָאֵל דִּכְתִיב (ישעיה ג, ט) "הַכָּרַת פְּנֵיהֶם עָנְתָה בָּם". וְרַבִּי לֵוִי אָמַר: עַל יְדֵי שֶׁהֶעֱמִיד עֲלֵיהֶם שׁוֹמְרִים שְׁלֹשָׁה יָמִים עַד שֶׁנִּתְקַלְקְלָה צוּרָתָן דִּתְנַן [לה]אֵין מְעִידִין אֶלָּא עַל פַּרְצוּף פָּנִים עִם הַחוֹטֶם אַף עַל פִּי שֶׁיֵּשׁ סִימָנִין בְּגוּפוֹ וּבְכֵלָיו, וְאֵין מְעִידִים אֶלָּא עַד שְׁלֹשָׁה יָמִים, עֲלֵיהֶם הוּא אוֹמֵר (ירמיה טו, ח) "עָצְמוּ לִי אַלְמְנוֹתָיו מֵחוֹל יַמִּים". רַבִּי יוֹחָנָן וְרֵישׁ לָקִישׁ וְרַבָּנָן, רַבִּי יוֹחָנָן אָמַר: עַל שֶׁבִּזָּה לַאֲחִיָּה הַשִּׁילוֹנִי, שֶׁנֶּאֱמַר "וְעִמָּכֶם אֲנָשִׁים בְּנֵי בְלִיַּעַל", קָרָא לַאֲחִיָּה הַשִּׁילוֹנִי "בְּלִיַּעַל". רֵישׁ לָקִישׁ אָמַר: עַל שֶׁחִסְּדָם בָּרַבִּים, שֶׁנֶּאֱמַר (ד"ה ב יג, ח) "וְאַתֶּם הָמוֹן רָב וְעִמָּכֶם עֶגְלֵי זָהָב". וְרַבָּנָן אָמְרִי: עַל שֶׁבָּאת עֲבוֹדָה זָרָה לְיָדוֹ וְלֹא בִטְּלָהּ, שֶׁנֶּאֱמַר (שם, יט) "וַיִּרְדֹּף אֲבִיָּה אַחֲרֵי יָרָבְעָם" וּכְתִיב "וַיִּלְכֹּד מִמֶּנּוּ עָרִים אֶת בֵּית אֵל וְאֶת בְּנוֹתֶיהָ", וּכְתִיב "וַיָּשֶׂם אֶת הָאֶחָד בְּבֵית אֵל", וַהֲרֵי דְבָרִים קַל וָחוֹמֶר וּמָה אִם מֶלֶךְ עַל יְדֵי שֶׁהוֹנָה מֶלֶךְ כָּמוֹהוּ עֲנָשׁוֹ הַכָּתוּב וְנִיגּוֹף, הֶדְיוֹט שֶׁהוּא מוֹנֶה הֶדְיוֹט עַל אַחַת כַּמָּה וְכַמָּה:

רש"י

הקול קול יעקב. בימי ירבעם קול בכי שהרגו מהן ת"ק אלף הדא הוא דכתיב ולא עצר כח ירבעם בימי אביה ויגפהו ה' וימת: **את סבור שירבעם ניגף והלא לא ניגף אלא אביה.** וכן בחשבון המלכים מלינו שאביה היה ולמה ניגף על שביזה לאחיה השלוני שנאמר ועמכם אנשים ריקים בני בליעל והכנים לאחיה השלוני בכללן: **על שחשדם ברבים.** שחרפו ברבים: **על ידי שבאת עבודת כוכבים לידו ולא ביטלה דכתיב וירדוף אביה אחרי ירבעם וילכוד ממנו את בית אל ואת בנותיה.** וכיון שכבשה היה לו לבטל עבודת כוכבים שבה: **קל וחומר.** אם אביה שהיה מלך על שהונה מלך כמוהו ענשו הקב"ה שניגף כו':

עץ יוסף

ומשם משמע שהשאלה היתה לשניהם: **תינוקות מצפצפים.** שאע"פ שאין בהם בתינוקות תבונה ר"ק כלפלוף עופות. מ"מ לא יהיו שולטין בהם הידים של עשו. שהעולם מתקיים בהבל פיהם. ודייק לה מלשון הקול דמשמע קול בעלמא: **אין הידים ידי עשו כו'.** דריש וא"ו של והידים לשון או כוא"ו ומכה אביו ואמו שפירושו או אמו. ופי' הקול קול יעקב או הידים ידי עשו. ועיין מ"ש ע"ז באיכה רבתי: **בפילגש בגבעה ארור נותן אשה כו'.** כלו' שעשו רושם בקולם קול ארור נותן וגו' ומאז הוצרכו לעשות מעשה ידי עשו בגזילה לחטוף ולגזול בנות שילה בלאתם לחול במחולות: **קול בבי.** של זרע יעקב בימי ירבעם בהיות אז הידים ידי יעקב כידי עשו בש"ד הרבה בקרב ישראל: **הה"ד ולא עצר כו'.** איידי דמייתי קרא מפרש ליה (נזה"ק): **שירבעם ניגף כו'.** מדהזכיר מיתתו כאן שלא כסדר הזמנים צריך לומר דרמיז נמי אאביה שמת באותו הפרק בעון אותו המעשה שמבואר לקמן בסמוך: **שהעביר הכרת פנים.** ש"י. כדי שלא יעידו עליהם ויתעגנו נשותיהן: **הכרת פניהם כו'.** זה מביא לראיה שהכרת האדם היא בפנים לא זולת. ועיין בויק"ר פ' ל"ג שלמד שם שקילקל צורת הפנים מדכתיב ויכו בהם אביה ועמו מכה רבה. ובירו' פ' בתרא דיבמות מפרש שהעבירו מהם החוטם שהוא עיקר הכרת פנים: **עצמו לי אלמנותיו.** ואע"פ שהמקרא כתוב בירמיה ה"ק שבני יהודה נידונו מדה כנגד מדה. כי כמו שגרמו ענין אלמנות בני ישראל בימי ירבעם כך אירע להם (נזה"ק): **עצמו לי אלמנותיו.** רעות האלמנות. כלומר שרע בעיניו. כי השארות עגונות קשה כמות: **קרא לאחיה השלוני בליעל.** שאמר ויקבצו עליו בני בליעל ואחיה השילוני היה מחזיק את ירבעם ראשונה: **שחסדם ברבים.** שבזה וחרף את הרבים. וכן פי' רש"י והוא מלשון חסד הוא. והחטא בזה דלעולם צריך להיות אימת צבור. וי"ג שחשדן ברבים ופירושו שלא הכל היו נוטים אחר הבעלים. והוא אמר ואתם המון רב ועמכם עגלי זהב: **ערים את בית אל כו'.** בנבואת הושע כתיב לעגלות בית און יגורו שכן שומרון דהיינו עגל של בית אל שנקרא בית און. הרי נראה שעדיין היה קיים: **ומה אם מלך כו'.** ר"ל שהוא כמותו ואיש ריבו ונפקא ליה טובא מהונאה ועל כל זה ויגפהו ה' לאביה. הדיוט כו' עאכ"ו שהרי הוא חמור שחוטא בהוכחת חבירו על דברי הבל (כלי יקר על כ"ר):

(כא) [יז] **הא קולו משתק כו'.** כלו' שקולו עושה רושם להשתיק את העליונים ואת התחתונים כלו' מה"ש שבעולם העליון ועולם התחתון

פירוש מהרז"ו

ג' ימים. ע"ל פ"ק סי' ז' בתר ג' ימים דאשתני זיוא דאפוהי: **ויקבצו עליו אנשים ריקים וגו'.** משמע שעיקר ממשלתו ע"י בני בליעל ובאמת היתה ע"י אחיה השלוני והיו בדבריו כפירה בדברי הנביא אחיה: **בבית אל.** שהרי מפורש בהושע יו"ד לעגלות בית און גו' גם אותו לאשור יובל ובית און הוא בית אל ומפורש עוד במלכים ב' רק חטאי ירבעם גו' עגלי הזהב אשר בבית אל ואשר בדן הרי שלא בערם: **והרי דברים קל וחומר.** עיקר מאמר זה שייך בויק"ר פל"ג שדורש כן ע"פ ולא תוכו והק"ו הוא לפ"ד ר"ל וכאן הוא דרך אגב:

מתנות כהונה

בפלגש בגבעה. דרש הקל מלשון קללה כדאמריכן בירושלמי דמסכת תענית דאלי ומיקל פירוש מקלל: **את סבור שירבעם כו'.** ע"כ א"א לומר שניגוף אלא אביה שהרי אביה לא מלך רק ג' שנים ומלך בשנת י"ח לירבעם ואסא בן אביה מלך בשנת כ' לירבעם נמלא כשמת אביה ומלך בנו אסא עדיין ירבעם קיים וכ"כ רש"י ז"ל שלפי חשבון המלכים מלינו שאביה ניגוף: **ע"י שהעביר הכרת פניהם.** איתא בירושלמי פר' בתרא דיבמות ובויקרא רבה פרשה ל"ג דיליף ליה מדכתיב ויכו בהם אביה ועמו מכה רבה ומפרש בירושלמי שהעבירו מהם החוטם שהוא עיקר הכרת פנים וכל זה הוא לקמן פרשה ע"ג ובמדרש רות פ' ז': **ור' לוי.** פליג כדמפרש ואזיל: **עצמו לי אלמנותיו.** וזהו דכתיב מכה רבה כי רבה ועלום חדא מילתא היא. על שחסדם הכי גרס רש"י ז"ל ופי' שחרפום ברבים כן הוא

אשד הנחלים

[כ] **בפלגש בגבעה ארור.** עיין במ"כ ולי נראה משום דשם נאמר ואיש ישראל נשבע גו' ויבא גו' וישאו קולם ויבכו בכי גדול. ונראה בזה תכונת רוחם הטובה אף כי המה ברוב כעסם נשבעו לבלי תת להם אשה. עכ"ז לא שמחו על מפלתם. אדרבא בכו וצעקו לה' כי נגדע כהיום שבט מישראל. וז"א על צד הרמז. הקול קול יעקב שמקולו הנמוך והרך ניכר שהוא יעקב. וכן בימי ירבעם אף שהיה רשע. עכ"ז מהר עת הציקוהו צרתו עד מאוד. אז נשא קולו בבכי. כי באמת אף הרע שברעים. תכונתם בעצם טובה מאוד. ומפרש חטאו

חידושי הרד"ל

(כ) **ענתה בם.** העידה בם. וע"י שהעביר הכרת פניו לא היו יכולין להעיד עליהם. **עצמו לי אלמנותיו.** שנשארו עגונות:

חידושי הרש"ש

[כ] **שנאמר ויקבצו עליו אנשים רקים בני כו'** (כצ"ל והוא בד"ה שם) קרא לאחיה השילוני בליעל. נ"ל משום דטעה ואתם לירבעם למפלה עבודת כוכבים כדאי' בחלק ד' ק"ב:

מסורת המדרש

לד ירושלמי יבמות פרק ט"ו. לקמן פר' ע"ג. ויקרא רבה פרשה ל"ג. רות רבה פ' ז'. סדר עולם פרק י"ז. מדרש שמואל פרשה י"ח. ילקוט מלכים רמז ר"ה:

לה יבמות דף ק"כ וש"כ:

לו חגיגה ד' ט"ו. ירושלמי ברכות פ' א'. שמות רבה פ' מ"ג. רות רבה ריש פ' א'. מדרש תהלים מזמור א'. תנחומא קדושים סי' ו'. ילקוט כאן רמז קט"ו. ילקוט יחזקאל רמז ש"מ:

אם למקרא

וַאֲנַחְנוּ לֹא נוּכַל לָתֶת־לָהֶם נָשִׁים מִבְּנוֹתֵינוּ כִּי־נִשְׁבְּעוּ בְנֵי־יִשְׂרָאֵל לֵאמֹר אָרוּר נֹתֵן אִשָּׁה לְבִנְיָמִן:
(שופטים כא:יח)

וְלֹא־עָצַר כֹּחַ־יָרָבְעָם עוֹד בִּימֵי אֲבִיָּהוּ וַיִּגְּפֵהוּ ה' וַיָּמֹת:
(דברי הימים ב יג:כ)

הַכָּרַת פְּנֵיהֶם עָנְתָה בָּם וְחַטָּאתָם כִּסְדֹם הִגִּידוּ לֹא כִחֵדוּ אוֹי לְנַפְשָׁם כִּי־גָמְלוּ לָהֶם רָעָה:
(ישעיה ג:ט)

עָצְמוּ־לִי אַלְמְנוֹתָו מֵחוֹל יַמִּים הֵבֵאתִי לָהֶם עַל־אֵם בָּחוּר שֹׁדֵד בַּצָּהֳרָיִם הִפַּלְתִּי עָלֶיהָ פִּתְאֹם עִיר וּבֶהָלוֹת:
(ירמיה טו:ח)

וְעַתָּה אַתֶּם אֹמְרִים לְהִתְחַזֵּק לִפְנֵי מַמְלֶכֶת ה' בְּיַד בְּנֵי דָוִיד וְאַתֶּם הָמוֹן רָב וְעִמָּכֶם עֶגְלֵי זָהָב אֲשֶׁר עָשָׂה לָכֶם יָרָבְעָם לֵאלֹהִים:
(דברי הימים ב יג:ח)

וַיִּרְדֹּף אֲבִיָּה אַחֲרֵי יָרָבְעָם וַיִּלְכֹּד מִמֶּנּוּ עָרִים אֶת־בֵּית־אֵל וְאֶת־בְּנוֹתֶיהָ וְאֶת־יְשָׁנָה וְאֶת־בְּנוֹתֶיהָ וְאֶת עֶפְרַיִן וּבְנֹתֶיהָ:
(דברי הימים ב יג:יט)

§21 The Midrash offers another interpretation of Jacob's statement in our verse:

דָּבָר אַחֵר "הַקֹּל קוֹל יַעֲקֹב" הָא קוֹלוֹ מְשַׁתֵּק אֶת הָעֶלְיוֹנִים וְאֶת הַתַּחְתּוֹנִים – **Another interpretation:** ***The voice is the voice of Jacob*** may be interpreted to mean that **[Jacob's] voice silences the** angels in both the **upper spheres and** the **lower spheres.**[300]

The Midrash will use a verse from *Ezekiel* to teach that Isaac's statement, as it has been explained here, hinted at a phenomenon that would repeat itself with Jacob's offspring:[301]

רַבִּי רְאוּבֵן אָמַר: כְּתִיב "בְּעָמְדָם תְּרַפֶּינָה כַנְפֵיהֶן" – **R' Reuven said: It is written,** ***When [the angels] would stand, they would flap their wings*** (*Ezekiel* 1:24).[302] "בְּעָמְדָם", וְכִי יֵשׁ יְשִׁיבָה לְמַעְלָה – R' Reuven questioned this verse: ***When [the angels] would stand*** – now, **is there sitting on high** (i.e., in the realm of the angels)?[303] לֹא כֵן אָמַר רַבִּי שְׁמוּאֵל: אֵין יְשִׁיבָה לְמַעְלָה, שֶׁנֶּאֱמַר "וְרַגְלֵיהֶם רֶגֶל יְשָׁרָה" אֵין לָהֶם קְפִיצִים – **Did not R' Shmuel say: There is no sitting on high, for it is written:** ***[the angels'] legs were a straight leg*** (ibid. v. 7), which indicates that **they have no joints?!**[304] "קִרְבֵת עַל חַד מִן קָאֲמַיָּא", מַה הוּא דֵין לָשׁוֹן "קָאֲמַיָּא" קַיְימַיָּא – The Midrash cites a second proof that angels do not *sit*:[305] A verse states, ***I*** (Daniel) ***approached one of the "קָאֲמַיָּא"*** (*Daniel* 7:16). The Midrash explains: **What is this expression of "קָאֲמַיָּא"?** It means **standing ones** (קיימיא).[306] "שְׂרָפִים עוֹמְדִים מִמַּעַל לוֹ", "וְכָל צְבָא הַשָּׁמַיִם עוֹמְדִים" – Additional proofs from Scripture: ***Seraphim were standing above, at His service*** (*Isaiah* 6:2); ***With all the host of Heaven standing*** *on His right and on His left* (*II Chronicles* 18:18). וְאַתְּ אֲמַרְתְּ "בְּעָמְדָם" אֶתְמְהָא – The Midrash at last concludes the question it began above: **And yet you** (i.e., the verse from *Ezekiel*) **say,** ***when [the angels] would stand*****?! Can it be?**

וּמָה הִיא "בְּעָמְדָם", בָּא עַם דֹּם – Having disproven the verse's apparent meaning, the Midrash provides another: **And what** then **is** the meaning of **"בְּעָמְדָם"?** It means, when **the nation** of Israel **comes** to proclaim God's oneness and praise, there is **silence.**[307] בְּשָׁעָה שֶׁיִּשְׂרָאֵל אוֹמְרִין שְׁמַע יִשְׂרָאֵל, הַמַּלְאָכִים שׁוֹתְקִין וְאַחַר כָּךְ "תְּרַפֶּינָה כַנְפֵיהֶן" – The Midrash elaborates: **When Israel proclaims, "*Shema Yisrael*," the angels are silent and** only **afterward** ***they would flap their wings.***[308] וּמָה הֵן אוֹמְרִין "בָּרוּךְ כְּבוֹד ה' מִמְּקוֹמוֹ" וּ"בָרוּךְ שֵׁם כְּבוֹד מַלְכוּתוֹ" – **And what do [the angels] say?**[309] ***"Blessed be the Glory of HASHEM from His place"*** (*Ezekiel* 3:12)[310] **and "Blessed is the Name of His glorious kingdom."**[311]

Related discourses:

רַבִּי לֵוִי אָמַר: "בְּרָן יַחַד כּוֹכְבֵי בֹקֶר וַיָּרִיעוּ כָּל בְּנֵי אֱלֹהִים" – **R' Levi said:** A verse states, ***When the morning stars sang in unison and all of the heavenly beings shouted*** (*Job* 38:7). מִשֶּׁזַּרְעוֹ[312] שֶׁל יַעֲקֹב שֶׁנִּמְשְׁלוּ לַכּוֹכָבִים מְקַלְּסִין דִּכְתִיב בְּהוֹן "וּמַצְדִּיקֵי הָרַבִּים כַּכּוֹכָבִים" – This verse may be interpreted to mean, **After the offspring of Jacob, who are compared to the** ***stars*****, praise** God,[313] **as it is written,**[314] ***and those who teach righteousness to the multitudes*** [will shine] ***like the stars*** (*Daniel* 12:3), וְאַחַר כָּךְ "וַיָּרִיעוּ כָּל בְּנֵי אֱלֹהִים", אֵלּוּ מַלְאֲכֵי הַשָּׁרֵת – only **afterward,** ***and all of the heavenly beings shouted*** **– these are the ministering angels,** who, at that point, *shout* in Divine worship.[315] מָה הֵן אוֹמְרִין "בָּרוּךְ שֵׁם כְּבוֹד מַלְכוּתוֹ" – And **what do [the angels] say? "Blessed is the Name of His glorious kingdom."**

NOTES

300. Elucidation follows *Eitz Yosef*. [See Insight.]

This exposition understands our verse to mean that when *Jacob's voice* is audible it is the *only voice* that can be heard (*Radal*). Alternatively, the verse suggests that Jacob's voice makes a powerful impact (*Eitz Yosef*; compare note 279 above).

301. *Nezer HaKodesh*.

302. [This verse is part of Ezekiel's description of God's heavenly throne (מֶרְכָּבָה) and its attendant angels.]

303. The Midrash is perplexed by the verse's implication that the angels would rise from a sitting position (*Eitz Yosef* s.v. ואת אמרת בעמדם).

304. One who sits bends his legs. The fact that the angels had *straight legs* indicates that they could not sit (see *Eitz Yosef*).

Translation follows *Rashi*, also cited by *Matnos Kehunah* and *Eitz Yosef*. [The word קְפִיצִים is related to the word for *jumping,* which can be done only by one who has *joints* in his legs (see ibid.). See *Matnos Kehunah* and *Maharzu*, who cites *Aruch*, for additional explanations.]

[*Rambam* (*Hilchos Yesodei HaTorah* 2:3-4) states clearly that heavenly angels do not have physical bodies. It is therefore obvious that this discussion of the Midrash cannot be meant literally.] See Insight Ⓐ.

305. *Yefeh To'ar* considers why multiple proofs are required.

306. The word קָאֲמַיָּא would appear to mean *the first ones*. However, the verse's failure to subsequently mention *later ones* proves to the Midrash that the meaning of the word is *standing ones*, and it refers to angels that Daniel saw in the prophetic vision he describes in this verse (*Yefeh To'ar*, cited in part by *Eitz Yosef*).

307. *Eitz Yosef*; see also *Matnos Kehunah*.

The word בְּעָמְדָם is understood as a contraction of the words בָּא, *comes*; עַם, *the nation*; and דֹּם, *silence* (see *Matnos Kehunah*).

308. Angels praise God with their wings (see *Chagigah* 13b and *Tanchuma*, *Kedoshim* §6). The Midrash understands the cited verse to mean that the angels remain silent, with their wings idle, during the time in which the Jews praise Him. Only after the Jews are finished do the angels once again *flap their wings* in song (*Eitz Yosef*).

309. Below, the Midrash will teach that the angels respond to human praises. Here the Midrash explains what it is that they say then (*Yefeh To'ar*).

310. For the reason the Midrash, here and twice more below, ascribes this praise to the angels; see Insight.

311. Moses learned this sublime expression from the angels he encountered in heaven and he then taught it to the Jewish people (*Yefeh To'ar*, from *Devarim Rabbah* 2 §36). [See *Ben Yehoyada* to *Pesachim* 56a, who explains why it is an appropriate response to the *Shema*.]

312. The text is emended (from מה זרעו), following *Eitz Yosef*.

313. Specifically, the Midrash refers to the Jewish praise of God with the morning *Shema*. For this reason, the verse identifies the Jews with the term *morning stars* (*Eitz Yosef*, citing *Yefeh To'ar*). [Although Jews are obligated to recite the *Shema* in the evening as well, this verse describes the angels' praise which (as taught in *Chullin* 91b) occurs only once a day (ibid.).]

314. This verse compares Jacob's offspring to stars.

315. The verse from *Job* thus accords with what has been taught above, that the angels offer praise to God only after the Jewish people have said *Shema*.

INSIGHTS

Ⓐ **There Is No Sitting On High** *Yefeh To'ar* suggests several approaches to explain our Midrash's cryptic statement that *there is no sitting on high*:

On occasion, heavenly angels appear to people in human form. [Whether people can actually see angels or if they do so only in a prophetic vision is subject to debate (see *Moreh Nevuchim* 2:42; *Ramban* to 18:1 above and to *Numbers* 22:23; *Teshuvos HaRashba* §548; and *Rabbeinu Bachya* to18:8 above and *Numbers* 22:28).] The Midrash may mean that at such times, they are never sitting, but rather standing, as befits servants in the service of their king.

Alternatively, *sitting* may be a metaphor for authority (compare *Isaiah* 28:6 and *Esther* 1:14). The Midrash is thus indicating that angels will never act on their own. They always stand, like foot soldiers who carry out God's command.

Lastly, the Midrash may be teaching that, in contrast to human beings who must eventually sit down to relax and recoup their strength, angels never cease to praise God and to perform missions on His behalf.

חידושי הרד"ל

(כא) [כא] **קולו משתק את העליונים והתחתונים.** דרש כשקול יעקב נשמע אז אין כ"א קול אחד קולו ושאר כל הקולות נשתקין מפני קולו וכדמפורש (וכן במשה שאמר האזינו וכן באליהו):

(כב) **תרפינה כנפיהן.** ומה הן אומרין בשכמל"ו כנ"ל וכדלקמן וכ"ה בילקוט יחזקאל ובכאן ותנחומא קדושים ס"ז ע"ש:

עץ יוסף

דבשניהם יש מלאכים (נזה"ק): **רגל ישרה.** והיושב רגליו עקומות ולא ישרות: **קפיצין.** פרש"י חוליות שיהיו יכולים לקפוץ: **מהו דין לשון קאמייא.** דקאמייא פירושו ראשונים לכן מפרש קיימיא ר"ל עומדים כתרגומו: **ואת אמרת בעמדם.** דמשמע שמתחלה היו יושבים: **בא עם דם.** כשבא עם בני ישראל יש דממה. ר"ל כשבאים לפני ה' ביחוד שמו וקילוסו: **ואחר כך תרפינה כנפיהם.** פי' קילוסן הוא בנענוע כנפים וכשבא קילוסן של ישראל הם דוממים מנענועם ונשארות מתוחות כשמסיימים ישראל תרפינה כנפיהם בשירה (ועיין בתנחומא סדר קדושים סימן ו'): **מה זרעו של יעקב בו'.** נ"ל משזרעו של יעקב שנמשלו לכוכבים מקלסין. שפיר' אחר שזרעו של יעקב (יפ"ת): **שנמשלו לכוכבים.** ונקראו כוכבי בקר לפי שמקלסין בבקר דהיינו ק"ש שקורין בשחרית ולא הזכיר בערבית לפי שאין המלאכים אומרים אז שירה כדאי' בפ' ג"ה (יפ"ת): **רעש גדול אתמהא.** כלו' שהיה שמיעת הרעש הזה מאחוריו דבר תימא כי למה ישמע מלד זה ולא מעבר פניו אלא שפי' אחרי בזמן

כא דָּבָר אַחֵר "הַקֹּל קוֹל יַעֲקֹב" הָא קוֹלוֹ מְשַׁתֵּק אֶת הָעֶלְיוֹנִים וְאֶת הַתַּחְתּוֹנִים. רַבִּי רְאוּבֵן אָמַר: כְּתִיב (יחזקאל א, כד) "בְּעָמְדָם תְּרַפֶּינָה כַנְפֵיהֶן", "בְּעָמְדָם", וְכִי יֵשׁ יְשִׁיבָה לְמַעְלָה, לֹא כֵן [לי]אָמַר רַבִּי שְׁמוּאֵל: אֵין יְשִׁיבָה לְמַעְלָה, שֶׁנֶּאֱמַר (שם, ז) "וְרַגְלֵיהֶם רֶגֶל יְשָׁרָה", אֵין לָהֶם קְפִיצִים. (דניאל ז, טז) "קִרְבֵת עַל חַד מִן קָאֲמַיָּא", מַה הוּא דֵין לְשׁוֹן "קָאֲמַיָּא קְיָימַיָּא", (ישעיה ו, ב) "שְׂרָפִים עוֹמְדִים מִמַּעַל לוֹ", וְכָל צְבָא הַשָּׁמַיִם עוֹמְדִים, וְאַתְּ אֲמַרְתְּ בְּעָמְדָם אֶתְמְהָא, וּמָה הִיא "בְּעָמְדָם", בָּא עָם דֹּם. בְּשָׁעָה שֶׁיִּשְׂרָאֵל אוֹמְרִין שְׁמַע יִשְׂרָאֵל, הַמַּלְאָכִים שׁוֹתְקִין וְאַחַר כָּךְ תְּרַפֶּינָה כַנְפֵיהֶן, וּמָה הֵן אוֹמְרִין "בָּרוּךְ כְּבוֹד ה' מִמְּקוֹמוֹ" וּבָרוּךְ שֵׁם כְּבוֹד מַלְכוּתוֹ". רַבִּי לֵוִי אָמַר: (איוב לח, ז) "בְּרָן יַחַד כּוֹכְבֵי בֹקֶר °וַיָּרִיעוּ כָּל בְּנֵי אֱלֹהִים"° מַה זַּרְעוֹ שֶׁל יַעֲקֹב שֶׁנִּמְשְׁלוּ לַכּוֹכָבִים מְקַלְּסִין דִּכְתִיב בְּהוֹן (דניאל יב, ג) "וּמַצְדִּיקֵי הָרַבִּים כַּכּוֹכָבִים", [לז] וְאַחַר כָּךְ "וַיָּרִיעוּ כָּל בְּנֵי אֱלֹהִים", אֵלּוּ מַלְאֲכֵי הַשָּׁרֵת, מָה הֵן אוֹמְרִין "בָּרוּךְ שֵׁם כְּבוֹד מַלְכוּתוֹ".

פירוש מהרז"ו

(כא) **קולו משתק וכו'.** עי' בפר"א פל"ב: **בעמדם.** תנחומא קדושים סי' ו': **קפיצים.** פי' הערוך פרקים: **ואחר כך תרפינה כנפיהם.** נ"ע שהרי השירה שאומרים המלאכים הם בכנפים שמעופפים וכמ"ש ובשתים יעופף ודרשו שבהם אומרים שירה ואיך אומר כאן כשמרפים כו'. ולשון התנחומא בקדושים ומהו בעמדם תרפינה כנפיהם כשמאמיני ה' מקלסין מלאכי השרת מרפים כנפיהם ועומדים מלומר שירה שבכנפיהם הם אומרים שירה וכה"א ברן יחד כוכבי בוקר וגו' הרי להיפוך ממ"ש כאן. והנה בפר"א ספ"ד איתא שש כנפים כו' בשתים יכסה פניו שלא יראה פני השכינה כו' ובשתים מעופפים מעריצים ומקדישים כו' זה עונה וזה קורא ואומרים ק' ק' ק' כו' והחיות עומדות וכו' ואומרות ברוך כו' והמאמינים בה' עונים ואומרים שמע גו' ע"ש. ועפ"ז יתכן לבא אל כוונת המדרש אלא שנשתבש מאד ולקה בחסר ובחלוף וכנ"ל בעמדם בא עם דום בשעה שאומרים ברוך כו' המלאכים שותקים ותרפינה כנפיהם ואח"כ אומרים ברוך כבוד כי המדרש מדבר ממ"ש מפורש ביחזקאל ג' י"ב שהמלאכים אומרים ברוך כבוד אלא שדורש שתחלה מאמיני ה' אומרים ואז המלאכים שותקים ומרפים כנפיהם ואח"כ אומרים גם כן ברוך כבוד ואח"כ מאמינים מיחדים שמו של הקב"ה והמלאכים שותקים ואח"כ אומרים ברוך שכ"מ. וכמש"ל בהדיא בדברי רשב"ן משקלסתי אני וחבירי וכו' ברוך כבוד. ובזה נבוא לביאור המדרש מהו בעמדם בא עם דום דורש מ"ש ביחזקאל א' כ"ד ואשמע את קול כנפיהם וגו' עד בעמדם תרפינה. שלא יתכן לפרש בעמדם אחר שישבו שהרי אין להם ישיבה. גם לא יתכן בעמדם מן ההליכה וכמ"ש בפסוק כ"א בלכתם ילכו ובעמדם יעמודו שא"כ היל"ל כן בפסוק כ"א ובעמדם יעמודו תרפינה כנפיהם אך כאן בפר' כ"ד כתוב ואשמע את קול כנפיהם וגו' שפי' שאומרים שירה וכמ"ש בשתים יעופף (וע"ל רפ"א ע"פ מקולות מים רבים אדירים וגו' ע"ש). הרי מ"ש בעמדם פי' מן הקול (ע"ד ובפתחו עמדו כל העם שפי' שתקו) והנה כתיב ב"פ בעמדם תרפינה כנפיהם בפ' כ"ד ובפ' כ"ה ובהכרח שדורש כאן פסוק השני שהוא מיותר (כמ"ש היפ"ת) ובזה נבין כוונת הפסוקים שכאן מרומז כל הקדושה ע"פ מדה יו"ד וי"ו והיינו שתחלה המאמינים אומרים קדוש והמלאכים שותקים ואח"כ אומרים המלאכים קדוש כמ"ש בישעיה וזה מרומז בפ' כ"ד בעמדם תרפינה כנפיהם. ואח"כ המאמינים אומרים ברוך והמלאכים שותקים ואח"כ אומרים המלאכים ברוך כמ"ש ביחזקאל ג' ועפ"ז מורה בפסוק כ"ה עוד הפעם

רש"י

(כא) **אין להם קפצים.** שאין להם חוליות שיהו יכולין לקפץ וכו': **ואת אמר בעמדם.** מכלל שיש להם ישיבה:

מסורת המדרש

לו חולין דף נ"א:
לז ילקוט יחזקאל רמז שמ"א:

אם למקרא

וָאֶשְׁמַע אֶת־קוֹל כַּנְפֵיהֶם כְּקוֹל מַיִם רַבִּים כְּקוֹל־שַׁדַּי בְּלֶכְתָּם קוֹל הֲמֻלָּה כְּקוֹל מַחֲנֶה בְּעָמְדָם תְּרַפֶּינָה כַנְפֵיהֶן: (יחזקאל א:כד)

וְרַגְלֵיהֶם רֶגֶל יְשָׁרָה וְכַף רַגְלֵיהֶם כְּכַף רֶגֶל עֵגֶל וְנֹצְצִים כְּעֵין נְחֹשֶׁת קָלָל: (יחזקאל א:ז)

קִרְבֵת עַל־חַד מִן־קָאֲמַיָּא וְיַצִּיבָא אֶבְעֵא מִנֵּהּ עַל־כָּל־דְּנָה וַאֲמַר־לִי וּפְשַׁר מִלַּיָּא יְהוֹדְעִנַּנִי: (דניאל ז:טז)

שְׂרָפִים עֹמְדִים מִמַּעַל לוֹ שֵׁשׁ כְּנָפַיִם שֵׁשׁ כְּנָפַיִם לְאֶחָד בִּשְׁתַּיִם יְכַסֶּה פָנָיו וּבִשְׁתַּיִם יְכַסֶּה רַגְלָיו וּבִשְׁתַּיִם יְעוֹפֵף: (ישעיה ו:ב)

בְּרָן־יַחַד כּוֹכְבֵי בֹקֶר וַיָּרִיעוּ כָּל־בְּנֵי אֱלֹהִים: (איוב לח:ז)

וְהַמַּשְׂכִּלִים יַזְהִרוּ כְּזֹהַר הָרָקִיעַ וּמַצְדִּיקֵי הָרַבִּים כַּכּוֹכָבִים לְעוֹלָם וָעֶד: (דניאל יב:ג)

מתנות כהונה

לקמן בסדר משפטים פ' ל' ובירו' דמס' יבמות גרס שביזה אותם וגיר' שחשדם לא נהירא כי על דבר אמת לא יפול לשון חשד ובמדרש שמואל ובילקוט מלכים גרס ליה ואולי שר"ל כמו שחשדם ופי' ג"כ ל' ביוש וחרפה כמו פן יחסדך שומע: [כא] **רגל ישרה.** היושב רגליו עקומות ולא ישרות: **קפיצין.** הליכה ממקום למקום ופירש"י שאין להם חוליות: ה"ג **קרבת על חד בו'.** דניאל ז': **בעמדם.** דרש נוטריקון בא עם דם פי' בא עם ה' לייחד שמו של הקב"ה וצריכין אנו לידום ולשתוק כד"א האנך דום: ה"ג **בני אלהים** מה

אשד הנחלים

שככה ניגף הרבה מפני שעשה רעה מופלגת מאוד ע"כ נענש ככה או מפני שעשה אכזריות רבה לב"י שהעביר פרצופיהם או מפני שביזה לנביא. וזה עיקר הריסת הדת מאוד כמאמרם איזהו אפיקורס המבזה ת"ח כמו שביאר הרמב"ם ז"ל בספרו הי"ד או על שחשדם ברבים ולא חשש לבזיונם ודי בזה להענישם העונש הגדול בעבור זה: [כא] **הדיוט.** הוא מאמר מוסרי נובע מלב חז"ל. כמו שהערתי כמה פעמים בבאורי: **קולו משתק.** כלומר שהרגיש ברוח קדשו. שקולו בוקע רקיעים וכל צבא השמים שומעים לקולו. לכן הבין מזה שהוא יעקב: **בעמדם תרפינה.** כי הכנפים שם לעופפות ממקום למקום. ובמלאכים עליונים רוחנים מורה על השגה שתמיד הם משיגים כבודו ית' בלי מנוחה כי אין שכלם בכח. ואחר שאמר שפעם תרפינה כנפיהם מורה שפעמים יעמדו מהשגתם לזה מקשה והא אין ישיבה ומנוחה מהשגה למעלה [כי שם ישיבה מורה על השביתה] ולכן כתיב בהם רגל ישרה שאין להם קפיצין כלומר חוליות שבהם יכולים לכפוף רגליהם ולנוח והוא ג"כ כינוי על העדר השביתה בהשגה. וכן דייק מן מלת קאמיא דליכא למימר מלשון קמא וראשון דאין זה בחינת דניאל לראות מן היושבים ראשונה במלאכים. א"ו מלשון קימה הוא. והוא שם כנוי למלאכים שהם עומדים תמיד במדריגתם ובהשגתם בלי שביתה. ולזה מיישב ומדייק מכאן שיש עת שיעמדו מהשגתן וקלוסן בשעה שהקלוס עולה מבני אדם מלמטה ואז ינוחו למעלה לשמוע בקול איש ודרש נוטרייקין בא עם. אז דום ודומיה עליהם. והדבר הזה ביאר הרב מפאנו בספרו מדוע יחשו בעת עולה הקלוס מפני אדם. ואז אומרים ברוך כבוד ה' ממקומו. כלומר ממקום מדריגותו הנעלה כי קלוס בני אדם עולה למעלה מקלוס המלאכים ונעלם מהמלאכים מקום קלוס בני אדם ולכן אומרים כן ואומרים ג"כ בשכמ"לו שהוא ג"כ על זה הכוונה אחר שהם שומעים מפי בני אדם הקלוס שאינם משיגים עד המקום ההוא שעולה הקלוס. ולכן אומרים רק ברוך שכמ"לו. כלומר מלכותו הנעלם מהשגתינו יבורך בפי כל. או לפי שזה בחינת עולם העשיה. כנודע בספרי חכמי אמת: **שנמשל לכוכבים.** יש להבין ומדוע אחז בכאן לכנותם בשם כוכבים יותר ממקומות האחרים ויתכן לפי שבזה יובן סבת הדבר במה שהם נעלים מהמלאכים כי ידוע שבכוכבים אין אחד דומה לכוכב חבירו

רַבִּי שְׁמוּאֵל בַּר נַחְמָן אָמַר: כְּתִיב ״וַתִּשָּׂאֵנִי רוּחַ וָאֶשְׁמַע אַחֲרַי קוֹל רַעַשׁ גָּדוֹל וגו׳״ – **R' Shmuel bar Nachman said: It is written,** ***Then a wind lifted me*** (*Ezekiel*) ***and I heard behind me the sound of a great noise,*** **etc.** [(saying), *"Blessed be the glory of HASHEM from His place"*] (*Ezekiel* 3:12).[316] רַעַשׁ גָּדוֹל אֶתְמְהָא, אֶלָּא מִשֶּׁקִּילַּסְתִּי אֲנִי וַחֲבֵירַי וְאַחַר כָּךְ ״וָאֶשְׁמַע אַחֲרַי קוֹל רַעַשׁ גָּדוֹל בָּרוּךְ כְּבוֹד ה׳ מִמְּקוֹמוֹ״ – R' Shmuel examines the plain meaning of the verse: *Behind me* ***a great noise*** **– can it be?!**[317] **Rather,** the verse means, ***after*** [אחרי] **my colleagues and I**[318] **praised** God, only **afterward,** ***and I heard behind me the sound of a great noise,*** [saying], ***"Blessed be the glory of HASHEM from His place."*** וּמָה הֵם אוֹמְרִים ״בָּרוּךְ שֵׁם כְּבוֹד מַלְכוּתוֹ לְעוֹלָם וָעֶד״ – And **what do [the angels] say? "Blessed is the Name of His glorious kingdom forever and ever."**

Two final insights into our verse:

רַבִּי יְהוּדָה בַּר אִלְעַי הָיָה דּוֹרֵשׁ: ״הַקֹּל״ קוֹלוֹ שֶׁל יַעֲקֹב מְצַוַּחַת מִמַּה שֶּׁעָשׂוּ לוֹ ״הַיָּדַיִם יְדֵי עֵשָׂו״ – **R' Yehudah bar Ilai would expound:** ***The voice*** etc. may be interpreted to mean, **the voice of Jacob cries out from what** ***the hands*** that ***are the hands of Esau*** **did to him.**[319] אָמַר רַבִּי יוֹחָנָן: קוֹלוֹ שֶׁל אַדְרְיָינוּס קֵיסָר שֶׁהָרַג בְּבֵיתָר שְׁמוֹנִים אֶלֶף רִבּוֹא בְּנֵי אָדָם Similarly, **R' Yochanan said: The voice** of Jacob cries out **because of** the deeds of **Hadrian Caesar,**[320] **who murdered eighty thousand myriads of people in** the city of **Bethar.**[321]

וְלֹא הִכִּירוֹ כִּי הָיוּ יָדָיו כִּידֵי עֵשָׂו אָחִיו שְׂעִרֹת וַיְבָרְכֵהוּ.

But he did not recognize him because his hands were hairy like the hands of Esau his brother; so he blessed him (27:23).

§22 וְלֹא הִכִּירוֹ – ***BUT [ISAAC] DID NOT RECOGNIZE [JACOB].***

The Midrash offers an interpretation of this verse:[322]

בְּשָׁעָה שֶׁהָיוּ רְשָׁעִים עוֹמְדִים מִמֶּנּוּ לֹא הִכִּירוֹ – The verse suggests that **when evildoers arose from [Jacob],** ***[Isaac] did not recognize [Jacob].***[323]

וַיֹּאמֶר אֵלָיו יִצְחָק אָבִיו גְּשָׁה נָּא וּשְׁקָה לִּי בְּנִי.

Then his father Isaac said to him, "Come close, if you please, and kiss me, my son" (27:26).

□ וַיֹּאמֶר גְּשָׁה נָּא וּשְׁקָה לִי – ***THEN [JACOB'S] FATHER ISAAC SAID TO HIM, "COME CLOSE, IF YOU PLEASE, AND KISS ME, MY SON."***

The Midrash attaches deeper meaning to Isaac's statement:[324]

אָמַר לוֹ אַתְּ נוֹשְׁקֵנִי בַּקְּבוּרָה וְאֵין אַחֵר נוֹשְׁקֵנִי בַּקְּבוּרָה – With these words, **[Isaac] said to [Jacob], "You will be connected to me in burial and no one else will be connected to me in burial."**[325]

וַיִּגַּשׁ וַיִּשַּׁק לוֹ וַיָּרַח אֶת רֵיחַ בְּגָדָיו וַיְבָרְכֵהוּ וַיֹּאמֶר רְאֵה רֵיחַ בְּנִי כְּרֵיחַ שָׂדֶה אֲשֶׁר בֵּרֲכוֹ ה׳.

So he drew close and kissed him; he smelled the fragrance of his garments and blessed him; he said, "See, the fragrance of my son is like the fragrance of a field which HASHEM has blessed" (27:27).

□ וַיִּגַּשׁ וַיִּשַּׁק לוֹ וַיָּרַח אֶת רֵיחַ בְּגָדָיו – ***SO [JACOB] DREW CLOSE AND KISSED [ISAAC]; [ISAAC] SMELLED THE FRAGRANCE OF [JACOB'S] GARMENTS.***

The Midrash addresses a difficulty with the verse:

אָמַר רַבִּי יוֹחָנָן: אֵין לְךָ דָּבָר שֶׁרֵיחוֹ קָשֶׁה מִן הַשֶּׁטֶף הַזֶּה שֶׁל עִזִּים – **R' Yochanan said: There is nothing whose stench is as foul-smelling as this hair of goats,** וְאַתְּ אָמַרְתְּ ״וַיָּרַח אֶת רֵיחַ בְּגָדָיו וַיְבָרְכֵהוּ״ – **and yet you** (i.e., our verse) **say,** ***he smelled the fragrance of his garments and blessed him?***[326] אֶלָּא בְּשָׁעָה שֶׁנִּכְנַס אָבִינוּ יַעֲקֹב אֵצֶל אָבִיו נִכְנְסָה עִמּוֹ גַּן עֵדֶן – **But** the explanation is **that when Jacob, our patriarch, entered his father's presence, the** fragrance of the **Garden of Eden entered with him.**[327] הֲדָא הוּא דְאָמַר לוֹ ״רְאֵה רֵיחַ בְּנִי כְּרֵיחַ שָׂדֶה״ – **Thus, [Isaac] said to [Jacob],** ***"See, the fragrance of my son is like the fragrance of a field*** *which HASHEM had blessed."*[328] וּבְשָׁעָה שֶׁנִּכְנַס עֵשָׂו אֵצֶל אָבִיו נִכְנְסָה עִמּוֹ גֵּיהִנֹּם הֵיךְ מָה דְאַתְּ אָמַר ״בָּא זָדוֹן וַיָּבֹא קָלוֹן״ – **But when Esau entered his father's presence,** ***Gehinnom*** **entered with him,**[329] as it is written, ***When a willful sinner comes, shame comes*** (*Proverbs* 11:2).[330]

Another exposition of our verse:[331]

דָּבָר אַחֵר ״וַיָּרַח אֶת רֵיחַ בְּגָדָיו וַיְבָרְכֵהוּ״, כְּגוֹן יוֹסֵף מְשִׁיתָא וְיָקוּם אִישׁ

NOTES

316. [The end of this verse describes the angelic praise that was overheard by Ezekiel.]

317. The Midrash is puzzled by the verse's implication that Ezekiel heard only the great noise *behind* him and not in front of him (*Matnos Kehunah*; *Eitz Yosef*, citing *Yefeh To'ar*; *Imrei Yosher*). Furthermore, the verse should have said ״מֵ״אַחֲרַי, *"from" behind me*, if it was describing the direction from which the voice emanated (*Imrei Yosher*).

318. I.e., the Jewish people.

319. The Midrash refers to the misdeeds of Edom (Rome), seed of Esau, who destroyed our Temple, burned our sanctuary, and exiled us from our land (*Eitz Yosef*, citing *Yefeh To'ar*). [*Yerushalmi Taanis* 4:5 interprets the verse as referring to the Roman massacre at Bethar (ibid.).]

According to *Rashi* to *Gittin* 57b, as it is explained here, our verse indicates that Isaac prophetically saw events in the future of his progeny (*Yefeh To'ar*).

320. Elucidation follows *Matnos Kehunah*, citing *Rashi* to *Gittin* 57b.

321. Like the one that preceded it, this exposition sees the end of our verse as identifying Jewish suffering at the hands of the Romans (*Yefeh To'ar*). [Note that several discrepancies exist between the version of this exposition that appears here and the one presented in *Gittin* 57b.]

322. It appears unnecessary for the verse to explain why it was that Isaac did not recognize Jacob. For earlier, the Torah had quoted Isaac's statement, *"The hands are the hands of Esau"* (*Yefeh To'ar*).

323. The Midrash understands our verse to suggest that whenever Jacob resembles Esau, i.e., when a descendant of Jacob is wicked, he is not *recognized* by Isaac. What this means is that Isaac's merits are of no benefit to his wicked offspring (*Eitz Yosef*, citing *Yefeh To'ar*; see *Maharzu* for another approach).

324. The Midrash will address the verse's use of the word לִי, which literally means *to me*, as opposed to אוֹתִי, *me* (*Eitz Yosef*, citing *Matnos Kehunah*; see also *Mishnas DeRabbi Eliezer*).

325. The word נְשִׁיקָה, usually used to mean *kiss*, actually connotes any form of *connection*. Thus, Isaac was implying that the son to whom he spoke was the only one of his sons with whom he would be buried in the Cave of Machpelah (*Eitz Yosef*; see also *Rashi* and *Matnos Kehunah*; see further *Eshed HaNechalim*).

326. Apparently, the Midrash is troubled by the verse's implication that the smell of Jacob's clothing was a cause for Isaac's blessing him.

Although Esau's garments that Jacob wore would have been perfumed, that does not explain Isaac's failure to notice so potent a stench (*Eitz Yosef*).

327. Elucidation follows *Eitz Yosef* (see also *Rashi* to verse), who adds that the intense fragrance of the Garden of Eden overpowered the stench of the goat-skins.

328. The Midrash sees the words, *a field which HASHEM had blessed*, as a reference to the holy *field of apples* [שְׂדֵה תַּפּוּחִים, a Kabbalistic name for the Garden of Eden] (*Matnos Kehunah*, *Eitz Yosef*, who cites *Alshich*).

329. [The Midrash will infer this below, in 67 §2.]

330. The Midrash interprets the word קָלוֹן, *shame*, as a reference to *Gehinnom*, where the *shame* of evildoers is exposed. The differing effects of Jacob's and Esau's respective entries provided Isaac with an indication that Jacob was righteous and destined for *Gan Eden* and thus worthy of receiving the blessings, while Esau was wicked, destined for *Gehinnom*, and unworthy of being blessed (*Eitz Yosef*, citing *Nezer HaKodesh*).

331. This interpretation seeks to avoid the difficulty, raised above (see note 326), which is presented by the fact that Isaac was pleased with the fragrance that accompanied Jacob into his presence (*Maharzu*; cf. *Yefeh To'ar*).

רַבִּי שְׁמוּאֵל בַּר נַחְמָן אָמַר: כְּתִיב (יחזקאל ג, יב) "וַתִּשָּׂאֵנִי רוּחַ וָאֶשְׁמַע אַחֲרַי קוֹל רַעַשׁ גָּדוֹל וגו'", רַעַשׁ [לח]גָּדוֹל אֶתְמְהָא, אֶלָּא מִשֶּׁקִּילַּסְתִּי אֲנִי וַחֲבֵירַי וְאַחַר כָּךְ "וָאֶשְׁמַע אַחֲרַי קוֹל רַעַשׁ גָּדוֹל בָּרוּךְ כְּבוֹד ה' מִמְּקוֹמוֹ", וּמָה הֵם אוֹמְרִים "בָּרוּךְ שֵׁם כְּבוֹד מַלְכוּתוֹ לְעוֹלָם וָעֶד". [לט]רַבִּי יְהוּדָה בַּר אִלְעַי הָיָה דוֹרֵשׁ: "הַקֹּל", קוֹלוֹ שֶׁל יַעֲקֹב מְצַוּוֹחַת מִמַּה שֶּׁעָשׂוּ לוֹ "הַיָּדַיִם יְדֵי עֵשָׂו". אָמַר רַבִּי יוֹחָנָן: [מ]קוֹלוֹ שֶׁל אַדְרִיָּינוּס קֵיסָר שֶׁהָרַג בְּבֵיתָר שְׁמוֹנִים אֶלֶף רִבּוֹא בְּנֵי אָדָם:

כב [כז, כג] "וְלֹא הִכִּירוֹ". [מא]בְּשָׁעָה שֶׁהָיוּ רְשָׁעִים עוֹמְדִים מִמֶּנּוּ לֹא הִכִּירוֹ. [כז, כו] "וַיֹּאמֶר גְּשָׁה נָּא וּשְׁקָה לִּי", אָמַר לוֹ אַתְּ נוֹשְׁקֵנִי בַּקְּבוּרָה וְאֵין אַחֵר נוֹשְׁקֵנִי בַּקְּבוּרָה. "וַיִּגַּשׁ וַיִּשַּׁק לוֹ וַיָּרַח אֶת רֵיחַ בְּגָדָיו", אָמַר רַבִּי יוֹחָנָן: [מב]אֵין לְךָ דָּבָר שֶׁרֵיחוֹ קָשֶׁה מִן הַשֶּׁטֶף הַזֶּה שֶׁל עִזִּים וְאַתְּ אֲמַרְתְּ "וַיָּרַח אֶת רֵיחַ בְּגָדָיו וַיְבָרְכֵהוּ", אֶלָּא בְּשָׁעָה שֶׁנִּכְנַס אָבִינוּ יַעֲקֹב אֵצֶל אָבִיו נִכְנְסָה עִמּוֹ גַּן עֵדֶן, הָדָא הוּא דְאָמַר לוֹ "רְאֵה רֵיחַ בְּנִי כְּרֵיחַ שָׂדֶה", [מג]וּבְשָׁעָה שֶׁנִּכְנַס עֵשָׂו אֵצֶל אָבִיו נִכְנְסָה עִמּוֹ גֵּיהִנֹּם הֵיךְ מָה דְאַתְּ אָמַר (משלי יא, ב) "בָּא זָדוֹן וַיָּבֹא קָלוֹן". דָּבָר אַחֵר "וַיָּרַח אֶת רֵיחַ בְּגָדָיו וַיְבָרְכֵהוּ", כְּגוֹן יוֹסֵף מְשִׁיתָא וְיָקוּם אִישׁ צְרוֹרוֹת. יוֹסֵף מְשִׁיתָא, בְּשָׁעָה שֶׁבִּקְּשׁוּ שׂוֹנְאִים לְהִכָּנֵס לְהַר הַבַּיִת אָמְרוּ יִכָּנֵס מֵהֶם וּבָהֶם תְּחִלָּה, אֲמָרִין לֵיהּ: עוּל וּמַה דְּאַתְּ מַפִּיק דִּידָךְ. נִכְנַס וְהוֹצִיא מְנוֹרָה שֶׁל זָהָב, אָמְרוּ לוֹ: אֵין דַּרְכּוֹ שֶׁל הֶדְיוֹט לְהִשְׁתַּמֵּשׁ בָּזוֹ

עץ יוסף

אחר שקלסתי אני וחבירי (יפ"ת): **ממה שעשו לו הידים ידי עשו.** זו אדום שהחריבו את בתינו ושרפו את היכלינו והגליתנו מארצנו. ובירו' מפרשו על חורבן ביתר דוקא: **קולו של אדריינוס כו'.** פי' זעקת ישראל בחורבן ע"י אדריינוס: (כב) [יח] **ולא הכירו בשעה כו'.** שרמז שבשעה שרשעים יוצאים ממנו דהיינו כי היו ידיו כו' שדומה לעשו אז אינו ניכר לפניו. ור"ל שזכותו לא יועיל לרשעים היוצאים ממנו ואין מכירין לא פנים עליהם דאין אבא מזכה ברא כדאי' בפ' חלק (יפ"ת): **נושקני בקבורה.** מתחבר לי בקבורה שהוא נקבר אתו במערה ולא עשו. ונשיקה ענין חיבור. ודייק מדה"ל למכתב ושקה אותי ואמר לי (מת"כ): **ואת אמרת וירח כו'.** שאע"פ שהיו בגדי החמודות מקוטרים מור ולבונה אי אפשר שבעבור זה לא יורגש ריח שטף העזים אלא שנכנס ריח ג"ע עמו. והריח ההוא לחזקו לא הורגש ריח רע אללו: **כריח שדה כו'.** כריח אותו שדה אשר ברכו ה'. הוא שדה תפוחים הקדוש (אלשיך): **נכנסה עמו גיהנם.** כדיליף לקמן. וסמיך ליה הכא אבא זדון ויבא קלון שבגיהנם נתגלה קלון הרשעים. והענין שבזה היה סימן ומופת ליצחק כי יעקב צדיק היורש ג"ע וראוי לברכה. והיפך אחיו (נזה"ק): **כגון יוסף משיתא.** דריש בגדיו כמו בוגדיו ופי' כגון יוסף משיתא כו' שאע"פ שבגדו בה' היה תקות תשובה בהם: **יוסף משיתא כו'.** הם שמות בני אדם מישראל שהיו רשעים ולבסוף קדשו ש"ש: **יכנס מהם ובהם.** שיראו לנפשם מהכנס שם או להכעים כלפי מעלה כוונו: **אמרין ליה עול.** שהיה רשע ונפל אל חיל השונאים: **ומה דאת מפיק כו'.** ומה שאתה מוציא יהא שלך:

עול זמן תנינות. לך שם עוד פעם שנית שיוציא דבר חשוב לעצמו וכשאמרו לו כן אמר שאינו רוצה להכעים עוד את בוראו. ולכן נתנו

פירוש מהרז"ו

בעמדם תרפינה באמירת ברוך וז"ש המדרש כאן ומה הן אומרים ברוך כבוד. ומ"ש עוד וברוך שם היינו אחר שהמאמינים אומרים שמע (אחר ברוך כבוד) אז אומרים ברוך שם. ואין המלאכים אומרים ביחד אלא כמבואר וכן יתפרשו דברי ר"ל שהמאמינים אומרים תחלה קדוש וברוך ואחר כך המלאכים ואח"כ אומרים שמע והמלאכים ברוך שם. וכן יתפרשו דברי רשב"ן אלא שבאו בשבוש ובקצור: **(כב) לא הכירו.** פי' מלשון רחמים וחמלה כמ"ש מדוע מצאתי חן בעיניך להכירני. וכמ"ש ויכר יוסף את אחיו והם לא הכירוהו ודרשו לקמן פצ"א רס"ז כשנפלו בידו ויכר יוסף כו' ע"ש וכן וישראל לא יכירנו: **בריח שדה.** אשר ברכו ה' והיינו ג"ע וכמש"ל ר"פ ט"ו ישבעו עצי ה' הוא השדה המבורך: **ריח בגדיו ויברכהו.** שהרי אמר שבבגדיו לא היה ריח טוב ע"כ דורש א"ת בגדיו אלא בוגדיו וכמ"ש מור ואהלות קציעות כל בגדותיך אג"ב פמ"ב במ"ר פ"י סי' א' שאפילו בוגדיו כשבאים בצרה נותנים ריח טוב שעושים תשובה:

חידושי הרד"ל

(כג) [כב] **אתה נושקי בקבורה.** אפשר פי' נשיקה ממש וכמ"ש ביוסף ליעקב ויפול ע"פ אביו וגו' וישק לו:

(כד) **יכנסו מהם ובהם תחלה.** שהם יודעים לחפש אחרי המטמוניות כמ"ש בת"כ פרשת בחקותי פ"ד פ"ה וע' ביוסיפון:

מסורת המדרש

לח ירושלמי תענית פרק ד'. שיר השירים רבה סוף פ' ב':
לט גיטין דף כ"ז.
מ ילקוט כאן רמז קט"ו כל הענין:
מא שיר השירים פרשה ד' פסוק י"א:
מב לקמן פרשה ס"ז:
מג מדרש תהלים מזמור י"א:

אם למקרא

וַתִּשָּׂאֵנִי רוּחַ וָאֶשְׁמַע אַחֲרַי קוֹל רַעַשׁ גָּדוֹל בָּרוּךְ כְּבוֹד־ה' מִמְּקוֹמוֹ: (יחזקאל ג:יב)

בָּא זָדוֹן וַיָּבֹא קָלוֹן וְאֶת־צְנוּעִים חָכְמָה: (משלי יא:ב)

רש"י

(כב) **אתה נושק לי בקבורה ואין אחר נושק לי בקבורה.** שלא נקבר במערת המכפלה אלא יעקב: **ריח בגדיו.** בוגדיו כגון יוסי משיתן שם מקום ויקום איש צרורות שם מקום: **יכנס מהם ובהם.** הראשון ישראלי יכנס: **עול וכל דאת מפיק דידך.** הכנס וכל מה שאתה מוציא יהא שלך: **אין דרכו של הדיוט להשתמש בכלי זה:**

מתנות כהונה

זרעו: **ה"ג קול רעש גדול וגו' אחרי אתמהא.** פי' וכי אחריו היו המלאכים והכי מוכח בילקוט יחזקאל ובסדר זה: **הכי גרסינן** ואח"כ ואשמע קול רעש גדול ומה הן אומרים ברוך כבוד ה' ממקומו וברוך שם כו': **הכי גרסינן קולו של יעקב** צווח ממה כו': **קולו של אנדריינוס.** קול צווחה ובכי עולה מיעקב על מה שעשה אנדריינוס כן פירש"י ז"ל בפרק הניזקין: **[כב] הכירו וגו'** גרסינן. ודייק מסיפיה דקרא כי היו ידיו שעירות כלומר כשעומדים מיעקב רשעים עושה מעשה שעיר אז אינו מכיר אותו בשם יעקב: **נושקני בקבורה.** פירש"י שיקבר אצלו במערת המכפלה ודייק מדהוה ליה למכתב ושקה אותי ואמר לי והוא אמר לו וק"ל: **בריח שדה.** הוא שדה של תפוחים: **יוסף משיתא ויקום איש וכו'.** גרסינן. והם שמות בני אדם עברייניס מישראל ולבסוף קדשו שמו של הקב"ה כדמפרש ואזיל: **ודרש** בגדיו כמו בוגדיו: **מהם ובהם כו'.** אחד מישראל יכנס בראשונה ויפשוט יד בכלי ב"ה וא"ל לאותו

אשד הנחלים

בפעולתו. ע"ד הכתוב מונה מספר לכוכבים לכולם בשם יקרא כלומר כל אחד בשמו המורה על מהותו. ובקבוץ כולם יתאחדו כל הכחות כן הוא האדם הוא כלול מכל: [כב] **נושקני בקבורה.** עיין במ"כ דדייק מדלא כתיב ושקה אותי ואני אוסיף עוד. כי מלת נשיקה השקה הוא לשון חיבור יחדיו מאוד באהבה ומחוברת בלי יפרד לעולם כמו משיקות אשה אל אחותה שהוא לשון חיבור. והנה ההבדל בין מלת לי לאותי לי הוא קנין חוציי. ע"ד שנאמר כי הונו הוא לי. וההון הוא קנין חיצוני. אבל אותי מורה על עצמותו ממש. וא"כ ההשקה הוא עצמות החיבור התמידי שלא יתפרדו מעולם נאהבים ונעימים בחייהם ואחריו אל המתים. וענין קבורתם יחד הוא ענין גדול מאוד. ואין להאריך: **עמו ג"ע כו'.** הוא שם מושאל על ריח טוב האלקי הנודף מאת האדם הצדיק מכח נפשו הטובה. ובא לאמר אף שיצחק לא ראהו עכ"ז הכירו כי ריח הנודף לאף המורח אף בבלתי נגיעה בגוף המוחש. ואם תרצה אמור ג"כ כפשוטו ואין היזק בזה. אך ראה כי הביא הכתוב בא זדון ויבוא קלון ותבין כי כן היא הכוונה: **כגון יוסי כו'.** ודרש ריח בגדיו. כמו בוגדים [מ"כ] או כמו שהבגד אינו מגוף האדם כן נקראים בני אדם רשעים שאינם עצמיים לבריאה כ"א כקליפה ולבוש. והמה אף אם בתחילה הם רשעים עכ"ז ריח נפשם היוצא מהם הוא טוב. כי האמונה נודף מקרבם. והביא יוסי. שאף ביסורין הגדולים לא הרגיש ביסוריו רק בחטאיו כי שאג רק על שהכעיס את ה' ב"ה וכן ביקום. אף שהיה רשע מתחילה. עכ"ז מהר נמס לבבו ונהפך לאיש אחר:

צְרוֹרוֹת — **Another interpretation:** ***He smelled the fragrance of "בְּגָדָיו" and blessed him;*** this refers to people **like Yosef MiShisa and Yakum Ish Tzroros.**[332] יוֹסֵף מְשִׁיתָא, בְּשָׁעָה שֶׁבִּקְּשׁוּ שׂוֹנְאִים לְהִכָּנֵס לְהַר הַבַּיִת — The story of **Yosef MiShisa** will now be presented: **At the time that the enemies** of Israel **desired to enter the Temple Mount** to loot and destroy the Temple, אָמְרוּ יִכָּנֵס מֵהֶם וּבָהֶם תְּחִלָּה — **they said, "Let one of them** (i.e., a Jew)[333] **enter** and **through one of them** let the Temple's desecration **begin."**[334] אָמְרִין לֵיהּ: עוּל וּמָה דְּאַתְּ מַפִּיק דִּידָךְ — **They said to [Yosef],**[335] **"Go up** to the Temple, **and whatever you take out is yours** to keep."[336] נִכְנַס וְהוֹצִיא מְנוֹרָה שֶׁל זָהָב — **He entered** the Temple **and took out the golden Menorah.** אָמְרוּ לוֹ: אֵין דַּרְכּוֹ שֶׁל הֶדְיוֹט לְהִשְׁתַּמֵּשׁ בָּזוֹ — **They said to him, "It is not the way of a commoner to use this** vessel.[337]

NOTES

332. As will now be explained, these were Jews who acted sinfully, but then repented and sanctified God's Name. The Midrash is equating the word בְּגָדָיו with בּוֹגְדָיו, meaning *betrayers* (*Rashi*, *Matnos Kehunah*, *Eitz Yosef*; see *Sanhedrin* 37a). Thus, our verse teaches that Isaac foresaw that even the *betrayers*, i.e., the sinners, among Jacob's descendants would produce a pleasant fragrance, by dint of their belated good deeds (see *Maharzu* and *Eitz Yosef*). See Insight Ⓐ.

333. *Matnos Kehunah*.

334. The conquerors did this either because they were afraid to enter the Temple themselves, or because they sought to anger God (*Eitz Yosef*).

335. Yosef was approached because he was a wicked man who collaborated with the enemy (*Eitz Yosef*).

336. *Rashi* et al.

337. *Rashi*.

INSIGHTS

Ⓐ **Jacob's Traitors** The thing that convinced Isaac that the person in front of him was worthy of the blessings was that he smelled his garments, which, the Midrash elucidates, means that Isaac sensed through his holy spirit that Jacob's descendants would include traitors to Judaism who repented in a heroic manner. One wonders why this, of all things, should have motivated Isaac. There is an even more basic question: Why did Isaac think that Esau deserved the blessings? Is it possible that he did not know that Jacob, not Esau, was by far the more righteous and deserving of his two sons ?!

R' Gedaliah Schorr (*Ohr Gedalyahu, Toldos*) cites *Ramban,* who states that a blessing serves to assist someone to carry out his own desire to serve God properly, we cannot change the person's desire. Isaac, as the epitome of *gevurah*, or "strength" in the service of God, felt that a person's greatest spiritual accomplishment is to overcome his natural inclinations toward evil or sloth, and that the Patriarchal blessings should go to the son who needed assistance to do so. Jacob, as the Torah states in telling of his youth, was wholesome, dedicated, and pure. He did not have the corrupt nature that could be tamed only through lifelong struggle — and would be assisted by Isaac's blessings. Esau was far different. If so, Isaac reasoned, it was Esau, not Jacob, who needed and was therefore entitled to the blessings. As the verses strongly imply, Isaac wondered whether the son standing before him was truly Esau. Perhaps it was Jacob, and if so, he should not receive the blessings. Then Isaac sensed the "aroma of his traitors." Clearly, therefore, this was a person with challenges to overcome. Whoever it was, he — or his descendants — would have to battle his nature in order to overcome the evil within. Indeed, he *needed* and therefore was entitled to the blessings that would help him prevail. Recognizing that, Isaac was confident in conferring the blessings to whoever was standing before him.

רַבִּי שְׁמוּאֵל בַּר נַחְמָן אָמַר: כְּתִיב (יחזקאל ג, יב) "וַתִּשָּׂאֵנִי רוּחַ וָאֶשְׁמַע אַחֲרַי קוֹל רַעַשׁ גָּדוֹל וגו'", רַעַשׁ [לח]גָּדוֹל אֶתְמְהָא, אֶלָּא מִשֶּׁקִּילַּסְתִּי אֲנִי וַחֲבֵירַי וְאַחַר כָּךְ "וָאֶשְׁמַע אַחֲרַי קוֹל רַעַשׁ גָּדוֹל בָּרוּךְ כְּבוֹד ה' מִמְּקוֹמוֹ", וּמָה הֵם אוֹמְרִים "בָּרוּךְ שֵׁם כְּבוֹד מַלְכוּתוֹ לְעוֹלָם וָעֶד". [לט]רַבִּי יְהוּדָה בַּר אִלְעַי הָיָה דוֹרֵשׁ: "הַקֹּל", קוֹלוֹ שֶׁל יַעֲקֹב מְצַוַּחַת מִמַּה שֶּׁעָשׂוּ לוֹ "הַיָּדַיִם יְדֵי עֵשָׂו". אָמַר רַבִּי יוֹחָנָן: [מ]קוֹלוֹ שֶׁל אַדְרִיָּינוּס קֵיסָר שֶׁהָרַג בְּבֵיתָר שְׁמוֹנִים אֶלֶף רִבּוֹא בְּנֵי אָדָם:

כב [כז, כג] "וְלֹא הִכִּירוֹ". [מא]בְּשָׁעָה שֶׁהָיוּ רְשָׁעִים עוֹמְדִים מִמֶּנּוּ לֹא הִכִּירוֹ. [כז, כו] "וַיֹּאמֶר גְּשָׁה נָּא וּשְׁקָה לִּי", אָמַר לוֹ אַתְּ נוֹשְׁקֵנִי בַּקְּבוּרָה וְאֵין אַחֵר נוֹשְׁקֵנִי בַּקְּבוּרָה. "וַיִּגַּשׁ וַיִּשַּׁק לוֹ וַיָּרַח אֶת רֵיחַ בְּגָדָיו", אָמַר רַבִּי יוֹחָנָן: [מב]אֵין לְךָ דָּבָר שֶׁרֵיחוֹ קָשֶׁה מִן הַשֶּׁטֶף הַזֶּה שֶׁל עִזִּים וְאַתְּ אֲמַרְתְּ "וַיָּרַח אֶת רֵיחַ בְּגָדָיו וַיְבָרֲכֵהוּ", אֶלָּא בְּשָׁעָה שֶׁנִּכְנַס אָבִינוּ יַעֲקֹב אֵצֶל אָבִיו נִכְנְסָה עִמּוֹ גַּן עֵדֶן, הָדָא הוּא דְאָמַר לוֹ "רְאֵה רֵיחַ בְּנִי כְּרֵיחַ שָׂדֶה", [מג]וּבְשָׁעָה שֶׁנִּכְנַס עֵשָׂו אֵצֶל אָבִיו נִכְנְסָה עִמּוֹ גֵּיהִנֹּם הֵיךְ מָה דְאַתְּ אָמַר (משלי יא, ב) "בָּא זָדוֹן וַיָּבֹא קָלוֹן". דָּבָר אַחֵר "וַיָּרַח אֶת רֵיחַ בְּגָדָיו וַיְבָרֲכֵהוּ", כְּגוֹן יוֹסֵף מְשִׁיתָא וְיָקוּם אִישׁ צְרוֹרוֹת. יוֹסֵף מְשִׁיתָא, בְּשָׁעָה שֶׁבִּקְשׁוּ שׂוֹנְאִים לְהִכָּנֵס לְהַר הַבַּיִת אָמְרוּ יִכָּנֵס מֵהֶם וּבָהֶם תְּחִלָּה, אֲמָרִין לֵיהּ: עוּל וּמַה דְּאַתְּ מַפִּיק דִּידָךְ. נִכְנַס וְהוֹצִיא מְנוֹרָה שֶׁל זָהָב, אָמְרוּ לוֹ: אֵין דַּרְכּוֹ שֶׁל הֶדְיוֹט לְהִשְׁתַּמֵּשׁ בָּזוֹ

רש"י

(כב) **אתה נושק לי בקבורה ואין אחר נושק לי בקבורה.** שלא נקבר במערת המכפלה אלא יעקב: **ריח בגדיו.** בוגדיו כגון יוסי משיתן שם מקום ויקום איש צרורות שם מקום: **יכנס מהם ובהם.** הראשון ישראלי יכנס: **עול וכל דאת מפיק דידך.** הכנס וכל מה שאתה מוציא יהא שלך: **אין דרכו של הדיוט להשתמש בכלי זה:**

עץ יוסף

אחר שקלסתי אני וחבירי (יפ"ת): **ממה שעשו לו הידים ידי עשו.** זו אדום שהחריבו את בתינו ושרפו את היכלינו והגליתנו מארצנו. וביר' מפרשו על חורבן ביתר דוקא: **קולו של אדריינוס כו'.** פי' זעקת ישראל בחורבן ע"י אדרייגוס: (כב) [יח] **ולא הכירו בשעה כו'.** שרמז שבשעה שרשעים יוצאים ממנו דהיינו כי היו ידיו כו' שדומה לעשו אז אינו ניכר לפניו. ור"ל שזכותו לא יועיל לרשעים היוצאים ממנו ואין מכירין לא פנים עליהם דאין אבא מזכה ברא כדאי' בפ' חלק (יפ"ת): **נושקני בקבורה.** מתחבר לי בקבורה שהוא נקבר אתו במערה ולא עשו. ונשיקה ענין חיבור. ודייק מדה"ל למכתב ושקה אותי ואמר לי (מת"כ): **ואת אמרת וירח כו'.** שאע"פ שהיו בגדי החמודות מקוטרים מור ולבונה אי אפשר שבעבור זה לא יורגש ריח שטף העזים אלא שנכנס ריח ג"ע עמו. והריח ההוא לחזקו לא הורגש ריח רע אלו: **כריח שדה כו'.** כריח אותו שדה אשר ברכו ה'. הוא שדה תפוחים הקדוש (אלשיך): **נכנסה עמו גיהנם.** כדיליף לקמן. וסמיך ליה הכא אבא זדון ויבא קלון שבגיהנם נתגלה קלון הרשעים. והענין שבזה היה סימן ומופת ליצחק כי יעקב לדיק היורש ג"ע וראוי לברכה. וההיפך אחיו (נזה"ק): **כגון יוסף משיתא.** דריש בגדיו כמו בוגדיו ופי' כגון יוסף משיתא כו' שאע"פ שבגדו בה' היה תקות תשובה בהם: **יוסף משיתא כו'.** הם שמות בני אדם מישראל שהיו רשעים ולבסוף קדשו ש"ש: **יכנס מהם ובהם.** שיראו לנפשם מהכנס שם או להכעים כלפי מעלה כוונו: **אמרין ליה עול.** שהיה רשע ונפל אל חיל השונאים: **ומה דאת מפיק כו'.** ומה שאתה מוליא יהא שלך:

עול זמן תנינות. לך שם עוד פעם שנית שיוליא דבר חשוב לעלמו וכשאמרו לו כן אמר שאינו רולה להכעים עוד את בוראו. ולכן נתנו

חידושי הרד"ל

(כג) [כב] **אתה נושקי בקבורה.** אפשר פי' נשיקה ממש וכמ"ש ביוסף ליעקב ויפול ע"פ אביו וגו' וישק לו:

(כד) **יכנסו מהם ובהם תחלה.** שהם יודעים לחפש אחרי המטמוניות כמ"ש בת"כ פרשת בחקותי פ"ד פ"ה וע' ביוסיפון:

פירוש מהרז"ו

בעמדם תרפינה באמירת ברוך וז"ש המדרש כאן ומה הן אומרים ברוך כבוד. ומ"ש עוד וברוך שם היינו אחר שהמאמינים אומרים שמע (אחר ברוך כבוד) אז אומרים ברוך שם. ואין המלאכים אומרים ביחד אלא כמבואר וכן יתפרשו דברי ר"ל שהמאמינים אומרים תחלה קדוש וברוך ואחר כך המלאכים ואח"כ אומרים שמע והמלאכים ברוך שם. וכן יתפרשו דברי רשב"ן אלא שבאו בשבוש ובקלור: (כב) **לא הכירו.** פי' מלשון רחמים וחמלה כמ"ש מדוע מלאתי חן בעיניך להכירני. וכמ"ש ויכר יוסף את אחיו והם לא הכירוהו ודרשו לקמן פצ"א רס"ז כשנפלו בידו ויכר יוסף כו' ע"ש וכן וישראל לא יכירנו: **בריח שדה.** אשר ברכו ה' והיינו ג"ע וכמש"ל ר"פ ט"ו ישבעו עלי ה' הוא השדה המבורך: **ריח בגדיו ויברכהו.** שהרי אמר שבבגדיו לא היה ריח טוב ע"כ דורש א"ת בגדיו אלא בוגדיו וכמ"ש מור ואהלות קליעות כל בגדותיך אג"ב פמ"ב במ"ר פ"י סי' א' שאפילו בוגדיו כשבאים בלרה נותנים ריח טוב שעושים תשובה:

מסורת המדרש

לח ירושלמי תענית פרק ד'. שיר השירים רבה סוף פ' ב':
לט גיטין דף כ"ז.
מ ילקוט כאן רמז קט"ו כל הענין:
מא שיר השירים פרשה ד' פסוק י"א:
מב לקמן פרשה ס"ז:
מג מדרש תהלים מזמור י"א:

אם למקרא

וַתִּשָּׂאֵנִי רוּחַ וָאֶשְׁמַע אַחֲרַי קוֹל רַעַשׁ גָּדוֹל בָּרוּךְ כְּבוֹד־ה' מִמְּקוֹמוֹ:
(יחזקאל ג:יב)

בָּא זָדוֹן וַיָּבֹא קָלוֹן וְאֶת־צְנוּעִים חָכְמָה:
(משלי יא:ב)

מתנות כהונה

זרעו: **ה"ג קול רעש גדול וגו' אחרי אתמהא.** פי' וכי אחריו היו המלאכים והכי מוכח בילקוט יחזקאל ובסדר זה: **הכי גרסינן** ואח"כ ואשמע קול רעש גדול ומה הן אומרים ברוך כבוד ה' ממקומו וברוך שם כו': **הכי גרסינן קולו של יעקב** צווח ממה כו': **קולו של אנדריינוס.** קול צווחה ובכי עולה מיעקב על מה שעשה אנדרייגוס כן פירש"י ז"ל בפרק הניזקין: [כב] **הכירו וגו'** גרסינן. ודייק מסיפיה דקרא כי היו ידיו שעירות כלומר כשעומדים מיעקב רשעים עושה מעשה שעיר אז אינו מכיר אותו בשם יעקב: **נושקני בקבורה.** פירש"י שיקבר אללו במערת המכפלה ודייק מדהוה ליה למכתב ושקה אותי ואמר לי והוא אמר לו וק"ל: **בריח שדה.** הוא שדה של תפוחים: **יוסף משיתא ויקום איש וכו'.** גרסינן. והם שמות בני אדם עברייניס מישראל ולבסוף קדשו שמו של הקב"ה כדמפרש ואזיל: **ודרש** בגדיו כמו בוגדיו: **מהם ובהם כו'.** אחד מישראל יכנס בראשונה ויפשוט יד בכלי ב"ה וא"ל לאותו

אשד הנחלים

בפעולתו. ע"ד הכתוב מונה מספר לכוכבים לכולם בשם יקרא כלומר כל אחד בשמו המורה על מהותו. ובקבוץ כולם יתאחדו כל הכחות כן הוא האדם הוא כלול מכל: [כב] **נושקני בקבורה.** עיין במ"כ דדייק מדלא כתיב ושקה אותי ואני אוסיף עוד. כי מלת נשיקה השקה הוא לשון חיבור יחדיו מאוד באהבה ומחוברת בלי יפרד לעולם כמו משיקות אשה אל אחותה שהוא לשון חיבור. והנה ההבדל בין מלת לי לאותי לי הוא קנין חוציי. ע"ד שנאמר כי הונו הוא לי. וההון הוא קנין חיצוני. אבל אותי מורה על עצמותו ממש. וא"כ ההשקה הוא עצמות החיבור התמידי שלא יתפרדו מעולם נאהבים ונעימים בחייהם ואחריו אל המתים. וענין קבורתם יחד הוא ענין גדול מאוד. ואין להאריך: **עמו ג"ע כו'.** הוא שם מושאל על ריח טוב האלקי הנודף מאת האדם הצדיק מכח נפשו הטובה. ובא לאמר אף שיצחק לא ראהו עכ"ז הכירו כי ריח הנודף לאף המורח אף בבלתי נגיעה בגוף המוחש. ואם תרצה אמור ג"כ כפשוטו ואין היזק בזה. אך ראה כי הביא הכתוב בא זדון ויבוא קלון ותבין כי כן היא הכוונה: **כגון יוסי כו'.** ודרש ריח בגדיו. כמו בוגדים [מ"כ] או כמו שהבגד אינו מגוף האדם כן נקראים בני אדם רשעים שאינם עצמיים לבריאה כ"א כקליפה ולבוש. והמה אף אם בתחילה הם רשעים עכ"ז ריח נפשם היוצא מהם הוא טוב. כי האמונה נודף מקרבם. והביא יוסי. שאף ביסורין הגדולים לא הרגיש ביסוריו רק בחטאיו כי שאג רק על שהכעיס את ה' ב"ה וכן ביקום. אף שהיה רשע מתחילה. עכ"ז מהר נמס לבבו ונהפך לאיש אחר:

אֶלָּא עוּל זִמְנָן תִּנְיָנוּת וּמַה דְּאַתְּ מַפִּיק דִּידָךְ—**Rather, go up a second time and whatever you take out is yours** to keep." וְלֹא קִיבֵּל עָלָיו— **But he did not accept it upon himself.**[338] אָמַר רַבִּי פִּנְחָס: נָתְנוּ לוֹ מֶכֶס ג׳ שָׁנִים וְלֹא קִיבֵּל עָלָיו — **R' Pinchas said: They offered to give him** the right to collect **taxes** for **three years** if he would go back in[339] **but he did not accept it upon himself.** אָמַר: לֹא דַיִּי שֶׁהִכְעַסְתִּי לֵאלֹהַי פַּעַם אַחַת אֶלָּא שֶׁאַכְעִיסֶנּוּ פַּעַם שְׁנִיָּה — **He said, "Is it not enough for me that I angered my God once?! Shall I rather anger Him a second time?!"** מֶה עָשׂוּ לוֹ, נָתְנוּ אוֹתוֹ בַּחֲמוֹר שֶׁל חָרָשִׁים וְהָיוּ מְנַסְּרִים בּוֹ **What did they do to him** for his refusal? **They placed him on a carpenter's bench**[340] **and they were sawing his body.** הָיָה מְצַוֵּחַ וְאוֹמֵר: וַוי אוֹי אוֹי שֶׁהִכְעַסְתִּי לְבוֹרְאִי— **He was crying out and saying, "Woe! Oh! Oh! That I angered my Creator!"**[341]Ⓐ

The story of Yakum Ish Tzroros:

וְיָקוּם אִישׁ צְרוֹרוֹת הָיָה בֶּן אֲחוֹתוֹ שֶׁל רַבִּי יוֹסֵי בֶּן יוֹעֶזֶר אִישׁ צְרֵידָה— **And Yakum Ish Tzroros was the son of the sister of R' Yose ben Yoezer Ish Tzereidah.** וַהֲוָה רָכִיב סוּסְיָא בְּשַׁבְּתָא, אֲזַל קוֹמֵי שָׁרִיתָא לְמִצְטַלְבָא Once **he was riding a horse on the Sabbath, and a beam** to be used **to hang** his uncle, R' Yose ben Yoezer, **was passed before him.**[342] אָמַר לוֹ: חֲמֵי סוּסַאי דְּאַרְכְּבֵי מָרִי וַחֲמֵי סוּסָךְ דְּאַרְכְּבָךְ מָרָךְ— **[Yakum] said to [R' Yose], "See my horse that my master has given me to ride and see your 'horse'**[343] **that your Master has given you to ride!"**[344] אָמַר לוֹ: אִם כָּךְ לְמַכְעִיסָיו קַל וָחוֹמֶר לְעוֹשֵׂי רְצוֹנוֹ — **[R' Yose] said to [Yakum], "If such** pleasantness and serenity (as you enjoy) is granted by God **to those who anger Him,**[345] **how much more so** will it be granted **to those who fulfill His will!"** אָמַר לוֹ: עָשָׂה אָדָם רְצוֹנוֹ יוֹתֵר מִמְּךָ — **[Yakum] said to [R' Yose], "Did any man fulfill His will more than you?!"**[346] אָמַר לוֹ: וְאִם כָּךְ לְעוֹשֵׂי רְצוֹנוֹ קַל וָחוֹמֶר לְמַכְעִיסָיו — **[R' Yose] said to [Yakum], "And if such** hardship (as I am to be exposed to) is meted out **to those who fulfill His will,**[347] **how much more so** will it be meted out to **those who anger Him!"**[348] נִכְנַס בּוֹ הַדָּבָר כְּאֶרֶס שֶׁל עַכְנָא — **The words** of R' Yose **penetrated [Yakum] like the** burning **venom of a snake.**[349] הָלַךְ וְקִיֵּים בְּעַצְמוֹ אַרְבַּע מִיתוֹת בֵּית דִּין סְקִילָה שְׂרֵיפָה הֶרֶג וְחֶנֶק — So **he went and performed on himself the four** methods of **execution** administered by **Rabbinical court: stoning, burning, beheading, and strangulation.**[350] מֶה עָשָׂה הֵבִיא קוֹרָה נְעָצָהּ בָּאָרֶץ וְקָשַׁר בָּהּ נִימָא — **What did he do** to accomplish this? **He brought**

NOTES

338. Yosef refused to re-enter the Temple (*Matnos Kehunah*).

339. *Matnos Kehunah, Eitz Yosef.*

340. This was a thick bench on which beams would be scraped (*Rashi* et al.).

341. [In his tortured final minutes, the once wicked Yosef] was concerned only with his sin and acknowledged that it was the cause of his death (*Eitz Yosef*). See Insight Ⓐ.

342. *Rashi* et al. [See further, *Maharzu*.]

Apparently, R' Yose ben Yoezer, who was the Jewish *Nasi* toward the beginning of the era of the Second Temple (see *Pirkei Avos* 1:4), was being killed during the Greek persecution of Torah observance that took place during the second century BCE (see *Seder HaDoros* s.v. R' Yose ben Yoezer). [It has been assumed that the Yakum spoken of by our Midrash is the Alcimus/Jacimus who, according to Josephus (Antiquities, Book 12, Ch. 10), was a Hellenized high priest who led a military campaign in which he slaughtered many righteous men.]

343. With this, Yakum referred to the beam from which R' Yose ben Yoezer would soon hang (*Rashi* et al.).

344. [Yakum was mocking his uncle:] I, who have lived a life of indulgence, enjoy success, whereas you, who toiled in Torah study and mitzvah performance your whole life, will be hanged (*Matnos Kehunah, Eitz Yosef*).

345. *Matnos Kehunah, Eitz Yosef.*

[Perhaps the Midrash means that the wicked are rewarded this way for those good deeds that they performed during their lifetimes (see below with *Yefeh To'ar*).]

346. Yakum sought to disprove his uncle's statement by painting to his uncle's tragic fate (see *Eitz Yosef*).

347. Elucidation follows *Matnos Kehunah* and *Eitz Yosef*, who explain that this suffering is a consequence of the few sins which (as taught by *Ecclesiastes* 7:20) the righteous inevitably commit.

348. Thus, R' Yose was telling Yakum that the pleasure enjoyed by the wicked in this world is an indicator of what awaits the righteous in the next world and the suffering of the righteous in this world proves that the wicked will suffer in the next (*Eitz Yosef*).

349. *Matnos Kehunah, Eitz Yosef.*

I.e., Yakum was seized with remorse and consternation (ibid.)

350. Yakum wished to achieve atonement for the various sins he had committed during his lifetime.

[*Yefeh To'ar* asserts that Yakum's behavior was unwarranted and in violation of the Torah's prohibition against suicide (see above, 9:5 with *Bava Kamma* 91b). He suggests that Yakum (and other figures mentioned by the Sages) may have nonetheless merited Heavenly reward as a result of his repentance, because it was only due to his intense grief or ignorance that he acted wrongfully in killing himself. See, however,

INSIGHTS

Ⓐ **Yosef MiShisa** *R' Yosef Shlomo Kahaneman* (the *Ponovezher Rav*) poses a question regarding Yosef MiShisa's refusal to enter the Temple a second time: *Sifri* (*Ki Teitzei* 22:13; see also Rav Huna's statement in the name of Rav, *Yoma* 86b) posits that a person who violates a minor stricture will eventually come to violate a major stricture. Certainly, a person usually finds it much easier to violate a stricture he already violated once. Why, then, was Yosef MiShisa suddenly so averse to commit a sin that he had committed with impunity just a few moments earlier?

The *Ponovezher Rav* explains that to commit his sin, Yosef MiShisa entered the Holy Temple. To enter a holy place — even for the wrong reason — brings about a transformative experience and has the power to inspire a sinner to repent. Yosef MiShisa's entry into the Temple — even though it was only to remove the Menorah — succeeded in bringing a man who was a traitor to his God and to his people to a complete and true repentance (cited in *Chaim Sheyesh Bahem*).

[To enter into contact with a holy person is similarly transformative. It is thus related that anyone who heard the Vilna Gaon recite the words of the first paragraph in the *Kabbalas Shabbos* service (*Psalms* 95:7): *Even today, if you but heed His call,* would immediately become a penitent (*B'Ikvos HaYirah* p. 15).]

Another explanation: The masters of *mussar* teach that a man does not achieve greatness *in spite* of his failures, but rather *because* of them (see, for example, *Pachad Yitzchak, Igros U'Kesavim* §128).

R' Chaim Shmulevitz (*Sichos Mussar* 5732 §37) explains why this is so. He asserts that the primary hindrance to spiritual growth is a person's comfort with his level of service to God. A person who has acted a certain way for some time, finds it difficult to appreciate the value of improving. Furthermore, it becomes increasingly difficult for him to feel enthusiastic about those mitzvos he does by rote. A person may thus drift along for years and decades without the desire to improve.

However, a man's abrupt descent to a new depth of sin may succeed in shaking him from his inertia. At that moment, as he surveys the deplorable state to which his pursuit of earthly pleasure has brought him, he may find the will to climb out of his morass. The fall itself may provide the impetus for rejuvenation.

Says *R' Chaim*: when Yosef MiShisa was told by blasphemers that he failed to recognize the value of the sacred Menorah, he experienced a moment of excruciating clarity, and he made a firm decision that he would improve. At that instant, Yosef MiShisa exemplified the words of the Sages (*Yalkut Shimoni, Psalms* §628): *Were it not that I fell, I would not have risen. And were it not that I sat in darkness,* HASHEM *would not have been a light unto me.* From the depths of sin, Yosef succeeded in ascending to the heights of self-sacrifice.

אֶלָּא עוֹל זְמַן תְּנִיָּנוּת וּמַה דְּאַתְּ מַפִּיק דִּידָךְ. וְלֹא קִיבֵּל עָלָיו. אָמַר רַבִּי פִּנְחָס: נָתְנוּ לוֹ מֶכֶס ג' שָׁנִים וְלֹא קִיבֵּל עָלָיו. אָמַר: לֹא דַּיִּי שֶׁהִכְעַסְתִּי לֵאלֹהַי פַּעַם אַחַת אֶלָּא שֶׁאַכְעִיסֶנּוּ פַּעַם שְׁנִיָּה. מֶה עָשׂוּ לוֹ, נָתְנוּ אוֹתוֹ בַּחֲמוֹר שֶׁל חָרָשִׁים וְהָיוּ מְנַסְּרִים בּוֹ, הָיָה מְצַוֵּחַ וְאוֹמֵר: וַוי אוֹי אוֹי שֶׁהִכְעַסְתִּי לְבוֹרְאִי. [מד]וְיָקוּם אִישׁ צְרוֹרוֹת הָיָה בֶּן אֲחוֹתוֹ שֶׁל רַבִּי יוֹסֵי בֶּן יוֹעֶזֶר אִישׁ צְרֵידָה, וַהֲוָה רָכֵיב סוּסְיָא בְּשַׁבְּתָא, אֲזַל קוּמֵי שָׁרִיתָא °לְמִצְטַבְּלָא, אָמַר לוֹ: חֲמֵי סוּסָאי דְּאַרְכְּבִי מָרִי וַחֲמֵי סוּסָךְ דְּאַרְכְּבֵךְ מָרָךְ, [מה]אָמַר לוֹ: אִם כָּךְ לְמַכְעִיסָיו קַל וָחוֹמֶר לְעוֹשֵׂי רְצוֹנוֹ. אָמַר לוֹ: עָשָׂה אָדָם רְצוֹנוֹ יוֹתֵר מִמְּךָ, אָמַר לוֹ: וְאִם כָּךְ לְעוֹשֵׂי רְצוֹנוֹ קַל וָחוֹמֶר לְמַכְעִיסָיו. נִכְנַס בּוֹ הַדָּבָר כְּאֶרֶס שֶׁל עַכְנָא, הָלַךְ וְקִיֵּים בְּעַצְמוֹ אַרְבַּע מִיתוֹת בֵּית דִּין סְקִילָה שְׂרֵיפָה הֶרֶג וְחֶנֶק, מֶה עָשָׂה הֵבִיא קוֹרָה נְעָצָהּ בָּאָרֶץ וְקָשַׁר בָּהּ נִימָא וְעָרַךְ הָעֵצִים וְהִקִּיפָן גָּדֵר שֶׁל אֲבָנִים וְעָשָׂה מְדוּרָה לְפָנֶיהָ וְנָעַץ אֶת הַחֶרֶב בָּאֶמְצַע וְהִצִּית הָאוּר תַּחַת הָעֵצִים מִתַּחַת הָאֲבָנִים וְנִתְלָה בַּקּוֹרָה וְנֶחְנַק קְדָמַתּוּ הָאֵשׁ נִפְסְקָה הַנִּימָה נָפַל לָאֵשׁ קְדָמַתּוּ חֶרֶב וְנָפַל עָלָיו גָּדֵר וְנִשְׂרַף. נִתְנַמְנֵם יוֹסֵי בֶּן יוֹעֶזֶר אִישׁ צְרֵידָה וְרָאָה מִטָּתוֹ פָּרְחָה בָּאֲוִיר, אָמַר: בְּשָׁעָה קַלָּה קְדָמַנִּי זֶה לְגַן עֵדֶן:

כג דָּבָר אַחֵר מְלַמֵּד שֶׁהֶרְאָה לוֹ הַקָּדוֹשׁ בָּרוּךְ הוּא בֵּית הַמִּקְדָּשׁ בָּנוּי וְחָרֵב וּבָנוּי. "רְאֵה רֵיחַ בְּנִי", הֲרֵי בָּנוּי, הֵיךְ מָה דְּאַתְּ אָמַר (במדבר כח, ב) "רֵיחַ נִיחֹחִי תִּשְׁמְרוּ", "כְּרֵיחַ שָׂדֶה", הֲרֵי חָרֵב, כְּמָה דְּאַתְּ אָמַר (מיכה ג, יב) "צִיּוֹן שָׂדֶה תֵחָרֵשׁ", "אֲשֶׁר בֵּרֲכוֹ ה'", בָּנוּי וּמְשׁוּכְלָל לֶעָתִיד לָבֹא כְּעִנְיָן שֶׁנֶּאֱמַר (תהלים קלג, ג) "כִּי שָׁם צִוָּה ה' אֶת הַבְּרָכָה חַיִּים עַד הָעוֹלָם":

עץ יוסף

לו מכס של שלש שנים שיכנס עוד: **בחמור של חרשים.** ספסל עב שמגררין בו את הנסרים: **שהבעסתי.** היה דואג על עונו ומודה שבעונו מת: **והוא רכוב בו'.** היה רוכב על הסוס בשבת: **אזל קומיה שריתא למצטבלה.** הוליכו לפניו קורה לתלות בו את דודו יוסי בן יועזר: **אמר לו חמי בו'.** אל יקום ליוסי דודו ראה הסוס שהרכבני עליו אדוני. וראה גם סוסך שהרכיבך עליו אדוניך ר"ל הקורה שהוא נתלה עליו. כלו' הלכתי בתאות לבי ועלתה לי. ואתה עמלת בתורה ובמצות כל ימיך וסופך תהא נתלה: **אם כך למכעיסיו.** אם כך טובה ושלוה נותן הקב"ה למכעיסיו כ"ש שיהיה כך לעושי רצונו: **אמר לו עשה בו'.** פי' עשה רצונו יותר ממה שעשית אתה וראה מה פרע לך: **אמר לו ואם כך בו'.** אם כך רעה מגיע לעושה רצונו על מיעוט עונותיו כי אין אדם צדיק בארץ אשר יעשה טוב ולא יחטא. כ"ש שיגיע כך לעוברי רצונו. ור"ל כי ממה שנותן טובה לרשעים נודע שמכ"ש לצדיקים וזה יתקיים בעוה"ב. וכן ממה שהרע לצדיקים בעוה"ז מכ"ש שיפרע מן הרשעים בעוה"ב: **נכנס בו'.** דברי ר"י נכנס ביקום כארס הזה של נחש שבוער ולבש חרטה ונבהל: **נימא.** חבל קטן: **והקיפן גדר של אבנים.** הקיף על העצים גדר של אבנים: **ונתלה בקורה.** על ידי אותו חבל: **קדמתו האש.** עד שלא נחנק לגמרי: **נתנמנם.** פי' כשהיה גוסס נראה לו מעלת בן אחותו כי אז משיגים הצדיקים השגה גדולה על דרך תוסף רוחם יגועון (יפ"ת): **מטתו.** של יקום בן אחותו: **(כג) [יט] בנוי ומשוכלל לעתיד לבוא.** ובנין בית שני לא נרמז דלא חשוב כיון דחסרו ממנו ה' דברים היותר חשובים כדלקמן בבמדב"ר (יפ"ת):

פירוש מהרז"ו

אזל קומי שריתא למצטבלי. לפי מ"ש כאן משמע שיקום רכב בשבת על הסוס והולך אל הקורה שתלו שם שומרי שבת וא"ל לפרש לתלות ליוסי אך בסה"ד מצאתי שיוסי נהרג בגזרת אנטיוכוס וז"ל מד' תהלים י"א והוה רכיב על סוסיא אזל קמיה מלכא ונפק למיטלייה פי' לטייל עמו או פי' ג"כ כמ"ש כאן למצטבלא ופי' למקום שתולים שם ובגליון הילקוט למצטבלא פי' לטייל: **(כג) דבר אחר מלמד.** ספרי פ' ברך ה' חילו ולעיל פר' כ"ו סס"י וש"נ: **כי שם צוה ה' את הברכה.** ור"ד כטל חרמון שיורד על הררי ציון:

חידושי הרד"ל

(כה) ונחנק. נפסקה הנימא ונפל לאש. כ"ה בשוח"ט מזמור י"א:

חידושי הרש"ש

[כב] הלך וקיים בעצמו ד"מ ב"ד בו' שריפה בו' וערך העצים בו' ועשה מדורה בו' נפל לאש בו' ונשרף אע"ג דשריפת ב"ד בזמן הבית היה ע"י פתילה של אבר כדאיתא בסנהדרין (נ"ב) הא לא הוה אלא משום ואהבת לרעך כמוך ברור לו מיתה יפה כדאיתא שם בגמרא. וכש"כ בשריפה ממש קיים המצוה. וכ"כ רש"י (שם ק"ו רע"ב) גבי בלעם שקיימו בו ד"מ. כתב ז"ל שריפה ממש. ודלא כרש"א שם בח"א שנדחק לפרש שריפה דשם על ידי פתילה של אבר דוקא:

מסורת המדרש

מד נדרים דף כ'. מכות דף כ"ד:

אם למקרא

צַו אֶת־בְּנֵי יִשְׂרָאֵל וְאָמַרְתָּ אֲלֵהֶם אֶת־קָרְבָּנִי לַחְמִי לְאִשַּׁי רֵיחַ נִיחֹחִי תִּשְׁמְרוּ לְהַקְרִיב לִי בְּמוֹעֲדוֹ: (במדבר כח:ב)

לָכֵן בִּגְלַלְכֶם צִיּוֹן שָׂדֶה תֵחָרֵשׁ וִירוּשָׁלַםִ עִיִּין תִּהְיֶה וְהַר הַבַּיִת לְבָמוֹת יָעַר: (מיכה ג:יב)

כְּטַל־חֶרְמוֹן שֶׁיֹּרֵד עַל־הַרְרֵי צִיּוֹן כִּי שָׁם צִוָּה ה' אֶת־הַבְּרָכָה חַיִּים עַד־הָעוֹלָם: (תהלים קלג:ג)

רש"י

בחמור של חרשים. ספסל של דף עבה המגררין בו את הנסרים: **יקום איש צרורות היה בן אחותו של יוסי בן יועזר איש צרידה והיה רכיב סוסיא בשבתא אזיל קמי שריתא למצטבלה.** שריתא היא קורה שנאמר ויהי האחד מפיל הקורה ומתרגמינן והוה חד מחי בשרותא. קורה שהיו מוליכין אותה לתלות את דודו יוסי בן יועזר א"ל יקום ליוסי חמי סוסי דארכבי מארי וחמי סוסא דארכבך מארך קורה שאת עתיד לתלות אמר ליה יוסי אם למכעיסיו משיב גמול טוב ק"ו לעושי רצונו א"ל יקום ועשה אדם רצונו יותר ממך והשיב לך גמול רע א"ל יוסי אם כן לעושי רצונו שנפרע מהן ק"ו למכעיסיו כמותך שמע ונבהל נכנס בו הדבר כארס של עכינא הלך וקיים בעצמו ד' מיתות ב"ד סקילה שריפה הרג וחנק מה עשה הביא קורה ונעצה בארץ וקשר בה נימא וערך עצים והקיף עליהם גדר אבנים ועשה מדורה לפניו ונען את החרב באמצע והצית את האש תחת העצים מתחת האבנים ונתלה בקורה ונפסק הנימא ונפל לאש וקדמתו החרב ונהפך עליו הגדר ונשרף: **נתנמנם יוסי בן יועזר איש צרידה.** וראה מטתו פורחת באויר ואמר אוי לי שבשעה קלה קדמני זה לגן עדן:

מתנות כהונה

יוסף משיאה שיכנס ומה שאתה מוליא יהא שלך: **עול זמן בו'.** לך שם עוד פעם שנייה: **ולא קבל בו'.** לא היה רוצה ליכנס עוד: **נתנו לו מכס בו'.** בשביל שיכנס עוד פעם שנית: **בחמור של חרשין.** פירש"י ספסל של דף עבה שמגררין בו הנסרים וכן משמע בערוך: **והוה רביב בו'.** היה רוכב על סוס בשבת: הכי גרס רש"י ובילקוט **אזל קמיה שריתא בו'.** ופירש"י היו מוליכין לפניו קורה שיהא נתלה עליו יוסי בן יועזר אמר ליה יקום ליוסי ראה הסוס שהרכיבני עליו אדוני וראה גם סוסך שהרכיבך עליו אדונך ר"ל הקורה שיהא נתלה עליו כלומר הלכתי בתאוות לבי ועלתה לי ואתה עמלת בתורה ובמצות כל ימיך וסופך תהא נתלה וכן הוא בספר יוחסין דארכבי מרי **גרסינן: אם כך.** טובה ושלוה נותן הקב"ה למכעיסיו כ"ש שיהיה כן לעושי רצונו. א"ל וכי עשה אדם רצונו יותר ממה שעשית אתה וראה מה פרע לך וא"ל אם כך רעה מגיע לעושי רצונו על עונותיהם מועטים כי אין צדיק בארץ אשר יעשה טוב ולא יחטא כ"ש שיגיע כך לעתיד לבא לעוברי רצונו: **נכנס בו'.** דברי ר' יוסי נכנס בו ביקום כארס הזה של נחש שבוער בו ולבש חרטה ונבהל: **נימא.** חבל קטן ובערוך גרס גניא ועיין שם ובויקרא רבה פרשה כ"ב: **והקיפן גדר בו'.** הקיף על העצים גדר של אבנים וכן פירש"י ז"ל ובשוחר טוב גורס בהדיא וערך עצים והקיף עליהם גדר של אבנים: **ונתלה בקורה.** באותו נימא שקשר. הכי גרסינן ונתלה בקורה ונחנק נפסקה הנימא נפל קדמתו חרב והכי מוכח בפירש"י ובערוך: **מטתו.** של יקום בן אחותו:

a beam, stuck it in the ground and tied a small rope[351] **to it.** וְעָרַךְ הָעֵצִים וְהִקִּיפָן גֶּדֶר שֶׁל אֲבָנִים — **He** then **set up logs** in front of the beam **and built a stone wall upon them.**[352] וְעָשָׂה מְדוּרָה לְפָנֶיהָ וְנָעַץ אֶת הַחֶרֶב בְּאֶמְצַע — **He** then **made a bonfire** on the wood **in front of [the beam] and stuck a sword in the center** of the bonfire. וְהִצִּית הָאוּר תַּחַת הָעֵצִים מִתַּחַת הָאֲבָנִים — **He** then **lit a fire under the branches that were under the stones.** וְנִתְלָה בַּקּוֹרָה וְנֶחְנַק — Finally, **he hanged himself on the** rope attached to the **beam**[353] **and was strangling.** קְדָמַתּוֹ הָאֵשׁ נִפְסְקָה הַנִּימָה נָפַל לָאֵשׁ — **The** effect of the **fire preceded** his complete strangulation,[354] and **the rope snapped** as a result of the fire. **He** then **fell into the fire.** קְדָמַתּוֹ חֶרֶב וְנָפַל עָלָיו גֶּדֶר וְנִשְׂרַף — **The** effect of the **sword preceded** his burning, and he was stabbed. **The wall** of stones then **fell upon him, and** finally, **he was burned.** נִתְנַמְנֵם יוֹסֵי בֶּן יוֹעֶזֶר אִישׁ צְרֵידָה וְרָאָה מִטָּתוֹ פָּרְחָה בָּאֲוִיר — R' **Yose ben Yoezer Ish Tzereidah was drifting in and out of consciousness**[355] **and he saw [Yakum's] bier**[356] **floating in the air.** אָמַר: בְּשָׁעָה קַלָּה קְדָמַנִי זֶה לְגַן עֵדֶן — **He said, "In** one **brief moment, this one** (Yakum) **preceded me** in entering **into the Garden of Eden!"**

§23 A final exposition on our verse:

דָּבָר אַחֵר מְלַמֵּד שֶׁהֶרְאָה לוֹ הַקָּדוֹשׁ בָּרוּךְ הוּא בֵּית הַמִּקְדָּשׁ בָּנוּי וְחָרֵב וּבָנוּי — **Another interpretation: [Our verse] teaches that the Holy One, Blessed is He, showed [Isaac] the Temple built, destroyed, and built** once again. "רְאֵה רֵיחַ בְּנִי", הֲרֵי בָּנוּי, הֵיךְ מָה דְּאַתְּ אָמַר "רֵיחַ נִיחֹחִי תִּשְׁמְרוּ" — The Midrash explains: When our verse states, ***See, the fragrance of my son,*** **it is** a reference to when the Temple was **built, as it is written, *My satisfying aroma, shall you be scrupulous*** *to offer to Me* (*Numbers* 28:2).[357] "כְּרֵיחַ שָׂדֶה", הֲרֵי חָרֵב, כְּמָה דְּאַתְּ אָמַר "צִיּוֹן שָׂדֶה תֵחָרֵשׁ" — When our verse states, ***like the fragrance of a field,*** **it is** a reference to when the Temple was **destroyed, as it is written, *Zion will be plowed over like a field*** (*Micah* 3:12). "אֲשֶׁר בֵּרְכוֹ ה'", בָּנוּי וּמְשׁוּכְלָל לֶעָתִיד לָבֹא כְּעִנְיָן שֶׁנֶּאֱמַר "כִּי שָׁם צִוָּה ה' אֶת הַבְּרָכָה חַיִּים עַד הָעוֹלָם" — And when our verse states, ***which HASHEM had blessed,*** **it is** a reference to when the Temple will once again be **built and perfected, in the future, as it is written, *for there***[358] ***HASHEM has commanded the blessing. May there be life forever!*** (*Psalms* 133:3).[359]

NOTES

Teshuvos Shevus Yaakov II:111 and *Teshuvos Yaavetz* I:43, but see *Igros Moshe, Choshen Mishpat* II:69 (end) and *Yabia Omer,* Vol. 2 §24:8.]

351. *Matnos Kehunah, Eitz Yosef.*

352. *Rashi* et al.; see *Midrash Shocher Tov* to Psalm 11, cited by *Matnos Kehunah.*

353. *Rashi* et al.

354. See *Eitz Yosef.*

355. R' Yose [had been hanged and] was moments away from death. In that state, the righteous may perceive wondrous things (*Eitz Yosef,* citing *Yefeh To'ar*, who references *Psalms* 104:29).

356. *Matnos Kehunah, Eitz Yosef.*

357. [This verse discusses the *tamid* sacrifice, which was brought daily when the Temple stood.]

358. [Zion, the site of the Temple (see *Maharzu*).]

359. [Our verse does not acknowledge that the Temple was built and destroyed *twice* because since the five most important elements of the First Temple were absent in the Second (see *Yoma* 21b), the First Temple never completely arose from its destruction (*Yefeh To'ar,* first explanation, cited in large part by *Eitz Yosef*).]

חידושי הרד״ל

(כה) ונחנק. נפסקה הנימא ונפל לאש. כ״ה בשוח״ט מזמור י״א:

חידושי הרש״ש

[כב] הלך וקיים בעצמו ד״מ ב״ד כו׳ שריפה כו׳ וערך העצים כו׳ ועשה מדורה כו׳ נפל לאש כו׳ ונשרף אע״ג דשריפת ב״ד בזמן הבית היה ע״י פתילה של אבר כדאיתא בסנהדרין (נ״ב) הא לא הוה אלא משום ואהבת לרעך כמוך ברור לו מיתה יפה כדאיתא שם בגמרא. וכש״כ בשריפה ממש קיים המצוה. וכ״כ רש״י (שם ק״ו רע״ב) גבי בלעם שקיימו בו ד״מ. כתב ז״ל שריפה ממש. ודלא כרש״א שם בח״א שנדחק לפרש שריפה דשם על ידי פתילה של אבר דוקא:

עץ יוסף

לו מכס של שלש שנים שיכנס עוד: **בחמור של חרשים.** ספסל עב שמגררין בו את הנסרים: **שהכעסתי.** היה דואג על עונו ומודה שבעונו מת: **והוא רכוב בו׳.** היה רוכב על הסוס בשבת: **אזל קומיה שריתא למצטבלה.** הוליכו לפניו קורה לתלות בו את דודו יוסי בן יועזר: **אמר לו חמי בו׳.** אל יקום ליוסי דודו ראה הסוס שהרכבני עליו אדוני. וראה גם סוסך שהרכיבך עליו אדוניך ר״ל הקורה שהוא נתלה עליו. כלו׳ הלכתי בתאות לבי ועלתה לי. ואתה עמלת בתורה ובמצות כל ימיך וסופך תהא נתלה: **אם כך למכעיסיו.** אם כך טובה ושלוה נותן הקב״ה למכעיסיו כ״ש שיהיה כך לעושי רצונו: **אמר לו עשה בו׳.** פי׳ עשה רצונו יותר ממה שעשית אתה וראה מה פרע לך: **אמר לו ואם כך בו׳.** אם כך רעה מגיע לעושה רצונו על מיעוט עונותיו כי אין אדם צדיק בארץ אשר יעשה טוב ולא יחטא. כ״ש שיגיע כך לעוברי רצונו. ור״ל כי ממה שנותן טובה לרשעים נודע שמכ״ש לצדיקים וזה יתקיים בעוה״ב. וכן ממה שהרע לצדיקים בעוה״ז מכ״ש שיפרע מן הרשעים בעוה״ב: **נכנס בו׳.** דברי ר״י נכנס ביקוס כארס הזה של נחש שבוער ולבש חרטה ונבהל: **נימא.** חבל קטן: **והקיפן גדר של אבנים.** הקיף על העצים גדר של אבנים: **ונתלה בקורה.** על ידי אותו חבל: **קדמתו האש.** עד שלא נחנק לגמרי: **נתנמנם.** פי׳ כשהיה גוסס נראה לו מטלת בן אחותו כי אז משיגים הצדיקים השגה גדולה על דרך תוסף רוחם יגועון (יפ״ת): **מטתו.** של יקום בן אחותו: (כג) [יט] **בנוי ומשוכלל לעתיד לבוא.** ובנין בית שני לא נרמז דלא חשוב כיון דחסרו ממנו ה׳ דברים היותר חשובים כדלקמן בבמדב״ר (יפ״ת):

מדרש רבה

אֶלָּא עוּל זְמַן תְּנְיָנוּת וּמַה דְּאַתְּ מַפִּיק דִּידָךְ. וְלֹא קִיבֵּל עָלָיו. אָמַר רַבִּי פִּנְחָס: נָתְנוּ לוֹ מֶכֶס ג׳ שָׁנִים וְלֹא קִיבֵּל עָלָיו. אָמַר: לֹא דַּיִּי שֶׁהִכְעַסְתִּי לֵאלֹהַי פַּעַם אַחַת אֶלָּא שֶׁאַכְעִיסֶנּוּ פַּעַם שְׁנִיָּה. מֶה עָשׂוּ לוֹ, נָתְנוּ אוֹתוֹ בַּחֲמוֹר שֶׁל חָרָשִׁים וְהָיוּ מְנַסְּרִים בּוֹ, הָיָה מְצַוֵּחַ וְאוֹמֵר: וַוי אוֹי אוֹי שֶׁהִכְעַסְתִּי לְבוֹרְאִי. [מד]וְיָקוּם אִישׁ צְרוֹרוֹת הָיָה בֶּן אֲחוֹתוֹ שֶׁל רַבִּי יוֹסֵי בֶּן יוֹעֶזֶר אִישׁ צְרֵידָה, וַהֲוָה רָכֵיב סוּסְיָא בְּשַׁבְּתָא, אֲזַל קוּמֵי שָׁרִיתָא °לְמִצְטַבְּלָא, אָמַר לוֹ: חֲמֵי סוּסָאי דְּאַרְכְּבִי מָרִי וַחֲמֵי סוּסָךְ דְּאַרְכְּבָךְ מָרָךְ, [מה]אָמַר לוֹ: אִם כָּךְ לְמַכְעִיסָיו קַל וָחוֹמֶר לְעוֹשֵׂי רְצוֹנוֹ. אָמַר לוֹ: עָשָׂה אָדָם רְצוֹנוֹ יוֹתֵר מִמְּךָ, אָמַר לוֹ: וְאִם כָּךְ לְעוֹשֵׂי רְצוֹנוֹ קַל וָחוֹמֶר לְמַכְעִיסָיו. נִכְנַס בּוֹ הַדָּבָר כְּאֶרֶס שֶׁל עַכְנָא, הָלַךְ וְקִיֵּים בְּעַצְמוֹ אַרְבַּע מִיתוֹת בֵּית דִּין סְקִילָה שְׂרֵיפָה הֶרֶג וְחֶנֶק, מֶה עָשָׂה הֵבִיא קוֹרָה נְעָצָהּ בָּאָרֶץ וְקָשַׁר בָּהּ נִימָא וְעָרַךְ הָעֵצִים וְהִקִּיפָן גָּדֵר שֶׁל אֲבָנִים וְעָשָׂה מְדוּרָה לְפָנֶיהָ וְנָעַץ אֶת הַחֶרֶב בָּאֶמְצַע וְהִצִּית הָאוּר תַּחַת הָעֵצִים מִתַּחַת הָאֲבָנִים וְנִתְלָה בַּקּוֹרָה וְנֶחְנַק קְדָמַתּוֹ הָאֵשׁ נִפְסְקָה הַנִּימָה נָפַל לָאֵשׁ קְדָמַתּוֹ חֶרֶב וְנָפַל עָלָיו גָּדֵר וְנִשְׂרַף. נִתְנַמְנֵם יוֹסֵי בֶּן יוֹעֶזֶר אִישׁ צְרֵידָה וְרָאָה מִטָּתוֹ פָּרְחָה בָּאֲוִיר, אָמַר: בְּשָׁעָה קַלָּה קְדָמַנִי זֶה לְגַן עֵדֶן:

כג דָּבָר אַחֵר מְלַמֵּד שֶׁהֶרְאָה לוֹ הַקָּדוֹשׁ בָּרוּךְ הוּא בֵּית הַמִּקְדָּשׁ בָּנוּי וְחָרֵב וּבָנוּי. "רְאֵה רֵיחַ בְּנִי", הֲרֵי בָּנוּי, הֵיךְ מָה דְּאַתְּ אָמַר (במדבר כח, ב) "רֵיחַ נִיחֹחִי תִּשְׁמְרוּ", "כְּרֵיחַ שָׂדֶה", הֲרֵי חָרֵב, כְּמָה דְּאַתְּ אָמַר (מיכה ג, יב) "צִיּוֹן שָׂדֶה תֵחָרֵשׁ", "אֲשֶׁר בֵּרֲכוֹ ה׳ ", בָּנוּי וּמְשׁוּכְלָל לֶעָתִיד לָבֹא כְּעִנְיָן שֶׁנֶּאֱמַר (תהלים קלג, ג) "כִּי שָׁם צִוָּה ה׳ אֶת הַבְּרָכָה חַיִּים עַד הָעוֹלָם:

פירוש מהרז״ו

אזל קומי שריתא למצטבלי. לפי מ״ש כאן משמע שיקום רכב בשבת על הסוס והולך אל הקורה שתלו שם שומרי שבת וא״ל לפרש לתלות ליוסי אך בסה״ד מצאתי שיוסי נהרג בגזרת אנטיוכוס וז״ל מד׳ תהלים י״א והוה רכיב על סוסיא אזל קמיה מלכא ונפק למיטלייה פי׳ לטייל עמו או פי׳ ג״כ כמ״ש כאן למצטבלא ופי׳ למקום שתולים שם ובגליון הילקוט למצטבלא פי׳ לטייל: (כג) **דבר אחר מלמד.** ספרי פ׳ ברכה ה׳ חילו ולעיל פר׳ כ״ו סס״י וש״נ: **כי שם צוה ה׳ את הברכה.** ור״ד כטל חרמון שיורד על הררי ציון:

מסורת המדרש

מד נדרים דף כ׳. מכות דף כ״ד:

אם למקרא

צַו אֶת־בְּנֵי יִשְׂרָאֵל וְאָמַרְתָּ אֲלֵהֶם אֶת־קָרְבָּנִי לַחְמִי לְאִשַּׁי רֵיחַ נִיחֹחִי תִּשְׁמְרוּ לְהַקְרִיב לִי בְּמוֹעֲדוֹ:
(במדבר כח:ב)

לָכֵן בִּגְלַלְכֶם צִיּוֹן שָׂדֶה תֵחָרֵשׁ וִירוּשָׁלַםִ עִיִּין תִּהְיֶה וְהַר הַבַּיִת לְבָמוֹת יָעַר:
(מיכה ג:יב)

כְּטַל־חֶרְמוֹן שֶׁיֹּרֵד עַל־הַרְרֵי צִיּוֹן כִּי שָׁם צִוָּה ה׳ אֶת־הַבְּרָכָה חַיִּים עַד־הָעוֹלָם:
(תהלים קלג:ג)

רש״י

בחמור של חרשים. ספסל של דף עבה המגררין בו את הנסרים: **יקום איש צרורות היה בן אחותו של יוסי בן יועזר איש צרידה והיה רכיב סוסיא בשבתא אזיל קמי שריתא למצטבלה.** שריתא היא קורה שנאמר ויהי האחד מפיל הקורה ומתרגמינן והוה חד מחי בשרותא. קורה שהיו מוליכין אותה לתלות את דודו יוסי בן יועזר א״ל יקום ליוסי חמי סוסי דארכבי מארי וחמי סוסא דארכבך מארך קורה שאת עתיד לתלות אמר ליה יוסי אם למכעיסיו משיב גמול טוב ק״ו לעושי רצונו א״ל יקום ועשה אדם רצונו יותר ממך והשיב לך גמול רע א״ל יוסי אם כן לעושי רצונו שנפרע מהן ק״ו למכעיסיו כמותך שמע ונבהל נכנס בו הדבר כארס של עכינא הלך וקיים בעצמו ד׳ מיתות ב״ד סקילה שריפה הרג וחנק מה עשה הביא קורה ונעלה בארץ וקשר בה נימא וערך עצים והקיף עליהם גדר אבנים ועשה מדורה לפניו ונעץ את החרב באמצע והצית את האש תחת העצים מתחת האבנים ונתלה בקורה ונפסק הנימא ונפל לאש וקדמתו החרב ונהפך עליו הגדר ונשרף: **נתנמנם יוסי בן יועזר איש צרידה.** וראה מטתו פורחת באויר ואמר אוי לי שבשעה קלה קדמני זה לגן עדן:

מתנות כהונה

יוסף משיתא שיכנס ומה שאתה מוציא יהא שלך: **עול זמן בו׳.** לך שם עוד פעם שנייה: **ולא קבל בו׳.** לא היה רוצה ליכנס עוד: **נתנו לו מכס בו׳.** בשביל שיכנס עוד פעם שנית: **בחמור של חרשין.** פירש״י ספסל של דף עבה שמגררין בו הנסרים וכן משמע בערוך: **והוה רכיב בו׳.** היה רוכב על סוס בשבת: הכי גרס רש״י ובילקוט **אזל קמיה שריתא בו׳.** ופירש״י היו מוליכין לפניו קורה שיהא נתלה עליו יוסי בן יועזר אמר ליה יקום ליוסי ראה הסוס שהרכיבני עליו אדוני וראה גם סוסך שהרכיבך עליו אדונך ר״ל הקורה שיהא נתלה עליו כלומר הלכתי בתאוות לבי ועלתה לי ואתה עמלת בתורה ובמצות כל ימיך וסופך תהא נתלה וכן הוא בספר יוחסין דארכבי מרי גרסינן: **אם כך.** טובה ושלוה נותן הקב״ה למכעיסיו כ״ש שיהיה כן לעושי רצונו. א״ל וכי עשה אדם רצונו יותר ממה שעשית אתה וראה מה פרע לך וא״ל אם כך רעה מגיע לעושי רצונו על עונותיהם מועטים כי אין צדיק בארץ אשר יעשה טוב ולא יחטא כ״ש שיגיע כך לעתיד לבא לעוברי רצונו: **נכנס בו׳.** דברי ר׳ יוסי נכנס בו ביקום כארס הזה של נחש שבוער בו ולבש חרטה ונבהל: **נימא.** חבל קטן ובערוך גרס גניא ועיין שם ובויקרא רבה פרשה כ״ב: **והקיפן גדר בו׳.** הקיף על העצים גדר של אבנים וכן פירש״י ז״ל ובשוחר טוב גורס בהדיא וערך עצים והקיף עליהם גדר של אבנים: **ונתלה בקורה.** באותו נימא שקשר. הכי גרסינן ונתלה בקורה ונחנק נפסקה הנימא נפל קדמתו חרב והכי מוכח בפירש״י ובערוך: **מטתו.** של יקום בן אחותו:

Chapter 66

וְיִתֶּן לְךָ הָאֱלֹהִים מִטַּל הַשָּׁמַיִם וּמִשְׁמַנֵּי הָאָרֶץ וְרֹב דָּגָן וְתִירֹשׁ. יַעַבְדוּךָ עַמִּים וְיִשְׁתַּחֲוּוּ לְךָ לְאֻמִּים הֱוֵה גְבִיר לְאַחֶיךָ וְיִשְׁתַּחֲווּ לְךָ בְּנֵי אִמֶּךָ אֹרְרֶיךָ אָרוּר וּמְבָרְכֶיךָ בָּרוּךְ.

And may God give you of the dew of the heavens and of the fatness of the earth, and abundant grain and wine. Peoples will serve you, and regimes will bow down to you; be a lord to your brothers, and your mother's sons will bow down to you; cursed be they who curse you, and blessed be they who bless you (27:28-29).

§1 **וְיִתֶּן לְךָ הָאֱלֹהִים מִטַּל הַשָּׁמַיִם** – ***AND MAY GOD GIVE YOU OF THE DEW OF THE HEAVENS.***

Why did Isaac bestow upon Jacob specifically the blessing of dew? The Midrash assumes that this blessing was due to some particular merit of his.[1] What was this merit?

כְּתִיב "שָׁרְשִׁי פָתוּחַ אֱלֵי מָיִם וְטַל יָלִין בִּקְצִירִי" – **It is written:** ***my root is open to water and dew will always dwell on my harvest*** (*Job* 29:19). **אָמַר אִיּוֹב** – **Job was saying** here, **עַל יְדֵי שֶׁהָיוּ דְּלָתַי פְּתוּחוֹת לִרְוָחָה** – **"Because my doors were** always **wide open** to the poor,[2] **הָיוּ הַכֹּל קוֹצְרִין יְבֵשׁוֹת וַאֲנִי קוֹצֵר מְלִילוֹת** – I merited that **when everyone** else **reaped withered ears** of grain in times of scant rainfall, **I reaped full, ripe ears** as a result of being blessed with an abundance of dew *dwelling on my harvest*."[3] **מַה טַּעַם** – Job meant, then: **What is the reason** for the blessing in my grain? **"שָׁרְשִׁי פָתוּחַ אֱלֵי מָיִם"** – It is because ***my root is open to water*** (my door is open wide for free-flowing charity); that is why *dew will always dwell on my harvest.*

The Midrash explains the relevance of this verse to our passage:

אָמַר יַעֲקֹב: עַל יְדֵי שֶׁהָיִיתִי עוֹסֵק בַּתּוֹרָה שֶׁנִּמְשְׁלָה כַּמַּיִם – **Jacob,** too, **said,**[4] **"Because I occupied myself with the study of Torah – which is compared to water**[5] – **זָכִיתִי לְהִתְבָּרֵךְ בְּטַל** – **I merited to be blessed with dew, שֶׁנֶּאֱמַר "וְיִתֶּן לְךָ הָאֱלֹהִים מִטַּל הַשָּׁמַיִם"** – **as it is stated, *And may God give you of the dew of the heavens."***

§2 **רַבִּי בֶּרֶכְיָה פָּתַח** – **R' Berechyah introduced** his discussion of our passage by citing and expounding a verse from *Song of Songs.* **"שׁוּבִי שׁוּבִי הַשּׁוּלַמִּית שׁוּבִי שׁוּבִי וְנֶחֱזֶה בָּךְ"** – It is written there (7:1): ***Return, return, O Shulamite;***[6] ***return, return so that we may gaze upon you.*** **אַרְבָּעָה פְּעָמִים כְּתִיב "שׁוּבִי"** – The word **שׁוּבִי is written four times** in this verse, **כְּנֶגֶד אַרְבַּע מַלְכֻיּוֹת** – **corresponding to the** subjugations of the **Four Kingdoms,**[7] **שֶׁיִּשְׂרָאֵל נִכְנָסִין לְתוֹכָן לְשָׁלוֹם וְיוֹצְאִין בְּשָׁלוֹם** – indicating **that Israel would enter them in peace,**[8] **and** ultimately **emerge** (*return*) from them all **in peace.** **"הַשּׁוּלַמִּית", אוּמָּה שֶׁשְּׁלוֹם חַי הָעוֹלָמִים מִתְנַהֵג בָּהּ מֵאֹהֶל לְאֹהֶל** – ***The Shulamite*** refers to Israel, **the nation whom the peace** (שָׁלוֹם) **of the Eternal One accompanies from tent to tent.**[9]

The Midrash gives several other explanations as to why Israel is called "Shulamite":

"הַשּׁוּלַמִּית", אוּמָּה שֶׁהַכֹּהֲנִים מְשִׂימִין לָהּ שָׁלוֹם בְּכָל יוֹם – ***The Shulamite*** refers to Israel, **the nation among whom the Kohanim place peace** (שָׁלוֹם) **every day,** **שֶׁנֶּאֱמַר "וְשָׂמוּ אֶת שְׁמִי"** – **as it is stated** regarding the Priestly Benediction recited by the Kohanim daily in the Synagogue – ***they shall place My Name***[10] *upon the Children of Israel* (*Numbers* 6:27); **וּכְתִיב "וְיָשֵׂם לְךָ שָׁלוֹם"** – **and it is written** in the Priestly Benediction itself, ***and He will place upon you Peace*** [שָׁלוֹם][11] (ibid. v. 26).

"הַשּׁוּלַמִּית" אוּמָּה שֶׁשְּׁלוֹם הָעוֹלָמִים דָּר בְּתוֹכָהּ – ***The Shulamite*** refers to Israel, **the nation in whose midst the peace** (שָׁלוֹם) **of the Eternal One dwells,**[12] **שֶׁנֶּאֱמַר "וְעָשׂוּ לִי מִקְדָּשׁ וְשָׁכַנְתִּי בְּתוֹכָם"** – **as it is stated, *they shall make a sanctuary for Me so that I may dwell among them*** (*Exodus* 25:8).

"הַשּׁוּלַמִּית", אוּמָּה שֶׁאֲנִי עָתִיד לִיתֵּן בָּהּ שָׁלוֹם – ***The Shulamite*** refers to Israel, **the nation among whom I will make peace** (שָׁלוֹם) **in a future time,** **שֶׁנֶּאֱמַר "וְנָתַתִּי שָׁלוֹם בָּאָרֶץ"** – **as it is stated, *I will provide peace in the land*** (*Leviticus* 26:6).[13]

"הַשּׁוּלַמִּית", אוּמָּה שֶׁאֲנִי עָתִיד לִנְטוֹת אֵלֶיהָ שָׁלוֹם – ***The Shulamite*** refers to Israel, **the nation to whom I will extend** continuous **peace** (שָׁלוֹם) **in a future time,** **הֲדָא הוּא דִּכְתִיב "כֹּה אָמַר ה׳ הִנְנִי נוֹטֶה אֵלֶיהָ כְּנָהָר שָׁלוֹם"** – **as it is written, *Thus said HASHEM, Behold, I will extend peace to her like a river*** (*Isaiah* 66:12).[14]

NOTES

1. *Eitz Yosef* points to the end of §2 below, where the word לְךָ is interpreted to mean "in your merit."

2. As related in *Avos DeRabbi Nassan* (Ch. 7), Job's house was always "wide open" (פָּתוּחַ לִרְוָחָה) to the poor, with open doors on each of its four sides. (This is derived from *Job* 31:32: *I opened my doors to the street.* See *Avos DeRabbi Nassan,* Second Version, Ch. 14; see also *Ohr HaSeichel* here.) "Water" here is taken as a metaphor for something that is free and available to all (*Radal, Rashash*). And the Midrash homiletically interprets "root" to mean the door of a house which, like the root of a plant, is the starting place of the house (*Radal*; for alternative explanations see *Yefeh To'ar* and *Eitz Yosef*).

3. I.e., in this verse Job was speaking of cause and effect: *My root is open to water* (my house is always open to all) *and* therefore *dew will always dwell on my harvest.* The Midrash goes on to spell this out explicitly.

4. I.e., he could just as well have said Job's verse and applied it to himself (*Ohr HaSeichel*).

5. As it is written of thirst for Torah knowledge (*Isaiah* 55:1), *Ho, everyone who is thirsty, go to the water* (*Taanis* 7a). Coming from Jacob's mouth (see preceding note), the phrase *my root is open to water* would be a metaphor for his dedication to Torah (see above, 25:27), with the result being that he would receive his father's blessing for dew such that *dew will always dwell on my harvest.*

6. The "Shulamite" refers to Israel, as the Midrash will explain below.

7. The Four Kingdoms (Babylonia, Persia, Greece, and Rome) who would subjugate Israel until the advent of the Messiah, as foreseen by Daniel (see *Daniel* Ch. 2).

8. Of course, when the Jewish people began these periods of subjugation it was through battle, exile, and captivity; nevertheless, despite all the great upheaval and tragedy they were not destroyed as a nation. This is what the Midrash calls "in peace" (or "whole," for שָׁלוֹם can have either meaning) (*Yefeh To'ar*).

9. As it is written, *I have moved from tent to tent and from tabernacle [to tabernacle]* (*I Chronicles* 17:5; see *Rashi* ad loc.). God's Presence accompanied Israel, traveling with the Tabernacle from place to place in the Wilderness, and then from *tent to tent* and *tabernacle to tabernacle*: in Gilgal, then Shiloh, then Nob, and then Gibeon (*Eitz Yosef*). [However, *Eitz Yosef* himself, citing *Nezer HaKodesh*, interprets the word שָׁלוֹם in the expression שְׁלוֹם חַי הָעוֹלָמִים as a reference to the Name of God, *Shalom* (see next note). The expression accordingly means: *Shalom*, which is one of the Names of the Eternal One.]

10. And one of the Names of God is "Peace" (שָׁלוֹם) (*Shabbos* 10b).

11. I.e., the particular Name of God that "they shall place upon the Children of Israel" is the Name שָׁלוֹם, *Peace* (*Eitz Yosef*, from *Nezer HaKodesh*).

12. In the Temple (*Yefeh To'ar*). [Our translation of the expression שְׁלוֹם הָעוֹלָמִים follows *Maharzu*, who says that it is short for the expression שְׁלוֹם חַי הָעוֹלָמִים used above.]

13. [The wording of the Midrash lends support to *Ramban's* interpretation of the blessings in this *Leviticus* passage, viz., that they will come to fruition in a future time (see, however, *Nezer HaKodesh* and *Eitz Yosef*).]

14. There will be continuous, uninterrupted peace, like a river that does not stop flowing (*Eitz Yosef*).

פרשה סו

א [כז, כח] "וְיִתֶּן לְךָ הָאֱלֹהִים מִטַּל הַשָּׁמַיִם". כְּתִיב (איוב כט, יט) "שָׁרְשִׁי פָתוּחַ אֱלֵי מָיִם וְטַל יָלִין בִּקְצִירִי", אָמַר אִיוֹב: [א]עַל יְדֵי שֶׁהָיוּ דְּלָתַי פְּתוּחוֹת לִרְוָחָה הָיוּ הַכֹּל קוֹצְרִין יְבֵשׁוֹת וַאֲנִי קוֹצֵר מְלִילוֹת מַה טַּעַם "שָׁרְשִׁי פָּתוּחַ אֱלֵי מָיִם". אָמַר יַעֲקֹב: עַל יְדֵי שֶׁהָיִיתִי עוֹסֵק בַּתּוֹרָה [ב]שֶׁנִּמְשְׁלָה כַּמַּיִם זָכִיתִי לְהִתְבָּרֵךְ בְּטַל שֶׁנֶּאֱמַר "וְיִתֶּן לְךָ הָאֱלֹהִים מִטַּל הַשָּׁמַיִם":

ב רַבִּי בֶּרֶכְיָה פָּתַח: (שיר ז, א) "שׁוּבִי שׁוּבִי הַשּׁוּלַמִּית שׁוּבִי שׁוּבִי וְנֶחֱזֶה בָּךְ", אַרְבָּעָה פְּעָמִים כְּתִיב "שׁוּבִי", כְּנֶגֶד [ג]אַרְבַּע מַלְכֻיּוֹת שֶׁיִּשְׂרָאֵל נִכְנָסִין לְתוֹכָן לְשָׁלוֹם וְיוֹצְאִין בְּשָׁלוֹם. "הַשּׁוּלַמִּית", אוּמָּה שֶׁשְּׁלוֹם חַי הָעוֹלָמִים מִתְנַהֵג בָּהּ מֵאֹהֶל לְאֹהֶל. "הַשּׁוּלַמִּית", אוּמָּה שֶׁהַכֹּהֲנִים מְשִׂימִין לָהּ שָׁלוֹם בְּכָל יוֹם, שֶׁנֶּאֱמַר (במדבר ו, כז) "וְשָׂמוּ אֶת שְׁמִי", וּכְתִיב "וְיָשֵׂם לְךָ שָׁלוֹם". "הַשּׁוּלַמִּית" אוּמָּה שֶׁשְּׁלוֹם הָעוֹלָמִים דָּר בְּתוֹכָהּ, שֶׁנֶּאֱמַר (שמות כה, ח) "וְעָשׂוּ לִי מִקְדָּשׁ וְשָׁכַנְתִּי בְּתוֹכָם", "הַשּׁוּלַמִּית", אוּמָּה שֶׁאֲנִי עָתִיד לִיתֵּן בָּהּ שָׁלוֹם, שֶׁנֶּאֱמַר (ויקרא כו, ו) "וְנָתַתִּי שָׁלוֹם בָּאָרֶץ", "הַשּׁוּלַמִּית", אוּמָּה שֶׁאֲנִי עָתִיד לִנְטוֹת אֵלֶיהָ שָׁלוֹם, הָדָא הוּא דִכְתִיב (ישעיה סו, יב) "כֹּה אָמַר ה' הִנְנִי נוֹטֶה אֵלֶיהָ כְּנָהָר שָׁלוֹם". רַבִּי שְׁמוּאֵל בַּר תַּנְחוּם, וְרַבִּי חָנָא בְּשֵׁם רַבִּי אִידִי: אוּמָּה שֶׁעָשְׂתָה שָׁלוֹם בֵּינִי וּבֵין עוֹלָמִי, שֶׁאִילוּלֵא הִיא הָיִיתִי מַחֲרִיב אֶת עוֹלָמִי. רַבִּי הוּנָא בְּשֵׁם רַבִּי אַחָא פָּתַח: (תהלים עה, ד) [ד]"נְמוֹגִים אֶרֶץ וְכָל יוֹשְׁבֶיהָ", הֵיךְ מָה דְאַתְּ אָמַר (שמות טו, טו) "נָמֹגוּ כֹּל יֹשְׁבֵי כְנָעַן",

עץ יוסף

סו (א) **שרשי פתוח כו'**. מייתי ראיה מאיוב שהטל בזכות עסק התורה דדלתי פתוחות לרוחה היינו לת"ת דמיקריא מים וה"פ שרשי פתוח אלי מים זה תורה לפיכך וטל ילין בקצירי. ר"ל שברכת הטל לנה בו בקצירו שהיה קצירו דשן ושמן על ידי הטל היורד עליו של ימי גידולו (יפ"ת): **יבשות**. כלומר למוקות: **מלילות** פי' מלאות וטובות כדרך המלילות (יפ"ת): **אמר יעקב כו'**. מייתי דוגמא מיעקב שהיה יושב אהלים של תורה ונתברך בטל השמים ומפרש בסמוך לך בזכותך: (ב) **שובי שובי**. מייתי האי קרא דדרשי' ביה שכל הטובות בזכותו כדבסמוך (יפ"ת): **כנגד ארבע מלכויות**. ומגרים לא חשיב דשובי על העתיד נאמר: **נכנסין לתוכה לשלום כו'**. שלימות האמונה קאמר כי אע"פ שנכנסו לגלות אשר לא הורגלו בה מ"מ לא המירו דתם אלא נתקיימו בשלימות אמונתן. וכן אע"פ שיתארך הגלות מ"מ יתקיימו תמיד בשלימות אמונתן ויוצאין בשלום (נזה"ק): **ששלום חי העולמים כו'**. כלו' חי העולמים הנקרא שלום הוא מתנהג מאהל לאהל כדכתיב (ד"ה א' י"ז) ואהיה מתהלך מאהל אל אהל וממשכן. וכתב רש"י כלו' ואהיה מתהלך מאהל אל אהל וממשכן אל משכן מגלגל לשילה ומשילה לנוב ומנוב לגבעון ע"כ: **ושמו את שמי וגו' וכתיב וישם לך שלום**. על ידי כח ברכתם ישימו שמי על בני ישראל להיות כבוד שכינתי שורה בתוכם הנקרא שלום. לכן הוא כולל לכל הברכות וכדאמר אין כלי מחזיק ברכה אלא שלום (נזה"ק): **ששלום העולמים דר בתוכם**. והיינו בבית עולמים של שלמה שנקרא בית ולא אהל בהיותו שוכן בתוכם בדירת קבע: **אומה שאני נותן בה שלום שנא' ונתתי שלום בארץ**. כצ"ל כן הוא בס"מ ומיירי גם בעוה"ז (נזה"ק): **כנהר שלום**. כלו' שמאז יהיה השלום ברבוי כנהר שאינו פוסק: **מחריב את עולמי**. כדמפ' ר' הונא בשם ר"א: **היך מה דאת אמר נמוגו כו'**. כלו' האי נמוגים פיר' נמסו כד"א נמוגו כו' כמו שאחז"ל שהקב"ה התנה עם מעשה בראשית שאם לא יקבלו

פירוש מהרז"ו

סו (א) **דלתי פתוחים לרוחה**. וכמ"ש באיוב שם צדק לבשתי וילבשני וגו' ואללו שמפורש צדקה דורש על מעשה הצדקה ואלל יעקב מפורש שהיה יושב אהלים היינו באהלי שם ועבר באהלי תורה דורש על התורה ע"פ גז"ש מתיבת שרשי וכמ"ש הבאים ישרש יעקב וכמ"ש שרש יעקב וגו' וכן מתיבת טל. והקציר משל לשכר כמ"ש ברנה יקצורו והשכר שלו הוא טל כמ"ש מטל השמים ונמשלו אהלים לנחלים של מים והתורה נמשלה למים וכמ"ש בפר"א ס"פ ל"ב וכשילא יעקב מאת יצחק אביו יצא מעוטר כחתן כו' וירד עליו תחית טל מן השמים ונעשה גם הוא גבור חיל וכח ועי' כ"ז אג"ב פר' מ"ג: (ב) **שובי שובי**. שי"ר פסוק זה ע"פ מדה י': **מאהל לאהל**. לשון שי"ר שם שנאמר ש"ב ז' ואהיה מתהלך באהל ובמשכן. וממ"ש מאהל לאהל נראה לגרוס פסוק שבדה"א י"ז ואהיה מאהל אל אהל וממשכן שפי' ע"פ מדה ט' וממשכן אל משכן וע"פ מדה יו"ד ב' אהלים וב' משכנות גלגל ושילה ונוב וגבעון שנקראו אהלים ומשכנות ולא ביהמ"ק. וע"ז כתוב ד' פעמים שובי שבכל פעם התפללו ישראל שלא תסתלק השכינה אלא תשוב לאהל החדש. וכן בפסוק ואהיה מתהלך מרומז ג"כ שהתהלך מאהל לאהל ד"פ. וכן תיבת השולמית כאלו כתיב ד"פ אלל ד"פ שובי: **ושמו את שמי**. ושמו של הקב"ה שלום ובשי"ר שם איתא רק פסוק וישם לך שלום: **ששלום העולמים**. הכוונה חי העולמים וכמש"ל מקודם ששלום חי העולמים מתנהג ובשי"ר שם חסר דרשה זו. ובתחלה דרש מתנהג באהל ובמשכן שלא היה דירה קבוע וכאן אמר דר היינו במקדש וע"כ הביא ועשו לי מקדש שהכוונה על ביהמ"ק וכמ"ש דה"ב כ' ח' ויבנו לך בה מקדש: **ונתתי שלום**. עי' ת"כ ריש בחקותי: **נמוגים ארץ**. ע"א דף ג' שי"ר פ' לסוסתי ובריש רות:

חידושי הרד"ל

(א) [א] **על ידי שהיו דלתי פתוחות לרוחה** דרש שרשי על הדלת שהוא תחלת הבית כמו הסרש לאילן. והיה פתוח לכל (וכמ"ש באדר"ן פ"ז מקרא (איוב ל"א) דלתי לאורח אפתח כהפקר כמים שהן חנם לעולם:

(ב) [ב] **מתנהג בה**. מאהל אל אהל וממשכן (דה"א י"ז) כצ"ל לנוסחת הספרים כאן וע' בשה"ר שם דמייתי קרא דשמואל ואהיה מתהלך באהל ובמשכן ומייתי לה הכא על לשון שובי שובי השולמית שבלום חי העולמים היה הולך ושב בישראל מאהל לאהל:

(ג) **ששלום העולמים בתוכה**. שנאמר ועשו לי מקדש כ"ה גם בילקוט שה"ר. אך לכאורה הוא ד"א עם רישא דשלום חי העולמים מתנהג בה. אך בשה"ר ג' אחרת ע"ש:

חידושי הרש"ש

[א] **שהיו דלתי פתוחות לרווחה**. ואלי מים היינו כמו המים שהן הפקר ובחנם לכל:

מסורת המדרש

א ילקוט כאן רמז קט"ו. ילקוט איוב רמז תתקי"ז:
ב שבת ל"א. קדושין דף מ'. בבא קמא דף י"ז. סנהדרין דף ז':
ג שיר השירים רבה פרשה ז'. ילקוט שם רמז תתקל"ב. כל הענין:

אם למקרא

שָׁרְשִׁי פָתוּחַ אֱלֵי־מָיִם וְטַל יָלִין בִּקְצִירִי: (איוב כט:יט)

שׁוּבִי שׁוּבִי הַשּׁוּלַמִּית שׁוּבִי שׁוּבִי וְנֶחֱזֶה־בָּךְ מַה־תֶּחֱזוּ בַּשּׁוּלַמִּית כִּמְחֹלַת הַמַּחֲנָיִם: (שיר השירים ז:א)

וְשָׂמוּ אֶת־שְׁמִי עַל־בְּנֵי יִשְׂרָאֵל וַאֲנִי אֲבָרְכֵם: (במדבר ו:כז)

וְעָשׂוּ לִי מִקְדָּשׁ וְשָׁכַנְתִּי בְּתוֹכָם: (שמות כה:ח)

וְנָתַתִּי שָׁלוֹם בָּאָרֶץ וּשְׁכַבְתֶּם וְאֵין מַחֲרִיד וְהִשְׁבַּתִּי חַיָּה רָעָה מִן־הָאָרֶץ וְחֶרֶב לֹא־תַעֲבֹר בְּאַרְצְכֶם: (ויקרא כו:ו)

כִּי־כֹה אָמַר ה' הִנְנִי נֹטֶה־אֵלֶיהָ כְּנָהָר שָׁלוֹם וּכְנַחַל שׁוֹטֵף כְּבוֹד גּוֹיִם וִינַקְתֶּם עַל־צַד תִּנָּשֵׂאוּ וְעַל־בִּרְכַּיִם תְּשָׁעֳשָׁעוּ: (ישעיה סו:יב)

נְמֹגִים־אֶרֶץ וְכָל־יֹשְׁבֶיהָ אָנֹכִי תִכַּנְתִּי עַמּוּדֶיהָ סֶּלָה: (תהלים עה:ד)

אָז נִבְהֲלוּ אַלּוּפֵי אֱדוֹם אֵילֵי מוֹאָב יֹאחֲזֵמוֹ רָעַד נָמֹגוּ כֹּל יֹשְׁבֵי כְנָעַן: (שמות טו:טו)

רש"י

סו [ב] **אומה**. שמשימין כהנים שלום לה בכל יום דכתיב ושמו את שמי על בני ישראל ואומר וישם לך שלום:

מתנות כהונה

סו [א] **פתוח**. שרשו ודרשו פתוח שרשי בשביל שהיתה ביתי פתוחה כו' היו שרשי אלי מים: [ב] **שלום העולמים**. הקדוש ברוך הוא: **היך מה דאת אמר כו'**. כלומר האי נמוגים פירושו נמסו כד"א נמוגו וגו'. כמ"ש חז"ל שהקב"ה התנה עם מעשה בראשית שאם לא יקבלו ישראל את התורה יחזרו לתהו ובהו:

אשד הנחלים

סו [א] **ע"י שהייתי עוסק בתורה**. בתחילה דרש פשט הכתוב על איוב ושאמר שנתברך בטל מצד צדקותיו שעשה. וחוזר ומפרש ברכת יעקב בטל ע"ד הרמז בכתוב. ויש בה ג"כ צד כוונה שניה להורות על הורדת שפע החכמה שהשפיע ה' בו ובבניו. אשר על זה ברך יצחק ליעקב שיתברך בשפע השגה כטל שאינו נפסק. וכל זה מעסקו בתורה. אשר היא שורש לנפש שתבוא עי"ז לרוה"ק. ואז היא שתולה על מי השפע. אך להיות שהגשמים אינו תמידי. נתברך עוד בטל התמידי שיזכה לנבואה מתמדת. והבן זה: [ב] **שובי שובי גו'**. עד סוף הענין. כל כוונת פתיחת ר' ברכיה להורות שכל הטללים והגשמים אינם באים רק בזכותם. וזהו ויתן לך משלך ומזכותך. כי כל קיום העולם לפי פעולותיך. וכמו שדרש להלן ובאגב עשה פתיחה ממעלות ישראל נגד העובדי כוכבים בימים הקדמונים בפרט. ובאיזה צד נקראת שולמית. ובקצרה מאוד אפרש בה מעט למבין קצת ציור. שם שלום. גדרו דבר השלם בלי פרוד ובלי חסרון ומגרעת מאומה. והוא שם כולל כל השלימות והטובות הן בגוף והן בנפש. והיא הוראת השקיטה והמנוחה בתכלית. ושמו של הקב"ה שלום להיותו שלם בתכלית השלימות בבלתי בעל תכלית לאין סוף. והוא נותן שלום לברואיו הן בהשגה והן השפעת שפע השגת השכינה

רַבִּי שְׁמוּאֵל בַּר תַּנְחוּם, וְרַב חָנִין בְּשֵׁם רַבִּי אִידִי — **R' Shmuel bar Tanchum and R' Chanin said in the name of R' Idi:** אוּמָּה שֶׁעָשְׂתָה שָׁלוֹם בֵּינִי וּבֵין עוֹלָמִי — ***The Shulamite*** refers to Israel, **the nation that made peace between Me and My world,** שֶׁאִילוּלֵא הִיא הָיִיתִי מַחֲרִיב אֶת עוֹלָמִי — **for if it were not for it** and its acceptance of the Torah at Sinai, **I would have destroyed My world.**

The Midrash cites a teaching to corroborate R' Shmuel's statement that the continued existence of the world was made possible by Israel's acceptance of the Torah:

דְּאָמַר רַבִּי הוּנָא בְּשֵׁם רַבִּי אַחָא — **For R' Huna said in the name of R' Acha:** "נְמוֹגִים אֶרֶץ וְכָל יוֹשְׁבֶיהָ" — It is written, ***The earth and all its inhabitants are*** נְמוֹגִים, *I have firmly established its pillars, Selah* (*Psalms* 75:4). הֵיךְ מָה דְאַתְּ אָמַר "נָמֹגוּ כֹּל יֹשְׁבֵי כְנָעַן" — The word נְמוֹגִים means "melted away," **as it is stated, *All the dwellers of Canaan melted*** [נָמֹגוּ] (*Exodus* 15:15).[15]

NOTES

15. The first part of the *Psalms* verse, then, means that the earth and all its inhabitants were going to melt away.

חידושי הרד"ל

(א) [א] **על ידי שהיו דלתי פתוחות לרוחה** דרש שרשי על הדלת שהוא תחלת הבית כמו השרש לאילן. והיה פתוח לכל וכמ"ש באדר"ן פ"ז מקרא (איוב ל"א) דלתי לאורח אפתח כהפקר כמים שהן הנם לעולם:

(ב) [ב] **מתנהג בה.** מאהל אל אהל וממשכן (דה"א י"ז) כצ"ל לנוסחת הספרים כאן ועי' בשה"ר שם דמייתי קרא דשמואל והיה מתהלך באהל ובמשכן ומייתי לה הכא על לשון שובי שובי השולמית שסלום חי העולמים היה הולך ושב בישראל מאהל לאהל:

(ג) **ששלום העולמים בתוכה.** שנאמר ועשו לי מקדש כ"ה גם בילקוט שה"ר. אך לכאורה הוא ד"א עם רישא דשלום חי העולמים מתנהג בה. אך בשה"ר גי' אחרת ע"ש:

חידושי הרש"ש

[א] **שהיו דלתי פתוחות לרוחה.** ואלי מים היינו כמו המים שהן הפקר ובחנם לכל:

עץ יוסף

סו (א) **שרשי פתוח בו'.** מייתי ראיה מאיוב שהטל בזכות עסק התורה דדלתי פתוחות לרוחה היינו לא"ת דמיקריא מים וה"פ שרשי פתוח אלי מים זה תורה לפיכך וטל ילין בקצירי. ר"ל שברכת הטל לנה בו בקצירו שהיה קצירו דשן ושמן על ידי הטל היורד עליו של ימי גידולו (יפ"ת): **יבשות.** כלומר למוקות: **מלילות** פי' מלאות וטובות כדרך המלילות (יפ"ת): **אמר יעקב בו'.** מייתי דוגמא מיעקב שהיה יושב אהלים של תורה ונתברך בטל השמים ומפרש בסמוך לך בזכותך: (ב) **שובי שובי.** מייתי האי קרא דדרשי' ביה שכל הטובות בזכותו כדבסמוך (יפ"ת): **בנגד ארבע מלבויות.** ומלרים לא חשיב דשובי על העתיד נאמר: **נבנסין לתובה לשלום בו'.** שלימות האמונה קאמר כי אע"פ שנכנסו לגלות אשר לא הורגלו בה מ"מ לא המירו דתם אלא נתקיימו בשלימות אמונתן. וכן אע"פ שיתארך הגלות מ"מ יתקיימו תמיד בשלימות אמונתן ויולאין בשלום (נזה"ק): **ששלום חי העולמים בו'.** כלו' חי העולמים הנקרא שלום הוא מתנהג מאהל לאהל כדכתיב (ד"ה א' י"ז) ואהיה מתהלך מאהל אל אהל וממשכן. וכתב רש"י כלו' ואהיה מתהלך מאהל אל אהל וממשכן אל משכן מגלגל לשילה ומשילה לנוב ומנוב לגבעון ע"כ: **ושמו את שמי וגו' וכתיב וישם לך שלום.** על ידי כח ברכתם ישימו שמי על בני ישראל להיות כבוד שכינתי שורה בתוכם הנקרא שלום. לכן הוא כולל לכל הברכות וכדאמר אין כלי מחזיק ברכה אלא שלום (נזה"ק): **ששלום העולמים דר בתוכם.** והיינו בבית עולמים של שלמה שנקרא בית ולא אהל בהיותו שוכן בתוכם בדירת קבע: **אומה שאני נותן בה שלום שנא' ונתתי שלום בארץ.** כצ"ל כן הוא בס"מ ומיירי גם בעוה"ז (נזה"ק): **בנהר שלום.** כלו' שמאז יהיה השלום ברבוי כנהר שאינו פוסק: **מחריב את עולמי.** כדמפ' ר' הונא בשם ר"א: **היך מה דאת אמר נמוגו בו'.** כלו' האי נמוגים פיר' נמסו כד"א נמוגו כו' כמו שאחז"ל שהקב"ה התנה עם מעשה בראשית שאם לא יקבלו

פרשה סו

א [כז, כח] "וְיִתֶּן לְךָ הָאֱלֹהִים מִטַּל הַשָּׁמַיִם". כְּתִיב (איוב כט, יט) "שָׁרְשִׁי פָתוּחַ אֱלֵי מָיִם וְטַל יָלִין בִּקְצִירִי", אָמַר אִיּוֹב: [א]עַל יְדֵי שֶׁהָיוּ דְּלָתַי פְּתוּחוֹת לִרְוָחָה הָיוּ הַכֹּל קוֹצְרִין יְבֵשׁוֹת וַאֲנִי קוֹצֵר מְלִילוֹת מַה טַּעַם "שָׁרְשִׁי פָתוּחַ אֱלֵי מָיִם". אָמַר יַעֲקֹב: עַל יְדֵי שֶׁהָיִיתִי עוֹסֵק בַּתּוֹרָה [ב]שֶׁנִּמְשְׁלָה כַּמַּיִם זָכִיתִי לְהִתְבָּרֵךְ בְּטַל שֶׁנֶּאֱמַר "וְיִתֶּן לְךָ הָאֱלֹהִים מִטַּל הַשָּׁמַיִם":

ב רַבִּי בֶּרֶכְיָה פָּתַח: (שיר ז, א) "שׁוּבִי שׁוּבִי הַשּׁוּלַמִּית שׁוּבִי שׁוּבִי וְנֶחֱזֶה בָּךְ", אַרְבָּעָה פְּעָמִים כְּתִיב "שׁוּבִי", כְּנֶגֶד [ג]אַרְבַּע מַלְכֻיּוֹת שֶׁיִּשְׂרָאֵל נִכְנָסִין לְתוֹכָן לְשָׁלוֹם וְיוֹצְאִין בְּשָׁלוֹם. "הַשּׁוּלַמִּית", אוּמָּה שֶׁשְּׁלוֹם חַי הָעוֹלָמִים מִתְנַהֵג בָּהּ מֵאֹהֶל לְאֹהֶל. "הַשּׁוּלַמִּית", אוּמָּה שֶׁהַכֹּהֲנִים מְשִׂימִין לָהּ שָׁלוֹם בְּכָל יוֹם, שֶׁנֶּאֱמַר (במדבר ו, כז) "וְשָׂמוּ אֶת שְׁמִי", וּכְתִיב "וְיָשֵׂם לְךָ שָׁלוֹם". "הַשּׁוּלַמִּית" אוּמָּה שֶׁשְּׁלוֹם הָעוֹלָמִים דָּר בְּתוֹכָהּ, שֶׁנֶּאֱמַר (שמות כה, ח) "וְעָשׂוּ לִי מִקְדָּשׁ וְשָׁכַנְתִּי בְּתוֹכָם", "הַשּׁוּלַמִּית", אוּמָּה שֶׁאֲנִי עָתִיד לִיתֵּן בָּהּ שָׁלוֹם, שֶׁנֶּאֱמַר (ויקרא כו, ו) "וְנָתַתִּי שָׁלוֹם בָּאָרֶץ", "הַשּׁוּלַמִּית", אוּמָּה שֶׁאֲנִי עָתִיד לִנְטוֹת אֵלֶיהָ שָׁלוֹם, הָדָא הוּא דִכְתִיב (ישעיה סו, יב) "כֹּה אָמַר ה' הִנְנִי נוֹטֶה אֵלֶיהָ כְּנָהָר שָׁלוֹם". רַבִּי שְׁמוּאֵל בַּר תַּנְחוּם, וְרַבִּי חָנָא בְּשֵׁם רַבִּי אִידִי: אוּמָּה שֶׁעָשְׂתָה שָׁלוֹם בֵּינִי וּבֵין עוֹלָמִי, שֶׁאִילוּלֵא הִיא הָיִיתִי מַחֲרִיב אֶת עוֹלָמִי. רַבִּי הוּנָא בְּשֵׁם רַבִּי אַחָא פָּתַח: (תהלים עה, ד) [ד]"נְמֹגִים אֶרֶץ וְכָל יוֹשְׁבֶיהָ", הֵיךְ מָה דְאַתְּ אָמַר (שמות טו, טו) "נָמֹגוּ כֹּל יֹשְׁבֵי כְנָעַן",

פירוש מהרז"ו

סו (א) **דלתי פתוחים לרוחה.** וכמ"ש באיוב שם צדק לבשתי וילבשני וגו' ואלו שמפורש לדקה דורש על מעשה הלדקה ואלל יעקב מפורש שהיה יושב אהלים היינו באהלי שם ועבר באהלי תורה דורש על התורה ע"פ גז"ש מתיבת שרשי וכמ"ש הבאים ישרש יעקב וכמ"ש שרש יעקב וגו' וכן מתיבת טל. והקליר משל לשכר כמ"ש ברנה יקלורו והשכר שלו הוא טל כמ"ש מטל השמים ונמשלו אהלים לנחלים של מים והתורה נמשלה למים וכמ"ש בפר"א ס"פ ל"ב וכשילא יעקב מאת ילחק אביו ילא מעוטר כחתן כו' וירד עליו תחית טל מן השמים ונעשה גם הוא גבור חיל וכח ועי' כ"ז אג"ב פר' מ"ג: (ב) **שובי שובי.** שי"ר פסוק זה ע"פ מדה י': **מאהל לאהל.** לשון שי"ר שם שנאמר ש"ב ז' ואהיה מתהלך באהל ובמשכן. וממ"ש מאהל לאהל נראה לגרוס פסוק שבדה"א י"ז ואהיה מאהל אל אהל וממשכן שפי' ע"פ מדה ט' וממשכן אל משכן וע"פ מדה יו"ד ב' אהלים וב' משכנות גלגל ושילה ונוב וגבעון שנקראו אהלים ומשכנות ולא ביהמ"ק. וע"ז כתוב ד' פעמים שובי שבכל פעם התפללו ישראל שלא תסתלק השכינה אלא תשוב לאהל החדש. וכן בפסוק ואהיה מתהלך מרומז ג"כ שהתהלך מאהל לאהל ד"פ. וכן תיבת השולמית כאלו כתיב ד"פ אלל ד"פ שובי: **ושמו את שמי.** ושמו של הקב"ה שלום ובשי"ר שם איתא רק פסוק וישם לך שלום: **ששלום העולמים.** הכוונה חי העולמים וכמש"ל מקודם ששלום חי העולמים מתנהג ובשי"ר שם חסר דרשה זו. ובתחלה דרש מתנהג באהל ובמשכן שלא היה דירה קבוע וכאן אמר דר היינו במקדש וע"כ הביא ועשו לי מקדש שהכוונה על ביהמ"ק וכמ"ש דה"ב כ' ח' ויבנו לך בה מקדש: **ונתתי שלום.** עי' ת"כ ריש בחקותי: **נמוגים ארץ.** ע"א דף ג' שי"ר פ' לסוסתי ובריש רות:

מסורת המדרש

א ילקוט כאן רמז קט"ו. ילקוט איוב רמז תתקי"ז:
ב שבת ל"א. קדושין דף מ'. בבא קמא דף י"ז. סנהדרין דף ז':
ג שיר השירים רבה פרשה ז'. ילקוט שם רמז תתקל"ב. כל הענין:

אם למקרא

שָׁרְשִׁי פָתוּחַ אֱלֵי־מָיִם וְטַל יָלִין בִּקְצִירִי: (איוב כט:יט)

שׁוּבִי שׁוּבִי הַשּׁוּלַמִּית שׁוּבִי שׁוּבִי וְנֶחֱזֶה־בָּךְ מַה־תֶּחֱזוּ בַּשּׁוּלַמִּית כִּמְחֹלַת הַמַּחֲנָיִם: (שיר השירים ז:א)

וְשָׂמוּ אֶת־שְׁמִי עַל־בְּנֵי יִשְׂרָאֵל וַאֲנִי אֲבָרְכֵם: (במדבר ו:כז)

וְעָשׂוּ לִי מִקְדָּשׁ וְשָׁכַנְתִּי בְּתוֹכָם: (שמות כה:ח)

וְנָתַתִּי שָׁלוֹם בָּאָרֶץ וּשְׁכַבְתֶּם וְאֵין מַחֲרִיד וְהִשְׁבַּתִּי חַיָּה רָעָה מִן־הָאָרֶץ וְחֶרֶב לֹא־תַעֲבֹר בְּאַרְצְכֶם: (ויקרא כו:ו)

כִּי־כֹה אָמַר ה' הִנְנִי נֹטֶה־אֵלֶיהָ כְּנָהָר שָׁלוֹם וּכְנַחַל שׁוֹטֵף כְּבוֹד גּוֹיִם וִינַקְתֶּם עַל־צַד תִּנָּשֵׂאוּ וְעַל־בִּרְכַּיִם תְּשָׁעֳשָׁעוּ: (ישעיה סו:יב)

נְמֹגִים־אֶרֶץ וְכָל־יֹשְׁבֶיהָ אָנֹכִי תִכַּנְתִּי עַמּוּדֶיהָ סֶּלָה: (תהלים עה:ד)

אָז נִבְהֲלוּ אַלּוּפֵי אֱדוֹם אֵילֵי מוֹאָב יֹאחֲזֵמוֹ רָעַד נָמֹגוּ כֹּל יֹשְׁבֵי כְנָעַן: (שמות טו:טו)

רש"י

סו [ב] **אומה.** שמשימין כהנים שלום לה בכל יום דכתיב ושמו את שמי על בני ישראל ואומר וישם לך שלום:

מתנות כהונה

סו [א] **פתוח.** שרשו ודרשו פתוח שרשי בשביל שהיתה ביתי פתוחה כו' היו שרשי אלי מים: [ב] **שלום העולמים.** הקדוש ברוך הוא: **היך מה דאת אמר בו'.** כלומר האי נמוגים פירושו נמסו כד"א נמוגו וגו'. כמ"ש חז"ל שהקב"ה התנה עם מעשה בראשית שאם לא יקבלו ישראל את התורה יחזרו לתהו ובהו:

אשד הנחלים

סו [א] **ע"י שהייתי עוסק בתורה.** בתחילה דרש פשט הכתוב על איוב ושאמר שנתברך בטל מצד צדקותיו שעשה. וחוזר ומפרש ברכת יעקב בטל ע"ד הרמז בכתוב. ויש בה ג"כ צד כוונה שניה להורות על הורדת שפע החכמה שהשפיע ה' בו ובבניו. אשר על זה ברך יצחק ליעקב שיתברך בשפע השגה כטל שאינו נפסק. וכל זה מעסקו בתורה. אשר היא שורש לנפש שתבוא עי"ז לרוה"ק. ואז היא שתולה על מי השפע. אך להיות שהגשמים אינו תמידי. נתברך עוד בטל התמידי שיזכה לנבואה מתמדת. והבן זה: [ב] **שובי שובי גו'.** עד סוף הענין. כל כוונת פתיחת ר' ברכיה להורות שכל הטללים והגשמים אינם באים רק בזכותם. וזהו ויתן לך משלך ומזכותך. כי כל קיום העולם לפי פעולותיך. וכמו שדרש להלן ובאגב עשה פתיחה ממעלות ישראל נגד העובדי כוכבים בימים הקדמונים בפרט. ובאיזה צד נקראת שולמית. ובקצרה מאוד אפרש בה מעט למבין קצת ציור. שם שלום. גדרו דבר השלם בלי פרוד ובלי חסרון ומגרעת מאומה. והוא שם כולל כל השלימות והטובות הן בגוף והן בנפש. והיא הוראת השקיטה והמנוחה בתכלית. ושמו של הקב"ה שלום להיותו שלם בתכלית השלימות בבלתי בעל תכלית לאין סוף. והוא נותן שלום לברואיו הן בהשגה והן השפעת שפע השגת השכינה

"אָנֹכִי תִּכַּנְתִּי" — The verse continues, *I* [אָנֹכִי] *have firmly established its pillars, Selah.* — אָנֹכִי כֵּיוָן שֶׁקִּיבְּלוּ עֲלֵיהֶם "אָנֹכִי ה׳ אֱלֹהֶיךָ" The use of the word אָנֹכִי indicates: **Once the [Israelites] accepted upon themselves** the Ten Commandments, which begin with the words, ***I*** [אָנֹכִי] ***am HASHEM your God*** (ibid. 20:2), "תִּכַּנְתִּי עַמּוּדֶיהָ סֶלָה" — ***I firmly established its pillars, Selah,***[16] וְנִתְבַּסֵּס הָעוֹלָם **— and the world became firmly established** because Israel had accepted the Torah.

The Midrash returns to expounding the word *Shulamite* as a reference to Israel:

רַבִּי אֶלְעָזָר בֶּן מָרוֹן אָמַר **— R' Elazar ben Maron said:** אוּמָּה שֶׁהִיא מְשַׁלֶּמֶה אִישְׁטְטִיוֹנוֹ שֶׁל עוֹלָם — *The Shulamite* is referring to Israel, **the nation that accomplishes completion** [מַשְׁלֶמֶת] **in the world,**[17] הֵן הֵן בָּעוֹלָם הַזֶּה הֵן הֵן בָּעוֹלָם הַבָּא **— for they are the ones who are** the participants **both in this world and in the World to Come.**

רַבִּי לֵוִי אָמַר **— R' Levi said:** אוּמָּה שֶׁכָּל טוֹבָה שֶׁהִיא בָּאָה לָעוֹלָם אֵינָהּ בָּאָה אֶלָּא בִּזְכוּתָהּ — *The Shulamite* is referring to Israel, **the nation in whose merit alone comes all the goodness that comes to the world;** הַגְּשָׁמִים אֵינָם יוֹרְדִין אֶלָּא בִּזְכוּתָהּ — for **rain descends only in its merit,**[18] הַטְּלָלִים אֵינָם יוֹרְדִין אֶלָּא בִּזְכוּתָהּ — and **dew descends only in its merit,**[19] שֶׁנֶּאֱמַר "וְיִתֶּן לְךָ הָאֱלֹהִים מִטַּל הַשָּׁמַיִם" **— as it is stated, *And may God give "to you"*** [לְךָ] ***of the dew of the heavens;*** לְךָ בִּזְכוּתְךָ — the word לְךָ (translated here as "to you") means "for you," i.e., **in your merit,** וּבְךָ הַדָּבָר תָּלוּי **— and the matter depends** entirely **on you.**

§3 וְיִתֶּן לְךָ — *AND MAY GOD* **GIVE** *YOU.*

The word "and" indicates a continuation of the preceding phrase, or some connection to it. Here, however, the verse begins a new topic — Isaac's blessing to Jacob — without any connection to the previous verse, which discusses Isaac's approval of the scent of Jacob's garments. What, then, is the function of the term "and"?

יִתֵּן וְיַחֲזוֹר "וְיִתֶּן לְךָ" — By these words Isaac meant: **May God give you, and** then **go on *and give you* again.**[20]Ⓐ יִתֶּן לְךָ בְּרָכוֹת "וְיִתֶּן לְךָ" כִּיבּוּשֵׁיהֶן — He meant: **May He give you blessings *and give you* the means for retaining them.**[21] יִתֶּן לְךָ שֶׁלְּךָ "וְיִתֶּן לְךָ" שֶׁל אָבִיךָ — He meant: **May He give you** the blessings that are **yours** through your own merit, ***and give you* those of your father.**[22] יִתֶּן לְךָ שֶׁלְּךָ "וְיִתֶּן לְךָ" שֶׁל אָחִיךָ — And he meant: **May He give you the blessings that are yours** through your own merit, ***and give you*** of the blessing **of your brother** Esau.[23]

☐ [וְיִתֶּן לְךָ הָאֱלֹהִים — *AND MAY GOD GIVE YOU . . .*]

Isaac had just mentioned "Hashem" (the last word of the previous verse); the word הָאֱלֹהִים, it seems, could thus have been omitted.[24] The Midrash addresses this point:

רַבִּי אַחָא אָמַר: יִתֶּן לְךָ וְיִתֶּן לְךָ אֱלָהוּתָא **— R' Acha said:** Isaac meant: **May He give you** blessings, ***and give you* godlike** (i.e. supernatural) **strength.**[25] אֵימָתַי — And **when** will this blessing come to be realized? לִכְשֶׁתִּצְטָרֵךְ לָהּ **— When you** (i.e., one of your descendants) **will require it.**[26] הֲדָא הוּא דִכְתִיב — And **thus it is written** regarding Samson, "וַיֹּאמַר ה׳ אֱלֹהִים זָכְרֵנִי נָא וְחַזְּקֵנִי נָא" **— *And he said, My Lord, HASHEM/ELOHIM! Remember me and strengthen me*** *just this one time, O God* (*Judges* 16:28).[27] אָמַר לְפָנָיו **— [Samson]** here **was saying** to God,[28] רִבּוֹן הָעוֹלָמִים הֱוֵי זוֹכֵר לִי אוֹתָהּ הַבְּרָכָה שֶׁבֵּרְכַנִי אַבָּא **— "Master of the Universe, remember for me that blessing with which my forefather** Isaac **blessed me,** saying: יִתֶּן לְךָ וְיִתֶּן לְךָ אֱלָהוּתָא **— 'May He give you** blessings ***and may He give you*** **godlike** (i.e. supernatural) **strength.'"**[29]

NOTES

16. The words אָנֹכִי תִּכַּנְתִּי עַמּוּדֶיהָ סֶלָה, then, are interpreted homiletically as meaning: אָנֹכִי (the acceptance of אָנֹכִי, the Ten Commandments) firmly established the pillars of the earth, that they not melt away.

17. According to this interpretation, *Shulamite* is related to the root שָׁלֵם, "to complete," rather than שָׁלוֹם ("peace"), as in the previous interpretations.

18. As it is written (*Deuteronomy* 28:12), *HASHEM shall open "for you"* [לְךָ] *His storehouse of goodness, the heavens, to provide rain* (*Devarim Rabbah* 7 §6, noted by *Yefeh To'ar*).

19. According to this interpretation as well, *Shulamite* is related to "to complete," for Israel satisfies the world's needs (*Eitz Yosef*, from *Yefeh To'ar*). Alternatively: Israel thereby brings peace [שָׁלוֹם] to the world (*Eitz Yosef*).

20. I.e., may He give this to you constantly. The "and" teaches that God's blessing will be ongoing (*Eitz Yosef*). See Insight Ⓐ.

21. *Rashi, Eitz Yosef.*

22. "The blessings of your father" refers to blessings of Abraham — as Isaac blessed Jacob on a later occasion, *May He grant you the blessing of Abraham to you and to your offspring with you* (below, 28:4) — which he had passed on to Isaac, as it is written (25:5), *Abraham gave all that he had to Isaac* (*Radal*).

23. Jacob would be entitled to a share in Esau's blessing, *By your sword you shall live* (below, v. 39); that is, when necessary Israel, through their prayers and devotion to God, would be endowed with great military success (see *Deuteronomy* 33:29 and *Rashi* ad loc.) (*Yefeh To'ar*).

24. Isaac could have said simply, וְיִתֶּן לְךָ מִטַּל הַשָּׁמַיִם וגו׳, "And may *He* give you of the dew of the heavens," the subject being self-understood as "Hashem" (*Maharzu*).

25. *Eitz Yosef,* from *Aruch*. According to this interpretation, the words וְיִתֶּן לְךָ הָאֱלֹהִים are interpreted to mean, "And may He (i.e., Hashem, mentioned previously) give you the trait of supernatural strength [הָאֱלֹהִים]." See Insight for another interpretation of this blessing.

26. That is, at a time when your natural strength will be insufficient to overcome your enemy (*Eitz Yosef*).

27. Samson said this just before he pulled down the pillars of the Philistine temple, collapsing it (see *Judges* 16:23ff).

28. The underlying question here is: What past event is it that Samson pleaded to God to "remember"?

29. The connection of Samson's plea to our verse is derived from the

INSIGHTS

Ⓐ **To Give and Give Again** Why must God give and give again? Would it not be a greater blessing for God to give with abundance the first time?

HaLekach VeHaLibuv, p. 22) quotes *R' Shlomo Kluger* in *Chochmas HaTorah*, who explains this Midrash in light of its forthcoming teaching, that God will grant Jacob אֱלָהוּתָא, *Godliness,* so to speak. He elaborates as follows:

In the Garden of Eden, the curse of the snake was, "You will east dust all the days of your life." Many commentators ask that this appears to be a blessing, since dust would always be available to the snake. They explain that the ultimate goal in this world is to be close to God. Being dependent on God for food is one of the most important means of connecting with Him. By giving the snake easy access to food, God was severing its connection to Him.

Isaac blessed Jacob with material prosperity, but specified that God would provide for him as part of an ongoing relationship. He would be blessed with sustenance, but not so much that he could forego praying or expressing his gratitude.

This was the model for how God fed the Jews the manna in the desert. They could gather enough food for only one day at a time, so that they would always be dependent on Him for their next day's food. Each day the manna fell, they received another gift directly from God, another opportunity to connect with Him.

Thus, our Midrash and the one that follows are connected. When the Midrash says that God will grant Jacob Godliness, it means that He will grant a special connection to Him, by giving and then giving again, allowing Jacob to remain close to Him (see also *Shem MiShmuel* on this verse and *MiSod Siach Chasidim*, p. 254). See *Panim Yafos* (section 186) for another interpretation of our Midrash; see below for a different interpretation of the forthcoming one.

"אָנֹכִי תִּכַּנְתִּי", אָנֹכִי כֵּיוָן שֶׁקִּיבְּלוּ עֲלֵיהֶם (שמות כ, ב) "אָנֹכִי ה' אֱלֹהֶיךָ", "תִּכַּנְתִּי עַמּוּדֶיהָ סֶלָה" וְנִתְבַּסֵּם הָעוֹלָם. רַבִּי אֶלְעָזָר בֶּן מָרוֹן אָמַר: אוּמָּה שֶׁהִיא מְשַׁלְּמָה אִישְׁטַטְיוֹנוֹ שֶׁל עוֹלָם הֵן הֵן בָּעוֹלָם הַזֶּה הֵן הֵן בָּעוֹלָם הַבָּא. רַבִּי לֵוִי אָמַר: אוּמָּה [ה]שֶׁכָּל טוֹבָה שֶׁהִיא בָּאָה לָעוֹלָם אֵינָהּ בָּאָה אֶלָּא בִּזְכוּתָהּ, הַגְּשָׁמִים אֵינָם יוֹרְדִין אֶלָּא בִּזְכוּתָהּ, הַטְּלָלִים אֵינָם יוֹרְדִין אֶלָּא בִּזְכוּתָהּ שֶׁנֶּאֱמַר "וְיִתֶּן לְךָ הָאֱלֹהִים מִטַּל הַשָּׁמַיִם" לְךָ בִּזְכוּתְךָ וּבְךָ הַדָּבָר תָּלוּי:

ג "וְיִתֶּן לְךָ", יִתֵּן וְיַחֲזוֹר וְיִתֶּן לְךָ. יִתֶּן לְךָ בְּרָכוֹת וְיִתֶּן לְךָ כִּיבּוּשֵׁיהֶן, יִתֶּן לְךָ שֶׁלְּךָ וְיִתֶּן לְךָ שֶׁל אָבִיךָ יִתֶּן לְךָ שֶׁלְּךָ וְיִתֶּן לְךָ שֶׁל אָחִיךָ. רַבִּי אַחָא אָמַר: יִתֶּן לְךָ וְיִתֶּן לְךָ אֱלָהוּתָא אֵימָתַי לִכְשֶׁתִּצְטָרֵךְ לָהּ, הָדָא הוּא דִכְתִיב (שופטים טז, כח) "וַיֹּאמַר ה' אֱלֹהִים זָכְרֵנִי נָא וְחַזְּקֵנִי נָא", אָמַר לְפָנָיו: רִבּוֹן הָעוֹלָמִים הֱוֵי זוֹכֵר לִי אוֹתָהּ הַבְּרָכָה שֶׁבֵּרְכַנִי אַבָּא יִתֶּן לְךָ וְיִתֶּן לְךָ אֱלָהוּתָא. [ז]"מִטַּל הַשָּׁמַיִם", זֶה הַמָּן שֶׁנֶּאֱמַר (שמות טז, ד) "וַיֹּאמֶר ה' אֶל מֹשֶׁה הִנְנִי מַמְטִיר לָכֶם לֶחֶם מִן הַשָּׁמַיִם", "וּמִשְׁמַנֵּי הָאָרֶץ", זֶה הַבְּאֵר שֶׁהָיְתָה מַעֲלָה לָהֶם מִינֵי

רש"י

אומה שהיא אסטטיונו של עולם. העמדתו של עולם: **הגשמים** אינן יורדין אלא בזכותך: **ויתן לך.** דורש ויתן לך ויחזור ויתן לך היה לו לומר יתן לך מהו ויתן לך אלא תוספת לומר יתן ויחזור ויתן יתן לך ברכות: **ויתן לך כיבושיהו.** יש מקום לסולת ויש מקום ליין מקום להתקיים שם הברכות: **ויתן לך את שלך.** הראויות לך: [ג] **ויתן לך של אביך.** שנתנו לי: **יתן לך שלך ויתן לך של אחיך.** יתן לך האלהים יתן לך אלהותו אילות וכח אימתי שתצטרך לו: **ה' אלהים זכרני נא.** למה הזכיר השם הזה ה' אלהים אלא כך אמר רבש"ע זכור אותה ברכה שברכני אבא ואמר ויתן לך אלהותא: **מטל השמים.** זה המן שנאמר בו הנני ממטיר לכם לחם מן השמים:

מתנות כהונה

נתבשם. במדרש בפרשת אגור בן יקא גרס ג"כ נתבסס ויותר נראה שצ"ל נתבסס לשון בסיס וכן עיקר ועיין במדרש חזית סוף פסוק לסוסתי: **אישטטיונו.** פירש"י והערוך עמידתו של עולם כלומר שהן קיימין בעולם הזה ובעולם הבא: [ג] **יתן ויחזור כו'.** וי"ו יתירא דויתן קדריש שהיה לו לומר יתן לך ולפיכך דרשו שיתן הברכות ויחזור עליהם ויתנם לך באופן חזק וקיים וכדמפרש ואזיל וכמו שדרשו בפרק הזהב ויסף יוסף ויחזור ויוסף עליהם ב' הוספות: **כבושהון** הכי גרסינן בילקוט ריש פרשת וזאת הברכה. ופירש"י מקום להתקיים שם הברכות והילקוט גרס כיבושין הראויות לך פירושו ג"כ מקום להתקיים שם כל ברכה וברכה לשון רש"י יש מקום ליין ויש מקום לסולת: **אלהותא.** כח ועוז כד"א ואת אילי הארץ לקח וכן פי' הערוך ערך אלה: **הוי זוכר לי כו'.** דאל"כ למה אמר ה' אלהים:

נחמד למראה

[ג] **דבר אחר מטל השמים זו מקרא ומשמני הארץ זו משנה וכו'.** פירשו שבזכות שיעסוק בתורה יזכה למזונות מרווחים מטל השמים וגו' כדדריש בריש פרשה זו ע"י שהייתי עוסק בתורה שנמשלה כמים זכיתי להתברך כטל ודו"ק:

אשד הנחלים

לזוכיה. וזהו ששלום חי העולמים מתנהג בה מאהל לאהל. והוא הופעת השכינה. הב' שמתברכים בכל טוב ע"י הכהנים שהם האמצעיים להוריד השלום בברכתם. הג' המנוחה וההשקט שיהיה להם מכל העובדי כוכבים. הד' הופעת השכינה בעצמה במשכנם. וכן דרש שע"י מעשיהם הטובים שהם משלימין אישטטיונו של עולם כלומר כי הנבחר הוא האדם: **הדבר תלוי כו'.** כי ברכת יצחק הוא בתנאי אם יהיו טובים או כפשוטו. רעב כי יהי' מעצירת גשמים בטבע תוכל להוריד גשמים ברחמים ובתפלה. ודרש עוד שיתן ויחזור ויתן. כלומר בלי הפסק. והוא משל על הכוונה השניה מהשגת הנבואה שיהיה בלי הפסק. והוא ע"ד ואתה פה עמוד עמדי שיהיה בלי הפסק. וזהו כטל שאינו נפסק לעולם. ודרש ויתן לך זהו ג"כ קצת עוה"ז ודרש ויתן לך אלהותו כלומר כחו שתוכל לפעול בדרך נס אלקי או לכוונה אשר בארנו שזהו הנבואה וזכר את שמשון שביקש זאת שיושפע עליו שפע הגבורה האלקי והבן כל זה מאוד מאוד: [ג] **זה המן.** הכלל הזה. כי בעלי המדרש העמיקו מהתבוננות. אשר ידענו כי כל מאווי יצחק היה להשלים את בניו בהצלחה הנפשית לא בהצלחה הגופיות. כי המה כאין בעיניו. רק דברים העוזרים להצלחה הנפשיית ולכן העמיסו בברכתו רק ההצלחות הנפשיות כמן שהיה נבלע באיברים בלי פסולת מאומה והיה עוזר מאכלו לתורה וחכמה כנודע. וכן הבאר כמוהו כי היה בו נס אלקי ועוזר לנפש ג"כ. ובאגב מפרש מפני שהיה מביא להם דגים שמנים קראה משמני. וכן הקרבנות שהיה עוזר לנפשם להשביע להם מטוב ההשפעה בגוף ובנפש. ורוב דגן אלו בחורים. וזהו על צד הכנוי שהבחורים הם העקרים כערך הדגן אל התירוש כן הבחורים מול הבתולות. וכן הבכורים המובאים בית ה' בהלל והודיה שכל אלה מהעוזרים להצלחה הנפשיית וכן דרש על התורה שהתורה היא וסודותיה האלהית המה כטל המרוה לנפש. והוא טל השמים כלומר רוחני. ומשמני הארץ. שמחובר ג"כ עניני הארצות ומעשיות לעשות בגוף ונפש. וזהו המשנה. שהמה מצות המעשיות. וכדגן שמחיה לאוכליו והוא העקרי וההכרח.

עץ יוסף

ישראל את התורה יחזרו לתהו ובהו: **ביון שקבלו אנכי כו'.** כי אנכי הוא ראש התורה והוא בא ללמד על הכלל כולו. וכן הוא היתד שהכל תלוי בו: **ונתבשם העולם.** צריך להיות נתבסס בסמ"ך והוא לשון כן ובסיס. והכוונה שקיום התורה תכלית העולם: **אסטטיונו של עולם.** פי' עמידתו של עולם ויסודו שהן הן בעוה"ז ובעוה"ב: **טובה שהיא באה כו'.** ולפ"ז פירוש השולמית שהיא משלמת צורך העולם. ומביאה שלום ושלוה בעולם: **הגשמים אינן יורדין כו'.** בדב"ר פ"ז וכן בחזית מייתי ראיה מיפתח ה' לך את אוצרו: (ג) **יתן ויחזור.** הל"ל יתן לך ה'. מאי ויתן לך לכך דריש יתן ויחזור ויתן לך כלו' שלא יהיה הפסק לברכתי מחמת ניכוי זכיות שבהיותם עושים רצונו של מקום תמיד יוסיף ליתן להם במתנת חנם: **כבישיהון.** ופרש"י מקום להתקיים שם הברכות. שיש מקום ליין ויש מקום לסולת מקום להתקיים שם הברכות. וכן מצינו אוכל שדי העיר אשר סביבותיה נתן בתוכה שצריך מקומות מיוחדים לשמירת הפירות: **של אביך.** הברכה הבא בזכות אביך: **של אחיך..** פי' חלק של אחיך. כי בהיות אחיו בכור היה ראוי ליטול פי שנים. אי נמי בזמן הגלות קאמר שיהנה גם משפע חלק אחיו. וכדאי' בתנחומא (נזה"ק): **ויתן לך אלהותא.** פי' בערוך כח ומעוז. והרמז לזה במ"ש ויתן לך האלהים שהוא לשון גבורה. הה"ד ויאמר ה' אלהים זכרני נא וחזקני נא שאמר הוי זכור לי אותה הברכה כו': **לבשתצטרך לה.** כלו' בעת הצורך כשלא תוכל להתחזק בטבע ותצטרך כח אלהות להתגבר כענין שמשון: [ד] **זה המן.** שירד עם הטל כמ"ש וברדת הטל וגו':

פירוש מהרז"ו

נתבשם. שם הגי' ומי ביסס העולם מלשון כן ובסיס עי' מ"כ וזהו לשון תכנתי: (ג) **ברכות כו'.** מקום להחזיק בו הברכות שיהיו כבושים ולא יצאו כמ"ש חז"ל לא מצא הקב"ה כלי מחזיק ברכה אלא השלום. וכן כוונתו כאן שיתן לו שלום כמ"ש במ"ר פ"א סי' ז': **ויתן לך אלהותו.** שהרי מלת ויתן מוסב על ה' הנזכר בס"פ הקודם. ואצ"ל עוד האלהים ע"כ דורש שיתן לו אלהותו. פי' כח אלהי והיינו כמש"ל אצל שמשון פל"ח ול"ט כיחידו ש"ע שכל מלחמותיו היה לבדו ביחידי: **זכרני נא.** וס"ד אך הפעם הזה האלהים וכבר זכר ה' ה'. ע"כ דורש כוונתו שיחזקהו באלהותו. ומ"ש במדרש ה' אלהים בפסוק כתיב ה' ה' בד' אותיות ועי' במ"ר פ"ט סי' כ"ד זכירה זו באופן אחר. וכאן דורש שהזכירה היא ברכת יצחק ויעקב. דן ידין עמו כאחד וגו': **זה המן.** שירד עם הטל כמ"ש וברדת הטל ירד המן עליו. וכ"מ באג"ב ס"פ מ"ב. ועי' שמ"ר פל"ח סימן ד'

חידושי הרד"ל

(ד) [ג] **של אביך.** כד"א ויתן לך את ברכת אברהם וגו'. וכתיב ויתן אברהם את כל אשר לו ליצחק. ונתונים ג"כ לך כמש"ל פס"ז:

(ה) **וחזקני נא.** אך הפעם הזה האלהים כצ"ל ומלת האלהים הב' הוא מיותר ודרש ליה שתזכור לי הפעם ברכת יעקב ויתן לך האלהים לחזקני בכח אלהי:

חידושי הרש"ש

[ב] {**הגשמים אינם יורדין אלא בזכותה** יפתח ה' לך וגו'. כ"ה בילקוט וכצ"ל:}

מסורת המדרש

ד שבת דף פ"ח. שיר השירים רבה פרשה א' ופרשה ז' וש"נ:
ה יבמות דף ס"ג. דברים רבה פ' ז':
ו ילקוט שופטים רמז ע"א:
ז אגדת בראשית פרק מ"ב:

אם למקרא

אָנֹכִי ה' אֱלֹהֶיךָ אֲשֶׁר הוֹצֵאתִיךָ מֵאֶרֶץ מִצְרַיִם מִבֵּית עֲבָדִים: (שמות כ:ב)

וַיִּקְרָא שִׁמְשׁוֹן אֶל־ה' וַיֹּאמַר אֲדֹנָי אֱלֹהִים זָכְרֵנִי נָא וְחַזְּקֵנִי נָא אַךְ הַפַּעַם הַזֶּה הָאֱלֹהִים וְאִנָּקְמָה נְקַם־אַחַת מִשְּׁתֵי עֵינַי מִפְּלִשְׁתִּים: (שופטים טז:כח)

וַיֹּאמֶר ה' אֶל־מֹשֶׁה הִנְנִי מַמְטִיר לָכֶם לֶחֶם מִן־הַשָּׁמָיִם וְיָצָא הָעָם וְלָקְטוּ דְּבַר־יוֹם בְּיוֹמוֹ לְמַעַן אֲנַסֶּנּוּ הֲיֵלֵךְ בְּתוֹרָתִי אִם־לֹא: (שמות טז:ד)

❒ מִטַּל הַשָּׁמַיִם — *AND MAY GOD GIVE YOU* ***OF THE DEW OF THE HEAVENS*** *AND OF THE FATNESS OF THE EARTH, AND ABUNDANT GRAIN AND WINE.*

The Midrash interprets these four items (*dew, fatness, grain, wine*) allegorically, as symbols of more spiritual and unique blessings, which were granted to Israel in the future:[30]

זֶה הַמָּן — *The dew of the heavens* — **this is** an allusion to **the manna,** שֶׁנֶּאֱמַר "וַיֹּאמֶר ה׳ אֶל משֶׁה הִנְנִי מַמְטִיר לָכֶם לֶחֶם מִן הַשָּׁמָיִם" — **of which it is stated,** ***HASHEM said to Moses, Behold, I shall rain down food for you "from heaven"*** (*Exodus* 16:4).[31]

❒ וּמִשְׁמַנֵּי הָאָרֶץ — ***AND OF THE FATNESS OF THE EARTH.***

זֶה הַבְּאֵר — **This is** an allusion to **the** miraculous **well** of water that accompanied the Israelites while they wandered in the Wilderness,[32] שֶׁהָיְתָה מַעֲלָה לָהֶם מִינֵי — **for it would bring up for them various species**

NOTES

continuation of the cited verse, which reads in full: וַיֹּאמַר ה׳ אֱלֹהִים זָכְרֵנִי נָא וְחַזְּקֵנִי נָא אַךְ הַפַּעַם הַזֶּה "הָאֱלֹהִים", *And he said: "My Lord, HASHEM/Elohim! Remember me and strengthen me just this one time, O God* [הָאֱלֹהִים]," where Samson addresses God as הָאֱלֹהִים. This is in itself an unusual expression for directly addressing God; moreover, it is seemingly redundant after Samson had already invoked Him as ה׳ אֱלֹהִים. The Midrash therefore associates it with our verse, where this exact word is used (*Radal, Maharzu*; see *Rashi* for a different explanation).

30. *Ohr HaSeichel.*

31. The connection between this blessing and the manna lies in the similarity of wording between "dew of the heavens" and "food from heaven," and in the fact that the manna came together with the dew, as it is written (*Numbers* 11:9), *When the dew descended upon the camp at night, the manna would descend upon it* (*Eitz Yosef; Maharzu*).

32. And which, unlike the dew, was not "of the heavens," but "of the earth."

"אָנֹכִי תִּכַּנְתִּי", אָנֹכִי כֵּיוָן שֶׁקִּיבְּלוּ עֲלֵיהֶם (שמות כ, ב) "אָנֹכִי ה' אֱלֹהֶיךָ", "תִּכַּנְתִּי עַמּוּדֶיהָ סֶלָה" וְנִתְבַּסֵּם הָעוֹלָם. רַבִּי אֶלְעָזָר בֶּן מָרוֹן אָמַר: אוּמָּה שֶׁהִיא מְשַׁלְּמָה אִישְׁטַטְיוֹנוֹ שֶׁל עוֹלָם הֵן הֵן בָּעוֹלָם הַזֶּה הֵן הֵן בָּעוֹלָם הַבָּא. רַבִּי לֵוִי אָמַר: אוּמָּה [ה]שֶׁכָּל טוֹבָה שֶׁהִיא בָּאָה לָעוֹלָם אֵינָהּ בָּאָה אֶלָּא בִּזְכוּתָהּ, הַגְּשָׁמִים אֵינָם יוֹרְדִין אֶלָּא בִּזְכוּתָהּ, הַטְּלָלִים אֵינָם יוֹרְדִין אֶלָּא בִּזְכוּתָהּ שֶׁנֶּאֱמַר "וְיִתֶּן לְךָ הָאֱלֹהִים מִטַּל הַשָּׁמַיִם" לְךָ בִּזְכוּתְךָ וּבְךָ הַדָּבָר תָּלוּי:

ג "וְיִתֶּן לְךָ", יִתֵּן וְיַחֲזוֹר וְיִתֶּן לְךָ. יִתֶּן לְךָ בְּרָכוֹת וְיִתֶּן לְךָ כִּיבּוּשֵׁיהֶן, יִתֶּן לְךָ שֶׁלְּךָ וְיִתֶּן לְךָ שֶׁל אָבִיךָ יִתֶּן לְךָ שֶׁלְּךָ וְיִתֶּן לְךָ שֶׁל אָחִיךָ. רַבִּי אַחָא אָמַר: יִתֶּן לְךָ וְיִתֶּן לְךָ אֱלָהוּתָא אֵימָתַי לִכְשֶׁתִּצְטָרֵךְ לָהּ, הָדָא הוּא דִכְתִיב (שופטים טז, כח) "וַיֹּאמַר ה' אֱלֹהִים זָכְרֵנִי נָא וְחַזְּקֵנִי נָא", אָמַר לְפָנָיו: רִבּוֹן הָעוֹלָמִים הֱוֵי זוֹכֵר לִי אוֹתָהּ הַבְּרָכָה שֶׁבֵּרְכַנִי אַבָּא יִתֶּן לְךָ וְיִתֶּן לְךָ אֱלָהוּתָא. "מִטַּל הַשָּׁמַיִם", זֶה הַמָּן שֶׁנֶּאֱמַר (שמות טז, ד) "וַיֹּאמֶר ה' אֶל מֹשֶׁה הִנְנִי מַמְטִיר לָכֶם לֶחֶם מִן הַשָּׁמַיִם", "וּמִשְׁמַנֵּי הָאָרֶץ", זֶה הַבְּאֵר שֶׁהָיְתָה מַעֲלָה לָהֶם מִינֵי

רש"י

אומה שהיא אסטטיונו של עולם. העמדתו של עולם: **הגשמים** אינן יורדין אלא בזכותך: **ויתן לך.** דורש ויתן לך ויחזור ויתן לך היה לו לומר יתן לך מהו ויתן לך אלא תוספת לומר יתן ויחזור ויתן יתן לך ברכות: **ויתן לך כיבושיהו.** יש מקום לסולת ויש מקום ליין מקום להתקיים שם הברכות: **ויתן לך את שלך.** הראויות לך: [ג] **ויתן לך של אביך.** שנתנו לי: **יתן לך שלך ויתן לך של אחיך.** יתן לך האלהים יתן לך אלהותו אילות וכח אימתי שתצטרך לו: **ה' אלהים זכרני נא.** למה הזכיר השם הזה ה' אלהים אלא כך אמר רבש"ע זכור אותה ברכה שברכני אבא ואמר ויתן לך אלהותא: **מטל השמים.** זה המן שנאמר בו הנני ממטיר לכם לחם מן השמים:

עץ יוסף

ישראל את התורה יחזרו לתהו ובהו: **כיון שקבלו אנכי כו'.** כי אנכי הוא ראש התורה והוא בא ללמד על הכלל כולו. וכן הוא היתד שהכל תלוי בו: **ונתבשם העולם.** צריך להיות נתבסס בסמ"ך והוא לשון כן ובסיס. והכוונה שקיום התורה תכלית העולם: **אסטטיונו של עולם.** פי' עמידתו של עולם ויסודו שהן הן בעוה"ז ובעוה"ב: **טובה שהיא באה כו'.** ולפ"ז פירוש השולמית שהיא משלמת צורך העולם. ומביאה שלום ושלוה בעולם: **הגשמים אינן יורדין כו'.** בדב"ר פ"ז וכן בחזית מייתי ראיה מיפתח ה' לך את אוצרו: (ג) **יתן ויחזור.** הל"ל יתן לך ה'. מאי ויתן לך לכך דריש יתן ויחזור ויתן לך כלו' שלא יהיה הפסק לברכתי מחמת ניכוי זכיות שבהיותם עושים רצונו של מקום תמיד יוסיף ליתן להם במתנת חנם: **כבישיהון.** ופרש"י מקום להתקיים שם הברכות. שיש מקום ליין ויש מקום לסולת מקום להתקיים שם הברכות. וכן מצינו אוכל שדי העיר אשר סביבותיה נתן בתוכה שצריך מקומות מיוחדים לשמירת הפירות: **של אביך.** הברכה הבא בזכות אביך: **של אחיך..** פי' חלק של אחיך. כי בהיות אחיו בכור היה ראוי ליטול פי שנים. אי נמי בזמן הגלות קאמר שיהנה גם משפע חלק אחיו. וכדאי' בתנחומא (כזה"ק): **ויתן לך אלהותא.** פי' בערוך כח ומעוז. והרמז לזה במ"ש ויתן לך האלהים שהוא לשון גבורה. הה"ד ויאמר ה' אלהים זכרני נא וחזקני נא שאמר הוי זכור לי אותה הברכה כו': **לבשתצטרך לה.** כלו' בעת הצורך כשלא תוכל להתחזק בטבע ותצטרך כח אלהות להתגבר כענין שמשון: [ד] **זה המן.** שירד עם הטל כמ"ש וברדת הטל וגו':

פירוש מהרז"ו

נתבשם. שם הגי' ומי ביסס העולם מלשון כן ובסיס עי' מ"כ וזהו לשון תכנתי: (ג) **ברכות כו'.** מקום להחזיק בו הברכות שיהיו כבושים ולא יצאו כמ"ש חז"ל לא מצא הקב"ה כלי מחזיק ברכה אלא השלום. וכן כוונתו כאן שיתן לו שלום כמ"ש במ"ר פי"א סי' ז': **ויתן לך אלהותו.** שהרי מלת ויתן מוסב על ה' הנזכר בס"פ הקודם. ואח"כ עוד האלהים ע"כ דורש שיתן לו אלהותו. פי' כח אלהי והיינו כמש"ל אצל שמשון פנ"ח ונ"ט כיחידו ש"ע שכל מלחמותיו היה לבדו כיחידי: **זכרני נא.** וס"ד אך הפעם הזה האלהים וכבר זכר ה' ה'. ע"כ דורש כוונתו שיחזקהו באלהותו. ומ"ש במדרש ה' אלהים בפסוק כתיב ה' ה' בד' אותיות ועי' במ"ר פ"ט סי' כ"ד זכירה זו באופן אחר. וכאן דורש שהזכירה היא ברכת יצחק ויעקב. דן ידין עמו כאחד וגו': **זה המן.** שירד עם הטל כמ"ש וברדת הטל ירד המן עליו. וכ"מ באג"ב ס"פ מ"ב. ועי' שמ"ר פל"ח סימן ד'

מתנות כהונה

נתבשם. במדרש בפרשת אגור בן יקא גרס ג"כ נתבסס ויותר נראה שצ"ל נתבסס לשון בסיס וכן עיקר ועיין במדרש חזית סוף פסוק לסוסתי: **אישטטיונו.** פירש"י והערוך עמידתו של עולם כלומר שהן קיימין בעולם הזה ובעולם הבא: [ג] **יתן ויחזור כו'.** וי"ו יתירא דויתן קדריש שהיה לו לומר יתן לך ולפיכך דרשו שיתן הברכות ויחזור עליהם ויתנם לך באופן חזק וקיים וכדמפרש ואזיל וכמו שדרשו בפרק הזהב ויסף יוסף ויחזור ויוסף עליהם ב' הוספות: **בבושהון** הכי גרסינן בילקוט ריש פרשת וזאת הברכה. ופירש"י מקום להתקיים שם הברכות והילקוט גרס כיבושין הראויות לך פירושו ג"כ מקום להתקיים שם כל ברכה וברכה לשון רש"י יש מקום ליין ויש מקום לסולת: **אלהותא.** כח ועוז כד"א ואת אילי הארץ לקח וכן פי' הערוך ערך אלה: **הוי זוכר לי כו'.** דאל"כ למה אמר ה' אלהים:

נחמד למראה

[ג] **דבר אחר מטל השמים זו מקרא ומשמני הארץ זו משנה וכו'.** פירשו שבזכות שיעסוק בתורה יזכה למזונות מרווחים מטל השמים וגו' כדדריש בריש פרשה זו ע"י שהייתי עוסק בתורה שנמשלה כמים זכיתי להתברך כטל ודו"ק:

אשד הנחלים

לזוכיה. וזהו ששלום חי העולמים מתנהג בה מאהל לאהל. והוא הופעת השכינה. הב' שמתברכים בכל טוב ע"י הכהנים שהם האמצעיים להוריד השלום בברכתם. הג' המנוחה וההשקט שיהיה להם מכל העובדי כוכבים. הד' הופעת השכינה בעצמה במשכנם. וכן דרש שע"י מעשיהם הטובים שהם משלימין אישטטיונו של עולם כלומר כי הנבחר הוא האדם: **הדבר תלוי כו'.** כי ברכת יצחק הוא בתנאי אם יהיו טובים או כפשוטו. רעב כי יהי' מעצירת גשמים בטבע תוכל להוריד גשמים ברחמים ובתפלה. ודרש עוד שיתן ויחזור ויתן. כלומר בלי הפסק. והוא משל על הכוונה השניה מהשגת הנבואה שיהיה בלי הפסק. והוא ע"ד ואתה פה עמוד עמדי שיהיה בלי הפסק. וזהו כטל שאינו נפסק לעולם. ודרש ויתן לך זהו ג"כ קצת עוה"ז ודרש ויתן לך אלהותו כלומר כחו שתוכל לפעול בדרך נס אלקי או לכוונה אשר בארנו שזהו הנבואה וזכר את שמשון שביקש זאת שיושפע עליו שפע הגבורה האלקי והבן כל זה מאוד מאוד: [ג] **זה המן.** הכלל הזה. כי בעלי המדרש העמיקו מהתבוננות. אשר ידענו כי כל מאווי יצחק היה להשלים את בניו בהצלחה הנפשית לא בהצלחה הגופיות. כי המה כאין בעיניו. רק דברים העוזרים להצלחה הנפשיית ולכן העמיסו בברכתו רק ההצלחות הנפשיות כמן שהיה נבלע באיברים בלי פסולת מאומה והיה עוזר מאכלו לתורה וחכמה כנודע. וכן הבאר כמוהו כי היה בו נס אלקי ועוזר לנפש ג"כ. ובאגב מפרש מפני שהיה מביא להם דגים שמנים קראה משמני. וכן הקרבנות שהיה עוזר לנפשם להשביע להם מטוב ההשפעה בגוף ובנפש. ורוב דגן אלו בחורים. וזהו על צד הכנוי שהבחורים הם העקרים כערך הדגן אל התירוש כן הבחורים מול הבתולות. וכן הבכורים המובאים בית ה' בהלל והודיה שכל אלה מהעוזרים להצלחה הנפשיית וכן דרש על התורה שהתורה היא וסודותיה האלהית המה כטל המרוה לנפש. והוא טל השמים כלומר רוחני. ומשמני הארץ. שמחובר ג"כ עניני הארצות ומעשיות לעשות בגוף ונפש. וזהו המשנה. שהמה מצות המעשיות. וכדגן שמחיה לאוכליו והוא העקרי וההכרח.

חידושי הרד"ל

(ד) [ג] **של אביך.** כד"א ויתן לך את ברכת אברהם וגו'. וכתיב ויתן אברהם את כל אשר לו ליצחק. ונתונים ג"כ לך כמש"ל פס"ז:

(ה) **וחזקני נא.** אך הפעם הזה האלהים כצ"ל ומלת האלהים הב' הוא מיותר ודרש ליה שתזכור לי הפעם ברכת יעקב ויתן לך האלהים לחזקני בכח אלהי:

חידושי הרש"ש

[ב] {**הגשמים אינם יורדין אלא בזכותה יפתח ה' לך וגו'.** כ"ה בילקוט וכצ"ל:}

מסורת המדרש

ד שבת דף פ"ח. שיר השירים רבה פרשה א' ופרשה ז' וש"נ:
ה יבמות דף ס"ג. דברים רבה פ' ז':
ו ילקוט שופטים רמז ע"א:
ז אגדת בראשית פרק מ"ב:

אם למקרא

אָנֹכִי ה' אֱלֹהֶיךָ אֲשֶׁר הוֹצֵאתִיךָ מֵאֶרֶץ מִצְרַיִם מִבֵּית עֲבָדִים: (שמות כ:ב)

וַיִּקְרָא שִׁמְשׁוֹן אֶל־ה' וַיֹּאמַר אֲדֹנָי אֱלֹהִים זָכְרֵנִי נָא וְחַזְּקֵנִי נָא אַךְ הַפַּעַם הַזֶּה הָאֱלֹהִים וְאִנָּקְמָה נְקַם־אַחַת מִשְּׁתֵי עֵינַי מִפְּלִשְׁתִּים: (שופטים טז:כח)

וַיֹּאמֶר ה' אֶל־מֹשֶׁה הִנְנִי מַמְטִיר לָכֶם לֶחֶם מִן־הַשָּׁמָיִם וְיָצָא הָעָם וְלָקְטוּ דְּבַר־יוֹם בְּיוֹמוֹ לְמַעַן אֲנַסֶּנּוּ הֲיֵלֵךְ בְּתוֹרָתִי אִם־לֹא: (שמות טז:ד)

דָּגִים שְׁמֵנִים יוֹתֵר מִדַּאי — of exceedingly *fat* fish.[33]

❑ וְרֹב דָּגָן — *AND ABUNDANT GRAIN.*

אֵלּוּ הַבַּחוּרִים — This is an allusion to young men,[34] דִּכְתִיב ״כִּי מַה טּוּבוֹ וּמַה יָּפְיוֹ דָּגָן בַּחוּרִים״ — as it is written, ***How good and how beautiful will be the "grain" of young men*** (*Zechariah* 9:17).

❑ וְתִירוֹשׁ — *AND WINE.*

אֵלּוּ הַבְּתוּלוֹת — This is an allusion to maidens,[35] דִּכְתִיב ״וְתִירוֹשׁ יְנוֹבֵב בְּתוּלוֹת״ — as it is written, ***And the wine that makes maidens sing*** (ibid.).

The Midrash now offers other interpretations of the various blessings mentioned in our verse:

דָּבָר אַחֵר — Another interpretation: ״מִטַּל הַשָּׁמַיִם״ זוֹ צִיּוֹן — ***Of the dew of the heavens*** — this is an allusion to Zion, שֶׁנֶּאֱמַר ״כְּטַל חֶרְמוֹן שֶׁיֹּרֵד עַל הַרְרֵי צִיּוֹן״ — as it is stated, ***Like the dew of Hermon descending upon the mountains of Zion*** (*Psalms* 133:3). ״וּמִשְׁמַנֵּי הָאָרֶץ״ אֵלּוּ הַקָּרְבָּנוֹת — ***And of the fatness of the earth*** — this is an allusion to the sacrifices that consisted of the fattest (i.e., choicest) animals, כִּדְכְתִיב ״עֹלוֹת מֵחִים אַעֲלֶה לָּךְ״ — as it is written, ***burnt offerings of fat animals will I offer up to You*** (*Psalms* 66:15).[36] ״דָּגָן״ אֵלּוּ הַבִּכּוּרִים — ***And abundant grain*** — this is an allusion to the offering of the first fruits (*bikkurim*).[37] ״תִּירוֹשׁ״ אֵלּוּ הַנְּסָכִים — ***And wine*** — this is an allusion to the libations of wine that were poured on the Altar.

דָּבָר אַחֵר — Another interpretation: ״מִטַּל הַשָּׁמַיִם״ זוֹ מִקְרָא — ***Of the dew of the heavens*** — this is an allusion to Scripture;[38] ״וּמִשְׁמַנֵּי הָאָרֶץ״ זוֹ מִשְׁנָה — ***and of the fatness of the earth*** — this is an allusion to Mishnah;[39] ״דָּגָן״ זֶה תַּלְמוּד — ***and abundant grain*** — this is an allusion to Talmud;[40] ״תִּירוֹשׁ״ זֶה אַגָּדָה — ***and wine*** — this is an allusion to Aggadah.[41]

§4 יַעַבְדוּךָ עַמִּים — *PEOPLES WILL SERVE YOU AND REGIMES WILL BOW DOWN TO YOU.*

"Peoples" and "regimes" appear to be referring to two different groups of individuals. The Midrash identifies them:

אֵלּוּ שִׁבְעִים אוּמּוֹת — ***People will serve you*** — these are an allusion to the seventy nations of the world;[42] ״וְיִשְׁתַּחֲוּוּ לְךָ לְאוּמִּים״ אֵלּוּ בְּנֵי יִשְׁמָעֵאל וּבְנֵי קְטוּרָה — ***and regimes*** [לְאֻמִּים] ***will bow down to you*** — this is an allusion to the descendants of Ishmael and the descendants of Abraham's wife Keturah,[43] דִּכְתִיב בְּהוֹן ״אַשּׁוּרִים וּלְטוּשִׁים וּלְאוּמִּים״ — of whom it is written, *[Keturah] bore to [Abraham] Zimran, Jokshan . . . and Jokshan begot Sheba and Dedan, and the children of Dedan were* ***Ashurim and Letushim and "Leummim"*** [לְאֻמִּים][44] (above, 25:1-3).

❑ הֱוֵי גְבִיר לְאַחֶיךָ — *BE A LORD TO YOUR BROTHERS.*

"Brothers" is plural, but Jacob had only one brother, Esau! The Midrash explains:

זֶה עֵשָׂו וְאַלּוּפָיו — This word is referring to Esau himself and his chiefs.[45]

❑ וְיִשְׁתַּחֲווּ לְךָ בְּנֵי אִמֶּךָ — *AND YOUR MOTHER'S SONS WILL BOW DOWN TO YOU.*

"Your mother's sons" is a poetic way of saying "your brothers." The Midrash contrasts this expression with another verse in the Torah:

הָכָא אַתְּ אָמַר ״וְיִשְׁתַּחֲווּ לְךָ בְּנֵי אִמֶּךָ״ — Here it is stated, ***your "mother's" sons will bow down to you,*** וּלְהַלָּן אַתְּ אָמַר ״וְיִשְׁתַּחֲווּ לְךָ בְּנֵי אָבִיךָ״ — but elsewhere it is stated, in Jacob's blessing to Judah, ***Your "father's" sons will bow down to you*** (below, 49:8)![46]

The Midrash explains:

אֶלָּא יַעֲקֹב עַל יְדֵי שֶׁנָּטַל ד׳ נָשִׁים לֵאָה וְרָחֵל זִלְפָּה וּבִלְהָה הוּא אוֹמֵר ״בְּנֵי אָבִיךָ״ — However, the explanation is that Jacob, because he had taken four wives — Leah and Rachel, Zilpah and Bilhah — says, ***"The sons of your father"***;[47] יִצְחָק נָטַל רִבְקָה אָמַר ״בְּנֵי אִמֶּךָ״ — whereas Isaac, who had taken only Rebecca as his wife, said to his son, ***"The sons of your mother."***[48]

❑ ״אֹרְרֶיךָ אָרוּר וְגוֹ׳״ — *CURSED BE THEY WHO CURSE YOU, AND BLESSED BE THEY WHO BLESS YOU.*

The Midrash contrasts the wording of this verse with that of another:

וּלְהַלָּן אוֹמֵר ״מְבָרְכֶיךָ בָרוּךְ וְאֹרְרֶיךָ אָרוּר״ — But elsewhere it states, ***Blessed be they who bless you and cursed be they who curse you*** (*Numbers* 24:9).[49]

NOTES

33. In most editions there is a line inserted here, but the commentators (*Os Emes, Matnos Kehunah, Maharzu, Rashash, Eitz Yosef*) agree that it is misplaced here and belongs later (where it is in any event repeated; see note 36); we have therefore omitted it.

34. I.e., the blessing was that Isaac's descendants would include numerous young men, who would dedicate themselves to the service of God (*Ohr HaSeichel*).

35. See previous note.

36. This phrase does not appear here in most editions (it appears instead above; see note 33); we have emended the text in accordance with *Os Emes, Matnos Kehunah, Rashash,* and others.

37. The first-ripening produce of the "seven species" (mentioned in *Deuteronomy* 8:8) are brought to the Temple and given to the Kohen (see *Exodus* 23:19). The first two of these seven species (viz., wheat and barley) are grains (*Yefeh To'ar, Eitz Yosef*).

38. For like the dew, the entire text of the Scriptures came from heaven (*Eitz Yosef; Maharzu*).

39. The Hebrew letters of Mishnah (מִשְׁנָה) are similar to מִשְׁמַנֵּי (*Yefeh To'ar, Eitz Yosef*). Alternatively, the Mishnah was derived and formulated by the Sages "of the earth," alluded to by the words *"and of the fatness of the earth"* (*Maharzu*).

40. Just as grain is the primary source of sustenance, so is the Talmud (as opposed to Aggadah; see next note) the primary source for Torah law (*Eitz Yosef; Maharzu*).

41. The narrative and homiletical portions of the Sages' teachings. Just as man has an attraction to drinking wine, so does Aggadah draw one's interest to Torah study (*Eitz Yosef*). Alternatively, Aggadah, like wine, gladdens one's heart (*Maharzu*).

42. Who descended from Noah, as enumerated above, Ch. 10.

43. Who are not included in the seventy nations.

44. And since one of Keturah's sons was called *Leummim,* the word "regimes" [לְאֻמִּים] alludes to Keturah's descendants in general. The word לְאֻמִּים alludes to Ishmael's descendants as well, because it is written (25:16), *These are the sons of Ishmael, and these are their names . . . twelve chieftains for their nations* [לְאֻמֹּתָם] (*Yefeh To'ar, Eitz Yosef*).

45. The chieftains who ruled among Esau's descendants, listed below, 36:15ff.

46. What is the explanation for the difference in expression between the two verses?

47. In order to include all of Judah's siblings — his half-brothers as well as his full brothers — Jacob had to say, "your father's sons," for "your mother's sons" would have included only those brothers who shared Judah's mother (Leah).

48. Isaac's only children, Esau and Jacob, were both sons of the same mother and father; either term — "your mother's sons" or "your father's sons" — would thus cover everyone. The expression "your mother's sons," however, is the preferred term, because one's mother is always a known entity (see *Eitz Yosef,* from *Yefeh To'ar*).

49. Both verses say essentially the same idea, but in our verse, "cursing" precedes "blessing," whereas in the other verse the order is reversed.

דָגִים שְׁמֵנִים יוֹתֵר מִדַּאי, °"וּמִשְׁמַנֵּי הָאָרֶץ" אֵלּוּ הַקָּרְבָּנוֹת כִּדְכְתִיב (תהלים סו, טו) "עוֹלוֹת מֵחִים אַעֲלֶה לָךְ", "וְרֹב דָּגָן", אֵלּוּ הַבַּחוּרִים דִּכְתִיב (זכריה ט, יז) "כִּי מַה טּוּבוֹ וּמַה יָּפְיוֹ דָּגָן בַּחוּרִים". "וְתִירוֹשׁ", אֵלּוּ הַבְּתוּלוֹת, דִּכְתִיב (שם) "וְתִירוֹשׁ יְנוֹבֵב בְּתוּלוֹת", דָּבָר אַחֵר "מִטַּל הַשָּׁמַיִם" זוֹ צִיּוֹן שֶׁנֶּאֱמַר (תהלים קלג, ג) "כְּטַל חֶרְמוֹן שֶׁיּוֹרֵד עַל הַרְרֵי צִיּוֹן", "וּמִשְׁמַנֵּי הָאָרֶץ" אֵלּוּ הַקָּרְבָּנוֹת, דָּגָן אֵלּוּ הַבִּכּוּרִים, תִּירוֹשׁ אֵלּוּ הַנְּסָכִים. דָּבָר אַחֵר "מִטַּל הַשָּׁמַיִם" זוֹ מִקְרָא, "וּמִשְׁמַנֵּי הָאָרֶץ" זוֹ מִשְׁנָה, "דָּגָן" זֶה תַּלְמוּד, "תִּירוֹשׁ" זֶה אַגָּדָה:

ד [כז, כט] "יַעַבְדוּךָ עַמִּים". אֵלּוּ שִׁבְעִים אוּמוֹת, "וְיִשְׁתַּחֲווּ לְךָ לְאוּמִּים", אֵלּוּ בְּנֵי יִשְׁמָעֵאל וּבְנֵי קְטוּרָה דִּכְתִיב בְּהוֹן (בראשית כה, ג)" אַשּׁוּרִים וּלְטוּשִׁים", "וּלְאוּמִּים", "הֱוֵי גְבִיר לְאַחֶיךָ", זֶה עֵשָׂו וַאֲלוּפָיו, "וְיִשְׁתַּחֲווּ לְךָ בְּנֵי אִמֶּךָ", הָכָא אַתְּ אָמַר "וְיִשְׁתַּחֲווּ לְךָ בְּנֵי אִמֶּךָ", וּלְהַלָּן אַתְּ אָמַר (שם מט, ח) "יִשְׁתַּחֲווּ לְךָ בְּנֵי אָבִיךָ", אֶלָּא יַעֲקֹב עַל יְדֵי שֶׁנָּטַל ד' נָשִׁים לֵאָה וְרָחֵל זִלְפָּה וּבִלְהָה הוּא אוֹמֵר "בְּנֵי אָבִיךָ", יִצְחָק נָטַל רִבְקָה אָמַר "בְּנֵי אִמֶּךָ". "אֹרְרֶיךָ אָרוּר וְגוֹ'", וּלְהַלָּן אוֹמֵר (במדבר כד, ט) "מְבָרֲכֶיךָ בָרוּךְ וְאֹרְרֶיךָ אָרוּר", אֶלָּא בִּלְעָם עַל יְדֵי שֶׁהָיָה שׂוֹנֵא פָּתַח בִּבְרָכָה וְסִיֵּים בִּקְלָלָה, וְיִצְחָק שֶׁהָיָה אוֹהֵב פָּתַח בִּקְלָלָה וְסִיֵּים בִּבְרָכָה. רַבִּי יִצְחָק בַּר רַבִּי חִיָּיא אָמַר: הָרְשָׁעִים עַל יְדֵי שֶׁתְּחִלָּתָן שַׁלְוָה וְסוֹפָן יִסּוּרִין

עץ יוסף

שמנים יותר מדאי ורוב דגן אלו הבחורים. כצ"ל (א"א): **ומה יופיו דגן בחורים.** הכונה שרוב הדגן והתירוש הם מגדלים בחורים ובתולות נאים: **בטל חרמון.** פי' מטל השמים הארץ השותה מטל השמים הטוב: **אלו הקרבנות.** שהם מיטב הצאן והבקר כאומר עולות מחים: **אלו הבכורים.** שהן באין משבעת המינים והקודמים בהם חטה ושעורה דהיינו דגן: **זה מקרא.** שניתן מן השמים בכתב ונקרא טל ליחס ירידתו מן השמים: **זו משנה.** שהאותיות קרובות זו לזו: **דגן זו גמרא.** שהדגן היא התבואה העומדת בכרי העומדת לאכילה וכן גמרא הוא עיקר להלכה ולמעשה: **תירוש זה אגדה.** שהיא מתוקה ומושכת לבו של אדם כתירוש: (ד) [ה] **אלו שבעים אומות.** דא"כ עמים ולאומים למה לי: **דכתיב בהו אשורים כו'.** יתכן דבני ישמעאל נמי יליף מדכתיב בהו י"ב נשיאים לאומותם (יפ"ת): **זה עשו ואלופיו.** אחיך בסגו"ל ל"ר זה עשו ואלופיו. ואע"ג דיצחק כלפי עשו היה מכוין בברכה בעל אגדה קושטא דמילתא קאמר (יפ"ת): **וישתחוו לך בני אמך. ולהלן כו'.** ר"ל ולמה לא אמר יצחק ג"כ בני אביך. ומשני דיעקב לא קאמר בני אביך רק על לד ההכרח לפי שנטל ד' נשים. אבל כל שאפשר להזכיר האם עדיף טפי משום דאחוות האם ברורה (יפ"ת): **על ידי שהיה שונא.** ואע"ג דאשר ישים ה' בפיו אותו ידבר. מ"מ סדר הדברים היה מעלמו. אי נמי כפי הכנת לבו הרע חלה עליו ההשפעה לברך (יפ"ת): **וסיים בקללה.** והסיום עיקר שיורה על שישאר הדבר בכך: **וסיים בקללה.** דקללה קאי אחיב היות להם שונאים שיקללום: **ע"י שתחלתן שלוה.** ואע"פ שבלעם לישראל היה אומר מ"מ לא אמר אלא לפי הרגלו שהיה מורגל לדבר עם הרשעים שתחלתן

פירוש מהרז"ו

ארשב"ג ומש"ש ודורש השמים לגז"ש. ומשמני הארץ אלו הקרבנות וכו'. שיזכו להקריב עולות שמנים. מחים פי' שמנים. ויתכן שמקום דרשה זו בסמוך כשדורש על ציון ששם שייך קרבנות. וכאן הוא מיותר. וכ"מ בברייתא דאלילות בס"ס אג"ב שדורש דרשה זו אצל ציון ולא בכאן: **אלו הבחורים.** שירבו בנים ובנות: **אלו הבכורים.** כמ"ש ראשית דגנך ותירושך: **אלו הנסכים.** שבאו מיין ותירוש: **זה מקרא.** שנתנה מן השמים כמו שהיא. ואין מי מחכמי ארץ חולקים לשנות מהכתוב. ומשמני ארץ זו משנה שנמסרה ביד חכמי ארץ ע"פ. ועי' במ"ר פי"ג סי' ט"ז מ"ם מ"ם רמז למשנה שמתחלת במ' ומסיימת במ' וזה רמוז בתיבת משמני מ' מ' שני: **דגן זה תלמוד.** כמו שהדגן עיקר התבואה כך התלמוד עיקר להלכה ולמעשה וע' ויק"ר פ"א סי' ב'. ותירוש זה אגדה כמ"ש ויין ישמח לבב אנוש כן האגדה משמחת הלב: (ד) **שבעים אומות.** הם ע' משפחות הקדומות בני בניו של נח. וכמו אברהם כתוב בו כי אב המון גוים. היינו לכל בני נח הנ"ל. ואצל יעקב כתיב ונתתי לך את ברכת אברהם: **בני ישמעאל.** י"ב בניו המפורשים בסוף פ' חיי. ובני קטורה ג"כ שם בפרשה. י"ד בני קטורה בנים וב"ב. וכמש"ל פס"א סי' ה' שמ"ש לאומים קאי אכולהו כולם ראשי אומות הרי לאומים כולל כל בני קטורה וכולל גם בני ישמעאל דסובר שקטורה זו הגר. וכמ"ש שם ס"ס ג' והרי ישמעאל בכלל בני קטורה והם לבד ע' בני נח הנ"ל: **גביר לאחיך.** לשון רבים: **אמר בני אמך.** ומה שלא אמר יצחק בני אביך נראה על שרבקה גרמה ליעקב כל הברכות ע"כ הזכירה: **ולהלן כו'.** בלעם בבמדבר כ"ד ט':

חידושי הרד"ל

(ו) **דגן אלו הבכורים.** בכורים היו באים מכל ז' המינים שבח הארץ. ונכון יותר לגרוס אלו המנחות שהן אינן באין אלא מן החטים ושעורים. וגם שייכי טפי לקרבנות ונסכים דהכא:

חידושי הרש"ש

[ג] **ומשמני כו' עד אעלה לך.** כ"ז מיותר כאן וכן בילקוט ליתא:

ומשמני הארץ אלו הקרבנות. דכתיב עולות מחים וגו' כנ"ל:

אם למקרא

עֹלוֹת מֵחִים אַעֲלֶה־לָּךְ עִם־קְטֹרֶת אֵילִים אֶעֱשֶׂה בָקָר עִם־עַתּוּדִים סֶלָה: (תהלים סו:טו)

כִּי מַה־טּוּבוֹ וּמַה־יָּפְיוֹ דָּגָן בַּחוּרִים וְתִירוֹשׁ יְנוֹבֵב בְּתֻלוֹת: (זכריה ט:יז)

כַּשֶּׁמֶן הַטּוֹב עַל־הָרֹאשׁ יֹרֵד עַל־הַזָּקָן זְקַן אַהֲרֹן שֶׁיֹּרֵד עַל־פִּי מִדּוֹתָיו: (תהלים קלג:ב)

וְיָקְשָׁן יָלַד אֶת שְׁבָא וְאֶת דְּדָן וּבְנֵי דְדָן הָיוּ אַשּׁוּרִם וּלְטוּשִׁם וּלְאֻמִּים: (בראשית כה:ג)

יְהוּדָה אַתָּה יוֹדוּךָ אַחֶיךָ יָדְךָ בְּעֹרֶף אֹיְבֶיךָ יִשְׁתַּחֲווּ לְךָ בְּנֵי אָבִיךָ: (בראשית מט:ח)

כָּרַע שָׁכַב כַּאֲרִי וּכְלָבִיא מִי יְקִימֶנּוּ מְבָרֲכֶיךָ בָרוּךְ וְאֹרְרֶיךָ אָרוּר: (במדבר כד:ט)

רש"י

ורוב דגן. אלו בחורים דכתיב כי מה טובו ומה יפיו דגן בחורים וגו': **ורוב דגן זה תלמוד.** שהוא עיקר וכן מפורש יחיו דגן בתלמוד יפרחו כגפן באגדה שמושכת לבו של אדם כיין: [ד] **הוה גביר לאחיך.** הרבה אחים כמשמעו: **אלא בלעם.** ע"י שהיה שונא פתח בברכה וסיים בקללה:

מתנות כהונה

ה"ג **בילקוט** ובעקידת יצחק יתיר מדאי ורוב דגן כו': **הקרבנות.** כאן ראוי להגיה דכתיב עולות מחים אעלה וגו': [ד] **בני אמך.** והיכי דאפשר נקט האם כי היא אמו ודאי: וסיים בברכה. שהקללות יהיה להם קץ וסוף והברכות יעמדו עד עולמי עד ובלעם כוונתו להפך קללה תחשב לו: **תחלתן שלוה.** שהבא לטמא פותחים לו וכתיב משגיא לגוים ויאבדם והצדיקים הקב"ה גובה מהם מיד אל יד מיעוט

נחמד למראה

[ה] עמד לו יעקב אחר הדלת עד שנכנס עשו ויצא לו הה"ד אך יצוא יצא יעקב נראה כיוצא ואינו יוצא. לכאורה קשה מאין ילא להם זה מהפסוק אך ילוא ילא יעקב. אך כבר התבאר כי כאשר יבוא מקור ופעל מן הפעלים רלופים שניהם משורש אחד ואחריהם בענין ההוא מקור או פעל אשר הוא משורש אחר או מענין אחר. אזי תהיה הוראתם שנעשה

אשד הנחלים

מה שאין כן היין אף שמשמח יותר עם כל זה אפשר בלא הם רק המה על צד היותר טוב. וכן ההלכות המה העקרים והמחוייבים בערך ההגדות שהמה על צד היותר טוב ואינם מוכרחים אף כי המה משמחים מאוד יותר מההלכות בטבע. וקרא לאומים לישמעאל שהיו נשיאים כדמות מלכים שהם לאומים ועל עשו אמר סתם הוי גביר לאחיך. מפני שלא היו כ"א אלופים: [ד] **בלעם כו'.** כי האיש אשר טבעו נוטה לרע אינו חפץ בברכה. רק שהיה מוכרח מפי ה' וכמ"ש ויתן ה' דבר בפי בלעם ולכן טבעו הטתו לסיים בקללה יהיה על מי שיהיה. אכן הצדיק להיפך שחפץ בברכה ולכן מסיים בטוב שחפץ שהכל יתברכו ובגלל זה יהיו מבורכים: ור"י נתן טעם אחר. לפי שהצדיקים עיקר תכליתם שהם מביטים על האחרית הטובה ויודעין שמתחילה מוכרחין להצרף ולהתייסר. וזה אמר בתחילה אמת שיארורך ויעשו לך יסורים. אבל בשביל זה. יארו הם. ובסוף הכל יברכוך. ובגלל זה יהיו גם הם מבורכין. אכן הרשעים שכל מאויים בטוב המדומה בשעתא. וכל צפייתם אינו רק בעתה. ולכך פותחין בברכה ומסיימין בקללה. ואף שהקללה היה ג"כ על העובדי כוכבים. זה היה מרוב ההכרח והבן זה:

The Midrash explains the reason for the dissimilarity:
אֶלָּא בִּלְעָם עַל יְדֵי שֶׁהָיָה שׂוֹנֵא פָּתַח בִּבְרָכָה וְסִיֵּים בִּקְלָלָה – **However,** the explanation is that **Balaam, because he was a hater** of the people he was addressing (Israel), and wished to invoke a curse on them, **introduced his words with a blessing and concluded with a curse,** וְיִצְחָק שֶׁהָיָה אוֹהֵב פָּתַח בִּקְלָלָה וְסִיֵּים בִּבְרָכָה – **whereas Isaac, who was a lover** of the person he was addressing (Esau or Jacob), **introduced his words with a curse and concluded with a blessing.**[50]

Another explanation:
רַבִּי יִצְחָק בַּר רַבִּי חִיָּיא אָמַר – **R' Yitzchak bar Chiya said:** הָרְשָׁעִים עַל יְדֵי שֶׁתְּחִלָּתָן שַׁלְוָה וְסוֹפָן יִסּוּרִין – **Wicked people, because their first** experience **is** one of **tranquility but in the end** they experience **suffering,**[51]

NOTES

50. The concluding statement is the principal statement, for it reveals the true sentiment of the speaker, the situation that he wishes to remain forever. Balaam thus concluded his statement by speaking of those who curse Israel, because he desired that Israel should be the recipient of many curses; Isaac concluded *his* statement by speaking of those who bless Jacob, because he desired that Jacob be the recipient of many blessings (*Matnos Kehunah, Eitz Yosef*).

51. Their lives in this world are good and tranquil, but they suffer in the World to Come.

דָגִים שְׁמֵנִים יוֹתֵר מִדַּאי, °"וּמִשְׁמַנֵּי הָאָרֶץ" אֵלּוּ הַקָּרְבָּנוֹת כְּדִכְתִיב (תהלים סו, טו) "עוֹלוֹת מֵחִים אַעֲלֶה לָּךְ", "וְרֹב דָּגָן", אֵלּוּ הַבַּחוּרִים דִּכְתִיב (זכריה ט, יז) "כִּי מַה טּוּבוֹ וּמַה יָּפְיוֹ דָּגָן בַּחוּרִים". "וְתִירוֹשׁ", אֵלּוּ הַבְּתוּלוֹת, דִּכְתִיב (שם) "וְתִירוֹשׁ יְנוֹבֵב בְּתוּלוֹת", דָּבָר אַחֵר "מִטַּל הַשָּׁמַיִם" זוֹ צִיּוֹן שֶׁנֶּאֱמַר (תהלים קלג, ג) "כְּטַל חֶרְמוֹן שֶׁיּוֹרֵד עַל הַרְרֵי צִיּוֹן", "וּמִשְׁמַנֵּי הָאָרֶץ" אֵלּוּ הַקָּרְבָּנוֹת, דָּגָן אֵלּוּ הַבִּכּוּרִים, תִּירוֹשׁ אֵלּוּ הַנְּסָכִים. דָּבָר אַחֵר "מִטַּל הַשָּׁמַיִם" זוֹ מִקְרָא, "וּמִשְׁמַנֵּי הָאָרֶץ" זוֹ מִשְׁנָה, "דָּגָן" זֶה תַּלְמוּד, "תִּירוֹשׁ" זֶה אַגָּדָה:

ד [כז, כט] "יַעַבְדוּךָ עַמִּים". אֵלּוּ שִׁבְעִים אוּמוֹת, "וְיִשְׁתַּחֲווּ לְךָ לְאוּמִּים", אֵלּוּ בְּנֵי יִשְׁמָעֵאל וּבְנֵי קְטוּרָה דִּכְתִיב בְּהוֹן (בראשית כה, ג)" אַשּׁוּרִים וּלְטוּשִׁים", "וּלְאוּמִּים", "הֱוֵי גְבִיר לְאַחֶיךָ", זֶה עֵשָׂו וַאֲלוּפָיו, "וְיִשְׁתַּחֲווּ לְךָ בְּנֵי אִמֶּךָ", הָכָא אַתְּ אָמַר "וְיִשְׁתַּחֲווּ לְךָ בְּנֵי אִמֶּךָ", וּלְהַלָּן אַתְּ אָמַר (שם מט, ח) "וְיִשְׁתַּחֲווּ לְךָ בְּנֵי אָבִיךָ", אֶלָּא יַעֲקֹב עַל יְדֵי שֶׁנָּטַל ד' נָשִׁים לֵאָה וְרָחֵל זִלְפָּה וּבִלְהָה הוּא אוֹמֵר "בְּנֵי אָבִיךָ", יִצְחָק נָטַל רִבְקָה אָמַר "בְּנֵי אִמֶּךָ". "אוֹרְרֶיךָ אָרוּר וגו' ", וּלְהַלָּן אוֹמֵר (במדבר כד, ט) "מְבָרְכֶיךָ בָרוּךְ וְאוֹרְרֶיךָ אָרוּר", אֶלָּא בִּלְעָם עַל יְדֵי שֶׁהָיָה שׂוֹנֵא פָּתַח בִּבְרָכָה וְסִיֵּם בִּקְלָלָה, וְיִצְחָק שֶׁהָיָה אוֹהֵב פָּתַח בִּקְלָלָה וְסִיֵּם בִּבְרָכָה. רַבִּי יִצְחָק בַּר רַבִּי חִיָּיא אָמַר: הָרְשָׁעִים עַל יְדֵי שֶׁתְּחִלָּתָן שַׁלְוָה וְסוֹפָן יִסּוּרִין

חידושי הרד"ל

(ו) **דגן אלו הבבורים.** בכורים היו באים מכל ז' המינים שבח הארץ. ונכון יותר לגרוס אלו המנחות שהן אינן באין אלא מן החטים ושעורים. וגם שייכי טפי לקרבנות ונסכים דהכא:

חידושי הרש"ש

[ג] **ומשמני כו' עד אעלה לך.** כ"ז מיותר כאן וכן בילקוט ליתא:

ומשמני הארץ אלו הקרבנות. דכתיב עולות מחים וגו' כנ"ל:

עץ יוסף

שמנים יותר מדאי ורוב דגן אלו הבחורים. כצ"ל (א"א): **ומה יופיו דגן בחורים.** הכונה שרוב הדגן והתירוש הם מגדלים בחורים ובתולות נאים: **כטל חרמון.** פי' מטל השמים הארץ השותה מטל השמים הטוב: **אלו הקרבנות.** שהם מיטב הצאן והבקר כאומר עולות מחים: **אלו הבכורים.** שהן באין משבעת המינים והקודמים בהם חטה ושעורה דהיינו דגן: **זה מקרא.** שניתן מן השמים בכתב ונקרא טל ליחס ירידתו מן השמים: **זו משנה.** שהאותיות קרובות זו לזו: **דגן זו גמרא.** שהדגן היא התבואה העומדת בכרי העומדת לאכילה וכן גמרא הוא עיקר להלכה ולמעשה: **תירוש זה אגדה.** שהיא מתוקה ומושכת לבו של אדם כתירוש: (ד) [ה] **אלו שבעים אומות.** דא"כ עמים ולאומים למה לי: **דכתיב בהו אשורים כו'.** יתכן דבני ישמעאל נמי יליף מדכתיב בהו י"ב נשיאים לאומותם (יפ"ת): **זה עשו ואלופיו.** אחיך בסגו"ל ל"ר זה עשו ואלופיו. ואע"ג דיצחק כלפי עשו היה מכוין בברכה בעל אגדה קושטא דמילתא קאמר (יפ"ת): **וישתחוו לך בני אמך. ולהלן כו'.** ר"ל ולמה לא אמר יצחק ג"כ בני אביך. ומשני דיעקב לא קאמר בני אביך רק על צד ההכרח לפי שנטל ד' נשים. אבל כל שאפשר להזכיר האם עדיף טפי משום דאחוות האם ברורה (יפ"ת): **על ידי שהיה שונא.** ואע"ג דאשר ישים ה' בפיו אותו ידבר. מ"מ סדר הדברים היה מעצמו. אי נמי כפי הכנת לבו הרע חלה עליו ההשפעה לברך (יפ"ת): **וסיים בקללה.** והסיום עיקר שיורה על שישאר הדבר בכך: **וסיים בקללה.** דקללה קאת חשיב היות להם שונאים שיקללום: **ע"י שתחלתן שלוה.** ואע"פ שבלעם לישראל היה אומר מ"מ לא אמר אלא לפי הרגלו שהיה מורגל לדבר עם הרשעים שתחלתן

פירוש מהרז"ו

ארשב"ג ומש"ש ודורש השמים לגז"ש. ומשמני הארץ אלו הקרבנות וכו'. שיזכו להקריב עולות שמנים. מחים פי' שמנים. ויתכן שמקום דרשה זו בסמוך כשדורש על ציון שאם שייך קרבנות. וכאן הוא מיותר. וכ"מ בברייתא דאצילות בש"ס אג"ב שדורש דרשה זו אצל ציון ולא בכאן: **אלו הבחורים.** שירבו בנים ובנות: **אלו הבכורים.** כמ"ש ראשית דגנך ותירושך: **אלו הנסכים.** שבאו מיין ותירוש: **זה מקרא.** שנתנה מן השמים כמו שהיא. ואין מי מחכמי ארץ חולקים לשנות מהכתוב. ומשמני ארץ זו משנה שנמסרה ביד חכמי ארץ ע"פ. ועי' במ"ר פי"ג סי' ט"ז מ"ס מ"ס רמז למשנה שמתחלת במ' ומסיימת במ' וזה רמוז בתיבת משמני מ' מ' שני: **דגן זה תלמוד.** כמו שהדגן עיקר התבואה כך התלמוד עיקר להלכה ולמעשה וע' ויק"ר פ"א סי' ב'. ותירוש זה אגדה כמ"ש ויין ישמח לבב אנוש כן האגדה משמחת הלב: (ד) **שבעים אומות.** הם ע' משפחות הקדומות בני בניו של נח. וכמו אברהם כתוב בו כי אב המון גוים. היינו לכל בני נח הנ"ל. ואצל יעקב כתיב ונתתי לך את ברכת אברהם: **בני ישמעאל.** י"ב בניו המפורשים בסוף פ' חיי. ובני קטורה ג"כ שם בפרשה. י"ד בני קטורה בנים וב"ב. וכמש"ל פס"א סי' ה' שמ"ש לאומים קאי אכולהו כולם ראשי אומות הרי לאומים כולל כל בני קטורה וכולל גם בני ישמעאל דסובר שקטורה זו הגר. וכמ"ש שם ס"ס ג' והרי ישמעאל בכלל בני קטורה והם לבד ע' בני נח הנ"ל: **גביר לאחיך.** לשון רבים: **אמר בני אמך.** ומה שלא אמר יצחק בני אביך נראה על שרבקה גרמה ליעקב כל הברכות ע"כ הזכירה: **ולהלן כו'.** בלעם בבמדבר כ"ד ט':

אם למקרא

עֹלוֹת מֵחִים אַעֲלֶה־לָּךְ עִם־קְטֹרֶת אֵילִים אֶעֱשֶׂה בָקָר עִם־עַתּוּדִים סֶלָה: (תהלים סו:טו)

כִּי מַה־טּוּבוֹ וּמַה־יָּפְיוֹ דָּגָן בַּחוּרִים וְתִירוֹשׁ יְנוֹבֵב בְּתֻלוֹת: (זכריה ט:יז)

כַּשֶּׁמֶן הַטּוֹב עַל־הָרֹאשׁ יֹרֵד עַל־הַזָּקָן זְקַן אַהֲרֹן שֶׁיֹּרֵד עַל־פִּי מִדּוֹתָיו: (תהלים קלג:ב)

וְיָקְשָׁן יָלַד אֶת שְׁבָא וְאֶת דְּדָן וּבְנֵי דְדָן הָיוּ אַשּׁוּרִם וּלְטוּשִׁם וּלְאֻמִּים: (בראשית כה:ג)

יְהוּדָה אַתָּה יוֹדוּךָ אַחֶיךָ יָדְךָ בְּעֹרֶף אֹיְבֶיךָ יִשְׁתַּחֲווּ לְךָ בְּנֵי אָבִיךָ: (בראשית מט:ח)

כָּרַע שָׁכַב כַּאֲרִי וּכְלָבִיא מִי יְקִימֶנּוּ מְבָרְכֶיךָ בָרוּךְ וְאֹרְרֶיךָ אָרוּר: (במדבר כד:ט)

רש"י

ורוב דגן. אלו בחורים דכתיב כי מה טובו ומה יפיו דגן בחורים וגו': **ורוב דגן זה תלמוד.** שהוא עיקר וכן מפורש יחיו דגן בתלמוד יפרחו כגפן באגדה שמושכת לבו של אדם כיין: [ד] **הוה גביר לאחיך.** הרבה אחים כמשמעו: **אלא בלעם.** ע"י שהיה שונא פתח בברכה וסיים בקללה:

מתנות כהונה

ה"ג **בילקוט** ובעקידת יצחק יתיר מדאי ורוב דגן כו': **הקרבנות.** כאן ראוי להגיה דכתיב עולות מחים אעלה וגו': [ד] **בני אמך.** והיכי דאפשר נקט האם כי היא אמו ודאי: וסיים בברכה. שהקללות יהיה להם קץ וסוף והברכות יעמדו עד עולמי עד ובלעם כוונתו להפך קללה תחשב לו: **תחלתן שלוה.** שהבא לטמא פותחים לו וכתיב משגיא לגוים ויאבדם והצדיקים הקב"ה גובה מהם מיד אל יד מיעוט

נחמד למראה

[ה] **עמד לו יעקב אחר הדלת עד שנכנס עשו ויצא לו הה"ד אך יצוא יצא יעקב נראה ביוצא ואינו יוצא.** לכאורה קשה מאין יצא להם זה מהפסוק אך יצוא יצא יעקב. אך כבר התבאר כי כאשר יבוא מקור ופעל מן הפעלים רצופים ששניהם משורש אחד ואחריהם בענין ההוא מקור או פעל אשר הוא משורש אחר או מענין אחר. אזי תהיה הוראתם שנעשה

אשד הנחלים

מה שאין כן היין אף שמשמח יותר עם כל זה אפשר בלא הם רק המה על צד היותר טוב. וכן ההלכות המה העקרים והמחוייבים בערך ההגדות שהמה על צד היותר טוב ואינם מוכרחים אף כי המה משמחים מאוד יותר מההלכות בטבע. וקרא לאומים לישמעאל שהיו נשיאים כדמות מלכים שהם לאומים ועל עשו אמר סתם הוי גביר לאחיך. מפני שלא היו כ"א אלופים: [ד] **בלעם כו'.** כי האיש אשר טבעו נוטה לרע אינו חפץ בברכה. רק שהיה מוכרח מפי ה' וכמ"ש ויתן ה' דבר בפי בלעם ולכן טבעו הטתו לסיים בקללה יהיה על מי שיהיה. אכן הצדיק להיפך שחפץ בברכה ולכן מסיים בטוב שחפץ שהכל יתברכו ובגלל זה יהיו מבורכים: ור"י נתן טעם אחר. לפי שהצדיקים עיקר תכליתם שהם מביטים על האחרית הטובה ויודעין שמתחילה מוכרחין להצרף ולהתייסר. וזה אמר בתחילה אמת שיאררוך ויעשו לך יסורים. אבל בשביל זה. יארוו הם. ובסוף הכל יברכוך. ובגלל זה יהיו גם הם מבורכין. אכן הרשעים שכל מאויים בטוב המדומה בשעתא. וכל צפייתם אינו רק בעתה. ולכך פותחין בברכה ומסיימין בקללה. ואף שהקללה היה ג"כ על העובדי כוכבים. זה היה מרוב ההכרח והבן זה:

פּוֹתְחִין בִּבְרָכָה וְחוֹתְמִין בִּקְלָלָה "מְבָרְכֶיךָ בָּרוּךְ וְאוֹרְרֶיךָ אָרוּר" — **introduce their words with blessing and then conclude with cursing,** as Balaam said: ***Blessed be they who bless you and cursed be they who curse you.*** אֲבָל הַצַּדִּיקִים עַל יְדֵי שֶׁתְּחִלָּתָן יִסּוּרִין וְסוֹפָן שַׁלְוָה — In contrast, **however, righteous people, because their first** experience **is suffering but in the end they** experience **tranquility,**[52] הֵם פּוֹתְחִין בִּקְלָלָה וְחוֹתְמִין בִּבְרָכָה "אוֹרְרֶיךָ אָרוּר וּמְבָרְכֶיךָ בָּרוּךְ" — **they introduce their words with a curse and** then **conclude with a blessing,**[53] as Jacob said: ***Cursed be those who curse you, and blessed be those who bless you.*** Ⓐ

וַיְהִי כַּאֲשֶׁר כִּלָּה יִצְחָק לְבָרֵךְ אֶת יַעֲקֹב וַיְהִי אַךְ יָצֹא יָצָא יַעֲקֹב מֵאֵת פְּנֵי יִצְחָק אָבִיו וְעֵשָׂו אָחִיו בָּא מִצֵּידוֹ.

And it was, when Isaac had finished blessing Jacob, and Jacob was just leaving the presence of Isaac his father, that Esau his brother came back from his hunt (27:30).

§5 וַיְהִי כַּאֲשֶׁר כִּלָּה יִצְחָק לְבָרֵךְ אֶת יַעֲקֹב — *AND IT WAS WHEN ISAAC HAD FINISHED BLESSING JACOB, ETC.*

If Esau came just as Jacob was leaving, why did they not meet each other? The Midrash presents two explanations:

אָמַר רַבִּי אַיְיבוּ: פִּילְיוֹנוֹ שֶׁל אָבִינוּ יִצְחָק מְפוּלָּשׁ הָיָה — **R' Aivu said: The abode of our forefather Isaac was open at both ends,**[54] זֶה בָּא מִכָּאן וְזֶה בָּא מִכָּאן — so **this one** (Jacob) **went through here** (i.e., through one doorway), **and the other one** (Esau) **went through here** (i.e., the other doorway).[55]

An alternative explanation:

רַבָּנָן אָמְרֵי: כְּמִין אִיסְטְרוֹפוֹמְטָא — **The** other **Sages say:** The entrance to the home had **something like hinged double doors,** הַדְּלָתוֹת הָיוּ נִכְפָּלִין לַאֲחוֹרֵיהֶם — meaning that when **the doors** were opened they **could be doubled backward.**[56] עָמַד לוֹ יַעֲקֹב אַחַר הַדֶּלֶת עַד שֶׁנִּכְנַס עֵשָׂו — **Jacob stood behind the door until** after **Esau entered,**[57] וְיָצָא לוֹ — **and then he departed.** הֲדָא הוּא דִכְתִיב "אַךְ יָצֹא יָצָא יַעֲקֹב" — **This is** the import of **what is written, *and Jacob was just leaving*** — נִרְאָה כְּיוֹצֵא וְאֵינוֹ יוֹצֵא — meaning that **he appeared to have left, but had not** actually **left.**[58]

□ וְעֵשָׂו אָחִיו בָּא מִצֵּידוֹ — *ESAU HIS BROTHER CAME BACK FROM HIS HUNT.*

The Midrash interprets the word מִצֵּידוֹ (translated here as "from his hunt") homiletically:

מְזוּיָּן לָצוּד נַפְשׁוֹ — **[Esau] came armed to hunt down Jacob's soul,** i.e., to kill him,[59] כְּמָה דְאַתְּ אָמַר "וַאֲשֶׁר לֹא צָדָה" — **as it is stated** (*Exodus* 21:13), ***But he did not lie in wait*** [צָדָה], i.e., to kill.[60]

§6 [אֹרְרֶיךָ אָרוּר וּמְבָרְכֶיךָ בָּרוּךְ — *CURSED BE THEY WHO CURSE YOU, AND BLESSED BE THEY WHO BLESS YOU.*]

The Midrash goes back to verse 29 to present another teaching derived from it.[61]

דָּבָר אַחֵר "מְבָרְכֶיךָ בָּרוּךְ" — **Another thing** that can be learned from the words ***blessed be those who bless you:*** תָּנֵי — **It was taught** in a Baraisa:[62] עוֹבֵד כּוֹכָבִים הַמְבָרֵךְ אֶת הַשֵּׁם עוֹנִים אַחֲרָיו אָמֵן — **If an idolater blesses God, one may answer "Amen" after** he has heard the blessing from **him.** בְּשֵׁם אֵין עוֹנִין אַחֲרָיו אָמֵן — But if he says a blessing **with the Name** of God, **one should not answer "Amen" after him.**[63]

NOTES

52. In the World to Come.

53. Each person expresses his wishes toward others in accordance with the experiences of people of his own type (*Mizrachi*). See Insight Ⓐ.

54. Isaac's tent had two entrances, each at opposite ends of the tent (*Eitz Yosef*).

55. And that is why Esau did not encounter Jacob upon entering the tent, for Jacob was exiting through the opposite doorway.

56. See Mishnah *Middos* 4:1. [*Matnos Kehunah*, however, has a different description of the door.]

57. When Jacob realized that Esau was entering the tent, he hid behind the folding door until Esau entered without realizing that Jacob was there. The reason Jacob saw Esau coming but Esau did not see that Jacob was in the house is that one who stands in the bright outdoor light cannot see clearly what is inside an unlit room, but the person inside can see out into the bright daylight (*Yefeh To'ar* and *Eitz Yosef*, from *Tanchuma* here §11).

58. I.e., he was not gone completely when Esau entered (unlike the first interpretation). The Midrash derives this either from the extra word יָצֹא (*Aruch, Eitz Yosef*) or from the word אַךְ, which is generally interpreted as a mitigation of what is stated in the verse (in our case: he had not quite left) (*Mizrachi*). [Both interpretations are cited by *Matnos Kehunah* and *Yefeh To'ar*.]

59. Scripture could have written "from hunting," without the pronoun ending ו (meaning "his" or "him"). The Midrash therefore interprets מִצֵּידוֹ as "from hunting *him*," meaning that Esau was actually hunting down Jacob (*Matnos Kehunah*). I.e., Esau was prepared to kill Jacob if he found that he had come to Isaac in his absence (*Ohr HaSeichel*).

Some commentators (*Yefeh To'ar, Radal*) emend the word נַפְשׁוֹ ("his soul") to נְפָשׁוֹת ("souls"). According to this reading, the Midrash is saying that when Esau went out to hunt game for Isaac he was also going out to kill people (*Eitz Yosef*).

60. This verse shows that the root צדה (similar to the root צוד from which צֵידוֹ is derived) can mean "to intend to kill someone."

61. *Yefeh To'ar* wonders why the Midrash uncustomarily goes out of order here; *Eitz Yosef* indeed maintains that this section should be moved up to precede §5. [The entire section is not found in some manuscripts, and may be a later addition, transplanted from *Talmud Yerushalmi* (*Berachos* 8:8, *Succah* 3:10, *Megillah* 1:9).]

62. The Baraisa is found in *Tosefta, Berachos* 5:22.

63. This is a very enigmatic line: What exactly is the second case, and why does it differ from the first case (in which one may answer "Amen")? Many explanations have been offered, of which we will present three:

(i) *Yefeh To'ar* (followed by *Eitz Yosef*) explains: If the idolater blesses a Jew using God's Name (e.g., "God bless you"), the latter should not answer "Amen," because it is assumed that the idolater does not mean the blessing sincerely (or because an idolater's blessing of a Jew is ineffectual [*Eitz Yosef*]).

(ii) *Matnos Kehunah* explains that the idolater said, "May God bless God." This statement is blasphemous, as it implies that there is more than one God, and for this reason one may not answer "Amen."

(iii) In some versions of the *Tosefta* (such as the popular Vilna edition), the Baraisa's second case is speaking of a Cuthean, not an idolater, and it is to the Cuthean's blessing that one may not answer "Amen," because he is suspected of including mention of the Cuthean Temple on Mount Gerizim in his benediction. *Pnei Moshe* (on the *Yerushalmi* ad loc.) writes that the *Yerushalmi* text (and hence the Midrash text here) should be emended accordingly.

INSIGHTS

Ⓐ **Concluding With a Blessing** *Ramban* raises a difficulty with our Midrash: In 12:3 above, God says to Abraham, *I will bless those who bless you, and he who curses you I will curse* — mentioning the blessing before the curse, as Balaam did!

He offers two answers: (a) God's statement to Abraham continues: *and all the inhabitants of the world will be blessed through you* (ibid.). Thus, the theme of blessing does appear in that verse *after* that of cursing, in the style of blessings conveyed by the righteous. (b) The statement *I will bless those who bless you, and he who curses you I will curse* begins in the plural (*"those" who bless you*) and continues in the singular (*"he" who curses you*), indicating that the vast majority of people would bless Abraham, while only the rare individual would curse him. God chose to speak first of the more common situation (blessing) and only then to refer to the less common one.

פּוֹתְחִין בִּבְרָכָה וְחוֹתְמִין בִּקְלָלָה "מְבָרְכֶיךָ בָּרוּךְ וְאוֹרְרֶיךָ אָרוּר", אֲבָל הַצַּדִּיקִים עַל יְדֵי שֶׁתְּחִלָּתָן יִסּוּרִין וְסוֹפָן שַׁלְוָה הֵם פּוֹתְחִין בִּקְלָלָה וְחוֹתְמִין בִּבְרָכָה "אוֹרְרֶיךָ אָרוּר וּמְבָרְכֶיךָ בָּרוּךְ":

ה [כז, ל] "וַיְהִי כַּאֲשֶׁר כִּלָּה יִצְחָק לְבָרֵךְ אֶת יַעֲקֹב". [ח]אָמַר רַבִּי אֵיְבוּ: °פּוּלְיוֹנוֹ שֶׁל אָבִינוּ יִצְחָק מְפוּלָּשׁ הָיָה, זֶה בָּא מִכָּאן וְזֶה בָּא מִכָּאן. רַבָּנָן אָמְרֵי כְּמִין °אִיסְטְרִיפוֹמִיטָא, הַדְּלָתוֹת הָיוּ נִכְפָּלִין לַאֲחוֹרֵיהֶם, עָמַד לוֹ יַעֲקֹב אַחַר הַדֶּלֶת עַד שֶׁנִּכְנַס עֵשָׂו וְיָצָא לוֹ. הָדָא הוּא דִכְתִיב "אַךְ יָצֹא יָצָא יַעֲקֹב" נִרְאָה כְּיוֹצֵא וְאֵינוֹ יוֹצֵא. וְעֵשָׂו אָחִיו בָּא מִצֵּידוֹ מְזוּיָּין לָצוּד נַפְשׁוֹ כְּמָה דְאַתְּ אָמַר (שמות כא, יג) "וַאֲשֶׁר לֹא צָדָה":

ו דָּבָר אַחֵר "מְבָרֲכֶיךָ בָּרוּךְ", [ט]תָּנֵי עוֹבֵד כּוֹכָבִים הַמְבָרֵךְ אֶת הַשֵּׁם עוֹנִים אַחֲרָיו אָמֵן, בַּשֵּׁם אֵין עוֹנִין אַחֲרָיו אָמֵן. אָמַר רַבִּי תַּנְחוּמָא: אִם בֵּרַכְךָ עוֹבֵד כּוֹכָבִים אֶחָד עֲנֵה אַחֲרָיו אָמֵן דִּכְתִיב (דברים ז, יד) "בָּרוּךְ תִּהְיֶה מִכָּל הָעַמִּים". [י]עוֹבֵד כּוֹכָבִים אֶחָד פָּגַע בְּרַבִּי יִשְׁמָעֵאל, בֵּרְכוֹ. אָמַר לוֹ: כְּבָר מִלָּתָךְ אֲמוּרָה. פָּגַע בּוֹ אֶחָד וְקִלְּלוֹ, אָמַר לוֹ: כְּבָר מִלָּתָךְ אֲמוּרָה. אָמְרוּ לוֹ: כְּמָה דַאֲמַרְתְּ לְדֵין אֲמַרְתְּ לְדֵין, אָמַר לוֹ: כֵּן כְּתִיב "מְבָרְכֶיךָ בָּרוּךְ אוֹרְרֶיךָ אָרוּר":

ז [כז, ל] "וַיַּעַשׂ גַּם הוּא מַטְעַמִּים וַיֹּאמֶר לְאָבִיו יָקוּם אָבִי". הָדָא הוּא דִכְתִיב (משלי ל, כח) [יא]"שְׂמָמִית בְּיָדַיִם תְּתַפֵּשׂ". אָמַר רַבִּי חָמָא בַּר חֲנִינָא: בְּאֵי זוֹ זְכוּת הַשְּׂמָמִית מִתַּפֶּשֶׂת, בִּזְכוּת אוֹתָן הַיָּדַיִם. "וַיַּעַשׂ גַּם הוּא מַטְעַמִּים וגו'", "יָקוּם אָבִי", עַל יְדֵי שֶׁאָמַר לוֹ "יָקוּם" אֲנִי נִפְרַע לוֹ בּוֹ בַּלָּשׁוֹן (תהלים סח, ב) "יָקוּם אֱלֹהִים יָפוּצוּ אוֹיְבָיו":

רש"י

[ה] **פליונו של יצחק אבינו.** פליון. אוהל: **במין** אילטראבמיטא היו הדלתות נקפלות לאחוריהן. **ועשו אחיו בא מצידו** מזויין לצוד נפשו כמא דאת אמר ואשר לא צדה מדוע אתה צודה את נפשי לקחתה: [ז] **שממית בידים תתפש כו' באי זו זכות השממית מתפשת.** באי זו זכות עשו תופש מלכות בזכות אותן הידים שברכו אביו ועל חרבך תחיה: **שממית.** שומם. ששמם בית אלהינו. שממית. סם המות:

עץ יוסף

שלוה וסופן יסורים (מזרחי). והטעם בזה שצדיקים תחלתן יסורים כו' למען יכירו וידעו ברוב טובו וחסדו שעושה להם. להיות הרע מבחין את הטוב הבא אח"כ להם ויודו את שמו על זה. והרשעים הוא להיפוך כדי שיחזק עליהם החושך והרע שיבא אחר הטוב. על דרך הטוב מבחין את הרע (סש"ש): (ה) [ו] **פוליונו.** פירוש אהלו: **מפולש היה.** שהיה לו ב' פתחים זה כנגד זה שהיה ביתו פתוח לרווחה: **וזה בא מכאן.** דאל"כ כיון דמיד בצאת יעקב בא עשו איך לא ראה עשו את יעקב ונראה דל"ל היה זה יצא מכאן וזה בא מכאן: **איסטרופומיטא.** פי' הערוך מהופך וכפול לאחוריהם וציר הדלת היה באמצע הפתח למטה ובאמצע המשקוף למעלה ופותח וסוגר לימין ולשמאל ובצד שמאל נכנס עשו ונפתח גם צד ימין ודרך שם יצא יעקב (מת"כ) ועיין רפ"ד דמדות: **אחר הדלת.** שכשהרגיש יעקב בבא עשו עמד לו אחר הדלת ולא ראהו עשו. לפי שעשו בא מן השוק שהוא מקום אורה ואינו רואה כמו שראהו יעקב שהיה שלא במקום אורה. וכמ"ש בתנחומא: **הדא הוא דכתיב אך יצא יצא יעקב אך יצא אינו אומר אלא אך יצא יצא נראה ביוצא.** כן גרס הערוך: **מזויין לצוד נפשות.** כצ"ל (יפ"ת) מצידו בא לרמוז שהיה מזוין לצוד נפשות (נזה"ק): (ו) **דבר אחר מברכיך ברוך.** נראה שצ"ל קודם ויהי כאשר כלה כו': **עונין אחריו אמן.** ולא חיישינן דלמא מכוון לשם עכו"ם. דכיון דמזכיר שם שמים מסתמא לשם שמים מכוין (נזה"ק): **בשם.** פי' אבל אם מברך את ישראל אף בשם אין עונין אחריו אמן. להורות שאינו מועיל אלא ברכת ישראל שיש לו זכות להתקיים ברכתו: **אמר רבי תנחום כו'.** ס"ל דיש לענות אמן אחריו. דאע"פ שאין לו זכות מ"מ לפעמים השעה מצלחת לו להתקיים ברכתו. ומייתי ראיה מדכתיב ברוך תהיה מכל העמים אלמא ברכתם מועילה לפעמים (נזה"ק): **מלתך אמורה.** דבר הראוי להשיבך כבר היא אמורה ואיני צריך להשיבך: **אמרין ליה כמה דאמרת כו'.** פי' א"ל תלמידיו לר' ישמעאל כמו שאמרת לזה שברכך אמרת ג"כ לזה שקלל אותך: (ז) **הדא הוא דכתיב שממית כו'.** דק"ל לכתוב ויבא גם הוא מטעמים לכן מייתי הך דרשא דגלי לן זכות עשו במעשה ידיו בעבודת אביו שהמטעמים עשאם בידיו ממש לכבוד אביו (יפ"ת): **באיזה זכות השממית כו'.** דשממית זו אדום כמ"ש במדרשות ועז"א באיזה זכות השממית מתפשת לכבוש העולם בזכות אותן הידים ששימשו לאביו. ומסיק ע"י שאמר ליה יקום אבי נפרע כו'. וע"ל גבי קום נא שבה (יפ"ת):

פירוש מהרז"ו

(ה) **פוליונו** .עיין לעיל פר' מ"ח סימן ט' אוהל פלן של אברהם אבינו ופי' הערוך פלן מקום. והמו"ע פי' אולם שער וחצר ואהלי אברהם ויצחק היו מפולשים שלא יצטרכו האורחים לסבב: **מזויין.** כמ"ש שא נא כליך וגו' ות"א סב כען מאני זינך. וכ"ז היה לצוד עצמו כמש"ל פס"ז סי' ב' מי עתיד וכו' האיך לדוך וכו': (ו) **מברכיך ברוך כו'.** פסוק זה הוא של בלעם וכאן היל"ל פסוק של יצחק וכמ"ש בירו' אורריך ארור וכו'. ואולי על שכאן פגעו המברך תחלה ע"כ הביא פסוק הנזכר ברכה תחלה: (ז) **שממית וגו'.** מפורש במדרש משלי שם והובא ביפ"ת ע"ש: **יקום אבי** לעיל פס"ה סי' י"ח:

מתנות כהונה

עונותיהם כדי שיהיו בסוף בשלום תמיד עד עולם: [ה] **פוליונו.** פי' הערוך מקומו ואהלו שהוא שוכן בו: **וזה בא מכאן.** בפתח שכנגדו וזהו שנאמר ויהי אך יצא יצא וגו' דמשמע דעד שלא נגמרה יציאתו של יעקב בא עשו ועם בפתח א' היאך אפשר. כן משמע לי בביאורי מהר"ר אליהו מזרחי והערוך פי' דדייק יצא יתירה: **ואסטרופומיטא.** פירש הערוך מהופך וכפול לאחוריהם וציר הדלת היה באמצע הפתח למטה ובאמצע המשקוף למעלה ופותח וסוגר לימין ולשמאל ובצד שמאל נכנס עשו ונפתח גם צד ימין ודרך שם יצא יעקב: **נראה ביוצא.** אך לשון מיעוט קדריש ובערוך פי' דדריש יצא יתירה: **לצוד נפשו כו'.** דייק מדאמר לידו והל"ל מן הציד: [ו] **בשם.** מברך שם בשם אחר יברך יוסי את יוסי אין עונים אחריו אמן והטעם ק"ל: **ברכו.** הגוי לרבי ישמעאל: **כבר מילתך כו'.** דבר הראוי להושיבך כבר היא אמורה ואיני צריך להשיבך: **הכי גרסינן בירושלמי פ"ק דמגילה** ובמסכת ברכות ס"פ אלו דברים: **אמרין ליה.** תלמידיו כו'. פירוש אמרו לו תלמידיו לרבי ישמעאל כמו שאמרת לזה שברכך אמרת ג"כ לזה שקילל אותך: [ז] **השממית מתפשת כו'.** מצאתי בילקוט משלי אין לך בכל השרצים שנוי כשממית ולכן קורא למלכות הרביעית שממית שהיא הרעה לנו מכל המלכיות: והיא תופסת ושולחה יד בהיכלי מלך בבית המקדש: **בזכות הידים.** שעשו מטעמים לאביו שעל ידי כן ברכו אביו ואמר והיה כאשר תריד ופרקת עולו וגו' וכן מצאתי שוב בפירש"י ואב"א ז"ל:

נחמד למראה

פעולת שני הענינים ההם בזמן אחד וברגע אחד. והנה בנדון דידן נאמר ויהי אך יצוא יצא יעקב מאת פני יצחק אביו ועשו אחיו בא מצידו. שיבוא פעל אחרי מקור ופעל שהם מענין אחר התחייב שיציאת יעקב וביאת עשו שתיהן היו בעת אחת וברגע אחד כאלו שבפתח הבית נפגשו וזה ממהר לצאת וזה ממהר לכנוס וזהו שאמרו שיעקב עמד אחר הדלת עד שנכנס עשו ויצא והיה נראה כיוצא ואינו יוצא ר"ל שהיציאה והכניסה היו כמו ברגע אחד ודו"ק:

חידושי הרד"ל

(ז) [ד] **הרשעים תחלתן שלוה כו' והצדיקים כו'.** שהכל הולך אחר החיתום וע' תדא"ז פ' י"א:

(ח) [ה] **כמין איסטריפומיטא.** עיין משנה רפ"ד דמדות:

(ט) **מזוין.** לצוד נפשות כצ"ל:

(י) [ו] **עונים אחריו אמן.** ירוש' ספ"ח דברכות ופ"ג דמגילה:

מסורת המדרש

ח ילקוט כאן רמז קט"ו:

ט ברכות דף כ"ח. ירושלמי ברכות פרק ח'. ירושלמי סוכה ריש פרק ג'. ומגילה פרק א':

י חולין דף מ"ט:

יא ילקוט משלי רמז תתקס"ג:

אם למקרא

וַאֲשֶׁר לֹא צָדָה וְהָאֱלֹהִים אִנָּה לְיָדוֹ וְשַׂמְתִּי לְךָ מָקוֹם אֲשֶׁר יָנוּס שָׁמָּה: (שמות כא:יג)

בָּרוּךְ תִּהְיֶה מִכָּל־הָעַמִּים לֹא־יִהְיֶה בְךָ עָקָר וַעֲקָרָה וּבִבְהֶמְתֶּךָ: (דברים ז:יד)

שְׂמָמִית בְּיָדַיִם תְּתַפֵּשׂ וְהִיא בְּהֵיכְלֵי מֶלֶךְ: (משלי ל:כח)

יָקוּם אֱלֹהִים יָפוּצוּ אוֹיְבָיו וְיָנוּסוּ מְשַׂנְאָיו מִפָּנָיו: (תהלים סח:ב)

ענף יוסף

(ה) **פתח בקללה.** וא"ת גבי ואברכה מברכיך ומקללך אאור דפתח בברכה מאי איכא למימר. וי"ל דשאני התם דקאמר יתברך ונברכו בך כל משפחות האדמה. וכיון דמלי נקט ברכה ברישא וסיפא ניחא למנקט קללה באמצע (רמב"ן):

אָמַר רַבִּי תַּנְחוּמָא – **R' Tanchuma said:** אִם בֵּרַכְךָ עוֹבֵד כּוֹכָבִים אֶחָד עֲנֵה אַחֲרָיו אָמֵן דִּכְתִיב "בָּרוּךְ תִּהְיֶה מִכָּל הָעַמִּים" – **If an idolater blesses you, answer "Amen" after** hearing the blessing from **him,**[64] **for it is written** (*Deuteronomy* 7:14), ***You will be blessed by all the peoples.***[65]

The Midrash relates how a Tanna responded when he was blessed by an idolater, and when he was cursed by one:

עוֹבֵד כּוֹכָבִים אֶחָד פָּגַע בְּרַבִּי יִשְׁמָעֵאל, בֵּרְכוֹ – **A certain idolater once met R' Yishmael and blessed him.** אָמַר לוֹ: כְּבָר מִלָּתָךְ אֲמוּרָה – **[R' Yishmael] said to him,** "There is no need for me to respond to you explicitly, for **the words** that are meant **for you are already stated** in Scripture."[66] פָּגַע בּוֹ אֶחָד וְקִלְּלוֹ – **Another** idolater **met him and cursed him.** אָמַר לוֹ: כְּבָר מִלָּתָךְ אֲמוּרָה – Once again **he said to him,** "There is no need for me to respond to you explicitly, for **the words** that are meant **for you are already stated** in Scripture." אָמְרוּ לוֹ: כְּמָה דַּאֲמַרְתְּ לְדֵין אֲמַרְתְּ לְדֵין – **[R' Yishmael's disciples]** were puzzled and **asked him, "You said the** exact **same thing to this man** who cursed you **as you said to the other man** who blessed you!" אָמַר לוֹ: כֵּן כְּתִיב "מְבָרְכֶיךָ בָרוּךְ וְאֹרְרֶיךָ אָרוּר" – **R' Yishmael replied to them,** "Indeed! For **so is it written, *Blessed be those who bless you and cursed be those who curse you*** (*Numbers* 24:9), so the same verse applies to both situations."[67]

וַיַּעַשׂ גַּם הוּא מַטְעַמִּים וַיָּבֵא לְאָבִיו וַיֹּאמֶר לְאָבִיו יָקֻם אָבִי וְיֹאכַל מִצֵּיד בְּנוֹ בַּעֲבֻר תְּבָרְכַנִּי נַפְשֶׁךָ.

He, too, made delicacies and brought them to his father; he said to his father, "Let my father rise and eat of his son's game, so that your soul will bless me" (27:31).

§7 **וַיַּעַשׂ גַּם הוּא מַטְעַמִּים ... וַיֹּאמֶר לְאָבִיו יָקוּם אָבִי** – ***HE, TOO, MADE DELICACIES** AND BROUGHT THEM TO HIS FATHER; **HE SAID TO HIS FATHER, "LET MY FATHER RISE, ETC."***

The Torah relates not only that Esau brought food to his father, but that he prepared ("made") the food himself. The Midrash comments on this:

הֲדָא הוּא דִכְתִיב "שְׂמָמִית בְּיָדַיִם תְּתַפֵּשׂ" – **Thus it is written, *The spider takes hold with its hands*** (*Proverbs* 30:28). אָמַר רַבִּי חָמָא בַּר חֲנִינָא: בְּאֵי זוֹ זְכוּת הַשְּׂמָמִית מְתַפֶּשֶׂת – **R' Chama bar Chanina said: In what merit does "the spider take hold"?**[68] בִּזְכוּת אוֹתָן הַיָּדַיִם, "וַיַּעַשׂ גַּם הוּא מַטְעַמִּים וְגוֹ'" – **In the merit of those *hands*** of which Scripture writes, ***He, too, made delicacies, etc.***[69]

□ **יָקוּם אָבִי** – ***LET MY FATHER RISE.***

עַל יְדֵי שֶׁאָמַר לוֹ "יָקוּם" – **Because [Esau] said to [his father], "Rise,"**[70] אֲנִי נִפְרַע לוֹ בּוֹ בַּלָּשׁוֹן "יָקוּם אֱלֹהִים יָפוּצוּ אוֹיְבָיו" – God said, **"I will repay him with the** same **expression: *May God arise,*** *let His enemies be scattered*" (*Psalms* 68:2).

NOTES

64. According to the first interpretation (i) in the preceding note, R' Tanchuma is coming to express his disagreement with the law stated in the Baraisa. According to the other two interpretations, there is no conflict between R' Tanchuma and the Baraisa.

65. And the idolater's blessing of you is a fulfillment of this verse.

66. R' Yishmael's response will be explained below.

67. The response to the person who blessed me is that he shall be blessed; my response to the person who cursed me is that he shall be cursed.

68. This is actually a coded question. As *Midrash Mishlei* on this verse explains, the "spider" represents the Fourth Kingdom to subjugate Israel – viz., Edom (Rome), the descendants of Esau. The question thus means: In what merit did Rome become such a great world power, "taking hold" of a vast empire? [*Rashi* explains that the spider [שְׂמָמִית] alludes to Edom because they laid waste [שׁמם] to the Temple.]

69. I.e., in the merit of the toil of Esau's hands in preparing the food for his father, his descendants were able to "take hold" of a great empire. The verse שְׂמָמִית בְּיָדַיִם תְּתַפֵּשׂ is thus interpreted homiletically as: "The 'spider' (Edom) takes hold through (i.e., by dint of) its hands."

70. The wording יָקוּם אָבִי ("Let my father rise!" or "My father will now rise!") is a rather harsh and disrespectful mode of expression (*Yefeh To'ar* above, 65 §18; see also *Rashi* on *Chumash* here, v. 22).

חידושי הרד"ל

(ז) **[ד] הרשעים תחלתן שלוה כו' והצדיקים כו'.** שהכל הולך אחר החיתום וע' תדא"ז פ' י"א:

(ח) **[ה] כמין איסטריפומיטא.** עיין משנה רפ"ד דמדות:

(ט) **מזוין.** לצוד נפשות כצ"ל:

(י) **[ו] עונים אחריו אמן.** ירוש' ספ"ח דברכות ופ"ג דמגילה:

עץ יוסף

שלוה וסופן יסורים (מזרחי). והטעם בזה שהצדיקים תחלתן יסורים כו' למען יכירו וידעו ברוב טובו וחסדו שעושה להם. להיות הרע מבחין את הטוב הבא אח"כ להם ויודו את שמו על זה. והרשעים הוא להיפוך כדי שיחזק עליהם החושך והרע שיבא אחר הטוב. על דרך הטוב מבחין את הרע (סש"ש): (ה) [ו] **פוליונו.** פירוש אהלו: **מפולש היה.** שהיה לו ב' פתחים זה כנגד זה שהיה ביתו פתוח לרווחה: **וזה בא מכאן.** דאל"כ כיון דמיד בצאת יעקב בא עשו איך לא ראה עשו את יעקב ונראה דצ"ל היה זה יצא מכאן וזה בא מכאן: **איסטרופומיטא.** פי' הערוך מהופך וכפול לאחוריהם וציר הדלת היה באמצע הפתח למטה ובאמצע המשקוף למעלה ופותח וסוגר לימין ולשמאל וכצד שמאל נכנס עשו ונפתח גם לצד ימין ודרך שם יצא יעקב (מת"כ) ועיין רפ"ד דמדות: **אחר הדלת.** שכשהרגיש יעקב בבא עשו עמד לו אחר הדלת ולא ראהו עשו. לפי שעשו בא מן השוק שהוא מקום אורה ואינו רואה כמו שראהו יעקב שהיה שלא במקום אורה. וכמ"ש בתנחומא: **הדא הוא דכתיב אך יצא יצא יעקב אך יצא אינו אומר אלא אך יצא יצא נראה כיוצא.** כן גרס הערוך: **מזויין לצוד נפשות.** כצ"ל (יפ"ת) מצידו בא לרמוז שהיה מזוין לצוד נפשות (נזה"ק): (ו) **דבר אחר מברכיך ברוך.** נראה שצ"ל קודם ויהי כאשר כלה כו': **עונין אחריו אמן.** ולא חיישינן דלמא מכוון לשם עכו"ם. דכיון דמזכיר שם שמים מסתמא לשם שמים מכוין (נזה"ק): **בשם.** פי' אבל אם מברך את ישראל אף בשם אין עונין אחריו אמן. להורות שאינו מועיל אלא ברכת ישראל שיש לו זכות להתקיים ברכתו: **אמר רבי תנחום כו'.** ס"ל דיש לענות אמן אחריו. דאע"פ שאין לו זכות מ"מ לפעמים השעה מצליח לו להתקיים ברכתו. ומייתי ראיה מדכתיב ברוך תהיה מכל העמים אלמא ברכתם מועילה לפעמים (נזה"ק): **מלתך אמורה.** דבר הראוי להשיבך כבר היא אמורה ואיני צריך להשיבך: **אמרין ליה כמה דאמרת כו'.** פי' א"ל תלמידיו לר' ישמעאל כמו שאמרת לזה שברכך אמרת ג"כ לזה שקלל אותך: (ז) **הדא הוא דכתיב שממית כו'.** דק"ל לכתוב ויבא גם הוא מטעמים לכן מייתי הך דרשא דגלי לן זכות עשו במעשה ידיו בעבודת אביו שהמטעמים עשאם בידיו ממש לכבוד אביו (יפ"ת): **באיזה זכות השממית כו'.** דשממית זו אדום כמ"ש במדרשות ועז"א באיזה זכות השממית מתפשת לכבוש העולם בזכות אותן הידים ששימשו לאביו. ומסיק ע"י שאמר ליה יקום אבי נפרע כו'. וע"ל גבי קום נא שבה (יפ"ת):

פּוֹתְחִין בִּבְרָכָה וְחוֹתְמִין בִּקְלָלָה "מְבָרְכֶיךָ בָּרוּךְ וְאוֹרְרֶיךָ אָרוּר", אֲבָל הַצַּדִּיקִים עַל יְדֵי שֶׁתְּחִלָּתָן יִסּוּרִין וְסוֹפָן שַׁלְוָה הֵם פּוֹתְחִין בִּקְלָלָה וְחוֹתְמִין בִּבְרָכָה "אוֹרְרֶיךָ אָרוּר וּמְבָרְכֶיךָ בָּרוּךְ":

ה [כז, ל] "וַיְהִי כַּאֲשֶׁר כִּלָּה יִצְחָק לְבָרֵךְ אֶת יַעֲקֹב". [ח]אָמַר רַבִּי אֵיְיבוּ: °פּוֹלְיוֹנוֹ שֶׁל אָבִינוּ יִצְחָק מְפוּלָּשׁ הָיָה, זֶה בָּא מִכָּאן וְזֶה בָּא מִכָּאן. רַבָּנָן אָמְרֵי כְּמִין °אִיסְטְרִיפוֹמִיטָא, הַדְּלָתוֹת הָיוּ נִכְפָּלִין לַאֲחוֹרֵיהֶם, עָמַד לוֹ יַעֲקֹב אַחַר הַדֶּלֶת עַד שֶׁנִּכְנַס עֵשָׂו וְיָצָא לוֹ. הָדָא הוּא דִכְתִיב "אַךְ יָצֹא יָצָא יַעֲקֹב" נִרְאָה כְּיוֹצֵא וְאֵינוֹ יוֹצֵא. וְעֵשָׂו אָחִיו בָּא מִצֵּידוֹ מְזוּיָּין לָצוּד נַפְשׁוֹ כְּמָה דְאַתְּ אָמַר (שמות כא, יג) "וַאֲשֶׁר לֹא צָדָה":

ו דָּבָר אַחֵר "מְבָרֲכֶיךָ בָּרוּךְ", [ט]תָּנֵי עוֹבֵד כּוֹכָבִים הַמְבָרֵךְ אֶת הַשֵּׁם עוֹנִים אַחֲרָיו אָמֵן, בַּשֵּׁם אֵין עוֹנִין אַחֲרָיו אָמֵן. אָמַר רַבִּי תַּנְחוּמָא: אִם בֵּרַכְךָ עוֹבֵד כּוֹכָבִים אֶחָד עֲנֵה אַחֲרָיו אָמֵן דִּכְתִיב (דברים ז, יד) "בָּרוּךְ תִּהְיֶה מִכָּל הָעַמִּים". [י]עוֹבֵד כּוֹכָבִים אֶחָד פָּגַע בְּרַבִּי יִשְׁמָעֵאל, בֵּרְכוֹ. אָמַר לוֹ: כְּבָר מִלָּתְךָ אֲמוּרָה. פָּגַע בּוֹ אֶחָד וְקִלְּלוֹ, אָמַר לוֹ: כְּבָר מִלָּתְךָ אֲמוּרָה. אָמַר לוֹ: כְּמָה דַּאֲמַרְתְּ לְדֵין אֲמַרְתְּ לְדֵין, אָמַר לוֹ: כֵּן כְּתִיב "מְבָרְכֶיךָ בָּרוּךְ אוֹרְרֶיךָ אָרוּר":

ז [כז, ל] "וַיַּעַשׂ גַּם הוּא מַטְעַמִּים וַיֹּאמֶר לְאָבִיו יָקֻם אָבִי". הָדָא הוּא דִכְתִיב (משלי ל, כח) [יא] "שְׂמָמִית בְּיָדַיִם תְּתַפֵּשׂ". אָמַר רַבִּי חָמָא בַּר חֲנִינָא: בְּאֵי זוֹ זְכוּת הַשְּׂמָמִית מִתְפֶּשֶׂת, בִּזְכוּת אוֹתָן הַיָּדַיִם. "וַיַּעַשׂ גַּם הוּא מַטְעַמִּים וגו'", "יָקֻם אָבִי", עַל יְדֵי שֶׁאָמַר לוֹ "יָקוּם" אֲנִי נִפְרַע לוֹ בּוֹ בַּלָּשׁוֹן (תהלים סח, ב) "יָקוּם אֱלֹהִים יָפוּצוּ אוֹיְבָיו":

פירוש מהרז"ו

(ה) **פוליונו.** עיין לעיל פר' מ"ח סימן ט' אוהל פלן של אברהם אבינו ופי' הערוך פלן מקום. והמו"ע פי' אולם שער וחצר ואהלי אברהם ויצחק היו מפולשים שלא יצטרכו האורחים לסבב: **מזויין.** כמ"ש שא נא כליך וגו' ות"א סב כען מאני זינך. וכ"ז היה לצוד עצמו כמש"ל פס"ז סי' ב' מי עתיד וכו' האיך לדוד וכו': (ו) **מברכיך ברוך כו'.** פסוק זה הוא של בלעם וכאן הי"ל פסוק של יצחק וכמ"ש בירו' אורריך ארור וכו'. ואולי על שכאן פגעו המברך תחלה ע"כ הביא פסוק הנזכר ברכה תחלה: (ז) **שממית וגו'.** מפורש במדרש משלי שם והובא ביפ"ת ע"ש: **יקום אבי** לעיל פס"ה סי' י"ח:

רש"י

[ה] פליונו של יצחק אבינו. פליון. אוהל: **כמין** אילטראבמיטא היו הדלתות נקפלות לאחוריהן. **ועשו אחיו בא מצידו** מזויין לצוד נפשו כמא דאת אמר ואשר לא צדה מדוע אתה צודה את נפשי לקחתה: **[ז] שממית בידים תתפש כו' באי זו זכות השממית מתפשת.** באי זו זכות עשו תופש מלכות בזכות אותן הידים שברכו אביו ועל חרבך תחיה: **שממית.** שומם. ששמם בית אלהינו. שממית. סם המות:

מתנות כהונה

עוונותיהם כדי שיהיו בסוף בשלום תמיד עד עולם: **[ה] פוליונו.** פי' הערוך מקומו ואהלו שהוא שוכן בו: **וזה בא מכאן.** בפתח שכנגדו וזהו שנאמר ויהי אך יצא יצא וגו' דמשמע דעד שלא נגמרה יציאתו של יעקב בא עשו ועם בפתח א' היאך אפשר. כן משמע לי בביאורי מהר"ר אליהו מזרחי והערוך פי' דדייק יצא יתירה: **ואסטרופומיטא.** פירש הערוך מהופך וכפול לאחוריהם וציר הדלת היה באמצע הפתח למטה ובאמצע המשקוף למעלה ופותח וסוגר לימין ולשמאל ובצד שמאל נכנס עשו ונפתח גם לצד ימין ודרך שם יצא יעקב: **נראה כיוצא.** אך לשון מיעוט קדריש ובערוך פי' דדריש יצא יתירה: **לצוד נפשו כו'.** דייק מדאמר לידו והל"ל מן הגיד: **[ו] בשם.** מברך שם בשם אחר יברך יוסי את יוסי אין עונים אחריו אמן והטעם ק"ל: **ברכו.** הגוי לרבי ישמעאל: **כבר מילתך כו'.** דבר הראוי להושיבך כבר היא אמורה ואיני צריך להשיבך: **הכי גרסינן בירושלמי פ"ק דמגילה** ובמסכת ברכות ס"פ אלו דברים: **אמרין ליה.** תלמידיו כו'. פירוש אמרו לו תלמידיו לרבי ישמעאל כמו שאמרת לזה שברכך אמרת ג"כ לזה שקילל אותך: **[ז] השממית מתפשת כו'.** מצאתי בילקוט משלי אין לך בכל השרצים שנוי כשממית ולכן קורא למלכות הרביעית שממית שהיא הרעה לנו מכל המלכיות: והיא תופסת ושלחה יד בהיכלי מלך בבית המקדש: **בזכות הידים.** שעשו מטעמים לאביו שעל ידי כן ברכו אביו ואמר והיה כאשר תריד ופרקת עולו וגו' וכן מצאתי שוב בפירש"י ואב"א ז"ל:

נחמד למראה

פעולת שני הענינים ההם בזמן אחד וברגע אחד. והנה בנדון דידן נאמר ויהי אך יצוא יצא יעקב מאת פני יצחק אביו ועשו אחיו בא מצידו. שיבוא פעל אחרי מקור ופעל שהם מענין אחר התחייב שיציאת יעקב וביאת עשו שתיהן היו בעת אחת וברגע אחד כאלו שבפתח הבית נפגשו וזה ממהר לצאת וזה ממהר לכנוס וזהו שאמרו שיעקב עמד אחר הדלת עד שנכנס עשו ויצא והיה נראה כיוצא ואינו יוצא ר"ל שהיציאה והכניסה היו כמו ברגע אחד ודו"ק:

מסורת המדרש

ח ילקוט כאן רמז קט"ו:
ט ברכות דף נ"א. ירושלמי ברכות פרק ח'. ירושלמי סוכה ריש פרק ג'. ומגילה פרק א':
י חולין דף מ"ט:
יא ילקוט משלי רמז תתקס"ג:

אם למקרא

וַאֲשֶׁר לֹא צָדָה וְהָאֱלֹהִים אִנָּה לְיָדוֹ וְשַׂמְתִּי לְךָ מָקוֹם אֲשֶׁר יָנוּס שָׁמָּה: (שמות כא:יג)

בָּרוּךְ תִּהְיֶה מִכָּל־הָעַמִּים לֹא־יִהְיֶה בְךָ עָקָר וַעֲקָרָה וּבִבְהֶמְתֶּךָ: (דברים ז:יד)

שְׂמָמִית בְּיָדַיִם תְּתַפֵּשׂ וְהִיא בְּהֵיכְלֵי מֶלֶךְ: (משלי ל:כח)

יָקוּם אֱלֹהִים יָפוּצוּ אוֹיְבָיו וְיָנוּסוּ מְשַׂנְאָיו מִפָּנָיו: (תהלים סח:ב)

ענף יוסף

(ה) פתח בקללה. וא"ת גבי אברכה מברכיך ומקללך אאור דפתח בברכה מאי איכא למימר. וי"ל דשאני התם דקאמר יתברך ונברכו בך כל משפחות האדמה. וכיון דמאי נקט ברכה ברישא וסיפא ניחא למנקט קללה באמצע (רמב"ן):

Chapter 67

וַיֶּחֱרַד יִצְחָק חֲרָדָה גְּדֹלָה עַד מְאֹד וַיֹּאמֶר מִי אֵפוֹא הוּא הַצָּד צַיִד וַיָּבֵא לִי וָאֹכַל מִכֹּל בְּטֶרֶם תָּבוֹא וָאֲבָרְכֵהוּ גַּם בָּרוּךְ יִהְיֶה.

Then Isaac shuddered a very great shudder, and said, "Who — where — is the one who hunted game, brought it to me, and I ate of all when you had not yet come, and I blessed him? Indeed, he shall remain blessed!" (27:33).

§1 וַיֶּחֱרַד יִצְחָק חֲרָדָה גְּדֹלָה — *THEN ISAAC SHUDDERED A VERY GREAT SHUDDER.*

The Midrash begins its discussion with an exposition of a verse from *Proverbs:*

כְּתִיב "חֶרְדַּת אָדָם יִתֵּן מוֹקֵשׁ וּבוֹטֵחַ בַּה' יְשֻׂגָּב" — **It is written:** ***The shuddering of man causes a snare, but one who trusts in HASHEM will be fortified*** (*Proverbs* 29:25). חֲרָדָה שֶׁהֶחֱרִידָה רוּת לְבוֹעַז — The Midrash expounds: **The shudder that Ruth evoked in Boaz,**[1] שֶׁנֶּאֱמַר "וַיֶּחֱרַד הָאִישׁ וַיִּלָּפֵת" — **as [Scripture] states,** ***The man shuddered and turned about*** (*Ruth* 3:8), יִתֵּן מוֹקֵשׁ בְּדִין הָיָה לְקַלְּלָהּ — ***causes a snare,*** meaning that **by right [Boaz] should have cursed [Ruth].**[2] אֶלָּא "וּבוֹטֵחַ בַּה' יְשֻׂגָּב" — **However,** the verse concludes, ***but one who trusts in HASHEM will be fortified,***[3] נָתַן בְּלִבּוֹ וּבֵרְכָהּ — i.e., **[God] placed** the opposite idea **into [Boaz's] heart and** instead **he blessed [Ruth],** "וַיֹּאמֶר בְּרוּכָה אַתְּ לַה' בִּתִּי" — as Scripture there states, ***And he said, "You are blessed of HASHEM, my daughter"*** (ibid. v. 10).[4]

The Midrash applies this exposition to the events described in our verse:

חֲרָדָה שֶׁהֶחֱרִיד יַעֲקֹב לְיִצְחָק — **The shudder that Jacob evoked in Isaac,** שֶׁנֶּאֱמַר "וַיֶּחֱרַד יִצְחָק חֲרָדָה גְּדֹלָה עַד מְאֹד" — **as [Scripture] states,** ***Then Isaac shuddered a very great shudder,*** יִתֵּן מוֹקֵשׁ, בְּדִין הָיָה לְקַלְּלוֹ — ***causes a snare,*** meaning that **by right [Isaac] should have cursed [Jacob]** for deceiving him.[5] אֶלָּא "וּבוֹטֵחַ בַּה' יְשֻׂגָּב" — **However,** the verse in *Proverbs* concludes, ***but one who trusts in HASHEM***[6] ***will be fortified,*** שֶׁבֵּרְכוֹ וְאָמַר גַּם בָּרוּךְ יִהְיֶה — meaning **that** instead of cursing him, **[Isaac] blessed [Jacob] and said, *"Indeed, he shall remain blessed!"***[7]

§2 יֶּחֱרַד יִצְחָק חֲרָדָה גְּדֹלָה וְגוֹ' — *THEN ISAAC SHUDDERED A VERY GREAT SHUDDER.*

The verse describes Isaac's shudder as חֲרָדָה גְּדֹלָה עַד מְאֹד, *a very great shudder;* the Midrash explains the connotation here of מְאֹד, *very:*

אָמַר רַבִּי חָמָא בַּר חֲנִינָא — **R' Chama bar Chanina said:** מְאֹד מֵחֲרָדָה שֶׁחָרַד עַל גַּבֵּי הַמִּזְבֵּחַ — ***Very*** *great* indicates that his present shuddering was even greater **than the shuddering that [Isaac] had shuddered** when he had been bound **on the altar** to be slaughtered as an offering to God.[8]

□ [וַיֹּאמֶר מִי אֵיפוֹא הוּא — *AND HE SAID, "WHO — WHERE — IS THE ONE?"*]

Isaac's asking, "Who?" implies that he was not sure whom he had just blessed. This is somewhat puzzling, however, for clearly if it was not Esau it must have been Jacob.[9] The Midrash discusses the sense of Isaac's question:

אָמַר מִי הוּא זֶה שֶׁנַּעֲשָׂה סַרְסוּר בֵּינִי לְבֵין הַמָּקוֹם — **[Isaac]** here **was saying, "Who is it that became the broker between me and the Omnipresent,** שֶׁיִּטּוֹל יַעֲקֹב אֶת הַבְּרָכוֹת — so **that [Jacob] should take the blessings?"**[10] כְּלַפֵּי רִבְקָה אֲמָרוֹ — The Midrash notes: **[Isaac] stated this regarding Rebecca.**[11]

The Midrash now presents an exposition that offers a different understanding of Isaac's question, מִי אֵפוֹא:

אָמַר רַבִּי יוֹחָנָן — **R' Yochanan said:** מִי שֶׁיֵּשׁ לוֹ שְׁנֵי בָנִים — **[A father] who has two sons,** אֶחָד יוֹצֵא וְאֶחָד נִכְנָס חָרִיד אֶתְמְהָא — when **one** son **leaves** his presence **and** then the other **one enters, does [the father] shudder? [Could this be?!]**[12]

NOTES

1. When Ruth lay down at Boaz's feet while he was sleeping; see *Ruth* 3:7. [The Midrash appears to understand חֶרְדַּת from the phrase in *Proverbs* חֶרְדַּת אָדָם as a transitive verb, "causing a man to shudder"; see *Ibn Ezra* ad loc., first explanation.]

2. It would have been natural for Boaz to have become angry with Ruth for frightening him (*Maharzu*).

3. The Midrash interprets this verse in reference to Ruth, for she trusted in God and, despite the danger of angering Boaz, obeyed her righteous mother-in-law who had instructed her to approach him in this manner. See *Ruth* 3:1-6. [For an alternative understanding see *Torah Temimah* to *Ruth* 3:8.]

4. Thus, not only was Ruth not cursed but rather she was *fortified* with Boaz's blessing (*Eitz Yosef*).

5. As in fact Jacob himself had feared might occur; see above, 27:12.

6. Like Ruth who trusted in God and obeyed her mother-in-law, Jacob trusted in God and obeyed his mother (see above, 65 §15) despite the risk involved.

7. In this regard too, Jacob was similar to Ruth, for not only was he not cursed, but he was *fortified* with his father's blessing (see *Eitz Yosef*). The implication is that as with Boaz, it was God who intervened and placed the idea of blessing Jacob into Isaac's mind (*Yefeh To'ar;* see also *Tanchuma, Toldos* §13 and *Yalkut Shimoni* here §115). [The Midrash here is addressing the following difficulty: If Isaac was angered by Jacob's deception (as evidenced by his shuddering *a very great shudder*) why did he bless him? The Midrash cites this exposition to indicate that in fact Isaac's blessing of Jacob was a result of Divine intervention (*Yefeh To'ar*). The Midrash returns to this matter in sections 2 and 3 below.]

8. Above, 22:9. Scripture does not explicitly state that Isaac shuddered when he had been placed upon the altar, but it can be assumed that he did so, for this is body's natural reaction when faced by imminent death (*Anaf Yosef*; however, see *Maharzu*). Isaac's shuddering now was even greater. On the altar his shudder had been a purely physical one; in mind and spirit, though, he was content, ready and joyful to do God's will. This time, however, his shudder included a spiritual component too, evoked by the arrival of Esau, who, as the Midrash will say, was accompanied by a premonition of *Gehinnom* (*Eitz Yosef,* from *Nezer HaKodesh*; see also *Yefeh To'ar*).

9. See below, v. 35. In fact, even before bestowing the blessing Isaac suspected that it was Jacob who was standing before him, pretending to be Esau; see above, 65 §19 (*Yefeh To'ar*).

10. The Midrash is interpreting Isaac's question of אֵפוֹא as אֵי פָּא, "Where is the mouth (פֶּה)?," meaning, "Who was God's mouthpiece, the person who spoke to Jacob, arranging for him to take the blessings?" Since Isaac had sensed the spirit of Divine inspiration when he had blessed Jacob, he realized that it must have been God's will that Jacob be blessed. But Isaac also knew that Jacob would not have made the attempt on his own initiative and that therefore someone must have encouraged him. The meaning of his question then is: "Who was that person who set Jacob up to take the blessings?" (*Eitz Yosef,* from *Yefeh To'ar*; for an alternative explanation see *Ohr HaSeichel*).

11. I.e., he suspected that it was Rebecca who had encouraged Jacob to take the blessings, for she was in the best position to convince Jacob to undertake the risk (*Eitz Yosef*; see also *Matnos Kehunah*). Furthermore, according to the Midrash (below, section 9) Rebecca was a prophetess and thus it was likely that God would have inspired her to act as His broker for this matter (*Yefeh To'ar*).

12. That is, the situation as described by the plain meaning of the passage does not seem to justify Isaac's strong reaction. Even assuming that he realized that he had erred and that he had not blessed the son whom he had intended to, but rather the other son, there should be no reason for Isaac to shudder, for it was still his own son whom he had blessed (*Eitz Yosef,* from *Yefeh To'ar*).

פרשה סז

א [כז, לג] "וַיֶּחֱרַד יִצְחָק חֲרָדָה גְּדֹלָה". [א]כְּתִיב (משלי כט, כה) "חֶרְדַּת אָדָם יִתֵּן מוֹקֵשׁ וּבוֹטֵחַ בַּה' יְשֻׂגָּב", חֲרָדָה שֶׁהֶחֱרִידָה° רוּת לְבֹעַז, שֶׁנֶּאֱמַר (רות ג, ח) "וַיֶּחֱרַד הָאִישׁ וַיִּלָּפֵת", יִתֵּן מוֹקֵשׁ, בְּדִין הָיָה לְקַלְּלָהּ אֶלָּא "וּבוֹטֵחַ בַּה' יְשֻׂגָּב", נָתַן בְּלִבּוֹ וּבֵרְכָהּ "וַיֹּאמֶר בְּרוּכָה אַתְּ לַה' בִּתִּי". חֲרָדָה שֶׁהֶחֱרִיד יַעֲקֹב לְיִצְחָק שֶׁנֶּאֱמַר "וַיֶּחֱרַד יִצְחָק חֲרָדָה גְּדֹלָה עַד מְאֹד", יִתֵּן מוֹקֵשׁ, בְּדִין הָיָה לְקַלְּלוֹ אֶלָּא "וּבוֹטֵחַ בַּה' יְשֻׂגָּב" שֶׁבֵּרְכוֹ וְאָמַר "גַּם בָּרוּךְ יִהְיֶה":

ב "וַיֶּחֱרַד יִצְחָק חֲרָדָה גְּדֹלָה וגו'". אָמַר רַבִּי חָמָא בַּר רַבִּי חֲנִינָא: "מְאֹד", מֵחֲרָדָה שֶׁחָרַד עַל גַּבֵּי הַמִּזְבֵּחַ. אָמַר: מִי הוּא זֶה שֶׁנַּעֲשָׂה סַרְסוּר בֵּינִי לְבֵין הַמָּקוֹם שֶׁיִּטּוֹל יַעֲקֹב אֶת הַבְּרָכוֹת, כִּלְפֵּי רִבְקָה אֲמָרוֹ. אָמַר רַבִּי יוֹחָנָן: מִי שֶׁיֵּשׁ לוֹ שְׁנֵי בָנִים אֶחָד יוֹצֵא וְאֶחָד נִכְנָס חָרֵיד, אֶתְמְהָא, [ב]אֶלָּא בְּשָׁעָה שֶׁנִּכְנַס עֵשָׂו אֵצֶל אָבִיו נִכְנְסָה עִמּוֹ גֵּיהִנֹּם. רַבִּי אַחָא אָמַר: הִתְחִילוּ כָּתְלֵי הַבַּיִת מַרְתִּיחִים, הָדָא הוּא דְהוּא אָמַר "מִי אֵפוֹא", מִי הוּא זֶה שֶׁהוּא עָתִיד לֵיאָפוֹת כָּאן אֲנִי אוֹ בְּנִי יַעֲקֹב. אָמַר לוֹ הַקָּדוֹשׁ בָּרוּךְ הוּא: לֹא אַתְּ וְלֹא בִּנְךָ יַעֲקֹב אֶלָּא הוּא הַצָּד צַיִד. "הוּא הַצָּד צַיִד", אָמַר רַבִּי אֶלְעָזָר בַּר שִׁמְעוֹן: צַיָּדָא הֵיךְ צָדוּךְ, פָּכוּר תַּרְעַיָּא הֵיךְ תַּרְעָךְ פָּכוּר וּמְקוּלְקָל, הָדָא הוּא דִכְתִיב (משלי יב, כז) "לֹא יַחֲרֹךְ רְמִיָּה צֵידוֹ". [ג]רַבָּנָן אָמְרֵי: לֹא יְאַחֵר וְלֹא יַאֲרִיךְ הַקָּדוֹשׁ בָּרוּךְ הוּא לְרַמַּאי וּלְצֵידוֹ, רַבִּי אֱלִיעֶזֶר בְּנוֹ שֶׁל רַבִּי יוֹסֵי אוֹמֵר: מַהוּ לֹא יַחֲרֹךְ, לֹא יַאֲרִיךְ הַקָּדוֹשׁ בָּרוּךְ הוּא לְרַמַּאי וּלְצֵידוֹ, דְּאָמַר רַבִּי יְהוֹשֻׁעַ בֶּן לֵוִי: [ד]כָּל אוֹתוֹ הַיּוֹם הָיָה עֵשָׂו צָד צְבָאִים וְכוֹפְתָן

עץ יוסף

סז (א) **כתיב חרדת כו' בוטח בה' ישוגב**. אף בברכה שלא די שלא קללה אלא אף ברכה לפי שבטחה בה' והיה כוונתה רצויה לשם שמים. וכה"ג נמי דריש לה ביצחק ולכך מייתי ליה הכא: (ב) **מאד מחרדה כו'**. שהיה גדול מחרדה שחרד ע"ג מזבח בעקידה כי שם לא היה החרדה אלא מצד התפעלות לער הגוף אבל מ"מ הלב שמח היה לעשות רצון קונו. אבל כאן היה לו חרדה בגוף ונפש שנכנסה עמו גיהנם (נזה"ק): **מי הוא זה כו'**. וז"ש מי איפא כלו' מי היה פה ומליץ כד"א הוא יהיה לך לפה. והוא כי מאחר ששרתה עליו רוה"ק לברך את יעקב ידע כי היה סרסור בינו לבין המקום בדבר זה ודבר זה כלפי רבקה אמרו כי ידע נאמנה שיעקב לא היה מכניס עצמו בסכנה אם לא באמצעות רבקה: **ואחד נכנס חרד**. שמאחר ששניהם בניו למה יחרד שתעבור הברכה מזה לזה (יפ"ת): **כותלי הבית מרתתים**. ע"י גיהנם שנכנסה עמו וי"ג מרתיחין פי' מחום האש של גיהנם: **או יעקב בני**. כי חשש פן יענש על מה שנתן הברכות ליעקב והגיהנם באה עם עשו עבור עונש יעקב (יפ"ת ונזה"ק): **אלא הוא הצד ציד**. זה עשו דכתיב בו כי ציד בפיו: **הוא הצד ציד כו'**. רוה"ק אמרה כלפי עשו אתה הוא הצד ומרמה את הכל היאך נמצא אחר שרימה בך וכן היה משל ביניהם על רמאי שנתפס במצודות אחרים: **ופכור תרעיא כו'**. פי' ושובר שערים איך פתחך שבור. ועז"א הה"ד לא יאריך וכו' כלומר שסוף הרמאי להיות נלכד ולא יצליח ברשעו (יפ"ת): **לא יאחר ולא יאריך יחרוך**. דרש יאחר ויאריך בנוטריקון ור"ל שאעפ"י שהרמאי מצליח בערמה לפי שעה מ"מ ה' לא יאריך לו כי יפרע ממנו לזמן קרוב ולא יאחר להפרע ממנו: **מהו לא יחרוך לא יאריך**. דריש לא יחרוך בחילוף חי"ת באל"ף. ומפרש ליה בעשו שלידו היה פתוח מיד כריב"ל (יפ"ת):

פירוש מהרז"ו

סז (א) **חרדת אדם**. מדרש רות פסוק ויחרד האיש: **שחרדה**. נ"ל שהחרידה וכ"ה שם: **בדין היה לקללה**. פי' כפי הטבע הי"ל לבועז לקללה. אלא נתן ה' בלבו לברכה. וכן כפי הטבע היה ליצחק לקלל את יעקב שרמהו אלא על שבטח בה' גמר בעדו לטובה וכ"ה בתנחומא סי' י"ג: (ב) **חרדה גדולה וכו'**. כמ"ש בתנחומא שם אר"ל בשם רחב"א שתי חרדות חרד יצחק אחד ע"ג המזבח וא' כשנכנס עשו. מן מה דכתיב חרדה גדולה עד מאוד אתה יודע שזו גדולה. וכמש"ל פנ"ה סי' ו' שמא אזדעזע מפחדה של סכין ובפר"א פל"א כיון שהגיע הסכין על צוארו פרחה נשמתו. וממ"ש חרדה גדולה דייק שהיתה לו חרדה אחרת קטנה ממנה: **או אני**. דמ"ש מי אפוא משמע שמסופק. ואח"כ אמר הוא הצד ציד. משמע שידוע לו מי הוא. בכ"מ אלא יצחק היה מסופק כו': **פכור תרעיא**. ורמוז בעובדיה א' ואל תבוא בשער וגו' כאשר עשית וגו': **לא יאחר**. הש"י לרמאי ולצידו אלא ישלם לו מיד כמ"ש לא יאחר לשונאו וגו' וכן לא יאריך וכמ"ש אנשי דמים ומרמה לא יחצו ימיהם. וזה ע"פ נוטריקון ולר"א בשר"י ע"פ גמטריא אופן ב' של חלופי אותיות לא יאריך ומחליף הח' בא'. ועיין ילקוט משלי י"ב ושם חסר דברי ר"א בשר"י:

חידושי הרד"ל

(א) [א] **בדין וגו'**. אפשר מדכתיב לקמיה אלא ישמע וגו' דרש סמוכים:

(ב) [ב] **סרסור ביני לבין המקום**. עמ"כ. וי"ל דלשון הוא דורש על הקב"ה שנקרא הוא לשון נסתר:

(ג) **לא יאחר ולא יאריך כו'**. ר"א בנו של ריהג"א מהו לא יחרך כו'. לגי' הספרים נ"ל דלרבנן פי' לא יאריך ימיו. וכן לא יאחר לשלמו גמולו. ולר"א בנו שריה"ג פי' בלשון בתמיה. וכי לא יאריך לרמאי לעכב זמן לידו (כדריב"ל דמייתי) וכדפירש"י בערובין (נ"ד:) לרב ששת ע"ש. אבל כמדומה שהנכון לגרוס בדרבנן לא יאחר לחודיה ור"א בריה"ג דרש לא יאריך. ולפ"ז תחוייב כוונתם כדריב"ל:

חידושי הרש"ש

[ב] {**אלא בשעה שנכנס עשו אצל אביו נכנס עמו גיהנם**. וכדדריש לעיל פס"ו:}

מסורת המדרש

א תנחומא כאן סי' י"ג רות רבה פרשה ו' ילקוט משלי רמז תתקס"א. ילקוט רות רמז תר"ו:

ב תנחומא כאן סימן י"א. וסדר ברכה סימן א'. לעיל פרשה ס"ה:

ג עיין עירובין דף נ"ד. ילקוט משלי רמז תתקמ"ט:

ד תנחומא כאן סימן י"א:

אם למקרא

חֶרְדַּת אָדָם יִתֵּן מוֹקֵשׁ וּבוֹטֵחַ בַּה' יְשֻׂגָּב: (משלי כט:כה)

וַיְהִי בַּחֲצִי הַלַּיְלָה וַיֶּחֱרַד הָאִישׁ וַיִּלָּפֵת וְהִנֵּה אִשָּׁה שֹׁכֶבֶת מַרְגְּלֹתָיו: (רות ג:ח)

לֹא־יַחֲרֹךְ רְמִיָּה צֵידוֹ וְהוֹן־אָדָם יָקָר חָרוּץ: (משלי יב:כז)

ענף יוסף

(ב) [**מחרדה שחרד על גבי המזבח**] כי ודאי היה חרד בטבע מצד התפעלות הגוף בשערו צרת המיתה אע"פ שהיה לבו שלם לעשות רצון קונו. דמה"ט אמרינן לעיל פ' נ"ו שאמר יצחק לאביו כפתני יפה יפה שלא יזדעזע גופו מחרדה של סכין (נזה"ק):

רש"י

סז (א) **ובוטח בה' ישוגב**. שנתן בלבו וברכו: **עד מאד**. מאד מאותה חרדה שחרד על המזבח: (ב) **ציד היך ציידוך פכור תרעא**. שוער היך תרעך פכור ומקולקל. כי הרס תהרסם תרגומו פכרא פכרינון. בירושלמי משל שבני אדם אומרים לצייד צייד היאך נשמטה צידה שלך מידך וכן לשוער לחרש הבונה שער לבני אדם אומר לו שוער והלא אתה מתקן שער של אחרים והיאך שער שלך שבור ומקולקל כך עשו לא נתקיימה צידתו בידו: **רבנין אמרין**. מאי לא יחרוך לא יאריך לרמאי הקב"ה שהוא נפרע ממנו מיד: **מהו לא יחרוך לא יאריך**. כלומר לא יהיה ולא יאריך ימים ולא יאחר הקב"ה לרמאי ולצידו: **דאמר ר' יהושע בן לוי** כל אותו היום היה צד

מתנות כהונה

סז [ב] **מחרדה**. פי' מאותו חרדה שחרד כשנעקד על גבי המזבח: **שנעשה סרסור כו'**. דרש מי אפוא מי היה פה ומליץ כד"א והוא יהיה לך לפה: **שיטול יעקב** גרסינן: **כלפי רבקה אמרו**. יצחק אמר דבור זה על רבקה שהרגיש כי היא היתה המליץ ביניהם: **מרתיתין**. מחום הגיהנם ובילקוט גרס מרתיחין: **ליאפות כו'**. להיות נאפה ונשרף בגיהנם: **ה"ג בילקוט** או בני יעקב. שלא היה מחזיקו לדיק כעשו וכן אמר למעלה הקול קול יעקב על שהוציא שם שמים מפיו וחשב מה שעשו לא כן עשה עשה מפני כבוד שמים וכמו שפי' מהר"ר אליהו מזרחי ז"ל: **ה"ג ולא בנך יעקב**: **הצד ציד**. לד ליד דרש כמו לד הלייד: **ציידא כו'**. כך אמרה רוח הקדש כלפי עשו אתה הוא הלד ומרמה את הכל היאך רמאוך עתה אתה הוא הרגיל לשבור דלתות אחרים ליקח ממון אחרים היאך שברו אחרים דלתך ולקחו כל כלי חמדתך ודייק הלד ליד נילוד הלד וכ"ה בתנחומא בהדיא: **לא יחרוך**. נוטריקון לא יאחר ולא יאריך. לא

אשד הנחלים

סז [א] **חרדת גו' זה בועז**. דייק מדכתיב ויחרד ואח"כ וילפת שהוא לשון התחזקות מאודי. שבתחילה חרד והי' בכעס עליה שכמעט הי' חפץ לקללה ואח"כ התבונן והתחזק בנפשו לבטוח בה' שבוודאי באה לטובתו והפך הקללה לברכה. וכן ביצחק שאח"כ התבונן בנפשו שיעמוד הברכה בו. ולכן אמר מלת גם כלומר שישאר בברכה אחר שברכתי אותו. ובאור הכתוב חרדת האדם. אם לא יתבונן האדם ויחרד מדבר מה פתאום אז יתכן שיבוא מוקש עי"ז. אכן הבוטח בה' אז ישוגב וימצא התחזקות בנפשו ואז יסור חרדתו מאתו: [ב] **מחרדה שחרד כו'**. לכאורה יפלא איפה מצאנו שחרד יצחק בשעת העקידה ואדרבא ידענו כי היה הולך בשמחה מאוד. ואולי

אֶלָּא בְּשָׁעָה שֶׁנִּכְנַס עֵשָׂו אֵצֶל אָבִיו – **Rather,** it was that **when Esau entered the vicinity of his father,** **נִכְנְסָה עִמּוֹ גֵּיהִנֹּם** – a premonition of ***Gehinnom* entered with him.**[13] **רַבִּי אַחָא אָמַר הִתְחִילוּ כָּתְלֵי הַבַּיִת מַרְתִּיתִים** – **R' Acha says that** when Esau entered **the walls of the house began to quake.**[14] **הֲדָא הוּא דְהוּא אָמַר "מִי אֵפוֹא"** – **Thus it is that [Isaac] said, *"Who is* אֵפוֹא?,"** **מִי הוּא זֶה שֶׁהוּא עָתִיד לֵיאָפוֹת כָּאן אֲנִי אוֹ בְנִי יַעֲקֹב** – meaning, **"Who is it that is destined to be baked**[15] (לֵיאָפוֹת) **here** in the fires of *Gehinnom*, **I or my son Jacob?"**[16] **אָמַר לוֹ הַקָּדוֹשׁ בָּרוּךְ הוּא** – In response **the Holy One, blessed is He, said to [Isaac],** **לֹא אַתְּ וְלֹא בִּנְךָ יַעֲקֹב אֶלָּא "הוּא הַצָּד צַיִד"** – "It is **neither you nor your son Jacob;**[17] **rather,** it is ***the one who hunted game."***[18]

□ **הוּא הַצָּד צַיִד** – ***THE ONE WHO HUNTED GAME.***

The word צַיִד, *game*, appears to be redundant, as clearly the hunter hunted game.[19] The Midrash explains the connotation of this phrase:

אָמַר רַבִּי אֶלְעָזָר בַּר שִׁמְעוֹן: צַיָּידָא הֵיךְ צְדוּךְ – **R' Elazar bar Shimon said:** The verse means: **Hunter, how is it that** now **you** yourself **have been trapped?!**[20] **פָּכוֹר תַּרְעַיָּא הֵיךְ תַּרְעָךְ פָּכוּר וּמְקוּלְקָל** – Another metaphor: **Breaker of gates, how** is it that **your gate has** now been **broken and ruined?!**[21]

The Midrash expounds a verse from *Proverbs* and proceeds to associate it with Esau and Jacob:

הֲדָא הוּא דִכְתִיב "לֹא יַחֲרוֹךְ רְמִיָּה צֵידוֹ" – **Thus it is written, *A deceitful person will not get to roast his catch*** (*Proverbs* 12:27).[22] **רַבָּנָן אָמְרֵי** – **The Sages say** that the meaning of the verse is: **לֹא יְאַחֵר וְלֹא יַאֲרִיךְ הַקָּדוֹשׁ בָּרוּךְ הוּא לְרַמַּאי וּלְצֵידוֹ** – **The Holy One, blessed is He, will neither delay nor extend** any time **for the deceitful one and his catch.**[23] **ר"א בְּנוֹ שֶׁל רַבִּי יוֹסֵי אוֹמֵר מַהוּ "לֹא יַחֲרוֹךְ"** – **R' Eliezer the son of R' Yose says: What is** the meaning of **לֹא יַחֲרֹךְ** (lit., *he will not roast*)? **לֹא יַאֲרִיךְ הַקָּדוֹשׁ בָּרוּךְ הוּא לְרַמַּאי וּלְצֵידוֹ** – **The Holy One, blessed is He, will not extend** the time **for the deceitful one and his catch.**[24] **דְּאָמַר רַבִּי יְהוֹשֻׁעַ בֶּן לֵוִי: כָּל אוֹתוֹ הַיּוֹם הָיָה עֵשָׂו צָד צְבָאִים וְכוֹפְתָן** – It is **as R' Yehoshua ben Levi said: That entire day Esau**[25] **was trapping deer and** then **binding them** so that they could not escape,

NOTES

13. See above, 65 §22.

14. In response to the entry of *Gehinnom* into the house. *Matnos Kehunah* and *Eitz Yosef* note that some texts (including the parallel text in *Yalkut Shimoni* §115) have מַרְתִּיחִין, "boiling, seething," rather than מַרְתִּיתִים, meaning that the walls were at the verge of melting from the heat of *Gehinnom*.

15. Interpreting the word אֵפוֹא as related to אוֹפֶה, *bake*. [In section 5 below the Midrash gives a similar interpretation for the word אֵפוֹא in v. 37 below.]

16. Isaac assumed that *Gehinnom* had entered to provide punishment for the sin of the blessing having been bestowed on Jacob rather than Esau. However, Isaac was unsure as to whether it was Jacob who would be so punished for taking the blessing or whether it was he himself who would be punished for allowing himself to be deceived into giving the blessing to Jacob (*Yefeh To'ar*; see also *Eitz Yosef*).

17. *Matnos Kehunah* emends the text to read explicitly וְלֹא בִּנְךָ יַעֲקֹב; see also the parallel text in *Yalkut Shimoni* §115.

18. That is, the words, הוּא הַצָּד צַיִד, *the one who hunted game*, are not part of Isaac's question but rather constitute God's reply to Isaac. *The one who hunted game* is a reference to Esau, whom Scripture had earlier described as a hunter; see above, 25:27-28 (*Eitz Yosef*). God was telling Isaac that it was proper for the blessings to have been given to Jacob, for Esau was sinful and undeserving of them.

19. *Matnos Kehunah.*

20. That is: Normally, wild animals are caught in the hunter's traps; now it is you, Esau the hunter, who has been trapped. The Midrash is expounding the phrase הַצָּד צַיִד as if it were written הַצָּד נִיצוֹד, meaning *the hunter was hunted*, or *the hunter was trapped* (*Matnos Kehunah*, s.v. צייד‍א). "Hunter" is being used here metaphorically for a trickster; the sense of the phrase is that it is the trickster (Esau) who has now himself been tricked (*Eitz Yosef*).

[According to *Matnos Kehunah* and *Eitz Yosef*, R' Elazar bar Shimon understands that it is God Who was saying the words הַצָּד צַיִד (to Esau). However, *Yefeh To'ar* writes that it was Isaac who was expressing his amazement; see also *Tanchuma, Toldos* §11.]

21. I.e., you Esau have broken down the doors of others to steal their money. How is it that others have now broken down your door, so to speak, and have taken what was yours, i.e., the blessings? (*Matnos Kehunah*; see *Rashi* for a variant version of the text).

22. *Eitz Yosef*, following *Yefeh To'ar*, notes that this verse is thematically connected to the discussion above, for it indicates that the deceitful person himself will ultimately be "cheated" out of his ill-gotten gains, as Esau was. [In this verse too, the deceiver is described metaphorically as a hunter.]

23. Although the deceiver may have short-term success, God will not delay his punishment for long nor will He allow him to keep his gains for an extended period (*Yefeh To'ar*). The Sages are interpreting the word יַחֲרֹךְ (lit., *roast*) as a contraction of the words יְאַחֵר (delay) and יַאֲרִיךְ (extend) (*Eitz Yosef*). See also *Eruvin* 54b.

24. Interpreting the word יַחֲרֹךְ as if it were יַאֲרֹךְ, substituting an א for the ח (*Matnos Kehunah, Eitz Yosef,* from *Yefeh To'ar*). See *Yefeh To'ar, Ohr HaSeichel,* and *Radal* for a discussion of the difference between the Sages' understanding of the verse and R' Eliezer's.

25. Understanding רְמִיָּה, the *deceitful person* of the verse, as a reference to Esau (see *Ohr HaSeichel*).

פרשה סז

א [כז, לג] ״וַיֶּחֱרַד יִצְחָק חֲרָדָה גְּדֹלָה״. [א]**כְּתִיב** (משלי כט, כה) ״חֶרְדַּת אָדָם יִתֵּן מוֹקֵשׁ וּבוֹטֵחַ בַּה׳ יְשֻׂגָּב״, חֲרָדָה שֶׁהֶחֱרִידָה° רוּת לְבוֹעַז, שֶׁנֶּאֱמַר (רות ג, ח) ״וַיֶּחֱרַד הָאִישׁ וַיִּלָּפֵת״, יִתֵּן מוֹקֵשׁ, בְּדִין הָיָה לְקַלְּלָהּ אֶלָּא ״וּבוֹטֵחַ בַּה׳ יְשׂוּגָּב״, נָתַן בְּלִבּוֹ וּבֵרְכָהּ ״וַיֹּאמֶר בְּרוּכָה אַתְּ לַה׳ בִּתִּי״. חֲרָדָה שֶׁהֶחֱרִיד יַעֲקֹב לְיִצְחָק שֶׁנֶּאֱמַר ״וַיֶּחֱרַד יִצְחָק חֲרָדָה גְּדֹלָה עַד מְאֹד״, יִתֵּן מוֹקֵשׁ, בְּדִין הָיָה לְקַלְּלוֹ אֶלָּא ״וּבוֹטֵחַ בַּה׳ יְשׂוּגָּב״ שֶׁבֵּרְכוֹ וְאָמַר ״גַּם בָּרוּךְ יִהְיֶה״:

ב ״וַיֶּחֱרַד יִצְחָק חֲרָדָה גְּדֹלָה וגו׳ ״. אָמַר רַבִּי חָמָא בַּר רַבִּי חֲנִינָא: ״מְאֹד״, מֵחֲרָדָה שֶׁחָרַד עַל גַּבֵּי הַמִּזְבֵּחַ. אָמַר: מִי הוּא זֶה שֶׁנַּעֲשָׂה סַרְסוּר בֵּינִי לְבֵין הַמָּקוֹם שֶׁיִּטּוֹל יַעֲקֹב אֶת הַבְּרָכוֹת, כְּלַפֵּי רִבְקָה אֲמָרוֹ. אָמַר רַבִּי יוֹחָנָן: מִי שֶׁיֵּשׁ לוֹ שְׁנֵי בָנִים אֶחָד יוֹצֵא וְאֶחָד נִכְנַס חָרֵיד ,אֶתְמְהָא, [ב]אֶלָּא בְּשָׁעָה שֶׁנִּכְנַס עֵשָׂו אֵצֶל אָבִיו נִכְנְסָה עִמּוֹ גֵּיהִנֹּם. רַבִּי אַחָא אָמַר: הִתְחִילוּ כָּתְלֵי הַבַּיִת מַרְתִּיחִים, הָדָא הוּא דְהוּא אָמַר ״מִי אֵפוֹא״, מִי הוּא זֶה שֶׁהוּא עָתִיד לֵיאָפוֹת כָּאן אֲנִי אוֹ בְנִי יַעֲקֹב. אָמַר לוֹ הַקָּדוֹשׁ בָּרוּךְ הוּא: לֹא אַתְּ וְלֹא בִּנְךָ יַעֲקֹבאֶלָּא הוּא הַצָּד צַיִד. ״הוּא הַצָּד צַיִד״, אָמַר רַבִּי אֶלְעָזָר בַּר שִׁמְעוֹן: צַיָּידָא הֵיךְ צָדוּךְ, פָּכוֹר תַּרְעַיָּא הֵיךְ תַּרְעָךְ פָּכוּר וּמְקוּלְקָל, הָדָא הוּא דִכְתִיב (משלי יב, כז) ״לֹא יַחֲרוֹךְ רְמִיָּה צֵידוֹ״. [ג]רַבָּנָן אָמְרֵי: לֹא יְאַחֵר וְלֹא יַאֲרִיךְ הַקָּדוֹשׁ בָּרוּךְ הוּא לְרַמַּאי וּלְצֵידוֹ, רַבִּי אֱלִיעֶזֶר בְּנוֹ שֶׁל רַבִּי יוֹסֵי אוֹמֵר: מַהוּ לֹא יַחֲרוֹךְ, לֹא יַאֲרִיךְ הַקָּדוֹשׁ בָּרוּךְ הוּא לְרַמַּאי וּלְצֵידוֹ, דְּאָמַר רַבִּי יְהוֹשֻׁעַ בֶּן לֵוִי: [ד]כָּל אוֹתוֹ הַיּוֹם הָיָה עֵשָׂו צָד צְבָאִים וְכָפְתָן

עץ יוסף

סז (א) **כתיב חרדת כו׳ בוטח בה׳ ישוגב.** אף בברכה שלא די שלא קללה אלא אף ברכה לפי שבטחה בה׳ והיה כוונתה רצויה לשם שמים. וכה״ג נמי דריש לה ביצחק ולכך מייתי ליה הכא: (ב) **מאד מחרדה כו׳.** שהיה גדול מחרדה שחרד ע״ג מזבח בעקידה כי שם לא היה החרדה אלא מצד התפעלות צער הגוף אבל מ״מ הלב שמח היה לעשות רצון קונו. אבל כאן היה לו חרדה בגוף ונפש שנכנסה עמו גיהנם (נזה״ק): **מי הוא זה כו׳.** וז״ש מי איפא כלו׳ מי היה פה ומליץ כד״א הוא יהיה לך לפה. והוא כי מאחר ששרתה עליו רוה״ק לברך את יעקב ידע כי היה סרסור בינו לבין המקום בדבר זה ודבר זה כלפי רבקה אמרו כי ידע נאמנה שיעקב לא היה מכניס עצמו בסכנה אם לא באמצעות רבקה: **ואחד נכנס חרד.** שמאחר שניהם בניו למה יחרד שתעבור הברכה מזה לזה (יפ״ת): **כותלי הבית מרתתים.** ע״י גיהנם שנכנסה עמו וי״ג מרתיחין פי׳ מחום האש של גיהנם: **או יעקב בני.** כי חשש פן יענש על מה שנתן הברכות ליעקב והגיהנם בא עם עשו עבור עונש יעקב (יפ״ת ונזה״ק): **אלא הוא הצד ציד.** זה עשו דכתיב בו כי ציד בפיו: **הוא הצד ציד כו׳.** רוה״ק אמרה כלפי עשו אתה הוא הצד ומרמה את הכל היאך נמלא אחר שרימה בך וכן היה משל ביניהם על רמאי שנתפס במצודות אחרים: **ופכור תרעיא כו׳.** פי׳ ושובר שערים איך פתחך שבור. ועז״א הה״ד לא יאריך וכו׳ כלומר שסוף הרמאי להיות נילוד ולא יצליח ברשעו (יפ״ת): **לא יאחר ולא יאריך יחרוך.** דרש יאחר ויאריך בנוטריקון ור״ל שאע״פ שהרמאי מצליח בערמה לפי שעה מ״מ ה׳ לא יאריך לו כי יפרע ממנו לזמן קרוב ולא יאחר להפרע ממנו: **מהו לא יחרוך לא יאריך.** דריש לא יחרוך בחילוף חי״ת בהא״ף. ומפרש ליה בעשו שנידו היה פתוח מיד כריב״ל (יפ״ת):

פירוש מהרז״ו

סז (א) **חרדת אדם.** מדרש רות פסוק ויחרד האיש: **שחרדה.** נ״ל שהחרידה וכ״ה שם: **בדין היה לקללה.** פי׳ כפי הטבע הי״ל לבועז לקללה. אלא נתן ה׳ בלבו לברכה. וכן כפי הטבע היה ליצחק לקלל את יעקב שרמהו אלא על שבטח בה׳ גמר בעדו לטובה וכ״ה בתנחומא סי׳ י״ג: (ב) **חרדה גדולה וכו׳.** כמ״ש בתנחומא שם אר״ל בשם רחב״ח שתי חרדות חרד יצחק אחד ע״ג המזבח וא׳ כשנכנס עשו. מן מה דכתיב חרדה גדולה עד מאוד אתה יודע שזו גדולה. וכמש״ל פנ״ה סי׳ ו׳ שמא אזדעזע מפחדה של סכין ובפר״א פל״א כיון שהגיע הסכין על צוארו פרחה נשמתו. וממ״ש חרדה גדולה דייק שהיתה לו חרדה אחרת קטנה ממנה: **או אני.** דמ״ש מי אפוא משמע שמסופק. ואח״כ אמר הוא הצד ציד. משמע שידוע לו מי הוא. בכ״מ אלא יצחק היה מסופק כו׳: **פכור תרעיא.** ורמוז בעובדיה א׳ ואל תבוא בשער וגו׳ כאשר עשית וגו׳: **לא יאחר.** הש״י לרמאי ולצידו אלא ישלם לו מיד כמ״ש לא יאחר לשונאו וגו׳ וכן לא יאריך וכמ״ש אנשי דמים ומרמה לא יחצו ימיהם. וזה ע״פ נוטריקון ולר״א בשר״י ע״פ גמטריא אופן ב׳ של חלופי אותיות לא יאריך ומחליף הח׳ בא׳. ועיין ילקוט משלי י״ב ושם חסר דברי ר״א בשר״י:

חידושי הרד״ל

(א) [א] **בדין וגו׳.** אפשר מדכתיב לקמיה אלא ישמע וגו׳ דרש סמוכים:

(ב) [ב] **סרסור ביני לבין המקום.** עמ״כ. וי״ל דלשון הוא דורש על הקב״ה שנקרא הוא לשון נסתר:

(ג) **לא יאחר ולא יאריך כו׳.** ר״א בנו של ריהג״א מהו לא יחרך כו׳. לגי׳ הספרים נ״ל דלרבנן פי׳ לא יאריך ימיו. וכן לא יאחר לשלמו גמולו. ולר״א בנו שריה״ג פי׳ בלשון בתמיה. וכי לא יאריך לרמאי לעכב זמן צידו (כדריב״ל דמייתי) וכדפירש״י בערובין (נ״ד:) לרב ששת ע״ש. אבל כמדומה שהנכון לגרוס בדרבנן לא יאחר לחודיה ור״א בריה״ג דרש לא יאריך. ולפ״ז תחוייב כוונתם כדריב״ל:

חידושי הרש״ש

[ב] {אלא בשעה שנכנס עשו אצל אביו נכנס עמו גיהנם. וכדדריש לעיל פס״ו:}

מסורת המדרש

א תנחומא כאן סי׳ י״ג רות רבה פרשה ו׳ ילקוט משלי רמז תתקס״א. ילקוט רות רמז תר״ו:

ב תנחומא כאן סימן י״א. וסדר ברכה סימן א׳. לעיל פרשה ס״ה:

ג עיין עירובין דף נ״ד. ילקוט משלי רמז תתקמ״ט:

ד תנחומא כאן סימן י״א:

אם למקרא

חֶרְדַּת אָדָם יִתֵּן מוֹקֵשׁ וּבוֹטֵחַ בַּה׳ יְשֻׂגָּב: (משלי כט:כה)

וַיְהִי בַּחֲצִי הַלַּיְלָה וַיֶּחֱרַד הָאִישׁ וַיִּלָּפֵת וְהִנֵּה אִשָּׁה שֹׁכֶבֶת מַרְגְּלֹתָיו: (רות ג:ח)

לֹא־יַחֲרֹךְ רְמִיָּה צֵידוֹ וְהוֹן־אָדָם יָקָר חָרוּץ: (משלי יב:כז)

ענף יוסף

(ב) [**מחרדה שחרד על גבי המזבח**] כי ודאי היה חרד בטבע מצד התפעלות הגוף בשערו צרת המיתה אע״פ שהיה לבו שלם לעשות רצון קונו. דמה״ט אמרינן לעיל פ׳ נ״ו שאמר יצחק לאביו כפתני יפה יפה שלא יזדעזע גופו מחרדה של סכין (נזה״ק):

רש״י

סז (א) **ובוטח בה׳ ישוגב.** שנתן בלבו וברכו: **עד מאד.** מאד מאותה חרדה שחרד על המזבח: (ב) **ציד היך צניידוך פכור תרעא.** שוער היך תרעך פכור ומקולקל. כי הרס תהרסם תרגומו פכרא פכרינון. בירושלמי משל שבני אדם אומרים לצייד צייד היאך נשמטה צידה שלך מידך וכן לשוער לאחרש הבונה שער לבני אדם אומר לו שוער והלא אתה מתקן שער של אחרים והיאך שער שלך שבור ומקולקל כך עשו לא נתקיימה צידתו בידו: **רבנין אמרין.** מאי לא יחרוך לא יאריך לרמאי הקב״ה שהוא נפרע ממנו מיד: **מהו לא יחרוך לא יאריך.** כלומר לא יהיה ולא יאריך ימים ולא יאחר הקב״ה לרמאי ולצידו: **דאמר ר׳ יהושע בן לוי** כל אותו היום היה צד

מתנות כהונה

סז [ב] **מחרדה.** פי׳ מאותו חרדה שחרד כשנעקד על גבי המזבח: **שנעשה סרסור כו׳.** דרש מי אפוא מי היה פה ומליץ כד״א והוא יהיה לך לפה: **שיטול יעקב** גרסינן: **כלפי רבקה אמרו.** יצחק אמר דבור זה על רבקה שהרגיש כי היא היתה המליץ ביניהם: **מרתיתין.** מחום הגיהנם ובילקוט גרס מרתיחין: **ליאפות כו׳.** להיות נאפה ונשרף בגיהנם: **ה״ג בילקוט** או בני יעקב. שלא היה מחזיקו צדיק כעשו וכן אמר למעלה הקול קול יעקב על שהוציא שם שמים מפיו וחשב מה שעשו לא כן עשה עשה מפני כבוד שמים וכמו שפי׳ מהר״ר אליהו מזרחי ז״ל: **ה״ג ולא בנך יעקב: הצד ציד.** צד ציד דרש כמו צד הצייד: **ציידא כו׳.** כך אמרה רוח הקדש כלפי עשו אתה הוא הצד ומרמה את הכל היאך רמאוך עתה אתה הוא הרגיל לשבור דלתות אחרים ליקח ממון אחרים היאך שברו אחרים דלתך ולקחו כל כלי חמדתך ודייק הצד ציד נצוד הצד וכ״ה בתנחומא בהדיא: **לא יחרוך.** נוטריקון לא יאחר ולא יאריך. לא יאריך. לא

אשד הנחלים

סז [א] **חרדת גו׳ זה בועז.** דייק מדכתיב ויחרד ואח״כ וילפת שהוא לשון התחזקות מאודי. שבתחילה חרד והי׳ בכעס עליה שכמעט הי׳ חפץ לקללה ואח״כ התבונן והתחזק בנפשו לבטוח בה׳ שבוודאי באה לטובתו והפך הקללה לברכה. וכן ביצחק שאח״כ התבונן בנפשו שיעמוד הברכה בו. ולכן אמר מלת גם כלומר שישאר בברכה אחר שברכתי אותו. ובאור הכתוב חרדת האדם. אם לא יתבונן האדם ויחרד מדבר מה פתאום אז יתכן שיבוא מוקש עי״ז. אכן הבוטח בה׳ אז ישוגב וימצא התחזקות בנפשו ואז יסור חרדתו מאתו: [ב] **מחרדה שחרד כו׳.** לכאורה יפלא איפה מצאנו שחרד יצחק בשעת העקידה ואדרבא ידענו כי היה הולך בשמחה מאוד. ואולי

וּמַלְאָךְ בָּא וּמַתִּירָן – **but an angel would come and release them;** וְעוֹפוֹת וּמְסַכְסְכָן – he would trap **birds and entangle them** with one another,[26] וּמַלְאָךְ בָּא וּמַפְרִיחָן – **but an angel would come and set them flying.**[27] וְכָל כָּךְ לָמָּה – **And all of this was for what** purpose? "וְהוֹן אָדָם יָקָר חָרוּץ" – As the verse there concludes, ***the wealth of the noble person is guaranteed*** (ibid.), כְּדֵי שֶׁיָּבֹא יַעֲקֹב שֶׁהוּא יְקָרוֹ שֶׁל עוֹלָם – that is, **so that Jacob, who is the nobility of the world, may come**[28] וְיִטּוֹל אֶת הַבְּרָכוֹת שֶׁמֵּעִיקַּר הָעוֹלָם חֲרוּצוֹת לוֹ – **and take the blessings that were guaranteed to be his from the foundation of the world.**[29]

The Midrash presents another exposition of the final phrase of the verse in *Proverbs:*

רַבִּי חֲנִינָא בַּר פַּפָּא שָׁאַל אֶת רַבִּי אַחָא – **R' Chanina bar Pappa asked** the following question **of R' Acha:** אָמַר לוֹ: מַהוּ דִּכְתִיב "הוֹן אָדָם יָקָר חָרוּץ" – **He said to him, "What is** the meaning of **that which is written,** ***the wealth of the noble person is guaranteed?"*** אָמַר לוֹ: חֲרוּצָה הִיא בְּיַד הַצַּדִּיקִים – **[R' Acha] replied to [R' Chanina bar Pappa], "[The wealth] is guaranteed** to remain **in the possession of the righteous,** שֶׁאֵינָם נוֹטְלִים מִן יְקָרָם שֶׁל עָתִיד לָבֹא בָּעוֹלָם הַזֶּה – **for in this world they do not take** anything away **from their precious treasure** that is destined **for the future time."**[30]

□ וָאוֹכַל מִכֹּל – ***AND I ATE OF ALL.***

If Isaac meant that he had eaten all of the food that Jacob had brought him, he should have said, וָאֹכַל מִכּוּלּוֹ, "I ate of all of it."[31] *Of all* (מִכֹּל), unmodified, is a much broader term; the Midrash discusses what it includes:

רַבִּי יְהוּדָה וְרַבִּי נְחֶמְיָה – **R' Yehudah and R' Nechemyah** disagree concerning the meaning of this phrase. רַבִּי יְהוּדָה אוֹמֵר: מִכָּל מַה שֶּׁנִּבְרָא בְּשֵׁשֶׁת יְמֵי בְרֵאשִׁית – **R' Yehudah said:** *"Of all"* means **of all that had been created during the** first **six days of creation.**[32] רַבִּי נְחֶמְיָה אוֹמֵר: מִכָּל טוּב שֶׁהוּא מְתוּקָּן לֶעָתִיד לָבֹא – **R' Nechemyah said:** *"Of all"* means **of all the good that is prepared** for the righteous **for the** Messianic **future time.**[33]

The Midrash elaborates the dialogue between Isaac and Esau concerning the foods that Isaac had tasted:

אָמַר לוֹ: עִיקָּרוֹ שֶׁל דָּבָר מַה הֶאֱכִילְךָ – **[Esau] said to [Isaac], "What was the substance of the food that he fed you?"** אָמַר לוֹ: – אֵינִי יוֹדֵעַ אֶלָּא טוֹעֵם הָיִיתִי טַעַם פַּת טַעַם בָּשָׂר טַעַם דָּגִים טַעַם חֲגָבִים – **[Isaac] said to [Esau], "I do not know** what the substance was, **however, I tasted the taste of bread, the taste of meat, the taste of fish, the taste of locusts,** טַעַם כָּל מַעֲדַנִּים שֶׁבָּעוֹלָם – **the taste of all the delicacies in the world."**[34] אָמַר רַבִּי בֶּרֶכְיָה: כֵּיוָן שֶׁהִזְכִּיר בָּשָׂר מִיָּד בָּכָה – **R' Berechyah said: When [Isaac] mentioned meat, [Esau] immediately wept.** אָמַר: אֲנִי קְעָרָה אַחַת שֶׁל עֲדָשִׁים הֶאֱכִילַנִי וְנָטַל אֶת בְּכוֹרָתִי – **He said,** "As for **myself, [Jacob] fed me one plate of lentils and** with that **he** tricked me and **took away my birthright;**[35] אַתָּה שֶׁהֶאֱכִילְךָ בָּשָׂר עַל אַחַת כַּמָּה וְכַמָּה – regarding **you, to whom he fed meat, how much more so."**[36]

Esau's revelation has an unintended result:

אָמַר רַבִּי לֵוִי: לְפִי שֶׁהָיָה אָבִינוּ יִצְחָק מִתְפַּחֵד וְאוֹמֵר – **R' Levi said: For our father Isaac** originally **had been fearful,**[37] **saying,** תֹּאמַר שֶׁלֹּא עָשִׂיתִי כַּשּׁוּרָה שֶׁעָשִׂיתִי אֶת שֶׁאֵינוֹ בְּכוֹר בְּכוֹר – "Perhaps **one may say that I did not act properly, for I made the one who is not the firstborn** into **the firstborn";**[38] כֵּיוָן שֶׁאָמַר "אֶת בְּכוֹרָתִי לָקָח" אָמַר יָאוּת בֵּרַכְתִּיו – thus, **when [Esau] said, *"He took away my birthright"*** (below, v. 36), **[Isaac] remarked, "It was proper that I blessed him."**[39]

The Midrash notes the significance of Isaac's exclamation, גַּם בָּרוּךְ יִהְיֶה, *Indeed, he shall remain blessed:*

אָמַר ר"א: אֵין קִיּוּם הַגֵּט אֶלָּא בְּחוֹתְמָיו – **R' Eliezer**[40] **said: The document is validated only by its signatories;**[41] שֶׁלֹּא תֹאמַר אִלּוּלֵי שֶׁרִימָּה יַעֲקֹב בְּאָבִיו לֹא נָטַל אֶת הַבְּרָכוֹת – in order **that you not say, "Were it not that Jacob had deceived his father he would not have received the blessings,"**[42] תַּלְמוּד לוֹמַר גַּם בָּרוּךְ יִהְיֶה – **the Torah states, *"indeed, he shall remain blessed."***[43]

§3 The Midrash now presents a different explanation of Isaac's concluding comment, גַּם בָּרוּךְ יִהְיֶה, *Indeed, he shall remain blessed:*[44]

אָמַר רַבִּי יִצְחָק – **R' Yitzchak said:** בָּא לְקַלְּלוֹ – **[Isaac] had intended to curse [Jacob]** for having deceived him,[45] אָמַר לוֹ הַקָּדוֹשׁ בָּרוּךְ הוּא הִזָּהֵר שֶׁאִם אַתְּ מְקַלְּלוֹ לְנַפְשָׁךְ אַתְּ מְקַלֵּל – whereupon **the Holy One, blessed is He, said to [Isaac], "Be wary, for if you curse [Jacob], you are** in effect **cursing yourself,** שֶׁאָמַרְתָּ "אוֹרְרֶיךָ אָרוּר" – **because you have** already **said** to him, ***'Cursed be those who curse you'*** " (above, v. 29).[46]

The Midrash now cites a brief discourse concerning various limbs of the body, which deals with this verse:

אָמַר רַבִּי לֵוִי – **R' Levi said:** שִׁשָּׁה דְבָרִים מְשַׁמְּשִׁין אֶת הָאָדָם – **There are six things,** i.e., six organs of the body, **that serve the person,**

NOTES

26. So that they would not be able to fly away (*Matnos Kehunah, Eitz Yosef*). *Radal* and *Maharzu* suggest emending מְכַבְּכְבָן to מְסַכְסְכָן, meaning to bend or fold the wings one on top of the other.

27. I.e., the angel would disentangle the birds, allowing them to fly freely.

28. Without Esau being in a position to interfere.

29. The blessings were destined to be Jacob's from the time of Creation (*Yefeh To'ar*).

30. That is, their reward is guaranteed for them in its entirety in the Next World and none of it is spent in this world (*Eitz Yosef* from *Nezer HaKodesh*). Although there are righteous people who enjoy wealth and other blessings in this world, those are gifts from God and are not subtracted from their merit for the Next World (*Eitz Yosef,* from *Yefeh To'ar*).

31. *Yefeh To'ar.*

32. That is, when eating the food that Jacob brought, Isaac was able to taste the flavors of all the types of foods that exist in the world, similar to the manna that could take on many different tastes; see *Yoma* 85a (*Eitz Yosef*).

33. In addition to all of the foods that exist presently in this world (*Eitz Yosef*). *Yefeh To'ar* suggests that this refers to the feasting on the Leviathan, which shall serve as the physical food of the righteous after the revivification of the dead (see *Bava Basra* 75a).

34. In accordance with the position of R' Yehudah above that *all* refers to all the foods of this world.

35. Above, 25:29-34.

36. He most certainly would have been successful in tricking you into giving him a bountiful blessing (*Eitz Yosef*).

37. As our verse states, *then Isaac shuddered a very great shudder*; see above.

38. The firstborn is to have primacy among the brothers, but Isaac had given that primacy to Jacob when he had said (above, v. 29): *Be a lord to your brothers* (*Rashi*; *Maharzu*).

39. Isaac concluded here: גַּם בָּרוּךְ יִהְיֶה, *"Indeed, he shall remain blessed!"* (*Eitz Yosef*; however, see *Yefeh To'ar*).

40. [Many editions of Midrash have "R' Elazar" here in place of "R' Eliezer." See *Maharzu.*]

41. It is the signatures of the witnesses at the bottom of the document that grant validity to the document.

42. And hence Jacob's blessing is illegitimate and invalid.

43. Once he was made aware of the sale of the birthright to Jacob, Isaac reaffirmed the blessing that he had previously given to him unwittingly (*Eitz Yosef*). This reaffirmation validated the original blessing, like the signatures that validate the body of the document written above them.

44. *Yefeh To'ar* (above, s.v. אין קיום הגט).

45. *Eitz Yosef.*

46. Isaac had not been concerned about his curse redounding to himself, for he had presumed that since he had given the blessing (which

חידושי הרד"ל

(ד) **ועופות ומכסכסן.** כצ"ל: (ה) **שמעיקר העולם חרוצות לו.** כמדומני שצ"ל שמיקרו של עולם כו'. וכלישנא דקרא יקר חרוץ. ור"ל שמפי הקב"ה או התורה שנקראת יקר כדאיתא בויק"ר רפ"ב חרוצות:

ומסכסכן. סכסך אותם זה בזה שלא יפריחו: **חרוצה לו.** פי' שמששת ימי בראשית פסוקות לו: **חרוצה היא ביד צדיקים כו'.** וה"פ דקרא היקר הוא רשום וחרוץ להם לאחר זמן והיינו בעוה"ב ואין להם כלום בעוה"ז (נזה"ק). ואע"ג דאשכחן לצדיקים שזוכים לשתי שולחנות. מ"מ אין מנכים להם מזכיותיהם בעוה"ב אלא ה' נותן להם במתנת חנם (יפ"ת): [ג] **מכל מה שנברא בו'.** כלו' שנמלא בו טעם הכל כענין המן שנהפך לכמה טעמים: **ר"נ אמר מכל טוב כו'.** מוסיף לומר דאפי' מכל מה שמתוקן לעתיד טעם: **כיון שהזכיר בשר כו'.** באומרו אני קערה אחת של עדשים האכילני ורימני בו ליטול את בכורתי. אתה שהאכילך בשר עאכ"ו שהועיל ערמותו להשיג על זה ממך ברכה מרובה: **יאות ברכתי.** יפה ברכתי. שאע"פ שמתחלה חרד חרדה גדולה מ"מ לבסוף הסכים ואמר גם ברוך יהיה וכבר אמר ר"ב שכיון ששמע עשו רק תחלת דברי אביו בענין הבשר לעק אני קערה אחת של עדשים האכילני ונטל בכורתי כו' ולכן אמר יצחק גם ברוך יהיה כי יאות ברכתי לו בהיות לו משפט הבכורה: **אילולא שרימה בו'.** ת"ל גם ברוך יהיה להסכים על הברכה מדעתו. והיינו מכל הני דלעיל: (ג) **בא לקללו.** כי הרע לו הערמה שעשה יעקב ועל זה בא לקללו והיה קסבר דברכה זו אין בה ממש כיון דהוה בטעות. ולזה נתגלה עליו רוה"ק להודיע לו כי מאתו ית' יצאו הדברים כבושים (נזה"ק): **אמר רבי לוי כו'.** ס"ל ג"כ שמן השמים סבבוהו לומר גם ברוך יהיה. ועז"א

ומסכסכן. מלשון וסכסכתי מצרים. ואולי צ"ל ומכסכסן לשון שסייך אצל העופות ע' ערוך ע' כסכס שהוא מלשון קפול שכפל וקמט הכנפים זו ע"ז שלא יפרחו. ומ"ש כל אותו היום הוא גוזמא. והכוונה כמה שעות מאותו היום וכמ"ש בתנחומא היה רץ ולד לבי וקושרו ומניחו וכו' והשטן מתירו כו' וכן עשה ב' או ג' פעמים. וכה"א לא יחריך רמיה צידו כו' עד שבא יעקב ונטל הברכות ע"כ: **אדם יקר.** הוא יעקב שנקרא יקר כמ"ש בויק"ר רפ"ב וקאי על ר"ד למה לא יחריך הרמיה צידו כדי שיהיה ההון של העולם טל השמים ומשמני ארץ של יעקב. ע' מש"ל פס"ו ס"ס ב': **מכל מה שנברא.** כמ"ש מכל מלאכתו. ודעת ר"נ כמ"ש ודורשי ה' לא יחסרו כל טוב הוא טוב העוה"ב עולם שכולו טוב וזה מכל: **שאינו בכור בכור.** כמ"ש הוה גביר לאחיך: **יאות ברכתי.** ע' ברש"י בחומש שהביא זה הדרשה בשם התנחומא בשינוי: **אמר רבי אלעזר.** צ"ל ר' אליעזר וכן לקמן סי' י"א ולקמן פע"ח ס"ס י"א. וכל שטר קרוי גט:

מסורת המדרש

ה ילקוט משלי רמז תתק"כ:
ו תנחומא כאן סוף סימן י"א. ילקוט כאן רמז קט"ו כל הענין:
ז עיין בבא בתרא דף י"ז ע"א:
ח גיטין דף כ"ב:
ט תנחומא כאן סוף סימן י"א וי"ב כל הענין:
י ילקוט מלכים רמז ר"ב:
יא ב"ק דף כ'. ירושלמי שקלים פרק

וּמַלְאָךְ בָּא וּמַתִּירָן, וְעוֹפוֹת וּמְסַכְסְכָן וּמַלְאָךְ בָּא וּמַפְרִיחָן, וְכָל כָּךְ לָמָּה (שם) "וְהוֹן אָדָם יָקָר חָרוּץ", כְּדֵי שֶׁיָּבֹא יַעֲקֹב שֶׁהוּא יְקָרוֹ שֶׁל עוֹלָם וְיִטּוֹל אֶת הַבְּרָכוֹת שֶׁמְּעִיקַּר הָעוֹלָם חֲרוּצוֹת לוֹ. [ה]רַבִּי חֲנִינָא בַּר פַּפָּא שָׁאַל אֶת רַבִּי אַחָא, אָמַר לוֹ: מַהוּ דִּכְתִיב "הוֹן אָדָם יָקָר חָרוּץ", אָמַר לוֹ: חֲרוּצָה הִיא בְּיַד הַצַּדִּיקִים שֶׁאֵינָם נוֹטְלִים מִן יְקָרָם שֶׁל עָתִיד לָבֹא בָּעוֹלָם הַזֶּה. "וָאוֹכַל מִכֹּל", [ו]רַבִּי יְהוּדָה וְרַבִּי נְחֶמְיָה, רַבִּי יְהוּדָה אוֹמֵר: מִכָּל מַה שֶּׁנִּבְרָא בְּשֵׁשֶׁת יְמֵי בְרֵאשִׁית, רַבִּי נְחֶמְיָה אוֹמֵר: [ז]מִכָּל טוּב שֶׁהוּא מְתוּקָּן לֶעָתִיד לָבֹא. אָמַר לוֹ: עִיקָּרוֹ שֶׁל דְּבַר מָה הֶאֱכִילְךָ, אָמַר לוֹ: אֵינִי יוֹדֵעַ, אֶלָּא טוֹעֵם הָיִיתִי טַעַם פַּת טַעַם בָּשָׂר טַעַם דָּגִים טַעַם חֲגָבִים טַעַם כָּל מַעֲדַנִּים שֶׁבָּעוֹלָם. אָמַר רַבִּי בֶּרֶכְיָה: כֵּיוָן שֶׁהִזְכִּיר בָּשָׂר מִיָּד בָּכָה, אָמַר: אֲנִי קְעָרָה אַחַת שֶׁל עֲדָשִׁים הֶאֱכִילַנִי וְנָטַל אֶת בְּכוֹרָתִי, אַתָּה שֶׁהֶאֱכִילְךָ בָּשָׂר עַל אַחַת כַּמָּה וְכַמָּה. אָמַר רַבִּי לֵוִי: לְפִי שֶׁהָיָה אָבִינוּ יִצְחָק מִתְפַּחֵד וְאוֹמֵר: תֹּאמַר שֶׁלֹּא עָשִׂיתִי כַּשּׁוּרָה שֶׁעָשִׂיתִי אֶת שֶׁאֵינוֹ בְּכוֹר בְּכוֹר, כֵּיוָן שֶׁאָמַר "אֶת בְּכוֹרָתִי לָקָח", אָמַר" יָאוּת בֵּרַכְתִּי. אָמַר רַבִּי אֶלְעָזָר: [ח]אֵין קִיּוּם הַגֵּט אֶלָּא בְּחוֹתְמָיו שֶׁלֹּא תֹאמַר אִלּוּלֵי שֶׁרִימָּה יַעֲקֹב בְּאָבִיו לֹא נָטַל אֶת הַבְּרָכוֹת תַּלְמוּד לוֹמַר "גַּם בָּרוּךְ יִהְיֶה":

ג אָמַר רַבִּי יִצְחָק: [ט]בָּא לְקַלְּלוֹ, אָמַר לוֹ הַקָּדוֹשׁ בָּרוּךְ הוּא: הִזָּהֵר שֶׁאִם אַתְּ מְקַלְּלוֹ לְנַפְשְׁךָ אַתְּ מְקַלֵּל שֶׁאָמַרְתְּ "אוֹרְרֶיךָ אָרוּר". [י]אָמַר רַבִּי לֵוִי: שִׁשָּׁה דְּבָרִים מְשַׁמְּשִׁין אֶת הָאָדָם

רש"י

צבאים וכופתן ומלאך בא ומתירן עופות וקושרן ומסכסכן מסכסך כנפיהם ומלאך בא ומתירן ומפריחן וכל כך למה והון אדם יקר חרוץ כדי שיבא יעקב שהוא יקרו של עולם ויטול את הברכות שהן חרוצות פסוקות לו: **חרוצה.** היא ביד הצדיקים שאינן נוטלין מן יקר שלעתיד לבא בעולם הזה: **ואוכל מכל.** מכל מה שנברא בששת ימי בראשית שנראה לו כאילו טעם מכולן: **שעשיתי את שאינו בכור בכור.** הוי גביר לאחיך. כיון שאמר לו עשו את בכורתי לקח אמר יאות בריכית: **אמר רבי אלעזר** אין קיום הגט אלא בחותמיו שלא תאמר אלולי שרימה אבינו יעקב לא נטל את הברכות ת"ל גם ברוך יהיה. שברכו מרצונו בזאת תדע שגם הראשונות היו ראויות לו:

מתנות כהונה

יחרוך דריש לא יחריך בחילוף ח' בא': בילקוט משלי ובפירש"י **גרס עופות ומסכסכן כו'.** סכסך אותם זה בזה שלא יפריחו: **ה"ג בילקוט** סדר זה ובמשלי ויטול את הברכות שהם יקרות העולם חרוצות לו וגירסת הספר גם היא נכונה: **חרוצה.** חלוט ובטוח: **אמר לו.** עשו ליצחק עיקר כו': **יאות ברכתי.** סיפיה דקרא קדייק שאמר גם ברוך יהיה כמו שפירש"י בחומש: [ג] **שאם אתה** מקלל גרסינן: **לנפשך כו'.** שכבר אמרת אורריך ארור:

אשד הנחלים

הכוונה כלומר אף שראינו שיצחק בטבע לא היה מתפעל מדבר גופני שהרי ראינו שבשעת העקידה מצא התחזקות בנפשו להניח עצמו לטביחה. ועכ"ז פה חרד מאוד יותר מבשעת העקידה שלא מצאה חרדה בנפשו. א"כ מסתמא היה זה לענין גדול מאוד. ולכן מפרש מפני שראה בו ענין מפליא. שמי הוא שיתכן להכניס עצמו להיות סרסור בענין הברכות. וזה באמת פלא גדול מאוד. הברכות שהיו ע"י מחזה אלקית ורוה"ק יכנס בו טעות ושגיאה ומאין ימצא בו שגיאה. והבן זה: **שאינם נוטלים.** פשט הכתוב לפי דרכם הרמאי שצודה נפשו ועוכרה. מאהבתו תאות העוה"ז הוא לא יאריך בטובו. כי ימי האדם קצרים מהר איננו. אכן הון האדם יקר כלומר אושרו הנצחי חרוצה ובטוחה על לע"ל. כי אינם נוטלים בעוה"ז מאומה וכי עיקר תענוגם רק מענייני עוה"ב: **מכל מה שנברא כו' לעתיד לבא כו'.** ידוע כי הצדיק באכילתו אם הוא כתקונו וכראוי אז ע"י אכילה הוא מתקן כמה עניינים. ובעת אכילתו גופא הוא מרגיש כמה עניינים. והנה יצחק בודאי ע"י אכילתו הרהיב שמחה בנפשו שיתוסף בו רוה"ק עד שהי' יכול לברך בעת ההיא והברכה הי' הן בעניינים הגופנים והן בענייני' הנפשיים. והנה בעניינים גופנים הועיל במה שהרגיש בו טעם מכל מ"ב ועי"ז הי' בו כח לברכו בכל ברכות הגופנים הנמצאים בכל מ"ב. וע"י הרגשו בדמות אכילה לע"ל שהיא כדמות אכילת המן ברכו ברכה הנפשיות. ולכן אמר ואוכל מכל. כי היה הכל כלול בה. והנה עשו לא הבין בזה. ושאלו מה הי'. ואמר לו לא ידעתי. כלומר שאין זה בכח אכילה פשוטה. כי ע"י כוונת יעקב נעשתה זאת שכל מה שחפצתי הייתי טועם בה. וכיון שזכר יצחק שהאכילו בשר מיד בכה. שהבין בודאי שלקח את ברכתו אחר שראה מכבר שע"י אכילת עדשים שהוא מאכל פשוט נתן כח וחלק בו שיתן לו הבכורה כי היה כח יעקב חזקה לעשות לאיש שימלא משאלותיו. אף כי עבור בשר. ואז הבין יצחק כי הברכות ראויות לו. אחר שהבכורה בידו. והבן גם זה:

שְׁלֹשָׁה בִּרְשׁוּתוֹ וּשְׁלֹשָׁה אֵינָן בִּרְשׁוּתוֹ – **three** of them **are under [the person's] control and three are not under his control.**

The Midrash elaborates, beginning with the limbs over which the person does not exercise control:

הָעַיִן וְהָאוֹזֶן וְהַחוֹטֶם שֶׁלֹּא בִּרְשׁוּתוֹ – **The eye and the ear and the nose are not under [the person's] control,** חָמֵי מַה דְּלָא בָעֵי, שָׁמַע מַה דְּלָא בָעֵי, מְרִיחַ מַה דְּלָא בָעֵי – for [**the person**] **sees what he does not wish** to see, **hears what he does not wish** to hear, and **smells what he does not wish** to smell.[47]

The Midrash proceeds to discuss the limbs over which the person does exercise control:

הַפֶּה וְהַיָּד וְהָרֶגֶל בִּרְשׁוּתוֹ – **The mouth and the hand and the foot are under [the person's] control.** אִין בָּעֵי הוּא לָעֵי בְּאוֹרַיְיתָא – **If [the person] wishes, [his mouth] can toil in Torah,** אִין בָּעֵי לִישָּׁנָא בִישָׁא – but **if he** so **wishes, it can** engage in **malicious speech;** אִין בָּעֵי מְחָרֵף וּמְגַדֵּף – furthermore, **if [the person] wishes, [his mouth] can** even **disgrace and blaspheme** God. הַיָּד אִין בָּעֵי הוּא עָבֵיד מִצְוָותָא – Similarly, **the hand** is under the person's control, for **if he wishes, [his hand] can perform commandments,**[48] אִין בָּעֵי הוּא גָּנֵיב – but **if [the person] wishes, [his hand] can steal;** וְאִין בָּעֵי הוּא קָטֵיל – **or if he wishes, [his hand] can** even commit **murder.** הָרֶגֶל אִין בָּעֵי הוּא אָזִיל לְבָתֵּי טְרַטְסִיאוֹת וּלְבָתֵּי קִרְקְסִיאוֹת – Likewise, **the foot** is under the person's control, for **if he** so **wishes, [his foot] can go to the theaters and circuses,**[49] וְאִין בָּעֵי הוּא אָזִיל לְבָתֵּי כְנֵסִיּוֹת וּלְבָתֵּי מִדְרָשׁוֹת – **or if [the person] wishes, [his foot] can go to synagogues and** to **study halls.** וּבְשָׁעָה שֶׁהוּא זוֹכֶה הַקָּדוֹשׁ בָּרוּךְ הוּא עוֹשֶׂה אוֹתָן שֶׁבִּרְשׁוּתוֹ שֶׁלֹּא בִּרְשׁוּתוֹ – **But at a time when [a person] merits, the Holy One, blessed is He, makes those** limbs **that are** normally **in one's control** into limbs that are **out of one's control.**[50]Ⓐ

The Midrash cites examples of God removing each of these three limbs from the person's control:

הַיָּד "וַתִּיבַשׁ יָדוֹ אֲשֶׁר שָׁלַח עָלָיו" – **The hand,** as in the verse, *Jeroboam stretched out his hand from upon the Altar, saying, "Seize him!"* ***and his hand that he had stretched out toward him became paralyzed*** (*I Kings* 13:4).[51] הַפֶּה "גַּם בָּרוּךְ יִהְיֶה" – **The mouth,** as in our verse where Isaac said, ***"Indeed, he shall remain blessed."***[52] הָרֶגֶל "בְּנִי אַל תֵּלֵךְ בְּדֶרֶךְ אִתָּם ... כִּי רַגְלֵיהֶם לָרַע יָרוּצוּ" – **The foot,** as in the verse, ***My child, do not walk on the way with them;*** *withhold your feet from their pathways.* ***For their feet run to harm*** (*Proverbs* 1:15-16).[53]

> כִּשְׁמֹעַ עֵשָׂו אֶת דִּבְרֵי אָבִיו וַיִּצְעַק צְעָקָה גְּדֹלָה וּמָרָה עַד מְאֹד וַיֹּאמֶר לְאָבִיו בָּרְכֵנִי גַם אָנִי אָבִי. וַיֹּאמֶר בָּא אָחִיךָ בְּמִרְמָה וַיִּקַּח בִּרְכָתֶךָ. וַיֹּאמֶר הֲכִי קָרָא שְׁמוֹ יַעֲקֹב וַיַּעְקְבֵנִי זֶה פַעֲמַיִם אֶת בְּכֹרָתִי לָקָח וְהִנֵּה עַתָּה לָקַח בִּרְכָתִי וַיֹּאמַר הֲלֹא אָצַלְתָּ לִּי בְּרָכָה.
>
> *When Esau heard his father's words, he cried out an exceedingly great and bitter cry, and said to his father, "Bless me too, Father!" But he said, "Your brother came with cleverness and took your blessing." He said, "Is it because his name was called Jacob that he cheated me these two times? — He took away my birthright and see, now he took away my blessing!" Then he said, "Have you not reserved a blessing for me?"* (27:34-36).

§4 כִּשְׁמֹעַ עֵשָׂו אֶת דִּבְרֵי אָבִיו – ***WHEN ESAU HEARD HIS FATHER'S WORDS, HE CRIED OUT AN EXCEEDINGLY GREAT AND BITTER CRY.***

The Midrash cites an important teaching concerning Divine justice:

אָמַר רַבִּי חֲנִינָא: כָּל מִי שֶׁהוּא אוֹמֵר שֶׁהַקָּדוֹשׁ בָּרוּךְ הוּא וַותְּרָן הוּא – **R' Chanina said: Anyone who says that the Holy One, blessed is He, is disregarding** of sin,[54] יִתְוַותְּרוּן בְּנֵי מְעוֹהִי – **his innards shall be disregarded.**[55] אֶלָּא מַאֲרִיךְ אַפֵּיהּ – **Rather, [God]** expresses His mercy in that He **delays His anger,** וְגָבֵי דִילֵיהּ – **but** ultimately **He collects his due,** i.e., He exacts punishment.[56]Ⓑ

NOTES

included the statement, *Cursed be those who curse you*) to Jacob in error, it would not have taken effect. God was telling Isaac that nevertheless the blessing was valid, indicating that it had been Divinely ordained that he was to have blessed Jacob (*Eitz Yosef,* from *Nezer HaKodesh*). It was upon realizing that this was in fact God's will that Isaac said, גַּם בָּרוּךְ יִהְיֶה, *Indeed, he shall remain blessed* (*Yefeh To'ar* loc. cit.).

47. That is, when a person is exposed to sights, sounds, or odors, his eye will see the sights, his ear will hear the sounds, and his nose will smell the odors even against his wishes. See *Yefeh To'ar.*

48. *Matnos Kehunah* writes that this refers to the giving of charity (however, the parallel text in *Midrash Tanchuma* here [*Toldos* §12] mentions various commandments such as *lulav, succah,* writing *tefillin,* etc.).

49. Where the Romans enacted various forbidden forms of entertainment; see *Avodah Zarah* 18b.

50. That is, when the wicked seek to use their limbs against those who merit Divine intervention, God removes their control over their limbs, leaving them unable to harm the righteous, as in the examples the Midrash will cite (*Eitz Yosef,* from *Yefeh To'ar*). See Insight Ⓐ.

51. The verse discusses King Jeroboam's reaction to the prophet whom God had sent to rebuke him. It thus illustrates that God may take away control of the hand from those who seek to harm the righteous.

52. According to R' Levi, Isaac *intended* to curse Jacob, but God intervened, and transformed the curse into a blessing. [According to R' Yitzchak's approach, however, once God intimated that He was responsible for Jacob being blessed, Isaac exclaimed, "*Indeed, he shall remain blessed,*" of his own volition (see *Yefeh To'ar*).

53. That is, the feet of the wicked will carry them to their own harm and detriment. God will take control of the feet of the wicked, bringing them to their downfall and sparing their intended victims (*Eitz Yosef;* see also *Radal*; see, however, *Matnos Kehunah* and *Maharzu*).

54. I.e., that God suffers people's sins without punishing them (*Eitz Yosef,* from *Rashi* on *Bava Kamma* 50a).

55. His life will be forfeit, for he is teaching people to sin (*Eitz Yosef*).

56. God gives the sinner time so that he may repent, but if he does not repent God will eventually punish him (see *Rashi* on *Exodus* 34:6 and *Eitz Yosef* here, from *Yefeh To'ar*). See Insight Ⓑ.

INSIGHTS

Ⓐ **Under God's Control** Our elucidation of the Midrash explained this teaching to mean that when others seek to use their limbs against those who so merit, God will remove their control over these limbs, leaving them unable to harm the righteous man. However, *Ne'os Deshe* interprets this passage homiletically as referring to the righteous person who merits this protection. When one thoroughly accustoms his body to fulfilling God's commandments and carrying out His will, he essentially cedes control over these limbs, and they carry out God's will on their own. As an illustration of this, he cites the Midrashic interpretation of the verse, *I considered my ways and returned my feet to Your testimonies* (*Psalms* 119:59): *David said, "Master of the Universe, each and every day I would plan and say, 'I am going to this particular place and to this particular house,' but my feet would bring me to the synagogues and the study halls* (*Vayikra Rabbah* 35 §1). Despite any plans King David made about where he would go, his feet — long conditioned by him to carrying out God's will — would, on their own, bring him to the synagogue and the study hall.

Ⓑ **Merciful Justice** According to our Midrash, it is forbidden to say that God "foregoes," or ignores, any wrongful act. But if we must be punished for every wrongful act, no matter how minor it may be, how are we to understand the concept of repenting for our sins and relying on God's mercy to forgive us?

R' Moshe Chaim Luzzatto (*Ramchal*) addresses this issue in a

חידושי הרד"ל

(ו) [ג] **העין והאוזן כו'.** שלא ברשותו. ע' נדרים (ל"ב:) ובר"ן שם:

(ז) **רגליהם לרע ירוצו.** עמ"כ ולגי' הס' אפשר דרש רגליהם ליפול ברעה המזומנת להם ירוצו בלא רצונם. וכדאמרינן רגלוהי דבר נש אינון ערבין ביה:

(ח) [ד] **בחכמתא.** כמ"ש (משלי ח') אני חכמה שכנתי ערמה וכמו שדרשוהו בסוטה (כ"א ב'):

עץ יוסף

ששה דברים משמשין את האדם וכו' שלשה אינן ברשות כו' (נזה"ק): **ובשעה שהוא זוכה כו'.** כלו' כשאדם זוכה הקב"ה עושה שהבא כנגדו ינטל רשותו מאותם הדברים שהן ברשותו (יפ"ת): **הפה גם ברוך יהיה.** דרצה לקללו. והקב"ה הפך הקללה לברכה: **הרגל בני אל תלך כו'.** כי רגליהם לרע ירוצו לרעתם וימהרו לשפוך דמן. כי ה' יוליכם את פועלי און הפך מחשבתם להזיק לאחרים: (ד) **הקדוש ברוך הוא וותרן.** לעבור על כל פשעים (רש"י): **יתוותרון בני מעוהי.** פי' יופקרו חייו וגופו שמורה על הבריות לחטות. אלא מאריך אפיה לעוברי רצונו וגובה אח"כ את שלו לשלם לו גמול הראוי לו. והא דכתיב נושא עון ועובר על פשע היינו לשבים (יפ"ת): **והיכן נפרע לו כו'.** אעפ"י שיעקב עשה כן במצות אמו. מ"מ לא היה מוכרח לשמוע בזה קול אמו לגנוב דעת אביו. ומ"מ על גניבת דעת אביו לא נענש לפי שבסוף מחל לו: **בחכמת תורתו.** במרמה ת"א בחוכמתא דעל ידה ילמוד להבין ברמאות וכמ"ש בפ' היה נוטל כיון שנכנסה חכמה באדם נכנסה עמו ערמומית: **מחכך בגרונו.** פי' מנענע ונוחר בגרונו כמנהג בני אדם שעושים כן בקנאפם על חבריהם ומבקשים לבזותו ורמז זה במלת הכי (יפ"ת): **את בכורתי לקח ושתקתי לו.** משום דלא כיילינהו אהדדי משמע דהכי קאמר לא די שבכורתו לקח ושתקתי לו. ועכשיו שלקח גם ברכתי אשתוק לו זה לא יתכן (יפ"ת): **מן הנצולת.** מן הריקנות והגרועות דהבדלת מיבעי ליה:

שְׁלשָׁה בִּרְשׁוּתוֹ וּשְׁלשָׁה אֵינָן בִּרְשׁוּתוֹ, הָעַיִן וְהָאוֹזֶן וְהַחוֹטֶם שֶׁלֹּא בִּרְשׁוּתוֹ, חָמֵי מַה דְּלָא בָּעֵי, שָׁמַע מַה דְּלָא בָּעֵי, מְרִיחַ מַה דְּלָא בָּעֵי, הַפֶּה וְהַיָּד וְהָרֶגֶל בִּרְשׁוּתוֹ, אִין בָּעֵי הוּא לָעֵי בְּאוֹרָיְיתָא, אִין בָּעֵי לִישָּׁנָא בִישָׁא, אִין בָּעֵי מְחָרֵף וּמְגַדֵּף, הַיָּד אִין בָּעֵי הוּא עָבֵיד מִצְוָותָא, אִין בָּעֵי הוּא גָּנֵיב, וְאִין בָּעֵי הוּא קָטֵיל, הָרֶגֶל אִין בָּעֵי הוּא אָזֵיל לְבָתֵּי טְרַטְסִיָּאוֹת וּלְבָתֵּי קִרְקַסְיָאוֹת וְאִין בָּעֵי הוּא אָזֵיל לְבָתֵּי כְנֵסִיּוֹת וּלְבָתֵּי מִדְרָשׁוֹת, וּבְשָׁעָה שֶׁהוּא זוֹכֶה הַקָּדוֹשׁ בָּרוּךְ הוּא עוֹשֶׂה אוֹתָן שֶׁבִּרְשׁוּתוֹ שֶׁלֹּא בִּרְשׁוּתוֹ, הַיָּד, (מלכים א יג, ד) "וַתִּיבַשׁ יָדוֹ אֲשֶׁר שָׁלַח עָלָיו", הַפֶּה, "גַּם בָּרוּךְ יִהְיֶה", הָרֶגֶל, (משלי א, טו-טז) "בְּנִי אַל תֵּלֵךְ בַּדֶּרֶךְ אִתָּם", "כִּי רַגְלֵיהֶם לָרַע יָרוּצוּ":

ד [כז, לד] "כִּשְׁמֹעַ עֵשָׂו אֶת דִּבְרֵי אָבִיו". אָמַר רַבִּי חֲנִינָא: [יא] כָּל מִי שֶׁהוּא אוֹמֵר שֶׁהַקָּדוֹשׁ בָּרוּךְ הוּא וַתְּרָן הוּא, יִתְוַותְּרוּן בְּנֵי מְעוֹהִי, אֶלָּא מַאֲרִיךְ אַפֵּיהּ וְגָבֵי דִּילֵיהּ. זְעָקָה אַחַת הִזְעִיק יַעֲקֹב לְעֵשָׂו דִּכְתִיב "כִּשְׁמֹעַ עֵשָׂו אֶת דִּבְרֵי אָבִיו וַיִּזְעַק זְעָקָה", וְהֵיכָן נִפְרַע לוֹ בְּשׁוּשַׁן הַבִּירָה שֶׁנֶּאֱמַר (אסתר ד,א) "וַיִּזְעַק זְעָקָה גְּדוֹלָה וּמָרָה עַד מְאֹד". [כז, לה] "בָּא אָחִיךָ בְּמִרְמָה", רַבִּי יוֹחָנָן אָמַר: בָּא בְּחָכְמַת תּוֹרָתוֹ. [כז, לו] "וַיֹּאמֶר הֲכִי קָרָא שְׁמוֹ יַעֲקֹב וַיַּעְקְבֵנִי", רֵישׁ לָקִישׁ [יב] אָמַר: הִתְחִיל מְחַכֵּךְ בִּגְרוֹנוֹ כְּמַאן דִּמְחַיֵּיךְ וְזוֹרֵק רוֹק מִפִּיו. "וַיֹּאמֶר הֲכִי", "וַיַּעְקְבֵנִי וְגוֹ' אֶת בְּכֹרָתִי לָקָח", וְשָׁתַקְתִּי לוֹ, "וְהִנֵּה עַתָּה לָקַח בִּרְכָתִי", וְשָׁתַקְתִּי לוֹ, "הֲלֹא אָצַלְתָּ לִּי בְּרָכָה" מִן הַנִּיצוֹלֶת:

פירוש מהרז"ו

(ג) **בני אל תלך וגו'.** ע' מ"כ וי"ל גי' המדרש ע"פ מה שפי' בס' חשק שלמה במשלי שם אם יפתוך חטאים וגו' נארבה לדם נצפנה לנקי חנם. בני אל תלך בדרך אתם וגו' כי רגליהם לרע ירוצו וימהרו לשפוך דם דהכוונה שהחטאים יפתוהו שיארבו ויצפנו לדם ולא יתוודע רעתם כלל ולא יגיע להם שום נזק ועונש גופני מזה. וע"ז אמר בני אל תלך וגו' כי למען הציל הנקיים מידיהם יעשה הקב"ה שלא יהיו רגליהם ברשותם. ומיד כשיראו את העוברי דרך יקומו מן המארב וימהרו לשפוך דם ולא יחושו אם יש אנשים רואים אותם. ומיד יתוודע רעתם ויבערו אותם מן העולם. ולזה כוון המדרש במ"ש שהרגל אינו ברשותו שנאמר כי רגליהם וגו': (ד) **אמר רבי חנינא.** ירושלמי תענית פ"ב הל' א': **ויזעק זעקה.** וזה היה לו לזכות שהחשיב ברכת אביו ונצטער עליה: **עד מאד.** ואצל מרדכי לא כתוב עד מאד וצ"ע: **במאן דמחייך.** דורש תיבת הכי בחילוף ה' בח' לשון מחכך כדרך המוציא ניח מגרונו דרך שיעול משמיע קול חכוך. וע' במ"ר פ' י"ג סימן ג' ומש"ש בשם תנחומא תלא. וז"ל שם הכי קרא שמו יעקב חיכך בגרונו והוציא כו' ע"ש: **ושתקתי לו.** הראשון בניחותא והשני בתמיה: **מן הניצולת.** פי' ליחת המת נקרא נצל ע' נזיר נ' וע' ערוך וע"ל פע"ד ס"ס ג' ומש"ש:

מסורת המדרש

ה'. ירושלמי תענית פרק ב'. מדרש תהלים מזמור י'. תנחומא סדר תשא סימן כ"ו. אסתר רבה סוף פרשה ז' וריש פרשה ח'. ילקוט כאן רמז קט"ו. ילקוט תהלים רמז תרמ"ח. ילקוט אסתר רמז אל"ף כ"ו: יב תנחומא סדר תשא סימן ז':

אם למקרא

וַיְהִי כִשְׁמֹעַ הַמֶּלֶךְ אֶת־דְּבַר אִישׁ־הָאֱלֹהִים אֲשֶׁר קָרָא עַל־הַמִּזְבֵּחַ בְּבֵית־אֵל וַיִּשְׁלַח יָרָבְעָם אֶת־יָדוֹ מֵעַל הַמִּזְבֵּחַ לֵאמֹר תִּפְשֻׂהוּ וַתִּיבַשׁ יָדוֹ אֲשֶׁר שָׁלַח עָלָיו וְלֹא יָכֹל לַהֲשִׁיבָהּ אֵלָיו:
(מלכים א יג:ד)

בְּנִי אַל־תֵּלֵךְ בְּדֶרֶךְ אִתָּם מְנַע רַגְלְךָ מִנְּתִיבָתָם: כִּי רַגְלֵיהֶם לָרַע יָרוּצוּ וִימַהֲרוּ לִשְׁפָּךְ־דָּם:
(משלי א:טו-טז)

וּמָרְדֳּכַי יָדַע אֶת־כָּל־אֲשֶׁר נַעֲשָׂה וַיִּקְרַע מָרְדֳּכַי אֶת־בְּגָדָיו וַיִּלְבַּשׁ שַׂק וָאֵפֶר וַיֵּצֵא בְּתוֹךְ הָעִיר וַיִּזְעַק זְעָקָה גְדֹלָה וּמָרָה:
(אסתר ד:א)

רש"י

(ג) **אין בעי הוא מפליג מצוו'.** אם רוצה הוא מחלק מעות לצדקה: **תיאטריות.** חצר המלך שפוחקין שם לפניו: (ד) **כל האומר הקדוש ברוך הוא וותרן.** שמוותר עונות בני אדם ואני עושה רצון יצרי והוא מוחל יתוותרון בני מעוי: **מן הנצולות.** אפילו מן הריקנות:

מתנות כהונה

חמי מה דלא בעי. רואה אפילו מה שאינו חפץ לראותו: **אין בעי כו'.** אם רוצה הוא עוסק בתורה ואם רוצה עוסק בפיו בלשון הרע. **עביד מצוותא.** נותן צדקות בידו סתם מצותא שבלשון ירושלמי הוא צדקה: **טרטסאות.** שפוחקין שם במיני שחוק והתול וכן קרקסאות: **ותיבש וגו'.** וזה היה לזכות הנביא שלא ירבעם את ידו לתפסו ולמענו היה מהפך את שברשות האדם שלא היה ברשותו: **הפה.** של יצחק שבקש לקלל את יעקב והפכו מקללה לברכה ועיין בתנחומא פר' ז שמאריך בענין הזה מאד: **אל תלך וגו'.** נ"ל ע"כ אעשה שלא תלך בדרך אתם ובתנחומא פר' ז מסיים מקרא מלא הוא מה' מצעדי גבר כוננו ואדם מה יבין דרכו והוא כפתור ופרח: [ד] **כל מי שהוא וכו'.** שהקב"ה מוותר העונות ולפיכך אני עושה רצון יצרי לילך בדרכי לבי: **יתוותרון בני מעיים שלו.** וה"ג בפר' שור שנגח את הפרה ובערוך גרס יתוותרון מעוהי ויומוהי אלא הקב"ה מאריך אפים לעוברי רצונו וגובה אח"כ את שלו לשלם לו גמול הראוי לו: **הזעיק כו'.** יעקב גרם לעשו שזעק זעקה אחת: **בחכמת תורתו.** במרמה תרגום אונקלוס חוכמתא: **מחכך.** מנענע ונוחר בגרונו ועושה הכי כמנהג בני אדם שעושין כן בקנאה על חבריהם אחד ומבקשין לבזותו: **כמאן דמחייך.** מחכך וה"ג בערוך: **ברכתי ושתקתי.** בתמיה: **מן הנצולות.** מן הריקנות והגרועות:

אשד הנחלים

[ג] **שלשה ברשותו.** כלומר אם היו פתוחים. המה מוכרחין בטבען לפעול כפי מוחשן ואכן הידים והרגלים והפה המה ברשות האדם אם יחפוץ יניע אותם. או ינוחו. לפעמים ה' ב"ה משנ' טבעם וכן היה ביצחק. שהיה חפץ לכעוס על יעקב והפכו הקב"ה בפיו דווקא שיברך את יעקב: **שהוא זוכה.** כלומר מפני זכות איש האלהים שהוכיחו יבש יד ירבעם ולא היה בכחו להושיט לרעה לו: [ד] **נפרע.** כי הכלל מעשי אבות סימן לבנים. וענש בניו הוא מסבת זכות עשו: **בחכמת תורתו.** כי לא יתכן שיצחק כיון על רמאות כפשוטו. כ"א הכוונה מחכמות תורתו. וקרא רמאות. כי עי"ז רימה אותו: **מחכך בגרונו.** מרוב כעס וחימה. ואחז בגרון שגרונו גרם לו שינטל ברכותיו ובכורתו ע"י אכילתו:

The Midrash applies this principle to Jacob's appropriation of the blessing intended for Esau:

וְעָקָה אַחַת הִזְעִיק יַעֲקֹב לְעֵשָׂו – Jacob caused Esau to cry a single cry, דִּכְתִיב "כִּשְׁמֹעַ עֵשָׂו אֶת דִּבְרֵי אָבִיו וַיִּזְעַק זְעָקָה" **– as is written** in this verse, ***When Esau heard his father's words, he cried out an*** *exceedingly great and bitter* ***cry.***[57] וְהֵיכָן נִפְרַע לוֹ **– And where was payment** for this offense **exacted from [Jacob]?**[58] בְּשׁוּשַׁן הַבִּירָה, שֶׁנֶּאֱמַר "וַיִּזְעַק זְעָקָה גְדוֹלָה וּמָרָה" עַד מְאֹד **– In Shushan, the capital** of the Persian Empire,[59] **as [Scripture] says,** *Mordechai learned all that had been done . . .* ***and cried a loud and bitter cry*** (*Esther* 4:1), **exceedingly so.**[60]Ⓐ

❑ בָּא אָחִיךָ בְּמִרְמָה – *YOUR BROTHER CAME WITH CLEVERNESS AND TOOK YOUR BLESSING.*

The Midrash explains the nature of Jacob's "cleverness":

רַבִּי יוֹחָנָן אָמַר בָּא בְּחָכְמַת תּוֹרָתוֹ **– R' Yochanan said:** This means that **[Jacob] came** to take the blessing **through** the right of **his Torah wisdom.**[61]

❑ וַיֹּאמֶר הֲכִי קָרָא שְׁמוֹ יַעֲקֹב וַיַּעְקְבֵנִי – *HE SAID, "IS IT BECAUSE HIS NAME WAS CALLED JACOB (יַעֲקֹב) THAT HE CHEATED ME (וַיַּעְקְבֵנִי) THESE TWO TIMES?"*

The Midrash expounds the word הֲכִי (translated above as *Is it because*):

רֵישׁ לָקִישׁ אָמַר: הִתְחִיל מְחַכֵּךְ בִּגְרוֹנוֹ כְּמַאן דִּמְחַיֵּיךְ וְזוֹרֵק רוֹק מִפִּיו **– Reish Lakish said: [Esau] began to snort with his throat**[62] **like one who is snorting and spitting saliva from his mouth,**[63] וַיֹּאמֶר "הֲכִי": **– *and he said, "Hachi"*** (הֲכִי).**"**[64]Ⓑ

The Midrash interprets the conclusion of the verse:

וַיַּעְקְבֵנִי . . . אֶת בְּכֹרָתִי לָקָח **– *He cheated me*** *these two times!* ***He took away my birthright.*** וְשָׁתַקְתִּי לוֹ **– And I acquiesced to him.** וְהִנֵּה עַתָּה לָקַח בִּרְכָתִי **– *And see, now he took away my blessing.*** וְשָׁתַקְתִּי לוֹ **– And I should** again **acquiesce to him?**[65]

❑ הֲלֹא אָצַלְתָּ לִּי בְּרָכָה – *HAVE YOU NOT* אָצַלְתָּ *A BLESSING FOR ME.*

The Midrash explains the connotation of the unusual word אָצַלְתָּ:

מִן הַנִּיצוֹלֶת **–** Esau was pleading, "Do you not at least have a blessing **of the empty variety** (נִיצֹלֶת)?"[66]

NOTES

57. Esau's cry was a direct result of Jacob taking the blessing Isaac had intended for him. [The words וַיִּזְעַק זְעָקָה in the Midrash's citation are identical in meaning to our verse's actual words וַיִּצְעַק צְעָקָה. See *Esther* 4:1.]

58. Although Jacob was fulfilling his mother's command, he was still held responsible for the suffering his act caused his brother (*Eitz Yosef*).

59. At the time of Haman's plot to exterminate the Jews.

60. As noted by *Maharzu,* the words עַד מְאֹד, "exceedingly so," do not appear in the verse in *Esther.* See Insight Ⓐ.

61. I.e., בְּמִרְמָה here does not mean *clever trickery* or *guile* as it usually does, but rather *wisdom*; see *Onkelos,* who translates בְּמִרְמָה as בְּחָכְמְתָא. Scripture refers to Torah wisdom as מִרְמָה since the Torah *can* teach one guile; see *Sotah* 21b (*Eitz Yosef*).

62. As a sign of anger and derision (*Matnos Kehunah*; *Eitz Yosef,* from *Yefeh To'ar*).

63. That is, Esau's snorting was like the coughing sound a person makes in order to produce phlegm (*Maharzu*). [מְחַיֵּיךְ here is a cognate of מְחַכֵּךְ, *snorting* (*Matnos Kehunah*).]

64. That is, Reish Lakish interprets the word הֲכִי as alluding to a snort (*Eitz Yosef,* from *Yefeh To'ar*), for by interchanging the ה in that word with the similar letter ח, הֲכִי becomes חֲכִי, a cognate of מְחַכֵּךְ (*Maharzu*). [It is also possible that according to the Midrash, *"hachi"* is the actual sound that Esau produced with his snorting.] See Insight Ⓑ.

65. Rather, Esau said, I shall demand that my father retract the blessing given to Jacob and bless me instead (*Yefeh To'ar*).

66. I.e., an inferior, lower-level blessing. The Midrash does not understand אָצַלְתָּ as *reserved, set aside* (as translated above in the verse), for if so the word הִבְדַּלְתָּ should have been used. Rather, אָצַלְתָּ is related to נְצוֹלֶת, empty (*Eitz Yosef*).

INSIGHTS

fundamental exposition on the nature of repentance, explaining that a strict application of Divine Justice would demand that a sinner receive his punishment immediately, with the full severity that is warranted for such an action — even if that entails the sinner's utter destruction — and that there be no avenue for rectifying the sin. God's mercy, however, allows for the postponement of punishment, and for "leniency" in designing the exact punishment for the sin. Thus, if one committed a sin that is punishable by death, he may be punished with financial reversals [poverty is considered a form of "death"], or with a loss of blood from a wound, since blood is described as a person's "soul," and a partial "loss of soul" may be considered like a complete one (see *Koheles Rabbah* 7 §48). Thus, God's Attribute of Justice is *tempered*, but in no way compromised, by His Attribute of Mercy.

But an even greater aspect of God's mercy is its ability to make sins "disappear" from those who fully repent. Just as one can annul a vow by truly regretting what he did and wishing that he never made it, so too if one sincerely regrets a sin and commits to never repeat it, it is as if he retroactively "uprooted" the act, and God considers it as if it never occurred. The penitent is cleansed, and there is no remaining sin to be punished.

According to this explanation, God's accepting repentance does not run counter to the absolute accountability called for by His Justice. Rather, it is another application of His Mercy tempering His Justice, as He allows the penitent's feelings of regret and anguish to replace — and thereby erase — the original desire for the sin and the pleasure experienced in committing it (*Mesillas Yesharim*, end of Ch. 4)

Ⓐ **Esau and the Blessings** Why was Esau concerned about the blessings? He fundamentally denied the existence of God (*Shemos Rabbah* 1 §1; *Bava Basra* 16b); why would an atheist care about the blessings of Abraham and Isaac? Why would their loss evoke *"an exceedingly great and bitter cry?"*

The truth, explains R' Aharon Kotler, is that Esau was not an atheist, at least not in the conventional sense. Esau believed there was a God. Esau had beheld His Presence, which rested in the homes of the Patriarchs, and experienced His frequent miracles there. He could not be an atheist; but he could decide that God was irrelevant to his life and his aspirations; because God was irrelevant to him. It was as if God did not exist (see a similar usage in *Nedarim* 22b).

Like a man standing before the king who rebels against the king to pursue his desires, Esau believed in God, but in the face of temptation, he wantonly flaunted God's rule. He wanted the blessings and believed in their power to enhance his enjoyment of this world. And he was bitterly upset when he was deprived of that (*Mishnas R' Aharon*, Vol. III, pp. 178-180).

Ⓑ **The Purpose of Spitting** According to the standard interpretation (see note 62), Esau sought to express anger and disgust at what he saw as Jacob's deceit by snorting and spitting. *R' Yisrael Salanter,* however, disagrees. The Midrash states in §11 below that Rebecca, seeking to express her disgust at the daughters of Heth whom Esau had married, began to scrape the mucus from her nose and expel it to indicate by this disgusting display how revolting Esau's wives were to her. R' Yisrael argues that Esau would have expressed himself in this more revolting manner had he been seeking to express his anger at Jacob's action, since this was apparently the way displeasure was expressed in those times. Rather, he sees Esau as having an entirely different purpose in mind. The Gemara relates in *Bava Basra* (126b) that when the sage R' Chanina asked a witness how he knew that a certain person was his father's firstborn, he replied that when approached by people with eye ailments, his father would tell them to go to this son, for a firstborn's saliva can heal such ailments — and only the saliva of a *father's* firstborn has this special healing power. Thus, with Esau seeking to prove that his status as Jacob's firstborn remained unchanged, because Jacob's purchase of the birthright was deceitful, he began spitting saliva from his mouth, as if to say, "Go ahead, test it, and you will see from its special healing powers that I am still the true firstborn, and that Jacob's purchase of the birthright and our father's blessings were fraudulent and invalid!" (quoted in *Beis Yitzchak* and printed in *Kedosh Yisrael*, p. 93).

שְׁלשָׁה בִּרְשׁוּתוֹ וּשְׁלשָׁה אֵינָן בִּרְשׁוּתוֹ, הָעַיִן וְהָאוֹזֶן וְהַחוֹטֶם שֶׁלֹּא בִּרְשׁוּתוֹ, חָמֵי מַה דְּלָא בָּעֵי, שָׁמַע מַה דְּלָא בָּעֵי, מְרִיחַ מַה דְּלָא בָּעֵי, הַפֶּה וְהַיָּד וְהָרֶגֶל בִּרְשׁוּתוֹ, אִין בָּעֵי הוּא לָעֵי בְּאוֹרָיְיתָא, אִין בָּעֵי לִישָּׁנָא בִּישָׁא, אִין בָּעֵי מְחָרֵף וּמְגַדֵּף, הַיָּד אִין בָּעֵי הוּא עָבֵיד מִצְוָותָא, אִין בָּעֵי הוּא גָּנֵיב, וְאִין בָּעֵי הוּא קָטֵיל, הָרֶגֶל אִין בָּעֵי הוּא אָזֵיל לְבָתֵּי טְרַטְסִיָּאוֹת וּלְבָתֵּי קִרְקַסְיָאוֹת וְאִין בָּעֵי הוּא אָזֵיל לְבָתֵּי כְנֵסִיּוֹת וּלְבָתֵּי מִדְרָשׁוֹת, וּבְשָׁעָה שֶׁהוּא זוֹכֶה הַקָּדוֹשׁ בָּרוּךְ הוּא עוֹשֶׂה אוֹתָן שֶׁבִּרְשׁוּתוֹ שֶׁלֹּא בִּרְשׁוּתוֹ, הַיָּד, (מלכים א יג, ד) "וַתִּיבַשׁ יָדוֹ אֲשֶׁר שָׁלַח עָלָיו", הַפֶּה, "גַּם בָּרוּךְ יִהְיֶה", הָרֶגֶל, (משלי א, טו-טז) "בְּנִי אַל תֵּלֵךְ בַּדֶּרֶךְ אִתָּם", "כִּי רַגְלֵיהֶם לָרַע יָרוּצוּ":

ד [כז, לד] "כִּשְׁמֹעַ עֵשָׂו אֶת דִּבְרֵי אָבִיו". אָמַר רַבִּי חֲנִינָא: [יא]כָּל מִי שֶׁהוּא אוֹמֵר שֶׁהַקָּדוֹשׁ בָּרוּךְ הוּא וַתְּרָן הוּא, יִתְוַתְּרוּן בְּנֵי מְעוֹהִי, אֶלָּא מַאֲרִיךְ אַפֵּיהּ וְגָבֵי דִּילֵיהּ. זְעָקָה אַחַת הִזְעִיק יַעֲקֹב לְעֵשָׂו דִּכְתִיב "כִּשְׁמֹעַ עֵשָׂו אֶת דִּבְרֵי אָבִיו וַיִּזְעַק זְעָקָה", וְהֵיכָן נִפְרַע לוֹ בְּשׁוּשַׁן הַבִּירָה שֶׁנֶּאֱמַר (אסתר ד,א) "וַיִּזְעַק זְעָקָה גְדוֹלָה וּמָרָה עַד מְאֹד". [כז, לה] "בָּא אָחִיךָ בְּמִרְמָה", רַבִּי יוֹחָנָן אָמַר: בָּא בְּחָכְמַת תּוֹרָתוֹ. [כז, לו] "וַיֹּאמֶר הֲכִי קָרָא שְׁמוֹ יַעֲקֹב וַיַּעְקְבֵנִי", רֵישׁ לָקִישׁ [יב]אָמַר: הִתְחִיל מְחַכֵּךְ בִּגְרוֹנוֹ כְּמַאן דִּמְחַיֵּיךְ וְזוֹרֵק רוֹק מִפִּיו. "וַיֹּאמֶר הֲכִי", "וַיַּעְקְבֵנִי וְגוֹ' אֶת בְּכֹרָתִי לָקָח", וְשָׁתַקְתִּי לוֹ, "וְהִנֵּה עַתָּה לָקַח בִּרְכָתִי", וְשָׁתַקְתִּי לוֹ, "הֲלֹא אָצַלְתָּ לִּי בְּרָכָה" מִן הַנִּיצוֹלֶת:

עץ יוסף

שׁשה דברים משמשין את האדם וכו' שלשה אינן ברשות כו' (כזה"ק): **ובשעה שהוא זוכה כו'**. כלו' כשאדם זוכה הקב"ה עושה שהבא כנגדו יבטל רשותו מאותם הדברים שהן ברשותו (יפ"ת): **הפה גם ברוך יהיה**. דרלה לקללו. והקב"ה הפך הקללה לברכה: **הרגל בני אל תלך כו'**. כי רגליהם לרע ירוצו לרעתם וימהרו לשפוך דמן. כי ה' יוליכם את פועלי און הפך מחשבתם להזיק לאחרים: **(ד) הקדוש ברוך הוא וותרן**. לעבור על כל פשעים (רש"י): **יתוותרון בני מעוהי**. פי' יופקרו חייו וגופו שמורה על הבריות לחטוא. אלא מאריך אפיה לעוברי רלונו וגובה אח"כ את שלו לשלם לו גמול הראוי לו. והא דכתיב נושא עון ועובר על פשע היינו לשבים (יפ"ת): **והיכן נפרע לו כו'**. אעפ"י שיעקב עשה כן במלות אמו. מ"מ לא היה מוכרח לשמוע בזה קול אמו לגנוב דעת אביו. ומ"מ על גניבת דעת אביו לא נענש לפי שבסוף מחל לו: **בחכמת תורתו**. במרמה ת"א בחוכמתא דעל ידה ילמוד להבין ברמאות וכמ"ש בפ' היה נוטל כיון שנכנסה חכמה באדם נכנסה עמו ערמומית: **מחכך בגרונו**. פי' מנענע ונוחר בגרונו כמנהג בני אדם שעושים כן בקלפס על חבריהם ומבקשים לבזותו ורמז זה במלת הכי (יפ"ת): **את בכורתי לקח ושתקתי לו**. משום דלא כייליכהו אהדדי משמע דהכי קאמר לא די שבכורתו לקח ושתקתי לו. ועכשיו שלקח גם ברכתי אשתוק לו זה לא יתכן (יפ"ת): **מן הנצולת**. מן הריקנות והגרועות דהבדלת מיבעי ליה:

פירוש מהרז"ו

(ג) **בני אל תלך וגו'**. ע' מ"כ וי"ל ג' המדרש ע"פ מה שפי' בס' חשק שלמה במשלי שם אם יפתוך חטאים וגו' נארבה לדם נלפנה לנקי חנם. בני אל תלך בדרך אתם וגו' כי רגליהם לרע ירולו וימהרו לשפוך דם דהכוונה שהחטאים יפתוהו שיארבו וילפנו לדם ולא יתוודע רעתם כלל ולא יגיע להם שום נזק ועונש גופני מזה. וע"ז אמר בני אל תלך וגו' כי למען הציל הנקיים מידיהם יעשה הקב"ה שלא יהיו רגליהם ברשותם. ומיד כשיראו את העוברי דרך יקומו מן המארב וימהרו לשפוך דם ולא יחושו אם יש אנשים רואים אותם. ומיד יתוודע רעתם ויבערו אותם מן העולם. ולזה כוון המדרש במ"ש שהרגל אינו ברשותו שנאמר כי רגליהם וגו': **(ד) אמר רבי חנינא**. ירושלמי תענית פ"ב הל' א': **ויזעק זעקה**. וזה היה לו לזכות שהחשיב ברכת אביו ונלטער עליה: **עד מאד**. ואלל מרדכי לא כתוב עד מאד ול"ע: **כמאן דמחייך**. דורש תיבת הכי בחילוף ה' בא' לשון מחכך כדרך המוליא כיח מגרונו דרך שיעול משמיע קול חכוך. וע' במ"ר פ' י"ג סימן ג' ומש"ש בשם תנחומא תלא. וז"ל שם הכי קרא שמו יעקב איכך בגרונו והוליא כו' ע"ש: **ושתקתי לו**. הראשון בניחותא והשני בתמיה: **מן הניצולת**. פי' ליחת המת נקרא נלל ע' נזיר נ' וע' ערוך וע"ל פע"ד ס"ס ג' ומש"ש:

חידושי הרד"ל

(ו) [ג] **העין והאוזן כו'**. שלא ברשותו. ע' נדרים (ל"ב:) ובר"ן שם:

(ז) **רגליהם לרע ירוצו**. עמ"כ ולגי' הס' אפשר דרש רגליהם ליפול ברעה המזומנת להם ירולו בלא רלונם. וכדאמרינן רגלוהי דבר נש איגון ערבין ביה:

(ח) [ד] **בחכמתא**. כמ"ש (משלי ח') אני חכמה שכנתי ערמה וכמו שדרשוהו בסוטה (כ"א ב'):

מסורת המדרש

יא. ירושלמי תענית פרק ב'. מדרש תהלים מזמור י'. תנחומא סדר תשא סימן כ"ו. אסתר רבה סוף פרשה ז' וריש פרשה ח'. ילקוט כאן רמז קט"ו. ילקוט תהלים רמז תרמ"ח. ילקוט אסתר רמז אל"ף כ"ו: יב תנחומא סדר תלא סימן ז':

אם למקרא

וַיְהִי כִשְׁמֹעַ הַמֶּלֶךְ אֶת־דְּבַר אִישׁ־הָאֱלֹהִים אֲשֶׁר קָרָא עַל־הַמִּזְבֵּחַ בְּבֵית־אֵל וַיִּשְׁלַח יָרָבְעָם אֶת־יָדוֹ מֵעַל הַמִּזְבֵּחַ לֵאמֹר תִּפְשֻׂהוּ וַתִּיבַשׁ יָדוֹ אֲשֶׁר שָׁלַח עָלָיו וְלֹא יָכֹל לַהֲשִׁיבָהּ אֵלָיו:
(מלכים א יג:ד)

בְּנִי אַל־תֵּלֵךְ בְּדֶרֶךְ אִתָּם מְנַע רַגְלְךָ מִנְּתִיבָתָם: כִּי רַגְלֵיהֶם לָרַע יָרוּצוּ וִימַהֲרוּ לִשְׁפָּךְ־דָּם:
(משלי א:טו-טז)

וּמָרְדֳּכַי יָדַע אֶת־כָּל־אֲשֶׁר נַעֲשָׂה וַיִּקְרַע מָרְדֳּכַי אֶת־בְּגָדָיו וַיִּלְבַּשׁ שַׂק וָאֵפֶר וַיֵּצֵא בְּתוֹךְ הָעִיר וַיִּזְעַק זְעָקָה גְדֹלָה וּמָרָה:
(אסתר ד:א)

רש"י

(ג) **אין בעי הוא מפליג מצוו'**. אם רולה הוא מחלק מעות ללדקה: **תיאטריות**. חלר המלך שמשחקין שם לפניו: **(ד) כל האומר הקדוש ברוך הוא וותרן**. שמוותר עונות בני אדם ואני עושה רלון ילרי והוא מוחל יתוותרון בני מעוי: **מן הנצולות**. אפילו מן הריקנות:

מתנות כהונה

חמי מה דלא בעי. רואה אפילו מה שאינו חפץ לראותו: **אין בעי כו'**. אם רולה הוא עוסק בתורה ואם רולה עוסק בפיו בלשון הרע. **עביד מצוותא**. נותן ללדקות בידו שהם מלוותא שבלשון ירושלמי הוא ללדקה: **טרטסאות**. שמשחקין שם במיני שחוק והתול וכן קרקסאות: **ותיבש וגו'**. וזה היה לזכות הנביא שלא ירבעם את ידו לתפסו ולמענו היה מהפך את שברשות האדם שלא היה ברשותו: **הפה**. של ילחק שבקש לקלל את יעקב והפכו מקללה לברכה ועיין בתנחומא פר' ז שמאריך בענין הזה מאד: **אל תלך וגו'**. נ"ל ע"כ אעשה שלא תלך בדרך אתם ובתנחומא פר' ז מסיים מקרא מלא הוא מה' מלעדי גבר כוננו ואדם מה יבין דרכו והוא כפתור ופרח: [ד] **כל מי שהוא וכו'**. שהקב"ה מוותר העונות ולפיכך אני עושה רלון ילרי לילך בדרכי לבי: **יתוותרון בני מעיים שלו**. וה"ג בפר' שור שנגח את הפרה ובערוך גרס יתוותרון מעוהי ויומוהי אלא הקב"ה מאריך אפים לעוברי רלונו וגובה אח"כ את שלו לשלם לו גמול הראוי לו: **הזעיק כו'**. יעקב גרס לעשו שזעק זעקה אחת: **בחכמת תורתו**. במרמה תרגום אונקלוס חוכמתא: **מחכך**. מנענע ונוחר בגרונו ועושה הכי כמנהג בני אדם שעושין כן בקלפה על חבריהם אחד ומבקשין לבזותו: **כמאן דמחייך**. מחכך וה"ג בערוך: **ברכתי ושתקתי**. בתמיה: **מן הנצולות**. מן הריקנות והגרועות:

אשד הנחלים

[ג] **שלשה ברשותו**. כלומר אם היו פתוחים. המה מוכרחין בטבען לפעול כפי מוחשן ואכן הידים והרגלים והפה המה ברשות האדם אם יחפוץ יניע אותם. או ינוחו. לפעמים ה' ב"ה משנ' טבעם וכן היה ביצחק. שהיה חפץ לכעוס על יעקב והפכו הקב"ה בפיו דווקא שיברך את יעקב: **שהוא זוכה**. כלומר מפני זכות איש האלהים שהוכיחו יבש יד ירבעם ולא היה בכחו להושיט לרעה לו: **[ד] נפרע**. כי הכלל מעשי אבות סימן לבנים. ועונש בניו הוא מסבת זכות עשו: **בחכמת תורתו**. כי לא יתכן שיצחק כיון על רמאות כפשוטו. כ"א הכוונה מחכמות תורתו. וקרא רמאות. כי עי"ז רימה אותו: **מחכך בגרונו**. מרוב כעס וחימה. ואחז בגרון שגרונו גרם לו שינטל ברכותיו ובכורתו ע"י אכילתו:

וַיַּעַן יִצְחָק וַיֹּאמֶר לְעֵשָׂו הֵן גְּבִיר שַׂמְתִּיו לָךְ וְאֶת כָּל אֶחָיו נָתַתִּי לוֹ לַעֲבָדִים וְדָגָן וְתִירֹשׁ סְמַכְתִּיו וּלְכָה אֵפוֹא מָה אֶעֱשֶׂה בְּנִי.

Isaac answered and said to Esau, "Behold, a lord have I made him over you, and all his kin have I given him as servants; with grain and wine have I supported him, and for you, where — what can I do, my son?" (27:37).

§5 **וַיַּעַן יִצְחָק וַיֹּאמֶר לְעֵשָׂו הֵן גְּבִיר** — ***ISAAC ANSWERED AND SAID TO ESAU, "BEHOLD, A LORD** HAVE I MADE HIM OVER YOU."*

The Midrash comments on a seeming anomaly in Isaac's reply to Esau:

אָמַר רַבִּי בֶּרֶכְיָה: הֵן "גְּבִיר שַׂמְתִּיו לָךְ" בְּרָכָה שְׁבִיעִית — **R' Berechyah said:** ***Behold, a lord I have made him over you*** **is the seventh blessing,**[67] **וְלָמָּה הוּא אוֹמְרָהּ לוֹ תְּחִלָּה** — **and** if so, **why did [Isaac] mention it first?** **אֶלָּא אָמַר לוֹ: מֶלֶךְ עֲשִׂיתִיהוּ עָלֶיךָ וּבִרְכוֹתֶיךָ שֶׁלּוֹ הֵן** — **Rather, [Isaac] was saying to [Esau], "I have made him king,** i.e., master, **over you and** hence **your blessings**[68] **belong to him."** **עַבְדָּא דְּמָאן נִכְסֵי דְּמָאן עַבְדָּא כָּל מַה דִּילֵיהּ לְמָארֵיהּ** — The rule is: **The slave of So-and-so, [the slave's] property** also **belongs to So-and-so; all that is his belongs to the master.**[69]

□ **וְאֶת כָּל אֶחָיו נָתַתִּי לוֹ לַעֲבָדִים ... וּלְכָה אֵיפוֹא** — ***AND ALL HIS KIN HAVE I GIVEN HIM AS SERVANTS;** WITH GRAIN AND WINE HAVE I SUPPORTED HIM, **AND FOR YOU, אֵפוֹא,** ETC.*

The word אֵפוֹא is normally translated as "where," but that does not fit smoothly in the verse here. The Midrash discusses the sense of the word in our context:

בְּרַם לָךְ פִּיתָּךְ אֲפוּיָה — Isaac was saying, **"However, for you, your bread is baked"** (אֲפוּיָה).[70] **רַבִּי יוֹחָנָן ור"ל** — **R' Yochanan and Reish Lakish** offered additional interpretations: **רַבִּי יוֹחָנָן אָמַר: הֶרֶךְ מִמְּנֵי שֶׁפּוּרְנִיתָא אֲפוּיָה לְפָנָיו בְּכָל מָקוֹם** — **R' Yochanan said:** Isaac was telling Esau, **"Leave [Jacob] be,**[71] **for there is an oven baked** (i.e., heated), **in front of him** ready **for you in all circumstances."**[72] **ר"ל אָמַר: הֶרֶךְ מִמְּנֵי שֶׁאַף וְחֵמָה מְסוּרִין לוֹ** — **Reish Lakish said:** Isaac was telling Esau, **"Leave [Jacob] be, because** the traits of **anger and wrath have been given over to him."**[73]

The Midrash interprets a verse in *Isaiah* as a dialogue between God and Isaac regarding Esau:

רַבִּי שִׂמְלַאי וְאָמְרֵי לָהּ בְּשֵׁם רַבִּי אַבָּהוּ — **R' Simlai** said, **and some say** that R' Simlai said **it in the name of R' Abahu:** **אָמַר לוֹ הַקָּדוֹשׁ בָּרוּךְ הוּא כָּךְ הָיִיתָ אוֹמֵר וּלְכָה אֵיפוֹא** — **The Holy One, blessed is He, said to [Isaac], "Such have you said** to Esau, ***'And for you, where*** *— what can I do, my son?'"*[74] **אָמַר לוֹ: "יוּחַן"** — **Isaac responded to Him,** ***"Let him be granted grace"*** (*Isaiah* 26:10).[75] **אָמַר לוֹ: רָשָׁע הוּא** — **[God]** then **said to [Isaac], "[Esau] is** ***wicked!"***[76] **אָמַר לוֹ: "בַּל לָמַד צֶדֶק", לֹא כִיבֵּד אֶת הוֹרָיו** — **[Isaac] replied to [God],** ***"Did he not learn righteousness?"*** (ibid.), i.e., **did he not honor his parents?**[77] **אָמַר לוֹ הַקָּדוֹשׁ בָּרוּךְ הוּא: "בְּאֶרֶץ נְכוֹחוֹת יְעַוֵּל"** — **The Holy One, blessed is He, responded to [Isaac],** ***"He does evil in the direct land"*** (ibid.), **עָתִיד הוּא לִפְשׁוֹט יָדוֹ בְּבֵית הַמִּקְדָּשׁ** — meaning, **[Esau] is destined to stretch his hand out against the holy Temple.**[78] **אָמַר לוֹ: אִם כֵּן הַשְׁפִּיעַ לוֹ שַׁלְוָה בָּעוֹלָם הַזֶּה וּבַל יִרְאֶה גֵּאוּת ה' לֶעָתִיד לָבֹא** — **[Isaac]** then **said to [God], "If so, grant him tranquility in this world and** ***let him not see the exaltedness of the Almighty*** (ibid.) **in the** Messianic **future** yet **to come."**[79]

וַיַּעַן יִצְחָק אָבִיו וַיֹּאמֶר אֵלָיו הִנֵּה מִשְׁמַנֵּי הָאָרֶץ יִהְיֶה מוֹשָׁבֶךָ וּמִטַּל הַשָּׁמַיִם מֵעָל.

So Isaac his father answered and said to him, "Behold, of the fatness of the earth shall be your dwelling and of the dew of the heavens from above" (27:39).

§6 **וַיַּעַן יִצְחָק וַיֹּאמֶר הִנֵּה מִשְׁמַנֵּי הָאָרֶץ יִהְיֶה מוֹשָׁבֶךָ** — *SO ISAAC HIS FATHER **ANSWERED AND SAID** TO HIM, **"BEHOLD OF THE FATNESS OF THE EARTH SHALL BE YOUR DWELLING** AND OF THE DEW OF THE HEAVENS FROM ABOVE."*

Isaac blessed both Jacob and Esau with *the fatness of the earth* and *the dew of the heavens,*[80] but for Esau, Isaac associated *the fatness* and *the dew* specifically with his *dwelling.*[81] The Midrash discusses the connotation of these terms in Esau's blessing:

NOTES

67. *Be a lord to your brothers* (above, v. 29), which follows the blessings of: (1) *the dew of the heavens;* (2) *the fatness of the land;* (3) *abundant grain;* (4) *wine* (v. 28); (5) *peoples will serve you;* and (6) *regimes will prostrate themselves to you* (v. 29). See *Eitz Yosef,* from *Yefeh To'ar.*

68. I.e., whatever material goods with which you would be blessed.

69. See *Pesachim* 88b. Isaac gave precedence to this blessing in order to make Esau a slave of Jacob, thereby precluding Esau from receiving any blessing of his own.

70. Interpreting אֵפוֹא as related to אוֹפֶה, *bake.* That is: As the slave of a master (Jacob) who has been so abundantly blessed, you will have your food (and other needs) provided for generously by your master (*Eitz Yosef;* see also above, 64 §7; see *Matnos Kehunah* and *Yedei Moshe* for other explanations).

71. The word וּלְכָה (lit., *for you*) is written here with a silent ה, a spelling that normally means "go." Accordingly, R' Yochanan understands that Isaac is telling Esau to *go* away from Jacob (*Eitz Yosef*).

72. The Midrash compares Jacob to a lit oven whose coals will burn anyone who attempts to disturb it. So too, vengeance will be exacted from anyone who seeks to harm Jacob (ibid.).

73. To use against his enemies. Reish Lakish interprets אֵפוֹא as a cognate of אַף, *anger* (ibid.; for an alternative explanation see *Maharzu*).

74. Indicating that Isaac regretted the fact that, having given the blessing to Jacob, there was nothing he could do for Esau (*Eitz Yosef*). *Matnos Kehunah* explains that the Midrash here is following the exposition in the previous paragraph that לְכָה אֵפוֹא means, "Your bread is baked," and accordingly Isaac would have been expressing concern for Esau's well-being.

75. Isaac understood from God's objection that Esau was unworthy of blessing. Isaac was arguing that even if he did not deserve blessing in his own merit, he should be granted grace in the merit of his righteous forefathers (*Eitz Yosef,* from *Nezer HaKodesh*).

76. The word רָשָׁע, *wicked,* follows יוּחַן (*Let him be granted grace*) in *Isaiah* 26:10. God was replying that since Esau was not merely undeserving but actively wicked, the merit of his righteous forefathers could not benefit him (*Eitz Yosef,* from *Nezer HaKodesh;* see *Yefeh To'ar* for a different interpretation).

77. Esau was meticulous in fulfilling the obligation of honoring one's parents. See above, 65 §16.

78. The Romans, who destroyed the Second Temple, were descendants of Esau; see *Rashi* to 36:43 below (from *Pirkei DeRabbi Eliezer* Ch. 38). The Temple is referred to as אֶרֶץ נְכֹחוֹת, *the direct land,* since the earthly Temple is positioned directly opposite the celestial Temple above (*Eitz Yosef,* from *Nezer HaKodesh*).

79. After God told him that Esau would destroy the Temple, Isaac conceded that he should not have any share in the Next World and that he should instead receive any reward that he merited in this world (*Eitz Yosef,* from *Nezer HaKodesh;* see also *Yefeh To'ar*).

See also *Megillah* 6a for a similar exposition of this verse.

80. See above, verse 28.

81. See *Yefeh To'ar.*

ה [כז, לז] "וַיַּעַן יִצְחָק וַיֹּאמֶר לְעֵשָׂו הֵן גְּבִיר". אָמַר רַבִּי בֶּרֶכְיָה: "הֵן גְּבִיר שַׂמְתִּיו לָךְ", בְּרָכָה שְׁבִיעִית, וְלָמָּה הוּא אוֹמְרָהּ לוֹ תְּחִלָּה, אֶלָּא אָמַר לוֹ: מֶלֶךְ עֲשִׂיתִיהוּ עָלֶיךָ וּבִרְכוֹתֶיךָ שֶׁלּוֹ הֵן, יג"עַבְדָּא דְּמַאן נִכְסֵי דְּמַאן, עַבְדָּא כָּל מַה דִּילֵיהּ לְמָארֵיהּ. "וְאֶת כָּל אֶחָיו נָתַתִּי לוֹ לַעֲבָדִים", "וּלְכָה אֵיפוֹא", בְּרַם לָךְ פִּיתְּךָ אֲפוּיָה, רַבִּי יוֹחָנָן וְרֵישׁ לָקִישׁ, רַבִּי יוֹחָנָן אָמַר: הֶרֶף מִמֶּנִּי שֶׁפּוּרְנִיתָא אֲפוּיָה לְפָנָיו בְּכָל מָקוֹם, רֵישׁ לָקִישׁ אָמַר: הֶרֶף מִמֶּנִּי שֶׁאַף וְחֵמָה מְסוּרִין לוֹ. רַבִּי שִׂמְלָאי וְאָמְרֵי לָהּ בְּשֵׁם רַבִּי אַבָּהוּ: אָמַר לוֹ הַקָּדוֹשׁ בָּרוּךְ הוּא כָּךְ הָיִיתָ אוֹמֵר וּלְכָה אֵיפוֹא, אָמַר לוֹ (ישעיה כו, י) יד"יוּחַן". אָמַר לוֹ: רָשָׁע הוּא, אָמַר לוֹ: (שם) "בַּל לָמַד צֶדֶק", לֹא כִּבֵּד אֶת הוֹרָיו. אָמַר לוֹ הַקָּדוֹשׁ בָּרוּךְ הוּא: (שם) "בְּאֶרֶץ נְכֹחוֹת יְעַוֵּל", עָתִיד הוּא לִפְשׁוֹט יָדוֹ בְּבֵית הַמִּקְדָּשׁ אָמַר לוֹ: אִם כֵּן הַשְׁפִּיעַ לוֹ שַׁלְוָה בָּעוֹלָם הַזֶּה (שם) "וּבַל יִרְאֶה גֵּאוּת ה'" לֶעָתִיד לָבֹא:

ו [כז, לט] "וַיַּעַן יִצְחָק וַיֹּאמֶר הִנֵּה מִשְׁמַנֵּי הָאָרֶץ יִהְיֶה מוֹשָׁבֶךָ". טוזוֹ אִיטַלְיָאָה, "וּמִטַּל הַשָּׁמַיִם מֵעָל", זוֹ בֵּית גּוּבְרִין. דָּבָר אַחֵר "הִנֵּה מִשְׁמַנֵּי הָאָרֶץ", מִן שְׁמֵינַיָּא דְּאַרְעָא מִן הֵן מִתְעַבְדָּא אַרְעָא שְׁמֵנַיָּא שְׁמֵינִין מִן טַלָּא, "וּמִטַּל הַשָּׁמַיִם מֵעָל". אַנְטוֹנִינוּס שָׁלַח לְרַבֵּינוּ אָמַר לוֹ: בְּגִין דְּתַסְוָורְתָא חַסְרִין מַה נַּעֲבֵיד וּנְמַלֵּא יַתְהוֹן,

עץ יוסף

(ה) **ברכה שביעית היא.** מטל השמים א'. ומשמני הארץ ב'. ורוב דגן ג'. ותירוש ד'. יעבדוך ה'. וישתחוו לך ו'. הוי גביר ז' (יפ"ת): **עבדא דמאן כו'.** העבד אם אתה יודע של מי הוא. גם תדע של מי נכסיו. עבדא כו' העבד וכל אשר לו לאדונו: **ברם לך פיתך אפויה.** כלו' אחר כי תעבוד לאיש משופע כזה ועל פיך ישק הוא וביתו. הלא תהיה לחמך מזומן תמיד בלא טורח בבית אדוניך המבורך. ועל כן מה אעשה לך עוד בני: **הרף ממנו בו'.** משום דכתיב לכה בה"א מפרש ל' הליכה. ומפרש איפה לשון אפיה. וה"פ לך והרף ממנו מיעקב שפורנתו אפויה כלו' שיכוה בגחלתו שתנורו בוערה תמיד להנקם מאויביו (יפ"ת): **ריש לקיש אמר הרף בו'.** מפרש איפוא לשון אף שאף וחימה מסורים לו לשלוט על אויביו: **כך היית אומר בו'.** כלומר שמצטער עליו מה יעשה לו. ותפס עליו הקב"ה כי למה יצטער עליו. והשיב יצחק יוחן כלו' שראוי לרחם עליו בדרך חנינה בזכות אבות. וא"ל הקב"ה רשע הוא ואין זכות אבות מועיל לו. והשיב לו בל למד צדק וכי לא כיבד את הוריו. וע"ז א"ל הקב"ה בארץ נכוחות ועול עתיד לפשוט ידו בביהמ"ק שהוא נוכח ביהמ"ק של מעלה. ואז הודה יצחק ואמר בל יראה גאות ה' בארץ החיים אלא השפיע לו שלוה בעוה"ז (נזה"ק): (ו) **אטליא.** של יון שהיא ארץ שמינה: **בית גוברין.** כך היה נודע להם שבית גוברין הוא מקום מיוחד אשר בו ניכר שכבת הטל לברכה יותר משאר מקומות: **מן שמניא דארעא.** פי' עשירים כמ"ש בערוך שעל ידי ממון עשירים יהיה מושבו וקיום מלכותו וכעובדא דאנטוניוס דבסמוך: **מן מה מתעבדא בו'.** פי' ממה נעשה הארץ שמנה שמגדל שמינים אלו. מן הטל. ששמנונית הארץ וגם עושר אנשים סבתו הטל שעל ידה מתברך כל הארץ בתבואות והסוחרים מרויחים (יפ"ת): **בגין דתסוורתא בו'.** בשביל שאוצרות המלך חסרים מה נעשה שנמלא האוצרות:

פירוש מהרז"ו

(ה) **ברכה שביעית.** דיו"ד ברכות יש. מטל השמים א'. ומשמני הארץ ב'. רוב דגן ג'. ותירוש ד'. יעבדוך עמים ה'. וישתחוו כו' ו'. הוה גביר ז'. וישתחוו לך ב"א ח'. אורריך ארור ט'. ומברכיך ברוך יו"ד: **שפורניתא כו'.** פורנא הוא תנור גדול בבילה ל"ג וע"ל פס"ה סי' י"א: **שאף וחמה.** דמ"ש איפוא מה נוטריקון אף חמה ובחילוף א' בה' וכמש"ל פמ"ד סי' י"ז אימה זו בבל כמ"ש התמלי חימה: (ו) **זו איטליא.** היינו רומי וכמ"ש ביוסיפון שצפו בן אליפז נעשה מלך באיטליא ונשאר הוא וזרעו שם וע"כ תחשב רומי לאדום: **מן שמניא דארעא.** בילקוט הגיר' שמניא דארעא. אנטונינוס וכו' ופי' שמניא דארעא הם העשירים שרי הארץ ומהם יתישב ויתעשר וכ"ה ג"כ בערוך ע' שמן ג' משמניא דארעא הם העשירים מפיק דוכסין כו': **דתסוורתא חסרין.** ע"ל פ' פ"ג ס"ס ד' הכוונה בזה:

רש"י

(ה) **הן גביר שמתיו לך.** והלא ברכה שביעית שברכו ליעקב ולמה הוא אומרה תחלה לעשו כאילו היא ראשונה אלא אמר לו מלך שמתיו לכל ומה מועיל לך אם אברכך שלו הן עבדא למי נכסי למי ברם לך פיתא אפיא מזונותיך מזומנין לך: **אפוא אף וחימה מסורים לך.** כלומר הממשלה בידך להרע: **כך היית אומר לו ולך אפוא.** כלומר כעס עליו שהשליטו: **אמר יצחק לפני הקב"ה.** יוחן זה. א"ל לא יוחן. א"ל בל למד צדק בתמיה כלומר לא כיבד את הוריו. א"ל בארץ נכוחות יעול עתיד לפשוט ידיו בבית המקדש א"ל אם כן השפע לו טובה בעולם הזה ובל יראה גאות ה' וגו': (ו) **זו בית גוברין.** שכל הפרכיות של איטליא היו לשרים ואין כל המקומות משועבדין אלא למס ולא יותר אלא כל מקום ומקום לשר שלו ולאלוף שלו: **בגין דתסוורתא.** אוצרות חסרין:

מתנות כהונה

[ה] **ברכה שביעית היא. עבדא דמאן כו'.** אם אתה יודע של מי העבד גם תדע של מי נכסיו וכדמפרש ואזיל: **עבדא כו'.** העבד כל אשר לו הוא לאדונו ובילקוט גרס עבדא ומה דיליה למאריה: **פיתך אפויה.** כלומר מזונותיך יהיו מזומנים לך כדלקמן משמני הארץ מושבך: **פורניתא אפויה לך גרסינן.** כלומר מוכן הוא ליקח נקמתו ממך ולפי' הרף ממנו: **ואף וחמה כו'.** אפוא דרש נוטריקון אף חימה: **מסורין לו.** ולא תוכל ובפירש"י יש גירסא אחרת: **אמר לו הקב"ה.** ליצחק: **כך היית אומר אפוא.** חזרת לו למלא תקנה וכן אמר למעלה מזונותיך יהיו מצוין לך: **יוחן.** יהיה לו חן מה: **לא כיבד את הוריו כו'.** בתמיה כדלעיל בבגדיו החמודות: **השפיע לו גרסינן:** [ו] **זו בית גוברין.** פירש"י שכל הפרכיות של אטליא היו לשרים ואין כל המקומות משועבדים אלא למס ולא יותר אלא כל מקום ומקום לשר שלו ולאלוף שלו: **מן שמיניא.** פי' הערוך העשירים וכדלקמן מאנטונינוס: **מן הן מתעבדא כו'.** מהיכן נעשה הארץ שמינה שמגדל שמינים אלו מן הטל שמן הטל נתברך הכל וכן מצאתי שוב פירושו בא"ב ובילקוט לא גרס ליה: **בגין דטסוורתא כו'.** בשביל שאוצרות המלך חסרים תרגום של מזויו מלאים תיסבריא פי' אוצרות המונחים בזוית כן פי' הערוך: **מה נעביד כו'.** מה נעשה שנמלא האוצרות:

אשד הנחלים

[ה] **עבדא דמאן.** לפי הענין יתפרש. כי כל הברכות המוזכרות לעיל מיני' הוא רק בעניינים הנפשיים. אבל בברכת הדברים הגשמיים המסתעפים מהדברים הרוחנים עליהם התחנן עשו שיאצל גם עליו. ועל זה השיב כי הוא הגביר והאדון על הטובות הזמניות. כי הטובות ההם נמשכים ממדותיו וממעשיו הטובים. ולכן הוא גביר עליהם. כל שאתה תזכה הוא רק בזכותו. וא"כ כל מה שקנה עבד קנה רבו. ודרש שאמר לו. ועוד מה תדאג על עוה"ז הרי פתך אפויה. כלומר שמזונותיך מוכנים לך. וכאומר ענייני עוה"ב לא תחפוץ. ועל ענייני עוה"ז מה תדאג הרי מזונותיך יהיו מוכנים לך ומה תחפוץ עוד יותר. ודרש מי איפה לשון גמר ואפוי כלומר מה תחפוץ ומה תבקש עוד. ויתכן עוד כי ע"י זכות יעקב יתברך התבל וגם העובדי כוכבים יחיו ברווחה בכלל וא"כ מה תדאג. וא"כ מה אעשה לך. הלא בטובתו יהיה לך טוב. ולכן קרא בשם אפיה. שהוא גמר הבשול. כי ע"י זכות יעקב יוגמר גם לך: [ח] **סנטירו כו'.** מבאר מלת שטימה שהונח על השנאה בלב והנוקם

חידושי הרד"ל

(ט) [ה] **שאף וחמה.** מסורין לך כצ"ל. ר"ל אתה תהיה שליח עברתו שבט אפו וחמתו של הקב"ה לנקום מעוברי רצונו: (י) [ו] **מן שמניא דארעא. ומטל השמים מעל.** אנטונינוס כו' כצ"ל כ"ה בילקוט. ולזה נתכוון הערוך ע' שמן ב' שהביא המ"כ. ומ"ש מן הן מתעבדא כו' והוא איזה פי' וגליון:

חידושי הרש"ש

[ה] **ואת כל אחיו נתתי לו לעבדים בו'.** נראה פירושו ע"פ המדרש לעיל פס"ד אדם צריך לטרוח ולבקש יציאות ביתו והם יושבים בביתם וע"ש במ"כ: **הרף ממנו שפורניתא כו'.** דריש ולכה לשון הליכה כמו לכה אתנו (במדבר י') ופורניתא לשון פת פורני:

מסורת המדרש

יג מגילה דף ט"ז. סנהדרין דף ל' וק"ה: יד מגילה דף ו'. פרקי דרבי אלעזר סוף פרק מ"ט: טו ילקוט כאן רמז קט"ו:

אם למקרא

יֻחַן רָשָׁע בַּל־לָמַד צֶדֶק בְּאֶרֶץ נְכֹחוֹת יְעַוֵּל וּבַל־יִרְאֶה גֵּאוּת ה': (ישעיה כו:י)

ענף יוסף

(ו) **[ומטל השמים מעל זו בית גוברין]** ז"ל בעל נזה"ק ראה ראיתי הלום בילקוט סדר וישלח על פסוק עד אשר אבוא אל אדוני שעירה זו בית גוברין. ומזה מבואר כי בית גוברין היא שעיר שהיא המטרפולין שבמדינת שעיר ולפ"ז ניחא דאמר הנה משמני הארץ יהיה מושביך זו אטאליא של יון שהיא ארץ שמינה וטובה מצד עצמה ומטל השמים זו בית גוברין שהוא הר שעיר והיא ארץ השניה אשר יש בה ג"כ ברכה מיוחדת והיא ברכת טל. ובכן נתברך פה בשני ארצות עכ"ל נזה"ק. והוצרך לפרש פה מלת משמני שהוא מורה על אטאליא ולא כן בפסוק מטל השמים ומשמני הארץ שאצל יעקב. לפי ששם הוא מורה על התבואות והפירות השמינות כפי סדר הכתוב. אבל כאן מורה על מקומות השמנים כי אחריו כתיב יהיה מושבך ולא אמר במושבך כי על הארצות המושבות עצמן הוא חוזר ולא על התבואות ופירותיהן (מזרחי):

זו אִיטַאלְיָאָה — *The fatness of the earth shall be your dwelling* — **this is** referring to **Italy,** where the Romans dwell;[82] "וּמִטַּל הַשָּׁמַיִם מֵעָל", זו בֵּית גּוּבְרִין — ***and of the dew of the heavens from above*** — **this is** referring to **Beis Guvrin.**[83]

דָּבָר אַחֵר "הִנֵּה מִשְׁמַנֵּי הָאָרֶץ" מִן שְׁמֵינַיָּא דְּאַרְעָא — **Another interpretation:** ***Behold, of the fatness of the earth*** means **from the wealthy of the land.**[84] מִן הֵן מִתְעַבְּדָא אַרְעָא שְׁמֵנַיָּא שְׁמֵינִין — **From what did the land become so fat that it produced such wealthy individuals?** מִן טַלָּא, וּמִטַּל הַשָּׁמַיִם מֵעָל — **From the dew,** as the verse concludes here, ***and of the dew of the heavens from above.***[85]

The Midrash relates a story illustrating how a Roman emperor utilized the money of the wealthy for the benefit of his office:

אַנְטוֹנִינוּס שָׁלַח לְרַבֵּינוּ — **Antoninus**[86] **sent** a message **to our master,** i.e., R' Yehudah HaNasi; אָמַר לוֹבְגִין דְּתִסַּוְורָתָא חַסְרִין מַה נַּעֲבִיד וּנְמַלֵּא יַתְהוֹן — in the message **he said to [R' Yehudah HaNasi], "Since the** royal **coffers are depleted, what am I to do** so as **to refill them?"**

NOTES

82. Italy is a very fertile land (*Eitz Yosef*). See Insight Ⓐ.

83. The site of a major Roman fortification and settlement in the Land of Israel, located in the southern coastal plain. It was known for receiving an exceptionally large amount of dew (ibid.).

84. [Our translation of שְׁמֵינַיָּא as "the wealthy" follows *Aruch,* quoted by *Eitz Yosef.*] The meaning of the blessing is that Esau will maintain his kingship with the money of the wealthy; see further (*Eitz Yosef*). The Midrash here is understanding מוֹשָׁב in the sense of "position" rather than "dwelling."

85. The richness of the land and the wealth of these individuals are both a result of the dew, for because of the dew the land produces an abundance of grain, which in turn enriches the grain merchants (ibid., from *Yefeh To'ar*). This passage, from מִן הֵן till וּמִטַּל הַשָּׁמַיִם מֵעָל, is not found in the parallel text in *Yalkut Shimoni* (here §115). *Radal* writes that it is an explanatory gloss that does not belong in the text of the Midrash. See also *Matnos Kehunah* and *Maharzu.*

86. *Doros HaRishonim* identifies him as the Roman emperor Marcus Aurelius, who ruled from 161-180 C.E. In the course of his travels through the empire, he visited Judea. There he met R' Yehudah HaNasi, with whom he formed a lifelong friendship that was of great benefit to the Jewish people.

INSIGHTS

Ⓐ **The "New" Land** *Tosefes Berachah* is troubled as to why the Midrash identifies Italy as מִשְׁמַנֵּי הָאָרֶץ in this verse, rather than the earlier verse (v. 28) in Jacob's blessing that uses the same expression?

He answers that the Midrash found it difficult to understand how Isaac could bless Esau with מִשְׁמַנֵּי הָאָרֶץ, since Isaac had already given this blessing to Jacob, as stated earlier. It therefore answers that this blessing refers to Italy, which, according to the Gemara (*Shabbos* 56b) was under water until the time of King Solomon (see there for further details). Thus, it was not included in the blessing that had been given to Jacob, and Isaac was therefore able to bless Esau with this particular land without encroaching on Jacob's blessing. [A similar approach is also cited in the name of *R' Chaim of Volozhin.*]

ה [כז, לז] "וַיַּעַן יִצְחָק וַיֹּאמֶר לְעֵשָׂו הֵן גְּבִיר". אָמַר רַבִּי בֶּרֶכְיָה: "הֵן גְּבִיר שַׂמְתִּיו לָךְ", בְּרָכָה שְׁבִיעִית, וְלָמָּה הוּא אוֹמְרָהּ לוֹ תְּחִלָּה, אֶלָּא אָמַר לוֹ: מֶלֶךְ עֲשִׂיתִיהוּ עָלֶיךָ וּבִרְכוֹתֶיךָ שֶׁלּוֹ הֵן, יגעַבְדָּא דְּמָאן נִכְסֵי דְּמָאן, עַבְדָּא כָּל מַה דִּילֵיהּ לְמָארֵיהּ. "וְאֶת כָּל אֶחָיו נָתַתִּי לוֹ לַעֲבָדִים", "וּלְכָה אֵיפוֹא", בְּרַם לָךְ פִּיתְּךָ אֲפוּיָה, רַבִּי יוֹחָנָן וְרֵישׁ לָקִישׁ, רַבִּי יוֹחָנָן אָמַר: הֶרֶף מִמֶּנִּי שֶׁפּוּרְנִיתָא אֲפוּיָה לְפָנָיו בְּכָל מָקוֹם, רֵישׁ לָקִישׁ אָמַר: הֶרֶף מִמֶּנִּי שֶׁאַף וְחֵמָה מְסוּרִין לוֹ. רַבִּי שְׂמְלָאי וְאָמְרֵי לָהּ בְּשֵׁם רַבִּי אַבָּהוּ: אָמַר לוֹ הַקָּדוֹשׁ בָּרוּךְ הוּא כָּךְ הָיִיתָ אוֹמֵר וּלְכָה אֵיפוֹא, אָמַר לוֹ (ישעיה כו, י) יד"יוּחַן". אָמַר לוֹ: רָשָׁע הוּא, אָמַר לוֹ: (שם) "בַּל לָמַד צֶדֶק", לֹא כִּיבֵּד אֶת הוֹרָיו. אָמַר לוֹ הַקָּדוֹשׁ בָּרוּךְ הוּא: (שם) "בְּאֶרֶץ נְכוֹחוֹת יְעַוֵּל", עָתִיד הוּא לִפְשׁוֹט יָדוֹ בְּבֵית הַמִּקְדָּשׁ אָמַר לוֹ: אִם כֵּן הַשְׁפִּיעַ לוֹ שַׁלְוָה בָּעוֹלָם הַזֶּה (שם) "וּבַל יִרְאֶה גֵּאוּת ה'" לֶעָתִיד לָבֹא:

ו [כז, לט] "וַיַּעַן יִצְחָק וַיֹּאמֶר הִנֵּה מִשְׁמַנֵּי הָאָרֶץ יִהְיֶה מוֹשָׁבֶךָ". טוזוֹ אִיטַאלְיָאָה, "וּמִטַּל הַשָּׁמַיִם מֵעָל", זוֹ בֵּית גּוּבְרִין. דָּבָר אַחֵר "הִנֵּה מִשְׁמַנֵּי הָאָרֶץ", מִן שְׁמֵינַיָּא דְּאַרְעָא מִן הֵן מִתְעַבְדָא אַרְעָא שְׁמֵנַיָּא שְׁמֵינִין מִן טַלָּא, "וּמִטַּל הַשָּׁמַיִם מֵעָל". אַנְטוֹנִינוּס שָׁלַח לְרַבֵּינוּ אָמַר לוֹ: בְּגִין דְּתַסְוּוֹרְתָא חַסְרִין מַה נַּעֲבֵיד וּנְמַלֵּא יַתְהוֹן,

עץ יוסף

(ה) **ברכה שביעית היא**. מטל השמים א'. ומשמני הארץ ב'. ורוב דגן ג'. ותירוש ד'. יעבדוך ה'. וישתחוו לך ו'. הוי גביר ז' (יפ"ת): **עבדא דמאן כו'**. העבד אם אתה יודע של מי הוא. גם תדע של מי נכסיו. עבדא כו' העבד וכל אשר לו לאדונו: **ברם לך פיתך אפויה**. כלו' אחר כי תעבוד לאיש משופע כזה ועל פיך ישק הוא וביתו. הלא תהיה לחמך מזומן תמיד בלא טורח בבית אדוניך המבורך. ועל כן מה אעשה לך עוד בני: **הרף ממנו כו'**. משום דכתיב לכה בה"א מפרש ל' הליכה. ומפרש איפה לשון אפיה. וה"פ לך והרף ממנו מיעקב שפורנתו אפויה כלו' שיכוה בגחלתו שתנורו בוערה תמיד להנקם מאויביו (יפ"ת): **ריש לקיש אמר הרף כו'**. מפרש איפוא לשון אף שאף וחימה מסורים לו לשלחם על אויביו: **כך היית אומר כו'**. כלומר שמצטער עליו מה יעשה לו. ותפס עליו הקב"ה כי למה יצטער עליו. והשיב יצחק יוחן כלו' שראוי לרחם עליו בדרך חנינה בזכות אבות. וא"ל הקב"ה רשע הוא ואין זכות אבות מועיל לו. והשיב לו בל למד צדק וכי לא כיבד את הוריו. ועו"ז א"ל הקב"ה בארץ נכוחות ועול עתיד לפשוט ידו בביהמ"ק שהוא נוכח ביהמ"ק של מעלה. ואז הודה יצחק ואמר בל יראה גאות ה' בארץ החיים אלא השפיע לו שלוה בעוה"ז (נזה"ק): (ו) **אטליא**. של יון שהיא ארץ שמינה: **בית גוברין**. כך היה נודע להם שבית גוברין הוא מקום מיוחד אשר בו ניכר שכבת הטל לברכה יותר משאר מקומות: **מן שמניא דארעא**. פי' עשירים כמ"ש בערוך שעל ידי ממון עשירים יהיה מושבו וקיום מלכותו וכעובדא דאנטונינוס דבסמוך: **מן מה מתעבדא כו'**. פי' ממה נעשה הארץ שמנה שמגדל שמינים אלו. מן הטל. ששמנונית הארץ וגם עושר אנשים סבתו הטל שעל ידה מתברך כל הארץ בתבואות והסוחרים מרויחים (יפ"ת): **בגין דתסוורתא כו'**. בשביל שאוצרות המלך חסרים מה נעשה שנמלא האוצרות:

פירוש מהרז"ו

(ה) **ברכה שביעית**. דיו"ד ברכות יש. מטל השמים א'. ומשמני הארץ ב'. רוב דגן ג'. ותירוש ד'. יעבדוך עמים ה'. וישתחוו כו' ו'. הוה גביר ז'. וישתחוו לך ב"א ח'. אורריך ארור ט'. ומברכיך ברוך יו"ד: **שפורניתא כו'**. פורנא הוא תנור גדול בבילה ל"ג וע"ל פס"ה סי' י"א: **שאף וחמה**. דמ"ש איפוא מה נוטריקון אף חמה ובחילוף א' בח' וכמש"ל פמ"ד סי' י"ז חימה זו בבל כמ"ש התמלי חימה: (ו) **זו איטליא**. היינו רומי וכמ"ש ביוסיפון שצפו בן אליפז נעשה מלך באיטליא ונשאר הוא וזרעו שם וע"כ תחשב רומי לאדום: **מן שמניא דארעא**. בילקוט הגיר' שמניא דארעא. אנטונינוס וכו' ופי' שמניא דארעא הם העשירים שרי הארץ ומהם יתישב ויתעשר וכ"ה ג"כ בערוך ע' שמן ג' משמניא דארעא הם העשירים מפיק דוכסין כו': **דתסוורתא חסרין**. ע"ל פ' פ"ג ס"ס ד' הכוונה בזה:

רש"י

(ה) **הן גביר שמתיו לך**. והלא ברכה שביעית שברכו ליעקב ולמה הוא אומרה תחלה לעשו כאילו היא ראשונה אלא אמר לו מלך שמתיו לכל ומה מועיל לך אם אברכך שלו הן עבדא למי נכסי למי ברם לך פיתא אפיא מזונותיך מזומנין לך: **אפוא אף וחימה מסורים לך**. כלומר הממשלה בידך להרע: **כך היית אומר לו ולך אפוא**. כלומר כעס עליו שהשליטו: **אמר יצחק לפני הקב"ה**. יוחן זה. א"ל לא יוחן. א"ל בל למד צדק בתמיה כלומר לא כיבד את הוריו. א"ל בארץ נכוחות יעול עתיד לפשוט ידיו בבית המקדש א"ל אם כן השפע לו טובה בעולם הזה ובל יראה גאות ה' וגו': (ו) **זו בית גוברין**. שכל הפרכיות של איטליא היו לשרים ואין כל המקומות משועבדין אלא למס ולא יותר אלא כל מקום ומקום לשר שלו ולאלוף שלו: **בגין דתסוורתא**. אוצרות חסרין:

מתנות כהונה

[ה] **ברכה שביעית היא. עבדא דמאן כו'**. אם אתה יודע של מי העבד גם תדע של מי נכסיו וכדמפרש ואזיל: **עבדא כו'**. העבד כל אשר לו הוא לאדונו ובילקוט גרס עבדא ומה דיליה למאריה: **פיתך אפויה**. כלומר מזונותיך יהיו מזומנים לך כדלקמן משמני הארץ מושבך: **פורניתא אפויה לך גרסינן**. כלומר מוכן הוא ליקח נקמתו ממך ולפי' הרף ממנו: **ואף וחמה כו'**. אפוא דרש נוטריקון אף חימה: **מסורין לו**. ולא תוכל ובפירש"י יש גירסא אחרת: **אמר לו הקב"ה**. ליצחק: **כך היית אומר אפוא**. חזרת לו למצא תקנה וכן אמר למעלה מזונותיך יהיו מכוין לך: **יוחן**. יהיה לו חן מה: **לא כיבד את הוריו כו'**. בתמיה כדלעיל בבגדיו החמודות: **השפיע לו גרסינן**: [ו] **זו בית גוברין**. פירש"י שכל האפרכיות של אטליא היו לשרים ואין כל המקומות משועבדים אלא למס ולא יותר אלא כל מקום ומקום לשר שלו ולאלוף שלו: **מן שמיניא**. פי' הערוך העשירים וכדלקמן מאנטונינוס: **מן הן מתעבדא כו'**. מהיכן נעשה הארץ שמינה שמגדל שמינים אלו מן הטל שמן הטל נתברך הכל וכן מצאתי שוב פירושו בא"ח וילקוט לא גרס ליה: **בגין דטסוורתא כו'**. בשביל שאוצרות המלך חסרים תרגום של מזויו מלאים תיסבריא פי' אוצרות המונחים בזוית כן פי' הערוך: **מה נעביד כו'**. מה נעשה שנמלא האוצרות:

אשד הנחלים

[ה] **עבדא דמאן**. לפי הענין יתפרש. כי כל הברכות המוזכרות לעיל מיני' הוא רק בעניינים הנפשיים. אבל בברכת הדברים הגשמיים המסתעפים מהדברים הרוחנים עליהם התחנן עשו שיאצל גם עליו. ועל זה השיב כי הוא הגביר והאדון על הטובות הזמניות. כי הטובות ההם נמשכים ממדותיו וממעשיו הטובים. ולכן הוא גביר עליהם. כל שאתה תזכה הוא רק בזכותו. וא"כ כל מה שקנה עבד קנה רבו. ודרש שאמר לו. ועוד מה תדאג על עוה"ז הרי פתך אפויה. כלומר שמזונותיך מוכנים לך. וכאומר ענייני עוה"ב לא תחפוץ. ועל ענייני עוה"ז מה תדאג הרי מזונותיך יהיו מוכנים לך ומה תחפוץ עוד יותר. ודרש מי איפה לשון גמר ואפוי כלומר מה תחפוץ ומה תבקש עוד. ויתכן עוד כי ע"י זכות יעקב יתברך התבל וגם העובדי כוכבים יחיו ברווחה בכלל וא"כ מה תדאג. וא"כ מה אעשה לך. הלא בטובתו יהיה לך טוב. ולכן קרא בשם אפיה. שהוא גמר הבשול. כי ע"י זכות יעקב יוגמר גם לך: [ח] **סנטירו כו'**. מבאר מלת שטימה שהונח על השנאה בלב והנוקם

חידושי הרד"ל

(ט) [ה] **שאף וחמה**. מסורין לך כצ"ל. ר"ל אתה תהיה שליח עברתו שבט אפו וחמתו של הקב"ה לנקום מעוברי רצונו: (י) [ו] **מן שמניא דארעא. ומטל השמים מעל**. אנטונינוס כו' כצ"ל כ"ה בילקוט. ולזה נתכוון הערוך ע' שמן ב' שהביא המ"כ. ומ"ש מן הן מתעבדא כו' והוא איזה פי' וגליון:

חידושי הרש"ש

[ה] **ואת כל אחיו נתתי לו לעבדים כו'**. נראה פירושו ע"פ המדרש לעיל פס"ד אדם צריך לטרוח ולבקש יציאות ביתו והם יושבים בביתם וע"ש במ"כ: **הרף ממנו שפורניתא כו'**. דריש ולכה לשון הליכה כמו לכה אתנו (במדבר י') ופורניתא לשון פת פורני:

מסורת המדרש

יג מגילה דף ט"ז. סנהדרין דף צ' וק"ה: יד מגילה דף ו'. פרקי דרבי אלעזר סוף פרק מ"ט: טו ילקוט כאן רמז קט"ו:

אם למקרא

יֻחַן רָשָׁע בַּל־לָמַד צֶדֶק בְּאֶרֶץ נְכֹחוֹת יְעַוֵּל וּבַל־יִרְאֶה גֵּאוּת ה':
(ישעיה כו:י)

ענף יוסף

(ו) **[ומטל השמים מעל זו בית גוברין]** ז"ל בעל נזה"ק ראה ראיתי הלום בילקוט סדר וישלח על פסוק עד אשר אבוא אל אדוני שעירה זו בית גוברין. ומזה מבואר כי בית גוברין היא שעיר שהיא המטרפולין שבמדינת שעיר ולפ"ז ניחא דאמר הנה משמני הארץ יהיה מושבך זו אטאליא של יון שהיא ארץ שמינה וטובה מצד עצמה ומטל השמים זו בית גוברין שהוא הר שעיר והיא ארץ השניה אשר יש בה ג"כ ברכה מיוחדת והיא ברכת טל. ובכן נתברך פה בשני ארצות עכ"ל נזה"ק. והוצרך לפרש פה מלת משמני שהוא מורה על אטאליא ולא כן בפסוק מטל השמים ומשמני הארץ שאצל יעקב. לפי ששם הוא מורה על התבואות והפירות השמינות כפי סדר הכתוב. אבל כאן מורה על מקומות השמנים כי אחריו כתיב יהיה מושבך ולא אמר במושבך כי על הארצות המושבות עצמן הוא חוזר ולא על התבואות ופירותיהן (מזרחי):

נַסְבֵיהּ לִשְׁלִיחָא וְעַיְילֵיהּ לְגוֹ פַּרְדֵּסָא — **[R' Yehudah HaNasi] took the messenger and brought him into the garden,** שָׁרֵי עָקַר פּוּגְלִין רַבְרְבִין וְשָׁתֵיל דְּקִיקִין — where **he began uprooting large radishes and planting small ones** in their stead.[87] אֲמַר לוֹ: הַב לִי אַנְטִיגְרָפָא — **[The messenger] said to him, "Give me a letter** with your response to the emperor." אֲמַר לוֹ: לֵית אַתְּ צָרִיךְ — **[R Yehudah HaNasi] said** back **to [the messenger], "You do not need** a letter."[88]

The messenger reports back to the emperor:

סָלַק לְגַבֵּיהּ — **[The messenger] came to [Antoninus].** אֲמַר לוֹ: דֵּין הֵן אַנְטִגְרָפָא — **[Antoninus] said to him, "Where is the letter** with R' Yehudah HaNasi's response?" אֲמַר לוֹ: לָא יְהִיב לִי כְּלוּם — **[The messenger] said to [the emperor], "He didn't give me anything."** אֲמַר לוֹ: וּמָה אֲמַר לָךְ — **[Antoninus] said to [his messenger], "And what did he say to you?"**[89] אֲמַר לוֹ: לָא אֲמַר לִי כְּלוּם — **[The messenger] said** back **to [Antoninus], "He didn't say anything to me."** אֲמַר לוֹ: וְלָא עֲבַד קוֹדָמָךְ כְּלוּם — **[Antoninus]** then **said to him, "But did he not do something in front of you?"**[90] אֲמַר לוֹ: נַסְבָנִי וְאַעֲלַנִי לְגוֹ פַּרְדֵּסָא — **[The messenger] said to [the emperor], "He took me and brought me into the garden,** שָׁרֵי עָקַר פּוּגְלִין רַבְרְבִין וְשָׁתֵיל דְּקִיקִין — and **began uprooting large radishes and planting small ones,** תְּרָדִין רַבְרְבִין וְשָׁתֵיל דְּקִיקִין חַסִּין רַבְרְבִין וְשָׁתֵיל דְּקִיקִין — uprooting **large chards and planting small ones,** uprooting **large lettuces and planting small ones."**[91]

Antoninus deciphers R' Yehudah HaNasi's cryptic hint:

מִיַּד הֵבִין — **Immediately, Antoninus understood** R' Yehudah HaNasi's intent. שָׁרֵי מַפִּיק דּוּכְּסִין וּמְעַיֵּיל דּוּכְּסִין — **He began removing** his incumbent **ministers and bringing in** new **ministers,**[92] עַד זְמַן דְּאִתְמַלְיָין תַּסְוָרָתָא — **until the time that his coffers were replenished.**

וְעַל חַרְבְּךָ תִחְיֶה וְאֶת אָחִיךָ תַּעֲבֹד וְהָיָה כַּאֲשֶׁר תָּרִיד וּפָרַקְתָּ עֻלּוֹ מֵעַל צַוָּארֶךָ.

By your sword you shall live, but your brother you shall serve; and it shall be that when you are aggrieved, you may cast off his yoke from upon your neck (27:40).

§7 וְעַל חַרְבְּךָ תִחְיֶה — ***BY*** (וְעַל) ***YOUR SWORD YOU SHALL LIVE.***

The Midrash interprets the word עַל (translated above as *by*):

רַבִּי לֵוִי אָמַר — **R' Levi said:** עוּל חַרְבָּךְ — This means **bring in** [עול] **your sword,** i.e., put it inside its sheath,[93] וְאַתְּ חָיֵי — **and you shall live.**[94]

□ וְאֶת אָחִיךָ תַּעֲבֹד — ***BUT YOUR BROTHER YOU SHALL SERVE.***

We have translated תַּעֲבֹד as *you shall serve,* indicating Esau's subservience to Jacob; the Midrash suggests it may have a different meaning:

אָמַר רַבִּי הוּנָא — **R' Huna said:** אִם זָכָה תַּעֲבוֹד וְאִם לָאו תְּאַבֵּד — The connotation of this phrase is: **If [your brother] merits,** then **you will serve** (עבד) him; **but if he does not** merit, **you will destroy** (אבד) him.[95]

□ וְהָיָה כַּאֲשֶׁר תָּרִיד — ***AND IT SHALL BE WHEN*** תָּרִיד.

The sense of the word תָּרִיד (translated above as *when you are aggrieved*) as used in this verse is obscure. The Midrash offers several explanations:

אַתְּ יֵשׁ לָךְ יְרִידִים שְׁוָוקִים וְהוּא יֵשׁ לוֹ שְׁוָוקִים — Isaac was telling Esau, **"You have fairs,** that is, public **marketplaces,**[96]Ⓐ **and [Jacob] has** such **marketplaces;** אַתְּ יֵשׁ לָךְ נִימוּסוֹת וְהוּא יֵשׁ לוֹ נִימוּסוֹת — **you have regulations** for collecting taxes from the fairs,[97] **and he has** such **regulations."**[98]

אָמַר רַבִּי יוֹסֵי בַּר חֲלַפְתָּא — **R' Yose bar Chalafta said:** אִם רָאִיתָ אָחִיךְ פּוֹרֵק עוּלָּהּ שֶׁל תּוֹרָה מֵעָלָיו גְּזוֹר עָלָיו שְׁמָדִים וְאַתָּה שׁוֹלֵט בּוֹ — Isaac was telling Esau, **"If you see that your brother throws off the yoke of Torah from himself,**[99] **enact antireligious decrees against him and** then **you will rule over him."**[100]

NOTES

87. As the Midrash proceeds to explain, this was a symbolic reply to Antoninus' question. It was R' Yehudah HaNasi's wont to reply symbolically rather than verbally to Antoninus, so that others would not understand his response. See *Avodah Zarah* 10a-b (*Eitz Yosef*).

88. R' Yehudah HaNasi was sure that Antoninus would understand the hint he had shown the messenger.

89. Antoninus thought that R' Yehudah HaNasi had not wanted to write anything down but had given an oral reply.

90. Antoninus understood that if he had not said anything verbally, R' Yehudah HaNasi must have done some act to hint at the solution he was suggesting for Antoninus.

91. No mention was made in the account above of R' Yehudah HaNasi uprooting any vegetables other than radishes. However, it appears from *Rashi* that in his version of our Midrash the reference to the chards and the lettuce appeared above as well. Most of the commentators suggest emending our text accordingly.

92. Confiscating the property of the old officials while taking payment from the new for the privilege of being appointed to high government positions (*Eitz Yosef,* from *Aruch*).

93. The word עול in Aramaic means *to enter* or *to bring inside.*

94. That is, refrain from using the sword against the Jewish people (for you shall not be successful against them) and then you shall live (*Eitz Yosef,* from *Yefeh To'ar*). According to *Rashi*, the meaning is that Esau himself should refrain from killing. [The parallel text in *Yalkut Shimoni* here (§115) reads: תִּטוֹל חַרְבָּךְ וְאַתְּ חָיֵי, *take your sword and you shall live*; accordingly, Isaac was blessing Esau that he would use the sword successfully and not be killed in battle; see *Ramban* on our verse (*Matnos Kehunah*).]

95. Since the *ayin* and the *aleph* are pronounced similarly, they are at times interchangeable (see *Matnos Kehunah*). Other versions of the Midrash have the text, אִם זָכָה תַּעֲבֹד וְאִם לָאו תַּעֲבֵד, *If [your brother] merits you will serve (him) but if not, you will enslave him,* changing the vowelization of the word but retaining the spelling. See *Eitz Yosef,* from *Yefeh To'ar.*

96. Where merchants gather to engage in business and trade (*Yefeh To'ar*). The Midrash is interpreting תָּרִיד as derived from the word, יָרִיד, *fair.* See Insight Ⓐ.

97. The ruler of the city would collect a tax from the business conducted at the fair.

98. That is, at times Jacob shall be dominant and the fairs shall be his fairs and he will be the one collecting the tax from you, as the verse states, וְאֶת אָחִיךָ תַּעֲבֹד, *but your brother you shall serve.* However, as the verse concludes, at times תָּרִיד, you will be the one making the fairs and you will be the one collecting the tax from Jacob (*Eitz Yosef,* from *Yefeh To'ar*). [See *Rashi* and *Matnos Kehunah* for an alternative understanding of this passage; see also *Ohr HaSeichel.*]

99. R' Yose bar Chalafta understands the word תָּרִיד in accordance with the translation of *Onkelos*: וִיהֵי כַּד יַעְבְּרוּן בְּנוֹהִי עַל פִּתְגָּמֵי אוֹרַיְתָא, *when his* (Jacob's) *children will "transgress" the words of the Torah* (*Eitz Yosef*); see also *Targum Yonasan.*

100. That is, if you see that the Jews are becoming lax in their observance of the Torah and therefore you are granted dominion over them, prohibit them from any religious observance and you will thereby make your dominion permanent (*Ohr HaSeichel*).

INSIGHTS

Ⓐ **Fairs of Esau** *Ohr HaSeichel* understands the Midrash to refer to a time that Jacob will have fairs *in imitation* of Esau's fairs. When Jacob seeks to imitate Esau's culture and lifestyle, then Jacob forfeits his right to dominance over Esau, enabling Esau to rebel and cast off his yoke. Accordingly, when the Midrash associates תָּרִיד with יָרִיד, *fair,* it means also to interpret it in the sense of יְרִידָה, *descent,* meaning that when Jacob descends and lowers himself to Esau's level, Esau will regain dominion. The verse employs the second person, תָּרִיד, *you* (i.e., Esau) *shall descend,* to refer to the descent of Jacob, in recognition that it is the cultural influence of Esau that is responsible, in great measure, for Jacob's spiritual decline.

חידושי הרד"ל

(יא) [ז] ויצחק היכן הוא. ע׳ שבת (פט:):

חידושי הרש"ש

[ו]{מיד הבין שרי מפיק וכו׳ עד זמן דאתמליין תסוורתא. כ"ל פי׳ כי כן דרך ממונים ופקידים חדשים לחדש הכנסות חדשות:}

[ז]{ויצחק היכן הוא מי שהוא אומר לו גזור עליו כו׳. בשבת פ"ט ב׳ דרש להיפך ע"ש:}

נַסְבֵיהּ לִשְׁלִיחָא וְעַיְילֵיהּ לְגוֹ פַּרְדֵּסָא, שָׁרֵי עָקַר פּוּגְלִין רַבְרְבִין וְשָׁתֵיל דְּקִיקִין. אֲמַר לוֹ: הַב לִי אַנְטִיגְרָפָא. אֲמַר לוֹ: לֵית אַתְּ צְרִיךְ. סְלֵיק לְגַבֵּיהּ, אֲמַר לוֹ: דֵּין הֲן אַנְטִיגְרָפָא, אֲמַר לוֹ: לָא יְהִיב לִי כְּלוּם. אֲמַר לוֹ: וּמָה אֲמַר לָךְ, אֲמַר לוֹ: לָא אֲמַר לִי כְלוּם. אֲמַר לוֹ: וְלָא עֲבַד קוֹדָמָךְ כְּלוּם, אֲמַר לוֹ: נַסְבַנִי וְאַעֲלַנִי לְגוֹ פַּרְדֵּסָא, שָׁרֵי עָקַר פּוּגְלִין רַבְרְבִין וְשָׁתֵיל דְּקִיקִין, תְּרָדִין רַבְרְבִין וְשָׁתֵיל דְּקִיקִין, חַסִּין רַבְרְבִין וְשָׁתֵיל דְּקִיקִין. מִיַּד הֵבִין. שָׁרֵי מַפִּיק דּוּכָּסִין וּמְעַיֵּיל דּוּכָּסִין עַד זְמַן דְּאִתְמַלְיָין תְּסַוְורָתָא:

ז [כז, לט] **"וְעַל חַרְבְּךָ תִחְיֶה. רַבִּי לֵוִי אָמַר: עוּל חַרְבָּא וְאַתְּ חָיֵי. "וְאֶת אָחִיךָ תַּעֲבוֹד", אָמַר רַבִּי הוּנָא: אִם זָכָה תַּעֲבוֹד וְאִם לָאו תְּאַבֵּד. "וְהָיָה כַּאֲשֶׁר תָּרִיד", אַתְּ יֵשׁ לְךָ יְרִידִים שְׁוָוקִים וְהוּא יֵשׁ לוֹ שְׁוָוקִים, אַתְּ יֵשׁ לָךְ נִימוּסוֹת וְהוּא יֵשׁ לוֹ נִימוּסוֹת. אָמַר רַבִּי יוֹסֵי בַּר חֲלַפְתָּא: אִם רָאִיתָ אָחִיךְ פּוֹרֵק עוּלָּהּ שֶׁל תּוֹרָה מֵעָלָיו, גְּזוֹר עָלָיו שְׁמָדִים וְאַתָּה שׁוֹלֵט בּוֹ. הָדָא הוּא דִכְתִיב** (ישעיה סג, טז) **טז"כִּי אַתָּה אָבִינוּ כִּי אַבְרָהָם לֹא יְדָעָנוּ וְיִשְׂרָאֵל לֹא יַכִּירָנוּ". וְיִצְחָק הֵיכָן הוּא מִי שֶׁהוּא אוֹמֵר לוֹ גְּזוֹר עָלָיו שְׁמָדִים אֶת מַתְכִּיפוֹ לָאָבוֹת:**

ח [כז, מ] **"וַיִּשְׂטֹם עֵשָׂו", יז"אָמַר רַבִּי אֶלְעָזָר בַּר יוֹסֵי: סֶנַטֵּירוֹ וְנַעֲשָׂה לוֹ שׂוֹנֵא וְנוֹקֵם וְנוֹטֵר עַד כַּדֵּין קָרְיָין סַנְטְרוֹי דְּרוֹמִי. "וַיֹּאמֶר עֵשָׂו בְּלִבּוֹ", יח"הָרְשָׁעִים בִּרְשׁוּת לִבָּן** (תהלים יד, א) **"אָמַר נָבָל בְּלִבּוֹ", "וַיֹּאמֶר עֵשָׂו בְּלִבּוֹ",** (מלכים א יב, כו) **"וַיֹּאמֶר יָרָבְעָם בְּלִבּוֹ",** (אסתר ו, ו) **"וַיֹּאמֶר הָמָן בְּלִבּוֹ", אֲבָל הַצַּדִּיקִים לִבָּן בִּרְשׁוּתָן** (שמואל א א, יג)

נסביה בו׳. לקח רבי את השליח והכניסו לתוך הפרדס והתחיל לעקור לנוטות גדולות ונטע במקומן לנוטות קטנות. שכן היה דרכו להשיבו ברמיזות כדי שלא יבינו זולתם כדמייתי בפ"ק דאלילים: **פוגלין רברבין ושתל דקיקין תרדין.** (פי׳ סילקא) **רברבין ושתיל דקיקין. חסין.** (פי׳ חזרת) **רברבין ושתיל דקיקין א"ל הב.** כל"ל (מת"כ): **הב לי אנטיגריפא.** השליח אמר לר׳ תן לי איגרת אל המלך. תרגום פתשגן הכתב אנטיגרפין. והוא לשון יוני: **סליק לגביה בו׳.** עלה השליח אל המלך וא"ל המלך היכן כתב איגרת א"ל לא נתן לי כלום: **ולא עבד בו׳.** ולא עשה לפניך כלום: **א"ל נסבני בו׳.** לקחני והכניסני לתוך פרדס והתחיל לעקור כו׳: **מיד הבין.** המלך מה שרמז לו רבי והתחיל והוליא והעביר דוכסין הישנים והכניס חדשים: **עד דמתמלאין תסוורתא.** עד שנתמלאו האוצרות ממון. שהיה נוטל ממון היוצאין והנכנסין היו מביאים שוחד כדפי׳ בערוך: **(ז) על חרבך.** פירוש הכנס את חרבך לתוך נדנה שלא תשתמש בה נגד ישראל ואתה תחיה (יפ"ת). ובילקוט גרים תטיל חרבך ואת חיי: **אם זכה תעבוד בו׳.** פי׳ אם זכה יעקב תעבוד אותו ואם לא תעבד ממנו דיש אם למקרא ולמסורת (יפ"ת): **את יש לך ירידין.** דריש תריד ל׳ יריד דהיינו שוק שמתקבלים בו הסוחרים (ושווקים הכתוב בפנים הוא פירושו של ירידים) ויש ממנה הכנסה למושל העיר ופעמים יהיה זה נותן מכס לזה. ופעמים איפכא (יפ"ת): **אם ראית אחיך בו׳.** מפרש תריד כתרגומו כו׳ יעברון בנוהי על פתגמי אורייתא ותעדי ניריה מעל צווארך: **גזור עליו בו׳.** ומאז אתה שולט בו: **ויצחק היכן הוא.** שאינו מזכירו עמהם: **את מתכיפו לאבות.** פי׳ אתה מצרפו ומחברו לאבות (מת"כ): **(ח) [ז] אמר אלעזר בר רבי יוסי נעשה לו שונא בו׳.** כל"ל ופירוש דויסטוס לשון נוטריקון שונא ונוקם ונוטר. ומייתי סמך מהא שעוד היום קורין לאויב הרומי סנטורין דרומי שהוא לשון נוטריקון שונא ונוקם ונוטר (יפ"ת): **הרשעים ברשות לבם.** עיין מ"ש לעיל פרשה ל"ד סימן י"ח:

אנתגריפא. כתב במו"ע תרגום פתשגן הכתב אנטרופין דאגרתא וכן בל"י ורומי: **(ז) אם זכה תעבוד.** שהקרי תעבוד משמע לאחר והכתיב תעבד משמע שאחרים יעבדוהו. וע"ל פס"ג ס"ס ז׳ ורבה יעבוד ג"כ באופן זה: **(ח) הרשעים ברשות לבם.** לעיל פמ"ד סי׳ יו"ד וש"נ:

רש"י

עוקר פוגלין רברבין. היה עוקר לנוטות גדולים: **ושתיל דקיקין.** ושותל במקומן לנוטות קטנים: **תרדין.** סילקי: **חסין.** חזרת: **אנטיגרפא.** כתב: **שרי.** התחיל: **(ז) עול חרבך ואת חיי.** הכנס חרבך לנדנה שלא תרלא ואתה תחיה: **את יש לך ירידים שווקים.** תריד דורש כלומר עת שיהא הוא שולט וכשתראה שעתך עומדת בהן אז ופרקת עולו: **אמר רבי יוסי בן אלעזר** כך אמר יצחק לעשו אם ראית יעקב אחיך פורק עולה של תורה מעל צוארו גזור עליו גזירות ואת שולט בו. תריד דורש כלומר בשעה שמניח דתו של הקב"ה אתה יכול לו הדא הוא דכתיב כי אתה אבינו כי אברהם לא ידענו וישראל לא יכירנו יצחק לא נאמר בו לפי שלא די לו שלא ביקש עלינו רחמים אלא שאמר לגזור עלינו גזירות מי שהוא אומר גזור עליו גזרות אתה מתכיפו לאבות בתמיה לפיכך לא הזכירו: **(ח) סנטרוי.** נוטריקון שונא נוקם ונוטר:

מתנות כהונה

נסביה בו׳. לקח ר׳ את השליח והכניסו לתוך הפרדס והתחיל לעקור לנוטות גדולות ונטע במקומם לנוטות קטנות: **ה"ג בילקוט ובפי׳ רש"י.** וכן מוכח לקמן ושתול דקיקין תרדין רברבין ושתול דקיקין חסין רברבין ושתול דקיקין **אמר ליה.** הב כו׳: **תרדין.** פירש רש"י סילקא: **חסא.** חזרת: אמר ליה השליח לרבינו תן לי איגרת וכתוב בתוכה תשובה למלך: **אנטיגרפא.** פירש הערוך כתב איגרת וע"ש הקולמוס שנכתב בו נקרא כן: **סלק לגביה בו׳.** עלה השליח אל המלך וא"ל המלך היכן כתב איגרת א"ל לא נתן לי כלום: **ולא עבד בו׳.** ולא עשה לפניך כלום: **ה"ג א"ל נסבני בו׳.** לקחני והכנסני לתוך הפרדס והתחיל עקר כו׳: **מיד הבין.** המלך הבין מה שרמז לו רבי והתחיל והוליא והעביר דוכסין הישנים ונטל את שלהם והכנים חדשים תחתיהם ונותנין לו ממון הרבה שאחד עד שנתמלאו האוצרות כ"פ הערוך ערך שמן: **[ז] עול חרבך.** פירש"י הכנים לתוך נדנה שלא תרלא ואתה תחיה אבל בילקוט גרס תטול חרבך ואת חיי ועיין ברמב"ן פר׳ זו: **אם זכה.** האח יעקב תעבוד לו ואם לא יזכה תאבד אותו קרי ביה תאבד בחילוף אל"ף בעיי"ן באותיות אחה"ע ובילקוט גרס תעבד כלומר תשעבד בו: **ירידים.** יום השוק קרוי יריד ושווקים הכתוב בפנים הוא פירושו של ירידים וכ"ה בילקוט ופירש"י כלומר אתה יש לך עת ששעתך יעמוד וכן יעקב ואם תראה שיעמוד לך שעתך ופרקת וגו׳. א"ר יוסי. פירש"י כך אמר יצחק לעשו אם ראית אחיך כו׳ ודריש תריד שתרד מעליו עול תורה או הוא מלשון אריד בשיחי וכדמפרש רש"י בפירוש החומש: **היכן הוא.** כלומר למה אינו מזכירו שם והשיב מי שהוא כו׳: מתכיפו. מצרף ומחבר אותו כדאמרת ב׳ תכיפות או ג׳ תכיפות: **[ח] סנטרוי נעשה** גרסינן ובערוך ובילקוט לא גרס סנטרוי: **סנטרוי** נוטריקון שונא נוקם ונוטר: **עד בדין בו׳.** עד עתה עוד היום קורים ליהודים שונאים של רומיים ועיין ערוך ערך סנטר: **ברשות לבן.** ברשות יצרן הרע:

אשד הנחלים

בעת שרואה צרות זולתו ונוטר תמיד השנאה ובכלל׳ יחד נקראת שטימ׳ ובל"עז סנטירו: **ברשות לבן.** הלב הונח על התחלת הרצון שעל הרוב פועל בתאווה ובחמדה כמ"ש כי יצר לב האדם רע רק השכל מושל עליו להשביחו ולהכניעו. אך הרשעים שהורגלו מאוד

מסורת המדרש

טז עיין ילקוט ישעיה רמז שס"ח:

יז ירושלמי עבודת כוכבים פרק א׳:

יח לעיל פרשה ל"ד. אסתר רבה פרשה י׳. קהלת רבה פרשה ה׳. מדרש תהלים מזמור י"ד. ילקוט סדר נח רמז ס"א. ילקוט שמואל א׳ רמז ע"ח:

אם למקרא

כִּי־אַתָּה אָבִינוּ כִּי אַבְרָהָם לֹא יְדָעָנוּ וְיִשְׂרָאֵל לֹא יַכִּירָנוּ אַתָּה ה׳ אָבִינוּ גֹּאֲלֵנוּ מֵעוֹלָם שְׁמֶךָ: (ישעיה סג:טז)

לַמְנַצֵּחַ לְדָוִד אָמַר נָבָל בְּלִבּוֹ אֵין אֱלֹהִים הִשְׁחִיתוּ הִתְעִיבוּ עֲלִילָה אֵין עֹשֵׂה־טוֹב: (תהלים יד:א)

וַיֹּאמֶר יָרָבְעָם בְּלִבּוֹ עַתָּה תָּשׁוּב הַמַּמְלָכָה לְבֵית־דָּוִד: (מלכים א יב:כו)

וַיָּבוֹא הָמָן וַיֹּאמֶר לוֹ הַמֶּלֶךְ מַה־לַּעֲשׂוֹת בָּאִישׁ אֲשֶׁר הַמֶּלֶךְ חָפֵץ בִּיקָרוֹ וַיֹּאמֶר הָמָן בְּלִבּוֹ לְמִי יַחְפֹּץ הַמֶּלֶךְ לַעֲשׂוֹת יְקָר יוֹתֵר מִמֶּנִּי: (אסתר ו:ו)

וְחַנָּה הִיא מְדַבֶּרֶת עַל־לִבָּהּ רַק שְׂפָתֶיהָ נָּעוֹת וְקוֹלָהּ לֹא יִשָּׁמֵעַ וַיַּחְשְׁבֶהָ עֵלִי לְשִׁכֹּרָה: (שמואל א א:יג)

הָדָא הוּא דִכְתִיב "כִּי אַתָּה אָבִינוּ כִּי אַבְרָהָם לֹא יְדָעָנוּ וְיִשְׂרָאֵל לֹא יַכִּירָנוּ" — **Thus it is written, *For You are our Father; though Abraham may not know us and Israel may not recognize us,*** *You, HASHEM, are our Father* (*Isaiah* 63:16);[101] וְיִצְחָק הֵיכָן הוּא — **and Isaac, where is he?**[102] מִי שֶׁהוּא אוֹמֵר לוֹ גְּזוֹר עָלָיו שְׁמָדִים אַתְּ מִתְכַּפֵּו לָאָבוֹת — **The one who told Esau to enact antireligious decrees against them, you would join with the** other **Patriarchs to defend Israel?!**[103]

וַיִּשְׂטֹם עֵשָׂו אֶת יַעֲקֹב עַל הַבְּרָכָה אֲשֶׁר בֵּרְכוֹ אָבִיו וַיֹּאמֶר עֵשָׂו בְּלִבּוֹ יִקְרְבוּ יְמֵי אֵבֶל אָבִי וְאַהַרְגָה אֶת יַעֲקֹב אָחִי.
Now Esau hated Jacob because of the blessing with which his father had blessed him; and Esau said in his heart, "The days of mourning for my father shall draw near, then I will kill my brother Jacob" (27:41).

§8 **וַיִּשְׂטוֹם עֵשָׂו** — *NOW ESAU HATED* JACOB.

The Midrash sees a connection between this verse and a common Roman term:

אָמַר ר"א בַּר יוֹסֵי — **R' Elazar ben Yose said:** סָנַטֵירוֹ — The word ***sanatoroi*** is derived from here, וְנַעֲשָׂה לוֹ שׂוֹנֵא וְנוֹקֵם וְנוֹטֵר — for the meaning of וַיִּשְׂטֹם is: **"and [Esau] became [Jacob's] enemy, and one who seeks revenge and one who bears a grudge."**[104] עַד כַּדִּין קָרְיָין סַנְטְרוֹי דְּרוֹמִי — Even **until today** (lit., *now*) **[the Romans] proclaim, "The *sanatoroi* of Rome."**[105] Ⓐ

וַיֹּאמֶר עֵשָׂו בְּלִבּוֹ ☐ — *AND ESAU SAID IN HIS HEART.*

The Midrash finds Esau in our verse exemplifying a characteristic typical of the wicked:[106]

הָרְשָׁעִים בִּרְשׁוּת לִבָּן — **The wicked are controlled by their hearts,** אָמַר נָבָל בְּלִבּוֹ — as indicated by the verse, ***The degraded one says in his heart,*** *"There is no God!"* (*Psalms* 14:1).[107] "וַיֹּאמֶר עֵשָׂו בְּלִבּוֹ" — Similarly, Scripture states, ***And Esau said in his heart,*** *"May the days of mourning for my father draw near."* "וַיֹּאמֶר יָרָבְעָם בְּלִבּוֹ" — And, ***Jeroboam then said in his heart*** *". . . If this people go to bring offerings in the Temple of HASHEM in Jerusalem . . . they will kill me and return to Rehoboam, king of Judah"* (*I Kings* 12:26). "וַיֹּאמֶר הָמָן בְּלִבּוֹ" — And, ***Haman said in his heart,*** *"Whom would the king especially want to honor more than me?"* (*Esther* 6:6).[108]

The Midrash contrasts the wicked with the righteous:

אֲבָל הַצַּדִּיקִים לִבָּן בִּרְשׁוּתָן — **The righteous, however, are in control of their hearts,**[109]

NOTES

101. The verse is saying that even if Abraham and Israel (Jacob) are unable to aid the Jewish people in a time of distress, You, God, are our Father and will aid us. See commentators on the verse.

102. Why is Isaac not mentioned in the verse along with Abraham and Jacob?

103. [The Midrash is critical of Isaac for having so advised Esau. It maintains that for this reason Isaac was excluded from the verse that enumerates the forefathers who might aid Israel.]

[See *Shabbos* 89b, which draws the opposite inference from this verse, i.e. that Isaac's exclusion indicates that he stands ready to defend the Jewish people even when Abraham and Jacob do not.]

104. *Sanatoroi* is a contraction of שׂוֹנֵא (*sonai*), נוֹקֵם (*nokaim*) and נוֹטֵר (*notair*). *Eitz Yosef*, following *Yefeh To'ar*, writes that the Midrash means that שטם (the root of וַיִּשְׂטֹם) is a similar contraction: שׂוֹנֵא נוֹטֵר נוֹקֵם.

[*Eitz Yosef*, following *Yefeh To'ar*, deletes the word סנטרוי from our text. The Midrash simply states that וַיִּשְׂטֹם means נַעֲשָׂה לוֹ שׂוֹנֵא נוֹקֵם וְנוֹטֵר. See also *Aruch* (s.v. סנטר) and *Yalkut Shimoni* here (§115).]

105. *Eitz Yosef*, from *Yefeh To'ar*, writes that the Romans referred to their enemies as the *sanatoroi* of Rome; see also *Matnos Kehunah*. According to *Mussaf HeAruch*, סנטר (*senator*) is a term for a Roman official and counselor; the Midrash then would be saying that the Romans call their officials *sanatoroi* because they are expected to be enemies of, seek revenge, and bear the grudge against, the descendants of Jacob. See Insight Ⓐ.

106. This passage is also found above, 34 §10. The commentators primarily discuss the passage there, referencing here what they had written there. Unless otherwise stated, the citations of the commentaries in the notes here refer to their remarks above.

107. They are controlled by their desire and their evil inclination. Accordingly, their thoughts emerge from their base desires. This is expressed by the phrase אָמַר בְּלִבּוֹ, *says in his heart,* in the verse in *Psalms* and in the coming examples (see *Eitz Yosef*).

108. In all the examples cited here, it is clearly the person's desire and/or his evil inclination that is "speaking" (see *Eitz Yosef*, s.v. ויאמר המן בלבו).

109. The righteous control their desires, in accordance with God's will (*Eitz Yosef*).

INSIGHTS

Ⓐ **Esau's Anger** It would appear from the Midrash that it was only after Esau lost the blessings to his rival Jacob that emotions of unadulterated hatred and vengeance became his obession.

In a related observation, *R'Yonasan Eibeshutz* was once asked why a God-fearing Jew who has a halachic question regarding the *kashrus* of an animal will immediately go to a Rav for a ruling; and if the ruling is that an item is prohibited, he will accept it without hesitation or dispute, regardless of the monetary loss involved. Yet that same person will often take liberties in monetary matters, and will only go to a Rav or a *beis din* (Jewish court) when forced by a claimant to do so. Even then, if the rabbi or court rules against him, he will often deride and defame the rabbi or court. How is it that one who would gladly lose a valuable animal because of the prohibition against eating a nonkosher food does not care in the least about the prohibition of stealing from his fellow?

R' Yonasan explains that in the case of the *kashrus* issue, although the person may suffer financial loss, no one else is gaining. But in business or financial matters, when he loses, somebody else gains, and the anguish of seeing the other person profiting at his expense is what distresses him, blinding him to rational thought.

This is a characteristic of Esau, of whom the verse says, וַיִּשְׂטֹם עֵשָׂו אֶת יַעֲקֹב עַל הַבְּרָכָה אֲשֶׁר בֵּרְכוֹ אָבִיו, *Esau hated and sought vengeance* ***because of the blessing that Jacob received from his father*** — despite the fact that he, too, was blessed.

עץ יוסף

נסביה כו'. לקח רבי את השליח והכניסו לתוך הפרדס והתחיל לעקור לנוטות גדולות ונטע במקומן לנוטות קטנות. שכן היה דרכו להשיבו ברמיזות כדי שלא יבינו זולתם כדמייתי בפ"ק דאלילים: **פוגלין רברבין ושתל דקיקין תרדין.** (פי' סילקא) **רברבין ושתיל דקיקין. חסין.** (פי' חזרת) **רברבין ושתיל דקיקין א"ל הב.** כצ"ל (מת"כ): **הב לי אנטיגריפא.** השליח אמר לר' תן לי איגרת אל המלך. תרגום פתשגן הכתב אנטיגרפין. והוא לשון יוני: **סליק לגביה כו'.** עלה השליח אל המלך וא"ל המלך היכן כתב איגרת א"ל לא נתן לי כלום: **ולא עבד כו'.** ולא עשה לפניך כלום: **א"ל נסבני כו'.** לקחני והכניסני לתוך פרדס והתחיל לעקור כו': **מיד הבין.** המלך מה שרמז לו רבי והתחיל והוציא והעביר דוכסין הישנים והכניס חדשים: **עד דמתמלאין תסוורתא.** עד שנתמלאו האוצרות ממון. שהיה נוטל ממון היוצאין והנכנסין היו מביאים שוחד כדפי' בערוך: **(ז) על חרבך.** פירוש הכנס את חרבך לתוך נדנה שלא תשתמש בה נגד ישראל ואתה תחיה (יפ"ת). ובילקוט גריס תטיל חרבך ואת חיי: **אם זכה תעבוד כו'.** פי' אם זכה יעקב תעבוד אותו ואם לא תעבד ממנו דיש אם למקרא ולמסורת (יפ"ת): **את יש לך ירידין.** דריש תריד ל' יריד דהיינו שוק שמתקבלים בו הסוחרים (ושווקים הכתוב בפנים הוא פירושו של ירידים) ויש ממנה הכנסה למושל העיר ופעמים יהיה זה נותן מכס לזה. ופעמים איפכא (יפ"ת): **אם ראית אחיך כו'.** מפרש תריד כתרגומו כו' יעברון בנוהי על פתגמי אורייתא ותעדי ניריה מעל צווארך: **גזור עליו כו'.** ומאז אתה שולט בו: **ויצחק היכן הוא.** שאינו מזכירו עמהם: **את מתכיפו לאבות.** פי' אתה מלרפו ומחברו לאבות (מת"כ): **(ח) [ז] אמר אלעזר בר רבי יוסי נעשה לו שונא כו'.** כצ"ל ופירוש דויסטוס לשון נוטריקון שונא ונוקם ונוטר. ומייתי סמך מהא שעוד היום קורין לאויב הרומי סנטורין דרומי שהוא לשון נוטריקון שונא ונוקם ונוטר (יפ"ת): **הרשעים ברשות לבם.** עיין מ"ש לעיל פרשה ל"ד סימן י"א:

פירוש מהרז"ו

אנתגריפא. כתב במו"ע תרגום פתשגן הכתב אנטרופין דאגרתא וכן בל"י ורומי: **(ז) אם זכה תעבוד.** שהקרי תעבוד משמע לאחר והכתיב תעבד משמע שאחרים יעבדוהו. וע"ל פס"ג ס"ס ז' ורב יעבוד ג"כ באופן זה: **(ח) הרשעים ברשות לבם.** לעיל פמ"ד סי' יו"ד וס"כ:

נַסְבֵיהּ לִשְׁלִיחָא וְעַיְילֵיהּ לְגוֹ פַּרְדֵּסָא, שָׁרֵי עָקַר פּוּגְלִין רַבְרְבִין וְשָׁתֵיל דְּקִיקִין. אֲמַר לוֹ: הַב לִי אַנְטִיגְרָפָא. אֲמַר לוֹ: לֵית אַתְּ צְרִיךְ. סְלֵיק לְגַבֵּיהּ, אֲמַר לוֹ: דֵּין הֵן אַנְטִיגְרָפָא, אֲמַר לוֹ: לָא יְהִיב לִי כְּלוּם. אֲמַר לוֹ: וּמָה אֲמַר לָךְ, אֲמַר לוֹ: לָא אֲמַר לִי כְלוּם. אֲמַר לוֹ: וְלָא עֲבַד קוֹדָמָךְ כְּלוּם, אֲמַר לוֹ: נַסְבַנִי וְאַעֲלַנִי לְגוֹ פַּרְדֵּסָא, שָׁרֵי עָקַר פּוּגְלִין רַבְרְבִין וְשָׁתֵיל דְּקִיקִין, תְּרָדִין רַבְרְבִין וְשָׁתֵיל דְּקִיקִין, חַסִּין רַבְרְבִין וְשָׁתֵיל דְּקִיקִין. מִיָּד הֵבִין. שָׁרֵי מַפִּיק דוּכָּסִין וּמְעַיֵּיל דוּכָּסִין עַד זְמַן דְּאִתְמַלְיָין תְּסַוְורָתָא:

ז [כז, לט] "וְעַל חַרְבְּךָ תִחְיֶה. רַבִּי לֵוִי אֲמַר: עוּל חַרְבָּא וְאַתְּ חָיֵי. "וְאֶת אָחִיךָ תַּעֲבוֹד", אָמַר רַבִּי הוּנָא: אִם זָכָה תַּעֲבוֹד וְאִם לָאו תְּאַבֵּד. "וְהָיָה כַּאֲשֶׁר תָּרִיד", אַתְּ יֵשׁ לְךָ יְרִידִים שְׁוָוקִים וְהוּא יֵשׁ לוֹ שְׁוָוקִים, אַתְּ יֵשׁ לְךָ נִימוּסוֹת וְהוּא יֵשׁ לוֹ נִימוּסוֹת. אָמַר רַבִּי יוֹסֵי בַּר חֲלַפְתָּא: אִם רָאִיתָ אָחִיךָ פּוֹרֵק עוֹלָהּ שֶׁל תּוֹרָה מֵעָלָיו, גְּזוֹר עָלָיו שְׁמָדִים וְאַתָּה שׁוֹלֵט בּוֹ. הָדָא הוּא דִכְתִיב (ישעיה סג, טז) [טז] "כִּי אַתָּה אָבִינוּ כִּי אַבְרָהָם לֹא יְדָעָנוּ וְיִשְׂרָאֵל לֹא יַכִּירָנוּ". וְיִצְחָק הֵיכָן הוּא מִי שֶׁהוּא אוֹמֵר לוֹ גְּזוֹר עָלָיו שְׁמָדִים אַתְּ מַתְכִּיפוֹ לָאָבוֹת:

ח [כז, מ] "וַיִּשְׂטֹם עֵשָׂו", [יז] אָמַר רַבִּי אֶלְעָזָר בַּר יוֹסֵי: סַנְטֵירוֹ וְנַעֲשָׂה לוֹ שׂוֹנֵא וְנוֹקֵם וְנוֹטֵר עַד כַּדֵּין קָרְיָין סַנְטְרוֹי דְּרוֹמִי. "וַיֹּאמֶר עֵשָׂו בְּלִבּוֹ", [יח] הָרְשָׁעִים בִּרְשׁוּת לִבָּן (תהלים יד, א) "אָמַר נָבָל בְּלִבּוֹ", "וַיֹּאמֶר עֵשָׂו בְּלִבּוֹ", (מלכים א יב, כו) "וַיֹּאמֶר יָרָבְעָם בְּלִבּוֹ", (אסתר ו, ו) "וַיֹּאמֶר הָמָן בְּלִבּוֹ", אֲבָל הַצַּדִּיקִים לִבָּן בִּרְשׁוּתָן (שמואל א א, יג)

רש"י

עוקר פוגלין רברבין. היה עוקר לנוטות גדולים: **ושתיל דקיקין.** ושותל במקומן לנוטות קטנים: **תרדין.** סילקי: **חסין.** חזרת: **אנטיגרפא.** כתב: **שרי.** התחיל: **(ז) עול חרבך ואת חיי.** הכנס חרבך לנדנה שלא תרלא ואתה תחיה: **את יש לך ירידים שווקים.** תריד דורש כלומר עת שיהא הוא שולט וכשתראה שעתך עומדת בהן אז ופרקת עולו: **אמר רבי יוסי בן אלעזר** כך אמר יצחק לעשו אם ראית יעקב אחיך פורק עולה של תורה מעל צוארו גזור עליו גזירות ואת שולט בו. תריד דורש כלומר בשעה שמניח דתו של הקב"ה אתה יכול לו הדא הוא דכתיב כי אתה אבינו כי אברהם לא ידענו וישראל לא יכירנו יצחק לא נאמר בו לפי שלא די לו שלא ביקש עלינו רחמים אלא שאמר לגזור עלינו גזירות מי שהוא אומר גזור עליו גזרות אתה מתכיפו לאבות בתמיה לפיכך לא הזכירו: **(ח) סנטרוי.** נוטריקון שונא נוקם ונוטר:

מתנות כהונה

נסביה כו'. לקח ר' את השליח והכניסו לתוך הפרדס והתחיל לעקור לנוטות גדולות ונטע במקומם לנוטות קטנות: **ה"ג בילקוט ובפי' רש"י.** וכן מוכח לקמן ושתול דקיקין תרדין רברבין ושתול דקיקין חסין רברבין ושתול דקיקין **אמר ליה.** הב כו': **תרדין.** פירש רש"י סילקא: **חסא.** חזרת: אמר ליה השליח לרבינו תן לי איגרת וכתוב בתוכה תשובה למלך: **אנטיגרפא.** פירש הערוך כתב איגרת וע"ש הקולמוס שנכתב בו נקרא כן: **סלק לגביה כו'.** עלה השליח אל המלך וא"ל המלך היכן כתב איגרת א"ל לא נתן לי כלום: **ולא עבד כו'.** ולא עשה לפניך כלום: **ה"ג א"ל נסבני כו'.** לקחני והכנסני לתוך הפרדס והתחיל עקר כו': **מיד הבין.** המלך הבין מה שרמז לו רבי והתחיל והוציא והעביר דוכסין הישנים ונטל את שלהם והכניס חדשים תחתיהם ונותנין לו ממון הרבה שאחד עד שנתמלאו האוצרות כ"פ הערוך ערך שמן: **[ז] עול חרבך.** פירש"י הכניס לתוך נדנה שלא תרלא ואתה תחיה אבל בילקוט גרס תטול חרבך ואת חיי ועיין ברמב"ן פר' זו: **אם זכה.** האח יעקב תעבוד לו ואם לא יזכה תאבד אותו קרי ביה תאבד בחילוף אל"ף בעיי"ן באותיות אחה"ע ובילקוט גרס תעבד כלומר תשעבד בו: **ירידים.** יום השוק קרוי יריד ושווקים הכתוב בפנים הוא פירושו של ירידים וכ"ה בילקוט ופירש"י כלומר אתה יש לך עת ששעתך יעמוד וכן יעקב ואם תראה שיעמוד לך שעתך ופרקת וגו'. א"ר יוסי. פירש"י כך אמר יצחק לעשו אם ראית אחיך כו' ודריש תריד שתרד מעליו עול תורה או הוא מלשון אריד בשיחי וכדמפרש רש"י בפירוש החומש: **היכן הוא.** כלומר למה אינו מזכירו שם והשיב מי שהוא כו': מתכיפו. מצרף ומחבר אותו כדאמרת ב' תכיפות או ג' תכיפות: **[ח] סנטרוי נעשה** גרסינן ובערוך ובילקוט לא גרס סנטרוי: **סנטרוי** נוטריקון שונא נוקם ונוטר: **עד בדין כו'.** עד עתה עוד היום קורים ליהודים שונאים של רומיים ועיין ערוך ערך סנטר: **ברשות לבן.** ברשות יצרן הרע:

אשד הנחלים

בעת שרואה צרות זולתו ונוטר תמיד השנאה ובכלל' יחד נקראת שטימ' ובל"עז סנטירו: **ברשות לבן.** הלב הונח על התחלת הרצון שעל הרוב פועל בתאווה ובחמדה כמ"ש כי יצר לב האדם רע רק השכל מושל עליו להשביחו ולהכניעו. אך הרשעים שהורגלו מאוד

חידושי הרד"ל

(יא) [ז] **ויצחק היכן הוא.** עי' שבת (פט:):

חידושי הרש"ש

[ו]{**מיד הבין שרי מפיק וכו' עד זמן דאתמליין תסוורתא.** נ"ל פי' כי כן דרך ממונים ופקידים חדשים לחדש הכנסות חדשות:}

[ז]{**ויצחק היכן הוא מי שהוא אומר לו גזור עליו כו'.** בשבת פ"ט ב' דרש להיפך ע"ש:}

מסורת המדרש

טז עיין ילקוט ישעיה רמז שס"ח:

יז ירושלמי עבודת כוכבים פרק א':

יח לעיל פרשה ל"ד. אסתר רבה פרשה י'. קהלת רבה פרשה ה'. מדרש תהלים מזמור י"ד. ילקוט סדר נח רמז ס"א. ילקוט שמואל א' רמז ע"א:

אם למקרא

כִּי־אַתָּה אָבִינוּ כִּי אַבְרָהָם לֹא יְדָעָנוּ וְיִשְׂרָאֵל לֹא יַכִּירָנוּ אַתָּה ה' אָבִינוּ גֹּאֲלֵנוּ מֵעוֹלָם שְׁמֶךָ: (ישעיה סג:טז)

לַמְנַצֵּחַ לְדָוִד אָמַר נָבָל בְּלִבּוֹ אֵין אֱלֹהִים הִשְׁחִיתוּ הִתְעִיבוּ עֲלִילָה אֵין עֹשֵׂה־טוֹב: (תהלים יד:א)

וַיֹּאמֶר יָרָבְעָם בְּלִבּוֹ עַתָּה תָּשׁוּב הַמַּמְלָכָה לְבֵית־דָּוִד: (מלכים א יב:כו)

וַיָּבוֹא הָמָן וַיֹּאמֶר לוֹ הַמֶּלֶךְ מַה־לַּעֲשׂוֹת בָּאִישׁ אֲשֶׁר הַמֶּלֶךְ חָפֵץ בִּיקָרוֹ וַיֹּאמֶר הָמָן בְּלִבּוֹ לְמִי יַחְפֹּץ הַמֶּלֶךְ לַעֲשׂוֹת יְקָר יוֹתֵר מִמֶּנִּי: (אסתר ו:ו)

וְחַנָּה הִיא מְדַבֶּרֶת עַל־לִבָּהּ רַק שְׂפָתֶיהָ נָּעוֹת וְקוֹלָהּ לֹא יִשָּׁמֵעַ וַיַּחְשְׁבֶהָ עֵלִי לְשִׁכֹּרָה: (שמואל א א:יג)

"וְחַנָּה הִיא מְדַבֶּרֶת עַל לִבָּהּ" — as expressed in the verse, ***Hannah was speaking to her heart*** — *only her lips moved but her voice was not heard* (*I Samuel* 1:13).[110] "וַיֹּאמֶר דָּוִד אֶל לִבּוֹ" — Further illustrations of this idea are found in the verses, ***David said to his heart,*** *"Now I may well perish one day at the hand of Saul; there is nothing better for me than to escape to the land of the Philistines"* (ibid. 27:1-2);[111] "וַיָּשֶׂם דָּנִיֵּאל עַל לִבּוֹ" — and in the verse, ***And Daniel placed [the resolution] upon his heart*** *not to be defiled by the king's food* (*Daniel* 1:8). דּוֹמִין לְבוֹרְאָן — In this regard **[the righteous] are similar to their Creator,** "וַיֹּאמֶר ה׳ אֶל לִבּוֹ" — as Scripture states, ***And HASHEM said to His heart,*** *"I will not continue to curse again the ground because of man"* (above, 8:21).[112]Ⓐ

□ יִקְרְבוּ יְמֵי אֵבֶל אָבִי — ***THE DAYS OF MOURNING FOR MY FATHER SHALL DRAW NEAR,*** ***THEN I WILL KILL MY BROTHER JACOB.***

The Midrash discusses Esau's willingness to delay his revenge against Jacob:

רַבִּי יְהוּדָה וְרַבִּי נְחֶמְיָה — **R' Yehudah and R' Nechemyah** both commented on this passage. רַבִּי יְהוּדָה אוֹמֵר — **R' Yehudah said:** אָמַר בָּא לוֹ עֵשָׂו בְּמִתִינָה — **Esau reacted in a patient manner.**[113] מָה אֲנִי מַכְרִיעַ אֶת אַבָּא, אֶלָּא יִקְרְבוּ יְמֵי אֵבֶל אָבִי וְאַהַרְגָה וגו׳ — **He was saying** to himself, **"Why should I dispirit my father** with Jacob's death? **Rather, *the days of my father's mourning shall draw near***; only **then,** after my father's death, **I will kill** my brother Jacob." רַבִּי נְחֶמְיָה אוֹמֵר: בַּת קוֹל אוֹמֶרֶת, הַרְבֵּה סְיָיחִים מֵתוּ וְנַעֲשׂוּ עוֹרוֹתֵיהֶם שְׁטוּחִין עַל גַּבֵּי אִמּוֹתֵיהֶן — In regard to these thoughts of Esau, **R' Nechemyah said: A Heavenly voice says, "Many foals have died and their skins have been spread out on the backs of their mothers."**[114]

Both R' Yehudah and R' Nechemyah had understood that Esau reacted patiently and passively. The Midrash now offers an alternative explanation:

רַבָּנָן אָמְרֵי: אִם הוֹרְגוֹ אֲנִי — **The Sages said:** Esau was reasoning as follows: **If I kill [Jacob],** יֵשׁ שֵׁם וָעֵבֶר יוֹשְׁבִין עָלַי בַּדִּין וְאוֹמְרִים לִי לָמָּה הָרַגְתָּ אֶת אָחִיךָ — **there is Shem and Eber who will sit in judgment on me**[115] **and they will say to me, "Why did you kill your brother?"** אֶלָּא הֲרֵינִי הוֹלֵךְ וּמִתְחַתֵּן לְיִשְׁמָעֵאל וְהוּא בָּא וְעוֹרֵר עִמּוֹ עַל הַבְּכוֹרָה וְהוֹרְגוֹ — **Rather, I will go and become a son-in-law of Ishmael,** i.e., I will marry his daughter (below, 28:9), **and** my father-in-law **[Ishmael] will go and contest with [Jacob] about the birthright** that he stole from me **and kill him.**[116] וַאֲנִי עוֹמֵד עָלָיו כְּגוֹאֵל הַדָּם וְהוֹרְגוֹ וְיוֹרֵשׁ אֲנִי שְׁתֵּי מִשְׁפָּחוֹת **Then I will rise up against [Ishmael] as the avenger of the blood** of Jacob **and kill him,**[117] **and I will** thus **inherit two families,** that of Isaac and that of Ishmael.[118]

The Midrash quotes a verse in *Ezekiel* that refers to Esau's plot: הֲדָא הוּא דִכְתִיב — **Thus it is written,** "יַעַן אֲמָרְךָ אֶת שְׁנֵי הַגּוֹיִם וְאֶת שְׁתֵּי הָאֲרָצוֹת לִי תִהְיֶינָה וִירַשְׁנוּהָ וַה׳ שָׁם הָיָה" — ***Because you said, "The two nations and the two lands shall be mine and we shall inherit them" — but HASHEM was there!*** (*Ezekiel* 35:10).[119] מַאן אֲמַר דַּאֲמַר כֵּן — **Who said that [Esau] had said such** a thing?[120] אָמַר רַבִּי יוּדָן: אָמַר הַקָּדוֹשׁ בָּרוּךְ הוּא "וַה׳ שָׁם הָיָה" — **R' Yudan said:** It was **the Holy One, blessed is He,** who **said** so, as the verse concludes: ***but HASHEM was there.***[121] אָמַר רַבִּי בֶּרֶכְיָה: כָּפַר עֵשָׂו וְאָמַר לָא אֲמָרֵת הֲדָא מִילְּתָא — **R' Berechyah said: Esau denied** it **and said, "I never said this thing."**[122] אָמַר לוֹ הַקָּדוֹשׁ בָּרוּךְ הוּא: לֵית אַתְּ יָדַע דַּאֲנָא הוּא בּוֹדְקֵיהוֹן דְּלִבְּבַיָּא "אֲנִי ה׳ חוֹקֵר לֵב" — **The Holy One, blessed is He,** then **said to [Esau]: Do you not know that I am the examiner of the hearts** of man, as Scripture states, ***I, HASHEM, investigate the heart?*** (*Jeremiah* 17:10).[123]

NOTES

110. That is, Hannah spoke to her "heart," restraining its natural instinct to cry out loudly in agony about her bitter fate, and instead she directed her thoughts to pray calmly and quietly (see *I Samuel* 1:13). Such behavior typifies the righteous, who "speak" to their heart, controlling it and forcing it to act properly.

111. David was resisting the inclination of his heart that if Saul were to pursue him again, he would fight back and kill Saul (*Eitz Yosef*).

112. God's "heart" refers to His attribute of strict justice that seeks to punish the sinners (*Yefeh To'ar*). See Insight Ⓐ.

113. Translation follows *Matnos Kehunah* and *Eitz Yosef.*

114. I.e., many foals die within their mothers' lifetime, and the skins taken from the dead foals are placed as mats on the backs of their mothers. This parable thus ridicules the young who make plans, expecting to outlive their parents (*Yefeh To'ar*, *Maharzu*, et al.). The Talmud uses a similar parable regarding Nadab and Abihu's expectations to succeed Moses and Aaron in the leadership of the Jewish people (*Sanhedrin* 52a).

115. Although Shem was already dead, the reference here is to the court of Shem that continued to function (see below, 85 §12), enforcing the seven Noahide commandments, which include the prohibition of murder (*Maharzu*).

116. Explanation (that Esau intended that Ishmael contest with and kill *Jacob*) follows *Matnos Kehunah*. [See, however, *Nezer HaKodesh*, *Eitz Yosef,* and *Maharzu,* who explain that Esau intended that Ishmael contest with and kill *Isaac.*]

117. יִקְרְבוּ יְמֵי אֵבֶל אָבִי וְאַהַרְגָה אֶת יַעֲקֹב אָחִי should then be translated as *the days of my father's mourning shall draw near "for" I shall kill my brother Jacob,* i.e., I shall have him killed by Ishmael. According to the Sages, אֵבֶל אָבִי would not mean "the mourning for [the death of] my father" but rather "my father's mourning [for both his son Jacob and his brother Ishmael]." *Matnos Kehunah* writes that this double mourning is alluded to by the plural יְמֵי אֵבֶל, *days of mourning.*

118. Esau would inherit Ishmael either as his nephew or through his wife, Ishmael's daughter (*Matnos Kehunah*).

119. The verse is from a passage addressed to Mount Seir (see verse 2 there), which was inhabited by the descendants of Esau (see below, Ch. 36). According to the Midrash the two nations refer to Jacob and Ishmael (however, see the commentators on the verse).

120. For in our verse Esau was speaking to himself and that is the sense of the verse in *Ezekiel* as well.

121. I.e., even if no person heard Esau say such a thing, God, Who knows man's innermost thoughts, was there and He revealed Esau's thoughts to the prophet (*Eitz Yosef;* see also *Yefeh To'ar*).

122. Esau argued with the prophet, claiming that he had never said what he was accused of saying (*Eitz Yosef,* from *Yefeh To'ar*). Strictly speaking, Esau's denial was accurate, for he had never expressed these thoughts orally.

123. That is, the conclusion *but HASHEM was there* is God's response

INSIGHTS

Ⓐ **Who Is in Control?** The profundity of this Midrashic passage is highlighted in an essay by the Alter of Kelm, *R' Simchah Zissel Ziv.* He notes the great insight of our Sages in discerning the slight difference in the Scriptural phrasing between "in his heart" and "to his heart" — which could easily have been misconstrued to be essentially identical notions.

As he explains it, the Midrashic differentiation between the wicked, who are controlled by their hearts, and the righteous, who are in control of their hearts, is more than a simple choice to either abide by or overrule the innate desires of one's heart. Rather, since the human heart is naturally inclined to lead one astray with minor temptations that ultimately drag him into more severe violations, one is bound to succumb to his base instincts if he lets down his guard even momentarily.

Recognizing this, the wise and righteous person will constantly be vigilant against his heart's entreaties, even if he seems far removed from these types of temptations. Such a person, in his vigilance, speaks "to his heart," for he is on guard against its entreaties. By contrast, a simpleton is overconfident in his ability to withstand desires. He lets down his guard and tends to speak "in his heart," thus falling prey to the evil inclination. Only by maintaining control over one's heart can he hope to defeat the evil inclination (*Chochmah U'Mussar* §179).

"וְחַנָּה הִיא מְדַבֶּרֶת עַל לִבָּהּ", (שם כז, א) "וַיֹּאמֶר דָּוִד אֶל לִבּוֹ", (דניאל א, ח) "וַיָּשֶׂם דָּנִיֵּאל עַל לִבּוֹ", דּוֹמִין לְבוֹרְאָן (בראשית ח, כא) "וַיֹּאמֶר ה' אֶל לִבּוֹ". "יִקְרְבוּ יְמֵי אֵבֶל אָבִי", רַבִּי יְהוּדָה וְרַבִּי נְחֶמְיָה, רַבִּי יְהוּדָה אוֹמֵר: בָּא לוֹ עֵשָׂו בְּמִתִינָה, אָמַר מָה אֲנִי מַכְרִיעַ אֶת אַבָּא אֶלָּא "יִקְרְבוּ יְמֵי אֵבֶל אָבִי וְאַהַרְגָה וְגוֹ'". רַבִּי נְחֶמְיָה אוֹמֵר: בַּת קוֹל [יט]אוֹמֶרֶת: הַרְבֵּה סְיָיחִים מֵתוּ וְנַעֲשׂוּ עוֹרוֹתֵיהֶם שְׁטוּחִין עַל גַּבֵּי אִמּוֹתֵיהֶן. רַבָּנָן אָמְרֵי: [כ]אִם הוֹרְגוֹ אֲנִי יֵשׁ שֵׁם וָעֵבֶר יוֹשְׁבִין עָלַי בַּדִּין וְאוֹמְרִים לִי לָמָּה הָרַגְתָּ אֶת אָחִיךָ, אֶלָּא הֲרֵינִי הוֹלֵךְ וּמִתְחַתֵּן לְיִשְׁמָעֵאל, וְהוּא בָּא וְעוֹרֵר עִמּוֹ עַל הַבְּכוֹרָה וְהוֹרְגוֹ, וַאֲנִי עוֹמֵד עָלָיו כְּגוֹאֵל הַדָּם וְהוֹרְגוֹ, וְיוֹרֵשׁ אֲנִי שְׁתֵּי מִשְׁפָּחוֹת, הָדָא הוּא דִכְתִיב (יחזקאל לה, י) "יַעַן אֲמָרְךָ אֶת שְׁנֵי הַגּוֹיִם וְאֶת שְׁתֵּי הָאֲרָצוֹת לִי תִהְיֶינָה וִירַשְׁנוּהָ וַה' שָׁם הָיָה", מַאן אֲמַר דַּאֲמַר כֵּן, אָמַר רַבִּי יוּדָן: אָמַר הַקָּדוֹשׁ בָּרוּךְ הוּא: וַה' שָׁם הָיָה, אָמַר רַבִּי בֶּרֶכְיָה: כָּפַר עֵשָׂו וְאָמַר לֹא אָמְרַת הָדָא מִילְּתָא, אָמַר לוֹ הַקָּדוֹשׁ בָּרוּךְ הוּא: לֵית אַתְּ יָדַע דַּאֲנָא הוּא בּוֹדְקֵיהוֹן דִּלְבָבַיָּא, (ירמיה יז, י) "אֲנִי ה' חוֹקֵר לֵב":

ט [כז, מ] "וַיֻּגַּד לְרִבְקָה וְגוֹ'". [כא]מִי הִגִּיד לָהּ, רַבִּי חַגַּי בְּשֵׁם רַבִּי יִצְחָק", אִמָּהוֹת נְבִיאוֹת הָיוּ וְרִבְקָה הָיְתָה מִן הָאִמָּהוֹת. רַבִּי יִצְחָק אָמַר: אֲפִילוּ (תֶּלֶם) הֶדְיוֹט אֵינוֹ חוֹרֵשׁ תֶּלֶם בְּתוֹךְ תֶּלֶם וּנְבִיאִים חוֹרְשִׁים תֶּלֶם בְּתוֹךְ תֶּלֶם, וְאַתְּ אָמַר (תהלים קה, טו) "אַל תִּגְּעוּ בִּמְשִׁיחָי וְלִנְבִיאַי אַל תָּרֵעוּ". "וַתִּשְׁלַח וַתִּקְרָא לְיַעֲקֹב", אָמְרָה לוֹ: הָרָשָׁע הַזֶּה כַּמָּה הוּא תוֹהֶא עָלֶיךָ כַּמָּה הוּא מִתְנַחֵם עָלֶיךָ וּכְבָר שָׁתָה עָלֶיךָ כּוֹס תַּנְחוּמִין:

עץ יוסף

[ח] **במתינה.** פי' במתון וישוב הדעת. ואמר מה אני מכריע את אבא לעשות דבר נגד רצונו לצערו בהריגת אחי בעבור זמן מועט. כי הרי כבר זקן ויקרבו ימי אבל אבי מהרה. ואז ואהרגה את יעקב אחי. והא מסיק ר' נחמיה וקאמר ב"ק אמרה הרבה סייחים מתו כו'. פי' הרבה סוסים וחמורים קטנים מתים ונעשה מעורותיהם שטיח על גבי אמותיהן: **ועורר עמו על הבכורה.** ר"ל וישמעאל בא ועורר עם אבי יצחק על הבכורה והורגו (וכל זה באגדת בראשית פ"ב ופרשה מ"ו ע"ש) ובילקוט תהלים מזמור י"ד: **מאן אמר דאמר כן כו'.** פי' דבאמת לא גלה דבר זה רק הקב"ה שהיה שם ר"ל שהוא בוחן לב וגילה מסתורין זה מה שחשב בלבו: **כפר עשו כו'.** שמפני שכפר עשו ואמר כנגד הנביא כי לא אמר כן. לזה השיבו כי ה' שם היה שהוא חוקר לב אע"פ שלא בטא בשפתיו (יפ"ת): **לא אמרת.** לא אמרתי דבר זה: **בודקיהון.** הבודק ובוחן כל הלבבות: (ט) **רבי יצחק אמר אפילו הדיוט אינו חורש תלם בתוך תלם.** כצ"ל (א"א ויפ"ת) רוצה להוכיח מפסוק אל תגעו במשיחי וגו' שהאמהות נביאות היו. שאפילו הדיוט כשחורש בשדה תלם אחד אינו חוזר לחרוש על תלם שעשה. כ"ש הנביאים והמדברים ברוה"ק כדוד ע"ה שאין ראוי שנאמר בו שכופל דבריו. אלא ודאי שמשיחי היינו האבות. ולנביאי היינו אמהות. הרי שהאמהות נביאות היו (יפ"ת ומהר"מ הנ"ל): **כמה הוא תוהא כו'.** כדפרש"י בחומש מתנחם לך נחם על האחוה לחשוב במחשבה

פירוש מהרז"ו

הרבה סייחין. פי' מאחר שיתכן שהנער ימות קודם הזקן ואיך אתה בטוח שתחיה בוודאי אחרי מות אביך וע' סנהדרין כ"ב: **יש שם ועבר.** צ"ע שהרי שם מת כשהיו יעקב ועשו בני כ' שנה שאז כלו ת"ר שנה ימי חייו וכמפורש בס"ע רפ"א. ועבר מת בשנת ע"ט ליעקב וכאן בשעת הברכה היו בני ס"ג שנה כמש"ל פס"ב סי' ה' ע"ש ואולי הכוונה על ב"ד של שם כמש"ל פ' פ"ה סי' י"ב. ושם היה מלך בירושלים וכ"ג ונביא. וכן עבר היה נביא גדול והם היו הב"ד הגדול בעולם. ודנו דיני ז' מצות ב"נ. וש"ד הוא אחד מהז' מצות כמש"ל ס"פ ט"ז: **ועורר עמו על הבכורה.** פי' ישמעאל עם יצחק על שנתן אברהם כל אשר לו ליצחק ויהרוג ישמעאל ליצחק. וכאן חסר וצ"ל ואני אהרוג את יעקב אחי. וז"ש את שני הגוים היינו יעקב וישמעאל וכ"ה בהדיא במדרש תהלים ריש מז' י"ד וילקוט תהלים שם וכ"ה באג"ב פ"ב ופמ"ו ע"ש: **וה' היה שם.** במקומות הנ"ל איתא פסוק כי אני ה' חשפתי וגו' גליתי את מסתריו ירמיה מ"ט ובעובדיה א': (ט) **מי הגיד לה.** שהרי בלבו אמר כמ"ש ויאמר בלבו: **אפי' הדיוט.** שאחר שעשה תלם א' למה יחזור ויעשה שם תלם לבטלה. ואיך אפשר שהנביאים חורשים תלם בתוך תלם ר"ל שכופלים דבריהם ואיך אמר הכתוב אל תגעו במשיחי ובנביאי

חידושי הרד"ל

(יב) [ח] **מכריע את אבא.** לשון הכרע הכרעתני (שופטים י"א) ובילקוט הגירסא מעכיר את אבא פי' מבלבל דעתו כד"א עכרתם אותי (בראשית ל"ד):

(יג) **ב"ק אומרת כו'.** אין לדברי ר"נ שייכות אל המקרא. וגם לא הוזכר תחלה אלא ר"י ור"נ ולא הוזכר ורבנן. ע"כ כמדומני שורבנן הוא ט"ס ואין כאן אלא דברי ר"נ ור"י:

(יד) **לא אמרית כו'.** אני ה' חוקר לב. לקמיה כתיב עקוב הלב מכל ואנוש הוא מי ידענו. שהתנהג בעקבה ומרמה וכפר ואמר מי ידענו. ובא ע"ז התשובה מאת ה' אני ה' חוקר לב כו':

(טו) [ט] **מי הגיד לה.** ר"ח בשרי"א אמהות נביאות כו' מן האמהות כד"א אל תגעו במשיחי וגו' תרעו (וע' מ"כ בשם ילקוט תהלים):

(טז) **כמה הוא תוהא עליך.** דרש מתנחם. ונחם לשון תווהות ע"ל פכ"ז. הוא מתנחם עליך. מתנחם בזה שחושבך כאילו כבר אתה מת:

חידושי הרש"ש

[ח] **יש שם ועבר כו'.** שם לאו דוקא כי כבר מת עמש"כ בס"ד בנשא פי"ג בס"ד:

מסורת המדרש

יט סנהדרין דף כ"ב. ויקרא רבה פרשה כ'. במד"ר פ"ב. תנחומא סדר אחרי סימן ו'. פסיקתא דרב כהנא פיסקא כ"ז. ילקוט משפטים רמז שס"א. ילקוט שמיני רמז תקכ"ד:

כ לקמן פרשי ע"ה. מדרש תהלים מזמור י"ד. אגדת בראשית פ' מ"ו. תדא"ר פ' כ"ד. ילקוט תהלים רמז תרמ"ב. ע' ילקוט משלי רמז תתקל"ח:

כא מדרש תהלים מזמור ק"ה:

אם למקרא

וַיֹּאמֶר דָּוִד אֶל־לִבּוֹ עַתָּה אֶסָּפֶה יוֹם־אֶחָד בְּיַד־שָׁאוּל אֵין־לִי טוֹב כִּי הִמָּלֵט אִמָּלֵט אֶל־אֶרֶץ פְּלִשְׁתִּים וְנוֹאַשׁ מִמֶּנִּי שָׁאוּל לְבַקְשֵׁנִי עוֹד בְּכָל־גְּבוּל יִשְׂרָאֵל וְנִמְלַטְתִּי מִיָּדוֹ:
(שמואל א כז:א)

וַיָּשֶׂם דָּנִיֵּאל עַל־לִבּוֹ אֲשֶׁר לֹא־יִתְגָּאַל בְּפַת־בַּג הַמֶּלֶךְ וּבְיֵין מִשְׁתָּיו וַיְבַקֵּשׁ מִשַּׂר הַסָּרִיסִים אֲשֶׁר לֹא יִתְגָּאָל:
(דניאל א:ח)

וַיָּרַח ה' אֶת־רֵיחַ הַנִּיחֹחַ וַיֹּאמֶר ה' אֶל־לִבּוֹ לֹא אֹסִף לְקַלֵּל עוֹד אֶת־הָאֲדָמָה בַּעֲבוּר הָאָדָם כִּי יֵצֶר לֵב הָאָדָם רַע מִנְּעֻרָיו וְלֹא־אֹסִף עוֹד לְהַכּוֹת אֶת־כָּל־חַי כַּאֲשֶׁר עָשִׂיתִי:
(בראשית ח:כא)

יַעַן אֲמָרְךָ אֶת־שְׁנֵי הַגּוֹיִם וְאֶת־שְׁתֵּי הָאֲרָצוֹת לִי תִהְיֶינָה וִירַשְׁנוּהָ וַה' שָׁם הָיָה: (יחזקאל לה:י)

אֲנִי ה' חֹקֵר לֵב בֹּחֵן כְּלָיוֹת וְלָתֵת לְאִישׁ כִּדְרָכָיו כִּפְרִי מַעֲלָלָיו:
(ירמיה יז:י)

אַל־תִּגְּעוּ בִמְשִׁיחָי וְלִנְבִיאַי אַל־תָּרֵעוּ:
(תהלים קה:טו)

רש"י

בא לו במתינה. שלא אהרגנו בחיי אבי:

מתנות כהונה

במתינה. במתון וביסוב הדעת: **מבריע כו'.** ומכריע ואעביר אותו חוץ מרצונו הטוב שאצער אותו בהריגת אחי אלא יקרבו כלומר אמתין עד שימות אבי: **הכי גרסינן עורותיהן** שטוחין על גב אמותיהון: **סייחים.** סוסים וחמורים קטנים וכדאמרינן בפרק ד' מיתות על כדב ואביהוא כפישי גמלי סבי דטעונין משכי דהוגנין: . **ועורר עמו.** עם אחי יעקב: **והורגו.** ישמעאל יהרוג את יעקב ואני אח"כ אעמוד על ישמעאל לנקום נקמת אחי ואהרגנו ובכן יקרבו ימי אבל יצחק על יעקב בנו ועל ישמעאל אחיו ודייק מדכתיב ימי אבל לשון רבים: **שתי משפחות.** יצחק כי הוא אביו וישמעאל מחמת אשתו או מחמת קורבה שהוא אחי אביו: **מאן אמר כו'.** מי הגיד שעשו אמר כן: **לא אמרית כו'.** לא אמרתי דבר זה: **בודקיהון כו'.** הבודק ובוחן כל הלבבות: [ט] **ה"ג בילקוט אפילו הדיוט כו': אפילו הדיוט כו'.** לכך הוגד לרבקה בנבואה מחשבת עשו מפני שהיא הזקיקה את יעקב לקבל הברכות ואיך יחרוש אח"כ התלם להיפוך שיהרג בשביל הברכות שקיבל והכתוב אמר אל תגעו וגו'. שלא יארע רעה וקילקול ע"י הצדיקים ולפיכך נתגלה לה ע"פ הנבואה ובילקוט לא גרס ואת אמר משמע שכל אלה דברי רוח הקדש והיא היא: **מצאתי בילקוט תהלים** שגרס האבות והאמהות נביאים היו שנאמר ויתהלכו וגו' ולפ"ז טוב להגיה נביאות היו כד"א אל תגעו וגו' וסמך לזה מצאתי בא"ב בשם זקני קשטיל"ייאה: **כמה היא גרסינן: תוהא כו'.** לשון חרטה ושינוי מחשבה מאחוה אל השנאה החלוטה כדאמרינן

אשד הנחלים

ברע אז הרע שולט עליהם והם ברשותו כי נכנע השכל תחת המתאוה אבל בצדיקים הוא להיפך ולכן ברשעים כתיב שאמרו עם לבם אבל בצדיקים על לבם שהשכל דובר על הלב ומייעצו לעשות כפי משפטו ושכלו: **דומין לבוראן.** הדבר הזה יש לו ציור דק ע"ד הסבר השכל ועיין בסדר בראשית בד"ה במי נמלך כו' בלבו נמלך ותבין גם פה מעט ואין להאריך בעמקות. וע"ד הפשט. שכמו שכביכול ה' ב"ה אינו עושה כפי הרצון לבד כ"א כפי חכמתו הבב"ת. כן האדם המתדמה במדותיו אליו ית' צריך שיהיה. השכל שופט על הלב והרצון המשולח. ודי בזה: **הרבה סייחים.** כלומר ראה נא אולתו שמדמה כי הוא מוכן להאריך ימים יותר מאביו ולא הבין שיש הפוך בדרך הטבע ג"כ: [ט] **תלם הדיוט.** באות אמת הגרסא אפילו הדיוט אינו חורש תלם בתוך תלם כדי שלא יקלקל הראשון ואיך יתכן שהנביאים יקלקלו מחשבתן. לכן הוגד לה בנבואה שלא יהפך מברכה ח"ו לקללה: **אל תגעו.** עיין במ"כ הגרסא הנכונה.

וַיֻּגַּד לְרִבְקָה אֶת דִּבְרֵי עֵשָׂו בְּנָהּ הַגָּדֹל וַתִּשְׁלַח וַתִּקְרָא לְיַעֲקֹב בְּנָהּ הַקָּטָן וַתֹּאמֶר אֵלָיו הִנֵּה עֵשָׂו אָחִיךָ מִתְנַחֵם לְךָ לְהָרְגֶךָ. *When Rebecca was told of the words of her older son Esau, she sent and summoned Jacob her younger son and said to him, "Behold, your brother Esau is consoling himself over you to kill you"* (27:42).

§9 וַיֻּגַּד לְרִבְקָה וגו׳ — *WHEN REBECCA WAS TOLD, ETC.*

The Midrash discusses the source of Rebecca's information:

מִי הִגִּיד לָהּ — **Who told [Rebecca]** the words of Esau?[124] רַבִּי חַגַּי בְּשֵׁם רַבִּי יִצְחָק: אִמָּהוֹת נְבִיאוֹת, הָיוּ וְרִבְקָה הָיְתָה מִן הָאִמָּהוֹת — **R' Chaggai in the name of R' Yitzchak said: The Matriarchs where prophetesses, and Rebecca was one of the Matriarchs.**[125]

The Midrash brings proof that the Matriarchs were prophetesses:

רַבִּי יִצְחָק אָמַר: אֲפִילוּ הֶדְיוֹט אֵינוֹ חוֹרֵשׁ תֶּלֶם בְּתוֹךְ תֶּלֶם — **R' Yitzchak said: Even an amateur** plowman **does not plow a furrow within a furrow,** that is, he does not plow again where he has already plowed; וּנְבִיאִים חוֹרְשִׁים תֶּלֶם בְּתוֹךְ תֶּלֶם — **yet the prophets plow a furrow within a furrow,** i.e., repeat something they had already said?! Surely a prophet would not do so. וְאַתְּ אָמַר "אַל תִּגְּעוּ בִמְשִׁיחָי וְלִנְבִיאַי אַל תָּרֵעוּ" — **But** nevertheless **it is stated:** ***Dare not touch My anointed ones, and to My prophets do no harm*** (*Psalms* 105:15).[126]

☐ וַתִּשְׁלַח וַתִּקְרָא לְיַעֲקֹב — *SHE SENT AND SUMMONED JACOB HER YOUNGER SON AND SAID TO HIM, "BEHOLD, YOUR BROTHER ESAU IS CONSOLING HIMSELF OVER YOU TO KILL YOU."*

The expression מִתְנַחֵם לְךָ, *consoling himself over you*, implies that Esau is grieving the loss of Jacob, but as of yet Jacob is still alive and Esau is the one who wants him dead. The Midrash interprets this seemingly incongruous phrase:

אָמְרָה לוֹ — **[Rebecca] was saying to [Jacob],** הָרָשָׁע הַזֶּה כַּמָּה הוּא תוֹהֵא עָלֶיךָ — **"That wicked one** (Esau), **so greatly is he reconsidering** his relationship with **you."**[127] כַּמָּה הוּא מִתְנַחֵם עָלֶיךָ וּכְבָר שָׁתָה עָלֶיךָ כּוֹס תַּנְחוּמִין — Alternatively, she was saying, **"So greatly is he consoling himself over you**[128] **that he has already drunk a cup of consolation regarding you."**[129]

NOTES

to Esau's denial, as if to say, "I, Who investigated your heart and know your thoughts, was there" (*Eitz Yosef,* from *Yefeh To'ar*).

We have explained the Midrash in accordance with *Yefeh To'ar, Matnos Kehunah,* and others: that Esau's plot was to instigate Ishmael to kill Jacob. However *Maharzu* and *Eitz Yosef* explain differently: Esau's plan was to have Ishmael contest Isaac's inheritance of Abraham, which would result in Ishmael killing Isaac. As the avenger of his father Isaac's blood, Esau would then kill Ishmael. With Isaac dead, he would then be free to kill Jacob without worrying about Isaac's reaction, leaving him as the sole heir of both Isaac and Ishmael.

See also *Yalkut Shimoni, Psalms* §662, and *Rashi* on *Ezekiel* 35:10.

124. For Esau had spoken only *in his heart* (*Yefeh To'ar, Maharzu*).

125. I.e., Esau's inner thoughts were prophetically revealed to Rebecca.

126. This verse, although stated by King David who was a prophet, is apparently repetitive [for it is evident from the context of the verse that both מְשִׁיחָי, *My anointed ones*, and נְבִיאַי, *My prophets*, refer to the primogenitors of the Jewish nation]. It must therefore be that while *My anointed ones* refers to the Patriarchs, *My prophets* refers to the Matriarchs. The verse thus supports R' Yitzchak's position that the Matriarchs were prophetesses (*Eitz Yosef,* from *Yefeh To'ar* and *Maharam*; see *Matnos Kehunah* and *Ohr HaSeichel* for alternative explanations).

[*Yefeh To'ar* notes that R' Yitzchak's statement conflicts with the list of the prophetesses in *Megillah* 14a, where the only matriarch mentioned is Sarah.]

127. The verb נחם is to be understood here in the sense of *reconsider* or *regret*, rather than *console*. See *Rashi* on 6:6 above, second explanation (see also the Midrash there, 27 §4). Rebecca was telling Jacob that Esau no longer intends to act toward him as a brother; rather, he is planning to kill him (*Eitz Yosef,* from *Rashi* on this verse; see *Yefeh To'ar* for an alternative understanding).

128. That is, he is imagining you as already dead to such an extent that he must console himself over your death.

129. It was customary to give a mourner a cup of wine to relieve him from his sorrow; see *Jeremiah* 16:7 and *Berachos* 57a.

Eitz Yosef, citing *Nezer HaKodesh*, writes that according to this explanation, the term מִתְנַחֵם is a contraction of two words: מֵת, *death*, and נַחֵם, *consolation*. The term thus conveys that Esau viewed Jacob as already *dead* and therefore drank the ritual cup of *consolation*.

"וְחַנָּה הִיא מְדַבֶּרֶת עַל לִבָּהּ", (שם כז, א) "וַיֹּאמֶר דָּוִד אֶל לִבּוֹ", (דניאל א, ח) "וַיָּשֶׂם דָּנִיֵּאל עַל לִבּוֹ", דּוֹמִין לְבוֹרְאָן (בראשית ח, כא) "וַיֹּאמֶר ה' אֶל לִבּוֹ". "יִקְרְבוּ יְמֵי אֵבֶל אָבִי", רַבִּי יְהוּדָה וְרַבִּי נְחֶמְיָה, רַבִּי יְהוּדָה אוֹמֵר: בָּא לוֹ עֵשָׂו בְּמְתִינָה, אָמַר מָה אֲנִי מַכְרִיעַ אֶת אַבָּא אֶלָּא "יִקְרְבוּ יְמֵי אֵבֶל אָבִי וְאַהַרְגָה וְגוֹ'". רַבִּי נְחֶמְיָה אוֹמֵר: בַּת קוֹל [יט]אוֹמֶרֶת: הַרְבֵּה סְיָיחִים מֵתוּ וְנַעֲשׂוּ עוֹרוֹתֵיהֶם שְׁטוּחִין עַל גַּבֵּי אִמּוֹתֵיהֶן. רַבָּנָן אָמְרֵי: [כ]אִם הוֹרְגוֹ אֲנִי יֵשׁ שֵׁם וָעֵבֶר יוֹשְׁבִין עָלַי בַּדִּין וְאוֹמְרִים לִי לָמָּה הָרַגְתָּ אֶת אָחִיךָ, אֶלָּא הֲרֵינִי הוֹלֵךְ וּמִתְחַתֵּן לְיִשְׁמָעֵאל, וְהוּא בָּא וְעוֹרֵר עִמּוֹ עַל הַבְּכוֹרָה וְהוֹרְגוֹ, וַאֲנִי עוֹמֵד עָלָיו כְּגוֹאֵל הַדָּם וְהוֹרְגוֹ, וְיוֹרֵשׁ אֲנִי שְׁתֵּי מִשְׁפָּחוֹת, הָדָא הוּא דִּכְתִיב (יחזקאל לה, י) "יַעַן אֲמָרְךָ אֶת שְׁנֵי הַגּוֹיִם וְאֶת שְׁתֵּי הָאֲרָצוֹת לִי תִהְיֶינָה וִירַשְׁנוּהָ וַה' שָׁם הָיָה", מַאן אֲמַר דַּאֲמַר כֵּן, אָמַר רַבִּי יוּדָן: אָמַר הַקָּדוֹשׁ בָּרוּךְ הוּא: וַה' שָׁם הָיָה, אָמַר רַבִּי בֶּרֶכְיָה: כָּפַר עֵשָׂו וְאָמַר לָא אֲמַרְתְּ הָדָא מִילְּתָא, אָמַר לוֹ הַקָּדוֹשׁ בָּרוּךְ הוּא: לֵית אַתְּ יָדַע דַּאֲנָא הוּא בּוֹדְקֵיהוֹן דִּלְבְבַיָּא, (ירמיה יז, י) "אֲנִי ה' חוֹקֵר לֵב":

ט [כז, מ] "וַיֻּגַּד לְרִבְקָה וגו'". [כא]מִי הִגִּיד לָהּ, רַבִּי חַגַּי בְּשֵׁם רַבִּי יִצְחָק", אִמָּהוֹת נְבִיאוֹת הָיוּ וְרִבְקָה הָיְתָה מִן הָאִמָּהוֹת. רַבִּי יִצְחָק אָמַר: אֲפִילוּ (תֶּלֶם) הֶדְיוֹט אֵינוֹ חוֹרֵשׁ תֶּלֶם בְּתוֹךְ תֶּלֶם וּנְבִיאִים חוֹרְשִׁים תֶּלֶם בְּתוֹךְ תֶּלֶם, וְאַתְּ אָמַר (תהלים קה, טו) "אַל תִּגְּעוּ בִמְשִׁיחָי וְלִנְבִיאַי אַל תָּרֵעוּ". "וַתִּשְׁלַח וַתִּקְרָא לְיַעֲקֹב", אָמְרָה לוֹ: הָרָשָׁע הַזֶּה כַּמָּה הוּא תוֹהֵא עָלֶיךָ כַּמָּה הוּא מִתְנַחֵם עָלֶיךָ וּכְבָר שָׁתָה עָלֶיךָ כּוֹס תַּנְחוּמִין:

רש"י

בא לו במתינה. שלא אהרגנו בחיי אבי:

עץ יוסף

[ח] במתינה. פי' במתון וביסוב הדעת. ואמר מה אני מכריע את אבא לעשות דבר נגד רצונו לצערו בהריגת אחי בעבור זמן מועט. כי הרי כבר זקן ויקרבו ימי אבל אבי מהרה. ואז ואהרגה את יעקב אחי. והא מסיק ר' נחמיה וקאמר ב"ק אמרה הרבה סייחים מתו כו'. פי' הרבה סוסים וחמורים קטנים מתים ונעשה מעורותיהם שטיח על גבי אמותיהן: **ועורר עמו על הבכורה.** ר"ל וישמעאל בא ועורר עם אבי יצחק על הבכורה והורגו (וכל זה באגדת בראשית פ"ב ופרשה מ"ו ע"ש) ובילקוט תהלים מזמור י"ד: **מאן אמר דאמר כן כו'.** פי' דאמת לא גלה דבר זה רק הקב"ה שהיה שם ר"ל שהוא בוחן לב וגילה מסתורין זה מה שחשב בלבו: **כפר עשו כו'.** שמפני שכפר עשו ואמר כנגד הנביא כי לא אמר כן. לזה השיבו כי ה' שם היה שהוא חוקר לב אע"פ שלא בטא בשפתיו (יפ"ת): **לא אמרת.** לא אמרתי דבר זה: **בודקיהון.** הבודק ובוחן כל הלבבות: **(ט) רבי יצחק אמר אפילו הדיוט אינו חורש תלם בתוך תלם.** כצ"ל (א"א ויפ"ת) רוצה להוכיח מפסוק אל תגעו במשיחי וגו' שהאמהות נביאות היו. שאפילו הדיוט כשחורש בשדה תלם אחד אינו חוזר לחרוש על תלם שעשה. כ"ש הנביאים והמדברים ברוה"ק כדוד ע"ה שאין ראוי שנאמר בו שכופל דבריו. אלא ודאי שמשיחי היינו האבות. ולנביאי היינו אמהות. הרי שהאמהות נביאות היו (יפ"ת ומהר"מ הנ"ל): **כמה הוא תוהא כו'.** כדפרש"י בחומש מתנחם לך נחם על האחוה לחשוב במחשבה

פירוש מהרז"ו

הרבה סייחין. פי' מאחר שיתכן שהנער ימות קודם הזקן ואיך אתה בטוח שתחיה בוודאי אחרי מות אביך וע' סנהדרין כ"ב: **יש שם ועבר.** נ"ע שהרי שם מת כשהיו יעקב ועשו בני נ' שנה שאז כלו ת"ר שנה ימי חייו וכמפורש בס"ע רפ"א. ועבר מת בשנת ע"ט ליעקב וכאן בשעת הברכה היו בני ס"ג שנה כמש"ל פס"ב סי' ה' ע"ש ואולי הכוונה על ב"ד של שם כמש"ל פ' פ"ה סי' י"ב. ושם היה מלך בירושלים וכ"ג ונביא. וכן עבר היה נביא גדול והם היו הב"ד הגדול בעולם. ודנו דיני ז' מצות ב"נ. וש"ד הוא אחד מהז' מצות כמש"ל ס"פ ט"ז: **ועורר עמו על הבכורה.** פי' ישמעאל עם יצחק על שנתן אברהם כל אשר לו ליצחק ויהרוג ישמעאל ליצחק. וכאן חסר וצ"ל ואני אהרוג את יעקב אחי. וז"ש את שני הגוים היינו יעקב וישמעאל וכ"ה בהדיא במדרש תהלים ריש מז' י"ד וילקוט תהלים שם וכ"ה באג"ב פ"ב ופמ"ו ע"ש: **וה' היה שם.** במקומות הנ"ל איתא פסוק כי אני ה' חשפתי וגו' גליתי את מסתריו ירמיה מ"ט ובעובדיה א': **(ט) מי הגיד לה.** שהרי בלבו אמר כמ"ש ויאמר בלבו: **אפי' הדיוט.** שאחר שעשה תלם א' למה יחזור ויעשה שם תלם לבטלה. ואיך אפשר שהנביאים חורשים תלם בתוך תלם ר"ל שכופלים דבריהם ואיך אמר הכתוב אל תגעו במשיחי ובנביאי

חידושי הרד"ל

(יב) **[ח] מכריע את אבא.** לשון הכרע הכרעתני (שופטים י"א) ובילקוט הגירסא מעכיר את אבא פי' מבלבל דעתו כד"א עכרתם אותי (בראשית ל"ד):

(יג) **ב"ק אומרת כו'.** אין לדברי ר"נ שייכות אל המקרא. וגם לא הוזכר תחלה אלא ר"י ור"נ ולא הוזכר ורבנן. ע"כ כמדומני שורבנן הוא ט"ס ואין כאן אלא דברי ר"נ ור"י:

(יד) **לא אמרית כו'.** אני ה' חוקר לב. לקמיה כתיב עקוב הלב מכל ואנוש הוא מי ידענו. שהתנהג בעקבה ומרמה וכפר ואמר מי ידענו. ובא ע"ז התשובה מאת ה' אני ה' חוקר לב כו':

(טו) **[ט] מי הגיד לה.** ר"ח בשרי"א אמהות נביאות כו' מן האמהות כד"א אל תגעו במשיחי וגו' תרעו (וע' מ"כ בשם ילקוט תהלים):

(טז) **כמה הוא תוהא עליך.** דרש מתנחם. ונחם לשון תווהות ע"ל פכ"ז. הוא מתנחם עליך. מתנחם בזה שחושבך כאילו כבר אתה מת:

חידושי הרש"ש

[ח] יש שם ועבר כו'. שם לאו דוקא כי כבר מת עמש"כ בס"ד בנשא פי"ג בס"ד:

מסורת המדרש

יט סנהדרין דף כ"ב. ויקרא רבה פרשה כ'. במד"ר פ"ב. תנחומא סדר אחרי סימן ו'. פסיקתא דרב כהנא פיסקא כ"ז. ילקוט משפטים רמז שס"א. ילקוט שמיני רמז תקכ"ד:

כ לקמן פרשי ע"ה. מדרש תהלים מזמור י"ד. אגדת בראשית פ' מ"ו. תדא"ר פ' כ"ד. ילקוט תהלים רמז תרס"ב. ע' ילקוט משלי רמז תתקל"א:

כא מדרש תהלים מזמור ק"ה:

אם למקרא

וַיֹּאמֶר דָּוִד אֶל־לִבּוֹ עַתָּה אֶסָּפֶה יוֹם־אֶחָד בְּיַד־שָׁאוּל אֵין־לִי טוֹב כִּי הִמָּלֵט אִמָּלֵט אֶל־אֶרֶץ פְּלִשְׁתִּים וְנוֹאַשׁ מִמֶּנִּי שָׁאוּל לְבַקְשֵׁנִי עוֹד בְּכָל־גְּבוּל יִשְׂרָאֵל וְנִמְלַטְתִּי מִיָּדוֹ: (שמואל א כז:א)

וַיָּשֶׂם דָּנִיֵּאל עַל־לִבּוֹ אֲשֶׁר לֹא־יִתְגָּאַל בְּפַת־בַּג הַמֶּלֶךְ וּבְיֵין מִשְׁתָּיו וַיְבַקֵּשׁ מִשַּׂר הַסָּרִיסִים אֲשֶׁר לֹא יִתְגָּאָל: (דניאל א:ח)

וַיָּרַח ה' אֶת־רֵיחַ הַנִּיחֹחַ וַיֹּאמֶר ה' אֶל־לִבּוֹ לֹא אֹסִף לְקַלֵּל עוֹד אֶת־הָאֲדָמָה בַּעֲבוּר הָאָדָם כִּי יֵצֶר לֵב הָאָדָם רַע מִנְּעֻרָיו וְלֹא־אֹסִף עוֹד לְהַכּוֹת אֶת־כָּל־חַי כַּאֲשֶׁר עָשִׂיתִי: (בראשית ח:כא)

יַעַן אֲמָרְךָ אֶת־שְׁנֵי הַגּוֹיִם וְאֶת־שְׁתֵּי הָאֲרָצוֹת לִי תִהְיֶינָה וִירַשְׁנוּהָ וַה' שָׁם הָיָה: (יחזקאל לה:י)

אֲנִי ה' חֹקֵר לֵב בֹּחֵן כְּלָיוֹת וְלָתֵת לְאִישׁ כִּדְרָכָיו כִּפְרִי מַעֲלָלָיו: (ירמיה יז:י)

אַל־תִּגְּעוּ בִמְשִׁיחָי וְלִנְבִיאַי אַל־תָּרֵעוּ: (תהלים קה:טו)

מתנות כהונה

במתינה. במתון וביסוב הדעת: **מכריע כו'.** ומכריע ואעביר אותו חוץ מרצונו הטוב שאצער אותו בהריגת אחי אלא יקרבו כלומר אמתין עד שימות אבי: **הכי גרסינן עורותיהן** שטוחין על גב אמותיהון: **סייחים.** סוסים וחמורים קטנים וכדאמרינן בפרק ד' מיתות על נדב ואביהוא נפישי גמלי סבי דטעונין משכי דהוגנין: . **ועורר עמו.** עם אחי יעקב: **והורגו.** ישמעאל יהרוג את יעקב ואני אח"כ אעמוד על ישמעאל לנקום נקמת אחי ואהרגנו ובכן יקרבו ימי אבל יצחק על יעקב בנו ועל ישמעאל אחיו ודייק מדכתיב ימי אבל לשון רבים: **שתי משפחות.** יצחק כי הוא אביו וישמעאל מחמת אשתו או מחמת קורבה שהוא אחי אביו: **מאן אמר כו'.** מי הגיד שעשו אמר כן: **לא אמרית כו'.** לא אמרתי דבר זה: **בודקיהון כו'.** הבודק ובוחן כל הלבבות: **[ט] ה"ג בילקוט אפילו הדיוט כו': אפילו הדיוט כו'.** לכך הוגד לרבקה בנבואה מחשבת עשו מפני שהיא הזקיקה את יעקב לקבל הברכות ואיך יחרוש אח"כ התלם להיפוך שיהרג בשביל הברכות שקיבל והכתוב אמר אל תגעו וגו'. שלא יארע רעה וקילקול ע"י הצדיקים ולפיכך נתגלה לה ע"פ הנבואה ובילקוט לא גרס ואת אמר משמע שכל אלה דברי רוח הקדש והיא היא: **מצאתי בילקוט תהלים** שגרס האבות והאמהות נביאים היו שנאמר ויתהלכו וגו' ולפ"ז טוב להגיה נביאות היו כד"א אל תגעו וגו' וסמך לזה מצאתי באב"א בשם זקני קשטיל"ייאה: **במה היא גרסינן: תוהא כו'.** לשון חרטה ושינוי מחשבה מאחוה אל השנאה החלוטה כדאמרינן

אשד הנחלים

ברע אז הרע שולט עליהם והם ברשותו כי נכנע השכל תחת המתאוה אבל בצדיקים הוא להיפך ולכן ברשעים כתיב שאמרו עם לבם אבל בצדיקים על לבם שהשכל דובר על הלב ומייעצו לעשות כפי משפטו ושכלו: **דומין לבוראן.** הדבר הזה יש לו ציור דק ע"ד הסבר השכל ועיין בסדר בראשית בד"ה במי נמלך כו' בלבו נמלך ותבין גם פה מעט ואין להאריך בעמקות. וע"ד הפשט. שכמו שכביכול ה' ב"ה אינו עושה כפי הרצון לבד כ"א כפי חכמתו הבב"ת. כן האדם המתדמה במדותיו אליו ית' צריך שיהיה. השכל שופט על הלב והרצון המשולח. ודי בזה: **הרבה סייחים.** כלומר ראה נא אולתו שמדמה כי הוא מוכן להאריך ימים יותר מאביו ולא הבין שיש הפוך בדרך הטבע ג"כ: **[ט] תלם הדיוט.** באות אמת הגרסא אפילו הדיוט אינו חורש תלם בתוך תלם כדי שלא יקלקל הראשון ואיך יתכן שהנביאים יקלקלו מחשבתן. לכן הוגד לה בנבואה שלא יהפך מברכה ח"ו לקללה: **אל תגעו.** עיין במ"כ הגרסא הנכונה.

וְעַתָּה בְנִי שְׁמַע בְּקֹלִי וְקוּם בְּרַח לְךָ אֶל לָבָן אָחִי חָרָנָה. וְיָשַׁבְתָּ עִמּוֹ יָמִים אֲחָדִים עַד אֲשֶׁר תָּשׁוּב חֲמַת אָחִיךָ. עַד שׁוּב אַף אָחִיךָ מִמְּךָ וְשָׁכַח אֵת אֲשֶׁר עָשִׂיתָ לּוֹ וְשָׁלַחְתִּי וּלְקַחְתִּיךָ מִשָּׁם לָמָה אֶשְׁכַּל גַּם שְׁנֵיכֶם יוֹם אֶחָד.

So now, my son, heed my voice and arise; flee to my brother Laban, to Haran. And remain with him a few days until your brother's wrath subsides. Until your brother's anger against you subsides and he forgets what you have done to him; then I will send and bring you from there; why should I be bereaved of both of you on the same day? (27:43-45).

§10 **וְעַתָּה בְנִי שְׁמַע בְּקוֹלִי וְקוּם בְּרַח לְךָ ... וְיָשַׁבְתָּ עִמּוֹ יָמִים אֲחָדִים** — *SO NOW, MY SON, HEED MY VOICE AND ARISE; FLEE TO MY BROTHER LABAN . . . AND REMAIN WITH HIM A FEW DAYS.*

For how long a time period was Jacob to remain with Laban? The Midrash uses a verse further on in the story of Jacob to clarify the meaning of our verse:

כְּתִיב "וַיַּעֲבֹד יַעֲקֹב בְּרָחֵל שֶׁבַע שָׁנִים וַיִּהְיוּ בְעֵינָיו כְּיָמִים אֲחָדִים" — **It is written** below (29:20) regarding Jacob's stay with Laban: ***So Jacob worked seven years for Rachel and they seemed to him a few days*** *because of his love for her.* **אָמַר רַבִּי חֲנִינָא בַּר פָּזִי: נֶאֱמַר כָּאן אֲחָדִים וְנֶאֱמַר לְהַלָּן אֲחָדִים** — **R' Chanina bar Pazi said: [Our verse] here states, *a few*** [אֲחָדִים] ***days*, and [the verse] there** in Chapter 29 **states, *a few*** [אֲחָדִים] *days.* **מַה לְהַלָּן אֲחָדִים שֶׁבַע שָׁנִים אַף אֲחָדִים שֶׁנֶּאֱמַר כָּאן שֶׁבַע שָׁנִים** — **Just as there *a few* is** used regarding a period of **seven years,**[130] **so too** the expression ***a few* that is stated in this verse is** referring to a period of **seven years.**[131]

□ **עַד אֲשֶׁר תָּשׁוּב חֲמַת אָחִיךָ** — *UNTIL YOUR BROTHER'S WRATH SUBSIDES.*

The Midrash discusses the extent to which this clause was ultimately realized:

אִמּוֹ בְּצִדְקָתָהּ אָמְרָה "עַד אֲשֶׁר תָּשׁוּב חֲמַת אָחִיךָ" — **[Esau's] mother in her righteousness said** to Jacob, ***"until your brother's wrath subsides."***[132] **וְהוּא לֹא עָשָׂה כֵן אֶלָּא "וַיִּטְרֹף לָעַד אַפּוֹ וְעֶבְרָתוֹ שְׁמָרָה נֶצַח"** — **But [Esau] did not do so; rather, *his anger has raged incessantly and he has kept his fury forever*** (*Amos* 1:11).[133] **רֵישׁ לָקִישׁ אָמַר: עוֹבְרָתֵיהּ וְנַחְרָתֵיהּ לָא זִיעָא מִפּוּמֵיהּ** — **Reish Lakish said:** That verse means that **[Esau's] fury and anger did not cease from his mouth.**[134]

□ **לָמָה אֶשְׁכַּל גַּם שְׁנֵיכֶם וְגוֹ'** — *"WHY SHOULD I BE BEREAVED OF BOTH OF YOU ON THE SAME DAY?"*

The Midrash quotes this final clause of the verse but, uncharacteristically, without any additional comment.[135]

וַתֹּאמֶר רִבְקָה אֶל יִצְחָק קַצְתִּי בְחַיַּי מִפְּנֵי בְּנוֹת חֵת אִם לֹקֵחַ יַעֲקֹב אִשָּׁה מִבְּנוֹת חֵת כָּאֵלֶּה מִבְּנוֹת הָאָרֶץ לָמָּה לִּי חַיִּים.

Rebecca said to Isaac, "I am disgusted with my life on account of the daughters of Heth; if Jacob takes a wife of the daughters of Heth like these, of the daughters of the land, what is life to me?" (27:46).

§11 **וַתֹּאמֶר רִבְקָה אֶל יִצְחָק קַצְתִּי בְחַיַּי** — *REBECCA SAID TO ISAAC, "I AM DISGUSTED WITH MY LIFE ON ACCOUNT OF THE DAUGHTERS OF HETH."*

The word קַצְתִּי, translated here as *I am disgusted*, more literally means, "I have become disgusting." The Midrash expounds the verse accordingly:[136]

אָמַר רַבִּי הוּנָא: הִתְחִילָה גּוֹרֶפֶת מְחוֹטְמָהּ וּמַשְׁלֶכֶת — **R' Huna said: [Rebecca] began to scrape** the mucus **from her nose and expel [it].**[137]

□ **אִם לֹקֵחַ יַעֲקֹב מִבְּנוֹת חֵת כָּאֵלֶּה** — *IF JACOB TAKES A WIFE OF THE DAUGHTERS OF HETH LIKE THESE, ETC.*

The term כָּאֵלֶּה, *like these*, implies that Rebecca performed some physical act to single out a number of daughters of Heth. What did Rebecca do, and who were these women? The Midrash explains:

קוֹפַחַת זוֹ לָזוֹ וְזוֹ לָזוֹ — **[Rebecca] struck this** wife of Esau **against that** wife **and that** wife **against this** wife.[138]

וַיִּקְרָא יִצְחָק אֶל יַעֲקֹב וַיְבָרֶךְ אֹתוֹ וַיְצַוֵּהוּ וַיֹּאמֶר לוֹ לֹא תִקַּח אִשָּׁה מִבְּנוֹת כְּנָעַן.

So Isaac summoned Jacob and blessed him; he instructed him, and said to him, "Do not take a wife from the Canaanite women" (28:1).

§12 **וַיִּקְרָא יִצְחָק אֶל יַעֲקֹב וַיְבָרֶךְ אוֹתוֹ** — *SO ISAAC SUMMONED JACOB AND BLESSED HIM.*

As described in detail in the preceding chapter (vv. 27-29), Isaac had already blessed Jacob. Why then was it necessary for him to repeat his blessing?[139] The Midrash explains:

NOTES

130. Describing the seven-year period from Jacob's perspective as being יָמִים אֲחָדִים, *a few days.*

131. That is, Rebecca did not mean that a stay of a few days (literally) with Laban would necessarily be sufficient. Rather, she was referring even to a prolonged stay of seven years as *a few days*, for under the right conditions even a seven-year period can be considered "a few days" — as in fact was subsequently the case with Jacob, whose seven years of labor *seemed to him a few days* because of his great love for Rachel (see *Yefeh To'ar*; see also *Mizrachi* and *Gur Aryeh* on 29:18 below; for other interpretations see *Matnos Kehunah* and *Eshed HaNechalim*).

[This exposition of R' Chanina bar Pazi is repeated below, 70 §16, in the context of Jacob's working seven years for Rachel.]

132. From the verse we see that Rebecca believed that Esau would eventually overcome his anger.

133. Rebecca's prediction that Esau's anger would subside was not a Divinely inspired prophecy but rather her own assumption, which (as shown by the verse in *Amos*) proved to be wrong (*Yefeh To'ar*). [The verse in *Amos* is describing the sins of Edom, i.e., Esau (see above, 25:30).]

134. I.e., even when Esau was unable to *act* upon it, he nurtured his anger against Jacob and continuously expressed it verbally.

135. The parallel text in *Yalkut Shimoni* here (§116) continues with a discourse about the various plots against the Jewish people throughout history.

136. *Matnos Kehunah.*

137. Rebecca acted out this display to indicate that Esau's wives are as revolting to her as mucus (*Eitz Yosef*).

138. Esau had married two Hittite women (see above, 26:34). Rebecca turned these two women against each other as a way of singling them out. See 26 §4 above, where the Midrash similarly refers to striking someone on the head as a means of designating him as the subject of discussion (*Matnos Kehunah*; see *Yefeh To'ar* for a somewhat different understanding of this passage).

139. Isaac's blessing described in this passage (below, vv. 3-4) actually differs substantively from his blessing in the preceding chapter, which was primarily a blessing of material possessions and stature. *Yefeh To'ar* suggests that since Isaac's instructions to Jacob regarding taking a wife intervene between the statement *[he] blessed him* in our verse and the text of the forthcoming blessing in verses 3-4, the words *[he] blessed him* should be understood as a reiteration of the blessing above, 27:27-29. The Midrash wonders why the earlier blessing needed to be repeated.

י [כז, מג-מד] "וְעַתָּה בְנִי שְׁמַע בְּקֹלִי וְקוּם בְּרַח לְךָ", "וְיָשַׁבְתָּ עִמּוֹ יָמִים אֲחָדִים". כְּתִיב (בראשית כט, כ) "וַיַּעֲבוֹד יַעֲקֹב בְּרָחֵל שֶׁבַע שָׁנִים וַיִּהְיוּ בְעֵינָיו כְּיָמִים אֲחָדִים", [כב]אָמַר רַבִּי חֲנִינָא בַּר פָּזִי: נֶאֱמַר כָּאן "אֲחָדִים" וְנֶאֱמַר לְהַלָּן "אֲחָדִים", מַה לְּהַלָּן אֲחָדִים שֶׁבַע שָׁנִים אַף אֲחָדִים שֶׁנֶּאֱמַר כָּאן שֶׁבַע שָׁנִים. [כז, מה] "עַד אֲשֶׁר תָּשׁוּב חֲמַת אָחִיךָ", אִמּוֹ בְּצִדְקָתָהּ אָמְרָה "עַד אֲשֶׁר תָּשׁוּב חֲמַת אָחִיךָ", וְהוּא לֹא עָשָׂה כֵן, אֶלָּא (עמוס א, יא) "וַיִּטְרוֹף לָעַד אַפּוֹ וְעֶבְרָתוֹ שְׁמָרָה נֶצַח", רֵישׁ לָקִישׁ אָמַר: עוֹבְרַתֵיהּ וְנַחַרְתֵּיהּ לָא זִיעָא מִפּוּמֵיהּ, "לָמָּה אֶשְׁכַּל גַּם שְׁנֵיכֶם וְגוֹ'":

יא [כז, מו] "וַתֹּאמֶר רִבְקָה אֶל יִצְחָק קַצְתִּי בְחַיַּי". אָמַר רַבִּי הוּנָא: הִתְחִילָה גּוֹרֶפֶת מְחוֹטְמָהּ וּמַשְׁלֶכֶת, "אִם לֹקֵחַ יַעֲקֹב מִבְּנוֹת חֵת כָּאֵלֶּה", קוֹפַחַת זוֹ לָזוֹ וְזוֹ לָזוֹ:

יב [כח, א] "וַיִּקְרָא יִצְחָק אֶל יַעֲקֹב וַיְבָרֶךְ אוֹתוֹ". רַבִּי אַבָּהוּ אָמַר: לְפִי שֶׁהָיוּ הַבְּרָכוֹת מְפוּקְפָּקוֹת בְּיָדוֹ, וְהֵיכָן נִתְאוֹשְׁשׁוּ בְּיָדוֹ, כָּאן, "וַיִּקְרָא יִצְחָק אֶל יַעֲקֹב", אָמַר ר"א: [כג]אֵין קִיּוּם הַגֵּט אֶלָּא בְחוֹתְמָיו, שֶׁלֹּא תֹאמַר אִלּוּלֵי שֶׁרִימָּה יַעֲקֹב בְּאָבִיו לֹא נָטַל בִּרְכוֹתָיו תַּלְמוּד לוֹמַר "וַיִּקְרָא יִצְחָק אֶל יַעֲקֹב וַיְבָרֶךְ אוֹתוֹ". אָמַר רַבִּי בֶּרֶכְיָה: מָשָׁל לְבֶן מְלָכִים שֶׁהָיָה חוֹתֵר לְאָבִיו לִיטּוֹל לִיטְרָא אַחַת שֶׁל זָהָב, אָמַר לוֹ: לָמָּה בְּמַטְמוֹנִיּוֹת, בֹּא וְטוֹל לְךָ בְּפַרְהֶסְיָא, "וַיִּקְרָא יִצְחָק אֶל יַעֲקֹב וַיְבָרֶךְ אוֹתוֹ". "וַיְצַוֵּהוּ", הִזְהִירוֹ עַל בְּנוֹת עָנֵר אֶשְׁכּוֹל וּמַמְרֵא. [כח, א] "וַיִּשְׁמַע יַעֲקֹב אֶל אָבִיו וְאֶל אִמּוֹ" הֲדָא הוּא דִכְתִיב (משלי כא, ב) [כד]"כָּל דֶּרֶךְ אִישׁ יָשָׁר בְּעֵינָיו", "כָּל דֶּרֶךְ אִישׁ יָשָׁר בְּעֵינָיו", זֶה שִׁמְשׁוֹן (שופטים יד, ג) "וַיֹּאמֶר שִׁמְשׁוֹן אֶל אָבִיו אוֹתָהּ קַח לִי כִּי הִיא יָשְׁרָה בְעֵינָי". (משלי יב, טו) "וְשׁוֹמֵעַ לְעֵצָה חָכָם", זֶה יַעֲקֹב, "וַיִּשְׁמַע יַעֲקֹב אֶל אָבִיו וְאֶל אִמּוֹ וַיֵּלֶךְ וְגוֹ'":

עץ יוסף

אחרת להתנכר לך ולהרגך. וזה כמה הוא תוהה עליך. ומדהל"ל נחם מאי מתנחם דריש עוד מתנחם ב' מילות מת נחם שאתה כמת כבר בעיניו וכבר שתה עליך כוס תנחומין (נזה"ק): (י) **עבורתיה ונחרתיה.** פרש"י עברתו ואפו אינה זזה מפיו ושמורה לנצח: (יא) **גורפת מחוטמה.** פרש"י היתה גורפת ומוצאת הריר מן האף ומשלכת. לומר שהן מאוסות בעיניה כניע היוצא מהחוטם. וזה אמרה קצתי בחיי: **באלה קופחת כו'.** היתה מכה את ראשי נשי עשו זו על זו (מת"כ): (יב) [יז] **לפי שהיו הברכות מפוקפקות.** כצ"ל (א"א). כלו' מסופקות אולי לא יתקיימו בידו כי במרמה נטלן ולכן חזקם פה והיינו דאמר אין קיום הגט אלא בחותמיו (יפ"ת): **נתאוששו.** פי' נתחזקו. ולעיל דריש שבאומרו גם ברוך יהיה נתקיימו הברכות ע"פ הדיבור ששרתה עליו השכינה ומהכא שמעינן כי אחר שנתברר ליצחק רשעו של עשו וצדקת יעקב קיים לו הברכות בדעתו ורצונו: **וטול בפרהסיא.** והכא נמי מפני שהברכות קבלן תחלה במטמוניות שלא בפני עשו. בא עתה לתתם לו בפרהסיא בלי פחד (יפ"ת): **בנות ענר אשכול וממרא.** שאע"פ שהיו הגונים צדיקים ובעלי ברית אברהם מ"מ כנענים הם: **כל דרך איש ישר בעיניו כו'.** ט"ס וצ"ל דרך אויל ישר בעיניו וגו' והוא

פירוש מהרז"ו

אל תרעו דמשמע כפל דברים משיחי ונביאי. א"ו משיחי היינו אבות. ונביאי היינו אמהות (יפ"ת) וכ"א במדרש תהלים ק"ה אל תגעו במשיחי אלו אבות ובנביאי אל תרעו אלו אמהות. ויתכן שדרש תרעו מלשון ריעות והתחברות וכמ"ש שם ויוכח עליהם מלכים הם פרעה ואבימלך שרצו להתחבר בשרה ורבקה: (י) **עוברתי' ונחרתיה.** דורש ויטרוף מלשון טרף בפיה שהיה אפו ועברתו תמיד בפיו. ומ"ש ונחרתיה פי' מלשון מנחיריו יצא עשן (איוב מ"א) ואינו מלשון ניחר גרוני: (יב) **כל דרך איש וגו'.** צ"ל דרך אויל ישר בעיניו ושומע לעצה חכם משלי י"ב (רש"ש) ומצאתי בילקוט משלי י"ב שהעתיק דרך איש ישר בעיניו והוא פסוק במשלי כ"א ע"כ אני אומר לקיים גירסא שלפנינו כל דרך איש ישר בעיניו וס"ד ותוכן לבות ה' כמפורש בשמשון ואביו ואמו לא ידעו כי מה' הוא הרי אע"פ שכתוב כי היא ישרה בעיני עכ"ז תוכן לבות ה' שנתן כן

חידושי הרד"ל

(יז) [י] **ונחרתיה.** הוא פי' אפו שעלה עשן בנחירת אפו: (יח) [יב] **על בנות ענר כו'.** על שאר בנות כנען לא הוצרך להזהירו כי רעות הן. ויעקב הצדיק בעצמו יפרוש מהן. רק על אלו שהן צדיקים הוצרך להזהירו: (יט) **כל דרך איש כו'.** זה שמשון. דרך נדרש על נשואין (משלי כ"ט). עיין ריש קדושין:

חידושי הרש"ש

[יב] **הדא הוא דכתיב כל דרך איש כו'.** נ"ל דט"ס הוא וצ"ל דרך אויל כו' כי הוא רישא דקרא ושומע לעצה חכם:

מסורת המדרש

כב ילקוט כאן רמז קט"ז כל הענין: כג גיטין דף כ"ב. לעיל סוף סימן ב': כד ילקוט משלי רמז תתקמ"ט:

אם למקרא

וַיַּעֲבֹד יַעֲקֹב בְּרָחֵל שֶׁבַע שָׁנִים וַיִּהְיוּ בְעֵינָיו כְּיָמִים אֲחָדִים בְּאַהֲבָתוֹ אֹתָהּ: (בראשית כט:כ)

כֹּה אָמַר ה' עַל־שְׁלֹשָׁה פִּשְׁעֵי אֱדוֹם וְעַל־אַרְבָּעָה לֹא אֲשִׁיבֶנּוּ עַל־רָדְפוֹ בַחֶרֶב אָחִיו וְשִׁחֵת רַחֲמָיו וַיִּטְרֹף לָעַד אַפּוֹ וְעֶבְרָתוֹ שְׁמָרָה נֶצַח: (עמוס א:יא)

כָּל־דֶּרֶךְ אִישׁ יָשָׁר בְּעֵינָיו וְתֹכֵן לִבּוֹת ה': (משלי כא:ב)

וַיֹּאמֶר לוֹ אָבִיו וְאִמּוֹ הַאֵין בִּבְנוֹת אַחֶיךָ וּבְכָל־עַמִּי אִשָּׁה כִּי־אַתָּה הוֹלֵךְ לָקַחַת אִשָּׁה מִפְּלִשְׁתִּים הָעֲרֵלִים וַיֹּאמֶר שִׁמְשׁוֹן אֶל־אָבִיו אוֹתָהּ קַח־לִי כִּי־הִיא יָשְׁרָה בְעֵינָי: (שופטים יד:ג)

דֶּרֶךְ אֱוִיל יָשָׁר בְּעֵינָיו וְשֹׁמֵעַ לְעֵצָה חָכָם: (משלי יב:טו)

רש"י

(י) **עוברתיה ונחרתיה.** עברתו ואפו: (יא) **באלה.** נשי עשו. קופחת על ראשיהן זו בזו: (יב) **היו הברכות מפוקפקות בידו והיכן נתאוששו בידו כאן.** דכתיב ויברך אותו:

מתנות כהונה

בנדרים כדו תהית ולשון מתנחם קדריש ודרש לך כמו עליך כמה דאת אמר אמרי לי ודומיהן: [י] **בימים אחדים וגו'.** דאל"כ שימים אחדים שאמרה לו אמו הם ז' שנים היאך אמר שהיו בעיניו כימים אחדים הרי שבע שנים רבות הם כמ"ש שם מהר"ר אליהו מזרחי ועוד מכח אהבתו אותו יהיו בעיניו רבים מאד כמ"ש בעל העקידה אבל מפני שאמו נותה עליו וישב עמו ז' שנים היו בעיניו כימים אחדים אע"פ שהיתה אהבתה עליה: **עוברתיה כו'.** הערוך הביאו ולא פירשו ופירושו עברתו ואפו אינה זזה מפיו ושמורה לנצח: **ונחרתי'.** לשון ניחר גרוני שע"י הכעס הוא נוחר בגרונו וחמתו בערה בו וכן מצאתי שוב בפירש"י וז"ל עוברתיה ונחרתיה. עברתו ואפו: [יא] **גורפת כו'.** היתה גורפת ומוצאת הרעי מן האף ומשלכת שהוא דבר הנמאס וקץ על האדם להראות כי נמאסו בעיניה ולשון קצתי קדריש: **קופחת כו'.** היתה מכה את ראשי נשי עשו זה ע"ז דכתיב כאלה ודוגמתו לעיל בפר' כ"ז אצל נמרוד: [יב] **מפוקפקת.** חלשות בלי חוזק ועתה נתחזקו בידו דאל"כ ויברך למה לי הרי כבר ברכו בכל ומכל: **ענר אשכול כו'.** דאל"כ מבנות כנען למה לי הרי כתיב אח"כ קום לך פדנה ארם וגו'. אלא שלא יאמר יעקב ענר אשכול וממרא גם המה בני ברית אברהם וילחק ואנשים אחים הם וכן מצינו שאברהם הזהיר אליעזר עבדו בפירוש על ענר אשכול וממרא מטעם זה כדלעיל בפר' חיי שרה:

אשד הנחלים

[י] **אף אחדים.** כי לא יתכן שכוונה שימתין שמה ימים מועטים ואחדים כי איך בזמן מועט ישוב חמתו א"ו כונה ברוח קדשה שימתין שמה הרבה וראתה ג"כ בנבואה שיצפה שמה לאשה והזהירתו שיהיה בעיניו כימים אחדים ולא כתוחלת ממושכה מחלת לב. וכמ"ש באמת שהיה בעיניו כימים אחדים וק"ל: **בצדקתה.** כלומר כי הצדיק מחזיק את כל אנשים לטובים ומדמים בנפשם אפילו על הרע שברעים שבודאי ישוב מדרכו כי איך יתכן שישתקע תמיד בחטאו אבל באמת מטבעו היה שעברתו שמרה נצח: **עוברתי' ונחרתי'.** היא פירוש וביאור על עברתו שמרה נצח שמעולם לא פסק מכעס על יעקב: [יא] **התחילה גורפת מחוטמה.** עיין במ"כ. וכן דרך לאיש הזוכר דבר הנמאס שיוזיב הליחה מהחוטם מרוב מאסו בדבר מה: **קופחת.** ולכן אמר כאלה רומז על נשיו: [יב] **שהי' הברכות מפוקפקות.** הוא גרסת אות אמת. והוא לשון פקפוק שהוא ספק בלתי ברור עודנה. ונתאוששו. לשון התחזקות ואולי הוא מלשון עשת שן ואח"הע מתחלפין: **למה במטמוניות.** שתדמה כי אין הברכות ראוים לך. לא כן כ"א ראוים לך. לכן ברכתי עתה בגלוי: **זה שמשון.** וכלומר ההולך אחר עיניו כפי אשר ישיאהו עינו אז כל דרך ישר לפניו כי החמדה ישיאו להתפתות בדבר שאינו ראוי אך השומע לעצה ואינו עושה כפי העולה על רוחו אז מתואר בשם חכם:

רַבִּי אַבָּהוּ אָמַר: לְפִי שֶׁהָיוּ הַבְּרָכוֹת מְפוּקְפָּקוֹת בְּיָדוֹ – **R' Abahu said: Since [Jacob's] possession of the blessings had** at first **been questionable,**[140] וְהֵיכָן נִתְאוֹשְׁשׁוּ בְּיָדוֹ – **where is it that they became firmly in his possession?** כָּאן "וַיִּקְרָא יִצְחָק אֶל יַעֲקֹב" – The Midrash answers: **Here,** where the verse states, ***So Isaac summoned Jacob*** *and blessed him.*[141] אָמַר ר"א: אֵין קִיּוּם הַגֵּט אֶלָּא בְּחוֹתְמָיו – **R' Elazar said: The document is validated only by those who sign it;**[142] שֶׁלֹּא תֹאמַר אִלּוּלֵי שֶׁרִימָּה יַעֲקֹב בְּאָבִיו לֹא נָטַל בִּרְכוֹתָיו – in order **that you not say, "Were it not that Jacob had deceived his father he would not have received the blessings,"**[143] תַּלְמוּד לוֹמַר "וַיִּקְרָא יִצְחָק אֶל יַעֲקֹב וַיְבָרֶךְ אוֹתוֹ" – **the Torah states, *So Isaac summoned Jacob and blessed him.***[144]

The Midrash uses a parable to explain Isaac's purpose in blessing Jacob once again:

אָמַר רַבִּי בֶּרֶכְיָה: מָשָׁל לְבֶן מְלָכִים שֶׁהָיָה חוֹתֵר לְאָבִיו לִיטּוֹל לִיטְרָא אַחַת שֶׁל זָהָב – **R' Berechyah said:** This can be illustrated by **a parable regarding a son of nobility who was** secretly **breaking into** the treasury of **his father to take one *litra* of gold.** אָמַר לוֹ: לָמָּה בְּמַטְמוֹנִיּוֹת בֹּא וְטוֹל לְךָ בְּפַרְהֶסְיָא – **[The father] said to [the son], "Why** are you acting **in secret? Come and take** the gold **in public!"**[145] "וַיִּקְרָא יִצְחָק אֶל יַעֲקֹב וַיְבָרֶךְ אוֹתוֹ" – Here too, ***So Isaac summoned Jacob and blessed him.***[146]

□ וַיְצַוֵּהוּ – ***HE INSTRUCTED HIM,*** *AND SAID TO HIM, "DO NOT TAKE A WIFE FROM THE CANAANITE WOMEN."*

As indicated above, Isaac was now aware of Jacob's righteousness; why then would he suspect that Jacob would marry an idolatrous Canaanite?[147] The Midrash explains the nature of Isaac's concern:

הִזְהִירוֹ עַל בְּנוֹת עָנֵר אֶשְׁכּוֹל וּמַמְרֵא – **[Isaac] was warning [Jacob] against** taking a wife **from the daughters of Aner, Eshcol, and Mamre.**[148]

וַיִּשְׁמַע יַעֲקֹב אֶל אָבִיו וְאֶל אִמּוֹ וַיֵּלֶךְ פַּדֶּנָה אֲרָם
And that Jacob obeyed his father and mother and went to Paddan-aram (28:7).

□ וַיִּשְׁמַע יַעֲקֹב אֶל אָבִיו וְאֶל אִמּוֹ – ***AND THAT JACOB OBEYED HIS FATHER AND MOTHER*** *AND WENT TO PADDAN-ARAM.*

Citing *Proverbs*, the Midrash contrasts Jacob's quest for a mate with that of another Biblical figure:

הֲדָא הוּא דִכְתִיב "כָּל דֶּרֶךְ אִישׁ יָשָׁר בְּעֵינָיו" – **Thus it is written, *A man's every way is proper in his eyes;*** *but HASHEM resides inside his heart* (*Proverbs* 21:2). "כָּל דֶּרֶךְ אִישׁ יָשָׁר בְּעֵינָיו" זֶה שִׁמְשׁוֹן – ***A man's every way is proper in his eyes*** – **this is** an allusion to **Samson,** "וַיֹּאמֶר שִׁמְשׁוֹן אֶל אָבִיו אוֹתָהּ קַח לִי כִּי הִיא יָשְׁרָה בְעֵינָי" – concerning whom Scripture states, ***But Samson said to his father, "Take her for me, for she is proper in my eyes"*** (*Judges* 14:3).[149] "וְשֹׁמֵעַ לְעֵצָה חָכָם" זֶה יַעֲקֹב – ***But the wise man heeds counsel*** (*Proverbs* 12:15) – **this is** an allusion to **Jacob,** "וַיִּשְׁמַע יַעֲקֹב אֶל אָבִיו וְאֶל אִמּוֹ וַיֵּלֶךְ וגו'" – regarding whom our verse states, ***and that Jacob obeyed his father and mother and went*** *to Paddan-aram.*[150]

NOTES

140. I.e., it was not certain that the blessings would be fulfilled, because of the means Jacob employed to receive them (*Eitz Yosef,* from *Yefeh To'ar*).

141. Isaac had already reconfirmed his blessing of Jacob by saying, גַּם בָּרוּךְ יִהְיֶה, *indeed, he shall remain blessed* (27:33); see sections 2-3 above. However, that reconfirmation was heard only by Esau; Isaac now repeated the blessings to Jacob himself (*Yefeh To'ar*, first explanation).

142. It is the signatures of the witnesses at the bottom of the document that grant validity to the document.

143. Hence, the blessing of Jacob would be illegitimate and invalid.

144. Thus validating the original bestowal of the blessing on Jacob, like the signatures that validate the body of the document above. [See also below, 88 §11.]

145. The father of indicates that he does not oppose the son's actions, and allows him to take the gold in public, without fear of being caught.

146. That is, Isaac wished to give the blessing to Jacob without Jacob being in a state of fear, worried that he might be discovered (*Eitz Yosef,* from *Yefeh To'ar*). According to R' Berechyah there was never any uncertainty about the validity of Isaac's original blessing of Jacob (*Yefeh To'ar*). Isaac thereby indicated to Jacob that he was deserving of the blessing (*Eshed HaNechalim*).

147. *Yefeh To'ar.*

148. Aner, Eshcol, and Mamre had been allies of Abraham (above, 14:13) and their daughters were righteous (see above, 57 §3). Nevertheless, as Canaanites, they were not fitting wives for Jacob (*Matnos Kehunah, Eitz Yosef*; see above, 59 §9). Abraham had similarly warned Eliezer against taking a wife for Isaac from their daughters; see above, 59 §8 (*Yefeh To'ar, Matnos Kehunah*).

149. Samson was insisting on marrying a Philistine woman, despite the protests of his parents (see beginning of the verse).

150. The Midrash thus is criticizing Samson for rejecting the judgment of his parents and doing what was proper in his own eyes. His behavior contrasts with that of Jacob who, faced with a similar choice, heeded the advice of his parents (see *Yefeh To'ar* and *Eshed HaNechalim*).

[There does not appear to be any inherent connection or direct contrast between these two verses from *Proverbs.* Both *Eitz Yosef* and *Rashash* therefore suggest emending the text, having the Midrash cite in reference to Samson the beginning of the same verse that it cites for Jacob, דֶּרֶךְ אֱוִיל יָשָׁר בְּעֵינָיו, *The way of the foolish one is upright in his eyes* (*Proverbs* 12:15), thus contrasting the אֱוִיל, *the foolish one*, with the חָכָם, *the wise man.* However, see *Maharzu* and *Nezer HaKodesh* (cited in part by *Eitz Yosef*), who justify the citation of *Proverbs* 21:2.]

י [כז, מג-מד] "וְעַתָּה בְנִי שְׁמַע בְּקֹלִי וְקוּם בְּרַח לְךָ", "וְיָשַׁבְתָּ עִמּוֹ יָמִים אֲחָדִים". כְּתִיב (בראשית כט, כ) "וַיַּעֲבוֹד יַעֲקֹב בְּרָחֵל שֶׁבַע שָׁנִים וַיִּהְיוּ בְעֵינָיו כְּיָמִים אֲחָדִים", [כב]אָמַר רַבִּי חֲנִינָא בַּר פָּזִי: נֶאֱמַר כָּאן "אֲחָדִים" וְנֶאֱמַר לְהַלָּן "אֲחָדִים", מַה לְּהַלָּן אֲחָדִים שֶׁבַע שָׁנִים אַף אֲחָדִים שֶׁנֶּאֱמַר כָּאן שֶׁבַע שָׁנִים. [כז, מה] "עַד אֲשֶׁר תָּשׁוּב חֲמַת אָחִיךָ", אִמּוֹ בְּצִדְקָתָהּ אָמְרָה "עַד אֲשֶׁר תָּשׁוּב חֲמַת אָחִיךָ", וְהוּא לֹא עָשָׂה כֵן, אֶלָּא (עמוס א, יא) "וַיִּטְרֹף לָעַד אַפּוֹ וְעֶבְרָתוֹ שְׁמָרָה נֶצַח", רֵישׁ לָקִישׁ אָמַר: עוֹבְרָתֵיהּ וְנַחַרְתֵּיהּ לָא זִיעָא מִפּוּמֵיהּ, "לָמָּה אֶשְׁכַּל גַּם שְׁנֵיכֶם וְגוֹ'":

יא [כז, מו] "וַתֹּאמֶר רִבְקָה אֶל יִצְחָק קַצְתִּי בְחַיַּי". אָמַר רַבִּי הוּנָא: הִתְחִילָה גּוֹרֶפֶת מְחוּטְמָהּ וּמַשְׁלֶכֶת, "אִם לֹקֵחַ יַעֲקֹב מִבְּנוֹת חֵת כָּאֵלֶּה", קוֹפַחַת זוֹ לָזוֹ וְזוֹ לָזוֹ:

יב [כח, א] "וַיִּקְרָא יִצְחָק אֶל יַעֲקֹב וַיְבָרֶךְ אוֹתוֹ". רַבִּי אַבָּהוּ אָמַר: לְפִי שֶׁהָיוּ הַבְּרָכוֹת מְפוּקְפָּקוֹת בְּיָדוֹ, וְהֵיכָן נִתְאוֹשְׁשׁוּ בְּיָדוֹ, כָּאן, "וַיִּקְרָא יִצְחָק אֶל יַעֲקֹב", אָמַר ר"א: [כג]אֵין קִיּוּם הַגֵּט אֶלָּא בְּחוֹתְמָיו, שֶׁלֹּא תֹאמַר אִלּוּלֵי שֶׁרִימָּה יַעֲקֹב בְּאָבִיו לֹא נָטַל בִּרְכוֹתָיו תַּלְמוּד לוֹמַר "וַיִּקְרָא יִצְחָק אֶל יַעֲקֹב וַיְבָרֶךְ אוֹתוֹ". אָמַר רַבִּי בֶּרֶכְיָה: מָשָׁל לְבֶן מְלָכִים שֶׁהָיָה חוֹתֵר לְאָבִיו לִיטּוֹל לִיטְרָא אַחַת שֶׁל זָהָב, אָמַר לוֹ: לָמָּה בְּמַטְמוֹנִיּוֹת, בֹּא וְטוֹל לְךָ בְּפַרְהֶסְיָא, "וַיִּקְרָא יִצְחָק אֶל יַעֲקֹב וַיְבָרֶךְ אוֹתוֹ". "וַיְצַוֵּהוּ", הִזְהִירוֹ עַל בְּנוֹת עָנֵר אֶשְׁכּוֹל וּמַמְרֵא. [כח, א] "וַיִּשְׁמַע יַעֲקֹב אֶל אָבִיו וְאֶל אִמּוֹ" הָדָא הוּא דִכְתִיב [כד](משלי כא, ב) "כָּל דֶּרֶךְ אִישׁ יָשָׁר בְּעֵינָיו", "כָּל דֶּרֶךְ אִישׁ יָשָׁר בְּעֵינָיו", זֶה שִׁמְשׁוֹן (שופטים יד, ג) "וַיֹּאמֶר שִׁמְשׁוֹן אֶל אָבִיו אוֹתָהּ קַח לִי כִּי הִיא יָשְׁרָה בְעֵינָי". (משלי יב, טו) "וְשׁוֹמֵעַ לְעֵצָה חָכָם", זֶה יַעֲקֹב, "וַיִּשְׁמַע יַעֲקֹב אֶל אָבִיו וְאֶל אִמּוֹ וַיֵּלֶךְ וְגוֹ'":

חידושי הרד"ל

(יז) [י] **ונחרתיה.** הוא פי' אפו שעלה עשן בנחירת אפו: (יח) [יב] **על בנות ענר כו'.** על שאר בנות כנען לא הוצרך להזהירו כי רעות הן. ויעקב הצדיק בעצמו יפרוש מהן. רק על אלו שהן צדיקים הוצרך להזהירו: (יט) **כל דרך איש כו'.** זה שמשון. דרך נדרש על נשואין (משלי כ"ט). עיין ריש קדושין:

חידושי הרש"ש

[יב] **הדא הוא דכתיב כל דרך איש כו'.** נ"ל דט"ס הוא וצ"ל דרך אויל כו' כי הוא רישא דקרא ושומע לעצה חכם:

עץ יוסף

אחרת להתנכר לך ולהרגך. וזה כמה הוא תוהה עליך. ומדהל"ל נחם מאי מתנחם דרש עוד מתנחם ב' מילות מת נחם שאתה כמת כבר בעיניו וכבר שתה עליך כוס תנחומין (נזה"ק): (י) **עברתיה ונחרתיה.** פרש"י עברתו ואפו אינה זזה מפיו ושמורה לנצח: (יא) **גורפת מחוטמה.** פרש"י היתה גורפת ומוצאת הריר מן האף ומשלכת. לומר שהן מאוסות בעיניה כניע היוצא מהחוטם. וזה אמרה קצתי בחיי: **באלה קופחת כו'.** היתה מכה את ראשי נשי עשו זו על זו (מת"כ): (יב) [יז] **לפי שהיו הברכות מפוקפקות.** כצ"ל (א"א). כלו' מסופקות אולי לא יתקיימו בידו כי במרמה נטלן ולכן חזקם פה והיינו דאמר אין קיום הגט אלא בחותמיו (יפ"ת): **נתאוששו.** פי' נתחזקו. ולעיל דרים שאומרו גם ברוך יהיה נתקיימו הברכות ע"פ הדיבור שרתה עליו השכינה ומהכא שמעינן כי אחר שנתברר ליצחק רשעו של עשו וצדקת יעקב קיים לו הברכות בדעתו ורצונו: **וטול בפרהסיא.** והכא נמי מפני שהברכות קבלן תחלה במטמוניות שלא בפני עשו. בא עתה לתתם לו בפרהסיא בלי פחד (יפ"ת): **בנות ענר אשכול וממרא.** שאע"פ שהיו הגוים צדיקים ובעלי ברית אברהם מ"מ כנענים הם: **כל דרך איש ישר בעיניו כו'.** ט"ס וצ"ל דרך אויל ישר בעיניו וגו' והוא

פירוש מהרז"ו

אל תרעו דמשמע כפל דברים משיחי ונביאי. א"ו משיחי היינו אבות. ונביאי היינו אמהות (יפ"ת) וכ"א במדרש תהלים ק"ה אל תגעו במשיחי אלו אבות ובנביאי אל תרעו אלו אמהות. ויתכן שדרש תרעו מלשון ריעות והתחברות וכמ"ש שם ויוכח עליהם מלכים הם פרעה ואבימלך שרצו להתחבר בשרה ורבקה: (י) **עוברתי' ונחרתיה.** דורש ויטרוף מלשון טרף בפיה שהיה אפו ועברתו תמיד בפיו. ומ"ש ונחרתיה פי' מלשון מנחיריו יצא עשן (איוב מ"א) ואיתו מלשון ניחר גרוני: (יב) **כל דרך איש וגו'.** נ"ל דרך אויל ישר בעיניו ושומע לעצה חכם משלי י"ב (רש"ש) ומצאתי בילקוט משלי י"ב שהעתיק דרך איש ישר בעיניו והוא פסוק במשלי כ"א ע"כ אני אומר לקיים גירסא שלפנינו כל דרך איש ישר בעיניו וס"ד ותוכן לבות ה' כמפורש בשמשון ואביו ואמו לא ידעו כי מה' הוא הרי אע"פ שכתוב כי היא ישרה בעיני עכ"ז תוכן לבות ה' שנתן כן

מסורת המדרש

כב ילקוט כאן רמז קט"ז כל הענין: כג גיטין דף כ"ב. לעיל סוף סימן ג': כד ילקוט משלי רמז תתקמ"ט:

אם למקרא

וַיַּעֲבֹד יַעֲקֹב בְּרָחֵל שֶׁבַע שָׁנִים וַיִּהְיוּ בְעֵינָיו כְּיָמִים אֲחָדִים בְּאַהֲבָתוֹ אֹתָהּ: (בראשית כט:כ)

כֹּה אָמַר ה' עַל־שְׁלֹשָׁה פִּשְׁעֵי אֱדוֹם וְעַל־אַרְבָּעָה לֹא אֲשִׁיבֶנּוּ עַל־רָדְפוֹ בַחֶרֶב אָחִיו וְשִׁחֵת רַחֲמָיו וַיִּטְרֹף לָעַד אַפּוֹ וְעֶבְרָתוֹ שְׁמָרָה נֶצַח: (עמוס א:יא)

כָּל־דֶּרֶךְ אִישׁ יָשָׁר בְּעֵינָיו וְתֹכֵן לִבּוֹת ה': (משלי כא:ב)

וַיֹּאמֶר לוֹ אָבִיו וְאִמּוֹ הַאֵין בִּבְנוֹת אַחֶיךָ וּבְכָל־עַמִּי אִשָּׁה כִּי־אַתָּה הוֹלֵךְ לָקַחַת אִשָּׁה מִפְּלִשְׁתִּים הָעֲרֵלִים וַיֹּאמֶר שִׁמְשׁוֹן אֶל־אָבִיו אוֹתָהּ קַח־לִי כִּי־הִיא יָשְׁרָה בְעֵינָי: (שופטים יד:ג)

דֶּרֶךְ אֱוִיל יָשָׁר בְּעֵינָיו וְשֹׁמֵעַ לְעֵצָה חָכָם: (משלי יב:טו)

רש"י

(י) **עוברתיה ונחרתיה.** עברתו ואפו: (יא) **באלה.** נשי עשו. קופחת על ראשיהן זו בזו: (יב) **היו הברכות מפוקפקות בידו והיכן נתאוששו בידו כאן.** דכתיב ויברך אותו:

מתנות כהונה

בנדרים כדו תהית ולשון מתנחם קדרים ודרש לך כמו עליך כמה דאת אמר אמרי לי ודומיהן: [י] **כימים אחדים וגו'.** דאל"כ שימים אחדים שאמרה לו אמו הם ז' שנים היאך אמר שהיו בעיניו כימים אחדים הרי שבע שנים רבות הם כמ"ש שם מהר"ר אליהו מזרחי ועוד מכח אהבתו אותו יהיו בעיניו רבים מאד כמ"ש בעל העקידה אבל מפני שאמו נותה עליו וישב עמו ז' שנים היו בעיניו כימים אחדים אע"פ שהיתה אהבתה עליה: **עוברתיה בו'.** הערוך הביאו ולא פירשו ופירושו עברתו ואפו אינה זזה מפיו ושמורה לנצח: **ונחרתי'.** לשון ניחר גרוני שע"י הכעס הוא נוחר בגרונו וחמתו בערה בו וכן מצאתי שוב בפירש"י וז"ל עוברתיה ונחרתיה. עברתו ואפו: [יא] **גורפת בו'.** היתה גורפת ומוצאת הרעי מן האף ומשלכת שהוא דבר הנמאס וקץ על האדם להראות כי נמאסו בעיניה ולשון קצתי קדרים: **קופחת בו'.** היתה מכה את ראשי נשי עשו זה ע"ז דכתיב כאלה ודוגמתו לעיל בפר' כ"ז אצל נמרוד: [יב] **מפוקפקת.** חלשות בלי חוזק ועתה נתחזקו בידו דאל"כ ויברך למה לי הרי כבר ברכו בכל ומכל: **ענר אשכול בו'.** דאל"כ מבנות כנען למה לי הרי כתיב אח"כ קום לך פדנה ארם וגו'. אלא שלא יאמר יעקב ענר אשכול וממרא גם המה בני ברית אברהם וילחק ואנשים אחים הם וכן מלינו שאברהם הזהיר אליעזר עבדו בפירוש על ענר אשכול וממרא מטעם זה כדלעיל בפר' חיי שרה:

אשד הנחלים

[י] **אף אחדים.** כי לא יתכן שכוונה שימתין שמה ימים מועטים ואחדים כי איך בזמן מועט ישוב חמתו א"ו כונה ברוח קדשה שימתין שמה הרבה וראתה ג"כ בנבואה שיצפה שמה לאשה והזהירתו שיהיה בעיניו כימים אחדים ולח כתוחלת ממושכה מחלת לב. וכמ"ש באמת שהיה בעיניו כימים אחדים וק"ל: **בצדקתה.** כלומר כי הצדיק מחזיק את כל אנשים לטובים ומדמים בנפשם אפילו על הרע שברעים שבודאי ישוב מדרכו כי איך יתכן שישתקע תמיד בחטאו אבל באמת מטבעו היה שעברתו שמרה נצח: **עוברתי' ונחרתי'.** היא פירוש וביאור על עברתו שמרה נצח שמעולם לא פסק מכעס על יעקב: [יא] **התחילה גורפת מחוטמה.** עיין במ"כ. וכן דרך לאיש הזוכר דבר הנמאס שיוזיב הליחה מהחוטם מרוב מאסו בדבר מה: **קופחת.** ולכן אמר כאלה רומז על נשיו: [יב] **שהי' הברכות מפוקפקות.** הוא גרסת אות אמת. והוא לשון פקפוק שהוא ספק בלתי ברור עודנה. ונתאוששו. לשון התחזקות ואולי הוא מלשון עשת שן ואח"הע מתחלפין: **למה במטמוניות.** שתדמה כי אין הברכות ראוים לך. לא כן כ"א ראוים לך. לכן ברכתי עתה בגלוי: **זה שמשון.** וכלומר ההולך אחר עיניו כפי אשר ישיאהו עינו אז כל דרך ישר לפניו כי החמדה ישיאו להתפתות בדבר שאינו ראוי אך השומע לעצה ואינו עושה כפי העולה על רוחו אז מתואר בשם חכם:

וַיַּרְא עֵשָׂו כִּי רָעוֹת בְּנוֹת כְּנָעַן בְּעֵינֵי יִצְחָק אָבִיו. וַיֵּלֶךְ עֵשָׂו אֶל יִשְׁמָעֵאל וַיִּקַּח אֶת מָחֲלַת בַּת יִשְׁמָעֵאל בֶּן אַבְרָהָם אֲחוֹת נְבָיוֹת עַל נָשָׁיו לוֹ לְאִשָּׁה.

Esau perceived that the daughters of Canaan were evil in the eyes of Isaac, his father. So Esau went to Ishmael and took Mahalath, the daughter of Ishmael son of Abraham, sister of Nebaioth, in addition to his wives, as a wife for himself (28:8-9).

§13 וַיַּרְא עֵשָׂו כִּי רָעוֹת בְּנוֹת כְּנָעַן ... וַיֵּלֶךְ עֵשָׂו אֶל יִשְׁמָעֵאל – ***ESAU PERCEIVED THAT THE DAUGHTERS OF CANAAN WERE EVIL, ETC. SO ESAU WENT TO ISHMAEL,*** *ETC.*

The Midrash discusses Esau's motivation in seeking a wife from Ishmael's family:

רַבִּי יְהוֹשֻׁעַ בֶּן לֵוִי אָמַר: נָתַן דַּעְתּוֹ לְהִתְגַּיֵּיר – **R' Yehoshua ben Levi said: [Esau] intended to convert.**[151]

R' Yehoshua ben Levi adduces support for this understanding from the names of Esau's new wife:

מָחֲלַת – Ishmael's daughter is called here (v. 9) ***Mahalath,*** **שֶׁמָּחַל לוֹ הַקָּדוֹשׁ בָּרוּךְ הוּא עַל כָּל עֲוֹנוֹתָיו** – indicating **that the Holy One, blessed is He, forgave** (מָחַל) **[Esau] for all of his sins.**[152] **בָּשְׂמַת** – Elsewhere, her name is given as ***Basemath*** (below, 36:3), **שֶׁנִּתְבַּסְּמָה דַעְתּוֹ עָלָיו** – which connotes **that [Esau's] mentality had improved** (נִתְבַּסְּמָה)[153] at the time that he decided to marry her.[154]

R' Elazar raises an objection to R' Yehoshua ben Levi's understanding:

אָמַר ר"א: אִלּוּ הוֹצִיא אֶת הָרִאשׁוֹנוֹת יָפֶה הָיָה – **R' Elazar said: Had [Esau] banished the first** wives, **[the explanation]** of R' Yehoshua ben Levi **would have been proper.**[155] **אֶלָּא "עַל נָשָׁיו", כְּאֵב עַל כְּאֵב** – **However** since, as the verse here states, Esau wed Mahalath ***in addition to his wives,*** it is clear that his marriage to her was **a pain** added **onto a pain.**[156] **דָּבָר אַחֵר כּוּב עַל כּוּב** – **Another version:** Esau's marriage to Mahalath was **a thorn** added **onto a thorn,**[157] **תּוֹסֶפֶת עַל בַּיִת מָלֵא** – **a further addition onto an already full house.**[158]

The Midrash concludes its treatment of *Parashas Toldos* by citing and expounding a verse in *Proverbs* that alludes to this Torah-portion:

רַבִּי יוּדָן בְּשֵׁם רַבִּי אַיְבוּ אָמַר: "בְּפֶשַׁע שְׂפָתַיִם מוֹקֵשׁ רָע וַיֵּצֵא מִצָּרָה צַדִּיק" – **R' Yudan said in the name of R' Aivu:** ***In the sin of the lips lies an evil snare, but a righteous person escapes travail*** (*Proverbs* 12:13). **"בְּפֶשַׁע שְׂפָתַיִם מוֹקֵשׁ רָע" מִמֶּרֶד שֶׁמָּרְדוּ עֵשָׂו וְיִשְׁמָעֵאל בְּהַקָּדוֹשׁ בָּרוּךְ הוּא וְהִכְעִיסוּ אוֹתוֹ** – ***In the sin of the lips lies an evil snare*** alludes to the fact that **because of Esau's and Ishmael's rebellion against the Holy One, blessed is He, and their angering Him,**[159] **וְכֵן נָשָׁיו שֶׁהִכְעִיסוּ אוֹתוֹ** – **and so** too because of **[Esau's] wives, who** likewise **angered Him,**[160] **בָּאת לָהֶם תַּקָּלָה** – **a mishap befell them.**[161] **"וַיֵּצֵא מִצָּרָה צַדִּיק" זֶה יַעֲקֹב** – ***But a righteous person escapes travail*** – **this** alludes to **Jacob,** **"וַיֵּצֵא יַעֲקֹב מִבְּאֵר שָׁבַע וַיֵּלֶךְ חָרָנָה"** – as Scripture states, ***Jacob departed from Beer-sheba and went toward Haran*** (below, v. 10).[162]

NOTES

151. I.e., to repent (see *Eitz Yosef*). Esau's decision to marry a descendant of Abraham (and not another Canaanite) was indicative of his intent to abandon his evil ways. *Yefeh To'ar* suggests that Scripture here (v. 9) explicitly traces his new wife's pedigree back to Abraham (*Mahalath, the daughter of Ishmael son of Abraham*) to allude that Esau was seeking to emulate Abraham, the first convert.

152. For his decision to repent earned Esau forgiveness for his previous sins (see *Eitz Yosef*).

[Alternatively, Esau was forgiven his sins because he married. As we learn in *Yerushalmi* (*Bikkurim* 3:3): *Regarding a sage, a bridegroom, and a Nasi, their exalted position atones for their sins* (see also *Midrash Shmuel,* cited in *Rashi* 36:3). See further, *Beur HaGra, Even HaEzer* 61:1; see *Torah Temimah* to our verse for discussion.]

153. Translation follows *Rashi, Matnos Kehunah, Eitz Yosef,* et al. *Eitz Yosef* notes that *Onkelos* translates the phrase וַיִּמְתְּקוּ הַמָּיִם, *the water became sweet* (*Exodus* 15:25), as וּבְסִימוּ מַיָּא. *Matnos Kehunah* associates נִתְבַּסְּמָה with the Hebrew word בּוֹשֶׂם, *perfume* or *aromatic substance.*

154. He was seeking a wife with proper pedigree, which was indicative of his decision to repent (see *Eitz Yosef*).

Eitz Yosef, following *Yefeh To'ar,* writes that the Midrash is uncertain as far as which of these two names was her true name and which, although not really her name, is being used by Scripture as an appropriate description of her role. Therefore, the Midrash explains that whichever name is taken as being descriptive can be understood as alluding to Esau's repentance at the time of their marriage.

155. That Esau's marriage to Mahalath was an act of repentance (*Rashi, Matnos Kehunah, Eitz Yosef*).

156. Mahalath must have been evil just like Esau's first wives (*Rashi*). Accordingly, by marrying her Esau was amplifying his wickedness and making himself even more disgraceful.

157. There is no conceptual difference between these two versions; they vary only in wording (*Eitz Yosef*; see, however, *Yefeh To'ar*).

158. I.e., Mahalath was another thorn, another heathen woman, added on to a house already full of thorns (*Rashi, Matnos Kehunah, Eitz Yosef*).

159. That is, both Esau and Ishmael blasphemed God with their lips (see *Eitz Yosef*; for alternative explanations see *Maharzu* and *Eshed HaNechalim*). [*Maharzu* notes that this passage follows the opinion that Ishmael did not repent; see, however, above, 38 §12.]

160. That is, Esau's first wives, from the daughters of Heth. See following note.

161. The "mishap" was Esau's marriage to Mahalath, daughter of Ishmael, which the Midrash above characterized as כּוּב עַל כּוּב, "a thorn on a thorn" (*Eitz Yosef*). Alternatively, the "mishap" was Ishmael's death immediately prior to Mahalath's marriage; see *Megillah* 17a (*Maharzu*).

162. By going to Haran, Jacob escaped both the physical threat posed by Esau and the spiritual threat posed by the evil ways of Esau and Ishmael. Furthermore, this enabled him to marry righteous women (Rachel and Leah) (*Eitz Yosef,* from *Yefeh To'ar*; however, see *Maharzu*).

יג [כח, ח-ט] "**וַיַּרְא עֵשָׂו כִּי רָעוֹת בְּנוֹת כְּנָעַן וַיֵּלֶךְ עֵשָׂו אֶל יִשְׁמָעֵאל". רַבִּי יְהוֹשֻׁעַ בֶּן לֵוִי אָמַר: נָתַן דַּעְתּוֹ לְהִתְגַּיֵּיר. "מָחֲלַת", [כה]שֶׁמָּחַל לוֹ הַקָּדוֹשׁ בָּרוּךְ הוּא עַל כָּל עֲוֹנוֹתָיו.** (בראשית לו, ג) **"בָּשְׂמַת", שֶׁנִּתְבַּסְּמָה דַּעְתּוֹ עָלָיו. אָמַר רַבִּי אֶלְעָזָר: אִלּוּ הוֹצִיא אֶת הָרִאשׁוֹנוֹת יָפֶה הָיָה, אֶלָּא עַל נָשָׁיו כְּאֵב עַל כְּאֵב. דָּבָר אַחֵר, כּוּב עַל כּוּב תּוֹסֶפֶת עַל בַּיִת מָלֵא. רַבִּי יוּדָן בְּשֵׁם רַבִּי אַיְבוּ אָמַר:** (משלי יב, יג) **"בְּפֶשַׁע שְׂפָתַיִם מוֹקֵשׁ רָע וַיֵּצֵא מִצָּרָה צַדִּיק", [כו]"בְּפֶשַׁע שְׂפָתַיִם מוֹקֵשׁ רָע" מִמֶּרֶד שֶׁמָּרְדוּ עֵשָׂו וְיִשְׁמָעֵאל בְּהַקָּדוֹשׁ בָּרוּךְ הוּא וְהִכְעִיסוּ אוֹתוֹ, וְכֵן נָשָׁיו שֶׁהִכְעִיסוּ אוֹתוֹ בָּאת לָהֶם תַּקָּלָה, "וַיֵּצֵא מִצָּרָה צַדִּיק", זֶה יַעֲקֹב,** [כח, י] **"וַיֵּצֵא יַעֲקֹב מִבְּאֵר שָׁבַע וַיֵּלֶךְ חָרָנָה":**

חידושי הרד"ל

(כ) [יג] **נתן דעתו בו'.** נ"ע דתחלה נמי חוטא הוא כמ"ש בקדושין (י"ח) והו"ל נתן דעתו לשוב בתשובה:

(כא) **שנתבסמה דעתו עליה.** כצ"ל:

עץ יוסף

במשלי י"ב. ועי' בנזה"ק שמיישב הגי' שלפנינו: **(יג) נתן דעתו להתגייר בו'.** דכאן הוא אמר מחלת בת ישמעאל ולהלן בס' וישלח בשמת בת ישמעאל. ולכן אמר. שאז באותו הפרק נתן דעתו להתגייר כלומר לעשות תשובה לפיכך נקראת מחלת שמחל לו הקב"ה על כל עונותיו. ועיקר שמה בשמת. או שעיקר שמה מחלת ונקראת בשמת שנתבסמה דעתו עליו בתשובה: **שנתבסמה דעתו.** כלו' שנתיישבה דעתו במה שבקש מיוחסות ובמה שנתן דעתו להתגייר. וימתקו המים מתרגמינן ובסימו מיא: **אילו הוציא את הראשונות.** פליג אדריב"ל וקאמר דאילו הוציא הראשונות היה נודק זה. אבל מאחר שלא גירשן אדרבה הוסיף ברשע והוסף לד גנות על גנותו: **כוב על כוב.** פי' קוץ על קוץ. ואין בין לשון זה ללשון ראשון אלא לישנא בעלמא: **תוספת על בית מלא.** כלו' שבא תוספת קוץ על בית שכבר מלא קוצים: [יא] **ממרד שמרדו עשו וישמעאל בהקב"ה והכעיסו אותו.** להטיח כלפי מעלה. וכן נשי עשו שהכעיסו אותו באת להם תקלה במה שנשא עליהם עוד את מחלת בת ישמעאל והיתה כוב על כוב: **זה יעקב.** שדבק בביאה בו לרחל וללאה ויצא מצרה מפחד עשו ומלימוד דרכי עשו וישמעאל (יפ"ת):

פירוש מהרז"ו

בלבו אלא שבמדרש חסר וצ"ל עוד דרך אויל ישר בעיניו כו' הוסיף כאב על כאב. ושומע לעצה חכם זה יעקב שנאמר וישמע יעקב וגו' כ"ה בילקוט משלי י"ב: **(יג) בשמת.** שכאן נקראת מחלת בת ישמעאל ובסוף וישלח כתיב ואת בשמת בת ישמעאל אחות נביות הרי שיש לה ב' שמות ע' רש"י סוף וישלח בשם מדרש שמואל וכ"כ יפ"ת: **ממרד שמרדו.** שפשע הוא מרד כמ"ש במ"ר ר"פ י"ח והמרד הוא מש"ל סי' ח' שהתקשר על יצחק ויעקב ועל ב"ד של שם ועבר וסובר כמ"ד פס"ב סי' ה' לא עשה ישמעאל תשובה. ומ"ש באת להם תקלה היינו שמת ישמעאל באותו פרק ולא זכה לנשואי בתו והשיאה נביות אחיה וכמ"ש מגילה דף י"ז וע"ל פס"ה סי' ט"ז שדורש עליו פסוק הקודם. והש"י הפיר עצתם ומת ישמעאל ויעקב נמלט. ודורש סמוכים שסמך וילא יעקב אל וילך עשו. וכן מצאתי באגדת בראשית פמ"ו:

מסורת המדרש

כה ירושלמי בכורים פרק ג'. אגדת שמואל פרשה י"ז. ילקוט שמואל רמז קי"ז: **כו** ילקוט משלי רמז תתקמ"ח:

אם למקרא

וְאֶת־בָּשְׂמַת בַּת־יִשְׁמָעֵאל אֲחוֹת נְבָיוֹת: (בראשית לו:ג)

בְּפֶשַׁע שְׂפָתַיִם מוֹקֵשׁ רָע וַיֵּצֵא מִצָּרָה צַדִּיק: (משלי יב:יג)

רש"י

(יג) שנתבשמה דעתו עליו. נתיישבה עליו לטובה: **אלו הוציא את הנשים הראשונות.** יפה היית אומר שנתגייר אלא על נשיו כאב על כאב ספות הרוה את הצמאה ראשונות היו רעות והשניות כמו כן: **כוב על כוב.** קוצים על קוצים: **תוספת על בית מלא.** ביתו היתה מלאה נשים נכריות והוא הוסיף לקחת עליהן:

מתנות כהונה

[יג] **שנתבשמה.** נתיישבה דעתו לטובה כבושם הזה: **יפה היה.** הדבר הזה שאמרת שנתן דעתו להתגייר: **כוב על כוב.** קוץ על קוץ עוד היה מוסיף נשים ארורות על בית מלא שהיה לו כבר:

אשד הנחלים

[יג] **נתן דעתו.** כלומר ישמעאל נתן דעתו לעשות תשובה. ולכן דרש כל השמות ע"ש התשובה מה שהסבה לו תשובתו שנמחל לו על עונותיו הקדומות. ובשמת שנתבסם דעתו ולא היה פרא אדם בשובבות כמו שהיה טבעו קודם כ"א מיושב בדעתו: **כוב על כוב.** כן הוא גרסת או"א ופירושו מלשון קוץ כמו כוביה שברבות הנשים תרבה התאוות. בפרט שהם רעות המה מחטיאות. ובכאן הגרסא כאב על כאב: **בפשע שפתים.** יש להבין מדוע כינה פשיעתם רק לשפתים ועל ישמעאל ניחא שכל צרותיו והדחתו באה כי ראתה שרה כי הוא מצחק כי היה איש שובב ולץ בטבעו. ואולי על עשו ג"כ מפני שאמר בשפתיו שיקרבו אבל. עי"ז יצא מצרה צדיק שנמלט מהם ובא למקום שלימותו:

BIBLIOGRAPHY

Abarbanel — (1437-1508) Philosopher, statesman, leader of Spanish Jewry at the time of the Expulsion in 1492. Wrote massive commentary on nearly the entire ***Tanach.***

Aderes — by R' Eliyahu David Rabinowitz-Teomim (Jerusalem, 5765).

Aderes Eliyahu — Commentary on the Pentateuch by the Vilna Gaon, R' Eliyahu ben Shlomo Zalman (1720-1797).

Agra D'Kallah — by R' Tzvi Elimelech Shapira (Przemysl, 5670-1).

Ahavas Yehonasan — Commentary on the weekly ***Haftaros*** by R' Yehonasan Eybeschutz (1690?-1764), of Prague, Metz, and Altona, one of the leading rabbis of the 18th century.

Akeidas Yitzchak — Profound philosophical-homiletical commentary on the Pentateuch by R' Yitzchak Arama (1420-1494), one of the leading rabbis of 15th-century Spain.

Alshich — Extremely popular commentary on the ***Tanach*** by R' Moshe Alsheich (1508-1593?), ***dayan*** and preacher in Safed during its golden age.

Am Segulah — by R' Yoel Schwartz (Jerusalem, 5741).

Anaf Yosef — Major commentary on ***Midrash Rabbah*** by R' Chanoch Zundel ben Yosef (first printed 5627).

Arachin — Talmudic tractate in ***Seder Kodashim.***

Asher Yetzaveh — Machon Ahavas Shalom (Jerusalem, 5764).

Astruc, R' Shlomo — Author of ***Midreshei Torah,*** a commentary on the Pentateuch, cited by Abarbanel and Sforno. He is believed to have been martyred in the Spanish massacres of 1391.

Avnei Nezer — Title of the responsa collection of R' Avraham Borenstein of Sochachov (1839-1910), a foremost Chassidic Rebbe and Torah scholar of the 19th century; frequently cited in ***Shem MiShmuel,*** the discourses of his son (see below).

Avodah Zarah — Talmudic tractate in ***Seder Nezikin.***

Avodas Avodah — by R' Shlomo Kluger (Zholkva, 5667).

Avos — Mishnah tractate in ***Seder Nezikin,*** which is unique in that it is devoted exclusively to the ethical teachings of the Sages.

Avos DeRabbi Nassan — One of the fourteen so-called "Minor Tractates." A collection of ***Baraisos*** that forms a commentary to the Mishnah tractate ***Avos.***

R' Avraham Ben HaRambam — (1186-1237) Successor to his illustrious father as Naggid, or official leader, and Chief Rabbi of Egyptian Jewry. Wrote commentary on the Pentateuch in Arabic of which only the sections on Genesis and Exodus have survived.

Baal Halachos Gedolos — One of the earliest codes of Jewish law, composed by R' Shimon Kayyara, who is believed to have lived in Babylonia in the 9th century and to have studied under the ***Geonim*** of Sura.

Baal HaTurim — Commentary on the Pentateuch by R' Yaakov the son of the Rosh (c.1275-c.1340). The commentary is composed of two parts: (a) a brief one based on *gematria* and Masoretic interpretations (known as ***Baal HaTurim***); (b) an extensive exegetical commentary, known as ***Peirush HaTur HeAruch.***

Bahd Kodesh — by R' Baruch Dov Povarsky (Bnei Brak, 5762).

Beis HaLevi — Commentary on the Pentateuch by R' Yosef Dov Halevi Soloveitchik (1820-1892), Rosh Yeshivah in Volozhin and afterward Rabbi of Slutzk and Brisk.

Beis Yosef — Commentary by R' Yosef Caro (1488-1575) on the law code ***Arba'ah Turim.*** He was also the author of the ***Shulchan Aruch*** and ***Kesef Mishneh***, a classic commentary on ***Rambam's*** code.

Bamidbar Rabbah — The section of ***Midrash Rabbah*** on the Book of Numbers.

Bava Basra — Talmudic tractate in ***Seder Nezikin.***

Bava Kamma — Talmudic tractate in ***Seder Nezikin.***

Bava Metzia — Talmudic tractate in ***Seder Nezikin.***

Bechor Shor — Commentary on the Pentateuch by the Tosafist R' Yosef Bechor Shor (1140-1190), disciple of Rabbeinu Tam; see below.

Be'er BaSadeh — A supercommentary on Rashi's Pentateuch commentary and the supercommentary of Mizrachi, by R' Meir Binyamin Menachem Danon, Chief Rabbi of Sarejevo, Bosnia in the early 19th century.

Be'er BaSadeh — by R' Alexander Sender Freidenberg (Warsaw, 5636).

Be'er HaGolah — a work composed by the Maharal of Prague (1526-1609) to explain certain ***aggados.***

Be'er Mayim Chaim — Supercommentary on Rashi's commentary on the Pentateuch by R' Chaim ben Betzalel (1515-1588), Chief Rabbi of Worms, older brother of Maharal.

Be'er Mayim Chaim — Commentary on the Torah by the Chassidic master R' Chaim of Czernowitz (1760-1818).

Be'er Moshe — Chassidic commentary on the Pentateuch by R' Moshe Yechiel HaLevi Epstein of Ozharov (1890-1971).

Be'er Shmuel — by R' Shmuel Rosenberg (Jerusalem, 5733).

Be'er Yitzchak — Supercommentary on Rashi's commentary on the Pentateuch by R' Yitzchak Yaakov Horowitz of Yaroslav (died 1864).

Be'er Yosef — by R' Yosef Tzvi Salant (Jerusalem, 5732).

Be'eros Yitzchak — by R' Yitzchak Pinchas Goldwasser (Bnei Brak, 5736).

Beis Aharon — by R' Aharon Souroujon (Constantinople, 5438-9).

Beis Hillel — Torah Journal (Jerusalem, Tammuz 5765).

Beitzah — Talmudic tractate in ***Seder Moed.***

Berachos — Talmudic tractate in ***Seder Zeraim.***

Bertinoro, R' Ovadiah of — (c.1440-1516) Leading rabbi in Italy and Jerusalem; author of the most popular commentary on the Mishnah, commonly referred to as "the Rav" or "the Bartinura"; author of ***Amar Nekeh***, a supercommentary on Rashi's Pentateuch commentary.

Betzir Aviezer — by R' Chaim Aviezer Zelig (Vilna, 5655).

Beur Maharif — by R' Yechezkel Feivel from Vilna.

Bigdei Mordechai — by R' Mordechai Yaffe-Schlesinger (Jerusalem, 5761).

Binah LeIttim — by R' Azaryah Figo (reprinted Bnei Brak, 5754).

Bircas Mordechai — by R' Baruch Mordechai Ezrachi (Jerusalem, 5764).

Bircas Reuven Shlomo — by Baruch Reuven Shlomo Schlesinger (Jerusalem, 5749).

Birkas Yaakov — by R' Yaakov Koppel Kraus ((Bnei Brak, 5764).

R' Bunam of P'schis'cha — (1765-1827) Leading Chassidic Rebbe in Poland in the early-19th century. Some of his teachings are collected in ***Chedvas Simchah, Kol Simchah,*** and ***Ramasayim Tzofim.***

Chaim Sheyesh Bahem — by R' Yitzchak Shraga Gross (Jerusalem, 5761).

Chamesh HaYerios — by R' David Mordechai Silber (Jerusalem, 5764).

R' Chananel — (died c.1055) Rosh Yeshivah and Rabbi of the Jewish community of Kairouan, North Africa; author of famous Talmud commentary and commentary on the Pentateuch which is quoted by Ramban, R' Bachya, and others.

Chasam Sofer — Title of the many works of R' Moshe Sofer (1762-1839), Rabbi of Pressburg and acknowledged leader of Hungarian Jewry, who led the battle against Reform.

Chayei HaMussar – published by Yeshivahs Beis Yosef (Ostrovtza, 5696).

Chazon Ish – Title of the works of R' Avraham Yeshaya Karelitz (1878-1953), Lithuanian scholar who spent his last twenty years in Bnei Brak. He held no official position, but was acknowledged as a foremost leader of Jewry. His works cover all aspects of Talmud and Halachah.

Chidushei HaGrashaz – by R' Shneur Zalman Weber (Jerusalem, 5739).

Chidushei HaRadal – Commentary on ***Midrash Rabbah*** by R' David ben Yehudah Luria.

Chidushei HaRim – Title of the works of R' Yitzchak Meir of Ger or Gur (1799-1866), founder of Ger Chassidus.

Chizkuni – Commentary on the Pentateuch by R' Chizkiyah Chizkuni, who lived in the 13th century, probably in France.

Chochmah U'Mussar – by R' Simchah Zissel Ziv, Alter of Kelm (New York, 5717).

Chochmah VaDaas – by R' Moshe Shternbuch (Jerusalem, 5764).

Chochmas HaMatzpun – teachings of R' Yisrael Salanter (Moshe Avgi, editor) (Bnei Brak, 5759).

Chofetz Chaim – Title of one of the works of R' Yisrael Meir HaKohen of Radin (1838-1933), author of basic works in ***halachah, hashkafah,*** and ***mussar,*** famous for his saintly qualities, acknowledged as a foremost leader of Jewry.

Chullin – Talmudic tractate in ***Seder Kodashim.***

Daas Chochmah U'Mussar – by R' Yerucham HaLevi Levovitz.

Daas Sofer – by R' Akiva Sofer (reprinted Jerusalem, 5723).

Daas Tevunos – Work of religious philosophy in the form of a dialogue between the soul and the intellect, by R' Moshe Chaim Luzzatto (1707-1746), Kabbalist, poet, and author of, among other works, the basic Mussar text, ***Mesillas Yesharim.***

Daas Torah – by R' Yerucham HaLevi Levovitz.

Daas Zekeinim – Collection of comments on the Pentateuch by the Tosafists of the 12th and 13th centuries.

Daf al Daf – by R' Avraham Noah Klein, et al. (Jerusalem, 5765).

Darash Moshe – by R' Moshe Feinstein.

Degel Machaneh Ephraim – Chassidic commentary on the Pentateuch by R' Moshe Chaim Ephraim of Sudylkov (1748-1800), grandson of the Baal Shem Tov.

Derashos Beis Yishai – by R' Shlomo Fischer (Jerusalem, 5764).

Divrei HaRav – teachings of R' Yosef Shlomo Kahaneman.

Derech Eretz Rabbah – One of the fourteen so-called "Minor Tractates." A collection of ***Baraisos*** dealing with marital laws, proper conduct, and ethical principles.

Derech Hashem – See ***Daas Tevunos.***

Devar Eliyahu – by R' Eliyahu of Vilna (Vilna, 5635).

Divrei David – Supercommentary on Rashi's commentary on the Pentateuch by R' David ben Samuel HaLevi (1586-1667), known as the ***Taz*** after his classic commentary on the ***Shulchan Aruch, Turei Zahav.***

Divrei Gedolim – edited by Tzvi Yechezkel Michelzohn (Pieterkov, 5693).

Divrei Shaarei Chaim – by R' Chaim Sofer (Munkatch, 5647).

Divrei Torah – by R' David Nahum Goldshtof (Jerusalem, 5762).

Derashos HaRan – A collection of discourses by R' Nissim of Gerona, Spain (c.1290-c.1375). A classic exposition of the fundamentals of Judaism.

Dubno Maggid – R' Yaakov Krantz (1741-1804), the most famous of the Eastern European ***maggidim,*** or preachers. Best known for his parables, his discourses were collected and published in ***Ohel Yaakov*** and other works.

Ein Eliyahu – by R' Eliyahu Schick (originally printed on Ein Yaakov, Vilna, 5629-34; reprinted as separate book, Bnei Brak, 5763).

Emes LeYaakov – by R' Yaakov Kamenetsky.

Eretz Tzvi – by R' Aryeh Tzvi Frommer (Tel Aviv, 5740).

Eruvin – Talmudic tractate in ***Seder Moed.***

Eshed HaNechalim – Major commentary on ***Midrash Rabbah*** by R' Avraham Shik (first printed 5603).

Eitz Yosef – Major commentary on ***Midrash Rabbah*** by R' Chanoch Zundel ben Yosef (first printed 5627).

Even Yisrael – by R' Shneur Zalman ben Avraham (reprinted Jersusalem, 5714).

Gur Aryeh – Supercommentary on Rashi's Pentateuch commentary by the Maharal of Prague (1526-1609).

Haamek Davar – Commentary on the Pentateuch by R' Naftali Zvi Yehudah Berlin (1817-1893), Rosh Yeshivah of the famous yeshivah of Volozhin in Russia; popularly known as the Netziv.

Hadar Zekeinim – A work on the Pentateuch containing commentaries by the 11th- and 12th-century Tosafists and the Rosh, R' Asher ben Yechiel (c.1250-1327).

HaDerash VeHaIyun – by R' Aharon Levin (Bilgoraj, 5688)

Haggadah Shel Pesach – Slutzk, Kletzk, Lakewood (Jerusalem, 5762).

HaGrach Alifandri (Eish Das) – by R' Chaim Alifandri. (Jerusalem, 5748).

HaKesav VeHaKabbalah – Comprehensive commentary on the Pentateuch by R' Yaakov Tzvi Mecklenburg (1785-1865), Chief Rabbi of Koenigsberg in Germany. It demonstrates how the Oral Tradition derives from the written text of the Pentateuch.

HaMaor SheBaTorah – by R' Shalom Tzvi HaKohen Shapiro (Bnei Brak, 5756).

HaMaor SheBaTorah – by R' Yaakov Moshe Lesin (New York, 5720).

Hegyonos El Ami – by R' Moshe Avigdor Amiel (Antwerp, 5696).

Hirsch, R' Samson Raphael – (1808-1888) Rabbi in Frankfurt-am-Main; great leader of modern German-Jewish Orthodoxy and battler against Reform; author of many works, including a six-volume commentary on the Pentateuch.

Horayos – Talmudic tractate in ***Seder Nezikin.***

Ibn Caspi, R' Yosef – (1280-1340) Controversial philosopher; Bible commentator; grammarian. Among his many works is ***Mishneh Kesef,*** a commentary on the Pentateuch.

Ibn Ezra, R' Avraham – (1089-c.1164) Bible commentator; ***paytan.*** Composed classic commentary on entire ***Tanach,*** famous for its grammatical and linguistic analysis.

Iggeres Teiman – Rambam's famous letter to the Jews of Yemen urging them to remain steadfast in their faith in the face of false messianism and Moslem religious persecution. An exposition of many fundamental aspects of ***hashkafah***.

Igros Moshe – by R' Moshe Feinstein.

Imrei Binah (Derashos) – by R' Meir Auerbach (Mechon Yerushalayim, 5748).

Imrei Emes – Chassidic discourses on the Pentateuch by R' Avraham Mordechai Alter, the third Gerrer Rebbe (1865-1948).

Imrei Pinchas – by R' Pinchas Vaknin (Tiberias, 5766).

Imrei Rabbi Shefatyah – by R' Shefatyah HaLevy Segal (Ashdod, 5764).

Imrei Shefer – Commentary on the Pentateuch by R' Shlomo Kluger (1785-1869), Rabbi of Brody in Galicia.

Ir al Tilah (Beis HaSho'evah) – by R' Shmuel Greenfeld (Jerusalem, 5752).

Kadmus Sefer HaZohar – by R' David ben Yehudah Luria (Koenigsberg, 5616; reprinted Tel Aviv, 5711).

Kaftor VaFerach – Famous work on the history, geography, and halachos of Eretz Yisrael, by R' Eshtori HaFarchi (c.1282-c.1357), a disciple of the ***Rosh***.

Kavanos HaTorah – Introductory essay to the Pentateuch by R' Ovadiah Sforno, discussing such matters as the purpose of the narratives in the Torah, certain commandments, and the Tabernacle.

Kedushas Levi – Chassidic discourses of R' Levi Yitzchak of Berditchev (1740-1809) on the Torah, Festivals, Talmud, Midrash, and ***Pirkei Avos.***

Kereisos – Talmudic tractate in ***Seder Kodashim.***

Kesubos – Talmudic tractate in ***Seder Nashim.***

Ksav Sofer – Title of the responsa collection and of the Pentateuch commentary of R' Avraham Shmuel Binyamin Sofer of Pressburg (1815-1879), son and successor of the Chasam Sofer (see above).

Kisvei HaMaggid MeDubno – by R' Eliezer Steinman (Tel Aviv, 5712).

Kli Yakar – Popular commentary on the Pentateuch by R' Shlomo Ephraim Lunshitz (c.1550-1619), Rosh Yeshivah in Lemberg and Rabbi of Prague, one of the leading Polish rabbis of the early-17th century.

Kluger, R' Shlomo – (1785-1869) Rabbi of Brody in Galicia.

Kol Bo – Anonymous halachic compendium (late-13th – early-14th cent.).

Kol Eliyahu – by R' Eliyahu of Vilna (Chanoch Henoch Erzohn, editor) (Piotrkow, 5665).

Kotzk, R' Menachem Mendel of – (1787-1859) One of the leading Chassidic Rebbes in the mid-19th century; his pithy comments are published in ***Emes V'Emunah,*** in ***Ohel Torah,*** and in the numerous works of his disciples.

Kuntrus VeEmunah Kol Zos – by R' Yitzchak Moshe Erlanger (Jerusalem).

Kuzari – Basic work of Jewish religious philosophy in the form of a dialogue; by R' Yehudah Halevi (c.1080-c.1145), the most famous of the medieval Jewish liturgical poets in Spain.

LeHa'ir LeHoros U'LeHaskil – by R' Yonasan Shraga Domb (Bnei Brak, 5763).

Lekach Tov – Contemporary anthology of Mussar and Hashkafah writings arranged according to the Pentateuchal weekly readings, by R' Yaakov Yisrael Beifus.

Lev Shalom – by R' Shalom Schwadron (Jerusalem, 5759).

Likkutei Yehudah – by R' Yehudah Aryeh Leib Alter (Jerusalem, 5721).

Livyas Chen – by R' Reuven Noach Cohen (Modiin Illit, 5764).

Maayan Beis Hasho'evah – by R' Shimon Schwab (Brooklyn, 5754).

Maaynei HaChaim – by R' Chaim Ephraim Zaitchik (Jerusalem, 5747).

Machsheves Zekeinim – by R' Elazar Menachem Man Shach (Baruch Mordechai Shenker, editor) (Bnei Brak, 5767).

Magen Avraham – Basic commentary on ***Shulchan Aruch Orach Chaim,*** by R' Avraham Gombiner (1634-1682) of Kalisch, Poland.

Maharal – Acronym for ***R' Yehudah Loewe*** ben Bezalel (1526-1609), one of the seminal figures in Jewish thought in the last five centuries. Chief Rabbi in Moravia, Posen, and Prague. Author of numerous works in all fields of Torah.

Maharam – Acronym for ***Moreinu HaRav Meir*** ben Gedaliah of Lublin, Poland (1558-1616), Rabbi and Rosh Yeshivah in a number of leading communities in Poland; author of a commentary on the Talmud; responsa; and ***Torah Or,*** sermons based on the Torah.

Maharil Diskin – Acronym of ***Moreinu HaRav Yehoshua Leib Diskin*** (1818-1898), one of the leading Torah scholars of the 19th century, Rabbi in several Lithuanian communities, especially Brisk; subsequently settled in Jerusalem. Among his works is a commentary on the Pentateuch.

Maharit – Acronym for ***Moreinu HaRav Yosef Trani*** (1568-1639), Rosh Yeshivah and Chief Rabbi of Constantinople; the leading Sephardic Halachist of the early-17th century. His responsa collection, ***She'elos U'Teshuvos Maharit,*** is considered a classic.

Maharsha – Acronym for ***Moreinu HaRav Shlomo Eidel's*** of Ostroh, Poland (1555-1632), Rosh Yeshivah and Rabbi in a number of the leading communities of Poland. Author of monumental commentaries on the Halachic and Aggadic sections of the Babylonian Talmud.

Maharshal – Acronym for ***Moreinu HaRav Shlomo Luria*** (1510-1573), one of the leading Rabbis of Poland in the 16th century; author of numerous works on Talmud and Halachah, as well as a supercommentary on Rashi's Pentateuch commentary.

Maharzu – Acronym for ***Moreinu HaRav Zeev Wolf*** Einhorn of Vilna (died 1862). Author of major commentary on ***Midrash Rabbah.***

Makkos – Talmudic tractate in ***Seder Nezikin.***

Malbim – Acronym for ***Meir Leibush ben Yechiel Michel*** (1809-1879), Rabbi in Germany, Romania, and Russia, leading Torah scholar and one of the preeminent Bible commentators of modern times. Demonstrated how the Oral Tradition is implicit in the Biblical text.

Maskil L'David – Supercommentary on Rashi's Pentateuch commentary by R' David Pardo (1710-1792), Rabbi in Sarajevo and Jerusalem, author of many important works; one of the leading Sephardic Torah scholars of the 18th century.

Maskil LeDavid – by R' David Povarsky (Bnei Brak, 5766).

Matnos Kehunah – Commentary on the ***Midrash Rabbah*** by R' Yissachar Ber HaKohen (c.1520-1590), a student of the Rama.

Me'am Loez – Monumental Ladino commentary on the entire ***Tanach*** begun by R' Yaakov Culi of Constantinople (1689-1732), a disciple of the Mishneh LaMelech. The most popular Torah work ever published in Ladino, it has won great popularity in its Hebrew and English translations as well.

Mechilta – Tannaitic Halachic Midrash to the Book of Exodus.

Megillah – Talmudic tractate in ***Seder Moed.***

Me'il Tzedakah – by R' Eliyahu HaKohen (Lvov, 5619).

Mekadeshei Hashem – by R' Tzvi Hirsch Meisels (reprinted Brooklyn, 5753).

Menachos – Talmudic tractate in ***Seder Kodashim.***

Menuchas Shalom – by R' Yaakov Chaim Sofer (Jerusalem, 5762).

Meshech Chochmah – Commentary on the Pentateuch by R' Meir Simcha HaKohen of Dvinsk (1843-1926), a foremost Torah scholar of his time and author of the classic ***Ohr Same'ach*** on the Rambam's ***Mishneh Torah.***

Michtav MeEliyahu – Collected writings and discourses of R' Eliyahu Eliezer Dessler (1891-1954) of London and Bnei Brak, one of the outstanding personalities and thinkers of the Mussar movement.

Midbar Kedeimos – by R' Chaim Yosef David Azulai (Chida).

Midreshei HaTorah – Commentary on the Pentateuch composed by R' Shlomo Astruc, cited by Abarbanel and Sforno. He is believed to have been martyred in the Spanish massacres of 1391.

Midrash HaNe'elam – Kabbalistic Midrash, part of the ***Zohar.***

Midrash Lekach Tov — Midrashic work on the Pentateuch and the Five ***Megillos*** compiled by R' Toviah (ben Eliezer) HaGadol (1036-1108) of Greece and Bulgaria. This work is also known as ***Pesikta Zutrasa.***

Midrash Tanchuma — See below, ***Tanchuma.***

Midrash Tehillim — Ancient Midrash on the Psalms, also known as ***Midrash Shochar Tov.***

Minchah Belulah — Commentary on the Pentateuch by R' Avraham Rapa of Porto and Venice, Italy (died 1593).

Minchas Aharon — by R' Aharon Yehudah Arak (Brooklyn, 5738).

Minchas Yehudah — Commentary on the Pentateuch by R' Yehudah ben Eliezer (early-14th century). The author cites many interpretations of the Tosafists.

Mishnas DeRabbi Eliezer — by R' Eliezer from Pinitchov (first printed 5465).

Mishneh Sachir — by R' Yissachar Shlomo Teichtal (Jerusalem, 5747).

MiSod Siach Chassidim — by R' Aharon Surasky (Bnei Brak, 5767).

Mizrachi — Basic supercommentary on Rashi's Pentateuch commentary by R' Eliyahu Mizrachi (1450-1525) of Constantinople, Chief Rabbi of the Turkish Empire.

Moed Katan — Talmudic tractate in ***Seder Moed.***

Moshav Zekeinim — Collection of comments on the Pentateuch by the Tosafists of the 12th and 13th centuries.

R' Moshe HaDarshan — Eleventh-century compiler of midrashic anthology known as ***Yesod R' Moshe HaDarshan,*** cited by Rashi and other Rishonim.

Mussar HaTorah — by R' Hillel Vitkind (Jerusalem, 5704).

Nachalas Yaakov — by R' Yaakov Selnik (Cracow, 5402; reprinted Jerusalem, 5753).

Nachalas Yaakov — Commentary on the Pentateuch by R' Yaakov Loerberbaum (d. 1832), Rabbi of Lissa in Prussian Poland. Famous Torah scholar and author of ***Nesivos HaMishpat*** and ***Chavos Daas*** on ***Shulchan Aruch.***

Nechmad LeMareh — by R' Shlomo Shalem (first printed 5537).

Nechmad MiZahav — by R' Yechezkel Taub of Kozmir (Piotrkow, 5669).

Nefesh HaChaim — Basic work of religious philosophy by R' Chaim of Volozhin (1749-1821), primary disciple of the Vilna Gaon; founder of the famous yeshivah of Volozhin.

Nefesh HaGer — Commentary on ***Targum Onkelos*** by R' Mordechai Levenstein. Does not include the Book of Deuteronomy.

Ne'os Deshe — Collection of comments on the Pentateuch by R' Avraham Bornstein of Sochachov (Tel Aviv, 5734), see above, ***Avnei Nezer.***

Nesivos Shalom — R' Shalom Noah Berezovsky (Slonimer Rebbe).

Netziv — See above, ***Haamek Davar.***

Noam Elimelech — Collection of Chassidic discourses on the Pentateuch by R' Elimelech of Lizhensk (1717-1787).

Nezer HaKodesh — by R' Yechiel Michel ben Uzziel (Jessnitz, 1719). Major commentary on *Bereishis Rabbah.*

Ohel Yaakov — See Dubno Maggid.

Ohel Yehoshua — by R' Shimon Moshe Diskin (Jerusalem, 5738).

Ohr Chadash — R' by Chaim Ephraim Zaitchik (Jerusalem, 5728).

Ohr Gedalyahu — by R' Gedaliah Schorr.

Ohr HaChaim — Commentary on the Pentateuch by the famous Kabbalist and Talmudic scholar R' Chaim ben Attar (1696-1743), Rabbi and Rosh Yeshivah in Livorno, Italy, and subsequently in Jerusalem.

Ohr HaNefesh — by R' Chaim Ephraim Zaitchik (New York, 5718).

Ohr HaSeichel — by R' Avrohom ben Asher, often quoted as אב״א (first printed in 5327).

Ohr HaTzafun — (Jerusalem, 5719), by R' Nosson Tzvi Finkel (1849-1927), spiritual head of the Slabodka Yeshivah; one of the giants of the Lithuanian Mussar movement.

Ohr Meir — by R' Meir Chadash (Ami Mizrachi, ed.) (Jerusalem, 5761).

Ohr Torah — by R' Uri Kohlmeier (Lublin 5432; rep. Brooklyn, 5761).

Ohr Torah — by R' Yaakov Flakser (New York, 5700).

Ohr Yechezkel — by R' Yechezkel Levenstein (Bnei Brak, 5736).

Onkelos — See below, ***Targum Onkelos.***

Os Emes — by R' Meir ben Shmuel Benvenisti (first printed in 5325). References and emendation on Midrash.

Os LeYisrael — by R' Yisrael Movshovitz (Jerusalem, 5762).

Otzros HaMussar — by R' Moshe Tzuriel (Jerusalem, 5763).

Otzros HaTorah — by R' Moshe Tzuriel (Bnei Brak, 5765).

Oznaim LaTorah — Commentary on the Pentateuch by R' Zalman Sorotzkin (1881-1966), one of the leading Rabbis in Lithuania (popularly known as "the Lutzker Rav") and subsequently in Israel. Has been published in English as ***Insights in the Torah.***

Pachad Yitzchak — The collected discourses of R' Yitzchak Hutner (1907-1980), Rosh Yeshivah of Mesivta R' Chaim Berlin in New York, and a foremost thinker and leader of Jewry. His works are based in great measure on those of the Maharal.

Panim Yafos — Commentary on the Pentateuch by R' Pinchas Horowitz (1730-1805), one of the leading Torah scholars of the 18th century, Rabbi in Frankfurt-am-Main, author of the classic works ***Haflaah*** and ***Hamakneh*** on the Talmud.

Pesachim — Talmudic tractate in ***Seder Moed.***

Pesikta DeRav Kahana — Ancient midrashic collection on certain portions of the Pentateuch as well as on the ***Haftaros*** of the festivals and special Sabbaths, by R' Kahana, probably the Amora R' Kahana, the disciple of Rav (second century).

Pesikta Rabbasi — Midrashic collection of homilies compiled in the Geonic era on parts of the weekly Torah reading, certain ***Haftaros,*** and certain special Sabbaths.

Pesikta Zutrasa — Midrashic work on the Pentateuch and the Five ***Megillos*** compiled by R' Toviah (ben Eliezer) HaGadol (1036-1108) of Greece and Bulgaria. This work is also known as ***Midrash Lekach Tov.***

Pilpula Charifta — by R' Nassan Margolis (Jerusalem, 5755).

Pirkei DeRabbi Eliezer — Midrash composed by the school of the Tanna R' Eliezer ben Hyrcanus (c. 100). An important commentary on this Midrash was composed by R' David Luria (1798-1855), one of the leading Torah scholars in Russia in the early 19th century.

Pischei Teshuvah — Digest of responsa arranged according to the order of the ***Shulchan Aruch*** (excluding ***Orach Chaim***), forming a kind of commentary to that law-code, by R' Avraham Tzvi Hirsch Eisenstadt (1813-1868), Rabbi of Utian, Lithuania.

Pnei Menachem — by R' Pinchas Menachem Alter (Jerusalem, 5738).

Pri Megadim — Monumental supercommentary on the ***Shulchan Aruch*** commentaries ***Magen Avraham, Turei Zahav,*** and ***Sifsei Cohen,*** by R' Yoseph Teomim (1727-1792), ***dayan*** in Lemberg and Rabbi in Frankurt an der Oder.

Raayonos VeChomer LeDrush — by R' Yaakov Levinson (Brownsville, 5680).

Rabbeinu Bachya — (1263-1340) Student of the ***Rashba***, author of a commentary on the Pentateuch containing four modes of interpretation: plain meaning of the text, and Midrashic, philosophical, and Kabbalistic exegeses.

Rabbeinu Tam — (1100-1171) Grandson of Rashi, and one of the foremost Tosafists.

Radak — Acronym for ***R' Dovid Kimchi*** (1160-1235) of Provence, leading Bible commentator and grammarian. Of his famous commentary on ***Tanach,*** only the sections to Genesis, the Prophets, Psalms, Proverbs, and Chronicles have survived.

Radvaz — Acronym for ***R' David ben Zimra*** (c.1480-1573), Chief Rabbi of Egypt, one of the leading rabbis of the 16th century; his responsa collection is considered a classic.

Ralbag — Acronym for ***R' Levi ben Gershom*** [Gersonides] (1288-1344) of Provence. According to some, he was a grandson of Ramban. Composed rationalistic commentary on the Scriptures which explains the text, and then sums up the philosophical ideas and moral lessons contained in each section.

Rambam — Acronym for ***R' Moshe ben Maimon*** ["Maimonides"] (1135-1204), one of the leading Torah scholars of the Middle Ages. His three major works are: ***Commentary to the Mishnah*** in Arabic; ***Mishneh Torah,*** a comprehensive code of Jewish law; and ***Moreh Nevuchim*** ("Guide for the Perplexed"), a major work of Jewish philosophy.

Ramban — Acronym for ***R' Moshe ben Nachman*** ["Nachmanides"] (1194-1270) of Gerona, Spain, one of the leading Torah scholars of the Middle Ages; successfuly defended Judaism at the dramatic debate in Barcelona in 1263; author of numerous basic works in all aspects of Torah, including a classic commentary on the Pentateuch.

Ran — Acronym for ***R' Nissim*** of Gerona, Spain (c.1290-c.1375), famous for his Talmudic commentary.

Rashash — Acronym for ***R' Shmuel Strashun*** of Vilna (1794-1872). His annotations and glosses on nearly every tractate of the Mishnah, Talmud, and ***Midrash Rabbah*** are printed in the Romm (Vilna) editions of the Talmud and the ***Midrash Rabbah.***

Rashba — Acronym for ***R' Shlomo Ibn Aderes*** (1235-1310), the leading rabbi in Spain in the late-13th century. Famous for his many classic works in all branches of Torah learning, including thousands of responsa dealing with all aspects of Bible, Aggadah, Talmud, and Halachah.

Rashbam — Acronym for ***R' Shmuel ben Meir*** (c.1085-1174), grandson of Rashi and brother of Rabbeinu Tam, leading Tosafist and Talmud commentator, author of a literalist commentary on the Pentateuch.

Rashi — Acronym for ***R' Shlomo Yitzchaki*** (1040-1105), considered ***the*** commentator par excellence. Rashi's commentary on the Pentateuch as well as his commentary on the Talmud are considered absolutely basic to the understanding of the text to this very day.

Raavad — Acronym for ***R' Avraham ben David*** of Posquieres, Provence (c.1120-c.1197), one of the leading Torah scholars of the 12th century, famous for his critical notes on the ***Mishneh Torah*** of the Rambam, as well as many other works on Talmud and Halachah.

R' Menachem Recanati — (late-13th — early-14th cent.) Italian Kabbalist who composed a mystical commentary on the Pentateuch.

Reshimos MeHaVaad — Kollel Michtav MeEliyahu (Bnei Brak, Iyar 5763).

Resisei Laylah — Collection of essays by R' Tzaddok HaKohen (1823-1900), see below.

Ritva — Acronym for ***R' Yom Tov Ben Avraham*** al-Asevilli (1248-1330), Rabbi in Saragossa, Spain, one of the leading Rabbis in Spain in his day; famous for his classic novellae on the Talmud.

Rokeach — Guide to ethics and halachah, by R' Elazar Rokeach of Worms (c.1160-c.1238), a leading scholar and mystic of the medieval ***Chachmei Ashkenaz*** (German Pietists); author of many works, including a commentary on the Pentateuch.

Rosh — Acronym for ***R' Asher ben Yechiel*** (c.1250-1327), disciple of Maharam Rottenberg. He fled to Spain from Germany and became Rabbi of Toledo and one of the leading authorities of his era; author of a classic halachic commentary on the Talmud, as well as other works, including a commentary on the Pentateuch; see above, ***Hadar Zekeinim.***

Rosh Hashanah — Talmudic tractate in ***Seder Moed.***

R' Saadiah Gaon — (882-942) Head of the famous yeshivah of Pumbedisa, zealous opponent of Karaism; author of many works in all areas of Torah learning, including the philosophical work, ***Emunos V'Dei'os,*** as well as an Arabic translation of the Pentateuch.

Sanhedrin — Talmudic tractate in ***Seder Nezikin.***

Sechel Tov — Compilation of Midrashim, arranged on each verse of the Pentateuch and the Five ***Megillos,*** interspersed with halachic notes and original comments, by R' Menachem ben Shlomo of Italy (12th century).

Seder Olam — Ancient chronological work quoted by the Gemara, attributed to the Tanna R' Yose ben Chalafta.

Sefer Chassidim — Classic miscellaneous work of Mussar, Halachah, customs, Bible commentary, and Kabbalah, by R' Yehudah HaChassid of Germany (c.1150-1217).

Sefer HaChinuch — The classic work on the 613 commandments, their rationale and their regulations, by an anonymous author in 13th-century Spain.

Sefer HaMitzvos — Listing and explanation of the 613 commandments, with a seminal preface explaining the principles of how to classify which Biblical precepts are to be included in the list, by Rambam, see above.

Sefer HaPardes — Halachic compendium, from the school of Rashi (see above); includes certain of his legal decisions.

Sefer HaZikaron — Supercommentary on Rashi's Pentateuch commentary by R' Avrahaham Bakrat, who lived at the time of the Expulsion from Spain of 1492.

Sfas Emes — Discourses on the Pentateuch and other subjects, by R' Yehudah Leib Alter (1847-1905), the second Gerrer Rebbe and leader of Polish Jewry.

Sforno — Classic commentary on the Pentateuch by R' Ovadiah Sforno of Rome and Bologna, Italy (1470-1550).

Shaar Bas Rabim — Torah Journal (Warsaw, 5682).

Shaarei Aharon — A contemporary encyclopedic commentary on the Pentateuch by R' Aharon Yeshaya Rotter of Bnei Brak.

Shabbos — Talmudic tractate in ***Seder Moed.***

Shem MiShmuel — Chassidic discourses on the Pentateuch and other subjects, by R' Shmuel Bornstein of Sochachov (1856-1920), son of R' Avraham of Sochachov (Jerusalem, 5752).

Shemen Sason — by R' Avraham Abeli Gombiner (author of Magen Avraham) (Dessau, 5464; reprinted Podgorze, 5661).

Shemos Rabbah — The section of ***Midrash Rabbah*** on the Book of Exodus.

Shevuos — Talmudic tractate in ***Seder Nezikin.***

Shibbolei HaLekket — Halachic compendium, by R' Tzidkiyah HaRofei of Rome (c.1230-c.1300).

Shiras David — by R' Aharon David Goldberg (Wickliffe, Ohio, 5763).

Shelah – Acronym for ***Shnei Luchos HaBris*** ("The two Tablets of the Covenant"), by R' Yeshayah Hurwitz (1560-1630), Rabbi in Poland, Frankfurt, Prague, and Jerusalem, one of the leading Torah scholars of the early-17th century. It includes fundamental tenets of Judaism, basic instruction in Kabbalah, and a commentary on the Pentateuch.

Shorashim – Alphabetical encyclopedia of the roots of all words found in the Bible. A seminal work by the famous grammarian R' Yonah Ibn Janach (c.990-c.1055) of Cordoba and Saragossa. Written in Arabic, it became available in Hebrew only in the last century.

Sichos LeSefer Bereishis – by R' Avigdor Nebenzahl (Yosef Eliyahu, editor) (Jerusalem, 5750).

Sichos Mussar – by R' Chaim Shmuelevitz.

Sifra – Tannaitic halachic Midrash to the Book of Leviticus; also known as ***Toras Kohanim.***

Sifri – Tannaitic halachic Midrash to the Books of Numbers and Deuteronomy.

Sifsei Chachamim – Popular supercommentary on Rashi's Pentateuch commentary, by R' Shabsai Bass (1641-1718), well-known publisher.

Sifsei Chaim – by R' Chaim Friedlander (Bnei Brak, 5757).

R' Simchah Zissel Ziv of Kelm – "The Alter of Kelm" (1824-1898). One of the foremost disciples of R' Yisrael Salanter; founder and head of the famous Mussar yeshivah, the Talmud Torah of Kelm, Lithuania. His discourses were published as ***Daas Chochmah U'Mussar*** (2 volumes).

Soloveitchik, R' Chaim – (1853-1918) "Reb Chaim Brisker"; Rosh Yeshivah in Volozhin and subsequently Rabbi of Brisk. Equally renowned for his genius in Torah learning and his saintly qualities, he was one of the most seminal Torah scholars of his day.

Soloveitchik, R' Yitzchak Zev – (1886-1959). Successor of his father as Rabbi of Brisk, he was also a teacher of the foremost Lithuanian Torah scholars, a practice he continued when he settled in Jerusalem in 1940; major leader of world Jewry.

Sotah – Talmudic tractate in ***Seder Nashim.***

Taanis – Talmudic tractate in ***Seder Moed.***

Talmud Yerushalmi – The Talmud composed by the Amoraim of ***Eretz Yisrael*** in the 2nd-4th centuries. Although traditionally called the Talmud of Jerusalem, it was composed in the Galilee, since the Romans did not permit the Jews to reside in Jerusalem in that era.

Talelei Oros – by R' Yissochor Dov Rubin (Bnei Brak, 5753).

Tanchuma – Aggadic midrash on the Pentateuch, attributed to the school of the Amora R' Tanchuma bar Abba of Eretz Yisrael (late-4th century).

Targum or ***Targum Onkelos*** – Authoritative Aramaic translation of the Pentateuch by the proselyte Onkelos (c. 90). This work, which earned the approbation of his teachers, the Tannaim R' Eliezer and R' Yehoshua, is an interpretive translation.

Targum Yonasan – Aramaic paraphrase of the Pentateuch, attributed by some to Yonasan ben Uziel, the disciple of Hillel. Others maintain that the initials ת״י signify ***Targum Yerushalmi,*** meaning that it was composed in Eretz Yisrael, and ascribe a later date to its composition.

Taz – Acronym for ***Turei Zahav*** ("Rows of Gold"), a basic commentary on the ***Shulchan Aruch*** by R' Dovid ben Shmuel HaLevi (1586-1667), one of the foremost Rabbinical authorities in 17th-century Poland.

Techeiles Mordechai – by R' Shalom Mordechai Schwadron (Sighet, 5673).

Teshuvos VeHanhagos – R' Moshe Shternbuch (Jerusalem, 5752).

Tevuos HaAretz – Geographical work describing the history and borders of Eretz Yisrael, its topography, Biblical and Talmudic locations, flora and fauna, and other matters, by R' Yehosef Schwartz (1804-1865) of Jerusalem.

Tiferes Tzion – by R' Yitzchak Zev Yadler. Comprehensive commentary on *Midrash Rabbah.*

Tiferes Yisrael – Comprehensive commentary on the Mishnah, by R' Yisrael Lipschutz (1782-1860), Rabbi in a number of Jewish communities in Germany.

Tiferes Yonasan – by R' Yonasan Eybeschutz.

Torah Sheleimah – Monumental multi-volume encyclopedia of all Talmudic and Midrashic sources on the Pentateuch, with explanations, scholarly notes and essays by R' Menachem Kasher (1895-1983), noted Israeli Torah scholar. He published thirty-eight volumes, up to ***Parashas Beha'aloscha*** before his death. ***Torah Sheleimah*** is currently being completed by his disciples.

Toras Avigdor – by R' Avigdor Miller (Bnei Brak,5762).

Toras Chaim – by R' Chaim David HaLevy (Tel Aviv, 5752).

Toras Kohanim – See ***Sifra.***

Toras Yaakov – by R' Yaakov Segal Praguer (A.A. Klein and T.S. Book, editors) (Jerusalem, 5749).

Toras Yechiel – by R' Akiva Yehosef (reprinted Jerusalem, 5731).

Tosafos – The Talmudic glosses of the French and German rabbis of the 12th and 13th centuries on the Babylonian Talmud printed in all editions of that work alongside the text of the Gemara.

Tosefes Berachah – by R' Baruch HaLevi Epstein (author of Torah Temimah).

Tosefta – Tannaitic collection of ***Baraisos,*** traditionally attributed to R' Chiya and his circle (***Iggeres Rav Sherira Gaon***); a kind of parallel work to the Mishnah.

Tur – Code of Jewish law composed by R' Yaakov, the son of the Rosh (c.1275-c.1340). The ***Arba Turim*** (which is its full title) is composed of four parts: ***Tur Orach Chaim, Tur Yoreh Deah, Tur Even HaEzer,*** and ***Tur Choshen Mishpat.***

Tuv Daas – by R' Zalman Rothberg (Bnei Brak, 5761).

R' Tzaddok HaKohen – (1823-1900) Chassidic sage and thinker; prolific author in many aspects of Torah; one of the leading Torah scholars of the 19th century. Largest of his many works is ***Pri Tzadik***, a collection of his discourses on the Pentateuch.

Tzafnas Pane'ach (on Chumash) – by R' Yosef Trani (Maharit); (Venice, 5408).

Tzror HaMor – Homiletic commentary on the Pentateuch by R' Avraham Saba (c.1440-c.1508). Fear of the Inquisition forced him to bury the book in Portugal; he subsequently rewrote it from memory when he escaped to Morocco.

Vayikra Rabbah – The section of ***Midrash Rabbah*** on the Book of Leviticus.

Vilna Gaon – R' Eliyahu ben Shlomo Zalman (1720-1797), also known as R' Eliyahu HaChassid (R' Eliyahu the Saintly). Considered the greatest Torah scholar in many centuries; acknowledged leader of non-Chassidic Jewry of Eastern Europe.

Volozhin, R' Chaim of – (1749-1821) Leading disciple of the Vilna Gaon and founder of the famous yeshivah of Volozhin. Acknowledged leader of non-Chassidic Jewry of Russia and Lithuania, see above, ***Nefesh HaChaim.***

Wolbe, R' Shlomo – Leading contemporary Israeli Mussar personality, author of ***Alei Shur*** (2 volumes) and other ***hashkafah*** works.

R' Yaakov of Orleans — (d. 1189); disciple of Rabbeinu Tam (see above); martyred in London, author of a commentary on the Pentateuch (ms.) which is cited in other collections.

Yad Avshalom — by R' Avraham Belais (Livorno, 5589).

Yalkut — See below, ***Yalkut Shimoni.***

Yalkut Shimoni — The best-known and most comprehensive Midrashic anthology, covering the entire ***Tanach;*** attributed to R' Shimon HaDarshan of Frankfurt (13th century).

Yalkut Yehudah — by R' Yehudah Leib Ginzberg (St. Louis, 5696).

Yedei Moshe — by R' Yaakov Moshe ben Avrohom Helin (first printed 5452).

Yefeh To'ar — Classic massive commentary on the ***Midrash Rabbah,*** by R' Shmuel Yafeh Ashkenazi (1525-1595) of Constantinople. The sections on ***Bamidbar Rabbah*** and ***Devarim Rabbah*** remain unpublished.

R' Yehudah HaLevi — See above**,** ***Kuzari.***

Yerushalmi — See ***Talmud Yerushalmi.***

Yevamos — Talmudic tractate in ***Seder Nashim.***

Yismach Lev — by R' Menachem Savitz (Lakewood, 5764).

R' Yisrael of Rizhin — (1797-1851) One of the foremost Chassidic Rebbes in Poland; his comments are found in ***Irin Kadishin, Knesses Yisrael, Beis Yisrael,*** and ***Niflaos Yisrael***, among others.

Yoma — Talmudic tractate in ***Seder Moed.***

Zera Avraham — by R' Avraham ben Yaakov Moshe Helin (first printed 5485).

Zevachim — Talmudic tractate in ***Seder Kodashim.***

Zohar — The basic work of Kabbalah, compiled by R' Shimon ben Yochai and his disciples in the form of a commentary on the Pentateuch and the ***Megillos.*** Hidden for centuries, it was first published in the late-13th century by R' Moshe de Leon (c.1250-1305), in Spain.

Zohar Chadash — Kabbalistic Midrash, part of the ***Zohar.***

the MIDRASH
מדרש רבה